von Münch/Kunig
Grundgesetz-Kommentar
Band 1

Grundgesetz

Kommentar

Band 1: Präambel bis Art. 69

Begründet von

Dr. Dr. h. c.
Ingo von Münch
Univ.-Professor em. an der
Universität Hamburg

Dr. Dr. h. c.
Dr. h. c. Philip Kunig
Univ.-Professor em. an der Freien
Universität Berlin, Univ.-Professor
an der Türkisch-Deutschen
Universität Istanbul

Herausgegeben von

Dr. Jörn Axel Kämmerer,
Maîtr. en droit (Aix-Marseille)
Univ.-Professor an der Bucerius
Law School, Hochschule für
Rechtswissenschaft,
Hamburg

Dr. Markus Kotzur,
LL. M. (Duke Univ.)
Univ.-Professor an der
Universität Hamburg

7., neubearbeitete Auflage 2021

C.H.BECK

Zitiervorschlag:
v. Arnauld in v. Münch/Kunig

www.beck.de

Gesamtabnahme Band 1+2
ISBN 978 3 406 73590 5
Band 1: ISBN 978 3 406 73591 2

Wilhelmstraße 9, 80 801 München
Satz, Druck und Bindung: Druckerei C. H. Beck Nördlingen
(Adresse wie Verlag)

CO_2 neutral
chbeck.de/nachhaltig

Gedruckt auf säurefreiem, alterungsbeständigem Papier
(hergestellt aus chlorfrei gebleichtem Zellstoff)

Aktuelle Bearbeiter

Prof. Dr. Andreas von Arnauld
Univ.-Professor an der Christian-Albrechts-Universität Kiel
Art. 16, 16a, 54–58, 60, 61.

Prof. Dr. Helmut Philipp Aust
Univ.-Professor an der Freien Universität Berlin
Art. 24–26, 87a, 146.

Dr. Ariane Berger
Privatdozentin, Freie Universität Berlin, Deutscher Landkreistag, Berlin
Art. 13.

Prof. Dr. Christian Bickenbach
Univ.-Professor an der Universität Potsdam
Art. 33, 36, 89, 130–132, 143e.

Prof. Dr. Sigrid Boysen
Univ.-Professorin an der Helmut-Schmidt-Universität, Hamburg
Art. 3, 7, 117, 141.

Prof. Dr. Roland Broemel, Maîtr. en droit (Bordeaux)
Univ.-Professor an der Goethe-Universität Frankfurt a. M.
Art. 70–74, 122–124, 125a, 127.

Prof. Dr. Dr. h. c. Siegfried Broß
Richter des Bundesverfassungsgerichts a. D.
Univ.-Professor em. an der Albert-Ludwigs-Universität Freiburg
Vorb. Art. 83–87, Art. 83–87.

Prof. Dr. Brun-Otto Bryde
Richter des Bundesverfassungsgerichts a. D.
Univ.-Professor em. an der Justus-Liebig-Universität Gießen
Art. 14, 15, 76–79.

Prof. Dr. Andrea Edenharter
Univ.-Professorin an der Fernuniversität Hagen
Art. 17, 17a, 45c, 45d.

Prof. Dr. Christian Ernst
Univ.-Professor an der Helmut-Schmidt-Universität, Hamburg
Art. 8, 19, 28, 29, 118, 118a.

Prof. Dr. Michael Lysander Fremuth
Univ.-Professor an der Universität Wien
Art. 53a, 115a–115l.

Aktuelle Bearbeiter

Dr. Michael Goldhammer, LL. M. (Michigan)
Privatdozent, Universität Bayreuth
Art. 35, 133–135a.

Prof. Dr. Kathrin Groh
Univ.-Professorin an der Universität der Bundeswehr München
Art. 39–44, 121.

Prof. Dr. Elke Gurlit
Univ.-Professorin an der Johannes Gutenberg-Universität Mainz
Art. 34.

Prof. Dr. Dirk Hanschel
Univ.-Professor an der Martin-Luther-Universität Halle-Wittenberg
Art. 30, 31, 37, 142

Dr. Daniel Heck
Rechtsanwalt in Hamburg
Art. 22, 125b.

Prof. Dr. Bettina Heiderhoff
Univ.-Professorin an der Westfälischen Wilhelms-Universität Münster
Art. 6.

Prof. Dr. Markus Heintzen
Univ.-Professor an der Freien Universität Berlin
Vorb. Art. 104a–115, Art. 104a-109a, Vorb. Art. 110–115, Art. 110–115, 143c, 143d, 143f, 143g, 143h

Dr. Thomas Holzner
Dipl. sc. pol. Univ., Privatdozent, Universität Augsburg
Art. 62–65, 66, 67

Prof. Dr. Jörn Axel Kämmerer, Maîtr. en droit, (Aix-Marseille)
Univ.-Professor an der Bucerius Law School, Hochschule für Rechtswissenschaft, Hamburg
Art. 2, 12, 12a, 27, 45b, 69, 88

Dr. Andreas Kerkemeyer
Wissenschaftlicher Mitarbeiter an der Bucerius Law School, Hochschule für Rechtswissenschaft, Hamburg
Art. 19, 45b, 68, 125, 125c, 126, 129, 144, 145

Prof. Dr. Sebastian Graf von Kielmansegg
Univ.-Professor an der Christian-Albrechts-Universität Kiel
Art. 11, 80a.

Prof. Dr. Anika Klafki
Juniorprofessorin an der Friedrich-Schiller-Universität Jena
Art. 21.

Aktuelle Bearbeiter

Prof. Dr. Markus Kotzur, LL. M. (Duke Univ.)
Univ.-Professor an der Universität Hamburg
Präambel, Art. 1, 18, 20, 102

Prof. Dr. Ute Mager
Univ.-Professorin an der Ruprecht-Karls-Universität Heidelberg
Art. 4, 140.

Prof. Dr. Mario Martini
Univ.-Professor an der Deutschen Universität für Verwaltungswissenschaften Speyer
Art. 10, 91c.

Dr. Stefan Martini
Wissenschaftlicher Mitarbeiter an der Christian-Albrechts-Universität Kiel
Art. 16, 16a.

Dr. Karl-Georg Mayer
Vorsitzender Richter am Bayerischen Verwaltungsgerichtshof
Vorb. Art. 83–87, Art. 83–87.

Prof. Dr. Wolfgang Meyer
Vorsitzender Richter am Bundessozialgericht a. D
Professor an der Ruhr-Universität Bochum
Art. 92–100.

Dr. Markus Riemenschneider
Notar in München
Art. 138.

Prof. Dr. Frank Saliger
Univ.-Professor an der Ludwig-Maximilians-Universität München
Art. 101, 103, 104.

Prof. Dr. Angela Schwerdtfeger
Univ.-Professorin an der Georg-August-Universität Göttingen
Art. 50–53, 137.

Prof. Dr. Dr. h. c. Karl-Peter Sommermann
Univ.-Professor an der Deutschen Universität für Verwaltungswissenschaften Speyer
Art. 20a.

Dr. Paulina Starski
Privatdozentin an der Bucerius Law School, Hochschule für Rechtswissenschaft, Hamburg
Art. 27, 32, 59.

Dr. Jörg Peter Strasburger
Rechtsanwalt in Hamburg
Art. 120, 120a, 143.

Aktuelle Bearbeiter

Prof. Dr. Hans-Heinrich Trute
Univ.-Professor an der Universität Hamburg
Art. 38, 46–48.

Prof. Dr. Robert Uerpmann-Wittzack, Maîtr. en droit, (Aix-Marseille)
Univ.-Professor an der Universität Regensburg
Art. 17, 17a, 23, 45, 45d, 87c-87f, 143a, 143b.

Prof. Dr. Johann Justus Vasel, LL. M. (NYU)
Juniorprofessor an der Heinrich-Heine-Universität Düsseldorf
Art. 45a, 91a, 91b, 91d, 91e

Prof. Dr. Astrid Wallrabenstein
Richterin des Bundesverfassungsgerichts
Univ.-Professorin an der Goethe-Universität Frankfurt a. M.
Art. 14, 80, 81, 82, 119

Prof. Dr. Mattias Wendel, Maîtr. en droit (Paris 1)
Univ.-Professor an der Universität Leipzig
Art. 116.

Prof. Dr. Rudolf Wendt
Univ.-Professor an der Universität des Saarlandes
Art. 5.

Prof. Dr. Daniela Winkler
Univ.-Professorin an der Universität Stuttgart
Art. 9.

Dr. Marc Zeccola
Akademischer Mitarbeiter, Universität Stuttgart
Art. 65a, 87b, 91, 128, 136, 139

Vorwort zur 7. Auflage

Als dieser Kommentar erstmals erschien – damals in drei Bänden, die sukzessive von 1974 bis 1978 auf den Markt kamen –, schloss er eine Lücke zwischen vielbändigen Groß- und handlichen Kleinkommentaren. Den Zielen, die sein Gründungsherausgeber, Ingo von Münch, im Vorwort zur 1. Auflage (im Anschluss an dieses Vorwort auszugsweise abgedruckt) mit dem neuen Kommentar verband, sind auch die folgenden Auflagen – seit 1992 unter der Ägide Philip Kunigs – treu geblieben. Der „von Münch/Kunig", von vielen aufgrund der längst zum Markenzeichen gewordenen Farbe seines Einbands auch einfach nur als „der gelbe Grundgesetzkommentar" bezeichnet, pflegt einen offenen, im besten Sinne des Wortes liberalen, dogmenfreien Denkstil. Oder, wie es im Vorwort zur sechsten, erstmals nicht mehr drei-, sondern zweibändigen Auflage formuliert war: „[N]nicht enzyklopädisch bemüht" sollte der Kommentar sein, sondern darauf ausgerichtet, „in der Vielstimmigkeit der Diskussion um die Verfassung und ihre Entwicklung eine Orientierung zu bieten, Zugang zu Judikatur, verfassungskonkretisierenden Gesetzeslagen und Literatur zu vermitteln", bei alldem aber auch die jeweiligen Bearbeiterinnen und Bearbeiter eigene Positionen beziehen zu lassen.

Dieser bewährten Grundkonzeption sucht auch die vorliegende siebte Auflage treu zu bleiben. Auf Herausgeberseite markiert sie jedoch einen Generationenwechsel, ebenso bei einer Vielzahl von Einzelkommentierungen, wiewohl zahlreiche Kommentatorinnen und Kommentartoren der Vorauflage erneut „an Bord" sind. So spiegeln sich Kontinuität wie Wandel der Verfassung in gewisser Weise auch im Spektrum der Bearbeiterinnen und Bearbeiter. Als neue Herausgeber sind wir uns der großen Fußstapfen, in die wir treten, und der damit einhergehenden Verantwortung bewusst. Wir danken Ingo von Münch und Philip Kunig, deren klangvollen Namen das Werk auch jetzt noch trägt, ebenso wie dem Verlag C. H. Beck vielmals für das in uns gesetzte Vertrauen. Ein Zeichen dieses Vertrauens ist auch, dass uns die Fortschreibung zentraler Grundgesetznormen wie Art. 1 und Art. 2 anvertraut wurde.

Die mit dieser Neuauflage einhergehenden Veränderungen in der Autorenschaft sind zu zahlreich, als dass dieses Vorwort sie detailliert aufführen könnte; insoweit sei auf das Autorenverzeichnis verwiesen. Manche Kommentatorinnen und Kommentatoren der Vorauflage sind ganz, manche nur als Bearbeiter einzelner Artikel ausgeschieden, in manchen Fällen wirken nun Mitbearbeiterinnen oder Mitbearbeiter an Kommentierungen mit oder schreiben sie fort. Allen, „Alt"- wie „Neukommentatoren", gilt unser herzlicher Dank für ihr bisheriges oder aktuelles Engagement und dafür, dass sie mit dem „von Münch/Kunig" verfassungsrechtliche Akzente gesetzt haben bzw. weiterhin oder auch erstmals setzen. Die 7. Auflage will ihren Blick noch stärker auf Europa und auf internationale Wirkungszusammenhänge richten, in denen das deutsche Grundgesetz steht. Daher ist in den Kommentierungen zu einzelnen Artikeln dort, wo sich dies anbietet, jeweils ein Abschnitt der Darstellung der überstaatlicher Bedingtheit und der europäischen und internationalen Bezüge von Grundgesetznormen, im Grundrechtsteil vor allem derjenigen zur EMRK und zur Grundrechte-Charta vorbehalten. Die „überstaatliche Bedingtheit des Staates" (Werner von Simson) und seiner Verfassungsordnung muss in einem Kommentar seiner Verfassungsgrundlagen insofern Widerhall finden.

Dieser Kommentar soll auch in Zeiten überbordender Informationen über eine im Mehrebenensystem immer komplexer erscheinende Verfassungsarchitektur sein Ziel, Orientierung zu geben und auch aktuelle Probleme (wie sie etwa eine Pandemie aufwirft) aufzugreifen, weiter verfolgen und strebt eine Balance zwischen wissenschaftlichem Anspruch und Benutzerfreundlichkeit, auch für Studierende, an. Vielleicht werden manche die Vorbemerkung zu den Artikeln 1 bis 19 vermissen, an der wir angesichts entsprechender Darstellungen in einer Vielzahl exzellenter Grundrechts-Lehrbücher nicht mehr festhalten wollten. Einige der allgemeinen Grundrechtslehren sind nun an entsprechender Stelle in die Ausführungen zu den einzelnen Grundrechten integriert.

Für ihre engagierte Unterstützung schulden wir den Mitarbeiterinnen und Mitarbeitern unserer beiden Lehrstühle den größten Dank. Die koordinierenden Aufgaben lagen vornehmlich in den Händen von Dr. Andreas Kerkemeyer und Christina Simmig. Weiterhin erwähnt seien in alphabetischer Reihung: Aline Auffarth, Franziska Bachmann, Leonard Amaru Feil, Adrian Fraus, Maximilian Gerhards, Julius Giesen, Emilia Hummel, Leif Jischkowski, Verena Kahl, Ezgi Keklikci, Zora King, Philipp Kleiner, Hauke Köhler, Leonie Mehlhorn, Jonas Moghib, Georgios Mylonas, Manuela Niehaus, Larissa Oppermann, Alisa Priess, Lara Schmidt, Leonie Schwannecke, Carlotta Schramm, Julia Spiesberger, Janwillem van de Loo, Yannek Wloch, Nigina Zahedi und Lea Zymelka. Tatkräftig in den Sekretariaten unterstützt haben uns Heidrun Meyer-Veden sowie Paulina Schiefelbein, letztere auch als wiss. Mitarbeiterin.

Für die vertrauensvolle und effiziente Zusammenarbeit auf verlegerischer Seite gilt unser Dank Dr. Rolf-Georg Müller und Dr. Katja Haberzettl.

Wir hoffen, allen Nutzern ein zugängliches und hilfreiches Werk an die Hand geben zu können, und danken für wohlwollendkritische Rezeption.

Hamburg, im August 2020

Jörn Axel Kämmerer und
Markus Kotzur

Aus dem Vorwort zur 1. Auflage

1. Der Kommentar zum Grundgesetz, dessen erster Band hiermit vorliegt, hat sich mehrere Ziele gesetzt: Er will zunächst ein zuverlässiges Nachschlagewerk zu allen bedeutsamen Fragen des Grundgesetzes sein, wobei insbesondere auch aktuelle politische Vorgänge behandelt werden; er will die wichtigsten Gerichtsentscheidungen und Schrifttumshinweise angeben, um dem Leser eine Vertiefung zu ermöglichen; er will jeweils Meinung und Gegenmeinung zu Worte kommen lassen, aber auch eine eigene Stellung beziehen; er will wissenschaftliches Niveau mit einer auch für Laien verständlichen Darstellungsweise verbinden; er will schließlich zu den rechtlichen Erörterungen Tatsachenmaterial angeben, um die reale Bedeutung der Probleme in der Praxis sichtbar zu machen.

2. Die Kommentierungen der einzelnen Artikel des Grundgesetzes sind in jeweils vier Hauptabschnitte („Allgemeine Bedeutung“; „Einzelfragen“; „Verhältnis zu anderen Grundrechten“; „Kritische Würdigung“) geteilt.

Im Abschnitt „Allgemeine Bedeutung“ wird skizzenhaft umrissen, welchen Inhalt und welches Gewicht der betreffende Artikel des Grundgesetzes hat.

Der Schwerpunkt der Kommentierung liegt im Abschnitt „Einzelfragen“. Die Erörterung der Probleme folgt dabei in der Regel der Aufreihung der rechtlich relevanten Aussagen in dem Artikel selbst; jedoch wurde von diesem Schema dann abgewichen, wenn dies aus sachlichen Gründen geboten schien. Ein besonderes Anliegen des Kommentars ist die Übersichtlichkeit der Darstellung; Einzelfälle aus einem Problemkreis sind in alphabetischer Folge aufgelistet und daher für den Benutzer des Kommentars leicht auffindbar.

An die Behandlung der Einzelfragen schließt sich ein Abschnitt „Verhältnis zu anderen Grundrechten“ an. In diesem Abschnitt wird ein kurzer Hinweis darauf gegeben, wie die – häufig schwierig zu beurteilenden – Konkurrenzen zwischen den verschiedenen Grundrechten zu lösen sind.

Der Abschnitt „Kritische Würdigung“ soll in gedrängter Form die Bedenken aufzeigen, die entweder gegen die Fassung der betreffenden Grundgesetzbestimmung selbst oder gegen ihre Auslegung durch Rechtsprechung und Schrifttum vorzubringen sind. An dieser Stelle werden gegebenfalls auch Änderungsvorschläge gemacht.

Inhaltsübersicht

I. Die Grundrechte

II. Der Bund und die Länder

III. Der Bundestag

IV. Der Bundesrat

IVa. Gemeinsamer Ausschuß

V. Der Bundespräsident

VI. Die Bundesregierung

Abkürzungsverzeichnis

AA	Auswärtiges Amt
aA	anderer Ansicht
Abb.	Abbildung
ABC-Waffen	atomare, biologische, chemische Waffen
Abg.	Abgeordnete(r)
AbgG	Abgeordnetengesetz
abgedr.	Abgedruckt
Abk.	Abkommen; Abkürzung
ABl.	Amtsblatt
abl.	Ablehnend
ABl. EG	Amtsblatt der Europäischen Gemeinschaften
ABl. EU	Amtsblatt der Europäischen Union
Abs.	Absatz
Abschn.	Abschnitt
abw.	abweichend
abw. M.	abweichende Meinung
AcP	Archiv für die civilistische Praxis
aE	am Ende
AEMR	Allgemeine Erklärung der Menschenrechte
AEUV	Vertrag über die Arbeitsweise der Europäischen Union
aF	alte Fassung
AfK	Archiv für Kommunalwissenschaften
AFG	Arbeitsförderungsgesetz
AfkKR	Archiv für katholisches Kirchenrecht
AfP	Archiv für Presserecht
AG	Amtsgericht; Ausführungsgesetz; Aktiengesellschaft; Die Aktiengesellschaft (Zeitschrift)
AGB	Allgemeine Geschäftsbedingungen
AgrarR	Agrarrecht (Zeitschrift)
AHK	Alliierte Hohe Kommission
AHKABl.	Amtsblatt der Alliierten Hohen Kommission
ähnl.	ähnlich
AJIL	American Journal of International Law
AK	E. Denninger/W. Hoffmann-Riem/H.-P. Schneider/E. Stein (Hrsg.), Kommentar zum Grundgesetz für die Bundesrepublik Deutschland, Reihe Alternativkommentare, Loseblattwerk, Bände 1–2, 3. Auflage, 2001–2002
AktG	Aktiengesetz
allg.	allgemein
allgA	allgemeine Ansicht
allgM.	allgemeine Meinung
Alt.	Alternative
aM	andere(r) Meinung
amtl.	amtlich
Änd.	Änderung
ÄndG	Änderungsgesetz
Anh.	Anhang
Anl.	Anlage
Anm.	Anmerkung
AnwBl.	Anwaltsblatt
AO	Anordnung; Abgabenordnung
AOK	Allgemeine Ortskrankenkasse

Abkürzungsverzeichnis

AöR	Archiv des öffentlichen Rechts
AP	Arbeitsrechtliche Praxis, Nachschlagewerk des Bundesarbeitsgerichts
APuZ	Aus Politik und Zeitgeschichte (Beilage zur Wochenzeitschrift „Das Parlament")
ArbG	Arbeitsgericht
ArbGG	Arbeitsgerichtsgesetz
ArbR	Arbeitsrecht
ArbR d. Gegw.	Das Arbeitsrecht der Gegenwart (Sammlung)
Arch.	Archiv
ArchPF	Archiv für das Post- und Fernmeldewesen (Zeitschrift; seit 1992: ArchPT)
ArchPT	Archiv für Post und Telekommunikation (Zeitschrift; bis 1991: ArchPF)
arg.	argumentum
Arg.	Argumentation
ARSP	Archiv für Rechts- und Sozialphilosophie
Art.	Artikel (ohne weiteren Hinweis: des Grundgesetzes)
AS	Amtliche Sammlung
ASP	Arbeit und Sozialpolitik (Zeitschrift)
AsylVfG	Asylverfahrensgesetz
AT	Allgemeiner Teil
atw	Atomwirtschaft-Atomtechnik (Zeitschrift)
AufenthG	Gesetz über den Aufenthalt, die Erwerbstätigkeit und die Integration von Ausländern im Bundesgebiet (Aufenthaltsgesetz)
Auff.	Auffassung
Aufg.	Aufgabe(n)
Aufl.	Auflage
AUR	Agrar- und Umweltrecht (Zeitschrift)
AuR	Arbeit und Recht (Zeitschrift)
ausf.	ausführlich
AuslG	Ausländergesetz
AuswA	Auswärtiger Ausschuss
AVO	Ausführungsverordnung
AVR	Archiv des Völkerrechts
AWD	Außenwirtschaftsdienst des Betriebs-Beraters (Beilage der Zeitschrift Betriebs-Berater)
AWG	Außenwirtschaftsgesetz
Az.	Aktenzeichen
B	Bund; Bundes-
Bad.	Baden
bad.	badisch
BAföG	Bundesgesetz über individuelle Förderung der Ausbildung (Bundesausbildungsförderungsgesetz)
BAG	Bundesarbeitsgericht
BAGE	Entscheidungen des Bundesarbeitsgerichts
BAnz.	Bundesanzeiger
BauGB	Baugesetzbuch
BauR	Baurecht (Zeitschrift)
Bay.	Bayern
bay.	bayerisch
BayDStH	Bayerischer Dienststrafhof
BayGVBl.	Bayerisches Gesetz- und Verordnungsblatt
BayObLG	Bayerisches Oberstes Landesgericht
BayObLGSt	Sammlung von Entscheidungen des Bayerischen Obersten Landesgerichts in Strafsachen

BayObLGZ .... Sammlung von Entscheidungen des Bayerischen Obersten Landesgerichts in Zivilsachen
BayVBl. .... Bayerische Verwaltungsblätter
BayVerf .... Verfassung des Freistaates Bayern
BayVerfGH .... Verfassungsgerichtshof für den Freistaat Bayern
BayVGH .... Bayerischer Verwaltungsgerichtshof
BayVGHE .... Sammlung von Entscheidungen des Bayerischen Verwaltungsgerichtshofs mit Entscheidungen des Bayerischen Verfassungsgerichtshofs, des Bayerischen Dienststrafhofs und des Bayerischen Gerichtshofs für Kompetenzkonflikte
BB .... Betriebs-Berater (Zeitschrift)
BBesG .... Bundesbesoldungsgesetz
BBG .... Bundesbeamtengesetz
Bbg. .... Brandenburg
BbgVerf .... Verfassung des Landes Brandenburg
BbgVerfG .... Brandenburgisches Verfassungsgericht
Bd.; Bde. .... Band; Bände
BdL .... Bank deutscher Länder
BDGVR .... Berichte der Deutschen Gesellschaft für Völkerrecht
BDH .... Bundesdisziplinarhof
BDIP .... Blätter für Deutsche und Internationale Politik
BDSG .... Bundesdatenschutzgesetz
Bearb. .... Bearbeiter
BeckOK GG .... V. Epping/Ch. Hillgruber (Hrsg.), Grundgesetz, Kommentar, 3. Auflage 2020
BEG .... Bundesgesetz zur Entschädigung für Opfer der nationalsozialistischen Verfolgung (Bundesentschädigungsgesetz)
Begr. .... Begründung; Begründer
Beih. .... Beiheft
Beil. .... Beilage
Bek. .... Bekanntmachung
Bem. .... Bemerkung
Ber. .... Bericht(e); Berichtigung
ber. .... berichtigt
BerlAbgH .... Berliner Abgeordnetenhaus
BerlKomm .... K. H. Friauf/W. Höfling (Hrsg.), Berliner Kommentar zum Grundgesetz, Loseblattwerk, 2000, Stand 2019
BerlVerfGH .... Verfassungsgerichtshof des Landes Berlin
BerParlR .... Beratungen des Parlamentarischen Rates
bes. .... besonders
Beschl. .... Beschluss
Bespr. .... Besprechung
Best.; best. .... Bestimmung; bestimmt(e, er); bestätigend
BesVerwR .... Besonderes Verwaltungsrecht
Betr. .... Betreff
betr. .... betreffend, betrifft
BetrVG .... Betriebsverfassungsgesetz
BFH .... Bundesfinanzhof
BFHE .... Sammlung der Entscheidungen und Gutachten des Bundesfinanzhofs
BFS .... Bundesanstalt für Flugsicherung
BFStrG .... Bundesfernstraßengesetz
BG .... Beamtengesetz; Die Berufsgenossenschaft (Zeitschrift)
BfV .... Bundesamt für Verfassungsschutz
BGB .... Bürgerliches Gesetzbuch
BGBl. .... Bundesgesetzblatt
BGH .... Bundesgerichtshof

BGHSt	Entscheidungen des Bundesgerichtshofs in Strafsachen
BGHZ	Entscheidungen des Bundesgerichtshofs in Zivilsachen
BGS	Bundesgrenzschutz
BGSG	Gesetz über den Bundesgrenzschutz (Bundesgrenzschutzgesetz)
BHO	Bundeshaushaltsordnung
BImSchG	Gesetz zum Schutz vor schädlichen Umwelteinwirkungen durch Luftverunreinigungen, Geräusche, Erschütterungen und ähnliche Vorgänge (Bundes-Immissionsschutzgesetz)
BinSchiff	Binnenschifffahrt (Zeitschrift; bis 1990: Zeitschrift für Binnenschiffahrt und Wasserstraßen)
BIP	Bruttoinlandsprodukt
BK	W. Kahl/C. Waldhoff/C. Walter (Hrsg.), Bonner Kommentar zum Grundgesetz, Loseblattwerk, 1949, Stand 2020
BKK	Die Betriebskrankenkasse (Zeitschrift)
BKR	Zeitschrift für Bank- und Kapitalmarktrecht
BLK	Bund-Länder-Kommission für Bildungsplanung und Forschungsförderung
Bl.	Blatt
Bln.	Berlin
bln.	berlinerisch
BMBF	Bundesminister/Bundesministerium für Bildung und Forschung
BMEL (früher: BMELV)	Bundesminister/Bundesministeriums für Ernährung und Landwirtschaft (früher: Bundesminister/Bundesministerium für Ernährung, Landwirtschaft und Verbraucherschutz)
BMF	Bundesminister/Bundesministerium der Finanzen
BMI	Bundesminister/Bundesministerium des Innern, für Bau und Heimat
BMin.	Bundesminister/Bundesministerium
BMinG	Bundesministergesetz
BMJV (früher: BMJ)	Bundesministerium der Justiz und für Verbraucherschutz (früher: Bundesminister/Bundesministerium der Justiz)
BMVI (früher: BMV)	Bundesminister/Bundesministerium für Verkehr und digitale Infrastruktur (früher: Bundesminister/Bundesministerium für Verkehr)
BMVg	Bundesminister/Bundesministerium der Verteidigung
BMWi	Bundesminister/Bundesministerium für Wirtschaft
BND	Bundesnachrichtendienst
BNotO	Bundesnotarordnung
BPatG	Bundespatentgericht
BPol	Bundespolizei
BPolBG	Gesetz zur Regelung der Rechtsverhältnisse der Polizeivollzugsbeamten des Bundes (Bundespolizeibeamtengesetz)
BPräs	Bundespräsident
BRAK	Bundesrechtsanwaltskammer
BRAO	Bundesrechtsanwaltsordnung
BR	Bundesrat
BRD	Bundesrepublik Deutschland
BR-Drs.	Bundesrats-Drucksache
BR-Prot.	Bundesrats-Protokoll
BReg	Bundesregierung
Brem.	Freie Hansestadt Bremen
brem.	bremisch
BremStGH	Bremischer Staatsgerichtshof
BremVerf.	Landesverfassung der Freien Hansestadt Bremen

BRH	Bundesrechnungshof
brit.	britisch
BRRG	Rahmengesetz zur Vereinheitlichung des Beamtenrechts (Beamtenrechtsrahmengesetz)
BSG	Bundessozialgericht
BSeuchG	Gesetz zur Verhütung und Bekämpfung übertragbarer Krankheiten beim Menschen (Bundes-Seuchengesetz)
BSGE	Entscheidungen des Bundessozialgerichts
BSHG	Bundessozialhilfegesetz
Bsp.	Beispiel
bspw.	beispielsweise
BStBl.	Bundessteuerblatt
BT	Bundestag; Besonderer Teil
BT-Drs.	Drucksachen des Deutschen Bundestags
BT-Prot.	Bundestags-Protokoll
BtMG	Gesetz über den Verkehr mit Betäubungsmitteln (Betäubungsmittelgesetz)
BT-Präs	Bundestagspräsident
BT-Prot.	Plenarprotokolle (Stenographische Berichte) des Deutschen Bundestags
Buchholz	K. Buchholz (Hrsg.), Sammel- und Nachschlagewerk der Rechtsprechung des Bundesverwaltungsgerichts
Buchst.	Buchstabe
Bull.	Bulletin (des Presse- und Informationsamtes der Bundesregierung)
BVerfG	Bundesverfassungsgericht
BVerfGE	Entscheidungen des Bundesverfassungsgerichts
BVerfGG	Gesetz über das Bundesverfassungsgericht
BVerfG (K)	Kammerentscheidung des BVerfG
BVerfGK	Ausgewählte Entscheidungen der einzelnen Kammern des deutschen Bundesverfassungsgerichts, hrsg. v. Verein der Richter des BVerfG (von 2004 bis 2014)
BVerfSchG	Gesetz über die Zusammenarbeit des Bundes und der Länder in Angelegenheiten des Verfassungsschutzes (Bundesverfassungsschutzgesetz)
BVerwG	Bundesverwaltungsgericht
BVerwGE	Entscheidungen des Bundesverwaltungsgerichts
BVFG	Gesetz über die Angelegenheiten der Vertriebenen und Flüchtlinge (Bundesvertriebenengesetz)
BW	Baden-Württemberg
bw.	baden-württembergisch
BWNotZ	Zeitschrift für das Notariat in Baden-Württemberg
BWStGH	Staatsgerichtshof des Landes Baden-Württemberg
BWG	Bundeswahlgesetz
BWO	Bundeswahlordnung
BWV	Bundeswehrverwaltung (Zeitschrift)
BW Verf.	Verfassung des Landes Baden-Württemberg
BwVerw.	Bundeswehrverwaltung; Die Bundeswehrverwaltung (Zeitschrift)
BWVPr.	Baden-Württembergische Verwaltungspraxis (Zeitschrift)
bzgl.	bezüglich
bzw.	beziehungsweise
ca.	circa
CCPR	Convention on Civil and Political Rights
CMLR	Common Market Law Review (Zeitschrift)
CR	Computer und Recht (Zeitschrift)

d. .... der, des, durch
DAR .... Deutsches Autorecht (Zeitschrift)
DB .... Der Betrieb (Zeitschrift)
DB AG .... Deutsche Bahn Aktiengesellschaft
DDR .... Deutsche Demokratische Republik
ders. .... derselbe
dgl. .... dergleichen, desgleichen
DEuFamR .... Deutsches und Europäisches Familienrecht (Zeitschrift)
DFB .... Deutscher Fußballbund
DFG .... Deutsche Forschungsgemeinschaft
DFS .... Deutsche Flugsicherung GmbH
DGB .... Deutscher Gewerkschaftsbund
DGVR .... Deutsche Gesellschaft für Völkerrecht
DGVZ .... Deutsche Gerichtsvollzieher-Zeitung
dh .... das heißt
dies. .... dieselbe(n)
diesbzgl. .... diesbezüglich
diff. .... differenziert, differenzierend
Dig. .... Digesten
Diss. .... Dissertation
DIW .... Deutsches Institut für Wirtschaftsforschung, Wochenbericht
DJT .... Deutscher Juristentag
DJZ .... Deutsche Juristenzeitung
DM .... Deutsche Mark
DNotZ .... Deutsche Notarzeitschrift
DöD .... Der öffentliche Dienst (Zeitschrift)
Dok. .... Dokument
DÖV .... Die Öffentliche Verwaltung (Zeitschrift)
DP AG .... Deutsche Post Aktiengesellschaft
DR .... Deutsches Recht (Zeitschrift)
Dreier .... H. Dreier (Hrsg.), Grundgesetz-Kommentar, Bände 1–3, 3. Auflage, 2013, 2015, 2018
DRiG .... Deutsches Richtergesetz
DRiZ .... Deutsche Richterzeitung
Drs. .... Drucksache
DRV .... Deutsche Rentenversicherung (Zeitschrift)
DRZ .... Deutsche Rechtszeitschrift
DSGVO .... Datenschutz-Grundverordnung
DST .... Deutscher Städtetag
DStJG .... Veröffentlichungen der Deutschen Steuerjuristischen Gesellschaft
DStR .... Deutsches Steuerrecht (Zeitschrift)
DStZ .... Deutsche Steuer-Zeitung
dt. .... deutsch
Dt. Ärztebl. .... Deutsches Ärzteblatt
DtZ .... Deutsch-Deutsche Rechtszeitschrift
DStZ/A .... Deutsche Steuer-Zeitung, Ausgabe A
DuD .... Datenschutz und Datensicherung (Zeitschrift)
DuR .... Demokratie und Recht (Zeitschrift)
DV .... Die Verwaltung (Zeitschrift)
DVBl. .... Deutsches Verwaltungsblatt (Zeitschrift)
DVP .... Deutsche Verwaltungspraxis (Zeitschrift)

E .... Entscheidung(en); Entscheidungssammlung; Entwurf
EA .... Europa-Archiv (Zeitschrift; seit 1995: Internationale Politik)
eA .... einstweilige Anordnung
EAG .... Europäische Atomgemeinschaft

EAGV	Vertrag zur Gründung der Europäischen Atomgemeinschaft
ebd.	ebenda
ECLI	European Case Law Identifier
Ed.	Edition
EDV	Elektronische Datenverarbeitung
EEA	Einheitliche Europäische Akte
EFG	Entscheidungen der Finanzgerichte
EFRE	Europäischer Fonds für Regionale Entwicklung
EFSF	Europäische Finanzstabilisierungsfazilität
EG	Europäische Gemeinschaft(en); Vertrag zur Gründung der Europäischen Gemeinschaft; Einführungsgesetz
EGBGB	Einführungsgesetz zum Bürgerlichen Gesetzbuch
EGKS	Europäische Gemeinschaft für Kohle und Stahl
EGMR	Europäischer Gerichtshof für Menschenrechte
ehem.	ehemalig
Einf.; einf.	Einführung; einführend
eing.	eingehend
Einl.	Einleitung
Einl. ALR	Einleitung zum Preußischen Allgemeinen Landrecht
einschl.	einschließlich
EJIL	European Journal of International Law
EKD	Evangelische Kirche in Deutschland
EKMR	Europäische Kommission für Menschenrechte
EL	Ergänzungslieferung
ELJ	European Law Journal
EMRK	Europäische Konvention zum Schutz der Menschenrechte und Grundfreiheiten
endg.	endgültig
Enq.-K.	Enquête-Kommission
Entsch.	Entscheidung
Entschl.	Entschluss; Entschließung
entspr.	entspricht, entsprechend
Entw.	Entwurf; Entwicklung(en)
EP	Europäisches Parlament
EPA	Europäisches Patentamt
EPÜ	Europäisches Patentübereinkommen
ER	Europäischer Rat; English Reports
Erg.	Ergebnis(se), Ergänzung
Erl.; erl.	Erlass, Erläuterung(en); erläutert
ERP	European Recovery Program
Erstb.	Erstbearbeitung
ESC	Europäische Sozialcharta
Ess. Gespr.	Essener Gespräche
EStG	Einkommensteuergesetz
ESM	Europäischer Stabilitätsmechanismus
ESMFinG	Gesetz zur finanziellen Beteiligung am Europäischen Stabilitätsmechanismus
EStR	Einkommensteuerrecht, Einkommensteuerrichtlinie
ESVGH	Entscheidungssammlung des Hessischen Verwaltungsgerichtshofs und des Verwaltungsgerichts Baden-Württemberg mit Entscheidungen der Staatsgerichtshöfe beider Länder
ESZB	Europäisches System der Zentralbanken
et al.	et alii (und andere)
etc	et cetera
ETS	European Treaty Series
EU	Europäische Union; Vertrag über die Europäische Union

Abkürzungsverzeichnis

EuG .... Gericht der Europäischen Union [bis 2009: Europäisches Gericht Erster Instanz]
EuGH .... Gerichtshof der Europäischen Union [bis 2009: Gerichtshof der Europäischen Gemeinschaften] (Europäischer Gerichtshof)
EuGRZ .... Europäische Grundrechte-Zeitschrift
EuR .... Europarecht (Zeitschrift)
EURATOM .... Europäische Atomgemeinschaft
europ. .... europäisch
EuropaR .... Europarecht
EurUP .... Zeitschrift für Europäisches Umwelt- und Planungsrecht
EUV .... Vertrag über die Europäische Union
EUZBBG .... Gesetz über die Zusammenarbeit von Bundesregierung und Deutschem Bundestag in Angelegenheiten der Europäischen Union
EUZBLG .... Gesetz über die Zusammenarbeit von Bund und Ländern in Angelegenheiten der Europäischen Union
EuZW .... Europäische Zeitschrift für Wirtschaftsrecht
ev. .... evangelisch
eV .... eingetragener Verein
EVertr. .... Vertrag zwischen der Bundesrepublik Deutschland und der Deutschen Demokratischen Republik über die Herstellung der Einheit Deutschlands (Einigungsvertrag)
EVG .... Europäische Verteidigungsgemeinschaft
EvStL .... W. Heun u. a. (Hrsg.), Evangelisches Staatslexikon, Neuausgabe, 2006
evtl. .... eventuell
EWG .... Europäische Wirtschaftsgemeinschaft
EWGV .... Vertrag zur Gründung der Europäischen Wirtschaftsgemeinschaft
EWiR .... Entscheidungen zum Wirtschaftsrecht (Sammlung)
EWR .... Europäischer Wirtschaftsraum; Schriftenreihe zum Europäischen Weinrecht (Zeitschrift)
EWS .... Europäisches Wirtschafts- und Steuerrecht (Zeitschrift); Europäisches Währungssystem
EZB .... Europäische Zentralbank

f. .... für; folgende(r)
FamFG .... Gesetz über das Verfahren in Familiensachen und in den Angelegenheiten der freiwilligen Gerichtsbarkeit
FamRZ .... Zeitschrift für das gesamte Familienrecht
FAS .... Frankfurter Allgemeine Sonntagszeitung
FAZ .... Frankfurter Allgemeine Zeitung
FF .... Forum Familien(- und Erb)recht (Zeitschrift)
ff. .... folgende (mehrere)
FG .... Finanzgericht; Festgabe
FGG .... Gesetz über die Angelegenheiten der Freiwilligen Gerichtsbarkeit
FinArch. .... Finanzarchiv
Fn. .... Fußnote(n)
fortgef. .... fortgeführt
FPR .... Familie, Partnerschaft, Recht (Zeitschrift)
FR .... Finanz-Rundschau (Zeitschrift)
Frhr. .... Freiherr
frz. .... französisch
FS .... Festschrift
FuR .... Familie und Recht (Zeitschrift); Film und Recht (Zeitschrift; seit 1985 Zeitschrift für Urheber- und Medienrecht)

G	Gesetz
G 10	Gesetz zur Beschränkung des Brief-, Post- und Fernmeldegeheimnisses (Gesetz zu Art. 10 Grundgesetz)
GA	Goltdammer's Archiv für Strafrecht
GASP	Gemeinsame Außen- und Sicherheitspolitik
GBl.	Gesetzblatt
GBO	Grundbuchordnung
GbR	Gesellschaft bürgerlichen Rechts
GE	Gesetzesentwurf
geänd.	geändert
geb.	geboren
gem.	gemäß; gemeinsam
GemA	gemeinsamer Ausschuss
GemO	Gemeindeordnung
GemVerfKom.	Gemeinsame Verfassungskommission
gen.	genannt(e)
GenInsp.	Generalinspekteur
gesetzl.	gesetzlich
GesR	GesundheitsRecht (Zeitschrift)
GewArch.	Gewerbearchiv (Zeitschrift)
GewO	Gewerbeordnung
GFK	Genfer Flüchtlingskonvention
GG	Grundgesetz für die Bundesrepublik Deutschland
ggf.	gegebenenfalls
ggü.	gegenüber
GLJ	German Law Journal
GmbH	Gesellschaft mit beschränkter Haftung
GmbHG	Gesetz betreffend die Gesellschaften mit beschränkter Haftung
GMBl.	Gemeinsames Ministerialblatt
GO	Geschäftsordnung
GoA	Geschäftsführung ohne Auftrag
GO BRat	Geschäftsordnung des Bundesrates
GO BReg	Geschäftsordnung der Bundesregierung
GO BT	Geschäftsordnung des Bundestages
GO GemA	Geschäftsordnung des Gemeinsamen Ausschusses
GO VermA	Geschäftsordnung des Vermittlungsausschusses
GRCh	Charta der Grundrechte der Europäischen Union
Grdl.	Grundlage
grdl.	grundlegend
grds.	grundsätzlich
GRUR	Gewerblicher Rechtsschutz und Urheberrecht (Zeitschrift)
GRUR Int	Gewerblicher Rechtsschutz und Urheberrecht, internationaler Teil (Zeitschrift)
GRUR-RR	Gewerblicher Rechtsschutz und Urheberrecht – Rechtsprechungs-Report (Zeitschrift)
GS	Gedächtnisschrift, Gedenkschrift
GVBl.	Gesetz- und Verordnungsblatt
GVG	Gerichtsverfassungsgesetz
GVOBl.	Gesetz- und Verordnungsblatt
GV NRW	Gesetz- und Verordnungsblatt für das Land Nordrhein-Westfalen
GWB	Gesetz gegen Wettbewerbsbeschränkungen
GYIL	German Yearbook of International Law (früher: Jahrbuch für Internationales Recht)

H. .... Heft
hA .... herrschende Ansicht
Hamann/Lenz .... A. Hamann/H. Lenz, Das Grundgesetz für die Bundesrepublik Deutschland vom 23. Mai 1949, Kommentar, 3. Auflage, 1970
HandwO .... Handwerksordnung
HarvILJ .... Harvard International Law Journal Hastings Int'l &
Hastings .... Hastings International and Comparative Law Review
HChE .... Entwurf des Verfassungskonvents auf Herrenchiemsee vom 10. bis 23.8.1948
Hdb .... Handbuch
HdbBRat .... Handbuch des Bundesrates
HdbBReg .... A. Holzapfel (Hrsg.), Handbuch der Bundesregierung, Ausgabe 2020
HdbDStR .... G. Anschütz/R. Thoma, Handbuch des Deutschen Staatsrechts, 2 Bände, 1930, 1932
HdbEMRK .... M. E. Villinger, Handbuch der Europäischen Menschenrechtskonvention, 3. Auflage, 2020
HdbGR .... D. Merten/H.-J. Papier (Hrsg.), Handbuch der Grundrechte in Deutschland und Europa, Bände 1–12, 2004–2018
HdbKWP .... G. Püttner/T. Mann (Hrsg.), Handbuch der kommunalen Wissenschaft und Praxis, Bände 1–6, 3. Auflage, 1983–2011
HdbStKirchR .... J. Listl/D. Pirson (Hrsg.), Handbuch des Staatskirchenrechts der Bundesrepublik Deutschland, Bände 1–2, 2. Auflage, 1994–1995
HdbStR .... J. Isensee/P. Kirchhof (Hrsg.), Handbuch des Staatsrechts der Bundesrepublik Deutschland, Bände 1–12, 3. Auflage, 2003–2015
HdbVerfR .... E. Benda (Hrsg.), Handbuch des Verfassungsrechts, Teil 1– 2, 2. Auflage, 1994
Hess. .... Hessen
hess. .... hessisch
HessStAnz. .... Staatsanzeiger für das Land Hessen
HessStGH .... Hessischer Staatsgerichtshof
HessVerf. .... Verfassung des Landes Hessen
HessVGH .... Hessischer Verwaltungsgerichtshof
HFR .... Höchstrichterliche Finanzrechtsprechung (Sammlung)
HFW .... F. Neumark (Hrsg.), Handbuch der Finanzwissenschaft, Bände 1, 3. Auflage, 1977
HGB .... Handelsgesetzbuch
HGrG .... Gesetz über die Grundsätze des Haushaltsrechts des Bundes und der Länder (Haushaltsgrundsätzegesetz)
hins. .... hinsichtlich
Hinw. .... Hinweis(e)
HistZ .... Historische Zeitschrift
hL .... herrschende Lehre
hM .... herrschende Meinung
Hmb. .... Freie und Hansestadt Hamburg
hmb. .... hamburgisch
HmbGVBl. .... Hamburgisches Gesetz- und Verordnungsblatt
HmbVerf. .... Verfassung der Freien und Hansestadt Hamburg
HmbVerfG .... Hamburgisches Verfassungsgericht
Hömig/Wolff .... H. A. Wolff (Hrsg.), für die Bundesrepublik Deutschland, Handkommentar, 12. Auflage, 2018
HptA .... Hauptausschuss
HRG .... Hochschulrahmengesetz
HRLJ .... Human Rights Law Journal

HRRS .... Online-Zeitschrift für Höchstrichterliche Rechtsprechung im Strafrecht
Hrsg.; hrsg. .... Herausgeber; herausgegeben
Hs. .... Halbsatz

IAEO .... Internationale Atomenergieorganisation
ibid. .... ibidem
ICAO .... International Civil Association Organization
ICJ .... International Court of Justice
ICLQ .... International and Comparative Law Quarterly (Zeitschrift)
ICON .... International Journal of Constitutional Law
idF .... in der Fassung/Form
idR .... in der Regel
idS .... in diesem Sinne
iE .... im Einzelnen
iErg .... im Ergebnis
ieS .... im engeren Sinne
IFLA .... Informationsdienst für Lastenausgleich (Zeitschrift)
IFSt .... Institut Finanzen und Steuern
IGH .... Internationaler Gerichtshof
IHK .... Industrie- und Handelskammer
iHv .... in Höhe von
i. K. .... in Kraft
ILC .... International Law Commission
ILM .... International Legal Materials
ILR .... International Law Reports (Sammlung)
InfAuslR .... Informationsbrief Ausländerrecht (Zeitschrift)
inhaltl. .... inhaltlich
insbes. .... insbesondere
insg. .... insgesamt
int. .... International
IntVG .... Gesetz über die Wahrnehmung der Integrationsverantwortung des Bundestages und des Bundesrates in Angelegenheiten der Europäischen Union (Integrationsverantwortungsgesetz)
IPbpR .... Internationaler Pakt über bürgerliche und politische Rechte
IPR .... Internationales Privatrecht
IPRax .... Praxis des Internationalen Privat- und Verfahrensrechts (Zeitschrift)
IPwskR .... Internationaler Pakt über wirtschaftliche, soziale und kulturelle Rechte
iRd .... im Rahmen des/der
iS (d/v) .... im Sinne (des/von)
ISGH .... Internationaler Seegerichtshof
IStGH .... Internationaler Strafgerichtshof
ITLOS .... International Tribunal for the Law of the Sea
iÜ .... im Übrigen
iVm .... in Verbindung mit
iW .... im Wesentlichen
iwS .... im weiteren Sinne

JA .... Juristische Arbeitsblätter (Zeitschrift)
Jarass/Pieroth .... H. D. Jarass/B. Pieroth (Hrsg.), Grundgesetz für die Bundesrepublik Deutschland, Kommentar, 15. Auflage, 2018
JbEI .... Jahrbuch der Europäischen Integration
JBl. .... Juristische Blätter (Zeitschrift)
JbRSoz .... Jahrbuch für Rechtssoziologie und Rechtstheorie

Abkürzungsverzeichnis

JbSächsOVG	Jahrbücher des Sächsischen Oberverwaltungsgerichts
JCMS	Journal of Common Market Studies
Jg.	Jahrgang
JGG	Jugendgerichtsgesetz
Jh.	Jahrhundert
JIR	Jahrbuch für Internationales Recht
JMBl.	Justizministerialblatt
JOR	Jahrbuch für Ostrecht
JöR	Jahrbuch des öffentlichen Rechts der Gegenwart
JÖSchG	Gesetz zum Schutz der Jugend in der Öffentlichkeit (Jugendschutzgesetz)
JR	Juristische Rundschau (Zeitschrift)
jur.	juristisch
Jura	Juristische Ausbildung (Zeitschrift)
JuS	Juristische Schulung (Zeitschrift)
JW	Juristische Wochenschrift
JZ	Juristenzeitung
K	Kammerentscheidung
Kap.	Kapitel
kath.	katholisch
Kfz	Kraftfahrzeug
KG	Kammergericht; Kommanditgesellschaft
KGaA	Kommanditgesellschaft auf Aktien
KirchE	Entscheidungen in Kirchensachen
KJ	Kritische Justiz (Zeitschrift)
KMK	Kultusministerkonferenz
Kom.	Komitee, Kommission
Komm.	Kommentar
K&R	Kommunikation & Recht (Zeitschrift)
KRABl.	Amtsblatt des Kontrollrats
krit.	kritisch
KritVj.	Kritische Vierteljahresschrift für Gesetzgebung und Rechtswissenschaft
KStZ	Kommunale Steuer-Zeitschrift
KSZE	Konferenz für Sicherheit und Zusammenarbeit in Europa
KUG	Gesetz betreffend das Urheberrecht an Werken der bildenden Künste und der Photographie (Kunsturhebergesetz)
KuR	Kirche und Recht (Zeitschrift)
LAG	Landesarbeitsgericht
lat.	lateinisch
Lfg.	Lieferung
LG	Landgericht
Lit.	Literatur
lit.	littera (Buchstabe)
LKV	Landes- und Kommunalverwaltung (Zeitschrift)
Lkw	Lastkraftwagen
LM	F. Lindenmaier/Ph. Möhring u. a. (Hrsg.), Nachschlagewerk des Bundesgerichtshofs, 1951 ff.
LR	G. Leibholz/H.-J. Rinck/A. Burghart/D. Hesselberger, Grundgesetz, Rechtsprechung des BVerfG, Kommentar, Loseblattwerk, Bände 1–3, 1966, Stand 2020
Ls.	Leitsatz
LSA	Land Sachsen-Anhalt
LSG	Landessozialgericht
LT	Landtag

lt.	laut
LT-Drs.	Landtags-Drucksache
LVerf.	Landesverfassung(en)
LVerfG	Landesverfassungsgericht(e)
LVerfGE	Entscheidungen der Verfassungsgerichte der Länder
LVerfG LSA	Verfassungsgericht für das Land Sachsen-Anhalt
LVerfG MV	Verfassungsgericht für das Land Mecklenburg-Vorpommern
LVerf MV	Verfassung des Landes Mecklenburg-Vorpommern
m.	mit
MAD	Militärischer Abschirmdienst
mAnm	mit Anmerkung
maW	mit anderen Worten
max.	maximal
Maunz/Dürig	Th. Maunz/G. Dürig (Begr.), R. Herzog/R. Scholz/M. Herdegen/H. H. Klein (Hrsg.), Grundgesetz, Kommentar, Loseblattwerk, 1958, Stand Februar 2020
MdB	Mitglied des Bundestages
MDR	Monatsschrift für Deutsches Recht
ME	Musterentwurf
mE	meines Erachtens
MedR	Medizinrecht (Zeitschrift)
MfS	Ministerium für Staatssicherheit
Min.	Minister
mind.	mindestens
Mio.	Million(en)
MIP	Mitteilungen des Instituts für Deutsches und Europäisches Parteienrecht und Parteienforschung
Mitt.	Mitteilung(en)
MittRhNotK	Mitteilungen der Rheinischen Notarkammer
MKS	H. v. Mangoldt (Begr.), Fortgef. von F. Klein/Ch. Starck, P. M. Huber/A. Voßkuhle (Hrsg.), Kommentar zum Grundgesetz, Bände 1–3, 7. Auflage, 2018
MM	O. Model/K. Müller, Grundgesetz für die Bundesrepublik Deutschland, Kommentar, 11. Auflage, 1996
MMR	Multimedia und Recht (Zeitschrift)
mN	mit Nachweisen
MPEPIL	R. Wolfrum (Hrsg.), Encyclopedia of Public International Law, Online-Enzyklopädie (Stand: April 2020), ebenfalls Printausgabe (Erstveröffentlichung 2012)
MR	Militärregierung
MRABl.	Amtsblatt der Militärregierung
Mrd.	Milliarde(n)
MRM	MenschenRechtsMagazin
MüKo	Münchener Kommentar
MultimediaR	Multimediarecht (Zeitschrift)
MV	Mecklenburg-Vorpommern
mv.	mecklenburg-vorpommerisch
mwN	mit weiteren Nachweisen
mWv	mit Wirkung vom
Nachtr.	Nachtrag
Nachw.	Nachweis(e)
NATO	North Atlantic Treaty Organization
Nds.	Niedersachsen
nds.	niedersächsisch
NdsRpfl.	Niedersächsische Rechtspflege (Zeitschrift)

Abkürzungsverzeichnis

NdsStGH .... Niedersächsischer Staatsgerichtshof
NdsVBl. .... Niedersächsische Verwaltungsblätter
Nds. Verf. .... Niedersächsische Verfassung
NDV .... Nachrichtendienst des Deutschen Vereins für öffentliche und private Fürsorge
nF .... neue Folge; neue Fassung
NILR .... Netherlands International Law Review (Zeitschrift)
NJ .... Neue Justiz (Zeitschrift)
NJW .... Neue Juristische Wochenschrift
NJW-RR .... Neue Juristische Wochenschrift – Rechtsprechungs-Report
NJOZ .... Neue Juristische Online-Zeitschrift
NordÖR .... Zeitschrift für öffentliches Recht in Norddeutschland
Nr. .... Nummer(n)
NRW .... Nordrhein-Westfalen
nrw. .... nordrhein-westfälisch
NS .... Nationalsozialismus
NStZ .... Neue Zeitschrift für Strafrecht
NStZ-RR .... Neue Zeitschrift für Strafrecht – Rechtsprechungs-Report
NuR .... Natur und Recht (Zeitschrift)
N&R .... Zeitschrift für Netzwirtschaft und Recht
NVwZ .... Neue Zeitschrift für Verwaltungsrecht
NVwZ-RR .... Neue Zeitschrift für Verwaltungsrecht – Rechtsprechungs-Report
NWVBl. .... Nordrhein-Westfälische Verwaltungsblätter
NZA .... Neue Zeitschrift für Arbeitsrecht
NZA-RR .... Neue Zeitschrift für Arbeitsrecht – Rechtsprechungs-Report
NZBau .... Neue Zeitschrift für Baurecht
NZS .... Neue Zeitschrift für Sozialrecht
NZV .... Neue Zeitschrift für Verkehrsrecht
NZWehrR .... Neue Zeitschrift für Wehrrecht

o. .... oben; oder
oa .... oben angegebene(r)
oä .... oder ähnlich
oÄ .... oder Ähnliche/s
OECD .... Organisation for Economic Cooperation and Development
öffentl. .... öffentlich
og .... oben genannte(r)
OGHSt .... Entscheidungen des Obersten Gerichtshofes für die Britische Zone in Strafsachen
OHG .... Offene Handelsgesellschaft
ÖJZ .... Österreichische Juristenzeitung
OLG .... Oberlandesgericht
OMT .... Outright Monetary Transactions
ÖPNV .... Öffentlicher Personennahverkehr
OSZE .... Organisation für Sicherheit und Zusammenarbeit in Europa
OVG .... Oberverwaltungsgericht
OVGE .... Entscheidungen der Oberverwaltungsgerichte Münster und Lüneburg
OWiG .... Gesetz über Ordnungswidrigkeiten
ÖZP .... Österreichische Zeitschrift für Politikwissenschaft

parl. .... parlamentarisch
ParlRat .... Parlamentarischer Rat
ParlStG .... Gesetz über die Rechtsverhältnisse der Parlamentarischen Staatssekretäre

PartG	Gesetz über die politischen Parteien
Paulskirchenverf.	Verfassung des Deutschen Reiches v. 28.3.1849, Paulskirchenverfassung
PCIJ	Permanent Court of International Justice
PersV	Die Personalvertretung (Zeitschrift)
PetA	Petitionsausschuss
PJZS	Polizeiliche und Justizielle Zusammenarbeit in Strafsachen
Pkw	Personenkraftwagen
PlProt.	Plenarprotokolle
PolG	Polizeigesetz
Präs	Präsident
Preuß.	Preußen
preuß.	preußisch
Preuß. Verf.	Verfassungsurkunde für den Preußischen Staat
Prot.	Protokoll
PrOVGE	Entscheidungen des Preußischen Oberverwaltungsgerichts
PVS	Politische Vierteljahresschrift
PYIL	Polish Yearbook of International Law
R	Recht
RabelsZ	Rabels Zeitschrift für ausländisches und internationales Privatrecht
RdA	Recht der Arbeit (Zeitschrift)
RdE	Recht der Elektrizitätswirtschaft (Zeitschrift)
RdJB	Recht der Jugend und des Bildungswesens (Zeitschrift)
RDV	Recht der Datenverarbeitung (Zeitschrift)
Reg	Regierung
RegBl.	Regierungsblatt
RegTP	Regulierungsbehörde für Telekommunikation und Post
Res.	Resolution
RG	Reichsgericht
RGBl.	Reichsgesetzblatt
RGSt	Entscheidungen des Reichsgerichts in Strafsachen
RGZ	Entscheidungen des Reichsgerichts in Zivilsachen
RhPf.	Rheinland-Pfalz
Rh.-Pf. VerfGH	Verfassungsgerichtshof Rheinland-Pfalz
RiA	Das Recht im Amt (Zeitschrift)
RIW	Recht der internationalen Wirtschaft (Zeitschrift)
rkr.	rechtskräftig
RL	Richtlinie
Rn.	Randnummer
ROW	Recht in Ost und West (Zeitschrift)
RPfleger	Der Deutsche Rechtspfleger (Zeitschrift)
Rs.	Rechtssache
Rspr.	Rechtsprechung
RT	Reichstag
RuP	Recht und Politik (Zeitschrift)
RuS	Recht und Schule (Zeitschrift)
RV	Verfassung des Deutschen Reiches; Die Rentenversicherung (Zeitschrift)
RVO	Rechtsverordnung; Reichsversicherungsordnung
S.	Satz; Seite(n)
s.	siehe
sa	siehe auch
Saarl.	Saarland
saarl.	saarländisch

Abkürzungsverzeichnis

SaarlVerf.	Verfassung des Saarlandes
SACEUR	Supreme Allied Commander Europe
Sachs	M. Sachs (Hrsg.), Grundgesetz, Kommentar, 8. Auflage, 2018
Sachs.	Freistaat Sachsen
SächsVBl.	Sächsische Verwaltungsblätter
Sächs. Verf.	Verfassung des Freistaates Sachsen
SächsVerfGH	Verfassungsgerichtshof des Freistaates Sachsen
SAE	Sammlung Arbeitsrechtlicher Entscheidungen
SHH	B. Schmidt-Bleibtreu/F. Klein (Begr.), H. Hofmann/H-G. Henneke (Hrsg.), Kommentar zum Grundgesetz für die Bundesrepublik Deutschland, 14. Auflage, 2018
SchlH	Schleswig-Holstein
schlh.	schleswig-holsteinisch
Schl.-H. GVBl.	Schleswig-Holsteinisches Gesetz- und Verordnungsblatt
Schl.-H. Verf.	Verfassung des Landes Schleswig-Holstein
schweiz.	schweizerisch
SDÜ	Schengener Durchführungsübereinkommen
SE	Societas Europaea
Sen.	Senat
S+F	Vierteljahresschrift für Sicherheit und Frieden
SG	Sozialgericht; Sachverständigengutachten
SGB	Sozialgesetzbuch
SGb	Die Sozialgerichtsbarkeit (Zeitschrift)
SGG	Sozialgerichtsgesetz
SJZ	Süddeutsche Juristenzeitung
Slg.	Sammlung (im Zusammenhang mit EuGH/EuG: Sammlung der Rechtsprechung des Gerichtshofes und des Gerichts Erster Instanz)
Sodan	H. Sodan (Hrsg.), Grundgesetz, Beck´scher Kompakt-Kommentar, 4. Auflage 2018
s. o.	siehe oben
sog.	sogenannte(r)
SozR	Sozialrecht, Rechtsprechung und Schrifttum, bearbeitet von Richtern des Bundessozialgerichts
SozSich	Soziale Sicherheit (Zeitschrift)
Sp.	Spalte
sprachl.	sprachlich
Spstr.	Spiegelstrich
st.	ständig
StA	Staatsanwaltschaft
StaatsR	Staatsrecht
StAG	Staatsangehörigkeitsgesetz
StAZ	Das Standesamt (Zeitschrift)
StbJb	Steuerberater-Jahrbuch
Stellv.; stellv.	Stellvertreter; stellvertretend
StenBer.	Stenographische Berichte
StenProt.	Stenographische Protokolle
StGB	Strafgesetzbuch
StGH	Staatsgerichtshof
StGH Brem	Staatsgerichtshof der Freien Hansestadt Bremen
StGH BW	Staatsgerichtshof für das Land Baden-Württemberg
StGH Hess	Staatsgerichtshof für das Land Hessen
Stichw.	Stichwort(e)
StIGH	Ständiger Internationaler Gerichtshof
StPO	Strafprozessordnung
str.	streitig, strittig

StrafR	Strafrecht
stRspr.	ständige Rechtsprechung
StuW	Steuer und Wirtschaft (Zeitschrift)
StV	Strafverteidiger (Zeitschrift)
StVertr.	Staatsvertrag
StVj	Steuerliche Vierteljahresschrift
StVO	Straßenverkehrsordnung
StWissStPr	Staatswissenschaft und Staatspraxis (Zeitschrift)
s. u.	siehe unten
SVN	Satzung der Vereinten Nationen
SZ	Süddeutsche Zeitung
teilw.	teilweise
Thür.	Freistaat Thüringen
ThürVBl.	Thüringische Verwaltungsblätter
Thür. Verf.	Verfassung des Freistaates Thüringen
ThürVerfGH	Thüringer Verfassungsgerichtshof
THW	Technisches Hilfswerk
TKG	Telekommunikationsgesetz
TMR	Telekommunikations- und Medienrecht (Zeitschrift; bis 2001: Zeitschrift für das gesamte Recht der Telekommunikation, ab 2004 aufgegangen in Kommunikation & Recht)
TranspR	Transportrecht (Zeitschrift)
TÜV	Technischer Überwachungsverein
Tz.	Textzahl, Textziffer
u.	unten; und
UA	Untersuchungsausschuss
ua	und andere; unter anderem
uä	und ähnliche(s)
UAbs.	Unterabsatz
UBWV	Unterrichtsblätter für die Bundeswehrverwaltung
Überbl.	Überblick
Umbach/Clemens	D. C. Umbach/Th. Clemens (Hrsg.), Grundgesetz, Mitarbeiterkommentar, Bände 1–2, 2. Auflage, 2002
UFITA	Archiv für Urheber-, Film, Funk- und Theaterrecht (Zeitschrift)
UGB	Umweltgesetzbuch
Umf.	Umfang
umf.	umfassend
umfangr.	umfangreich
umstr.	umstritten
UmwR	Umweltrecht
UPR	Umwelt- und Planungsrecht (Zeitschrift)
UN(O)	United Nations (Organization)
UN-Charta	Charta der Vereinten Nationen
UN Doc.	United Nations Documents
UNESCO	United Nations Educational, Scientific and Cultural Organization
UNOSOM	United Nations Operation in Somalia
unstr.	unstreitig
UNTS	United Nations Treaty Series
unv.	unverändert, unveränderte Auflage
unzutr.	unzutreffend
UPR	Umwelt- und Planungsrecht (Zeitschrift)
UrhG	Gesetz über Urheberrecht und verwandte Schutzrechte (Urheberrechtsgesetz)

Abkürzungsverzeichnis

Urt. .... Urteil
U. S. .... United States Reports
USA .... United States of America
usw .... und so weiter
UTR .... Jahrbuch des Umwelt- und Technikrechts
uU .... unter Umständen
uvm .... und viele(s) mehr
UWG .... Gesetz gegen den unlauteren Wettbewerb
UZwG .... Gesetz über den unmittelbaren Zwang bei Ausübung öffentlicher Gewalt durch Vollzugsbeamte des Bundes

v. .... von; versus
VA .... Verwaltungsakt
va .... vor allem
Var. .... Variante
VBl. .... Verwaltungsblätter
VBl.BW .... Verwaltungsblätter für Baden-Württemberg
Verf. .... Verfassung; Verfahren
VerfassungsR .... Verfassungsrecht
VerfÄndG .... Verfassungsänderungsgesetz
VerfG .... Verfassungsgericht
VerfGH .... Verfassungsgerichtshof
VerfGH Bln .... Verfassungsgerichtshof für das Land Berlin
VerfGH BW .... Verfassungsgerichtshof für das Land Baden-Württemberg
VerfGH NRW .... Verfassungsgerichtshof für das Land Nordrhein-Westfalen
VerfGH RhPf .... Verfassungsgerichtshof für das Land Rheinland-Pfalz
VerfGH Saarl .... Verfassungsgerichtshof für das Land Saarland
VerfGH Sachs .... Verfassungsgerichtshof des Freistaates Sachsen
Verf. MV .... Verfassung des Landes Mecklenburg-Vorpommern
Verf. NRW .... Verfassung für das Land Nordrhein-Westfalen
Verf. RhPf .... Verfassung für Rheinland-Pfalz
Verh. .... Verhandlung(en)
VermA .... Vermittlungsausschuss
VersorgB .... Der Versorgungsbeamte (Zeitschrift; seit 1988: Die Versorgungsverwaltung)
VersG .... Gesetz über Versammlungen und Aufzüge (Versammlungsgesetz)
VersR .... Zeitschrift für Versicherungsrecht, Haftungs- und Schadensrecht; Versicherungsrecht
VertA .... Verteidigungsausschuss
VertrR .... Vertragsrecht
Verw. .... Verwaltung
VerwArch. .... Verwaltungsarchiv (Zeitschrift)
VerwProzR .... Verwaltungsprozessrecht
VerwR .... Verwaltungsrecht
VerwRspr. .... Verwaltungs-Rechtsprechung in Deutschland (Sammlung)
VG .... Verwaltungsgericht
VGH .... Verwaltungsgerichtshof
VGH BW .... Verwaltungsgerichtshof des Landes Baden-Württemberg
vgl. .... vergleiche
vH .... von Hundert
VIZ .... Zeitschrift für Vermögens- und Investitionsrecht
VMBl. .... Ministerialblatt des Bundesministers für Verteidigung
VN .... Vereinte Nationen (Zeitschrift); Vereinte Nationen
VO .... Verordnung
VOBl. .... Verordnungsblatt
Vol. .... Volume

VölkerR	Völkerrecht
Voraufl.	Vorauflage
Vorb.	Vorbemerkung
VR	Völkerrecht; Verwaltungsrundschau (Zeitschrift)
VRS	Verkehrsrechtssammlung (Zeitschrift)
VRÜ	Verfassung und Recht in Übersee (Zeitschrift)
vs.	versus
VSSR	Vierteljahresschrift für Sozialrecht
VStGB	Völkerstrafgesetzbuch
VvB	Verfassung von Berlin
VVDStRL	Veröffentlichungen der Vereinigung der Deutschen Staatsrechtslehrer
VwGO	Verwaltungsgerichtsordnung
VwV	Verwaltungsvorschrift
VwVfG	Verwaltungsverfahrensgesetz
VwVG	Verwaltungsvollstreckungsgesetz
WB	Wehrbeauftragter
WehrbJB	Jahresbericht des Wehrbeauftragten
WettbR	Wettbewerbsrecht
WEU	Westeuropäische Union
WHO	World Health Organization
WiGBl.	Gesetzblatt der Verwaltung des Vereinigten Wirtschaftsgebietes
WiR	Wirtschaftsrecht (Zeitschrift)
Wiss.	Wissenschaft
wiss.	wissenschaftlich
WissR	Wissenschaftsrecht (Zeitschrift)
wistra	Zeitschrift für Wirtschaft, Steuer, Strafrecht
WiVerw.	Wirtschaft und Verwaltung (Vierteljahresbeilage zur Zeitschrift Gewerbearchiv)
WM	Wertpapier-Mitteilungen (Zeitschrift)
WPg.	Die Wirtschaftsprüfung (Zeitschrift)
WP	Wahlperiode(n)
WRP	Wettbewerb in Recht und Praxis (Zeitschrift)
WRV	Verfassung des Deutschen Reiches von 1919 (Weimarer Reichsverfassung)
WTO	World Trade Organization
WÜD	Wiener Übereinkommen über diplomatische Beziehungen
WuM	Wohnungswirtschaft und Mietrecht (Zeitschrift)
Württ.	Württemberg
WuW	Wirtschaft und Wettbewerb (Zeitschrift)
WV	Wehrverwaltung
WVK	Wiener Vertragsrechtskonvention
YEL	Yearbook of European Law
YLJ	Yale Law Journal
zahlr.	zahlreich
ZaöRV	Zeitschrift für ausländisches öffentliches Recht und Völkerrecht
ZAR	Zeitschrift für Ausländerrecht und Ausländerpolitik
zB	zum Beispiel
ZBB	Zeitschrift für Bankrecht und Bankwirtschaft
ZblJugR	Zentralblatt für Jugendrecht und Jugendwohlfahrt (seit 1984: Zentralblatt für Jugendrecht)
ZBR	Zeitschrift für Beamtenrecht

ZDG	Gesetz über den Zivildienst der Kriegsdienstverweigerer (Zivildienstgesetz)
ZEuS	Zeitschrift für Europäische Studien
ZEV	Zeitschrift für Erbrecht und Vermögensnachfolge
ZevKR	Zeitschrift für evangelisches Kirchenrecht
ZfA	Zeitschrift für Arbeitsrecht
ZfBR	Zeitschrift für deutsches und internationales Bau(- und Vergabe)recht
ZfG	Zeitschrift für Geschichtswissenschaft
ZfJ	Zentralblatt für Jugendrecht (seit 1984, vorher: Zentralblatt für Jugendrecht und Jugendwohlfahrt)
ZfP	Zeitschrift für Politik
ZfPR	Zeitschrift für Personalvertretungsrecht
ZfSH(/SGB)	Zeitschrift für Sozialhilfe (und Sozialgesetzbuch)
ZfStrVo	Zeitschrift für Strafvollzug
ZfV	Zeitschrift für Verwaltung
ZfW	Zeitschrift für Wasserrecht
ZG	Zeitschrift für Gesetzgebung
ZGR	Zeitschrift für Unternehmens- und Gesellschaftsrecht
ZgS	Zeitschrift für die gesamte Staatswissenschaft (seit 1986: Journal of institutional and theoretical economics)
ZHR	Zeitschrift für das gesamte Handels- und Wirtschaftsrecht
Ziff.	Ziffer
ZIP	Zeitschrift für Wirtschaftsrecht und Insolvenzpraxis
zit.	zitiert
ZKF	Zeitschrift für Kommunalfinanzen
ZLR	Zeitschrift für das gesamte Lebensmittelrecht
ZLW	Zeitschrift für Luft- und Weltraumrecht
ZMR	Zeitschrift für Miet- und Raumrecht
ZNotP	Zeitschrift für die Notarpraxis
ZögU	Zeitschrift für öffentliche und gemeinwirtschaftliche Unternehmen
ZÖR	Zeitschrift für öffentliches Recht – Austrian Journal of Public and International Law
ZOV	Zeitschrift für offene Vermögensfragen
ZP	Zusatzprotokoll
ZParl.	Zeitschrift für Parlamentsfragen
ZPO	Zivilprozessordnung
ZRP	Zeitschrift für Rechtspolitik
ZRph	Zeitschrift für Rechtsphilosophie
ZSE	Zeitschrift für Staats- und Europawissenschaften
ZSR	Zeitschrift für Sozialreform
ZStrW	Zeitschrift für die gesamte Strafrechtswissenschaft
ZStW	Zeitschrift für die gesamte Staatswissenschaft
zT	zum Teil
ZThK	Zeitschrift für Theologie und Kirche
ZTR	Zeitschrift für Tarifrecht
zul.	zuletzt
ZUM	Zeitschrift für Urheber- und Medienrecht (seit 1985, vorher: Film und Recht)
ZUR	Zeitschrift für Umweltrecht
zusf.	zusammenfassend
zust.	zustimmend
zutr.	zutreffend
ZVersWiss.	Zeitschrift für die gesamte Versicherungswissenschaft
ZVglRWiss.	Zeitschrift für Vergleichende Rechtswissenschaft
ZVR	Zwangsvollstreckungsrecht

ZV+ZV	Zeitungsverlag und Zeitschriftenverlag (Zeitschrift)
zw.	zwischen; zweifelhaft
ZWehrR	Zeitschrift für Wehrrecht
zzgl.	zuzüglich
ZZP	Zeitschrift für Zivilprozess
zzt	zurzeit

Präambel

Übersicht

[1] Im Bewußtsein seiner Verantwortung vor Gott und den Menschen, von dem Willen beseelt, als gleichberechtigtes Glied in einem vereinten Europa dem Frieden der Welt zu dienen, hat sich das Deutsche Volk kraft seiner verfassungsgebenden Gewalt dieses Grundgesetz gegeben.

[2] Die Deutschen in den Ländern Baden-Württemberg, Bayern, Berlin, Brandenburg, Bremen, Hamburg, Hessen, Mecklenburg-Vorpommern, Niedersachsen, Nordrhein-Westfalen, Rheinland-Pfalz, Saarland, Sachsen, Sachsen-Anhalt, Schleswig-Holstein und Thüringen haben in freier Selbstbestimmung die Einheit und Freiheit Deutschlands vollendet. [3] Damit gilt dieses Grundgesetz für das gesamte Deutsche Volk.

Hinweis: Die Paulskirchenverfassung von 1849 enthielt keine Präambel.

Reichsverfassung von 1871

Seine Majestät der König von Preußen im Namen des Norddeutschen Bundes, Seine Majestät der König von Bayern, Seine Majestät der König von Württemberg, Seine Königliche Hoheit der Großherzog von Baden und Seine Königliche Hoheit der Großherzog von Hessen und bei Rhein für die südlich vom Main belegenen Theile des Großherzogthums Hessen, schließen einen ewigen Bund zum Schutze des Bundesgebietes und des innerhalb desselben gültigen Rechtes, sowie zur Pflege der Wohlfahrt des Deutschen Volkes. Dieser Bund wird den Namen Deutsches Reich führen und wird nachstehende

Verfassung

haben.

Weimarer Reichsverfassung von 1919

Das Deutsche Volk, einig in seinen Stämmen und von dem Willen beseelt, sein Reich in Freiheit und Gerechtigkeit zu erneuern und zu festigen, dem inneren und dem äußeren Frieden zu dienen und den gesellschaftlichen Fortschritt zu fördern, hat sich diese Verfassung gegeben.

Grundgesetz von 1949

Im Bewußtsein seiner Verantwortung vor Gott und den Menschen,

von dem Willen beseelt, seine nationale und staatliche Einheit zu wahren und als gleichberechtigtes Glied in einem vereinten Europa dem Frieden der Welt zu dienen, hat das Deutsche Volk

in den Ländern Baden, Bayern, Bremen, Hamburg, Hessen, Niedersachsen, NordrheinWestfalen, Rheinland-Pfalz, Schleswig-Holstein, Württemberg-Baden und WürttembergHohenzollern,

um dem staatlichen Leben für eine Übergangszeit eine neue Ordnung zu geben,

kraft seiner verfassungsgebenden Gewalt dieses Grundgesetz der Bundesrepublik Deutschland beschlossen.

Es hat auch für jene Deutschen gehandelt, denen mitzuwirken versagt war.

Das gesamte Deutsche Volk bleibt aufgefordert, in freier Selbstbestimmung die Einheit und Freiheit Deutschlands zu vollenden.

A. Allgemeine Bedeutung

1 **I. Die Präambel als Vorspruch, Versprechen und Quintessenz der Verfassung.** In feierlicher Sprache und bürgernah verorten Verfassungspräambeln die politische Einheitsbildung historisch, verbinden werthafte Bekenntnisse mit wegleitenden Erkenntnissen und wagen den Blick in die Zukunft, kurz: sie formulieren die Quintessenz des folgenden Textes, wollen Narrativ, „Meistererzählung", **Vorspruch** und **Versprechen** sein.[1] Soweit der nicht unumstrittene Begriff von der Verfassungsidentität[2] – verstanden hier als die Summe jener Grundentscheidungen und Strukturprinzipien (Achtung der Menschenwürde, Rechtsstaatlichkeit, Demokratie, Bundesstaatlichkeit, Sozialstaat, Republik, Grundrechtsradizierung), die den bundesrepublikanischen Verfassungsstaat ausmachen – Relevanz hat, geben die Verfassungspräambeln ihm Resonanzraum. Sie dienen als „mirror reflecting the national soul".[3] Die Frage nach ihrer Normativität ist damit freilich noch nicht beantwortet. Für die Grundgesetzpräambel (alte Fassung) hat das Bundesverfassungsgericht in seinem berühmten Grundlagenvertragsurteil[4] eindeutige Stellung genommen. Das Wiedervereinigungsgebot und das Selbstbestimmungsrecht waren im Präambeltext aF verankert. Das Gericht betonte nachdrücklich, dass der Vorspruch des GG nicht nur politische Bedeutung, sondern auch rechtlichen Gehalt habe, der sich gerade durch das Zusammenspiel mit

[1] *Häberle* FS f. Broermann, 1982, 211 (245); zu den kognitiven, deliberativen und voluntativen Elementen von Präambeltexten siehe auch *Kulow,* Inhalte und Funktionen der Präambel des EG-Vertrages, 1997; *Kotzur,* Theorieelemente des internationalen Menschenrechtschutzes, 2001, 102; *Kotzur* in FS der Juristenfakultät zum 600-jährigen Bestehen der Universität Leipzig, 2009, 511 ff.

[2] Zu diesem vom Bundesverfassungsgericht in seiner Lissabon-Entscheidung (BVerfGE 123, 267) geprägten Begriff, der seither über den Entscheidungskontext hinaus (terminologischen) Selbststand gewonnen hat, *Baus/Pöttering,* Europäische Integration und deutsche Verfassungsidentität: 5. Berliner Rechtspolitische Konferenz der Konrad-Adenauer-Stiftung, 2010.

[3] *Michelman* ICON 1 (2003), 13.

[4] BVerfGE 36, 1 ff.

den operativen Verfassungsbestimmungen entfalte.[5] Letztere seien „im Lichte" der Präambel zu lesen.[6] Einzelne Präambelbestandteile können daher durchaus eine unterschiedliche rechtliche Bindungswirkung entfalten. Das Bild von *relativer,* noch deutlicher von ***abgestufter* Normativität** bietet sich an.[7]

Paralleles gilt für völkerrechtliche Vertragspräambeln und damit auch für die Präambeln zu den Gründungsverträgen der Europäischen Union. Sie sind, wie schon Art. 31 Abs. 2 WVK zeigt, ein integraler Bestandteil des jeweiligen Vertragstextes. Ihnen kommt – im Rahmen ihrer spezifischen Funktionen (oft haben sie nur deskriptiven oder appelativen Charakter) – dieselbe rechtliche Bindungswirkung zu wie jedem anderen Vertragsbestandteil auch.[8] Ganz allgemein sind Präambeln damit eine textliche Kunstform eigener Art und mit eigenem Anspruch. Sie enthalten keine operativen Elemente, sondern beschreiben die historische Ausgangslage, benennen Motive, nehmen Bezug auf relevante Kontexte, verorten die politische Gemeinschaft in all jenen Bedingtheiten, die jenseits ihrer selbst liegen,[9] und stimmen die **Grundmelodie politischer Einheitsbildung** an. 2

Etwas detailgenauere Betrachtungen sollten mit der Etymologie beginnen. 3
Präambeln als Rechtstexten „vorangehende" (lat. *präambulare*) Bekundungen sind in einem urkundlichen Sinne **formeller Textbestandteil.**[10] Bei einfachen Gesetzen kommen sie, jedenfalls heute, eher selten vor;[11] Verfassungen und völkerrechtliche Verträge sind ihre primäre Domäne.[12] Eine wichtige Rolle spielen sie aber auch in internationalen Akten ohne förmlich verpflichtenden Charakter (ein Musterbeispiel geben die an Erwägungen reichen Resolutionen der UN-Generalversammlung, ebenso die nicht zwingend, aber häufig bindenden Beschlüsse des UN-Sicherheitsrates); aus den Präambeln ist hier wie dort oft wichtiger Aufschluss über die gewollten Inhalte zu gewinnen. Sie geben Anhaltspunkte für die teleologische Interpretation.

Ursprung und **Ziel** des Verfassungswerkes sind denn auch zentraler Ge- 4
genstand der Präambel einer Verfassung. So steht das GG einerseits in den Kontinuitäten und großen Traditionslinien der spezifisch deutschen Verfassungsgeschichte. Allen voran die Weimarer Reichsverfassung von 1919 ist sein Vor- und Gegenbild. Es weiß sich andererseits schon in seinem Werden überstaatlich eingehegt[13] und „übergesetzlich".[14] Die „historischen Notizen"[15] einer Verfassungspräambel zeichnen oft ein bestimmtes Geschichtsbild,

---

[5] BVerfGE 36, 1 (17).

[6] *Hillgruber* in BeckOK GG, Rn. 22; *Starck* in MKS Rn. 30.

[7] Für das Völkerrecht *Fastenrath* EJIL 4 (1993), 305 ff.

[8] In diesem Sinne schon *Fitzmaurice* BYIL 33 (1957), 203 (229).

[9] In Anspielung an eine berühmte Wendung *v. Simsons* FS f. Aubin, 1979, 217 (217 f.); ausführlich dazu *Häberle/Schwarze/Graf Vitzthum,* Die überstaatliche Bedingtheit des Staates: zu Grundpositionen Werner von Simsons auf den Gebieten der Staats- und Verfassungslehre, des Völker- und des Europarechts, 1993.

[10] Für die Grundgesetzpräambel kann daran schon textlich kein Zweifel bestehen, wenn sie schlicht formuliert: „Damit gilt *dieses* Grundgesetz (…)" (Hervorhebung durch den Verf.).

[11] Aber sie finden sich doch gelegentlich, wo das Bedürfnis nach einem erläuternden Narrativ besteht oder der Gesetzgeber sich zu Selbstbehauptungen veranlasst sieht, etwa *Rottenwallner* KJ 2017, 364.

[12] Überblick dazu bei *Häberle* FS f. Broermann, 1982, 211 ff., sowie *Kotzur,* Theorieelemente des internationalen Menschenrechtschutzes, 2001.

[13] Dazu → Rn. 37.

[14] *Radbruch* Süddeutsche Juristenzeitung 1 (1946), 105 ff.

[15] Mit dieser Formulierung im Blick auf die Präambel zur Reichsverfassung von 1871 *Zorn,* Das Reichsstaatsrecht I, 1885, 58.

dem es eher um die sinnstiftende „große Erzählung" als die exakte Wiedergabe der (entstehungs-)geschichtlichen Wirklichkeit geht. Vor Überhöhungen, gar Mythenbildungen[16] scheut sie mitunter nicht. Eine Präambel kann deshalb auch unrichtig sein und darf, jedenfalls primär, nicht beanspruchen, Geschichtswissen zu vermitteln. Sie dokumentiert vielmehr die Bewertung geschichtlicher Vorgänge seitens eines Verfassungsgebers zum Zeitpunkt der jeweiligen Verfassunggebung. Geschichtskonstruktionen und Geschichtsrekonstruktionen gehen dabei Hand in Hand. Spätere Generationen mögen die Vergangenheit anders sehen, die historische Forschung mag neue Erkenntnisse hervorbringen.

5 Präambeln stehen so in einem Spannungsfeld von **Vergangenheit** und **Zukunft,** von **Stabilität** und **Dynamik.** Sie suchen die Brücke vom Woher zum Wohin zu bauen, wollen, verbunden mit einer gewissen Kontinuitätserwartung,[17] künftige Generationen für den Verfassungskonsens[18] gewinnen und so eine bewusste **Integrationsfunktion** wahrnehmen.[19] Sie erinnern an Vergangenes, halten es fest, um in dessen Geist zur Zukunftsbewältigung beizutragen. In ihrer zukunftsgerichteten Dimension geben Präambeltexte etwa Aufträge und Programme vor,[20] welche im Rahmen der Verfassung zu erfüllen oder jedenfalls anzugehen sind. Strikte normative Verbindlichkeit kann solchen **Zukunftsversprechen** nicht zukommen. Sie als bloße „Verfassungslyrik" abzutun, würde dem normativen Gestaltungsanspruch der Verfassung als solcher indes ebenso wenig gerecht. Aus dem Zusammenspiel von retro- und prospektiven Elementen des Verfassungsvorspruchs wird jedenfalls deutlich, dass „Verfasstheit" keinen ein für alle Mal fixierten Zustand, sondern den Rahmen für ein immer neues Werden meint. Die Verfassung gleicht, bildhaft gesprochen, einem „living tree".[21]

6 So radiziert und öffnet die Präambel des GG den bundesrepublikanischen Verfassungsstaat, denkt von der mehr oder weniger unveränderlichen Verfassungssubstanz her seine **Zukunfts-** und **Entwicklungsoffenheit.** Ihr Sprachduktus ist durchaus pathetisch: „von dem Willen beseelt". Der Präambeltext mahnt die Verantwortung „vor Gott" und den Menschen an, nimmt die Vereinigung Europas und den „Frieden der Welt" als bewusst interdependente Zielperspektiven in den Blick und greift dabei auf die verfassunggebende Gewalt des Volkes[22] als Legitimitätsressource zurück. Auch „die Einheit und Freiheit Deutschlands" war im geteilten Deutschland des Jahres 1949 nur Zukunftshoffnung. Mit der Wiedereinigung hat sich 1990 diese Hoffnung erfüllt und die neugefasste Präambel konnte nun, in bewusster Bezugnahme auf das völkerrechtliche Prinzip freier Selbstbestimmung,[23] die Vollendung der in friedlicher Revolution errungenen „Einheit" und „Freiheit" verkünden.

---

16 *Hinterhäuser* bezeichnet Mythen als „Archive der Welterkenntnis", SZ v. 14.8.2019, 11.

17 Dazu weiterführend *Leisner,* Kontinuität als Verfassungsprinzip, 2002.

18 *May/Daly,* Global Environmental Constitutionalism, 2014, 47 f.: „(t)he very purpose of constitution is to bind future generations to the values identified by the present one."; Das „Selbstverständnis", so *Zippelius/Würtenberger,* Deutsches Staatsrecht, 2018, § 9.

19 *Smend* in Smend Staatsrechtliche Abhandlungen und andere Aufsätze, 2010, 189.

20 „Appell und die Verheißung", so *Badura,* Staatsrecht, 2018, Kap. B Rn. 2.

21 Supreme Court of Canada, Reference Re Same-Sex Marriage, [2004] 3 S. C. R. 698, 2004 SCC 79 Rn. 22.

22 Es war im Jahre 1949 indes allenfalls ein Teil des deutschen Volkes, deshalb formulierte S. 2 der Präambel GG aF: „Es hat auch für jene gehandelt, denen mitzuwirken versagt war".

23 *Gornig/Horn/Murswiek,* Das Selbstbestimmungsrecht der Völker – eine Problemschau, 2013.

7 Seither gilt das GG für das gesamte deutsche Volk. Dabei geht es freilich nicht um die Festlegung eines räumlichen oder personellen Geltungsbereichs. Die Präambel wäre dafür kaum der systematisch rechte Ort.[24] Die Wendung unterstreicht vielmehr den Wiedervereinigungserfolg in seinen normativen Konsequenzen und schließt implizit gegenüber der Staatengemeinschaft – die Präambel ist nicht nur Selbstversicherung nach Innen, sondern auch Standortbestimmung nach Außen – weitergehende territoriale Ansprüche aus. Vorher war die **Rechtslage** diesbezüglich offen.[25]

8 Dass der Präambel zum GG nicht nur politische Bedeutung, sondern **auch rechtlicher Gehalt** zukommt, war in Ansehung ihrer ursprünglichen Textfassung schon bald unbestritten.[26] Der Schlusssatz („Das gesamte Deutsche Volk bleibt aufgefordert, in freier Selbstbestimmung die Einheit und Freiheit Deutschlands zu vollenden") traf eine eindeutig normative Aussage und musste als Verfassungsauftrag gelesen werden. Der Präambel wurde ein **rechtsverbindliches Wiedervereinigungsgebot** entnommen. So heißt es im Grundvertragsurteil: „Dem Vorspruch des Grundgesetzes kommt nicht nur politische Bedeutung zu, er hat auch rechtlichen Gehalt. Die Wiedervereinigung ist ein verfassungsrechtliches Gebot. Es muss jedoch den zu politischem Handeln berufenen Organen der Bundesrepublik überlassen bleiben zu entscheiden, welche Wege sie zur Herbeiführung der Wiedervereinigung als politisch richtig und zweckmäßig ansehen".[27] Auch wenn das Wiedervereinigungsgebot ganz im Zentrum der ursprünglichen Präambelfassung stand, war sie in ihren normativen Impulsen niemals darauf reduziert.

9 Für die nunmehr geltende Präambel, die durch Art. 4 Nr. 1 des Vertrages zwischen der Bundesrepublik Deutschland und der Deutschen Demokratischen Republik über die Herstellung der Einheit Deutschlands[28] vereinbart und sodann zum 3.10.1990 anstelle der Präambel GG aF in das GG eingefügt wurde, hat das eindeutige Konsequenzen in Sachen **Rechtserheblichkeit.** Ihre Formulierungen sind normativ zwar weniger eindeutig gefasst als das Wiedervereinigungsgebot, folgen aber, was etwa das Europäische Integrationsversprechen und das Friedensziel angeht, den von Anfang an angelegten normativen Orientierungen, die ihrerseits im operativen Teil der Verfassung (Art. 23 bzw. 26) rechtsverbindliche Konkretisierung finden und einen Teil der **bundesdeutschen Verfassungsidentität** ausmachen. Nach wie vor gilt, was *Carlo Schmid* auf die Präambel in ihrer Ursprungsfassung gemünzt hatte: „Diese Präambel ist mehr als nur ein pathetischer Vorspruch. Sie zählt – und wir sind dabei im vollen Bewusstsein dessen, was geschehen soll, vorgegangen – die konstitutiven Faktoren auf, die wirksam geworden sind, und sie besagt, was geschaffen werden sollte und was noch nicht geschaffen werden

[24] Art. 23 aF legte früher den Geltungsbereich des GG fest, die Präambel GG aF enthielt keine vergleichbare Aussage.

[25] Bis zur Wiedervereinigung war die Frage der Grenzziehung (in den Grenzen des Deutschen Reiches von 1937) rechtlich offen: *Blumenwitz* AVR 23 (1985), 1; *Degenhart* DVBl. 1990, 973 (977 f.).

[26] BVerfGE 5, 85 (127); BVerfGE 36, 1 (17); *Stern*, StaatsR I, § 14 Kap. IV 6b; *Zuleeg* DVBl. 1983, 486 (487); *Murswiek* in BK Rn. 86 ff.

[27] BVerfGE 36, 1 (17); s. dazu *Luchterhandt* in HdbStR I § 10 Rn. 74 ff.; s. ferner BVerfGE 77, 137 (151): „Die im Wiedervereinigungsgebot enthaltene Wahrungspflicht gebietet es auch, die Einheit des deutschen Volkes als des Trägers des völkerrechtlichen Selbstbestimmungsrechts nach Möglichkeit zukunftsgerichtet auf Dauer zu bewahren".

[28] Einigungsvertrag v. 31.8.1990, BGBl. 1990 II 898 (EVertr.).

konnte. Diese Präambel enthält also rechtlich erhebliche Feststellungen, Bewertungen, Rechtsverwahrungen und Ansprüche zugleich."[29]

10 Diese „Ansprüche" dürfen indes nicht als Grundrechte missverstanden werden.[30] In Betracht kommt indessen, der Präambel **Zielbestimmungen** zu entnehmen, wie sie der operative Verfassungsteil in Form von Staatszielen respektive Staatszwecken (Art. 20, Art. 20a) ausbuchstabiert[31] oder wie sie objektiven Grundrechtsgehalten[32] respektive grundrechtlichen Schutzpflichten[33] durch entsprechende Auslegung entnommen werden können. Die Bekenntnisse zum Frieden in der Welt und zur europäischen Einigung lassen sich auch als Erziehungsziele[34] lesen und geben dem täglich neuen Prozess politischer Einheitsbildung[35] Orientierungswerte[36] vor. Schließlich können Präambelbestimmungen einen wichtigen Beitrag zur Verfassungsinterpretation leisten.[37] So wie Präambelgehalte, im Lichte operativer Verfassungsbestimmungen ausgelegt, eigenständiges normatives Gewicht gewinnen, erfahren operative Verfassungsbestimmungen, im Lichte der Präambel interpretiert, Konkretisierung und Kontextualisierung zugleich (etwa unter dem Gesichtspunkt der Einheit der Verfassung, der Maxime der Völkerrechtsfreundlichkeit oder dem Aspekt funktioneller Richtigkeit[38]). Präambelbestimmungen qualifizieren damit als **Verfassungstext** und **Verfassungskontext** in einem.[39]

11 **II. Europäische Bezüge.** Für den **europäischen Verfassungsverbund,**[40] nationales Verfassungsrecht, Europa(-recht) im engeren sowie weiteren Sinne einschließend und von „internationalen Maßstabsnormen" eingehegt,[41] liefern Präambeltexte identitätsstiftende Erzählungen. Das beginnt mit der Präambel der Europäischen Menschenrechtskonvention von 1950, wenn sie ihren „tiefen Glauben an diese Grundfreiheiten" mit fast schon religiösem Pathos bekräftigt. Das setzt sich fort, wenn die Präambeln zum EUV, AEUV und zur EU-Grundrechtecharta ein *Konzentrat* der konstitutionellen Tiefen-

---

[29] *Matz* JöR nF 1 (1951), 41.

[30] So für das frühere Wiedervereinigungsgebot zutr. BVerfG EuGRZ 1987, 387.

[31] Dazu *Scheuner* in Scheuner Staatstheorie und Staatsrecht, 1978, 223 ff.; *Hebeisen,* Staatszweck, Staatsziele, Staatsaufgaben, 1996; *Sommermann,* Staatsziele und Staatszielbestimmungen, 1997; *Häberle* AöR 111 (1986), 595 ff.; *Isensee* in HdbStR IV § 71, § 73.

[32] *Hesse,* Grundzüge des Verfassungsrechts der Bundesrepublik Deutschland, 1999, 137 ff.; *Di Fabio* JZ 2004, 1 ff.

[33] *Hesse,* Grundzüge des Verfassungsrecht der Bundesrepublik Deutschland, 1999, 166 f.; sowie *Jaeckel,* Schutzpflichten im deutschen und europäischen Recht, 2001; *Szczekalla,* Die sog. grundrechtlichen Schutzpflichten im deutschen und europäischen Recht, 2002.

[34] *Evers,* Die Befugnis des Staates zur Festlegung von Erziehungszielen in der pluralistischen Gesellschaft, 1979; *Häberle* FS f. Huber, 1981, 211 ff.; *Häberle,* Erziehungsziele und Orientierungswerte im Verfassungsstaat, 1981; sowie *Häberle,* Verfassungslehre als Kulturwissenschaft, 1998, 758 ff.

[35] *Renan,* Was ist eine Nation? Rede am 11.3.1882 in der Sorbonne, übersetzt von *Henning Ritter,* mit einem Essay von *Walter Euchner,* 1996 (EVA-Reden, 20), 7 (34 f.): „Das Dasein einer Nation ist – erlauben Sie mir dieses Bild – ein Plebiszit Tag für Tag, wie das Dasein des einzelnen eine dauernde Behauptung des Lebens ist".

[36] Wiederum *Häberle,* Erziehungsziele und Orientierungswerte im Verfassungsstaat, 1981; *Häberle,* Verfassungslehre als Kulturwissenschaft, 1998, 758 ff.

[37] Vgl. aus der früheren Rspr. etwa BVerfGE 63, 343 (370), BVerwGE 11, 9 (13).

[38] Grundlegend *Ehmke* VVDStRL 20 (1963), 53 ff.

[39] Verstanden im Sinne der Kontextthese *Peter Häberles,* Kontext meine „Verstehen durch Hinzudenken"; *Häberle,* Kommentierte Verfassungsrechtsprechung, 1979, 44 ff.; *Voßkuhle/Wischmeyer* JöR 63 (2015), 401 ff.

[40] Begriffsprägend *Pernice* EuR 1996, 27 ff.; *Pernice,* Das Verhältnis europäischer zu nationalen Gerichten im europäischen Verfassungsverbund, 2006, 53.

[41] *Calliess* in HdbStR IV § 83 Rn. 6.

schichten des Integrationsprozesses liefern.[42] Sie beschreiben den Weg zur *„ever closer Union"* als einen eher evolutiven denn revolutionären Prozess.[43] So versteht sich die Präambel des EUV – ohne Gottesbezug[44] – in ihrem zweiten Passus als Ausdruck gemeineuropäischer konstitutioneller Kontinuität und Identität: „Schöpfend aus dem kulturellen, religiösen und humanistischen Erbe Europas, aus dem sich die unverletzlichen und unveräußerlichen Rechte des Menschen sowie Freiheit, Demokratie, Gleichheit, Demokratie und Rechtsstaatlichkeit als universelle Werte entwickelt haben." In ihrem Zusammenklang erzählt die **Trias der drei Präambeln aus EUV, AEUV und Grundrechte-Charta** teils erkenntnisorientiert, teils bekenntnishaft die europäische Integrationsgeschichte. Sie spricht von Hoffnungen, wagt Versprechen, fordert Verantwortung ein. Vor allem verweisen die Präambeltexte – normativ konkretisiert durch Art. 2 und 3 EUV – auf die Werte und Ziele der Union als archimedischen Punkt europäischer Verfassungsidentität.[45] Deshalb bildet die Präambel-Trias auch einen unverzichtbaren Kontext für die Präambeln der mitgliedstaatlichen Verfassungen. Was Integrationserwartungen und Wertgrundlagen, die Konturen europäischer und nationaler Verfassungsidentität anbetrifft, besteht ein Verhältnis der **Responsivität.** Was die europäische Rechtskultur ausmacht,[46] wird nicht zuletzt aus dem durch die Präambeltexte angeregten **gemeineuropäischen Rechtsgespräch** über den Verfassungszustand von Union und Mitgliedstaaten deutlich. Dieses Rechtsgespräch wiederum kann die Auslegung sowohl des nationalen als auch des europäischen Rechts inspirieren.

B. Einzelfragen

I. Im Bewusstsein seiner Verantwortung vor Gott und den Men- 12
schen. Gottesbezüge sind – wie der Verfassungsvergleich belegt[47] – auch für den säkularen Verfassungsstaat keine atypische oder anachronistische, sondern eine denkbare (kulturelle) Variante seiner Selbstverortung.[48] Sie wollen Staat und Recht als notwendig begrenzte, ethisch fundierte Ordnungen bekräftigen und zugleich der Selbstverabsolutierung des Individuums eine konsequente Absage erteilen. Pointiert diagnostiziert *Starck* eine „Absage an jeden prometheischen Größenwahn und Mahnung zur Bescheidenheit".[49] Die *gleiche* Verantwortung vor Gott und den Menschen denkt die Menschenwürde des Einen immer auf die *gleiche* Würde aller Anderen hin.[50] Den Weg der Gottesklausel haben für die Bundesrepublik, in den Formulierungen freilich nuancierend,

---

[42] *Heinig* JZ 2007, 905 ff.

[43] *Rabe* NJW 2007, 3153 ff.; *Weber* EuZW 2008, 7 ff.

[44] *Goerlich/Huber/Lehmann,* Verfassung ohne Gottesbezug? Zu einer aktuellen europäischen Kontroverse, 2004.

[45] Früh qualifizierte der EuGH die Ziele des EGV als „vertragsprägende Norm", EuGH C-167/73, Slg. 1974, 359, ECLI:EU:C:1974:35 Rn. 10. Zur „Identität durch Verfassungsrecht" einschließlich der Differenzierung in unmittelbare und mittelbare Verfassungsidentität *v. Bogdandy* VVDStRL 62 (2003), 156 ff., 170 ff.; die staatliche Identität als ein Produkt der Rechtsordnung wertet *Möllers,* Staat als Argument, 2000, 151 ff.

[46] *Häberle,* Europäische Rechtskultur, 1997.

[47] → Rn. 11.

[48] *Häberle/Kotzur,* Europäische Verfassungslehre, 2016, Rn. 684.

[49] *Starck* in MKS Rn. 37.

[50] *Häberle* in HdbStR II § 22; *Enders,* Die Menschenwürde in der Verfassungsordnung, 1997; über den europäischen Kulturkreis hinaus und daher für ein universelles Menschenrechtsdenken im Völkerrecht besonders relevant *Aoyagi,* Die Achtung des Individuums und die Würde des Menschen, 1996.

auch „alte" (Baden-Württemberg, Bayern, Nordrhein-Westfalen, Niedersachsen, Rheinland-Pfalz) und „neue" (Sachsen-Anhalt, Thüringen) Länder beschritten.[51] Oft wird die grundgesetzliche Variante einer Bezugnahme auf Gott als ***„Invocatio Dei"*** bezeichnet.[52] Diesem Begriff liegt erkennbar ein weites Verständnis des Wortes „Anrufung" zugrunde. Andere Verfassungen enthalten Anrufungen im engeren Sinne.[53] Treffender sind daher Termini wie ***„Nominatio Dei"***[54] oder ***„Commemoratio Dei"***,[55] da das GG Gott weder als *„Spiritus Constitutionis"* **anruft** noch sich auf ihn als Legitimationsressource **beruft.** Gewählt ist vielmehr ein transzendenter Bezugspunkt von Verantwortung, da sich der Staat – und auch der Mensch – nicht *über alles* setzen darf.[56]

13 Kritik bleibt indes nicht aus: Im säkularen Verfassungsstaat, der auch die Freiheit vor religiöser Inanspruchnahme grundrechtlich schützt[57] und keine Staatskirche kennt,[58] könnte die in der Präambel erfolgende Erwähnung Gottes befremden. Das gilt umso mehr, als in den 1990 hinzukommenden neuen Länder gottesbezogene religiöse Vorstellungen respektive religiös-kulturelle Traditionen weit weniger verwurzelt waren. Spätestens seit 9/11[59] wächst zudem die Sorge vor der gesellschaftlichen Sprengkraft religiöser Differenz, wo die eine (göttliche Offenbarungs-)Wahrheit unversöhnlich auf die andere stößt und nicht zuletzt die emotionale Seite von Religion eine ganz eigene Eskalationsdynamik entfaltet.[60] Religion wird immer intensiver als ein Zugleich von Freiheit und Gefahr wahrgenommen.[61] Mit der gleichen Vehemenz, mit der sich das Religiöse als Sinnalternative zu Ökonomisierung, Überindividualisierung und – nicht zuletzt globalisierungsbedingter – Entwurzelung des Einzelnen neues Gehör verschafft,[62] wandelt sich, bedingt durch die Zunahme religiöser Vielfalt, der Blick auf das Radikalisierungspotential eines umfassenden Wahrheitsanspruchs von Religion.

14 Vor diesem Hintergrund bedarf die Gottesklausel einer besonders vorsichtigen und kontextbewussten Interpretation, die gottesbezogene Inhalte von Verantwortung mit solchen säkular-ethischer Natur in eine Form von „praktischer Konkordanz" (angelehnt an die Formulierung von *Hesse*) bringt. Das insoweit gelungenste Beispiel der polnischen Verfassungspräambel wurde schon zitiert.[63]

---

[51] Vgl. *Häberle* FS f. Zeidler, 1987, 3 ff. mit Hinweis auf „Gottesbezüge" auch in Eidesklauseln, Erziehungszielen und Feiertagsgarantien.

[52] *Häberle* FS f. Zeidler, 1987, 3; *Huber* in Sachs Rn. 38.

[53] Vgl. Irland: „Im Namen der Allerheiligsten Dreifaltigkeit", weitere Beispiele bei *Dreier* in Dreier Rn. 25 ff.

[54] So *Czermak* ZRP 1996, 204.

[55] Die Wendung gebraucht *Merten* VVDStRL 55 (1996), 7 (9).

[56] Deshalb überzeugt, wenn *Dreier* in Dreier Rn. 25 ff. die Einordnung als „Demutsformel" vorschlägt.

[57] → Art. 4 Rn. 18.

[58] *Häberle* DÖV 1976, 73 (79 f.) spricht deshalb auch von „Religionsverfassungsrecht".

[59] *Kotzur* AVR 42 (2004), 353 ff.

[60] *Riis/Woodhead,* A Sociology of Religions, 2010; *Kippenberg* Wissenschaft & Frieden 2008-3.

[61] *Sacksofsky/Möllers* VVDStRL 68 (2009), 7 ff., 42 ff.; zum Themenkreis weiterhin *Goerlich* in Jaeckel/Kotzur/Zimmermann Zur zugewandten Säkularität – Beiträge auf dem Weg dahin. Ausgewählte Schriften Helmut Goerlich, 235 ff.

[62] *Sandkühler,* Recht und Staat nach menschlichem Maß. Einführung in die Rechts- und Staatstheorie in menschenrechtlicher Perspektive, 2013, 437: Religion als „Kontrastprogramm zur profanen, von technischen und ökonomischen Zwängen beherrschten Alltagswelt"; grundlegend *Habermas,* Glauben und Wissen. Dankesrede, Friedenspreis des deutschen Buchhandels, 2001.

[63] → Fn. 46.

Damit ist auch gesagt, dass der Gottesbezug nicht jeder normativen Relevanz entkleidet werden darf.[64] Das Unterfangen, einen positiven rechtlichen Inhalt zu formulieren, stieß indes schon in der Literatur zur Ursprungsfassung von 1949 auf Skepsis.[65] Einen gangbaren Weg zum Verständnis der „Verantwortung vor Gott" in der Präambel weist die **historische Verfassungsauslegung.** Den Verfassungsgebern ging es (auch insoweit) um einen entschiedenen Kontrapunkt zu allen mit dem nationalsozialistischen Staat gemachten Erfahrungen,[66] also um eine **Absage an den Totalitarismus** und an eine in solchen Systemen häufig praktizierte **Religionsverfolgung.** Die Präambel drückt aus, dass Atheismus als Staatsreligion unter dem GG weder vorgegeben noch staatlicherseits propagiert werden darf.[67] Sie bekräftigt, was im operativen Verfassungsteil Art. 4 Abs. 1 und Art. 140 GG iVm Art. 136 und Art. 137 Abs. 1–3, Abs. 7 WRV normativ mit noch größerer Eindeutigkeit vorschreiben.[68] Bei aller notwendigen Distanz bleibt der säkulare Verfassungsstaat dem *„homo religiosus"*[69], individuell wie korporativ gebunden, positiv zugewandt.[70]

Vor allem steht der Gottesbezug der Präambel nicht in Widerspruch zur **15** Religionsfreiheit aus Art. 4,[71] sondern bekräftigt das Grundrecht in seiner gesamten Breite und Tiefe. Der Präambeltext will weder eine **prochristliche Auslegungsregel proklamieren** noch die Bundesrepublik auf das Christentum hin orientieren.[72] Mag bei der Verfassunggebung auch primär **an den Gott des Christentums gedacht** gewesen sein, so war der Geist der berühmte Ringparabel aus *Lessings* „Nathan der Weise" (1779) doch ebenso präsent. Neben Judentum, Christentum und Islam sind anders ausgerichtete (polytheistische) Religionen ebenso wenig ausgeschlossen wie areligiöse Vorstellungen. Wer den Gottesbezug der Präambel im Lichte von Art. 4 Abs. 1 liest, weiß, dass er nur zugewandt **einschließend** und nicht **ausgrenzend** oder gar **ausschließend** gelesen werden darf.[73] Mit der Verantwortung vor Gott mögen schließlich naturrechtliche Vorstellungen anklingen,[74] die für das

---

[64] In diesem Sinne aber *Geiger* EuGRZ 1986, 121 (124); *Renck* ZRP 1996, 16 (19).

[65] Vgl. etwa *Apelt* NJW 1949, 481: „ethisches Fundament von absoluter Tragfähigkeit".

[66] Den *Bachof* AöR 115 (1990), 514 (516) in diesem Zusammenhang als „gottlos" bezeichnet; vgl. auch die Präambel zur BayVerf.: „Angesichts des Trümmerfeldes, zu dem eine Staats- und Gesellschaftsordnung ohne Gott, ohne Gewissen und ohne Achtung vor der Würde des Menschen die Überlebenden des zweiten Weltkrieges geführt hat, […]"; die Präambel der Sächs. Verf. spricht, ohne Erwähnung Gottes, aber mit theologischem Anklang in der Wendung von der „Bewahrung der Schöpfung" von „den leidvollen Erfahrungen nationalsozialistischer und kommunistischer Gewaltherrschaft".

[67] Vgl. *Hollerbach* in HdbStR VI § 138 Rn. 84.

[68] *Dreier* in Dreier Rn. 29 Fn. 79.

[69] *Braun/Vogelsanger,* Homo religiosus, 1990.

[70] Programmatisch *Goerlich,* → Fn. 44; *Ennuschat* NJW 1998, 953 (956 f.) spricht etwas zurückhaltender von einer „Unbefangenheit" des Staates gegenüber Religion.

[71] Dreier, Staat ohne Gott, 2. Aufl. 2018. Dem stünde zudem der Grundsatz der Einheit der Verfassung entgegen, dazu *Hesse,* Grundzüge des Verfassungsrechts der Bundesrepublik Deutschland, 1999, 82 ff.

[72] Ganz überwiegende Meinung, s. etwa *Jarass* in Jarass/Pieroth Rn. 3; *Dreier* in Dreier Rn. 32; *Murswiek* in BK Rn. 205; *Ennuschat* NJW 1998, 953 (955); vgl. auch *Häberle* FS f. Zeidler, 1987, 3 (14); sa GemVerfKom, BT-Drs. 12/6000, 110; anders *v. Schlabrendorff* Sondervotum zu BVerfGE 33, 23 (39 ff.).

[73] IErg ebenso *Dreier* in Dreier Rn. 33 mit der Wendung: „Chiffre für eine transzendente Entität"; auch *Hollerbach* in HdbStR VI § 138 Rn. 83; vgl. ferner BVerfGE 41, 29 (52) im Zusammenhang mit Art. 4.

[74] *Hillgruber* IKaZ 39 (2010), 167 ff.; *Müller,* Naturrecht und Grundgesetz. Zur Rechtsprechung der Gerichte, besonders des Bundesverfassungsgerichts, 1967.

rechtstheoretische Vor- und Selbstverständnis des GG an sich zwar wenig aussagekräftig sind – die „Verfassung des Pluralismus" folgt nicht *der einen* Metatheorie –, einem „relativistischen Gesetzespositivismus" aber eine eindeutige Absage erteilen.[75]

16 Zusammenfassend lässt sich festhalten: „Gott" hat im säkularen, freiheitlichen Verfassungsstaat seinen Platz.[76] Das belegen neben der Grundgesetzpräambel zahlreiche Verfassungstexte im europäischen und weltweiten Vergleich.[77] Ein **gleichberechtigtes pluralistisches Nebeneinander von transzendental und innerweltlich begründeten Wertorientierungen** verbietet nicht jedweden Gottesbezug, notwendig wird nur eine *gleichwertige* säkulare Begründung von **Verantwortung** vor der, in der und für die Gemeinschaft.[78] Deshalb nennt das GG die Verantwortung „vor Gott und den Menschen" in einem Atemzug.

17 Die **Verantwortung** wird somit zum *Zentralbegriff* und *Leitgedanken* der Präambel.[79] Die Verfassung selbst ist Ausdruck jener Verantwortung, die eine politische Gemeinschaft nach Innen gegenüber den ihr Zugehörigen und nach Außen gegenüber der Welt übernimmt. Dabei handelt es sich nicht um rechtliche Verantwortung ieS (Verantwortung vor Gericht, Haftung für einen Schaden, strafrechtliche Schuld).[80] Es geht vielmehr um das Prinzip einer ethisch-moralischen Verantwortung vor einer höheren Instanz einerseits, den Mitmenschen anderseits.[81] Wer sich vor welcher Instanz und wofür auch immer zu verantworten hat, muss Antwort geben (gleichgelagert das vom lateinischen *„respondere"* abgeleitete englische „responsibility"), muss Rede und Antwort stehen.[82] Das setzt Selbstverantwortung im Sinne von Selbstreflektion und Gewissensbildung voraus, der inhaltliche Bezug zum Grundrecht der Gewissensfreiheit wird greifbar.[83] In anderen Worten: „Mit der Verwendung des Verantwortungsbegriffs setzt die Präambel somit voraus, dass es ethische Normen gibt, die als Maßstab menschlichen Verhaltens gelten und die jeder beachten muss, wenn er vor Gott beziehungsweise seinen Mitmenschen bestehen will."[84] Welcher Maßstab bzw. welche Maßstäbe das sind, buchstabiert die Präambel nicht aus. **Konkretisierungen** finden sich teils im operativen Teil der Verfassung (etwa in Art. 1 – gerade wenn Art. 1 Abs. 2 S. 1 alle staatliche Gewalt verpflichtet, die Würde des Menschen zu

---

[75] *Huber* in Sachs Rn. 39.

[76] *Häberle* FS f. Zeidler, 1987, 3 ff.; *Riedel* EuR 2005, 676 ff.; siehe auch *Geerlings,* Recht und Politik, 2006, 23 ff.

[77] → Rn. 11.

[78] In diesem Sinne auch *Weiler,* Ein christliches Europa. Erkundungsgänge, 2004.

[79] Allg. *Weischedel,* Das Wesen der Verantwortung, 1972; *Jonas,* Das Prinzip Verantwortung, 1984; *Neumann/Schulz,* Verantwortung in Recht und Moral, 2000; *Sombetzki,* Verantwortung als Begriff, Fähigkeit, Aufgabe, 2014; aus staats- und verfassungsrechtlicher Sicht *Saladin,* Verantwortung als Staatsprinzip, 1984; *Depenheuer* VVDStRL 55 (1996), 90 ff.; *Schubert,* Das „Prinzip Verantwortung" als verfassungsstaatliches Rechtsprinzip, 1998; *Dreier* in Neumann/Schulz Verantwortung in Recht und Moral, 9 ff.; *Kotzur,* Grenznachbarschaftliche Zusammenarbeit in Europa, 2004, 421 ff. mwN; für das öffentliche Recht allgemein *Klement,* Verantwortung, 2006; *Ehlers* DV 46 (2013), 467 ff.

[80] So auch *Murswiek* in BK Rn. 200.

[81] *Jonas,* Das Prinzip Verantwortung. Versuch einer Ethik für die technologische Zivilisation, 1984; daran auch begrifflich anknüpfend *Schubert,* Das „Prinzip Verantwortung" als verfassungsstaatliches Rechtsprinzip, 1998.

[82] Wiederum *Murswiek* in BK Rn. 200.

[83] → Art. 4 Rn. 83 ff.

[84] *Murswiek* in BK Rn. 201.

achten und zu schützen –, Art. 20, Art. 20a), teils bleibt es beim **Appell an die (Selbst-) Verantwortung** aller relevanten Akteure.[85]

Die Abstraktionshöhe des Verantwortungsbegriffs steht darüber hinausgehenden Bemühungen, ihn für **konkrete Abwägungsentscheidungen** fruchtbar zu machen, weithin entgegen.[86] Gewiss spielt die Kategorie der Verantwortung in zahlreichen hochaktuellen Rechts- bzw. rechtsethischen Fragen eine zentrale Rolle. Genannt seien exemplarisch die Umwelt- und Klimaverantwortung,[87] insbesondere die Diskussion um den deutschen Atomausstieg (einschließlich der Frage der atomaren Endlagerung) und die Energiewende,[88] die Verantwortung für nachhaltige Entwicklung,[89] überdies die verantwortungssensiblen Bereiche der Risikovorsorge,[90] der Sterbehilfe,[91] der Gentechnik[92] oder der Präimplantationsmedizin.[93] Hier liefern indes die grundrechtlichen Schutzmaßstäbe, gerade die Schutzpflichtendogmatik sehr viel präzisere Maßstäbe.[94] Für den Umweltschutz leistet Art. 20a staatszielspezifische Konkretisierungen und erstreckt Verantwortung auch auf Menschen künftiger Generation (Stichwort: intergenerationelle Verantwortung und Gerechtigkeit).[95] Dennoch ist dem Verfassungsinterpreten ein **selbstvergewissernder Rückbezug** auf die übergeordnete Verantwortungskategorie in der Verfassungspräambel nicht verwehrt. 18

II. Von dem Willen beseelt, als gleichberechtigtes Glied in einem vereinten Europa dem Frieden der Welt zu dienen. Das GG will – im Bruch mit dem Unrechtsregime des Nationalsozialismus – eine ganz neue und ganz andere Verfassungszukunft für die Bundesrepublik Deutschland. Die Wendung, „als gleichberechtigtes Glied in einem Vereinten Europa dem Frieden der Welt zu dienen", war von Anfang an das zentrale Leitmotiv, das die Präambel des GG von 1949 der jungen Bundesrepublik ins Stammbuch schrieb. Die Wiedervereinigung des Jahres 1990 hat daran nichts geändert,[96] die europäische Integration wurde in ihrer Folge mit einem neuen „Euro- 19

[85] Von den staatlichen Stellen über die Politik bis hinzu einzelnen Bürgern *Merten/Berka/Depenheuer* VVDStRL 55 (1996), 7 ff., 48 ff., 90 ff.

[86] *Starck* in MKS Rn. 38.

[87] *Härtel,* Einführung in das Klimaschutzrecht, 2020; *Honnefleder,* Welche Natur sollen wir schützen?, 2017; *Wiemeyer* Jahrbuch für christliche Sozialwissenschaften, 2015, 181 ff.

[88] *Quaschning,* Renewable Energy and Climate Change, 2020; *Proelß* EurUP 2019, 73 ff.; *Brunnengräber,* Problemfalle Endlager: gesellschaftliche Herausforderungen im Umgang mit Atommüll, 2016; *Ludwigs,* Klimaschutz, Versorgungssicherheit und Wirtschaftlichkeit in der Energiewende, 2018.

[89] *Henkel/Lüdtke/Buschmann/Hochmann,* Reflexive Responsibilisierung, 2018.

[90] *Silveira Marques,* Der Rechtsstaat der Risikovorsorge, 2018; *Scherzberg/Lepsius* VVDStRL 63 (2004), 214 ff. bzw. 256 ff.; *Köck* AöR 121 (1996), 1 ff.

[91] *Jung,* Die Sterbehilfe in der Diskussion, 2019; *Eser* MedR 2018, 734 ff.

[92] *Heinrich-Böll-Stiftung,* Neue Gentechnik – die große Versuchung, 2019; *Maio,* Mittelpunkt Mensch: Lehrbuch der Ethik in der Medizin, 2017.

[93] *Landwehr,* Rechtsfragen der Präimplantationsdiagnostik, 2017.

[94] Zu den Grundrechten (auch) als „Elementen objektiver Ordnung": *Hesse,* Grundzüge des Verfassungsrecht der Bundesrepublik Deutschland, 1999, 137 ff.; zu den vom BVerfG entwickelten „Schutzpflichten" *Hesse,* Grundzüge des Verfassungsrechts der Bundesrepublik Deutschland, 1999, 166 f., sowie *Jaeckel,* Schutzpflichten im deutschen und europäischen Recht, 2001; *Szczekalla,* Die sog. grundrechtlichen Schutzpflichten im deutschen und europäischen Recht, 2002; *Stachel,* Schutzpflichten der Mitgliedstaaten für die Grundfreiheiten des EG-Vertrags unter besonderer Berücksichtigung des Grundrechtsschutzes in der Gemeinschaft, 2006.

[95] *Zaddach,* Climate Policy Under Intergenerational Discounting, 2016.

[96] Zur Identität Deutschlands nach der Wiedervereinigung, *Dolzer* in HdbStR I § 13; zur Verfassungsentwicklung nach 1990 *Bauer* in HdbStR I § 14.

paartikel" (Art. 23)[97] aber auf eine explizite verfassungsrechtliche Grundlage gestellt (vordem ermöglichte allein Art. 24[98] nicht nur die internationale, sondern auch die europäische Einbindung). Nach Überwindung der nationalsozialistischen Gewaltherrschaft, unter dem Eindruck der Besatzungsmächte und längst noch nicht wieder voll souverän, stellt das Deutsche Volk seiner Neukonstituierung ein großes **Integrationsversprechen** voran. Das GG wandelt den vormals geschlossenen National- zum **integrationsoffenen Verfassungsstaat,**[99] ohne Nationalstaatlichkeit damit vollständig aufzugeben. Der Gründergeneration war weit deutlicher als manch heutigem Integrationszweifler klar, dass nur ein europäisch eingehegtes Deutschland das Vertrauen der internationalen Gemeinschaft wiedergewinnen und zu einem tatsächlich „gleichberechtigten Glied" innerhalb der Staatenfamilie wiedererstarken konnte.[100] Wenn das Bundesverfassungsgericht in seiner Lissabon-Entscheidung von bundesrepublikanischer „Verfassungsidentität" spricht,[101] verbietet sich von vornherein eine integrationsskeptische, antieuropäische Lesart. Die Europaoffenheit ist vielmehr Teil dieser „Verfassungsidentität" und rechnet zur **DNA deutscher Staatlichkeit.**

20 So hat sich das GG bewusst von einer **„selbstgenügsamen und selbstherrlichen Vorstellung souveräner Staatlichkeit"** gelöst.[102] Durch die Einbindung der staatlichen Gemeinschaft in staatenübergreifende Integrationszusammenhänge – respektive Verantwortungsgemeinschaften – will es jene Steuerungsfähigkeit sicherstellen, die jedem Staat für sich genommen angesichts weit ausgreifender Globalisierungsprozesse verloren zu gehen droht. Art. 23 löst deshalb konsequent das Integrationsversprechen aus der Präambel ein und wird zur Scharniernorm, die die Bundesrepublik Deutschland in den europäischen Verfassungsverbund **hinein verankert.** Mit diesem Prozess des **„Verankerns"** ist eine Art von „Souveränitätenteilung"[103] zwischen Union und Mitgliedstaaten bewirkt, die der Vorstellungswelt eines Souveränitätsklassikers wie *Jean Bodin*[104] gewiss fremd war, aber heute kooperativ-offene Gemeinwohlkonkretisierung ermöglicht, wo dem geschlossenen Nationalstaat schlicht die entsprechende Wirkungs- und Gestaltungsmacht fehlt.[105] Er muss sich jenseits seiner selbst verankern, will er nicht protektionistisch vereinsamt an Wirtschaftskraft einbüßen, will er nicht in „splendid isolation" den Wohlstand seiner Bürger aufs Spiel setzen, will er sich nicht in nationalistischer Selbstgefälligkeit hinter seinen Grenzen verschanzen und als handlungsfähiger Akteur von der globalen Bühne verabschieden.[106]

---

97 → Art. 23 Rn. 2.

98 → Art. 24 Rn. 2b.

99 *Vogel,* Die Verfassungsentscheidung des Grundgesetzes für eine internationale Zusammenarbeit, 1964; *Beutler* FS f. Böckenförde, 1995, 109 ff.; *Di Fabio,* Das Recht offener Staaten: Grundlinien einer Staats- und Rechtstheorie, 1998; *Kotzur* JöR 59 (2011), 389 ff.; vergleichend *Riegner* JöR 67 (2019), 265 ff.

100 Dazu *Sommermann* in Handbuch Ius Publicum Europaeum II, § 14, Rn. 2; *Geiger,* Staatsrecht III, 2018, § 10.

101 BVerfGE 123, 267 (346).

102 BVerfGE 123, 267 (346).

103 *Kotzur* The Federalist 2 (2008), 131 ff.

104 Bodin, Les six livres de la république, 1576.

105 Zum kooperativen Verfassungsstaat grundlegend *Häberle* FS f. Schelsky, 1978, 141 ff.; fortgeführt in *Häberle,* Verfassungslehre als Kulturwissenschaft, 1998, 175 ff.; *Häberle,* Der kooperative Verfassungsstaat – aus Kultur und als Kultur. Vorstudien zu einer universalen Verfassungslehre, 2013.

106 Zu dieser „überstaatlichen Bedingtheit" *v. Simson* → Fn. 9.

Deshalb steht die **Friedens-, Integrations- und Öffnungsklausel** der Präambel in einem engen inneren Zusammenhang mit dem Menschenrechtsbekenntnis des Art. 1 Abs. 2, mit dem verfassungsrechtlichen Verbot des Angriffskrieges und anderer Handlungen in Störung des friedlichen Zusammenlebens der Völker (Art. 26 Abs. 1) und mit der Überführung der allgemeinen Regeln des Völkerrechts in die innerstaatliche Rechtsordnung, wie sie Art. 25 vornimmt. Auch Art. 24 mit seinen Vorkehrungen für die Übertragung von Hoheitsrechten auf zwischenstaatliche Einrichtungen, die Einordnung des Bundes in ein System der gegenseitigen kollektiven Sicherheit und die Beteiligung an internationaler Schiedsgerichtsbarkeit sowie der speziell dem europäischen Integrationsprozess gewidmete Art. 23 gehören in diesen Zusammenhang. Insgesamt münzen sie die Ankündigung der Präambel aus.[107] **21**

Die Wendung vom **„gleichberechtigten Glied"** ist – der Wortlaut des Satzes ließe auch ein anderes Verständnis zu – nicht allein auf das „vereinte Europa" bezogen, sondern auf die „Welt", also die **Völkerrechtsgemeinschaft insgesamt.** Als das GG formuliert wurde, war die Bundesrepublik noch kein gleichberechtigtes Glied der Völkerrechtsgemeinschaft und die Konturen eines vereinten Europas waren noch nicht erkennbar. Die Bundesrepublik unterlag trotz ihrer Staatsqualität erheblichen Souveränitätsbeschränkungen, deren Abbau bis zur 1990 wiedererlangten vollen staatlichen, durch die EMRK und das Unionsrecht freilich ein Stück weit limitierten Souveränität schrittweise erfolgte.[108] In der Präambel von Gleichberechtigung zu reden, war also Ausdruck eines **politischen Ziels** und einer **ambitionierten Zukunftshoffnung.** **22**

„Souveräne Gleichheit" zwischen Staaten in der universellen Völkerrechtsgemeinschaft verlangt Art. 2 Nr. 1 UN-Charta. Ein Gleichheitsanspruch als Ausfluss staatlicher Souveränität findet überdies seine Grundlage im Völkergewohnheitsrecht, wird teilweise in Katalogen über „Grundrechte und Grundpflichten" der Staaten geführt.[109] Um einen unmittelbar der Subsumtion zugänglichen Rechtssatz handelt es sich in beiden Fällen nicht. Schon die UN-Charta selbst weicht in der Vorschrift über das Stimmrecht im Sicherheitsrat mit der Unterscheidung „ständiger" und anderer Mitglieder (Art. 27 Abs. 3 UN-Charta) vom Gleichheitsgrundsatz ab. Zahlreiche andere internationale Institutionen differenzieren die Rechte von Staaten im Sinne der Stimmgewichtung oder Stimmenwägung, etwa nach Bevölkerungszahl oder wirtschaftlichem Potential. Für die Rechtsanwendung bedeutsamer als das Strukturprinzip staatlicher Gleichheit sind einzelne Ausformungen des Gleichheitsanliegens, wofür beispielhaft nur die Regeln betreffend die Immunität vor den Gerichten eines anderen Staates genannt seien.[110] Die Feindstaatenklausel aus Art. 53, 107 UN-Charta ist praktisch längst obsolet. **23**

In einem vereinten Europa will die Bundesrepublik dem Frieden der Welt dienen. Die Bezugnahme auf Europa konnte im Jahre 1949 noch nicht die seinerzeit nicht gekannten Gemeinschaften oder gar die heutige Euro- **24**

---

[107] Vgl. für eine Zusammenschau dieser verfassungsrechtlichen Grundentscheidungen zur Stellung Deutschlands in der internationalen Ordnung *Kunig* in Graf Vitzthum/Proelß Völkerrecht, Abschn. 2 Rn. 9 ff.; s. ferner BVerfGE 108, 238 (247 f.).

[108] Beschrieben etwa bei *Luchterhandt* in HdbStR I § 10; *Blumenwitz* FS f. Lerche, 1993, 385 ff.

[109] *Stein/von Buttlar/Kotzur,* Völkerrecht, 2017, Rn. 522 ff.

[110] S. zum Zusammenhang von Staatengleichheit und Immunität *Kau* in Graf Vitzthum/Proelß Völkerrecht, Abschn. 3 Rn. 87 ff.

päische Union meinen.[111] Auch aktuell ist der Begriff nicht auf das Europa iS der EU (ihre friedenssichernde wirtschaftliche und politische Integrationsleistung), ja nicht einmal auf das Europa des Europarates begrenzt. Die Präambel denkt „Europa" vielmehr von den Werten her, weiß um die Dichotomien eines geografischen Europa auf der einen, eines politisch-kulturellen Europa auf der anderen Seite und versteht Europa aus der Tiefe seines kulturellen Erbes.[112]

25 Weder kann noch will die Präambel – ebenso wenig wie Art. 23 – dem vereinten Europa ein verbindliches normatives Gepräge geben. Das Ergebnis des Integrationsprozesses ist und bleibt offen (offene Finalität).[113] Die Ausgestaltung wird Politik und (europäischer) Gesetzgebung vorbehalten. Für das „vereinte Europa" der Präambel ist der ursprünglich funktionalistisch angelegte **Integrationsverbund**[114] genauso eine Option wie die konstitutionell verdichtete **Verfassungsgemeinschaft**[115]. Ob Europa Staatenbund sein oder Bundesstaat werden will, ob die Union heutiger Entwicklungsstufe besser als **Staaten-**[116] oder **Verfassungsverbund**[117] qualifiziert wird, entzieht sich ihren Direktiven. Grenzen der Integration zeigt sie nicht auf. Der Präambeltext gibt das Integrationsversprechen des bundesrepublikanischen Verfassungsstaates, sein potentielles Aufgehen in einem **europäischen Bundesstaat** befördert er weder noch macht er es unmöglich. Der einstige Streit über das Verhältnis von Europabekenntnis und Wiedervereinigungsgebot ist mit dem 3.10.1990 obsolet geworden.[118]

26 Der Wille, dem Frieden der Welt zu dienen[119], enthält ein **Bekenntnis zum Frieden und zur Friedlichkeit.** In Art. 26 findet es spezifische Konkretisierung.[120] Als völkerrechtlicher Klassikertext, den die Grundgesetzpräambel bereits vorgefunden hat, kann der Vorspruch zum „Vertrag über die Ächtung des Krieges"[121], besser bekannt als *Briand-Kellogg-Pakt,* gelten.[122] Dort heißt es: „[…] tief durchdrungen von ihrer erhabenen Pflicht, die Wohlfahrt der Menschheit zu fördern", treten die Vertragsparteien für die Überzeugung ein, „dass die Zeit gekommen ist, einen offenen Verzicht auf den Krieg als Werkzeug nationaler Politik auszusprechen". Eintreten für den Frieden kann indes als *ultima ratio* den Einsatz bewaffneter Gewalt mit einschließen (z. B. Art. 51 UN-Charta oder die umstrittene humanitäre Intervention), ohne den Krieg dadurch gerecht (im Sinne der Lehre vom *bellum iustum*) zu machen.[123] **Frieden** meint einen entwicklungsoffenen, **dyna-**

---

[111] Welche jetzt in Art. 23 Abs. 1 S. 1 ausdrücklich genannt ist.

[112] Grundlegend *Häberle,* Europäische Rechtskultur, 1994.

[113] *Pernice* in Schuppert/Pernice/Haltern Handbuch der Europawissenschaften, 743 ff.; *Everling* in Mestmäcker/Möschel/Nettesheim Verfassung und Politik im Prozess der Europäischen Integration, 107 ff.

[114] Vgl. *Mitanty* JCMS, 119 (13 ff.); weitere Nachweise bei *Bieber/Epiney/Haag/Kotzur,* Die Europäische Union. Europarecht und Politik, 2018, § 1 Rn. 43 ff.

[115] *Häberle/Kotzur,* Europäische Verfassungslehre, 2016, Rn. 326.

[116] BVerfGE 89, 155 (181, 184); *Kirchhof* in HdbStR § 214 Rn. 2 ff.

[117] Wegweisend *Pernice* JöR 48 (2000), 205 ff.; *Pernice* VVDStRL 60 (2001), 148 ff.; *Pernice* in Calliess Verfassungswandel im europäischen Staaten- und Verfassungsverbund, 61 ff.

[118] Vgl. *Everling* in Jayme/Furtak Der Weg zur deutschen Rechtseinheit, 89 ff.

[119] Grundlegend aus Sicht der vergleichenden Verfassungslehre *Häberle,* Die „Kultur des Friedens" – Thema der universalen Verfassungslehre, 2017.

[120] → Art. 26 Rn. 5 ff.

[121] RGBl. 1929 II 97.

[122] *Fassbender* EuGRZ 2004, 241 (245 f.).

[123] *Riklin* AVR 45 (2007), 35 (39).

mischen Prozess abnehmender Gewalt und zunehmender Gerechtigkeitsrealisierung im Inneren (innerer Frieden) wie nach außen hin (äußerer Frieden).[124]

Wer diese Dynamik ernst nimmt, erkennt schnell die Grenzen eines rein **27** **negativen Friedensbegriffs.** Für das klassische Völkerrecht bedeutete Frieden einen Zustand der Abwesenheit von physischer militärischer Gewaltanwendung zwischen Staaten.[125] Selbst der Bürgerkrieg, da er eine spezielle innerstaatliche Erscheinung darstellt, blieb ausgeklammert.[126] So realistisch und partiell unverzichtbar dieser negative Friedensbegriff bleibt, so wichtig wird doch – jedenfalls auf einer konzeptionellen Ebene – seine **positive Anreicherung.**[127] Textliche Anhaltspunkte dafür liefert die UN-Charta selbst. Schon ihre Präambel nennt den „Weltfrieden" in einem Atemzug mit der „Würde" und dem „Wert" der menschlichen Persönlichkeit, mit „sozialem Fortschritt" und „einem besseren Lebensstandard in größerer Freiheit". Art. 1 Nr. 1 UN-Charta will den Weltfrieden nicht nur nach den Maßgaben des Völkerrechts, sondern den Grundsätzen der Gerechtigkeit wahren. Dieses anspruchsvolle Programm greift etwa die *Friendly Relations Declaration* auf.[128] Es geht immer auch um politische, rechtliche, wirtschaftliche, soziale und kulturelle Infrastrukturen, die Frieden möglich machen.[129] Zu solch aktiver Friedenspolitik ermutigt die Präambel die politisch verantwortlichen Akteure.[130] Für ihre Ausgestaltung besteht freilich ein weiter, normativ nicht näher vorkonturierter Handlungsspielraum.[131]

III. Hat sich das deutsche Volk kraft seiner verfassungsgebenden **28** **Gewalt dieses Grundgesetz gegeben.** Mit der verfassunggebenden Gewalt adressiert die Grundgesetzpräambel eine zentrale Kategorie der Verfassungslehre. „Verfassung" ist nicht vorfindlich, sie muss im Prozess politischer Einheitsbildung erst *„werden"*. Ihre Setzung ist Ergebnis, aber nicht Ende der Verfassungsgenese.[132] Verfassung muss im alltäglichen fortgeführten Prozess des Sich-Einig-Werdens einer politischen Gemeinschaft *„immer neu werden"*.[133] Verfassung ist nicht die einmalige grundlegende Entscheidung im Sinne des Dezisionismus,[134] sondern Matrix für kontinuierlich fortlebende Wirkmechanismen der Machtbegründung und Machtbegrenzung. Die Grundgesetzpräambel beschreibt deshalb auch keinen einmaligen Akt, der so gar nicht der vollen historischen Wirklichkeit entsprochen hätte, sondern

---

[124] Grundlegend *Czempiel,* Schwerpunkte und Ziele der Friedensforschung, 1972, 18 ff.

[125] *Delbrück* in Delbrück Die Konstitution des Friedens als Rechtsordnung, 9 (11).

[126] *Stein/v. Buttlar/Kotzur,* Völkerrecht, 2017, Rn. 1269 ff.

[127] *Paech* in Sandkühler Europäische Enzyklopädie zu Philosophie und Wissenschaften II, 186 ff.

[128] GA Res. 2625 (XXV); deutsche Übersetzung in VN 1978, 138 ff.

[129] *Verdross/Simma,* Universelles Völkerrecht, 2010, § 81 f.

[130] *Starck* in MKS Rn. 44; *Hopfauf* in SHH Rn. 29; so *Tomuschat* in HdbStR VII § 172 Rn. 4.

[131] Zu Auslandseinsätzen der Bundeswehr BVerfGE 90, 186; aus der aktuellen Debatte etwa *Gutman/Sassenrath* NZWehrR 60 (2018), 17 ff.

[132] Eine Grundlegung von divergierenden Verfassungsbegriffen sowie Verfassungsverständnissen findet sich etwa bei *Häberle,* Der kooperative Verfassungsstaat – aus Kultur und als Kultur, 2013, 18 ff., oder bei *Isensee,* Staat und Verfassung II, § 15 Rn. 166 ff.; die Verfassung als „evolutionäre Errungenschaft" erschließt *Grimm,* Ursprung und Wandel der Verfassung I, § 1 Rn. 37 ff.; zur „Identität der Verfassung" der gleichnamige Beitrag von *Kirchhof,* Identität der Verfassung II, § 21 insbes. Rn. 9 ff.

[133] Grundlegend *Häberle,* Verfassung als öffentlicher Prozess, 1998.

[134] *Schmitt,* Verfassungslehre, 1928, 1 ff., 20 ff. *et passim.*

markiert den Anfang neu errungener, mit neuem Leben zu erfüllender Verfasstheit. Sie erinnert daran, dass das GG kein *Oktroi* der Siegermächte, sondern eine originär deutsche Entscheidung war[135] – freilich unter alliiertem Vorbehalt.[136]

29 Die Aussage, das deutsche Volk[137] habe sich das GG gegeben, entspricht den Tatsachen, sofern das dieses Volk repräsentierende Handeln der an der Grundgesetzgebung beteiligten Organe als **„Handeln des Volkes"** apostrophiert werden kann. Denn ein plebiszitärer Akt hat gefehlt.[138] Das GG, beschlossen am 8.5.1949 vom Parlamentarischen Rat (bestehend aus 65 von den Volksvertretungen der Länder gewählten Mitgliedern), wurde gem. Art. 144 Abs. 1 **von den Volksvertretungen der Länder angenommen.**[139] Jedenfalls handelte es sich um einen deutschen Gestaltungsakt,[140] soweit das Volk – im geteilten Deutschland – dazu faktisch und rechtlich in der Lage war. Es war nicht ausschließlich eine Vereinbarung der deutschen Länder oder eine Variante bundesstaatlicher Verfassunggebung allein durch Länderrepräsentanten. *Carlo Schmid* führte im Parlamentarischen Rat aus: „Die Abgeordneten des Parlamentarischen Rates sind zwar von den Landtagen gewählt worden, sie sind aber nicht Abgeordnete und Vertreter der Länder. Sie vertreten nicht Länderinteressen, sondern ein gesamtdeutsches Anliegen. Die Tatsache der Wahl der Abgeordneten durch die Landtage ändert daran nichts. Durch diesen Wahlmodus ist lediglich zum Ausdruck gekommen, dass auch bei diesem Werk das deutsche Volk wirksam wird in seiner historischen Gliederung in Länder".[141]

30 Die Formulierung **„Grundgesetz"** will nicht etwa die **Verfassungsqualität** in Frage stellen. Dem Verfassungswerk war der Verfassungsbegriff von Anfang an selbstverständlich.[142] Es sollte nur zum Ausdruck kommen, dass das GG ursprünglich als Provisorium gedacht war und nur Übergangscharakter haben sollte (siehe Art. 146 GG aF).[143] Mit der Wiedervereinigung ist das vorläufige Moment einer auch vorher schon erfolgreichen, stabilen, bewährten und international vielfach rezipierten Verfassung endgültig obsolet.[144] Am Begriff „Grundgesetz" wurde nicht zuletzt wegen dieser

---

135 *Maunz* in Maunz/Dürig Rn. 16; vgl. aber auch *Ipsen,* Über das Grundgesetz, 1950, 25 f.

136 Zu politischen Einwirkungen im Prozess der Verfassungsfindung – sie betrafen namentlich das Bund-Länder-Verhältnis – s. *Mußgnug* in HdbStR I § 8 Rn. 76 ff.; sa *Maunz/Zippelius,* Deutsches Staatsrecht, 2018, § 1 IV, § 10 I; monographisch *Wilms,* Ausländische Einwirkungen auf die Entstehung des Grundgesetzes, 1999.

137 „[D]ie in der Bundesrepublik Deutschland zusammengefaßten Deutschen als Teil der deutschen Staatsnation", so *Klein* FS f. Mampel, 1983, 345 (347 Fn. 8).

138 Vgl. zu hierauf bezogener Kritik an S. 1 der Präambel etwa *Nawiasky,* Die Grundgedanken des Grundgesetzes für die Bundesrepublik Deutschland, 1950, 79: „[…] klar, daß die Beurkundung inhaltlich falsch ist"; *Schneider* NJW 1954, 937: „mehr Fiktion als Wirklichkeit"; *Murswiek,* Die verfassunggebende Gewalt nach dem GG f. d. BRD, 1978, 96: „historisch unrichtig".

139 Zur bayerischen Variante der Annahme spät BayVGH BayVBl. 1991, 561; für einen Überblick zur Entstehungsgeschichte *Ziekow* JuS 1999, 417 ff.

140 Von „deutsche[r] Schöpfung" spricht *Jarass* in Jarass/Pieroth Rn. 3.

141 ParlRat, Verhandlungen des Plenums, 12. Sitzung, 23.5.1949, Stenographischer Bericht, 171.

142 Vgl. nur Art. 2 Abs. 1: „verfassungsmäßige" Ordnung; zu den verschiedenen Inhalten, die dieser Begriff im GG hat → Art. 2 Rn. 44.

143 Dazu *Badura,* Staatsrecht, 2018, Kap. A 19.

144 So *Isensee* VVDStRL 49 (1990), 39 (52).

Erfolgsgeschichte und der damit verbundenen positiven Konnotation bewusst festgehalten.[145]

Der **Zeitpunkt,** auf den sich die Feststellung des S. 1 der Präambel bezieht („hat"), bleibt im Übrigen – ungeachtet der Streichung der Wendung von den Deutschen, „denen mitzuwirken versagt" war – **das Jahr 1949,** nicht etwa 1990. Denn eine Verfassungsneugebung hat mit der Wiedervereinigung gerade nicht stattgefunden, sondern lediglich eine **Geltungserstreckung.**[146] **31**

IV. Die Deutschen in den Ländern … haben in freier Selbstbestimmung die Einheit und Freiheit Deutschlands vollendet. In ihrer alten Fassung zählte die Präambel die Länder der Bundesrepublik auf, die im Zeitpunkt der Verkündung des GG existierten und durch stimmberechtigte Vertreter im Parlamentarischen Rat mitwirkten.[147] Nunmehr nennt die Präambel diejenigen Länder, die seit der Vereinigung die Bundesrepublik Deutschland bilden.[148] Die Präambel führt „alte" wie „neue" Länder in **alphabetischer Reihenfolge** an. Der alte Streit darüber, ob Berlin ein Land der Bundesrepublik wie andere sei,[149] hat ein Ende gefunden. **32**

„Historische Notiz"[150] ist auch die Aussage, die Deutschen in den aufgeführten Ländern hätten **in freier Selbstbestimmung die Einheit und Freiheit Deutschlands vollendet.** Vollendet sind die deutsche Einheit und Freiheit seit dem 3.10.1990, dem Tag des Wirksamwerdens des Beitritts. Damit ist der in S. 3 der Präambel GG aF enthaltene Auftrag („Das gesamte deutsche Volk bleibt aufgefordert, in freier Selbstbestimmung die Einheit und Freiheit Deutschlands zu vollenden") erfüllt und die sog *Deutsche Frage* beantwortet. In der Denkschrift der BReg zum EVertr. heißt es dazu: „S. 2 der Neufassung der Präambel greift die Aufforderung an das deutsche Volk, in freier Selbstbestimmung die Einheit und Freiheit Deutschlands zu vollenden, in S. 3 der bisherigen Präambel auf und dokumentiert durch die Aufzählung der nunmehr insgesamt 16 Bundesländer das Ergebnis des die Einheit des deutschen Staatsvolkes verwirklichenden Selbstbestimmungsvorgangs: Mit diesem Passus der Präambel wird verfassungsrechtlich bindend anerkannt, dass das deutsche Volk seine Einheit im Wege der freien Selbstbestimmung wiedererlangt hat und die nationale Frage des deutschen Volkes durch den Beitritt der Deutschen Demokratischen Republik endgültig ihrer Lösung zugeführt ist".[151] Das **Selbstbestimmungsrecht** der Völker[152] ist somit für das deutsche Volk ausgeübt worden und – „Vollendung" – **verbraucht,** soweit es dem deutschen Volk das Recht vermittelt, frei darüber zu entscheiden, ob es einen oder mehrere Staaten bilden wolle.[153] **33**

---

[145] *Huber* in Sachs Rn. 7 spricht von einem bewussten Bekenntnis zur Kontinuität.

[146] S. dazu, auch zu begrifflichen Unschärfen in der verfassungspolitischen Diskussion der Wendezeit, *Dreier* in Dreier Rn. 51 ff.

[147] Daher auch noch Baden, Württemberg-Baden und Württemberg-Hohenzollern, die erst am 25.4.1952 zum Land Baden-Württemberg vereinigt wurden; nicht Berlin, dessen Delegierte aufgrund der alliierten Vorbehalte nur mit beratender Stimme an der Arbeit des Parlamentarischen Rates hatten teilnehmen können, s. *Kunig* in v. Münch/Kunig, 6. Aufl. 2012, Art. 145 Rn. 4; auch nicht das erst 1.1.1957 gem. Art. 23 aF beigetretene Saarland.

[148] Dazu *Kilian* in HdbStR VIII, 1. Aufl. 1995, § 186.

[149] S. *Wilke/Ziekow* JöR nF 37 (1988), 167 mwN; *Scholz* in HdbStR I § 9.

[150] → Rn. 4.

[151] BT-Drs. 11/7760, 355 (358); vgl. dazu auch *Busse* DÖV 1991, 345 (349).

[152] Dazu etwa *Oeter* ZaöRV 52 (1992), 741 ff.

[153] *Klein,* Das Selbstbestimmungsrecht der Völker und die deutsche Frage, 1990.

34 Kritisiert worden ist, dass die Präambel insofern pauschal von **„den Deutschen“** spricht, dh hinsichtlich der jeweiligen Beiträge der Deutschen in Ost und West nicht differenziert.[154] Nicht zu übersehen ist in der Tat, dass der größere Beitrag zur Beendigung der Teilung Deutschlands durch politische Aktivität von Bürgern in der ehemaligen DDR, oft unter erheblichem persönlichen Risiko, geleistet wurde.[155] Aus dem Blickwinkel des Rechts ist die Wendung der Präambel über „die Deutschen“ und ihre Inanspruchnahme des Selbstbestimmungsgrundsatzes indessen korrekt.

35 Das gilt schließlich auch bezüglich der Nichterwähnung der Mitwirkung anderer Staaten, ohne die die deutsche Einheit nicht hätte herbeigeführt werden können. Als faktisch hochbedeutsamer Akt ist hier namentlich die „Grenzöffnung“ seitens der ungarischen Regierung v. 10.9.1989 zu erwähnen.[156] **Völkerrechtliche Rahmenbedingungen** wurden geschaffen vor allem durch den Vertrag zwischen der Bundesrepublik Deutschland, der DDR, Frankreich, Großbritannien, der (seinerzeitigen) UdSSR und den USA über die abschließende Regelung in Bezug auf Deutschland v. 12.9.1990, den sog **Zwei + Vier-Vertrag.**[157] Diese Verträge verdeutlichen zugleich die **Endgültigkeit** der nun bestehenden deutschen Außengrenzen.[158] Es heißt dort weiter: „Die Bestätigung des endgültigen Charakters der Grenzen des vereinten Deutschland ist ein wesentlicher Bestandteil der Friedensordnung in Europa“ (Art. 1 Abs. 1 S. 2). „Das vereinte Deutschland hat keinerlei Gebietsansprüche gegen andere Staaten und wird solche auch in Zukunft nicht erheben“ (Art. 1 Abs. 3). Die Präambel des GG wird ausdrücklich als eine der Bestimmungen genannt, hinsichtlich derer die Regierungen der Bundesrepublik und der DDR sicherstellen müssen, dass sie mit den zuvor genannten Aussagen nicht unvereinbar sind (Art. 1 Abs. 4).[159]

36 S. 2 der Präambel steht in **Übereinstimmung** mit den genannten völkerrechtlichen Vorgaben. Die Besonderheiten von „Deutschlands Rechtslage“[160] haben danach aktuelle Bedeutung nur noch für die Beurteilung von Rechtsfragen, die durch die Geschehnisse vor der Vollendung der Einheit aufgeworfen worden sind, ohne dass die – heutige – Präambel bei ihrer Bewältigung helfen könnte.[161]

36 Wenn die Präambel von der Vollendung von Einheit und Freiheit Deutschlands spricht, ist damit **Einheit als Staat,** äußere Einheit also, und **Freiheit im Sinne von Selbstbestimmung** des Volkes gegenüber Einflussnahme von außen gemeint.[162] Die Präambel möchte nicht etwa zum Ausdruck

[154] *v. Münch* in v. Münch/Kunig, 4. Aufl. 1992, Rn. 26, 28, 38.

[155] Siehe etwa *Winkler,* Friedliche Revolution und deutsche Vereinigung 1989 bis 2017, 2018.

[156] *Hoog* in v. Münch Dokumente der Wiedervereinigung Deutschlands, Kap. XI.

[157] BGBl. 1990 II 1318; vgl. dazu *Klein* FS f. Hacker, 1998, 101 ff.; s. ferner den Vertrag zwischen der Bundesrepublik Deutschland und der Republik Polen v. 14.11.1990, BGBl. 1991 II 1328, der am 16.1.1992 in Kraft getreten ist; zur Legitimation des BT zur Zustimmung zu diesen Verträgen s. *Klein* DÖV 1991, 569 (572).

[158] So Art. 1 Abs. 1 S. 1 des Zwei + Vier-Vertrages mWv 15.3.1991, BGBl. 1991 II 587.

[159] Zu der verfassungsrechtlichen und völkerrechtlichen Beurteilung der deutschen Grenzen vor dem Zwei + Vier-Vertrag s. *Frowein* VVDStRL 49 (1990), 7 (16 ff.).

[160] Bilanzierend dazu *v. Münch* NJW 1991, 865 ff.; *Rauschning* JuS 1991, 977 ff.

[161] Die Präambel des GG aF bestimmte etwa die Beurteilung des in Art. 143 Abs. 3 für bestandskräftig erklärten Restitutionsausschlusses für Enteignungen in den Jahren 1945–1949 mit, s. BVerfGE 94, 12 (35); *Kirn* in v. Münch/Kunig, 6. Aufl. 2012, Art. 143 Rn. 16 ff.

[162] Es geht hier nicht um individuelle Freiheit, die gar nicht „vollendet“ werden kann, zutr. *Dreier* in Dreier Rn. 76; deshalb kann aus der Wendung auch nicht hergeleitet werden,

bringen, dass am 3.10.1990 auch Rechtseinheit sowie wirtschaftliche und soziale Einheit im Sinne der Herstellung gleicher wirtschaftlicher und sozialer Lebensverhältnisse herbeigeführt worden wäre – was nicht der Fall war und angesichts des auch außenpolitisch mitbedingten Tempos des Einigungsvorgangs nicht der Fall sein konnte. Zudem: Einheit und Freiheit können in einem substanziellen Sinne nie vollendet sein: So wie Verfassung öffentlicher Prozess ist und sich eine politische Gemeinschaft ihrer Integrationsgrundlagen immer neu versichern muss, gilt es auch Einheit und Freiheit täglich neu zu erringen.[163]

Der Begriff der **Vollendung** hat deshalb allein die eben beschriebene „Abschlussfunktion". Nicht etwa ist dadurch eine von den Festlegungen des Art. 79 Abs. 3 unabhängige, neben die bisherigen Staatszielbestimmungen getretene verfassungsrechtliche Grundentscheidung betreffend die „nationale und staatliche Einheit" getreten, wie sie nach *Huber*[164] als „uneingeschränkt justiziable Rechtspflicht" zum Vereinigungsverbot nach Art. 9 Abs. 2, zur Grundrechtsverwirkung nach Art. 18, zum Parteiverbot nach Art. 21 Abs. 2, zur Inanspruchnahme des Widerstandsrechts nach Art. 20 Abs. 4 führen könne, wenn mit ihr unvereinbare „Bestrebungen" festgestellt werden. Der Bestand der Bundesrepublik ist nach Maßgabe der genannten Bestimmungen schon immer geschützt bzw. zu schützen gewesen. Die Streichung der Einheitswahrungsklausel der GG aF[165] hat nicht eine – ungeschriebene – „Bewahrungsklausel" hervorgebracht[166] – schon gar nicht mit einer die europäische Integration begrenzenden Stoßrichtung. 38

V. Damit gilt dieses Grundgesetz für das gesamte deutsche Volk. Es wurde schon darauf hingewiesen,[167] dass mit der Aufhebung des Art. 23 aF das GG außerhalb der Präambel keine Bestimmung mehr enthält, die sich zum Geltungsbereich äußert. S. 3 der Präambel **stellt staatsrechtlich klar, was völkerrechtlich gilt,** und dokumentiert „die Beendigung des in S. 1, Satzteil 5 der bisherigen Präambel angesprochenen transitorischen Charakters des GG klar".[168] Die Formulierung „damit" bringt auch zum Ausdruck, dass für die Geltung des GG im vereinten Deutschland keine Volksabstimmung vorausgesetzt ist.[169] 39

Geltung des GG „für" das gesamte deutsche Volk bedeutet in persönlicher Hinsicht Geltung für **Deutsche iSd Art. 116 Abs. 1,** also einschließlich in Deutschland vorhandener ethnischer Minderheiten (Dänen und Friesen in Norddeutschland und der Sorben in der Lausitz).[170] Selbstverständlich bedeutet die in der Präambel vorgenommene Ausrichtung von „Geltung" auf das 40

dass (individuelle) Freiheit nach dem GG allg. einen „normativen Höherrang" gegenüber Gleichheit habe, s. aber *Leisner* in Sodan Rn. 8.

[163] Dazu → Fn. 34.

[164] *Huber* in Sachs Rn. 41a.

[165] Kritik hieran etwa bei *Pestalozza* Jura 1994, 561 (565); eing. *Murswiek* in BK Rn. 193, der diese Streichung für „verfassungswidrig und nichtig" hält (*Murswiek* in BK Rn. 194).

[166] S. auch *Dreier* in Dreier Rn. 49, Fn. 139: „bemerkenswerte argumentative Volte".

[167] → Fn. 24.

[168] So die Denkschrift der BReg zum EVertr., BT-Drs. 11/7760, 355 (360); „das GG ist mit der Verwirklichung der deutschen Einheit durch den Beitritt der Deutschen Demokratischen Republik als GG des gesamten deutschen Volkes legitimiert worden"; BT-Drs. 11/7760, 355 (358).

[169] → Rn. 40.

[170] Zu diesen und weiteren Volksgruppen in Deutschland Überlegungen und Fakten bei *Murswiek* in HdbStR VIII, 1. Aufl. 1995, § 201 Rn. 14 ff.

Volk weder den Versuch einer Geltungsausdehnung über das durch die völkerrechtlichen Regeln über die Gebietshoheit vorgegebene Ausmaß zulässiger Ausübung deutscher Staatsgewalt noch einen Ausschluss von Ausländern, denen zahlreiche Vorschriften des GG eigene Rechte gewährleisten, namentlich im Grundrechtsbereich.[171] Das Ausmaß der Bindung deutscher Staatsgewalt an Grundrechte bemisst sich nach Art. 1 Abs. 3.[172]

41 Die rechtliche **Abgrenzung des deutschen Staatsgebiets** im Einzelnen erfolgt durch das Völkerrecht, wobei landseitig die Rechtsquelle des bilateralen Vertrages im Vordergrund steht.[173]

C. Verhältnis zu anderen Bestimmungen des GG

42 Solange die alte Fassung der Präambel galt, bestanden zwei viel diskutierte Abgrenzungsprobleme. Es ging einmal um das Verhältnis der Einheitswahrungsklausel bzw. des Gebots zur Wiedervereinigung zu den verfassungsrechtlichen Grundlagen des **Staatsangehörigkeitsrechts**[174] sowie um die Frage nach dem vorzugswürdigen Weg zur staatsrechtlichen Herbeiführung der Einheit (Beitritt nach Art. 23 S. 2 aF oder Verfassungsneugebung gem. Art. 146 aF).[175] Diese Fragen gehören nun der Verfassungsgeschichte an.

43 Umstritten war des Weiteren das Verhältnis der Präambel aF zu Art. 79 Abs. 3,[176] also die Frage der **Abänderbarkeit** speziell in Bezug auf das Gebot der Wiedervereinigung. Für die heutige Präambel (iÜ zutr. Ansicht nach auch für die Präambel aF) gilt: Angesichts des Fehlens eines Hinweises auf die Präambel in Art. 79 Abs. 3 ist sie **nicht änderungsfest.**[177] Erwogen werden könnte hinsichtlich der historisierenden Aussagen der Präambel ein Änderungsverbot, weil „man geschichtliche Vorgänge nicht aus der Geschichte streichen" kann.[178] Doch skizziert, wie dargestellt,[179] die Präambel keine historischen Wahrheiten, sondern bewertet historische Vorgänge. Eine Versteinerung solcher Bewertungen wäre weder angebracht noch sinnvoll.

---

[171] Vgl. zur Unterscheidung der Grundrechtsgeltung anhand der Staatsangehörigkeit → Art. 1 Rn. 25; Art. 2 Rn. 10, Rn. 154; Art. 19 Rn. 88 ff.

[172] S. für „grenzüberschreitende" Geltung *Kunig* in v. Münch/Kunig, 6. Aufl. 2012, Art. 1 Rn. 52 ff.

[173] S. dazu unter Berücksichtigung auch der Luft- und Seegrenzen *Vitzthum* in HdbStR II § 18 Rn. 19 ff. bzw. in Ergänzung der aus der Wiedervereinigung erwachsenen Konsequenzen *Bethge* in HdbStR VIII, 1. Aufl. 1995, § 199 Rn. 6 ff.; zu rechtlichen Anforderungen an Gebietsveränderungen Hinweise bei *Kunig* Jura 1996, 160 ff.

[174] S. dazu *Vedder/Lorenzmeier* in v. Münch/Kunig, 6. Aufl. 2012, Art. 116 Rn. 17 ff.

[175] Diese Alternativität, die diesbezügliche Diskussion und die Gründe für die Wahl des Weges über Art. 23 aF skizziert *Lerche* in HdbStR VIII, 1. Aufl. 1995, § 194 Rn. 12 ff.

[176] Gegen Abänderbarkeit etwa *Vogel,* Die Verfassungsentscheidung für eine internationale Zusammenarbeit, 1964, 43; *Wilhelm* ZRP 1986, 267 (269); sa *Murswiek,* Das Staatsziel der Einheit Deutschlands nach 40 Jahren Grundgesetz, 1989, 39; anders *Doehring* NJW 1982, 2209 (2213); *Randelzhofer* VVDStRL 49 (1990), 101 (122).

[177] Ebenso zB *Dreier* in Dreier Rn. 22 ff.; *Hopfauf* in SHH Rn. 5; aA etwa *Huber* in Sachs Rn. 9, weil die Präambel das Verständnis der in Art. 79 Abs. 3 enthaltenen Grundentscheidungen mitbestimme; eing. *Murswiek* in BK Rn. 180 ff., der die hier vertretene Auffassung „oberflächlich positivistisch und unzutreffend" nennt (Rn. 181).

[178] Mit dieser Formulierung *v. Münch* in v. Münch/Kunig, 4. Aufl. 1992, Rn. 36, der sich aber mangels „Chronistenpflicht" einer Verfassung auch insoweit für die Abänderbarkeit ausspricht.

[179] → Rn. 4.

D. Kritische Würdigung

An der Neufassung der Präambel ist teils dezidierte Kritik geäußert worden.[180] Man mag der Präambel vorwerfen, dass sie die historischen Umstände ihrer Genese und ihrer wiedervereinigungsbedingten Änderungen eher verunklart als erklärt. Einen verfassunggebenden Akt des **gesamten** deutschen Volkes mag es nie gegeben haben, aber ohne Zweifel lebt dieses gesamte deutsche Volk seine Verfassung Tag für Tag neu – auch und gerade wo sie den Rahmen dafür liefert, in friedlichen und rechtlich geordneten Verfahren Grundlagen des politischen Zusammenlebens und Zukunftskonzepte für dieses Zusammenleben wieder und wieder in streitigen Diskursen auszutesten.[181] Vor allem öffnet die Präambel den vormals geschlossenen Nationalstaat konsequent für die umgebende Welt jenseits des Staates. Der völkerrechtsfreundlichen Auslegung des GG, vom BVerfG teils stärker, teils schwächer beherzigt, gibt die Präambel eine programmatisch gemeinte textliche Grundlage.[182] Auch insofern ist sie **Vorspruch** und **Versprechen** – und ein doppeltes **Vermächtnis** der Jahre 1948/1949 sowie 1989/1990. Das BVerfG hat ihm in seinem Lissabon-Urteil eine starke Stimme verliehen: „Die Präambel des Grundgesetzes betont nach den Erfahrungen verheerender Kriege, gerade auch unter den europäischen Völkern, nicht nur die sittliche Grundlage verantworteter Selbstbestimmung, sondern auch den Willen, als gleichberechtigtes Glied in einem vereinten Europa dem Frieden der Welt zu dienen. […] Das Grundgesetz will die Mitwirkung Deutschlands an internationalen Organisationen, eine zwischen den Staaten hergestellte Ordnung des wechselseitigen friedlichen Interessenausgleichs und ein organisiertes Miteinander in Europa. […] In den Zielen der Präambel wird dieses Souveränitätsverständnis sichtbar. Das Grundgesetz löst sich von einer selbstgenügsamen und selbstherrlichen Vorstellung souveräner Staatlichkeit und kehrt zu einer Sicht auf die Einzelstaatsgewalt zurück, die Souveränität als „völkerrechtlich geordnete und gebundene Freiheit" auffasst."[183] 44

Literatur

W. Apelt, Betrachtungen zum Bonner Grundgesetz, NJW 1949, 481. – ***E. L. Behrendt,*** Gott im Grundgesetz. Der vergessene Grundwert „Verantwortung vor Gott", 1980. – ***A. v. Bogdandy,*** Europäische und nationale Identität: Integration durch Verfassungsrecht, VVDStRL 62 (2003), 156. – ***E. W. Böckenförde,*** Die verfassunggebende Gewalt des Volkes – ein Grenzbegriff des Verfassungsrechts, in **E. W. Böckenförde,** Staat, Verfassung, Demokratie, 1991, 90. – ***V. Busse,*** Das vertragliche Werk der deutschen Einheit und die Änderungen von Verfassungsrecht, DÖV 1991, 345. –

[180] *Murswiek* in BK Rn. 309.

[181] *Wiener* EJIR 10 (2004), 189 ff.; *Wiener,* A Theory of Contestation, 2014.

[182] Gerade aus jüngster Zeit finden sich zahlreiche Beispiele: BVerfG NJW 2019, 1201 (1206, Rn. 62); BVerfG NJW 2018, 3374 (3375, Rn. 28): „Das Grundgesetz konzipiert die Bundesrepublik Deutschland als einen offenen Verfassungsstaat. Sie soll an der europäischen Integration mitwirken, sich kollektiven Sicherheitssystemen anschließen, die allgemeinen Regeln des Völkerrechts achten sowie eine auf die Bewahrung und Wiederherstellung des Friedens gerichtete Politik betreiben (…)"; BVerfGE 146, 216 (293); 142, 123 (196); 141, 220 (341); BVerfGE 141, 1 (27): „Der Grundsatz der Völkerrechtsfreundlichkeit hat Verfassungsrang. Er ergibt sich aus einer Zusammenschau der verfassungsrechtlichen Vorschriften, die das Verhältnis Deutschlands zur internationalen Staatengemeinschaft zum Gegenstand haben. (…)"; BVerfG NJW 2016, 1149 (1151 f., Rn. 45, 49); BVerfGE 111, 307 (319).

[183] BVerfGE 123, 267 (345 ff.).

G. Czermak, „Gott" im Grundgesetz, NJW 1999, 1300. – ***D. Deiseroth,*** In „Verantwortung vor Gott und den Menschen": aktuelle verfassungsrechtliche Probleme der „Nominatio Die", in H. Groschopp Humanismus – Laizismus – Geschichtskultur 2013, 59. – ***K. Doehring,*** Die Wiedervereinigung Deutschlands und die europäische Integration als Inhalte der Präambel des Grundgesetzes, DVBl. 1979, 633. – ***H. Dreier,*** Kontexte des Grundgesetzes, DVBl. 1999, 667. – ***J. Ennuschat,*** „Gott" und Grundgesetz, NJW 1998, 953. – ***J. A. Frowein,*** Die Verfassungslage Deutschlands im Rahmen des Völkerrechts, VVDStRL 49 (1990), 7. – ***W. Geiger,*** Zur Genesis der Präambel des Grundgesetzes, EuGRZ 1986, 121. – ***P. Häberle,*** Präambel im Text und Kontext von Verfassungen, in J. Listl/H. Schambeck, FS f. Broermann, 1982, 211. – ***P. Häberle,*** „Gott" im Verfassungsstaat?, in W. Fürst FS f. Zeidler, 1987, 3. – ***T. Herbst,*** Legitimation durch Verfassunggebung, Ein Prinzipienmodell der Legitimität staatlicher und supranationaler Herrschaft, 2003; – ***M. Herdegen,*** Die Verfassungsänderungen im Einigungsvertrag, 1991. – ***H. Hofmann,*** Das Grundgesetz ohne Gott – aber mit Mitmenschlichkeit, ZRP 1994, 215. – ***J. Isensee,*** Staatseinheit und Verfassungskontinuität, VVDStRL 49 (1990), 39. – ***E. Klein,*** Der Einigungsvertrag – Verfassungsprobleme und -aufträge, DÖV 1991, 569. – ***M. Kotzur,*** Theorieelemente des internationalen Menschenrechtsschutzes. Das Beispiel der Präambel des IPbürgR, 2001. – ***M. Kotzur,*** Vorspruch und Versprechen. Der Europäische Integrationsprozess nach Lissabon im Lichte der Präambeltexte des EUV, des AEUV und der EU-Grundrechtecharta in Mitglieder der Juristenfakultät (Hrsg.), FS der Juristenfakultät zum 600jährigen Bestehen der Universität Leipzig, 2009, 511 – ***H. Kreß,*** Gott in der Verfassung?, ZRP 2015, 152. – ***A.-C. Kulow,*** Inhalte und Funktionen der Präambel des EG-Vertrages, 1997. – ***U. Lehmann-Brauns,*** Die staatsrechtliche Bedeutung der Präambel des Bonner Grundgesetzes, Diss. Berlin, 1964. – ***J. Metzler,*** Die Präambel der WTO. Auslegung und Bedeutung in der Praxis, 2019. – ***H. Meyer,*** „Das gesamte deutsche Volk bleibt aufgefordert, in freier Selbstbestimmung die Einheit und Freiheit Deutschlands zu vollenden", in Denninger, FS f. Schneider, 1990, 268. – ***I. v. Münch,*** Deutschland: gestern – heute – morgen, NJW 1991, 865. – ***D. Murswiek,*** Die verfassunggebende Gewalt nach dem Grundgesetz für die Bundesrepublik Deutschland, 1978. – ***D. Murswiek,*** Was vom Wiedervereinigungsgebot übrig blieb, in J. Ipsen, FS f. Rauschning, 2001, 57. – ***H. Nawiasky,*** Die Grundgedanken des Grundgesetzes für die Bundesrepublik Deutschland, 1950; – ***A. Papenheim,*** Präambeln in der deutschen Verfassungsgeschichte seit Mitte des 19. Jahrhunderts unter besonderer Berücksichtigung der invocatio Dei, 1998. – ***A. Randelzhofer,*** Deutsche Einheit und europäische Integration, VVDStRL 49 (1990), 101. – ***D. Rauschning,*** Wiedervereinigungsgebot – Willensbildungsfunktion und Kontrollfunktion, in K. Hailbronner, FS f. Doehring, 1989, 779. – ***M. Requejo Isidro,*** Reflections on the Preambles to the EU Private International Law Regulations, in Europa als Rechts- und Lebensraum, 2018, 425. – ***T. Rottenwallner,*** „Angesichts des Trümmerfeldes …" – Ist der Vorspruch der Bayerischen Verfassung nur ein präludierendes Schmuckstück oder Grundnorm der Landesverfassung?, BVBl. 2016, 397; – ***P. Schoepke,*** Die rechtliche Bedeutung der Präambel des Grundgesetzes für die Bundesrepublik Deutschland, Diss. Tübingen, 1965. – ***M. Strunz,*** Der Gottesbezug in dem Vertrag über die Europäische Union – ein Lösungsvorschlag, BayVBl. 2007, 648. – ***Ch. Tomuschat,*** Wege zur deutschen Einheit, VVDStRL 49 (1990), 70. – ***K. Vogel,*** Die Verfassungsentscheidung für eine internationale Zusammenarbeit, 1964. – ***H. v. Wedel,*** Das Verfahren der demokratischen Verfassungsgebung, 1976. – ***C. Waldhoff,*** Die verfassunggebende Gewalt als Bindeglied zwischen historischer Realität und Geltung der Verfassung, in M. Sachs/H. Siekmann, FS f. Stern, 2012, 257; – ***C. Waldhoff/H. Grefrath,*** Gehört Gott in die Verfassung? Die Präambel des Grundgesetzes, in Politik, Recht und Religion, 2019, 49. – ***B. Wiegand,*** Das Prinzip Verantwortung und die Präambel des Grundgesetzes, JöR 43 (1995), 31. – ***D. Wilhelm,*** Ist die Präambel des Bonner Grundgesetzes abänderbar?, ZRP 1986, 267. – ***D. Zais,*** Rechtsnatur und Rechtsgehalt der Präambel des Grundgesetzes für die Bundesrepublik Deutschland vom 23. Mai 1949, Diss. Tübingen, 1973. – ***G. Zieger,*** Fünf Jahre Grundvertragsurteil des Bundesverfassungsgerichts, 1979.

I. Die Grundrechte

Art. 1 [Würde des Menschen, Grundrechtsbindung]

(1) [1]Die Würde des Menschen ist unantastbar. [2]Sie zu achten und zu schützen ist Verpflichtung aller staatlichen Gewalt.

(2) Das Deutsche Volk bekennt sich darum zu unverletzlichen und unveräußerlichen Menschenrechten als Grundlage jeder menschlichen Gemeinschaft, des Friedens und der Gerechtigkeit in der Welt.

(3) Die nachfolgenden Grundrechte binden Gesetzgebung, vollziehende Gewalt und Rechtsprechung als unmittelbar geltendes Recht.

Weimarer Reichsverfassung von 1919

Art. 151. Die Ordnung des Wirtschaftslebens muss den Grundsätzen der Gerechtigkeit mit dem Ziele der Gewährleistung eines menschenwürdigen Daseins für alle entsprechen. [S. 2]
[Abs. 2, 3]

Übersicht

A. Allgemeine Bedeutung*

I. Genese

1 **1. Die Grundlegung des Grundlegenden.** Art. 1 regelt im Zusammenspiel mit Art. 20 die tragenden Grundlagen des gesamten Verfassungswerks.[1] Er baut auf der Prämisse der Menschenwürde auf (Abs. 1 S. 2), die der Staat nicht nur zu achten, sondern auch zu schützen hat (Abs. 1 S. 2). Das Bekenntnis des deutschen Volkes zu den universellen Menschenrechten (Art 1 Abs. 2) ist letztlich ebenfalls eine Konsequenz aus der Menschenwürderadizierung einer jeden – und eben nicht nur der grundgesetzlich verfassten – politischen Gemeinschaft. Es geht Art. 1 insgesamt um die Menschenrechte. Diese sind, jedenfalls in ihrer individualrechtlichen Gestalt, Gegenstand des gesamten Ersten Abschnitts des GG. Gleichfalls elementare Bedeutung hat die dritte Aussage des Art. 1 (Abs. 3). Sie beinhaltet die **Grundrechtsbindung aller staatlichen Gewalt,** die drei Gewalten dabei gesondert anführend, und ist insoweit eng verwandt mit Art. 20 Abs. 3. In ihrem Zusammenspiel verklammern beide Normen den Grundrechts- und den staatsorganisatorischen Teil des GG. In allen drei Absätzen dokumentiert Art. 1 das Staatsverständnis der Bundesrepublik Deutschland, indem er den Staat in den Dienst des Menschen stellt.

2 **2. Im Anfang war die Menschenwürde.** „Nie wieder!" hätte das Grundgesetz in Überwindung des menschenverachtenden nationalsozialistischen Unrechtsregimes dem Verfassungswerk als schlichtes Leitmotiv voranstellen können. Es beginnt, ganz in der Tradition eines *Pico della Mirandola*[2], vor allem aber *Immanuel Kant*[3], seine Meistererzählung[4] zur Neubegründung des bundesrepublikanischen Verfassungsstaates aber mit einem anspruchsvoller-menschheitsbezogenen[5] Doppelfanal. Zum einen denkt die Präambel die

* Unser ganz herzlicher Dank gilt *Franziska Bachmann* und *Janwillem H. van de Loo* für deren wertvolle Hilfe bei dieser Neubearbeitung.

[1] Programmatisch *Breuer* u.a. (Hrsg.) Im Dienste des Menschen: Recht, Staat und Staatengemeinschaft, 2009.

[2] *Gonna,* Pico della Mirandola: Oratio de hominis dignitate (Über die Würde des Menschen, posthum 1496), 1997.

[3] *Mosayebi,* Kant und Menschenrechte, 2015.

[4] *Cover,* Nomos und Narrativ, 2020; *Levit* Seattle University Law Review 34 (2011), 751 ff.; *Bell* Legal Studies Forum 23 (1999), 315 ff. Für einen Überblick *Stoecker,* Theorie und Praxis der Menschenwürde, 2019; *Nowak,* Menschenwürde und Menschenrechte, 2018.

[5] *Häberle* FS f. Kriele, 1997, 1277 ff.; *Häberle* FS f. Zuleeg, 2005, 80 ff.

Ausübung der verfassunggebenden Gewalt „in Verantwortung vor Gott und den Menschen".[6] Zum anderen radiziert Art. 1 nicht nur das Grundrechtskapitel, sondern das gesamte Verfassungswerk in der „metarechtlichen Idee"[7] der Menschenwürde.[8] Vielfältige Epitheta suchen diese **Grundlegung des Grundlegenden** zu umschreiben[9]: „Staatsfundamentalnorm"[10], „oberstes Konstitutionsprinzip"[11], „höchster Rechtswert"[12], „naturrechtliches Elementarprinzip"[13], „positivierte Naturrechtsordnung",[14] „positiviertes überpositives Recht"[15], „vor-positives Fundament" bzw. „naturrechtlicher Anker"[16], „unhintergehbare Prämisse"[17], „Wurzel der Grundrechte"[18] oder „Grundrecht hinter den Grundrechten".[19]

Diese Umschreibungen wollen vor allem eines verdeutlichen: Dem Eingangsartikel des Grundgesetzes geht es um die anthropozentrische Verortung des Staates, wie sie Art. 1 Abs. 1 des Verfassungsentwurfs von Herrenchiemsee zum Ausdruck bringt: „Der Staat ist um des Menschen willen da, nicht der Mensch um des Staates willen."[20] Die Norm übersetzt damit das eben zitierte Präambelbekenntnis „vor Gott und den Menschen" – ein **Bekenntnis,** das zugleich **Versprechen** ist – in den operativen Verfassungsteil und gibt im Zusammenklang mit eben dieser Präambel und Art. 20 Aufschluss über das grundgesetzliche Staatsverständnis: Die Menschenwürde ist unverfügbar und unhintergehbar: Sie liegt dem positiven Verfassungstext voraus und verbietet „jede selbstzweckhafte Überhöhung des staatlichen Herrschaftsverbandes".[21] Im Konstitutionalisierungsprozess wird die Menschenwürde nicht etwa erst geschaffen, der Verfassunggeber findet sie vielmehr vor – und zwar als Grundlage allen Rechts, nicht nur des Verfassungsrechts[22] –, macht sie sich programmatisch zu Eigen und gibt ihr normative Konturen. Im 3

---

[6] → Rn. 1.

[7] *Höfling* in Sachs Rn. 1; *Stern* in Stern Staatsrecht IV/1, 2006, § 97 I 1a.

[8] Das wird anhand der Ewigkeitsklausel greifbar: Wenn Art. 79 Abs. 3 Art. 1 für unabänderlich erklärt, so bezieht sich das nach der Rspr. des BVerfG nicht nur auf eben diese Normen, sondern auch auf andere Regelungen, wenn und soweit sie an diesem Menschenwürdegehalt partizipieren und ihn konkretisieren, dazu → Art. 79 Rn. 48.

[9] Verweise bei *Herdegen* in Maunz/Dürig Art. 1 Abs. 1 Rn. 3; in interdisziplinärer Perspektive *Düwell/Braavig/Brownsword/Mieth,* The Cambridge Handbook of Human Dignity. Interdisciplinary Perspectives, 2014.

[10] *Nawiasky,* Die Grundgedanken des Grundgesetzes für die Bundesrepublik Deutschland, 1950, 26; *Höfling* in Sachs Rn. 6. Die Terminologie der Staatsfundamentalnorm ist auch für Art. 20 gebräuchlich; → Art. 20 Rn. 16.

[11] *Wintrich* in Wandersleb Recht, Staat, Wirtschaft 4 (1953), 139 (148); Allg. *Hong,* Abwägungsfeste Rechte, 2019.

[12] Vgl. BVerfGE 45, 187 (227); 96, 375 (399).

[13] *Nipperdey* in Neumann/Nipperdey/Scheuner Die Grundrechte II, 1954, 2; weiter *Rothaar,* Die Menschenwürde als Prinzip des Rechts. Eine rechtsphilosophische Rekonstruktion, 2015.

[14] *Höfling* in Sachs Rn. 1; *Höfling* JuS 1995, 857 ff.

[15] *Isensee* AöR 131 (2006), 173 (173 ff., 175).

[16] *Böckenförde,* Die Menschenwürde war unantastbar, *FAZ* v. 3.9.2003, 33.

[17] *Bielefeldt,* Menschenwürde. Der Grund der Menschenrechte, 2005, 13.

[18] *Isensee* Der Staat 19 (1980), 367 (371).

[19] *Nettesheim* JZ 2019, 1 ff.

[20] Zitiert nach JöR nF 1 (1951), 48; für ein solches Staatsverständnis *Sandkühler,* Recht und Staat nach menschlichem Maß. Einführung in die Rechts- und Staatstheorie aus menschenrechtlicher Perspektive, 2013.

[21] *Herdegen* in Maunz/Dürig Art. 1 Abs. 1 Rn. 1.

[22] *Brugger/Kirste,* Human Dignity as a Foundation of Law. Proceedings of the Special Workshop held at the 24th World Congress of the International Association for Philosophy of Law and Social Philosophy in Beijing (2009), 2013.

Individuum, das in gleicher Freiheit mit allen anderen Individuen zusammenlebt, erkennt Art. 1 den **ersten** und **letzten Zweck** politischer Gemeinschaftsbildung. Deshalb bedarf der Mensch als Person des Schutzes vor und der Achtung durch die staatliche Gewalt.[23]

4 **3. Art. 1 GG in seinem entwicklungsgeschichtlichen Kontext.** Art. 1 ist wie nur wenig andere Normen des Grundgesetzes **„überstaatlich bedingt"**[24]. Das liegt zum einen an der die Verbürgung tragenden vor- und damit zugleich überstaatlichen Normidee, das liegt zum anderen an der bewussten Rezeption völkerrechtlicher Vorbilder. Der Parlamentarische Rat hat sich – nicht zuletzt, um mit der konstitutionellen Antithese zum NS-Unrechtsregime die Rückkehr der Bundesrepublik Deutschland in die internationale Staatengemeinschaft zu verbinden – von den Menschenwürdebekenntnissen der Völkergemeinschaft leiten lassen.[25] Vor allem die Präambel der UN-Charta und die AEMR (Präambel und Art. 1) waren eine maßgebliche Inspirationsquelle.[26]

5 Die **WRV** kann demgegenüber nur bedingt als Vorbild gelten. Sie stellt nicht die Grundrechte – ohnehin nur in Programmsatzform verbürgt[27] –, sondern den staatsorganisatorischen Teil an den Anfang und eröffnete mit dem Satz: „Das Deutsche Reich ist eine Republik". Freilich war auch das eine bewusste Abkehr, damals vom monarchischen Obrigkeitsstaat des Kaiserreichs. In ihren Bestimmungen zur „Ordnung des Wirtschaftslebens" verweist die WRV immerhin auf ein „menschenwürdigen Dasein" (Art. 151 Abs. 1). Auch die **vorkonstitutionellen Landesverfassungen** in Bayern (1946)[28], Hessen (ebenfalls 1946)[29], Bremen (1947)[30] und Rheinland-Pfalz (ebenfalls 1947)[31] lieferten Textvorbilder für das Grundgesetz.[32]

6 Für die neue Textstufe[33] in Art. 1 waren während der Verfassungsberatungen unterschiedliche Formulierungsvarianten erwogen worden. Dazu gehört der bereits einleitend zitierte Satz „Der Staat ist um des Menschen willen da, nicht der Mensch um des Staates willen."[34] Er sollte den beabsichtigten Kontrapunkt zur Ideologie des Nationalsozialismus („Du bist nichts, Dein Volk ist alles.") besonders deutlich markieren.[35] Auch die schließlich gewähl-

[23] *Herdegen* in Maunz/Dürig Art. 1 Abs. 1 Rn. 4 f.

[24] *v. Simson* FS f. Aubin, 1979, 217 f.; *Häberle/Schwarze/Graf Vitzthum,* Die überstaatliche Bedingtheit des Staates. Zu Grundpositionen Werner von Simsons auf den Gebieten der Staats- und Verfassungslehre, des Völker- und des Europarechts, 1993.

[25] *Herdegen* in Maunz/Dürig Art. 1 Abs. 1 Rn. 15; → Rn. 22 ff.

[26] Abg. *v. Mangoldt* JöR 1 nF (1951), 50; *Parl. Rat,* Stenographische Berichte V, 586, 592.

[27] *Groh,* Demokratische Staatsrechtslehrer in der Weimarer Republik, 2010, 413; vgl. *Stern* in HdbStR IX § 184 Rn. 39.

[28] Art. 100 BayVerf: „Die Würde der menschlichen Persönlichkeit ist in Gesetzgebung, Verwaltung und Rechtspflege zu achten."

[29] Art. 3 HessVerf: „Leben und Gesundheit, Ehre und Würde des Menschen sind unantastbar."

[30] Art. 5 Abs. 1 VerfBremen: „Die Würde der menschlichen Person wird anerkannt und vom Staate geachtet."

[31] Verfassungsvorspruch: „(…) von dem Willen beseelt, die Freiheit und Würde des Menschen zu sichern".

[32] Nachweise zu alldem bei *Dreier* in Dreier Art. 1 Abs. 1 Rn. 23 ff; *Herdegen* in Maunz/Dürig Art. 1 Abs. 1 Rn. 14.

[33] *Häberle* in Häberle Rechtsvergleichung im Kraftfeld des Verfassungsstaates, 3 ff.

[34] → Rn. 3.

[35] Eing. *v. Arnim,* Staatslehre der Bundesrepublik Deutschland, 1984, 127 ff. mwN; *Starck* JZ 1981, 457 (458); *Ipsen* StaatsR II, 21. Aufl. 2018, Rn. 225; eing. zur Entstehungsgeschichte *Enders,* Die Menschenwürde in der Verfassungsordnung. Zur Dogmatik des Art. 1 GG, 1997, 404 ff.; *Pestalozza* in Nawiasky/Schweiger/Knöpfle Die Verfassung des Freistaates

te Formulierung bedeutet eine unmissverständlich dem menschlichen Individuum zugewandte **Absage an den Totalitarismus.** Der grundgesetzliche Verfassungsstaat versteht sich als Gegenentwurf zum einem Führerstaatskonzept, dem die Herabwürdigung des Einzelnen gleichsam immanent ist[36] – wenn nicht als Ziel, so jedenfalls im Ergebnis.[37]

In all seinen Aussagen verheißt Art. 1 nicht nur eine grundsätzliche Abkehr von unrechtsstaatlicher Vergangenheit, sondern er **aktualisiert** sich auch durch immer neue Bedrohungen menschlicher Würde. Wenn das Menschenwürdebekenntnis universelle Antworten auf die nicht minder universellen Erfahrungen strukturellen Unrechts geben will,[38] muss es auf immer neue Unrechtserfahrungen und, ihnen vorgelagert, Bedrohungsszenarien angemessen reagieren können. Zu denken ist hier an die unterschiedlichsten Formen gesellschaftlichen Wandels, gerade wenn er durch technologische Entwicklungen bedingt wird: z. B. die Entwicklung der Kommunikationstechnik (Stichwort: Datensouveränität, aber auch Medizin- und der Gentechnik).[39] Anders formuliert: Art. 1 will retrospektiv Vergangenes aufarbeiten und prospektiv Zukunftsversprechen sein. 7

Da strukturelles Unrecht, wie eben skizziert, ein universelles Phänomen ist, muss Art. 1 schließlich den innerstaatlichen Blickwinkel weiten. Die Menschenwürde ist weltweit gefährdet (durch Zwangsarbeit, Zwangsprostitution, Menschenhandel zu Zwecken der Organentnahme oder der Adoption oder Heirat, aber auch durch Hass und Häme im Internet etc.). Art. 1 Abs. 2 denkt deshalb über den grundgesetzlichen Verfassungsstaat hinaus. Auch er gibt ein Versprechen: Ein Versprechen an die Völkergemeinschaft für die Rechtsentwicklung im Innern, zu dem zur Zeit der Verfassunggebung aller Anlass bestand; ein Versprechen gerichtet an alle innerstaatlichen Akteure, für die globale Verbreitung- und Fortentwicklung der Menschenrechte Sorge zu tragen. Der **Verfassungsuniversalismus** des Grundgesetzes ist zuvörderst sein **Menschenrechtsuniversalismus.** 8

Es ist vor allem die **Ideengeschichte,** die diesen Universalismus bestimmt. Wie kaum eine andere Verfassungsnorm zehrt die Menschenwürdeformel, aufgeladen mit ethischen Idealen und philosophischen Vorverständnissen, von einem 2000-jährigen Erbe und trägt dieses Erbe doch zugleich als Bürde[40] – die im Negativfall zu einer prekären Moralisierung des Verfassungsrechts führen könnte.[41] Für antikes Menschwürdedenken stehen etwa *Cicero* und *Seneca. Thomas von Aquin* leitet die Menschenwürde aus der Gottesebenbildlichkeit des Menschen ab.[42] Diese religiöse Erklärung ist auch 9

Bayern, Stand 2008, Art. 100 Rn. 68, betont die Vorbildrolle des Art. 100 BayVerf. für die Formulierung des Art. 1 Abs. 1.

[36] Diesen Gedanken entfaltet etwa BVerfGE 5, 85, KPD-Urteil: „Für den politisch-sozialen Bereich [genügt es nicht], wenn eine Obrigkeit sich bemüht, noch so gut für das Wohl von Untertanen zu sorgen; der Einzelne soll vielmehr in möglichst weitem Umfange verantwortlich auch an den Entscheidungen für die Gesamtheit mitwirken"; BVerfGE 5, 85 (204 f.).

[37] Zur Unvereinbarkeit marxistisch-leninistischer Staatslehren mit dem Menschenrechtsverständnis des GG *Stern,* StaatsR III/1, 1988, § 62 I 4.

[38] *Schwartländer,* Menschenrechte. Aspekte ihrer Begründung und Verwirklichung, 1978.

[39] Vgl. *Vitzthum* JZ 1985, 201: Humangenetik als „potentiell menschenwürderechtsverletzende Entwicklung"; sowie → Rn. 53, Stichwort „Gentechnik".

[40] Ausführliche Nachweise bei *Herdegen* in Maunz/Dürig Art. 1 Abs. 1 Rn. 7.

[41] *Baldus,* Kämpfe um die Menschenwürde. Die Debatten seit 1949, 2016; *Graf,* Ethik und Moral im Grundgesetz. Grenzen der Moralisierung des Verfassungsrechts, 2017; *Lohmar,* Falsches moralisches Bewusstsein. Eine Kritik der Menschenwürde, 2017.

[42] *Thomas von Aquin,* Summa theologiae, II, Prot.

prägend für die Renaissance – *Pico della Mirandola* wurde schon einleitend zitiert[43] –, in der Aufklärung setzt sich demgegenüber der Gedanke der sittlichen Selbstbestimmung des Individuums durch (*Kant, Pufendorf*).[44] Später mögen sich christliche von marxistischen Menschenwürdekonzepten unterscheiden lassen, systemtheoretische von behavioristischen Varianten.[45] Die größte Wirkungsmacht bis heute entfaltet aber – nicht zuletzt dank der Rezeption durch *Dürig* – *Kants* kategorischer Imperativ: „Handle so, dass du die Menschheit, sowohl in deiner Person, als in der Person eines jedes andern, jederzeit zugleich als Zweck, niemals als bloßes Mittel brauchst."[46] Weit weniger fruchtbar bleibt der in der Frühphase der Bundesrepublik geführte Streit über eine vermeintlich eindeutige geistesgeschichtliche Zuordnung des Würdebegriffs.[47] Vor allem eine naturrechtlich-verengte Sicht griffe zu kurz und würde der Fülle anderer Theorienagebote nicht gerecht, zumal das GG offen lässt (und auch gar nicht entscheiden könnte), ob es Naturrecht überhaupt gibt.[48]

10 Heute fürchten Stimmen aus der Lit., der Menschenwürdegrundsatz sei insgesamt in eine Krise[49], mindestens in eine „verfassungstheoretische Schwebelage"[50] geraten. Wo alte Gewissheiten brüchig würden, substantielle Legitimationsbehauptungen auf Misstrauen stießen und es schlicht an einer Neufundierung des liberal-demokratischen Modells fehle, verflüchtige sich auch das Vertrauen in axiomatische Setzungen.[51] Als Remedur wird vorgeschlagen, Art. 1 Abs. 1 als „Grundrecht hinter den Grundrechten"[52] oder „Recht auf Rechte"[53] zu deuten, das primär die Wahrnehmungsbedingungen der folgenden Grundrechte schütze. Auch wenn die Reduzierung von Art. 1 Abs. 1 auf eine Art **Infrastruktursicherungsnorm** die gesamte Sinnfülle der Menschenwürdeklausel nicht erschöpfen mag, verweist sie doch auf wichtige Aspekte ihrer **Funktionalisierung** und **Operationalisierung.**

---

[43] → Rn. 2.

[44] *Graf Vitzthum* JZ 1985, 20.

[45] Vgl. *Häberle* HdbStR II § 22 Rn. 46 ff.; Allgemein *Rosen,* Dignity. Its History and Meaning, 2012.

[46] *Kant,* Grundlegung zur Metaphysik der Sitten, 2. Aufl. 1786, 79.

[47] Pointiert für seine naturrechtliche Fundierung etwa *Wintrich* FS f. Laforet, 1952, 247; vorsichtig tastend *Maunz,* Deutsches Staatsrecht, 1. Aufl. 1951, § 14 II: „wahrscheinlich dem Ideengut des christlichen Naturrechts entnommen"; zu den frühen Diskursen *Baldus,* Kämpfe um die Menschenwürde. Die Debatten seit 1949, 2016; *Giese,* Das Würde-Konzept. Eine normfunktionale Explikation des Begriffs Würde in Art. 1 Abs. 1 GG, 1975, 31 ff.; *Schwarz* Rechtstheorie Beih. 6, 1984, 19; zur historisch erklärbaren Neigung der Rspr. der unmittelbaren Nachkriegsphase, nach naturrechtlichen Anhaltspunkten zu suchen, s. *Linsmayer,* Das Naturrecht in der deutschen Rechtsprechung der Nachkriegszeit, 1963; umfängliche Nachw. bei *Enders,* Die Menschenwürde in der Verfassungsordnung. Zur Dogmatik des Art. 1 GG, 1997, 25 f.

[48] AA etwa *Starck* JZ 1981, 457; *Fleiner-Gerster,* Allgemeine Staatslehre, 1980, 110; Anklänge auch zB in BVerfGE 25, 269 (285) „vorausgesetzt"; zu Recht hat es das BVerfG aber abgelehnt, Normen des GG „auf der Grundlage naturrechtlicher Vorstellungen" auszulegen, so ausdrücklich BVerfGE 10, 59 (81); siehe auch *Schneider* VVDStRL 20 (1967), 1 (35); *Olivet* NJW 1989, 3187 (3188): „die Wahl des Begriffs ‚Würde' spiegelt ganz deutlich die grundlegende Offenheit in der Begründungsfrage wider"; schließlich *Kunig,* Das Rechtsstaatsprinzip, 1986, 55 ff.

[49] Zu den Krisenargumenten *v. Bernstorff* JZ 2013, 905 ff.; s. auch *Basten,* Die Menschenwürde des Grundgesetzes auf dem Prüfstand. Rechtlich-ethische Entscheidungen für Fallkonstellationen der polizeilichen Praxis, 2016.

[50] *Nettesheim* JZ 2019, 1 ff.

[51] *Nettesheim* JZ 2019, 1 ff.

[52] *Nettesheim* JZ 2019, 1 ff.

[53] *Enders* in Stern/Becker Rn. 9.

4. Art. 1 GG und das Menschenbild des Grundgesetzes. Art. 1 Abs. 1 prägt das **Menschenbild** des Grundgesetzes insgesamt[54]: „Das Menschenbild des Grundgesetzes ist nicht das eines isolierten, souveränen Individuums; das Grundgesetz hat vielmehr die Spannung Individuum – Gemeinschaft im Sinne der Gemeinschaftsbezogenheit und Gemeinschaftsgebundenheit der Person entschieden, ohne dabei deren Eigenwert anzutasten. Das entspricht insbesondere auch einer Gesamtansicht der Art. 1, 2, 12, 14, 15, 19 und 20 GG".[55] Art. 1 Abs. 1 anerkennt mit dem Eigenwert der menschlichen Person zugleich deren Unantastbarkeit. Das gilt nicht nur im Verhältnis von Staat und Individuum, sondern hat auch eine innergesellschaftliche Dimension: den „Du-Bezug der Menschenwürde", dh die Anerkennung der „gleichen Menschenwürde des Anderen", die, wiederum universalistisch konzipiert und in die Zivilgesellschaft ausgreifend (siehe Art. 1 Abs. 2), Grundlage jeder menschlichen Gemeinschaft ist.[56] Politische Gemeinschaftsbildung kann nur gelingen, wo die Mitglieder dieser Gemeinschaft einander Respekt und Anerkennung zollen.[57] Wo die Würde des Einzelnen nicht mehr Grundlage der Gemeinschaft ist, wird die liberale Demokratie als solche gefährdet – sei es durch kollektive Vereinnahmung oder soziale Ausgrenzung.[58] Stimmen in der Literatur sehen die Menschenwürde deshalb primär dort bedroht, wo die Zerstörung von Solidarität zwischen den Menschen beginnt.[59] 11

II. Die Normstruktur im Überblick

1. Der normative Dreischritt des Art. 1 GG. Den so skizzierten verfassungsgrundlegenden Schutz- und Achtungsanspruch erschließt Art. 1 in einem gedanklichen **Dreischritt.**[60] Schritt 1: Art. 1 Abs. 1 S. 1 GG erklärt, wenn das Paradoxon erlaubt ist, mit lapidarem Pathos die Würde des Menschen für unantastbar. Die Erklärung ist Anerkennung, nicht Normschöpfung. Ihre indikativische Feststellung beschreibt freilich keine Wirklichkeit, sondern mahnt in denkbar nachdrücklicher Form ein Sollen an.[61] Dieses „Sollen" wird in S. 2 normativ zweifach ausgeformt. Der Staat – mit all seinen Organen, Akteuren, Trägern von Hoheitsgewalt – hat die Würde des 12

[54] *Häberle,* Das Menschenbild im Verfassungsstaat, 2008, 47 ff.; *Becker,* Das „Menschenbild des Grundgesetzes" in der Rechtsprechung des Bundesverfassungsgerichts, 1996; *Herdegen* in Maunz/Dürig Art. 1 Abs. 1 Rn. 28; weiterhin *Bogner/Mügge,* Natur des Menschen. Brauchen die Menschenrechte ein Menschenbild?, 2016; → Art. 20 Rn. 8.

[55] BVerfGE 4, 7 (15 f.); 30, 1 (20);115, 118 (158 f.); *Robbers* in BK Art. 20 Rn. 53.

[56] Erinnert sei auch an den *„status corporativus"* der Grundrechte, *Häberle,* Die Wesensgehaltsgarantie des Art. 19 Abs. 2 GG, 1983, 376 ff.; *McCrudden,* Understanding Human Dignity, 2014, 6 ff.

[57] Grundlegend *Honneth,* Anerkennung. Eine europäische Ideengeschichte, 2018.

[58] Zum Themenkomplex *Fukuyama,* Identität. Wie der Verlust der Würde unsere Demokratie gefährdet, 2019; siehe auch *Behrendt,* Die Menschenwürde als Problem der sozialen Wirklichkeit, 1966. Gefordert ist deshalb ein Mindestmaß an Solidarität: BVerfGE 4, 7 (15).

[59] Früh *Maihofer,* Rechtsstaat und menschliche Würde, 1968, 19; mit derselben Tendenz wohl auch *Häberle* Rechtstheorie 11 (1980), 389 (422); sowie *Hörnle* ARSP 89 (2003), 318 (323 ff.); heute *Schloen,* Grundeinkommen und Menschenwürde. Ein Weckruf für mehr Selbstbestimmung, Solidarität und Plutokratieabwehr, 2019, 16.

[60] So *Enders* in Tettinger/Stern Rn. 1; *Höfling* in Sachs Rn. 1 verweist auf *Denningers* Bild von der „Stufenarchitektur" und spricht von einem „Doppelschritt wechselseitiger Geltungsverstärkung", der sowohl im Verhältnis von Art. 1 Abs. 1 S. 1 und S. 2 als auch im Verhältnis von Abs. 2 zu Abs. 1 deutlich werde.

[61] Zum Seins- und Sollensgehalt von Art. 1 Abs. 1 S. 1 *Gröschner,* Menschenwürde und Sepulkralkultur in der grundgesetzlichen Ordnung, 1995, 46 ff.

Einzelnen zu achten, muss sich also jeden Eingriffs in diese Würde enthalten.[62] Das aber genügt nicht: Der Staat muss überdies aktiv schützend für diese Würde eintreten und darf nicht zum passiven Zuschauer werden, wenn Würdeverletzungen, und seien sie durch private Akteure verursacht, geschehen.[63]

13 Schritt 2: Art. 1 Abs. 2 zieht die Konsequenzen aus diesem Achtungsanspruch[64] und legt dem deutschen Volk ein Bekenntnis zu den unverletzlichen und unveräußerlichen Menschenrechten in den Mund. Sie sind „Grundlage jeder menschlichen Gemeinschaft, des Friedens und der Gerechtigkeit in der Welt". In eher präambeltypischer Bekenntnisform[65] ist damit zugleich eine **Selbstbeschränkung** seines demokratischen Könnens und Dürfens, das heißt seiner **Volkssouveränität,** verbunden.[66] Über die unveräußerlichen Grundlagen „jeder menschlichen Gemeinschaft" kann auch der demokratische Souverän nicht verfügen. Abs. 2 leistet überdies die Verknüpfung von Menschenwürde und Menschenrechten. Sein „darum" impliziert einen kausalen Ableitungszusammenhang und indiziert mögliche Menschenwürdegehalte der auf der Menschenwürde beruhenden Einzelgrundrechte.[67] Weiterhin kontextualisiert Abs. 2 die Menschenwürde und die Menschenrechte funktional, wenn er sie als Grundlage – lies: Bedingung! – des Friedens und der Gerechtigkeit in der Welt einordnet. Dass mit dieser Wendung zugleich die Brücke zum Präambeltext geschlagen und die offene Verfassungsstaatlichkeit des Grundgesetzes[68] auch grundrechtlich ausbuchstabiert wird, sei ergänzend angemerkt. Diese **Offenheit** klingt überdies im Verweis auf „jede menschheitliche Gemeinschaft" an. Grundrechte, die so menschheitsbezogen gedacht sind, können nicht ausschließlich auf das Territorium der Bundesrepublik Deutschland beschränkt sein (Stichwort: extraterritoriale Anwendbarkeit der Grundrechte[69]). Schließlich weist „jede menschliche Gemeinschaft" über den staatlichen Bereich hinaus und baut damit eine verfassungstextliche Brücke zur Dritt-/Horizontalwirkung der Grundrechte.[70]

14 Schritt 3: Abs. 3 schlägt die Brücke von der **„metapositiven Menschenrechtsphilosophie"** zur **„positiven Grundrechtsverfassung"**[71] und verknüpft auf diese Weise, dem Erbe der US-amerikanischen und Französischen Revolution verpflichtet, zugleich die Menschenrechts- mit der Verfassungsidee.[72] Die Norm formuliert ein Gebot strikter Positivität der Grundrechte: Sie

---

[62] Zu diesem *„status negativus"* → Rn. 37 ff., 42.

[63] Zur Schutzpflichtendimension → Rn. 42 ff.

[64] *Enders* in Tettinger/Stern Rn. 1; s. auch *Clausen,* Das Verhältnis von Achtungs- und Schutzpflichten in Ausnahmesituationen, 2018.

[65] *Häberle* FS f. Broermann, 1982, 211.

[66] → Art. 20 Rn. 111 ff.

[67] *Michael/Morlok,* Grundrechte, 2019, § 3 Rn. 30.

[68] *Vogel,* Die Verfassungsentscheidung des Grundgesetzes für eine internationale Zusammenarbeit, 1964; *Di Fabio,* Das Recht offener Staaten, 1998.

[69] *Herdegen* in Maunz/Dürig Art. 1 Abs. 2 Rn. 7; *Höfling* in Sachs Rn. 71.

[70] *Dürig* FS f. Nawiasky, 1956, 157 ff. und BVerfGE 7, 198; in der Welt der „digital natives" *Schliesky* ua, Schutzpflichten und Drittwirkung im Internet. Das Grundgesetz im digitalen Zeitalter, 2014; *Michael/Morlok,* Grundrechte, 2019, § 15 Rn. 481 ff.

[71] So *Höfling* in Sachs Rn. 2.

[72] *Höfling* in Sachs Rn. 2; aus der Lit.: *Gisbertz,* Menschenwürde in der angloamerikanischen Rechtsphilosophie. Ein Vergleich zur kontinentaleuropäischen Begriffsbildung, 2018; *Gilabert,* Human Dignity and Human Rights, 2018; *Kirste/de Souza/Sarlet,* Menschenwürde im 21. Jahrhundert. Untersuchungen zu den philosophischen, völker- und verfassungsrecht-

sind unmittelbar geltendes Recht. Als Bindungsadressaten nennt Abs. 3 alle drei staatlichen Gewalten. Ihre gesonderte Aufzählung korrespondiert Art. 20 Abs. 3 und unterstreicht so deren für die grundgesetzliche Verfassungsordnung identitätsprägendes Ineinandergreifen.[73] Beide Normen verklammern den Grundrechts- mit dem staatsorganisatorischen Teil der Verfassung und finden sich vereint in der sog. Ewigkeitsgarantie des Art. 79 Abs. 3 wieder.[74]

Zusammenfassend: In allen drei Absätzen dokumentiert Art. 1 das **verfassungsstaatliche Selbstverständnis** der Bundesrepublik. Er ist „tragendes Konstitutionsprinzip"[75], weist, Art. 20 korrespondierend, auf **Staatsziele** hin und gibt Staatsaufgaben vor, freilich ohne über die konkrete Weise ihrer Erfüllung zu befinden.[76] Er bleibt insoweit eine „nicht interpretierte These" *(Theodor Heuss)*.[77] Damit ist indes nicht insinuiert, Art. 1 stünde im Belieben seiner Interpreten. Wie jede hoch abstrakte Verfassungsnorm ist Art. 1 durch die anerkannten Methoden der Verfassungsinterpretation[78] auf einen juristisch handhabbaren Arbeitsbegriff herunterzubrechen. Vor allem lässt sich die These von der Würde des Menschen an der konkreten Grundrechtsinterpretation (z. B. Art. 2, 3, 4 und 5) und am Zusammenspiel von Art. 1 mit den Verfassungsstrukturprinzipien aus Art. 20 (etwa dem Sozialstaatsprinzip[79]) beglaubigen.[80] 15

2. Die Grundrechtsqualität von Art. 1 Abs. 1 GG. Diese spezifische **Konkretisierungsbedürftigkeit** hat, in Verbindung mit dem Wortlaut aus Abs. 3 (die „nachfolgenden Grundrechte"), in der Literatur immer wieder Zweifel an der **Grundrechtsqualität** von Art. 1 Abs. 1 aufkommen lassen.[81] Die Abs. 2 und 3 lassen sich von vornherein nicht individualrechtlich deuten. Das BVerfG geht ohne größere theoretische Diskussion vom Grundrechts- 16

---

lichen Grundlagen in Brasilien, Deutschland und Österreich, 2018; *Brandhorst/Weber-Gruska,* Menschenwürde. Eine philosophische Debatte über Dimensionen ihrer Kontingenz, 2017.

[73] → Art. 20 Rn. 10; Weiterhin *Janssen,* Der Staat als Garant der Menschenwürde. Zur verfassungsrechtlichen Bedeutung des Artikels 79 Abs. 3 GG für die Identität des Grundgesetzes, 2019.

[74] → Art 79 Rn. 45 ff., 57 ff.

[75] So in der frühen sog. Elfes-Entscheidung BVerfGE 6, 32 (36), zu ihr → Art. 2 Rn. 22 insbes.; in Entscheidungen zur – verfassungsrechtlichen Grenzen unterliegenden, s. Stichwort in → Rn. 53 – „lebenslangen Freiheitsstrafe", BVerfGE 45, 187 (227); auch zum Asylrecht, BVerfGE 54, 341 (357), und Ausländerrecht, BVerfGE 50, 166 (175); sa BVerfGE 61, 126 (137); aus der Lit. s. etwa *Hesse,* Grundzüge des Verfassungsrechts der Bundesrepublik Deutschland, 20. Aufl. 1995, 55: „das unbedingte und in der Art seiner Realisierung unverfügbare oberste Prinzip der verfassungsmäßigen Ordnung"; *Starck* in MKS Rn. 33: „Grundsatznorm".

[76] Vgl. *Häberle* in HdbStR II § 22 Rn. 57, 60: „Kulturauftrag"; näher dazu *Grimm* VVDStRL 42 (1984), 46 (65 ff.); sa *Müller-Volbehr* ZRP 1984, 263 (264): „Eckpfeiler einer [...] Sozialverfassung"; → Rn. 29.

[77] *Heuss* in Der Parl. Rat, 1948–1949, Akten und Protokolle; Dt. Bundestag und Bundesarchiv, V/1, 1993, 72; dazu auch *Enders* in Tettinger/Stern Rn. 6.

[78] Grundlegend *Schneider/Ehmke* VVDStRL 20 (1963), 1 ff. bzw. 53 ff.; *Hesse,* Grundzüge des Verfassungsrechts der Bundesrepublik Deutschland, 20. Aufl. 1995, 19 ff.

[79] → Rn. 44 ff.

[80] Wiederum *Enders* in Tettinger/Stern Rn. 6.

[81] Für den heutigen Diskussionsstand *Enders* in Tettinger/Stern Rn. 20 ff.; sowie *Enders,* Die Menschenwürde in der Verfassungsordnung. Zur Dogmatik des Art. 1 GG, 1997. Aus der früheren Diskussion s. einerseits *Dürig* in Maunz/Dürig, GG, Erstbearb., 1958, Rn. 4 ff., wonach sich subjektiv-rechtlicher Würdeschutz allein in den thematisch differenzierten „nachfolgenden" Grundrechten vollziehe; andererseits *Nipperdey* in Neumann/Nipperdey/Scheuner Die Grundrechte II, 1954, 12: Art. 1 Abs. 1 als „Wurzel und Quelle aller später formulierten Grundrechte und damit selbst das materielle Hauptgrundrecht".

charakter aus[82] und verdichtet seine Argumentation, wenn es ein „Grundrecht auf Menschenwürde" seit längerem schon als Anspruch zur Sicherung der materiellen Existenzgrundlagen[83] und in jüngerer Zeit als Anspruch auf demokratische Teilhabe[84] deutet. Keinen eindeutigen Aufschluss über die dogmatische Einordnung gibt die häufige Kombination von Art. 1 Abs. 1 und Art. 2 Abs. 1 in der Karlsruher Rechtsprechung. Wenn es heißt, das Bekenntnis zur Würde des Menschen „beherrsche", jedenfalls soweit das Allgemeine Persönlichkeitsrecht betroffen ist, Art. 2 Abs. 1[85], kann das entweder für das Zusammenspiel zweier Grundrechte – mit einer Präponderanz des „Rechts auf Würde" – oder für eine Geltungsverstärkung des Grundrechts aus Art. 2 durch den Grundsatz aus Art. 1 sprechen. Hilfreicher ist der Blick auf das grundsätzliche Regelungsanliegen des Eingangsartikels. So gewiss sich nämlich das Grundgesetz mit der Menschenwürde einen ethischen Wert zu eigen macht **(constitutional value),** so gewiss ist damit ein normativer Steuerungsanspruch im Sinne einer „Vergrundrechtlichung" **(constitutional right)** verbunden.[86] Deshalb müssen Menschenwürdeverletzungen mit der Verfassungsbeschwerde rügefähig sein.[87]

17 **3. Die Hierarchiefrage.** Art. 1 Abs. 1 ist aber kein Grundrecht wie alle anderen. Seine systematische Platzierung und seine Inbezugnahme durch Art. 79 Abs. 3 – als einziges dort ausdrücklich genanntes Grundrecht stellen außer Zweifel, dass die Menschenwürde **den „höchsten Rechtswert"** innerhalb der Verfassungsordnung verkörpert.[88] Er ist sogar dem Recht auf Leben (Art. 2 Abs. 2) vorgelagert. Für die Sonderstellung spricht überdies die strikt indikativische Formulierung einer die gesamte Verfassungsordnung überstrahlenden konstitutionellen Selbstverständlichkeit: die Würde „ist unantastbar". Was unantastbar ist, darf nicht relativiert werden. **Jeder Eingriff** in den Schutzbereich ist **verfassungswidrig,** die Frage nach seiner ausnahmsweisen Legitimation falsch gestellt.[89] Überzeugend formuliert *Enders:*

---

[82] Dies seit BVerfGE 1, 332 (343); 12, 113 (123); 15, 283 (286); explizit wird das nur vereinzelt ausgesprochen, s. BVerfGE 61, 126 (137); 109, 133 (151); sa *Hofmann* NVwZ 2010, 217 (218): „[D]as erste und oberste" Grundrecht.; Analyse der Rspr. bei *Enders,* Die Menschenwürde in der Verfassungsordnung. Zur Dogmatik des Art. 1 GG, 1997, 93 ff.

[83] Anspruch auf das Existenzminimum BVerfG Urt. v. 9.2.2010 – 1 BvL 1/09; BVerfGE 125, 175; BVerfG Urt. v. 18.7.2012 – 1 BvL 10/10; BVerfGE 132, 134; BVerfG Beschl. v. 23.7.2014 – 1 BvL 10/12; BVerfGE 137, 34; BVerfG Nichtannahmebeschl. v. 10.10.2017 – 1 BvR 617/14; BVerfG Urt. v. 5.11.2019 – 1 BvL 7/16.

[84] BVerfGE 123, 267 (341); diese grundlegende Forderung schon sehr viel früher erhoben hatte *Häberle* in HdbStR II § 22 Rn. 61 ff.: „Recht auf politische Mitgestaltung", „Grundrecht der Demokratie".

[85] So BVerfGE 27, 1 (5).

[86] *Barak,* Human Dignity. The Constitutional Value and the Constitutional Right, 2015, 27.

[87] So etwa auch *Höfling* in Sachs Rn. 6; *Badura,* StaatsR, 2018, C Rn. 32; *Zippelius* in BK Rn. 28; *Dederer* JöR nF 57 (2009), 89 ff.; *Schmidt-Jortzig* FS f. Isensee, 2007, 491 (505); aA *Vitzthum* (in Anlehnung an *Dürig*) in Henne/Riedlinger Das Lüth-Urteil aus (rechts-)historischer Sicht, 349 (351, 365); *Geddert-Steinacher,* Menschenwürde als Verfassungsbegriff, 1990, 164 ff.; *Dreier* in Dreier Art. 1 Abs. 1 Rn. 124 ff., weil sich Grundrechte durch Einschränkbarkeit auszeichneten; *Enders,* Die Menschenwürde in der Verfassungsordnung. Zur Dogmatik des Art. 1 GG, 1997 (zB 110, 117 f.), der Art. 1 Abs. 1 als „Grundsatz", als „Recht auf Rechte" (501 ff.) begreift, aus dem er zahlreiche Folgerungen für die Grundrechtsdogmatik (290 ff.) und für weitere Fragen der Verfassungsauslegung (377 ff.) gewinnt.

[88] BVerfGE 45, 187 (227); Überblick über die Entwicklung und Verfestigung dieser und ähnlicher Formeln in der Rspr. des BVerfG bei *Niebler* BayVBl. 1989, 737.

[89] *Starck* in MKS Rn. 34; *Höfling* in Sachs Rn. 11; *Mahlmann,* Elemente einer ethischen Grundrechtstheorie, 2008, 336; s. ferner die Beiträge in *Gröschner/Lembcke,* Das Dogma der

„Die These von der Unantastbarkeit der Würde des Menschen darf unter keinen Umständen in Zweifel gezogen werden, dh vor allem: nicht durch zwangsläufig partikuläre, historisch-zufällige Erklärungsversuche religiös-weltanschaulicher oder philosophischer Art, durch naturwissenschaftliche Erkenntnismodelle oder Erkenntnisse relativiert werden […]. Jede Argumentation, die darauf hinausläuft, disqualifiziert sich von Verfassungs wegen."[90]

Ebenso wenig greifen die – bei anderen Grundrechten nicht per se ausgeschlossenen – Differenzierungen in Sonderstatusverhältnissen.[91] Im Strafvollzug[92], im psychiatrischen Krankenhaus oder im Militärdienst ist die Würde ebenso umfassend geschützt wie im „allgemeinen" Statusverhältnis und bleibt abwägungsfest. Auch „Zeiten des Notstandes und des Verteidigungsfalles"[93] können Relativierungen keinen Vorschub leisten.[94] Der Menschenwürdeschutz ist ohne Wenn und Aber **abwägungsresistent.**[95] Figuren wie die seit 9/11 verstärkt diskutierte präventive „Rettungsfolter"[96] verdienen daher Ablehnung.[97] **18**

Abwägungsfähig sind aber die Einzelgrundrechte, auch wenn Sie einen hohen **Menschenwürdegehalt** haben. Ein Beispiel gibt Art. 2 Abs. 2: Das Grundrecht auf Leben ist gesetzlich beschränkbar, aber nur, soweit dies – unter Wahrung des strengsten Verhältnismäßigkeitsmaßstabs[98] – der Schutz des Lebens anderer erfordert. Es kann sogar der Einsatz des individuellen Lebens gefordert sein, zB zur Abwehr einer gemeinen Gefahr oder zur Verteidigung des Staatsgebiets; niemals jedoch darf der Staat dem Einzelnen abfordern, seine Würde preiszugeben – er tut es auch nicht dadurch, dass er den Einzelnen zur Verteidigung aufruft.[99] Menschenwürde und Lebensschutz verbinden sich zu einem **kategorischen Verbot** („schlechterdings unvorstellbar"), wenn der Staat für sich in Anspruch nimmt, wie in dem LuftsicherheitsG v. 11.1.2005[100] vorgesehen, die vorsätzliche Tötung Unschuldiger zu gestatten, um andere zu retten.[101] Ein Bürgeropfer kann der Verfassungsstaat nicht erwarten.[102] Die rechtlich eingeforderte Sterbebereitschaft für die poli- **19**

Unantastbarkeit. Eine Auseinandersetzung mit dem Absolutheitsanspruch der Würde, 2009. Eine Tabuisierung des Diskurses ist damit indes nicht verbunden, *Baer,* Menschenwürde zwischen Recht, Prinzip und Referenz. Die Bedeutung von Enttabuisierungen, Deutsche Zeitschrift für Philosophie, 2005, 571 ff.

[90] *Enders* in Stern/Becker Rn. 23.

[91] *Michael/Morlok,* Grundrechte, 2019, § 8 Rn. 147.

[92] Mit rechtsvergleichendem Blick auf die USA: *Hudson* EJIL 2000, 833 ff.

[93] *Starck* in MKS Rn. 34.

[94] S. aber *Benda,* Gefährdungen der Menschenwürde, 1975, 22; und schon *Nipperdey* in Neumann/Nipperdey/Scheuner Die Grundrechte II, 1954, 22, die hier Raum für Differenzierungen sehen.

[95] *Allg. Quecke,* Unantastbare Menschenwürde. Zur Dogmatik des Art. 1 Abs. 1 GG zwischen Absolutheitsanspruch und Abwägungsdenken, 2020; *Hömig* EuGRZ 2007, 633 (640); *Papier* FS f. Starck, 2007, 371 (374); BVerfGE 131, 216 (222); sa *Hain* Der Staat 45 (2006), 189 ff.

[96] EGMR 28.2.2008 – 37201/06, NVwZ 2008, 1330 – Saadi/Italien; im Sinne einer Abwägbarkeit aber *Brugger* JZ 2000, 165 ff.; aus der Lit.: *Bruha/Steiger,* Das Folterverbot im Völkerrecht. Beiträge zur Friedensethik, Bd. 39, 2006; *Irmscher* EuGRZ 2007, 135 ff.; *Khan* EuGRZ 2008, 449 ff.

[97] Mahnend *Böckenförde,* Die Menschenwürde war unantastbar, *FAZ* v. 3.9.2003, 33.

[98] → Art. 2 Rn. 89 ff.; vgl. auch *Schwabe* JZ 1998, 66 (69); sowie *Lindner* DÖV 2006, 577.

[99] → Rn. 53, Stichwort „Wehrpflicht".

[100] BGBl. 2005 I 78.

[101] BVerfGE 115, 118 (157); sa *Höfling/Augsberg* JZ 2005, 1080 ff.; krit. etwa *Gramm* DVBl 2006, 659 ff.

[102] *Depenheuer* FS f. Isensee, 2007, 43 ff.

tische Gemeinschaft wäre die Perversion der Opferlogik freiwillig-selbstloser Hingabe.[103]

20 **4. Beschränkung des Würdeschutzes auf das Grundlegende des Grundlegenden.** Gerade weil die Menschenwürde unabwägbar ist, gilt es den Würdeschutz auf das Grundlegende zu beschränken. Das **Grundlegende des Grundlegenden** darf nicht zur kleinen Münze juristischer Alltagsarbeit werden.[104] In seiner Ursprungskommentierung zu Art. 1 aus dem Jahre 1958 spricht *Günter Dürig* treffend vom „Fundament des Fundaments"[105] Dabei sind die Perspektiven auf dieses Grundlegende ein Stück weit zeitbedingt.[106] Manche Argumentationen waren schlicht abwegig[107], andere führten zu einer Befassung auch oberster Gerichte mit Belanglosem.[108] Im politischen wie rechtlichen Diskurs findet das Würde-Argument seit langem schon inflationäre Verwendung.[109] Das muss indes nicht nur ein Nachteil sein. Der Staat hat das Wissen seiner Bürgerinnen und Bürger um ihre Subjektstellung (ihr Recht, es nicht hinnehmen zu müssen, wenn er sie zum Objekt degradiert)[110] nicht nur zu ertragen, sondern für sein Bemühen um politische Gemeinschaftsbildung fruchtbar zu machen. Seinen Organen obliegt es, den Querulanten vom berechtigten Beschwerdeführer, die politische Instrumentalisierung des Würdearguments[111] von seinem rechtsbewussten Gebrauch durch

[103] Vgl *Roellecke* in Mehring Carl Schmitt: Der Begriff des Politischen. Ein kooperativer Kommentar, 2003, 93 ff.

[104] *Dürig* AöR 81 (1956), 117 (124); *Vitzthum* JZ 1985, 201 (203): „eiserne Ration"; *Steiner* NJW 1991, 2729 (2734): „Minimalanthropologie"; *Lerche* FS f. Mahrenholz, 1994, 515 (520): „von Haus aus eng". In den 2000er Jahren hatten sich insbesondere *Herdegen* und *Dreier* in ihren Kommentierungen nicht nur für eine restriktive Handhabe ausgesprochen, sondern auch die Möglichkeit der Abwägung angedeutet. Die Reaktionen in der Diskussion vielen entsprechend kontrovers aus, anschaulich dargestellt bei *Nettesheim* AöR 130 (2005), 71 ff. und *Bielefeldt,* Menschenwürde. Der Grund der Menschenrechte, 2005, 8.

[105] Zitiert nach *Graf,* Missbrauchte Götter. Zum Menschenbilderstreit der Moderne, 2009, 181.

[106] Eine Diskussion um die Menschenwürdeimplikationen von Fernsehformaten wie „Big Brother", „Dschungelcamp" oder „Temptation Island" würde heute kaum mehr geführt, siehe aber zur Jahrtausendwende *Schmitt Glaeser* ZRP 2000, 395 ff.; umfassend *Klass,* Rechtliche Grenzen des Realitätsfernsehens. Ein Beitrag zur Dogmatik des Menschenwürdeschutzes und des allgemeinen Persönlichkeitsrechts, 2004. Auch die Peep-Show-Entscheidung des BVerwG (v. 15.12.1981, NJW 1982, 664) entstammt einer anderen Zeit. Umgekehrt stoßen Fälle wie der „Zwergenweitwurf" (VG Neustadt, Urt. v. 21.5.1992, 7 L 1271/92) heute auf gesteigerte Sensibilität.

[107] Etwa: Vor einer roten Ampel auch bei fehlender Verkehrsgefährdung halten zu müssen, sei würdewidrig, vgl. *Schreiter* DÖV 1956, 692 (693).

[108] BVerfGE 47, 253 (270) zum Empfinden der Degradierung infolge der Einführung einer neuen Amtsbezeichnung; BVerwGE 31, 236 (237) zum Umlaut „ö"/„oe"; BVerwGE 43, 312 (314) zu verschiedenen Formen der militärischen Grußpflicht; überzogen auch *Lisken* NJW 1998, 22 (24), wonach Art. 1 Abs. 1 verbiete, einem anderen „strafbares Tun […] zuzutrauen" und Personen „grundlos" zu kontrollieren; dagegen zutr. *Müller-Terpitz* DÖV 1999, 329 (335); in Sachverhaltsannahmen und Wertungen geradezu atemberaubend VG Düsseldorf NVwZ 1993, 298, wo die Zuweisung eines Asylbewerbers „nach Brandenburg" als Verletzung von dessen Würde angesehen wird; vgl. demgegenüber VGH Kassel NVwZ 1991, 1014.

[109] *Baldus,* Kämpfe um die Menschenwürde. Die Debatten seit 1949, 2016; *Giese,* Das Würde-Konzept. Eine normfunktionale Explikation des Begriffs Würde in Art. 1 Abs. 1 GG, 1975, 14 ff.; Bsp. für die Anfälligkeit des politischen Diskurses gegenüber dem „Würdeargument" bei *Geddert-Steinacher,* Menschenwürde als Verfassungsbegriff, 1990, 15 ff.

[110] → Rn. 33 ff.

[111] Für die Herleitung allgemeiner Politikentwürfe oder -programme (von der Bekämpfung der Arbeitslosigkeit über die Sozial- bis hin zur Migrationspolitik) kann die Menschenwürdeformel durchaus ergiebig sein. Die Instrumentalisierung beginnt dort, wo auf Grundlage solcher Programme/Entwürfe unsubstantiierte Rechtspflichten behauptet werden.

die „offene Gesellschaft der Verfassungsinterpreten“[112] zu unterscheiden. Insbesondere Rechtsprechung und Rechtswissenschaft stehen hier in (diskursiver) Verantwortung.

5. Konkretisierungen des Grundlegenden – das allgemeine Persönlichkeitsrecht. Dass „allgemeine Persönlichkeitsrecht“ ist demgegenüber deutlich anspruchsvoller. Der Persönlichkeitsschutz im engeren Sinne erfolgt vor allem um der Würde des Einzelnen willen, er kann deswegen sogar geboten sein und staatliche Schutzpflichten begründen.[113] In ihrem Zusammenspiel schützen Art. 1 Abs. 1 und Art. 2 Abs. 1 **typische Fallgruppen**[114], was wiederum auf Ebene der Schrankenziehung Modifikationen der sonst iRd Art. 2 Abs. 1 geltenden Grundsätze bedingt.[115] Die angesprochenen Fallgruppen haben sich teilweise terminologisch verselbständigt, das bekannteste Beispiel dafür liefert das Recht auf **„informationelle Selbstbestimmung“.**[116] Die Fallgruppenbildung war aber immer auch eine Reaktion auf spezifische neue Gefährdungslagen. Vielleicht noch stärker als andere Grundrechte stellt das allgemeine Persönlichkeitsrecht ein entwicklungsoffenes **„Grundrechtsbündel“** dar, das gerade auf technologische Entwicklungen (Stichwort: „der gläserne Mensch“) reaktionsschnelle Antworten finden muss. Heute ist der grundrechtliche Persönlichkeitsschutz nicht nur strafrechtlich unterfüttert,[117] sondern auch europäisch überlagert.[118] 21

III. Rechtsvergleichende und überstaatliche Bezüge

Art. 1 knüpft sehr bewusst an **völkerrechtliches Menschenwürdedenken** an, um die Legitimationsgrundlage der Verfassung zu verstärken und den von der Präambel erhobenen Anspruch, „gleichberechtigtes Glied“ zu sein, menschenrechtlich zu stützen. Schon die Präambel der UN-Charta bekennt nicht ohne Pathos und Emphase ihren „Glauben an […] Würde und Wert der menschlichen Persönlichkeit“. Daran knüpfen die Präambeln der insoweit gleichlautenden IPbürgR[119] und IPwskR[120] aus dem Jahre 1966 an: „allen Mitgliedern der menschlichen Gemeinschaft innewohnenden Würde“. Und 22

[112] *Häberle* in Häberle Verfassung als öffentlicher Prozess, 155 ff.

[113] Etwa *Stinner,* Staatliche Schutzpflichten im Rahmen informationstechnischer Systeme, 2018. Das kann vor allem auch für Arbeitsverhältnisse eine große Rolle spielen, dazu *Däubler,* Gläserne Belegschaften. Das Handbuch zum Beschäftigtendatenschutz, 2019.

[114] → Art. 2 Rn. 51 ff.

[115] „Das verfassungskräftige Gebot der Achtung der Intimsphäre des Einzelnen hat seine Grundlage in dem durch Art. 2 Abs. 1 GG verbürgten Recht auf freie Entfaltung der Persönlichkeit. Bei der Bestimmung von Inhalt und Reichweite dieses Grundrechts ist zu beachten, dass nach der Grundnorm des Art. 1 Abs. 1 GG die Würde des Menschen unantastbar ist und von den staatlichen Gerichten geachtet und geschützt werden muss“, BVerfGE 27, 344 (350); s. ferner zB BVerfGE 54, 148 (153); 72, 155 (170); in Umkehrung der Reihenfolge, also: „Art. 1 Abs. 1 und Art. 2 Abs. 1“, zB BGHZ 98, 94 (97); aus der Lit. s. zur Einordnung ferner *Dürig* in Maunz/Dürig, GG, Erstbearb., 1958, Rn. 37; *Schmitt Glaeser* in HdbStR VI § 129 Rn. 7 ff.; *Jarass* NJW 1989, 857: „Primäre Grundlage dürfte […] das Grundrecht des Art. 2 Abs. 1 GG sein, das durch Art. 1 Abs. 1 beeinflusst und verstärkt wird“; sa *Starck* in MKS Art. 2 Rn. 57, 89.

[116] → Art. 2 Rn. 75 ff.

[117] Aus der neuesten Lit. *Häger,* Der formalisierte Schutz des allgemeinen Persönlichkeitsrechts durch das Strafrecht, 2018.

[118] *Rüpke/v. Lewinski/Eckhardt,* Datenschutzrecht. Grundlagen und europarechtliche Neugestaltung, 2018.

[119] BGBl. 1973 II 1553.

[120] BGBl. 1976 II 428.

sie stellen einen normativ relevanten Ableitungszusammenhang her: „in der Erkenntnis, dass sich diese Rechte aus der dem Menschen innewohnenden Würde herleiten". Die Menschenwürde ist für das Menschenrechte-Völkerrecht mehr als bloße Wertgrundlage oder ethische Maxime, sie erstarkt zu einem normativen Konzept.[121] Noch weiter geht die AEMR (1948) – als Resolution der UN-Generalversammlung ist sie allerdings nur unverbindliches „soft law".[122] Ihre Präambel spricht ebenfalls von der „Anerkennung der angeborenen Würde", die weitergehenden normativen Konsequenzen werden aber nicht mehr nur im Präambelkontext gezogen, sondern im operativen Teil der Resolution ausbuchstabiert: „Alle Menschen sind frei und gleich an Würde und Rechten geboren". Mit Rechten begabt soll das Individuum zu Freiheitsgebrauch ebenso wie politischer und sozialer Teilhabe „ermächtigt" werden („empowerment").[123]

23 Der völkerrechtliche Menschenwürdeansatz findet weltweit in vielen Verfassungstexten Rezeption respektive produktive, kulturspezifische Fortschreibung.[124] Längst formt die Menschenwürde einen **konstitutiven Bestandteil** der **europäischen Rechtsordnung.**[125] Die EMRK erwähnt die Menschenwürde noch nicht *expressis verbis* und hat sie nicht zu einem Katalogrecht ausgeformt.[126] Für den EGMR ist sie aber das Substrat der Freiheitsrechte: „the very essence of the convention is the respect for human dignity and human freedom".[127] Weiterhin wertet der Gerichtshof die Menschenwürde als Kern des Folterverbots aus Art. 3 EMRK.[128] Von der Menschenwürde gehen auch die Begründungserwägungen des 13. Zusatzprotokolls zur EMRK die Abschaffung der Todesstrafe betreffend aus.[129] Schließlich nehmen zahlreiche Konventionen des Europarates Bezug auf die Menschenwürde[130], so erstmals 1970 das „Europäische Übereinkommen über die internationale Geltung von Strafurteilen".[131] Schon von der Thematik her naheliegend ist die explizite Menschenwürdeverankerung im „Übereinkommen zum Schutze der Menschenrechte und der Menschenwürde im Hinblick auf

[121] Wirkungsmächtig *Schachter* AJIL 77 (1983), 848 ff.; aus jüngerer Zeit *Weinert,* Making Human: World Order and the Global Governance of Human Dignity, 2015. Dass die Völkerrechtswirklichkeit defizitär und das Menschenwürdeversprechen uneingelöst bleibt, steht auf einem anderen Blatt, ändert aber nichts an der normativen Konzeption. Instruktiv *Hutter/Kimmle,* Das uneingelöste Versprechen. 60 Jahre allgemeine Erklärung der Menschenrechte, 2008; *Gilabert,* Human Dignity and Human Rights, 2018.

[122] *Waltz* Third World Quarterly 23 (2002), 437 (438 ff., 440 ff.); *Morsink,* A Review of the Universal Declaration of Human Rights: Drafting, Origins and Intent, 2000; *Robinson* in von Arnim/Deile/Hutter/Kurtenbach/Tessmer Jahrbuch der Menschenrechte 1999, 29 ff., 32.

[123] *Petersmann* EJIL 13 (2002), 845 ff.; allg. *Bobbio,* The Age of Rights, 1996.

[124] *Häberle* in HdbStR II § 22 Rn. 1: „heute zentrales typisches Thema ‚vieler verfassungsstaatlicher Verfassungen in der Familie der Völker'", dort auch Beispiele in Rn. 1–4; *Di Fabio* JZ 2004, 1 (5): „Höchstwert des Weltrechts"; s. ferner *Starck* JZ 1981, 457.

[125] *Bröhmer* in Merten/Papier HdbGR VI/1, § 139 Rn. 4; *Becchi/Mathis,* Handbook of Human Dignity in Europe, 2019.

[126] Zum Thema jüngst *Bührer,* Das Menschenwürdekonzept der Europäischen Menschenrechtskonvention, 2020.

[127] EGMR 29.4.2002 – 2346/02, NJW 2002, 2851 – Pretty/United Kingdom; weiterhin v. 12.6.2003 – 35968/97, NJW 2004, 2505 – van Kück/Germany; v. 11.7.2002 – 28957/95, NJW-RR 2004, 289 – Goodwin/United Kingdom.

[128] Nachweise bei *Bröhmer* in Merten/Papier HdbGR VI/1, § 139 Rn. 24.

[129] Nachweise *Bröhmer* in Merten/Papier HdbGR VI/1, § 139 Rn. 24; EGMR 12.5.2005 – 46221/99, NVwZ 2006, 1267 – Öcalan/Turkey.

[130] *Bröhmer* in Merten/Papier HdbGR VI/1, § 139 Rn. 6 ff.

[131] *Europarat,* SEV Nr. 070.

die Anwendung von Biotechnologie und Biomedizin" (1996)[132] sowie in der „Konvention zur Bekämpfung des Menschenhandels" (2005).[133] Schließlich erinnert die revidierte Fassung der Europäischen Sozialcharta (1996) an die Würde der Arbeitnehmerinnen und Arbeitnehmer.[134]

Der Schutz der Menschenwürde kann auch als **allgemeiner Rechtsgrundsatz** im **europäischen Unionsrecht** gelten.[135] Nach Art. 2 EUV gehört die Menschenwürde zu den prägenden Werten der EU.[136] Sie rechnet ebenfalls zu jenen Prinzipien, an denen sich die Außenpolitik der EU zu orientieren hat.[137] Respekt vor dem Menschenwürdekonzept des GG zollt der EuGH in seiner Omega-Entscheidung.[138] Die Menschenwürdebezüge im Sekundärrecht der EU sind reichhaltig.[139] Die Handschrift des deutschen GG trägt insbesondere aber Art. 1 GRC: „Die Würde des Menschen ist unantastbar. Sie ist zu achten und zu schützen."[140] Darüber hinaus spricht die GRC würderelevante Regelungskomplexe der Biomedizin und der Biotechnologie in einer besonderen Vorschrift an, und zwar im Kontext des „Rechts auf Unversehrtheit" (Art. 3 Abs. 2).[141] *Herdegen* erkennt in dieser „Abschichtung spezieller Regelungsbereiche" eine „erhebliche „Entlastung" der allgemeinen Würdegarantie von der Steuerung aller umstrittenen biomedizinischen oder biotechnologischen Optionen".[142] Wie alle Grundrechte kann die Menschenwürde Freiheitsbeschränkungen im Rahmen des Binnenmarktes rechtfertigen. [143] Mögen die Würdekonkretisierungen und „Würdestandards" auf Unionsebene und in den unterschiedlichen Mitgliedstaaten auch noch keinen deckungsgleichen gemeineuropäischen Nenner erkennen lassen, so bleibt das „gemeineuropäische Verfassungsrecht" doch ohne Zweifel würdegeprägt.[144] 24

B. Einzelfragen

I. Schutz der Menschenwürde (Art. 1 Abs. 1)

1. Das geschützte Rechtssubjekt „Mensch", mögliche Menschheitsbezüge. Nicht ohne Pathos und Emphase[145], vor allem mit einem keine Zweifel zulassenden Generalitätsanspruch, rückt Abs. 1 S. 1 die 25

[132] *Europarat,* SEV Nr. 164; dazu *Herdegen* in Maunz/Dürig Art. 1 Abs. 1 Rn. 17; *Herdegen/Spranger* in Herdegen Internationale Praxis Gentechnikrecht II (Stand: Dez. 2008), Biomedizin-Übereinkommen und Klonprotokoll.

[133] *Europarat,* SEV Nr. 197.

[134] Nachweise wiederum bei *Bröhmer* in Merten/Papier HdbGR, VI/1 § 139 Rn. 10.

[135] So der EuGH in seiner Entscheidung zur Biopatentrichtlinie, EuGH C-377/98, I-7149, ECLI:EU:C:2001:523 Rn. 22.

[136] *Pechstein* in Streinz EUV/AEUV Art. 2 Rn. 2.

[137] *Geiger* in Geiger/Khan/Kotzur EUV/AEUV Art. 2 Rn. 3.

[138] EuGH C-36/02, ECLI:EU:C:2004:614 – Omega; eine besonders intensive Auseinandersetzung mit dem Menschenwürdedenken findet sich im Schlussantrag von Genrealanwältin Stix-Hackl, ECLI:EU:C:2004:162.

[139] Ausführliche Beispiele bei *Bröhmer* in Merten/Papier HdbGRVI/1 § 139 Rn. 20 ff.

[140] *Blömacher,* Die Menschenwürde als Prinzip des deutschen und europäischen Rechts. Kohärenz der Konzepte?, 2016.

[141] *Herdegen* in Maunz/Dürig Art. 1 Abs. 1 Rn. 18.

[142] *Herdegen* in Maunz/Dürig Art. 1 Abs. 1 Rn. 18; *Wahl* in Maio Der Status des extrakorporalen Embryos, 2007, 551 ff.

[143] *Bieber/Epiney/Haag/Kotzur,* Die EU, § 10 Rn. 17.

[144] *Häberle* EuGRZ 1991, 261 ff.; *Heintzen* EuR 1997, 1 ff.

[145] Was weder zu einer „metajuristischen Pathosformel" führt, wie von *Wertz,* Illusion Menschenwürde. Aufstieg und Fall eines Grundwerts, 2005, 242, behauptet, noch ein nichts-

Menschenwürde ins Zentrum. Die Würde „des", also **jedes Menschen,** ist unabhängig von persönlichen Konditionen und Fähigkeiten geschützt.[146] Der Schutz kommt dem Menschen schlicht kraft seines/ihres Menschseins zu. Staatsangehörigkeit, Lebensalter, intellektuelle Reife, Kommunikationsfähigkeit etc. sind unerheblich. Nicht einmal die Wahrnehmungsfähigkeit wird vorausgesetzt. Würde ist kein Leistungsbegriff, der für die biologischen, intellektuellen oder moralischen Errungenschaften eines Menschen stünde.[147] Das Individuum muss sich daher seiner Würde nicht bewusst sein oder gar entsprechend verhalten.[148] Die Grundrechtsträgerschaft ist deshalb mit Blick auf natürliche Personen nicht limitiert: Ausländer oder Staatenlose[149] genießen ebenso selbstverständlichen Schutz wie Minderjährige.[150] Umgekehrt fehlt juristischen Personen das personale Substrat, das sie würdefähig macht.[151] Art. 1 Abs. 1 ist daher „seinem Wesen nach" (Art. 19 Abs. 3) nicht auf sie anwendbar, [152] noch weniger auf Organe des Staates.[153]

26 Würdebegabt ist das **Gattungswesen Mensch.**[154] Wer Mensch ist, hat Würde, und kein menschlicher Makel[155], so gravierend er auch sein mag, kein menschliches Gebrechen, so stark es die Persönlichkeitsbildung auch beeinträchtigen mag, kann diesen Würdeanspruch beseitigen oder auch nur relativieren. Deshalb verbietet es sich streng genommen, Personen/Personengruppen, die trotz ihres (…) „auch" geschützt sind, summarisch aufzuzählen. Sie gesondert zu benennen, hieße schon, eine Selbstverständlichkeit zu relativieren. Die Menschenwürde gilt ohne Wenn und Aber.[156] Insbesondere

---

sagend „imponierender Ausdruck" ist, wie von *Schopenhauer,* Die beiden Grundprobleme der Ethik, behandelt in zwei akademischen Preisschriften, zweite verbesserte und vermehrte Auflage, 1860, 166, insinuiert; zu alldem *Bielefeldt,* Menschenwürde. Der Grund der Menschenrechte, 2005, 8.

[146] Vgl. *Benda* in BMV VerfassungsR-HdB Rn. 161 (166); *Dreier* in Dreier Art. 1 Abs. 1 Rn. 66.

[147] *Bielefeldt,* Menschenwürde. Der Grund der Menschenrechte, 2005, 15: keine „Variable der persönlichen moralischen Leistungsbilanz eines Individuums"; zu einer „Leistungstheorie" der Menschenwürde *Luhmann,* Grundrechte als Institution, 1965, 53 ff.: „Bedingung gelingender Selbstdarstellung eines Menschen als individuelle Persönlichkeit" (61); die Gegenposition bei *Häberle* in HdbStR II § 22 Rn. 44: „zentrale Verfehlung des Verfassungsstaates und seiner Kultur"; weiterhin *Vitzthum* JZ 1985, 201 (206 f.); *Giese,* Das Würde-Konzept. Eine normfunktionale Explikation des Begriffs Würde in Art. 1 Abs. 1 GG, 1975, 83 ff.; In BVerfGE 87, 209 (228) heißt es: „Mit [Art. 1 Abs. 1 S. 1] ist der soziale Wert- und Achtungsanspruch des Menschen verbunden […]. Jeder besitzt [Würde], ohne Rücksicht auf seine Eigenschaften, seine Leistungen und seinen sozialen Status. Sie ist auch dem eigen, der […] nicht sinnhaft handeln kann."

[148] Mit Blick auf den Nasciturus formuliert BVerfGE 39, 1 (41): „Wo menschliches Leben existiert, kommt ihm Menschenwürde zu; es ist nicht entscheidend, ob der Träger sich dieser Würde bewusst ist und sie selbst zu wahren weiß. Die von Anfang an im menschlichen Sein angelegten potentiellen Fähigkeiten genügen, um die Menschenwürde zu begründen."

[149] Vgl. zB BVerfGE 50, 166 (175); *Dreier* in Dreier Art. 1 Abs. 1 Rn. 64.

[150] Vgl. zB BVerfGE 57, 361 (382); 74, 102 (125); 79, 51 (62); *Höfling* in Sachs Rn. 58.

[151] Anderes gilt indes für die hinter Ihnen stehenden juristischen Personen.

[152] *Höfling* in Sachs Rn. 66 mwN.

[153] Die individuellen Amtsträger genießen allerdings mit Blick auf ihre Amtsausübung Würdeschutz.

[154] BVerfGE 87, 209 (228); 115, 118 (152); 144, 20 (208); BVerwGE 115, 189 (199); *Höfling* in Sachs Rn. 57 ff.

[155] In Anspielung an den Titel des Romans „Der menschliche Makel" von *Philip Roth* aus dem Jahre 2000.

[156] Vgl. auch *Kirste* in Seelmann Menschenrechte, 2017, 41, 61.

begibt sich der Einzelne durch „würdeloses" Verhalten nicht des Schutzes von Art. 1 Abs. 1.[157] Ein Grundrechtsverzicht ist nicht möglich.[158] Der würdebegabte Mensch wird nicht nur **als Einzelner** geschützt, Art. 1 Abs. 1 kann vielmehr den Einzelnen auch **in der Gruppe** schützen, was etwa in der Formulierung von Straftatbeständen zum Ausdruck kommt.[159] Ein Beispiel: So lässt sich auch im Rechtssinne von der Würde des jüdischen Bevölkerungsanteils sprechen;[160] Grundrechtsträger und damit allein zur Einforderung des Würdeschutzes befugt bleibt aber das Gruppenmitglied.[161]

Eine andere Frage ist, ob der Schutz der „Würde des Menschen" – im *Kant'schen* Sinne gedacht – auch den Schutz der **„Würde der Menschheit"** als Nucleus in sich trägt. Hier gilt es zu unterscheiden: Die Menschheit ist Grundwert und letzter Geltungsgrund sowohl des staatlichen als auch des überstaatlichen Rechts.[162] Damit ist aber noch nicht gesagt, welche konkreten normativen Konsequenzen aus Art. 1 Abs. 1 für den „Menschheitsschutz" folgen. Ganz aktuelle Relevanz entfaltet die Problematik im Kontext der Klimaschutzdebatte respektive der seit 2019 wirkungsmächtigen „Fridays for Future"-Bewegung[163] oder der Migrations-/Flüchtlingspolitik jedenfalls dann, wenn Migrationssteuerung mit Aspekten der Generationengerechtigkeit in Verbindung gebracht wird.[164] Der für einen Würdeschutz *künftiger Generationen* relevante Sozialbezug der Menschenwürde[165] verweist gewiss auf eine überindividuelle Verantwortungsperspektive[166] und kann der politischen Diskussionen in Sachen Nachhaltigkeit[167] oder intergenerationeller Gerechtigkeit[168] mensch- 27

---

[157] Eine andere Frage ist, ob den Staat eine – und gegebenenfalls wie weitreichende Schutzpflicht trifft – den Einzelnen vor „Selbstentwürdigung" zu bewahren: „Peep-Show", Prostitution, „Zwergenweitwurf", „Reality TV" etc., → Rn. 51.

[158] *Geddert-Steinacher,* Menschenwürde als Verfassungsbegriff, 1990, 86 mwN; *Robbers* JuS 1985, 925 (929); BVerwGE 113, 272 (273); aus philosophischer Sicht s. *Spaemann* in Böckenförde/Spaemann Menschenrechte und Menschenwürde, 1987, 295 (304): „unverlierbar, weil die Freiheit als mögliche Sittlichkeit unverlierbar ist".

[159] ZB § 130 Abs. 1 Nr. 1 StGB: „Wer in einer Weise, die geeignet ist, den öffentlichen Frieden zu stören, die Menschenwürde anderer dadurch angreift, dass er zum Hass gegen Teile der Bevölkerung aufstachelt […] wird […] bestraft.". Zu § 130 Abs. 4 StGB insoweit BVerwGE 131, 216 (227); offenlassend BVerfGE 124, 300 (347), Wunsiedel.

[160] BGHZ 75, 160 (163): Die historische Erfahrung der Judenverfolgung weise „den in der Bundesrepublik lebenden Juden ein besonderes personales Verhältnis zu ihren Mitbürgern zu; in diesem Verhältnis ist das Geschehen auch heute gegenwärtig. Es gehört zu ihrem personalen Selbstverständnis, als zugehörig zu einer durch das Schicksal herausgehobenen Personengruppe begriffen zu werden, der gegenüber eine besondere moralische Verantwortlichkeit aller anderen besteht, und das Teil ihrer Würde ist"; zust. BVerwG NJW 1991, 997 (998); OLG Köln NJW 1981, 1280 (1281).

[161] Geschützt sein können etwa auch Berufsgruppen, zu Soldaten BGH NJW 1989, 1365.

[162] *Häberle* FS f. Kriele, 1997, 1277 ff.; vgl. auch *Velte,* Die postmortale Befruchtung im deutschen und spanischen Recht, 2015, 67 ff.

[163] *Haider,* Friday for Future – Was jeder für das Klima tun kann. Greta Thunberg, ein Mädchen verändert die Welt, 2019; *Welfens,* Klimaschutzpolitik – Das Ende der Komfortzone. Neu wirtschaftliche und internationale Perspektiven zur Klimadebatte, 2019.

[164] Nachweise dazu bei *Kämmerer/Kotzur* in BK Art. 16a Rn. 102 ff.; *Denhard,* Dimensionen staatlichen Handelns, 1996, 119 spricht von „Verteilung von Lebenschancen im Weltmaßstab".

[165] *Häberle* HdbStR II § 22 Rn. 54 f.

[166] Sehr skeptisch *Herdegen* in Maunz/Dürig Art. 1 Abs. 1 Rn. 32.

[167] *Gottschlich,* Kommende Nachhaltigkeit. Nachhaltige Entwicklung aus kritisch-emanzipatorischer Sicht, 2017; *Ramlogan,* Sustainable Development. Towards a Judicial Interpretation, 2011.

[168] *Skilington,* Climate Change and Intergenerational Justice, 2019; *Thompson,* Intergenerational Justice. Rights and Responsibilities in an Intergenerational Polity, 2009.

heitsbezogene Orientierungswerte[169] vorgeben.[170] Normativ verbindliche Beschränkungen gesetzgeberischen Handelns oder gar einklagbare Ansprüche auf Normerlass können daraus aber nicht folgen. Es würde schon an verlässlichen Konkretisierungsmaßstäben fehlen.[171]

28 Der Würdeschutz **beginnt mit dem Leben,** verlischt aber nicht sogleich mit dem Tode **(postmortaler Persönlichkeitsschutz).**[172] Die Frage, wann das Leben beginnt, betrifft vor allem den **Schutz ungeborenen Lebens.** Das BVerfG stellt auf den 14. Tag nach der Empfängnis ab[173] und lässt den Würdeschutz zeitgleich damit einsetzen.[174] Der Schutz der weiterwirkenden Würde nach dem Tod hat ebenfalls eine zeitliche Dimension.[175] Je weiter der Tod zurückliegt und schließlich nur noch historisches Faktum ist, desto weniger greift der Würdeschutz.[176] Dem strafrechtlichen Schutz aus § 189 StGB (Verunglimpfung des Andenkens Verstorbener) geht es nicht, jedenfalls nicht primär, um die Ehre des Toten (wobei deren Verhältnis zur Würde unterschiedlich gesehen wird), sondern um das Pietätsgefühl der Angehörigen und der Allgemeinheit.[177] Folie für diese Abgrenzungserwägungen sind letztlich soziale Anschauungen,[178] nicht das „Personsein"[179] oder gar die Rechtssubjektivität (an der es Toten mangelt). Auch wenn die Bestattungskultur in der Gegenwart einer immer säkulareren Gesellschaft starken Wandlungsprozessen unterworfen ist[180], gibt es – mehr oder weniger kulturübergreifende Konstanten: ein bei allen denkbaren Varianten würdiges Begräbnis[181], würdi-

---

169 *Häberle,* Erziehungsziele und Orientierungswerte im Verfassungsstaat, 1981. Solche Orientierungswerte mögen auch für die teleologische Interpretation von Art. 20a Anhaltspunkte liefern; → Art. 20a Rn. 28 ff.

170 In diesem Sinne argumentiert jedenfalls die Beschwerdeschrift in der „Klima-Verfassungsbeschwerde" vom Februar 2020, insbes. auf den S. 94 ff. (https://germanwatch.org/sites/germanwatch.org/files/Klimaklage%202020 %20-%20Verfassungsbeschwerde_online.pdf, zuletzt besucht am 2.7.2020).

171 So auch *Herdegen* in Maunz/Dürig Art. 1 Abs. 1 Rn. 32.

172 Klassisch BVerfGE 30, 173, Mephisto; im Anschluss etwa BGHZ 50, 133 (136 ff.); BVerfG NJW 2001, 594; NJW 2001, 2957; zum Problemkreis *Papst* NJW 2002, 999 ff.

173 BVerfGE 39, 1 (37).

174 BVerfGE 39, 1 (41); 88, 203 (251 f.); *Höfling* in Sachs Rn. 60; aus der älteren Lit. schon Nipperdey in Neumann/Nipperdey/Scheuner Die Grundrechte II, 4. Relevant wird hiermit die Frage, wann die Schutzpflicht des Staates für das ungeborenen Leben beginnt, → Art. 2 Abs. 2 Rn. 91 ff.

175 Zsmf. *Geddert-Steinacher,* Menschenwürde als Verfassungsbegriff, 1990, 70 ff.

176 Beispiele: Ausstellung von Mumien, Exhumierung seit Jahrhunderten Verstorbener, Verunglimpfung des Andenkens historischer Persönlichkeiten. Wer Karl den Großen in Anspielung an das Verdener Blutgericht von 782 „Sachsenmörder" nennt, mag eine historisch streitbare These vertreten, verunglimpft aber nicht das Andenken Verstorbener. Aussagekräftig BGH ZIP 1989, 1217 (1219) – Emil Nolde: „Die Dauer des postmortalen Persönlichkeitsschutzes lässt sich nicht generell festlegen. Das Schutzbedürfnis schwindet […]"; weiterhin OLG Köln NJW 1999, 1969 – Adenauer; Die Toten genießen Grundrechtsschutz nur auf Zeit *Klinge,* Todesbegriff, Totenschutz und Verfassung. Der Tod in der Rechtsordnung unter besonderer Berücksichtigung der verfassungsrechtlichen Dimension, 1996, 210 ff.

177 OLG Düsseldorf NJW 1967, 1142 (1143); *Kühl* in Lackner/Kühl StGB § 189 Rn. 1; aA *Valerius* in BeckOK StGB § 189 1.1.

178 *Gröschner,* Menschenwürde und Sepulkralkultur in der grundgesetzlichen Ordnung, 1995.

179 Vgl. aber BVerfGE 30, 173 (194).

180 *Thieme,* Sterben und Tod in Deutschland. Eine Einführung in die Thanatosoziologie, 2019; *Klie,* Tod und Trauer im Netz. Die neue Vielfalt der Bestattungs- und Trauerkultur, 2016; *Störries,* Ein letzter Gruß. Die neue Vielfalt der Bestattungs- und Trauerkultur, 2016.

181 Zum strafrechtlichen Störungsschutz § 167a StGB.

ge Totenruhe,[182] Schutz vor Herabsetzung, Verunglimpfung und Verobjektivierung.[183]

Die Menschenwürde knüpft an das Menschsein an. **Tiere** haben keine Menschenwürde, aber dennoch kann Art. 1 Abs. 1 für die Beurteilung des Umgangs von Menschen mit Tieren sehr ergiebig sein.[184] Art. 1 Abs. 1 formuliert, insoweit einer Staatszielbestimmung nicht unähnlich, Leitbilder und Orientierungswerte, er formuliert verantwortungsethische Impulse.[185] Dazu zählt auch die **Verantwortlichkeit für die Natur** und insbesondere das dem Menschen entwicklungsgeschichtlich nahe Tier (s. Art. 20a).[186] Diese Impulse können im Zuge von Abwägungsprozessen begrenzend auf die Inanspruchnahme von Grundrechten, etwa bei Tierversuchen auf die Berufs- oder auf die Wissenschaftsfreiheit, einwirken, ohne dass Tieren daraus ein (grund-)rechtlicher Status erwüchse: Es geht um einen ethisch ausgerichteten Tierschutz i. S. einer Mitverantwortung des Menschen für das seiner Obhut anheimgegebene Lebewesen".[187] Unklar bleibt indes, wie individuelle Würde und Handlungsethik zusammenwirken. Verfehlt wäre es jedenfalls, Art. 1 Abs. 1 S. 1 zu einem umfassenden ethischen Handlungsmaßstab im neukantianischen Sinne zu überhöhen. 29

2. Das Schutzgut: Die Menschenwürde. Der Begriff „Menschenwürde" ist ein **Rechtsbegriff.**[188] Dass er in hohem Maße unbestimmt und vorverständnisabhängig bleibt, nimmt ihm diese Eigenschaft nicht. Nicht die inhaltliche Dichte eines Begriffs und der hiervon abhängige Grad an Auslegungsbedürftigkeit entscheiden über seine normative Qualität[189]; aus der Struktur einer Norm insgesamt ist zu erschließen, ob sie lediglich eine rechtlich unverbindliche Aussage (einen Appell, ein Werbekenntnis, einen Programmsatz etc.) beinhaltet, oder ob sie mit rechtlichem Verbindlichkeitsanspruch auftritt. Verbindlichkeit darf dabei nicht mit unmittelbar-rechtsförmiger (insb. justizieller) Durchsetzbarkeit verwechselt werden.[190] Wortlaut 30

[182] Vgl. § 168 StGB; sa BVerwGE 45, 224 (230).

[183] Ein seinerzeit heftig umstrittenes Beispiel gibt die Ausstellung „Körperwelten" (Plastinate) s. VGH München NJW 2003, 1618; *Finger/Müller* NJW 2004, 1073 ff.; *Hufen* DÖV 2004, 611 ff.

[184] Zur Diskussion: *Diehl,* Haben Tiere Rechte? Aspekte und Dimensionen der Mensch-Tier-Beziehung, 2019; *Bode,* Einführung in die Tierethik, 2018; *Peters* AJIL 112 (2018), 355 ff.; *Stucki,* Grundrechte für Tiere. Eine Kritik des geltenden Tierschutzrechts und rechtstheoretische Grundlegung von Tierrechten im Rahmen einer Neupositionierung des Tieres als Rechtssubjekt, 2016; *Hörster,* Haben Tiere eine Würde? Grundfragen der Tierethik, 2004; Siehe aus der Kommentarliteratur *Höfling* in Sachs Rn. 36; die Position der Rechtsprechung bleibt eher restriktiv BVerwGE 105, 73 (81).

[185] Vgl. auch *Saladin,* Verantwortung als Staatsprinzip, 1984; *Schubert,* Das „Prinzip Verantwortung" als verfassungsstaatliches Rechtsprinzip, 1998.

[186] *Faller,* Staatsziel „Tierschutz". Vom parlamentarischen Gesetzgebungsstaat zum verfassungsgerichtlichen Jurisdiktionsstaat?, 2005; *Glock,* Das deutsche Tierschutzrecht und das Staatsziel „Tierschutz" im Lichte des Europarechts, 2004; → Art. 20a Rn. 37 ff.

[187] So BVerfGE 48, 376 (389); vgl. vorher schon BVerfGE 36, 47 (561).

[188] Differenzierungen bei *Ziekow,* Über Freizügigkeit und Aufenthalt, 1997, 375 f.

[189] Dann wäre an der normativen Verbindlichkeit vieler Grundrechte zu zweifeln. Was die „Persönlichkeit" des Menschen im Sinne seines „allgemeinen Persönlichkeitsrechts" ausmacht, welche Qualitätszuschreibungen eine Religion bestimmen oder welche Entscheidung beanspruchen kann, Gewissenentscheidung zu sein –all das sind genauso abstrakte, von außerrechtlichen Determinanten abhängige Fragen wie die nach dem Gehalt der Menschenwürde. Jede definitorische Verengung auf einen operablen (und justiziablen) Arbeitsbegriff nimmt ihnen etwas von ihrer Sinnfülle und ist für effektiven Grundrechtsschutz doch unabdingbar.

[190] So kennt etwa auch das Verwaltungsrecht unsanktionierte Verhaltenspflichten.

(„ist"), systematische Stellung (die Eingangsnorm des operativen Verfassungsteils und eben keine zweite „Grundrechtspräambel") und Entstehungsgeschichte des Art. 1 Abs. 1 (→ Rn. 4 ff.) lassen keinen Zweifel am verbindlichen Normcharakter zu.[191] Der Satz von der Menschenwürde ist nicht deskriptiv gemeint, sondern präskriptiv; er enthält eine axiomatische Setzung.[192]

31 Dieser **axiomatische Charakter** macht die Deutung anspruchsvoll. Zu einer möglichen positiven Bestimmung liegen unterschiedliche Theorieangebote vor. Bereits angesprochen wurde die „Leistungstheorie", der zu Folge die Menschenwürde in der Ausprägung einer eigenen Identität und selbstbestimmten Persönlichkeit ihre Substanz hat.[193] Demgegenüber weist die „Wert- oder Mitgifttheorie" dem Menschen seine Würde ganz unabhängig von körperlichen, geistigen, moralischen oder sonstigen Fähigkeiten respektive Disposition zu.[194] Sie muss die Frage, wer (was) „mitgegeben" hat (ein Schöpfergott, die Natur etc.) freilich offen lassen. Die jüngeren „Kommunikations- oder Anerkennungstheorien" konstruieren Würde als wechselseitigen Achtungs- und sozialen Geltungsanspruch, der aus Kommunikationsbeziehungen erwächst.[195] So sinnvoll der Rekurs auf soziale Interaktion sein mag, so offensichtlich tritt das Defizit des kommunikativen Ansatzes zutage. Selbstverständlich müssen auch alle, die aus welchen Gründen auch immer zu kommunikativer Teilhabe nicht befähigt sind, würdebegabt bleiben. Eine letztlich zufriedenstellende Antwort auf die Unbedingtheit menschlicher Würde und auf ihr „Warum" können all diese Theorievorschläge nicht bieten.[196] In der Rechtsprechung des BVerfG und für die Verfassungsdogmatik spielen sie keine (nennenswerte) Rolle.[197]

32 Ebenso wenig hilfreich wäre es, aus der oben skizzierten Ideengeschichte (→ Rn. 9) von der vorchristlichen Antike über das oft so apostrophierte jüdisch-christliche Abendland – das freilich nie frei war von Einflüssen der islamischen Welt – bis hin zu Naturrecht und Aufklärung einen vermeintlichen „fixen" Menschenwürdebegriff zu rekonstruieren.[198] Art. 1 Abs. 1 lebt von und in diesen Denktraditionen[199], ist aber weder ihr normatives Konzentrat[200]

---

[191] So schon *Nipperdey* in Neumann/Nipperdey/Scheuner Die Grundrechte II, 1954, 16.

[192] *Enders* in Stern/Becker Rn. 23; *Enders* in Gröschner/Lembcke Das Dogma der Unantastbarkeit, 69, 71; *Kirste* in Seelmann Menschenrechte, 2017, 41, 62.

[193] *Herdegen* in Maunz/Dürig Art. 1 Abs. 1 Rn. 34 sowie → Rn. 25.

[194] Nachweise *Herdegen* in Maunz/Dürig Art. 1 Abs. 1 Rn. 34; *Enders* in Stern/Becker Rn. 25.

[195] *Hofmann* AöR 118 (1993), 353 ff.; *Dederer* JöR 57 (2009), 89 ff., 105 ff.

[196] So auch *Enders* in Stern/Becker Rn. 25.

[197] *Enders* in Stern/Becker Rn. 25.

[198] Vgl. auch *Geddert-Steinacher,* Menschenwürde als Verfassungsbegriff, 1990, 38 ff.; *Cattaneo* in Seelmann Menschenwürde als Rechtsbegriff, 2004, 24 ff.; *Dreier* in Dreier Art. 1 Abs. 1 Rn. 167.

[199] Ist „grundierender Aspekt juristischen Denkens über den verfassungsstaatlichen Schutz der Menschenwürde"; so *Häberle* in HdbStR II § 22 Rn. 33.

[200] Er ist deshalb auch nicht festgelegt auf eine bestimmte Denkerin, einen bestimmten Denker oder eine bestimmte Denkschule, so wichtig das inspirierende „Vordenken" der Klassiker für die heutige Theoriebildung bleibt. Dazu etwa *Häberle* in HdbStR II § 22 Rn. 32: „durch Klassiker wie Kant auf den Weg gebracht"; vgl. auch *Dreier* in Dreier Art. 1 Abs. 1 Rn. 13; zur Rezeption Kantischer Tradition in der Rspr. des BVerfG *Geddert-Steinacher,* Menschenwürde als Verfassungsbegriff, 1990, 31 ff.; zur bleibenden Aktualität der Rechtsphilosophie Kants *Brugger* JZ 1991, 893; *Hruschka* ARSP 88 (2002), 463 ff.; allg. noch *Schwartländer* in Schwartländer Menschenrechte – Aspekte ihrer Begründung und Verwirklichung, 1978, 77 (87 ff.).

noch ihr entwicklungsgeschichtlicher Endpunkt.[201] Der Menschenwürdebegriff selbst ist gewiss ein axiomatischer und schlichten Subsumtionsbemühungen damit schwer zugänglich.[202] Entbehrlich wird eine definitorische Annäherung damit aber noch lange nicht[203], soll das Recht aus Art. 1 Abs. 1 operabel und vor allem justiziabel sein. Konkretisierungen, die sich Unterscheidungen wie „Begriffskern" und „Begriffshof" versuchen, insinuieren eine Begriffsschärfe und eröffnen Abwägungsmöglichkeiten durch die Hintertür.[204] Aber nicht nur die Wortlautauslegung stößt rasch an ihre Grenzen. Auch die übrigen klassischen Auslegungsmethoden (Geschichte, Systematik, Telos), wie sie *F. C. von Savigny* (1840) kanonisiert hat, greifen zu kurz, wenn sie nicht um Auslegungszugänge ergänzt werden, die den normtypischen Besonderheiten der Menschenwürdeformel Rechnung tragen.[205] Zu diesen Besonderheiten zählt eine **Offenheit,** die in nur scheinbarem Widerspruch zum axiomatischen Charakter von Art. 1 Abs. 1 steht. Alle Konkretisierungen der Menschenwürde müssen dynamisch offen auf immer neue Unrechtserfahrungen reagieren können.[206] Deshalb erschließt das heute dominierende Verständnis von Art. 1 Abs. 1 den Menschenwürdebegriff von der Verletzungsseite her.[207]

Auch das BVerfG geht von einer Situationsabhängigkeit und damit gefährdungsspezifischen Entwicklungsoffenheit der Menschenwürdekonkretisierungen aus. Unter welchen Umständen die Menschenwürde verletzt sein könne, lasse sich nicht generell ausdrücken, „sondern **immer nur in Ansehung des konkreten Falles**".[208] Das heißt: Es geht um die konkrete Bewertung eines Vorgangs als Verletzungsvorgang,[209] nicht um die Bestimmung dessen, was *in abstracto* Würde darstellen könnte. Der Schutzbereich wird, grundrechtsdogmatisch gesprochen, vom Eingriff her bestimmt.[210] Durchgesetzt hat sich dafür die sog. **Objektformel,** wenn nicht erfun- 33

[201] Alles andere widerspräche der Idee einer offenen Gesellschaft, der alles Statische ohne fremd ist: *Häberle* in HdbStR II § 22 Rn. 40; *Stern* FS f. Scupin, 1983, 627 (631 f.). Eine Bezugnahme auf „die jeweiligen gesellschaftlichen Verhältnisse" findet sich in BVerfGE 96, 375 (400); sa BVerfGE 45, 187 (229).

[202] Ähnlich *Häberle* in HdbStR II § 22 Rn. 46: „keine ausreichend […],handliche' Formulierung […] erkennbar"; *Pestalozza* in Nawiasky/Schweiger/Knöpfle Die Verfassung des Freistaates Bayern, Stand 2008, Art. 100 Rn. 9: „Wir können nicht sagen, was Würde ist, aber wir können sagen, was nicht"; krit. zu solchen Aussagen *Dreier* in Dreier Rn. 52; *Enders,* Die Menschenwürde in der Verfassungsordnung. Zur Dogmatik des Art. 1 GG, 1997, 385 f.; *Hain* Der Staat 45 (2006), 189 (200).

[203] In Sinne einer Entbehrlichkeit jedenfalls deutbar *Nipperdey* in Neumann/Nipperdey/Scheuner Die Grundrechte II, 1954, 1: „der Eigenwert und die Eigenständigkeit, die Wesenheit, die Natur des Menschen schlechthin".

[204] Was dem der Abwägung zugänglichen „allgemeinen Persönlichkeitsrecht" weniger prekär und daher geläufiger, aber nicht unbedingt stringenter ist. So spricht BayVerfGH BayVBl. 1975, 646 vom „unverzichtbaren und unableitbaren Persönlichkeitskern".

[205] Allg. bezogen auf die Verfassungsinterpretation *Hesse,* Grundzüge des Verfassungsrechts der Bundesrepublik Deutschland, 20. Aufl. 1995, 19 ff.

[206] Dazu bereits → Rn. 7 f.; ferner *Marks,* Die Würde des Menschen ist verletzlich. Was uns fehlt und wie wir es wiederfinden, 2017.

[207] *Herdegen* in Maunz/Dürig Art. 1 Abs. 1 Rn. 36.

[208] BVerfGE 30, 1 (25); BVerfGE 115, 118 (153); früh *Kriele,* Theorie der Rechtsgewinnung, 2. Aufl. 1976, 213; nach wie vor weiterführend *Häberle* in HdbStR II § 22 Rn. 70.

[209] Vgl. *Dürig* in Maunz/Dürig, GG, Erstbearb., 1958, Rn. 28; *Vitzthum* JZ 1985, 201 (202); von Art. 1 Abs. 1 als „modal ausgerichtete[r] Generalklausel" spricht *Höfling* in Sachs Rn. 8; zuvor schon *Höfling,* Offene Grundrechtsinterpretation, 1987, 104 ff.; sa *Di Fabio* JZ 2004, 1 (5).

[210] Vgl. *Dreier,* Idee und Gestalt des freiheitlichen Verfassungsstaates, 2014, 90; Höfling, Offene Grundrechtsinterpretation, 1987, 109.

den[211], so doch gewiss ganz maßgeblich beeinflusst von den Arbeiten *Günter Dürigs.*[212] Geistiger Vater des Dürig'schen Denkens ist aber fraglos *Immanuel Kant.*[213] Das Bundesverfassungsgericht hat sich den Ansatz längst zu Eigen gemacht: „Es widerspricht der menschlichen Würde, den Menschen zum bloßen Objekt im Staat zu machen."[214] Sogar der EGMR folgt diesem Beispiel.[215]

34 Dabei ist die **Objektformel** keineswegs unbestritten. Die Kritiken – das Kant'sche Vorbild einschließend – sind hinlänglich bekannt: Der Formel hafte etwas Floskelhaftes an[216], sie bediene sich diverser „Beschwörungsmuster", pflege eine „gewisse Instrumentalisierungsrhetorik", vor allem aber weise sie ein tautologisches Element auf, verführe zu dezisionistischer Handhabung und zeitige nur schwer prognostizierbare Ergebnisse.[217] Der Nachteil von „Nicht- oder Negativdefintionen" bestehe in ihrer Angewiesenheit auf Evidenz, Konsens und sogar Intuition.[218] Dass eine „Kasuistik klarer Verletzungstatbestände"[219] nur schwerlich gelingen wird und angesichts höchst divergenter politischer, ethischer und weltanschaulicher Präferenz eine Einigung auf „eindeutige" Verletzungstatbestände schier unmöglich ist, dürfte außer Zweifel stehen.[220] Und dennoch erfüllt die Objektformel – nicht zuletzt dank ihres assoziativen Umfeldes – eine zentrale **heuristische Funktion.**[221] Sie weist den Weg zur Normkonkretisierung[222], indem sie „die verfassungsrechtliche Prüfung auf die mögliche *Erniedrigung* des Einzelnen richtet und damit zu einer Identifikation des Urteilenden mit der Objektrolle drängt."[223]

---

[211] *Herdegen* in Maunz/Dürig Art. 1 Abs. 1 Rn. 36 schreibt sie im Ansatz *Wintrich* zu (FS f. Laforet, 1952, 227 (235 f.)): „Da die Gemeinschaft sich aus freien eigenständigen Personen aufbaut, die durch ihr Zusammenwirken das Gemeinschaftsgut verwirklichen, Muss aber der Mensch auch in der Gemeinschaft und ihrer Rechtsordnung immer „Zweck an sich selbst" (Kant) bleiben, darf er nie zum bloßen Mittel eines Kollektivs, zum bloßen Werkzeug oder zum rechtlosen Objekt eines Verfahrens herabgewürdigt werden".

[212] S. zunächst *Dürig* JR 1952, 259, sodann *Dürig* AöR 81 (1956), 117; *Dürig* in Maunz/Dürig, GG, Erstbearb., 1958, Rn. 28: „Die Menschenwürde ist getroffen, wenn der konkrete Mensch zum Objekt, zu einem bloßen Mittel, zur vertretbaren Größe herabgewürdigt wird"; sa *Dürig* FG f. Maunz, 1971, 41; vgl. die analysierende Laudatio auf Dürigs Arbeiten zu Art. 1 Abs. 1 bei *Häberle* in Häberle Die Verfassung des Pluralismus, 110 ff.; zu den dogmatischen Fragen der Objektformel *Hufen* FS f. Riedel, 2013, 459 ff.

[213] Dazu bereits → Rn. 9.

[214] BVerfGE 9, 89 (95); 27, 1 (6); 28, 386 (391); 45, 187 (228); 50, 166 (175); 72, 105 (116); 87, 209 8228); 109, 133 (149 f.); BVerfGE 115, 118 (153) – LuftsicherheitsG; zusf. und festschreibend etwa BVerfGE 50, 166 (175); vgl. schon zuvor BVerwGE 1, 159 (161): „nicht lediglich Gegenstand staatlichen Handelns"; auch die Fachgerichte verwenden die Formel weithin, dazu die Beiträge von *Niehues/Kunig* in Gröschner/Lembcke Das Dogma der Unantastbarkeit. Eine Auseinandersetzung mit dem Absolutheitsanspruch der Würde, 2009, 25 ff., 121 ff.

[215] EGMR 25.4.1978 – 5856/72, BeckRS 108297 – *Tyrer/ Vereinigtes Königreich;* Nachweise bei *Herdegen* in Maunz/Dürig Art. 1 Abs. 1 Rn. 36.

[216] *Leisner* BayVBl. 1979, 518 (521) „wenig fassbar"; *Hoerster* JuS 1983, 93 (95) „Leerformel"; *Dreier* in Dreier Art. 1 Abs. 1 Rn. 53.

[217] *Herdegen* in Maunz/Dürig Art. 1 Abs. 1 Rn. 36.

[218] *Dreier,* Idee und Gestalt des freiheitlichen Verfassungsstaates, 2014, 90; *Dederer* JöR 57 (2009), 89 (106).

[219] So *Badura* JZ 1964, 337 (341).

[220] Dezidiert die Kritik bei *Dreier,* Idee und Gestalt des freiheitlichen Verfassungsstaates, 2014, 90; zur wirtschaftsethischen Dimension der Menschenwürde *Kostera/Pirson,* Dignity and Organzation, 2017.

[221] *Herdegen* in Maunz/Dürig Art. 1 Abs. 1 Rn. 37.

[222] Das Bild gebraucht BVerfGE 30, 1 (25).

[223] *Herdegen* in Maunz/Dürig Art. 1 Abs. 1 Rn. 37.

Entsprechend „suchend" argumentierte das BVerfG in seinem Abhör-Urteil aus dem Jahre 1970[224]: „Allgemeine Formeln wie die, der Mensch dürfe nicht zum bloßen Objekt der Staatsgewalt herabgewürdigt werden, können lediglich die Richtung andeuten, in der Fälle der Verletzung der Menschenwürde gefunden werden können."[225] Das Sondervotum der Richter *Geller, v. Schlabrendorff* und *Rupp* präzisiert die Richtung dahingehend, der Bürger habe jedenfalls „lebendiges Glied der Rechtsgemeinschaft" zu bleiben. Es betont seine Subjektstellung und bedenkt die mögliche Erniedrigung implizit mit.[226] Und auch das Mehrheitsvotum spricht von einem prinzipiellen In-Frage-Stellen der Subjektqualität und denkt in **Kategorien der Erniedrigung:** eine Missachtung der Menschenwürde müsse „Ausdruck der Verachtung des Wertes, der dem Menschen kraft seines Personseins zukommt, also in diesem Sinne eine verächtliche Behandlung sein".[227] Diese Perspektive schreibt dem Objekt-Sein eine spezifische Qualität zu und schließt all die Fälle aus, in denen sich der Einzelne als Objekt sehen mag, die aber fern jedweder Menschenwürdeverletzung liegen. Ein Beispiel: Wer angesichts einer Vielzahl anderer Bewerber im Losverfahren keinen oder nicht den gewünschten Studienplatz erhält, als Schüler seine Hausaufgaben verrichten oder einem Verkehrszeichen Folge leisten muss, ist insoweit nicht handelndes Subjekt; Einwirkungen zur Vermeidung des unerwünschten Ergebnisses sind ihm nicht eröffnet, aber eine Menschenwürdeverletzung liegt fern. Ein zweites Beispiel: Aufgrund seiner subjektiven Wahrnehmung mag sich der einzelne zum Objekt stilisieren und ein Ausgeliefert-Sein beklagen, selbst wenn es nur um eine unfreundliche, aber sachlich korrekte Behandlung durch eine Behörde geht. 35

Nicht nur um Bagatellfälle auszuschließen, kommt es auf die objektive Zielrichtung eines hoheitlichen Handelns oder auf die Gründe für ein hoheitliches Unterlassen an. Der Objektformel wohnt ein **Moment der Finalität** inne.[228] Dieses klingt in der Rspr. des BVerfG an, wenn dort von „willkürlicher Missachtung" oder „verächtlicher Handlung" die Rede ist.[229] Indes muss die Subjektqualität des Betroffenen nicht „prinzipiell" in Frage gestellt sein.[230] Von der Gefährdungslage her gedacht genügt es, wenn der Mensch als Subjekt in einer konkreten Situation, und sei es als „Rollenträger", in Frage gestellt wird. Zuverlässige Maßstäbe für die **tabuisierte Erniedrigung** lassen sich aus einer vergleichenden Zusammenschau mit dem Völker- und Europarecht sowie andern nationalen Verfassungsrechtsordnungen gewinnen. Zwingende Regeln des Völkerrechts *(ius cogens)* setzen absolute Grenzen 36

[224] BVerfGE 30, 1.

[225] Dieser Hinweis in der erkennbar ergebnisorientiert argumentierenden Entscheidung bereitete den Weg, gleichsam zusätzlich noch ein subjektives Erfordernis zu behaupten: das staatliche Handeln müsse „durch eine Missachtung oder Geringschätzung der menschlichen Person […] motiviert sein", BVerfGE 30, 1 (27); → Rn. 9, 25 ff.

[226] BVerfGE 30, 33 (42); *Dürig* AöR 81 (1956), 117 (127) hatte plastisch von der „Entmachtung" des Subjekts gesprochen; sa *Häberle* in HdbStR II § 22 Rn. 9.

[227] BVerfGE 30, 1 (26); dazu *Herdegen* in Maunz/Dürig Art. 1 Abs. 1 Rn. 37.

[228] Was nicht mit einem Vorsatz oder einer „Herabwürdigungsabsicht" verwechselt sei. Es kommt allein auf den objektiven Charakter des Handelns oder Unterlassens an: Zutr. das Sondervotum BVerfGE 30, 33 (40); insgesamt stellt aber auch das BVerfG nicht auf das angebliche Erfordernis einer subjektiven Zielrichtung ab, s. etwa BVerfGE 45, 187 (228); 57, 250 (275); 63, 332 (337); 69, 1 (34); Umgekehrt heilt auch die „beste Absicht" eine objektive Herabwürdigung nicht.

[229] BVerfGE 30, 1 (26); sa BVerfGE 47, 239 (247 f.).

[230] So missverständlich aber BVerfGE 30, 1 (26).

(etwa mit Blick auf Folter, Menschenhandel/Sklaverei, Genozid oder Massenvertreibungen – „ethnic cleansing").[231] Art. 3 EMRK umschreibt mit dem Verbot von Folter, unmenschlicher oder erniedrigender Strafe oder Behandlung zentrale Komponenten des Würdeschutzes.[232] Ein wichtiges Beispiel für die Fruchtbarkeit des Rechtsvergleichs gibt *Herdegen*[233]: Die Schweizerische Bundesverfassung zeigt mit ihrem Art. 119 (zur Fortpflanzungsmedizin und Gentechnologie im Humanbereich) und Art. 119a (zur Transplantationsmedizin), wie sich die allgemeine Würdegarantie bereichsspezifisch ausdifferenzieren und angesichts neuer Machbarkeiten produktiv fortschreiben lässt.[234]

37 **3. Die Unantastbarkeit, ein Achtungsanspruch des Einzelnen.** Die **„Unantastbarkeit"** der Menschenwürde bezeichnet einen **Achtungsanspruch des Einzelnen als Person,** der es verbietet, eine „Verletzung" der Menschenwürde mit anderen Grundwerten der Verfassung zu rechtfertigen.[235] Das Adjektiv unantastbar setzt eine Absolutheit und Höchstwertigkeit voraus, die Steigerungsformen (im Komparativ oder Superlativ) nicht zulässt.[236] Bezeichnend ist, welche allgemein- respektive alltagssprachliche Synonyme bzw. sinnverwandte Begriffe Wörterbücher vorschlagen: „ausnahmslos geschützt", „unverletzlich", „unverletzbar", „unberührbar", „sakrosankt" oder „tabu".[237] Hinzugedacht werden muss noch die „Unveräußerlichkeit" (ein Terminus, der sich etwa in der Präambel der AEMR findet[238]), die Art. 1 Abs. 1 zwar nicht explizit macht, aber implizit – gewissermaßen als Korrelat zur Unantastbarkeit – mitdenkt. Auch der Mensch selbst kann seine Würde nicht „antasten", indem er sich ihrer entäußert.

38 Die normativen Gehalte der Wendung von der „Unantastbarkeit" der Menschenwürde aus Art. 1 Abs. 1 S. 1 erschließen sich erst in der Zusammenschau mit Art. 1 Abs. 1 S. 2. Wer den systematischen Zusammenhang mit S. 2, der eine Achtungs- und Schutzpflicht der staatlichen Gewalt ausspricht, nicht mit in den Blick nimmt, könnte das „unantastbar" eindimensional auf den bloßen *„status negativus"* limitieren. Gewiss ist Art. 1 Abs. 1 S. 1 ein klassisches Abwehrrecht, das die Menschenwürde gegen hoheitliche „Angriffe abschirmen will",[239] es erschöpft sich aber nicht in dieser Funktion. Erst dieser S. 2 umreißt die volle Zielrichtung des Grundrechts, indem er die Abwehr- um eine Schutzfunktion ergänzt.[240] Dem eine binäre Struktur zu entnehmen, wäre indes ebenso verfehlt, da auch leistungsrechtliche (Schutz des Existenzminimums), teilhaberechtliche (demokratische Partizipation) und verfahrensrechtliche (Menschenwürdeschutz durch Verfahren) Komponenten hinzutreten.[241] Nur in dieser **Vieldimensionalität** kann Art. 1 Abs. 1 den

---

[231] *Herdegen* in Maunz/Dürig Art. 1 Abs. 1 Rn. 42; *Stein/v. Buttlar/Kotzur,* Völkerrecht, 2017, § 12 Rn. 150.

[232] *Herdegen* in Maunz/Dürig Art. 1 Abs. 1 Rn. 42; zu Art. 3 EMRK *Grabenwarter/Pabel,* EMRK, 2016, § 20 Rn. 40.

[233] *Herdegen* in Maunz/Dürig Art. 1 Abs. 1 Rn. 43.

[234] Zu den rezeptionstheoretischen Grundlagen *Häberle* JZ 1992, 1033 ff.

[235] *Herdegen* in Maunz/Dürig Art. 1 Abs. 1 Rn. 43.

[236] https://www.wortbedeutung.info/unantastbar/ (14.6.2020).

[237] https://www.wortbedeutung.info/unantastbar/ (14.6.2020).

[238] Dazu → Rn. 4.

[239] So BVerfGE 34, 369 (382).

[240] → Rn. 42 ff.

[241] Grundlegend *Häberle* VVDStRL 30 (1972), 43 (86 ff., 121 ff.).

Einzelnen flexibel vor alten und neuen Gefährdungen seiner Würde schützen.

Von „Unantastbarkeit" spricht das GG auch in Art. 19 Abs. 2, wonach kein Grundrecht „in seinem Wesensgehalt angetastet" werden darf[242]; gemeint ist eine Begrenzung der Beschränkbarkeit im Sinne einer sog. Schranken-Schranke.[243] Ungeachtet der Auslegungsschwierigkeiten, die der Begriff auch dort aufgibt,[244] trägt die Parallele zum Verständnis des Art. 1 Abs. 1 S. 1 wenig bei. Da die Menschenwürde als einziges Grundrecht uneinschränkbar ist, fallen hier **Schutz- und Wesensgehalt zusammen.** Umgekehrt mag ihr jeweiliger Menschenwürdegehalt über den Wesensgehalt einschränkbarer Grundrechte Aufschluss geben.[245] Noch deutlicher unterscheidet sich der Begriff des Antastens von demjenigen der „Berührung", wie ihn Art. 79 Abs. 3 verwendet. Am normativen Gebot der „unantastbaren" Menschenwürde darf auch der verfassungsändernde Gesetzgeber nicht rühren,[246] während bloße „Berührungen" der Menschenwürde durch die staatliche Gewalt nicht von vornherein ausgeschlossen sind. **39**

Bemessen sich die Funktion und die Schutzintensität von Art. 1 Abs. 1 nach dessen S. 2, so könnte dem S. 1 immerhin eine **Erweiterung der Geltungsebene** des Menschenwürdeschutzes zu entnehmen sein: Er legt bereits nahe, dass die Menschenwürdeformel nicht nur im Verhältnis von Bürger und Staat, sondern auch zwischen den Bürgern zur Anwendung kommt.[247] Dies entsprach auch Vorstellungen, die bei der Verfassungsgebung vorgetragen wurden.[248] Wird eine unmittelbare Drittwirkung der Grundrechte (abgesehen von Art. 9 Abs. 3 S. 1) allgemein abgelehnt[249], macht Art. 1 Abs. 1 davon eine Ausnahme. Was ohne Wenn und Aber unantastbar ist, muss auf jedem Feld und in jeder Form sozialer Interaktion – ob sie nun hoheitlich determiniert ist oder unter Gleichgeordneten stattfindet – unantastbar bleiben. Art. 1 Abs. 1 S. 1 hat folglich **unmittelbare Drittwirkung.**[250] Anderenfalls wäre schwer erklärlich, warum der Verfassungsgeber die S. 1 u. 2 des Art. 1 Abs. 1 nicht in einer Aussage wie „Alle staatliche Gewalt achtet und schützt die Menschenwürde" zusammengefasst hat.[251] Insbesondere wegen des durch § 1004 BGB (in analoger Anwendung auch auf das Persönlichkeitsrecht und die persönliche Ehre) gewährten Störerschutzes und die Einbeziehung auch immaterieller Rechte in § 823 BGB dürften die Annahme einer entweder mittelbaren oder aber einer unmittelbaren Dritt- **40**

---

242 Grundlegend *Häberle,* Die Wesensgehaltsgarantie des Art. 19 Abs. 2 GG, 1983.

243 *Kingreen/Poscher,* Grundrechte, 2019, § 6 Rn. 326.

244 → Art. 19 Rn. 43 ff.

245 *Enders* in Stern/Becker Rn. 13.

246 *Herdegen* in Maunz/Dürig Art. 79 Rn. 74 ff.

247 BVerfGE 24, 119 (144): „Eine Verfassung, welche die Würde des Menschen in den Mittelpunkt ihres Wertsystems stellt, kann bei der Ordnung zwischenmenschlicher Beziehungen grundsätzlich niemandem Rechte an der Person eines anderen einräumen, die nicht zugleich pflichtgebunden sind und die Menschenwürde des anderen respektieren".

248 Vgl. *Süsterhenn* JöR nF 1 (1951), 51: „eine absolute Feststellung, die sich gegen jedermann wendet, sowohl gegen die staatliche Gewalt wie auch gegen jeden Privaten und gegen jede Institution".

249 *Kulick* NJW 2016, 2236; *Guckelberger* JuS 2003, 1151 ff.

250 So auch *Herdegen* in Maunz/Dürig Art. 1 Abs. 1 Rn. 73; *Höfling* in Sachs Rn. 11; *Geddert-Steinacher,* Menschenwürde als Verfassungsbegriff, 1990, 83; anders *Kloepfer* FS 50 Jahre Bundesverfassungsgericht II, 2001, 77 (97 f.).

251 Allein die semantische Emphase oder stilistische Gründe anzuführen, ist ein eher schwaches Argument.

wirkung von Art. 1 in der Praxis allerdings kaum zu unterschiedlichen Ergebnissen führen.

41 Der kategorische Achtungsanspruch des „Unantastbaren" macht die Menschenwürde uneinschränkbar und verbietet auch das Modell verfassungsimmanenter Schranken.[252] Daraus folgt aber nicht, wie bereits ausgeführt, der Menschenwürdebegriff habe ein für alle Mal feststehende, unverrückbare Konturen.[253] **Unantastbarkeit darf nicht mit Stillstand, gar Versteinerung, verwechselt werden.** Die Deutung der unantastbaren Würde von den sich wandelnden Unrechtserfahrungen her erfordert eine wertende Gesamtwürdigung der situationsbezogenen Kontexte. Das Bundesverfassungsgericht arbeitet daher mit einer Typenbildung von Würdeverletzungen und argumentiert mit der „Ansehung des konkreten Falls".[254] Es wäre wirklichkeitsfremd, solche tatbestandskonkretisierenden Typenbildungen für abwägungsneutral zu halten. Der Achtungsanspruch ergibt sich in den Worten von *Herdegen* „überhaupt erst aus einer bilanzierenden Gesamtwürdigung. Der so ermittelte Würdeanspruch gilt dann *absolut* [Hervorhebung des Verf.]. Eine Abwägung mit anderen Grundrechten und sonstigen Rechtsgütern von Verfassungsrang findet nicht mehr statt. Das meint das Grundgesetz, wenn es in Art. 1 Abs. 1 die Würde des Menschen für ‚unantastbar' erklärt".[255] Unvermeidbare Differenzierungen bei der Tatbestandskonkretisierung – will den Würdeschutz nicht kategorial auf einen konsentierten Kern unrechtsstaatstypischer Übergriffe reduzieren – relativieren den Absolutheitsanspruch nicht. Im Gegenteil: Sie ermöglichen ihn erst angesichts sich wandelnder Wirklichkeitsbedingungen und neuer Gefährdungspotenziale. Deshalb unterscheidet auch die EGMR-Rechtsprechung bei den würdeverletzenden Tatbeständen aus Art. 3 EMRK zwischen der kategorisch verbotenen Folter und anderen – mitunter neuartigen oder wiederentdeckten (z. B. waterboarding) – Formen körperlicher Eingriffe, die nach einer situationsbezogenen Gesamtwürdigung verlangen.[256]

42 **4. Sie zu achten und zu schützen ist Verpflichtung aller staatlichen Gewalt. a) Achtungs- und Schutzpflicht.** Art. 1 Abs. 1 S. 2 umfasst eine staatliche Achtungspflicht (Unterlassungsanspruch, *status negativus*) und eine staatliche Schutzpflicht (Förderungspflicht, *status positivus*)[257]. Diese beiden

[252] So *Herdegen* in Maunz/Dürig Art. 1 Abs. 1 Rn. 46, dass „gerade die absolute Geltung der Menschenwürde eine situationsbezogene Differenzierung bei der Formulierung des Achtungsanspruches" nahelegt. Andernfalls würde sich die Relevanz der Würdegarantie weitgehend im Verbot staatlicher Grausamkeit erschöpfen.

[253] *Herdegen* in Maunz/Dürig Art. 1 Abs. 1 Rn. 46.

[254] BVerfGE 30, 1 (25); zum Abhörurteil bereits → Rn. 35.

[255] *Herdegen* in Maunz/Dürig Art. 1 Abs. 1 Rn. 47.

[256] Nachweise *Herdegen* in Maunz/Dürig Art. 1 Abs. 1 Rn. 47; weiterführend aus philosophischer Sicht: *Rath,* Zum Gegebensein eines absoluten normativen Status des Menschen – Die Menschenwürde als absoluter Eingriffsschutz? Eine philosophische Untersuchung zu einer Grundlage des Rechts, 2016.

[257] Plastisch *Stern,* StaatsR III/1, 1988, § 58 II 6b: „[Die staatliche Gewalt] muss aktiv werden, um der Menschenwürde Schutz angedeihen zu lassen." Aus der Lit. zu den Schutzpflichten: *Jaeckel,* Schutzpflichten im deutschen und europäischen Recht, 2001; *Szczekalla,* Die sog. grundrechtlichen Schutzpflichten im deutschen und europäischen Recht, 2002; *Stachel,* Schutzpflichten der Mitgliedstaaten für die Grundfreiheiten des EG-Vertrags unter besonderer Berücksichtigung des Grundrechtsschutzes in der Gemeinschaft, 2006; *Hermes,* Das Grundrecht auf Schutz von Leben und Gesundheit, 1987; in der Corona-Krise höchst relevant: *Mers,* Infektionsschutz im liberalen Rechtsstaat, 2019; mit extraterritorialem Bezug *Krajewski,* Staatliche Schutzpflichten und unternehmerische Verantwortung in der globalen Lieferkette, 2018.

interdependenten Schutzdimensionen bestätigen auch, dass Art. 1 Abs. 1 insgesamt ein **Grundrecht**[258] und nicht lediglich eine Wertorientierung, ein Programmsatz oder eine objektive Verpflichtung der staatlichen Gewalt ist (wie etwa diejenige zur Einhaltung des Sozialstaatsgebots[259]). Die subjektive Berechtigung, der gerichtlich durchsetzbare Anspruch eines jeden, dessen Würde durch den Staat missachtet wird oder ungeschützt bleibt, bildet den subjektiv-rechtlichen Kern des Art. 1 Abs. 1. Das schließt – angesichts der Mehrdimensionalität der Grundrechte[260] ohnehin eine Selbstverständlichkeit – objektiv-rechtliche Gehalte nicht aus. So qualifiziert sich die Menschenwürdeformel von ihrer verfassungsgrundlegenden Funktion her auch als **Staatszielbestimmung,** dh als materielle Strukturnorm, die insoweit neben die organisationsrechtlichen Strukturnormen des Art. 20 tritt.[261] Insgesamt bleiben die Übergänge zwischen dem subjektiven Schutzanspruch und dem objektiven Gehalt des Art. 1 Abs. 1 oft fließend; für Verpflichtungen des Staates, Vorsorge für die Bewahrung von Rechtsgütern zu treffen, ist kennzeichnend, dass sie sich der Subjektivierung entziehen.

Aus funktionell-rechtlicher Perspektive, also von den Differenzierungen der Grundrechtsfunktionen her gesehen, bedeutet das: Art. 1 Abs. 1 ist subjektiv-rechtliches Abwehrrecht und Schutzpflicht (was leistungs- und teilhaberechtliche Momente mit einschließt); als objektive Wertentscheidung des Weiteren eine umfassende Orientierungsnorm für staatliches Handeln und im Blick auf die gesellschaftliche Entwicklung nicht nur Orientierungswert, sondern zugleich eine Grenze für staatliches *laissez faire.*[262] Art. 1 Abs. 1 S. 2 wirft weiterhin die Frage auf, durch welche Art Handeln oder Unterlassen („achten", „schützen") wem gegenüber (textlich nicht erfasst) wer („alle staatliche Gewalt") die Verheißung von der Unantastbarkeit der Menschenwürde (S. 1) umzusetzen hat. Die Schutzpflicht jedenfalls beinhaltet eine Pflicht zur **Abwehr** von Würdebeeinträchtigungen, aber auch die Verpflichtung, solche Maßnahmen zu ergreifen, die notwendig sind, um Würdebeeinträchtigungen bereits **vorzubeugen** und sie **abzustellen.** Sie hat also vor allem präventiven Charakter. Das ist insbesondere bei der Gesetzgebung zu beachten, kann sich aber auch in einzelfallbezogenem Verwaltungshandeln realisieren.[263] Insgesamt ist die Menschenwürde vor der Beeinträchtigung „von anderer Seite"[264] zu bewahren und „gegen alle möglichen Angreifer"[265] zu schützen. Den Schutz vor Würdeverletzungen von Seiten Privater[266] erfüllt der Staat zunächst durch die Rechtsordnung und ihre Durchset- 43

---

[258] → Rn. 16.

[259] → Art. 20 Rn. 74 ff.

[260] Gegen jedes kategoriale „Kästchendenken" *Häberle,* Verfassungslehre als Kulturwissenschaft, 1998, insbes. 387 ff.; *Häberle/Kotzur,* Europäische Verfassungslehre, 2016, Rn. 919.

[261] Art. 79 Abs. 3 macht das Nebeneinander augenfällig. Art. 1 Abs. 3 und Art. 20 Abs. 3 stehen überdiese in einer Art „Echo"-Beziehung: Der normative Anspruch der einen Norm klingt in der anderen wieder – und *vice versa.*

[262] Zur Einordnung von Art. 1 Abs. 1 in die Lehre von den „Staatszwecken" *Link* VVDStRL 48 (1989), 7 (23 ff.) mwN.

[263] Schulfälle sind etwa: BVerwGE 64, 274 („Peep-Show"); VG Neustadt NVwZ 1993, 98 („Zwergenweitwurf"); OVG Koblenz DÖV 1994, 965 („Laserdome").

[264] BVerfGE 1, 97 (104).

[265] Klassisch *Dürig* in Maunz/Dürig, GG, Erstbearb., 1958, Rn. 3.

[266] S. – zu weitgehend – BVerwGE 64, 274 (278), Peep-Show; → Rn. 51; zum Schutz vor exhibitionistischen Handlungen anderer BVerwG NVwZ-RR 1991, 379 (380); zum sog. Zwergenweitwurf VG Neustadt NVwZ 1993, 98; vgl. *Rädler* DÖV 1997, 109; zu sog. Laserspielen OVG Koblenz DÖV 1994, 965.

zung,[267] aber – vorbeugend – auch durch Aufklärung und Information,[268] durch die Garantie des Schulwesens,[269] letztlich im Zuge des gesamten staatlichen Handelns.

44 **b) Insbesondere: Die Sicherung des Existenzminimums.** Der Staat muss denjenigen Bürgern, die – etwa – wegen körperlicher oder geistiger Gebrechen außerstande sind, ihren Unterhalt selbst zu sichern, helfend zur Seite treten, er muss „jedenfalls die Mindestvoraussetzungen für ein menschenwürdiges Dasein sichern".[270] Der Schutzanspruch richtet sich nach verbreiteter Formulierung insoweit auf die Gewährleistung des **Existenzminimums,** doch ist dies keine unwandelbare Größe. Es geht nicht lediglich um dasjenige, „was zur notdürftigen Fristung des Lebens, dh zur Verhütung des Verhungerns und der Obdachlosigkeit unbedingt erforderlich" ist.[271] Allgemeine Wohlstandszunahme lässt die Vorstellungen über dasjenige, was zu den Minima menschlicher Existenz in Würde zu rechnen ist, nicht unberührt – das Existenzminimum ist situationsgebunden (es sieht in einem hochentwickelten Industriestaat anders aus als in einem Entwicklungs- oder Schwellenland) und kontextabhängig.[272] Hieraus ergeben sich auch Grenzen für die **Besteuerung.**[273]

45 Art. 1 Abs. 1 verpflichtet den Staat allerding nicht zum Abbau von Wohlstandsgefällen, sondern realisiert sich an einer unteren Schwelle **(ein Minimum, kein Optimum),** die dem Wandel der Verhältnisse ausgesetzt ist. Trotz der verständlich hohen, in mehreren ausführlichen Urteilen praktizierten Kontrolldichte dieses äußerst grundrechtssensiblen Bereiches hat das BVerfG stets den legislativen Gestaltungsspielraum betont. Allerdings kann der Stand der jeweiligen konkreten Leistungsfähigkeit des Staatshaushaltes einem individuellen Anspruch auf die Sicherung eines menschenwürdigen Existenzminimums nicht entgegengehalten werden.[274] Geldleistungen müssen der

---

[267] Zur disziplinarrechtlichen Ahndung des entwürdigenden Verhaltens seitens des Vorgesetzten für das Soldatenverhältnis etwa BVerwG NJW 1997, 1520; NVwZ-RR 1998, 761.

[268] *Häberle* in HdbStR II § 22 Rn. 71: „Die Erziehung zur Achtung vor der Menschenwürde ist ein hervorragendes Erziehungsziel des Verfassungsstaates"; sa *Häberle* FS f. Huber, 1981, 211.

[269] BVerfGE 47, 46 (73 f.); 75, 40 (62). → Art. 7 Rn. 7 ff.

[270] BVerfGE 40, 121 (133); 48, 346 (361); aus der Diskussion: *Kovce/Priddat,* Bedingungsloses Grundeinkommen. Grundlagentexte, 2019; *Brecht-Heitzmann,* Die Integration Geflüchteter als Herausforderung für das Sozialrecht, 2017; *Wilksch,* Recht auf Krankenbehandlung und Recht auf ein menschenwürdiges Existenzminimum, 2017; *Merold,* Freiheit durch den Staat. Eine Auseinandersetzung mit der Reichweite und den Grenzen des verfassungsrechtlichen Existenzminimums, 2016; *Zwermann-Milstein,* Grund und Grenzen einer verfassungsrechtlich gebotenen gesundheitlichen Mindestversorgung, 2015; *Helmrich,* Mindestlohn zur Existenzsicherung? Rechts- und sozialwissenschaftliche Perspektiven, 2015.

[271] Aus der frühen Rechtsprechung BVerwGE 14, 294 (296 f.); vorher schon BVerwGE 1, 159 (161 f.); *Schropp* NZS 2010, 136 ff.

[272] Auch das ist schon in der älteren Rechtsprechung präsent: BVerwGE 69, 146 (154); OVG Berlin NJW 1980, 2484 (2485); VGH Kassel NJW 1984, 2305 (2306) u. DVBl 1991, 1371; vgl. im Blick auf das Verhältnis von Art. 1 zum Sozialstaatsprinzip des Art. 20 Abs. 1 auch *Kleindiek* in Erberich/Förster ua Frieden und Recht, 1998, 117 (127 ff.).

[273] *Modrzejewski,* Existenzsicherung in Ehe und Familie im Einkommenssteuerrecht. Eine Neuausrichtung des subjektiven Nettoprinzips, 2018; aus der früheren Rechtsprechung BVerfGE 82, 60 (85); zum familiären Existenzminimum unter zusätzlicher Berücksichtigung von Art. 6 Abs. 1 BVerfGE 87, 153 (169); 107, 27 (48 f.); 110, 412 (433 f.); BFHE 174, 328 (333 f.); 206, 260 (263 f.).

[274] *Starck* in MKS Rn. 41, der insoweit auf die Leistungsfähigkeit der Volkswirtschaft abstellt.

Teuerung anpasst werden.[275] Regelmäßig mahnt das BVerfG die Beseitigung von Defiziten in den sozialen Sicherungssystemen an und macht dem Gesetzgeber teilweise sehr weitreichende Vorgaben.[276] So wertete das Gericht in einem Beschluss aus dem Jahre 2014 die Hartz-IV-Regelbedarfsleistungen als „mit dem Grundrecht auf Gewährleistung eines menschenwürdigen Existenzminimums aus Art. 1 Abs. 1 GG in Verbindung mit dem Sozialstaatsprinzip des Art. 20 Abs. 1 GG […] derzeit noch vereinbar“[277]. Wenn und soweit die tatsächliche Deckung existenzieller Bedarfe in Einzelpunkten jedoch zweifelhaft sei (etwa bei den Kosten für Haushaltsstrom, Mobilität und die Anschaffung von langlebigen Gütern wie Kühlschrank und Waschmaschine), habe der Gesetzgeber eine tragfähige Bemessung der Regelbedarfe bei ihrer anstehenden Neuermittlung auf der Grundlage der Einkommens- und Verbrauchsstichprobe 2013 sicherzustellen.[278] Das Gericht unterstreicht aber auch immer wieder, dass ohne einfachgesetzliche Konkretisierung eine unmittelbare Herleitung von Leistungen aus dem GG nicht möglich ist.[279]

In einer Leitentscheidung vom 5.11.2019[280] vermisst Karlsruhe das Feld **46**
zwischen **staatlicher Schutzpflicht** und **individueller Eigenverantwortung.** Gesichert werden müsse „einheitlich die physische und soziokulturelle Existenz“.[281] Dieser in der Menschenwürde fundierte Anspruch gehe auch durch „vermeintlich unwürdiges Verhalten nicht verloren“.[282] Das Gericht betont aber auch, dass es dem Gesetzgeber nicht verweht sei, Existenz sichernde Leistungen an einen Nachranggrundsatz zu binden: Der Staat muss solche Leistungen nur dann gewähren, wenn Menschen ihre Existenz nicht vorrangig selbst sichern können (LS 1). Verweigern sie eine zumutbare aktive Mitwirkung an ihrer eigenen Bedürfnissicherung, so darf der Staat das sanktionieren (LS 2). Der vollständige Leistungsentzug schaffe aber, so das Gericht, eine außerordentliche Belastung, an die strengste Verhältnismäßigkeitsanforderungen zu stellen seien (LS 3). Die gesetzgeberische Einschätzungsprärogative ist hier nachhaltig limitiert, Plausibilitätserwägungen genügen nicht. Zudem müsse sichergestellt sein, dass die Betroffen die Minderung der existenzsichernden Leistungen eigenverantwortlich in zumutbarer Weise abwenden können (LS 3).

Das Urteil sucht die **„praktische Konkordanz“** *(Hesse)* zwischen men- **47**
schenwürdebegründeter staatlicher Schutzpflicht und individueller Eigenverantwortung. Es arbeitet dabei mit dem aus der katholischen Soziallehre bekannten Gedanken der Subsidiarität.[283] Einstandspflichten treffen die Soli-

[275] Zum Asylbewerberleistungsgesetz BVerfGE 132, 134, zugleich mit dem Verbot einer pauschalen Differenzierung nach dem Aufenthaltsstatus; aus der Lit. *Brings/Oehl* ZAR 2016, 22.

[276] So verlangt BVerfGE 125, 175 (225), der Gesetzgeber habe „alle existenznotwendigen Aufwendungen folgerichtig in einem transparenten und sachgerechten Verfahren nach dem tatsächlichen Bedarf, also realitätsgerecht, zu bemessen“ und das dergestalt gefundene Ergebnis „fortwährend zu überprüfen und weiter zu entwickeln“.

[277] BVerfGE 137, 34 (73). Das war nicht die erste Entscheidung zu Hartz IV, vorher schon BVerfGE 125, 175 (223: „unmittelbar verfassungsrechtliche Leistungsanspruch auf Gewährleistung eines menschenwürdigen Existenzminimums“).

[278] BVerfGE 137, 34 (143); aus der Kommentarliteratur *Grzeszick* in Maunz/Dürig Art. 20 Rn. 25; weiter *Sommermann* in MKS Art. 20 Rn. 120 ff.

[279] BVerfG DVBl 2015, 700; BVerfG NJW 2017, 3370 ff.

[280] BVerfG NJW 2019, 3703.

[281] BVerfG NJW 2019, 3703, LS 1.

[282] BVerfG NJW 2019, 3703, LS 1.

[283] *Häberle* JöR 119 (1994), 169 ff.; *Calliess,* Rechtstheorie Beih. 20 (2002), 371 ff.; *D'Atena* FS f. Häberle, 2004, 327 ff.

dargemeinschaft erst und nur dann, wenn der Einzelne selbst nicht mehr für seine materiellen Existenzgrundlagen zu sorgen in der Lage ist. Die Sicherung eines menschenwürdigen Daseins ist immer auch eine Zukunftsaufgabe. Deshalb gilt es das Nachhaltigkeitsdenken[284] für den sozialstaatlichen Gestaltungsauftrag fruchtbar zu machen. Die Schutzverpflichtung aus Art. 1 Abs. 1 S. 2 entbindet nicht von der Verpflichtung, den sozialen Leistungsstaat in der Generationenperspektive[285] handlungsfähig erhalten. Beide Verpflichtungen gehen vielmehr Hand in Hand.

48 **c) Mittel zur Erfüllung und Reichweite der Schutzpflicht.** Welche Mittel der Staat zur Umsetzung seiner Verpflichtung zum Schutz der Würde des Menschen ergreift, bleibt seinem **weiten Ermessen** überantwortet (insbes.: weite Einschätzungsprärogative des Gesetzgebers). Gerade die Auswahl des jeweiligen Regelungsinstruments ist nur schwach determiniert. So dürfte beispielsweise ein stärker zivilrechtlich ausgerichteter Ehrenschutz in Abänderung geltenden Strafrechts ausreichend sein. Ob und nach welchen Maßgaben die Strafbarkeit von Schwangerschaftsabbrüchen verfassungsrechtlich gefordert ist, bemisst sich primär nach Art. 2 Abs. 2 S. 1, gründet aber in Art. 1 Abs. 1.[286]

49 Art. 1 Abs. 1 verpflichtet den Staat nach Maßgabe des faktisch und rechtlich Möglichen auch zum Schutz vor Würdeverletzungen von Seiten **ausländischer Staatsgewalt.**[287] Hier erweist sich der Zusammenhang zwischen dem Recht auf Asylgewähr und Art. 1 Abs. 1.[288] Für deutsche Staatsangehörige kann Art. 1 Abs. 1 durchaus ein – auf die Einhaltung des Gewaltverbots[289] – verpflichtetes Engagement gegenüber dem Zugriff eines fremden Staates gebieten. Bezüglich der Entscheidung über die Vornahme eines entsprechenden außenpolitischen Schrittes besteht ein Anspruch auf fehlerfreie, dh die Tragweite des Art. 1 Abs. 1 gebührend in Rechnung stellende Ermessensausübung.[290] In diesen Problemkreis gehört auch die Frage nach dem innerstaatlichen Anspruch auf die Gewähr diplomatischen Schutzes („diplomatic protection").[291] Wurde früher angenommen, dass der Staat dem Einzelnen nicht verpflichtet sein könne, von seiner ihm im Außenverhältnis zu einem anderen Staat zustehenden völkerrechtlichen Ermächtigung zur Schutzgewähr für die eigenen Staatsangehörigen Gebrauch zu machen, so verdient demgegenüber die Auffassung den Vorzug, dass auch insoweit die Schutzfunktion der einzelnen Grundrechte das Maß vorgibt.[292] Freilich besteht wiederum kein Anspruch auf konkretes Handeln/Unterlassen, sondern nur auf fehlerfreie Ermessensausübung.

---

[284] → Art. 20 Rn. 81.

[285] → Art. 20 Rn. 30.

[286] BVerfGE 88, 203 (253); *Herdegen* in Maunz/Dürig Art. 1 Abs. 1 Rn. 78 beklagt eine gewisse Inkonsistenz in der Judikatur des BVerfG. Es gründe die Schutzpflicht gegenüber ungeborenem Leben auf Art. 1 Abs. 1, schwenke aber beim Umfang des gebotenen Schutzes – „wenig konsequent" – auf Art. 2 Abs. 2 S. 1 als „Maßstabsnorm" um.

[287] Ganz OVG Münster DVBl 1962, 139 (140); *Geck* ZaöRV 17 (1956/57), 476 (514); *Schiedermair* FS f. Stern, 1997, 63; aus der aktuellen Kommentarliteratur *Jarass* in Jarass/Pieroth Rn. 7.

[288] BVerfGE 54, 341 (357); 56, 216 (235 f.); *Kämmerer/Kotzur* in BK Art. 16a Rn. 59, 97.

[289] Art. 2 Nr. 4 SVN; dazu *Stein/von Buttlar/Kotzur,* Völkerrecht, 2017, § 33 Rn. 537.

[290] Von „weitem Ermessen im auswärtigen Bereich" spricht BVerfGE 55, 345 (365), Rudolf Heß.

[291] Zu den mit der Kategorie verbundenen völkerrechtlichen Fragen *Kau* in Graf Vitzthum/Proelß Völkerrecht, 2019, 3. Abschn. Rn. 117 ff.

[292] *Stern,* StaatsR III/1, 1988, § 72 V 8c.

Die Pflicht, die Menschenwürde des Einzelnen zu **achten,** kann mit der Pflicht, sie gleichermaßen zu **schützen,** in Konflikt geraten.[293] Hier geht es zunächst generell und um die Balance zwischen staatlicher Verantwortung, die den Einzelnen entlastet, dabei in seiner Freiheitssphäre aber mitunter erheblich einschränkt, und individueller Verantwortung, die dem Einzelnen ganz im Sinne eines liberalen Staatsmodells ein Höchstmaß an Freiheit belässt, aber dort, wo diese Verantwortung nicht (hinreichend) wahrgenommen wird, zu massiven Beeinträchtigungen, Bedrohungen und Gefährdungen für Dritte führen kann.[294] Ein dramatisches Beispiel gibt die Corona-Krise im Frühjahr 2020. Sie fordert den Grundrechtsstaat in seinen Grundfesten heraus. Der Staat soll im Kampf gegen die Pandemie „fürsorgliche und strenge Instanz" sein und die „soziale Ordnung", ja sogar „das Leben jedes einzelnen Menschen so weitreichend regeln, dass es Sicherheit in der Unsicherheit gibt".[295] Problematisch ist dabei weniger die Verfassungs- respektive Menschenwürdekonformität der konkret getroffen Maßnahmen. Sorge bereitet vielmehr, dass – gerade in der extremen Ausnahmesituation – die Sehnsucht nach autoritärer Staatlichkeit wächst und das längst überwunden geglaubte Modell des fürsorglich-paternalistischen Obrigkeitsstaats eine Renaissance erlebt.[296] Welche verfassungsrechtlichen und gesellschaftspolitischen Diskurse die Corona-Krise (als biologischer Katastrophenfall) auslösen und welchen weltgesellschaftlichen Wandel sie bewirken wird, ist derzeit noch völlig offen.[297] In den bisherigen Gerichtsentscheidungen zu Covid-19-Maßnahmen spielt die Menschenwürdegarantie jedenfalls keine Rolle. 50

Auf Konflikte zwischen Achtungs- und Schutzpflicht verweist auch die Frage, ob der Staat gehalten ist, den Einzelnen von **„würdelosem" Betragen** abzubringen, es notfalls zu verbieten. Die Beispiele sind bekannt: Peep-Show[298], Prostitution[299], „Zwergenweitwurf"[300], Selbst-Entblößung in „Rea- 51

---

[293] BVerwGE 113, 340 (341 f.), Veröffentlichung eines selbstgefertigten Aktfotos durch Soldaten.

[294] Ganz konkret zu staatlichen Schutzpflichten im Seuchenfall: *Steinau-Steinrück,* Die staatliche Verhütung und Bekämpfung von Infektionskrankheiten. Rechtliche Rahmenbedingung, grundgesetzliche Schutzpflichten und Eingriffsgrenzen, 2013.

[295] *Prantl,* Staat, hilf!, SZ vom 28./29.3.2020, 5.

[296] *Bull/Cunitz/Dressel/Oettinger/Schuster/Zeh,* Was soll, was kann Demokratie? Erwartungen – Enttäuschungen – Hoffnungen, 2018; *Krönke,* Governmental Paternalism, 2018; *Barnett,* Paternalism Beyond Borders, 2017; *Kolbe,* Freiheitsschutz vor staatlicher Gesundheitssteuerung. Grundrechtliche Grenzen paternalistischen Staatshandelns, 2017.

[297] Die Rechtswissenschaft hat sich diesen Fragestellungen aber durchaus schon zugewandt: *Spiegel,* Die Allokation von Rettungsmitteln. Eine Frage der Verteilungsgerechtigkeit, 2019; *Grüner,* Biologische Katastrophen. Eine Herausforderung für den Rechtsstaat, 2017; *Klafki,* Risiko und Recht. Risiken und Katastrophen im Spannungsfeld von Effektivität, demokratischer Legitimation und rechtsstaatlichen Grundsätzen am Beispiel von Pandemien, 2017; *Breau/Samuel,* Research Handbook on Disasters in International Law, 2016; *Pünder/Klafki,* Risiko und Katastrophe als Herausforderung für die Verwaltung, 2015; *Lange,* Kooperation im Katastrophen- und Bevölkerungsschutz, 2015; *Klöpfer/Walus/Deye/Schärdel,* Handbuch des Katastrophenrechts, 2015; *Steinau-Steinrück,* Die staatliche Verhütung und Bekämpfung von Infektionskrankheiten. Rechtliche Rahmenbedingung, grundgesetzliche Schutzpflichten und Eingriffsgrenzen, 2013; *Witte,* Recht und Gerechtigkeit im Pandemiefall. Bevorratung, Verteilung und Kosten knapper Arzneimittle im Falle eines Seuchenausbruchs, 2013.

[298] BVerwGE 64, 274.

[299] Einerseits BGHZ 67, 119 (125): „Intimbereich zur Ware"; VG Minden NVwZ 1988, 666, im Vergleich zur sog. Peep-Show „deutlich massivere Beeinträchtigung der Menschenwürde"; *Schittek* NVwZ 1988, 804, Objekthaftigkeit des „vermarkteten Körpers". Für Prostitution als Ausdruck von der Menschenwürde geschützter Freiheit der Selbstbestimmung

lity TV"-Formaten[301], Informationspreisgabe in den sozialen Medien.[302] Dass der Mensch seine Würde im Rechtssinne gar nicht „verlieren" kann,[303] löst das Problem noch nicht. Wenngleich würdebegabt, ist er – das *„animal sociale"* – in seinen sozialen (Kommunikations-)Beziehungen **„entblößt"** und wird dadurch verletzlich. Im Zeitpunkt der Entblößung ist er sich oft gar nicht darüber im Klaren, welche gravierenden Langzeitfolgen sein Handeln haben kann. Das gilt auch für Erwachsene, erst recht für heranwachsende Minderjährige.[304] Ob und inwieweit der Staat angesichts des individuellen Achtungs- und Autonomieanspruchs schutzpflichtgeleitet dennoch aktiv werden muss, verlangt sensibel-differenzierte Abwägungsprozesse. Dabei hat der im Achtungsgebot wurzelnde Autonomieanspruch[305] regelmäßig Vorrang und lässt nur im Ausnahmefall einen Ausschlag zugunsten der Schutzplicht zu.[306] Anders liegt der Fall, wenn das „würdelose Verhalten" bzw. die **„Selbstentblößung"** zugleich die öffentliche Sicherheit oder die Rechte Dritter gefährdet. Hier darf der Staat, soweit eine entsprechende Ermächtigungsgrundlage vorhanden ist, einschreiten. Die Frage zulässigen Einschreitens gegenüber Suizidversuchen wird von Art. 1 Abs. 1 nicht entscheidend determiniert.[307]

52 Adressat des Art. 1 Abs. 1 S. 2 ist die **gesamte Staatsgewalt** („alle staatliche Gewalt") von Bund und Ländern, dies in allen Funktionen, also bei der – einfachen und verfassungsändernden – Gesetzgebung, bei Regierung und Verwaltung[308] in allen Handlungsformen und bei der Rechtsprechung.[309] Einbezogen sind auch die Träger **mittelbarer Staatsgewalt,** also Gemeinden, weitere Körperschaften des öffentlichen Rechts, Anstalten und Stiftungen, ebenso die sog. Beliehenen (zB Flugkapitän, staatlich anerkannte Ersatzschulen, TÜV), die zwar statusmäßig Privatrechtssubjekte bleiben, aber in begrenztem Umfang hoheitlich handeln und insofern in die mittelbare Staatsverwaltung einbezogen sind. Lässt das Gesetzesrecht den staatlichen Rechtsanwendern Spielräume für Handlungen in Verletzung der Menschenwürde, so realisiert sich deren Verpflichtung aus Art. 1 Abs. 1 unmittelbar.[310] Die

---

VG Berlin NJW 2001, 983. Zur Sittenwidrigkeit von Verträgen über sog. Telefonsex s. BGH NJW 1998, 2895.

[300] VG Neustadt NVwZ 1993, 98.

[301] *Collins,* The New Narcissus in the Age of Reality Television, 2018; *Deery,* Reality TV, 2018.

[302] *Brost,* Das Persönlichkeitsrecht von Minderjährigen. Eine verfassungsrechtliche Betrachtung unter Berücksichtigung der besonderen Gefahren des Web 2.0, 2016; *Di Fabio,* Grundrechtsgeltung in digitalen Systemen. Selbstbestimmung und Wettbewerb im Netz, 2016; *Sandfuchs,* Privatheit wider Willen? Verhinderung informationeller Preisgabe im Internet nach deutschem und US-amerikanischem Verfassungsrecht, 2015.

[303] → Rn. 37.

[304] Dazu auch *Han,* Im Schwarm. Ansichten des Digitalen, 2013; *Hotter,* Privatsphäre. Der Wandel eines liberalen Rechts im Zeitalter des Internets, 2011.

[305] Grundlegend für den hohen Wert, den das BVerfG, individueller Autonomie zumisst, ist BVerfGE 49, 286 (298): Art. 1 Abs. 1 schützt die Würde des Menschen, „wie er sich in seiner Individualität selbst begreift und seiner selbst bewusst wird".

[306] *Geddert-Steinacher,* Menschenwürde als Verfassungsbegriff, 1990, 88 ff.; *Blankenagel* KJ 1987, 379 (385): keine „Menschenwürdepflicht"; einschr. etwa *Zippelius* in BK Art. 1 Abs. 1 Rn. 40 f. für „Auswüchse".

[307] → Art. 2 Rn. 64 ff.

[308] Zur Bundeswehr insoweit BVerwG NVwZ 1997, 579 (580).

[309] „Gemeint sind alle staatlichen und sonstigen öffentlich-rechtlichen Kompetenzträger, die zu Regelungen und Maßnahmen ermächtigt sind", *Starck* in MKS Rn. 37.

[310] Vgl. *Starck* in MKS Rn. 39: „Bei weit gefassten Handlungsermächtigungen kann immer eine der Menschenwürdegarantie konforme Auslegung gefunden werden."

Bindung der gesamten deutschen Staatsgewalt ist nicht zwingend territorial radiziert. Die deutsche Staatsgewalt ist auch dann und dort grundrechtsgebunden, wo sie außerhalb des Territoriums der Bundesrepublik Deutschland agiert, solange sie hinreichend effektive Kontrolle hat.[311]

5. Einzelfälle

Abschiebung – S. Ausländer 53

Arbeitsleben – Art. 1 Abs. 1 ist früh als die Norm bezeichnet worden, in der „die Idee des Arbeitsrechts gegründet ist".[312] Das liegt in doppelter Hinsicht nahe: Durch Arbeit schafft sich der Einzelne die materielle Existenzgrundlage für ein menschenwürdiges Leben; die Arbeit dient der individuellen Selbstentfaltung des Einzelnen, sie kann sinnstiftend und persönlichkeitsbildend wirken, vor allem soziale Teilhabe ermöglichen.[313]Das Arbeitsvertragsrecht „trägt dem durch die Anerkennung, personaler Elemente', insbes. durch die Ausprägung einer weitreichenden Fürsorgepflicht, Rechnung"[314]. Praktische Relevanz erhält Art. 1 Abs. 1 in der Verpflichtung des Arbeitgebers zu **menschengerechter Arbeitsgestaltung**[315]; dem dient insbes. die betriebsverfassungsrechtliche Mitbestimmung.[316] Alle Maßnahmen zur oft so apostrophierten „Humanisierung der Arbeitswelt" weisen Menschenwürdebezüge aus.[317] Zunehmende technische Möglichkeiten der Video- und Telefonüberwachung am Arbeitsplatz sowie die gesamte **Digitalisierung der Arbeitswelt** – man denke etwa an die Nutzung betrieblicher Endgeräte für private Zwecke oder umgekehrt die Nutzung privater Endgeräte für betriebliche Zwecke – haben zu neuen Problemfeldern geführt, zu deren arbeitsrechtlicher Bewältigung Art. 1 Abs. 1 eine Vorgabe setzt.[318]

Aufenthaltserlaubnis – S. Ausländer, Asyl.

Ausländer – Die nicht erst seit der Flüchtlingsschutzkrise 2015 höchst relevante Frage der **Integration** ausländischer Mitbürger hat Menschenwürdebezug, auch

---

311 *Schwander,* Extraterritoriale Wirkungen von Grundrechten im Mehrebenensystem, 2019; *Yousif,* Die extraterritoriale Geltung der Grundrechte bei der Ausübung deutscher Staatsgewalt im Ausland, 2007. Zum Kunduz-Fall *Starski* v. 10.11.2016, Die Geister der Vergangenheit – Eine kritische Reflexion zur Kunduz-Entscheidung des BGH, abrufbar unter https://verfassungsblog.de/die-geister-der-vergangenheit-eine-kritische-reflexion-zur-kunduz-entscheidung-des-bgh/ (22.5.2020); eine relativ weitgehende extraterritoriale Verantwortlichkeit nimmt der EGMR im Kontext des Asyl- und Flüchtlingsrechts an: EGMR 29.3.2010 – 3394/03, NJOZ 2011, 231 – *Medvedjev/Frankreich;* EGMR 7.7.2011 – 55721/07, NJW 2012, 283 – *Al-Skeini/Großbritannien;* EGMR 23.2.2012 – 27765/09, NVwZ 2012, 809 – *Hirsi Jamaa/Italien;* siehe auch EGMR 1.9.2015 – 16.483/12 – *Khlaifia/Italien;* mit spezifischem Blick auf die Seegrenzen *Fischer-Lescano/Loehr/Tohodipur* International Journal of Refugee Law 21 (2009), 256 ff.; BVerfG Urt. v. 19.5.2020 – 1 BvR 2835/17.

312 *Nipperdey* in Neumann/Nipperdey/Scheuner Die Grundrechte II, 1954, 23; aus der aktuellen Debatte *Staub-Bernasconi,* Menschenwürde, Menschenrechte, soziale Arbeit. Die Menschenrechte vom Kopf auf die Füße stellen, 2019; *Kramer,* Arbeit gerecht verteilt? Eine Analyse arbeitsrechtlicher Regulierung anhand der Philosophien von John Rawls und Amartya Sen, 2017; *Eichenhofer,* Soziale Menschenrechte im Völker-, europäischen und deutschen Recht, 2012.

313 *Gurr,* Untersuchungen sozialer Disqualifikation. Beiträge zur Analyse von Arbeitslosigkeit und sozialen Hilfen, 2018; wirtschaftssoziologisch aufschlussreich *Tschöll,* Resilienz bei Arbeitsplatzverlust. Eine Fallstudie im peripheren Passeiertal, 2018; allg. *Abraham,* Arbeitsmarktsoziologie. Probleme, Theorien, empirische Befunde, 2018; den Zusammenhang von Arbeit und Identitätsbildung entfaltet bereits *Häberle* JZ 1984, 345 (348, 351); weit ausgreifend, *Nüchter,* Über die Bedeutung der Arbeit für das menschliche Leben, 2009.

314 So schon *Söllner* RdA 1968, 437 (438).

315 Ein besonders drastisches Beispiel aus der älteren Judikatur: Das Versprechen einer Arbeitnehmerin gegenüber dem Arbeitgeber, während der Dauer des Vertragsverhältnisses empfängnisverhütende Mittel einzunehmen, verstößt gegen Art. 1 Abs. 1 und ist daher nichtig, LAG Hamm DB 1969, 2354.

316 Etwa *Preis,* Arbeitsrecht. Kollektivarbeitsrecht, 2019; zu einer innerbetrieblichen Bußordnung BAG BB 1968, 41.

317 *Karazman,* Human Quality Management. Menschengerechte Unternehmensführung, 2015; *Gerken,* Die Humanisierung der Arbeitswelt als Wegbereiter subjektiver Arbeit, 2011.

318 *Däubler,* Gläserne Belegschaft. Das Handbuch zum Beschäftigtendatenschutz, 2019.

wenn sich über den Schutz des Existenzminimums hinaus kaum konkrete „Integrationsansprüche" aus Art. 1 Abs. 1 ableiten lassen. In Migrationsgesellschaften wird aber die Frage immer drängender, ob ausschließlich das Band der Staatsangehörigkeit eine rechte- und pflichtenbegründende Nähebeziehung stiften kann[319], oder ob gestufte Formen bürgerschaftlicher Teilhabe möglich sein könnten (Stichwort: „Denizenship" oder Wohnbürgerschaft).[320] Das Bundesverfassungsgericht hat solchen Weiterungen in seiner Rechtsprechung zum Kommunalwahlrecht für Ausländer Ende der 1980er Jahre eine Absage erteilt und, anders als später im Lissabon-Urteil[321], demokratische Teilhabe und Menschenwürde noch nicht kontextualisiert.[322] Für die Unionbürger gilt heute freilich anderes (Art. 28 Abs. 1 S. 3[323]). Ein Sonderproblem stellt die Frage dar, inwieweit Nicht-Staatsangehörige einer beruflichen Tätigkeit nachgehen dürfen.[324]

Aussageverweigerung – Mit der Würde eines Menschen ist es unvereinbar, ihn im Straf- oder Ordnungswidrigkeitenverfahren (auch im disziplinarrechtlichen und standesrechtlichen Verfahren) zu einer Aussage „gegen sich selbst" zu zwingen.[325] Auch im Zivilprozess findet die „Wahrheitspflicht der Partei dort ihre Grenzen […], wo sie gezwungen wäre, eine ihr zur Unehre gereichende Tatsache […] zu offenbaren".[326] Schließlich folgt auch der ***„nemo tenetur"***-Grundsatz aus der Garantie der Menschenwürde; ein Zwang, durch selbstbelastende Aussagen zur eigenen strafgerichtlichen Verurteilung beitragen zu müssen, wäre mit Art. 1 Abs. 1 unvereinbar.[327]

Auslieferung – Eine Überstellung an einen anderen Staat scheidet dann aus, wenn der auszuliefernden Person dort grausame, unmenschliche oder erniedrigende Strafe oder gar Folter droht.[328] Ebenso ausgeschlossen ist die Auslieferung, wenn die drohende Strafe im ersuchenden Staat unerträglich hart und unter jedem denkbaren Gesichtspunkt unangemessen erscheint.[329] Ihr steht dann die Schutzpflicht aus Art. 1 Abs. 1 entgegen. Zu deren Wahrung genügt indes, wenn der ersuchende Staat dem zu lebenslanger Freiheitsstrafe Verurteilten (s. lebenslange Freiheitsstrafe) die Möglichkeit eröffnet, durch Begnadigung die Freiheit wiederzuerlangen.[330]

Ausweisung (Abschiebung, Rückschiebung) – S. Ausländer, Asyl. Eine im Ausland drohende menschenunwürdige Behandlung, die nicht durch politische Verfolgung hervorgerufen wird, führt zwar nicht zur Asylberechtigung. Sie verhindert aber im Sinne des **Non-Refoulement-Prinzips** eine Abschiebung.[331]

---

319 *Kotzur* JöR 66 (2018), 371 ff.

320 *Bast* ZAR 2013, 353; *Matz-Lück,* Denizenship und Staatsangehörigkeit im Spiegel rechtlicher Integration. Eine Betrachtung der Kriterien staatlicher Zugehörigkeit und politischer Teilhabe im Wandel, Habilitationsschrift 2017 (Manuskriptfassung).

321 → Rn. 16.

322 BVerfGE 83, 37; kritisch *Wallrabenstein,* Das Verfassungsrecht der Staatsangehörigkeit, 1999, 102 ff.; *Tschentscher,* Demokratische Legitimation der dritten Gewalt, 2006, 64 ff.

323 → Art. 28 Rn. 61.

324 BVerfGE 56, 254 (261); VGH Mannheim NVwZ 1982, 51: kein Verstoß gegen Art. 1 Abs. 1 durch eine der Aufenthaltserlaubnis beigefügte Nebenbestimmung, ob und inwieweit der Ausländer im Geltungsbereich des AufenthaltsG selbständig ein Gewerbe betreiben darf; zur Verletzung der Menschenwürde durch den Ausschluss der Möglichkeit, selbstverantwortlich eine Lebensgrundlage zu schaffen LSG Berlin NVwZ-Beil. 2002, 72.

325 BVerfGE 38, 105 (113); BGHSt 14, 358 (364).

326 BVerfGE 56, 37 (44); vgl. auch § 65 Abs. 3 SGB I u. – zB – § 52 Abs. 5 BImSchG.

327 BVerfGE 56, 37 (42, 49); 80, 109 (121); 95, 220 (241 f.) 133, BVerfGE 133, 168 (201); → Art. 2 Rn. 31.

328 Vgl. BVerfGE 15, 249 (255); 59, 280 (282 f.); 108, 129 (136 f.); 113, 154 (162 f.); BVerfG WM 2016, 28; BVerfG BeckRS 2017, 110988 Rn. 27. zur Untersagung der Auslieferung eines ukrainischen und libanesischen Staatsangehörigen nach Weißrussland zur Strafverfolgung wegen menschenunwürdiger Haftbedingungen siehe BVerfG, 3.6.2019 – 2 BvR 841/19.

329 BVerfGE 75, 1 (16 f.); 113, 113, 154 (162).

330 BVerfGE 113, 154 (164 ff.) Entscheidend bleibt, dass der Verurteilte eine praktische Chance auf Wiedererlangung seiner Freiheit hat (BVerfG BeckRS 2018, 7600).

331 BVerwGE 67, 184 (194); 78 (249). Zur Relevanz einer Zusicherung des Abschiebezielstaates BVerfG BeckRS 2017, Nr. 118574 Rn. 48 f.

Asylrecht – Der Schutz politisch Verfolgter hat einen engen Bezug zur Menschenwürdegarantie.[332] Art. 16a geht indes über den Kerngehalt der Menschwürde hinaus und steht deshalb auch nicht unter dem Ewigkeitsvorbehalt aus Art. 79 Abs. 3; eine Beibehaltung des **Individualgrundrechts auf Asyl** ist deshalb nicht zwingend menschenwürdegeboten.[333] Allerdings flankiert und ergänzt Art. 1 Abs. 1 (ebenso wie Art. 2 Abs. 2) den Schutz aus Art. 16a auf vielfältige Weise. Das gilt insbesondere für Abschiebungsschutz bei drohender Todesstrafe, Folter oder unmenschlicher Behandlung.[334] Selbst bei einer vollständigen Abschaffung von Art. 16a bliebe Flüchtlingsschutz in seinen menschenwürderelevanten Dimensionen grundrechtlich durch Art. 1 Abs. 1, Art. 2 Abs. 2 (eischließlich der Schutzpflichtendimension) geboten.[335] In der klassischen Asylkonzeption ist nur an einen temporären Aufenthalt gedacht. Aktuell sind aber immer mehr Flüchtende dauerhaft gehindert, in ihre Heimatstaaten bzw. Herkunftsländer zurückzukehren. Art. 1 Abs. 1 gibt ein regulatives Minimum für den Daueraufenthalt vor.[336] Mit der Qualifikationsrichtlinie hat die EU bereits einen entsprechenden normativen Rahmen gesetzt und die Mitgliedstaaten verpflichtet, anerkannten Flüchtlingen den Zugang zu Integrationsmaßnahmen zu ermöglichen.[337] §§ 43 ff. AufenthaltsG setzen die Richtlinie um. Schließlich hat das BVerfG klargestellt, dass menschenwürdeindizierte Mindeststandards nicht aus migrationspolitischen Motiven (Abschreckung) unterschritten werden dürfen.[338]

Begnadigung – S. Gnadenentscheidung.

Begründungszwang – Das einfache Recht enthält zahlreiche Verpflichtungen, staatliche Entscheidungen zu begründen (vgl. für Verwaltungsakte § 39 VwVfG, für Urteile § 313 ZPO). Verfassungsrechtlich kann vor allem die Art. 19 Abs. 4 zu entnehmende Garantie effektiven Rechtsschutzes die Begründung von Handlungen der öffentlichen Gewalt verlangen. Ob darüber hinaus Art. 1 Abs. 1 einen grundrechtlichen Anspruch auf Begründungen trägt, ist str.[339] Jedenfalls für die Verurteilung im Strafprozess dürfte Art. 1 Abs. 1 unmittelbar eine Begründung gebieten.[340]

Beleidigung – Kollektive; → Rn. 28, 85.

Bestattungszwang – S. Friedhofszwang.

Beweiserhebungs- und Beweisverwertungsverbot – Unter Verstoß gegen Art. 1 Abs. 1 erhobene Beweise prozessual zu verwerten, kann seinerseits gegen die Menschenwürde verstoßen.[341] Die Frage stellt sich grundsätzlich für alle Rechtsgebie-

---

[332] Aus der Lit.: *Dreier* FG 50 Jahre BVerwG, 2003, 201 (210 ff.).

[333] BVerfGE 54, 341 (356); 56, 216 (235); 76, 143 (157 f.); 94, 49 (103). Aus der Lit.: *Kämmerer/Kotzur* in BK Art. 16a Rn. 59; *König,* Die Konkretisierung des Verfolgungsbegriffs des Art. 9 Abs. 1 Buchst. a QRL anhand des Begriffs der Menschenwürde – Zugleich ein Beitrag zur Bestimmung flüchtlingsrechtlich relevanter Eingriffe in das Recht auf Religionsfreiheit, 2014; *Frenz* ZAR 2016, 223 ff.; *Pieroth/Schlink* FS f. Mahrenholz, 1994, 669 ff.

[334] *Wittreck* in Dreier Art. 16a Rn. 5, 9.

[335] *Dreier* in Dreier Art. 1 Abs. 1 Rn. 164 f.; s. auch *Lübbe-Wolff* DVBl. 1996, 825 (833); Zum aus Art. 1 Abs. 1 folgenden Zurückweisungs- und Abschiebungsschutz *Pieroth/Schlink* FS f. Mahrenholz, 1994, 669 (672 ff.).

[336] *Wittreck* in Dreier Art. 16a Rn. 47 f., 89.

[337] Qualifikations-RL 2004/83/EG (ABl. EU L 304/12), neu gefasst durch RL 2011/95/EU.

[338] BVerfG NVwZ 2012, 1024 (1029).

[339] OVG Bremen JZ 1990, 965; sa BVerwG NJW 1991, 936 (937); Bejahend bei (nicht unwesentlichen) belastenden Entscheidungen („regelmäßig" aber nicht bei begünstigenden Entscheidungen) vor allem *Lücke,* Begründungszwang und Verfassung, 1987, 76 f.; Abl. zB *Dolzer* DÖV 1985, 9 (12), auch *Laubinger* VerwArch 73 (1982), 60 (75 f.); BVerfGE 50, 287 (289 f.): „Dem Grundgesetz läßt sich nicht entnehmen, daß jede – auch eine mit ordentlichen Rechtsmitteln nicht mehr anfechtbare letztinstanzliche – gerichtliche Entscheidung mit einer Begründung zu versehen ist" (BVerfG NJW 1979, 1161).

[340] *Kunig,* Das Rechtsstaatsprinzip, 1986, 371; eing. *Kischel,* Die Begründung, 2003, 116 ff.

[341] *Kühne,* Strafprozessuale Beweisverbote und Art. 1 GG, 1970; *Bachmann,* Probleme des Rechtsschutzes gegen Grundrechtseingriffe im strafrechtlichen Ermittlungsverfahren, 1994; *Tants,* Beweisverwertungsverbote im Rahmen einer „Gesamtschau" der Rechtsprechung, 2020; rechtsvergleichend *Zong,* Beweisverwertungsverbote im Strafverfahren. Rechtsverglei-

te.[342] Bei Abhörmaßnahmen spielen sowohl die Modalitäten/Medien eine Rolle wie auch der Ort des Geschehens.[343] Derzeit wird diskutiert, ob Aufzeichnungen von Sprachassistenten (z. B. Siri, Alexa) zu Beweiszwecken verwendet werden dürfen.[344]

Briefverkehr – S. Untersuchungshaft.

Corona-Pandemie: S. auch → Rn. 50. Die Corona-Pandemie des Jahres 2020 (vor allem ab März) ist eine bis dato einzigartige Herausforderung für den Grundrechtsstaat des GG.[345] Noch nie seit Gründung der Bundesrepublik Deutschland haben so weitgehende grundrechtsrelevante Beschränkungen des öffentlichen und privaten Lebens – bis hin zu **Ausgangs- und Kontaktsperren** – stattgefunden.[346] Von besonderer Menschenwürderelevanz sind dabei: eine Bevorzugung jüngerer Patienten mit besserer Überlebensprognose beim Zugang zu intensiv-medizinischer Behandlung **(Triage),** die in eine verbotene Abwägung „Leben gegen Leben" münden könnte[347]; eine mögliche Zwangsverpflichtung von medizinischem Personal, die mit dem Verbot des Arbeitszwangs[348] und damit Art. 12 in seinem Menschenwürde-Kern zu kollidieren droht[349]; eine (verpflichtende) Mobiltelefon-App, die ermittelt, ob sich der Handy-Nutzer in der Nähe einer positiv getesteten Person aufgehalten hat (gar wenn mit Bewegungsprofilen und flächendeckenden Standorterhebungen verbunden): sie bedingt schwerwiegende Eingriffe in die informationelle Selbstbestimmung, deshalb wurde im Sommer 2020 nur eine freiwillige App eingeführt.[350] Entscheidungen unter ganz außergewöhnlichen Unsicherheitsbedingungen – es fehlt schon an sicherem Wissen über die Geeignetheit der getroffenen Maßnahmen – und überkomplexe Abwägungen

---

chende Untersuchung zum deutschen, US-amerikanischen und chinesischen Recht, 2018; BGHSt 34, 39 (43) zur Aufzeichnung eines Gesprächs in Justizvollzugsanstalt.

[342] Zur Verwertung einer heimlichen Tonbandaufnahme im Zivilprozess s. BGH JZ 1988, 304 (305); zur Verwertbarkeit von Aufzeichnungen in Tagebüchern BVerfGE 80, 367 (eing. *Amelung* NJW 1990, 1753); zu Erkenntnissen aus „nicht-offener" Befragung im Wege des Zeugenbeweises BGH JZ 1997, 736 (dazu *Renzikowski* JZ 1997, 710); zu einem im Krankenzimmer heimlich aufgezeichneten Selbstgespräch BGHSt 50, 206 ff.; zum Arbeits- in Verbindung mit dem Datenschutzrecht *Knaut,* Die Bedeutung des Datenschutzes bei Beweisverboten in Zivil- und Arbeitsgerichtsbarkeit. Eine Darstellung anhand der Rechtsprechung zu „Dash Cams", 2019.

[343] Vgl. *Wiese,* Akustische Überwachung mittels informationstechnischer Systeme zur Strafverfolgung und Gefahrenabwehr. Eine Betrachtung aus technischer und rechtlicher Sicht, 2019.

[344] *Rüscher* NStZ 2018, 687.

[345] *v. Bogdandy/Villarreal* MPIL Research Paper Series No. 2020-07; Die Schatten der sog. Spanischen Grippe, die zu Ende des Ersten Weltkriegs weltweit etwa 50.000.000 Millionen Todesopfer kostete, sind lang, dazu *Morens/Taubenberger* American Journal of Public Health 2018, 1452; → Art. 20 Rn. 174 ff.

[346] Auch in anderen EU-Mitgliedstaaten, ja weltweit, bietet sich ein vergleichbares Bild: *Müller-Jung,* Eine unvergleichbare Pandemie, FAZ v. 14.3.2020, abrufbar unter https://www.faz.net/aktuell/gesellschaft/gesundheit/coronavirus/corona-pandemie-ist-wenig-vergleichbar-mit-der-spanischen-grippe-16678110.html (22.5.2020); *Ferguson ua,* Report 9: Impact of non-pharmaceutical interventions (NPIs) to reduce COVID-19 mortality and healthcare demand 2020, Imperial College COVID-19 Response Team v. 16.3.2020, abrufbar unter https://www.imperial.ac.uk/media/imperial-college/medicine/sph/ide/gida-fellowships/Imperial-College-COVID19-NPI-modelling-16-03-2020.pdf (22.5.2020).

[347] Dazu der ehemalige Präsident des BVerfG *Hans-Jürgen Papier* im Interview in der gedruckten SZ-Ausgabe v. 2.4.2020, 4; zur Triage aus medizinischer Sicht: *Hidalgo/Woc-Colburn,* Highly Infectious Diseases in Critical Care. A Comprehensive Clinical Guide, 2020; jedenfalls eine ex-post Triage wäre eine unzulässige Abwägung Leben gegen Leben, dazu *Augsberg* im Ethikrat: Wenn Patienten, die schon beatmet werden, zugunsten anderer von dem lebensrettenden Instrument getrennt werden, wäre das eine – auch im Sinne von § 212 StGB relevante – „todbringende Handlung", gedruckte SZ-Ausgabe v. 8.4.2020, 1; weiterhin *Brech,* Triage und Recht, 2008, 181 ff.; *Kloepfer/Deye* DVBl. 2009, 1208 ff.; *Taupitz* MedR 2020, 440 ff.; zu möglichen staatlichen Schutzpflichten aus dem Recht auf Leben → Art. 2 Rn. 101 ff.

[348] → Art. 12 Rn. 145 ff.

[349] Wiederum *Papier* im SZ-Interview v. 2.4.2020, 2.

[350] Nochmals → Art. 2 Rn. 75 ff.

von Kurzzeitrisiken und Langzeitfolgen führen die klassische Verhältnismäßigkeitsprüfung an ihre Grenzen.[351]

Datenschutz – Das BVerfG hat schon in seiner frühen Rechtsprechung die Menschenwürderelevanz der Erhebung persönlicher Daten unterstrichen. So heißt es in der Mikrozensus-Entscheidung: „Mit der Menschenwürde wäre es nicht zu vereinbaren, wenn der Staat das Recht für sich in Anspruch nehmen könnte, den Menschen zwangsweise in seiner ganzen Persönlichkeit zu registrieren und zu katalogisieren."[352] *Sedes materiae* ist aber das allgemeine Persönlichkeitsrecht. Auf die dortige Kommentierung sei verwiesen.[353]

Diplomatischer Schutz – → Rn. 49.

Drittes Geschlecht – S. Sexuelle Identität.

Eizellenspende – Anders als in vielen anderen Rechtsordnungen, etwa den USA, bleibt in der Bundesrepublik Deutschland die Eizellenspende verboten. Initiativen der FDP, die sich auch in jüngster Zeit für deren Freigabe und die Zulassung der nichtkommerziellen Leihmutterschaft ausgesprochen haben, blieben bislang erfolglos. Begründet wird das unter Bezugnahme auf das Kindeswohl mit dem Persönlichkeitsrecht des Kindes. Bei einer Spaltung zwischen genetischer und biologischer Mutter hätten zwei Frauen Anteil an der Mutterschaft, was zu größeren Schwierigkeiten bei der Selbstfindung des Kindes und damit zu negativen Auswirkungen auf dessen Entwicklung (Ausprägung der Identität als Konkretisierung der Menschenwürde) führen könne.[354]

Erziehungsmaßnahmen – Gem. § 1631 Abs. 2 S. 1 BGB sind „[k]örperliche Bestrafungen, seelische Verletzungen und andere entwürdigende Maßnahmen" unzulässig; dies betrifft nicht nur unangemessene körperliche Strafen, sondern zB auch das Einsperren im Dunkeln, das Fesseln oder die Zurschaustellung des Kindes vor anderen.[355]

Existenzminimum – Schon → Rn. 44 ff. Bereits in seiner heute klassischen Erstkommentierung aus dem Jahre 1958 stellt *Dürig* auf die Sicherung eines menschenwürdigen Existenzminimums ab. Die Menschenwürde als solche sei auch betroffen, „wenn der Mensch gezwungen ist, ökonomisch unter Lebensbedingungen zu existieren, die ihn zum Objekt erniedrigen"[356]. Das setzt auch der Besteuerung Grenzen (Nachw. oben → Rn. 44). Ob Art. 1 Abs. 1 zur gesetzlichen Normierung von Versorgungsansprüchen zwingt, hat das BVerfG zu lange Zeit offen gelassen.[357] Vornehmlich wird sich Art. 1 Abs. 1 in konkreten Einzelfällen realisieren können.[358] In seiner ebenso richtungsweisenden wie umstrittenen **Hartz IV-Entscheidung** aus dem Jahre 2010 betont das BVerfG, als „Grundrecht auf Gewährleistung eines menschenwürdigen Existenzminimums" sichere Art. 1 Abs. 1 nicht nur die materiellen Voraussetzungen für die physische Existenz, sondern auch jene Bedingungen, die für ein Mindestmaß an

[351] Pointiert *Jürgen Habermas* im Interview mit der Frankfurter Rundschau: „So viel Wissen über unser Nichtwissen gab es noch nie", abrufbar unter https://www.fr.de/kultur/gesellschaft/juergen-habermas-coronavirus-krise-covid19-interview-13642491.html (10.4.2020).

[352] BVerfGE 27, 1 (6).

[353] → Art. 2 Rn. 56, 73 ff.

[354] *Klein,* Zur verfassungsrechtlichen Rechtfertigung des Verbots der Eizellspende mit dem Argument des Kindeswohls. Zugleich ein Beitrag zur grundrechtlichen Erfassung der Verwirklichung des Kinderwunsches mittels Gametenspende sowie hierauf gründender Elternverantwortung, 2019; *Sanders,* Mehrelternschaft, 2017.

[355] *Huber* in MüKo BGB § 1631 Rn. 16 ff.

[356] *Dürig* in Maunz/Dürig, GG, Erstbearb. 1958, Rn. 43; schon bei den Beratungen des Parlamentarischen Rates hatte man bestimmte unvereinbare Sachverhalte und Tatbestände genannt, die ua die „Infragestellung der Mindestanforderungen für Nahrung, Kleidung und Wohnung" sowie das „Verhungern lassen" aufwarfen, vgl. *Baldus,* Kämpfe um die Menschenwürde. Die Debatten seit 1949, 2016, 27; zu aktuellen (globalen) Debatten *Gunnarson/Mürbe/Weiß,* The Human Right to a Dignified Existence in an International Context, 2019.

[357] BVerfGE 75, 348 (360).

[358] Zu gesetzlichen Pfändungsgrenzen (Pfändungsfreiheit) lebensnotwendiger Sachen § 811 ZPO; Pfändungsschutz für Arbeitseinkommen § 850 ZPO; auch die Generalklausel des § 765a ZPO setzt Art. 1 Abs. 1 um, vgl. BGHZ 161, 73 (78 f.); OLG Hamm ZMR 1984, 154 (156).

Teilhabe am gesellschaftlichen, kulturellen und politischen Leben unerlässlich sind.[359] Karlsruhe bejahte dabei im Blick auf „den jeweiligen Entwicklungsstand des Gemeinwesens" einen legislativen Gestaltungsspielraum, stellte aber relativ engmaschige Kautelen für dessen Wahrnehmung auf.[360] Das Urteil vom 5.11.2019[361] bestätigte diesen Ansatz und betont darüber hinaus erstmals, dass der Anspruch auf ein menschenwürdiges Existenzminimum nicht durch „vermeintlich ‚unwürdiges' Verhalten verloren" gehe (oben → Rn. 46). Gleichwohl sei es dem Gesetzgeber unbenommen, die Inanspruchnahme existenzsichernder Leistungen an den Nachranggrundsatz zu binden und den Leistungsempfängern zumutbare Pflichten zur Überwindungen der Bedürftigkeit aufzuerlegen (vgl. 1. Leitsatz).[362] Im Falle unkooperativen Verhaltens der Leistungsempfänger sei jedoch die Sanktionierung durch Leistungsminderung maximal in Höhe von 30 % verfassungsrechtlich zulässig.[363] Der Verweis für die Irrelevanz des „vermeintlich unwürdigen" Verhaltens ist ebenso überzeugend wie die Aufforderung, Härtefallregeln für all die Fälle zu schaffen, in denen die Mitwirkungsmöglichkeiten eingeschränkt sind. Die Begründung, warum erneute Pflichtverletzungen nicht mit höheren Sanktionen geahndet werden können, sieht das BVerfG allerdings offensichtlich weniger direkt aus Art. 1 Abs. 1 stammend, sondern in einer durch mangelnde Empirie zum Erfolg der Sanktionsmaßnahmen folgenden Unverhältnismäßigkeit.[364] Ohne auf diesen dogmatischen Drahtseilakt weiter einzugehen[365] überzeugt er zumindest insoweit: verstößt der Leistungsempfänger gegen seine Obliegenheiten, ist er für diese Sanktion verantwortlich, hatte ihre Abwendung „in der Hand" und wird gerade nicht grundsätzlich auf eine Objektstellung reduziert.

Feindstrafrecht – Der Begriff Feindstrafrecht wird in der strafrechtlichen, rechtspolitischen und rechtsphilosophischen Diskussion vor allem mit Schriften von *Günther*

---

[359] BVerfGE 125, 175; dazu *Spellbrink* DVBl. 2011, 611 ff; sa BVerfE 132, 134 (160); 137, 34 (72); BVerfGE Beschl. v. 27.7.2016 – 1 BvR 371/11, Rn. 37.

[360] Vorwürfe, das Gericht habe damit seine funktionalen Grenzen gegenüber dem Gesetzgeber überschritten, sind nicht gänzlich von der Hand zu weisen. Für einen restriktiveren Maßstab demgegenüber BVerfGE 137, 34 (74 f.); BVerfG, Beschl. v. 27.7.2016 – 1 BvR 371/11, Rn. 41.

[361] BVerfG Urt. v. 5.11.2019 – 1 BvL 7/16, Sanktionen im Sozialrecht. Vorlegende Instanz: SG Gotha, Vorlagebeschl. zum BVerfG – Minderung des Arbeitslosengeldes II, BeckRS 2016, 71474.

[362] *Berlit* info also 2020, 3 ff.; *Kreßel* NZS 2019, 730; *Spindler* info also 2020, 12 ff. zu Leistungsobliegenheiten. Folglich darf der Gesetzgeber auch den durch das Grundrecht auf ein menschenwürdiges Existenzminimum geforderten Leistungsanspruch nach dem SGB II grundsätzlich mit bestimmten (Selbsthilfe- und Mitwirkungs-)Obliegenheiten verknüpfen, deren Missachtung zu einer verminderten Leistungsgewährung führt.

[363] Das BVerfG erklärte jedoch einzelne Teilaspekte des Sanktionsregimes des § 31a SGB II für unvereinbar und hat Korrekturen aufgegeben. Dazu zählen die starre Dauer des Leistungswegfalls für drei Monate, die Inexistenz von Härtefallregeln und die weiteren Sanktionsstufen auf 60%igen bzw. vollständigen Wegfall der Leistungen bei weiteren Pflichtverletzungen. Der Gesetzgeber dürfe sich bei einer so außerordentlichen Belastung jedenfalls nicht von bloßen plausiblen Annahmen und Prognosen leiten lassen.

[364] BVerfG Urt. v. 5.11.2019 – 1 BvL 7/16, Sanktionen im Sozialrecht. Vorlegende Instanz: SG Gotha, Vorlagebeschl. z. BVerfG – Minderung des Arbeitslosengeldes II, Leitsätze, Rn. 200 ff., insb. der 3. Leitsatz erfasst das Problem: „[Die Sanktionen unterliegen] strengen Anforderungen der Verhältnismäßigkeit; der sonst weite Einschätzungsspielraum zur Eignung, Erforderlichkeit und Zumutbarkeit von Regelungen zur Ausgestaltung des Sozialstaates ist hier beschränkt. Prognosen zu den Wirkungen solcher Regelungen müssen hinreichend verlässlich sein; je länger die Regelungen in Kraft sind und der Gesetzgeber damit in der Lage ist, fundierte Einschätzungen zu erlangen, umso weniger genügt es, sich auf plausible Annahmen zu stützen".

[365] Kritisch hierzu *Thiele,* VB vom Blatt: Acht Gedanken zum Hartz-IV-Urteil des Bundesverfassungsgerichts, abrufbar unter https://verfassungsblog.de/vb-vom-blatt-acht-gedanken-zum-hartz-iv-urteil-des-bundesverfassungsgerichts/ (5.11.2019); aA *Hong,* Existenzminimum, Menschenwürde und Verhältnismäßigkeit. Zum Urteil des BVerfG zu den Hartz-IV-Sanktionen, abrufbar unter https://verfassungsblog.de/existenzminimum-menschenwuerde-und-verhaeltnismaessigkeit/ (5.11.2019); grds. die Entscheidung teilend, aber die Dogmatik kritisierend *Greiser/Šušnjar* NJW 2019, 3683.

Jakobs verbunden.[366] Terminologisch besteht Nähe zu Begriffsprägungen *Carl Schmitts,* nämlich seinem Denken in den Kategorien von „Freund" und „Feind".[367] Soweit „Feindstrafrecht" das Phänomen herabgestufter rechtsstaatlicher Garantien im Zuge des Einsatzes von Strafrecht gegenüber Personen bezeichnet, welche mit ihren Taten das gegenwärtige Rechts- und Gesellschaftssystem grundsätzlich bekämpfen, mag dies – bei aller Fragwürdigkeit – ein durch Provokation und Plakativität erkenntnisfördernder Begriff sein.[368] Soweit damit die Vorstellung verbunden wäre, die Rechtsordnung dürfe wie auch immer zu definierende Feinde außerhalb ihrer selbst ansiedeln, bzw. an diagnostizierte „Feindschaft"[369] den Verlust von Grundrechten knüpfen, erwiese sich dies als eine mit Art. 1 Abs. 1 unvereinbare Sichtweise. Unabhängig von den jeweiligen rechtsdogmatischen oder rechtspolitischen Intentionen des Verwenders kann der Begriff jedenfalls der Fehlvorstellung Vorschub leisten, Rubrizierungen wie die Zuweisung eines Feindstatus seien relevant für die Bemessung von Grundrechtsschutz. Das Dogma gleicher Würde aller steht dem diametral entgegen.[370]

Folterverbot – Folter als Zufügung von physischem und psychischem Leid mit dem Ziel der Verhaltensänderung des Gefolterten, namentlich der Preisgabe von Informationen, aber auch zu Strafzwecken, ist mit der Menschenwürdegarantie unvereinbar.[371] Dies gilt auch für sog. präventive Folter, auch im Falle konkreter Gefahr; eine Spezialregelung enthält insoweit Art. 104 Abs. 1 S. 2. Völkerrechtlich ergibt sich ein Folterverbot aus der UN-Folterkonvention v. 10.12.1984[372] sowie aus Art. 3 EMRK.[373] Das jahrhundertelang vielerorts praktizierte, bis heute weltweit verbreitete Phänomen staatlicher Folter auf Verfassungsebene kategorisch zu ächten und damit – auf dieser Ebene – zu tabuisieren, kann als kennzeichnend für die Menschenwürdeorientierung des GG angesehen werden; zugespitzt lässt sich sagen: Dieses Tabu ist auch theoretisch schon deshalb keiner Relativierung zugänglich, weil eine solche notwendigerweise praktische Folgen missbräuchlicher Anwendungen hervorriefe, die wohl auch nach der Auffassung der meisten Befürworter der Folter unter dem GG nicht hinnehmbar wären. Die strafrechtliche Würdigung eines Verhaltens ist übrigens durch den hier postulierten verfassungsrechtlichen Befund nicht vollends determiniert, ebenso wenig wie in der Konstellation des – verfassungswidrigen – Flugzeugabschus-

---

[366] *Jakobs* ZStrW 97 (1985), 751 ff.; *Jakobs* HRSS 2004, 88 ff., der ihn dem „Bürgerstrafrecht" gegenüberstellt.

[367] *Schmitt,* Der Begriff des Politischen, 1932, 28 ff.

[368] Zur Diskussion und Rezeption etwa *Zweigle,* Gesetzgeber im Konflikt zwischen Rechtsstaatlichkeit und Terrorismusbekämpfung. Eine Untersuchung zu § 89a Abs. 2a StGB, 2020; *Bruns,* Terror. Von der (Ohn-)Macht des Staates und der Rechtmäßigkeit von Handlungsalternativen, 2019; *Fleckenstein,* Kampf den Feinden oder Schutz den Minderheiten. Der Einfluss staats- und gesellschaftstheoretischer Auffassungen auf die strafrechtliche Theorie, Rechtsprechung und Gesetzgebung. Eine Untersuchung feindstrafrechtlicher Tendenzen unter Zugrundelegung der Positionen von Carl Schmitt und Hans Kelsen, 2017.

[369] Provokativ in der Formulierung *Bartoli,* Der internationale Terrorist: Krimineller, Feind oder absoluter Feind, 2013.

[370] Vgl. dazu mit hilfreicher Unterscheidung verschiedener normativer Dimensionen des Begriffs „Feindstrafrecht" *Hörnle* GA 2006, 80 ff. mwN; *Sauer* NJW 2005, 1703 ff.; *Gierhake* ARSP 94 (2008), 337 ff.

[371] Aus der Lit.: *van der Berg,* Folter, unmenschliche und erniedrigende Behandlung in der Rechtsprechung des EGMR und die strafprozessualen Konsequenzen, 2019; *Hong,* Todesstrafenverbot und Folterverbot. Grundrechtliche Menschenwürdegehalte unter dem Grundgesetz, 2019; *Zeller,* Folter vor dem Forum des Rechts, 2014; *Nowak,* Folter. Die Alltäglichkeit des Unfassbaren, 2012.

[372] BGBl. 1990 II 246; *Steiger,* Das völkerrechtliche Folterverbot und der „Krieg gegen den Terror", 2013.

[373] Dazu insbes. den Fall *Daschner* bzw. *Gäfgen/Deutschland* EGMR 30.6.2008 – 22978/05, EuGRZ 2008, 466; EGMR 1.6.2010 – 22978/05, NJW 2010, 3145; s. zuvor LG Frankfurt NJW 2005, 692 ff. dazu *Erb* NStZ 2005, 593; *Herzberg* JZ 2005, 321; *Schmahl/Steiger* AVR 43 (2005), 358; *Ziegler* KritV 87 (2004), 50; monographisch aufbereitet von *Wagenländer,* Zur strafrechtlichen Beurteilung der Rettungsfolter, 2006; *Lochte,* Sie werden dich nicht finden. Der Fall Jakob von Metzler, 2004.

ses.[374] Durchaus zur Sorge Anlass gibt, wie gerade nach 9/11 der Folterbegriff nicht nur in Bezug gesetzt wird zu überkommenen Rechtsinstituten, sondern auch durch euphemistische Neuschöpfungen substituiert wird: „Gefahrenabwendungsfolter"[375], „unmittelbarer Zwang zur Abgabe einer Erklärung"[376], „Anwendung von Gewalt zur Herbeiführung einer Aussage"[377] oder „Rettungsbefragung"[378], auch „Rettungsfolter"[379]. Einer Rückkehr der Folter, gleich unter welcher Bezeichnung, mit welcher Intention und mit welchen Mittel, ist entschieden zu wehren.[380] Auch der hehre Zweck heiligt nicht alle Mittel.

Friedhof – Das grundsätzliche Verbot der Beisetzung von Leichen und Aschenresten (Urnen) außerhalb von Friedhöfen (Verbot mit Erlaubnisvorbehalt) berührt die Menschenwürde nicht.[381] Menschenwürde relevante Spezialfragen in Bezug auf den Tod betreffen den Umgang mit Fehlgeburten[382] oder die **Plastination** und Ausstellung toter Körper („Körperwelten"). S. Plastination.[383]

Gentechnik – S. Humangenetik.

Geschlechtsumwandlung – S. Transsexuelle.

Gewaltsimulation – Wegen der sog. Laserspielen (im „Laserdrome") konzeptionell zugrunde liegenden Tötungssimulationen ist ordnungsbehördliches Einschreiten auf Art. 1 Abs. 1 gestützt worden.[384] Der EuGH hat in seiner Omega-Entscheidung dem spezifisch deutschen Menschenwürdedenken Respekt gezollt.[385] Dass diese Einschätzung heute noch geteilt würde, scheint mit Blick auf Lebenswirklichkeit und Rechtspraxis fraglich, die Parallele zur rechtlichen Beurteilung sog. Peep-Shows (dazu unten Stichwort) ist offensichtlich. Wie dort setzt staatliches Einschreiten die Verletzung von Rechtsgütern unbeteiligter Dritter voraus. Auch gegen anderweitige (künstlerische, sportliche, kommerzielle, internetbasierte) Gewaltsimulation bietet der grundrechtliche Menschenwürdeschutz keine entscheidende Handhabe.

Gnadenentscheidung – Die Ablehnung eines Gnadenerweises (negativer Gnadenakt) verstößt auch dann nicht gegen die Menschenwürde, wenn nur die Fragen der Sozialisationschance und der potenziellen Gefährlichkeit geprüft worden sind, und wenn die Bescheidung nicht durch den Träger des Begnadigungsrechtes selbst, sondern durch eine von ihm beauftragte Behörde erfolgt[386] – sa lebenslange Freiheitsstrafe.

---

[374] BVerfGE 115, 118 (157). Ähnlich wie hier *Mahlmann,* Elemente einer ethischen Grundrechtstheorie, 2008, 336 ff. mwN; anders *Brugger* Der Staat 35 (1996), 67 ff.; *Brugger* JZ 2000, 165 ff.; *Wittreck* DÖV 2003, 873 ff.; *Herdegen* in Maunz/Dürig Rn. 45; sa *Lüderssen* FS f. Rudolphi, 2004, 704 ff.; *Roxin* FS f. Eser, 2005, 466 ff.; *Jäger* FS f. Herzberg, 2008, 539 ff.; vgl. auch *Otto* JZ 2005, 473 (480), der Grenzen/Abgrenzungen zwischen „Notwehr" und „Folter" sucht.

[375] So zB *Jerouschek* JuS 2005, 296 ff.

[376] *Isensee,* Tabu im freiheitlichen Staat, 2003, 61.

[377] *Lindner* DÖV 2006, 577 (578).

[378] *Vosgerau* in Dalibor/Fröhlich ua, Risiko im Recht – Recht im Risiko, 2011, nach dessen Konzeption ggf. ein Anspruch auf Folter bestehen kann; krit. wie hier zu den begrifflichen Euphemismen *Höfling* FS f. Isensee, 2007, 525 (527). Völkerrechtlich *Schmahl/Steiger* AVR 43 (2005), 358 ff. Umfassend, mit rechtsvergleichenden Informationen und interkultureller Reflexion *Weilert,* Grundlagen und Grenzen des Folterverbotes in verschiedenen Rechtskreisen, 2008.

[379] *Brugger* JZ 2000, 165 ff.; *Merkel* FS f. Jakobs, 2007, 325 ff.

[380] *Sonderegger,* Rückkehr der Folter? Anwendung von Zwang bei der Vernehmung im deutschen und US-amerikanischen Recht, 2012.

[381] BVerfGE 50, 256 (262); zum Problemkreis insgesamt *Gaedeke/Diefenbach/Barthel,* Hdb Friedhofs- und Bestattungsrechts, 2019.

[382] *Spranger* NVwZ 1999, 856.

[383] *v. Proff zu Irnich,* Kulturelle Freiheitsrechte und Menschenwürde, 2009; über den Fragenkreis hinaus *Groß,* Who Wants to Live Forever? Postmoderne Formen des Weiterwirkens nach dem Tod, 2012.

[384] BVerwGE 115, 189 (201 f.).

[385] EuGH C-36/02, ECLI:EU:C:2004:614 – Omega; eine besonders intensive Auseinandersetzung mit dem Menschenwürdedenken findet sich im Schlussantrag von Genrealanwältin *Stix-Hackl* v. 18.3.2004, ECLI:EU:C:2004:162.

[386] StGH Hessen NJW 1974, 791 (793) – zu Art. 109 HessVerf.; *Funk,* Gnade und Gesetz. Zum Verhältnis des Begnadigungsrechts zu seinen gesetzlichen Alternativregelungen, 2017;

Heilbehandlung – Die ärztliche Aufklärungspflicht als Voraussetzung einer wirksamen Einwilligung wurzelt nach Auffassung des BGH in Art. 1 Abs. 1, darüber hinaus in Art. 2 Abs. 2 S. 1.[387] Das der *sedes materiae* nicht eindeutig benannt wird, bleibt dogmatisch unbefriedigend. Von hoher Menschenwürderelevanz sind insbes. psychiatrische Behandlungen.[388]

Humangenetik – Der durch hohe Entwicklungsgeschwindigkeit gekennzeichnete Sachbereich der Humangenetik wird von einer ebenso dynamischen wie konfrontativ geführten Menschenwürdediskussion dominiert.[389] Mitunter inflationäre und nicht immer konsistente Verweise auf die Menschenwürde bergen das Risiko einer Banalisierung durch Existentialisierung und drohen die normative Kraft von Art. 1 Abs. 1 zu beschädigen.[390] Die Menschenwürde wurde zunächst im Sinne eines *„principiis obsta"* gegen die seit der Jahrtausendwende immer weiter ausgreifenden Fortschritte in der Humangenetik in Stellung gebracht. Die Debatte förderte dabei auch die Umrisse und Trennlinien zweier konträrer Menschenwürdekonzepte – eines vernunftbezogenen und eines christlich-anthropologischen – zu Tage. War die Frühphase der Kontroverse noch von Menschenwürdeschutz *vor* Humangenetik dominiert, ist der Diskurs mittlerweile auch von Menschenwürdeschutz *durch* Humangenetik geprägt. Die zunehmend einfachgesetzlichen[391], rechtsvergleichend als restriktiv zu qualifizierenden Regelungen, sind dabei in hohem Maße von überstaatlichem Recht wenn nicht überlagert, so doch überwölbt.[392] Auch wenn vor einer würdespezifischen Überhöhung der Einzelfragen gewarnt sei, berührt die Humangenetik intrikate „Grundfragen der *conditio humana*".[393] Strittig ist dabei freilich schon, ob, ab wann und in wie weit pränidative, erste Frühformen menschlichen Lebens in Gestalt von Zellverbänden überhaupt Träger der Menschenwürde sein können.[394] Da es dem nervenlosen Zellverbund an allen tradierten, konstitutiven Merkmalen mangelt, die für individuelle Grundrechtspositionen bedeutsam sind, es sich in diesem Zeitpunkt nicht einmal um ein Individuum, sondern noch um ein Dividuum[395] handelt, ergibt sich weder aus den gängigen Menschenwürdetheorien (Leistungs-, Kommunikations- und Mitgifttheorie) noch aus den von Proponenten des Schutzes frühester Lebensformen bemühten sog. SKIP-Argumenten (Akronym für Spezies, Kontinuität, Identität und Potentialität des Embryos[396]) eine Eignung zur Trägerschaft der Menschen-

---

Waldhoff, Gnade vor Recht: Gnade durch Recht?, 2014; *Böllhoff,* Begnadigung und Delegation. Die Delegation der Entscheidungszuständigkeit des Begnadigungsrechts und ihre Grenzen, 2012.

[387] BGHZ 106, 391 (397); zu künstlicher Befruchtung (→ Rn. 53, Stichwort Künstliche Befruchtung) als Heilbehandlung s. *Rüsken* NJW 1998, 1745.

[388] *Neumann* KritV 76 (1993), 276.

[389] *Eberbach/Lange/Ronellenfitsch,* Recht der Gentechnik und Biomedizin, 2019; *Joerden/Hilgendorf/Petrillo/Thiele,* Menschenwürde in der Medizin: Quo vadis?, 2012.

[390] Vgl. *Frankenberg* KJ 28 (2000), 325 (332); *Schulze-Fielitz* FS f. Häberle 2004, 355 (371); *Schreiber* MedR 21 (2003), 367 (368).

[391] Embryonenschutzgesetz (ESchG) v. 13.12.1990 (BGBl. 1990 I 2746), zuletzt geändert durch Art. 1 des G v. 21.11.2011 (BGBl. 2011 I 2228); „Gesetz zur Sicherstellung des Embryonenschutzes im Zusammenhang mit der Einfuhr und Verwendung menschlicher embryonaler Stammzellen" (Stammzellengesetz – StZG) vom 28.6.2002 (BGBl. 2002 I 2277), zuletzt geändert durch Art. 50 des G v. 29.3.2017 (BGBl. 2017 I 626) sowie das Präimplantationsdiagnostikgesetz (PräimpG) vom 21.11.2011 (BGBl. 2011 I 2228).

[392] *Haßmann,* Embryonenschutz im Spannungsfeld internationaler Menschenrechte, staatlicher Grundrechte und nationaler Regelungsmodelle zur Embryonenforschung, 2003; *Müller-Terpitz,* Der Schutz des pränatalen Lebens. Eine verfassungs-, völker- und gemeinschaftsrechtliche Statusbetrachtung an der Schwelle zum biomedizinischen Zeitalter, 2007; zusammenfassend *Baldus,* Kämpfe um die Menschenwürde. Die Debatten seit 1949, 185 ff.; weiterhin *Ekardt/Kornach* ZEuS 2010, 121 ff.

[393] *Dreier* in Dreier/Huber Bioethik und Menschenwürde, 2002, 11; Grundlegend *Habermas,* Die Zukunft der menschlichen Natur. Auf dem Weg zu einer liberalen Eugenik?, 2001.

[394] *Dreier* in Dreier Art. 1 Abs. 1 Rn. 82 ff.

[395] *Dreier* in Dreier/Huber Bioethik und Menschenwürde, 2002, 21 mwN.

[396] Weiter Nachweise dazu bei *Baldus,* Kämpfe um die Menschenwürde. Die Debatten seit 1949, 368 f.

würde.[397] Potential ist nicht Potenz, Entwicklungsmöglichkeit und Entwicklungsergebnis sind nicht gleichzusetzen.[398] Teilweise wird eine in Parallele zum postmortalen Würdeschutz gezogen und eine prävitale Erstreckung gefordert.[399] Selbst wenn man dem pränidativ-embryonalen Leben Menschenwürde zuspräche, heißt das noch lange nicht, alle denkbaren humangenetische Maßnahmen seien eine Verletzung derselben. In den meisten Fällen dürfte es an einer „Verobjektivierung" fehlen, wo schutzpflichtadäquate Heilbehandlungen intendiert sind.[400] So sind nicht alle ethischen Fragen nach dem „Dürfen" des Machbaren zugleich Menschenwürde- respektive Menschenrechtsfragen.

Es gilt deshalb sorgfältig nach den einzelnen Subgebieten zu differenzieren. Die auf frühzeitige Identifikation von Gendefekten in vitro gezeugter Embryos zielende **Präimplantationsdiagnostik** ist in den durch § 3a ESchG gezogenen, ohnehin engen, Grenzen menschenwürdekonform, da sie nicht einer Vernichtungsintention entspringen, sondern deren Gegenteil. Sie ist überdies verglichen mit einer Abtreibung im Rahmen der zulässigen pränatalen Diagnostik das mildere Mittel.[401] **Klonen,** dh die ungeschlechtliche Vermehrung von Zellen oder Organismen ist zwar nach dem ESchG in allen Formen unterbunden, dies ist indes eine reversible Entscheidung des parlamentarischen Gesetzgebers und kein aus Art. 1 folgendes Verbot. Aus verfassungsrechtlicher Perspektive wird gemeinhin zwischen **reproduktivem** und **therapeutischem Klonen** differenziert. Reproduktive Duplizierung wird als Verstoß gegen die Menschenwürde qualifiziert – gestützt auf die objektive Dimension der Menschenwürde (keine Aufgabe der konstitutiven Einzig- und Einmaligkeit des Menschen) und nicht auf die Würde des Klons oder Geklonten.[402] Da das therapeutische Klonen letztlich auf Heilbehandlungen schwerer degenerativer Krankheiten zielt, mangelt es hier jedenfalls an einer menschenwürdeverletzenden Handlung.[403]

Die **homologe Insemination** begegnet keinen verfassungsrechtlichen Bedenken, da nach hM weder Samen noch Eizelle Menschenwürde attestiert werden.[404] Mit Blick auf die **heterologe Insemination** wird vereinzelt ein Verstoß gegen das von Art. 1 mitumfasste Recht des Kindes auf die Kenntnis der eigenen Abstammung erkannt. Dieser Kindeswohlaspekt ist indes schwerpunktmäßig dem allg. Persönlichkeitsrecht zuzuordnen und „verdichtet"[405] sich nicht zu einer Würdeverletzung. Weder der Anonymität eines Spenders noch der Inanspruchnahme einer solchen Insemination haftet per se die Qualität eines Menschenwürdeverstoßes an. Unbedenklich ist schließlich nach ganz hM auch die in vitro-Fertilisation. Selbst wenn man den außerhalb des Mutterleibes erzeugten Embryonen Menschenwürde zuspräche, würden diese nicht instrumentalisiert, da sie vom Motiv der Lebensperspektive getragen sind. Ebenso lassen die Leih- und Tragemutterschaft die Menschenwürde unberührt. Insgesamt sollte auf einem hoch umstrittenen Feld dem demokratisch unmittelbar legitimierten Gesetzgeber ein hinreichend großer Einschätzungs- und Gestaltungsspielraum verbleiben; vermeintlich irreversible Grenzen wären dann kontraproduktiv, wo sie die Menschenwürde für die eine oder andere Position vereinnahmen anstatt zu vermessen, welche

---

[397] S. zu all dem *Dreier* in Dreier Art. 1 Abs. 1 Rn. 82 ff.

[398] Dazu *Heun* JZ 2002, 517 ff.

[399] *Rosenau* FS f. Schreiber, 2003, 761, 767.

[400] In diese Richtung ebenfalls *Dreier* in Dreier Art. 1 Abs. 1 Rn. 89 ff.

[401] *Dreier* in Dreier Art. 1 Abs. 1 Rn. 97 mwN; drastisch in ihrer Kritik *Sacksofsky* KJ 36 (2003), 274 (282), eine Zusammenfassung der Argumente pro und contra PID findet sich in: *Nationaler Ethikrat,* Genetische Diagnostik vor und während der Schwangerschaft. Stellungnahme, 2003, 74 ff.

[402] Wiederum *Dreier* in Dreier Art. 1 Abs. 1 Rn. 107 ff.

[403] *Dreier* in Dreier Art. 1 Abs. 1 Rn. 107 ff.; s. auch *Weschka,* Präimplantationsdiagnostik, Stammzellforschung und therapeutisches Klonen: Status und Schutz des menschlichen Embryos vor den Herausforderungen der modernen Biomedizin. Eine Untersuchung aus einfachgesetzlicher, verfassungsrechtlicher und internationaler Perspektive, 2010.

[404] Siehe auch *Lungstras,* Der Umgang mit dem Embryo in vitro. Eine Analyse der Überzeugungsstrategien in der verfassungsrechtlichen Debatte um die embryonale Stammzellenforschung und Präimplantationsdiagnostik, 2008.

[405] *Herdegen* in Maunz/Dürig Art. 1 Abs. 1 Rn. 101.

„Kontestationen"[406] der menschenwürderadizierte Verfassungsstaat auf ethisch-moralisch hoch sensiblem Feld aushalten muss.[407]

Insemination – S. Künstliche Befruchtung.

Internationales Privatrecht – → Rn. 88.

Intimsphäre – S. Datenschutz; Pornographie.

Kind als Schaden – In ständiger Rechtsprechung haben die Zivilgerichte Unterhaltspflichten der Eltern für ein ungewolltes Kind, das infolge fehlgeschlagener Sterilisation geboren wurde, als ersatzfähigen Schaden qualifiziert.[408] Ebenfalls wurde Eltern, die aufgrund einer fehlerhaften genetischen Beratung ein Kind zeugten, Schadensersatz zugesprochen.[409] Nachdem der 2. Senat des BVerfG im Rahmen einer Entscheidung zur strafrechtlichen Erfassung von Schwangerschaftsabbrüchen es für mit Art. 1 Abs. 1 unvereinbar erklärte, die Unterhaltspflicht für ein Kind als Schaden zu begreifen[410], bestätigte der BGH seine hiervon abweichende Rechtsauffassung.[411] Der 1. Senat des BVerfG hat daraufhin festgestellt, dass die Rechtsprechung der Zivilgerichte zur Arzthaftung bei fehlgeschlagener Sterilisation und fehlerhafter genetischer Beratung vor Zeugung eines Kindes nicht gegen Art. 1 Abs. 1 verstoße.[412] Der ersatzfähige Schaden ist hierbei nicht das Kind als solches, da es die Menschenwürde verbietet, das Kind als Schadensposten einzuordnen. Jedoch stellen die Unterhaltskosten eines nicht geplanten Kindes einen ersatzfähigen Schaden dar, da lediglich nach § 249 BGB zwei Vermögenslagen miteinander verglichen werden. Laut einem Urteil des OLG Frankfurt am Main vom 9. August 2018 ist es auch möglich, als Schadensersatz die Kosten für den Bau eines behindertengerechten Hauses zu verlangen.[413]

Kinderpornographie – Kinderpornographie verstößt gegen Art. 1 Abs. 1. Zu den Konsequenzen für die disziplinarrechtliche Ahndung (im Soldatenverhältnis) hat das BVerwG Stellung bezogen.[414] Ein zentrales Anliegen ist die Bekämpfung in Kommunikationsnetzen (Internetsperre).[415]

Kindeswohl – Der im Bereich des Sorgerechts angesiedelte Begriff des Kindeswohls[416] ist – auch wegen Art. 1 Abs. 1 – unter Berücksichtigung des Willens des

---

406 *Wiener,* A Theory of Contestation, 2014.

407 *Dreier* in Dreier Art. 1 Rn. 79, 88 und 114; *Dreier,* Bioethik zwischen gesellschaftlicher Pluralität und staatlicher Neutralität, 2010, abrufbar unter https://www.uni-muenster.de/imperia/md/content/kfg-normenbegruendung/intern/publikationen/_fellows/01_dreier_-_pluralit__t_und_neutralit__t.pdf (25.5.2020); allg. zur Bioethik: *Joerden/Hilgendorf/Thiele* Menschenwürde und Medizin. Ein interdisziplinäres Handbuch, 2013.

408 Zur frühen Rechtsprechung der Überblick bei *Giesen* FamRZ 1970, 565; später *Grub,* Schadensersatzansprüche bei der Geburt eines behinderten Kindes nach fehlerhafter Pränataldiagnostik in der Spätschwangerschaft, 2006.

409 *Giesen* JR 1984, 221; BGH JZ 1984, 886 mAnm *Deutsch*.

410 BVerfGE 88, 203 (296). Heute zum Problemkreis *Salaschek,* Die „Kind als Schaden"-Rechtsprechung im Verhältnis zu den §§ 218 ff. StGB. Arzthaftungsansprüche der Eltern bei unterlassenen und misslungenen Schwangerschaftsabbrüchen und die Rolle des § 218a StGB, 2018.

411 BGH JZ 1994, 305; hierzu *Giesen* JZ 1994, 286.

412 BVerfGE 96, 375 (399 ff.); eine – prozessrechtlich keine Grundlage findende – „Stellungnahme" des 2. Senats dazu findet sich BVerfGE 96, 375 (409 ff.); *Stürner* JZ 1998, 317; sowie *Losch/Radau* NJW 1999, 821 ff. Rechtsvergleichend zur entsprechenden Rechtsprechung des Österreichischen Obersten Gerichtshofs *Cornides* ZfL 2009, 3.

413 *Rath,* Urteil zu Schadensersatz nach Arztfehler: Hausbau für behindertes Kind möglich, *taz.de* v. 2.10.2018, abrufbar unter https://taz.de/Urteil-zu-Schadensersatz-nach-Arztfehler/!5541280/ (25.5.2020).

414 BVerwGE 111, 291 (294 f.). Mit Blick auf das Strafrecht *Czimek,* Verbot privater Jugendpornographie. Untersuchung zu § 184c StGB unter besonderer Berücksichtigung von privaten Schriften, 2019; rechtsvergleichend (USA, Kanada und Australien) *Gillespie,* Child Pornographie. Law and Policy, 2011.

415 s. *Marberth-Kubicki* NJW 2009, 1792; *Ferraro,* Investigating Child Exploitation. The Internet, the Law and Forensic Science, 2005; *König,* Kinderpornografie im Internet. Eine Untersuchung der deutschen Rechtslage unter besonderer Berücksichtigung des internationalen Strafrechts, 2004.

416 *Oldenburger,* Kindeswohl im Recht. Begründung, Ausgestaltung und Verlust der elterlichen Sorge, 2018.

Kindes anzuwenden: „Der […] als Wächter des Kindeswohls tätige Staat, in Art. 1 Abs. 1 S. 2 GG zudem zum Schutz der Menschenwürde und damit zugleich zur Förderung des richtigen Umgangs mit diesem verpflichtet, hat daher vor allem dann behutsam mit dem kindlichen Willen umzugehen, wenn dieser nicht fremdbestimmt ist und von nachvollziehbaren und vernünftigen Überlegungen getragen wird."[417] Den Menschenwürdegehalt macht insbes. die UN-Kinderrechtskonvention stark.[418] Schon ihre Präambel erwähnt die Würde des Kindes als übergreifenden Leitgedanken (siehe auch Art. 23, Art. 28 Abs. 2, Art. 37 lit. c und Art. 40).[419] Dieser Würdebezug macht deutlich, dass die in der Charta verankerten Kinderrechte einen emanzipatorischen Gehalt haben[420] – was wiederum bei der Konkretisierung des Kindeswohls durch die Mitgliedstaaten zu berücksichtigen ist.

Künstliche Befruchtung (in vitro-Fertilisation) – Der Fortschritt in der Entwicklung künstlicher Befruchtungsmethoden hat dazu geführt, dass menschliches Leben auch ohne einen Akt körperlicher Vereinigung entstehen kann. Es steht insofern anders entstandenem Leben gleich. Extrakorporale Befruchtungsvorgänge als solche begegnen keinen unmittelbaren Bedenken aus Art. 1 Abs. 1. Das gilt uneingeschränkt für die homologe Insemination (Befruchtung mit Samen des Lebenspartners). Auch die heterologe Insemination gerät nicht grundsätzlich mit Art. 1 Abs. 1 in Konflikt[421], ist in ihrer verfassungsrechtlichen Zulässigkeit allerdings begrenzt durch Gesichtspunkte des Kindeswohls, das seine verfassungsrechtliche Anknüpfung vor allem in der staatlichen Aufsichtspflicht für Pflege und Erziehung der Kinder (Art. 6 Abs. 2 S. 2) und dem allgemeinen Persönlichkeitsrecht findet. Jeder hat das Recht auf die Möglichkeit der Kenntnisnahme von der eigenen genetischen Abstammung, weil und soweit dieses zur Bewusstwerdung von der eigenen Identität erforderlich ist.[422] Art. 1 Abs. 1 gebietet aber nicht die Identität von **genetischer** und **psychosozialer Elternschaft,** auch nicht Mutterschaft; auch sog. Leihmutterschaft ist daher nicht grundsätzlich würdewidrig (S. Leihmutterschaft). – Seit dem 1.1.1991 gilt das Embryonenschutzgesetz (ESchG) [423], das unter seinen zahlreichen differenzierten Tatbeständen strafrechtlich ua die missbräuchliche Anwendung von Fortpflanzungstechniken erfasst.[424] In einer Leitentscheidung aus dem Jahre 1989 betont das BVerfG: „Das allgemeine Persönlichkeitsrecht (Art. 2 Abs. 1 in Verbindung mit Art. 1 Abs. 1 GG) umfasst auch das Recht auf Kenntnis der eigenen Abstammung"[425] und zieht daraus die Konsequenz: „§§ 1593, 1598 in Verbindung mit § 1596 Abs. 1 BGB sind mit dem Grundgesetz unvereinbar, soweit sie dem volljährigen Kind, von den gesetzlichen Anfechtungstatbeständen abgesehen, nicht nur die Änderung seines familienrechtlichen Status, sondern auch die gerichtliche Klärung seiner Abstammung ausnahmslos verwehren."[426] Aus dieser Entscheidung und der Folgerechtsprechung wurde indes deutlich, dass noch rechtliche

---

[417] OLG Bamberg FamRZ 1989, 890 (891); vgl. auch *Lamprecht* FS f. Zeidler I, 1987, 857.

[418] *Maywald* APuZ 38 (2010), 11 – zur Aufnahme von Kinderrechten in das Grundgesetz, 15.

[419] Dazu *Feige/Gerbig,* Das Kindeswohl neu denken: Kinderrechtsbasierte Ermittlung und Bestimmung des Kindeswohls, Deutsches Institut für Menschenrechte, Monitoring-Stelle UN Kinderrechtskonvention, Arbeitspapier, 2019.

[420] *Feige/Gerbig,* Das Kindeswohl neu denken: Kinderrechtsbasierte Ermittlung und Bestimmung des Kindeswohls, Deutsches Institut für Menschenrechte, Monitoring-Stelle UN Kinderrechtskonvention, Arbeitspapier, 2019.

[421] *Herdegen* in Maunz/Dürig Art. 1 Abs. 1 Rn. 101.

[422] *Häberle* in HdbStR II § 22 Rn. 89.

[423] BGBl. 1990 I 2746.

[424] *Opper,* Das Verbot der präkonzeptionellen Geschlechtswahl. Eine empirische und verfassungsrechtliche Analyse, 2020; *Khosravi,* Die Strafbarkeit nach dem Embryonenschutzgesetz und dem Stammzellengesetz, 2017; *Kirschke,* Die strafrechtliche Bewertung der Präimplantationsdiagnostik nach dem Gesetz zum Schutz von Embryonen, 2016; *Limbeck,* Embryonenschutzgesetz und Forschung an menschlichen Stammzellen. Eine strafrechtliche Untersuchung der Forschung an menschlichen Stammzellen, insbesondere ihrer Herstellung zu Forschungszwecken vor dem Hintergrund des Embryonenschutzgesetzes, 2006.

[425] BVerfGE 79, 256, LS 2.

[426] BVerfGE 79, 256, LS 2.

Präzisierungsnotwendigkeiten bestanden und sich auch in der Praxis der Anspruch auf Abstammungskenntnis mitunter nur schwer realisieren ließ.[427] Darauf regierte der Gesetzgeber 2017 mit der Errichtung eines bundesweiten Samenspenderregisters durch das Samenspenderregistergesetz.[428] Der neu eingeführte § 1600d Abs. 4 schafft zudem Rechtssicherheit für den Samenspender, der nicht als Vater des Kindes festgestellt werden kann.[429]

Körperliche Züchtigung – S. Erziehungsmaßnahmen; Prügelstrafe.

Kriegsdienstverweigerung – S. Wehrdienstverweigerung.

Landesverteidigung – Diskutiert wird die Frage, ob der Auftrag zur Landesverteidigung im Schutzgebot des Art. 1 Abs. 1 S. 2 einen Anhalt findet.[430]

Laserdrome – S. Gewaltsimulation.

Lebenslange Freiheitsstrafe – Sie verstößt nicht gegen Art. 1 Abs. 1, wenn dem zu lebenslanger Freiheitsstrafe Verurteilten „grundsätzlich eine Chance verbleibt, je wieder der Freiheit teilhaftig zu werden. Die Möglichkeit der Begnadigung allein ist nicht ausreichend; vielmehr gebietet das Rechtsstaatsprinzip, die Voraussetzungen, unter denen die Vollstreckung einer lebenslangen Freiheitsstrafe ausgesetzt werden kann, und das dabei anzuwendende Verfahren gesetzlich zu regeln."[431] Aus Art. 1 Abs. 1 folgt, dass die Vollzugsanstalten auch bei den zu lebenslanger Freiheitsstrafe Verurteilten verpflichtet sind, „auf deren Resozialisierung hinzuwirken, sie lebenstüchtig zu erhalten und schädlichen Auswirkungen des Freiheitsentzuges und damit auch und vor allem deformierenden Persönlichkeitsveränderungen entgegenzuwirken."[432] Andere Maßstäbe gelten für die Sicherungsverwahrung und Kontaktsperre. Eine wegen fortdauernder Gefährlichkeit des Untergebrachten zum Schutz der Gesellschaft notwendige Sicherungsverwahrung verletzt den Menschenwürdegrundsatz auch dann nicht, wenn nicht von vornherein eine Höchstfrist oder ein voraussichtlicher Entlassungszeitpunkt bestimmt ist.[433] Wie jede Form der Unterbringung muss aber auch die Sicherungsverwahrung darauf ausgerichtet sein, beim Untergebrachten die Voraussetzungen für ein verantwortliches Leben in Freiheit zu schaffen und, wenn irgend möglich, auf seine Resozialisierung hinzuwirken.[434]

Leihmutterschaft – Die Leihmutterschaft ist schon innerhalb der EU – und erst recht weltweit – höchst unterschiedlich geregelt,[435] was – provokativ formuliert – zu einem problematischen „Reproduktionstourismus" führt.[436] In der Bundesrepublik verbietet das Embryonenschutzgesetz jedwede ärztliche Leistungen bei Leihmutterschaften, auch die Vermittlung von Leihmüttern ist nach dem Adoptionsvermittlungsgesetz[437] untersagt, wohingegen weder die Leihmutter selbst noch die auftraggebende Person strafbar sein sollen. Daraus wird deutlich, dass der Gesetzgeber nicht etwa die

---

[427] Dazu die Übersicht unter https://www.lto.de/recht/hintergruende/h/gesetz-samenspenderregister-identitaet-vater-abstammung-interview-dav/ (2.4.2020).

[428] Gesetz vom 17.7.2017, BGBl. 2017 I 2513; zum Inhalt etwa *Helms* FamRZ 2017, 1537; *Runge-Rannow* ZRP 2017, 43.

[429] *Brudermüller* in Palandt BGB § 1600d Rn. 15.

[430] *Walz* NZWehrR 1990, 189.

[431] BVerfGE 45, 187, LS 3; siehe auch BVerfGE 72, 105 (116); *Kett-Straub,* Die lebenslange Freiheitsstrafe. Legitimation, Praxis, Strafrestaussetzung und besondere Schwere der Schuld, 2011; *Pollähne,* Probleme unbefristeter Freiheitsentziehung. Lebenslange Freiheitsstrafe, psychiatrische Unterbringung, Sicherheitsverwahrung, 2010.

[432] BVerfGE 45, 187 (238); s. § 57a StGB; BVerfGE 86, 288 (312). Im Zusammenhang mit der Sicherungsverwahrung BVerfGE 109, 133 (150), betr. Auslieferung bei im Ausland drohender lebenslanger Freiheitsstrafe BVerfGE 113, 154 (163 ff.).

[433] BVerfG NZW 2015, 1983.

[434] BVerfGE 109, 133 (151 f.); 131, 268.

[435] Etwa *Sitterer,* Grenzüberschreitende Leihmutterschaft. Eine Untersuchung des materiellen internationalen Abstammungsrechts Deutschlands und der USA, 2017.

[436] *Diel,* Leihmutterschaft und Reproduktionstourismus, 2014, Vergleichend *Sitterer,* Grenzüberschreitende Leihmutterschaft. Eine Untersuchung des materiellen internationalen Abstammungsrechts Deutschlands und der USA, 2017.

[437] Adoptionsvermittlungsgesetz v. 22.12.2001 (BGBl. 2002 I 354), zuletzt geändert durch Artikel 5 des G v. 22.11.2019 (BGBl. 2019 I 1752).

Leihmutterschaft als solche für einen Menschenwürdeverstoß hält, sondern aus entwicklungspsychologischen Gründen im Interesse des Kindes eine gespaltene Mutterschaft vermeiden will (s. Künstliche Befruchtung).[438]

Lügendetektor – Wenngleich an der Brauchbarkeit von Lügendetektoren Zweifel bestehen, können sie in gerichtlichen Verfahren durchaus Anwendung finden.[439] Die Rspr. hielt die Verwendung eines sog. Polygraphen und die Verwertung seiner Aufzeichnungen im Strafverfahren indes jahrzehntelang überwiegend für unzulässig, weil sie mit Art. 1 Abs. 1 unvereinbar sei.[440] Der BGH[441] teilt diese Bedenken für den Fall freiwilliger Mitwirkung des Beschuldigten an der Untersuchung nicht (mehr), geht aber davon aus, dass es sich um ein „völlig ungeeignetes Beweismittel" (vgl. § 244 Abs. 3 Nr. 4 StPO) handele.[442]

Medizinische Versuche – Sie verstoßen nicht gegen Art. 1 Abs. 1, wenn der aufgeklärte Proband in Kenntnis aller Risiken seine Einwilligung dazu gegeben hat (vgl. §§ 40 ff. AMG).[443]

Ordnungswidrigkeiten – Die Menschenwürde ist auch im Ordnungswidrigkeitsverfahren zu achten (BVerfGE 55, 144 (150)). S. auch „Aussageverweigerung".

Organspende – Die Organspende ist grundsätzlich mit der Menschenwürde vereinbar.[444] Der 2019/2020 von Bundesgesundheitsminister Spahn vorgelegte Entwurf, die Zustimmungslösung durch eine Einspruchslösung zu ersetzen, fand im Bundestag keine Mehrheit. Die Abgeordneten sprachen sich vielmehr für eine erweiterte Zustimmungslösung aus: Bei der Erneuerung ihres Personalausweises und von ihren Hausärzten sollen die Bürger auf die Möglichkeit der Organspende hingewiesen werden – auch, um ihre Spendebereitschaft zu fördern.[445]

Pandemie – S. Corona-Pandemie.

Patientenrechte – Das durch grundrechtliche Wertung geprägte Selbstbestimmungsrecht und die personale Würde des Patienten verbieten es, dem Patienten im Rahmen der Behandlung die Rolle eines bloßen Objektes zuzumuten; der Arzt darf sich deshalb dem ernstlichen Verlangen des Patienten nach Einsicht in Aufzeichnungen über die objektiven Feststellungen seiner körperlichen Befindlichkeit nicht widersetzen.[446]

Patientenverfügung – S. Sterbehilfe.

Peep-Show – Nach gerichtlichen Entscheidungen in den 1980er und 1990er Jahren[447] entstand eine rege Auseinandersetzung darüber, ob die Beurteilung des Einschreitens gegen bzw. die Erlaubnis von Veranstaltungen, für die sich der Begriff Peep-Show eingebürgert hat, wesentlich von Art. 1 Abs. 1 geprägt werde. Dabei wurde oft nicht hinreichend berücksichtigt, dass die behördliche oder gerichtliche Feststellung

---

[438] Die Diskussion zu den unterschiedlichsten Teilaspekten ist vielfältig: *Reuß,* Theorie eines Elternschaftsrechts, 2018; *Weber,* Gleichgeschlechtliche Elternschaft im internationalen Privatrecht, 2017; *Lederer,* Grenzenloser Kinderwunsch. Leihmutterschaft im nationalen, europäischen und globalen rechtlichen Spannungsfeld, 2016; *Voss,* Leihmutterschaft in Deutschland und Verfassungsmäßigkeit des Verbotes, 2015; *Duden,* Leihmutterschaft im internationalen Privat- und Verfahrensrecht. Abstammung und ordre public im Spiegel des Verfassungs-, Völker- und Europarechts, 2015.

[439] *Monka* in Beck StPO § 136a Rn. 27 stellt allerdings fest, dass Lügendetektoren „in der deutschen Strafgerichtsbarkeit keine große Rolle mehr" spielen, anderes gelte jedoch freilich im US-amerikanischen Recht.

[440] BVerfG NJW 1982, 375; BGHSt 5, 332; BVerwGE 17, 342 (346); weiter *von der Pfordten,* Menschenwürde, 2016, 113.

[441] BGHSt 44, 308.

[442] *Hamm* NJW 1999, 922. Einen grundrechtlichen Anspruch auf Durchführung einer derartigen Untersuchung verneint BVerfG NJW 1998, 1938.

[443] Zur Vertiefung: *Gercke/Leimenstoll/Stirner,* Hdb Medizinstrafrecht, 2020.

[444] *Nagel,* Rechtsprobleme bei der Lebendspende von Organen, 2017.

[445] Nachweise unter www.zeit.de/thema/organspende (20.4.2020).

[446] BGHZ 85, 327 (332); *Giesen* JZ 1982, 391 (392); siehe auch *Magnus,* Patientenautonomie im Strafrecht, 2015; sowie *Janda,* Medizinrecht, 2019.

[447] BVerwGE 64, 274; BVerwG NVwZ 1987, 411; BVerwG JZ 1990, 382; VGH München NVwZ 1986, 1034; VGH Mannheim NVwZ 1988, 640; VGH München BayVBl. 1991, 598: Zurschaustellung von Frauen hinter Gittern.

von Sittenwidrigkeit (s. zB § 33a Abs. 2 Nr. 2 GewO) unabhängig davon getroffen werden kann, ob ein Vorgang zugleich als Verletzung von Art. 1 Abs. 1 zu qualifizieren ist.[448] Zutr. Ansicht nach – und entgegen der seinerzeitigen Auffassung des BVerwG – ist der Staat, sofern nicht besondere Umstände hinzutreten, nicht nach Art. 1 Abs. 1 S. 2 verpflichtet, die Aktrice einer Peep-Show von ihrem Tun oder den Zuschauer vom Zuschauen abzuhalten; umgekehrt verletzt der Staat nicht die Würde der Frau, wenn er einschreitet. Entscheidend sind die Rechtsgüter unbeteiligter Dritter (etwa: gestörter Nachbarn) und der Jugendschutz.[449]

Personalausweis (Reisepass) – Mit Verordnung aus dem Jahre 2004[450] schreibt die EU – auch auf Druck der USA – vor, dass Pässe und Reisedokumente der Mitgliedstaaten mit maschinenlesbaren **biometrischen Daten** auszustatten seien. Das BVerfG hat eine Verfassungsbeschwerde mit der Behauptung, die Speicherung biometrischer Daten verstoße gegen das Recht auf informationelle Selbstbestimmung, im Dez. 2012 nicht zur Entscheidung angenommen. Die pauschale Begründung, die Erhebung biometrischer Daten sei generell unverhältnismäßig, trage nicht.[451] Ein Jahr später bestätigte EuGH[452], dass die Erhebung biometrischer Daten die Rechte aus Art. 7 und 8 GRC nicht in ihrem Wesensgehalt verletze.[453]

Plastination – S. Friedhof.

Pornographie – Pornographie ist nicht per se eine Verletzung der Menschenwürde. Früh entschied der BGH, eine Auslage in Geschäftsräumen sei keine Verletzung der Einzelpersönlichkeit und ihrer Würde, wenn kein Kunde gezwungen sei, „solche Schriften gegen seinen Willen mehr als nur oberflächlich zur Kenntnis nehmen.".[454] Gesondert zu beurteilen sind uU Fälle der Kinder- und Jugendpornographie ebenso wie gewaltverherrlichende pornographische Darstellungen.[455]

Präimplantationsdiagnostik – S. Gentechnik.

Prostitution – Ob Prostitution per se menschenwürdewidrig oder vielmehr Ausdruck von der Menschenwürde geschützter selbstbestimmter Freiheit sei, wurde lange Zeit strittig diskutiert.[456] Das Gesetz zur Regelung der Rechtsverhältnisse der Prostituierten v. 20.12.2001 (BGBl. 2001 I 3983) hat, verbunden mit anderen Maßnahmen, die Prostitution in Deutschland weitgehend entkriminalisiert. Sie kann als solche nicht

---

[448] Vgl. auch den – knappen – Kammerbeschluss des BVerfG GewArch. 1990, 275; sowie *Stern,* StaatsR III/1, 1988, § 58 II 7 mit Fn. 127.

[449] Aus der Literatur *Hillgruber,* Der Schutz des Menschen vor sich selbst, 1992.

[450] VO (EU) Nr. 2252/2004; *Klein,* Zwischen Sicherheit und Risiko. Diskussion um den biometrischen Reisepass, 2012; *Altmann,* Freiheitsbeschränkung durch den Reisepass? Die Vereinbarkeit der EG VO 2252/2004 mit den Grund- und Menschenrechten, 2010; allg. *Specht-Riemenschneider,* Datenrecht in der Digitalisierung, 2020.

[451] BVerfG Beschl. v. 30.12.2012 – 1 BvR 502/09.

[452] EuGH C-291/12, ECLI:EU:C:2013:670 – Schwarz.

[453] EuGH C-291/12, ECLI:EU:C:2013:670 – Schwarz, Rn. 39.; siehe auch noch EuGH C-446/12, ECLI:C:2015:238 – Willems: Das Unionsrecht verpflichtet die Mitgliedstaaten nicht, die biometrisch erhobenen Daten zu keinem anderen Zweck als dem der Ausstellung eines Reisepasses/Reisedokuments zu verwenden.

[454] BGHZ 64, 178 (182).

[455] *Czimek,* Verbot privater Jugendpornographie. Untersuchung zu § 184c StGB unter besonderer Berücksichtigung von privaten Schriften, 2019; *Su,* Schutz der Menschenwürde gegen gesellschaftliche Verrohung durch Meinungsäußerung. Menschenbildliche und verfassungsrechtloche Analyse zum totalen Verbreitungsverbot fiktiver Gewalt- und Minderjährigensexualdarstellungen in Deutschland und den USA, 2013; *Palm,* Kinder- und Jugendpornographie im Internet. Eine materiell-rechtliche Untersuchung der Rechtslage in Deutschland, 2012.

[456] *Schatzschneider* NJW 1985, 2793 (2796 f.); *Würkner* NVwZ 1988, 600 unter Betonung der Autonomie von Prostituierten und in Ablehnung des Gedankens einer „Menschenwürdepflichtigkeit"; andererseits BGHZ 67, 119 (125): „Intimbereich zur Ware"; VG Minden NVwZ 1988, 666, im Vergleich zur sog. Peep-Show „deutlich massivere Beeinträchtigung der Menschenwürde"; *Schittek* NVwZ 1988, 804, Objekthaftigkeit des „vermarkteten Körpers". Für Prostitution als Ausdruck von der Menschenwürde geschützter Freiheit der Selbstbestimmung VG Berlin NJW 2001, 983; Zur Sittenwidrigkeit von Verträgen über sog. Telefonsex s. BGH NJW 1998, 2895; *Schulze* JuS 1999, 636.

mehr als sittenwidrig im Rechtssinne gelten. Das am 1. Juli 2017 in Kraft getretene Prostituiertenschutzgesetz[457] soll zusätzlichen Schutz bieten, ist inhaltlich aber umstritten. Eine dagegen erhobene Verfassungsbeschwerde blieb mangels hinreichender Substantiierung erfolglos.[458]

Prügelstrafe – Die Prügelstrafe ist durch Art. 1 Abs. 1 aus dem Arsenal zulässiger staatlicher Strafmaßnahmen ausgeschlossen. Körperliche Strafen sind „grundsätzlich in einem Kulturstaat […] ehrverletzend und somit […] entwürdigend".[459]

Psychologische Eignungstests – Sie stellen bei frei gewählter Tätigkeit und wenn keine „charakterliche oder psychische Bloßstellung" verlangt wird, keinen Verstoß gegen Art. 1 Abs. 1 dar.[460]

Rechtliches Gehör – Der Schutz der Menschenwürde hat auch eine prozedurale Dimension *(„status activus processualis")*.[461] Sie wird insbesondere am Grundsatz des rechtlichen Gehörs greifbar. „Der rechtsstaatliche Gehalt des in Art. 1 Abs. 1 GG wurzelnden Grundsatzes, dass über die Rechte des Einzelnen nicht kurzerhand von Obrigkeits wegen verfügt werden darf […], liegt in der aktiven Teilnahme des Bürgers an dem ihm zukommenden Rechtsschutz", so das BVerfG.[462] Und weiter: „Eine aus Art. 1 Abs. 1 GG allgemein für das Verfahrensrecht abzuleitende Rechtsfolge ist das Gebot des rechtlichen Gehörs für den Betroffenen."[463] Vor allem das Recht, sich vor Gericht zu verteidigen, „gehört zu den elementaren Attributen menschlicher Würde."[464] Auch der Zeuge „darf ungeachtet seiner prozessualen Funktion als Beweismittel nicht zum bloßen Objekt eines Verfahrens gemacht werden."[465] Konkretisierung findet das rechtliche Gehör etwa im Recht auf Beweis.[466]

Reisepass – S. Personalausweis

Resozialisierung – Die Forderung nach Resozialisierung eines Straftäters hält das BVerfG für menschenwürderelevant. Sie entspricht „dem Selbstverständnis einer Gemeinschaft, die die Menschenwürde in den Mittelpunkt ihrer Wertordnung stellt und dem Sozialstaatsprinzip verpflichtet ist."[467]

Rettungsfolter – S. Folter

Sammellager (Detention) – Gerade in der Flüchtlingsschutzkrise nach 2015 wurde die Internierung von Geflüchteten in Sammellagern intensiv diskutiert. Sie stellt als solche keinen Menschenwürdeverstoß dar, sollte aber, gerade was Minderjährige anbetrifft, eher die Ausnahme- als den Regelfall bilden.[468]

Schuldgrundsatz – S. Strafe.

Selbstbezichtigungszwang – S. Aussageverweigerung.

Selbsttötung – Weder Art. 1 Abs. 1 noch ein anderes Grundrecht gewähren ein Recht zur Selbsttötung (sa „Sterbehilfe"). Ob eine staatliche Verpflichtung besteht, im Fall einer erkennbaren Selbsttötungsabsicht einzuschreiten, bemisst sich verfassungs-

---

457 Prostituiertenschutzgesetz v. 21.10.2016 (BGBl. 2016 I 2372), zuletzt geändert durch Art. 57 des G v. 20.11.2019 (BGBl. 2019 I 1626); *Geb* Zeitschrift für Sexualforschung 2018, 87.

458 BVerfG Beschl. v. 26.7.2018 – 1 BvR 1543/17.

459 So schon *Kopp* JZ 1955, 319; *Delius,* Prügelstrafe – körperliche Züchtigung in Strafvollzug und Erziehung, 2013; umfassend *Grüner,* Zucht und Ordnung. Gewalt gegen Kinder in historischer Perspektive, 2019.

460 *Krause* DB 1983, 8; nach der Rspr. eine Frage des allg. Persönlichkeitsrechts, s. BVerwGE 73, 146.

461 Grundlegend *Häberle* VVDStRL 30 (1972), 43 ff., 86 ff.

462 BVerfGE 38, 105 (114).

463 BVerfGE 38, 105 (114).

464 BGH NStZ 1989, 331.

465 BVerfGE 38, 105 (114).

466 *Nissen,* Das Recht auf Beweis im Zivilprozess, 2019.

467 BVerfGE 35, 202 (235), 96, 100 (115); 98, 169 (200)). S. ferner → Rn. 53, Stichwort „Lebenslange Freiheitsstrafe"; sowie unten „Strafvollzug"; Aus der Lit.: *Maelicke,* Das Knast-Dilemma: Wegsperren oder resozialisieren? Eine Streitschrift, 2019; *Maelicke,* Gefängnis auf dem Prüfstand. Zustand und Zukunft des Strafvollzuges, 2018; *Conzel/Kawamura-Reindl/Sonnen,* Resozialisierung. Handbuch, 2017.

468 https://www.unhcr.org/detention.html (3.4.2020).

rechtlich nach Art. 2 Abs. 2 S. 1[469], ist im Übrigen ein Thema des Strafrechts („unterlassene Hilfeleistung", § 323c StGB).[470]

Sexuelle Identität – Die Frage nach der sexuellen Identität – die Frage also, wer das Individuum bezüglich seines Geschlechts und sexuellen Erlebens ist, wie es sich also selbst wahrnimmt und von anderen wahrgenommen wird/wahrgenommen werden will[471] – prägt die menschliche Persönlichkeit grundlegend. Art. 1 Abs. 1 (iVm Art. 2 Abs. 1) gebietet daher, „den Personenstand des Menschen dem Geschlecht zuzuordnen, dem er nach seiner psychischen und physischen Konstitution zugehört."[472] Einen ersten Meilenstein zur einfachgesetzlichen Konkretisierung dieses menschenwürdebasierten Identitätsanspruchs markiert das Gesetz über die Änderung der Vornamen und die Feststellung der Geschlechtszugehörigkeit in besonderen Fällen, das sog. Transsexuellengesetz v. 10.9.1980.[473] Das Gesetz hat die Rechtsprechung vielfach beschäftigt.[474] Zahlreiche Reformversuche wurden initiiert, der letzte ist im Herbst 2019 vorläufig gescheitert.[475] Mit der Anerkennung des sog. „dritten Geschlechts" hat das BVerfG im Oktober 2017 eine weitere richtungsweisende Weichenstellung vorgenommen, die zu einer Änderung des Personenstandsgesetzes führte.[476] Seit dem 22. Dezember 2018 haben ihre sexuelle Identität so wahrnehmende Menschen nun die Möglichkeit, im Personenstandsregister die Angabe **„divers"** eintragen zu lassen. Zusammen

---

469 → Art. 2 Rn. 50, Stichwort „Sexuelle Betätigung".

470 *Freund* in MüKo StGB § 323c Rn. 58 ff.

471 *Kieck,* Der Schutz individueller Identität als verfassungsrechtliche Aufgabe. Am Beispiel des geschlechtlichen Personenstands, 2019; *Merklein,* Diversity Management in Deutschland. Empirische Untersuchung von Maßnahmen für Geschlecht und sexuelle Identität, 2017; *Zoll,* Sexuelle Identität und gesellschaftliche Norm, 2010; für die internationale Ebene *Kappler,* Die Verfolgung wegen der sexuellen Orientierung und der Geschlechtsidentität als Verbrechen gegen die Menschlichkeit, 2019.

472 BVerfGE 49, 286 (298), Ablehnung der Änderung des Geschlechtseintrags im Geburtenbuch; aus der frühen Rspr. BVerfGE 60, 123 (135), keine starre Altersgrenze für Personenstandsänderung; BGHZ 74, 20 (23)); BGHZ 57, 63 (m. abl. Anm. *Eberle* NJW 1972, 330) hatte die Änderung mangels gesetzlicher Grundlage abgelehnt. All das ist freilich primär eine Frage des allgemeinen Persönlichkeitsrechts → Art. 2 Rn. 50, Stichwort „Sexuelle Betätigung".

473 BGBl. 1980 I 1654. Aus § 8 Abs. 1 Nr. 4, § 9 Abs. 1, Abs. 2 des Gesetzes ergibt sich insbes., dass ein die äußeren Geschlechtsmerkmale verändernder operativer Eingriff (genitalkorrigierende Operation; Geschlechtsumwandlung) nicht sittenwidrig ist, überholt deshalb BGHZ 57, 63 (71): „nur in ganz eindeutigen Ausnahmefällen, in denen sie zur Vermeidung schwerster seelischer und körperlicher Beeinträchtigungen unerlässlich erscheint". Vgl. dazu auch *Siedenbiedel,* Bestimmung über das eigene Geschlecht. Rechtliche Aspekte des Behandlungswunsches transsexueller Minderjähriger, 2016; *Scherpe,* The Legal Status of Transsexual and Transgender Persons, 2015.

474 Genannt seien etwa: BVerfG Beschl. v. 15.8.1996 – 2 BvR 1833/95: „Anrede transsexueller Personen nach Namensänderung"; Beschl. v. 6.12.2005 – 1 BvL 3/03: „Zum Verlust der Vornamensänderung bei Eheschließung"; Beschl. v. 18.7.2006 – 1 BvL 1/04 und 1 BvL 12/04: „Anwendung des Transsexuellengesetzes auf Ausländer"; Beschl. v. 27.5.2008 – 1 BvL 10/05: „Verweigerung der Personenstandsänderung bei verheirateten Transsexuellen"; Beschl. v. 11.1.2011 – 1 BvR 3295/07: „Eingetragene Lebenspartnerschaft auch ohne verändernden operativen Eingriff"; Beschl. v. 17.10.2017 – 1 BvR 747/17: „Das TSG sieht die Möglichkeit der Namens- (§ 1 TSG) und Geschlechtsänderung (§ 8 TSG) vor. In beiden Fällen müssen jeweils zwei voneinander unabhängige Sachverständigengutachten eingeholt werden (§ 4 Abs. 3 Satz 1 TSG). Die beschwerdeführende Person hielt diese Vorschrift für verfassungswidrig und war vor den Fachgerichten der Auffassung, dass ihren Anträgen auch ohne die Sachverständigengutachten stattzugeben sei. Diesem ist das BVerfG nicht gefolgt und hielt an seiner Rspr. fest (Beschl. v. 11.1.2011 – 1 BvR 3295/07), dass die Begutachtung verfassungsrechtlich nicht zu beanstanden ist.

475 https://www.morgenpost.de/politik/article227148839/Kein-neues-Transsexuellengesetz-Die-Reform-liegt-auf-Eis.html (25.5.2020).

476 BVerfG Beschl. v. 10.10.2017 – 1 BvR 2019/16; aus der Lit. *Rädler,* Das dritte Geschlecht. Rechtsfragen und Rechtsentwicklung, 2019; *Kieck,* Der Schutz individueller Identität als verfassungsrechtliche Aufgabe. Am Beispiel des geschlechtlichen Personenstands, 2019.

mit Personen, deren Geschlecht rechtlich offengelassen wurde, gelten sie als „weder dem weiblichen noch dem männlichen Geschlecht zugeordnet“.[477]

Sexualkundeerziehung – Bei der Sexualkundeerziehung in Schulen ist die Menschenwürde zu achten.[478]

Sicherheitskontrollen – Sie entfalten insbes. auf Flughäfen eine besondere Intensität.[479] Schon das Abtasten von Personen und Durchleuchten von Gepäck wurde früher problematisiert.[480] Solange eine Herabwürdigungstendenz nicht erkennbar ist, erscheinen auch weitergehende Maßnahmen („Scannen“) als mit Art. 1 Abs. 1 vereinbar. Das allgemeine Persönlichkeitsrecht setzt die erforderlichen Grenzen.

Stammzellen – S. Gentechnik.

Sterbehilfe – Unter diesem Stichwort bündelt sich eine Vielzahl unterschiedlicher Konstellationen.[481] Die rechtlichen Regelungen in Europa sind entsprechend heterogen.[482]

Art. 1 Abs. 1 ist in diesem Kontext vor allem als Wert setzende, staatlichem Handeln Ziele vorgebende Norm angesprochen.[483] Er verlangt nach Rechtslagen und Praxis, die der individuellen **Entscheidungsautonomie** des Betroffenen Rechnung tragen – heute durch die **Patientenverfügung** ermöglicht.[484] Diese seit Jahren währende, intensiv geführte Debatte gipfelt in der (vorläufig) jüngsten Entscheidung des BVerfG vom 26. Februar 2020. Karlsruhe erklärt zum einen das 2015 eingeführte Verbot der geschäftsmäßigen Sterbehilfe in § 217 StGB für verfassungswidrig und erkennt zugleich explizit ein Recht auf selbstbestimmtes Sterben an.[485] Die Entscheidung wird höchst kontrovers diskutiert und bleibt ambivalent.[486] Durchaus überzeugend räumt das Gericht, dem es dabei gerade nicht um moralische Ansprüche oder Erwartungen gehen darf, ein Recht auf selbstbestimmtes Sterben zur „Wahrung personaler Individualität, Identität und Integrität“[487] ein. Im Ergebnis hat das BVerfG dem Gesetzgeber aufgegeben, *pro futuro* **geschäftsmäßige Suizidbeihilfe** zu regulieren statt zu pönalisieren.[488]

Sterilisation – S. Arzthaftung.

---

[477] So § 22 Abs. 3 Personenstandsgesetz (BGBl. 2018 I 2635).

[478] BVerfGE 47, 46 (73) unter Hinweis auf das Persönlichkeitsrecht des Jugendlichen.

[479] *Herlyn/Zurawski,* Achtung Sicherheitskontrollen! Flughäfen, Kultur, Un/Sicherheiten, 2015.

[480] *Benda,* Gefährdungen der Menschenwürde, 1975, 22.

[481] Zur Diskussion *Baldus,* Kämpfe um die Menschenwürde. Die Debatten seit 1949, 227 ff.; *Hoerster,* Sterbehilfe im säkularen Staat, 1998.

[482] Eine prekäre Nebenfolge davon beschreibt *Sperling,* Suicide Tourism, 2019.

[483] *Häberle* in HdbStR II § 22 Rn. 96; auf der Folie von Art. 1 Abs. 1 wurde schon auf dem 66. DJT 2006 mit großer Mehrheit eine gesetzliche Regelung zur Verbindlichkeit von Patientenverfügungen gefordert, s. vorher *Lipp,* Patientenautonomie und Lebensschutz. Zur Diskussion um eine gesetzliche Regelung der „Sterbehilfe“, 2005.

[484] Verankert mit G v. 29.7.2009 (BGBl. 2009 I 2286), s. §§ 1901a, b BGB; die Strafbarkeit der Tötung auf Verlangen, § 216 StGB, bleibt erhalten, ist aber modifiziert, so BGH NJW 2010, 2963, in Zusammenführung der früher unterschiedenen aktiven und passiven Sterbehilfe unter dem Begriff des „Behandlungsabbruchs“.

[485] BVerfG Urt. v. 26.2.2020 – 2 BvR 2347/15, 2 BvR 651/16, 2 BvR 1261/16, 2 BvR 1593/16, 2 BvR 2354/16, 2 BvR 2527/16.

[486] Vom „überfälligen Befreiungsschlag“ (*FAZ* v. 27.2.2020, Recht auf Persönlichkeit geht vor, abrufbar unter https://www.faz.net/aktuell/feuilleton/debatten/sterbehilfe-urteil-das-persoenlichkeitsrecht-geht-vor-16653128.html (25.5.2020) bis hin zum „Bruch mit allem“ (*FAZ* v. 26.2.2020, Ein Bruch mit allem, abrufbar unter https://www.faz.net/aktuell/politik/inland/kommentar-zum-sterbehilfe-urteil-ein-bruch-mit-allem-16653161.html (25.5.2020); die Wendung vom „entgrenzten Gericht“ wird zitiert von *C. Schütz,* Stiftungsrat der Deutschen Palliativ-Stiftung (https://www.focus.de/finanzen/boerse/wirtschaftsticker/unternehmen-deutsche-palliativ-stiftung-kritisiert-sterbehilfe-urteil_id_11706386.html (5.4.2020); dazu grundsätzlich *Jestaedt/Lepsius/Möllers/Schönberger,* Das entgrenzte Gericht, 2011.

[487] BVerfGE 144, 20 (207).

[488] Hier bleibt indes die Frage, ob zur Entscheidung einer ethisch so grundlegenden, für eine freiheitliche Gesellschaft durchaus identitätsprägenden Frage nicht besser der demokratisch unmittelbar legitimierte Gesetzgeber berufen wäre.

Strafe – Art. 1 Abs. 1 gebietet, dass „keine Strafe ohne Schuld verhängt werden darf"[489] und dass die „verhängte Strafe die Schuld des Täters nicht übersteigen darf, sondern in einem gerechten Verhältnis zur Schwere der Tat und zum Maß der Schuld des Täters stehen muss."[490] Strafrecht darf wegen Art. 1 Abs. 1 nur als ***ultima ratio*** des Rechtsgüterschutzes eingesetzt werden, wenn ein Verhalten über sein „Verbotensein" hinaus in besonderer Weise sozialschädlich und für das geordnete Zusammenleben der Menschen unerträglich, seine Verhinderung deshalb besonders dringlich ist.[491] Die angedrohte Strafe darf „nach Art und Maß der unter Strafe gestellten Handlung nicht schlechthin unangemessen oder gar grausam, unmenschlich oder erniedrigend sein."[492] Insbesondere der Freiheitsentzug muss menschenwürdig ausgestaltet sein.[493] S. auch Lebenslange Freiheitsstrafe.

Strafprozess – So wie sich das Strafrecht am Menschenwürdemaßstab verlangt auch das Strafprozessrecht, genauer formuliert das Straf- und Ordnungswidrigkeitenverfahren eine strikte Achtung der Menschenwürde.[494] Die Rechtsprechungsbeispiele sind reichhaltig. Sie betreffen etwa das Wahrheitsermittlungsgebot[495], die Verwendung genetischer Fingerabdrücke[496] oder die zwangsweise Verabreichung von Brechmitteln[497]. Verfahrensabsprachen sind auch im Strafprozess nicht grundsätzlich ausgeschlossen.[498] Große öffentliche Aufmerksamkeit fand in den 1990er Jahren die *Honecker*-Entscheidung. Es verletzte die Menschenwürde, wenn ein Strafverfahren fortgesetzt werde, obwohl nach den tatrichterlichen Feststellungen davon auszugehen sei, dass der Angeklagte infolge schwerer und unheilbarer Erkrankung mit an Sicherheit grenzender Wahrscheinlichkeit das Ende des Strafverfahrens in erster Instanz nicht mehr erleben werde.[499] Eine absolute Altersgrenze für die Durchführung strafrechtlicher Erkenntnisverfahren verlangt der Menschenwürdegrundsatz indes nicht.[500] S. auch die Stichworte „Beweisverbot"; „Lügendetektor"; „Strafe"; „Unschuldsvermutung". Von Relevanz sind schließlich auch die Auslieferungsfälle.[501]

---

489 BVerfGE 57, 250 (275); 80, 244 (255); 95, 96 (140); 110, 1 (13); BayVerfGH BayVBl. 1982, 400 (402).

490 BVerfGE 50, 5 (12), lebenslange Freiheitsstrafe trotz verminderter Schuldfähigkeit, unter Hinweis auf BGHSt 24, 173 (175), Mindeststrafe für Autostraßenraub; *Lindner* AöR 133 (2008), 235.

491 BVerfGE 88, 203 (258).

492 BVerfGE 50, 125 (133); BVerfGE 109, 133 (150); so auch Art. 3 EMRK, wobei jedoch das Verhältnis von dessen Anforderungen zu denen des Art. 1 Abs. 1 noch weithin ungeklärt ist, vgl. BVerfG BeckRS 2016, 51423.

493 BVerfGE 109, 133 (150); BVerfG NJW 2012, 3357 (3358); NJW 2016, 389; zur menschenunwürdigen Haftunterbringung s. *Muckel* JA 2016, 153.

494 Grundlegend BVerfGE 55, 144 (150); *Benda* in BMV VerfassungsR-HdB Rn. 161 (171 ff.); siehe auch *Demko,* Menschenrecht auf Verteidigung" und Fairness des Strafverfahrens auf nationaler, europäischer und internationaler Ebene. Dargestellt anhand eines Strafrechtsvergleichs zum Konfrontationsrecht des Angeklagten gegenüber Belastungszeugen und unter Zugrundelegung von Erkenntnissen aus Philosophie und Psychologie, 2014.

495 BVerfGE 57, 250 (287); *Schaede,* Wahrheit im Strafprozess. Reform zur „bestmöglichen Ermittlung des wahren Sachverhalts", 2015.

496 BVerfGE 103, 21 (31 ff.); BVerfG NJW 2001, 2320; BGH NJW 1990, 2328; LG Heilbronn NJW 1990, 784; *Labudde/Mohrhaupt,* Bioinformatik im Handlungsfeld der Forensik, 2018; *Beck,* Die DNA-Analyse im Strafverfahren. De lege lata et ferenda, 2015.

497 BVerfG NStZ 2000, 96, krit. *Rixen* NStZ 2000, 381; *Ufer,* Die zwangsweise Verabreichung von Brechmitteln: eine Darstellung einfachgesetzlicher und verfassungsrechtlicher Vorgaben unter besonderer Berücksichtigung aktueller Entwicklungen und rechtsvergleichender Aspekte, 2007; s. ferner EGMR 11.7.2006 – 54810/00, NJW 2006, 3117 – Jalloh/Deutschland; *Safferling* Jura 2008, 100.

498 BVerfGE 133, 168 = NJW 2013, 1058.

499 VerfGH Bln NJW 1993, 515; dazu *Höfling* in Sachs Rn. 42.

500 VerfGH Bln NJW 1994, 436, Erich Mielke.

501 BVerfG NJOZ 2016, 1879: Eine Verwertung des Schweigens zu Lasten des Angeklagten hindert eine Auslieferung in das Vereinigte Königreich nicht. BVerfG NJW 2016, 1149: Der Schuldgrundsatz gehört zur Verfassungsidentität und muss auch bei Auslieferungen Beachtung finden (Europäischer Haftbefehl II).

Strafvollzug – Was für das materielle Strafrecht und den Strafprozess gilt, findet im Strafvollzugsrecht seine Fortsetzung: Die Strafvollzugsbehörden müssen die Menschenwürde des Strafgefangenen achten und schützen.[502] Die Grundrechte gelten auch im Strafgefangenenverhältnis als **Sonderstatusverhältnis.**[503] Das betrifft vor allem die Haft- und Unterbringungsbedingungen.[504] Auch der EuGH hat auf Grundlage der Menschenwürde und in enger Orientierung an der EGMR-Rechtsprechung Mindestanforderungen für Haftbedingungen konkretisiert. Eine nationale Justizbehörde dürfe bei der Vollstreckung eines Europäischen Haftbefehls ausnahmsweise dem Grundrechtsschutz Vorrang vor dessen Wirksamkeit einräumen; das Verbot unmenschlicher oder erniedrigender Behandlung habe absoluten Charakter.[505]

Tierschutz – → Rn. 28. S. Umweltschutz.

Todesstrafe – Ihre Verhängung und Vollstreckung wäre – abgesehen von Art. 102 – auch mit Art. 1 Abs. 1 unvereinbar.[506] Zur Bedeutung der grundgesetzlichen Absage an die Todesstrafe für Ausweisung, Abschiebung und Auslieferung → Rn. 78.

Transsexuelle – S. „Sexuelle Identität".

Umweltschutz – Im Schrifttum wurde vereinzelt versucht, einen Abwehranspruch des Bürgers gegen Eingriffe in Naturschönheiten[507] oder überhaupt ein Grundrecht auf Umweltschutz auf Art. 1 Abs. 1 zu stützen.[508] Näher lägen freilich die Abwehr von Eingriffen in die körperliche Unversehrtheit (Art. 2 Abs. 2) oder das Eigentum (Art. 14) durch schädliche Umwelteinwirkungen respektive eine staatliche Schutzpflicht zu deren Verhinderung.[509] Die aktuelle Klimaschutzdebatte setzt einen ganz eigenständigen Akzent und sucht Art. 1 Abs. 1 als menschheitsbezogen Verpflichtung zum Schutz künftiger Generationen zu aktivieren.[510] Sehr weit geht auch die Behauptung, das Umweltrecht müsse wegen Art. 1 Abs. 1 „anthropozentrisch" ausgerichtet werden.[511] Aus dem Menschenwürdegrundsatz folgt jedenfalls weder die Unzulässigkeit des Schutzes von Tieren oder Naturgütern um ihrer selbst willen noch die umgekehrte Verpflichtung, Eigenrechte der Natur zu schaffen.[512]

---

[502] Ganz frühe Beispiele schon bei *v. Münch* JZ 1958, 73 (74).

[503] *Morlok/Michael,* Grundrechte, 2019, § 4 Rn. 49; Aus der lange Reihe von Entscheidungen etwa BVerfGE 33, 1 (11); 45, 187 (228); weiterhin VerfGH Bln StV 2010, 374 – Größe einer Zelle; OLG Hamm MDR 1970, 611 – Größe des Duschraumes; OLG Hamburg NJW 1965, 647 – Anrede; BGH JZ 1991, 1146 mAnm *Krahl* – Sichtspion; BVerfG NJW 1993, 3190; sowie BVerfG NJW 2011, 137 – grob unhygienische und widerliche Haftraumbedingungen; BVerfG NJW 1995, 383 – Disziplinarmaßnahmen; BVerfG NJW 1996, 2643 – Betreten des Haftraums ohne Anklopfen. S. ferner OLG Celle NJW-RR 2004, 380. Auch rechtspolitisch im Streit stand lange § 80 StVollzG, der eine Unterbringung nichtschulpflichtiger Kinder bei der Mutter in der Vollzugsanstalt ermöglicht, wenn dies dem Kindeswohl entspricht.

[504] Unterbringung eines psychisch auffälligen Strafgefangenen in einem besonders gesicherten Haftraum ohne gefährdende Gegenstände und mit durchgängiger Kameraüberwachung, und zwar nackt ausgezogen, BVerfG NJW 2015, 2100, dazu *Steinbeis,* Nackt in der Zelle: Menschenwürde im deutschen Strafvollzug, abrufbar unter https://verfassungsblog.de/nackt-in-der-zelle-menschenwuerde-im-deutschen-strafvollzug/ (8.4.2020).

[505] EuGH C-128/18, ECLI:EU:C:2019:857 – Dorobantu; dazu *Neumann,* Europäische Einigkeit in Action: Menschenwürde im Strafvollzug, abrufbar unter https://voelkerrechtsblog.org/europaische-einigkeit-in-action-menschenwurde-im-strafvollzug/ (8.4.2020); Umfassend *Rung,* Grundrechtsschutz in der europäischen Strafkooperation. Die Vorgaben der Charta der Grundrechte der Europäischen Union für den Europäischen Haftbefehl, 2019; *Haggenmüller,* Der Europäische Haftbefehl und die Verhältnismäßigkeit seiner Anwendung in der Praxis, 2018.

[506] → Art. 102 Rn. 10.

[507] *Sening* BayVBl. 1976, 72 (76).

[508] *Lücke* DÖV 1976, 289 (290); abl. BVerwGE 54, 211.

[509] Etwa *Voßkuhle* NVwZ 2013, 1 (5).

[510] Dazu oben → Rn. 27 sowie *Kleiber,* Der grundrechtliche Schutz künftiger Generationen, 2014.

[511] Hierzu *Kloepfer,* Umweltrecht, 2016, § 1 Rn. 50 ff.

[512] Früh *Stone,* Umwelt vor Gericht. Die Eigenrechte der Natur, 1987; 2016 und 2017 wurde von Gerichten dem Ganges in Indien, dem Whanganui in Neuseeland und zuletzt dem

Unschuldsvermutung – S. Strafe.

Untersuchungshaft – Art. 1 Abs. 1 schließt nicht aus, dass der Briefverkehr eines Untersuchungsgefangenen der richterlichen Kontrolle unterliegt, um eine Gefährdung des Zwecks der Untersuchungshaft zu verhindern, vgl. § 119 StPO. Dabei ist jedoch – ua – „die besondere Bedeutung des Grundrechts der freien Meinungsäußerung im Bereich der ehelichen Privatsphäre" zu beachten.[513]

Versuche, medizinische – S. Medizinische Versuche.

Weiterleben als Schaden – In einem Grundsatzurteil aus dem Jahre 2019 stellte der BGH fest, dass das Weiterleben eines Patienten, der bei pflichtgemäßem Verhalten des Arztes früher verstorben wäre, keinen ersatzfähigen Schaden darstelle.[514] Der Arzt muss wegen einer Lebenserhaltung seines Patienten durch künstliche Ernährung weder Schmerzensgeld noch Schadensersatz leisten. Wörtlich heißt es: „Das menschliche Leben ist ein höchstrangiges Rechtsgut und absolut erhaltungswürdig. […] Deshalb verbietet es sich, das Leben – auch ein leidensbehaftetes Weiterleben – als Schaden anzusehen."[515]

Wehrdienst – Auch nach Aussetzung (nicht Abschaffung!) des Wehrdienstes[516] ist die Wehrverfassung noch von Bedeutung. Die Menschenwürde bildet ihre Grundlage, sie „bedarf im militärischen Bereich sogar besonderer Beachtung."[517] Die Besonderheiten des Wehrdienstverhältnisses bringen es mit sich, dass hier einerseits die Gefahr von Verletzungen der Menschenwürde besonders groß ist, andererseits die spezifische Situationsabhängigkeit des Menschenwürdegrundsatzes eine höhere Eingriffsschwelle bedingt. Verboten sind jedenfalls gezielte Schikanen, systematische Ehrverletzungen oder persönlichkeitsbrechende Maßnahmen.[518]

Wehrdienstverweigerung – Da der allgemeine Wehrdienst nur ausgesetzt, nicht abgeschafft wurde, sei auf die frühere – aktuelle kaum relevante – Rechtsprechung zur Wehrdienstverweigerung verwiesen.[519] Wenn der Wehrpflichtige voraussichtlich ohnehin nicht zum Wehrdienst herangezogen wird, hat er jedenfalls aus Art. 1 Abs. 1 keinen Anspruch auf Durchführung des Anerkennungsverfahrens als Wehrdienstverweigerer.[520] Ein Anerkennungsverfahren für Wehrdienstverweigerer führt bei verfassungsgemäßer Handhabung im Einzelfall nicht zu einer Verkürzung des Grundrechts aus Art. 1 Abs. 1.[521]

Wehrpflicht – Die Wehrpflicht (vgl. Art. 12a Abs. 1) wurde zum 1. Juli 2011 nur ausgesetzt[522], ihre Wiedereinführung wäre praktisch gewiss schwierig, rechtlich aber jederzeit möglich.[523] Für den Verteidigungs- und Spannungsfall besteht die Wehrpflicht

---

Río Atrato in Kolumbien der Status eines Rechtssubjekts zugesprochen, https://www.derstandard.de/story/2000074729919/ein-fluss-mit-persoenlichkeitsrechten (6.4.2020).

[513] BVerfGE 35, 35 (39 f.); siehe auch BVerfGE 57, 170 (177); 42, 234 (236). Umfänglich *Morgenstern,* Die Untersuchungshaft. Eine Untersuchung unter rechtsdogmatischen, kriminologischen, rechtsvergleichenden und europarechtlichen Aspekten, 2018.

[514] BGH Urt. v. 2.4.2019 – VI ZR 13/18, mit Anm. *Locher* FamRB 2019, 276; *Schneider* FamRZ 2019, 999; weiterhin *Möller* EE 2019, 91.

[515] BGH NJW 2019, 1741 LS 1.

[516] Dazu → Fn. 522.

[517] BVerwGE 113, 70 f.; 115, 174 (176); weiterhin BVerwGE 73, 187 (192); 83, 300 (301); 93, 140; 113, 70 f.; 115, 174 (176).

[518] Zur Absurdität „Scheinerhängung" eines Untergebenen s. BVerfGE 83, 384 (391); zum Befehl zum Verzehr von Regenwürmern BVerwG NJW 1992, 587; zu sexueller Belästigung BVerwG NVwZ 1999, 659; Illustrativ *Döbert,* „Seien Sie nicht so naiv!" Mein Wehrdienst bei der Bundeswehr 1.7.1981 – 30.9.1982, 2015.

[519] *Kramer,* Politische Entscheidungsfindung. Das Spiel mit der Wehrpflicht. Rationalität politischen Handelns, 2015; → Art. 4 Rn. 112 ff. und 12a Rn. 12 ff.

[520] BVerwG NVwZ 1986, 748 (750).

[521] BVerfGE 48, 127 (166) unter Hinweis auf BVerwGE 55, 217; abwM *Hirsch* BVerfGE 48, 185 (193 f.); s. ferner BVerfGE 69, 1 (34).

[522] BGBl. 2011 I 1730.

[523] Zur Debatte aus dem Sommer 2018 https://www.welt.de/politik/deutschland/article180688760/Debatte-ueber-Dienstpflicht-Wehrpflicht-Die-wichtigsten-Fragen-und-Antworten.html (9.4.2020).

fort.[524] Sie verstößt, wie das BVerfG in einer frühen Leitentscheidung festgestellt hat, nicht gegen Art. 1 Abs. 1.[525] Der Gewissensschutz für Wehrdienstverweigerer gem. Art. 4 Abs. 3 „wahrt zugleich die Würde des Menschen."[526]

Züchtigung, körperliche – S. Erziehungsmaßnahmen; Prügelstrafe.

Zwangsarbeit – Diskutiert wird die Frage einer möglichen Anordnung von Arbeitsmaßnahmen nach dem JGG aus der Sicht des Art. 1 Abs. 1.[527]

II. Bekenntnis des Deutschen Volkes zu Menschenrechten (Art. 1 Abs. 2)

54 **1. Das Deutsche Volk bekennt sich darum zu unverletzlichen und unveräußerlichen Menschenrechten.** Art. 1 Abs. 2 knüpft auch in seinem sprachlichen Duktus an das „Bekenntnishafte" der Präambel an und stellt den gesamten operativen Verfassungsteil unter ein identitätsprägendes Menschenrechtsbekenntnis. Die Menschenrechtsidee ist seine „zentrale, vor- und überstaatliche Leitidee gerechter Ordnung".[528] Zu ihr bekennt sich das „Deutsche Volk" mit der Schaffung des GG.[529] Das BVerfG setzt den Begriff „Deutsches Volk", der sich auch in der Präambel, in Art. 56 und Art 146 findet, ebenso wie den Begriff des „Volkes" (Art. 20 Abs. 2 S. 1) mit dem „Staatsvolk" gleich.[530] Das Staatsvolk wiederum meint die Summe der Staatsangehörigen im Sinne von Art. 116 Abs. 1.[531] Es ist Träger der Volkssouveränität und der verfassunggebenden Gewalt. Sein Bekenntnis will weit mehr sein als ein historischer Hinweis zum Zwecke der legitimatorischen Neuverortung in einem entscheidenden **„constitutional moment"**[532] (dem Erlass des GG). Es geht vielmehr um ein kontinuierliches „Sich-Neu-Bekennen", um ein fortdauerndes Bekenntnis und zugleich um ein Versprechen, das täglich neuer Aktualisierung bedarf. Mit der Wiedervereinigung ist eine erweiternde Aktualisierung ganz eigener Art gelungen. Seit dem 3.10.1990 bekennt sich durch Art. 1 Abs. 2 auch das Volk in den Ländern des Beitrittsgebiets und Gesamtberlins zu den Menschenrechten. Das wahrt nicht nur die Identität zwischen Art. 1 Abs. 2 und der nunmehrigen Fassung der Präambel,[533] sondern auch die Kontinuität der grundgesetzlichen Grund- und Menschenrechtsverfassung seit 1949.

55 Die Formulierung vom „Bekenntnis" macht – abgesehen davon, dass das Menschenrechtsnarrativ zu den tragenden **Meistererzählungen** des Grund-

---

524 *Kramer,* Politische Entscheidungsfindung. Das Spiel mit der Wehrpflicht. Rationalität politischen Handelns, 2015; *Buch,* Wohin mit der Wehrpflicht? Weisen die Partner wirklich den richtigen Weg?, 2010; allg. *Grimm,* Allgemeine Wehrpflicht und Menschenwürde, 1982.

525 BVerfGE 12, 45 (50).

526 BVerwGE 12, 270 (271); zur Gewissenfreiheit für Soldaten im Kontext des Irak-Kriegs *Kotzur* JZ 2006, 25 (in Auseinandersetzung mit der einschlägigen Judikatur des BVerfG).

527 BVerfGE 74, 102 (120); iÜ → Art. 12 Rn. 145 ff., insbes. 150.

528 *Enders* in Stern/Becker Rn. 103.

529 Zunächst jedoch nur eine Teilmenge des Volkes, nämlich das Volk in den Bundesländern, die an der Verfassungsgebung von 1949 beteiligt waren; sie waren in der Präambel in der bis zum 3.10.1990 geltenden Fassung aufgezählt.

530 BVerfGE 83, 37 (50).

531 → Art. 116 Rn. 36.

532 *Ackerman,* We the People. Foundations, 1991, 59; siehe weiterhin *Ackerman* Harvard Law Review 101 (1988), 1164 ff.; *Ackerman* in Levinson Responding to Imperfection. The Theory and Practice of Constitutional Amendment, 1995, 63 ff.; *Ackerman* American Prospect 9 (1998), 34 ff.

533 S. *Dreier* in Dreier Art. 1 Abs. 2 Rn. 16; sa *Dederer* JöR nF 57 (2009), 89 (95 f.).

gesetzes gehört[534] – die normative Einordnung schwierig. Sie sagt zunächst nichts aus über die Geltung des Bekannten als Recht, lässt aber schwerlich auf einen vollziehbaren Rechtsgehalt rückschließen.[535] Gleichzeitig will sie nicht nur Kenntnisnahme sein, sondern Engagement, Unterstützung, Orientierung und – bis hinein in die Außenpolitik – politische Handlungsanleitung.[536] Zugleich spannt Art. 1 Abs. 2 den „Bogen von der metaphysischen Menschenrechtsphilosophie zur **positiven Grundrechtsverfassung**"[537], er macht das „geistesgeschichtliche Traditionsgut der Menschenrechtsidee" zur grundgesetzlichen Verfassungssubstanz[538] und orientiert sich zugleich an völkerrechtlichen Menschenrechtsstandards.[539] Anders als in der Lit. mitunter angedeutet[540], stehen geistesgeschichtlich-naturrechtliche und völkerrechtlich-menschenrechtliche Bezugnahme nicht in einem Gegensatz, sie greifen vielmehr komplementär in das dem Staat Vorausliegende und das ihn Überwölbende aus. Das Grundgesetz findet die Menschenrechtsidee vor, es maßt sich nicht an, sie zu erfinden.[541] Und es weiß, dass der Verfassungsstaat sich niemals von ihr lossagen kann, ohne seine Qualität als eben solch ein Verfassungsstaat zu verlieren.[542]

Indes schreibt Art. 1 Abs. 2 kein begründungstheoretisches Lehrbuch. **56**
Rechtstheoretische Fragen wie diejenige nach dem Geltungsgrund von Normen sind der Normierung durch den rechtsetzenden Staat entzogen. Das GG

---

[534] Wie für eine Legitimationserzählung typisch, nennt Art. 1 Abs. 2 auch die Gründe für das Bekenntnis („darum"): „Weil" in Abs. 1 die Menschenwürde für unantastbar erklärt ist, die Achtung für sie und ihr Schutz staatliche Verpflichtung sind, bekennt sich das Volk zu den Menschenrechten. Logisch zwingend wäre diese Verknüpfung nicht. Zum einen macht das Bekenntnis (des Volkes!) Sinn auch unabhängig von der Reichweite staatlicher/staatenübergreifender Verpflichtungen, zum anderen kann die Staatsgewalt auf die Würde verpflichtet werden auch ohne allgemeine verfassungsrechtliche Hinwendung zu „den" Menschenrechten, zumal diese – thematisch nur in einer Auswahl, aber weitreichend in der jeweiligen Schutzgewähr und im Geltungsbereich – durch Art. 1 Abs. 3 und die nachfolgenden Grundrechte festgelegt werden. Die Begründung des Bekenntnisses will vielmehr innerstaatlicher Signalwirkung und außenpolitischer Relevanz entfalten, und die Volkssouveränität instrumental auf die Menschenrechte hin verorten; siehe dazu auch *Müller* FS f. Wildhaber, 1997, 45 ff., 61 ff.; *Kotzur,* Theorieelemente des internationalen Menschenrechtsschutzes, 2001, 324 ff. mwN.

[535] *Enders* in Stern/Becker Rn. 103.

[536] Vgl. *Denninger* JZ 1996, 585; zurückhaltender *Jarass* in Jarass/Pieroth Rn. 38; abl. *Waldhoff* in Fassbender/Depenheuer/Waldhoff Menschenrechte als Weltmission, 2009, 43 ff.

[537] *Höfling* in Sachs Rn. 2.

[538] *Dederer* JöR nF 57 (2009), 89 (95 f.); *Enders* in Stern/Becker Rn. 102; *Enders,* Die Menschenwürde in der Verfassungsordnung, 1997, 429; *Isensee* in Merten/Papier HdbGR II, § 26, Rn. 92.

[539] So heißt es bei *Herdegen* in Maunz/Dürig Art. 1 Abs. 2 Rn. 1, das Bekenntnis zu „unverletzlichen und unveräußerlichen" Menschenrechten schaffe eine „unmittelbare Verbindung zwischen der anthropozentrischen Ausrichtung der Verfassung und den Grundwerten der modernen Völkerrechtsordnung". Und noch eindeutiger; Art. 1 Abs. 2 rezipiere „*universell* geltende Standards, wie sich aus dem Verweis auf *jede* menschliche Gemeinschaft sowie auf Frieden und Gerechtigkeit *in der Welt*" ergebe.

[540] *Enders* in Stern/Becker Rn. 102.

[541] Dezidiert *Badura,* StaatsR, C Rn. 1: „[Das GG] erkennt eine vorstaatliche und überpositive Verpflichtung aller staatlichen Gewalt an" und nehme „nicht für sich in Anspruch, die unverletzlichen und unveräußerlichen Menschenrechte erst durch die Verfassungsgebung hervorzubringen."

[542] Mit wegweisend universellem Anspruch Art. 16 der „Déclaration des Droits de l'Homme et du Citoyen" („Erklärung der Menschen- und Bürgerrechte"), der eine Garantie der Menschenrechte und das Prinzip der Gewaltenteilung dem Verfassungsstaat zu seinem typusbestimmenden Erbe macht: „Toute Société dans laquelle la garantie des Droits n'est pas assurée, ni la séparation des Pouvoirs déterminée, n'à point de Constitution."

kann weder festlegen, warum die in Bezug genommenen Menschenrechte gelten, noch kann es das Versprechen einlösen, sie zur Grundlage jeder menschlichen Gemeinschaft, des Friedens und der Gerechtigkeit auf der ganzen Welt zu machen. Es kann sich aber zu ihrer Idee bekennen, „Treuhänder“[543] dieser Idee sein und daraus im Rahmen seiner Gestaltungsmacht die normativen Konsequenzen ziehen, wie insbesondere durch Art. 1 Abs. 3 geschehen. Es gilt, die politische Schubkraft der Menschenrechte in effektive rechtliche Steuerung zu übersetzen. Dazu bedarf es – ganz losgelöst von naturrechtlichen und/oder überstaatlichen Fundierungen – der verbindlichen Garantie im positiven Verfassungsrecht.[544] Die Reflektion über das dieser Positivierung Vorausliegende, die im Wortlaut von Art. 1 Abs. 2 anklingt, will keine **naturrechtliche Überhöhung der Menschenrechte,** sondern eine **Selbstbescheidung des Souveräns.** Das „Deutsche Volk“ kann aus dem so vorgezeichneten Rahmen niemals mehr heraustreten, weder im Rahmen der verfassten noch Kraft seiner verfassunggebenden Gewalt. Volkssouveränität und politische Selbstbestimmung sind menschenrechtlich limitiert.

57 Es wäre jedoch verfehlt, diese Limitierung im Sinne eines fixen, ein für alle Mal feststehenden Menschenrechtsbestandes zu missdeuten und die Menschenrechtsidee somit ihres **dynamisch-emanzipatorischen Potentials** zu entkleiden.[545] Gewiss lässt sich Art. 1 Abs. 2 für die Auslegung der nachfolgenden Grundrechte sowie für die Auslegung des Art. 79 Abs. 3 (Grenzen von Verfassungsänderungen) fruchtbar machen: Die menschenrechtliche Tradition soll auf diese Weise die Gehalte einzelner oder aller Grundrechte mitbestimmen bzw. vor dem Zugriff des verfassungsändernden Gesetzgebers abschirmen.[546] Konkret hat das BVerfG Art. 1 Abs. 2 beispielsweise in seinem BND-Urteil 2020 zur Begründung der Grundrechtsbindung der deutschen Staatsgewalt auch bei einem Handeln gegenüber Ausländern im Ausland herangezogen.[547] Dabei sei aber nicht vergessen: Die Tradition selbst ist etwas Dynamisches und war nie etwas Unbestrittenes; aus ihr allein ist kein eindeutiger Rückschluss auf Kern- oder Wesensgehalte möglich.[548] Der die Grundrechte ausgestaltende und interpretierende Verfassungsstaat nimmt sich mit seinem Bekenntnis nach Art. 1 Abs. 2 weder die Interpretations- noch die Ausgestaltungsfreiheit. Die verpflichtende Kraft des Bekenntnisses unterscheidet sich deutlich von der einer Geltungsanordnung, wie sie Art. 1 Abs. 3 auf Grundlage des positiven Grundrechtsbestands (die „nachfolgenden“ als die nachfolgend positivierten Grundrechte) für die Rechtsetzung und Rechtsanwendung trifft oder wie sie die Schranke des Art. 1 Abs. 1 sogar für

[543] Angelehnt an *Scelle* FS f. Wehberg, 1956, 324 ff. *Scelle* verstand die „treuhänderische“ funktionelle Verdoppelung als eine Art „Notbehelf, um die institutionell schwach ausgeprägte Völkerrechtsordnung zu unterstützen“; sa *Bauerschmidt,* Die Rechtsperson der Europäischen Union im Wandel, 2019, 77 ff.

[544] Vgl. – in anderem Zusammenhang – *Stern,* StaatsR III/1, 1988, § 72 II 5.

[545] Zur emanzipatorischen Deutung der Menschenrechte *Vasel,* Regionaler Menschenrechtsschutz als Emanzipationsprozess. Grundlagen, Strukturen und Eigenarten des europäischen und interamerikanischen Menschenrechtsschutzsystems, 2017.

[546] Vgl. allg. BVerfGE 84, 90 (121); 109, 279 (310) „erlangt insoweit Bedeutung“.

[547] BVerfG Urt. v. 19.5.2020 – 1 BvR 2835/17, Rn. 93 ff.; Urteilsgegenstand waren die Vorschriften für die sogenannte strategische Fernmeldeaufklärung im Ausland. Dabei durchforstet der BND ohne bestimmten Verdacht – also anlasslos – große Datenströme nach Informationen.

[548] *Enders* in Stern/Becker Rn. 106 unter Verweis auf BVerfGE 22, 180 (219); 109, 133 (156), 109, 273 (311).

die Verfassungsänderung zieht. Das Bekenntnis verpflichtet „nur" zur Orientierung an einer Leitidee. Das ist – so paradox es klingen mag – weniger und mehr zugleich.

Es ist weniger, weil die ins positive Recht des GG übersetzten Grundrechte **58** selbst entscheiden, wie sie zu verstehen sind, in welchem Ausmaß sie „Traditionen" rezipierend aufgreifen oder produktiv über das Überkommene hinaus neue Grundrechtsgehalte konturieren (etwa Art. 3 Abs. 2, auch Art. 2 Abs. 2 S. 1). An Vorformen ist das Grundgesetz dabei nicht gebunden; es kann sich aber auch nicht mit dem schlichten Verweis auf Vorformen entlasten.[549] Ob Einzelgrundrechte textuell geändert werden können und, wenn ja, in welcher Weise, entscheidet sich danach, was die Verpflichtung auf den Würdeschutz verlangt, also anhand von Art. 1 Abs. 1.[550] Es ist zugleich mehr, weil die **Übersetzungsleistung** durch die Menschenrechtsidee determiniert ist. Das limitiert nicht nur, wie ausgeführt, die Gestaltungsmacht des demokratischen Souveräns, es verpflichtet ihn vielmehr auch zu beständiger Konkretisierung und Aktualisierung dieser Idee, ganz konkret: zur Arbeit an den Grundrechten (durch Interpretation, Optimierung[551], Geltungssicherung, Fortschreibung etc.).

Der Verweis auf die **Menschenrechtsidee** steht für die menschenrechts- **59** bezogene Völkerrechtsfreundlichkeit des GG. Er verlangt nach einer präzisen Bestimmung des **Begriffs der Menschenrechte**[552] und seiner Abgrenzung von den **Grund-** und **Bürgerrechten.** Menschenrechte bezeichnen all die Rechte, die auf völkervertrags- oder völkergewohnheitsrechtlicher Grundlage allen Menschen weltweit zustehen. Die Grundrechte des GG übersetzen die universellen Gehalte in nationales Recht, gehen teils noch darüber hinaus, gelten aber nur für den Hoheitsbereich (nicht notwendig begrenzt auf das Territorium) der Bundesrepublik Deutschland, deren Verfassung sie positivrechtlich verbürgt. Als „Bürgerrechte" wird der Teil der Grundrechte bezeichnet, die den Staatsbürgern (Art. 116 Abs. 1) vorbehalten sind. Die Menschenrechte als solche stehen für ein Grundkonzept von der Rolle des Einzelnen gegenüber dem eigenen Staat und anderen Staaten[553]; sie bedingen ein instrumentales Staatsverständnis[554]. Schärfere Konturen hat der Menschenrechts- als Rechtsbegriff zunächst nicht. Vor allem gilt: Auch wenn die Menschenrechtsidee als solche Universalität beansprucht,[555] sind die Menschenrechtsverbürgungen aus nationalen Verfassungen und völkerrechtlichen Verträgen in ihrer konkreten Gestalt höchst partikulär – historisch wie kultu-

---

[549] Etwa mit der „Entschuldigung", auf neue Gefährdungslagen halte das Vorgeformte keine Antworten vor.

[550] Eine hiervon zu trennende Frage ist diejenige, ob Art. 1 Abs. 2 als solcher geändert werden könnte. Auch hier gilt: textlich gewiss, aber nicht in der Substanz, siehe BVerfGE 84, 90 (121); *Meixner* DÖV 1997, 184.

[551] *Häberle* AöR 114 (1989), 361 (364), spricht von „optimaler Grundrechtsverwirklichung".

[552] Aus der Fülle der Lit. etwa *Frick,* Menschenrechte und Menschenwerte. Zur konzeptionellen Belastbarkeit der Menschenrechtsidee in ihrer globalen Akkommodation, 2017; *Pollmann/Lohmann,* Menschenrechte. Ein interdisziplinäres Handbuch, 2012; *Menke/Pollmann,* Philosophie der Menschenrechte zur Einführung, 3. Aufl. 2012; *Tönnies,* Die Menschenrechtsidee. Ein abendländisches Exportgut, 2011.

[553] *Hofmann* JZ 1992, 165 mwN.

[554] *Häberle* VVDStRL 48 (1990), 128 f.

[555] *Babke,* Menschenwürde – Probleme der Begründung einer universalen Norm, 2016; aus theologischer Sicht: *Krämer/Vellguth,* Diskurse zur Universalität und Unveräußerlichkeit, 2016.

rell bedingt. Garantien mit effektivem (globalem) Anspruch können erst aus einer vergleichenden Zusammenschau dieser partikulären Vielfalt entstehen. Plastisch sei solch ein Prozess als Dreischritt gekennzeichnet. Die letztlich in naturrechtlichen Vorstellungen gründende Idee unveräußerlicher Menschenwürde und universeller Menschenrechte (1) findet in ganz unterschiedlichen Verfassungs- oder völkerrechtlichen Vertragstexten konkrete Form, in ganz unterschiedlichen Rechtskulturen partikuläre Verwirklichung (2)[556]. Mit Hilfe eines umfassenden Rechts- und Kulturvergleichs[557] können „globale" Menschenrechtstexte (neu-)formuliert, „globale" Theoriekonzepte gewagt und „globale" Durchsetzungsmechanismen erprobt werden (3).

60 Für den **grundgesetzlichen Menschenrechtsbegriff** folgt daraus: Seine partikulären Gehalte eignet er sich schon zum Zeitpunkt der Verfassungsgebung an, und zwar durch bewusste Rezeption des Universellen.[558] Das GG wurde geschaffen, nachdem die Vereinten Nationen (im Jahr 1945) die Grundlagen für eine Umorientierung der Völkerrechtsgemeinschaft hin auch zur Menschenrechtsgemeinschaft gelegt hatten (anthropozentrische Wende).[559] Der damit verbundene Anspruch war hoch, die Chance effektiver Einlösung von Anfang an gering. Die Allgemeine Erklärung der Menschenrechte von 1948[560] – als Resolution der Generalversammlung völkerrechtliches „soft law" – war aber ein Versuch mit durchaus weitreichender Ausstrahlungskraft. Sie spricht wie Art. 1 Abs. 2 in ihrer Präambel von „Unveräußerlichkeit". Das GG suchte insoweit nach dem Ort der Bundesrepublik in der Völkerfamilie, es schaltete sich in eine in Gang gekommene Fortentwicklung der „Verfassung der Völkerrechtsgemeinschaft"[561] ein, nahm Bezug auf einen sich entfaltenden Gedanken, der in den deutschen Verfassungsentwicklungen des 19. Jahrhunderts zunächst nur verhalten aufgenommen, in der ersten Hälfte des 20. Jahrhunderts durch die menschenverachtende NS-Diktatur sodann mit Füßen getreten worden war.

61 Diese Geste der Hinwendung zu einem europäisch-atlantischen, bereits in der Antike gründenden und dennoch „hochmodernen" Erbe macht auch die Verwendung der Begriffe **„unverletzlich"** und **„unveräußerlich"** erklärbar,[562] denen im Übrigen im gegebenen Kontext konkrete normative Bedeutung nicht zukommt: Für den internationalen Rechtsraum wie im Rahmen der Grundrechtsordnung des GG entscheiden die einzelnen Individualrechte selbst, vor welchen Verletzungen sie schützen und inwieweit ihre In-

---

[556] Die Menschenrechtswirklichkeit straft dabei häufig die vollmundigen Versprechen der Menschenrechtstexte Lügen. Auch diesen Aspekt gilt es als wichtiges Vergleichsmoment zu berücksichtigen. Menschenrechtskomparatistik immer auch wirklichkeitsbezogene Defizitanalyse.

[557] Grundlegend *Häberle,* Verfassungslehre als Kulturwissenschaft, 1998, 463; *Wahl* FS f. Quaritsch, 2000, 163 ff., 173 ff.; *Hirschl,* Comparative Matters. The Renaissance of Comparative Constitutional Law, 2014.

[558] Bereits oben → Rn. 7 f.

[559] Schon 1879 hatte *Bluntschli* (Die Entwicklung des Rechts und das Recht der Entwicklung – Kleine Schriften, 45) schlicht festgestellt: „Alles Recht dient dem Menschenleben".

[560] *Fassbender* in Fassbender Menschenrechtserklärung. Neuübersetzung, Synopse, Erläuterung, Materialien, 1 ff.; *Kotzur* MRM 2008, 184 ff.

[561] *Verdross,* Die Verfassung der Völkerrechtsgemeinschaft, 1926; zur völkerrechtlichen Konstitutionalisierungsdebatte statt aller *Kleinlein,* Konstitutionalisierung im Völkerrecht, 2012.

[562] S. in diesem Kontext auch *Moser,* Unveräußerliche Rechte, 2020; *Maier,* Wie universal sind die Menschenrechte?, 1997; entwicklungsgeschichtlich *Hilker,* Grundrechte im deutschen Frühkonstitutionalismus, 2005.

anspruchnahme der Verfügungsbefugnis des Rechtsinhabers entzogen ist. Umso stärker ist der programmatische Anspruch der Doppelcharakterisierung. Sie bekräftigt die Selbstverständlichkeit, dass niemand von vornherein oder wegen seines Verhaltens außerhalb „der" Menschenrechtsordnung gestellt werden darf. Das findet in Art. 18 noch einen – gegenläufigen – Nachklang[563], denn hier zeigt sich die Vorstellung, dass eine Existenz in Würde auch ohne Innehabung der dort genannten Grundrechte (aber eben nur dieser) möglich sei.

Art. 1 Abs. 2 nimmt sein geistesgeschichtliches Erbe und seine überstaatliche Rahmung, wie bereits ausgeführt[564], dynamisch in Bezug.[565] Diese Vorstellung hat auch das BVerfG implizit zum Ausdruck gebracht.[566] Das deutsche Volk bekennt sich – fortwährend und in Abfolge seiner Generationen – auch zu **Fortentwicklungen der Menschenrechtsidee.** Diese Fortentwicklungen können sich instrumentell ergeben (Menschenrechtsschutz durch Verfahren, wie im Rahmen der EMRK[567]). Sie können thematisch bedingt sein (Verfestigung des Gedankens der Selbstbestimmung zur Rechtsnorm in den 60er Jahren, weiterer Aufschwung dessen zu Beginn der 90er Jahre, Reaktion auf immer neue Gefährdungslagen etc.); oft sind sie auch Reaktionen auf Veränderungen der zwischenstaatlichen Rechtsverhältnisse (humanitäre Intervention, Responsibility to Protect, Konzept der menschlichen Sicherheit etc.).[568] Art. 1 Abs. 2 ist also fördernde Zustimmung auch zur Fortentwicklung des Menschenrechtsschutzes, Ausdruck einer völker- und menschenrechtsfreundlichen Verfassung. Das bedeutet nicht eine schlichte Verkoppelung mit dem auf internationalen Bühnen überwiegend für richtig Gehaltenen iS eines blinden Automatismus,[569] wohl aber eine Anbindung an werdendes Recht. Auf diese Rechtsentwicklung Einfluss zu nehmen, hat der vom GG verfasste Staat Gelegenheit – wie jeder andere Staat – in der kooperativen, auf Konsense angewiesenen Völkerrechtsordnung.[570] 62

Für die so skizzierte Dynamik kann exemplarisch das Verhältnis von BVerfG und EGMR angeführt werden. **Reibungsflächen** boten etwa die Straßburger Entscheidungen zur *Bodenreform* in der ehemaligen DDR[571] sowie in den Fällen *Caroline von Hannover* (geb. *von Monaco*)[572] oder *Görgülü*.[573] Leitentscheidungscharakter hat vor allem die *Caroline*-Rechtsprechung. Der EGMR maß bei sog. „Personen der Zeitgeschichte" dem Schutz von deren 63

---

[563] → Art. 18 Rn. 1.
[564] Oben → Rn. 4, 8.
[565] Eher zurückhaltend *Sommermann* AöR 114 (1989), 391 (419).
[566] Durch die Annahme, Art. 1 Abs. 2 rezipiere die „graduelle Anerkennung" der Existenz zwingenden Völkerrechts *(ius cogens);* solches war 1949 kategorial noch nicht anerkannt.
[567] *Blömacher,* Die Menschenwürde als Prinzip des deutschen und europäischen Rechts, 2016.
[568] Zur Erosion des Nichteinmischungsprinzips durch die humanitäre Intervention und die „responsibility to protect", vgl. *v. Arnauld,* Völkerrecht, 2019, Rn. 1148 mwN. Zur „menschlichen Sicherheit" *Stein-Kaempfe,* Human Security – Völkerrechtliche Aspekte eines internationalen Sicherheitskonzeptes zu Beginn des 21. Jahrhunderts, 2008.
[569] *Isensee* in HdbStR V § 115 Rn. 41.
[570] Siehe schon *Bleckmann,* Allgemeine Staats- und Völkerrechtslehre. Vom Kompetenz- zum Kooperationsvölkerrecht, 1995.
[571] EGMR 22.1.2004 – 46720/99, 72203/01 und 72552/01, DVBl. 2004, 365 – Jahn et al; dazu auch *Mückl* Der Staat 44 (2005), 403.
[572] EGMR 24.6.2004 – 59320/00, NJW 2004, 2647 – Caroline von Hannover; *Starck* JZ 2006, 76.
[573] BVerfGE 111, 307; *Benda* AnwBl. 2005, 602.

Privatsphäre gegenüber dem Interesse an der Medienberichterstattung stärkeres Gewicht bei als die deutsche Gerichtsbarkeit.[574] In der Folge näherte sich Karlsruhe bei der Auslegung der kollidierenden Grundrechte Straßburg stärker an.[575] Diese Reaktion verdeutlicht, in welch hohem Maße die Dynamik bei der Auslegung der Grundrechte des GG – umso mehr bei ungeschriebenen Grundrechten wie dem allg. Persönlichkeitsrecht – von der Rechtsprechungspraxis des EGMR (im Beispielsfall zum geschriebenen Art. 8 EMRK) determiniert ist.[576] Art. 1 Abs. 2 öffnet die Tür zur Rezeption regional- bzw. universell-völkerrechtlicher Menschenrechtsstandards und dynamisiert so die Grundrechtsauslegung – auch wenn oder gerade weil (fruchtbare) Kontroversen zwischen den Streitbeilegungsinstanzen nicht ausbleiben.[577]

64 **2. Als Grundlage jeder menschlichen Gemeinschaft, des Friedens und der Gerechtigkeit in der Welt.** Art. 1 Abs. 2 gibt auch den **Sinn** an, der mit dem durch ihn erklärten Bekenntnis verbunden sein soll; die Menschenrechte werden zur Grundlage aller Formen menschlicher Gemeinschaft, von Frieden[578] und Gerechtigkeit[579] erklärt. Als Tatsachenbeschreibung iS einer Feststellung über historische Abläufe ist dieser Satz alles andere als überzeugend, sogar unwahr: Es gab und gibt in der Menschheitsgeschichte zahlreiche „menschliche Gemeinschaften", die den Grundgedanken von der Subjektqualität des Einzelnen nicht einmal im Ansatz erkannten. Es gab und gibt langjährige (jedenfalls äußere) Friedensphasen, immer wieder durchbrochen von Kriegen und Bürgerkriegen – von der Relativität des Gerechtigkeitsbegriffs ganz zu schweigen. Art. 1 Abs. 2 kann insoweit also nur als eine Forderung gemeint sein: Das Bekenntnis bringt zum Ausdruck, dass die innerstaatlichen wie zwischenstaatlichen „Gemeinschaften" die Menschenrechte zur Grundlage nehmen sollen, dass die Wahrung von Menschenrechten unter allen Bedingungen Voraussetzung der Wahrung des inneren wie äußeren Friedens und dass (globale) „Gerechtigkeit" an den Schutzgütern der Menschenrechte auszurichten sei.[580] In diesem Sinne beinhaltet Art. 1 Abs. 2 eine **Staatszielbestimmung** für die deutsche Innen- wie Außenpolitik.[581] Zugleich bringt die Norm eine Rechtsüberzeugung der Bundesrepublik Deutschland zum Ausdruck, die ihre Staatenpraxis prägt und insofern auch für den deutschen Anteil an der Bildung von Völkergewohnheitsrecht relevant ist. Andere Rechtssubjekte als die Bundesrepublik Deutschland kann Art. 1 Abs. 2 nicht binden.[582]

---

574 BGHZ 131, 332; BVerfGE 101, 361; EGMR 24.6.2004 – 59320/00, NJW 2004, 2647 – Caroline von Hannover; → Art. 2 Rn. 8, 55.

575 BVerfGE 120, 180 (199 ff.).

576 Vgl. *Heldrich* NJW 2004, 2634; *Teichmann* NJW 2007, 1917.

577 → Rn. 68 f.

578 *Häberle,* Die „Kultur des Friedens" – Thema der universalen Verfassungslehre, 2017.

579 Etwa *Risse,* On Global Justice, 2012.

580 *Denhard,* Dimensionen staatlichen Handelns, 1996, 119 spricht von „Verteilung von Lebenschancen im Weltmaßstab".

581 Eine interessante Parallele findet sich auf Unionsebene, wenn Art. 21 EUV fordert: „Die Union lässt sich bei ihrem Handeln auf internationaler Ebene von den Grundsätzen leiten, die für ihre eigene Entstehung, Entwicklung und Erweiterung maßgebend waren und denen sie auch weltweit zu stärkerer Geltung verhelfen will: Demokratie, Rechtsstaatlichkeit, die universelle Gültigkeit und Unteilbarkeit der Menschenrechte und Grundfreiheiten, die Achtung der Menschenwürde, der Grundsatz der Gleichheit und der Grundsatz der Solidarität sowie die Achtung der Grundsätze der Charta der Vereinten Nationen und des Völkerrechts".

582 *Starck* in MKS Rn. 137.

Das Bekenntnis zum **Zusammenhang zwischen Menschenrechtswahrung, Friedenssicherung und Gerechtigkeit** verbindet sich mit diesbezüglichen Aussagen insbes. der Präambel, des Art. 9 Abs. 2 und mit Art. 26 (Verbot des Angriffskrieges). Es lässt erkennen, dass Frieden nicht lediglich Abwesenheit von Krieg bedeutet, also nicht im Sinne eines negativen Friedensbegriffs[583] zu verstehen ist. Hinter Art. 1 Abs. 2 steht vielmehr das Ideal des positiven Friedens.[584] In ganz ähnlicher Weise kontextualisiert die Präambel der UN-Charta den „Weltfrieden" unter anderem mit der „Würde" und dem „Wert" der menschlichen Persönlichkeit, mit „sozialem Fortschritt" und „einem besseren Lebensstandard in größerer Freiheit". Art. 1 Nr. 1 UN-Charta will den Weltfrieden nicht nur nach den Maßgaben des Völkerrechts, sondern den Grundsätzen der Gerechtigkeit wahren. Einmal mehr wird die Völkerrechtsnähe von Art. 1 Abs. 2 greifbar. Der positive Frieden verweist nach außen auf eine evolutive Entwicklung der internationalen Beziehungen, nach innen auf einen gesamtgesellschaftlichen Zustand, in dem all diejenigen Gründe von vornherein abgebaut werden sollen, die potentiell zu kriegerischen Auseinandersetzungen und sonstigen Formen von Gewaltanwendung führen könnten.[585] Der positive Frieden zielt ab auf die Selbstbestimmung von Völkern und Menschen und auf die Schaffung von Lebensbedingungen, welche Entwicklung ermöglichen.[586] 65

Die Handlungsspielräume der auswärtigen Gewalt bleiben dabei notwendig groß. Art. 1 Abs. 2 kann die Außenpolitik nur grundsätzlich programmieren, konkrete Einzelmaßnahmen lassen sich aus ihm nicht herleiten. Es entsteht aber immerhin eine Rechtfertigungslast, die nicht schon durch den schlichten Hinweis auf eigenstaatliche Interessen erfüllt werden kann;[587] denn das GG erklärt die **universale Förderung der Menschenrechte** zum Anliegen des Staates. Die Grenzen der Justiziabilität (und damit juristischer Beurteilungskompetenz) sind freilich rasch erreicht. Art. 1 Abs. 2 wird es regelmäßig nicht darum gehen können, einzelne außenpolitische Handlungen zu qualifizieren, wohl aber muss der Duktus der Außenpolitik insgesamt der grundgesetzlichen Vorgabe entsprechen.[588] 66

Zwar trifft Art. 1 Abs. 2 keine explizite Aussage über die **Horizontal- oder Drittwirkung** von Menschenrechten, aber liefert doch immerhin dogmatische Anknüpfungspunkte dafür, indem er die Menschenrechte zur 67

---

[583] *Delbrück* in Delbrück Die Konstitution des Friedens als Rechtsordnung, 9 ff., 11: „Im Zuge der Ablösung von den religiösen Grundlagen wurde Frieden […] sowohl ideengeschichtlich als auch rechtlich bis in unsere Zeit hinein als Rechts- und faktischer Zustand der Gewaltlosigkeit zwischen den Staaten als den allein anerkannten internationalen Akteuren, den geborenen Völkerrechtssubjekten, also als ein internationales, zwischenstaatliches Phänomen verstanden."

[584] *Paech* in Sandkühler Europäische Enzyclopädie zu Philosophie und Wissenschaften II, 186 ff.; *Stuby* in Friedrich-Ebert-Stiftung Forum Berlin Zurück zum Faustrecht? Die Bedeutung des Völkerrechts für ein friedliches Zusammenleben der Völker in einer Welt im Umbruch, 27 ff., 30. Zum „gerechten Frieden", nicht ausschließlich, aber auch aus der Perspektive der evangelischen Theologie siehe *Pausch* in Heun/Honecker/Morlok/Wieland Evangelisches Staatslexikon, 664 ff.; kritisch *Randelzhofer* in Delbrück Völkerrecht und Kriegsverhütung, 1979, 13 ff., 15 ff.

[585] *Wolfrum* in Simma Charta der Vereinten Nationen Art. 1 SVN Rn. 5.

[586] *Wagner,* Menschenrechte in der Entwicklungspolitik: Extraterritoriale Pflichten, der Menschenrechtsansatz und seine Umsetzung, 2017; früh *Kunig* VRÜ 19 (1986), 383; umf. *Kaltenborn,* Entwicklungsvölkerrecht und Neugestaltung der internationalen Ordnung, 1998.

[587] Vgl. *Tomuschat* VVDStRL 36 (1978), 7, auch 45.

[588] Vgl. *v. Hodenberg,* Das Bekenntnis des deutschen Volkes zu den Menschenrechten in Art. 1 Abs. 2 GG, 1997, 122 f.

Grundlage jeder menschlichen Gemeinschaft macht und ihre Geltung nicht exklusiv auf das Staat-Bürger-Verhältnis verengt[589]. Die Menschenrechtsprägung eben jeder Variante menschlicher Gemeinschaft – staatlich verfasster wie zivilgesellschaftlich geordneter – will ein Gesellschaftsideal ausprägen, in der der Eine dem Anderen ein Mindestmaß an Anerkennung nicht versagen darf. Art. 1 Abs. 2 ist mindestens menschenrechtlicher Orientierungswert für die „verfasste Zivilgesellschaft"[590]. Er liefert so der Entwicklung der Drittwirkungslehre Argumentationshilfe.[591]

68 Diskutiert wird nicht nur, ob Art. 1 Abs. 1, Art. 1 Abs. 2 über Art. 59 Abs. 2 hinaus ein **Einfallstor für internationale Menschenrechte** universeller oder regional-völkerrechtlicher Natur (etwa die EMRK) bieten[592], sondern auch, ob diese Einfallsmöglichkeit eine höhere Rangwirkung als die eines einfachen Bundesgesetzes bewirken könne. Das BVerfG erkennt durchaus an, dass das Grundgesetz mit seinem Art. 1 Abs. 1 und Abs. 2 dem Kernbestand an internationalen Menschenrechten einen besonderen Schutz zuweisen und ihnen ein Hineinwirken in die innerstaatliche Rechtsordnung ermöglichen will.[593] Weiter will das Gericht indes nicht gehen. Wie für alle völkerrechtlichen Verträge gelte auch für Menschenrechtsverträge der Weg über Art. 59 Abs. 2, für gewohnheitsrechtliche Menschenrechtsgarantien Art. 25.[594] Art. 1 Abs. 2 ist „nur" das Einfallstor, die Eingangswege – und damit die Hierarchiefrage – legen Art. 59 Abs. 2 und Art 25 fest.

69 Insbesondere für die **EMRK** kann nichts anderes gelten. Auch wenn es im internationalen Vergleich wünschenswert erschiene, ihr wenn nicht Verfassungsrang, so doch Übergesetzesrang zu verleihen, baut Art. 1 Abs. 2 hierfür keine belastbare Brücke. Die Norm verweist auf überstaatliche Menschenrechtsgarantien, ohne sie in innerstaatliches Recht zu inkorporieren oder zu transformieren. Nach Art. 59 Abs. 2 gilt die EMRK innerstaatlich im Rang eines einfachen Bundesgesetzes.[595] Jenseits der Rangfrage aber unterstreicht Art. 1 Abs. 2 die verfassungsrechtliche Pflicht, bei der Anwendung der Grundrechte des Grundgesetzes ebenso wie bei der Anwendung deutschen Rechts insgesamt die EMRK in ihrer konkreten Ausgestaltung und Auslegung durch den EGMR als Auslegungshilfe heranzuziehen.[596] Das hat Karlsruhe in seiner umstrittenen *Görgülü*-Entscheidung[597] nachdrücklich un-

---

[589] *Dürig* FS f. Nawiasky, 1956, 157 ff. und BVerfGE 7, 198; in der Welt der „digital natives" *Schliesky,* Schutzpflichten und Drittwirkung im Internet. Das Grundgesetz im digitalen Zeitalter, 2014.

[590] Zum Begriff *Häberle,* Verfassungslehre als Kulturwissenschaft, 1998, 685.

[591] *Michael/Morlok,* Grundrechte, 2019, § 15 Rn. 481 ff.

[592] → Rn. 62 ff.

[593] BVerfGE 111, 307 (329); siehe weiterhin BVerfG EuGRZ 2016, 149. Entstehungsgeschichtlich dominiert freilich ein anders Narrativ, das der naturrechtlichen, nicht jenes der überstaatlichen Fundierung der Grundrechte, vgl. JöR nF 1 (1951), 48 ff., ausf. *Hillgruber* GS f. Blumenwitz, 2008, 123 ff.

[594] BVerfGE 111, 307 (318); BVerfG EuGRZ 2016. Nachweise bei *Hillgruber* in BeckOK GG Rn. 56; *Jarass* in Jarass/Pieroth Rn. 28. Deutlich weiter geht *Herdegen* in Maunz/Dürig Art. 1 Abs. 2 Rn. 22, 30 und öfter: Er entnimmt Art. 1 Abs. 2 eine dynamische Verweisung auf den durch zwingendes Völkergewohnheitsrecht garantierten menschenrechtlichen Mindeststandard, der so Verfassungsrang erhält und über Art. 79 Abs. 3 GG auch für den verfassungsändernden Gesetzgeber verbindlich wird; dagegen *Hillgruber* GS f. Blumenwitz, 2008, 123, 128 ff.

[595] BVerfGE 111, 307 (317); aA *Bleckmann* EuGRZ 1994, 16 (27); *Ludwigs* EuGRZ 2014, 273.

[596] BVerfGE 111, 307 (329); 128, 326 (366); BVerfG FamRZ 2015, 1263.

[597] BVerfGE 111, 307; *Frowein* FS f. Delbrück, 2005, 279 ff.; die Fälle *Caroline von Monaco* und *Görgülü* behandelt *Benda* AnwBl. 2005, 602 ff.

terstrichen. Die Entscheidung belegt auch, dass Art. 1 Abs. 2 Rechtsprechungskonflikte zwischen staatlichen und überstaatlichen Menschenrechtsinstanzen nicht unterbinden kann, erst recht nicht pauschal zugunsten letzterer entscheiden will. Sehr wohl aber will Art. 1 Abs. 2 die nationale Gerichtsbarkeit auf ein konstruktives **Kooperationsverhältnis** mit ihren internationalen Counterparts hin ausrichten.[598]

III. Grundrechtsbindung (Art. 1 Abs. 3)

1. Die nachfolgenden Grundrechte. Die „nachfolgenden" Grundrechte 70
sind – dem Wortlaut gemäß – zunächst die **im I. Abschnitt des GG** enthaltenen Grundrechte, dies in ihren subjektiven wie in ihren objektiven Gehalten, in ihren materiellen wie prozeduralen Dimensionen.[599] Zu beachten ist, dass der I. Abschnitt durchaus nicht nur „Grundrechte" enthält, sondern auch andere Bestimmungen.[600] Weiterhin erfasst Art. 1 Abs. 3 nicht nur die „unmittelbar" nachfolgenden Grundrechte, sondern seinem Telos nach alle subjektiv-rechtlichen Garantien des Bürgers, die das GG enthält, also zB auch Art. 33 Abs. 2, Art. 38 Abs. 1 S. 1, Art. 103. Das wird augenfällig an der Liste der im Verfassungsbeschwerdeverfahren rügefähigen Individualrechtspositionen (Art. 93 Abs. 1 Nr. 4a).[601] Grundrechte iSd Art. 1 Abs. 3 sind also alle mit der (Individual-)Verfassungsbeschwerde verfolgbaren Rechte,[602] mag man diejenigen unter ihnen, die nicht im Grundrechtsteil des GG **angesiedelt sind, auch** als **„grundrechtsgleiche" Rechte** terminologisch gesondert erfassen. Art. 1 Abs. 3 bezieht sich **nicht** auf die (Status-)Rechte von Organwaltern (wie Abgeordneten, Art. 38 Abs. 1 S. 2, 46, 47, 48), politischen Parteien aus Art. 21[603] oder Gemeinden aus Art. 28 Abs. 2. Schließlich ändert Art. 1 Abs. 3 auch nichts daran, dass Art. 1 Abs. 1 selbst ein Grundrecht darstellt,[604] was man aus der systematischen Abfolge schließen könnte,[605] denn die Bindungswirkung folgt insofern schon aus Art. 1 Abs. 1 S. 2, bedarf also nicht der nochmaligen Sicherung durch Art. 1 Abs. 3.[606] Man mag Art. 1 Abs. 3 also lesen als „**Auch** die nachfolgenden Grundrechte" oder „Art. 1 Abs. 1 und die nachfolgenden Grundrechte (binden die Gewalten)".

2. Binden Gesetzgebung, vollziehende Gewalt und Rechtsprechung 71
als unmittelbar geltendes Recht. Art. 1 Abs. 3 und Art. 20 Abs. 3 sind parallel konzipiert. Die Bindung an Gesetz und Recht wird um eine spezifische Grundrechtsbindung konkretisierend erweitert und der grundgesetzli-

[598] *Merli* VVDStRL 66 (2007), 392 ff. spricht plastisch von einem „höchstgerichtlichen Lernverbund, der im Zuge der europäischen Integration des letzten halben Jahrhunderts entstanden" sei (418).

[599] *Höfling* in Sachs Rn. 82 ff.

[600] Vgl. Art. 7 Abs. 1 als Verantwortungszuweisung; Art. 15 als Eingriffsbefugnis; darüber hinaus Aussagen zu den „allgemeinen" Grundrechtslehren, wie Art. 19 Abs. 2 als Schranken-Schranke; Art. 19 Abs. 3 als Aussage zur personalen Trägerschaft.

[601] Ob Art. 136 Abs. 4, 137 Abs. 2 WRV iVm Art. 140 GG ebenfalls erfasst werden, kann dahinstehen und hat keine praktische Relevanz. Art. 136 Abs. 4 WRV stellt lediglich eine Konkretisierung von Art. 4 Abs. 1, Abs. 2 dar, gleiches gilt für Art. 137 Abs. 2 WRV; dazu → Art. 140 Rn. 20, 25.

[602] Ebenso zB *Jarass* in Jarass/Pieroth Rn. 30.

[603] Wohl aber deren Grundrechte, *Kunig* in HdbStR III § 40 Rn. 90 ff.

[604] BVerfGE 61, 127 (137) sowie → Rn. 16.

[605] Anders deshalb etwa *Maunz,* Deutsches Staatsrecht, 1. Aufl. 1951, § 14 II 1.

[606] Vgl. aus der Sicht der Entstehungsgeschichte *Löw* DÖV 1958, 517; *Zippelius* in BK Rn. 25; nicht überzeugend der Hinweis von *Starck* in MKS Rn. 27 auf Art. 79 Abs. 3.

che Rechtsstaat damit als „Grundrechtsstaat" charakterisiert.[607] Nach Art. 20 Abs. 3 ist die Legislative an die Verfassung, sind vollziehende Gewalt und Rechtsprechung „an Gesetz und Recht" gebunden (und damit auch an das Verfassungsgesetz). Art. 1 Abs. 3 bringt – als „Leitnorm"[608] – zum Ausdruck: **Alle Gewalten** in Bund und Ländern,[609] auch der BPräs[610] haben die Grundrechte **unmittelbar** zu beachten, also nicht etwa erst in ihrer Vermittlung durch das vom Gesetzgeber geschaffene einfache Recht. Darin liegt eine manifeste Absetzbewegung von der Lehre über die schlichte Programmsatzfunktion von Grundrechten, wie sie unter der Geltung der WRV vertreten wurde.[611] Was heute für den Verfassungsanwender wie eine geltungsverstärkende Selbstverständlichkeit klingt – was, wenn nicht verbindliches Recht, sollten rechtssatzförmig formulierte Individualrechte sein –, bedurfte 1949 einer ausdrücklichen Betonung durch den Verfassunggeber. Erst die Einrichtung und der Ausbau der **Verfassungsgerichtsbarkeit** haben institutionell die „Aktualisierung der Bindungsklausel im Rechtsleben" ermöglicht,[612] wobei Prüfungsmaßstab im verfassungsgerichtlichen Verfahren dann aber die einschlägigen Grundrechte selbst sind, nicht etwa Art. 1 Abs. 3 als „Bindungsmittler".[613] Art. 1 Abs. 3 besagt indes nicht, dass alle im Grundrechtsteil aufgeführten Normen auch Grundrechtsqualität haben; zu denken ist hier nur an Beispiele wie Art. 18, 17a, 16a Abs. 4 und 5, Art. 12a Abs. 1 und 2[614] oder Art. 7 Abs. 1 (eine institutionelle Garantie).[615] In Zweifelsfällen solle indes die Annahme eines subjektiven Rechts geboten sein.[616]

72 Dass die Grundrechte weit mehr sind als bloße Programmsätze, sagt noch nicht, dass ihnen die Dimension der **Grundrechtsprogrammatik** fehlt. Vielmehr ist auch die programmatische Wirkung der Grundrechte eine maßgebliche „Grundrechtsfunktion"[617]. Welche Funktion ein Grundrecht hat und in welchem Verhältnis seine Funktionen zueinander respektive zu den Funktionen anderer Grundrechte stehen, ist für jedes Grundrecht gesondert zu bestimmen.[618] Deshalb trifft Art. 1 Abs. 3 weder im Hinblick auf die Grundrechtsdimensionen/Grundrechtsfunktionen noch auf die Grundrechtsinterpretation konkrete Aussagen.[619] Auch für die Eingriffsdogmatik – etwa den Schutz vor faktischen Eingriffen – ist die Norm nicht ergiebig.[620] Schließlich trifft die Norm keine konkreten Aussagen zur Bestimmung jenes

---

[607] → Art. 20 Rn. 142.

[608] BVerfGE 31, 58 (72 f.).

[609] BVerfGE 94, 298 (313 f.); 103, 332 (347 f.).

[610] Etwa bei Gnadenentscheidungen, s. *Stern,* StaatsR III/1, 1988, § 74 II 6b.

[611] Vgl. *Schmitt* in Pauly/Anschütz/Thoma DtStaatsR II Rn. 598 (602) zur „Zwischenschaltung" des Gesetzgebers; *Anschütz,* Die Verfassung des Deutschen Reiches, 14. Aufl. 1933, 505; weitere Hinweise bei *Schneider* in HdbStR I § 5 Rn. 33; *Stern,* StaatsR III/1, 1988, § 72 Kap. II 8; *Vosgerau* in Depenheuer Reinheit des Rechts, 55 (58 ff.): Art. 1 Abs. 3 (und Art. 20 Abs. 3) als grundgesetzliches „Positivismusverbot".

[612] *Starck* in MKS Rn. 261; ähnl. *Stern,* StaatsR III/1, 1988, § 73 IV 1: „Schlussstein in der Aufwertung der Grundrechte". Allg. *Häberle,* Verfassungsgerichtsbarkeit – Verfassungsprozessrecht, 2014.

[613] BVerfGE 61, 126 (137).

[614] *Kämmerer/Kotzur* in BK Art. 16a Rn. 132 ff.

[615] *Kotzur/Vasel* in Stern/Becker Art. 7 Rn. 6 ff.

[616] BVerfGE 6, 386 (387); sa BVerfGE 54, 117 (124); 63, 181 (195).

[617] Zu den Grundrechtsfunktionen *Sander,* Verstärkungswirkungen unter Grundrechten, 2019, 161 ff.

[618] Vgl. *Sander,* Verstärkungswirkungen unter Grundrechten, 2019, 161 ff.

[619] Grundlegend *Häberle* VVDStRL 30 (1972), 43.

[620] Zur Eingriffsdogmatik *Michael/Morlok,* Grundrechte, 2019, § 16 Rn. 486 ff.

Kreises der Staatsaufgaben, die gewissermaßen als Grundrechtsaufgaben[621] aus den Grundrechtsverbürgungen in ihrer überindividuellen Dimension resultieren; auch insoweit sind die einzelnen Grundrechte maßgeblich.[622]

Auch andere grundrechtsdogmatische Fragen lassen sich nicht an Art. 1 Abs. 3 rückbinden. Anders als Art. 1 Abs. 1 bezieht er zur Schutzpflichtendimension der Grundrechte keine Stellung.[623] Anders als Art. 1 Abs. 2 liefert er keinen – auch keinen vorsichtigen – Ansatzpunkt für eine Drittwirkung der Grundrechte,[624] lässt indes auch nicht den Umkehrschluss zu, nur Hoheitsträger seien gebunden. Art. 1 Abs. 3 spricht schlicht von der Grundrechtsbindung aller drei staatlichen Gewalten – die er *expressis verbis* aufführt und so den Gewaltenteilungsgrundsatz mitnormiert –, er sagt aber nichts darüber aus, „wie", dh in welchen Dimensionen, sie gebunden sind und ob die grundrechtliche Bindungswirkung über die staatlichen Gewalten hinausweist. Unzweifelhaft gebunden sind **alle staatlichen Organe in Bund und Ländern**[625]**,** dh auch alle Gerichte aller Gerichtszweige[626], ebenso wie die Träger **mittelbarer Staatsgewalt,**[627] insbesondere die Gemeinden, die Beliehenen,[628] auch die berufsständischen Kammern[629] und alle Selbstverwaltungseinrichtungen, soweit sie hoheitliche Gewalt ausüben.[630] Das gilt ungeachtet der konkreten Aufgaben, die die Träger von Hoheitsrechten jeweils ausüben.[631] So haben etwa die Abgeordneten des Bundestages bei der Ausübung ihres Fragerechts gegenüber der Bundesregierung (vgl. Art. 43 Abs. 1[632]) zu bedenken, ob und inwieweit die Antworten mittelbar Grundrechtsträger in ihrer Rechtsstellung betreffen können.[633] **73**

Grundrechtsgebunden ist nur die **inländische** Staatsgewalt,[634] dh die deutsche öffentliche Gewalt. Die Vorstellung vom **„Grundrechtsschutz in Deutschland"** – als einem Schutz der Grundrechte des GG gegenüber im Inland wirkender „europäischer" Gewalt, welche das BVerfG in einem „Kooperationsverhältnis" mit dem EuGH gewährleisten dürfe/müsse[635] – ist **74**

[621] Von einem „System der Grundrechtsaufgaben" spricht *Braczyk,* Rechtsgrund der Grundrechte, 1996, Teil 3 VI.

[622] Vgl. *Stern,* StaatsR III/1, 1988, § 3 K III 3b: „initiieren, dirigieren und limitieren"; sa *Stern,* StaatsR III/1, 1988, § 73 I 3b, 4; früh *Lerche,* Übermaß und Verfassungsrecht, 1961, 100 ff.; allg. *Bull,* Staatsaufgaben nach dem GG, 1973; *Alexy,* Theorie der Grundrechte, 1985, 300 ff.; weiterführend zum Zusammenhang von Grundrechten und Staatsaufgaben insbes. *Häberle* AöR 114 (1989), 361.

[623] → Rn. 16.

[624] → Rn. 80 f.

[625] BVerfGE 42, 312 (325); 97 (313); 103, 332 (347 f.).

[626] Deshalb sind auch die Fachgerichte Grundrechtsgerichte in einem funktionellen Sinne, siehe auch die staatlichen Gerichte aller Rechtswege, s. BVerfGE 52, 203 (207), auch die Landesverfassungsgerichte, BVerfG BeckRS 2016, 45546 Rn. 42, 48.

[627] → Rn. 52.

[628] *Krebs* in HdbStR V § 108 Rn. 45; zu Sparkassen BGHZ 154, 146 (150).

[629] „Selbstverständlich ist, dass das vom [Facharzt-]Verband gesetzte Recht seinem materiellen Inhalt nach mit höherrangigem Recht, vor allem mit dem GG, voll in Übereinstimmung stehen muss", BVerfGE 33, 125 (160 f.).

[630] *Stern,* StaatsR III/1, 1988, § 74 I 6, eing. zur Grundrechtsbindung der Kirchen § 72 IV.

[631] BVerfGE 98, 365 (395); 128, 226 (244); 138, 296 = NJW 2015, 59 Rn. 84; die Grundrechtsbindung der Deutschen Bahn AG wird nicht durch Art. 87e Abs. 3 GG aufgehoben, s. BVerfG NVwZ 2018, 51 (62).

[632] → Art. 43 Rn. 20.

[633] BVerfGE 124, 78 (125); 137, (185); NVwZ 2017, 1364.

[634] Statt aller *Stern,* StaatsR III/1, 1988, § 72 V 5.

[635] BVerfGE 89, 155 (175) – Maastricht; 102, 147 (161 ff.) – Bananenmarktordnung; BVerfGE 123, 267 (277) – Vertrag von Lissabon.

jedenfalls auf Art. 1 Abs. 3 nicht zu gründen und im Übrigen namentlich aus dem Blickwinkel des Integrationsrechts (bereits) auf heutigem Stande **kritikwürdig.**[636] In seiner Entscheidung zu den sog. „Outright Monetary Transactions“ (OMT-Vorlage) aus dem Jahre 2014[637] geht das BVerfG noch weiter und bestätigt, dass es die Identitätskontrolle[638] im Einzelfall wahrnehmen würde. In seinem Urteil vom Mai 2020 macht das Gericht mit dieser Drohung ernst[639] und versetzt der europäischen Rechtsgemeinschaft damit einen schweren Schlag. Schon dem 2014er Beschluss wurde vorgeworfen, das Gericht habe sogar noch die Selbstbeschränkungen aus dem ohnehin weitgehenden Lissabon-Urteil ohne tragfähige Begründung aufgegeben und somit, seit „Maastricht“ gestützt auf die Wahlrechtsgrundsätze aus Art. 38 Abs. 1, eine Art „Popularklage“ gegen Unionsrechtsakte geschaffen.[640] Das 2020er Urteil bestätigt diese Besorgnis. Dogmatisch versuchte Karlsruhe 2014 gar nicht, an Art. 1 Abs. 3 (oder eine andere Textstelle) anzuknüpfen, sondern geht – wohl – davon aus, der (deutsche) Staat stehe in einer Art Garantieverpflichtung für die Grundrechte im eigenen Hoheitsgebiet.[641] Der Befund einer Betroffenheit in grundrechtlichen Interessen „im“ Staatsgebiet beantwortet nicht die (vorausgelagerte) Geltungsfrage und begründet auch nicht die Kontrollbefugnis des BVerfG. Eine ggf. bestehende Schutzverpflichtung aus – einzelnen – Grundrechten (auch) gegenüber sich auf deutschem Staatsgebiet entfaltender ausländischer oder supranationaler Gewalt bedeutet nicht deren Bindung an inländische Grundrechte.[642] Eine ganz andere Problematik betrifft die früher gestellte und zu verneinende Frage, ob deutsche Stellen bei ihrer Mitwirkung an Organhandeln im Rahmen der Integrationsgemeinschaft womöglich von der Grundrechtsbindung freigestellt sind.[643]

75 Die **Grundrechtsbindung deutscher Staatsgewalt „endet“ nicht an der Staatsgrenze.**[644] Geläufig ist die parallele Diskussion zur EMRK. In seiner *Bankovic*-Entscheidung[645] hat der EGMR auf die (begrenzenden) völkerrechtlichen Maßstäbe verwiesen, insgesamt aber eine eher weitreichende extraterritoriale Geltung angenommen.[646] Auch die Karlsruher Rspr. weist in diese Richtung. In seinem BND-Urteil 2020 stellt das BVerfG jedenfalls explizit fest, dass die Bindung der deutschen Staatsgewalt an die Grundrechte nach Art. 1 Abs. 3 auch im Ausland gilt.[647] Verschiedene Konstellationen sind hierbei zu unterscheiden. Die deutsche Staatsgewalt ist ohne Ansehung

[636] *Häberle/Kotzur,* Europäische Verfassungslehre, Rn. 659 ff.
[637] BVerfG Beschl. v. 7.2.2014 – 2 BvR 2728–2731/13, 2 BvE 13/13.
[638] Vgl. BVerfGE 113, 273 (295 ff.); 126, 286 (302 f.); BVerfG EuGRZ 2016, 33.
[639] BVerfG Urt. v. 5.5.2020 – 2 BvR 859/15.
[640] *Heun* JZ 2014, 331.
[641] Vgl. *Klein* GS f. Grabitz, 1995, 271 (277).
[642] Zur Neuvermessung des Verhältnisses von nationalem und unionalem Grundrechtsschutz jetzt BVerfG Beschl. v. 6.11.2019 – 1 BvR 276/17 – Recht auf Vergessen II; dazu *Kämmerer/Kotzur* NVwZ 2020, 177.
[643] Vgl. *Hilf* EuGRZ 1987, 1 (5 f.); *Cornils* AöR 129 (2004), 336 (350 f.); *Mehler,* Die Grundrechtsbindung der deutschen Staatsgewalt bei der EG-Rechtsetzung, 1999, 47 ff.
[644] Ebenso *Höfling* in Sachs Rn. 86; dazu bereits → Rn. 52 mit ausführlichen Nachweisen.
[645] EGMR 12.12.2001 – 52207/99, NJW 2003, 413 – *Banković et al/Belgien et al,* ECHR 2001-XII, insbes. Rn. 75.
[646] EGMR 29.3.2010 – 3394/03, NJOZ 2011, 231 – *Medvedjev/Frankreich;* EGMR 7.7.2011 – 55721/07, NJW 2012, 283 – *Al-Skeini/Großbritannien;* EGMR 23.2.2012 – 27765/09, NVwZ 2012, 809 – *Hirsi Jamaa/Italien;* siehe auch EGMR 1.9.2015 – 16.483/12 – *Khlaifia/Italien;* mit spezifischem Blick auf die Seegrenzen *Fischer-Lescano/Loehr/Tohodipur* International Journal of Refugee Law 21 (2009), 256 ff.
[647] BVerfG Urt. v. 19.5.2020 – 1 BvR 2835/17, LS 1, Rn. 88 ff.

des Handlungsorts an die Grundrechte gebunden, auch im Ausland, also etwa diplomatische und konsularische Stellen.[648] Diese unterliegen zwar grundsätzlicher Bindung an die Rechtsordnung des Empfangsstaates,[649] auch sind ihre Handlungsspielräume völkerrechtlich eingegrenzt; das beseitigt die Grundrechtsbindung jedoch nicht. Gleiches gilt für die Wahrnehmung militärischer oder polizeilicher Aufgaben durch deutsche Stellen im Ausland. Deutsche Streitkräfte, die nach Maßgabe des Völkerrechts bzw. verfassungsrechtlicher Organisationsvorgaben im Ausland tätig werden können, sind auch hierbei grundrechtsgebunden, auch wenn das Ausmaß der Grundrechtsbindung, verglichen mit entsprechendem Handeln auf deutschem Staatsgebiet, divergieren mag.[650] So hat das BVerfG mit Blick auf ein Bombardement in Afghanistan 2009 im konkreten Einzelfall eine Klage zwar 2015 als jedenfalls unbegründet abgewiesen, aber die grds. bestehende Klagemöglichkeit für ausländische Staatsangehöre bei extraterritorialer Ausübung deutscher Staatsgewalt anerkannt.[651]

Art. 1 Abs. 3 überwindet nicht nur die Bindung an den Handlungsort, **76** sondern auch diejenige an den **Erfolgsort,** er differenziert nicht danach, ob „Wirkungen im In- oder Ausland eintreten".[652] Auch hier können sich Differenzierungen nur in Ansehung des jeweils einschlägigen Grundrechts ergeben. Entscheidend ist, ob ein Grundrecht den Erfolg staatlichen Handelns missbilligt.[653] So greift der Todesschuss des Grenzbeamten über die Grenze nicht nur in die territoriale Souveränität des betroffenen Staates ein, sondern auch in den Schutzbereich des Art. 2 Abs. 2 S. 1, demzufolge – es handelt sich um ein Menschenrecht – ungeachtet der Staatsangehörigkeit des Opfers. Ihre Brisanz gewinnt die Problematik freilich weniger durch derart singuläre Konstellationen als vielmehr durch die Frage, ob auch Handlungen wegen eines grundrechtlich missbilligten, aber im Ausland eintretenden Erfolges infolge von Art. 1 Abs. 3 grundrechtswidrig sein **können,** wenn der Erfolg – regelmäßig – erst durch das Handeln des fremden Staates selbst eintritt oder jedenfalls wesentlich mitbestimmt ist. Die Frage ist zu bejahen; das führt dennoch nicht notwendigerweise zur Identität mit der innerstaatlichen Tragweite des Grundrechtsschutzes, vielmehr ist die Prägung des Gesamtvorgangs durch die Beteiligung (auch) fremder, also nicht der Grundrechtsbindung unterliegender Gewalt in Rechnung zu stellen.

Dass dem GG der grundrechtswidrige Zugriff auf Rechtsgüter Fremder im **77** Ausland nicht gleichgültig ist, zeigte von Beginn an schon Art. 16 Abs. 2 S. 2 aF und zeigt heute – begrenzter – Art. 16a[654]; vorliegend geht es, so brüchig

---

[648] S. *Stern,* StaatsR III/1, 1988, § 72 V 5a.

[649] Vgl. Art. 41 Abs. 1 S. 1 des Wiener Übereinkommens über diplomatische Beziehungen.

[650] *Zimmermann* ZRP 2012, 116 (117).

[651] Gegenstand war der Fall des Bundeswehr-Oberst Georg Klein; BVerfG Beschl. v. 19.5.2015 – 2 BvR 987/11, Rn. 26: „Der Beschwerdeführer verlangt die strafrechtliche Verfolgung einer Handlung, die nach ihrem objektiven Tatbestand zu den Kriegsverbrechen im Sinne des Völkerstrafgesetzbuchs zählt und auch nach allgemeinem Strafrecht als Mord im Sinne des Strafgesetzbuchs einzuordnen ist. Zugleich steht der Vorwurf im Raum, ein Amtsträger habe bei Wahrnehmung hoheitlicher Aufgaben nicht nur Straftaten begangen, sondern auch den Tod eines Menschen verursacht. Insoweit hat auch der Beschwerdeführer als Vater – vermittelt über Art. 6 Abs. 1 und Abs. 2 Satz 1 in Verbindung mit Art. 2 Abs. 2 und Art. 1 Abs. 1 Satz 2 GG – einen Anspruch auf effektive Strafverfolgung."

[652] *S.* schon BVerfGE 6, 290 (295); 57, 9 (23).

[653] S. BVerfGE 100, 313 (362 f.) „[Die] Reichweite [der Grundrechte] ist […] unter Berücksichtigung von Art. 25 GG aus dem Grundgesetz selbst zu ermitteln".

[654] → Art. 16a Rn. 15 ff., 18.

die Parallele erscheint, ebenfalls darum, dass inländische Staatsgewalt grundrechtlich gehindert sein kann, unerwünschtem fremden Handeln Vorschub zu leisten. Das wird deutlich im Falle der **Ausweisung** oder **Auslieferung** von Personen, denen im Ausland Folter, Todesstrafe oder Doppelbestrafung drohen. Art. 1 Abs. 1, Art. 2 Abs. 2 S. 1, Art. 102 bzw. 103 Abs. 3 stehen dem nicht unmittelbar entgegen, weil die entsprechende Behandlung nicht durch deutsche Staatsgewalt erfolgt, doch ist zu beachten, dass deren Handeln notwendige Voraussetzung dieser Behandlung ist. Das kann Ausweisungs- bzw. Auslieferungsverbote über die einschlägigen einfachrechtlichen Regelungen hinaus und unmittelbar aus den Grundrechten begründen,[655] darüber hinaus auch aus völkerrechtlichen Menschenrechtsschutzinstrumenten.[656]

78 Die Berücksichtigung im Ausland verorteter Grundrechtsinteressen bei der Vornahme von Handlungen im Inland kann schließlich auch in Fällen geboten sein, für die kein „Dazwischentreten" eines fremden Staates kennzeichnend ist, nämlich bei **faktischer Beeinträchtigung** von grundrechtlich geschützten Gütern. Das hat Bedeutung in umweltrechtlichen Zulassungsverfahren, in denen über Vorhaben zu entscheiden ist, die Umweltbeeinträchtigungen jenseits der Staatsgrenze hervorbringen oder hervorbringen können. Soweit Grundrechte Abwehrfunktion haben, vor allem aber: soweit sie die Einräumung von Verfahrensteilhabechancen gebieten, spricht das für eine Einbeziehung entsprechend qualifiziert betroffener Einzelner ohne Ansehung von Staatsgrenzen.[657]

79 Bei alldem kommt es nicht darauf an, **welcher** der staatlichen Gewalten ein Handeln oder Unterlassen zuzurechnen ist, sondern darauf, ob eine solche Zurechnung **überhaupt** möglich ist. So ist bspw. unerheblich, ob sich Gesetzgebung als Parlamentsgesetzgebung oder administrative Gesetzgebung (Verordnungen) darstellt bzw. wie der Erlass von Verwaltungsvorschriften insoweit einzuordnen ist.

80 **„Gesetzgebung"** bezieht sich auf alle Funktionen der legislativen Gewalt, also auch auf parlamentarische Untersuchungsausschüsse.[658] Die Bindung der **Gesetzgebung** an die Grundrechte belegt besonders augenfällig den Aufschwung des Grundrechtsschutzes im Vergleich etwa zur WRV.[659] Einbezogen sind **alle Formen staatlicher Normsetzung** durch für allgemein ver-

---

[655] S. BVerfGE 108, 129 (136 f.) sowie Rn. 53, → Stichwort „Ausweisung (Abschiebung, Rückschiebung)" zum sog. Non-Refoulement.

[656] Was sich nach deren – allerdings anders als Art. 1 Abs. 3 formulierten – Festlegungen über ihren jeweiligen Geltungsbereich bemisst.

[657] Vgl. zur Begründung, den Entwicklungsmöglichkeiten und den normativen Konkretisierungen *Kunig* BDGVR 32 (1992), 9; als aktueller Fall ist ua der Zivilrechtsstreit des peruanischen Landwirts *Saúl Lliuya* gegen den Energiekonzern *RWE AG* (Az. 5 U 15/17 OLG Hamm) zu nennen. Insgesamt zum Themenkreis *Hofmann,* Grundrechte und grenzüberschreitende Sachverhalte, 1992.

[658] BVerfGE 67, 100 (142); sa BVerfGE 76, 363 (387); 77, 1 (46), das gilt auch für Enquête-Kommissionen, *Stern,* StaatsR III/1, 1988, § 73 III 8b; Allg. *Glauben/Brocker,* Das Recht der parlamentarischen Untersuchungsausschüsse in Bund und Ländern: ein Handbuch mit Kommentierung zum PUAG, 3. Aufl. 2016.

[659] Vgl. anschaulich *Krüger,* GG und Kartellgesetzgebung, 1950, 12: „früher Grundrechte nur im Rahmen der Gesetze, heute Gesetze nur im Rahmen der Grundrechte"; die in der Gegenüberstellung von „früher" und „heute" liegende Vereinfachung zu recht relativierend *Stern,* StaatsR III/1, 1988, § 72 I 4c; sa *Dürig* in Maunz/Dürig, GG, Erstbearb., 1958, Rn. 104: „großer Bedeutungswandel im Verhältnis zu Weimar"; aus der wegbereitenden ält. Literatur weiterhin *Rupp* AöR 101 (1976), 161 (166), nach dem die Grundrechte „alles Recht in ihren Bann zwingen und zugleich als Kontrollmaßstäbe dienen"; s. ferner *Bettermann,* Grenzen der Grundrechte, 2. Aufl. 1976, 4 ff.

bindlich erklärte Gesetze, ferner die Geschäftsordnungen der Verfassungsorgane (als Ausdruck ihrer diesbezüglichen Autonomie), erfasst sind – im Ergebnis unstr. – auch die normativen Teile von gem. § 5 Abs. 1 TarifvertragsG für allgemeinverbindlich erklärten Tarifverträgen.[660] Die gebotene Ausrichtung aller staatlichen oder dem Staat jedenfalls zurechenbaren Normsetzung auf die Grundrechte mag man zum Anlass nehmen, ein „funktionelles" Verständnis „der Bindungsadressaten" zu fordern.[661] Verweist staatliches Recht auf von Privaten aufgestellte Regelwerke (wie etwa im Bereich des Umwelt- und Technikrechts), so müssen auch diese der Grundrechtsordnung gerecht werden; in Bezug auf solche Regelwerke realisiert sich Grundrechtsbindung im Übrigen bei der Anwendung durch Behörden und Gerichte. **Keine Grenzen** zieht Art. 1 Abs. 3 dagegen **dem verfassungsändernden (Bundes-)Gesetzgeber** (entzieht ihm also nicht die „nachfolgenden Grundrechte"), obwohl das im Wortlaut nicht zum Ausdruck kommt; Art. 79 Abs. 3 bietet insoweit die spezielle und allein anwendbare Vorschrift.

Grundrechtsbindung des Gesetzgebers bedeutet, dass Normen nur insoweit **81**
in den Schutzbereich von Grundrechten eingreifen dürfen, als dies die Grundrechtsschranken unter Berücksichtigung insbes. des Grundsatzes der Verhältnismäßigkeit, aber auch der in Art. 19 Abs. 1, Abs. 2 enthaltenen Maßgaben zulassen. Darüber hinaus muss jede Gesetzgebung die in den Grundrechten zum Ausdruck kommenden Wertentscheidungen respektieren und ist zu ihrer Umsetzung angehalten. Die Grundrechtsbindung wird von dem BVerfG kontrolliert, freilich ohne, dass dieses berechtigt wäre, sich funktionell an die Stelle der gesetzgebenden Organe zu setzen.[662] Insbesondere der Grundsatz der Gewaltenteilung und das Demokratieprinzip verlangen nach der Respektierung legislativer Entscheidungsspielräume, sind auch Hintergrund im Verfassungsprozessrecht nicht unmittelbar angelegter Differenzierungen im Entscheidungsausspruch.[663]

Der Begriff **„vollziehende Gewalt"** umgreift Regierung und Verwal- **82**
tung, unmittelbare und mittelbare Staatsverwaltung, auch „Beliehene" sind einbezogen,[664] ebenso die Eingriffs- und Leistungsverwaltung,[665] gesetzesvollziehende und anderweitige Verwaltung in allen Formen, auch das Handeln der Bundeswehr.[666] Um Letzteres klarzustellen, wurde mit dem 7. G zur Änderung des GG v. 19.3.1956 (BGBl. 1956 I 111) in Art. 1 Abs. 3 der ursprünglich verwendete Begriff „Verwaltung" durch „vollziehende Gewalt" ersetzt.[667] Für Art. 1 Abs. 3 ist also unerheblich, wie man Regierung und Verwaltung begrifflich und funktional im Einzelnen voneinander ab-

[660] Zu ihrer, unterschiedlich beurteilten, Rechtsnatur s. nur BVerfGE 34, 307 (317); 64, 208 (214 ff.); BAGE 1, 258 (262 ff.); das BVerfG hat mehrfach offen gelassen, „inwieweit" Tarifverträge unmittelbar an den Grundrechten zu messen seien, so etwa BVerfGE 90, 46 (58); *Hromadka/Maschmann,* Arbeitsrecht I, 2018, § 2 Rn. 37a.

[661] *Stern* meint, nur auf diese Weise sei auch Gewohnheitsrecht sowie auch früher erlassenes Gesetzesrecht in die Grundrechtsbindung einbezogen, *Stern,* StaatsR III/1, 1988, § 73 III 7.

[662] Besonders kritisch *Jestaedt/Lepsius/Möllers/Schönberger,* Das entgrenzte Gericht, 2011.

[663] Erklärung einer Norm für „noch" nicht verfassungswidrig, Ankündigung „strengerer" Rspr., „Appelle" – zum Ganzen etwa *Pestalozza* FG BVerfG I, 1976, 516; *Gusy,* Parlamentarischer Gesetzgeber und BVerfG 1985, 182 ff.; vgl. *Schlaich/Korioth,* Das Bundesverfassungsgericht, 2018, Rn. 408 f.

[664] ZB *Ossenbühl* VVDStRL 29 (1971), 137 (192); *Michaelis,* Der Beliehene, 1969, 3.

[665] Zur Abgrenzung s. etwa *Erbguth/Guckelberger,* VerwR AT, 2019, § 8 Rn. 106 f.

[666] BVerwG DVBl 1990, 296 (297) u. NJW 1991, 997.

[667] *Herdegen* in Maunz/Dürig Art. 1 Abs. 3 Rn. 109. Eine inhaltl. Änderung der Rechtslage war damit nicht beabsichtigt, s. *Jaeger* BayVBl. 1956, 290 (291).

grenzt.[668] Auch die privatrechtlich handelnde öffentliche Gewalt bleibt zutreffender Ansicht nach grundrechtsgebunden (keine „Flucht ins Privatrecht").[669]

83 Die Grundrechtsbindung der **vollziehenden Gewalt** ist Komponente des Grundsatzes der **Gesetzmäßigkeit der Verwaltung,** der seinerseits die Grundsätze des Vorbehalts des Gesetzes und des Gesetzesvorrangs in sich birgt.[670] Die Bindung an die Grundrechte realisiert sich insoweit vor allem bei der Auslegung unbestimmter Rechtsbegriffe und bei der Ermessensausübung im Rahmen der Bindung (auch) der Exekutive an Gesetz und Recht (Art. 20 Abs. 3). Gegenüber nachkonstitutionellem Gesetzesrecht verfügt die Verwaltung grundsätzlich nicht über eine eigenständige **Verwerfungsbefugnis.**[671] Der schlichte Hinweis auf das „Patentschema der Gewaltenteilung"[672] schöpft dabei das Problem ebenso wenig aus wie ein Umkehrschluss im Blick auf Art. 100 Abs. 1; entzieht letzterer den Gerichten ausdrücklich die Verwerfungsbefugnis,[673] so kann aus dem Fehlen einer die Verwaltung betreffenden vergleichbaren Bestimmung noch nicht geschlossen werden, diese sei uneingeschränkt zur Verwerfung befugt. Das wäre mit dem Wortlaut von Art. 20 Abs. 3 noch vereinbar, würde aber dessen Sinn verfehlen und auch der Funktion des BVerfG nicht gerecht werden; Regierungen als Verwaltungsspitzen haben danach regelmäßig den Weg der abstrakten Normenkontrolle (Art. 93 Abs. 1 Nr. 2) oder zur Landesverfassungsgerichtsbarkeit einzuschlagen, wenn sie ein Gesetz für grundrechtswidrig halten. Der einzelne Beamte hat freilich Bedenken gegen die (auch Grund-)Rechtmäßigkeit einer dienstlichen Anordnung auf dem Dienstweg geltend zu machen.[674] Grundrechtswidrige vorkonstitutionelle Gesetze weichen den Grundrechten schon nach dem Grundsatz, dass später erlassenes Recht früher erlassenem Recht vorgeht *(lex posterior derogat legi priori),* Rechtsverordnungen wegen des Vorrangs des förmlichen Gesetzes und ihrer inhaltlichen Bindung an den gesetzesförmigen Ermächtigungsrahmen. Beide Normgruppen dürfen bei Grundrechtswidrigkeit (oder Verfassungswidrigkeit im Übrigen) von der Verwaltung nicht angewendet werden.[675]

84 Die Grundrechtsbindung der **Rechtsprechung** ist zunächst vor dem Hintergrund der Rechtsschutzgarantie des Art. 19 Abs. 4 zu sehen: Die Gerichte haben die Beachtung der Grundrechte durch die beiden anderen Staatsgewalten sicherzustellen. Darüber hinaus sind sie selbst an die Grundrechte gebunden. Das bezieht sich nicht etwa nur auf die sog. prozessualen (bzw. Justiz-)Grundrechte (Art. 101 ff.), sondern auf alle Grundrechte, die für das **Verfahren und sein Ergebnis** von Belang sein mögen. Dies gilt also für das

---

668 S. schon *Magiera,* Parlament und Staatsleitung in der Verfassungsordnung des Grundgesetzes, 1979, 47 ff.

669 BGHZ 52, 325 (328); 154,146 (150); *Maurer/Waldhoff,* Allgemeines Verwaltungsrecht, 2017, § 17 Rn. 1, § 3 Rn. 9; *Möstl,* Grundrechtsbindung öffentlicher Wirtschaftstätigkeit, 1999, 104 ff.; für Post und Telekommunikation *v. Arnauld* DÖV 1998, 437; *Wirth,* Grundrechtsberechtigung und Grundrechtsverpflichtung öffentlicher und gemischt-wirtschaftlicher Unternehmen am Beispiel der Deutschen Post AG, 2000, 72 ff.; zur Bahn *Jochum* NVwZ 2005, 779; sowie *Battis/Kersten* WuW 2005, 493; zur Grundrechtsbindung (öffentlich-rechtlicher Akteure) in sog. privatisierten öffentlichen Räumen *Kersten/Meinel* JZ 2007, 1127 ff.

670 → Art. 20 Rn. 141.

671 *Starck* in MKS Rn. 233.

672 Zutr. Wendung bei *Bachof* AöR 87 (1962), 1 (14).

673 → Art. 100 Rn. 5.

674 Vgl. § 38 Abs. 2 BRRG.

675 S. näher *Stern,* StaatsR III/1, 1988, § 74 II 2a, b.

Ergebnis einer Entscheidung, das in grundrechtsangeleiteter Rechtsanwendung zu finden ist[676] ebenso wie für die Beachtung der über insbesondere den Grundsatz des rechtlichen Gehörs (Art. 103 Abs. 1) und das Willkürverbot hinausreichenden verfahrensrelevanten Aussagen einzelner Grundrechte: „Im gerichtlichen Verfahren tritt der Richter den Verfahrensbeteiligten formell und in unmittelbarer Ausübung staatlicher Hoheitsgewalt gegenüber. Er ist daher nach Art. 1 Abs. 3 bei der Urteilsfindung an die insoweit maßgeblichen Grundrechte gebunden und zu einer rechtsstaatlichen Verfahrensgestaltung verpflichtet."[677] Hier kommt zutreffend zum Ausdruck, dass schon die Grundrechte selbst für die von ihnen gegenständlich erfassten Bereiche die rechtsstaatliche Verfahrensgerechtigkeit vor Gericht bemessen, nicht erst ein allgemeines Rechtsstaatsprinzip.[678]

Die **gesamte staatliche Rechtsprechung** (regelmäßig aber nicht die private Schiedsgerichtsbarkeit nach § 1025 Abs. 1 ZPO, in Drittwirkungskonstellationen mag etwas anderes gelten) ist an die Grundrechte gebunden.[679] **85**
Der Richter in der Zivilgerichtsbarkeit hat demgemäß auch bei der Anwendung etwa Bürgerlichen Rechts, Handels- oder Arbeitsrechts[680] zu beachten, ob und inwieweit die Grundrechte materielles Zivilrecht anreichern, modifizieren oder eine bestimmte unter mehreren denkbaren Auslegungen – dann verbindlich – vorgeben;[681] er setzt insoweit die sog. **mittelbare Drittwirkung** von Grundrechten justiziell um.[682] Der Strafrichter hat bspw. bei der Auslegung der Beleidigungstatbestände (§§ 185 ff. StGB) oder bei der Feststellung rechtswidriger Nötigung iSv § 240 StGB den Grundrechten, insbesondere den Grundrechten aus Art. 4, 5 und 8 Rechnung zu tragen (Auslegung des einfachen Rechts „im Lichte" der Grundrechte). Der Verwaltungsrichter hat vor allem bei der gem. § 114 VwGO im Übrigen eingeschränkten Nachprüfung der Ermessensausübung Anlass und Verpflichtung, die Grundrechte als Maßstab zu beachten.[683]

Wegen Grundrechtswidrigkeit **verwerfen** kann ein Gericht vorkonstitutio- **86**
nelles Recht sowie nachkonstitutionelles Recht, das nicht den Rang eines förmlichen Gesetzes hat.[684] Das im Übrigen bestehende **Verwerfungsmonopol des BVerfG**[685] dient dem Schutz des unmittelbar demokratisch legitimierten parlamentarischen Gesetzgebers. Es soll verhindern, dass ein Gericht sich unter schlichtem Hinweis auf die Verfassungswidrigkeit einer Norm über diese und damit den gesetzgeberischen Willen hinwegsetzen kann

---

[676] Auch die Fachgerichte sind insoweit funktionelle Verfassungs-, nämlich Grundrechtsgerichte, s. *Häberle* VVDStRL 61 (2002), 185.

[677] BVerfGE 52, 203 (207).

[678] Vgl. *Kunig,* Das Rechtsstaatsprinzip, 1986, 378 ff.; vor allem *Häberle,* der seine Lehre vom *status activus processualis* ausdrücklich auch auf Art. 1 Abs. 1 stützt: *Häberle* in HdbStR II § 22 Rn. 12; *Häberle* VVDStRL 30 (1972), 43 (86 ff.).

[679] Zum Zivilprozessrecht BVerfGE 112, 50 (61). Für die ärztliche Berufsgerichtsbarkeit BVerfGE 18, 241 (253); zu Ehrengerichten der Rechtsanwälte BVerfGE 26, 186 (195); 48, 300 (315 f.).

[680] S. beispielhaft BAG NZA 1985, 702 mAnm *Schumann,* 688.

[681] StRspr seit BVerfGE 7, 198 (206).

[682] Zur Inhaltskontrolle von Bürgschaftsverträgen BVerfGE 89, 214 (230 ff.); monographisch *Fastrich,* Richterliche Inhaltskontrollen im Privatrecht, 1992.

[683] S. beispielhaft BVerfGE 51, 386 (396 ff.); BVerwGE 56, 56 (59 ff.).

[684] StRspr seit BVerfGE 1, 184 (201); 2, 124 (128 ff.); s. ferner *Stern,* StaatsR II, § 44 IV 5.

[685] Vgl. Art. 100 Abs. 1, der jedes sonstige Gericht zur Vorlage einer von ihm für verfassungswidrig gehaltenen, entscheidungserheblichen Norm bei dem BVerfG nötigt.

– was auch unter dem Aspekt der Gewaltenteilung bedenklich wäre.[686] Unter der Geltung des GG erlassene Parlamentsgesetze sind wegen Art. 1 Abs. 3 „grundrechtskonform"[687] auszulegen, wobei die Grenze zur Gesetzesumgehung angesichts des umfassenden Grundrechtsschutzes schwierig zu bestimmen ist: Grenze der Auslegung ist nach gängiger Auffassung jedenfalls der mögliche Wortsinn.[688] Erst wenn eine solche Auslegung nicht (mehr) möglich ist, bedarf es der Vorlage zum BVerfG im Verfahren der konkreten Normenkontrolle (Art. 100 Abs. 1 iVm §§ 13 Nr. 11, 80 ff. BVerfGG).

87 Hat der deutsche Richter nach den Regeln des internationalen Privatrechts **ausländisches Zivilrecht** anzuwenden, so realisiert sich seine Grundrechtsbindung über Art. 6 EGBGB.[689] „Grundrechte" iSd Art. 6 S. 2 EGBGB sind übrigens auch solche der Länderverfassungen und die in der EMRK verbürgten Rechte.[690]

88 Für alle Gerichtszweige gilt weiterhin, dass grundrechtswidrig erlassene Entscheidungen mit der **Verfassungsbeschwerde** angegriffen werden können. Auch insoweit lässt Art. 1 Abs. 3 noch keinen Unterschied zwischen den drei Gewalten erkennen. Ein solcher besteht allerdings bezüglich der **Kontrolldichte.** Er ist begründbar aus der besonderen Rolle des BVerfG einerseits, der Stellung der übrigen Gerichte im gewaltengeteilten System andererseits, freilich veranlasst erst durch die Ausweitung des Grundrechtsschutzes, zu der das BVerfG selbst entscheidend beigetragen hat: Seit Art. 2 Abs. 1 allgemein, jedenfalls weit überwiegend, als sog. Auffanggrundrecht zum Schutz vor jeglicher rechtswidriger Belastung verstanden wird,[691] verfügt der Einzelne über ein Grundrecht auf Einhaltung der Rechtsordnung ihm gegenüber, ist jede rechtswidrige Belastung eine grundrechtswidrige Belastung; mithin müsste gegen jede auf fehlerhafter Rechtsanwendung beruhende gerichtliche Entscheidung die Verfassungsbeschwerde eröffnet sein, aufgrund welcher das BVerfG umfassend die Rechtslage zu prüfen hätte. Das BVerfG hat dieser Konsequenz zunächst den Hilferuf entgegengestellt, es sei keine „Superrevisions-Instanz".[692] Das ist pragmatisch gewiss überzeugend, zumal nicht zu erkennen (und gewiss eher unwahrscheinlich) ist, dass das BVerfG im Vergleich zu den spezialisierten Fachgerichten bzw. deren Fachsenaten eine höhere Richtigkeitsgewähr bei der Rechtsanwendung bieten könnte. Im Verfahren der Verfassungsbeschwerde eröffnet sich nicht eine zusätzliche fachrichterliche Instanz.

---

[686] *Detterbeck* in Sachs Art. 100 Rn. 2.

[687] Zur grundrechts- bzw. verfassungskonformen Auslegung *Zippelius,* Juristische Methodenlehre, 2005, § 7g sowie § 10c.

[688] BVerfGE 110, 226 (267): „Die verfassungskonforme Auslegung findet ihre Grenzen dort, wo sie zum Wortlaut der Norm und zum klar erkennbaren Willen des Gesetzgebers in Widerspruch treten würde." Weiterhin BVerfGE 101, 312 (329); 93, 37 (81); 90, 263 (275); 71, 81 (105). Dem Gericht geht es dabei indes weniger um die Wortbedeutung im engeren Sinne als vielmehr den Wortsinn, andernfalls hätte es in seinen Fernsehurteilen (erstmals BVerfGE 12, 205) wohl kaum das Fernsehen unter die Rundfunkfreiheit aus Art. 5 Abs. 1 S. 2 fassen können.

[689] „Insbesondere nicht anzuwenden, wenn die Anwendung mit den Grundrechten unvereinbar ist", Art. 6 S. 2 EGBGB. Dahinter steht auch der Gedanke des „ordre public", der heute mehr denn je auch unionsrechtlich geprägt ist, *Thoma,* Die Europäisierung und die Vergemeinschaftung des nationalen ordre public, 2007.

[690] *v. Bar/Mankowski,* Internationales Privatrecht I, 2003, § 7 Rn. 270.

[691] → Art. 2 Rn. 3.

[692] Seit BVerfGE 7, 198 (207).

So liegt es nahe, zwischen einzelnen Arten von Grundrechtsverletzungen durch Gerichte zu unterscheiden und nur solche Fragen der (zusätzlichen) verfassungsrichterlichen Kontrolle zu unterwerfen, für deren Beantwortung gerade Grundrechtsfragen entscheidend und prägend sind. Dogmatisch bruchlos dürfte die so gebotene Unterscheidung nicht zu bewältigen sein.[693] Das BVerfG selbst sucht sie in Formeln einzufangen, zB „nur bei einer **Verletzung von spezifischem Verfassungsrecht** durch die Gerichte kann das BVerfG auf Verfassungsbeschwerde hin eingreifen […]. Spezifisches Verfassungsrecht ist aber nicht schon dann verletzt, wenn eine Entscheidung, am einfachen Recht gemessen, objektiv fehlerhaft ist; der Fehler muss gerade in der Nichtbeachtung von Grundrechten liegen."[694] Es komme darauf an, ob eine gerichtliche Entscheidung „auf einer grundsätzlich unrichtigen Anschauung von der Bedeutung und Reichweite eines Grundrechts beruht" bzw. ob das „Auslegungsergebnis mit den Grundrechtsnormen und der in ihnen aufgerichteten Wertordnung nicht vereinbar" ist.[695] 89

C. Verhältnis zu anderen Bestimmungen des Grundgesetzes

Die gesamte Verfassung ist im Lichte der Menschenwürdeklausel zu lesen 90
und von deren (wertentscheidenden) Prämissen durchdrungen. Das Grundgesetz als solches soll die Voraussetzungen dafür schaffen, dass die Vorgaben des Art. 1 – in allen seinen Absätzen – umgesetzt werden können. Dies gilt etwa auch und gerade für die Ausformungen, die der demokratische Grundsatz im GG gefunden hat.[696] Dass dies auf immer so bleiben möge, sucht Art. 79 Abs. 3 zu erreichen, indem er die Grundsätze des Art. 1 der „Berührung" selbst des verfassungsändernden Gesetzgebers entzieht, ohne damit indes alle Grundrechte umfänglich dem Schutz des Art. 79 Abs. 3 zu unterstellen.[697] Hier unternimmt die Verfassung den ihre Identität prägenden Versuch, „einen Grundwert des Zusammenlebens auf Dauer zu stellen."[698] Im Hinblick auf Art. 1 wurde die sog. **Ewigkeitsgarantie** bisher vor allem im Fall der Einfügung des Art. 10 Abs. 2 S. 2 im Jahre 1968 relevant,[699] 1993 sodann bei der Umgestaltung des Asylgrundrechts[700] und 1998 bei der Erweiterung der Eingriffsmöglichkeiten in das Grundrecht auf Unverletzlichkeit der Wohnung.[701] Da Art. 1 Abs. 1 ein Grundrecht darstellt,[702] bedarf es der Bestimmung seines Verhältnisses zu den weiteren Grundrechten und grundrechtsgleichen Rechten des GG; in diesen Zusammenhang gehört auch das Verhältnis von Art. 1 Abs. 1 und Art. 19 Abs. 2 als Garantie des Wesens-

---

693 *Höfling* in Sachs Rn. 108; zu den Meinungsständen die Beiträge von *Alexy/Kunig/Heun/Hermes* VVDStRL 61 (2002).

694 BVerfGE 18, 85 (92 f.).

695 BVerfGE 32, 311 (316); umfänglich *Heun,* Funktionalrechtliche Schranken der Verfassungsgerichtsbarkeit, 1992.

696 Zutr. *Häberle* in HdbStR II § 22 Rn. 66: „Gedanklicher ‚Fortsetzungszusammenhang' zwischen Menschenwürde und freiheitlicher Demokratie"; noch konkreter *Häberle* FS f. Ress, 2005, 1163 ff.; weiter N. oben Rn. 11; sa – zur Gewaltenteilung – *Kriele* EuGRZ 1986, 106.

697 → Art. 79 Rn. 35.

698 S. *Hassemer* EuGRZ 2005, 300 (301).

699 → Art. 10 Rn. 3.

700 → Art. 16a Rn. 3.

701 → Art. 13 Rn. 3.

702 → Oben Rn. 16.

gehalts der Grundrechte. Unproblematisch ist dagegen das Verhältnis der Grundrechtsbindungsklausel des Art. 1 Abs. 3 zu weiteren verfassungsrechtlichen Vorschriften: Er stellt eine konkretisierende Klarstellung zu Art. 20 Abs. 3, partiell auch zu Art. 1 Abs. 1 S. 2 dar.[703]

91 **Alle Grundrechte** dienen den Anliegen von Art. 1 Abs. 1,[704] was (erneut) nicht heißt, dass sie allein deswegen am Schutz des Art. 79 Abs. 3 teilhätten.[705] Das gilt für die Freiheitsgrundrechte ebenso wie für den allgemeinen Gleichheitssatz und die speziellen Gleichheitsverbürgungen, auch für die weiteren Individualrechtspositionen, die im Wege der Verfassungsbeschwerde (Art. 93 Abs. 1 Nr. 4a) rügefähig sind, aber nicht im I. Abschnitt des GG aufgeführt werden. Besondere **„Nähe" zu Art. 1 Abs. 1** hat das Bundesverfassungsgericht zahlreichen Grundrechten immer wieder attestiert, um angesichts des besonderen Ranges der Norm[706] einzelfallbezogener Argumentation besonderes Gewicht zu verleihen. Das betrifft etwa Art. 2 Abs. 2 S. 1;[707] Art. 3 Abs. 1;[708] Art. 4 Abs. 1, Abs. 2;[709] Art. 4 Abs. 3;[710] Art. 5 Abs. 1 S. 1;[711] Art. 5 Abs. 3;[712] Art. 6;[713] Art. 12 Abs. 1;[714] Art. 12 Abs. 2, Abs. 3;[715] Art. 13 Abs. 1;[716] Art. 19 Abs. 4;[717] Art. 103 Abs. 1.[718] Solche Zuordnungen drohen einer gewissen Beliebigkeit anheim zu fallen.[719] Ob Art. 1 Abs. 1 zum Verständnis anderer Grundrechte **konkret** beitragen kann, ist zweifelhaft, bedarf jedenfalls des eingehenden Nachweises vom jeweiligen Grundrecht her. Der Zusammenhang zwischen Art. 1 Abs. 1 und anderen Grundrechten besteht als entwicklungsgeschichtlicher und systematischer Zusammenhang, ohne dass sich hieraus sogleich Verbindliches für die Beurteilung von Einzelfragen im Anwendungsfeld einzelner Grundrechte erschließen ließe.[720]

92 Alle Grundrechte dienen dem Würdeschutz segmentär und speziell, sie gebieten dennoch jeweils „Anderes", durchweg „mehr" als Art. 1 Abs. 1 allein zu leisten vermöchte, jedenfalls was ihre Abwehrfunktion anlangt.[721] Sie verdrängen Art. 1 Abs. 1 aber **nicht** in die **Subsidiarität.**[722] Sind andere Grundrechte verletzt, **kann** demnach zugleich ein Verstoß gegen Art. 1

---

703 → Rn. 71; zum Verhältnis von Art. 1 Abs. 2 u. Abs. 3 zu Art. 79 Abs. 3 BVerfGE 84, 90 (121) – Bodenreform; BVerfGE 94, 49 (102 f.) – Sichere Drittstaaten; BVerfGE 109, 279 (310) – Lauschangriff.

704 Stehen „im Dienste der Würde des Menschen", so *Häberle* in HdbStR II § 22 Rn. 57.

705 → Rn. 90.

706 → Rn. 16.

707 BVerfGE 39, 1 (41); 46, 160 (164); 115, 118 (152), LuftsicherheitsG.

708 BVerfGE 23, 98 (106 f.); 84, 90 (121).

709 BVerfGE 27, 23 (29); 32, 98 (108); 108, 282 (305), Kopftuch.

710 BVerfGE 28, 243 (263 f.); sa BVerwG NVwZ 1986, 748.

711 Als Informationsfreiheit; s. BVerfGE 27, 71 (81); BVerfG DVBl 2004, 695.

712 BVerfGE 30, 173 (193).

713 BVerfGE 10, 59 (81).

714 BVerfGE 7, 377 (397); 50, 290 (362).

715 BVerfGE 74, 102 (120).

716 BVerfGE 109, 279 (313).

717 BVerfGE 6, 32 (36); 61, 126 (137).

718 BVerfGE 7, 275 (279); 63, 332 (337).

719 *Höfling* in Sachs Rn. 53 Fn. 218.

720 Vgl. *Häberle* in HdbStR § 20 Rn. 58.

721 Zust. *Stern* in Stern StaatsR IV/1, 2006, § 97 IV 1.

722 Das BVerfG lässt das Verhältnis von Art. 1 Abs. 1 zu anderen Grundrechten nicht selten im Dunkeln, vgl. BVerfGE 56, 363 (393), Art. 1 Abs. 1 reiche „unter den hier in Frage stehenden Gesichtspunkten nicht weiter" als bestimmte Einzelgrundrechte, wortgleich BVerfGE 53, 257 (260).

Abs. 1 vorliegen.[723] In keinem Fall impliziert aber bereits die Feststellung der Verletzung eines Einzelgrundrechts auch die Feststellung eines Verstoßes gegen Art. 1 Abs. 1. Deren Schutzgehalte weisen regelmäßig über ihren Menschenwürdekern hinaus. Ist staatliches Handeln mit anderen Grundrechten vereinbar, kann dennoch der Schutz der Menschenwürde verletzt sein. Das folgt zwingend schon aus dem Umstand, dass Art. 1 Abs. 1 – anders als alle anderen Grundrechte, die wenigstens durch verfassungsimmanente Schranken einschränkbar sind – keine Beschränkungen hinnimmt.[724] Im Ausgangspunkt ist demnach Art. 1 Abs. 1 **neben** anderen Grundrechten zu prüfen. Angesichts seines engen Schutzbereichs[725] sind dabei aber die **Einzelgrundrechte vorrangig** heranzuziehen.[726] Weisen bereits diese das betreffende staatliche Handeln als grundrechtswidrig aus, wird nur selten noch Anlass bestehen, zusätzlich einen Verstoß gegen Art. 1 Abs. 1 zu erwägen.[727]

Stehen im Sinne des Gesagten die Schutzbereiche der einzelnen Grundrechte nebeneinander, so hat Art. 1 Abs. 1 doch unmittelbare Bedeutung für die **Begrenzung anderer Grundrechte.** Er wirkt als deren immanente Schranke, was vornehmlich für schrankenlos gewährte Grundrechte folgenschwer ist. So kann weder die Wissenschafts- noch die Kunstfreiheit (Art. 5 Abs. 3) ein Verhalten tragen, das einen anderen Menschen in mit Art. 1 Abs. 1 unvereinbarer Weise herabwürdigt.[728] Art. 1 Abs. 1 begrenzt des Weiteren aber auch die Schrankenziehung selbst und wirkt hier in Art. 19 Abs. 2 funktional vergleichbarer Weise: Ein von einem Gesetzesvorbehalt im Übrigen gedecktes Handeln darf Art. 1 Abs. 1 nicht verletzen, was insofern bereits den Raum für Abwägungen nimmt. Seiner absoluten Normstruktur wegen setzt Art. 1 Abs. 1 also anders an als Art. 19 Abs. 2, sofern man diesem vorrangig ein Verhältnismäßigkeitsgebot bzw. ein Übermaßverbot entnimmt.[729] 93

Art. 1 Abs. 2 ist im Lichte der generellen „Völkerrechtsfreundlichkeit"[730] des GG zu lesen. Sie findet Niederschlag in der Präambel, in Art. 23 – auch die EU ist ein „Geschöpf des Völkerrechts"[731] –, Art. 24, 25 und 26 sowie Art. 59 Abs. 2. Art. 1 Abs. 2 übersetzt diese „Völkerrechtsfreundlichkeit" in eine spezifische Menschenrechtsfreundlichkeit. Art. 1 Abs. 3 ist, jedenfalls ein Stück weit, ein grundrechtsspezifisches Spiegelbild zu Art. 20 Abs. 3. Beide Normen legen den Vorrang der Verfassung zugrunde (die Verfassung und insbesondere ihr Grundrechtsteil als „paramount law of the land").[732] 94

---

[723] BVerfGE 7, 198 (221), Veit Harlan, zur „Vernichtung der künstlerischen Existenz" – ein solcher Vorgang ist an Art. 5 Abs. 3 und Art. 1 Abs. 1 gleichermaßen zu messen.

[724] → Rn. 37.

[725] → Rn. 16 ff.

[726] Insoweit übereinstimmend *Jarass* in Jarass/Pieroth Rn. 5; *Höfling* in Sachs Rn. 65; anders *Dreier* in Dreier Rn. 162.

[727] Zur Sondersituation des allgemeinen Persönlichkeitsrechts → Art. 2 Rn. 51 ff.

[728] Vgl. KG NJW 1990, 1996 – sexistische Karikatur einer Politikerin. Zu Schmähkritik zuletzt mit großer Öffentlichkeitswirksamkeit *Lohse/Sattar,* Eskalation einer Affäre: Wenn man nur verlieren kann. Ein Rückblick auf die letzten Tage, *faz.net* v. 12.4.2016, abrufbar unter https://www.faz.net/aktuell/politik/berlin-ankara-streit-um-boehmermanns-erdogan-gedicht-14174940.html (15.4.2020).

[729] Zum nicht unumstrittenen Problemkreis *Brüning* in Stern/Becker Art. 19 Rn. 43; grundlegend *Häberle,* Die Wesensgehaltsgarantie des Art. 19 Abs. 2 GG, 1983.

[730] Von „Völkerrechtsfreundlichkeit" spricht schon BVerfGE 6, 309 (362 f.).

[731] Siehe *Oppermann/Classen/Nettesheim,* Europarecht, 2018, 151.

[732] *Wahl* Der Staat 20 (1981), 485; *Morlok/Michael,* Staatsorganisationsrecht, 2019, Rn. 340. Daraus folgt zugleich die Ausstrahlungswirkung der Grundrechte auf alle Bereiche des einfachen Rechts.

Beide Normen setzen zudem die Gewaltenteilung voraus, ohne sie explizit festzuschreiben. Ihre Unabänderlichkeit (Art. 79 Abs. 3) ist damit doppelt garantiert. Die exakte Spiegelbildlichkeit von Art. 1 Abs. 3 und Art. 20 Abs. 3 endet aber dort, wo letzterer zum einen neben der Verfassungsbindung aller drei Gewalten die Gesetzesbindung von Exekutive und Judikative anordnet und zum anderen mit der bewussten Differenzierung von Gesetz und Recht über das positive (gesetzte) Recht hinausweist.[733] Das sog. „Konfusionsargument" aus Art. 1 Abs. 3 iVm Art. 20 Abs. 3 herzuleiten, wonach nicht Grundrechtsverpflichteter sein könne, der zugleich Grundrechtsträger ist, erscheint nicht zwingend. Weder folgt das aus dem Wortlaut noch wäre die Anordnung der unmittelbaren Drittwirkung in Art. 9 Abs. 3 S. 2[734] mit einer solchen Schlussfolgerung vereinbar.

D. Kritische Würdigung

95 Liberal-demokratische Verfassungen modernen Zuschnitts vertrauen gemeinhin darauf, „dass sich das Gemeinwohlversprechen einer Herrschaft repräsentativer Amtsträger durch institutionell-prozedurale Arrangements, die Gewährleistung öffentlicher (demokratischer Autonomie) und eine grundrechtlich gewährleistete liberale Grundtönung einlösen lasse."[735] **Substantielle Ordnungsideen** erscheinen ihnen entbehrlich, wenn nicht suspekt.[736] Unter dem Eindruck der menschenverachtenden Gräueltaten des NS-Regimes geht das Grundgesetz einen entschieden anderen Weg und sucht die Anbindung an ein höheres, unverrückbares Prinzip. Es schafft eine „Projektionsfläche", über die dem „Gemeinwesen substantieller Sinn und materielle Orientierung" vermittelt werden kann."[737] Auch wenn in der Postmoderne die Skepsis gegenüber einer solchen Art der Orientierung generell wächst – berechtigt wäre sie vor allem dann, wenn mit ihr Essentialisierung und Überhöhung einherginge –, bleibt Art. 1 eine glückliche Entscheidung des Verfassunggebers. Er rückt den **Menschen als ersten und letzten Zweck allen Rechts** ins Zentrum, indem er die gesamte Verfassungsordnung auf die Würde des Einzelnen ausrichtet (Abs. 1). Er öffnet den bundesrepublikanischen Verfassungsstaat nach außen, indem er das Völkerrechtssubjekt Bundesrepublik Deutschland fortdauernd auf die universellen Menschenrechte einschwört (Abs. 2). Und er stellt schließlich klar, dass alle staatliche Gewalt „unmittelbar" grundrechtsgebunden ist (Abs. 3). Der menschenwürderadizierte Verfassungsstaat des Grundgesetzes ist vor allem eines: ein **Grundrechtsstaat.**[738]

96 Aus zeitlicher Distanz von über 70 Jahren Grundgesetz – der Geburtstag wurde am 23. Mai 2019 gefeiert[739] – mag sich konstatieren lassen, dass einiger Streit[740] vielleicht durch andere Formulierungen hätte vermieden werden

[733] → Art. 20 Rn. 138 ff.
[734] → Art. 9 Rn. 179 ff.
[735] *Nettesheim* JZ 2019, 1 ff.
[736] *Nettesheim* JZ 2019, 1 ff. mit Verweisen auf *Alexander,* Constitutionalism. Philosophical Foundations, 2001 und *Grimm,* Constitutionalism: Past, Present, Future, 2016.
[737] *Nettesheim* JZ 2019, 1.
[738] Von der Bundesrepublik als „Grundrechtsrepublik" spricht *Hufen* NJW 1999, 1504.
[739] www.70jahregrundgesetz.de (25.4.2020).
[740] Etwa: über den Grundrechtscharakter von Art. 1 Abs. 1, → Rn. 16 ff. über die Frage der Beschränkbarkeit des Grundrechts, → Rn. 37 ff. über die „Würdefähigkeit" einzelner Menschen, → Rn. 26 ff.; über die Bedeutung des Art. 1 Abs. 1 für den gesellschaftlichen Bereich, → Rn. 7 ff.

können, kaum jedoch der Streit um den Inhalt des Begriffs „Würde". Das Grundgesetz wagt, sei es naturrechtlich, sei es völkerrechtlich inspiriert, bewusst das Pathos, die Weite, auch die „Fallhöhe" der identitätsprägenden, die gesamte Rechtsordnung überwölbenden Würdeorientierung. Es vertraut auf die Leistungsfähigkeit von Rechtsprechung, Rechtswissenschaft und Rechtspraxis, die **„Weltformel"**[741] von der Menschenwürde auf einen handhabbaren **juristischen Arbeitsbegriff** herunterzubrechen. Ungeachtet mancher Uneinigkeit im Detail[742] und auch grundlegender Herausforderungen[743], ist Konsolidierung durchaus gelungen. Die Enge des Würdeschutzes als Schutz vor Verobjektivierung in konkreten Situationen, wirkt weiterer Inflationierung der Berufung auf das Grundrecht wohl hinreichend entgegen, ermöglicht zugleich, uneingeschränkt an der Höchstrangigkeit des Art. 1 Abs. 1 festzuhalten. Die Aufladung anderer Grundrechte mit Gehalten des Art. 1 Abs. 1, die das Bundesverfassungsgericht nicht selten vornimmt,[744] ist allerdings aus gleichen Gründen bedenklich; auch auf dieser Ebene sollte der Menschenwürdesatz nicht ohne Not in „kleiner Münze" verwendet werden, ist der Entfaltung einzelner Verfassungsbestimmungen aus sich und für sich der Vorzug zu geben.

Bei aller Genugtuung über grundrechtsfreundliche Rechtsprechung und 97
das erreichte (manchen zu weit gehende) Niveau der Verfassungsexegese in Ansehung von Art. 1 Abs. 1,[745] ist auch Nüchternheit geboten: Eine **Konvergenz zwischen normativem Anspruch und aktuellem gesellschaftlichen Sein** wird sich kaum je herstellen lassen. Ob in Fragen des Flüchtlingsschutzes, in der Sorge um soziale Gerechtigkeit, in der Furcht vor dem Machbaren (Gentechnik, Klonen), um nur einige Beispiele aufzugreifen. Die beste aller Welten kann Art. 1 nicht schaffen, das berühmte erste Stasimon (442) aus Sophokles´ Antigone nicht widerlegen: „Vielgestaltig ist das Ungeheure, und nichts ist ungeheurer als der Mensch." Die Grundentscheidung der Verfassung für den Schutz der menschlichen Würde bleibt ein Stück weit nur **Verheißung.** Eine Verfassung kann normative Vorkehrungen für ein menschenwürdiges Leben treffen, sie aber nicht einlösen. Mag auch der Staat aufs Ganze gesehen durch von Art. 1 Abs. 1 gebotenes Unterlassen und Fördern diesen Ansprüchen zu genügen suchen – die Zukunft eines Würdekonzepts entscheidet sich wesentlich auch im gesellschaftlichen Raum.[746]

Das „sinnvolle Zeichen" des Art. 1 Abs. 2[747] – zunächst den deutschen 98
Neubeginn von 1949 nach innen und außen markierend – hat an Sinnhaftigkeit nichts verloren – nachdrücklich belegen das zum einen der seinerzeit kaum zu erahnende Aufschwung der Menschenrechtsidee, ihr Ausgreifen auf ganz Europa und die hoffnungsvollen Tendenzen weiterer Universalisierung und zum anderen aber auch die neuen Gefährdungslagen, die diese Hoffnung

---

[741] *Schweidler,* Über Menschenwürde. Der Ursprung der Person und die Kultur des Lebens, 2012, 36.

[742] Diese veranschaulicht die Stichwortliste → Rn. 53.

[743] So zur Frage der Abwägbarkeit, s. oben → Rn. 17 ff.

[744] → Rn. 91.

[745] S. etwa *Häberle* in HdbStR II § 22 Rn. 30, der anmerkt, die Judikatur bestätige, dass Art. 1 Abs. 1 „rechtspraktisch gelebte Wirklichkeit in der Bundesrepublik" sei.

[746] Zu den aktuellen Herausforderungen zählen etwa: die Gefahr durch die neuen Rechten, Neo-Nationalismus, fortlebender Rassismus, die Vorstellung von einer vermeintlich „authentischen" illiberalen „Volks"demokratie, siehe etwa *Hufer,* Neue Rechte, altes Denken, 2018.

[747] *v. Münch* in v. Münch/Kunig, 3. Aufl. 1996, Rn. 63.

Lügen strafen. Art. 1 Abs. 3 schließlich mag „selbstverständlich" sein, betrachtet man die heute allgemein akzeptierte Bedeutung der Grundrechte für das Handeln aller Gewalten. Die „Unmittelbarkeit" der Grundrechtsbindung herauszustellen, hatte aber nicht nur Bedeutung als Reflex auf frühere Verfassungslagen.[748] Die Bestimmung bot eine Handhabe, Rechtsstaatlichkeit durch Grundrechtsentfaltung in allen Bereichen des Rechts zu verwirklichen, ohne dass diesbezüglich erst verfassungsdogmatischer Streit über die Tragweite der Verfassungsbindung im Allgemeinen geführt werden musste. Die damit verbundene eindeutige Absage an absolute Macht ist von ungebrochener Aktualität. Die umfassende Grundrechtsbindung aller hoheitlichen Gewalt bleibt Lebensbedingung, anders formuliert **„anthropologische Notwendigkeit"**[749] einer jeden freiheitlichen Gesellschaft und einer jeden in Freiheit geordneten politischen Gemeinschaft.

Literatur

Ch. Adam, Gefahrenabwendungsfolter und Menschenwürde im Lichte des Unabwägbarkeitsdogmas des Art. 1 Abs. 1 GG, 2008. – ***T. Aubel,*** Das Menschenwürde-Argument im Polizei- und Ordnungsrecht, Die Verwaltung 37 (2004), 292. – ***H.-G. Babke*** (Hrsg.), Menschenwürde – Probleme der Begründung einer universalen Norm, 2016. – ***S. Baer,*** Menschenwürde zwischen Recht, Prinzip und Referenz. Die Bedeutung von Enttabuisierungen, Deutsche Zeitschrift für Philosophie, 2005. – ***M. Baldus,*** Kämpfe um die Menschenwürde. Die Debatten seit 1949, 2016. – ***A. Barak,*** Human Dignity. The Constitutional Value and the Constitutional Right, 2015. – ***P. Basten,*** Die Menschenwürde des Grundgesetzes auf dem Prüfstand. Rechtlich-ethische Entscheidungen für Fallkonstellationen der polizeilichen Praxis, 2016. – ***C. Becker,*** Das Recht auf Vergessenwerden, 2019. – ***U. Becker,*** Das „Menschenbild des Grundgesetzes" in der Rechtsprechung des Bundesverfassungsgerichts, 1996. – ***E. Benda,*** Gefährdungen der Menschenwürde, 1975 – ***E. F. van der Berg,*** Folter, unmenschliche und erniedrigende Behandlung in der Rechtsprechung des EGMR und die strafprozessualen Konsequenzen, 2019. – ***J. v. Bernstorff,*** Pflichtenkollision und Menschenwürdegarantie. Zum Vorrang staatlicher Achtungspflichten im Normbereich von Art. 1 GG, Der Staat 47 (2008), 21. – ***J. v. Bernstorff,*** Der Streit um die Menschenwürde im Grund- und Menschenrechtsschutz: Eine Verteidigung des Absoluten als Grenze und Auftrag, JZ 2013, 905. – ***H. Bielefeldt,*** Menschenwürde. Der Grund der Menschenrechte, 2005. – ***S. Blömacher,*** Die Menschenwürde als Prinzip des deutschen und europäischen Rechts. Kohärenz der Konzepte?, 2016. – ***E.-W. Böckenförde,*** Menschenwürde als normatives Prinzip, JZ 2003, 809. – ***E.-W. Böckenförde,*** Bleibt die Menschenwürde unantastbar?, Blätter für deutsche und internationale Politik 2004, 1216. – ***E.-W. Böckenförde/R. Spaemann*** (Hrsg.), Menschenrechte und Menschenwürde, 1987. – ***D. Bogner/C. Mügge*** *(Hrsg.),* Natur des Menschen. Brauchen die Menschenrechte ein Menschenbild?, 2016. – ***M. Brandhorst/E. Weber-Gruska*** (Hrsg.), Menschenwürde. Eine philosophische Debatte über Dimensionen ihrer Kontingenz, 2017. – ***J. Bröhmer,*** Menschenwürde, Freiheit der Person und Freizügigkeit, in D. Merten/H.-J. Papier Hdb. Grundrechte VI/1, 2010, § 139. – ***L. Brost,*** Das Persönlichkeitsrecht von Minderjährigen. Eine verfassungsrechtliche Betrachtung unter Berücksichtigung der besonderen Gefahren des Web 2.0, 2016. – ***W. Brugger,*** Darf ein Staat ausnahmsweise foltern?, Der Staat 35 (1996), 67. – **T. *Bruha/D. Steiger,*** Das Folterverbot im Völkerrecht. Beiträge zur Friedensethik, Bd. 39, 2006. – ***T. Bührer,*** Das Menschenwürdekonzept der Europäischen Menschenrechtskonvention, 2020. – ***H. Coing,*** Das Grundrecht der Menschenwürde, der strafrechtliche Schutz der Menschlichkeit und das Persönlichkeitsrecht des bürgerlichen Rechts, SJZ 1947, 641. – ***C. D. Classen,*** Die Forschung mit embryonalen Stammzellen im Spiegel der Grundrechte, DVBl 2002, 141. – ***W. Däubler,*** Gläserne Belegschaften. Das Handbuch zum

[748] → Rn. 14.

[749] *Ryffel,* Grundprobleme der Staats- und Rechtsphilosophie, 1969, 416.

Beschäftigtendatenschutz, 2019. – ***H.-G. Dederer,*** Die Garantie der Menschenwürde, JöR nF 57 (2009), 89. – ***E. Denninger,*** Die Wirksamkeit der Menschenrechte in der deutschen Verfassungsrechtsprechung, JZ 1998, 1129. – ***U. Di Fabio,*** Grundrechte als Werteordnung, JZ 2004, 1. – ***U. Di Fabio,*** Grundrechtsgeltung in digitalen Systemen. Selbstbestimmung und Wettbewerb im Netz, 2016. – ***H. Dreier,*** Idee und Gestalt des freiheitlichen Verfassungsstaates, 2014. – ***H. Dreier/W. Huber,*** Bioethik und Menschenwürde, 2002. – ***G. Dürig,*** Die Menschenauffassung des Grundgesetzes, JR 1952, 259. – ***G. Dürig,*** Verfassung und Verwaltung im Wohlfahrtsstaat, JZ 1953, 193. – ***G. Dürig,*** Der Grundrechtssatz von der Menschenwürde, AöR 81 (1956), 117. – ***M. Düwell/J. Braarvig/R. Brownsword/D. Mieth*** (Hrsg.), The Cambridge Handbook of Human Dignity. Interdisciplinary Perspectives, 2014. – ***Th. Elsner/K. Schobert,*** Gedanken zur Abwägungsresistenz der Menschenwürde – angestoßen durch das Urteil des BVerfG zur Verfassungsmäßigkeit der Sicherungsverwahrung, DVBl 2007, 287. – ***E. Eichenhofer,*** Soziale Menschenrechte im Völker-, europäischen und deutschen Recht, 2012. – ***C. Enders,*** Die Menschenwürde in der Verfassungsordnung. Zur Dogmatik des Art. 1 GG, 1997. – ***C. Enders,*** Embryonenschutz als Statusfrage? Gesetzgebung zwischen Verfassungsvollzug und Autokratie der Moral, ZRph 2003, 126. – ***E. Fechner,*** Menschenwürde und generative Forschung und Technik, JZ 1986, 653. – ***B. Fehn,*** Die Menschenwürde des nichtehelichen Kindes im Spannungsfeld zwischen Unterhalts- u. Deliktsrecht, JuS 1988, 602. – ***M. Friedewald/J. Lamla/A. Roßnagel*** (Hrsg.), Informationelle Selbstbestimmung im digitalen Wandel, 2017. – ***F. Fukuyama,*** Identität. Wie der Verlust der Würde unsere Demokratie gefährdet, 2019. – ***C. Fündling,*** Recht auf Wissen vs. Recht auf Nichtwissen in der Gendiagnostik, 2018. – ***T. Geddert-Steinacher,*** Menschenwürde als Verfassungsbegriff, 1990. – ***B. Giese,*** Das Würde-Konzept. Eine normfunktionale Explikation des Begriffs Würde in Art. 1 Abs. 1 GG, 1975. – ***P. Gilabert,*** Human Dignity and Human Rights, 2018; Kirste/de Souza/Sarlet (Hrsg.), Menschenwürde im 21. Jahrhundert. Untersuchungen zu den philosophischen, völker- und verfassungsrechtlichen Grundlagen in Brasilien, Deutschland und Österreich, 2018. – ***P. Gisbertz,*** Menschenwürde in der angloamerikanischen Rechtsphilosophie. Ein Vergleich zur kontinentaleuropäischen Begriffsbildung, 2018. – ***Ch. Goos,*** Innere Freiheit. Eine Rekonstruktion des grundgesetzlichen Würdebegriffs, 2011. – ***H.-P. Götting/C. Schertz/W. Seitz*** (Hrsg.), Hdb. Persönlichkeitsrecht. Presse und Medienrecht, 2019. – ***T. Graf,*** Ethik und Moral im Grundgesetz. Grenzen der Moralisierung des Verfassungsrechts, 2017. – ***R. Gröschner,*** Menschenwürde und Sepulkralkultur in der grundgesetzlichen Ordnung. Die kulturstaatlichen Grenzen der Privatisierung im Bestattungsrecht, 1995. – ***R. Gröschner/O. W. Lembcke*** (Hrsg.), Das Dogma der Unantastbarkeit. Eine Auseinandersetzung mit dem Absolutheitsanspruch der Würde, 2009. – ***A. Guckelberger,*** Die Drittwirkung der Grundrechte, JuS 2003, 1151. – ***L. Gunnarson/U. Mürbe/N. Weiß,*** The Human Right to a Dignified Existence in an International Context, 2019. – ***T. Gurr,*** Untersuchungen sozialer Disqualifikation. Beiträge zur Analyse von Arbeitslosigkeit und sozialen Hilfen, 2018. – ***P. Häberle,*** Grundrechte im Leistungsstaat, VVDStRL 30 (1972), 43. – ***P. Häberle,*** Das „Weltbild" des Verfassungsstaates – eine Textstufenanalyse zur Menschheit als verfassungsstaatlichem Grundwert und „letztem" Geltungsgrund des Völkerrechts, FS f. Kriele, 1997, 1277. – ***P. Häberle,*** Verfassungslehre als Kulturwissenschaft, 1998. – ***P. Häberle,*** Die Menschenwürde als Grundlage der staatlichen Gemeinschaft, in J. Isensee/P. Kirchhof HdbStR II, 2004, § 22. – ***P. Häberle,*** Nationales Verfassungsrecht, regionale „Staatenverbünde" und das Völkerrecht als universales Menschheitsrecht: Konvergenzen und Divergenzen, FS f. Zuleeg, 2005, 80. – ***P. Häberle,*** Das Menschenbild im Verfassungsstaat, 4. Aufl. 2008, 47. – ***P. Häberle/M. Kotzur,*** Europäische Verfassungslehre, 2016. – ***P. Häberle,*** Die „Kultur des Friedens" – Thema der universalen Verfassungslehre, 2017. – ***D. Häger,*** Der formalisierte Schutz des allgemeinen Persönlichkeitsrechts durch das Strafrecht, 2018. – ***K.-E. Hain,*** Konkretisierung der Menschenwürde durch Abwägung?, Der Staat 45 (2006), 189. – ***W. Hassemer,*** Über den argumentativen Umgang mit der Würde des Menschen, EuGRZ 2005, 300. – ***M. Herdegen,*** Die Menschenwürde im Fluß des bioethischen Diskurses, JZ 2001, 773. – ***W. Heun,*** Embryonenforschung und Verfassung – Lebensrecht und Menschenwürde des Embryos, JZ 2002, 517. – ***Ch. Hillgruber,*** Der Schutz des Menschen vor sich selbst, 1992. – ***Ph. Frhr. v. Hodenberg,*** Das Bekenntnis des deutschen Volkes zu den Menschenrechten in Art. 1 Abs. 2 GG, 1997. – ***M. Hong,*** Abwägungsfeste Rechte. Von Alexys Prinzipien zum Modell der Grundsatznormen, 2019. – ***M. Hong,*** Todesstrafenverbot und Folterverbot. Grundrechtliche Menschenwürdegehalte unter dem Grundgesetz, 2019. – ***W. Höfling,*** Reprogenetik und Verfassungsrecht 2001. – ***W. Höfling,*** Wer definiert des Menschen Leben und Würde?, FS f. Isensee, 2007, 525. – ***H. Hofmann,*** Menschenrechtliche Autonomieansprüche – Zum politischen Gehalt der Menschenrechtserklärungen, JZ 1992, 165. – ***H. Hofmann,*** Die versprochene Menschenwürde, AöR 118 (1993), 353. – ***H. Hofmann,*** Menschenwürde und Naturverständnis in europäischer Perspektive, Der Staat 37 (1998), 349. – ***J. Hofmann,*** Zur Absolutheit des Menschenwürdeschutzes im Wirken des Präsidenten des BVerfG Hans-Jürgen Papier, NVwZ 2010, 217. – ***D. Hömig,*** Die Menschenwürdegarantie des Grundgesetzes in der Rechtsprechung der Bundesrepublik Deutschland, EuGRZ 2007, 633. – ***A. Honneth,*** Anerkennung. Eine europäische Ideengeschichte, 2018. – ***T. Hörnle,*** Deskriptive und normative Dimensionen des Begriffs „Feindstrafrecht", GA 2006, 80. – ***T. Hörnle,*** Menschenwürde als Freiheit von Demütigungen, ZRph 2008, 41. – ***F. Hufen,*** Präimplantationsdiagnostik aus verfassungsrechtlicher Sicht, MedR 2001, 440. – ***F. Hufen,*** Erosion der Menschenwürde?, JZ 2004, 313. – ***J. Ipsen,*** Verfassungsrecht und Biotechnologie, DVBl 2004, 1381. – ***J. Isensee,*** Verfassung ohne soziale Grundrechte – Ein Wesenszug des Grundgesetzes, Der Staat 19 (1980), 367. – ***J. Isensee,*** Tabu im freiheitlichen Staat, 2003. – ***J. Isensee,*** Menschenwürde: die säkulare Gesellschaft auf der Suche nach dem Absoluten, AöR 131 (2006), 173. – ***L. Jaeckel,*** Schutzpflichten im deutschen und europäischen Recht, 2001. – ***A. Janssen,*** Der Staat als Garant der Menschenwürde. Zur verfassungsrechtlichen Bedeutung des Artikels 79 Abs. 3 GG für die Identität des Grundgesetzes, 2019. – ***J. C. Joerden/E. Hilgendorf/F. Thiele*** (Hrsg.) Menschenwürde und Medizin. Ein interdisziplinäres Handbuch, 2013. – ***J. A. Kämmerer/M. Kotzur,*** Vollendung des Grundrechtsverbunds oder Heimholung des Grundrechtsschutzes?, NVwZ 2020, 177. – ***K. Kappler,*** Die Verfolgung wegen der sexuellen Orientierung und der Geschlechtsidentität als Verbrechen gegen die Menschlichkeit, 2019. – ***J. Keown,*** Euthanasia, Ethics and Public Policy, 2018. – ***J. Kersten,*** Das Klonen von Menschen, 2004.– ***J. Kersten/F. Meinel,*** Grundrechte in privatisierten öffentlichen Räumen, JZ 2007, 1127. – ***A. Kieck,*** Der Schutz individueller Identität als verfassungsrechtliche Aufgabe. Am Beispiel des geschlechtlichen Personenstands, 2019. – ***A. Klafki,*** Risiko und Recht. Risiken und Katastrophen im Spannungsfeld von Effektivität, demokratischer Legitimation und rechtsstaatlichen Grundsätzen am Beispiel von Pandemien, 2017. – ***N. Klass,*** Rechtliche Grenzen des Realitätsfernsehens. Ein Beitrag zur Dogmatik des Menschenwürdeschutzes und des allgemeinen Persönlichkeitsrechts, 2004. – ***M. Klein,*** Zur verfassungsrechtlichen Rechtfertigung des Verbots der Eizellspende mit dem Argument des Kindeswohls. Zugleich ein Beitrag zur grundrechtlichen Erfassung der Verwirklichung des Kinderwunsches mittels Gametenspende sowie hieraufgründender Elternverantwortung, 2019. – ***M. Kloepfer,*** Leben und Würde des Menschen, FS 50 Jahre BVerfG II, 2001, 77. – ***M. Kloepfer,*** Humangenetik als Verfassungsfrage, JZ 2002, 417. – ***F. Kolbe,*** Freiheitsschutz vor staatlicher Gesundheitssteuerung. Grundrechtliche Grenzen paternalistischen Staatshandelns, 2017. – ***K. König,*** Die Konkretisierung des Verfolgungsbegriffs des Art. 9 Abs. 1 Buchst. a QRL anhand des Begriffs der Menschenwürde – Zugleich ein Beitrag zur Bestimmung flüchtlingsrechtlich relevanter Eingriffe in das Recht auf Religionsfreiheit, 2014. – ***M. Kotzur,*** Theorieelemente des internationalen Menschenrechtsschutzes, 2001. – ***M. Kotzur,*** 60 Jahre Allgemeine Erklärung der Menschenrechte – Reflexionen zur Entstehungsgeschichte, Ideengeschichte und Wirkungsgeschichte, MenschenRechtsMagazin 2008, 184. – ***M. Krajewski,*** Staatliche Schutzpflichten und unternehmerische Verantwortung in der globalen Lieferkette, 2018. – ***E. Kreßel,*** Mitwirkungspflichten und Sanktionen bei der Inanspruchnahme von Grundsicherungsleistungen, NZS 2019, 730. – ***A. Kulick,*** „Drittwirkung" als verfassungskonforme Auslegung – Zur neuen Rechtsprechung des BVerfG NJW 2016, 2236. – ***Ph. Kunig,*** Zum Dogma der unantastbaren Menschenwürde, in Gröschner/Lembcke (Hrsg.), Das Dogma der Unantastbarkeit. Eine Auseinandersetzung mit dem Absolutheitsanspruch der Würde, 2009, 121 ff. – ***K.-H. Ladeur/I. Augsberg,*** Die Funktion der Menschenwürde im Verfassungsstaat: Humangenetik, Neurowissenschaft, Medien, 2008. – ***C. Landwehr,*** Rechtsfragen der Präimplantationsdiagnostik, 2017. – ***J. Lege,*** Das Recht der Bio- und Gentechnik, in Schulte (Hrsg.), Handbuch des Technikrechts, 2003, 669. – ***P. Lerche,*** Ausnahmslos und vorbehaltlos geltende Grundrechtsgarantien, FS f. Mahrenholz, 1994, 515. – ***A. Lohmar,*** Falsches moralisches Bewusstsein. Eine Kritik der Menschenwürde, 2017. – ***A. B. Lungstras,*** Die Präimplantationsdiagnostik verbieten oder erlauben?, NJ 2010, 485. – ***M. Mahlmann,*** Elemente einer ethischen Grundrechtstheorie, 2008. – ***H. Maier,*** Wie universal sind die Menschenrechte?, 1997. – ***W. Maihofer,*** Rechtsstaat und menschliche Würde, 1968. – ***S. Marks,*** Die Würde des Menschen ist verletzlich. Was uns fehlt und wie wir es wiederfinden, 2017. – ***C. McCrudden*** (Hrsg.), Understanding Human Dignity, 2014. – ***A. Merold,*** Freiheit durch den Staat. Eine Auseinandersetzung mit der Reichweite und den Grenzen des verfassungsrechtlichen Existenzminimums, 2016. – ***A. Merklein,*** Diversity Management in Deutschland. Empirische Untersuchung von Maßnahmen für Geschlecht und sexuelle Identität, 2017. – ***J. Mers,*** Infektionsschutz im liberalen Rechtsstaat, 2019. – ***J.A. Middel,*** Verfassungsrechtliche Fragen der Präimplantationsdiagnostik und des therapeutischen Klonens, 2005. – ***M. Modrzejewski,*** Existenzsicherung in Ehe und Familie im Einkommenssteuerrecht. Eine Neuausrichtung des subjektiven Nettoprinzips, 2018. – ***R. Mosayebi*** (Hrsg.), Kant und Menschenrechte, 2015. – ***E. Moser,*** Unveräußerliche Rechte, 2020. – ***M. Möstl,*** Grundrechtsbindung öffentlicher Wirtschaftstätigkeit, 1999. – ***S. Muders*** (Hrsg.), Human Dignity and Assisted Death, 2017. – ***J. P. Müller,*** Wandel des Souveränitätsbegriffs im Lichte der Grundrechte, FS f. Wildhaber, 1997, 45. – ***R. Müller-Terpitz,*** Der Schutz des pränatalen Lebens, 2007. – ***F. Münch,*** Die Menschenwürde als Grundforderung unserer Verfassung, 1952. – ***H. Nawiasky,*** Die Grundgedanken des Grundgesetzes für die Bundesrepublik Deutschland, 1950. – ***M. Nettesheim,*** Die Garantie der Menschenwürde zwischen metaphysischer Überhöhung und bloßem Abwägungstopos, AöR 130 (2005), 71. – ***M. Nettesheim,*** „Leben in Würde": Art. 1 Abs. 1 GG als Grundrecht hinter den Grundrechten, JZ 2019, 1. – ***F. L. Neumann/H. C. Nipperdey/U. Scheuner,*** Die Grundrechte. Handbuch der Theorie und Praxis der Grundrechte II, 1954. – ***M. Nowak,*** Menschenwürde und Menschenrechte, 2018. – ***H. Otto,*** Diskurs über Gerechtigkeit, Menschenwürde und Menschenrechte, JZ 2005, 473. – ***N. P. Nüchter,*** Über die Bedeutung der Arbeit für das menschliche Leben, 2009. – ***H.-J. Papier,*** Die Würde des Menschen ist unantastbar, FS f. Ch. Stark, 2007, 371. – ***D. von der Pfordten,*** Menschenwürde, 2016. – ***R. Poscher,*** Menschenwürde und Kernbereichsschutz, JZ 2009, 269. – ***J. F. v. Proff zu Irnich,*** Kulturelle Freiheitsrechte und Menschenwürde, 2009. – ***J. Quecke,*** Unantastbare Menschenwürde. Zur Dogmatik des Art. 1 Abs. 1 GG zwischen Absolutheitsanspruch und Abwägungsdenken, 2020. – ***J. Rath,*** Zum Gegebensein eines absoluten normativen Status des Menschen – Die Menschenwürde als absoluter Eingriffsschutz? Eine philosophische Untersuchung zu einer Grundlage des Rechts, 2016. – ***J. Rädler,*** Das dritte Geschlecht. Rechtsfragen und Rechtsentwicklung, 2019. – ***M. Rothaar,*** Die Menschenwürde als Prinzip des Rechts. Eine rechtsphilosophische Rekonstruktion, 2015. – ***J. Rung,*** Grundrechtsschutz in der europäischen Strafkooperation. Die Vorgaben der Charta der Grundrechte der Europäischen Union für den Europäischen Haftbefehl, 2019. – ***G. Rüpke/K. v. Lewinski/J. Eckhardt,*** Datenschutzrecht. Grundlagen und europarechtliche Neugestaltung, 2018. – ***U. Sacksofsky,*** Präimplantationsdiagnostik und Grundgesetz, KJ 36 (2003), 274. – ***B. Sandfuchs,*** Privatheit wider Willen? Verhinderung informationeller Preisgabe im Internet nach deutschem und US-amerikanischem Verfassungsrecht, 2015. – ***O. Schachter,*** Human Dignity as a Normative Concept, AJIL 77 (1983), 848. – ***H. Schiedermair,*** Hoffnung und Menschenwürde. Das Erbe des Sisyphos, FS f. Stern, 1997, 63. – ***C. Schlager,*** Die Gesetzgebung zum assistierten Suizid (§ 217 StGB) in Deutschland: Ethischer Diskurs, politische Debatte und mediale Inszenierung, 2020. – ***U. Schliesky*** u. a., Schutzpflichten und Drittwirkung im Internet. Das Grundgesetz im digitalen Zeitalter, 2014. – ***B. Schloen,*** Grundeinkommen und Menschenwürde. Ein Weckruf für mehr Selbstbestimmung, Solidarität und Plutokratieabwehr, 2019. – ***E. Schmidt-Jortzig,*** Systematische Bedingungen der Garantie unbedingten Schutzes der Menschenwürde in Art. 1 GG, DÖV 2001, 925. – ***E. Schmidt-Jortzig,*** Zum Streit um die dogmatisch korrekte Einordnung und Anwendung von Art. 1 Abs. 1 GG, FS f. Isensee, 2007, 491. – *Schmitt Glaeser,* Big Brother is watching you -Menschenwürde bei RTL 2, ZRP 2000, 395. – ***T. Schwander,*** Extraterritoriale Wirkungen von Grundrechten im Mehrebenensystem, 2019. – ***J. Schwartländer*** (Hrsg.), Menschenrechte. Aspekte ihrer Begründung und Verwirklichung, 1978. – ***W. Schweidler,*** Über Menschenwürde. Der Ursprung der Person und die Kultur des Lebens, 2012. – ***K. Seelmann*** (Hrsg.), Menschenwürde als Rechtsbegriff, 2004. –***R. Spaemann,*** Über den Begriff der Menschenwürde, in E.-W. Böckenförde/R. Spaemann (Hrsg.), Menschenrechte und Menschenwürde, 1987, 295. – ***L. Specht-Riemenschneide/N. Werry/S. Werry*** (Hrsg.), Datenrecht in der Digitalisierung, 2020. – ***W. Spellbrink,*** Zur Bedeutung der Menschenwürde für das Recht der Sozialleistungen, DVBl 2011, 661. – ***C. Stachel,*** Schutzpflichten der Mitgliedstaaten für die Grundfreiheiten des EG-Vertrags unter besonderer Berücksichtigung des Grundrechtsschutzes in der Gemeinschaft, 2006. – ***Ch. Starck,*** Menschenwürde als Verfassungsgarantie im modernen Staat, JZ 1981, 457. – ***D. Steiger,*** Das völkerrechtliche Folterverbot und der „Krieg gegen den Terror", 2013. – ***S. v. Steinau-Steinrück,*** Die staatliche Verhütung und Bekämpfung von Infektionskrankheiten. Rechtliche Rahmenbedingung, grundgesetzliche Schutzpflichten und Eingriffsgrenzen, 2013. – ***U. Steiner,*** Verfassungsfragen des Sports, NJW 1991, 2729. – ***K. Stern,*** Menschenwürde als Wurzel der Menschen- und Grundrechte, FS f. Scupin, 1983, 627. – ***K. Stern,*** Die normative Dimension der Menschenwürde, FS f. Badura, 2004, 571. – ***N. Sternberg,*** Der Rang von Menschenrechtsverträgen im deutschen Recht unter besonderer Berücksichtigung von Art. 1 Abs. 2 GG, 1998. – ***J. Stinner,*** Staatliche Schutzpflichten im Rahmen informationstechnischer Systeme, 2018. – ***R. Stoecker,*** Theorie und Praxis der Menschenwürde, 2019. – ***P. Szczekalla,*** Die sog. grundrechtlichen Schutzpflichten im deutschen und europäischen Recht, 2002. – ***W. Graf Vitzthum,*** Die Menschenwürde als Verfassungsbegriff, JZ 1985, 201. – ***W. Graf Vitzthum,*** Zurück zum klassischen Menschenwürdebegriff! Eine Erinnerung an Lüth, Dürig und Kant, in Henne/Riedlinger (Hrsg.), Das Lüth-Urteil in (rechts-)historischer Sicht, 2005, 349. – ***L. Wagner,*** Menschenrechte in der Entwicklungspolitik: Extraterritoriale Pflichten, der Menschenrechtsansatz und seine Umsetzung, 2017. – ***L. Wagner,*** Ein Recht auf Vergessen im Internet, 2018. **– *M. Wallerath,*** Zur Dogmatik eines Rechts auf Sicherung des Existenzminimums, JZ 2008, 157. – ***M. S. Weinert,*** Making Human: World Order and the Global Governance of Human Dignity, 2015. – ***J. Weismantel,*** Das „Recht auf Vergessenwerden" im Internet nach dem „Google-Urteil" des EuGH. Begleitung eines offenen Prozesses, 2017. – ***M. Wendel,*** Das Bundesverfassungsgericht als Garant der Unionsgrundrechte, JZ 2020, 157. – ***W. Wertenbruch,*** Grundgesetz und Menschenwürde, 1958. – ***M. Weschka,*** Präimplantationsdiagnostik, Stammzellforschung und therapeutisches Klonen: Status und Schutz des menschlichen Embryos vor den Herausforderungen der modernen Biomedizin. Eine Untersuchung aus einfachgesetzlicher, verfassungsrechtlicher und internationaler Perspektive, 2010. – ***F. Willksch,*** Recht auf Krankenbehandlung und Recht auf ein menschenwürdiges Existenzminimum, 2017. – ***J. M. Wintrich,*** Über Eigenart und Methode verfassungsgerichtlicher Rspr., FS f. Laforet, 1952, 227. – ***J. M. Wintrich,*** Zur Problematik der Grundrechte (Art. 1 Abs. 1 und Art. 2 Abs. 1 GG), 1957. – ***H. Wittwer,*** Das Leben beenden. Über die Ethik der Selbsttötung, 2020. – ***M. Yousif,*** Die extraterritoriale Geltung der Grundrechte bei der Ausübung deutscher Staatsgewalt im Ausland, 2007. – ***J.-M. Zeller,*** Folter vor dem Forum des Rechts, 2014. – ***N. T. Zwermann-Milstein,*** Grund und Grenzen einer verfassungsrechtlich gebotenen gesundheitlichen Mindestversorgung, 2015.

Art. 2 [Freie Entfaltung der Persönlichkeit, Recht auf Leben, körperliche Unversehrtheit, Freiheit der Person]

(1) Jeder hat das Recht auf die freie Entfaltung seiner Persönlichkeit, soweit er nicht die Rechte anderer verletzt und nicht gegen die verfassungsmäßige Ordnung oder das Sittengesetz verstößt.

(2) [1]Jeder hat das Recht auf Leben und körperliche Unversehrtheit. [2]Die Freiheit der Person ist unverletzlich. [3]In diese Rechte darf nur auf Grund eines Gesetzes eingegriffen werden.

Paulskirchenverfassung von 1849

Abschnitt VI. Art. III

§ 138. Die Freiheit der Person ist unverletzlich.

[Abs. 2–6]

Weimarer Reichsverfassung von 1919

Art. 114. Die Freiheit der Person ist unverletzlich. Eine Beeinträchtigung oder Entziehung der persönlichen Freiheit durch die öffentliche Gewalt ist nur auf Grund von Gesetzen zulässig.

[Abs. 2]

Übersicht

A. Allgemeine Bedeutung

1 Art. 2 enthält **vier Grundrechte**, deren Schutzgehalte zwar nur begrenzte Gemeinsamkeiten aufweisen, die aber in ihrem Zusammenspiel **Grundfesten des Menschseins** schützen: die physische Existenz (**Recht auf Leben,** Abs. 2 S. 1 Var. 1) und die Bewahrung vor physischem Schaden (**Recht auf körperliche Unversehrtheit,** Abs. 2 S. 1 Var. 2), die gegen Gefangenschaft und Vereinzelung gerichtete **Freiheit der Person** (Abs. 2 S. 2) als elementarste aller Freiheiten des lebenden Menschen (arrondiert durch die Regelungen des Art. 104 über Voraussetzungen und Grenzen von Freiheitsentziehungen und Freiheitsbeschränkungen) und schließlich das Recht auf freie **Entfaltung der Persönlichkeit** (Art. 2 Abs. 1), das in seinem Verständnis als allgemeine Handlungsfreiheit[1] das schlichteste, aber auch tatbestandlich weiteste aller Freiheitsrechte darstellt. Hinzu kommt das **allgemeine Persönlichkeitsrecht,** das zwar nicht explizit in Art. 2 verbürgt ist, jedoch von der Verfassungsrechtsprechung aus Art. 2 Abs. 1 im Verbund mit der Menschenwürde (Art. 1 Abs. 1) entwickelt und seither weiter ausdifferenziert worden ist.[2] Es ist mittlerweile zu einem umfassenden und facettenreichen **Grundrecht auf Individualität** herangewachsen und schützt insbesondere über das

[1] Grundlegend BVerfGE 6, 32 (36 ff.); vgl. zur stRspr nur *Di Fabio* in Maunz/Dürig Art. 2 Abs. 1 Rn. 12.

[2] Zur Privat-, Geheim- und Intimsphäre BVerfGE 27, 1 (6 ff.); 27, 344 (350 ff.) sowie 32, 373 (378 ff.); zur persönlichen Ehre und dem Verfügungsrecht über die Darstellung der eigenen Person BVerfGE 35, 202 (220); zum Recht am eigenen Bild und am gesprochenen Wort BVerfGE 34, 238 (246 f.); zusammenfassend BVerfGE 54, 148 (153 ff.).

in ihm enthaltene Recht auf „informationelle Selbstbestimmung" auch **personenbezogene Daten.**[3] Von Art. 2 Abs. 2 S. 1 (Recht auf Leben und körperliche Unversehrtheit) abgesehen, lassen sich die Schutzgüter und der Schutzumfang der in Art. 2 enthaltenen Rechte aus deren Wortlaut weniger gut erschließen als bei den meisten anderen Grundrechten.

I. Genese

Von den vier Grundrechten des Art. 2 knüpft nur die Freiheit der Person an Vorgängerverfassungen an;[4] diese Freiheit ist auch menschenrechtlich verbürgt und gehört zum überkommenen gemeinsamen Gut rechtsstaatlicher Verfassungsordnungen.[5] Der grundrechtliche Schutz von Leben und körperlicher Unversehrtheit hat sich zwar konzeptionell früh mit der Vorstellung von elementaren Individualrechten gegenüber der Obrigkeit herausgebildet,[6] schlug sich aber in deutschen Verfassungstexten erst nach dem Ende des 2. Weltkriegs nieder. Vor allem das Erlebnis des willkürlich das Leben vieler vernichtenden NS-Staates legte eine ausdrückliche textuelle Erfassung nahe.[7] 2

Die verfassungsrechtliche Verankerung eines – heute als „Auffanggrundrecht" verstandenen – Rechts auf die freie Entfaltung der Persönlichkeit hat in der deutschen Verfassungsgeschichte (und zur Zeit der Verfassungsgebung auch in ausländischen Verfassungen) kein unmittelbares Vorbild.[8] 3

II. Überstaatliche Bezüge

Sowohl die **EMRK** als auch die **GRCh** schützen die in Art. 2 verankerten Grundrechte in ähnlicher Weise, wenngleich sie keiner dieser Grundrechtskataloge in einen vergleichbaren normativen Zusammenhang stellt. 4

Das **Recht auf Leben** führt die Grundrechte der EMRK – die anders als die GRCh (Art. 1) keinen ausdrücklichen Schutz der Menschenwürde vorsieht – an (Art. 2). Auch Art. 2 Abs. 1 GRCh gewährleistet – in ähnlich knapper Formulierung wie das GG – das Recht auf Leben, das wie alle ihre Grundrechte dem Generalvorbehalt des Art. 52 Abs. 1 GRCh unterliegt. Im Gegensatz hierzu statuieren Art. 2 Abs. 1 S. 2 und Abs. 2 EMRK detaillierte, situative Einschränkungen, wenngleich Abs. 2 in der Sache den Bedeutungsgehalt von Art. 2 Abs. 2 S. 3 GG, soweit er das Recht auf Leben betrifft, im Wesentlichen ausfüllen dürfte.[9] Die prinzipielle Zulässigkeit der Grundrechtsbeschränkung durch Vollstreckung eines **Todesurteils** (Art. 2 Abs. 1 S. 2 EMRK) – in Deutschland durch Art. 102 und nach überwiegender Mei- 5

[3] Grundlegend BVerfGE 65, 1 (41 ff.); aktuell wieder BVerfG NJW 2019, 827 (828 ff.); s. *Kunig* Jura 1993, 595 ff.; zu aktuellen Entwicklungen s. *Schnabel* WM 2019, 1384 und *Werner* NJOZ 2019, 1041.

[4] Vgl. den im Wortlaut gleichen Grundrechtstatbestand in Art. 114 S. 1 WRV.

[5] → Rn. 129 ff.

[6] Vgl. *Oestreich* in BNN I/1, 1966, 21.

[7] BVerfGE 18, 112 (117); *Müller-Terpitz* in HdbStR VII § 147 Rn. 2; JöR nF 1 (1951), 54.

[8] Zu seinem Verhältnis zur Verfassungstradition *Klippel* in Birtsch Grund- und Freiheitsrechte der spätbürgerlichen Gesellschaft, 269 mwN; ideengeschichtlich *Dreier* in Dreier Art. 2 Abs. 1 Rn. 1 ff.; sa die Hinweise bei *Cornils* in HdbStR VII § 168 Rn. 3; sowie *Kukk*, Verfassungsgeschichtliche Aspekte zum Grundrecht der allgemeinen Handlungsfreiheit (Art. 2 Abs. 1 GG), 2000.

[9] *Gaede* in MüKo StPO Art. 2 Rn. 3; *Satzger* in Satzger/Schluckebier/Widmaier Art. 2 Rn. 3.

nung[10] auch durch Art. 1 Abs. 1 S. 1 ohnehin von Verfassung wegen untersagt – hat erst durch das 6. Protokoll zur EMRK (1983),[11] dessen Art. 1 die Todesstrafe – in Friedenszeiten – für abgeschafft erklärt, und sodann durch das Protokoll Nr. 13 zur EMRK (2002) über ihre vollständige Abschaffung[12] an Bedeutung eingebüßt. Die der EU angehörenden Staaten haben das 13. Protokoll mittlerweile alle ratifiziert. Im Anwendungsbereich der GRCh (Art. 51 Abs. 1) gilt gemäß Art. 2 Abs. 2 CRCh ein umfassendes und uneingeschränktes Verbot der Todesstrafe.

6 Das **Recht auf körperliche Unversehrtheit** wird in der GRCh (Art. 3 Abs. 1) wesentlich detaillierter geregelt als im GG. Nicht nur wird die geistige Unversehrtheit mitgenannt, sondern die Voraussetzungen für medizinische Eingriffe und Experimente am Menschen und Embryo werden in Art. 3 Abs. 2 geregelt. Demgegenüber entbehrt die EMRK eines umfassenden Rechts auf körperliche Unversehrtheit. Art. 3 EMRK verbietet, ebenso wie Art. 4 GRCh, Folter und unmenschliche oder erniedrigende Strafe oder Behandlung, und zwar ohne Möglichkeit einer Rechtfertigung. Durch Betonung staatlicher Schutzpflichten (Pflicht zu Überwachung, Überprüfung und Verfolgung)[13] sowie – punktuell – durch weite Auslegung des Rechts auf Achtung des Privatlebens (Art. 8 Abs. 1)[14] gelingt dem EGMR eine Annäherung der Schutzgehalte der EMRK an die nach dem Wortlaut des weiter gefassten GG.

7 Die auch unter dem GG hinter den spezifischeren Habeas-Corpus-Garantien des Art. 104 etwas verblassende[15] **Freiheit der Person** findet in den überstaatlichen Grundrechtskatalogen kein unmittelbares Pendant, aber doch eng verwandte Bestimmungen. Art. 5 Abs. 1 EMRK gewährleistet überaus detailliert, Art. 6 GRCh hingegen mit einem einzigen knappen Satz das Recht „auf Freiheit und Sicherheit". Der Inhalt des Art. 5 EMRK korrespondiert mit den Garantien des Art. 104 GG. Das Fehlen expliziter Gewährleistungen dieser Art in der GRCh spiegelt auch das Fehlen von Zuständigkeiten der EU für das Strafverfahren wider.

8 Auch das Grundrecht auf freie Entfaltung der **Persönlichkeit** hat kein unmittelbares Ebenbild in GRCh und EMRK. Die nahezu wortidentischen Art. 7 GRCh und Art. 8 EMRK statuieren das **Recht jeder Person auf Achtung des Privat- und Familienlebens,** ihrer Wohnung sowie ihrer Kommunikation (bzw. Korrespondenz). Hier verbinden sich Gegenstände, die das GG über Art. 10 und 13 schützt, mit solchen, die unter dem GG von

---

[10] Vgl nur *Kersten* in Maunz/Dürig Art. 102 Rn. 23; offen gelassen in BVerfGE 94, 115 (138).

[11] Protokoll Nr. 6 vom 28.4.1983 zur Konvention zum Schutz der Menschenrechte und Grundfreiheiten über die Abschaffung der Todesstrafe, BGBl. 1989 II 814.

[12] Protokoll Nr. 13 vom 3.5.2002 zur Konvention zum Schutz der Menschenrechte und Grundfreiheiten über die vollständige Abschaffung der Todesstrafe, BGBl. 2004 II 982 f.

[13] EGMR 29.4.2002 – 2346/02, NJW 2002, 2851 Rn. 51 – *Pretty/Vereinigtes Königreich;* EGMR 23.9.1998 – 25599/94, Rn. 22 – *A./Vereinigtes Königreich;* EGMR 4.12.2003 – 39272/98, Rn. 149 – *M. C./Bulgarien;* dazu *Ladewig/Lehnert* in Meyer-Ladewig/Nettesheim/von Raumer EMRK Art. 3 Rn. 7 ff.

[14] EGMR 26.3.1985 – 8978/80, NJW 1985, 2075 Rn. 22 – X u. Y/Niederlande; fortgeführt in EGMR 16.6.2005 – 61603/00, NJW-RR 2006, 308 Rn. 143 f., 168 f. – Storck/Deutschland; *Gaede* in MüKo StPO Art. 8 Rn. 9, 13.

[15] Vgl. dazu *Mehde* in Maunz/Dürig Art. 104 Rn. 3; vielfach wird Art. 104 eine „verstärkende" Funktion im Rahmen der verfahrensmäßigen Sicherungen bei Eingriffen in Art. 2 Abs. 2 S. 2 attestiert, BVerfGE 105, 239 (247); *Radtke* in BeckOK GG Art. 104 Einl.

der freien Entfaltung der Persönlichkeit (allgemeine Handlungsfreiheit) oder dem allgemeinen Persönlichkeitsrecht (wie auch der Datenschutz) und damit (auch) von Art. 2 Abs. 1 umfasst sind. „Privatleben" wird unter Art. 8 Abs. 1 EMRK zwar weit ausgelegt,[16] aber doch enger, als die hM den Schutzbereich des Art. 2 Abs. 1 zieht. So sind nach Auffassung des EGMR von Art. 8 Abs. 1 EMRK nur Handlungen geschützt, in denen die menschliche Persönlichkeit wesentlichen Ausdruck findet, aber nicht „Banales" wie die Jagd als bloße Freizeitgestaltung[17] oder das Taubenfüttern im Park, dem das BVerfG ungeachtet solcher Belanglosigkeit den Schutz des Art. 2 Abs. 1 zuerkennt.[18] Spannungen zwischen EGMR und BVerfG zeigen sich gleichwohl weniger bei der allgemeinen Handlungsfreiheit als im Bereich des allgemeinen Persönlichkeitsrechts, wo das Recht auf Schutz der Privatsphäre mit Grundrechten anderer – wie der Pressefreiheit – in Konflikt gerät: Der EGMR maß bei sog. Personen der Zeitgeschichte der Privatsphäre gegenüber dem Interesse an der Medienberichterstattung stärkeres Gewicht bei als die deutsche Gerichtsbarkeit („Caroline-Rechtsprechung"),[19] deren Auslegung der kollidierenden Grundrechte sich daraufhin dem EGMR annäherte.[20] Soweit aus dem Recht auf freie Entfaltung der Persönlichkeit ein solches auf ein „faires Verfahren" abgeleitet wird, ergibt sich überdies ein Gleichlauf zwischen Art. 2 Abs. 1 und Art. 6 EMRK (→ Rn. 31).

B. Die Grundrechte des Art. 2 Abs. 1

I. Recht auf freie Entfaltung der Persönlichkeit (allgemeine Handlungsfreiheit)

Der HChE hatte formuliert: „Jedermann hat die Freiheit, innerhalb der Schranken der Rechtsordnung und der guten Sitten alles zu tun, was anderen nicht schadet";[21] der Grundsatzausschuss schlug vor: „[Der Mensch] darf tun und lassen, was die Rechte anderer nicht verletzt oder die verfassungsmäßige Ordnung des Gemeinwesens nicht beeinträchtigt";[22] der Allgemeine Redaktionsausschuss schließlich: „Jedermann ist frei, zu tun und zu lassen, was die Rechte anderer nicht verletzt und nicht gegen die verfassungsmäßige Ordnung oder das Sittengesetz verstößt."[23] Ein Formulierungsvorschlag „Jeder hat das Recht zu tun und zu lassen, was er will", ist, obwohl er im Zusammenhang mit der Entstehung des Art. 2 Abs. 1 gelegentlich angeführt wird[24], nicht dokumentiert. Lediglich der Passus „zu tun und zu lassen" findet sich in vielen Entwurfsfassungen, fand dann aber – wohl auch, weil er von 9

[16] EGMR 22.1.2008 – 43546/02, NJW 2009, 3637 Rn. 43 E. B./Frankreich; *Meyer-Ladewig/Nettesheim* in Meyer-Ladewig/Nettesheim/von Raumer EMRK Art. 8 Rn. 7.

[17] EGMR 24.11.2009 – 16072/06, NJW 2012, 3629 Rn. 40 ff. – *Friend u. Countryside Alliance/Vereinigtes Königreich;* s. auch *Meyer-Ladewig/Nettesheim* in Meyer-Ladewig/Nettesheim/von Raumer EMRK Art. 8 Rn. 46.

[18] BVerfGE 54, 143 (146).

[19] BGHZ 131, 332; BVerfGE 101, 361; EGMR 24.6.2004 – 59320/00, NJW 2004, 2647 – Caroline von Hannover/Deutschland.

[20] → Rn. 55; BVerfGE 120, 180 (199 ff.).

[21] Vgl. JöR nF 1 (1951), 54.

[22] JöR nF 1 (1951), 55.

[23] JöR nF 1 (1951), 62.

[24] So auch BVerfGE 6, 32 (36).

manchen als „zu vulgär" empfunden wurde[25] – keinen Eingang in den definitiven Verfassungstext.

10 **1. Schutzbereich. a) Jeder.** Art. 2 Abs. 1 ist als **Menschenrecht** ausgestaltet, sein Schutz knüpft nicht an eine Staatsangehörigkeit an.[26] Gleichwohl ist sein Schutzbereich bei Nichtdeutschen in der Sache weiter als bei Deutschen. Dies ist Folge der Auffangfunktion des Grundrechts,[27] das insoweit die sog. Deutschenrechte surrogiert: Was bei Deutschen von deren sachlichen Schutzbereich erfasst ist, unterfällt bei Ausländern dem Schutzbereich des – subsidiären – Art. 2 Abs. 1. Bedeutsam ist dies vor allem für die Berufsfreiheit (Art. 12 Abs. 1), die Versammlungsfreiheit (Art. 8 Abs. 1) und die Freizügigkeitsgarantie (Art. 11 Abs. 1).[28] Auf diese Weise wird dem umfassenden Schutzanspruch des Art. 2 Abs. 1 bruchlos Rechnung getragen.[29]

11 Angesichts der zunehmenden und sich auf immer mehr Lebensbereiche erstreckenden Angleichung des Rechtsstatus von **Unionsbürgern** (Staatsangehörigen anderer EU-Mitgliedstaaten) und Inländern ist erwogen worden, zumindest Unionsbürger, obschon Ausländer, in den personellen Anwendungsbereich der genannten deutschen Grundrechte einzuschließen. Die besagte Angleichung ist ua durch sekundärrechtliche Ausformung der Grundfreiheiten (ua durch die Freizügigkeitsrichtlinie 2004/38/EG, die Berufsqualifikationsrichtlinie 2005/36/EG und die Dienstleistungsrichtlinie 2006/123/EG), Judikate des EuGH, des Weiteren durch die Aufnahme weiterer Rechtsverbürgungen (wie Diskriminierungsverbote ohne wirtschaftliche Anknüpfung) in die Gründungsverträge und schließlich auch durch die nach der Staatsangehörigkeit nicht mehr differenzierenden Unionsgrundrechte bewirkt worden. Diese in der GRCh kodifizierten und als solche seit 2009 mit primärrechtlicher Verbindlichkeit ausgestatteten Rechte verdrängen die Grundrechte des GG auch bei Rechtsakten, die von deutschen Stellen erlassen worden sind – oder treten, nach anderer Ansicht zumindest neben sie.[30] Teile des Schrifttums sprechen sich vor diesem Hintergrund für eine Anwendungserweiterung der Schutzbereiche von Deutschengrundrecht auf Unionsbürger oder zumindest für eine analoge Anwendung der Rechte auf diese aus (Schutzbereichsanalogie)[31] – mit der Folge, dass Art. 2 Abs. 1 auf Unionsbürger im sachlichen Schutzbereich der Deutschengrundrechte keine Anwendung mehr finden würde. Dagegen sprechen der Wortlaut dieser Rechte („alle Deutschen") und die mangelnde Erforderlichkeit einer Tatbestandsana-

---

25 JöR nF 1 (1951), 61.

26 BVerfGE 35, 382 (399); 49, 168 (180); besonders deutlich, aber ohne sich zum Meinungsstreit zu äußern: BVerfGE 78, 179 (196 f.), Heilpraktiker; sa BVerwGE 60, 284 (286).

27 → Rn. 21.

28 Vgl. allg. → Art. 12 Rn. 19; → Art. 8 Rn. 21 ff.; → Art. 11 Rn. 14, 63; → Art. 9 Rn. 36 f. jeweils mit Nachw. zur abw. Meinung; → umf. zur Gegenposition *Erichsen* in HdbStR VI, 2. Aufl. 2001, § 152 Rn. 47 ff.; *Cornils* in HdbStR VII § 168 Rn. 49; ferner *Hailbronner* NJW 1989, 2105 (2110 ff.).

29 Wie hier etwa auch *Jarass* in Jarass/Pieroth Rn. 10; *Merten* JuS 1976, 345 (350), mit den zutr. Hinweis auf die bes. „Lückenfunktion"; → Rn. 21; *Lang* in BeckOK GG Rn. 20.

30 EuGH C-617/10, ECLI:EU:C:2013:105 Rn. 29 – Åkerberg Fransson, der sich mit diesem Urteil aber die Letztentscheidung in Grundrechtsfragen sichern zu wollen scheint; dazu auch *Haratsch/Koenig/Pechstein,* Europarecht, 2018, Rn. 699 ff.; *Thym* NVwZ 2013, 889 ff.

31 *Bumke/Voßkuhle,* Casebook Verfassungsrecht, 2015, Rn. 14; *Ehlers* JZ 1996, 776 (781); zu den Diskussionen bei den einzelnen Grundrechten sa → Art. 8 Rn. 25; → Art. 9 Rn. 38; → Art. 12 Rn. 21.

logie: Dem Erfordernis eines erhöhten Schutzniveaus kann ebenso gut durch eine striktere, am Schutzstandard der Deutschenrechte ausgerichtete Verhältnismäßigkeitsprüfung Rechnung getragen werden.[32]

Art. 2 Abs. 1 schützt **lebende Menschen,** nicht Tote. Auch wenn Facetten der Persönlichkeit über den Tod hinauswirken (postmortaler Persönlichkeitsschutz, für den die hM an Art. 1 Abs. 1 anknüpft → Rn. 85), ist eine „Entfaltung" der Persönlichkeit von Toten schon begrifflich nicht denkbar.[33] Für das BVerfG verlangt die Eröffnung des Schutzbereichs die Existenz einer „wenigstens potentiell oder zukünftig handlungsfähigen Person". Deutlich wird damit zugleich, dass die Anforderungen an die „Entfaltungsfähigkeit" Lebender niedrig sind: die Fähigkeit zu willensbestimmtem Handeln, geistige Regsamkeit oder Erlebnisfähigkeit sind nicht erforderlich.[34] 12

Art. 2 Abs. 1 hat auch lediglich **bereits geborene Menschen** im Auge, nicht den Nasciturus, welcher insbes. vom Grundrecht auf Leben und Gesundheit geschützt ist.[35] 13

Die Anwendung von Art. 2 Abs. 1 setzt **nicht** voraus, dass ein **bestimmtes Lebensalter** erreicht ist.[36] Da die – in ihrer Tragweite streitige – Kategorie der Grundrechtsmündigkeit auf die Wahrnehmungsfähigkeit der von einem Grundrecht erfassten Handlungs- oder Bewusstseinssegmente abstellt, ist sie von vornherein untauglich, im weit gespannten Anwendungsfeld des Art. 2 Abs. 1 Abgrenzungsmaßstäbe auf allgemeiner Ebene zu liefern. Die Reaktion auf altersbedingt unterschiedliche Schutzwürdigkeit, abgebildet durch eine unterschiedliche Reichweite staatlicher Schutzpflichten, zB beim Schutz des Kindeswohls, hat auf der Ebene der Schrankenziehung zu erfolgen. Grundrechtsdogmatisch lässt sich dies auch damit begründen, dass die Kategorie der Grundrechtsmündigkeit (begreift man sie nicht allein als eine prozessrechtliche Kategorie) als ein Segment der Schutzbereichsinterpretation verstanden werden kann; sie kann nicht greifen, wenn ein Schutzbereich keine Grenzen hat. 14

Der sprachlich auf natürliche Personen angelegte Wortlaut des Art. 2 Abs. 1 steht einer Erstreckung auf **inländische juristische Personen** und Personengesamtheiten nach allgemeiner Ansicht nicht entgegen.[37] Deren Schutzwürdigkeit folgt bereits aus der Fähigkeit, als Träger von Rechten (durch ihre Organe) handlungsfähig zu sein. Juristische Personen des öffentlichen Rechts sind vom Schutz des Art. 2 Abs. 1 grundsätzlich ausgeschlossen. Dies gilt auch für Rundfunkanstalten, Universitäten und Kirchen, deren jeweiliger spezifisch schutzwürdiger Betätigungsbereich durch Spezialgrundrechte abgedeckt ist,[38] weswegen für das „Auffanggrundrecht" des Art. 2 Abs. 1 hier kein Raum mehr bleiben dürfte.[39] 15

---

[32] So auch *Lorenz* in BK Rn. 99; ähnlich *Wieland* in Dreier Art. 12 Rn. 58; *Riese/Noll* NVwZ 2007, 516 (520); aA *Ruffert* in BeckOK GG Art. 12 Rn. 37.

[33] BVerfGE 30, 173 (194); ebenso die hL, vgl. nur *Martini* JA 2009, 839 (842) mwN.

[34] Wohl anders *Pabst* NJW 2002, 999.

[35] → Rn. 92, s aber auch → Art. 1 Rn. 28.

[36] BVerfG NJW 1999, 631, Kindeswohl; sa BayObLG FamRZ 1985, 737 (738).

[37] Zu inländischen juristischen Personen BVerfGE 20, 232 (336); 70, 1 (26); OLG Hamburg NJW 2009, 1510; *Rüfner* AöR 89 (1964), 261 (281); zu Personengesamtheiten BVerfGE 10, 89 (99).

[38] → Art. 19 Rn. 75 ff.

[39] Anders noch *Kunig* in v. Münch/Kunig, 6. Aufl. 2012, Rn. 7 und *Stern* in Stern StaatsR III/1, 1988, § 71 Kap. VII 7.

16 **Ausländische juristische Personen** des privaten Rechts können sich auf Art. 2 Abs. 1 nur berufen, wenn sie einem **EU-Mitgliedstaat** zugehörig sind (vgl. Art. 54 Abs. 1 AEUV). Die vom BVerfG insoweit für erforderlich gehaltene „Anwendungserweiterung" des Art. 19 Abs. 3[40] ist eine notwendige Angleichung an den unionalen Schutzstandard,[41] die auf anderem Wege als dem der Analogie nicht zu erreichen wäre.[42] Da, wie oben dargelegt,[43] eine Erstreckung der Deutschengrundrechte (die grds. auch für deutsche juristische Personen gelten) auf Unionsbürger nicht erforderlich ist, können sich privatrechtliche juristische Personen aus der EU auch nur auf Art. 2 Abs. 1 und insbesondere nicht auf Art. 12 Abs. 1 berufen.[44] Auch EU-ausländische Unternehmen, die sich mehrheitlich in Staatshand befinden, können Art. 2 Abs. 1 in Anspruch nehmen. Zumindest im Ergebnis ist insoweit dem BVerfG zuzustimmen, das Art. 19 Abs. 3 zur Vermeidung von Rechtsschutzlücken teleologisch einschränkte.[45] Mit Bezug auf inländische Unternehmen, die mehrheitlich von der öffentlichen Hand gehalten werden, hält das BVerfG dagegen weiter an seiner Lehre vom personalen Substrat fest und verneint jegliche Grundrechtsfähigkeit[46] – womit es letztlich einen Wertungswiderspruch generiert. Überzeugender wäre es, die Grundrechtsträgerschaft für beide Gruppen juristischer Personen an der Reichweite der Grundfreiheiten auszurichten, welche in Staatshand befindliche Unternehmen in den Grenzen des Art. 106 AEUV ebenfalls erfassen können.[47]

17 **Juristische Personen aus Drittstaaten,** seien sie öffentlich- oder privatrechtlich organisiert, zählen nicht zum Kreis der Grundrechtsträger und damit auch nicht der Träger des Art. 2 Abs. 1. Lediglich die Gebote der Rechtsstaatlichkeit, wie sie vor allem in den Grundrechten, insbes. auch im Willkürverbot und in den Justizgarantien des Art. 101 und des Art. 103 Abs. 1 zum Ausdruck kommen, kommen den ausländischen juristischen Personen des privaten, aber auch öffentlichen Rechts vor der deutschen Staatsgewalt zugute.[48]

18 **b) Hat das Recht auf die freie Entfaltung seiner Persönlichkeit.** Dass Art. 2 Abs. 1 **ein Grundrecht** darstellt, steht heute außer Streit.[49] Nur zu Beginn der Verfassungsdiskussion unter dem Grundgesetz wurde dies von Teilen des Schrifttums anders gesehen.[50]

19 Eine Vergewisserung über den Schutztatbestand des Art. 2 Abs. 1 hat von den Begriffen **„Persönlichkeit"** und „freie Entfaltung" auszugehen. Dabei

---

40 BVerfGE 129, 78 (94 ff.); dazu *Enders* in BeckOK GG Art. 19 Rn. 37; → Art. 19 Rn. 92.

41 Vgl. für diese hM nur *Enders* in BeckOK GG Art. 19 Rn. 37 und *Jarass* in Jarass/Pieroth Art. 19 Rn. 12, 23; aA *Sachs* in Sachs Art. 19 Rn. 55.

42 Explizit BVerfGE 129, 78 (96).

43 → Rn. 11.

44 Vgl. *Wieland* in Dreier Art. 12 Rn. 58; *Riese/Noll* NVwZ 2007, 516 (520).

45 BVerfGE 143, 246 Rn. 185 ff.

46 BVerfGE 143, 246 Rn. 187 f.; vgl. zur stRspr nur BVerfGE 21, 362 (368 ff.).

47 Zur Regelung des Art. 106 AEUV *Kühling* in Streinz EUV/AEUV Art. 106 Rn. 5.

48 Vgl. → Art. 19 Rn. 93; → Art. 101 Rn. 11; → Art. 103 Rn. 7, 9; eing. *Bethge,* Die Grundrechtsberechtigung juristischer Personen nach Art. 19 Abs. 3 GG, 1985, 46 ff.; diff. aber *Degenhart* EuGRZ 1981, 161 (163 f.); sa OVG Münster NVwZ 1989, 1090.

49 StRspr seit BVerfGE 1, 7 (8); s. zur allgemeinen Meinung nur *Starck* in MKS Rn. 2.

50 Etwa es handele sich um eine allgemeine „Leitlinie" für die Auslegung, ein objektives Gebot der Freiheitlichkeit; s. bei *v. Mangoldt/Klein,* Das Bonner Grundgesetz, 2. Aufl. 1957, Anm. III 5b; ferner *Haas* DÖV 1954, 70 (71); *Ehmke* VVDStRL 20 (1963), 53 (82 ff.); *Wertenbruch* DVBl 1958, 481 (486).

ist mit „Persönlichkeit" offensichtlich etwas anderes gemeint als mit „Person" (vgl. Art. 2 Abs. 2 S. 2). Der Begriff der Person bezeichnet einen natürlichen oder juristischen Rechtsträger. Mit der „Persönlichkeit" schützt Art. 2 Abs. 1 nicht das Individuum, sondern Individualität. Sie (nicht „Persönlichkeit" im Sinne von Charaktereigenschaften, Charisma oder Ansehen) ist in Art. 2 Abs. 1 gemeint.[51] Mit Blick auf juristische Personen bedeutet „freie Entfaltung der Persönlichkeit", dass sie im Rahmen der ihnen innewohnenden Rechtsfähigkeit agieren können.

Der Begriff der **Entfaltung** lässt erkennen, dass Art. 2 Abs. 1 der Gedanke individueller und aktiver Selbstentfaltung, der Autonomie des Einzelnen, zugrunde liegt. Er will „dem Menschen die Entfaltung dessen [...] ermöglichen, was in ihm angelegt ist",[52] und die „Ideologisierung" der Persönlichkeit[53] und staatlichen Oktroi eines inhaltlich bestimmten Persönlichkeitsbildes abwehren.[54] Gerade deshalb aber verbietet sich eine Eingrenzung des sachlichen Schutzbereichs nach Maßgabe der angenommenen „Wertigkeit" einer Betätigung. **20**

Der Allgemeinheit und Radikalität des Art. 2 Abs. 1 trägt sein Verständnis als **„allgemeine Handlungsfreiheit"**, als „allgemeines Freiheitsrecht"[55] Rechnung – ein Verständnis, das umfassend alle menschlichen Verhaltensweisen ergreift.[56] Aus diesem Verständnis ergibt sich die **Auffangfunktion** von Art. 2 Abs. 1 im Verhältnis zu anderen, insoweit speziellen, grundrechtlichen Freiheitsverbürgungen, mithin seine Subsidiarität.[57] Für die Grundrechtsprüfung im Einzelfall hat die Subsidiarität des Art. 2 Abs. 1 als allgemeine Handlungsfreiheit zur Folge, dass zuerst die speziellen Freiheitsgrundrechte zu prüfen sind. Sofern ihr Schutzbereich betroffen ist, besteht für eine Prüfung des Art. 2 Abs. 1 kein Raum mehr, auch dann nicht, wenn das spezielle Grundrecht die Beeinträchtigung, weil sie sich als rechtmäßige Schrankenziehung darstellt, hinnimmt.[58] **21**

Das BVerfG vertritt das Verständnis des Art. 2 Abs. 1 als (subsidiäre) allgemeine Handlungsfreiheit in stRspr seit dem sog. Elfes-Urteil aus dem Jahr 1957,[59] wie auch die Rspr.[60] und das ganz überwiegende Schrifttum.[61] Sein Urteil zum „Reiten im Walde" (1989) bot dem BVerfG einen Anlass, die „weite" Auffassung vom Schutzbereich des Art. 2 Abs. 1 eingehender zu **22**

---

[51] BVerfGE 147, 1 Rn. 38; *Britz* NVwZ 2019, 672 (673).

[52] *Stein,* Lehrbuch des Staatsrechts, 1998, § 30 II 2d aa.

[53] Vgl. *Suhr,* Entfaltung der Menschen durch die Menschen, 1976, 105.

[54] Vgl. die Überlegungen zu einer „sozialistischen Persönlichkeit" und die Instrumentalisierung dieser Vorstellung für das Staatsrecht der DDR bei *Poppe* ua, Grundrechte des Bürgers in der sozialistischen Gesellschaft, 1980, 38.

[55] Dieser Terminus findet sich zB in BVerfGE 63, 45 (60).

[56] So dass der „Entfaltung" auch nicht – ausgrenzend – die „Zerstörung der eigenen Persönlichkeit" gegenübergestellt werden kann, in diesem Sinne aber *Frotscher* DVBl 1976, 695 (702); sa OLG München JR 1989, 473 mAnm *Bottke;* wie hier *Schwabe* JZ 1998, 66 (69); → Rn. 22.

[57] BVerfGE 6, 32 (37); 21, 227 (234); 67, 157 (171); 70, 1 (23); 77, 84 (118); s. zB auch *Scholz* AöR 100 (1975), 80 (82): „supplementäres Generalfreiheitsrecht"; *Murswiek/Rixen* in Sachs Rn. 10.

[58] *Jarass* in Jarass/Pieroth Rn. 2; → Rn. 156.

[59] BVerfGE 6, 32 ff.; vgl. aber zuvor BVerfGE 4, 7 (15).

[60] Vgl. zB BVerwGE 45, 224 (227).

[61] Vgl. bilanzierend *Cornils* HdbStR VII § 168 Rn. 1: „auch die verfassungsrechtliche Literatur hat sich überwiegend angeschlossen"; *Dreier* in Dreier Art. 2 Abs. 1 Rn. 27; umfassende Nachw. bei *Starck* in MKS Rn. 257; *Köpfler,* Die Bedeutung von Art. 2 Abs. 1 GG im Verwaltungsprozess, 2008, 53 ff.; → Rn. 21.

begründen.[62] Nach dieser sind konsequenterweise neben „neutralen" Aktivitäten wie der Teilnahme am Straßenverkehr[63] und Spaziergängen auch potenziell **gesundheits- oder gemeinschädliche Handlungen,** wie der Griff zur Zigarette,[64] das Taubenfüttern im Park,[65] der Genuss alkoholischer Getränke[66] und von Cannabisprodukten,[67] das Doping im Sport,[68] das Benutzen von Sonnenstudios durch Minderjährige[69] oder das Führen eines Kfz unter Drogeneinfluss im Straßenverkehr,[70] Ausdruck der allgemeinen Handlungsfreiheit. Nicht einmal Straftaten[71] fallen aus dem Schutzbereich heraus. Aus grundrechtsdogmatischer Sicht von Schutzbereich und Schranken bzw. Eingriff erscheint dies stimmig, da erst das (im Lichte der Schutzpflichten für die von der Tat betroffenen Grundrechte auch gebotene) staatliche Verbot das Verdikt der Straftat überhaupt begründet. (Zur Kritik → Rn. 24 und 26.)

23 Auch die **Genese** des Art. 2 Abs. 1 (dazu → Rn. 9) stützt diese weite Interpretation. Der Allgemeine Redaktionsausschuss des Parlamentarischen Rates merkte zu seiner Fassung vom 25.1.1949 – damals noch mit der Formel „zu tun und zu lassen" – an, dass „die allgemeine Handlungsfreiheit" garantiert werden solle.[72] Alle vom Parlamentarischen Rat und seinen Ausschüssen erwogenen Formulierungen weisen auf einen **extensiven Schutzgehalt**. Die von den meisten unterbreiteten Vorschlägen schließlich doch abweichende Endfassung des Art. 2 Abs. 1 wurde vor allem aus stilistischen Gründen gewählt, um der Vorschrift ein dem Grundrechtsteil angemessenes Pathos zu verleihen.[73]

24 Dennoch war und blieb die weite Schutzbereichsdeutung nicht unbestritten. Im **Widerstreit** mit der Lehre von der allgemeinen Handlungsfreiheit stand die sog. **Persönlichkeitskerntheorie,** wonach Art. 2 Abs. 1 auf einen „Kernbereich des Persönlichen" beschränkt sei.[74] Geschützt sei (lediglich) „die Auswirkung des echten Menschtums im Sinne der abendländischen

---

[62] BVerfGE 80, 137 (157), Reiten im Walde, mit abw. Meinung d. Richters *Grimm* BVerfGE 80, 137 (164 ff.); dazu *Rennert* NJW 1989, 3261; *Pieroth* AöR 115 (1990), 33; *Kunig* Jura 1990, 523.

[63] OVG Koblenz NJW 1986, 2659.

[64] LSG Schleswig-Holstein NJW 1987, 2958; s. aber *Suhr* JZ 1980, 166; → Rn. 50, Stichwort „Rauchen".

[65] BVerfGE 80, 137 (152 ff.).

[66] BVerwG NJW 1991, 1317 (1318).

[67] BVerfGE 90, 145 (171); dazu *Gusy* JZ 1994, 863; *Weiß* JR 1994, 490.

[68] Vgl. dazu *Steiner* NJW 1991, 2729 (2734); *Turner* ZRP 1992, 121.

[69] BVerfG NJW 2012, 1062 Rn. 17 f.

[70] BVerfG NJW 2005, 349 (350 f.).

[71] Dezidiert ua *Lorenz* in BK Rn. 57; *Murswiek/Rixen* in Sachs Rn. 53; Gegenüberstellung von „definitiv" und „prima facie" verstandenen Freiheitspositionen. Für deren Ausklammerung, weil „unter keinem im Rahmen unserer Verfassungsordnung denkbaren rechtlichen Gesichtspunkte [ihnen] eine grundrechtlich geschützte Vorrangstellung gegenüber Rechten anderer oder Gemeinschaftsbelangen" zukommen könne, dagegen *Starck* in MKS Rn. 13 – indes ist grundrechtliche Tatbestandserfassung keine positive „Wertung".

[72] JöR nF 1 (1951), 62; ähnlich *Murswiek/Rixen* in Sachs Rn. 43; zurückhaltend *Dreier* in Dreier Art. 2 Abs. 1 Rn. 9.

[73] Vgl. die Äußerung des Abgeordneten *v. Mangoldt,* Der Parlamentarische Rat, Akten und Protokolle, Band 14, Teilband 2, Deutscher Bundestag und Bundesarchiv (Hrsg.), 1297; BVerfGE 6, 32 (36 f.); sa *Schwabe* ZRP 1991, 361 (362): „terminologisch etwas zu feierlich geraten". S. auch oben → Rn. 9.

[74] *Peters,* Das Recht auf freie Entfaltung der Persönlichkeit in der höchstrichterlichen Rechtsprechung, 1963, 49; zuvor *Peters* FS f. Laun, 1953, 669; *Bachof* DÖV 1954, 352; *Erbel,* Das Sittengesetz als Schranke der Grundrechte, 1971, 167 ff.

Kulturauffassung".[75] Diese Sichtweise reduziert den Schutz aus Art. 2 Abs. 1 auf den ideellen und kulturellen Bereich,[76] auf „Intimsphäre",[77] welche das BVerfG im Allgemeinen Persönlichkeitsrecht (Art. 1 Abs. 1 iVm Art. 2 Abs. 1) verortet. Im Schrifttum erheben sich immer wieder Stimmen für die Abkehr von der in → Rn. 22 dargestellten stRspr des BVerfG und einer mehr oder weniger starke Beschränkung des Schutzbereichs, jedoch nicht in dem Maße, wie die „Persönlichkeitskerntheorie" sie für geboten erachtete.[78] Dafür wird der Wortlaut (mit den Begriffen „Persönlichkeit" und „Entfaltung") ebenso in Anspruch genommen,[79] wie darin die Sorge vor einer wirkungsschwachen Norm zum Ausdruck kommt.[80] Dem „Ausufern" des Grundrechtsschutzes infolge eines weiten Schutzbereichs wirken allerdings die ebenso weit gezogenen Schranken entgegen – deren Bestehen ebenfalls die weite Tatbestandsdeutung stützt. Im Ausgangspunkt[81] nimmt Art. 2 Abs. 1 weitergehende Beschränkungen als wohl jedes andere Grundrecht hin. Für den Schutz der Persönlichkeitsentfaltung, insbesondere der Intimsphäre des Einzelnen, ergibt sich daraus kein Defizit, weil das BVerfG insoweit Art. 1 Abs. 1 bestärkend heranzieht[82] – was folgerichtig dort eine Modifizierung auf der Schrankenseite erforderlich macht.[83]

Schon die im Zuge der Verfassungsberatungen erwogenen Formulierungen[84] legen nahe, dass Art. 2 Abs. 1 nicht nur die Freiheit zum Handeln schützt, sondern auch die **Freiheit, etwas zu unterlassen.** Das Grundrecht soll „nicht nur einseitig die Aktivität, sondern auch die Passivität, die Betätigung wie die Nichtbetätigung schützen. Art. 2 Abs. 1 stellt daher nicht nur eine eindimensionale Handlungs-, sondern eine mehrdimensionale Verhaltensgarantie dar".[85] Man kann also auch hier von einer negativen Grundrechtsdimension sprechen, wie sie auch andere Freiheitsgrundrechte aufweisen.[86] 25

Der weite Schutzbereich des Art. 2 Abs. 1 erschwert die Abgrenzung zwischen **verfassungsrechtlichen und nicht-verfassungsrechtlichen Streitigkeiten,** da im Grunde jeder rechtswidrige Akt staatlicher Organe 26

[75] *Peters* FS f. Laun, 1953, 673.

[76] Vgl. *Abendroth* VVDStRL 11 (1954), 141.

[77] *Ridder* AöR 87 (1962), 311 (329 f.).

[78] S. *Hesse,* Grundzüge des Verfassungsrechts der Bundesrepublik Deutschland, 1999, Rn. 428: „Gewährleistung der engeren persönlichen, freilich nicht auf rein geistige und sittliche Entfaltung beschränkten Lebenssphäre", im Anschluss an *Ehmke,* Wirtschaft und Verfassung, 1961, 34; s. ähnlich *Grimm,* abw. Meinung in BVerfGE 80, 137 (164 ff.); dagegen etwa *Pieroth* AöR 115 (1990), 33 ff.; erneutes Plädoyer für eine Schutzbereichsreduktion bei *Duttge* NJW 1997, 3353 und *Krebs* in HdbGR VII § 31 Rn. 104, 125; *Lorenz* in BK Rn. 39; dagegen *Schnapp* NJW 1998, 960; *Grabenwarter/Pabel,* Europäische Menschenrechtskonvention, 2016, § 22 Rn. 13 verweisen auf die Unterschiede zwischen Art. 8 EMRK und Art. 2 Abs. 1.

[79] *Hesse,* Grundzüge des Verfassungsrechts der Bundesrepublik Deutschland, 1999, Rn. 427; *Grimm* in BVerfGE 80, 137 (165).

[80] *Kunig* in v. Münch/Kunig, 6. Aufl. 2012, Art. 1 Rn. 8 bzgl. des Schutzes der Menschenwürde; s. ferner *Kahl,* Die Schutzergänzungsfunktion von Art. 2 Abs. 1 GG, 2000, der vor der „Überforderung" des Grundrechts warnt; *Schwarz* JZ 2000, 126; *Hochhuth* JZ 2002, 743.

[81] Nicht notwendigerweise iErg, → Rn. 34 ff.

[82] Das räumt letztlich auch *Hesse,* Grundzüge des Verfassungsrechts der Bundesrepublik Deutschland, 1999, Rn. 428 ein.

[83] → Rn. 86 ff.

[84] → Rn. 23.

[85] *Merten* JuS 1976, 345 (346).

[86] Etwa: als Freiheit, eine Meinung nicht zu äußern, Art. 5 Abs. 1 S. 1; als Freiheit, am einmal gewählten Ort zu verbleiben, Art. 11 Abs. 1.

zumindest die allgemeine Handlungsfreiheit beschränkt. Auch diese Verwischung von Grenzen – und nachfolgend justizieller Zuständigkeiten – ist gegen die weite Auslegung von Art. 2 Abs. 1 geltend gemacht worden.[87] Der damit verbundenen Gefahr, zu einer **„Superrevisionsinstanz"** zu mutieren,[88] vermag das BVerfG in stRspr jedoch zu wehren, indem es seine Prüfung auf die „Verletzung spezifischen Verfassungsrechts" (oder besser, die **spezifische Verfassungsrechtsverletzung**) beschränkt.[89] Diese Rechtsprechung erstreckt sich auf alle Grundrechte, ist aber für Art. 2 Abs. 1 angesichts der soeben getroffenen Feststellungen besonders bedeutsam. Bei Verfassungsbeschwerden, die sich gegen Gerichtsentscheidungen richten, prüft das BVerfG also nicht die korrekte Anwendung unterverfassungsrechtlichen Fachrechts, sondern ob das Gericht bei seiner Entscheidung die Bedeutung und Tragweite der allgemeinen Handlungsfreiheit als Grundrecht verkannt hat.[90] Besteht auch Anlass zur verfassungsrechtlichen Überprüfung des zugrunde liegenden Gesetzes, fällt dessen verfassungsrechtliche Prüfung an Art. 2 Abs. 1 dagegen umfassend aus.[91]

27 **c) Vom Schutz des Art. 2 Abs. 1 insbes. erfasste Bereiche.** Bedeutung entfaltet Art. 2 Abs. 1 insbes. (zu weiteren Anwendungsfällen → Rn. 50) als Verbürgung der **Vertragsfreiheit**[92] (außer wo Rechtsgeschäfte im spezifischen Zusammenhang mit der Ausübung eines Berufs bzw. einer Unternehmenstätigkeit stehen; dann findet Art. 12 Abs. 1 Anwendung[93]) und der **„Privatautonomie** als ‚Selbstbestimmung des einzelnen im Rechtsleben'".[94] Die Vertragsfreiheit ist positiv (Recht zum Vertragsschluss) und negativ (Freiheit vor Zwang zum Vertragsschluss bzw. zum Vertragsschluss mit einem bestimmten Partner oder Begründung eines vertragsähnlichen Schuldverhältnisses) durch Art. 2 Abs. 1 gewährleistet.[95] Auch die Begrün-

---

[87] *Hesse,* Grundzüge des Verfassungsrechts der Bundesrepublik Deutschland, 1999, Rn. 427; sa *Erichsen* HdbStR VI, 2. Aufl. 2001, § 152 Rn. 18.

[88] *Dreier* in Dreier Art. 2 Abs. 1 Rn. 43.

[89] Umfassend dazu *Dreier* in Dreier Art. 2 Abs. 1 Rn. 42 f.; *Kenntner* NJW 2005, 785 (786 ff.) mN zur Rspr.

[90] BVerfGE 18, 85 (92 f.); 85, 248 (257 f.); 93, 266 (296), stRspr; vgl. nur *Dreier* in Dreier Art. 2 Abs. 1 Rn. 43.

[91] So ist die grundlegende Aussage des BVerfG in BVerfGE 6, 32 (41) zu verstehen: „Jedermann kann im Wege der Verfassungsbeschwerde geltend machen, ein seine Handlungsfreiheit beschränkendes Gesetz gehöre nicht zur verfassungsmäßigen Ordnung, weil es (formell oder inhaltlich) gegen einzelne Verfassungsbestimmungen oder allgemeine Verfassungsgrundsätze verstoße; deshalb werde sein Grundrecht aus Art. 2 Abs. 1 GG verletzt." Vgl. dazu in der Literatur *Dreier* in Dreier Art. 2 Abs. 1 Rn. 40 f. und *Starck* in MKS Rn. 26 f.

[92] BVerfGE 8, 274 (328), PreisG; einschließlich des Schutzes geschlossener Verträge vor nachträglicher legislativer Veränderung ihres Inhalts, BVerfGE 89, 48 (61); sa BVerfGE 95, 267 (303 f.), LPG-Altschulden.

[93] BVerfGE 9, 73 (77); 70, 1 (32); 77, 84 (118); 105, 252 (279), stRspr; *Wieland* in Dreier Art. 12 Rn. 170; *Starck* in MKS Rn. 75.

[94] BVerfGE 89, 214 (231), Bürgschaftsverträge, unter Bezugnahme auf *Erichsen* in HdbStR, 2. Aufl. 2001, § 152 Rn. 58; *Starck* in MKS Rn. 145; *Lorenz* in BK Rn. 104 ff., 204 ff.; krit. *Zöllner* AcP 196 (1996), 1 (35 f.); *Depenheuer* ThürVBl 1996, 270; *Isensee* FS f. Großfeld, 1999, 485; zur Vollstreckbarkeit eines ausländischen Zahlungsurteils, das den Schuldner als „wehrloses Objekt" erscheinen lassen könnte, BGH NJW 1999, 2372; aus dem monographischen Schrifttum s. ferner zur Gesamtproblematik etwa *Höfling,* Vertragsfreiheit, 1991; *Manssen,* Privatrechtsgestaltung durch Hoheitsakt, 1994, 183 ff.

[95] BVerfGE 8, 274 (328), PreisG; BVerfGE 65, 196 (210), Versorgungsanspruch gegen betriebliche Unterstützungskasse; BVerfGE 70, 115 (123), AGB-Gesetz; BVerfGE 74, 129 (151 f.), Betriebsrente; BVerfGE 89, 214 (231 ff.), Bürgschaftsverträge; hier werden Grenzen

dung eines Anschluss- und Benutzungszwangs berührt Art. 2 Abs. 1[96] und kann verfassungswidrig sein, wenn andere (private) Akteure die erforderlichen Leistungen in ausreichendem Maße erbringen können.[97]

Da Art. 2 Abs. 1 keine inhaltliche Qualifizierung bezüglich geschützter Verhaltensweisen zulässt, umgreift er im Ansatz auch wirtschaftliche Betätigungen.[98] Angesichts der Auffangfunktion gilt dies allerdings nur, soweit Art. 12 Abs. 1 (Berufsfreiheit) und Art. 14 (Eigentümerbefugnisse) das fragliche Handeln nicht schützen.[99] Dies ist jedenfalls insoweit der Fall, als wirtschaftsbezogenes Handeln weder im Zusammenhang mit einer beruflichen Tätigkeit steht und auf künftigen Erwerb bezogen ist – wie etwa Portfolioinvestitionen von Privataktionären. Der Raum für die Anwendung des Art. 2 Abs. 1 auf wirtschaftliches Handeln dürfte angesichts der Zurechnung vieler Sachverhalte zu Art. 12 Abs. 1 sehr begrenzt sein. So wird man den einst Art. 2 Abs. 1 zugerechneten „angemessenen Spielraum zur Entfaltung der Unternehmerinitiative“[100] heute unter Art. 12 Abs. 1 subsumieren müssen. **28**

Als verfassungsrechtlicher Maßstab ist Art. 2 Abs. 1 besonders bedeutsam für die Erhebung von Steuern und nichtsteuerlichen **Abgaben,** sofern sich diese nicht speziell auf Unternehmen beziehen (dann gilt wiederum Art. 12 Abs. 1)[101]. Da Abgaben regelmäßig in das von Art. 14 nicht geschützte Vermögen und nicht in Eigentumsgegenstände eingreifen, rückt Art. 2 Abs. 1, indem er die Persönlichkeitsentfaltung im Vermögensbereich schützt,[102] in die Funktion eines „Grundrechts auf Abgabenfreiheit“ ein, bleibt in seiner praktischen Bedeutung aber hinter Art. 3 Abs. 1 als Grundrecht auf Abgabengleichheit weit zurück. **29**

Ein umfassendes **Grundrecht auf Bildung** kann aus Art. 2 Abs. 1 nicht abgeleitet werden,[103] doch schützt er neben der individuellen, autonomen Fortbildung jedenfalls den Zugang zu öffentlichen Bildungseinrichtungen und ihrem Bildungsangebot.[104] Da Berufswahl und Wahl der Ausbildungs- **30**

---

im Blick auf ein sog. strukturelles Ungleichgewicht markiert; dazu in Kritik an BGH JZ 1997, 411, *Dethloff* JZ 1997, 414 (415) für Eheverträge.

[96] *Starck* in MKS Rn. 141.

[97] Vgl. BayVerfGH NVwZ-RR 2005, 757 – Benutzungszwang für städtisches Leichenhaus; mit Blick auf andere Anbieter zugleich Eingriff in die Berufsfreiheit. Zum Benutzungszwang für Friedhofskapellen und Leichenkammern *Weber* NVwZ 1987, 641.

[98] *Di Fabio* in Maunz/Dürig Art. 2 Abs. 1 Rn. 77; *Zippelius/Würtenberger,* Deutsches Staatsrecht, 2018, § 22 Rn. 2.

[99] Art. 12 Abs. 1 als Maßstab: BVerfGE 116, 202 (221); 134, 204 Rn. 67; Art. 2 Abs. 1 als Maßstab: BVerfGE 23, 50 (55 f.); 25, 371 (407); 50, 290 (366); 68, 193 (223 f.); sa BVerfGE 65, 196 (210); 73, 261 (270); 78, 232 (242).

[100] BVerfGE 65, 196 (210).

[101] BVerfGE 110, 370 (393); → Art. 12 Rn. 94.

[102] Vgl. nur Lorenz BK Rn. 212 ff.; zur Abgrenzung zum Eigentumsschutz → Art. 14 Rn. 47.

[103] BVerwGE 47, 201 (206); *Lorenz* in BK Rn. 66; zurückhaltender BVerwGE 56, 155 (158), Nichtversetzung: „Elemente eines Rechts auf Bildung“; offen gelassen von BVerfGE 56, 400 (417), gymnasiale Oberstufe in Hessen – und von StGH Hessen DÖV 1983, 546 (548), Umwandlung von Gymnasium in Sekundarstufenschule.

[104] Zumindest in der Formulierung, weniger im Ergebnis, weiter BVerfGE 53, 185 (203), sowie StGH Hessen NJW 1982, 1381 (1385); zum Grundrechtsschutz gegenüber der Nichtversetzung – insbes. im Blick auf Bestimmtheitsanforderungen und das Verhältnis von Art. 12 Abs. 1 und Art. 2 Abs. 1 BVerfGE 58, 257; *Bryde* DÖV 1982, 243; *Wilke* JZ 1982, 758; zur Annahme eines aus Art. 2 Abs. 1 iVm Art. 3 Abs. 1 hergeleiteten Grundrechts auf „begabungsgerechte Einschulung“ *Hobe* DÖV 1996, 190.

stätte von Art. 12 Abs. 1 erfasst werden, ist die Gewährleistung, was Art. 2 Abs. 1 betrifft, auf die Grund- und Sekundarschulen begrenzt. Wenn festgehalten wird, es liege „nahe, im Recht von Kindern, Jugendlichen und jungen Erwachsenen auf Entwicklung ihrer körperlichen, geistigen und seelischen Kräfte entsprechend ihrer Wesensart auch ein Recht auf Bildung beschlossen zu sehen“[105], das sich „in einem Anspruch auf Zugang zu öffentlichen Bildungseinrichtungen und auf eine gewisse Freiheit der Bildung durch Rücksichtnahme auf die individuelle Entfaltung, sei es bei der Wahl zwischen Bildungsmöglichkeiten, sei es in der Einflussnahme bei der Darbietung des Lehrstoffes, äußer[t]“[106], geht dies nicht über eine Facette der allgemeinen Handlungsfreiheit hinaus. Von einem eigenständigen Grundrecht auf Bildung (→ Art. 12 Rn. 9) jenseits des geschriebenen Grundrechtekatalogs kann nicht die Rede sein. Dessen ungeachtet erkennen verschiedene völker- bzw. europarechtliche Rechtsdokumente Bildung als Grund- bzw. Menschenrecht an.[107]

31 **d) Verfahrensrechtliche Aspekte des Art. 2 Abs. 1: Justizgewährleistungsanspruch.** In Verbindung mit dem Rechtsstaatsprinzip (Art. 20 Abs. 3) ist Art. 2 Abs. 1 auch zum Verfahrensgrundrecht erstarkt. Es verkörpert – jenseits des Anwendungsbereichs von Art. 19 Abs. 4 – einen allgemeinen Anspruch auf **Justizgewähr(leistung)**, in dessen Anwendungsbereich das eigentlich objektivrechtliche Rechtsstaatsprinzip in ein subjektives Grundrecht, noch dazu ein Leistungsrecht, überführt wird.[108] Schon früh verankerte das BVerfG für den Strafprozess in Art. 2 Abs. 1 einen „Anspruch des Angeklagten auf ein **faires, rechtsstaatliches Verfahren**“.[109] Der Anspruch auf **effektiven Rechtsschutz** auf der Basis von Art. 2 Abs. 1 iVm Art. 20 Abs. 3 ist jedoch nicht auf das Strafverfahren beschränkt, sondern umfasst alle Bereiche der Justiz.[110] Er sichert die Fairness des Verfahrens, schützt vor der unzumutbaren Erschwerung von Rechtsmitteln (gerade auch durch die Justiz selbst, wo diese der Zulassung durch die Vorinstanz unterliegen) oder deren Leerlaufen[111] und setzt schließlich auch der richterlichen Rechtsfortbildung Grenzen. Insoweit erstreckt sich das Individualrecht nicht nur auf die Beachtung der Grundsätze des rechtsstaatlich fairen Verfahrens, sondern auch auf diejenige der Gewaltenteilung.[112] In der Sache wird durch die Verknüpfung des Art. 2 Abs. 1 mit den Grundsätzen der Art. 20 Abs. 2 und 3 bei den verfahrensrechtlichen Grundrechtsgewährleistungen auch ein weitgehender Gleichlauf zwischen dem GG und der **EMRK** erreicht, deren Art. 6 einen – dort sehr ausdifferenzierten – Schutz des fairen Verfahrens kennt. Neben strafrechtlichen Anklagen gilt er für Streitigkeiten über zivil-

---

[105] StGH Hessen NJW 1982, 1381 (1385) mwN.

[106] StGH Hessen NJW 1982, 1381 (1385).

[107] ZB Art. 26 AEMR, Art. 13 IPwskR, Art. 2 ZP 1 zur EMRK; Art. 14 GRCh.

[108] Grundlegend BVerfGE 107, 395 (406 f.); zuletzt BVerfG BeckRS 2019, 18988 Rn. 13 ff.; aus dem Schrifttum etwa *Lorenz* in BK Rn. 222.

[109] BVerfGE 46, 202 (209); 52, 203 (206 f.); 57, 250 (274); 65, 171 (174 f.); 88, 118 (123); 122, 248 (270 f.); 130, 1 (25), stRspr; dazu *Lorenz* in BK Rn. 222 ff.; *Dörr*, Faires Verfahren, Gewährleistung im Grundgesetz der Bundesrepublik Deutschland, 1984; *Tettinger*, Fairness und Waffengleichheit, 1984, 12 ff., 22 f.; *Heubel*, Der „fair trial“ – Ein Grundsatz des Strafverfahrens?, 1981; *Kunig*, Das Rechtsstaatsprinzip, 1986, 378 ff.

[110] Vgl. nur BVerfGE 85, 337 (345) und jüngst etwa BVerfG NJW 2019, 3137, Rn. 16 ff.

[111] So etwa BVerfGE 77, 275 (284); 78, 88 (99); 88, 118 (124); 104, 220 (231); BVerfG (K), NJW 2014, 1796, Rn. 119 f.

[112] Vgl. BVerfGE 128, 193 (210); 132, 99 (127).

rechtliche Ansprüche; dieser europarechtliche Begriff des „fair trial" erfasst nach deutschem Verständnis in weitem Umfang auch verwaltungsrechtliche Klagen.[113] Der Inhalt des Rechts auf ein faires Verfahren ist durch Art. 6 Abs. 1–3 EMRK umrissen und erfasst insbesondere die Unschuldsvermutung (Abs. 2) und die in Abs. 3 aufgelisteten Verteidigungsrechte; hierzu zählen das Recht auf die Wahl eines Verteidigers bzw. die Zuordnung eines Pflichtverteidigers,[114] die Anonymisierung persönlicher Angaben, aber auch der Abschluss des Verfahrens innerhalb eines angemessenen Zeitrahmens.[115] Der Rechtsschutz darf nicht aus Kostengründen unzumutbar erschwert werden. Die Unschuldsvermutung hat ua zur Folge, dass das Verfahren nicht ohne Grund vorzeitig beendet werden darf, wenn von einer weiteren Sachverhaltsaufklärung Klarheit über den Schuldspruch erwartet werden kann.[116]

e) Grundrechtswirkungen. Art. 2 Abs. 1 **wehrt** unmittelbar an den 32
Adressaten gerichtete – gesetzliche oder auf Einzelakt beruhende – hoheitliche Maßnahmen **ab**, insbes. also Gebote und Verbote einschließlich der Verpflichtung, eine Geldbuße zu zahlen,[117] ein beabsichtigtes Tun anzuzeigen, eine Erlaubnis einzuholen etc. Art. 2 Abs. 1 ist ferner ein Abwehrrecht gegenüber schlicht-hoheitlichem Verwaltungshandeln, etwa einer Überwachungsmaßnahme. Staatlicherseits verbreitete oder veranlasste Information und Aufklärung bedeutet regelmäßig keinen Eingriff in Art. 2 Abs. 1.[118] Abgewehrt werden können auch an andere Adressaten gerichtete Maßnahmen, soweit damit eine Beeinträchtigung eines Dritten von erheblichem Gewicht verbunden ist, etwa in einer Konkurrenzsituation.[119] Auch die Verweigerung der Teilhabe an einer Nutzung kann sich als Beeinträchtigung der allgemeinen Handlungsfreiheit darstellen, sodass Art. 2 Abs. 1 den individuellen Anspruch auf Teilhabe am Gemeingebrauch öffentlicher Sachen einschließt.[120]

Auch eine Auswirkung von Art. 2 Abs. 1 auf privatrechtliche Rechtsbezie- 33
hungen im Sinne der (als mittelbar betrachteten) **Drittwirkung** kommt in Betracht,[121] etwa im Falle der Knebelung individueller Handlungsfreiheit im

[113] Dies gilt, wenn eine nach deutschem Verständnis verwaltungsrechtliche Streitigkeit vom Gerichtshof autonom als zivilrechtlich interpretiert wird, *Meyer-Ladewig/Harrendorf/König* in Meyer-Ladewig/Nettesheim/von Raumer EMRK Art. 6 Rn. 5.

[114] BVerfGE 46, 202 (210); 65, 171 (174 f.); 66, 313 (318); sa BGH NStZ 2017, 59 Rn. 18.

[115] Zu diesem „Beschleunigungsgebot" s. BVerfGE 55, 349, 369; BVerfG NJW 1997, 2811 (2812); NJW 2003, 2225 ff.; grundlegend EGMR 15.7.1982 – 8130/78, EuGRZ 1983, 371 – Eckle/Deutschland; zum Fristbeginn EGMR 17.12.2004 – 49017/99, NJW 2006, 1645 (1646 f.) – Pedersen u. Baadsgaard/Dänemark; zur Rspr. des EGMR insgesamt s. *Liebhart* NStZ 2017, 254 (255 ff.).

[116] BVerfGE 74, 358 (369 ff.).

[117] BVerfGE 92, 191 (196); s. dazu *Weber* JuS 1997, 1080.

[118] Vgl. dazu *Grimm* KritVJ 1986, 38 (50); sa *Gramm* NJW 1989, 2917 (2921 f.), der – in die Nähe des Abwegigen geratend – erwägt, ob staatliche Kampagnen, die eine Verwendung von Kondomen empfehlen, deshalb in Art. 2 Abs. 1 eingreifen, weil nicht auszuschließen sei, „daß es *[…] schwieriger wird, einen Geschlechtspartner zu finden, der zu ungeschütztem* Geschlechtsverkehr bereit ist."

[119] Vgl. für die Subventionierung eines Konkurrenten BVerfGE 30, 191 (198), für die Erteilung einer Ausnahmegenehmigung BVerwGE 65, 167 (174); sa BVerwGE 60, 154 (159); 87, 37 (41 f.); insoweit werden allerdings oft spezielle Freiheitsgrundrechte, ggf. Gleichheitsgrundrechte maßgeblich sein; zum Verdrängungswettbewerb durch die öffentliche Hand BVerwGE 39, 329 (337); OVG Münster NVwZ 1986, 1045 (1046).

[120] IE ebenso *Stern,* StaatsR III/1, 1988 § 67 Kap. II 1c; vgl. *Stern* in Stern StaatsR IV/1, § 104 Kap. III 4d; → Rn. 50, Stichwort „Gemeingebrauch".

[121] Ebenso *Jarass* in Jarass/Pieroth Rn. 15.

Zuge eines Arbeits- oder Mietverhältnisses; die gesetzliche Durchnormierung dieser Rechtsgebiete lässt freilich die Notwendigkeit des Rückgriffs auf zivilrechtliche Generalklauseln, welche Voraussetzung einer mittelbaren Maßstäblichkeit von Grundrechten ist, für den Bereich der allgemeinen Handlungsfreiheit als zumeist theoretisch erscheinen.[122] Das BVerfG greift nicht selten auf Art. 2 Abs. 1 „i. V. m. dem Rechtsstaatsprinzip" (oder auch dem Verhältnismäßigkeitsprinzip, dem Sozialstaatsprinzip) zurück, um die fachrichterliche Auslegung (auch) zivilrechtlicher Normen zu überprüfen.[123] Dies begegnet methodischen Bedenken.[124] Die Anwendung einer nichtigen Rechtsnorm einfachen Rechts durch ein Fachgericht verletzt allerdings stets den hiervon Betroffenen in Art. 2 Abs. 1.[125]

34 **2. Grundrechtseingriffe.** Ob eine Maßnahme eine gewisse Intensität – und ggf. welche – aufweisen muss, um **überhaupt als Eingriff** in Art. 2 Abs. 1 angesehen zu werden, ist umstritten. Einigkeit scheint zumindest darin zu bestehen, dass **regelnde Maßnahmen** für deren Adressaten als Eingriff zu betrachten sind – auch wenn eine damit verbundene falsche Anwendung einfachen Rechts noch keine „spezifische Grundrechtsverletzung" darstellt, die im Wege der Verfassungsbeschwerde gerügt werden könnte. Einerseits ist heute anerkannt, dass auch nicht zielgerichtete Maßnahmen, die dem Staat zurechenbar sind und einer unmittelbar rechtlichen Beeinträchtigung nach Wirkung und Zielrichtung gleichkommen, als Grundrechtsbeschränkungen angesehen werden können (das BVerfG spricht in diesem Zusammenhang von einem „funktionalen Äquivalent eines Eingriffs").[126] Dies muss im Grundsatz auch für Art. 2 Abs. 1 gelten. Der Grundrechtsschutz der freien Entfaltung der Persönlichkeit – mit ihrem überaus weit gezogenen Schutzbereich – droht jedoch uferlos zu werden, wenn schon jedwedes Berührtsein von einer Maßnahme als Eingriff in das Grundrecht gelten würde – und dann im Falle der Rechtswidrigkeit einen auf Art. 2 Abs. 1 gestützten Abwehranspruch begründen könnte.[127] Im Schrifttum wird daher verbreitet ein Eingriff verneint, wenn eine Maßnahme nicht mit einer „regelnden Beeinträchtigung" einhergeht oder – an Dritte adressiert – nur mittelbare Wirkungen für andere generiert.[128] Nach anderer Formulierung muss die Maßnahme, um Art. 2 Abs. 1 zu beschränken, die Entscheidungsfreiheit des Einzelnen und nicht nur deren Begleitumstände betreffen.[129] Einen zuverlässigen Beur-

---

[122] Zur – erheblichen – Bedeutung des allg. Persönlichkeitsrechts für das Zivilrecht, insbes. das Arbeitsrecht, → Rn. 54.

[123] S. zur Auslegung der Härteklausel des § 1579 Nr. 1 BGB – Unterhaltsrecht bei kurzer Ehedauer – BVerfGE 80, 286 (292 ff.); zum Schadensersatzrecht BVerfGE 74, 257; speziell zur Haftung Minderjähriger BVerfG NJW 1998, 3557; dazu *Goecke* NJW 1999, 2305; zu „guten Sitten", § 138 Abs. 1 BGB, und „Treu und Glauben", § 242 BGB, s. BVerfGE 89, 214 (232 ff.), Bürgschaften.

[124] „Superrevisionsinstanz"; vgl. *Stern,* StaatsR III/1, 1988 § 75 Kap. IV 6, 7; *Dreier* in Dreier Art. 2 Abs. 1 Rn. 43; → Rn. 26.

[125] Vgl. zB BVerfGE 51, 77 (95 f.); 91, 186 (200 f.).

[126] BVerfGE 105, 252 (273); vgl. dazu *Herdegen* in Maunz/Dürig Art. 1 Abs. 3 Rn. 40; *Starck* in MKS Art. 1 Rn. 265; *Sachs* in Sachs Vor Art. 1 Rn. 83 ff. sowie *Schoch* NVwZ 2011, 193 (195).

[127] S. etwa *Schmidt-Aßmann* FS f. Redeker, 1993, 225 ff. für das Verwaltungsrecht; sa BVerfGE 63, 73 (75), wo zu Recht verneint wird, dass die Auflösung des BT einen Bürger in Art. 2 Abs. 1 verletzen könne.

[128] Vgl. etwa *Di Fabio* in Maunz/Dürig Art. 2 Abs. 1 Rn. 49 mwN.

[129] S. dazu *Murswiek/Rixen* in Sachs Rn. 79 ff.; insbesondere zur Abgrenzung von „Eingriffen" und bloßen Veränderungen der „Begleitumstände" *Lorenz* in BK Rn. 109.

teilungsmaßstab geben solche Formeln, auch wenn ihnen im Ansatz beizupflichten ist, nicht her. Letztlich muss von Fall zu Fall wertend bestimmt werden, ob das Berührtsein von Nichtadressaten auf sie in irgendeiner Weise freiheitsverkürzend wirkt.[130]

Die tatbestandliche Weite des Grundrechts als „allgemeine Handlungsfreiheit" hat zur Folge, dass jede gesetzwidrige Belastung,[131] jede **Fehlanwendung einfachen Rechts** im Prinzip in einen Eingriff in das Grundrecht aus Art. 2 Abs. 1 mündet. Damit ist die Gefahr einer konstitutionellen Überhöhung des einfachen Rechts ebenso verbunden wie die der Aushöhlung spezieller Freiheitsgrundrechte, die durch engere Schutzbereiche und damit auch höhere Eingriffsschwellen gekennzeichnet sind. Auswirkungen entfaltet dies allerdings erst auf prozessualer Ebene. Daher hat die Judikatur des BVerfG, wonach nur **„spezifische Verfassungs- bzw. Grundrechtsverletzungen"** verfassungsprozessual geltend gemacht werden können,[132] gerade bei Art. 2 Abs. 1 besonderes Gewicht. Die fehlerhafte Anwendung einfachen Rechts durch Instanzgerichte ist der Verfassungsbeschwerde nur ausnahmsweise zugänglich, da das BVerfG andernfalls auf eine „Superrevisionsinstanz" und die Individualverfassungsbeschwerde auf ein Rechtsanwendungskontrollverfahren reduziert würde. Nur wenn bei der gerichtlichen Entscheidung Bedeutung und Tragweite eines Grundrechts verkannt worden sind und dies in die fehlerhafte Gesetzesauslegung bzw. -anwendung mündete, ist die Verfassungsbeschwerde statthaft. Zu bestimmen, wann gerade bei einem so umfassenden Grundrecht wie Art. 2 Abs. 1 eine solche Verkennung von Bedeutung und Tragweite vorliegt, bereitet allerdings Probleme. Sie ist va dann anzunehmen, wenn das Instanzgericht der Auslegung des einfachen Rechts im Widerspruch zur hM einen eingeschränkten Schutzbereich des Art. 2 Abs. 1 zugrunde legt (was nur noch höchst selten der Fall sein dürfte) oder wenn die allgemeine Handlungsfreiheit in einer durch Grundrechtskollisionen geprägten Gesetzeslage bei der Gesetzesauslegung gegenüber den Grundrechten anderer in unvertretbarer Weise untergewichtet wird. 35

Prozessuale Bedeutung entfaltet der Umstand, dass Fehler bei der Anwendung untergesetzlicher Normen mit einem Eingriff in Art. 2 Abs. 1 einhergehen, noch auf einer anderen Ebene: der des **Verwaltungsprozessrechts.** Wer Adressat eines Verwaltungsakts ist und diesen wegen dessen Rechtswidrigkeit im Wege des Widerspruchs bzw. der Anfechtungsklage angreift, kann die Klagebefugnis (§ 42 Abs. 2 VwGO) stets auf eine Verletzung von Art. 2 Abs. 1 stützen („Adressatentheorie").[133] Auf die „Spezifität" der Grundrechtsverletzung kommt es hier nicht an. 36

3. Schranken. a) Die (unechte) „Schrankentrias". Das Verständnis der Schranken kann von der Schutzbereichsinterpretation nicht gelöst 37

---

[130] Vgl. *Di Fabio* in Maunz/Dürig Art. 2 Abs. 1 Rn. 49 mwN: Ladenschlussregelungen als Eingriff in die allgemeine Handlungsfreiheit von Kunden.

[131] BVerfGE 6, 32 (41); 9, 83 (88); ähnlich auch BVerfGE 19, 253 (257) sowie BVerfGE 29, 402 (408).

[132] BVerfGE 18, 85 (92 f.); 102, 347 (362); 111, 382 (372 f.) stRspr; vgl. dazu nur *Lenz/Hansel* in Lenz/Hansel Bundesverfassungsgerichtsgesetz, § 90 Rn. 251 ff.; *Bethge* in Maunz/Schmidt-Bleibtreu/Klein/Bethge BVerfGG, § 90 Rn. 316, 316a, jeweils mwN.

[133] BVerwG NJW 1988, 2752 (2753); NVwZ 1993, 884 f. stRspr; *Di Fabio* in Maunz/Dürig Art. 2 Abs. 1 Rn. 65; *Wahl/Schütz* in Schoch/Schneider/Bier VwGO, § 42 Abs. 2 Rn. 70.

werden. Umfasst der Schutzbereich des Grundrechts – bei der herrschenden und zustimmungswürdigen Deutung als allgemeine Handlungsfreiheit – alle menschlichen Verhaltensweisen in Auffangfunktion für die speziellen Freiheitsgrundrechte,[134] so verlangt dies nach adäquaten und dementsprechend auch **weiten Beschränkungsmöglichkeiten.**[135] Die Schranken des Grundrechts der allgemeinen Handlungsfreiheit ergeben sich aus dem 2. Hs. des Art. 2 Abs. 1, der sog. **Schrankentrias;** für die Beschränkung anderer Grundrechte mit Ausnahme des (ungeschriebenen) allgemeinen Persönlichkeitsrechts hat die Schrankentrias keine Bedeutung.[136] Aus rechtsdogmatischen Gründen ist diese Schrankentrias jedoch nur eine **unechte:** Das **„Sittengesetz"** kann nicht nur aus gesellschaftlichen, sondern insbesondere auch aus verfassungsdogmatischen Gründen keine Schrankenfunktion (mehr) entfalten und darf daher keine Beachtung mehr finden, sofern sittliche Vorstellungen nicht in die **verfassungsmäßige Ordnung** eingegangen sind. Auch die **„Rechte anderer"** werden von der verfassungsmäßigen Ordnung – als Gesamtheit aller formell wie materiell verfassungskonformen Normen[137] – in der Sache vollständig **konsumiert.**[138] Art. 2 Abs. 1 Hs. 2, dessen Text eine Schrankentrias aufführt, wirkt in der Sache also als einfacher Vorbehalt – wenn man so will, als **„Monoschranke"**. (→ Rn. 39).

Der Passus „die Rechte anderer" könnte also auf der Basis dieser Erkenntnis – ebenso wie das „Sittengesetz" (→ Rn. 47 f.) – gestrichen werden, ohne dass sich dadurch die Rechtslage ändern würde.[139] Für seine Beibehaltung lässt sich indes anführen, dass die Formel veranschaulicht, dass die Rechtsausübung des Einzelnen dort endet, wo er auf die Rechte eines anderen Bürgers trifft, und dass dies ausdrücklich für „jeden" gilt – wie es sich für eine nicht allein libertäre, sondern auch egalitäre Rechtsordnung gehört.

39 Auch wenn Art. 2 Abs. 1 Hs. 1 nicht ausdrücklich einen **Gesetzesvorbehalt** statuiert, muss er doch – auch im Lichte des Art. 20 Abs. 3 – als solcher verstanden werden und entzieht sich einer Deutung als schlichter Rechtsvorbehalt.[140] Die Gegenansicht, wonach auch ungeschriebenes Recht (wie Richterrecht[141] und Gewohnheitsrecht[142]) und untergesetzliches Recht[143] zur Beschränkung des Grundrechts herangezogen werden kann, kann zwar den Wortlaut der Norm (wo im Gegensatz zu anderen Grundrechtsvorbehalten nicht von „Gesetz" die Rede ist) für sich in Anspruch nehmen, diese Position erscheint aber schon im Lichte der Genese des Grundrechts angreifbar. Der zunächst vorgesehene Passus „In diese Rechte kann nur auf Grund der Rechtsordnung eingegriffen werden"[144] sollte näm-

---

134 → Rn. 21 ff.

135 → Rn. 44.

136 Vgl. – zu Art. 5 Abs. 3 – BVerfGE 67, 213 (228).

137 → Rn. 44.

138 Zust. *Jarass* in Jarass/Pieroth Rn. 18; *Di Fabio* in Maunz/Dürig Art. 2 Abs. 1 Rn. 44.

139 Ähnlich *Kingreen/Poscher,* Grundrechte, 2018, Rn. 462; *Jarass* in Jarass/Pieroth Rn. 18; aA *Erichsen* Jura 1987, 367 (372).

140 Wie hier *Cornils* in HdbStR VII § 168 Rn. 85; *Lorenz* in BK Rn. 120; *Jarass* in Jarass/Pieroth Rn. 17.

141 BVerfGE 74, 129 (152); mit eher gegenläufiger Tendenz BVerfGE 6, 32 (40). Für Einschränkung durch Richterrecht *Kunig* in v. Münch/Kunig, 6. Aufl. 2012, Rn. 23.

142 *Dürig* AöR 79 (1953/54), 57 (74 f.); *Kunig* in v. Münch/Kunig, 6. Aufl. 2012, Rn. 23; einschr. auf vorkonstitutionelles Gewohnheitsrecht *Jarass* in Jarass/Pieroth Rn. 20.

143 *Murswiek/Rixen* in Sachs Rn. 90; *Stern* in Stern StaatsR IV/1, § 104 Kap. V 2c; *Merten* JuS 1976, 345 (346).

144 Vgl. JöR nF 1 (1951), 58 ff.

lich auch die Grundrechte auf Leben, Freiheit der Person und körperliche Unversehrtheit in Bezug nehmen. Die Beifügung eines eindeutigen Gesetzesvorbehalts in Art. 2 Abs. 2 im Zuge der (erst spät gefundenen) Formulierung der Endfassung berechtigt also nicht zu dem Schluss, dass der Verfassungsgeber Eingriffe in Art. 2 enthaltene Grundrechte an differente Voraussetzungen binden wollte. Selbst wenn man dies anders betrachten möchte, streitet neben der systemischen Konvergenz und Kohärenz der Grundrechte auch die Entwicklung der Wesentlichkeitsrechtsprechung des BVerfG gegen die Zulässigkeit untergesetzlicher Eingriffsschwellen bei Art. 2 Abs. 1. Wenn man (mit der mittlerweile ganz hM) der These zustimmt, dass jedes für die Verwirklichung der Grundrechte wesentliche Handeln des Staates – und damit insbesondere jeder Grundrechtseingriff – in einem Parlamentsgesetz seine Grundlegung findet, lässt sich ein sachlicher Grund für eine Exemtion des Art. 2 Abs. 1 von dieser Regel schwerlich begründen. Dass dieser den Begriff „Gesetz" nicht erwähnt, spielt keine Rolle; dies hat Art. 2 Abs. 1 Hs. 2 auch mit Art. 9 Abs. 2 und den sog. „schrankenlosen" Grundrechten gemein.

Das **Zitiergebot** des Art. 19 Abs. 1 S. 2 gilt für Art. 2 Abs. 1 allerdings **nicht**.[145] Dies gründet sich formal auf den Umstand, dass die Formel, dass ein Grundrecht „durch Gesetz oder auf Grund eines Gesetzes eingeschränkt werden kann", hier fehlt, und materiell darauf, dass das Zitiergebot seine Warn- und Signalfunktion bei einem im Schutzbereich so weit gespannten Grundrecht verfehlen muss. 40

b) Sofern er nicht die Rechte anderer verletzt. „Rechte anderer" haben als Bestandteil der „verfassungsmäßigen Ordnung" keine über sie hinausweisende Bedeutung; diese Schranke geht der Sache nach in der anderen auf (→ Rn. 37 f.). Mit „Rechten anderer" sind die **Grundrechte und grundrechtsgleichen Rechte anderer Grundrechtsträger** gemeint, ferner **subjektive Rechtspositionen** ohne grundrechtlichen Rang,[146] auch europäische Grundfreiheiten fallen darunter. Bloße Interessen anderer reichen demgegenüber nicht aus.[147] Die Handlungsfreiheit des einen Bürgers bleibt von Interessen anderer Bürger zunächst unberührt; sie ist begrenzt und begrenzbar durch deren Rechte. 41

Rechte anderer sind nur Rechte anderer **Menschen bzw. juristischer Personen**. „Rechte der Allgemeinheit" fallen entgegen älterer Rspr., wo dies teils angenommen wurde,[148] jedenfalls dann nicht darunter, wenn der Begriff für objektive Verpflichtungen des Staates steht, die – wie das Sozialstaatsprinzip – gerade nicht Einzelnen gegenüber zu erfüllen und von Einzelnen deshalb auch nicht einforderbar sind. Nicht erforderlich ist allerdings, dass es sich bei den „Rechten anderer" um Rechte bestimmter Individuen handelt; insbesondere Grundrechte können auch als objektive Normen 42

---

[145] BVerfGE 10, 89 (99); 28, 36 (46); *Jarass* NJW 1989, 857 (861) → Art. 19 Rn. 37.

[146] Ebenso zB *Jarass* in Jarass/Pieroth Rn. 18; iErg wohl nicht anders *Murswiek/Rixen* in Sachs Rn. 91, mit dem zutr. Hinweis, dass der Bürger des anderen Bürgers Grundrechte nicht unmittelbar verletzen könne.

[147] *Stern* in Stern StaatsR IV/1, § 104 Kap. V 3c β; *Kingreen/Poscher,* Grundrechte, 2018, Rn. 410; zust. *Murswiek/Rixen* in Sachs Rn. 91; missverständlich aber *Hofmann* in SHH Rn. 11, wo „jedes beliebige Interesse der Mitmenschen" den „nach der Gesamtentscheidung des GG schutzwürdigen Interessen" gegenübergestellt wird.

[148] *Stern* in Stern StaatsR IV/1, § 104 Kap. V 3c α; vgl. auch *Doehring,* Das Staatsrecht der Bundesrepublik Deutschland, 3. Aufl. 1984, 286 mwN.

(„Wertentscheidungen") zur Einschränkung des Art. 2 Abs. 1 herangezogen werden.[149]

43 **c) Und nicht gegen die verfassungsmäßige Ordnung (verstößt).** Die zweite Variante in der Schrankentrias markiert die Reichweite des Grundrechtsschutzes im Sinne der allgemeinen Handlungsfreiheit. Geschützt ist, was „nicht gegen die verfassungsmäßige Ordnung verstößt." Obschon der Wortlaut auf eine Begrenzung des Schutzbereichs deutet, handelt es sich – gerade auch vor dem Hintergrund der weiten Bemessung dieses Schutzbereichs – um eine Grundrechtsschranke.

44 Der Begriff der verfassungsmäßigen Ordnung wird im GG an mehreren Stellen (Art. 9 Abs. 2, 20 Abs. 3, 28 Abs. 1 S. 1 und Abs. 3 sowie Art. 79 Abs. 3) verwendet, allerdings mit unterschiedlicher Bedeutung. Teils ist die gesamte Verfassungsordnung gemeint (so in Art. 20 Abs. 3), teils der Kernbestand der freiheitlichen demokratischen Grundordnung (so zB in Art. 9 Abs. 2), in Art. 2 Abs. 1 hingegen bezeichnet „verfassungsmäßige Ordnung" **die gesamte Rechtsordnung, soweit sie ihrerseits mit der Verfassung in Einklang steht,** sowohl unter formellen[150] als auch materiellen, dh inhaltlichen Gesichtspunkten.[151] Dieses weite Schrankenverständnis wird vom Wortlaut nicht zwingend geboten, spiegelt aber in angemessener Weise das weite Verständnis des Schutzbereichs. Bei einer Interpretation der „verfassungsmäßigen Ordnung" im Sinne der „freiheitlichen demokratischen Grundordnung" oder gar der gesamten Verfassung würde von Art. 2 Abs. 1 erfasstes Handeln im Ergebnis in viel weiterem Umfang geschützt als solches, das in den Schutzbereich von speziellen Grundrechten fällt. Dies würde der Systematik der Grundrechte und der Auffangfunktion des Art. 2 Abs. 1 für besagte Spezialgrundrechte zuwiderlaufen. Nur wenn – wie es eine Minderheit vertritt – Art. 2 Abs. 1 lediglich einen Persönlichkeitskern schützen würde,[152] wäre das Verständnis der „verfassungsmäßigen Ordnung" als gesamte verfassungsmäßige Rechtsordnung nicht erforderlich, ja dann nicht einmal sachgerecht.[153]

45 Wie bei allen anderen der Einschränkung zugänglichen Grundrechten entscheidet auch über die materielle Verfassungsmäßigkeit eines die allgemeine Handlungsfreiheit begrenzenden Gesetzes der Grundsatz der **Verhältnismäßigkeit**. Diese Schranken-Schranke ist gerade bei Art. 2 Abs. 1 angesichts seines weit gefassten Schutzbereichs und der in der Sache voraussetzungsarmen Schranken von zentraler Bedeutung. Wie alle Grundrechte gilt Art. 2 Abs. 1 auch in Sonderstatusverhältnissen,[154] lässt dort aber schrankenseitig

---

[149] So stellt der grundrechtliche Ursprung dieser Wertentscheidungen einen hinreichenden Individualbezug her; vgl. dazu *Di Fabio* in Maunz/Dürig Art. 2 Abs. 1 Rn. 44, und zur Abgrenzung von bloßen „Rechten der Allgemeinheit", die nicht ausreichend sind, *Kunig* in v. Münch/Kunig, 6. Aufl. 2012, Rn. 21.

[150] Insbes. also: kompetenzgemäßer und verfahrensgerechter Erlass – s. etwa BVerwGE 108, 108 – Rundfunkgebühr.

[151] BVerfGE 6, 32 (57 ff.); 55, 159 (165); 63, 88 (108 f.) stRspr; abw. zB *Doehring,* Das Staatsrecht der Bundesrepublik Deutschland, 3. Aufl. 1984, 287: Gesamtheit der Verfassungsnormen; sa *Lerche,* Übermaß und Verfassungsrecht, 1961, 299 f.; *Di Fabio* in Maunz/Dürig Art. 2 Abs. 1 Rn. 39.

[152] → Rn. 24.

[153] S. vor allem *Hesse,* Grundzüge des Verfassungsrechts der Bundesrepublik Deutschland, 1999, Rn. 428.

[154] BVerwGE 73, 296 (303) – Soldaten; BVerfGE 39, 334 (366 f.); sowie OVG Koblenz NJW 1987, 340 – Beamte; *Lecheler* NJW 1986, 1079 (1081); *Bender* NJW 1987, 2903 (2905) – Schule; allg. *v. Münch/Kunig* in v. Münch/Kunig, 6. Aufl. 2012, Vorb. Rn. 43.

und vermittelt über den Grundsatz der Verhältnismäßigkeit stärkere Beschränkungen zu.[155] Die Organisation von Schulen und des dort erteilten Unterrichts sowie Vorgaben für das Verhalten und die Ausrüstung von Soldaten einschließlich disziplinarischer Handlungen sind grundsätzlich an Art. 2 Abs. 1 zu messen, aber durch am Zweck der Einrichtung orientierte organisatorische Erfordernisse meist gerechtfertigt.[156]

d) Oder (gegen) das Sittengesetz verstößt. Als Schranke der allgemeinen Handlungsfreiheit nennt Art. 2 Abs. 1 auch das **Sittengesetz**. Der Verfassungsgeber hat den Begriff Sittengesetz, nicht denjenigen der „guten Sitten" gewählt, wie er vor allem aus dem Bürgerlichen Recht, auch dem Gewerberecht, bekannt war. Er hat – wie auch bei Aussagen des Art. 1 Abs. 1, Abs. 2[157] zu beobachten – nach einer ethischen Fundierung des Verfassungsrechts gesucht, wollte sich des Überkommenen und Bewährten vergewissern und nach einem sicheren Fundament für den Neubau der Verfassungsordnung suchen. Das deutet darauf hin, dass hier über dasjenige Minimum hinausgegriffen werden sollte, das im Zivilrecht in Generalklauseln als Maßstab der Gültigkeit von Verträgen und von deren Auslegung dient und auch im Rahmen der Haftungsnorm des § 826 BGB zur Lückenschließung beiträgt. Insofern liegt es nahe, den Rechtsbegriff Sittengesetz auf den zum Zeitpunkt der Verfassungsgebung ausgeprägten Bestand vornehmlich christlich geprägter Moralvorstellungen zu beziehen.[158] 46

Das BVerfG betrachtete das Sittengesetz in seiner frühen Judikatur zum einen als selbständige Schranke neben der „verfassungsmäßigen Ordnung" und zum anderen als eine auf deren Auslegung einwirkende Größe.[159] Angesichts der weiten Auslegung, die das BVerfG für den Begriff der „verfassungsmäßigen Ordnung" durchgesetzt hat,[160] im Verbund mit intensiverer positiver Normierung von Verboten und Geboten sinkt die Notwendigkeit, auf das Sittengesetz, insbesondere als eigenständige Schrankennormierung, zurückzugreifen. Wo „unmoralisches" Verhalten von der Rechtsordnung nicht sanktioniert wird, kann in der Regel angenommen werden, dass seine Hinnahme intendiert wird; dem aber würde eine auf das Sittengesetz gestützte Ächtung der Rechtsordnung geradezu widerstreiten. Vor diesem Hintergrund ist die Annahme (des BVerfG), dass das Sittengesetz bestärkend zur verfassungsmäßigen Ordnung hinzutritt, heute jedenfalls angreifbar. Darüber hinaus stellt sich die Frage, ob angesichts der strengen formalen Anforderungen, die der Rechtsstaat des Grundgesetzes an einen Grundrechtseingriff anlegt,[161] überhaupt noch Raum für eine Grundrechtsbegrenzung allein und unmittelbar kraft sittlicher Normen sein kann. Außerstaatliche, im gesellschaftlichen Raum und ohne demokratische Legitimation und Verförmlichung entstehende und vergehende Normen können keine wirksamen Bestandteile eines verbindlichen Regelungskonzepts sein. 47

[155] Vgl. zur Beschränkung von Reisen von Beamten in Staaten des früheren Ostblocks BVerwGE 46, 190 (192).

[156] Ausführlich *Starck* in MKS Rn. 149 ff., 156 ff.; vgl. zB BVerwGE 43, 353 (355 f.); 46, 1 (2 f.).

[157] Dazu → Art. 1 Rn. 54 ff.

[158] So auch *Starck* in MKS Rn. 37; krit. dazu *Dreier* in Dreier Art. 2 Abs. 1 Rn. 59.

[159] BVerfGE 6, 389 (434).

[160] → Rn. 44.

[161] *Bumke/Voßkuhle,* Casebook Verfassungsrecht, 2015, Rn. 89 ff.; vgl. dazu exemplarisch BVerfGE 33, 1 (9 ff.); explizit zum Vorbehalt des Gesetzes *Grzeszick* in Maunz/Dürig Art. 20 Rn. 81; *Huster/Rux* in BeckOK GG Art. 20 Rn. 172 ff.

48 Wenn das Sittengesetz nicht als „verfassungswidriges Verfassungsrecht" qualifiziert werden soll – weil es grundlegenden Maßstäben der Gesetzesbindung und des Grundrechtsvorbehalts sowie der Bestimmtheit von Normen zuwiderläuft –, kann es nicht mehr als eigenständige Schranke des Art. 2 Abs. 1 angesehen werden, sondern lediglich als **moralisch-ideelle Leitlinie** für die **positive Ausgestaltung** der verfassungsmäßigen Ordnung.[162] Es ist bloßes Memento der Menschenrechtstradition und -prägung des GG.[163] Formal noch in Geltung, ist das „Sittengesetz" aber funktionslos geworden. Was formal als Schrankentrias erscheint, ist teleologisch somit zumindest auf ein „Schrankenduo" zu reduzieren – was *de constitutione ferenda* die Streichung des Begriffes „Sittengesetz" aus Art. 2 Abs. 1 angezeigt erscheinen lässt –, und weil die „verfassungsmäßige Ordnung" die „Rechte anderer" bereits umfasst, handelt es sich der Sache nach um eine **einzige („Mono"-)Schranke** (→ Rn. 37).

49 Seit 1978[164] hat sich das BVerfG in keiner einzigen Senatsentscheidung mehr mit dem Sittengesetz überhaupt nur befasst. Dies steht im markanten Kontrast zur Rechtsprechungslinie der frühen Jahre, insbesondere einem Urteil aus dem Jahr 1957 zur verfassungsrechtlichen Beurteilung der Strafbarkeit homosexueller Handlungen unter Männern, die aus damaliger Sicht des Gerichts, das sich dafür auf die Auffassung „einzelner Volksteile" und die Lehren der großen Konfessionen berief, „eindeutig gegen das Sittengesetz" verstießen.[165] Falls diese Einschätzung je tragfähig war – woran im Lichte der vom GG vorgegebenen Religionsneutralität staatlichen Handelns Zweifel angebracht sind[166] –, kann sie es im Lichte gewandelter Vorstellungen des Verhältnisses zwischen Staat, Kirche und Sitte heute jedenfalls nicht mehr sein. Auch eine Beschränkung auf – so es sie geben sollte – national identifizierbare Wertvorstellungen ist nicht möglich:[167] Zur hiesigen Rechtsgemeinschaft gehören auch Vertreter in der mitteleuropäischen Kultur nicht verwurzelter moralischer Vorstellungen; sie haben sich hiesigem Recht, nicht hiesiger Moral zu fügen.[168] Was speziell „gleichgeschlechtliche Betätigung" betrifft (wie das BVerfG sie bezeichnete), ist durch positive Entscheidungen des Gesetzgebers wie zunächst die vollständige Abschaffung des § 175 StGB, dann die rechtliche Anerkennung gleichgeschlechtlicher Partnerschaften bis hin zur Ehe[169] durch die verfassungsmäßige Ordnung jeder Rekurs auf das Sittengesetz verbaut, um Beschränkungen zu begründen oder zu behaupten. Dass sich auch die Position von Kirchen zu homosexuellen Handlungen gewandelt hat, bleibt unerheblich: Wenn seinerzeit ihre Gegnerschaft zu solchen Handlungen kein sittengesetzlicher Maßstab sein durfte, kann das für deren Akzeptanz in der Gegenwart ebenso wenig gelten. (S. auch → Rn. 50, Stichwort „sexuelle Handungen.")

---

[162] Ähnlich *Dreier* in Dreier Art. 2 Abs. 1 Rn. 59; *Starck* in MKS Rn. 36; wohl auch *Di Fabio* in Maunz/Dürig Art. 2 Abs. 1 Rn. 46.

[163] *Starck* in MKS Rn. 41; *Di Fabio* in Maunz/Dürig Art. 2 Abs. 1 Rn. 46.

[164] BVerfGE 49, 286 (300) – Transsexuellengesetzgebung.

[165] BVerfGE 6, 389 (434 f.).

[166] S. schon *Ott* BayVBl 1966, 186 (189); *Degenhart* JuS 1990, 161 (165); ähnlich iErg *Cornils* in HdbStR VII § 168 Rn. 87, mit Hinweis auf die Fragwürdigkeit eines Rückgriffs auf behauptete vorrechtliche Moralnormen; ebenso krit. auch *Dreier* in Dreier Art. 2 Abs. 1 Rn. 59.

[167] Vgl. aber *Dürig* in Maunz/Dürig, Stand 1997, Art. 2 Abs. 1 Rn. 16; *v. Münch* in v. Münch/Kunig, 3. Aufl. 1996, Rn. 35.

[168] BVerwG ZBR 1980, 386.

[169] G zur Einführung des Rechts auf Eheschließung für Personen gleichen Geschlechts, BGBl. 2017 I 2787.

4. Einzelfälle

Alkohol – s. Drogenkonsum. 50

Anschnallpflicht – s. Gurtzwang.

Anschluss- und Benutzungszwang – s. Vertragsfreiheit → Rn. 27.

Arztwahl – aus Art. 2 Abs. 1 ergibt sich grundsätzlich ein Anspruch auf freie Arztwahl.[170]

Aufenthalt von Ausländern – fällt in der Bundesrepublik in den Schutzbereich des Art. 2 Abs. 1, jedoch ist der Gesetzgeber (in den vom EU-Recht definierten Grenzen) grundsätzlich zu Regelungen über den Aufenthalt und die Ausweisung von Ausländern befugt.[171]

Ausreisefreiheit – ist in Ermangelung eines anwendbaren Spezialgrundrechts (Art. 11 regelt nur die Freizügigkeit innerhalb des Bundesgebiets) auch bei Deutschen durch Art. 2 Abs. 1 gewährleistet.[172] Die näheren Bestimmungen, mit denen die Grundrechtsschranke der „verfassungsmäßigen Ordnung" aktiviert wird, finden sich im PassG. Die Ausreisefreiheit innerhalb der EU ist durch Art. 21 AEUV (Freizügigkeit) und die Personenverkehrsfreiheiten für alle Unionsbürger sichergestellt; allerdings stehen diese Bestimmungen dem Verbot der Ausreise deutscher Staatsangehöriger nur als Beschränkungsverbote, nicht als Diskriminierungsverbote entgegen, da die einseitige Benachteiligung von Inländern nicht untersagt ist.[173]

Beschäftigungspflicht – von Schwerbehinderten durch private Arbeitgeber, bei denen der Zusammenhang mit einer Berufsausübung fehlt – zB gemeinnützige Einrichtungen oder Sportvereine – ist am Maßstab des Art. 2 Abs. 1 zu prüfen,[174] im Übrigen an Art. 12 Abs. 1. Der Status als Schwerbehinderter ist vom allgemeinen Persönlichkeitsrecht geschützt (→ Rn. 71).

Bildung, Recht auf – → Rn. 30.

Drogenkonsum – Der Genuss und Besitz von legalen wie illegalen Drogen und jede damit einhergehende Selbstgefährdung sind durch Art. 2 Abs. 1 abgedeckt – wobei die Illegalität und damit ein Verbot Ergebnis der Anwendung von Grundrechtsschranken sind. Insofern entschied das BVerfG, dass mit Blick auf den legislativen Beurteilungsspielraum die vom Cannabiskonsum ausgehenden Gefahren (Aspekt der Fremdgefährdung) die Strafdrohung des Drogenerwerbs und -besitzes auch bei diesen Substanzen weiterhin rechtfertigten, hielt bei kleinen Mengen jedoch den Verzicht auf Strafverfolgung für grundsätzlich angemessen.[175] Eine Entkriminalisierung wäre bei leichteren Drogen prinzipiell möglich, ist aber nicht zwingend geboten. Bei legalisierten Drogen bzw. Genussmitteln wie Alkohol kann der Konsum in der Öffentlichkeit an bestimmten Orten[176] oder im Vorfeld oder während bestimmter Tätigkeiten[177] beschränkt werden, soweit dies zur Abwehr einer Gefahr (Verhinderung von Eskalation auf Partymeile; Sicherheit des Verkehrs) erforderlich ist, aber nicht generell.

Faires Verfahren – s. Verfahren, faires.

Friedhofszwang – Das Verbot der Beisetzung außerhalb von Friedhöfen betrifft die durch Art. 2 Abs. 1 geschützte Handlungsfreiheit, zu der die Vorsorge des Lebenden für die Zeit nach seinem Tode gehört. Eine gesetzliche Regelung, die für den Friedhofszwang für Urnen eine Ausnahme in besonderen Fällen (Verbot mit Erlaubnisvorbehalt) vorsieht, wurde mit Blick auf die Totenruhe, das „sittliche Gefühl weiter Bevölkerungskreise" sowie die Bau- und Verkehrsplanung für verfassungsgemäß erach-

---

[170] Vgl. zur Einschränkung BVerfGE 16, 286 (303 f.); BVerwGE 60, 367 (370).

[171] BVerfGE 35, 382 (399); zum Grundrechtsschutz der Einreise → Art. 11 Rn. 23, 33.

[172] BVerfGE 6, 32 (41 f.), Elfes-Urteil; BVerfGE 72, 200 (245), Steuerflucht. → Art. 11 Rn. 32; mit historischer Fundierung, *Scheuner* FS f. Thoma, 1950, 199; eing. und aktuell *Rossi* AöR 127 (2002), 612.

[173] Vgl. *Streinz* in Streinz EUV/AEUV, Art. 18 Rn. 64 ff.; *Haratsch/Koenig/Pechstein,* Europarecht, 2018, Rn. 757; mit Verweis auf eine nicht ganz eindeutige EuGH-Rspr allerdings *Hatje* in Schwarze/Becker/Hatje/Schoo EU-Kommentar, Art. 21 Rn. 13.

[174] BVerfGE 57, 139 (158); Schwerbehindertenarbeitsplatz.

[175] BVerfGE 90, 145 (187 ff.); dazu *Sachs* JuS 1994, 1067 ff.; *Kreuzer* NJW 1994, 2400 ff.

[176] Vgl. OVG Lüneburg NordÖR 2013, 113; zur Errichtung von generell alkoholfreien Zonen in einer Innenstadt zuletzt VG Cottbus BeckRS 2016, 56168.

[177] Vgl. BVerwG NJW 1991, 1317.

tet.[178] Soweit diese Begründung das Sittengesetz einfließen lässt, kann sie heute so keinen Bestand mehr haben; vielmehr gebietet die Berücksichtigung des über die allgemeine Handlungsfreiheit hinausreichenden postmortalen Persönlichkeitsrechts iSd Verfügungsrechts über den eigenen Körper eine kritische Überprüfung bestattungsrechtlicher Vorgaben.[179]

Gemeingebrauch – an öffentlichen Sachen unterliegt nach dem BVerwG in seinem Kern der grundrechtlichen Gewährleistung der Art. 2 Abs. 1, Art. 3 Abs. 1 und Art. 14 Abs. 1.[180] Die Verweigerung des Gemeingebrauchs an öffentlichen Sachen (insbes. Straßen, aber auch zB Wasserflächen und -wege) stellt sich als eingriffsgleiche Verweigerung von Teilhabe dar[181] und kann auch noch weitere Grundrechte verletzen als die genannten (etwa: Art. 5 Abs. 1, Abs. 3). Dem Grunde nach erlaubt Art. 2 Abs. 1 jegliche Form der Fortbewegung auf Verkehrswegen, unterliegt jedoch insoweit erheblichen Einschränkungen mit Blick auf den Widmungs- und Nutzungszweck. Ein Anspruch auf eine bestimmte Widmung oder den Fortbestand einer Widmung besteht nicht.[182]

Gurtzwang – Die Anschnallpflicht berührt Art. 2 Abs. 1.[183] Die Vorschrift des § 21a Abs. 1 StVO ist als Teil der verfassungsmäßigen Ordnung verfassungsgemäß.[184] Art. 2 Abs. 2 S. 1 gebietet jedoch, „im Einzelfall zur Vermeidung ernsthafter körperlicher Beschwerden oder Verletzungen des Kraftfahrzeugführers eine Ausnahme zuzulassen."[185]

Haare – Art. 2 Abs. 1 umfasst grundsätzlich auch das „Recht auf eigenverantwortliche Gestaltung des äußeren Erscheinungsbildes",[186] die „prinzipielle Befugnis, sein Äußeres nach eigenem Gutdünken zu gestalten".[187] Fragen der Beschränkbarkeit stellen sich in der Praxis namentlich bei Polizisten und Soldaten unter Gesichtspunkten der Hygiene und der Funktionsfähigkeit.[188]

Hundehaltung – in Mietwohnung ist grundsätzlich durch Art. 2 Abs. 1 geschützt. Ein vertraglicher Verzicht ist verfassungsgemäß, es sei denn, dass der Vermieter die Tierhaltung ohne jedes berechtigte Interesse untersagt.[189]

---

[178] BVerfGE 50, 256 (263); zurückhaltender BVerwGE 45, 224 (227) zum Verhältnis zu Art. 4 Abs. 2; StGH Hessen DVBl 1969, 34 mAnm *Heydt* DVBl 1969, 34 (38); zur Grabstättengestaltung OVG Münster NVwZ 1998, 869; VGH Mannheim NVwZ-RR 1997, 359.

[179] Vgl. *Schefold* NordÖR 2014, 249.

[180] BVerwGE 30, 235 (238), Zigarettenautomat; sa BVerwGE 4, 342 (346); BVerwG NJW 1988, 432; zur Kritik etwa *Krebs* VerwArch 67 (1976), 329.

[181] *Jarass* in Jarass/Pieroth Rn. 32; *Kunig* Jura 1990, 523 (525 f.).

[182] Vgl. BVerwGE 32, 222, 225; VGH Kassel NJW 1993, 1090; dazu insg. *Starck* in MKS Rn. 143; *Jarass* in Jarass/Pieroth Rn. 32.

[183] *v. Brunn* DAR 1974, 141; *v. Münch* FS f. Ipsen, 1977, 113 (115); zweifelnd BGHZ 74, 25 (34).

[184] BVerfG NJW 1987, 180; sa BVerfGE 59, 275 (278), Schutzhelmpflicht.

[185] So im Anschluss an das BVerfG das VG Frankfurt NJW 1989, 1234, mit Hinweis zu den Anforderungen an eine entsprechende ärztliche Bescheinigung.

[186] BVerwGE 46, 1 (2 f.).

[187] BVerfGE 47, 239 (248); OLG Stuttgart NJW 1971, 2075, Schulausschluss.

[188] Auf ein „eindrucksvolles Erscheinungsbild" (eines Soldaten) bei der „Präsentation" in der Öffentlichkeit stellt zB BVerwGE 76, 60 (62) ab; der streitbefangene Schnurrbart habe dem entgegengestanden; zur Bevorzugung weiblicher Soldaten bei der Länge der Haartracht BVerwG NJW 1994, 2632; sa BVerwG BayVBl 1999, 377 mAnm *Biletzki* sowie – mit der Annahme einer Gleichheitsverletzung – Truppendienstgericht Süd NVwZ-RR 2005, 263 und dazu zu Recht abl. *Fichte* NZWehrR 2006, 139; zum Tragen von „Piercings" im öffentlichen Dienst s. *Günther* ZBR 2000, 401 (402 f., 407).

[189] BVerfG WuM 1981, 77; zum Schutz der „Tierliebe" durch die allgemeine Handlungsfreiheit s. BayVerfGH BayVBl 1991, 203; mit polizeirechtlichen Vorgaben sind in den letzten Jahren zunehmend Beschränkungen des „Ob" und der Modalitäten der Hundehaltung ermöglicht worden (VGH Mannheim NVwZ 1999, 1016 sowie *Hamann* NVwZ 1999, 964); zur verfassungsrechtlichen Zulässigkeit der Hundesteuer und ihrer Erhöhung OVG Koblenz NVwZ-RR 1997, 7351.

Mobilität – Soweit nicht die Grundrechte der Art. 2 Abs. 2 S. 2 und Art. 11 betroffen sind, schützt Art. 2 Abs. 1 die Mobilität und die Wahl des Transportmittels.[190] Verkehrsrechtliche Maßnahmen wie die Anordnung einer Busspur[191] oder eine Geschwindigkeitsbeschränkung[192] beeinträchtigen die Verkehrsteilnehmer in ihrem Grundrecht aus Art. 2 Abs. 1, können aber durch Gesichtspunkte der Sicherheit und Flüssigkeit des Verkehrs gerechtfertigt sein.[193]

Nichtversetzung – eines Schülers → Rn. 30.

Pflichtmitgliedschaft – s. Zwangsverband.

Rauchen – Ob Rauchen zur Entfaltung der Persönlichkeit gehört, war lange streitig;[194] im Lichte der neueren Judikatur des BVerfG[195] wird man dies aber bejahen müssen. Zur Rechtfertigung von Rauchverboten an öffentlichen Orten und in Gaststätten (die im zweiten Fall auch in die Berufsfreiheit der Betreiber eingreifen → Art. 12 Rn. 143, Stichwort „Rauchverbot in Gaststätten", Rn. 171) wird überwiegend der Schutz der Gesundheit der nichtrauchenden Gäste (Art. 2 Abs. 2 S. 1) angeführt.[196]

Rechtshilfe, internationale – Die Zustellung einer Klage in Deutschland, mit welcher Ansprüche auf Schadensersatz nach US-amerikanischem Recht im Sinne sog. „punitive damages" geltend gemacht werden, verletzt nicht Art. 2 Abs. 1.[197]

Sammlungen – Die Anlage und Präsentation von Sammlungen sind Ausfluss der in Art. 2 Abs. 1 gewährleisteten allg. Handlungsfreiheit.[198] Für kirchliche Sammlungen, auch solche aus religiöser Motivation im Allgemeinen, kann Art. 4 Abs. 2 speziell sein.[199]

Schwerbehinderte – s. Beschäftigungspflicht.

Sexuelle Handlungen – Die freie Entfaltung der Persönlichkeit gemäß Art. 2 Abs. 1 erfasst nicht zuletzt die Freiheit der geschlechtlichen Betätigung. Dies erkannte das BVerfG bereits in den 1950er Jahren an,[200] hielt damals allerdings auch weitreichende staatliche Einschnitte für statthaft (die aus heutiger Sicht keine verfassungsrechtliche Grundlage mehr haben können → Rn. 61). Die sexuelle Identität und Orientierung (Geschlechtlichkeit ebenso wie sexuelle Präferenzen) als solche werden allerdings nicht von der allgemeinen Handlungsfreiheit umfasst, sondern sind als Teil der Intimsphäre durch das allgemeine Persönlichkeitsrecht (Art. 1 Abs. 1 iVm Art. 2 Abs. 1) geschützt.[201] Eine trennscharfe Abgrenzung zwischen beiden Grundrechten ist in diesem Bereich indes kaum möglich.

Studierendenschaft – s. Zwangsverband.

Tätowierung – Das Verbot sichtbarer Tätowierungen im Polizeidienst beeinträchtigt das Recht der Betroffenen auf freie Entfaltung der Persönlichkeit gemäß Art. 2 Abs. 1, ist aber jedenfalls dann gerechtfertigt, wenn die Tätowierung die Neutralität und Repräsentationsfunktion des Amtsträgers beeinträchtigt.[202] Eine großflächige Tä-

---

[190] *Papier* DAR 2002, 532 (534); *Lorz* DÖV 1993, 129, 130 ff. mwN; dies in Richtung eines „Grundrechts auf Mobilität" (mit dem Auto) übersteigernd *Ronellenfitsch* DAR 1992, 321 ff.; ähnlich *Bullinger* JZ 1993, 492 (493); krit. dazu *Sendler* NJW 1995, 1468.

[191] BVerwGE 92, 32.

[192] BVerwGE 97, 214.

[193] Vgl. zum Ganzen auch *Manssen* NZV 1992, 465 (466); *Steiner* NZV 1995, 209.

[194] Einschränkend BGHZ 79, 111 (115 f.); aus dem Schrifttum dafür *Scholz* JuS 1976, 232; verneinend – wenn andere passiv geschädigt werden – *Suhr* JZ 1980, 166; s. ferner *Starck* in MKS Rn. 234; eing. *Jahn* DÖV 1989, 850.

[195] BVerfG NJW 1998, 2961 (2962); vgl. *Starck* in MKS Rn. 234.

[196] Zur Schutzpflicht → Rn. 101 ff., 67 f.; BVerfG NJW 1998, 2961; sa VG Wiesbaden NJW 1997, 3042, Gerichtsgebäude; BAG NJW 1996, 3028, Passagierflugzeug, sowie *Faber* DVBl 1998, 745.

[197] BVerfGE 91, 335; dazu *Stadler* JZ 1995, 718.

[198] BVerfGE 20, 150 (154), SammlungsG; BVerwG DVBl 1991, 943 (945); vgl. auch *Rupp* NJW 1966, 2037.

[199] BVerfGE 24, 236 (245).

[200] BVerfGE 6, 389 (432 ff.).

[201] → Rn. 61.

[202] VGH Kassel NVwZ-RR 2015, 54 Rn. 5 f.; etwas zurückhaltender VG Aachen BeckRS 2013, 45375; dazu insg. *Lang* in BeckOK GG Rn. 6.

towierung kann daher auf einen Eignungsmangel für den gehobenen Polizeivollzugsdienst schließen lassen.[203]

Taubenfütterungsverbot – berührt das Grundrecht aus Art. 2 Abs. 1, ist aber verfassungsgemäß.[204]

Tierhaltung – s. Hundehaltung.

Verfahren, faires – → Rn. 31.

Verkehrszeichen – s. Mobilität.

Versetzung – s. Bildung.

Versicherungszwang – Der gesetzliche Zwang, einen Vertrag mit einem Versicherer zur Absicherung gegen ein Risiko abzuschließen,[205] greift in Art. 2 Abs. 1 ein (sa Vertragsfreiheit), kann jedoch durch das Sozialstaatsprinzip[206] oder andere Schutzgüter (bei der Kfz-Haftpflicht zB Art. 2 Abs. 2 S. 1) gerechtfertigt sein.

Vertragsfreiheit – → Rn. 27; sa Versicherungszwang.

Wettbewerbsfreiheit – Während die Freiheit des Wettbewerbs zunächst vorwiegend in Art. 2 Abs. 1 verortet wurde,[207] wird heute überwiegend Art. 12 Abs. 1 als *sedes materiae* betrachtet. Diese Anknüpfung überzeugt, da Beeinträchtigungen des freien Wettbewerbs unmittelbar auf die Erwerbschancen als Ausprägung der Berufsausübung durchschlagen (→ Art. 12 Rn. 76).

Zwangsverband – Art. 2 Abs. 1 gewährt ein Recht, von der Pflichtmitgliedschaft in einem „unnötigen" öffentlich-rechtlichen Zwangsverband verschont zu bleiben.[208] Dies schließt die Freiheit von Beitragszahlungen ein.[209] Die (negative) Vereinigungsfreiheit ist nach hM nicht einschlägig, da sie nur freiwillige Zusammenschlüsse zu frei gewählten Zwecken umschließe, nicht die Erledigung öffentlicher Aufgaben auch unter kollektiver Mitwirkung privater Akteure.[210]

II. Allgemeines Persönlichkeitsrecht

51 **1. Genese und Ratio.** Das weite – und von Wertungen praktisch freie – Verständnis des Schutzbereichs des Grundrechts auf die freie Entfaltung der Persönlichkeit im Sinne einer „allgemeinen Handlungsfreiheit"[211] wird dem Bedürfnis nach angemessenem Schutz des Kernbereichs der Persönlichkeit jedes Menschen, seiner Individualität, nicht gerecht. Diese Individualität erschöpft sich nicht im freien Handeln, sondern wird durch ihre **Seinskomponente** bestimmt[212] – die wiederum eine Barriere für andere, insbesondere

[203] VGH Kassel NVwZ-RR 2015, 54 Rn. 16; vgl. auch OVG Münster BeckRS 2014, 56687 Rn. 18.

[204] BVerfGE 54, 143.

[205] Ausführlich dazu *Starck* in MKS Rn. 137 ff.

[206] BVerfGE 44, 70 (89); 103, 197 (215 ff.).

[207] BVerfGE 32, 311 (316), BVerwGE 17, 306 (309); BVerwGE 65, 167 (174), Ladenschlussregelung.

[208] *Stern* in Stern StaatsR IV/1, § 104 Kap. II 7c); *Cornils* in HdbStR VII § 168 Rn. 54; BVerfGE 10, 89 (102), Erftverband; BVerfGE 10, 354 (371), Ärztekammer; sa BVerfGE 78, 320 (329), Krankenkasse sowie BVerfGE 89, 365 (376); 92, 53 (68 f.); BVerfG NVwZ 2017, 1282 (1284); BVerfG NJW 1998, 3109 (3110); BVerwGE 42, 210 (217), Wasserverband; BVerwGE 59, 231 (233), Studentenschaft; BVerwGE 64, 115 (117), Steuerberaterkammer; BVerwGE 64, 298 (301); BVerwG NJW 1987, 337, Steuerberater; BVerwGE 87, 324 (325), Versorgungswerk für Rechtsanwälte; BVerwG NJW 1997, 814, Apothekenkammer; BVerwGE 107, 169, Industrie- und Handelskammer; sa BVerfG NVwZ 2002, 375; *Kluth* NVwZ 2002, 298; BVerwG NJW 1999, 2292, Handwerkskammer; vgl. *Bethge* JA 1979, 281; *Laubinger* VerwArch 74 (1983), 175; *Redeker* NJW 1983, 1266; *Pietzcker* NJW 1987, 305; zur Vereinbarkeit der Pflichtmitgliedschaft in einer Jagdgenossenschaft mit höherem Recht s. BVerfG DVBl 2006, 60.

[209] BVerfG, NVwZ 2017, 1282 (1284).

[210] Vgl. BVerfGE 10, 89 (102); 38, 281 (297 f.); BVerfG NVwZ 2017, 1282 (1283 f.) mwN.

[211] → Rn. 21.

[212] Ähnlich *Lorenz* in BK Rn. 44; etwas anders (Abgrenzung nach Kriterien Aktivität/Integrität) etwa *Dreier* in Dreier Art. 2 Abs. 1 Rn. 22.

die öffentliche Gewalt, bildet. Die Verfassungsjudikatur hat diesem gesteigerten Schutzbedürfnis der Persönlichkeit nicht etwa durch eine Verengung des Schutzbereichs des Rechts auf freie Entfaltung der Persönlichkeit Rechnung getragen, welches an anderer Stelle Schutzlücken gerissen hätte. Auch die Verhältnismäßigkeitsprüfung[213] könnte dem notwendigen Kernbereichsschutz nicht gerecht werden. Vielmehr hat das BVerfG durch **richterliche Rechtsfortbildung**[214] ein weiteres Grundrecht etabliert: das „allgemeine Persönlichkeitsrecht." Als Akt freier Rechtsschöpfung möchte das Gericht dies allerdings nicht verstanden wissen; vielmehr wird es rechtsdogmatisch in Art. 1 Abs. 1 iVm Art. 2 Abs. 1 verankert. Mitunter wird im Schrifttum zwischen einem – existenziell-identitätsbezogenen – „Recht auf Persönlichkeit" und dem allgemeinen Persönlichkeitsrecht als einem auf Entfaltung gerichteten Recht unterschieden.[215] Ob sich diese Differenzierung in der Rechtspraxis durchhalten lässt, ist fraglich. Zudem ist für sie kein zwingender dogmatischer Grund ersichtlich; vielmehr wird mit einem entfaltungsbezogenen Verständnis des allgemeinen Persönlichkeitsrechts die ohnehin schwierige Abgrenzung von der allgemeinen Handlungsfreiheit nahezu unmöglich.

Das allgemeine Persönlichkeitsrecht ist in Schrifttum und Judikatur heute **52**
durchweg anerkannt. Seine dogmatische Verankerung (auch) in der Menschenwürde erscheint allerdings als wenig überzeugende Verlegenheitslösung, die offenbar zum Zweck hatte, das neue Grundrecht von dem Recht auf freie Entfaltung der Persönlichkeit (allgemeine Handlungsfreiheit) hinreichend abzusetzen. Gewiss ist der Schutz der Persönlichkeit von dem in Art. 1 Abs. 1 vermittelten und geforderten Schutz menschlicher Würde weit stärker geprägt als das Recht, „zu tun und zu lassen", was man will, doch wohnt eine starke Menschenwürdeprägung auch anderen Grundrechten inne, insbesondere den in Art. 2 Abs. 2 aufgeführten. Auch seine potenzielle Beschränkbarkeit streitet gegen eine Verortung des allgemeinen Persönlichkeitsrechts in Art. 1 Abs. 1 S. 1 und für Art. 2 Abs. 1 als seinen eigentlichen normativen Sitz.[216] Vertretbar erscheint der Einbezug des Art. 1 Abs. 1 nur als „programmatische Leit- und Auslegungsrichtlinie"[217] und mithin als Signal, dass die Beschränkbarkeit des allgemeinen Persönlichkeitsrechts im Verhältnis zur allgemeinen Handlungsfreiheit erschwert ist. Insofern ist die zuletzt zu beobachtende Neigung des BVerfG, die Selbstbestimmung durch Rekurse auf die Menschenwürde zu überhöhen,[218] grundrechtsdogmatisch bedenklich. Jedenfalls handelt es sich beim allgemeinen Persönlichkeitsrecht um ein **ebenso eigen-**

[213] → Rn. 45.

[214] BVerfGE 34, 269 (290).

[215] *Lorenz* in BK Rn. 238, 271.

[216] Vgl. *Starck* in MKS Rn. 57: Art. 1 Abs. 1 als „Auslegungsrichtlinie" für Art. 2 Abs. 1; *Schmitt Glaeser* in HdbStR VI, 2. Aufl. 2001, § 129 Rn. 26: allg. Privatsphäre als „Teilausformung" des Art. 2 Abs. 1, die ihren materiellen Wertgehalt aus Art. 1 Abs. 1 erhalte; *Horn* in HdbStR VII § 149 Rn. 29: „dogmatische Verortung im Grundrecht des Art. 2 Abs. 1 GG"; ähnlich auch *Jarass* in Jarass/Pieroth Rn. 36: Grundlage „primär" Art. 2 Abs. 1, „beeinflusst" durch Art. 1 Abs. 1; *v. Arnauld* ZUM 1996, 286: „zusammengesetzt"; sa *Heun* JZ 2005, 853 (855); gegen Art. 1 Abs. 1 als „angeblich ‚zweite Wurzel'„ *Lorenz* JZ 2005, 1121 (1124 f.); dogmatische Kritik etwa auch bei *Kahl,* Die Schutzergänzungsfunktion von Art. 2 Abs. 1 GG, 2000, 59.

[217] *Dreier* in Dreier Art. 2 Abs. 1 Rn. 69; *Lorenz* in BK Rn. 34; *Starck* in MKS Rn. 15.

[218] BVerfG NJW 2020, 905 (907, Rn. 211); krit. hierzu etwa *Di Fabio,* Erwerbserlaubnis letal wirkender Mittel zur Selbsttötung in existenziellen Notlagen (Rechtsgutachten), 2017, S. 33 f.

ständiges wie einheitliches, „monolithisches" Grundrecht, nicht um die „kumulative" Anwendung zweier Grundrechte,[219] um ein hybrides Gebilde aus beiden Grundrechten oder eine besondere, stärker von der Menschenwürde bestimmte Spielart der allgemeinen Handlungsfreiheit. Das allgemeine Persönlichkeitsrecht ist nach alledem zwar kein ungeschriebenes Verfassungsgewohnheitsrecht, aber doch die richterrechtliche Ergänzung einer in Art. 2 Abs. 1 unvollkommen angelegten Verbürgung um ein weiteres Recht.

53 Der gemeinsame grundrechtstatbestandliche Überbau aller Facetten des allgemeinen Persönlichkeitsrechts ist schwach ausgeprägt; vielmehr gliedert sich das Grundrecht ungeachtet seines insgesamt monolithischen Charakters (→ Rn. 52) in **verschiedene persönlichkeitsbezogene Rechtsverbürgungen** mit jeweils eigenen rechtsdogmatischen Prägungen auf. Dies spiegelt auch seine Genese wider: Wie es für Richterrecht typisch ist, hat sich der Inhalt des allgemeinen Persönlichkeitsrechts fallspezifisch und damit **kasuistisch** herausgebildet.[220] So haben sich immer wieder „neue" Fallgruppen in Reaktion auf den zwischenzeitlich ausgemachten (richterrechtlichen) Regelungsbedarf herauskristallisiert, wie auch der Wertewandel zu einer Verschiebung der Maßstäbe geführt hat.[221]

54 Seinen Ausgang nahm das allgemeine Persönlichkeitsrecht in der **zivilgerichtlichen Judikatur**, vor allem des BGH.[222] Nachdem es von der Rechtsprechung des BVerfG aufgenommen und verfassungsrechtlich verortet worden war,[223] wirkten diese verfassungsgerichtlichen Judikate ihrerseits auf die Rechtsprechung der Zivilgerichte zurück.[224] Wenngleich das allgemeine Persönlichkeitsrecht in zivilrechtlichen Widerrufs- und Unterlassungsansprüchen (vgl. § 1004 BGB analog) und auch Schadensersatzansprüchen gemäß § 823 Abs. 1 BGB bis heute bedeutsame Wirkungsfelder findet, ist es längst kein „überwiegend zivilrechtliches Recht" mehr,[225] sondern enthält eine Vielzahl von Facetten, von denen einige mehr oder minder öffentlich-rechtlich (wie Datenschutz, Sicherheit und Vertraulichkeit informationstechnischer Systeme) oder auch straf(vollzugs)rechtlich geprägt sind.

55 Für alle dem allgemeinen Persönlichkeitsrecht zuzuordnenden Einzelverbürgungen gilt, dass „die tatbestandlichen Voraussetzungen enger gezogen werden als diejenigen der allgemeinen Handlungsfreiheit."[226] In der Sache geht es jeweils um den Erhalt und Schutz einer privaten Sphäre, sei es als Selbstzweck oder in Verbindung mit dem **Schutz des sozialen Geltungs-**

---

[219] Vgl. *Murswiek/Rixen* in Sachs Rn. 63; *Starck* in MKS Rn. 15; *Germann* Jura 2010, 734 ff.

[220] *Schmitt Glaeser* in HdbStR VI, 2. Aufl. 2001, § 129 Rn. 28 f. mwN; *Stern* in Stern StaatsR IV/1, § 99 Kap. II 2.

[221] Vgl. etwa LG Berlin NJW 1997, 1155: „[Es] mag unter den heutigen gesellschaftlichen Normen nicht mehr unbedingt als anstößig gelten, wenn jemand als Darsteller in Pornofilmen mitwirkt"; jüngst sorgte ein Urteil des BVerwG zum Recht eines schwer und unheilbar kranken Menschen, zu entscheiden, wie und zu welchem Zeitpunkt sein Leben enden soll, für Aufsehen, BVerwGE 158, 242.

[222] Markant BGHZ 13, 334; dazu *Lang* in BeckOK GG Rn. 32 f.

[223] Erstmals BVerfGE 27, 1 (5 f.); sa BVerfGE 27, 344 (350 f.); 32, 373 (378 f.); 34, 269 (281 ff.); 35, 202 (219).

[224] Vgl. BGHZ 131, 332 (337); s. ferner zB BGH NJW 2012, 3645 ff.; Überblick *Leßmann* JA 1988, 409 (410 ff.); *Ehmann* JuS 1997, 197; zur Entwicklung *Schmitt Glaeser* in HdbStR VI, 2. Aufl. 2001, § 129 Rn. 7; *Kloepfer/Breitkreutz* DVBl 1998, 1149 (1150).

[225] So noch *v. Münch* in v. Münch/Kunig, 3. Aufl. 1996, Rn. 22.

[226] BVerfGE 54, 148 (153).

anspruchs des Einzelnen in der Öffentlichkeit.[227] In der Verfassungsjudikatur und Teilen des Schrifttums findet sich mitunter die Untergliederung des Persönlichkeitsschutzes in drei **Sphären** (Intimsphäre, Privatsphäre und Sozialsphäre), die durch (in dieser Reihenfolge) abnehmende Schutzbedürftigkeit gekennzeichnet sein sollen.[228] Die Sphärengliederung kann eine erste Orientierung ermöglichen, taugt aber als dogmatische Grundlage schon wegen ihrer Grobmaschigkeit nur wenig. Zudem resultiert die Schutzbedürftigkeit nicht allein aus der betroffenen Lebens- und Seinssphäre, sondern auch aus der Intensität des Eingriffs und der Natur der jeweils konfligierenden Belange. Dem allgemeinen Persönlichkeitsrecht wohnen darüber hinaus drei **Schutzdimensionen** inne:[229] Selbstbewahrung, Selbstdarstellung und Selbstbestimmung. Auch bei dieser Trias – die sich in der Judikatur des BVerfG, das nur die letzten beiden Begriffe verwendet, so nicht findet[230] – handelt es sich nicht um rechtsdogmatisch scharf abgrenzbare Subsumtionsparameter. Ihre (sich überschneidenden) Elemente bieten jedoch eine Orientierungshilfe, um unterschiedliche Aspekte des allgemeinen Persönlichkeitsrechts zu identifizieren.

Bis heute fungiert das allgemeine Persönlichkeitsrecht als Platzhalter für ein **56**
Grundrecht auf Datenschutz, wie es in verschiedenen Landesverfassungen[231] und Verfassungen europäischer Staaten,[232] aber auch in Art. 8 GRCh verankert worden ist. Auch wenn der grundrechtliche Schutz personenbezogener Daten durch das allgemeine Persönlichkeitsrecht gewährleistet werden muss, bleibt er nicht deswegen hinter allen diesen speziellen Grundrechtsverbürgungen zurück; vielmehr hat das allgemeine Persönlichkeitsrecht gerade im informationellen Bereich eine besondere richterrechtliche Ausdifferenzierung und Vertiefung erfahren. Die daraus hervorgegangenen Rechte – das Recht auf **informationelle Selbstbestimmung**[233] und das Recht auf **Vertraulichkeit und Integrität informationstechnischer Systeme**[234] – befinden sich weiter unter dem gemeinsamen Dach des allgemeinen Persönlichkeitsrechts und können noch nicht als eigenständige Grundrechte neben diesem betrachtet werden,[235] haben jedoch in rechtsdogmatischer Hinsicht eine gewisse Verselbständigung erfahren, die dem spezifischen Schutzbedarf beim Datenschutz angemessen Rechnung trägt (Näheres zu diesen Rechten → Rn. 75 ff.). Infolge der zunehmenden Digitalisierung der Lebenswelt dominiert der informationelle Persönlichkeitsschutz immer stärker, sodass das Recht auf informatio-

---

[227] Vgl. Fallgruppen bei *Schmitt Glaeser* in HdbStR VI, 2. Aufl. 2001, § 129 Rn. 30 ff.; *Horn* in HdbStR VII § 149 Rn. 37 ff.

[228] BVerfGE 90, 255 (260); 101, 361 (380); 138, 377 (387); *Dreier* in Dreier Art. 2 Abs. 1 Rn. 71.; *Lorenz* in BK Rn. 285.

[229] *Pieroth/Schlink,* Grundrechte, 2019, Rn. 441; *Roßnagel/Schnabel* NJW 2008, 3534; *Martini* JA 2009, 839; ähnlich auch *Dreier* in Dreier Art. 2 Abs. 1 Rn. 70.

[230] Vgl. zur Selbstbestimmung sowie Selbstdarstellung des Einzelnen nur BVerfGE 63, 131 (142).

[231] S. zB Art. 12a Verfassung des Landes Hessen; Art. 4 Verfassung für das Land Nordrhein-Westfalen; Art. 33 Verfassung von Berlin; Art. 33 Verfassung des Freistaates Sachsen.

[232] S. zB Art. 10 Verfassung des Königreiches der Niederlande; Art. 18 Verfassung des Königreiches Spanien; Art. 35 Verfassung der Portugiesischen Republik; Art. 51 Verfassung der Polnischen Republik.

[233] Grundlegend BVerfGE 65, 1 (41 ff.); vgl. dazu *Dreier* in Dreier Art. 2 Abs. 1 Rn. 80 ff.

[234] Grundlegend BVerfGE 120, 274 (302 ff.); vgl. dazu Starck in MKS Rn. 184a.

[235] Von einer „bereichsspezifischen Konkretisierung des allg. Persönlichkeitsrechts" spricht *Dreier* in Dreier Art. 2 Abs. 1 Rn. 80; sa *Schoch* Jura 2008, 352 (353); explizit zum Recht auf Vertraulichkeit und Integrität informationstechnischer Systeme *Hufen,* Staatsrecht II, 2018, § 12 Rn. 5.

nelle Selbstbestimmung heute nicht nur eine Variante des allgemeinen Persönlichkeitsrechts darstellen dürfte, sondern geradezu seinen Kern (→ Rn. 73 ff.).

57 Das allgemeine Persönlichkeitsrecht ist ein **Abwehrrecht**, schützt also vor Eingriffen,[236] es kann **Anspruchsgrundlage** für Auskünfte sein,[237] es wirkt aber auch als **Schutznorm**, verlangt also gesetzgeberische und administrative Vorkehrungen mit dem Ziel, Beeinträchtigungen von Seiten Dritter vorzubeugen.[238] Dem dient zum einen der zivilrechtliche Persönlichkeitsschutz[239] mit Konsequenzen speziell auch im Arbeitsrecht.[240] Hier sind insbes. durch Überwachungsmaßnahmen am Arbeitsplatz (einerseits Videoüberwachung, andererseits Kontrolle der Internetnutzung) neue Gefährdungslagen aufgetreten,[241] die der Gesetzgeber in § 26 BDSG in den Blick nimmt. Auch im Internet und speziell in sozialen Netzwerken ist die – wenn auch mittelbare – Privatwirkung des allgemeinen Persönlichkeitsrechts von zentraler Bedeutung. Strafrechtlich setzen darüber hinaus die §§ 185 ff. StGB den gebotenen Schutz der persönlichen Ehre um.

58 **2. Schutzbereich. a) Aspekte des Privatheitsschutzes. aa) Schutz der privaten Sphäre.** Das allgemeine Persönlichkeitsrecht schützt zunächst und im Ausgangspunkt die private Sphäre,[242] den „engeren persönlichen Lebensbereich" und die Erhaltung seiner Grundbedingungen, also das Recht, eine (räumliche, virtuelle oder ideelle) Sphäre der Familiarität oder gar

---

236 Einschließlich fortdauernder Eingriffe, etwa durch die ohne gesetzliche Grundlage erfolgende Aufbewahrung persönlicher Daten → Rn. 75 f.; dazu VGH Mannheim NJW 1987, 2762; VG Frankfurt NJW 1987, 2248, erkennungsdienstliche Unterlagen; zum (gerechtfertigten) Eingriff durch Speicherung eines genetischen Fingerabdrucks (§ 2 DNA-IFG iVm § 81g StPO) s. BVerfGE 103, 21 (32 ff.); zur Speicherung eines genetischen Fingerabdrucks sa BVerfG NJW 2001, 2320; 2008, 281; sa EGMR 4.12.2008 – 30562/04, BeckRS 2009, 70321 – S. u. Marper/Vereinigtes Königreich zur Speicherung von DNA-Daten Unschuldiger: „Die – in Großbritannien gesetzlich vorgesehene – zeitlich unbegrenzte Speicherung von DNA-Daten verdächtiger Personen nach einem Freispruch bzw. nach Einstellung strafrechtlicher Ermittlungen stellt einen unverhältnismäßigen Eingriff in das Recht auf Achtung des Privatlebens (Art. 8 EMRK) dar".

237 Etwa auf Einsicht in eigene Patientenakten, BVerwGE 82, 45; BGHZ 85, 327 (339 ff.); 106, 146; BVerfG NJW 1999, 1777; auf Benennung des Namens des leiblichen Vaters u. allg. auf Kenntnis der eigenen Abstammung, vgl. BVerfGE 79, 256 (268 ff.); 96, 56 (61 ff.); dazu *Starck* JZ 1997, 779; *Eidenmüller* JuS 1998, 789; *Moritz* Jura 1990, 134; zu Gefährdungen dieses Rechts im Fall der künstlichen Insemination *Naumann* ZRP 1999, 142; s. LG Bremen NJW 1999, 729.

238 BVerfGE 34, 269 (281 f.); sa BVerfGE 79, 51 (63); 83, 130 (140).

239 → Rn. 54; ausf. zur mittelbaren Drittwirkung des allg. Persönlichkeitsrechts *Schmitt Glaeser* in HdbStR VI, 2. Aufl. 2001, § 129 Rn. 90 ff.; sa *Britz,* Freie Entfaltung durch Selbstdarstellung, 2009, 32; beispielhaft für eine Persönlichkeitsrechtsverletzung durch Presseveröffentlichung BGHZ 131, 332 – Caroline von Monaco, dazu *Forkel* JZ 1997, 43; OLG Koblenz NJW 1997, 1375; LG Berlin NJW 1997, 1373 – gierigster Lehrer; zu den auch von dem allgemeinen Persönlichkeitsrecht mit geprägten Maßstäben publizistischer Sorgfalt, *Peters* NJW 1997, 1334; sa *Prinz* NJW 1995, 817; *Di Fabio* AfP 1999, 126; zu Maßnahmen gegen Kinderpornographie, *Sieber* JZ 2009, 653 ff.

240 S. *Heither* BB 1988, 1049; *Wiese* RdA 1988, 217, Genomanalyse; sa *Isensee* FS f. Hollerbach, 2001, 243 (255 ff.); *Herdegen* JZ 2000, 633 (635 ff.).

241 Aus der Rspr. s. zB BAGE 48, 122 (131); zum Sammeln und Aufbewahren persönlicher Daten durch den Arbeitgeber BAGE 42, 375 (381) u. 46, 98 (102); Übersicht bei *Lorenz* in BK Rn. 335 ff.; zum Abhören eines Dienstgesprächs durch den Arbeitgeber BVerfG NJW 1992, 815; zum Mithörenlassen eines Telefonats zwischen Arbeitgeber u. Arbeitnehmer BAG JZ 1998, 790, mAnm *Foerste,* 793; zu Fragen des Arbeitnehmerdatenschutzes s. *Tinnefeld/Viethen* NZA 2003, 468; *Koepper,* Rechtliche Fragen der Kontrolle der E-Mail- und Internetnutzung am Arbeitsplatz, 2007; ferner *Ronellenfitsch* DVBl 2010, 401.

242 Vgl. BVerfGE 90, 255 (260); 121, 69 (90); vgl. auch BVerfG NJW 2016, 1939 und zum Ganzen *Lang* in BeckOK GG Rn. 41 f.

Intimität (Intimsphäre) aus dem „autonomen Bereich privater Lebensgestaltung“[243] zu begründen und zu bewahren, sie also dem Einblick und Zugriff anderer zu entziehen – unabhängig davon, was diese aus solchem Einblick für Folgerungen ziehen mögen.[244] Es handelt sich nicht nur um räumlich („eigene vier Wände“, „Schlafzimmer“), sondern auch ideell (Geheimnisse, sexuelle Vorlieben etc.) zu verstehende „Sphären“.[245] Die **Intimsphäre** weist dabei einen noch geringeren Sozialbezug als der „nicht öffentliche“ Bereich der Privatsphäre und eine stärkere identitäre Prägung auf. Für den Schutzbereich ist eine Abgrenzung dieser Sphären nicht erforderlich,[246] wenngleich die Verhältnismäßigkeitsprüfung bei Beeinträchtigung des intimen Privatissimums, insbes. der Sexualität,[247] streng ausfallen muss. Dazu gehört der Anspruch auf Vertraulichkeit persönlicher Unterlagen wie Tagebücher[248] und Informationen aller Art, die in der Privat- und besonders Intimsphäre wurzeln (näher hierzu → Rn. 75 ff. – Recht auf informationelle Selbstbestimmung). Der Staat hat sich auf der Ebene aller drei Gewalten nur selbst aller ungerechtfertigten Eingriffe zu enthalten, sondern muss in Wahrnehmung seiner Schutzpflicht auch für einen ausreichenden (materiell- ebenso wie verfahrensrechtlichen) Schutz der Persönlichkeit und Privatsphäre einer Person gegen Beeinträchtigung durch andere Private, sei dies die Presse oder Einzelpersonen, sorgen. Insoweit entfaltet das allgemeine Persönlichkeitsrecht eine markante Ausstrahlungswirkung auch auf das bürgerliche Recht mit seinen Schadensersatz- und Unterlassungsansprüchen.[249]

Insoweit als der Schutz der Privatsphäre tatbestandlich bereits von **anderen Grundrechten** erfasst wird, findet das allgemeine Persönlichkeitsrecht keine Anwendung;[250] es hat dabei (wenn auch nicht prinzipiell, sondern nur gegenstandsbezogen) an der Subsidiarität des Art. 2 Abs. 1 teil.[251] Vorrang haben insoweit, wo sie die Privatsphäre schützen,[252] Art. 13 Abs. 1 (im Sinne räumlicher Abschirmung der Wohnung, insbes. gegenüber dem Abhören der Privatsphäre[253]), Art. 10 Abs. 1 (iSd Schutzes des telefonisch oder durch anderweitige Kommunikationstechniken übermittelten gesprochenen oder **59**

---

243 BVerfGE 35, 202 (220).

244 Nach *Arndt* NJW 1967, 1845 (1846) umfasst dies das Recht, in diesem Bereich „für sich zu sein“ und „sich selber zu gehören“; s. dazu auch *Jarass* in Jarass/Pieroth Rn. 47: „Selbstfindung im Alleinsein und in enger Beziehung zu ausgewählten Vertrauten“, mit Verweis auf *Kube* in HdbStR VII § 148 Rn. 129.

245 BVerfGE 120, 180 (198 f.); vgl. auch *Kube* in HdbStR VII § 148 Rn. 129 („Selbstfindung im Alleinsein“).

246 Keine klare Abgrenzung („Privat- und Intimsphäre“) bei BVerfGE 138, 377 (387 Rn. 29).

247 BVerfGE 101, 361 (382); 138, 377 (387, Rn. 29).

248 Dazu BVerfGE 80, 367 (374 ff.), und zuletzt BVerfG BeckRS 2018, 95534 Rn. 28 – das BVerfG relativiert freilich in stRspr den Schutz der Intimsphäre im Zusammenhang mit strafrechtlichen Ermittlungsverfahren, indem ein unmittelbarer Bezug zu Straftaten die Textpassage wieder aus der Intimsphäre hinausfallen lässt; krit. dazu auch *Lang* in BeckOK GG Art. 39.

249 Vgl. BVerfGE 119, 1, Esra; zur Anordnung einer Betreuung als Eingriff in das allgemeine Persönlichkeitsrecht BVerfG NJW 2016, 2559.

250 BVerfGE 71, 183 (201) zu Art. 12 Abs. 1; BGHSt 34, 39 (50); *Schmitt Glaeser* in HdbStR VI, 2. Aufl. 2001, § 129 Rn. 83; *Kahl,* Die Schutzergänzungsfunktion von Art. 2 Abs. 1 GG, 2000, 57 → Rn. 21.

251 Das BVerfG spricht in BVerfGE 120, 274 (303) von einer „lückenschließenden Gewährleistung“; vgl. auch BVerfG NJW 2016, 1939 Rn. 32 und BVerfGE 128, 282 (302 ff.); *Lang* in BeckOK GG Rn. 54 ff.

252 Ausführlich dazu *Lorenz* in BK Rn. 230 ff.

253 BVerfGE 109, 279 (326); 129, 208 ff.

geschriebenen Wortes[254]) und Art. 4 Abs. 1 (iSd Schutzes vor der Offenbarung weltanschaulicher Überzeugungen). So ist die Kontrolle der Briefe eines Strafgefangenen beispielsweise an Art. 10 Abs. 1 zu messen; dass ein Gefangener überhaupt Briefe erhalten darf, gewährleistet ihm hingegen das allgemeine Persönlichkeitsrecht.[255] Auch das Kindeswohl ist – ua bei Aufnahme in eine Familie – ein Schutzgegenstand des allgemeinen Persönlichkeitsrechts, allerdings nur, soweit nicht – wie bei engen Familienbeziehungen – Art. 6 I GG eingreift.[256]

60 **bb) Selbst(er)kenntnis.** Selbstbestimmung setzt die Möglichkeit der Selbst(er)kenntnis logisch voraus; auch diese ist vom allgemeinen Persönlichkeitsrecht geschützt. Hierzu gehört etwa die **Kenntnis der eigenen Abstammung** (insbes. bei Adoptivkindern und in heterologer Insemination gezeugten Kindern, wo dieses Recht allerdings mit dem ebenfalls vom allgemeinen Persönlichkeitsrecht geschützten Interesse abgewogen werden muss, die Elternschaft nicht offenbaren zu müssen).[257] Auch die Kenntnis genetischer Anlagen und Risiken sind durch das allgemeine Persönlichkeitsrecht geschützt, ebenso wie der Wille, sie nicht in Erfahrung zu bringen **(„Recht auf Nichtwissen")** (Näheres → Rn. 80 zum Recht auf informationelle Selbstbestimmung).

61 **cc) Sexuelle Selbstbestimmung und Geschlechtszuordnung.** Zum Schutz der Privat- und Intimsphäre gehört insbesondere die Gestaltung und Bewahrung der Identität einschließlich der „negativen" Freiheit, sie nicht offenzulegen.[258] Dies betrifft insbesondere die **sexuelle Selbstbestimmung (bezüglich Identität und Orientierung)**, also einerseits die mit dem genetischen Geschlecht nicht unbedingt übereinstimmende Selbstdefinition und Selbsterfahrung (als Mann, Frau oder anders) und andererseits die – auf andere Personen gerichtete – sexuelle Orientierung (hetero-, homo-[259], bi-, asexuell etc.[260]) und ihre Verwirklichung (im ehelichen oder nichtehelichen Rahmen[261]). Das allgemeine Persönlichkeitsrecht „schützt mit der engeren persönlichen Lebenssphäre auch den intimen Sexualbereich des Menschen, der die sexuelle Selbstbestimmung und damit auch das Finden und Erkennen der eigenen geschlechtlichen Identität sowie der eigenen sexuellen Orientierung umfasst."[262] Geschützt sind – im Kern – die Freiheit, sich der eigenen Zugehörigkeit gemäß zu verhalten, aber auch das Recht, sie (nicht) zu offenbaren.[263]

---

[254] BVerfGE 67, 157 (171); 100, 313 (358); 110, 33 (53).

[255] Vgl. BVerfGE 75, 201 (318); 119, 1 (24); 361 (389); *Jarass* in Jarass/Pieroth Rn. 53.

[256] Dazu → Art. 6 Rn. 24.

[257] BVerfGE 90, 263 (270 f.), 96, 56 (63 f.); 117, 202 (225 f.); 141 (186 Rn. 38); zum Beweisverwertungsverbot bei einer heimlich durchgeführten Abstammungsprüfung BVerfGE 117, 202 (229).

[258] Nach BVerfGE 27, 1 (6 f.) „ist eine umfassende Einsichtnahme in die persönlichen Verhältnisse seiner Bürger dem Staat auch deshalb versagt, weil dem Einzelnen um der freien und selbstverantwortlichen Entfaltung seiner Persönlichkeit willen ein „Innenraum" verbleiben muss"; vgl. auch BVerfGE 80, 367 (373); aA *Starck* in MKS Rn. 87: „Die eigene Identität zu verheimlichen, ist hingegen nicht vom Persönlichkeitsrecht gedeckt".

[259] S. *Wachsmuth* Der Staat 41 (2002), 47 (61 f.).

[260] Tatbestandlich ist auch der Geschwisterinzest geschützt, BVerfGE 120, 224 (238 f.); allerdings erachtete das Gericht die Strafandrohung für solche Handlungen für gerechtfertigt.

[261] Vgl. *Starck* in MKS Rn. 108.

[262] BVerfGE 115, 1 (14); 119, 1 (40); 121, 175 (190); 128, 109 (124).

[263] Zur Notwendigkeit prozessualer Diskretion bei homosexuellen Asylbewerbern, wenn die Verfolgung wegen sexuelle Orientierung Asylgrund war, BVerfG (K) NVwZ 2005, 681.

Dies gilt prinzipiell unabhängig davon, ob Identität oder Orientierung, wie bei Intersexualität, genetisch angelegt sind (oder eine solche Grundlage bei der sexuellen Orientierung angenommen wird) oder Gegenstand selbstbestimmter Entscheidung sind. Vom allgemeinen Persönlichkeitsrecht ist auch die Freiheit umfasst, die eigenen sexuellen Neigungen zu ändern; ob und in welchem Umfang dies überhaupt möglich ist, spielt keine Rolle. Der Gesetzgeber darf jedenfalls seine eigenen Überzeugungen von der Vorprägung sexueller Orientierung und Notwendigkeit ihrer Akzeptanz durch den Einzelnen nicht an die Stelle individueller Entfaltungs- und Gestaltungswünsche setzen. Aus grundrechtlicher Sicht ist daher etwa ein Verbot sogenannter Konversionstherapien[264] nur insoweit zulässig, als die Freiwilligkeit der Entscheidung für eine solche Therapie (die wirkungslos und uU belastend sein mag) nicht in vollem Umfang gewährleistet ist, insbesondere bei Minderjährigen, oder wenn physischer oder psychischer Zwang ausgeübt wird.

Das BVerfG sah in einem Urteil aus dem Jahr 2017 im Fehlen einer **62**
Option im Personenstandsrecht für eine andere Eintragung als „männlich“ oder „weiblich“ eine Verletzung des allgemeinen Persönlichkeitsrechts.[265] Der Zuordnung zu einem Geschlecht komme für die individuelle Identität herausragende Bedeutung zu; sie nehme typischerweise eine Schlüsselposition sowohl im Selbstverständnis einer Person als auch dabei ein, wie die betroffene Person von anderen wahrgenommen werde. Eine Rechtfertigung des Zwangs zur binären Einordnung konnte das Gericht nicht erkennen.[266] Die seit dem 22.12.2018 eröffnete Möglichkeit, im Geburtseintrag eines Kindes auf eine **Geschlechtseintragung** zu verzichten oder „divers“ einzutragen (§ 22 Abs. 3 PStG – „dritte Option“), ist für sich genommen, weil sie an die biologisch-genetische Unmöglichkeit einer eindeutigen Zuordnung bei Neugeborenen anknüpft, noch keine Manifestation des allgemeinen Persönlichkeitsrechts, legt aber den Grund dafür, dass sich der Erwachsene in einer ihm gemäßen Kategorie wiederfindet. Die Möglichkeit der seiner Geschlechtlichkeit angemessenen Korrektur der Geschlechtseintragung im Rahmen der von § 22 Abs. 3 PStG erfassten Optionen, wie sie das BVerfG verlangte, eröffnet nunmehr § 45b Abs 1 PStG. Das Recht auf **äußere Manifestation** des Zugehörigkeitsempfindens zu einem anderen als dem im Geburtseintrag angegebenen Geschlecht einschließlich der **Wahl** eines der empfundenen **Zugehörigkeit gemäßen Namens** ist ebenfalls eine

[264] S. dazu den Entwurf eines Gesetzes zum Schutz vor Behandlungen zur Veränderung oder Unterdrückung der sexuellen Orientierung oder der selbstempfundenen geschlechtlichen Identität, Referentenentwurf des Bundesministeriums für Gesundheit, 29.10.2019, abrufbar unter: https://www.bundesgesundheitsministerium.de/fileadmin/Dateien/3_Downloads/Gesetze_und_Verordnungen/GuV/K/RefE_Konversionstherapieverbot.pdf, zuletzt abgerufen am 4.6.2020 und den Entschließungsantrag der Länder Hessen, Berlin, Bremen, Saarland und Schleswig-Holstein zum Verbot von Konversionstherapien, BR-Drs. 161/19; aA wohl *Burgi* in seinem Gutachten „Verfassungsrechtliche Rahmenbedingungen gesetzlicher Maßnahmen (insbesondere Verbote) gegen Therapien bzw. Behandlungen mit dem Ziel einer Veränderung der sexuellen Orientierung (sog. Konversionstherapien)“, der das allgemeine Persönlichkeitsrecht jedoch – soweit ersichtlich – nur als Schutzgut zugunsten der potentiellen Probanden berücksichtigt, deren individuelle Entfaltungswünsche aber nur an Art. 4 und Art. 6 Abs. 2 GG misst, vgl. 16 ff., 23 ff., abrufbar unter: https://mh-stiftung.de/wp-content/uploads/Gutachten-Prof.-Dr.-iur.-Martin-Burgi.pdf, zuletzt abgerufen am 4.6.2020.

[265] BVerfGE 147, 1, Drittes Geschlecht.

[266] BVerfGE 147, 1 Rn. 49 ff.

Ausprägung des allgemeinen Persönlichkeitsrechts.[267] Im Grundsatz wird sie bereits seit 1980 durch das Transsexuellengesetz[268] ermöglicht, wobei die „kleine Lösung" (nur personenstandsrechtliche Änderung) und die „große Lösung" (auch Geschlechtsumwandlung) eröffnet werden. § 8 Abs. 1 Nr. 2 dieses Gesetzes, der verheirateten Transsexuellen die Ehescheidung zur Voraussetzung für die begehrte Personenstandsänderung machte, wurde vom BVerfG wegen Verletzung des allgemeinen Persönlichkeitsrechts und Art. 6 Abs. 1 mit Recht für verfassungswidrig erklärt.[269] Auch durfte der Gesetzgeber die Geschlechtsumwandlung bei einem Transsexuellen (in Bezug auf das empfundene Geschlecht) nicht zur Voraussetzung für die Begründung einer (für gleichgeschlechtliche Partnerschaften bis 2017 vorgesehenen) eingetragenen Lebenspartnerschaft machen.[270]

63 **dd) Verfügung über den eigenen Körper und Lebensbeendigung.** Zu den vom allgemeinen Persönlichkeitsrecht umfassten Freiheiten zählt auch das **Verfügungsrecht über den eigenen Körper.** Es schließt das Recht ein, über eine Elternschaft bzw. Fortpflanzung selbst zu entscheiden.[271] Das Recht zur Beendigung einer Schwangerschaft als Ausprägung des allgemeinen Persönlichkeitsrechts[272] findet allerdings seine Grenzen im Lebensrecht des Embryos (→ Rn. 93, 107). Auch die Entscheidung über die Verwendung von Spermien und Eizellen in der **Fortpflanzungsmedizin** unterliegt dem Persönlichkeitsrecht der Personen, von denen sie stammen. Ist die Eizelle bereits befruchtet, kann dies eine im Einzelfall schwierige Abwägung der Persönlichkeitsrechte der Beteiligten erforderlich machen.[273] Nicht zuletzt gehört zum allgemeinen Persönlichkeitsrecht auch das Bestimmungsrecht über die Verwendung der eigenen Organe, also das Recht, in eine **Organspende** – ob sie zu Lebzeiten oder nach dem Tod erfolgt – einzuwilligen oder sie zu verweigern. Das deutsche Transplantationsgesetz sieht derzeit eine (erweiterte) Zustimmungslösung vor, wonach der Spender selbst oder, wenn sich kein Wille ermitteln lässt, an seiner Stelle nach dem Tod die nächsten Verwandten positiv in die Organentnahme einwilligen müssen.[274] Seine Ersetzung durch eine **Widerspruchslösung**, derzufolge die Organentnahme durchgeführt werden darf, wenn nicht der Spender bzw. die Verwandten sie ausdrücklich ausgeschlossen haben,[275] fand im Bundestag keine Mehrheit. Dieser votierte vielmehr für die Beibehaltung der sog. **erweiterten Entscheidungslösung** (oder auch erweiterten Zustimmungslösung; → Rn. 129, Stichwort „Transplantation") und ihre Ergänzung durch ein Beratungs-,

---

[267] BVerfGE 115, 1, Vornamensänderung; dazu Anm. *Grünberger* JZ 2006, 516; zur Verletzung des Schutzes der Persönlichkeit von Transsexuellen sa BVerfGE 116, 243; *Pawlowski* JZ 2007, 413.

[268] Gesetz über die Änderung der Vornamen und die Feststellung der Geschlechtszugehörigkeit in besonderen Fällen (Transsexuellengesetz – TSG) vom 10.9.1980, BGBl. 1980 I 1654; hierzu auch BVerfGE 49, 286 (298); dazu *Blankenagel* DÖV 1985, 953; zum Recht auf entsprechende Anrede BVerfG NJW 1997, 1632; sa OLG München NJW 1996, 791.

[269] BVerfGE 121, 175 (191 ff.); dazu *Stüber* JZ 2009, 49.

[270] BVerfGE 128, 109 (126 ff.).

[271] Vgl. *Lorenz* in BK Rn. 312 f. mwN.

[272] BVerfGE 39, 1 (43); 88, 203 (254); nicht eindeutig *Lorenz* in BK Rn 309.

[273] Vgl. – aus der Rechtsprechung des EGMR – den tragischen Fall EGMR 10.4.2007 – 6339/05, NJW 2008, 2013 – Evans/Verienigtes Königreich.

[274] §§ 3, 4 TransplantationsG.

[275] Entwurf eines Gesetzes zur Regelung der doppelten Widerspruchslösung im Transplantationsgesetz, BT-Drs. 19/11096; hierzu *Hufen* NVwZ 2019, 1325 ff.; zur Widerspruchslösung insbes. auch *Hufen* NVwZ 2019, 1325; *Höfling* ZRP 2019, 2.

Aufklärungs- und Erinnerungskonzept sowie die Anlage eines Spenderregisters.[276] Vordergründig ist die Organentnahme vom toten Spender nur ein Fall des postmortalen Persönlichkeitsrechts, das die Rechtsprechung (nicht überzeugend, → Rn. 85) aus Art. 1 Abs. 1 ableiten will.[277] Tatsächlich aber zeitigt sie insoweit Vorwirkungen auf die lebende Person, als die Maßgeblichkeit der zu Lebzeiten für oder gegen die Organspende getroffenen (inneren oder erklärten) Entscheidung berührt ist bzw. der Staat die Entscheidung für den Fall trifft, dass der Betroffene – was das allgemeine Persönlichkeitsrecht ebenfalls umfasst – keine Entscheidung in Bezug auf eine mögliche Organspende getroffen hat.[278] Ohne an dieser Stelle auf Details einer gesetzlichen Regelung eingehen zu können, wird der Eingriff in das allgemeine Persönlichkeitsrecht, der sich in der Notwendigkeit einer positiven Entscheidung zur Verhinderung einer unerwünschten Organgabe manifestiert (wie die sog. Widerspruchslösung es vorgesehen hätte), durch das Ziel, Leben und Gesundheit anderer (Art. 2 Abs. 2 S. 1 Var. 1, 2) zu retten, grundsätzlich gerechtfertigt werden können.[279] (Weitere Ausführungen zur Transplantation → Rn. 129)

Das allgemeine Persönlichkeitsrecht schließt dem Grunde nach das Recht 64
ein, selbstbestimmt über die Beendigung des eigenen Lebens zu entscheiden, und umschließt insoweit – dem Grunde nach – auch ein **Recht zum Suizid.** Dieses wird jedoch seinerseits begrenzt durch die Verpflichtung des Staates zum Schutz von Leben und Gesundheit (Art. 2 Abs. 2 Satz 1, der insoweit gerade kein „negatives" Recht auf Lebensbeendigung vermittelt; dazu → Rn. 97). Der Staat hat insofern Maßnahmen zu ergreifen, um Selbsttötungen zu verhindern, die ihrerseits in einem pathologischen Zustand (typischerweise Depressionen) wurzeln, welcher die Erkenntnis und freie Willensentscheidung beeinträchtigt.[280] Anders liegen die Dinge, wenn der Wunsch nach Selbsttötung nicht Symptom der Erkrankung ist, sondern der Suizid der einzige Weg ist, sich von einer anderen schweren und unheilbaren Erkrankung zu befreien. Im Extremfall hat der Staat einem Kranken, der sich in einer dadurch ausgelösten „extremen Notlage" befindet, nach – insoweit zustimmungswürdiger – Auffassung des BVerwG die rechtliche Möglichkeit zu verschaffen, sich zum Zweck der Selbsttötung eine tödliche Dosis eines Betäubungsmittels zu verschaffen; hier genießt das allgemeine Persönlichkeitsrecht also ausnahmsweise Vorrang vor dem Schutz des aus objektiv nachvollziehbarer Patientensicht nicht mehr als „lebenswert" betrachteten Lebens.[281]

In seiner 2020 erlassenen Entscheidung zur **Sterbehilfe** ging das BVerfG 65
noch darüber hinaus und erhob das Recht zur Selbsttötung unter Akzentuie-

[276] Gesetz zur Stärkung der Entscheidungsbereitschaft bei der Organspende, BT-Drs. 19/11087; BGBl. 2020 I, 497.

[277] BVerfGE 30, 173 (194); BVerfG NJW 2001, 594.

[278] Ähnlich auch *Höfling* ZRP 2019, 2 (4), der in der Organspende „immer auch eine Entscheidung über die Art und Weise des eigenen Sterbens" erblickt, diese grundrechtliche Dimension aber in Art. 2 Abs. 2 S. 1 GG verortet; der Rspr zustimmend hingegen *Jarass* NJW 1989, 857 (859 f.).

[279] So auch *Hufen* NVwZ 2019, 1325 und *Rosenau/Knorre* ZMedEthik 65 (2019), 45.

[280] *Murswiek/Rixen* in Sachs Rn. 201; vgl. auch allgemeiner *Lang* in BeckOK GG, Rn. 81a.

[281] BVerwG NJW 2017, 2215 (2217 f., Rn. 22 ff.); vgl. dazu *Schütz/Sitte* NJW 2017, 2155; speziell zu dieser Konstellation *Di Fabio,* Erwerbserlaubnis letal wirkender Mittel zur Selbsttötung in existenziellen Notlagen (Rechtsgutachten), 2017.

rung seines Menschenwürdebezugs zur Grundfrage menschlichen Daseins, die „wie keine andere Entscheidung Identität und Individualität des Menschen" betreffe. Der Wert- und Achtungsanspruch als Subjekt bleibe nur dann gewahrt, wenn der Mensch seine Existenz „nach eigenen, selbstgesetzten Maßstäben beenden kann".[282] Der Gesetzgeber hatte die Strafbarkeit der geschäftsmäßigen Suizidhilfe (§ 217 StGB) für geboten erachtet, um deren Entwicklung zu einem normalen Behandlungsangebot (oder dem Eindruck hiervon) entgegenzuwirken und die Achtung vor dem Leben als Leitbild einer sorgenden Gesellschaft zu bewahren.[283] Aus Sicht des BVerfG verkehrt dies die Selbstbestimmung in ihr Gegenteil, weil sie die Unfähigkeit des Suizidwilligen zu ausreichender Reflexion unwiderleglich unterstelle und ihm damit die Möglichkeit zur selbstbestimmten Lebensbeendigung entzogen werde.[284] Gewiss ist die Menschenwürde jedenfalls dort berührt, wo jemand durch ein strafrechtliches Verbot, Hilfe in Anspruch zu nehmen, zum Dahinvegetieren verdammt wird; es begegnet jedoch Bedenken, wenn das Gericht den Würdeaspekt pauschal auch auf solche Personen erstreckt, die zur nicht assistierten (würdigen) Lebensbeendigung den Umständen nach ohne weiteres in der Lage wären, und daraus auf den generellen Vorrang des Rechts auf Suizid schließt. Die Hemmschwelle desjenigen, der auf Assistenz nicht angewiesen wäre, gegenüber der eigenen Lebensbeendigung wird so in einem Maße gesenkt, die zu Bedenken im Lichte des Art. 2 Abs. 2 S. 1 Var. 1 (Lebensschutz als objektive Wertentscheidung) Anlass gibt; jedenfalls darf Art. 1 Abs. 1 iVm Art. 2 Abs. 2 S. 1 nicht zum Recht auf „leichte Lebensbeendigung" überhöht werden. Zwar kann dem BVerfG im Tenor überwiegend gefolgt werden: Weite und zugleich Unbestimmtheit der in § 217 StGB enthaltenen pauschalen Strafandrohung (gerade mit Blick auf zur Selbsttötung aus offenkundigen tatsächlichen Gründen nicht Fähige) begegnen verfassungsrechtlichen Bedenken.[285] Die dahinter liegende Blaupause des selbstbestimmten, geistig klaren Suizidwilligen, dem nur ein kleiner Teil der Fälle entspricht, ersetzt jedoch nur eine Pauschalierung durch eine andere. Die besondere Betonung der Menschenwürde ausgerechnet beim Recht, das eigene Leben zu *beenden* (und damit die Person als Trägerin der Menschenwürde auszulöschen), droht das in der Entscheidung immer wieder beschworene „Menschenbild des Grundgesetzes" letztlich zu verzerren (s. auch → Rn. 97, 106).

66 Eine Strafdrohung für Sterbehilfe gegenüber depressiven Suizidwilligen dürfte mit §§ 212 und 222 StGB auch jetzt noch aktiviert sein; darüber hinaus aber dürfte das Urteil dem Strafrecht kaum noch Einsatzbereiche bieten. Aus Sicht des Art. 2 Abs. 2 S. 1 Var. 1 bleibt die Beseitigung der erwähnten Hemmschwelle zum Suizid durch das Urteil bedenklich. Um im Übrigen dessen Selbstbestimmtheit verlässlich feststellen zu können, muss der Gesetzgeber den Sterbehilfeorganisationen dafür strengste Prüfungsanforderungen auferlegen.

67 **ee) Name.** Der Schutz des Namens (in allen seinen Bestandteilen) gehört – unter unterschiedlichen Gesichtspunkten – ebenfalls zum allgemeinen Persönlichkeitsrecht. Dies gilt auch hier für die Festlegung des **Vornamens**

---

[282] BVerfG NJW 2020, 905 (907, Rn. 211).
[283] BT-Drs. 18/5373, 2 ff.
[284] BVerfG NJW 2020, 905 (915, Rn. 278 ff.).
[285] So etwa *Saliger,* Selbstbestimmung bis zuletzt, 2015, S. 196 ff.; *Hufen* NJW 2018, 1524 (1527).

(durch den Namensträger selbst,[286] nicht seine Eltern,[287] da die Individualität des Namensträgers und nicht die der Namensgeber geschützt ist) ebenso wie für seine Preisgabe. Weil der Name eines Menschen Ausdruck seiner Identität und Individualität ist, kann der Einzelne verlangen, dass die Rechtsordnung seinen Namen ebenso wie das Recht schützt, über ihn bestimmen zu können.[288] Beim **Nachnamen** hat die Veränderung der gesellschaftlichen Gegebenheiten im Laufe der Jahre zu immer höheren Anforderungen an die Rechtfertigung staatlicher Vorgaben geführt. Die Vorgabe, dass ein Wechsel des Nachnamens bei Verheiratung erfolgen muss, musste nach wiederholten Beanstandungen durch das BVerfG[289] immer weiter gelockert werden. In der Verpflichtung, einen gemeinsamen Ehenamen zu führen, sah das BVerfG (in einer älteren Entscheidung) keine Verletzung des allgemeinen Persönlichkeitsrechts.[290] § 1355 Abs. 1 BGB hält daran im Grundsatz fest, erlaubt allerdings den Verzicht auf die Wahl eines Ehenamens und in der Folge die Beibehaltung der zuvor geführten Namen; die Vorschrift dürfte im Lichte gewandelter gesellschaftlicher Anschauungen nur wegen dieser Öffnungsklausel vor dem allgemeinen Persönlichkeitsrecht noch Bestand haben.[291] Die freie Namenswahl wird eingeschränkt durch personenstandsrechtliche Praktikabilitätsgesichtspunkte und Belange von Ehe und Familie, vor allem der Kinder (Art. 6 Abs. 1). So billigte das BVerfG Verbote von Familiendoppelnamen und Mehrfachnamen,[292] sah aber keine mögliche Rechtfertigung für das Verbot, den in einer früheren Ehe durch Heirat erworbenen Nachnamen als neuen Familiennamen zu bestimmen.[293]

ff) Bild und Darstellung. Das allgemeine Persönlichkeitsrecht schützt 68
auch die **Darstellung von Personen** in der Öffentlichkeit. Dabei schützt es davor, dass die Privat- und Intimsphäre gegen den Willen der Person an die Öffentlichkeit geraten (→ Rn. 58, 61), wie überhaupt vor verfälschenden Darstellungen, die das öffentliche Ansehen des Einzelnen schädigen können und damit auch „seine sozialen Kontakte schwächen und infolgedessen sein Selbstwertgefühl untergraben können."[294] Insoweit schützt das allgemeine Persönlichkeitsrecht vor – personenbezogenen – „Fake News" und Manipulationen von Aussagen einer Person.[295] „Allerdings reicht der Schutz dieses Grundrechts nicht so weit, daß es dem Einzelnen einen Anspruch darauf verliehe, in der Öffentlichkeit nur so dargestellt zu werden, wie er sich selber sieht oder von anderen gesehen werden möchte."[296] Das äußere physische

---

[286] Vgl. BVerwG NJW 1988, 2400 (2401).

[287] „Art. 2 Abs. 1 [iVm Art. 1 Abs. 1] eröffnet kein Bestimmungsrecht über einen anderen Menschen", BVerfG NJW 2002, 2861; insoweit ist nur eine Berufung auf Art. 2 Abs. 1 und ggf. Art. 6 Abs. 1, 2 denkbar; die Position des BVerfG StAZ 1983, 70 (kein Eingriff in die allgemeine Handlungsfreiheit bei Ablehnung der Eintragung eines Vornamens) dürfte nicht (mehr) haltbar sein.

[288] Zum Schutz des Geburtsnamens BVerfGE 78, 34 (49); zum Schutz seiner Schreibweise VGH Mannheim ES VGH 41, 55 – „ue" und „ü"; sa AG Hersbruck NJW 1984, 2426.

[289] BVerfGE 78, 38 (40); 84, 9 (22).

[290] BVerfGE 78, 38 ff.

[291] Vgl. BVerfGE 109, 256 (266 f.); zur gesamten Problematik *v. Sachsen Gessaphe* in MüKo BGB § 1355 Rn. 6 ff.

[292] BVerfGE 104, 373 (387); 123, 90 (101 ff.).

[293] BVerfGE 109, 256 ff.

[294] BVerfGE 99, 185 (194).

[295] Dazu *Holznagel* MMR 2018, 18 (20 ff.).

[296] BVerfGE 99, 185 (194); *Di Fabio* in Maunz/Dürig Art. 2 Abs. 1 Rn. 199; *Jarass* in Jarass/Pieroth Rn. 40.

Bild, das der Einzelne abgibt, und seine Bereitschaft zur Abgabe eines Bildes ist ebenso geschützt wie das Bild, das sich andere von ihm durch Weitergabe von Informationen machen mögen. Das **Recht „am eigenen Bild"**[297] gibt jedem das Verfügungsrecht über Darstellungen seiner Person (in fotografischer oder zeichnerischer Abbildung): „Jedermann darf grundsätzlich selbst und allein bestimmen, ob und wieweit andere sein Lebensbild im ganzen oder bestimmte Vorgänge aus seinem Leben öffentlich darstellen dürfen".[298] Dies gilt nicht nur gegenüber Maßnahmen öffentlicher Gewalt, sondern muss auch auf der Basis mittelbarer Drittwirkung (Schutzpflichten) zwischen privaten Akteuren – insbesondere der Presse – sichergestellt werden.[299] Je stärker die (passive) Darstellung einer Person in der Öffentlichkeit deren Privat- und Intimsphäre offenlegt, desto mehr Gewicht muss dem allgemeinen Persönlichkeitsrecht gegenüber der Pressefreiheit (Art. 5 Abs. 1 S. 2) und dem Informationsinteresse der Öffentlichkeit beigemessen werden. Der Annahme des BVerfG, dass „absolute Personen der Zeitgeschichte" (also **„Prominente"**) es im Lichte des § 23 KUrhG hinzunehmen hätten, dass aus ihrem Privatleben jedenfalls insoweit unbegrenzt berichtet werde, als sie sich in der Sozialsphäre bewegten,[300] widersprach dezidiert der EGMR: Die von deutschen Gerichten entwickelten Kriterien (wie „absolute Person der Zeitgeschichte"[301]) genügten dem wirksamen Schutz des Privatlebens gemäß Art. 8 EMRK nicht. Das durch Art. 10 EMRK geschützte Interesse der Öffentlichkeit an der Presseberichterstattung bestehe nur bei Tatsachen, die einen Beitrag zur politisch-gesellschaftlichen Diskussion leisten, grundsätzlich aber nicht bei Privatangelegenheiten einer Person, die keine dezidiert öffentlichen Funktionen wahrnehme.[302] Der BGH kehrte sich daraufhin von seiner Verabsolutierung der „Person der Zeitgeschichte" ab[303] und ersetzte sie durch eine – vom BVerfG schließlich gebilligte[304] – situative Abwägung. Diese sog. Caroline-Urteile haben das allgemeine Persönlichkeitsrecht gegenüber anderen Grundrechten, insbesondere der Pressefreiheit, gestärkt und verdeutlichen, in welchem Maße die Auslegungsdynamik des Grundrechtsschutzes gerade bei diesem ungeschriebenen Grundrecht von der Rechtsprechungspraxis des EGMR zum (geschriebenen) Art. 8 EMRK determiniert ist.[305]

69 **gg) Weitere Ausprägungen.** Dem Recht am eigenen Bild korrespondiert das **„Recht am eigenen Wort"** als Befugnis, „selbst und allein (zu) bestimmen, wer sein Wort aufnehmen soll sowie ob und von wem seine auf einen Tonträger aufgenommene Stimme wieder abgespielt werden darf".[306] Dem Grundrechtsträger muss die Möglichkeit eröffnet sein, Äuße-

[297] BVerfGE 34, 238 (245 f.); 54, 148 (154); 87, 334 (340); 97, 228 (268); 101, 361 (381 f.); 106, 28 (39 f.); 120, 180 (197); BGH NJW 1994, 124 (125); BGH NJW 1996, 593; BVerfG NJW 2006, 2838, Luftaufnahmen.

[298] BVerfGE 35, 202 (220), Lebach; 101, 361 (380).

[299] BVerfGE 35, 202 (220) → Rn. 57.

[300] Wie zB im Café oder beim Einkaufen: BVerfGE 101, 361 (382 ff.).

[301] BGHZ 131, 332 (336 ff.); 151, 26 (29); siehe dazu *Teichmann* NJW 2007, 1917.

[302] EGMR 24.6.2004 – 59329/00, NJW 2004, 2647 – Caroline von Hannover/Deutschland.

[303] BGH NJW 2005, 594 (595); BGH NJW 2006, 599 (601); BGH NJW 2007, 1981.

[304] BVerfGE 120, 180 ff.

[305] Zur Bewertung der Caroline-Fälle im Schrifttum vgl. *Heldrich* NJW 2004, 2634; *Mann* NJW 2004, 3220; *Teichmann* NJW 2007, 1917.

[306] BVerfGE 34, 238 (246); BGHSt 34, 39 (43); 34, 397 (398); BGH JZ 1988, 304; vor der „Mißdeutung von Äußerungen" schützt dagegen Art. 5 Abs. 1, so BVerfG NJW 1991,

rungen, die er „nicht getan hat und die seinen von ihm selbst definierten sozialen Geltungsanspruch beeinträchtigen", abzuwehren.[307] Die Rechte am eigenen Bild und am eigenen Wort beinhalten dabei das Recht auf **Gegendarstellung:** Der „von einer Darstellung in den Medien Betroffene [muss] die rechtlich gesicherte Möglichkeit haben […], dieser mit seiner Darstellung entgegenzutreten"[308] (zum Schutz des Worts als geistiges Eigentum vgl. → Art. 14 Rn. 37 ff.).

Der Identitätsschutz des allgemeinen Persönlichkeitsrechts erstreckt sich **70**
auch auf das **soziale Ansehen** bzw. das Prestige einer Person, unabhängig davon, ob dessen Beeinträchtigung an tatsächliche oder vermeintliche Gegebenheiten aus der Privat- und Intimsphäre anknüpft oder nicht. Der Schutz der persönlichen **Ehre** ist insoweit nicht nur Grundrechtsschranke (bei Art. 5 Abs. 2), sondern genießt auch selbst Grundrechtsschutz.[309] Daher hat das Recht (Zivilrecht, Strafrecht) zB Schutz gegen falsche oder nicht erweislich wahre Behauptungen, wie etwa der Zugehörigkeit einer Person zu einer kriminellen oder als suspekt angesehenen Gruppe, zu gewähren.[310] Selbst die Art und Weise der Begründung eines Freispruchs „zweiter Klasse" (dh aus Mangel an Beweisen) kann in seltenen Fällen persönlichkeitsverletzend wirken.[311]

Geschützt sind auch **Statusbezeichnungen**, ganz gleich, ob sie Ergebnis **71**
von Lebensleistungen sind (wie akademische Titel[312]) oder (wie der Schwerbehindertenstatus[313]) auf einer physischen Disposition beruhen.

Der Schutz des allgemeinen Persönlichkeitsrechts gebietet (ggf neben ande- **72**
ren Grundrechten wie der Berufsfreiheit), dass Informationen, die zB einem Rechtsanwalt, Steuerberater oder Arzt anvertraut worden sind, ohne Genehmigung des Mandanten bzw. Patienten nicht weitergegeben zu werden brauchen und auch nicht weitergegeben werden dürfen. Die gesetzlich festgeschriebene **Verschwiegenheit** solcher Freiberufler[314] ist einerseits Bestandteil ihres Rechts auf freie Berufsausübung (Art. 12 Abs. 1), das jedoch durch das allgemeine Persönlichkeitsrecht der Dienstleistungsempfänger auch (im Privatrechtsverhältnis) eine Pflichtenkomponente aufweist. Das allgemeine Persönlichkeitsrecht wirkt insoweit schutzbereichsverstärkend auf die Berufsfreiheit ein.[315]

Bedeutung entfaltet das allgemeine Persönlichkeitsrecht auch im Prozess- **73**
recht, insbesondere bei der Strafverfolgung und Strafvollstreckung, wo es ergänzend zu den Verbürgungen der Art. 2 Abs. 1 (in seiner rechtsstaatlichen Verfahrensdimension, dazu → Rn. 31) und Art. 101 ff. tritt. Insbesondere

---

91 (94); BVerfGE 106, 28 (39 ff.), Mithörvorrichtung am Telefon; dazu *Geier/Schäl/Twelmeier* Jura 2004, 121.

[307] BVerfGE 54, 148 (155); sa *Starck* in MKS Rn. 87.

[308] BVerfGE 63, 131 (142 f.); sa BVerfGE 73, 118 (201); unter Bezugnahme auch auf die Garantie freier öffentlicher Meinungsbildung gem. Art. 5 Abs. 1, BVerfG AfP 1998, 184 (186); NJW 1999, 483 (484).

[309] Grundlegend BVerfGE 54, 208 (217); 114, 339 (346); 119, 1 (24) stRspr.; zu den Implikationen ausführlich *Lorenz* in BK Rn. 262 ff.

[310] BVerfGE 99, 185 (194); *Jarass* in Jarass/Pieroth Rn. 40.

[311] BVerfGE 28, 151 (160).

[312] BVerfGE 147, 292; BVerfG NVwZ 1988, 365; BAGE 45, 111 (117 f.).

[313] BSG NJW 1987, 2462 (2463).

[314] Für Ärzte ist diese zB in § 9 Abs. 1 MBO, für Rechtsanwälte in § 43a Abs. 2 BRAO geregelt; sa § 203 StGB.

[315] Vgl. *Römermann/Praß* in BeckOK BRAO § 43a Rn. 33 f.

gehört dazu das Recht, nicht zu **Selbstbezichtigungen** gezwungen zu werden.[316] Es wird im Strafverfahren durch die weiter oben umrissenen Verschwiegenheitsregeln flankiert. Allgemein darf der Staat demütigende Informationen nicht an die Öffentlichkeit geben.[317] Dies gilt auch für die Identität von Personen, die einer Straftat verdächtigt werden. Besteht gegen eine Person ein dringender Straftatverdacht und ist die Straftat gravierend, können das Interesse an der Strafverfolgung (Ergreifung des Täters) und die Gefahr weiterer Straftaten gleichwohl rechtfertigen, dass – als Ultima Ratio – Bild und Name des Verdächtigen veröffentlicht werden.[318] Unter bestimmten Voraussetzungen kann die Verletzung des allgemeinen Persönlichkeitsrechts im straf- und arbeitsgerichtlichen Verfahren Beweisverwertungsverbote nach sich ziehen.[319]

74 Schließlich verlangt das allgemeine Persönlichkeitsrecht nach der Erhaltung der Chance des Einzelnen, eine eigenverantwortlich gestaltete Rolle in der Gesellschaft einnehmen zu können, was vor allem als **„Grundrecht auf Resozialisierung"** Strafgefangener Bedeutung hat: „Als Träger der aus der Menschenwürde folgenden und ihren Schutz gewährleistenden Grundrechte muß der verurteilte Straftäter die Chance erhalten, sich nach Verbüßung einer Strafe wieder in die Gemeinschaft einzuordnen".[320] Das wirkt auch auf die Ausgestaltung des Strafvollzugsverhältnisses.[321]

75 **b) Recht auf informationelle Selbstbestimmung.** Terminologisch verselbständigt hat sich in der Rspr. des BVerfG – und nach anfänglicher (verständlicher) Bemäkelung der Terminologie auch in der Literatur – das Recht auf „informationelle Selbstbestimmung".[322] Erstmals nahm dieses Recht im Volkszählungsurteil v. 15.12.1983[323] Konturen an: Es schütze „wegen seiner persönlichkeitsrechtlichen Grundlagen generell vor staatlicher Erhebung und Verarbeitung personenbezogener Daten" und sei nicht auf den

---

[316] Das BVerfG schwankt in der grundrechtlichen Zuordnung dieser iErg unstr. Abwehrberechtigung und verortet sie einmal im allgemeinen Persönlichkeitsrecht, ein andermal in der allgemeinen Handlungsfreiheit, BVerfGE 38, 105 (115); 56, 37 (49); 95, 220 (241); BVerfG NJW 1999, 779; vgl. auch BGHSt 14, 358 (364); 42, 139 (152); BGH JZ 1992, 918 (920) mAnm *Roxin;* für Schutz allein durch Art. 2 Abs. 1 *Lorenz* in BK Rn. 160.

[317] Etwa: Bekanntmachung der Entmündigung wegen Trunksucht, BVerfGE 78, 77; zum Widerruf einer Presseerklärung der Staatsanwaltschaft s. OVG Koblenz NJW 1991, 2659; zur rufschädigenden Behauptung einer Sektenmitgliedschaft BVerfGE 99, 185.

[318] BGH NJW 1994, 1950 (1952); *Jarass* in Jarass/Pieroth Rn. 70 spricht von „regelmäßiger" Unzulässigkeit einer solchen Veröffentlichung; sa *Gounalakis* NJW 2012, 1473 (1475).

[319] BVerfG NJW 1992, 815 (816); LAG Köln BeckRS 2009, 68142; *Jarass* in Jarass/Pieroth Rn. 67.

[320] BVerfGE 35, 202 (235 f.); sa BVerfGE 45, 187 (239); 64, 261 (276 f.); *Lorenz* in BK Rn. 324; *Jarass* in Jarass/Pieroth Rn. 50, spricht – das Recht dabei womöglich in der Verallgemeinerung etwas überdehnend – von der „Möglichkeit, in angemessener Zeit nach Begehung von Fehlern wieder ‚neu anfangen' zu können".

[321] Etwa: zeitweilige Beurlaubung eines lebenslänglich Verurteilten, BVerfGE 64, 261 (276); sa BVerfGE 72, 105 (115 f.); zu Vollzugslockerungen unter diesen Gesichtspunkten BVerfG NJW 1998, 1133; zur Vertraulichkeit von Äußerungen im Strafvollzug BVerfGE 90, 255; zum Anhalten von Briefen BVerfG NJW 1995, 1477; NJW 1997, 185.

[322] Zur Entwicklung *Kunig* Jura 1993, 595; *Hufen* FS BVerfG, Bd. II, 2001, 105 (118 ff.); *Albers,* Informationelle Selbstbestimmung, 2005; *Britz,* Freie Entfaltung durch Selbstdarstellung, 2007.

[323] BVerfGE 65, 1; dazu zB *Krause* JuS 1984, 268; *Schickedanz* BayVBl 1984, 705; *Schlink* Der Staat 25 (1986), 233; in krit. Distanz *Duttge* NJW 1998, 1615; ausf. *Duttge* Der Staat 36 (1997), 281; *Hufen* FS BVerfG, Bd. II, 2001, 105 (117 ff.); *Schoch* Jura 2008, 352 ff.; nach wie vor von einer „Erfindung" spricht *Diederichsen* Jura 1997, 57 (59).

jeweiligen Anwendungsbereich der Datenschutzgesetze des Bundes oder datenschutzrelevanter gesetzlicher Sonderregelungen beschränkt".[324] In welcher Weise die **Erhebung und Verarbeitung von Daten** erfolgt, ist ohne Belang. Das Recht auf informationelle Selbstbestimmung schützt insofern nicht nur vor der automatisierten, computer- bzw. softwaregestützten Datenerfassung und -verarbeitung.[325] Allerdings ist diese wegen der Dauerhaftigkeit der Speicherung von Daten und der Schwierigkeit ihrer vollständigen Löschung sowie der Gefahr des Missbrauchs vorhandener und möglicherweise zweckfrei gesammelter Daten (wie zB aus Videoüberwachungsanlagen) für Screening-Zwecke mit spezifischen Gefahren verbunden. Die Volkszählungsentscheidung hat Anforderungen an die Zielverfolgung, die Zweckbindung und das Verfahren aus dem Grundsatz der Verhältnismäßigkeit hergeleitet, welche erst nach und nach Niederschlag in der bereichsspezifischen[326] Gesetzgebung von Bund und Ländern gefunden haben, insbes. nicht sogleich in der Polizeirechtsgesetzgebung der Länder.[327] Zu den staatliche Befugnisse begrenzenden Leitentscheidungen des BVerfG zum Recht auf informationelle Selbstbestimmung gehören diejenigen des BVerfG zur Telekommunikationsüberwachung,[328] zur präventiven polizeilichen Rasterfahndung,[329] zur Online-Durchsuchung[330] und zur Vorratsdatenspeicherung.[331]

Das Recht auf informationelle Selbstbestimmung schützt primär vor dem **76** Erfassen, Sammeln, Verarbeiten, Speichern, der Abfrage, dem Auslesen, Übermitteln etc. (zusammengefasst in § 46 Nr. 2 BDSG unter dem Begriff „Verarbeitung") personenbezogener **Daten** – vor allem durch den Staat. § 46 Abs. 1 Nr. 1 BDSG, der, wenngleich ohne Verfassungsrang, als Referenz herangezogen werden kann, definiert personenbezogene Daten als „Informationen, die sich auf eine identifizierte oder identifizierbare natürliche Person (betroffene Person) beziehen; als identifizierbar wird eine natürliche Person angesehen, die direkt oder indirekt, insbesondere mittels Zuordnung zu einer Kennung wie einem Namen, zu einer Kennnummer, zu Standortdaten, zu einer Online-Kennung oder zu einem oder mehreren besonderen Merkmalen, die Ausdruck der physischen, physiologischen, genetischen, psychischen, wirtschaftlichen, kulturellen oder sozialen Identität dieser Person sind, identifiziert werden kann". Als „besondere Kategorien personenbezogener Daten" führt § 46 Abs. 1 Nr. 14 BDSG Daten auf, aus denen die rassische oder ethnische Herkunft, politische Meinungen, religiöse oder weltanschauliche Überzeugungen oder die Gewerkschaftszugehörigkeit hervorgehen, ferner genetische und biometrische Daten, Gesundheitsdaten sowie Daten zum Sexualleben und zur sexuellen Orientierung. Es handelt sich bei „Daten" also um keine grundlegend anderen Persönlichkeitsmerkmale als diejenigen, deren

[324] BVerfGE 78, 77 (84), Bekanntgabe einer Entmündigung.

[325] BVerfGE 78, 77 (84); sa *Dreier* in Dreier Art. 2 Abs. 1 Rn. 79.

[326] Zum allg. Datenschutzrecht von Bund und Ländern Gesetzesübersicht bei *Badura* in Erichsen/Ehlers AllgVerwR, 11. Aufl. 1998, § 35 Rn. 23; zum Verhältnis von Unionsrecht und nationalem Recht s. *Gola/Heckmann* in Gola/Heckmann Einleitung Rn. 1 ff.

[327] Zu den Konsequenzen des Volkszählungsurteils für die Verrechtlichung des Umgangs mit Informationen in der Verwaltung s. *Simitis* NJW 1986, 2795; *Schlink* NVwZ 1986, 249; *Pitschas/Aulehner* NJW 1989, 2353; *Simitis/Fuckner* NJW 1990, 2713; *Geiger* DVBl 1990, 748; *Peitsch* ZRP 1992, 127.

[328] BVerfGE 113, 348; vgl. auch BVerfGE 129, 208.

[329] BVerfGE 115, 320.

[330] BVerfGE 120, 274.

[331] BVerfGE 125, 260; s. für einen Überblick *Frenz* DVBl 2009, 333 sowie *Schoch* Jura 2008, 352.

Schutz durch das allgemeine Persönlichkeitsrecht zur Zeit des Volkszählungsurteils bereits anerkannt war. Man kann insoweit sagen, dass das Recht auf informationelle Selbstbestimmung quer liegt[332] zu zuvor anerkannten Ausprägungen, insbes. auch zum Schutz des eigenen Bildes und des Wortes.

77 Spezifikum und Existenzgrund des Rechts auf informationelle Selbstbestimmung ist die besondere **Gefahr,** die sich aus der **Verarbeitung von Informationen** (als „Daten") für die Persönlichkeit ergibt. Eine trennscharfe Abgrenzung zum allgemeinen Persönlichkeitsrecht in seiner traditionellen Form ist kaum möglich; seine Einzelverbürgungen, die Informationen betreffen, werden dabei zu Aspekten des informationellen Selbstbestimmungsrechts.[333] Wenn das BVerfG im Volkszählungsurteil auf die „aus dem Gedanken der Selbstbestimmung folgende Befugnis des Einzelnen, grundsätzlich selbst zu entscheiden, wann und innerhalb welcher Grenzen persönliche Lebenssachverhalte offenbart werden",[334] abhebt, wird dies dem besonderen Gefahrenpotenzial, das gerade der Datenverarbeitung innewohnt, noch nicht ganz gerecht; denn eine Entscheidung würde die Fähigkeit zur Abschätzung der Konsequenzen voraussetzen. Es sind die – vom Gericht allerdings ebenfalls betonten – Verarbeitungs- und Verknüpfungsmöglichkeiten, welche die Herausgabe „selbst unscheinbarer" Daten riskant machen.[335] Der Einzelne ist daher nicht nur vor der Herausgabe von Daten zu schützen, die er nicht offenbaren will, sondern auch solcher Daten, deren Bedeutung als „Lebenssachverhalt" zu ermessen er gar nicht in der Lage ist. Dies gilt keineswegs nur für Text-, sondern auch für Bilddaten, etwa aus einer Videoüberwachung.[336] Mithilfe neuer Techniken, wie Gesichtserkennung und Satellitenortung, lässt sich ohne große Probleme Einblick in Persönlichkeitsstrukturen gewinnen.

78 Bedenkt man nun aber, dass seit dem Volkszählungsurteil digitale Techniken in alle Lebensbereiche vorgedrungen sind, sich in der **„virtuellen" Sphäre des Internets** Intim-, Privat- und Sozialsphäre begegnen und teilweise auch überschneiden,[337] erscheint heute die Frage berechtigt, inwieweit überhaupt noch das Bedürfnis besteht, ein Datenschutzgrundrecht als besondere Variante des allgemeinen Persönlichkeitsrechts aufrechtzuerhalten, ob also nicht umgekehrt der Persönlichkeitsschutz zunehmend in der informationellen Selbstbestimmung aufgeht.[338] Dies gilt umso mehr, als Gefährdungen – anders als das BVerfG dies im Volkszählungsurteil noch imaginiert hatte – nicht nur von staatlicher Seite, sondern immer stärker von Privaten aus-

[332] S. *Kloepfer/Breitkreutz* DVBl 1998, 1149 (1150); zust. auch *Dreier* in Dreier, 1. Aufl. 1996, Art. 2 Abs. 1 Rn. 52.

[333] S. etwa *Schmitt Glaeser* in HdbStR VI, 2. Aufl. 2001, § 129 Rn. 76 ff., mit Zuordnung des Datenschutzes zum „Recht auf Selbstdarstellung" als Schutzkategorie des allgemeinen Persönlichkeitsrechts; *Horn* in HdbStR VII § 149 Rn. 46 ff.

[334] BVerfGE 65, 1 (42); 78, 77 (84); 103, 21 (33).

[335] BVerfGE 65, 1 (45): „Vielmehr bedarf es zur Feststellung der persönlichkeitsrechtlichen Bedeutung eines Datums der Kenntnis seines Verwendungszusammenhangs: Erst wenn Klarheit darüber besteht, zu welchem Zweck Angaben verlangt werden und welche Verknüpfungs- und Verwendungsmöglichkeiten bestehen, läßt sich die Frage einer zulässigen Beschränkung des Rechts auf informationelle Selbstbestimmung beantworten."; vgl. auch BVerfGE 120, 274 (312).

[336] BVerfG NVwZ 2007, 688 (690); BVerwG NVwZ 2012, 757 (758).

[337] So auch BVerfG, Urt. v. 6.11.2019, 1 BvR 276/17, Rn. 128: kaum noch Unterscheidung zwischen Privat- und Sozialsphäre im Internet. Zur „virtuellen Räumlichkeit" und ihrem Persönlichkeitsschutz *Ahrens* Raum und Recht FS 600 Jahre Würzburger Juristenfakultät, 2002, 599 (619 f.); *Lorenz* in BK Rn. 288.

[338] An der Unterscheidung festhaltend, sie geradezu akzentuierend, hingegen BVerfG, Urt. v. 6.11.2019, 1 BvR 16/13, Rn. 92.

gehen.[339] Dazu gehören Suchmaschinen, soziale Netzwerke und andere Wirtschaftsunternehmen („informationstechnische Systeme“, für deren Nutzung das BVerfG das überkommene Recht auf informationelle Selbstbestimmung nicht als ausreichend ansah → Rn. 81), aber auch die normalen „User“, außerdem kriminelle „Hacker“ und „Phisher.“ Die Möglichkeit, mithilfe von Bewegungsprofilen, Gesichtserkennung und Internet-Tracking durch sog. Cookies ein Persönlichkeitsprofil zu erstellen, ist heute eröffnet, womit der Staat diese Daten auch abfragen kann. Persönliche Daten aller Art sind auf den digital geprägten Märkten, regulären ebenso wie schwarzen, überdies zum Wirtschaftsgut geworden. Die Aufgabe des Staates besteht darin, in Wahrnehmung seiner Schutzpflicht regulierend einzugreifen, ohne den freien Datenverkehr zu unterbinden, und insbesondere die reine Kommerzialisierung der Persönlichkeit zu verhindern. Die Schwierigkeit dieser Aufgabe wird noch dadurch erhöht, dass sich viele Akteure aufgrund eines Sitzes im Ausland oder der Unmöglichkeit einer Identifizierung oder territorialen Verortung seinem Regelungszugriff entziehen. Der Staat darf aber auch nicht zur Abwehr von Gefahren Private (wie Telekommunikationsunternehmen oder Kreditinstitute) unbegrenzt verpflichten, Daten aufzuzeichnen und auszuwerten; durch solche Vorgaben wird außer in die informationelle Selbstbestimmung der Kunden auch in die Berufsfreiheit der Dienstleister eingegriffen.[340]

Es überrascht nach alledem nicht, dass der Schutz personenbezogener Daten **79**
– der in der GRCh mit gutem Grund in einem selbständigen Grundrecht (Art. 8) verankert ist (ebenso Art. 16 AEUV) – zunehmend als **überstaatliche Aufgabe** verstanden wird. Die 2018 an die Stelle der Richtlinie 95/46/EG[341] getretene Datenschutz-Grundverordnung (DSGVO),[342] die auch für private Stellen gilt, unterstreicht den freien Datenverkehr, statuiert aber ua auch Einwilligungs- und Transparenzpflichten als Voraussetzung der Datenverarbeitung und nicht zuletzt (in Art. 17 Abs. 1 und 2) ein konditionelles **Recht auf „Vergessenwerden“,** also einen Anspruch auf vollständige Löschung gespeicherter Daten.[343] Die unmittelbare Geltung dieser – nicht unumstrittenen – Verordnung in Deutschland geht mit einer **Europäisierung**[344] **der**

---

[339] So nutzten im Januar 2019 in Deutschland etwa 30 Millionen Menschen von privaten Unternehmen betriebene soziale Netzwerke, die auf verschiedene Weise die informationelle Selbstbestimmung der Nutzer gefährden können, vgl. zu dieser Statistik Statista 2019, Data Reportal, abrufbar unter: https://de.statista.com/statistik/daten/studie/227140/umfrage/entwicklung-der-anzahl-mobiler-nutzer-von-sozialen-netzwerken/, zuletzt abgerufen am 4.6.2020; zu den datenschutzrechtlichen Gefährdungen s. *Erd* NVwZ 2011, 19 sowie *Beck* ZRP 2019, 112.

[340] Vgl. nur BVerfGE 118, 168 (204).

[341] Richtlinie 95/46/EG des Europäischen Parlaments und des Rates vom 24. Oktober 1995 zum Schutz natürlicher Personen bei der Verarbeitung personenbezogener Daten und zum freien Datenverkehr, ABl. 1995 L 281, 31 ff.

[342] Verordnung (EU) 2016/679 des Europäischen Parlaments und des Rates vom 27. April 2016 zum Schutz natürlicher Personen bei der Verarbeitung personenbezogener Daten, zum freien Datenverkehr und zur Aufhebung der Richtlinie 95/46/EG, ABl. 2016 L 119, 1.

[343] Dazu BVerfG, Beschlüsse v. 6.11.2019 – 1 BvR 16/13, Recht auf Vergessen I, und 1 BvR 276/17, Recht auf Vergessen II; LG Frankfurt a. M. ZD 2019, 410; aus dem Schrifttum dazu etwa *Worms* in BeckOK Datenschutzrecht, Art. 17 Rn. 22 ff., 58 ff.; sa *Kühling/Martini* EuZW 2016, 448 (450); *Becker,* Das Recht auf Vergessenwerden, 2019, 49 ff.; *Herbst* in Kühling/Buchner DS-GVO BDSG, Art. 17 Rn. 49; zu neueren Entwicklungen *Sydow* ZD 2019, 189; vgl. aus der Judikatur des EuGH C-131/12, ECLI:EU:C:2014:317 – Google Spain; C-136/17, ECLI:EU:C:2019:773 – GC.

[344] So bereits *Schild* EuZW 1996, 549 u. 1999, 69; *Britz* EuGRZ 2009, 1; *Kotzur* EuGRZ 2011, 105; *Ziegenhorn/von Heckel* NVwZ 2016, 1585.

informationellen Selbstbestimmung einher, damit aber auch die weitgehende Verdrängung des nationalen Grundrechtsschutzes durch Art. 8 GRCh, der im Anwendungsbereich der DSGVO (vgl. dort Art. 17) nach Art. 51 Abs. 1 GRCh (ausschließlich)[345] Anwendung findet. Das BVerfG hat daher im Zusammenhang mit dem „Recht auf Vergessen(werden)" in einem Aufsehen erregenden Judikat erstmals die Prüfung der Zulässigkeit und Begründetheit einer Verfassungsbeschwerde nicht am allgemeinen Persönlichkeitsrecht gem. Art. 1 Abs. 1 iVm Art. 2 Abs. 1, sondern an den korrespondierenden Unionsgrundrechten der Art. 7 und 8 GRCh vorgenommen.[346] Mit dieser **autonomen Zuständigkeitserweiterung** sind das deutsche Grundrecht und sein unionales Pendant in eine sowohl normative als auch prozedurale Symbiose gebracht worden (was vergleichbare Befunde auch für andere Grundrechte erwarten lässt). Soweit es bei der Anwendung der Grundrechte des GG bleibt, will das BVerfG beim „Recht auf Vergessen(werden)" danach unterscheiden, ob sich Betroffene gegen die Speicherung, Verarbeitung oder Nutzung personenbezogener Informationen wenden (dann Recht auf informationelle Selbstbestimmung) oder nur gegen im Internet zugängliche Informationen (dann allgemeines Persönlichkeitsrecht im klassischen Sinn).[347] Ob ein **Anspruch auf Löschung** oder Blockierung von Informationen besteht, bestimmt sich nach einer Grundrechtsabwägung (mit den Grundrechten des Urhebers der Information und Inhabers der Webseite und ggf. auch des Betreibers der Suchmaschine) im Einzelfall, welche unter Berücksichtigung der Zugangswege zu den Informationen (wie namensbezogenen Abfragen), der Wirkung der Aussagen auf die Persönlichkeit, dem Gewicht der Informationen (vor allem bei zurückliegenden Straftaten) und damit das Interesse an Resozialisierung und die seit dem Geschehen, auf das sich die Information bezieht, verstrichene Zeit erfolgen muss.[348]

80 Aus auch, aber nicht nur, informationeller Perspektive ist das allgemeine Persönlichkeitsrecht nicht allein ein Recht auf Privatheit von Daten, sondern umschließt insoweit auch ein **Recht auf Nichtwissen.** Dies kann zB die Abstammung betreffen oder auch das Wissen um die Veranlagung für eine tödliche oder mit einer schweren Behinderung einhergehende Erbkrankheit oder die Wahrscheinlichkeit ihres Ausbruchs. Wer durch eine genetische Untersuchung darüber Gewissheit erlangt (anstelle zuvor bestehender Ungewissheit), wird dadurch existenziell betroffen;[349] hierzu darf niemand gezwungen werden. Mit zunehmenden Fortschritten bei der **Gendiagnostik** gewinnt – nicht zuletzt im Privatrechtsverkehr (etwa bei Versicherungen oder auch im Arbeitsrecht) [350] – die Frage an Bedeutung, ob (ggf. auch auf gesetzlicher Grundlage) eine Verpflichtung zur Vorlage eines

[345] Zu dieser Sphärentrennung grundlegend BVerfGE 102, 147 (155 ff.); der EuGH nimmt keine solche Trennung vor, vgl. nur EuGH C-617/10, ECLI:EU:C:2013:105 Rn. 16 ff. – Åkerberg Fransson; dazu auch *Wollenschläger/Krönke* NJW 2016, 906.

[346] BVerfG, Beschl. v. 6.11.2019 – 1 BvR 276/17, Recht auf Vergessen II.

[347] BVerfG, Urt. v. 6.11.2019, 1 BvR 16/13, Recht auf Vergessen I, Rn. 91 f.; wo die EU-Grundrechte wirken, ist für diese Unterscheidung kein Raum; dazu *Greve* NVwZ 2017, 737 (744), und *Veil* NVwZ 2018, 686 (691).

[348] Vgl. BVerfG, Urt. v. 6.11.2019, 1 BvR 16/13, Rn. 92, 98; Urt. v. 6.11.2019, 1 BvR 276/17, Rn. 121 f.

[349] *Di Fabio* in Maunz/Dürig Art. 2 Abs. 1 Rn. 192; vgl. auch BGH NJW 2014, 2190 (2191); zu neueren Entwicklungen in dieser Frage *Hahn* MedR 2019, 197; abl. zum Recht auf Nichtwissen *Lorenz* in BK Rn. 256.

[350] *Di Fabio* in Maunz/Dürig Art. 2 Abs. 1 Rn. 192.

Gentests bzw. des Ergebnisses einer Genomanalyse begründet werden kann.[351] Dies dürfte nur in seltenen Ausnahmefällen statthaft sein, wenn die Beschäftigung oder der abgeschlossene Versicherungsvertrag den Ausschluss eines auf genetischer Veranlagung beruhenden Risikos unbedingt erfordert. Intrikater ist die Frage, ob zB Versicherern erlaubt sein darf, die Vorlage eines Gentests (bei negativem Befund mit Blick auf bestimmte Risiken) mit Gebührenvorteilen zu belohnen und damit faktischen Druck auf die Vornahme solcher Tests auszuüben.[352] Dass § 18 Abs. 1 S. 1 Nr. 1 GendiagnostikG (GenDG)[353] demgemäß einem Versicherer untersagt, den Versicherten zur Vornahme genetischer Untersuchungen oder Analysen zu verpflichten, begegnet keinen verfassungsrechtlichen Bedenken. Ist jemandem das Ergebnis eines bereits durchgeführten Gentestes bekannt und hat er eine Erbkrankheit oder die Anlage dazu erwiesen, kann der Person uU zugemutet werden, der Versicherung und ggf. auch Arbeitgebern Mitteilung machen zu müssen.[354] § 18 Abs. 1 S. 1 Nr. 2, S. 2 GenDG knüpft hierfür an die Höhe der Versicherungsleistung an, da diese zugleich das mit dem Persönlichkeitsrecht verbundene wirtschaftliche Risiko widerspiegelt.

c) Recht auf Sicherheit und Vertraulichkeit informationstechnischer Systeme. Mit dem vom BVerfG in seiner Entscheidung zur Online-Durchsuchung entwickelten Recht auf Gewährleistung der Vertraulichkeit und Integrität informationstechnischer Systeme[355] (im Schrifttum kurz auch als **„IT-Grundrecht“** oder **„Computergrundrecht“** bezeichnet[356]) hat das allgemeine Persönlichkeitsrecht in informationeller Hinsicht eine weitere Ausdifferenzierung erfahren („eigenständige Ausprägung des allgemeinen Persönlichkeitsrechts“[357]). Mit seiner Entwicklung reagiert die Rechtsprechung auf die Tatsache, dass Einzelne auch in ihrer persönlichen Sphäre immer stärker auf informationstechnische (Computer-)Systeme angewiesen sind, deren Funktionsmechanismen sie weder ganz durchschauen noch steuern können. Während das Recht auf informationelle Selbstbestimmung vorgangsbezogen ist, leistet das „IT-Grundrecht“ **systembezogenen Schutz** und schützt gegen den geheimen Zugriff auf Daten, die der Einzelne in von anderen unterhaltene informationstechnische Systeme einbringt (wie das Auslesen von Daten und Online-Durchsuchungen).[358] Dabei entfaltet für das BVerfG das Recht auf Sicherheit und Vertraulichkeit informationstechnischer Systeme offenbar gesteigerten Schutz gegenüber dem bloßen Recht auf informationelle Selbstbestimmung; es soll gelten, wenn „die Eingriffsermächtigung Systeme erfasst, die allein oder in ihren technischen Vernetzungen personenbezogene Daten des Betroffenen in einem Umfang und in einer Vielfalt enthalten können, dass ein Zugriff auf das System es ermöglicht, einen Einblick in wesentliche Teile der Lebensgestaltung einer Person zu 81

---

[351] S. zur Problematik *Damm* JZ 1998, 927 (932) sowie *Hahn* MedR 2019, 197 (199 ff.). Ausführlich *Lorenz* in BK Rn. 252 ff.

[352] Vgl. dazu *Hahn* MedR 2019, 197 (198).

[353] Gendiagnostikgesetz (GenDG) v. 31.7.2009, BGBl. 2009 I 2529 (3672).

[354] § 18 Abs. 2 GenDG; s. dazu *Hahn* in Kern GenDG, § 18 Rn. 44; *Neuhaus* recht und schaden 2009, 309 (316 f.).

[355] BVerfGE 120, 274 (302 f.).

[356] *Dreier* in Dreier Art. 2 Abs. 1 Rn. 82; *Tinnefeld/Buchner* in BeckOK Datenschutzrecht, DS-GVO Syst. I. Rn. 30.

[357] BVerfGE 141, 220 (304, Rn. 210).

[358] BVerfGE 141, 220 (304, Rn. 210).

gewinnen oder gar ein aussagekräftiges Bild der Persönlichkeit zu erhalten."[359]

82 Ob es dieses weiteren Grundrechtssprosses zwingend bedurfte, erscheint zweifelhaft. Letztlich hat das BVerfG damit nur auf ein mit der veränderten Datenverarbeitungspraxis einhergehendes erhöhtes Gefahrenpotenzial reagiert: Persönliche Daten sind heute vorwiegend (oder fast immer wenigstens auch) in digitaler Form vorhanden; sie werden Dritten zur Speicherung und Verarbeitung in anderer Form anvertraut; die Vernetzung erleichtert den Datenzugriff des Staates und anderer Privater. Der vom BVerfG angenommene Unterschied zwischen schlichter Datenweitergabe und Einbringen von Daten in informationstechnische Systeme existiert nicht oder jedenfalls nicht mehr, wenn selbst private Fotos in „Clouds" externer Anbieter gespeichert oder Termine über externe Datendienstleister vereinbart werden. Ein echter qualitativer Unterschied zum „herkömmlichen" Recht auf informationelle Selbstbestimmung dürfte nicht bestehen. Praktisch dürfte heute die Datenausforschung durch Private mit ähnlichen Grundrechtsgefahren verbunden sein wie das staatliche Eindringen in informationstechnische Systeme.

83 **3. Grundrechtsträger.** Wie die allgemeine Handlungsfreiheit gem. Art. 2 Abs. 1[360] und die Menschenwürde gem. Art. 1 Abs. 1[361] verträgt auch das allgemeine Persönlichkeitsrecht keine Differenzierung nach der Staatsangehörigkeit, steht also auch **Ausländern** (und Staatenlosen) zu, ebenso **Minderjährigen**;[362] soweit diese es nicht wahrzunehmen vermögen, können die Erziehungsberechtigten in Stellvertretung auftreten. In solchen Fällen kann das Persönlichkeitsrecht der Eltern auch unmittelbar betroffen sein.[363] Für ein „pränatales Persönlichkeitsrecht" dürfte es beim Nasciturus am Merkmal der entfaltungsfähigen Persönlichkeit fehlen, das Art. 2 Abs. 1 als normativem Baustein des allgemeinen Persönlichkeitsrechts innewohnt.[364]

84 **Juristische Personen** können sich auf das allgemeine Persönlichkeitsrecht nur insoweit berufen, als, wie der BGH formulierte, „sie aus ihrem Wesen als Zweckschöpfung des Rechts und ihren Funktionen dieses Rechtsschutzes bedürfen. Dies ist der Fall, wenn sie in ihrem sozialen Geltungsanspruch als Arbeitgeber oder als Wirtschaftsunternehmen betroffen werden."[365] Ob dies mit dem BGH durch Art. 19 Abs. 3 begründet werden kann, erscheint zweifelhaft, da diese Bestimmung nur darüber entscheidet, wer überhaupt Träger von Grundrechten sein kann.[366] An bestimmten

---

359 BVerfGE 120, 274 (314).

360 → Rn. 10.

361 → Art. 1 Rn. 25.

362 BVerfGE 47, 46 (72 f.), Sexualerziehung; BVerfGE 83, 130 (140); sa BGHZ 120, 29 (35).

363 ZB: Recht am Bild eines Säuglings; zum Verhältnis des Persönlichkeitsrechts von Kindern zum Elternrecht aus Art. 6 Abs. 2 S. 1 s. BVerfGE 75, 201 (218 ff.); zur Beeinträchtigung des Persönlichkeitsrechts des Kindes durch Namensgebung OLG Zweibrücken NJW 1984, 1360 – Philipp Pumuckl. sa BVerfG NJW 2009, 663.

364 → Rn. 13; aA *Lorenz* in BK Rn. 395 ff., der einem solchen Recht aber auch keine große praktische Bedeutung beimisst.

365 BGHZ 98, 94 (97 f.); sa BGHZ 81, 75 (78); BVerwGE 82, 76 (78); für eine Vereinigung mit ideeller Zielsetzung, OVG Lüneburg NJW 1992, 192 (193); für eine politische Partei, OLG München NJW 1996, 2515; sa OLG Köln NJW 1998, 3721 (3724); für im Vergleich zu natürlichen Personen prinzipiell geringere Schutzintensität, OLG Köln BB 1991, 1748; sa *Stern*, StaatsR III/1, 1988, § 71 Kap. IV 6; OLG Hamburg NJW 2009, 1510.

366 Zur aA → Art. 19 Rn. 48 ff.

Komponenten des allgemeinen Persönlichkeitsrechts haben private juristische Personen, gleich ob sie einen Gewinnerzielungszweck verfolgen oder eine Idealvereinigung darstellen, jedoch offensichtlich teil. Ein schützenswertes Interesse am Datenschutz und damit an der informationellen Selbstbestimmung besteht bei ihnen in ähnlicher Weise wie bei privaten Akteuren. Das Unternehmen nimmt hier nicht etwa nur „stellvertretend" den Schutz der Daten von Kunden oder Geschäftspartnern in Anspruch, sondern denjenigen seiner eigenen Informationen. Soweit es sich um Betriebs- und Geschäftsgeheimnisse handelt, kann insoweit – vorrangig – Art. 12 Abs. 1 (ggf. auch Art. 14) eingreifen, doch wird es häufig an der „berufsregelnden Tendenz" von Eingriffen (→ Art. 12 Rn. 89 ff.) fehlen, weshalb auf das allgemeine Persönlichkeitsrecht rekurriert werden muss. Das BVerfG hat jedenfalls – nach anfänglichen Versuchen, die informationelle Selbstbestimmung von Unternehmen in Art. 14 zu verorten[367] – die prinzipielle Geltung des allgemeinen Persönlichkeitsrechts und insbesondere des Rechts auf informationelle Selbstbestimmung für juristische Personen mit Recht anerkannt.[368] Damit befindet es sich auch im Einklang mit der Judikatur des EGMR zu Art. 8 EMRK.[369] Auch unter dem Gesichtspunkt der „Ehre", die man bei juristischen Personen „Reputation" nennen kann, und beim Schutz des gesprochenen Worts[370] kommt eine Betroffenheit in Betracht, nicht jedoch, wo an Eigenschaften, Äußerungsformen oder Beziehungen angeknüpft wird, die wesensgemäß nur bei natürlichen Personen vorkommen.[371] So kann sich eine juristische Person, insbesondere weil das deutsche Strafrecht auf sie nicht anwendbar ist, auf das Verbot der Selbstbelastung nicht stützen.[372] Da juristische Personen keine Intimsphäre besitzen, zielen entsprechende Schutzgewährleistungen insoweit ins Leere.

In der zivilgerichtlichen Judikatur ist das Konzept eines **„postmortalen Persönlichkeitsrechts"** entwickelt worden, das durch die Verunglimpfung des Ansehens Verstorbener oder Veröffentlichung ihrer Privatissima betroffen sein soll.[373] Eine verfassungsrechtliche Anknüpfung sehen BVerfG und hL jedoch nicht in Art. 1 Abs. 1 iVm Art. 2 Abs. 1, da bei Toten keine Handlungsmöglichkeit und damit auch keine Handlungsfreiheit bestehe, sondern 85

[367] BVerfGE 67, 100 (142 f.); sa BVerfGE 77, 1 (47); BVerfG NJW 1991, 2129 (2132).

[368] Vgl. BVerfGE 118, 168 (203 f.); 128, 1 (43); aA *Kunig* in v. Münch/Kunig, 6. Aufl. 2012, Rn. 39; *Jarass* NJW 1989, 857 (860).

[369] EGMR 14.3.2013 – 24117/08, BeckRS 2015, 11285, Rn. 104 – Bernh Larsen Holding AS ua/Norwegen; EGMR 28.4.2005 – 41604/98, NJW 2006, 1495 f. – Buck/Deutschland; zustimmend *Grabenwarter/Pabel,* Europäische Menschenrechtskonvention, 2016, § 22 Rn. 4.

[370] BVerfGE 106, 28 (42 ff.); zum Schutz des Rechts am eigenen Bild offenlassend BVerfG NJW 2005, 883; den Anspruch auf Gegendarstellung bejahend BVerfGE 63, 131 (142 ff.).

[371] BVerfGE 118, 168 (203); *Jarass* in Jarass/Pieroth Rn. 52; *Lorenz* in BK Rn. 383 ff.; insg. ablehnend *Hufen,* Staatsrecht II, 2018, § 11 Rn. 17; *Schmitt Glaeser* in HdbStR VI, 2. Aufl. 2001, § 129 Rn. 88; *Hirte* NJW 1988, 1698 (1704); *Jarass* NJW 1989, 857 (859 f.); *Kau,* Vom Persönlichkeitsschutz zum Funktionsschutz, 1989, 95 ff. (102 ff.); differenzierend und der Rspr. iErg zustimmend *Dreier* in Dreier Art. 2 Abs. 1 Rn. 86.

[372] BVerfGE 95, 220 (242); krit. dazu *Weiß* NJW 1999, 2236; zust. aber *Arzt* JZ 2003, 456 (457 ff.).

[373] BGHZ 50, 133 (136); OLG Hamburg NJW 1990, 1985; s. ferner BVerfG NJW 2001, 594; NJW 2001, 2957; dazu *Zacharias* NJW 2001, 2950; BVerfGK 9, 83 – Marlene Dietrich; dazu *Wanckel* NJW 2006, 3411; zu postmortalem Persönlichkeitsrecht und Kunstfreiheit BGH NJW 2009, 751; *Ahrens* JZ 2009, 212 ff.; → Art. 5 Rn. 148 ff.; zum postmortalen Persönlichkeitsschutz im Hinblick auf die Vererblichkeit subjektiver Rechte *Schack* JZ 2019, 864; allgemein zu den Facetten *Lorenz* in BK Rn. 387 ff.

allein in Art. 1 Abs. 1.[374] Zwingend ist dies nicht. Auch Ehre und Privatsphäre sind statisch und nicht handlungsbetont; für die Verarbeitung persönlicher Daten stellt der Tod der Person keine Zäsur dar.[375] Warum gerade der Tote, der nicht mehr Mensch ist, durch das besonders hohe und Beschränkungen dogmatisch unzugängliche Recht der Menschenwürde geschützt sein soll, erschließt sich ebenfalls nicht. Angesichts der Verselbständigung des allgemeinen Persönlichkeitsrechts als eigenständiges Grundrecht ist die Notwendigkeit einer formalen Anbindung an Art. 2 Abs. 1 zur Legitimation des Grundrechtsschutzes mittlerweile nahezu obsolet geworden. Es handelt sich um eine formale Referenz, die weniger der Schutzbereichsbestimmung als der Vergewisserung über die Grundrechtsschranken (dazu sogleich) dient. Vor diesem Hintergrund besteht kein zwingender Grund, warum Verstorbene schlechthin vom Schutzbereich des allgemeinen Persönlichkeitsrechts ausgeschlossen sein müssen.

86 **4. Schranken.** Die richterrechtliche Herausbildung des verselbständigten Grundrechtstatbestandes „allgemeines Persönlichkeitsrecht" ging notwendigerweise mit einer Diskussion auch über die Maßstäbe der **Beschränkung** einher. Mit der dogmatischen Anknüpfung an Art. 2 Abs. 1, der durch Rekurs auf Art. 1 Abs. 1 lediglich bestärkt wird, wird die Schrankentrias des Art. 2 Abs. 1 auch zur Grundlage für Beschränkungen des allgemeinen Persönlichkeitsrechts.[376] Doch muss ihre Handhabung (insbesondere die der Schranken-Schranke der Verhältnismäßigkeit)[377] eine andere sein, sobald der spezielle Schutz des allgemeinen Persönlichkeitsrechts erreicht ist. Hier fließen Gehalte des Art. 1 Abs. 1 in Art. 2 Abs. 1 ein,[378] der Grundrechtstatbestand ist nicht „weit", sondern spezifisch; für seine Begrenzung kann es demgemäß nicht schon ausreichend sein, dass eine Norm in jeder Hinsicht den verfassungsrechtlichen Anforderungen im Übrigen genügt.[379] Die Hochrangigkeit und Absolutheit des Würdeschutzes wirkt auch innerhalb seiner ihn tendenziell abschwächenden Einbeziehung in das Konstrukt des allgemeinen Persönlichkeitsrechts und verbietet kategorisch die Berührung des „letzten unantastbaren Bereichs privater Lebensgestaltung"[380] – womit hier die Nahtstelle zwischen dem Grundrecht aus Art. 1 Abs. 1 und demjenigen aus „Art. 2 Abs. 1 iVm Art. 1 Abs. 1"[381] erreicht ist: Raum für Abwägungen besteht dann nicht mehr.[382] Das **Zitiergebot** ist, da beide Rechte formal den gleichen Schranken unterworfen sind, beim allgemeinen Persönlichkeitsrecht ebenso unbeachtlich[383] wie bei der allgemeinen Handlungsfreiheit.[384]

---

374 → Art. 1 Rn. 28; BVerfGE 30, 173 (194); *Jarass* NJW 1989, 859 (859 f.); *Podlech* in AK Art. 2 Abs. 1 Rn. 60; Martini JA 2009, 839 (842); anders *Stern,* StaatsR III/1, 1988, § 70 Kap. IV 4a; *Stern* in Stern StaatsR IV/1, § 99 Kap. II 2c.

375 *Schack* JZ 2019, 864 (866).

376 BVerfGE 98, 228 (269); 120, 180 (201) stRspr; *Jarass* in Jarass/Pieroth Rn. 58.

377 Vgl. nur BVerfGE 65, 1 (43 ff.); 78, 77 (85 ff.); BGH NJW 1991, 1532 (1533); zur „wesentlich strengeren Verhältnismäßigkeitsprüfung" auch *Lang* in BeckOK GG Rn. 52.

378 → Rn. 51 f.; *Lücke* DÖV 2002, 93 (95).

379 Vgl. *Lorenz* in BK Rn. 402, mit Bezug auf *Lücke* DÖV 2002, 93 (95); zur Schranke des Art. 2 Abs. 1 als allgemeiner Handlungsfreiheit → Rn. 43 f.

380 BVerfGE 80, 367 (373 f.), Tagebuchentscheidung; Zuordnung von Tagebüchern zum „allerintimsten Bereich" auch in LG Saarbrücken NStZ 1988, 424; BVerfGE 89, 69 (82 f.), medizinisch-psychologisches Gutachten; verneinend zum Abschiedsbrief eines Selbstmörders BGH NJW 1995, 269; sa *Jarass* NJW 1989, 857 (861).

381 → Rn. 51 f.

382 Vgl. *v. Arnauld* ZUM 1996, 286 (292); *Baldus* JZ 2008, 218.

383 → Rn. 40.

384 AA *Lorenz* in BK Rn. 406.

In jedem Fall muss die Beschränkung des allgemeinen Persönlichkeitsrechts 87
– was bei der allgemeinen Handlungsfreiheit noch streitig ist (→ Rn. 39) – auf **formalgesetzlicher Grundlage** erfolgen.[385] Der von einem beschränkenden Gesetz zu fordernde **Bestimmtheitsgrad** muss der (im Verhältnis zur allgemeinen Handlungsfreiheit gesteigerten) Bedeutung des allgemeinen Persönlichkeitsrechts Rechnung tragen.[386] Hier liegen die Schwierigkeiten begründet, in der Polizeirechtsgesetzgebung, im Ausländerrecht,[387] im Strafverfahrensrecht,[388] aber auch im allgemeinen Verwaltungsverfahrensrecht, dem Spannungsverhältnis zwischen dem verfassungsrechtlichen Persönlichkeitsschutz und den Erfordernissen effizienten staatlichen Handelns (auch) zum Rechtsgüterschutz Dritter gerecht zu werden.

Ähnlich wie bei Art. 12 Abs. 1 nahm das BVerfG zum Zwecke der Verhält- 88
nismäßigkeitskontrolle anfangs eine Formalisierung der Sachverhaltszuordnung vor, mit der nach der als unterschiedlich empfundenen Schutzbedürftigkeit der einbezogenen Lebenssachverhalte und Gefährdungslagen differenziert wurde.[389] Insoweit grenzte es – auf gleitender Skala – die „Intimsphäre"[390] von der „privaten Sphäre"[391] und schließlich eine dem noch vorgeordnete, gemäß den oben[392] dargestellten Grundsätzen zu behandelnde weitere Sphäre allgemeinen Freiheitsschutzes voneinander ab. Derartige Abgrenzungen – von denen sich das BVerfG wieder verabschiedet hat – verdunkeln eher die Rechtslage dadurch, dass sie den Anschein der Trennschärfe erwecken, und können allenfalls eine erste Orientierung geben. Im Volkszählungsurteil unterstrich das Gericht mit gutem Grund und in nahezu prophetischer Weise, dass es **„kein ‚belangloses' Datum"**[393] mehr gebe – wegen der durch Datenverarbeitung ermöglichten Verknüpfbarkeit einzelner Daten, die erst in ihrer Zusammenschau „Belang" gewinnen. Im virtuellen Raum des Internet ist eine Abgrenzung von Sphären ohnehin inopportun, ja unmöglich.

---

[385] Vgl. schon, wenn auch nicht recht eindeutig, BVerfGE 32, 373 (379); 34, 238 (246) unter Hinweis auf die Schrankenproblematik bei dem Grundrecht auf körperliche Unversehrtheit, → Rn. 137; vgl. ferner *Schmitt Glaeser* HdbStR VI, 2. Aufl. 2001, § 129 Rn. 103; weitere Entscheidungen bedienen sich der Terminologie der Schrankentrias (→ Rn. 37 ff.), legen aber strengere Maßstäbe an als bei der allgemeinen Handlungsfreiheit, vgl. etwa BVerfGE 79, 256 (269), 82, 192 (195); *v. Arnauld* ZUM 1996, 286 (288 f.); sa *Dreier* in Dreier Art. 2 Abs. 1 Rn. 91.

[386] BVerfGE 65, 1 (46); sa BVerfGE 120, 378, Kfz-Kennzeichen-Erfassung; *Wolf* NVwZ 2002, 49; vgl. allg. auch *Jarass* in Jarass/Pieroth Rn. 59.

[387] Vgl. § 75 AuslG aF und dazu *Weichert* NVwZ 1997, 1053 betr. die Ermittlung von „Scheinehen".

[388] S. *Rogall,* Informationseingriff und Gesetzesvorbehalt im Strafprozeß, 1992; im Zusammenhang mit der Akteneinsicht Dritter in Straf- bzw. Ermittlungsakten s. OLG Frankfurt a. M. NJW 1996, 1484; OLG Hamburg NJW 1995, 3399; zur Beiziehung von Strafakten durch eine Disziplinarbehörde BVerfG NVwZ-RR 1997, 631; von Patientenakten durch Rechnungshöfe bei der Klinikkontrolle BVerfG NJW 1997, 1633 und dazu krit. *Heintzen/Lilie* NJW 1997, 1601; zu Verwertungsverboten in diesem Zusammenhang *Singelnstein* FS f. Eisenberg, 2009, 643 (649 ff.); sa *Singelnstein* ZStW 120 (2008), 854.

[389] Zu den Veränderungen der Akzentsetzung in der Rspr. des BVerfG *Geis* JZ 1991, 112; *v. Arnauld* ZUM 1996, 286 (289 ff.); *Beaucaump/Seifert* JA 2004, 539; sa *Dreier* in Dreier Art. 2 Abs. 1 Rn. 91.

[390] „[… L]etzter, unantastbarer Bereich menschlicher Freiheit", „der Einwirkung der gesamten öffentlichen Gewalt entzogen", s. etwa BVerfGE 6, 32 (41); 34, 238 (245 f.); 38, 316 (320) stRspr.

[391] BVerfGE 34, 269 (281); 90, 255 (260) stRspr; hier sollte eine Verhältnismäßigkeitsprüfung nach besonders strengen Maßstäben erfolgen.

[392] → Rn. 55 und → Rn. 58.

[393] BVerfGE 65, 1 (45) → Rn. 75.

C. Die Grundrechte des Art. 2 Abs. 2

I. Die Rechte auf Leben und körperliche Unversehrtheit (Art. 2 Abs. 2 S. 1)

89 **1. Jeder hat das Recht auf Leben. a) Das Recht auf Leben als Menschenrecht.** Das Recht auf Leben stellt innerhalb der grundgesetzlichen Ordnung „einen Höchstwert dar."[394] Dies ist als absolute Aussage – in dem Sinne, dass der Lebensschutz ein besonders wertvolles Verfassungsgut ist – zu verstehen, aber nicht so, dass er in Relation zu anderen Grundrechten immer und bedingungslos Vorrang genießt. Die jedem Menschen naturgegebene physische Existenz ist vor Vernichtung geschützt.[395] Das Grundrecht zielt nicht auf die Erhaltung oder Wiederherstellung einer Qualität von Leben oder auf Gesundheitszustände: Es geht allein um Leben im Unterschied zum Tod, also das Recht „zu leben."[396] Es handelt sich um ein **Menschenrecht** iSd grundgesetzlichen Terminologie, also ein Recht, für dessen Inhaberschaft es auf das Band der Staatsangehörigkeit nicht ankommt, aber auch iSd völkerrechtlichen Menschenrechtsschutzes. Trotz der Nähe des Lebensschutzes zum Menschenrechtsschutz ist jener gegen Eingriffe nicht völlig immun. Die absichtliche Tötung von Menschen ist grundsätzlich verboten, aber nicht kategorisch; man denke an den Kriegsfall (für den auch das GG, wie die Art. 115a ff. zeigen, Vorsorge trifft).[397] Ein kategorisches Verbot eines Eingriffs in das Recht auf Leben stellt die Abschaffung der Todesstrafe dar, wiewohl sie im universellen Völkerrecht nicht untersagt ist (vgl. Art. 6 Abs. 2 des Internationalen Pakts über bürgerliche und politische Rechte)[398] – auch wenn die Rechtsentwicklung auch auf überstaatlicher Ebene in Richtung Abschaffung weist.[399] Die Mitgliedstaaten des Europarats haben der Todesstrafe erst mit Zusatzprotokollen zur EMRK nach und nach den Boden (fast) entzogen (→ Rn. 100). Das unbedingte Verbot der Todesstrafe ist in der Verbürgung des Art. 2 Abs. 2 S. 1 Alt. 1 nicht erkennbar angelegt, was die ausdrückliche Regelung des Art. 102 erklärt.[400] Der explizite grund-

[394] BVerfGE 39, 1 (42); 46, 160 (164); 49, 24 (53) in der Judikatur wird diese Wendung nicht selten formelhaft aufgenommen, siehe nur BAG NJW 1989, 2347 (2349).

[395] Vgl. *Lorenz* in BK Rn. 411: Sicherung der Subjektstellung iS externer Unverfügbarkeit des körperlichen Seins.

[396] *Steiger* in Berberich/Holl/Maaß Neue Entwicklungen im öffentlichen Recht, 1979, 255 (273); *Schulze-Fielitz* in Dreier Art. 2 Abs. 2 Rn. 25: „zielt allein auf die Aufrechterhaltung gegenüber allen Fremdeinwirkungen."

[397] Auch in diesem Zusammenhang begrenzt das Völkerrecht die Rechtmäßigkeit von Tötungshandlungen, s. dazu grundsätzliche Überlegungen bei *Eser* FS f. Schöch, 2010, 461 ff.; vgl. zur Grundrechtsgefährdung durch Heranziehung zum Kriegs- bzw. Wehrdienst *Lorenz* in HdbStR VI, 2. Aufl. 2001, § 128 Rn. 33; *Sachs* in Stern StaatsR IV/1, § 98 Kap. II 5b β ββ.

[398] Dort heißt es: „In Staaten, in denen die Todesstrafe nicht abgeschafft worden ist, darf ein Todesurteil nur für schwerste Verbrechen auf Grund von Gesetzen verhängt werden, die zur Zeit der Begehung der Tat in Kraft waren und die den Bestimmungen dieses Paktes und der Konvention über die Verhütung und Bestrafung des Völkermordes nicht widersprechen. Diese Strafe darf nur auf Grund eines von einem zuständigen Gericht erlassenen rechtskräftigen Urteils vollstreckt werden.", s. BGBl 1973 II 1533 (1537).

[399] Zweites Fakultativprotokoll zum IPBPR vom 15.12.1989 zur Abschaffung der Todesstrafe (BGBl. 1992 II 390 ff.; derzeit 88 Vertragsstaaten (Stand: 14.4.2020); zur Abschaffung der Todesstrafe im Völkerrecht im Allgemeinen s. *Schabas,* The Abolition of the Death Penalty in International Law, 2002.

[400] Anders *Lorenz* in HdbStR VI, 2. Aufl. 2001, § 128 Rn. 41; iErg auch *Schulze-Fielitz* in Dreier Art. 2 Abs. 2 Rn. 60: „deklaratorisch"; s. iÜ → Art. 102 Rn. 10.; sowie *Ebel/Kunig*

rechtliche Schutz des Lebens ist entwicklungsgeschichtlich ein recht neues Phänomen, findet allerdings Vorläufer in den verfahrensmäßigen Garantien zum Schutz der Person vor dem Zugriff der Obrigkeit (auch) auf „Leib und Leben."[401] Unmittelbaren Anlass zur Aufnahme eines Grundrechts auf Leben in das GG gab die Erfahrung des willkürlich und massenhaft Leben vernichtenden und preisgebenden NS-Staats, dessen Verderbtheit in ethisch inakzeptablen Formeln wie der vom „lebensunwerten" Leben kulminierte.[402]

b) Grundrechtsträgerschaft. Nur **natürliche Personen** verfügen über das Grundrecht auf Leben. Auf juristische Personen kann es wesensgemäß keine Anwendung finden. Weder Verbände noch Vereine noch Stiftungen oder wirtschaftlich agierende Gesellschaften haben ein „Leben" iSv Art. 2 Abs. 2 S. 1.[403] Rechtsakte, welche die (rechtliche oder wirtschaftliche) Existenz juristischer Personen beenden, sind an Art. 14, 12 Abs. 1 oder Art. 9 Abs. 1 und ggf. Art. 2 Abs. 1 zu messen, bei religiösen Vereinigungen an Art. 4 Abs. 1, 2. Dies gilt auch für Vereinigungen, die sich satzungsgemäß dem Lebensschutz verschrieben haben:[404] Allein die grundrechtliche Finalität einer Vereinigung macht sie nicht zu dessen Träger.[405] 90

Wann der Lebensschutz endet, ist weniger unklar als sein Beginn. Auch wenn **Toten** ein nachwirkender Grundrechtsschutz („postmortales Persönlichkeitsrecht" → Rn. 12) unter bestimmten Voraussetzungen zugebilligt werden kann, fällt derjenige für das Leben nicht mehr darunter. Umstritten ist allerdings, nach welchen Kriterien sich bestimmt, ob jemand tot (und damit nicht mehr Träger des Rechts auf Leben) ist; hierfür wird grds. auf das endgültige Erlöschen aller Hirnströme abgestellt.[406] Eine Organentnahme zum Zweck der Transplantation, die vor diesem irreversiblen Hirntod stattfindet, beendet das Leben des Organspenders (zur Frage nach den Anforderungen an dessen Einwilligung in die **Organentnahme** zu einem früheren Zeitpunkt → Rn. 129) und beeinträchtigt insoweit das Recht auf Leben. Selbst wenn nach medizinischen Erkenntnissen keine Chance auf Besserung 91

Jura 1998, 617 (621); *Müller-Terpitz* in HdbStR VII § 147 Rn. 63; auch aus völkerrechtlicher Sicht: *Peters* EuGRZ 1999, 650.

[401] Vgl. *Starck* in MKS Rn. 189; *Di Fabio* in Maunz/Dürig Art. 2 Abs. 2 Rn. 2.

[402] Anstöße zur „Euthanasie" der Nationalsozialisten gaben mit der Begriffsschöpfung und -deutung nicht zuletzt *Hoche/Binding,* Freigabe der Vernichtung lebensunwerten Lebens, 1920, näher dazu *Hilliger,* Das Rechtsdenken Karl Bindings und die „Freigabe der Vernichtung lebensunwerten Lebens", 2018, S. 281 ff.; zur Prägung des Art. 2 Abs. 2 S. 1 Alt. 1 durch das Trauma des Nationalsozialismus BVerfGE 18, 112 (117); 39, 1 (36 f.); vgl. aber auch *Stern,* StaatsR III/1, 1988, § 70 Kap. IV 4d; dieser entstehungsgeschichtliche Aspekt hat für die aktuelle Auslegung des Art. 2 Abs. 2 S. 1 – und anderer Grundrechte – weiterwirkende Bedeutung.

[403] BVerfG NVwZ 2012, 818 (819): „Denn dieses Grundrecht knüpft an die körperliche Integrität des Menschen an […]."

[404] BVerwG VerwRspr 1981, 524 (525).

[405] Vgl. zu einem Naturschutzverein BVerwGE 54, 211 (220).

[406] *Lorenz* in BK Rn. 443 ff.; ebenso *Müller-Terpitz* in HdbStR VII § 147 Rn. 32; *Murswiek/Rixen* in Sachs Rn. 142; *Schreiber* FS f. Remmers, 1995, 593 ff.; *Kluth/Sander* DVBl 1996, 1285; eingehend *Klinge,* Todesbegriff, Todesschutz und Verfassung, 1996, 107 ff.; dazu auch *Brandt/Angstwurm* Dt. Ärztebl. 2018, 675 ff; ablehnend zur Hirntodkonzeption *Schmidt-Jortzig,* Wann ist der Mensch tot?, 1999, 17; *Höfling* JZ 1995, 27; gegen ihre Ablehnung *Heun* JZ 1996, 213; Replik von *Höfling* JZ 1996, 615; festhaltend an seiner Kritik *Höfling* ZRP 2019, 2 (3); in diesem Sinne auch *Lang* in BeckOK GG Rn. 61: „Herz-Kreislauf-Tod"; → Rn. 63, Stichwort „Transplantation".

besteht, darf der Staat sich – auch angesichts der Schwierigkeit zu bestimmen, wie viel Wahrnehmungsfähigkeit etwa ein dauerhaft Komatöser noch hat – nicht anmaßen zu bestimmen, welches Ausmaß an Leben noch bewahrenswert ist; dies folgt auch aus den Wertungen des Art. 1 Abs. 1 S. 1. Das Gesetz darf daher grds. die Organentnahme zu keinem früheren Zeitpunkt als dem des Hirntodes zulassen, selbst wenn der Betroffene für diesen Fall seine Zustimmung dazu erklärt hat.[407] Die Frage, welche Anforderungen – wenn der Hirntod Voraussetzung für die Organentnahme ist – an eine Zustimmung unter Lebenden gestellt werden dürfen (ob der Gesetzgeber eine „Zustimmungslösung" vorzusehen hat, wonach in der Regel nur die aktive Zustimmung zu Lebzeiten die Berechtigung zur Organentnahme begründet, oder eine „Widerspruchslösung", wonach die Organentnahme in der Regel zulässig ist, wenn ihr nicht durch den Organgeber zu Lebzeiten oder ggf. seine Familienangehörigen widersprochen worden ist), bestimmt sich nach der Menschenwürde und nach dem allgemeinen Persönlichkeitsrecht, nicht nach dem Recht auf Leben.[408] Gleiches gilt für die Frage, zu welchem Zweck die Organentnahme erfolgen darf und ob die Menschenwürde eine Kommerzialisierung zulässt. (Zur vornehmlich an Art. 2 Abs. 2 S. 1 Var. 2 – Recht auf körperliche Unversehrtheit – zu messenden Organentnahme bei Lebenden zum Zweck der Organtransplantation → Rn. 129).

92 Ob der **Beginn des Lebensschutzes** nach Art. 2 Abs. 2 S. 1 mit der Vollendung der Geburt[409] ansetzt, mit dem § 1 BGB die Rechtsfähigkeit des Menschen einsetzen lässt, oder früher liegt und, wenn ja, in welchem Zeitpunkt, wird nicht einheitlich beantwortet; die Fortschritte in der Medizin- und Gentechnik werfen dabei immer neue Fragen auf. Ist die Geburt vollendet, so besteht der Lebensschutz jedenfalls unabhängig von der Lebensfähigkeit bzw. der Lebenserwartung des Neugeborenen.[410] Für die Zeit vor der Geburt ist zu unterscheiden zwischen abstraktem Lebensschutz („des ungeborenen Lebens" schlechthin) auf der einen Seite, bei dem Art. 2 Abs. 2 S. 1 Var. 1 nur objektiv-rechtliche Wirkung entfaltet, und einem dem Embryo bzw. Nasciturus möglicherweise zustehenden subjektiven Recht auf Leben (und der Frage, wer es prozessual durchsetzen kann, insbesondere wenn die Intention der eigenen Eltern auf Beendigung der Schwangerschaft gerichtet ist). Das BGB als einfachgesetzliches Recht vorkonstitutionellen Ursprungs kann für den Beginn des verfassungsrechtlichen Lebensschutzes keine Maßstäbe setzen. Dass auch während der Geburt, also nach Einsetzen der Wehen, eigener Grundrechtsschutz des in die Welt gelangenden Menschen besteht, ist nicht bezweifelbar; dem Strafrecht ist dies seit langem selbstverständlich,[411] sein insoweit vermittelter Schutz ebenso selbstverständlich verfassungsgeboten wie die Pönalisierung von Straftaten gegen das Leben Geborener. Im Übrigen erkennt auch das BGB in bestimmten Konstellationen abweichend von § 1 dem Nasciturus (§§ 844 Abs. 2 S. 2, 1923 Abs. 2

---

407 *Höfling* in BerlKomm Art. 2, 3 Teil, Rn. 170; *Lorenz* in BK Rn. 447; Deutscher Ethikrat, Hirntod und Entscheidung zur Organspende, BT-Drs. 18/4256, 42 f.

408 → Rn. 63; so auch *Hufen* NVwZ 2019, 1325 (1326 f.); *Spilker* ZRP 2014, 112 ff.; anders *Höfling* ZRP 2019, 2 (2,4 f).

409 Zur problematischen Bestimmung dieses Zeitpunkts siehe die Nachweise bei *Ellenberger* in Palandt, 77. Aufl. 2018, § 1 Rn. 2.

410 Die weitere Lebensfähigkeit des Geborenen spielt dabei keine Rolle; *Müller-Terpitz* in HdbStR VII § 147 Rn. 10; siehe auch LSG Niedersachsen NJW 1987, 2328.

411 Vgl. zum Beginn der Geburt BGH NJW 1983, 2097; siehe auch OLG Bamberg NJW 1988, 2963.

BGB), ja sogar dem noch nicht Gezeugten (*non iam productus*[412]) Rechte zu.[413]

93 Der Lebensschutz durch die Grundrechtsordnung erfasst jedenfalls auch das noch **ungeborene menschliche Leben.**[414] Die Schutzfunktion des Grundrechts auf Leben umschließt auch eine grundsätzliche Verpflichtung des Staates zugunsten der Entfaltung von Leben. Eine Pflicht, Leben „zu mehren" und möglicherweise Maßnahmen für das Bevölkerungswachstum zu ergreifen, kann sich aus Art. 2 Abs. 2 S. 1 zwar nicht ergeben. Wo aber Leben durch einen Zeugungsakt bereits angelegt ist, trifft den Staat eine Pflicht zu seinem Schutz. Traditionell hat diese vor allem die Abtreibung zum Gegenstand, welcher der Staat jedenfalls nicht gleichgültig gegenüberstehen darf. Das Grundrecht auf Leben kollidiert dabei mit Grundrechten anderer, allen voran dem Recht der Mutter auf Selbstbestimmung (und ggf. ihrem eigenen Recht auf körperliche Unversehrtheit), die in praktische Konkordanz zueinander gebracht werden müssen (ausführlich → Rn. 107 ff.). Mit den Fortschritten der Fortpflanzungsmedizin ergeben sich insoweit jedoch auch zahlreiche neue Fragen, zB diejenige nach der Vernichtung bzw. Verwertung oder Kryokonservierung überzähliger befruchteter Eizellen im Falle der **In-vitro-Fertilisation**. Eine weitere, auch andere Grundrechte, darunter die Menschenwürde, berührende Frage ist die nach der Zulässigkeit von Eingriffen in die Keimbahn, also in das Genmaterial der sich zum Embryo entwickelnden befruchteten Zygote, sei es zum Zwecke der Gentherapie oder zur Herstellung von „Designerbabys", aber auch nach geeigneten Instrumenten zur Verhinderung von sog. **Chimären,** in denen menschliches und nichtmenschliches Erbgut miteinander verbunden sind, und des **Klonens** von Menschen.[415] Angesichts verbesserter Möglichkeiten, v. a. im Wege der Präimplantationsdiagnostik durch Genomanalysen (Erb-)Krankheiten beim Embryo bzw. Fötus festzustellen, steigt auch die Wahrscheinlichkeit sog. embryopathischer Abtreibungen.[416]

94 Ungeborenes Leben (zu der Frage, ab wann es vorliegt → Rn. 96) ist **jedenfalls im objektiven Sinne** von der Grundrechtsordnung geschützt.[417] Dem entspricht eine Schutzpflicht aller drei Staatsgewalten für dieses ungeborene Leben, wo es durch Handlungen anderer Grundrechtsträger (Mutter, Arzt etc.) bedroht wird. Im Zusammenhang hiermit entwickelte das BVerfG das Untermaßverbot: Hinter dem erforderlichen Minimum von Schutzanstrengungen darf der Staat nicht zurückbleiben (→ Rn. 102). Ob darüber hinaus der einzelne **Nasciturus Grundrechtssubjekt** ist, ist umstritten (und wurde vom BVerfG nicht eindeutig beantwortet).[418] Die Frage ist zu bejahen;[419] denn der Fötus ist kein Abstractum, das erst durch den Geburtsvor-

---

[412] Dazu RGZ 61, 355 (356) zur Eintragung einer Hypothek.

[413] *Spickhoff* in MüKo BGB, § 1 Rn. 46 ff.; *Behme* in BeckOK BGB, § 1 Rn. 27 ff.

[414] *Sachs* in Stern StaatsR IV/1, § 98 Kap. II 2b.

[415] Übersicht bei *Kersten* NVwZ 2018, 1248. Beides ist durch das Embryonenschutzgesetz (ESchG) vom 13.12.1990 (BGBl 1990 I 2228) untersagt (§ 7). Näheres in → Rn. 111).

[416] Diese ist in Deutschland derzeit verboten; vgl. *Merkel* in Kindhäuser/Neumann/Paeffgen Strafgesetzbuch, § 218a Rn. 95 ff.; *Gropp* in MüKo StGB, § 218a Rn 60 ff.

[417] BVerfGE 39, 1 (36 f.); siehe auch BVerfGE 45, 376 (386); *Lorenz* in HdbStR VI, 2. Aufl. 2001, § 128 Rn. 9.

[418] So offenbar auch BVerfGE 88, 203 (252): „eigenes Lebensrecht des Ungeborenen"; siehe auch *v. Münch* JuS 1997, 248 (251); *Hilgendorf* NJW 1996, 758 (759).

[419] *Steiger* in Berberich/Holl/Maaß Neue Entwicklungen im öffentlichen Recht, 252 (262); *Starck* in MKS Rn. 203; so wohl auch *Jarass* in Jarass/Pieroth Rn. 85: „sondern dürfte

gang individualisiert würde. Zwar folgt dies aus der Vokabel „jeder" noch nicht zwingend, mag sie auch ein „weites" Verständnis nahe legen,[420] wohl aber legen Sinn und Zweck grundrechtlichen Lebensschutzes sie nahe (die durch den verengten Blick auf die Problematik der Zulässigkeit von Schwangerschaftsabbrüchen, insbes. den strafrechtlichen Aspekt, aus dem Blick zu geraten drohen). Der soeben Geborene befindet sich in gleicher Hilflosigkeit wie derjenige, dessen Geburt bevorsteht; den Letzteren anders zu beurteilen als den Fötus in früheren Stadien, ist gleichfalls nicht begründbar – wohlgemerkt: im Blick auf die Rechtssubjektivität. Hinzu kommt die Gefahr von Wertungswidersprüchen: Wird dem Embryo ein subjektives Lebensrecht abgesprochen, lässt sich nur schwer begründen, warum dem geborenen Kind für eine ihm pränatal zugefügte Schädigung ein Ausgleichs- bzw. Schadensersatz zustehen kann (→ Rn. 111). Die sachliche Reichweite des jeweiligen Schutzes bemisst sich nach anderen und kollidierenden Rechten.[421] Typischerweise kollidiert das Recht des Nasciturus mit dem allgemeinen Persönlichkeitsrecht der Mutter und ggf. auch ihrem Recht auf körperliche Unversehrtheit. Hand in Hand gehen beide Rechte; wenn ein Staat, der etwa aus rassischen, religiösen oder aus sozialpolitischen Gründen „Bevölkerungspolitik" zu treiben gedächte, gegenüber der Mutter den Abbruch der Schwangerschaft verlangt. Dem Grundrechtsschutz der Mutter (vor allem) aus Art. 2 Abs. 2 S. 1 Var. 2 (also ihres Rechts auf die körperliche Unversehrtheit) muss dann ein Individualgrundrecht des Nasciturus auf Leben (Art. 2 Abs. 2 S. 1 Var. 1) machtvoll zur Seite stehen können.

95 Die Anerkennung des Nasciturus als Träger des Rechts auf Leben stößt allerdings an **verfahrensrechtliche Grenzen** und läuft damit Gefahr, sich in einem individualgrundrechtlichen Lippenbekenntnis zu erschöpfen. Zwar kann auch ein Kleinkind sich nicht selbst artikulieren und bedarf zur Grundrechtsdurchsetzung der Unterstützung seines gesetzlichen Vertreters. Einschnitte in das Leben des Fötus gehen jedoch typischerweise gerade von den gesetzlichen Vertretern aus, was den einzelnen Nasciturus in verfahrensrechtlicher Sicht weitgehend schutzlos stellt. Was bleibt, ist – wenn überhaupt – die Durchsetzung des staatlichen Strafanspruchs, der aber unabhängig davon besteht, ob das Opfer einer Straftat Träger eines Individualgrundrechts ist oder ihm nur ein objektives Schutzgut zugute kommt. Eine Individualverfassungsbeschwerde des Nasciturus ist praktisch ausgeschlossen. Sie könnte nur in der Weise ermöglicht werden, dass einem neutralen Sachwalter ein Klagerecht für den Nasciturus eingeräumt würde.[422] Solange Sedes materiae des Schutzes ungeborenen Lebens aber vorwiegend das Strafrecht ist, erscheint dies unpraktikabel, zumal eine Individualverfassungsbeschwerde die Ausschöpfung des Rechtswegs erfordert.

---

auch Grundrechtsträger sein"; *Sachs* in Stern StaatsR IV/1, § 98 Kap. II 3; zur Kontroverse im ParlRat: *Stern,* StaatsR III/1, 1988, § 70 Kap. IV 3b.

[420] *v. Münch* in v. Münch/Kunig, 3. Aufl. 1985, Rn. 39.

[421] → Rn. 63.

[422] *Müller-Terpitz* in HdbStR VII § 147 Rn. 30 ff., Fn. 103: „[I]n seinen genetischen Eltern jedenfalls findet er nicht stets einen zuverlässigen „Verbündeten." Von daher ist gerade der Nasciturus auf ein wirksames abstrakt generelles Schutzregime angewiesen, welches bereits im Vorfeld von Lebensgefährdungen seine Rechtsposition gegenüber Dritten (Eltern, Forschern etc.) sichert."; siehe auch *Hillgruber* JZ 1997, 975 (976), der die Bestellung eines Pflegers analog § 1912 Abs. 1 BGB vorschlägt; hierzu auch *Rüfner* in HdbStR IX § 196 Rn. 7; *Huber* in HdbGR, § 49 Rn. 13.

Zu welchem Zeitpunkt der Lebensschutz (als objektiv- oder subjektiv- **96**
rechtlicher) einsetzt und was sich daraus für den Schutz des Lebens in den einzelnen Entwicklungsphasen (von der Zygote über den Embryo zum Fötus) ergibt, wird ebenfalls nicht einheitlich beurteilt. Teile des Schrifttums,[423] wohl auch das BVerfG,[424] lassen „Leben" mit der Verschmelzung von Ei- und Samenzelle, der **Fertilisation**, als dem individualitätsbestimmenden Zeitpunkt beginnen, andere erst mit der **Nidation**, also der Einnistung der befruchteten Eizelle (Zygote im Blastozysten-Stadium) in der Gebärmutter.[425] Auf die Nidation abzustellen, erscheint zwar praktikabel, um einer exzessiven Strafbarkeit des Schwangerschaftsabbruchs entgegenzuwirken; sie erscheint jedoch als Grundrechtsabgrenzung beliebig, da die Nidation, deren Zeitpunkt überdies sehr uneinheitlich ist, nur einen unter vielen Entwicklungsschritten des Embryos darstellt. Vor allem aber kann die befruchtete Eizelle Manipulation ausgesetzt sein, die sich beim geborenen Menschen (positiv oder negativ) manifestieren. Im Zuge der künstlichen Befruchtung durch In-vitro-Fertilisation oder intrazytoplasmatische Spermieninjektion (beides Methoden der extrakorporalen Insemination im Labor) werden in der Regel mehrere Eizellen gleichzeitig befruchtet. Ob eine Auswahl zwischen diesen (möglicherweise auf der Basis präimplantationsdiagnostischer Ergebnisse) getroffen werden darf, wie viele von ihnen implantiert werden dürfen und ob die nicht benötigten Eizellen konserviert, vernichtet oder verarbeitet werden dürfen, muss an Art. 2 Abs. 2 S. 1 Var. 1 (und ggf. 2) sowie auch an der „Objektformel" der Menschenwürde, Art. 1 Abs. 1, gemessen werden;[426] hier ist die Schutzverantwortung des Staates aktiviert.

c) Schutzumfang. Ob das „Recht zu leben" ein Recht auf die **Beendi-** **97**
gung des eigenen Lebens umfasst, ist str. Die hM spricht Art. 2 Abs. 2 S. 1 Var. 1 im Gegensatz zu anderen Grundrechten eine „Negativfunktion" ab: Mit dem Leben als verfassungsrechtlichem „Höchstwert" wird es für konzeptionell nicht vereinbar angesehen, aus der Bestimmung ein Grundrecht auf Selbsttötung abzuleiten.[427] Andere betrachten Art. 2 Abs. 2 S. 1 Var. 1 als Grundlage der „selbstbestimmte[n] Entscheidung ‚zum Tod'", ua mit Hinweis auf sonst eintretende Wertungswidersprüche mit Art. 2 Abs. 2 S. 1 Var. 2, in dessen Rahmen die „Selbstbestimmung zur Krankheit" allgemein anerkannt

---

[423] Vgl. *Stern,* StaatsR III/1, 1988, § 70 IV 5a; *Müller-Terpitz* in HdbStR VII § 147 Rn. 16; *Herdegen* in Maunz/Dürig Art. 1 Abs. 1 Rn. 63 ff.; *Lorenz* in BK Rn. 421, 431; *Murswiek/Rixen* in Sachs Rn. 145; *Sternberg-Lieben* JuS 1986, 673 (677); siehe auch *Schlink,* Aktuelle Fragen des pränatalen Lebensschutzes, 2002, 13 f.; *Starck* JZ 2002, 1065 (1067); *Classen* DVBl 2002, 141 (143); *Müller-Terpitz,* Der Schutz des pränatalen Lebens, 2007, S. 222, S. 341 ff.; eingehend zum Meinungsstand *Middel,* Verfassungsrechtliche Fragen der Präimplantationsdiagnostik und des therapeutischen Klonens, 2006, 85.

[424] Vgl. BVerfGE 88, 203 (251); ähnlich in der Bewertung: *Herdegen* in Maunz/Dürig Art. 1 Abs. 1 Rn. 65 in der Fußnote: „mit einem vorsichtigen *caveat* für die Zeit vor der Nidation."

[425] *Hofmann* JZ 1986, 253 (258 f.); *Heun* JZ 2002, 517; *Anderheiden* KritV 2001, 353 (377 ff.); *Di Fabio* in Maunz/Dürig Art. 2 Abs. 2 Rn. 24; *Jarass* in Jarass/Pieroth Rn. 85.

[426] *Kersten* NVwZ 2018, 1248 (1249 f.).

[427] *Di Fabio* in Maunz/Dürig Art. 2 Abs. 2 Rn. 47; *Lorenz* in BK Rn. 420; *Murswiek/Rixen* in Sachs Rn. 211; *Starck* in MKS Rn. 192; *Müller-Terpitz* in HdbStR VII § 147 Rn. 38 f., Rn. 104; *Martens* DÖV 1976, 457 (459) „kein Verfügungsrecht über das eigene Leben"; *Roellecke* in Eser Suizid und Euthanasie als human- und sozialwissenschaftliches Problem, 336 (337 f.); bekräftigend *Roellecke* JZ 1991, 1045 (1046); *Hellermann,* Die sog. negative Seite der Freiheitsrechte, 1993, 33; *Schwabe* JZ 1998, 66 (69); vgl. auch EGMR 29.4.2002 – 2346/02, NJW 2002, 2851 (2852) – Pretty/Vereinigtes Königreich.

sei.[428] Für eine dogmatische Unterscheidung zwischen beiden Grundrechten streiten jedoch der besonders hohe Menschenwürdegehalt des Lebensgrundrechts, die Irreversibilität der umgesetzten Entscheidung gegen das Leben (während diejenige „gegen die Gesundheit" in aller Regel aufgrund grundrechtsgetragener Willensbildung revidiert werden kann), aber auch der Blick auf die grundrechtsdogmatischen Konsequenzen: Würde das Recht auf Lebensbeendigung in Art. 2 Abs. 2 S. 1 Var. 1 verortet, wären normative Beschränkungen der Sterbehilfe, ja selbst das strafrechtliche Verbot der aktiven Euthanasie alias Tötung auf Verlangen (§ 216 StGB) – in denen die staatliche Schutzpflicht für das Leben zum Ausdruck kommt – grundrechtsdogmatisch nur schwer begründbar.[429] Überzeugender ist es daher, die Entscheidung über die Beendigung des eigenen Lebens nicht dem Schutzbereich des Art. 2 Abs. 2 S. 1 Var. 1 zuzuordnen, sondern an Art. 2 Abs. 1 anzusetzen. Während viele allein die allgemeine Handlungsfreiheit als Sedes materiae ansehen,[430] spricht für die – auch vom BVerwG[431] und BVerfG befürwortete[432] – Zuordnung zum allgemeinen Persönlichkeitsrecht (Art. 1 Abs. 1 iVm Art. 2 Abs. 1), dass der sich zum Suizid Entschließende seine Selbstbestimmung in der denkbar existenziellsten Form wahrnimmt.[433] Die Kritik, mit der Verankerung des Rechts auf (eigenverantwortlichen) Suizid im allgemeinen Persönlichkeitsrecht werde das Recht auf Selbsttötung stärker geschützt als das Recht auf Leben,[434] ist unbegründet, denn trotz der (dogmatisch angreifbaren → Rn. 52) Verwurzelung in ua Art. 1 Abs. 1 ist das Persönlichkeitsrecht mit der Menschenwürde nicht identisch und unterliegt – nicht anders als Art. 2 Abs. 2 – einem einfachen Gesetzesvorbehalt, ist also schon von Verfassung wegen nicht als höherrangig einzustufen. Allerdings hat das BVerfG den Grundrechtsschutz des Suizids durch Rekurs auf seinen Menschenwürdegehalt in einer Weise dogmatisch verstärkt, wenn nicht überhöht (→ Rn. 65), dass das (ebenfalls mit einem hohen Menschenwürdegehalt ausgestattete) Recht auf Leben jedenfalls bei Suizidentscheidungen tendenziell nachrangig erscheinen muss (zu den verfassungsrechtlichen Grenzen des assistierten Suizids, der Sterbehilfe und der Tötung auf Verlangen s. auch → Rn. 106).

98 **d) Grundrechtsdimensionen. aa) Abwehrrecht.** Das Grundrecht auf Leben ist im Ausgangspunkt ein **Abwehrrecht,** mit ihm werden also – dem Staat zurechenbare – Eingriffe abgewehrt. Das Grundrecht schützt vor der Tötung unmittelbar durch hoheitlichen Akt, unabhängig von damit verfolgten Zwecken, also auch dann, wenn zur Erleichterung von Qualen getötet wird.[435] Die **Einwilligung** einer Person in ihre (von den genannten Konstellationen nicht umfasste, also durch Gesetz nicht gestützte) Tötung kann

---

428 *Lang* BeckOK GG Rn. 63, 63a; *Fink,* Selbstbestimmung und Selbsttötung, 1992, passim; *Saliger,* Selbstbestimmung bis zuletzt, 2015, S. 52 ff.; vgl. auch *Michael/Morlok,* Grundrechte, 2020, Rn. 160.

429 Vgl. *Murswiek/Rixen* in Sachs Rn. 212.

430 So *Dreier* in Dreier Art. 2 Abs. 1 Rn. 29; *Schulze-Fielitz* in Dreier Art. 2 Abs. 2 Rn. 32; *Di Fabio* in Maunz/Dürig Art. 2 Abs. 1 Rn. 50; *Schwabe* JZ 1998, 66 (69).

431 BVerwGE 158, 142; dazu → Rn. 64.

432 BVerfG, Urt. v. 26.2.2020, 2 BvR 2347/15 ua, Rn. 205 ff.

433 → Rn. 64 ff.

434 So aber *Jurgeleit* NJW 2015, 2708 (2714).

435 *Kunig* in v. Münch/Kunig, 6. Auflage 2012, Rn. 51; anders *Schulze-Fielitz* in Dreier Art. 2 Abs. 2 Rn. 55, der uU eine Tötung unmittelbar durch hoheitlichen Akt für gerechtfertigt hält, wenn eine Einwilligung des Grundrechtsträgers vorliegt und zur Erleichterung von Qualen getötet würde.

diese nicht legitimieren; der Staat darf nicht „auf Verlangen" töten. Ob dies allein damit begründet werden kann, dass die von Art. 2 Abs. 1 geschützte Autonomie keine Freigabe der Rechtspersönlichkeit des Grundrechtsträgers zu dessen Vernichtung durch andere umschließen kann,[436] erscheint zweifelhaft; denn wenn das allgemeine Persönlichkeitsrecht oder – nach anderer Ansicht – die allgemeine Handlungsfreiheit auch zum Suizid berechtigen können (dazu → Rn. 97), ist nicht sogleich ersichtlich, warum die Einwilligung in die Tötung durch staatliche Organe dann unbeachtlich sein sollte. Maßgeblich für das Verbot staatlicher Tötungen, auch wenn das Opfer danach verlangt, ist vielmehr das überragende Gewicht der aus Art. 2 Abs. 2 S. 1 fließenden Pflicht zum Schutz des Lebens, die gerade den Staat, dessen vielfältiges und massives Eingriffsinstrumentarium stets mit abstrakten Gefahren für das Leben verbunden ist, zur äußersten Zurückhaltung verpflichtet.

Im Lichte des Verhältnismäßigkeitsprinzips gilt dies auch, wo staatliche Stellen zur Abwehr einer von dem Getöteten ausgehenden Gefahr töten. Als Eingriff in den Schutzbereich des Grundrechts auf Leben bedarf die Maßnahme der verfassungsrechtlichen Rechtfertigung.[437] Der sog. **finale polizeiliche Rettungsschuss** ist nur teilweise in den Polizeigesetzen normiert und wird (angesichts des fehlenden Charakters der Norm als spezifisch staatliche Ermächtigung wenig überzeugend) bisweilen auch auf Rechtfertigungsgründe, zumeist Nothilfe gem. § 32 StGB, gestützt,[438] er lässt sich mit dem Schutz des durch den Straftäter unmittelbar bedrohten Lebens anderer legitimieren[439] (zur Gesetzesgrundlage und Verhältnismäßigkeit näher → Rn. 153). Geht die gezielte Tötung eines Straftäters zur Abwehr einer von diesem ausgehenden Lebensgefahr allerdings mit der Preisgabe des Lebens anderer (Geiseln) einher, kann deren Lebensrecht wiederum begrenzend wirken; so hat das BVerfG die gesetzliche Normierung der Befugnis zum **Abschuss eines Passagierflugzeugs** zur Verhinderung seines Einsatzes als „Waffe" gegen Städte, Gebäude oder Einrichtungen („9/11-Situation") in § 14 Abs. 3 LuftVG als mit Art. 2 Abs. 1 „in Verbindung mit Art. 1 Abs. 1" ua deshalb für verfassungswidrig erklärt, weil damit die Flugzeuginsassen zur Aufopferung ihres eigenen Lebens gezwungen würden (auch wenn es einen Abschuss im Einzelfall nicht schlechterdings ausschließen wollte).[440] An der Menschenwürde dürften auch etwaige Versuche scheitern, die **Triage** – also die Auslese der Kranken bei Knappheit personeller und sachlicher Ressourcen – im Epidemiefall gesetzlich zu regeln;[441] insbesondere darf eine bereits begonnene Heilbehandlung nicht zugunsten einer anderen Person abgebrochen werden, die nach Triagekriterien im Behandlungsfall größere Über- 99

---

[436] Dazu *Lorenz* JZ 2009, 57 (60) → Rn. 97.

[437] → Rn. 153.

[438] Für die Unvereinbarkeit mit dem Vorbehalt des Gesetzes: *Kirchhof* NJW 1978, 969 (972 f); *Graulich* in Lisken/Denninger HdbPoR, E. Rn 972 f.

[439] *Di Fabio* in Maunz/Dürig Art. 2 Abs. 2 Rn. 37: „Leben ist deshalb in bestimmten eng geschnittenen Lagen auch gegen andere Rechte abwägungsfähig"; *Murswiek/Rixen* in Sachs Rn. 182; *Beisel* JA 1998, 721 (726), der den Rettungsschuss aber auch bei einer drohenden „schwerwiegenden Körperverletzung" für zulässig hält.

[440] BVerfGE 115, 118 (152, 160 ff.).

[441] Unter Bezugnahme auf die Regelungen zur Organspende iE anders *Taupitz* MedR 2020, 440 (441 ff.); so auch: *Kloepfer/Deye* DVBl 2009, 1208 (1218), „überrascht es dass der Gesetzgeber sie [die existenzielle Frage] – jedenfalls bislang – nicht beantwortet hat", sie sehen die Notwendigkeit einer gesetzlichen Regelung einschließlich der Grundlage für eine Prioritätenliste; zur Triage aus grundrechtlicher Sicht insgesamt *Brech,* Triage und Recht, 2008, 181 ff.

lebenschancen hätte. Des Weiteren bestimmt das Recht auf Leben als Abwehrrecht Gefährdungslagen in Sonderstatusverhältnissen wie dem **Soldatenverhältnis**. Der Staat nimmt schließlich auch durch die Anordnung von soldatischen Einsätzen, die mit dem Risiko des Verlustes des Lebens verbunden sind, ihm zurechenbare Eingriffe vor; der Eingriff liegt hier im konkreten Dienstbefehl, nicht bereits in der Begründung des dienstlichen Status, den er voraussetzt. (Zu weiteren Eingriffskonstellationen → Rn. 129).

100 Was die kategorisch abgeschaffte **Todesstrafe** betrifft, erscheint Art. 102 auf den ersten Blick als verfassungspraktisch bedeutungslos gewordene Warnung und Mahnung. Indirekt bestimmt dieses Verbot die Verwaltungstätigkeit allerdings durchaus, weil das (in Art. 102 verankerte und in Art. 1 Abs 1 wurzelnde) Verbot, in das Recht auf Leben gemäß Art. 2 Abs. 2 Abs. 1 durch Verhängung und Vollstreckung der Todesstrafe einzugreifen, auch für die Entscheidung über die Gewährung von Asyl iSd Art. 16a oder subsidiären Schutzes nach den Bestimmungen der sog. Dublin-III-Verordnung[442] (→ Art. 16a Rn. 17, 33) maßgeblich ist. In jedem Fall stellt es ein Abschiebungs- und Auslieferungshindernis dar, wenn eine Person, sei es ein Asylsuchender oder ein Straftäter, in seinem Heimatland mit der Verhängung oder Vollstreckung der Todesstrafe rechnen muss.[443]

101 **bb) Schutzpflicht und objektive Verfassungsentscheidung.** Nicht minder bedeutsam ist Art. 2 Abs. 2 S. 1 Var. 1 in seiner Dimension als **Schutzpflicht** für das Leben. Wenn das BVerfG sie als **„umfassend"** bezeichnet, muss man dem angesichts des hohen Ranges dieses Guts und seiner Unteilbarkeit zustimmen: Die Schutzpflicht „gebietet dem Staat, sich schützend und fördernd vor [das] Leben zu stellen, das heißt vor allem, es auch vor rechtswidrigen Eingriffen von seiten anderer zu bewahren […]. An diesem Gebot haben sich alle staatlichen Organe, je nach ihren besonderen Aufgaben, auszurichten. Da das menschliche Leben einen Höchstwert darstellt, muß diese Schutzverpflichtung besonders ernst genommen werden".[444] Der Verfassungsgeber hat sich **nicht** „darauf beschränkt, **negativ** ein Recht auf Leben […] zu statuieren, d.h. insbesondere den staatlich organisierten Mord und die zwangsweise durchgeführten Experimente an Menschen auszuschließen."[445] Die Schutzpflicht wird aktiviert, wo Gefahren für das Leben von Menschen – als Individualrechtsgut und als objektive Wertentscheidung der Verfassungsordnung – nicht vom Staat ausgehen,[446] sondern beispielsweise von privaten Akteuren (Dritten, aber auch, wie beim Suizid, dem Grundrechtsträger selbst), aber auch der Schutz vor **Naturgefahren** ist von der Pflicht umfasst. „Sich schützend vor das Leben stellen" muss etwa die Exekutive im Fall der Geiselnahme bei der Bedrohung des Lebens der Geisel;[447] alle staatlichen Gewalten sind gefordert, den Schutz des Lebens durch die Kontrolle privater Aktivität, welche den Bürger lebensbedrohlichen und gesundheitlichen Risiken aussetzt, sicherzustellen.[448] Dabei unterscheidet

---

[442] → Art. 16a Rn. 11; *Kämmerer/Kotzur* in BK Art. 16a Rn. 13 ff.

[443] *Murswiek/Rixen* in Sachs Rn. 183 unter Hinweis auf: § 60 Abs. 2, 3, 5 AufenthG iVm Art. 3 EMRK; § 8 IRG; *Lorenz* in BK Rn. 96 ff.

[444] BVerfGE 46, 160 (164), Schleyer; zB BVerwG NVwZ 1999, 539 (541).

[445] So aber noch BVerfGE 1, 97 (104 f.).

[446] Vgl. *Stern,* StaatsR III/1, 1988, § 69 IV 5a.

[447] Auch im Ausland, *Kunig* in v. Münch/Kunig, 6 Aufl. 2012, Art. 1 Rn. 33.

[448] ZB durch Gesetzgebung und Rechtsanwendung im Bereich der Ordnungsverwaltung; vgl. *Müller-Terpitz* in HdbStR VII § 147 Rn. 95 ff.

das BVerfG in stRspr zwischen „bloßen Grundrechtsgefährdungen" und „Grundrechtsbeeinträchtigungen", wobei es die Ersteren „im Allgemeinen" im Vorfeld der Letzteren einordnet, aber betont, beide könnten je nach Lage der Dinge – bei besonders gravierenden Konsequenzen im Falle der Gefahrenrealisierung – auch gleich zu erachten sein: Die Gefährdung stellt sich dann schon als „Grundrechtsverletzung" dar.[449]

Die Schutzpflicht räumt dem Staat, dh der staatlichen Gewalt zur gesamten Hand, **Ermessen** ein; dieses Ermessen beinhaltet einen „weiten Einschätzungs-, Wertungs- und Gestaltungsspielraum […], der auch Raum läßt, etwa konkurrierende öffentliche und private Interessen zu berücksichtigen".[450] Eine Verletzung der Schutzpflicht kann danach letztlich nur in dem Fall festgestellt werden, dass die öffentliche Gewalt überhaupt keine Schutzmaßnahmen getroffen hat oder dass sich diese als gänzlich ungeeignet oder jedenfalls unzulänglich erweisen. An einem Schutzkonzept, das durch wissenschaftlichen Erkenntnisfortschritt als überholt erkannt worden ist, darf nicht festgehalten werden.[451] Diesbezügliches Ungenügen, also die Vernachlässigung der Schutzpflicht des Staates und seiner Organe für das Rechtsgut Leben (und ebenso die körperliche Unversehrtheit),[452] kann von Betroffenen mit der Verfassungsbeschwerde gerügt werden.[453] Die Schutzpflicht ist zwar **kompetenzneutral**,[454] sie ist prinzipiell von allen staatlichen Organen zu gewährleisten, kann allerdings Maßstäbe dafür liefern, ob staatliches Handeln ohne eine vorgängige parlamentarische Entscheidung überhaupt zulässig ist.[455] Die mit dem Ermessen einhergehende Bandbreite möglicher Entscheidungen[456] bringt es mit sich, dass nicht immer die Maßnahme, die dem Lebensschutz eines konkreten Bedrohten am besten dient (wie Erfüllung erpresserischer Forderungen von Geiselnehmern), die einzig zulässige ist. Der Staat kann anderen Interessen (wie den gleichfalls grundrechtlich fundierten Interessen aller potenziell von Geiselnehmern Bedrohten; „erfolglose" Geiselnahme mag die Motivation zu weiteren Geiselnahmen reduzieren) stärkeres Gewicht beimessen. Mit Recht hat deshalb das BVerfG ausgesprochen, dass auch bei terroristischer Bedrohung die zuständigen staatlichen Organe letztlich zu entscheiden haben, „welche Schutzmaßnahmen zweckdienlich sind, um einen wirksamen Lebensschutz zu gewähren."[457] Verletzt ist die Schutzpflicht erst dann, wenn die Benachteiligung von Akteuren deren grundrechtlichem Schutzbedürfnis nicht gerecht wird, insbesondere wenn gar keine oder nicht ausreichende Maßnahmen oder solche bloß symbolischen Charakters ergriffen werden. Das BVerfG hat insofern im Zusammenhang mit Art. 2 Abs. 2 S. 1 Var. 1 die dogmatische Figur des Untermaßverbots geprägt.[458] 102

[449] In diesem Sinne bereits BVerfGE 49, 89 (141) – Kalkar; 51, 324, (346 f.); 66, 39 (58) – Pershing II; vgl. auch E 141, 220 ff.; BVerfG NJW 1998, 975 (976) – Saturn-Rakete.

[450] BVerfGE 77, 170 (171, Ls. 2); s. ferner zB BVerfGE 56, 54 (81); 77, 381 (405); 85, 191 (212 f.); 92, 26 (46).

[451] BVerwGE 104, 36 (49), Obrigheim.

[452] → Rn. 123.

[453] Beispielhaft BVerfGE 77, 170 (214).

[454] *Stern,* StaatsR III/1, 1988, § 69 IV 6.

[455] Aktivierung des „Parlamentsvorbehalts" infolge von „Grundrechtswesentlichkeit", → Art. 20 Rn. 156.

[456] S. *Stern,* StaatsR III/1, 1988, § 67 V 2b, § 69 IV 6b.

[457] BVerfGE 39, 1 (44) – Erstes Abtreibungsurteil; 46, 160 (164), Schleyer.

[458] BVerfGE 88, 203 (254 ff.).

103 Die Schutzpflicht für Leben und Gesundheit gegenüber **natürlichen Gefahren** entfaltet sich im staatlichen Schutz gegen und bei Naturkatastrophen (Überschwemmungen, Erdbeben)[459] und insbesondere gegenüber ansteckenden Krankheiten (ua bei **Epidemien und Pandemien**), auch wenn diese wegen der Übertragung durch andere mit einer (allerdings schwer individualisierbaren) Grundrechtskollision verbunden sind. Aufgrund der potenziellen Betroffenheit der gesamten Bevölkerung überwiegt beim legislativen Ansatz die **objektiv-rechtliche Facette** des Lebensschutzes (und zugleich des Gesundheitsschutzes); zugleich geht dieser Schutz typischerweise mit der Beschränkung anderer Grundrechte Dritter, die nicht notwendigerweise die Gefahrenquelle sind, einher. Die während der Krise nachgeschärfte Infektionsschutzgesetzgebung des Bundes (insbes. § 5 IfSG)[460] und der Länder erlaubt zum Schutze von Leben und Gesundheit bei gravierenden epidemischen Lagen weitreichende und massive Eingriffe in zahlreiche Grundrechte (Quarantäne und sonstige Beschränkungen der Mobilität, §§ 28 ff. IfSG, als Eingriff in die Freizügigkeit, Art. 11, die übrigens als einziges Grundrecht die „Seuchengefahr" als Grundrechtsschranke ausdrücklich aufführt, und die durch Art. 2 Abs. 1 allgemein geschützte Mobilität, des weiteren Beschränkungen der informationellen Selbstbestimmung durch Verpflichtungen zur Offenlegung von Daten Einzelner, Beschränkungen der Berufsfreiheit, Art. 12 Abs. 1, und Bindungen des Eigentums, Art. 14, durch Verbote kommerzieller Tätigkeit und Bewirtschaftungsregeln für bestimmte Produkte, Beschränkungen der körperlichen Unversehrtheit, Art. 2 Abs. 2 S. 1 Var. 2, durch die Pflicht, körperliche Untersuchungen zu dulden, sowie – auf landesrechtlicher und teils weniger gesicherter Basis – Beschränkungen der Versammlungsfreiheit, Art. 8, um die Verbreitung von Krankheitserregern zu unterbinden). Die durch Verordnungen (§ 28 iVm § 32 IfSG), teils anfangs auch Allgemeinverfügungen (§ 28 IfSG),[461] insbesondere zwischen März und Mai 2020 verhängten Beschränkungen gingen mit intensiven und dauerhaften Eingriffen in die oben genannten Grundrechte einher. Anträge auf einstweiligen Rechtsschutz hatten (insbesondere wo nicht Gleichheitsgesichtspunkte im Mittelpunkt standen) vor den Gerichten jedoch nur selten Erfolg, auch weil die Gerichte dem Lebens- und Gesundheitsschutz (Art. 2 Abs. 2 S. 1) hohen Rang beimaßen und zudem weil in der Anfangsphase der Covid-19-Pandemie noch erhebliche Unsicherheiten über Gefährlichkeit, Virulenz und Übertragbarkeit des Erregers vorherrschten.[462] Bei der Prüfung der Verhältnismäßigkeit der zum Schutz von Leben und Gesundheit angeordneten Beschränkungen müssen Eilbedürftigkeit des Einschreitens, Gefahreneinschätzungen und Prognoseunsicherheiten gegen intensive, gruppenbezogene und flächenartige Beschränkungen von Grundrechtsbetätigungen abgewogen werden. In solchen Fällen ist dem Staat zwar grundsätzlich ein weiter und

---

[459] Vgl. *Kahl/Gärditz,* Umweltrecht, 2017, § 3 Rn. 18 ff.

[460] Gesetz zur Verhütung und Bekämpfung von Infektionskrankheiten beim Menschen (Infektionsschutzgesetz (IfSG) v. 20.7.2000, BGBl. 2000 I, 1045, zuletzt geändert durch das Gesetz zum Schutz der Bevölkerung bei einer epidemischen Lage von nationaler Tragweite v. 27.3.2020, BGBl. 2020 I, 587; zur Novelle: *Rixen* NJW 2020, 1097.

[461] Dazu VG München v. 24.3.2020 – M 26 S 20.1255, dass die landesweiten Ausgangsbeschränkungen auf Grundlage einer Allgemeinverfügung wegen der fehlerhaften Formenwahl als formell rechtswidrig qualifizierte. Bayern ersetzte die Allgemeinverfügung am selben Tag durch eine Verordnung, 24.3.2020, BayMBl 2020 Nr. 130.

[462] Umfassender Überblick über die bis Anfang Mai 2020 vorliegenden Judikate des Verfassungs- und der Oberverwaltungsgerichte bei *Kämmerer/Jischkowski* GesR 2020, 341 ff.

gerichtlich nur begrenzt überprüfbarer Einschätzungs- und Prognosespielraum[463] zuzubilligen. Dass der Lebensschutz verfassungsrechtlich ein „Höchstwert" ist, entbindet jedoch nicht von der Herstellung praktischer Konkordanz (→ Rn. 89). Bei langer Dauer einer Beschränkung anderer Grundrechte, die einer Unmöglichkeit ihrer Ausübung nahekommt (Gottesdienstverbote, Ladenöffnungsverbote), und existenzieller Betroffenheit ist eine ständige Überprüfung der Angemessenheit und Erforderlichkeit durch ihren Urheber geboten;[464] ggf. kann allein mit der Überschreitung eines bestimmten Zeitrahmens eine bis dahin verhältnismäßige zu einer nicht mehr verhältnismäßigen Beschränkung mutieren.[465] Wird „Leben und Gesundheit" in epidemischen Krisen von Anfang an vorbehaltlos und ohne Rücksicht auf das Maß der Betroffenheit „der Wirtschaft", „der Begegnung" und damit hiervon verkörperter anderer Grundrechte Vorrang zugebilligt, droht dies das Untermaßverbot (→ Rn. 102) mit Blick auf andere Grundrechte zu verletzen.[466] (Zur Triage im Epidemiefall → Rn. 99.)

Die Situationen, in denen sich das Rechtsgut Leben und seine Träger **104**
einer **Gefährdung durch andere Grundrechtsträger** ausgesetzt sehen, sind mannigfaltig; das Spektrum reicht von Mord und Totschlag bis hin zu Abtreibung, Sterbehilfe und Gentechnologie sowie der Schutz gegen Immissionen (hier im Zusammenhang mit dem Gesundheitsschutz behandelt → 128). Aber auch die Frage, ob und wann der Suizid verhindert werden muss, richtet sich nach der Reichweite der staatlichen Schutzpflicht.[467] Das BVerfG selbst hat an den Grundrechten auf Leben und körperliche Unversehrtheit in einer Vielzahl von Entscheidungen die Konturen der Schutzpflicht herausgearbeitet. Marksteine waren seine Entscheidungen insbes. zum Schwangerschaftsabbruch,[468] zum KontaktsperreG,[469] zum Entführungsfall Schleyer,[470] zur Truppenstationierung[471] sowie – hauptsächlich im Blick auf den Grundrechtsschutz der körperlichen Unversehrtheit (Art. 2 Abs. 2 S. 1 Alt. 2), aber mit gleicher Einschlägigkeit für das Grundrecht auf Leben – zu Rechtsfragen der Kerntechnologie und die Katastrophen- bzw. Risikovorsorge, insbes. gegen Nuklearunfälle.[472] In der Rspr. anderer Gerichte und im Schrifttum ist dies weitgehend unbeanstandet geblieben,[473] ist auch unabweisliche Konsequenz eines Verständnisses der Grundrechtsordnung als (auch) objektiv wertsetzende Grundordnung für staatliches Tun und Las-

[463] Vgl. nur BVerfGE 79, 174 (202); 88, 203 (262), sa *Papier* DRIZ 2020, 180, (181).

[464] Beispielhaft: OVG Münster Beschl. v. 6.4.2020 – 12 B 398/20.NE, Rn. 99 (juris): „[…] fortwährende Beobachtungs- und Überprüfungspflicht des Verordnungsgebers, ob und inwieweit er an den Einschränkungen festhält."

[465] Angedeutet in BVerfG (K), Beschl. v. 10.4.2020, 1 BvQ 28/20, Rn. 14 (Gottesdienstverbot während der Pandemie).

[466] Vgl. demgegenüber BVerfG (K), Beschl. v. 7.4.2020 – 1 BvR 755/20, Rn. 11: Zumutbarkeit der einstweiligen Zurückstellung anderer Grundrechte gegenüber einem vom GG gebotenen „möglichst weitgehenden" Lebensschutz.

[467] ZB Hungerstreik, *Geppert* Jura 1982, 177; hierzu auch: *Müller-Terpitz* in HdbStR VII § 147 Rn. 70.

[468] BVerfGE 39, 1 (41); 88, 203 (251 ff.).

[469] BVerfGE 46, 1 (12 f.); 49, 24 (53).

[470] BVerfGE 46, 160 (164 f.).

[471] BVerfGE 77, 170 (214 f.).

[472] Insbes. BVerfGE 49, 89 (141 f.) – Kalkar; BVerfGE 53, 30 (57) – Mülheim-Kärlich; → Rn. 127.

[473] Darstellung der Entwicklung bei *Stern,* StaatsR III/1, 1988, § 69 IV 4, 5; s. ferner *Steiner,* Der Schutz des Lebens nach dem GG, 1992, 6: der „wirklich wichtige, 1949 noch ganz unsichtbare Wirkungsbereich des Lebensgrundrechts".

sen.[474] Soweit die Wahrnehmung der Schutzpflicht die aktive Intervention des Staates erfordert (wie zur Abwehr bewaffneter Straftäter und insbes. Terroristen), unterliegt diese allerdings wiederum abwehrrechtlichen Maßstäben (zum LuftVG oben → Rn. 99).

105 Ob und in welchem Ausmaß das **Strafrecht** und die Strafverfolgung als staatliche Mittel zum Schutz des Lebens eingesetzt werden müssen, ist differenziert zu beantworten. Es wurde schon begründet, warum es insoweit um die Schutzfunktion des Grundrechts geht:[475] Strafrechtlicher Lebensschutz betrifft Interessenkonflikte zwischen Menschen, nicht zwischen Bürger und Staat. Schon die Struktur der Schutzfunktion[476] lässt erkennen, dass zu ihrer Erfüllung das Strafrecht nur als ein Mittel neben anderen in Betracht kommt,[477] dass der Lebensschutz nicht notwendig absoluten Vorrang gegenüber allen anderen Gütern genießt, dass schließlich (hier) der Gesetzgeber über von ihm zu konkretisierende Spielräume verfügt. Gleichwohl fordert das Grundrecht auf Leben die Strafbarkeit einzelner Verhaltensweisen zwingend.[478] So würde die Aufhebung der Strafbarkeit von Völkermord, Mord, Totschlag, gewiss auch fahrlässiger Tötung, die Bedeutung und Tragweite des Art. 2 Abs. 2 S. 1 Var. 1 verkennen und wäre wegen Verletzung dieses Grundrechts verfassungswidrig.

106 Bei der rechtlichen Regelung der **Fremdtötung Sterbewilliger** und des **(assistierten) Suizids („Sterbehilfe")** trifft die staatliche Schutzpflicht für das Leben (als objektive Verfassungsentscheidung, aber auch als Grundrecht der einzelnen Person) auf die Pflicht zum Schutz des Rechts auf selbstbestimmtes Sterben als Ausprägung des allgemeinen Persönlichkeitsrechts (→ Rn. 64). Der fehlgeschlagene, also versuchte Suizid darf keiner Strafandrohung unterliegen; andernfalls würde nicht nur die Selbstbestimmung des Suizidanten missachtet, sondern die Maßnahme wäre, weil bei Misslingen des Suizids eine Strafe droht, auch dem Lebensschutz nicht förderlich. „Weiche" Maßnahmen der Suizidprävention muss der Staat kraft seiner Schutzpflicht aus Art. 2 Abs. 2 S. 1 Var. 1 aber grundsätzlich ergreifen bzw. fördern, das Recht zur selbstbestimmten Lebensbeendigung und insbesondere einen menschenwürdigen Tod dabei aber nicht negieren.[479] Dies schließt die grundsätzliche Zulässigkeit der sog. **passiven Sterbehilfe** ein,[480] also der bloßen Unterlassung einer das Leben verlängernden Maßnahme, die nicht mit einer aktiven Tötungshandlung einhergeht. Der explizite oder nachweisbare Wille des Patienten als Ausdruck seines Selbstbestimmungsrechts genießt hier Vorrang vor der medizinischen Möglichkeit, die Lebensdauer (aber selten die Lebensqualität) zu verlängern. Das andere Ende des Spektrums bildet die Tötung einer Person durch eine andere auf Verlangen des Sterbewilligen (oft auch als **„aktive Euthanasie"** bezeichnet), die sich vom Suizid und auch der passiven Sterbehilfe durch die aktiv lebensbeendende Tatherr-

---

[474] Statt vieler *Starck* in MKS Rn. 190; *Erichsen* Jura 1997, 85.

[475] → Rn. 101.

[476] → Rn. 102.

[477] Allg. *Stern,* StaatsR III/1, 1988, § 67 V 2b β γγ.

[478] Vgl. *Lorenz* in HdbStR VI, 2. Aufl. 2001, § 128 Rn. 59: der „grundsätzlich erforderliche strafrechtliche Schutz"; sa *Starck* in MKS Rn. 214 ff.

[479] Zur staatlichen Schutzpflicht bei Selbsttötungen *Di Fabio* in Maunz/Dürig Art. 2 Abs. 2 Rn. 47 ff.; *Jarass* in Jarass/Pieroth Rn. 100; zur Herleitung der Schutzpflicht im Allgemeinen *Di Fabio* in Maunz/Dürig Art. 2 Abs. 2 Rn. 41 ff.

[480] *Dreier* JZ 2007, 317 (321); *Jarass* in Jarass/Pieroth Art. 2 Rn. 100; zur Rechtslage und Hintergrundproblemen *Jurgeleit* NJW 2015, 2708.

schaft eines anderen unterscheidet. Sie muss schon wegen der Schwierigkeit, im „Erfolgsfall" einen Tötungswunsch (oder dessen Ernsthaftigkeit) nachzuweisen, weiterhin (wie gegenwärtig nach § 216 StGB) unter Strafe stehen. Die Gefahr, dass ein solcher Wunsch nur als Vorwand für die Tötung schwacher oder hilfloser Personen angeführt wird, die von kriminellen oder utilitaristischen Motiven getragen ist, oder dass der Wunsch aufgrund einer suggestiven Einwirkung formuliert wird, hinter der solche Beweggründe stehen, und das damit verbundene Gefährdungspotenzial für das Rechtsgut Leben sind zu groß, als dass von Verfassung wegen irgendwelcher Raum für die Zulassung aktiver Sterbehilfe bestünde.[481] Für die geschäftsmäßige Förderung der Selbsttötung (auch als **begleitete Selbsttötung** bezeichnet) hat das BVerfG der Autonomie des Suizidwilligen Vorrang ua vor der abstrakten Pflicht zum Schutz des Lebens eingeräumt, was rechtsdogmatisch wegen der starken und pauschalen Befrachtung des Persönlichkeitsrechts mit Menschenwürdeelementen auf Bedenken stoßen muss, und die Strafandrohung des § 217 StGB für verfassungswidrig erklärt[482] (näher dazu → Rn. 65 f.).

Besonders umstritten war und ist dies für die Strafbarkeit des **Schwangerschaftsabbruchs.** Hier kollidiert das Grundrecht der Nasciturі[483] – in Schutz-, nicht in Abwehrfunktion[484] – mit der allgemeinen Handlungsfreiheit (Art. 2 Abs. 1) der Schwangeren, ihrem Recht auf körperliche Unversehrtheit (Art. 2 Abs. 2 S. 1 Alt. 2) und ihrem allgemeinen Persönlichkeitsrecht (Art. 2 Abs. 1 iVm Art. 1 Abs. 1),[485] ggf. auch ihrem Recht auf Leben, potenziell auch der Gewissensfreiheit (Art. 4 Abs. 1) und der Religionsfreiheit (Art. 4 Abs. 1, Abs. 2).[486] Überdies sind die Berufsfreiheit (Art. 12 Abs. 1) des die Abtreibung vornehmenden Arztes und, wenn er sie verweigert, dessen Gewissens- und Religionsfreiheit betroffen. 107

Das Gesetz stellt den Schwangerschaftsabbruch grundsätzlich unter Strafe (§§ 218 ff. StGB), lässt jedoch weite Einschränkungen zugunsten der Schwangeren zu, die normhistorisch mitunter als Tatbestandsausschlüsse, teils als Rechtfertigungsgründe und teils nur als persönliche Strafausschließungsgründe ausgestaltet worden sind. Dabei konkurrieren **zwei Grundmodelle**: die „Indikationslösung", wonach bestimmte sachliche Gründe für einen straffreien Schwangerschaftsabbruch vorliegen müssen, und die „Fristenlösung", nach der sich die Straffreiheit eines Schwangerschaftsabbruchs allein nach dessen Zeitpunkt bemisst. Der 1974 unternommene Versuch des Bundesgesetzgebers, eine Fristenregelung zu verankern, scheiterte am BVerfG, das den so ausgestalteten § 218a StGB idF des 5. StrafrechtsÄndG v. 18.6.1974 für verfassungswidrig erklärte:[487] „Nach dem Prinzip des schonendsten Ausgleichs konkurrierender grundgesetzlich geschützter Positionen unter Berücksichtigung des Grundgedankens des Art. 19 Abs. 2 GG muß deshalb dem Lebensschutz des Nasciturus der Vorzug gegeben werden. Dieser Vorrang gilt grundsätzlich für die gesamte Dauer der Schwangerschaft und darf auch nicht 108

---

[481] *Lorenz* in BK Rn. 651; *Starck* in MKS Rn. 207 mit Blick auf ärztliche aktive Sterbehilfe; aA bei Einhaltung bestimmter Kautelen die wohl hM: *Murswiek/Rixen* in Sachs Rn. 212a; *Schulze-Fielitz* in Dreier Art. 2 Abs. 2 Rn. 85; *Dreier* JZ 2007, 317 (320).
[482] BVerfG, Urt. v. 26.2.2020, 2 BvR 2347/15 ua.
[483] → Rn. 94.
[484] → Rn. 93.
[485] → Rn. 63.
[486] *Roellecke* JZ 1991, 1045 (1049) sieht die Schwangere darüber hinaus im Verhältnis zum Fötus in einer verfassungsrechtlichen Schutzpflicht aus Art. 6.
[487] BGBl. 1974 I 1297.

für eine bestimmte Frist in Frage gestellt werden."[488] Daraufhin ersetzte der Bundesgesetzgeber die Fristen- durch eine Indikationsregelung, die zum Zeitpunkt der Wiedervereinigung in der „alten" Bundesrepublik galt: Ein Schwangerschaftsabbruch blieb für die Schwangere und grundsätzlich auch den Arzt straffrei, wenn einer von vier sachlichen Gründen vorlag. Umstritten war dabei vor allem die „soziale Indikation", also eine schwierige soziale Lage der Schwangeren, aufgrund derer es ihr nicht zugemutet werden konnte, das Kind auszutragen; auf sie wurden zahlreiche Schwangerschaftsabbrüche gestützt. Ferner bestimmte der Gesetzgeber die Nidation (Einnistung der befruchteten Eizelle im Uterus) als maßgeblichen Zeitpunkt für den Beginn der Strafandrohung und stellte eine gesetzliche Vermutung für deren spätesten Zeitpunkt auf.[489] Das Recht der DDR hingegen folgte seit 1972 einer „Fristenlösung", wonach die Vornahme eines Schwangerschaftsabbruchs in den ersten zwölf Wochen der Schwangerschaft legal war; eine Beratung war nicht vorgeschrieben.[490] Der Einigungsvertrag ließ diese Bestimmungen, obwohl sie – vor dem Hintergrund der BVerfG-Judikatur – als mit dem GG nicht vereinbar galten, übergangsweise fortgelten, strebte aber in Art. 31 Abs. 4 eine Neuregelung für ganz Deutschland an. Seit 1992 ist der Schwangerschaftsabbruch nunmehr auf der Basis einer „Fristenlösung mit Beratungspflicht" geregelt.[491] Die Neufassung des § 218a Abs. 1 StGB erklärte einen in den ersten zwölf Wochen nach der Empfängnis unternommenen Schwangerschaftsabbruch für nicht rechtswidrig, wenn die Schwangere nachweist, dass sie sich gem. § 219 StGB mindestens drei Tage zuvor hat beraten lassen; der Schwangerschaftsabbruch muss vom Arzt vorgenommen werden.[492] Auch diese Regelungen beanstandete das BVerfG. Nicht die Einführung einer Fristenregelung mit Beratungspflicht als solche wurde beanstandet, sondern ihre Ausgestaltung, mit welcher der Gesetzgeber die Mindestanforderungen an den gebotenen Schutz des Embryos im Sinne des – mit dieser Entscheidung in die Verfassungsjudikatur eingeführten – **Untermaßverbots** nicht genüge. Insbesondere verwehre der Lebensschutz dem Gesetzgeber, einen Schwangerschaftsabbruch wegen bloßer Beachtung der Frist für nicht rechtswidrig zu erklären.[493] Zudem genügte die bloße Beratungspflicht dem BVerfG nicht; es verlangte, dass der Frau dabei die Konfliktsituation und auch das Lebensrecht des Ungeborenen verdeutlicht werden müssten.[494] Der Bundesgesetzgeber änderte daraufhin die gesetzlichen Regeln entsprechend den Vorgaben des Gerichts und nahm dessen Leitlinien für die Beratung fast wörtlich in § 219 Abs. 1 StGB auf.[495]

---

[488] BVerfGE 39, 1 (43), Erstes Abtreibungsurteil.

[489] BT-Drs. 7/4696, 1, 10.

[490] § 1 Abs. 2 Gesetz über die Unterbrechung der Schwangerschaft v. 9.3.1972, GBl. DDR 1972 I 89: „Die Schwangere ist berechtigt, die Schwangerschaft innerhalb von 12 Wochen nach dem Beginn durch einen ärztlichen Eingriff in einer geburtshilflich-gynäkologischen Einrichtung unterbrechen zu lassen."

[491] Gesetz zum Schutz des vorgeburtlichen/werdenden Lebens, zur Förderung einer kinderfreundlicheren Gesellschaft, für Hilfen im Schwangerschaftskonflikt und zur Regelung des Schwangerschaftsabbruchs v. 27.7.1992, BGBl. 1992 I 1389; zu Entstehungsgeschichte und Inhalt *Eser* NJW 1992, 2913; mitunter indiziert die Umständlichkeit von Gesetzestiteln deren Kompromisshaftigkeit.

[492] BVerfGE 88, 203 (227).

[493] BVerfGE 88, 203 (299), Zweites Abtreibungsurteil; vgl. auch das nachfolgende Urteil zum Bayerischen Schwangerenhilfeergänzungsgesetz, BVerfGE 98, 265.

[494] BVerfGE 88, 203 (290).

[495] BGBl. 1995 I 1050 (1056).

Von Teilen des Schrifttums,[496] aber auch Mitgliedern des Senats,[497] wurde das Urteil als inkonsistent und formalistisch kritisiert. Nicht zuletzt weiche das Gericht von seiner Rechtsauffassung im Jahr 1975 ab, wo dem Gesetzgeber zugestanden worden war, die „Mißbilligung des Schwangerschaftsabbruchs auch auf andere Weise zum Ausdruck zu bringen als mit dem Mittel der Strafandrohung";[498] es sei „Aufgabe des Staates, in erster Linie sozialpolitische und fürsorgerische Mittel zur Sicherung des werdenden Lebens einzusetzen."[499] Das Gericht hatte auch als gleichgültig angesehen, ob er bei einer strafrechtlichen Lösung zur Straffreiheit der Schwangeren über Rechtfertigungs-, Straf- oder Schuldausschlussgründe gelange.[500] Der Rechtsstaat, so das BVerfG nunmehr, lasse nicht zu, dass die „Frauen […] in eigener Sache über Recht und Unrecht befinden."[501] Der verfassungsrechtliche Befund, wonach der Gesetzgeber (bei im Übrigen gleichen Sachergebnis) dem Verdikt untermäßigen Schutzes ungeborenen Lebens ua dadurch entkommen soll, dass er die Abtreibung weiterhin für rechtswidrig erklärt, dürfte dem Lackmustest an der Lebenswirklichkeit – anders als die geforderten Beratungsvorgaben – nicht standhalten. Wenn, wie anzunehmen ist, kaum einer Schwangeren der Unterschied zwischen Rechtfertigungs- und Strafausschließungsgründen vermittelt werden kann, wird er sich auf die Entscheidung für oder gegen den Schwangerschaftsabbruch auch nicht auswirken. Insofern begegnet man dem Paradox, dass gerade die – verfassungsrechtlich auch geforderte – weitgehende **faktische Entpönalisierung des Schwangerschaftsabbruchs** dem formulierten Ziel – Verdeutlichung des mit einem Abbruch verbundenen Unrechts „im allgemeinen Rechtsbewusstsein"[502] – im Weg steht.[503] Hier zeigen sich die systemischen und letztlich auch verfassungsrechtlichen Grenzen der strafrechtlichen Ausgestaltung des Schutzes des ungeborenen Lebens. Ihre pflichtschuldige Rezeption der Judikate des BVerfG befördert überdies eine Übernormierung, durch welche die verfassungsrechtlichen Kernaussagen eher verunklart zu werden drohen. Da in einer komplexen grundrechtlichen Kollisionslage wie dieser auch andere Regelungsmodelle verfassungsmäßig[504] – und, wenn von ihnen ein Rückgang der Anzahl der Schwangerschaftsabbrüche erwartet werden kann, sogar „verfassungsnäher" – sein könnten, bleibt die Frage nach weiteren Reformbemühungen im Raum. Ihre Beantwortung sollte vor dem Hintergrund empirischer Erfahrungen von rechtspolitischen Argumenten und nicht von der Scheingewissheit weitgehender verfassungsrechtlicher Vorprogrammierung bestimmt sein. 109

In das strafrechtliche Schutzkonzept für das ungeborene Leben fügt sich auch, dass die **Werbung für den Abbruch einer Schwangerschaft** untersagt ist (§ 219a Abs. 1 StGB). Da Werbung darauf gerichtet ist, die Erbrin- 110

[496] *Hermes/Walther* NJW 1993, 2337; *Tröndle* NJW 1995, 3009 (3010); *Schneider* NJW 1999, 1303 (1305).

[497] Sondervotum der Richter *Mahrenholz* und *Sommer*, BVerfGE 88, 203 (351 ff.): „Entweder traut man der Beratung keinen wirklichen Einfluß oder der schwangeren Frau keine verantwortliche Entscheidung zu. Beides hat der Senat aber zugestanden. Ein dritter Grund bleibt nicht."

[498] BVerfGE 39, 1 (46).

[499] BVerfGE 39, 1 (44).

[500] BVerfGE 39, 1 (53).

[501] BVerfGE 88, 203 (275).

[502] BVerfGE 88, 203 (273).

[503] Krit. auch *Jarass* in Jarass/Pieroth Rn. 104; *Lorenz* in BK Rn. 606; anders hingegen *Starck* JZ 1993, 816 (822): „sichtbar und fühlbar".

[504] Vgl. BVerfGE 88, 203, 261 ff.

gung der beworbenen Dienstleistungen zu fördern, wäre eine völlige Aufhebung dieses – die Berufsausübung (Art. 12 Abs. 1) beschränkenden – Verbots mit dem Lebensschutz nicht vereinbar.[505] Durch ÄndG vom 22.3.2019 wurde § 219a um einen Abs. 4 ergänzt, wonach Abs. 1 nicht gilt, wenn Ärzte, Krankenhäuser oder Einrichtungen auf die Tatsache hinweisen, dass sie Schwangerschaftsabbrüche vornehmen.[506] Mit dieser Änderung sollte ua Rechtssicherheit vor dem Hintergrund als problematisch empfundener Strafverfahren gegen Ärzte geschaffen werden.[507] Da sie im von Art. 2 Abs. 2 S. 1 (Recht auf Leben und Gesundheit) geschützten Interesse der Schwangeren liegt, die den Weg zu medizinisch qualifiziertem Personal finden muss und die Beratung vorgeschrieben bleibt (und auch nur in diesem Fall wirksam wird), ist die Neufassung der Norm mit der Maßgabe verfassungskonform, dass der Ausschluss des Abs. 1 nur für sachlich zurückhaltende Information gilt und eben nicht für kommerzialisierte Werbung. Trotz der intendierten Klarstellung dürfte die Abgrenzung verbotenen und weiterhin verbotsbedürftigen Anbietens und Anpreisens von der bloßen Information die Gerichte auch weiter beschäftigen.

111 Auch die Präimplantationsdiagnostik und die heute üblichen Verfahren künstlicher Befruchtung werfen teils schwierige verfassungsrechtliche Fragen des Lebensschutzes, aber auch der Menschenwürde auf.[508] Dazu gehört, wie mit bei **künstlicher Befruchtung** möglicherweise anfallenden überzähligen befruchteten Eizellen verfahren werden darf, die nicht implantiert werden sollen und auch – weil die Frau nicht so viele Kinder austragen kann – nicht implantiert werden können. Das **Embryonenschutzgesetz**[509] statuiert strafrechtliche Verbote (als Unternehmensdelikte); ua untersagt das Gesetz, mehr Eizellen zu befruchten, als implantiert werden sollen, und schützt zugleich die Frau (Art. 2 Abs. 2 Var. 1 und 2) durch das Verbot, mehr als drei Eizellen auf einmal zu implantieren (§ 1 Abs. 1 Nr. 3, 5 ESchG). Unzulässig ist ferner, die befruchtete Eizelle zu veräußern oder zu einem nicht der Erhaltung dienenden Zweck abzugeben, zu erwerben oder zu verwenden (§ 2 ESchG). Der Begriff der Verwendung ist unscharf, dürfte jede Form der „Entsorgung" und insbesondere die (menschenwürdewidrige)[510] „verbrauchende Embryonenforschung" einschließen, aber nicht das einfache Absterbenlassen der befruchteten Zellen und insbesondere nicht deren Kryokonservierung im Wissen, dass die Eizellen wahrscheinlich nicht mehr benötigt werden.[511] Mit dem Verbot der Chimären- bzw. Hybridbildung[512] aus menschlichem und nichtmensch-

505 Dies andeutend BT-Drs. 19/7693, 2, 8: „Dies würde Fragen zum gesetzgeberischen Schutzkonzept für das ungeborene Leben aufwerfen."; in diesem Sinne wohl auch *Kubiciel* ZRP 2018, 13 (15) der vor dem Hintergrund der Judikatur des BVerfG allenfalls „Randkorrekturen" des § 219a StGB für möglich hält; siehe hierzu auch BVerfGE 98, 265 (304).

506 Gesetz zur Verbesserung der Information über einen Schwangerschaftsabbruch, BGBl. 2019 I 350.

507 BT-Drs. 19/7693, 7.

508 *Isensee* FS f. Hollerbach, 2001, 243 (255 ff.).

509 In diesem Gesetz (BGBl. 1990 I 2746) wird der Begriff „Embryo" sehr weit definiert und umfasst bereits die befruchtete Eizelle (§ 8 Abs. 1, 2).

510 *Murswiek/Rixen* in Sachs Rn. 223c; *Lorenz* in BK Rn. 631.

511 *Müller-Terpitz* in Spickhoff Medizinrecht § 2 ESchG Rn. 2; *Lorenz* in BK Rn. 631 mwN; *BGH NJW 2672 (2675 f)*; insbesondere zur Kryokonservierung Rosenau/Linoh JZ 2013, 937 (939); zu Rechten an kryokonservierten Zellen *Schack* JZ 2019, 864 (869).

512 Zu den Begrifflichkeiten: Deutscher Ethikrat, Mensch-Tier-Mischwesen in der Forschung, 2011, 12 f.

lichem Erbmaterial (§ 7 ESchG) wird eine früher mangels technischer Machbarkeit unproblematische Dimension des Lebensschutzes ins Licht gerückt: Art 2 Abs. 2 Var. 1 schützt – objektiv-rechtlich – nicht nur das menschliche Leben, sondern auch die Bewahrung des menschlichen Lebens als (im taxonomischen Sinne) menschlich."[513] Dem Lebensschutz ebenso wie dem Schutz der Menschenwürde[514] dient das (eingeschränkte) Verbot der **Präimplantationsdiagnostik** gemäß § 3a ESchG: Es soll verhindert werden, dass ein im Wesentlichen gesundes Kind, das nicht die von den Eltern gewünschten Eigenschaften aufweist, nicht ausgetragen wird.[515] Andere im Gesetz verankerte Verbote, wie der Veränderung von Keimbahnzellen (§ 5) oder des Klonens (§ 6), sind primär vom Schutz der Menschenwürde bestimmt.

cc) Weitere Funktionen. In der objektiven Grundrechtswirkung wurzelt auch die dem Grundrecht auf Leben zu entnehmende **„Verfahrensfunktion".**[516] Wie andere Grundrechte,[517] so verlangt auch Art. 2 Abs. 2 S. 1 Alt. 1 danach, dass individualisierbar in ihrem Leben durch staatliche Entscheidungsfindung potenziell gefährdete Bürger in Verwaltungs- und Gerichtsverfahren ihre Interessen angemessen zur Geltung bringen können. Dies betrifft bereits das insofern dem Rechtsgut Leben vorgelagerte Rechtsgut Gesundheit als Thema des Grundrechts auf körperliche Unversehrtheit und realisiert sich dort vor allem als Gestaltungs- und Anwendungsmaßnahme für das Umweltschutzrecht.[518] Gerade beim Schutz des ungeborenen Lebens ist die Verfahrensfunktion des Art. 2 Abs. 2 S. 1 Var. 1, wie gezeigt (→ Rn. 95), schwach ausgeprägt und erschöpft sich weitgehend in der Verwirklichung des staatlichen Strafanspruchs; eigene prozedurale oder gar prozessuale Rechte des Nasciturus bestehen nicht. (Vgl. allerdings → Rn. 119 zu Schadensersatz- bzw. Ausgleichsansprüchen des geborenen Kindes wegen Beeinträchtigung der körperlichen Unversehrtheit im Mutterleib.) **112**

Zum unmittelbaren **Leistungsrecht**, zur anspruchsbegründenden Norm verdichtet sich das Recht auf Leben, wenn die Vorenthaltung lebensnotwendiger Güter zum Tode führen würde.[519] Da Art. 2 Abs. 2 S. 1 Alt. 1 den Schutz des Lebens (und also „nur" des Lebens, der „nackten" Existenz)[520] verlangt, haben andere Aussagen des GG eine demgegenüber größere Bedeutung für die Frage der fürsorgerischen Versorgung des Menschen durch den Staat, insbes. das Sozialstaatsprinzip.[521] Das Grundrecht auf Leben (wie auch dasjenige auf körperliche Unversehrtheit) ist allerdings thematisch unmittelbar angesprochen, soweit es um den Anspruch auf **medizinische Versorgung** geht, sei es iSd Vorsorge (zB gegen Krebs) oder der Vorhaltung lebens- **113**

[513] Vgl. die Gesetzesbegründung, wonach es „in besonders krasser Weise" gegen die Menschenwürde verstößt, Chimäre oder Hybriden zu erzeugen, BT-Drs. 11/5460, 12.

[514] *Dreier* in Dreier Art. 1 Abs. 1 Rn. 96 f.

[515] *Starck* in MKS Art. 1 Rn. 102; *Böckenförde* JZ 2003, 809 (814); zur verfassungsrechtlichen Evaluation der Präimplantationsdiagnostik siehe umfassend: *Müller-Terpitz,* Der Schutz des pränatalen Lebens, 2007, 542 ff.

[516] S. *Starck* in MKS Rn. 213; *Sachs* in Stern StaatsR IV/1, § 98 Kap. II 6 b.

[517] Vgl. allg. *v. Münch/Kunig* in v. Münch/Kunig, 6. Auflage 2012, Vorb. Art. 1–19 Rn. 25.

[518] → Rn. 128.

[519] „Anspruch, vor dem Verhungern oder Erfrieren bewahrt zu werden, wenn die öffentliche Gewalt zurechenbar Kenntnis erlangt und sich ihr Handlungsmöglichkeiten bieten", *Di Fabio* in Maunz/Dürig Art. 2 Abs. 2 Rn. 45; sa *Lorenz* in BK Rn. 661 ff.; *Podlech* in AK, 2. Aufl. 1989, Rn. 23; OVG Berlin NVwZ 1987, 440.

[520] Vgl. *Starck* in MKS Rn. 189, 192; *Jarass* in Jarass/Pieroth Rn. 93.

[521] Zum Ganzen → Art. 1 Rn. 42 ff., ins. Rn. 44 unter dem Gesichtspunkt der menschenwürdigen Existenz.

erhaltender Einrichtungen und Geräte für den Not-, Unglücks-, Krankheits- und Epidemiefall. Subjektiven Ansprüchen vermag Art. 2 Abs. 2 S. 1 kaum eine tragfähige Grundlage zu geben,[522] als wertsetzendes Programm für staatliches Handeln leitet er aber objektiv-rechtlich und in Verbindung mit dem Sozialstaatsprinzip zum Aufbau und zur Unterhaltung einer leistungsfähigen medizinischen Versorgungsstruktur an.

114 Die **institutionelle Komponente** des Rechts auf Leben (und ebenso des Rechts auf Gesundheit) wurde während der Covid-19-Pandemie (2020) deutlich. Sie liegt auf sekundärer Ebene: Nicht Leben und Gesundheit (als natürliche Rechte) sind ihr Gegenstand, sondern diejenigen **Institutionen**, die zu ihrem Schutz auf systemischer Ebene bestimmt sind, und ihre Funktionsfähigkeit. Art. 2 Abs. 2 S. 1 garantiert und schützt insofern das **„Gesundheitssystem"** gegen Überlastung oder Unterfinanzierung.[523] Die Funktionsfähigkeit der Institutionen komplementiert insoweit einen Grundrechtsschutz, der nicht mehr ausschließlich individuell ausgelegt sein kann, sondern auf epidemiologischen Erkenntnissen fußend einem kohortenbezogenen Ansatz verschrieben ist.

115 **2. Und körperliche Unversehrtheit. a) Schutzbereich.** Das Grundrecht auf körperliche Unversehrtheit gilt ebenso wie das Recht auf Leben nur für natürliche Personen, ist Menschenrecht und demzufolge ein **Recht aller lebenden Menschen**. Wie jedem Menschen grundrechtlicher Schutz seiner Würde und seines Lebens zuteilwird, so auch der Schutz der körperlichen Unversehrtheit.

116 Art. 2 Abs. 2 S. 1 spricht von **körperlicher Unversehrtheit**, nicht von Gesundheit. Geschützt ist damit jedenfalls die Integrität der körperlichen Substanz in biologisch-physiologischer Hinsicht.[524] Inwieweit auch die **Gesundheit** erfasst ist, hängt vom Verständnis des Gesundheitsbegriffs ab: Wird er naturwissenschaftlich, also biologisch-physiologisch verstanden, so ist er vom Begriff der körperlichen Unversehrtheit voll abgedeckt.[525] Art. 2 Abs. 2 S. 1 vollzieht insoweit nicht die in § 823 Abs. 1 BGB angelegte Trennung von „Körper" und „Gesundheit". Gesundheit als „Zustand des vollständigen körperlichen, geistigen und sozialen Wohlbefindens und nicht nur das Freisein von Krankheit und Gebrechen", wie die WHO sie definiert,[526] fällt hingegen nicht unter den Schutz des Art. 2 Abs. 2 S. 1.[527] Eng ist der Begriff der körperlichen Unversehrtheit dennoch nicht, denn er ist nicht auf das Freisein von Krankheit beschränkt, sondern erfasst auch Wirkungen, die nicht zur Entstehung von Krankheiten führen (Schmerzen), Eingriffe, die entweder gesundheitsneutral sind (zB Blutentnahme) und sogar Maßnahmen, die auf die Wiederherstellung der Gesundheit gerichtet sind (Operation; sog. Heileingriffe dazu → Rn. 126) oder solche Maßnahmen vorbereiten sollen (diagnostische Eingriffe).[528]

---

[522] Sa *v. Münch* in v. Münch/Kunig, 3. Aufl. 1985, Rn. 51a.

[523] *Murswiek/Rixen* in Sachs Rn. 225; *Schwabe* NJW 1969, 2274 (2275); *Brech,* Triage und Recht, 2008, 199.

[524] BVerfGE 56, 54 (73); *Sachs* in Stern StaatsR IV/1, § 98 Kap. III 2a.

[525] BVerfGE 56, 54 (73 f.).

[526] So eine in der Präambel zur Satzung der Weltgesundheitsorganisation (WHO) enthaltene Definition, s. BGBl. 1974 II 43 (45).

[527] Vgl. *Starck* in MKS Rn. 193; *Rauschning* VVDStRL 38 (1980), 167 (179); offen geblieben in BVerfGE 56, 54 (74 ff.).

[528] S. BVerfGE 52, 171 (175 f.), Sondervotum; vgl. zur insoweit bestehenden Entscheidungsautonomie des Betroffenen *Müller-Terpitz* in HdbStR VII § 147 Rn. 41 f.; hier besteht auch ein Bezug zum allg. Persönlichkeitsrecht, vgl. *Zuck* NJW 1991, 2933 mwN.

Die Beeinträchtigung der körperlichen Unversehrtheit erfordert nicht zwingend die Verursachung körperlichen Schmerzes. Angesichts der Verbundenheit von Physis und Psyche muss man sie auch als betroffen ansehen, wenn eine Maßnahme zu gravierenden **psychisch-seelischen Störungen** wie zB Angstzuständen, hochgradiger Nervosität oder Neurosen führt.[529] Auch wenn dies an die Grenzen des Wortlauts des Grundrechts („körperlich") stößt, ist die weite Auslegung sachgerecht, da sich die Grenzen zwischen psychischen und somatischen Leiden nicht klar ziehen lassen, eine nicht unmittelbar physische Einwirkung als ebenso schwerwiegend empfunden werden kann und sich jederzeit physisch manifestieren kann (und insoweit „psychosomatisch" wird). Diesen Erkenntnissen trägt etwa Art. 3 Abs. 1 GRCh Rechnung, indem er das Recht jedes Menschen auf „körperliche und geistige Unversehrtheit" schützt. Allerdings kann eine Beeinträchtigung des Rechts aus Art. 2 Abs. 2 S. 1 Var. 2 nicht schon bei jeglicher psychisch-seelischen Einwirkung vorliegen; mit Rücksicht auf den Wortlaut der Norm muss sie körperlichem Schmerz jedenfalls nahekommen.[530] **117**

Maßnahmen, mit denen **nicht direkt auf den Körper eingewirkt** wird, wie Lärm[531] oder Emissionen von Gasen oder Feststoffen, beeinträchtigen die körperliche Unversehrtheit, wenn sie ein Ausmaß erreichen, das als körperlicher Schmerz empfunden wird[532] (oder nach dem oben Gesagten eine psychisch-seelische Beeinträchtigung auslösen, die solchem Schmerz in der Wirkung entspricht). Auf das Mittel der Zufügung kommt es dabei nicht an. Bei der Beurteilung ist von einer **objektiven** Betrachtungsweise auszugehen. Danach kommt es darauf an, welche Wirkungen objektiv, also ohne Ansehung des individuell Betroffenen, als Schmerz qualifiziert werden können. Bewirkt erst und allein die (schmerzgleiche)[533] Wirkung die Berührung des Schutzbereichs von Art. 2 Abs. 2 S. 1 Alt. 2, so lässt sich von einem Eingriff erst sprechen, wenn die Wirkung nicht bloße Bagatelle oder alltägliche Lästigkeit ist.[534] Geschützt ist auch der labile Mensch, den eine Einwirkung in hochgradige Depressivität versetzt, die andere, gefestigte oder weniger sensible Menschen „unberührt" lassen würde. Insoweit darf kein ausschließlich typisierend-objektiver Maßstab angelegt werden.[535] Nicht-invasive Maßnahmen, mit denen keine Schmerzzufügung verbunden ist (wie zB eine Ultraschalluntersuchung), berühren den Schutzbereich des Grundrechts nicht, sie können aber uU das allgemeine Persönlichkeitsrecht beeinträchtigen.[536] **118**

Von Bedeutung auch für die Trägerschaft bei dem Grundrecht auf körperliche Unversehrtheit sind allerdings die Auseinandersetzungen um den Beginn menschlichen Lebens. Soweit auch **ungeborenes** Leben Grund- **119**

[529] Ebenso *Hermes,* Das Grundrecht auf Schutz von Leben und Gesundheit, 1987, 223 ff.; *Schulze-Fielitz* in Dreier Art. 2 Abs. 2 Rn. 35; vermittelnd *Lorenz* in BK Rn. 452 f.

[530] Offenbar weitergehend „Wohlbefinden von Passanten", die einer Graffiti-Malerei ansichtig werden, OVG Koblenz NJW 1998, 1422 (1423).

[531] Zur Maßstäblichkeit des Immissionsschutzrechts s. BVerwGE 79, 255 – Feuerwehrsirene; zum Eingriff durch den Einsatz von Wasserwerfern BVerfG NVwZ 1999, 290 (293).

[532] BVerfGE 56, 54 (73 ff.), Fluglärm; *Lorenz* in BK Rn. 458.

[533] → Rn. 117.

[534] *Sachs* in Stern StaatsR IV/1, § 98 Kap. III 2c: „[…]bloße äußerliche Berührungen des Körpers, die dessen Substanz nicht erkennbar verändern und keine Schmerzen verursachen."

[535] Zust. *Schulze-Fielitz* in Dreier Art. 2 Abs. 2 Rn. 36; *Di Fabio* in Maunz/Dürig Art. 2 Abs. 2 Rn. 60; *Schmidt-Aßmann* AöR 106 (1981), 205 (213).

[536] Vgl. dazu *Lorenz* in BK Rn. 457 mwN.

rechtsschutz nach Art. 2 Abs. 2 S. 1 Alt. 1 genießt, ist auch seine körperliche Unversehrtheit geschützt,[537] betreffend also etwa pränatale Heilbehandlungen oder sonstige, das Leben als solches wahrende Eingriffe (etwa medizinische Experimente am Embryo). Durch die pränatale körperliche Schädigung eines bereits in Entwicklung befindlichen Embryos (zB infolge Medikamentengabe) ist Art. 2 Abs. 2 S. 1 Var. 2 nicht nur abstrakt berührt, sondern auch das subjektive **Recht des Nasciturus** auf körperliche Unversehrtheit.[538] Zwar kann man in den ersten Schwangerschaftswochen schwerlich von einem „Körper" des Nasciturus sprechen, doch kann von einem Eingriff in die körperliche Unversehrtheit zumindest insoweit gesprochen werden, als sich auch nur die Intervention in eine Blastozyste (Zellhaufen im Stadium der Nidation) auf den körperlichen Zustand des geborenen Kindes auswirkt.[539] Insofern bedarf es keiner abschließenden Klärung der Frage, von welchem Entwicklungsstadium an von einem „Körper" gesprochen werden kann. Der dem geborenen Kind für diese Beeinträchtigung einzuräumende Ersatzanspruch (bei dessen materiellrechtlichen wie prozeduralen Voraussetzungen der Gesetzgeber eine gewisse Ausgestaltungsprärogative hat) ließe sich nur schwer begründen, wenn man das Individualrecht auf körperliche Unversehrtheit erst mit der Geburt beginnen lassen wollte, da die Versehrtheit dem Rechtsträger von vornherein als Eigenschaft innewohnen würde. Aus diesem Grund können gentechnische Manipulationen an Ei- oder Samenzelle vor deren Verschmelzung oder eine fehlerhafte In-vitro-Fertilisation nicht als Eingriff in das Individualrecht des Embryos oder des geborenen Kindes auf körperliche Unversehrtheit angesehen werden.[540] Ausgleichsleistungen können in solchen Fällen kraft der objektiven Wertentscheidung des Art. 2 Abs. 2 S. 1 Var. 1 für das Schutzgut der körperlichen Unversehrtheit geboten sein. Zumindest Ausstrahlungswirkung hat das Grundrecht auf „Wrongful Birth"-Konstellationen,[541] in welchen eine schwere Behinderung des Fötus von Medizinern übersehen wurde und das ausgetragene Kind, das bei Kenntnis der Umstände abgetrieben worden wäre, oder seine Eltern Ersatz für die signifikanten Mehrkosten seiner Betreuung verlangen, indem es zu determinieren hilft, wann der medizinische Betreuungsvertrag fehlerhaft erfüllt worden ist.[542] Die Unversehrtheit des toten Menschen ist hingegen kein Thema des Art. 2 Abs. 2 S. 1.

120 Bedeutsam ist die Erstreckung des Rechts aus Art. 2 Abs. 2 S. 1 Var. 2 auch zB für **Keimbahneingriffe,** die nur diagnostischer Art (wie Präimplantationsdiagnostik) oder auch darauf gerichtet sein können, Geninformationen des Fötus zu „korrigieren" (Gentherapie als Keimbahntherapie).[543] Beim therapeutischen Klonen wird eine Eizelle befruchtet, um zu Therapiezwecken Zellen für die Behandlung eines Patienten mit den gleichen Erbinformationen gewinnen zu können, also wiederum zu Zwecken des Art. 2 Abs. 2

[537] *Sachs* in Stern StaatsR IV/1, § 98 Kap. III 2b; *Müller-Terpitz* in HdbStR VII § 147 Rn. 34; dazu neigend auch *Jarass* in Jarass/Pieroth Rn. 85.

[538] *Di Fabio* in Maunz/Dürig Art. 2 Abs. 2 Rn. 58; *Lorenz* in BK Rn. 61 f.; wohl auch *Murswiek/Rixen* in Sachs Rn. 147.

[539] Vgl. *Müller-Terpitz,* Der Schutz des pränatalen Lebens, 2007, 367 f.

[540] *Schulze-Fielitz* in Dreier Art. 2 Abs. 2 Rn. 40; Sternberg-Lieben JuS 1986, 673 (675); aA Lorenz in BK Rn. 464.

[541] Grundlegend BGH NJW 1994, 788; hierzu zuletzt *Bach* NJW 2019, 1915.

[542] Es handelt sich hier eher um eine an Art. 1 Abs. 1 S. 1 zu stellende Frage; für den Fall fehlgeschlagener Sterilisation (aber Geburt eines gesunden Kinds) s. BVerfGE 96, 375.

[543] Dazu mwN *Schulze-Fielitz* in Dreier Art. 2 Abs. 2 Rn. 74.

S. 1.[544] Wenn das Gesetz gentechnische Eingriffe beim Ungeborenen zu Zwecken der Diagnostik[545] nur in engen Grenzen gestattet und eine Veränderung von Keimbahnzellen, selbst wenn sie auf Heilbehandlung gerichtet ist, prinzipiell untersagt (§ 5 ESG), steht weniger die körperliche Unversehrtheit des ungeborenen Lebens (→ Rn. 119) als die Menschenwürde im Vordergrund (→ Art. 1 Rn. 53, Stichwort „Human-Genetik“).[546]

b) Grundrechtswirkungen. Das Grundrecht auf körperliche Unversehrtheit ist zunächst **Abwehrrecht**. Als Eingriff kann sich nur darstellen, was **dem Staat** als eigenes Handeln **zurechenbar** ist; es geht um Akte, die der Staat durch seine Organe selbst vornimmt. Nur insoweit wirkt (auch) Art. 2 Abs. 2 S. 1 Alt. 2 als Abwehrgrundrecht. Auch bei körperlichen Einwirkungen stellt sich die Frage, ob ein die körperliche Unversehrtheit berührender Akt eine gewisse Mindestintensität aufweisen muss, damit der Schutzbereich des Grundrechts beeinträchtigt ist und von einem Grundrechtseingriff gesprochen werden kann. Daran fehlt es nach der Rechtsprechung, wenn die Körpersphäre „nur geringfügig und damit zumutbar“ betroffen ist.[547] Damit kommt zwar das berechtigte Anliegen zum Ausdruck, den Grundrechtsschutz nicht auf Banalitäten überborden zu lassen und nicht mit jedem Klaps, nicht jeder spontan Übelkeit verursachenden Einwirkung auf den Geruchssinn den Grundrechtsschutz zu aktivieren. Problematisch ist dies nicht nur deshalb, weil im ersten Fall die Körpersphäre unmittelbar betroffen und im zweiten Fall dem Kriterium schmerzhafter Wirkung genügt ist.[548] Auch ist die Begründung des eigentlich berechtigten Anliegens der Judikatur dogmatisch angreifbar, wenn die an sich zur Verhältnismäßigkeitsprüfung gehörige „Zumutbarkeit“ und „Wesentlichkeit“ (vgl. auch Art. 19 Abs. 2) in den Eingriffsbegriff verlagert wird.[549] Vorzugswürdig erscheint es, auch in solchen „De-minimis-Handlungen“ eine Beeinträchtigung des Schutzbereichs zu erblicken.[550] Damit beeinträchtigt bspw. auch eine schmerzhaft wirkende, aber nur kurzfristige Lärmentwicklung die körperliche Unversehrtheit im Sinne eines Grundrechtseingriffs.[551] Der Staat verletzt das Untermaßverbot (dazu → Rn. 102) jedoch in der Regel nicht, wenn er sie im Verhältnis zwischen Privaten nicht ahndet. Sind sie staatlichen Ursprungs, entfällt in der Regel die Möglichkeit einer Rechtfertigung, für die es überdies einer gesetzlichen Grundlage bedürfte, doch kann auch insoweit dem geringen Gewicht der 121

[544] Dazu etwa *Laufs/Rehborn* in Laufs/Kern/Rehborn Handbuch des Arztrechts, § 130 Rn. 47 f. (für rechtliche Spezialregelung); Meinungsstand *Middel,* Verfassungsrechtliche Fragen der Präimplantationsdiagnostik und des therapeutischen Klonens, 2006.

[545] § 15 des Gesetzes über genetische Untersuchungen bei Menschen (Gendiagnostikgesetz – GenDG) v. 31.7.2009, BGBl. 2009 I 2529 (2533 f.); s. *Genenger* NJW 2010, 113; § 3a ESG.

[546] Auch auf das Lebensrecht des so generierten Embryos abstellend allerdings *Lorenz* in BK Rn. 635.

[547] So BVerfGE 17, 108 (115), Hirnstrommessung; sa BVerwGE 46, 1 (7), Haarerlass, wonach es „schlechterdings nicht Sinn des Grundrechtsschutzes sein kann, die Menschen auch vor solchen Beeinträchtigungen in der Körpersphäre zu schützen, die unwesentlich sind“; BVerwGE 54, 211 (223) weist auf das Kriterium der Sozialadäquanz „in der Welt, in der wir leben“.

[548] → Rn. 116.

[549] Zur Verortung in der Verhältnismäßigkeit: *v. Münch/Kunig* in v. Münch/Kunig, 6. Aufl. 2012, Vorb. Art. 1 – 19 Rn. 39.

[550] *Müller-Terpitz* in HdbStR VII § 147 Rn. 43; in diese Richtung *Schulze-Fielitz* in Dreier Art. 2 Abs. 2 Rn. 50.

[551] Anders *Kunig* in v. Münch/Kunig, 6. Auflage 2012, Rn. 66.

Beeinträchtigung zB durch Verzicht auf Disziplinarmaßnahmen im Einzelfall Rechnung getragen werden.

122 Ein „negatives" Recht idS, dass auch ein „Recht auf körperliche Versehrtheit" bestünde, ergibt sich aus Art. 2 Abs. 2 S. 1 Var. 2 nicht. Das Recht, sich **selbst zu verletzen** (auch zB durch Hungerstreik) oder in eine Verletzung durch andere einzuwilligen oder eine Heilbehandlung abzulehnen, ist vielmehr Ausdruck der allgemeinen Handlungsfreiheit und ggf. des allgemeinen Persönlichkeitsrechts[552] und hat vor dem objektiven Anliegen des Staates, die Gesundheit der Bevölkerung zu fördern, jedenfalls dann im Regelfall Vorrang, wenn mit der Selbstschädigung keine Beeinträchtigung Dritter in ihrer Gesundheit (wie Passivraucher), ihren beruflichen Chancen (Doping) etc. verbunden ist.[553] Daher kann aus Art. 2 Abs. 2 S. 1 Var. 2 auch keine Pflicht „zu gesundheitsgemäßer Lebensführung"[554] abgeleitet werden,[555] mit der das Grundrecht systemwidrig zu der Grundpflicht umgedeutet würde.

123 Ebenso wie dem Grundrecht auf Leben[556] kommt dem Grundrecht auf körperliche Unversehrtheit erhebliche Bedeutung als grundrechtliche **Schutzpflicht** zu: Es beinhaltet die Verpflichtung des Staates zum Schutz vor Beeinträchtigungen der körperlichen Unversehrtheit (durch aktive Schutzmaßnahmen oder zumindest Warnungen, durch Gebote, Verbote, Haftungsvorschriften, Aufsichtsmaßnahmen ua[557]) auch durch andere, also durch nicht grundrechtsgebundene Privatpersonen, aber auch vor Beeinträchtigungen durch Naturkräfte oder durch Immissionen von außerhalb des Staatsgebiets. Die im Zusammenhang mit dem Recht auf Leben angesprochenen Ausprägungen der Schutzpflicht (→ Rn. 101 ff.) können allesamt auch mit Blick auf das Grundrecht auf körperliche Unversehrtheit Geltung beanspruchen.

124 Art. 2 Abs. 2 S. 1 Alt. 2 bindet den Staat bereits in einem frühen Stadium und verlangt, dass der Staat Gefahrenvermeidung betreibt,[558] der Gefahrenentstehung also bereits vorbeugt. Schutzpflichten bestehen objektiv-rechtlich, können sich aber personenspezifisch verdichten und sich damit zum subjektiven Recht Einzelner konkretisieren, etwa wenn eine Personengruppe besonders in die Pflicht genommen und dabei typischen Gesundheitsgefährdungen ausgesetzt ist.[559] Dies kann unter anderem der Fall sein bei der Belastung eines Grundstücks mit gesundheitsgefährdenden Altlasten oder der Nachbarschaft zu einer emittierenden Anlage. Die Schutzdimension des Art. 2 Abs. 2 S. 1 Alt. 2 gebietet die **legislative und administrative Steuerung** von Verhaltensweisen mit umweltbelastenden Wirkungen, wenn und soweit diese die körperliche Unversehrtheit von Menschen beeinträchtigen

---

552 *Di Fabio* in Maunz/Dürig Art. 2 Abs. 1 Rn. 204: „Verfügungsrecht über den eigenen Körper"; *Schulze-Fielitz* in Dreier Rn. 55.

553 Vgl. auch *Lorenz* in BK Rn. 546 ff.

554 Vgl. *Hermes,* Das Grundrecht auf Schutz von Leben und Gesundheit, 1987, 229 mwN; unter Aspekten des Dopings im Sport: *Steiner* NJW 1991, 2729 (2734 f.).

555 *Schulze-Fielitz* in Dreier Art. 2 Abs. 2 Rn. 84; → Rn. 129, Stichwort „Selbstbestimmungsrecht des Patienten".

556 → Rn. 101 und die dortigen Nachweise.

557 Vgl. nur *Lorenz* in BK Rn. 552 ff.

558 Vgl. *Lorenz* in HdbStR VI, 2. Aufl. 2001, § 128 Rn. 31; aA *Murswiek/Rixen* in Sachs Rn. 199.

559 Vgl. für Schutzpflichten des Dienstherrn gegenüber Polizeibeamten *Rupprecht* FS f. Samper, 1982, 51 ff.

können; auch ein Einschreiten im Einzelfall kann zwingend geboten sein (Rettungsmaßnahmen, Stilllegung einer Anlage). Dabei stellt das Grundrecht (nur, aber immerhin) Weichen im Grundsätzlichen, kann aber wenig ergiebig sein für die Auffindung konkreter Belastungsschwellen.[560] Auch im Recht der **Organtransplantation** (→ Stichwort „Transplantation" in Rn. 129) kommen Schutzpflichten des Staates zum Ausdruck[561] – zum einen für die Empfänger der Organspenden, deren Leben gerettet oder deren Gesundheit wiederhergestellt werden soll (Art. 2 Abs. 2 S. 1 Var. 1, 2); und zum anderen für die Spender: Entstammt das Spenderorgan einem lebenden Menschen, wird durch die Organentnahme (auch wenn sie mit Einverständnis des Spenders erfolgt) wiederum dessen körperliche Unversehrtheit (Art. 2 Abs. 2 S. 1 Var. 2) beeinträchtigt; wird sie hingegen dem (Hirn-)Toten entnommen, ist nur das postmortale Persönlichkeitsrecht betroffen. Allerdings ist die Frage, ob es einer Einwilligung in die Organentnahme zu Lebzeiten bedarf und wie diese ausgestaltet werden muss, wiederum am allgemeinen Persönlichkeitsrecht zu messen (Art. 2 Abs. 1 iVm Art. 1 Abs. 1), dessen Wertungen bei der Ausgestaltung des Transplantationsrechts berücksichtigt werden müssen (dazu → Rn. 63).

Anders als die schulische Züchtigung (→ Rn. 148), die als staatlicher **125**
Eingriff zu betrachten ist, aktiviert die **körperliche Züchtigung durch Erziehungsberechtigte** die körperliche Unversehrtheit als Schutzpflicht.[562] Inwieweit der Staat hier zur Unterbindung körperlicher Einwirkung Erziehungsberechtigter auf Kinder aus verfassungsrechtlichen Gründen einschreiten muss (durch Gesetz, insbesondere die Strafdrohung des § 223 Abs. 1 StGB, durch grundrechtskonforme Gesetzesauslegung, durch jugendamtliche Maßnahmen, allgemein durch Aufklärung), richtet sich nach der Schutzfunktion des Grundrechts aus Art. 2 Abs. 2 S. 1 Alt. 2 und wirft auch die Frage nach dem Schutz der Menschenwürde des Kindes auf. Mit dem gesetzlichen Verbot körperlicher Bestrafungen und seelischer Verletzungen (§ 1631 Abs. 2 BGB) hat der Staat in verfassungsrechtlich nicht zu beanstandender Weise seine Schutzpflicht für die körperliche Unversehrtheit der Kinder wahrgenommen und insoweit eine Grenze gegenüber dem elterlichen Erziehungsrecht (Art. 6 Abs. 2 S. 2) gezogen.[563]

Da Art. 2 Abs. 2 S. 1 Var. 2 den Körper im biologisch-physiologischen **126**
Sinne schützt, wird jede Veränderung, die am Körper eines lebenden Menschen vorgenommen wird, einschließlich medizinischer Maßnahmen,[564] einfachgesetzlich auch dann als Beeinträchtigung der körperlichen Unversehrtheit eingeordnet, wenn sie erstens indiziert und zweitens im Rahmen einer privaten **Heilbehandlung** erfolgt. Die auf Heilung oder deren Vorberei-

---

[560] Eingehend dazu – und in der Tendenz optimistischer – *Böhm,* Der Normmensch, 1996, 109 ff., 129 ff.; aus der Rspr. s. beispielhaft BVerwGE 104, 123 – Immissionsgrenzwerte/Beurteilungspegel für Schienenwege.

[561] *Müller-Terpitz* in HdbStR VII § 147 Rn. 105; grundlegend zu den Schutzpflichten BVerfGE 39, 1 (42).

[562] Zutr. *Starck* in MKS Rn. 239: „Elterliches und schulisches Züchtigungsrecht müssen streng auseinandergehalten werden.".

[563] *Di Fabio* in Maunz/Dürig Art. 2 Abs. 2 Rn. 74; *Lorenz* in BK Rn. 506; *Starck* in MKS Rn. 239; alle genannten Autoren sehen allerdings „leichte" bzw. „maßvolle" körperliche Einwirkungen im Ergebnis durch das elterliche Erziehungsrecht gedeckt.

[564] Vgl. auch *Müller-Terpitz* in HdbStR VII § 147 Rn. 43 „Keine Bagatell- oder Erheblichkeitsgrenzen"; zu Unrecht zweifelnd bei Entnahme einer „kleinen Blutmenge" BVerfGE 5, 13 (15); KG NJW 1987, 2311.

tung (Diagnose) gerichtete Intention beseitigt die Eingriffsqualität nicht, die Einwilligung des Patienten (die frei und bewusst erklärt sein muss) rechtfertigt den Eingriff aber.[565] Die strafrechtliche Streitfrage, ob die Einwilligung in den medizinischen Heileingriff bereits den Tatbestand des § 223 StGB (Körperverletzung) oder nur die Rechtswidrigkeit im strafrechtlichen Sinne ausschließt, kann im Lichte des Grundrechts, das vom Staat lediglich eine seiner Tragweite angemessene einfachgesetzliche Lösung des Grundrechtskonfliktes fordert, in der einen oder der anderen Weise beantwortet werden. Auch zwangsweise Veränderungen am Körper, die diesen nicht substanziell betreffen, wie Veränderungen der Haar- oder Barttracht oder das Schneiden der Nägel,[566] sind Eingriffe in das Grundrecht auf körperliche Unversehrtheit (und bedürfen deswegen bei fehlender Einwilligung des Betroffenen einer gesetzlichen Grundlage). Wird hingegen das Tragen einer bestimmten Haar- oder Barttracht (etwa aus Sicherheitsgründen) lediglich vorgeschrieben, aber nicht zwangsweise vorgenommen, fehlt es am Eingriff in Art. 2 Abs. 2 – nicht etwa wegen „Unerheblichkeit" oder „Sozialadäquanz", sondern weil es an der unmittelbaren Zwangswirkung mangelt (Grundrechtsmaßstab ist Art. 2 Abs. 1 iVm Art. 1 Abs. 1, im Einzelfall auch Art. 4 Abs. 1, 2).

127 Im Zusammenhang mit der Ausgestaltung des Grundrechtsschutzes spielt der Schutz der körperlichen Unversehrtheit durch **Verfahrensregeln und Verfahrensgestaltung** eine wichtige Rolle. Dies betrifft vor allem die Verfahrensteilhabe „Dritter", also Betroffener, die nicht per se (wie Antragsteller und Behörde) sachlogisch am Verfahren beteiligt sind. Art. 2 Abs. 2 S. 1 Var. 2 gebietet, ihnen Verfahrensrechte (Anhörung, Einwendungsrecht, Klagerechte etc.) einzuräumen; sie unmittelbar aus dem Grundrecht abzuleiten, ist angesichts der Gesetzesdichte kaum Anlass.[567] Dieser „Grundrechtsschutz durch Verfahren" findet in vielen Bereichen statt. So sind etwa bei der Planfeststellung (vgl. § 73 Abs. 4 VwVfG, berührte Belange Einzelner) und der Bauleitplanung (vgl. § 1 Abs. 6 Nr. 1, 7 lit. c und Abs. 7 BauGB) Gesundheitsbelange der betroffenen Bevölkerung zu berücksichtigen. Spezifischer auf den Schutz der körperlichen Unversehrtheit bezogen ist das Recht der Anlagengenehmigung und -überwachung. Anlagen, insbesondere Kernkraftwerke, aber auch der Zulassung nach dem Immissionsschutzrecht bedürftige Anlagen bergen für sie erhebliche Risiken.[568] Gleiches gilt auch für einige Formen der Gewässernutzung, für den Umgang mit gefährlichen Chemikalien, für aus der Entstehung von Abfällen und ihrer Beseitigung[569] folgende Belastungen. Nicht die Spezifik der Gefahr ist entscheidend, sondern ihr Gewicht und das Ausmaß denkbarer Schädigungen.[570] Angesichts von Art und Schwere der Realisierung von Gefahren muss im Bereich der Kernenergie „bereits eine entfernte Wahrscheinlichkeit

---

565 *Starck* in MKS Rn. 194, 237; *Fink* in HdbGR IV, § 88 Rn. 36.

566 Vgl. zur Zulässigkeit der Veränderung des Erscheinungsbildes eines Angeklagten zu Zwecken der Gegenüberstellung mit einem Zeugen BVerfGE 47, 239 (249).

567 Vgl. *Kunig* GS f. Martens, 1989, 599 ff.; s. aber BVerwG NVwZ 1989, 1163 (1167); OVG Münster NVwZ 1984, 385 (386).

568 Vgl. zum Lärmschutz BVerfGE 56, 54 (77 f.), Fluglärm; 79, 174 (201 f.), Verkehrslärm.

569 Vgl. zu einer Müllverbrennungsanlage OVG Münster NVwZ 1991, 1200; aus der Sicht des Art. 2 Abs. 2 S. 1 *Hofmann-Hoeppel* NVwZ 1991, 1144 (1146 f.) → Rn. 129 Stichwort „Mobilfunk".

570 Vgl. unter Hinweis auf den polizeirechtlichen Gefahrenbegriff auch *Stern,* StaatsR III/1, 1988, § 67 Kap. V 2b γ.

[des] Eintritts genügen, um die Schutzpflicht des Gesetzgebers konkret auszulösen".[571] Als Grenzmarke ist dabei der Begriff des **Restrisikos** geprägt worden: „Vom Gesetzgeber […] eine Regelung zu fordern, die mit absoluter Sicherheit Grundrechtsgefährdungen ausschließt, die aus der Zulassung technischer Anlagen und ihrem Betrieb möglicherweise entstehen können, hieße die Grenzen menschlichen Erkenntnisvermögens zu verkennen und würde weithin jede staatliche Nutzung der Technik verbannen."[572] Dem – hinzunehmenden – Restrisiko lassen sich Situationen zuordnen, in denen es „nach dem Stand von Wissenschaft und Praxis praktisch ausgeschlossen ist, daß […] Schadensereignisse eintreten".[573]

Der Schutz der körperlichen Unversehrtheit trifft hier auf den nach Art. 20a gebotenen Schutz der **natürlichen Lebensgrundlagen**. Die Notwendigkeit, Gefahrenlagen zu erkennen und nach dem Stand von Wissenschaft und Technik neu zu bestimmen, und das Vorsorgeprinzip, wonach ein Mangel an vollständiger wissenschaftlicher Gewissheit kein Grund dafür sein kann, kostenwirksame Maßnahmen zur Vermeidung von Umweltverschlechterungen aufzuschieben,[574] wirken sich insoweit auch auf den Schutz der körperlichen Unversehrtheit aus. Dennoch folgt aus Art. 2 Abs. 2 S. 1 Var. 2 **kein umfassendes Individualrecht auf eine gesunde Umwelt**.[575] Die verfassungspolitische Diskussion um die Einführung eines subjektiven Rechts auf einen bestimmten Zustand der Umwelt ist abgeebbt[576] und hat mit der Normierung des Art. 20a ihren vorläufigen Abschluss gefunden. Auch der EGMR ist nicht bereit gewesen, Art. 8 EMRK (Recht auf Achtung des Privat- und Familienlebens; ein Recht auf körperliche Unversehrtheit ist dort nicht explizit verbürgt) insgesamt zu einem „Recht auf gesunde Umwelt" auszubauen, sondern nur im Einzelfall bei Umweltgefahren auf eine Verletzung von Art. 8, aber auch Art. 2 EMRK und Art. 1 EMRK-ZP 1 erkannt.[577] 128

3. Einzelfälle zu Art. 2 Abs. 2 S. 1 Var. 1 und 2 129

Ärztliche Aufklärungspflicht – s. Selbstbestimmungsrecht des Patienten.

Ärztliche Zwangsbehandlung – s. Zwangsbehandlung und Zwangsheilung.

Ärztliche Heilbehandlung → Rn. 126.

Auslieferung/Ausweisung/Abschiebung – Bei der Ermessensentscheidung über die Ausweisung eines Ausländers ist in die gebotene Abwägung einzustellen, ob diesem „Zugriffe ausländischer Staatsgewalt auf Freiheit, Leib und Leben" drohen.[578] Die Ausweisung und Abschiebung sind unzulässig, wenn im Heimatstaat oder einem (insoweit nicht sicheren) Drittstaat die Todesstrafe oder die Ermordung oder schwer-

---

[571] BVerfGE 49, 89 (142), Kalkar.

[572] BVerfGE 49, 89 (143); s. zum Restrisiko auch BVerwGE 61, 256 (263).

[573] BVerfGE 53, 30 (59), Mühlheim-Kärlich.

[574] *Durner* in Beckmann/Durner/Mann/Röckinghausen Umweltrecht, 91. EL 2019, Band 1, D I 4 Rn. 60.

[575] Zutr. *Starck* in MKS Rn. 233; BVerwGE 54, 211 (219); vgl. zu den verschiedenen Ableitungsversuchen eines solchen Grundrechts etwa *Mayer-Tasch* BayVBl 1974, 515 (519); *Lücke* DÖV 1976, 289 (293); *Sailer* DVBl 1976, 521; *Sening* NuR 1980, 102 (107 ff); wie *Wiedemann* in Umbach/Clemens Rn. 356.

[576] Vgl. dazu die zahlr. Hinweise bei *v. Münch* in v. Münch/Kunig, 3. Aufl. 1985, Rn. 61; zutreffend schon früh *Rehbinder* ZRP 1970, 250 (252): „Ein Anspruch des Bürgers gegenüber dem Staat […] auf reine Luft usw. ist mit einem politischen System nicht vereinbar, in dem Parlament und Regierung – und nicht die Gerichte – Prioritäten setzen und setzen müssen."

[577] *Pätzold* in Mayer/Ladewig, EMRK, Art. 8 Rn. 38; https://www.echr.coe.int/Library-Docs/DH_DEV_Manual_Environment_Eng.pdf (letzter Abruf: 14.4.2020).

[578] BVerwGE 78, 285 (291); zweifelnd *Murswiek/Rixen* in Sachs Rn. 183 mwN; → Art. 1 Rn. 53.

wiegende gesundheitliche Schäden drohen[579] oder der Auszuweisende wegen solcher Schäden haft- und transportunfähig ist und die Auslieferung mit Lebensgefahren verbunden wäre.[580] Vgl. auch → Art. 16a Rn. 17.

Blutentnahme – Ob die Entnahme einer kleinen Blutmenge ein Eingriff in die körperliche Unversehrtheit ist, hat das BVerfG unentschieden gelassen, weil sie im entschiedenen Fall durch den Gesetzesvorbehalt gedeckt war.[581] (Zu Blutspenden s. u. „Transfusion".)

Brechmittel – Die zwangsweise Verabreichung von Brechmitteln ist primär eine Frage des Art. 1 Abs. 1 (sowie des Art. 3 EMRK), betrifft aber auch die körperliche Unversehrtheit. Bei Verdacht des Mitsichführens von mit Drogen (typischerweise Kokain) gefüllten Beuteln ist die Brechmittelgabe gegen den Willen des Betroffenen auf der Grundlage des § 81a StPO zwar nicht schlechthin unzulässig.[582] Das strafrechtliche Ziel der Beweiserhebung muss jedoch im Einzelfall mit den damit verbundenen erheblichen Gesundheitsgefahren abgewogen werden. Kann das Ausscheiden – wie zumeist – „auf natürlichem Wege" abgewartet werden, darf das Brechmittel grundsätzlich nicht verabreicht werden. [583]

Embryonenschutz – s. → Rn. 111 sowie Stichwort „Humangenetik" in → Art. 1 Rn. 53.[584] Zur verfassungsrechtlichen Beurteilung des Schwangerschaftsabbruchs → Rn. 107 ff.

Folter – ist durch überstaatliche Vorschriften untersagt (→ Rn. 6) und überdies ein durch Art. 1 Abs. 1 S. 1 in Ausführung wie auch nur Androhung ausnahmslos verbotener Eingriff in die körperliche Unversehrtheit.[585]

Gendiagnostik – Das Gendiagnostikgesetz (GenDG)[586] behandelt im Schwerpunkt genetische Untersuchungen am Geborenen und darüber hinaus auch am ungeborenen Menschen (→ Rn. 93). Insbesondere wo die Entnahme einer Probe erforderlich ist, geht dies mit einem Eingriff in die körperliche Unversehrtheit einher (wohingegen die im Labor durchgeführte Untersuchung als solche jene nicht beeinträchtigt). Grenzen setzen auch hier das allgemeine Persönlichkeitsrecht und die Menschenwürde.[587]

Heilpraktiker – Das BVerfG erachtete den Ausschluss der Heilpraktiker von der selbständigen Behandlung der Versicherten als zulässig in Anbetracht des Zieles der gesetzlichen Krankenversicherung, den Versicherten möglichst eine sachkundige Be-

---

[579] Vgl. 60 Abs. 2, Abs. 3 AufenthG; vgl. § 8 IRG; BVerwGE 146, 12; siehe auch *Müller-Terpitz* in HdbStR VII § 147 Rn. 46; das BVerfG hatte zunächst verneint, dass eine Auslieferung bei drohender Todesstrafe gegen Art. 2 Abs. 2 S. 1 verstößt, BVerfGE 18, 112 (116 ff.); In BVerfGE 60, 348 (354) hat es die Frage, ob an dieser Rechtsprechung noch festzuhalten ist, hingegen ausdrücklich offengelassen; zum sich wandelnden Verständnis auch: *Di Fabio* in Maunz/Dürig Art. 2 Abs. 2 Rn. 38; siehe auch *Murswiek/Rixen* in Sachs Rn. 183 mwN.

[580] OLG Stuttgart NStZ 1987, 80; OLG Hamm NStZ-RR 2006, 216; OLG Hamburg NStZ 2009, 460; KG BeckRS 2010, 16143; KG BeckRS 2018, 5414 Rn. 9; zu den Substanitiierungsanforderungen bei der Behauptung medizinischer Abschiebehindernisse BVerfG, Beschl. v. 18.4.2016 – 2 BvR 666/16, Rn. 7 f.

[581] BVerfGE 5, 13 (15 f.); zur Entnahme einer Blutprobe zu Zwecken der Feststellung psychologischer Krankheit oder von Geistesschwäche BayVerfGH NJW 1990, 2926.

[582] AA bereits OLG Frankfurt a. M. NJW 1997, 1647 sowie *Hadamitzky* KarlsruherKomm StPO, 8. Aufl. 2019, § 81a StPO Rn. 6a mwN. für beide Positionen; für ein nur noch sehr eng begrenztes Spektrum legaler Einsatzmöglichkeiten etwa *Trück* MüKo StPO, 2014, § 81a Rn. 17.

[583] Grundsätzlich EGMR 11.7.2006 – 54819/00, NJW 2006, 3117 – Jalloh/Deutschland, Rn. 70 ff., gegen das BVerfG NStZ 2000, 381, das die Verfassungsbeschwerde nicht zur Entscheidung angenommen hatte.

[584] S. zudem *Steiner,* Der Schutz des Lebens durch das GG, 1992, 18 ff.

[585] Vgl. EGMR (Große Kammer), Urt. v. 1.6.2016 – 22978/05 Gäfgen/Deutschland, NJW 2010, 3145; aus dem Schrifttum statt vieler *Lorenz* in BK Rn. 507 ff. mwN; → Art. 1 Rn. 53, Stichwort „Folterverbot".

[586] Gesetz über genetische Untersuchungen bei Menschen v. 31.7.2009, BGBl. 2009 I 2529, berichtigt am 19.10.2009, BGBl. 2009 I 3672.

[587] Zum allgemeinen Persönlichkeitsrecht und der Gentechnologie s. *Lorenz* JZ 2005, 1121; s. außerdem Stichwort „Humangenetik" in → Art. 1 Rn. 53.

handlung zukommen zu lassen.[588] Unter Hinweis hierauf hat das Gericht[589] entschieden, Art. 2 Abs. 2 S. 1 beinhalte keinen subjektiven Anspruch auf das Tätigwerden im SGB V nicht vorgesehener Leistungserbringer im Rahmen der gesetzlichen Krankenversicherung (hier: eines Heilpraktikers).

Hirnkammerlüftung – als erheblicher Eingriff iRd § 81a StPO nur zulässig, wenn unerlässlich, in angemessenem Verhältnis zur Tat stehend und durch die Stärke des bestehenden Tatverdachts gerechtfertigt ist.[590]

Hungerstreik – → Rn. 122.

Leistungssport – aus Art. 2 Abs. 2 S. 1 folgt keine Verpflichtung des Staates zu Beschränkungen des Leistungssportes.[591]

Liquorentnahme – ist Eingriff in die körperliche Unversehrtheit, dessen Anordnung iRd § 81a StPO in angemessenem Verhältnis zur Schwere der Tat stehen muss.[592]

Luftreinhaltung – → Rn. 128.

Mobilfunk – Das BVerfG[593] geht davon aus, dass hinsichtlich einer Gesundheitsgefährdung durch elektromagnetische Felder durch eine Transformatorenstation der Gesetzgeber dem durch Art. 2 Abs. 2 S. 1 gebotenen Schutz durch die Vorschriften des zivilen und öffentlichen Nachbarrechts, hier insbes. § 906 BGB, § 22 BImSchG, hinreichend Rechnung getragen habe.[594]

Rauchverbot – → Rn. 50, Stichwort „Rauchen".

Rettungsschuss, polizeilicher → Rn. 99.

Selbstbestimmungsrecht des Patienten – der Kranke hat aufgrund von Art. 2 Abs. 2 S. 1 „das volle Selbstbestimmungsrecht über seine leiblich-seelische Integrität".[595] Das Selbstbestimmungsrecht „fordert Berücksichtigung auch bei einem Menschen, der es ablehnt, seine körperliche Unversehrtheit selbst dann preiszugeben, wenn er dadurch von einem lebensgefährlichen Leiden befreit wird."[596] Die Wahrnehmung des Selbstbestimmungsrechts bedingt „einen von der Verfassung geforderten normativen Kernbereich der Einwilligung und – in ihrem Rahmen – der ärztlichen Aufklärungspflicht".[597] Zur Situation bei Sterbewilligkeit → Rn. 53 zu Art. 1, Stichwort „Sterbehilfe"; vgl. ferner auch u. Stichwort „Transplantation".[598]

Selbsttötung – → Rn. 97; Stichwort in → Art. 1 Rn. 53.

Sport – s. Stichwort „Leistungssport".

Sterbehilfe – → Rn. 106; s. Stichwort in → Art. 1 Rn. 53.

Sterilisation – Die freiwillige Sterilisation ist – als Ausdruck des allgemeinen Persönlichkeitsrechts, das auch die Prärogative einschließt, insbes. über die Empfängnisver-

---

588 BVerfGE 78, 155 (163).

589 BVerfG NJW 1998, 1775 (1776).

590 BVerfGE 17, 108 (117).

591 S aber *Steiner* DÖV 1983, 173 (177); eing. zu Verfassungsfragen des Sports *Steiner* NJW 1991, 2729; zum Kinderhochleistungssport vgl. *Fahlbusch-Wendler,* Die Zulässigkeit der staatlichen Förderung des Kinderhochleistungssports in der Bundesrepublik Deutschland, 1982; zu ordnungsrechtlichen und weiteren Fragen von Sport und (Gesundheits-)Risiken s. *Würtenberger,* Risikosportarten, 1991; aus der diesbezüglichen Rspr. s. VGH Mannheim NVwZ 1988, 168; VBlBW 1998, 25.

592 BVerfGE 16, 194 (198 ff.); zur Zulässigkeit der Maßnahme *Rogall* in Wolter Systematischer Kommentar zur StPO, § 81a Rn. 46.

593 BVerfG NJW 1997, 2509; dazu *Determann* NJW 1997, 2501; *Kremser* JZ 1997, 897; ferner BVerfG NJW 2002, 1638; NVwZ 2007, 805; VGH Mannheim NVwZ 1997, 90 – Hochspannungsfreileitung.

594 Überblick *Determann* NVwZ 1997, 647; bilanzierend zu den Rechtsfragen bislang unerkannter Gesundheitsrisiken elektromagnetischer Felder *Di Fabio* DÖV 1995, 1.

595 BVerfGE 52, 131 (174), Arzthaftungsprozess (Minderheitsvotum).

596 BGHSt 11, 111 (113 f.), Myom-Urteil; sa BGH NJW 1984, 2639 (2641); vgl. auch *Tempel* NJW 1980, 609; *Meyer-Götz* NJ 2009, 363; *Dreier* JZ 2007, 317 (323 ff.); *Lorenz* JZ 2009, 57.

597 BVerfGE 52, 131 (176).

598 Die Konstruktion eines Grundrechts „bioethischer Selbstbestimmung" unternimmt *Koppernock,* Das Grundrecht auf bioethische Selbstbestimmung. Zur Rekonstruktion des Allgemeinen Persönlichkeitsrechts, 1997.

hütung und damit die Nachkommenschaft selbst zu entscheiden – verfassungsrechtlich auch dann zulässig, wenn sie möglicherweise oder sogar mit Sicherheit nicht rückgängig gemacht werden kann.[599] Die Zwangssterilisation ist hingegen ausnahmslos unzulässig.[600] Die mit einem wesentlich gravierenderen Eingriff verbundene Kastration, bei welcher die Keimdrüsen (Hoden) entfernt oder funktionsunfähig gemacht werden (§ 1 KastrG[601]), ist selbst mit Einwilligung des Betroffenen nur bei abnormen Sexualverhalten, etwa bei gefährlichen Sexualstraftätern und nur in den engen Grenzen des § 2 KastrG zulässig.

Straßenverkehr – Mit Blick auf den Lebens- und Gesundheitsschutz haben einzelne Vertreter des Schrifttums die Frage aufgeworfen, ob der „Straßenverkehr in seiner heutigen Form" mit dem GG unvereinbar sein könnte.[602]

Todesschuss, polizeilicher – → Rn. 99.

Transfusion – Das G zur Regelung des Transfusionswesens (TFG)[603] hat zum Zweck, die sichere Gewinnung von Blut und Blutbestandteilen und die Versorgung der Bevölkerung mit Blutprodukten zu fördern, und dient damit dem Gesundheitsschutz.

Triage → Rn. 9.

Transplantation – Der Erlass des Transplantationsgesetzes (TPG)[604] bildete 1997 nur den scheinbaren Endpunkt einer längeren verfassungsrechtlichen wie rechtspolitischen Diskussion über Fragen der Transplantationsmedizin.[605] Es sollte Organspendern zur Durchsetzung ihrer grundrechtlichen Belange verhelfen, zu einer fairen Verteilung der Spenden an Bedürftige beitragen sowie durch Verfahrensregelungen Missbräuche verhindern. Nach § 3 Abs. 2 Nr. 2 TPG ist die Organentnahme grundsätzlich zulässig, wenn der endgültige und nicht behebbare Ausfall der Gesamtfunktion des Großhirns, des Kleinhirns und des Hirnstammes nach dem Stand der medizinischen Wissenschaft entsprechenden Regeln festgestellt ist (zur verfassungsrechtlichen Beurteilung des Todeszeitpunkts → Rn. 91). Die Organentnahme ist zulässig, wenn der Patient einverstanden war, und unzulässig, sofern er zu Lebenszeiten widersprochen hat (§ 3 Abs. 2 Nr. 2 TPG). Für den Fall, dass keine ausdrückliche Willensäußerung vorliegt, kann der Wille des Organgebers durch Befragung von Angehörigen ermittelt werden; ist auch dies nicht möglich, obliegt die Entscheidung über die Organspende den nächsten Angehörigen (sog. erweiterte Zustimmungslösung, § 4 TPG). Initiativen für die Einführung der sog. doppelten Widerspruchslösung (→ Rn. 63) haben bisher keinen Erfolg gezeitigt.

Zwangsbehandlung und Zwangsheilung – sind als Eingriff in das Grundrecht des Art. 2 Abs. 2 S. 1 nur aufgrund eines Gesetzes möglich.[606] Aus dem Anstaltsverhältnis untergebrachter Personen lassen sich Eingriffe gegen den Willen des Patienten nicht rechtfertigen.[607] Aus der Dienstleistungspflicht (Treuepflicht) des Beamten kann sich die Pflicht ergeben, sich zur Wiederherstellung der Dienstfähigkeit einer – auch operativen – Heilbehandlung zu unterziehen.[608] Ist eine betreute Person nicht einsichtsfähig, kann die dem Art. 2 Abs. 2 Satz 1 GG innewohnende Schutzpflicht den Staat verpflichten, bei drohenden erheblichen gesundheitlichen Beeinträchtigungen

---

[599] Wie hier: *Schulze-Fielitz* in Dreier Art. 2 Abs. 2 Rn. 73.

[600] *Dürig* in Maunz/Dürig ua, 7. Aufl. 1991, Stand 1997, Rn. 32; BT-Drs. 11/4528, 141.

[601] Gesetz über die freiwillige Kastration und andere Behandlungsmethoden (KastrG) vom 15.8.1969, BGBl. 1969 I 1143.

[602] *Eggstein* VBlBW 1995, 161; zur etwaigen Verdichtung der Schutzpflicht im Straßenverkehr *Di Fabio* in Maunz/Dürig Art. 2 Abs. 2 Rn. 93.

[603] Gesetz zur Regelung des Transfusionswesens v. 1.7.1998 (BGBl. 1997 I 1752), idF der Bekanntmachung v. 28.8.2007 (BGBl. 2007 I 2169).

[604] BGBl. 1997 I 2631.

[605] S etwa *Schmidt-Didczuhn* ZRP 1991, 264; *Gallwas* JZ 1996, 851.

[606] BVerfGE 128, 282 (Ls. 3, 300 ff.); 129, 269, (280 ff.) 133, 112 (131); OLG Stuttgart NJW 1981, 638.

[607] OLG Stuttgart NJW 1981, 638; zur Rechtsgrundlage bei ärztlicher Zwangsbehandlung Untergebrachter vgl. auch *Hübener* NJW 1981, 620; *Tondorf* ZRP 1983, 118 (119 f.).

[608] OVG Münster NJW 1990, 2950.

unter strengen Voraussetzungen als Ultima Ratio eine ärztliche Behandlung auch gegen den natürlichen Willen des Patienten vorzusehen.[609]

Zwangsvollstreckung – Schutz gegen Zwangsvollstreckungsmaßnahmen gem. § 765a ZPO kann wegen einer Härte erlangt werden, deren Sittenwidrigkeit sich auch aus der Missachtung bzw. Gefährdung der Grundrechte auf Leben und körperliche Unversehrtheit ergeben kann.[610]

II. Grundrecht der Freiheit der Person (Art. 2 Abs. 2 S. 2)

1. Die Freiheit der Person. Bei isolierter Betrachtung seines Wortlauts 130 scheint das Grundrecht der Freiheit der Person, Art. 2 Abs. 2 S. 2, mit einem sehr weiten Schutzbereich ausgestattet. Es entsteht der Eindruck, als sei dadurch personale Freiheit umfassend geschützt (was nur vereinzelt vertreten worden war, bevor sich die Deutung des Art. 2 Abs. 1 als allgemeine Handlungsfreiheit durchsetzte).[611] Personale Freiheit ist aber Thema aller Freiheitsgrundrechte. Die gebotene systematische Betrachtung, insbesondere des Art. 104, erweist, dass es ausschließlich um die **Freiheit körperlicher Bewegung** geht.[612]

Die Erfassung des Schutzbereichs des Grundrechts auf Freiheit der Person 131 und dessen **Abgrenzung** gegenüber anderen Grundrechten, die ebenfalls Bewegungsfreiheit schützen (Art. 11 und Art. 2 Abs. 1), bereitet Probleme. Das BVerfG definiert die Freiheit der Person auf drei Arten: positiv, negativ und eingriffsbezogen. In positiver Formulierung ist die „tatsächliche körperliche Bewegungsfreiheit vor staatlichen Eingriffen" geschützt, der Schutzbereich umschließt dagegen nicht „die Befugnis, sich unbegrenzt überall aufzuhalten und überall hin bewegen zu dürfen." Ein Eingriff liege vor, wenn jemand „durch die öffentliche Gewalt gegen seinen Willen daran gehindert wird, einen Ort oder Raum aufzusuchen oder sich dort aufzuhalten, der ihm an sich (tatsächlich und rechtlich) zugänglich ist."[613] Dieser Umschreibung scheint insoweit ein Widerspruch innezuwohnen, als das Aufsuchen eines Ortes einerseits vom Schutzbereich ausgenommen, seine Unterbindung andererseits aber als Eingriff in das Grundrecht verstanden wird.[614] Überdies ist das Recht, einen anderen Ort zu Aufenthaltszwecken aufzusuchen, bereits durch Art. 11 geschützt (auch wenn über die gebotene Intensität des Verweilens keine Einigkeit besteht; → Art. 11 Rn. 29 f.), weswegen es einer Schutzerstreckung bei Art. 2 Abs. 2 S. 2 insoweit nicht bedarf. (Allerdings geht der Verlust der körperlichen Bewegungsfreiheit stets notwendigerweise mit dem Verlust der Möglichkeit einher, sich im Sinne des Art. 11 an einem anderen Ort als dem zugewiesenen aufzuhalten, was die Frage nach der Konkurrenz beider Grundrechte aufwirft.[615])

Ein Teil des Schrifttums plädiert auch angesichts der im Wortlaut ohne 132 inhaltliche Beschränkung verbürgten „Freiheit" für eine weite Auslegung, die

[609] BVerfGE 142, 313 (340 ff.); vgl. auch BVerfGE 128, 282 ff.

[610] BVerfGE 52, 214 (219 f.); BVerfG NJW 1991, 3207; 1994, 1719; 2004, 49; NZM 2005, 657, Suizidgefahr; BGH NJW 2005, 1859.

[611] LVG Hannover DÖV 1955, 444 mit abl. Anm. *Kern*.

[612] *Dürig* in Maunz/Dürig ua, Stand 1997, Rn. 50; *Starck* in MKS Rn. 196; *Wittreck* in HdbStR VII § 151 Rn. 3; *Ziekow,* Über Freizügigkeit und Aufenthalt, 1997, 463 mwN.

[613] BVerfGE 94, 166 (198); 96, 10 (21); fast wortgleich BVerfGE 105, 239 (248).

[614] Vgl. *Lorenz* in BK Rn. 688, der diese „augenscheinliche Unstimmigkeit" mit dem Kontext der Entscheidung erklärt, in der sich die Formulierungen erstmals finden (Versagung des Zutritts zum deutschen Staatsgebiet).

[615] Vgl. *Jarass* in Jarass/Pieroth Rn. 111; → Rn. 161.

das Recht, einen anderen Ort aufzusuchen, einschließt.[616] Demgemäß haben manche Gerichte in der Covid-19-Pandemie nicht nur die Verhängung von **Quarantänemaßnahmen und Ausgangsbeschränkungen** (s. a. die Stichworte hierzu in Rn. 143), die unzweifelhaft Eingriffe in die Freiheit der Person darstellen, an Art. 2 Abs. 2 Satz 2 gemessen, sondern auch die Verwehrung des Zugangs zu den Küstenländern bzw. zur Meeresküste als solcher für Bewohner anderer Bundesländer.[617] Nach anderer, auch hier vertretener Auffassung fällt solches nur in den Schutzbereich des Art. 11 Abs. 1 und ggf. Art. 2 Abs. 1. Für dieses engere Verständnis des Art. 2 Abs. 2 S. 2 als einer sich als **Freiheit des (Weg-)Bewegens** manifestierenden **körperlichen Freiheit**[618] sprechen hingegen nicht nur die oben (→ Rn. 131) genannten Gründe, sondern auch die Entstehungsgeschichte der Vorschrift, die ihren engen Zusammenhang mit den (nicht zuletzt aus normästhetischen Gründen) schließlich in Art. 104 „ausgelagerten" Habeas-Corpus-Garantien erkennen lässt.[619] Mit Blick darauf ist Art. 2 Abs. 2 S. 2 auch als „Verfügungsrecht über den eigenen Körper" umschrieben worden[620], was allerdings wiederum seine Abgrenzung zum allgemeinen Persönlichkeitsrecht hin erschweren dürfte. Stärker als bei anderen Grundrechten ist bei Art. 2 Abs. 2 S. 2 die Perzeption des Schutzbereichs von den Eingriffen (regelmäßig mit Zwangscharakter) bestimmt, vor denen das Grundrecht bewahren soll.[621] Bei aller verständlichen Kritik an einem solchermaßen selbstreferenziellen, ja ans Zirkuläre grenzenden Grundrechtsbild[622] dürfte eine induktiv geprägte Tatbestandspräzisierung als Alternative nicht minder problematisch sein.

133 Ist demnach die von Art. 2 Abs. 2 S. 2 verbürgte Freiheit das Recht, „frei zu sein" und sich schlechthin bewegen zu dürfen, und das Grundrechtsverständnis zudem vom Eingriffsbild (Festnahme, Festsetzung) bestimmt, ist für eine **negative Freiheitskomponente schon begrifflich kein Raum.**[623] Ein „Recht auf Unfreiheit der Person" in dem Sinne, dass jemand über seine persönliche Freiheit disponieren dürfte, ist nicht vorstellbar. Ebenso wenig wie Art. 2 Abs. 2 S. 2 das Recht schützt, einen beliebigen anderen Ort aufzusuchen, schützt die Freiheit der Person das Recht, einen bestimmten Ort nicht verlassen zu müssen. Sie ist nur betroffen, wenn einer Person vorenthalten wird, einen Ort zu verlassen, oder ihr vorgeschrieben wird, sich an einen anderen Ort zu begeben. Das Verbot, an einem Ort Aufenthalt zu nehmen, greift in Art. 11 ein, während im Übrigen Art. 2 Abs. 1 die Freiheit der Bewegung bzw. Mobilität und der Präsenz unterhalb der Schwelle des „Aufenthaltnahmens" gewährleistet[624] (→ Rn. 50, Stichwort „Mobilität").

---

[616] Etwa *Murswiek/Rixen* in Sachs Rn. 229.

[617] Beispielhaft OVG Greifswald, Beschl. v. 9.4.2020 – 2 KM 280/20 OVG, Rn. 18 (juris); vgl. dazu auch die Rechtsprechungsübersicht bei *Kämmerer/Jischkowski,* GesR 2020, 341 ff.

[618] *Jarass* in Jarass/Pieroth Rn. 112; *Di Fabio* in Maunz/Dürig Art. 2 Abs. 2 Rn. 22; diff. *Lorenz* in BK Rn. 680, 683, 691; *Epping,* Grundrechte, 2019, Rn. 717, *Manssen,* Staatsrecht II, 2020, Rn. 317.

[619] Markant *Schulze-Fielitz* in Dreier Art. 2 Abs. 2 Rn. 98; zur Genese JöR nF 1 (1951), 63, 746; sa *Wittreck* in HdbStR VII § 151 Rn. 4; *Riedel* EuGRZ 1980, 192.

[620] *Wittreck* in HdbStR VII § 151 Rn. 9.

[621] Vgl. nur *Lorenz* in BK Rn. 683; *Jarass* in Jarass/Pieroth Rn. 112.

[622] *Wittreck* in HdbStR VII § 151 Rn. 8.

[623] *Lorenz* in BK Rn. 691; *Schulze-Fielitz* in Dreier Art. 2 Abs. 2 Rn. 98; aA etwa *Murswiek/Rixen* in Sachs Rn. 230 mwN.

[624] Vgl. auch *Lorenz* in BK Rn. 733 ff.

Die Freiheit der Person wird im GG nicht nur durch Art. 2 Abs. 2 S. 2, sondern auch durch **Art. 104 Abs. 1 S. 1** geschützt, der die Beschränkbarkeit in Form nicht nur von „Freiheitsentziehungen", sondern schlechthin allen „Freiheitsbeschränkungen" spezifiziert.[625] Es handelt sich um **„Schwesternormen"** mit identischen Schutzbereichen,[626] die laut BVerfG in einem „unlösbaren Zusammenhang" stehen,[627] freilich schon wegen ihrer differenten Rechtsnatur nicht um zwei textuelle Varianten einer einzigen Rechtsverbürgung. Zudem ist Art. 104 Abs. 1 S. 1, formal betrachtet, kein Grundrecht, wenngleich er zu den Rechten zählt, deren Verletzung nach Art. 93 Abs. 1 Nr. 4a mit der Individualverfassungsbeschwerde gerügt werden kann. Betroffene können die Beschwerdebefugnis (§ 90 Abs. 1 BVerfGG) nach ihrem Ermessen an eines dieser beiden Rechte oder an sie beide anknüpfen. Das sog. „Justizgrundrecht" nimmt die Wendung „Freiheit der Person" in Abs. 1 ausdrücklich auf und unterstreicht damit, dass hier wie in Art. 2 Abs. 2 S. 2 primär das Festhalten einer Person an einem anderen Ort und gegen ihren Willen gemeint ist. Der doppelte Freiheitsschutz wird zumeist mit dem Anliegen des Parlamentarischen Rates erklärt, dem persönlichen Freiheitsschutz vor dem Hintergrund der nationalsozialistischen Herrschaft einen zentralen Stellenwert im GG zu verschaffen.[628] Der Schutz des Art. 104 knüpft an die Beachtung der im förmlichen Gesetz vorgeschriebenen Formen an, die somit auf Schrankenebene die Grundrechtsgarantie verstärken.[629] Ob die Voraussetzungen einer Festnahme, insbesondere im Ermittlungsverfahren (Art. 104 Abs. 3) nicht erfüllt sind, kann allein anhand von Art. 104 Abs. 2 –4 beantwortet werden. Gleichwohl sind diese Vorgaben auch Schranken-Schranken gegenüber dem mit der Festnahme ebenfalls bewirkten Eingriff in Art. 2 Abs. 2 S. 2.[630] **134**

Juristische Personen lassen sich im Sinne dieses Grundrechts nicht festhalten (vor ihrer Behinderung beim Wechsel des Geschäftssitzes schützt Art. 11 Abs. 1).[631] Aus diesem Grund kann Art. 2 Abs. 2 S. 2 (anders als die Freizügigkeitsgarantie des Art. 11 Abs. 1)[632] juristischen Personen nicht zustattenkommen, es ist ein **reines Menschenrecht.**[633] **135**

In Bezug auf seine Wirkweise, also die Grundrechtsfunktionen, ist Art. 2 Abs. 2 S. 2 als klassisches Freiheitsgrundrecht zunächst und in allererster Linie **Abwehrrecht.** Auch dieses Grundrecht wirkt jedoch – wie vor allem auch die weiteren Grundrechte des Art. 2 Abs. 2 – darüber hinaus in **Schutzfunktion,** ist Wertentscheidung[634] zugunsten der Möglichkeit des Menschen, seinen Körper dorthin zu tragen, wohin er mag. Dem ist vom Gesetzgeber **136**

---

[625] Zum Inhalt beider Begriffe, insbes. zu ihrem Verhältnis zueinander s. BVerfGE 10, 302 (322 f.); sowie → Art. 104 Rn. 9 f.

[626] Die Schutzbereiche von Art. 2 Abs. 2 S. 2 und von Art. 104 Abs. 1 sind identisch; *Wittreck* in HdbStR VII § 151 Rn 12; *Degenhart* in Sachs Art. 104 Rn. 4; *Mehde* in Maunz/Dürig Art. 104 Rn. 5 „wenigstens fließender Übergang"; zusätzlich auf den Rang von Art. 2 Abs. 2 S. 2 abstellend *v. Münch* in v. Münch/Kunig, 3. Aufl. 1985, Rn. 68; zur Entstehungsgeschichte JöR nF 1 (1951), 745.

[627] BVerfGE 10, 302 (322); 58, 208 (220); 105, 239 (248).

[628] Vgl. nur *Mehde* in Maunz/Dürig Art. 104 Rn. 8 ff.

[629] Vgl. → Rn. 149; → Art. 104 Rn. 3, 47.

[630] *Schulze-Fielitz* in Dreier Art. 104 Rn. 15.

[631] *Pagenkopf* in Sachs Art. 11 Rn. 13.

[632] → Art. 11 Rn. 17.

[633] *Wittreck* in HdbStR VII § 151 Rn. 1 ff., 11.

[634] BVerfGE 10, 302 (322); BVerfG NJW 1999, 2430 (2431).

(zB strafrechtlicher Schutz vor Geiselnahme, Entführung, Freiheitsberaubung; s. den 18. Abschnitt des Bes. Teils des StGB, der allerdings nicht in allen Einzelheiten verfassungsgeboten ist), aber auch durch Verwaltungshandeln – etwa bei Straßenblockaden (hier können sich Kollisionen mit der Versammlungsfreiheit ergeben) – Rechnung zu tragen.[635] Bei Freiheitsbeschränkungen muss der freiheitssichernden Bedeutung des Art. 2 Abs. 2 S. 2 **verfahrensmäßig** Rechnung getragen werden.[636]

137 **2. Ist unverletzlich.** Die Formel „Die Freiheit der Person ist unverletzlich" ist Art. 114 S. 1 WRV entlehnt. „Unverletzlich" ist nicht gleichbedeutend mit „unveräußerlich" (dem Attribut, welches das GG der Menschenwürde in Art. 1 Abs. 1 beifügt). Die Freiheit der Person darf also, anders als die Menschenwürde, **durchaus beschränkt werden**. Dies ergibt sich eindeutig aus dem normsystematischen Zusammenhang: Die in S. 3 enthaltene Schranke (näher hierzu → Rn. 144 ff.) nimmt Bezug auf „diese Grundrechte" und damit auch auf den ihr voran stehenden S. 2. Auch Art. 114 S. 2 und 3 WRV, dessen S. 1 allein die Freiheit der Person und keine weiteren Grundrechte regelte, enthielten Grundrechtsschranken, die das GG in Art. 104 übernommen und fortentwickelt hat. Dass „unverletzlich" nicht „unbeschränkbar" bedeutet, macht auch die Berufung auf die „unverletzlichen […] Menschenrechte" in Art. 1 Abs. 2 deutlich. Im Lichte der heutigen Grundrechtsdogmatik kann „unverletzlich" lediglich als deklaratorischer Hinweis darauf verstanden werden, dass Beschränkungen, die nicht durch eine verhältnismäßige Anwendung der Schrankenregelungen gedeckt sind, in einer Grundrechtsverletzung münden. Man mag dem Terminus insoweit noch eine **Warn- und Mahnfunktion** zuerkennen. Wohl mit Blick auf die zentrale Bedeutung der Habeas-Corpus-Garantien für die Entwicklung des grundrechtsgebundenen Verfassungsstaats spricht das BVerfG vom „besonderen Gewicht" des Grundrechts,[637] vom „hohen Rechtsgut", das nur „aus besonders gewichtigen Gründen" eingeschränkt werden dürfe.[638] Darin allerdings unterscheidet sich Art. 2 Abs. 2 S. 2 von anderen Grundrechten nicht; sie allesamt sind gewichtig, jede Einschränkung bedarf gewichtiger Gründe.

138 Ein **Eingriff** in die Freiheit der Person setzt keine entsprechende Zielrichtung des handelnden Staatsorgans voraus, also etwa das (körperliche) Ergreifen eines Menschen, das Festhalten durch den Ausspruch einer hierauf unmittelbar bezogenen Rechtspflicht. Vielmehr kann auch anderem staatlichen Handeln Eingriffsqualität zukommen (etwa: kontinuierliche und bemerkte Observation, Einschüchterung),[639] wenn sie objektiv ein derartiges Gewicht hat, dass sich jemand veranlasst sieht, den ihm rechtlich eingeräumten Spielraum zur körperlichen Bewegung nicht wahrzunehmen.[640] Eine Bagatellgrenze lässt sich weder in zeitlicher noch sachlicher Hinsicht sicher ziehen; daher ist auch kurzfristiges Anhalten einer Person (zB durch die

---

635 Zu den Grenzen der elterlichen Gewalt *Wittreck* in HdbStR VII § 151 Rn. 11.

636 BVerfGE 86, 288 (326), Strafaussetzung bei lebenslanger Freiheitsstrafe → Rn. 143, Stichwort „Haft".

637 BVerfGE 65, 317 (322).

638 BVerfGE 22, 180 (219); 45, 187 (223); 58, 208 (224); 65, 317 (322)70, 297 (307); 105, 239 (247).

639 Vgl. *v. Münch* in v. Münch/Kunig, 3. Aufl. 1985, Rn. 64.

640 Vgl. *Starck* in MKS Rn. 197; ähnlich *Ziekow,* Über Freizügigkeit und Aufenthalt, 1997, 464; anders *Murswiek/Rixen* in Sachs Rn. 238.

Polizei) an Art. 2 Abs. 2 S. 2 und nicht (lediglich) an Art. 2 Abs. 1 zu messen.[641] Der Eingriff setzt nicht voraus, dass eine Person an einem Ort unbedingt zu verharren hat. Auch Vorgaben des Inhalts, dass ein Ort nur noch zu bestimmten Zwecken (Einkauf, Ausführen von Hunden etc.) oder nicht in Begleitung anderer verlassen werden darf, wie sie zur Bekämpfung von Epidemien getroffen werden, beschränken die Freiheit der Person.

Dem Festhalten steht die Verbringung an einen anderen Ort gleich. Wird jemand durch staatliches Handeln konkret an einem bestimmten Ort festgehalten, so stellt bereits die rechtliche Anordnung solchen Verweilens einen Eingriff in das Grundrecht dar, nicht erst die zwangsweise Durchsetzung des Gebots. Die Pflicht, an einem bestimmten Ort zu erscheinen, berührt den Schutzbereich von Art. 2 Abs. 2 S. 2 jedenfalls nicht, soweit und solange der Betroffene über den Zeitpunkt, zu dem er der Pflicht nachkommt, selbst entscheiden kann. Wird auch der **Zeitpunkt** vorgegeben (wie zB bei der Vorladung), ist nach wohl überwiegender Ansicht jedoch nicht einmal der Schutzbereich des Grundrechts nicht berührt.[642] Dem lässt sich zwar entgegnen, dass die Freiheit, zu einem beliebigen Zeitpunkt einen beliebigen Ort verlassen zu dürfen, auch die („negative") Freiheit umschließt, sich zu einer bestimmten Zeit nicht an einem bestimmten Ort einfinden zu müssen. Von einer Freiheitsbeschränkung iSv Art. 2 Abs. 2 S. 2, Art. 104 Abs. 1 S. 2, einem Eingriff in den Schutzbereich, wird man gleichwohl nur dann sprechen können, wenn zumindest **faktischer Zwang** hinzutritt.[643] Das folgt aus der Genese des Grundrechtsschutzes der Freiheit der Person, die in erster Linie und nur insoweit umfassend das Anliegen umsetzt, vor Festnahmen und dem vergleichbaren staatlichen Handeln Schutz zu bieten, wenn dieses nicht auf gesetzlicher Grundlage beruht. Die bloße Begründung einer (normativen oder einzelfallbezogenen) Pflicht, zu einem bestimmten Zeitpunkt zu erscheinen, wird daher zu Recht von der hM noch nicht als Eingriff in die Freiheit der Person qualifiziert.[644] Die Eingriffsschwelle wird jedoch überschritten, wenn die Pflicht durch staatliche Vollstreckungsmaßahmen wie unmittelbaren Zwang durchgesetzt wird. **139**

Ein Eingriff in die Freiheit der Person soll auch dann nicht vorliegen, wenn der Aufenthalt einer Person (etwa eines Asylsuchenden) auf einen bestimmten Teil oder Ort Deutschlands oder eine Transitzone beschränkt wird; da die **Möglichkeit der Ausreise** bestehe, bewirke dies keine Bindung an einen **140**

---

[641] *Jarass* in Jarass/Pieroth Rn. 115; *Lorenz* in BK Rn. 705; *Sachs* in Stern, StaatsR IV/1 § 106 II 3d α) γγ); *Barczak* NZV 2010, 598 (599); aA *Kunig* in v. Münch/Kunig, 6. Aufl. 2012 Rn. 78; *Drews/Wacke/Vogel/Martens,* Gefahrenabwehr, 1986, 187; *Di Fabio* in Maunz/Dürig Art. 2 Abs. 2 Rn. 32; *Schulze-Fielitz* in Dreier Art. 104 Rn. 27; *Murswiek/Rixen* in Sachs Rn. 233, 239.

[642] Dagegen bereits BVerwG NJW 1958, 1249 (für Vorladung zum Verkehrsunterricht); wohl auch *Grabitz* in HdbStR VI § 130, 2. Aufl. 2001, Rn. 3, der die Thematik aber unter der Überschrift „Schutzbereich" behandelt; *Starck* in MKS Rn. 196; nicht eindeutig *Di Fabio* in Maunz/Dürig Art. 2 Abs. 2 Rn. 32.

[643] *Di Fabio* in Maunz/Dürig Art. 2 Abs. 2 Rn. 31; ähnlich *Jarass* in Jarass/Pieroth Rn. 114: Schutz vor „unmittelbarem Zwang"; ebenso *Schulze-Fielitz* in Dreier Art. 2 Abs. 2 Rn. 104.

[644] BVerfGE 22, 21 (26), BVerwGE 6, 354 (355); gegen eine Beeinträchtigung des Schutzbereichs von vornherein *Grabitz* in HdbStR VI, 2. Aufl. 2001, § 130 Rn. 6; für die Schutzbereichsverletzung und damit die Maßstäblichkeit des Art. 2 Abs. 2 S. 2 etwa *Correll* in AK Rn. 154; *Kingreen/Poscher,* Grundrechte, 2019, Rn. 499.

bestimmten Ort.[645] Dies wird auch für den Fall angenommen, dass dem Betroffenen die Ausreise (in sein Heimatland) praktisch nicht möglich ist, da dort Verfolgung droht: „Die hieraus folgende Einschränkung der Bewegungsfreiheit ist […] nicht Folge einer der deutschen Staatsgewalt zurechenbaren Maßnahme.“[646]

141 Art. 2 Abs. 2 S. 2 – und ebenso Art. 104 Abs. 1 S. 1 – gelten für alle Formen der **Freiheitsbeschränkung,** wohingegen Art. 104 Abs. 2 nur auf die **Freiheitsentziehung** als schwerste Form der Freiheitsbeschränkung[647] anwendbar ist.[648] Die Freiheitsentziehung muss durch den Richter angeordnet werden, wobei im Falle der vorläufigen Festnahme die Fristen des Art. 104 Abs. 3 beachtlich sind.[649] Dabei ist unerheblich, ob über jemanden eine Haft (wie Untersuchungshaft, Beugehaft, Erzwingungshaft, Abschiebehaft[650] oder Strafhaft) oder eine Maßregel (§§ 63 ff. StGB; darunter auch die Sicherungsverwahrung, → Rn. 142) verhängt wird oder ob er zu seiner eigenen Sicherheit eingesperrt wird.[651] Der Gesetzgeber darf die Einschließung eines noch nicht verurteilten Beschuldigten in einer **Haftanstalt** nur anordnen, wenn überwiegende Belange des Gemeinwohls dies zwingend gebieten. Dabei hat der Gesetzgeber diese Belange mit dem verfassungsrechtlich geschützten Interesse des Einzelnen an der Bewahrung seiner persönlichen Freiheit abzuwägen.[652] Das in Haftsachen geltende **Beschleunigungsgebot** wurzelt unmittelbar in Art. 2 Abs. 2 S. 2;[653] der Freiheitsanspruch des Betroffenen ist Korrektiv des Strafverfolgungsinteresses und gewinnt mit zunehmender Dauer der Untersuchungshaft stärkeres Gewicht.[654]

142 Die Vereinbarkeit der **Sicherungsverwahrung** mit Art. 2 Abs. 2 S. 2 ist Gegenstand einer Reihe verfassungsgerichtlicher Entscheidungen gewesen. Das BVerfG sieht die Sicherungsverwahrung bis heute nicht als Strafe ieS an, hat jedoch unter dem Druck der EGMR-Judikatur begonnen, den für die Bestrafung und Strafvollstreckung geltenden Verfassungsgrundsätzen auch für die Sicherungsverfahrung Maßstäblichkeit zuzuerkennen. Bereits in früheren Judikaten betonte das Gericht, dass durch die Verbindung von Freiheitsstrafe und anschließender Sicherungsverwahrung, die auch ohne Strafzweck mit Freiheitsentzug verbunden sei, übermäßig in die Freiheit der Person einge-

---

645 BVerfG NVwZ 1983 603 f.; *Di Fabio* in Maunz/Dürig Art. 2 Abs. 2 Rn. 40; *Schulze-Fielitz* in Dreier Art. 2 Abs. 2 Rn. 105; *Jarass* in Jarass/Pieroth Rn. 115; aA Tiemann NVwZ 1987 10 (14).

646 BVerfGE 94, 166 (199).

647 BVerfGE 10, 302 (323); 105, 239 (248).

648 Vgl. *Mehde* in Maunz/Dürig Art. 104 Rn. 59 f.

649 → Art. 104 Rn. 23 ff.

650 BVerfGE 61, 28 (32); BGHZ 109, 104 (106), vgl. auch *Di Fabio* in Maunz/Dürig Art. 2 Abs. 2 Rn. 34, 41.

651 Vgl. *Di Fabio* in Maunz/Dürig Art. 2 Abs. 2 Rn. 35.

652 BVerfGE 35, 185 (190), Haftgrund der Wiederholungsgefahr; ferner BVerfGE 58, 208 (220 ff.); s. ferner BVerfG NJW 1998, 1774 zur vorläufigen Unterbringung in einer geschlossenen psychiatrischen Einrichtung; vgl. hierzu auch → Art. 104 Rn. 26, Stichwort „Unterbringung von Geistes- und Suchtkranken“.

653 BVerfGE 46, 194 (195); OLG Hamburg NJW 1998, 2988 (2989); Darstellung des Beschleunigungsgebots in Haftsachen anhand der jüngeren Rspr. bei *Pieroth/Hartmann* StV 2008, 276 mwN.

654 BVerfGE 19, 342 (347); 53, 152 (158 f.); sa BVerfG NJW 1999, 2430; vermeidbare erhebliche Verfahrensverzögerungen stehen regelmäßig einer weiteren Aufrechterhaltung der Untersuchungshaft entgegen, BVerfG StV 2008, 198. Zu Art. 2 Abs. 2 als Maßstab für die Handhabung der Aussetzung einer lebenslangen Freiheitsstrafe; BVerfGE 86, 288 (309 ff.).

griffen werden könne.[655] So hielt es fest, dass es Art. 2 Abs. 2 Satz 2 GG erfordere, „Freiheitsstrafe und Unterbringung einander so zuzuordnen, daß die Zwecke beider möglichst weitgehend erreicht werden, ohne dabei in das Freiheitsrecht des einzelnen Betroffenen mehr als notwendig einzugreifen"; die Sicherungsverwahrung dürfe daher nur zum Schutz der Allgemeinheit und nicht losgelöst von einem therapeutischen Zweck angeordnet werden. Zudem hielt das Gericht eine zumindest partielle Anrechnung der Zeit des Maßregelvollzugs auf die Freiheitsstrafe für erforderlich.[656] Der EGMR hatte 2009 (anders als zuvor das BVerfG[657]) die Sicherungsverwahrung in ihrer damaligen Anknüpfung (vorgängige Straftat) und Ausgestaltung (ähnliche Unterbringungsbedingungen, vergleichbares Regelwerk, Entsprechung der gerichtlichen Zuständigkeiten für Anordnung und Überwachung der Strafe und der Sicherungsverwahrung) als wegen einer Straftat verhängte Maßnahme eingeordnet.[658] Während die Anordnung der Sicherungsverwahrung neben der Strafe bei der Verurteilung heute wie damals keine erheblichen Probleme aufwirft, hat der EGMR die nachträglich (also im Anschluss an die Verbüßung der Freiheitsstrafe) getroffene Anordnung einer Sicherungsverwahrung auf der Basis einer neuerlichen Gerichtsentscheidung als Verletzung des Art. 5 Abs. 1 lit. a EMRK (Erfordernis rechtmäßiger Freiheitsentziehung durch ein zuständiges Gericht) angesehen, da es auch bei Identität der Spruchkörper an einem Kausalzusammenhang mit der früheren Gerichtsentscheidung fehle (Anordnung der weiteren Freiheitsentziehung unter dem ursprünglich nicht berücksichtigten Aspekt der besonderen Gefährlichkeit). Verletzt sei ferner Art. 7 Abs. 1 S. 2 EMRK, der untersagt, eine schwerere Strafe als die zur Zeit der Begehung angedrohte Strafe zu verhängen.[659] Dieser Befund gründete offenbar nicht allein auf der während der Strafvollstreckung vorgenommenen Gesetzesänderung, sondern auch darauf, dass über die Sicherungsverwahrung nachträglich befunden wurde; sie würde sich also für den EGMR auch dann als rückwirkende Anwendung von Strafrecht auf den Einzelfall dargestellt haben, wenn die Gesetzeslage unverändert geblieben wäre. Während das BVerfG den Wegfall der Höchstdauer einer Sicherungsverwahrung im gleichen Fall zuerst gebilligt hatte,[660] näherte es sich sodann dem EGMR an und betont (auch wenn es weiterhin kategorial zwischen Strafe und Maßregel unterscheidet) nunmehr die Notwendigkeit, die Wertungen des Art. 7 EMRK zu berücksichtigen. Der Gesetzgeber müsse durch einen freiheitsorientierten und therapiegerichteten Vollzug den allein präventiven Charakter der Maßregel sowohl gegenüber dem Untergebrachten als auch gegenüber der Allgemeinheit deutlich machen. Die Freiheitsentziehung sei „in deutlichem Abstand zum Strafvollzug" (‚Abstandsgebot' […]) – so auszugestalten, dass die Perspektive der Wiedererlangung der Freiheit sichtbar die Praxis der Unterbringung bestimmt."[661] Dieses **Abstandsgebot** wurde in

[655] BVerfGE 91, 1 (31 ff.).

[656] BVerfGE 91, 1 (Ls. 2b, 27 f., 31 ff.); 130, 372 (Ls. 2, 391 ff.).

[657] BVerfGE 109, 133 (168).

[658] EGMR 17.12.2009 – 19359/04, DÖV 2010, 276, bzw. NJW 2010, 2495 – M. /Deutschland, Rn. 100, 120 ff.; zustimmend dazu etwa *Eschelbach* NJW 2010, 2495; *Bachmann/Goeck* NJ 2010, 457 (458 f.).

[659] EGMR 17.12.2009 – 19359/04, DÖV 2010, 276, bzw. NJW 2010, 2495 – M. /Deutschland, Rn. 127 ff.

[660] BVerfGE 109, 133 (Ls. 2, 180 ff.).

[661] BVerfGE 128, 326 (Ls. 3b, 375); vgl. zu diesem Urteil *Streng* JZ 2011, 827; *Payandeh/Sauer* JURA 2012, 289; krit. zum „Abstandsgebot" *Schöch* GA 2012, 14 (18 ff.).

einem späteren Urteil auch auf „verfahrensfremde Freiheitsstrafen" erstreckt (die nicht unmittelbar mit der Maßregel zu tun haben) und der gesetzliche Ausschluss einer Anrechnung beanstandet.[662] Der Bundestag hatte 2012 ein Änderungsgesetz (insbes. zu §§ 66, 66b und 67 StGB) erlassen,[663] das dem Abstandsgebot zwischen Sicherungsverwahrung und normalem Strafvollzug Rechnung trägt. Die Sicherungsverwahrung kann neben der Strafe angeordnet (§ 66) oder im Strafurteil vorbehalten werden (§ 66a StGB). Da das Strafgericht sie in solchen Fällen schon anfänglich konturiert, dürfte die vorbehaltene Sicherungsverfahrung mit Art. 5 Abs. 1 lit. a EMRK vereinbar sein. Die nachträgliche Sicherungsverfahrung ist im neuen § 66b StGB nicht völlig abgeschafft, aber auf besondere Konstellationen begrenzt worden. Angesichts der Weite des zwischen Freiheitsstrafe und Sicherungsverwahrung geschaffenen Abstands ordnet der EGMR selbst die nachträgliche Sicherheitsverwahrung nach neuem Recht, bei welcher der therapeutische Charakter im Mittelpunkt steht, nicht mehr als Strafe iSd Art. 7 Abs. 1 EMRK ein.[664] Sie begegnet damit zumindest im Grundkonzept keinen durchgreifenden Bedenken im Lichte des Art. 2 Abs. 2 S. 2 GG.[665]

143 **3. Einzelfälle.** Für Einzelfälle zur **Freiheitsentziehung** → Art. 104 Rn. 26.

Anhalterecht – Die Befugnis der Polizei, eine Person zum Zweck ihrer Identifizierung (Personalienfeststellung) kurzfristig anzuhalten, ist angesichts der Geringfügigkeit der damit verbundenen Beeinträchtigung kein Eingriff iSd Art. 2 Abs. 2.[666]

Arbeitszwang – s. → Art. 12 Rn. 145 ff.

Ausgangsbeschränkungen – Wird, insbesondere in einer Epidemie, der Bevölkerung untersagt, ihre Häuser (außer zu eng begrenzten Zwecken wie der Versorgung mit Lebensmitteln) zu verlassen, wird damit in die Freiheit der Person eingegriffen. Die Grenze zwischen einem Eingriff in dieses Grundrecht und einem Eingriff in das durch Art. 2 Abs. 1 geschützte Recht auf Mobilität ist schwer zu ziehen. Eher letzteres ist betroffen, wenn kein prinzipielles Ausgangsverbot verhängt wird, sondern nur der Aufenthalt im Freien, etwa mit Blick auf die Zahl der Begleitpersonen und deren Abstand, reglementiert wird. Die Freiheit der Person ist beschränkt, wenn der Aufenthalt außerhalb der Wohnung nur für eine begrenzte Zahl von Zwecken gestattet wird.[667] S. a. Quarantäne.

Durchsuchung – einer Person greift in die Freiheit der Person ein und bedarf daher einer gesetzlichen Grundlage.[668]

Ersatzzwangshaft – Ihre Anordnung im Rahmen der Verwaltungsvollstreckung ist „letztes Mittel" gegenüber nicht zur Rechtsbefolgung bereiten Bürgern und unterliegt strengen Verhältnismäßigkeitsanforderungen.[669]

---

662 BVerfGE 130, 372.

663 Gesetz zur bundesrechtlichen Umsetzung des Abstandsgebotes im Recht der Sicherungsverwahrung v. 5.12.2012, BGBl. 2012 I, 2425.

664 EGMR 4.12.2018 – 10211/12, 27505/14, NJOZ 2019, 1445 – Ilnseher/Deutschland Rn. 219 ff. (zu Art. 5 Abs. 1 lit. a hatte er nicht Stellung zu nehmen, da lit. e einschlägig war).

665 Vgl. auch BVerfGE 134, 33 (90, Rn. 132); *Lorenz* in BK Rn. 821; *Di Fabio* in Maunz/Dürig Art. 2 Abs. 2 Rn. 35, 75 ff.

666 *Drews/Wacke/Vogel/Martens,* Gefahrenabwehr, 1986, 187; *Di Fabio* in Maunz/Dürig Art. 2 Abs. 2 Rn. 32; *Schulze-Fielitz* in Dreier Art. 104 Rn. 27; *Murswiek/Rixen* in Sachs Rn. 233, 239; *Corell* in AK Rn. 159; aA *Jarass* in Jarass/Pieroth Rn. 115; *Sachs* in Stern, StaatsR IV/1 § 106 II 3d α) γγ); *Barczak* NZV 2010, 598 (599).

667 *Guckelberger,* NVwZ – Extra 9a/2020, 1 (10).

668 *Degenhart* in Sachs Art. 104 Rn. 5a, *Jarass* in Jarass/Pieroth Rn. 115; *Sachs* in Stern, StaatsR IV/1 § 106 II 3d α) γγ).

669 *Stark* in MKS Rn 246; *Di Fabio* in Maunz/Dürig Art. 2 Abs. 2 Rn. 82; *Schulze-Fielitz* in *Dreier* Art. 2 Abs. 2 Rn. 111.

Fixierung von Patienten – in der Psychiatrie ist als Freiheitsentziehung nur mit richterlicher Genehmigung zulässig.[670]

Flughafen – Die Begrenzung des Aufenthalts von Asylsuchenden auf die für ihre Unterbringung vorgesehenen Räumlichkeiten im Transitbereich des Flughafens stellt keine Freiheitsbeschränkung dar, weil rechtliche und tatsächliche Hindernisse für das freie Überschreiten der Staatsgrenze den Gewährleistungsgehalt des Grundrechts nicht berühren.[671]

Freiheitsstrafe – s. Rn. 141.

Haft – s. Rn. 141.

Mitnahme – zur Dienststelle (Sistierung) ist ein Eingriff in die Freiheit der Person in Form der Freiheitsbeschränkung und steht daher unter dem Vorbehalt des förmlichen Gesetzes gem. Art. 104 Abs. 1.[672]

Nachsitzen – eines Schülers verstößt nicht gegen die körperliche Bewegungsfreiheit, sondern beschränkt nur die allg. Handlungsfreiheit,[673] es sei denn, es fände in einem abgeschlossenen Raum statt.[674]

Quarantäne – Die Bestimmungen des Infektionsschutzgesetzes (IfSG, insbes. dessen §§ 28 ff.) erlauben erhebliche Beschränkungen der Freiheit der Person, wozu insbesondere die Einweisung eines Infizierten in eine Quarantänestation (§ 30 IfSG) gehört und deren Verhältnismäßigkeit im Einzelfall sich nach der Kooperationsbereitschaft und dem Gefahrenpotenzial für Leib oder Leben richtet. In der Covid-19-Pandemie betraf dies Personen, die aus dem Ausland eingereist waren, selbst infiziert waren oder Kontakt mit Infizierten gehabt hatten.[675] S. a. Ausgangsbeschränkungen.

Sicherungsverwahrung – → Rn. 142; außerdem → Art. 1 Rn. 53, Stichwort „Lebenslange Freiheitsstrafe" sowie → Art. 104 Rn. 26.

Strafvollstreckung – → Rn. 141 ff.

Unterbringung – Das Grundrecht der Freiheit der Person steht der Unterbringung eines psychisch Kranken, die ausschließlich den Zweck verfolgt, ihn vor sich selbst in Schutz zu nehmen, und ihn zu seinem eigenen Wohl in einer geschlossenen Anstalt unterzubringen, dann nicht entgegen, wenn er für sich gefährlich oder ohne Anstaltspflege der Gefahr ernster Gesundheitsschädigung ausgesetzt ist.[676]

Untersuchungshaft – s. Haft.

III. Gesetzesvorbehalt (Art. 2 Abs. 2 S. 3)

1. In diese Rechte. Die Wendung „in diese Rechte" bezieht sich auf **alle in Art. 2 Abs. 2 verbürgten Grundrechte,** also auf das Grundrecht auf Leben, das Grundrecht auf die körperliche Unversehrtheit und das Grundrecht auf die Freiheit der Person (als Schutznorm für die körperliche Bewegungsfreiheit).[677] Der Gesetzesvorbehalt erstreckt sich nicht auf die freie Entfaltung der Persönlichkeit in Art. 2 Abs. 1, die das Grundgesetz eigenen Schranken unterwirft,[678] und das ebenfalls in Art. 2 Abs. 1 wurzelnde und durch Art. 1 Abs. 1 verstärkte allgemeine Persönlichkeitsrecht. Dieser Befund 144

670 BVerfG NJW 2018, 2619.

671 BVerfGE 94, 166 (198 ff.); vgl. *Frowein/Zimmermann* JZ 1996, 753 (762); aA *Lübbe-Wolff* DVBl 1996, 825 (837); vgl. *Lehnguth/Maaßen* DÖV 1997, 316 (320 ff.).

672 BVerfG NVwZ 1992, 767 f.; *Di Fabio* in Maunz/Dürig Art. 2 Abs. 2 Rn. 36, nicht hingegen bei freiwilligem Mitkommen; *Schulze-Fielitz* in *Dreier* Art. 2 Abs. 2 Rn. 102; *Corell* in AK Rn. 159; *Drews/Wacke/Vogel/Martens,* Gefahrenabwehr, 1986, 187 f.

673 VGH Baden-Württemberg DÖV 1984, 766 (767).

674 *Jarass* in Jarass/Pieroth Rn. 115.

675 *Lorenz* in BK Rn. 871 ff.

676 BVerfGE 58, 208 (Ls. 3); s. ferner BVerfG NJW 1998, 1774 zur vorläufigen Unterbringung in einer geschlossenen psychiatrischen Einrichtung) → Art. 104 Rn. 26, Stichwort „Unterbringung von Geistes- und Suchtkranken".

677 → Rn. 131.

678 Zu ihnen → Rn. 37 ff.

korrespondiert mit der systematischen Stellung der Schranke innerhalb des dritten Satzes – die eben nicht Gegenstand eines dritten Absatzes ist, der dann alle vorstehenden Grundrechte verklammern könnte.

145 **2. Darf nur aufgrund eines Gesetzes eingegriffen werden.** Eingriffe in die drei von Art. 2 Abs. 2 S. 3 erfassten Grundrechte[679] sind nur „aufgrund eines Gesetzes" zulässig. Die in Art. 2 Abs. 2 S. 3 verwendete Formulierung findet sich auch in Art. 10 Abs. 2 und Art. 16 Abs. 1 S. 2, während zB Art. 11 Abs. 2, Art. 12 Abs. 2 S. 2 und Art. 14 Abs. 3 S. 2 Beschränkungen „durch Gesetz oder aufgrund eines Gesetzes" erlauben. Damit ist jedoch lediglich verfügt, dass ein Gesetz unmittelbar rechtsgestaltend in eine grundrechtlich geschützte Position eingreifen kann – was bei den Rechten auf Leben, körperliche Unversehrtheit und Freiheit der Person schwerlich vorstellbar ist: Gesetze können nicht unmittelbar töten, verletzen oder gefangen nehmen; es bedarf hier stets einer Durchführungshandlung, zu der das Gesetz ermächtigt, die mithin „aufgrund eines Gesetzes" ergeht.

146 Eine andere Frage ist die nach dem Art. 2 Abs. 2 S. 3 zugrunde liegenden **Gesetzesbegriff.** Der Parlamentarische Rat strich im Verlauf seiner Beratungen das zuvor vorgesehene Adjektiv „förmlich" und folgte auch der Anregung, es wieder aufzunehmen, nicht.[680] Dennoch können allein Gesetze „im materiellen Sinne", also Verordnungen und Satzungen – die im Übrigen stets einer gesetzlichen Ermächtigung bedürfen –, Eingriffe in die Rechte gemäß Art. 2 Abs. 2 nicht legitimieren. Für das Grundrecht auf Freiheit der Person (Art. 2 Abs. 2 S. 2) gibt schon die gewährleistungsverstärkende[681] „Schwestervorschrift" des Art. 104 Abs. 1 S. 1 die Notwendigkeit eines **förmlichen Gesetzes** als Eingriffsgrundlage vor.[682] Bedeutet „Gesetz" für die Freiheit der Person aber stets ein formelles bzw. Parlamentsgesetz, kann der Terminus mit Blick auf die anderen erfassten Grundrechte schwerlich eine andere Bedeutung annehmen; sonst wäre eine „gespaltene" Auslegung des gleichen Begriffs die Folge. Unabhängig hiervon ergibt sich für die Grundrechte des Art. 2 Abs. 2 S. 1 aus der Wesentlichkeitsrechtsprechung,[683] dass Beschränkungen dieser Grundrechte durch Parlamentsgesetz in ausreichendem Maße vorgezeichnet werden müssen.[684] Dass Leben und körperliche Unversehrtheit elementare Menschenrechte sind, muss in die Bestimmung der Grundrechtswesentlichkeit einer Maßnahme miteinfließen.

147 Dass das Grundrecht auf **Leben** „innerhalb der grundgesetzlichen Ordnung einen Höchstwert" darstellt,[685] ist schon dargelegt worden.[686] Das Grundrecht

---

[679] S. zu den speziellen Problemen, welche die Tragweite des Eingriffsbegriffs jeweils aufwirft → Rn. 121, 138 ff.

[680] Vgl. JöR nF 1 (1951), 64 f.

[681] *Wittreck* in HdbStR § 151 Rn. 12, *Mehde* in Maunz/Dürig, Art. 104 Rn. 1; *Degenhart* in Sachs Art. 104 Rn. 1; Gusy in MKS Art. 104 Rn. 77.

[682] BVerfGE 105, 239 (247).

[683] BVerfGE 33, 125 (159); 33, 303 (346); 41, 251 (259 f.); 49, 89 (126 f.); 98, 218 (251); 101, 1 (34); 105, 279 (301 ff.); 108, 282 (311 f.).

[684] *Lang* in BeckOK GG Rn. 68; *Starck* in MKS Rn. 198 f; *Kloepfer* FS 50 Jahre BVerfG, Band 2, 2001, 77 (98 f.) im Hinblick auf die körperliche Unversehrtheit „zumindest auch intensive Eingriffe".

[685] So BVerfGE 49, 24 (53) – Kontaktsperre; sa BVerfGE 39, 1 (42) – Fristenlösung; wenn auch nicht den „höchsten Wert"; *Kunig* in v. Münch/Kunig, 6. Aufl. 2012, Art. 1 Rn. 4: „höchsten Rechtswert".

[686] → Rn. 89.

hat einen engen Schutzbereich, was nach einer engen Begrenzung der Eingriffsmöglichkeiten verlangt, dies nicht nur tatbestandlich,[687] sondern auch bezüglich der Anforderungen an die Form der vorausgesetzten Eingriffsgrundlage. Bereits diese Beobachtungen erzwingen, für die Zulässigkeit eines Eingriffs in das Leben eines Menschen ein **Parlamentsgesetz** zu fordern; dabei bleibt wegen des Grundrechtsranges,[688] darüber hinaus wegen der Wesensgehaltsgarantie des Art. 19 Abs. 2 und des Grundsatzes der Verhältnismäßigkeit, aber auch wegen der Abschaffung der Todesstrafe (Art. 102) praktisch nur enger Raum, die rechtliche Zulässigkeit der Tötung eines Menschen durch Gesetz vorzusehen.[689] Das Recht auf **körperliche Unversehrtheit** ist mit dem Recht auf Leben gegenständlich eng verwandt, ohne dessen elementare Bedeutung voll zu teilen; sein Schutzbereich ist auch weiter gefasst.[690] Dennoch ist auch hier für die Zulässigkeit der Beschränkung ein förmliches Gesetz zu fordern.[691] Dafür spricht – über die bereits (→ Rn. 146) angeführten Gesichtspunkte hinaus – auch, dass das GG die Grundrechte auf Leben und auf körperliche Unversehrtheit „in einem Atemzuge“[692] gewährleistet.

Für die Heranziehung von Gewohnheitsrecht zur Legitimierung eines **148** Grundrechtseingriffs ist danach bei keinem der Grundrechte des Art. 2 Abs. 2 Raum, auch nicht beim Grundrecht auf körperliche Unversehrtheit.[693] Ein Recht von Lehrkräften zur körperlichen **Züchtigung von Schülern** kann weder auf solches Gewohnheitsrecht gestützt werden, noch genügt das auf der Schulgesetzgebung beruhende schulische Sonderstatusverhältnis als gesetzliche Grundlage für solche Eingriffe.[694] Im Gegenteil haben einige Länder ein gesetzliches Verbot der körperlichen Züchtigung von Schülern verhängt.[695] Unabhängig davon, ob die Schwelle des § 223 StGB („körperliche Misshandlung“, „Beschädigung“ der Gesundheit) erreicht ist, wird die Züchtigung von Kindern durch Lehrer regelmäßig[696] in Art. 2 Abs. 2 S. 1 Alt. 2 eingreifen. Die früher eher bedenkenlose,[697] später allerdings deutlich zurückhaltendere Rspr. der Strafgerichte ist,[698] soweit sie auf der Annahme eines gewohnheitsrechtlichen Rechtfertigungsgrundes beruht, mit Art. 2 Abs. 2 S. 3 nicht zu vereinbaren.

---

[687] → Rn. 152 f.
[688] *Starck* in MKS Rn. 189, 198 f.
[689] → Rn. 152 f.
[690] → Rn. 116 f.
[691] Ebenso zB *Schulze-Fielitz* in Dreier Art. 2 Abs. 2 Rn. 53; VGH Baden-Württemberg DÖV 1979, 338 (339) mit abl. Anm. *v. Olshausen; Lang* in BeckOK GG Rn. 68.
[692] *v. Münch* in v. Münch/Kunig, 3. Aufl. 1985, Rn. 69.
[693] Dezidiert *Lorenz* in BK Rn. 506 unter Betonung des Menschenwürdeaspekts; *Starck* in MKS Rn. 199, 225 f. (mit bedenklicher Einschränkung für „leichte körperliche Züchtigungen, besonders bei jüngeren Schülern“).
[694] *Starck* in MKS Rn. 199, 225; *Di Fabio* in Maunz/Dürig Art. 2 Abs. 2 Rn. 75; zur älteren anderslautenden Rspr. siehe *Lorenz* HdbStR VI, 2. Aufl. 2001, § 128 Rn. 36; sa *v. Mangoldt/Klein* in v. Mangoldt/Klein, 2. Aufl. 1957, Anm. VII 1, mit dem Bemerken: „Wie weit es praktisch möglich ist, hier das Gewohnheitsrecht auszuschalten, mag allerdings zweifelhaft erscheinen.“.
[695] Vgl. nur § 49 Abs. 1 HmbSG, Art. 86 Abs. 3 Nr. 1 BayEUG; § 82 Abs. 3 HSchG; § 90 Abs. 3 S. 5 SchG BW.
[696] Aber → Rn. 121 zur Erheblichkeitsschwelle.
[697] BGHSt 11, 241; OLG Zweibrücken NJW 1974, 1772.
[698] BGH NJW 1976, 1949; *Schall* NJW 1977, 113; BGH JZ 1977, 653 mit Anmerkungen *Vormbaum*.

149 Für alle Beschränkungen des Grundrechts auf **Freiheit der Person**[699] wird Art. 2 Abs. 2 S. 3 **durch Art. 104 Abs. 1** insoweit **verstärkt,** als er „neben der Forderung nach einem förmlichen Gesetz die Pflicht, die sich aus diesem Gesetz ergebenden Formvorschriften zu beachten, zum Verfassungsgebot erhebt".[700] Die Erfüllung der formellen Vorgaben des Schrankengesetzes wird hierdurch also konstitutionalisiert, ihre Nichtbeachtung kann mit der Verfassungsbeschwerde gerügt werden. Für die in Art. 104 Abs. 2–4 aufgeführten Freiheitsentziehungen, also Freiheitsbeschränkungen von besonderer Intensität, sind dort zusätzliche, auch für Art. 2 Abs. 2 S. 2 maßgebliche Schranken aufgeführt (insbes. Richtervorbehalt) (näher hierzu → Art. 104 Rn. 3, 23 ff., 36 ff., 41 ff.).

150 Die in Art. 2 Abs. 2 S. 3 enthaltene Formel, wonach die in diesem Absatz enthaltenen Grundrechte „aufgrund eines Gesetzes" eingeschränkt werden dürfen, hat zur Folge, dass Eingriffe dem **Zitiergebot** (Art. 19 Abs. 1 S. 2)[701] unterliegen.[702] Die Einschränkung hat jeweils das Verbot der Einzelfallgesetzgebung (Art. 19 Abs. 1 S. 1.)[703] sowie die Wesensgehaltsgarantie des Art. 19 Abs. 2 bzw. den Grundsatz der Verhältnismäßigkeit zu wahren; bei Eingriffen in Art. 2 Abs. 2 S. 2 ist darüber hinaus Art. 104 zu beachten.[704] Dieses im Wesentlichen formal gleiche Bild bei der Beschränkung der Grundrechte aus Art. 2 Abs. 2 darf nicht darüber hinwegtäuschen, dass in der Sache verschiedene Maßstäbe anzuwenden sind (für Art. 2 Abs. 2 S. 2 bereits durch Art. 104 bewirkt) und im Ergebnis die Intensität der Beschränkbarkeit bzw. die Häufigkeit überhaupt als zulässig in Betracht kommender Beschränkungen stark divergieren. Die Freiheit der Person bedarf der Beschränkbarkeit insbesondere zu Zwecken der Strafverfolgung und des Strafvollzuges und bei der präventiven Gefahrenabwehr.[705] Dies ist ausgeformt und rechtsstaatlich diszipliniert insbes. in StPO und StGB und in den Polizeigesetzen der Länder.

151 Zwar sind die Grundrechte des Art. 2 Abs. 2 S. 1, 2 – was auf den ersten Blick erstaunen mag – „nur" mit einem einfachen Gesetzesvorbehalt versehen; umso gewichtiger sind gerade bei diesen Rechten die Schranken-Schranken. Zu diesen gehören der Verhältnismäßigkeitsgrundsatz (dazu sogleich → Rn. 152) und speziell im Anwendungsbereich des Art. 2 Abs. 2 S. 2 die für vorläufige Freiheitsentziehungen bzw. Festnahmen (nicht aber strafrechtliche Verurteilungen zu Freiheitsentziehungen) geltenden Richtervorbehalte des Art. 104 Abs. 2–4. Ferner kann Art. 19 Abs. 2 als Schranken-Schranke bei den Grundrechten des Art. 2 Abs. 2 S. 1, 2 größere praktische Bedeutung als sonst im Grundrechtsbereich zukommen (dazu sogleich → Rn. 152). Als verfassungsunmittelbare Schranken-Schranke kann schließlich Art. 102 angesehen werden.[706] Die Vorschrift ist allerdings nur einschlägig, wo die Tötung zur Bestrafung erfolgt.[707]

---

699 BVerfGE 10, 313 (323).

700 BVerfGE 58, 208 (220); 105, 239 (247); *Lorenz* in BK Rn. 741; *Murswiek/Rixen* in Sachs Rn. 242 („wird überlagert"); ausf. auch *Gusy* NJW 1992, 457; *Wittreck* in HdbStR VII § 151 Rn. 12.

701 → Art. 19 Rn. 16.

702 *Schulze Fielitz* in Dreier Art. 2 Abs. 2 Rn. 57, 106.

703 → Art. 19 Rn. 13 ff.

704 → Rn. 149; *Kunig* in v. Münch/Kunig, 6. Auflage 2012, Art. 104 Rn. 8 ff.

705 BVerfGE 70, 297 (307).

706 *Schulze-Fielitz* in Dreier Art. 2 Abs. 2 Rn. 60; *Starck* in MKS Rn. 256, der insoweit in Art. 1 Abs. 1 zugleich eine Schranken-Schranken erblickt.

707 → Art. 102 Rn. 11.

Eingriffe in die körperliche Unversehrtheit, vor allem aber solche in das **Leben,** können von vornherein nur **höchst ausnahmsweise** zulässig sein, denn bei diesen „sensiblen"[708] Grundrechten ist den Anforderungen des Verhältnismäßigkeitsgrundsatzes nur schwer zu genügen.[709] Gesetzlich begründete Eingriffe in die körperliche Unversehrtheit kommen – in engen Grenzen – in Betracht im Zuge der Strafverfolgung,[710] bei der Feststellung von Unterhaltsverpflichtungen, vor allem aber zum Schutz gesundheitlicher Interessen anderer bzw. der Allgemeinheit (etwa zur Abwehr von Seuchengefahren; zur Untersuchungspflicht von Personen, die sich in strahlengefährdeten Gebieten aufgehalten haben, s. § 12 Abs. 1 Nr. 4 AtG in der bis zum 31.12.2018 geltenden Fassung). Das Grundrecht auf Leben erträgt Eingriffe wohl ausschließlich zum Schutz des Lebens anderer oder zum Schutz vor schweren gesundheitlichen Schädigungen Dritter. Ein polizeilicher Todesschuss ist nur zulässig als letztes Mittel zur Abwehr einer anderweitig nicht abwendbaren Lebensgefahr oder schwerer Gefahren für die körperliche Integrität anderer.[711] Die **Wesensgehaltsgarantie** (Art. 19 Abs. 2) ist nicht schon dadurch angetastet, dass ein einzelner Mensch auf gesetzlicher Grundlage durch staatlichen Eingriff getötet wird und sein individuelles Leben damit erlischt; dies folgt schon daraus, dass das Recht auf Leben in Art. 2 Abs. 2 S. 3 ausdrücklich für beschränkbar erklärt wird. Mithin ist auch eine gesetzliche Ermächtigung zur Abgabe tödlicher Schüsse durch die Polizei nicht schlechthin wegen Art. 19 Abs. 2 verfassungswidrig.[712] Dies gilt umso mehr, als nach dem oben Gesagten die Tötung als außerordentliche Maßnahme der Gefahrenabwehr ihrerseits dem Lebensschutz bedrohter Personen dienen muss. Eingriffen in die Freiheit der Person setzt die Wesensgehaltsgarantie (anders als Art. 1 Abs. 1) nach Ansicht des BVerfG grundsätzlich keine Grenzen: Dass dem zu lebenslanger Freiheitsstrafe Verurteilten die Chance bewahrt werden muss, unter bestimmten Umständen vor Ende des Lebens wieder freizukommen, soll ein Gebot der Menschenwürde, nicht der Wesentlichkeit des Grundrechts auf Freiheit der Person sein. Die knappe Begründung dafür – der Verfassungsgeber habe die lebenslange Freiheitsstrafe bei Normierung des Art. 19 Abs. 2 bereits vorgefunden und nicht in Frage stellen wollen[713] – vermag nicht zu überzeugen. Vielmehr sollte die Freiheitsentziehung dem Grunde nach auch an Art. 19 Abs. 2 gemessen werden, dessen Anwendung jedoch keine anderen Ergebnisse zeitigen dürfte als Art. 1 Abs. 1 GG. **152**

Der **polizeiliche Rettungsschuss (Todesschuss)** – also die gezielte Tötung einer Person, die Leib und Leben anderer akut und unmittelbar gefährdet, um diese Gefahr abzuwehren – ist mangels Strafcharakters nicht durch Art. 102 untersagt (→ Rn. 99). Er bedarf jedoch einer gesetzlichen Grundlage. Sie ergibt sich nicht aus den Vorschriften des Strafrechts über Notwehr und Nothilfe, wie **153**

---

[708] *v. Münch* in v. Münch/Kunig, 3. Aufl. 1996, Rn. 72.

[709] Vgl. beispielhaft, aber auch grdl. zur körperlichen Unversehrtheit BVerfGE 16, 194 (202), Liquorentnahme; sa BVerfGE 51, 324 (346); 52, 214 (220); zu den Grenzen „des Tötungsverbots" *Dreier* JZ 2007, 317 ff.

[710] → Rn. 129, Stichwort „Blutentnahme".

[711] Etwa Drohung mit schwerer Entstellung einer Geisel; ähnlich *Müller-Terpitz* in HdbStR VII § 147 Rn. 64; *Kingreen/Poscher,* Grundrechte, 2019, Rn. 486 „äußerstes und letztes Mittel"; unter Hinweis auf Art. 1 Abs. 1 *Starck* in MKS Art. 1 Rn. 78; weitergehend *Murswiek/Rixen* in Sachs Rn. 182.

[712] BVerfGE 115, 118 (165), LuftsicherheitsG.

[713] BVerfGE 45, 187 (270 f.); vgl. auch BVerfGE 117, 71 (96).

bis heute verbreitet vertreten wird;[714] denn diese Vorschriften ermächtigen gerade nicht den Staat, auf ein Rechtsgut zuzugreifen, sondern bestimmen, ob ein handelndes Individuum wegen Überschreitung seines Pflichtenkreises bestraft werden darf. Dabei gilt nicht, wie für staatliches Handeln, eine strenge Verhältnismäßigkeitsprüfung, sondern das verteidigte Rechtsgut darf dem geschädigten im Range im Einzelfall auch unterlegen sein.[715]

154 Die Landesgesetzgebung sieht den polizeilichen Todesschuss mit näheren Maßgaben als äußerstes Handlungsinstrument verbreitet vor.[716] Wo dies nicht der Fall ist, muss er auf die Generalklauseln des Gefahrenabwehrrechts und die allgemeinen Vorschriften über den polizeilichen Schusswaffengebrauch gestützt werden, was – obwohl das Erfordernis eines förmlichen Gesetzes erfüllt ist – Bedenken unter dem Gesichtspunkt rechtsstaatlicher **Bestimmtheit** weckt.[717] Auch wenn die Generalklauseln als Eingriffsgrundlagen im Allgemeinen rechtsstaatlich unbedenklich sind, weil insbesondere die Rspr. ihnen deutliche Konturen verliehen hat, bleibt zweifelhaft, ob Eingriffe in das Leben auf die allgemeinen Ermächtigungen zur Gefahrenabwehr gestützt werden können; denn die Anforderungen an die gesetzliche Bestimmtheit steigen mit den betroffenen Rechtsgütern.[718] Ähnliches gilt auch für die Rechtfertigung von mit Risiken für das Leben des Adressaten verbundenen militärischen Einsatzbefehlen anhand der allgemeinen Ermächtigung des § 7 SG.[719] Geht eine staatliche Tötungsmaßnahme mit der **Preisgabe des Lebens Unbeteiligter** (Nichtstörer) einher, kann das dazu ermächtigende Gesetz trotz ausreichender Bestimmtheit wegen Verletzung des Art. 2 Abs. 2 S. 1 Var. 1 iVm Art. 1 Abs. 1 verfassungswidrig sein.[720] Für die an Art. 2 Abs. 2 S. 2 zu messende **Freiheitsentziehung** gelten keine grundsätzlich anderen Maßstäbe: Unbestimmte Rechtsbegriffe können auch hier zur Anwendung kommen, mit der Intensität der Grundrechtsbeschränkung steigen jedoch die Anforderungen an die Konkretisierung der Eingriffsvoraussetzungen im Gesetz.[721]

155 Unabhängig von der Frage nach der zureichenden gesetzlichen Ermächtigung gebietet Art. 2 Abs. 2 S. 1 Alt. 1 aus sich heraus für die **Einzelfallbeurteilung** die Beschränkung polizeilicher Todesschüsse auf äußerste Notfälle zur Lebensrettung und des Schutzes vor schwerer körperlicher Schädigung, verlangt also den Vorrang jeder anderen gleich geeigneten Abwehrmaßnahme

---

[714] Zutr. *Amelung* NJW 1977, 833 (838); *Schulze-Fielitz* in Dreier Art. 2 Abs. 2 Rn. 62; s. ferner *Drews/Wacke/Vogel/Martens*, Gefahrenabwehr, 1986, 547 f. mwN zur Gegenmeinung.

[715] Vgl. *Perron/Eisele* in Schönke/Schröder Strafgesetzbuch, § 32 StGB Rn. 34; *Graulich* in Lisken/Denninger HdbPoR, E. Rn 974.

[716] Vgl. nur § 25 Abs. 2 HmbSOG; Art. 83 Abs. 2 S. 2 BayPAG; § 54 Abs. 2 PolG BW; der finale Rettungsschuss ist derzeit nur in Mecklenburg-Vorpommern und Schleswig-Holstein nicht ausdrücklich geregelt, vgl. *Graulich* in Lisken/Denninger HdbPoR, E. Rn 971.

[717] Siehe nur *Kutscha* NVwZ 2004, 801 (803); *Lisken* ZRP 2004, 31; *Graulich* in Lisken/Denninger HdbPoR, E. Rn 972.

[718] Vgl. *Sundermann* NJW 1988, 3192; aA *Kutscha* NVwZ 2004, 801; die möglicherweise zutr. Erkenntnis, ausdrückliche Regelungen führten zu einer stärkeren Inanspruchnahme, s. *Baumann* DÖV 2004, 853 (861), ist für die Beurteilung hinreichender Bestimmtheit nicht unmittelbar ergiebig, gibt aber Anlass zu rechtspolitischen Bedenken.

[719] Vgl. *Nettersheim* NZWehrR 1975, 89 (98 f.); *Lingens* NZWehrR 1982, 161 (162); anders *Gander* NZWehrR 2009, 98 (104 ff.); welche die derzeitige Rechtslage für insoweit verfassungswidrig hält und eine gesetzliche Festlegung an Anforderungen der Lebenseinsatz implizierenden Befehle fordert (117 ff.).

[720] BVerfGE 115, 118 (164 f.), LuftsicherheitsG, bezogen auf Maßnahmen, die sich ausschließlich gegen Angreifer/Flugzeugentführer richten. Zu der Entscheidung s. etwa *Isensee* FS f. Jakobs, 2007, 205 (224 f.).

[721] BVerfGE 134, 33 (81 f., Rn. 112), TherapieunterbringungsG.

(einschließlich der Herbeiführung von Aktionsunfähigkeit), regelmäßig (nicht allerdings kategorisch) auch eine „Vorwarnung" – eine solche mag im Einzelfall aber gerade Anlass sein, eine Tötungsdrohung umzusetzen. Liegen die engen Voraussetzungen der Zulässigkeit eines polizeilichen Todesschusses vor, so darf der Tod unmittelbar und absichtlich herbeigeführt werden.[722]

D. Verhältnis zu anderen Grundrechten und sonstigen Vorschriften des Grundgesetzes

I. Freie Entfaltung der Persönlichkeit (allgemeine Handlungsfreiheit)

Art. 2 Abs. 1 steht gemäß seiner Struktur als allgemeine Handlungsfreiheit in **Subsidiarität** zu allen anderen Freiheitsgrundrechten:[723] Soweit der Sachverhalt in den Schutzbereich eines speziellen Freiheitsrechts fällt, kommt Art. 2 Abs. 1 schon deswegen nicht zur Anwendung.[724] Dies gilt auch dann, wenn sich der Eingriff als rechtmäßige Inanspruchnahme von Grundrechtsschranken erweist.[725] Gewährt kein spezielles Grundrecht Schutz, so bedarf es keiner gesonderten Begründung einer Verletzung des Schutzbereichs von Art. 2 Abs. 1. Auch das allgemeine Persönlichkeitsrecht aus Art. 2 Abs. 1 „und" Art. 1 Abs. 1 verdrängt Art. 2 Abs. 1 in die Subsidiarität.[726] Eine Besonderheit soll für die Versammlungsfreiheit gelten, die nach Art. 8 Abs. 1 nur „friedlich und ohne Waffen" garantiert ist: Werden diese Vorgaben nicht eingehalten, lässt das BVerfG, da zwar nicht der Schutzbereich, aber der „Gewährleistungsbereich" des Grundrechts (sich versammeln) betroffen ist, auch den Schutz des Art. 2 Abs. 1 entfallen.[727] Diese Position ist nicht nur deswegen abzulehnen, weil sie einen Bruch mit der soeben umrissenen Grundrechtsdogmatik herbeiführt, sondern auch wegen der generierten Wertungswidersprüche: Warum soll jegliches menschliche Verhalten, auch illegales, jeder Waffeneinsatz von Art. 2 Abs. 1 erfasst sein, ausgerechnet das Führen von Waffen in einem immerhin gesellschaftsfinalen Rahmen – der Versammlung – aber nicht?[728] **156**

Schutzbereich im genannten Sinne ist nicht nur der sachliche, sondern auch der personale; Art. 2 Abs. 1 ist mithin auch subsidiär – und fungiert als **157**

[722] AA *Podlech* in AK, 2. Aufl. 1989, Rn. 13: Er dürfe nur „billigend in Kauf genommen werden".

[723] Siehe zB BVerfGE 23, 50 (55 f.); 54, 237 (251); *Scholz* AöR 102 (1975), 80 (113); sowie zur Begründung → Rn. 21.

[724] BVerfGE 30, 292 (336); 58, 358 (363); *Starck* in MKS Rn. 49; vgl. zur Subsidiarität der allgemeinen Handlungsfreiheit gegenüber Art. 2 Abs. 2 S. 2 BVerfGE 22, 21 (26), zum Verhältnis zu Art. 4 Abs. 1, Abs. 2 eing. *Starck* in MKS Rn. 62 ff.; zur Meinungsäußerungsfreiheit BVerfGE 65, 1 (40 f.); zur Informationsfreiheit BVerfGE 34, 384 (400); zu Art. 5 Abs. 3 BVerfGE 30, 173 (192 f.); 34, 384 (400); zum Schutz von Ehe und Familie BVerfGE 36, 146 (161); zum elterlichen Erziehungsrecht BVerfGE 4, 52 (57); 59, 360 (382); zu Art. 11 Abs. 1 BVerfGE 6, 32 (41); zu Art. 12 BVerfGE 1, 264 (273 f.); 9, 73 (77); 33, 171 (191); 45, 354 (359); zu Art. 14 s. BVerfGE 1, 264 (273 f.); 24, 367 (389) 53, 257 (290); und weitere Nachw. bei *Starck* in MKS Rn. 79 ff.

[725] AllgM; *Dreier* in Dreier Art. 2 Abs. 1 Rn. 98.

[726] Dogmatische Kritik an der Rspr. etwa bei *Schmidt* AöR 106 (1981), 497 (504).

[727] Vgl. BVerfGE 84, 203 (299), das Art. 2 Abs. 1 GG nicht prüft; siehe hierzu auch *Schulze-Fielitz* in Dreier Art. 8 Rn. 126; *Gusy* in MKS Art. 8 Rn. 92.

[728] Kritisch auch: *Jarass* in Jarass/Pieroth Art. 8 Rn. 7; *Michael/Morlok,* Grundrechte, 2016, Rn. 440.

„Auffanggrundrecht" (→ Rn. 3), wo eine Person aufgrund ausländischer Staatsangehörigkeit nicht in den Schutzbereich eines Deutschengrundrechts gelangt (dies betrifft auch Unionsbürger, vgl. → Rn. 11). Ausländer und Staatenlose können sich also gegenüber Handlungen auf Art. 2 Abs. 1 berufen, welche – gegenüber Deutschen vorgenommen – an Deutschengrundrechten gemessen werden müssten.[729]

158 Da die anderen Freiheitsgrundrechte „von vornherein und selbständig neben der persönlichen Entfaltungsfreiheit" stehen,[730] können dessen spezifische, auf den fast uferlosen Schutzbereich bezogene Schranken[731] nicht auf die nachfolgenden Grundrechte angewandt werden.[732] Eine „Schrankenleihe" in umgekehrter Richtung ist jedoch, wo materiell der Schutzbereich eines Deutschengrundrechts betroffen ist und es sich beim Grundrechtsbetroffenen um einen (gegenüber sonstigen Ausländern in höherem Maße schutzwürdigen) Unionsbürger handelt, möglich. Auf solche Personen werden die Schranken der Deutschengrundrechte analog angewandt oder jedenfalls die Verhältnismäßigkeitsprüfung an den Standards der Spezialgrundrechte ausgerichtet (→ Rn. 11).

159 Gegenüber Gleichheitsrechten ist Art. 2 Abs. 1 nicht subsidiär.[733] Daran ändert die neuere Rspr. des BVerfG zu Art. 3 Abs. 1, welche (auch dort) eine Verhältnismäßigkeitsprüfung unternimmt,[734] und die daraus resultierende Annäherung der Freiheits- und der Gleichheitsprüfung nichts. Denn im einen Fall wird die Verhältnismäßigkeit der Belastung, im anderen die der Ungleichbehandlung überprüft.[735]

II. Allgemeines Persönlichkeitsrecht

160 Das allgemeine Persönlichkeitsrecht aus Art. 2 Abs. 1 iVm Art. 1 Abs. 1 tritt neben thematisch verwandte Grundrechte, die gleichfalls den Schutz der Sphäre des Persönlichen bezwecken, insbes. Art. 10 und Art. 13, ggf. auch Art. 6 Abs. 1 (Eheschließungsfreiheit).[736] Soweit die Persönlichkeitsentfaltung von diesen Grundrechten vollständig abgedeckt ist (die insoweit dann spezielle Verbürgungen sind), besteht kein Grund dafür, zusätzlich auf das allgemeine Persönlichkeitsrecht zu rekurrieren, das insoweit hinter diese Rechte zurücktritt.[737] Idealkonkurrenz mit dem allgemeinen Persönlichkeitsrecht herrscht vor, wenn und soweit die Persönlichkeit in einer selbständigen, über die Betroffenheit des Schutzguts des anderen Grundrechts hinausreichenden Weise tangiert ist.

---

[729] BVerfGE 35, 382 (399); 78, 179 (196 f.); 104, 337 (346).

[730] *Scholz* AöR 100 (1975), 80 (114): „nur anwendungsmäßig ist Art. 2 Abs. 1 subsidiär"; sa *Starck* in MKS Rn. 50; eingehend *v. Arnauld,* Die Freiheitsrechte und ihre Schranken, 1999, 53 ff.

[731] → Rn. 37.

[732] BVerfGE 30, 173 (192); 36, 146 (161); s. ferner *Di Fabio* in Maunz/Dürig Art. 2 Abs. 1 Rn. 47; *Starck* in MKS Rn. 53. Zum Verständnis von Art. 2 Abs. 1 als sog. Muttergrundrecht s. BGHZ 24, 74 (78) mwN; *Dürig* JZ 1957, 169 (170); abl. *v. Münch* in v. Münch/Kunig, 3. Aufl. 1996, Rn. 77.

[733] Zum Nebeneinander von Art. 2 Abs. 1 und Art. 3 Abs. 1, vgl. BVerfGE 13, 21 (26 ff.); s. *Starck* in MKS Rn. 61; → Art. 3 Rn. 207; grds. zum Verhältnis des Schutzes von Freiheit und Gleichheit im GG *Kriele* in BMV VerfassungsR-HdB, 1983, 129 ff.

[734] → Art. 3 Rn. 104 ff.

[735] Jarass NJW 1997, 2545 (2549).

[736] BVerfG NJW 1993, 3058.

[737] So BVerfGE 109, 279 (327): Art. 13 als „spezielleres [sic] Grundrecht".

III. Grundrechte des Art. 2 Abs. 2

Keine Besonderheiten der Grundrechtskonkurrenz[738] weisen im Verhältnis **161**
zu anderen Freiheitsgrundrechten die **Grundrechte aus Art. 2 Abs. 2** auf. Sie stehen zu diesen in Idealkonkurrenz, in keinem Fall im Verhältnis von Spezialität und Generalität. Das gilt auch für den gegenüber Art. 11 selbständigen Art. 2 Abs. 2 S. 2. Da ein Festgehaltener zugleich am Ortswechsel iSd Art. 11 Abs. 1 gehindert wird, ist regelmäßig neben Art. 2 Abs. 2 S. 2 auch Art. 11 betroffen.[739] Die Grundrechte auf Leben und körperliche Unversehrtheit können etwa neben Art. 1 Abs. 1 zur Anwendung kommen (zB zur Beurteilung sog. Sterbehilfe);[740] zudem hat das BVerfG Art. 1 Abs. 1 vereinzelt zur tatbestandlichen Verstärkung des Lebensschutzes herangezogen. Beim Umweltschutz können neben dem Eigentum (Art. 14) auch Leben und Gesundheit beeinträchtigt sein (zB durch Emissionen benachbarter Anlagen, die allerdings ihrerseits durch Art. 12 Abs. 1 und Art. 14 geschützt sind, oder Altlasten). Für das Recht auf Leben stellt Art. 102 ein spezielles, von Art. 79 Abs. 3 umfasstes[741] Beschränkungsverbot, eine Schranken-Schranke mit Verfassungsrang, auf.[742] (Zum Verhältnis von Art. 2 Abs. 2 S. 2 zu Art. 104 → Rn. 134)

E. Kritische Würdigung

Während die Grundrechte auf Leben und auf körperliche Unversehrtheit **162**
(Art. 2 Abs. 2 S. 1) und der Schutz personaler Bewegungsfreiheit (Art. 2 Abs. 2 S. 2) als tradierte Grundfesten der Verfassungsordnung angesehen werden können, haben sich andere Verbürgungen des Art. 2 erst mit der Entwicklung der Verfassungsdogmatik zu solchen Grundfesten verstärkt: Nicht nur die „Findung" des allgemeinen Persönlichkeitsrechts ist insoweit ein Quantensprung im Grundrechtsschutz, sondern auch die denkbar weiteste Deutung des in Art. 2 Abs. 1 verankerten Rechts auf freie Entfaltung der Persönlichkeit im Sinne allgemeiner Handlungsfreiheit.[743] „Das Wagnis" (der Aufnahme und extensiven Interpretation des Art. 2 Abs. 1) „hat sich gelohnt".[744] Auch die Gründe, die schon de constitutione lata für eine engere Auslegung angeführt werden,[745] geben keinen Anlass für eine Abkehr von dem Konzept eines umfassenden Grundrechtsschutzes für menschliches Tun und Unterlassen im Wege der Verfassungsänderung. Andererseits spricht viel dafür, Art. 2 Abs. 1 noch **textlich zu erweitern**, damit das geschriebene Verfassungsrecht den durch die Rspr. zum allgemeinen Persönlichkeitsrecht[746] und zum Recht auf

[738] Zum Begriff *v. Münch/Kunig* in v. Münch/Kunig, 6. Aufl. 2012, Vorb. Art. 1 – 19 Rn. 47 f.

[739] Ebenso *Schulze-Fielitz* in Dreier Art. 2 Abs. 2 Rn. 120; *Jarass* in Jarass/Pieroth Rn. 111 mwN zum Meinungsstand; aA *Starck* in MKS Rn. 253; *Lorenz* in BK Rn. 728; *Wittreck* in HdbStR VII § 151 Rn. 13.

[740] Siehe Stichwort in → Art. 1 Rn. 53; eingehend *Steiner,* Der Schutz des Lebens durch das GG, 1992, 11 ff.

[741] *Kersten* in Maunz/Dürig Art. 102 Rn. 33.

[742] *Starck* in MKS Rn. 256; *Schulze-Fielitz* in Dreier Art. 2 Abs. 2 Rn. 60; *Stern,* StaatsR III/1, 1988, § 63 V 3a; vgl. auch BVerfGE 39, 1 (36 f.).

[743] → Rn. 21.

[744] *v. Münch* in v. Münch/Kunig, 3. Aufl. 1996, Rn. 79.

[745] → Rn. 23 f.

[746] → Rn. 51 ff.

den Schutz personenbezogener Daten bewirkten Rechtszustand erkennbar abbildet. Während 1949 gerade für Letzteres noch kein Bewusstsein bestand, legen die praktischen Gefährdungslagen (Stichworte wie Datenhandel[747] und Terrorismusbekämpfung[748]) heute eine Normierung zumindest der informationellen Aspekte des allgemeinen Persönlichkeitsrechts im GG nahe. Mit der expliziten Verankerung gerade des Datenschutzes im Grundrechtekatalog würde das GG außerdem zur EU-Grundrechtecharta, die ein solches Recht enthält (→ Rn. 56), formal aufschließen.

163 Auf der **Schrankenseite** könnte Art. 2 Abs. 1 in eine Textfassung gebracht werden, die nicht nur für den Bürger verständlicher ist, sondern auch dem Befund Rechnung trägt, dass von einer „Schrankentrias" nicht mehr die Rede sein kann, weil das „Sittengesetz" zur Grundrechtsbeschränkung untauglich ist und die „Rechte anderer" in der „verfassungsmäßigen Ordnung" aufgehen. Die „Rechte anderer",[749] vor allem aber das „Sittengesetz"[750] sollten als eigenständige Schranken gestrichen werden. Es ist vorgeschlagen worden, den – Missverständnisse befördernden – Begriff der „verfassungsmäßigen Ordnung"[751] durch „verfassungsmäßiges Recht" zu ersetzen;[752] dagegen streitet jedoch, dass Eingriffe – wie bei anderen Grundrechten auch – eine gesetzliche Grundlage erfordern (→ Rn. 39). Dies würde für eine Erstreckung der Schranke des Art. 2 Abs. 2 S. 3 auch auf die allgemeine Handlungsfreiheit und zudem das allgemeine Persönlichkeitsrecht sprechen. Von einer Einheitsschranke für alle in Art. 2 enthaltenen Grundrechte sollte jedoch das Recht auf Leben ausgenommen werden und seine nur höchst ausnahmsweise Beschränkbarkeit im Verfassungstext durch Qualifikation des Eingriffsvorbehalts klaren Ausdruck finden.[753]

164 Des Weiteren veranlasst Art. 2 Kritik aus **systematischen** Gründen. Schon die Zusammenfassung der allgemeinen Handlungsfreiheit mit dem Schutz körperlicher Integrität und körperlicher Bewegungsfreiheit überzeugt nicht; eine Aufteilung auf mindestens zwei Artikel würde sich anbieten. Dass die Grundrechte auf Leben und auf körperliche Unversehrtheit selbständig verbürgt sind, sollte ebenfalls textlich verdeutlicht werden. Auch die räumliche Trennung von Art. 2 Abs. 2 S. 2 und Art. 104 ist konzeptionell verfehlt. Entfiele Art. 2 Abs. 2 S. 2, so träte angesichts von Art. 104 dennoch keine Schmälerung des verfassungsrechtlichen Schutzes ein. Andererseits sollte bereits aus dem Grundrechtsteil selbst, und nicht erst aus dem Abschnitt der Verfassung über die Rechtsprechung, hervorgehen, dass jedenfalls die Entziehung körperlicher Freiheit dem Staat nur in besonders engen Grenzen zulässigerweise möglich und dass ein Richtervorbehalt errichtet ist. So dürfte es vorzugswürdig sein, die Problematik der Entziehung, dann aber auch der sonstigen Beschränkung[754] körperlicher Freiheit im Zusammenhang im Grundrechtsteil zu regeln, die Inhalte des Art. 104 also zum Grundrecht auf Freiheit der Person zu ziehen und nicht umgekehrt.

---

747 → Rn. 56 f.

748 S. *Denninger,* Prävention und Freiheit, 2008; *Bußjäger* ZÖR 62 (2010), 415; *Gusy* VerwArch 101 (2010), 309; auch *Möstl* DVBl 2010, 808; → Rn. 58.

749 Vgl. zur Begründung → Rn. 41 f.

750 → Rn. 46 f.

751 Der Begriff begründet Verwechslungsgefahren → Rn. 43.

752 *Kunig* in v. Münch/Kunig, 6. Aufl. 2012, Rn. 94.

753 → Rn. 152.

754 Zum Unterschied → Art. 104 Rn. 9 ff.

Bei alledem gilt: Schwächen bei der systematischen Stimmigkeit eines Verfassungstextes und der Verständlichkeit der in ihm enthaltenen Vorschriften sind allein kein hinreichender Grund für die Änderung von Bestimmungen, die sich in der Rechtspraxis weitgehend bewährt haben. Hand an den Text gerade eines Grundrechts sollte der verfassungsändernde Gesetzgeber nur legen, wenn er sicher ist, was er an Präzisierung, Erweiterung oder ggf. Verkürzung des Grundrechtsschutzes erreichen will, und dass zugleich Bewährtes nicht unbeabsichtigt in Mitleidenschaft gezogen wird. Zu bedenken ist ferner, dass „offene" Normen auch zur Bewältigung der Spannung zwischen Stabilität und Dynamik der Verfassung förderliche Beiträge leisten können,[755] nicht zuletzt – wie bei den Grundrechten der Art. 2 – auf Verfahrensebene. Ob und wie sich solche Leistungen der Verfassungsinterpretation textlich fixieren lassen, ohne hierdurch der Verfassungsentwicklung Hürden in den Weg zu legen, hat ein verfassungsändernder Gesetzgeber sorgfältig zu bedenken. **165**

Literatur

Zu Abs. 1

M. Albers, Informationelle Selbstbestimmung, 2005. – ***W. Beck,*** Freundschaft im Dienst sozialer Netzwerke, ZRP 2019, 112. – ***G. Britz,*** Freie Entfaltung durch Selbstdarstellung: Eine Rekonstruktion des allgemeinen Persönlichkeitsrechts aus Art. 2 Abs. 1 GG, 2007. – ***M. Cornils,*** Allgemeine Handlungsfreiheit, in J. Isensee/P. Kirchhof, HdbStR VII § 168 – ***H. Ehmann,*** Zur Struktur des Allgemeinen Persönlichkeitsrechts, JuS 1997, 196. – ***H. U. Erichsen,*** Das Grundrecht aus Art. 2 Abs. 1 GG, Jura 1987, 367. – ***W. Frenz,*** Informationelle Selbstbestimmung im Spiegel des BVerfG, DVBl 2009, 333. – ***M.-E. Geis,*** Der Kernbereich des Persönlichkeitsrechts, JZ 1991, 112. – ***D. Haas,*** Freie Entfaltung der Persönlichkeit, Art. 2 Abs. 1 GG, DÖV 1954, 70. – ***W. Heun,*** Die grundgesetzliche Autonomie des Einzelnen im Lichte der Neurowissenschaften, JZ 2005, 853. – ***M. Hochhuth,*** Lückenloser Freiheitsschutz und die Widersprüche des Art. 2 Abs. 1 GG, JZ 2002, 743. – ***H.-D. Horn,*** Schutz der Privatsphäre, in J. Isensee/P. Kirchhof, HdbStR VII § 149. – ***J. Isensee,*** Vertragsfreiheit im Griff der Grundrechte, FS f. Großfeld, 1999, 485. – ***F. Hufen,*** Die Widerspruchslösung bei der Organtransplantation, NVwZ 2019, 1325. – ***H. D. Jarass,*** Das allgemeine Persönlichkeitsrecht im Grundgesetz, NJW 1989, 857. – ***W. Kahl,*** Die Schutzergänzungsfunktion von Art. 2 Abs. 1 Grundgesetz, 2000. – ***D. Klippel,*** Persönlichkeit und Freiheit, in G. Birtsch (Hrsg.), Grund- und Freiheitsrechte der spätbürgerlichen Gesellschaft, 1987, 269. – ***A. Köpfler,*** Die Bedeutung von Art. 2 Abs. 1 GG im Verwaltungsprozess, 2008. – ***P. Krause,*** Das Recht auf informationelle Selbstbestimmung, JuS 1984, 268. – ***H. Kube,*** Persönlichkeitsrecht, in J. Isensee/P. Kirchhof, HdbStR VII § 148. – ***A. Kukk,*** Verfassungsgeschichtliche Aspekte zum Grundrecht der allgemeinen Handlungsfreiheit (Art. 2 Abs. 1 GG), 2000. – ***Ph. Kunig,*** Der Reiter im Walde (BVerfGE 80, 137), Jura 1990, 523. – ***C. Liebhart,*** Das Beschleunigungsverbot in Strafsachen – Grundlagen und Auswirkungen, NStZ 2017, 254. – ***J. Lücke,*** Die spezifischen Schranken des allgemeinen Persönlichkeitsrechts und ihre Geltung für die vorbehaltlosen Grundrechte, DÖV 2002, 93. – ***D. Merten,*** Das Recht auf freie Entfaltung der Persönlichkeit, JuS 1976, 345. – ***H. Peters,*** Die freie Entfaltung der Persönlichkeit als Verfassungsziel, FS f. Laun, 1953, 669. – ***H. Peters,*** Das Recht auf freie Entfaltung der Persönlichkeit in der höchstrichterlichen Rechtsprechung, 1963. – ***B. Pieroth,*** Der Wert der Auffangfunktion des Art. 2 Abs. 1 GG, AöR 115 (1990), 33. – ***H. H. Rupp,*** Das Urteil des Bundesverfassungsgerichts zum Sammlungsgesetz – eine Wende in der Grundrechtsinterpretation des Art. 2 Abs. 1 GG?, NJW 1966, 2037. – ***F. Saliger,*** Selbstbestimmung bis zuletzt. Rechtsgutachten zum Verbot organisierter Sterbehilfe, 2015. – ***H.-H. Schild,*** Die Richtlinie über die Verarbeitung personenbezogener Daten und den Schutz der Privatsphäre im Bereich der Telekommunikation,

[755] Umfassend *Bryde,* Verfassungsentwicklung, 1982.

EuZW 1999, 69. – ***B. Schlink,*** Das Recht der informationellen Selbstbestimmung, Der Staat 25 (1986), 233. – ***B. Schlink,*** Datenschutz und Amtshilfe, NVwZ 1986, 249. – ***C. Schnabel,*** Das Recht auf informationelle Selbstbestimmung für Unternehmen, WM 2019, 1384. – ***F. Schoch,*** Das Recht auf informationelle Selbstbestimmung, Jura 2008, 352. – ***F. Schoch,*** Die Schwierigkeiten des BVerfG mit der Bewältigung staatlichen Informationshandelns, NVwZ 2011, 193. – ***R. Scholz,*** Das Grundrecht der freien Entfaltung der Persönlichkeit in der Rechtsprechung des Bundesverfassungsgerichts, AöR 100 (1975), 80, 265. – **C. Schütz/T. Sitte,** Sterben-Dürfen an der Grenze der Verhältnismäßigkeit, NJW 2017, 2155. – ***J. Schwabe,*** Der Schutz des Menschen vor sich selbst, JZ 1998, 66. – ***U. Sieber,*** Sperrverpflichtungen gegen Kinderpornographie im Internet, JZ 2009, 653. – ***S. Simitis,*** Von der Amtshilfe zur Informationshilfe, NJW 1986, 2795. – ***D. Suhr,*** Entfaltung der Menschen durch die Menschen. Zur Grundrechtsdogmatik der Persönlichkeitsentfaltung, der Ausübungsgemeinschaften und des Eigentums, 1976. – ***W. Wertenbruch,*** Der Grundrechtsbegriff und Art. 2 Abs. 1 GG, DVBl 1958, 481.

Zu Abs. 2

A. Brech, Triage und Recht – Patientenauswahl beim Massenanfall Hilfebedürftiger in der Katastrophenmedizin, 2008 – ***M. Böhm,*** Der Normmensch – Materielle und prozedurale Aspekte des Schutzes der menschlichen Gesundheit vor Umweltschadstoffen, 1996. – ***U. Di Fabio,*** Rechtsfragen zu unerkannten Gesundheitsrisiken elektromagnetischer Felder, DÖV 1995, 1. – ***E. Denninger,*** Prävention und Freiheit, 2008. – ***H. Dreier,*** Grenzen des Tötungsverbots, JZ 2007, 261, 317. – ***J. Gander,*** Das Opfer des Soldaten – über den Lebenseinsatz auf Befehl und das Recht auf Leben, NZWehrR 2009, 98. – ***J. Geiger/C. v. Lampe,*** Das zweite Urteil des Bundesverfassungsgerichts zum Schwangerschaftsabbruch, Jura 1994, 20. – ***K. Geppert,*** Die gegenwärtige Regelung der Zwangsernährung von Gefangenen, Jura 1982, 177. – ***Ch. Gusy,*** Freiheitsentziehung und Grundgesetz, NJW 1992, 457. – ***G. Hermes,*** Das Grundrecht auf Schutz von Leben und Gesundheit, 1987. – ***G. Hermes/S. Walther,*** Schwangerschaftsabbruch zwischen Recht und Unrecht, NJW 1993, 2337. – ***E. Hilgendorf,*** Scheinargumente in der Abtreibungsdiskussion, NJW 1996, 758. – ***J. Isensee,*** Die alten Grundrechte und die bioethische Revolution. Verfassungsperspektiven nach der Entschlüsselung des Humangenoms, FS f. Hollerbach, 2001, 243. – ***J. Isensee,*** Leben gegen Leben – Das grundrechtliche Dilemma des Terrorangriffs mit gekapertem Passagierflugzeug, FS f. Jakobs, 2007, 205. – ***J. A. Kämmerer/L. Jischkowski,*** Grundrechtsschutz in der Pandemie – Der „Corona-Lockdown" im Visier der Verfassungs- und Verwaltungsgerichtsbarkeit, GesR 2020, 341 – **M. Kloepfer,** Leben und Würde des Menschen, in P. Badura/H. Dreier (Hrsg.) FS 50 Jahre Bundesverfassungsgericht, 2001 77. – ***M. Koppernock,*** Das Grundrecht auf bioethische Selbstbestimmung. Zur Rekonstruktion des Allgemeinen Persönlichkeitsrechts, 1997. – ***D. Lorenz,*** Aktuelle Verfassungsfragen der Euthanasie, JZ 2009, 57. – ***A. Middel,*** Verfassungsrechtliche Fragen der Präimplantationsdiagnostik und des therapeutischen Klonens, 2006. – ***R. Müller-Terpitz,*** Der Schutz des pränatalen Lebens, 2007. – ***R. Müller-Terpitz,*** Recht auf Leben und körperliche Unversehrtheit, in J. Isensee/P. Kirchhof, HdbStR VII § 147. – ***D. Rauschning,*** Staatsaufgabe Umweltschutz, VVDStRL 38 (1980), 167. – ***J. Schmidt,*** Nochmals: Die bewußte Tötung bei polizeilichem Schußwaffengebrauch, NJW 1973, 449. – ***Ch. Starck,*** Der verfassungsrechtliche Schutz des ungeborenen menschlichen Lebens, JZ 1993, 816. – ***H. Steiger,*** Entwicklungen im Grundrechtsverständnis der Rechtsprechung des Bundesverfassungsgerichts zu Art. 2 Abs. 2 Satz 1 GG, in H. Berberich/W. Holl/K.J. Maaß, Neue Entwicklungen im öffentlichen Recht, 1979, 255. – ***U. Steiner,*** Der Schutz des Lebens durch das Grundgesetz, 1992. – ***J. Taupitz,*** Verteilung medizinischer Ressourcen in der Corona-Krise: Wer darf überleben?, MedR 2020, 440 – ***A. Tiemann,*** Der Schutzbereich des Art. 2 II 2 GG, NVwZ 1987, 10. – ***F. Wittreck,*** Freiheit der Person, in J. Isensee/P. Kirchhof, HdbStR VII § 151. – ***J. Ziekow,*** Über Freizügigkeit und Aufenthalt: Paradigmatische Überlegungen zum grundrechtlichen Freiheitsschutz in historischer und verfassungsrechtlicher Perspektive, 1997.

Art. 3 [Gleichheit vor dem Gesetz]

(1) Alle Menschen sind vor dem Gesetz gleich.

(2) [1]Männer und Frauen sind gleichberechtigt. [2]Der Staat fördert die tatsächliche Durchsetzung der Gleichberechtigung von Frauen und Männern und wirkt auf die Beseitigung bestehender Nachteile hin.

(3) [1]Niemand darf wegen seines Geschlechtes, seiner Abstammung, seiner Rasse, seiner Sprache, seiner Heimat und Herkunft, seines Glaubens, seiner religiösen oder politischen Anschauungen benachteiligt oder bevorzugt werden. [2]Niemand darf wegen seiner Behinderung benachteiligt werden.

Preußische Verfassung 1848/1850

Art. 4. Alle Preußen sind vor dem Gesetze gleich. Standesvorrechte finden nicht statt. Die öffentlichen Aemter sind für alle dazu Befähigten gleich zugänglich.

Art. 12. Die Freiheit des religiösen Bekenntnisses, die Vereinigung zu Religionsgesellschaften (Art. 30 und 31) und der gemeinsamen häuslichen und öffentlichen Religionsübung wird gewährleistet. Der Genuß der bürgerlichen und staatsbürgerlichen Rechte ist unabhängig von dem religiösen Bekenntnisse. Den bürgerlichen und staatsbürgerlichen Pflichten darf durch die Ausübung der Religionsfreiheit kein Abbruch geschehen.

Paulskirchenverfassung von 1849

Abschnitt VI. Art. I

§ 134. Kein deutscher Staat darf zwischen seinen Angehörigen und andern Deutschen einen Unterschied im bürgerlichen, peinlichen und Prozeß-Rechte machen, welcher die letzteren als Ausländer zurücksetzt.

Abschnitt VI. Art. II

§ 137. Vor dem Gesetze gilt kein Unterschied der Stände. Der Adel als Stand ist aufgehoben.

Alle Standesvorrechte sind abgeschafft.

Die Deutschen sind vor dem Gesetze gleich.

Alle Titel, insoweit sie nicht mit einem Amte verbunden sind, sind aufgehoben und dürfen nie wieder eingeführt werden.

Kein Staatsangehöriger darf von einem auswärtigen Staate einen Orden annehmen.

Die öffentlichen Ämter sind für alle Befähigten gleich zugänglich.

Die Wehrpflicht ist für Alle gleich; Stellvertretung bei derselben findet nicht Statt.

Abschnitt VI. Art. V

§ 146. Durch das religiöse Bekenntniß wird der Genuß der bürgerlichen und staatsbürgerlichen Rechte weder bedingt noch beschränkt. Den staatsbürgerlichen Pflichten darf dasselbe keinen Abbruch thun.

Abschnitt VI. Art. XIII

§ 188. Den nicht deutsch redenden Volksstämmen Deutschlands ist ihre volksthümliche Entwickelung gewährleistet, namentlich die Gleichberechtigung ihrer Sprachen, so weit deren Gebiete reichen, in dem Kirchenwesen, dem Unterrichte, der inneren Verwaltung und der Rechtspflege.

Reichsverfassung von 1871

Art. 3. Für ganz Deutschland besteht ein gemeinsames Indigenat mit der Wirkung, daß der Angehörige (Unterthan, Staatsbürger) eines jeden Bundesstaates in jedem anderen Bundesstaate als Inländer zu behandeln und demgemäß zum festen Wohnsitz, zum Gewerbebetriebe, zu öffentlichen Ämtern, zur Erwerbung von Grundstücken, zur Erlangung des Staatsbürgerrechtes und zum Genusse aller sonstigen bürgerlichen Rechte unter denselben Voraussetzungen wie der Einheimische zuzulassen, auch in Betreff der Rechtsverfolgung und des Rechtsschutzes demselben gleich zu behandeln ist.

Kein Deutscher darf in der Ausübung dieser Befugniß durch die Obrigkeit seiner Heimath, oder durch die Obrigkeit eines anderen Bundesstaates beschränkt werden.

Diejenigen Bestimmungen, welche die Armenversorgung und die Aufnahme in den lokalen Gemeindeverband betreffen, werden durch den im ersten Absatz ausgesprochenen Grundsatz nicht berührt.

Ebenso bleiben bis auf Weiteres die Verträge in Kraft, welche zwischen den einzelnen Bundesstaaten in Beziehung auf die Übernahme von Auszuweisenden, die Verpflegung erkrankter und die Beerdigung verstorbener Staatsangehörigen bestehen.

Hinsichtlich der Erfüllung der Militairpflicht im Verhältniß zu dem Heimathslande wird im Wege der Reichsgesetzgebung das Nöthige geordnet werden.

Dem Auslande gegenüber haben alle Deutschen gleichmäßig Anspruch auf den Schutz des Reichs.

Weimarer Reichsverfassung von 1919

Art. 109. Alle Deutschen sind vor dem Gesetze gleich.

Männer und Frauen haben grundsätzlich dieselben staatsbürgerlichen Rechte und Pflichten.

Öffentlich-rechtliche Vorrechte oder Nachteile der Geburt oder des Standes sind aufzuheben. Adelsbezeichnungen gelten nur als Teil des Namens und dürfen nicht mehr verliehen werden.

Titel dürfen nur verliehen werden, wenn sie ein Amt oder einen Beruf bezeichnen; akademische Grade sind hierdurch nicht betroffen.

Orden und Ehrenzeichen dürfen vom Staat nicht verliehen werden.

Kein Deutscher darf von einer ausländischen Regierung Titel oder Orden annehmen.

Art. 110. Die Staatsangehörigkeit im Reiche und in den Ländern wird nach den Bestimmungen eines Reichsgesetzes erworben und verloren. Jeder Angehörige eines Landes ist zugleich Reichsangehöriger.

Jeder Deutsche hat in jedem Lande des Reichs die gleichen Rechte und Pflichten wie die Angehörigen des Landes selbst.

Art. 113. Die fremdsprachigen Volksteile des Reichs dürfen durch die Gesetzgebung und Verwaltung nicht in ihrer freien, volkstümlichen Entwicklung, besonders nicht im Gebrauch ihrer Muttersprache beim Unterricht, sowie bei der inneren Verwaltung und Rechtspflege beeinträchtigt werden.

Art. 134. Alle Staatsbürger ohne Unterschied tragen im Verhältnis ihrer Mittel zu allen öffentlichen Lasten nach Maßgabe der Gesetze bei.

Übersicht

A. Allgemeine Bedeutung

Art. 3 enthält mit der Gleichheit vor dem Gesetz und besonderen Unterscheidungsverboten einen Bestand an Rechtsgrundsätzen, der in einer un- 1 übersehbaren verfassungsgeschichtlichen Regelungstradition steht und zum Kernbestand des neuzeitlichen politischen Selbstverständnisses gehört. Er beschreibt trotz der indikativischen Formulierung keinen Rechts- und noch weniger einen realen Zustand, sondern Rechtspflichten des Staates und begründet – was heute[1] allgemein anerkannt ist[2] – ein **subjektiv-öffentliches Recht auf Gleichbehandlung.** Von diesen allerallgemeinsten Festlegungen abgesehen gibt es keine Frage, kein Problem und keinen dogmatischen Lehrsatz der Gleichheitsgarantie, der nicht **zutiefst umstritten** und, im eigentlichen Sinne des Wortes, fragwürdig wäre. Das gilt für den **rechtsethischen Grund** von Art. 3 und die Bedeutung eines Menschenrechts, vom Staat „als Gleicher" behandelt zu werden.[3] Es gilt für das **Verhältnis des Gleichheitssatzes zu anderen Grundrechten** sowie der verschiedenen Gleichheitssätze untereinander. Es gilt nicht zuletzt für die Einordnung der Gleichheitsverbürgung in die Staatsorganisation, für die Frage nach der **Verfassungsfunktion des Gleichheitssatzes** im Gefüge der grundgesetzlichen Kompetenzverteilung. Dies umso mehr, als dogmatische Verschiebungen in der **Interpretation des Gleichheitssatzes** in der Verfassungsgeschichte stets **Indikatoren eines institutionellen Verfassungswandels** gewesen sind.

2 Der *locus classicus* des verfassungsrechtlichen Gleichheitssatzes ist die aristotelische Formel, Gleiches sei gleich, Ungleiches sei ungleich zu behandeln,[4] der Kardinalsatz der zuteilenden Gerechtigkeit *(iustitia distributiva)*. Nichts anderes besagt die ulpianische Parömie des *suum cuique*.[5] Ein inneres Maß der Gerechtigkeit enthalten diese Umschreibungen der geometrischen Gleichheit freilich nicht; die Verteilungsfragen werden nur aufgeworfen, nicht entschieden.[6] Dass sie nur innerhalb eines bestimmten verfassungsrechtlichen und politischen Kontextes zu beantworten sind, wussten freilich gerade die antiken Autoren. So sagt **Aristoteles,** über die „Würdigkeit" als dem „Richtmaß der distributiven Gerechtigkeit" stimme man allgemein überein, „nur versteht nicht jedermann unter Würdigkeit dasselbe, sondern die Demokraten erblicken sie in der Freiheit, die oligarchisch Gesinnten im Besitz, andere in edler Abstammung, die Aristokraten in der Tüchtigkeit."[7] Schon Aristoteles wusste, dass die politisch-soziale Gesamtordnung der Polis allen Vorstellungen von Gleichheit und Gerechtigkeit vorausliegt. Dies ist aber für ihn weder ein Einwand gegen die Gerechtigkeit noch ein Mangel, dem eine ideale Verfassung abhelfen könnte. Nach Aristoteles kann vielmehr „ein allgemeines politisches Prinzip wie die Gleichheit nicht abgetrennt verwirklicht werden" von der konkreten Existenz des Gemeinwesens und seiner politischen Entwicklung.[8] Hiervon durchaus verschieden ist das Gleichheitsverständnis des **rationalistischen Naturrechts** und im Besonderen der **bürgerlichen Re-**

---

[1] S. dagegen *Jellinek,* System der subjektiven öffentlichen Rechte, 2. Aufl. 1905, 71 f., 135: „Die Gleichheit in allen ihren Formen kann aber niemals Inhalt eines individuellen Anspruchs werden. Sie ist objektives Recht und ihre Wirkung auf individuelle Rechtssphären ist reine Reflexwirkung."

[2] *Heun* in Dreier Rn. 18; *Kingreen* in BK Rn. 2; *Kirchhof* in Maunz/Dürig Art. 3 Abs. 1 Rn. 292 ff.; *Nußberger* in Sachs Rn. 38; *Huster* in BerlKomm Rn. 42 ff.; *Jarass* in Jarass/Pieroth Rn. 1; *Sachs* FS f. Friauf, 1996, 309 (312 ff.); *Sachs* NWVBl. 1988, 295 (298 f.); *Sachs* in Stern StaatsR IV/2, Rn. 1482 ff. mwN.

[3] *Kirchhof* in Maunz/Dürig Art. 3 Abs. 1 Rn. 1 ff.

[4] Nikom. Eth., 1131a.

[5] Dig. 1.10 pr.

[6] *Kingreen* in BK Rn. 219; *Pietzcker* in Merten/Papier, HdB GR V, § 125 Rn. 8 ff.

[7] Nikom. Eth., 1131a (Übers. *Rolfes*).

[8] Grdl. *Ritter* in Ritter Metaphysik und Politik, Neuausgabe 2003, 133 ff., Zitat: 155.

volutionen, das von der rechtlichen Gleichheit im Naturzustand ausgeht und die politische Ungleichheit der Menschen als rechtfertigungs- und zunehmend als überwindungsbedürftig ausweist.[9] Art. 1 der Erklärung der Menschen- und Bürgerrechte von 1789 lautete: „Les hommes naissent et demeurent libres et égaux en droits. Les distinctions sociales ne peuvent être fondées que sur l'utilité commune."

I. Genese

3 Die **verfassungs- und ideengeschichtliche Überlieferung**[10] des Gleichheitssatzes ist als solche für die Auslegung des Grundgesetzes nur insofern von Belang, um die tiefgreifenden Unterschiede zwischen einem modernen verfassungsgesetzlichen Gleichheitsschutz und dem Gleichheitsideal vormoderner Autoren zu verstehen. So versteht es sich insbesondere nicht von selbst, dass die pathetischen Gleichheitspostulate und Gleichheitsformeln, die ihre Herkunft aus dem bürgerlichen Kampf gegen die ständische Ordnung nicht oder nur schwer verleugnen können, in einer weitgehend egalisierten Gesellschaft wie der Bundesrepublik überhaupt noch eine so bedeutsame Rolle spielen können. Die Antwort auf diese Frage macht deutlich, dass die politisch-semantische Anknüpfung an die bürgerlichen Gleichheitsideale im 20. Jahrhundert nur um den Preis einer juristischen Sinnverschiebung, wenn nicht Sinnverkehrung des Gleichheitssatzes gelingen konnte.

4 Konzentriert man sich auf die **moderne Problematik,** hat man historisch mit der Umwälzung der hierarchisch und ständisch gegliederten Ordnung an der Wende vom 18. zum 19. Jahrhundert und mit der gleichzeitigen Zerstörung des naturrechtlichen Denkens einzusetzen. Hier liegt der Ursprung der dem bürgerlichen **Gesellschaftsbegriff** inhärenten **Dialektik zwischen Gleichheitsstreben und Differenzierungsdrang,** in deren Zentrum auch das Verhältnis von Gleichheit und Freiheit steht.[11] Ausgehend von den fundamentalen Ungleichheiten der ständisch gegliederten Gesellschaften und den in ihr codierten sozialen Hierarchien war die Forderung vor allem des Bürgertums nach mehr Gleichheit zunächst untrennbar mit der Forderung nach freier Entfaltung des Einzelnen verbunden. Mit der Auflösung traditionell-ständischer Milieus wurde die **bürgerliche Gleichheit** durch das „für alle geltende Gesetz" zunächst vor allem zum **Inbegriff gleicher Freiheiten** wie der Gewerbe- und Niederlassungsfreiheit, der Freizügigkeit und der gleichen Freiheit der Religionsausübung.[12] Das allgemeine Verständnis der Gleichheit als „Gleichheit vor dem Gesetz" spiegelte dabei nur die Funktion des Gesetzgebers als Hersteller von Gleichheit wider.

---

[9] Dazu *Dann* in Brunner/Conze/Koselleck Geschichtliche Grundbegriffe, Bd. II, 1975, 997 (1014 ff.).

[10] S. zunächst *Dann,* Gleichheit und Gleichberechtigung, 1980; *Dann* in Brunner/Conze/Koselleck Geschichtliche Grundbegriffe, Bd. II, 1975, 997; *Lübbe* in Historisches Wörterbuch der Philosophie, Bd. VIII, Sp. 272 ff.; *Cancik* in Dreier/Waldhoff Das Wagnis der Demokratie. Eine Anatomie der Weimarer Reichsverfassung, 151; ferner *Jahrreiß* in Pauly/Anschütz/Thoma DtStaatsR, Bd. II, § 103; *Anschütz,* Kommentar zur WRV, 14. Aufl. 1933, Art. 109 mwN; *Ipsen* in BNN Grundrechte, Bd. II, 1954, 111; *Stolleis* in Wolfrum Gleichheit und Nichtdiskriminierung im nationalen und internationalen Menschenrechtsschutz, 2003, 7 (10 ff.); *Sachs* in Stern StaatsR IV/2, Rn. 1444 ff.

[11] *Dann* in Brunner/Conze/Koselleck Geschichtliche Grundbegriffe, Bd. II, 1975, 997 (1014 ff.).

[12] Ausf. *Stolleis* in Wolfrum Gleichheit und Nichtdiskriminierung im nationalen und internationalen Menschenrechtsschutz, 2003, 7 (16 f.).

5 Nachdem Lorenz von Stein schon Mitte des 19. Jahrhunderts auf den inneren Zusammenhang zwischen der Herstellung rechtlicher Gleichheit und der Entfaltung gesellschaftlicher Ungleichheit hingewiesen hatte,[13] hob der durch die „große Wende" in Bismarcks Innen-, Wirtschafts- und Sozialpolitik beschleunigte und mit massiver Verstaatlichung einhergehende Modernisierungsprozess des späten 19. und frühen 20. Jahrhunderts die Synchronizität von Freiheit und Gleichheit ebenso auf wie die Rolle des Gesetzes als Garant der Gleichheit. Das **Auseinanderdriften von Freiheits- und Gleichheitsforderungen** zeigt sich dabei paradigmatisch in der autoritären Seite des **Bismarckschen Leistungsstaats,** dessen Sozialgesetzgebung mehr Menschen als je zuvor in die Abhängigkeit von staatlichen Leistungen brachte. In seinem regulierenden und steuernden Zugriff auf immer mehr Sozialbereiche und in seiner neuen Rolle als „Verteiler" von Leistungen, Chancen, Gütern und Lasten erschien der **Gesetzgebungsstaat der entstehenden Industriegesellschaft** nicht länger allein als Garant, sondern erstmals selbst als notwendiger Adressat von Gleichheitsforderungen unformaler Art. Diese Sinnänderung bleibt für das heutige Verständnis des verfassungsrechtlichen Gleichheitssatzes entscheidend und bestimmt die Diskussion bis heute in allen Staaten der westlichen Welt.[14] Selbst die Rspr. des Conseil constitutionnel kennt seit einer Entscheidung aus dem Jahr 1973 eine als Willkürverbot verstandene Rechtssetzungsgleichheit,[15] obwohl das französische Verfassungsrecht mit normativen Bindungen des Gesetzgebers traditionell äußerst zurückhaltend ist.[16]

6 Zu einer zentralen dogmatischen Frage im deutschen Verfassungsrecht wurde das Verhältnis von Gleichheit und Gesetz in der Zwischenkriegszeit.[17] So sprach sich Gerhard Leibholz 1925 dafür aus, den aus der preußischen Verfassung von 1848/1850 übernommenen Gleichheitssatz in Art. 109 der Weimarer Reichsverfassung trotz seines Wortlauts („Gleichheit vor dem Gesetze") von der formalen Rechtsanwendungsgleichheit auf ein **auch den Gesetzgeber bindendes materielles Willkürverbot** zu erweitern.[18] Schon ein Jahr zuvor hatte Heinrich Triepel im gleichen Sinne geschrieben: „Das Prinzip der Gleichheit vor dem Gesetz wird durch Unterscheidungen verletzt, für welche sich entweder kein oder doch kein bei vernünftig und gerecht denkenden Menschen verfangender Grund finden läßt."[19] Die entsprechende Forderung Erich Kaufmanns auf der Münsteraner Staatsrechtslehrertagung 1926[20] stieß zunächst auf heftige Kritik.[21] Und Gerhard An-

---

[13] *v. Stein,* Geschichte der sozialen Bewegung in Frankreich von 1789 bis auf unsere Tage, 1850, Ausgabe Salomon, Bd. I, 1921, 72 ff. S. hierzu auch *Kingreen* in BK Rn. 12.

[14] S. den verfassungsvergleichenden Überblick von *Sachs* in Stern StaatsR IV/2, Rn. 1463 ff.; insbes. zu Art. 3 im Kontext der Equal Protection Clause der U. S.-Verfassung *Kingreen* in BK Rn. 201 ff.

[15] *Conseil constitutionnel,* Entscheidung 51 DC v. 27.12.1973, in Favoreu/Philip Les grandes décisions du Conseil constitutionnel, 11. Aufl. 2001, 273.

[16] Ausf. *Jouanjan* in Wolfrum Gleichheit und Nichtdiskriminierung im nationalen und internationalen Menschenrechtsschutz, 2003, 59 (61 ff.).

[17] *Stolleis,* Geschichte des öffentlichen Rechts in Deutschland, Bd. III, 1999, 112 f.

[18] *Leibholz,* Die Gleichheit vor dem Gesetz, 1925; dazu *Hesse* AöR 109 (1984), 174 (177 f.). Eingehend hierzu *Meinel* in Kaiser Der Parteienstaat, 2013, 169.

[19] *Triepel,* Goldbilanzenverordnung und Vorzugsaktien, 1924, 30.

[20] *Kaufmann* VVDStRL 3 (1927), 2 (5 ff.).

[21] Die Forderung Kaufmanns auf der Münsteraner Staatsrechtslehrertagung löste eine heftige Diskussion aus, in der sich insbes. Gerhard Anschütz, Hans Kelsen und Richard Thoma (*Anschütz/Kelsen/Thoma* VVDStRL 3 (1927), 47 ff. (53 ff., 58 ff.)) für die Beibehal-

schütz hielt bis zur letzten, im Frühjahr 1933 erschienenen Bearbeitung seines Kommentars an der aus dem Kaiserreich stammenden Auffassung fest, der Gleichheitssatz binde nur Verwaltung und Rspr. Mit der Bindung des Gesetzgebers werde man „nur den einen „Absolutismus" durch einen anderen, den des Gesetzgebers durch den des Richters ersetzen."[22] Die neue Richtung setzte sich aber letztlich durch. Das war unvermeidlich, da sie der politisch-sozialen Funktion des Gleichheitspostulats in der sozialstaatlichen Massendemokratie in allerhöchstem Maße entsprach. In Frankreich entwickelte nach dem Ersten Weltkrieg Léon Duguit eine neue Lehre von der Bindung des Gesetzgebers an das Gleichheitspostulat.[23]

II. Inhaltsübersicht

Der Gleichheitsschutz des **Grundgesetzes** erhält deshalb folgerichtig gerade aus der Bindung des Gesetzgebers (Art. 1 Abs. 3) seine maßgebliche Prägung. Art. 3 Abs. 1 erscheint insoweit bei näherer Betrachtung weniger als Grundrecht des Einzelnen als vielmehr als omnipräsenter und in höchstem Maße wertausfüllungsbedürftiger Maßstab, an dem das BVerfG den Gesetzgeber und sämtliche Staatsfunktionen im Übrigen misst. „Die Gesellschaft wacht über die Gleichheit der Verteilung ihrer Güter anhand dieses Maßstabs mit Hilfe des Bundesverfassungsgerichts."[24] Auf den Gleichheitssatz trifft in besonderem Maße der zum Gemeinplatz gewordene Ausspruch Rudolf Smends zu: „Das Grundgesetz gilt nunmehr praktisch so, wie das Bundesverfassungsgericht es auslegt, und die Lit. kommentiert es in diesem Sinne."[25] Als **Maßstab für die Bundes- wie für die Landesgewalt** steht der allgemeine Gleichheitssatz für eines von **zwei international verbreiteten Modellen** verfassungsrechtlichen Gleichheitsschutzes. Hier lassen sich **allgemeine Gleichheitssätze,** dh tatbestandlich unbeschränkte Gleichheitsgarantien, von **Diskriminierungsverboten** unterscheiden, die ihren Schutz durch die Benennung verpönter Differenzierungskriterien entfalten.[26] International ist das Konzept des Gleichheitsschutzes als Diskriminierungsschutz verbreiteter. Das liegt teilweise – etwa in der Europäischen Union – daran, dass der praktische Anwendungsbereich der allgemeinen Gleichheitsgarantien im Vergleich zu den Diskriminierungsverboten gering ist.[27] Zum Teil verbirgt sich aber auch hinter allgemeinen Formulierungen ein Diskriminierungsverbot, so etwa im Fall der U.S.-amerikanischen Equal Protection Clause, die ungeachtet ihres Wortlauts als Diskriminierungsverbot effektuiert wird (→ Rn. 15 ff.). Das Grundgesetz hat sich in Art. 3 für eine **Kombination beider Modelle** entschieden. In Anschluss an Abs. 1 normiert Abs. 2 mit 7

tung des engen Verständnisses von Art. 109 Abs. 1 WRV aussprachen. Die gleichheitsrechtliche Bindung des Gesetzgebers gewann indes in der Folgezeit zunehmend an Anhängerschaft, in diesem Sinne etwa *Stier-Somlo* in Nipperdey Die Grundrechte und Grundpflichten der Reichsverfassung, Bd. I, 1929, 185 ff.; behutsamer *Jahrreiß* in Pauly/Anschütz/Thoma DtStaatsR, Bd. II, § 103, 624 (625 ff.). Ein in diesem Sinne gewandeltes Grundrechtsverständnis kommt auch bei Rudolf Smend zum Ausdruck, vgl. *Smend,* Verfassung und Verfassungsrecht, 1928, 158 ff.

[22] *Anschütz,* Die Verfassung des Deutschen Reiches, 14. Aufl. 1933, Anm. 2 V.

[23] *Duguit,* Traité de droit constitutionnel III, 2. Aufl. 1923, 582 ff.

[24] *Stolleis* in Wolfrum Gleichheit und Nichtdiskriminierung im nationalen und internationalen Menschenrechtsschutz, 2003, 7 (21).

[25] *Smend,* Staatsrechtliche Abhandlungen, 3. Aufl. 1994, 582.

[26] Hierzu *Altwicker,* Menschenrechtlicher Gleichheitsschutz, 2011, 49 ff.

[27] Ausführlich hierzu *Kingreen* in BK Rn. 86.

der Gleichstellung von Männern und Frauen eine selbständige Gleichheitsgarantie.[28] Die Diskriminierungsverbote des Abs. 3 S. 1 werden dabei zumeist ebenfalls als eigenständige besondere Gleichheitsgarantien behandelt.[29] Die Entwicklung der Gleichheitsdogmatik unter dem GG legt demgegenüber nahe, dass diese scheinbare Eigenständigkeit allein der anfänglichen Fixierung der Rspr. des BVerfG auf die Willkürformel geschuldet war.[30] Diese verdankt ihre Entstehung der spezifisch deutschen verfassungshistorischen Entwicklung, sieht sich aber unter veränderten Bedingungen und insbesondere unter dem Einfluss des Rechts der Europäischen Union erheblichem Druck ausgesetzt.[31] In der neueren Rspr. entfaltet sich dagegen die Entwicklungslogik des Gleichheitsrechts vom Willkürverbot hin zum Grundsatz der Nichtdiskriminierung.[32] Bei „personenbezogenen" Differenzierungen, dh solchen der inneren Würdigkeit mit einer besonderen Nähe zu den unverfügbaren Merkmalen des Art. 3 Abs. 3 S. 1, ist insoweit eine Verlagerung der Gleichheitsprüfung auf Quasi-Diskriminierungsverbote zu beobachten.[33] Die Merkmale des Art. 3 Abs. 3 S. 1 integrieren sich so als besondere Begründungspflichten in die allgemeine gleichheitsrechtliche Verhältnismäßigkeitsprüfung.[34]

8 Im Unterschied dazu sind die **landesverfassungsrechtlichen** allgemeinen und besonderen **Gleichheitssätze** (Art. 118 BayVerf.; Art. 10 VvB; Art. 12 Bbg. Verf.; Art. 2 BremVerf.; Art. 1 Hess. Verf.; Art. 8 Verf. MV; Art. 3 Abs. 2 S. 2, Abs. 3 S. 1 Nds. Verf.; Art. 17 Verf. RhPf.; Art. 12 Abs. 1 Saarl Verf.; Art. 18 Sächs. Verf.; Art. 7 Sachs.-Anh. Verf.; Art. 2 Thür. Verf.)[35] heute praktisch ohne Bedeutung. Sie werden durch die Anwendung von Art. 3 großflächig überlagert.[36] Auch die landesverfassungsgerichtliche Rspr. hält sich – mit nur partieller Ausnahme des BayVerfGH[37] – eng an die Linie des BVerfG,[38] obwohl sich die Landesverfassungen in ihrem Regelungsgehalt teils erheblich vom Grundgesetz unterscheiden. Einige Landesverfassungen enthalten Bestimmungen zur Lohngleichheit.[39] Art. 5 Abs. 2 S. 1 Verf. NRW statuiert die Gleichwertigkeit von Familien- und Erwerbsarbeit. Einige Landesverfassungen postulieren die gleichberechtigte Besetzung öffentlicher Beschluss- und Beratungsorgane.[40]

III. Überstaatliche Bezüge und verfassungsvergleichender Kontext

9 Der **unionsrechtliche Gleichheits- und Diskriminierungsschutz** hat eine lange Entwicklung durchlaufen und lässt auch in seiner heutigen Gestalt

[28] S. hierzu unten → Rn. 116 ff. Zu den weiteren selbständigen Gleichheitsgarantien des GG (Art. 6 Abs. 5 GG; Art. 33 Abs. 1–3 GG; Art. 38 Abs. 1 und Art. 21 Abs. 1 S. 2 GG; Art. 140 GG iVm Art. 137 Abs. 5 S. 2 und Abs. 7 WRV) s. *Kingreen* in BK Rn. 91–108.

[29] *Sachs,* Verfassungsrecht II, Kap. 15 Rn. 89; *Jarass* in Jarass/Pieroth Rn. 2; *Epping,* Grundrechte, Rn. 824; aA *Kingreen* in BK Rn. 111.

[30] *Kingreen* in BK Rn. 111.

[31] Ausführlich *Boysen* in Kempny/Reimer Gleichheitssatzdogmatik heute, 2017, 35 (49).

[32] *Boysen* in Kempny/Reimer Gleichheitssatzdogmatik heute, 2017, 35 (50).

[33] *Boysen* in Kempny/Reimer Gleichheitssatzdogmatik heute, 2017, 57 ff.

[34] *Kingreen* in BK Rn. 111.

[35] Dazu eingehend *Kingreen* in BK Rn. 115 ff.

[36] *Götz* in Starck/Stern Landesverfassungsgerichtsbarkeit, Bd. III, 1983, 361 ff.

[37] *Lindner,* Bayerisches Staatsrecht, 2019, 182 ff.

[38] *Sachs* in Stern StaatsR IV/2, Rn. 1466 f.

[39] Art. 48 Abs. 3 Bbg. Verf.; Art. 168 Abs. 1 S. 2 BayVerf.; Art. 33 S. 2 Hess. Verf.; Art. 56 Verf. RhPf.; Art. 53 Abs. 1 BremVerf.

[40] Art. 9 S. 2 Verf. SH; Art. 13 S. 2 Verf. MV; Art. 3 Abs. 2 S. 4 Hmbg Verf.; Art. 3 Abs. 4 S. 3 BremVerf.

seinen Ursprung im Recht des Binnenmarktes noch deutlich erkennen.[41] Die der Entwicklung der EU von einer auf den Binnenmarkt orientierten Wirtschaftsgemeinschaft zu einer supranationalen politischen Union mit eigenem Grundrechtskatalog manifestiert sich in einem **dreischichtigen Gleichheitsregime.**[42] Das allgemeine Diskriminierungsverbot des Art. 18 Abs. 1 AEUV sowie die speziellen Diskriminierungs- und Beschränkungsverbote der Grundfreiheiten (Art. 34, 45, 49, 56 AEUV) dienen zunächst allein der **Marktintegration.** Als an die Mitgliedstaaten gerichtete **transnationale Integrationsnormen** reagieren sie auf die typische föderale Gefährdungslage der Bevorzugung der eigenen Staatsbürger mit einem Verbot der Ungleichbehandlung wegen der Staatsangehörigkeit[43] und verleihen dem Diskriminierungsschutz damit seine marktintegrative Funktion. Die auf Art. 18 Abs. 1 AEUV gestützte Rspr. des Gerichtshofs hat dementsprechend vor allem den Integrationsprozess selbst vorangetrieben.

Gleichsam ein Gegengewicht zu ihnen bilden die **Gleichheitsgarantien der Grundrechtecharta.** Hier enthalten Art. 20 GRCh den allgemeinen Gleichheitssatz, Art. 21 GRCh ein Diskriminierungsverbot und darüber hinaus Art. 23–26 GRCh weitere besondere Gleichheitssätze. Sie sind keine instrumentellen Garantien des Marktes, sondern ihrem Anspruch nach **supranationale Legitimationsnormen.**[44] Sie sollen die Ausübung von Hoheitsgewalt durch die Unionsorgane begrenzen und binden nach Art. 51 Abs. 1 S. 1 GRCh primär die Organe der Union sowie die Mitgliedstaaten bei der Durchführung des Unionsrechts.[45] Und doch wäre es falsch, in diesen Gewährleistungen eine – dem Modell des mitgliedstaatlichen Grundrechtsschutzes entsprechende – Erweiterung der ursprünglich ausschließlich ökonomisch codierten Diskriminierungsverbote auf den Schutz der Gleichheit schlechthin zu sehen. Dass dies nicht der Fall ist, belegt die ausgeprägte Zurückhaltung, ja die Verweigerung des EuGH, eine Kontrolle europäischen Sekundärrechts auch am Maßstab der (Gleichheits-) Grundrechte durchzuführen.[46] Dies entspricht der im Vergleich zur deutschen Verfassungsordnung im Unionsrecht kaum ausgeprägten Hierarchie zwischen Primär- und Sekundärrecht und folgt stattdessen der „Logik gegenläufiger Hierarchisierung“:[47] Der im Anwendungsbereich der Verträge stark ausgeprägten Hierarchie des supranationalen Unionsrechts gegenüber dem nationalen Recht entspricht eine vergleichsweise geringe materielle Hierarchisierung innerhalb des Unionsrechts.[48] 10

Die bisherige Erweiterung der marktintegrativen Diskriminierungsverbote dient damit nicht so sehr dem Grundrechtsschutz der Unionsbürger als vielmehr der **Festigung** der Grundsätze der europäischen **Rule of Law** und ihres **Vorrangs** vor dem Recht der Mitgliedstaaten. In diesem Sinne wird sie 11

---

[41] *Boysen* in Kempny/Reimer, Gleichheitssatzdogmatik heute, 2017, 35 (61 f.).

[42] Ausführlich hierzu und zum Folgenden *Kingreen* in BK Rn. 191 ff. und *Kingreen* in Ehlers Europäische Grundrechte und Grundfreiheiten, 2015, § 21 Rn. 2 ff.

[43] *Kingreen* in Ehlers Europäische Grundrechte und Grundfreiheiten, 2015, § 13 Rn. 3; *Kingreen* in BK Rn. 194.

[44] *Kingreen* in BK Rn. 196 f.; *Kingreen* in Ehlers Europäische Grundrechte und Grundfreiheiten, 2015, § 21 Rn. 3.

[45] S. hierzu BVerfG Beschl. v. 27.11.2019 – 1 BvR 276/17, Rn. 44 – Recht auf Vergessen II.

[46] Vgl. etwa EuGH C-415/10, ECLI:EU:C:2012:217 – Meister.

[47] *Schönberger* EuR 2003, 600.

[48] *Schönberger* EuR 2003, 600; *Jestaedt* VVDStRL 64 (2005), 298 (323).

vom EuGH eingesetzt. Davon zeugt vor allem die Entscheidung in der Rechtssache *Mangold,* in der der Gerichtshof das Verbot der Diskriminierung wegen des Alters apodiktisch zum allgemeinen Grundsatz[49] erhob und damit nicht etwa nur die Gleichheitsfrage, sondern – mit der Strategie grundrechtlich überlagerter Richtlinieninhalte – vor allem das Problem der nach wie vor fehlenden horizontalen unmittelbaren Anwendbarkeit von Richtlinien löste.[50] So zeigen sich in der Rspr. des Gerichtshofs die **Umrisse** eines **neuartigen Gleichheitsregimes,** das sich wie magisch um die Durchsetzung des Marktes als Imperativ gruppiert.[51] In dieser **Sozialtechnologie der Nichtdiskriminierung** fungieren Gleichheitsgrundrechte weniger als Ausprägung einer personalistischen Rechtsethik denn als Instrumente im Kampf gegen alle nichtökonomischen Unterscheidungen. Hieraus einen allgemeinen Einwand gegen den gleichheitsrechtlichen Diskriminierungsschutz abzuleiten, wäre gleichwohl ein Fehlschluss (→ Rn. 123 f., 205).

12 In der **Europäischen Menschenrechtskonvention** garantiert **Art. 14 EMRK** den diskriminierungsfreien Genuss der Konventionsrechte und damit ein **akzessorisches Diskriminierungsverbot.**[52] **Art. 1 des 12. Zusatzprotokolls (12. ZP)** zur EMRK enthält darüber hinaus ein **allgemeines Diskriminierungsverbot.**[53] Beide Vorschriften enthalten zudem über reine Diskriminierungsverbote hinaus einen Gewährleistungsauftrag, der neben dem Anspruch auf diskriminierungsfreie Teilhabe an staatlichen Leistungen[54] auch positive Pflichten zum Schutz vor Diskriminierung durch Private[55] sowie auf prozeduraler Ebene Untersuchungspflichten zur Effektuierung des Diskriminierungsschutzes[56] umfasst. Dies offenbart bereits der Wortlaut des von Art. 14 EMRK formulierten und in Art. 1 des 12. ZP wiederholten Auftrags, den Genuss der in der Konvention anerkannten Rechte und Freiheiten ohne Diskriminierung zu „gewährleisten". Insbesondere der dritte Erwägungsgrund des 12. ZP stellt klar, dass das allgemeine Diskriminierungsverbot ein materielles Gleichheitskonzept verfolgt und somit auch positive Maßnahmen einschließt bzw. sogar erfordert (→ Rn. 160).[57] Zu beachten bleibt, dass das 12. ZP zwar mit der zehnten Ratifikation am 1. April 2005 in Kraft getreten ist, sich aber Deutschland wie viele andere Mitgliedstaaten auch bislang nicht unter den Vertragsstaaten befindet. Der EGMR hat in seiner bisherigen Rspr. den Anwendungsbereich von Art. 14 EMRK aber durchaus weit gefasst.[58]

---

[49] EuGH C-144/04, ECLI:EU:C:2005:709 Rn. 75– Mangold.

[50] Vgl. *Haltern,* Europarecht, Bd. II, 3. Aufl. 2017, Rn. 1520 ff.; sowie zur Kritik am Urteil *Hailbronner* NZA 2006, 811; *Herrmann* EuZW 2006, 69.

[51] Vgl. *Somek,* Engineering Equality, 2011, 159 ff.

[52] Hierzu *Peters/König* in Dörr/Grote/Marauhn EMRK/GG Kap. 21 Rn. 41 ff.

[53] *Peters/König* in Dörr/Grote/Marauhn EMRK/GG Kap. 21 Rn. 45 ff.

[54] *Peters/König* in Dörr/Grote/Marauhn EMRK/GG Kap. 21 Rn. 85 ff. mwN.

[55] *Sauer* in Karpenstein/Mayer EMRK Art. 14 Rn. 47 ff.; *Peters/König* in Dörr/Grote/Marauhn EMRK/GG Kap. 21 Rn. 88 ff. mwN.

[56] *Peters/König* in Dörr/Grote/Marauhn EMRK/GG Kap. 21 Rn. 93 ff. mwN.

[57] Eingehend zu Schutz- und Förderpflichten aus Art. 14 EMRK/Art. 1 12. ZP *Kingreen* in BK Rn. 314 ff.

[58] Vgl. etwa EGMR 28.11.1984 – 8777/79, Rn. 40 f. – Rasmussen/Dänemark; 28.5.1985 – 92140/80, 9473/81 u. 9474/81, Rn. 78 – Abdulaziz ua/Vereinigtes Königreich; 22.2.1994 – 16213/90, Rn. 27 ff. – Burghartz/Schweiz; 9.6.2009 – 33401/02, Rn. 184 ff. – Opuz/Türkei; 3.12.2009 – 22028/04, Rn. 51 ff. – Zaunegger/Deutschland (daran anschließend BVerfGE 127, 132 [151 ff.]); 9.11.2010 – 664/06, Rn. 47 – Losonci-Rose u. Rose/Schweiz. Vgl. auch den Überblick bei *Kingreen* in BK Rn. 504 ff. sowie bei *Sauer* in Karpenstein/

Für die **Verfassungsrechtsvergleichung** eröffnen verfassungsgesetzliche Gleichheitsverbürgungen ein denkbar weites Feld. Dies umso mehr, als der allgemeine Gleichheitssatz ebenso wie eine Reihe spezieller Diskriminierungsverbote nicht nur im europa- und völkerrechtlichen Kontext Anerkennung finden, sondern auch und vor allem zum festen Inventar aller Grundrechtskataloge und Menschenrechtserklärungen gehören. Die rechtsvergleichende Auslegungsmethode des allgemeinen Gleichheitssatzes ist älter als Art. 3 Abs. 1[59] und hat die Interpretation von Anfang an begleitet. Die Rechtsvergleichung ist im Hinblick auf Gleichheitsfragen gerade deswegen so ertragreich, weil die rechtsethische und normative Akzentuierung der Gleichheit den Geist jeder Rechtsordnung in besonderer Weise kennzeichnet und weil die Struktur und Funktion der Gleichheitsprüfung durch die Rspr. zugleich Aufschluss über die jeweilige Funktionenordnung bietet. **13**

Fruchtbar gemacht wurde die Rechtsvergleichung namentlich für **zwei Grundprobleme** des allgemeinen Gleichheitssatzes: zum einen für die Frage nach der **Bindung des Gesetzgebers** und nach dem Maßstab seiner verfassungsgerichtlichen Überprüfung und zum anderen für die **Unterscheidung** zwischen **allgemeinem Gleichheitssatz** und verfassungsrechtlichen **Diskriminierungsverboten.** Von zentraler Bedeutung ist die Erkenntnis, dass die meisten Rechtsordnungen ihren Gleichheitsschutz entweder allein auf besondere Diskriminierungsverbote gründen oder aber vorhandene allgemeine Gleichheitsrechte durch weite gesetzgeberische Gestaltungsspielräume wesentlich entschärfen. Das hat seine Gründe. Nur so lässt sich die Verlagerung politischer Entscheidungen vom demokratisch legitimierten Gesetzgeber auf die unter einem allgemeinen Gleichheitssatz nahezu grenzenlose Erkenntniskompetenz der Gerichtsbarkeit vermeiden.[60] **14**

Quelle des Rechtstransfers war vor allem die Rspr. des **U. S. Supreme Court.**[61] Seine Interpretation der lediglich an die Bundesstaaten adressierten[62] **Equal Protection Clause**[63] hatte ihren Ursprung im Kontext des 14. Verfassungszusatzes und entwickelte sich dementsprechend von einem reinen Diskriminierungsverbot der Schwarzen[64] zum allgemeinen Maßstab der Ermessensausübung der Verwaltung[65] hin zu einem allgemeinen Gleichheitsgebot.[66] Das Letztere hat seine im Wesentlichen einheitliche Struktur bewahrt, obgleich es von der nachfolgenden Rspr. in einen weitmaschigen allgemeinen Gleichheitssatz und in strikterer Kontrolle unterworfene Diskriminierungsverbote ausdifferenziert wurde. Die Entwicklung steht damit durchaus im Gegensatz zur deutschen Verfassungstradition. Hier bildet der allgemeine Gleich- **15**

Mayer EMRK Art. 19 Rn. 9. Zum Prüfungsprogramm des EGMR bei Art. 14 EMRK *Kingreen* in BK Rn. 282 ff.

[59] *Leibholz,* Die Gleichheit vor dem Gesetz, 1925; *Triepel,* Goldbilanzverordnung und Vorzugsaktien, 1924, 26.

[60] Ausf. *Pietzcker* FS f. Götz, 2005, 301 ff.

[61] S. nur *Heun* EuGRZ 2002, 319; sowie *Leibholz,* Die Gleichheit vor dem Gesetz, 1925, 101 ff.

[62] Eine inhaltlich entsprechende Bindung der Bundesgewalt entnimmt der U. S. Supreme Court der Due Process Clause des 5. Amendment, vgl. *Bolling v. Sharpe,* 347 U. S. 497, 499 (1954).

[63] „No State shall […] deny to any person within its jurisdiction the equal protection of the laws". Ausführlich hierzu *Kingreen* in BK Rn. 194 ff., 319; 383 ff., 684 f.

[64] *Slaughter-House Cases,* 83 U. S. 36 (1872); vgl. hierzu *Kommers/Finn,* American Constitutional Law II, 1998, 731.

[65] *Yick Wo v. Hopkins,* 118 U. S. 356 (1886).

[66] Ausf. *Heun* EuGRZ 2002, 319.

heitssatz den Ausgangspunkt nachfolgender spezieller Gleichheitsrechte, die – abgesehen vom Fall der Diskriminierung wegen des Geschlechts – in der Rechtsprechungspraxis eine völlig untergeordnete Rolle spielen.

16 Die Rspr. des U. S. Supreme Court zur Equal Protection Clause zeigt deutlich, wie eng die Auslegung des allgemeinen Gleichheitssatzes mit dem Selbstverständnis des jeweiligen Gerichts in seinem **Verhältnis zum demokratischen Gesetzgeber** zusammenhängt. Das BVerfG entschied sich früh für eine strenge Kontrolle von Eingriffen in Freiheitsrechte am Maßstab des Verhältnismäßigkeitsprinzips,[67] und hat diese allgemein akzeptierte Rspr. nach und nach auf den Bereich der Gleichheitsrechte ausgeweitet. Die Rspr. des U. S. Supreme Court nimmt dagegen die Kontrolldichte bei den wirtschaftlichen Freiheitsrechten traditionell zurück, seit sich das Gericht in der New-Deal-Krise auf den Schutz persönlicher Grundrechte von „discrete and insular minorities" konzentrierte.

17 Der Rolle des Gleichheitssatzes bei der Bestimmung des Verhältnisses von Verfassungsgerichtsbarkeit und Gesetzgebung versucht der U. S. Supreme Court durch eine **dreistufige Abschichtung der Kontrolldichte** gerecht zu werden, wobei dem Gesetzgeber im Allgemeinen ein weiter Entscheidungsspielraum zugebilligt wird. Die erste Stufe, der *rational basis test* verlangt lediglich einen vernünftigen Grund und entspricht damit im Ergebnis dem Willkürverbot.[68] Höhere Anforderungen enthalten im Falle verdächtiger bzw. quasi-verdächtiger Differenzierungen der *strict scrutiny test* und der die Zwischenstufe bildende *intermediate scrutiny test.*[69] Der strengste Kontrollmaßstab *(strict scrutiny)*[70] unterwirft die gesetzgeberischen Entscheidungen der vollen richterlichen Kontrolle, wird allerdings allein durch Anknüpfungen an bestimmte (verdächtige) Merkmale *(suspect classifications)* ausgelöst. Die Liste der sog. verdächtigen Merkmale ist kurz. Anerkannt sind jedenfalls die Merkmale „Rasse" und „nationale Herkunft".[71] Darüber hinaus unterfallen auch Eingriffe in verfassungsrechtlich geschützte Positionen (*fundamental rights* oder *fundamental interests*)[72] – ebenso wie die Einschränkung von Freiheitsrechten – dem *strict scrutiny test.*[73] In diesen Fällen verlangt der Supreme Court auf Rechtfertigungsebene die Notwendigkeit und enge Anbindung der Differenzierung im Hinblick auf den verfolgten Zweck sowie das Vorliegen eines zwingenden oder überragenden Gemeinwohlinteresses.[74] Auf eine Reihe weiterer (quasi) verdächtiger Kriterien wendet der Supreme Court einen mittleren Prüfungsmaß *(intermediate scrutiny test)* an und bindet die Rechtfertigung an das Vorliegen einer *substantial relationship to an important government interest.*[75] Dies insbesondere bei Differenzierungen nach dem Geschlecht[76] oder der ehelichen Abstammung.[77] Die Einordnung in verdächtige

[67] BVerfGE 7, 377 (405 ff.).

[68] *New Orleans v. Dukes,* 427 U. S. 297, 303 (1976).

[69] Vgl. etwa *Cleburne v. Cleburne Living Center,* 473 U. S. 432, 439 ff. (1985).

[70] Vgl. *Gunther* Harvard Law Review 86 (1972), 1 (8): „strict in theory and fatal in fact".

[71] *Stone/Seidman/Sunstein/Tushnet/Karlan,* Constitutional Law, 8. Aufl. 2018, 512 ff., 686 ff.

[72] Ausf. *Heun* EuGRZ 2002, 319 (322 f.). Ein wichtiges Beispiel für ein *fundamental interest* ist die nicht selbständig geschützte Wahlrechtsgleichheit.

[73] *Saenz v. Roe,* 526 U. S. 489 (1999).

[74] *McLaughlin v. Florida,* 379 U. S. 184, 196 (1964).

[75] *Craig v. Boren,* 429 U. S. 190, 197 (1976).

[76] *Craig v. Boren,* 429 U. S. 190, 197 (1976).

[77] *Clark v. Jeter,* 486 U. S. 456, 461 (1988).

bzw. nicht verdächtige Kriterien folgt dabei keinem klaren Schema, insbesondere nicht der (Un)veränderlichkeit.[78]

Ein Beispiel für *judicial activism* bietet demgegenüber die Judikatur des **Österreichischen Verfassungsgerichtshofs** (VfGH) zum Gleichheitsrecht (Art. 7 BVerfG, Art. 2 StGG).[79] Der Gleichheitssatz ist seit langer Zeit das bedeutendste Grundrecht in der Rspr. des Gerichts, das gegenüber den Freiheitsrechten eine deutlich zurückhaltendere Position einnimmt.[80] Die vom VfGH auch gegenüber dem Gesetzgeber formulierte Prüfungsformel stellt auf die **„sachliche Rechtfertigung"** in Rede stehender Differenzierungen ab. „Sachlich begründet" ist eine Differenzierung hiernach nur dann, wenn sie nach objektiven Unterscheidungsmerkmalen („aus Unterschieden im Tatsächlichen") erfolgt.[81] Trotz des vom VfGH stetig betonten rechtspolitischen Gestaltungsspielraums des Gesetzgebers[82] werden die Grenzen der „unsachlichen Differenzierung" letztlich nicht genau bestimmt und unterwerfen den VfGH bei seinem Balanceakt zwischen Rechtskontrolle und politischer Gestaltung keinen festen Bindungen.[83] Die ursprünglich formulierte Position richterlicher Zurückhaltung[84] hat der VfGH sukzessive aufgegeben.[85] Im Ergebnis hat die dogmatische Konstruktion der „sachlichen Rechtfertigung" ein Verständnis des Gleichheitssatzes als **umfassendes Sachlichkeitsgebot** befördert. Dieses hat sich von der dem klassischen Gleichheitsurteil zugrunde liegenden Relation völlig gelöst und sich stattdessen der freiheitsrechtlichen Trias aus Schutzbereich, Eingriff und Rechtfertigung angenähert. In diesem Sinne hat der VfGH in seiner neueren Rspr. aus dem Gleichheitssatz vor allem das Gebot der Verhältnismäßigkeit staatlicher Eingriffe in Rechtspositionen des Einzelnen abgleitet.[86] 18

IV. Systematischer Zusammenhang

Ideen- und verfassungsgeschichtlich ist das 20. Jahrhundert freilich nicht nur das Zeitalter der Ausdehnung der Gleichheitsverbürgung auf ein den Gesetzgeber bindendes materiales Gerechtigkeitspostulat, sondern auch das Zeitalter einer **Ideologisierung der „Gleichheit"** in alle politischen Rich- 19

[78] So unterfallen etwa Merkmale wie geistige Behinderung (*Cleburne v. Cleburne Living Center,* 473 U. S. 432 [1985]), Alter (*Massachusetts Board of Retirement v. Murgia,* 427 U. S. 307 [1976]) und sexuelle Orientierung (*Romer v. Evans,* 517 U. S. 620 [1996]) nur dem *rational basis test.*

[79] Art. 7 Abs. 1 BVerfG: „Alle Bundesbürger sind vor dem Gesetz gleich. Vorrechte der Geburt, des Geschlechtes, des Standes, der Klasse und des Bekenntnisses sind ausgeschlossen"; Art. 2 StGG: „Vor dem Gesetze sind alle Staatsbürger gleich".

[80] *Mayer/Kucsko-Stadlmayer/Stöger,* Grundriss des österreichischen Bundesverfassungsrechts, 11. Aufl. 2015, Rn. 1348: „Von allen Grundrechten spielt er [der Gleichheitsgrundsatz] die größte praktische Rolle".

[81] *Mayer/Kucsko-Stadlmayer/Stöger,* Grundriss des österreichischen Bundesverfassungsrechts, 11. Aufl. 2015, Rn. 1357; VfSlg 2088, 4140, 4392, 10.492, 13.178, 17.143.

[82] VfSlg 4711, 6541, 6697, 9655, 11.369, 13.543, 13.576, 15.031.

[83] Ausf. *Somek,* Rationalität und Diskriminierung, 2001, 109 ff.; *Bernegger* in Machacek ua Grund- und Menschenrechte in Österreich, Bd. III, 1997, 709 (728).

[84] VfSlg 5862, 6755, 7864, 6030, 6152, 6255, 6485, 7400, 9280, 9888, 10.478, 10.602, 13.576.

[85] Ausf. *Korinek* FS f. Melichar, 1983, 39; *Mayer/Kucsko-Stadlmayer/Stöger,* Grundriss des österreichischen Bundesverfassungsrechts, 11. Aufl. 2015, Rn. 1357 f.; *Adamovich/Huppmann* FS 75 Jahre Bundesverfassung, 1995, 524.

[86] Vgl. VfSlg 12.379, 12.578, 13.485; *Öhlinger* ZfV 1999, 679; *Mayer/Kucsko-Stadlmayer/Stöger,* Grundriss des österreichischen Bundesverfassungsrechts, 11. Aufl. 2015, Rn. 1360.

tungen.[87] Keine Weltanschauung hat die Inanspruchnahme des Gleichheitspathos unversucht gelassen, wofür nur auf die sozialistische „Gleichheit aller Werktätigen“[88] und auf die „volksgenössische“ Gleichheit als Ausdruck rassischer Artgleichheit[89] verwiesen werden braucht. Die Erfahrung beliebiger Umwertungen des Gleichheitsbegriffes hat im 20. Jahrhundert zugleich eine grundstürzende **Kritik der Gleichheit** als politischer und juristischer Leerformel inspiriert.[90] Erst 1971 setzte in der politischen Philosophie mit John Rawls „A Theory of Justice“ eine Renaissance der normativen Gerechtigkeitstheorie ein.

20 Eine Theorie der rechtlichen Gleichheit steht aber in modernen Gesellschaften vor einem erstaunlichen **sozialpsychologischen Befund:** Die gleichheitsrechtliche Kontrolle und der Radius des Vergleichs nehmen mit fortschreitendem Abbau ehemals grundlegender sozialer Ungleichheiten nicht etwa ab, sondern beständig zu. Je stärker Ungleichheiten zum Verschwinden gebracht werden, desto intensiver, ja skandalöser, werden verbliebene Ungleichheiten empfunden; gerade in der „nivellierten Mittelstandsgesellschaft“ (Helmut Schelsky) werden „Mitte“ und „Maß“ zum Thema und zur politischen Selbstbeschreibung.[91] Denn gerade „Differenzen im Mikrobereich [wirken] aufreizend, wenn die Gesellschaft generell ‚gleichheitssüchtig‘ ist. Verbleibende winzige Unterschiede führen dann geradezu zum Konflikt“.[92]

21 Die **politische Semantik** von „Gleichheit“ (nebst „Gleichberechtigung“, „Chancengleichheit“ und dem gesamten Wortfeld der „sozialen Gerechtigkeit“) hat sich deshalb von der bürgerlichen Rechtsgleichheit heute sehr weitgehend entfernt. Die „Gleichheit“ in der an den Gesetzgeber adressierten Bedeutung des allgemeinen Gleichheitssatzes ist vielmehr nur aus dem politisch-sozialen **Zusammenspiel von rechtsstaatlicher Demokratie und Sozialstaatlichkeit** und der ihnen zugehörigen Öffentlichkeit richtig zu verstehen.[93] Das Gleichheitspostulat verbindet Demokratie und Sozialstaat auf einer prozeduralen Ebene, insofern die demokratische Öffentlichkeit es allen gesellschaftlichen Gruppen und Interessen erlaubt, ihren in Gleichheitsgebote gewandeten partikulären Teilhabeinteressen im politischen Prozess höhere Geltung zu verschaffen, indem sie normativ als Verfassungspostulate ausgewiesen werden. So erklärt es sich auch, dass die zum feststehenden Vokabular der bürgerlichen Revolutionen gehörende „gleiche Freiheit“ und die darin zum Ausdruck kommende **Einheit von Gleichheits- und Freiheitsverbürgungen** für die moderne Rechtsordnung **keine konstitutive Rolle** mehr spielt. Das vielfach immer noch zu abstrakt diskutierte Verhältnis von „Freiheit“ und „Gleichheit“[94] ist, wenn auch nicht gegenläufig, so doch

---

[87] *Dann* in Brunner/Conze/Koselleck Geschichtliche Grundbegriffe, Bd. II, 1975, 997 (1045 f.).

[88] Eine menschenrechtlich formulierte Gleichheitsgarantie findet sich etwa in Art. 20 Abs. 1 DDR-Verfassung 1968/1974.

[89] S. nur *Scheuner* ZStW 99 (1939), 245 (246 f.); *Buchholz,* Gleichheit und Gleichberechtigung im Staats- und Völkerrecht, 1937; *Poetzsch-Heffter* JöR 22 (1935), 235.

[90] S. nur *Kelsen,* Was ist Gerechtigkeit?, 1953, 26; *Luhmann,* Ausdifferenzierung des Rechts, 1981, 374 ff.

[91] *Münkler,* Mitte und Maß, 2010, 215 ff.; *Nolte,* Die Ordnung der deutschen Gesellschaft, 2000, 318 ff.

[92] *Stolleis* in Wolfrum Gleichheit und Nichtdiskriminierung im nationalen und internationalen Menschenrechtsschutz, 2003, 7 (10).

[93] Vgl. zum Ganzen *Fischer,* Moralkommunikation der Macht, 2006, 125 ff.

[94] *Kriele* in BMV VerfassungsR-HdB, 1. Aufl. 1983, 129 (134); *Heun* in Merten/Papier HdB GR II, § 34. *Luhmann,* Grundrechte als Institution, 1974, 163 bezeichnet „die begriff-

außerordentlich komplex geworden. Merksätze und Formeln wie „verfassungsrechtlicher Gleichheitsschutz ist flankierender Freiheitsschutz"[95] treffen die Lage nicht. Allgemeine verfassungsrechtliche Deduktionen aus einer „Präponderanz der Freiheit"[96] im Grundgesetz bleiben ohne greifbaren verfassungsrechtlichen Ertrag.[97]

Das **Fundamentalproblem** einer auch dogmatisch befriedigenden Durchdringung des Gleichheitssatzes besteht mithin darin, dass die moderne Gesellschaft konstitutive, insbesondere ständische, nicht ökonomisch quantifizierbare Rechtsungleichheiten nicht oder kaum noch kennt, sich vielfach nicht einmal mehr vorzustellen vermag, dass sie andererseits in ihrer Funktionsweise geradezu darauf beruht, durch politische Steuerung und interventionistisches Recht eine unübersehbare Vielzahl kleiner und kleinster Ungleichbehandlungen in ununterbrochener Folge selbst hervorzubringen, umzuschichten, neu zu justieren und wieder zu beseitigen.[98] Wie jede andere Sozialstruktur gründet mit anderen Worten auch die heutige *auch* auf sozialer Ungleichheit, die freilich funktional fragmentiert, dauernder sozialstaatlicher Umgestaltung unterworfen und damit zugleich „diskursiv" verflüssigt ist. Das aber bleibt nicht ohne Rückwirkungen auf den Begriff der Gleichheit. Sie ist, in den Worten Niklas Luhmanns, ein „Formbegriff, der davon lebt, daß es eine andere Seite gibt: die Ungleichheit."[99] Je komplexer, je hybrider und je artifizieller die Formen gesellschaftlicher Ungleichheit sind, desto weniger lässt sich ein kohärenter Begriff der Gleichheit gewinnen. 22

Dass keine andere Norm des Grundgesetzes mit so **fundamentalen Unsicherheiten über Struktur und Bedeutung** behaftet ist wie der Gleichheitssatz,[100] dass „Grundfragen […] ohne abschließende Antwort geblieben"[101] sind und dass auch seine praktische Anwendung auch heute noch Gegenstand immer neuer Abhandlungen ist,[102] ist daher unvermeidlich so und wird durch keine noch so avancierte Theorie zu beheben sein. Sofern deshalb die radikale Konsequenz einer Freistellung des Gesetzgebers von der verfassungsgerichtlichen Kontrolle anhand des Gleichheitssatzes nicht gezogen wird – und angesichts des Standes der Diskussion, der politischen Stellung des BVerfG sowie angesichts der ausländischen und internationalen Rechtsentwicklung spricht nichts dafür –, besteht zur Fortsetzung der die letzten Jahrzehnte beherrschenden parallelen Bewegung innerhalb der **verfassungsrechtlichen** Gleichheitsdiskussion keine ernsthafte Alternative: Während es einerseits gilt, die methodische Aufklärung der verfassungsrechtlichen Gleichheitsprüfung weiter voranzutreiben, geht es zugleich um die 23

---

liche Gegenüberstellung von Freiheit und Gleichheit" als „eine allzu einfache und schon darum unbrauchbare Fassung des Problems".

[95] *Osterloh* EuGRZ 2002, 309 (311); ebenso *Kriele* in BMV VerfassungsR-HdB, 1. Aufl. 1983, 129 (134).

[96] *Dürig* in Maunz/Dürig, 74. EL 2015, Art. 3 Abs. 1 Rn. 135; *Sachs* in Stern StaatsR I, Rn. 925.

[97] *Schoch* DVBl 1988, 863 (872).

[98] *Boysen* in Kempny/Reimer, Gleichheitssatzdogmatik heute, 2017, 35 (38).

[99] *Luhmann,* Das Recht der Gesellschaft, 1993, 111.

[100] Stellvertretend *Stolleis* in Wolfrum Gleichheit und Nichtdiskriminierung im nationalen und internationalen Menschenrechtsschutz, 2003, 7 (8): „Kein Verfassungssatz wird intensiver und mit einer Art Mischung von naiven Hoffnungen und Verzweiflung umkreist, in Anspruch genommen, ausgelegt, und wieder ausgelegt."

[101] *Sachs* FS f. Friauf, 1996, 309.

[102] S. etwa *Hofmann,* Jenseits von Gleichheit, 2019; *Rohner,* Ungleichheit und Verfassung, 2019; *Wihl,* Aufhebungsrechte, 2019, 170 ff.; Kempny/*Reimer,* Die Gleichheitssätze, 2012.

Herausbildung und dogmatische Konturierung sachbereichsspezifischer Ausprägungen des Gleichheitsschutzes in den Teilrechtsordnungen.

24 Diese Problemstellung reflektiert in besonderem Maße die **Rspr. des BVerfG.** Die mit der Bindung des Gesetzgebers an den Gleichheitssatz aufgeworfene Frage nach dem Maßstab verfassungsgerichtlicher Kontrolle hat das Gericht immer wieder neu beantwortet. Von einer insgesamt stimmigen, logisch nachvollziehbaren, ja auch nur von einer einheitlichen Handhabung des Grundrechts kann dabei keine Rede sein: Wie sollte auch der Maßstab der Gleichheit in der Zusammenbruchsgesellschaft der frühen 1950er Jahre der gleiche sein wie zu Beginn des 21. Jahrhunderts? Wohl aber lassen sich verschiedene **Phasen und Schübe der Rspr.** unterscheiden.[103]

25 Jedenfalls in der frühen Rspr. des BVerfG wurde der allgemeine Gleichheitssatz strukturell wesentlich anders behandelt als die Freiheitsrechte des Grundrechtskatalogs. Diese Rspr. erfuhr ihre inhaltliche Prägung durch Gerhard Leibholz,[104] von 1951 bis 1971 Richter des Zweiten Senats, dessen fulminante Dissertation von 1925 nicht umsonst 1959 in erweiterter Fassung neu aufgelegt wurde. Dabei wurden die Maßstäbe des allgemeinen Gleichheitssatzes zumal in den fünfziger und sechziger Jahren mit großer **Zurückhaltung** gehandhabt: Seit dem Südweststaats-Urteil v. 23.10.1951 setzte das Gericht das von Leibholz[105] geprägte **Willkürverbot** zum zentralen Maßstab ein, das es gebietet, Gleiches gleich, Ungleiches seiner Eigenart entsprechend ungleich zu behandeln.[106] Dabei bleibe dem Gesetzgeber ein weiter Spielraum für die Betätigung seines Ermessens.[107] Der Gleichheitssatz sollte nach der in stRspr. wiederholten Formel nur dann verletzt sein, wenn „sich ein vernünftiger, sich aus der Natur der Sache ergebender oder sonstwie sachlich einleuchtender Grund für die gesetzliche Differenzierung oder Gleichbehandlung nicht finden läßt, kurzum, wenn die Bestimmung als willkürlich bezeichnet werden muß."[108] Die Frage der Unangemessenheit sollte sich durch eine „am Gerechtigkeitsgedanken orientierte Betrachtungsweise" beantworten lassen.[109] Voraussetzung eines Gleichheitsverstoßes war demnach das Fehlen einer Begründung überhaupt. Wie zurückhaltend das Gericht den allgemeinen Gleichheitssatz handhabte, zeigt sich daran, dass Verfassungsbeschwerden, die sich auf seine Verletzung beriefen, unter der Herrschaft der Willkürformel in aller Regel erfolglos waren.[110]

26 In der **Grundrechtseuphorie der 1960er und 1970er Jahre** wurde das Gericht daher ein ums andere Mal für seinen „Minimalismus und Quietismus"[111] bei der Anwendung des Gleichheitssatzes und für dessen „Verharm-

---

[103] Zur Entwicklung der Verfassungsrechtsprechung zusf. *Osterloh* EuGRZ 2002, 309; *Kokott* FS BVerfG, Bd. II, 2001, 127.

[104] Dazu *Meyer* in Wolfrum Gleichheit und Nichtdiskriminierung im nationalen und internationalen Menschenrechtsschutz, 2003, 79 (81 f.).

[105] *Leibholz,* Die Gleichheit vor dem Gesetz, 1925, 72 ff. (88 ff.), s. hierzu *Wihl* in Kaiser Der Parteienstaat. Zum Staatsverständnis von Gerhard Leibholz, 2013, 199.

[106] BVerfGE 1, 14 (52).

[107] BVerfGE 1, 14 (52); 3, 58 (135); stRspr.

[108] BVerfGE 1, 14 (52); in neuerer Zeit wurde die Formel wieder vermehrt zitiert: BVerfGE 89, 132 (141); 113, 167 (214); 117, 302 (311).

[109] BVerfGE 1, 264 (276); „Natur der Sache": BVerfGE 1, 14 (52); 6, 84 (91); „Evidenz": BVerfGE 12, 326 (333); 14, 142 (150); 19, 101 (115); 23, 135 (143). Zu den verschiedenen konzeptionellen Variationen und zur Phraseologie des Willkürverbotes *Sachs* in Stern StaatsR IV/2, Rn. 1523 ff.; *Kirchhof* in HdbStR VIII, § 181 Rn. 160 f.

[110] *Huster* in BerlKomm Rn. 62.

[111] *Zacher* AöR 93 (1968), 341 (357).

losung“[112] kritisiert. Mit einer auf den ersten Blick eher unscheinbaren Entscheidung des Ersten Senats zur Präklusion in verschiedenen Instanzen des Zivilprozesses leitete das Gericht im Jahr 1980[113] eine zumindest im Grundsätzlichen bedeutsame Wende in der Behandlung des Gleichheitssatzes ein. Der Gleichheitssatz ist nach der in jener Entscheidung geprägten, seither sog. **neuen Formel** „vor allem dann verletzt, wenn eine Gruppe von Normadressaten im Vergleich zu anderen Normadressaten anders behandelt wird, obwohl zwischen beiden Gruppen keine Unterschiede von solcher Art und solchem Gewicht bestehen, dass sie die ungleiche Behandlung rechtfertigen könnten“[114]. Der Zweite Senat hat sich dem angeschlossen.[115] Mit der neuen Formel wurde die Prüfung von Gleichheitsverstößen dem **allgemeinen abwehrrechtlichen Schema**[116] angenähert. Seither wurde der Prüfungsmaßstab iRd Art. 3 Abs. 1 durch das BVerfG in vielfältiger Weise und nach einer Reihe von unterschiedlichen Kriterien für verschiedene Fallgestaltungen ausdifferenziert, wobei auch das Willkürverbot nicht etwa aufgegeben wurde, sondern neben der neuen Formel fortgeführt wird. Im Ergebnis existiert heute eine **gleitende Skala** „vom bloßen Willkürverbot bis zu einer strengen Bindung an Verhältnismäßigkeitserfordernisse“,[117] nach der sich die Intensität und Zielrichtung der verfassungsgerichtlichen Kontrolle bemisst. Die neuste Rspr. des Ersten Senats stellt für eine Maßstabsverschärfung allein darauf ab, ob und inwieweit „die Merkmale, an die die gesetzliche Differenzierung anknüpft, für den Einzelnen verfügbar sind […] oder […] sich denen des Art. 3 Abs. 3 GG annähern“.[118] (→ Rn. 103 ff.).

Parallel zu dieser Präzisierung und Ausdifferenzierung des allgemeinen Prüfungsmaßstabs für Ungleichbehandlungen hat das BVerfG die Gleichheitsprüfung durch die Herausbildung **„bereichsspezifischer Gerechtigkeitsmaßstäbe“** für die einzelnen Teilrechtsgebiete[119] zu entlasten versucht, wobei Vorgehensweise und Sprachgebrauch des Gerichts sehr uneinheitlich sind. Dabei ist die zugrundeliegende Überlegung ganz einfach: Demnach lassen sich durch eine systematische Auslegung einzelner Rechtsgebiete „Prinzipien“ oder „Leitideen“[120] gewinnen, die als „Konkretisierungen“ des Gleichheitsgebotes verstanden werden können: so das „Leistungsfähigkeitsprinzip“ im Steuerrecht oder das „Bedürfnisprinzip“ im Sozialrecht. Dies geschieht mit dem Ziel, Regelungen, insbesondere Änderungsgesetze und punktuelle Interventionen des Gesetzgebers, die sich in die jeweils ermittelten Prinzipien nicht einfügen, als potentielle Verstöße gegen die Gebote der „Systemgerechtigkeit“ und „Folgerichtigkeit“[121] einer verschärften Gleichheitsprüfung zu unterziehen (→ Rn. 85 ff.). **27**

[112] *Häberle* VVDStRL 30 (1972), 43 (139).
[113] BVerfGE 55, 72.
[114] BVerfGE 55, 72 (88).
[115] BVerfGE 105, 73 (110 f.); 113, 167 (214 f.).
[116] Weitergehend insbes. *Sachs* DÖV 1984, 411 ff.; *Sachs,* Grenzen des Diskriminierungsverbots, 1987, 24 ff.; *Huster,* Rechte und Ziele, 1993, 225 ff.; *Huster* in BerlKomm Rn. 78 ff.
[117] BVerfGE 103, 310 (318) unter Verweis auf BVerfGE 101, 54 (101); vgl. *Sachs* in Stern StaatsR IV/2, Rn. 1537.
[118] BVerfGE 30, 240 (254), seitdem stRspr: BVerfGE 132, 179 (188 f.); 138, 136 (180 f.); 139, 285 (309); 142, 353 (385). Ausführlich zur Entwicklung *Wollenschläger* in MKS Rn. 135 ff.
[119] Im Überblick *Sachs* in HdbStR VIII, § 183; *Sachs* in Stern StaatsR IV/2, Rn. 1570 ff.
[120] Für einen umfassenden Einsatz von „Leitprinzipien“ als sektorale Maßstäbe des allgemeinen Gleichheitssatzes *Englisch* in Stern/Becker Grundrechte-Kommentar Rn. 20 ff.
[121] Hierzu *Boysen* in Kempny/Reimer Gleichheitssatzdogmatik heute, 2017, 35 (53 ff.).

28 Der **moderne Sozialstaat** besteht seinem Wesen nach aus einer unendlichen Vielzahl vom Gesetzgeber geschaffener großer und kleiner Ungleichbehandlungen verschiedener Gruppen.[122] Der besondere Vorzug der **Willkürformel,** ihre **inhaltliche Offenheit,** die weder Ziel noch Rechtfertigung einer Ungleichbehandlung vorgibt,[123] setzt ein relativ **fest gefügtes Bild einer hierarchischen, nämlich bürgerlichen sozialen Ordnung** voraus und wird deshalb heute unter den Bedingungen der durch Internationalisierung und Digitalisierung diversifizierten Gesellschaft den Ansprüchen an eine Gleichheitsprüfung in den meisten Fällen nicht mehr gerecht. In dem Moment, in dem diese feste Ordnung brüchig wird, muss sich auch die grundrechtliche Gleichheitsdogmatik anpassen. Genau das tut das BVerfG und führt mit der **Unterscheidung von zunächst personen- und sachbezogenen Ungleichbehandlungen** und später dann mit der **Anknüpfung an Merkmale, die sich denen des Art. 3 Abs. 3 annähern,** strengere Maßstäbe für Konstellationen ein, in denen die Ungleichbehandlung **unverfügbare Merkmale** von Personen betrifft, und zwar immer dann, wenn eine soziale Unterscheidung fragwürdig wird. Beispiele sind die Auflösung und Kritik der traditionellen Geschlechterordnung,[124] die Politisierung der Eigentumsordnung[125] oder das Verhältnis von Sozialversicherungssystem und Sozialhilfe.[126] Mit der Spezifizierung verschärfter Rechtfertigungsanforderungen für „unverfügbare" und deshalb Art. 3 Abs. 3 GG-analoge Merkmale entfaltet sich hier eine **Fallgruppenbildung menschenrechtlich unerwünschter Differenzierungen.** Diese Entwicklung lässt sich auch als Verschiebung der Gleichheitskonzeption von einem normativen Sozialmodell, über bloße Kohärenzanforderungen an den verteilenden, aber immer wohlfahrtsstaatlich gedachten Gesetzgeber hin zu einer **kognitiven Dezentralisierung der Gleichheit im Antidiskriminierungsrecht** beschreiben.[127] Diese in Richtung der Diskriminierungsverbote des Art. 3 Abs. 3 S. 1 fortentwickelte Rspr. hindert den Gesetzgeber daran, im Rahmen sozial- und wirtschaftspolitischer Maßnahmen personenbezogene Ungleichheiten zu schaffen oder zu verfestigen. Gleichzeitig eröffnet sie ihm außerhalb der so gesteckten Grenzen weite Entscheidungsspielräume.[128]

B. Einzelfragen

I. Alle Menschen sind vor dem Gesetz gleich (Art. 3 Abs. 1)

29 **1. Alle Menschen als Grundrechtsberechtigte.** Der seit Inkrafttreten des Grundgesetzes unveränderte Art. 3 Abs. 1 ist als Menschenrecht aus-

---

[122] *Meinel* in Kaiser Der Parteienstaat, 2013, 169 (192).

[123] *Meinel* in Kaiser Der Parteienstaat, 2013, 169 (192).

[124] BVerfGE 147, 1. S. in diesem Zusammenhang auch BVerfGE 124, 199 (224 ff.); 126, 400; 131, 239; 133, 59; 133, 337.

[125] BVerfGE 138, 136.

[126] BVerfGE 125, 175; BVerfG, Urt. v. 5.11.2019, 1 BvL 7/16.

[127] *Boysen* in Kersten/Rixen/Vogel Ungleiche Gleichheit, 2020.

[128] BVerfGE 142, 353 (385): „Zudem verschärfen sich die verfassungsrechtlichen Anforderungen, je weniger die Merkmale, an die die gesetzliche Differenzierung anknüpft, für den Einzelnen verfügbar sind (stRspr; BVerfGE 139, 285 [309 Rn. 70 f.]). […] Umgekehrt erweitern sich mit abnehmender Prüfungsstrenge die Gestaltungs- und Bewertungsspielräume des Gesetzgebers bei steigender „Typisierungstoleranz" […]. S. auch *Boysen* in Kersten/Rixen/Vogel Ungleiche Gleichheit, 2020.

gestaltet und gilt demnach für alle **natürlichen Personen,** unabhängig von der deutschen Staatsangehörigkeit[129] oder einem Wohnsitz im Inland.[130] Im Vergleich zum Deutschenrecht des Art. 109 Abs. 1 WRV ist der subjektive Grundrechtstatbestand des Gleichheitssatzes damit erheblich ausgeweitet. Vor allem aber hat sich der ideologische Charakter des Gleichheitsrechts gegenüber den Vorläuferbestimmungen (Art. 109 WRV, Abschn. VI Art. II § 137 Verf. 1848, Art. 4 Preuß. Verf.) fundamental gewandelt.[131] Während der politische Sinn einer **staatsbürgerlichen** Gleichheitsgarantie eng auf die Begründung gerade der staatlichen Gemeinschaft in gleicher Freiheit und damit auch auf die Gewährleistung der gleichen politischen Aktivrechte bezogen ist,[132] besteht der politische Sinn einer als **Menschenrecht** verstandenen Gleichheit umgekehrt gerade in einer universalistischen Relativierung der Staatszugehörigkeit und jeder Bindung an einen den Menschen im Ganzen erfassenden Verband.[133] Der allgemeine Gleichheitssatz des Grundgesetzes steht damit namentlich zu den speziellen Gleichheitssätzen der Art. 33 Abs. 1 u. 2, Art. 38 Abs. 1 in einem ambivalenten Verhältnis, während er eine enge Verbindung zu den menschenrechtlichen Freiheitsgarantien aufweist.

Die **Staatsangehörigkeit** ist damit jedoch kein von vornherein unzulässi- **30**
ges Differenzierungskriterium,[134] auch über die Bereiche hinaus, in denen die Unterscheidung zwischen Deutschen und Ausländern vom Grundgesetz selbst getroffen ist (Art. 8 Abs. 1, Art. 9 Abs. 1, Art. 11 Abs. 1, Art. 12 Abs. 1, Art. 16 Abs. 1 S. 1, Abs. 2 S. 1, Art. 20 Abs. 4, Art. 33 Abs. 1–3, Art. 54 Abs. 1 S. 2). Art. 3 Abs. 3 nennt das Merkmal der Staatsangehörigkeit nicht und erfasst es auch nicht über eine Gesamtschau von Abstammung, Sprache, Heimat und Herkunft (→ Rn. 178 ff.).[135] Die **Verfassungsmäßigkeit** von **Ungleichbehandlungen** aufgrund der Staatsangehörigkeit ist deshalb nach den **allgemeinen Grundsätzen** zu beurteilen (→ Rn. 101 ff.). In vielen Fällen wird die Staatsangehörigkeit nur der äußere rechtliche Anknüpfungspunkt, nicht aber der eigentliche Rechtfertigungsgrund für die Ungleichbehandlung sein.[136] Das BVerfG hat dem Merkmal der Staatsangehörigkeit lange Zeit keine besondere Bedeutung beigemessen und entsprechende Ungleichbehandlungen ohne großen Begründungsaufwand als gerechtfertigt angesehen, dies etwa als Folge fehlender völkerrechtlicher Gegenseitigkeit.[137] Dem liegt zunächst ein Verständnis der Staatsangehörigkeit als Instrument zugrunde, mit dem der Staat legitimerweise zwischen Zugehörigen und Nichtzugehörigen unterscheiden kann. Gleichzeitig bezieht sich die Staatsgewalt auf das Staatsgebiet, womit das Kriterium der Staatsangehörigkeit zuvörderst für den Zugang (Aufenthaltsrecht) entschei-

---

[129] BVerfGE 30, 409 (412); 51, 1 (22).

[130] BVerfGE 43, 1 (6); *Englisch* in Stern/Becker Grundrechte-Kommentar Rn. 102.

[131] Allg. zu den Spielarten demokratischer und menschenrechtlicher Gleichheit *Schmitt,* Verfassungslehre, 1928, 226 ff.; *Schmitt,* Die geistesgeschichtliche Lage des heutigen Parlamentarismus, 2. Aufl. 1926, 16 f.

[132] *Heun* in Merten/Papier HdB GR II, § 34 Rn. 22.

[133] Zum Ganzen *Siehr,* Die Deutschenrechte des Grundgesetzes, 2001, 70 ff., 86 ff.; zum verfassungsvergleichenden Befund *Sachs* in Stern StaatsR IV/2, Rn. 1459 ff.

[134] BVerfGE 51, 1 (30); BVerwGE 22, 66 (70); *Nußberger* in Sachs Rn. 70; *F. Wollenschläger* in MKS Rn. 159 f.; *Heun* in Dreier Rn. 44.

[135] *Sachs* in Stern StaatsR IV/2, Rn. 1739 f.

[136] *Heun* in Dreier Rn. 44.

[137] BVerfGE 30, 409 (412 f.); 51, 1 (22 ff.); 81, 208 (224). S. auch BSGE 54, 97 (99 f.).

dend ist.[138] Der Rechtfertigungsbedarf für Ungleichbehandlungen im Hinblick auf Rechte *im* Aufenthalt erscheint deshalb deutlich höher.[139] Auch das BVerfG hat insoweit in seiner neueren Rspr. die Staatsangehörigkeit den Merkmalen des Art. 3 Abs. 3 S. 1 angenähert (nicht durch eigenes Verhalten beeinflussbar) und entsprechende Ungleichbehandlungen einem strengeren Prüfungsmaßstab unterworfen.[140] Die Entscheidungen betreffen zumeist Beschränkungen von Sozialleistungen[141] und erkennen hier die Anknüpfung an den formalen Aufenthaltsstatus nicht als geeignetes Abgrenzungskriterium an.[142] Die Anknüpfung an die voraussichtliche Aufenthaltsdauer ist grundsätzlich zulässig, der Gesetzgeber muss hierfür jedoch an taugliche Kriterien anknüpfen, die auch tatsächlich eine Prognose über die Aufenthaltsdauer zulassen.[143] Ein weniger strenger Prüfungsmaßstab – so das BVerfG, und damit schließt sich der Kreis – unterlaufe die Ausgestaltung des Art. 3 Abs. 1 als Menschenrecht.[144] Für Unionsbürger gelten im Anwendungsbereich des **AEUV** dessen Diskriminierungs- und Beschränkungsverbote: die besonderen Diskriminierungsverbote der Grundfreiheiten sowie das allgemeine Diskriminierungsverbot des Art. 18 AEUV. Nicht ausgeschlossen ist damit zumindest unionsrechtlich die **Inländerdiskriminierung** durch die Unanwendbarkeit belastender Rechtsvorschriften gegenüber Nichtdeutschen.[145] Ob hiergegen eine Verletzung von Art. 3 Abs. 1 geltend gemacht werden kann, ist sehr streitig (→ Rn. 100).

31 Den Vorgaben des Art. 19 Abs. 3 entsprechend ist Art. 3 Abs. 1 auch auf **inländische juristische Personen** anwendbar.[146] Das BVerfG verfolgt dabei das Konzept einer **abgestuften Anwendung,** das eine gewisse inhaltliche Nähe zu der im Zusammenhang mit der „neuen Formel" entwickelten Unterscheidung zwischen personen- und sachverhaltsbezogenen Ungleichbehandlungen (→ Rn. 103 ff.) aufweist. Entscheidend ist nicht die vereins- oder gesellschaftsrechtliche Struktur als solche, sondern die individuelle Betroffenheit der hinter den juristischen Personen stehenden natürlichen Personen.[147] Nur insoweit sind die Kriterien der Rechtsform, der Größe, der Mitgliederstruktur und des Vereinigungszwecks entscheidend heranzuziehen.[148] Dies entspricht auch dem Rechtsgedanken des Art. 19 Abs. 3:[149] Je deutlicher sich in einer juristischen Person natürliche Personen artikulieren, desto strikter gelten auch jener gegenüber die Vorgaben des Gleichheitssatzes.[150] Deshalb

---

[138] *Kingreen* in BK Rn. 590.

[139] *Kingreen* in BK Rn. 590.

[140] BVerfGE 111, 160 (169 f.), 130, 240 (255). Zur Entwicklung der Rspr. *Britz* ZAR 2014, 56.

[141] Ausführlich hierzu *Milej* NVwZ 2013, 687.

[142] BVerfGE 111, 150 (185 ff.); 130, 240 (255); 132, 72 (83).

[143] BVerfGE 132, 72 (83).

[144] BVerfGE 130, 240 (253).

[145] *v. Bogdandy* in Grabitz/Hilf/Nettesheim AEUV Art. 18 Rn. 49 ff. mwN.

[146] BVerfGE 3, 383 (391 f.); 4, 7 (12); 19, 206 (215); 23, 153 (163); stRspr, aus neuerer Zeit s. etwa BVerfGE 110, 274 (291 ff.); 133, 1 (14 f.); allgM, vgl. nur *Kingreen* in BK Rn. 241; *Wollenschläger* in MKS Rn. 64 f.; *Remmert* in Maunz/Dürig Art. 19 Abs. 3 Rn. 102; *Sachs* in Sachs Art. 19 Rn. 71; *Sachs* in Stern StaatsR IV/2, Rn. 1496 f.; *Kischel* in BeckOK GG Rn. 6.

[147] *Wollenschläger* in MKS Rn. 64.

[148] BVerfGE 95, 267 (317); 99, 367 (389).

[149] Allg. zu einer solchen „personalen" Auslegung des Art. 19 Abs. 3 *Sachs* in Stern StaatsR III/1, Rn. 1104 ff., 1110 ff., 1116 f.; *Remmert* in Maunz/Dürig Art. 19 Abs. 3 Rn. 113; → Art. 19 Rn. 55 ff.

[150] Vgl. nur BVerfGE 99, 367 (389).

können auch nichtrechtsfähige Personenvereinigungen – namentlich politische Parteien[151] – Grundrechtsberechtigte sein.[152] Unbedenklich war es dagegen, wenn § 114 Abs. 4 ZPO aF juristischen Personen Prozesskostenhilfe nur im Ausnahmefall zugestand.[153] Denn Regelungen der Fürsorge sind auf den Menschen zugeschnitten; eine Fürsorge des Staates für juristische Personen und Gesellschaften gibt es nicht.

Dagegen sind **ausländische juristische Personen** nach Art. 19 Abs. 3 bewusst aus dem Kreis der Grundrechtsberechtigten ausgeschlossen.[154] Maßgebliches Abgrenzungskriterium ist nicht die Staatsangehörigkeit der Mitglieder, sondern der effektive **Sitz** der juristischen Person, dh der **Schwerpunkt** ihrer tatsächlichen Tätigkeit.[155] Etwas anderes gilt im Anwendungsbereich des AEUV. Hier sind ausländische juristische Personen durch die mit Vorrang ausgestatteten unionsrechtlichen Diskriminierungsverbote geschützt.[156] 32

Juristische Personen des öffentlichen Rechts[157] und sonstige Hoheitsträger[158] sind grundsätzlich[159] nicht grundrechtsberechtigt und können sich insoweit auch auf den Gleichheitssatz nicht berufen.[160] Etwas anderes gilt für die außerhalb der staatlichen Hoheit stehenden **Kirchen** (Art. 137 Abs. 5 WRV), die nicht nur Trägerinnen des Rechts aus Art. 4 Abs. 1, sondern aller auf sie wesensmäßig anwendbaren Grundrechte und damit auch des Art. 3 Abs. 1 sind.[161] Der Gleichheitssatz gilt neben Art. 5 Abs. 2 u. 3 auch für **Universitäten, Fakultäten** und **Rundfunkanstalten.**[162] Einen weiteren Geltungsbereich hat nach verbreiteter Ansicht das in der älteren Rspr. aus Art. 3 Abs. 1 abgeleitete[163] **objektive Willkürverbot,** das auch zwischen **Hoheitsträgern**[164] und zumal im Verhältnis zwischen Bund und Ländern[165] gelten soll. Richtigerweise handelt es sich hier jedoch nicht um ein Problem objektiver Grundrechtsgehalte, sondern in der Regel um einen Anwendungsfall des allgemeinen rechtsstaatlichen Willkürverbotes, das in Art. 20 Abs. 3 seinen Ort hat.[166] Auch die **föderale Gleichheit** der **Länder** ist kein Ausfluss des Gleichheitssatzes,[167] aber 33

[151] BVerfGE 3, 383 (391); 7, 99 (107); 47, 198 (225); 85, 264 (312); dazu *Klein* in Maunz/Dürig Art. 21 Rn. 305.

[152] *Heun* in Dreier Rn. 45; *Wollenschläger* in MKS Rn. 64.

[153] BVerfGE 35, 348 (357 f.).

[154] → Art. 19 Rn. 66 ff.; ferner *Wollenschläger* in MKS Rn. 64 sowie *Huber* in MKS Art. 19 Rn. 204 ff., 293 ff., 304 ff., 312 ff.; *Sachs* in Stern StaatsR IV/2, Rn. 1497; anders *Kischel* in BeckOK GG Rn. 7.

[155] BVerfG NVwZ 2008, 670 (671); *Sachs* in Sachs Art. 19 Rn. 54; *Enders* in BeckOK GG Art. 19 Rn. 36; *Dreier* in Dreier Art. 19 Abs. 3 Rn. 79.

[156] *Kingreen* in BK Rn. 241; *Sachs* in Sachs Art. 19 Rn. 55.

[157] BVerfGE 21, 362 (372); 75, 192 (194 ff.); 89, 132 (141).

[158] BVerfGE 11, 192 (203).

[159] Zu den Ausnahmen vgl. *Sachs* in Sachs Art. 19 Rn. 93 ff. mwN.

[160] BVerfGE 21, 362 (372); zweifelnd *Kischel* in BeckOK GG Rn. 8.

[161] *Sachs* in Stern StaatsR IV/2, Rn. 1497.

[162] *Sachs* in Stern StaatsR IV/2, Rn. 1497 f.

[163] BVerfGE 1, 14 (52 f.); 1, 117 (140 f.); erkennbar unter dem Einfluss von *Leibholz,* Die Gleichheit vor dem Gesetz, 1925, 138 ff.

[164] BVerfGE 21, 362 (372); 75, 192 (194 ff.); 83, 363 (393); 89, 132 (141).

[165] BVerfGE 86, 148 (250 f.).

[166] BVerfGE 86, 148 (250 f.) mwN; etwas zurückhaltender BVerfGE 89, 132 (141).

[167] So aber in der Nachfolge von *Leibholz,* Die Gleichheit vor dem Gesetz, 1925, 138 ff., etwa *Gallwas,* FG f. Maunz, 1971, 103; *Klein* FS f. Scupin, 1973, 165; *Osterloh* EuGRZ 2002, 309 (312 f.); *Wollenschläger* in MKS Rn. 65; *Starck* JuS 1977, 732 (735); ebenso offenbar auch *Heun* in Dreier Rn. 45 aE.

auch kein originäres Rechtsstaatspostulat, sondern ein selbständiges bundesstaatsrechtliches Institut.[168]

34 **2. Die Bindung der Staatsgewalt an den Gleichheitssatz.** Entsprechend der allgemeinen Regel des Art. 1 Abs. 3 bindet Art. 3 Abs. 1 **alle öffentliche Gewalt.** Der Gleichheitssatz fordert nicht nur die gleiche Anwendung des Rechts durch die Verwaltung und die Rspr., sondern auch die Gleichbehandlung aller Normadressaten durch den an die verfassungsmäßige Ordnung gebundenen Gesetzgeber (Art. 20 Abs. 3) selbst. Mit dieser Feststellung an sich ist jedoch bei Gleichheitsrechten noch weniger gewonnen als bei Freiheitsrechten. Auch Art. 1 Abs. 3 kann jeden Hoheitsträger naturgemäß nur an das binden, was das jeweilige Grundrecht seinem Inhalt nach verlangt. Die abstrakte Verpflichtung zur Beachtung der Norm sagt nichts über den **Umfang** der daraus konkret resultierenden Pflichten aus. Art. 1 Abs. 3 erfasst daher auch den Gleichheitssatz nur insofern, als er seiner Eigenart und seiner normativen Struktur nach überhaupt auf die jeweilige Gewalt passt. Daher ist auch der verbreitete Lehrsatz, wonach die „Intensität" der Bindung an den Gleichheitssatz für alle Träger der öffentlichen Gewalt die gleiche ist,[169] zwar richtig, aber trivial. Ebenso wenig erfolgversprechend ist es umgekehrt, allein aus dem Gleichheitssatz unterschiedliche Wirkungsweisen für die in Art. 1 Abs. 3 genannten Staatsfunktionen abzuleiten.[170]

35 Überhaupt ist die Frage nach der Bindung der unterschiedlichen Staatsgewalten an den Gleichheitssatz nicht nur eine Frage seines materiellen Inhalts, sondern auch und sehr wesentlich eine **Kompetenzfrage.** Dies gilt für das Verhältnis von Gesetzgeber, Verwaltung und Rspr. im Allgemeinen, speziell aber für das Verhältnis von Gesetzgeber und BVerfG. So umfassend die materielle Bindung aller öffentlichen Gewalt innerhalb des ihr durch das Grundgesetz zugewiesenen Kompetenzbereichs an den Gleichheitssatz auch sein mag: Der Kontrolle durch die Verfassungsgerichtsbarkeit sind aus verfassungssystematischen und funktionell-rechtlichen Gründen Grenzen gesetzt.[171] Anderenfalls würde das BVerfG zu einer unpolitischen und unverantwortlichen Dritten Kammer mit Vetorecht, und auch das Verhältnis von Verwaltung und Justiz würde schwer gestört. In Verfassungsrspr. und Verfassungsrechtswissenschaft weithin anerkannt ist deshalb eine gegenüber der materiellen Bindungswirkung nur eingeschränkte **Justiziabilität** des Gleichheitssatzes. Dieser unterscheidet sich in seiner inhaltlichen Reichweite grundsätzlich danach, ob er als Maßstab des normierenden oder verwaltenden Staatshandelns zum Tragen kommt oder als Maßstab einer nachvollziehenden (verfassungs-)gerichtlichen Kontrolle. Aus der zugrundeliegenden Unterscheidung von **Funktionsnorm** und **Kontrollnorm**[172] folgt, dass sich die

---

168 Eing. *Pleyer,* Föderative Gleichheit, 2005; krit. gegenüber der Anwendung des Gleichheitssatzes im Staatsorganisationsrecht *Huster* in BerlKomm Rn. 43; *Sachs* in Sachs Art. 20 Rn. 71 mwN.

169 *Wollenschläger* in MKS Rn. 59; *Kischel* in BeckOK GG Rn. 10; *Schoch* DVBl 1988, 863 (868).

170 Dies unternimmt *Kirchhof* in HdbStR V, 2. Aufl. 1992, § 125 Rn. 5 ff.

171 Vgl. *Schuppert,* Funktionell-rechtliche Grenzen der Verfassungsinterpretation, 1980; *Heun,* Funktionell-rechtliche Schranken der Verfassungsgerichtsbarkeit, 1992.

172 *Forsthoff,* Rechtsstaat im Wandel, 2. Aufl. 1976, 117 ff.; ferner *Dürig* in Maunz/Dürig, 74. EL 2015, Art. 3 Abs. 1 Rn. 293 ff., 331 ff.; allg. *Jestaedt,* Grundrechtsentfaltung im Gesetz, 1999, 135 ff.; *Scherzberg,* Grundrechtsschutz und Eingriffsintensität, 1989, 115 ff.; *Bryde,* Verfassungsentwicklung, 1982, 306 ff. Gegen die Unterscheidung zwischen Handlungs- und Kontrollnorm *Sachs* in Stern StaatsR IV/2, Rn. 1518.

gerichtliche Kontrolle des Gleichheitssatzes im Rahmen einer rechtsstaatlichen Verfassung auf dasjenige Maß zu beschränken hat, das mit methodisch kontrollierbaren und juristisch objektivierbaren Mitteln geleistet werden kann. Dagegen darf die semantische Offenheit des Gleichheitssatzes den Kontrollierenden keine Handhabe bieten, die zur Konkretisierung des Norminhalts durch Rechtsetzung und Verwaltung erforderlichen Wertungen des jeweils primär zuständigen Organs außerhalb des durch nachvollziehbare Verfassungsauslegung Realisierbaren durch eigene zu ersetzen.

a) Bindung des Gesetzgebers. So anerkannt die Bindung der Gesetz- **36** gebung an das Gebot einer materiellen **Rechtsetzungsgleichheit** heute ist,[173] so wenig darf doch übersehen werden, dass sich die Bindung aller drei Staatsgewalten an Art. 3 Abs. 1 keineswegs logisch zwingend aus Art. 1 Abs. 3 ergibt,[174] sondern das Ergebnis einer interpretativen Entscheidung ist, einer veränderten Auslegung des allgemeinen verfassungsrechtlichen Gleichheitssatzes selbst. Die Wendung „vor dem Gesetz" in Art. 3 Abs. 1 hätte es jedenfalls nicht ausgeschlossen, die Bindung des Gesetzgebers – trotz der gerade insoweit eindeutigen **Entstehungsgeschichte**[175] – in Zweifel zu ziehen.[176] Im Unterschied zur grundgesetzlichen Fassung hatte die im Parlamentarischen Rat zwischenzeitlich favorisierte und später wieder fallen gelassene[177] Formulierung: „Das Gesetz muss Gleiches gleich, es kann Verschiedenes nach seiner Eigenart verschieden behandeln"[178] die Bindung des Gesetzgebers unmittelbar zum Ausdruck gebracht. Das „vor" des Art. 3 Abs. 1 ist jedenfalls ursprünglich nicht zeitlich, sondern als räumliche Metapher zu verstehen, die das Forum des Gerichts evoziert. Es meint also *devant la loi* (Art. 3 der Déclaration von 1793), nicht *avant la loi*. In einer Denkschrift für den Parlamentarischen Rat hatte noch Richard Thoma die Auffassung von der Bindung des Gesetzgebers an den Gleichheitssatz als eine „Irrlehre" gebrandmarkt, die „aus Mißachtung des demokratischen Gesetzgebers und aus Überschätzung der akademisch gebildeten Berufsjuristen" entspringe.[179]

Der umfassenden Anwendung von Art. 1 Abs. 3 auf den Gleichheitssatz **37** liegt vielmehr eine bestimmte Auffassung über ein verändertes **Verhältnis von Gleichheit und Gesetz** zugrunde. Denn es darf keinesfalls übersehen werden, dass die ursprüngliche revolutionäre Parole der Gleichheit vor dem Gesetz, der Anwendung der Gesetze ohne Ansehen der Person, einen an das vernunftrechtliche Postulat der **Allgemeinheit des Gesetzes**[180] gebundenen Gesetzgeber voraussetzte, also einen Begriff des Gesetzes, das selbst zentraler Garant der materiellen Rechtsgleichheit ist.[181] Insofern hatte sich die im

---

[173] *Sachs* in Stern StaatsR IV/2, Rn. 1470 mwN.; im Sinne einer Beschränkung des Gleichheitssatzes auf die Rechtsanwendungsgleichheit noch *Eyermann* FS BayVerfGH, 1972, 45.

[174] Zutr. *Huster* in BerlKomm Rn. 17; s. dagegen *Heun* in Dreier Rn. 47; *Wollenschläger* in MKS Rn. 59; *Hesse* AöR 109 (1984), 174 (183 f.); *Schoch* DVBl 1988, 863 (868).

[175] JöR nF 1 (1951), 1 (66); näher *Ipsen* in BNN Grundrechte, Bd. II, 1954, 111 (138 ff.); *Sachs* in Stern StaatsR IV/2, Rn. 1467 ff.

[176] Vgl. nur *Zippelius* VVDStRL 47 (1989), 7 (11).

[177] Hierzu *Wollenschläger* in MKS Rn. 8.

[178] StenProt., 209, 613.

[179] *Thoma* in Parl. Rat V/1, Nr. 18, 361 (373).

[180] *Hofmann,* Verfassungsrechtliche Perspektiven, 1994, 272 ff. (277 f.).

[181] Vgl. *Jouanjan* in Wolfrum Gleichheit und Nichtdiskriminierung im nationalen und internationalen Menschenrechtsschutz, 2003, 59 (60).

Spätkonstitutionalismus überhaupt erst dogmatisierte Beschränkung des Gleichheitsgebots auf eine Rechtsanwendungsgleichheit bei gleichzeitiger Preisgabe eines inhaltlich gebundenen Gesetzesbegriffs von der ursprünglichen rechtsstaatlichen Verfassungskonzeption bereits ganz erheblich entfernt. Nach alledem sprachen für die Erweiterung des Geltungsumfangs der Gleichheitsverbürgung auf den Gesetzgeber gute Gründe; ja zwingende, wenn man bedenkt, in welchem Maße das Gesetz unter den Bedingungen eines nahezu vollständig verrechtlichten **Sozialstaats** nicht mehr Garant der Gleichheit, sondern **Instrument der Verteilung** und damit notwendig der Herstellung von Ungleichheiten ist. Es ist daher folgerichtig, dass die Bindung des Gesetzgebers in der gegenwärtigen Verfassungsrspr. der dominierende, ja der alles überragende Aspekt der Gleichheitsprüfung ist.[182]

38 Die fundamentale Verschiedenheit von Rechtsanwendungs- und Rechtsetzungsgleichheit und damit der Paradigmenwechsel, der in der Anerkennung der Letzten liegt, lässt sich nur bestreiten, wenn man die institutionelle Zentralität des **Gesetzes** im demokratischen Rechtsstaat[183] überhaupt vernachlässigt. So bestreitet insbesondere Stefan Huster einen kategorialen Unterschied zwischen beidem, spricht von einem bloß „graduellen Unterschied"[184] und rekonstruiert die Unterscheidung mit den Mitteln der Mengenlogik. Sowohl gegenüber der Verwaltung als auch gegenüber dem Gesetzgeber gehe es darum, einen Katalog von unzulässigen Differenzierungskriterien zu entwickeln und gerichtlich durchzusetzen. Dies sei allerdings gegenüber der Rechtsanwendung durch Verwaltung und Justiz leichter, da durch die vorrangige Gesetzesbindung der Raum für unsachliche Differenzierungen beschränkt sei und über die ausgeschlossenen Kriterien weithin Einigkeit bestehe.[185] Der in der Wahl seiner Zwecke freie Gesetzgeber dagegen sei durch eine notwendig endliche Liste unzulässiger Kriterien nur begrenzt zu disziplinieren, weil ihr die unendliche Zahl der potentiellen Ungleichbehandlungen gegenüberstehe. Nur daraus erklärten sich die Schwierigkeiten der Verfassungsgerichtsbarkeit mit der Rechtsetzungsgleichheit.[186] Diese Auffassung hat durchaus eine plausible Binnenlogik, stellt sich aber das Verhältnis von Verfassung, Gesetz und Gesetzesvollzug reichlich mechanisch als einen Prozess gestufter Rechtserzeugung vor und stellt deswegen die konstitutive Kraft des Gesetzes im Hinblick auf die Maßstäbe und Bezugspunkte der Gleichheitsprüfung nicht in Rechnung: Dies, dass nämlich die soziale Ordnung dem Gesetz nicht vorausliegt, sondern durch die Gesetzgebung ständig erzeugt und umgestaltet wird und diese Umgestaltung einer verfassungsgerichtlichen Gleichheitskontrolle unterworfen wird, macht den **qualitativen Unterschied** zwischen der **Rechtsetzungs-** und der **Rechtsanwendungsgleichheit** aus.

39 **b) Bindung der Verwaltung.** Nur auf den ersten Blick einfacher verhält es sich mit der **Bindung der Verwaltung** an den Gleichheitssatz. Dies hat seinen Grund vor allem darin, dass die vollziehende Gewalt in ihren Handlungs- und Organisationsformen ein durch und durch **uneinheitliches Phänomen** ist, das sich – anders als Gesetzgebung und Justiz – nicht über spezi-

---

[182] *Boysen* in Kempny/Reimer Gleichheitssatzdogmatik heute, 2017, 35 (38).
[183] *Schuppert* in Schuppert Das Gesetz als zentrales Steuerungsinstrument des Rechtsstaates, 1998, 105.
[184] *Huster* in BerlKomm Rn. 21.
[185] *Huster* in BerlKomm Rn. 20 f.
[186] *Huster* in BerlKomm Rn. 21.

fische Handlungsformen wie Gesetz oder Urteil erfassen lässt.[187] Erschwerend tritt der Umstand hinzu, dass die Verwaltung eine hohe organisatorische Binnengliederung und funktionelle Differenzierung aufweist, der Gleichheitssatz jeden Hoheitsträger aber nur in seinem Kompetenzbereich zu binden vermag (→ Rn. 67 ff.). Deshalb lässt sich die Art der Bindung der Verwaltung an den Gleichheitssatz nur für einige – jeweils idealtypische – Formen des Verwaltungshandelns angeben.

Verhältnismäßig einfach liegen die Dinge, sofern die Verwaltung zur Voll- **40**
ziehung von Gesetzen handelt. Soweit nämlich die Bindungswirkung des jeweils zu vollziehenden Gesetzes aufgrund von Art. 20 Abs. 3 reicht, geht das an die **Vollzugsverwaltung** gerichtete Gebot gleicher Anwendung des Rechts im allgemeinen rechtstaatlichen Vorrang des Gesetzes auf.[188] Derartige Rechtsbindungen ergeben sich neben der Verfassung und dem formellen Gesetz auch aus untergesetzlichen Rechtsnormen wie Rechtsverordnungen und Satzungen, in wachsendem Maße außerdem aus dem mit Vorrang gegenüber nationalem Recht ausgestatteten und in weiten Teilen unmittelbar anwendbaren **Unionsrecht.** Es ist vom nationalen Rechtsanwender wie innerstaatliches Recht zu behandeln und ist Teil von „Recht und Gesetz" (Art. 20 Abs. 3).[189] Dies betrifft abgesehen vom Primärrecht[190] in erster Linie Verordnungen nach Art. 288 Abs. 2 AEUV und unmittelbar anwendbare Richtlinien (Art. 288 Abs. 3 AEUV).[191] **Völkerrechtliche** Bindungen der Vollzugsverwaltung resultieren vor allem aus den Menschenrechtsverträgen.[192]

Der Gleichheitssatz entfaltet gegenüber der normanwendenden Exekutive **41**
nur außerhalb des Rahmens rechtsstaatlicher Rechtsgebundenheit eigenständige Bedeutung; die schlicht rechtswidrige Verwaltungsentscheidung ist noch kein Gleichheitsverstoß.[193] Wie nämlich schon jede unrichtige Rechtsanwendung zulasten von Einzelnen konstruktiv eine Verletzung der allgemeinen Handlungsfreiheit darstellt (Art. 2 Abs. 1),[194] so liegt unabhängig vom Eingriff in der objektiv unrichtigen Rechtsanwendung im Prinzip zugleich eine Verletzung des Gleichheitsrechts,[195] sofern der gleiche Hoheitsträger bereits zumindest einen anderen Fall anders und rechtmäßig entschieden hat. Eine gewisse normative Selbständigkeit der Verletzung des Gleichheitssatzes liegt daher nur dann vor, wenn ein zusätzliches Moment hinzutritt:[196] Die Fehlerhaftigkeit der Entscheidung muss gerade in der willkürlichen **Durchbrechung einer „normalen" Entscheidungspraxis** bestehen. Ein verbreitetes, unter dem Stichwort der „Gleichheit im Unrecht"

---

187 Klassisch *Mayer,* Deutsches Verwaltungsrecht, Bd. I, 3. Aufl. 1924, 7.

188 *Heun* in Dreier Rn. 47; *Englisch* in Stern/Becker Grundrechte-Kommentar Rn. 37; allg. für das Verhältnis von Gesetz und Einzelakt *Sachs* in Stern StaatsR IV/2, Rn. 1508.

189 *Sachs* in Sachs Art. 20 Rn. 107.

190 EuGH C-26/62, ECLI:EU:C:1963:1 – van Gend en Loos; stRspr.

191 EuGH C-41/74, ECLI:EU:C:1974:133 – van Duyn; C-148/78, ECLI:EU:C:1979:110 – Ratti; stRspr. Zu den aus dieser Bindung resultierenden Problemen s. *Schmidt-Aßmann,* Das allgemeine Verwaltungsrecht als Ordnungsidee, 2. Aufl. 2006, 51 mwN.

192 Einzelheiten bei *Schmidt-Aßmann,* Das allgemeine Verwaltungsrecht als Ordnungsidee, 2. Aufl. 2006, 51 f.

193 *Wollenschläger* in MKS Rn. 216.

194 → Art. 2 Rn. 22.

195 *Pitschas* in Hoffmann-Riem/Schmidt-Aßmann/Vosskuhle Grundlagen des Verwaltungsrechts, Bd. II, 2. Aufl. 2012, § 42 Rn. 101; *Rennert* NJW 1991, 12 (ff.) mwN; *Heun* in Dreier Rn. 56, 62; *Sachs* in Stern StaatsR IV/2, Rn. 1509.

196 *Sachs,* Verfassungsrecht, Bd. II, 3. Aufl. 2017, Kap. 15 Rn. 69 f.

behandeltes, nach den allgemeinen Grundsätzen lösbares Sonderproblem tritt auf, wenn Gesetzesbefehl und Gleichbehandlungsgebot auseinanderzufallen scheinen (→ Rn. 81 ff.).

42 Konstitutive Bedeutung kommt dem Gleichheitssatz gegenüber der Vollzugsverwaltung erst bei Entscheidungen zu, die von der Steuerungswirkung des Gesetzes nicht erfasst werden. Eine solche gesetzlich nicht abschließend determinierte **Eigenständigkeit** hat die Verwaltung namentlich in den Fällen, in denen ihr durch die zu vollziehende Vorschrift ein administrativer **Beurteilungsspielraum** durch unbestimmte Rechtsbegriffe auf Tatbestandsseite[197] bzw. **Ermessen** hinsichtlich der Rechtsfolgen[198] oder eine eigene Billigkeitskompetenz[199] eingeräumt wird.[200] In diesen Fällen kann sich die Verwaltung durch eine gleichmäßige Handhabung ihrer Kompetenzen selbst binden, mit der Folge, dass sie ohne zureichenden Grund nicht mehr von ihrer Entscheidungspraxis abweichen darf (→ Rn. 75 ff.). Die Rechtsanwendungsgleichheit kann zudem auf der Ebene der Gestaltung von Organisation und Verfahren Bedeutung erlangen. So ist jeder Hoheitsträger verpflichtet, in seinem Kompetenzbereich den gleichmäßigen Vollzug des Rechts sicherzustellen. Nicht jeder Rechtsverstoß oder Ermessensfehler ist jedoch zugleich ein Verstoß gegen Art. 3 Abs. 1.[201] Auch ansonsten ist der Gleichheitssatz kein Anwendungsfall für das Theorem von der Grundrechtssicherung durch Verfahren. Denn anders als bei Freiheitsrechten gilt hier der Gleichheitssatz direkt, unmittelbar und ohne Besonderheiten.[202]

43 Die eigenständige Kompetenz der Verwaltung bei dem Vollzug der Gesetze ist keineswegs ein bloßer Annex einer gesetzesgebundenen Entscheidung. Die Eigenständigkeit der Rechtsanwendungsgleichheit in diesen Fällen darf nicht vernachlässigt werden, da sich der Gesetzesvollzug nie in einer mechanischen Normapplikation erschöpft, sondern dem Gesetzesbefehl immer etwas Eigenes hinzufügt.[203] Gewiss trägt die **Vollzugsverwaltung** im engeren Sinne zu großen Teilen Züge von Massenverwaltung, etwa in den Bereichen der Sozialversicherung oder der Finanzverwaltung, die weitgehend auf einen schematischen Vollzug angelegt sind. Davon zu unterscheiden sind aber Rechtsgebiete, die gesetzlich nur teilweise dirigiert und deshalb in hohem Maße administrativer Konkretisierung bedürftig sind.[204] Hier kommt dem Gleichheitsgebot als Gebot der Unparteilichkeit der Verwaltung eine zentrale Bedeutung zu.[205]

44 Für die **Rechtsetzung durch die Verwaltung** gelten prinzipiell die soeben zur Bindung des Gesetzgebers aufgezeigten Grundsätze.[206] Denn die für Normsetzung und Normvollzug unterschiedliche Reichweite der Gleichheitsbindung hat nichts zu tun mit dem „Legitimationsniveau“ des jeweiligen

---

[197] BVerfGE 70, 230.

[198] *Wollenschläger* in MKS Rn. 191 ff. mwN; *Kingreen* in BK Rn. 669.

[199] *Pernice,* Billigkeit und Härteklauseln im öffentlichen Recht, 1991, 23 f.

[200] Zum Ganzen *Schmidt-Aßmann* in Maunz/Dürig Art. 19 Abs. 4 Rn. 180 ff.

[201] BVerfGE 75, 329 (347); *Kingreen* in BK Rn. 669.

[202] *Heun* in Dreier Rn. 73.

[203] Klassisch *Smend,* Staatsrechtliche Abhandlungen, 3. Aufl. 1994, 68 (82); ferner *Schmidt-Aßmann,* Das allgemeine Verwaltungsrecht als Ordnungsidee, 2. Aufl. 2006, 199.

[204] *Schuppert,* Verwaltungswissenschaft, 2000, 511 ff.

[205] *Fehling,* Verwaltung zwischen Unparteilichkeit und Gestaltungsaufgabe, 2001, 292 ff. und passim.

[206] BVerfGE 69, 150 (160); *Wollenschläger* in MKS Rn. 185; *Heun* in Dreier Rn. 53; *Nußberger* in Sachs Rn. 115.

Normgebers und der höheren Legitimation des Parlaments im Verhältnis zur Regierung. Die Unterscheidung ist vielmehr durch die strukturellen Verschiedenheiten bedingt, die zwischen der Normierung als rechtlicher Erfassung und Gestaltung eines bestimmten Teils der Wirklichkeit und der Normanwendung als Auslegung des vorhandenen Rechts bestehen.[207] Wenn im Ergebnis die exekutive Rechtssetzung gleichwohl wesentlich stärkeren Einschränkungen unterliegt als die des Parlaments, so liegt dies an **gleichheitsunspezifischen verfassungsrechtlichen Vorgaben.**[208] So ist der Verordnungsgeber an die gesetzliche Ermächtigung gem. Art. 80 Abs. 1 S. 2[209] und das dort fixierte Regelungsprogramm gebunden.[210] Auch muss er den rechtsstaatlichen **Vorbehalt des Gesetzes** (Art. 20 Abs. 3) beachten. Die Bindung an Art. 3 Abs. 1 wird für die normsetzende Exekutive mithin erst dort relevant und nur in diesem Umfang zum Problem, wo sie innerhalb der von Art. 80 Abs. 1 S. 2 gezogenen Grenzen Ungleichbehandlungen vornimmt.[211]

Weitaus schwieriger als in diesen beiden idealtypischen Fällen lassen sich **45**
die Rechtswirkungen des Gleichheitssatzes gegenüber der weder rechtsetzenden noch gesetzesvollziehenden Tätigkeit der Verwaltung bestimmen. Dies betrifft die häufig mit antiquierten Vorstellungen als „gesetzesfreie Verwaltung"[212] und „schlichtes Verwaltungshandeln" bezeichneten Handlungsfelder der Exekutive – Subventionsverwaltung, Vorsorge, Planung, Information etc. –, in denen sie ohne eine formell-gesetzliche Ermächtigung zum Eingriff in subjektive Rechte tätig werden kann. Gerade hier zeigt sich die „Eigenständigkeit" der Verwaltung,[213] und gerade hier gilt es deshalb entsprechend der Maßgabe des Art. 1 Abs. 3, das Gebot der Gleichbehandlung effektiv zur Geltung zu bringen. Die aus dem Gleichheitssatz zu gewinnenden Bindungen hängen dabei allerdings sehr wesentlich von der Aufgabenstruktur und den durch sie determinierten Erfüllungsmodalitäten ab.

Dies gilt namentlich für die **Gewährleistungsverwaltung,** womit diejeni- **46**
gen Aktivitäten der Verwaltung gemeint sind, die darauf zielen, die Potentiale privatautonomen und privatwirtschaftlichen Handelns für die Förderung öffentlicher Zwecke nutzbar zu machen.[214] Gegenstand der administrativen Tätigkeit ist dabei „nicht die am Einzelakt orientierte Regelung eines konkreten Rechtsverhältnisses", sondern der Aufbau einer dauerhaften, auf eine rechtlich institutionalisierte Verantwortungsteilung abzielenden Gewährleistungsstruktur, „die über verfahrensrechtliche Anforderungen, organisatorische Elemente und inhaltliche Vorgaben staatliche und private Aufgabenbeiträge dauerhaft vernetzt".[215] Die praktischen Anwendungsfelder der hierauf gründenden Kooperationen zwischen staatlicher Verwaltung und privatwirtschaftlichen Aufgabenträgern reichen dabei von staatlichen Aufsichtsmecha-

---

[207] IE ebenso *Huster* in BerlKomm Rn. 21.

[208] *Pitschas* in Hoffmann-Riem/Schmidt-Aßmann/Vosskuhle Grundlagen des Verwaltungsrechts, Bd. II, 2. Aufl. 2012, § 42 Rn. 100.

[209] Ausf. → Art. 80 Rn. 40 ff.

[210] BVerfGE 13, 248 (255); 58, 68 (79); 69, 150 (159 f.).

[211] BVerfGE 6, 273 (281); 13, 248 (253); *Kirchhof* in Maunz/Dürig Art. 3 Abs. 1 Rn. 229 f.; *Englisch,* in Stern/Becker Grundrechte-Kommentar Rn. 9.

[212] Begriffskritik bei *Schmidt-Aßmann,* Das allgemeine Verwaltungsrecht als Ordnungsidee, 2. Aufl. 2006, 200.

[213] *Hoffmann-Riem* in Hoffmann-Riem/Schmidt-Aßmann/Vosskuhle, Grundlagen des Verwaltungsrechts, Bd. I, 2. Aufl. 2012, § 10 Rn. 56 ff.

[214] Vgl. nur *Schuppert,* Verwaltungswissenschaft, 2000, 406 ff., 898 ff.; *Voßkuhle* VVDStRL 62 (2003), 266 (307).

[215] *Voßkuhle* VVDStRL 62 (2003), 266 (307 f.).

nismen (Überwachungsverantwortung) in Feldern autonom entfalteter privatwirtschaftlicher Tätigkeit bis hin zur Betrauung privater Unternehmen mit öffentlich veranlassten Aufgaben oder Dienstleistungen. Ebenso vielfältig sind die Instrumente der Gewährleistungsverwaltung, die von den klassischen Instrumenten des Vertrages und des Verwaltungsakts, der Qualitäts- und Ergebnissicherung privater Leistungserbringung über Verfahren zur Auswahl und Qualifikation privater Kooperationspartner bis zur Gewährleistung von Drittschutz für Konkurrenten, Nutzer und Verbraucher und die Regelung staatlicher Rückholoptionen reichen.[216] Diese institutionalisierte Kooperation zwischen staatlicher Verwaltung und privatwirtschaftlichen Aufgabenträgern lässt sich nur in ihren grundlegenden Mechanismen, nicht jedoch in ihren Einzelheiten gesetzlich determinieren.[217] Die Sicherung der gleichen Chancen unterschiedlicher Leistungsanbieter bei der Institutionalisierung von Gewährleistungsverhältnissen obliegt dem Vergaberecht. Besondere Bedeutung für den Grundrechtsschutz der Bürger kommt dagegen der vorsorgenden Verwirklichung des Grundrechtsschutzes durch die Sicherung von **Einwirkungs- und Aufsichtsrechten** gegenüber Privaten zu,[218] was freilich gerade für das Gleichheitsgebot nur in äußersten Grenzen realisierbar ist. Hier hilft allein die Herausarbeitung und rechtliche Konturierung einer – freilich auf einer anderen Ebene als der Gleichheitssatz angesiedelten – **Unparteilichkeitsverantwortung** bei der Beteiligung Privater an der Erfüllung von Verwaltungsaufgaben.[219]

Auch im Bereich **fiskalischer Verwaltung,** bei **erwerbswirtschaftlicher Betätigung** und im Bereich des **Verwaltungsprivatrechts** bleibt der Staat aus systematischen Gründen (Art. 1 Abs. 3) unmittelbar an die Grundrechte und damit auch an das Gleichheitsgebot gebunden.[220] Für die fiskalischen Hilfsgeschäfte und die erwerbswirtschaftliche Tätigkeit wurde dies lange bestritten, am prominentesten vom BGH,[221] der diese Auffassung aber mittlerweile aufgegeben hat.[222]

47 **c) Bindung der Rechtsprechung.** Im Vergleich mit den vielfältigen Problemen, die sich aus der Verpflichtung von Gesetzgeber und Verwaltung auf den Gleichheitssatz ergeben, spielt die **Bindung** auch der **Rspr.** – unter Einschluss des BVerfG![223] – an Art. 3 Abs. 1 sowohl in dogmatischer Perspektive als auch in der Spruchpraxis der Verfassungsgerichtsbarkeit nur eine **randständige Rolle.**[224] Die dafür maßgeblichen Gründe liegen in der Sache selbst. Denn während im Verwaltungsverfahren zumal im Bereich der Massenverwaltung aufgrund der Vielzahl von Parallelfällen und der strukturell hohen „Vergleichbarkeit" der Fälle ein Anspruch auf Gleichbehandlung leichter entstehen und geltend gemacht werden kann, entscheiden Gerichte

[216] *Schmidt-Aßmann,* Das allgemeine Verwaltungsrecht als Ordnungsidee, 2. Aufl. 2006, 173; *Voßkuhle* VVDStRL 62 (2003), 266 (311 ff.).

[217] Umf. *Schuppert,* Verwaltungswissenschaft, 2000, Kap. 6 Rn. 461 ff.

[218] Dazu *Gersdorf,* Öffentliche Unternehmen im Spannungsfeld zwischen Demokratie- und Wirtschaftlichkeitsprinzip, 2000, 222 ff.

[219] Grdl. *Fehling,* Verwaltung zwischen Unparteilichkeit und Gestaltungsaufgabe, 2001.

[220] *Kingreen* in BK Rn. 670; *Heun* in Dreier Rn. 59; *Kischel* in BeckOK GG Rn. 11; *Wollenschläger* in MKS Rn. 61; *Kahl* in BK Art. 1 Abs. 3 Rn. 267 ff.; *Dreier* in Dreier Art. 1 Abs. 3 Rn. 66 ff.; BVerfG, Beschl. v. 19.7.2016 – 2 BvR 470/08, Rn. 25–33.

[221] S. BGHZ 36, 91 (96); 97, 312 (326).

[222] BGH NJW 2015, 2892 (2893).

[223] *Heun* in Dreier Rn. 62.

[224] *Kingreen* in BK Rn. 679.

punktuell und retrospektiv, der Prozessstoff unterliegt der Dispositionsfreiheit der Parteien, der einzelne Fall trägt stärker individuelle Züge als beim Gesetzesvollzug. Dagegen liegen die bedeutsamsten Sicherungen einer diskriminierungsfreien Rechtsanwendung „ohne Ansehen der Person" außerhalb des durch Art. 3 Abs. 1 erfassbaren Bereiches. Dies gilt namentlich für die „innere" Seite der Rechtsanwendungsgleichheit, die Verpflichtung des Richters zur Unbefangenheit und Unparteilichkeit, die als solche weder rechtsförmig noch justiziabel ist.

Das BVerfG greift auch bei der Geltendmachung einer Verletzung von **48** Art. 3 Abs. 1 durch ein unrichtiges Urteil auf die **Heck'sche Formel** zurück, wonach die Auslegung und Anwendung des einfachen Rechts allein Sache der Fachgerichte ist und eine Nachprüfung durch das BVerfG nur stattfindet, wenn der gerügte Fehler gerade in der Nichtbeachtung von Grundrechten liegt.[225] Ein objektiv rechtswidriges Urteil ist daher nach stRspr. nur unter sehr engen Voraussetzungen ein gleichheitswidriges Urteil.[226] Unerheblich ist, ob das erkennende Gericht subjektiv willkürlich gehandelt hat, da „die Feststellung von Willkür keinen subjektiven Schuldvorwurf" enthält, sondern „im objektiven Sinne […] als eine Maßnahme [zu verstehen ist], welche im Verhältnis zu der Situation, der sie Herr werden will, tatsächlich und eindeutig unangemessen ist".[227] Die Problematik dieser Rspr. besteht darin, dass die **unterschiedliche Behandlung,** die allein die Anwendbarkeit von Art. 3 Abs. 1 begründet, einen rechtmäßig entschiedenen Parallelfall voraussetzt. Dieser wird aber im Regelfall nur unterstellt, womit die Ungleichbehandlung rein **fiktiv** bleibt. Selbst eine krasse Fehlentscheidung ist aber streng genommen erst dann eine ungleiche Behandlung, wenn sie von einer anderen Entscheidung desselben Gerichts über einen in wesentlicher Hinsicht gleichen Sachverhalt abweicht. Fehlt es daran, kommt nur eine Berufung auf die durch das Urteil betroffenen anderen Grundrechte in Verbindung mit dem **rechtsstaatlichen Willkürverbot** in Betracht.[228]

d) Schutzpflichten und horizontale Wirkungen des Gleichheitssatzes. Die dogmatischen Besonderheiten des Gleichheitssatzes führen dazu, **49** dass sich aus dem Grundrecht abgeleitete **Schutzpflichten** anders als bei Freiheitsrechten zumeist erübrigen. Dies deshalb, weil Gleichheitsverstöße auf der Ebene der Rechtsfolgen idR nicht auf das schlichte Unterlassen hoheitlicher Maßnahmen, sondern auf die aktive Gleichstellung (durch Einbeziehung in eine Begünstigung oder Befreiung von einer benachteiligenden Belastung) gerichtet sind. Anders kann sich dies im Rahmen der Diskriminierungsverbote darstellen, wo etwa aus **Art. 14 EMRK** positive Handlungspflichten des Staates abgeleitet werden.[229] Das BVerfG hat eine Schutzpflicht

[225] BVerfGE 18, 85 (92 f.); 70, 230 (239 ff.); stRspr. Siehe zuletzt BVerfG, Beschl. v. 29.4.2015 – 1 BvR 1849/11, Rn. 10; Beschl. v. 19.7.2016 – 2 BvR 470/08, Rn. 23 f. und BVerfGE 148, 267 (284 f.).

[226] BVerfGE 80, 48 (51); *s.* auch *Weiß,* Objektive Willkür, 2000; krit. demgegenüber *Huster* in BerlKomm Rn. 132 ff.

[227] BVerfGE 80, 48 (51). Siehe auch BVerfG, Beschl. v. 19.7.2016 –2 BvR 470/08, Rn. 25–33; Beschl. v. 21.4.2016 – 2 BvR 273/16, Rn. 10–12.

[228] *Sachs* in Stern StaatsR IV/2, Rn. 1522 f.

[229] EGMR 12.5.2015 – Nr. 73235/12, Rn. 70 f. –Identoba/Georgien; 3.8.2007 – Nr. 71156/01, Rn. 140 ff. – Gldani Congregations/Georgien. Hierzu *Kingreen* in BK Rn. 314 f. Zur deutschen Rspr. s. BAG, Urt. v. 11.12.2013 – 10 AZR 736/12; Urt. v. 21.2.2013 – 6 AZR 539/11; BFH, Urt. v. 17.5.2017 – V R 52/15.

insbesondere aus dem **Gleichberechtigungsgebot** des Art. 3 Abs. 2 abgeleitet.[230] Darüber hinaus wird unter dem Gesichtspunkt gestörter Vertragsparität teilweise auch Art. 3 Abs. 3 zum Anknüpfungspunkt einer grundrechtlichen Schutzpflicht gemacht.[231]

50 Was die **horizontale Wirkung** des allgemeinen Gleichheitssatzes angeht, so lässt sich diese nicht durch die pauschale Mobilisierung der Lehre von der mittelbaren Drittwirkung der Grundrechte begründen.[232] Der BGH formuliert hierzu: „Das vom Grundsatz der **Privatautonomie** beherrschte bürgerliche Recht enthält keine über eine mittelbare Drittwirkung des allgemeinen Gleichheitssatzes begründbare allgemeine Pflicht zur gleichmäßigen Behandlung. Eine der unmittelbaren Geltung gleichkommende generelle Bindung von Privatrechtssubjekten an den Gleichheitssatz besteht nicht, da dies die privatrechtliche Vertragsfreiheit und die grundgesetzlichen Freiheitsrechte aushebelt."[233] Gleichzeitig erkennt der BGH **Ausnahmen einer gleichheitsrechtlichen Bindung** in bestimmten Konstellationen an. Hierzu gehören (1) das Bestehen eines (sozialen) Machtverhältnisses zwischen den Parteien, (2) unterschiedslos an die Öffentlichkeit gerichtete Angebote und (3) die Anknüpfung an Merkmale des Art. 3 Abs. 3 S. 1.[234] Und auch das BVerfG geht davon aus, dass sich aus Art. 3 Abs. 1 „jedenfalls in spezifischen Konstellationen auch gleichheitsrechtliche Anforderungen für das Verhältnis zwischen Privaten ergeben" können.[235] Vor diesem Hintergrund kann es nicht darum gehen, öffentliches Recht und Privatrecht schematisch in Gleichheit einerseits und Freiheit (Privatautonomie) andererseits zu teilen.[236] **Inhalt und Grenzen der Privatautonomie sind vielmehr kontingent** und im Einzelfall zu klären. Die Reichweite des Gleichbehandlungsgebots ist somit im Kontext **konkreter Vertragskonstellationen** anhand der genannten Parameter zu bestimmen und unterliegt dabei einer **gleitenden Skala der Kontrolldichte,** die „von dem Verweis auf die Ausübung von Freiheitsrechten einerseits bis hin zum strikten Ausschluss jeder Differenzierungsmöglichkeit reicht."[237] (→ Rn. 103 ff.) Die Rspr. lässt sich dementsprechend schwer systematisieren. Das Verbot des Besuchs eines Fußballstadions unter-

[230] BVerfGE 89, 276 (286, 290); vgl. auch BVerfGE 109, 64 (89 ff.): „Schutzauftrag aus Art. 3 Abs. 2 GG". Zum Ganzen *Kingreen* in BK Rn. 224 ff.

[231] *Eckertz-Höfer* in AK Rn. 94; aA *Jestaedt* VVDStRL 64 (2005), 298 (341 ff.); *Isensee* in HdbStR IX, § 191 Rn. 196 mwN; *Sacksofsky,* Das Grundrecht auf Gleichberechtigung, 1991, 201; diff. *Nußberger* in Sachs Rn. 236 f.: „flankierender Freiheitsschutz hinsichtlich besonders gefährdeter persönlicher Eigenschaften und Verhaltensweisen"; *Ruffert,* Vorrang der Verfassung und Eigenständigkeit des Privatrechts, 2001, 177 ff., 492 ff. Vgl. schließlich die Ausführungen von *Kingreen* in BK Rn. 310 ff.

[232] BVerfGE 148, 267 (283); *Kingreen* in BK Rn. 229. Für eine mittelbare Drittwirkung von Art. 3 Abs. 2 und 3 *Baer/Markard* in MKS Rn. 404, 415. Zur Kritik an der „Konstitutionalisierung der Generalklausel" s. nur *Jestaedt* VVDStRL 64 (2005), 298 (335): „schlichte Normebenenverwechslung".

[233] BGH NJW 2013, 1519 Rn. 27. In diesem Sinne auch BVerfG, Beschl. v. 28.8.2019 – 1 BvR 879/12, Rn. 5, 11.

[234] S. hierzu BGH, NJW 2013, 1519; NJW 2012, 1725; NJW 2015, 1519 sowie zum Ganzen *Grünberger* in Kempny/Reimer Gleichheitssatzdogmatik heute, 5 (30 f.).

[235] BVerfG, Beschl. v. 22.5.2019 – 1 BvQ 42/19, Rn. 15; vgl. auch BVerfGE 148, 267 (283 f.).

[236] *Grünberger,* Personale Gleichheit, 2013, 47, 823 f.; *Grünberger* in Kempny/Reimer Gleichheitssatzdogmatik heute, 5 (9 ff.). So auch BVerfG, Urt. v. 28.8.2019 – 1 BvR 879/12, Rn. 5, das eben nicht pauschal, sondern nur „in der vorliegenden Konstellation" von der fehlenden Drittwirkung des allgemeinen Gleichheitssatzes ausgeht. Krit. *Kingreen* in BK Rn. 229.

[237] Ausführlich *Boysen* in Kempny/Reimer Gleichheitssatzdogmatik heute, 2017, 35.

liegt gleichheitsrechtlicher Kontrolle, weil es dem Betroffenen einen wesentlichen Bestandteil seines gesellschaftlichen Lebens nimmt.[238] Keinen gleichheitsrechtlichen Anforderungen unterliegt demgegenüber das Wellness-Hotel, das dem NPD-Funktionär den Zutritt verweigert.[239]

3. Strukturfragen des allgemeinen Gleichheitssatzes. Während bei den tatbestandlich umgrenzten speziellen Freiheitsrechten, die ihren Inhalt und ihre Wirkung gewissermaßen aus sich selbst empfangen,[240] die dogmatische Konzeption und der Aufbau der Grundrechtsprüfung in erheblichem Maße Fragen der zweckmäßigen Abschichtung des Prüfungsstoffes sind, ist dies beim allgemeinen Gleichheitssatz durchaus anders. Aufgrund der jeder Gegenständlichkeit ermangelnden Allgemeinheit des Grundrechts schlagen Strukturfragen zumeist wesentlich unvermittelter auf die Reichweite, Zielrichtung und die Ergebnisse der Grundrechtsprüfung im Einzelfall durch. Weitgehende Einigkeit besteht dabei nur über die **strukturellen,** insbesondere **rechtslogischen Probleme,** vor die jede dogmatische Konzeption des Gleichheitssatzes gestellt ist und die damit zusammenhängen, dass jedes Gleichheitsurteil die Herstellung einer spezifischen Relation voraussetzt.[241] Schon Aristoteles wusste: „Gleiches kann sich in nicht weniger Dingen finden als zwei."[242] Es handelt sich dabei um eine **„dreistellige Relation"**[243] zwischen zwei oder mehreren Personen, Personengruppen, Gegenständen oder Sachverhalten und eines gemeinsamen Oberbegriffs oder gemeinsamen Merkmals **(tertium comparationis),** in Bezug auf das die Gleichheit gelten bzw. eine Ungleichbehandlung angenommen werden soll. Personen oder Sachverhalte sind nie vollkommen gleich oder ungleich.[244] Wäre es einmal so, so würde dies keine Rechtsfragen aufwerfen.[245] Es kann insoweit von vornherein iRd Art. 3 nur um eine *relative* oder *wertungsmäßige* Gleichheit bzw. Ungleichheit gehen, was auch in der Formel des BVerfG vom „wesentlich Gleichen" zum Ausdruck kommt. 51

Die Problematik besteht nun darin, dass dem Gleichheitssatz die richtige Auswahl der jeweiligen **Vergleichsgruppen** und des gemeinsamen **Oberbegriffs** ebenso wenig zu entnehmen ist[246] wie die **Anforderungen,** unter denen eine staatliche Differenzierung **gleichheitsgrundrechtlich relevant** wird: Ist jeder Rechtsfolgenunterschied zwischen beliebigen Sachverhalten in Betracht zu ziehen oder von vornherein nur die Unterscheidung zwischen „Gleichem"? Und schließlich gilt es, **normative Differenzierungen** mit der festgestellten Gleichheit oder Ungleichheit derart in Beziehung zu setzen, dass ein Urteil über die **verfassungsrechtliche Zulässigkeit** der jeweils fraglichen Ungleichbehandlung möglich ist. Das konstruktive Hauptproblem des allgemeinen Gleichheitssatzes besteht also darin, die im Rahmen des Gleichheitsurteils erforderlichen Werturteile in eine Prüfungsstruktur einzubinden, die sie juristisch handhabbar macht; jedenfalls in einem Maße 52

---

[238] BVerfGE 148, 267 (286).
[239] BVerfGE, Beschl. v. 27.8.2019 – 1 BvR 879/12, Rn. 8.
[240] Zutr. *Volkmann,* Staatsrecht, Bd. II, 2. Aufl. 2011, § 19 Rn. 23.
[241] *Huster* in BerlKomm Rn. 25.
[242] Nikom. Eth., 1131a (Übers. *Rolfes*).
[243] *Podlech,* Gehalt und Funktionen des allgemeinen verfassungsrechtlichen Gleichheitssatzes, 1971, 30; *Heun* in Merten/Papier HdB GR II, § 34 Rn. 18.
[244] BVerfGE 6, 273 (280); 13, 181 (202); 13, 225 (228); 50, 57 (77); 50, 177 (186); 53, 164 (178).
[245] *Hofmann,* Einführung in die Rechts- und Staatsphilosophie, 2000, 108.
[246] S. hierzu *Boysen* in Kempny/Reimer Gleichheitssatzdogmatik heute, 2017, 35 (39 ff.).

handhabbar, das die Kontrolle der Rechtsetzungsgleichheit durch die Verfassungsgerichtsbarkeit rechtfertigt.

53 Idealtypisch lassen sich **zwei** grundlegend verschiedene **Modelle** der Gleichheitsprüfung unterscheiden, mit zahlreichen Untertypen, Variationen und Binnenkontroversen.[247] Das **BVerfG** und weite Teile der Lit.[248] bauen die Gleichheitsprüfung zweistufig auf, indem sie zunächst eine **Ungleichbehandlung** ermitteln, die alsdann einer **einstufigen verfassungsrechtlichen Rechtfertigung** unterzogen wird. Der dem zugrundeliegende Begriff der Ungleichbehandlung ist rein deskriptiv und umfasst jede unterschiedliche Auferlegung von Rechtsfolgen, und seien die betroffenen Sachverhalte noch so disparat. Folglich ist jede Rechtsfrage prima facie immer auch eine Gleichheitsfrage, weil alles Recht unterscheidet.[249] Aus demselben Grund bildet auch die verfassungsrechtlich nicht determinierte Vergleichsgruppenbildung keinen Schwerpunkt der Gleichheitsprüfung durch das BVerfG. Denn es können mit einem deskriptiven Begriff der Ungleichbehandlung keine „falschen", sondern nur unzweckmäßigen Vergleichsgruppen gebildet werden, deren Rechtfertigung keinerlei Probleme bereitet.[250] Auf die „wesentliche" Gleichheit kommt es nämlich nach diesem Modell erst in einem zweiten Schritt an, in dem danach zu fragen ist, ob die unterschiedliche Behandlung verfassungsrechtlich gerechtfertigt werden kann. Auch diese Prüfung ist erst einmal inhaltlich denkbar weit, kommen hier doch alle Gründe zum Tragen, die irgendwie rechtlich beachtlich sind. Ist die Ungleichbehandlung begründbar und sind die Vergleichsgruppen *deswegen* wesentlich ungleich, so liegt kein Verstoß gegen den Gleichheitssatz vor; anderenfalls ist die Norm verfassungswidrig. Eine Abwägung wie beim Eingriff in Freiheitsrechte findet nicht statt.[251] Denn nach dieser Auffassung gehört die inhaltliche Rechtfertigung einer Ungleichbehandlung bereits zum substantiellen Tatbestand des Gleichheitssatzes und nicht zu einem Bereich äußerer Schranken desselben. Somit liegt nun der **eigentliche Schwerpunkt** der bundesverfassungsgerichtlichen Maßstabsbildung bei der Frage, mit welcher inhaltlichen Tiefe diese Rechtfertigungsprüfung durchzuführen ist. Auch die Unterschiede zwischen dem „Willkürverbot" und der „neuen Formel" haben hier ihren Ort.

54 Denn das **Willkürverbot** beschränkt den Maßstab dieser Rechtfertigungsprüfung auf eine Negativfeststellung, während die immer noch so genannte **neue Formel** sie positiv durchführt.[252] Nach dem in der älteren Rspr. durchgängig gebrauchten Willkürmaßstab liegt eine Verletzung des Gleichheitssatzes nur vor, wenn „sich ein vernünftiger, sich aus der Natur der Sache ergebender oder sonstwie sachlich einleuchtender Grund für die gesetzliche Differenzierung oder Gleichbehandlung *nicht* finden lässt."[253] Im gleichen Sinne ist der Willkürbegriff in der Formulierung gebraucht, Art. 3 Abs. 1

[247] Zum Folgenden namentlich *Huster* in BerlKomm Rn. 42 ff.; *Huster,* Rechte und Ziele, 1993, 45 ff.

[248] S. etwa *Kingreen* in BK Rn. 244 ff., 320 ff.; *Heun* in Dreier Rn. 24 ff.; *Kischel* in BeckOK GG Rn. 14.2 ff.; *Kirchhof* in HdbStR VIII, § 181 Rn. 170 ff.; *Nußberger* in Sachs Rn. 8 ff.; *Kingreen/Poscher,* Grundrechte, 2018, Rn. 280 ff.; *Ipsen,* Staatsrecht, Bd. II, 21. Aufl. 2018, 231 ff.

[249] S. nur *Huster* in BerlKomm Rn. 52.

[250] *Kischel* in BeckOK GG Rn. 18.

[251] In diesem Sinne namentlich *Lübbe-Wolff,* Grundrechte als Eingriffsabwehrrechte, 1988, 233, 257 f.; ähnlich *Huber,* Konkurrenzschutz im Verwaltungsrecht, 1991, 520.

[252] Zur Entwicklung der Rspr. des BVerfG *Britz* NJW 2014, 346.

[253] BVerfGE 1, 14 (52) – Hervorhebung nicht im Original.

gebiete es, „weder wesentlich Gleiches willkürlich ungleich, noch wesentlich Ungleiches willkürlich gleich zu behandeln",[254] die bis heute in der verfassungsgerichtlichen Rspr. zu Art. 3 Abs. 1 gebraucht wird. Dagegen verlangt die neue Formel zur Rechtfertigung einer Ungleichbehandlung die **positive Feststellung** von „**Unterschiede[n] von solcher Art und solchem Gewicht** […], daß sie die ungleiche Behandlung rechtfertigen könnten".[255] Dafür werden die Schwere und das Ausmaß der Ungleichbehandlung in der Art einer **Verhältnismäßigkeitsprüfung** der hierfür maßgeblichen Gründe abgewogen. Wann welcher Maßstab zur Anwendung kommt, entscheidet das BVerfG anhand einer Reihe von Kriterien anhand des einzelnen Falles (→ Rn. 103 ff.).

Demnach mag die Behauptung, die Unterschiede zwischen neuer Formel **55** und Willkürverbot seien letztlich gering,[256] allenfalls dann zutreffen, wenn man nur die tatsächlichen Auswirkungen auf die Prüfungspraxis des BVerfG in den Blick nimmt.[257] **Konzeptionell** besteht zwischen beiden ein **kategorialer Unterschied.** Während nämlich das Willkürverbot in der Bedeutung, die ihm Triepel, Leibholz und das frühe BVerfG gegeben haben, nur verlangt, dass überhaupt ein in der Sache liegender, einleuchtender Grund besteht, während also der Tatbestand der Willkür **negativ** gerade durch die Nichtbegründbarkeit bestimmt ist,[258] wird mit der neuen Formel der – in der Rspr. mit dem Erfordernis eines „zureichenden" Grundes[259] freilich schon vorher praktizierte – Schritt zu einer proportionalen **Qualifizierung** und vor allem **Quantifizierung von Gründen** vollzogen.[260] Besonders deutlich wird dies in einem Urteil des Zweiten Senats zum Besoldungsrecht aus dem Jahre 1985 ausgesprochen, in dem es heißt, das Vorliegen eines gesetzgeberischen Differenzierungsgrundes und eines Differenzierungsmaßstabs führe noch nicht per se zur Vereinbarkeit der angegriffenen Norm mit Art. 3 Abs. 1. Ausreichend sei auch nicht, dass die eine oder andere Verschiedenheit zwischen den Vergleichsgruppen im Gesetz berücksichtigt ist. Vielmehr müsse ein „innerer Zusammenhang zwischen den vorgefundenen Verschiedenheiten und der differenzierenden Regelung bestehen",[261] dh die Gründe, die die Beeinträchtigung tragen, müssen in einem hinreichenden Gewichtsverhältnis zur Schwere der Beeinträchtigung stehen.

In dogmatischer Perspektive zeigt sich hier die Aufspaltung der Methode **56** der Vergleichsgruppenbildung. Bei „personenbezogenen" Differenzierungen, dh solchen der inneren Würdigkeit mit einer besonderen Nähe zu den unverfügbaren Merkmalen des Art. 3 Abs. 3 S. 1, arbeitet jedenfalls das BVerfG zunehmend mit einer Verlagerung der Gleichheitsprüfung auf Quasi-Diskriminierungsverbote. Im Übrigen greift ein – noch näher zu betrachtender (→ Rn. 85 ff.) – Maßstab der Systemgerechtigkeit. Die Willkürprüfung alter Prägung mit ihrem Verweis auf die wesentliche Gleichheit bleibt demgegenüber letztlich ohne Anwendungsbereich.

---

[254] BVerfGE 4, 144 (155); leicht abgewandelt in BVerfGE 86, 81 (87); vgl. auch BVerfGE 1, 14 (52); 27, 364 (371 f.); 67, 186 (195); 78, 104 (121).
[255] BVerfGE 55, 72 (88); s. auch BVerwG, Urt. v. 17.4.2014 – 5 C 40/13, Rn. 15.
[256] *Heun* in Dreier Rn. 23. Von einer „Verschärfung" gleichheitsrechtlicher Anforderungen durch die neue Formel spricht dagegen *Sachs* in Stern StaatsR IV/2, Rn. 1541.
[257] *Huster* in BerlKomm Rn. 64.
[258] Vgl. *Huster* in BerlKomm Rn. 56.
[259] BVerfGE 33, 44 (51).
[260] Zutr. *Huster* in BerlKomm Rn. 73.
[261] BVerfGE 71, 39 (58).

57 Ein **anderes Modell** ergibt sich, wenn man die Gleichheitsprüfung in ihrem Aufbau an die Prüfung von Freiheitsrechten annähert und zwischen einem grundrechtlichen Tatbestand, spezifischen Beeinträchtigungen und deren verfassungsrechtlicher Rechtfertigung unterscheidet. Die diesem Modell zugrundeliegende Frage, inwiefern **Gleichheitsrechte** ihrer Struktur nach **Abwehrrechte** darstellen, ist iRd Art. 3 die zentrale dogmatische Frage der letzten Jahrzehnte.[262] Das Ziel der abwehrrechtlichen Konstruktion ist eine Rationalisierung der Handhabung des Art. 3 Abs. 1 durch eine strukturierte, mehrstufige Prüfung von Gleichheitsverstößen, die für eine „transparentere Aufbereitung des jeweiligen Konfliktpotentials und seine nachvollziehbare Bearbeitung"[263] sorgen soll. Mit der Einordnung des Gleichheitssatzes als Abwehrrecht ist allerdings erst eine grobe Strukturierung vorgegeben. Unsicherheiten bestehen insbesondere über die Bestimmung des gleichheitsrechtlichen **„Schutzbereichs".** Es ist zwar allgemein anerkannt, dass das subjektive Recht auf Gleichbehandlung negatorisch auf die Abwehr und Beseitigung von Ungleichbehandlungen gerichtet ist.[264] Umstritten ist aber, ob sich dem subjektiven Recht auf Gleichheit wie bei anderen Abwehrrechten auch ein rechtliches **Objekt** zuordnen lässt und, wenn ja, was diesen Schutzgegenstand ausmacht: Denn die bloße Gleichheit ist als ein **relationales Prädikat** nichts, was dem Gegenstand, von dem es ausgesagt ist, selbst eigen ist. Deshalb wurden die Gleichheitsrechte als nur „modale" Abwehrrechte bezeichnet, die kein eigenes Objekt haben, sondern sich nur gegen den „Modus", nämlich die Ungleichheit eines inhaltlich beliebigen Staatsaktes richten.[265] Die Abwehrfunktion eines so verstandenen modalen Abwehrrechts kann sich an jedes andere beeinträchtigte Recht,[266] an jedes rechtlich geschützte Interesse, ja überhaupt an jede rechtlich relevante Behandlung gewissermaßen anheften. Dieser rein modale Charakter lässt sich dann überwinden, wenn man die Gleichheit als den Schutzgegenstand des Gleichheitssatzes zu einem **Persönlichkeitsrecht** hochstuft, in das mit jeder Ungleichbehandlung eingegriffen wird.[267]

58 Anders verfährt Stefan Huster, der den seit langem tiefgründigsten Beitrag zur Dogmatik des allgemeinen Gleichheitssatzes geleistet hat. Er fasst die Gleichheit, die Art. 3 Abs. 1 verlangt, normativ auf: Zum Schutzbereich gehört demnach nur eine sachbereichsspezifische Ausgestaltung des allgemeinen Status als „Gleicher" anhand eines konkreten, für einen bestimmten Lebensbereich geltenden Gerechtigkeitsmaßstabs,[268] der maßgeblich unter Rückgriff auf andere Grundrechte und Verfassungsvorgaben sowie auf rechts-

---

[262] *Schwabe,* Probleme der Grundrechtsdogmatik, 1977; *Kloepfer,* Gleichheit als Verfassungsfrage, 1980; *Sachs* DÖV 1984, 411; *Sachs,* Grenzen des Diskriminierungsverbots, 1987; *Huster,* Rechte und Ziele, 1993; *Bonhage,* Grund und Grenze, 2008, 196 ff.; *Pöschl,* Gleichheit vor dem Gesetz, 2008, 133 ff.

[263] *Sachs* in Stern StaatsR IV/2, Rn. 1487.

[264] *Sachs* in Stern StaatsR IV/2, Rn. 1471 f.

[265] *Schwabe,* Probleme der Grundrechtsdogmatik, 1977, 23; *Sachs,* Grenzen des Diskriminierungsverbots, 1987, 27 ff.; *Huster* in BerlKomm Rn. 42 ff.

[266] Dies entspricht der in der älteren Lit. anzutreffenden Auffassung, nach der der Gleichheitssatz keinen „eigenen Rechtswert" darstelle: *Dürig* in Maunz/Dürig, 74. EL 2015, Art. 3 Abs. 1 Rn. 164.

[267] So spricht *Sachs* in Stern StaatsR IV/2, Rn. 1484 von einem „durch den allgemeinen Gleichheitssatz geschützte[n] Individualinteresse daran, in gleicher Weise' behandelt zu werden", das er als „besonderes immaterielles Persönlichkeitsrecht" (*Sachs* in Stern StaatsR IV/2, Rn. 1490) einordnet, aber die Ableitung aus Art. 1 Abs. 1, 2 Abs. 1 vermeidet.

[268] *Huster,* Rechte und Ziele, 1993, 225 ff.; *Huster* in BerlKomm Rn. 79, 87 ff.

ethische Wertungen bestimmt werden muss. So kommt Huster zu starken Binnenhierarchisierungen des einfachen Rechts, um die eigentliche verfassungsrechtliche Gleichheitsprüfung durch eine vorgeschaltete „Entsprechensprüfung"[269] dogmatisch zu entlasten. Ein Eingriff in diesen Schutzbereich liegt erst dann vor, wenn die unterschiedliche Behandlung nicht mit dem jeweiligen sachbereichsspezifischen Gerechtigkeitsmaßstab erklärt werden kann **(„interne Gründe", „Rechte"),** sondern im öffentlichen Interesse andere Zwecke verfolgt **(„externe Gründe", „Ziele").** Liegt ein solcher Eingriff vor, so bemisst sich seine Verfassungsmäßigkeit anhand einer Verhältnismäßigkeitsprüfung, bei der zwischen den Gerechtigkeitsgründen des jeweiligen Sachbereichs und den mit der Ungleichbehandlung verfolgten externen Zielen abgewogen wird.

Dieses Modell sieht sich ebenfalls Einwänden ausgesetzt, deren gravierendster die starken gerechtigkeitstheoretischen Vorannahmen betrifft. Der Kern der Unterscheidung zwischen internen und externen Zielen ist der **aristotelische Vorrang der Gerechtigkeit vor der Nützlichkeit,** der Vorrang der individuellen „Würdigkeit"[270] vor bloß „zweckhaften" Regelungen.[271] Es erscheint, ohne dass dies hier näher ausgeführt werden könnte, zumindest fraglich, ob damit dem Gleichheitssatz nicht ein Gerechtigkeitsmaßstab untergelegt wird, der der Rechtsethik gerade der modernen sozialstaatlichen Gesellschaft gar nicht entspricht, für die es nämlich kennzeichnend ist, dass gerade die Rechtsbereiche, die einen besonderen Bezug zur (sozialen) Gerechtigkeit haben – man denke nur an das Sozialrecht, das Recht der öffentlichen Leistungen, der Wirtschaftspolitik und der Infrastruktur –, in besonderem Maße bloß zweckhaft sind, ohne einen eigenen Maßstab der „Würdigkeit" auszubilden. Es muss daher zweifelhaft erscheinen, Regelungen, die auf Nützlichkeitserwägungen beruhen, gegenüber solchen unter Verdacht zu stellen, die von Gerechtigkeitsüberlegungen im „eigentlichen" Sinne getragen sind und jenen gegenüber ohne weiteres einen schärferen Kontrollmaßstab zur Anwendung zu bringen.[272] Auf diese Weise unterläuft Huster den eigenen Anspruch, gerade die „wesentlichen Gleichheitsfragen des interventionistischen Sozialstaats"[273] in den Blick zu bekommen. Ungeachtet dessen erscheint es auch ohne die kategoriale Scheidung von Gerechtigkeit und Nützlichkeit möglich und sinnvoll, den berechtigten Kern einer **abwehrrechtlichen Strukturierung** des Gleichheitssatzes festzuhalten und zu unterscheiden zwischen solchen Differenzierungen einerseits, die sich aus Verschiedenheit der behandelten Fälle hinreichend erklären und die deswegen keiner weiteren Rechtfertigung mehr bedürften, und Ungleichbehandlungen andererseits, in denen die behandelten Fälle selbst die Differenzierung nicht zu erklären vermögen und die deshalb einen zu rechtfertigenden Eingriff in das Recht aus Art. 3 Abs. 1 darstellen.[274] 59

Gleichwohl verbleiben tiefgreifende strukturelle Unterschiede zu den Abwehrrechten, die einen sachlich-gegenständlichen Schutzbereich aufweisen. Namentlich das **Verhältnis von Grundrecht und Gesetz** ist beim all- 60

[269] *Huster,* Rechte und Ziele, 1993, 161 ff., 226 ff.
[270] *Huster* in BerlKomm Rn. 40.
[271] Zur Begründung eing. *Huster,* Rechte und Ziele, 1993, 195 ff.; krit. demgegenüber *Heun* in Dreier Rn. 30.
[272] Krit. auch *Borowski,* Grundrechte als Prinzipien, 1998, 392.
[273] *Huster* in BerlKomm Rn. 97.
[274] *Sachs* in Stern StaatsR IV/2, Rn. 1487 f., 1512 ff., 1547 ff.

gemeinen Gleichheitssatz ein anderes. Während Abwehrrechte ein Schutzobjekt besitzen, dessen Beschränkung oder Beeinträchtigung durch das (meist vorbehaltene) Gesetz bestimmten Rechtfertigungsanforderungen unterworfen wird, ist dies bei Art. 3 Abs. 1 unmöglich. Eine absolute, reine Rechtsgleichheit, die vor allen Gesetzen da ist und in die jedwede gesetzliche Differenzierung eingreift,[275] ist eine gänzlich unjuristische Vorstellung. Ebenso wenig lässt sich der aus Freiheitsrechten gewonnene **Eingriffsbegriff** auf den Gleichheitssatz übertragen,[276] der für ungleiche Belastungen wie für ungleiche Begünstigungen gleichermaßen gilt.[277] Auch ist der Ansatzpunkt einer Verhältnismäßigkeitsprüfung bei der Rechtfertigung von Ungleichbehandlungen von vornherein ein anderer:[278] Während im Falle von Freiheitsrechten das zu beschränkende Rechtsgut und das die Beschränkung Tragende verschieden sind und in Ausgleich gebracht werden sollen, handelt es sich bei der „verhältnismäßigen Gleichheit" nicht um eine (kaum mögliche) Abwägung zwischen „Gleichheit" und „Ungleichheit", sondern darum, zu ermitteln, ob den rechtlichen Unterscheidungen tatsächliche Ungleichheiten bzw. sonstige Belange wertungsmäßig entsprechen. Die Verhältnismäßigkeitsprüfung ist in Wahrheit eine ausdifferenzierte Gestalt der Frage nach dem Grund der (Un)-gleichbehandlung.

61 Eine andere, von der deutschen Dogmatik des Gleichheitssatzes grundsätzlich abweichende, zumindest für Art. 3 Abs. 1 daher kaum anschlussfähige Theorie des Gleichheitsschutzes hat – auf der Basis der Rspr. des Österreichischen Verfassungsgerichtshofes (→ Rn. 18) – Alexander Somek[279] entwickelt.[280] Nach seiner Auffassung bewirkt der Gleichheitssatz seiner gesamten Stoßrichtung nach weniger den Schutz der Gleichheit als der **Autonomie** und der **Differenz des Andersseins,** indem er aus den für Ungleichbehandlungen vorgebrachten Gründen die „ausschließenden" Gründe verfassungsrechtlich verwirft. Der Gleichheitssatz gilt ihm als normative **Zusammenfassung von „Gründen zweiter Ordnung".**[281] Abgesehen von verfassungsgesetzlich positivierten verpönten Merkmalen hält Somek solche Gründe für ausschließend, die den Normadressaten zur Anpassung seines Soseins an eine Gruppe, insbesondere aber an die „liberale" Verkehrsgesellschaft zwingen.[282] Hierbei handelt es sich aber um ein Problemfeld, das, wenigstens im deutschen Verfassungsrecht aber auch darüber hinaus, mit guten Gründen freiheits- und nicht gleichheitsgrundrechtlich eingefangen wird.

62 **4. Die Ungleichbehandlung. a) Allgemeines.** Eine Ungleichbehandlung liegt allgemein vor, wenn zwei Tatbestände, Personen oder Vergleichsgruppen unterschiedlich behandelt werden, obwohl sie in einer im Hinblick auf die Art der Behandlung relevanten Hinsicht gleich sind. In der Regel bereitet die **Bildung von Vergleichsgruppen keine Schwierigkeiten,** da

---

[275] So aber die Annahme von *Martini*, Art. 3 Abs. 1 als Prinzip absoluter Rechtsgleichheit, 1997, 115 ff.
[276] *Kischel* in BeckOK GG Rn. 14.2.
[277] BVerfGE 110, 421 (431); 116, 164 (180); BVerfG NJW 2008, 2409 (2418).
[278] Überzeugend *Huster* in BerlKomm Rn. 74.
[279] *Somek,* Rationalität und Diskriminierung, 2001; *Somek,* Rechtliches Wissen, 2006, 199 ff.
[280] Krit. dazu *Huster* Der Staat 42 (2003), 145.
[281] *Somek,* Rechtliches Wissen, 2006, 199.
[282] *Somek,* Rechtliches Wissen, 2006, 206 ff.

sie gewöhnlich anhand der durch die normative Regelung oder den Einzelakt getroffenen Unterscheidungen erfolgt, die oder der am Maßstab des Gleichheitssatzes gemessen werden soll.[283] Probleme der Vergleichsgruppenbildung treten erst dann ein, wenn die fragliche Regelung nicht explizit differenziert, sondern nur einen Sachverhalt erfasst und damit notwendig alle anderen ausschließt.[284]

Die **Feststellung einer Ungleichbehandlung** bereitet in der Regel ebenfalls kaum Schwierigkeiten, da sie meist in der **Setzung unterschiedlicher Rechtsfolgen** liegt, die sich dem gesetzlichen Tatbestand einer Norm oder inhaltlich abweichenden Einzelakten entnehmen lassen. Ob im Einzelfall unterschiedliche Rechtsfolgen vorliegen, ergibt sich daher maßgeblich aus der Auslegung der einschlägigen Bestimmungen, und zwar ohne Rücksicht auf ihren tatbestandlichen Anwendungsbereich, da auch in der Nichterfassung eines bestimmten Sachverhalts die Ungleichbehandlung liegen kann.[285] Art. 3 Abs. 1 erfasst aber nicht nur die **rechtsförmige,** sondern auch die **faktische Ungleichbehandlung,** etwa durch Realakte der Verwaltung ohne vorherige Regelung. Dies kann namentlich für die Anforderungen an ein Art. 3 Abs. 1 genügendes staatliches Informationshandeln im Rahmen von Warnungen, Aufklärungskampagnen und dergleichen mehr bedeutsam sein.[286] Weitere Voraussetzung einer Ungleichbehandlung ist die **individuelle Grundrechtsbetroffenheit.** Den Grundrechtsberechtigten muss demnach durch die geltend gemachte und einem Grundrechtsverpflichteten zurechenbare Ungleichbehandlung ein eigener spezifischer Nachteil entstanden sein,[287] der nicht schon mit der Ungleichbehandlung ipso jure gegeben ist[288] und der das objektiv gleichheitswidrige Staatshandeln individualisiert. Dies ist namentlich für Fälle der gleichheitswidrigen Begünstigung relevant, die den Begünstigten keine selbständige Abwehrposition vermittelt.[289] Ein Eingriff in ein sonstiges subjektives Recht ist dagegen nicht erforderlich.[290] Unerheblich ist auch, welches Gewicht die Ungleichbehandlung hat.[291] Einen allgemeinen Bagatellvorbehalt gibt es beim Gleichheitssatz ebenso wenig wie bei anderen Grundrechten.[292] 63

b) Zur Problematik des Gleichbehandlungsverbots. Heftig umstritten ist, inwiefern Art. 3 Abs. 1 neben dem Verbot ungerechtfertigter Ungleichbehandlung zugleich ein **Differenzierungsgebot** enthält, ob also der Gleichheitssatz auch dadurch betroffen sein kann, dass eine Regelung Sachverhalte oder Personen gleichbehandelt, obwohl ihre Verschiedenheit eine ungleiche Behandlung geböte. Das BVerfG hat beide Elemente des Willkürverbots, wonach Art. 3 Abs. 1 es gebietet, „weder wesentlich Gleiches will- 64

---

[283] *Bumke/Voßkuhle,* Casebook Verfassungsrecht, 7. Aufl. 2015, 130 f.
[284] Zum Ganzen *Boysen* in Kempny/Reimer Gleichheitssatzdogmatik heute, 2017, 35 (40 ff.).
[285] Ausf. *Sachs* in Stern StaatsR IV/2, Rn. 1472 ff.
[286] Zum informationellen Staatshandeln speziell unter dem Aspekt des Gleichheitsschutzes *Gusy* NJW 2000, 977 (986); *Gusy* in Hoffmann-Riem/Schmidt-Aßmann/Vosskuhle Grundlagen des Verwaltungsrechts, Bd. II, 2. Aufl. 2012, § 23 Rn. 109.
[287] *Huster* in BerlKomm Rn. 46; *Nußberger* in Sachs Rn. 84; *Jarass* in Jarass/Pieroth Rn. 14.
[288] So aber vor allem *Sachs* FS f. Friauf, 1996, 309 (318 ff.).
[289] BVerfGE 67, 239 (244).
[290] *Sachs* FS f. Friauf, 1996, 309 (317 f.); zweifelnd dagegen BVerwGE 65, 167 (173 f.).
[291] *Jarass* in Jarass/Pieroth Rn. 15.
[292] *Bethge* VVDStRL 57 (1998), 7 (45); ausf. *Sachs* in Stern StaatsR III/2 Rn. 204 ff.

kürlich ungleich, noch wesentlich Ungleiches willkürlich gleich zu behandeln",[293] seit je her wie selbstverständlich zusammen gebraucht, auch insoweit Leibholz' Aufnahme der aristotelischen Bestimmung der geometrischen Gleichheit[294] folgend. Dagegen erfasst die neue Formel die Alt. 2 logisch nicht.[295] Allerdings behandelt das BVerfG das Ungleichbehandlungsgebot bereits auf Maßstabsebene anders als das Ungleichbehandlungsverbot und schließt eine originäre Differenzierungspflicht des Gesetzgebers grundsätzlich aus: „Der Gleichheitssatz verpflichtet den Gesetzgeber nicht, unter allen Umständen Ungleiches ungleich zu behandeln."[296] Vielmehr sei der Gesetzgeber zu Differenzierungen bei ungleichen Sachverhalten erst dann verpflichtet, wenn „für eine am Gerechtigkeitsgedanken orientierte Betrachtungsweise die tatsächlichen Ungleichheiten in dem jeweils in Betracht kommenden Zusammenhang so bedeutsam sind, daß der Gesetzgeber sie bei seiner Regelung beachten mußte."[297] Entsprechende Maßstäbe wenden auch der EuGH[298] und der EGMR[299] an.

65 Die Prüfung sachwidriger Nichtdifferenzierung spielt deshalb in der Rspr. nur eine marginale Rolle.[300] In den meisten Fällen, in denen ein Verstoß festgestellt wurde, ergab sich dieser aus der ausnahmslosen Erstreckung einer Regelung auch auf Fälle, in denen eine **Ausnahmeregelung** freiheitsgrundrechtlich geboten erschien.[301] In diesen Fällen ergibt sich aber die zur **Ungleichbehandlung** nötigende wesentliche **Ungleichheit** aus einer besonderen individuellen **Grundrechtsposition,** die eine Besserstellung fordert, und nicht aus tatsächlichen Ungleichheiten.

66 Zwar wird diese Linie des BVerfG in der Lit. überwiegend gebilligt.[302] Zum Teil aber sind die gerechtigkeits- und normtheoretischen Annahmen, die die Aufspaltung des Gleichheitssatzes in ein Gleichbehandlungs- und ein Ungleichbehandlungsgebot tragen, Gegenstand **heftiger Kritik.**[303] Das Un-

---

[293] BVerfGE 4, 144 (155); leicht abgewandelt in BVerfGE 86, 81 (87); vgl. auch BVerfGE 1, 14 (52); 27, 364 (371 f.); 67, 186 (195); 78, 104 (121).

[294] *Leibholz,* Die Gleichheit vor dem Gesetz, 1925, 45: Nach dem „Proportionalitätsgedanken […] haben die Menschen, die einander wesentlich gleich sind, insoweit auch Anspruch auf gleiche rechtliche Behandlung durch den Gesetzgeber. Begründet dagegen ihre individuelle Eigenart eine Verschiedenheit, so müssen auch diese im Wesen der Sache begründeten Ungleichheiten bei der gesetzlichen Regelung […] berücksichtigt werden."

[295] *Sachs* in Stern StaatsR IV/2, Rn. 1480.

[296] BVerfGE 1, 264 (Ls. 3); BVerfGE 2, 119 (119); 37, 38 (46).

[297] BVerfGE 1, 264 (275 f.); 2, 118 (119 f.); 4, 31 (42); 9, 124 (129 f.); 9, 137 (146), 17, 337 (354); 19, 119 (124 f.); 19, 354 (367); 21, 12 (26 f.); 37, 38 (40); 48, 346 (357); ähnlich BVerfGE 67, 70 (85 f.); 76, 256 (37); 98, 365 (385). S. auch BayVerfGH, NJW 2014, 3215 (3221).

[298] EuGH C-217/91, ECLI:EU:C:1993:293 Rn. 37 – Spanien/Kommission; C-356/12, ECLI:EU:C:2014:350 Rn. 43 – Glatzel.

[299] EGMR 6.4.2000 – 34369/97, Rn. 44 – Thlimmenos/Griechenland; 14.2.2012 – 36571/06, Rn. 58 – B./Vereinigtes Königreich.

[300] Vgl. etwa BVerfGE 60, 16 (42 ff.).

[301] S. nur BVerfGE 30, 292 (327 ff., 333), wonach das Fehlen einer zur verhältnismäßigen Einschränkung der Berufsausübungsfreiheit notwendigen Exemption Art. 12 iVm Art. 3 Abs. 1 verletzen kann. Eine ähnliche Konstruktion wählt auch der Altlastenbeschluss: BVerfGE 102, 1 (22). Weitere Beispiele bei *Sachs* in Stern StaatsR IV/2, Rn. 1546 f.

[302] *Huster,* Rechte und Ziele, 1993, 41 f.; *Kingreen* in BK Rn. 286 ff.; *Kischel* in BeckOK GG Rn. 14 ff.; *Nußberger* in Sachs Rn. 83; *Heun* in Dreier Rn. 25; *Pietzcker* in Merten/Papier HdB GR V, § 125 Rn. 16 ff.; *Michael,* Der allgemeine Gleichheitssatz als Methodennorm komparativer Systeme, 1997, 235 ff.

[303] *Sachs* in Stern StaatsR IV/2, Rn. 1477 ff.; *Sachs,* Verfassungsrecht, Bd. II, 3. Aufl. 2017, Kap. 15 Rn. 52 ff.; *Bonhage,* Grund und Grenze, 2008, 322 ff.; *Somek,* Rationalität und

gleichbehandlungsgebot wurde als Missachtung der egalitären Ausrichtung von Art. 3 verworfen[304] und zuletzt sogar als „metaphysische[r] Unsinn" beschimpft.[305] Das damit aufgeworfene Problem ist in der Tat grundsätzlich. Es lässt sich allerdings nicht durch formallogische Operationen schließen, mit denen vermeintlich jede Gleichbehandlung des Ungleichen in eine Ungleichbehandlung des Gleichen umformuliert werden kann, indem man einfach die relevante Vergleichsgruppe anders bestimmt.[306] Ob dies zutrifft, sei dahingestellt.[307] Jedenfalls ist die normative Stoßrichtung und damit gleichsam die Handlungsmaxime beider Sätze für den Rechtsanwender eine andere. Die Existenz eines Ungleichbehandlungsgebots lässt sich auch nicht mit einer systematischen und teleologischen Interpretation des Art. 3 Abs. 1 verneinen[308] oder als inhaltlicher Widerspruch zur dogmatischen Struktur des Gleichheitssatzes ausweisen.[309] Art. 3 Abs. 1 begründet keine apriorische Vermutung der Art, dass, wenn es keinen zureichenden Grund für die Erlaubtheit einer beliebigen Differenzierung gibt, diese sich somit nicht rechtfertigen lässt, der Gleichheitssatz die Gleichbehandlung fordert.[310] Das Gebot der Gleichbehandlung des Gleichen und das Gebot der Ungleichbehandlung des Ungleichen sind „Ausdruck eines und desselben rechtsethischen Gedankens und lassen sich in theoretischer Sicht nicht trennen."[311] Der normative Unterschied zwischen den Teilelementen des Gleichheitssatzes hängt vielmehr zusammen mit der oben (→ Rn. 35) erörterten Unterscheidung zwischen Art. 3 Abs. 1 als Funktionsnorm und als Kontrollnorm. Gleichbehandlungs- und Ungleichbehandlungsgebot weisen eine unterschiedliche **logische Struktur** auf. Während sich die Prüfung ungerechtfertigter Ungleichbehandlungen auf die Herstellung einer dreistelligen Relation zwischen den Vergleichsgruppen anhand ihrer gemeinsamen Eigenschaft(en) beschränken kann, ist die Prüfung von ungerechtfertigten Gleichbehandlungen logisch wesentlich komplexer, da ein tragfähiges genus proximum ja gerade nicht vorhanden ist, sondern die nicht differenzierende Regelung an den spezifischen Besonderheiten der Vergleichsgruppen gemessen werden muss, die jeweils getrennt ermittelt, qualifiziert und in Beziehung gesetzt werden müssen. Dies spricht nicht gegen eine Pflicht des Gesetzgebers zur Differenzierung. Aber die Judikatur legt sich bei der nachvollziehenden Kontrolle mit Recht allergrößte Zurückhaltung auf.[312]

Diskriminierung, 2001, 44 f. S. ferner hierzu *Bumke/Voßkuhle,* Casebook Verfassungsrecht, 7. Aufl. 2015, 454.

304 *Sachs* in Stern StaatsR IV/2, Rn. 1477 ff.

305 *Somek,* Rechtliches Wissen, 2006, 202.

306 In diesem Sinne *Podlech,* Gehalt und Funktionen des allgemeinen verfassungsrechtlichen Gleichheitssatzes, 1971, 58 f.; *Kingreen/Poscher,* Grundrechte, 2018, Rn. 525; *Rüfner* FS f. Kriele, 1997, 271; dazu ausf. *Bonhage,* Grund und Grenze, 2008, 324 ff.; krit. *Kingreen* in BK Rn. 288.

307 Abl. insbes. *Huster* in BerlKomm Rn. 69, der – illustriert an einem guten Beispiel – von einem „Trick" spricht, der sich nur mit „Verrenkungen" durchhalten lässt; ähnlich auch *Volkmann,* Staatsrecht, Bd. II, 2. Aufl. 2011, § 19 Rn. 27 f.

308 So insbes. *Sachs* in Stern StaatsR IV/2, Rn. 1477 ff.; *Sachs* in Stern StaatsR IV/2, Rn. 1488 f.; *Sachs,* Verfassungsrecht, Bd. II, 3. Aufl. 2017, Kap. 15 Rn. 53 ff.

309 *Rüfner* FS f. Kriele, 1997, 271.

310 So aber – mit unterschiedlicher Zielsetzung und Begründung – *Somek,* Rechtliches Wissen, 2006, 199; *Alexy,* Theorie der Grundrechte, 1994, 372.

311 *Forsthoff,* Rechtsstaat im Wandel, 2. Aufl. 1976, 117.

312 Ausführlich zum Ganzen *Kingreen* in BK Rn. 286 ff.

67 **c) Kompetenzakzessorietät des Gleichheitssatzes.** Es ist vor der Annahme von Ungleichbehandlungen stets zu bedenken, dass das Gleichheitsgebot die vielfältige **Gliederung** und **Differenzierung** staatlicher Aufgabenwahrnehmung und Herrschaftsausübung voraussetzt und – wenigstens grundsätzlich – unberührt lässt. Das bedeutet konkret: Alle die Ungleichbehandlung ausmachenden Akte müssen ein und demselben Hoheitsträger zurechenbar sein. Denn der Gleichheitssatz bindet jeden Träger öffentlicher Gewalt nur innerhalb seines eigenen, durch Verfassungs- und Organisationsrecht umgrenzten Zuständigkeits- und Kompetenzbereichs.[313] Diese „Kompetenzakzessorietät"[314] des Gleichheitssatzes gilt für Rechtsungleichheiten im Bundesstaat (→ Rn. 70 ff.) ebenso wie in Angelegenheiten der kommunalen[315] und funktionalen[316] Selbstverwaltung. Auch die unterschiedliche Handhabung des Ermessens durch verschiedene Verwaltungsträger[317] und eine unterschiedliche Verwaltungspraxis überhaupt[318] ist keine rechtfertigungsbedürftige Ungleichbehandlung.

68 Erst recht berührt eine inhaltlich abweichende Rspr. unterschiedlicher Gerichte und sogar einzelner Spruchkörper[319] den Gleichheitssatz nicht. Auch die Binnengliederung der Rspr. kann er nicht überspielen. Er bindet jedes Gericht und auch innerhalb eines Gerichts jeden unabhängigen Spruchkörper nur innerhalb seines ihm durch die Gerichtsverfassung zugewiesenen Kompetenzbereichs. **Divergenzen der Rspr.** innerhalb eines Gerichtszweiges oder gar solche zwischen verschiedenen Gerichtszweigen berühren damit von vornherein Art. 3 Abs. 1 nicht. Die im jeweiligen Prozessrecht vorgesehenen Divergenzvorlagen (zB § 121 Abs. 2, § 132 Abs. 2 GVG, § 36 Abs. 3 ZPO, § 11 Abs. 2 VwGO) dienen allein der Wahrung der Einheitlichkeit der Rspr. des Bundes und der Länder (Art. 95 Abs. 3), haben aber keinen gleichheitsgrundrechtlichen Aspekt.[320]

69 Dieser im Prinzip unstreitige **Vorrang der Organisation vor der Gleichheit** ist in der Realität vielfältigen – bewussten wie unbewussten – Anfechtungen ausgesetzt, in denen sich nicht selten manches Ressentiment gegen sog. „Rechtszersplitterungen" und ein unjuristisch-abstraktes Verständnis der Gleichheit ausdrücken.

---

313 Im Grundsatz stRspr, s. BVerfGE 10, 354 (371); 21, 54 (68); 33, 224 (231); 76, 1 (73); 79, 127 (158); 93, 319 (351); 122, 1 (25) und allgM, s. *Boysen,* Gleichheit im Bundesstaat, 2005, 102 f. mwN; *Kirchhof* in HdbStR VIII, § 181 Rn. 33 ff.; *Nußberger* in Sachs Rn. 81; *Jarass* in Jarass/Pieroth Rn. 14; *Kingreen* in BK Rn. 711; *Englisch* in Stern/Becker, Grundrechte-Kommentar Rn. 51; *Wollenschläger* in MKS Rn. 68; *Heun* in Dreier Rn. 49; *Huster* in BerlKomm Rn. 47; *Kingreen/Poscher,* Grundrechte, 2018, Rn. 518; *Bethge* AöR 110 (1985), 169 (207 ff.); *Schoch* DVBl 1988, 863 (870); *Engels,* Chancengleichheit und Bundesstaatsprinzip, 2001, 76 ff.; *Sachs* in Stern StaatsR IV/2, Rn. 1499 ff. Zweifelnd *Kischel* in BeckOK GG Rn. 103 f.

314 *Cremer* VVDStRL 78 (2019), 117 (130 f.).

315 BVerfGE 21, 54 (68); 79, 127 (158).

316 BVerfG NVwZ-RR 2005, 297 (298): Beitragssatzung einer Apothekenkammer.

317 BVerfGE 21, 87 (91); 75, 329 (347); BVerwGE 70, 127 (132). Nicht gemeint ist damit eine Ungleichbehandlung durch verschiedene Stellen oder Behörden *eines* Rechtsträgers, die sehr wohl in den Anwendungsbereich des Gleichheitssatzes fällt, vgl. *Sachs* in Stern StaatsR IV/2, Rn. 1506.

318 BVerwGE 102, 142 (148): Die in unterschiedlichem Umfang gewährleistete Lernmittelfreiheit an Universitäten verschiedener Bundesländer berührt Art. 3 Abs. 1 nicht.

319 *Sachs* in Stern StaatsR IV/2, Rn. 1504; *Kingreen* in BK Rn. 298.

320 *Heun* in Dreier Rn. 63.

d) Gleichheit im Bundesstaat. Dies gilt zuallererst für **Ungleichheiten,** 70
die durch die **bundesstaatliche Verfassung** (Art. 20 Abs. 1) bedingt sind. Denn aus vielfältigen verfassungsrechtlichen und politischen Gründen stehen föderative Divergenzen aller Art unter einem stetig latenten, aber vehementen Unitarisierungsdruck, zu dessen Motoren auch die Grundrechte des Grundgesetzes gehören.[321] Die vielbeschworene „Einheitlichkeit der Lebensverhältnisse im Bundesgebiet" (Art. 106 Abs. 3 S. 4 Nr. 2) fungiert dabei nicht selten als die heimliche Supernorm des Bundesstaatsrechts.

Jedenfalls im Grundsatz besteht dagegen weitgehende Einigkeit, dass eine 71
Ungleichbehandlung von vornherein nicht vorliegen kann, wenn **abweichende Landesgesetzgebung,** etwa auf dem notorisch umstrittenen Gebiet des Schulrechts, zu einer unterschiedlichen Behandlung von Sachverhalten in verschiedenen Ländern führt.[322] Denn wäre es anders, so enthielte Art. 3 Abs. 1 ein mit dem Föderalismus offenkundig im Widerspruch stehendes subjektives öffentliches Recht auf bundesweite Rechtseinheit.[323] So ist Art. 3 Abs. 1 auch nicht dadurch berührt, dass einzelne Länder das Widerspruchsverfahren nach §§ 68 ff. VwGO beschränken oder abschaffen.[324] Ob im Übrigen zulässige Gesetzgebungsdivergenzen äußerste Grenzen in einem „föderativen Mißbrauchsverbot"[325] finden, steht auf einem anderen Blatt.

In eine andere, **dezidiert unitarische Richtung** argumentierte vor 72
allem das **erste Numerus-clausus-Urteil** des BVerfG von 1972: „[W]enn es um den Grundrechtsschutz des Staatsbürgers geht, der sowohl dem Bundesrecht als auch dem Landesrecht untersteht, [müsse] der Gesetzgeber in Bund und Ländern sich als Einheit behandeln lassen".[326] Diese Feststellungen hat das BVerfG im **zweiten Numerus clausus-Urteil** nicht mehr explizit aufgegriffen.[327] Es hält aber daran fest, dass das aus Art. 3 Abs. 1 iVm Art. 12 Abs. 1 abgeleitete „Recht auf gleiche Teilhabe am staatlichen Studienangebot" voraussetzt, dass föderativ bedingte Chancenungleichheiten beim Zugang zum Studium ausgeglichen werden.[328] Dies betrifft insbesondere die Berücksichtigung von Abiturnoten. Hier ist nach der Rspr. zumindest eine „annähernde länderübergreifende Vergleichbarkeit" herzustellen, „gegebenenfalls durch Ausgleichsmechanismen".[329] Demgegenüber berührt die Einführung von **Studiengebühren** Art. 3 Abs. 1 nicht schon deshalb, weil derartige Gebühren in anderen Ländern nicht erhoben wer-

---

[321] *Boysen,* Gleichheit im Bundesstaat, 2005, 61 ff., 86 ff.; *Oeter,* Integration und Subsidiarität im deutschen Bundesstaatsrecht, 1997, 532 ff. und passim.

[322] Aus der Rspr. bspw. BVerfGE 10, 354 (371); 12, 139 (143); 12, 319 (324); 16, 6 (24); 17, 319 (331); 27, 175 (179); 30, 90 (103); 93, 319 (351); 114, 371 (383); 138, 261 (288); 145, 20 (68); BVerwGE 5, 1 (9); zum Ganzen *Boysen,* Gleichheit im Bundesstaat, 2005.

[323] So zB *Bleckmann* NJW 1985, 2856 (2857), der einen länderübergreifenden Verstoß gegen Art. 3 Abs. 1 zumindest dann annehmen will, wenn „eine unterschiedliche Ausprägung und Anwendung der die Grundbedürfnisse des Menschen sicherstellenden Grundrechte" vorliege. Demgegenüber stellt *Lücke* Der Staat 18 (1979), 341 (347 f.) zur Begründung der Anwendung von Art. 3 Abs. 1 auch im föderalen Kontext darauf ab, dass diese aufgrund der von Art. 1 Abs. 3 statuierten umfassenden Grundrechtsbindung geboten sei. Dem liegt ein Zirkelschluss zugrunde. Art. 1 Abs. 3 kann jeden Hoheitsträger nur an das binden, was die Grundrechte ihrem Inhalt nach verlangen.

[324] Anders *Steinbeiß-Winkelmann* NVwZ 2009, 686 (691 f.).

[325] *Bethge* AöR 110 (1985), 160 (207 f.) mwN.

[326] BVerfGE 33, 303 (358).

[327] BVerfGE 147, 253.

[328] BVerfGE 147, 253 (305).

[329] BVerfGE 147, 253 (333).

den.[330] Überweist ein Land die Erhebung von Studiengebühren in die Selbstverwaltungskompetenz der Hochschulen, so ist Art. 3 Abs. 1 auch dann nicht betroffen, wenn nur einzelne Universitäten von ihr Gebrauch machen.[331]

73 Ebenso wenig wie bei Divergenzen der Gesetzgebung stellt es eine relevante Ungleichbehandlung dar, wenn verschiedene Länder ihre Kompetenz zur Ausführung der Bundesgesetze als eigene Angelegenheit (Art. 84) in unterschiedlicher Weise wahrnehmen, insbesondere durch eine unterschiedliche Handhabung von Ermessensspielräumen.[332] Dies ist etwa auf dem Gebiet des Steuerrechts und des Einbürgerungsrechts von Bedeutung.[333] Soweit dagegen vorgebracht wird, dass die bundesrechtlich eröffneten Auslegungs- und Ermessensspielräume zur Herstellung von Einzelfallgerechtigkeit und nicht dazu dienen, „den Ländern bei der Durchführung von Bundesrecht einen Raum politischer Entscheidung zuzugestehen",[334] so wird mit dieser **Marginalisierung des Vollzugs** die für die spezifisch deutsche Ausprägung des Bundesstaates fundamentale Ordnungsidee der Trennung von Rechtsetzungs- und Verwaltungskompetenz in ihrer rechtlichen Bedeutung grundlegend verkannt. Deshalb sollte das über Art. 3 Abs. 1 nicht Erreichbare auch nicht durch eine Anwendung des Grundsatzes der Bundestreue bewirkt werden.[335]

74 Unzweifelhaft anwendbar ist Art. 3 Abs. 1 dagegen, wenn ein Land eine Regelung für sein Gebiet trifft, die nach föderalen Kriterien differenziert, also insbesondere eigene **Landesangehörige** im Vergleich zu anderen besserstellt. Der Geltung des allgemeinen Gleichheitssatzes steht auch nicht die Spezialität von Art. 33 Abs. 1 entgegen,[336] die die bis heute unter dem Grundgesetz nicht existente Staatsangehörigkeit der Länder als Differenzierungskriterium ausschließt und deshalb keinen Maßstab für die verfassungsrechtliche Zulässigkeit von Landeskinderklauseln bilden kann.[337] Nach anderer Ansicht ist die Landeszugehörigkeit im materiellen Sinn zu verstehen und soll hiernach alle Merkmale erfassen, die der inhaltlichen Umschreibung einer Landesstaatsangehörigkeit dienen könnten, namentlich die Geburt in einem Land oder die Abstammung von einem Landesangehörigen.[338] Nur teilweise wird bereits die Anknüpfung an einen zumindest mehrjährigen Wohnsitz als verbotene Anknüpfung an die Landeszugehörigkeit erfasst.[339] Jedenfalls in der Praxis bedeutsamster Maßstab für die umstrittene Frage der Verfassungsmäßigkeit

---

[330] Hierzu etwa *Kugler,* Allgemeine Studiengebühren und die Grundrechte der Studierenden, 2009, 126 ff.

[331] BVerwG NVwZ 2009, 1562 (1566).

[332] *Boysen,* Gleichheit im Bundesstaat, 2005, 128 ff.; *Kischel* in BeckOK GG Rn. 105; *Kingreen* in BK Rn. 296.

[333] Im Überblick *Boysen,* Gleichheit im Bundesstaat, 2005, 26 ff.

[334] *Rüfner* in BK [1992] Art. 3 Abs. 1 Rn. 178; ebenso *Dittmann* FS f. Dürig, 1990, 221.

[335] In diese Richtung aber *Schoch* DVBl 1988, 863 (870 f.); undeutlich insoweit BVerfGE 76, 1 (77). Krit. zur dogmatischen Funktion des Topos der Bundestreue *Oeter,* Integration und Subsidiarität im deutschen Bundesstaatsrecht, 1997, 480 ff.; *Boysen,* Gleichheit im Bundesstaat, 2005, 215 ff. S. zu dieser Frage auch *Kingreen* in BK Rn. 297, der bundesstaatliche Vollzugsdivergenzen als „rechtspolitisch unbefriedigend" bezeichnet und demgegenüber auf die Instrumentarien der Art. 84 Abs. 2 GG und Art. 84 Abs. 3 S. 1 GG verweist.

[336] In diesem Sinne aber etwa *Caspar* RdJB 2003, 48; *Badura* in Maunz/Dürig Art. 33 Rn. 16 ff.; *Höfling* in BK Art. 33 Abs. 1–3 Rn. 45.

[337] *Boysen,* Gleichheit im Bundesstaat, 2005, 289 ff.

[338] *Engels,* Chancengleichheit und Bundesstaatsprinzip 2001, 178 ff.; *Höfling* in BK Art. 33 Abs. 1–3 Rn. 37; *Kingreen* in BK Rn. 95; *Sachs* in HdbStR VIII, § 182 Rn. 131.

[339] *Brosius-Gersdorf* in Dreier Art. 33 Rn. 67; *Jarass* in Jarass/Pieroth Art. 33 Rn. 3.

von Landeskinderklauseln – etwa im Bildungswesen[340] oder bei der Zulassung von Notaren[341] – ist auch angesichts des beschränkten Anwendungsbereichs des länderübergreifenden föderativen Gleichheitsrechts des Art. 33 Abs. 2 damit der allgemeine Gleichheitssatz des Art. 3 Abs. 1. Hier ist, da es sich um eine personenbezogene Unterscheidung handelt (→ Rn. 104 ff.), unter Zugrundelegung der neuen Formel des BVerfG zu klären, ob für die Ungleichbehandlung Gründe von hinreichendem Gewicht vorliegen. In die Abwägung aufzunehmen sind einerseits die aus dem Bundesstaatsprinzip und der Eigenstaatlichkeit der Länder resultierende Entscheidungsfreiheit der Landeshoheitsträger in ihrem Herrschaftsgebiet, andererseits das Moment der Beeinträchtigung grundrechtlich geschützter Freiheiten der nicht oder nur nachrangig berücksichtigten Angehörigen anderer Bundesländer.[342]

e) Selbstbindungen der öffentlichen Gewalt aufgrund des Gleichheitssatzes. Immer dann, wenn eine Differenzierung nicht durch einen einzelnen Staatsakt – sei es ein Gesetz oder ein Einzelakt – vorgenommen wird, stellt sich die Frage, inwiefern eine Ungleichbehandlung auch in mehreren, voneinander unabhängigen, aber für sich betrachtet rechtmäßigen Entscheidungen liegen kann, die gleiche Sachverhalte ungleich behandeln. Der Gleichheitssatz kann in derartigen Fällen eine **Selbstbindung** der öffentlichen Gewalt an eigene, vorherige Entscheidungen bewirken und diese Bindung subjektivrechtlich sanktionieren. Denn ganz abstrakt gesprochen verbietet es Art. 3 Abs. 1, vorhandene Entscheidungsspielräume in gleich gelagerten Fällen ohne zureichenden Grund einmal so und einmal anders zu nutzen. Der aus einem ganz anderen Zusammenhang stammende[343] Begriff der Selbstbindung ist hier eigentlich missverständlich, weil ja nicht ein Hoheitsträger sich selbst bindet, sondern er vielmehr durch ein subjektives Grundrecht gebunden wird.[344] Aber der Begriff bringt das Gemeinte anschaulich zum Ausdruck und hat sich deshalb eingebürgert. Die Möglichkeit und Reichweite einer solchen Selbstbindung aufgrund des Gleichheitssatzes ist allerdings von einer Reihe von Voraussetzungen abhängig, die sich je nach der verpflichteten Staatsgewalt und dem betroffenen Sachgebiet sehr beträchtlich unterscheiden. 75

aa) Selbstbindungen der Verwaltung. Bei Entscheidungen der **Verwaltung** besitzt das rechtliche Phänomen der Selbstbindung aufgrund des Gleichheitssatzes aus leicht einsehbaren Gründen die höchste Bedeutung. Einmal natürlich deswegen, weil gerade bei der massenhaften Erledigung einer großen Zahl von Fällen die Gleichmäßigkeit der Rechtsanwendung der hervorstechende Gerechtigkeitsmaßstab ist, aber auch deswegen, weil die bürokratische Verwaltung auf das Institut der Selbstbindung zur Sicherung einer kontinuierlichen Entscheidungspraxis selbst angewiesen ist. 76

Eine Bindung der Verwaltung an vorherige eigene Entscheidungen[345] kann unabhängig von der jeweiligen Stellung der Verwaltung zum Gesetz eintre- 77

---

[340] BVerfGE 112, 74 (86 ff.); 134, 1 (20).

[341] BVerfG NJW 2003, 2084; BVerfG NJW-RR 2003, 203; *Burkhard* NotBZ 2002, 449.

[342] Vgl. BVerfGE 134, 1 (20 f.). Eing. *Boysen,* Gleichheit im Bundesstaat, 2005, 298 ff. mwN.

[343] *Jellinek,* Allgemeine Staatslehre, 3. Aufl. 1914, 367 ff.

[344] *Jestaedt* in Erichsen/Ehlers AllgVerwR, 14. Aufl. 2010, § 10 Rn. 65.

[345] Hierzu grds. *Schmidt* in Hoffmann-Riem/Schmidt-Aßmann, Innovation und Flexibilität des Verwaltungshandelns, 1994, 67 (96); *Blanke,* Vertrauensschutz im deutschen und europäischen Verwaltungsrecht, 2000, 115 f., 251 ff.; aus der älteren Lit. *Mertens,* Die Selbst-

ten, also auf dem Gebiet klassischer **Eingriffsverwaltung** ebenso wie in Bereichen „exekutivischer **Selbstprogrammierung**".[346] Eine Bindung aufgrund des Gleichheitssatzes tritt dabei umso eher ein, je geringer die gesetzliche Steuerungstiefe ist, und gerade in diesen Gebieten des Verwaltungsrechts hat Art. 3 Abs. 1 seine größte Bedeutung. Nicht umsonst entstammt die Konstruktion der Selbstbindung der Verwaltung einer Phase intensiver dogmatischer Bemühungen um die Verrechtlichung gerade der Leistungsverwaltung[347] und diente nicht zuletzt dazu, dem Einzelnen einen grundrechtlichen Teilhabeanspruch für gesetzesfrei gewährte Sozialleistungen zu verschaffen.[348]

78 Ausgangspunkt der sog. **Selbstbindung der Verwaltung** ist die Überlegung, dass die Verwaltung mit einer kontinuierlichen Entscheidungspraxis nicht nur eine rein tatsächliche Routine begründet, sondern bewusst oder unbewusst eine Entscheidungsmaxime anwendet, von der auch sie selbst nicht mehr ohne sachlichen Grund abweichen darf.[349] Voraussetzung einer Selbstbindung ist demnach, dass die Verwaltung einen vorhandenen Entscheidungsspielraum, in der Regel ihr Rechtsfolgenermessen, bereits rechtmäßig ausgeübt hat. Hat eine Behörde einen Fall in einer bestimmten Weise entschieden, obwohl ursprünglich auch eine andere Entscheidung möglich gewesen wäre, so darf sie nunmehr einen in wesentlicher Hinsicht gleichen Fall nicht ohne zureichenden Grund anders entscheiden. Damit ist ihr Ermessen in jedem zukünftigen Fall unmittelbar durch Art. 3 Abs. 1 reduziert.[350] Hat eine Gemeinde in der Vergangenheit ihren Gemeindesaal regelmäßig Parteien für deren Veranstaltungen überlassen, so hat jede Partei hierauf einen Rechtsanspruch, obwohl ein originäres Nutzungsrecht nie bestand.[351] Ist die Baubehörde gegen illegale Außenbereichsvorhaben einer bestimmten Art nie vorgegangen, darf sie nicht grundlos in einem einzigen Fall eine Beseitigungsverfügung erlassen,[352] wohl aber in einem ausgewählten Musterfall.[353] Hat ein Dienstherr bei Beförderungsentscheidungen einem bestimmten Kriterium stets einen bestimmten Stellenwert beigemessen, ist er dazu auch in einem weiteren Fall verpflichtet.[354] Diese Selbstbindung ist dabei auf den eigenen Kompetenzbereich beschränkt.[355] Unerheblich ist, ob die Grundrechtsberechtigten die bisherige Verwaltungspraxis kennen oder sich auf diese verlassen haben.[356]

---

bindung der Verwaltung aufgrund des Gleichheitssatzes, 1963; *Rupp,* Grundfragen der heutigen Verwaltungsrechtslehre, 1965, 120 ff.; *Ossenbühl,* Verwaltungsvorschriften und Grundgesetz, 1968, 514 ff.; *Scheuing/Hoffmann-Riem/Raschauer* VVDStRL 40 (1982), 153 (187, 240); *Dicke* VerwArch 60 (1968), 299.

[346] Begriff bei *Hill/Martini* in Hoffmann-Riem/Schmidt-Aßmann/Vosskuhle Grundlagen des Verwaltungsrechts, Bd. II, 2. Aufl. 2012, § 34.

[347] S. nur die bedeutendsten Beiträge von *Ossenbühl,* Verwaltungsvorschriften und Grundgesetz, 1968, 514 ff.; *Rupp,* Grundfragen der heutigen Verwaltungsrechtslehre, 1965, 120 ff.; *Jesch,* Gesetz und Verwaltung, 1961, 231 ff.

[348] *Blanke,* Vertrauensschutz im deutschen und europäischen Verwaltungsrecht, 2000, 115 f. S. ferner *Huster/Kießling* ZRP 2014, 171.

[349] *Sachs* in Stern StaatsR IV/2, Rn. 1519 f.; *Heun* in Dreier Rn. 58; WBSK VerwR, Bd. II, 2010, § 24 Rn. 26.

[350] *Sachs* in Stern StaatsR IV/2, Rn. 1590 auch zur prozessualen Konsequenz.

[351] VGH Kassel NJW 1993, 2331.

[352] VGH Kassel NVwZ 1986, 683.

[353] *Jestaedt* in Erichsen/Ehlers AllgVerwR, 14. Aufl. 2010, § 10 Rn. 65.

[354] OVG Münster NWVBl. 2002, 236.

[355] *Kingreen* in BK Rn. 671.

[356] *Ossenbühl* in HdbStR V, § 104 Rn. 58; *Kingreen* in BK Rn. 672; *Maurer/Waldhoff,* AllgVerwR, § 24 Rn. 30.

79 Von solchen Fällen einer schlichten Übung, in denen die zugrundeliegende Entscheidungsmaxime empirisch zu ermitteln ist, sind die wesentlich bedeutsameren Fälle zu unterscheiden, in denen diese Maxime abstrakt positiviert wurde, und zwar in Form von innerbehördlichen **Richtlinien, Verwaltungsvorschriften** und anderen Formen von **autonomer Rechtsetzung der Verwaltung.**[357] Art. 3 Abs. 1 dient gegenüber solchen Regelungen des administrativen Binnenrechts als rechtlicher Hebel, um jedenfalls tatsächlich angewandten Verwaltungsvorschriften eine mittelbare Außenwirkung beizumessen.[358] Beim Umgang mit administrativem Binnenrecht liegt der eigentliche **Schwerpunkt** der Lehre von den **Selbstbindungen der Verwaltung.** Voraussetzung ist auch hierbei, dass die Verwaltung tatsächlich eine vom Gesetz her nicht abschließend determinierte Entscheidungsbefugnis innehat. Dies ist neben Ermessensentscheidungen, die durch ermessenslenkende Verwaltungsvorschriften gesteuert werden, namentlich bei administrativen Beurteilungsspielräumen der Fall, grundsätzlich nicht dagegen bei lediglich norminterpretierenden Verwaltungsvorschriften, wohl aber bei normkonkretisierenden Richtlinien, etwa technischen Regelwerken.[359] Verfehlt die durch eine Richtlinie vorgenommene Konkretisierung den Maßstab des Gesetzes, besteht kein Anspruch auf die Fortführung einer rechtswidrigen Verwaltungspraxis, ebenso wenig, wenn eine ermessenslenkende Richtlinie selbst ermessensfehlerhaft ist.[360] Allerdings ist es der Verwaltung unbenommen, ihre Entscheidungspraxis insgesamt für die Zukunft zu ändern und damit die Selbstbindung aufzuheben.[361] Dies kann durch eine Änderung der Verwaltungsvorschriften[362] ebenso geschehen wie durch bloß tatsächliche Änderung der Entscheidungspraxis.[363]

80 Die mit der beschränkten Außenwirkung von Verwaltungsvorschriften verbundenen, überwiegend sehr streitigen Rechtsfragen sind von den vorgenannten verfassungsrechtlichen Grundsätzen abgesehen überwiegend rein verwaltungsrechtlicher Art.[364] Vom Gleichheitssatz hat sich die **verwaltungsrechtliche Rechtsquellenlehre** von den Verwaltungsvorschriften und ihren Wirkungen weitgehend abgekoppelt; Art. 3 Abs. 1 dient ihr allenfalls noch als Stichwort, aber kaum noch als echter Maßstab.

81 Eine **rechtswidrige Verwaltungspraxis** und eine rechtswidrige Verwaltungsvorschrift bewirken grundsätzlich keine Selbstbindung der Verwaltung. Dennoch scheint in derartigen Fällen der Grundsatz der Gesetzmäßigkeit der

---

[357] Zu den Typen der Verwaltungsvorschriften *Hill/Martini* in Hoffmann-Riem/Schmidt-Aßmann/Vosskuhle Grundlagen des Verwaltungsrechts, Bd. II, 2. Aufl. 2012, § 34 Rn. 40 ff.; *Schuppert,* Verwaltungswissenschaft, 2000, 258 ff.; *Maurer/Waldhoff,* AllgVerwR, § 24 Rn. 7 ff.

[358] *Maurer/Waldhoff,* AllgVerwR, § 24 Rn. 27.

[359] BVerwGE 72, 300 (320 f.); 110, 216 (218); dazu nur *Maurer/Waldhoff,* AllgVerwR, § 24 Rn. 31.

[360] *Maurer/Waldhoff,* AllgVerwR, § 24 Rn. 47; *Sachs* in Stelkens/Bonk/Sachs VwVfG, 9. Aufl. 2018, § 40 Rn. 108.

[361] BVerwG, Urt. v. 25.9.2013 – 6 C 13/12, Rn. 55; *Wollenschläger* in MKS Rn. 193.

[362] BVerwGE 126, 33 (47 ff.).

[363] *Jestaedt* in Erichsen/Ehlers AllgVerwR, 14. Aufl. 2010, § 10 Rn. 65; *Kingreen* in BK Rn. 672. Vgl. auch BVerwGE 104, 220 (223); 148, 48 (74).

[364] Verwiesen sei hier nur auf *Maurer/Waldhoff,* AllgVerwR, § 24; *Saurer* VerwArch 97 (2006), 249; *Hill/Martini* in Hoffmann-Riem/Schmidt-Aßmann/Vosskuhle Grundlagen des Verwaltungsrechts, Bd. II, 2. Aufl. 2012, § 34 Rn. 37 ff.; *Schuppert,* Verwaltungswissenschaft, 2000, 262 ff.; *Wahl,* FG BVerwG, 2003, 571; *Ossenbühl* in HdbStR V, § 104; *Sauerland,* Die Verwaltungsvorschrift im System der Rechtsquellen, 2005, 191 ff.

Verwaltung mit dem Gleichheitssatz in einem Widerspruch zu stehen, der eine schier unübersehbare Lit. über das Problem der **„Gleichbehandlung im Unrecht"** inspiriert hat. Unter diesem Stichwort werden höchst disparate Konstellationen diskutiert. Fälle, in denen ein rechtmäßig Nichtbegünstigter eine anderen Personen gleichheitswidrig gewährte Begünstigung auch für sich begehrt, lassen sich mit der einfachen, im Grunde tautologischen Regel entscheiden, dass es keine grundrechtlichen Rechte auf die Einräumung einer objektiv gesetzwidrigen Rechtsstellung, kein „Recht auf Unrecht" geben kann.[365] Deshalb „kann niemand allein daraus, daß einer Gruppe aus besonderem Anlaß besondere Vergünstigungen zugestanden werden, für sich ein verfassungsrechtliches Gebot herleiten, genau dieselben Vorteile in Anspruch nehmen zu dürfen."[366] Die Gesetzesbindung der Verwaltung verdient in derartigen Konstellationen nach verbreiteter Auffassung gegenüber dem Gleichbehandlungsanspruch den Vorrang.[367] Richtigerweise besteht aber schon gar kein Normwiderspruch, da ein petitorischer Anspruch gegen den Grundrechtsadressaten auf eine inhaltlich unrichtige Anwendung der Gesetze ernsthafterweise nicht aus der Rechtsanwendungsgleichheit hergeleitet werden kann.[368] Dem widerspricht es selbst in eklatanten Fällen, „notfalls" durch die Gewährung gesetzwidriger Vorteile dem Gleichheitssatz Geltung verschaffen zu wollen.[369]

82 Keine Probleme werfen auch Fälle auf, in denen die **Belastung** des Betroffenen für sich genommen **rechtmäßig** ist, nicht aber die relative **Schlechterstellung** gegenüber einem **rechtswidrig entschiedenen Parallelfall.** Denn die Belastung verstößt auch dann gegen den Gleichheitssatz, wenn sie aufgrund zwingenden Rechts ergehen musste, und ist einem Beseitigungsanspruch des Betroffenen ausgesetzt.[370] Werden Alteigentümer von der Gebührenerhebung aufgrund einer einheitlichen Beitragssatzung rechtswidrig verschont, können Neueigentümer ihre Belastung aufgrund Art. 3 Abs. 1 abwehren.[371] Gleiches gilt zugunsten der zur Zahlung Herangezogenen, wenn eine Universität nur von einer kleinen Minderheit der gebührenpflichtigen Studenten tatsächlich Studiengebühren erhebt.[372] In diesen Fällen besteht zwischen **„Egalität** und **Legalität"**[373] **kein Widerspruch.**

---

[365] *Schoch* DVBl 1988, 863 (871); *Reimer* RW 2017, 1 (12 ff.).

[366] BVerfGE 49, 192 (208); 50, 177 (191); 52, 264 (277); 60, 68 (79); 63, 255 (265 f.); 67, 231 (238). Vgl. ferner *Wollenschläger* in MKS Rn. 218.

[367] BVerwGE 34, 278 (283); *Kingreen* in BK Rn. 674; *Wollenschläger* in MKS Rn. 218; *Reimer* RW 2017, 1 (12 f.); *Heun* in Dreier Rn. 61.

[368] Vgl. *Blanke,* Vertrauensschutz im deutschen und europäischen Verwaltungsrecht, 2000, 273; treffend BVerwGE 34, 278 (283): „Im Hinblick auf die rechtswidrige Verwaltungsübung selbst würde die Anerkennung eines aus ihr folgenden individuellen Anspruchs auf Einräumung rechtswidriger Begünstigungen auch in allen weiteren Fällen die Anerkennung der Befugnis und sogar der Pflicht der Verwaltung bedeuten, in Widerspruch zum Gesetz zu entscheiden. Das ist jedoch mit der in Art. 20 Abs. 3 angeordneten Bindung der vollziehenden Gewalt an Gesetz und Recht schlechthin unvereinbar. Diese Bindung bezeichnet im Übrigen auch die Grenze des Gleichheitssatzes, der auf die Gleichbehandlung im Recht ausgerichtet ist und weder den Anspruch des Bürgers noch die Befugnis der Verwaltung beinhaltet, eine rechtswidrige Gleichbehandlung zu fordern oder zu gewähren."

[369] So aber *Nußberger* in Sachs Rn. 52; *Pauly* JZ 1997, 647 (652 ff.); ebenso offenbar *Blanke,* Vertrauensschutz im deutschen und europäischen Verwaltungsrecht, 2000, 274; für umfassende Abwägungen neben *Pauly* auch *Kölbel,* Gleichheit „im Unrecht", 1998.

[370] *Sachs* in Stern StaatsR IV/2, Rn. 1592; *Sachs* FS f. Friauf, 1996, 309 (321 f.).

[371] VG Greifswald 28.10.2009 – 3 A 409/04.

[372] VGH Mannheim ESVGH 21, 195.

[373] *Pauly* JZ 1997, 647.

Wirklich problematisch ist die Reichweite des allgemeinen Gleichheitssatzes nur in den Fällen, in denen sich ein gesetzmäßig, aber gleichheitswidrig Nichtbegünstigter gegen die gesetzwidrige Begünstigung anderer zur Wehr setzen möchte. Hier handelt es sich im Kern um das sehr bedeutsame Problem eines **eigenständigen gleichheitsgrundrechtlichen Konkurrenzschutzes.**[374] Es wirft eine Grundfrage des Verständnisses des Art. 3 Abs. 1 auf, nämlich die nach der rechtlichen Beschaffenheit der **horizontalen Gleichheit,** deren Gleichbehandlung der Gleichheitssatz verlangt. Derartige Begünstigungsabwehransprüche[375] wird man nämlich aus dem Gleichheitssatz nur dann ableiten können, wenn man den Gedanken der Chancengleichheit im Wettbewerb in das Schutzgut des Art. 3 Abs. 1 aufnimmt. Die eine Extremposition sieht in den gekennzeichneten Fallkonstellationen ein bloß rechtsstaatswidriges „Vollzugsdefizit" ohne gleichheitsgrundrechtlichen Widerpart.[376] Im gleichen Sinne argumentierte seinerzeit Günter Dürig: Der Gleichheitssatz eröffne keine „Popularklage des Neides".[377] Die andere Extremposition erkennt hier ohne Rücksicht auf die Art des betroffenen Konkurrenzverhältnisses einen Abwehranspruch an, sofern beide Fälle nur in wesentlicher Hinsicht gleich sind.[378] 83

Keine der beiden Ansichten überzeugt letztlich. Gegen einen umfassenden Abwehranspruch spricht vor allem, dass der Kreis der Grundrechtsbetroffenen zumal bei standardisierten Massenvorgängen über das Kriterium der Vergleichbarkeit der Fälle keinerlei Einschränkung erfährt, ja umso größer ist, je weniger von einem horizontalen Konkurrenzverhältnis gesprochen werden kann (wie etwa bei der Grundsicherung oder beim Kindergeld). Andererseits kann es in eng umgrenzten Fällen, zumal bei echten Verteilungsentscheidungen des Staates, die in einen normativ ausgeformten Wettbewerb hineinreichen, geboten sein, einen auf Art. 3 Abs. 1 gestützten Konkurrenzschutz auch dann anzuerkennen, wenn andere subjektive öffentliche Rechte der Konkurrenten nicht bestehen,[379] den man allerdings auch in einem aus Art. 12 Abs. 1 entwickelten Grundrecht der Wettbewerbsfreiheit verorten könnte.[380] Maßgeblich ist in jedem Falle aber die spezifisch **wettbewerbliche Ausformung** des **horizontalen Konkurrenzverhältnisses.** 84

bb) Selbstbindungen der Gesetzgebung? Mit den Möglichkeiten einer Selbstbindung des Gesetzgebers verhält es sich im Grundsatz anders, da er nach Art. 20 Abs. 3 nur an die verfassungsmäßige Ordnung gebunden ist,[381] und damit insbesondere nicht an eigenes vorheriges Handeln. In dem Maße aber, in dem die gesetzgeberischen Entscheidungen – in Form von punktuellen Änderungsgesetzen, kurzfristigen ad-hoc-Regelungen und dergleichen – denen der Verwaltung ähnlich werden, wächst die Verlockung, auch 85

---

374 Grdl. *Huber,* Konkurrenzschutz im Verwaltungsrecht, 1991, 507 ff.

375 Begriff bei *Huber,* Konkurrenzschutz im Verwaltungsrecht, 1991, 508.

376 *Huster* in BerlKomm Rn. 131 f.

377 *Dürig* in Maunz/Dürig, 74. EL 2015, Art. 3 Rn. 468; mit Recht krit. dagegen *Sachs* in Stern StaatsR IV/2, Rn. 1594.

378 *Sachs* FS f. Friauf, 1996, 309 (323 f.); *Sachs* in Stern, Das Staatsrecht der BRD IV/2, 2011, 1503 f.

379 Für das Erfordernis eines eigenen subjektiven öffentlichen Rechts des Konkurrenten in derartigen Konstellationen aber *Bäcker,* Wettbewerbsfreiheit als normgeprägtes Grundrecht, 2007, 328.

380 *Bäcker,* Wettbewerbsfreiheit als normgeprägtes Grundrecht, 2007.

381 *Kischel* in BeckOK GG Rn. 118.

den **Gesetzgeber** in seiner nunmehr auf dauernde Detaildispositionen umgestellten Entscheidungspraxis ähnlichen **Selbstbindungen** zu unterwerfen, die in der Rspr. und der Lit. unter den sich überlappenden Stichworten der **„Systemgerechtigkeit“**[382] oder **„Folgerichtigkeit“**[383] als Gebote des Gleichheitssatzes auftreten.

86 Die aus dem Gleichheitssatz abgeleiteten Teilmaßstäbe haben in der Judikatur des BVerfG eine große Rolle gespielt,[384] wobei die **Rechtsprechungsentwicklung** nicht einheitlich verlaufen ist.[385] Eine erhebliche Rolle spielte der Topos in der frühen Rspr.: Durchbreche eine Vorschrift ein gesetzliches Regelungssystem, so müsse der Gesetzgeber dafür zureichende sachliche Gründe aufbieten.[386] Später zog sich das BVerfG zumindest in seinen Formulierungen auf eine restriktive Linie zurück[387] und betonte, es könne Regelungen nur nach den Maßstäben der Verfassung, nicht aber allein unter dem Gesichtspunkt der Systemwidrigkeit für verfassungswidrig erklären.[388] Die Systemwidrigkeit einer Regelung im Sinne einer „Verletzung der vom Gesetz selbst statuierten Sachgesetzlichkeit“[389] könne einen Verstoß gegen den Gleichheitssatz nur oder „allenfalls“[390] indizieren:[391] „Nach welchem System der Gesetzgeber eine Materie ordnen will, obliegt, ebenso wie die Zweckmäßigkeit einer Regelung, seiner Entscheidung“.[392] Eine Selbstbindung des Gesetzgebers fördere dagegen eine „Verkrustung“ der Rechtsordnung.[393]

87 Das literarisch schon beerdigte[394] Kriterium des Systemverstoßes oder der mangelnden Folgerichtigkeit hat in der neueren Rspr. eine bemerkenswerte

---

[382] Erstmals (wenngleich nicht zu Art. 3, sondern zur Wahlrechtsgleichheit aus Art. 38 Abs. 1) BVerfGE 1, 208 (248): „Ein Gesetzgeber, der sich für dieses System [scil: Verhältniswahl] entscheidet […], akzeptiert damit diese Gerechtigkeitsforderung und stellt sich unter dieses Maß.“ Zum Gleichheitssatz dann BVerfGE 9, 20 (28): „Systemwidrigkeit einer Einzelvorschrift […] als Indiz für ihre Willkürlichkeit“; ferner BVerfGE 4, 219 (243); 11, 283 (293); 36, 383 (393 f.); 81, 156 (207); 122, 210 (242 ff.); 131, 316 (335 f.); 138, 136 (181). Vgl. auch die Übersicht bei *Kirchhof* HdbStR VIII, § 181 Rn. 225–230. Aus der Lit. *Degenhart,* Systemgerechtigkeit und Selbstbindung des Gesetzgebers als Verfassungspostulat, 1976; *Battis* FS f. Ipsen, 1977, 11; *Peine,* Systemgerechtigkeit, 1986; *Kischel* AöR 124 (1999), 174; *Dieterich,* Systemgerechtigkeit und Kohärenz, 2014; *Kempny* JöR nF 64 (2016), 477.

[383] BVerfGE 60, 16 (40); 84, 239 (274); 99, 88 (95); 99, 280 (290); 112, 268 (282); 117, 1 (31); 122, 210 (231); 123, 111 (120).

[384] Hierzu *Morgenthaler* in Mellinghoff/Palm, Gleichheit im Verfassungsstaat, 2008, 51 (64 ff.); *Degenhart,* Systemgerechtigkeit und Selbstbindung des Gesetzgebers als Verfassungspostulat, 1976; *Battis* FS f. Ipsen, 1977, 11; *Lange* Die Verwaltung 4 (1971), 259; krit. zum Topos der Systemgerechtigkeit namentlich *Peine,* Systemgerechtigkeit, 1984; *Kischel* AöR 124 (1999), 174.

[385] *Schoch* DVBl 1988, 863 (878).

[386] BVerfGE 13, 331 (341); 15, 313 (318); 18, 366 (372 f.); 20, 374 (377).

[387] Dazu *Schuppert* FS f. Zeidler, 1987, 691 (713 ff.).

[388] BVerfGE 59, 36 (49); 61, 138 (149); 75, 382 (395 f.).

[389] BVerfGE 34, 103 (115).

[390] BVerfGE 81, 156 (207).

[391] BVerfGE 9, 20 (28); 59, 36 (49); 61, 138 (149); 68, 237 (253); 75, 382 (395 f.); 76, 130 (139 f.); 78, 104 (123); 81, 156 (207); 85, 238 (247); 104, 74 (87); ebenso *Kingreen* in BK Rn. 222; *Heun* in Dreier Rn. 37; *Kischel* in BeckOK GG Rn. 95; *Nußberger* in Sachs Rn. 99.

[392] BVerfGE 59, 36 (49).

[393] BVerfGE 60, 16 (43); s. dagegen *Schoch* DVBl 1988, 863 (878) mit der Forderung, das Kriterium der Systemwidrigkeit neu zu aktivieren.

[394] *Schoch* DVBl 1988, 863 (878); *Hesse* in Link Der Gleichheitssatz im modernen Verfassungsstaat, 1982, 77.

Renaissance[395] erlebt.[396] In jüngeren Entscheidungen spielt das an den Gesetzgeber adressierte Gebot, „ein hinreichendes Maß an Folgerichtigkeit einfachgesetzlicher Wertungen“[397] durchzuhalten,[398] eine durchaus selbständige Rolle. „Systemwidrige“ gesetzgeberische Regelungen werden strengen Rechtfertigungsanforderungen unterworfen.[399] Auch auf Maßstabsebene formuliert das BVerfG nun deutlich offensiver. So hat der Zweite Senat in der Normenkontrollentscheidung zur **„Pendlerpauschale“** dem steuerrechtlichen Leistungsfähigkeitsprinzip in der konkreten Ausgestaltung als „objektives Nettoprinzip“ systemprägenden Charakter zugesprochen, um Beschränkungen der Abzugsfähigkeit von Wegekosten sodann als Systembruch zu disqualifizieren: „Die dem Steuergesetzgeber zustehende Gestaltungsfreiheit umfasst von Verfassungs wegen die Befugnis, neue Regeln einzuführen [!], ohne durch Grundsätze der Folgerichtigkeit an frühere Grundentscheidungen gebunden zu sein. Dies setzt allerdings voraus, dass wirklich ein neues Regelwerk geschaffen wird; anderenfalls ließe sich jedwede Ausnahmeregelung als (Anfang einer) Neukonzeption deklarieren. Die umfassende Gestaltungsfreiheit bei Entscheidungen für neue Regeln kann vom Gesetzgeber dann nicht in Anspruch genommen werden, wenn solche neuen Regeln nach Ziel und Wirkung die Orientierung an alternativen Prinzipien nicht erkennen lassen. Einen zulässigen Systemwechsel kann es ohne ein Mindestmaß an neuer Systemorientierung nicht geben“.[400] Ein gewisses Vorrecht genießt insoweit die experimentelle Gesetzgebung, der probe- und schrittweise Neuerungen einschließlich der dabei unvermeidlichen Systembrüche gestattet sind.[401] Eine verfeinerte Reformulierung dieser Rspr. ist die von Stefan Huster entwickelte Auffassung, wonach Regelungen, die von einem bereichsspezifischen Gerechtigkeitsmaßstab zur Verfolgung „äußerer“, zweckhafter Ziele abweichen (also „systemwidrig“ sind),[402] einer strengen Verhältnismäßigkeitsprüfung unterliegen, wogegen Regelungen, die für einen Sachbereich einen neuen Gerechtigkeitsmaßstab errichten, nur einer Willkürprüfung unterliegen.[403]

Betrachtet man das mit Auslegungsproblemen aller Art belastete, hoch **88**
abstrakte Verhältnis von Normadressat, Gesetzgeber und verfassungsgerichtlicher Kontrolle, so hat die mit dem Kriterium der Systemgerechtigkeit bewirkte Abschichtung und Entlastung der Gleichheitsprüfung in der Tat etwas äußerst Verlockendes.[404] Sie weist deshalb auch große Überschneidungen auf mit der Lehre von den **sachbereichsspezifischen Ausprägungen**

[395] *Nußberger* in Sachs Rn. 98: Der Gesichtspunkt der Folgerichtigkeit sei der „die aktuelle Rspr. des BVerfG zum Gleichheitssatz vielleicht am stärksten prägend[e] Grundgedanke“.
[396] Zur theoretischen Rehabilitierung insbes. *Huster,* Rechte und Ziele, 1993, 386 ff.: Integration in die Entsprechensprüfung hinsichtlich sachbereichsspezifischer Gerechtigkeitsmaßstäbe.
[397] *Nußberger* in Sachs Rn. 98.
[398] *Kirchhof* in HdbStR VIII, § 181 Rn. 209 ff.; *Kirchhof,* Die Verschiedenheit der Menschen und die Gleichheit vor dem Gesetz, 1996, 38 ff.; *Kirchhof* NJW 1987, 2354 (2356).
[399] BVerfGE 104, 74 (87).
[400] BVerfGE 122, 210 (242).
[401] S. etwa die Entscheidung zum Entschädigungs- und Ausgleichsleistungsgesetz über die Wiedergutmachung von Enteignungsunrecht im Zuge der Bodenreform: BVerfGE 102, 254 (311 f.).
[402] *Huster* JZ 1994, 541 (548); *Huster,* Rechte und Ziele, 1993, 394: „relative Bindung des Gesetzgebers an seine eigenen Gerechtigkeitsmaßstäbe“.
[403] *Huster,* Rechte und Ziele, 1993, 224, 226 ff., 244.
[404] Für einen umfassenden Einsatz von „Leitprinzipien“ als Teilmaßstäbe des allgemeinen Gleichheitssatzes *Englisch* in Stern/Becker, Grundrechte-Kommentar Rn. 20 ff.

des **Gleichheitssatzes** in den **Teilrechtsordnungen,** der auch das BVerfG anhängt[405] und der zufolge sich für einzelne Rechtsgebiete besondere, systemprägende Gleichheitsmaßstäbe entwickeln lassen, die vom Gesetzgeber beachtet werden müssen,[406] etwa das Leistungsfähigkeitsprinzip bzw. Nettoprinzip[407] im **Steuerrecht,**[408] das Bedürftigkeitsprinzip im **Sozialrecht**[409] oder das **Tauglichkeitsprinzip** im Wehrdienstrecht.[410] Derartige Sonderdogmatiken von Art. 3 Abs. 1 treten – was als Indiz für ihre Problematik gelten kann – vor allem in den Rechtsbereichen auf, in denen andere Grundrechte nicht oder nur schwach operationalisierbar sind, so dass sich die – an maximaler Kontrolle orientierte – „grundrechtliche Betrachtung auf die Vergleichs- und Verteilungsebene verschiebt."[411] Hier ist neben dem Sozialrecht, insbesondere dem Sozialversicherungsrecht und dem Recht der Subventionen vor allem das Steuer- und Abgabenrecht zu nennen. In keinem anderen Rechtsgebiet hat die verfassungsgerichtliche Normenkontrolle anhand des Gleichheitssatzes eine derart ausgreifende Wirksamkeit erlangt. Denn hier fungiert der Gleichheitssatz gleichsam als grundrechtliche Universalprothese, da die Besteuerungsgewalt grundrechtlichen Schranken im Übrigen nicht unterworfen ist, insbesondere keinen Enteignungsschutz auslöst.[412] Der **Gleichheitssatz** ist damit die einzige echte **materiell-rechtliche Schranke** der **Besteuerungsgewalt.**[413]

89 Beide Ansätze, das Systemgerechtigkeitserfordernis ebenso wie die sachbereichsspezifischen Maßstäbe, beruhen im Kern auf einer starken normativen **Binnenhierarchisierung des Gesetzesrechts.** Die gegen sie bestehenden **Bedenken** hängen zusammen mit dem oftmals gänzlich unreflektiert gebrauchten **Systembegriff**, der mit einem immanenten Soupçon gegen den Gesetzgeber gleichsam imprägniert ist. Wird das jeweilige System wie vom BVerfG im Sinne einer „Einheit widerspruchsfreier Wertungen"[414] verstanden, so ergibt sich das System nicht aus dem Gesetz selbst, sondern – wie das

---

[405] S. nur BVerfGE 103, 310 (318): „Der normative Gehalt der Gleichheitsbindung erfährt [...] seine Präzisierung jeweils im Hinblick auf die Eigenart des zu regelnden Sachbereichs".

[406] Umfassende Darstellung bei *Sachs* in HdbStR VIII, § 183.

[407] BVerfGE 93, 121 (135); 99, 216 (232); 104, 73 (125); 116, 164 (180); BVerfG NJW 2009, 49 (50 f.).

[408] Zur Ausprägung des Gleichheitssatzes im Steuerrecht im Überblick *Kingreen* in BK Rn. 728 ff.; *Wollenschläger* in MKS Rn. 279 ff.; *Heun* in Dreier Rn. 75 ff.; *Huster* in BerlKomm Rn. 149 ff.; *Jarass* in Jarass/Pieroth Rn. 52 ff.; *Nußberger* in Sachs Rn. 134 ff.; *Sachs* in HdbStR VIII, § 183 Rn. 11 ff.; *Sachs* in Stern StaatsR IV/2, Rn. 1572 ff.; *Sachs* StVj 1994, 75; *Kischel* in BeckOK GG Rn. 141 ff., der von einem „dogmatischen Sonderweg" im Steuerrecht spricht; ferner *Kischel* in Mellinghoff/Palm, Gleichheit im Verfassungsstaat, 2008, 175; *Vogel/Waldhoff* in BK Vorb. Art. 104a–115 Rn. 500 ff.; *Birk,* Das Leistungsfähigkeitsprinzip als Maßstab der Steuernormen, 1983; *Kirchhof* AöR 128 (2003), 1 (34 ff.); *Arndt/Schumacher* AöR 118 (1993), 513 (516 ff.); *Arndt* NVwZ 1988, 787; *Schoch* DVBl 1988, 863 (881 f.); *Osterloh* EuGRZ 2002, 309 (311 f.).

[409] *Englisch* in Stern/Becker, Grundrechte-Kommentar Rn. 21.

[410] BVerwGE 122, 331 (335).

[411] *Huster* in BerlKomm Rn. 148.

[412] BVerfGE 4, 7 (17); 10, 89 (116); 75, 108 (154); 81, 108 (122); 97, 332 (349); *Forsthoff* VVDStRL 12 (1954), 8 (32); ausf. *Papier* in Maunz/Dürig Art. 14 Rn. 165 ff.; aA namentlich *Kirchhof* AöR 128 (2003), 1 (12 ff.). Zum Ganzen eing. *Schuppert* FS f. Zeidler, 1987, 691 (692 ff.).

[413] So im Ergebnis auch *Kingreen* in BK Rn. 727, der als einzige Ausnahme noch auf Art. 6 Abs. 1 GG verweist.

[414] In diesem Sinne namentlich *Canaris,* Systemdenken und Systembegriff in der Jurisprudenz, 2. Aufl. 1983, S. 102 ff.; *Larenz,* Methodenlehre der Rechtswissenschaft, 6. Aufl. 1991, 473 ff.

nach der Leistungsfähigkeit differenzierende „System" des Steuerrechts – erst aus der Auslegung. Was sich am Maßstab des Gesetzes messen lassen müsste, wird kurzerhand selbst als verfassungsrechtlicher Maßstab ausgewiesen. Hinzu treten **grundrechtsdogmatische Einwände.** Eine Verselbständigung des Systemkriteriums führt, etwas überspitzt gesagt, zu einer Eliminierung der Grundrechtsberechtigten aus dem Maßstab der Gleichheitsprüfung. Nach der neueren Rspr. des BVerfG kommt es bei „systemwidrigen" Regelungen weniger auf eine konkret identifizierbare Ungleichbehandlung als auf das Verhältnis zwischen der etablierten Systematik eines bestimmten Rechtsgebietes und der Einpassung einer isolierten interventionistischen Neuregelung in diese Systematik an. Die eigentlich maßgebliche Prüfung, ob es zu einer Ungleichbehandlung der Rechtsunterworfenen kommt und von welcher Schwere diese ist, wird sekundär. Nur allzu leicht werden die systemprägenden „Prinzipien" auf diese Weise zum Ausgangspunkt allgemeiner, wertender Feststellungen zur normativen Kohärenz von Teilrechtsgebieten; die Gleichheitsprüfung geht in Rechtskritik über. Deutlich zeigt sich diese Problematik am Urteil des BVerfG zur Neuregelung der Pendlerpauschale, in der das Kriterium der Folgerichtigkeit gänzlich verselbständigt, die konkrete Ungleichbehandlung und ihr Gewicht aber überhaupt nicht mehr erörtert wurde.[415]

In Übereinstimmung mit der früheren Rspr. des BVerfG hat der Gesichts- **90**
punkt der Systemgerechtigkeit daher seinen heuristischen Wert allenfalls darin, durch systematische Auslegung des jeweiligen Rechts eine Ungleichbehandlung aufzufinden. In diesem Sinne und nur in diesem Sinne hatte das BVerfG zunächst zutreffend von der „Systemwidrigkeit einer Einzelvorschrift" als einem „Indiz für ihre Willkürlichkeit" gesprochen,[416] das ein erhöhtes Rechtfertigungsbedürfnis auslöst. Des Weiteren hat das „System" auch und gerade umgekehrt argumentatives Potential bei der Prüfung des Gleichheitssatzes: Vorschriften, die nicht in einem gesetzessystematischen Zusammenhang stehen, begründen eine gewisse Vermutung dafür, dass zwischen den von ihnen erfassten Tatbeständen wesentliche Unterschiede bestehen.[417] Diese völlig zutreffende, aber als „kleinräumige Binnenkritik vordergründig-positivistischer Systemeinheiten"[418] geschmähte Rspr. trägt nur der Tatsache Rechnung, dass „wesentliche" Gleichheit in erheblichem Umfang nichts rein tatsächliches, sondern das Werk sozialer Gestaltung durch die Gesetzgebung ist.[419] Eigenständige Bedeutung haben die Maßstäbe der „Systemgerechtigkeit" und der „Folgerichtigkeit" nicht.[420]

cc) Selbstbindungen der Rechtsprechung? Eine Selbstbindung der **91**
Rspr. an eine über längere Zeit praktizierte Rspr. aufgrund von Art. 3 Abs. 1 ist ausgeschlossen. Das liegt allerdings weniger daran, dass eine solche Selbstbindung die Rechtsentwicklung zu stark hemmen würde,[421] sondern an der

---

[415] BVerfGE 122, 210 (235 ff.). Zum Ganzen *Boysen* in Kempny/Reimer Gleichheitssatzdogmatik heute, 2017, 35 (52 ff.).
[416] BVerfGE 9, 20 (28); weitere Nachw. oben Fn. 391.
[417] BVerfGE 34, 118 (130); ausf. *Sachs* in Stern StaatsR IV/2, Rn. 1529 mwN.
[418] *Zacher* AöR 93 (1968), 341 (357); *Dürig* in Maunz/Dürig, 74. EL 2015, Art. 3 Abs. 1 Rn. 313a f.
[419] *Boysen* in Kempny/Reimer Gleichheitssatzdogmatik heute, 2017, 35 (36).
[420] *Peine*, Systemgerechtigkeit, 1984, 180 ff.; *Heun* in Dreier Rn. 37; dezidiert anders (Systemgerechtigkeit als eigene Ausprägung der Gerechtigkeit) *Robbers* DÖV 1988, 749 (755); aA auch *Leisner,* Kontinuität als Verfassungsprinzip, 2002, 235 ff.
[421] So *Heun* in Dreier Rn. 64.

richterlichen Unabhängigkeit und strikten Gesetzesbindung (Art. 97 Abs. 1).[422] Sie steht nicht nur einer Bindung von Spruchkörpern an die Rspr. anderer Spruchkörper entgegen. Schon ein einziger in einen Senat neu eintretender Richter wäre von der Bindungswirkung nicht mehr erfasst.[423] Ein Verstoß gegen die Rechtsanwendungsgleichheit wäre allenfalls anzunehmen, wenn ein Gericht offenkundig und ohne jeden Grund von einer feststehenden Spruchpraxis in einem Einzelfall abweicht.[424]

92 **f) Gleichheit in der Zeit.** Eine relevante Ungleichbehandlung liegt grundsätzlich nur vor, wenn die unterschiedlichen Behandlungen **gleichzeitig** erfolgen. Art. 3 Abs. 1 verbietet es nur, Gleiches zu einer bestimmten Zeit ungleich zu behandeln.[425] Das ist banal; nach einer Rechtsänderung können nicht alle Altfälle neu entschieden werden. Freilich ist „gleichzeitig" ein so dehnbarer Begriff wie der der Gegenwart. Nicht selten stellt sich deshalb die Frage, ob zwei ungleich behandelte Fälle schon aufgrund eines **Zeitmoments** keine unter Art. 3 Abs. 1 relevante Ungleichbehandlung mehr darstellen. Das hiermit angesprochene Thema der Gleichheit in der Zeit[426] ist, wie das Thema Recht und Zeit überhaupt,[427] indessen mit allerlei Mystifikationen behaftet. Seit Günter Dürig von der Zeit als der „offenen Flanke der Gleichheit"[428] gesprochen hat, hat sich hieran eine Diskussion entfacht, die die Lösung konkreter Rechtsfragen erschwert.

93 Zunächst ist aufgrund von Art. 3 Abs. 1 kein Hoheitsträger verpflichtet, für die gleiche Behandlung auch künftiger Fälle vorzusorgen. Art. 3 Abs. 1 wirkt nicht in die Zukunft und errichtet erst recht kein Änderungshindernis gegenüber dem geltenden Recht.[429] Deswegen lassen sich dem Gleichheitsgebot auch keine Vorgaben zur Verwirklichung der sog. „intergenerationellen Gerechtigkeit" entnehmen.[430] Intergenerative Ungleichheiten lassen sich jedoch durch intragenerative Vergleichsgruppenbildung adressieren.[431]

94 Auch eine schlichte **Änderung der Rechtslage,** namentlich eine Gesetzesänderung stellt keine Ungleichbehandlung dar; das Inkrafttreten einer Norm bewirkt eine zeitliche Zäsur; vorher und nachher Geschehendes ist nicht mehr gleichzeitig; jedenfalls ist eine Ungleichbehandlung, sofern man sie annehmen will, durch den allgemeinen Beruf des Staates zur Gesetzgebung gerechtfertigt.[432] Es bedarf deshalb im Allgemeinen auch keines

[422] *Kischel* in BeckOK GG Rn. 116 f.

[423] BVerfGE 87, 273 (278); 98, 17 (48); grds. aA *Reinhardt,* Konsistente Jurisdiktion, 1997, 199, der dem BVerfG eine „verallgemeinernde Bevorrechtung der rechtsprechenden Gewalt durch die maßlose Überbewertung der richterlichen Unabhängigkeit" vorhält.

[424] *Sachs,* Verfassungsrecht, Bd. II, 3. Aufl. 2017, Kap. 15 Rn. 67, 79.

[425] *Kirchhof,* Die Allgemeinheit des Gesetzes, 2009, 373.

[426] *Dürig* FS 500 Jahre Tübinger Juristenfakultät, 1977, 21; *Kirchhof* in Maunz/Dürig Art. 3 Abs. 1 Rn. 333 ff.

[427] Grdl. *Husserl,* Recht und Zeit, 1955; ferner *Kloepfer* Der Staat 13 (1974), 457; *Kloepfer,* Vorwirkung von Gesetzen, 1973; *Häberle* ZfP 21 (1974), 111; *Kirchhof,* Verwalten und Zeit, 1975.

[428] *Dürig* in Maunz/Dürig, 74. EL 2015, Art. 3 Abs. 1 Rn. 194 ff.

[429] So aber insbes. *Leisner,* Kontinuität als Verfassungsprinzip, 2002; dagegen zutr. *Bumke,* Relative Rechtswidrigkeit, 2004, 84 f.

[430] *Hebeler,* Generationengerechtigkeit als verfassungsrechtliches Gebot in der sozialen Rentenversicherung, 2001, 123 ff.; mit zurückhaltenderer Tendenz *Lenze,* Staatsbürgerversicherung und Verfassung, 2005, 349 ff.; *Lenze* Der Staat 46 (2007), 89 (95 ff.); abl. *Kluth* VVDStRL 68 (2009), 246 (258 f.) mwN.

[431] Ausf. *Kingreen* in BK Rn. 721–724.

[432] In diesem Sinne *Sachs* in Stern StaatsR IV/2, Rn. 1557 f.

sachlichen Grundes dafür, dass eine Neuregelung erst an einem bestimmten **Stichtag** in Kraft tritt und daher nicht alle in der Vergangenheit liegenden oder begonnenen Tatbestände ergreift.[433] Das gilt auch, wenn Alt- und Neufälle später gleichzeitig entschieden werden. Dem Gesetzgeber ist es unbenommen, die zeitliche Geltung von Gesetzen zu befristen, ohne sich nachwirkenden Gleichbehandlungsansprüchen ausgesetzt zu sehen.[434] Nach diesen Grundsätzen wirft auch eine einheitliche Änderung der Verwaltungspraxis keine Gleichheitsfrage auf,[435] und erst recht nicht eine Änderung der Rspr.[436] Probleme stellen sich insoweit nur unter dem Aspekt des rechtsstaatlichen Vertrauensschutzes und sollten auch unter diesem diskutiert werden,[437] denn er enthält – anders als der Gleichheitssatz – materielle Maßstäbe über Veränderbarkeit von Rechtspositionen in der Zeit.[438]

Ein echtes Gleichheitsproblem, das freilich mit dem Stichwort „Gleichheit in der Zeit" reichlich ungenau bezeichnet ist, werfen nur solche Fälle auf, in denen eine Regelung zwischen mehreren in zeitlicher Hinsicht unterschiedlichen Tatbeständen eine Unterscheidung trifft, in denen also ein zeitliches Differenzierungskriterium (etwa ein Geburtsdatum)[439] zu unterschiedlichen Rechtsfolgen **in der Gegenwart** führt.[440] Dabei geht es vor allem um die Grenzen der Befugnis des Gesetzgebers zur Festlegung von **Stichtagsregelungen.**[441] Dass der Gesetzgeber derartige Stichtagsregelungen im Prinzip treffen darf, ist allgemein anerkannt.[442] Das BVerfG verlangt insoweit nur, „dass die Einführung eines Stichtags überhaupt notwendig und die Wahl des Zeitpunktes, orientiert am gegebenen Sachverhalt, vertretbar ist."[443] Grenzen des hieraus folgenden weiten Gestaltungsspielraums des Gesetzgebers sind dann erreicht, wenn die Stichtagsregelung in der konkreten Konstellation zu unverhältnismäßigen Benachteiligungen führt,[444] wobei sich im Anwendungsbereich der besonderen Gleichheitssätze insoweit verschärfte Anforderungen ergeben.[445] 95

g) „Strukturelle" Ungleichbehandlungen. Ein Verstoß gegen die **Rechtsetzungsgleichheit** kann nach der Rspr. des BVerfG auch dann gegeben sein, wenn die durch das Gesetz begründeten Pflichtenpositionen zwar materiell nicht zu beanstanden sind, wenn aber das Gesetz unter Ein- 96

---

433 BVerfGE 79, 212 (219); *Kingreen* in BK Rn. 719. So aber *Heun* in Dreier Rn. 39; *Englisch* in Stern/Becker, Grundrechte-Kommentar Rn. 61.

434 *v. Arnauld,* Rechtssicherheit, 2006, 317 f.

435 BVerwGE 70, 127 (136).

436 Undeutlich *Heun* in Dreier Rn. 43.

437 Unklar zum Verhältnis zwischen Gleichheitssatz und Rechtsstaatsprinzip insoweit *Kirchhof* in HdbStR V, 2. Aufl. 1992, § 125 Rn. 50 ff.

438 *v. Arnauld,* Rechtssicherheit, 2006, 324 ff.; *Blanke,* Vertrauensschutz im deutschen und europäischen Verwaltungsrecht, 2000.

439 BVerfGE 87, 1 (42 ff.).

440 *Sachs* in Stern StaatsR IV/2, Rn. 1558.

441 BVerfGE 13, 31 (36 ff.); 44, 1 (20 ff.); 46, 299 (307 ff.); 49, 260 (275 f.); zuletzt BVerfGE 122, 151 (178 f.); 123, 111 (128); *Wollenschläger* in MKS Rn. 212; *Nußberger* in Sachs Rn. 114; *Leisner,* Kontinuität als Verfassungsprinzip, 2002, 217 ff.

442 BVerfGE 87, 1 (42); *Kingreen* in BK Rn. 719; *Wollenschläger* in MKS Rn. 212; *Nußberger* in Sachs Rn. 113; *Heun* in Dreier Rn. 39; *Dürig* in Maunz/Dürig Art. 3 Abs. 1 Rn. 123, 358, 402.

443 BVerfGE 126, 369 (399), stRspr. BVerfGE 13, 31 (38); 44, 1 (21 f.); 58, 81 (126); 75, 78 (106); 79, 212 (219); 80, 297 (311); 87, 1 (47); 101, 239 (270); 103, 172 (193 f.); 112, 272 (301); 117, 272 (301).

444 BVerfGE 29, 283 (296 ff.).

445 *Kingreen* in BK Rn. 720; *Nußberger* in Sachs Rn. 113.

schluss des insoweit maßgeblichen Verfahrensrechts keine Gewähr dafür bietet, dass es gleichmäßig zur Anwendung gebracht wird. In derartigen Fällen soll der vielfach schwierig zu führende Nachweis einer gleichheitswidrigen Rechtsanwendung entbehrlich sein. Das BVerfG kommt zu diesem Ergebnis mit der Konstruktion einer Art **Vorwirkung der Rechtsanwendungsgleichheit** und leitet aus Art. 3 Abs. 1 eine **Verantwortung des Gesetzgebers für den gleichmäßigen Vollzug des Rechts**[446] ab: Die Pflichten begründende Norm muss daher so beschaffen sein, dass ein gleichmäßiger Vollzug überhaupt möglich ist. Art. 3 Abs. 1 verbietet demnach eine steuerrechtliche Regelung, „welche die Gleichheit des Belastungserfolgs prinzipiell verfehlt". Denn das materielle Steuergesetz müsse „die Gewähr seiner regelmäßigen Durchsetzbarkeit so weit wie möglich in sich selbst" tragen.[447]

97 Voraussetzung eines solchen **gleichheitswidrigen strukturellen Vollzugsdefizits** ist zum einen, dass eine Norm **verfahrensrechtlich** so unzureichend abgesichert ist, dass ein gleichmäßiger Vollzug weitgehend nicht stattfinden kann.[448] Das Vollzugsdefizit muss dem Gesetzgeber aber auch zurechenbar sein.[449] Dies ist der Fall, wenn der Gesetzgeber die Norm bewusst und gewollt auf Ineffektivität angelegt hat oder wenn sich ihm die Erkenntnis aufdrängen musste, dass die Vollzugsziele nicht zu erreichen sind.[450] In der Annahme derartiger „struktureller Ungleichbehandlungen" wird man allerdings äußerst zurückhaltend sein müssen. Denn dieser Gesichtspunkt verliert sich nur allzu leicht in diffuse Gesetzeskritik.

98 **h) Typisierungen und Pauschalierungen.** Zur Vereinbarkeit von **Typisierungen** und **Pauschalierungen**[451] mit dem allgemeinen Gleichheitssatz lassen sich kaum allgemeine Leitlinien aufstellen. Maßgeblich ist nicht die Art der Typisierung, sondern der ihr unterworfene Lebenssachverhalt. Bei Typisierungen handelt es sich allgemein gesprochen um Regelungen, die auf eine Differenzierung verzichten, die normativ, insbesondere freiheitsgrundrechtlich[452] an sich geboten wäre, aus Gründen der Verwaltungspraktikabilität oder der Überschaubarkeit des Rechts aber bewusst unterlassen wird.[453] Typisierungen unterscheiden sich insofern von Schematisierungen und Abstraktionen, bei denen die Gleich- oder Ungleichbehandlung lediglich unbeabsichtigte Nebenfolge der Bildung von abstrakt-generellen Tatbeständen ist und die zum Wesen der Gesetzgebung überhaupt gehört.[454] Aufgrund der ungeheuren Vielzahl denkbarer Fallgestaltung lässt sich für die Zulässigkeit von

---

[446] Eing. *Eckhoff,* Rechtsanwendungsgleichheit im Steuerrecht, 1999.

[447] BVerfGE 84, 239 (271); 110, 94 (112 ff.); 139, 285 (309 f.); vgl. auch *Kischel* in BeckOK GG Rn. 119 ff.

[448] BVerfGE 84, 239 (272); 110, 94 (112 f.).

[449] BVerfGE 84, 239 (272).

[450] BVerfGE 84, 239 (272).

[451] Dazu etwa *Britz,* Einzelfallgerechtigkeit versus Generalisierung, 2008, 36 ff.; *Huster,* Rechte und Ziele, 1993, 245 ff.; *Huster* in BerlKomm Rn. 142 ff.; *Kischel* in BeckOK GG Rn. 121 ff.; *Osterloh,* Gesetzesbindung und Typisierungsspielräume bei der Anwendung der Steuergesetze, 1992.

[452] *Kischel* in BeckOK GG Rn. 121.

[453] Formulierung nach *Huster* in BerlKomm Rn. 143, der jedoch missverständlich oder verengend von Differenzierungen spricht, die „durch den Normzweck" geboten sind. Weitergehende Definition bei *Sachs* in Stern StaatsR IV/2, Rn. 1559; zur Funktion der Typisierung auch *Kirchhof* in HdbStR VIII, § 181 Rn. 129 ff.; umf. *Pernice,* Billigkeit und Härteklauseln im öffentlichen Recht, 1991, 244 ff.

[454] So *Huster,* Rechte und Ziele, 1993, 257 ff.

Typisierungen weder eine eigenständige „Typisierungskompetenz" des Gesetzgebers[455] in Anschlag bringen noch der zu allgemeine Gesichtspunkt der Verwaltungseffizienz.

Allerdings lassen sich aus den differenzierten Maßstäben für die Rechtfertigung von Ungleichbehandlungen durchaus **verfassungsrechtliche Kriterien** der zulässigen Typisierung entwickeln.[456] Anerkannt ist zumal, dass typisierende und pauschalierende Regelungen dort großzügig zugelassen werden müssen, wo es sich um Massenvorgänge handelt, die entsprechend standardisierte Verwaltungsverfahren erzwingen.[457] Auch ist bedeutsam, mit welchem rechts- und verwaltungstechnischen Aufwand die Erfassung der ausscherenden Fälle verbunden wäre.[458] Maßgeblich ist wiederum, inwiefern durch die Typisierung eine persönliche Eigenschaft und nicht nur ein äußerer Sachverhalt betroffen ist bzw. inwiefern sich die Regelung auf die Ausübung bedeutsamer Grundrechte bezieht.[459] Schließlich sind Typisierungen umso unbedenklicher, je weniger schwer die individuelle Beeinträchtigung wiegt und je weniger Grundrechtsberechtigte von den mit ihnen verbundenen Härten betroffen sind.[460] So formuliert das BVerfG im Kontext der Grunderwerbssteuer: „Der Steuergesetzgeber darf aus Gründen der Verwaltungsvereinfachung typisieren und dabei die Besonderheiten des einzelnen Falles vernachlässigen, wenn die daraus erwachsenden Vorteile im rechten Verhältnis zu der mit der Typisierung notwendig verbundenen Ungleichheit der steuerlichen Belastung stehen, er sich realitätsgerecht am typischen Fall orientiert und ein vernünftiger, einleuchtender Grund vorhanden ist."[461] Unzulässig sind dagegen allemal Typisierungen, die so grob sind, dass sie den hinter einer Regelung stehenden Zweck überhaupt verfehlen.[462] 99

i) Inländerdiskriminierung. Ein viel und äußerst kontrovers diskutiertes[463] **Sonderproblem** ergibt sich daraus, dass nach wohl noch überwiegender Ansicht weder die speziellen Diskriminierungsverbote der europäischen Grundfreiheiten noch Art. 18 AEUV einer Ungleichbehandlung deutscher Staatsangehöriger gegenüber anderen Unionsbürgern durch die deutsche Staatsgewalt entgegenstehen, die nicht in den Anwendungsbereich der Verträge fällt.[464] Das ist insbesondere der Fall, wenn eine deutsche Rechtsnorm, die Pflichten oder Belastungen zwingend vorschreibt, aufgrund des Anwendungsvorrangs des Unionsrechts gegenüber fremden Staatsangehörigen nicht angewandt werden kann.[465] Diese Konstellation wird meist als **umgekehrte** 100

---

455 *Heun* in Dreier Rn. 34.

456 Ausf. *Nußberger* in Sachs Rn. 109 ff.

457 BVerfGE 84, 348 (359); 101, 297 (309); 103, 310 (319); 133, 377 (413); 142, 353 (385 f.); 151, 1 (21). Grdl. *Isensee,* Die typisierende Verwaltung, 1976.

458 BVerfGE 84, 348 (360).

459 BVerfGE 98, 365 (385); 151, 1 (43).

460 BVerfGE 84, 348 (360).

461 BVerfGE 139, 285 (313) unter Verweis auf BVerfGE 137, 350 (375 f. Rn. 66).

462 VGH Mannheim NVwZ-RR 2000, 631 (632 f.).

463 S. etwa *Albers* JZ 2008, 708; *Gundel* DVBl 2007, 269; *Riese/Noll* NVwZ 2007, 516; *Frenz* JZ 2007, 343; *Rieger* DÖV 2006, 685; *Hammerl,* Inländerdiskriminierung, 1997; *Epiney,* Umgekehrte Diskriminierungen, 1995; *Schilling* JZ 1994, 8; *König* AöR 118 (1993), 591; *Fastenrath* JZ 1987, 170; *Weis* NJW 1983, 2721.

464 EuGH C-332/90, ECLI:EU:C:1992:40 Rn. 9 ff. – Steen; kritisch GA Maduro in C-72/03, ECLI:EU:C:2004:296 Rn. 44 ff. – Carbonati Apuani.

465 *v. Bogdandy* in Grabitz/Hilf/Nettesheim Das Recht der EU, 2019, AEUV, Art. 18 Rn. 49 ff. mwN.; *Epiney* in Calliess/Ruffert, Das Verfassungsrecht der EU, 2016, Art. 12 EGV Rn. 27 ff., 34 ff.; *Heun* in Dreier Rn. 11.

oder **Inländerdiskriminierung** *(discrimination à rebours)* bezeichnet. Bisweilen wird hier schon die tatbestandliche Einschlägigkeit des Gleichheitssatzes bestritten, da ein Widerspruch zwischen Normen verschiedener Normgeber keine Ungleichbehandlung darstellen könne.[466] Doch diese Sichtweise verfehlt das Problem jedenfalls dann, wenn die Ungleichbehandlung – wie zumeist – durch innerstaatliche Vollzugsakte des Mitgliedstaates vermittelt ist, wodurch der identische Sachverhalt gegenüber Deutschen und anderen Unionsbürgern mit unterschiedlichen Rechtsfolgen belegt wird. Für eine Ungleichbehandlung kommt es dann auf den divergierenden Anwendungsbereich der Ermächtigungsgrundlage nicht mehr an, so dass Art. 3 Abs. 1 berührt ist.[467] Unerheblich ist auch, dass den nationalen Gesetzgeber an der Inkonsistenz der Rechtsfolgen kein Verschulden trifft.[468] Weithin einig ist man sich mit Blick auf die anderenfalls unvermeidliche Folge einer „kalten Harmonisierung" immerhin darin, dass derartige Ungleichbehandlungen nicht ohne weiteres den Gleichheitssatz verletzen,[469] sondern nach den allgemeinen Grundsätzen gerechtfertigt werden können. Allgemeine Aussagen sind schwer zu treffen. So ist regelmäßig zunächst eine sorgfältige Analyse der Vergleichbarkeit der jeweiligen Sachverhalte erforderlich.[470] Daran wird es aufgrund des im einen Fall grenzüberschreitenden Bezuges häufig fehlen. Sind die unterschiedenen Fälle dennoch in wesentlicher Hinsicht gleich, so soll die unionsrechtliche Verpflichtung innerstaatlich einen möglichen Rechtfertigungstatbestand darstellen.[471]

101 **5. Die Rechtfertigung von Ungleichbehandlungen.** Dass nicht jede Ungleichbehandlung einen Verfassungsverstoß darstellt, dass vielmehr die von Art. 3 Abs. 1 inkriminierten Behandlungen einer verfassungsrechtlichen **Rechtfertigung** anhand gleichheitsunspezifischer Gesichtspunkte fähig sind, ist eine von den Freiheitsrechten her geläufige **Selbstverständlichkeit.** Allerdings hat die Rechtfertigung von Ungleichbehandlungen eine durchaus andere Struktur als die Rechtfertigung von Eingriffen in Freiheitsrechte. Dies hat mehrere Gründe.

102 **a) Erfordernis eines gleichheitsspezifischen Begrenzungsmodells.** Zunächst unterliegt der Gleichheitssatz keinem **Gesetzesvorbehalt,**[472] ohne deswegen schrankenlos gewährleistet zu sein. Auch lässt sich eine gewöhnliche Verhältnismäßigkeitsprüfung schon im Ansatz nicht durchführen: Die Schwere der Beeinträchtigung der Gleichheit ist nichts, was sich abwägen lässt mit dem Gewicht von Zielen, die andere Rechtsgüter schützen.[473] Schließlich lässt sich das Modell der Begrenzung anhand von **kollidierendem Verfassungsrecht** nicht bruchlos auf den Gleichheitssatz übertragen. Denn in Fällen, in denen die Differenzierung durch Verfassungsrecht selbst

---

[466] So *Oppermann/Classen/Nettesheim,* Europarecht, 8. Aufl. 2018, § 22 Rn. 13; *Albers* JZ 2008, 708 (712 f.); *König* AöR 118 (1993), 591 (599 f.).

[467] So iE auch BVerwGE 126, 149 (165); ferner *Sachs* in Stern StaatsR IV/2, Rn. 1494 f.; *Kingreen* in BK Rn. 295; *Wollenschläger* in MKS Rn. 221; *Jarass* in Jarass/Pieroth Rn. 97; *Nußberger* in Sachs Rn. 71; *Heun* in Dreier Rn. 11, 44; diff. *Gundel* DVBl 2007, 269.

[468] *Englisch* in Stern/Becker Grundrechte-Kommentar Rn. 56.

[469] BVerfGE 110, 412 (439); 116, 135 (159 f.).

[470] *Englisch* in Stern/Becker, Grundrechte-Kommentar Rn. 56.

[471] Vgl. *Riese/Noll* NVwZ 2007, 516 (520 f.).

[472] *Heun* in Merten/Papier HdB GR II, § 34 Rn. 43; *Sachs* in Stern StaatsR IV/2, Rn. 1547 ff.

[473] *Heun* in Dreier Rn. 31.

geschieht oder geboten wird, fehlt es schon an einer rechtfertigungsbedürftigen Ungleichbehandlung.[474] So benachteiligt Art. 12a Abs. 1 u. 4 Männer und trifft eine Unterscheidung nach dem Lebensalter; in diesem Umfang ist für einen Verstoß gegen Art. 3 Abs. 1 oder 2 kein Raum. Hierher gehören auch die Deutschenrechte des Grundgesetzes (Art. 8 Abs. 1, Art. 9 Abs. 1, Art. 11 Abs. 1, Art. 12 Abs. 1), die Ausländer jedenfalls nicht aufgrund von Art. 3 Abs. 1 für sich in Anspruch nehmen können.[475] Art. 21 Abs. 2 S. 2 begünstigt Parteien gegenüber anderen Vereinigungen, Art. 28 Abs. 2 Gemeinden gegenüber sonstigen Selbstverwaltungskörperschaften, Art. 46 Abgeordnete gegenüber anderen Amtsträgern, Art. 117 Abs. 1 trifft eine zeitliche Unterscheidung und so fort. Schwierigkeiten bereitet aber auch die Verwendung **gleichheitsunspezifischer Verfassungsgüter** als Begrenzungsnormen für Ungleichbehandlungen[476] wie etwa die Funktionsfähigkeit von Parlament und Verwaltung, die außenpolitische Handlungsfähigkeit der Bundesrepublik oder die knappen Staatsfinanzen.[477] Denn sie laufen allzu leicht Gefahr, allgemeinsten Argumenten und **Blankettformeln** die Dignität des Verfassungsgebots zu verleihen und damit die eigentlich vom Rechtsanwender erst noch zu treffende Wertung abzuschneiden.

b) Ausdifferenzierung der Rechtfertigungsmaßstäbe. Den **Schwerpunkt der Rechtfertigungsproblematik** bilden vielmehr Fälle, in denen eine meist gesetzliche Ungleichbehandlung durch **Gründe** gerechtfertigt werden muss, die **keinen spezifischen Verfassungsbezug** aufweisen und die deswegen – in den Worten des BVerfG – lediglich „vernünftig" sein, „sich aus der Sache selbst" ergeben oder „sonst wie einleuchtend" sein[478] oder auf „sachgerechten Erwägungen"[479] beruhen müssen. Damit ist der Zugriff auf alle denkbaren Arten von Gründen und Zwecken eröffnet,[480] sofern diese nicht ausnahmsweise einmal verfassungsrechtlich nicht valide, sondern etwa selbst diskriminierend sind. Die Rechtfertigung von Ungleichbehandlungen besteht demnach im Prinzip in einem **umfassenden rationalen Nachvollzug gesetzgeberischer Entscheidungen,** mit dem die Gleichheitsprüfung allerdings ihre Aufgabe verfehlen und ihre Kompetenzen überschreiten würde. Denn dem Gesetzgeber kommt bei der Bewältigung von komplexen und in der Entwicklung begriffenen Lebenssachverhalten anerkanntermaßen eine weitgehende Gestaltungsfreiheit zu.[481] Es ist deshalb nicht die Aufgabe des BVerfG, zu überprüfen, „ob der Gesetzgeber die jeweils gerechteste und zweckmäßigste Regelung getroffen hat, sondern lediglich, ob er die **äußersten Grenzen** seiner Gestaltungsfreiheit gewahrt hat".[482] Die eigentliche Frage nach der verfassungsrechtlichen Rechtfertigung von Ungleichbehandlungen ist deswegen nicht materieller Art, sondern betrifft die **Kontrollintensität** des (verfassungs-)gerichtlichen Nachvollzugs.[483] 103

[474] Zum Folgenden *Sachs* in Stern StaatsR IV/2, Rn. 1551 ff.
[475] Ausf. *Siehr,* Die Deutschenrechte des Grundgesetzes, 2003, 411 ff.
[476] Hierzu ausf. *Sachs* in Stern StaatsR IV/2, Rn. 1556 ff.
[477] BVerfGE 122, 210 (236 f.).
[478] BVerfGE 1, 14 (52); 89, 132 (141); 113, 167 (214); 117, 302 (311).
[479] BVerfGE 74, 182 (200); 80, 109 (118).
[480] *Heun* in Dreier Rn. 33.
[481] BVerfGE 3, 162 (182); 55, 72 (90); 78, 249 (287); 80, 109 (118); 81, 108 (117 f.); 83, 395 (401); 90, 22 (26); *Heun* in Dreier Rn. 52; *Kingreen* in BK Rn. 371.
[482] BVerfGE 66, 84 (95) – Hervorhebung nicht im Original; stRspr, vgl. etwa BVerfGE 71, 255 (271); 81, 108 (117 f.); 81, 156 (206); 84, 348 (359).
[483] *Heun* in Dreier Rn. 32.

104 In den Anfangsjahren seiner Rspr. hatte sich das BVerfG insofern auf eine **Willkürkontrolle** beschränkt, wonach schon **ein vernünftiger Grund** den Gleichheitsverstoß ausschloss (→ Rn. 25). Nach der Maßstabskorrektur zu Beginn der achtziger Jahre standen das **Willkürverbot** und die **neue Formel,** nach der eine Quantifizierung und Qualifizierung der ausschlaggebenden Gründe am Maßstab der Ungleichbehandlung vorgenommen werden sollte (→ Rn. 54, 64), eher unvermittelt nebeneinander. Diese anfängliche **Aufspaltung des Gleichheitssatzes** in sich wechselseitig ausschließende Anwendungsbereiche von Willkürverbot und neuer Formel hat das Gericht aber aufgegeben.[484] Seit einiger Zeit verwendet es einen **gleitenden Rechtfertigungsmaßstab,** dessen Anforderungen „vom bloßen Willkürverbot bis zu einer strengen Bindung an Verhältnismäßigkeitserfordernisse"[485] reichen und in dem also Willkürverbot und neue Formel gewissermaßen als Endpunkte einer Skala fungieren.[486]

105 Dahinter ist das Bemühen zu erkennen, die den Gesetzgeber verpflichtenden **Kontrollmaßstäbe** des **Gleichheitssatzes auszudifferenzieren** und durch feste Kriterien **operabel** und damit **vorhersehbar** zu machen. Diese Kriterien haben sich zumindest terminologisch seit Einführung der neuen Formel fortentwickelt. Zunächst erfolgte die Abschichtung der Rechtfertigungsanforderungen je nachdem, ob **personen- oder sach- bzw. verhaltensbezogene Unterscheidungen** zu prüfen waren, ob zugleich Freiheitsgrundrechte betroffen waren und ob der Betroffene das Kriterium der Unterscheidung durch eigenes Handeln beeinflussen konnte.[487] Die nachfolgende Rspr. des BVerfG verzichtete sodann auf die Gegenüberstellung von personen- und sachbezogenen Ungleichbehandlungen und verband das Erfordernis strenger Maßstäbe mit dem **Anknüpfen an Persönlichkeitsmerkmale.**[488] Die neueste Rspr. des Ersten Senats stellt nunmehr für eine Maßstabsverschärfung allein darauf ab, ob und inwieweit „die Merkmale, an die die gesetzliche Differenzierung anknüpft, **für den Einzelnen verfügbar** sind […] oder […] **sich denen des Art. 3 Abs. 3 GG annähern**".[489] Zur Begründung führt Gabriele Britz aus, dass „die Unterscheidung zwischen Differenzierungen mit und ohne Personenbezug entbehrlich ist, weil der materielle Gedanke des Persönlichkeitsschutzes mittlerweile durch die in Weiterentwicklung der Neuen Formel etablierten, auch in der BAföG-Entscheidung hervorgehobenen Gesichtspunkte der Nähe der Differenzierungsmerkmale zu Art. 3 III GG und der Auswirkung auf Freiheitsrechte […] zielgenauer umzusetzen ist als mit der groben Unterscheidung zwischen personen- und sachverhalts-/verhaltensbezogenen Ungleichbehandlungen, zumal in einzelnen Konstellationen eine unmittelbar personenbezogene Ungleichbehandlung harmloser sein mag als eine sachverhalts- oder verhaltensbezogene, die Personen (nur) mittelbar trifft. Auch des neueren Kriteriums des Persönlichkeitsbezugs bedarf es vor diesem Hintergrund nicht unbedingt."[490]

---

484 *Sachs* in Stern StaatsR IV/2, Rn. 1437.

485 BVerfGE 101, 54 (101); 103, 310 (318); 122, 210 (230).

486 Britz NJW 2014, 346.

487 BVerfGE 90, 46 (56 f.).

488 BVerfGE 127, 263 (280); 129, 49 (69); 133, 1 (14).

489 BVerfGE 30, 240 (254), seitdem stRspr: BVerfGE 132, 179 (188 f.); 138, 136 (180 f.); 139, 285 (309); 142, 353 (385). Ausführlich zur Entwicklung *Wollenschläger* in MKS Rn. 135 ff.

490 *Britz* NJW 2014, 346 (348).

Der **Zweite Senat** hat auch nach dem Anschluss an die gleitende Rechtfertigungsskala an der Unterscheidung von **personen- und sachbezogenen Differenzierungen** festgehalten.[491] Für die Entscheidungspraxis folgen hieraus keine Unterschiede. Personenbezogene Differenzierungen ziehen nicht generell, sondern nur „regelmäßig" eine strenge Bindung des Gesetzgebers nach sich,[492] und auch sachbezogene Differenzierungen können strengen Rechtfertigungsanforderungen unterliegen, wenn sie einen personalen Bezug haben oder Freiheitsrechte berühren.[493] Die Terminologie ist dabei uneinheitlich. Zwischenzeitlich hat sich der Zweite Senat auch der Formel des Ersten Senats angeschlossen,[494] ist danach aber wieder zur **Unterscheidung von personen- und sach- bzw. situationsbezogenen Unterscheidungen zurückgekehrt.**[495] **106**

Zum entscheidenden Kriterium wird damit der **personale Bezug**, dh die individuelle Verfügbarkeit des Differenzierungskriteriums.[496] Bedeutung hat somit zunächst, inwiefern das Differenzierungskriterium an ein Verhalten oder an eine **unabänderliche Eigenschaft von** Personen anknüpft und inwieweit es für den Betroffenen damit **unausweichlich** ist: „Die Bindung ist umso enger, je mehr sich die personenbezogenen Merkmale den in Art. 3 Abs. 3 genannten annähern und je größer deshalb die Gefahr ist, daß eine an sie anknüpfende Ungleichbehandlung zur Diskriminierung einer Minderheit führt."[497] **107**

Als weiteres Kriterium zieht das Gericht den normativen Einfluss von **Freiheitsrechten** heran. Nach der Rspr. „steigen allgemein die Anforderungen an Rechtfertigungsgründe für gesetzliche Differenzierungen in dem Maße, in dem sich die Ungleichbehandlung von Personen oder Sachverhalten auf die Ausübung grundrechtlich geschützter Freiheiten auswirken kann […]."[498] **108**

Diese auf den ersten Blick einleuchtende Idee einer gegenseitigen Verstärkung von Freiheits- und Gleichheitsrechten[499] ist allerdings mit etlichen **Problemen** behaftet, die ihre Eignung zur Maßstabsbildung recht fraglich erscheinen lassen. Bei manchen Freiheitsrechten ist das Kriterium schlicht unrichtig, weil diese tatbestandlich eher eine sachbezogene als eine personenbezogene Ungleichbehandlung indizieren, namentlich die Eigentumsgarantie (Art. 14 Abs. 1), die Berufsausübungsfreiheit (Art. 12 Abs. 1) oder die Rechtsschutzgarantie (Art. 19 Abs. 4). Zudem ist die Intensivierung der Gleichheitsprüfung ein sinnloser **Zirkelschluss,** wenn im konkreten Fall ein Eingriff in das Freiheitsrecht vorliegt. Schließlich unterliegt dieser selbst den für das jeweilige Grundrecht geltenden Verhältnismäßigkeitserfordernissen, die bei der Prüfung des Gleichheitssatzes dann nur noch wiederholt werden könnten. Selbständige Bedeutung können andere Grundrechte daher allenfalls in solchen Fällen haben, in denen der Schutzbereich eines Freiheitsrechts nur thematisch einschlägig, aber nicht konkret beeinträchtigt ist. Es handelt **109**

---

[491] BVerfGE 131, 239 (256); 133, 377 (407 f.); 141, 1 (39).
[492] BVerfGE 131, 239 (256); 133, 377 (407 f.).
[493] Britz NJW 2014, 346 (349).
[494] BVerfGE 145, 106 (145).
[495] BVerfGE 145, 249 (298).
[496] *Wollenschläger* in MKS Rn. 143.
[497] BVerfGE 88, 87 (96).
[498] BVerfGE 145, 106 (145) unter Verweis auf BVerfGE 122, 210 (230); 126, 268 (277); 138, 136 (181 Rn. 122); 139, 285 (309 Rn. 7); 141, 1 (39 Rn. 94).
[499] Allg. zur Behandlung derartiger Schutzbereichsüberschneidungen *Hofmann* AöR 133 (2008), 523.

sich deshalb höchstens um ein – im Übrigen keineswegs hinreichendes[500] – Hilfskriterium, um den personalen Bezug der Differenzierung zu ermitteln.

110 Enge systematische Berührungspunkte mit dem Kriterium der sonstigen Grundrechtsbetroffenheit weist die Differenzierung des Rechtfertigungsmaßstabs nach der rechtlichen **Qualität der Staatstätigkeit** auf: Demnach habe der Gesetzgeber im Bereich **„gewährender Staatstätigkeit"**, also im Bereich staatlicher Leistungen eine besonders große Gestaltungsfreiheit; die Rechtfertigungsanforderungen an eine Ungleichbehandlung seien entsprechend reduziert,[501] da der Gesetzgeber hier nicht nur im Hinblick auf die beschränkten staatlichen Mittel eine große Gestaltungsfreiheit habe, sondern Leistungen in der Regel auch die persönliche Rechtssphäre weniger stark berühren als Eingriffe. Mit dieser Begründung wurde etwa eine Regelung gebilligt, die Maßnahmen der künstlichen Befruchtung teilweise aus dem Leistungskatalog der gesetzlichen Krankenversicherung ausschloss.[502]

111 Einfluss auf die Maßstabsbildung haben schließlich auch sonstige verfassungsrechtliche Normen wie insbesondere **Staatszielbestimmungen** und **grundrechtliche Schutzpflichten.** Bewegt sich der Gesetzgeber im Rahmen derartiger verfassungsnormativ induzierter Regelungen, so hat er ebenfalls einen weiten Einschätzungs- und Gestaltungsspielraum. Ein Beispiel für eine aufgrund dessen zulässige Ungleichbehandlung im Bereich der Leistungsverwaltung ist etwa die Staffelung von Kindertagesstättengebühren nach dem Einkommen der Eltern.

112 In der Gesamtschau zeigt sich die **gleichheitsrechtliche Rechtfertigungsdogmatik** als **passgenaue Umsetzung der Gegebenheiten des modernen Sozialstaats.** Während die Willkürformel mit der ihr eigenen inhaltlichen Offenheit eine festgefügte, ja die hierarchische bürgerliche Ordnung voraussetzt, tritt die Ausdifferenzierung der Rechtfertigungsmaßstäbe in dem Moment auf den Plan, in dem diese feste Ordnung und die ihr zugrundeliegenden sozialen Unterscheidungen brüchig werden. Zunächst als Unterscheidung von personen- und sachbezogenen Ungleichbehandlungen konzipiert und in der späteren Rspr. in Anknüpfung an Merkmale, die sich denen des Art. 3 Abs. 3 annähern, entwickelt, führt das BVerfG so strengere Maßstäbe für Konstellationen ein, in denen die Ungleichbehandlung unverfügbare Merkmale von Personen betrifft. Hier entfaltet sich eine Fallgruppenbildung menschenrechtlich unerwünschter Differenzierungen als Teil einer **allgemeinen Entwicklungslogik des Gleichheitsrechts vom Willkürverbot hin zum Gedanken der Nichtdiskriminierung** (→ Rn. 28).

113 **6. Die Rechtsfolgen des Gleichheitsverstoßes in der Entscheidungspraxis des BVerfG.** Die rechtliche Folge eines gegen den Gleichheitssatz verstoßenden **Einzelaktes** unterscheidet sich nicht von anderen Fällen materieller Rechtswidrigkeit. Der Betroffene hat einen Beseitigungsanspruch auf Aufhebung des ihn belastenden Rechtsakts.[503] Dies gilt aber nach der Rspr. des BVerfG nicht oder nur sehr eingeschränkt, wenn das Gericht zur **Unver-**

---

[500] *Englisch* in Stern/Becker Grundrechte-Kommentar Rn. 17.

[501] BVerfGE 11, 50 (60); 60, 16 (42); 78, 104 (121); 110, 274 (293); 122, 1 (23); zuletzt BVerfG (K), NJW 2009, 1733 (1733 f.); zust. *Kirchhof* in HdbStR VIII, § 181 Rn. 205; krit. dagegen *Huster* in BerlKomm Rn. 112; *Lübbe-Wolff,* Die Grundrechte als Eingriffsabwehrrechte, 1988, 205 ff.; *Schoch* DVBl 1988, 863 (868 f.); *Zacher* AöR 93 (1968), 341 (376 f.); *Rupp,* FG BVerfG II, 1976, 364 (372 f.).

[502] BVerfG (K) NJW 2009, 1733 (1734); BVerfGE 117, 316 (325 ff.).

[503] *Sachs* in Stern StaatsR IV/2, Rn. 1590 ff.

einbarkeit einer Norm mit Art. 3 Abs. 1 kommt. Abweichend vom Grundsatz der §§ 78, 95 Abs. 1 S. 1 BVerfGG werden wegen Verstoßes gegen den Gleichheitssatz verfassungswidrige Normen nach der seit Jahrzehnten gefestigten Entscheidungspraxis des BVerfG[504] grundsätzlich nicht für nichtig sondern nur für „unvereinbar mit Art. 3 Abs. 1 GG" erklärt.[505] Ausgangspunkt dieser Rspr. war die Konstellation eines **gleichheitswidrigen Begünstigungsausschlusses.**[506] In derartigen Fällen kommen idealtypischerweise mehrere Möglichkeiten in Betracht, um einen verfassungsgemäßen Zustand herzustellen,[507] nämlich sowohl die Ausweitung als auch die gänzliche Abschaffung der Vergünstigung. Da diese Entscheidung aber nur der Normgeber treffen könne, beließ es das Gericht in derartigen Fällen bei einer **bloßen Unvereinbarerklärung.**[508] Mit der Zeit wurde der Anwendungsbereich der schlichten Unvereinbarerklärung erheblich erweitert und aufgrund pragmatischer Gesichtspunkte des Einzelfalls unterschiedslos auf alle Verstöße gegen Gleichheits- ebenso wie gegen Freiheitsrechte ausgedehnt.[509]

Die dafür angeführte normative Begründung, ein Nichtigkeitsausspruch **114** greife weiter als erforderlich in die Gestaltungsfreiheit des Normsetzers ein,[510] ist nur auf den ersten Blick überzeugend.[511] Denn von einem reinen Minus der Entscheidungswirkungen kann schon deswegen keine Rede sein, weil auch die Fortgeltungs- und die dem Gesetzgeber ggf. gesetzte Änderungsfrist nach § 31 Abs. 2 S. 2 BVerfGG in Gesetzeskraft erwachsen soll[512] und damit eine Handlungspflicht begründet, die in dem Nichtigkeitsausspruch nicht enthalten ist. Der eigentliche Sinn der Unvereinbarerklärung besteht aus Sicht des BVerfG vielmehr darin, Flexibilität bei der Gestaltung der sonstigen **Rechtsfolgen** eines gleichheitswidrigen Gesetzes zu gewinnen. Dabei zeichnet sich das BVerfG gerade hier durch eine „erhebliche Kreativität"[513] aus, was „überschießende Rechtsfolgeanordnungen"[514] angeht. So lässt sich die regelmäßige Folge der bloßen Unvereinbarkeit, dass gerichtliche und Verwaltungsverfahren bis zur Neuregelung auszusetzen sind, soweit die Norm entscheidungserheblich ist,[515] bei Massenverfahren etwa im Steuerrecht

---

[504] Zur Herausbildung der Tenorierungspraxis des BVerfG insbes. bei Art. 3 *Ipsen,* Rechtsfolgen der Verfassungswidrigkeit von Norm und Einzelakt, 1980, 107 ff.; *Schlaich/Korioth,* Das BVerfG, 11. Aufl. 2018, Rn. 394 ff.

[505] Krit. *Sachs* DÖV 1982, 23; NVwZ 1984, 657; *Stern* in BK, Zweitbearb. 1982, Art. 93 Rn. 282.

[506] Eing. *Schlaich/Korioth,* Das BVerfG, 11. Aufl. 2018, Rn. 401 ff.

[507] BVerfGE 61, 43 (68); 99, 280 (298); 105, 73 (133); 111, 115 (146); 117, 1 (69); BVerfG NJW 2009, 48 (54); NJW 2018, 1451 (1461); stRspr; *Kischel* in BeckOK GG Rn. 59; *Heun* in Dreier Rn. 54; *Sachs* in Stern StaatsR IV/2, Rn. 1583.

[508] Erstmals BVerfGE 8, 28 (36 f.). Siehe auch BVerfGE 147, 1 (30) sowie *Desens* in Kempny/Reimer Gleichheitssatzdogmatik heute, 2017, 133 (147 f.).

[509] S. bspw. die Unvereinbarerklärung bei Verstoß gegen das Elternrecht aus Art. 6 Abs. 2 in der Entscheidung BVerfGE 107, 150 (185).

[510] BVerfGE 44, 249 (282 f.); 45, 104 (141); 46, 97 (112 f.); 47, 1 (33); 48, 227 (239 f.); 52, 369 (379); 73, 40 (101 f.); 85, 191 (211 f.); 92, 158 (186); 97, 35 (48); 99, 69 (83); 101, 397 (409); 105, 73 (133); 108, 341 (50).

[511] Krit. *Schlaich/Korioth,* Das BVerfG, 11. Aufl. 2018, Rn. 404; *Heun* in Dreier Rn. 54 Fn. 312; *Detterbeck,* Streitgegenstand und Entscheidungswirkungen im öffentlichen Recht, 1995, 436 f.; *Sachs* NVwZ 1982, 657 (660); DÖV 1982, 23 (25 f.).

[512] Hierzu *Bethge* in Maunz/Schmidt-Bleibtreu/Klein/Bethge BVerfGG, 2019, § 31 Rn. 220; *Nußberger* in Sachs Rn. 132.

[513] *Kischel* in BeckOK GG Rn. 73.

[514] Begriff bei *Ipsen,* Rechtsfolgen der Verfassungswidrigkeit von Norm und Einzelakt, 1980, 118.

[515] BVerfGE 73, 40 (101); 87, 153 (178); 99, 280 (298); 105, 73 (134).

schlechterdings nicht aufrechterhalten. Das BVerfG sieht sich deshalb in derartigen Fällen gehalten, kurzerhand die **Fortgeltung** eines gleichheitswidrigen Steuergesetzes bis zur gesetzlichen Neuregelung und längstens für zwei Jahre anzuordnen. Die Besonderheit der für verfassungswidrig erklärten Norm – so das Gericht – könnten eine auch teilweise[516] Fortgeltung im Einzelfall aus verfassungsrechtlichen Gründen notwendig machen, namentlich, um zu verhindern, dass im Fortgeltungszeitraum ein Zustand besteht, der von der verfassungsmäßigen Ordnung noch weiter entfernt ist als der bisherige.[517] Das BVerfG hat bei Gleichheitsverstößen sogar eigene **Übergangsregelungen** getroffenen und die beanstandete Norm nach bestimmten **Maßgaben** für vorläufig anwendbar erklärt.[518] Dies sei namentlich dann geboten, wenn anderenfalls ein rechtliches Vakuum entstehe und bei den Normadressaten Unsicherheit über die Rechtslage einzutreten drohe.[519] In Fällen eines gleichheitswidrigen Begünstigungsausschlusses wurde selbst die **übergangsweise Ausweitung der Begünstigung** contra legem auf die Ausgeschlossenen auch ohne neue gesetzliche Grundlage angeordnet. Für diese ausnahmsweise Selbstvornahme des Gerichts sei Voraussetzung, dass die mit der Unvereinbarerklärung verbundenen Unsicherheiten für die Betroffenen gravierende Auswirkungen haben, dass die Ausdehnung der Begünstigung durch den Gesetzgeber sehr wahrscheinlich ist sowie schließlich, dass die fiskalischen Auswirkungen überschaubar sind.[520]

II. Die besonderen Gleichheitssätze (Art. 3 Abs. 2 u. 3)

115 Die neben dem allgemeinen Gleichheitssatz in Art. 3 aufgenommenen besonderen Gleichheitssätze behandeln **drei** unterschiedliche **Regelungskomplexe.** Im Hinblick auf geschlechtsspezifische Ungleichbehandlungen enthält zunächst Art. 3 Abs. 2 neben dem **Grundsatz der Gleichberechtigung** in Art. 3 Abs. 2 S. 1 ein 1994 eingefügtes explizites **Gleichstellungsgebot.**[521] Darüber hinaus und zweitens normiert Art. 3 Abs. 3 S. 1 einen abschließenden Katalog „einfacher" **Diskriminierungsverbote.** Das hier formulierte Verbot, Menschen wegen ihrer Abstammung, ihrer Rasse, ihrer Sprache, ihrer Heimat und Herkunft, ihres Glaubens oder ihrer religiösen oder politischen Anschauungen zu benachteiligen oder zu bevorzugen, wurde 1994 mit Art. 3 Abs. 3 S. 2 durch ein **Benachteiligungsverbot** wegen einer **Behinderung** ergänzt. Der Katalog bleibt des Art. 3 Abs. 3 S. 1 bleibt damit hinter dem des Art. 21 Abs. 1 GRCh zurück, der „insbesondere", also nicht abschließend „Diskriminierungen […] wegen des Geschlechts, der Rasse, der Hautfarbe, der ethnischen oder sozialen Herkunft, der genetischen Merkmale, der Sprache, der Religion oder der Weltanschauung, der politischen oder sonstigen Anschauung, der Zugehörigkeit zu einer nationalen Minderheit, des Vermögens, der Geburt, einer Behinderung, des Alters oder der sexuellen Ausrichtung" erfasst.

---

[516] BVerfGE 37, 217 (260 ff.).

[517] BVerfGE 61, 319 (356).

[518] BVerfGE 73, 40 (101 f.).

[519] BVerfGE 73, 40 (102).

[520] BVerfG NVwZ 2009, 998 (1003). Die Entscheidung betraf die steuerliche Behandlung von Zuwendungen an kommunale Wählervereinigungen.

[521] Hierzu *Baer/Markard* in MKS Rn. 340 f. unter Verweis auf *Limbach/Eckertz-Höfer* (Hrsg.), Frauenrechte im Grundgesetz 1990 und *Sacksofsky* in Umbach/Clemens Rn. 288.

1. Die Diskriminierungsverbote im Allgemeinen. a) Verhältnis zum allgemeinen Gleichheitssatz. Wie der allgemeine Gleichheitssatz begründen auch die speziellen Diskriminierungsverbote **subjektive Abwehrrechte** und sind zugleich objektives Recht. Welche Unterscheidungsmerkmale aus der durch den allgemeinen Gleichheitssatz für alle Lebensbereiche und denkbaren Differenzierungskriterien umfassend geschützten Gleichheit verfassungsgesetzlich besonders hervorgehoben wurden, hat zumal historische Gründe. Art. 3 Abs. 3 ist eine Negation der Erfahrung von Entrechtungen, Diskriminierungen und Vernichtungen während der nationalsozialistischen Herrschaft und nimmt gleichzeitig die besondere Situation der Flüchtlinge und Vertriebenen nach dem Zweiten Weltkrieg auf. **116**

Dabei wird der Inhalt des allgemeinen Gleichheitssatzes durch die besonderen Gleichheitssätze nicht bloß für die genannten Merkmale bekräftigt. Die Diskriminierungsverbote haben eine eigenständige normative Funktion.[522] Rechtsdogmatisch manifestierten sich die Unterschiede zwischen allgemeinem Gleichheitssatz und Diskriminierungsverbot jedenfalls unter dem Verständnis von Art. 3 Abs. 1 als Willkürverbot (→ Rn. 25 ff., 54 f., 104 ff.) **ursprünglich in verschiedenen Maßstäben richterlicher Kontrolle.** Durch die oben (→ Rn. 28) beschriebene allgemeine Entwicklungslogik des Gleichheitsrechts vom Willkürverbot hin zum Gedanken der Nichtdiskriminierung nähern sich diese Maßstäbe nun an. Über die abwehrrechtliche Wirkungsweise des allgemeinen Gleichheitssatzes hinaus gehen die Diskriminierungsverbote des Art. 3 Abs. 3 mit ihrem objektiv-rechtlichen Gehalt, namentlich konkreten Gleichstellungsgeboten.[523] **117**

Die Diskriminierungsverbote weisen nicht nur tatbestandlich, sondern auch dogmatisch eine größere **Nähe** zu den **Freiheitsrechten** des Grundrechtskatalogs auf als Art. 3 Abs. 1. Denn sie besitzen schon logisch eine wesentlich andere Struktur als der in sich kriterienlose Gleichheitssatz, der die entscheidenden Fragen, nämlich was jeweils das „Seine" ist, offen lässt.[524] Die Diskriminierungsverbote geben hingegen in Form subsumtionsfähiger Merkmale die Bewertung des gleichheitsrelevanten Staatshandelns vor, vergleichbar dem Schutzbereich eines (speziellen) Freiheitsrechts. Dies gilt auch für die Frage einer möglichen **Rechtfertigung** nach Art. 3 Abs. 3 untersagter **Differenzierungen.** Wird an das Bestehen oder Nichtbestehen eines verpönten Merkmals eine Rechtsfolge geknüpft, so liegt in dieser Rechtsfolgenbestimmung ein **Eingriff,** der sich nach Struktur und Rechtfertigungsbedürftigkeit vom Eingriff in ein Freiheitsrecht nicht unterscheidet. Ebenso wie beim Abwehrrecht löst hier die nicht gerechtfertigte Beeinträchtigung in aller Regel einen **negatorischen Hilfsanspruch** aus, der auf die Beseitigung der Ungleichbehandlung gerichtet ist.[525] Dieser Logik entspricht es, wenn sich maßgeblich unter Anknüpfung an die Differenzierungsverbote des Art. 3 Abs. 3 die Maßstäbe verfassungsgerichtlicher Kontrolle beim allgemeinen Gleichheitssatz zunehmend am Maßstab der **Verhältnismäßigkeit** orientieren. **118**

In der Verfassungsrechtspraxis haben die grundgesetzlichen Diskriminierungsverbote des Art. 3 Abs. 3 lange Zeit ein „Schattendasein"[526] geführt, **119**

---

[522] *Sachs* in HdbStR VIII, § 182 Rn. 17.
[523] *Sachs* in HdbStR VIII, § 182 Rn. 17.
[524] *Volkmann,* Staatsrecht, Bd. II, 2. Aufl. 2011, § 19 Rn. 26.
[525] *Sachs* in Stern StaatsR III/1, Rn. § 66 Kap. III 1.
[526] BVerfGE 63, 266 (310) – abw. Meinung *Simon.*

mit partieller Ausnahme des neben Art. 3 Abs. 3 auch in Art. 3 Abs. 2 als Gleichstellungsauftrag formulierten Verbots geschlechtsspezifischer Diskriminierungen. Mit dem Aufbrechen traditioneller Ordnungsmuster in der durch Internationalisierung und Digitalisierung diversifizierten Gesellschaft erlangen die Diskriminierungsverbote des Art. 3 Abs. 3 nun größeres Gewicht, dies nicht zuletzt im Rahmen der oben beschriebenen Entwicklung der gleichheitsrechtlichen Dogmatik (→ Rn. 28).

120 Über diese gleichheitsdogmatischen Entwicklungen hinaus sind die Gründe für die zunächst geringe praktische Wirksamkeit von Art. 3 Abs. 2 u. 3 vielfältig und reichen von den beschrieben dem spezifischen historischen Hintergrund der Diskriminierungsmerkmale bis hin zum durchweg zurückhaltenden Umgang mit der Kategorie der mittelbaren Diskriminierung.[527]

121 Dass sich das tradierte deutsche Verhältnis zwischen allgemeinem Gleichheitssatz und besonderen Diskriminierungsverboten keineswegs von selbst versteht, zeigt ein Blick auf das einschlägige **Europa- und Völkerrecht.** Hier ist das Verhältnis von Diskriminierungsverbot und allgemeinem Gleichheitsgebot genau umgekehrt. Ausgehend von den Diskriminierungsverboten des Europa- und des Wirtschaftsvölkerrechts hat sich auf internationaler Ebene ein **omnipräsenter Diskriminierungsbegriff** etabliert, der längst auch das vergleichsweise junge Gebiet des **internationalen Menschenrechtsschutzes** erreicht hat.[528]

122 Die Diskriminierungsverbote gehören dabei anders als das allgemeine Gleichheitsgebot nicht zum klassischen Kanon der US-amerikanischen und französischen Menschen- und Bürgerrechtserklärungen und ihrer Nachfolger. Sie entspringen einem **wirtschaftsrechtlichen Kontext,** fanden ihren Weg aus dem US-amerikanischen Handels- und Wettbewerbsrecht in das in der Zwischenkriegszeit entstandene Wirtschaftsvölkerrecht[529] sowie später in das Recht der Europäischen Union und bilden in Form der Prinzipien der Meistbegünstigung und der Inländergleichbehandlung noch heute die **tragenden Säulen des Welthandelssystems der WTO.**[530]

123 Die internationale Entwicklung, insbesondere aber die Entwicklung des europarechtlichen Diskriminierungs- und Gleichheitsschutzes wurde oben bereits nachgezeichnet (→ Rn. 28). Problematisch ist hier das **Fortwirken der ursprünglich allein marktintegrativen Funktion** der europarechtlichen Diskriminierungsverbote auch unter den Bedingungen einer nunmehr umfassenden Bindung der EU an die Gleichheitsrechte der Grundrechtecharta.[531] Die nach wie vor zurückhaltende, teilweise auch verweigerte Kontrolle europäischen Sekundärrechts am Maßstab der **Gleichheitsgrundrechte** folgt insoweit der „Logik gegenläufiger Hierarchisierung"[532] (→ Rn. 28) und dient weniger dem Grundrechtsschutz der Unionsbürger als vielmehr der **Festigung** der Grundsätze der europäischen **Rule of Law** und ihres **Vorrangs** vor dem Recht der Mitgliedstaaten. In dieser **Sozialtechnologie**

---

[527] Ausführlich *Kingreen* in BK Rn. 416 ff.

[528] *Peters* in Liber Amicorum Wildhaber, 2007, 551 (552 f.).

[529] Einzelheiten bei *Jaenicke* in Schlochauer Wörterbuch des Völkerrechts, Bd. I, 2. Aufl. 1960, 387 ff.; *Kewenig,* Der Grundsatz der Nichtdiskriminierung im Völkerrecht der internationalen Handelsbeziehungen, Bd. I, 1972, 24 ff.; *Peters* in Liber Amicorum Wildhaber, 2007, 551 (552).

[530] *Bender* in Hilf/Oeter WTO-Recht, 2. Aufl. 2010, § 10 Rn. 28 ff.; *Tietje* in Tietje Internationales Wirtschaftsrecht, 2. Aufl. 2015, § 3 Rn. 65 ff.

[531] Pointiert *Somek,* Engineering Equality, 2011.

[532] *Schönberger* EuR 2003, 600.

der Nichtdiskriminierung fungieren Gleichheitsgrundrechte weniger als Ausprägung einer personalistischen Rechtsethik denn als Instrumente im Kampf gegen alle nichtökonomischen Unterscheidungen.[533]

Hieraus einen allgemeinen Vorbehalt gegen den gleichheitsrechtlichen **124** Diskriminierungsschutz abzuleiten, wäre gleichwohl ein Fehlschluss. Der Gehalt des Antidiskriminierungsrechts geht nicht in sozio-ökonomischer Umverteilung auf. In seinem Zentrum steht die Verweigerung der Anerkennung als gleichrangige und gleichwertige Person,[534] weshalb es von vornherein nicht darum gehen kann, Nichtdiskriminierung und soziale Gerechtigkeit gegeneinander auszuspielen.[535] Einen wesentlichen Grund für die fehlende grundrechtliche Effektuierung vor allem sozialer Gleichheit auf Ebene der EU setzen insoweit die Mitgliedstaaten, die die entsprechenden Kompetenzen umverteilender Sozialpolitik für sich behalten.[536] So bleibt der paradoxe Befund, dass ein großer Teil des Antidiskriminierungsrechts zwar um den Markt kreist, dass aber gleichzeitig klassisch hoheitliche und im Zuständigkeitsbereich der Mitgliedstaaten verbliebene Bereiche wie das Recht der Gefahrenabwehr diskriminierungsschutzrechtlich unterreguliert sind.[537]

b) Verbot der Benachteiligung oder Bevorzugung wegen eines der **125** **genannten Merkmale.** Über die juristische Bedeutung der **Diskriminierungsverbote** des Art. 3 Abs. 3 S. 1 und damit über die Reichweite ihrer Verbotswirkung bestehen nach wie vor diverse Meinungsverschiedenheiten. Im Zentrum der Debatte steht nunmehr seit Jahrzehnten die Frage, ob Art. 3 Abs. 3 S. 1 als **Anknüpfungs-**[538] oder als **Begründungsverbot**[539] zu verstehen ist. Neben Auslegungsdifferenzen über die Bestimmung der maßgeblichen Verknüpfung von Unterscheidung und Merkmal, die insbesondere auf die Präposition **„wegen"** projiziert werden, geht es hierbei um die grundrechtssystematische Einordnung von **Art. 3 Abs. 3** und nicht zuletzt um die Frage, welche Folgen die unterschiedlichen Konzeptualisierungen – etwa bei der **mittelbaren Diskriminierung** – haben.

Nach dem Verständnis als **Anknüpfungsverbot** untersagen die Diskrimi- **126** nierungsverbote jede Verwendung eines verpönten Merkmals als Voraussetzung einer Rechtsfolge.[540] Das Wort „wegen" verweist in dieser Lesart nur auf die notwendige Anknüpfung einer tatbestandsmäßigen Ungleichbehandlung an eines der Merkmale. Art. 3 Abs. 3 S. 1 zielt hiernach darauf ab, die genannten Unterscheidungsmerkmale relativierender Abwägung am Maßstab im Grunde beliebiger Sachgründe zu entziehen und einen Mindeststandard

---

[533] Vgl. auch *Somek,* Engineering Equality, 2011, 159 ff.

[534] *Mangold,* Demokratische Inklusion durch Recht, 2020; *Schiek* KJ 2014, 402 f.

[535] In diesem Sinne *Lilla,* The End of Identity Liberalism, New York Times v. 18.11.2016; *Heisterhagen,* Die liberale Illusion, 2018, 158 ff.

[536] *Boysen* in Kersten/Rixen/Vogel Ungleiche Gleichheit, 2020.

[537] Eingehend hierzu *Tischbirek* in Mangold/Payandeh Hdb AntidiskriminierungsR, 2021.

[538] S. hierzu grdl. *Sachs,* Grenzen des Diskriminierungsverbotes, 1987, 428 ff.; *Sachs* in HdbStR VIII, § 182 Rn. 69 ff.

[539] *Heun* in Dreier Rn. 125.

[540] Grdl. *Sachs,* Grenzen des Diskriminierungsverbotes, 1987, 428 ff.; *Sachs* in HdbStR VIII, § 182 Rn. 77; *Sacksofsky* in Umbach/Clemens Rn. 315; *Kischel* in BeckOK GG Rn. 212; *Hesse,* Grundzüge des Verfassungsrechts der Bundesrepublik Deutschland, 20. Aufl. 1995, Rn. 436; aA *Eckertz-Höfer* in AK Rn. 106; *Kingreen* in BK Rn. 434 f.; *Heun* in Dreier Rn. 123 ff.; krit. *Huster,* Rechte und Ziele, 1993, 315 ff. (322): „Die Anknüpfungstheorie kann daher nur als eine Umformulierung des Begründungsverbots aus pragmatischen Erwägungen aufgefaßt werden"; *Nußberger* in Sachs Rn. 241 ff.

schlechthin unzulässiger Differenzierung zu fixieren.[541] Versteht man demgegenüber Art. 3 Abs. 3 S. 1 als **Begründungsverbot,**[542] sind nur solche Ungleichbehandlungen verboten, die nicht begründet werden können, ohne auf die in Art. 3 Abs. 3 genannten Merkmale abzustellen.[543] Daneben existieren nach einzelnen Merkmalen differenzierende Auslegungen als „(begrenzt) wertungsoffene Gleichbehandlungsgebote, die Raum für sach- und regelungsbereichsspezifisch differenzierende Abwägungen unter Berücksichtigung des Schutzzwecks der Verbote lassen."[544]

127 Die immer wieder auf das Kriterium der Ursächlichkeit gestützte Rspr. des **BVerfG** lässt keine einheitliche Linie erkennen. Neben einer Einstufung als Begründungsverbot[545] hat das Gericht häufig eine Lesart des Art. 3 Abs. 3 als striktes Anknüpfungsverbot favorisiert,[546] zwischenzeitlich aber wiederum nur die „bezweckte Benachteiligung oder Bevorzugung" von Art. 3 Abs. 3 erfasst gesehen.[547] Darüber hinaus existiert eine Reihe von Entscheidungen, in denen das BVerfG nur terminologische Anleihen bei der Konzeption des Anknüpfungsverbots macht, in der Sache aber ein Verständnis der Norm als Begründungsverbot offenbart.[548] Auch in der neueren Rspr. ist – beginnend mit dem Urteil des Ersten Senats zum Nachtarbeitsverbot[549] – durch ein Verständnis des Unterscheidungsverbots des Art. 3 Abs. 3 als „grundsätzliches"[550] Anknüpfungsverbot geprägt,[551] wobei sich auch hier Inkonsistenzen im Begriffsgebrauch finden.[552]

128 In der **Lit.** wird mittlerweile die Relevanz der Kontroverse bestritten.[553] Dies ist zunächst insoweit zutreffend, als jenseits der grundrechtssystematischen Einordnung von Art. 3 Abs. 3 die Folgen der unterschiedlichen Konzeptualisierungen entscheidend sind. Diese betreffen insbesondere den Umgang mit **mittelbarer Diskriminierung** (→ Rn. 143). Aus der Perspektive des Begründungsverbots von Art. 3 Abs. 3 S. 1 erfasst,[554] sind mittelbare

---

[541] *Sachs,* Grenzen des Diskriminierungsverbotes, 1987, 450. Zur Kritik s. *Nußberger* in Sachs Rn. 241: „kategorische Einheitslösung", die „praktisch einem Verbot teleologisch differenzierender Interpretation des Verfassungstextes gleichkommt".

[542] *Heun* in Dreier Rn. 125; *Kingreen* in BK Rn. 434; *Huster,* Rechte und Ziele, 1993, 313 ff.

[543] *Heun* in Dreier Rn. 125.

[544] *Nußberger* in Sachs Rn. 239 unter Verweis auf *Heckel* FS f. Dürig, 1990, 241.

[545] BVerfGE 2, 266 (286).

[546] So explizit BVerfGE 5, 17 (22); 23, 258 (262); 52, 369 (374); 64, 135 (157); ferner BVerfGE 3, 58 (147); 3, 225 (249 f.); 5, 9 (12); 6, 389 (422); 15, 337 (343); 17, 199 (203); 48, 281 (287 f.).

[547] BVerfGE 19, 119 (126); 39, 334 (368); 75, 40 (70): „Das Verbot des Art. 3 Abs. 3 gilt mithin nicht absolut; es verbietet, wie sich schon aus seinem Wortlaut ergibt (‚wegen'), nur die bezweckte Benachteiligung oder Bevorzugung, nicht aber einen Nachteil oder einen Vorteil, der die Folge einer ganz anders intendierten Regelung ist."

[548] BVerfGE 26, 265 (277); 39, 334 (368); 75, 40 (69 f.).

[549] BVerfGE 85, 191 (206 f.).

[550] *Nußberger* in Sachs Rn. 250.

[551] BVerfGE 85, 191 (206 f.); 96, 288 (302); 97, 35 (43); 102, 41 (53); 107, 257 (269); 114, 357 (364); 121, 241 (254).

[552] S. etwa BVerfGE 121, 241 (254): „Das Geschlecht darf grundsätzlich nicht zum Anknüpfungspunkt *und zur Rechtfertigung* für rechtliche Ungleichbehandlungen benachteiligender oder bevorzugender Art herangezogen werden." (Hervorh. d. Verf.). Die Frage der Rechtfertigung einer Ungleichbehandlung mit einem verpönten Merkmal dürfte wiederum nur nach der Konzeption des Begründungsverbots Bedeutung erlangen.

[553] So va *Baer/Markard* in MKS Rn. 426; *Fehling* in FS f. Würtenberger, 2013, 669 (683 f.); zustimmend auch *Kingreen* in BK Rn. 436.

[554] *Kingreen* in BK Rn. 434.

Diskriminierungen aus der Perspektive des Anknüpfungsverbots grundsätzlich nach Art. 3 Abs. 1 zu verhandeln. Die Abgrenzung ist auch hier nicht ganz leicht, weil auch unter dem Anknüpfungsverbot eindeutig mit dem Merkmal verknüpfte Eigenschaften[555] und **„verdeckte Diskriminierungen"**, also solche, die nur andere als die inkriminierten Gründe vorgeben, unter Art. 3 Abs. 3 S. 1 fallen.[556] Und auch die mit dem Begründungsverbot verknüpften Maßstäbe des Art. 3 Abs. 3 S. 1 werden relativiert, wenn sich andere „nachvollziehbare" Gründe finden, die die mittelbare Diskriminierung tragen.[557]

Als **eigentliches Problem** erweist sich indes nicht die Frage der Einord- **129** nung der mittelbaren Diskriminierung in Art. 3 Abs. 1, sondern die allgemein und auch in Verbindung mit der Konzeption des Begründungsverbots verbreitete **Vorstellung, mittelbare Diskriminierungen seien per se weniger problematisch** als unmittelbare oder so allgegenwärtig, dass allein aus praktischen Gründen regelmäßig nur ein im Vergleich weniger strenger Prüfungsmaßstab in Betracht komme (→ Rn. 143).

Die Frage nach der **grundrechtssystematischen Einordnung des spe- 130 ziellen Gleichheitssatzes des Art. 3 Abs. 3** erledigt sich damit nicht. Hier könnten die Meinungsverschiedenheiten größer nicht sein: Während Art. 3 Abs. 3 in der Gestalt des Anknüpfungsverbots als **eigenständiges Grundrecht** gefasst wird, das starke Bezüge zu den Freiheitsgrundrechten aufweist, führt das Modell des Begründungsverbots zu einem Verständnis des Art. 3 Abs. 3 als einem besonderen Kontrollmaßstab für die Rechtfertigung von Ungleichbehandlungen.[558]

Die Konzeption des Unterscheidungsverbots des Art. 3 Abs. 3 S. 1 als – **131** unselbständige – negative Formulierung des allgemeinen Gleichheitssatzes vermag dabei nicht zu überzeugen. Sie widerspricht sowohl den entstehungsgeschichtlich belegten Zielsetzungen der Norm[559] als auch dem oben (→ Rn. 116 ff.) dargelegten Verhältnis von allgemeinem Gleichheitssatz und Diskriminierungsverboten – gerade in internationaler Perspektive. Auch vor dem Hintergrund des einschlägigen Europa- und Völkerrechts ist insoweit von der grundsätzlichen Verschiedenheit beider Konzepte auszugehen, die sich in unterschiedlichen Zielsetzungen manifestiert.[560]

c) Grenzen des Diskriminierungsverbots. Entsprechend anderen vor- **132** behaltlos gewährleisteten Grundrechten finden die Diskriminierungsverbote des Art. 3 Abs. 3 ihre Grenzen nur in **kollidierendem Verfassungsrecht.**[561] Die dafür geltenden Grundsätze entsprechen der **Eingriffsrecht-**

---

555 *Sachs* in HdbStR VIII, § 182 Rn. 31; *Sachs,* Grenzen des Diskriminierungsverbotes, 1987, 458 ff.

556 *Sachs* in HdbStR VIII, § 182 Rn. 97.

557 In diesem Sinne etwa *Kingreen* in BK Rn. 439: „Für das Begründungsverbot ist maßgebend, ob es andere tragende Gründe als das betroffene Merkmal gibt, das die Ungleichbehandlung trägt. Solche Gründe wird man tendenziell bei mittelbaren Diskriminierungen leichter finden als bei unmittelbaren."

558 *Kingreen* in BK Rn. 435; s. auch *Huster,* Rechte und Ziele, 1993, 322 unter Verweis auf *Podlech,* Gehalt und Funktionen des allgemeinen verfassungsrechtlichen Gleichheitssatzes, 1971, 91.

559 S. nur *Sachs* in Stern StaatsR IV/2, Rn. 1757.

560 *Peters* in Merten/Papier HdB GR VII/2, § 211 Rn. 3 mwN; *Peters* in Liber Amicorum Wildhaber, 2007, 551 (564); *Nolte* in Wolfrum, Gleichheit und Nichtdiskriminierung, 2003, 235 (244 f.).

561 *Sachs* in Stern StaatsR IV/2, Rn. 1762; *Nußberger* in Sachs Rn. 254; *Jarass* in Jarass/Pieroth Rn. 153; *Huster* AöR 118 (1993), 109 (111); BVerfGE 114, 357 (364); aA *Kingreen* in BK Rn. 435: „Wenn man […] davon ausgeht, dass Art. 3 Abs. 3 GG einen besonderen

fertigung bei **vorbehaltlosen Freiheitsrechten.**[562] Im Hinblick auf die strenger Prüfung unterliegenden verfassungsimmanenten Schranken ergeben sich für die einzelnen Merkmale des Art. 3 Abs. 3 unter Berücksichtigung ihres spezifischen Schutzzwecks unterschiedliche Grenzen.[563] Soweit der Anwendungsbereich des Art. 3 Abs. 3 auch auf mittelbare Diskriminierungen erstreckt wird[564] (→ Rn. 143), werden an die Rechtfertigung in diesem Sinne mittelbarer Unterscheidungswirkungen zT nur „abgeschwächte Rechtfertigungsanforderungen"[565] gestellt. Dem ist nicht zu folgen. Ob ein weniger strenger Prüfungsmaßstab angebracht ist, hängt vom Kontext der jeweiligen Diskriminierung ab. Die Nähe zu den unverfügbaren Merkmalen nach Art. 3 Abs. 3 S. 1 legt insoweit auch bei einer Beurteilung unter Art. 3 Abs. 1 eine Prüfung am Maßstab der Verhältnismäßigkeit nahe.

133 **d) Grundrechtsberechtigte.** Ebenso wie der allgemeine Gleichheitssatz enthalten die Diskriminierungsverbote des Art. 3 Abs. 3 S. 1 allgemeine **Menschenrechte.** Grundrechtsberechtigte sind damit zunächst alle **natürlichen Personen.** Hinsichtlich der Anwendbarkeit der Diskriminierungsverbote auf **juristische Personen des Privatrechts** ist zu differenzieren: Soweit die einzelnen Diskriminierungsmerkmale spezifisch menschliche Eigenschaften in Bezug nehmen, sind sie ihrem Wesen nach nicht auf juristische Personen anwendbar, auch nicht auf Zusammenschlüsse von Menschen mit entsprechenden Eigenschaften.[566] Etwas anderes gilt für die Merkmale der **religiösen** oder **politischen Anschauung.** Sie können im Verbund mit den einschlägigen freiheitsrechtlichen Garantien auch für juristische Personen von Bedeutung sein und sind deshalb grundsätzlich auch auf diese anwendbar.[567] Darüber hinaus wird die Grundrechtsberechtigung von Vereinigungen, die sich für die tatsächliche Gleichstellung nach Art. 3 Abs. 2 einsetzen, in Betracht gezogen.[568]

134 **e) Fördermaßnahmen / positive Diskriminierung.** Das von Art. 3 Abs. 3 S. 1 aufgestellte Verbot, Menschen aus den dort genannten Gründen zu benachteiligen oder zu bevorzugen, wirft die Frage auf, inwieweit außerhalb der Anwendungsbereiche des Art. 3 Abs. 2 und Art. 3 Abs. 3 S. 2 fördernde Maßnahmen im Sinne des aus dem US-amerikanischen Recht stammenden Konzepts der **„affirmative action"** zugunsten durch ein besonderes Diskriminierungsmerkmal beschreibbarer Gruppen zulässig sein können. Ziel einer in diesem Sinne positiven Diskriminierung bestimmter gesellschaftlicher Gruppen soll es sein, bestehende **strukturelle Benachteiligungen** abzubauen und so die Grenzen eines „rein formalen" Gleichheitsverständnisses zu überwinden.[569] Während sich Maßnahmen zur Herstellung

Kontrollmaßstab für die Rechtfertigung von Ungleichbehandlungen enthält, aber kein eigenständiges Grundrecht, dann ist für verfassungsimmanente Schranken gar kein Raum."

562 Grdl. zur Begrenzungsproblematik *Lenz,* Vorbehaltlose Freiheitsrechte, 2006; *Sachs* in Stern StaatsR III/2, Rn. 493 ff.

563 Vgl. den Überblick bei *Sachs* in Stern StaatsR IV/2, Rn. 1762 ff.

564 *Nußberger* in Sachs Rn. 255 f.; *Jarass* in Jarass/Pieroth Rn. 137.

565 In diesem Sinne *Kingreen* in BK Rn. 439.

566 *Baer/Markard* in MKS Rn. 360, 413; *Englisch* in Stern/Becker Grundrechte-Kommentar Rn. 104; aA *Heun* in Dreier Rn. 118.

567 *Sachs* in Stern StaatsR IV/2, Rn. 1742; *Nußberger* in Sachs Rn. 238; *Baer/Markard* in MKS Rn. 413; *Jarass* in Jarass/Pieroth Rn. 135.

568 *Baer/Markard* in MKS Rn. 360.

569 Ausf. *Raabe,* Equality, Affirmative Action and Justice, 2001, 73 f.; *Schubert,* Affirmative Action and Reverse Discrimination, 2003, 33 f. mwN.

tatsächlicher Chancengleichheit von Frauen und Männern mit dem Födergebot des Art. 3 Abs. 2 S. 2 begründen lassen (→ Rn. 166 ff.) und Fördermaßnahmen zugunsten von Menschen mit Behinderung nach Art. 3 Abs. 3 S. 2 grundsätzlich zulässig sind (→ Rn. 194 ff.), scheint Art. 3 Abs. 3 S. 1 im Hinblick auf die übrigen Differenzierungsmerkmale positiven Maßnahmen entgegenzustehen.

Konkret stellt sich etwa die Frage, inwieweit **Maßnahmen zur Förderung sprachlicher oder kultureller Minderheiten,** deren Existenz als Minderheiten auf geteilter Abstammung, Sprache, Heimat oder Herkunft beruht, vor dem Hintergrund von Art. 3 Abs. 3 S. 1 verfassungsrechtlich zu rechtfertigen sind. Sprachliche und kulturelle Minderheiten prägen als gewachsene Gemeinschaften ihre Angehörigen regelmäßig in der einen oder anderen Weise.[570] Da der von Art. 3 Abs. 3 bezweckte Schutz dieser Gruppen vor Diskriminierung[571] notwendigerweise nur in Anknüpfung an eines oder mehrerer Merkmale des Art. 3 Abs. 3 S. 1 erfolgen kann, stellt sich Art. 3 Abs. 3 S. 1 somit auf den ersten Blick Maßnahmen positiver Diskriminierung von Minderheiten entgegen. Solche Bevorzugungen sind deswegen auch im Schrifttum teilweise kritisch betrachtet worden.[572] 135

Das Diskriminierungsverbot des Art. 3 Abs. 3 S. 1 setzt zunächst **eine den Einzelnen unmittelbar betreffende Regelung des persönlichen Rechtsstatus** voraus. Die Possessivpronomina „seines" und „seiner" deuten dies an. Nicht vom Diskriminierungsverbot umfasst sind demnach umgekehrt alle Maßnahmen, bei denen der Staat gegenüber der einzelnen Person nicht unterscheidet, in denen er also differenzierende Regelungen trifft, die für alle Rechtsunterworfenen Geltung entfalten. Ein Beispiel hierfür bietet etwa die Festlegung der deutschen Sprache als Amts- und Gerichtssprache,[573] aber auch umgekehrt die Öffnung der Amtssprachenregelung für andere Sprachen, wie im Kontext des Einigungsvertrages für das Sorbische geschehen. Art. 3 Abs. 3 gibt insofern keine politische Richtung vor und stellt sich umgekehrt auch staatlichen Regelungen nicht entgegen, die sich zu Gunsten von Minderheiten auswirken, wenn und soweit sie nicht gegenüber dem Einzelnen in den personenbezogenen Rechtsfolgen differenzieren. Als Nichtunterscheidungen in diesem Sinn stellen sich insbesondere die Errichtung und Unterhaltung von Minderheitenschulen, die Erteilung von Fremdsprachenunterricht an staatlichen Schulen und andere Bestimmungen dar, die dem Kulturverwaltungsrecht oder der Staatsorganisation zuzurechnen sind.[574] 136

Es braucht demnach kein Verständnis von Art. 3 Abs. 3 S. 1 als Förderpflicht, um Fördermaßnahmen im Anwendungsbereich der Diskriminierungsverbote als verfassungsrechtlich gerechtfertigt anzusehen. Entsprechende 137

---

[570] Vgl. *Boysen* in Boysen ua Europäische Charta der Regional- oder Minderheitensprachen, 2011, Einführung, Rn. 19 ff.; *Langenfeld* in Maunz/Dürig Art. 3 Abs. 3 Rn. 30.

[571] Vgl. JöR nF 1 (1951), 1 (69); *Sachs,* Grenzen des Diskriminierungsverbotes, 1987, 328; *Nußberger* in Sachs Rn. 236.

[572] *Sachs* in Stern StaatsR IV/2, Rn. 1749; *Heun* in Dreier Rn. 117: „Anders als bei Art. 3 II GG ist unstrittig, daß Art. 3 III GG keine kompensatorischen Maßnahmen legitimiert und keinerlei Ansätze zu einem Anspruch auf (faktische) Gleichstellung begründet." (aA insoweit *Nußberger* in Sachs Rn. 245 ff.; *Baer/Markard* in MKS Rn. 406); s. aber auch *Heun* in Dreier Rn. 119: „Zulässig ist es allerdings, daß der Gesetzgeber kulturelles, religiöses und politisches Leben sowie sprachliche Vielfalt insgesamt fördert.".

[573] *Sachs* in Stern StaatsR IV/2, Rn. 1750; *Sachs* FS f. Friauf, 1996, 309 (319); *Mäder* ZAR 1997, 9 (33).

[574] Vgl. *Faisst,* Minderheitenschutz im Grundgesetz und in den Landesverfassungen, 2000, 124 f.

Maßnahmen können auch gerechtfertigt sein, um **Ziele mit Verfassungsrang** zu erreichen.[575] Bei systemisch wirkenden Diskriminierungen kommt überdies eine **Schutzpflicht** (→ Rn. 49) in Betracht.[576]

138 Schließlich hat eine Antwort auf die Frage nach der Vereinbarkeit von Maßnahmen positiver Diskriminierung mit der Vorschrift des Art. 3 Abs. 3 S. 1 neben dem **Recht der Europäischen Union** auch das geltende **Völkerrecht** zu berücksichtigen. Über die Abwehr unzulässiger Ungleichbehandlungen hinaus ermächtigen einige UN-Menschenrechtsverträge die Vertragsstaaten, zeitlich befristete positive Maßnahmen zu ergreifen. Beispiele hierfür bieten etwa Art. 1 Abs. 4 des UN-Übereinkommens zur Beseitigung jeder Form von Rassendiskriminierung (ICERD) und Art. 4 Abs. 1 der UN-Frauenrechtskonvention (CEDAW). Für die prinzipielle Zulässigkeit positiver Diskriminierung sprechen sich zudem auch der UN-Menschenrechtsausschuss in seinen General Comments zur Nicht-Diskriminierung[577] und zu Art. 27 IPbpR[578] sowie der EGMR im Hinblick auf Art. 14 EMRK[579] aus. Art. 1 des 12. Zusatzprotokolls erlaubt ausweislich des Erläuternden Berichts Fördermaßnahmen zum Ausgleich faktischer Ungleichheit in den Grenzen der Verhältnismäßigkeit.[580]

139 Entscheidend für die Beurteilung der gleichheitsrechtlichen Zulässigkeit solcher Maßnahmen der *affirmative action* ist dabei letztlich immer die Frage, inwieweit man den **kompensatorischen Charakter einer Schutz- oder Fördermaßnahme** anerkennt oder eben nicht. Der **EGMR** hat in seiner Rspr. zu **Art. 14 EMRK** konzediert, dass allein ein Anspruch auf „formale" Gleichbehandlung aufgrund höchst unterschiedlicher Ausgangssituationen von Individuen und Gruppen uU nicht genügen wird, um eine angemessene Verteilung sozialer Güter zu sichern. Im *Belgischen Sprachenfall* findet sich die Erwägung des EGMR, dass eine spezifische Ungleichbehandlung einer Minderheit mitunter geboten sein kann, um tatsächliche Ungleichheiten auszugleichen.[581] Art. 14 EMRK könne nur verletzt sein – so die Schlussfolgerung des Gerichtshofs –, wenn sich die Ungleichbehandlung nicht auf einen „objektiven und angemessenen Rechtfertigungsgrund" stützen lasse.[582]

---

575 *Baer/Markard* in MKS Rn. 406.

576 *Baer/Markard* in MKS Rn. 406.

577 *UN-Menschenrechtsausschuss,* General Comment Nr. 18 (Non-discrimination) v. 10.11.1989, Ziff. 10: „The Committee also wishes to point out that the principle of equality sometimes requires States parties to take affirmative action in order to diminish or eliminate conditions which cause or help to perpetuate discrimination prohibited by the Covenant. For example, in a State where the general conditions of a certain part of the population prevent or impair their enjoyment of human rights, the State should take specific action to correct those conditions. Such action may involve granting for a time to the part of the population concerned certain preferential treatment in specific matters as compared with the rest of the population. However, as long as such action is needed to correct discrimination in fact, it is a case of legitimate differentiation under the Covenant.", dt. Übersetzung in *Deutsches Institut für Menschenrechte,* Die General Comments zu den VN-Menschenrechtsverträgen, 2005.

578 *UN-Menschenrechtsausschuss,* General Comment Nr. 23 (The rights of minorities (Art. 27)) v. 8.4.1994, Ziff. 6.1, 6.2.

579 EGMR 23.7.1968 – verb. Nr. 1474/62, 1677/62 ua – Belgischer Sprachenfall.

580 Explanatory Report zum 12. Zusatzprotokoll (SEV-Nr. 177), Ziff. 16; *Peters,* Liber amicorum Wildhaber, 2007, 551 (583 f.).

581 EGMR 23.7.1968 – verb. Nr. 1474/62, 1677/62 ua, I. B. Rn. 10 – Belgischer Sprachenfall: „moreover, certain legal inequalities tend only to correct factual inequalities".

582 EGMR 23.7.1968 – verb. Nr. 1474/62, 1677/62 ua, I. B. Rn. 10 – Belgischer Sprachenfall; *König/Peters* in Dörr/Grote/Marauhn, EMRK/GG Kap. 21 Rn. 217.

Das somit auch vom EGMR im Hinblick auf Art. 14 EMRK anerkannte 140
Konzept materieller Gleichbehandlung, das fördernde formale Ungleichbehandlungen bestimmter gesellschaftlicher Gruppen nicht von vornherein ausschließt, sondern diese den Anforderungen objektiver und angemessener Rechtfertigung unterwirft, findet auch im Wortlaut der Norm eine Stütze. Einen Anknüpfungspunkt bietet insoweit der von Art. 14 EMRK formulierte und in Art. 1 des 12. ZP wiederholte Auftrag, den Genuss der in der Konvention anerkannten Rechte und Freiheiten ohne Diskriminierung zu „gewährleisten". Über ein reines Diskriminierungsverbot hinaus enthalten die genannten Vorschriften damit einen Auftrag zur Herstellung „voller und effektiver Gleichheit". Bekräftigt wird diese Auslegung durch den dritten Erwägungsgrund des 12. ZP, der explizit klarstellt, dass „der Grundsatz der Nichtdiskriminierung die Vertragsstaaten nicht daran hindert, Maßnahmen zur Förderung der vollständigen und wirksamen Gleichberechtigung zu treffen, sofern es eine sachliche und angemessene Rechtfertigung für diese Maßnahmen gibt."

Im Hinblick auf den **Internationalen Pakt über bürgerliche und poli-** 141
tische Rechte (IPbpR), der etwa Angehörigen ethnischer, religiöser oder sprachlicher Minderheiten in Art. 27 das Recht gewährt, Regional- und Minderheitensprachen im privaten Bereich wie im öffentlichen Leben zu gebrauchen, hat der Menschenrechtsausschuss eine Pflicht der Vertragsstaaten angenommen, ggf. erforderliche Fördermaßnahmen zu ergreifen („Positive measures of protection are […] required").[583] Die Lösung potentieller Konflikte mit den Diskriminierungsverboten der Art. 2 Abs. 1 und Art. 26 IPbpR wird auf Rechtfertigungsebene mit der Figur der „aus kompensatorischen Gründen gerechtfertigten Ungleichbehandlung" gesucht.[584]

Einem in diesem Sinne materiellen Gleichheitsverständnis folgt auch das 142
Recht der Europäischen Union.[585] Ausgehend von speziellen Normen zur Frauenförderung[586] etwa in Art. 157 Abs. 4 AEUV und Art. 23 Abs. 2 GRCh (→ Rn. 157 ff.) wurde das **Konzept positiver Maßnahmen** zwischenzeitlich durch **Art. 19 Abs. 2 AEUV** und die auf seiner Grundlage ergangenen Richtlinien[587] auf alle in Art. 19 Abs. 1 AEUV genannten Differenzierungsmerkmale[588] ausgedehnt.[589]

f) Mittelbare Diskriminierung. Mittelbare Diskriminierungen sind kei- 143
ne Seltenheit, sondern der **Normalfall,** unmittelbare Diskriminierungen –

[583] UN-Menschenrechtsausschuss, General Comment Nr. 23 (The rights of minorities (Art. 27)) v. 8.4.1994, Ziff. 6.1, 6.2.

[584] UN-Menschenrechtsausschuss, General Comment Nr. 23 (The rights of minorities (Art. 27)) v. 8.4.1994, Ziff. 6.2: „However, as long as those measures are aimed at correcting conditions which prevent or impair the enjoyment of the rights guaranteed under article 27, they may constitute a legitimate differentiation under the Covenant, provided that they are based on reasonable and objective criteria.", dt. Übersetzung in *Deutsches Institut für Menschenrechte,* Die General Comments zu den VN-Menschenrechtsverträgen, 2005.

[585] Ausf. *Peters* ELJ 2 (1996), 177.

[586] *König/Peters* in Dörr/Grote/Marauhn, EMRK/GG Kap. 21 Rn. 150.

[587] RL 2000/43/EG des Rates v. 29.6.2000 zur Anwendung des Gleichbehandlungsgrundsatzes ohne Unterschied der Rasse oder der ethnischen Herkunft, ABl. 2000 L 180, 22; RL 2000/78/EG des Rates v. 27.11.2000 zur Festlegung eines allgemeinen Rahmens für die Verwirklichung der Gleichbehandlung in Beschäftigung und Beruf, ABl. 2000 L 303, 16.

[588] Der Anwendungsbereich des Art. 19 Abs. 1 AEUV erstreckt sich auf „Diskriminierungen aus Gründen des Geschlechts, der Rasse, der ethnischen Herkunft, der Religion oder der Weltanschauung, einer Behinderung, des Alters oder der sexuellen Ausrichtung".

[589] Ausf. *Caruso* HarvILJ 44 (2003), 331.

selbst wenn man mit dem EuGH verdeckte Diskriminierung ebenfalls darunter fasst[590] – die Ausnahme.[591] Jenseits aller Streitigkeiten um Anknüpfungs- und Begründungsverbote stellt sich die Frage nach dem Umgang mit mittelbarer Diskriminierung deshalb mit einiger Dringlichkeit. Die pauschale Vermutung, mittelbare Diskriminierungen seien per se weniger problematisch als unmittelbare oder so allgegenwärtig, dass allein aus praktischen Gründen nur ein im Vergleich weniger strenger Prüfungsmaßstab in Betracht komme, geht dabei am eigentlichen Problem vorbei. Dieses besteht zunächst darin, dass unter den Begriff der mittelbaren Diskriminierung höchst unterschiedliche Phänomene gefasst werden. Entstanden als Beweiserleichterung im Kontext bewusster Umgehungen des Verbots unmittelbarer Diskriminierung, geht es nunmehr im Wesentlichen um die Überprüfung auf den ersten Blick neutraler Maßnahmen, Kriterien und Verfahren, die an Gegebenheiten anknüpfen, die nicht zwingend, aber typischerweise mit den unter Art. 3 Abs. 3 S. 1 genannten Merkmalen einhergehen.[592] Die Figur der mittelbaren Diskriminierung ist im **Unionsrecht**[593] und darüber hinaus auch und im **Völkerrecht** anerkannt.[594] Beispiele für völkerrechtliche Normen, die explizit die Beseitigung auch mittelbarer und faktischer Diskriminierung verlangen, finden sich etwa in Art. 1 des UN-Übereinkommens zur Beseitigung jeder Form von Rassendiskriminierung (ICERD) sowie in Art. 1 der UN-Frauenrechtskonvention (CEDAW).

144 Inhaltlich ist die Unterscheidung zwischen unmittelbarer und mittelbarer Diskriminierung dabei weit weniger klar, als es auf den ersten Blick scheint. So fasst etwa der EuGH nicht nur verdeckte Diskriminierungen,[595] sondern auch neutrale Maßnahmen, die ausschließlich eine Personengruppe treffen, als unmittelbare Diskriminierungen.[596] Gleiches gilt für die Rspr. des **BVerfG.** Sie unterscheidet zwischen unmittelbaren und mittelbaren Diskriminierungen, beschränkt sich allerdings bislang auf das Merkmal **Geschlecht.**[597] Die Voraussetzungen der mittelbaren Diskriminierung lassen sich ihr ebenso wenig wie der Prüfungsmaßstab entnehmen. Unklar ist insbesondere die Rolle von Art. 3 Abs. 2.[598]

---

590 EuGH C-411/98, ECLI:EU:C:2000:530 Rn. 57 – Ferlini; C-224/00, ECLI:EU:C:2002:185 Rn. 15 – Kommission/Italien; C-65/03, ECLI:EU:C:2004:402 Rn. 28 – Kommission/Belgien; C-147/03, ECLI:EU:C:2005:427 Rn. 41 ff. – Kommission/Österreich; C-115/08, ECLI:EU:C:2009:660 Rn. 92 – Land Oberösterreich/CEZ; C-103/08, ECLI:EU:C:2009:597 Rn. 27 – Gottwald.

591 Vgl. Spitzlei, NVwZ 2018, 614; *Spangenberg,* Mittelbare Diskriminierung im Einkommenssteuerrecht, 2013.

592 Ausführlich hierzu *Mangold,* Demokratische Inklusion durch Recht, 2020, § 4, C.

593 Das gilt sowohl für das Sekundärrecht als auch für die Rspr. des EuGH, vgl. etwa EuGH C-152/73, ECLI:EU:C:1974:13 Rn. 11 – Sotgiu, sowie zum Ganzen *Kingreen* in Calliess/Ruffert, Art. 34–36 AEUV Rn. 140 ff.

594 *Peters/König* in Dörr/Grote/Marauhn, EMRK/GG Kap. 21 Rn. 307; *Baer/Markard* in MKS Rn. 429, jeweils mwN.

595 Vgl. die Nachweise in Fn. 590.

596 Vgl. etwa EuGH C-267/06, ECLI:EU:C:2008:179 Rn. 72 – Maruko.

597 Siehe hierzu nur BVerfG, Beschluss der 3. Kammer des Ersten Senats vom 8.6.2016 – 1 BvR 3634/13, Rn. 13: „In der Rechtsprechung des Bundesverfassungsgerichts sind […] Fragen der faktischen Diskriminierung von Frauen, welche die vorliegende Beschwerde aufwirft (vgl. BVerfGE 37, 217 [244 ff.]; 97, 35 [43]; 104, 373 [393]; 109, 64 [89]; 113, 1 [15 f.]; 121, 241 [254 f.]; 126, 29 [53]; 132, 72 [97 Rn. 57]), geklärt." Siehe ferner BVerfGE 138, 296 (354).

598 Ausführlich zum Ganzen *Kingreen* in BK Rn. 437.

Das nächste Missverständnis betrifft die **Folgen** der Verweisung mittelbarer Diskriminierung auf Art. 3 Abs. 1. Sie wird zum entscheidenden Argument für die Konzeption des Begründungsverbots gemacht und dies selbst dann, wenn gleichzeitig ein regelmäßig abgeschwächter Kontrollmaßstab für mittelbare Diskriminierungen postuliert wird.[599] Die Vorstellung, dass die Verlagerung der Prüfung in Art. 3 Abs. 1 gleichbedeutend sei mit einem abgeschwächten Prüfungsmaßstab, entspricht dabei weder dem Stand der Dogmatik zu Art. 3 Abs. 1 noch der spezifischen Problematik der mittelbaren Diskriminierung. Ob ein weniger strenger Prüfungsmaßstab angebracht ist, hängt vom Kontext der jeweiligen Diskriminierung ab. Die **Nähe zu unverfügbaren Merkmalen** nach Art. 3 Abs. 3 S. 1 legt insoweit auch unter Art. 3 Abs. 1 eine Prüfung am Maßstab der Verhältnismäßigkeit nahe. Bei stärkerem Fokus auf die Unverfügbarkeit der betroffenen Merkmale erscheint die Annahme, dass Art. 3 Abs. 3 S. 1 zwingend strenger ist als Art. 3 Abs. 1, wenig überzeugend. Besonders deutlich wird dies am Beispiel unveränderlicher, aber nicht in Art. 3 Abs. 3 S. 1 genannter Merkmale. Hierzu zählt insbesondere das Merkmal der **sexuellen Orientierung.** 145

g) Grundrechtsverpflichtete, insbes. Diskriminierungsschutz im Privatrecht. Außerhalb des eigentlichen Anwendungsbereichs der staatsgerichteten Diskriminierungsverbote des Art. 3 Abs. 3 hat sich in der letzten Zeit ein weitreichender privatrechtlicher Diskriminierungsschutz entwickelt. Im Mittelpunkt der um seine Berechtigung geführten verfassungsrechtlichen Auseinandersetzung[600] stehen neben dem allgemeinen Problemkreis der Wirkung der Grundrechte im Privatrechtsverkehr[601] die **objektiv-rechtlichen Wirkungen** der Art. 3 Abs. 2 u. 3. Zusätzlich zu der Implementation der Verfassungsnorm über die zivilrechtlichen Generalklauseln[602] hat das BVerfG insbesondere aus dem Gleichberechtigungsgebot Art. 3 Abs. 2 eine **Schutzpflicht** abgeleitet.[603] Darüber hinaus wird unter dem Gesichtspunkt gestörter Vertragsparität teilweise auch Art. 3 Abs. 3 zum Anknüpfungspunkt einer grundrechtlichen Schutzpflicht (→ Rn. 49, 137) gemacht.[604] 146

Über diese grundrechtsdogmatischen Ansätze hinaus setzt das Unionsrecht mit seiner umfassenden Konzeption des Antidiskriminierungsrechts verbindliche Maßstäbe für die Mitgliedstaaten.[605] Den Kern europäischen Gleichheitsschutzes bildet das in **Art. 18 Abs. 1 AEUV** verankerte **allgemeine Dis-** 147

---

[599] S. hierzu *Kingreen* in BK Rn. 434 mwN.

[600] S. nur *Jestaedt* VVDStRL 64 (2005), 298 (300 ff.) mwN.

[601] Vgl. *Ruffert,* Vorrang der Verfassung und Eigenständigkeit des Privatrechts, 2001; *Canaris,* Grundrechte und Privatrecht, 1999; sowie *Poscher,* Grundrechte als Abwehrrechte, 2003, 227 ff. und 344 ff.

[602] *Dürig* in BNN Grundrechte, Bd. II, 1954, 525; sowie daran anschließend BVerfGE 7, 198 (206) – Lüth.

[603] BVerfGE 89, 276 (286, 290); vgl. auch BVerfGE 109, 64 (89 ff.): „Schutzauftrag aus Art. 3 Abs. 2 GG".

[604] *Eckertz-Höfer* in AK Rn. 94; aA *Jestaedt* VVDStRL 64 (2005), 298 (341 ff.); *Isensee* in HdbStR IX, § 191 Rn. 196 mwN; *Sacksofsky,* Das Grundrecht auf Gleichberechtigung, 1991, 201; diff. *Nußberger* in Sachs Rn. 236 f.: „flankierender Freiheitsschutz hinsichtlich besonders gefährdeter persönlicher Eigenschaften und Verhaltensweisen"; *Ruffert,* Vorrang der Verfassung und Eigenständigkeit des Privatrechts, 2001, 177 ff., 492 ff. Vgl. schließlich die Ausführungen von *Kingreen* in BK Rn. 310 ff.

[605] Ausf. *Ellis/Watson,* EU Anti-Discrimination Law, 2. Aufl. 2015; *Schiek/Chege* (Hrsg.) European Union Non-Discrimination Law, 2009; s. auch *Somek,* Engineering Equality, 2011. Zum verbleibenden Anwendungsbereich für nationale Grundrechte s. *Jestaedt* VVDStRL 64 (2005), 298 (327 ff.).

kriminierungsverbot in seiner extensiven Auslegung durch die Rspr. des EuGH, die freilich nicht nur den EU-weiten Schutz gegen Diskriminierung, sondern letztlich vor allem den Integrationsprozess selbst vorangetrieben hat. In neueren Entscheidungen hat der EuGH nicht nur Diskriminierungen aufgrund des Alters,[606] der sexuellen Orientierung[607] sowie auch nur hypothetische Diskriminierungen, im konkreten Fall aufgrund der ethnischen Herkunft,[608] für unionsrechtswidrig erklärt, sondern den Schutz vor Diskriminierung wegen einer Behinderung auch auf die Angehörigen von Menschen mit Behinderung[609] erstreckt (→ Rn. 194 ff.).

148 Zentraler Baustein des Europäischen Antidiskriminierungsrechts ist daneben **Art. 19 AEUV,** der der Union die Befugnis verleiht, im Rahmen ihrer Zuständigkeiten geeignete Vorkehrungen zu treffen, „um Diskriminierungen aus Gründen des Geschlechts, der Rasse, der ethnischen Herkunft, der Religion oder der Weltanschauung, einer Behinderung, des Alters oder der sexuellen Ausrichtung zu bekämpfen". Art. 19 Abs. 2 AEUV gestattet der Union zudem den Erlass entsprechender Fördermaßnahmen. Die bislang auf dieser Grundlage ergangenen Richtlinien, die RL 2000/43/EG[610] und die RL 2000/78/EG kreieren gemeinsam mit den die geschlechtsspezifischen Diskriminierungen betreffenden Richtlinien (→ Rn. 158) für die EU ein **neues Regelungskonzept der Antidiskriminierung.**

149 Dieses Konzept zielt darauf ab, das EU-Antidiskriminierungsrecht als einheitliche „Querschnittsmaterie" zu etablieren,[611] und zwar **nicht nur im Verhältnis Bürger-Staat,** sondern auch im **Privatrechtsverkehr,** und bedient sich dazu eines dreiteiligen Instrumentariums.[612] Hierzu gehört erstens ein **weites Konzept der Diskriminierung,** das neben unmittelbaren (direkten) und mittelbaren (indirekten) Diskriminierungen auch sog. Belästigungen[613] verbietet und in diesem Zusammenhang eine Vielzahl von Diskriminierungsmerkmalen benennt. Dieses wird – zweitens – durch einen **tragfähigen Durchsetzungsmechanismus** gestützt, der neben Beweislastumkehr und Verbandsklage auch Sanktionen vorsieht.[614] Drittes und letztes Merkmal des Europäischen Antidiskriminierungskonzepts ist die **Einbezie-**

---

606 EuGH C-144/04, ECLI:EU:C:2005:709 – Mangold.

607 EuGH C-267/06, ECLI:EU:C:2008:179 – Maruko.

608 EuGH C-54/07, ECLI:EU:C:2008:397 – Feryn. Hiernach reichen öffentliche Äußerungen, durch die ein Arbeitgeber kundtut, dass er im Rahmen seiner Einstellungspolitik keine Arbeitnehmer einer bestimmten ethnischen Herkunft oder Rasse beschäftigen werde, aus, um eine Vermutung iSd Art. 8 Abs. 1 der RL 2000/43 für das Vorliegen einer unmittelbar diskriminierenden Einstellungspolitik zu begründen.

609 EuGH C-303/06, ECLI:EU:C:2008:415 – Coleman. Hiernach ist das in RL 2000/78/EG enthaltene Verbot der Belästigung nicht auf Personen beschränkt, die selbst eine Behinderung haben, sondern umfasst etwa auch solche Personen, die Familienmitglieder mit Behinderung pflegen.

610 Ausf. *Howard,* The EU Race Directive, 2010, 7 ff., 84 ff., 138 ff.

611 S. hierzu *Jestaedt* VVDStRL 64 (2005), 298 (314 ff.); *Bell,* Anti-Discrimination Law and the European Union, 2002, 191 ff., 205 ff.

612 *Jestaedt* VVDStRL 64 (2005), 298 (316).

613 Zum Begriff s. Art. 2 Abs. 3 RL 2000/43/EG (Fn. 593), Art. 2 Abs. 3 RL 2000/78/EG (Fn. 594): „Unerwünschte Verhaltensweisen, die mit einem der Gründe nach Art. 1 in Zusammenhang stehen und bezwecken oder bewirken, dass die Würde der betreffenden Person verletzt und ein von Einschüchterungen, Anfeindungen, Erniedrigungen, Entwürdigungen oder Beleidigungen gekennzeichnetes Umfeld geschaffen wird".

614 Vgl. hierzu EuGH C-407/14, ECLI:EU:C:2015:831 – Arjona Camacho/Securitas Seguridad España.

hung gesellschaftlich relevanter Gruppierungen durch begleitende Beteiligungs-, Unterrichtungs- und Berichtspflichten.[615]

Deutschland hat die genannten Richtlinien durch das **Allgemeine Gleichbehandlungsgesetz** (AGG)[616] umgesetzt.[617] Ausgehend von den Merkmalskatalogen der genannten Richtlinien (§ 1 AGG)[618] verbietet es Benachteiligungen[619] auf dem Gebiet der selbständigen und unselbständigen Erwerbstätigkeit (§ 2 Nr. 1 u. 2 AGG) einschließlich der Mitgliedschaft in Vereinigungen der Beschäftigten oder Berufsgruppen (§ 2 Nr. 4 AGG), im Bereich der Berufsbildung (§ 2 Nr. 3 AGG), der Bildung (§ 2 Nr. 7 AGG), in Hinblick auf den Sozialschutz und soziale Vergünstigungen (§ 2 Nr. 5 u. 6 AGG) sowie hinsichtlich des Zugangs zu und der Versorgung mit „Gütern und Dienstleistungen, die der Öffentlichkeit zur Verfügung stehen, einschließlich von Wohnraum" (§ 2 Nr. 8 AGG). Ausgenommen sind die Leistungen nach dem Sozialgesetzbuch. Insoweit gelten die neu eingeführten Benachteiligungsverbote in § 33c SGB I und § 19a SGB IV. Der hierdurch etablierte Diskriminierungsschutz betrifft vor allem **Privatrechtsbeziehungen.**[620] Auf öffentlich-rechtliche Dienstverhältnisse ist das AGG gem. § 24 nur entsprechend anwendbar.[621] 150

Ausgangspunkt einer verfassungsrechtlichen Erörterung des im **Spannungsfeld von Vertragsfreiheit**[622] **und Gleichheit** zu verortenden Problems eines auch Private bindenden Diskriminierungsschutzes ist das „asymmetrische Rechtfertigungssystem"[623] des Grundgesetzes. Anders als der Staat, der sich für jede den verfassungsrechtlichen Gleichheitssätzen unterfallende Ungleichbehandlung rechtfertigen muss, genießt die private Willkür in Form der Privatautonomie im Grundsatz grundrechtlichen Schutz.[624] Zivilrechtliche Diskriminierungsverbote unterliegen deshalb gegenüber dem grundrechtlichen Schutz der Privatautonomie verfassungsrechtlichen Rechtfertigungsanforderungen, die sich **nicht durch die pauschale Mobilisierung der Lehre von der mittelbaren Drittwirkung der Grundrechte umgehen** lassen.[625] Die ihr zugrunde liegende Synthese von Verfassung und ein- 151

[615] Zu den positivrechtlichen Relativierungen des gemeinschaftsrechtlichen Antidiskriminierungskonzepts *Jestaedt* VVDStRL 64 (2005), 298 (318 ff.) mwN.

[616] Allgemeines Gleichbehandlungsgesetz v. 14.8.2006, BGBl. I 1897.

[617] Zum Anwendungsbereich der Grundrechte des Grundgesetzes im Bereich des AGG *Rudolf* in Rudolf/Mahlmann Gleichbehandlungsrecht, 2007, § 6 Rn. 9 ff.

[618] Ausf. *Rudolf* in Rudolf/Mahlmann Gleichbehandlungsrecht, 2007, § 6 Rn. 28 ff.

[619] Der Begriff der Benachteiligung – ausf. *Rudolf* in Rudolf/Mahlmann Gleichbehandlungsrecht, 2007, § 6 Rn. 51 ff. – umfasst in Umsetzung der europarechtlichen Vorgaben neben unmittelbaren und mittelbaren Diskriminierungen auch „Belästigungen" (§ 3 Abs. 3 u. 4 AGG).

[620] Zum allgemein-zivilrechtlichen Teil des AGG s. *Armbrüster* in Rudolf/Mahlmann Gleichbehandlungsrecht, 2007, § 7; zum arbeitsrechtlichen Teil s. *Voggenreiter* in Rudolf/Mahlmann Gleichbehandlungsrecht, 2007, § 8.

[621] Einzelheiten bei *Rudolf* in Rudolf/Mahlmann Gleichbehandlungsrecht, 2007, § 6 Rn. 2 ff.

[622] BVerfGE 81, 242 (254): „Privatautonomie als ein Strukturelement der freiheitlichen Gesellschaftsordnung"; *Di Fabio* in Maunz/Dürig Art. 2 Rn. 101; *Dreier* in Dreier Art. 2 Abs. 1 Rn. 35 f. mwN; *Jestaedt* VVDStRL 64 (2005), 298 (337) mwN in Fn. 152.

[623] *Jestaedt* VVDStRL 64 (2005), 298 (333).

[624] *Jestaedt* VVDStRL 64 (2005), 298 (333); *Poscher,* Grundrechte als Abwehrrechte, 2003, 337 ff.; aA *Baer* ZRP 2002, 290 (292): „Wer Freiheit nicht isoliert, sondern im Zusammenhang mit anderen Grundrechten denkt, kommt zwangsläufig zu dem Schluss, dass kein Grundrecht dazu ermächtigen kann, Freiheit diskriminierend zu nutzen."; *Baer* ZRP 2001, 500 (503).

[625] BVerfGE 148, 267 (283); BVerfG, Urt. v. 28.8.2019 – 1 BvR 879/12, Rn. 5. AA *Baer/Markard* in MKS Rn. 404, 415.

fachem Recht vernachlässigt die für den in das Privatrecht expandierenden Diskriminierungsschutz entscheidende Frage, ob ein im Verhältnis zwischen Staat und Bürger grundrechtlich verpöntes Verhalten in einem konkreten Rechtsverhältnis zwischen Privaten denselben Wertungen unterliegt.[626]

152 Dass es gleichwohl nicht darum gehen kann, öffentliches Recht und Privatrecht schematisch in Gleichheit und Freiheit (Privatautonomie) aufzuteilen, hat Michael Grünberger in seinen Arbeiten zum Grundsatz der Gleichbehandlung im Zivilrecht überzeugend dargelegt.[627] Die vom BGH[628] anerkannten Ausnahmen vom Grundsatz der Privatautonomie (→ Rn. 50) entsprechen im Wesentlichen den Voraussetzungen des Diskriminierungsschutzes nach dem AGG.[629] Hier nimmt § 1 den aus dem Unionsrecht übernommenen Katalog von Diskriminierungsgründen in Bezug und § 2 Abs. 1 Nr. 8 setzt ein Angebot an die Öffentlichkeit voraus. Märkte funktionieren öffentlich und sind damit grundsätzlich von Angeboten an die Öffentlichkeit gekennzeichnet, während höchstpersönliche Präferenzen die Ausnahme bilden.[630]

153 Die **Reichweite des Gleichbehandlungsgebots im Privatrechtsverkehr** ist hiernach **im Kontext konkreter Vertragskonstellationen** anhand der genannten Parameter **zu bestimmen** und unterliegt damit einer gleitenden Skala der Kontrolldichte, die „von dem Verweis auf die Ausübung von Freiheitsrechten einerseits bis hin zum strikten Ausschluss jeder Differenzierungsmöglichkeit reicht."[631]

154 **h) Mehrfachdiskriminierung, Intersektionalität.** Diskriminierungen sind mehrdimensional. Ein weiteres Problem des Umgangs mit Diskriminierungsmerkmalen kann deshalb daraus entspringen, Menschen auf ein einziges Merkmal festzulegen, also etwa nur als Frau (nicht als Muslima, nicht als dunkelhäutige Frau oder als Frau mit Behinderung) zu fassen. Diskriminierungsmerkmale treffen oftmals im Sinne einer **Überschneidung** *(intersection)* [632] zusammen und können sich gegenseitig verstärken. Die Möglichkeit von Mehrfachdiskriminierungen wird in der Rechtswissenschaft unter den Begriffen **mehrdimensionale oder intersektionale Diskriminierung** seit langem diskutiert[633] und von **§ 4 AGG** (Unterschiedliche Behandlung wegen mehrerer Gründe) explizit geregelt. Auf Ebene der Rechtfertigung von Ungleichbehandlungen ist jede einzelne Diskriminierung gesondert anzusprechen.[634]

---

626 In diesem Sinne auch *Poscher,* Grundrechte als Abwehrrechte, 2003, 342 f.

627 *Grünberger,* Personale Gleichheit, 2013; *Grünberger* in Kempny/Reimer Gleichheitssatzdogmatik heute, 5 (9 ff.).

628 S. hierzu BGH, NJW 2013, 1519; NJW 2012, 1725; NJW 2015, 1519 sowie zum Ganzen *Grünberger* in Kempny/Reimer Gleichheitssatzdogmatik heute, 5 (30 f.).

629 Ausführlich hierzu *Kingreen* in BK Rn. 232 ff.

630 *Baer/Markard* in MKS Rn. 416.

631 *Grünberger* in Kempny/Reimer Gleichheitssatzdogmatik heute, 5 (33); *Grünberger,* Personale Gleichheit, 2013, 823. BGH, Urt. v. 9.3.2012 – V ZR 115/11.

632 Prägend für den Begriff der Intersektionalität *Crenshaw* UChicago Legal Forum 1989, 139.

633 Eingehend *Mangold,* Demokratische Inklusion durch Recht, 2020, § 6 C. II; *Mangold* RPhZ 2016, 152. S. ferner *Atrey,* Intersectional Discrimination, 2019; *Zinsmeister,* Mehrdimensionale Diskriminierung, 2007.

634 So etwa BVerfGE 138, 296 (353 f.).

2. Die Gleichberechtigung von Männern und Frauen (Art. 3 Abs. 2 und Abs. 3 S. 1). a) Entstehung und Bedeutung des Gleichberechtigungsgebots. In ihrer ursprünglichen Fassung von 1949 waren die Abs. 2 u. 3 von Art. 3 auf die jeweils ersten Sätze beschränkt.[635] Die Zusätze beruhen auf der **Verfassungsreform** des Jahres **1994.** Das Merkmal des „Geschlechts" im Urtext des Diskriminierungsverbots des Art. 3 Abs. 3 war allerdings schon in den Beratungen des Parlamentarischen Rates umstritten.[636] Insbesondere die Aufnahme der zusätzlichen Gewährleistung der Gleichberechtigung von Männern und Frauen in Art. 3 Abs. 2 GG aF musste sich gegen deutlichen Widerstand durchsetzen.[637] Die Ansichten über die genaue Bedeutung des Gleichberechtigungsgebots blieben auch nach Verabschiedung der Norm geteilt, seine Durchführung wurde weitgehend der fach- und verfassungsgerichtlichen Rspr. überlassen.[638] Die in Art. 117 Abs. 1 vorgesehene Anpassungsfrist zur Durchsetzung des Gleichberechtigungsgebots in der Rechtsordnung bis zum 31.3.1953 war – dies zeigen nicht zuletzt die vom BVerfG noch weit über dieses Datum hinaus in allen Teilen der Rechtsordnung festgestellten Verfassungsverstöße[639] – deutlich zu kurz bemessen.[640] 155

Die tatsächlichen Auswirkungen des so zu fassenden Diskriminierungsverbots waren – anders als bei allen anderen in Art. 3 Abs. 3 genannten Merkmalen – enorm, die **gesamte Rechtsordnung** ist aufgrund der verfassungsrechtlichen Gleichberechtigungsvorgabe **tiefgreifend umgestaltet worden.** Das Spektrum reicht vom Familienrecht über das Arbeits-, Sozial- und Staatsangehörigkeits- bis hin zum Wehrrecht. In der Folge dieser Entwicklung sind **unmittelbar** an das Geschlecht anknüpfende Regelungen nahezu vollständig aus der Rechtsordnung verschwunden. Dies hat indes keinesfalls zu einem Bedeutungsverlust des Art. 3 Abs. 2 geführt, sondern, der Dialektik aller Gleichheitspostulate entsprechend (→ Rn. 4 ff.), zu einer **Verlagerung der Problemschwerpunkte auf die Figur der mittelbaren Diskriminierung.**[641] 156

b) Inter- und supranationale Vorgaben des Gleichstellungsrechts. Im **Recht der Europäischen Union** sind das Verbot geschlechtsspezifischer Diskriminierungen sowie ein entsprechendes Gleichstellungsgebot in **Art. 21 Abs. 1 und Art. 23 GRCh** grundrechtlich verankert.[642] Art. 23 Abs. 1 157

---

[635] Überblick zur Entwicklung auch bei *Baer/Markard* in MKS Rn. 338 ff.

[636] S. JöR nF 1 (1951), 1 (70 ff.) sowie ausf. zur Entstehungsgeschichte der Art. 3 Abs. 2, 3 *Sachs* in Stern StaatsR IV/2, Rn. 1620 ff., 1690 ff.; *Böttger,* Das Recht auf Gleichheit und Differenz, 1990, 160 ff.

[637] Der HChE enthielt in Art. 14 nur den allgemeinen Gleichheitssatz, anders als Art. 109 Abs. 2 WRV aber keine explizite Aussage zur Gleichberechtigung von Männern und Frauen. Die Formulierung „Männer und Frauen sind gleichberechtigt" wurde erstmals im Grundsatzausschuss, später dann ein weiteres Mal im Rahmen der 1. Lesung des Hauptausschusses vorgeschlagen und beide Male abgelehnt, s. hierzu *Parlamentarischer Rat* Verh. HptA, 205 (209); sowie *Sachs* in Stern StaatsR IV/2, Rn. 1621 ff.

[638] → Art. 117 Rn. 5.

[639] S. hierzu nur den Überblick bei *Sachs* in HdbStR VIII, § 182 Rn. 101 ff.

[640] Zu Einzelheiten s. *Di Fabio* AöR 122 (1997), 404; *Hofmann,* Das Gleichberechtigungsgebot des Art. 3 Abs. 2 GG in Rechtsprechung und Lehre, 1986, 20 ff.; *Nelles* in Pieroth, Verfassungsrecht und soziale Wirklichkeit, 2000, 45.

[641] Vgl. *Pfarr,* Diskriminierung im Erwerbsleben, 1989, 111 ff.; *Wisskirchen,* Mittelbare Diskriminierung von Frauen im Erwerbsleben, 1993, 29 ff.; krit. *Göddeke,* Die mittelbare Diskriminierung im System der Gleichbehandlung, 1998, 68 ff.; *Rüfner* FS f. Friauf, 1996, 331 ff.

[642] S. EuGH C-236/09, ECLI:EU:C:2011:100 Rn. 30 ff. – Association Belge des Consommateurs Test-Achats ua; *Kahler* NJW 2011, 894.

GRCh verpflichtet dazu, die Gleichheit von Frauen und Männern „in allen Bereichen" sicherzustellen. Nach Art. 23 Abs. 2 GRCh steht der Grundsatz der Gleichheit „der Beibehaltung oder der Einführung spezifischer Vergünstigungen für das unterrepräsentierte Geschlecht nicht entgegen."[643] Über die grundrechtlichen Verbürgungen hinaus wird die Gleichstellung der Geschlechter durch eine Reihe weiterer Vertragsbestimmungen und auf der Ebene des Sekundärrechts geschützt. Der Schwerpunkt der einschlägigen Bestimmungen liegt dabei in den Bereichen Zugang zum Arbeitsmarkt, Lohngleichheit, Mutterschutz, Elternurlaub, soziale Sicherheit und betriebliche Systeme der sozialen Sicherheit, Beweislast in Diskriminierungsfällen und selbständige Erwerbstätigkeit. So enthält der AEUV neben der Querschnittsklausel des **Art. 8 AEUV,** der zufolge die Union bei allen ihren Tätigkeiten darauf hinwirkt, Ungleichheiten zu beseitigen und die Gleichstellung von Männern und Frauen zu fördern *(gender mainstreaming),* in **Art. 157 AEUV** den Grundsatz des gleichen Entgelts für Männer und Frauen, der durch den Amsterdamer Vertrag (damals Art. 141 Abs. 3 u. 4 EG) um eine Ermächtigung des Europäischen Parlaments und des Rats zu Maßnahmen zur Gewährleistung der Anwendung des Grundsatzes der Chancengleichheit und der Gleichbehandlung von Männern und Frauen im Bereich der Arbeitsverhältnisse (Abs. 3) sowie um eine Legitimation für spezifische Vergünstigungen im Hinblick auf die effektive Gewährleistung der vollen Gleichstellung von Männern und Frauen im Arbeitsleben (Abs. 4) ergänzt wurde. Darüber hinaus findet sich das Geschlecht auch im Katalog der verpönten Merkmale des **Art. 19 Abs. 1 AEUV.**

158 Auf Ebene des Sekundärrechts wird die Verwirklichung des Grundsatzes der Chancengleichheit und der Gleichbehandlung von Männern und Frauen in den genannten Bereichen in Form entsprechender Richtlinien verfolgt. Von besonderer Bedeutung ist die **RL 2006/54/EG** zur Verwirklichung des Grundsatzes der Chancengleichheit und Gleichbehandlung von Männern und Frauen in Arbeits- und Beschäftigungsfragen.[644] Daneben soll die **RL 2004/113/EG**[645] den Grundsatz der Gleichbehandlung von Männern und Fragen im Hinblick auf den Zugang zu und die Versorgung mit Gütern und Dienstleistungen sichern.[646] Weitere Richtlinien adressieren praktisch relevante Ursachen mittelbarer Diskriminierung von Frauen, dies etwa auf den Gebieten der Elternzeit und der Teilzeitarbeit.[647] Das durch die genannten

[643] S. hierzu *Weber* in Stern/Sachs Europäische Grundrechte-Charta, 2016, Art. 23 Rn. 25 ff. mwN.

[644] RL 2006/54/EG des Europäischen Parlaments und des Rates v. 5.7.2006 zur Verwirklichung des Grundsatzes der Chancengleichheit und Gleichbehandlung von Männern und Frauen in Arbeits- und Beschäftigungsfragen, ABl. 2006 L 204, 23.

[645] RL 2004/113/EG des Rates v. 13.12.2004 zur Verwirklichung des Grundsatzes der Gleichbehandlung von Männern und Frauen beim Zugang zu und bei der Versorgung mit Gütern und Dienstleistungen, ABl. 2004 L 373, 37.

[646] EuGH C-236/09, ECLI:EU:C:2011:100 Rn. 30 ff. – Association Belge des Consommateurs Test-Achats ua. Der EuGH stellte hier die Unvereinbarkeit von Art. 5 Abs. 2 RL 2004/113/EG mit Art. 21 u. 23 GRCh fest. Die Vorschrift sah eine unbefristete Ausnahme von dem in Art. 5 Abs. 1 RL 2004/113/EG statuierten Grundsatz geschlechtsneutraler Prämien im Versicherungssektor vor. In Deutschland wurde die Regelung des Art. 5 Abs. 1 RL 2004/113/EG durch § 19 Abs. 1 Nr. 2 AGG, die Ausnahme des Art. 5 Abs. 2 RL 2004/113/EG durch § 20 Abs. 2 S. 1 AGG umgesetzt. S. zum Ganzen auch *Kahler* NJW 2011, 894.

[647] S. RL 2010/18/EU (Elternurlaub), ABl. 2013 L 353, 7; RL 97/81/EG (Teilzeitarbeit), ABl. 1997 L 14, 9. S. ferner Richtlinie 2010/41/EU (selbständige Erwerbstätigkeit), ABl. 2010 L 180, 1.

Richtlinien geschaffene Regelwerk zur Verwirklichung der Gleichstellung von Männern und Frauen in den zum Kern des Unionsrechts gehörenden Bereichen der beruflichen Betätigung und des Dienstleistungsverkehrs wird ergänzt durch entsprechende Empfehlungen des Rates und der Kommission.[648] Die übergreifende Strategie der EU auf dem Gebiet der Gleichstellung der Geschlechter wird in den regelmäßig von der Kommission aufgelegten Aktionsprogrammen der Union zur Gleichstellung der Geschlechter formuliert. Die aktuell gültige EU-Strategie für die Gleichstellung der Geschlechter 2020–2025[649] postuliert weiterhin einen **dualen Ansatz,** der neben spezifischen Gleichstellungsmaßnahmen das Konzept des *Gender Mainstreaming*[650] verfolgt.

Der **EuGH** hat in seiner **Rspr.** sowohl den nunmehr in Art. 157 Abs. 1 AEUV normierten Grundsatz des gleichen Entgelts für Männer und Frauen als auch das in Art. 2 Abs. 1 der RL 2006/54/EG statuierte Verbot geschlechtsspezifischer Diskriminierungen im Bereich der beruflichen Tätigkeit von wenigen Ausnahmen abgesehen[651] einem **strengen Prüfungsmaßstab** unterworfen,[652] der eine Anknüpfung an das Merkmal des Geschlechts kategorisch ausschließt, eine Rechtfertigung aber aus „objektiven Faktoren" zulässt, „die nichts mit einer Diskriminierung aufgrund des Geschlechts zu tun haben".[653] **159**

In der EMRK enthält **Art. 14 EMRK** ein Verbot der Geschlechtsdiskriminierung. Das Merkmal des Geschlechts wird in Art. 14 EMRK gleichrangig neben den übrigen verpönten Unterscheidungsmerkmalen genannt. In der Rspr. des EGMR finden sich allerdings Ansätze zur Anlegung eines gegenüber den anderen Merkmalen des Art. 14 EMRK **strengeren Maßstabs richterlicher Kontrolle** mit höheren Anforderungen an die Rechtfertigung tatbestandsmäßiger Ungleichbehandlungen. In diesem Sinne knüpft der EGMR die Rechtfertigung geschlechtsspezifischer Ungleichbehandlungen seit seinem Urteil im Fall *Abdulaziz ua*[654] unter Verweis auf die besondere **160**

[648] Empfehlung des Rates Nr. 84/635/EWG v. 13.12.1984 zur Förderung positiver Maßnahmen für Frauen, ABl. 1984 L 331, 34; Empfehlung des Rates Nr. 92/241/EWG v. 31.3.1992 zur Kinderbetreuung, ABl. 1992 L 123, 16. Vgl. auch Empfehlung Nr. 92/131/EWG der Kommission v. 27.11.1991 zum Schutz der Würde von Frauen und Männern am Arbeitsplatz, ABl. 1992 L 49, 1; Empfehlung der Kommission Nr. 96/694/EG v. 2.12.1996 über die ausgewogene Mitwirkung von Frauen und Männern am Entscheidungsprozess, ABl. 1996 L 319, 11.

[649] Mitteilung der Kommission v. 5.3.2020, Eine Union der Gleichheit: Strategie für die Gleichstellung der Geschlechter 2020–2025, COM/2020/152 final.

[650] Der Gender Mainstreaming-Ansatz wurde im Jahr 1996 durch die Kommission in das Recht der damaligen EG eingeführt (Mitteilung der Kommission v. 21.2.1996 „Einbindung der Chancengleichheit in sämtliche politischen Konzepte und Maßnahmen der Gemeinschaft", KOM[96]67 endg.). Über den Erlass spezifischer Gleichstellungsmaßnahmen hinaus soll das mittlerweile in Art. 8 AEUV verankerte Konzept die umfassende Integration des Gleichstellungszieles in alle Tätigkeiten der Union sichern.

[651] EuGH C-163/82, ECLI:EU:C:1983:295 Rn. 9, 16 ff. – Kommission/Italien; C-222/84, ECLI:EU:C:1986:206 Rn. 37 ff. – Johnston. Vgl. auch die Kritik bei *Colneric* FS f. Gnade, 1992, 627 (635 f.).

[652] EuGH C-177/88, ECLI:EU:C:1990:383 – Dekker; C-180/95, ECLI:EU:C:1997:208 – Draehmpaehl; C-232/09, ECLI:EU:C:2010:674 – Danosa; C-320/01, ECLI:EU:C:2003:114 – Busch; C-63/08, ECLI:EU:C:2009:666 – Pontin.

[653] EuGH C-262/88, ECLI:EU:C:1990:209 Rn. 34 f. – Barber; C-170/84, ECLI:EU:C:1986:204 Rn. 29 – Bilka; C-171/88, ECLI:EU:C:1989:328 Rn. 12 – Rinner-Kühn; C-457/93, ECLI:EU:C:1996:33 Rn. 31 – Lewark; C-243/95, ECLI:EU:C:1998:298 Rn. 34 – Hill und Stapleton; C-381/99, ECLI:EU:C:2001:358 Rn. 63 ff. – Brunnhofer.

[654] EGMR 28.5.1985 – verb. Nr. 9214/80, 9473 und 9474/81, Rn. 78 – Abdulaziz, Cabales und Balkandali/Vereinigtes Königreich: „Although the Contracting States enjoy a

Bedeutung der Gleichstellungspolitik in den Mitgliedstaaten des Europarates an das Vorliegen „besonders gewichtiger Gründe".[655] **Positive Maßnahmen** zur Förderung von Frauen sind mit Art. 14 EMRK und Art. 1 12. ZP grundsätzlich vereinbar (→ Rn. 139 f.), haben in der Rspr. des EGMR bislang aber noch keine Bedeutung erlangt. Das 12. Zusatzprotokoll, das Art. 14 EMRK eigenständige Wirkung verschafft, wurde von Deutschland 1984 unterzeichnet, aber bislang nicht ratifiziert. Auch **Art. 4 Abs. 1 der UN-Frauenrechtskonvention (CEDAW)** erlaubt den Vertragsstaaten „zeitweilige Sondermaßnahmen" zur Herbeiführung der Gleichstellung von Männern und Frauen.[656] „Alle Formen von Gewalt gegen Frauen" erfasst das Übereinkommen des Europarats zur Verhütung und Bekämpfung von Gewalt gegen Frauen und häuslicher Gewalt **(Istanbul-Konvention).**[657]

161 **c) Die Reichweite des Abwehrrechts aus Art. 3 Abs. 2 S. 1, Abs. 3 S. 1.** Im Zentrum der um Inhalt und Bedeutung des Grundrechts auf Gleichberechtigung geführten Kontroversen steht das **Verhältnis von Art. 3 Abs. 2 zum Verbot geschlechtsspezifischer Diskriminierungen in Art. 3 Abs. 3 S. 1.** Das Meinungsspektrum reicht dabei von einem dezidiert restriktiven Verständnis von Art. 3 Abs. 2 S. 2 und einer Gleichsetzung von Gleichstellungsauftrag und Diskriminierungsverbot[658] auf der einen bis hin zu einer Auslegung des Art. 3 Abs. 2 S. 2 als Verfassungsauftrag zur Herstellung realer Chancengleichheit auf der anderen Seite. Entsprechend unterschiedlich wird der **Rechtscharakter** von **Art. 3 Abs. 2 S. 2** beurteilt. So wird der Satz teils als eine **Staatszielbestimmung** interpretiert, die ihre Bedeutung nur innerhalb des durch das strikte und vorbehaltlos gewährleistete Differenzierungsverbot des Art. 3 Abs. 3 S. 1 gesteckten Rechtsrahmens hat.[659] Nach anderer Auffassung handelt es sich bei Art. 3 Abs. 2 S. 2 um einen Verfassungsauftrag zur Herstellung realer Chancengleichheit.[660] In der Rspr. werden Abs. 2 und Abs. 3 S. 1 als teilweise deckungsgleich verstanden. Die

---

certain ‚margin of appreciation' in assessing whether and to what extent differences in otherwise similar situations justify a different treatment, the scope of this margin will vary according to the circumstances, the subject-matter and its background […]. As to the present matter, it can be said that the advancement of the equality of the sexes is today a major goal in the member States of the Council of Europe. This means that very weighty reasons would have to be advanced before a difference of treatment on the ground of sex could be regarded as compatible with the Convention."

[655] StRspr, s. etwa EGMR 24.6.1993 – 14518/89, Rn. 67 – Schuler-Zgraggen/Schweiz; 22.2.1994 – 16213/90, Rn. 27 – Burghartz/Schweiz; 18.7.1994 – 13580/88, Rn. 24 – Karlheinz Schmidt/Deutschland; 21.2.1997 – 20060/92, Rn. 39 – Van Raalte/Niederlande; 27.3.1998 – 20458/92, Rn. 37 – Petrovic/Österreich; 7.10.2010 – 30078/06, Rn. 47 – Konstantin Markin/Russland.

[656] Vgl. die Allgemeine Empfehlung Nr. 25 des CEDAW-Ausschusses zu Art. 4 Abs. 1 aus dem Jahr 2004 (General recommendation No. 25, on article 4, paragraph 1, of the Convention on the Elimination of All Forms of Discrimination against Women, on temporary special measures), abrufbar unter: http://www.un.org/womenwatch/daw/cedaw/recommendations/index.html (6/2020). Weitere internationale Bezüge bei *Baer/Markard* in MKS Rn. 348 ff.

[657] BGBl. 2017 II, 1026; vgl. hierzu *Frommel* ZRP 2016, 122; *Herning/Illgner* ZRP 2016, 77; *Gerhold* JR 2016, 122.

[658] So die frühe Rspr. des BVerfG: BVerfGE 43, 213 (225); 74, 163 (179).

[659] Dazu, insb. zur von *Dürig/Scholz* in der Vorauflage vertretenen Auffassung, *Langenfeld* in Maunz/Dürig Art. 3 Abs. 2 Rn. 56 ff. Ergänzt wurde dieses Modell durch ein Verständnis von Art. 3 Abs. 3 S. 1 als Gebot nur rechtlicher, nicht tatsächlicher Gleichheit, s. *Dürig/Scholz* in Maunz/Dürig, 73. EL 2014, Art. 3 Abs. 2 Rn. 59.

[660] *Eckertz-Höfer* in AK Rn. 81: „verfassungsrechtliche Fundierung zur strukturellen Veränderung der Gesellschaft".

Abwehr von Diskriminierungen wird dann zumeist auf beide oder allein auf Abs. 3 S. 1 gestützt,[661] während Abs. 2 herangezogen wird, wenn es um Fördermaßnahmen geht.

Aus dem Zusammenspiel von Abs. 2 und Abs. 3 ergibt sich jedenfalls **kein systematisches Argument für eine enge Auslegung des Merkmals „Geschlecht"** in Abs. 3 S. 1 (→ Rn. 174 ff.). Hierunter kann auch Geschlecht jenseits von männlich oder weiblich fallen.[662] Abs. 2 besitzt gegenüber Art. 3 Abs. 3 Satz 1 **eigenständige Bedeutung.** „Der über das Diskriminierungsverbot des Art. 3 Abs. 3 hinausreichende Regelungsgehalt von Art. 3 Abs. 2 besteht darin, dass er ein Gleichberechtigungsgebot aufstellt und dieses auch auf die gesellschaftliche Wirklichkeit erstreckt."[663] **162**

Grundrechtsberechtigt sind nach dem Wortlaut von Abs. 2 **Männer und Frauen.** Damit sind jedenfalls auch transsexuelle Menschen als (dann) Frauen oder Männer erfasst.[664] Probleme wirft die Formulierung des Abs. 2 dagegen für Menschen auf, die sich jenseits der binären Geschlechtskategorien männlich/weiblich verorten. Gleiches gilt für Intersexuelle. Sie alle sind vom Merkmal „Geschlecht" in Abs. 3 S. 1 erfasst, können sich auf das Gleichberechtigungsgebot in seiner jetzigen Fassung aber nur als Frau oder Mann berufen. Seinem Wesen nach grundsätzlich nicht anwendbar ist das Grundrecht auf juristische Personen.[665] **163**

d) Reichweite des Gleichberechtigungsgebots. Art. 3 Abs. 2 wird von der Rspr. des BVerfG als Grundrecht auf Gleichberechtigung gefasst.[666] Abs. 2 S. 2 statuiert ein zweiteiliges Gleichberechtigungsgebot: Hs. 1 enthält zunächst ein **Durchsetzungsgebot,** dh das Gebot, „die tatsächliche Durchsetzung der Gleichberechtigung von Frauen und Männern zu fördern" sowie den staatlichen Handlungsauftrag, „die Lebensverhältnisse von Männern und Frauen auch real anzugleichen", um so die „faktische Gleichberechtigung" zu erreichen.[667] Ergänzt wird das Durchsetzungsgebot durch ein auf bestehende Nachteile bezogenes **Beseitigungsgebot** in Hs. 2.[668] Hiermit wird klargestellt, dass Art. 3 Abs. 2 nicht nur auf formale Gleichbehandlung, sondern auch auf **Beseitigung bestehender Nachteile** zielt.[669] Abs. 2 S. 2 enthält damit eine klarstellende Erweiterung zu S. 1 und erfasst damit **jede Form der Diskriminierung** wegen des männlichen oder weiblichen Ge- **164**

---

[661] BVerfGE 85, 191 (206 f.); 89, 276 (285); 92, 91 (109); 114, 357 (364 ff.).

[662] BVerfGE 147, 1 (28).

[663] BVerfGE 147, 1 (29).

[664] Überzeugend *Baer/Markard* in MKS Rn. 360. Kritisch hierzu *Rixen* in Eckertz-Höfer/Schuler-Harms Gleichberechtigung und Demokratie, 59 (68): „Aus einer Multigeschlechter-Perspektive lässt sich nur noch schwer rechtfertigen, wieso Ungleichheitsbeseitigung im Hinblick auf die ‚heteronormative' Mann-Frau-Dichotomie verfassungspositiv bevorzugt wird. Das wird vermutlich mittelfristig dazu führen, dass aus Art. 3 Abs. 3 S. 1 GG mit Blick auf das Merkmal ‚Geschlecht' ein objektiver Gleichstellungsauftrag herausgelesen wird, der in Konkurrenz zum Gleichberechtigungsgebot (Gleichstellungsziel) des Art. 3 Abs. 2 GG treten wird. Wer neuen Geschlechtern Anerkennung verschafft, muss sich auch mit mehr Geschlechterkonkurrenz, mit mehr Ungleichheiten und einer gesteigerten Notwendigkeit zurechtfinden, Ungleichheiten und ihre Beseitigung zu hierarchisieren."

[665] *Baer/Markard* in MKS Rn. 360 anerkennen eine Ausnahme für Vereinigungen, die sich für tatsächliche Gleichstellung einsetzen.

[666] BVerfGE 92, 91 (112 f.); 114, 357 (370 f.); vgl. auch schon BVerfGE 85, 191 (207). Zum Ganzen *Baer* NJW 2013, 3145.

[667] BT-Drs. 12/6633, 6. Ausführlich hierzu *Kingreen* in BK Rn. 452 f.

[668] *Kingreen* in BK Rn. 452.

[669] *Baer/Markard* in MKS Rn. 355; vgl. auch BVerfGE126, 29 (53).

schlechts,[670] dh insbesondere auch **mittelbare** (→ Rn. 143),[671] **faktische**[672] und **strukturelle Diskriminierungen.** Das BVerfG hat hierzu schon früh ausgeführt, dass staatliche Maßnahmen „überkommene Rollenverteilungen, die zu einer höheren Belastung oder sonstigen Nachteilen für Frauen führen", nicht verfestigen dürfen.[673] Auch „**[f]aktische Nachteile,** die typischerweise Frauen treffen, dürfen wegen des Gleichberechtigungsgebots des Art. 3 Abs. 2 durch begünstigende Regelungen ausgeglichen werden."[674]

165 **e) Rechtfertigung von Ungleichbehandlungen.** Die Rechtfertigung tatbestandsmäßiger Ungleichbehandlungen aufgrund des Geschlechts wirft gegenüber den übrigen Diskriminierungsverboten zumindest im Grundsätzlichen **keine Besonderheiten** auf. Auch das Differenzierungsverbot des Art. 3 Abs. 2 S. 1, Abs. 3 S. 1 ist – abgesehen vom untypisch gestalteten **Gesetzesvorbehalt** des **Art. 117 Abs. 1,** der innerhalb eines festgelegten Übergangszeitraums die Fortgeltung gleichberechtigungswidrigen Rechts ermöglichte und danach gegenstandslos wurde – vorbehaltlos gewährleistet. Grenzen des Differenzierungsverbots ergeben sich deshalb nur aus **kollidierendem Verfassungsrecht**[675] (→ Rn. 132). Dabei sind an die Annahme einer solchen Kollision hohe Anforderungen zu stellen. Begrenzungen des Verbots geschlechtsbezogener Differenzierungen dürfen insbesondere nicht aus einem konstruierten Gegensatz vom Verfassungsgeber offensichtlich für vereinbar gehaltener Garantien abgeleitet werden. In diesem Sinne lehnte das BVerfG insbesondere eine Relativierung des Geltungsanspruchs des Art. 3 Abs. 3 durch Art. 6 Abs. 1 ab.[676] Eine ähnliche Linie verfolgte das Gericht im Hinblick auf Art. 6 Abs. 2 und sah die **Elternschaft** in ähnlicher Weise durch die Gleichberechtigung der Geschlechter mitgeprägt wie **Ehe und Familie.**[677] Auch eine Begrenzung des Differenzierungsverbots durch Art. 6 Abs. 4 kommt letztlich nicht in Betracht, da Schutzbestimmungen zugunsten der **Mutter** im Hinblick auf **Schwangerschaft** und **Geburt** bereits tatbestandlich mangels Vergleichbarkeit nicht von Art. 3 Abs. 2 S. 1, Abs. 3 S. 1 erfasst sind.[678] Nach Maßgabe der Feststellungen des EGMR im Fall *Zaunegger/Deutschland*[679] scheidet schließlich auch eine vom BVerfG in einer älteren Entscheidung ohne größere Ausführungen angenommene[680] Begrenzung des Differenzierungsverbots durch Art. 6 Abs. 5 aus. Etwas anderes gilt demgegenüber für die Vorschrift des Art. 12a, die als Spezialregelung die Anwendbarkeit der Abs. 2 u. 3 des Art. 3 ausschließt.[681]

---

[670] *Baer/Markard* in MKS Rn. 365 f.

[671] S. etwa BVerfGE 132, 72 (96).

[672] BVerfGE 74, 163 (180); 85, 191 (207); 97, 35 (43); 104, 373 (393); 113, 1 (15); 121, 241 (254 f.); 126, 29 (53); 132, 72 (97 f.); 138, 296 (354).

[673] BVerfGE 85, 191 (207) unter Verweis auf BVerfGE 15, 337 (345); 52, 369 (376 f.); 57, 335 (344).

[674] BVerfGE 85, 191 (207) unter Verweis auf BVerfGE 74, 163 (180). S. ferner die Nachweise in Fn. 672.

[675] BVerfGE 85, 191 (207 ff.); 92, 91 (109); 114, 357 (364).

[676] BVerfGE 3, 225 (241 f.); 10, 59 (66 f.); 42, 64 (77); 47, 85 (100); 53, 257 (296); 103, 89 (101); 105, 1 (10); 121, 175 (198).

[677] BVerfGE 10, 59 (67); 37, 217 (250 f.).

[678] Ausf. *Sachs* in Stern StaatsR IV/2, Rn. 1671.

[679] EGMR 3.12.2009 – 22028/04, Rn. 61 ff. – Zaunegger/Deutschland.

[680] BVerfGE 56, 363 (388 ff.).

[681] *Nußberger* in Sachs Rn. 270; vgl. auch BVerfGE 12, 45 (52 f.); BVerwGE 110, 40 (52 f.); BVerwG NJW 2006, 2871 (im Hinblick auf Art. 14 EMRK); EuGH C-186/01, ECLI:EU:C:2003:146 Rn. 38 ff. – Dory.

Von besonderer praktischer Relevanz ist die Frage einer möglichen Begrenzung des Differenzierungsverbots durch das **Förderungsgebot des Art. 3 Abs. 2 S. 2.** Sie steht im Mittelpunkt der Debatte über die Verfassungsmäßigkeit auf die Herstellung tatsächlicher Chancengleichheit gerichteter Fördermaßnahmen zugunsten von Frauen. Die ausweislich der Gesetzesmaterialien als **Staatsziel** konzipierte Bestimmung[682] ergänzt und verstärkt das Grundrecht des S. 1 um einen verbindlichen Auftrag des Staates zur Durchsetzung der Gleichberechtigung in der gesellschaftlichen Wirklichkeit.[683] Der Wortlaut von Abs. 2 hat dabei Raum für die bis heute stark divergierende Interpretation der Vorschrift[684] geschaffen.[685] Hier geht es im Wesentlichen um die Frage, ob sich ein Problem daraus ergibt, dass Art. 3 Abs. 2 keine explizite Ausnahme vom Verbot geschlechtsspezifischer Diskriminierungen in Art. 3 Abs. 3 S. 1 enthält. **166**

Das BVerfG ist diesen Unsicherheiten dadurch ausgewichen, dass es den Förderungsauftrag des Art. 3 Abs. 2 S. 2 nicht ganz zu Unrecht als Bestätigung seiner Rspr. aufgefasst und diese auch nach der Änderung des Grundgesetzes im Wesentlichen fortgesetzt hat. Das Verhältnis von Abwehrrecht und Förderauftrag kann deshalb heute überwiegend als entschärft gelten. Schon vor der Grundgesetzänderung des Jahres 1994 hatte das Gericht die objektiven Gehalte des Gleichberechtigungsgebots aus Art. 3 Abs. 2 GG aF als Begrenzungen des Differenzierungsverbots des Art. 3 Abs. 3 GG aF konzipiert.[686] Nach Einfügung des Art. 3 Abs. 2 S. 2 konnten die objektiven Grundrechtsgehalte an dieser Bestimmung festgemacht werden. Die Aussagen des neu gefassten Art. 3 Abs. 2 werden hiernach pauschal im Rahmen einer **Abwägung** festgestellter Ungleichbehandlungen wegen des Geschlechts „mit kollidierendem Verfassungsrecht" berücksichtigt.[687] Die hierin liegende Konzeption des **Art. 3 Abs. 2 S. 2** als **unspezifische Begrenzungsbestimmung** gegenüber einem ausnahmslosen Verbot geschlechtsspezifischer Differenzierungen hat in der Lit. Zustimmung gefunden.[688] **167**

Im Ergebnis vermag der **pauschale Einwand,** dass letztlich jede unter Art. 3 Abs. 2 unternomme Fördermaßnahme eine geschlechtsspezifische Diskriminierung iSv Art. 3 Abs. 3 S. 1 darstelle, nicht zu überzeugen. Diskriminierung – darauf weisen Susanne Baer und Nora Markard zutreffend hin – ist eben nicht jede Ungleichbehandlung und die selbstverständlich rechtfertigungsbedürftige Beeinträchtigung der Rechte Dritter kann „nicht mit jener Diskriminierung gleichgesetzt werden", gegen die sich die Fördermaßnahme richtet.[689] Die **168**

---

[682] BT-Drs. 12/6000, 50 f.

[683] *Eckertz-Höfer* in AK Rn. 74.

[684] Vgl. insoweit nur *Sachs* in Stern StaatsR IV/2, Rn. 1678 f. einerseits und *Eckertz-Höfer* in AK Rn. 74 ff. sowie *Baer/Markard* in MKS Rn. 369 ff. andererseits.

[685] Deutlich im Sinne einer Begrenzung des Differenzierungsverbots formulierte Vorschläge fanden insoweit weder in der Kommission Verfassungsreform des Bundesrates noch in der Gemeinsamen Verfassungskommission die erforderlichen Mehrheiten, s. BR-Drs. 360/92, 17 f. und BT-Drs. 12/6000, 50 f.

[686] BVerfGE 74, 163 (180). S. ferner BVerfGE 85, 191 (209 f.) mit der Frage, ob der festgestellte Verstoß gegen Art. 3 Abs. 3 „nicht durch das Gleichberechtigungsgebot des Art. 3 Abs. 2 GG gerechtfertigt" sei.

[687] BVerfGE 92, 91 (109 ff.); 114, 357 (368 ff.).

[688] *Nußberger* in Sachs Rn. 254; *Kingreen* in BK Rn. 457; *Jarass* in Jarass/Pieroth Rn. 115, 118; *Krieger* in SHH Rn. 71 f.; *Huster* AöR 118 (1993), 109 (111); zur Gegenansicht s. nur *Sachs* in Stern StaatsR IV/2, Rn. 1678 ff.

[689] *Baer/Markard* in MKS Rn. 372: „Förderung verwirklicht [...] Diskriminierungsschutz".

Rspr. des BVerfG hat Maßnahmen zur Gleichstellung von Frauen in verschiedensten Lebensbereichen in diesem Sinne als verfassungsgemäß erachtet.[690] Bei den **Fördermaßnahmen** zeigt sich dabei das „Dilemma der Differenz" (→ Rn. 173). Diskriminierungsverbote verwenden Kategorien, die sie gerade überwinden möchten.[691] Fördermaßnahmen zugunsten von Frauen laufen so Gefahr, Stereotype zu reproduzieren und zu stigmatisieren („Quotenfrau").[692] Einige gesetzliche Regelungen begegnen diesem Problem, indem sie nicht an das weibliche Geschlecht, sondern an Sachverhalte anknüpfen, die überdurchschnittlich, aber nicht nur Frauen betreffen (zB Fürsorgearbeit, Wahrnehmung von Familienaufgaben).[693] Schließlich ist der **Anwendungsbereich des Art. 3 Abs. 2 nicht auf das Diskriminierungsverbot des Art. 3 Abs. 3 S. 1 begrenzt.** Art. 3 Abs. 2 enthält vielmehr einen „über alle Diskriminierungsverbote hinausgehenden Gleichstellungsauftrag, dessen Anwendungsbereich nicht sachlich eingeschränkt ist und daher auch im Bereich des öffentlichen Dienstes (Art. 33 Abs. 2) und im Wahl- und Parteienrecht (Art. 21 Abs. 1 S. 2 und 38 Abs. 1 S. 1) zur Anwendung kommt."[694]

169 **f) Insbesondere: Rechtfertigung von Quoten- und Parité-Regelungen.** Diese Konzeption des Art. 3 Abs. 2 hat insbesondere Auswirkung auf die verfassungsrechtliche Rechtfertigung von **Quotenregelungen.** Aufgrund seines sachlich nicht begrenzten Anwendungsbereichs kann Art. 3 Abs. 2 Frauenquoten im öffentlichen Dienst, die mit Art. 33 Abs. 2 kollidieren, ebenso rechtfertigen wie Quoten im Bereich der privaten Wirtschaft, die einen Eingriff in Art. 12 Abs. 1 darstellen.[695] Eine solche Rechtfertigung kommt nach den oben erläuterten Grundsätzen (→ Rn. 165 ff.) nur unter Wahrung der Verhältnismäßigkeit in Betracht.[696]

170 Die Zulässigkeit von Quoten hängt dabei im Einzelfall von drei Voraussetzungen ab: **(1) Unterrepäsentanz.** Eine Quotenregelung kommt von vornherein nur dort in Betracht, wo Frauen aus strukturellen Gründen unterrepräsentiert sind. **(2) Gleiche Qualifikation.** Die Quotenregelung darf darüber hinaus vor dem Hintergrund von Art. 33 Abs. 2 nur bei gleicher Qualifikation greifen. Entscheidende Bedeutung erlangt damit die Frage nach den für die Beurteilung der Qualifikation maßgeblichen Kriterien. Der EuGH hat es diesbezüglich für zulässig erachtet, „bei einer solchen Beurteilung bestimmte positive und negative Kriterien heranzuziehen, die, obwohl sie geschlechtsneutral formuliert sind und sich somit auch zugunsten von Männern auswirken können, im allgemeinen Frauen begünstigen."[697] Auch

[690] BVerfGE 17, 1; 19, 33; 52, 369; 57, 335; 74, 163; 85, 191; 103, 271; 138, 296. Ein Überblick über die Rspr. findet sich bei *Baer/Markard* in MKS Rn. 376 ff.

[691] *Baer* in Jähnert/Aleksander/Kriszio Kollektivität nach der Subjektkritik, 2014, 47; *Mangold,* Demokratische Inklusion durch Recht, 2020, § 1 A. V.; *Minow,* Making all the difference, 1990, 20.

[692] *Baer/Markard* in MKS Rn. 374.

[693] Vgl. § 4 Abs. 3 Sa. 1 BEEG; § 11 Hess. GleichstellungsG.

[694] *Kingreen* in BK Rn. 457. AA (im Hinblick auf Art. 38 Abs. 1 S. 1) *Ungern-Sternberg* JZ 2019, 525 (533).

[695] *Kingreen* in BK Rn. 458; *Nußberger* in Sachs Rn. 287; *Langenfeld* in Maunz/Dürig Rn. 96; *Jarass* in Jarass/Pieroth Rn. 129.

[696] Zum Ganzen *Papier/Heidebach,* Frauenquoten im öffentlichen Dienst, 2016; *Papier/Heidebach* DVBl 2015, 125; *Grünberger* NZA-Beilage 2012, 139; *Ohmann-Sauer/Langemann* NZA 2014, 1120.

[697] EuGH C-407/98, ECLI:EU:C:2000:367 Rn. 47 – Abrahamsson unter Verweis auf C-158/97, ECLI:EU:C:2000:163 Rn. 31 f. – Badeck.

die Regelung des Art. 33 Abs. 2 lässt hinsichtlich gleichermaßen qualifizierter Bewerber wohl Spielraum für zusätzliche, selbst wiederum an Art. 3 Abs. 2, Abs. 3 zu messende „Hilfskriterien".[698] Allerdings muss das im Rahmen der Quotenregelung etablierte Beurteilungsverfahren insgesamt dem Grundsatz der Verhältnismäßigkeit genügen.[699] **(3) Keine starre Quote.** Schließlich dürfen Quotenregelungen nicht automatisch Frauen bevorzugen, sondern müssen Härtefallregelungen enthalten, die es ermöglichen, besondere Situationen männlicher Kandidaten zu berücksichtigen.[700] Das **BVerfG** hat sich zur Zulässigkeit von Quoten bislang noch nicht geäußert.[701] Ein Teil der Lit. geht unter Verweis auf eine Konzeption von Art. 3 Abs. 3 S. 1 als striktes Anknüpfungsverbot und die entstehungsgeschichtlich belegte Konzeption des Art. 3 Abs. 2 S. 2 als Staatszielbestimmung unklaren Inhalts von der Unvereinbarkeit von Quotenregelungen zugunsten von Frauen mit dem Unterscheidungsverbot des Art. 3 Abs. 2 S. 1, Abs. 3 S. 1 aus.[702] Die Praxis der deutschen Gerichte[703] wird demgegenüber ebenso wie die Lit.[704] maßgeblich durch die Rspr. des EuGH bestimmt.

Der **EuGH** hat sich zur Zulässigkeit von Quotenregelungen erstmals im **171**
Jahr 1995 in der Rechtssache *Kalanke* geäußert.[705] Der Gerichtshof stellte hier einen Verstoß der streitgegenständlichen Quotenregelung des Bremer Landesgleichstellungsgesetzes gegen Art. 2 Abs. 4 der Gleichbehandlungsrichtlinie 76/207/EWG fest. Demgegenüber billigte der EuGH in der Rechtssache *Marschall*[706] die Quotenregelung des nordrhein-westfälischen Beamtengesetzes unter Hinweis auf die Existenz einer Öffnungsklausel, die den männlichen Bewerbern eine objektive Beurteilung ihrer Bewerbung im Einzelfall garantierte.[707] Nach der Änderung des maßgeblichen Primärrechts hat der EuGH seinen zunächst eher zurückhaltenden Ansatz im Hinblick auf Quotenregelungen an entscheidender Stelle ausgeweitet. Die durch den Vertrag von Amsterdam 1997 eingeführte Regelung des heutigen **Art. 157 Abs. 4 AEUV** fordert die „effektive Gewährleistung der vollen Gleichstellung von Männern und Frauen im Arbeitsleben". Seither stellt der EuGH nur noch geringere Anforderungen an die Rechtmäßigkeit mitgliedstaatlicher

---

[698] → Art. 33 Rn. 76 ff. mwN; sowie im Hinblick auf Art. 3 Abs. 2 u. 3 *Nußberger* in Sachs Rn. 287.

[699] EuGH C-476/99, ECLI:EU:C:2002:183 Rn. 39 – Lommers unter Verweis auf C-222/84, ECLI:EU:C:1986:206 Rn. 38 – Johnston; C-273/97, ECLI:EU:C:1999:523 Rn. 26 – Sirdar; C-285/96, ECLI:EU:C:1998:453 Rn. 23 – Kommission/Italien.

[700] Statt vieler *Kingreen* in BK Rn. 458 mwN.

[701] Vgl. aber BVerfGE 91, 228 (245). Hier soll nach *Nußberger* in Sachs Rn. 288 Fn. 744 eine Frauenquote für kommunale Gleichstellungsbeauftragte implizit gebilligt worden sein. Krit. insoweit *Sachs* in Stern StaatsR IV/2, Rn. 1682 Fn. 521.

[702] *Sachs* in Stern StaatsR IV/2, Rn. 1681 f. mwN; *Rüfner* in BK [1992], Art. 3 Rn. 763 ff.; *Englisch* in Becker/Stern Grundrechte-Kommentar Rn. 102.

[703] S. etwa BAGE 82, 211 (222); 87, 171 (174); BVerwGE 100, 354; OVG NRW NWVBl. 1998, 400 (401); SchlHOVG NVwZ-RR 1999, 261; OVG RhPf DVBl 1999, 1445; OVG Saarl NVwZ-RR 2000, 31 (32 ff.); VG Berlin NVwZ-RR 2006, 348; VG Gelsenkirchen NVwZ-RR 2009, 174.

[704] *Nußberger* in Sachs Rn. 286 ff.; *Sacksofsky* in Umbach/Clemens Rn. 365 f.; *Kingreen* in BK Rn. 458; *Jarass* in Jarass/Pieroth Rn. 129; *Kischel* in BeckOK GG Rn. 200; weitergehend *Eckertz-Höfer* in AK Rn. 66; vgl. auch *Heun* in Dreier Rn. 113; *Langenfeld* in Maunz/Dürig Art. 3 Abs. 2 Rn. 90 ff.

[705] EuGH C-450/93, ECLI:EU:C:1995:322 – Kalanke; vgl. auch zuvor schon (im Hinblick auf Art. 2 Abs. 4 RL 76/207/EWG) EuGH C-312/86, ECLI:EU:C:1988:485 Rn. 15 – Kommission/Frankreich.

[706] EuGH C-409/95, ECLI:EU:C:1997:533 Rn. 29 ff. – Marschall.

[707] EuGH C-409/95, ECLI:EU:C:1997:533 Rn. 33 – Marschall.

Quotenregelungen: Nicht mit dem Unionsrecht vereinbar sind nach wie vor **„starre", dh absolute und unbedingte Quoten.** Zulässig sind im Umkehrschluss aber **flexible Quoten,** die Öffnungs- und Abwägungsklauseln für besondere Fallkonstellationen beinhalten.[708]

172 **Paritätsgesetze** für die **Teilhabe am politischen Prozess** unterliegen denselben Grundsätzen.[709] Zulässig als Ausdruck der verfassungsrechtlich geschützten Gestaltungsfreiheit politischer Parteien nach Art. 21 Abs. 1 S. 2 sind zunächst von den **Parteien** selbst beschlossene Frauenquoten für die Aufstellung von Wahllisten oder die Besetzung von Parteiämtern.[710] Eine Reihe **verfassungsrechtlicher Probleme** werfen demgegenüber sog. **Parité-Regelungen** auf, die Frauenquoten für Wahllisten zu Parlamentswahlen vorsehen. Solche Regelungen wurden in anderen Mitgliedstaaten der EU – teils nach entsprechenden **Verfassungsänderungen**[711] – bereits eingeführt[712] und haben auch in Deutschland die Diskussion angestoßen sowie entsprechende Gesetzgebungsinitiativen inspiriert.[713] Zunächst gilt auch hier der oben (→ Rn. 168) formulierte Grundsatz, wonach **Art. 3 Abs. 2 einen die gesamte Rechtsordnung betreffenden Gleichstellungsauftrag** enthält, dessen Anwendungsbereich keinesfalls auf das Diskriminierungsverbot des Art. 3 Abs. 3 S. 1 beschränkt ist und der deshalb auch im Wahl- und Parteienrecht (Art. 21 Abs. 1 S. 2 und 38 Abs. 1 S. 1) Anwendung findet.[714] Aus dem Umstand allein, dass gesetzliche Paritätsregelungen in Art. 21 Abs. 1 S. 2 und Art. 28 Abs. 1 S. 2 iVm 38 Abs. 1 S. 1 eingreifen – was sie tun[715] – folgt deshalb noch nicht ihre Verfassungswidrigkeit. Von einer „anerkannte[n] Spezialität des Art. 38 I 1 GG"[716] gegenüber Art. 3 Abs. 2 S. 2 kann jedenfalls keine Rede sein. Die **Rechtfertigung von**

---

[708] EuGH C-409/95, ECLI:EU:C:1997:533 Rn. 33 – Marschall; C-158/97, ECLI:EU:C:2000:163 Rn. 23 – Badeck sowie im Anschluss daran BAG NZA 2003, 1036.

[709] Zu internationalen Regelungen politischer Gleichberechtigung *Boysen* in Eckertz-Höfer/Schuler-Harms Gleichberechtigung und Demokratie, 85 (93 ff.).

[710] Hierzu *Penz* DÖV 2015, 963. Ausführlich zu Bindungen und Spielräumen des Parteienverfassungsrechts für die Herstellung von Parität *Wieland* in Eckertz-Höfer/Schuler-Harms Gleichberechtigung und Demokratie, 147. S. ferner *Rixen* in Eckertz-Höfer/Schuler-Harms Gleichberechtigung und Demokratie, 59 (80 f.).

[711] In Frankreich wurde durch Art. 1 des Verfassungsgesetzes Nr. 99–569 vom 8.7.1999 dem Artikel 3 folgender Absatz angefügt: „La loi favorise l'égal accès des femmes et des hommes aux mandats électoraux et fonctions électives." Durch Art. 1 des Verfassungsgesetzes Nr. 2008-724 vom 23.7.2008 wurde diese Regelung in Art. 1 Abs. Abs. 2 verschoben. Ausführlich zur französichen Paritätsregelung *Mayer* EuGRZ 2005, 18.

[712] In der EU haben zZt Belgien, Frankreich, Griechenland, Irland, Kroatien, Portugal, Slowenien und Spanien gesetzliche Regelungen für die paritätische Vergabe von Abgeordnetenmandaten. Sie bewegen sich im Bereich von jeweils zwischen 40 Prozent und 50 Prozent. Vgl. den Überblick bei *von Ungern-Sternberg* JZ 2019, 525 (527 f.) sowie zum Ganzen *European Commission,* 2019 Report on Equality between Men and Women in the EU, 31 ff.

[713] Siehe hierzu die Regelung in § 25 Abs. 3 des brandenburgischen LWahlG sowie dazu *Iwers/Platter,* Gutachten zur Parität bei Landtagswahlen, Landtag Brandenburg Parlamentarischer Beratungsdienst, 2018, abrufbar unter https://www.parlamentsdokumentation.brandenburg.de/starweb/LBB/ELVIS/parladoku/w6/gu/48.pdf (6/2020). Am 5.7.2019 beschloss auch der Thüringer Landtag ein Paritätsgesetz zu Besetzung der Wahllisten, Drs. 6/6964.

[714] *Kingreen* in BK Rn. 457.

[715] S. hierzu etwa *Morlok/Hobusch* DÖV 2019, 14; *von Ungern-Sternberg* JZ 2019, 525; *Rixen* in Eckertz-Höfer/Schuler-Harms Gleichberechtigung und Demokratie, 59 (63 ff.); *Burmeister/Greve* ZG 2019, 154 (157 ff.); vgl. auch BayVerfGH 26.3.2018 –Vf. 15-VII-16, Rn. 73 ff., 86 ff., 128 f., NVwZ 2018, 881.

[716] *von Ungern-Sternberg* JZ 2019, 525 (533).

Paritätsgesetzen kann deshalb grundsätzlich auf Art. 3 Abs. 2 S. 2 gestützt werden[717] und setzt dann nach den oben aufgestellten Grundsätzen zunächst voraus, dass Frauen in Folge von geschlechtsspezifischen strukturellen Benachteiligungen unterrepräsentiert und dass die Fördermaßnahme diese Nachteile angemessen, dh auch zielgenau,[718] beseitigt. Bereits die Frage, ob Frauen in deutschen Parlamenten unterrepräsentiert sind, ist dann wiederum umstritten. Zwar liegt der Frauenanteil nach wie vor deutlich unter dem Bevölkerungsanteil,[719] der Frauenanteil in den Fraktionen ist jedoch zumeist höher als in den jeweiligen Parteien. Bereits hieraus folgt für viele die Verfassungswidrigkeit von Paritätsregelungen für Wahllisten.[720] Nicht angesprochen sind damit die – wiederum strukturellen – Gründe für den geringen Frauenanteil in den meisten deutschen Parteien. Ein weiterer Einwand gegen Paritätsgesetze stützt sich darauf, dass diese **demokratische Repräsentation iSd Art. 20 Abs. 2 S. 2** über Gruppenzugehörigkeiten konstruieren.[721] Das klingt unmittelbar einleuchtend, ist es aber nicht:[722] „[W]o nicht mehr die Besten das Allgemeinwohl repräsentieren, sondern demokratisch gewählte Abgeordnete die Interessen, Werte oder Befindlichkeiten ihrer Wählerinnen und Wähler, **lässt sich Repräsentation nicht mehr in der Form der Ganzheit einfangen.**"[723] Ist die Frage der Verfassungsmäßigkeit somit wieder an die Reichweite von Art. 3 Abs. 2 S. 2 zurückgespielt, so ist damit die verfassungsrechtlich gebotene Rechtfertigungsprüfung nicht entschieden. Sie hat im konkreten Fall die begründeten Anliegen des Gesetzgebers zu gewichten. Die Begründungslast ist dabei angesichts der genannten verfassungsrechtlichen Probleme hoch und legt eine Regelung im Wege der Verfassungsänderung nahe.

3. Die Diskriminierungsverbote des Art. 3 Abs. 3 S. 1. Die Merkmale des Art. 3 Abs. 3 S. 1 haben gemeinsam, dass sie für den einzelnen Menschen als im Wesentlichen **unverfügbar** sind. Das gilt für Eigenschaften, die mit Geburt oder biografisch erlangt werden, aber auch für Merkmale, die als Identitäten unter den Schutz von Art. 3 Abs. 3 S. 1 fallen, wie Glaube sowie religiöse und politische Anschauungen, weil Menschen nur begrenzten Einfluss auf ihr Vorhandensein oder Fehlen haben, oder eine Pflicht zur Anpassung sich freiheitsrechtlich verbietet.[724] Für alle Merkmale ergibt sich 173

[717] *Meyer* NVwZ 2019, 1245 (1248 f.).

[718] *Kingreen* in BK Rn. 459.

[719] Im 19. Deutschen Bundestag beträgt der Anteil weiblicher Abgeordneter 31,2 Prozent (Stand: Juli 2019), https://www.bundestag.de/abgeordnete/biografien/mdb_zahlen_19/fra uen_maenner/529508 (6/2020). Einzelheiten – auch zu den Landesparlamenten – bei *Laskowski* in Eckertz-Höfer/Schuler-Harms Gleichberechtigung und Demokratie, 125 ff.; s. ferner in internationaler Perspektive *Inter-Parliamentary Union,* 125 ff. Women in National Parliaments, abrufbar unter http://archive.ipu.org/wmn-e/classif.htm (6/2020).

[720] *Morlok/Hobusch* DÖV 2019, 14 (17 ff.); *Burmeister/Greve,* ZGH 2019, 154 (161); *Kingreen* in BK Rn. 459: „Es sind eben zu wenige Frauen in den Parteien, nicht auf Wahllisten."; aA *Meyer* NVwZ 2019, 1245 (1250).

[721] *Morlok/Hobusch* DÖV 2019, 14 (17 ff.); *Burmeister/Greve,* ZGH 2019, 154 (162 ff.); *Kingreen* in BK Rn. 459; *Ungern-Sternberg* JZ 2019, 525 (530 f.); aA *Meyer* NVwZ 2019, 1245 (1250).

[722] Eingehend hierzu *Mangold* in Eckertz-Höfer/Schuler-Harms Gleichberechtigung und Demokratie, 109 (111 ff.).

[723] *Möllers* FAZ v. 13.2.2019. Zustimmend *Meyer* NVwZ 2019, 1245 (1249).

[724] *Sachs,* Grenzen des Diskriminierungsverbots, 1987, 224; *Baer/Markard* in MKS Rn. 439.

das **„Dilemma der Differenz“.**[725] Diskriminierungsverbote verwenden Kategorien, die sie gerade überwinden möchten.[726] Besonders deutlich tritt diese Problematik beim Merkmal „Rasse“ hervor (→ Rn. 179 ff.). Dies erfordert reflektierten Umgang mit Begriffen und nicht zuletzt die Erkenntnis, dass es entscheidend auf den Kontext der Begriffsverwendung ankommt. Derselbe Begriff kann insoweit als Selbstbezeichnung emanzipatorisch, als Fremdzuweisung beleidigend gebraucht werden.[727] Affirmative Behauptungen sind deshalb in der begrifflichen Verwendung der Diskriminierungsmerkmale zu vermeiden. Mit der Formulierung von Baer und Markard: „Das Diskriminierungsverbot knüpft nicht daran an, wie jemand ‚ist‘, sondern ob jemand Nachteile erleidet“.[728]

174 **a) Geschlecht.** Die Rspr. zum Merkmal Geschlecht ist von Fragen der Gleichberechtigung von Männern und Frauen geprägt (→ Rn. 155 ff.). Der Schutzgehalt des Merkmals ist aber nicht auf das Geschlechterverhältnis ieS begrenzt.[729] Abs. 3 Satz 1 GG schützt auch Menschen, die sich dauerhaft weder dem männlichen noch dem weiblichen Geschlecht zuordnen, vor Diskriminierungen wegen ihres Geschlechts.[730] Die Rspr. des BVerfG hat insoweit eine lange Entwicklung von der **„natürlichen Verschiedenheit der Geschlechter“**[731] zu einer Überprüfung geschlechtsbezogener Ungleichbehandlungen am Maßstab der Verhältnismäßigkeit gemacht, die im Beschluss des Ersten Senats zur Dritten Option in der Öffnung des Abs. 3 S. 1 für eine nicht binäre Geschlechterordnung mündet: „Zweck des Art. 3 Abs. 3 Satz 1 GG ist es, Angehörige strukturell diskriminierungsgefährdeter Gruppen vor Benachteiligung zu schützen […]. Die Vulnerabilität von Menschen, deren geschlechtliche Identität weder Frau noch Mann ist, ist in einer überwiegend nach binärem Geschlechtsmuster agierenden Gesellschaft besonders hoch. Der Wortlaut des Art. 3 Abs. 3 Satz 1 GG lässt es ohne Weiteres zu, sie in den Schutz einzubeziehen. Art. 3 Abs. 3 Satz 1 GG spricht ohne Einschränkung allgemein von ‚Geschlecht‘, was auch ein Geschlecht jenseits von männlich oder weiblich sein kann.“[732]

175 Auch trans- und intergeschlechtliche Menschen können sich damit auf Abs. 3 S. 1 berufen. **Transsexualität** liegt vor, wenn das zugewiesene nicht dem empfundenen Geschlecht entspricht. Auf Abs. 3 S. 1 können sich dabei sowohl Menschen berufen, die das ihnen zugewiesene Geschlecht wechseln wollen, als auch Personen, die sich jenseits der binären Geschlechtskategorien

---

[725] *Baer* in Jähnert/Aleksander/Kriszio Kollektivität nach der Subjektkritik, 2014, 47; *Mangold,* Demokratische Inklusion durch Recht, 2020, § 1 A. V.; *Baer/Markard* in MKS Rn. 374 ff., 440; *Minow,* Making all the difference, 1990, 20.

[726] *Mangold,* Demokratische Inklusion durch Recht, 2020, § 1 A. V.; *Baer/Markard* in MKS Rn. 440: „Tatsächlich benennen die Merkmale des Abs. 3 tradierte Linien der Unterordnung bis zur Ausgrenzung diverser Erscheinungs- und Lebensweisen in einer hierarchisierten Normalität.“

[727] *Baer/Markard* in MKS Rn. 440.

[728] *Baer/Markard* in MKS Rn. 441 unter Verweis auf EuGH C-83/14, ECLI:EU:C:2015:480 Rn. 56 – CHEZ und EuGH C-303/06, ECLI:EU:C:2008:415 Rn. 38, 50 – Coleman.

[729] *Baer/Markard* in MKS Rn. 447: „Das Grundrecht richtet sich insgesamt gegen ‚Sexismus‘, unabhängig von Absicht oder ‚Frauenfeindlichkeit‘.“

[730] BVerfGE 147, 1 (26). Vgl. ferner *Kolbe,* Intersexualität, Zweigeschlechtlichkeit und Verfassungsrecht, 2010, 120 ff.; *Schmidt* in Schochow/Gehrmann/Steger, Inter* und Trans*identitäten, 231 (245 f., 251 f.); *Adamietz,* Geschlecht als Erwartung, 2011, 246 ff.

[731] BVerfGE 6, 289 (423).

[732] BVerfGE 147, 1 (28).

verorten und aus diesem Grund Nachteile erleiden.[733] Der **EuGH** hat die Diskriminierung von transgeschlechtlichen Personen schon in seiner frühen Rspr. über das Merkmal Geschlecht erfasst.[734] Das **BVerfG** hat Fragen der Transsexualität traditionell freiheitsrechtlich gefasst und unter dem allgemeinen Persönlichkeitsrecht (Art. 2 Abs. 1 iVm Art. 1 Abs. 1) verhandelt.[735] In seinem Beschluss zur Dritten Option hat das BVerfG diesen Weg verlassen und Transsexualität unter das Merkmal Geschlecht in Abs. 3 S. 1 subsumiert.[736] Ebenso von Abs. 3 S. 1 erfasst ist **Intersexualität.** Hiervon spricht man bei Menschen mit körperlich-biologischen Eigenschaften, die nicht als männlich oder weiblich eingeordnet werden. Auch sie sind in einer Rechtsordnung, die nach wie vor im Wesentlichen auf einer binären Geschlechterordnung beruht, zahlreichen Nachteilen ausgesetzt. Die mit Trans- und Intersexualität verbundenen Nachteile sind vielfältig und reichen von Geschlechtseinträgen in amtlichen Dokumenten,[737] Formularen, Bewerbungsbögen, über das Namensrecht und Begutachtungserfordernisse[738] bis hin zu Maßnahmen körperlicher Angleichung.[739]

Das Merkmal der **sexuellen Orientierung** oder Ausrichtung ist anders als in Art. 21 Abs. 1 GRCh in Abs. 3 S. 1 nicht genannt. Nach stRspr. des BVerfG ist es vom Verbot geschlechtsspezifischer Diskriminierungen in Abs. 3 S. 1 nicht erfasst, wird jedoch nach den oben (→ Rn. 54 ff., 103 ff.) erörterten Grundsätzen unter **Art. 3 Abs. 1** aufgrund der Nähe zu den Merkmalen des Abs. 3 S. 1 **strengen Rechtfertigungsanforderungen** unterworfen.[740] Wichtige Impulse hat die deutsche Rspr. insoweit von den europäischen Gerichten erhalten.[741] In seiner Entscheidung in der Rechtssache *Maruko* beurteilte der **EuGH** im Jahr 2008 erstmals die Benachteiligung von Lebenspartnerschaften gegenüber Ehen im Bereich der deutschen Hinterbliebenenversorgung als unzulässige Diskriminierung wegen der sexuellen Ausrichtung.[742] Der **EGMR** fasst die sexuelle Orientierung als „sonstigen Status" iSv Art. 14 EMRK.[743] Die Rspr. des Gerichtshofs ist bis in die neuere Zeit von deutlicher Zurückhaltung geprägt. Diese erklärt sich aus den tiefen Divergenzen der Konventionsstaaten im Hinblick auf Diskriminierungen wegen sexueller Orientierung. Der EGMR hat insoweit einerseits grundlegende Rechte homosexueller Menschen gestärkt,[744] sich einer dynamischen **176**

[733] *Baer/Markard* in MKS Rn. 453.

[734] EuGH C-13/94, ECLI:EU:C:1996:170 Rn. 20 f. – P/S und Cornwall County Council. Zur Rspr. des EGMR s. *Theilen,* ZEuS 2012, 363.

[735] BVerfGE 49, 286 (297 ff.); 115, 1 (14 ff.); 121, 175 (189 ff.); 128, 109 (123 ff.). Zum Ganzen *Theilen,* ZEuS 2012, 363 (371).

[736] BVerfGE 147, 1 (26).

[737] S. hierzu BVerfGE 147, 1 (24 ff.) einerseits und BGH 22.4.2020 – XII ZB 383/19, NJW 2020, 1955, andererseits. Der BGH führt in seinem Beschluss aus, dass die Neuregelung im PStG zur dritten Option nur für „biologische Intersexualität" gelte. Die selbstdefinierte Zugehörigkeit zu keinem Geschlecht sei nur über eine analoge Anwendung des TSG möglich.

[738] EGMR 6.4.2017 – Nr. 79885/12 ua – A. P., Garçon und Nicot/Frankreich.

[739] BVerfGE 128, 109; EGMR 10.3.2015 – Nr. 14793/08 –Y. Y./Türkei.

[740] BVerfGE 124, 199; 126, 400; 132, 179; 133, 59; 133, 377.

[741] S. hierzu den Überblick bei *Kingreen* in BK Rn. 613 ff.

[742] EuGH C-267/06, ECLI:EU:C:2008:179 Rn. 72 – Maruko sowie in der Folge EuGH C-147/08, ECLI:EU:C:2011:286 Rn. 52 – Römer; C-267/12, ECLI:EU:C:2013:823 – Hay; C-443/15, ECLI:EU:C:2016:897 Rn. 60 – Parris.

[743] EGMR 21.12.1999 – Nr. 33290/96, Rn. 28 – Da Silva Mouta/Portugal.

[744] EGMR 21.10.2010 – Nr. 4916/07 ua, Rn. 109 – Alekseyev/Russland; 12.3.2015 – Nr. 73235/12, Rn. 80, 91 ff. – Identoba ua/Georgien; 16.7.2019 – Nr. 12200/08, Rn. 179 f. – Zhdanov ua/Russland.

Interpretation des Diskriminierungsverbots jedoch verweigert. Konventionsstaaten sind hiernach weder verpflichtet, gleichgeschlechtlichen Paaren den Zugang zur Ehe bzw. einer eheähnlichen Partnerschaft zu ermöglichen,[745] noch müssen sie gleichgeschlechtlichen Paaren bei der Stiefkindadoption die gleichen Rechte einräumen wie Ehepaaren.[746]

177 Teilweise **uneinheitlich** ist der **Begriffsgebrauch.** Das BVerfG hat vereinzelt auf den Begriff der **sexuellen Identität** Bezug genommen,[747] verwendet aber überwiegend den Begriff der sexuellen Orientierung. International hat sich – so in den auf die Diskriminierungsverbote der UN-Menschenrechtspakte bezogenen **Yogyakarta-Prinzipien** – der Begriff **der sexuellen Orientierung** (oder Ausrichtung) als Beschreibung der **relationalen Ebene** (Hetero-, Homo-, Bi-, Pan- und Asexualität) und demgegenüber der **geschlechtlichen Identität** *(gender identity)* als **individuelle Ebene** des Geschlechts (Cis-, Trans- und Intersexualität) durchgesetzt.[748] Der Begriff der sexuellen Identität hat in seiner deutschen Verwendung traditionell diese beiden Ebenen verklammert. Er findet sich in zahlreichen Landesverfassungen[749] und einfachgesetzlichen Normen, ua in **§ 1 AGG,** ist jedoch auch hier Gegenstand von Auslegungskontroversen, die insbesondere auch die Frage der Einbeziehung von trans- und intergeschlechtlichen Personen betreffen.[750] Das BVerfG hat sich hiervon in seinem Beschluss zur Dritten Option distanziert, indem es explizit von „Bedeutungsunterschieden zwischen Geschlechtsidentität und sexueller Identität" spricht.[751]

178 **b) Abstammung und Rasse.** Nach der allgemein zitierten Definition des BVerfG bezeichnet das Kriterium der **Abstammung** „vornehmlich die natürliche biologische Beziehung eines Menschen zu seinen Vorfahren".[752] Das Verbot der Differenzierung wegen der Abstammung ist jedoch nicht auf die biologische Abstammung zu reduzieren, sondern gilt umfassend für die **Anknüpfung an Eigenschaften der Eltern**[753] und darüber hinaus auch im Hinblick auf die **familienrechtliche Abstammung.**[754] Für die Abstammung als nichteheliches Kind gilt dagegen Art. 6 Abs. 5 als lex specialis.[755] Er enthält als Kehrseite des subjektiven Rechts des nichtehelichen Kindes auf Gleichstellung ein Diskriminierungsverbot und einen entsprechenden Auftrag an den Gesetzgeber zur Vollziehung des Gleichstellungsanspruchs.[756] Unter

---

745 EGMR 24.6.2010 – Nr. 30141/04, Rn. 105 ff. – Schalk und Kopf/Österreich.

746 EGMR 7.5.2013 – Nr. 8017/11, Rn. 28 – Boeckel und Gessner-Boeckel/Deutschland.

747 BVerfGE 133, 59 (98); 132, 179 (188 f.).

748 S. hierzu nur *Baer* in Lohrenscheit Sexuelle Selbstbestimmung als Menschenrecht, 89 (95 ff.).

749 Überblick bei *Kingreen* in BK Rn. 115 ff.

750 Vgl. etwa BAG NJW 2016, 2443; *Mangold,* Demokratische Inklusion durch Recht, 2020, § 6 C. 2.

751 BVerfGE 147, 1 (29).

752 BVerfGE 9, 124 (128).

753 *Heun* in Dreier Rn. 128.

754 Einzubeziehen sind demnach auch durch Vaterschaftsvermutung, -anerkennung, Legitimation oder Adoption begründete Eltern-Kind-Verhältnisse, *Sachs,* Grenzen des Diskriminierungsverbots, 1987, 223; *Sachs* in Stern StaatsR IV/2, Rn. 1728; *Eckertz-Höfer* in AK Rn. 113; aA *Baer/Markard* in MKS Rn. 467 f. Vgl. auch BVerwGE 127, 177 (180).

755 *Sachs* in Stern StaatsR IV/2, Rn. 1729; BVerfGE 8, 212 (221); 17, 148 (153); 17, 280 (286); 26, 44 (61); 26, 265 (272).

756 BVerfGE 17, 280 (284); 25, 167 (183); 74, 33 (39); auch → Art. 6 Rn. 112 f.

der EMRK wird die Gleichstellung nichtehelicher und ehelicher Kinder dagegen im Rahmen des Diskriminierungsverbots wegen der Geburt nach Art. 14 iVm Art. 8 EMRK verfolgt.[757] In der Rspr. des BVerfG hat das Merkmal der Abstammung bislang keine Bedeutung erlangt.[758]

Im Diskriminierungsmerkmal **Rasse** manifestiert sich wie bei allen Diskriminierungsmerkmalen des Abs. 3 S. das „Dilemma der Differenz" (→ Rn. 173). Bei unreflektiertem Begriffsgebrauch läuft es Gefahr, affirmativ das Vorhandensein menschlicher „Rassen" zu bestätigen und damit rassistische Denkmuster zu perpetuieren.[759] Abs. 3 S. 1 selbst enthält ein Diskriminierungsverbot und stellt sich damit rassistischer Diskriminierung entgegen. Er nimmt damit keinesfalls die Rassenideologie der Nürnberger Rassengesetze auf, sondern ist Teil des Gegenentwurfs des Grundgesetzes zum Totalitarismus des nationalsozialistischen Regimes[760] und der **expliziten Abwendung des Grundgesetzes von rassistischer Ausgrenzung und Vernichtung im deutschen Nationalsozialismus.**[761] Die unhaltbare Annahme,[762] dass Menschen in verschiedene „Rassen", „Ethnien" oder „Völker" mit vererblichen Fähigkeiten und Eigenschaften eingeteilt werden können, beinhaltet er nach Entstehungsgeschichte, Systematik und Telos nicht.[763] Initiativen, den Begriff Rasse aus Abs. 3 S. 1 zu streichen, erscheinen deshalb fehlgeleitet. Sie übersehen nicht nur den aufgezeigten Inhalt des grundgesetzlichen Begriffs der Rasse in Abs. 3 S. 1, sondern sitzen auch dem Irrtum auf, man könne im Jahr 2020 im nationalen Alleingang, einen Begriff tilgen oder austauschen, der Gegenstand eines dichten Geflechts europäischer und internationaler Normen ist. **179**

Das Verbot der Diskriminierung wegen der Rasse ist in allen wichtigen Menschenrechtsverträgen enthalten und gehört zum **Kernbestand der internationalen Rechtsordnung** unter dem Dach der Vereinten Nationen. Angefangen mit der **Allgemeinen Erklärung der Menschenrechte** (Art. 2, Art. 16 Abs. 1) lassen sich beispielhaft die **EMRK** (Art. 14 EMRK) [764] und beide **UN-Menschenrechtspakte** (Art. 2 Abs. 1, 4 Abs. 1, 24 Abs. 1, 26 IPbpR; Art. 2 Abs. 2 IPwskR) nennen. Sie gipfeln in den Bestimmungen des UN-Übereinkommens zur Beseitigung jeder Form von Rassendiskriminierung **(ICERD),** dessen Gegenstand nicht nur die Diskriminierung aufgrund des Merkmals Rasse, sondern darüber hinaus aufgrund der Merkmale Hautfarbe, Abstammung, nationaler und ethnischer Herkunft ist. Über den spezifischen Kontext menschenrechtlicher Verträge hinaus **180**

---

[757] EGMR 13.6.1979 – 6833/74, Rn. 40 ff. – Marckx/Belgien; 28.10.1987 – 8695/79, Rn. 41 ff. – Inze/Österreich; 29.11.1991 – 12849/87, Rn. 25 ff. – Vermeire/Belgien; 1.2.2000 – 34406/97, Rn. 54 f. – Mazurek/Frankreich; 3.10.2000 – 28369/95, Rn. 38 f. – Camp und Bourimi/Niederlande.

[758] BVerfGE 9, 201 (205 f.); keine Erwähnung findet das Merkmal der Abstammung trotz entsprechender Rüge in BVerfGE 92, 56 (63 f.).

[759] *Baer/Markard* in MKS Rn. 440.

[760] S. hierzu nur BVerfG Beschl. v. 4.11.2009 – 1 BvR 2150/08, Rn. 65 – Wunsiedel.

[761] *Kingreen* in BK Rn. 19 f.; *Baer/Markard* in MKS Rn. 472; *Langenfeld* in Maunz/Dürig Rn. 45; *Eckertz-Höfer* in AK Rn. 116.

[762] Umfassend zum Begriff *Barskanmaz,* Recht und Rassismus, 2020, 19 ff.; s. ferner UNESCO, Four Statements on the Race Question, 1969, insbes. 9 ff., 30 ff., 36 ff.

[763] Umfassend zum Begriff *Barskanmaz,* Recht und Rassismus, 2020, 19 ff. S. ferner *Baer/Markard* in MKS Rn. 472; *Kingreen* in BK Rn. 517.

[764] Der EGMR zieht insoweit eine Verbindung zwischen rassistischer Diskriminierung und der Menschenwürde EGMR 6.7.2005 – 43577/98, 43579/98, Rn. 145 – Natchova ua/Bulgarien, und hierzu *Barskanmaz,* Recht und Rassismus, 2020, 126.

findet sich das Diskriminierungsverbot in zentralen internationalen Übereinkommen, allen voran in der **UN-Charta** (Art. 1 Nr. 3, Art. 13 Abs. 1 lit. b], Art. 55 lit. c]), aber etwa auch im **ILO-Übereinkommen Nr. 111** von 1958 über die Diskriminierung in Beschäftigung und Beruf (Art. 1 Abs. 1 lit. a]). Es ist nicht zuletzt mit **Art. 21 Abs. 1 GRCh, Art. 19 Abs. 1 AEUV** und der Antirassismus-**RL 2000/43/EG**[765] auch Teil des Unionsrechts.

181 Das Merkmal Rasse in Abs. 3 S. 1 ist Teil und Umsetzung dieser unions- und internationalrechtlichen Verpflichtungen. Es leistet darüber hinaus einen wesentlichen Beitrag zu der immer wieder zu aktualisierenden Erkenntnis, dass rassistische Diskriminierung in unterschiedlichsten Formen existiert. Das Merkmal Rasse aus dem Katalog des Abs. 3 S. 1 zu tilgen, würde nicht zuletzt der Tendenz Vorschub leisten, rassistische Diskriminierung nicht als solche zu bezeichnen. Die Tabuisierung des Rassebegriffs geht insoweit einher mit der **Tabuisierung von Rassismus.**[766] In der **Rspr. des BVerfG** hat das Merkmal Rasse wie die meisten anderen Merkmale des Abs. 3 S. 1 **bislang keine Bedeutung** erlangt.[767] Dies könnte sich nun ändern, nachdem zunehmend Fälle zu rassistischer Diskriminierung auf dem Gebiet des Polizeirechts die Gerichte erreichen.[768]

182 Muss es deshalb im Gegenteil darum gehen, das Merkmal der Rasse in Abs. 3 S. 1 in das Licht des juristischen Diskurses zu rücken und rechtlich zu konturieren, so ist **Rassismus** zu verstehen als „ein **‚gesellschaftliches Verhältnis'** […] oder ein ‚Strukturprinzip gesellschaftlicher Wirklichkeit', [..] das die ungleiche Verteilung von Lebenschancen und den ungleichen Zugang zu gesellschaftlichen Ressourcen begründet."[769] Im Zentrum des Begriffs steht **„normalisierendes Differenzdenken".** Wie die Gegenüberstellung von „zivilisiert"/„unzivilisiert, die koloniale Herrschaft begründete, basiert dieses Differenzdenken auf der Gegenüberstellung von „angeblich natürlichen, homogenen und unüberbrückbaren Identitäten, Kulturen oder Kategorien (Weiß/Schwarz, ‚Deutsch'/‚Ausländer', ‚Westen'/‚Islam', ‚Deutsch'/‚Jude' etc.) mit gegensätzlichen Qualitäten",[770] die die Überlegenheit der eigenen Identität, Kultur oder Kategorie voraussetzt und perpetuiert.[771] „Ausländer- und Fremdenfeindlichkeit"[772] ist demnach ebenso unter den Begriff Rassismus zu fassen wie etwa Islamophobie oder Antisemitismus. Das Diskriminierungsverbot wegen der Rasse steht darüber hinaus auch **polizeilichen Maßnahmen** entgegen, die sich allein an phänotypischen Merkmalen wie Hautfarbe und anderen Zuschreibungen orientieren. Dies gilt namentlich für

---

[765] RL 2000/43/EG des Rates v. 29.6.2000 zur Anwendung des Gleichbehandlungsgrundsatzes ohne Unterschied der Rasse oder der ethnischen Herkunft, ABl. 2000 L 180, 22. Hierzu EuGH C-54/07, ECLI:EU:C:2008:397 Rn. 25 – Feryn; C-83/14, ECLI:EU:C:2015:480 Rn. 69 – CHEZ Razpredelenie Bulgaria AD.

[766] *Chin/Fehrenbach,* What's Race Got to Do With It?, 2009, 1 (6); *Barskanmaz,* Recht und Rassismus, 2020, 120.

[767] BVerfGE 23, 98 (106 f.).

[768] Vgl. OVG Münster NVwZ 2018, 1497 (1499); OVG Koblenz NJW 2016, 2820 (2827).

[769] *Barskanmaz,* Recht und Rassismus, 2020, 20 unter Verweis auf *Rommelspacher* in Melter/Mecheril Rassismuskritik, Bd. 1, 25 (31) und *Scharathow* ua, ebd., 10. Hervorh. d. Verf.

[770] *Barskanmaz,* Recht und Rassismus, 2020, 20, Hervorh. d. Verf.

[771] *Hall,* The West and the Rest, in Hall/Gieben, Formations of Modernity, 1992, 174.

[772] Zu den Problemen dieser Begriffe *Barskanmaz,* Recht und Rassismus, 2020, 121 f.

verdachtsunabhängige Personenkontrollen und die Identifizierung sog. „Gefährder" **(Racial Profiling).**[773]

183 Diskriminierung wegen der Rasse weist einen engen Bezug zur **Menschenwürde** auf.[774] Dies führt dazu, dass ihre **Rechtfertigung** strengsten Anforderungen unterliegt und eine **Darlegungslast** der Behörden impliziert.[775]

184 **c) Heimat, Herkunft und Sprache.** Als **Herkunft** definiert das BVerfG die „ständisch-soziale Abstammung und Verwurzelung",[776] als **Heimat** die „örtliche Herkunft nach Geburt oder Ansässigkeit".[777] Die Aufnahme des Merkmals Heimat in den Katalog des Art. 3 Abs. 3 S. 1 sollte dabei vor allem der besonderen Situation der **Flüchtlinge** und **Vertriebenen** nach dem Zweiten Weltkrieg Rechnung tragen.[778] Typischerweise unmittelbar mit Heimat und Herkunft verbunden ist das Kriterium der **Sprache.** Anknüpfungspunkt ist hier die identitätsprägende Funktion der Elternsprache, die vor allem sprachliche Minderheiten gegenüber der Mehrheitsbevölkerung als besonders schutzbedürftig erscheinen lässt.[779] Sprache iSd Art. 3 Abs. 3 S. 1 ist deshalb die Elternsprache,[780] zu der auch Dialekte zu zählen sind,[781] deren Abgrenzung von eigenen Sprachen linguistisch ohnehin größte Schwierigkeiten bereitet.

185 In der Rspr. des **BVerfG** sind die Merkmale der Herkunft und der Sprache weithin unbeachtet geblieben,[782] das Merkmal der Heimat hat jedenfalls keine praktische Bedeutung erlangt. Insbesondere **soziale Ungleichheit** ist insoweit nicht zum Gegenstand des Merkmals Herkunft gemacht worden.[783] Das Merkmal Heimat wird zusätzlich verengt durch das Erfordernis einer **„emotionalen Bindung",**[784] die – so sehr sie dem allgemeinen Sprachgebrauch entsprechen mag – in ihrer Pauschalität jedenfalls nicht überzeugen kann.[785] Richtig ist, dass Heimat iSd Art. 3 Abs. 3 S. 1 nicht schlicht mit dem Wohn-

---

[773] Eingehend hierzu *Tischbirek* in Mangold/Payandeh Hdb AntidiskriminierungsR, 2021, § 28 C. Siehe ferner *Tischbirek/Wihl* JZ 2013, 219; *Liebscher* NJW 2016, 2779; *Leidinger* KJ 51 (2018), 450.

[774] BerfGE 144, 20 (208, Rn. 541) – NPD-Verbotsverfahren II.

[775] *Nußberger* in Sachs Rn. 294 Fn. 764; *Krieger* in Hofmann/Henneke Rn. 62 f.; *Tischbirek* in Mangold/Payandeh Hdb AntidiskriminierungsR, 2021, § 28 C II.4.

[776] BVerfGE 5, 17 (22); 48, 281 (287 f.).

[777] BVerfGE 5, 17 (22); 17, 199 (203); 23, 258 (262); 102, 41 (53 f.); 107, 257 (269).

[778] Vgl. das StenProt. der 26. Sitzung des Grundsatzausschusses des Parlamentarischen Rates vom 30.11.1948, 61 f., teilweise abgedr. in JöR nF 1 (1951), 1 (69); vgl. auch BVerfGE 102, 41 (64 f.); 107, 257 (269).

[779] *Nußberger* in Sachs Rn. 298.

[780] *Sachs* in Stern StaatsR IV/2, Rn. 1731; *Englisch* in Stern/Becker Grundrechte-Kommentar Rn. 80; *Nußberger* in Sachs Rn. 298; *Kischel* in BeckOK GG Rn. 228; *Heun* in Dreier Rn. 130; *Sacksofsky* in Umbach/Clemens Rn. 321; *Eckertz-Höfer* in AK Rn. 117; *Kingreen* in BK Rn. 534; *Jarass* in Jarass/Pieroth Rn. 141.

[781] *Nußberger* in Sachs Rn. 298; *Baer/Markard* in MKS Rn. 485; *Jarass* in Jarass/Pieroth Rn. 141; *Englisch* in Stern/Becker Grundrechte-Kommentar Rn. 80; *Sacksofsky* in Umbach/Clemens Rn. 321; Sachs in Stern StaatsR IV/2, Rn. 1732 Fn. 164.

[782] S. zur Herkunft BVerfGE 5, 17 (22); 9, 124 (128 f.); 12, 151 (172); 23, 258 (262); 31, 306 (310); 48, 281 (289 f.); 110, 177 (178); 116, 96 (130); zur Sprache BVerfGE 40, 95 (98); 64, 135 (156 f.).

[783] Ausführlich zu verfassungsrechtlichen Konzeptionen sozialer Gleichheit *Boysen* in Kersten/Rixen/Vogel, 2020.

[784] BVerfGE 102, 41 (53): Heimat als Herkunft „im Sinne der emotionalen Beziehung zu einem geographisch begrenzten, den Einzelnen mitprägenden Raum (Ort, Landschaft)"; s. hierzu aber auch die abw. Meinung der Richter *Kühling, Jaeger* und *Hohmann-Dennhardt* (64 ff.); krit. BVerfGE 107, 257 (269).

[785] BVerfGE 102, 41 (64) – abw. Meinung: die Entstehungsgeschichte des Art. 3 Abs. 3 S. 1 verbiete es, „Heimat in volkstümelnder Weise zu definieren".

sitz oder dem ständigen Aufenthalt eines Menschen gleichzusetzen ist.[786] Anknüpfungspunkt des Diskriminierungsverbots ist vielmehr die **„persönlichkeitsprägende Bedeutung"** einer bestimmten örtlichen Umgebung insbesondere in den Kindheits- und Jugendjahren,[787] „die zur diskriminierungsgefährdeten ‚Fremdheit' in anderer Umgebung führt".[788]

186 Die Anwendbarkeit des Abs. 3 S. 1 auf Regelungen zur Bewältigung der Folgen der **Wiedervereinigung,** die an den Wohnsitz oder ständigen Aufenthalt in einem der beiden vor der Wiedervereinigung bestehenden Teile Deutschlands anknüpften, wird vom BVerfG stets verneint.[789] Entsprechendes gilt für die **(Spät-)Aussiedler:** Die zum Nachteil der Betroffenen erfolgte Anknüpfung an die „Einbindung […] in die Gruppe der Russlanddeutschen" bei der Entscheidung über die Strafrestaussetzung zur Bewährung wurde insoweit ebenso wenig am Maßstab des Abs. 3 S. 1 überprüft[790] wie die besondere Behandlung von Aussiedlern und Spätaussiedlern bei der Rentenberechnung.[791] „Nicht berührt" sein soll Abs. 3 S. 1 schließlich durch die Regelung des § 3a des Gesetzes über die Festlegung eines vorläufigen Wohnortes für Spätaussiedler.[792] Von den Merkmalen Heimat und Herkunft nicht erfasst wird schließlich nach der Rspr. des BVerfG und der hM die **Staatsangehörigkeit** als solche (→ Rn. 30).[793]

187 Unter dem Dach des Europarates finden sich mit dem **Rahmenübereinkommen zum Schutz nationaler Minderheiten**[794] und mit der **Europäischen Charta der Regional- oder Minderheitensprachen**[795] spezifische Instrumente zum Sprach- und Minderheitenschutz. Insbesondere die Sprachencharta enthält umfassende Schutz- und Förderpflichten zugunsten von Minderheitensprachen, Bezugspunkt ihres Regelwerks ist dabei die Sprache selbst, nicht die entsprechende Minderheit.[796]

188 Das Grundgesetz sieht dagegen anders als einige Landesverfassungen[797] **keinen gruppenbezogenen Minderheitenschutz** vor.[798] Die Diskriminie-

786 BVerfGE 23, 258 (262); 38, 128 (135); 48, 281 (287); 53, 164 (178); 92, 26 (50).

787 BVerfG (K) ZEV 1997, 250 (251); *Nußberger* in Sachs Rn. 295.

788 *Nußberger* in Sachs Rn. 295.

789 BVerfGE 102, 41 (53); 107, 257 (269); 116, 96 (130).

790 BVerfGE 1, 101 (102), vgl. die Kritik bei *Sachs* in Stern StaatsR IV/2, Rn. 1735.

791 BVerfGE 116, 96 (130): „Die unterschiedliche Behandlung ist allein in unterschiedlichen Versicherungsbiografien begründet und nicht in der Anwendung eines Merkmals, das iSd Art. 3 Abs. 3 GG diskriminiert."

792 BVerfGE 110, 177 (198) hier unter Verweis auf einen Sozialhilfebedarf „als gleichheitsrechtlich unbedenkliches Merkmal".

793 BVerfGE 51, 1 (30); 90, 27 (37); BVerfG (K) NJW 1997, 2168; BVerwGE 22, 66 (70); *Langenfeld* in Maunz/Dürig Art. 3 Abs. 3 Rn. 58; *Nußberger* in Sachs Rn. 297; *Sachs* in HdbStR VIII, § 182 Rn. 53; *Eckertz-Höfer* in AK Rn. 119.

794 Rahmenübereinkommen zum Schutz nationaler Minderheiten v. 1.2.1995, in Kraft getreten am 1.2.1998, SEV-Nr. 157, BGBl. 1997 II 1408.

795 Europäische Charta der Regional- oder Minderheitensprachen v. 5.11.1992, in Kraft getreten am 1.3.1998, SEV-Nr. 148, BGBl. 1998 II 1314; vgl. die Erklärungen der BReg. zur Umsetzung der Verpflichtungen der Charta v. 23. und 26.1.1998, BT-Drs. 13/10268, 26 ff.; sowie die anlässlich der Ratifizierung der Charta veröffentlichte Denkschrift, BT-Drs. 13/10268, 30 ff.

796 *Boysen* in Boysen ua Europäische Charta der Regional- oder Minderheitensprachen, 2011, Art. 1 Rn. 9 ff.

797 Vgl. *Oeter* Niederdeutsches Jahrbuch 130 (2007), 127 (131 f.); *Oeter* in Bergner/Weber Aussiedler- und Minderheitenpolitik in Deutschland, 2009, 151 (158 ff.); *Faisst,* Minderheitenschutz im Grundgesetz und in den Landesverfassungen, 2000.

798 Zum Versuch der Einfügung eines neuen Art. 20b als Minderheitenschutzartikel vgl. *Murswiek* in HdbStR VIII, 1. Aufl. 1995, § 201 Rn. 49 ff.; *Franke/Hofmann* EuGRZ

rung wegen der Sprache hat in der Rspr. des BVerfG zu Abs. 3 S. 1 bislang keine Rolle gespielt, was auch daran liegt, dass etwa Beschränkungen der Nutzung der nichtdeutschen Elternsprache teilweise unter Art. 5 Abs. 1 S. 1 Hs. 2 gefasst werden.[799] Aus Freiheitsrechten können sich insoweit Leistungs- und Teilhabeansprüche ergeben (→ Rn. 136).[800]

d) Glaube, religiöse oder politische Anschauungen. Die am Ende des Katalogs des Art. 3 Abs. 3 S. 1 genannten Merkmale des Glaubens sowie der religiösen und politischen Anschauungen verbindet eine Überschneidung mit speziellen gleichheitsrechtlichen Verbürgungen bzw. korrespondierenden Freiheitsgrundrechten, namentlich den Art. 4, Art. 5, Art. 33 Abs. 3 sowie Art. 140 GG iVm Art. 136 ff. WRV. Die Begriffe **Glaube und religiöse Anschauungen** sind dementsprechend im Einklang mit dem Schutzbereich der positiven und negativen Religionsfreiheit des Art. 4 weit zu verstehen und umfassen damit in Übereinstimmung mit Art. 4 Abs. 1, Art. 7 Abs. 5 und Art. 33 Abs. 3 S. 2 sowie Art. 140 GG iVm Art. 137 Abs. 7 WRV auch Weltanschauungen.[801] Nicht erfasst sind dagegen Gewissensentscheidungen bestimmten Inhalts, etwa solche des Art. 4 Abs. 3.[802] Ebenfalls in einem weiten Sinn zu verstehen ist das Merkmal der **politischen Anschauungen.** Neben der Betätigung ist auch hier die innere Einstellung erfasst, auch wenn sie sich nicht ohne Weiteres feststellen lässt.[803] Das so verstandene Verbot der Unterscheidung wegen politischer Anschauungen geht umgekehrt aber über das „bloße ‚Haben' einer politischen Überzeugung" hinaus, auf die es im Radikalenbeschluss des BVerfG reduziert wurde.[804] Einer weiten Auslegung unterliegt darüber hinaus die Qualifizierung einer Anschauung als „politisch": Eine innere Billigung im Sinne einer ernsthaften Überzeugung ist nicht erforderlich, so erfüllt etwa die gleichgültige oder opportunistische Hinnahme oder Aneignung fremder Anschauungen die Voraussetzungen des Merkmals in Art. 3 Abs. 3 S. 1.[805] In Analogie zu den „religiösen Anschauungen", die auch areligiöse Einstellungen umfassen, sind schließlich auch „unpolitische" Anschauungen einbezogen.[806] **189**

Die Vorschrift des Art. 3 Abs. 3 S. 1 hat hinsichtlich der Merkmale des Glaubens sowie der religiösen und politischen Anschauungen ähnlich wie der **190**

1992, 401 (406 ff.); *Siegert,* Minderheitenschutz in der Bundesrepublik Deutschland, 1999, 134 ff.

799 BVerfG Beschl. v. 31.3.2013 – 1 BvR 1314/11; BVerfGE 90, 27 (36).

800 *Nußberger* in Sachs Rn. 300 unter Verweis auf EGMR 16.3.2010 – Nr. 15766/03, Rn. 256 – Orsus/Kroatien.

801 *Langenfeld* in Maunz/Dürig Art. 3 Abs. 3 Rn. 61; *Baer/Markard* in MKS Rn. 506; *Nußberger* in Sachs Rn. 302.

802 *Langenfeld* in Maunz/Dürig Art. 3 Abs. 3 Rn. 61; *Baer/Markard* in MKS Rn. 507; *Sachs* in HdbStR VIII, § 182 Rn. 50.

803 *Sachs* in Stern StaatsR IV/2, Rn. 1738; *Baer/Markard* in MKS Rn. 522; aA *Langenfeld* in Maunz/Dürig Art. 3 Abs. 3 Rn. 70; *Heun* in Dreier Rn. 134; BVerfGE 39, 334 (368) mit der Beschränkung von Art. 3 Abs. 3 auf das forum internum.

804 BVerfGE 39, 334 (368): „Zunächst geht es nicht an, das Verbot in Art. 3 Abs. 3 GG nicht nur auf das bloße ‚Haben' einer politischen Überzeugung, sondern auch auf das Äußern und Betätigen dieser politischen Anschauung zu beziehen; denn Äußern und Betätigen einer politischen Überzeugung fällt eindeutig unter besondere Grundrechte, nämlich die einzelnen Freiheitsrechte, die ein Handeln umhegen (also Art. 2 Abs. 1, 4, 5, 8, 9 GG). Diese haben eigene Umschreibungen ihrer Schranken, die nicht aufrechterhalten und vom Gesetzgeber realisiert werden könnten, wenn Art. 3 Abs. 3 GG im Wege stünde."

805 *Sachs* in Stern StaatsR IV/2, Rn. 1739.

806 *Sachs* in Stern StaatsR IV/2, Rn. 1739.

besondere Gleichheitssatz des Art. 33 Abs. 3 letztlich keine Wirkkraft entfalten können. Dies deshalb, weil ihm die **Freiheitsgrundrechte der Art. 4 u. 5** den Raum nehmen.[807] So wenig das Verhältnis der Vorschriften dogmatisch geklärt ist; es wurde durch die verfassungs- und verwaltungsgerichtliche Spruchpraxis entschieden. Hier wurde den Merkmalen des Glaubens und der religiösen Anschauungen ebenso wenig Bedeutung beigemessen[808] wie dem Merkmal der politischen Anschauungen. Letzteres erlangte allein durch die viel zitierte Feststellung seines **„merkwürdigen Schattendaseins"**[809] traurige Berühmtheit, blieb im Übrigen aber unangewendet.[810]

191 **Verbote religiös motivierter Kopfbedeckungen** misst das BVerfG in erster Linie an **Art. 4 Abs. 1 und 2** und lässt sie nur zur Abwehr konkreter Gefahren für den Schulfrieden zu.[811] Art. 3 Abs. 1 wird – konkretisiert durch Abs. 3 – nur als Maßstab für Unterscheidungen zwischen „christlich-abendländischen" und anderen religiösen Bekenntnissen herangezogen.[812] Die Vernachlässigung der gleichheitsrechtlichen Dimension führt dazu, dass gerade mit **Kopftuchverboten** verbundene intersektionale Diskriminierungen nicht angemessen erfasst werden.[813] Das Tragen eines Kopftuchs aus religiösen Motiven ist nie nur eine religiöse Praxis, sondern geschlechtlich konnotiert, ein Verbot deshalb immer auch eine Ungleichbehandlung wegen des Geschlechts. Die Probleme dieser Konstellation werden sichtbar in den Urteilen des EuGH in den Rechtssachen *Achbita* und *Bougnaoui,* die die mehrdimensionale Problematik der in Rede stehenden Ungleichbehandlung nicht erfassen.[814]

192 Größere praktische Bedeutung hat das Merkmal der **„Religion"** im Katalog des Diskriminierungsverbots des **Art. 14 EMRK** erlangt. In der Rspr. des EGMR haben Diskriminierungen aufgrund der Religion vor allem im Hinblick auf die Erziehung von Kindern und Jugendlichen in Familie und Schule sowie im Kontext des Wehr- und Ersatzdienstes eine Rolle gespielt.[815] In seiner Entscheidung in der Sache *Hoffmann/Deutschland* sah der EGMR in der Übertragung des alleinigen Sorgerechts für zwei Kinder an den Vater mit

---

807 Vgl. zu dieser Problematik schon BVerfGE 39, 334 (368).

808 BVerfGE 8, 38 (41); 59, 128 (156 ff.) – Erfordernis der verfassungskonformen Auslegung; vgl. aber auch BVerfGE 104, 337 (355) – Schächten, verfassungskonforme Auslegung aufgrund von Art. 2 Abs. 1 iVm Art. 4 Abs. 1 u. 2. Vgl. ferner BVerfGE 30, 415 (427). Zur verwaltungsgerichtlichen Rspr. s. BVerwGE 10, 136 (139 f.); 81, 22 (24 f.); sowie zum Ganzen *Nußberger* in Sachs Rn. 301 ff., mit Verweis auf die Argumentation des BVerfG zum Kopftuchverbot, die auf Art. 3 Abs. 3 S. 1 aufbaute, vgl. BVerfGE 138, 296 Rn. 125 ff.

809 BVerfGE 63, 266 (303) – abw. Meinung *Simon.*

810 BVerfGE 13, 46 (49); 39, 334 (367 ff.); BVerfG (K) NVwZ 1994, 477. Siehe ferner BVerfGE 39, 334 (368) –Radikalenerlass.

811 BVerfGE 138, 296 (335 ff.).

812 BVerfGE 138, 296 (347 ff.). Vgl. auch BVerfG NJW 2017, 381 (383 f.).

813 S. zu diesem Problem *Holzleithner* in Verloo Varieties of Opposition to Gender Equality in Europe, 135; *Sacksofsky* VVDStRL 68 (2009), 7 (20 ff.) sowie *Kingreen* in BK Rn. 551.

814 EuGH C-157/15, ECLI:EU:C:2017:203 – Achbita; C-188/15, ECLI:EU:C:2017:204 – Bougnaoui.

815 S. etwa EKMR 2.4.1973 – 5591/72 – X/Österreich; 5.7.1977 – 7705/76 – X/Deutschland; 9.5.1984 – 10640/83 – A./Österreich; 11.10.1984 – 10410/83 – N./Schweden; 6.12.1991 – 17086/90 – Autio/Finnland; 30.11.1994 – 22793/93 – Peters/Niederlande; 22.5.1995 – 24630/94 – Heudens/Belgien; EGMR 7.12.1976 – verb. Nr. 5095/71, 5920/72, 5926/72 – Kjeldsen ua/Dänemark; 22.5.1984 – verb. Nr. 8805/79, 8806/79, 9242/81 – De Jong ua/Niederlande; 23.6.1993 – 12875/87 – Hoffmann/Österreich; 6.4.2000 – 34369/97 – Thlimmenos/Griechenland; 24.1.2006 – 39437/98 – Ülke/Türkei; 27.10.2009 – 23 459/03 – Bayatyan/Armenien mwN. Vgl. zum Ganzen *König/Peters* in Dörr/Grote/Marauhn, EMRK/GG Kap. 21 Rn. 163 ff.

der Begründung, dass die Zugehörigkeit der Mutter zu den Zeugen Jehovas das Wohl der Kinder gefährde, eine Verletzung von Art. 8 iVm Art. 14 EMRK.[816] Von deutlicher Zurückhaltung geprägt sind demgegenüber die Rspr. des EGMR und zuvor die Entscheidungspraxis der EKMR zur Vereinbarkeit von Regelungen zum Wehr- und Ersatzdienst mit dem Diskriminierungsverbot des Art. 14 EMRK. Den Vertragsstaaten wird dabei nicht zuletzt unter Verweis auf Art. 4 Abs. 3 lit. b EMRK, der den Wehrdienst unter der Voraussetzung einer möglichen Verweigerung aus Gewissengründen erlaubt, bei der Ausgestaltung des Wehr- und Ersatzdienstes ein weiter Entscheidungsspielraum zugebilligt.[817]

Eine Diskriminierung wegen einer politischen oder sonstigen Anschauung iSv Art. 14 EMRK hat der EGMR bislang dagegen noch nie angenommen.[818] In Fällen zum sog. Radikalenerlass von 1972, die den Zugang zum öffentlichen Dienst in Deutschland betrafen, verneinte der Gerichtshof teilweise bereits die Einschlägigkeit des Rechts auf freie Meinungsäußerung nach Art. 10 EMRK und damit gleichzeitig die Anwendbarkeit des akzessorischen Diskriminierungsverbots des Art. 14 EMRK.[819] **193**

4. Das Verbot der Benachteiligung wegen einer Behinderung (Art. 3 Abs. 3 S. 2). Der im Rahmen der Verfassungsänderung von 1994 in das Grundgesetz aufgenommene Art. 3 Abs. 3 S. 2[820] ergänzt die ursprünglich in Art. 3 Abs. 3 enthaltenen Unterscheidungsverbote um ein Benachteiligungsverbot für Menschen mit Behinderung. Die zahlreichen landesverfassungsrechtlichen Bestimmungen der neuen Bundesländer[821] folgende Vorschrift hebt sich durch den **Verzicht auf ein Bevorzugungsverbot** dem Wortlaut nach deutlich von Art. 3 Abs. 3 S. 1 ab, enthält aber im Unterschied zu Art. 3 Abs. 2 S. 2 und Art. 6 Abs. 5 oder Art. 26 GRCh keinen expliziten Schutz- oder Förderauftrag.[822] Dahingehende Forderungen drangen nicht durch,[823] und selbst das Benachteiligungsverbot hatte die notwendige Zweidrittelmehrheit in der Gemeinsamen Verfassungskommission zunächst ver- **194**

[816] EGMR 23.6.1993 – 12875/87, Rn. 31 ff. – Hoffmann/Österreich.

[817] EKMR 2.4.1973 – 5591/72 – X/Österreich; 5.7.1977 – 7705/76 – X/Deutschland; 9.5.1984 – 10640/83 – A./Österreich; 11.10.1984 – 10410/83 – N./Schweden; 6.12.1991 – 17086/90 – Autio/Finnland; 30.11.1994 – 22793/93 – Peters/Niederlande; 22.5.1995 – 24630/94 – Heudens/Belgien; EGMR 6.4.2000 – 34369/97 – Thlimmenos/Griechenland; 24.1.2006 – 39437/98 – Ülke/Türkei; 27.10.2009 – 23459/03 – Bayatyan/Armenien.

[818] EGMR 7.12.1976 – 5493/72, Rn. 65 f. – Handyside/Vereinigtes Königreich; 26.4.1979 – 6538/74, Rn. 69 ff. – Sunday Times; 28.6.2001 – 24699/94, Rn. 84 ff. – Verein gegen Tierfabriken Schweiz (VgT)/Schweiz. Vgl. auch EGMR 30.6.2009 – 32772/02, Rn. 91 ff. – Verein gegen Tierfabriken Schweiz.

[819] EGMR 28.8.1986 – 9228/80, Rn. 47 ff. – Glasenapp/Deutschland; 28.8.1986 – 9704/82, Rn. 33 ff. – Kosiek/Deutschland. Im Fall *Vogt/Deutschland,* Urt. v. 26.9.1995, Nr. 17851/91, stellte der Gerichtshof demgegenüber im Hinblick auf die Entlassung einer aktiv für die DKP tätigen Gymnasiallehrerin aus dem Beamtenverhältnis eine Verletzung von Art. 10 EMRK fest (Rn. 41 ff.). Eine Verletzung von Art. 14 EMRK prüfte er mangels entsprechender Rüge nicht (Rn. 69 f.).

[820] Zur Entstehungsgeschichte s. *Sachs* in Stern StaatsR IV/2, Rn. 1767 f. mwN; *Sachs* RdJB 1996, 154 (155 ff.); *Herdegen,* Der neue Diskriminierungsschutz für Behinderte im Grundgesetz, 1995, 15 ff.

[821] Art. 7 Abs. 2 Sächs. Verf.; Art. 38 Sachs.-Anh. Verf.; Art. 2 Abs. 4 Thür. Verf. Vgl. auch den Entwurf einer DDR-Verfassung des sog. Runden Tisches, dort insbes. Art. 1 Abs. 2 S. 2, Art. 23, Art. 25 Abs. 2 S. 2, Art. 27 Abs. 5, abgedr. in JöR nF 39 (1990), 350 ff.

[822] Vgl. demgegenüber Art. 38 Sachs.-Anh. Verf.; Art. 2 Abs. 4 Thür. Verf. sowie Art. 2a BW Verf.; Art. 3 Abs. 2 S. 2 Nds. Verf.; Art. 12 Abs. 4 Saarl. Verf.

[823] Einzelheiten bei *Sachs* in Stern StaatsR IV/2, Rn. 1767 f.

fehlt.[824] Ziel der Regelung war es ausweislich der Entwurfsbegründung, ein deutliches Signal in der Öffentlichkeit und damit einen gewichtigen Anstoß für einen Bewusstseinswandel in der Bevölkerung zu setzen.[825] Die praktische Bedeutung der Vorschrift liegt auf der Hand. Zum Jahresende 2019 lebten in Deutschland 7,9 Millionen Menschen mit Schwerbehinderung, was 9,5 Prozent der Gesamtbevölkerung entspricht. Behinderung ist dabei regelmäßig (→ Rn. 154, Mehrfachdiskriminierung) mit dem **Lebensalter** verknüpft. 55 Prozent der Männer und 59,3 Prozent der Frauen mit Schwerbehinderung waren 65 Jahre alt oder älter.[826]

195 Die Bestimmung eines **verfassungsrechtlichen Begriffs der Behinderung** wurde im Vorfeld der Einfügung des Art. 3 Abs. 3 S. 2 nicht kontrovers diskutiert. Hier ging man offensichtlich davon aus, dass der Kreis der Grundrechtsberechtigten klar bezeichnet sei,[827] was für eine Anknüpfung an das seinerzeit gebräuchliche Begriffsverständnis spricht. Diesem Ansatz folgt jedenfalls das BVerfG und definiert **Behinderung** unter Rückgriff auf § 3 Abs. 1 S. 1 des zum 1.10.2001 in das SGB IX übergegangenen Schwerbehindertengesetzes als „die Auswirkung einer nicht nur vorübergehenden Funktionsbeeinträchtigung, die auf einem regelwidrigen körperlichen, geistigen und seelischen Zustand beruht."[828] Es handelt sich hierbei um einen **personalen Behinderungsbegriff**, der den Tatbestand der Behinderung als medizinisches Defizit der betroffenen Personen definiert.[829] Er ist insbesondere vor dem Hintergrund des einschlägigen internationalen Rechts in vielerlei Hinsicht überkommen, da er die Wechselwirkung zwischen individueller Behinderung und gesellschaftlichen Barrieren nicht hinreichend berücksichtigt.[830] Die seit dem 1.1.2018 geltende Definition des § 2 Abs. 1 S. 1 SGB IX formuliert deshalb nunmehr neu: „**Menschen mit Behinderungen** sind Menschen, die körperliche, seelische, geistige oder Sinnesbeeinträchtigungen haben, die sie in **Wechselwirkung mit einstellungs- und umweltbedingten Barrieren an der gleichberechtigten Teilhabe an der Gesellschaft** mit hoher Wahrscheinlichkeit länger als sechs Monate hindern können."

196 Das vom BVerfG im Rahmen seiner Begriffsbestimmung in Bezug genommene[831] internationale Verständnis stellt seit jeher stärker auf das Kriterium der **sozialen Beeinträchtigung** ab. Die Definition der WHO von 1980 (*International Classification of Impairments, Disabilities and Handicaps,* ICIDH), ging von einem dreigliedrigen Begriff der Behinderung als (1) eines aufgrund einer Erkrankung, angeborenen Schädigung oder eines Unfalls entstandenen dauerhaften gesundheitlichen Schadens *(impairment),* der (2) zu einer funktionalen Beeinträchtigung der Fähigkeiten und Aktivitäten des Betroffenen *(disability)* führt und (3) eine soziale Beeinträchtigung in Form von persönlichen, familiä-

---

[824] Bericht der Gemeinsamen Verfassungskommission v. 5.11.1993, BT-Drs. 12/6000, 15 (52 ff.); zur Aufnahme im Gesetzgebungsverfahren BT-Drs. 12/8423.

[825] BT-Drs. 12/8165, 28 f., 38 f.

[826] Daten: Statistisches Bundesamt.

[827] Vgl. BT-Drs. 12/6323, 11 f.; 12/8165, 28 f.; sowie den Bericht der Gemeinsamen Verfassungskommission, BT-Drs. 12/6000, 15 (52 ff.).

[828] BVerfGE 96, 288 (301) unter Verweis auf den Begriff des Behindertenberichts der BReg. (BT-Drs. 12/7148, 2) und international übliche Begriffsabgrenzungen sowie im Anschluss daran BVerfGE 99, 341 (356 f.); BVerfG NJW 2000, 2658 (2659) sowie (nach Inkrafttreten von § 2 Abs. 1 S. 1 SGB IX nF BVerfGE 151, 1 (23 f.).

[829] Ausführlich hierzu und zur Begriffsentwicklung *Kingreen* in BK Rn. 563 f.

[830] Vgl. hierzu BT-Drs. 18/9522, 227.

[831] BVerfGE 96, 288 (301).

ren und gesellschaftlichen Konsequenzen *(handicap)* nach sich zieht. Die 2001 verabschiedete neue Einteilung der WHO (*International Classification of Impairments, Activities and Participation,* ICIDH-2) erweitert diese Definition. Maßgeblich sind nunmehr nicht die Defizite einer Person, sondern die für die betreffende Person relevanten Fähigkeiten und die soziale Teilhabe. Auch die sowohl von Deutschland als auch von der EU ratifizierte **UN-Behindertenrechtskonvention** bezieht das Kriterium der sozialen Beeinträchtigung ein. Ihr Anwendungsbereich erfasst nach Art. 1 Abs. 2 „Menschen, die langfristige körperliche, seelische, geistige oder Sinnesbeeinträchtigungen haben, welche sie in Wechselwirkung mit verschiedenen Barrieren an der vollen, wirksamen und gleichberechtigten Teilhabe an der Gesellschaft hindern können."

Eine größere Nähe zur internationalen Begriffsbestimmung weist die des- **197**
halb vorzugswürdige[832] Definition der Behinderung in der Neufassung des **§ 2 Abs. 1 S. 1 SGB IX** auf.[833] Das **BVerfG** hat diese Weiterentwicklung des Begriffs der Behinderung bislang nicht aufgegriffen, sondern orientiert sich weiterhin am **personalen Konzept der Behinderung,** das auf die Beeinträchtigung der „Fähigkeit zur individuellen und selbständigen Lebensführung" zielt.[834]

Die weitere **verfassungsrechtliche Konkretisierung des Begriffs der** **198**
Behinderung iSv Art. 3 Abs. 3 S. 2 ist damit dringend vonnöten.[835] Hier stellen sich eine ganze Reihe schwieriger Abgrenzungsfragen dazu, was alles unter den Begriff der Behinderung fällt. Der **EuGH** zieht die Grenze weit und bezieht mit der üblichen Binnenmarktorientierung alles ein, was die berufliche Tätigkeit beeinträchtigt, so etwa auch starkes Übergewicht (Adipositas).[836] **Altersbedingte Behinderungen** fallen unter Art. 3 Abs. 2.[837] Dies ist vor allem deshalb relevant, weil Art. 3 Abs. 3 S. 1 anders als Art. 19 Abs. 1 AEUV und Art. 21 GRCh kein eigenständiges Diskriminierungsverbot wegen des Alters enthält und die bisherige Rspr. des BVerfG sich nach wie zögerlich zeigt, Ungleichbehandlungen wegen des Alters den gleichen strengen Maßstäben zu unterwerfen wie bei der sexuellen Orientierung oder der Staatsangehörigkeit.[838] Auch **genetische Anlagen** lassen sich unter Art. 3 Abs. 3 S. 2 fassen, wenn sie mit der Einordnung als „genetische Risikoperson"[839] verbunden sind.

Das Merkmal der Behinderung betrifft anders als die Merkmale des Art. 3 **199**
Abs. 3 S. 1 nicht alle Menschen in irgendeiner Weise. Neben Unterscheidungen zwischen Menschen mit und ohne Behinderung[840] sind Differenzierungen zwischen **Menschen mit verschiedenen Arten von Behinderung** von Art. 3 Abs. 3 S. 2 **nicht erfasst.** Eine solche Auslegung des Benach-

[832] In diesem Sinne auch *Kingreen* in BK Rn. 565.
[833] Vgl. die Begründung in BT-Drucks. 18/9522, 227.
[834] BVerfGE 151, 1 (26 f.).
[835] *Nußberger* in Sachs Rn. 309–310; *Davy* SDSRV 49 (2002), 7 ff.; *Neumann* NVwZ 2003, 897.
[836] Vgl. etwa EuGH C-354/13, ECLI:EU:C:2014:2463 Rn. 54 – FOA.
[837] *Baer/Markard* in MKS Rn. 551.
[838] Vgl. den Überblick zur Rspr. des BVerfG und des EuGH bei *Kingreen* in BK Rn. 625 f.
[839] *Eckertz-Höfer* in AK Rn. 135; *Baer/Markard* in MKS Rn. 551.
[840] In diesem Sinne die Vergleichsgruppenbildung in BVerfGE 96, 288 (302 f.); 99, 341 (357); BSGE 82, 83 (106); BayVerfGH NVwZ-RR 2008, 618 sowie in den Behindertengleichstellungsgesetzen des Bundes und der Länder, vgl. insoweit nur § 7 Abs. 1 S. 2 BGG sowie zu den landesrechtlichen Vorschriften die Nachweise bei *Sachs* in Stern StaatsR IV/2, Rn. 1772 (Fn. 405).

teiligungsverbots widerspräche dem Telos der Vorschrift, der es ausweislich der Materialien dezidiert um die Verbesserung der Situation der natürlich heterogenen Gruppe der Menschen mit Behinderung im Verhältnis zu Menschen ohne Behinderung geht.[841] Vom Schutzzweck umfasst sind dabei auch **Benachteiligungen wegen einzelner Formen von Behinderung.** Benachteiligungen von Menschen mit einer bestimmten Behinderung gegenüber Menschen ohne Behinderung sind deshalb nach Art. 3 Abs. 3 S. 2,[842] Benachteiligungen von Menschen mit einer bestimmten Behinderung gegenüber Menschen mit einer anderen Behinderung an einem strengen (→ Rn. 55 f., 104 ff.) Maßstab des Art. 3 Abs. 1 zu beurteilen.[843]

200 Art. 3 Abs. 3 Satz 2 GG beinhaltet über das Benachteiligungsverbot hinaus auch einen **Förderauftrag** und vermittelt damit „einen Anspruch auf die Ermöglichung gleichberechtigter Teilhabe nach Maßgabe der verfügbaren finanziellen, personellen, sachlichen und organisatorischen Möglichkeiten."[844] Entsprechend der Zielsetzung des verfassungsändernden Gesetzgebers[845] kommt Art. 3 Abs. 3 S. 2 damit ein **objektiv-rechtlicher Gehalt** zu. Das Verbot der Benachteiligung von Menschen mit Behinderung entfaltet so auch **horizontale Auswirkungen im Privatrecht.**[846]

201 Dem entspricht die weitgehend analog zur Dogmatik der Leistungs- und Teilhaberechte verfahrende Auslegung der Norm durch das BVerfG. Die Rspr. zeigt sich bei der Ableitung von **Leistungsansprüchen** aus Art. 3 Abs. 3 S. 2 insgesamt zurückhaltend, schließt solche aber auch nicht gänzlich aus.[847] Das BVerfG hat Art. 3 Abs. 3 S. 2 aus der Dogmatik des strikten Unterscheidungsverbots gelöst und anknüpfend an das Merkmal der Benachteiligung aus der Norm die **Notwendigkeit spezifischer Fördermaßnahmen** abgeleitet, soweit andernfalls ihre **„Ausgrenzung"**[848] drohe. Nach der Konzeption des strikten Unterscheidungsverbots wären nämlich von Art. 3 Abs. 3 S. 2 von vornherein nur relevante Anknüpfungen an das Merkmal der Behinderung erfasst,[849] nicht dagegen Unterscheidungsmerkmale, die – wie etwa der Bedarf einer sonderpädagogischen Förderung bei Schulkindern – lediglich typischerweise mit einer Behinderung verbunden sind.[850] Das BVerfG kommt mit einem **weiten Begriff der Benachteiligung** zu einem anderen Ergebnis: „Eine Benachteiligung […] kann […] auch bei einem Ausschluß von Entfaltungs- und Betätigungsmöglichkeiten durch die öffentliche Gewalt gegeben sein, wenn dieser nicht durch eine auf die Behinderung bezogene Förderungsmaßnahme hinlänglich kompensiert wird."[851]

---

[841] Vgl. BT-Drs. 12/8165, 28 f., 38 f. sowie *Sachs* RdJB 1996, 154.

[842] *Nußberger* in Sachs Rn. 311; *Buch,* Das Grundrecht der Behinderten (Art. 3 Abs. 3 S. 2 GG), 2001, 93 ff.; *Höller,* Die Beschulung behinderter Kinder und Jugendlicher an öffentlichen Schulen, 2008, 164 ff.

[843] *Sachs* in HdbStR VIII, § 182 Rn. 123.

[844] BVerfGE 151, 1 (24 f.) unter Verweis auf BVerfGE 96, 288 (308); *Baer/Markard* in MKS Rn. 541; *Heun* in Dreier Rn. 138; *Eckertz-Höfer* in AK Rn. 129.

[845] Vgl. die Nachw. oben in Fn. 781, 782, 783.

[846] BVerfG K 24.3.2016 – 1 BvR 2012/13; OLG Köln, NJW 1998, 763; OLG Karlsruhe, FamRZ 2001, 1147; OLG München, NJW-RR 2002, 226.

[847] BVerwG NVwZ 2016, 541 (542); BVerwG NVwZ 2018, 1470 (1475). S. ferner BSGE 91, 60 (64 f.); 110, 194 (203) und BFHE 257, 256 (267).

[848] BVerfGE 96, 288 (302) unter Verweis auf BT-Drs. 12/8165, 28.

[849] *Sachs* in Stern StaatsR IV/2, Rn. 1778.

[850] Das BVerfG (BVerfGE 99, 341 [356]) lässt es insoweit genügen, dass von einer Regelung zum großen Teil Menschen mit Behinderung betroffen sind.

[851] BVerfGE 96, 288 (303); dazu *Nußberger* in Sachs Rn. 313.

Auf dem **Gebiet des staatlichen Schulwesens** folgert das BVerfG aus Art. 2 Abs. 1, Art. 6 Abs. 2 S. 1 iVm Art. 3 Abs. 3 S. 2 die Verpflichtung des Staates, „für behinderte Kinder und Jugendliche schulische Einrichtungen bereitzuhalten, die auch ihnen eine sachgerechte schulische Erziehung, Bildung und Ausbildung ermöglichen."[852] Im **Rechtsverkehr** sind Gesetzgebung und Justiz nicht zuletzt nach Art. 13 der UN-Behindertenrechtskonvention gehalten, verfahrensrechtlich angemessene Vorkehrungen zu treffen, damit Menschen mit Behinderung wie Menschen ohne Nachteile teilnehmen können.[853]

Kann hiernach auch die Versagung einer Ausgleichsleistung als Benachteiligung iSv Art. 3 Abs. 3 S. 2 zu qualifizieren sein, so vermengt sich das Problem einer eventuellen verfassungsrechtlichen Rechtfertigung tatbestandsmäßiger Benachteiligungen mit der Frage der sich aus der Norm ergebenden Anforderungen an staatliche Leistungen. Letztere stehen nach der Rspr. des BVerfG im Hinblick auf die Beschulung von Kindern mit Behinderung unter dem Vorbehalt des **finanziell und organisatorisch Möglichen**.[854] **202**

Auch Art. 3 Abs. 3 S. 2 ist **nicht schrankenlos** gewährleistet. Nach der Rspr. des BVerfG sind **Benachteiligungen gerechtfertigt,** soweit **zwingende Gründe** gegeben sind, die in der mit der Behinderung verbundenen Funktionsbeeinträchtigung selbst liegen.[855] Zwingende Gründe in diesem Sinne sind jedoch nur gegeben, wenn eine Gleichbehandlung überhaupt nicht denkbar ist.[856] Angesichts der vielfältigen Möglichkeiten zum Nachteilsausgleich ergibt sich hieraus ein **strenger Prüfungsmaßstab.** In diesem Sinne hat das BVerfG den **Ausschluss vom aktiven Wahlrecht** für grundsätzlich möglich erachtet, „wenn bei einer bestimmten Personengruppe davon auszugehen ist, dass die Möglichkeit der Teilnahme am Kommunikationsprozess zwischen Volk und Staatsorganen nicht in hinreichendem Maße besteht",[857] die konkrete Regelung jedoch für verfassungswidrig erklärt. Das Vorliegen zwingender Gründe ist durch eine **umfassende Würdigung im Einzelfall** festzustellen: „Ob die Ablehnung einer von einem Menschen mit Behinderung erstrebten Ausgleichsleistung und der Verweis auf eine andere Entfaltungsalternative als Benachteiligung anzusehen sind, wird regelmäßig von Wertungen, wissenschaftlichen Erkenntnissen und prognostischen Einschätzungen abhängen. Nur aufgrund des Gesamtergebnisses dieser Würdigung kann darüber befunden werden, ob eine Maßnahme im Einzelfall benachteiligend ist."[858] **203**

Darüber hinaus kommt eine Rechtfertigung einer behinderungsbedingten Ungleichbehandlung nur im Wege einer Abwägung mit **kollidierendem** **204**

---

[852] BVerfGE 96, 288 (304).

[853] BVerfG K 10.10.2014 – 1 BvR 856/13 – Zugänglichmachung von Prozessunterlagen in Blindenschrift. Siehe aber auch BVerfG 10.10.2014 – 1 BvR 856/13, Rn. 52; 7.11.2018 – 1 BvR 957/18, Rn. 2.

[854] BVerfGE 85, 191 (206); 96, 288 (305); 99, 341 (357), 151, 1 (25); BVerfG K 10.6.2016 – 1 BvR 742/16.

[855] BVerfGE 99, 341 (356 f.); BVerfG (K), NJW 2004, 2150 f.; BVerfG (K), NVwZ 2009, 389; VG Berlin NJW 2003, 2927 (2929); *Nußberger* in Sachs Rn. 314; *Heun* in Dreier Rn. 138; *Eckertz-Höfer* in AK Rn. 140; *Jarass* in Jarass/Pieroth Rn. 169; *Herdegen,* Der neue Diskriminierungsschutz für Behinderte im Grundgesetz, 1995, 25 f.; *Welti,* Behinderung und Rehabilitation im sozialen Rechtsstaat, 2005, 449 f.

[856] BVerfGE 99, 341 (357).

[857] BVerfGE 151, 1 (20) unter Verweis auf BVerfGE 132, 39 (51 Rn. 34).

[858] BVerfGE 96, 288 (303); dazu *Nußberger* in Sachs Rn. 313.

Verfassungsrecht und auf Grundlage einer **strengen Verhältnismäßigkeitsprüfung** in Betracht.[859] Die Ungleichbehandlung muss insoweit „zum Schutz eines anderen, mindestens gleichwertigen Verfassungsguts geeignet, erforderlich und angemessen" sein, wobei dem Gesetzgeber von der Rspr. nur ein geringer Handlungsspielraum zuerkannt wird.[860]

C. Verhältnis zu anderen Grundrechten

205 Das Verhältnis von Art. 3 zu anderen Grundrechten gliedert sich in zwei Problemkomplexe: Das Verhältnis des allgemeinen Gleichheitssatzes zu den besonderen Gleichheitssätzen inner- und außerhalb von Art. 3 einerseits und das Verhältnis der speziellen Gleichheitssätze[861] des Art. 3 Abs. 2 u. 3 zu den sonstigen besonderen Gleichheitssätzen andererseits.[862] Jeder **besondere Gleichheitssatz** verdrängt Art. 3 Abs. 1.[863] Dies gilt für das Gebot der Gleichstellung unehelicher Kinder (Art. 6 Abs. 5),[864] für die Belastungsgleichheit nach Art. 12 Abs. 2, für die Gleichbehandlung von Wehr- und Ersatzdienstleistenden (Art. 12a Abs. 2 S. 2), für die staatsbürgerlichen Gleichheitsrechte des Art. 33 Abs. 1–3, für die Gleichheit der Wahl nach Art. 28 Abs. 1 S. 1, 38 Abs. 1 S. 1[865] und für das Verbot von Ausnahmegerichten (Art. 101 Abs. 1 S. 1). Diese **Spezialität** der **besonderen Gleichheitsrechte** ist zwar systematisch unbestritten. Gleichwohl sind die grundgesetzlichen Gleichheitsgarantien namentlich des Art. 33 in der Rspr. nie mit sonderlicher Sorgfalt zur Entfaltung gebracht worden. Die Chance, den allgemeinen Gleichheitssatz durch eine größere Eigenständigkeit der besonderen Gleichheitssätze dogmatisch zu entlasten,[866] blieb so ungenutzt. Bei unterschiedlichen Bezugspunkten der Ungleichbehandlung bleibt Art. 3 Abs. 1 zudem ohnehin neben den besonderen Gleichheitssätzen anwendbar.[867] Dies gilt auch für das Verhältnis der besonderen **Gleichheitssätze untereinander.** Diese sind grundsätzlich nebeneinander anwendbar, da eine nach mehreren verpönten Kriterien differenzierende Behandlung auch mehreren Gleichheitsnormen entsprechen muss. Dies gilt bspw. für eine Einschränkung des Frauenwahlrechts, bei der der Verstoß gegen Art. 38 Abs. 1 denjenigen gegen Art. 3 Abs. 2 nicht verdrängen würde.[868]

206 Sofern der Schutzbereich eines **speziellen Freiheitsrechts** oder der **allgemeinen Handlungsfreiheit** betroffen ist, so werden der allgemeine und

[859] BVerfGE 151, 1 (26); *Nußberger* in Sachs Rn. 254, 314. Vgl. auch BVerfGE 92, 91 (109); 114, 357 (364); BayVGH DVBl 1997, 627 sowie VG Berlin NJW 2003, 2927 (2929) zur Befreiung vom Gebot behindertengerechten Bauens für das Holocaust-Mahnmal, wo neben zwingenden Gründen auch die Kunstfreiheit zur Rechtfertigung herangezogen wird.

[860] BVerfGE 151, 1 (26).

[861] Zum Verhältnis der Gleichheitssätze des Art. 3 untereinander → Rn. 116 ff.

[862] *Sachs* in Stern StaatsR IV/2, Rn. 1577.

[863] *Heun* in Dreier Rn. 142; *Sachs,* Verfassungsrecht, Bd. II, 3. Aufl. 2017, Kap. 15 Rn. 154.

[864] BVerfGE 25, 167 (173).

[865] BVerfGE 99, 1 (8). Das BVerfGE griff früher (zuletzt BVerfGE 85, 148 (157)) auf Art. 3 Abs. 1 zurück, um seine Judikatur auch auf das Landeswahlrecht auszudehnen, obgleich Art. 28 nicht in Art. 93 Abs. 1 Nr. 4a erwähnt ist, anders *Wollenschläger* in MKS Rn. 310 ff.

[866] *Schoch* DVBl 1988, 863 (865 f.).

[867] *Wollenschläger* in MKS Rn. 328.

[868] *Sachs,* Verfassungsrecht, Bd. II, 3. Aufl. 2017, Kap. 15 Rn. 154.

die besonderen Gleichheitssätze des Art. 3 dadurch nicht verdrängt.[869] Zu diesem unstreitigen Ergebnis führt nicht schon die Überlegung, dass jede Verletzung eines Freiheitsrechts konstruktiv zugleich ein Gleichheitsverstoß sei. Dies spräche vielmehr im Gegenteil für einen Anwendungsvorrang. Auch dass die Einschlägigkeit eines besonderen Grundrechts nach der Rspr. des BVerfG den Rechtfertigungsmaßstab für die Ungleichbehandlung mitkonstituieren soll (→ Rn. 108 f.), führt nicht folgerichtig zur freien Grundrechtskonkurrenz. Allerdings besteht zwischen der freiheitsrechtlichen Schutzbereichsverletzung und der Ungleichbehandlung rein logisch kein Spezialitätsverhältnis: Während nämlich der gewöhnliche Grundrechtseingriff durch seine Folgen in der Rechtssphäre der Grundrechtsberechtigten gekennzeichnet ist, haftet die Ungleichbehandlung dem staatlichen Handeln als solchem an, fügt dem Freiheitseingriff also etwas Selbständiges hinzu. Dagegen ist die **Reihenfolge** der Prüfung von Freiheits- und Gleichheitsrechten auch in der Rspr. eine Frage **zweckmäßiger Schwerpunktsetzung.**

In keinem spezifischen Rangverhältnis zueinander stehen dagegen Art. 3 **207** und das **Verbot des Einzelfallgesetzes** (Art. 19 Abs. 1 S. 1), was schon aus den normtypologischen Unterschieden zwischen dem Grundrecht einerseits und einer formellen Schrankenregelung andererseits folgt. Freilich haben beide Normen eine sich teilweise überlappende Stoßrichtung.[870] Insofern besitzt eine Verletzung von Art. 19 Abs. 1 S. 1 „Indizfunktion für eine Verletzung (auch) der Rechtsetzungsgleichheit".[871] Streitig ist dagegen, ob für Ungleichbehandlungen durch Gesetz das **Zitiergebot** des Art. 19 Abs. 1 S. 2 Anwendung findet. Dies dürfte richtigerweise für alle Grundrechte des Art. 3 zu verneinen sein.[872] Die Erstreckung des Zitiergebots auf den allgemeinen Gleichheitssatz würde nahezu ausnahmslos alle Gesetze betreffen und ist deswegen kaum sinnvoll. Die besonderen Gleichheitssätze gehören dagegen zu den nur verfassungsimmanent beschränkbaren Grundrechten (→ Rn. 132), für die das Zitiergebot auch im Übrigen nicht gilt.[873]

D. Kritische Würdigung

Die verfassungsrechtliche Dogmatik und die Rspr. des BVerfG zu den **208** grundgesetzlichen Gleichheitsrechten stehen im Zentrum weitreichender Veränderungen. Am Anfang der die Gleichheitsdiskussion seit bald hundert Jahren beherrschenden Frage nach der Bindung des Gesetzgebers stand der Impuls, die Machtfülle des demokratischen Parlaments bei der Verteilung von Rechten, Gütern und sozialen Chancen an gewisse materielle Rechtsschranken zu binden (→ Rn. 6). Doch die im Nationalstaat verfasste Gesellschaft und den Gesetzgeber, den Gerhard Leibholz, das Grundgesetz und das frühe BVerfG vor Augen hatten, gibt es nicht mehr. Nach der Verrechtlichung des Sozialen, nach der interventionsstaatlichen Transformation im zweiten Drittel des 19. Jahrhunderts, die Infrastrukturen und Daseinsvorsorge

[869] *Kischel* in BeckOK GG Rn. 4; *Wollenschläger* in MKS Rn. 329; *Heun* in Dreier Rn. 140; *Sachs* in Stern StaatsR IV/2, Rn. 1578.

[870] Stern StaatsR III/2 Rn. 736.

[871] *Heun* in Merten/Papier HdB GR II, § 34 Rn. 48.

[872] *Remmert* in Maunz/Dürig Art. 19 Abs. 1 Rn. 56; aA *Sachs* in Stern StaatsR IV/2, Rn. 1565 f.; *Huber* in MKS Art. 19 Rn. 92 f.

[873] BVerfGE 21, 92 (93); 24, 367 (396 f.); 28, 36 (46); 64, 72 (79 f.); 83, 130 (154); dagegen nur *Sachs* in Sachs Art. 19 Rn. 17, 30 mwN.

verstaatlichte,[874] sind die Ungleichheiten in vielfältige soziale Gruppenbeziehungen aufgegliedert.[875] Rechtliche Standesunterscheidungen vormodernen Typs existieren im modernen Sozialstaat nicht mehr. In der durch Internationalisierung und Digitalisierung zunehmend diversifizierten Gesellschaft ist der Gesetzgeber Urheber der meisten rechtlichen Ungleichheiten. Er wählt sowohl Zwecke (Ziele) als auch Mittel (Differenzierungen) selbst aus. Der moderne Sozialstaat besteht seinem Wesen nach aus einer unendlichen Vielzahl großer und kleiner Ungleichbehandlungen verschiedener Gruppen.[876] In der diversifizierten Gesellschaft werden rechtliche Unterscheidungen zwischen diesen Gruppen, etwa zwischen verschiedenen Religionen und Lebensformen, stärker hinterfragt. Die inhaltliche Offenheit der Willkürformel, die weder Ziel noch Rechtfertigung einer Ungleichbehandlung vorgibt, wird diesen gesteigerten Ansprüchen an eine Gleichheitsprüfung zumeist nicht mehr gerecht. Demgegenüber entfaltet sich in der Rspr. des BVerfG eine neue Gleichheitskonzeption, die Verteilungsentscheidungen durch die Schaffung bereichsspezifischer Diskriminierungsverbote rekonstitutionalisiert. Die Entwicklung hin zu einer Ablösung des Gleichheitsschutzes vom Gesetz, man könnte auch sagen: einer institutionellen Dezentralisierung der Gleichheit durch das Antidiskriminierungsrecht, ist dabei ambivalent. Der unionsrechtliche Diskriminierungsschutz bleibt dem Binnenmarkt verhaftet[877] und stellt sich zunächst und vor allem in den Dienst der Festigung der Grundsätze der europäischen Rule of Law und ihres Vorrangs vor dem Recht der Mitgliedstaaten. Lässt sich hieraus ein Einwand gegen den gleichheitsrechtlichen Diskriminierungsschutz machen? Wohl kaum. Der Gehalt des Antidiskriminierungsrechts geht nicht in sozio-ökonomischer Umverteilung auf. In seinem Zentrum steht die Verweigerung der Anerkennung als gleichrangige und gleichwertige Person.[878] Es kann insoweit nicht darum gehen, Nichtdiskriminierung und soziale Gerechtigkeit in einer aus der Debatte um den *identity liberalism* bekannten Art und Weise gegeneinander auszuspielen.[879] Ansätze zu einer rechtlichen Kategorisierung sozialer Gleichheit fehlen auf Ebene der EU vor allem deshalb, weil die Mitgliedstaaten der Union die politischen Befugnisse einer stärker umverteilenden Sozialpolitik vorenthalten.[880] Gerade vor diesem Hintergrund ist es angezeigt, die bislang unterbelichteten Diskriminierungsmerkmale des Abs. 3 S. 1 rechtlich zu präzisieren und zu effektuieren. Das gilt namentlich für das Merkmal der Diskriminierung wegen der Rasse (→ Rn. 178 ff.), dessen Tabuisierung dem Schutz vor rassistischer Diskriminierung weiterhin entgegensteht.

Literatur

Zu Abs. 1

R. Alexy, Theorie der Grundrechte, 1985, 357. – ***P. Badura,*** Wirtschaftsverfassung und Wirtschaftsverwaltung, 4. Aufl. 2011. – ***S. Baer,*** Equality, Columbia Journal of European Law 5 (1999), 248. – ***S. Baer,*** Gleichberechtigung revisited. Zur Interpretation des Art. 3 GG und internationaler Gleichbehandlungsgebote, NJW 2013, 3145. –

---

874 Hierzu nur Stolleis ZNR 10 (1989) 129.
875 *Boysen* in Kempny/Reimer Gleichheitssatzdogmatik heute, 39.
876 *Meinel* in Kaiser Der Parteienstaat, 2013, 169 (192).
877 *Somek,* Engineering Equality, 2011, 159 ff.
878 *Mangold,* Demokratische Inklusion durch Recht, 2020; *Schiek* KJ 2014, 402 f.
879 In diesem Sinne *Lilla,* The End of Identity Liberalism, New York Times v. 18.11.2016; *Heisterhagen,* Die liberale Illusion, 2018, 158 ff.
880 *Boysen* in Kersten/Rixen/Vogel Ungleiche Gleichheit, 2020.

W. Böckenförde, Der allgemeine Gleichheitssatz und die Aufgabe des Richters, 1957. – ***C. Boden,*** Gleichheit und Verwaltung, 2007. – ***N. Bolz,*** Diskurs über die Ungleichheit, 2009. – ***J. D. Bonhage,*** Grund und Grenze, 2008. – ***S. Boysen,*** Gleichheit im Bundesstaat, 2005. – ***S. Boysen,*** Vergleichbarkeit und „wesentliche Gleichheit". Zur Entfaltung einer Paradoxie des allgemeinen Gleichheitssatzes, in S. Kempny/P. Reimer (Hrsg.), Gleichheitssatzdogmatik heute, 2017, 35. – ***S. Boysen,*** Verfassungsrechtliche Konzeptionen sozialer Gleichheit – Ungleichbehandlung oder Antidiskriminierung, in J. Kersten/S. Rixen/B. Vogel (Hrsg.), Ungleiche Gleichheit, Transcript, Bielefeld 2020. – ***S. Boysen/A. Chandra,*** Equality, in P. Dann/A. Thiruvengadam (Hrsg.), Constitutional Democracy in Continental Polities: Comparing EU and India, 2020. – ***G. Britz,*** Einzelfallgerechtigkeit versus Generalisierung, 2008. – ***G. Britz,*** Der allgemeine Gleichheitssatz in der Rechtsprechung des BVerfG, NJW 2014, 346. – ***G. Britz,*** Verfassungsrechtliche Grenzen der Ungleichbehandlung von Migrantenfamilien im Bereich der Familienleistungen, ZAR 2014, 56. – ***S. M. Damm,*** Menschenwürde, Freiheit, komplexe Gleichheit: Dimensionen grundrechtlichen Gleichheitsschutzes, 2006. – ***O. Dann,*** Gleichheit und Gleichberechtigung, 1980. – ***W. Cremer,*** Rechtsanwendungsgleichheit im Mehrebenensystem, VVDStRL 78 (2019), 117. – ***J. Croon-Gestefeld,*** Reconceptualising European Equality Law, 2017. – ***C. Degenhart,*** Systemgerechtigkeit und Selbstbindung des Gesetzgebers als Verfassungspostulat, 1976. – ***G. Del Vecchio,*** Gleichheit und Ungleichheit im Verhältnis zur Gerechtigkeit, FS f. Leibholz I, 1966, 609. – ***M. Desens,*** Was folgt prozessual aus dem Verstoß gegen den allgemeinen Gleichheitssatz (Art. 3 Abs. 1 GG) durch Gesetze?, in S. Kempny/P. Reimer (Hrsg.), Gleichheitssatzdogmatik heute, 2017, 133. – ***P. Dieterich,*** Systemgerechtigkeit und Kohärenz, 2014. – ***U. Di Fabio,*** Steuern und Gerechtigkeit, JZ 2007, 749. – ***A. Epiney,*** Umgekehrte Diskriminierungen, 1995. – ***M. Fehling,*** Verwaltung zwischen Unparteilichkeit und Gestaltungsaufgabe, 2001. – ***M. Fehling,*** Mittelbare Diskriminierung und Art. 3 (Abs. 3) GG: Vom europäischen Recht lernen?, in D. Heckmann/R. P. Schenke/G. Sydow (Hrsg.), FS f. Würtenberger, 2013, 669. – ***T. Fuchs,*** Das Gleichbehandlungsverbot im Unionsrecht, 2015. – ***A. Funke,*** Gleichbehandlungsgrundsatz und Verwaltungsverfahren, AöR 132 (2007), 168. –***A. Gehlen,*** Moral und Hypermoral, 1969. – ***S. Gosepath,*** Gleiche Gerechtigkeit, 2004. – ***M. Grünberger,*** Personale Gleichheit. Der Grundsatz der Gleichbehandlung im Zivilrecht, 2013. – ***M. Grünberger,*** Grundstrukturen (allgemeine Strukturmerkmale) von Gleichheitssätzen, in S. Kempny/P. Reimer (Hrsg.), Gleichheitssatzdogmatik heute, 2017, 5. – ***K. Hesse,*** Der Grundsatz der Gleichheit vor dem Gesetz im deutschen Staatsrecht – Entwicklung und Problematik, 1950. – ***K. Hesse,*** Der Gleichheitssatz im Staatsrecht, AöR 77 (1951/52), 167. – ***K. Hesse,*** Der Gleichheitssatz in der neueren deutschen Verfassungsentwicklung, AöR 109 (1984), 174. – ***J. Heuschmid,*** Geltung des Europäischen Antidiskriminierungsrechts für Kirchen und ihre Einrichtungen, NJW 2019, 3117. – ***W. Hill,*** Gleichheit und Artgleichheit, 1966. – ***C. Hofmann,*** Jenseits von Gleichheit, 2019. – ***S. Huster,*** Rechte und Ziele, 1993. – ***S. Huster,*** Gleichheit und Verhältnismäßigkeit, JZ 1994, 541. – ***S. Huster,*** Gleichheit im Mehrebenensystem, EuR 2010, 325. – ***S. Huster,*** Was bedeutet „Verhältnismäßigkeit der Ungleichbehandlung", in S. Kempny/P. Reimer (Hrsg.), Gleichheitssatzdogmatik heute, 2017, 91. – ***S. Huster/A. Kießling,*** Gesetzgebung im Sozialstaat und gleichheitsrechtliche Dogmatik, ZRP 2014, 171. –***J. Isensee,*** Die typisierende Verwaltung, 1976. – ***O. Jouanjan,*** Le principe d'égalite devant la loi en droit allemand, 1992. – ***O. Jouanjan,*** Zur Geschichte und Aktualität des Gleichheitssatzes in Frankreich, EuGRZ 2002, 314. – ***E. Kaufmann,*** Die Gleichheit vor dem Gesetz iSd Art. 109 der Reichsverfassung, VVDStRL 3 (1927), 2. – ***S. Kempny,*** Die „verbotene Gleichbehandlung". Zur Verabschiedung eines Stücks überflüssiger Gleichheitsdogmatik, JZ 2015, 1086. – ***S. Kempny/P. Reimer,*** Die Gleichheitssätze, 2012. – ***S. Kempny/P. Reimer,*** Konvergenzen und Kontroversen in der gleichheitsrechtlichen Diskussion, in S. Kempny/P. Reimer (Hrsg.), Gleichheitssatzdogmatik heute, 2017, 169. – ***P. Kirchhof,*** Gleichheit vor dem Grundgesetz, NJW 1987, 2354. – ***P. Kirchhof,*** Gleichmaß und Übermaß, FS f. Lerche, 1993, 133. – ***P. Kirchhof,*** Die Verschiedenheit der Menschen und die Gleichheit vor dem Gesetz, 1996. – ***U. Kischel,*** Systembindung des Gesetzgebers und

Gleichheitssatz, AöR 124 (1999), 174. – ***M. Kloepfer,*** Gleichheit als Verfassungsfrage, 1980. – ***J. Kokott,*** Gleichheitssatz und Diskriminierungsverbot in der Rechtsprechung des BVerfG, FS BVerfG, Bd. II, 2001, 127. – ***M. Kriele,*** Kriterien der Gerechtigkeit, 1963. – ***G. Leibholz,*** Die Gleichheit vor dem Gesetz (1925), 2. Aufl. 1959. – ***E.J. Lohse,*** Rechtsanwendungsgleichheit im Mehrebenensystem, DVBl 2018, 1120. – ***N. Luhmann,*** Grundrechte als Institution, 1965. – ***G. Machado,*** Verhältnismäßigkeitsprinzip vs. Willkürverbot: der Streit um den allgemeinen Gleichheitssatz, 2015. – ***P. Martini,*** Art. 3 Abs. 1 GG als Prinzip absoluter Rechtsgleichheit, 1997. –***V. Mehde,*** Landeskinderklauseln in der Rechtsprechung, DVBl 2019, 1025. – ***F. Meinel,*** Eine „revolutionäre Umschichtung unseres Rechtsdenkens". Gerhard Leibholz und die Gleichheit vor dem Gesetz, in A.-B. Kaiser (Hrsg.), Der Parteienstaat. Zum Staatsverständnis von Gerhard Leibholz, 2013, 169. – ***L. Michael,*** Der allgemeine Gleichheitssatz als Methodennorm komparativer Systeme, 1997. – ***F. Michl,*** Situativ staatsgleiche Grundrechtsbindung privater Akteure, JZ 2018, 91. – ***T. Mileij,*** Verfassungsmäßigkeit der Unterscheidung nach dem Merkmal der Staatsangehörigkeit im Bereich der gewährenden Staatstätigkeit, NVwZ 2013, 687. –***G. Müller,*** Der Gleichheitssatz, VVDStRL 47 (1989), 37. –***H. Nawiasky,*** Die Gleichheit vor dem Gesetz im Sinne des Art. 109 der Reichsverfassung, VVDStRL 3 (1927), 25. – ***M. Nettesheim,*** Diskriminierungsschutz ohne Benachteiligung, EuZW 2013, 48. – ***R. Nickel,*** Gleichheit und Differenz in der vielfältigen Republik, 1998. – ***F. Ossenbühl,*** Verwaltungsvorschriften und Grundgesetz, 1968. – ***L. Osterloh,*** Gesetzesbindung und Typisierungsspielräume bei der Anwendung der Steuergesetze, 1992. – ***L. Osterloh,*** Der Gleichheitssatz zwischen Willkürverbot und Grundsatz der Verhältnismäßigkeit, in FS f. Kloepfer, 2013, 139. – ***M. Payandeh,*** Das Gebot der Folgerichtigkeit, AöR 136 (2011), 578. – ***J. Peine,*** Systemgerechtigkeit, 1985. – ***M. Penz,*** Frauenquote innerhalb politischer Parteien, DÖV 2015, 963. – ***N. Petersen,*** Gleichheitssatz und Einzelfallgerechtigkeit, Der Staat 57 (2018), 327. – – ***J. Pietzcker,*** Rechtsvergleichende Aspekte des allgemeinen Gleichheitssatzes, FS f. Götz, 2005, 301. – ***A. Podlech,*** Gehalt und Funktionen des allgemeinen verfassungsrechtlichen Gleichheitssatzes, 1971. – ***M. Pöschl,*** Gleichheit vor dem Gesetz, 2008. – ***P. Reimer,*** „Keine Gleichheit im Unrecht": dogmatische Rekonstruktion eines Verfassungssprichworts, RW 2017, 1. – ***G. Robbers,*** Gerechtigkeit als Rechtsprinzip, 1980. – ***C. Rohner,*** Ungleichheit und Verfassung, 2019. – ***M. Rümelin,*** Die Gleichheit vor dem Gesetz, 1928. – ***H. H. Rupp,*** Art. 3 GG als Maßstab verfassungsgerichtlicher Gesetzeskontrolle, FG BVerfG II, 1976, 364. – ***M. Sachs,*** Grenzen des Diskriminierungsverbots, 1987. – ***M. Sachs,*** Konzentration privater Vermögen im Sozialstaat, NJW 2015, 601. – ***M. Sachs,*** Ist es sinnvoll, von Gleichheitssätzen „in Verbindung mit" anderen Vorschriften (insbesondere Freiheitsgrundrechten) zu sprechen?, in S. Kempny/P. Reimer (Hrsg.), Gleichheitssatzdogmatik heute, 2017, 107. – ***J. Saurer,*** Der allgemeine Gleichheitssatz: Weimarer Einflüsse auf das Grundgesetz, in U.J. Schröder/A. v. Ungern-Sternberg (Hrsg.), Zur Aktualität der Weimarer Staatsrechtslehre, 2011, 101. – ***B. Schindler,*** Rechtsanwendungsgleichheit im Mehrebenensystem, VVDStRL 78 (2019), 167. – ***M. Schladebach,*** Rechtsanwendungsgleichheit im Mehrebenensystem, NVwZ 2018, 167. – ***F. Schoch,*** Der Gleichheitssatz, DVBl 1988, 863. – ***F. Schorkopf,*** Staat und Diversität, 2018. – ***A. Somek,*** Rationalität und Diskriminierung, 2001. – ***A. Somek,*** Gleichheit als Diskriminierungsschutz, Der Staat 43 (2004), 425. – ***A. Somek,*** Rechtliches Wissen, 2006. – ***A. Somek,*** Engineering Equality, 2011. – ***T. Spitzlei,*** Die Gesetzgebungstechnik der Pauschalierung und ihre verfassungsrechtliche Bewertung, 2016. – ***U. Steiner,*** Gleichheitsfragen im Sozialrecht, in H. Jochum/M. Elicker/S. Lampert/R. Bartone, FS f. Wendt, 2015, 457. – ***K. Stern,*** Das Gebot zur Ungleichbehandlung, FS f. Dürig, 1990, 207. – ***M. Stolleis,*** Die Entstehung des Interventionsstaates und das öffentliche Recht, ZNR 10 (1989) 129. – ***M. Stolleis,*** Historische und ideengeschichtliche Entwicklung des Gleichheitssatzes, in R. Wolfrum (Hrsg.), Gleichheit und Nichtdiskriminierung im nationalen und internationalen Menschenrechtsschutz, 2003, 7. – ***D. Suhr,*** Gleiche Freiheit, 1988. – ***H. Tappe,*** Festlegende Gleichheit. Folgerichtige Gesetzgebung als Verfassungsgebot?, JZ 2016, 27. – ***A. Thiele,*** Gleichheit angesichts von Vielfalt als Gegenstand des philosophischen und juristischen Diskurses, DVBl 2018, 1112. – ***R. Thoma,*** Ungleichheit und Gleichheit im Bonner Grundgesetz, DVBl 1951, 457. – ***M. Wallerath,*** Die Selbstbindung der Verwaltung, 1968. – ***R. Wernsmann,*** Das gleichheitswidrige Steuergesetz – Rechtsfolgen und Rechtsschutz, 2000. – ***T. Wihl,*** Aufhebungsrechte, 2019. – ***T. Wihl,*** Komplexion der Gleichheit. Gerhard Leibholz' Einfluss auf die Verfassungsrechtsprechung, in A.-B. Kaiser (Hrsg.), Der Parteienstaat. Zum Staatsverständnis von Gerhard Leibholz, 2013, 199. – ***F. Wollenschläger,*** Verteilungsverfahren, 2010. – ***K. Yoshino,*** The New Equal Protection, Harvard Law Review 124 (2011), 341. – ***H.F. Zacher,*** Soziale Gleichheit, AöR 93 (1968), 341.

Zu Abs. 2 und 3

S. Atrey, Intersectional Discrimination, 2019. – ***S. Baer,*** Würde oder Gleichheit?, 1995. – ***S. Baer,*** Wie viel Vielfalt garantiert/erträgt der Rechtsstaat?, RuP 2013, 90. – ***S. Baer,*** Sexuelle Selbstbestimmung? Zur internationalen Rechtslage und denkbaren Konzeptionen von Recht gegen geschlechtsbezogene Diskriminierung, in C. Lohrenscheit (Hrsg.), Sexuelle Selbstbestimmung als Menschenrecht, 2009, 89. – ***S. Baer,*** Der problematische Hang zum Kollektiv und ein Versuch, postkategorial zu denken, in G. Jähnert/K. Aleksander/M. Kriszio (Hrsg.), Kollektivität nach der Subjektkritik, 2014, 47. – ***S. Baer,*** Innovationen im Recht: Antidiskriminierungsrecht, in W. Hoffmann-Riem (Hrsg.), Innovationen im Recht, 2016, 271. – ***S. Baer/U. Sacksofsky,*** Autonomie im Recht – Geschlechtertheoretisch vermessen, 2018. – ***C. Barskanmaz,*** Recht und Rassismus, 2020; ***G. Beaucamp,*** Das Behindertengrundrecht (Art. 3 Abs. 3 S. 2 GG) im System der Grundrechtsdogmatik, DVBl 2002, 997. – ***S. Besson,*** Gender Discrimination under EU and ECHR Law, HRLR 2008, 647. – ***S. Boysen,*** Repräsentation und Repräsentativität. Geschlechterfragen im internationalen Demokratiediskurs, in M. Eckertz-Höfer/M. Schuler-Harms (Hrsg.), Gleichberechtigung und Demokratie, 2019, 83. – ***G. Britz,*** Diskriminierungsschutz und Privatautonomie, VVDStRL 64 (2005), 355. – ***J. Burmeister/H. Greve,*** Parité-Gesetz und Demokratieprinzip, ZG 2019, 154. – ***P. Cancik,*** Der Kampf um Gleichberechtigung als Voraussetzung der demokratischen Republik, in: H. Dreier/C. Waldhoff (Hrsg.), Das Wagnis der Demokratie. Eine Anatomie der Weimarer Reichsverfassung, 2018, 151. – ***R. Chin/H. Fehrenbach,*** Introduction: What's Race Got to Do With it?, in R. Chin/H. Fehrenbach ua (Hrsg.), After the Nazi Racial State. Difference and Democracy in Germany and Europe, 2009, 1. – ***K. Crenshaw,*** Demarginalizing the Intersection of Race and Sex: A Black Feminist Critique of Antidiscrimination Doctrine, Feminist Theory and Antiracist Politics, University of Chicago Legal Forum 1989, 139. – ***U. Di Fabio,*** Die Gleichberechtigung von Mann und Frau, AöR 122 (1997), 404. – ***E. Ellis/P. Watson,*** EU Anti-Discrimination Law, 2. Aufl. 2015. – ***C. Fuchsloch,*** Das Verbot der mittelbaren Geschlechtsdiskriminierung, 1995. – ***S. Gössl,*** Intersexuelle Menschen und ihre personenstandsrechtliche Erfassung, NZFam 2016, 1122. – ***M. Grünberger,*** Das „generische Maskulinum" vor Gericht, JZ 2018, 719. – ***F. Hartmann,*** Diskriminierung durch Antidiskriminierungsrecht?, EuZA 2019, 24. – ***E. Holzleithner,*** Subversion from within – Opposition to Gender Equality in the Court of Justice of the European Union, in M. Verloo (Hrsg.), Varieties of Opposition to Gender Equality in Europe, 2018, 135. – ***E. Holzleithner,*** Gerechtigkeit und Geschlechterrollen, Zeitschrift für Rechtsphilosophie 2016, 133. – ***S. Huster,*** Frauenförderung zwischen individueller Gerechtigkeit und Gruppenparität, AöR 118 (1993), 109. – ***M. Jestaedt,*** Diskriminierungsschutz und Privatautonomie, VVDStRL 64 (2005), 298. – ***C. Langenfeld,*** Die Gleichbehandlung von Mann und Frau im Europäischen Gemeinschaftsrecht, 1990. – ***C. Langenfeld,*** Geschlechterrollen in Ehe und Familie im Wandel der Zeit und des Rechts, in C. Calliess (Hrsg.), Liber Amicorum f. Stein, 2015, 988. – ***S. R. Laskowski,*** Pro Parité! Ein verfassungskonformes Wahlrechtsmodell, in M. Eckertz-Höfer/M. Schuler-Harms (Hrsg.), Gleichberechtigung und Demokratie, 2019, 125. – ***T. Leder,*** Das Diskriminierungsverbot wegen einer Behinderung, 2005. – ***U. Lembke,*** Tackling sex discrimination to achieve gender equality? Conceptions of sex and gender in EU non-discrimination law and policies, European Equality Law Review 2016, 46. – ***U. Lembke,*** Europäisches Antidiskriminierungsrecht, APuZ 9/2016, 11. – ***U. Lembke/D. Liebscher,*** Postkategoriales Antidiskriminierungsrecht? in S. Philipp ua (Hrsg.), Intersektionelle Benachteiligung und Diskriminierung, 2014, 261. ***D. Lieb-***

scher, „Racial Profiling" im Lichte des verfassungsrechtlichen Diskriminierungsverbots, NJW 2016, 2779. – ***T. Lobinger,*** Entwicklung, Stand und Perspektiven des europäischen Antidiskriminierungsrechts, 2015. – ***A. K. Mangold,*** Demokratische Inklusion durch Recht, 2020. – ***A. K. Mangold,*** Vielfältige Berliner Republik. Die Entwicklung von Antidiskriminierungsrecht als eigenständigem Rechtsgebiet, in T. Duve/S. Ruppert (Hrsg.), Rechtswissenschaft in der Berliner Republik, 2018, 461. – ***A. K. Mangold,*** Repräsentation von Frauen und gesellschaftlich marginalisierten Personengruppen als demokratietheoretisches Problem in M. Eckertz-Höfer/M. Schuler-Harms (Hrsg.), Gleichberechtigung und Demokratie, 2019, 109. – ***A. K. Mangold,*** Mehrdimensionale Diskriminierung. Potentiale eines materialen Gleichheitsverständnisses, RPhZ 2016, 152. – ***N. Markard,*** Unausweichliche Gleichheit: *Obergefell* und die Eheöffnung für gleichgeschlechtliche Paare, JöR nF 64 (2016) 767. – ***H. Meyer,*** Verbietet das Grundgesetz eine paritätische Frauenquote bei Listenwahlen in Parlamenten?, NVwZ 2019, 1245. – ***O. Mörsdorf,*** Ungleichbehandlung als Norm, 2018. – ***M. Morlok/A. Hobusch,*** Ade parité?, DÖV 2019, 14. – ***H. C. Nipperdey,*** Gleicher Lohn der Frau für gleiche Leistung, 1951. – ***H-J. Papier/M. Heidebach,*** Frauenquoten im öffentlichen Dienst, 2016. – ***H-J. Papier/M. Heidebach,*** Mehr Frauen in Führungspositionen des öffentlichen Dienstes durch Fördermaßnahmen, DVBl 2015, 125. – ***M. Penz,*** Frauenquote innerhalb politischer Parteien, DÖV 2015, 963. – ***A. Peters,*** Die Strukturähnlichkeit der Diskriminierungsverbote im Menschenrechtsbereich und im Welthandelsrecht, in S. Breitenmoser ua, Liber Amicorum Luzius Wildhaber, 2007, 551. – ***H. Pfarr,*** Quoten und Grundgesetz, 1988. – ***H. Pfarr/C. Fuchsloch,*** Verfassungsrechtliche Beurteilung von Frauenquoten, NJW 1988, 2201. – ***H. Ridder,*** Männer und Frauen sind gleichberechtigt, FS f. Leibholz II, 1966, 219. – ***S. Rixen,*** Demokratieprinzip und Gleichberechtigungsgebot: Verfassungsrechtliche Relationen, in M. Eckertz-Höfer/M. Schuler-Harms (Hrsg.), Gleichberechtigung und Demokratie, 2019, 59. – ***M. Sachs,*** Grenzen des Diskriminierungsverbots, 1987. – ***U. Sacksofsky,*** Das Grundrecht auf Gleichberechtigung, 2. Aufl. 1996. – ***U. Sacksofsky,*** Die Gleichberechtigung von Mann und Frau, FS f. Zuleeg, 2005, 323. – ***U. Sacksofsky,*** Frauenquoten – Weg zur Gleichheit der Geschlechter oder „umgekehrte Diskriminierung" von Männern?, in S. Mau/N. M. Schöneck (Hrsg.), (Un-)Gerechte (Un-)Gleichheiten, 2015, 134. – ***U. Sacksofsky,*** Was heißt: Ungleichbehandlung „wegen"?, in S. Kempny /P. Reimer (Hrsg.), Gleichheitssatzdogmatik heute, 2017, 63. – ***D. Schiek,*** Differenzierte Gerechtigkeit, 2000. – ***D. Schiek,*** Zwischenruf: Den Pudding an die Wand nageln? Überlegungen zu einer progressiven Agenda für das EU-Antidiskriminierungsrecht, KJ 2014, 396. – ***S. Schmahl,*** Menschen mit Behinderungen im Spiegel des internationalen Menschenrechtsschutzes, AVR 45 (2007), 517. – ***A. Schneedorf,*** Diskriminierungsschutz nach dem EuGH, NJW 2019, 177. – ***U. Spangenberg,*** Mittelbare Diskriminierung im Einkommenssteuerrecht, 2013. – ***U. Spangenberg,*** Alltag oder Diskriminierung?, KJ 2018, 345. – ***J. Theilen,*** Der Schutz Transsexueller in der Rechtsprechung des Europäischen Gerichtshofs für Menschenrechte und des Bundesverfassungsgerichts, ZEuS 2012, 363. – ***A. Tischbirek/T. Wihl,*** Verfassungswidrigkeit des „Racial Profiling", JZ 2013, 219. – ***B. Völzmann,*** Postgender im Recht?, JZ 2019, 381. – ***R. Uerpmann-Wittzack,*** Gleiche Freiheit im Verhältnis zwischen Privaten: Art. 3 Abs. 3 GG als unterschätzte Rechtsnorm, ZaöRV 68 (2008), 359. – ***R. Uerpmann-Wittzack,*** Völker- und verfassungsrechtliche Vorgaben für die Gleichstellung und Teilhabe von Menschen mit Behinderungen, SDSRV 66 (2016), 29.– ***A. von Ungern-Sternberg,*** Parité-Gesetzgebung auf dem Prüfstand des Verfassungsrechts, JZ 2019, 525. – ***N. Weinberg,*** Ansätze zur Dogmatik der intersektionalen Benachteiligung, EuZA 2020, 60. – ***F. Welti,*** Behinderung und Rehabilitation im sozialen Rechtsstaat, 2005. – ***J. Wieland,*** Bindungen und Spielräume des Parteienverfassungsrechts für die Herstellung von Parität in M. Eckertz-Höfer/M. Schuler-Harms (Hrsg.), Gleichberechtigung und Demokratie, 2019, 147. – ***J. Zinsmeister,*** Mehrdimensionale Diskriminierung, 2007.

Art. 4 [Glaubens-, Gewissens- und Bekenntnisfreiheit, Kriegsdienstverweigerung]

(1) Die Freiheit des Glaubens, des Gewissens und die Freiheit des religiösen und weltanschaulichen Bekenntnisses sind unverletzlich.

(2) Die ungestörte Religionsausübung wird gewährleistet.

(3) [1]Niemand darf gegen sein Gewissen zum Kriegsdienst mit der Waffe gezwungen werden. [2]Das Nähere regelt ein Bundesgesetz.

Paulskirchenverfassung von 1849

Abschnitt VI. Art. V

§ 144. Jeder Deutsche hat volle Glaubens- und Gewissensfreiheit.

Niemand ist verpflichtet, seine religiöse Überzeugung zu offenbaren.

§ 145. Jeder Deutsche ist unbeschränkt in der gemeinsamen häuslichen und öffentlichen Übung seiner Religion.

Verbrechen und Vergehen, welche bei Ausübung dieser Freiheit begangen werden, sind nach dem Gesetze zu bestrafen.

§ 146. Durch das religiöse Bekenntniß wird der Genuß der bürgerlichen und staatsbürgerlichen Rechte weder bedingt noch beschränkt. Den staatsbürgerlichen Pflichten darf dasselbe keinen Abbruch thun.

§ 147. Jede Religionsgesellschaft ordnet und verwaltet ihre Angelegenheiten selbstständig, bleibt aber den allgemeinen Staatsgesetzen unterworfen.

[Abs. 2]

Neue Religionsgesellschaften dürfen sich bilden; einer Anerkennung ihres Bekenntnisses durch den Staat bedarf es nicht.

§ 148. Niemand soll zu einer kirchlichen Handlung oder Feierlichkeit gezwungen werden.

Weimarer Reichsverfassung von 1919

Art. 135. Alle Bewohner des Reichs genießen volle Glaubens- und Gewissensfreiheit. Die ungestörte Religionsausübung wird durch die Verfassung gewährleistet und steht unter staatlichem Schutz. Die allgemeinen Staatsgesetze bleiben hiervon unberührt.

Art. 136. (geltendes Recht) Die bürgerlichen und staatsbürgerlichen Rechte und Pflichten werden durch die Ausübung der Religionsfreiheit weder bedingt noch beschränkt.

Der Genuß bürgerlicher und staatsbürgerlicher Rechts sowie die Zulassung zu öffentlichen Ämtern sind unabhängig von dem religiösen Bekenntnis.

Niemand ist verpflichtet, seine religiöse Überzeugung zu offenbaren. Die Behörden haben nur soweit das Recht, nach der Zugehörigkeit zu einer Religionsgesellschaft zu fragen, als davon Rechte und Pflichten abhängen oder eine gesetzlich angeordnete statistische Erhebung dies erfordert.

Niemand darf zu einer kirchlichen Handlung oder Feierlichkeit oder zur Teilnahme an religiösen Übungen oder zur Benutzung einer religiösen Eidesform gezwungen werden.

Art. 137. (geltendes Recht) Es besteht keine Staatskirche.

Die Freiheit der Vereinigung zu Religionsgesellschaften wird gewährleistet. Der Zusammenschluß von Religionsgesellschaften innerhalb des Reichsgebiets unterliegt keinen Beschränkungen.

Jede Religionsgesellschaft ordnet und verwaltet ihre Angelegenheiten selbständig innerhalb der Schranken des für alle geltenden Gesetzes. Sie verleiht ihre Ämter ohne Mitwirkung des Staates oder der bürgerlichen Gemeinde.

Religionsgesellschaften erwerben die Rechtsfähigkeit nach den allgemeinen Vorschriften des bürgerlichen Rechtes.

Die Religionsgesellschaften bleiben Körperschaften des öffentlichen Rechtes, soweit sie solche bisher waren. Anderen Religionsgesellschaften sind auf ihren Antrag gleiche Rechte zu gewähren, wenn sie durch ihre Verfassung und die Zahl ihrer Mitglieder die Gewähr der Dauer bieten. Schließen sich mehrere derartige öffentlich-rechtliche Religionsgesellschaften zu einem Verbande zusammen, so ist auch dieser Verband eine öffentlich-rechtliche Körperschaft.

Die Religionsgesellschaften, welche Körperschaften des öffentlichen Rechtes sind, sind berechtigt, auf Grund der bürgerlichen Steuerlisten nach Maßgabe der landesrechtlichen Bestimmungen Steuern zu erheben.

Den Religionsgesellschaften werden die Vereinigungen gleichgestellt, die sich die gemeinschaftliche Pflege einer Weltanschauung zur Aufgabe machen. Soweit die Durchführung dieser Bestimmungen eine weitere Regelung erfordert, liegt diese der Landesgesetzgebung ob.

Übersicht

A. Allgemeine Bedeutung

Der **Mensch** als seiner selbst bewusstes Wesen hat den Wunsch, den **Sinn seines Daseins** und der Welt zu verstehen. **Glaube** und Religion sind Antworten auf dieses Bedürfnis seit Menschengedenken.[1] Rechtsgeschichte und Rechtsvergleichung belegen allerdings, wie wenig es selbstverständlich ist, dass der Staat dem Einzelnen die Verantwortung für die Befriedigung der Suche nach Sinn und Welterklärung überlässt, denn die Gewährung individueller und kollektiver Glaubensfreiheit und die daraus folgende Möglichkeit eines unkontrollierten Nebeneinanders verschiedener Religionen und Weltanschauungen in einem Staat bedeutet den Verzicht auf einen gemeinschaftsbildenden Faktor ersten Ranges. 1

I. Genese

In einem die europäische Geschichte prägenden, jahrhundertelangen, keineswegs linear verlaufenden Prozess der **Säkularisierung, Individualisierung** und **Verrechtlichung** der sozialen und politischen Beziehungen ist die Religion als Basis des Zusammenlebens und des Staates abgelöst worden durch das Recht.[2] Als wesentliche Stationen dieser Entwicklung sind aus der deutschen Rechtsgeschichte zu nennen:[3] das Wormser Konkordat von 1122, dessen Lösung des Investiturstreits auf der Unterscheidung von weltlichen Gütern und kirchlichen Würden beruhte; der Augsburger Religionsfrieden von 1555, der im deutschen Reich die Glaubenszweiheit nach dem Grundsatz des *cuius regio, eius religio* und als erstes individuelles Glaubensrecht *das ius emigrandi* begründete; der Westfälische Frieden von 1648, der neben der Glaubensdreiheit (katholisch, evangelisch-lutherisch, evangelisch-reformiert) als weiteres individuelles Recht die Möglichkeit der Hausandacht gewährte, das als zu tolerierendes religiöses Minimum durch den Begriff der *conscientia libera* bezeichnet wurde.[4] Eine ebenso tolerante wie differenzierte, verschiedene Elemente von individueller und kollektiver Glaubens- und Religionsausübungsfreiheit unterscheidende Regelung enthielt das Preußische Allgemeine Landrecht von 1794.[5] Auf dem Weg zu umfassender Religionsfreiheit sind schließlich die Paulskirchenverfassung von 1849 und die Preußische Verfassung von 1850 zu nennen, die mit der religiösen Vereinigungsfreiheit sowie dem Recht der freien öffentlichen Religionsausübung als Recht der Kirchen und Religionsgemeinschaften den bisher erreichten Stand über- 2

[1] Vgl. *Hollerbach* in HStR VI, 2. Aufl., 2001, § 138 Rn. 6; *Herzog* in Maunz/Dürig, Rn. 13.

[2] S. zur Entkoppelung von Recht und Religion *Roellecke* JZ 2004, 105.

[3] S. zur Rechtsgeschichte *Preuß* in AK, 3. Aufl. 2001, Rn. 1; *Mückl* in BK, Viertbearb., 2008, Rn. 11 ff.; *Morlok* in Dreier, 3. Aufl. 2013, Rn. 1 ff.; *v. Campenhausen* in HStR VII § 157 Rn. 6 ff.; *Starck* in MKS, 7. Aufl. 2018, Rn. 1 ff.; *Borowski,* Die Glaubens- und Gewissensfreiheit des Grundgesetzes, 2006, 8 ff., *Dreier,* Staat ohne Gott, 2018, 63 ff. jeweils mwN.

[4] → Rn. 9.

[5] Individuelle Glaubensfreiheit, Neutralität gegenüber den christlichen Konfessionen, Tolerierung von Sekten; Allgemeines Landrecht für die Preußischen Staaten, Teil II, 11. Titel abgedr. bei *Wenckstern* in Umbach/Clemens, 2002, Rn. 1; zur Rechtsstellung der jüdischen Religionsgemeinschaften und deren Angehörigen s. *Fürstenau,* Das Grundrecht der Religionsfreiheit nach seiner geschichtlichen Entwickelung und heutigen Geltung in Deutschland, 1891, Nachdruck 1975, 158 ff.

schritten.[6] Umfassende individuelle Glaubens- und Gewissensfreiheit gewährte zum ersten Mal die WRV unter ausdrücklicher Gleichstellung der Weltanschauungsgemeinschaften mit den Religonsgemeinschaften in Art. 137 Abs. 6.[7] Mit der ausdrücklichen Erwähnung des weltanschaulichen Bekenntnisses in Art. 4 Abs. 1 stellte der Parlamentarische Rat klar, was angesichts des offenen Wortlauts in Bezug auf Art. 135 Abs. 1 WRV noch umstritten war.[8]

3 Religionsfreiheit und **Rechtsstaatlichkeit** haben sich historisch als einander bedingend erwiesen.[9] Dementsprechend ist die Religionsfreiheit von herausragender Bedeutung für die Entwicklung und Durchsetzung der **Menschenrechte** insgesamt gewesen[10] und gehört zum Kernbestand traditioneller Grundrechtskataloge.[11]

II. Systematischer Zusammenhang

4 Der aus der Anerkennung individueller Glaubensfreiheit folgende Pluralismus der Welterklärungen verlangt vom Staat **Neutralität** und in der Gesellschaft **Toleranz.**[12] Für den Staat bedeutet dies Verzicht auf jeglichen Wahrheitsanspruch und Unparteilichkeit gegenüber den verschiedenen Glaubenswahrheiten; von den Religions- und Weltanschauungsgemeinschaften wie auch von ihren Anhängern ist damit die Duldung konkurrierender Glaubenswahrheiten und im Falle der Auseinandersetzung die **Einhaltung friedlicher Formen** gefordert.[13] Die zunehmende Diversifizierung der Glaubensüberzeugungen in Deutschland, sei es durch das Mitbringen einer Religion im Zuge der Einwanderung, sei es durch die Ausbreitung „neuer" Religionen oder Weltanschauungen und abnehmende Bindungskraft der traditionellen christlichen Großkirchen, fordert in besonderer Weise, sich Inhalt und Grenzen individueller und kollektiver Glaubensfreiheit im Spannungsverhältnis zwischen Neutralität, Toleranz und einem Minimum an allgemein akzeptierter Verbindlichkeit der Ordnung des Zusammenlebens zu vergegenwärtigen.

5 Der Religions- und Weltanschauungsfreiheit korrespondiert der Grundsatz religiös-weltanschaulicher **Neutralität** des Staates.[14] Dieser findet seine Grundlage neben Art. 4 Abs. 1 und 2 in Art. 3 Abs. 3 S. 1, Art. 33 Abs. 3

[6] S. dazu *Landau* JZ 1995, 909; zum Auseinandertreten von Staat und Kirche in Deutschland seit Mitte des 19. Jh. s. *Heckel* ZevKR 45 (2000), 173.

[7] Zur Entstehungsgeschichte *Wenckstern* in Umbach/Clemens, 2002, Rn. 6 ff.

[8] *Dreier,* Staat ohne Gott, 2018, S. 90 f.; *Hoffmann,* Die Weltanschauungsfreiheit, 2012, S. 186.

[9] S. *Morlok* in Dreier, 3. Aufl. 2013 Rn. 13.

[10] Zum Streit um den historischen Primat dieses Grundrechts s. *Zippelius* in BK, Drittbearb., 1989, Rn. 17 mwN Fn. 29; *v. Campenhausen* in HStR VII § 157 Rn. 30.

[11] *Starck* in MKS, 7. Aufl. 2018, Rn. 6.

[12] Vgl. *Starck* in MKS, 7. Aufl. 2018, Rn. 8 f.; zur Toleranz im gesellschaftlichen Bereich s. *Morlok* in Dreier, 3. Aufl. 2013 Rn. 137; ausf. zum Toleranzgebegriff *Häberle* Der Staat 57 (2018), 35 (60 ff.).

[13] S. *Hesse,* Grundzüge des Verfassungsrechts der BRD, 20. Aufl. 1995, Rn. 382: Art. 4 als Ausdruck der Geistesfreiheit; *Preuß* in AK, 3. Aufl. 2001, Rn. 10; *Mückl* in BK, Viertbearb., 2008, Rn. 88 ff.

[14] BVerfGE 19, 206 (216), Kirchenbausteuer; BVerfGE 24, 236 (246), Aktion Rumpelkammer; BVerfGE 33, 23 (28), Kreuz im Gerichtssaal; BVerfGE 42, 312 (330 ff.), Bremisches KirchenG; BVerfGE 93, 1 (16 f.), Kruzifix; BVerfGE 105, 279 (294), Osho-Bewegung; BVerfGE 108, 282 (299 ff.), Kopftuch I; BVerfGE 138, 296 Rn. 109 ff., Kopftuch II; BVerfG NVwZ 2017, 1128 Rn. 50 f., Kopftuch von Rechtsreferendarinnen; grdl. zum Grundsatz staatlicher Neutralität *Huster,* Die ethische Neutralität des Staates, 2002; sa *Mückl* in BK, Viertbearb., 2008, Rn. 151 ff.; *Herms* Der Staat 40 (2001), 327; *Heinig* JZ 2010, 357 ff.; *Dreier,* Staat ohne Gott, 2018, 95 ff.

sowie Art. 140 iVm Art. 136 Abs. 1, 2, 4, Art. 137 Abs. 1 WRV. Danach ist die Einführung staatskirchlicher Rechtsformen verwehrt und die Privilegierung bestimmter Bekenntnisse ebenso untersagt wie deren Ausgrenzung.[15] Die Neutralitätsverpflichtung ist dagegen **nicht** zu verwechseln mit staatlichem **Laizismus** im Sinne der Verbannung alles Religiösen aus „staatlich beherrschten oder organisierten Lebensverhältnissen“;[16] sie beschränkt den Staat allerdings darauf, der Verwirklichung bestehender religiöser Bedürfnisse innerhalb der staatlich organisierten Verhältnisse Raum zu geben.[17] Abgesehen von Spezialregelungen[18] hat staatliche Förderung von Religions- und Weltanschauungsgemeinschaften vor dem Neutralitätsgrundsatz nur Bestand, wenn ihr Anknüpfungspunkt seinerseits religions- und weltanschauungsneutral ist.[19]

Unbeschadet dessen beeinflussen herrschende religiöse oder weltanschauliche Überzeugungen in systemkonformer Weise die Gesetzgebung gemäß der Mehrheit im Parlament.[20] Allerdings muss der **Minderheitenschutz** stets gesichert sein.[21] Gerade darin liegt die Bedeutung des Art. 4 Abs. 1, 2, da demokratische Verfahren allein die Glaubensfreiheit aller nicht gewährleisten können.[22] Die rechtliche Verpflichtung zu religiös-weltanschaulicher Neutralität ist schließlich nicht nur vereinbar, sondern geradezu Folge dessen, dass auch der freiheitlich-demokratische Verfassungsstaat, ohne auf einer geschlossenen Weltanschauung zu ruhen, doch weltanschauliche Prämissen hat. Diese werden sichtbar in dem den Grundrechten immanenten Menschenbild sowie einem nicht mehr hintergehbaren Minimum an ausnahmslos geltenden Rechtsnormen. Gegenüber Intoleranz darf und muss der neutrale Staat zum Schutz der Toleranz die Rechtsordnung durchsetzen. Allerdings darf er auch insoweit nur die Legalität des äußeren Verhaltens verlangen;[23] im Übrigen ist er für Wertbindung nur eingeschränkt, für Sinngebung und Seelenheil gar nicht zuständig.[24] Dies gilt ungeachtet dessen, dass die Fähigkeit zur Wertorientierung und Wertbindung, deren Nährboden Religion und Weltanschauung sind, Grundvoraussetzungen für Verantwortungsfähigkeit und 6

[15] BVerfGE 19, 206 (216), Kirchenbausteuer.

[16] *Starck* in MKS, 3. Aufl. 1985, Rn. 8; sa *Zippelius* in BK, Drittbearb., 1989, Rn. 9; *v. Campenhausen* in HStR VII § 157 Rn. 4 f.; *Morlok* in Dreier, 3. Aufl. 2013 Rn. 137; → Art. 140 Rn. 22 ff.; sa *Kokott* Der Staat 44 (2005), 343 (346 ff.).

[17] → Rn. 54 ff.

[18] Art. 7 Abs. 3 S. 1, Religionsunterricht; Art. 140 iVm Art. 137 Abs. 5, Körperschaftsstatus, Abs. 6, Steuererhebung, Art. 138 Abs. 1, Staatsleistungen, Art. 139, Sonn- und Feiertagsschutz, Art. 141, Anstaltsseelsorge, WRV.

[19] IE str.; s. zur Vieldeutigkeit des Neutralitätsbegriffs *Muckel,* Religiöse Freiheit und staatliche Letztentscheidung, 1997, 72 ff.; *Huster,* Die ethische Neutralität des Staates, 2002, 35 ff.; krit. in Bezug auf einen eigenständigen Bedeutungsinhalt *Holzke* NVwZ 2002, 903; zu den Rechtsgrundlagen staatlicher Förderung s. *Mager* in HSKR § 68 mwN.

[20] *Starck* in MKS, 7. Aufl. 2018, Rn. 8, 22; *Zippelius* in BK, Drittbearb., 1989, Rn. 20, 64, 74.

[21] *v. Campenhausen* in HStR VII § 157 Rn. 131; sa *Zippelius* in BK, Drittbearb., 1989, Rn. 21.

[22] BVerfGE 41, 29 (48), christliche Gemeinschaftsschule; BVerfGE 93, 1 (24), Kruzifix.

[23] *Preuß* in AK, 3. Aufl. 2001, Rn. 12, Grundsatz der Trennung von Legalität und Moralität; *Freihalter,* Gewissensfreiheit. Aspekte eines Grundrechts, 1973, 206, Werteordnung als Angebot.

[24] *Bäumlin* VVDStRL 28 (1970), 3 (7) zit. *Locke:* „Die bürgerlichen Interessen, nicht das Seelenheil sind Gegenstand des Staates“; sa *Starck* in MKS, 7. Aufl. 2018, Rn. 9: „Damit ist die Religion aus dem Kreis der Staatsaufgaben ausgegrenzt.“ S. weiter *Czermak* ZRP 1996, 201 (202); *Renck* NJW 1989, 2442 (2444); BVerfGE 42, 312 (332), Bremisches KirchenG; 93, 1 (15), Kruzifix.

-bereitschaft darstellen, ohne die eine freiheitliche Demokratie auf Dauer nicht bestehen kann.[25] In der Religions- und Weltanschauungsfreiheit und dem korrespondierenden Neutralitätsgrundsatz manifestiert sich das Dilemma des freiheitlich-demokratischen Staates, dass seine Existenz von Voraussetzungen abhängt, die er selbst nicht garantieren kann, ohne seine Freiheitlichkeit zu verlieren.[26]

7 Zusammenfassend lässt sich die Rechtsverpflichtung zur Neutralität neben dem spezifischen Verbot staatskirchlicher Rechtsformen verstehen als **Verbot der Identifikation** mit einer bestimmten Religion oder Weltanschauung[27] sowie als **Gebot der Gleichbehandlung,**[28] wobei glaubensneutrale tatsächliche Verschiedenheiten einschließlich der sozialen Relevanz der Religion oder Weltanschauung bei Wahrung des Minderheitenschutzes nicht unberücksichtigt bleiben müssen.[29]

8 Das skizzierte Verhältnis zwischen Individuum, Glaubensgemeinschaft und Staat hat seine Grundlage nicht allein in Art. 4 Abs. 1, 2. Neben den Diskriminierungsverboten der Art. 3 Abs. 3 S. 1 und Art. 33 Abs. 3 sowie den Regelungen des Art. 7, welche die religiös-weltanschauliche Schulerziehung betreffen, wird Art. 4 Abs. 1, 2 teilweise konkretisiert, teilweise ergänzt durch **Art. 140,** der Vorschriften der WRV aus dem Abschnitt „Religion und Religionsgesellschaften" zum Bestandteil des GG erklärt. Hierbei handelt es sich nicht allein um Regelungen, die das Verhältnis von Religions- und Weltanschauungsgemeinschaften zum Staat regeln, sondern auch um spezielle Ausprägungen der individuellen Religions- und Weltanschauungsfreiheit.[30] Unbeschadet des im Einzelnen zu klärenden Verhältnisses zwischen den durch Art. 140 inkorporierten Artikeln der WRV und Art. 4 Abs. 1, 2 handelt es sich um vollgültiges Verfassungsrecht, das mit Art. 4 Abs. 1, 2 eine **Interpretationseinheit** bildet.[31]

9 Die in Art. 4 Abs. 1 ebenfalls verbürgte **Gewissensfreiheit** hat sich im Zuge der Säkularisierung aus ihrer Verbindung mit der Freiheit des religiösen Glaubens gelöst.[32] Ihre ursprüngliche Bedeutung als rechtliche Absicherung des religiösen Existenzminimums ist angesichts umfassender Religions- und

---

[25] Vgl. *v. Campenhausen* in HStR VII § 157 Rn. 5; *Steiger* FS f. Kriele, 1997, 105; sa BVerfGE 93, 1 (22), Kruzifix; BVerwG NJW 1996, 3287 (3289): „Der zur Neutralität verpflichtete Staat hat ein legitimes Interesse […] die menschliche Wertorientierung zu fördern."

[26] *Böckenförde* FS f. Forsthoff, 1967, 75 (93); *Böckenförde* VVDStRL 28 (1970), 33 (80).

[27] *Herzog* in Maunz/Dürig, Rn. 71; sa *Huster,* Die ethische Neutralität des Staates, 2002, 35 f. und passim.

[28] Zum Begriff Parität s. *Zippelius* in BK, Drittbearb., 1989, Rn. 26 ff.; ausf. *Heckel in* HSKR, 2. Aufl., Bd. I, § 20; zur Ablösung durch den Begriff der Neutralität s. *Walter* in HSKR § 18 Rn. 1 ff.; sa *Huster,* Die ethische Neutralität des Staates, 2002, 32, 36, 40, 131, 204.

[29] BVerfGE 41, 29 (51), christliche Gemeinschaftsschule; sa BVerfGE 19, 1 (8), Gebührenfreiheit von Religionsgesellschaften; BVerwGE 87, 115 (127), Kirchengutsgarantie; BbgVerfG, NVwZ-RR 2012, 577; *Zippelius* in BK, Drittbearb., 1989, Rn. 20; *Starck* in MKS, 7. Aufl. 2018, Rn. 8; *Hofmann* in SHH, 14. Aufl. 2018, Rn. 2.

[30] Zu kategorisch daher BVerfGE 42, 312 (322), Bremisches KirchenG: Statusverhältnis – Grundrechtsverhältnis; wie hier *Jarass* in Jarass/Pieroth, 15. Aufl. 2018, Rn. 3.

[31] BVerfGE 19, 206 (219 f.), Kirchenbausteuer; 53, 366 (400), KrankenhausG NRW; 70, 138 (167), kirchliches Kündigungsrecht; 99, 100 (120), Kirchengutsgarantie; 137, 273 Rn. 83 ff., Chefarzt; s. zur Rspr. aber → Rn. 47; in der Lit. grdl. *Hollerbach* VVDStRL 26 (1968), 60; *Starck* in MKS, 7. Aufl. 2018, Rn. 8; *Jarass* in Jarass/Pieroth, 15. Aufl. 2018, Rn. 3; *Zippelius* in BK, Drittbearb., 1989, Rn. 60.

[32] AllgM, s. nur *Herzog* in Maunz/Dürig, Rn. 123.

Weltanschauungsfreiheit verloren gegangen.[33] Zum einen sind zu religiösen Begründungen und Deutungen des Phänomens Gewissen philosophische und psychologische hinzugetreten,[34] zum anderen geht es nicht mehr um die Abwehr staatlichen Zwanges in Glaubensfragen. Geblieben ist der Schutz vor staatlichem Zwang, der sich für den Einzelnen als Gewissenszwang darstellt.[35] Der demokratischen Legitimation des Rechtszwangs durch parlamentarische Mehrheitsentscheidung wird damit die Möglichkeit individueller und einzelfallbezogener Delegitimierung am Maßstab des Gewissens zur Seite gestellt.[36] Dies entspricht der staatsphilosophischen Prämisse, dass in einem demokratischen Staat Rechtsbindung letztlich nur durch Selbstbindung begründbar und diese gegen das Gewissen nicht möglich ist.[37]

In der Verpflichtung zur Berücksichtigung einer Gewissensentscheidung, **10**
die staatlichem Recht entgegensteht und mit der Möglichkeit, im Einzelfall staatliche Legalität individueller Moralität unterzuordnen, konkretisiert sich in herausragender Weise die staatliche Achtung der **Menschenwürde.**[38] Dieser Hochachtung menschlicher Würde korrespondiert die in der Gewissensfreiheit liegende Zuschreibung der individuellen Verantwortungsfähigkeit und **Verantwortlichkeit** für eigenes Tun.[39]

Dass der Vorbehalt des Gewissens keine die Rechtsordnung sprengende **11**
Kraft entfaltet,[40] ergibt sich nicht allein aus dem Maßstab des Gewissens und den Schranken der Gewissensfreiheit. Deutlich wird daran auch, dass der demokratisch gewählte und damit in der Regel mit den Wertvorstellungen der Mehrheit übereinstimmende, außerdem grundrechtsgebundene Gesetzgeber gewöhnlich Rechtsnormen erlässt, die nur ausnahmsweise Gewissensnot erzeugen.[41] Hinzu kommt, dass die Freiheitsrechte insgesamt durch die Ermöglichung einer Vielzahl von Handlungsalternativen Gewissenskonflikte vermeiden.[42] Im individuellen Konfliktfall zeigt sich wiederum, dass das mit dem Rechtszwang verfolgte staatliche Ziel häufig auch in einer Weise herbeigeführt werden kann, die den Gewissenskonflikt vermeidet. Dadurch ermöglicht die Gewissensfreiheit dem Einzelnen Loyalität zur rechtlich geordneten Gesellschaft gerade auch im Falle eines Konflikts mit deren Rechtsordnung.[43] Schließlich darf die Gewissensfreiheit nicht dahin missverstanden werden, dass sie jede Anknüpfung eines Nachteils oder einer

---

[33] Zur Rechtsgeschichte s. *Böckenförde* VVDStRL 28 (1970), 33 (36 ff.); → Rn. 2.

[34] Zum religiösen und philosophischen Gewissensverständnis s. *Zippelius* in BK, Drittbearb., 1989, Rn. 10 f.; *Mock,* Gewissen und Gewissensfreiheit, 1983, 18 ff.; zum psychologischen *Klier,* Gewissensfreiheit und Psychologie, 1978, 35 ff.; zum rechtlich relevanten Gewissensbegriff → Rn. 84.

[35] → Rn. 89 ff.

[36] Vgl. *Bethge* in HStR VII § 158 Rn. 7.

[37] Zur demokratietheoretischen Bedeutung der Gewissensachtung s. *Zippelius* in BK, Drittbearb., 1989, Rn. 13 ff.; *Bopp,* Der Gewissenstäter und das Grundrecht der Gewissensfreiheit, 1974, 72; *Eckertz,* Die Kriegsdienstverweigerung aus Gewissensgründen als Grenzproblem des Rechts, 1986, 46 ff., 116 ff.

[38] *Zippelius* in BK, Drittbearb., 1989, Rn. 56; → Art. 1 Rn. 68.

[39] Vgl. *Morlok* in Dreier, 3. Aufl. 2013 Rn. 47.

[40] Zu dieser Gefahr *Starck* in MKS, 7. Aufl. 2018, Rn. 68.

[41] Vgl. *Preuß* in AK, 3. Aufl. 2001, Rn. 45.

[42] *Luhmann* AöR 90 (1965), 257 (273 ff.); *Podlech,* Das Grundrecht der Gewissensfreiheit und die besonderen Gewaltverhältnisse, 1969, 32.

[43] *Podlech,* Das Grundrecht der Gewissensfreiheit und die besonderen Gewaltverhältnisse, 1969, 34; *Herdegen,* Gewissensfreiheit und Normativität des positiven Rechts, 1989, 12, 181 f.

Sanktion an gewissensbegründete Rechtsnormverstöße von vornherein ausschlösse.[44]

12 Einen Spezialfall der Gewissensfreiheit mit spezifischer Rechtsfolgenanordnung[45] enthält das in Art. 4 Abs. 3 verbürgte Recht der **Kriegsdienstverweigerung.** Dieses Recht macht mit dem liberal-demokratischen Grundsatz Ernst, dass der Staat um des Menschen willen da ist und nicht umgekehrt: Selbst in einer Situation, in der die Existenz des Staates auf dem Spiel steht, wird der individuellen Gewissensentscheidung Vorrang eingeräumt.[46] Die darin zum Ausdruck kommende Wertung ist nicht zuletzt Reaktion auf zwei Weltkriege und ein totalitäres Regime.[47]

13 Das Recht der Kriegsdienstverweigerung erlangte vor allem und stetig anwachsend Bedeutung als Recht, den allgemeinen **Wehrdienst** in Friedenszeiten zu verweigern. Mit der Aussetzung der Wehrpflicht mit Wirkung zum 1.7.2011[48] besteht insoweit kein Bedarf mehr.[49]

14 Die Glaube, Religion, Weltanschauung, Kirchen und andere Glaubensgemeinschaften betreffenden Artikel des GG sind durch den EVertr. auf **die neuen Bundesländer** erstreckt worden. Eine umfassende Diskussion des staatskirchenrechtlichen Systems des GG hat sich daraus nicht ergeben.[50] Vorbehalte insbes. gegen die Militärseelsorge und die staatliche Erhebung der Kirchensteuer sind vorübergehend geblieben.[51] Rechtsstreit ist vor allem um den Religionsunterricht in der Schule entbrannt. Dies betrifft jedoch in erster Linie die Auslegung von Art. 7 Abs. 3 und Art. 141.[52] Art. 4 Abs. 1, 2 kommt in diesem Zusammenhang nur Bedeutung als Bestandteil systematischer Auslegung zu.

III. Inhaltsübersicht und Struktur des Art. 4

15 Orientierte man sich allein am Wortlaut des Art. 4, so ließen sich ihm fünf Grundrechte entnehmen, die in engem sachlichen Zusammenhang stehen, jedoch zu unterscheiden sind: die Glaubensfreiheit, die Gewissensfreiheit, die Bekenntnisfreiheit, die Religionsausübungsfreiheit und das Recht der Kriegsdienstverweigerung. Einigkeit besteht, dass zumindest **Art. 4 Abs. 3** ein **eigenständiges Grundrecht** enthält.[53]

---

44 → Rn. 90 ff., 108 ff.

45 *Morlok* in Dreier, 3. Aufl. 2013 Rn. 95.

46 BVerfGE 12, 45 (54); 28, 243 (260); 48, 127 (163); 69, 1 (22 f.), Kriegsdienstverweigerung.

47 *Kempen* in AK, 3. Aufl. 2001, Art. 4 Abs. 3 Rn. 2 weist auf die ursprünglich mitgedachte kriegsverhütende Funktion hin, die in nicht auf Gewissensgründe beschränkten Vorläufervorschriften in der Verf. von Baden und der Verf. von Berlin (heute Art. 21 Abs. 2 VvB) noch sichtbarer wird.

48 Wehrrechtsänderungsgesetz vom 24.3.2011, BGBl. I 678.

49 Zu Berufs- und Zeitsoldaten su. → Rn. 112 f.

50 Vgl. auch GemVerfKom, BT-Drs. 12/6000, 106.

51 *Mikat* in BMV VerfassungsR-HdB § 29 Rn. 3; s. zum Ganzen auch *Vulpius,* Das Verhältnis zwischen Staat und Kirche in den Neuen Ländern, in Friedmann ua, Religionsfreiheit, Deutsche Sektion der Internationalen Juristen-Kommission, Jahrestagung, 1996, 61; Ess. Gespr. 26 (1992) zum Thema „Die Einigung Deutschlands und das deutsche Staat-Kirche-System" mit Beiträgen von *Scholz, Rüfner* und *Meyer;* s. des Weiteren *Heckel* ZevKR 36 (1991), 113; *Heitmann* ZevKR 39 (1994), 402; *Listl* Ess. Gespr. 29 (1995), 160.

52 Nachw. → Rn. 82 Stichwort Schulwesen; → Art. 141 GG.

53 S. nur *Kempen* in AK, 3. Aufl. 2001, Art. 4 Abs. 3 Rn. 1; *Starck* in MKS, 7. Aufl. 2018, Rn. 161; *Morlok* in Dreier, 3. Aufl. 2013 Rn. 175.

Demgegenüber ist das Verhältnis der Freiheiten innerhalb des Abs. 1 sowie zwischen Abs. 1, 2 umstritten. Das BVerfG geht in stRspr davon aus, dass die religiös-weltanschaulichen Inhalte der Abs. 1, 2 ein einheitliches Grundrecht bilden, welches die individuelle und kollektive Selbstbestimmung in religiös-weltanschaulicher Hinsicht im Denken, Reden und Handeln umfasst.[54] Insbes. sei die in Abs. 2 verbürgte Religionsausübungsfreiheit bereits in der Bekenntnisfreiheit gem. Abs. 1 enthalten und diene vor allem der Klarstellung, dass auch Gemeinschaften Grundrechtsträger sein können.[55] **16**

Auch in der Literatur wird überwiegend die Auffassung vertreten, dass die religiös-weltanschaulichen Gewährleistungen des **Art. 4 Abs. 1, 2 ein einheitliches Grundrecht** bilden.[56] Vielfach ist jedoch das Bemühen um eine am Wortlaut orientierte Strukturierung dieses einheitlichen Grundrechts ausgeprägter als in der Rechtsprechung des BVerfG.[57] Bei allen Differenzen besteht im Wesentlichen Übereinstimmung darin, dass die Glaubensfreiheit das Bilden und Haben eines Glaubens umfasst (→ Rn. 31 f.), die Bekenntnisfreiheit das öffentliche Äußern der religiösen oder weltanschaulichen Überzeugung einschließlich der Werbung für den eigenen Glauben schützt (→ Rn. 43 ff.) und die Religionsausübungsfreiheit jedenfalls die Kultusfreiheit meint (→ Rn. 70 ff.). Umstritten ist demgegenüber die Zuordnung des weiten Bereichs individuellen und kollektiven religiös bzw. weltanschaulich motivierten Verhaltens (→ Rn. 33 ff.). **17**

Zum **Verhältnis** der Religions- und Weltanschauungsfreiheit **zur Gewissensfreiheit** hat sich das BVerfG bisher nicht explizit geäußert. Sofern es um die Frage des Grundrechtsschutzes glaubensgetragener Gewissensentscheidungen ging, hat es zunächst allein die Glaubens- bzw. Bekenntnisfreiheit als Maßstab herangezogen,[58] später auch die Glaubens- bzw. Bekenntnisfreiheit und Gewissensfreiheit nebeneinander benannt.[59] Die Fälle glaubensgetragener Ersatzdienstverweigerung hat es demgegenüber stets am Maßstab der Gewissensfreiheit geprüft,[60] wobei es in stRspr Art. 4 Abs. 3 als eine die Anwendung des Art. 4 Abs. 1 ausschließende Spezialnorm ansieht.[61] **18**

---

[54] BVerfGE 12, 1 (3 f.), Tabak für Kirchenaustritt; BVerfGE 24, 236 (245), Aktion Rumpelkammer; BVerfGE 32, 98 (106), Gesundbeter; BVerfGE 33, 23 (28), Eid; BVerfGE 41, 29 (49), christliche Gemeinschaftsschule; BVerfGE 44, 37 (49), Nachbesteuerung bei Kirchenaustritt; BVerfGE 83, 341 (354), Bahá'í; BVerfGE 93, 1 (15), Kruzifix; BVerfGE 108, 282 (297); 138, 296 Rn. 85 f., Kopftuch I und II; BVerfG NVwZ 2017, 549 Rn. 58, Kopftuch in Kitas.

[55] BVerfGE 24, 236 (245), Aktion Rumpelkammer; zust. *Starck* in MKS, 7. Aufl. 2018, Rn. 57; *Badura,* Der Schutz von Religion und Weltanschauung durch das Grundgesetz, 1989, 34.

[56] *Jarass* in Jarass/Pieroth, 15. Aufl. 2018, Rn. 1; *v. Campenhausen* in HStR VII § 157 Rn. 51; *Germann* in BeckOK GG, Rn. 7, 19; *Walter,* Religionsverfassungsrecht in vergleichender und internationaler Perspektive, 2006, 502 ff., 536; aA *Muckel,* Religiöse Freiheit und staatliche Letztentscheidung, 1997, 125 ff.; *Muckel* in BerlKomm, EL 2/19, Rn. 5; *Hellermann,* Die sogenannte negative Seite der Freiheitsrechte, 1993, 138; *Mückl* in BK, Viertbearb., 2008, Rn. 57.

[57] S. *Herzog* in Maunz/Dürig, Rn. 5; *Zippelius* in BK, Drittbearb., 1989, Rn. 47 ff.; *Preuß* in AK, 3. Aufl. 2001, Rn. 15 ff.

[58] BVerfGE 32, 98 (106), Gesundbeter; BVerfGE 33, 23 (28), Eid.

[59] BVerfGE 41, 29 (52); 41, 88 (108), christliche Gemeinschaftsschule; BVerfGE 79, 69 (76), feierliche Beteuerung; sa BVerwGE 94, 82 (87), Befreiung vom koedukativen Sportunterricht.

[60] BVerfGE 19, 135 (138), Ersatzdienstverweigerung; 23, 127 (132), Zeugen Jehovas; 27, 191 (204), Kriegsdienstverweigerung; in BVerfGE 69, 1 (34) stellt es ausdrücklich fest, dass derselbe Maßstab gelte, sa BVerwGE 75, 188 (191).

[61] → Rn. 130; → Rn. 135 Stichwort Ersatzdienstverweigerung.

19 Hieraus ist zu folgern, dass das BVerfG, jedenfalls soweit es sich um **glaubensgetragene Gewissensentscheidungen** handelt, nicht zwischen Glaubens- bzw. Bekenntnisfreiheit und Gewissensfreiheit unterscheidet. Danach verbliebe der Gewissensfreiheit außerhalb der Kriegsdienstverweigerung ein eigenständiger Anwendungsbereich nur für solche Gewissenskonflikte, die nicht religiös oder weltanschaulich motiviert sind. In der Literatur wird in der Regel der eigenständige Grundrechtscharakter der Gewissensfreiheit hervorgehoben,[62] das Konkurrenzverhältnis zu den religiös-weltanschaulichen Freiheiten unterschiedlich gelöst.[63]

20 Als **herrschende Auffassung** zur Struktur des Art. 4 lässt sich somit festhalten, dass diese Norm **drei Grundrechte** verbürgt: die Religions- und Weltanschauungsfreiheit, die Gewissensfreiheit und das Recht der Kriegsdienstverweigerung. Trotz der wortlaut- und absatzübergreifenden Struktur, die sich für Art. 4 Abs. 1, 2 mittlerweile als herrschend herausgebildet hat, folgt diese Kommentierung im Wesentlichen dem Wortlaut der Norm, wobei die Gewissensfreiheit eine eigenständige Behandlung erfährt. Im Übrigen entbindet auch die Annahme, dass die einzelnen Religion und Weltanschauung betreffenden Verbürgungen des Art. 4 Abs. 1, 2 ein einheitliches Grundrecht bilden, nicht von dem Bemühen, den Schutzbereich durch ein genaues Verständnis der verwendeten Begriffe zu erfassen.[64] Dies mag bezogen auf die Zuordnung religiös-weltanschaulicher Verhaltensweisen zu den einzelnen Aspekten weniger bedeutsam sein, da angesichts im Wesentlichen übereinstimmender Schrankenziehung kaum denkbar ist, dass aus unterschiedlicher Zuordnung unterschiedliche Ergebnisse folgen.[65] Die begriffliche Klärung ist jedoch notwendig zur Abgrenzung gegenüber solchen Phänomenen, die nicht mehr dem Schutzbereich der Religions- und Weltanschauungsfreiheit unterfallen.

IV. Überstaatliche Bezüge

21 Aufgrund **internationale**r **Verpflichtungen** ist die Glaubens- und Gewissensfreiheit im Range eines einfachen Gesetzes durch Art. 9 EMRK[66] sowie Art. 18 des Paktes über bürgerliche und politische Rechte verbürgt.[67] Zunehmende Bedeutung erlangt die Garantie der Religions-, Weltanschauungs- und Gewissensfreiheit gemäß Art. 10 GRCh insbes. in Verbindung mit der Rechtssetzung auf der Grundlage von Art. 19 AEUV, der zu Vorkehrungen gegen Diskriminierung ua. wegen der Religion oder Weltanschauung ermächtigt.[68] Den nationalen religionsverfassungsrechtlichen Be-

[62] S. nur *Preuß* in AK, 3. Aufl. 2001, Rn. 34; *Jarass* in Jarass/Pieroth, 15. Aufl. 2018, Rn. 1, 44; *Morlok* in Dreier, 3. Aufl. 2013 Rn. 58; *Starck* in MKS, 7. Aufl. 2018, Rn. 63; *Herdegen,* Gewissensfreiheit und Normativität des positiven Rechts, 1989, 231 f.

[63] *Starck* in MKS, 7. Aufl. 2018, Rn. 13, 63 hält eine für alle Fälle passende Abgrenzung nicht für möglich; → Rn. 103 f.

[64] So auch *Muckel,* Religiöse Freiheit und staatliche Letztentscheidung, 1997, 9; *Zippelius* in BK, Drittbearb., 1989, Rn. 50; *Herzog* in Maunz/Dürig, Rn. 5; aA *v. Campenhausen* in HStR VII § 157 Rn. 51, „folgenloser Scharfsinn".

[65] So *Morlok* in Dreier, 3. Aufl. 2013 Rn. 58.

[66] BGBl. 1952 II 685; zu Art. 9 EMRK s. *Blum,* Die Gedanken-, Gewissens- und Religionsfreiheit nach Art. 9 der Europäischen Menschenrechtskonvention, 1990; *Frowein* Ess. Gespr. 27 (1993), 46; *Borowski,* Die Glaubens- und Gewissensfreiheit des Grundgesetzes, 2006, 146 ff.; *Walter* in Dörr/Grote/Marauhn, EMRK/GG, 2013, Kap. 17; *Classen,* HSKR § 11 Rn. 7 ff.; *Hillgruber,* HSKR § 12 Rn. 26 ff.

[67] BGBl. 1973 II 1533. S. dazu *Hillgruber,* HSKR § 12 Rn. 7 ff.

[68] S. dazu noch → Rn. 82 Stichwort Arbeitsverhältnis, kirchliches u. Arbeitsverhältnis, privates; zur Religionsfreiheit im Unionsrecht allg. *Classen,* HSKR § 11 Rn. 21 ff.

sonderheiten soll die EU gemäß Art. 17 Abs. 1 und 2 AEUV Rechnung tragen, wonach die EU den Status der Kirchen, religiösen Vereinigungen und Weltanschauungsgemeinschaften nach den Vorschriften der jeweiligen Mitgliedstaaten achtet.

B. Einzelfragen

I. Religions- und Weltanschauungsfreiheit (Art. 4 Abs. 1, 2)

1. Die Begriffe Glaube, Religion und Weltanschauung. Der **Begriff des Glaubens** als Rechtsbegriff in einer Glaubensfreiheit gewährenden Rechtsnorm muss **inhaltlich neutral** sein.[69] In diesem Sinne abstrakt, kennzeichnet der Begriff des Glaubens in Art. 4 Abs. 1 die subjektive Überzeugung und Gewissheit in Bezug auf eine Religion oder eine Weltanschauung. Dieser Bezug ergibt sich – wenn nicht bereits aus dem Begriff – aus dem engen Zusammenhang mit der ebenfalls in Abs. 1 geschützten Freiheit des religiösen und weltanschaulichen Bekenntnisses.[70] 22

Religion und **Weltanschauung** haben gemeinsam, dass es sich um **Antworten** handelt **auf** die **Fragen nach** dem **Sinn** der Welt, insbes. dem Sinn menschlichen Lebens und Sterbens, und, angesichts dessen, nach dem richtigen Leben.[71] Als grundlegende Sinnsysteme beziehen sie ihre Überzeugung nicht zuletzt daraus, dass sie von anderen Menschen geteilt werden.[72] Zu Religion und Weltanschauung gehören daher geschichtlich und begrifflich die Religions- und Weltanschauungsgemeinschaften,[73] wobei es auf deren Größe nicht ankommt, insbes. erfüllen Sekten ieS, also Gruppen, die sich wegen Abweichungen in Einzelfragen von einer bestehenden Religions- oder Weltanschauungsgemeinschaft abspalten, in jeder Hinsicht selbst den Begriff der Religions- oder Weltanschauungsgemeinschaft.[74] 23

Trotz Selbstverständlichkeit angesichts der Gewährung umfassender Religions- und Weltanschauungsfreiheit als Menschenrecht ist hervorzuheben, dass der Schutz sich nicht auf christliche Glaubensüberzeugungen, Buchreligionen, Weltreligionen oder traditionell bisher bekannte Glaubensüberzeugungen, Religionen und Weltanschauungen beschränkt. Die vom Recht vorzunehmende Grenzziehung hat sich unter Enthaltung jeglicher Bewertung des Inhalts zu orientieren an „Kriterien der formalen sozialtypischen Erscheinung".[75] Das BVerfG verweist für die Bestimmung auf die aktuelle **Lebenswirklichkeit,** die **Kulturtradition** sowie **allgemeines und religionswissenschaftliches Verständnis.**[76] 24

---

[69] BVerfGE 24, 236 (247 f.), Aktion Rumpelkammer; allgA, AKs. nur *Morlok* in Dreier, 3. Aufl. 2013 Rn. 46, 72.

[70] S. *Jarass* in Jarass/Pieroth, 15. Aufl. 2018, Rn. 7; *Starck* in MKS, 7. Aufl. 2018, Rn. 10; *Herzog* in Maunz/Dürig, Rn. 67.

[71] Vgl. *Starck* in MKS, 7. Aufl. 2018, Rn. 33; BVerwGE 61, 152 (154 f.), Zurückstellung wegen Amt bei Scientology; ausf. *Fleischer,* Der Religionsbegriff des Grundgesetzes, 1989, 139 ff., 143 mwN; zum Begriff der Weltanschauung s. ausf. *Hoffmann,* Die Weltanschauungsfreiheit, 2012, 104 ff.

[72] *Morlok* in Dreier, 3. Aufl. 2013 Rn. 72; BVerfGE 108, 282 (298 f.), Kopftuch I.

[73] *Starck* in MKS, 5. Aufl. 2005, Rn. 60.

[74] BVerfGE 32, 98 (106), Gesundbeter; zum Begriff: *Obermayer* in BK, Drittbearb., 1989, Art. 140 Rn. 43; *v. Campenhausen* in HStR VII § 157 Rn. 99; *Starosta,* Religionsgemeinschaften und wirtschaftliche Betätigung, 1986, 39 mwN.

[75] *Morlok* in Dreier, 3. Aufl. 2013, Rn. 72.

[76] BVerfGE 83, 341 (353), Bahá'í.

25 Die **Unterscheidbarkeit** von Religion und Weltanschauung ist **streitig** geworden. Dies gilt nicht nur hinsichtlich der stets schwierigen Subsumtion im Einzelfall, sondern bereits hinsichtlich der Differenzierungskriterien auf der begrifflichen Ebene. Insoweit wird Religion und Weltanschauung üblicherweise mit Hilfe des Gegensatzpaares **Transzendenz** und **Immanenz** abgegrenzt.[77] Danach ist für eine Religion kennzeichnend, dass ihre Welt- und Sinnerklärung über den Menschen, seine Fähigkeiten und die ihm wahrnehmbare Welt hinausweist: Im Zentrum eines religiösen Sinnsystems steht etwas dem Menschen Unverfügbares, Heiliges, Transzendentes. Soweit darüber hinaus vereinzelt für die Religion ein Gottesbezug verlangt wird, lässt sich dies nur in einem weiten Verständnis des Gottesbegriffes und damit als zumindest vordergründig anschaulichere Formulierung des Transzendenzbegriffes aufrechterhalten. Demgegenüber verbleiben Weltanschauungen – selbst im Falle der Respektierung von Religion oder der Einbeziehung religiöser Elemente – von ihrem Selbstverständnis her im Rahmen menschlichen Erkenntnisvermögens, in ihren zentralen Aussagen somit diesseitsbezogen. Weltanschauliche Sinnsysteme zeigen dementsprechend nicht selten wissenschaftliche Rationalität, gehen in ihren Verbindlichkeitsanforderungen aber darüber hinaus.[78]

26 Gegen die Tragfähigkeit dieser Unterscheidung von Religion und Weltanschauung wird vorgebracht, dass sich Religionswissenschaft und Philosophie nicht mehr zu einer randscharfen Trennung von Transzendenz und Immanenz in der Lage sehen. Gegen die Notwendigkeit der Unterscheidung spreche das Gebot der rechtlichen Gleichstellung von Religion und Weltanschauung, wie es sich insbes. aus Art. 4 Abs. 1 und Art. 140 iVm Art. 137 Abs. 7 WRV ergibt.[79] Dem ist entgegenzuhalten, dass die Begriffe Religion und Weltanschauung (religiös und weltanschaulich) im Verfassungstext **nicht** als **Synonyme** verwendet werden. Trotz aller Schwierigkeiten im Detail und im Einzelfall verweisen sie in historischer Perspektive auf zwei Typen von Sinnsystemen, deren Unterscheidung sich mit dem dargelegten schlichten Verständnis von „Transzendenz" und „Immanenz" schlagwortartig bezeichnen lässt. Als **historisch verständliche Typusbezeichnungen** sind sie geeignet, den Schutzgegenstand der Religions- und Weltanschauungsfreiheit zu umreißen. Die Zuordnung im Einzelfall kann angesichts verfassungsrechtlich gewollter Gleichstellung[80] im Zweifel dem Selbstverständnis der Gemeinschaft überlassen bleiben.[81]

27 Soweit gefordert wird, dass eine Weltanschauung iSd Art. 4 Abs. 1 im Hinblick auf ihre **Geschlossenheit** und **Singgebungskraft** Religionen ver-

---

[77] S. zur Unterscheidung BVerfGE 32, 98 (107), Gesundbeter; BVerwGE 61, 152 (156), Zurückstellung wgen Amt bei Scientology; 90, 112 (115), Förderung eines Vereins zur Bekämpfung von Jugendsekten; BAGE 79, 319, Scientology; *v. Campenhausen* in HStR VII § 157 Rn. 59 f.; *Badura,* Der Schutz von Religion und Weltanschauung durch das Grundgesetz, 1989, 36 ff.; *Hoffmann,* Die Weltanschauungsfreiheit, 2012, S. 27 ff.

[78] *Preuß* in AK, 3. Aufl. 2001, Rn. 14; *Kokott* in Sachs, 8. Aufl. 2018, Rn. 24; zur Abgrenzung zu Art. 5 Abs. 3 → Rn. 137; *Bergmann* in Hömig/Wolff, GG, 7. Aufl. 2018, Rn. 5.

[79] Die Unterscheidbarkeit wird verneint von *Obermayer* DVBl 1981, 615 (618); *Muckel,* Religiöse Freiheit und staatliche Letztentscheidung, 1997, 136 ff.; skeptisch auch *Hollerbach* in HStR VI, § 138 Rn. 137.

[80] BVerwGE 37, 344 (362 f.), Verbot und Auflösung einer verfassungsfeindlichen Vereinigung; 90, 112 (115 f.), Förderung eines Vereins zur Bekämpfung von Jugensekten; → Rn. 76.

[81] Sa *Muckel,* Religiöse Freiheit und staatliche Letztentscheidung, 1997, 137.

gleichbar sein müsse,[82] liegt darin eine Orientierung des Begriffs Weltanschauung an dem historisch älteren Typus Religion. Dies ist im Hinblick auf das Gebot rechtlicher Gleichbehandlung berechtigt. Geschlossenheit und Sinngebungskraft dürfen allerdings nicht als inhaltliche Kriterien verstanden werden, sondern in Bezug auf die Reichweite des Erklärungsanspruchs, den die jeweilige Religion oder Weltanschauung für sich reklamiert.[83] Aus einer Weltanschauung müssen sich wie aus einer Religion Folgerungen für die Lebensführung insgesamt ableiten lassen.[84] Die Vermittlung bloßer geistiger Techniken genügt nicht.[85]

Die zunehmende „Vermarktung" der religiösen bzw. weltanschaulichen **28**
Bedürfnisse wirft die Frage auf, inwieweit **wirtschaftliche Betätigung** der Annahme entgegensteht, dass eine Organisation, die nach ihrem bekundeten Selbstverständnis eine Religions- oder Weltanschauungsgemeinschaft ist, vom Schutzbereich des Art. 4 Abs. 1, 2 erfasst wird.[86] Stets vorausgesetzt, dass es sich jedenfalls bei der Lehre gemäß den o. g. weiten Kriterien um eine Religion oder Weltanschauung handelt, ist zu unterscheiden, ob eine wirtschaftliche Betätigung dem Schutzbereich des Art. 4 Abs. 1 bzw. 2 unterfällt oder ob die wirtschaftliche Betätigung der Einordnung einer Gemeinschaft als Religions- oder Weltanschauungsgemeinschaft entgegensteht. Hinsichtlich der hier zunächst interessierenden zweiten Frage ist zu unterscheiden zwischen wirtschaftlicher Betätigung in Zusammenhang mit der Verbreitung und Anwendung der Lehre und wirtschaftlicher Betätigung, die in keinem Zusammenhang mit der Lehre steht, also entweder nur gelegentlich der Verfolgung religiöser oder weltanschaulicher Zwecke stattfindet[87] oder allein der Finanzierung der Organisation dient.[88]

Liegt bei einer Organisation der Schwerpunkt der wirtschaftlichen Betäti- **29**
gung im rein geschäftlichen Bereich, so handelt es sich nicht um eine Religions- oder Weltanschauungsgemeinschaft, da für die Grundrechtsträgerschaft von Organisationen **entscheidend** ist, dass **der verfolgte Zweck** in den Schutzbereich des Art. 4 Abs. 1, 2 fällt. Finanziert sich die Organisation dagegen überwiegend aus der „Vermarktung" ihrer Lehre, so steht dies der Einordnung als Religions- oder Weltanschauungsgemeinschaft nicht entgegen.[89] Zwar ent-

---

[82] *Starck* in MKS, 7. Aufl. 2018, Rn. 33; *Zippelius* in BK, Drittbearb., 1989, Rn. 94; *Herzog* in Maunz/Dürig, Rn. 67; BVerwGE 89, 368 (369), im Zusammenhang mit dem Begriff der Weltanschauungsschule.

[83] → Rn. 23 f.

[84] AA *Preuß* in AK, 3. Aufl. 2001, Rn. 14: auch Überzeugungen und sich daraus ergebenden Folgerungen hinsichtlich Teilaspekten des Lebens; *Zippelius* in BK, Drittbearb., 1989, Rn. 94 hält insoweit zutr. die Gewissensfreiheit für einschlägig.

[85] BVerwGE 82, 76 (78), Warnung der Bundesregierung vor Jugendsekten; *v. Campenhausen* in HStR VII § 157 Rn. 59 unterscheidet zwischen Methode und materiellen Gehalten.

[86] S. zur Diskussion *Badura,* Der Schutz von Religion und Weltanschauung durch das Grundgesetz, 1989, 54 ff.; *Starosta,* Religionsgemeinschaften und wirtschaftliche Betätigung, 1986, 43 ff.; *Morlok* in Dreier, 3. Aufl. 2013 Rn. 75: entscheidend seien die Motive der Betätigung; *v. Campenhausen* in HStR VII § 157 Rn. 97: entscheidend sei, wo das Schwergewicht der Betätigung liege; ebenso *Müller-Volbehr* JZ 1981, 41; *Kokott* in Sachs, 8. Aufl. 2018, Rn. 10.

[87] Verkauf von Speisen und Getränken beim Kirchenfest, s. dazu BVerfGE 19, 129 (133), Umsatzsteuerpflicht von Jugendsekten.

[88] Geldanlage; Betreiben eines Weinguts; sa VG Hamburg NVwZ 1991, 806 (810).

[89] BVerwGE 90, 112 (116), Förderung eines Vereins zur Bekämpfung von Jugendsekten; BVerwG NVwZ 1995, 473 (474); NJW 1997, 406 (407); sa VG Hamburg NVwZ 1991, 806 (809); OVG Hamburg NVwZ 1994, 192.

spricht dies nicht den traditionellen Formen der Finanzierung von Religions- und Weltanschauungsgemeinschaften; entscheidend ist jedoch auch insoweit der Zweck der Organisation. Hierfür kommt es nicht allein auf das bekundete Selbstverständnis an, vielmehr muss das Erscheinungsbild diesem bekundeten Selbstverständnis auch entsprechen.[90]

30 Eine Organisation, die sich zum **Zweck der Gewinnerzielung** als Religions- oder Weltanschauungsgemeinschaft tarnt, unterfällt selbstverständlich nicht dem Schutz des Art. 4 Abs. 1, 2.[91] So eindeutig dieser Satz in der Theorie ist, so schwierig ist allerdings seine Anwendung in der Praxis.[92] In nicht eindeutigen Fällen versucht die Rechtsprechung daher häufig, die Frage dahinstehen zu lassen.[93] Dies ist deshalb möglich, weil die Tatsache, dass eine Organisation als Religions- oder Weltanschauungsgemeinschaft einzuordnen ist, nicht bedeutet, dass die wirtschaftliche Seite der Verbreitung und Ausübung einer Lehre von den Regelungen des öffentlichen und privaten Wirtschaftsrechts ausgenommen wäre. Die gesetzlichen Regelungen müssen vielmehr in einer Weise Anwendung finden, die die Betroffenen weder diskriminiert noch privilegiert.[94]

31 **2. Die Freiheit des Glaubens. a) Schutzbereich.** Der Schutzumfang der Glaubensfreiheit ist allein aus dem Begriff nicht abzuleiten. Dieser könnte das gesamte Spektrum religiös-weltanschaulichen Verhaltens umfassen.[95] Die Erwähnung der Glaubensfreiheit neben der Bekenntnis- und Religionsausübungsfreiheit ermöglicht und fordert jedoch eine spezifische Bestimmung der Glaubensfreiheit iSd Art. 4 Abs. 1.[96] Erkennt man in Letzteren die Verbürgung bestimmten Verhaltens (bekennen, Religion ausüben), verbleibt als **Gegenstand** der Glaubensfreiheit die **Überzeugung** selbst.[97] Schutzgut der Glaubensfreiheit ist danach die persönliche religiöse oder weltanschauliche Gewissheit. Bezugspunkt dieser persönlichen Gewissheit ist ein „sozial geteiltes Sinnsystem".[98] Insoweit hat der individuelle Glaube einen objektiv fassbaren Gegenstand, was die Glaubhaftmachung einer behaupteten Glaubensüberzeugung erleichtert.[99] Mit dieser Bestimmung des Schutzbereichs sind inhaltlich individuelle Glaubensüberzeugungen nicht schutzlos gestellt: Im Regelfall handelt es sich um individuelle Modifikationen einer Religion oder

---

[90] BVerfGE 83, 341 (353), Bahá'í; BVerfG NVwZ 1993, 357; BAGE 79, 319, Scientology mAnm *Goerlich* JZ 1995, 955; BVerwGE 99, 1 (4), Schächten; zur Bedeutung des Selbstverständnisses s. *Isak,* Das Selbstverständnis der Kirchen und Religionsgemeinschaften und seine Bedeutung für die Auslegung staatlichen Rechts, 1994; *Borowski,* Die Glaubens- und Gewissensfreiheit des Grundgesetzes, 2006, 251 ff.

[91] BVerwGE 90, 112 (118), Förderung eines Vereins zur Bekämpfung von Jugendsekten-BAGE 79, 319, Scientology.

[92] S. BAGE 79, 319, Scientology einerseits; BVerwG NVwZ 1995, 473; OVG Hamburg NVwZ 1995, 498 andererseits jeweils zu Scientology; sa *Starosta,* Religionsgemeinschaften und wirtschaftliche Betätigung, 1986, 40 mwN; *Scholz* NVwZ 1992, 1152 mit Nachw. der Rspr. bzgl. einzelner Religions- oder Weltanschauungsgemeinschaften; zu Scientology s. *Thüsing* ZevKR 45 (2000), 592; *Muckel* in BerlKomm, EL 2/19, Rn. 14.

[93] BVerwGE 61, 152 (162), Zurückstellung wegen Amt bei Scientology; 82, 76 (79), Warnung der Bundesregierung vor Jugendsekten; BVerwG NJW 1998, 1166; OVG Münster NVwZ 1997, 302; OVG Hamburg NVwZ 1994, 192.

[94] So zutr. *Scholz* NVwZ 1993, 629; s. zur dogmatischen Umsetzung dieses Grundsatzes → Rn. 33 ff., 66 f.

[95] *Herzog* in Maunz/Dürig,Rn. 99, 134.

[96] *Muckel,* Religiöse Freiheit und staatliche Letztentscheidung, 1997, 126 f.

[97] *Muckel* in BerlKomm, EL 2/19, Rn. 20.

[98] *Morlok* in Dreier, 3. Aufl. 2013 Rn. 73.

[99] *Morlok* in Dreier, 3. Aufl. 2013 Rn. 92.

Weltanschauung, die bis an die Grenze des Unplausiblen – gemessen an Primär- und Sekundärquellen der jeweiligen Gemeinschaft – vom Schutzbereich der Glaubensfreiheit erfasst werden.[100] Lässt die individuelle Glaubensüberzeugung sich vor dem Hintergrund der jeweiligen Religion oder Weltanschauung ausnahmsweise nicht plausibel machen, bleibt Grundrechtsschutz über die Gewissens- und Meinungsfreiheit möglich.[101] Gleiches gilt für den wohl nur theoretischen Fall eines im ganzen individuellen und nicht auf Verbreitung zielenden Sinnsystems.

Als Überzeugungsschutz erstreckt sich die Glaubensfreiheit iSd Art. 4 Abs. 1 auf das Bilden und Haben eines religiösen oder weltanschaulichen Glaubens. Der Schutz dieses sog. ***forum internum*** durch die Glaubensfreiheit ist allg. Meinung.[102] **32**

Streitig ist, inwieweit die Glaubensfreiheit über das Bilden und Haben eines Glaubens hinaus auch die **gesamte religiös oder weltanschaulich motivierte Lebensführung** umfasst. Insbes. das BVerfG vertritt in stRspr die Auffassung, dass die Glaubensfreiheit dem Einzelnen das Recht gebe, sein gesamtes Verhalten an den Lehren seines Glaubens auszurichten und seiner inneren Glaubensüberzeugung gemäß zu leben.[103] Der Schutzbereich soll danach sämtliches Verhalten umfassen, sofern es nur religiös oder weltanschaulich motiviert ist.[104] Nur in der Begrifflichkeit, nicht aber in der Sache unterscheiden sich diejenigen, die die religiös-weltanschauliche Handlungsfreiheit dem Begriff des Bekenntnisses[105] oder der Religionsausübung zuordnen[106]. Da nach hier vertretener Auffassung die Begriffe Bekenntnis und Religionsausübung eine spezifische Bedeutung haben,[107] ist die Frage nach dem Schutz der religiös-weltanschaulich motivierten Lebensführung als ein Problem der Auslegung der „Glaubensfreiheit" (ieS) zu behandeln.[108] **33**

Das BVerfG begründet seine weite Auslegung damit, dass sich das Grundrecht anderenfalls nicht voll entfalten könne.[109] Folge dieser Auslegung ist, dass die einzeln aufgeführten Betätigungsformen entgegen den Vorstellungen im Parlamentarischen Rat[110] ihre eigenständige Bedeutung verlieren.[111] Eine weitere Konsequenz liegt darin, dass sich der Schutzbereich des Art. 4 Abs. 1 und 2 zu einer **allgemeinen Handlungsfreiheit für religiös oder weltanschaulich motiviertes Verhalten** entwickelt, was im Hinblick auf die unterschiedlichen Schranken der Freiheitsrechte den Gedanken der Systemwidrigkeit nahelegt.[112] Hinzu kommt, dass gerade wegen der allgemeinen **34**

---

[100] BVerfGE 33, 23 (30), Eid; BVerwGE 94, 82 (87), Befreiung vom koedukativen Sportunterricht.

[101] *Morlok* in Dreier, 3. Aufl. 2013 Rn. 73, 97; *Mückl* in BK, Viertbearb., 2008, Rn. 92.

[102] S. *Herzog* in Maunz/Dürig, Rn. 6, 66; *Preuß* in AK, 3. Aufl. 2001, Rn. 15, 16; *Starck* in MKS, 7. Aufl. 2018, Rn. 34; *Morlok* in Dreier, 3. Aufl. 2013 Rn. 76; *Muckel* in BerlKomm, EL 2/19, Rn. 20.

[103] → Rn. 16 mwN.

[104] Eine mit dieser Interpretation nicht in Übereinstimmung zu bringende Einschränkung findet sich allerdings in BVerfGE 104, 337 (345 f.), Schächten Rn. 36 sowie → Rn. 82 Stichwort Schächten.

[105] So *v. Campenhausen* in HStR VII § 157 Rn. 71.

[106] So *Herzog* in Maunz/Dürig, Rn. 64.

[107] → Rn. 43; → Rn. 71.

[108] So auch *v. Münch* in v. Münch/Kunig, 3. Aufl. 1996, Rn. 22.

[109] BVerfGE 32, 98 (107), Gesundbeter.

[110] JöR nF 1 (1951), 73.

[111] *Zippelius* in BK, Drittbearb., 1989, 1989, Rn. 44.

[112] Krit. auch *Brohm* FS f. Stein, 2002, 3 (13).

und besonderen Handlungsfreiheiten des GG die religiös oder weltanschaulich motivierte Lebensführung ohnehin weitestgehend freigestellt ist, so dass bereits durch die Auslegung der Glaubensfreiheit im Sinne eines reinen forum-internum-Schutzes und einer spezifischen Auslegung der Begriffe Bekenntnis und Religionsausübung kaum Rechtsschutzlücken entstehen.[113]

35 Diesen Argumenten gegen die weite Auslegung des Schutzbereichs ist hinzuzufügen, dass selbst dann, wenn man die Besonderheit der Glaubensfreiheit (ieS) gegenüber den sonstigen Freiheitsrechten zutreffend im Schutz der Überzeugung erkennt, die **Handlungsebene nicht** völlig **schutzlos** gestellt ist. Die Glaubensfreiheit als Schutz des Habens einer religiösen oder weltanschaulichen Überzeugung ist vielmehr immer dann betroffen, wenn ein ge- oder verbietendes Gesetz oder eine Verwaltungsmaßnahme die religiöse oder weltanschauliche Motivation treffen will oder tatsächlich in spezifischer Weise nachteilig trifft.[114] Dies geht über das Diskriminierungsverbot des Art. 3 Abs. 3 jedenfalls dann hinaus, soweit dort verlangt wird, dass eine Benachteiligung bezweckt sein müsse.[115] Der wohl wichtigste Fall der individuellen Pflichtenkollision zwischen staatlichen und religiösen bzw. weltanschaulichen Ge- oder Verboten ist ohnehin bereits durch die Gewissensfreiheit erfasst.[116]

36 Dem hier vertretenen Ansatz entspricht es, wenn in der Rechtsprechung der Verwaltungsgerichte das auch in seinen belastenden Auswirkungen religions- und weltanschauungsneutrale **Straßen-, Gewerbe- und Gaststättenrecht** auf Religions- und Weltanschauungsgemeinschaften Anwendung findet.[117] Auf der anderen Seite lässt sich etwa der Eingriffscharakter des Schächtverbots gem. § 4a Abs. 2 Nr. 2 Alt. 2 TierSchG in Bezug auf den gläubigen Schlachter unschwer mit der Beeinträchtigung seiner Überzeugung nur in dieser bestimmten Weise schlachten zu dürfen, in Bezug auf die gläubigen Konsumenten mit der Erschwerung der Lebensführung begründen.[118]

37 Unter dem Aspekt der **Glaubensbildungsfreiheit** erstreckt sich der Schutz auch auf diejenigen, die gegenüber Glaubensdingen gleichgültig sind; auch sie genießen Schutz vor staatlicher Beeinflussung hinsichtlich Annahme oder Ablehnung religiös-weltanschaulicher Gewissheiten.[119] Dies wird ge-

---

[113] *Zippelius* in BK, Drittbearb., 1989, Rn. 47.

[114] Auch *Germann* in BeckOK GG, Rn. 46 verneint einen Eingriff, wenn nur ein wirtschaftliches Interesse oder die allgemeine Handlungsfreiheit berührt sind; *Walter,* Religionsverfassungsrecht in vergleichender und internationaler Perspektive, 2006, 512 f. verlangt Konnexität zwischen religiösem Interesse und staatlichem Gebot.

[115] → Art. 3 Rn. 185 f.

[116] Zum Verhältnis der Glaubens- zur Gewissensfreiheit → Rn. 103; *Germann* in BeckOK GG, Rn. 88.

[117] BVerwG NVwZ 1999, 766 (767); 1995, 473; OVG Hamburg GewArch 1994, 15; einschr. VGH Mannheim ZevKR 36 (1991), 212; OVG Hamburg DVBl 2012, 504; sa die Nachw. bei *Scholz* NVwZ 1992, 1152; NVwZ 1993, 629; NVwZ 1994, 127; weitere Nachw. → Rn. 82 Stichwort Jugendsekten, sog.

[118] Einen Eingriff lehnte ab: BVerwGE 99, 1 (7 f.), Tierschlachtung ohne Betäubung. In Bezug auf die Konsumenten wie hier BVerfGE 104, 337 (350 f.), Schächtung; *Germann* in BeckOK GG, Rn. 52 hebt zutr. hervor, dass es sich um einen mittelbaren Eingriff handelt. In Bezug auf den gläubigen Schlachter nimmt das BVerfG vorrangig einen Eingriff in die Berufsfreiheit an. Dies überzeugt nicht, dazu noch → Rn. 82 Stichwort Schächten mwN. Zwischen verschiedenen Fallkonstellationen diff. auch *Maurer* FS f. Brohm, 2002, 455 (472).

[119] *Preuß* in AK, 3. Aufl. 2001, Rn. 21 ff.; *Zippelius* in BK, Drittbearb., 1989, Rn. 31, 43; *Muckel* in BerlKomm, EL 2/19, Rn. 21.

meinhin mit dem Begriff der **negativen Glaubensfreiheit** bezeichnet.[120] Dieser Begriff ist allerdings nicht nur wegen der mit dem Begriff „negativ“ verbundenen Wertigkeit bedenklich,[121] er verwischt auch die Unterschiede zwischen dem Schutz des Bildens und dem Schutz des Habens eines Glaubens. Glaubenslose oder Gleichgültige brauchen zwar keinen Schutz vor Sanktionen oder Diskriminierungen, die an das Haben eines bestimmten Glaubens anknüpfen – vor Diskriminierungen wegen Unglaubens sind sie durch Art. 3 Abs. 3 geschützt,[122] wegen bloßen Nichthabens eines Glaubens durch Art. 4 Abs. 1[123] –, sie bedürfen aber ebenso wie Gläubige des Schutzes vor staatlicher Beeinflussung in Glaubensfragen.[124] Mit der Freiheit, einen Glauben zu bilden, enthält Art. 4 Abs. 1 die Zuweisung der Pflege religiös-weltanschaulicher Überzeugungen in die gesellschaftliche Sphäre;[125] dem Verbot staatlicher Einflussnahme in Glaubensdingen korrespondiert bei eigener Betroffenheit ein **subjektives Recht auf staatliche Neutralität.**[126] Einhellig anerkannt ist bisher allerdings nur der objektiv-rechtliche Grundsatz staatlicher Neutralität.[127] In Richtung eines auch subjektiv-rechtlichen Verständnisses, wie es hier als Inhalt der Glaubensbildungsfreiheit gesehen wird, weist allerdings nicht erst die Kruzifix-Entscheidung,[128] sondern bereits die Entscheidung zum Kreuz im Gerichtssaal.[129] Das Aufhängen von deutlich wahrnehmbaren Kreuzen in Dienstgebäuden hat wegen Geringfügigkeit keine grundrechtliche Eingriffsqualität gegenüber den Behördenbesuchern, steht jedoch im Widerspruch zum objektiven Neutralitätsgebot.[130]

b) Funktionen. Die Glaubensfreiheit gewährt **Abwehrrechte** gegen staatliche Sanktionen und Diskriminierungen, die an einen bestimmten Glauben anknüpfen sowie gegen staatliche Einflussnahme in Glaubensdingen. **38**

Eine **Schutzpflicht** des Staates gegen Versuche religiös-weltanschaulicher Beeinflussung durch Dritte besteht grundsätzlich nicht; vielmehr können diese sich hierfür ihrerseits auf die Bekenntnisfreiheit berufen.[131] Beeinflussungen, die in der Form nicht hinnehmbar sind, lösen allerdings die Schutzpflicht zugunsten der Betroffenen aus.[132] Seiner Verpflichtung ist der Gesetzgeber insbes. durch § 166 StGB nachgekommen, durch den die „Beschimpfung von **39**

[120] Zum Meinungsstand s. den Überblick bei *Hellermann,* Die sogenannte negative Seite der Freiheitsrechte, 1993, 21 ff.

[121] Krit. *Morlok* in Dreier, 3. Aufl. 2013 Rn. 69; *Renck* ZRP 1996, 205; *J. Ipsen* FS f. Kriele, 1997, 301 (308 ff.).

[122] → Rn. 141.

[123] Auch *Preuß* in AK, 3. Aufl. 2001, Rn. 18; *Hellermann,* Die sogenannte negative Seite der Freiheitsrechte, 1993, 140.

[124] Wie hier *Mückl* in BK, Viertbearb., 2008, Rn. 90, 122.

[125] *Renck* NVwZ 1992, 1171 (1172); *Czermak* NJW 1995, 3348 (3349).

[126] So auch *Kokott* in Sachs, 8. Aufl. 2018, Rn. 29; *Rux* Der Staat 35 (1996), 523 (531); *Huster,* Die ethische Neutralität des Staates, 2002, 134 ff.; zur Frage der Glaubensfreiheit als Beeinflussungsfreiheit auch *Ipsen* FS f. Kriele, 1997, 301 (311 ff.), der dieses Problem auf der Eingriffsebene ansiedelt (*Ipsen* FS f. Kriele, 1997, 301 (314)); gegen subjektiv-rechtlichen Gehalt des Neutralitätsgrundsatzes *Zacharias* FS f. Rüfner, 2003, 987 (999).

[127] *Herzog* in Maunz/Dürig, Rn. 19; *Starck* in MKS, 7. Aufl. 2018, Rn. 22.

[128] BVerfGE 93, 1, Kruzifix.

[129] BVerfGE 35, 366, Kreuz im Gerichtssaal; ähnlich wie hier auch *Preuß* in AK, 3. Aufl. 2001, Rn. 16, 23a ff.

[130] So auch *Ipsen* RuP 2018, 265, 268 f.; aA *Friedrich* NVwZ 2018, 1007 ff.

[131] *Herzog* in Maunz/Dürig, Rn. 74 f.; → Rn. 45.

[132] S. zur Schutzpflicht BVerfG NVwZ 2001, 908; sowie BVerfG NJW 2001, 429; zum Schutz religiöser Gefühle ausführlich *Rox,* Schutz religiöser Gefühle im freiheitlichen Verfassungsstaat?, 2012.

Bekenntnissen, Religionsgesellschaften und Weltanschauungsvereinigungen" unter Strafe gestellt wird. Die Schutzpflicht kann sich auch im Wege der polizeilichen Gefahrenabwehr aktualisieren.[133] Staatliche Schutzpflichten sind darüber hinaus denkbar im Hinblick auf die von Dritten gewählten Mittel der Einflussnahme; sie ergeben sich allerdings häufig aus anderen Grundrechten, zB Art. 2 Abs. 2, Art. 2 Abs. 1 iVm Art. 1 Abs. 1 oder Art. 13.[134] Ein **Leistungsanspruch** lässt sich auf Art. 4 Abs. 1 nicht stützen.[135]

40 Inwieweit der Staat dazu verpflichtet ist, Gläubige davor zu schützen, dass andere Privatpersonen an deren Glaubensüberzeugung negative Folgen knüpfen, bedarf der Klärung im Einzelfall durch die Berücksichtigung der entgegenstehenden Grundrechte im Rahmen der Anwendung des einfachen Rechts (Drittwirkung). Zu nennen sind insbes. die Testierfreiheit gemäß Art. 14 Abs. 1 und die Vertragsfreiheit gemäß Art. 2 Abs. 1. (→ Rn. 82 Stichwort Erbrecht, → Rn. 82 Stichwort Vertragsrecht). Schließlich hat die Glaubensfreiheit auch **Ausstrahlungswirkung** auf wertungsoffene Rechtsbegriffe des öffentlichen Rechts.[136]

41 **c) Grundrechtsträger.** Die Glaubensfreiheit ist ein **Menschenrecht.** Als Schutz des Bildens und Habens einer persönlichen Glaubensgewissheit steht sie in erster Linie **natürlichen Personen** zu. Geschützt sind auch **Kinder,** gleichgültig, ob sie bereits einen Glauben haben oder nicht.[137] Ihre Abwehrrechte, insbes. gegenüber staatlicher Einflussnahme, können die gesetzlichen Vertreter, in der Regel also die Eltern, geltend machen. Daneben und aus eigenem Recht können diese sich auch auf ihr in Art. 6 Abs. 2 verbürgtes Erziehungsrecht berufen.[138] Im Verhältnis zwischen der Glaubensfreiheit des Kindes und dem Erziehungsrecht der Eltern hat der Gesetzgeber eine verfassungskonforme Regelung in § 5 S. 2 Gesetz über die religiöse Kindererziehung getroffen.[139] Danach dürfen Kinder mit vollendetem 12. Lebensjahr gegen ihren Willen nicht in einem anderen als dem bisherigen Bekenntnis erzogen werden.[140] Gleiches gilt gemäß § 6 für die Erziehung in einer Weltanschauung.

42 Von der Glaubensbildung kann nicht nur im Hinblick auf Individuen, sondern auch im Hinblick auf **Gemeinschaften** gesprochen werden,[141] inso-

---

[133] OVG Koblenz NJW 1997, 1174, Verbot einer Theateraufführung zur Abwehr drohender strafbarer Handlung nach § 166 Abs. 1 StGB; OVG Münster NJW 1997, 1176, Klage gegen Fernsehsender wegen Berichterstattung über Theaterstück; sa VG Magdeburg LKV 1996, 341; OVG Hamburg NVwZ 1992, 1212, Baumaßnahmen auf früherem jüdischen Friedhof.

[134] Vgl. auch *Zippelius* in BK, Drittbearb., 1989, Rn. 80.

[135] BVerfG Beschl. v. 9.8.2018, 1 BvR 1981/16, juris, veganes Essen; sa OVG Münster DVBl 2017, 712, Selbsttötung; sa *Rixen* SRa 2017, 212.

[136] VGH München NJW 1993, 346, Übertritt zum Islam als wichtiger Grund für Vornamensänderung; BVerwG ZevKR 50 (2005), 125, Vornamensänderung aus religiösen Gründen; BVerwGE 138, 166 ff., Krypta zur Auslegung von § 31 Abs. 2 BauGB; SG München, KirchE 57, 425, Kirchenaustritt kein „versicherungswidrigs Verhalten"; weitere Fälle bei *Kästner* AöR 123 (1998), 408 (443); sa *Heckel* GS f. Schnur, 1997, 205 (213 f.); → Rn. 82 Stichwort Ausländer- und Asylrecht.

[137] *Germann* in BeckOK GG, Rn. 27.

[138] BVerfGE 41, 29 (44, 47 f.), christliche Gemeinschaftsschule; 52, 223 (236), Schulgebet; BVerfGE 93, 1 (17), Kruzifix; BVerfGE 138, 296 Rn. 106, Kopftuch.

[139] G v. 15.7.1921, RGBl. 939; s. BVerfGE 30, 415 (425 f.), Kirchensteuerpflicht.

[140] Zum Verhältnis von Erziehungsrecht und freier Wahl der Religionszugehörigkeit als Bestandteil der Bekenntisfreiheit → Rn. 60; zur Religionsmündigkeit *Würtenberger* FS f. Obermayer, 1986, 113.

[141] AA *Muckel* in BerlKomm, EL 2/19, Rn. 23.

weit als die Inhalte einer Religion oder Weltanschauung in der Gemeinschaft gepflegt und fortentwickelt, somit gebildet werden. Dieser Vorgang bedarf ebenso sehr des Schutzes vor staatlicher Einflussnahme wie der Glaubensbildungsprozess in einem Menschen. Des Weiteren lässt sich bezogen auf Religions- bzw. Weltanschauungsgemeinschaften auch vom Haben eines Glaubens sprechen, dies zwar nicht im Sinne einer persönlichen Überzeugung, aber doch im Sinne des Besitzes einer religiösen oder weltanschaulichen Wahrheit. Folglich sind durch die Glaubensfreiheit des Art. 4 Abs. 1 iVm Art. 19 Abs. 3 die Glaubensinhalt bzw. Glaubenswahrheit betreffenden Gehalte der **Autonomieverbürgung** des Art. 140 GG iVm Art. 137 Abs. 3 S. 1 WRV umfasst.[142] Der den Kirchen und sonstigen Religions- und Weltanschauungsgemeinschaften eröffnete Status einer Körperschaft des öffentlichen Rechts gem. Art. 140 iVm Art. 137 Abs. 5, 7 WRV steht der Grundrechtsträgerschaft nach einhelliger Auffassung nicht entgegen.[143] Es handelt sich um eine in staatskirchenrechtlicher Tradition wurzelnde besondere Rechtsform. Sie hat nichts mit einer Eingliederung in die Staatsverwaltung zu tun.[144]

3. Die Freiheit des religiösen und weltanschaulichen Bekenntnisses. 43
a) Schutzbereich. Der Begriff des Bekenntnisses erscheint zunächst mehrdeutig. Er steht zum einen dem Begriff des **Glauben**s nahe und kann als dessen Synonym verwendet werden.[145] Beeinflusst durch den Begriff der **Konfession** bezeichnet er aber auch die Zugehörigkeit zu einer (christlichen) Glaubensgemeinschaft. Als Substantivierung des Verbs „bekennen" hat er schließlich die Bedeutung des **Äußerns** der eigenen Überzeugung. Trotz dieser Mehrdeutigkeit lässt sich der Begriff des Bekenntnisses iRd Art. 4 Abs. 1 spezifizieren: Der Bedeutungsgehalt „Glauben" kann jedenfalls für die Auslegung keine Bedeutung haben, da die Glaubensfreiheit eigens erwähnt wird. Der historisch enge Bezug zum Christentum ist durch den Zusatz „religiös" und „weltanschaulich" für die Auslegung des Begriffs bedeutungslos geworden. Damit bleibt als Anknüpfungspunkt für die Auslegung des Bekenntnisbegriffs in Art. 4 Abs. 1 nur die dritte Bedeutungsvariante. Dies wird bestätigt durch die Formulierung des inkorporierten Art. 136 Abs. 3 WRV, der im Zusammenhang mit dem Recht, nicht bekennen zu müssen, vom **Offenbaren der religiösen Überzeugung** spricht.

Gemäß seiner Auffassung vom einheitlichen Schutzbereich des Art. 4 44
Abs. 1, 2 unterscheidet das BVerfG nicht zwischen den Begriffen „Glauben" und „Bekenntnis". Danach umfasst die Bekenntnisfreiheit **jede religiös motivierte Äußerung oder Handlung,** sei es Einzelner, in Gemeinschaft

---

[142] Für Anwendbarkeit des Art. 19 Abs. 3 auf die Glaubensfreiheit auch *v. Münch* in v. Münch/Kunig, 3. Aufl. 1996, Rn. 10; zur nicht ergebnisrelevanten Frage, ob es eines Rückgriffs auf Art. 19 Abs. 3 bedarf s. verneinend *Morlok* in Dreier, 3. Aufl. 2013 Rn. 112; bejahend *Mückl* in BK, Viertbearb., 2008, Rn. 66; *v. Campenhausen* in HStR VII § 157 Rn. 103 allerdings nicht für den Glauben als reine Denkfreiheit; abl. insoweit auch *Herzog* in Maunz/Dürig, Rn. 35, 37.

[143] BVerfGE 18, 385 (386 f.), innerkirchliche Maßnahmen; 21, 362 (374), Grundrechtsberechtigung juristischer Personen des öffentlichen Rechts; 42, 312 (321), Bremisches KirchenG; 53, 366 (387); 61, 82 (102), kein grundrechtlicher Eigentumsschutz für Gemeinden.

[144] Vgl. Art. 137 Abs. 1 WRV, Verbot der Staatskirche und Art. 137 Abs. 3 S. 1 WRV, Autonomiegewährleistung; zur Bedeutung des Körperschaftsstatus sa → Art. 140 Rn. 52 ff.; BVerfGE 102, 370; ausf. *Hollerbach* in HStR VI, § 138 Rn. 124 ff.; *Magen,* HSKR § 27 mwN.

[145] Vgl. jetzt noch die Begriffsverwendung in § 166 Abs. 1 StGB; sa JöR nF 1 (1951), 74.

oder durch eine Religions- bzw. Weltanschauungsgemeinschaft,[146] wobei es die kollektive Ausübungsform dieser Freiheit vielfach Art. 4 Abs. 2 zuordnet, dem es allerdings auch insoweit nur klarstellende Bedeutung einräumt.[147] Ausdrücklich erwähnt das BVerfG als Element der Bekenntnisfreiheit die Freiheit des organisatorischen Zusammenschlusses zum Zwecke des gemeinsamen öffentlichen Bekenntnisses.[148] Demgegenüber wird die Bekenntnisfreiheit von Teilen der Literatur enger, nämlich als spezieller Fall der Meinungsfreiheit verstanden.[149]

45 Geht man von der begrifflichen Bedeutung des Äußerns bzw. Offenbarens der eigenen Überzeugung aus, so kann dies zum einen durch verbales oder nonverbales Zuerkennengeben der Zugehörigkeit zu einer Religions- oder Weltanschauungsgemeinschaft erfolgen, erfasst zum anderen aber auch die inhaltliche Darlegung der persönlichen Überzeugung. Nach allgA darf dies auch zum Zweck des **Werbens,** Abwerbens und Missionierens erfolgen.[150] Damit schützt die Bekenntnisfreiheit auch den **mit den Mitteln der geistigen Auseinandersetzung**[151] geführten Kampf zwischen den Religionen und Weltanschauungen um die Wahrheit und um Anhänger.[152] Insoweit handelt es sich um einen Spezialfall der Meinungsfreiheit, wobei die Spezialität der Bekenntnisfreiheit nicht nur inhaltliche, sondern vor allem qualitative Voraussetzungen hat: Es muss sich nicht nur um religiöse oder weltanschauliche Inhalte handeln, entscheidend ist, dass der Äußernde seine eigene Überzeugung kundtut.[153] Ebenso wie bei der Meinungsfreiheit[154] fallen nur Mittel der geistigen Kommunikation in den Schutzbereich, nicht dagegen List, Drohung oder Gewalt.[155]

46 Die Bekenntnisfreiheit in ihrer Dimension des Äußerns der eigenen Überzeugung überschneidet sich mit dem Recht der Eltern, ihre Kinder gemäß ihren Glaubensvorstellungen zu **erziehen.**[156] Dies führt insbesondere zu Problemen im Bereich der Schule, wo das religiöse Erziehungsrecht der Eltern auf den staatlichen Bildungs- und Erziehungsauftrag trifft.[157] Eine besondere Ausprägung hat die Verbindung von Art. 4 Abs. 1 und Art. 6 Abs. 2 in Art. 7 Abs. 5 erfahren, wonach private Volksschulen auf Antrag von Erziehungsberechtigten als Gemeinschaftsschule, als Bekenntnis- oder Weltanschauungsschule errichtet werden können, sofern eine öffentliche Volksschule dieser Art nicht besteht.[158]

---

[146] BVerfGE 32, 98 (106), Gesundbeter; *v. Campenhausen* in HStR VII § 157 Rn. 71.
[147] → Rn. 17, 33.
[148] BVerfGE 42, 312 (323), Bremisches KirchenG.
[149] *Preuß* in AK, 3. Aufl. 2001, Rn. 17; *Herzog* in Maunz/Dürig, Rn. 7, 81 ff.; *Morlok* in Dreier, 3. Aufl. 2013 Rn. 65; *Mückl* in BK, Viertbearb., 2008, Rn. 91.
[150] AllgM, s. nur BVerfGE 12, 1 (4), Tabak für Kirchenaustritt; 24, 236 (245), Aktion Rumpelkammer; *Starck* in MKS, 7. Aufl. 2018, Rn. 36; *Kokott* in Sachs, 8. Aufl. 2018, Rn. 35; *Morlok* in Dreier, 3. Aufl. 2013 Rn. 65.
[151] *Muckel* in BerlKomm, EL 2/19, Rn. 19 hebt hervor, dass Gewalt keinesfalls in den Schutzbereich fällt; sa *Muckel* in BerlKomm, EL 2/19, Rn. 24.
[152] Zu kirchlichen Warnungen vor sog. Jugendsekten s. die Nachw. → Rn. 82 Stichwort Jugendsekten.
[153] BVerfGE 32, 98 (107), Gesundbeter.
[154] → Art. 5 Rn. 34 ff.
[155] *Herzog* in Maunz/Dürig, Rn. 84; *Preuß* in AK, 3. Aufl. 2001, Rn. 17; *Kokott* in Sachs, 8. Aufl. 2018, Rn. 35; *Muckel,* Religiöse Freiheit und staatliche Letztentscheidung, 1997, 146; zu Missbrauchsfällen → Rn. 82 Stichwort Werbung für den Glauben.
[156] Zum Verhältnis des Art. 4 Abs. 1 zu Art. 6 Abs. 2 → Rn. 138; → Art. 6 Rn. 271.
[157] → Rn. 82 Stichwort Schulwesen.
[158] Nachw. → Rn. 82 Stichwort Schulwesen.

Religiös oder weltanschaulich gebotene **Haar- und Barttracht, Bekleidung** und ähnliches ist – entgegen dem weiten Verständnis des Schutzbereichs durch das BVerfG – differenziert zu betrachten. Es ist in jedem Einzelfall zu prüfen, ob damit die Äußerung und Offenbarung einer bestimmten Überzeugung bezweckt ist oder ob es sich um die Befolgung religiös-weltanschaulicher Gebote der Lebensführung handelt,[159] die vermeintlichen Bekenntnischarakter nur durch Zuschreibung Dritter erhalten, die aus bestimmter Erscheinung Religionszugehörigkeit folgern, ohne dass diese Folgerung bezweckt oder auch nur zutreffend sein muss. Da die Bekenntnisfreiheit die Selbstbestimmung schützt, in Wort und Tat Religionszugehörigkeit und religiöse Überzeugung zu bekunden, kommt es entscheidend darauf an, ob und was der Grundrechtsträger äußern will.[160] Bekenntnischarakter haben zB Besonderheiten der äußeren Erscheinung, die religiöse Solidarität oder Zugehörigkeit zum Ausdruck bringen sollen.[161] **47**

Besonders umstritten ist die vollständige Gesichtsverhüllung. Der EGMR hat das in Frankreich geltende Verbot im öffentlichen Raum unter Rückgriff auf den französischen republikanischen Geist des „vivre ensemble" und unter Einräumung eines erheblichen Einschätzungsspielraums des Gesetzgebers für vereinbar mit Art. 9 EMRK gehalten.[162] Demgegenüber ist nach deutschem Verfassungsrecht die vollständige Gesichtsverhüllung nach Lebensbereichen – z. B. Straßenverkehr,[163] Justiz[164], Bildungswesen, Beamte und Soldaten[165], – differenziert zu behandeln. Während etwa im Bereich der Schule der staatliche Erziehungsauftrag und Anforderungen des Unterrichts- und Prüfungswesens ein Verbot rechtfertigen,[166] ist nicht erkennbar, welche legitimen Ziele ein umfassendes Verbot tragen könnten. Insbesondere lässt sich das Verbot der Geschlechterdiskriminierung nicht gegen das Selbstbestimmungsrecht der Frauen in Stellung bringen.[167] Dem Gesetzgeber ist vielmehr aufgegeben, eben diese Selbstbestimmung zu schützen. Der Zwang zur Vollverschleierung von Seiten Dritter ist als Nötigung strafbar. In Frankreich gibt es hierfür einen speziellen Straftatbestand.[168] **48**

Ein besonderes Problem wirft das Tragen religionsspezifischer Kleidungsstücke oÄ durch Amtspersonen[169], insbes. Lehrpersonal an staatlichen Pflichtschulen, auf. Es lässt sich nicht schon auf Schutzbereichsebene lösen, denn auch verbeamteten Lehrern steht das Grundrecht der Glaubens- und Bekenntnisfreiheit zu.[170] Es bedarf vielmehr einer Abwägung zwischen der **49**

---

[159] So *Muckel,* Religiöse Freiheit und staatliche Letztentscheidung, 1997, 146 f.; sa *Mückl* in BK, Viertbearb., 2008, Rn. 97.

[160] Problematisch daher die Zuschreibungen durch BVerfGE 108, 282 (333), Kopftuch I, Sondervotum; krit. auch *Czermak* NVwZ 2004, 943 (944); *Böckenförde* NJW 2001, 723 (727); *Mager,* Religion-Gesellschaft-Staat, 2004, 275 (293 ff.).

[161] *Zippelius* in BK, Drittbearb., 1989, Rn. 95; *Muckel* in BerlKomm, EL 2/19, Rn. 25.

[162] EGMR NJW 2014, 2925 ff.

[163] S. § 23 Abs. 4 StVO u. dazu *Rebler* DAR 2018, 713 ff.; *Schäler* NZV 2018, 351 ff.

[164] S. *Dunz/Michael* DÖV 2017, 125 ff.; *Leitmeier* ZRP 2018, 246 ff.

[165] S. das Gesetz zur bereichsspezifischen Regelungen der Gesichtsverhüllung, BGBl. 2017 I 1570.

[166] VGH München, NVwZ 2014, 1109; s. dazu *Edenharter* DÖV 2018, 351 ff.

[167] Sa *G. Beaucamp/J. Beaucamp* DÖV 2015, 174 (181); *Barczak* DÖV 2011, 54 (59); sa *Edenharter* JZ 2018, 971.

[168] EGMR, Urteil vom 1.7.2014 Az. 43835/11 Rn. 29 = NJW 2014, 2925 ff.

[169] Zum Kopftuchverbot für Rechtsreferendarinnen s. BVerfG NJW 2017, 2333.

[170] BVerfGE 108, 282 (297), Kopftuch I; relativierend, aber nicht verneinend BVerfGE 108, 282, 314 (317 ff.), Sondervotum; s. zur Religionsfreiheit von Lehrerinnen und Lehrern *Goos* ZBR 2003, 221.

Bekenntnisfreiheit der Lehrperson und der staatlichen Verpflichtung zur Neutralität, die in der Schule ihr besonderes Gewicht durch das Erziehungsrecht der Eltern und die Glaubensbildungsfreiheit der Schülerinnen und Schüler erhält. Die Tatsache, dass es für die Eröffnung des Schutzbereichs der Bekenntnisfreiheit darauf ankommt, ob und was der Grundrechtsträger bekunden will, hindert nicht, dass es für die Prüfung der Frage, ob durch Bekenntnishandlungen andere Personen in ihren Grundrechten oder andere Werte von Verfassungsrang betroffen sind, darauf ankommt, wie solche Handlungen aus der Empfängerperspektive nachvollziehbar verstanden werden können und dürfen. (→ Rn. 46 ff., 82 Stichwort Schulwesen).

50 Als Äußern der religiösen Überzeugung durch Tat gehört der **Eintritt, Austritt** oder Wechsel, konsequenterweise damit auch der (öffentliche) **Zusammenschluss** zu einer religiösen Vereinigung zum Schutzbereich der Bekenntnisfreiheit.[171] Die Bekenntnisfreiheit umfasst damit die religiös-weltanschauliche **Vereinigungsfreiheit,**[172] die im Übrigen ausdrücklich in Art. 140 iVm Art. 137 Abs. 2 WRV geregelt ist. Besondere Bedeutung hat die durch die Bekenntnisfreiheit geschützte Selbstbestimmung hinsichtlich der Zugehörigkeit zu einer Religions- oder Weltanschauungsgemeinschaft für das **Kirchensteuerrecht** erlangt. Nach stRspr des BVerfG umfasst die Bekenntnisfreiheit das Recht, nicht zu öffentlichen Abgaben herangezogen zu werden, die nur von Kirchenmitgliedern erhoben werden dürfen.[173]

51 Wie bereits angeklungen, gewährt die Bekenntnisfreiheit nicht nur die Ungestörtheit des aktiven Bekennens. Sie gewährt auch Selbstbestimmung hinsichtlich der Entscheidung, ob man sich bekennt **(negative Bekenntnisfreiheit).**[174] Das Recht, seine religiöse Überzeugung nicht offenbaren zu müssen, verbürgt ausdrücklich **Art. 140 GG iVm Art. 136 Abs. 3 S. 1 WRV,** der neben der Bekenntnisfreiheit in Art. 4 Abs. 1 allerdings nur deklaratorischen Charakter hat und auch in seinem Anwendungsbereich insoweit zurückbleibt, als er die negative Bekenntnisfreiheit nur für die religiöse, nicht aber für die weltanschauliche Überzeugung umfasst. Eine ausdrückliche Regelung der negativen Bekenntnisfreiheit enthält auch der

---

[171] BVerfGE 30, 415 (423 f.), Kirchensteuerpflicht; BVerfGE 42, 312 (323), Bremisches KirchenG; BVerfGE 44, 37 (49), Nachbesteuerung bei Kirchenaustritt; BVerfGE 83, 341 (354), Bahá'í; BVerwGE 144, 171 ff. – kein Austritt nur aus der Körperschaft möglich; sa *Morlok* in Dreier, 3. Aufl. 2013 Rn. 89 zu Eintritt und Austritt; hinsichtlich Austritt aA *Zippelius* in BK, Drittbearb., 1989, Rn. 115: negative Religionsausübungsfreiheit; *Muckel,* Religiöse Freiheit und staatliche Letztentscheidung, 1997, 163 ff.: Art. 140 iVm Art. 137 Abs. 2 WRV; aA auch *Preuß* in AK, 3. Aufl. 2001, Rn. 18: Bekenntnisfreiheit schütze nicht Äußerung des Nichtglaubens, Austritt sei geschützt von der religiösen Vereinigungsfreiheit. Eben diese ist aber Bestandteil der Bekenntnisfreiheit. Eine Überlegungsfrist bei Austritt verletzt auch nach Auffassung von *Preuß* in AK, 3. Aufl. 2001, Rn. 19 die Bekenntnisfreiheit.

[172] Sa *Starck* in MKS, 7. Aufl. 2018, Rn. 36; *Zippelius* in BK, Drittbearb., 1989, Rn. 96 ff.; *Mückl* in BK, Viertbearb., 2008, Rn. 93; *Lücke* EuGRZ 1995, 651 (652).

[173] Sog. negative religiöse Finanzierungsfreiheit (*Starck* in MKS, 7. Aufl. 2018, Rn. 41); BVerfGE 19, 206 (216), Kirchenbausteuer; 19, 226 (235); 19, 242 (247), keine Steuerpflicht glaubensverschiedener Ehepartner; 30, 415 (421 f.), Kirchensteuerpflicht; 44, 37 (49) und 44, 59 (67), Nachbesteuerung bei Kirchenaustritt; BVerwGE 52, 104 (113), Kirchensteuerpflicht bei glaubensverschiedener Ehe; 79, 62 (63), Beendigung der Kirchensteuerpflicht während des Steuerjahres); sa EGMR NJW 2018, 3295 ff.; → Rn. 82 Stichwort Kirchensteuer; → Art. 140 Rn. 69 ff.

[174] S. zur Problematik der Bezeichnung „negativ" schon im Zusammenhang mit der Glaubensfreiheit → Rn. 37.

inkorporierte **Art. 136 Abs. 4 WRV,** wonach niemand zur Benutzung einer religiösen Eidesform gezwungen werden darf.[175] Besondere Regelungen der negativen Bekenntnisfreiheit bzw. zum flankierenden Schutz der Bekenntnisfreiheit finden sich auch in **Art. 7 Abs. 2** (Recht der Erziehungsberechtigten, über die Teilnahme ihrer Kinder am Religionsunterricht zu bestimmen) und in **Art. 7 Abs. 3 S. 3** (Recht der Lehrer, Religionsunterricht zu verweigern) sowie in Art. 56 S. 4 und Art. 64 Abs. 2 GG (Möglichkeit, den Amtseid auch ohne religiöse Beteuerung abzulegen).

b) Funktionen. Aus der vorangegangenen Bestimmung des Schutzbereichs folgt, dass die Bekenntnisfreiheit in ihrer **Abwehrfunktion** das Recht enthält, staatliche Beeinträchtigungen von Bekenntnishandlungen abzuwehren. Abgewehrt werden können außerdem die Verpflichtung zur Offenbarung der religiös-weltanschaulichen Überzeugung sowie der Zwang zu Bekenntnishandlungen eigenen wie fremden Glaubens.[176] **52**

Die Bekenntnisfreiheit enthält jedoch auch eine **Schutzdimension.**[177] **53** Der Staat ist verpflichtet, dafür zu sorgen, dass innerhalb der gesellschaftlichen Sphäre **Toleranz** herrscht, maW dass die Auseinandersetzung um die richtige Wahrheit in friedlichen Formen verläuft. Sie verwirklicht sich regelmäßig durch Abwägung der widerstreitenden Grundrechte bei Anwendung des einfachen Rechts.[178] Ansatzpunkt dieser Abwägung und dementsprechend der Verwirklichung der Schutzpflicht ist auch die Autonomiegewährleistung des Art. 137 Abs. 3 S. 1 WRV mit der Schranke der für alle geltenden Gesetze.[179] Im Verhältnis der Religions- oder Weltanschauungsgemeinschaften zu ihren Mitgliedern (Innenverhältnis) ist die Bekenntnisfreiheit der Mitglieder allerdings jenseits der Spielräume innerhalb der Gemeinschaft auf die Möglichkeit des Austritts reduziert.[180]

Hinsichtlich der Frage, ob die Bekenntnisfreiheit auch eine **Leistungs- oder Förderungsdimension** enthält, war die Rechtsprechung des BVerfG zunächst nicht eindeutig. In der Entscheidung v. 17.12.1975 betr. die Verfassungsmäßigkeit christlicher Gemeinschaftsschulen als Regelschule hieß es, dass Art. 4 Abs. 1, 2 auch im positiven Sinn gebiete, Raum für die aktive Betätigung der Glaubensüberzeugung und die Verwirklichung der Persönlichkeit auf weltanschaulich-religiösem Gebiet zu sichern.[181] Das **„Raum geben"** wurde in der Literatur sowohl abwehrrechtlich[182] als auch leistungsrechtlich[183] interpretiert. Diese Formulierung wird in der Schulgebetsent- **54**

---

[175] BVerfGE 33, 23, Eidesverweigerung; 79, 69, feierliche Beteuerung.

[176] Keinen Bekenntniszwang stellt es dar, zur Einreise in den Iran ein Passbild mit Kopftuch verwenden zu müssen, VGH München NVwZ 2000, 952.

[177] BVerfGE 41, 29 (49), christliche Gemeinschaftsschule; 93, 1 (16), Kruzifix.

[178] BGH NJW 1994, 245; BVerfG NJW 1994, 2346, Namensschutz der kath. Kirche; BVerfG NJW 1997, 2669; OLG München NVwZ 1994, 203, negative Bekenntnisfreiheit gegen Meinungsfreiheit; BVerfGE 17, 302 (305), Konfessionswechsel keine Eheverfehlung; weitere Beispiele bei *Preuß* in AK, 3. Aufl. 2001, Rn. 32 f.

[179] *Morlok* in Dreier, 3. Aufl. 2013 Rn. 110; *Starck* in MKS, 7. Aufl. 2018, Rn. 93; zu dieser Schranke → Art. 140 Rn. 36 f.

[180] S. zum Austritt ausf. *Germann/Rüfner,* HSKR § 30; sa *Hollerbach* in HStR VI, § 139 Rn. 35; *Zippelius* in BK, Drittbearb., 1989, Rn. 80; *Morlok* in Dreier, 3. Aufl. 2013 Rn. 89; *Starck* in MKS, 7. Aufl. 2018, Rn. 36, 45; *Preuß* in AK, 3. Aufl. 2001, Rn. 33; → Rn. 82 Stichwort Austritt.

[181] BVerfGE 41, 29 (49), christliche Gemeinschaftsschule.

[182] *Zippelius* in BK, Drittbearb., 1989, Rn. 63.

[183] *Jarass* in Jarass/Pieroth, 15. Aufl. 2018, Rn. 26; sa *Hassemer/Hörnig* EuGRZ 1999, 525 (528).

scheidung[184] wie auch in der umstrittenen Kruzifix-Entscheidung[185] wiederholt, in der letztgenannten aber nunmehr mit dem Zusatz versehen, dass aus Art. 4 Abs. 1, 2 kein Anspruch folge, mit staatlicher Unterstützung seiner Überzeugung Ausdruck zu verleihen. Hervorzuheben ist, dass es in allen Entscheidungen um die Bedeutung der Glaubens- und **Bekenntnisfreiheit im staatlich organisierten Bereich** der Schule ging. An der Geltung der Grundrechte im Allgemeinen und des Art. 4 Abs. 1, 2 im Besonderen auch in diesem Bereich besteht kein Zweifel. Der Unterschied zum gewöhnlichen Staat-Bürger-Verhältnis liegt in der größeren Angewiesenheit auf organisatorische Mitwirkung des Staates bei der Grundrechtsausübung infolge der besonderen staatlichen Organisationsgewalt. Dies ändert jedoch nichts daran, dass das staatliche „Raum geben" für Bekenntnishandlungen einen unverhältnismäßigen Eingriff in die „positive" Bekenntnisfreiheit mit daraus folgendem Abwehrrecht vermeidet, nicht aber die Erfüllung eines Leistungsanspruchs auf Bekenntnis darstellt. Auch bei der Lösung von Konflikten zwischen „positiver" und „negativer" Grundrechtsausübung muss die staatliche Entscheidung hinsichtlich beider Seiten dieses Freiheitsrechts den *status negativus* beachten, also einen unverhältnismäßigen Eingriff sowohl in die Freiheit des Bekenntnisses wie des Nichtbekenntnisses vermeiden.[186] „Raum geben" für Bekenntnishandlungen kann daher nur Nichtbeschränkung privater Initiative bedeuten, nicht aber ihre für- und vorsorgliche Unterstützung und Förderung über das aus privater Initiative Gewollte hinaus. Auch der inkorporierte Art. 141 WRV verlangt in Bezug auf die Anstaltsseelsorge, dass ein Bedürfnis danach besteht und verbietet im Übrigen jeden Zwang. Demgemäß ist ein **Schulgebet** bei entsprechendem Bedürfnis als Angebot zulässig, sofern die Freiwilligkeit der Teilnahme in jeder Hinsicht sichergestellt ist.[187] Entsprechendes gilt für Tischgebete in kommunalen Kindergärten.[188]

55 Auch unabhängig davon, dass der Begriff des „Raumgebens" grundrechtsdogmatisch den *status negativus* der positiven Bekenntnisfreiheit betrifft, spricht nichts dafür, bei Art. 4 Abs. 1 hinsichtlich der Annahme einer **Leistungsfunktion** weniger restriktiv zu sein als bei anderen Grundrechten. Es handelt sich um ein klassisches Freiheitsgrundrecht, dessen Wahrnehmung in die Verantwortung der Grundrechtsträger fällt.[189] Der korrespondierende Grundsatz staatlicher Neutralität steht einem unmittelbar auf Art. 4 Abs. 1 gestützten Anspruch auf Förderung entgegen, womit, abgesehen davon, dass jedenfalls aus Art. 4 Abs. 1 keine Verpflichtung folgt, noch nichts über die Zulässigkeit von auch finanzieller Förderung von Kirchen und anderen Religions- und Weltanschauungsgemeinschaften gesagt ist (→ Rn. 5).[190] Gewährt

---

[184] BVerfGE 52, 223 (241), Schulgebet.
[185] BVerfGE 93, 1 (16), Kruzifix.
[186] Vgl. *Dietlein* FS f. Stern, 1997, 443 (448 f.).
[187] BVerfGE 52, 223 (241), Schulgebet; aA StGH Hessen NJW 1966, 31; → Rn. 82 Stichwort Schulwesen/Schulgebet mwN.
[188] VGH Kassel NJW 2003, 2846 mAnm *Ogorek* JA 2004, 199; sowie zuvor VG Gießen NJW 2003, 1265; zu religiöser Bildung in Kindertagesstätten s. *de Wall* RdJB 2007, 458.
[189] → Rn. 5; s. zahlreiche Beispiele aus der Rspr. bei *Wolff* in Hömig/Wolff, 12. Aufl. 2018, Rn. 16.
[190] Gegen Leistungsdimension auch *Starosta,* Religionsgemeinschaften und wirtschaftliche Betätigung, 1986, 119; *Herzog* in Maunz/Dürig, Rn. 86, 108; *Muckel* in BerlKomm, EL 2/19, Rn. 47; sa *v. Campenhausen* in HStR VII § 157 Rn. 55; *Starck* in MKS, 7. Aufl. 2018, Rn. 18; *Kokott* in Sachs, 8. Aufl. 2018, Rn. 89 f.; auch *Heckel* FS f. Schnur, 1997, 205 erwähnt unter den Funktionen der Religionsfreiheit die Leistungsfunktion nicht. S. zur Förderung von Religions- und Weltanschauungsgemeinschaften *Mager,* HSKR § 68.

der Staat Religionsgemeinschaften finanzielle Mittel, so muss er sicherstellen, dass die Verteilung rechtsstaatlichen Anforderungen genügt.[191]

56 Die große Bedeutung von Glaube und Religion auch für den neutralen Staat bricht sich allerdings Bahn in Art. 7 Abs. 3 S. 1, der den **Religionsunterricht** an den staatlichen Schulen mit Ausnahme der bekenntnisfreien Schulen zum ordentlichen Lehrfach bestimmt und damit eine ausdrücklich religionsfördernde Regelung enthält, wobei mit der Überantwortung des Religionsunterrichts an die Religionsgemeinschaften und der Sicherstellung freiwilliger Teilnahme Art. 4 Abs. 1 hinreichend Rechnung getragen wird.[192]

57 Betrachtet man vor diesem Hintergrund die umstrittene Entscheidung zur Zulässigkeit eines **Kreuz**es **im Klassenzimmer,** wird deutlich, dass das Problem nicht in der Herstellung praktischer Konkordanz zwischen „negativer" und „positiver" Glaubens- bzw. Bekenntnisfreiheit bestand:[193] Der Konflikt hatte seinen Grund nicht darin, dass Grundrechtsträger ihren Glauben durch ein Kreuz im Klassenzimmer bekennen wollten und der Staat hierfür Raum zur Verfügung stellte. Der Konflikt entstand vielmehr daraus, dass staatlicherseits das Aufhängen eines Kreuzes ausnahmslos angeordnet wurde. Angesichts des Fehlens jeglicher Widerspruchs- oder Ausnahmemöglichkeit kam es nicht in Betracht, das Schweigen von Schülern und Eltern als Bejahung des Kreuzes und damit als Ausdruck positiven Bekennens zu werten. Nicht das Raum geben für die positive Glaubensfreiheit anderer Grundrechtsträger, sondern das positive staatliche Fördern, das über ein Sich-Zurückziehen und Raum geben hinausgeht, war somit Grund der Rechtsstreitigkeiten.[194] Positive staatliche Unterstützung für eine bestimmte Religion, die über das Erlauben und Gewährenlassen privater Grundrechtsausübung auch in staatlich verwalteten Bereichen hinausgeht, lässt sich auf Art. 4 Abs. 1 jedoch nicht stützen. Die Rechtfertigung für das staatlich angeordnete Aufhängen eines Kreuzes ist daher in den Verfassungsrechtsnormen zu suchen, die den staatlich organisierten Bereich reglementieren, in den entschiedenen Fällen also Art. 7 Abs. 1 – 3 GG.[195] Diesem lässt sich mit seiner Regelung des Religionsunterrichts als ordentlichem Lehrfach und der Möglichkeit nicht nur privater, sondern auch staatlicher Bekenntnisschulen entnehmen, dass **religiöse** und weltanschauliche **Einflüsse im Bereich der Schule** zulässig sind. Die geforderte Auslegung im Lichte des Art. 4 Abs. 1 wie des Art. 6 Abs. 2 macht jedoch deutlich, dass der **Staat darauf beschränkt** ist, **Angebote** in Unterstützung des Religion und Weltanschauung umfassenden Erziehungsrechts der Eltern bzw. der religiösen Bedürfnisse der Schüler **zu machen.**[196]

58 Daraus ergibt sich, dass christliches Schulgebet und christliche Symbole in einer christlichen Bekenntnisschule, in der Eltern, Schüler und Lehrer grundsätzlich demselben Bekenntnis angehören, ohne weiteres zulässig sind. Das

---

[191] BVerfGE 123, 148 (179 ff.), jüdische Gemeinde Brandenburg.

[192] *v. Zezschwitz* JZ 1975, 11 (13); krit. *Renck* NVwZ 1992, 1171; NVwZ 1994, 544 (546).

[193] So aber *Müller-Volbehr* JZ 1995, 996 (999); *Starck* in MKS, 7. Aufl. 2018, Rn. 29; Sondervotum *Seidl/Söllner/Haas* BVerfGE 93, 1 (31 f.), Kruzifix; wie hier *Czermak* NJW 1995, 3348 (3350); *Renck* ZRP 1996, 205.

[194] Vgl. *Renck* ZRP 1996, 16 (18); NVwZ 1994, 544 (545).

[195] Zum Schulgebet *v. Campenhausen* in HStR VII § 157 Rn. 132; *Herzog* in Maunz/Dürig, Rn. 61; zum Kruzifix s. nur *Dietlein* FS f. Stern, 1997, 443 (447 ff.); *Badura* BayVBl 1996, 71 (72 ff.).

[196] Vgl. auch *Anke/Severitt* VR 1996, 37 (41 f.).

Gegenteil gilt ebenso selbstverständlich für bekenntnisfreie Schulen. Problematisch ist dagegen der Fall der christlichen Gemeinschaftsschule als öffentlicher Regelschule. Mangels bekenntnishomogener Schüler-, Eltern- und Lehrerschaft ist bei diesem Schultypus das christliche Element im Hinblick auf die Religionsfreiheit außerhalb des Religionsunterrichts säkularisiert zu verstehen als Anerkennung des prägenden Kultur- und Bildungsfaktors, wie er sich in der abendländischen Geschichte herausgebildet hat.[197] Der Streit geht demzufolge nicht zuletzt darum, ob das **Kreuz** das Christentum (nur) als Kultur- und Bildungsfaktor zu symbolisieren geeignet ist. Dies ist erheblichen Bedenken ausgesetzt.[198] Letztlich ist eine verbindliche Antwort hierauf jedoch nicht notwendig. Es ist unbestritten, dass der Symbolgehalt des Kreuzes jedenfalls nicht auf das Christentum als Kultur- und Bildungsfaktor beschränkt ist, sondern zumindest zugleich spezifisch religiöse Bedeutung hat. Für die Frage des Grundrechtseingriffs ist – jedenfalls iRd Art. 4 Abs. 1 – der jeweilige Empfängerhorizont von ausschlaggebender Bedeutung, sofern die dargelegte Aussage im Rahmen des Nachvollziehbaren bleibt.[199] Damit kann das auf staatliche Anordnung aufgehängte Kreuz trotz eines staatlicherseits gewollten Charakters als Kultursymbol im Einzelfall einen Eingriff in die Glaubensbildungsfreiheit darstellen. Eine Rechtfertigung durch die positive Bekenntnisfreiheit anderer Grundrechtsträger kommt nur in Betracht, wenn das Kreuz gleichzeitig als Ausdruck von deren religiöser Überzeugung gewertet werden kann, was bei staatlicher Anordnung eine Widerspruchsmöglichkeit voraussetzt, da anderenfalls das Schweigen keinerlei Erklärungswert hat. Aus beidem folgt die **Verfassungswidrigkeit einer ausnahmslosen Anordnung,** Kreuze in Klassenzimmern christlicher Gemeinschaftsschulen aufzuhängen.

59 Das BVerfG hat die angegriffene bayerische Regelung daher im Ergebnis zu Recht für verfassungswidrig erklärt. Die Verneinung eines Konventionsverstoßes im Fall Lautsi erklärt sich daraus, dass der EGMR als Maßstab allein ein Indoktrinationsverbot angewendet und den Staaten im Übrigen einen weiten Ermessensspielraum zugestanden hat.[200] Die zT unangebracht heftige Kritik[201] an der Entscheidung des BVerfG ist wohl nicht zuletzt Folge dessen,

---

[197] BVerfGE 41, 29 (52); 41, 65 (78), christliche Gemeinschaftsschule.

[198] Verneinend BVerfGE 93, 1 (19); *Renck* ZRP 1996, 16 (19); *Rux* Der Staat 35 (1996), 523 (537 f.); *Schmitt-Kammler* FS f. Friauf, 1996, 343 (347); s. jetzt auch EGMR NVwZ 2011, 737, Kruzifix; bejahend Sondervotum *Seidl/Söllner/Haas* BVerfGE 93, 1 (29), Kruzifix; *Müller-Volbehr* JZ 1995, 996 (997); *Dietlein* FS f. Stern, 1997, 443 (453); *Link* NJW 1995, 3353 (3355); *Pirson* BayVBl 1995, 755 (756); *Merten* FS f. Stern, 1997, 987 (1000).

[199] S. BVerfGE 33, 23 (28 f.), Eid; BVerfGE 35, 366 (375 f.), Kreuz im Gerichtssaal; aA *Ipsen* FS f. Kriele, 1997, 301 (315), Objektivierbarkeit der Eingriffsqualität.

[200] EGMR NVwZ 2011, 737 ff.

[201] S. zur Auseinandersetzung in der Lit., dem BVerfG zust. *Czermak* NJW 1995, 3348; *Rozek* BayVBl 1996, 22; *Renck* ZRP 1996, 16; *Schmitt-Kammler* in Sachs, 8. Aufl. 2018, Art. 7 Rn. 29; *Schmitt-Kammler* FS f. Friauf, 1996, 343; *Kutscha* JuS 1998, 673 (676); iE auch *Anke/Severitt* VR 1996, 37 (41); *Stolleis* KritV 2000, 376; krit. *Pirson* BayVBl 1995, 755; *Müller-Volbehr* JZ 1995, 996, Zweifel am Eingriff; zweifelnd auch: *Kästner* AöR 123 (1998), 408 (428); gegen Eingriff: *Isensee* ZRP 1996, 10 (13); *Gallwas* FS f. Zacher, 1998, 185 (196 ff.); *Wilms* FS f. Kriele, 1997, 341 (347); sa die Kritik bei *Link* NJW 1995, 3353; *Flume* NJW 1995, 2904; *Jestaedt* Journal f. Rechtspolitik 1995, 237 (245); *Geis* RdJB 1995, 373; *Badura* BayVBl 1996, 33; BayVBl 1996, 71; *v. Campenhausen* AöR 121 (1996), 448; *Heckel* DVBl 1996, 453; *Eberl* BayVBl 1996, 107; *Brenner* ThürVBl. 1996, 145 (149 f.); *Merten* FS f. Stern, 1997, 987; *Zacharias* FS f. Rüfner, 2003, 987 (999); für Verfahrenslösung *Goerlich* NVwZ 1995, 1184; abl. *Neumann* ZRP 1995, 381 (386); s. zum Problem auch *Lerche/Maier/Rauscher/Ziegler,* Schule ohne Kreuz?, 1995; *Gut,* Kreuz und Kruzifix in öffentlichen Räu-

dass das BVerfG es unterlassen hat, verfassungskonforme Möglichkeiten der Anbringung von Kreuzen in staatlichen Schulen aufzuzeigen. Der bayerische Gesetzgeber hat infolge der Kruzifix-Entscheidung eine Neuregelung geschaffen. Gemäß Art. 7 Abs. 4 BayEUG wird „angesichts der geschichtlichen und kulturellen Prägung Bayerns in jedem Klassenraum ein Kreuz angebracht. Damit kommt der Wille zum Ausdruck, die obersten Bildungsziele der Verfassung auf der Grundlage christlicher und abendländischer Werte unter Wahrung der Glaubensfreiheit zu verwirklichen." Gegen die Anbringung des Kreuzes kann aus ernsthaften und einsehbaren Gründen des Glaubens oder der Weltanschauung widersprochen werden, was ein Einigungsverfahren in Gang setzt. Der VGH München hat diese Regelung für mit der BayVerf. vereinbar befunden.[202] Die dagegen gerichtete Verfassungsbeschwerde hat das BVerfG nicht zur Entscheidung angenommen.[203] Die Anforderungen an einen verfassungskonformen Vollzug der Widerspruchsregelung im Hinblick auf die subjektiven Rechte von Eltern und Schülern hat das BVerwG aufgezeigt.[204]

c) Grundrechtsträger. Auch die Bekenntnisfreiheit ist zunächst ein Indi- **60**
vidualrecht. Das Verhältnis der Bekenntnisfreiheit von Minderjährigen zum Erziehungsrecht der Eltern gem. Art. 6 Abs. 2 bestimmt das Gesetz über die **religiöse Kindererziehung**[205] in § 5 S. 1 in verfassungskonformer Weise dahin, dass ein Kind mit der Vollendung des 14. Lebensjahres in vollem Umfang religionsmündig ist und daher auch selbst über seine Zugehörigkeit zu einer Religionsgemeinschaft bestimmen kann.[206] Entsprechendes gilt gem. § 6 für die Zugehörigkeit zu einer Weltanschauungsgemeinschaft. Die Religionsmündigkeit ist allerdings nicht dahin misszuverstehen, dass nunmehr das Erziehungsrecht der Eltern hinsichtlich sämtlicher Lebensführungsanforderungen, die aus einer Religions- bzw. Weltanschauungszugehörigkeit folgen, zurückträte.[207] Im Konfliktfall kommt es auf das Kindeswohl unter Berücksichtigung von dessen Religionsmündigkeit an.

Die Bekenntnisfreiheit ist ihrem Wesen nach auch auf Religions- und **61**
Weltanschauungsgemeinschaften anwendbar.[208] Die in diesen **Gemeinschaften** gepflegten und fortgebildeten religiösen oder weltanschaulichen Wahrheiten können in einer der Gemeinschaft zurechenbaren Weise geäußert werden. Sowohl die religiös-weltanschauliche Selbstdarstellung der Gemein-

---

men, 1997; *Brugger/Huster,* Der Streit um das Kreuz in der Schule, 1998; *Hillgruber* KuR 2010, 8 ff.; weitere Hinweise zur Rspr. → Rn. 82 Stichwort Schulwesen/Kreuz.

[202] BVerwG NJW 1997, 3157.

[203] BVerfG NJW 1999, 1020.

[204] BVerwGE 109, 40 = NJW 1999, 3063, Kruzifix in der Schule; für Verfassungsmäßigkeit der Vorschrift *Kokott* in Sachs, 8. Aufl. 2018, Rn. 51; ausf. *Häußler* ZevKR 1998, 461; aA *Czermak* NJW 1995, 3348 (3353); krit. auch *Detterbeck* NJW 1996, 426 (432); *Renck* NJW 1999, 994 (995).

[205] G v. 15.7.1921, RGBl. 939 = BGBl. III 404-9.

[206] Für Verfassungswidrigkeit *Starck* in MKS, 7. Aufl. 2018, Rn. 72; wie hier *Mückl* in BK, Viertbearb., 2008, Rn. 60.

[207] *Kokott* in Sachs, 8. Aufl. 2018, Rn. 8; *Starck* in MKS, 7. Aufl. 2018, Rn. 73; *Mückl* in BK, Viertbearb., 2008, Rn. 60; diff. auch BVerwGE 15, 134 (138 f.), Grenzen der Glaubenswerbung; sa BGHZ 21, 351; sowie den Fall von *Lohse* VR 1997, 349; zum Spezialproblem der elterlichen Bestimmung über die Teilnahme am Religionsunterricht bis zum 18. Lebensjahr nach bay. und saarl. Verfassungsrecht s. *Münch* BayVBl 1989, 745; sowie *Jestaedt* in Listl/Pirson StaatskirchenR-HdB, Bd. II, 2. Aufl., § 52 Rn. 405 ff.

[208] *Starck* in MKS, 7. Aufl. 2018, Rn. 75; *Muckel* in BerlKomm, EL 2/19, Rn. 30.

schaft in der Öffentlichkeit wie auch die Verkündung ihrer Wahrheiten und das Missionieren unterfallen dem Schutz der Bekenntnisfreiheit iVm Art. 19 Abs. 3.[209] **Staatliche Warnungen** und Empfehlungen stellen daher einen Eingriff in die Bekenntnisfreiheit dar.[210] Der Schutz ist im Übrigen nicht auf Religions- und Weltanschauungsgemeinschaften beschränkt, sondern erstreckt sich auf alle Vereinigungen, gleichgültig welcher Rechtsform, die in den Schutzbereich des Art. 4 Abs. 1, 2 fallende Zwecke verfolgen.[211] Die negative Bekenntnisfreiheit kann insoweit einen kollektiven Anwendungsbereich haben, als eine Vereinigung ohne religiöse oder weltanschauliche Ziele sich gegen eine solche Vereinnahmung zur Wehr setzt.[212]

62 **d) Die Freiheit(en) … sind unverletzlich.** Die Aussage, die durch Art. 4 Abs. 1 geschützten Freiheiten seien unverletzlich, enthält ein besonders kategorisches Verbot ihrer Beeinträchtigung. Im Parlamentarischen Rat war die Aufnahme einer Schranke umstritten. Unter dem nachwirkenden Einfluss der herrschenden Weimarer Verfassungsrechtslehre, die eine Grundrechtsbindung des Gesetzgebers nicht oder allenfalls sehr eingeschränkt kannte, bestand die Befürchtung, dass durch einen Schrankenvorbehalt der Grundrechtsschutz völlig ausgehöhlt werden könnte. Andererseits war umstritten, ob nicht ohnehin die Schranken des Art. 2 Abs. 1 (wörtlich genommen!) Anwendung finden. Im Ergebnis wurde auf einen Schrankenvorbehalt verzichtet, wobei Einigkeit bestand, dass die Anwendung zB von bau- oder seuchenpolizeilichen Vorschriften nicht ausgeschlossen sein sollte.[213] Heute ist ganz hM, dass die **Schranken anderer Grundrechte,** insbes. der Art. 2 Abs. 1 und 5 Abs. 2 **keine Anwendung** auf Art. 4 Abs. 1 finden.[214] Dies ist notwendige Folge der Entwicklung des Art. 2 Abs. 1 zu einem subsidiären Auffanggrundrecht mit der einhergehenden Interpretation seiner Schranke als allgemeiner Gesetzesvorbehalt[215] und ergibt sich zudem aus dem Grundsatz der Spezialität.[216]

63 Regelungen mit Vorbehaltscharakter enthält jedoch der gem. Art. 140 inkorporierte Art. 136 WRV. Laut Art. 136 Abs. 1 WRV werden die bürgerlichen und staatsbürgerlichen Rechte und Pflichten durch die Ausübung der

---

209 BVerfGE 42, 312 (323), Bremisches KirchenG; zur Notwendigkeit des Rückgriffs auf Art. 19 Abs. 3 s. BVerfGE 105, 279 (293), Osho-Bewegung.

210 BVerwGE 82, 76 (79), Warnung der Bundesregierung vor Jugendsekten; 90, 112 (118 ff.), Förderung eines Vereins zur Bekämpfung von Jugendsekten; BVerwG BeckRS 2004, 27067; unklar BVerfGE 105, 279 (294 f.), Osho-Bewegung; sa OVG Bremen NJW 2016, 823, Salafisten; krit. *Huber* JZ 2003, 290; *Morlok* in Dreier, 3. Aufl. 2013 Rn. 120; ausf. *Heintzen* VerwArch 81 (1990), 532 (541 ff.); zweifelnd *Wahl/Masing* JZ 1990, 553; s. zu Warnungen → Rn. 68; → Rn. 82 Stichwort Jugendsekten.

211 BVerfGE 24, 236 (246 f.), Aktion Rumpelkammer; BVerfGE 46, 73 (84 ff.), Stiftung; BVerfGE 53, 366 (386 ff.), KrankenhausG NRW; sa BVerfGE 19, 129 (132), Umsatzsteuerpflicht von Religionsgemeinschaften; 70, 138 (160), kirchliches Kündigungsrecht; *Zippelius* in BK, Drittbearb., 1989, Rn. 70 ff.; *Starck* in MKS, 7. Aufl. 2018, Rn. 79; *Jarass* in Jarass/Pieroth, 15. Aufl. 2018, Rn. 20.

212 *Starck* in MKS, 7. Aufl. 2018, Rn. 76; offen gelassen in BVerfGE 19, 206 (215), Kirchenbausteuer; 44, 103 (104), Kirchenlohnsteuer; sa *Jarass* in Jarass/Pieroth, 15. Aufl. 2018, Rn. 21 mit Hinweis auf BVerwGE 64, 196 (199): Berufung auf negative Glaubensfreiheit möglich bei Belastung mit religiösen Pflichten.

213 JöR nF 1 (1951), 74; sa *Wenckstern* in Umbach/Clemens, 2002, Rn. 6 ff.

214 *Starck* in MKS, 7. Aufl. 2018, Rn. 15; *Mückl* in BK, Viertbearb., 2008, Rn. 159.

215 → Art. 2 Rn. 37 ff., 155 mwN.

216 BVerfGE 32, 98 (107), Gesundbeter; in BVerfG NJW 1989, 3269 (3270) werden allerdings „Belange des Jugendschutzes" als Schranke angeführt; *Herzog* in Maunz/Dürig, Rn. 114 ff. gibt die Anwendung der Schranken des Art. 2 Abs. 1 in modifizierter Form zu bedenken.

Religionsfreiheit weder bedingt noch beschränkt. Gem. Art. **136 Abs. 3 S. 2 WRV** haben die Behörden das Recht nach der Zugehörigkeit zu einer Religionsgesellschaft zu fragen, soweit davon Rechte und Pflichten abhängen oder eine gesetzlich angeordnete statistische Erhebung dies erfordert. Die letztgenannte Vorschrift wird als Schranke des Art. 4 Abs. 1 einhellig anerkannt.[217]

Demgegenüber ist sowohl Anwendbarkeit als auch Inhalt des **Art. 136 Abs. 1 WRV** umstritten. Das BVerfG lehnt die Anwendung des Art. 136 Abs. 1 WRV ab. Der Grundgesetzgeber habe die Glaubens- und Gewissensfreiheit aus dem Zusammenhang der Kirchenartikel der WRV gelöst und ohne jeden Gesetzesvorbehalt in den an der Spitze der Verfassung stehenden Katalog unmittelbar verbindlicher Grundrechte aufgenommen.[218] Art. 136 WRV sei deshalb im Lichte der gegenüber früher erheblich verstärkten Tragweite des Grundrechts der Glaubens- und Gewissensfreiheit auszulegen; er werde nach Bedeutung und innerem Gewicht im Zusammenhang der grundgesetzlichen Ordnung von Art. 4 Abs. 1 überlagert. Welche staatsbürgerlichen Pflichten iSd Art. 136 Abs. 1 WRV gegenüber dem Freiheitsrecht des Art. 4 Abs. 1 mit staatlichem Zwang durchgesetzt werden dürften, lasse sich unter der Herrschaft des GG nur nach Maßgabe der in Art. 4 Abs. 1 getroffenen Wertentscheidung feststellen.[219] In der weiteren Rechtsprechung wird Art. 136 Abs. 1 WRV als Schranke nicht mehr erwähnt. Vielmehr führt das Gericht seine bereits zuvor begründete Rechtsprechung weiter, wonach dem vorbehaltlos gewährleisteten Art. 4 Abs. 1 aufgrund der vom GG anerkannten Gemeinschaftsbindung des Individuums nach dem Grundsatz der Einheit der Verfassung allein durch andere Bestimmungen des GG Grenzen gezogen werden, in Art. 4 Abs. 1 also nur auf der Grundlage **verfassungsimmanenter Schranken** eingegriffen werden dürfe.[220] 64

Die Argumentation des BVerfG kann nicht in jeder Hinsicht überzeugen. 65
So ist nicht einzusehen, weshalb die nicht ohne weiteres auf den Schutz von Verfassungsgütern rückführbare Schranke des Art. 136 Abs. 3 S. 2 WRV gilt, Art. 136 Abs. 1 WRV jedoch keine Anwendung findet. Dies widerspricht auch der in anderem Zusammenhang betonten Charakterisierung der inkorporierten Artikel der WRV als vollgültigem Verfassungsrecht.[221] Die Un-

---

[217] BVerfGE 30, 415 (426), Kirchensteuerpflicht; BVerfGE 49, 375 (376), Religionszugehörigkeit auf Lohnsteuerkarte; sowie BVerfG NVwZ 2001, 909, Eintragung in Lohnsteuerkarte; BVerfGE 46, 266 (267), Aufnahme in ein Krankenhaus; sa BVerwG NJW 1976, 383; BVerfGE 65, 1 (39), Volkszählung; s. nur *Jarass* in Jarass/Pieroth, 15. Aufl. 2018, Rn. 32; *Morlok* in Dreier, 3. Aufl. 2013 Rn. 125; *Zippelius* in BK, Drittbearb., 1989, Rn. 100. Krit. zum Kirchenlohnsteuereinzug im Blick auf Art. 4 Abs. 1, 2 sowohl der Arbeitnehmer als auch der Arbeitgeber *Wasmuth/Schiller* NVwZ 2001, 852; nach EGMR NVwZ 2011, 1503 handelt es sich um einen gerechtfertigten Eingriff in Art. 9 Abs. 1 EMRK.

[218] S. BVerfGE 19, 206 (219 f.), Kirchenbausteuer; 24, 236 (246), Aktion Rumpelkammer.

[219] BVerfGE 33, 23 (30), Eid.

[220] BVerfGE 32, 98 (107 f.), Gesundbeter; 33, 23 (29), Eidsverweigerung; 44, 37 (49 f.), Nachbesteuerung bei Kirchenaustritt; zust. *Morlok* in Dreier, 3. Aufl. 2013 Rn. 124; *Kokott* in Sachs, 8. Aufl. 2018, Rn. 132 ff.; *Mückl* in BK, Viertbearb., 2008, Rn. 163; *Germann* in BeckOK GG, Rn. 9, 47; *Maurer* FS f. Brohm, 2002, 455 (459); *Hofmann* in SHH, 14. Aufl. 2018, Rn. 7, 13; *Heinig/Morlok* JZ 2003, 777 (780 f.); *Fischer/Groß* DÖV 2003, 932 (937); *Walter,* Religionsverfassungsrecht in vergleichender und internationaler Perspektive, 2006, 515 ff., 536.

[221] BVerfGE 19, 206 (219), Kirchenbausteuer; 53, 366 (400), KrankenhausG NRW; 70, 138 (167), kirchliches Kündigungsrecht; BVerfG NVwZ 1999, 753 (754); sa *Muckel,* Religiöse Freiheit und staatliche Letztentscheidung, 1997, 226.

anwendbarkeit des Art. 136 Abs. 1 WRV lässt sich auch nicht zwingend mit der vorbehaltlosen Gewährleistung des Art. 4 Abs. 1 gegenüber der früheren unter dem Vorbehalt „allgemeiner Staatsgesetze" stehenden Garantie der Glaubens- und Religionsausübungsfreiheit des Art. 135 WRV begründen. Die allgemeine Ansicht befand Art. 136 Abs. 1 in der Variante der „Beschränkung" für inhaltlich identisch mit der Schranke des Art. 135 S. 3 WRV.[222] Art. 136 Abs. 1 WRV ist aber gerade in das GG übernommen und nicht gestrichen worden.[223] Zumindest hätte das BVerfG sich vor der Unanwendbarkeitserklärung um eine harmonisierende Auslegung des Art. 136 Abs. 1 WRV bemühen müssen.

66 Tatsächlich ist **Art. 136 Abs. 1 WRV** nach heutiger Grundrechtsdogmatik schon seinem Wortlaut nach nicht als einfacher Gesetzesvorbehalt zu lesen. Er enthält vielmehr den an den Gesetzgeber gerichteten **Grundsatz staatlicher Neutralität:** Dass die bürgerlichen und staatsbürgerlichen Rechte durch die Ausübung der Religionsfreiheit nicht bedingt sind, besagt, dass diese Rechte und Pflichten sowohl in ihrer Formulierung wie auch in ihrem Zweck und in ihrer Wirkung religions- und weltanschauungsneutral sein müssen.[224] Derartige neutrale Rechte und Pflichten beanspruchen dann allerdings auch grundsätzlich Geltung gegenüber jedermann.[225] Insoweit ist die Religionsfreiheit nicht geeignet, diese Rechte und Pflichten zu beschränken. Verbindet man diese Lesart des Art. 136 Abs. 1 WRV mit dem **Grundsatz verfassungskonformer Auslegung,** insbes. **verhältnismäßiger Anwendung** einfacher Gesetze, so ist ein unzureichender Schutz von Glaube und Bekenntnis nicht zu befürchten und selbst dem hohen Maßstab der „Unverletzlichkeit" genüge getan.[226] Indem die Prüfung der Schranke jedoch nicht auf die Abwägung zwischen Art. 4 Abs. 1 und einem gegenläufigen Verfassungsgut beschränkt bleibt, sondern zunächst Zweck und Wirkung des Gesetzes ungeachtet religiöser oder weltanschaulicher Betroffenheit in den Blick zu nehmen sind, wird bei der Anwendung im Einzelfall eine ungerechtfertigte Privilegierung religiös oder weltanschaulich motivierten Verhaltens gegenüber gleichartigem, in anderer Weise motiviertem Verhalten ebenso vermieden wie eine ungerechtfertigte Diskriminierung durch Überdehnung verfassungsimmanenter Schranken. Art. 136 Abs. 1 WRV ist daher taugliche Schranke der Glaubens- und Bekenntnisfreiheit.[227]

---

[222] *Anschütz,* WRV, Art. 136 Anm. 1.

[223] Für geringe Relevanz *Borowski,* Die Glaubens- und Gewissensfreiheit des Grundgesetzes, 2006, 502; für Redaktionsversehen *Walter,* Religionsverfassungsrecht in vergleichender und internationaler Perspektive, 2006, Kap. 17 Rn. 117; *Mückl* in BK, Viertbearb., 2008, Rn. 5; s. ausführlich *Held,* Art. 140 GG i. V. m. Art. 136 I WRV als Gesetzesvorbehalt der Religionsfreiheit, 2017.

[224] So auch *Maurer* ZevKR 49 (2004), 311 (324).

[225] So auch BVerwGE 112, 227 (231 f.), Schächten; *Heckel* FS BVerfG, 2001, 379 (408); *Kästner* FS BVerwG, 2003, 347 (360); *Muckel* in BerlKomm, EL 2/19, Rn. 53 ff.

[226] *Muckel* in BerlKomm, EL 2/19, Rn. 53 f.

[227] Für Heranziehung des Art. 136 Abs. 1 als Schranke auch *Starck* in MKS, 7. Aufl. 2018, Rn. 87 ff.; *Muckel,* Religiöse Freiheit und staatliche Letztentscheidung, 1997, 224 ff.; *M. Mayer* NVwZ 1997, 561 (562 f.); *Bock* AöR 123 (1998), 444 (471); *Kästner* JZ 1998, 947 (982); *Hillgruber* JZ 1999, 538 (543); sa BVerwGE 112, 227 (231 f.), Schächten; in der Begründung anders, iErg aber ähnlich *Preuß* in AK, 3. Aufl. 2001, Rn. 30: Geschützt sei nur die Integrität des geistigen Prozesses, materielle Auswirkungen unterlägen den Gesetzen; *Zippelius* in BK, Drittbearb., 1989, Rn. 91: „wo keine ausschließende Gesetzeskonkurrenz besteht, kommt die Anwendung von Schranken und Einschränkungen hinsichtlich anderer Grundrechte in Betracht"; *Herzog* in Maunz/Dürig, Rn. 91 ff., Rn. 114 ff. zieht für „Re-

Gegen die hier vertretene Auffassung lässt sich auch nicht anführen, dass es zu einer Schrankendivergenz zwischen der Glaubens- und Bekenntnisfreiheit einerseits und der Gewissensfreiheit andererseits komme, da auf letztere Art. 136 Abs. 1 WRV keine Anwendung finde.[228] Nimmt man die Auffassung ernst, dass die Gewissensfreiheit ein eigenständiges Grundrecht darstellt, so ist die Annahme einer Schrankenidentität nicht zwingend. Wertungswidersprüche können im Übrigen nur auftreten, wenn man den Schutzbereich der Gewissensfreiheit letztlich doch in Parallele zu einer extensiv verstandenen Religions- und Weltanschauungsfreiheit, also jeweils als Schutz des Denkens, Redens und Handelns begreift. Das hier vertretene spezifische Verständnis der einzelnen Verbürgungen des Art. 4 Abs. 1 schließt dagegen Wertungswidersprüche aus, zumal auch religiös oder weltanschaulich motivierte Gewissenskonflikte dem Schutzbereich der Gewissensfreiheit unterfallen (→ Rn. 103). **67**

Betont werden muss schließlich, dass auch in Grundrechte ohne ausdrücklichen **Gesetzesvorbehalt** nur aufgrund eines Gesetzes eingegriffen werden darf.[229] Eine Eingriffsrechtfertigung unmittelbar durch verfassungsimmanente Schranken ist unzulässig. Auch entgegenstehende Grundrechte Dritter bleiben Freiheitsrechte und können nicht zu Eingriffsnormen uminterpretiert werden. Ebensowenig folgt aus verfassungsrechtlichen Aufgabenzuweisungen bereits eine Eingriffsbefugnis. Auf jeden Fall ist der vom BVerwG als Rechtsgrundlage für **Warnungen** der Bundesregierung **vor sog. Jugendsekten** herangezogene Art. 65 zu unbestimmt, als dass sich ihm methodisch begründbar und für die Betroffenen erkennbar eine Befugnis zur Öffentlichkeitsarbeit mit Eingriffscharakter entnehmen ließe.[230] Die der Regierung aus ihrer staatsleitenden Funktion zukommende Kompetenz zur Öffentlichkeitsarbeit in Bezug auf Themen von bundesweiter Relevanz reicht allerdings dann aus, wenn der Schutzbereich der Religionsfreiheit durch die Informationstätigkeit schon gar nicht berührt ist. Dies hat das Bundesverfassungsgericht für sachliche und neutrale Tatsachenmitteilungen und Meinungsäußerungen angenommen.[231] Ein Gesetz soll auch entbehrlich sein für nur mittelbar- **68**

den" die Schranken des Art. 5 Abs. 2 und für „Handeln" die Schranken des Art. 2 Abs. 1 in Betracht. *Borowski,* Die Glaubens- und Gewissensfreiheit des Grundgesetzes, 2006, 526 ff. (540) plädiert für einen ungeschriebenen allgemeinen Gesetzesvorbehalt.

[228] So *Morlok* in Dreier, 3. Aufl. 2013 Rn. 124; für Anwendbarkeit des Art. 136 WRV auf die Gewissensfreiheit aber *Herdegen,* Gewissensfreiheit und Normativität des positiven Rechts, 1989, 289; krit. dazu *Muckel,* Religiöse Freiheit und staatliche Letztentscheidung, 1997, 253 ff.

[229] *Dreier* in Dreier, 3. Aufl. 2013 Vorb. Rn. 141; *Morlok* in Dreier, 3. Aufl. 2013 Rn. 128.

[230] S. aber BVerwGE 82, 78 (82), Jugendreligion – transzendentrale Meditation; BVerfG NJW 1989, 3269; BVerwG NJW 1991, 1770; NVwZ 1994, 163; BVerwGE 90, 112 (122 ff.), Förderung eines Vereins zur Bekämpfung von Jugendsekten; bestätigt durch BVerfGE 105, 279 (301 ff.), Osho-Bewegung. Fast ausnahmslos krit. die Lit.: s. nur *Gusy* JZ 1989, 1003 (1004); *Gröschner* DVBl 1990, 619 (628); *Heintzen* NJW 1990, 1448; VerwArch 1990, 532 (549 ff.); *Wahl/Masing* JZ 1990, 553; *Meyn* JuS 1990, 633; *Schoch* DVBl 1991, 667 (672); *Schachtschneider* NJW 1991, 3203; *Alberts* NVwZ 1992, 1164 (1165); *Scholler* FS f. Kriele, 1997, 321; *Krebs,* Hoheitliche Äußerungen über sog. Jugendreligionen, 1998, 104 ff., 120, 139; *Morlok* in Dreier, 3. Aufl. 2013 Rn. 130; *Kremser* ZevKR 39 (1994), 160; *Badura,* Der Schutz von Religion und Weltanschauung durch das Grundgesetz, 1989, 83 ff.; *Bayer,* Das Grundrecht der Religions- und Gewissensfreiheit, 1997, 178 ff.; zustimmend *Jarass* in Jarass/Pieroth, 15. Aufl. 2018, Rn. 29; *Starck* in MKS, 7. Aufl. 2018, Rn. 114.

[231] BVerfGE 105, 279 (294), Osho-Bewegung.

faktische Eingriffe in Form von negativen Äußerungen, da ein Gesetz die Vielgestaltigkeit der Informationstätigkeit nicht sinnvoll regeln könne. Ein Verstoß gegen die verfassungsunmittelbare Pflicht zu sachlicher, neutraler und verhältnismäßiger Informationstätigkeit stelle eine Grundrechtsverletzung dar.[232] Diese Entscheidung mag pragmatisch sein, grundrechtsdogmatisch lässt sie die Kategorien Schutzbereich, Eingriff und Verletzung ineinander verschwimmen.

69 **e) Verhältnis zur Vereinigungsfreiheit nach Art. 140 iVm. Art. 137 Abs. 2 und 3.** Organisierte Religionsausübung und Betätigung von Weltanschauungen ohne Staat setzt die **Freiheit der Vereinigung** zu Religions- und Weltanschauungsgemeinschaften und die **Freiheiten der inneren Organisation sowie Selbstbestimmung** in eigenen Angelegenheiten voraus,[233] wie sie in Art. 140 iVm Art. 137 Abs. 2 u. 3 WRV ausdrücklich verbürgt sind. Entsprechende Formulierungen unmittelbar im Zusammenhang mit Art. 4 waren zunächst vorgesehen und sind erst infolge der Übernahme der Weimarer Bestimmungen wieder gestrichen worden.[234] Angesichts dieser Entstehungsgeschichte und der eindeutigen Zielsetzung, im GG mit der Gewährung religiöser Freiheiten nicht hinter der WRV zurückzubleiben, sieht das BVerfG die religiöse Vereinigungsfreiheit auch durch Art. 4 Abs. 1, 2 geschützt.[235] Sie umfasse die Freiheit, sich aus gemeinsamem Glauben zu einer Religionsgesellschaft zusammenzuschließen und zu organisieren.[236] Diese Definition führt zu einer Überschneidung mit den Gewährleistungen von Art. 137 Abs. 2 und Abs. 3 S. 1 WRV. In der Tat garantiert Art. 137 Abs. 3 S. 1 WRV ausdrücklich, was im Rahmen der allgemeinen Vereinigungsfreiheit des Art. 9 Abs. 1 deren kollektiver Seite zugezählt wird.[237] Für Art. 137 Abs. 2 WRV bleibt als Gewährleistungsgehalt ausschließlich das Recht der freien Bildung religiöser Vereinigungen[238] und damit eine Konkretisierung der Bekenntnisfreiheit.[239] Demgegenüber ist die **Autonomiegewährleistung** des Art. 137 Abs. 3 S. 1 WRV nicht völlig deckungsgleich mit dem in Art. 4 Abs. 1 verbürgten Schutz religiöser und weltanschaulicher Gemeinschaften, der stets einen unmittelbaren Bezug zu religiösen oder weltanschaulichen Inhalten voraussetzt. Die Autonomiegewährleistung schützt die Unabhängigkeit von Religions- und Weltanschauungsgemeinschaften insgesamt, die auch durch staatliche Maßnahmen beeinträchtigt werden kann, die keine inhaltlichen Bezüge haben.[240] Insoweit ist dem BVerfG zuzustimmen, wenn es „die Garantie freier Ordnung und Verwaltung der eigenen Angelegenheiten als eine rechtlich selbständige Gewährleistung" bezeichnet, „die der Freiheit des religiösen Lebens und Wirkens der Kirchen und Religionsgemeinschaften (Art. 4 Abs. 2 GG) die

---

[232] BVerfGE 105, 279 (301 ff.), Osho-Bewegung.

[233] Zur Rechtsgeschichte der religiösen Vereinigungsfreiheit s. *Landau* JZ 1995, 909.

[234] BVerfGE 83, 341 (354), Bahá'í.

[235] BVerfGE 83, 341 (354), Bahá'í.

[236] BVerfGE 83, 341 (355), Bahá'í.

[237] Vgl. → Art. 9 Rn. 41 f.; ähnlich wie hier *Herzog* in Maunz/Dürig, Rn. 30.

[238] Das BVerfG (BVerfGE 83, 341, Bahá'í) hat gesetzliche Anforderungen an die innere Organisation einer Religionsgemeinschaft dagegen ausschließlich an der Vereinigungsfreiheit geprüft; krit. hierzu *Schockenhoff* NJW 1992, 1013 (1016 ff.). S. zu Fragen der Anwendbarkeit des Vereinsrechts auf Religionsgemeinschaften auch *Waldner* FS f. Schwab, 2000, 155.

[239] → Rn. 50.

[240] *Muckel,* Religiöse Freiheit und staatliche Letztentscheidung, 1997, 183; *v. Campenhausen* in HStR VII § 157 Rn. 125; ausf. zum Selbstbestimmungsrecht *Korioth,* HSKR § 16.

zur Wahrnehmung dieser Aufgaben unerlässliche Freiheit der Bestimmung über Organisation, Normsetzung und Verwaltung hinzufügt".[241] Während das BVerfG gemäß seiner weiten Auslegung der Freiheit der Religionsausübung auch insoweit die **Verfassungsbeschwerdefähigkeit** stets mit Hilfe des Art. 4 Abs. 1 und 2 begründet, sind derartige über Art. 4 Abs. 1, 2 hinausgreifende Gehalte nach hier vertretener Auffassung – wenn nicht unmittelbar auf der Grundlage von Art. 137 Abs. 2 u. 3 WRV[242] – richtiger über Art. 9 Abs. 1, zumindest aber über Art. 2 Abs. 1 verfassungsbeschwerdefähig.[243]

4. Religionsausübungsfreiheit. a) Die ungestörte Religionsausübung. Nach Auffassung des BVerfG enthält Art. 4 Abs. 2 die deklaratorische Feststellung, dass die Religion und Weltanschauung betreffenden Freiheiten des Abs. 1 auch Gemeinschaften zustehen; demgemäß begründet es die Befugnis von religiösen oder weltanschaulichen Vereinigungen, Verfassungsbeschwerde zu erheben, stets mit Hilfe von Art. 4 Abs. 2.[244] Nach anderer Auffassung schützt die Religionsausübungsfreiheit alle religiös oder weltanschaulich motivierten individuellen und kollektiven Verhaltensweisen, die über das Glauben und Reden hinausgehen.[245] Eine restriktive Auslegung sieht nur die kultischen Handlungen und Gebräuche geschützt, versteht die Religionsausübungsfreiheit folglich als Kultusfreiheit im engeren Sinne.[246] **Historisch** gewährte die **Kultusfreiheit** als letzter Schritt zu umfassender Religionsfreiheit allen Religionsgemeinschaften das Recht des öffentlichen und gemeinschaftlichen Gottesdienstes (*exercitium religionis publicum* = mit Turm und Glocken) und hob damit zuvor bestehende Differenzierungen auf (nur Hausandacht = *devotio domestica simplex;* Hausandacht unter Leitung eines Geistlichen = *devotio domestica qualificata;* Privatgottesdienst = *exercitium religionis privatum*).[247] Die Entstehungsgeschichte des GG macht zumindest deutlich, dass die Mitglieder des Parlamentarischen Rates, anders als das BVerfG, nicht der Auffassung waren, dass der Begriff des Bekennens den der Religionsausübung umfasst.[248] 70

Der Begriff der Religionsübung (so die WRV) bzw. der Religionsausübung ist die deutsche Übersetzung des lateinischen *exercitium religionis,* der den gemeinschaftlichen Gottesdienst bezeichnete. Auch ungeachtet rechts- 71

---

[241] S. nur BVerfGE 72, 278 (289), Berufsbildung mwN.

[242] S. dazu → Art. 140 Rn. 5, 26.

[243] Zu Art. 9 Abs. 1 sa *Starck* in MKS, 7. Aufl. 2018, Rn. 49; *Hellermann,* Die sogenannte negative Seite der Freiheitsrechte, 1993, 173 f.

[244] Grdl. BVerfGE 24, 236 (245 f.), Aktion Rumpelkammer; sa BVerfGE 53, 366 (387 f.), KrankenhausG NRW; BVerfGE 57, 220 (241), gewerkschaftliches Zutrittsrecht; BVerfGE 70, 138 (161), kirchliches Kündigungsrecht; BVerfGE 99, 100 (118), Kirchengutsgarantie; zust. *v. Campenhausen* in HStR VII § 157 Rn. 92; *Starck* in MKS, 7. Aufl. 2018, Rn. 57 ff., 61 hinsichtlich Ausübungsmodalitäten einschränkend auf solche, die denen der bei Entstehung des Grundgesetzes bekannten Religionen vergleichbar sind.

[245] *Herzog* in Maunz/Dürig, Rn. 64; BVerwGE 94, 82 (87), Befreiung vom koedukativen Sportunterricht.

[246] *Hellermann,* Die sogenannte negative Seite der Freiheitsrechte, 1993, 139; sa BVerfGE 83, 341 (354), wo der Begriff der Religionsausübung in Klammern mit Kultusfreiheit erläutert wird; dies kann jedoch nicht als Änderung der stRspr angesehen werden, sondern nur als eine Feststellung des Unstreitigen; für mehr als Kultusfreiheit ieS, aber weniger als allg. religiöse Handlungsfreiheit *Muckel,* Religiöse Freiheit und staatliche Letztentscheidung, 1997, 149 ff.

[247] S. dazu *Anschütz,* Die Verfassungs-Urkunde für den Preußischen Staat, 212 ff.

[248] JöR nF 1 (1951), 74.

historischer Wurzeln legt der Begriff der Religionsausübung nahe, dass es um den **Schutz spezifisch religiöser Handlungen** geht. Im Rahmen einer vom Wortlaut gesteuerten, differenzierten Schutzbereichsinterpretation muss diesen eine Besonderheit eignen, die sie typologisch sowohl vom Bekenntnis als auch von religiös motivierter Lebensführung unterscheidet. Folgt man diesem Gedanken, ist ein Verhalten nur dann unter den Begriff der Religionsausübung zu subsumieren, wenn es nach Form und Inhalt, als Mittel und Zweck religiöse Bedeutung hat, wenn das Tun an und für sich religiös, das Religiöse der Handlung Selbstzweck ist. Typologisch ließe sich dann zwischen Bekenntnis und Religionsausübung derart unterscheiden, dass das Bekenntnis sich an andere Menschen richtet, die Religionsausübung dagegen, auch wenn sie regelmäßig gemeinschaftlich stattfindet und öffentlich wahrnehmbar sein kann, an (einen) Gott (Götter) oder anderes Heiliges.[249] Eine solche Auslegung ist mit dem historischen Sinn vereinbar, löst ihn aber aus christlicher Tradition und hält ihn offen für religiöse Vielfalt. Sie hat das systematische Argument für sich, dass nur auf diese Weise die Religionsausübungsfreiheit als eine spezifische Grundrechtsverbürgung konturiert wird, während die extensive Auffassung des BVerfG Art. 4 Abs. 1, 2 zu einer allgemeinen Freiheit religiös motivierter Handlungen und damit zu einem Privilegierungstatbestand im Rahmen der allgemeinen Handlungsfreiheit macht.[250]

72 Unbeschadet dessen, dass vor allem die öffentliche Religionsausübung besonderen Schutz vor Störung braucht, ist auch der Schutz privater oder häuslicher Religionsausübung nicht unnötig, zumal der historische Sinn gerade in der Aufhebung aller Differenzierungen lag. Da sich auch dem Wortlaut keine Unterscheidung entnehmen lässt, erfasst der Schutzbereich individuelle und gemeinschaftliche, häusliche, private und öffentliche Religionsausübung in dem dargestellten spezifischen Sinne, also insbes. Gebet (soweit es sich auch durch Verhalten äußert und nicht im Bereich des Denkens verbleibt), Gottesdienst einschließlich des liturgischen Geläuts bzw. des Gebetsrufs, Prozessionen. Der Religionsausübung dienende Gebäude und Örtlichkeiten haben am Schutz der Religionsausübungsfreiheit teil.[251]

73 Welche sonstigen Verhaltensweisen Religionsausübung darstellen, ist nur unter Berücksichtigung des Selbstverständnisses der jeweiligen Religion und Religionsgemeinschaft zu ermitteln.[252] Entscheidend ist allerdings, dass es sich um ein Verhalten handelt, bei dem die Hinwendung zum „Transzendenten" Haupt- und Selbstzweck ist. Nach diesem Kriterium würde es sich bei der **karitativen Tätigkeit** der christlichen Kirchen auch unter Berücksichtigung von deren Selbstverständnis nicht um Religionsausübung in dem hier ver-

---

[249] Vgl. *Freihalter,* Gewissensfreiheit. Aspekte eines Grundrechts, 1973, 42.

[250] Krit. insoweit auch *Preuß* in AK, 3. Aufl. 2001, Rn. 24 f.

[251] Sa *Kokott* in Sachs, 8. Aufl. 2018, Rn. 60.

[252] Zur Bedeutung des Selbstverständnisses sa BVerfGE 24, 236 (246), Aktion Rumpelkammer mwN; 42, 312 (334), Bremisches KirchenG; 44, 37 (49 f.), Nachbesteuerung bei Kirchenaustritt; 53, 366 (401), KrankenhausG NRW; 66, 1 (21), Konkursausfallgeld; 70, 138 (163), kirchliches Kündigungsrecht; *Morlok* in Dreier, 3. Aufl. 2013 Rn. 60; zur Notwendigkeit objektiver Kriterien s. BVerwGE 61, 152 (160), Zurückstellung wegen Amt bei Scientology; BVerfGE 83, 341 (353), Bahá'í; sa *Herzog* in Maunz/Dürig, Rn. 103 ff.; *Muckel,* Religiöse Freiheit und staatliche Letztentscheidung, 1997, 121 ff. und passim; ausf. *Isak,* Das Selbstverständnis der Kirchen und Religionsgemeinschaften und seine Bedeutung für die Auslegung staatlichen Rechts, 1994.

tretenen engen Sinne handeln.[253] Damit wäre der Schutzbereich des Art. 4 Abs. 2 zwar nicht eröffnet.[254] Wie oben dargelegt[255] ist religiös motiviertes Handeln aber insoweit durch die Glaubensfreiheit des Art. 4 Abs. 1 geschützt, wie staatliche Maßnahmen mittelbar oder unmittelbar die religiöse Motivation treffen, was immer dann der Fall ist, wenn die Maßnahme im Blick auf eine religiöse Einstellung oder Verhaltensweise ergriffen wird oder die Maßnahmen auf Betroffene wegen deren religiösen Einstellung härtere Auswirkungen hat. Als **kirchliche Grundfunktion**[256] sind Caritas und Diakonie des Weiteren Gegenstand kirchlicher Autonomiegewährleistung gem. Art. 140 iVm Art. 137 Abs. 3 S. 1 WRV. Für den Fall der Lumpensammler-Entscheidung des BVerfG, die für das zugleich weite wie nur deklaratorische Verständnis des Art. 4 Abs. 2 grundlegend geworden ist,[257] und die eine Altkleidersammlung eines kath. Jugendvereins mit der Unterstützung kirchlicher Kanzelabkündigung betraf, ergibt sich nach hier vertretener Auffassung eine Verletzung der Glaubens- und Bekenntnisfreiheit aus der gerichtlichen Verurteilung eines christlichen Appells an die Nächstenliebe als sittenwidrig.[258]

Für die **wirtschaftliche Betätigung von Religions- bzw. Weltanschauungsgemeinschaften** gilt Vergleichbares. Sie wird regelmäßig nicht Bestandteil des Kultus sein. Handelt es sich auch nicht um eine Bekenntnishandlung, kommt es entscheidend darauf an, ob die Regelungen des Wirtschaftsrechts die religiöse Motivation treffen wollen oder die Betroffenen wegen deren religiöser Motivation härter treffen.[259] Demgegenüber läuft die Auffassung, welche die Normen des Wirtschaftsrechts nur anwenden will, soweit sie Verfassungsrechtsgüter, insbes. Grundrechte Dritter schützen,[260] Gefahr, entweder den Gedanken der verfassungsimmanenten Schranken zu überdehnen oder religiös motivierte Wirtschaftstätigkeit ungerechtfertigt zu privilegieren. 74

Die **negative Religionsausübungsfreiheit** ist ausdrücklich in Art. 140 75
iVm Art. 136 Abs. 4 WRV verbürgt, wonach niemand zu einer kirchlichen Handlung oder Feierlichkeit oder zur Teilnahme an religiösen Übungen gezwungen werden darf. In Anstalten gilt hinsichtlich Gottesdienst und Seelsorge das Verbot jeglichen Zwangs (Art. 140 iVm Art. 141 WRV). Als Konsequenz der Freiheit, einen Glauben zu bilden, ihn zu haben oder nicht zu haben, einer Religionsgemeinschaft anzugehören oder nicht anzugehören, einen Glauben zu bekennen oder nicht zu bekennen sowie dem Schutz vor Gewissenszwang, ist die negative Religionsausübungsfreiheit auch in Art. 4 verbürgt, wobei es gleichgültig ist, ob man dies aus inhaltlich-systematischen Gründen dem Abs. 1 oder aus formal-systematischen Gründen dem Abs. 2

---

[253] AA *Mückl* in BK, Viertbearb., 2008, Rn. 102 ff.

[254] Anders die Rspr. und hM auf der Grundlage eines weiten Begriffs der Religionsausübung, vgl. BVerfGE 24, 236 (247), Aktion Rumpelkammer; 53, 366 (392 f.), KrankenhausG NRW; 57, 220 (240 f.), gewerkschaftliches Zutrittsrecht; 70, 138 (161), kirchliches Kündigungsrecht.

[255] → Rn. 35.

[256] *Hollerbach* in HStR VI, § 140 Rn. 20; s. zum karitativ-diakonischen Wirkungen *Unruh*, HSKR § 49; zur Caritas *Sydow*, HSKR § 50, zur Diakonie *Winter*, HSKR § 51.

[257] BVerfGE 24, 236 (245 f.), Aktion Rumpelkammer.

[258] So schon *Preuß* in AK, 3. Aufl. 2001, Rn. 26.

[259] → Rn. 28 ff., 33 ff. mwN; für grundsätzlichen Ausschluss der Wirtschaftstätigkeit aus dem Schutzbereich *Starck* in MKS, 7. Aufl. 2018, Rn. 40, 54 f., 62.

[260] So *Morlok* in Dreier, 3. Aufl. 2013, Rn. 141.

zuordnet. Entscheidend ist, dass die Inhalte des Art. 136 Abs. 4 WRV über Art. 4 Abs. 1, 2 verfassungsbeschwerdefähig sind.

76 Streitig ist, ob Art. 4 Abs. 2 entgegen seinem Wortlaut dahin ausgelegt werden muss, dass er auch die **„Ausübung" einer Weltanschauung** schützt.[261] Dies ist nur dann zwingend zu bejahen, wenn man wie das BVerfG die Religionsausübungsfreiheit als deklaratorisch gegenüber der Bekenntnisfreiheit ansieht. Gegen die Annahme, dass es sich bei der Formulierung um ein Versehen handelt, spricht, dass in Abs. 1 religiöses und weltanschauliches Bekenntnis nebeneinander genannt werden. Auf der anderen Seite stellt Art. 137 Abs. 7 WRV Weltanschauungsgemeinschaften den Religionsgemeinschaften gleich. Auch über den Regelungsbereich des Art. 137 WRV hinaus, spricht nichts dafür, dass Weltanschauungsgemeinschaften gegenüber den Religionsgemeinschaften benachteiligt werden sollten. Der Widerspruch zwischen den Formulierungen in Abs. 1 und 2 lässt sich auflösen, wenn man den Begriff der Religionsausübung, wie hier vertreten (→ Rn. 71), spezifisch „religiös" versteht. Danach ist Religionsausübung charakterisiert durch die Hinwendung zu dem von der jeweiligen Religion verehrten „Transzendenten". Demgegenüber ist eine Weltanschauung dadurch charakterisiert, dass ihre Welterklärung gerade nicht in der Transzendenz wurzelt, sondern im Diesseits verbleibt.[262] Der Unterschied zwischen religiösem Bekenntnis und Religionsausübung (Äußern der Glaubensüberzeugung gegenüber Menschen auf der einen Seite, Hinwendung zu „Gott" (iwS) auf der anderen Seite) lässt sich danach für Weltanschauungen nicht konstruieren. Mit dieser Argumentation sind weltanschauliche Übungen oder Feiern nicht schutzlos gestellt. Sie unterfallen der Glaubens- oder Bekenntnisfreiheit ggf. iVm Art. 19 Abs. 3.[263]

77 Art. 4 Abs. 2 enthält ein **Abwehrrecht** gegen staatliche Beeinträchtigungen und eine **Schutzpflicht** des Staates, Beeinträchtigungen durch Dritte zu verhindern.[264] Diese Schutzpflicht findet deutlichen Ausdruck im Wortlaut durch die Verwendung der Begriffe „ungestört" und „gewährleistet".[265] Der Gesetzgeber ist seiner Schutzverpflichtung insbes. durch § 167 StGB (Verbot der Störung der Religionsausübung) nachgekommen; sie ist jedoch auch bei der Anwendung sonstiger Normen zu berücksichtigen.[266] Auch soweit es nicht um den Schutz vor Beeinträchtigungen durch Dritte geht, kann Art. 4 Abs. 2 Ausstrahlungswirkung bei der Anwendung des einfachen Rechts entfalten.[267]

---

261 Bejahend BVerfGE 24, 236 (246), Aktion Rumpelkammer; *Jarass* in Jarass/Pieroth, 15. Aufl. 2018, Rn. 7; *Fleischer,* Der Religionsbegriff des Grundgesetzes, 1989, 163; *Muckel,* Religiöse Freiheit und staatliche Letztentscheidung, 1997, 149; *v. Campenhausen* in HStR VII § 157 Rn. 92; *Preuß* in AK, 3. Aufl. 2001, Rn. 24, 26; verneinend *v. Münch* in v. Münch/Kunig, 2. Aufl. 1983, Rn. 45; *Zippelius* in BK, Drittbearb., 1989, Rn. 103; *Starck* in MKS, 7. Aufl. 2018, Rn. 57.

262 → Rn. 25.

263 IE sa *v. Münch* in v. Münch/Kunig, 3. Aufl. 1996, Rn. 45; so auch *Hoffmann,* Die Weltanschauungsfreiheit, 2012, S. 204, 206 f.

264 Zur Schutzpflicht s. *Starck* in MKS, 7. Aufl. 2018, Rn. 12, der darin den eigenständigen Gehalt des Art. 4 Abs. 2 sieht; ebenso *J. Ipsen* FS f. Kriele, 1997, 301 (310).

265 *v. Münch* in v. Münch/Kunig, 3. Aufl. 1996, Rn. 47, 48.

266 Beispiele: BVerwGE 10, 91 (94), Schankerlaubnis; *Uechtritz* JuS 1984, 130 (134), Auflage nach GastG.

267 BVerwG NJW 1992, 2170, Zulässigkeit islamischen Betsaals im allg. Wohngebiet; s. aber auch VGH Mannheim NVwZ 1992, 1216, einsame Lage eines Bibelzentrums nicht vor Veränderung geschützt; OVG Koblenz NVwZ-RR 2007, 304, Marienkapelle; BVerwGE 138, 166 ff., Krypta zur Auslegung von § 31 Abs. 2 BauGB.

Ebenso wie für Art. 4 Abs. 1,[268] lässt sich auch für Art. 4 Abs. 2 **keine Leistungsfunktion** feststellen. Der Staat ist nicht verpflichtet, dem Einzelnen die faktischen Möglichkeiten der Religionsausübung zu verschaffen.[269] Auch besteht auf dieser Grundlage kein Anspruch gegenüber dem Gesetzgeber auf den Erhalt staatlich anerkannter Feiertage[270] oder auf finanzielle Mittel zB zum Erhalt von Kirchengebäuden.[271] Der Schutzbereich von Art. 4 Abs. 2 wird – allerdings als Abwehrrecht – dann berührt, wenn staatliche Gewalt dem Grundrechtsträger vorhandene und notwendige materielle Voraussetzungen für die Ausübung des Grundrechts entzieht. Insoweit wird Art. 4 Abs. 2 als Abwehrrecht durch Art. 140 iVm Art. 138 Abs. 2 WRV konkretisiert.[272] 78

Träger des Grundrechts sind sowohl Individuen als auch Religionsgemeinschaften und sonstige Vereinigungen, deren Zweck die Religionsausübung ist,[273] letztere in Verbindung mit Art. 19 Abs. 3 GG.[274] 79

b) Wird gewährleistet. Trotz des unterschiedlichen Wortlauts gilt hinsichtlich der Grundrechtsschranken das zu Art. 4 Abs. 1 Ausgeführte entsprechend.[275] 80

5. Grundrechtsverpflichtete. Verpflichteter ist gem. Art. 1 Abs. 3 der **Staat.** Religions- und Weltanschauungsgemeinschaften sind dagegen auch im Falle ihres öffentlich-rechtlichen Körperschaftsstatus gem. Art. 140 iVm Art. 137 Abs. 5 WRV Grundrechtsträger.[276] Nur soweit sie vom Staat mit öffentlicher Gewalt beliehen worden sind, kommen sie auch als Grundrechtsverpflichtete in Betracht. Dies ist der Fall, sofern sie namentlich als Steuererhebungsberechtigte, als Schulträger oder als Friedhofsträger über den geistlichen Bereich hinaus tätig sind.[277] Diese besonderen Fälle, in denen die **Kirchen als staatlich Beliehene** handeln, sind zu unterscheiden von den Fällen der sog. Drittwirkung. Diese macht Privatpersonen nicht zu Grundrechtsverpflichteten, sondern ist eine Konsequenz der staatlichen Schutzpflichten.[278] 81

Einzelfälle

Arbeitslosenunterstützung – Zur Abwägung zwischen der negativen Religionsfreiheit und der Funktionsfähigkeit der Arbeitslosenversicherung LSG RhPf NZA-RR 2006, 386; nach SG München, KirchE 57, 425 ist ein Kirchenaustritt, der eine Kündigung nach sich zieht, kein „versicherungswidriges Verhalten" und löst somit keine Sperrfrist für den Erhalt von Arbeitslosengeld aus. 82

---

[268] → Rn. 39, 54.

[269] OVG Münster DVBl. 2017, 712 mit Hinweis auf *Herzog* in Maunz/Dürig, Rn. 86, 108.

[270] BVerfG NJW 1995, 3378; VerfGH Bln NJW 1995, 3379; weitere Nachw. → Rn. 82 Stichwort Feiertagsschutz.

[271] BVerwGE 87, 115 (133), Kirchengutsgarantie.

[272] BVerfG NVwZ 1997, 782 (783) zu BVerwGE 87, 115 (133), Kirchengutsgarantie; sa BVerfG NJW 1992, 2812; BVerfGE 99, 100 (119 ff.), Kirchengutsgarantie; s. zur Kirchengutsgarantie → Art. 140 Rn. 88 ff.; ausf. *Kästner,* HSKR § 69.

[273] → Rn. 42, 61 mwN.

[274] → Rn. 42.

[275] → Rn. 62 ff.; ebenso *v. Münch* in v. Münch/Kunig, 3. Aufl. 1996, Rn. 47.

[276] → Rn. 42.

[277] *Starck* in MKS, 7. Aufl. 2018, Rn. 129 ff.; *Morlok* in Dreier, 3. Aufl. 2013 Rn. 117 ff.; sa BVerfGE 30, 415 (422), Kirchensteuerpflicht mwN; ausf. *Weber,* HSKR § 19 Rn. 19 ff.; *Rüfner* in HStR V, § 117 Rn. 50 ff.

[278] Vgl. *Starck* in MKS, 7. Aufl. 2018, Rn. 135 ff.; allg. zur Drittwirkung und Schutzpflicht *v. Münch/Kunig* Vorb. Rn. 17, 21.

Arbeitsverhältnis, kirchliches – Die Autonomiegewährleistung der Religions- und Weltanschauungsgemeinschaften strahlt auf das gesamte Arbeitsrecht aus. Dies hat in der Praxis insbes. für die Kirchen Bedeutung erlangt. Infolge des Art. 137 Abs. 3 S. 1 WRV ist **das kollektive Arbeitsrecht** weitgehend nicht anwendbar; vgl. § 118 Abs. 2 BetrVG; § 112 BPersonalvertretungsG (zu § 118 Abs. 2 BetrVG s. BAGE 58, 92 (99 f.) sowie BVerfGE 46, 73, Betriebsratsarbeit im katholischen Krankenhaus; aus der Rspr. sa BAG NJW 1986, 2592, keine Befugnis staatlicher Gerichte hinsichtlich der Wählbarkeit zur Mitarbeitervertretung; zu staatlicher Gerichtsbarkeit und Mitarbeitervertretungsrecht auch BAG NJW 1989, 2285; BVerfGE 53, 366 (405), KrankenhausG NRW; 57, 220 (248), gewerkschaftliches Zutrittsrecht; 72, 278 (292 f.), Berufsbildung). Unter der Voraussetzung, dass die Gewerkschaften in die Aushandlung der Arbeitsbedingungen eingebunden sind, kann ein **Streikverbot** gerechtfertigt sein (BAGE 143, 354; 144, 1).[279]). – Unter Berücksichtigung der Ausstrahlungswirkung des Art. 137 Abs. 3 S. 1 WRV ist das individuelle Arbeitsrecht, insbes. das **Kündigungsrecht** grds. anwendbar; s. grdl. BVerfGE 70, 138, Kündigung wegen Schwangerschaftsabbruchs, wegen Kirchenaustritts = NJW 1986, 367 mAnm *Weber* NJW 1986, 370 f.; s. aus der Rspr. noch BAGE 75, 166 (169 f.), § 41 Abs. 4 S. 3 SGB VI (Kündigung im Rentenalter) ist allg. Gesetz; BAG NJW 1996, 143 = BAGE 79, 319, Scientology; Kündigung wegen Kirchenaustritts erfordert Interessenabwägung, wobei dem Selbstverständnis der Kirchen ein besonderes Gewicht zukommt, BAGE 145, 90. Am Maßstab der **EMRK** kann die Kündigung eines kirchlichen Mitarbeiters wegen Zugehörigkeit zu einer anderen Kirche zulässig sein (EGMR, NZA 2012, 199)[280] – Das in Umsetzung der **Gleichbehandlungsrahmenrichtlinie** (RL 2000/78/EG v. 27.11.2000, ABl. 2000 L 303, 16 ff.) erlassene Allg. GleichbehandlungsG trägt den Besonderheiten des kirchlichen Arbeitsverhältnisses in § 9 Rechnung. Während das BVerfG dem Selbstverständnis der Kirchen bei der Bestimmung der Loyalitätspflichten breiten Raum gibt und die fachgerichtliche Kontrolle auf eine Plausibilitätsprüfung beschränkt (st. Rspr., s. nur BVerfGE 137, 273 ff., Chefarzt), verlangt der EuGH eine intensive gerichtliche Kontrolle der Anforderungen des Art. 4 Abs. 2 RL 2000/78/EG, wonach die Beachtung des Ethos oder die Anforderung der Kirchenmitgliedschaft eine wesentliche, rechtmäßige und gerechtfertigte berufliche Anforderung sein muss (EuGH, C-68/17, NJW 2018, 3086 = ECLI:EU:C:2018:696 auf Vorlage von BAGE 156, 23, Chefarzt; EuGH, C-414/16, NJW 2018, 1869 = ECLI:EU:C:2018:257 auf Vorlage von BAGE 154, 285, Egenberger). Mit seiner Entscheidung hat der EuGH unter Verkennung des Art. 17 Abs. 1 AEUV eine Grundlage des deutschen Religionsverfassungsrechts missachtet. Im Anschluss daran hat das BAG (NZA 2019, 455 ff.) entschieden, dass § 9 Abs. 1 Alt. 1 Allg. GleichbehandlungsG, der dem religiösen bzw. weltanschaulichen Selbstverständnis Vorrang einräumt, unionsrechtswidrig und daher unanwendbar sei. – Das Verbot des Tragens eines islamischen **Kopftuchs** kann im Einzelfall gerechtfertigt sein (BAGE 149, 144).

Arbeitsverhältnis, öffentliches – **Beamtenverhältnis** – Die Grundrechte des Art. 4 Abs. 1, 2 gelten auch im Beamtenverhältnis. Der **Zugang** zum öffentlichen Dienst kann nicht allein wegen der Zugehörigkeit zu einer Religionsgemeinschaft verweigert werden. Es kommt im Einzelfall auf die Eignung (politische Treuepflicht) an (zur Nichtzulassung eines Salafisten zum Polizeivollzugsdienst s. VG Minden, 4 K 9180/17).[281] Die Pflicht zur **Verfassungstreue** verstößt nicht gegen Art. 4 Abs. 1 (BVerwGE 47, 330 (355); 47, 365 (370 f.); 52, 313 (328 ff.)). – Nach EGMR NJW 2014, 1935 darf ein **Standesbeamter** nicht aus Glaubensgründen verweigern, gleichgeschlechtliche Partnerschaften zu registrieren. – Zum Vorrang der Glaubens- und Gewissensfreiheit vor der beamtenrechtlichen **Eidespflicht** vgl. VG Freiburg ZBR 1974, 360; sa Stichwort Eid. – Die **Werbung** eines Polizeibeamten für Zeugen Jehovas außerhalb des Dienstes und ohne Uniform ist zulässig (BVerwGE 30, 29 (30)). – Einen

---

[279] Zum Streikrecht s. *Reichold* NZA 2013, 585; *Kocher/Krüger/Sudhof* NZA 2014, 880; *Junker* EuZA 2018, 304.

[280] Zum Ganzen *Richardi,* Arbeitsrecht in der Kirche, 7. Aufl. 2015.

[281] *Cremer/Kelm* NJW 1997, 565; für die Nichtzulassung von Mitgliedern der Scientology-Organisation zum öffentlichen Dienst s. *Diringer* NVwZ 2003, 901.

Anspruch auf Erteilung von **Sonderurlaub** für die Teilnahme an Tagungen privatrechtlicher Religionsgesellschaften hat das BVerwG NVwZ 1987, 699 versagt, Johannische Kirche; sa BVerwGE 42, 79 (83); BVerwG AuR 2011, 39, Zeugen Jehovas.[282] Es besteht kein Anspruch auf **Dienstbefreiung** wegen Religionsausübung (OVG Berlin NJW 1990, 2269, Reformationstag; VGH München NJW 1991, 1319: entscheidend seien die dienstlichen Belange; Art. 4 Abs. 1, 2 gewähre kein Leistungsrecht; sa OVG Münster RiA 2007, 125). – Zur Frage der Zulässigkeit religionsgeforderter **Bekleidung** von Lehrern s. unten → Rn. 82 Stichwort Schulwesen. Für **Rechtsreferendarinnen** hat das Bundesverfassungsgericht ein gesetzliches **Kopftuchverbot** bei der Ausübung richterlicher und staatsanwaltlicher Funktionen durch das Gebot staatlicher Neutralität und die Sicherung der Funktionsfähigkeit der Rechtspflege mit überzeugender Begründung für **gerechtfertigt** erachet (BVerfG NJW 2020, 1049, Kopftuch III. Das Gesetz zu bereichsspezifischen Regelungen der **Gesichtsverhüllung** (BGBl. I 2017, 1570) verbietet Beamten und Soldaten ihr Gesicht bei Ausübung des Dienstes zu verhüllen, sofern nicht dienstliche oder gesundheitliche Gründe dies fordern.[283]

Arbeitsverhältnis, privates – Einen Anspruch auf **Arbeitsbefreiung** wegen eines mehrtägigen islamischen Religionsfestes hat das LAG Düsseldorf (JZ 1964, 258) wegen anderslautender vorheriger Absprache versagt. Wegen Verweigerung von Sonntagsarbeit aus religiösen Gründen kann eine verhaltensbedingte Kündigung nur als ultima ratio ausgesprochen werden (LAG Hamm BeckRS 2008, 50009); zur Verpflichtung zur Samstagsarbeit im Fall von Siebenten-Tages-Adventisten s. ArbG Kassel KirchE 57, 222. – Das **Tragen eines islamischen Kopftuchs** allein rechtfertigt regelmäßig noch nicht die ordentliche Kündigung einer Verkäuferin aus personen- oder verhaltensbedingten Gründen nach § 1 Abs. 2 KündigungsschutzG (BVerfG NJW 2003, 2815; BAGE 103, 111 = NJW 2003, 1685). Zur Vereinbarkeit mit dem AGG und der RL 2000/78/EG s. die Vorlage des BAG NZA 2019, 813. Eine neutral gehaltene interne Unternehmensregelung, die das sichtbare Tragen von politischen, weltanschaulichen oder religiösen Zeichen verbietet, kann im Falle der Verhältnismäßigkeit ein Kopftuchverbot rechtfertigen (EuGH, C-157/15, NJW 2017, 1087 = ECLI:EU: C:2017:203 zu Art. 4 Abs. 2 RL 2000/78/EG iVm. Art. 10 GrCH). Demgegenüber stellt ein Kopftuchverbot aufgrund von Kundenwünschen einen Vertoß gegen das Diskriminierungsverbot dar (EuGH, C-188/15, NJW 2017, 1089 = ECLI:EU: C:2017:204). Zu weiteren Konfliktfällen s. EGMR NJW 2014, 1935: Kette mit Kreuz von Angestellen bei Fluggesellschaften einerseits, in der Krankenpflege andererseits. – Zur Zulässigkeit kurzer **Gebetspausen** während der Arbeitszeit s. LAG Hamm NJW 2002, 1970 mAnm *Rehwald* AuR 2003, 72.[284] Zu Ansprüchen auf Dienstbefreiung zum Zweck der Teilnahme an religiösen Veranstaltungen s. unten Stichwort Beamtenverhältnis.

Ausländer- und Asylrecht – Die Rechtsprechung, wonach ein **Asylanspruch** nur besteht, wenn das **religiöse Existenzminimum** betroffen ist (BVerwGE 87, 52 (58); sa BVerwG NVwZ 1989, 477: die Erzwingung des Flaggengrußes betreffe nicht die religiöse Identität eines Zeugen Jehovas), ist **überholt.** Nach der Rspr. des EuGH kann sich eine Verfolgungshandlung auch aus einem Eingriff in die öffentliche Ausübung der Religion ergeben. Für die Einordnung als **Verfolgung** kommt es auf die **Art und Schwere der staatlichen Maßnahme** – Verfolgung, unmenschliche oder erniedrigende Behandlung oder Bestrafung – an (EuGH, C-71/11 und C-99/11, NVwZ 2012, 1612 = ECLI:EU:C:2012:518; BVerwGE 146, 67).[285] – Es verstößt

---

[282] Krit. *Renck* NVwZ 1987, 671; *Sachs* BayVBl 1986, 193; zust. *Zängl* BayVBl 1986, 198.

[283] S. dazu *Greve/Kortländer/Schwarz,* NVwZ 2017, 992; *Senger,* Spannungsverhältnis zwischen der Religionsfreiheit und der staatlichen Neutralitätspflicht im öffentlichen Dienst, 2001.

[284] Zum Ganzen *Wege,* Religion im Arbeitsverhältnis, 2007; *Hansen,* Die rechtliche Behandlung von Glaubens- und Gewissenskonflikten im Arbeitsverhältnis, 2000; *Steinbach* Der Staat 56 (2017), 621. Speziell zu „Islam und Arbeitsrecht“ *Hoevels,* 2003; *Bock* NVwZ 2011, 1201.

[285] Zur Migration aus religiösen Gründen s. *Heckel* ZAR 2014, 157.

nicht gegen den Grundsatz staatlicher Neutralität, wenn staatliche Stellen die Ernsthaftigkeit einer **verfolgungsbegründenden Konversion** prüfen (BVerwG NVwZ 2015, 1678). – Die Zuweisung von asylbegehrenden Angehörigen einer Glaubensgemeinschaft in ein Bundesland, in dem die Möglichkeit der Religionsausübung in der Gruppe nicht gegeben ist, ist rechtswidrig (VG Berlin NVwZ 1992, 91, Yeziden; aus tatsächlichen Gründen aufgehoben durch OVG Berlin NVwZ 1993, 296). – Die Nichtverlängerung der **Aufenthaltserlaubnis** für einen **Koranschullehrer** einer politisch agitierenden und doktrinierenden antidemokratischen rassistischen Partei verstößt nicht gegen das Grundrecht aus Art. 4 Abs. 1, 2 (VG Stade InfAuslR 1983, 117 (118)). – Einen Anspruch auf Aufenthaltserlaubnis gem. § 32 AuslG a. F. für türkische Angehörige der Zeugen Jehovas aufgrund ministerieller Anordnung für „Christen aus der Türkei" bejaht der VGH Mannheim NVwZ 1994, 400. – Ein Ausländer, der sich im Bundesgebiet gegen Entgelt als Imam betätigen will, benötigt für die **Einreise** einen Sichtvermerk; es verstößt nicht gegen Art. 4 Abs. 1, 2, wenn ihm die Ausländerbehörde wegen Verletzung des Sichtvermerkszwangs die nach der Einreise beantragte Aufenthaltserlaubnis versagt und er deshalb die Tätigkeit als Imam nicht ausüben darf, da das Grundrecht nicht dazu bestimmt ist, ein sonst nicht bestehendes Recht auf Einreise zu gewähren (BVerwG DÖV 1983, 773). Obwohl aus Art. 4 Abs. 1, 2 kein Anspruch auf Einreise folgt, kann eine Religionsgemeinschaft durch die **Einreiseverweigerung** gegenüber ihrem Oberhaupt in ihren Rechten verletzt sein, denn es ist geboten, bei der Auslegung und Handhabung der einfachrechtlichen Vorschriften über die Einreise und den Aufenthalt von Ausländern die religiöse Bedeutung nach dem Eigenverständnis der Religionsgemeinschaft soweit wie möglich zu berücksichtigen (BVerfG DÖV 2007, 202; s. schon zuvor BVerwGE 114, 356 (362 ff.), Einreiseverbot für Oberhaupt der Vereinigungskirche mAnm *Häußler* ZAR 2002, 71). – Die Anordnung der Ausländerbehörde an eine iranische Staatsangehörige ohne Aufenthaltstitel in Deutschland, als Voraussetzung für die Einreise in den Iran ein **Passbild** mit Kopftuch vorzulegen, hat keinen religiösen Inhalt, sondern zielt darauf, die Einreisevoraussetzungen sicherzustellen. Der Zwang, ein religiöses Bekenntnis zum Islam abzulegen, ist mit der Anordnung nicht verbunden (VGH München NVwZ 2000, 952; aA *Breuer* NVwZ 2002, 950).[286] Zur **Ausweisung** eines Hasspredigers s. VG Berlin InfAuslR 2005, 189; HessVGH KirchE 58, 342; sa. BVerwG InfAuslR 2019, 224, Salafist.

Austritt – aus einer Religions- oder Weltanschauungsgemeinschaft darf nicht erschwert werden (LG München NJW 1987, 847, Scientology).[287] Zum Zeitpunkt des Wirksamwerdens einer Kirchenaustrittserklärung s. VGH Mannheim NVwZ 1998, 96 (Ls.). – Die Mitgliedschaft in der evangelischen Kirche ist nicht durch Wegzug aus der DDR erloschen. – Während sich der Erwerb der Kirchenmitgliedschaft nach innerkirchlichen Regeln bestimmt (s. dazu BVerfG NVwZ 2015, 517), richten sich die formellen Voraussetzungen des Austritts nach den Regelungen des Landes, in denen der Austritt erklärt wird (OVG Münster DÖV 1998, 1063). Ein Austritt allein aus der Kirche als Körperschaft des öffentlichen Rechts ist nicht möglich (BVerwGE 144, 171).[288] Schadensersatz wegen namentlicher Veröffentlichung des Kirchenaustritts hat das LG Zweibrücken NJW 1998, 879 versagt.[289] Sa die Stichwörter Austrittsfrist sowie Kirchensteuer.

Austrittsfrist – Eine gesetzliche Frist („Überlegungsfrist"), auf Grund derer ein Kirchenaustritt erst einen Monat nach Eingang der Austrittserklärung wirksam wird, ist ein unverhältnismäßiger Eingriff in die Bekenntnisfreiheit (BVerfGE 44, 37 (51 ff.), Nachbesteuerung bei Kirchenaustritt; 55, 22 (36), Allgemeinverbindlichkeitserklärung II). Bei privatrechtlich organisierten Religions- oder Weltanschauungsgemeinschaften

---

[286] Ausf. dazu *Siering,* Die negative Religionsfreiheit und ihre Bedeutung bei aufenthaltsbeendenden Maßnahmen, 2011, S. 289 ff.

[287] Zum Kirchenaustritt ausf. *Germann/Rüfner,* HSKR § 30.

[288] S. dazu *Augsberg* AöR 138 (2013), 493); *Löhnig/Preisner* NVwZ 2013, 39; *Reimer* JZ 2013, 136; ausf. *Schmal,* Das staatliche Kirchenaustrittsrecht in seiner historischen Entwicklung, 2013; sa → Art. 140 Rn. 54.

[289] Dazu *Wollweber* NJW 1998, 818; *Claessen* NVwZ 1999, 737.

ist die zwei Jahre betragende Höchstfrist des § 39 BGB als Austrittsfrist mit Art. 4 Abs. 1 unvereinbar.[290]

Beschneidung – Ausgelöst durch eine Entscheidung des LG Köln (NJW 2012, 2128), das die religiös motivierte **Beschneidung** eines Jungen durch einen Arzt als eine nicht durch die Einwilligung der Eltern zu rechtfertigende Körperverletzung wertete und die Schuld des Arztes allein wegen eines unvermeidbaren Verbotsirrtums verneinte, erging das G über den Umfang der Personensorge bei einer Beschneidung des männlichen Kindes, § 1631d BGB (BGBl. 2012 I, 2749; sa BT-Drs. 17/11295).[291] Danach ist eine Beschneidung von Jungen nach den Regeln der ärztlichen Kunst unter dem Vorbehalt des Kindeswohls zulässig. Diese Regelung ist im Lichte der Religionsfreiheit trotz des erheblichen Eingriffs in die körperliche Unversehrtheit des Kindes unter Berücksichtigung der Tradtition noch zu rechtfertigen. Dies gilt nicht für Beschneidungen von Mädchen, denn insoweit ist zum einen bereits das religiöse Erfordernis zweifelhaft, zum anderen ist der Eingriff in die körperliche Unversehrtheit ungleich schwerer.

Denkmalschutz – Die Kulturverantwortung des Staates iVm Art. 3 Abs. 3 verbietet es, kirchliche Denkmäler aus dem staatlichen Denkmalschutz herauszunehmen. Art. 4 Abs. 1, 2 sowie Art. 140 iVm Art. 137 Abs. 3 WRV verlangen die Berücksichtigung kirchlicher Belange.[292]

Eherecht – Die Verfassungsmäßigkeit, insbes. Erforderlichkeit und Verhältnismäßigkeit der §§ 67, 67a PersonenstandsG idF bis zum 31.12.2008, wonach einer kirchlichen Trauung abgesehen von Ausnahmefällen zwingend die standesamtliche **Trauung** vorausgehen musste, war umstr.[293] Durch G zur Reform des Personenstandsrechts v. 19.2.2007 (BGBl. I 122) wurden die Vorschriften mWz 31.12.2008 aufgehoben (BT-Drs. 16/1831, 33, 66, 76). – Der **Wechsel der Religionszugehörigkeit** gegen den Willen des Ehepartners ist als solcher keine Eheverfehlung (BVerfGE 17, 302 (305), Eheverfehlung durch Religionswechsel; BGHZ 33, 145 (152)). – Da die **Polygamie** idR nur religiös erlaubt, nicht aber zwingendes religiöses Gebot ist, stellt das Verbot der Doppelehe gem. § 171 StGB keinen Eingriff in die Freiheiten des Art. 4 Abs. 1 dar.[294]

Eid – Gesetzlicher Grund iSd § 70 StPO, der zur Verweigerung des Eides auch ohne Anrufung Gottes aus religiösen Gründen berechtigt, kann auch das Grundrecht aus Art. 4 Abs. 1 sein (BVerfGE 33, 23 (26 ff.), Eidesverweigerung; vgl. auch die nach dieser Entscheidung eingefügten § 66d StPO und § 484 ZPO; vgl. ferner BVerfGE 47, 144 (145), Anwaltseid; BVerfGE 79, 69 (74), Amtseid eines Kreisrats; EGMR NJW 1999, 2957, religiöse Formel bei Vereidigung von Abgeordneten).

Elterliche Gewalt – Das Absprechen der Eignung zur Ausübung der elterlichen Gewalt aufgrund bestehender Glaubensüberzeugung ist unzulässig (BayObLG NJW 1976, 2017, Zeugen Jehovas). Entscheidend ist das **Kindeswohl** im konkreten Fall (OLG Oldenburg NJW 1997, 2962).[295] Ein Entzug des medizinischen Sorgerechts losgelöst von einer konkreten Gefahr ist nicht möglich (AG Meschede NJW 1997, 2962). Zur Ersetzung der elterlichen Einwilligung für eine Bluttransfusion s. OLG Celle NJW 1995, 792; BVerfG NJW 2002, 206; *Ohler* NJW 2002, 194. Zur religiösen Erziehung → Rn. 60.

---

[290] *Starck* in MKS, 7. Aufl. 2018, Rn. 46.

[291] S. dazu aus der Literatur *Isensee* JZ 2013, 317; *Hörnle/Huster* JZ 2013, 328; *Rixen* NJW 2013, 257; *Wiater* NVwZ 2012, 1379; ausf. *Manok,* Die medizinisch nicht indizierte Beschneidung des männlichen Kindes, 2015; *Schulze,* Elternrecht und Beschneidung, 2017; *Schmid,* Die elterliche Einwilligung in eine Zirkumzision – eine unzulässige Beschneidung kindlicher Rechte, 2017.

[292] Grdl. *Heckel,* Staat, Kirche, Kunst. Rechtsfragen kirchlicher Kulturdenkmäler, 1968; *Hammer,* HSKR § 66.

[293] *Zippelius* in BK, Drittbearb., 1989, Rn. 107: keine Bedenken, da schon kein Eingriff; *Morlok* in Dreier Rn. 139: verfassungswidrig; *Renck* NJW 1996, 907: überholt.

[294] Zum Eherecht ausf. *Uhle,* HSKR § 31.

[295] *Abel* NJW 1996, 91 (92) mwN; mit Zust. *Hessler* NJW 1997, 2930; für die konkrete gerichtliche Feststellung, dass keine Beeinträchtigung des Kindeswohls zu erwarten ist *Oelkers/Kraeft* FuR 1997, 161.

Erbrecht – Die erbrechtliche Benachteiligung wegen bestimmter Glaubenshaltungen bzw. Zugehörigkeit zu bestimmten Glaubensgemeinschaften bestimmt sich gemäß den einschlägigen Normen, die im Lichte des Art. 4 Abs. 1 sowie der durch Art. 14 Abs. 1 geschützten Testierfreiheit auszulegen sind.[296] In der Rspr. wurde die Anfechtung eines Testaments gem. § 2078 BGB wegen Zugehörigkeit des Erben zu einer umstr. Sekte für zulässig befunden (OLG München NJW 1983, 2577, Hare-Krishna-Sekte); ebenso die testamentarische Benachteiligung eines Scientology-Mitglieds (OLG Düsseldorf NJW 1988, 2615). Zur Frage der Zulässigkeit einer Testamentsvollstreckung für die Dauer der Zugehörigkeit des Erben zu einer Sekte s. OLG Düsseldorf NJW 1988, 2615 (nicht sittenwidrig, daher rechtswirksam).

Feiertagsschutz – Es besteht kein Anspruch auf die Beibehaltung kirchlicher Feiertage (BVerfG NJW 1995, 3378; VerfGH Bln NJW 1995, 3379).[297] Die Störung der Feiertagsruhe durch Vornahme öffentlich bemerkbarer Arbeiten mit der Begründung, es sei biblische Pflicht, sonntags zu arbeiten, ist nicht durch Art. 4 Abs. 1 gerechtfertigt (AG Öhringen NVwZ 1992, 101). Fällt eine Veranstaltung in den Schutzbereich des Art. 4 Abs. 1 und 2 muss der Gesetzgeber eine Ausnahme von dem besonderen Stilleschutz des **Karfreitags** vorsehen (BVerfGE 143, 161 Ls. 2, Rn. 93, Karfreitag als stiller Tag). Vgl. auch BSGE 51, 74, Respektierung der Feiertagsruhe bei der Auferlegung öffentlicher Pflichten; zur Sonntagsöffnung des Einzelhandels einschließlich an Adventssonntagen BVerfGE 125, 39 ff., Adventssonntage; dazu → Art. 140 Rn. 76 ff., 84 ff. ff. mwN; Dekanate der evangelischen Kirche können sich auf Art. 4 Abs. 1 und 2 berufen, um gegen zu weitgehende **Ausnahmen vom Sonn- und Feiertagsschutz** vorzugehen (BVerwGE 150, 327).[298]

Friedhofsrecht – Nach Auffassung des BVerwG (BVerwGE 45, 224 (233 f.)) berührt **Friedhofs- und Urnenzwang** grds. nicht den Schutzbereich des Art. 4 Abs. 1, 2, sondern nur den der allgemeinen Handlungsfreiheit gemäß Art. 2 Abs. 1 (so auch BVerfGE 50, 256 (262), Friedhofszwang für Urnen), jedoch könne im Hinblick auf Art. 4 die Gewährung von Ausnahmen geboten sein. Zur Zulässigkeit von **Gestaltungsvorschriften** für Grabmale auf einem konfessionellen Friedhof s. BVerwGE 121, 17. – Ein Anspruch auf eine bestattungsrechtliche Genehmigung für die **Errichtung eines Friedhofs** lässt sich nicht auf Art. 4 Abs. 1 stützen (BVerwG BayVBl 1997, 599).[299] Der Schutz der Totenruhe ist Bestandteil des Art. 4 Abs. 1, 2 (VG Magdeburg LKV 1996, 341). – Die **Entwidmung** eines konfessionellen Friedhofs, der als solcher dem Schutz des Art. 4 Abs. 1, 2 sowie Art. 140 iVm 138 Abs. 2 WRV unterliegt, fällt in den Bereich des kirchlichen Selbstbestimmungsrechts (OVG Saarlouis NVwZ 2003, 1004). Nach Aufhebung eines Friedhofs kann ein Recht auf Unantastbarkeit eines früheren Grabes nicht mehr geltend gemacht werden (OVG Hamburg NVwZ 1992, 1212). – Die Errichtung einer Begräbnisstätte **(Krypta)** für Gemeindepriester in ihrer Kirche als Gebot der Religion ist von Art. 4 Abs. 1 und 2 geschützt und im Rahmen einer baurechtlichen Befreiung nach § 31 Abs. 2 BauGB zu berücksichtigen (BVerfG NVwZ 2016, 1804).[300]

---

[296] S. den diff. Ansatz von *Schmid* NJW 1990, 409.

[297] S. dazu *Kästner* NVwZ 1993, 148; *Renck* NVwZ 1993, 648; *Kelm* Jura 1997, 598.

[298] Allg. *Häberle,* Der Sonntag als Verfassungsprinzip, 1988; *Mattner,* Sonn- und Feiertagsrecht, 1988; *Kunig,* Der Schutz des Sonntags im verfassungsrechtlichen Wandel, 1989; *Hufen,* Der Ausgleich verfassungsrechtlich geschützter Interessen bei der Ausgestaltung des Sonn- und Feiertagsschutzes, 2014; *Kroboth,* Der Schutz stiller Tage, 2016; *Kästner,* HSKR § 40; Ess. Gespr. 24 (1990) mit Beiträgen von Splett, Pahlke, Richardi; *Rüfner* FS Heckel, 1999, 447; *Richardi* AuR 2006, 379. Zur Frage der staatlichen Anerkennung muslimischer Feiertage abl. *Stollmann* NVwZ 2005, 1394; zum Problem sa *Kloepfer* DÖV 2006, 45 (52).

[299] Zu den gesetzlichen Grundlagen allg. *Gaedke,* Handbuch des Friedhofs- und Bestattungsrechts, 12. Aufl. 2018; zur Befugnis der Kirchen zur Differenzierung nach dem Glauben im Friedhofsrecht s. *de Wall* NVwZ 1995, 769 mit Kritik an OVG Bremen NVwZ 1995, 804 und OVG Lüneburg NVwZ 1995, 807 jeweils zur Zulässigkeit der Erhebung eines Andersgläubigenzuschlags.

[300] Zu Konflikten zwischen islamischem und deutschem Bestattungsrecht s. *Zacharias* ZevKR 48 (2003), 149; zur Religionsfreiheit und Bestattungsrecht allg. *Zacharias* DÖV 2012, 48.

Glockengeläut und **Gebetsruf** – Liturgisches Glockengeläut unterfällt dem Schutz des Art. 4 Abs. 2 (BVerwGE 68, 62 = NJW 1984, 989 (990) mAnm *Schatzschneider,* 991; *Müssig* DVBl 1985, 837; BVerwG NVwZ 1997, 390): Zwar findet § 22 Abs. 1 S. 1 Nr. 1 BImSchG Anwendung, jedoch stellt das herkömmliche liturgische Glockengeläut regelmäßig keine erhebliche Belästigung iSd § 3 BImSchG dar (sa OVG Lüneburg NVwZ 1991, 801; VGH Mannheim VBlBW 2012, 389; BVerwG KirchE 61, 219)[301]; zu einem im Einzelfall erfolgreichen Unterlassungsanspruch s. VGH München BayVBl 2003, 241.[302] Zur Unzumutbarkeit von nichtsakralem Glockengeläut während der Nachtzeit BVerwGE 90, 163 (167). Entsprechendes gilt für den **Gebetsruf** des Muezzin (OVG Koblenz NVwZ 2001, 933; VG Gelsenkirchen KommJur 2018, 251).[303]

Helmpflicht – Eine Befreiung von der Schutzhelmpflicht liegt im Ermessen der Behörde und ist nicht wegen der religiösen Pflicht zum Tragen eines Turbans von vornherein auf Null reduziert (BVerwG NJW 2019, 3466).

Jugendsekten, sog. – Zur Zulässigkeit der Zuordnung einer Gruppierung unter den Sammelbegriff „Jugendsekte" s. BVerwGE 82, 76 (84); VGH Mannheim NVwZ 1989, 878.[304] Das BVerwG (BVerwGE 82, 76 = NJW 1989, 2272) hat **staatliche Warnungen** vor Religions- und Weltanschauungsgemeinschaften auf der Grundlage der verfassungsrechtlichen Befugnis der Bundesregierung zur Information und Aufklärung der Öffentlichkeit für zulässig befunden (zur Kritik → Rn. 68 mwN). Warnungen sind danach zulässig, soweit von dem Wirken der Gemeinschaften Gefahren für die Menschenwürde, das Leben oder die Gesundheit anderer Personen ausgehen. Auch der begründete Verdacht einer Gefahr könne Warnungen rechtfertigen. Die Bundesregierung sei nicht auf die Mitteilung von Tatsachen beschränkt, sondern dürfe selbst wertende Schlussfolgerungen ziehen, solange sie die Grenzen einer sachlich begründeten Warnung nicht überschreite (bestätigt in BVerfGE 105, 279, Osho-Bewegung; sa BVerwG NJW 1991, 1770). Noch weitergehend hat das BVerwG (NVwZ 1994, 162) einer Landesregierung die Befugnis zu kritischer Auseinandersetzung auch unabhängig von einer zu einer Warnung berechtigenden Gefahrenlage zuerkannt, wenn und soweit die Lehre der Werteordnung der Grundrechte widerspreche. Die Zulässigkeit sei aufgrund einer einzelfallbezogen Abwägung zu bestimmen, die darauf gerichtet sei, die gegenläufigen Verfassungsgüter zu einem angemessenen verhältnismäßigen Ausgleich zu bringen (zu weitgehend). S. zur Zulässigkeit staatlicher Warnungen auch OVG Hamburg NVwZ 1995, 498, Scientology; OVG Münster NVwZ 1985, 123; 1986, 400; 1991, 176; NJW 1996, 3355, Verein für Psychologische Menschenkenntnis; NJW 1996, 2114, Universelles Leben; NJW 1996, 2115, Transzendentale Meditation; VGH Mannheim NVwZ 1989, 279; 878; NJW 1996, 2116, Transzendentale Meditation; VGH München NVwZ 1995, 793; zu einer teilweise erfolgreichen Unterlassungsklage s. VGH München NVwZ 2003, 998; OVG Bremen NJW 2016, 823, **Salafisten.** Die Befugnis zu staatlichem Informationshandeln ermächtigt den Staat nicht, Dritten vorformulierte Erklärungen zur Verwendung im Geschäftsverkehr zu überlassen, die den Geschäftspartner des Dritten zur Auskunft über seine Beziehungen zu einer Sekte veranlassen sollen (BVerwG NJW 2006, 1303). Zur Unzulässigkeit rufschädigender Äußerungen eines Bürgermeisters gegenüber Religionsgesellschaften (Universelles Leben) s. BayVerfGH NVwZ 1998, 391. Zum erfolglosen Unterlassungsbegehren eines Scientology-Mitglieds wegen amtlicher Äußerung zur Frage staatlicher Kunstförderung beim Auftreten bekennender scientologischer Künstler s. BVerwG NJW 1998, 2919.

---

[301] Speziell zu Kirchenglocken und Polizei *Martens* FS Wacke, 1972, 343.

[302] Zum Thema sa *Huber* JA 2005, 119.

[303] Zum islamischen Gebetsruf s. *Schmehl* JA 1997, 866; *Muckel* NWVBl. 1998, 1; *Guntau* ZevKR 1998, 369; *Sarcevic* DVBl 2000, 519. Allg. zum Thema *res sacra* und Sachgebrauch, Rechtsform kirchlichen Handelns und Rechtsweg in kirchenrechtlichen Streitigkeiten *Renck* NVwZ 1990, 38; *Schlink* NVwZ 1987, 633 (639); umf. zum Thema *Hense,* Glockenläuten und Uhrenschlag. Der Gebrauch von Kirchenglocken in der kirchlichen und staatlichen Rechtsordnung, 1998.

[304] Krit. zum Begriff Enquete-Kommission „Sogenannte Sekten und Psychogruppen", BT-Drs. 13/10 950 Kap. 2, 17 ff. und Empfehlungen 154; *Pfeiffer,* Gewissen und Freiheit, 1994, 20.

Warnungen konkurrierender Religionsgemeinschaften bedürfen, auch wenn es sich um Körperschaften des öffentlichen Rechts handelt, keiner gesetzlichen Ermächtigungsgrundlage. Aus Art. 4 Abs. 1, 2 folgt kein Anspruch darauf, dass der Staat durch seine Gerichte öffentliche Kritik unterbindet (BVerfG NVwZ 1994, 159; sa BVerfG NJW 1995, 471; VGH München NVwZ 1994, 787; NVwZ-RR 2006, 587; OLG Düsseldorf NVwZ 2001, 1449; für erhöhte Sorgfaltspflichten von Körperschaften des öffentlichen Rechts VG Mainz KuR 2018, 191). Nach BGHZ 154, 54 können kritische Äußerungen von Sektenbeauftragten öffentlich-rechtlich korporierter Religionsgemeinschaften Amtshaftungsansprüche auslösen (sehr zweifelhaft); aA zutr. OLG Düsseldorf NVwZ 2001, 1449. Die **Förderung** von Privatvereinen, die vor Sekten warnen, bedarf einer gesetzlichen Grundlage (BVerwGE 90, 112; OVG Münster NVwZ 1991, 174; aA OVG Berlin NVwZ 1991, 798). Das verfassungsrechtliche Neutralitätsgebot ist jedenfalls dann verletzt, wenn der Staat private Vereine zur Bekämpfung von sog. Jugendsekten fördert, die ihrerseits auf religiös-weltanschaulicher Grundlage arbeiten (BVerwGE 90, 112 (124)). – Die Notwendigkeit, eine **Sondernutzungserlaubnis** einzuholen, ist auch mit vorbehaltlosen Grundrechten vereinbar. Die Verpflichtung stellt insbes. nur eine geringe Belastung dar (BVerwG NJW 1997, 406; NJW 1997, 408) und ist „wertneutral" (VGH Mannheim NVwZ 1998, 91). Ein Anspruch auf Erteilung besteht in aller Regel, wenn weder die durch Art. 2 Abs. 1, Art. 3 Abs. 1 im Kern geschützten Rechte der Verkehrsteilnehmer noch das Recht auf Anliegergebrauch oder andere Grundrechte ernstlich beeinträchtigt werden (BVerwG NJW 1997, 406; NJW 1997, 408). Sa OLG Hamburg NJW 1986, 2841, Straßenwerbung durch Scientology; VG Berlin NJW 1989, 2559, Informationsstand; VGH Kassel NVwZ 1994, 189; BayObLG NVwZ 1998, 104; OVG Lüneburg NVwZ-RR 2004, 884, werbendes Ansprechen von Passanten; VGH Mannheim NVwZ-RR 2002, 740; NVwZ-RR 2003, 238, Werbung in Fußgängerzone; sa die Nachw. bei *Sauthoff* NVwZ 1998, 239 (246, 248). – Die Verpflichtung zur **Gewerbeanmeldung** stellt keinen unverhältnismäßigen Eingriff in Art. 4 Abs. 1, 2 dar (BVerwG NVwZ 1999, 766 (767); sa OVG Bremen GewArch 1997, 290[305]). Für die Entscheidung über den Status einer Vereinigung als **Idealverein** gem. § 21 BGB ist die Frage, ob es sich im Rechtssinne um eine Religionsgemeinschaft handelt, ohne Bedeutung. Die §§ 21, 22, 43 Abs. 2 BGB erschweren bei zutreffendem Verständnis der Voraussetzungen eines wirtschaftlichen Geschäftsbetriebs die Teilnahme der Religionsgemeinschaft am Rechtsverkehr nicht in einer Weise, die unzumutbar oder mit der nach Art. 4 Abs. 1, 2 iVm Art. 140 iVm Art. 137 Abs. 2, 4 WRV gewährleisteten Vereinigungsfreiheit nicht zu vereinbaren wäre (BVerwGE 105, 313 (321), Entziehung rechtmäßig[306]). Zur Frage eines Anspruchs von Sekten mit wirtschaftlichen Aktivitäten auf Eintragung in das Vereinsregister als Idealverein gem. § 21 BGB zuvor schon OLG Düsseldorf NJW 1983, 2574, verneinend; LG Hamburg NJW 1988, 2617, bejahend.[307] – Es bestehen keine Bedenken in Bezug auf die Verfassungsmäßigkeit der Pflichtmitgliedschaft eines eingetragenen Vereins der Scientology Kirche als Kammerzugehöriger der IHK (VG Frankfurt GewArch 2000, 332). Ein **Parteiausschluss** wegen Mitgliedschaft bei Scientology ist zulässig (OLG Köln NJW 1998, 3721). Seit der Privatisierung der Postbank ist die **Verweigerung** der Eröffnung eines Postbank-**Girokontos** für einen Scientology-Verein zulässig, es sei denn, die Voraussetzungen für einen Kontrahierungszwang liegen vor (LG Stuttgart NJW 1996, 3347). – Zu Möglichkeit und Geeignetheit des **Verfassungsschutzeinsatzes** s. für Zulässigkeit OVG Münster BeckRS 2008, 33834; OVG Bautzen, 5 B 141/15, juris, Salafisten; abl. VG Berlin NVwZ 2002, 1018.[308] Zur Problematik der sog. Jugendreligionen insgesamt s. die Nachweise in der Fußnote.[309]

---

[305] Dazu *Röper* VR 1997, 343.

[306] Zust. *K. Schmidt* NJW 1998, 1124; sa *Schad* NJW 1998, 2411.

[307] *K. Schmidt* NJW 1988, 2574, verneinend; sa die Auseinandersetzung zwischen *Kopp* NJW 1989, 2497; NJW 1990, 2669, bejahend; *v. Campenhausen* NJW 1990, 887; NJW 1990, 2670, verneinend; *Guber* NVwZ 1990, 40.

[308] *Albert* DÖV 1997, 810 (abl.); *Engelmann* BayVBl 1998, 35.

[309] *Abel,* Inhalt und Grenzen der Religionsfreiheit in Bezug auf die „Neuen Jugendreligionen", 1983; *Badura,* Der Schutz von Religion und Weltanschauung durch das Grund-

Kirchenasyl – Die heute unter dem Begriff des Kirchenasyls diskutierten Fälle, in denen Ausländern in kirchlichen Räumen Schutz vor der Durchsetzung von Abschiebungsentscheidungen gewährt wird, haben mit dem historischen Institut des Kirchenasyls, das insbes. dem Schutz vor Rachehandlungen diente, nichts mehr zu tun.[310] Die Frage, ob das Kirchenasyl von Art. 4 Abs. 1, 2 und Art. 140 iVm Art. 137 Abs. 3 S. 1 WRV umfasst ist und iErg auch gerechtfertigt sein kann, ist umstritten.[311] Die Berufung auf Art. 140 iVm Art. 137 Abs. 3 S. 1 WRV als Grundlage des Kirchenasyls kann ein Überdenken der staatlichen Entscheidung im Einzelfall ermöglichen, ändert aber nichts daran, dass es sich bei den einschlägigen Vorschriften des Ausländerrechts um schrankenziehende allgemeine Gesetze handelt. Aus der Rechtsprechung s. OVG Schleswig NVwZ-RR 2018, 541.

Kirchenaustritt – ist Bekenntnishandlung, → Rn. 50 f.; sa Stichwort Austritt, Austrittsfrist, Kirchensteuer; zur Bedingungsfeindlichkeit → Art. 140 Rn. 54.

Kirchenbau – ist vom Schutzbereich des Art. 4 Abs. 2 umfasst (→ Rn. 72). Zum Fall einer gemeindlichen **Kirchenbaulast** aus vorkonstitutioneller Zeit s. VGH Kassel NVwZ 1996, 1227; zur Beteiligung an den Kosten der Renovierung einer Kirche auf gesetzlicher und vertraglicher Grundlage s. VGH Mannheim NVwZ 1996, 1230 (1232); VBlBW 2014, 350. Zum Bau eines **Minaretts** durch muslimische Gemeinde und zur Berücksichtigung im Bauplanungsrecht VGH München NVwZ 1997, 1016; sa *Gaudernack,* Muslimische Kultstätten im öffentlichen Baurecht. Der Bau von Moscheen im Spannungsfeld von Religonsfreiheit und einfachem Recht, 2011.

Kirchensteuer – Gemessen an der Bekenntnisfreiheit in Gestalt der sog. negativen Finanzierungsfreiheit ist die Heranziehung zur Kirchensteuer nach dem Austritt **(Nachbesteuerung)** zulässig bis zum Ablauf des auf die Austrittserklärung folgenden Kalendermonats, unzulässig hinsichtlich Ende des laufenden Steuerjahres (BVerfGE 44, 37 (55) und 44, 59 (66), Nachbesteuerung bei Kirchenaustritt; BVerwGE 79, 62 (63)). Zur staatlichen Regelungsbefugnis vgl. BVerfGE 19, 206 (218), Kirchenbausteuer; 19, 253 (258), Kirchensteuerordnung. – Zur Anknüpfung an innerkirchliche Regelungen s. BVerfGE 30, 415, Kirchensteuer; BVerfG NJW 1984, 969; BVerwG NVwZ 1992, 67; BFH NVwZ 1996, 517; FG München NVwZ 1998, 106. Art. 4 Abs. 1 bewahrt das Kirchenmitglied vor einer staatlich sanktionierten Behinderung beim Kirchenaustritt,[312] verleiht dem aus der Kirche Ausgetretenen aber keinen Anspruch auf eine nur Kirchenmitgliedern gewährte finanzielle Vergünstigung. Eine Kirche kann daher zu diesem Zweck den Teilerlass der Kirchensteuer auf in der Kirche verbliebene Mitglieder beschränken (BVerwGE 118, 210). Zur Kirchensteuerpflicht in **glaubensverschiedenen Ehen** s. BFH NVwZ 1998, 105; BVerfG-K NJW 2011, 365; [313] zum

---

gesetz, 1989, 83; *Heintschel v. Heinegg/Schäfer* DVBl 1991, 1341 (1347); Ess. Gespr. 19 (1985) mit Beiträgen von *Hummel* und *Müller-Volbehr; v. Campenhausen* ZevKR 37 (1992), 405; sa *Dostmann* DÖV 1999, 993. Rechtsprechungsüberblick bei *Scholz* NVwZ 1993, 629; NVwZ 1994, 127; *Abel* NJW 1996, 91; NJW 1997, 426; NJW 1999, 331; NJW 2003, 264; NJW 2005, 114.

[310] S. zur Geschichte des Kirchenasyls *Gramlich* FS Küchenhoff, 1987, 195; *Robbers* AöR 113 (1988), 30.

[311] S. zur Diskussion *v. Münch* NJW 1995, 565; NJW 1995, 2271; *Reuter* ZRP 1996, 97; *Renck* NJW 1997, 2089; *Muckel,* Religiöse Freiheit und staatliche Letztentscheidung, 1997, 160; *Maaßen,* Asylpraxis Bd. 3 (2005), 13, jeweils abl.; gegen Anwendbarkeit des Art. 137 Abs. 3 S. 1 WRV *Huber* ZAR 1988, 153 (156); für Relevanz von Art. 4 Abs. 1, 2 und Art. 140 iVm Art. 137 Abs. 3 S. 1 WRV *Geis* Asylpraxis Bd. 3 (2005), 69; *Kaltenborn* DVBl 1993, 25; s. zum Problem auch *Siegmund,* Verfassungsrechtliche Aspekte des Kirchenasyls, 1997; *Bayer,* Das Grundrecht der Religions- und Gewissensfreiheit, 1997, 249 ff.; *Görisch,* Kirchenasyl und staatliches Recht, 2000; *Müller,* Rechtsprobleme beim Kirchenasyl, 1999; *Schulz-Süchting,* Kirchenasyl, 2000; *Grefen,* Kirchenasyl im Rechtsstaat – christliche Beistandspflicht und staatliche Flüchtlingspolitik, 2001; *Just/Sträter,* Kirchenasyl – Ein Handbuch, 2003; *Stiebig* ZAR 2004, 101; *Neundorf* ZAR 2011, 259; *Botta* ZAR 2017, 434; *Larsen* ZAR 2017, 121; zu den strafrechtlichen Aspekten *A. u. H. Radtke* ZevKR 42 (1997), 23; zu Kirchenasyl und Vertragskirchenrecht *Baldus* NVwZ 1999, 716.

[312] *Stuhlfauth* DÖV 2009, 225 ff.

[313] *Wassermeyer* FS Klein, 1994, 495; *Link* ZevKR 37 (1992), 163.

Kirchgeld s. BFHE 211, 90; *Gehm* NVwZ 2007, 56; zur **Konventionskonformität** des Kirchgelds s. EGMR NJW 2018, 3295. Die in Kirchensteuergesetzen für den Fall des Austritts aus der Kirche während eines Kalenderjahres vorgesehene Zwölftelungsregelung ist verfassungsgemäß (BFH NVwZ 1998, 325). Sa Stichwort Austrittsfrist. Zum kirchlichen Besteuerungsrecht allg. → Art. 140 Rn. 50 ff.[314]

Kopftuch – → Rn. 47 ff. und u. Stichwort **Schulwesen.** Sa BVerfG NJW 2007, 56, Pauschales Verbot eines Jugendrichters an anwesende Personen, Kopftücher zu tragen, ist verfassungswidrig. In Übereinstimmung mit der Rechtsprechung zum Lehrpersonal ist auch in öffentlichen Kindergärten das sichtbare Tragen von religiösen Symbolen oder Kleidungsstücken grundsätzlich zulässig und damit ein Kopftuchverbot für **Kindergärtnerinnen** nur im Fall einer konkreten Gefahr für den Frieden in der Einrichtung gerechtfertigt (BVerfG NVwZ 2017, 549).[315] Demgegenüber ist ein entsprechendes Verbot für **Rechtsreferendarinnen** iRd Sitzungsleitung und Sitzungsvertretung der Staatsanwaltschaft durch die Neutralitätspflicht des Staates gerechtfertigt (HessVGH ESVGH 67, 238; BVerfG NJW 2020, 1049). Dies gilt erst recht für Richterinnen (s. dazu BayVerfGH NVwZ 2019, 442).[316] S. schon oben → Rn. 82 Stichwort Arbeitsverhältns, öffentliches. Demgegenüber ist das Tragen eines Kopftuchs aus religiösen Gründen mt dem Schöffenamt vereinbar. Zum einen tragen Schöffen keine Amtstracht, zum anderen geht es gerade darum, die Bevölkerung zu repräsentieren.[317]

Kreuz – „Verhandeln unter dem Kreuz" kann das Grundrecht eines Prozessbeteiligten aus Art. 4 Abs. 1 verletzen (BVerfGE 35, 366 (373 ff.), jüdischer Rechtsanwalt[318]).[319] Zum Kreuz in der Schule Rn. 57 ff. sowie Rn. 108 Stichwort Schulwesen. Ein Kreistagsmitglied kann die Entfernung eines Kreuzes aus dem **Sitzungssaal** verlangen (HessVGH NJW 2003, 2471; 2006, 1227). Kreuze im Eingangsbereich von **Behörden** verstoßen gegen das Neutralitätsgebot, so Rn. 37.

Rauschmittel – Eine Ausnahmegenehmigung vom Verbot des Cannabis-Anbaus nach § 3 BtMG kann nicht mit der Begründung beansprucht werden, der Genuss von Marihuana sei Teil der Religionsausübung. Zwar liegt in der Versagung der Genehmigung ein Eingriff. Dieser ist jedoch zum Schutz der Volksgesundheit gerechtfertigt, wobei insbes. die unerwünschte Signalwirkung einer Ausnahmegenehmigung mit zu berücksichtigen ist (BVerwGE 112, 314). Demgegenüber hat das BVerwG einen Anspruch auf die Erlaubnis des Erwerbs wie des Eigenanbaus von Cannabis im Fall schwerer Krankheit bejaht (BVerwGE 123, 352; 154, 352).

Schächten – Das Schlachten in Übereinstimmung mit religiösen Vorschriften lässt sich nicht als solches dem Schutz der Religionsfreiheit unterstellen. Vielmehr ist die persönliche Seite des Schutzbereichs mit heranzuziehen und zudem zwischen verschiedenen Konstellationen zu unterscheiden[320]: Schlachten und Konsumieren als kultische Handlung etwa im Zusammenhang mit einem Opferfest und getragen von religiöser Überzeugung gehört zur Religionsausübungsfreiheit im engsten Sinne. Das berufsmäßige Schlachten nach religiösen Vorschriften, getragen von religiöser Überzeugung, unterfällt sowohl dem Schutzbereich der Glaubens- und Bekenntnisfreiheit als auch der Berufsfreiheit, wobei der Schwerpunkt im Lichte der Eingriffsrichtung auf der Glaubensfreiheit liegt. Konsumenten, die aus religiöser Überzeugung nur Fleisch zu sich nehmen, das in bestimmter Weise zubereitet wurde, sind durch einschränkende rechtliche Regelungen mittelbar faktisch in ihrer Glaubensfreiheit betroffen. Das BVerwG (BVerwGE 99, 1 (7)) vertrat zunächst die Auffassung, dass die Versagung einer Ausnahmegenehmigung nach § 4a Abs. 2 Nr. 2 TierSchG **(Schächten)** nicht

---

[314] *Hammer,* HSKR § 72.

[315] S. schon *Engelken* VBlBW 2006, 209; *Wittinger* VBlBW 2006, 169.

[316] *Eckertz-Höfer* DVBl 2018, 537; a. A. *Payandeh* DÖV 2018, 482.

[317] Bejahend *Bader* NJW 2007, 2964.

[318] MAnm *Fischer* NJW 1974, 1185 und mAnm *Rüfner* NJW 1974, 491.

[319] Keine Bedenken unter dem Gesichtspunkt der Neutralität des Staates *Starck* in MKS, 7. Aufl. 2018, Rn. 25; aA *Böckenförde* ZevKR 20 (1975), 119; *Jarass* in Jarass/Pieroth, 15. Aufl. 2018, Rn. 11; *Morlok* in Dreier, 3. Aufl. 2013, Rn. 136.

[320] Diff. auch *Mückl* in BK Rn. 109; sa *Maurer* FS f. Brohm, 2002, 455 (472).

Art. 4 Abs. 1, 2, sondern nur die allg. Handlungsfreiheit berühre (sa OVG Hamburg NVwZ 1994, 592).[321] Das BVerfG hat die glaubensgetragene berufsmäßige Schlachtung nach religiösen Vorschriften der Berufsfreiheit zugeordnet und die Glaubensfreiheit verstärkend herangezogen (BVerfGE 104, 337 (346), Schächterlaubnis). Dies ist im Lichte der bisherigen weiten Schutzbereichsinterpretation nicht überzeugend.[322] Auch unter dem Eindruck der Entscheidung BVerfGE 104, 337 wurde der Tierschutz in Art. 20a als Staatsziel eingefügt. Diese Verfassungsänderung führt nach BVerwGE 127, 183 (186 f.) nicht zu einer grundsätzlich anderen Bewertung des Konflikts zwischen Religionsfreiheit einerseits und Tierschutz andererseits. S. zum Problem des Schächtens aus der Rspr. noch VerfGH Österreich EuGRZ 1999, 600; EGMR 27.6.2000, 27417/95, Report of judgments and decisions 2000-VII, 77 – Cha'are Shalom ve Tsedek/Frankreich.[323] Die Verpflichtung, die rituelle Schlachtung von Tieren ohne Betäubung ausschließlich in Schlachthöfen vorzunehmen, vestößt nicht gegen Art. 10 GRCh (EuGH, C-426/16, NVwZ 2018, 1283 = ECLI:EU:C:2018:335).

Schulwesen – Nach Auffassung des BayVerfGH steht **Ehrfurcht vor Gott als schulisches Bildungsziel** in Bayern nicht im Widerspruch zu anderen Normen der bay. Verfassung (BayVerfGH NJW 1988, 3141).[324] Zur Gestaltung der **christlichen Gemeinschaftsschule** in BW s. BVerfGE 41, 29, in Bayern BVerfGE 41, 65, in NRW BVerfGE 41, 88. Die Aufnahme eines bekenntnisfremden Kindes in eine **öffentliche Bekenntnisschule** setzt voraus, dass die Eltern die Unterrichtung ihres Kindes nach den Bekenntnisgrundsätzen akzeptieren (BVerwG NVwZ 2017, 1141). Eltern haben nicht das Recht, aus religiösen Gründen ihre Kinder der **Schulpflicht** zu entziehen. Die mit der staatlichen Schulpflicht verbundenen Gemeinwohlziele rechtfertigen die Eingriffe in das glaubensgetragene Erziehungsrecht der Eltern ebenso wie in die Glaubensfreiheit und das allgemeine Persönlichkeitsrecht der Kinder. Die von der staatlichen Schule zu beachtende Verpflichtung zur Neutralität stellt sicher, dass unzumutbare Glaubens- und Gewissenskonflikte nicht entstehen. Die Schwere der Beeinträchtigungen wird durch Pflichten zur Rücksichtnahme sowie durch die verbleibenden Möglichkeiten der elterlichen Einflussnahme auf die Erziehung ihrer Kinder abgemildert und verbleibt daher im Bereich des Zumutbaren (BVerfG NVwZ 2003, 1113; BVerfG BayVBl 2006, 633; BVerfGK NJW 2009, 3151). S. auch EGMR FamRZ 2018, 449: kein Verstoß gegen Art. 8 EMRK. Eine **Befreiung vom Schulunterricht** an einem einzelnen Wochentag aus religiösen Gründen ist wegen Art. 4 Abs. 1, 2, 6 Abs. 2 zulässig und verstößt nicht gegen Art. 3 Abs. 1, 3 (BVerwGE 42, 128 (129), Sieben-Tages-Adventisten; HessVGH KirchE 66, 49, Zeugen Jehovas). Die **Befreiung vom Schulsport** kann im Falle eines Gewissenskonflikts aufgrund religiöser Bekleidungsvorschriften geboten sein (BVerwGE 94, 82), ist nach neuerer Rspr. aber nur in Ausnahmefällen zulässig und zu verneinen, wenn durch spezifische Bekleidung (Burkini) den religiösen Vorschriften entsprochen werden kann (BVerwGE 147, 362). Klageabweisend in Bezug auf Kinder in der 4. und 5. Klasse VG Hamburg NVwZ-RR 2006, 121; sowie VG Düsseldorf NWVBl. 2006, 68; verneinend für Mädchen im Grundschulalter auch OVG Bremen NVwZ-RR 2012, 842; zur gebotenen Zurückhaltung und Toleranz bei der schulischen **Sexualerziehung** s. BVerfGE 47, 46 (77), Sexualkundeunterricht; zum **Verbot der Indoktrina-**

---

321 Zust. *Trute* Jura 1996, 462 (466); *Schäfer* NuR 1996, 576; krit. *Mayer* NVwZ 1997, 561; *Müller-Volbehr* JuS 1997, 223 (224, 226); *Bayer,* Das Grundrecht der Religions- und Gewissensfreiheit, 1997, 198.

322 Krit. auch *Sydow* Jura 2002, 615; *Volkmann* DVBl 2002, 332; *Tillmanns* NuR 2002, 578; *Lenz* VR 2003, 226; *Hain/Unruh* DÖV 2003, 147; *Rux* ZAR 2002, 152; *Faller* KJ 2002, 227; *Caspar* NuR 2002, 402; *Kästner* JZ 2002, 491; zust. *Oebbecke* NVwZ 2002, 302; *Neureither* JuS 2002, 1168; *Mückl* in BK Rn. 109.

323 *v. Münch* Gewissen und Freiheit Nr. 21 (1983), 23; *Kluge* ZRP 1992, 141; NVwZ 2006, 650; *Kuhl/Unruh* DÖV 1994, 644; *Brandhuber* NVwZ 1994, 561; *Pabel* EuGRZ 2002, 220; *Dietz* NuR 2003, 477; sa *Caspar/Luy,* Tierschutz bei der religiösen Schlachtung, 2010; *Köpernik* ZRP 2011, 243; *Kirchner/Yeasmin* KuR 2018, 114.

324 Sehr krit. dazu *Renck* NJW 1989, 2442; krit. zur Begründung auch *Pawlowski* NJW 1989, 2240.

tion BVerwGE 79, 298 (300), Schulbuch; BVerfGK NJW 2009, 315 ff. Eltern können unter Berufung auf ihre religiösen Erziehungsvorstellungen nur in Ausnahmefällen die Befreiung ihrer Kinder von Unterrichtsveranstaltungen erlangen (BVerwG NVwZ 2014, 235, Krabat); zur Befreiung von **Klassenfahrten** s. OVG Münster NJW 2003, 1754; OVG Bremen NordÖR 2014, 92.[325] Zur Zulässigkeit eines **Gesichtsverhüllungsverbots** für Schülerinnen zurecht bejahend VGH München NVwZ 2014, 1109. Nach Auffassung von VG Osnabrück, Beschl. v. 26.8.2016, 1 B 81/16 fehlt es in Nds. an der für ein solches Verbot erforderlichen Rechtsgrundlage. Die **Verrichtung von Gebeten** in der Schule findet ihre Schranke in der Wahrung des Schulfriedens (BVerwGE 141, 223).[326] – Die Entscheidung über die **Zulassung zum Religionsunterricht** obliegt der für diesen Unterricht verantwortlichen Religionsgemeinschaft; der Staat ist gem. Art. 7 Abs. 3 verpflichtet, dieser Entscheidung Rechnung zu tragen (BVerfGE 74, 244 (251), Religionsunterricht).[327] – Zur Frage eines Anspruchs von Religionsgemeinschaften gegen den Staat (neue Bundesländer) auf Durchführung von Religionsunterricht.[328] Der Ausschluss von Weltanschauungsgemeinschaften vom Recht, Bekenntnisunterricht in den Schulen zu erteilen, verstößt gegen den Grundsatz weltanschaulich-religiöser Neutralität des Staates (VerfG Brandenburg NVwZ 2006, 1052). Zur Stellung der Bekenntnisgemeinschaften im Schulrecht.[329] Zur Frage eines **islamischen Religionsunterrichts** s. BVerwGE 110, 326; 123, 49, Dachverband.[330] Zur Frage der Einführung eines obligatorischen Unterrichts in Lebensgestaltung – Ethik – Religionskunde **(LER)**;[331] Zulässigkeit des obligatorischen Ethikunterrichts in Berlin bejaht BVerfGK DÖV 2007, 653 = NVwZ 2008, 72. Ein obligatorischer **Ethikunterricht** ausschließlich für Schülerinnen und Schüler, die nicht am Religionsunterricht teilnehmen, ist zulässig (BVerwGE 107, 75; sa VGH München BayVBl 1990, 224; VGH Mannheim NVwZ 1998, 309; BayObLG NJW 1996, 2317; aA VG Hannover NVwZ 1998, 316).[332] Ein **Anspruch** der Eltern **auf Einrichtung eines Ethikunterrichts** in der Grundschule besteht nicht (BVerfG NVwZ 2018, 728). – Ein freiwilliges überkonfessionelles **Schulgebet** verstößt nicht gegen die (negative) Bekenntnisfreiheit, wenn die ablehnenden Schüler oder deren Eltern frei und ohne Zwänge über die Teilnahme am Gebet entscheiden können, es sei denn, dass die Schüler der Teilnahme nicht in zumutbarer Weise ausweichen können (BVerfGE 52, 223 (241 ff.), Schulgebet; sa BVerwGE 44, 196 (197).[333] Ein Anspruch auf Durchführung eines islamischen Ritualgebets in der Schule besteht nicht (OVG Berlin-Brandenburg LKV 2010, 422). Die staatliche Anordnung, in jedem Klassenraum ein **Kreuz** aufzuhängen, verstößt gegen die Glaubensfreiheit von Schülern und deren Eltern (BVerfGE 93, 1, Kruzifix; sa Schweizerisches Bundesgericht EuGRZ 1991, 89; a. A. EGMR NVwZ 2011, 737 ff.); zur Rechtsposition

---

[325] Ausf. *S. Krampen-Lietzke,* Der Dispens vom Schulunterricht aus religiösen Gründen, 2013.

[326] S. zum Gebetsraum im Schulgebäude *Schaefer* VerwArch 2012, 136.

[327] Dazu *Fischer* NJW 1988, 879; *Pieroth* ZevKR 38 (1993), 189.

[328] S. *Winter* NVwZ 1991, 753 (754 f.); dagegen *Renck* NVwZ 1992, 1171; einen Anspruch von Eltern abl. OVG Frankfurt/Oder LKV 2003, 430; zu den verfassungsrechtlichen Maßgaben für den Religionsunterricht in den neuen Bundesländern s. *Schlink* NJW 1992, 1008; *Lörler* ZRP 1996, 121; *Micheel* ZRP 2000, 76; sa *Renck* ThürVBl. 2007, 6; zu öffentlicher Schule und kirchlichem Erziehungsrecht allg. s. *Renck* BayVBl 2006, 713; *Robbers* RdJB 2003, 11.

[329] S. *Renck* BayVBl 1994, 39; dagegen *Lecheler* BayVBl 1994, 41.

[330] *Stock* NVwZ 2004, 1399; *Frisch* DÖV 2004, 462; *Kloepfer* DÖV 2006, 45 (150); *Rohe* ZRP 2000, 207; *Häußler* NVwZ 2002, 954; *Heckel* RdJB 2004, 39.

[331] S. *Goerlich* NVwZ 1998, 819, für Zulässigkeit; *Kästner* Ess. Gespr. 32 (1998), 61 (94 ff.); *de Wall* ZevKR 42 (1997), 353; *Heckel* ZevKR 1999, 147; *Unruh* DÖV 2007, 625, gegen Zulässigkeit.

[332] Krit. zum Ethikunterricht nach geltendem Recht *Renck* NVwZ 1999, 713; *Czermak* NVwZ 1996, 450; *Bader* NVwZ 1998, 256; für Zulässigkeit *Schockenhoff* BayVBl 1993, 737; *Werner* NVwZ 1998, 816; zu inhaltlichen Fragen *Püttner/Kretschmer* FS Heckel, 1999, 901.

[333] *Podlech,* Das Grundrecht der Gewissensfreiheit und die besonderen Gewaltverhältnisse, 1969, 106 ff.; *Böckenförde* DÖV 1980, 323; DÖV 1980, 515 gegen *Scheuner* DÖV 1980, 513; *Link* JZ 1980, 564; aA StGH Hessen NJW 1966, 31, unzutr.

von Lehrern in diesem Fall s. VGH München NVwZ 2002, 1000.[334] – Das **Tragen religionsspezifischer Kleidungsstücke** oÄ **durch Lehrpersonal** an staatlichen Pflichtschulen führt zu einem Konflikt zwischen der Glaubens- bzw. Bekenntnisfreiheit der Lehrerin/des Lehrers und der staatlichen Verpflichtung zur Neutralität, die in der Schule ihr besonderes Gewicht durch das Erziehungsrecht der Eltern und die Glaubensbildungsfreiheit der Schülerinnen und Schüler erhält. Die staatliche Verpflichtung zur Neutralität ist gegenüber dem Lehrpersonal über deren Dienstpflichten zu aktualisieren, die ihre verfassungsrechtliche Grundlage in Art. 33 Abs. 5 finden. Der Konflikt ist nicht leicht und schon gar nicht pauschal zu lösen. Fest steht, dass „im neutralen Staat kein Amtswalter unter Ausnutzung seines amtlichen Ansehens für einen Glauben oder eine Weltanschauung werben" darf.[335] Fraglich ist jedoch, ob bereits deutlich sichtbare Zeichen religiöser Zugehörigkeit unzulässig sind. Die Beantwortung der Frage hängt entscheidend davon ab, ob in einer staatlichen Pflichtschule mit nicht bekenntnishomogener Schüler-, Eltern- und Lehrerschaft Religion und Religiosität außerhalb des Religionsunterrichts thematisiert werden und ob gerade das Lehrpersonal hierzu Anlass geben soll. Die Beantwortung dieser Frage bleibt nicht unbeeinflusst davon, in welchem Ausmaß Religion und Religionsfreiheit in der Gesellschaft konfliktbehaftet oder politisiert sind (BVerfGE 108, 282 (309), Kopftuch I; EGMR NJW 2001, 2871, Kopftuch der Lehrerin in der Schweiz; EGMR NVwZ 2006, 1389, Kopftuch einer Studentin in der Türkei). Je mehr dies der Fall ist, umso eher ist es gerechtfertigt und überzeugend, bereits zur Abwehr einer abstrakten Gefahr, sei es für das religiöse Selbstbestimmungsrecht der Schüler und das Erziehungsrecht der Eltern oder für den Schulfrieden, grundrechtseinschränkend tätig zu werden. Soweit andererseits eine Thematisierung von Religions- und Weltanschauungsfragen in der Schule außerhalb des Religionsunterrichts als Einübung in tolerantes Verhalten befürwortet wird (BVerfGE 108, 282 (310)), ist zu bedenken, dass die Kategorie der Toleranz im Abhängigkeitsverhältnis problematisch ist, ihre Anwendung im Schüler-Lehrer-Verhältnis zumindest die Religionsmündigkeit der Schülerinnen und Schüler voraussetzt. Jedenfalls soweit religionsunmündige Kinder betroffen sind, findet das Gebot staatlicher Neutralität in der Schule zudem in besonderer Weise Verstärkung durch das religiöse Erziehungsrecht der Eltern. Das durch das Erziehungsrecht der Eltern und durch die Glaubensfreiheit der Schüler konkretisierte Gebot staatlicher Neutralität schränkt die Glaubens- und Bekenntnisfreiheit des Lehrpersonals ein. Sind dagegen religionsmündige Schüler betroffen, erscheint es angemessen, das Gebot staatlicher Neutralität in der Schule auch in Bezug auf Religion und Weltanschauung nur als **Indoktrinationsverbot** zu verstehen.[336] Die Rechtsprechung hat das einen Lehrer betreffende Verbot, bhagjwan-typische Kleidung im Unterricht zu tragen, bestätigt (BVerwG NVwZ 1988, 937).[337] Die in Rechtsprechung und Literatur eingehend behandelte Frage, ob das in Befolgung islamischer Glaubensüberzeugungen getragene **Kopftuch eine Lehrerin** für den Schuldienst ungeeignet macht, hat der 2. Senat des BVerfG für den Fall der Anknüpfung an eine abstrakte Gefahr den Landesgesetzgebern zur Regelung überwiesen (BVerfGE 108, 282 (310 ff.)).[338] Dies ist angesichts der Abhängigkeit der Lösung von tatsächlichen Gegebenheiten in der Gesellschaft überzeugend. Der 1. Senat entschied dagegen, dass für ein Verbot eine konkrete Gefahr für die Schutzgüter, namentlich den Schulfrieden vorliegen müsse (BVerfGE 138, 296 (342 f.), Kopftuch II). Wesentliche verfassungsrechtliche Anforderung an den demokratischen Gesetzgeber ist im Übrigen die Wahrung der Neutralität im Sinne der Gleichbehandlung der Religionen bei gleichartigen Sachlagen (BVerfGE 138, 296 (346).[339] – Eine abstrakte Gefahr genügt

334 Dazu *Renck* NVwZ 2002, 955.
335 *Zippelius* in BK, Drittbearb., 1989, Rn. 69.
336 Zum Schulfrieden s. *Anger* KritV 2005, 52.
337 Für Zulässigkeit *Alberts* NVwZ 1985, 92.
338 Sa. *Sicko,* Das Kopftuch-Urteil des BVerfG und seine Umsetzung durch die Landesgesetzgeber, 2008.
339 S. dazu aus der neueren Literatur *Franzius* Der Staat 54 (2015), 435; *Sacksofsky* DVBl 2015, 801; *Ladeur* JZ 2015, 633; *Rusteberg* JZ 2015, 637; *Traub* NJW 2015, 1338; *Papier* RdJB

keinesfalls für den Ausschluss vom **Vorbereitungsdienst** (Referendardienst). Der Eingriff in die Berufswahl- und Ausbildungsfreiheit wäre unverhältnismäßig (BVerwG NJW 2008, 3654). – Zu den Zulässigkeitsvoraussetzungen für **private Weltanschauungs- oder Bekenntnisschulen** s. BVerwGE 89, 368, Hubbard; BVerwGE 90, 1, Freie Christliche Bekenntnisschule Hamburg; VGH München NVwZ 1992, 1221, Universelles Leben; VG Stuttgart NVwZ-RR 2004, 580, islamische Bekenntnisschule.[340] Das Verbot von Kopftüchern für Schülerinnen ist von der Privatschulfreiheit gedeckt (LG Bonn, Urt. V. 20.3.2015, 1 O 365/14, juris).

Soldatenverhältnis – Ein Soldat, der einer zahlenmäßig nur in geringem Umfang vertretenen Glaubensgemeinschaft angehört, hat keinen Anspruch, nur an einem Standort verwendet zu werden, an dem seine Glaubensgemeinschaft vertreten ist (BVerwGE 63, 215 (218): aus Art. 4 Abs. 2 folge kein Leistungsrecht).[341]

Sozialrecht – Aus Art. 4 Abs. 1, 2 lässt sich kein Anspruch auf Ersatz hoher Mehrkosten für die vom Sozialhilfeempfänger gewünschte Unterbringung in einem bestimmten, weltanschaulich (anthroposophisch) geprägten Altenheim ableiten (BVerwG NJW 1983, 2586 (2587)).

Staatsangehörigkeit – Es besteht kein grundgesetzlicher Anspruch, insbes. nicht aus Art. 4 Abs. 1, 2 und Art. 16, aus christlicher Überzeugung die deutsche Staatsangehörigkeit aufzugeben, um staatenlos zu werden (OVG Münster NJW 1983, 2599).

Strafrecht – Die Bestrafung eines Ehemannes wegen unterlassener Hilfeleistung, weil er seine Frau nicht – unter Verleugnung seiner Glaubensüberzeugung – zu einer ärztlichen Behandlung und damit zur Aufgabe ihrer übereinstimmenden Glaubensüberzeugung überredet hat, verstößt gegen Art. 4 Abs. 1 (BVerfGE 32, 98 (109), Gesundbeter).

Strafverfahrensrecht – Gebote einer Religion können das Ausbleiben eines Angeklagten nur dann genügend entschuldigen, wenn er gläubiges und praktizierendes Mitglied der entsprechenden Religionsgemeinschaft ist. Verbleibende Zweifel dürfen nicht zu Lasten des Angeklagten gehen (OLG Köln NJW 1993, 1345). Die Weigerung, sich bei der Urteilsverkündung zu erheben, lässt sich nicht überzeugend religiös begründen und rechtfertigt daher die Verhängung eines Ordnungsgeldes (OLG Karlsruhe NJW-Spezial 2018,153).

Strafvollzug – Art. 4 Abs. 1, 2 gelten auch im Strafvollzug (sa Art. 140 iVm Art. 141 WRV). Dem tragen § 21 S. 3 (zur Auslegung OLG Hamm NStZ 1984, 190) und die §§ 53–55 StVollzG einfachgesetzlich Rechnung. Ein Muslim, der sich weigert, sich vor Dritten vollständig zu entkleiden, handelt nicht rechtswidrig (OLG Koblenz NStZ 1986, 238)[342]. Eine **Haftraumbeschilderung** mit dem Buchstaben „M" für schweinefleischfreie Kost soll keine Verletzung der negativen Glaubensfreiheit darstellen (OLG Karlsruhe NStZ-RR 2018, 191, zweifelhaft). Es besteht keine Gewährleistung, dass der sich im gelockerten Vollzug befindende Gefangene eine bestimmte nur im geschlossenen Vollzug angebotene religiöse Veranstaltung besuchen kann (BVerfG NStZ 1988, 573). Zur Frage, ob ein Gesprächskreis eines Anstaltspfarrers eine **„religiöse Veranstaltung"** iSd § 54 StVollzG darstellt s. OLG Koblenz NStZ 1987, 525;[343] sa OLG Koblenz NStZ 1988, 47[344]). Eine **Vollzugslockerung** muss nicht vorrangig zur Ermöglichung des Besuches eines externen Gottesdienstes bewilligt werden (OLG Stuttgart NStZ 1990, 150). Bestimmt die Vollzugsbehörde als Zeitpunkt für den **Empfang von Paketen** einen Feiertag christlicher oder anderer Religionsgemeinschaften, sind die Grenzen des Ermessens nicht überschritten und werden Grundrechte religiös nicht gebundener Gefangener nicht verletzt (OLG Hamm NStZ 1991, 407). Zum Anspruch auf **islamischen Gottesdienst** in einer Strafanstalt vgl. Schweizerisches Bundesgericht EuGRZ 1988, 68. Die Anerkennung einer Religions-

---

2015, 213; *Heinig* RdJB 2015, 217; *Langenfeld* ZevKR 60 (2015), 420. – Zum Tragen einer Kette mit Kreuz s. *Menzel/Schumacher* VR 1997, 314.

340 Sa *Richter* NVwZ 1992, 1162.

341 S. zur Religionsausübung im Wehrdienstverhältnis *Spranger* NZWehrR 2001, 235.

342 MAnm *Rassow* NStZ 1986, 239 f.

343 MkritAnm *Müller-Dietz,* 525 ff.; *Sperling,* 527 f.

344 MAnm *Robbers* NStZ 1988, 573.

zugehörigkeit (hier: Bedingung für die Verabreichung von islamischer Kost) darf nicht davon abhängig gemacht werden, dass sich der Strafgefangene an einen bestimmten Religionsbeauftragten wendet und dieser eine entsprechende Bescheinigung ausstellt. Seiner **Darlegungslast** kann der Gefangene auch anders nachkommen (OLG Koblenz NStZ 1994, 207). Zum Anspruch auf Lebensmittel, die islamischen Speisegeboten entsprechen BGH NStZ-RR 2012, 159).

Theologische Fakultät – Zur Frage der Mitwirkung der Kirche bei Einführung eines theologischen Studiengangs s. BVerwG NJW 1996, 3287;[345] sa die Vorinstanz VGH Kassel NVwZ 1995, 505;[346] Eine Theologieprofessur ist ein konfessionsgebundendes Staatsamt. Die Ausübung des Amtes erfordert eine Lehre in Übereinstimmung mit den wesentlichen Glaubensgrundsätzen des Christentums. Ist dem Amtsinhaber dies nicht möglich, so ist es zulässig, diesem anstelle eines bekenntnisgebundenen ein nicht bekenntnisgebundenes Fach zur Lehre zu übertragen (BVerwGE 124, 310).[347] In der rechtswissenschaftlichen Literatur ist insbes. die Einrichtung theologischer Fakultäten als Verfassungsproblem,[348] das Verhältnis von Wissenschaftsfreiheit und kirchlichen Selbstbestimmungsrecht an theologischen Fakultäten staatlicher Hochschulen[349] sowie die Akkreditierung theologischer Studiengänge[350] erörtert worden.

Vereinsstatus – Zur Frage des Anspruchs einer wirtschaftlich tätigen Religionsgemeinschaft auf Eintragung als Idealverein gem. § 21 BGB sowie zur Zulässigkeit des Entzugs des Vereinsstatus s. oben Stichwort Jugendsekten. S. zur Berücksichtigung der Eigenart religiöser Vereinigungen bei der Anwendung und Auslegung vereinsrechtlicher Vorschriften BVerfGE 83, 341, Bahá'í. Ausf. *Towfigh,* Die rechtliche Verfassung von Religionsgemeinschaften, 2006.

Vereinsverbot – Die Auffassung des BVerwG, wonach Art. 9 Abs. 2 allgemeines Gesetz iSd Art. 137 Abs. 3 S. 1 WRV sei und auf Religions- und Weltanschauungsgemeinschaften Anwendung finde (BVerwGE 37, 344 (358); sa BVerwG NVwZ 2006, 634), stößt in zweierlei Hinsicht auf Kritik: Zum einen wird auf die vorbehaltlose Gewährleistung der Vereinigungsfreiheit von Religionsgemeinschaften nach Art. 137 Abs. 2 WRV hingewiesen und nach Maßgabe des Grundsatzes der Schrankenspezialität eine Übertragung des Art. 9 Abs. 2 abgelehnt. Art. 137 Abs. 2 WRV unterliegt danach allein verfassungsimmanenten Schranken (sa weitere Nachw. bei → Art. 140 Rn. 27).[351] Zum anderen wird zumindest ein Schranken konkretisierenden Parlamentsgesetz gefordert.[352] Nach der Rechtslage vor dem 8.12.2001 kam ein Vereinsverbot auf der Grundlage des Vereinsgesetzes wegen der ausdrücklichen Nichtanwendbarkeit gem. § 2 Abs. 2 Nr. 3 aF VereinsG nicht in Betracht. Diese Ausnahme war nicht verfassungsgefordert (BVerwGE 37, 344 (365))[353] und wurde durch Gesetz v. 4.12.2001 (BGBl. 2001 I 3319) gestrichen. Auf der Grundlage des § 3 Abs. 1 S. 1 Vereinsgesetz kann eine Religionsgemeinschaft nunmehr verboten werden, wenn sie sich in kämpferisch-aggressiver Weise gegen Demokratie, Rechtsstaat oder Menschenwürde richtet. Die Rechtsprechung wendet Art. 9 Abs. 2 GG auf Religionsgemeinschaften an (BVerwG NVwZ 2003, 986, Kalifatsstaat; BVerfG NJW 2004, 47, Kalifatsstaat[354]; sa

---

[345] MAnm *Lecheler* NJW 1997, 439; der Entscheidung zust. *Muckel* DVBl 1997, 873.

[346] MAnm *Kriewitz* NVwZ 1995, 767.

[347] *Löwer* WissR 2007, 119.

[348] *Qaritsch* NVwZ 1990, 28; *Renck* NVwZ 1996, 333; *v. Campenhausen* in HStR VII § 157 Rn. 89 f.; *Waldhoff,* HSKR § 46; *Heckel,* Die theologische Fakultät im weltlichen Verfassungsstaat, 1986; *Steinhilber,* Theologie an staatlichen Universitäten – Relikt oder Modell?, 2018.

[349] S. *Hufen* FS f. Schiedermair, 2001, 623.

[350] S. *Christoph* ZevKR 49 (2004), 253.

[351] *Pieroth/Kingreen* NVwZ 2001, 841 (843 ff.); *Michael* JZ 2002, 484; *Stuhlfauth* DVBl 2009, 416 ff.

[352] Für unmittelbare Anwendbarkeit *Herzog* in Maunz/Dürig, Rn. 97; *v. Campenhausen/de Wall,* Staatskirchenrecht, 4. Aufl. 2006, 120.

[353] *Planker* DÖV 1997, 101 (103, 106); Im Grundsatz ebenso, aber krit. zur Tauglichkeit des Instruments Vereinsverbot mit beachtlichen Gründen *Alberts* ZRP 1996, 60.

[354] MAnm *Häußler* JAR 2003, 416.

BVerwG NVwZ 2006, 694; BVerwG, NVwZ 2014, 1573; BVerwGE 153, 211). Zum Verbot salafistischer Vereine.[355]

Vertragsrecht, privates – Bei Abbruch eines Theologiestudiums aus Glaubensgründen, weil im Studium häretischer Inhalt gelehrt werde, besteht für das von einem Bistum gezahlte **Darlehen** kein Rückerstattungsanspruch (LG Hanau NJW 1983, 2577).[356] Der **Rücktritt** vom Mietvertrag durch den Vermieter eines Vortragssaales bei glaubhaft gemachter Gewissensnot ist zulässig (LG Heidelberg NJW 1966, 1922 f. mit abl. Anm. Münzel). Zur Verweigerung der Einrichtung eines Girokontos für Scientology s. LG Stuttgart NJW 1996, 3347. zur Abwägung zwischen Eigentum und Glaubensfreiheit hinsichtlich Verlangen des Vermieters an den Mieter, eine Parabolantenne zu entfernen, mit der dieser Programme mit Inhalten alevitischen Glaubens empfängt BGH NJW 2008, 216.

Verwaltungsrichter, ehrenamtlicher – Die Heranziehung als ehrenamtlicher Verwaltungsrichter kann für einen Angehörigen der Zeugen Jehovas einen bes. Härtefall iSd § 24 Abs. 2 VwGO darstellen (VGH Kassel NVwZ 1988, 161; aA VGH München NVwZ 1984, 593).

Werbung für Glauben – Die Glaubenswerbung ist von der Bekenntnisfreiheit umfasst (BVerfGE 12, 1 (4), Tabak für Kirchenaustritt; BVerfGE 24, 236 (244), Aktion Rumpelkammer). Das Versprechen von Tabak als Gegenleistung für einen Kirchenaustritt gegenüber einem Gefangenen ist nicht mehr von der Bekenntnisfreiheit geschützt (BVerfGE 12, 1 (4)). Die Ausnutzung eines Abhängigkeitsverhältnisses überschreitet die Grenzen zulässiger Glaubenswerbung (BVerwGE 15, 134 (136), Lehrherr). Die Werbung eines Polizeibeamten außer Dienst und ohne Uniform ist zulässig (BVerwGE 30, 29 (30)). Zum unerlaubten Betreiben eines Rundfunksenders zur Übertragung von Gottesdiensten BVerfG NJW 1994, 1190; die Verteilung des Korans an einem Informationsstand ist als Glaubenswerbung zulässig, vgl. OVG Münster NVwZ 2012, 1054.

Zapfenstreich, Großer – Der Befehl „Helm ab zum Gebet" hat objektiv keinen religiösen Gehalt mehr.[357] Entscheidend ist jedoch die Perspektive des Betroffenen. Bei Freiwilligkeit der Teilnahme liegt jedenfalls keine Grundrechtsverletzung vor (OVG Münster NJW 2006, 1228).

Zurückstellung vom Wehrdienst – Die Notwendigkeit der Einhaltung religiöser Verhaltensvorschriften vermag allenfalls die Zurückstellung, nicht aber die Befreiung vom Wehrdienst zu rechtfertigen (BVerwG NVwZ 1985, 113, Zurückstellung gewährt für einen Angehörigen des jüdischen Glaubens; VG Hamburg NVwZ 1994, 816, Zurückstellung versagt für einen Angehörigen des islamischen Glaubens mit ausf. Begründung).

II. Gewissensfreiheit

83 **1. Die Freiheit des Gewissens.** Solange das Gewissen als Stimme Gottes oder in anderer Weise objektiv verstanden wird, sind auch Themen und Inhalte von Gewissensentscheidungen unter Rückgriff auf die religiöse oder ethische Werteordnung bestimmbar. Die Definition eines säkularisierten und neutralen Gewissensbegriffs, wie ihn Art. 4 Abs. 1 fordert, wirft größere Probleme auf. Sie muss das Phänomen Gewissen rechtlich fassbar machen, ohne inhaltlich Stellung zu beziehen; sie muss **formal** bleiben.[358]

---

[355] S. *Steinberg* NVwZ 2016, 1745 (1748 ff.).

[356] MkritAnm *Tiedemann* DÖV 1981, 427.

[357] Sehr krit. *Kiskalt* NJW 1986, 2479; dagegen *Wolf* NJW 1987, 36; sa *Spranger* RiA 1997, 173.

[358] BVerfGE 12, 45 (54), Kriegsdienstverweigerung; *Podlech,* Das Grundrecht der Gewissensfreiheit und die besonderen Gewaltverhältnisse, 1969, 21; *Herzog* in Maunz/Dürig, Rn. 127; *Preuß* in AK, 3. Aufl. 2001, Rn. 37; *Starck* in MKS, 7. Aufl. 2018, Rn. 63; *Morlok* in Dreier, 3. Aufl. 2013 Rn. 94.

Dem BVerfG ist für den **Begriff** der **„Gewissensentscheidung"** eine Definition gelungen, die im Wesentlichen Zustimmung erfahren hat.[359] Eine Gewissensentscheidung wird bestimmt als jede ernste, sittliche, dh an den Kriterien von **„Gut"** und **„Böse"** orientierte **Entscheidung,** die der Einzelne in einer bestimmten Lage als für sich bindend und **unbedingt verpflichtend** erfährt, so dass er gegen sie nicht ohne ernste Gewissensnot handeln könnte.[360] Kritisieren ließe sich allenfalls der in der Erläuterung der Gewissensentscheidung durch die Gewissensnot angelegte Zirkel. Jedoch ist die „Gewissensnot" zur Erläuterung der Gewissensentscheidung letztlich nicht erforderlich. Sie unterstreicht nur die bereits mit dem Adjektiv „unbedingt" hervorgehobene Stärke des Verpflichtungsempfindens und macht, indem sie die Folgen einer Zuwiderhandlung bezeichnet, gleichzeitig deutlich, dass ein Handeln gegen die Gewissensentscheidung denkbar ist, die geforderte „Unbedingtheit" also nicht eine psychisch-physische Unmöglichkeit meint. **84**

Dennoch ist der Maßstab des Empfindens unbedingter Verpflichtung weiterer Bestimmung bedürftig. So sicher es ist, dass Unlustgefühle nicht genügen,[361] so wenig kann gefordert werden, dass im Falle der Handlung gegen das Gewissen die Persönlichkeit zerbricht,[362] zumal dies eine Prognose erfordert, zu der wohl nicht einmal der Grundrechtsträger selbst in der Lage ist.[363] Ähnlich wie bei religiösem Verständnis des Gewissens die besondere Verbindlichkeit der verinnerlichten religiösen Werteordnung aus der Bindung der ganzen Person an den Glauben resultiert, erfasst der formale Gewissensbegriff diejenigen verinnerlichten Werte und Normen, die für den Grundrechtsträger von identitätstragender Bedeutung sind.[364] **Schutzgut** der Gewissensfreiheit ist damit die **moralische Identität** und **Integrität** des Einzelnen.[365] Die darin liegende Anerkennung moralischer Kompetenz impliziert das Recht und die Pflicht zur Selbstverantwortung.[366] **85**

Während weitgehend Einigkeit über den Begriff des Gewissens iSd Art. 4 Abs. 1 besteht, herrscht Unklarheit hinsichtlich Inhalt und Umfang der **Gewissensfreiheit**. Dem Grundrecht wird eine **atypische Struktur** be- **86**

---

359 *Herdegen,* Gewissensfreiheit und Normativität des positiven Rechts, 1989, 244.

360 BVerfGE 12, 45 (55), Kriegsdienstverweigerung; 48, 127 (173), Wehrrechtsänderungsgesetz; BVerwGE 7, 242 (246), Kriegsdienstverweigerung; 127, 302 (Ls. 4), Befehlsverweigerung; zum Gewissensbegriff in Art. 38 → Art. 38 Rn. 88 f.

361 BVerwGE 7, 242 (248), Kriegsdienstverweigerung.

362 Missverständlich BVerwGE 7, 242 (247); s. aber auch BVerwGE 7, 242 (248), ernste Gewissensnot; BVerwGE 41, 53 (55), Nachweis der Gewissensentscheidung bei Kriegsdientverweigerung; 75, 188 (190), schwerer seelischer Schaden; sehr weitgehend auch *Luhmann* AöR 90 (1965), 257 (269 f.); *Bethge* in HStR VII § 158 Rn. 23, existentielle Identitätskrise; krit. *Preuß* in AK, 3. Aufl. 2001, Rn. 39; *Morlok* in Dreier, 3. Aufl. 2013 Rn. 102; s. nunmehr auch die ausdrückliche Änderung der Rspr. zu Art. 4 Abs. 3 in BVerwGE 81, 239 (240 f.), Voraussetzungen Gewissensentscheidung.

363 *Preuß* in AK, 3. Aufl. 2001, Rn. 39; *Klier,* Gewissensfreiheit und Psychologie, 1978, 233; *Eckertz,* Die Kriegsdienstverweigerung aus Gewissensgründen als Grenzproblem des Rechts, 1986, 323.

364 Zur Verinnerlichung als Merkmal der Gewissensnorm sa *Klier,* Gewissensfreiheit und Psychologie, 1978, 112, 142 f.; *Freihalter,* Gewissensfreiheit. Aspekte eines Grundrechts, 1973, 84 ff.; *Preuß* in AK, 3. Aufl. 2001, Rn. 39; BVerwG Buchholz 448.6 § 1 Nr. 41; zu nicht gewissensfähigen Entscheidungen s. den Rechtsprechungsüberblick bei *Starck* in MKS, 7. Aufl. 2018, Rn. 67.

365 HM; *Bäumlin* VVDStRL 28 (1970), 3 (9); *Böckenförde* VVDStRL 28 (1970), 33 (66 ff.); *Herdegen,* Gewissensfreiheit und Normativität des positiven Rechts, 1989, 142 ff., 179 f.

366 *Morlok* in Dreier, 3. Aufl. 2013 Rn. 93 sieht darin das Schutzgut; weitergehend *Stein,* Gewissensfreiheit in der Demokratie, 1971, 75: Bereitschaft zur Mitverantwortung.

scheinigt,[367] ohne dass die Atypik genauer analysiert wird. Nach Auffassung des BVerfG gewährt Art. 4 Abs. 1 nicht nur die Freiheit ein Gewissen zu haben, sondern auch die Freiheit, von der öffentlichen Gewalt nicht verpflichtet zu werden, gegen Gebote und Verbote des Gewissens zu handeln.[368] Damit stimmt die ganz hM in der Literatur insoweit überein, als die Gewissensfreiheit **nicht auf** das ***forum internum*** **beschränkt** aufgefasst wird.[369] Eine ältere enge Auffassung sah allerdings allein ein Unterlassensrecht verbürgt.[370] Nach einer ebenfalls älteren Meinung sollte der Schutzbereich nur die Privatsphäre erfassen.[371] Nach Auffassung von Preuß sind nur die den eigenen Verantwortungsbereich betreffenden, aufgenötigten Gewissenskonflikte gemeint.[372] Dagegen sieht die weiteste Auslegung der Gewissensfreiheit diese in Parallele zur Religions- und Weltanschauungsfreiheit als Freiheit, ein Gewissen zu bilden, zu haben oder nicht zu haben, seine Gewissensentscheidung zu äußern oder zu verschweigen und gemäß seinem Gewissen zu handeln.[373]

87 Diese Auffassung ist angesichts des eigenständigen Charakters der Gewissensfreiheit zumindest nicht zwingend, und sie wirft erhebliche Probleme auf. So erscheint die Freiheit, ein Gewissen zu bilden, angesichts des vielschichtigen Prozesses der Bildung einer inneren moralischen Instanz konturenlos,[374] zumal daran der Staat nicht nur aufgrund des staatlichen Erziehungsauftrags gem. Art. 7 Abs. 1 beteiligt ist, sondern ganz grundsätzlich durch seine Kompetenz, das Zusammenleben rechtsverbindlich zu ordnen.[375] Darüber hinaus stellt sich angesichts der eklatanten Schrankendivergenz die Frage des Verhältnisses insbes. zur Meinungsfreiheit und zur allgemeinen Handlungsfreiheit.

88 Die Bestimmung des Schutzbereichs der Gewissensfreiheit muss ausgehen von der Feststellung ihrer Besonderheiten gegenüber den anderen Freiheitsrechten. Diese liegt zum einen in dem wenn nicht historischen, so doch „systematischen **Primat der Gewissensfreiheit**".[376] Sie enthält mit der Anerkennung der individuellen Selbstverantwortung die Anerkennung eines dem Staat nicht zugänglichen individuellen Bereichs und damit den für alle anderen Freiheitsrechte grundlegenden Gedanken. Die Gewissensfreiheit verlangt nach der Zuerkennung weiterer Freiheiten. Um wirksam sein zu können, bedarf sie der Meinungs- und Informationsfreiheit, der Religions- und

---

[367] *Bäumlin* VVDStRL 28 (1970), 3 (21); *Preuß* in AK, 3. Aufl. 2001, Rn. 45; *Konzen/Rupp,* Gewissenskonflikte im Arbeitsverhältnis, 1990, 172.

[368] BVerfGE 78, 391 (395), Dienstflucht eines Zeugen Jehovas; BVerfG NJW 1993, 455; so schon *Podlech,* Das Grundrecht der Gewissensfreiheit und die besonderen Gewaltverhältnisse, 1969, 41; ihm folgend: *Böckenförde* VVDStRL 28 (1970), 33 (53).

[369] Zweifelnd *Zippelius* in BK, Drittbearb., 1989, Rn. 44; sa *Eiselstein* DÖV 1984, 794 (798).

[370] *Arndt* NJW 1966, 2205; *Muckel* in BerlKomm, EL 2/19, Rn. 63.

[371] *Scholler,* Die Freiheit des Gewissens, 1958, 131 ff., 210 ff.; s. aber auch die Modifizierung in: *Scholler* DÖV 1969, 526 (528).

[372] *Preuß* in AK, 3. Aufl. 2001, Rn. 42 f.; ebenso *Muckel,* Religiöse Freiheit und staatliche Letztentscheidung, 1997, 154 ff.

[373] *Herzog* in Maunz/Dürig, Rn. 130 ff.; *Starck* in MKS, 7. Aufl. 2018, Rn. 68; *Bethge* in HStR VII § 158 Rn. 25; *Morlok* in Dreier, 3. Aufl. 2013 Rn. 98 ff.

[374] So auch *Preuß* in AK, 3. Aufl. 2001, Rn. 40.

[375] Vgl. *Herdegen,* Gewissensfreiheit und Normativität des positiven Rechts, 1989, 151 f.

[376] *Scholler,* Die Freiheit des Gewissens, 1958, 207 ff.; ebenso *Mock,* Gewissen und Gewissensfreiheit, 1983, 13, 144 ff.; es ließe sich auch von einem grundrechtstheoretischen Primat sprechen; *Bethge* in HStR VII § 158 Rn. 1: „Ur"-Grundrecht.

Weltanschauungsfreiheit, des Schutzes der Privatsphäre, der Versammlungsfreiheit, der allgemeinen Handlungsfreiheit.[377]

Mit der Etablierung einer grundrechtlich abgesicherten freiheitlichen Ord- **89**
nung, die einerseits Gewissensfreiheit erst ermöglicht, stellt sich andererseits allerdings die Frage nach deren verbleibender Funktion.[378] Angesichts des umfassenden Schutzes der Handlungsfreiheit lässt sich als Inhalt der Gewissensfreiheit des GG nur die Abwehr von Gewissenszwängen ausmachen, die sich im Einzelfall aus der Anwendung im Übrigen verfassungsgemäßer Gesetze ergeben.[379] Die Funktion der Gewissensfreiheit, **im Einzelfall Schutz vor** (ansonsten) **legalem staatlichen Zwang** zu gewähren, wird bestätigt durch die Fassung der besonderen Gewissensfreiheit des Art. 4 Abs. 3. Während die übrigen Freiheitsrechte die objektive Verhältnismäßigkeit staatlicher Freiheitsbeschränkungen gewährleisten, zielt die Gewissensfreiheit auf die individuelle moralische Zumutbarkeit. Angesichts dieses subjektiven und daher nur für den Einzelfall geltenden Maßstabs kommt die Gewissensfreiheit nur zum Zuge gegenüber solchen Rechtszwängen, die nicht bereits am Maßstab anderer Grundrechte scheitern.[380]

Die rein subjektive Maßstäblichkeit der Gewissensfreiheit ist deren weitere **90**
Besonderheit, aus der die atypische Struktur des Grundrechts folgt. Wegen der **Subjektivität** der Gewissensbetroffenheit sind **Schutzbereich, Eingriff** und **Schranken untrennbar** miteinander **verbunden:** Schutzbereich und Eingriff sind miteinander verknüpft, weil die Eröffnung des Schutzbereichs mit dem Gewissenskonflikt bereits die individuelle nachteilige Betroffenheit umfasst. Die auf der Eingriffsebene dann noch vorzunehmende Zurechnung zum Staat hängt wiederum davon ab, inwieweit dem Grundrechtsträger **zumutbare Handlungsalternativen** zur Verfügung stehen. Ist dies der Fall, ist bereits der Gewissenszwang zu verneinen. Ob dies der Fall ist, lässt sich angesichts der notwendigen Prüfung der Zumutbarkeit regelmäßig nur als Resultat einer **Abwägung** mit den entgegenstehenden Rechtsgütern feststellen, was gewöhnlich auf der Schrankenebene geschieht.[381]

Wegen der mit der Gewissensfreiheit vorausgesetzten Fähigkeit zur **Selbst-** **91**
verantwortung bedarf es einer solchen Güterabwägung allerdings dann nicht, wenn ein **Gewissenskonflikt** für den Grundrechtsträger **vorhersehbar** und **vermeidbar** ist. Auch die „Vermeidbarkeit" ist zwar eine Frage zumutbarer Handlungsalternativen. Insoweit geht es aber nicht um alternatives Handeln im Verhältnis zum gewissensgeforderten Verhalten, sondern im Vorfeld des Gewissenskonflikts. Die Zumutbarkeit alternativen Handelns bestimmt sich hier nicht in Abwägung der Gewissensfreiheit mit entgegen-

---

377 *Scholler,* Die Freiheit des Gewissens, 1958, 207 ff.; zur Bedeutung der Freiheitsrechte für die Gewissensfreiheit sa *Zippelius* in BK, Drittbearb., 1989, Rn. 47, 55 ff.; *Hesse,* Grundzüge des Verfassungsrechts der BRD, 20. Aufl. 1995, Rn. 379: „Kernstück für die geistige Freiheit, personale Entfaltung, Teilnahme am politischen Prozeß".

378 S. *Bäumlin* VVDStRL 28 (1970), 3 (4), der zwischen der „Sache Gewissensfreiheit" als Freiheit der geistig sittlichen Person und einem verfassungsmäßigen Grundrecht der Gewissensfreiheit unterscheidet: „Die ‚Sache Gewissensfreiheit' ist über verschiedene Grundrechte gewährleistet, wobei die Schutzfunktion, die speziell dem ‚Grundrecht der Gewissensfreiheit' verbleibt, von Verfassung zu Verfassung verschieden ist".

379 In diese Richtung auch *Herzog* in Maunz/Dürig, Rn. 136.

380 Für den Vorrang der übrigen Freiheitsrechte im Rahmen der Grundrechtsprüfung auch *Herzog* in Maunz/Dürig, Rn. 163 mit anderer Begründung; *Böckenförde* VVDStRL 28 (1970), 33 (65): Gewissensfreiheit sei nicht mehr Einlasstor, sondern Abschluss und Vollendung der Freiheitsrechte.

381 S. zu Abwägungsgrundsätzen → Rn. 108 ff.

stehenden Rechtsgütern, sondern danach, ob ein Recht besteht, die zum Gewissenskonflikt führende Handlung vorzunehmen. So garantiert Art. 12 Abs. 1 die freie Berufswahl, weshalb die Berufung auf die Gewissensfreiheit im Zusammenhang mit der Verweigerung von Tierversuchen nicht mit der Begründung versagt werden darf, der Kläger hätte ein anderes Studium ergreifen können.[382] Demgegenüber kann ein Polizist nicht mit Erfolg unter Berufung auf sein Gewissen das Tragen von Waffen verweigern, denn es besteht keine „Dienstausübungsfreiheit" und auch kein Anspruch darauf, Beamter, insbes. Polizist zu werden.

92 Ein die Berufung auf die Gewissensfreiheit ausschließendes ***venire contra factum proprium***[383] liegt dann vor, wenn der Grundrechtsträger ein Recht auf ein bestimmtes Verhalten geltend macht, das dem Gewissenskonflikt nicht mehr vorangeht, sondern bereits im Bereich der Gewissensnorm liegt,[384] so etwa, wenn sich ein Abtreibungsgegner auf eine Stelle bewirbt, die ausdrücklich die Durchführung von Schwangerschaftsabbrüchen verlangt. Demgegenüber steht etwa die Berufswahl Tierarzt oder Biologe nicht im Widerspruch zu der Gewissensnorm, Tieren kein Leid zuzufügen.

93 In Fällen unvorhersehbarer oder aus anderen Gründen unvermeidbarer Gewissenskonflikte bietet sich ein **Prüfungsaufbau** an, wonach zunächst eine Gewissensentscheidung festgestellt, sodann die für den Gewissenskonflikt ursächliche staatliche Verpflichtung benannt und schließlich die Frage der zumutbaren Alternative sowohl für den Staat wie für den Grundrechtsträger geprüft wird.[385]

94 Der „Freiheit, von der öffentlichen Gewalt nicht verpflichtet zu werden, gegen Gebote und Verbote des Gewissens zu handeln" fügt die „Freiheit, ein Gewissen zu haben" noch das Verbot hinzu, allein wegen einer moralischen Überzeugung benachteiligt zu werden. Mit diesem **Benachteiligungsverbot** ist bezeichnet, inwieweit staatliche Einflussnahme auf eine Gewissensentscheidung, gemessen an der Gewissensfreiheit, unzulässig ist.

95 Die noch darüber hinausgehende, weit verbreitete Annahme der **Freiheit, ein Gewissen zu bilden,**[386] gehört ohne Zweifel zur „Sache Gewissensfreiheit", sie ist aber für das Grundrecht der Gewissensfreiheit im systematischen Zusammenhang des GG ohne erkennbare praktische Bedeutung.[387] Sämtliche Beispiele, die für die Schutzbedürftigkeit der Gewissensbildung angeführt werden, sind bereits durch andere Grundrechte erfasst und objektiv (dh ungeachtet individueller Moralität) grundrechtswidrig:[388] Religions- und Weltanschauungsfreiheit, das Erziehungsrecht der Eltern, Meinungs- und

[382] So aber VGH Mannheim NJW 1984, 1832; nach Auffassung von BVerfG NVwZ 2000, 909 ist ein Wechsel an eine andere Hochschule zumutbar. S. zum Problem auch BVerwGE 105, 77, Teilnahme einer Studentin an Tierpräperationen.

[383] S. dazu *Muckel* NJW 2000, 689 (690).

[384] → Rn. 111 Stichwort Stromzahlungsboykott.

[385] Zur Bedeutung der zumutbaren Alternative *Podlech,* Das Grundrecht der Gewissensfreiheit und die besonderen Gewaltverhältnisse, 1969, 35, 37 f.; *Luhmann* AöR 90 (1965), 257 (283): „Die Folgen eines Gewissenskonflikts muss derjenige tragen, der über die Alternativen verfügt"; zur Alternative → Rn. 99, 107.

[386] *Bethge* in HStR VII § 158 Rn. 24; *Klier,* Gewissensfreiheit und Psychologie, 1978, 164; *Stein,* Gewissensfreiheit in der Demokratie, 1971, 52; *Herdegen,* Gewissensfreiheit und Normativität des positiven Rechts, 1989, 271 ff.

[387] Skeptisch auch *Bäumlin* VVDStRL 28 (1970), 3 (15); sa *Schmidt-Aßmann* in Schaede/Moos, Das Gewissen, 2015, S. 81 ff.

[388] *Freihalter,* Gewissensfreiheit. Aspekte eines Grundrechts, 1973, 81 ff., ua Gehirnwäsche, Narkoanalyse, Plauderdrogen, psychische Deprivationen, Hypnose; gegen Anwendbarkeit

Informationsfreiheit sorgen dafür, dass der Staat keinen beherrschenden Einfluss auf die Gewissensbildung erlangen kann. Das Recht der körperlichen Unversehrtheit, der Freiheit der Person und nicht zuletzt das allgemeine Persönlichkeitsrecht, das den Schutz der engeren Persönlichkeitssphäre und der Selbstdarstellung übernommen hat, wehren sowohl zwangsweise wie auch suggestive Gewissensmanipulationen ab.

Auch der Annahme einer negativen Gewissensfreiheit kann nicht gefolgt werden, denn derjenige, der keine moralischen Überzeugungen hat, kann bei der Befolgung staatlicher Rechtspflichten nicht in Gewissenskonflikte geraten.[389] **96**

Die „Verpflichtung durch die öffentliche Gewalt" kann sowohl in einem rechtlichen **Gebot** wie auch in einem rechtlichen **Verbot** erfolgen. Verbote lassen von vornherein einen Spielraum für alternative Verhaltensweisen. Das Recht, durch **aktives Tun** gegen staatliche Verbote zu verstoßen, ist daher nur dann von der Gewissensfreiheit geschützt, wenn die Vornahme gerade dieser speziellen Handlung gewissensgefordert ist.[390] Daraus folgt, dass der bewusste und gezielte Regelverstoß des **zivilen Ungehorsams** den Schutzbereich idR überschreitet.[391] Auch die Propagierung moralischer Überzeugungen ist, soweit nicht ihrerseits gewissensgefordert, nicht Gegenstand der Gewissens-, sondern der Meinungsfreiheit.[392] Vor diesem Hintergrund erfasst die Annahme, dass die Gewissensfreiheit in erster Linie ein Recht auf **Unterlassen** einräume,[393] zutreffend den typischen und häufigsten Fall, die Befolgung eines unausweichlichen staatlichen Gebots zu verweigern, ohne damit den Schutzbereich auszuschöpfen.[394] **97**

Verboten wie Geboten kann durch **Vollstreckung, Bestrafung oder Leistungsverweigerung** Nachdruck verliehen werden, wodurch die staatliche Verpflichtung von unterschiedlicher Ausweichlichkeit ist und daher die Möglichkeit zu gewissensgemäßem Verhalten in unterschiedlicher Intensität beeinträchtigt wird, was im Rahmen der Abwägung mit der durch die staatliche Rechtspflicht verfolgten Zielsetzung zu berücksichtigen ist. **98**

---

des Art. 4 Abs. 1 insoweit ausdrücklich auch *Herzog* in Maunz/Dürig, Rn. 14; zum Polygraphen s. BGHSt 5, 332 und BGH NJW 1999, 657.

[389] Für negative Gewissensfreiheit: *Bethge* in HStR VII § 158 Rn. 26; *Herzog* in Maunz/Dürig, Rn. 55, 158; *Morlok* in Dreier, 3. Aufl. 2013 Rn. 98; dagegen: *Zippelius* in BK, Drittbearb., 1989, Rn. 31; *Hellermann,* Die sogenannte negative Seite der Freiheitsrechte, 1993, 141.

[390] *Freihalter,* Gewissensfreiheit. Aspekte eines Grundrechts, 1973, 159; *Morlok* in Dreier, 3. Aufl. 2013 Rn. 100; AG Öhringen NVwZ 1992, 101, das den Konflikt zwischen dem religiösen Gebot sonntäglicher Arbeit und dem Sonn- und Feiertagsschutz zwar in der üblichen Abwägung löst, in diesem Zusammenhang aber auch die entscheidende Erwägung anstellt, dass dem Gläubigen am Sonntag Innenarbeiten möglich sind; sa BVerwG NJW 2000, 88; → Rn. 112 Stichwort Beamtenverhältnis.

[391] HM, s. nur *Bethge* in HStR VII § 158 Rn. 62 ff.; *Herdegen,* Gewissensfreiheit und Normativität des positiven Rechts, 1989, 68 ff.; *Kokott* in Sachs, 8. Aufl. 2018, Rn. 105; aA *Franke* AöR 114 (1989), 7 (43 ff.), im Grenzbereich der Grundrechtsausübung; s. zum zivilen Ungehorsam auch *Frankenberg* JZ 1984, 266; *Karpen* JZ 1984, 249; *Laker,* Ziviler Ungehorsam, 1986; *Dolzer* in HStR VII § 171 Rn. 26; *Dreier* FS f. Scupin, 1983, 573; *Bayer,* Das Grundrecht der Religions- und Gewissensfreiheit, 1997, 232 ff.; BVerfGE 73, 206 (250 f.), Sitzblockade I.

[392] AA *Herzog* in Maunz/Dürig, Rn. 131; Kritik daran bei *Herdegen,* Gewissensfreiheit und Normativität des positiven Rechts, 1989, 185 f., 262.

[393] *Bopp,* Der Gewissenstäter und das Grundrecht der Gewissensfreiheit, 1974, 41, 176; *Preuß* in AK, 3. Aufl. 2001, Rn. 43; *Bethge* in HStR VII § 158 Rn. 24; *Muckel* NJW 2000, 689.

[394] *Herzog* in Maunz/Dürig, Rn. 138.

99 Da die Gewissensfreiheit vom staatlichen Gewissenszwang, **nicht** aber **von der Rechtspflicht** an sich **befreien** soll, ist es mit der Gewissensfreiheit vereinbar, wenn der Staat eine alternative gewissensschonende Möglichkeit eröffnet, um das mit der Rechtspflicht verfolgte Ziel zu erreichen.[395] Eine grundsätzliche Pflicht zur Eröffnung von Alternativen kann angesichts unübersehbarer Einzelfallgestaltungsmöglichkeiten nicht angenommen werden.[396] Ist eine alternative Form des mit der Rechtspflicht angestrebten Zwecks nicht möglich, kann der Gesetzgeber zur Vermeidung von Vorteilen und damit auch als Maßnahme der Missbrauchsabwehr eine Ersatzpflicht als **Belastungsausgleich** begründen. Dies ist umso unabweislicher, je einschneidender die Pflicht und je umfassender der Kreis der Pflichtigen ist.[397]

100 Das größte praktische Problem der Gewissensfreiheit ist der **Nachweis** einer Gewissensentscheidung. Ein solcher ist grundsätzlich nicht entbehrlich. Da die Gewissensfreiheit nur im Einzelfall von einer rechtlichen Verpflichtung, insbes. von deren Vollstreckung dispensiert, ohne die allgemeine Verbindlichkeit der Rechtsverpflichtung anzutasten, ist die ernsthafte Prüfung des Tatbestandsmerkmals Gewissensentscheidung als einzige Voraussetzung für die individuelle Entpflichtung das Gegenstück zu der rechtsstaatlichen und in Art. 3 Abs. 1 auch individualrechtlich verbürgten **Gleichheit** vor dem Gesetz.[398]

101 Die Gewissensentscheidung als seelisches Phänomen, insbes. das persönliche Empfinden unbedingter Verpflichtung, ist allerdings einer objektiven Beweisführung nicht zugänglich.[399] Hieraus kann nicht die Unmöglichkeit der Beweisführung schlechthin gefolgert werden, was einem Verzicht auf Rechtsanwendung gleichkäme; vielmehr ergeben sich daraus Konsequenzen für Beweismittel und Beweismaß:[400] Inhalt und Verbindlichkeit der Gewissensentscheidung können nur mitgeteilt und glaubhaft gemacht werden. Hierfür trifft den Grundrechtsträger eine **Darlegungslast.**[401] Darzulegen ist

---

[395] Vgl. *Herzog* in Maunz/Dürig, Rn. 170.

[396] *Herzog* in Maunz/Dürig, Rn. 174; *Muckel,* Religiöse Freiheit und staatliche Letztentscheidung, 1997, 259 f.; aA *Podlech,* Das Grundrecht der Gewissensfreiheit und die besonderen Gewaltverhältnisse, 1969, 35; *Freihalter,* Gewissensfreiheit. Aspekte eines Grundrechts, 1973, 199.

[397] S. *Bethge* in HStR VII § 158 Rn. 57; zur Kriegsdienstverweigerung BVerfGE 48, 127 (168), Wehrrechtsänderungsgesetz; → Rn. 112 ff.

[398] *Preuß* in AK, 3. Aufl. 2001, Rn. 50; *Konzen/Rupp,* Gewissenskonflikte im Arbeitsverhältnis, 1990, 77; *Bethge* in HStR VII § 158 Rn. 50; zum Verhältnis von Gewissensfreiheit und Gleichheitssatz s. ausf. *Freihalter,* Gewissensfreiheit. Aspekte eines Grundrechts, 1973, 162 ff.; *Herdegen,* Gewissensfreiheit und Normativität des positiven Rechts, 1989, 216 ff.

[399] *Böckenförde* VVDStRL 28 (1970), 33 (70); Sondervotum *Böckenförde/Mahrenholz* in BVerfGE 69, 1 (84), Kriegsdienstverweigerung: Das Gewissen sei letztlich Geheimnis der Person und gehöre daher zu den am schwierigsten zu handhabenden Rechtsbegriffen; *Herzog* in Maunz/Dürig, Rn. 160; *Freihalter,* Gewissensfreiheit. Aspekte eines Grundrechts, 1973, 168 ff., 172; *Eckertz,* Die Kriegsdienstverweigerung aus Gewissensgründen als Grenzproblem des Rechts, 1986, 311: naturwissenschaftlicher Beweis nicht möglich; *Rupp* NVwZ 1991, 1033 (1034); aA *Klier,* Gewissensfreiheit und Psychologie, 1978, 156 ff.; *Bopp,* Der Gewissenstäter und das Grundrecht der Gewissensfreiheit, 1974, 51 sieht Vergleichbarkeit mit Ermittlung sonstiger subjektiver Tatbestandsvoraussetzungen im Strafrecht.

[400] *Eckertz,* Die Kriegsdienstverweigerung aus Gewissensgründen als Grenzproblem des Rechts, 1986, 310.

[401] AllgA, s. nur *Morlok* in Dreier, 3. Aufl. 2013 Rn. 103; ausf. *v. Zezschwitz* JZ 1970, 233; zu den Anforderungen BVerwGE 41, 261 (267 ff.), Heranziehung zum ärztlichen Notfalldienst; OVG Schleswig NVwZ 1993, 702, Glaubhaftmachung der Lebensweise als ethischer Vegetarier; BVerwGE 127, 302 (Ls. 5), Befehlsverweigerung eines Soldaten.

insbes. die mit der Rechtsnorm konfligierende moralische Norm[402] sowie deren identitätstragende Bedeutung. Indizien hierfür ergeben sich vielfach aus dem bisherigen Leben.[403]

Die **Gewissenserforschung** darf allerdings nicht ihrerseits persönlichkeitsverletzend sein.[404] So gibt es insbes. in den Fällen, in denen eine gewissensschonende Alternative für die gleichwertige Erfüllung der Rechtspflicht besteht, keinen Anlass, eine plausibel vorgetragene Gewissensentscheidung zu bezweifeln.[405] Abgesehen von einer alternativen Erfüllung der Rechtspflicht und der Zulässigkeit der Auferlegung einer gleich lästigen alternativen Rechtspflicht als Belastungsausgleich[406] kann die Inkaufnahme von Nachteilen als Probe auf die Gewissensentscheidung nicht verlangt werden.[407] Derartige Nachteile bedürfen vielmehr der Rechtfertigung durch die Schranken der Gewissensfreiheit.[408] **102**

Der **neutrale Gewissensbegriff** als notwendige Konsequenz eines säkularisierten und freiheitlichen Verfassungsstaates fordert die Subsumtion sämtlicher Gewissensentscheidungen unter die Gewissensfreiheit, unabhängig von der Fundierung der jeweiligen Gewissensnorm in Religion, Weltanschauung oder sonstigen Wertkonzepten.[409] Die in der Literatur vertretene Auffassung, wonach die Gewissensfreiheit allein auf nicht religiös oder weltanschaulich fundierte Gewissensentscheidungen Anwendung finden soll, während im Übrigen die Religions- und Weltanschauungsfreiheit einschlägig sei,[410] kann demgegenüber die Gleichbehandlung von Sachverhalten, die nach dem Neutralitätsgrundsatz gleich zu behandeln sind, nicht sicherstellen.[411] Soweit religiös oder weltanschaulich motivierte individuelle Lebensführung Konflikte mit Forderungen im Übrigen verfassungsgemäßen staatlichen Rechts zur Folge hat, ist daher die Gewissensfreiheit einschlägig.[412] **103**

---

402 Zu weitgehend BVerwG NVwZ 1998, 853, das von Studenten, die Tierversuche ablehnen, die substantiierte Darlegung alternativer Lehrmethoden verlangt; krit. auch *Brandner* NJ 1998, 99.

403 Vgl. *Bopp,* Der Gewissenstäter und das Grundrecht der Gewissensfreiheit, 1974, 53; *Konzen/Rupp,* Gewissenskonflikte im Arbeitsverhältnis, 1990, 78; abl. *Freihalter,* Gewissensfreiheit. Aspekte eines Grundrechts, 1973, 169; zu weitgehend *Tiedemann* Der Staat 26 (1987), 371 (393 ff.), der ein aktives öffentliches Eintreten für die Überzeugung fordert.

404 *Herzog* in Maunz/Dürig, Rn. 162 ff.; *Preuß* in AK, 3. Aufl. 2001, Rn. 50.

405 Ähnlich *Preuß* in AK, 3. Aufl. 2001, Rn. 50.

406 *Preuß* in AK, 3. Aufl. 2001, Rn. 49; vgl. auch Art. 12a.

407 *Bopp,* Der Gewissenstäter und das Grundrecht der Gewissensfreiheit, 1974, 167 f.; 231 Fn. 1; *Rupp* NVwZ 1991, 1033 (1035).

408 → Rn. 108 ff.

409 *v. Münch* in v. Münch/Kunig, 3. Aufl. 1996, Rn. 26; *Konzen/Rupp,* Gewissenskonflikte im Arbeitsverhältnis, 1990, 16; sa BVerwGE 94, 82 (87 f.), Befreiung vom koedukativen Schwimmunterricht; BVerwG NJW 2000, 88: Gewissensentscheidung aufgrund religiöser Motive.

410 *Jarass* in Jarass/Pieroth, 15. Aufl. 2018, Rn. 44: Glaubensfreiheit als *lex specialis;* sa *Bethge* in HStR VII § 158 Rn. 35.

411 *Freihalter,* Gewissensfreiheit. Aspekte eines Grundrechts, 1973, 121; *Herdegen,* Gewissensfreiheit und Normativität des positiven Rechts, 1989, 234: „unangemessene Privilegierung"; im Zusammenhang mit Art. 4 Abs. 3 betont auch das BVerfG, dass an den Nachweis einer religiös fundierten Gewissensentscheidung keine geringeren Anforderungen zu stellen sind BVerfGE 69, 1 (34), Kriegsdienstverweigerung; BVerwGE 75, 188 (191, 197), Kriegsdienstverweigerung eines Zeugen Jehovas; eine Privilegierung religiöser moralischer Haltungen deutet sich dagegen an in BVerfGE 32, 98 (106), Gesundbeter; krit. zu dieser Entscheidung *Starck* in MKS, 7. Aufl. 2018, Rn. 41.

412 Zutr. bestimmt *Germann* in BeckOK GG, Rn. 88, das Verhältnis von Glaubens- und Gewissensfreiheit dahingehend; sa *Preuß* in AK, 3. Aufl. 2001, Rn. 34.

104 Dies widerspricht nicht dem oben[413] dargelegten Grundsatz von der vorrangigen Prüfung anderer Freiheitsrechte. Dieser Grundsatz bezieht sich auf Freiheitsrechte, die – soweit sie tatsächlich Freiheit gewähren –, den von der Gewissensfreiheit bezweckten Schutz von moralischen Überzeugungen erübrigen. Demgegenüber ist Zweck der Glaubensfreiheit ebenfalls Überzeugungsschutz. Darin zeigt sich die gemeinsame Wurzel der Glaubens- und Gewissensfreiheit. Letztere fügt der ersten die Beachtlichkeit auch gegenüber schrankenziehenden Gesetzen für den Fall hinzu, dass eine individuelle Pflichtenkollision Gewissensnot erzeugt. Dementsprechend wären zB die Gesundbeter-Entscheidung[414] und die Entscheidung zur Eidesverweigerung[415] überzeugender unter Anwendung der Gewissensfreiheit zu lösen gewesen.[416]

105 Neben der **Abwehrfunktion** gegen die Durchsetzung staatlicher Rechtspflichten verpflichtet die Gewissensfreiheit den Staat auch zum **Schutz** gegen Gewissenszwang durch private Dritte **(Drittwirkung)**.[417] Konkret bedeutet dies vor allem, dass die Gerichte bei der Prüfung privatrechtlicher Ansprüche den Einwand der Gewissensnot zu beachten haben. Anknüpfungspunkt für die Abwägung mit dem in der Privatautonomie wurzelnden Grundsatz der Vertragstreue sind die zivilrechtlichen Generalklauseln, insbes. §§ 242 u. 315 BGB[418] oder auch das Weisungsrecht des Arbeitgebers nach § 106 S. 1 GewO[419]. Im Eltern-Kind-Konflikt ist das Wohl des Kindes unter Berücksichtigung des Kindesgewissens im Einzelfall ausschlaggebend.

106 Die Gewissensfreiheit ist ein Grundrecht, das **ausschließlich natürlichen Personen** zusteht. Dies folgt aus dem Schutzgut der individuellen moralischen Identität und Integrität. Art. 19 Abs. 3 findet keine Anwendung.[420]

107 **2. (Ist) unverletztlich.** Die **Gewissensfreiheit** ist vorbehaltlos gewährleistet. Gemäß der vom BVerfG zuerst für die besondere Gewissensfreiheit des Art. 4 Abs. 3 entwickelten Lehre von den **verfassungsimmanenten Schranken**[421] ist jedoch auch ein vorbehaltlos gewährleistetes Grundrecht infolge der Gemeinschaftsgebundenheit jedes Individuums und gemäß dem Auslegungsgrundsatz von der Einheit der Verfassung einschränkbar; dies allerdings nur durch Grundrechte Dritter oder andere Werte von Verfassungsrang.[422] Angesichts der oben[423] dargelegten besonderen Struktur der Gewis-

---

413 → Rn. 89.

414 BVerfGE 32, 98 ff.

415 BVerfGE 33, 23 ff.

416 IErg auch *Preuß* in AK, 3. Aufl. 2001, Rn. 26.

417 *Zippelius* in BK, Drittbearb., 1989, Rn. 75 betont die Notwendigkeit des Grundrechtsschutzes gegenüber sozialen Gewalten; sa *Rupp* NVwZ 1991, 1033 (1037 f.).

418 *Konzen/Rupp,* Gewissenskonflikte im Arbeitsverhältnis, 1990, 101; → Rn. 111 Stichwort Arbeitsverhältnis, privates.

419 S. BAGE 137, 164 ff. zu einem Glaubenskonflikt.

420 *Starck* in MKS, 7. Aufl. 2018, Rn. 74; *Zippelius* in BK, Drittbearb., 1989, Rn. 73; *Bethge* in HStR VII § 158 Rn. 11 mit Hinweis auf die dennoch vorhandene soziale Komponente des Grundrechts; BVerwGE 64, 196 (199), Gewissensfreiheit einer juristischen Person; BVerfG EuGRZ 1990, 195 (196) mit Kritik *Geiger* EuGRZ 1990, 173; aA *Franke* AöR 114 (1989), 7 (18); *Stein,* Gewissensfreiheit in der Demokratie, 1971, 47 f.; *Herzog* in Maunz/Dürig, Rn. 125, 158 auf der Grundlage einer weit verstandenen Gewissensfreiheit hinsichtlich „reden“ und „handeln“; sa *Weinrich/Jäger* NVwZ 2018, 1616.

421 BVerfGE 28, 243 (261), Kriegsdienstverweigerung.

422 Für modifizierte Anwendung der Schranken des Art. 2 Abs. 1 *Herzog* in Maunz/Dürig, Rn. 148 ff., 154.

423 → Rn. 90 ff.

sensfreiheit bedeutet dies vor allem, dass bei der Bestimmung zumutbarer Handlungsalternativen zur Vermeidung des Gewissenskonflikts bzw. bei der Bestimmung der dem Grundrechtsträger zumutbaren Nachteile für das Festhalten an seiner Gewissensentscheidung im Rahmen der Abwägung nur Grundrechte Dritter oder andere Werte von Verfassungsrang zugunsten der staatlichen Verpflichtung beachtlich sind.

Aus den entgegenstehenden Freiheitsrechten Dritter, insbes. aus dem Res- **108**
pekt vor deren Gewissen und dem korrespondierenden Verhältnis von Freiheit und Verantwortung, folgt, dass die Gewissensfreiheit auf die **Regulierung des eigenen Verhaltens** beschränkt ist. Verhalten, das darauf zielt, das Handeln anderer den eigenen moralischen Vorstellungen anzupassen, ist somit im Ergebnis nicht geschützt.[424] Auch Normen des Staatsorganisationsrechts sind geeignet, der Bestimmung dessen, was dem eigenen Verantwortungsbereichs zugehört, Grenzen zu ziehen.[425] Abgesehen davon sind sie jedoch nicht als Grundrechtsschranken tauglich.[426]

Hinsichtlich der strafrechtlichen Behandlung von **Gewissenstätern** be- **109**
steht Einigkeit, dass Verstöße gegen Strafrechtsnormen, die das Leben, die körperliche Unversehrtheit, das Eigentum oder andere verfassungsrechtlich geschützte Rechtsgüter Dritter oder des Staates zu schützen bestimmt sind, nicht unter Berufung auf die Gewissensfreiheit als gerechtfertigt angesehen werden können. Insoweit erlauben und fordern die verfassungsimmanenten Schranken der Gewissensfreiheit die Beurteilung der Tat als rechtswidrig.[427] Inwieweit die Gewissensfreiheit in solchen Fällen im Rahmen der Schuld Berücksichtigung finden kann, wird unterschiedlich gesehen.[428] Die Angemessenheit des Schuldvorwurfs als subjektiver Vorwerfbarkeit der Tat ist letztlich eine Frage des Einzelfalles. „Je begrenzter der Konflikt zwischen einer individuellen Gewissenspflicht und den von der Strafrechtsordnung begründeten Rechtspflichten und je weniger der Täter auf die Entstehung der Konfliktsituation willentlich Einfluss hat, desto eher können bei der strafrechtlichen Schuldbewertung die konkreten Anforderungen an die Rechtsgesinnung zugunsten praktischer Toleranz gegenüber der Gewissenspflicht zurücktreten. Die Schuld ist dort aufgehoben, wo die Gewissensbindung prinzipiell rechtstreu und die Konfliktsituation nicht vom Täter zu beeinflussen ist."[429] Im Übrigen ist an eine Schuldminderung zu

---

[424] *Bäumlin* VVDStRL 28 (1970), 3 (25); *Böckenförde* VVDStRL 28 (1970), 33 (60); *Preuß* in AK, 3. Aufl. 2001, Rn. 46; *Bethge* in HStR VII § 158 Rn. 44; *Herdegen*, Gewissensfreiheit und Normativität des positiven Rechts, 1989, 225 f.; *Muckel* NJW 2000, 689, allerdings schon als Schutzbereichsdefinition; BVerfGE 67, 26 (37), Verweigerung des Krankenversicherungsbeitrags wegen Mitfinanzierung des Schwangerschaftsabbruchs; BVerwGE 127, 302 (Ls. 8c), Befehlsverweigerung eines Soldaten: Der Soldat darf nicht Befehle erteilen, die darauf zielen, dass andere Soldaten seiner Gewissensentscheidung Folge leisten.

[425] BVerfG NVwZ 2007, 808, Jagdgenossenschaft. Zum Verhältnis von Selbstbestimmung und normativer Festlegung von Verantwortungsbereichen s. *Herdegen*, Gewissensfreiheit und Normativität des positiven Rechts, 1989, 167 ff., 255 ff.; weitere Nachw. → Rn. 111 Stichwort Abgabenverweigerung.

[426] BVerwGE 127, 302 (Ls. 10), Befehlsverweigerung eines Soldaten in Bezug auf Art. 73 Abs. 1 Nr. 1, Art. 87a Abs. 1, Art. 65a.

[427] S. nur *Preuß* in AK, 3. Aufl. 2001, Rn. 47.

[428] S. einerseits *Preuß* in AK, 3. Aufl. 2001, Rn. 47: Schuldausschluss; andererseits *Starck* in MKS, 7. Aufl. 2018, Rn. 99: Strafmilderung nur bei Unterlassungstaten; ähnlich *Herdegen*, Gewissensfreiheit und Normativität des positiven Rechts, 1989, 301; sa *Hirsch*, Strafrecht und Überzeugungstäter, Schriftenreihe der Juristischen Gesellschaft zu Berlin, Heft 147, 1997, 22 ff., zusätzlich objektive Notstandsmerkmale.

[429] *Bopp*, Der Gewissenstäter und das Grundrecht der Gewissensfreiheit, 1974, 228.

denken.[430] Die strafrechtliche bzw. ordnungsrechtliche Behandlung von Fällen, in denen eine Gewissenstat nicht verfassungsrechtlich geschützte Rechtsgüter verletzt, ist vom Verfassungsrecht nicht zwingend vorgegeben. Entscheidend ist, dass Art. 4 Abs. 1 in diesen Fällen eine Bestrafung ausschließt.[431]

110 Bei **Gewissenskonflikten in Privatrechtsverhältnissen** beschränkt der Grundsatz der Vertragstreue als wesentliches Element der Privatautonomie und damit auch das Prinzip der Selbstverantwortung die Gewissensfreiheit.[432] Entscheidend für die Beachtlichkeit eines Gewissenskonflikts ist dessen **Unvorhersehbarkeit** für den leistungsverweigernden Schuldner.[433] Umstritten ist allerdings, ob dieser Gesichtspunkt für die Beurteilung der Leistungspflicht selbst[434] oder bei grundsätzlicher Freistellung von der Leistungsverpflichtung erst für die Beurteilung des Verschuldens im Rahmen von Sekundäransprüchen[435] beachtlich ist. Da § 888 ZPO einen Gewissenszwang auch bei einer Verurteilung zur Leistung letztlich vermeidet, ist eine Aufspaltung des Rechtsverhältnisses mit unterschiedlicher Beurteilung des schuldnerischen Verhaltens (hinsichtlich der Leistungsverweigerung berechtigt, hinsichtlich des Schadensersatzanspruchs schuldhaft) nicht nur systemwidrig, sondern auch unnötig.[436] Im Falle eines unvorhersehbaren und daher beachtlichen Gewissenskonflikts findet der Grundsatz der Vertragstreue in der Weise Berücksichtigung, dass die Lösung des Konflikts vorrangig durch eine beidseitig zumutbare **Vertragsanpassung** herbeizuführen ist.[437] Gelingt dies nicht, stellt sich die Frage, wer die Folgen der Gewissensentscheidung zu tragen hat. Angesichts der vertraglichen Selbstverpflichtung und Gleichordnung der Vertragspartner ist dies grundsätzlich derjenige, dessen Gewissensentscheidung zum Vertragsbruch führt.[438] Eine Grenze der Haftung liegt allerdings dort, wo diese die Leistungsfähigkeit des Schuldners übersteigt oder diesen in anderer Weise ohne Handlungsalternativen lässt und damit ein unzumutbares Ausmaß erlangt.[439]

Einzelfälle

111 **Abgabenverweigerung** – Grundrechtsträger, die eine bestimmte Verwendung des Aufkommens aus öffentlichen Abgaben für moralisch falsch halten, haben keinen Anspruch auf generelle Unterlassung einer solchen Verwendung. Die Gewissensfreiheit reicht nur soweit wie der eigene Verantwortungsbereich (→ Rn. 109). Angesichts der

---

[430] *Bopp,* Der Gewissenstäter und das Grundrecht der Gewissensfreiheit, 1974, 228.

[431] Für Rechtfertigung *H.J. Hirsch,* Strafrecht und Überzeugungstäter, Schriftenreihe der Juristischen Gesellschaft zu Berlin, Heft 147, 1997, 12 ff.; für Schuldausschluss *Morlok* in Dreier, 3. Aufl. 2013 Rn. 158.

[432] Zur Bedeutung der Vertragstreue sa *Starck* in MKS, 7. Aufl. 2018, Rn. 137.

[433] S. nur *Herzog* in Maunz/Dürig, Rn. 147; zu den Kriterien der Vorhersehbarkeit s. *Konzen/Rupp,* Gewissenskonflikte im Arbeitsverhältnis, 1990, 163 ff.; zur Bedeutung der Vorhersehbarkeit → Rn. 91.

[434] So *Konzen/Rupp,* Gewissenskonflikte im Arbeitsverhältnis, 1990, 162 ff.; *Starck* in MKS, 7. Aufl. 2018, Rn. 137.

[435] So *Löwisch* AcP 165 (1965), 421 (431); sa *Preuß* in AK, 3. Aufl. 2001, Rn. 48.

[436] *Konzen/Rupp,* Gewissenskonflikte im Arbeitsverhältnis, 1990, 141.

[437] *Konzen/Rupp,* Gewissenskonflikte im Arbeitsverhältnis, 1990, 143.

[438] *Herzog* in Maunz/Dürig, Rn. 147; *Konzen/Rupp,* Gewissenskonflikte im Arbeitsverhältnis, 1990, 101, 160; *Zippelius* in BK, Drittbearb., 1989, Rn. 82; s. → Rn. 111 Stichwort Arbeitsverhältnis, privates mwN.; sa → Rn. 82 Arbeitsverhältnis, privates.

[439] S. das Beispiel bei *Zippelius* in BK, Drittbearb., 1989, Rn. 82; für weitere Einzelheiten insbes. auch zum Arbeitsrecht s. *Konzen/Rupp,* Gewissenskonflikte im Arbeitsverhältnis, 1990; für Einzelfälle → Rn. 111 Stichwort Arbeitsrecht, privates; Vertragsrecht.

strikten Trennung zwischen einer den Einzelnen betreffenden Steuererhebung und der vom Parlament zu treffenden haushaltsrechtlichen Verwendungsentscheidung wird die mit Gewissensgründen motivierte Verweigerung von Steuerzahlungen wegen Verwendung für die Bundeswehr nicht von Art. 4 Abs. 1 geschützt.[440] Aus vergleichbaren Gründen berechtigt die Gewissensfreiheit nicht zur anteiligen Kürzung des **Krankenkassenbeitrags** wegen der Finanzierung von Schwangerschaftsabbrüchen durch die Krankenkassen;[441] entsprechendes gilt für die Weigerung zur Zahlung von **Rundfunkbeiträgen** aus religiösen Gründen.[442]

Arbeitslosengeld – Eine Sperrzeit für den Bezug von Arbeitslosengeld wegen Ablehnung rüstungsbezogener Arbeithat die Rechtsprechung für zulässig erachtet.[443] Art. 4 Abs. 1 GG rechtfertigt nicht, die Tätigkeit als Zigarettenautomatenauffüller zu verweigern.[444]

Arbeitsverhältnis, privates – Die gem. § 315 BGB geforderte Ausübung des **Weisungsrechts des Arbeitgebers** nach billigem Ermessen wird inhaltlich durch das Grundrecht der Gewissensfreiheit bestimmt. Die „Billigkeit" ist unter Abwägung der Interessenlage beider Vertragsparteien festzustellen, wobei es letztlich eine Frage des Einzelfalles ist, ob die Zuweisung einer Tätigkeit, die den Arbeitnehmer in Gewissenskonflikt bringt, nicht der Billigkeit gem. § 315 BGB entspricht. Kriterien für die Abwägung sind: Vorhersehbarkeit, aktuelle betriebliche Erfordernisse und Wiederholungswahrscheinlichkeit.[445] Kündigung wegen Weigerung des Verkaufs von Tonträgern einer Musikergruppe mit früher neofaschistischer Tendenz zulässig.[446] Kündigung eines Arbeitnehmers wegen unüberwindbaren Glaubenskonflikts zulässig, wenn keine anderweitige sinnvolle Einsatzmöglichkeit.[447] Verzicht auf religiösen Gruß zumutbar.[448]

Ärztlicher Notfalldienst – Die Verweigerung der Teilnahme am ärztlichen Notfalldienst aus Gewissensgründen ist nur anzuerkennen, wenn konkrete objektive Anhaltspunkte dargetan und erwiesen sind, die eine echte Gewissensnot bei dem betr. Arzt zu motivieren vermögen.[449]

Beamtenverhältnis – Eine Kriminalpolizistin darf nicht verweigern, eine **Dienstwaffe** zu tragen.[450] Ein Postbeamter verletzt seine Dienstpflichten, wenn er sich unter Berufung auf sein Gewissen weigert, bestimmte Postsendungen zuzustellen, ohne dass er zuvor zumutbare Möglichkeiten wahrgenommen hat, seinen Gewissenskonflikt mit den Mitteln des Beamtenrechts zu lösen.[451]

---

440 BFH NJW 1992, 1407; BVerfG NJW 1993, 455 unter Hinweis auf Art. 110 Abs. 2, 3 sowie Art. 38 Abs. 1 S. 2; sa Thüringer FG ThürVBl. 1997, 44.

441 BVerfGE 67, 26 (37).

442 OVG Bautzen, NVwZ-RR 2017, 844); zum Ganzen auch *v. Campenhausen* in HStR VII § 157 Rn. 82; *Franke* AöR 114 (1989), 7 (32 ff.); *Tiedemann,* Das Recht der Steuerverweigerung aus Gewissensgründen, 1991. Sa Stichwort Stromzahlungsboykott.

443 BSGE 54, 7 (11); BVerfG NJW 1984, 912; BSGE 61, 158; *Pitschas* NJW 1984, 889; *v. Mutius* FS Rohwer-Kahlmann, 1983, 663.

444 BSG BeckRS 2008, 51814.

445 BAG NJW 1990, 203 = BAGE 62, 59, Pharmaforschung betr. Nuklearkriegsfolgen; sa BAG NJW 1986, 85 = BAGE 47, 363, Drucker betr. Werbeprospekt für kriegsverherrlichende Lit. = JZ 1985, 1108 mAnm Meyer JZ 1985, 1111 ff.; ArbG Köln NJW 1991, 1006, keine Verpflichtung eines Arbeitnehmers zur Auftragsbearbeitung mit Zielland Irak; BAG NZA 1993, 411, keine Verpflichtung eines strenggläubigen Orchestermusikers zur Mitwirkung an einer in Teilen „blasphemischen" Aufführung.

446 ArbG Hamburg NZA-RR 2002, 87.

447 BAGE 137, 164.

448 Sa LAG Hamm NZA-RR 2011, 640. Zum Problem allg. *Konzen/Rupp,* Gewissenskonflikte im Arbeitsverhältnis, 1990; *Rupp* NVwZ 1991, 1033; *Scholl* BB 2012, 53; *Bauer,* Gewissenschutz im Arbeitsverhältnis, 2003.

449 BVerwGE 27, 303 (305 ff.), bejaht für Psychiater; BSG MedR 1983, 116 (118), bejaht bei Heranziehung eines Arztes für Radiologie; BVerwGE 41, 261 (268), verneint bei gleichzeitiger Notfallversorgung im klinischen Bereitschaftsdienst.

450 BVerwGE 56, 227 (228 f.); VG Sigmaringen NVwZ 1991, 199; sa *Podlech,* Das Grundrecht der Gewissensfreiheit und die besonderen Gewaltverhältnisse, 1969, 134 f.

451 BVerwG NJW 2000, 88.

Befehlsverweigerung – Nach Auffassung des BVerwG[452] ist die Befehlsverweigerung eines Soldaten aus Gewissensnot von der Gewissensfreiheit geschützt. Der Soldat hatte sich geweigert, an der Entwicklung eines militärischen Softwareprogramms mitzuwirken, das im Irak-Krieg zum Einsatz kommen könnte. Er hielt den Irak-Krieg für völkerrechtswidrig. Die ihm daraus erwachsende Gewissensnot machte er glaubhaft. Die Frage der Spezialität von Art. 4 Abs. 3 verneint das BVerwG.[453] Das Recht der Kriegsdienstverweigerung solle den Anwendungsbereich der allgemeinen Gewissensfreiheit nicht schmälern. Art. 4 Abs. 3 erfasse nach der Rechtsprechung des BVerfG gerade nicht die situationsbedingte, sondern nur die prinzipielle Kriegsdienstverweigerung (zur Kritik daran → Rn. 117–121). Damit eröffnet das BVerwG für Soldaten und Wehrdienstleistende die Möglichkeit der situationsbedingten Kriegsdienstverweigerung über die allgemeine Gewissensfreiheit. Die Frage, ob Art. 4 Abs. 3 nicht doch, wenn schon nicht die speziellere, so doch die abschließende Norm ist, soweit es um die Verweigerung von Handlungen geht, die sich unter den Begriff des „Kriegsdienstes mit der Waffe" subsumieren lassen, wird nicht gestellt. Demgegenüber wird in der Literatur befürwortet, dass Art. 4 Abs. 3 für diese Konstellation anwendbar ist.[454]

Beitragsverweigerung – s. Stichwort Abgabenverweigerung.

Ersatzdienstverweigerung – ist von Art. 4 Abs. 1 geschützt; → Rn. 132; → Rn. 137 Stichwort Ersatzdienstverweigerung.

Impfpflicht – Die inzwischen aufgehobene Impflicht von Soldaten gemäß § 17 Abs. 4 S. 3 SG war gerechtfertigt zur Vermeidung von Gefährdungen von Leben und Gesundheit Dritter.[455] Im Falle einer Impfpflicht auf der Grundlage des § 20 Abs. 6 IfSG (früher § 14 Abs. 1 BSeuchG) kommt eine Freistellung in Betracht, wenn im konkreten Fall keine Gefahr für Leib oder Leben Dritter zu befürchten ist.[456]

Schulwesen – Die Verweigerung der Einschulung aus Gewissensgründen ist unzulässig.[457] Die Verpflichtung, seine Kinder in eine Schule zu schicken, deren Schulform man ablehnt, verletzt nicht das Gewissen.[458] Zur in Deutschland unzulässigen häuslichen Beschulung (Homeschooling).[459]

Schwangerschaftsabbruch – Die Entscheidung für den Schwangerschaftsabbruch ist keine Gewissensentscheidung.[460] Die Bereitschaft zum Schwangerschaftsabbruch als Stellenvoraussetzung verstößt nicht gegen Art. 2 Abs. 1 des 5. StrafrechtsreformG, der Art. 4 Abs. 1 konkretisiert[461] → Rn. 92.

Steuer – s. Abgabenverweigerung.

Strafrecht – Zum Problem des Gewissenstäters → Rn. 110.

Stromzahlungsboykott – Eine Gewissensentscheidung gegen Atomenergie berechtigt nicht zum Stromzahlungsboykott.[462] Dies folgt schon daraus, dass sich die Gewissensentscheidung konsequenterweise nicht erst gegen die Bezahlung, sondern bereits gegen den Verbrauch des Atomstroms richten müsste.[463]

---

[452] BVerwGE 127, 302.

[453] BVerwGE 127, 302 (322–342).

[454] *Mückl* in BK Rn. 141, 182; *Dau* NZWehrR 2005, 255; *Kotzur* JZ 2006, 25; *Ladiges* NJW 2006, 956; zust. *Paehler* Betrifft Justiz 2005, 178; *Schafranek* NZWehrR 2005, 234; diff. *Droege/Fischer-Lescano* NVwZ 2006, 171; *Sohm* NZWehrR 2006, 1; *Geiß* AVR 44 (2006), 217; *Hebeler* KJ 2006, 209; *Verlage* DVP 2006, 314; *Battis* DVBl 2005, 1462.

[455] *Podlech,* Das Grundrecht der Gewissensfreiheit und die besonderen Gewaltverhältnisse, 1969, 138 f.

[456] Vgl. *Morlok* in Dreier, 3. Aufl. 2013, Rn. 155.

[457] BVerfG JZ 1986, 1019.

[458] BVerfGE 34, 165 (195), Hessische Förderstufe; sa BVerfGE 6, 309 (340), Reichskonkordat; diff. *Zippelius* in BK, Drittbearb., 1989, Rn. 22 mwN.

[459] BVerfG NVwZ 2003, 1113; sa EGMR FamRZ 2019, 449: Verbot keine Verletzung von Art. 8 EMRK.

[460] BVerfGE 88, 203 (308) Ls. 5, Schwangerschaftsabbruch II.

[461] BVerwGE 89, 260 (262); anders BVerfGE 88, 203 (294): das durch das ärztliche Berufsbild geprägte allg. Persönlichkeitsrecht.

[462] S. AG Hamburg NJW 1979, 2315; aA AG Stuttgart NJW 1979, 2047 mit abl. Anm. *Lüke,* 2049 f.; sa BVerfG NJW 1983, 32 (Weigerung einer Kirchengemeinde).

[463] Sa *Starck* in MKS, 7. Aufl. 2018, Rn. 69, anteilige Einschränkung des Stromverbrauchs bis an die Grenze der Zumutbarkeit.

Tierschutz – Die Gewissensfreiheit des Art. 4 Abs. 1 schützt auch eine ethisch fundierte Entscheidung gegen die **Teilnahme an Tierversuchen** an zuvor eigens dafür getöteten Tieren. Ist die Teilnahme an derartigen Praktika Voraussetzung für einen Leistungsnachweis im Rahmen eines Studiums, ist die Gewissensfreiheit gegen die Lehrfreiheit der Hochschullehrer abzuwägen.[464] Das BVerfG vertrat die Auffassung, dass die Zwangsmitgliedschaft in einer **Jagdgenossenschaft** für den Eigentümer eines Grundstücks, das zu einem gemeinschaftlichen Jagdbezirk gehört, keine Verletzung der Gewissensfreiheit darstellt, auch wenn er aus Gewissensgründen die Jagd ablehnt.[465] Dem ist der EGMR entgegengetreten,[466] was zu einer Ergänzung des BJagdG um § 6a geführt hat. Ein Gewissenskonflikt gebietet nicht die Freistellung vom Verbot der Taubenfütterung, wenn auf zumutbare Handlungsalternativen verwiesen werden kann.[467]

Ziviler Ungehorsam – Die Mittel des zivilen Ungehorsams überschreiten idR die Grenzen der Gewissensfreiheit (→ Rn. 97 mwN).[468]

III. Das Recht der Kriegsdienstverweigerung (Art. 4 Abs. 3)

Das Recht der Kriegsdienstverweigerung ist ein **junges** und auf Verfas- 112
sungsebene vergleichsweise selten gewährleistetes **Grundrecht.**[469] Seine **Einführung** in das GG war **umstritten**. Nach zwei kurz aufeinander folgenden Weltkriegen und einem totalitären Regime war neben dem eigentlichen Gewissensschutz zT demokratische Erziehungswirkung erhofft,[470] zT Kriegsverhütung bezweckt.[471] Die Kritiker sahen die mit dem Gewissensbegriff verknüpften Anwendungsprobleme voraus.[472] Ein Umkehrschluss zugunsten von Wiederbewaffnung und allgemeiner Wehrpflicht war vor dem Hintergrund dieser Entstehungsgeschichte aus der Existenz des Rechts der Kriegsdienstverweigerung jedenfalls nicht herzuleiten.[473] Praktische Bedeutung erlangte Art. 4 Abs. 3 erst mit der Einführung der **allgemeinen Wehrpflicht** 1956.[474] Verfassungsrechtliche Grundlage dafür war zunächst Art. 73 Nr. 1 GG aF und ist seit 1968 Art. 12a Abs. 2.[475] Seit 1960 bestand eine **Ersatzdienstpflicht**. Infolge der Aussetzung der Wehrpflicht durch Gesetz v.

---

464 BVerfG NVwZ 2000, 909; BVerwGE 105, 73 (77 ff.) mkritAnm *Caspar* NVwZ 1998, 814; → Rn. 91; gegen die Möglichkeit des Hochschullehrers, sich gegenüber einem Prüfling auf Art. 5 Abs. 3 zu berufen, mit beachtlichen Gründen *Cirsovius* NuR 1992, 65; s. zuvor aus der Rspr. VGH Mannheim NJW 1984, 1832 (unzutr. Ablehnung der Anwendbarkeit des Art. 4 Abs. 1 als Abwehrrecht, → Rn. 91); VGH München NVwZ-RR 1993, 190; für Vorrang der Gewissensfreiheit VG Frankfurt am Main NJW 1991, 768; VGH Kassel NJW 1992, 2372; zust. *Brandhuber* NJW 1991, 725 (731); NVwZ 1993, 642; *v. Loeper* ZRP 1991, 224.

465 BVerfG NVwZ 2007, 808; krit. dazu *Saler* NuR 2007, 186.

466 EGMR AUR 2011, 396.

467 VGH Mannheim NVwZ-RR 2006, 398.

468 S. dazu *Radtke* GA 2000, 19; ausf. *Schieder,* Ethisch motivierter Rechtsungehorsam, 2018, 193 – 255.

469 *v. Münch* in v. Münch/Kunig, 3. Aufl. 1996, Rn. 63, als Menschenrecht im naturrechtlichen Sinne nicht nachweisbar; zur internationalen Diskussion s. *Doehring* FS f. Schlochauer, 1981, 45; *Eide* VN 1986, 60; *Morlok* in Dreier, 3. Aufl. 2013 Rn. 17; *Mückl* in BK, Viertbearb., 2008, Rn. 236, 243; sa die Entschließung des EP v. 19.1.1994, EuGRZ 1994, 194; sowie Art. 10 Abs. 2 GRCh.

470 JöR nF 1 (1951), 77.

471 *Kempen* in AK, 3. Aufl. 2001, Rn. 2.

472 JöR nF 1 (1951), 77.

473 *Morlok* in Dreier, 3. Aufl. 2013 Rn. 21; war str., s. dazu die vom Institut für Staatslehre und Politik herausgegebene Dokumentation Der Kampf um den Wehrbeitrag, 1952, 1953, 1958.

474 Verfassungsänderndes G v. 26.3.1954, BGBl. I 45.

475 BGBl. 1968 I 709.

28.4.2011[476] hat das Recht der Kriegsdienstverweigerung aktuell seinen größten Anwendungsbereich verloren, jedoch nach wie vor Bedeutung für Berufs- und Zeitsoldaten. Das Recht der Kriegsdienstverweigerung stellt eine spezielle Regelung der Gewissensfreiheit mit ausdrücklicher Rechtsfolgenregelung dar, die klarstellt, dass eine Gefahr für den Bestand des Staates die Gewissensfreiheit nicht überwiegt.[477]

113 **1. Niemand.** Das Recht der Kriegsdienstverweigerung setzt die Pflicht zum Kriegsdienst voraus. Der Kreis der **Grundrechtsträger** entspricht folglich dem Kreis der Verpflichteten, der sich aus **Art. 12a Abs. 1** ergibt.[478] Dies galt auch, als die Wehrpflicht noch vor Eintritt der Volljährigkeit einsetzte.[479] Mit der Begründung, dass eine Gewissensentscheidung stets nur auf eigenen oder zumindest sich zu eigen gemachten Erwägungen beruhen kann und dass nicht nur sittlich ausgereifte Persönlichkeiten, sondern auch Jugendliche zu einer solchen Entscheidung in der Lage sind, wurde die Grundrechtsmündigkeit einhellig bejaht.[480] Soweit **Ausländer** zum Kriegs- bzw. Wehrdienst herangezogen werden können, steht auch ihnen das Verweigerungsrecht zu.[481] Weder Wehrpflichtige noch **Soldaten** verzichten durch Eintritt in die Bundeswehr auf das Recht zur Kriegsdienstverweigerung.[482] Seit Art. 12a Abs. 4 S. 2 Frauen bewaffneten Dienst in den Streitkräften auf freiwilliger Basis eröffnet, steht auch ihnen im Falle späterer Gewissensnot das Recht der Kriegsdienstverweigerung zu.[483]

114 Wie die allgemeine Gewissensfreiheit[484] ist auch das Recht der Kriegsdienstverweigerung ein **höchstpersönliches Recht**.[485] Vereinigungen zur Unterstützung von Kriegsdienstverweigerern finden Grundrechtsschutz durch Art. 5 Abs. 1, Art. 9 Abs. 1 und Art. 2 Abs. 1.[486]

115 **2. Darf gegen sein Gewissen.** Das Recht der Kriegsdienstverweigerung ist eine spezielle **Ausprägung der allgemeinen Gewissensfreiheit**; der Gewissensbegriff ist identisch.[487] Schutzgut ist auch hier die moralische Iden-

---

[476] BGBl. 2011 I 678.

[477] → Rn. 12.

[478] *Zippelius* in BK, Drittbearb., 1989, Rn. 122.

[479] Bis zur Herabsetzung der Volljährigkeit von 21 auf 18 Jahre durch G v. 31.7.1974, BGBl. 1974 I 1713.

[480] BVerwGE 9, 97 (98) Kriegsdientverweigerung durch jugendliche Wehrpflichtige; 9, 100 (101 f.); 12, 271 (272); BVerfGE 28, 243 (254), Kriegsdienstverweigerung; *Zippelius* in BK, Drittbearb., 1989, Rn. 67, 136.

[481] *Kempen* in AK, 3. Aufl. 2001, Rn. 1, 12; zur Wehrpflicht von Ausländern s. § 2 Abs. 1, 2 WPflG und dazu *Doehring* FS f. Schlochauer, 1981, 45 (53); *Schütz* NZWehrR 1997, 236; zur Wehrpflicht von Mehrstaatern s. das Übereinkommen der Europaratsstaaten über die Verringerung der Mehrstaatigkeit und über die Wehrpflicht von Mehrstaatern v. 6.5.1963, BGBl. 1969 II 1954.

[482] BVerfGE 28, 243 (262), Kriegsdienstverweigerung; s. nur *Morlok* in Dreier, 3. Aufl. 2013 Rn. 184; *Zippelius* in BK, Drittbearb., 1989, Rn. 121; diff. *Starck* in MKS, 7. Aufl. 2018, Rn. 173: Wehrpflichtige ja, Zeit- und Berufssoldaten nein.

[483] Zum Recht der Kriegsdienstverweigerung für Soldatinnen s. *Walz* NZWehrR 2002, 246; *Heselhaus/Schmidt-De Caluwe* NJW 2001, 263. Sa *Mückl* in BK, Viertbearb., 2008, Rn. 183.

[484] → Rn. 106.

[485] Vgl. § 2 Abs. 2 KDVG.

[486] *Starck* in MKS, 7. Aufl. 2018, Rn. 174; *Kempen* in AK, 3. Aufl. 2001, Rn. 6; *Morlok* in Dreier, 3. Aufl. 2013 Rn. 185; sa BVerwGE 64, 196 (198).

[487] *Kempen* in AK, 3. Aufl. 2001, Rn. 5; *Morlok* in Dreier, 3. Aufl. 2013 Rn. 95, 181; im Grundsatz sa BVerfGE 12, 45 (55), in der Anwendung allerdings nicht konsequent, → Rn. 119.

tität und Integrität. Wie dargelegt,[488] verweist der Gewissensbegriff auf die jeweils verinnerlichten und daher identitätsprägenden moralischen Werte und Normen. Diese müssen einen Bezug zum Inhalt des Handlungszwangs aufweisen; dies bedeutet im Zusammenhang des Art. 4 Abs. 3 einen Bezug zum Zwang, im Krieg auf Befehl Handlungen ausführen zu müssen, durch die andere Menschen getötet werden. Die Gewissensentscheidung muss folglich Konsequenz eines auf Menschen bezogenen Tötungsverbots sein, ohne dass die weiteren Merkmale „Krieg" und „auf Befehl" notwendig sind.

Durch Art. 4 Abs. 3 ist somit nicht nur der „dogmatische Pazifist"[489] **116** geschützt, der ausnahmslos jeden Krieg und die Tötung von Menschen unter allen Umständen ablehnt. Vielmehr ist eine gewissensgetragene Kriegsdienstverweigerung auch im Hinblick auf einen bestimmten Krieg vorstellbar (sog. situationsbedingte Kriegsdienstverweigerung; zB für den Fall des Krieges gegen einen Staat, aus dem die Vorfahren oder der Ehepartner stammen oder die mit guten Gründen für völkerrechtswidrig gehalten werden).[490]

Demgegenüber hat das BVerfG trotz seiner Betonung der Situationsbezo- **117** genheit jeder Gewissensentscheidng[491] Art. 4 Abs. 3 in der Weise interpretiert, dass er die **situationsbezogene Kriegsdienstverweigerung** nicht erfasse.[492] Anlass hierfür war die Überprüfung der Verfassungsmäßigkeit des § 25 WPflG, später § 1 KDVG. Diese Regelung lautet: „Wer sich aus Gewissensgründen der Beteiligung an jeder Waffenanwendung zwischen den Staaten widersetzt und deshalb den Kriegsdienst mit der Waffe verweigert, hat einen zivilen Ersatzdienst zu leisten." Mit dieser Formulierung wird der Inhalt der Gewissensentscheidung, die zur Kriegsdienstverweigerung berechtigt, festgelegt. Diese muss ein Nein zur „Beteiligung an jeder Waffenanwendung zwischen den Staaten" enthalten. Da das BVerfG den Gesetzgeber durch die Regelungsbefugnis des Art. 4 Abs. 3 S. 2 nicht zu einer inhaltlichen Ausgestaltung des Rechts der Kriegsdienstverweigerung ermächtigt sieht,[493] konnte § 25 WPflG/§ 1 KDVG nur durch eine einschränkende Auslegung des Art. 4 Abs. 3 dem Verdikt der Verfassungswidrigkeit entgehen.[494] Die erforderliche Einschränkung hat das BVerfG dadurch erreicht, dass es den Wortlaut des Art. 4 Abs. 3: „Niemand darf gegen sein Gewissen zum Kriegsdienst mit der Waffe gezwungen werden" umformuliert hat in den Satz: „Wer Kriegsdienst mit der Waffe aus Gewissensgründen ablehnt, darf nicht zum Kriegsdienst mit der Waffe gezwungen werden." Während sich der Normtext des Art. 4 Abs. 3 (zumindest auch) auf die konkrete Situation der staatlichen

[488] → Rn. 85.

[489] *Arndt* NJW 1957, 361 (362).

[490] So auch *Arndt* NJW 1957, 361 (362); *Morlok* in Dreier, 3. Aufl. 2013 Rn. 181; *Podlech,* Das Grundrecht der Gewissensfreiheit und die besonderen Gewaltverhältnisse, 1969, 126; *Herzog* in Maunz/Dürig, Rn. 198; *Eckertz,* Die Kriegsdienstverweigerung aus Gewissensgründen als Grenzproblem des Rechts, 1986, 352 ff.; sa *Böckenförde/Mahrenholz,* Sondervotum zu BVerfGE 69, 1 (57, 77 ff.), Kriegsdienstverweigerung; *Brunn* in Umbach/Clemens, 2002, Rn. 139; vgl. zur Völkerrechtswidrigkeit BVerwGE 127, 302 → Rn. 112 Stichwort Befehlsverweigerung.

[491] BVerfGE 12, 45 (55), Kriegsdienstverweigerung.

[492] BVerfGE 12, 45 (56); 69, 1 (23), Kriegsdienstverweigerung; ihm folgend die übrige Rspr., s. nur BVerwG NJW 1994, 603 mwN; BVerwG NVwZ 1997, 536 (539); BVerwGE 127, 302 (332 ff.), Befehlsverweigerung eines Soldaten; zust. *Bethge* in HStR VII § 158 Rn. 83; *Starck* in MKS, 7. Aufl. 2018, Rn. 170; *Hofmann* in SHH, 14. Aufl. 2018, Rn. 33; *Muckel* in BerlKomm, EL 2/19, Rn. 81; abl. *Kempen* in AK, 3. Aufl. 2001, Rn. 7.

[493] → Rn. 132.

[494] Für Verfassungswidrigkeit *Kempen* in AK, 3. Aufl. 2001, Rn. 7.

Forderung bezieht, Kriegsdienst zu leisten, auf die das Gewissen situationsbezogen ablehnend reagiert, führt die Interpretation des BVerfG zur inhaltlichen Festsetzung einer situationsgelösten moralischen Norm.[495] Seinem eigenen Postulat der Situationsbezogenheit jeder Gewissenentscheidung versucht das Gericht durch Verschiebung in die Motivationslage Rechnung zu tragen.[496] Vollends verlassen wurde der Wortlaut des Art. 4 Abs. 3, als das BVerfG in einer weiteren Entscheidung als Inhalt der Gewissensentscheidung ein absolutes Tötungsverbot verlangte.[497]

118 Der Grund für die einengende Interpretation des Art. 4 Abs. 3 scheint die Befürchtung zu sein, dass anderenfalls die **Abgrenzung** zwischen einer **Gewissensentscheidung** und **politisch motivierter Verweigerung** nicht möglich sei.[498] Sowohl die Zuständigkeitsordnung des demokratischen Staates wie auch die militärische Planungssicherheit wird gefährdet gesehen. Die Lösung ist aber, abgesehen von dem zu fordernden thematischen Bezug zum Inhalt des Handlungszwangs,[499] nicht in der normativen Vorgabe des anerkennenswerten Inhalts der Gewissensentscheidung zu sehen, sondern im Ernstnehmen der Notwendigkeit einer Gewissensentscheidung überhaupt. Ernstzunehmen ist zum einen, dass die der Gewissensentscheidung zugrundeliegende moralische Überzeugung verinnerlichte Haltung sein und identitätsprägende Bedeutung haben muss. Ernstzunehmen ist zum anderen, dass das Phänomen der Gewissensentscheidung nur angesichts einer konkreten Situation auftritt. Dies bedeutet für den Fall der Kriegsdienstverweigerung zunächst, dass die Beteiligung in einer zumindest unmittelbar bevorstehenden Kriegssituation konkret in Frage stehen muss. Es muss also ein identitätsprägendes Tötungsverbot geltend und glaubhaft gemacht werden, das sich in dem konkret-(bevorstehend)en Krieg aktualisiert.

119 Damit ist noch nichts gegen die **Anwendbarkeit** des Art. 4 Abs. 3 auch **in Friedenszeiten** gesagt, zumal sich jede Diskussion angesichts der auf Art. 4 Abs. 3 bezugnehmenden Ersatzdienstregelung des Art. 12a Abs. 2 erübrigt.[500] Insoweit kann von einer eigentlichen Gewissensentscheidung in der Tat nur die Rede sein, wenn das Gewissen bereits angesichts der Einberufung zum Wehrdienst protestiert. Im Übrigen kann in **Friedenszeiten** hinsichtlich der Kriegsdienstverweigerung nur eine „Gewissensstruktur" (verinnerlichte moralische Normen) glaubhaft gemacht werden, die die **Prognose** rechtfertigt, dass im Falle eines Krieges das Gewissen „in Funktion" treten wird.[501] Da zu diesem Zeitpunkt ein konkreter Krieg nicht absehbar ist, ist eine solche Prognose nur dann hinreichend wahrscheinlich, wenn eine zur Gewissensstruktur gehörende, verinnerlichte und identitätsprägende moralische Über-

---

[495] Vgl. auch die Kritik im Sondervotum von *Böckenförde/Mahrenholz* BVerfGE 69, 57 (79), Kriegsdienstverweigerung.

[496] S. BVerfGE 12, 45 (60), Kriegsdienstverweigerung; *Podlech,* Das Grundrecht der Gewissensfreiheit und die besonderen Gewaltverhältnisse, 1969, 129.

[497] BVerfGE 48, 127 (163), Wehrrechtsänderungsgesetz; sa BVerfGE 69, 1 (54), Kriegsdienstverweigerung; BVerwGE 37, 69 (70), Bereitschaft zur Waffenanwendung und Kriegsdienstverweigerung; Kritik im Sondervotum *Böckenförde/Mahrenholz* BVerfGE 69, 1 (86), Kriegsdienstverweigerung; *Eckertz,* Die Kriegsdienstverweigerung aus Gewissensgründen als Grenzproblem des Rechts, 1986, 356 (373); *Morlok* in Dreier, 3. Aufl. 2013 Rn. 181.

[498] BVerfGE 12, 45 (57), Kriegsdienstverweigerung; BVerwG NVwZ 1997, 536 (539).

[499] → Rn. 115.

[500] → Rn. 129.

[501] Zur Unterscheidung von „Gewissensstruktur" und „Gewissensfunktion" s. *Klier,* Gewissensfreiheit und Psychologie, 1978, 42 ff.; 137 ff.; zu der Schwierigkeit, die eigene „Gewissensstruktur" zu kennen s. *Klier,* Gewissensfreiheit und Psychologie, 1978, 97 ff.

zeugung glaubhaft gemacht werden kann, die sich gegen alle Kriege richtet, in die die Bundesrepublik Deutschland hineingezogen werden könnte. Nur unter diesen Umständen trägt auch das Argument, dass dem Einzelnen eine Ausbildung nicht aufgezwungen werden darf, die ihn zu einer Betätigung vorbereitet, die er aus Gewissensgründen ablehnt. So richtig es also ist, dass Art. 4 Abs. 3 auch die gewissensgetragene situationsbezogene Kriegsdienstverweigerung umfasst, so wenig geeignet ist diese Konstellation, die Wehrdienstverweigerung in Friedenszeiten zu begründen. Diese kann nur auf eine Gewissensentscheidung bereits gegen den Wehrdienst oder auf eine im Zusammenhang mit dem Tötungsverbot stehende verinnerlichte moralische Norm gegen den Krieg schlechthin gestützt werden.[502]

Wie bereits der Streit um die situationsbezogene Kriegsdienstverweigerung **120**
deutlich macht,[503] ist das **grundlegende Problem** des Art. 4 Abs. 3 der **Nachweis** einer Gewissensentscheidung (bzw. einer Gewissensstruktur = verinnerlichten moralischen Überzeugung, die die Verweigerung des Wehrdienstes schon zu Friedenszeiten rechtfertigen kann). Als einzige Voraussetzung für eine Entpflichtung ist ein solcher Nachweis im Hinblick auf die rechtsstaatliche und individualrechtlich in Art. 3 Abs. 1 verbürgte Gleichheit vor dem Gesetz **nicht entbehrlich.**[504] Dieses Argument erlangt umso mehr Gewicht, je belastender die Pflicht und je allgemeiner der Kreis der Pflichtigen gefasst ist.

Die mangelnde Erforderlichkeit einer Gewissensprüfung lässt sich auch nicht **121**
damit begründen, dass als milderes Mittel die Möglichkeit bestehe, eine Berufsarmee einzurichten. Das GG gibt weder in Art. 4 Abs. 3 noch in einer anderen Vorschrift vor, ob und inwieweit die Landesverteidigung auf der Grundlage einer **Berufsarmee** oder auf der Grundlage der **Wehrpflicht** sichergestellt werden soll; dies ist eine verfassungsrechtlich dem einfachen Gesetzgeber überlassene **Entscheidung,** die nicht zuletzt Art. 12a Abs. 1 eröffnet.[505] Die aus dem Verteidigungszweck der Bundeswehr folgende Legitimation der allgemeinen Wehrpflicht als einer Bürgerpflicht wird zwar durch Aufgaben wie die Beteiligung der Bundeswehr an Auslandseinsätzen geschwächt, ändert jedoch nichts an dem politischen Charakter der Entscheidung über die Abschaffung bzw. Aufrechterhaltung der allgemeinen Wehrpflicht.

Für den Nachweis der Gewissensentscheidung iRd Art. 4 Abs. 3 gilt **122**
grundsätzlich dasselbe, wie für die allg. Gewissensfreiheit ausgeführt.[506] Den Grundrechtsträger trifft eine **Darlegungslast.**[507] Er muss seine Gewissensentscheidung erläutern und dessen identitätsprägende Bedeutung plausibel

---

[502] Vgl. *Bopp,* Der Gewissenstäter und das Grundrecht der Gewissensfreiheit, 1974, 163; *Böckenförde/Mahrenholz,* Sondervotum zu BVerfGE 69, 1 (84); auch in BVerfGE 69, 1 (23) wird das Problem gesehen, das Gericht folgert jedoch aus der Anwendbarkeit des Art. 4 Abs. 3 auf die Verweigerung des Wehrdienstes in Friedenszeiten die Unzulässigkeit der situationsbedingten Kriegsdienstverweigerung schlechthin, statt nur deren Untauglichkeit für die Verweigerung in Friedenszeiten festzustellen.

[503] → Rn. 116 ff.

[504] *Bethge* in HStR VII § 158 Rn. 84; *Starck* in MKS, 7. Aufl. 2018, Rn. 178; *Zippelius* in BK, Drittbearb., 1989, Rn. 137.

[505] BVerfGE 12, 45 (52), Kriegsdienstverweigerung insbes. zur Unangemessenheit des Grundsatzes der Verhältnismäßigkeit angesichts der Komplexität der Entscheidung; bestätigt in BVerfGE 48, 127 (160 f.), Wehrrechtsänderungsgesetz; an der Verfassungsmäßigkeit der allg. Wehrpflicht zweifelt *Baldus* NZWehrR 1993, 92; sa *Fröhler* ZRP 1996, 433; krit. *Steinlechner* ZRP 1997, 364.

[506] → Rn. 100 ff.

[507] BVerfGE 69, 1 (34), Kriegsdienstverweigerung.

machen. Die Überprüfung einer plausiblen Darlegung erübrigt sich, sofern der Zweck der jeweiligen Rechtspflicht auf eine andere, gewissensschonende Weise herbeigeführt werden kann. Gerade dies ist jedoch im Fall des Kriegsdienstes nicht möglich. Daher bedarf es eines **Verfahrens,** durch das hinreichend sichergestellt wird, dass nur diejenigen, die aus Gewissensgründen den Kriegsdienst mit der Waffe verweigern, von dieser Pflicht befreit werden.[508]

123 Hierfür war zunächst ein **mündliches Prüfungsverfahren** vorgesehen.[509] Nachdem dieses Anerkennungsverfahren zu erheblichen Missständen geführt hatte,[510] entschied der Gesetzgeber, auf die Prüfung des Vorliegens einer Gewissensentscheidung durch ein Anerkennungsverfahren weitgehend zu verzichten. Das BVerfG hielt das Gesetz wegen Verstoßes gegen Art. 3 Abs. 1 iVm Art. 4 Abs. 3 und Art. 12a Abs. 1, 2 sowie wegen fehlender Zustimmung des Bundesrates für verfassungswidrig und erklärte es insgesamt für nichtig.[511] Es betonte zutreffend die aus der Gleichheit vor dem Gesetz folgende Notwendigkeit[512] sicherzustellen, dass nur solche Wehrpflichtige das Recht der Kriegsdienstverweigerung in Anspruch nehmen können, bei denen mit hinreichender Sicherheit anzunehmen ist, dass die Voraussetzungen des Art. 4 Abs. 3 erfüllt sind.

124 Aufgrund dieser Entscheidung führten weitere Bemühungen um eine Reform des Anerkennungsverfahrens 1983 zum **Kriegsdienstverweigerungsneuordnungsgesetz (KDVNG),**[513] das das BVerfG für verfassungsgemäß befand.[514] Erforderlich war danach ein schriftlicher Antrag auf Anerkennung als Kriegsdienstverweigerer, dem ua ein ausführlicher Lebenslauf sowie eine persönliche ausführliche Darlegung der Beweggründe für die Gewissensentscheidung beizufügen waren. Das Bundesamt entschied ohne persönliche Anhörung. In Zweifelsfällen gab es die Akten an den zuständigen Ausschuss für Kriegsdienstverweigerung ab, der nur dann eine persönliche Anhörung herbeiführte, wenn auch nach seiner Auffassung nach Aktenlage Zweifel bestanden.

125 Durch das **Kriegsdienstverweigerungsneuregelungsgesetz**[515] vereinfachte der Gesetzgeber das Anerkennungsverfahren weiter. Zu einer mündlichen Anhörung kam es nur noch ganz ausnahmsweise. Es folgten mehrfach Verkürzungen des Wehrdienstes.

126 Ein von anerkannten Kriegsdienstverweigerern zu leistender **Zivildienst** findet seine ausdrückliche Rechtfertigung in Art. 12a Abs. 2 GG. Er dient der Missbrauchsabwehr.[516] Damit einhergehend schützt er Kriegsdienstverweigerer vor dem Vorwurf der „Drückebergerei".[517]

---

[508] BVerfGE 48, 127 (168 f.), Wehrrechtsänderungsgesetz; 69, 1 (21), Kriegsdienstverweigerung.

[509] § 26 WPflG aF, BGBl. 1972 I 2277.

[510] S. BT-Drs. 8/126; auf die Mitverantwortung des BVerfG weisen *Böckenförde/Mahrenholz* in abw. M. zu BVerfGE 69, 1 (85 f.) hin; sa *Eckertz,* Die Kriegsdienstverweigerung aus Gewissensgründen als Grenzproblem des Rechts, 1986, 373 ff.

[511] BVerfGE 48, 127, Wehrrechtsänderungsgesetz.

[512] → Rn. 100, 122.

[513] BGBl. I 203.

[514] BVerfGE 69, 1, Kriegsdienstverweigerung.

[515] Gv. 9.8.2003, BGBl. I 1593 mWz 1.11.2003; s. dazu *Walz* NZWehrR 2003, 203; *Burkiczak* BayVBl 2005, 70.

[516] Zum Grundsatz der Wehrgerechtigkeit auch im Blick auf den Ersatzdienst s. *Voland* ZRP 2007, 185.

[517] BVerfGE 48, 127 (165), Wehrrechtsänderungsgesetz; *Herzog* in Maunz/Dürig, Rn. 204 f.

3. Zum Kriegsdienst mit der Waffe gezwungen werden. Der Begriff „Kriegsdienst mit der Waffe" wirft zwei Fragen auf: zum einen, ob der Begriff des Kriegsdienstes auch den Wehrdienst in Friedenszeiten umfasst; zum anderen das Problem der Abgrenzung des Waffendienstes vom waffenlosen Dienst. Der Begriff „Kriegsdienst" zielt ersichtlich auf den Ernstfall.[518] Ein Schutz bereits im Vorfeld ergibt sich allerdings, soweit eine Gewissensstruktur[519] glaubhaft gemacht werden kann, die die Prognose zulässt, dass im Ernstfall vom Recht des Art. 4 Abs. 3 mit großer Wahrscheinlichkeit Gebrauch gemacht würde. Die Ausbildung für den Kriegsfall wäre sinnlos.[520] Damit sind auch diejenigen geschützt, deren Gewissen bereits den Wehrdienst in Friedenszeiten als Ausbildung zum Töten im Krieg ablehnen.[521] Jedenfalls aus Art. 12a Abs. 2 S. 2 folgt, dass Art. 4 Abs. 3 das Recht der **Wehrdienstverweigerung** in Friedenszeiten erfasst.[522] Gleichwohl liegt der Sinn der Regelung darin, dass kein staatlicher Zwang zum Töten ausgeübt werden darf.[523] Insoweit ist dem BVerfG zuzustimmen, wenn es die **Abwehr staatlichen Zwangs zum Töten** als den **Kern des Art. 4 Abs. 3** bezeichnet.[524] 127

Die **Abgrenzung des Waffendienstes** vom waffenlosen Dienst ist angesichts sich fortwährend ändernder Waffentechnik bei deren zunehmender Reichweite sowie zunehmender Mittelbarkeit von Ursache und Wirkung nicht ein für alle Mal vorzunehmen. Zweifellos gehört hierzu das eigenhändige **Waffenführen.** Darüber hinaus sind auch solche Tätigkeiten erfasst, die „in einem nach dem Stande der jeweiligen Waffentechnik **unmittelbaren Zusammenhang** zum Einsatz von Kriegswaffen steh[en]".[525] Als Beispiele werden genannt Munitionsnachschub, Funkpeilung, Waffenwartung, auf kriegerische Handlung zielende Befehls- und Nachrichtenübermittlung,[526] wobei der Begriff des „unmittelbaren Zusammenhangs" keine randscharfe, sondern nur eine **wertende Zuordnung** ermöglicht.[527] 128

Abgrenzungsschwierigkeiten entfielen weitestgehend, wenn man alle Tätigkeiten innerhalb der Streitkräfte, die im funktionalen Gesamtzusammenhang mit der Waffenführung stehen, damit grundsätzlich jeglichen Dienst innerhalb der militärischen Organisation einschließlich Verpflegungsnachschub, Sanitätsdienst und Militärverwaltung als von Art. 4 Abs. 3 erfasst 129

[518] So auch *Zippelius* in BK, Drittbearb., 1989, Rn. 125.

[519] Identitätsprägende moralische Haltung, → Rn. 119.

[520] BVerfGE 12, 45 (56); 32, 40 (47), Kriegsdienstverweigerung; 48, 127 (164), Wehrrechtsänderungsgesetz; sa 80, 354 (358), Totalverweigerung; *Starck* in MKS, 7. Aufl. 2018, Rn. 165; *Zippelius* in BK, Drittbearb., 1989, Rn. 125.

[521] IE auch *Morlok* in Dreier, 3. Aufl. 2013 Rn. 180 mit anderer Argumentation.

[522] BVerfGE 48, 127 (164), Wehrrechtsänderungsgesetz.

[523] BVerfGE 28, 243 (262); 32, 40 (45); 69, 1 (54), Kriegsdienstverweigerung; *Starck* in MKS, 7. Aufl. 2018, Rn. 164; *Zippelius* in BK, Drittbearb., 1989, Rn. 125; aA *Morlok* in Dreier, 3. Aufl. 2013 Rn. 176 ff., 178 „fremdbestimmte Waffenführung".

[524] Zu weitgehend allerdings die Forderung eines absoluten Tötungsverbots (→ Rn. 117); grds. aA *Kempen* in AK, 3. Aufl. 2001, Rn. 9: Schutz davor, „in der militärischen Organisation zum entpersönlichten Waffenträger, also zum bloßen Einsatzobjekt reduziert zu werden"; diese Argumentation verkennt, dass Grundrechte und rechtsstaatliche Grundsätze auch innerhalb der Bundeswehr gelten; sa § 11 SG.

[525] BVerfGE 69, 1 (56), Kriegsdienstverweigerung.

[526] Vgl. *Starck* in MKS, 7. Aufl. 2018, Rn. 164; *Kempen* in AK, 3. Aufl. 2001, Rn. 10 f.; *Zippelius* in BK, Drittbearb., 1989, Rn. 126 f.; *Herzog* in Maunz/Dürig, Rn. 181 ff.; sa BVerwGE 49, 71 (73 f.), Dienst in einer Radareinheit.

[527] Zweifelsfälle bei *Zippelius* in BK, Drittbearb., 1989, Rn. 128: Brücken- und Stellungsbau, Minenräumen, Treibstoff- und Verpflegungsnachschub.

sähe.[528] Diese Auffassung überdehnt jedoch den Wortlaut des Art. 4 Abs. 3, der deutlich macht, dass es neben einem Kriegsdienst mit Waffen auch einen Kriegsdienst ohne Waffen gibt.[529] Insbes. vermag Art. 12a Abs. 2 S. 3 die hier abgelehnte weite Auslegung nicht zu stützen. Dieser bestimmt, dass die Regelung des Ersatzdienstes auch die Möglichkeit vorsehen muss, Ersatzdienst zu leisten, der in keinem Zusammenhang mit den Verbänden der Streitkräfte steht. Die Verwendung des Wörtchens „auch" belegt, dass die Verfassungsgeber einen Ersatzdienst innerhalb der Streitkräfte und damit Wehrdienst ohne Waffen für möglich gehalten haben.[530] Des Weiteren zeigen die für den Verteidigungsfall geltenden Regelungen des Art. 12a Abs. 3 u. 4, dass Kriegsdienst ohne Waffen innerhalb der militärischen Verbände nicht ausgeschlossen ist. Nach einfachem Recht gab es allerdings nur die Möglichkeit der Ersatzdienstleistung außerhalb der Streitkräfte. Dies ersparte Rechtsstreitigkeiten und war daher zu begrüßen. Unstreitig keinen Kriegsdienst mit Waffen stellen Tätigkeiten dar, die zwar für die Kriegsführung wesentlich, jedoch außerhalb der militärischen Verbände stattfinden, insbes. Arbeit in der Rüstungswirtschaft.[531]

130 Die **Ersatzdienstverweigerung** fällt nicht unter Art. 4 Abs. 3, ist jedoch von Art. 4 Abs. 1 erfasst.[532] Demgegenüber hat das BVerfG die Auffassung vertreten, dass Art. 4 Abs. 3 die Gewissensfreiheit im Zusammenhang mit der Kriegsdienstverweigerung abschließend regele. Der Schutz der Ersatzdienstverweigerung durch Art. 4 Abs. 1 komme insbes. im Hinblick auf Art. 12a Abs. 2 nicht in Betracht.[533] Diese Auffassung findet weder im Wortlaut eine Stütze, noch lässt sie sich angesichts von Sinn und Zweck des Art. 4 Abs. 3 halten, der darin liegt, die Gewissensfreiheit in einer besonders großen Gefahrenlage durch Konkretisierung zu stärken.[534] Die vielfach unverhältnismäßig erscheinende strafrechtliche Behandlung der Ersatzdienstverweigerung, die insbes. Anhänger der Zeugen Jehovas betraf, hat den Gesetzgeber bewogen, das Problem durch ausdrückliche Regelung zu entschärfen.[535] Ersatzdienstverweigerern aus Gewissensgründen wurde als Belastungsausgleich die

---

[528] So wohl *Kempen* in AK, 3. Aufl. 2001, Rn. 10.

[529] S. *Walz* NZWehrR 2002, 246, der die Reichweite des Rechts der Kriegsdienstverweigerung für Soldatinnen untersucht und ein solches im Bereich des Sanitätsdienstes und des Militärmusikdienstes verneint.

[530] BVerfGE 69, 1 (55 f.), Kriegsdienstverweigerung; *Starck* in MKS, 7. Aufl. 2018, Rn. 164, 167.

[531] *Starck* in MKS, 7. Aufl. 2018, Rn. 164; sa BVerfG NJW 1984, 912; BSGE 54, 7 (9); zum Zivil- und Katastrophenschutz s. BVerwGE 61, 246 (250); konsequent: BVerwG Buchholz 448.6 § 1 Nr. 42: Arbeit in Rüstungsbetrieb steht Anerkennung als Kriegsdienstverweigerer nicht entgegen.

[532] HM in der Lit.; s. nur → Art. 12a Rn. 22; *Starck* in MKS, 7. Aufl. 2018, Rn. 172; *Kempen* in AK, 3. Aufl. 2001, Rn. 26; *Morlok* in Dreier, 3. Aufl. 2013 Rn. 182; *Jarass* in Jarass/Pieroth, 15. Aufl. 2018, Rn. 52a; *Muckel* in BerlKomm, EL 2/19, Rn. 82; *Brunn* in Umbach/Clemens, 2002, Rn. 119.

[533] BVerfGE 19, 135 (138), Ersatzdienstverweigerung; 23, 127 (132), Ersatzdienstverweigerung durch Zeugen Jehovas; s. aber auch BVerfGE 23, 191 (205), Dienstflucht eines Zeugen Jehovas.

[534] *Kempen* in AK, 3. Aufl. 2001, Rn. 6, 26; *Zippelius* in BK, Drittbearb., 1989, Rn. 129; *Bopp*, Der Gewissenstäter und das Grundrecht der Gewissensfreiheit, 1974, 219; *Podlech*, Das Grundrecht der Gewissensfreiheit und die besonderen Gewaltverhältnisse, 1969, 125; → Rn. 113; diff. *Bethge* in HStR VII § 158 Rn. 75: zwar kein Abwehranspruch aus Art. 4 Abs. 1, aber auch kein umfassender thematischer Verbrauch; nach Auffassung von *Herzog* in Maunz/Dürig, Rn. 217 ff. ist Ersatzdienstverweigerung auch bei Anwendbarkeit des Art. 4 Abs. 1 letztlich unzulässig; ebenso *Starck* in MKS, 7. Aufl. 2018, Rn. 172.

[535] S. *Werner* KJ 1988, 104.

Eingehung eines privaten Dienstverhältnisses erlaubt (§ 15a ZDG).[536] Damit ist dem Gebot der Rechts- und Belastungsgleichheit Genüge getan.

Adressat des Grundrechts ist ausschließlich die deutsche Staatsgewalt. **131**
Ausländische Staaten haben im Inland kein Zwangsrekrutierungsrecht. **Schutzwirkungen** kann Art. 4 Abs. 3 zugunsten eines ausländischen Kriegsdienstverweigerers aus Gewissensgründen vor der Zwangsgewalt seines Staates entfalten, zB im Fall der Auslieferung.[537] Mit Art. 4 Abs. 3 lässt sich aber kein Abschiebungsschutz bei bloßer Heranziehung zum Wehrdienst im Heimatstaat begründen.[538] Ein Anspruch auf Durchführung eines förmlichen Anerkennungsverfahrens in Deutschland gegenüber der Heranziehung zum Militärdienst durch den Heimatstaat steht einem Ausländer nicht zu.[539] Mangels rechtlicher Zwangsgewalt Privater kommt Drittwirkung nicht in Betracht. Das Anwerben für fremden Militärdienst ist im Übrigen gem. § 109h StGB strafbar. Soweit im Falle eines Bürgerkrieges noch verfassungsmäßige Staatsgewalt existiert, findet Art. 4 Abs. 3 ebenfalls Anwendung.[540]

4. Das Nähere regelt ein Bundesgesetz. Art. 4 Abs. 3 ist unmittelbar **132**
geltendes Recht. Die Regelungsbefugnis dient daher weder der Aktualisierung des Rechts,[541] noch enthält sie eine Befugnis zur inhaltlichen Konkretisierung und einer damit notwendig verbundenen Einschränkung,[542] womit die inhaltliche Letztentscheidungsbefugnis als Auslegung des Verfassungstextes Sache des BVerfG ist. Der Gesetzgeber darf nur solche Regelungen treffen, die für die Geltendmachung des Rechts erforderlich sind und solche Grenzen nachzeichnen, die im Tatbestand selbst angelegt sind.[543] Die Regelungsbefugnis bezieht sich damit auf das Verfahren zur Prüfung des Tatbestandsmerkmals der Gewissensentscheidung; es handelt sich um einen **Verfahrensvorbehalt.**[544] Das BVerfG hat seine Äußerung, es bestehe keine Verpflichtung zur Durchführung eines Anerkennungsverfahrens,[545] in einer nachfolgenden Entscheidung dahingehend präzisiert, dass das damalige Anerkennungsverfahren, nämlich das mündliche Prüfungsverfahren, nicht verfassungsrechtlich gefordert sei.[546] Aus dem Verbot, Art. 4 Abs. 3 in einer Weise zu handhaben, die einem Verzicht auf das Tatbestandsmerkmal der Gewissensentscheidung gleichkäme,[547] folgt jedoch die Verpflichtung an den Gesetzgeber, ein sachgerechtes Verfahren zu schaffen. Die Regelungsbefugnis

[536] Zu dessen Auslegung s. BVerwGE 52, 353.

[537] *Morlok* in Dreier, 3. Aufl. 2013 Rn. 189; im Sinne eines Abwehrrechts wohl BGHSt 27, 191, unzutr.

[538] OVG Hamburg NVwZ-RR 2007, 332.

[539] BVerwG NVwZ 2005, 464.

[540] IErg ebenso *Morlok* in Dreier, 3. Aufl. 2013 Rn. 179; *Herzog* in Maunz/Dürig, Rn. 180; *Zippelius* in BK, Drittbearb., 1989, Rn. 124; *Bethge* in HStR VII § 158 Rn. 70.

[541] BVerfGE 12, 45 (53); 28, 243 (249); 69, 1 (22), Kriegsdienstverweigerung. Die Formulierung des § 1 KDVG 1983 „Waffenanwendung zwischen den Staaten" findet sich in der geltenden Fassung des § 1 KDVG nicht mehr.

[542] AA *Kaufmann-Bühler,* Logische und begriffliche Probleme bei der näheren Regelung des Grundrechts der Kriegsdienstverweigerung, 1960, 42 ff., 64 auf der Grundlage einer logisch-begrifflichen Analyse.

[543] StRspr seit BVerfGE 12, 45 (53), Kriegsdienstverweigerung; sa BVerfGE 48, 127 (163), Wehrrechtsänderungsgesetz; 69, 1 (22), Kriegsdienstverweigerung.

[544] BVerfGE 69, 1 (25), Kriegsdienstverweigerung.

[545] BVerfGE 28, 243 (259), Kriegsdienstverweigerung.

[546] BVerfGE 48, 127 (167), Wehrrechtsänderungsgesetz.

[547] BVerfGE 48, 127 (166 f.), Wehrrechtsänderungsgesetz; → Rn. 125 f.

für einen Ersatzdienst ist von Art. 4 Abs. 3 S. 2 nicht umfasst; sie ist in Art. 12a Abs. 2 S. 2 enthalten.

133 Da die Regelungsbefugnis keinen Gesetzesvorbehalt darstellt, kommen als Schranken des Art. 4 Abs. 3 **nur verfassungsimmanente Schranken** in Betracht. Als solche hat das BVerfG im Fall der Kriegsdienstverweigerung von Soldaten in Friedenszeiten die Einrichtung und Funktionsfähigkeit der Bundeswehr angesehen, die es rechtfertige, dass der Soldat jedenfalls in Friedenszeiten bis zur Anerkennung seinen Dienst weiterleiste.[548] Der Kern der Gewährleistung des Art. 4 Abs. 3, der darin bestehe, dass kein staatlicher Zwang zu Tötungshandlungen ausgeübt werde, sei dadurch nicht berührt. In Fortführung dieser Rechtsprechung war das BVerfG auch zu einer verfassungskonformen Auslegung des § 8 S. 2 KDVNG 1983 (später § 11 Abs. 1 Nr. 1 KDVG) gelangt. Nach dieser Vorschrift steht ein Antrag auf Anerkennung als Kriegsdienstverweigerer im Spannungs- und Verteidigungsfall einer Einberufung bis zur rechtskräftigen Anerkennung nicht entgegen. Das BVerfG hat diese Vorschrift dahingehend ausgelegt, dass ausschließlich eine Einberufung zum waffenlosen Dienst in Betracht kommt. Mit dieser Auslegung werde der Schutzbereich des Art. 4 Abs. 3, der nur vor einem Zwang zum Waffendienst schütze, nicht berührt. Die Frage der Rechtfertigung durch verfassungsimmanente Schranken prüfte das BVerfG demgemäß nicht. Nach dieser Rechtsprechung gliedert sich Art. 4 Abs. 3 in einen unantastbaren Kern und eine durch verfassungsimmanente Schranken begrenzbare Randzone. Noch darüber hinaus geht der mit der formalen Anerkennung verbundene Status des Kriegsdienstverweigerers, der angesichts der einfachgesetzlichen Ausgestaltung des Ersatzdienstes auch zur Verweigerung des waffenlosen Wehrdienstes berechtigt.[549]

134 Allerdings erscheint es fraglich, ob ein Grundrecht, das im Ernstfall nicht einmal durch die Gefährdung für den Bestand des Staates beschränkbar ist, überhaupt der Begrenzung durch verfassungsimmanente Schranken zugänglich ist. Ist die **Verteidigungsfähigkeit** der Bundesrepublik **keine taugliche Schranke** für das Recht der Kriegsdienstverweigerung, kann dies auch nicht die Einsatz- und Funktionsfähigkeit der Bundeswehr in Friedenszeiten sein, da es sich um denselben Interessenkonflikt handelt.[550] Das Recht der Kriegsdienstverweigerung ist vielmehr – unbeschadet der eminenten Bedeutung, die der zum ersten Mal im Zusammenhang mit **Art. 4 Abs. 3** entwickelte Gedanke der verfassungsimmanenten Schranken für die Grundrechtsdogmatik hat – **ausschließlich begrenzt durch seinen Tatbestand.** Dieser bedarf der Feststellung. Die Art und Weise dieser Feststellung zu regeln, ist Sache des Gesetzgebers. Dieser darf dabei die Inanspruchnahme des Rechts nicht praktisch vereiteln, bis an diese Grenze muss und darf er aber die Gefahr einer unberechtigten Inanspruchnahme wie auch deren Folgen abwehren. Da eine unberechtigte Inanspruchnahme des Rechts der Kriegsdienstverweigerung durch Soldaten unvergleichbar einschneidendere Folgen hat als die von Wehrpflichtigen, ist es in Friedenszeiten zur **Sicherstellung der Tatbestandsmäßigkeit** der Inanspruchnahme bei größtmöglicher Beschleuni-

[548] BVerfGE 28, 243 (261), Kriegsdienstverweigerung.

[549] So BVerwGE 80, 62, Heranziehung zum Sanitätsdienst steht Zulässigkeit eines Anerkennungsverfahrens als Kriegsdienstverweigerer nicht entgegen.

[550] Krit. zur Rspr. auch *Bethge* in HStR VII § 158 Rn. 74; sa Sondervotum *Böckenförde/Mahrenholz* BVerfGE 69, 1 (57, 64), Kriegsdienstverweigerung; *Kokott* in Sachs, 8. Aufl. 2018, Rn. 143 ff.

gung des Verfahrens gerechtfertigt, Soldaten zumindest bis zur – wenn auch nicht notwendig unanfechtbaren – Anerkennung an ihren Pflichten festzuhalten.[551] In Kriegszeiten kann dies angesichts der dann nicht auszuschließenden Betroffenheit des Art. 4 Abs. 3 in seinem Kerngehalt nicht gelten. Das hier offenbar werdende Vertrauen der Verfassung in den gewissenhaften Umgang mit dem Recht der Kriegsdienstverweigerung lässt sich nicht mehr rechtlich absichern.[552]

Einzelfälle

Alternative, lästige – Die Inkaufnahme einer „lästigen Alternative" zum Wehrdienst gilt als „tragendes Indiz" für das Vorliegen einer Gewissensentscheidung.[553] Das tragende Indiz „lästige Alternative" kann als wesentliches Mittel zum Nachweis erst dann zum Zuge kommen, wenn die schlüssige Darlegung einer Gewissensentscheidung bejaht worden ist.[554] Die „lästige Alternative" ist gerechtfertigt zur Herstellung des Belastungsausgleichs und sichert zugleich die Tatbestandsmäßigkeit der Gewissensentscheidung.[555] Sa Stichwort Belastungsausgleich. **135**

Auslandseinsatz – Die Möglichkeit eines Einsatzes von deutschen Soldaten außerhalb des Bundesgebietes rechtfertigt keine Anerkennung als Kriegsdienstverweigerer, wenn im Übrigen keine Gewissensgründe gegen den Kriegsdienst mit der Waffe vorgetragen werden.[556] Einem Soldaten, der nicht die soldatische Pflichterfüllung schlechthin, sondern einen „out of area"-Einsatz ablehnt, fehlt der innere Grund, der es verfassungsrechtlich rechtfertigen könnte, ihn von der Wahrnehmung seiner Dienstpflichten freizustellen.[557]

Auslieferung und Asyl – Die Heranziehung zum Wehrdienst ist an sich nicht asylerheblich.[558] Im Rahmen eines Auslieferungsverfahrens kann Art. 4 Abs. 3 Schutzwirkungen entfalten.[559]

Befehlsverweigerung – Entgegen der Auffassung des BVerwG[560] ist eine Befehlsverweigerung aus Gewissensgründen, die sich auf eine Handlung bezieht, welche sich unter den Begriff des „Kriegsdienstes mit der Waffe" subsumieren lässt, nicht Gegenstand der Gewissensfreiheit gem. Art. 4 Abs. 1; vielmehr ist Art. 4 Abs. 3 insoweit abschließend, richtigerweise aber auch auf situationsbedingte Kriegsdienstverweigerung anwendbar. S. zu der Entscheidung → Rn. 111 Stichwort Befehlsverweigerung mwN.

Belastungsgleichheit – Das aus Art. 12a Abs. 2 folgende Gebot der Belastungsgleichheit findet auch in denjenigen Fällen Beachtung, in denen der Wehrpflichtige, der sich auf das Grundrecht aus Art. 4 Abs. 3 S. 1 beruft, bereits einen Teil des Wehrdienstes geleistet hat.[561]

Ersatzdienstverweigerung – Nach Auffassung des BVerfG verletzt die Pflicht des Kriegsdienstverweigerers, einen Ersatzdienst zu leisten (§ 53 Abs. 1 ZDG), nicht das

---

[551] AA *Kempen* in AK, 3. Aufl. 2001, Rn. 14 f.: Dauer des Anerkennungsverfahrens ist Risiko des Staates; iE wie hier *Podlech,* Das Grundrecht der Gewissensfreiheit und die besonderen Gewaltverhältnisse, 1969, 134 f., kein Recht auf Geltendmachung zur Unzeit; *Eckertz,* Die Kriegsdienstverweigerung aus Gewissensgründen als Grenzproblem des Rechts, 1986, 429 ff., Verfahrenslast trägt derjenige, der Statusänderung will.

[552] Vgl. auch *Böckenförde* VVDStRL 28 (1970), 33 (80).

[553] BVerfGE 69, 1 (28), Kriegsdienstverweigerung; BVerwGE 75, 201 (204 f.); 79, 33 (37 f.); dazu *Becker* RiA 1986, 8; *Forkel* NZWehrR 1986, 232; *Steinlechner* NZWehrR 1986, 45.

[554] BVerwG Buchholz 448.6 § 6 Nr. 3; sa BVerwGE 88, 33.

[555] BVerfGE 78, 364 (367), Wehrdienstanrechnung, Ausgleichsfunktion und Erkenntnisfunktion.

[556] BVerwG NJW 1994, 603.

[557] BVerwG NJW 1997, 536.

[558] BVerwGE 62, 123 (124).

[559] → Rn. 133; sa BGHSt 27, 191 (193).

[560] BVerwGE 127, 302.

[561] BVerfGE 78, 364, Dienstflucht eines Zeugen Jehovas; dazu *Schultz-Gerstein* MDR 1989, 227; *Wolf* NZWehrR 1989, 89.

Grundrecht der Gewissensfreiheit. Art. 4 Abs. 3 regele die Wirkungen der Gewissensfreiheit im Bereich der Wehrpflicht abschließend.[562] Die Gewissensfreiheit wirke sich jedoch als Wohlwollensgebot bei der Strafzumessung aus.[563] Die auf einer Gewissensentscheidung beruhende wiederholte Ersatzdienstverweigerung darf nicht mehrfach bestraft werden.[564] Sa Rn. 198 Stichwort Mehrfachbestrafung.

Geistlichenprivileg – Das Geistlichenprivileg des § 11 Abs. 1 WPflG und § 10 Abs. 1 ZDG enthält eine über das Verfassungsgebotene hinausgehende Vergünstigung.[565] Das Erfordernis der „Dauerhaftigkeit", an der die Gewährung des Geistlichenprivilegs für Betheldiener (Zeugen Jehovas) scheitert, ist verfassungsrechtlich unbedenklich. Es ist nicht an Maßstäben orientiert, die der spezifischen Anschauung einer Religionsgemeinschaft entnommen sind, es ist bekenntnisneutral und verletzt daher nicht den Grundsatz der Parität der Religionsgemeinschaften.[566] Ein hauptamtlich tätiger Hindupriester der Sivananda Yoga Vedanta Bewegung ist gem. § 10 Abs. 1 Nr. 3 ZDG vom Zivildienst befreit.[567]

Gewissensentscheidung, Beeinflussung – Die unterschiedliche Ausgestaltung der Unterhaltssicherung von Sanitätsoffizieren und zivildienstleistenden Ärzten verstößt nicht gegen Art. 4 Abs. 3. Für die Unterscheidung besteht ein sachlicher Grund, und es wird kein unzulässiger Druck auf Kriegsdienstverweigerer ausgeübt.[568] Gleiches gilt für die Auswirkungen der unterschiedlichen Dauer von Wehrdienst und Zivildienst auf die Verdienstausfallentschädigung gem. §§ 2, 13 UnterhaltssicherungsG.[569]

Gewissensnot und **Gewissensprüfung** – Für die Annahme einer Gewissensnot reicht „schwere Gewissensnot"; ein „schwerer seelischer Schaden" ist nicht erforderlich.[570] Die zur Ergründung der inneren Einstellung vorgehaltenen Konfliktsituationen sind ausschließlich **Hilfsmittel** bei dem Bemühen, das individuelle Gewissen als Maßstab des Empfindens, Urteilens und Handelns zu ermitteln. Es kommt nicht darauf an, für welche Handlungsalternative der Wehrpflichtige sich entscheidet, sondern allein auf die zugrundeliegende Motivation.[571] Es bedarf in der Regel nicht der Hinzuziehung eines (psychologischen) **Sachverständigen.**[572] S. zur Kasuisitik der Gewissensprüfung im Übrigen → Rn. 137 Stichwort Gewissensprüfung.

Mehrfachbestrafung – Die Mehrfachbestrafung nicht anerkannter Kriegsdienstverweigerer bei Befehlsverweigerung verstößt nicht gegen Art. 4 Abs. 1.[573] Die wiederholte Bestrafung eines anerkannten Kriegsdienstverweigerers wegen Fernbleibens vom Zivildienst gem. § 53 ZDG (Dienstflucht) verstößt nicht gegen Art. 4 Abs. 1, 103 Abs. 3, wenn hinsichtlich der Zivildienstverweigerung keine Gewissensentscheidung dargetan ist.[574] Zur Strafzumessung s.[575] Zur Maßregelung von Totalverweigerern mit 84 Tagen

---

[562] BVerfGE 19, 135 (138), Ersatzdienstverweigerung; 23, 127 (132), Ersatzdienstverweigerung eines Zeugen Jehovas.

[563] BVerfGE 23, 127 (134), Ersatzdienstverweigerung eines Zeugen Jehovas; AG Dannenberg NStZ-RR 2006, 385.

[564] BVerfGE 23, 191 (203), Dienstflucht eines Zeugen Jehovas; s. zur Rspr. *Berg* AöR 107 (1982), 585 (586); abl. *Arndt* NJW 1965, 2195 und rechtfertigt auch keinen Bewährungswiderruf (BVerfGE 78, 391 (396), Dienstflucht eines Zeugen Jehovas); s. zur Totalverweigerung auch Dahlmanns NZWehrR 2006, 191.

[565] BVerwGE 61, 152 (155).

[566] BVerfG NVwZ 1990, 1064 (1065), s. aber auch die Kritik bei *v. Campenhausen* DVBl 1980, 578; sa *Spranger* DöD 1998, 245.

[567] BVerwG NVwZ 1987, 698; zum Begriff der Hauptamtlichkeit sa. BVerfG NVwZ 1994, 174.

[568] BVerwGE 52, 145 (151).

[569] BVerwG NVwZ 1984, 520.

[570] BVerwGE 81, 239.

[571] BVerwGE 79, 24, Abgrenzung einer kriegerischen Situation von einer Nothilfesituation.

[572] BVerwG JZ 1988, 416; Buchholz 448.6 § 1 Nr. 48.

[573] BVerfG NJW 1983, 1600.

[574] BVerfG NJW 1984, 1675; s. dagegen zu den Zeugen Jehovas BVerfGE 23, 191 (205); 78, 391, Dienstflucht eines Zeugen Jehovas.

[575] BayObLG NJW 1992, 191; OLG Stuttgart NJW 1991, 935; 1992, 3251, Dienstflucht eines Zeugen Jehovas.

Disziplinararrest s.[576] Zur Doppelbestrafung von Totalverweigerern s.[577] Zur Frage der Verfassungsmäßigkeit der Strafbarkeit der Dienstflucht aus Gewissensgründen.[578]

Reservisten – Ein Reserveoffizier, der das Grundrecht zur Kriegsdienstverweigerung zum Zweck des politischen Kampfes missbraucht, verletzt eine aus seinem Wehrdienstverhältnis nachwirkende Pflicht und verhält sich unwürdig iSd § 23 Abs. 2 Nr. 2 Alt. 2 SG. Der Hinweis auf das Recht der Kriegsdienstverweigerung ist erlaubt, nicht aber der Einsatz als politisches Mittel.[579]

Sanitätsdienst – Die Rechtsprechung, wonach freiwillig im Sanitätsdienst Tätige kein Rechtsschutzbedürfnis für die Durchführung eines Anerkennungsverfahrens als Kriegsdienstverweigerer haben,[580] hat das BVerwG aufgegeben[581] und diese Personengruppe mit Wehrpflichtigen gleichgestellt.[582] Eine Beurlaubung zum **Medizinstudium** kann widerrufen werden, wenn der Sanitätsoffizier-Anwärter seine Anerkennung als Kriegsdienstverweigerer beantragt.[583]

Stipendienrückerstattung – Die Verpflichtung eines Soldaten auf Zeit, der als anerkannter Kriegsdienstverweigerer aus der Bundeswehr entlassen worden ist, die Kosten eines im Rahmen der militärischen Ausbildung absolvierten Studiums oder einer Fachausbildung zu erstatten, ist mit Art. 4 Abs. 3 und Art. 3 Abs. 1 vereinbar. Die Rückzahlungsverpflichtung ist keine Sanktion gegen die Gewissensentscheidung, sondern dient dem Vorteilsausgleich.[584]

Wehrpflicht – Der Begriff der Wehrpflicht als gemeinsamer Oberbegriff für Wehr- und Zivildienst ist verfassungsgemäß.[585]

Widerruf – der Anerkennung als Kriegsdienstverweigerer ist nach manifestiertem Gesinnungswandel möglich.[586] Der Widerruf eines bestandskräftigen Anerkennungsbescheides (hier: wegen späteren Waffendienstes zum Schutz eines Dorfes in Nicaragua gegen Überfälle) kommt nur ausnahmsweise in Betracht. Liegt ein Widerrufsgrund vor, so ist das Behördenermessen nicht ohne Weiteres in Richtung auf den Widerruf intendiert.[587]

Zivildienstverweigerung – Eine Gewissensentscheidung iSd § 15a ZDG liegt nur vor, wenn der Kriegsdienstverweigerer aus Gewissensgründen den Zivildienst auch im Friedensfall als mit seiner moralischen Überzeugung unvereinbar ablehnt.[588]

Zweitantrag – Die Rechtskraft einer früheren Klage auf Anerkennung als Kriegsdienstverweigerer steht der sachlichen Prüfung eines nach neuem Recht zu beurteilenden Zweitantrags dann nicht entgegen, wenn eine „Gewissensentscheidung" schlüssig geltend gemacht worden ist, weil das neue Recht die Bereitschaft zur Inkaufnahme der „lästigen Alternative" voraussetzt und damit im Verhältnis zum früheren Vorbringen des Klägers eine neue, rechtserhebliche Tatsache einführt, die das frühere Recht nicht kannte.[589]

---

576 BVerfG NZWehrR 1997, 78 mAnm *Poretschkin*.
577 *Werner* KJ 1988, 104.
578 *Behmenberg* NZWehrR 2000, 20.
579 BVerwGE 83, 358, Aufruf zur Kriegsdienstverweigerung wegen des Nato-Doppelbeschlusses.
580 So BVerwGE 72, 241.
581 BVerwGE 142, 48 Rn. 20 ff.
582 Zu Wehrpflichtigen BVerwGE 80, 62.
583 BVerwG NZWehrr 2014, 37.
584 BVerwG DVBl 1996, 1152; BVerwG, 2 C 18/05, Buchholz 449 § 56 SG Nr. 3; BVerwG,.6 B 17/14, Buchholz 448.6 § 5 KDVG Nr. 11; BVerwG, BWV 2016, 85.
585 BVerfGE 80, 354, Totalverweigerung.
586 BVerwG Buchholz 448.6 § 1 KDVG Nr. 30, publizierter Wunsch nach Aufhängen eines anderen Menschen.
587 BVerwG Buchholz 448.6 § 9 Nr. 4; sa BVerwGE 88, 130.
588 BVerwG NVwZ 1995, 496 mwN.
589 BVerwGE 79, 33, Abgrenzung einer kriegerischen Situation von einer Nothilfesituation; 75, 201, Kriegsdienstverweigerung eines Zeugen Jehovas.

C. Verhältnis zu anderen Bestimmungen des Grundgesetzes

136 Art. 4 weist Bezüge zu einer Vielzahl von anderen Grundrechten auf. Hervorzuheben ist die Nähe zur **Menschenwürdegarantie** für alle Gehalte des Art. 4, ohne dass sich hieraus Konkurrenzprobleme ergäben.[590] Die religiös-weltanschaulichen Schutzgehalte sind – jeweils soweit ihr Schutzbereich reicht – gegenüber der allgemeinen Handlungsfreiheit **(Art. 2 Abs. 1),** der Meinungsfreiheit **(Art. 5 Abs. 1),** der Versammlungs- und der Vereinigungsfreiheit **(Art. 8 und 9)** spezieller.[591]

137 Die Abgrenzung zwischen dem Inhalt einer Weltanschauung und wissenschaftlicher Erkenntnis kann im Einzelfall schwierig sein, hinsichtlich des Gegenstands kann sogar Identität bestehen, allerdings nicht hinsichtlich der Art und Weise der Befassung mit diesem Gegenstand. Die **Wissenschaftsfreiheit** schützt den Prozess der Erkenntnisgewinnung durch wissenschaftliche Methode, die bei allen fachspezifischen Unterschieden geprägt ist von der Aufstellung von Hypothesen, deren Richtigkeit stets zur Diskussion gestellt bleibt und auf deren Falsifizierung das wissenschaftliche Bemühen gerichtet ist.[592] Demgegenüber schützt Art. 4 Abs. 1, 2 die subjektive Überzeugung von einer Wahrheit.

138 Das religiös-weltanschauliche **Erziehungsrecht** ist bereits in Art. 6 Abs. 2 verankert, erhält sein besonderes Gewicht allerdings aus der Glaubens- und Bekenntnisfreiheit des Art. 4 Abs. 1, so dass nichts gegen eine parallele Anwendung spricht, sofern die Erziehung Ausdruck der Glaubensüberzeugung der Erziehungsberechtigten ist.[593]

Die den **Religionsunterricht** betreffenden Regelungen des Art. 7 Abs. 2, 3 sind wiederum gegenüber Art. 4 Abs. 1, 2 spezieller.[594] Die landesrechtliche Ausgestaltung der von Art. 7 als möglich vorausgesetzten Schulformen hat Art. 4 Abs. 1 zu berücksichtigen.[595] Die Vorschriften über die Zulässigkeit religiöser oder weltanschaulicher **Privatschulen** (Art. 7 Abs. 5) verdrängen dagegen Art. 4 Abs. 1.[596]

139 Im Falle von **Berufswahl** und **Berufsausübung,** die zugleich Bekenntnis- und Religionsausübung darstellen, genießt Art. 4 Abs. 1, 2 Vorrang.[597] Im Übrigen fällt die wirtschaftliche Betätigung von Religions- oder Weltanschauungsgemeinschaften je nach Fallgestaltung[598] auch oder ausschließlich in den Schutzbereich des Art. 12 Abs. 1.[599]

---

590 Ähnl. *Zippelius* in BK, Drittbearb., 1989, Rn. 56; → Art. 1 Rn. 68; BVerfGE 12, 45 (53 f.), Kriegsdienstverweigerung; 48, 127 (163), Wehrrechtsänderungsgesetz; 52, 223 (247), Schulgebet.

591 Sa *Zippelius* in BK, Drittbearb., 1989, Rn. 57, 98, 104; zum Verhältnis zu Art. 5 Abs. 1 ausf. *Starck* in MKS, 7. Aufl. 2018, Rn. 152 ff.; zu Art. 5 Abs. 1 sa BVerfGE 32, 98 (107), Gesundbeter; zu Art. 9 Abs. 1, 2 BVerwGE 37, 344 (365 f.), Verbot und Auflösung einer verfassungsfeindlichen Vereinigung; → Art. 2 Rn. 153 f.; → Art. 5 Rn. 181; → Art. 8 Rn. 148; → Art. 9 Rn. 209 ff.

592 BVerfGE 90, 1 (11 ff.), jugendgefährdende Schriften.

593 → Rn. 46.

594 *Starck* in MKS, 7. Aufl. 2018, Rn. 148; *Morlok* in Dreier, 3. Aufl. 2013 Rn. 191.

595 BVerfGE 41, 29 (44); 41, 65 (77 ff.), christliche Gemeinschaftsschule; 52, 223 (236), Schulgebet.

596 *Starck* in MKS, 7. Aufl. 2018, Rn. 150.

597 *Starck* in MKS, 7. Aufl. 2018, Rn. 158; aA *Kämmerer* → Art. 12 Rn. 164: Idealkonkurrenz.

598 Zur wirtschaftlichen Betätigung → Rn. 28 ff., 36 ff.

599 S. *Starck* in MKS, 7. Aufl. 2018, Rn. 158.

Soweit es um **Eigentum** von Religionsgemeinschaften geht, das der religiösen Aufgabenerfüllung gewidmet ist, enthält Art. 140 iVm Art. 138 Abs. 2 WRV eine ausdrückliche Regelung, die gegenüber Art. 14 eine konkretisierende Funktion hat.[600] Im Übrigen gilt Art. 14.[601] **140**

Die besonderen **Diskriminierungsverbote** des Art. 3 Abs. 3 und 33 Abs. 3 haben im Verhältnis zu Art. 4 Abs. 1, 2 eine sowohl klarstellende wie auch ergänzende Funktion.[602] Ein eigenständiger Gehalt für Art. 3 Abs. 3 ergibt sich aus dem Verbot der Bevorzugung wegen des Glaubens,[603] der insbes. auch Glaubenslose vor Diskriminierung schützt. Das Verhältnis zu den gem. **Art. 140** inkorporierten Artikeln der WRV wurde bereits im jeweiligen Zusammenhang erörtert.[604] **141**

Zum Verhältnis der Gewissensfreiheit zu den anderen Handlungsfreiheiten → Rn. 88 f. (vorrangige Prüfung der Handlungsfreiheiten, nicht Spezialität); zur Glaubensfreiheit → Rn. 103 f. (Spezialität der Gewissensfreiheit). Da Gegenstand der Bekenntnisfreiheit nicht nur Überzeugungsschutz, sondern der Schutz eines spezifischen Verhaltens[605] ist, gehört die Bekenntnisfreiheit zu den Handlungsfreiheiten und ist vorrangig vor der Gewissensfreiheit zu prüfen.[606] Ein Eingehen auf die Gewissensfreiheit wird sich dann regelmäßig erübrigen, ohne dass dies angesichts der verschiedenen Schutzgüter durch den Begriff der Spezialität zutreffend erfasst wäre.[607] **142**

Das Verhältnis der Gewissensfreiheit zu Art. 4 Abs. 2 entspricht dem zur Bekenntnisfreiheit. Das Recht der Kriegsdienstverweigerung ist *lex specialis* gegenüber der allgemeinen Gewissensfreiheit.[608] Im Übrigen ist der Zusammenhang mit **Art. 12a** zu berücksichtigen. Art. 12a setzt Art. 4 Abs. 3 einerseits voraus, konkretisiert ihn andererseits aber auch.[609] Aus Art. 26 (Verbot des Angriffskrieges) lässt sich kein Schluss hinsichtlich des Anwendungsbereichs des Art. 4 Abs. 3 ziehen.[610]

Das Staatsziel „Tierschutz" gemäß Art. 20a GG kann der Glaubensfreiheit eine Schranke ziehen (→ Rn. 82 Stichwort Schächten), im Zusammenhang mit der Gewissensfreiheit kann es dagegen verstärkend wirken (→ Rn. 112 Tierschutz).

D. Kritische Würdigung

Religions- und Weltanschauungsfreiheit sind ebenso wie die Gewissensfreiheit konstituierende Bestandteile eines freiheitlichen und demokratischen Rechtsstaates. Sie sind als Ausdruck von Freiheit und Würde des Menschen sowie der Rechtsstaatlichkeit **in ihrem Kern unabdingbarer Verfassungs-** **143**

600 BVerfG NJW 1992, 2812; NVwZ 1997, 782 (783); BVerwGE 87, 115, Kirchengutsgarantie; *Lücke* JZ 1998, 534; → Art. 140 Rn. 115.
601 *Starck* in MKS, 7. Aufl. 2018, Rn. 159.
602 BVerfGE 79, 69 (75), feierliche Beteuerung, parallele Anwendung; *Boysen* → Art. 3 Rn. 205 f.; *Jarass* in Jarass/Pieroth, 15. Aufl. 2018, Rn. 6; → Rn. 37.
603 *Morlok* in Dreier, 3. Aufl. 2013 Rn. 116; *Hesse,* Grundzüge des Verfassungsrechts der BRD, 20. Aufl. 1995, Rn. 437; *Preuß* in AK, 3. Aufl. 2001, Art. 140 Rn. 37.
604 → Rn. 42, 50, 63 ff., 69, 78.
605 → Rn. 43 ff.
606 → Rn. 103 f.
607 → Rn. 88 f.
608 → Rn. 12, 115.
609 *Kempen* in AK, 3. Aufl. 2001, Rn. 17.
610 *Morlok* in Dreier, 3. Aufl. 2013 Rn. 192.

inhalt.[611] Auch wenn die Aufteilung der religiösen Gehalte auf zwei Absätze kaum einleuchtet,[612] ist der eher an historischer Entwicklung und Formulierung als an systematischer Ordnung ausgerichtete Wortlaut des Art. 4 Abs. 1, 2 weniger zu kritisieren, als die den **Wortlaut nivellierende Auslegung** durch das BVerfG.[613] Die extensive Auslegung des Schutzbereichs hat nicht einmal notwendig ein Mehr an Freiheit zur Folge, da einer extensiven Schutzbereichsbestimmung fast zwangsläufig eine Ausdehnung der Schrankenziehung folgt. Dies wird durch die Auffassung des BVerfG, wonach nur verfassungsimmanente Schranken Eingriffe in die Religions- und Weltanschauungsfreiheit rechtfertigen können, nicht verhindert. Als ungeschriebenes Schrankenkonzept, das sich in unterschiedlicher Strenge handhaben lässt, ist es vielmehr gegenüber dieser Tendenz offen und gibt der Einzelfallabwägung breiten Raum.[614] Eine möglichst genaue Schutzbereichsbestimmung ebenso wie eine spezifische Schrankenregelung[615] sind zudem Voraussetzung für die Abgrenzung zwischen dem von Art. 4 Abs. 1, 2 geforderten Schutz religiös-weltanschaulich motivierten Verhaltens und einer ungerechtfertigten Privilegierung oder Diskriminierung religiös-motivierten Verhaltens im Verhältnis zu gleichartigen Handlungen ohne eine solche Motivation.

144 Die Auslegungsprobleme des Art. 4 Abs. 1, 2 haben ihre Ursache nicht zuletzt darin, dass der Verfassungsgeber nach seiner kompromisshaften Entscheidung, Vorschriften aus der WRV zum Thema Religion und Religionsgesellschaften zu übernehmen, sich nicht die Mühe gemacht hat, diese nach Inhalt und Schranken mit den Vorschriften des Art. 4 Abs. 1, 2 abzustimmen und neuzuordnen. Nicht nur, dass **Zusammengehöriges auseinandergerissen** an zwei verschiedenen Stellen in der Verfassung steht,[616] die Technik der Inkorporation trägt auch dazu bei, dass die übernommenen Vorschriften der WRV nicht stets als gleichwertiges Verfassungsrecht Beachtung finden.[617]

145 Zu bewähren hat sich die Religions- und Weltanschauungsfreiheit und der Grundsatz staatlicher Neutralität angesichts der zunehmenden Diversifizierung der Glaubensüberzeugungen- und zugehörigkeiten. So richtig es ist, dass der Staat auch zum Schutz der Grundrechtsträger vor Rechtsgutsverletzungen durch Dritte berufen ist, so ist es doch bedenklich, wenn diese Schutzbemühungen zT weit vor der Schwelle der Verfolgung strafbarer Handlungen oder der Abwehr konkreter Gefahren einsetzen.[618] Die Bedeutung des Art. 4

---

611 → Art. 79 Rn. 37; sa *Bethge* in HStR VII § 158 Rn. 2; *Herzog* in Maunz/Dürig, Rn. 12.

612 *v. Münch* in v. Münch/Kunig, 3. Aufl. 1996, Rn. 84.

613 → Rn. 16 ff., 33 ff.; krit. *Goerlich* NVwZ 1991, 751 (752); *Muckel,* Religiöse Freiheit und staatliche Letztentscheidung, 1997, 126 ff. und passim; *Kästner* JZ 1998, 974.

614 Sa die in BVerfGE 12, 1 (4), Tabak für Kirchenaustritt angeführten Schranken; ob in BVerfGE 41, 29 (50), christliche Gemeinschaftsschule eine Distanzierung zu sehen ist, ist str.; sa BVerfG NJW 1989, 3269 (3270), Jugendschutz als Rechtfertigung für staatliche Warnungen; BVerwG NVwZ 1994, 162 (163) „grundrechtliche Wertordnung" als Schranke; krit. *Alberts* NVwZ 1994, 1150 (1153).

615 → Rn. 62 ff.

616 *v. Campenhausen* in HStR VII § 157 Rn. 49 f.

617 → Rn. 64 ff.

618 Zu kritisieren daher zB BVerwG NVwZ 1994, 162; → Rn. 82 Stichwort Jugendsekten; weitere Beispiele bei *Abel* NJW 1997, 426 (429 ff.); NJW 1999, 331 (334 ff.); 2003, 264 (265); 2005, 114 (117 f.); krit. *Alberts* NVwZ 1994, 1150; *Zuck* NJW 1997, 697; *Kriele* ZRP 1998, 231 zum Zwischenbericht der Enquete-Kommission Sekten; sa das abweichende Votum von Mitgliedern dieser Kommission zum Abschlussbericht BT-Drs. 13/10950, 159.

Abs. 1, 2 auch und gerade als **Minderheitenschutz** ist von ungebrochener Aktualität.

Das Recht der **Kriegsdienstverweigerung** ist nicht nur höchstpersönlicher, sondern als Recht, dessen Gebrauch im Ernstfall den rechtsgewährenden Staat gefährdet, potentiell hochpolitischer Natur. Die Betonung, dass es weder ein Mittel ist, seine politische Überzeugung zu propagieren, noch die Funktion hat, Skepsis gegen Verteidigungsmaßnahmen auf verfassungsrechtliches Niveau zu heben,[619] zeigt, dass es auch in Friedenszeiten **für Politisierung anfällig** ist. Es fordert den Staat zumindest dazu heraus, Verteidigungswürdigkeit und Verteidigungsnotwendigkeit aufzuzeigen.[620] **146**

Dem von Theodor Heuß im Parlamentarischen Rat gegen die Aufnahme vorgebrachten Argument, gerade die Wehrpflicht sei das legitime Kind der Demokratie,[621] ist – ungeachtet der Frage der historischen Richtigkeit der These[622] – zuzugeben, dass der allgemeinen Wehrpflicht in einem demokratischen, auf das Engagement seiner Bürger angewiesenen Staat, besonders wenig entgegenzusetzen ist. Auf der anderen Seite hat aber auch das Recht der Kriegsdienstverweigerung, sowohl demokratische[623] als auch freiheitlich-rechtsstaatliche Wurzeln. Während die Wehrpflicht Gemeinsinn und staatsbürgerliche Gleichheit aktualisiert,[624] betont das Recht der Kriegsdienstverweigerung das Prinzip der freien Zustimmung. Es verweist damit den freiheitlich demokratischen Staat auf die Voraussetzungen seiner Existenz. Zugespitzt ließe sich formulieren, dass Art. 4 Abs. 3 die Existenz des Staates für die Bewahrung der Grundlagen von Freiheit und Demokratie riskiert. Diese verfassungssystematische Bedeutung[625] rechtfertigt daher die verfassungsrechtliche Verankerung trotz der kaum lösbaren Probleme praktischer Rechtsanwendung. **147**

Die im Gefolge des KDVNG insgesamt großzügige Anerkennungspraxis wie auch die große Bedeutung des Zivildienstes für den Bereich der sozialen Dienstleistungen führten dazu, dass Wehrdienst und Zivildienst vielfach als gleichwertige Alternativen angesehen wurden.[626] Diese Auffassung entspricht nicht den verfassungsrechtlichen Vorgaben. Die Entstehung einer solchen öffentlichen Fehlwahrnehmung erscheint jedoch gegenüber einer Handhabung, die die Rechtsanwendungsprobleme des Art. 4 Abs. 3 verstärkt auf die Wehrpflichtigen überbürden würde, als das geringere Übel. **148**

Literatur

Zur Religions- und Weltanschauungsfreiheit

R. B. Abel, Inhalt und Grenzen der Religionsfreiheit in Bezug auf die „Neuen Jugendreligionen", 1983. – ***R. B. Abel,*** Die aktuelle Entwicklung der Rechtsprechung

---

[619] *Zippelius* in BK, Drittbearb., 1989, Rn. 118 f. mwN.

[620] Sa *Kempen* in AK, 3. Aufl. 2001, Rn. 6, diskursive Herausforderung an die die Wehrpflicht stützende Mehrheit; Zwang zur gesellschaftlichen Selbstprüfung und demokratischen Selbstvergewisserung; sa *Tiedemann* Der Staat 26 (1987), 387 (393).

[621] Vgl. JöR nF 1 (1951), 77; sa BVerfGE 12, 45 (51), Kriegsdienstverweigerung; 48, 127 (161), Wehrrechtsänderungsgesetz; 69, 1 (32), Kriegsdienstverweigerung.

[622] Abl. *Kempen* in AK, 3. Aufl. 2001, Rn. 3; *Morlok* in Dreier, 3. Aufl. 2013 Rn. 17.

[623] Zur demokratietheoretischen Bedeutung des Gewissensschutzes → Rn. 9 ff.

[624] Vgl. *Bethge* in HStR VII § 158 Rn. 76; diese Aspekte gehen bei der ersatzweisen Erfüllung der Wehrpflicht durch den Zivildienst selbstverständlich nicht verloren, gerade in Friedenszeiten mögen sie dort sogar sichtbarer sein.

[625] → Rn. 12.

[626] S. die Kritik in den Jahresberichten der Wehrbeauftragten des BT, zuletzt BT-Drs. 14/500, 19.

zu neueren Glaubens- und Weltanschauungsgemeinschaften, NJW 1999, 331; 2003, 264; 2005, 115. – ***P. Antes/H. de Wall (Hrsg.),*** Religions- und Weltanschauungsfreiheit, 2018. – ***P. Badura,*** Der Schutz von Religion und Weltanschauung durch das Grundgesetz, 1989. – ***K. D. Bayer,*** Das Grundrecht der Religions- und Gewissensfreiheit, 1997. – ***J. Bergmann,*** Vom Umgang des deutschen Rechtsstaats mit dem Islam, ZAR 2004, 135. – ***N. Blum,*** Die Gedanken-, Gewissens- und Religionsfreiheit nach Art. 9 der Europäischen Menschenrechtskonvention, 1990. – ***W. Bock,*** Die Religionsfreiheit zwischen Skylla und Charybdis, AöR 123 (1998), 444. – ***W. Bock,*** Der Islam in der aktuellen Entscheidungspraxis des Öffentlichen Rechts, NVwZ 2007, 1250. – ***E.-W. Böckenförde,*** Religionsfreiheit zwischen Kirche und Staat, in Gewissen und Freiheit Nr. 22 (1984), 13. – ***M. Borowski,*** Die Glaubens- und Gewissensfreiheit des Grundgesetzes, 2006. – ***M. Brenner,*** Staat und Religion, VVDStRL 59 (2000), 264. – ***A. Frhr. v. Campenhausen,*** Das bundesdeutsche Modell des Verhältnisses von Staat und Kirche – Trennung und Kooperation, ZevKR 42 (1997), 169. – ***A. Frhr. v. Campenhausen/H. de Wall,*** Staatskirchenrecht, 4. Aufl. 2006. – ***J. Caspar/J. Luy,*** (Hrsg.), Tierschutz bei der religiösen Schlachtung, 2010. – ***C. D. Classen,*** Religionsrecht, 2. Aufl. 2015. – ***G. Czermak/E. Hilgendorf,*** Religions- und Weltanschauungsrecht, 2. Aufl. 2018. – ***H. de Wall,*** Das Religionsrecht der EU, ZevKR 50 (2005), 383. – ***U. Di Fabio,*** Gewissen, Glaube, Religion, 2012. – ***H. Dreier,*** Staat ohne Gott, 2018. – ***W. Fiedler,*** Staat und Religion, VVDStRL 59 (2000), 199. – ***E. Fischer,*** Trennung von Staat und Kirche, 4. Aufl. 1993. – ***K. Fischer/T. Groß,*** Die Schrankendogmatik der Religionsfreiheit, DÖV 2003, 932. – ***Th. Fleischer,*** Der Religionsbegriff des Grundgesetzes, 1989. – ***H. G. Frey/E. Bahles,*** Dienst- und Arbeitsrecht in der katholischen Kirche (Loseblattsammlung), 1989. – ***M. Friedmann/J. Abr. Frowein/C. Grewe/A. Noack/M. Razvi/A. Vulpius/J. Wanke,*** Religionsfreiheit, Deutsche Sektion der Internationalen Juristen-Kommission, Jahrestagung 1995, 1996. – T. ***Fritsche,*** Der Kulturbegriff im Religionsverfassungsrecht, 2015. – ***J. Abr. Frowein,*** Die Bedeutung des die Gedanken-, Gewissens- und Religionsfreiheit garantierenden Artikels 9 der Europäischen Menschenrechtskonvention, Ess. Gespr. 27 (1993), 46. – ***U. Fülbier,*** Die Religionsfreiheit in der Bundesrepublik Deutschland und den Vereinigten Staaten von Amerika unter spezieller Berücksichtigung der jeweiligen Methodik der Verfassungsinterpretation, 2003. – ***H. Fürstenau,*** Das Grundrecht der Religionsfreiheit nach seiner geschichtlichen Entwickelung und heutigen Geltung in Deutschland, 1891, Nachdruck 1975. – ***B. Gartner,*** Der Islam im religionsneutralen Staat, 2006. – ***H. Goerlich,*** Glaubenswerbung, Kommerz und Karitas – oder vom Spektrum der Religionsfreiheiten, NVwZ 1991, 751. – ***H. Goerlich,*** Glaubens- und Religionsfreiheit in „Zeiten des Multikulturalismus" in völker-, europa- und verfassungsrechtlicher Sicht – oder vom Staatskirchenrecht zu einem allgemeinen Religionsrecht?, in Enders/Kahlo (Hrsg.), Toleranz als Ordnungsprinzip? Die moderne Bürgergesellschaft zwischen Offenheit und Selbstaufgabe, 2007, 207. – ***S. Goltz,*** Weltansschauungsgemeinschaften, 2015. – ***R. Grote/T. Marauhn*** (Hrsg.), Religionsfreiheit zwischen individueller Selbstbestimmung, Minderheitenschutz und Staatskirchenrecht – Völker- und verfassungsrechtliche Perspektiven, 2001. – ***L Häberle,*** Religionsfreiheit und Toleranz, Der Staat 57 (2018), 35. – ***A. Haratsch/N. Janz/S. Rademacher/S. Schmahl/N. Weiß*** (Hrsg.), Religion und Weltanschauung im säkularen Staat, 41. Tagung der Wissenschaftlichen Mitarbeiterinnen und Mitarbeiter der Fachrichtung „Öffentliches Recht", 2001. – ***W. Hassemer,*** Religiöse Toleranz im Rechtsstaat, 2004. – ***H.-M. Heinig,*** Verschleierte Neutralität, JZ 2010, 357. – ***H.-M. Heinig,*** Die Verfassung der Religion. Beiträge zun Religionsverfassungsrecht, 2014. – ***H-M. Heinig/C. Walter (Hrsg.),*** Religionsverfassungsrechtliche Spannungsfelder, 2015. – ***T. Heinrichs,*** Religion und Weltanschauung im Recht, 2017. – ***W. Heintschel v. Heinegg/O. Schäfer,*** Der Grundrechtsschutz (neuer) Religionsgemeinschaften und die Grenzen staatlichen Handelns, DVBl 1991, 1341. – ***S. Held,*** Art. 140 G i. V. m. Art. 136 I als Gesetzesvorbehalt der Religionsfreiheit, 2017. – ***J. Hellermann,*** Multikulturalität und Grundrechte – am Beispiel der Religionsfreiheit, in Grabenwerter ua (Hrsg.), Allgemeinheit der Grundrechte und Vielfalt der Gesellschaft, 1994, 129. – ***C. Hillgruber,*** Können Minderheiten Mehrheiten blockieren?, KuR 2010, 8.– ***P. Hoffmann,*** Die

Weltanschauungsfreiheit, 2012. ***A. Hollerbach,*** Religion und Kirche im freiheitlichen Verfassungsstaat, Schriftenreihe der Juristischen Gesellschaft zu Berlin, Heft 156, 1998. – ***S. Huster,*** Die ethische Neutralität des Staates, 2002. – ***A. Isak,*** Das Selbstverständnis der Kirchen und Religionsgemeinschaften und seine Bedeutung für die Auslegung staatlichen Rechts, 1994. – ***K.-H. Kästner,*** Staatliche Justizhoheit und religiöse Freiheit, 1991. – ***B. Kaufmann,*** Das Problem der Glaubens- und Überzeugungsfreiheit im Völkerrecht, 1989. – ***E. Klein,*** Religionsfreiheit und öffentliche Schulen, RdJB 2016, 13. – ***M. Kloepfer,*** Der Islam in Deutschland als Verfassungsfrage, DÖV 2006, 45. – ***J. Kokott,*** Laizismus und Religionsfreiheit im öffentlichen Bereich, Der Staat 44 (2005), 343. – ***J. Kokott/U. Mager (Hrsg.),*** Religionsfreiheit und Gleichberechtigung der Geschlechter, 2014. – ***S. Korioth/I. Augsberg,*** Neue Religionskonflikte und staatliche Neutralität, JZ 2010, 828. – ***Th. G. Krebs,*** Hoheitliche Äußerungen über sog. Jugendreligionen, 1998. – ***K.-H. Ladeur/I. Augsberg,*** Toleranz – Religion – Recht. Die Herausforderungen des „neutralen" Staates durch neue Formen der Religiosität in der postmodernen Gesellschaft, 2007. – ***Ch. Link,*** Staat und Kirche im Rahmen des europäischen Einigungsprozesses, ZevKR 42 (1997), 130. – ***J.-J. Lücke,*** Zur Dogmatik der kollektiven Glaubensfreiheit, EuGRZ 1995, 651. – ***M. Mahlmann/H. Rottleuthner*** (Hrsg.), Ein neuer Kampf der Religionen?, 2006. – ***H. Maurer,*** Religionsfreiheit in der multikulturellen Gesellschaft, FS f. Brohm, 2002, 455. – ***C. Möllers,*** Religiöse Freiheit als Gefahr, VVDStRL 68 (2009), 47. – ***S. Muckel,*** Religiöse Freiheit und staatliche Letztentscheidung, 1997. – ***S. Muckel*** (Hrsg.), Der Islam im öffentlichen Recht des säkularen Verfassungsstaates, 2008. – ***S. Mückl,*** Religions- und Weltanschauungsfreiheit im Europarecht, 2002. – ***I. v. Münch,*** Religionsausübung nach islamischem Ritus in einem christlichen Land, Gewissen und Freiheit Nr. 21 (1983), 23. – ***K. Obermayer,*** Das Verhältnis von Religionsgemeinschaften und Weltanschauungsgemeinschaften nach dem Grundgesetz, DVBl 1981, 615. – ***C. Pagels,*** Schutz- und förderpflichtrechtliche Aspekte der Religionsfreiheit, 1999. – ***H.-J. Papier,*** Aktuelle Herausforderungen im Verhältnis zwischen Staat und Kirche unter besonderer Berücksichtigung der staatlichen Neutralitätspflicht, FS f. Scholz, 2007, 1123. – ***W. Pauly/C. Pagels,*** Die Gewährleistung ungestörter Religionsausübung, NVwZ 2002, 441. – ***D. Pirson / W. Rüfner / M. Germann / S. Muckel*** (Hrsg.), Handbuch des Staatskirchenrechts der Bundesrepublik Deutschland, 3. Aufl. (im Erscheinen). – ***C. Rathke,*** Öffentliches Schulwesen und religiöse Vielfalt, 2005. – ***G. Robbers,*** Staat und Religion, VVDStRL 59 (2000), 231. – ***A. Reuter,*** Religion in der verrechtlichten Gesellschaft, 2014. – ***S. Röhrig,*** Religiöse Symbole in staatlichen Einrichtungen als Grundrechtseingriffe, 2017. – ***B. Rox,*** Schutz religiöser Gefühle im freiheitlichen Verfassungsstaat?, 2012. – ***W. Rüfner,*** Deutsche Einheit im Staatskirchenrecht, Ess. Gespr. 26 (1992), 60. – ***U. Sacksofsky,*** Religiöse Freiheit als Gefahr, VVDStRL 68 (2009), 7. – ***R. Staps,*** Bekenntnisfreiheit – ein Unterfall der Meinungsfreiheit?, 1990. – ***Th. Starosta,*** Religionsgemeinschaften und wirtschaftliche Betätigung, 1986. – ***Erw. Stein,*** Eideszwang und Glaubensfreiheit. Zum Eidesproblem in der Rechts- und Religionsgeschichte, Gewissen und Freiheit Nr. 22 (1984), 5. – ***R. Steinberg,*** Kopftuch und Burka. Laizität, Toleranz und religiöse Homogenität in Deutschland und Frankreich, **2015.** – ***P. Tiedemann,*** Religionsfreiheit – Menschenrecht oder Toleranzgebot?, 2012. – ***A. Uhle,*** Staat – Kirche – Kultur, 2004. – ***P. Unruh,*** Religionsverfassungsrecht, 3. Aufl. 2015. – ***J. van der Vyver/J. Witte*** (Hrsg.), Religious Human Rights in Global Perspective, 1996. – ***U. Vosgerau,*** Freiheit des Glaubens und Systematik des Grundgesetzes, 2007. – ***A. Voßkuhle,*** Religionsfreiheit und Religionskritik – Zur Verrechtlichung religiöser Konflikte, EuGRZ 2010, 537. – ***C. Walter,*** Religionsverfassungsrecht in vergleichender und internationaler Perspektive, 2006. – ***A. Wallkamm,*** Muslimische Gemeinden in Deutschland im Licht des Staatskirchenrechts, 2012. – ***H. Weber,*** Bindung der Kirchen an staatliche und innerkirchliche Grundrechte und das Verhältnis der Grundrechtsgewährleistungen zueinander, ZevKR 42 (1997), 282. – ***H. Weber,*** Die Religionsfreiheit im nationalen und internationalen Verständnis, ZevKR 2000, 109. – ***K. Weilert/P. W. Hildmann*** (Hrsg.), Religion in der Schule, 2018; ***J. Wieland,*** Die Angelegenheiten der Religionsgesellschaften, Der Staat 25 (1986), 321. – ***J. Winter,*** Staatskirchenrecht in der Bundesrepublik Deutschland,

2. Aufl. 2008. – ***F. Wittreck,*** Religionsfreiheit als Rationalisierungsverbot, Der Staat 42 (2003), 519. – ***Th. Würtenberger,*** Religionsmündigkeit, FS f. K. Obermayer, 1986, 113. – ***D. Zacharias,*** Schutz vor religiösen Symbolen durch Art. 4 GG?, FS f. Rüfner, 2003, 987. – ***D. Zacharias,*** Das deutsche Staatskirchenrecht vor den Herausforderungen der Gegenwart, Kirche und Recht 2005, 101. – ***F. v. Zezschwitz,*** Glaubensfreiheit und schulische Erziehung. Staat oder Eltern?, JZ 1971, 11.

Zur Gewissensfreiheit

R. Bäumlin, Das Grundrecht der Gewissensfreiheit, VVDStRL 28 (1970), 3. – ***N. Blum,*** Die Gedanken-, Gewissens- und Religionsfreiheit nach Art. 9 der EMRK, 1990. – ***E.-W. Böckenförde,*** Das Grundrecht der Gewissensfreiheit, VVDStRL 28 (1970), 33. – ***U. Bopp,*** Der Gewissenstäter und das Grundrecht der Gewissensfreiheit, 1974. – ***M. Borowski,*** Protest unter Berufung auf die Gewissensfreiheit, in: Ordnung und Protest, 2015, 149. – ***K. Brinkmann,*** Grundrechte und Gewissen im Grundgesetz, 1965. – ***D. Deiseroth,*** Gewissensfreiheit und Recht, Betrifft Justiz 2008, 228. – ***D. Franke,*** Gewissensfreiheit und Demokratie, AöR 114 (1989), 7. – ***G. U. Freihalter,*** Gewissensfreiheit. Aspekte eines Grundrechts, 1973. – ***M. Herdegen,*** Gewissensfreiheit und Normativität des positiven Rechts, 1989. – ***H.-J. Hirsch,*** Strafrecht und Überzeugungstäter, Schriftenreihe der Juristischen Gesellschaft zu Berlin, Heft 147, 1997. – ***N. Horn,*** Das normative Gewissensverständnis im Grundrecht der Gewissensfreiheit, 2012. – ***K.-H. Kästner,*** Individuelle Gewissenbindung und normative Ordnung, ZevKR 37 (1992), 127. – ***A. Kaufmann,*** Das Gewissen und das Problem der Rechtsgeltung, 1990. – ***H. H. Klein,*** Gewissensfreiheit und Rechtsgehorsam, FS f. K. Doehring, 1989, 479. – ***M. Klein,*** Beweis und Gewissen, 1972. – ***G. Klier,*** Gewissensfreiheit und Psychologie, 1978. – ***W. Kluth,*** Das Grundrecht der Gewissensfreiheit und die allgemeine Geltung der Gesetze, FS f. Listl, 1999, 215. – ***H. Konzen/ H. H. Rupp,*** Gewissenskonflikte im Arbeitsverhältnis, 1990. – ***H. Lisken,*** Gefährdungen der Gewissensfreiheit, FS f. M. Hirsch, 1981, 529. – ***N. Luhmann,*** Die Gewissensfreiheit und das Gewissen, AöR 90 (1965), 257. – ***U. Mager,*** Die Gewissensfreiheit im liberalen Verfassungsstaat, in: FS f. Brugger, 2013, 559. – ***E. Mock,*** Gewissen und Gewissensfreiheit, 1983. – ***S. Muckel,*** Die Grenzen der Gewissensfreiheit, NJW 2000, 689. – ***I. v. Münch,*** Die Gewissensfreiheit in der Bundesrepublik Deutschland, Gewissen und Freiheit Nr. 11 (1978), 25. – ***A. Podlech,*** Das Grundrecht der Gewissensfreiheit und die besonderen Gewaltverhältnisse, 1969. – ***U. F. H. Rühl,*** Das Grundrecht der Gewissensfreiheit im politischen Konflikt, 1987. – ***H. H. Rupp,*** Verfassungsprobleme der Gewissensfreiheit, NVwZ 1991, 1033. – ***S. Schaede/T. Moos*** (Hrsg.), Das Gewissen, 2015. – ***T. Schieder,*** Ethisch motivierter Rechtsungehorsam, 2018. – ***H. Scholler,*** Die Freiheit des Gewissens, 1958. – ***H. Scholler,*** Gewissen, Gesetz und Rechtsstaat, DÖV 1969, 526. – ***Ekkeh. Stein,*** Gewissensfreiheit in der Demokratie, 1971. – ***P. Tiedemann,*** Gewissensfreiheit und Demokratie, Der Staat 26 (1987), 371. – ***Ekkeh. Stein,*** Das Recht der Steuerverweigerung aus Gewissensgründen, 1991. – ***T. Würtenberger,*** Gewissen und Recht, FS f. Krause, 2006, 427.

Zur Kriegsdienstverweigerung

O. Aldanmaz, Wehrdienstverweigerung als Menschenrecht, 2006. – ***Ad. Arndt,*** Das Grundrecht der Kriegsdienstverweigerung, NJW 1957, 361. – ***Ad. Arndt,*** Ersatzdienstverweigerung aus Gewissensgründen, NJW 1968, 979, 2370. – ***W. Berg,*** Das Grundrecht der Kriegsdienstverweigerung in der Rechtsprechung des Bundesverfassungsgerichts, AöR 107 (1982), 585. – ***W. Böck,*** Kriegsdienstverweigerung von Sanitätern, NZWehrR 1997, 152. – ***C. Burkiczak,*** Zur Verfassungswidrigkeit des neu geregelten Kriegsdienstverweigerungsrechts, BayVBl 2005, 70. – ***W. Daleki,*** Das Kriegsdienstverweigerungsrecht im Spannungsfall, DÖV 1988, 370. – ***U. Daum/ W. Forkel,*** Grundsatzurteile zur Kriegsdienstverweigerung, 3. Aufl. 1984. – ***K. Doehring,*** Kriegsdienstverweigerung als Menschenrecht?, FS f. Schlochauer, 1981, 45. – ***H. Dörig,*** Gewissensfreiheit und Diskriminierungsverbot als Grenzen einer Neugestaltung des Zivildienstes nach Art. 12a Abs. 2 GG, 1981. – ***R. Eckertz,*** Maßstab und Verfahren der „Gewissensprüfung" im neuen Kriegsdienstverweigerungsrecht, NVwZ 1984, 563. – ***R. Eckertz,*** Die Kriegsdienstverweigerung aus Gewissensgründen als Grenzproblem des Rechts, 1986. – ***Ev. Arbeitsgemeinschaft zur Betreuung der Kriegs-***

dienstverweigerer (Hrsg.), Wem das Gewissen schlägt. Zur Rechtsprechung über das Gewissen der Kriegsdienstverweigerer, 1984. – ***K. Ewald,*** Ersatzdienstverweigerung und Bekenntnisfreiheit, 1970. – ***H. Geissler,*** Das Recht der Kriegsdienstverweigerung nach Art. 4 Abs. III des Grundgesetzes, Diss. Tübingen 1960. – ***M. Giers,*** Verfassungsrechtliche Vorgaben für die Regelung des Kriegsdienstverweigerungsrechts, Diss. Osnabrück 1984. – ***H. Günther,*** Altes und Neues im Recht der Kriegsdienstverweigerung, DVBl 1983, 1083. – ***G. Hahnenfeld,*** Kriegsdienstverweigerung und der Verfassungsauftrag der Streitkräfte, NZWehrR 1975, 161. – ***M. Herdegen,*** Kriegsdienstverweigerung aus Gewissensgründen, in Listl/Pirson HSKR, 1994, § 16. – ***D. Kant,*** Kriegsdienstverweigerung – Art. 4 Abs. 3 des Grundgesetzes in der Entwicklung von einem Ausnahmerecht zu einer politischen Gewissensfreiheit, Diss. Gießen, 1974. – ***W. Kaufmann-Bühler,*** Logische und begriffliche Probleme bei der näheren Regelung des Grundrechts der Kriegsdienstverweigerung, Diss. Heidelberg, 1960. – ***H. Kratzmann,*** Wehrpflicht, Kriegsdienstverweigerung und drei Leitprinzipien des Grundgesetzes, Der Staat 26 (1987), 187. – ***A. Krölls,*** Kriegsdienstverweigerung – das unbequeme Grundrecht, 2. Aufl. 1983. – ***J. Listl,*** Gewissen und Gewissensentscheidung im Recht der Kriegsdienstverweigerung, DÖV 1985, 801. – ***C. Peter/R. Ludwig,*** Das Grundrecht auf Kriegsdienstverweigerung, MDR 1991, 1105. – ***F. Schoch,*** Die Verfassungsmäßigkeit der Neuregelung des Rechts der Kriegsdienstverweigerung, 1985. – ***H. Scholler,*** Gewissen – Gewissensfreiheit – Kriegsdienstverweigerung, ZevKR 27 (1982), 20. – ***W. Steinlechner,*** Das neue Kriegsdienstverweigerungsrecht, NJW 1983, 1827. – ***P. Tiedemann,*** Der Gewissensbegriff in der höchstrichterlichen Rechtsprechung, DÖV 1984, 61. – ***D. Walz,*** Die Neuregelung des Rechts der Kriegsdienstverweigerung, NZWehrR 2003, 203. – ***H. Weber,*** Ersatzdienstverweigerung aus Gewissensgründen?, NJW 1968, 1610. – ***G. Werner,*** Doppelbestrafung von Totalverweigerern, KJ 1988, 104. – ***F. v. Zezschwitz,*** Das Gewissen als Gegenstand des Beweises, JZ 1970, 233.

Für Lit. zu Einzelproblemen s. die Nachw. im Text.

Art. 5 [Meinungsfreiheit, Pressefreiheit, Rundfunkfreiheit, Freiheit der Kunst, Wissenschaft, Forschung und Lehre]

(1) [1]Jeder hat das Recht, seine Meinung in Wort, Schrift und Bild frei zu äußern und zu verbreiten und sich aus allgemein zugänglichen Quellen ungehindert zu unterrichten. [2]Die Pressefreiheit und die Freiheit der Berichterstattung durch Rundfunk und Film werden gewährleistet. [3]Eine Zensur findet nicht statt.

(2) Diese Rechte finden ihre Schranken in den Vorschriften der allgemeinen Gesetze, den gesetzlichen Bestimmungen zum Schutze der Jugend und in dem Recht der persönlichen Ehre.

(3) [1]Kunst und Wissenschaft, Forschung und Lehre sind frei. [2]Die Freiheit der Lehre entbindet nicht von der Treue zur Verfassung.

Paulskirchenverfassung von 1849

Abschnitt VI. Art. IV

§ 143. Jeder Deutsche hat das Recht, durch Wort, Schrift, Druck und bildliche Darstellung seine Meinung frei zu äußern.

Die Preßfreiheit darf unter keinen Umständen und in keiner Weise durch vorbeugende Maaßregeln, namentlich Censur, Concessionen, Sicherheitsbestellungen, Staatsauflagen, Beschränkungen der Druckereien oder des Buchhandels, Postverbote oder andere Hemmungen des freien Verkehrs beschränkt, suspendirt oder aufgehoben werden.

Über Preßvergehen, welche von Amts wegen verfolgt werden, wird durch Schwurgerichte geurtheilt.

Ein Preßgesetz wird vom Reiche erlassen werden.

Abschnitt VI. Art. VI

§ 152. Die Wissenschaft und ihre Lehre ist frei.

Weimarer Reichsverfassung von 1919

Art. 118. Jeder Deutsche hat das Recht, innerhalb der Schranken der allgemeinen Gesetze seine Meinung durch Wort, Schrift, Druck, Bild oder in sonstiger Weise frei zu äußern. An diesem Rechte darf ihn kein Arbeits- oder Anstellungsverhältnis hindern, und niemand darf ihn benachteiligen, wenn er von diesem Rechte Gebrauch macht.

Eine Zensur findet nicht statt, doch können für Lichtspiele durch Gesetz abweichende Bestimmungen getroffen werden. Auch sind zur Bekämpfung der Schund- und Schmutzliteratur sowie zum Schutze der Jugend bei öffentlichen Schaustellungen und Darbietungen gesetzliche Maßnahmen zulässig.

Art. 142. Die Kunst, die Wissenschaft und ihre Lehre sind frei. Der Staat gewährt ihnen Schutz und nimmt an ihrer Pflege teil.

Übersicht

A. Allgemeine Bedeutung

I. Genese

Schon in der **Paulskirchenverfassung** waren das Recht, durch Wort, 1
Schrift, Druck und bildliche Darstellung seine Meinung frei zu äußern, sowie die Pressefreiheit mitsamt dem Zensurverbot statuiert (§ 143 RV 1849). Ziel eines umfassenden, **liberalen Grundrechtskonzeptes** war es, gerade im Bereich der öffentlichen Meinung anstelle staatlicher oder polizeilicher Bevormundung ein Abwehrrecht gegen den Staat treten zu lassen.[1] Im Bereich der Kultur wurde die Freiheitsidee dadurch verwirklicht, dass Wissenschaft und Lehre frei von jeglicher obrigkeitlicher Direktive und vorbehaltlos gewährleistet wurden (§ 152 RV 1849).

Diese Tradition setzte sich in dem Grundrechtskatalog der **WRV** von 1919 2
fort. Die in Art. 118 in erweitertem Umfang ausgesprochene Gewährleistung der Meinungsfreiheit schloss alle Formen der Meinungsbildung und Meinungsäußerung, so vor allem die Pressefreiheit und die Freiheit des Theater- und Lichtspielwesens, ein. Man verstand diese Freiheitsrechte nicht nur als Grundlage der Autonomie der Gesellschaft, sondern auch als eine notwendige

[1] *Bethge* in Sachs Rn. 2.

Voraussetzung der Funktionsfähigkeit der Demokratie.[2] Die Freiheit von Kunst, Wissenschaft und ihrer Lehre wurde weiterhin getrennt von dem klassischen Grundrecht der Meinungs- und Pressefreiheit gewährleistet (Art. 142 WRV).

3 Das **Grundgesetz** hebt in Art. 5 die Presse-, Rundfunk- und Filmfreiheit nunmehr ausdrücklich, statt nur als Meinungsäußerung „in sonstiger Weise", hervor. Es fügt aufgrund der Erfahrungen mit totalitärer Propagandapolitik das Recht auf ungehinderte Information aus allgemein zugänglichen Quellen hinzu. Das Zensurverbot gilt nun ausnahmslos, also auch bei Filmen, und Gesetze „zur Bekämpfung der Schmutz- und Schundliteratur" werden nicht mehr gesondert hervorgehoben, sondern als Bestandteil der Schranken der allgemeinen Gesetze bzw. der Gesetze zum Schutz der Jugend oder zum Schutz der persönlichen Ehre angesehen. Die Freiheit von Kunst und Wissenschaft, Forschung und Lehre wird mit dem Grundrecht der Meinungs- und Pressefreiheit in einen engen systematischen Zusammenhang gestellt, ohne dass jedoch – ebenso wie in der Weimarer Verfassung – eine für die klassischen Grundrechte typische Schrankenregelung aufgenommen worden ist.[3]

II. Inhaltsübersicht

4 Die **Meinungsfreiheit** des Art. 5 Abs. 1 S. 1 Alt. 1 umfasst als die grundlegende der Kommunikationsfreiheiten die Freiheit der Äußerung und die Freiheit der Verbreitung der eigenen Meinung „in Wort, Schrift und Bild", auch über das Internet,[4] selbst wenn hier die Meinungsäußerung anonym erfolgt.[5] Der Nutzung sozialer Netzwerke kommt insgesamt eine wachsende Bedeutung zu. Dass ausdrücklich Äußerung und Verbreitung der Meinung genannt werden, zeigt die Bedeutung eines freien, auf Breitenwirkung angelegten Kommunikationsprozesses.[6] Die **Informationsfreiheit** des S. 1 Alt. 2 als eigenständiges Grundrecht auf freie, ungehinderte Unterrichtung aus allgemein zugänglichen Informationsquellen schützt die Freiheit und Autonomie des Kommunikationsvorgangs auf der Seite des Rezipienten. Auch die Information über das Internet wird von der Freiheit umfasst.[7] Indem das **Internet** die Möglichkeit geschaffen hat, jederzeit Zugriff auf fast sämtliche Informationen zu erhalten und Internetplattformen wie Twitter, Facebook, YouTube oder Instagram ihren Nutzern darüber hinaus Räume geben, in denen sie jederzeit ihre Meinung kundtun und in einen kommunikativen Austausch treten können, wird ein umfassender Prozess der öffentlichen Kommunikation und Meinungsbildung mit einem Austausch von Meinungen, Argumenten und Gegenargumenten möglich. Tatsächlich werden der individualrechtlich gesicherte rationale Austausch von Argumenten und die Gewährleistung des demokratischen Prozesses der öfffentlichen Meinungsbildung durch die zunehmende Digitalisierung des öffentlichen Diskurses und die damit verbundenen Möglichkeiten manipulativer Beeinflussung der Meinungsbildung jedoch herausgefordert. Es besteht etwa die Gefahr, dass Fragmentierungsprozesse, die einer demokratischen Gesellschaft inhärent sind, verbreitet zu einer Diskursfragmentierung in Form der Bildung von

[2] *Huber,* Deutsche Verfassungsgeschichte seit 1789, Bd. VI, 1981, 109.
[3] *Starck/Paulus* in MKS Rn. 412.
[4] *Degenhart* in HGR IV § 105 Rn. 31; *Stern* in Stern StaatsR IV/1 § 108 II 3d, 1400.
[5] BGHZ 181, 328 Rn. 37 f.; *Jarass* in Jarass/Pieroth Rn. 13, 110.
[6] Vgl. *Hoffmann-Riem* in AK 2002 Rn. 32.
[7] *Kube* in HdbStR IV § 91 Rn. 12.

abgeschlossenen Diskursräumen im Internet bzw. sozialen Netzwerken (Filterblasen, Echokammern) führen.[8]

Das Grundrecht der **Pressefreiheit** des Art. 5 Abs. 1 S. 2 Alt. 1 verbindet **5** sich mit dem Menschenrecht der freien Meinungsäußerung zur Freiheit des geistigen Ausdrucks[9] und dient wie dieses der freien individuellen und öffentlichen Meinungsbildung.[10] Auch es ist für die freiheitlich-demokratische Ordnung konstituierend. Der Pressebegriff wird entsprechend weit gefasst.

Die Grundrechtsgarantie des **Rundfunks** in Art. 5 Abs. 1 S. 2 Alt. 2 **6** umfasst unstreitig Hörfunk und Fernsehen,[11] während für weitere Formen elektronischer Kommunikation, insbesondere die Telemedien, die Zuordnung umstritten ist. Die Rundfunkgesetze und Rundfunkstaatsverträge der Länder als normative Ordnung des Rundfunks stellen in erheblichem Maße die gesetzgeberische Umsetzung der Grundrechtsinterpretation des BVerfG dar.[12] Dieses zählt auch den Rundfunk zu den Medien, die für die freiheitlich-demokratische Ordnung konstituierend sind.[13] Die Gewährleistung der Freiheit des **Films** in S. 2 Alt. 3 orientiert sich am Leitbild des herkömmlichen Kinofilms. Dem Film wird keine vergleichbare Relevanz für die öffentliche Meinungsbildung beigemessen.[14]

Das **Zensurverbot** des Art. 5 Abs. 1 S. 3 wird nicht als eigenständiges **7** Grundrecht, sondern als „Schranken-Schranke" für Grundrechteinschränkungen nach Abs. 2 aufgefasst. Für Einschränkungen der Freiheiten des Art. 5 Abs. 1 besteht ein qualifizierter Gesetzesvorbehalt. Eingriffe und eingriffsäquivalente Beeinträchtigungen müssen auf gesetzlichen Bestimmungen im Sinne der **Schrankentrias** des Abs. 2 beruhen.

Die Bestimmung des Schutzbereichs des Grundrechts der **Kunstfreiheit** **8** des Art. 5 Abs. 3 S. 1 Alt. 1 hat mit der Schwierigkeit zu kämpfen, dass eine Definition der Kunst ihrem Wesen widerspricht, eine Abgrenzung in der Rechtsanwendung aber unausweichlich ist.[15] Um staatliches Kunstrichtertum auszuschließen, ist eine weite Definition geboten.[16] Bei der **Wissenschaftsfreiheit** handelt es sich entsprechend der historischen Entwicklung primär um ein individuelles Freiheitsrecht, das bei der wissenschaftlichen Betätigung eine Freiraum von jeglicher staatlichen Ingerenz gewährleistet.[17] „Wissenschaft" fungiert als Oberbegriff für Forschung und Lehre.[18]

III. Überstaatliche Bezüge

1. **Art. 10 EMRK** schützt die freie **Meinungsäußerung.** Dieses Recht **9** umfasst „die Meinungsfreiheit und die Freiheit (…), Informationen und Ideen ohne behördliche Eingriffe und ohne Rücksicht auf Staatsgrenzen zu empfangen und weiterzugeben" (Abs. 1 S. 2). Der hiermit umschriebene Schutzbereich weicht inhaltlich nicht von dem des Art. 5 Abs. 1 ab.[19] Da

[8] Eingehend *Mitsch* DVBl. 2019, 811.
[9] *Scheuner* VVDStRL 22 (1965), 1 (7).
[10] BVerfGE 101, 361 (389).
[11] *Schulze-Fielitz* in Dreier Rn. 100; *Degenhart* in BK Rn. 41.
[12] *Degenhart* in BK Rn. 41.
[13] BVerfGE 117, 244 (258).
[14] *Degenhart* in BK Rn. 44; vgl. auch *Trute* in HGR IV § 104 Rn. 71.
[15] BVerfGE 67, 213 (224 f.); 75, 369 (377); BVerwGE 39, 197 (207).
[16] *Jarass* in Jarass/Pieroth Rn. 118.
[17] BVerfGE 35, 79 (112); *Fehling* in BK Rn. 18.
[18] BVerfGE 35, 79 (113); *Fehling* in BK Rn. 57; *Britz* in Dreier Rn. 11.
[19] *Starck/Paulus* in MKS Rn. 26.

Modalitäten der Meinungsäußerung nicht ausdrücklich genannt sind, sind alle denkbaren Modalitäten von der Regelung erfasst, also auch die Presse-, Rundfunk- und Filmfreiheit.[20] Der EGMR sieht auch eine positive Verpflichtung der Vertragsparteien, die effektive Ausübung des Art. 10 EMRK vor Übergriffen Privater zu schützen.[21] Bei der Informationsfreiheit hat der EGMR – bisher weitergehend als das BVerfG[22] – aus Art. 10 Abs. 1 S. 2 EMRK auch Informationspflichten hergeleitet.[23] Der Schutz der sog. neuen Medien (insbes. Internet) spielte bislang nur eine untergeordnete Rolle.[24] Der Gerichtshof erkennt jedoch wegen der spezifischen Gefahr durch die Verfügbarkeit des Netzes und die Fähigkeit, enorme Mengen an Informationen zu speichern und zu übermitteln, das Recht des Staates zu einer internetspezifischen Regulierung an.[25]

10 Der Schutz der **Kunstfreiheit** fällt schwächer aus, da den herrschenden Moralvorstellungen des jeweiligen Mitgliedstaats ein hoher Rang zugebilligt wird und keine wirksame Gegenüberstellung kollidierender öffentlicher und privater Interessen durchgeführt werden kann.[26] Der Begriff der „Kunst" ist nicht auf bestimmte Formen zu begrenzen; geschützt wird die gesamte künstlerische Tätigkeit als solche.[27]

11 Die **Wissenschaftsfreiheit** ist als Teil der allgemeinen Meinungs- und Informationsfreiheit geschützt.[28] Der Gerichtshof hebt die besondere Bedeutung der freien Forschung und Lehre für eine freiheitliche Gesellschaft ausdrücklich hervor.[29] Als wissenschaftliche Äußerungen werden auch hier alle Formen der Äußerung geschützt.[30]

12 Art. 10 Abs. 2 EMRK enthält die differenzierteste und umfassendste Schrankenbestimmung des gesamten Konventionsrechts. Die **Schranken** des Art. 10 EMRK gehen weiter als diejenigen des Art 5 GG, weshalb Einschränkungen der Grundrechte des Art. 5 Abs. 1 GG, die zwar durch Art. 5 Abs. 2 GG, nicht aber durch Art. 10 Abs. 2 EMRK gedeckt sind, kaum vorstellbar sind.[31] Der Schwerpunkt bei der Bestimmung der inhaltlichen Reichweite liegt wie nach deutschem Verfassungsrecht auf der Abwägung zwischen dem mit dem Eingriff verfolgten Ziel und dem Gewicht der Meinungsfreiheit im Einzelfall.[32] Die EMRK ist ebenso wie die verbindlichen Urteile des EGMR bei der Auslegung des Grundgesetzes zu berücksichtigen[33] und kann unter Verweis auf dessen Vorrang nur mit einer verfassungs-

---

[20] *Starck/Paulus* in MKS Rn. 26; *Schulze-Fielitz* in Dreier Rn. 22.

[21] EGMR 29.5.2000 – 39293/98., Rn. 38 – Fuentes Bobo; 14.9.2003 – 44306/98, Rn. 39 – Appleby.

[22] Offen gelassen jetzt aber in BVerfGE 145, 365 Rn. 23.

[23] EGMR 8.11.2016 – 18030/11, Rn. 27 f., 180 – Magyar Helsinki Bizottság; 7.2.2017 – 63898/09, Rn 40 ff. – Bubon; *Starck/Paulus* in MKS Rn. 26.

[24] *Starck/Paulus* in MKS Rn. 26; vgl. jetzt aber EGMR 16.6.2015 – 64569/09, NJW 2015, 2863 – Delfi AS.

[25] EGMR 5.5.2011 – 33014/05, Rn. 63 – Editorial Board of Pravoye Delo and Shtekel.

[26] *Starck/Paulus* in MKS Rn. 27.

[27] EGMR 22.10.2007 – 21279/02 und 36448/02, Rn. 47 – Lindon u. a.; 7.6.2011 – 2777/10 – Ehrmann u. a.; *Starck/Paulus* in MKS Rn. 27.

[28] *Starck/Paulus* in MKS Rn. 28.

[29] *Starck/Paulus* in MKS Rn. 28.

[30] EGMR 8.6.2010 – 44102/04, Rn. 34 – Sapan; 23.6.2009 – 17089/03, Rn. 35 – Sorguc.

[31] *Starck/Paulus* in MKS Rn. 29.

[32] *Starck/Paulus* in MKS Rn. 29.

[33] BVerfGE 120, 180 (199 ff.); 137, 273 Rn. 128 f.; 138, 296 Rn. 149; 148, 296 Rn. 126 ff.; *Grabenwarter* in Maunz/Dürig Rn. 14 ff.; *Daiber* DÖV 2018, 957.

rechtlichen Begründung im Einzelfall unbeachtlich bleiben.[34] Bisher ist es durch gegenseitige Rücksichtnahme gelungen, Divergenzen zwischen der Rspr. des EGMR, derjenigen des BVerfG und dem deutschen Gesetzgeber auf Dauer zu vermeiden.[35]

2. Auch die Vorschrift des **Art. 11 EU–GRCharta** entspricht Art. 5 Abs. 1 **13**
und 2 GG sowie Art. 10 EMRK. In Abs. 1 werden die freie Meinungsäußerung einschließlich der Meinungsfreiheit und der Freiheit, Informationen und Ideen ohne behördliche Eingriffe und ohne Rücksicht auf Staatsgrenzen zu empfangen und weiterzugeben, geschützt. Im Unterschied zu EMRK enthält Art. 11 Abs. 2 GRCh ein ausdrückliches Gebot der Achtung der Freiheit und Pluralität der Medien. Der EuGH hat die Meinungsfreiheit bereits vor dem Inkrafttreten der GRCh in ständiger Rechtsprechung als Gemeinschafts- bzw als Unionsgrundrecht anerkannt[36] und sie wiederholt als eine wesentliche Grundlage einer demokratischen und pluralistischen Gesellschaft bezeichnet.[37] Von der Meinungsfreiheit umfasst sind alle vorstellbaren Arten der Individualkommunikation sowie die Meinungsbildungs- und Informationsfreiheit.[38] Mit der Freiheit der Medien und deren Pluralität werden die Presssefreiheit, wovon auch der Schutz der Informationsquellen umfasst ist, sowie die Freiheit von Rundfunk, Film und Fernsehen gewährleistet.[39]

Hinsichtlich der Beschränkung der in Art. 11 GRCh gewährleisteten **14**
Rechte gilt Art. 52 Abs. 1 GRCh. Dieser sieht einen Gesetzesvorbehalt vor und verlangt die Achtung des Wesensgehaltes der Rechte. Im Übrigen dürfen Einschränkungen „unter Wahrung des Grundsatzes der Verhältnismäßigkeit … nur vorgenommen werden, wenn sie erforderlich sind und den von der Union anerkannten dem Gemeinwohl dienenden Zielsetzungen oder den Erfordernissen des Schutzes der Rechte und Freiheiten anderer tatsächlich entsprechen". Auf Art. 11 Abs. 1 GRCh finden über Art. 52 Abs. 3 GRCh die **Schranken des Art. 10 Abs. 2 EMRK** Anwendung. Für Art. 11 Abs. 2 GRCh ist die Bestimmung der Schrankenregelung umstritten, weil fraglich ist, ob die Medienfreiheit des Abs. 2 als eigenständiges Grundrecht zu qualifizieren ist, so dass die Schrankenregelung des Art. 10 Abs. 2 EMRK nicht einschlägig wäre und nur die allgemeine Grundrechtsschranke des Art. 52 Abs. 1 GRCh Anwendung fände.[40]

3. Die **europäischen Grundfreiheiten** (Warenverkehrsfreiheit, Art. 34 ff. **15**
AEUV; Dienstleistungsfreiheit, Art. 56 ff. AEUV; Niederlassungsfreiheit, Art. 49 ff. AEUV) wirken auf das deutsche Medienverfassungsrecht, insbesondere auf das Presse- und Rundfunkrecht, ebenso ein.[41] Sie verbieten

[34] *Starck/Paulus* in MKS Rn. 31.

[35] *Starck/Paulus* in MKS Rn. 32.

[36] Vgl. etwa EuGH C-368/95, Slg. 1997, I-3689, ECLI:EU:C:1997:325 Rn. 25 f. – Familiapress; EuGH C-380/03, Slg. 2006, I-11573, ECLI:EU:C:2006:772 Rn. 154. – Deutschland/Parlament und Rat – Tabakwerbung.

[37] EuGH C-340/00 P, Slg. 2001, I -10269, ECLI:EU:C:2001:701 Rn. 18 – Kommission/Cwik; EuGH C-380/03, Slg. 2006, I-11573, ECLI:EU:C:2006:772 Rn. 154 –Deutschland/Parlament und Rat – Tabakwerbung; EuGH C-283/11, ECLI:EU:C:2013:28 Rn. 52 – Sky Österreich; *Starck/Paulus* in MKS Rn. 34.

[38] *Calliess* in Calliess/Ruffert, EUV/AEUV, Art. 11 EU-GRCharta Rn. 7 ff.; *Starck/Paulus* in MKS Rn. 34.

[39] *Calliess* in Calliess/Ruffert, EUV/AEUV, Art. 11 EU-GRCharta Rn. 18 ff.; *Starck/Paulus* in MKS Rn. 36.

[40] *Starck/Paulus* in MKS Rn. 39; *Calliess* in Calliess/Ruffert, EUV/AEUV, Art. 11 EU-GRCharta Rn. 32.

[41] Vgl. *Schorkopf* in Ehlers, Europäische Grundrechte und Grundfreiheiten, 339, 354 ff.

unmittelbare und mittelbare Beschränkungen des innergemeinschaftlichen Handels mit Presseprodukten, von Rundfunkdienstleistungen und Diskriminierung durch unterschiedliche Anforderungen an deutsche und ausländische Programme.[42] Außerdem sichern sie die Möglichkeit von Rundfunkunternehmen, grenzüberschreitend Rundfunk zu veranstalten.[43]

IV. Systematischer Zusammenhang und Bedeutung der Teilfreiheiten

16 Art. 5 enthält mehrere Grundrechte: das Recht der freien Meinungsäußerung und -verbreitung, die Informationsfreiheit, die Pressefreiheit, die Freiheit der Berichterstattung durch Rundfunk (Hörfunk und Fernsehfunk) und Film sowie die Freiheit von Kunst und Wissenschaft, Forschung und Lehre. Diese Grundrechte stehen selbständig nebeneinander, auch wenn sie zT in einem inneren Zusammenhang stehen und sich überschneiden. Die einzelnen Teilfreiheiten des Art. 5 Abs. 1 können auch im Zuge neuer kommunikationstechnischer Entwicklungen nicht zugunsten einer diffusen „allgemeinen Medienfreiheit" aufgegeben werden;[44] die Freiheit der Kommunikation im Internet ist von den einzelnen Teilfreiheiten des Abs. 1 aus zu erfassen, ggf. ist auf die allgemeine Meinungsfreiheit zurückzugreifen.[45] Die Bedeutung der Grundrechte des Art. 5 ist evident. Das Grundrecht auf freie Meinungsäußerung ist „als unmittelbarster Ausdruck der menschlichen Persönlichkeit in der Gesellschaft eines der vornehmsten Menschenrechte", es ist „in gewissem Sinn die Grundlage jeder Freiheit überhaupt".[46] Die Möglichkeit, sich mittels Information eine eigene Meinung bilden und sie überprüfen zu können, stellt dazu eine natürliche Voraussetzung dar. Im Übrigen ergänzt das Grundrecht auf Informationsfreiheit die Freiheit der Meinungsäußerung und der Medienberichterstattung aus der Empfängerperspektive.[47] Im Verhältnis zur Meinungsäußerungs- und Meinungsverbreitungsfreiheit stellt sich die Garantie der Pressefreiheit für die Presse und die in ihr Tätigen als ein tatbestandlich weiter gezogenes Spezialgrundrecht dar.[48] Die Pressefreiheit und die Freiheit der Berichterstattung durch Rundfunk verstärken die Möglichkeiten, Nachrichten und Meinungen zu verbreiten. Insofern besitzen sie instrumentalen Charakter.[49]

17 Indem das Grundrecht der freien Meinungsäußerung und -verbreitung „die ständige geistige Auseinandersetzung, den Kampf der Meinungen (ermöglicht)", gewinnt es essentielle Bedeutung für den Prozess demokratischer Willensbildung, ist es für die freiheitliche demokratische Staatsordnung des Grundgesetzes, deren Lebenselement diese Auseinandersetzung ist, „schlechthin konstituierend".[50] Gleiches gilt für die Presse-, Rundfunk-, Fernseh- und Filmfreiheit,[51] ferner die Informationsfreiheit.[52] Dementsprechend gewähr-

---

[42] *Starck/Paulus* in MKS Rn. 41.
[43] *Bullinger* in HdbStR VII § 163 Rn. 181 f.; *Schulze-Fielitz* in Dreier Rn. 27 ff.; *Starck/Paulus* in MKS Rn. 41.
[44] *Degenhart* in BK Rn. 49, 50; *Stern* in Stern StaatsR IV/1 § 108 V 3a α; vgl. aber *Hoffmann-Riem* in AK Rn. 138 ff.
[45] *Degenhart* in BK Rn. 48.
[46] BVerfGE 7, 198 (208).
[47] BVerfGE 90, 27 (32).
[48] *Starck/Paulus* in MKS Rn. 5.
[49] *Starck/Paulus* in MKS Rn. 5.
[50] BVerfGE 7, 198 (208); 128, 226 (266).
[51] BVerfGE 20, 56 (97); 107, 299 (329); 117, 244 (258).
[52] BVerfGE 27, 71 (81); 35, 202 (221); 90, 27 (31 f.).

leistet Art. 5 Abs. 1 S. 2 den im Bereich von Presse und Rundfunk tätigen Personen und Organisationen Freiheitsrechte und schützt darüber hinaus in seiner objektiv-rechtlichen Bedeutung auch die institutionelle Eigenständigkeit der Presse und des Rundfunks.[53]

Problematisch wäre es, wenn man aus der fundamentalen Bedeutung eines freien Meinungs- und Willensbildungsprozesses für das demokratische Gemeinwesen eine generelle verfassungsrechtliche Privilegierung „politischer" oder jedenfalls auf „öffentliche" Angelegenheiten bezogener Meinungsäußerungen gegenüber Äußerungen anderen Inhalts ableiten wollte und entsprechenden Äußerungen bei der Kollision mit Grundrechten Dritter oder sonstigen Schutzgütern allgemein den Vorrang oder auch nur einen besonders hohen Rang einräumte. Ein derartiges einseitig funktional-demokratisches Verständnis der Meinungsgrundrechte wäre verfehlt. Politisches Handeln hat aus grundrechtlicher Sicht keinen prinzipiellen Vorrang vor politisch indifferentem Tun. Die einseitig hohe Einschätzung „politischer" oder „öffentlichkeitsbezogener" Meinungsäußerungen zu Lasten „privater" Grundrechtsbetätigung ist daher als schlechthin grundrechtsinadäquat abzulehnen.[54] Richtig ist aber, dass bei der Abwägung des konkret in Anspruch genommenen Meinungsgrundrechts gegenüber dem jeweiligen eingriffslegitimierenden öffentlichen Interesse, gegenüber kollidierenden Grundrechten Dritter und gegenüber sonstigen Schutzgütern der gesamte „Substanzreichtum" des betroffenen Grundrechts(-sektors) berücksichtigt werden muss, dh alles, was ihm an individuellem Freiheitsgehalt, an Funktion und an objektiven und institutionellen Schutzzielen abgewonnen werden kann.[55] Das bedeutet auch, dass bei Fragen, die das öffentliche Leben intensiv beschäftigen (können), die Abwägung in der Regel der Wichtigkeit und dem kontroversen Charakter solcher Auseinandersetzungen Rechnung tragen muss.[56] Aber auch wenn von einem der Meinungsgrundrechte lediglich im Rahmen einer „privaten" Auseinandersetzung Gebrauch gemacht wird, kann der Kernbereich der Meinungsfreiheit auf dem Spiel stehen.[57] Falsch wäre es schließlich, „geistige" Freiheit gegen „materielle" Freiheit in der Weise auszuspielen, dass man einer ökonomisch motivierten Inanspruchnahme der Meinungsgrundrechte von vornherein ein geringeres Gewicht beimäße als einer „öffentlichkeitsbezogenen" Meinungsäußerung.[58] Wenn dagegen jedweder „Öffentlichkeitsbezug fehlt *und* lediglich der Sensation wegen berichtet wird oder Angelegenheiten aus der Privatsphäre eines Betroffenen ans Licht gezogen werden", dh auch der Persönlichkeitsbezug der Meinungsäußerung vergleichsweise gering ist, ist eher eine Randzone des Grundrechtsschutzes betroffen.[59] **18**

Was die Freiheit von Wissenschaft, Forschung und Lehre betrifft, so wächst die Bedeutung ihrer verfassungsrechtlichen Gewährleistung mit der steigenden Bedeutung des Schutzgutes selbst; zutreffend spricht das BVerfG[60] von der „Schlüsselfunktion, die einer freien Wissenschaft sowohl für die Selbst- **19**

---

[53] BVerfGE 117, 244 (258 f.); 90, 60 (87); 119, 181 (214 ff.).
[54] Vgl. *Starck/Paulus* in MKS Rn. 9; *Stern* in Stern StaatsR IV/1 § 108 I 2a, 1381.
[55] Vgl. allg. *Wendt* AöR 104 (1979), 414 (468 f.); zust. *Schulze-Fielitz* in Dreier Rn. 45.
[56] BVerfGE 34, 269 (283); 61, 1 (11); 66, 116 (139).
[57] Problematisch daher BVerfGE 61, 1 (11); 66, 116 (151).
[58] Vgl. *Friauf/Höfling* AfP 1985, 249 (251); probl. daher BVerfGE 61, 1 (11); 66, 116 (139).
[59] BVerfGE 71, 206 (220).
[60] BVerfGE 35, 79 (114).

verwirklichung des Einzelnen als auch für die gesamtgesellschaftliche Entwicklung zukommt".

B. Einzelfragen

I. Freiheit der Meinungsäußerung und -verbreitung (Art. 5 Abs. 1 S. 1 Hs. 1)

20 **1. Jeder hat das Recht.** Mit der Formulierung **Jeder** ist das Grundrecht des Art. 5 Abs. 1 S. 1 Hs. 1 als Menschenrecht, also **auch für Ausländer,** gewährleistet.[61]

21 In Bezug auf **Minderjährige** stellt sich die Frage der **Grundrechtsmündigkeit** oder **Grundrechtsausübungsfähigkeit.**[62] Grundsätzlich ist jeder Jugendliche, der die geistig-physische Fähigkeit zur Meinungsbildung und -äußerung besitzt, auch in Bezug auf Art. 5 Abs. 1 S. 1 grundrechtsausübungsfähig;[63] denn Meinungsäußerungen sind weder auf den politischen Bereich beschränkt (und damit nicht an Wahlrechtsmündigkeit gekoppelt) noch notwendig mit Geschäftsfähigkeit iSd §§ 104 ff. BGB verbunden. Eine andere Frage ist, wieweit das durch Art. 6 Abs. 2 S. 1 geschützte elterliche Erziehungsrecht Schranken setzt.[64]

22 Gem. Art. 19 Abs. 3 gilt das Grundrecht des Art. 5 Abs. 1 S. 1 auch für **inländische juristische Personen,**[65] **nicht** jedoch für **ausländische juristische Personen;** die deutsche Staatsgewalt soll schon nach dem Wortlaut des Art. 19 Abs. 3 gegenüber ausländischen juristischen Personen, die sich weitgehend inländischer Kontrolle entziehen, nicht in gleicher Weise grundrechtlich gebunden sein wie gegenüber inländischen. Der menschenrechtliche Gehalt des S. 1 allein vermag angesichts des Wortlauts des Art. 19 Abs. 3 kein anderes Ergebnis zu begründen.[66] Juristische Personen mit **Sitz innerhalb der EU** sind allerdings aufgrund des Anwendungsvorrangs der Grundfreiheiten im unionalen Binnenmarkt (Art. 26 Abs. 2 AEUV), vermittelt durch das allgemeine Diskriminierungsverbot wegen der Staatsangehörigkeit (Art. 18 AEUV), wie inländische juristische Personen zu behandeln[67] und können sich demgemäß auf Art. 5 berufen.[68] Auch **nichtrechtsfähige Personenvereinigungen, zB** OHG, KG und nichtrechtsfähige Vereine, wie Gewerkschaften und **politische Parteien,** können sich auf Art. 5 Abs. 1 S. 1 berufen.[69] Art. 19 Abs. 3 will die Grundrechtsberechtigung nicht auf juristische Personen im strengen Sinn beschränken; Vereinigungen von natürlichen Personen stehen den natürlichen Grundrechtsträgern noch näher.[70] Die Grundrechtsträgerschaft **juristischer Personen des öffentlichen Rechts**

[61] Zur politischen Betätigung von Ausländern → Rn. 119 Stichw. Aufenthaltsgesetz.
[62] → Art. 2 Rn. 14.
[63] *Stern* in Stern StaatsR III/1 § 70 V 2d γ.
[64] → Art. 6 Rn. 134 ff.; *Grabenwarter* in Maunz/Dürig Rn. 28; *Stern* in Stern StaatsR III/1 § 70 V 4c.
[65] BVerfGE 95, 28 (34); 113, 63 (75); *Stern* in Stern StaatsR III/1 § 71 IV 6c β; *Bethge* in Sachs Rn. 24; *Degenhart* in BK Rn. 149.
[66] Ebenso *Degenhart* in BK Rn. 149; → Art. 19 Rn. 91.
[67] BVerfGE 129, 78 (99 f.); *Dreier* in Dreier Art. 19 III Rn. 83; *Grabenwarter* in Maunz/Dürig Rn. 36.
[68] *Degenhart* in BK Rn. 149.
[69] Ebenso *Degenhart* in BK Rn. 168; *Grabenwarter* in Maunz/Dürig Rn. 33.
[70] → Art. 19 Rn. 70 ff.

scheitert in der Regel schon an ihrer generellen Grundrechtsunfähigkeit.[71] Sind öffentlich-rechtliche Rechtsträger ausnahmsweise grundrechtsfähig (Universitäten, Rundfunkanstalten), bleibt ihre partielle Grundrechtsfähigkeit grundsätzlich auf das jeweilige Spezialgrundrecht (Wissenschaftsfreiheit, Rundfunkfreiheit) beschränkt, vermöge dessen sie allerdings grundrechtliche Meinungsfreiheit genießen.[72] Inzwischen hat das BVerfG jedoch den öffentlich-rechtlichen Rundfunkanstalten auch die Berufung auf ein die Ausübung der Rundfunkfreiheit unterstützendes Grundrecht, wie Art. 10, gestattet.[73]

Äußerungen von Staatsorganen (Organwaltern) in **amtlicher Eigenschaft** 23 bzw. zur Erfüllung der ihnen übertragenen Aufgaben, einschließlich staatlicher Öffentlichkeitsarbeit, sind **nicht** durch Art. 5 Abs. 1 geschützt, sondern durch die einschlägigen Status- und Kompetenznormen.[74] Deshalb fällt die Redefreiheit des BT-Abg. nicht unter Art. 5 Abs. 1 (auch nicht unter Art. 2 Abs. 1), sondern unter Art. 38 Abs. 1 S. 2.[75] Ebenso wenig ist die Wahlempfehlung, die ein Bürgermeister in amtlicher Eigenschaft abgibt, durch Art. 5 Abs. 1 gedeckt.[76] Wenn Staatsorgane als solche parteiergreifend zugunsten oder zulasten einer politischen Partei oder von Wahlbewerbern auf den Wahlkampf oder den politischen Wettbewerb einwirken, wird das Recht politischer Parteien, gleichberechtigt am Prozess der Meinungs- und Willensbildung des Volkes teilzunehmen, verletzt.[77] Wenn der Inhaber eines Ministeramtes außerhalb seiner amtlichen Funktionen am politischen Meinungskampf teilnimmt, kann er sich dagegen auf die Meinungsfreiheit berufen.[78]

2. Seine Meinung. Der **Begriff Meinung** ist „grundsätzlich weit zu verstehen".[79] Meinungen iSd Art. 5 Abs. 1 S. 1 sind jedenfalls Ansichten, Auffassungen, Überzeugungen, Wertungen, Urteile, Einschätzungen, Stellungnahmen zu allen möglichen sachlichen Gegenständen und Personen,[80] selbstverständlich auch Werturteile über Werturteile. Als entscheidend gilt insoweit also das Element der „Stellungnahme, des Dafürhaltens oder Meinens" im Rahmen einer geistigen Auseinandersetzung oder einer sonstigen sozialen Kommunikation,[81] die **wertende Stellungnahme.**[82] Dagegen ist nicht erforderlich, dass es sich um grundsätzliche Stellungnahmen handelt, die Anspruch auf Allgemeingültigkeit erheben.[83] Gleichgültig ist auch, ob die Meinung öffentliche (politische) oder private Angelegenheiten betrifft.[84] Art. 5 Abs. 1 S. 1 schützt **nicht nur „wertvolle" Meinungen:** Vor allem eine Differenzierung nach der sittlichen oder ethischen Qualität der Meinungen oder ihrer Wirkung auf andere würde den umfassenden Schutzanspruch der 24

---

[71] BVerfGE 68, 193 (207 f.); 75, 192 (197); *Degenhart* in BK Rn. 150.
[72] *Bethge* in Sachs Rn. 43; *Degenhart* in BK Rn. 150 ff.
[73] BVerfGE 107, 299 (310).
[74] BVerfGE 128, 226 (244 f.); 148, 11 (50 ff.); BVerwG NVwZ 2018, 433.
[75] BVerfGE 60, 374 (380); *Degenhart* in BK Rn. 153.
[76] BVerwGE 104, 323; 78, 216 (220); sa BVerwG BeckRS 2017, 135056.
[77] BVerfGE 44, 125 (141, 146); 136, 323 Rn. 28; 138, 102 Rn. 31; 140, 225 (9); 148, 11 (44 ff.); BVerfG DÖV 2018, 374.
[78] BVerfGE 138, 102 Rn. 50; 148, 11 Rn. 62; zur Abgrenzung gegenüber in Ausübung des Ministeramts getätigten Äußerungen ebd. Rn. 66.
[79] BVerfGE 61, 1 (9); 71, 162 (179).
[80] BVerfGE 33, 1 (14 f.); 93, 266 (289); *Starck/Paulus* in MKS Rn. 73.
[81] BVerfGE 61, 1 (8 f.); 65, 1 (41); 71, 162 (179); 124, 300 (320); BGHZ 130, 5 (11).
[82] *Degenhart* in MKS Rn. 108; BVerfGE 30, 336 (352): „Werturteil, eine Ansicht oder Anschauung bestimmter Art".
[83] *Starck/Paulus* in MKS Rn. 74.
[84] *Starck/Paulus* in MKS Rn. 74; *Bethge* in Sachs Rn. 23.

grundrechtlichen Garantie weitgehend relativieren; abgesehen davon wäre die Abgrenzung von „wertvollen" und „wertlosen" Meinungen schwierig, ja oftmals unmöglich.[85] Auch abwertende, verletzende und polemische Urteile über Verhältnisse, Geschehnisse und Personen sind als Meinungen iSd Art. 5 Abs. 1 S. 1 geschützt, soweit nicht eine der Schranken des Art. 5 Abs. 2 eingreift.[86] Geschützt sind – in den Schranken des Art. 5 Abs. 2 – auch extremistische Äußerungen, auch wenn sie grundlegende Wertungen der Verfassung in Frage stellen.[87] So ist auch die Befürwortung einer grundlegenden Änderung der politischen Ordnung von der Meinungsfreiheit umfasst. Das GG vertraut insofern „auf die Kraft der freien Auseinandersetzung als wirksamste Waffe auch gegen die Verbreitung totalitärer und menschenverachtender Ideologien".[88] Selbst die Verbreitung nationalsozialistischen Gedankenguts fällt nicht von vornherein aus dem Schutzbereich des Art. 5 Abs. 1 heraus.[89] In „einem pluralistisch strukturierten und auf der Konzeption einer freiheitlichen Demokratie beruhenden Staatsgefüge" ist eben „jede Meinung, auch die von etwa herrschenden Vorstellungen abweichende, schutzwürdig".[90]

25 Noch nicht restlos geklärt ist, ob bzw. wieweit die Behauptung oder **Mitteilung von Tatsachen** von Art. 5 Abs. 1 S. 1 erfasst wird. Der Wortlaut („Meinungen") und die abw. Formulierung in Art. 5 Abs. 1 S. 2 („Freiheit der Berichterstattung") scheinen dagegen zu sprechen. Doch ist heute weitgehend anerkannt, dass regelmäßig bereits in der Auswahl und Präsentation mitgeteilter Tatsachen – der Ausführlichkeit und Akzentuierung der Mitteilung, dem Fortlassen des für unbedeutend Gehaltenen – eine wertende Stellungnahme und damit eine Meinungsäußerung liegen wird. Zumindest wird das Mitgeteilte für mitteilenswert erklärt und insoweit bewertet.[91] Weiter wird eine Tatsachenmitteilung unstr. unter Art. 5 Abs. 1 S. 1 eingeordnet, soweit sie Voraussetzung für die Bildung von Meinungen ist.[92] Dies entspricht der Bedeutung des Grundrechts für einen freiheitlichen Kommunikationsprozess.[93] Ferner sollen Tatsachenmitteilungen jedenfalls dann von der Schutzwirkung des Art. 5 Abs. 1 S. 1 erfasst werden, wenn sie einem individuellen Mitteilungsbedürfnis des sich Äußernden entspringen.[94] Richtiger jedoch, als insoweit eine eigenständige Fallgruppe geschützter Meinungen anzunehmen, erscheint es, in dem Merkmal des **Hervorgehens einer Äußerung** (im weitesten Sinne) **aus einem individuellen Mitteilungsbedürfnis** das entscheidende, übergreifende Kriterium zu erkennen, mit

---

[85] BVerfGE 30, 336 (347); 61, 1 (7); 93, 266 (289); *Stern* in Stern StaatsR IV/1 § 108 II 3 α.

[86] BVerfGE 33, 1 (15); 54, 129 (139); 61, 1 (7 f.); 93, 266 (289); BVerfG NJW 2009, 749 (749); *Starck/Paulus* in MKS Rn. 74 f.

[87] BVerfG-K, NJW 2010, 2193 Rn. 22 ff.; NJW 2012, 1273 Rn. 18; *Degenhart* in BK Rn. 110.

[88] BVerfGE 124, 300 (320).

[89] BVerfGE 124, 300 (320 f.).

[90] BVerfGE 33, 1 (15).

[91] Vgl. *Degenhart* in BK Rn. 113; *Schmidt-Jortzig* in HdbStR VII § 162 Rn. 21; *Jestaedt* in HGR IV § 102 Rn. 37; vgl. auch *Schulze-Fielitz* in Dreier Rn. 63; auf die Verzahnung von Meinung ieS und Bericht hat das BVerfG für die Massenkommunikationsmittel mehrfach hingewiesen, BVerfGE 12, 205 (260); 31, 314 (326).

[92] BVerfGE 65, 1 (41); 85, 1 (15); 94, 1 (7); BVerfG NJW 2007, 2686 (2687); DVBl 2009, 1166 (1166); *Jarass* in Jarass/Pieroth Rn 6.

[93] *Hoffmann-Riem* in AK Rn. 30.

[94] Vgl. hierzu *Degenhart* in BK Rn. 105 unter Hinweis auf BVerwGE 43, 48 (51).

dessen Hilfe die durch Art. 5 Abs. 1 S. 1 erfassten Mitteilungen (Kundgaben von Meinungen ieS sowie Tatsachenmitteilungen) allgemein von den nicht erfassten abzugrenzen sind. Erst bei diesem Verständnis vermag die zum klassischen Bestand der Grundrechte gehörende Garantie der Meinungsfreiheit die ihr im Spektrum der Grundrechte obliegende spezifische Aufgabe im Blick auf die Entfaltung des Individuums und den freien Kommunikationsprozess in umfassender Weise zu erfüllen und dem Umstand Rechnung zu tragen, dass für beides aus grundrechtsteleologischer Perspektive die aus eigenem Antrieb erfolgende Mitteilung von Tatsachen von gleicher existentieller Wichtigkeit wie die „Meinungs"äußerung (ieS) ist.[95] Das Grundrecht des Art. 5 Abs. 1 S. 1 wird dann in der Tat zur umfassenden Garantie für die freie Mitteilung von Gedanken, Vorstellungen und Nachrichten aller Art, also für die Fähigkeit, sich anderen mitzuteilen und auf andere einzuwirken, und für den – in der Regel mit Hilfe der Sprache erfolgenden – geistigen Verkehr der Menschen untereinander überhaupt. Es wird zur Statuierung einer **umfassenden Äußerungsfreiheit.**[96]

Während das BVerfG wiederholt Tatsachenmitteilungen, denen es sowohl **26**
eine untrennbare Verbindung mit Werturteilen als auch eine Relevanz für die Meinungsbildung absprechen zu können glaubte, aus dem Schutzbereich des Art. 5 Abs. 1 S. 1 auszuklammern versucht hat,[97] hat es in einer späteren Entscheidung iSd hier vertretenen Konzeption anerkannt, dass Art. 5 Abs. 1 S. 1 jedermann das Recht, seine Meinung frei zu äußern, „gewährleistet, ohne ausdrücklich zwischen ‚Werturteil' und ‚Tatsachenbehauptung' zu unterscheiden".[98] Die ratio der Freiheitsgewährleistung wird hier offensichtlich im Schutz jedweden Mitteilungsbedürfnisses und dessen Verwirklichung gesehen, und folgerichtig, ohne Beschränkung auf Meinungsäußerungen ieS, wird betont, dass kraft der Meinungsfreiheitsgarantie „jeder (…) frei sagen können (soll), was er denkt". In diese Richtung weist auch die spätere Feststellung des BVerfG, dass sich der Sinn von Äußerungen nicht in der Kundgabe persönlicher Auffassungen oder Mitteilungen erschöpfe; Äußerungen richteten sich vielmehr an andere und seien in der Regel dazu bestimmt, meinungsbildend oder handlungsmotivierend auf sie einzuwirken.[99] Diese Konzeption wird jedoch nicht durchgehalten, wenn das BVerfG feststellt, dass **Tatsachenbehauptungen keine Meinungsäußerung** „im strengen Sinn" darstellen und als entscheidendes Kriterium die **Beweiszugänglichkeit der betreffenden Äußerung** hervorhebt.[100] Das Gericht erklärt in stRspr die Einordnung einer Äußerung als Werturteil oder als Tatsachenbehauptung zu einem Umstand, der für die rechtliche Beurteilung von Eingriffen in das Grundrecht auf Meinungsfreiheit von weichenstellender Bedeutung sei.[101] Bei Kollisionen

---

[95] Zu diesem Gesichtspunkt vgl. *Schulze-Fielitz* in Dreier Rn. 63; *Degenhart* in BK Rn. 112.

[96] Vgl. *Degenhart* in BK Rn. 112; s. iÜ die Übereinstimmung mit Art. 10 EMRK, der ohne Einschränkung die Freiheit schützt, „Informationen und Ideen (…) weiterzugeben".

[97] BVerfGE 28, 191 (199 f.); 54, 208 (219); 65, 1 (41); in den Fällen, in denen „eine Trennung der wertenden und der tatsächlichen Gehalte den Sinn der Äußerung aufhöbe oder verfälschte", sieht das BVerfG dagegen den Grundrechtsschutz gegeben, BVerfGE 85, 1 (15); vgl. auch BGH NJW 1994, 124 (126); BGHZ 132, 13 (21).

[98] BVerfGE 61, 1 (7).

[99] BVerfGE 97, 391 (398).

[100] BVerfGE 90, 241 (247); 99, 185 (196); BVerfG NJW 2003, 660.

[101] BVerfG NJW 2003, 1109 (1109); 2005, 3271 (3272); vgl. auch BVerfGE 114, 339 (352 ff.).

von Meinungsfreiheit und Persönlichkeitsrecht ist für das BVerfG von „weichenstellender Bedeutung für das Ergebnis der Abwägung (…) die Klärung, ob die Meinungsäußerung ein der Prüfung auf Wahrheit zugängliches Tatsachenelement enthält. Weist eine Äußerung in nicht trennbarer Weise sowohl tatsächliche als auch wertende Bestandteile auf, so wird sie als Werturteil behandelt, wenn sie durch die wertenden Elemente geprägt ist. Die Richtigkeit oder Unwahrheit der tatsächlichen Bestandteile ist dann jedoch im Rahmen der Abwägung zu berücksichtigen“.[102]

27 Wer dem hier vertretenen umfassenden Freiheitsverständnis nicht folgt, muss Tatsachenäußerungen nach der überkommenen Sichtweise jedenfalls dann als grundrechtlich geschützte Meinungsäußerung begreifen, wenn sie „meinungsbezogen“ in dem Sinne sind, dass sie mit einer wertenden Stellungnahme einhergehen, einem – in einem einschränkenden Sinne verstandenen – „individuellen Mitteilungsbedürfnis“ entspringen oder ihrerseits Voraussetzung für die Bildung von Meinungen sind. Dabei wird, wenn Wertung und Tatsachenmitteilung sich verbinden oder vermischen und beide sich, wie meist, nicht eindeutig trennen lassen, von einer einheitlichen Meinungsäußerung ausgegangen.[103] Auch bei dieser Sichtweise verbleibt nur ein schmaler Bereich grundrechtlich nicht von Art. 5 Abs. 1 S. 1 erfasster reiner Tatsachenmitteilungen, wie zB Angaben im Rahmen statistischer Erhebungen.[104]

28 Während bei der Äußerung von Meinungen ieS nicht zwischen vertretbaren und unvertretbaren unterschieden wird, sondern gerade die Subjektivität der Wertung als geschützt angesehen wird,[105] soll die – bewusste oder erwiesene – **Unrichtigkeit einer Tatsachenmitteilung** – die unrichtige Information oder das falsche Zitat – nicht in den Schutzbereich des Art. 5 Abs. 1 S. 1 fallen.[106] Gleiches wird für die Verwendung technisch manipulierter – man denke an die Möglichkeiten der digitalen Bildbearbeitung – fotografischer Abbildungen, die in satirischen Kontexten ohne die Verwendung von Worten Informationen über die abgelichtete Person übermitteln, angenommen.[107] Ob bewusst oder evident unwahre Tatsachenmitteilungen schon vom Grundrechtstatbestand nicht erfasst werden oder aber auf der Rechtfertigungsebene zurückstreten, erscheint allerdings nach der Stolpe-Entscheidung des BVerfG nicht mehr ganz eindeutig, wenn es dort heißt: „Grundsätzlich tritt die Meinungsfreiheit daher bei Tatsachenbehauptungen, die bewusst unwahr oder erwiesenermaßen falsch sind, hinter das Persönlichkeitsrecht zurück.“[108] Diese Formulierung könnte für eine Lösung auf der Rechtfertigungsebene sprechen.[109] In der Verneinung bereits der tatbestandlichen Einschlägigkeit bewusst oder evident unwahrer Tatsachenmitteilungen kommt eine überzogen objektivistisch-institutionelle Sicht der Meinungsfreiheit zum Ausdruck: es wird eine auf die „verfassungsrechtlich vorausgesetzte Aufgabe zutreffender Meinungsbildung“ bezogene „Wahrheits-

---

102 BVerfG NJW 2007, 2686 (2687); vgl. BVerfGE 85, 1 (17); 90, 241 (248 f.); 94, 1 (8).
103 So, zusf. referierend, *Degenhart* in BK Rn. 115.
104 BVerfGE 65, 1 (41).
105 *Starck/Paulus* in MKS Rn. 73.
106 BVerfGE 54, 208 (219); 61, 1 (7 ff.); 66, 116 (149); 82, 43 (51); 85, 1 (15); 90, 241 (249); 94, 1 (8); 99, 185 (197); BVerfG-K DÖV 2018, 913 f.; s. ferner BVerfGE 114, 339 (352); BVerwGE 55, 232 (241).
107 BVerfG NJW 2005, 3271 (3273).
108 BVerfGE 114, 339 (352).
109 *Degenhart* in BK Rn. 118.

pflicht" postuliert.[110] Tatsächlich ist dem Verfassungstext eine umfassende rechtliche Wahrheitspflicht, die sich ohne Bezug auf die in der Schrankenregelung des Art. 5 Abs. 2 genannten Rechtsgüter bestimmte, weder nach dem Wortsinn noch nach dem vorpositiven Begründungszusammenhang zu entnehmen.[111] Auf den Inhalt, den Wert oder Unwert einer Äußerung sowie den Zweck ihrer Formung darf es, soll der Grundrechtsschutz nicht ausgehöhlt werden, im gesamten thematischen Einzugsbereich von Art. 5 Abs. 1 S. 1 nicht ankommen. Mangelnde Schutzwürdigkeit unwahrer Tatsachenwiedergabe taugt deshalb als Kriterium der Schutzbereichsabgrenzung nicht[112] – selbst wenn die Schwierigkeit, wahr und falsch zu unterscheiden sowie objektive Wahrheit und subjektive Wahrhaftigkeit gegeneinander abzugrenzen, nicht bestände.[113]

Die Freiheit besser sichernd erscheint daher der Ansatz, die Mitteilung **29** unzutreffender Tatsachen einschließlich **fake news** (Falschnachrichten) ebenso wie unhaltbare Meinungen prinzipiell in den Grundrechtsschutz einzubeziehen und ihnen erst bei der Abwägung mit kollidierenden Rechten Dritter oder sonstigen verfassungsrechtlich geschützten Gütern ein gegen Null tendierendes Gewicht zuzumessen.[114] Soweit eine solche Kollisionslage nicht besteht, kann nur eine nicht-rechtliche (moralische) Pflicht zur Wahrhaftigkeit bestehen und verletzt werden.[115] Nach der hier entwickelten Auffassung erübrigt sich auch die (jedenfalls in rechtlicher Hinsicht) gekünstelte Unterscheidung des BVerfG zwischen „Fragen" und „Fragesätzen",[116] da (auch) letztere als rhetorische Fragen auch dann in den Schutzbereich des Art. 5 Abs. 1 S. 1 fallen, wenn ihnen allein eine Tatsachenbehauptung zugrunde liegt. Tatsachenbehauptungen, deren **Unwahrheit nicht erwiesen** ist, sieht auch das BVerfG vom Schutzbereich des Art. 5 Abs. 1 S. 1 umfasst, misst dem Umstand des Unerwiesenseins aber bei der Abwägung mit gegenläufigen Interessen Gewicht bei.[117]

Nach dem hier vertretenen offensiv-umfassenden, wertneutralen Freiheits- **30** verständnis, nach dem sich der Schutz der Äußerungsfreiheit gem. Art. 5 Abs. 1 S. 1 über wertende Stellungnahmen hinaus auf eigenmotivierte Äußerungen überhaupt erstreckt, besteht weder Anlass noch Rechtfertigung, der **Wirtschaftswerbung,** die darauf gerichtet ist, potentielle Käufer bzw. Abnehmer eines Produkts oder einer Leistung zu beeinflussen und kauf- bzw. abnahmebereit(er) zu machen, den Grundrechtsschutz dieser Vorschrift zu versagen.[118] Die Motive, die der einzelne Teilnehmer am Kommunikationsprozess konkret verfolgt, können hier ebenso wenig wie sonst zu einer Restriktion des Schutzbereichs führen. Schon gar nicht kann der Schutz des nicht nur im politischen oder „kulturellen", sondern gleichermaßen im wirt-

[110] BVerfGE 54, 208 (219 f.).
[111] *Köhler* NJW 1985, 2389 (2390).
[112] AA BVerfGE 54, 208 (219); BVerfG NJW 2003, 660 (661); *Bethge* in Sachs Rn. 28.
[113] *Schmidt-Jortzig* in HdbStR VII § 162 Rn. 22.
[114] *Schmidt-Jortzig* in HdbStR VII § 162 Rn. 22; *Schulze-Fielitz* in Dreier Rn. 66.
[115] *Köhler* NJW 1985, 2389 (2390).
[116] BVerfGE 85, 23 (32); sa OLG Brandenburg BeckRS 2016, 110519.
[117] BVerfGE 99, 185 (197); 114, 339 (352); BVerfG-K NJW 2007, 2686 (2687); DÖV 2016, 915; OVG Magdeburg BeckRS 2016, 47679.
[118] So *Lerche,* Werbung und Verfassung, 1967; *Friauf/Höfling* AfP 1985, 249 (253 f.); *Stern* in Stern StaatsR IV/1 § 108 II 3 δ; *Degenhart* in BK Rn. 133 ff.; *Schmidt-Jortzig* in HdbStR VII § 162 Rn. 23; *Schulze-Fielitz* in Dreier Rn. 62; *Starck/Paulus* in MKS Rn. 79; Grabenwarter in Maunz/Dürig Rn. 64; enger dagegen BVerfGE 102, 347 (359).

schaftlichen Bereich auf umfassend freie Kommunikation zielenden Art. 5 Abs. 1 S. 1 davon abhängig gemacht werden, ob der einzelne mehr oder minder eigennützige Ziele verfolgt. Handeln um der Gewinnerzielung willen lässt eine Äußerung nicht aus dem Schutzbereich des Grundrechts herausfallen.[119] Insgesamt stünde eine Schlechterstellung von Äußerungen wirtschaftswerbenden Charakters oder eine Scheidung je nach werbender Berufsgruppe oder Werbeform im Widerspruch zum Verbot staatlicher Bewertung von Meinungsäußerungen (iwS) nach Motivation, Gegenstand, Inhalt und Form.

31 Daher fällt auch die Werbung freier Berufe in den Schutzbereich des Art. 5 Abs. 1 S. 1.[120] Der Umstand, dass die Freiheit der beruflichen und betrieblichen Werbung auch in Art. 12 u. 14 gewährleistet ist, schließt es angesichts der Bedeutung des Art. 5 Abs. 1 S. 1 für die Wirtschaft sowie des spezifischen Gewährleistungsgehalts dieses Grundrechts nicht aus, Werbebeschränkungen und Werbeverbote an diesem Grundrecht zu messen. Die Notwendigkeit hierzu kann sich nicht zuletzt aus der häufigen Vermischung wirtschaftlicher und anderer Ziele ergeben. Funktion, Bedeutung und Wertigkeit der Werbung lassen sich für die verfassungsrechtliche Betrachtung nur sub specie aller diesbezüglichen (Wert-)Entscheidungen der Verfassung, dh aller einschlägigen Grundrechte mit ihrer je eigenen Bedeutung und Funktion, erfassen und beurteilen.[121] Allgemein hat Art. 5 Abs. 1 S. 1 als Kommunikationsgrundrecht eine Komplementärfunktion zu den spezifischen Wirtschaftsgrundrechten, die nur dann effektiv ausgeschöpft werden können, wenn der Schutz der wirtschaftlichen Entfaltung umfassend abgesichert ist.[122] Die angestellten Überlegungen bestätigen sich im Blick auf den Verbraucher bzw. sonstigen Adressaten der Wirtschaftswerbung. Für die Verwirklichung von dessen Freiheit der Konsum- und Investitionsentscheidung ist die Freiheit der Information über Produkte und Dienstleistungen (Art. 5 Abs. 1 S. 1 Hs. 2) wesentliche Bedingung. Diese Freiheit der Information über Waren- und Leistungsangebot hat ihrerseits die Freiheit der Wirtschaftswerbung, die den entsprechenden Überblick zu vermitteln vermag, zur notwendigen Voraussetzung. Die Wirtschaftswerbung darf daher nicht isoliert aus dem Blickwinkel der Meinungsäußerungsfreiheit gewürdigt werden.[123]

32 Das BVerfG hat sich der hier zur grundrechtlichen Zuordnung der Werbung vertretenen Auffassung ein Stück angenähert. Während es zunächst annahm, dass die reine Wirtschaftswerbung nicht von Art. 5 Abs. 1 S. 1, sondern von Art. 12 Abs. 1 erfasst werde,[124] und sich später erneut auf diesen Standpunkt stellte,[125] erkennt es heute an, „daß das Grundrecht der Meinungsfreiheit auch für eine Wirtschaftswerbung jedenfalls dann als Prüfungsmaßstab in Betracht kommt, wenn eine Ankündigung einen wertenden,

---

[119] *Friauf/Höfling* AfP 1985, 249 (253 f.); *Degenhart* in BK Rn. 132 ff.; *Starck/Paulus* in MKS Rn. 79; ob einer Meinungsäußerung wirtschaftliche Interessen bzw. Wettbewerbsabsichten zugrunde liegen, will auch BVerfG NJW 1992, 1153, erst im Rahmen der Abwägung nach Art. 5 Abs. 2 berücksichtigen; ebenso BGHZ 130, 196 (203 f.); BGH AfP 1997, 905 (907); zu einseitig BGHZ 130, 5 (11).

[120] *Stober,* Grundrechtsschutz der Wirtschaftstätigkeit, 1989, 146; BVerfGE 71, 162 (175).

[121] *Wendt* AöR 104 (1979), 414 (444 f.).

[122] Zust. *Stern* in Stern StaatsR IV/1 § 108 II 3a δ.

[123] *Stober,* Grundrechtsschutz der Wirtschaftstätigkeit, 1989, 147.

[124] BVerfGE 40, 371 (382).

[125] BVerfGE 60, 215 (229 ff.); unklar BVerfGE 53, 96 (99).

meinungsbildenden Inhalt hat oder Angaben enthält, die der Meinungsbildung dienen".[126] Allerdings ist auch mit diesen Entscheidungen die tatbestandliche Einschlägigkeit von Art. 5 Abs. 1 S. 1 nicht wirklich geklärt, da das BVerfG mit diesen Kriterien lediglich die allgemeine Definition für Meinungsäußerungen wiederholt.[127] Im Benetton-Fall konnte wegen der nicht produktbezogenen Aussage der „sprechenden Bilder" ein meinungsbildender Inhalt ohne weiteres bejaht werden, ebenfalls bei einer Werbung, die eine tierschutzfreundliche Herstellung oder Herkunft der beworbenen Produkte herausstellt.[128] In nicht derart eindeutigen Fällen bleibt die Rspr. des BVerfG eher zurückhaltend. So soll insbes. bei der beruflichen Außendarstellung einschließlich der Werbung für Produkte durch Gewerbetreibende und der Werbung für freie Berufe und deren berufsrechtlicher Beschränkung regelmäßig nur Art. 12 Abs. 1 einschlägig sein,[129] vor allem deshalb, weil hier spezifische Berufspflichten im Vordergrund stehen.[130] Der Arzneimittelwerbung für ein Präparat mit dem Hinweis auf therapeutische Äquivalenz hat das BVerfG[131] dagegen einen wertenden, meinungsbildenden Aussagegehalt beigemessen.[132]

Im Rahmen des **Art. 10 EMRK** werden Werbeausagen durch den EGMR als Meinungsäjußerungen eingeordnet.[133] Im Unionsrecht ist grenzüberschreitende Werbung für Waren eine Frage der Warenverkehrsfreiheit nach Art. 28 AEUV. Werbebeschränkungen betreffen insoweit Verkaufsmodalitäten.[134] Darüber hinaus bedeutet die Werbung selbst eine Dienstleistung nach Art. 56 AEUV.[135] Auch die Meinungsfreiheit nach Art. 11 Abs. 1 GRCh kann betroffen sein.[136] 33

Meinungsäußerung hat den Sinn, **geistige Wirkung** auf die Umwelt auszuüben. „Eine Trennung zwischen (geschützter) Äußerung und (nicht geschützter) Wirkung der Äußerung wäre sinnwidrig".[137] Obschon geistige Wirkung (Angst, Mutlosigkeit) auch mit brachialen Mitteln erreicht werden kann, fallen allerdings unter den Begriff der Meinung iSd Art. 5 Abs. 1 S. 1 schon tatbestandlich nicht Gewaltakte. Meinungskampf setzt auf den „herr- 34

[126] BVerfGE 71, 162 (175); erneut BVerfGE 95, 173 (182); 102, 347 (359); 107, 275 (280); BVerfG AfP 2001, 380; NJW 2014, 764 Rn. 20.
[127] *Ahrens* JZ 2004, 763 (764 ff.).
[128] BVerfG NJW 2002, 1187 (1188); zur gefühlsbetonten Werbung s. BGH NJW 2006, 149.
[129] BVerfG NJW 1995, 775; NJW 2001, 1926; NJW 2001, 2788; ferner BVerfG DVBl 2002, 691; OVG Münster NJW 2006, 857; BVerfG ZUM-RD 2000, 111, benennt Art. 5 Abs. 1 S. 1 neben Art. 12 als Prüfungsmaßstab für die Werbung einer Anwaltskanzlei; BVerfG NJW 1994, 3342 (3342), lässt ausdrücklich offen, ob Wirtschaftswerbung in den Schutzbereich des Art. 5 Abs. 1 S. 1 – und nicht nur in den des Art. 12 Abs. 1 – fällt; EGMR 17.10.2002 – 37928/97, EuGRZ 2002, 589 – Stambuk, misst das standesrechtliche Werbeverbot für Ärzte an Art. 10 EMRK.
[130] *Degenhart* in BK Rn. 134.
[131] BVerfG AfP 2001, 380.
[132] Sa *Zsöks,* Wirtschaftswerbung und Meinungsfreiheit, 2004, 35 ff.; grds. zutr. zum Schutz der Werbung durch Art. 5 Abs. 1 S. 1 BGHZ 130, 196 (203 f.); BGH AfP 1997, 905 (907).
[133] EGMR 26.3.1985 – 8978/80, EuGRZ 1985, 170 – X. und Y.; EGMR 28.3.1990 – 10890/84, EuGRZ 1990, 255 (256) – Groppera Radio AG u. a.; EGMR 20.11.1989 – 10572/83, EuGRZ 1996, 302 – Markt Intern.
[134] EuGH C-376/98, Slg. 2000, I-08419, ECLI:EU:C:2000:544 = NJW 2000, 3701 – Nichtigkeit der Tabakwerberichtlinie.
[135] *Degenhart* in BK Rn. 136.
[136] *Degenhart* in BK Rn. 136.
[137] BVerfGE 7, 198 (210); 61, 1 (7); BGH NJW 1964, 29 (30).

schaftsfreien Diskurs".[138] Dies ist bei der Garantie der Versammlungsfreiheit aus historischen Erfahrungen ausdrücklich ins Grundgesetz aufgenommen, gilt aber ebenso für Art. 5, der nur das friedliche Äußern einer Meinung schützt.[139] Beide Garantien haben den Zweck, den inneren Frieden auch vom Bereich grundrechtlicher Verbürgung aus zu sichern; zwischen verfassungsgeschützter Meinungskundgabe bzw. -demonstration und verfassungsfremder Meinungserzwingung besteht eine unüberbrückbare Kluft.[140] Die Meinungskundgabe ist eben nur „als Mittel des geistigen Meinungskampfes" geschützt,[141] auch die politische Auseinandersetzung bleibt im freiheitlich-demokratischen Staat auf den geistigen, gewaltfreien Kampf beschränkt.

35 Setzt die Minderheit im Wissen um ihre Erfolglosigkeit im geistigen Meinungskampf auf gewaltsame Meinungsdurchsetzung, stellt sie das – im Kern freiheitssichernde – Gewaltmonopol des Staates in Frage und gefährdet letztlich sich selbst.[142] Eine Handlung ist daher durch Art. 5 Abs. 1 S. 1 nicht geschützt, wenn sie „nicht nur auf geistige Argumente gestützt wird, sich also auf die Überzeugungskraft von Darlegungen, Erklärungen und Erwägungen beschränkt, sondern darüber hinaus sich solcher Mittel bedient, die den Angesprochenen die Möglichkeit nehmen, ihre Entscheidung in voller innerer Freiheit und ohne wirtschaftlichen Druck zu treffen".[143] Die wirtschaftliche Pression des Zeitungskonzerns gegen den von ihm wirtschaftlich abhängigen Zeitungshändler,[144] Körperverletzungen und Sachbeschädigungen[145] sind somit durch die Meinungsäußerungsfreiheit nicht gedeckt,[146] ebenso nicht Straßenbahnschienenblockaden, Straßensperrungen, Auslieferungssperren gegen Zeitungen sowie sonstige Blockade- und Besetzungsaktionen. Auch soweit sich solche Formen (psychischer) Gewalt auf passive Resistenz beschränken und als resonanzsichernde Maßnahmen aufsehenerregender Meinungskundgabe dienen, ist der staatliche Rechtsfrieden in einer Weise gefährdet, die mit der Grundrechtsausübung unvereinbar ist. Es geht bei derartigen Blockade- und Besetzungsaktionen um physisch vermittelte psychische Gewalt. Dem gezielten Einsatz des eigenen Körpers als Hindernis etwa bei einer Sitzblockade kann nur durch die Benutzung körperlicher Gewalt begegnet werden, was die Gefährdung des Rechtsfriedens deutlich illustriert.[147]

36 Nach der Rspr. der Zivilgerichte fällt das Recht, über wirtschaftliche Güter und Leistungen zu informieren und Kritik zu üben, grundsätzlich in den Schutzbereich der Meinungsäußerungs- (und Presse-)freiheitsgarantie.[148] Der Gewerbebetrieb muss sich einer Kritik seiner Leistung stellen. Eine

---

[138] *Bethge* in HdbStR VII § 158 Rn. 61.

[139] *Starck/Paulus* in MKS Rn. 95.

[140] *Kloepfer* in HdbStR VII § 164 Rn. 57.

[141] BVerfGE 25, 256 (264); 7, 198 (210); BGH NJW 1972, 1571 (1573); BVerwG NJW 1969, 1784.

[142] *Kloepfer* in HdbStR VII § 164 Rn. 67.

[143] BVerfGE 25, 256 (264 f.); 62, 230 (244 f.).

[144] BVerfGE 25, 256 (264 ff.).

[145] OLG Köln NJW 1970, 1322 (1324).

[146] Das Bedrängen von Passanten, um ihnen eine Meinungsäußerung aufzudrängen, will OLG Köln NVwZ 2000, 350 aber offenbar erst im Rahmen der Abwägung nach Art. 5 Abs. 2 würdigen; aA *Starck/Paulus* in MKS Rn. 94.

[147] BayObLG BayVBl. 1986, 314 (315); problematisch BVerfGE 73, 206 (231 ff.); 92, 1 (11 ff.); BayVGH NJW 1987, 2100 (2100), jeweils zu Sitzblockaden; weniger deutlich BVerfGE 104, 92 (101 ff.); ferner BVerfGE 76, 211 (215 ff.); BVerfG NJW 1991, 971 f.

[148] Zust. BVerfGE 60, 234 (239 ff.).

gewerbeschädigende Kritik wird daher jedenfalls außerhalb von Wettbewerbsverhältnissen nicht für grundsätzlich unzulässig erklärt.[149] Zutreffend ist die Ansicht des BGH, dass angesichts der Bedeutung der in Art. 5 Abs. 1 gewährleisteten Meinungsgrundrechte die **Grenze** zulässiger Kritik im Einzelfall **sehr weit** gezogen werden kann.[150] Eine Grenze für den Eingriff in den eingerichteten und ausgeübten Gewerbebetrieb liegt dort, wo eine sog. **Schmähkritik** vorliegt.[151] Betrifft ein Beitrag zur Meinungsbildung eine die Öffentlichkeit wesentlich berührende Frage, zB Missstände in einem ganzen Zweig der gewerblichen Wirtschaft, so dürfen „an die Zulässigkeit öffentlicher Kritik keine überhöhten Anforderungen gestellt werden".[152] Falsch wäre es, wenn man die für Gewerbekritik außerhalb von Wettbewerbsverhältnissen anerkannte tatbestandliche Einschlägigkeit von Meinungsäußerungs- (und Presse-)freiheitsgarantie für die Kritik am gewerblichen Angebot von Mitkonkurrenten verneinen wollte.[153] **Kritiker gefährlicher Produkte** sind „nicht auf eine ausgewogene oder gar schonende Darstellung" beschränkt,[154] es sei denn, sie nehmen eine besondere Objektivität in Anspruch.[155] Für vergleichende Warentests besteht ein weiter Spielraum.[156]

Str. ist, ob der **Boykottaufruf** schon vom Begriff der Meinungsäußerung nicht gedeckt ist oder ggf. nur gegen die Schranken des Art. 5 Abs. 2 verstößt. Das BVerfG, dessen Rspr. zu dieser Frage seit jeher durch dogmatische Unklarheiten gekennzeichnet ist,[157] sieht heute offenbar Boykottaufrufe als tatbestandliche Realisation der Meinungsgrundrechte an – unabhängig davon, ob der Boykottaufruf als Mittel zur Förderung privater Wettbewerbsinteressen eingesetzt wird bzw. sonst seinen Grund in eigenen Interessen wirtschaftlicher Art hat oder ob dies nicht der Fall ist.[158] Dieser Auffassung ist zuzustimmen. Die Meinungsäußerungs- und Pressefreiheit umfassen auf Grund ihrer thematischen Universalität auch wirtschaftsbezogene Äußerungen und Publikationen einschließlich der von der Rspr. als Boykottaufrufe qualifizierten Aufrufe, seien sie „uneigennützig" oder seien sie von einer „eigennützigen" ökonomischen Zielsetzung geprägt.[159] Auch die Rspr. des BGH lässt sich trotz ihrer vielfältigen terminologischen und dogmatischen Unklarheiten dahin verstehen, dass sie über die Boykottaufrufe ohne wettbewerbliche Zielsetzung hinaus auch diejenigen mit einer solchen Zielsetzung nicht schon von vornherein aus dem Schutzbereich des Art. 5 Abs. 1 ausklammern will.[160] Allerdings trifft die Rspr. des BGH noch mehr als **37**

---

[149] BGHZ 45, 296 (307); 65, 325 (331); BGH NJW 1987, 2746 (2746).

[150] BGHZ 65, 331; vgl. auch, zu abwertender Gastronomiekritik, LG Düsseldorf AfP 1982, 184, dazu *Mathy/Wendt* AfP 1982, 144; BGH NJW 1987, 1082.

[151] BGHZ 45, 310; 65, 333; BGH NJW 1981, 2117 (2119 f.); 1987, 1082 (1083).

[152] BVerfGE 60, 234 (240).

[153] So iE wohl auch BGH NJW 1987, 1082 (1082 f., 1084).

[154] BGHZ 91, 117 (121).

[155] *Schulze-Fielitz* in Dreier Rn. 296; *Jarass* in Jarass/Pieroth Rn. 91.

[156] BGHZ 65, 325 (331 ff.); BGH NJW 1997, 2593 (2594); *Schulze-Fielitz* in Dreier Rn. 296; *Jarass* in Jarass/Pieroth Rn. 91.

[157] Vgl. nur *Friauf/Höfling* AfP 1985, 249 (252) zu BVerfGE 7, 198; 25, 256.

[158] BVerfGE 62, 230 (244 f., 247 f.); BVerfG NJW 1989, 381 f.; NJW-RR 2008, 200; vgl. auch OLG Frankfurt MMR 2018, 474.

[159] *Friauf/Höfling* AfP 1985, 249 (254); *Degenhart* in BK Rn. 142; *Bethge* in Sachs Rn. 37 ff.

[160] BGH NJW 1985, 60 (62); 1985, 62 (63 f.); BGH NJW-RR 2014, 1508; NJW 2016, 1584 Rn. 21.

diejenige des BVerfG der Vorwurf, dass sie bei der Ermittlung der konkreten Reichweite des Grundrechtsschutzes, dh bei der iRd Art. 5 Abs. 2 vorzunehmenden Bestimmung der Schranken der Äußerungsfreiheit, gerade für den im Wettbewerbsverhältnis erfolgenden Boykottaufruf die Aufgabe einer sachgerechten Abwägung der kollidierenden Rechtsgüter – der Meinungs- und Pressefreiheit einerseits, des (Eigentums-)Schutzes des Gewerbebetriebs bzw. der Lauterkeit des Wettbewerbs andererseits – nur unvollkommen bewältigt. Nach gängiger Argumentation wird nämlich der Meinungsäußerungs- und Pressefreiheit des zum Boykott Auffordernden allgemein ein besonders hoher Rang zuerkannt und tendenziell oder sogar grundsätzlich der Vorrang vor den Interessen des Boykottierten eingeräumt, soweit die Aufforderung „ihren Grund nicht in eigenen Interessen wirtschaftlicher Art, sondern in der Sorge um politische, wirtschaftliche, soziale oder kulturelle Belange der Allgemeinheit (findet)" und damit „der Einwirkung auf die öffentliche Meinung (dient)".[161] Dient die Boykottaufforderung dagegen „über eine bestimmte Meinungskundgabe hinaus dazu (…), in den individuellen Bereich des wirtschaftlichen Wettbewerbs bestimmter Marktkonkurrenten einzugreifen, und (werden) das Recht auf freie Meinungsäußerung und das Informationsinteresse der Allgemeinheit lediglich als Mittel zum Zweck der Förderung privater Wettbewerbsinteressen eingesetzt", wird ein prinzipieller Vorrang der Interessen des Boykottierten postuliert.[162] Diese einseitige, pauschale und weitreichende Abwertung wettbewerblich motivierter Meinungsäußerung ist bereits im Ansatz verfehlt.[163]

38 Zutreffend wird im Übrigen angenommen, dass der Grundrechtsschutz aus Art. 5 Abs. 1 (erst) dort tatbestandlich endet, wo der Bereich geistiger Einwirkung auf die Adressaten der Meinungsäußerung oder die Öffentlichkeit verlassen und physischer, **wirtschaftlicher** oder vergleichbarer **Druck** zur Verstärkung der geäußerten Meinung eingesetzt wird.[164] Diese Grenze wird nicht überschritten, wenn die Adressaten des Boykottaufrufs mit rein argumentativen Mitteln ohne Einengung ihrer Entscheidungsfreiheit zu dem empfohlenen Verhalten bewegt werden sollen.[165] Anders ist es zB, wenn die beherrschende Position einer Verlagsgruppe als Mittel der Meinungsdurchsetzung eingesetzt wird.[166]

39 **3. In Wort, Schrift und Bild.** Die Begriffe „Wort, Schrift und Bild" sind **weit auszulegen.**[167] **„Wort"** erfasst alle hörbaren Meinungsäußerungen, auch gesungene (Bsp.: Nationalhymne) und über Speichermedien konservierte und so übermittelte.[168] **„Schrift"** sind alle denkbaren Schriftarten, auch Kurzschrift, Blindenschrift, Lichtwanderschrift, Leuchtschrift, jede Form der elektronischen Textübertragung und -speicherung, zB Videotext und Inter-

---

161 BVerfGE 62, 244 (247 f.); ferner BGH NJW 1985, 60 (62); 1985, 62 (63); NJW-RR 2014, 1508 Rn. 24; NJW 2016, 1584 Rn. 23.

162 BGH NJW 1985, 62 (63); 1985, 60 (62); NJW-RR 2014, 1508 Rn. 25; NJW 2016, 1584 Rn. 24; BVerfGE 62, 247 f.; *Schulze-Fielitz* in Dreier Rn. 163.

163 → Rn. 18.

164 BVerfGE 25, 256 (264 f.); 62, 230 (245 f.); BVerfG NJW 1989, 381 (382); OLG München ZUM-RD 2002, 370; *Starck/Paulus* in MKS Rn. 94; *Degenhart* in BK Rn. 142.

165 Sollte dieses Verhalten in einem Vertragsbruch bestehen, kann dies erst im Zusammenhang mit Art. 5 Abs. 2 berücksichtigt werden, so BVerfG NJW 1989, 381 (382), unter Korrektur von BGH NJW 1985, 1620 (1621).

166 Vgl. *Friauf/Höfling* AfP 1985, 249 (256).

167 *Schulze-Fielitz* in Dreier Rn. 67.

168 *Degenhart* in BK Rn. 139.

net,[169] und Geheimschrift; gedruckte Schrift fällt darunter, soweit sie nicht bereits vom Begriff des Presseerzeugnisses[170] umfasst ist. Es muss sich um Individualkommunikation handeln, die nicht unter den Schutz der Rundfunkfreiheit fällt.[171] **„Bild"** ist über die bildliche Darstellung hinaus jedes aus sich selbst verständliche Zeichen (bildhafte Meinungsäußerung), sei es gemalt, gezeichnet, fotografiert oder sonstwie dargestellt,[172] soweit es sich nicht um Schrift handelt; [173] ebenso das Farbentragen studentischer Verbindungen, wenn damit eine Meinungsäußerung beabsichtigt ist.[174]

Der Wegfall der in Art. 118 Abs. 1 S. 1 WRV enthaltenen Formulierung **40**
„in sonstiger Weise" ist „lediglich auf das Bestreben zu äußerster Konzentration zurückzuführen".[175] Deshalb wird die Aufzählung der Übermittlungsformen „Wort, Schrift und Bild" von der hL nur als **beispielhaft** angesehen.[176] Geht man von der Möglichkeit weitester Auslegung dieser Begriffe aus,[177] so ist es unschädlich, die Aufzählung als **abschließend** anzusehen;[178] denn Gesten, Tragen bestimmter Symbole usw lassen sich unter den weit verstandenen Begriff „Bild" subsumieren.[179]

4. Frei zu äußern und zu verbreiten. Str. ist, ob zwischen **„äußern"** **41**
und **„verbreiten"** ein Unterschied besteht. Denkbar wäre eine Unterscheidung iSd Gegenüberstellung von eigener Meinung (äußern) – fremder Meinung (verbreiten) oder iSv Kundgabe gegenüber einzelnen (äußern) – gegenüber der Allgemeinheit (verbreiten)[180] oder iSv Abgabe einer Erklärung (äußern) – Kontaktaufnahme mit anderen (verbreiten) oder iSv einfacher Mitteilung der eigenen Meinung an andere (äußern) – Hinwirken auf Übernahme durch andere (verbreiten) oder iSv Abgabe der Meinungsäußerung – mehr oder minder langer Prozess der Informationsübertragung.[181] Richtig ist: Während das „Äußern" mehr den Aspekt des Sich-nach-außen-Wendens des Grundrechtsträgers im Sinne der vernehm- und sichtbaren Artikulierung der Meinung betont, steht beim „Verbreiten" stärker der Aspekt der Kontaktherstellung mit dem oder den Adressaten der Meinungskundgabe im Vordergrund. Angesichts des Anliegens des Art. 5 Abs. 1 S. 1 ist beides unauflöslich miteinander verknüpft, weshalb die Paulskirchenverfassung und die WRV auf die Aufnahme des „Verbreitens" verzichten konnten. Die Meinungsäußerung ist nicht Selbstzweck, sondern wesensnotwendig angelegt auf das Erzielen einer geistigen Wirkung, auf Meinungsbildung und Über-

---

[169] Hierzu *Starck/Paulus* in MKS Rn. 86; *Degenhart* in BK Rn. 140.

[170] → Rn. 59.

[171] *Starck/Paulus* in MKS Rn. 88.

[172] ZB Anti-Atomkraft-Plakette, BVerfGE 71, 108 (113); „H. I. V. POSITIVE-Anzeige" als „sprechendes Bild", BVerfGE 107, 275 (280).

[173] *Starck/Paulus* in MKS Rn. 89.

[174] Zutr. *Starck* in MKS Rn. 141; aA BVerwGE 7, 125 (131 ff.) mit der Begründung, es handele sich nur um eine studentische Sitte, nicht dagegen um eine gewollte Werbung für eine Überzeugung. Zum Uniformtragen als „bildhafte und suggestive kollektive Meinungsbekundung" vgl. BVerfG NJW 1982, 1803.

[175] *Ridder* in BNS Grundrechte II, 1954, 274.

[176] *Schmidt-Jortzig* HdbStR VII § 162 Rn. 25.

[177] → Rn. 39.

[178] Vgl. JöR 1 (1951), 80 (82); *Starck/Paulus* in MKS Rn. 86; aA *Bethge* in Sachs Rn. 44 f. unter Hinweis auf die Funktion der Meinungsäußerungsfreiheit als Auffanggrundrecht im Bereich der sog. „Neuen Medien".

[179] *Starck/Paulus* in MKS Rn. 89 f.

[180] So *Lenz* in Hamann/Lenz Bem. B 3.

[181] *Jarass* in Jarass/Pieroth Rn. 9.

zeugung des (der) Adressaten[182] und damit auf die Möglichkeit, andere mit seiner Meinung werbend zu erreichen. Der Grundrechtsschutz umfasst diese kommunikative Entfaltung des sich Äußernden insgesamt. Dies zu verdeutlichen und Verkürzungen vorzubeugen ist Sinn der ausdrücklichen Nennung des Merkmals „Verbreiten".[183] Das Äußern und das Verbreiten können daher nicht im Sinne festumrissener Tatbestandsmerkmale voneinander getrennt werden.[184] Dem entspricht es, wenn das BVerfG auch die Wahl von Ort und Zeit einer Äußerung als geschützt ansieht und dem sich Äußernden die Wahl derjenigen Umstände zugesteht, „von denen er sich die größte Verbreitung oder die stärkste Wirkung seiner Meinungsäußerung verspricht".[185]

42 **Nicht** umfasst von der Meinungsfreiheit ist die **Informationsbeschaffung.** Unabhängig davon, ob man auch die Meinungsbildung durch das Grundrecht der Meinungsfreiheit geschützt sieht, kann hierdurch das Sammeln von Informationen nicht generell geschützt sein,[186] da die Informationsfreiheit sonst keine eigenständige Bedeutung mehr hätte.[187]

43 Die Gewährleistung, seine Meinung **frei** zu äußern und zu verbreiten, bedeutet die **Freiheit von staatlicher Lenkung, Behinderung und sonstiger Beeinträchtigung.** Unzulässig sind demnach – sofern nicht die Schranken des Abs. 2 eingreifen[188] – die faktische Behinderung oder Beseitigung der Möglichkeit der Meinungsäußerung (Übertönen der Sprachäußerungen, Anhalten von Briefen), die Trennung des Meinungsäußernden von seiner Zuhörerschaft,[189] rechtliche Verbote („Maulkorbgesetze"), Verbote mit Erlaubnisvorbehalt, Auflagen[190] oder das Knüpfen nachteiliger Rechtsfolgen an eine bestimmte Meinungsäußerung;[191] zu den faktischen Beeinträchtigungen rechnen auch das heimliche Abhören oder das heimliche Festhalten von Äußerungen durch Tonbandaufnahmen, weil hierdurch die Integrität einer Meinungsäußerung, ihre Unbefangenheit, Exklusivität oder Vertraulichkeit angetastet wird.[192] Es fragt sich, inwieweit die Nutzung sozialer Netzwerke, der **Social Media,** etwa der Internet-Social-Media-Plattform Facebook, zu Meinungskundgaben durch private Akteure Gegenstand medienrechtlicher Regulierung sein kann. Angesichts der verfassungsrechtlichen wie auch europarechtlichen Gewährleistungen freier Kommunikation im Internet ist hier Zurückhaltung geboten. Wenn allerdings die Nutzung von Social Media zu Gefährdungen von Rechtsgütern der Allgemeinheit wie vor allem auch der einzelnen Teilnehmer führen kann, kommen staatliche Gewährleistungsfunktionen zum Tragen.[193] Gleiches gilt, wenn der Betreiber von Social Media, etwa durch Nutzung seiner Markt-

---

182 → Rn. 34.

183 Vgl. *Ridder* in BNS Grundrechte, Bd. II, 1954, 274.

184 Vgl. *Starck/Paulus* in MKS Rn. 93; *Degenhart* in BK Rn. 138; *Grabenwarter* in Maunz/Dürig Rn. 80.

185 BVerfGE 93, 266 (289).

186 Für das Ordnen, Archivieren, Kombinieren und Verarbeiten von Informationen nehmen einen Schutz an *Starck/Paulus* in MKS Rn. 99.

187 Vgl. *Wendt* AfP 2004, 181 (184); *Jarass* in Jarass/Pieroth Rn. 9.

188 → Rn. 111–138.

189 BayObLG NJW 1969, 1127.

190 BVerfGE 85, 248 (263).

191 BVerfGE 86, 122 (128).

192 *Schmidt-Jortzig* in HdbStR VII § 162 Rn. 30; *Starck/Paulus* in MKS Rn. 267; *Jarass* in Jarass/Pieroth Rn. 15.

193 *Degenhart* in BK Rn. 323.

macht, solche Gefährdungen bewirkt.[194] Neben einer Verantwortung desjenigen, der ein Internetportal für Meinungsäußerungen einschließlich Tatsachenbehauptungen nutzt, kommt eine **Haftung des Betreibers** des Portals nach den allg. Gesetzen nur dann in Betracht, wenn er die inhaltliche Verantwortung für die auf seiner Seite veröffentlichten Inhalte übernimmt oder den zurechenbaren Anschein erweckt, er identifiziere sich mit den fremden Inhalten (Zu-eigen-Machen der Inhalte).[195] In ständiger Rspr. hat der BGH dagegen eine allg. Pflicht des Betreibers verneint, jeden fremden Inhalt vor dem Zugänglichmachen im Internet auf mögliche Rechtsverletzungen hin zu untersuchen.[196] Erst bei Kenntniserlangung einer klaren Rechtsverletzung müsse er aktiv werden und den rechtsverletzenden Inhalt – etwa eine unwahre Tatsachenbehauptung bei einer Hotelbewertung – unverzüglich entfernen sowie Vorsorge gegen zukünftige derartige Rechtsverletzungen treffen.[197] Wird er dahingehend von einem Betroffenen in Anspruch genommen, kommt es insoweit zu einer – zulässigen – „indirekten Zensur". Die hiermit angesprochene Haftungsprivilegierung gem. § 7 Abs. 2, § 10 S. 1 Nr. 1 TMG wendet der BGH auch auf Unterlassungsansprüche an. Um die sozialen Netzwerke zu einer zügigeren und umfassenderen Bearbeitung von Beschwerden insbesonderer von Nutzern über Hasskriminalität, strafbare Falschnachrichten und andere strafbare Inhalte anzuhalten, sind durch das Gesetz zur Verbesserung der Rechtsdurchsetzung in sozialen Netzwerken[198] gesetzliche Compliance-Regeln für soziale Netzwerke eingeführt worden. Es verpflichtet soziale Netzwerke, Verfahren einzuführen, durch welche die Löschung von nach Maßgabe der in § 1 Abs. 3 NetzDG aufgelisteten Strafrechtsnormen rechtswidrigen Inhalten binnen bestimmter Fristen gewährleistet wird **(Verpflichtung zur Selbstregulierung).**[199] Zur Gewährleistung eines effektiven Datenschutzes (des Rechts auf informationelle Selbstbestimmung bzw. Persönlichkeitsrechtschutzes) hat der Bürger schließlich gegenüber natürlichen und juristischen Personen, Behörden, Einrichtungen oder anderen Stellen, die über die Zwecke und Mittel der Verarbeitung von personenbezogenen Daten entscheiden (Art. 4 Nr. 7 DSGVO), also auch gegenüber Netzwerk- und anderen Plattformbetreibern wie Facebook, unter den Voraussetzungen des Art. 17 Abs. 1a bis f DSGVO einen Anspruch auf die Löschung der auf seine Person bezogenen Daten **(Recht auf Vergessenwerden).**[200] Nur ausnahmsweise gebührt dem Recht auf Meinungs- und Informationsfreiheit Dritter nach Art. 11 GRCh sowie öffentlichen Interessen Vorrang (Art. 17 Abs. 3 DSGVO).[201] Namentlich die Google Spain-

---

[194] *Degenhart* in BK Rn. 323.

[195] BGH GRUR 2015, 1129 Rn. 25; *Baars* DB 2015, 2742 (2743).

[196] BGH GRUR 2015, 1129 Rn. 31, 42; diese Grundsätze stehen im Einklang mit der Rspr. des EuGH, vgl. EuGH C-360/10, ECLI:EU:C:2012:85 = GRUR 2012, 382 Rn. 34 ff. – SABAM/Netlog.

[197] BGH GRUR 2015, 1129 Rn. 42; Urt. v. 4.4.2017 – VI ZR 123/16 –, juris Rn. 18; *Baars* DB 2015, 2742 (2743 f.).

[198] Vom 1.9.2017, BGBl. I S. 3352.

[199] *Mitsch* DVBl. 2019, 811 (816); zum Vorschlag, den sozialen Netzwerken in Fällen schwerer Hasskriminalität wie Morddrohungen und Volksverhetzung künftig eine Meldepflicht gegenüber dem Bundeskriminalamt aufzuerlegen, vgl. *Lambrecht* FAZ Nr. 257 v. 5.11.2019, S. 8.

[200] Vgl. *Leutheusser-Schnarrenberger* in Schwartmann/Jaspers/Thüsing DS-GVO/BDSG Art. 17 Rn. 41.

[201] *Leutheusser-Schnarrenberger* in Schwartmann/Jaspers/Thüsing DS-GVO/BDSG Art. 17 Rn. 53 ff.

Entscheidung des EuGH[202] hat unter Anerkennung der überragenden Bedeutung der Meinungsfreiheit die Kehrseite der weltweiten Verfügbarkeit von personenbezogenen Daten und die Gefährdung elementarer Grundrechte des Einzelnen sichtbar gemacht.[203]

44 Am Beispiel des „Rechts auf Vergessenwerden" hat das BVerfG unlängst wesentliche Aussagen zum **Grundrechtsschutz im Internet** getroffen. In zwei Beschlüssen hat es erstmals entschieden, dass es die Anwendung des Unionsrechts durch deutsche Stellen selbst am Maßstab der Unionsgrundrechte prüft, soweit diese die deutschen Grundrechte verdrängen. Letzteres ist bei der Anwendung unionsrechtlich vollständig vereinheitlichter Regelungen grundsätzlich der Fall.[204] Die Situation einer unionsrechtlich vollständig vereinheitlichten Regelung sieht das BVerfG im Beschluss 1 BvR 276/17 hinsichtlich des Rechts auf Vergessenwerden in Art. 17 DSGVO als gegeben an.[205] Das Gericht stellt zudem klar, dass wie die Grundrechte des Grundgesetzes auch die Grundrechte der GRCh nicht nur Schutz im Staat-Bürger-Verhältnis, sondern auch in privatrechtlichen Streitigkeit gewährleisten und hierbei miteinander in Ausgleich zu bringen sind.[206] Verlangt ein Betroffener von einem Suchmaschinenbetreiber die **Löschung personenbezogener Daten** gemäß Art. 17 DSGVO, so sind daher auf seiner Seite in die Abwägung die Grundrechte auf Achtung des Privat- und Familienlebens aus **Art. 7 GRCh** und auf Schutz personenbezogener Daten aus **Art. 8 GRCh,** auf Seiten des Suchmaschinenbetreibers dessen Recht auf unternehmerische Freiheit aus Art. 16 GRCh einzustellen. Einzustellen sind darüber hinaus die von einem solchen Rechtsstreit unmittelbar betroffenen Rechte Dritter – so neben den Zugangs- bzw. Informationsinteressen der Nutzer (als Ausdruck des in Art. 11 GRCh verbürgten Rechts auf freie Information) die Meinungsfreiheit des Inhalteanbieters aus Art. 11 GRCh, in concreto des Norddeutschen Rundfunks.[207] Der Beschluss des BVerfG 1 BvR 16/13 betraf dagegen die Verarbeitung personenbezogener Daten zu jounalistischen Zwecken und damit den Bereich des sog. **Medienprivilegs,** bei dem es nicht um die Anwendung vollständig determinierten Unionsrechts geht, sondern für dessen Ausgestaltung den Mitgliedstaaten unionsrechtlich ein Ausgestaltungsspielraum zusteht (Art. 85 Abs. 2 DSGVO).[208] Hier prüft das BVerfG primär die Auslegung des Fachrechts am Maßstab der Grundrechte des Grundgesetzes, auch wenn daneben gleichzeitig die Unionsgrundrechte gelten.[209] Geltend gemacht

---

[202] EuGH C-131/12, ECLI:EU:C-2014:317.

[203] *Leutheusser-Schnarrenberger* in Schwartmann/Jaspers/Thüsing DS-GVO/BDSG Art. 17 Rn. 2; nach dem Urt. des EuGH vom 24.9.2019 – EuGH C-507/17, ECLI:EU:C:2019:772 – erstreckt sich die Pflicht von Google zur Löschung seiner Suchergebnisse nur auf alle Staaten innerhalb der EU; Google muss aber dafür sorgen, dass die Internetnutzer davon abgehalten werden, von einem Mitgliedstaat aus auf die entsprechenden Links in Nicht-EU-Versionen der Suchmaschine zuzugreifen („Geoblocking").

[204] BVerfG Beschl. vom 6.11.2019 – 1 BvR 276/17 – LS 1 und 2 und Rn. 32 ff. – Recht auf Vergessen II; Beschl. vom 6.11.2019 – 1 BvR 16/13 – Rn. 39 – Recht auf Vergessen I; zur kompetenziellen Würdigung und verfassungsprozessualen Konsequenzen der Entscheidungen vgl. *Klein* DÖV 2020, 341 ff.

[205] BVerfG Beschl. vom 6.11.2019 – 1 BvR 276/17 – Rn. 33 ff.

[206] BVerfG Beschl. vom 6.11.2019 – 1 BvR 276/17 – Rn. 96 f.; vgl. auch EuGH C-580/13, EU:C:2015:485 Rn. 33 ff. – Coty Germany; C-516/17, EU:C:2019:625 Rn. 51 ff. – Spiegel Online.

[207] BVerfG Beschl. vom 6.11.2019 – 1 BvR 276/17 – Rn. 98 ff.

[208] BVerfG Beschl. vom 6.11.2019 – 1 BvR 16/13 – Rn. 39.

[209] BVerfG Beschl. vom 6.11.2019 – 1 BvR 16/13 – LS 1 und Rn. 42 ff., 63 ff.

wurden Schutzansprüche gegenüber der Verbreitung von alten Presseberichten in einem Online-Archiv. Bei der Abwägung der sich gegenüberstehenden Grundrechte – des allgemeinen Persönlichkeitsrechts (Art. 2 Abs. 1 i. V. m. Art. 1 Abs. 1) in seinen Schutzdimensionen des Äußerungsrechts auf der einen, der Meinungs- und Pressefreiheit (Art. 5 Abs. 1 Satz 1 und 2) auf der anderen Seite – maß das BVerfG der Zeit unter den Kommunikationsbedingungen des Internets ein besonderes Gewicht bei („Recht auf Vergessen").[210] Für den Grundrechtsausgleich zwischen einem Presseverlag, der seine Berichte in einem **Online-Archiv** bereitstelle, und den durch die Berichte Betroffenen sei zu berücksichtigen, wieweit dem Verlag Mittel zu Gebote stünden, zum **Schutz der Betroffenen** auf die Erschließung und Verbreitung der alten Berichte im Internet – insbesondere auf deren Auffindbarkeit durch Suchmaschinen bei namensbezogenen Suchabfragen – Einfluss zu nehmen.[211]

Unzulässig ist auch die Verpflichtung, eine bestimmte Meinung zu bekennen (**negative Meinungsfreiheit;** diese schützt nach dem BVerfG[212] aber nicht gegen die behördliche Anforderung rein statistischer Daten, die allein am allgemeinen Persönlichkeitsrecht gemessen wird)[213], oder eine Verpflichtung zum Anhören von fremden Meinungen ohne Möglichkeit des Sich-Entfernens. Jedoch soll die (negative) Meinungsfreiheit eines Unternehmens, das zum Abdruck eines staatlichen Warnhinweises auf Produktpackungen verpflichtet ist, (jedenfalls) dann nicht betroffen sein, wenn die Warnung „deutlich erkennbar Äußerung einer fremden Meinung" ist.[214] Folgt man dem, ändert sich durch die auf der Grundlage der Tabakproduktrichtlinie RL 2001/37/EG Ende 2005 erfolgte Änderung der Tabakproduktverordnung, durch die die vorher vorgeschriebene Zuordnung der auf Tabakprodukten obligatorischen Warnhinweise zu den „EG-Gesundheitsministern" entfallen ist, nichts, wenn man die Neufassung der Verordnung „verfassungskonform" dahingehend auslegt, dass die Angabe der Urheber der Warnhinweise dem Tabakproduzenten freigestellt ist.[215] **45**

Art. 5 Abs. 1 S. 1 gibt dagegen **keinen Anspruch auf Verschaffung einer Zuhörerschaft.**[216] Wollen Allgemeinheit oder einzelne eine Meinung nicht zur Kenntnis nehmen, so dürfen sie zur Kenntnisnahme nicht gezwungen werden. Ebenso wenig gewährleistet Art. 5 Abs. 1 S. 1, dass geeignete Foren (Örtlichkeiten, Räume, Gelegenheiten, Pressespalten, Auftritte in Rundfunk und Fernsehen) oder andere Mittel für die Äußerung und Verbreitung der Meinung (Finanzen, Zugangsrechte zur Massenkommunikation) zur Verfügung stehen oder verschafft werden. Mit der Meinungsäußerungsfreiheit wird nur die geistige Wirkungsmöglichkeit, nicht aber der Erfolg oder auch nur der Erfolgsweg garantiert.[217] Allerdings können Straßen und Plätze im Rahmen des Gemeingebrauchs für Zwecke der Meinungsverbreitung benutzt werden.[218] **46**

---

[210] BVerfG Beschl. vom 6.11.2019 – 1 BvR 16/13 – LS 2a, b und Rn 75 ff., 96 ff.

[211] BVerfG Beschl. vom 6.11.2019 – 1 BvR 16/13 – LS 2c und Rn. 153.

[212] BVerfGE 65, 1 (40 f.).

[213] Zum Ganzen *Schmidt-Jortzig* in HdbStR VII § 162 Rn. 31 f.; *Merten* DÖV 1990, 761.

[214] BVerfGE 95, 173 (182); krit. *Di Fabio* NJW 1997, 2863 f.

[215] Vgl. *Hardach/Ludwigs* DÖV 2007, 288.

[216] BVerfGE 104, 92 (115, 117); *Grabenwarter* in Maunz/Dürig Rn. 81.

[217] Vgl. *Starck/Paulus* in MKS Rn. 96; *Schmidt-Jortzig* in HdbStR VII § 162 Rn. 28; ferner BVerwGE 72, 113 (118); 87, 270 (274).

[218] Vgl. *Starck/Paulus* in MKS Rn. 97; → Rn. 118 Stichw. Straßengesetze; ferner → Art. 8 Rn. 71 f.; zum Verbreitungsrecht auf öffentlichen Foren vgl. jetzt BVerfGE 128, 226, Fraport.

47 Das Grundrecht der Meinungsäußerungsfreiheit erfasst nicht das Recht auf Gehör gegenüber Behörden und Gerichten oder Meinungskundgaben, die in Form der Teilhabe an der Staatsgewalt, zB durch Stimmabgabe bei Wahlen, erfolgen;[219] hier sind andere Normen des GG (Art. 20 Abs. 1, Art. 103 Abs. 1, Art. 38 Abs. 1) anzuwenden.

48 Entsprechend der Entstehung und Konzeption der Grundrechte wird der sich Mitteilende vor staatlichen Einwirkungen geschützt. Eine interpersonale Geltung der Meinungsfreiheit, ihre **„Drittwirkung"**, kommt lediglich bei der Ausfüllung zivilrechtlicher Wertmaßstäbe in Betracht.[220] Im Wege der mittelbaren Drittwirkung hat das Grundrecht auf die **privatrechtlichen Rechtsbeziehungen** eine Ausstrahlungswirkung und ist von den Gerichten, insb. über zivilrechtliche Generalklauseln und unbestimmte Rechtsbegriffe, bei der Auslegung des Zivilrechts zur Geltung zu bringen.[221]

II. Informationsfreiheit (Art. 5 Abs. 1 S. 1 Hs. 2)

49 **1. Und sich aus allgemein zugänglichen Quellen.** Die Informationsfreiheit steht gleichwertig neben der Freiheit der Meinungsäußerung und der Medienberichterstattung und dient der individuellen Entfaltung wie dem demokratischen Prinzip.[222] Informationsquellen sind alle denkbaren Träger von Informationen,[223] gleichgültig, ob die Informationen Tatsachen oder Meinungen betreffen, und gleichgültig, ob die Informationen sich auf öffentliche oder private Angelegenheiten beziehen. Eine Beschränkung auf bestimmte Arten von Informationen findet generell nicht statt.[224] Auch der Informationsgegenstand selbst – Zustände, Ereignisse und Vorgänge (zB ein Verkehrsunfall) –, der aufgenommen wird, kann gleichzeitig Informationsquelle sein.[225] Geschützt ist daher nicht nur die Unterrichtung **aus der Informationsquelle,** sondern erst recht die Informationsaufnahme **an einer Quelle.**[226]

50 **Allgemein zugänglich** ist die Informationsquelle, wenn sie „**technisch geeignet und bestimmt ist, der Allgemeinheit,** dh einem individuell nicht bestimmbaren Personenkreis, **Informationen zu verschaffen**".[227] Daher ist das Internet eine Quelle iSd Abs. 1 S. 1, soweit die Inhalte allgemein zugänglich sind;[228] das ist auch dann der Fall, wenn Informationen, etwa von Onlinediensten, gleichartig an eine Vielzahl von Empfängern übermittelt werden, solange sich die Empfänger nach allgemeinen Merkmalen bestimmen lassen.[229] Das Grundrecht gewährleistet nur das Recht, sich ungehindert aus einer schon für die allgemeine Zugänglichkeit bestimmten Quelle zu

---

219 BVerfGE 8, 104 (115).

220 BVerfGE 7, 198 (205 ff., 211 f.).

221 Vgl. OLG Karlsruhe MMR 2018, 678; OLG München NJW 2018, 3115 Rn. 26 ff.; LG Heidelberg MMR 2018, 773 Rn. 33, Löschen von Hassrede in sozialem Netzwerk; vgl. *Beurskens* NJW 2018, 3418.

222 *Wendt* AfP 2004, 181 (184).

223 BVerfGE 103, 44 (60); *Starck/Paulus* in MKS Rn. 106; *Degenhart* in BK Rn. 161.

224 BVerfGE 90, 27 (32) – Parabolantenne.

225 BVerfGE 103, 44 (60).

226 BVerfGE 103, 44 (60); *Starck/Paulus* in MKS Rn. 106; *Wendt* AfP 2004, 181 (184).

227 BVerfGE 27, 71 (83); 90, 27 (32); 103, 44 (60); 145, 365 Rn. 20; BVerwGE 47, 247 (252).

228 *Holznagel* AfP 11, 534.

229 *Kube* in HdbStR IV § 91 Rn. 12; *Degenhart* in BK Rn. 166; *Jarass* in Jarass/Pieroth Rn. 23.

unterrichten. Fehlt es an dieser Zugangseröffnung durch den von der Rechtsordnung hierzu ermächtigten Verfügungsberechtigten, ist die Informationsbeschaffung in der Regel nicht vom Grundrecht der Informationsfreiheit geschützt.[230] Das Verfügungs- bzw. Bestimmungsrecht richtet sich nach den allgemeinen Vorschriften, für Privatpersonen insbesondere nach denen des bürgerlichen Rechts, für den Staat vornehmlich nach denen des öffentlichen Rechts.[231] Beispiele sind insbes. Presse, Rundfunk, Fernsehen, Film, Internet einschließlich der „sozialen Netzwerke" wie Facebook und Twitter, Suchmaschinen, öffentlich gehaltene Reden, öffentliche Veranstaltungen, Ausstellungen, Flugblätter, Handzettel, Anschläge an Litfasssäulen usw, [232] und zwar **auch** dann, wenn die **Informationsquelle außerhalb der Bundesrepublik Deutschland** liegt.[233] Daraus, dass neben der Eröffnung des Zugangs durch den Bestimmungsberechtigten nur die technische, dh die **tatsächliche** Eignung zur Information der Allgemeinheit gegeben sein muss,[234] ergibt sich, dass der Staat nicht durch rechtliche Regelungen oder Maßnahmen über die allgemeine Zugänglichkeit einer privaten Informationsquelle entscheiden und ihr die Zugänglichkeit nehmen könnte.[235] Käme es insoweit nicht auf die tatsächliche Lage an, könnten durch eine vorweggenommene Verengung des Begriffs „allgemein zugängliche Quellen" die Schranken des Art. 5 Abs. 2 unterlaufen werden.[236] Der Staat gewönne hinsichtlich privater Informationsquellen die souveräne Bestimmung über den Anwendungsbereich des Art. 5 Abs. 1 S. 1 Hs. 2, was die Informationsfreiheit gegenstandslos machen würde.[237] Dementsprechend hat das BVerfG festgestellt, dass Zeitungen und andere Massenkommunikationsmittel ihre Eigenschaft als allgemein zugängliche Quelle auch dann nicht verlieren, „wenn durch staatliche Maßnahmen wie Einziehungen, Importverbote oder -beschränkungen die Möglichkeit des allgemeinen Zugangs beeinträchtigt wird".[238] Rechtsnormen, die den Zugang zu privaten Informationen regulieren, umgrenzen mithin nicht den Schutzbereich der Informationsfreiheit, sondern sind als grundrechtsbeschränkende Normen an der Verfassung zu messen.[239] Zu fragen ist insoweit, inwieweit die Unterrichtung aus allgemein zugänglichen Quellen den Schranken der allgemeinen Gesetze unterliegt.

Um allgemein zugängliche Quellen besonderer Art handelt es sich bei den **51** **öffentlichen Registern** und öffentlichen Büchern, die ihre Allgemeinzugänglichkeit von vornherein allein staatlicher Entscheidung verdanken;[240] diese kann zurückgenommen oder eingeschränkt werden, soweit hierdurch nicht andere Verfassungsnormen verletzt werden.[241]

Ausländische Rundfunksender sind daher allgemein zugängliche Quellen, die dem Schutz der Informationsfreiheit unterfallen.[242] Soweit die Emp- **52**

---

[230] BVerfGE 103, 44 (60); 145, 365 Rn. 20.
[231] BVerfGE 103, 44 (60).
[232] *Starck/Paulus* in MKS Rn. 109.
[233] BVerfGE 27, 71 (84).
[234] BVerfGE 90, 27 (32).
[235] *Rossi,* Informationszugangsfreiheit und Verfassungsrecht, 2004, 209.
[236] *Finger* JA 2005, 718.
[237] *Starck/Paulus* in MKS Rn. 108.
[238] BVerfGE 27, 71 (83); ferner BVerfGE 90, 27 (32); *Gurlit* DVBl 2003, 1119 (1121).
[239] BVerfGE 90, 27 (32).
[240] ZB § 9 Abs. 1 HGB.
[241] ZB § 12 Abs. 1 GBO; vgl. BVerfG NJW 2001, 503; *Starck/Paulus* in MKS Rn. 110; *Schmidt-Jortzig* in HdbStR VII § 162 Rn. 37.
[242] BVerfGE 90, 27 (32); vgl. auch *Starck/Paulus* in MKS Rn. 109.

fangsmöglichkeit derartiger Programme von bestimmten technischen Anlagen oder Einrichtungen abhängt, die die an die Allgemeinheit gerichtete Information für den einzelnen erschließen – zB eine Parabolantenne, die den Empfang von Rundfunkprogrammen ermöglicht, welche über Satellit ausgestrahlt werden, oder ein Decoder –, wird auch deren Beschaffung und Nutzung vom grundrechtlichen, auch im Zivilrechtsverhältnis wirkenden Schutz erfasst.[243]

53 **Nicht allgemein zugänglich** sind alle schriftlichen und mündlichen Äußerungen, die nur **an einzelne adressiert** sind,[244] private oder betriebliche Aufzeichnungen, die (noch) nicht zur Veröffentlichung bestimmt sind,[245] sowie die **von staatlichen Behörden verwalteten Informationen,**[246] etwa Behördenakten.[247] Art. 5 Abs. 1 S. 1 Hs. 2 gibt daher keinen verfassungsunmittelbaren Anspruch gegen den Staat auf Information,[248] zB auf Akteneinsicht oder auf Auskunft, auch nicht über den Namen eines Behördeninformanten[249] oder auf Bekanntgabe von Verwaltungsvorschriften;[250] jedoch kann sich ein solcher Anspruch aus anderen Verfassungsnormen – zB dem Demokratiegebot und dem Rechtsstaatsgebot des Art. 20 Abs. 1,[251] im Zusammenhang mit einem Verwaltungsgerichtsverfahren auch aus Art. 19 Abs. 4[252] – oder aus dem einfachen Recht, wie aus dem mit Blick auf den auch aus dem europäischen Unionsrecht kommenden Transparenzgedanken geschaffenen **Informationsfreiheitsgesetz des Bundes,**[253] ergeben. Mit der Gewährleistung eines subjektiven Rechts auf Zugang zu amtlichen Informationen für jeden Bürger durch dieses Gesetz hat der Bund von seinem Recht Gebrauch gemacht, im Rahmen seiner Aufgaben und Befugnisse Art und Umfang des Zugangs zu den in seinem Verantwortungsbereich vorhandenen Informationen zu bestimmen.[254] Mit der Ausübung dieses Bestimmungsrechts hat der Bundesgesetzgeber die Informationsfreiheit mit der Folge aktiviert, dass die Verwaltung bei der Anwendung des Informationsfreiheitsgesetzes nicht nur an die gesetzlichen Vorgaben, sondern zusätzlich an Art. 5 Abs. 1 S. 1 Hs. 2 gebunden ist.[255] Diese Konsequenz hat bereits das BVerfG im Auge, wenn es feststellt, dass das Grundrecht der Informationsfreiheit „ein gegen den Staat gerichtetes Recht auf Zugang in Fällen (umfasst), in denen eine im staatlichen Verantwortungsbereich liegende Informationsquelle auf Grund rechtlicher Vorgaben zur öffentlichen Zugänglichkeit bestimmt ist, der Staat den Zugang aber verweigert".[256] Die Grund-

243 BVerfGE 90, 27 (32); bestätigt durch BVerfG NJW 2004, 2960; NJW 2013, 2180 Rn. 18; NJW-RR 2013, 1168 Rn. 9; BGHZ 157, 322; sa *Degenhart* in BK Rn. 166.
244 ZB Postsendungen an bestimmte Personen, BVerfGE 18, 310 (315).
245 BVerfGE 66, 116 (137).
246 BVerwGE 47, 247 (252).
247 BVerfG NJW 1986, 1243.
248 *Starck/Paulus* in MKS Rn. 117; *Stern* in Stern StaatsR IV/1 § 108 II 4e; *Rossi,* Informationszugangsfreiheit und Verfassungsrecht, 2004, 25 f.
249 BVerwG NJW 1983, 2954; *Starck/Paulus* in MKS Rn. 117.
250 BVerwGE 61, 15 (22); vgl. aber *Jarass* in Jarass/Pieroth Rn. 24.
251 Vgl. *Jarass* in Jarass/Pieroth Rn. 24.
252 BVerwG NJW 1983, 2954.
253 BGBl. 2005 I 2722, zul. geändert durch G v. 7.8.2013, BGBl. I 3154.
254 BVerfGE 103, 44 (60 f.).
255 *Rossi,* Informationszugangsfreiheit und Verfassungsrecht, 2004, 220 ff.; vgl. allg. *Schulze-Fielitz* in Dreier Rn. 79: „ausgestaltende Eröffnung des Schutzbereichs der Informationsfreiheit".
256 BVerfGE 103, 44 (60); 145, 365 Rn. 20; vgl. auch BVerfG-K NJW 2001, 503.

rechtsaktivierung bewirkt also auch nach Auffassung des BVerfG, dass sich jeder Verstoß gegen den Zugang zu staatlichen Informationen regelndes einfaches Recht zugleich als Eingriff in Art. 5 Abs. 1 S. 1 Hs. 2 darstellt, wobei der Zugangsanspruch allerdings uU hinter andere Belangen zurücktreten muss.[257] Dies gilt auch für die von den Bundesländern erlassenen Informationsfreiheitsgesetze[258]. Der Anspruch auf Informationszugang nach § 1 Abs. 1 IFG ist grundsätzlich begrenzt auf die bei den informationspflichtigen Stellen vorhandenen Informationen,[259] eine Informationsbeschaffungspflicht besteht nicht.[260]Der in den Landespressegesetzen enthaltene Anspruch der Presse auf Auskunftserteilung ist ggf. Ausfluss der Pressefreiheit des Art. 5 Abs. 1 S. 2,[261] nicht aber der allgemeinen Informationsfreiheit des Art. 5 Abs. 1 S. 1.

2. Ungehindert zu unterrichten. Das Recht, **sich zu unterrichten,** umfasst sowohl die schlichte **Informationsaufnahme,** zB die Entgegennahme eines unbestellten, durch die Post zugestellten Zeitungsexemplars, als auch die aktive **Informationsbeschaffung,**[262] und zwar unabhängig von den verwandten Methoden, weshalb auch das Fotografieren, etwa von Gebäuden (z.B durch Google Street View) oder Personen in der Öffentlichkeit, erfasst wird,[263] ebenso die Recherche im Internet.[264] Geschützt ist also die Freiheit der **Informationswahl** und damit auch die **negative Informationsfreiheit,** dh die Freiheit, sich aufgedrängten Informationen zu verschließen.[265] Diese Dimension des Grundrechts gewinnt umso mehr an Bedeutung, je größer der Informationsfluss infolge neuer technischer Kommunikationsmöglichkeiten gerät.[266] Da nicht nur eine Unterrichtung für den Augenblick garantiert ist, sondern die Informationsfreiheit Grundlage für die freie Meinungsbildung sein soll, fällt auch die Informationsaufbereitung und -speicherung in den Gewährleistungsbereich.[267] **54**

Ungehindert bedeutet **frei von** rechtlich angeordneter oder faktisch verhängter staatlicher **Abschneidung, Behinderung, Lenkung oder Registrierung** (Einschüchterungseffekt!), ja sogar, wie vom BVerfG entschieden, frei von unzumutbarer **Verzögerung.**[268] Die Vorenthaltung von Informatio- **55**

---

[257] BVerfGE 145, 365 Rn. 21; so ist etwa der Informationszugang zu Kabinettsprotokollen nach § 3 Nr. 3 lit. b IFG zum Schutz des Kernbereichs exekutiver Eigenverantwortung ausgeschlossen, vgl. BVerwG DVBl. 2019, 770.

[258] Vgl. die Nachw. bei *Kugelmann* NJW 2005, 3609 (3610). Zur Auskunftspflicht der Behörde im Rahmen eines Verwaltungsverfahrens vgl. § 25 Abs. 1 S. 2 VwVfG. Zu dem auf die EG-Richtlinie 90/313/EWG v. 7.6.1990 zurückgehenden Umweltinformationsgesetz (UIG) vgl. *Müller/Hauer* NVwZ 1997, 330.

[259] BVerfGE 145, 365 Rn. 23; BVerwGE 151, 1 (11).

[260] BVerfGE 145, 365 Rn. 23; das Gericht lässt offen, ob die Wiederbeschaffung von ehedem in amtlichem, nunmehr aber in privatem Besitz befindlichen amtlichen Dokumenten verlangt werden kann (Rn. 24 ff.).

[261] → Rn. 67 Stichw. Informationsanspruch. Zur Frage eines Zugangsrechtes von Presse und Rundfunk zu öffentlichen Veranstaltungen (zB Sportveranstaltungen) → Rn. 65.

[262] BVerfGE 27, 71 (82 f.); BayVerfGH DÖV 1986, 72 (73).

[263] *Schulze-Fielitz* in Dreier Rn. 85; *Jarass* in Jarass/Pieroth Rn. 25; vgl. auch *Wendt* AFP 2004, 181(184 f.).

[264] *Kube* in HdbStR IV § 91 Rn. 12.

[265] *Degenhart* in BK Rn. 174; zweifelnd *Schulze-Fielitz* in Dreier Rn. 84; *Hoffmann-Riem* in AK Rn. 109.

[266] Vgl. *Köppen,* Das Grundrecht der Informationsfreiheit unter besonderer Berücksichtigung der neuen Medien, 2004, 127 ff.

[267] *Starck/Paulus* in MKS Rn. 118; *Jarass* in Jarass/Pieroth Rn. 25.

[268] BVerfGE 27, 88 (98 f.).

nen über Arbeitsmöglichkeiten im Ausland durch das Erfordernis der Zustimmung der Bundesanstalt für Arbeitsvermittlung und Arbeitslosenversicherung zur Veröffentlichung von Stellenangeboten in der Presse für eine Beschäftigung von inländischen Arbeitnehmern im Ausland gem. § 37 Abs. 2 S. 3 des G über Arbeitsvermittlung und Arbeitslosenversicherung verstieß gegen die Informationsfreiheit.[269] Werden auf Grund des Verbots der Sonntagsbeschäftigung der sonst mögliche frühzeitige Vertrieb von Zeitungen und Zeitschriften und damit die Auslieferung am Montag ganz oder teilweise verhindert, so beeinträchtigt dies neben der Pressefreiheit die Informationsfreiheit.[270] Ein zur Bewahrung eines historischen Stadtbildes erlassenes allg. Verbot von Außenantennen ist unverhältnismäßig und verletzt die Informationsfreiheit, soweit nicht ein gleichwertiger Rundfunkempfang anderweitig erreichbar ist.[271] Der Ausschluss des nächtlichen Rundfunkempfangs für Untersuchungshäftlinge durch die Unterbrechung der Stromzufuhr berührt ebenfalls den Schutzbereich der Informationsfreiheit.[272]

56 Die Informationsfreiheit ist ein **Abwehrrecht,** „das den Staat oder eine öffentlich-rechtliche Körperschaft nicht zwingt, allgemein zugängliche Informationsquellen einzurichten", etwa ein bestimmtes Rundfunkprogramm.[273] Es wird nur der Zugang zu allgemein zugänglichen Informationsquellen gegen staatliche Beschränkungen gesichert. „Erst nach Herstellung der allg. Zugänglichkeit und in ihrem Umfang kann der grundrechtliche Schutzbereich des Art. 5 Abs. 1 Satz 1 GG betroffen sein".[274] Der Rundfunkteilnehmer kann daher „zumindest in aller Regel nicht verlangen, dass ihm die zuständige Rundfunkanstalt eine bestimmte Information übermittelt".[275] Vom BVerwG offen gelassen worden ist die Frage, „ob das infolge der überragenden Bedeutung einer Information in Ausnahmefällen vielleicht doch möglich sein könnte".[276] Richtig ist: Zwar besteht grundsätzlich kein Anspruch des einzelnen auf Erschließung bestimmter Informationsquellen bzw. auf Verschaffung von Informationen durch den Staat.[277] Der Staat ist aber dennoch auf Grund der **objektiv-rechtlichen Direktivkraft des Grundrechts** der Informationsfreiheit gehalten, entsprechend der Schutzfunktion der Kommunikationsfreiheiten des Art. 5 Abs. 1 und der besonderen Bedeutung der Informationsfreiheit im Gesamtspektrum dieser Freiheiten die Offenheit des grundrechtlich geschützten Kommunikationsprozesses durch Offenhalten eines freien Informationsflusses sowie der Informationsmöglichkeiten des Bürgers anzustreben.[278] Wenn insoweit die Gewährleistung eines „unabdingbaren **Mindestmaßes an Zugänglichkeit**" für wichtige Informationen postuliert wird,[279] stößt dies allerdings auf außerordentliche praktische Schwierigkeiten. Außer Frage sollte aber jedenfalls stehen: Soweit der Ausbau

[269] BVerfGE 21, 271 (291).
[270] BVerwGE 84, 86 (92).
[271] BayVerfGH DÖV 1986, 72 (74).
[272] BVerfG NStZ 2008, 521 (522).
[273] BVerwG DÖV 1979, 102.
[274] BVerfGE 103, 44 (60).
[275] BVerwG DÖV 1979, 102.
[276] BVerwG DÖV 1979, 102.
[277] BVerfGE 103, 44 (59 f.); *Degenhart* in BK Rn. 178; *Stern* in Stern StaatsR IV/1 § 108 II 4c β; *Jarass* in Jarass/Pieroth Rn. 28.
[278] Vgl. *Degenhart* in BK Rn. 178 ff.; *Starck/Paulus* in MKS Rn. 121; *Stern* in Stern StaatsR IV/1 § 108 II 4c β.
[279] *Hoffmann-Riem* in AK Rn. 112; eher das Demokratieprinzip für einschlägig haltend *Jarass* in Jarass/Pieroth Rn. 24.

von Informationsquellen auf die Bereitstellung adäquater informationstechnischer Strukturen angewiesen ist und der Staat die Aufgabe der Entwicklung dieser Kommunikationsstrukturen in technischer Hinsicht an sich gezogen oder womöglich monopolisiert hat, besteht auf Grund der objektiv-rechtlichen Direktivwirkung des Grundrechts der Informationsfreiheit eine Verpflichtung des Staates zu „bedarfsgerechter Daseinsvorsorge" im Sinne einer Vorsorge für die tatsächliche Bereitstellung sachadäquater, dem Stand der Technik angemessener Informationsmöglichkeiten.[280] Zu der grundrechtlichen Schutzpflicht rechnet auch die Verpflichtung des Staates, für einen offenen und manipulations- und diskriminierungsfreien Zugang zum **Internet** zu sorgen.[281] Nach ganz überwiegender Auffassung lässt sich aus dem Grundrecht der Informationsfreiheit **kein Anspruch auf kostenlose Unterrichtung** ableiten,[282] ebenso wenig ein Anspruch des Nutzers (Lesers, Hörers) auf publizierenden Zugang zu (in) den Massenmedien.[283] Die Einrichtung eines „offenen Kanals" oder einer Leserseite sind zulässig, aber verfassungsrechtlich nicht geboten.

Eine Besonderheit der Informationsfreiheit liegt darin, dass der Rezipient **57**
durch den Akt der Informationsaufnahme allein keine fremden Rechtsgüter verletzen oder gefährden kann, es sei denn, die Kenntnisnahme als solche – etwa von Staatsgeheimnissen – sei legitimerweise als Rechtsgütergefährdung definiert. Rechtsgüterschutz durch Schrankensetzung kann insofern daher nur Selbstgefährdungen betreffen.[284] Demgegenüber können **mit dem Akt der Informationsbeschaffung** oder -speicherung durchaus eigenständige **Rechtsgüterverletzungen** verbunden sein, so etwa, wenn der Rezipient zur Informationsbeschaffung oder -speicherung (zB Aufzeichnung von Ton, Bild oder sonstigen Persönlichkeitsdaten) in Privateigentum, in Urheberrechte, in die geschützte Persönlichkeitssphäre eines Dritten oder in den Schutzbereich eines Gewerbebetriebes bzw. das rechtlich geschützte Geschäfts- bzw. Bankgeheimnis eindringt.[285] Es wäre aber falsch, wenn man jedwede Beschaffung von Informationen, die mit einer Verletzung von Rechtsgütern verbunden ist, von vornherein aus dem Schutzbereich der Informationsfreiheit ausklammerte.[286] Nicht selten wird hier das Grundrecht der Informationsfreiheit allerdings in der Tat schon tatbestandlich nicht einschlägig sein, weil die erschlossene Informationsquelle keine allgemein zugängliche ist. Richtigerweise wird man daher im Hinblick auf eine rechtswidrige Informationsbeschaffung oder -speicherung unterscheiden müssen: Wird die **Sperre der fehlenden Allgemeinzugänglichkeit** in rechtswidriger Weise überwunden – zB durch rechtswidrige Kenntnisnahme von privaten Aufzeichnungen, durch rechtswidriges Eindringen in die Privatsphäre – so ist dies bereits tatbestandlich vom Grundrecht der Informationsfreiheit nicht gedeckt. Ein Beschaffen von Informationen durch „Einschleichen" und ähnliches wird daher vom Grundrecht der Informationsfreiheit nicht gedeckt. Die entsprechenden Quellen sind dann nicht allgemein

---

[280] Vgl. *Degenhart* in BK Rn. 180.
[281] *Jarass* in Jarass/Pieroth Rn. 112; *Degenhart* in BK Rn. 180.
[282] BVerwGE 29, 214 (218); *Stern* in Stern StaatsR IV/1 § 108 II 4c α; *Starck/Paulus* in MKS Rn. 120.
[283] Vgl. auch *v. Münch,* Öffnungsklauseln bei Zeitungen und Zeitschriften, 1977, 8, 58, 64.
[284] *Hoffmann-Riem* in AK Rn. 116.
[285] Vgl. *Wendt* DStZ 1998, 145.
[286] Vgl. aber *Schmitt Glaeser* Jura 1987, 567 (572).

zugänglich.[287] Das ist vom BVerfG in der Springer/Wallraff-Entscheidung für das „Einschleichen" in die Redaktionsräume eines privaten Verlags entschieden worden.[288] Die Frage, ob die heute in § 201a Abs. 1 StGB normierte strafrechtliche Ahndung der unbefugten Herstellung von Bildaufnahmen im Rückzugsbereich des einzelnen die grundrechtlich verbürgte Informationsfreiheit berührt, ist ebenfalls bereits auf der Schutzbereichsebene zu beantworten: Da es sich bei dem strafrechtlich geschützten Rückzugsbereich bzw. dem „höchstpersönlichen Lebensbereich" nicht um eine allgemein zugängliche Informationsquelle handelt, berührt das Verbot den Schutzbereich der Informationsfreiheit nicht.[289] Von dem Fall des rechtswidrigen Überwindens der Sperre der fehlenden Allgemeinzugänglichkeit ist der Fall zu unterscheiden, dass die Information beschafft wird durch Eingriff in **anderweitige Rechtsgüter Dritter** – etwa in Eigentumsrechte des Vermieters bei Anbringen einer Außenantenne oder in Persönlichkeitsrechte Dritter, nicht aber desjenigen, der nach der Rechtsordnung über die allgemeine Zugänglichkeit zu entscheiden hat.[290] Dieser letztere Fall der Informationsbeschaffung wird tatbestandlich vom Grundrecht der Informationsfreiheit erfasst.[291] Die Informationsbeschaffung, die anderweitige Rechtsgüter Dritter verletzt, findet ihre Schranken in der vom Gesetz in Übereinstimmung mit Art. 5 Abs. 2 geschaffenen (einfachen) Gesetzeslage, die verfassungskonform zu interpretieren ist. Die Abwehr solcher Rechtsgüterverletzungen erfolgt daher iRd **Art. 5 Abs. 2** bzw. auf Grund verfassungsimmanenter Beschränkungen.[292]

58 Die **Verbreitung rechtswidrig erlangter Informationen** fällt nach der Rspr. in den Schutzbereich der Meinungsäußerungs- und Pressefreiheit und kann durch diese Grundrechte gerechtfertigt sein; den Besonderheiten des konkreten Falles – wie dem Ausmaß des Rechtsbruchs und der Bedeutung des mit der Publizierung verfolgten Anliegens – ist bei der Bestimmung der **Schranken** Rechnung zu tragen.[293] Die Veröffentlichung rechtswidrig erlangter Informationen wird danach von Art. 5 gedeckt, wenn es um eine „die Öffentlichkeit wesentlich berührende Frage" geht und der Rechtsbruch im Vergleich dazu untergeordnete Bedeutung hat,[294] so, wenn grobe, die Allgemeinheit beeinträchtigende Missstände aufgedeckt werden.[295]

---

[287] BVerfGE 66, 116 (137); *Degenhart* in BK Rn. 172; *Jarass* in Jarass/Pieroth Rn. 25; *Wendt* AfP 2004, 181 (184).

[288] BVerfGE 66, 116 (137); *Schmitt Glaeser* AöR 113 (1988), 52 (80).

[289] *Wendt* AfP 2004, 181 (184 f.).

[290] Zum Bestimmungsrecht über die Zugänglichkeit der Quelle und die Art der Zugangseröffnung BVerfGE 103, 44 (60).

[291] BVerfGE 90, 27 (32 f.); *Degenhart* in BK Rn. 172; *Schulze-Fielitz* in Dreier Rn. 85; *Wendt* AfP 2004, 181 (184); aA *Schmitt Glaeser* Jura 1987, 567 (572).

[292] *Hoffmann-Riem* in AK Rn. 116; *Degenhart* in BK Rn. 172; *Wendt* AfP 2004, 181 (184); OLG Köln DVBl 1979, 523 (524) mit abl. Anm. *Scheuer* DVBl 1979, 523 (525).

[293] BVerfGE 66, 116 (137 ff.); *Jarass* in Jarass/Pieroth Rn 10; krit. *Stern* in Stern StaatsR IV/1 § 108 II 4b α ββ.

[294] BVerfGE 66, 116 (139); BGHZ 138, 311 (318 f.); BGH NJW 2015, 782 Rn. 20; *Jarass* in Jarass/Pieroth Rn. 89.

[295] BGHZ 80, 25 (32 ff.); *Jarass* in Jarass/Pieroth Rn. 89; *Schulze-Fielitz* in Dreier Rn. 293; krit. *Bullinger* in HdbStR VII § 163 Rn. 13; zum Verbot des Erwerbs und der Verwertung von durch Private rechtswidrig erlangten Informationen durch staatliche Behörden vgl. *Wendt* DStZ 1998, 145.

III. Pressefreiheit (Art. 5 Abs. 1 S. 2 Hs. 1) Die Pressefreiheit und … werden gewährleistet

Die Pressefreiheit ist konstituierend für die freiheitliche demokratische **59**
Grundordnung.[296] Ihr Schutzbereich ist wegen der stürmischen technischen Entwicklung auf diesem Gebiet dynamisch zu interpretieren. Er erstreckt sich auf die Presse in einem weiten, über den allgemeinen Sprachgebrauch und bestimmte historische Erscheinungsformen hinausgehenden Sinn und erfasst jede Weiterleitung gedruckter oder in anderer Weise verkörperter Information an einen individuell unbestimmten Personenkreis.[297] Der **Begriff Presse** iSd Art. 5 Abs. 1 S. 2 Hs. 1 umfasst daher **herkömmlich alle zur Verbreitung geeigneten und bestimmten Druckerzeugnisse** und **Informationsträger, die nicht unter den Film- und den Rundfunkbegriff** fallen.[298] Dieser Weite des Pressebegriffs werden die Begriffsbestimmungen in den Landespresse- bzw. Landesmediengesetzen im Wesentlichen gerecht. Danach sind Presse „alle mittels der Buchdruckerpresse oder eines sonstigen zur Massenherstellung geeigneten Vervielfältigungsverfahrens hergestellten und zur Verbreitung bestimmten Schriften, besprochenen Tonträger, bildlichen Darstellungen mit und ohne Schrift, Bildträger und Musikalien mit Text oder Erläuterungen".[299] Geschützt sind daher nicht nur Zeitungen, Zeitschriften und andere periodisch erscheinende Druckwerke, sondern auch Bücher, Plakate, Flugblätter, Handzettel, CD-ROM, Disketten, neuartige gegenständliche Verbreitungsformen der Printmedien wie Print-on-Demand uä,[300] gleichgültig, ob sie im herkömmlichen Druckverfahren oder in neueren technischen Formen der Vervielfältigung (zB fotomechanisch oder im Rotaprintverfahren) hergestellt sind.[301] Audiovisuelle Speichermedien wie Ton- und Videobänder,[302] Ton- und Bildplatten sind durch die Pressefreiheit geschützt, weil sie Informationen körperlich zur weiteren Verbreitung festhalten, selbst wenn diese Verbreitung zum Teil in andere Medien hinüberführt, zum Beispiel wenn die Vorführung von audiovisuellen Speichermedien vor einer anwesenden Vielzahl von Personen zum „Film" wird.[303] Unter den Pressebegriff fallen ferner alle „vervielfältigten Mitteilungen, mit denen Nachrichtenagenturen, Pressekorrespondenzen, Materndienste und ähnliche Unternehmungen die Presse mit Beiträgen in Wort, Schrift und Bild oder in ähnlicher Weise versorgen. Als Druckwerke gelten ferner die von einem presseredaktionellen Hilfsunternehmen gelieferten Mitteilungen ohne Rücksicht auf die technische Form, in der sie geliefert werden".[304] Darüber hinaus liegt es es aufgrund der Entwicklungsoffenheit des Pressebegriffs nahe, für bestimmte Fälle der Online-Verbreitung die Pressefreiheit des Art. 5 Abs. 1 S. 2 heranzuziehen, soweit es primär um die eigenständige Verbreitung von

---

[296] BVerfGE 107, 299 (329); 117, 244 (258).

[297] *Bullinger* in HdbStR VII § 163 Rn. 2.

[298] BVerfGE 95, 28 (35); *Starck/Paulus* in MKS Rn. 129.

[299] § 7 Abs. 1 PresseG NRW; ferner etwa § 7 PresseG BW; § 2 Abs. 2 Nr. 1 Saarl. MedienG.

[300] *Starck/Paulus* in MKS Rn. 129; *Bethge* in Sachs Rn. 68.

[301] BVerwGE 39, 159 (164): „(…) sowie aus allen anderen, durch mechanische oder chemische Mittel bewirkten und zur Verbreitung bestimmten Vervielfältigungen."

[302] Enger *Jarass* in Jarass/Pieroth Rn. 34.

[303] *Bullinger* in HdbStR VII § 163 Rn. 2; ferner *Starck/Paulus* in MKS Rn. 129; Bildträger ausklammernd und der Filmfreiheit zuordnend *Degenhart* in BK Rn. 203.

[304] § 7 Abs. 2 PresseG NRW; *Starck* in MKS Rn. 129.

Texten im Internet, [305] die bei gegenständlicher Verkörperung der klassischen Presse zuzurechnen wären,[306] etwa bei Online-Zeitungen,[307] bei pressetypischen Stellungnahmen im Netz[308] und bei e-books.[309]

60 Das Merkmal der **Verbreitung** darf nicht eng ausgelegt werden. Entscheidend für den Grundrechtsschutz der Presse ist allein das Kommunikationsmedium, nicht der Vertriebsweg oder Empfängerkreis.[310] Im Handel erhältliche Druckerzeugnisse, selbst Privatdrucke, unterfallen daher dem Schutz der Pressefreiheit auch dann, wenn sie – wie zB wissenschaftliche Bücher oder Schulbücher – nur einen engen Kreis von Lesern ansprechen. Zu Recht hat daher das BVerfG auch eine Werkszeitung, die lediglich unternehmensintern verteilt wurde, dem Schutzbereich der Pressefreiheit zugeordnet, denn „die Ermöglichung freier individueller und öffentlicher Meinungsbildung, die Art. 5 Abs. 1 GG gewährleisten will (…), wird nicht nur von allgemein zugänglichen, sondern auch von gruppeninternen Publikationen erfüllt".[311] Unzutreffend lässt dagegen das BVerwG „es dahingestellt bleiben, ob und inwieweit Schulbücher, die nach ihrem Verwendungszweck nicht für eine allgemeine Verbreitung bestimmt sind, überhaupt Schutzobjekte der Pressefreiheitsgarantie sein können".[312]

61 Für den Begriff Presse ist der **Inhalt** des Druckerzeugnisses **unbeachtlich.** Art. 5 Abs. 1 S. 2 lässt eine Unterscheidung zwischen geschützten und nicht geschützten Teilen einer Zeitung nicht erkennen. Dass das Grundrecht den gesamten Inhalt eines Presseorgans schützt, leitet das BVerfG[313] schon daraus ab, dass zur Pressefreiheit nicht nur die Bestimmung des Inhalts einer einzelnen Ausgabe oder des Themas eines einzelnen Artikels, sondern erst recht die Grundentscheidung über Ausrichtung und Gestaltung des Publikationsorgans insgesamt gehört.[314] Geschützt sind also neben der Verbreitung von Meinungen zB auch reine Tatsachenmeldungen,[315] wie etwa der Börsenteil einer Zeitung, Sporttabellen usw, Unterhaltungs-, Skandal- und Sensationsberichte und die Wiedergabe von Beiträgen Außenstehender,[316] ferner Illustrationen aller Art einschließlich der Abbildung von Personen.[317] Von der Eigenart oder dem Niveau des Presseerzeugnisses oder der Berichterstattung im Einzelnen hängt der Schutz nicht ab, für eine Abwägung nach dem – an welchen Maßstäben auch immer ausgerichteten – Kriterium „wertvoll" – „wertlos" ist daher (auch) im Rahmen des Begriffs Presse kein Raum.[318] Jede Unterscheidung dieser Art liefe auf eine Bewertung und Lenkung durch staatliche

[305] Jarass in Jarass/Pieroth Rn. 111a.
[306] *Degenhart* in BK Rn. 197, 313: „presseähnliches Angebot".
[307] *Kube* in HdbStR IV § 91 Rn. 21; vgl. BGHZ 187, 240 Rn. 21 f.
[308] BVerfG-K NJW 2012, 1206.
[309] BGHZ 187, 240, Setzen eines Hyperlinks iR der Online-Berichterstattung; *Jarass* in Jarass/Pieroth Rn. 111; *Gersdorf* AfP 2010, 421; *Degenhart* in BK Rn. 313.
[310] BVerfGE 95, 28 (35).
[311] BVerfGE 95, 28 (35).
[312] BVerwG JR 1973, 436 (437).
[313] BVerfGE 95, 28 (35 f.).
[314] Ebenso BVerfGE 101, 361 (389).
[315] BVerfGE 62, 230 (243).
[316] BVerfGE 95, 28 (35 f.).
[317] BVerfGE 101, 361 (389); BGH NJW 2018, 1820 Rn. 14; OLG Köln NJW 2018, 2735 Rn. 19.
[318] Heute hM, BVerfGE 34, 269 (283); 66, 116 (134); 101, 361 (389); BVerwGE 47, 247 (254); *Starck/Paulus* in MKS Rn. 130; aA zuvor v. *Mangoldt/Klein* „nur die Veröffentlichung politisch-kulturell-weltanschaulicher Nachrichten und Stellungnahmen sowie die sonstige sachliche Berichterstattung".

Stellen hinaus, die dem Wesen des Grundrechts gerade widersprechen würde.[319] Ob der Gedankeninhalt zu idealen Zwecken oder in Gewinnerzielungsabsicht verbreitet wird, ob Waren und Leistungen angeboten werden, ist unerheblich. Pressefreiheit und allgemeine Freiheit der Meinungsäußerung decken sich so im formal verstandenen Schutz aller Gedankeninhalte.[320] Der Inhalt eines Druckwerks kann allerdings im Konfliktfall, dh im Rahmen der Einschränkungen nach **Art. 5 Abs. 2,** von Belang sein.[321]

Die Pressefreiheit umfasst auch **Anzeigen.**[322] Auch reine Offertenblätter ohne redaktionellen Teil unterfallen dem Schutz der Pressefreiheit.[323] Der Anzeigenteil einer Zeitung genießt entspr. der allg. Begriffsbestimmung den Schutz der Pressefreiheit, weil er verkörperte Aussagen enthält, nicht lediglich – wie eine einseitig „institutionelle" Sicht der Pressefreiheit annehmen lassen könnte –, soweit der Anzeigenteil zur Finanzierung der Zeitung mit ihrem redaktionellen Teil beiträgt.[324] Der Schutz des Anzeigenteils braucht jedoch nach der Rspr. nicht so weit zu gehen wie der des redaktionellen Teils.[325] § 102 Abs. 1 Nr. 4 AO, wonach die Presse ein Auskunftsverweigerungsrecht nur hins. des redaktionellen Teils besitzt, wird deshalb für verfassungsmäßig erklärt.[326] Eine Zeitung ist grundsätzlich **nicht verpflichtet, Anzeigen (Inserate) aufzunehmen.** Für den Anzeigenvertrag gilt das Prinzip der Vertragsfreiheit,[327] das hier durch das Grundrecht der Pressefreiheit verstärkt wird **(negative Pressefreiheit).** Besitzt eine Zeitung eine faktische Monopolstellung, so stellt sich die willkürliche oder grundlose Ablehnung des Abschlusses eines Anzeigenvertrages als Monopolmissbrauch (§ 826 BGB) dar; die Ablehnung ist nicht willkürlich oder grundlos, wenn auf Grund einer Interessenabwägung der Zeitung der Abdruck nicht zumutbar ist.[328] 62

Der **Umfang der Gewährleistung** der Pressefreiheit deckt **alle wesensmäßig mit der Pressearbeit zusammenhängenden Tätigkeiten.**[329] Dieser Schutz reicht „von der Beschaffung der Information bis zur Verbreitung der Nachricht und der Meinung"[330] und schließt alle Voraussetzungen und Hilfstätigkeiten mit ein, ohne die die Presse ihre Funktion nicht in angemessener Weise erfüllen kann.[331] Geschützt sind außer der freien Gründung von Presseunternehmen und dem freien Zugang zu Presseberufen[332] insbes. die Beschaffung von Nachrichten, das Redaktionsgeheimnis, die redaktionelle 63

---

[319] BVerfGE 101, 361 (389).
[320] *Bullinger* in HdbStR VII § 163 Rn. 15.
[321] → Rn. 133.
[322] BVerfGE 21, 271 (278); 64, 108 (114); 102, 347 (359); 107, 275 (280).
[323] BGHZ 116, 47 (54); OLG Köln NJW 1984, 1121 f.; BVerfG NJW 1986, 1743; unentschieden *Bethge* in Sachs Rn. 85.
[324] *Bullinger* in HdbStR VII § 163 Rn. 14; ferner *Starck/Paulus* in MKS Rn. 131.
[325] BVerfGE 64, 108 (118 f.).
[326] BFH BStBl. II 1980, 699; BVerfG NJW 1990, 701 (702).
[327] BVerfGE 21, 271 (278); *Jarass* in Jarass/Pieroth Rn. 36.
[328] LG Braunschweig NJW 1975, 782 (784); LG Passau AfP 1982, 118; KG Berlin AfP 1982, 237; zu Anzeigenblättern → Rn. 67 Stichw. „Konkurrenzschutz"; zur Frage, ob Zeitungen verpflichtet sind, **politische Anzeigen** zu veröffentlichen, vgl. verneinend BVerfGE 48, 53 (62); BVerfG-K NJW 2016, 788; offen gelassen für den Fall der Ausnutzung einer Monopolstellung durch Zeitungsverlag, um einzelne Parteien zu benachteiligen BVerfGE 48, 271 (278).
[329] Vgl. *Starck/Paulus* in MKS Rn. 133.
[330] BVerfGE 10, 118 (121).
[331] BVerfGE 12, 205 (260); 25, 296 (304); 50, 234 (240); 103, 44 (59); 107, 299 (329); 117, 244 (259); BGHZ 187, 354 Rn. 9; BVerwGE 47, 247 (252).
[332] BVerfGE 20, 162 (175 f.).

Vertraulichkeitssphäre überhaupt,[333] die redaktionelle Bearbeitung und Kommentierung des Informationsmaterials, die Erstellung meinungsbildender Artikel, die Vervielfältigung, der ungestörte Vertrieb sowie die davon untrennbaren technischen, wirtschaftlichen und organisatorischen Voraussetzungen wie Anschaffung und Bestand der Maschinen und des Papiers, Anstellung von Personal und Gestaltung der Arbeitsverhältnisse, Buchhaltung uä.[334] Die in einem Presseerzeugnis enthaltene Meinungsäußerung selbst wird dagegen nach wiederholter Feststellung des BVerfG bereits durch Art. 5 Abs. 1 S. 1 geschützt;[335] die Pressefreiheit kommt hiernach erst dann zum Zuge, wenn die über einzelne Meinungsäußerungen hinausreichende Bedeutung der Presse für die individuelle und öffentliche Meinungsbildung in Frage steht[336] bzw. die staatliche Maßnahme das Presseerzeugnis selbst trifft und die Rahmenbedingungen pressemäßiger Betätigung beeinflusst.[337] Aus dem Rahmen der bisherigen Rspr. fällt die Entscheidung des BVerfG zum G über die Verbreitung jugendgefährdender Schriften (GjS) – jetzt JugendschutzG –,[338] nach der regelmäßig nur die presseinternen, dh den Presseunternehmen organisatorisch eingegliederten Hilfstätigkeiten durch Art. 5 Abs. 1 S. 2 geschützt sein sollen, weil sie auf Grund der organisatorischen Eingliederung den zu fordernden ausreichenden Bezug zum Inhalt der Publikationen idR aufwiesen; für die presse-externen Hilfstätigkeiten bleibe es dagegen grundsätzlich beim Schutz anderer Grundrechte, namentlich des Art. 12 Abs. 1. Hierauf gestützt wird – ohne Auseinandersetzung mit der festen Tradition – der Pressevertrieb durch selbständige Unternehmen (Presse-Grosso) nur „ausnahmsweise" der Pressefreiheit unterstellt, falls er in enger organisatorischer Bindung an die Presse erfolge, für das Funktionieren einer freien Presse notwendig sei und wenn sich die staatliche Regulierung dieser Tätigkeit zugleich einschränkend auf die Meinungsverbreitung auswirke. Nach richtiger Ansicht sind durch Art. 5 Abs. 1 S. 2 auch sog. presseredaktionelle Hilfsunternehmen geschützt.[339]

64 Folgt man dem in BVerfGE 103, 44 (59 ff.) für die Rundfunkfreiheit formulierten Ansatz, gilt für die Gewährleistung der **Informationsbeschaffung** durch die Presse- und Rundfunkfreiheit, dass erst nach der Herstellung der allgemeinen Zugänglichkeit und nur in ihrem Umfang durch den insoweit Verfügungsberechtigten der grundrechtliche Schutzbereich der Presse- und Rundfunkfreiheit betroffen sein kann. Fehlt es dagegen an einer für die allgemeine Zugänglichkeit bestimmten Quelle, ist die Informationsbeschaffung nicht von diesen Grundrechten gedeckt.[340] Von dem Fall des rechtswidrigen Überwindens der Sperre der fehlenden Allgemeinzugänglichkeit ist auch hier wieder die Beschaffung von Informationen durch Eingriff in anderweitige **Rechtsgüter Dritter** zu unterscheiden.[341] Insoweit ist das

---

333 S. bes. BVerfGE 66, 116 (131 ff.); ferner BVerfGE 100, 313 (365); 117, 244 (259).
334 *Starck/Paulus* in MKS Rn. 135; *Degenhart* in BK Rn. 208 ff.
335 BVerfGE 85, 1 (12); 86, 122 (128); 97, 391 (400); 113, 63 (75); zw. *Bethge* in Sachs Rn. 89.
336 BVerfGE 97, 391 (400).
337 BVerfGE 113, 63 (75).
338 BVerfGE 77, 346 (354 f.).
339 Zu Nachrichten- und Presseagenturen als Trägern der Pressefreiheit BVerfG NJW 2006, 2836 (2837); *Selmer/Brodersen* NJW 1983, 1088 (1090).
340 Vgl. *Wendt* AfP 2004, 181 (185).
341 → Rn. 57.

Grundrecht der Pressefreiheit einschlägig, die Abwehr von Rechtsgüterverletzungen erfolgt iRd Art. 5 Abs. 2.[342]

Soweit das Grundrecht der Pressefreiheit die Beschaffung der Information gewährleistet, hat die Presse ein **Zugangsrecht zu öffentlichen Veranstaltungen** nach den für alle geltenden Bedingungen, ggf. also gegen Zahlung des allgemeinen Eintrittspreises.[343] Vertragsfreiheit, Berufsfreiheit und Hausrecht des privaten Veranstalters öffentlicher Veranstaltungen werden idR entsprechend den Grundsätzen grundrechtlicher Drittwirkung durch Art. 5 Abs. 1 S. 2 eingeschränkt.[344] Auch das Verbot der sittenwidrigen Schädigung gem. § 826 BGB und das kartellrechtliche Behinderungs-, Diskriminierungs- und Missbrauchsverbot bieten Ansatzpunkte für das Einfließen der Wertungen des Art. 5.[345] Ein Platzverbot aus sachlich gerechtfertigtem Grund ist zulässig.[346] Während für Fernseh- und Hörberichterstattung der Veranstalter ein besonderes Entgelt für die Einräumung der Übertragungsrechte verlangen kann,[347] da hier die Berichterstattung wesentlich eine Teilhabe an dem von diesem geschaffenen wirtschaftlichen Wert der Veranstaltung bedeutet, ist dies für die Presseberichterstattung zweifelhaft. Denn deren wirtschaftliche Substanz und deren Informationsgehalt sind in erster Linie der Berichterstattung selbst zuzurechnen.[348] 65

Die Pressefreiheit ist **Medienfreiheit.** Trotz der Konvergenz der Medien kann das deutsche Verfassungsrecht angesichts der Medientrias des Art. 5 Abs. 1 S. 2 – Presse, Rundfunk, Film – diesen Begriff nicht als Universalbegriff akzeptieren.[349] Hierin unterscheidet sich das nationale Recht von Art. 11 Abs. 2 GRCh, der unterschiedslos nur von Medienfreiheiten spricht, und von Art. 10 EMRK, der unter der Gewährleistung eines einheitlichen Kommunikationsgrundrechts der Meinungsfreiheit sowohl das Individualgrundrecht der Meinungsfreiheit als auch die Massenkommunikationsgrundrechte der Presse- und Rundfunkfreiheit erfasst.[350] 66

Einzelfälle

Durch die Pressefreiheit sind gewährleistet:

Auslieferung von Zeitungen gegen Blockaden durch Demonstranten.[351] 67

Beschlagnahme, Schutz gegen – nach BVerfGE 20, 162 (212) – Der Spiegel – genießt die Presse im Strafverfahren keine Privilegien; jedoch „zwingt der unvermeidlich entstehende Konflikt mit dem Grundrecht der Pressefreiheit zu besonderer Zurückhaltung und zu sorgfältiger Abwägung der für und gegen die Zulässigkeit der prozessualen Maßnahme sprechenden Gesichtspunkte (…). Notwendig ist die sachliche Abwägung im Einzelfall".[352] Wird eine Beschlagnahme von Datenträgern zum Zwecke der Auswertung angeordnet, wird den Ermittlungsbehörden die Möglichkeit des Zu-

---

342 *Wendt* AfP 2004, 181 (184).

343 BVerfGE 50, 234 (239, 241 f.); *Degenhart* in BK Rn. 218; für Versammlungen vgl. § 6 Abs. 2 VersG.

344 So für die Rundfunkberichterstattung BGHZ 165, 62; für die Presseberichterstattung *Degenhart* in BK Rn. 218; *Starck/Paulus* in MKS Rn. 137.

345 *Degenhart* in BK Rn. 218.

346 *Stober* AfP 1981, 389.

347 BGHZ 165, 62.

348 *Degenhart* in BK Rn. 218.

349 *Bethge* in Sachs Rn. 89c; *Jarass* in Jarass/Pieroth Rn. 2 spricht mit Blick auf BVerfGE 117, 244 (258) zurückhaltender von der „Freiheit der Medien".

350 *Bethge* in Sachs Rn. 89c.

351 BGH NJW 1972, 1366 (1368); 1972, 1571 (1573).

352 BVerfGE 20, 162 (213); 117, 244 (267); BGHSt 41, 363; zu den Maßstäben der Abwägung BVerfG NJW 2001, 507.

gangs zu redaktionellem Datenmaterial eröffnet. Dies greift in besonderem Maße in die vom Grundrecht der Pressefreiheit umfasste Vertraulichkeit der Redaktionsarbeit ein, aber auch in ein etwaiges Vertrauensverhältnis zu Informanten.[353] Die Vorschrift des § 97 Abs. 5 S. 1 StPO normiert daher einen strafprozessualen Beschlagnahmeschutz für Mitarbeiter von Presse und Rundfunk, der so weit reicht wie das Zeugnisverweigerungsrecht der betreffenden Personen gemäß § 53 Abs. 1 S. 1 Nr. 5 StPO. Durch den Verweis in Abs. 5 auf § 53 StPO gelten die dort inzwischen geregelten Erweiterungen des Beschlagnahmeprivilegs, die insbesondere selbstrecherchiertes Material und den Gegenstand entsprechender Wahrnehmungen betreffen, auch im Bereich der Beschlagnahme. Soweit ausnahmsweise eine Beschlagnahme wegen Tatverstrickung in Betracht kommt, ist im Blick auf Artikel 5 Abs. 1 S. 2 GG der Verhältnismäßigkeitsgrundsatz bei Medienangehörigen besonders zu beachten (§ 97 Abs. 5 S. 2 StPO).[354] Eine präventivpolizeiliche Beschlagnahme ist unzulässig.[355]

Beruf, Zugang zu Presse – s. Zugang zu Presseberufen.

Bildaufnahmen, unbefugtes Herstellen von – da es sich bei dem durch § 201a StGB geschützten Rückzugs- bzw. höchstpersönlichen Lebensbereich nicht um eine allg. zugängliche Informationsquelle handelt, berührt die Pönalisierung des unbefugten Herstellens von Bildaufnahmen den Schutzbereich der Presse- und Rundfunkfreiheit nicht.[356]

Durchsuchung, Schutz gegen – nach BVerfGE 20, 162 (198) – Der Spiegel – lässt sich ein „genereller Ausschluß der Durchsuchung bei Presseangehörigen und in Presseräumen wegen eines Presseinhaltsdeliktes unmittelbar aus Art. 5 Abs. 1 S. 2 GG nicht herleiten"; jedoch „muss die Erkenntnis der Unzulänglichkeit der Regelung der Strafprozessordnung im Lichte des Art. 5 Abs. 1 S. 2 GG zu einer restriktiven Anwendung dieser Zwangsmaßnahme führen. Im Interesse des Schutzes des Redaktionsgeheimnisses, das eine wesentliche Voraussetzung für die Funktionsfähigkeit einer freien Presse bildet, sind an die Durchsuchung von Presseunternehmen zum Zwecke der Ermittlung eines Presseinhaltsdeliktes verschärfte Anforderungen zu stellen; sie darf namentlich nicht angewandt werden, wenn andere Möglichkeiten zur Klärung des subjektiven Tatbestandes offenstehen". Daher verletzt die gerichtliche Anordnung der Durchsuchung von Redaktionsräumen die Pressefreiheit, wenn zwischen der Schwere des Tatvorwurfs und der des Eingriffs nicht abgewogen wurde.[357] Das gilt auch für die räumliche Ausdehnung der Durchsuchung.[358] Durchsuchungen und Beschlagnahmen in einem Ermittlungsverfahren gegen Presseangehörige sind jedenfalls verfassungsrechtlich unzulässig, wenn sie ausschließlich oder vorwiegend dem Zweck dienen, die Person des Informanten zu ermitteln.[359] Angesichts der in § 97 Abs. 5 S. 2 HS 2 StPO gesetzlich festgeschriebenen besonderen Bedeutung der Verhältnismäßigkeitsprüfung ist im Falle eines Abwägungsergebnisses zugunsten der Pressefreiheit nicht nur eine Beschlagnahme, sondern auch schon eine Durchsuchung unzulässig.[360] Auch beim Nichteingreifen der pressespezifischen Beschlagnahmeverbote der StPO erfordert die Durchsuchung der Räume eines Rundfunksenders eine Verhältnismäßigkeitsprüfung.[361]

Gründung, freie – die Pressefreiheit verbietet die Einführung eines allgemeinen staatlichen Genehmigungsverfahrens (Lizenzsystem uä) für die Gründung von Presseunternehmen.[362] Wie weit spezifische Zulassungserfordernisse zulässig sind, um einzelne Presseverbreitungsformen wegen ihrer besonderen Gefährlichkeit für Rechtsgüter

---

[353] BVerfGE 117, 244 (260).

[354] Vgl. BVerfGE 117, 244 (261 f.).

[355] VGH München NJW 1983, 1339; *Bullinger* in HdbStR VII § 163 Rn. 27. Sa Stichwort Durchsuchung, Schutz gegen.

[356] *Wendt* AfP 2004, 181 (185); → Rn. 64.

[357] BVerfG AfP 2005, 169; vgl. ferner BVerfGE 117, 244 (267); BVerfG NJW 2001, 507.

[358] BVerfG AfP 2005, 169; vgl. ferner *Wendt* AöR 104 (1979), 414 (461 f.).

[359] Vgl. BVerfGE 20, 162 (191 f., 217); 117, 244 (259); BVerG-K DÖV 2015, 975.

[360] *Gercke* in GJTZ StPO § 97 Beschlagnahmeverbot Rn. 65.

[361] BVerfG-K DÖV 2011, 281; DÖV 2011, 282.

[362] BVerfGE 20, 162 (175, 176); vgl. ferner BVerfGE 52, 283 (296); *Degenhart* in BK Rn. 257; *Bullinger* in HdbStR VII § 163 Rn. 24 f.; sa Art. 10 EMRK.

Dritter von besonderen Voraussetzungen abhängig zu machen, bestimmt sich nach Art. 5 Abs. 2. Selbst wenn es hiernach noch zulässig sein sollte, den Haustürvertrieb von Druckwerken wegen seiner besonderen Gefährlichkeit für den Verbraucher nur denjenigen zu erlauben, die im gewerberechtlichen Sinn „zuverlässig" sind,[363] ist es jedenfalls unzulässig, die Verteilung von Zeitungen, Flugblättern, Broschüren oder Büchern auf öffentlichen Straßen und Plätzen von solcher „Zuverlässigkeit" abhängig zu machen.[364]

Informationsanspruch – positive Auskunftsansprüche der Presse gegen staatliche Stellen unmittelbar auf der Grundlage des Art. 5 Abs. 1 S. 2 GG wurden bis zum Urteil des BVerwG vom 20.2.2013[365] überwiegend verneint. Der Annahme eines **verfassungsunmittelbaren Informationsanspruchs** ist jedoch zuzustimmen, da die Presse zu Wahrnehmung ihrer grundrechtlichen Funktionen – Information und Kontrolle[366] auf Informationen aus dem staatlichen Bereich angewiesen sein kann. Die Verweisung auf anderweitige Informationsmöglichkeiten[367] trägt dem nicht Rechnung.[368] Der Anspruch folgt aus dem Grundrecht in seiner objektiv-institutionellen Dimension, da es anderenfalls bereichsweise leerlaufen würde.[369] Den Umfang des Anspruchs, zunächst auf einen Mindeststandard an Informationen begrenzt, wurde dahingehend konkretisiert, dass der Anspruch iW den landespresserechtlich geregelten Ansprüchen gleichwertig sein muss.[370] Dies bedeutet im Fall entgegenstehender Interessen Privater oder öffentlicher Stellen an der Vertraulichkeit von Informationen die Notwendigkeit einer Abwägung mit dem Informationsinteresse der Presse.[371] Im Rahmen der Abwägung kommt eine Bewertung des Informationsinteresses der Presse grundsätzlich nicht in Betracht. Entscheidend ist vielmehr, ob dem Informationsinteresse der Presse schutzwürdige Interessen von solchem Gewicht entgegenstehen, die den presserechtlichen Auskunftsanspruch ausschließen.[372] Bei der Schutzbedürftigkeit und Schutzwürdigkeit personenbezogener Daten ist zu unterscheiden, ob die Intim-, die Privat- oder die Sozialsphäre betroffen ist.[373] Der Anspruch ist auf die bei der Behörde vorhandenen Informationen beschränkt.[374] Ungeachtet ihrer Ableitung aus dem objektiven Gehalt der Pressefreiheit entsprechen der Informationspflicht subjektive Grundrechtspositionen des einzelnen Presseunternehmens bzw. der für das Presseunternehmen Tätigen.[375] Die einfachgesetzliche Statuierung eines Auskunftsanspruchs der Presse enthalten die Landespressegesetze. Art. 10 Abs. 1 S. 2 EMRK kann einen Zugang zu staatlichen Informationen von öffentlichem Interesse begründen, soweit sie „ready and available" sind.[376] Der EGMR betont den wachsenden Bedarf von Demokratie und Transparenz

---

[363] In diesem Sinn VGH Mannheim DVBl 1975, 261 (263 f.); BGH NJW 1978, 1867 (1868); zweifelnd *Bullinger* in HdbStR VII § 163 Rn. 25 f.

[364] OLG Bremen GewArch 1976, 331; *Bullinger* in HdbStR VII § 163 Rn. 26; anders OLG Schleswig GewArch 1977, 378.

[365] BVerwGE 146, 56; bestätigend BVerwGE 151, 348; BVerwG NVwZ 2015, 1383 Rn 6; NVwZ 2016, 1020 Rn. 13; NJW 2018, 485.

[366] BVerwG NVwZ 2016, 1020 Rn. 16 f.

[367] BVerwGE 70, 310 (314).

[368] *Degenhart* in BK Rn. 220; sa *v. Coelln* FS f. Hufen, 2015, 423 (429 ff.); nicht erfasst vom Auskunftsanspruch sind parlamentarische Angelegenheiten (Immunitätsangelegenheiten) des Deutschen Bundestages, vgl. BVerwG DÖV 2019, 403 (404); *Rhein* DÖV 2019, 394.

[369] BVerwGE 146, 56 Rn. 27 f.; 151, 348 Rn. 26; *Degenhart* in BK Rn. 220.

[370] BVerwG NVwZ 2016, 1020 Rn. 17; DÖV 2019, 403 (404).

[371] BVerwGE 146, 56 Rn. 29; 151, 1 Rn. 19; 154, 222 Rn. 16; *Degenhart* in BK Rn. 221; *Starck/Paulus* in MKS Rn. 149; zum Steuergeheimnis s. VG Augsburg ZUM-RD 2014, 322 und BayVGH, ZUM 2014, 538.

[372] BVerwGE 154, 222 Rn. 16, 18 f.; BVerwG DÖV 2019, 403 (404); ferner BVerwG, Urt. v. 18.9.2019 – 6 A 7.18 (Auskunftspflicht des BND über Hintergrundgespräche mit Journalisten).

[373] BVerfGE 65, 1 (45); BVerwG DÖV 2019, 661 (665); *Schnabel* DÖV 2019, 653.

[374] BVerfG-K NVwZ 2016, 50; *Starck/Paulus* in MKS Rn. 149.

[375] *Degenhart* in BK Rn. 222.

[376] EGMR 14.4.2009 – 37374/05 – Tarsasag; *Degenhart* in BK Rn. 222.

in einer Informationsgesellschaft.[377] Auch hier sind Vertraulichkeitsinteressen in Abwägung zu bringen.[378]

Konkurrenzschutz bei Existenzgefährdung der Presse – ein Konkurrenzschutz besteht grundsätzlich nicht. Presseunternehmen „stehen miteinander in geistiger und wirtschaftlicher Konkurrenz, in die die öffentliche Gewalt grundsätzlich nicht eingreifen darf".[379] Traditionelle periodische Presseerzeugnisse, wie zB Tageszeitungen, dadurch zu erhalten, dass sie gegen eine existenzgefährdende Konkurrenz durch neuartige Presseerzeugnisse geschützt werden, lässt sich auch nicht mit der institutionellen Garantie der periodischen Presse rechtfertigen. Denn diese Garantie kann sich nur auf das Bestehen einer freien privaten und privatwirtschaftlichen, zur Meinungsbildung beitragenden periodischen Presse im Ganzen, nicht aber auf den Fortbestand bestimmter Formen dieser periodischen Presse und schon gar nicht auf den Bestand einzelner Zeitungen oder Zeitschriften beziehen.[380] Problematisch war daher die Auffassung des BGH, ein Verleger einer Tageszeitung oder sein Verband könnten dann mit Erfolg gegen ein Anzeigenblatt vorgehen, wenn dieses in einer mit den Belangen der Allgemeinheit nicht konformen, da mit der „institutionellen Garantie" der (periodischen) Presse unvereinbaren Weise die wirtschaftlichen Grundlagen der normalen, mit einem dominierenden redaktionellen Teil ausgestatteten Zeitung untergrabe.[381] Die Gefährlichkeit einer solchen abstufenden Wertung war offenkundig. Auch die Gratisverteilung ist nicht per se rechtswidrig, sondern allenfalls bei konkret wettbewerbswidrigem Verhalten gegenüber Wettbewerbern, die hierdurch in ihrem Bestand gefährdet werden.[382] Der Bundesgerichtshof ist inzwischen zu Recht von seiner strengen Rspr. abgegangen und hält eine rein anzeigenfinanzierte Tageszeitung nur noch dann für wettbewerbswidrig, wenn besondere Umstände vorliegen, aus denen sich eine konkrete Gefahr für die Tagespresse ergibt.[383]

Pressekonferenz – bei Pressekonferenzen, Pressegesprächen uä unterliegt die veranstaltende Behörde – falls die Teilnehmerzahl aus sachlichen Gründen beschränkt werden muss – dem aus Art. 3 Abs. 1 iVm Art. 5 Abs. 1 S. 2 folgenden Gebot einer ermessensfehlerfreien Teilnehmerauswahl. Es darf an das besondere Fachinteresse des Journalisten, nicht aber an desssen politische Richtung angeknüpft werden.[384]

Redaktionsgeheimnis, Schutz des – der Schutz der Geheimhaltung der Informationsquellen und des Vertrauensverhältnisses zwischen Presse und privaten Informanten „ist unentbehrlich, da die Presse auf private Mitteilungen nicht verzichten kann, diese Informationsquelle aber nur dann ergiebig fließt, wenn sich der Informant grundsätzlich darauf verlassen kann, daß das‚Redaktionsgeheimnis' bewahrt bleibt".[385] In den Fällen, in denen sich der Staat Wissen über die im Bereich journalistischer Recherche hergestellten Kontakte zu verschaffen sucht, misst das BVerfG dem Redaktionsgeheimnis neben dem Vertrauensverhältnis der Medien zu ihren Informanten eigenständige Bedeutung bei.[386] Vgl. auch Stichw. „Durchsuchung" und „Zeugnisverweigerungsrecht".

Tendenzautonomie – als Freiheit, unbehelligt von staatlichen Eingriffen die Meinungsrichtung eines Druckwerks zu bestimmen, durch Art. 5 Abs. 1 S. 2 geschützt, verbietet aber nicht die Pflicht zu vorheriger Anhörung des Betriebsrates bei Kündigung eines Tendenzträgers[387] oder bei Einstellung eines Tendenzträgers.[388] Ein Einfluss

[377] EGMR 25.6.2013 – 48135/06 – Youth Initiative for Human Rights.
[378] BVerwG NVwZ 2015, 1383 Rn. 14; NVwZ 2016, 1020 Rn. 29.
[379] BVerfGE 20, 162 (175); 52, 283 (296).
[380] *Bullinger* in HdbStR VII § 163 Rn. 52f.
[381] BGHZ 19, 392; modifizierend BGHZ 51, 236 (244); BGH NJW 1971, 2025; billigend *Kübler* FS f. Löffler, 1980, 169.
[382] BGH AfP 2004, 258.
[383] Vgl. *Bullinger* in HdbStR VII § 163 Rn. 54.
[384] BVerwGE 47, 247 (253 f.); *Starck/Paulus* in MKS Rn. 139.
[385] BVerfGE 20, 162 (176); 100, 313 (365); 107, 299 (329 f.); 117, 244 (259); *Pieroth* AfP 2006, 305 (311).
[386] BVerfGE 66, 116 (133 ff.); 107, 299 (331); 117, 244 (259 f.).
[387] BVerfGE 52, 283 (301).
[388] BAG NJW 1982, 124 f.; krit. *Kull* NJW 1982, 2227 f.

auf die Tendenz der Zeitung steht dem Betriebsrat jedenfalls nicht zu. Grundsätzlich darf ein Verleger nicht durch Rechtsvorschriften daran gehindert werden, die Veröffentlichung eines Buchs oder eines Zeitungsartikels abzulehnen, weil er dessen Tendenz nicht teilt.[389]

Überzeugungsschutz – nach allg. Auffassung darf kein Redakteur gezwungen werden, einen Beitrag zu schreiben oder zu zeichnen, der seiner Überzeugung oder gar seinem Gewissen widerspricht. Dieser Gewissensvorbehalt und das darüber hinaus anerkannte – aus der Eigengesetzlichkeit geistig-publizistischen Schaffens folgende – Mindestmaß an freier publizistischer Entfaltung sind individuelle Rechte der Journalisten und Redakteure, die die verlegerischen Direktionsbefugnisse (Grundsatz- und Richtlinienkompetenz) im Einzelfall einschränken; sie werden als notwendige Funktionsvoraussetzungen des mit der Pressefreiheit mitgeschützten Instituts „Freie Presse" angesehen.[390]

Verbreitung rechtswidrig erlangter Informationen – die Verwendung und Verbreitung rechtswidrig beschaffter oder erlangter Informationen schließt den tatbestandlichen Schutz der Presse-, Rundfunk- und Filmfreiheit nicht aus. So kann die Veröffentlichung einer Information erlaubt sein, wenn ihre Bedeutung für die Unterrichtung der Öffentlichkeit und für die öffentliche Meinungsbildung die Nachteile überwiegt, die der Rechtsbruch für den Betroffenen und die Geltung der Rechtsordnung nach sich zieht – wenn es also um Missstände von erheblichem Gewicht geht, an deren Aufdeckung ein überragendes öffentliches Interesse besteht.[391] Verschafft sich dagegen ein Journalist widerrechtlich durch Täuschung Informationen in der Absicht, sie gegen den Getäuschten zu verwerten, hat die Veröffentlichung grundsätzlich zu unterbleiben.[392] Auch die Online-Verbreitung von Kommunikationsinhalten, die unter Verletzung des Urheberrechts von Nachrichtenaggregatoren erlangt sind, fällt, wie die Verbreitung rechtswidrig erlangter Informationen überhaupt, in den Schutzbereich von Art. 5 Abs. 1 S. 2. Nach der im 26.3.2019 vom EU-Parlament verabschiedeten und am 15.4.2019 vom Rat der EU gebilligten **Reform des EU-Urheberrechts** (Richtlinie 2019/790 des EU-Parlaments uund des Rates vom 17. April 2019) haften künftig allerdings Betreiber von Internet-Plattformen mit nutzergenerierten Inhalten für unautorisierte Veröffentlichungen urheberrechtlich geschützter Werke. Alternativ müssen sie sich um Lizenzen auch für das von Dritten hochgeladene Material bemühen und grundsätzlich Mechanismen vorhalten, um Werke gar nicht erst verfügbar zu machen, bei denen die Rechtsinhaber ihre Ansprüche nachgewiesen haben.[393] Diese Regelungen dürften jedoch auch im Blick auf die mit ihnen möglicherweise verbundene Beeinträchtigung der Meinungsfreiheit von Nutzern, die Inhalte einstellen, und der Informationsfreiheit von Nutzern, die von diesen Inhalten Gebrauch machen, von Art. 5 Abs 2 gedeckt sein.

Zeugnisverweigerungsrecht – Zeugnisverweigerungsrechte für die Presse sind in § 53 Abs. 1 Nr. 5 StPO sowie in § 383 Abs. 1 Nr. 5 ZPO normiert. Nach ganz überwiegender Auffassung wird durch die Pressefreiheit für Angehörige der Presseberufe ein Zeugnisverweigerungsrecht gewährleistet, weil es ohne ein solches das Vertrauensverhältnis zwischen Presse und Informanten sicherndes Recht schwerfallen würde, überhaupt noch Informanten zu finden.[394] Sein Umfang ist allerdings umstr. Richtig erscheint die Annahme, dass aus der „besonderen Zweckbestimmung des Zeugnisverweigerungsrechts der Angehörigen der Presse folgt (…), dass diese Ausnahme von der allgemeinen Aussagepflicht verfassungsrechtlich durch Art. 5 Abs. 1 Satz 2 GG nicht umfassend, sondern nur so weit verbürgt ist, wie dies im Interesse der

---

[389] BVerfGE *21*, 271 (278); 37, 84 (91); 42, 53 (62); *Bullinger* in HdbStR VII § 163 Rn. 21.

[390] *Lerche,* Verfassungsrechtliche Aspekte der „inneren Pressefreiheit", 1974, 70 ff.; *Scholz,* Pressefreiheit und Arbeitsverfassung, 1978, 168 ff.; *Starck/Paulus* in MKS Rn. 164; *Degenhart* in BK Rn. 266 f.

[391] BVerfGE 66, 116 (137 f.); *Wendt* AfP 2004, 181 (186).

[392] *R. Müller,* FAZ Nr. 117 v. 21.5.2019, S. 8.

[393] Vgl. *Kafsack,* FAZ Nr. 73 v. 27.3.2019, S. 2.

[394] BVerfGE 20, 162 (176, 187 ff.); 36, 193 (204); 64, 108 (115 ff.); 77, 65 (74 ff., 81 ff.); BVerfG NJW 1990, 701 f.; 2001, 507.

Sicherung der Institution der Presse unumgänglich ist. Denn die Pressefreiheit darf nicht als Privilegierung für jegliche der Nachrichtensammlung und -verbreitung dienende Handlung verstanden werden; vielmehr findet sie ihre Grenze dort, wo sie auf andere gewichtige Interessen des freiheitlichen demokratischen Staates stößt und die Erfüllung der publizistischen Aufgabe der Presse nicht den Vorrang der Pressefreiheit erfordert".[395] Verfassungsrechtlich erscheint daher jedenfalls ein Minimalschutz des Redaktionsgeheimnisses aus der objektiven Gewährleistungsdimension des Art. 5 Abs. 1 geboten.[396] Die vollständige Abschaffung des Informantenschutzes würde die Integrität der Presse aushöhlen, so dass keine vertraulichen Informationen mehr erlangt würden, dadurch die Presse ihre öffentliche Aufgabe als Informations- und Kontrollinstanz nicht mehr bzw. nur eingeschränkt erfüllen könnte und investigativer Journalismus kaum mehr möglich wäre.[397] Andererseits verstößt es nicht gegen Art. 5 Abs. 1 S. 2, dass der Gesetzgeber, wie jetzt in § 20u BKAG für Überwachungs- oder Strafverfolgungsmaßnahmen, eine Abwägung im Einzelfall zwischen Informationsbeschaffung und Strafverfolgung oder Sicherheitsmaßnahmen vorsieht.[398] Vom BVerfG ist bisher kein zwingendes verfassungsrechtliches Bedürfnis für ein Zeugnisverweigerungsrecht (wie auch für ein damit korrespondierendes Beschlagnahmeverbot) in Bezug auf „selbstrecherchiertes Material" anerkannt worden.[399] Ein Journalist braucht selbstrecherchierte Tatsachen aber nicht zu offenbaren, wenn sie in einem untrennbaren Zusammenhang mit der ihm erteilten Information stehen und bei ihrer Bekanntgabe eine Enttarnung des Informanten möglich erscheint.[400] Das BVerfG hat die Herleitung eines Zeugnisverweigerungsrechts unmittelbar aus der Verfassung im Falle der Erhebung von im Rahmen journalistischer Recherchen bei Telekommunikationsdiensteanbietern angefallenen Verbindungsdaten abgelehnt. Hier wird der Schutz der Pressefreiheit im Rahmen der Abwägung im Einzelfall verwirklicht. [401] Das BVerfG hat stets betont, dass der Gesetzgeber weder gehalten noch auch nur berechtigt ist, der Presse- und Rundfunkfreiheit absoluten Vorrang vor anderen wichtigen Gemeinschaftsgütern einzuräumen. Er hat auch den Erfordernissen einer an rechtsstaatlichen Garantien ausgerichteten funktionstüchtigen Rechtspflege Rechnung zu tragen.[402] Sog. Bekennerbriefe, durch die von einem anonymen Informanten der Presse bekannntgegeben wird, dass eine bestimmte Organisation für eine Straftat verantwortlich ist, fallen nicht unter den Informantenschutz, weil das dafür erforderliche Vertrauensverhältnis fehlt.[403]

Zugang zu Presseberufen – von der Pressefreiheit erfasst.[404] Die Berufe des Verlegers, Herausgebers, Redakteurs, Journalisten und Schriftstellers sind nicht nur im Hinblick auf die spätere Ausübung, sondern auch im Hinblick auf die Berufswahl durch Art. 5 Abs. 1 S. 2 geschützt.[405]

Keine verfassungsrechtlichen Bedenken bestehen gegen Selbstorganisationen mit rechtlich unverbindlichen Empfehlungsbefugnissen (Presse-Selbstkontrolle).[406]

Selbstbeschränkung in der Berichterstattung, zB aus humanitären Gründen (Bsp.: Geldtransporte mit Gefährdung des Begleitpersonals), ist zulässig. Problematisch erscheint die Annahme, eine solche Beschränkung dürfe nicht auf so viele Gegenstände ausgedehnt werden, dass dadurch das Informationsrecht praktisch ausgehöhlt werde;[407] die Verantwortung für das Offenhalten eines freien Informationsflusses liegt hier eher beim Staat.

---

395 BVerfG NStZ 1982, 253; NJW 2001, 507.
396 *Starck/Paulus* in MKS Rn. 154.
397 *Starck/Paulus* in MKS Rn. 155; *Schulze-Fielitz* in Dreier Rn. 181.
398 BVerfGE 141, 220 Rn. 256, 258; 107, 299 (332 f.); 129, 208 (260, 266).
399 BVerfGE 77, 65 (74 ff., 81 ff.); *Bullinger* in HdbStR VII § 163 Rn. 30.
400 BGH NJW 1990, 525 f.; *Starck/Paulus* in MKS Rn. 156.
401 BVerfGE 107, 299 (331 ff.).
402 BVerfG NJW 2001, 507 (507); BVerfGE 107, 299 (331 ff.).
403 BVerfG NStZ 1982, 253; NJW 2001, 507.
404 BVerfGE 20, 162 (176).
405 *Starck/Paulus* in MKS Rn. 142.
406 Vgl. *Löffler* NJW 1981, 908 f.; vergleichend *Suhr,* Europäische Presse-Selbstkontrolle, 1998.
407 So *v. Münch* in v. Münch/Kunig, 3. Aufl. 1996, Rn. 26.

Str. ist, ob die Pressefreiheit eine **Bestreikung von Presseunternehmen** ausschließt. Dies ist idR zu verneinen. Bereits auf Grund ihrer privatwirtschaftlichen Struktur ist die Presse der Geltung des allgemeinen Arbeitskampfrechts im Grundsatz unterworfen.[408] Auch das BAG stellt fest, dass selbst dann, wenn ein Generalstreik vorübergehend das Erscheinen aller Presseerzeugnisse oder der für die Information und Meinungsbildung der Öffentlichkeit besonders wichtigen Tageszeitungen verhindert, nicht schon deshalb ein Verstoß gegen die allgemeinen, von der Pressefreiheit mitgeprägten Grundsätze des Arbeitskampfrechts vorliegt.[409] Dem wird für den Fall zugestimmt, dass Hörfunk und Fernsehen für die unbedingt erforderliche Unterrichtung der Bevölkerung sorgen.[410] Angesichts der heute existierenden Vielfalt elektronischer Medien lässt sich die Unzulässigkeit selbst ausgedehnter Pressestreiks erst recht nicht mehr begründen.[411] Dagegen liegt ein schwerer Eingriff in die Pressefreiheit vor, wenn während eines Streiks einzelne Zeitungsartikel aus inhaltlichen Gründen – etwa Artikel über den Streik – nicht gesetzt oder herausgefräst werden („weiße Flecken")[412] oder nur Zeitungen einer bestimmten politischen Richtung bestreikt werden (sog. Richtungsstreiks).[413] **68**

Str. ist ferner die verfassungsrechtliche Beurteilung der sog. **inneren Pressefreiheit.** Bei diesem mehrdeutigen Begriff „geht es vor allem um den unternehmensinternen Standort und das organisatorische Gefüge der Redaktion",[414] und zwar idR um das Postulat, zur Sicherung eines vielfältigen Beitrags der periodischen Presse zur Meinungsbildung sowie zur Sicherung der Freiheit der Journalisten und Redakteure den Zeitungsredaktionen eine mehr oder weniger große Unabhängigkeit gegenüber dem Verleger einzuräumen, entweder für die Einzelgestaltung in der täglichen redaktionellen Arbeit oder sogar für die grundsätzliche Tendenz des Blattes.[415] Das BVerfG hat einerseits offen gelassen, ob die Statuierung einer „inneren Pressefreiheit" verfassungsrechtlich zulässig wäre,[416] andererseits in stRspr die privatwirtschaftliche Struktur der periodischen Presse als Teil der „institutionellen Garantie" verstanden.[417] Wesentliches Element dieser privatwirtschaftlichen Struktur ist ua das Tragen des wirtschaftlichen Risikos für das Presseerzeugnis durch den Verleger. Hierzu ist dieser nur in der Lage, wenn er die publizistische Haltung und Richtung bestimmen und Zeitungen und Zeitschriften seiner eigenen Meinung entsprechend gestalten kann.[418] Deshalb ist die Gestaltungsbefugnis des Gesetzgebers im Hinblick auf die presserechtliche Binnenstruktur von vornherein begrenzt.[419] Darüber hinaus ist zu berücksichtigen, dass zwar auch die Tätigkeit der Journalisten und Redakteure dem Staat gegenüber durch Art. 5 Abs. 1 S. 2 grundrechtlich geschützt ist, aus diesem Umstand sich aber keine Grundrechtsstellung gegenüber dem Verleger begründen lässt, und zwar auch nicht mit Hinweis auf die Arbeitsteilung im Presseunternehmen.[420] Gründend auf diesen Prämissen wird man als Essentiale einer privatwirtschaftlich arbeitenden Presse die Ver- **69**

---

[408] *Stern* in Stern StaatsR IV/1 § 109 II 2e; *Rüthers* NJW 1984, 201, allerdings mit Hinweisen auf einschränkende Besonderheiten des Pressebereiches.

[409] BAG AfP 1985, 235 (237 f.).

[410] *Stern* in Stern StaatsR IV/1 § 109 II 2e.

[411] *Degenhart* in BK Rn. 270; zw *Starck/Paulus* in MKS Rn. 145.

[412] → Rn. 109; ebenso *Stern* in Stern StaatsR IV/1 § 109 II 2e; *Starck/Paulus* in MKS Rn. 145; vgl. ferner die Beiträge von *Kisker, Raiser, Buchner, Löwisch* und *Heinze* zum Thema „Arbeitskampf im Medienbereich", RdA 1987, 194 (201, 209, 219, 225); zur Abwehraussperrung bei Druckerstreik: BAG NJW 1980, 1642; 1980, 1653; AfP 1985, 235.

[413] Ebenso *Scholz,* Pressefreiheit und Arbeitsverfassung, 1978, 154 ff., 181 ff.; *Starck/Paulus* in MKS Rn. 145.

[414] *Kübler,* Verh. des 49. DJT, 1972, Bd. I, D 13.

[415] Vgl. *Hoffmann-Riem,* Innere Pressefreiheit als politische Aufgabe, 1979; *Kübler,* Verh. des 49. DJT, 1972, Bd. I, D 37 ff.

[416] BVerfGE 52, 283 (297).

[417] BVerfGE 20, 162 (175); 66, 116 (133).

[418] → Rn. 67 Stich. „Tendenzautonomie".

[419] *Starck/Paulus* in MKS Rn. 144; ferner etwa *Scholz,* Pressefreiheit und Arbeitsverfassung, 1978, 184 ff.; *Bullinger* in HdbStR VII § 163 Rn. 57.

[420] *Degenhart* in BK Rn. 266; *Starck/Paulus* in MKS Rn. 164; *Bethge* in Sachs Rn. 81 f.

einigung der finanziellen Verantwortung und der Bestimmungsmacht über die publizistische Richtung des Presseerzeugnisses in einer Hand anzusehen haben. Der Verleger verfügt über die Grundsatz- und Richtlinienkompetenz, zu der auch das Recht der Einzelanweisung gehören kann.[421] Äußerste Grenzen setzen der Überzeugungs- und Gewissensschutz der Journalisten und Redakteure und der darüber hinaus im Rahmen der privatrechtlichen Beziehungen zum Verleger anerkannte Mindestspielraum freier publizistischer Entfaltung.[422] Zur Wahrnehmung seiner Rechte kann sich der Verleger eines Chefredakteurs oder eines Ressortleiters bedienen, wie überhaupt die Einräumung größerer Selbständigkeit für die Redaktion Sache entsprechender Vereinbarung ist.[423] Die Zulässigkeit einer die Pressefreiheit des Verlegers einschränkenden, an Art. 5 Abs. 2 zu messenden gesetzlichen Regelung der „inneren Pressefreiheit" mit dem Ziel der Erzeugung eines „Binnenpluralismus im Presseunternehmen" wird vor diesem Hintergrund davon abhängig gemacht, dass der Außenpluralismus miteinander konkurrierender Zeitungen nicht mehr besteht und auch nicht wiederhergestellt werden kann.[424]

70 Die **Pressekonzentration** wirft die Frage auf, ob die Pressefreiheit gesetzgeberische Maßnahmen zur Verhinderung übermäßiger Pressekonzentration gebietet oder verbietet. Das BVerfG lässt vorsichtig eine Neigung zum Gebot erkennen: „(…) doch ließe sich etwa auch an eine Pflicht des Staates denken, Gefahren abzuwehren, die einem freien Pressewesen aus der Bildung von Meinungsmonopolen erwachsen könnten"[425] (Wahrung der Außenpluralität). Pressefreiheit setzt die Möglichkeit von Meinungsvielfalt der Presse voraus;[426] wird durch übermäßige Pressekonzentration diese Möglichkeit aufgehoben, so wird die freiheitliche Meinungsbildung und damit die Pressefreiheit in ihrem Kern tödlich getroffen. Deshalb sind diesbzgl. gesetzliche Maßnahmen bei stichhaltigem Nachweis der Bedrohung freier Meinungsbildung und Nachweis der Eignung, diese Bedrohung zu beseitigen, zulässig.[427] Als verfassungsrechtlich am wenigsten bedenklicher Weg zur Sicherung einer Anzahl selbständiger periodischer Presseerzeugnisse haben sich wettbewerbsrechtliche Konzentrationsbeschränkungen erwiesen, die speziell auf die wirtschaftlichen Gegebenheiten der periodischen Presse zugeschnitten sind; die durch die dritte Kartellgesetznovelle[428] eingeführte pressespezifische **Zusammenschluss-(Fusions-)Kontrolle** hat das weitere Schrumpfen der selbständigen Zeitungen zumindest verlangsamt und die rechtliche Selbständigkeit und wirtschaftliche Unabhängigkeit vieler Zeitungen gesichert.[429]

71 Str. ist, ob bzw. wieweit die **Subventionierung** von Presseunternehmen verfassungsrechtlich zulässig ist.[430] Richtungweisende Bedeutung für die Lösung der insoweit aufgeworfenen Fragen kommt dem Beschluss des BVerfG vom 6.6.1989[431] zu. Danach sind staatliche Förderungsmaßnahmen für die Presse nur dann mit Art. 5 Abs. 1 S. 2 vereinbar, wenn „jede Einflußnahme auf Inhalt und Gestaltung einzelner Presseerzeugnisse sowie Verzerrungen des publizistischen Wettbewerbs insgesamt vermieden werden (…) Art. 5 Abs. 1 Satz 2 GG begründet im Förderungsbereich für den Staat (…) eine inhaltliche Neutralitätspflicht, die jede Differenzierung nach

---

[421] Enger *Groß* DÖV 1992, 981 (989).

[422] → Rn. 67 Stichwort „Überzeugungsschutz".

[423] Vgl. *Scholz,* Pressefreiheit und Arbeitsverfassung, 1978, 122 ff., 184 ff.; *Degenhart* in BK Rn. 267; *Starck/Paulus* in MKS Rn. 164.

[424] Vgl. *Starck/Paulus* in MKS Rn. 165; zur „inneren Pressefreiheit" und EMRK vgl. *Kloepfer* FS f. Friauf, 1996, 155.

[425] BVerfGE 20, 162 (176); vgl. auch BVerfGE 52, 283 (296).

[426] BVerfGE 52, 283 (296).

[427] *Lerche,* Verfassungsrechtliche Fragen zur Pressekonzentration, 1971, 27 ff.; *Starck/Paulus* in MKS Rn. 157; *Degenhart* in BK Rn. 258 ff.

[428] Drittes G zur Änderung des GWB v. 2.7.1976, BGBl. I 1697.

[429] Vgl. *Bullinger* in HdbStR VII § 163 Rn. 60; *Säcker* AfP 2005, 24 (26); zu Fragen der Fusionskontrolle vgl. BVerfG AfP 1985, 107; BGH NJW 1985, 1626; *Degenhart* in BK Rn. 261 ff.; *Stern* in Stern StaatsR IV/1 § 109 II 5b.

[430] OVG Berlin NJW 1975, 1938; zuvor VG Berlin DVBl. 1975, 268 (272) mAnm *Henke* bzw. *Scholz* DÖV 1975, 136 f.; VG Berlin NJW 1974, 330.

[431] BVerfGE 80, 124.

Meinungsinhalten verbietet".[432] Es ist dem Staat jedoch „nicht von vornherein verwehrt", die Subventionierung der Presse „an meinungsneutralen Kriterien auszurichten".[433] Der „Neutralitätspflicht des Staates entspricht auf Seiten des Trägers der Pressefreiheit ein subjektives Abwehrrecht gegen die mit staatlichen Förderungsmaßnahmen etwa verbundenen inhaltslenkenden Wirkungen sowie ein Anspruch auf Gleichbehandlung im publizistischen Wettbewerb".[434] Ausdrücklich offen lässt das BVerfG[435] die Frage, ob Art. 5 Abs. 1 S. 2 für jede staatliche Leistung an die Presse eine gesetzl. Grundlage verlangt.[436] Bemerkenswert ist, dass das BVerfG nicht nur im Falle der Existenzgefährdung eine Subventionierung von Presseunternehmen für zulässig hält. Aus der Bedingung, dass Verzerrungen des publizistischen Wettbewerbs vermieden werden müssten, und der Verneinung einer Wettbewerbsverzerrung für den konkret entschiedenen Fall, weil „alle Druckschriften, die gleichartige Zwecke verfolgen und deswegen untereinander in einem Konkurrenzverhältnis stehen können, auch in gleicher Weise behandelt (werden)"[437] – in casu waren das die wegen ihrer publizistischen Zwecksetzung zum verbilligten Postzeitungsdienst der Deutschen Bundespost zulassungsfähigen und zugelassenen Zeitungen und Zeitschriften–, könnte sogar geschlossen werden, dass die Förderung allein von existenzgefährdeten Presseunternehmen unzulässig sein soll, weil (auch) sie in die publizistische Konkurrenzlage eingreift. Zu Recht wird nämlich die Zulässigkeit einer Pressesubventionierung an die Voraussetzung geknüpft, dass „eine wesentliche Störung der wirtschaftlichen Auslesemechanismen vermieden" wird.[438]

Str. ist, ob eine verfassungsrechtliche **Pflicht zur Offenlegung der Eigentums-** 72
verhältnisse an Zeitungs- und Zeitschriftenverlagen angeordnet werden könnte. Die hierfür ins Feld geführten rechtspolitischen Gründe (Transparenz der Marktverhältnisse und Meinungen) werden teilweise für so gewichtig erachtet, dass die Frage bejaht wird.[439]

Verfassungsrechtlich unzulässig wäre eine **Umwandlung der Presseverlage in** 73
öffentlich-rechtliche Anstalten.[440] Erwogen werden kann allenfalls,[441] ob **neben** den privatrechtlich organisierten Presseverlagen auch Zeitungen in Form öffentlich-rechtlicher Anstalten betrieben werden könnten, so wie heute neben den öffentlich-rechtlichen Rundfunkanstalten auch Privatrundfunk existiert. Der nicht nur Art. 5 Abs. 1 S. 2 zu entnehmende elementare Grundsatz einer staatsfreien, privat verantworteten Kommunikation spricht auch insoweit gegen die verfassungsrechtliche Zulässigkeit. Publizistisch verfehlt wären öffentlich-rechtliche Zeitungs-Anstalten allemal. Die Funktionsschwächen des öffentlich-rechtlichen Rundfunks würden damit auf die periodische Presse übertragen.[442]

Staatliche periodische Veröffentlichungen mit begrenzter thematischer Reichweite, 74
die nur in wesentlich geringerem Umfang als Tageszeitungen, Wochenzeitungen und

---

[432] BVerfGE 80, 124 (133 ff.); *Degenhart* in BK Rn. 272.
[433] BVerfGE 80, 124 (134).
[434] BVerfGE 80, 124 (134).
[435] BVerfGE 80, 124 (131).
[436] Zu Recht bejahend VG Berlin NJW 1974, 330; OVG Berlin NJW 1975, 1938; *Starck/Paulus* in MKS Rn. 159; *Bullinger* in HdbStR VII § 163 Rn. 48 ff.; *Degenhart* in BK Rn. 272; *Schulze-Fielitz* in Dreier Rn. 228.
[437] BVerfGE 80, 124 (135 f.).
[438] *Bullinger* in HdbStR VII § 163 Rn. 51; großzügiger *Starck* in MKS Rn. 85.
[439] *v. Münch* AfP 1969, 845 (850); weitergehend *Ridder,* lt. Bericht JZ 1970, 794: „Offenlegung geboten".
[440] So auch *Starck/Paulus* in MKS Rn. 161; *Bethge* in Sachs Rn. 72; *Bullinger* in HdbStR VII § 163 Rn. 44; *Stern* in Stern StaatsR IV/1 § 109 II 5a; aA *Stammler,* Die Presse als soziale und verfassungsrechtliche Institution, 1971, 146, 362; vgl. auch BVerfGE 20, 162 (175): „Presseunternehmen müssen sich im gesellschaftlichen Raum frei bilden können. Sie arbeiten nach privatwirtschaftlichen Grundsätzen und in privatrechtlichen Organisationsformen"; ebenso etwa BVerfGE 66, 116 (133).
[441] Entgegen *Bullinger* in HdbStR VII § 163 Rn. 44 f., enthält BVerfGE 12, 205 (260) aber wohl keine Überlegungen in dieser Richtung.
[442] *Bullinger* in HdbStR VII § 163 Rn. 46.

Publikumszeitschriften die Bildung der öffentlichen Meinung beeinflussen, zB **Parlamentsblätter,** wird man für zulässig halten können, soweit sie der Erfüllung staatlicher Aufgaben dienen oder in zulässigem Umfang staatliche Öffentlichkeitsarbeit betreiben.[443] Hierher gehören auch (insbes. kommunale) **Amtsblätter.**[444] Str. ist dagegen die Zulässigkeit von gemeindlichen nichtamtlichen Zeitungen.[445] Ein nichtamtlicher redaktioneller Teil innerhalb des gemeindlichen Amtsblattes wird nur in engem Rahmen für zulässig erklärt.[446] Problematisch sind auch staatlich verordnete Presseausschüsse, staatliche Pressebeauftragte (Ombudsmann) uä. Verfassungsrechtlich unproblematisch ist dagegen die von einer Zeitung selbst für sich eingerichtete Institution eines (privaten) Pressebeauftragten.[447]

IV. Freiheit von Rundfunk- und Filmberichterstattung (Art. 5 Abs. 1 S. 2 Hs. 2)

75 **1. Die Freiheit der Berichterstattung durch Rundfunk … wird gewährleistet.** Unter den Medien kommt dem Rundfunk wegen seiner Breitenwirkung, Aktualität und Suggestivkraft besondere Bedeutung zu.[448] Der Gesetzgeber hat aufgrund der staatlichen Verantwortung für die Sicherung des Rundfunkprogramms die Staatsferne des öffentlich-rechtlichen Rundfunks sicherzustellen und eine politische Instrumentalisierung zu verhindern.[449] Das Gebot der Staatsferne verbietet dem Staat, selbst als Rundfunkveranstalter aufzutreten.[450] Im Falle des öffentlichen Rundfunks zwingt es vielmehr zu einer organisatorischen Verselbstständigung gegenüber staatlichen Strukturen.[451] Im privaten Rundfunk beschränkt es die Möglichkeit der Beteiligung staatlicher Protagonisten an Rundfunkveranstaltern.[452] **„Berichterstattung"** umfasst nicht nur Tatsachenmeldungen, sondern **auch Meinungsäußerungen.**[453] Die Form der Sendung ist unbeachtlich. Meinungsbildung geschieht auch „in Hörspielen, musikalischen Darbietungen, Übertragungen kabarettistischer Programme bis hinein in die szenische Gestaltung einer Darbietung".[454]

76 Zur Freiheit der Berichterstattung durch den Rundfunk gehören – wie bei der Pressefreiheit[455] – alle wesensmäßig damit zusammenhängenden Tätigkeiten, insbes. also auch die **Beschaffung der Information** und die **Verbreitung** der Nachricht und der Meinung.[456] Für die publizistischen

---

443 *Bullinger* in HdbStR VII § 163 Rn. 47, unter Hinweis auf BVerfGE 37, 84 (90 f.); 44, 125 (149 f.); 63, 230 (243 f.).

444 *Papier/Schröder* DVBl. 2017, 1.

445 Für Zulässigkeit: *Wimmer* NJW 1982, 2793; dagegen *Ricker* FS f. Löffler, 1980, 287; *Degenhart* in BK Rn. 255: „auf Grund ihrer gegenüber ‚Staatszeitungen' typischerweise gesteigerten publizistischen Wirkungsmöglichkeiten mit dem Grundsatz einer staatsfreien Kommunikation nicht vereinbar".

446 Vgl. *Degenhart* in BK Rn. 255; wohl auch *Papier/Schröder* DVBl. 2017, 1 (10).

447 Vgl. *Stein,* Die Institution des Pressebeauftragten, 1974.

448 BVerfGE 119, 181 (215); 136, 9 Rn. 29.

449 BVerfGE 136, 9 Rn. 42; *Wolf* DÖV 2019, 821 (822 f.).

450 BVerfGE 121, 30 (52).

451 Vgl. BVerfGE 136, 9 Rn. 40 f.; *Wolf* DÖV 2019, 821 (823).

452 BVerfGE 121, 30 (53); *Wolf* DÖV 2019, 821 (823).

453 BVerfGE 57, 295 (323); 77, 65 (74); 83, 238 (295 f.); *Degenhart* in BK Rn. 310; *Hoffmann-Riem* in AK Rn. 147; *Starck/Paulus* in MKS Rn. 183.

454 BVerfGE 12, 205 (260); 31, 314 (326); 35, 202 (223).

455 → Rn. 63.

456 BVerfGE 77, 65 (74); 103, 44 (59); 117, 244 (259); 119, 309 (318); *Starck/Paulus* in MKS Rn. 186.

Meinungsäußerungen im Rundfunk selbst geht das BVerfG allerdings von einem Vorrang der Meinungsfreiheit aus.[457] Die Freiheit der Berichterstattung durch den Rundfunk erstreckt sich auf die dem Medium eigentümlichen Formen der Berichterstattung und die Verwendung der dazu erforderlichen technischen Vorkehrungen.[458] Zur Informations(-funktion) im Sinne des klassischen Rundfunkauftrags gehört die gegenständlich uneingeschränkte Information über alle Lebensbereiche unter Zugrundelegung publizistischer Kriterien.[459] Eine umfassende Berichterstattung, wie sie von Art. 5 Abs. 1 S. 2 gefordert wird, lässt sich daher etwa unter Verzicht auf Sportereignisse nicht verwirklichen.[460] Allerdings verleiht die Rundfunkfreiheit einem Hörfunkveranstalter nicht das Recht, den der Öffentlichkeit gewährten **Zutritt** zum Stadion und zum Spiel gegen bloßen Aufwendungsersatz (sowie ggf. den Eintrittspreis) in dem beanspruchten Umfang nutzen zu können. Vielmehr kann der Zutritt von der Zahlung eines Entgelts für die Gestattung der Hörfunkberichterstattung abhängig gemacht werden.[461] Soweit eine im staatlichen Verantwortungsbereich liegende Informationsquelle auf Grund rechtlicher Vorgaben zur öffentlichen Zugänglichkeit bestimmt ist, der Staat den Zugang aber verweigert, sieht das BVerfG das gegen den Staat gerichtete Recht der Rundfunkanstalt oder des Rundfunkjournalisten auf Zugang durch die Informationsfreiheit des Art. 5 Abs. 1 S. 1, nicht durch Art. 5 Abs. 1 S. 2, geschützt.[462] Zur rechtswidrigen Beschaffung von Informationen kann auf das in → Rn. 57 Gesagte verwiesen werden.

Das BVerfG hat wiederholt hervorgehoben, dass erst der prinzipiell unge- **77**
hinderte Zugang zur Information die Medien in den Stand setzt, ihre Informationsaufgabe zu erfüllen.[463] Die Bildung von Informationsmonopolen auf Grund von Exklusivvereinbarungen zwischen dem Veranstalter eines Ereignisses von allgemeiner Bedeutung (insbes. Sportveranstaltungen) und einem einzelnen Rundfunkveranstalter unter Ausschluss Dritter widerspricht nach der Rspr. des BVerfG[464] daher den Leitvorstellungen des Art. 5 Abs. 1 S. 2, nämlich der gegenständlich uneingeschränkten Information über alle Lebensbereiche unter Zugrundelegung publizistischer Kriterien und damit der Verhinderung vorherrschender Meinungsmacht aufgrund uniformer Information. Die Einräumung eines nachrichtenmäßigen **Kurzberichterstattungsrechts** durch den Gesetzgeber[465] für alle Rundfunkveranstalter dient somit nach den Feststellungen des Gerichts der Verwirklichung der Ziele des Art. 5 Abs. 1 S. 2 und ist durch hinreichend gewichtige Erwägungen des Gemeinwohls gedeckt, die Vorrang vor der Berufsfreiheit der Ereignisveranstalter und der Erwerber entgeltlicher Verwertungsrechte und der Rundfunkfreiheit

---

457 BVerfGE 114, 339 (347 ff.).
458 BVerfGE 91, 125 (135); 103, 44 (59).
459 BVerfGE 101, 361 (390); BGHZ 165, 62.
460 BVerfGE 97, 228 (257); BGHZ 165, 62.
461 BGHZ 165, 62.
462 BVerfGE 103, 44 (59 ff.), Fernsehaufnahmen in Gerichtsverhandlung; BVerfG NJW 2003, 500, Platzverteilung in Strafprozess.
463 BVerfGE 50, 234 (240); 91, 125 (134); 97, 228 (259).
464 BVerfGE 97, 228 (255 ff.).
465 Vgl. § 5 RundfunkStVertr. v. 31.8.1991, GV NW 1991, 408, zul. geändert durch Art. 1 des 21. RundfunkÄndStVertr. v. 18.12.2017, GV NRW 2018, 214; § 5a WDR-Gesetz; zum Recht auf Kurzberichterstattung ferner Art. 15 der Richtlinie über Audiovisuelle Mediendienste 2010/13/EU (AVMD-RL).

der letzteren verdienen. Einen entsprechenden Verfassungsauftrag nimmt das BVerfG aber offenbar nicht an. Unverhältnismäßig ist nach ihm jedenfalls die unentgeltliche Ausgestaltung des Kurzberichterstattungsrechts.[466]

78 Rundfunkfreiheit hat ihren Kern in der **Programmfreiheit,** dh im „Schutz von Auswahl, Inhalt und Ausgestaltung der Programme" gegen fremde Einflüsse.[467] Die Autonomie hinsichtlich der Entscheidung über die zur Erfüllung des Funktionsauftrags als nötig angesehenen Inhalte und Formen des Programms bedeutet aber weder, dass gesetzliche Begrenzungen des Programms des öffentlich-rechtlichen Rundfunks von vornherein unzulässig wären, noch, dass jede Programmentscheidung einer Rundfunkanstalt finanziell zu honorieren wäre.[468] Denn es ist den Rundfunkanstalten verwehrt, ihren Programmumfang und den damit verbundenen Geldbedarf[469] über den Rahmen des Funktionsnotwendigen hinaus auszuweiten.[470] Die Fernsehsendung „TV-Duell der Kanzlerkandidaten" hat das BVerfG als durch Art. 5 Abs. 1 S. 2 geschützte redaktionell gestaltete Sendung gewertet. Es ließ offen, ob und inwieweit die Programmfreiheit bei derartigen Sendungen durch das Recht der politischen Parteien auf Wahrung der Chancengleichheit eingeschränkt werde, da der Ausschluss des Vorsitzenden einer kleineren Partei jedenfalls angesichts des journalistischen Konzepts und der politischen Kräfteverhältnisse hinzunehmen sei.[471]

79 Damit die Rundfunkanstalten die personellen Voraussetzungen für ein vielfältiges Programm schaffen und erhalten können, schützt Art. 5 Abs. 1 S. 2 auch das Recht, „frei von fremdem, insbes. staatlichem Einfluss über Auswahl, Einstellung und Beschäftigung der Rundfunkmitarbeiter zu bestimmen".[472] Dies gilt allerdings nicht für Mitarbeiter, die an Sendungen nicht inhaltlich gestaltend mitwirken, wie zB das betriebstechnische und Verwaltungspersonal.[473]

80 Im Hinblick auf kommerzielle **Werbesendungen** und entsprechende Werbemaßnahmen in den neuen Medien gilt Entsprechendes wie für Zeitungsanzeigen.[474] Sie unterfallen der Rundfunkfreiheit allein wegen ihres Nachrichtenwertes/Aussagegehalts,[475] ungeachtet des Umstandes, dass sie je nach der Organisation des Rundfunks entscheidende wirtschaftliche Voraussetzungen für die Veranstaltung von Rundfunkprogrammen darstellen. Denn die Bestands- und Entwicklungsgarantie, soweit sie reicht,[476] sichert nur irgendeine, nicht aber eine bestimmte Finanzierungsmöglichkeit des öffentlich-rechtlichen Rundfunks.[477]

---

466 BVerfGE 97, 228 (255 ff.).

467 BVerfGE 59, 231 (260); vgl. auch BVerfGE 87, 181 (201); 90, 60 (88); 95, 220 (234); 97, 298 (310); 114, 371 (389).

468 BVerfGE 90, 60 (92); 119, 181 (219).

469 BVerfGE 87, 181 (201).

470 BVerfGE 119, 181 (219).

471 BVerfG NJW 2002, 2939.

472 BVerfGE 59, 231 (260); BAG NZA 1993, 354 (355 f.).

473 BVerfGE 59, 231 (261); 64, 256 (260).

474 → Rn. 62.

475 *Starck/Paulus* in MKS Rn 185; *Degenhart* in BK Rn. 332; *Schulze-Fielitz* in Dreier Rn. 104 Rn. 104.

476 Vgl. BVerfGE 83, 238 Ls 1b), 299; 119, 181 (218).

477 *Starck/Paulus* in MKS Rn 185; demgegenüber betrachtet *Jarass* in Jarass/Pieroth Rn. 49 Werbesendungen als nur deshalb von der Rundfunkfreiheit *mittelbar* geschützt, weil sie der Finanzierung von Programmfunktionen dienten.

81 Aus der Bestands- und Entwicklungsgarantie für den öffentlich-rechtlichen Rundfunk[478] und der Notwendigkeit, diesem die Erfüllung seines Funktionsauftrages, der sich auch auf neue Inhalte, Formate und Verbreitungsformen erstrecke, zu ermöglichen, leitet das BVerfG die **Garantie funktionsgerechter Finanzierung** ab. Der Gesetzgeber wird für verpflichtet erklärt, für eine Mittelausstattung zu sorgen, die nach Art und Umfang den jeweiligen Aufgaben des öffentlich-rechtlichen Rundfunks gerecht werde.[479] Dabei hat das BVerfG grundsätzlich die Möglichkeit einer Mischfinanzierung aus Gebühren und Werbeeinnahmen bejaht. Die von ihm für die Gebührenfinanzierung aufgestellten Grundsätze können heute gleichermaßen für die Finanzierung durch den Rundfunkbeitrag Geltung beanspruchen, der inzwischen an die Stelle der Rundfunkgebühr getreten ist. Sie lauten: Aufgrund der besonderen Aufgabe, die der öffentlich-rechtliche Rundfunk im System der dualen Rundfunkordnung zu erfüllen hat, stellt die **Gebührenfinanzierung** die „dem öffentlich-rechtlichen Rundfunk gemäße Art der Finanzierung" dar.[480] Die vorrangige Finanzierung über öffentlich-rechtliche Gebühren soll eine weitgehende Abkoppelung vom ökonomischen Markt bewirken und dadurch sichern, dass sich das Programm an publizistischen Zielen, insbes. an dem der Vielfalt, orientiert, und zwar unabhängig von Einschaltquoten und Werbeaufträgen.[481] Die neben der Gebührenfinanzierung „von Verfassungs wegen nicht ausgeschlossenen" Finanzierungsquellen wie Einnahmen aus Werbung oder Sponsoring dürfen „wegen der mit ihnen verbundenen vielfaltverengenden Wirkung die Gebührenfinanzierung nicht in den Hintergrund drängen".[482] Das BVerfG sieht die Legitimation für die teilweise Finanzierung über **Werbung und Sponsoring** offenbar wesentlich in der Erwartung, sie könne die Unabhängigkeit des öffentlich-rechtlichen Rundfunks gegenüber dem Staat stärken.[483] Es fordert daher die fortwährende Überprüfung, wie weit diese Erwartung die Nutzung dieser Finanzierungsarten angesichts der mit ihr verbundenen Risiken einer Rücksichtnahme auf die Interessen der Werbewirtschaft, einer zunehmenden Ausrichtung des Programms auf Massenattraktivität sowie einer Erosion der Identifizierbarkeit öffentlich-rechtlicher Programme weiterhin rechtfertigen könne. Der Gesetzgeber habe Vorsorge dafür zu treffen, dass der öffentlich-rechtliche Rundfunk seine Funktion unbeeinflusst von jeglicher Indienstnahme für außerpublizistische Zwecke, seien sie politischer oder ökonomischer Natur, erfüllen könne.[484] Diese Anforderungen sind Ausdruck der Überzeugung, dass eine Öffnung des öffentlich-rechtlichen Rundfunks gegenüber dem Markt zwangsläufig die Gefahr einer Fehlsteuerung, nämlich die Gefährdung des für das Funktionieren der Demokratie besonders wichtigen Ziels der inhaltlichen Vielfalt, mit sich bringt.[485] Nach alledem kann der Gesetzgeber die Werbung nach Zeit, Dauer und Häufigkeit begrenzen.[486] Geändert hat

[478] BVerfGE 74, 297 (324 f., 342); 90, 60 (91); 119, 181 (218).
[479] BVerfGE 119, 181 (218); dies schließt eine strikte Bindung des Rundfunkbeitrags an einen Index aus.
[480] BVerfGE 87, 181 (198 ff.); 90, 60 (90 f.); 119, 181 (219).
[481] BVerfGE 119, 181 (219); ferner BVerfGE 49, 222 Rn. 77 ff.
[482] BVerfGE 119, 181 (219 f.).
[483] BVerfGE 119, 181 (220); zu diesem Aspekt bereits BVerfGE 87, 181 (200); 90, 60 (91).
[484] BVerfGE 119, 181 (220).
[485] BVerfGE 119, 181 (216 f.).
[486] BVerfGE 87, 181 (198 ff.).

das BVerfG seine Auffassung im Hinblick auf das **Erforderlichkeitskriterium,** durch das es eine Objektivierung des Finanzbedarfs und damit eine Verringerung der politischen Abhängigkeit der Rundfunkanstalten zu erreichen sucht. Während es zunächst den Gesetzgeber für verpflichtet erklärt hatte, für alle Programme der Anstalten, die zur Wahrnehmung ihrer Funktionen „erforderlich" seien, die Finanzierung zu sichern,[487] stellt das Gericht inzwischen zur Bestimmung der Erforderlichkeit auf das gesamte Programm einer Rundfunkanstalt ab, da sich hierin und nicht in jedem einzelnen Programm der Auftrag des öffentlich-rechtlichen Rundfunks in vollem Umfang verwirklichen müsse. Die Verteilung der verfügbaren Mittel auf einzelne Programme sei dagegen Sache der Rundfunkanstalten.[488]

82 Der **RundfunkbeitragsStVertr.**[489] hat 2013 die Erhebung der Rundfunkgebühr durch die Erhebung des Beitrags für die geräteunabhängige bloße Möglichkeit der Rundfunknutzung in der privaten Wohnung ersetzt und sieht zusätzlich einen Beitrag für die berufliche Nutzung vor. Das BVerfG hat den Rundfunkbeitrag als Beitrag im finanzverfassungsrechtlichen Sinn qualifiziert und in den wesentlichen Punkten für verfassungsgemäß erklärt.[490]

83 Das BVerfG betont, dass die Festsetzung der Rundfunkgebühr frei von medienpolitischen Zwecksetzungen erfolgen muss. Der Gesetzgeber hat danach durch materielle, prozedurale und organisatorische Vorkehrungen sicherzustellen, dass die Gebührenfestsetzung die Rundfunkfreiheit nicht gefährdet.[491] Der Grundsatz der **Trennung zwischen der allgemeinen Rundfunkgesetzgebung und der Festsetzung der Rundfunkgebühr** soll Risiken einer mittelbaren Einflussnahme auf die Wahrnehmung des Programmauftrags ausschließen.[492] Das Gebot der Trennung der medienpolitischen Konkretisierung des Rundfunkauftrags einerseits und der Gebührenfestsetzung andererseits bedarf insbes. der prozeduralen Absicherung.[493] Mit dem heutigen dreistufigen Verfahren der Bedarfsanmeldung der Rundfunkanstalten, Prüfung der Anmeldung durch das politisch unabhängige Fachgremium der Kommission zur Überprüfung und Ermittlung des Finanzbedarfs der Rundfunkanstalten (KEF) und abschließender Festsetzung der Gebühr/des Beitrags durch den Rundfunkgesetzgeber (§ 14 RundfunkStVertr. 2018) ist nach den Feststellungen des BVerfG den verfassungsrechtlichen Anforderungen genügt. Für eine Abweichung vom Gebühren-/Beitragsvorschlag der KEF müssen dabei nachprüfbare Gründe angegeben werden, die sich insbes. aus dem Gesichtspunkt der angemessenen Belastung der Gebühren/Beitragszahler und ihres Informationszugangs ergeben können.[494]

84 Art. 111a Abs. 2 BayVerf. schreibt eine öffentlich-rechtliche Rundfunkorganisation vor. Nach der früher vertretenen Ansicht des BayVerfGH sollte dies ein duales System aus öffentlich-rechtlichem Rundfunk und Privatfunk

---

[487] BVerfGE 74, 297 (342).

[488] BVerfGE 87, 181 (203 ff.); vgl. auch § 13 RundfunkStVertr. (2018).

[489] Art. 1 des 15. RundfunkÄndStVertr., Anlage zu Art. 1 Abs. 1 des G Nr. 1760 über die Zust. zum 15. RundfunkÄndStVertr. v. 30.11.2011, ABl. des Saarl. I S. 1618.

[490] BVerfG NJW 2018, 3223; vgl. Anm. *Henneke* DVBl. 2018, 1228; die Verfassungsgemäßheit bereits zuvor bejahend *Dörr* FS f. Wendt, 2015, 799. Der Rundfunkbeitrag ist auch keine rechtswidrige staatl. Beihilfe, EuGH C-492/17, ECLI:EU:C:2018:1019 = NJW 2019, 577 – Südwestrundfunk/Rittinger ua.

[491] BVerfGE 119, 181 (220).

[492] BVerfGE 119, 181 (220).

[493] BVerfGE 119, 181 (222).

[494] BVerfGE 119, 181 (224 f., 225 ff.).

ausschließen und auch einem subjektiven Recht auf Unternehmerfreiheit entgegenstehen.[495] Um gleichwohl private Angebote zu ermöglichen, wurden diese im Rahmen einer diffizilen Dachkonstruktion in ein als öffentlich-rechtlich fingiertes Gesamtprogramm einbezogen. Als dessen Träger wurde die Landesmedienanstalt fingiert,[496] die vom BayVerfGH allein als grundrechtsberechtigt angesehen wurde.[497] Heute interpretiert der BayVerfGH die Norm des Art. 111a Abs. 2 BayVerf. dagegen dahin, dass auch den privaten Anbietern das Grundrecht der Rundfunkfreiheit zusteht.[498] Das GG enthält keine derartigen organisatorischen Vorgaben.[499] Dennoch war in der Bundesrepublik der Rundfunk lange Zeit allein **öffentlich-rechtlichen Rundfunkanstalten** anvertraut. Die nach dem Kriege neu gegründeten Rundfunkanstalten erhielten für ihr Sendegebiet zunächst das ausschließliche Senderecht und den gesetzlichen Auftrag, das gesamte Spektrum der politischen und kulturellen Meinungen und Interessen zu berücksichtigen. Diese programmliche Binnenpluralität sollte in jeder Rundfunkanstalt durch mindestens ein Gremium gesichert werden, das aus Vertretern repräsentativer gesellschaftlicher Organisationen wie der Parteien, Kirchen und Gewerkschaften zusammengesetzt wurde.[500] Das BVerfG rechtfertigte das Monopol des öffentlich-rechtlichen Gruppenrundfunks für die Veranstaltung von Rundfunkdarbietungen zunächst mit den „gegenwärtigen technischen Gegebenheiten" (Mangel an Sendefrequenzen) und dem großen finanziellen Aufwand; die Zahl der Träger solcher Veranstaltungen müsse daher verhältnismäßig klein bleiben.[501] Inzwischen sind die technischen Probleme weitgehend durch die modernen Kommunikationstechniken – insbes. die Digitalisierung bei der Programmproduktion und -verbreitung und die damit verbundene Ausweitung der Übertragungskapazitäten, etwa durch Breitbandkabel, Satelliten, terrestrische drahtlose digitale Übertragung und den breiten Zugang zum Internet – entfallen, und die Finanzierung eines privaten Rundfunks ist nicht unbedingt teurer als die Gründung und der Betrieb einer Zeitung.[502]

Nicht von ungefähr ist daher **privater Rundfunk,** nach mehreren ge- 85
scheiterten Anläufen, seit 1980 neben dem öffentlich-rechtlichen Rundfunk zunächst versuchsweise, dann endgültig in fast allen Ländern der Bundesrepublik eingeführt worden. Durch den Rundfunkstaatsvertrag von 1987[503] wurde das Nebeneinander öffentlich-rechtlichen und privaten Rundfunks, der sog. „duale Rundfunk", allgemein sanktioniert.[504] Die Bundesrepublik fügt sich damit in eine europaweite Entwicklung ein.[505] Dennoch ist str., ob es ein **individuelles Recht auf Zugang** zum Rundfunk für private Rundfunkveranstalter gibt, nachdem die Frequenzlage bzw. die Übertragungsmög-

[495] ZB BayVerfGHE 39, 96.
[496] *Degenhart* K&R 2007, 1 (2).
[497] BayVerfGHE 39, 96 (150); 43, 170 (176, 179 f.).
[498] BayVerfGHE 56, 1 (5 f.); BayVerfGH BayVBl. 2005, 689; sa BVerfGE 114, 371 (389).
[499] BVerfGE 90, 60 (94).
[500] Organisatorische Binnenpluralität; vgl. *Bullinger* in HdbStR VII § 163 Rn. 97.
[501] BVerfGE 12, 205 (261 ff.).
[502] Zutr. *Stober,* Grundrechtsschutz der Wirtschaftstätigkeit, 1989, 151; BVerfGE 57, 295 (322); anders aber BVerfGE 73, 118 (154 ff.); 83, 238 (298).
[503] GVBl. NW 405.
[504] Präambel und Art. 7 ff. RundfunkStVertr. 1987; zum dualen Rundfunksystem vgl. *Badura* JA 1987, 180; *Degenhart* Jura 1988, 21; *ders.* AfP-Sonderheft 2007, 24 ff.
[505] *Bullinger* in Mestmäcker, Offene Rundfunkordnung, 1988, 45.

lichkeiten dies erlauben. Aus dem Wortlaut des Art. 5 Abs. 1 S. 2 lässt sich kein Argument gegen ein Individualgrundrecht auf Veranstaltung von Rundfunksendungen entnehmen. Die Entstehungsgeschichte des GG ergibt, dass die Verfassungsschöpfer die Möglichkeit eines privaten Rundfunkbetriebes gerade nicht ausschließen wollten.[506] Die systematische Stellung zwischen Pressefreiheit und Filmfreiheit spricht mehr für die Annahme eines vergleichbaren Individualgrundrechtes als dagegen. Außerdem ist zweifelhaft, ob man zwischen Presse, Film und Rundfunk differenzieren darf, weil diese Garantien demselben Ziel dienen, nämlich der umfassenden Vermittlung von Information und Meinung.[507] Es ist auch nicht auszuschließen, dass es innerhalb der Rundfunk- und Fernsehunternehmen eine relativ große Anzahl von selbständigen und nach Tendenz, politischer Färbung oder weltanschaulicher Haltung miteinander konkurrierender Unternehmen geben kann.[508] Zudem widersprechen öffentlich-rechtliche Meinungsmonopole einem freiheitlich und demokratisch organisierten Staatswesen. Aus diesen Gründen gewährleistet Art. 5 Abs. 1 S. 2 grundsätzlich jedermann das Recht zur Veranstaltung von Rundfunk und Fernsehen im Rahmen des technisch Möglichen. Erkennt man angesichts der mittlerweile in großem Maße vorhandenen Übertragungskapazitäten und eines stark fortgeschrittenen Außenpluralismus im Bereich des privaten Rundfunks mit einer erstarkenden Meinung im Schrifttum die in Art. 5 Abs. 1 S. 2 liegende **originär subjektiv-rechtliche Rundfunkveranstalterfreiheit** an, lassen sich hieraus im Rahmen der klassischen Grundrechtsdogmatik, die zwischen subjektiv-rechtlicher Gewährleistung und Schrankenziehung zugunsten der Rechte Dritter oder des Allgemeinwohls unterscheidet, für alle rundfunkrechtlichen Probleme klare Folgerungen ziehen. Mit dem Rundfunk verbundene Gefahren sind durch gesetzliche Regelungen gem. Art. 5 Abs. 2 zu bekämpfen. Rundfunkorganisationsrechtliche Anforderungen an private Veranstalter dürfen entsprechend dem Übermaßverbot nicht höher geschraubt werden als nötig, um eventuellen als Ergebnis des eröffneten „freien Spiels der Kräfte“ eingetretenen Fehlentwicklungen korrigierend zu begegnen.[509]

86 Auch nach Art. 10 EMRK ist die Rundfunkfreiheit als Unterfall der Meinungsfreiheit des Abs. 1 ein subjektives Grundrecht des Rundfunkveranstalters, ohne dass hierfür eine Sonderdogmatik entsprechend der Konzeption des BVerfG entwickelt worden wäre. Dies gilt auch für die Rundfunkfreiheit als Unterfall der Meinungsfreiheit des Art. 11 Abs. 1 GRCh. Auch fällt Rundfunk unter die Dienstleistungsfreiheit des Art. 56 AEUV.[510]

---

506 JöR NF, 1951, Bd. 1, 86; *Starck* NJW 1992, 3257 (3261 f.); vgl. aber *Böckenförde/Wieland* AfP 1982, 77 (78 ff.).

507 BVerfGE 74, 297 (323); 83, 238 (295 f.).

508 *Stober,* Grundrechtsschutz der Wirtschaftstätigkeit, 1989, 151 f.; skeptisch *Stock* JZ 1997, 583 (585).

509 *Starck/Paulus* in MKS Rn. 191; *Stober,* Grundrechtsschutz der Wirtschaftstätigkeit, 1989, 152; für die Interpretation als Individualgrundrecht ferner etwa *Rudolf,* Über die Zulässigkeit privaten Rundfunks, 1971, 20 ff.; *Klein,* Die Rundfunkfreiheit, 1978, 41 ff.; *Scheuner,* Das Grundrecht der Rundfunkfreiheit, 1982, 22 ff.; *Grabenwarter* in Maunz/Dürig Rn. 538; *Degenhart* in BK Rn. 304 f.; *Bullinger* in HdbStR VII § 163 Rn. 100 ff., 152 ff.; abl. zB *Böckenförde/Wieland* AfP 1982, 77 (82); *Bethge* DVBl 1986, 859 (861 f., auch 867), für den Fall der gesetzlichen Zulassung privaten Rundfunks freies Zugangsrecht für alle; *Bethge* in Sachs Rn. 102 f., Einführung ist Sache des Gesetzgebers, die Eliminierung des Privatfunks würde aber völker- und unionsrechtlichen Bedenken begegnen.

510 *Degenhart* in BK Rn. 86 ff., 306; abl. gegenüber öffentlich-rechtlichen Rundfunkmonopolen EGMR 28.3.1990 – 10890/84, EuGRZ 1990, 255 Rn. 69 – Groppera Radio;

Auch soweit die individuelle Freiheit audiovisueller Kommunikation in neueren Medien- und Rundfunkgesetzen der Bundesrepublik Eingang gefunden hat,[511] ist diese **Freiheit** von den Gerichten noch **nicht als unmittelbar aus der verfassungsrechtlichen Rundfunkfreiheit folgend** anerkannt. Im Jahre 1971 hat das BVerwG entschieden, dass der Gesetzgeber berechtigt, aber unter den damals obwaltenden Umständen nicht verpflichtet sei, Privaten die Veranstaltung von Rundfunksendungen zu gestatten.[512] Im Jahre 1981 hat das BVerfG diese Frage ausdrücklich unentschieden gelassen.[513] Im Jahre 1992 hat das BVerfG entschieden, dass es sich bei der Rundfunkfreiheit im Unterschied zu anderen Freiheitsrechten des Grundgesetzes „nicht um ein Grundrecht" handele, „das seinem Träger zum Zwecke der Persönlichkeitsentfaltung oder Interessenverfolgung eingeräumt" sei.[514] Nach dieser Auffassung entspringt ein **subjektives Recht auf Rundfunkveranstaltung** erst aus einer **gesetzgeberischen Entscheidung** zugunsten öffentlich-rechtlicher Anstalten, zugunsten gesellschaftlich relevanter Gruppen oder zugunsten von Privatunternehmern.[515] Einmal zugelassen, sind sie allerdings Träger der Rundfunkfreiheit im Sinne einer Programmfreiheit.[516] Ein Gesetz, das privaten Rundfunk zulässt, muss nach der Rspr. darüber hinaus ein Individualrecht auf chancengleichen Zugang einräumen.[517] Im Ergebnis wird die subjektiv-rechtliche Seite der Rundfunkfreiheit zurückgedrängt und das Grundrecht in den Dienst der gleichmäßigen, niveauvollen, demokratiestaatlich wertvollen Rundfunkversorgung der Bevölkerung gestellt.[518] Die Rspr. des BVerfG hält somit daran fest, dass die objektiv-rechtliche Seite der Rundfunkfreiheit die subjektiv-rechtliche Seite derart überlagert, so dass ein Recht auf freien Zugang zur Veranstaltung von Rundfunk nicht besteht.[519] Das BVerfG betrachtet den privaten Rundfunk zwar als nach dem Grundgesetz zulässig, sieht ihn aber nicht in demselben Ausmaß wie den öffentlichen-rechtlichen Rundfunk zur Erfüllung der Aufgabe des Rundfunks, eine umfassende und ausgewogene Unterrichtung und Einflussnahme auf die Meinungsbildung in einer offenen Demokratie zu gewährleisten, in der Lage. Er sei verfassungsrechtlich nur „hinnehmbar", wenn er nicht allzu weit hinter den verfassungsrechtlichen Anforderungen zurückbleibe[520] und der öffentlich-rechtliche Rundfunk seine Aufgaben der „Grundversorgung" 87

EGMR 24.11.1993 – 13914/88, 15041/89, 15717/89, 15779/89, 17207/90, EuGRZ 1994, 549 Rn. 32, 35 ff. – Informationsverein Lentia; EuGH C-288/89, Slg. 1991, I-4007, ECLI: EU:C:1991:323 – Antennevoorziening Gouda, vgl. *Schulze-Fielitz* in Dreier Rn. 25.

[511] So etwa in § 12 Abs. 1 LMedienG BW; §§ 3, 43 Saarl. MedienG.

[512] BVerwGE 39, 159 (162 ff.).

[513] BVerfGE 57, 295 (318); vgl. auch BVerfGE 90, 277 (283 f.). Im Sinne der Anerkennung einer Gestaltungsfreiheit des Gesetzgebers sind BVerfGE 73, 118 (152 f.) und BVerfGE 83, 238 (295 ff., 296) „Entscheidet sich der Gesetzgeber für eine duale Rundfunkordnung (…)" zu verstehen.

[514] BVerfGE 87, 181 (197).

[515] Abl. *Starck/Paulus* in MKS Rn. 189 ff.; nach *Bethge* in Sachs Rn. 110 f. besteht kein Grundrecht auf Einführung des Privatfunks, d. h. auf Schaffung der gesetzl. Voraussetzungen zur Tätigkeit von Privatfunkveranstaltern, bei deren Vorhandensein greife aber der Schutz von Art. 5 Abs. 1 S. 2 in vollem Umfang.

[516] BVerfGE 95, 220 (234); 97, 298 (310).

[517] BVerfGE 73, 118 (153 f.); 97, 298 (312 f.).

[518] Zur Kritik vgl. *Starck* in MKS Rn. 8 ff., 189 ff.

[519] BVerfGE 83, 238 (315); 87, 181 (197); diese Sicht wird ua im Blick auf die Rspr. von EGMR und EuGH in Frage gestellt von NdsStGH ZUM-RD 2006, 321.

[520] BVerfGE 87, 181 (202 ff.).

erfülle.[521] Auf der Ebene des einfachen Gesetzes bemüht sich allerdings der RundfunkStVertr. darum, auch den Bestand und die Entwicklung des privaten Rundfunks gleichgewichtig zu gewährleisten.[522]

88 Soweit der Landesgesetzgeber privaten Rundfunk zulässt, darf er ihn nach der Rspr. nicht voll dem Markt überlassen. Er soll vielmehr gewährleisten, dass für alle Meinungsrichtungen mit Einschluss von Minderheitsmeinungen die Möglichkeit besteht, im privaten Rundfunk zum Ausdruck zu kommen, und jedenfalls ein einseitiger, in hohem Maße ungleichgewichtiger Einfluss einzelner Veranstalter oder Programme auf die Bildung der öffentlichen Meinung ausgeschlossen, insbes. das Entstehen vorherrschender Meinungsmacht verhindert wird; zu diesem Zweck soll privater Rundfunk einer staatlichen Zulassung und Aufsicht unterworfen werden.[523] Diese Aufgabe obliegt den Landesmedienanstalten. Bei der Zulassung sind generell Handlungs- und Wertungsspielräume ausgeschlossen.[524] Eine entsprechend reglementierte individuelle Verbreitungsfreiheit vermag nach Auffassung des BVerfG gleichwohl weiterhin nicht in vollem Umfang die entscheidende Funktion zu erfüllen, die ihr bei der Presse zukommt: die Funktion nämlich, das Medium und damit die durch dieses Medium beeinflusste öffentliche Meinung für neue Auffassungen und Interessen offenzuhalten. Die Rspr. orientiert sich mit ihren Anforderungen noch zu sehr am Modell des öffentlich-rechtlichen Gruppenrundfunks und wird die vielfaltssichernde Funktion individueller Verbreitungsfreiheit für den Rundfunk und den Umstand, dass auch die privaten Angebote für redaktionell und journalistisch professionelle Formate und verlässliche Information stehen, erst noch voll erkennen müssen. Einstweilen verbleibt es aber dabei, dass das BVerfG die programmbegrenzenden Zwänge, die es bei der Veranstaltung privatwirtschaftlich finanzierten Rundfunks konstatiert, und die Risiken eines auf ökonomischem Wettbewerb beruhenden privatwirtschaftlichen Rundfunks für die Meinungsvielfalt überaus hoch veranschlagt und trotz entgegengesetzter Bekundung[525] auf Marktprozesse zur Sicherung der Meinungsvielfalt nicht vertraut.[526] Ohnehin ist nach dem Gericht jedweder Freiraum der privaten Anbieter unmittelbar durch die – vorrangig zu sichernde – Funktionsfähigkeit und Aufgabenerfüllung der öffentlich-rechtlichen Rundfunkanstalten bedingt.

89 Die Rspr. stellt nicht genügend in Rechnung, dass das **Gebot der politisch-weltanschaulichen und thematischen Ausgewogenheit** des Rundfunkprogramms[527] und das zur Sicherung der inneren Meinungsvielfalt aufgestellte **Gebot der Repräsentanz der gesellschaftlich relevanten Kräfte** in den Gremien des Rundfunks wie Rundfunkrat und Verwaltungsrat[528] zwar

---

[521] BVerfGE 87, 181 (202 ff.).

[522] Präambel RundfunkStVertr. 2018 Abs. 5; *Bullinger* in HdbStR VII § 163 Rn. 109.

[523] BVerfGE 57, 295 (322 ff.); 73, 118 (160); 114, 371 (389 f.); vgl. aber *Starck/Paulus* in MKS Rn. 234 f., der die Praktizierbarkeit selbst von bloßen Außenpluralismuskontrollen bezweifelt, weil nicht „alle Veranstalter" als Kollektiv rechtlich zu einem insgesamt pluralistischen Programm verpflichtet werden können; daher könnten unmittelbare Adressaten des außenpluralistischen Vielfaltsgebots nur Erlaubnisbehörde und Kontrollanstalt sein; er fordert, die privaten Rundfunkveranstalter den wettbewerbsrechtlichen Konzentrationsbeschränkungen zu unterwerfen.

[524] BVerfGE 90, 60 (89); 121, 30 (55 f.).

[525] BVerfGE 114, 371 (387).

[526] BVerfGE 114, 371 (388 f.); 119, 181 (216); 136, 9 Rn. 31.

[527] Programmliche Binnenpluralität, vgl. BVerfGE 57, 295 (325 f.); 73, 118 (152 ff.); 83, 238 (296 ff.).

[528] Organisatorische Binnenpluralität, vgl. BVerfGE 57, 295 (325); 73, 118 (153).

Grundpfeiler der verfassungsrechtlichen Legitimation der öffentlich-rechtlichen Rundfunkanstalten, keineswegs aber auch ohne weiteres des privaten Rundfunks sind. Dabei begegnet die Tragfähigkeit dieser Pfeiler des etablierten Systems des öffentlich-rechtlichen Rundfunks ohnehin zunehmend **Zweifeln.**[529] Diese beziehen sich auf die Schwierigkeit der sachgerechten Bestimmung und Gewichtung der gesellschaftlich relevanten Kräfte und Gruppen, die in den anstaltsinternen Kontrollgremien des öffentlich-rechtlichen Rundfunks vertreten sein sollen.[530] Zweifel bestehen auch im Hinblick auf die angenommene Gefahr der Denaturierung des binnenpluralen Gruppenrundfunks zum Parteienrundfunk und damit zum mittelbaren Staatsrundfunk[531] und auf die Gefahr der finanziellen Abhängigkeit der Rundfunkanstalten von staatlichen Entscheidungen, insbes. wegen der Gesetzesabhängigkeit der Beitragsfinanzierung. Erst unlängst hat das BVerfG verlangt,[532] dass der Gesetzgeber dafür Sorge trägt, dass bei der Bestellung der Mitglieder der Aufsichtsgremien der öffentlich-rechtlichen Rundfunkanstalten möglichst unterschiedliche Gruppen und dabei neben großen, das öffentliche Leben bestimmenden Verbänden untereinander wechselnd auch kleinere Gruppierungen Berücksichtigung finden und auch nicht kohärent organisierte Perspektiven abgebildet werden. Die Organisation des öffentlich-rechtlichen Rundfunks müsse als Ausdruck des Gebots der Vielfaltssicherung dem Gebot der Staatsferne genügen. Danach sei der Einfluss der staatlichen und staatsnahen Mitglieder in den Aufsichtsgremien konsequent zu begrenzen; der Anteil dieser Mitglieder dürfe ein Drittel der Mitglieder des jeweiligen Gremiums nicht übersteigen. Für die weiteren Mitglieder sei die Zusammensetzung der Aufsichtsgremien konsequent staatsfern auszugestalten.[533]

Gegenkräfte gegen das verfassungsrechtliche Modell der programmlichen **90** und organisatorischen Binnenpluralität der öffentlich-rechtlichen Rundfunkanstalten erwachsen auch aus der erheblichen, wenn auch zT bloß faktischen Unabhängigkeit der Intendanten und Programmredaktionen, der teilweisen Werbefinanzierung der Anstalten,[534] der Expansion in die Sendegebiete anderer Rundfunkanstalten, die die Bereitschaft schwächt, im eigenen gesetzlichen Sendegebiet und auf dieses Gebiet bezogen das gesamte Meinungs- und Interessenspektrum darzustellen,[535] sowie der aufgabengefährdenden Kooperation oder Konkurrenz mit privatwirtschaftlichen Rundfunkunternehmen. Hinsichtlich der dem WDR eröffneten Möglichkeiten der Zusammenarbeit

---

529 *Bullinger* in HdbStR VI, 2. Aufl. 2001, § 142 Rn. 91 ff.

530 Hierzu und dazu, dass die Mitglieder der Kontrollgremien nicht die Ziele „ihrer" Gruppen durchsetzen, sondern gerade verhindern sollen, dass der Rundfunk einzelnen Gruppen ausgeliefert bzw. einseitiger Einflussnahme ausgesetzt ist, vgl. BVerfGE 83, 238 (332 ff.); auch bereits BVerfGE 60, 53 (62 ff.); bemerkenswert ist, dass das BVerfG einräumt, dass das gewählte Rekrutierungsprinzip und die auferlegten Amtspflichten – dh Verpflichtung der Mitglieder der Kontrollgremien auf das Allgemeininteresse – „tendenziell in Widerspruch" stehen, BVerfGE 83, 238 (334); ohnehin sei „Verbänderepräsentation (…) immer nur ein unvollkommenes Mittel zur Sicherung allgemeiner Interessen" (BVerfGE 83, 238 (335)).

531 Vgl. *Bullinger* AfP 1991, 465 (471); *Hoffmann-Riem* AfP 1991, 606.

532 BVerfGE 136, 9.

533 Angesichts des starken Einflusses der Länder auf den Rundfunk wird nach der von *Paulus* in seinem abweichenden Votum (ebd. S. 60 ff.) geäußerten Auffassung der Rundfunk dem vom BVerfG selbst gesteckten Anspruch der Staatsferne allerdings nicht gerecht; ebenso *Starck/Paulus* in MKS Rn. 213.

534 Vgl. *Bullinger* ZUM 1985, 121 (125 ff.).

535 *Bullinger,* Koordination im öffentlich-rechtlichen Rundfunk, 1987, 43 ff.

mit Dritten bei der Herstellung und wirtschaftlichen Verwertung von Rundfunkproduktionen begnügt sich das BVerfG[536] mit der Feststellung, von diesen Befugnissen dürfe nur Gebrauch gemacht werden, wenn es den Anstaltsaufgaben diene; soweit der Gesetzgeber die Möglichkeit einer Veranstalterkooperation oder sonstigen gemeinschaftlichen Programmträgerschaft eröffnet, wird dagegen ausdrücklich von ihm verlangt, dass er „zugleich dafür Sorge tragen" müsse, „dass der Programmauftrag des öffentlich-rechtlichen Rundfunks nicht auf diesem Weg von anderen, insbes. tendenziösen oder kommerziellen, Orientierungen überlagert und schließlich ausgehöhlt wird".[537]

91 Insgesamt ist zu kritisieren, dass in der Rspr. des BVerfG die **Eignung** der vorgefundenen öffentlich-rechtlichen Rundfunkorganisation als Instrument **zur Bewältigung der angenommenen rundfunkrechtlichen Sondersituation,** dh der rundfunkspezifischen **Begrenztheit der Möglichkeiten tatsächlicher Grundrechtsverwirklichung,**[538] **zu pauschal bejaht** wird. Umso problematischer ist es, wenn das BVerfG die programmliche und organisatorische Binnenpluralität des öffentlich-rechtlichen Gruppenrundfunks zum Leitbild eines staatsfreien, die Freiheit der Berichterstattung verbürgenden Rundfunks überhaupt macht und daher auch für den Bereich des privaten Rundfunks weitreichende gesetzliche Vorkehrungen zur Gewährleistung der Rundfunkfreiheit für verfassungsrechtlich geboten hält.[539] Noch weniger überzeugt es, dass das BVerfG an der Notwendigkeit ausgestaltender gesetzlicher Regelung auch für den Fall festhält, dass „die durch Knappheit der Sendefrequenzen und den hohen finanziellen Aufwand für die Veranstaltung von Rundfunkdarbietungen bedingte Sondersituation des Rundfunks im Zuge der modernen Entwicklung entfällt".[540] In Wahrheit besteht von dem Zeitpunkt an, in dem man diesen Fall für eingetreten erachtet, grundsätzlich **kein Anlass** mehr zu Sonderregelungen, die über die herkömmlichen medienspezifischen Regelungen (zB Sorgfaltspflicht, Gegendarstellungsanspruch) hinausgehen.[541] Spätestens mit dem Übergang von analoger zu digitaler Übertragung der elektronischen Signale ist bereits heute breiter Raum geschaffen für die Verteilung zahlreicher zusätzlicher Rundfunkprogramme und darüber hinaus für den Abruf einer Fülle elektronischer Informations- und Kommunikationsdienste, vor allem im Internet, die sich zunehmend auch auf eigentlich genehmigungsbedürftige laufende Radio- und Hörfunkprogramme ausdehnen. Angesichts dieser explosiven technischen

---

[536] BVerfGE 83, 238 (303 ff.).

[537] Vgl. *Schnaitter,* Möglichkeiten und Grenzen der Ausgestaltung des Programmauftrags der öffentlich-rechtlichen Rundfunkanstalten, 2008.

[538] → Rn. 84.

[539] Krit. *Degenhart* AfP-Sonderheft 2007, 24 (31 f.).

[540] BVerfGE 57, 295 (322); 119, 181 (214 f.); 121, 30 (51); 136, 9 Rn. 29 ff.; ähnl. BVerfGE 73, 118 (152 ff.); 83, 238 (295 ff.).

[541] Vgl. *Degenhart* DÖV 1981, 960; AfP 1983, 256; *Pestalozza* NJW 1981, 2158 (mit dem zutr. Vorwurf, es gehe dem Gericht nicht um den Schutz der individuellen Rundfunkfreiheit, sondern um den Schutz **vor** der Rundfunkfreiheit); *Scholz* JZ 1981, 561; dem BVerfG zust. *Groß* DVBl 1982, 561. Tatsächlich entspricht es nicht mehr der heute gegebenen Situation, wenn auch *Schulze-Fielitz* in Dreier Rn. 272 nachdrücklich die „Vorsicht des BVerfG bei der Entfaltung einer dualen Rundfunkordnung" begrüßt, obwohl er es auf der anderen Seite für „nicht ausgeschlossen" hält, „dass sich auch ein Rundfunkmarkt analog dem Pressemarkt entfalten könnte, auf dem die Marktverhältnisse durch gegenseitige Meinungskonkurrenz und Kontrolle einen von staatlichen Kontrollen weitgehend freien (Außen-)Pluralismus (…) gewährleisten".

und inhaltlichen Entwicklung rundfunkmäßiger Verteildienste und rundfunkartiger Abrufdienste stellt sich die Frage, ob es sich noch rechtfertigt, für den privaten Rundfunk die verfassungsrechtliche Konzeption einer genehmigungsbedürftigen „dienenden Aufgabe" der „Versorgung der Bevölkerung" mit audiovisuellen Produkten aufrechtzuerhalten, oder ob sie nur für den öffentlich-rechtlichen Rundfunk als Korrelat seiner weitgehenden Finanzierung mit einer öffentlichen Abgabe beibehalten werden kann.[542]

Ein den vom BVerfG formulierten Anforderungen entsprechender privater Rundfunk hat es nicht leicht, neben dem öffentlich-rechtlichen Rundfunk einen nicht nur peripheren Platz zu erhalten.[543] Setzt der Gesetzgeber auf eine **„binnenpluralistische** Struktur" der Programmveranstalter, müssen die einzelnen Anbieter dem Erfordernis der programmlichen Binnenpluralität genügen, die durch ein binnenplural besetztes Aufsichtsgremium, durch eine binnenplurale Zusammensetzung des Anbieters (Anbietergemeinschaft) oder durch einen nach dem Vorbild eines Rundfunkrats besetzten Programmbeirat auch organisatorisch abgesichert werden muss.[544] Auch im Zustand des **„Außenpluralismus"** unterliegen die Veranstalter gesetzlichen Vorkehrungen zur Sicherung der Pluralität.[545] Selbst wenn der private Rundfunk den pluralitätssichernden Anforderungen voll entspricht, bleibt die Realisierung der Rundfunkunternehmerfreiheit in der Konkurrenz zu marktbeherrschenden, aus Beitragseinnahmen und Werbeeinnahmen finanzierten öffentlich-rechtlichen Rundfunkanstalten zweifelhaft, wenn den öffentlich-rechtlichen Anstalten gleichzeitig das Recht und die Pflicht zur **„Grundversorgung"** der Bürger zugestanden wird – zu der sie imstande seien, weil ihre terrestrischen Programme nahezu die gesamte Bevölkerung erreichten und weil sie nicht in gleicher Weise wie private Veranstalter auf hohe Einschaltquoten angewiesen, mithin zu einem inhaltlich umfassenden Programmangebot in der Lage seien[546] – und ihnen das Angebot weitergehender Dienste und Programme, ua die Veranstaltung lokaler und regionaler Programme, nicht verwehrt werden darf.[547] Dabei versteht das BVerfG unter „Grundversorgung" nicht nur eine Mindestversorgung und erklärt zudem, der Grundversorgungsauftrag lasse sich in der dualen Rundfunkordnung „unter den bestehenden Bedingungen (…) nur erfüllen, wenn der öffentlich-rechtliche Rundfunk nicht allein in seinem gegenwärtigen Bestand, sondern auch in seiner zukünftigen Entwicklung gesichert ist".[548] Die **Bestands- und Entwicklungsgarantie** beschränke sich nicht auf die herkömmliche Technik der terrestrischen Übertragung, sondern erfasse auch die Nutzung neuer Übertragungsformen.[549] Im Urteil v. 11.9.2007 bekräftigt das BVerfG erneut, dass der Gesetzgeber, um der Bestands- und Entwicklungsgarantie für den öffentlich-rechtlichen Rundfunk gerecht zu werden und die Erfüllung seines **Funktionsauftrags** zu ermöglichen, dafür sorgen müsse, dass die erforderlichen technischen, 92

542 *Bullinger* ZUM 2007, 337 (338).

543 *Bullinger* in HdbStR VI, 1. Aufl. 1989, § 142 Rn. 109; *Stober,* Grundrechtsschutz der Wirtschaftstätigkeit, 1989, 152.

544 BVerfGE 73, 118 (153, 174 f.); 74, 297 (329 ff.).

545 BVerfGE 73, 118 (153).

546 BVerfGE 73, 118 (157 ff.); 74, 297 (324 f., 325 ff.); 83, 238 (297 f., 298 ff.); 87, 181 (203 ff.); zum Grundversorgungsauftrag des öffentlich-rechtl. Rundfunks vgl. *Schulze-Fielitz* in Dreier Rn. 264.

547 BVerfGE 74, 297 (331 ff., 350 ff.); 83, 238 (302 f.).

548 BVerfGE 83, 238 (297 f.); 90, 60 (91).

549 BVerfGE 83, 238 (299).

organisatorischen, personellen und finanziellen Vorbedingungen bestünden. Das Gericht betont, dass das Programmangebot auch für neue Inhalte, Formate und Genres sowie für neue Verbreitungsformen offenbleiben müsse, der Auftrag also **dynamisch an die Funktion** des Rundfunks gebunden sei; daher dürfe der öffentlich-rechtliche Rundfunk nicht auf den gegenwärtigen Entwicklungsstand in programmatischer, finanzieller und technischer Hinsicht beschränkt werden.[550]

93 Die Situation ändert sich bei einem strikt subjektiv-rechtlichen Verständnis der Rundfunkfreiheit. Von der Warte des subjektiven Rechts auf Rundfunkveranstaltung erscheint die gesetzliche Etablierung öffentlich-rechtlicher Rundfunkanstalten mit Grundversorgungsauftrag und Beitragsanspruch als Eingriff.[551] Prinzipiell kann Grundversorgung mit Rundfunk als ein dem Grundgesetz entsprechendes Gemeinwohlgut begriffen werden.[552] Je weiter aber Grundversorgung definiert wird, desto eher wird diese auf weite Strecken auch von privaten Veranstaltern erfüllt, so dass sich eine **Privilegierung der öffentlich-rechtlichen Rundfunkanstalten** immer weniger rechtfertigen lässt. Wird der Grundversorgungsauftrag dagegen im Sinne des für das geschützte Gemeinwohlgut Erforderlichen nach Qualität, Inhalt und dafür benötigter Sendezeit enger definiert, reduzieren sich Aufgabe und Beitragsanspruch der öffentlich-rechtlichen Rundfunkanstalten erheblich.[553] Von dem subjektiv-rechtlichen Verständnis der Rundfunkfreiheit her, das das BVerfG auf längere Sicht nicht mehr vermeiden können wird, kann Grundversorgung daher nur eine **Mindestversorgung** sein.[554]

94 Insgesamt ist festzustellen, dass die vom Verständnis der Pressefreiheit grundverschiedene Konzeption der privaten Rundfunkfreiheit als einer dem Gemeinwohl dienenden bzw. dienlich zu machenden Freiheit im Sinne einer öffentlichen Aufgabe ohne wesentliche individuelle Freiheit einer verflossenen Epoche angehört, in der der öffentlich-rechtliche Rundfunk noch allein stand oder seine mit Hilfe einer öffentlichen Abgabe finanzierte öffentliche Aufgabe mit wenigen beaufsichtigten privaten Rundfunkveranstaltern teilte. Diese Konzeption hat inzwischen durch den weitgehenden Wegfall ihrer tatsächlichen Voraussetzungen, nämlich den Übergang von analoger zu digitaler Übertragung der elektronischen Signale, an Überzeugungskraft verloren. Das BVerfG steht vor der schwierigen Aufgabe, seine Rspr. den veränderten Gegebenheiten anzupassen.[555] Kommerzielle private Rundfunkveranstalter stehen heute wegen vervielfachter Übertragungsmöglichkeiten in einem harten marktmäßigen Wettbewerb mit zahlreichen Konkurrenten und müssen versuchen, durch neue Geschäftsmodelle wirtschaftlich zu überleben. Aus der dem Gemeinwohl dienenden, auf die pflichtgemäße „Versorgung" der Bevölkerung mit Informationen gerichteten, für wenige zugelassene Veranstalter

---

[550] BVerfGE 119, 181 (218); zum Funktionsbereich des öffentlich-rechtl. Rundfunks vgl. auch *Dörr* VerwArch 92 (2001), 149 (159 ff.), sowie, ua hinsichtlich des **Online-Bereichs,** *Brenner,* Zur Gewährleistung des Funktionsauftrages durch den öffentlich-rechtlichen Rundfunk, 2002; ferner *Klickermann* MMR 2008, 793 ff.

[551] So auch die Rspr. des EGMR, vgl. etwa EGMR 24.11.1993 – 13914/88, 15041/89, 15717/89, 15779/89, 17207/90, EuGRZ 1994, 549 – Informationsverein Lentia; zweifelnd *Starck/Paulus* in MKS Rn. 203; für ein Verständnis als „Ausgestaltung" BVerwG BeckRS 2017, 118777 Rn. 10.

[552] *Starck* NJW 1992, 3257 (3262).

[553] So auch *Starck/Paulus* in MKS Rn. 203.

[554] *Starck* NJW 1992, 3262.

[555] *Bullinger* ZUM 2007, 337 (342).

existenzsichernden Medienfreiheit hat sich eine für alle **offene wirtschaftliche Freiheit** zu risikoreicher Teilnahme am Wettbewerb elektronischer Medien entwickelt. Hinzu tritt der Internetrundfunk mit nochmals vermehrten, fast unbegrenzten Übertragungsmöglichkeiten.[556] Die (unausgesprochene) Zielsetzung des BVerfG, im Rundfunk einen entscheidenden Einfluss der anerkannten demokratischen Kräfte zu erhalten und dadurch ein Gegengewicht gegen eine möglicherweise der demokratischen Ordnung entgegengesetzte Herrschaft wirtschaftlicher Interessen und Kräfte in der Zeitungs- und Zeitschriftenpresse zu schaffen, lässt sich allgemein nur noch für den öffentlich-rechtlichen Rundfunk halten, nicht mehr für den zwangsläufig ökonomisierten, weitgehend den Regeln des privaten Wettbewerbs folgenden privaten Rundfunk.[557]

Der private Rundfunk und seine Freiheit nähern sich damit der privaten **95** Presse, die zum Teil durch elektronische Ausgaben von Zeitungen ohnehin mit den elektronischen Medien verschmilzt, und deren privatwirtschaftlicher Freiheit an.[558] Private Rundfunkfreiheit kann heute daher in Übereinstimmung mit Art. 10 EMRK wie die Pressefreiheit als **primär individuelles Freiheitsrecht** verstanden werden, verbunden mit einer **objektiven Garantie der Meinungsvielfalt.** Die besondere öffentliche Aufgabe des öffentlich-rechtlichen Rundfunks, mit Hilfe einer unabhängigen Finanzierung aus öffentlichen Mitteln ein vielfältiges und ausgewogenes Meinungsbild zu vermitteln, bleibt dabei im Prinzip unberührt.[559] Im Bereich des privaten Rundfunks kann die objektive Garantie einer Meinungsvielfalt nicht mehr durch eine individuell erzwingbare Pflicht jedes Rundfunkveranstalters zur Vielfalt verwirklicht werden, sondern nur noch wie bei der Pressefreiheit durch allgemeine rechtliche Vorkehrungen zur Förderung und Erhaltung der Meinungsvielfalt im Rundfunk insgesamt, etwa durch Schranken für die Konzentration von Rundfunkunternehmen.[560] Die mit der Anerkennung der individuellen privaten Rundfunkfreiheit im Grunde obsolete Genehmigungspflicht könnte, um die Kontrolle über die Gesetzmäßigkeit des privaten Rundfunkangebots zu erleichtern, zB durch eine Anzeigepflicht ersetzt werden. Die Zuteilung der tendenziell im Überfluss entstehenden normalen Übertragungsmöglichkeiten wird längerfristig Sache des Telekommunikationsrechts und der Telekommunikationsbehörden sein.[561] Den Rundfunkaufsichtsstellen wird in Zusammenarbeit mit der allgemeinen Kartellaufsicht die Aufgabe zufallen, nach gesetzlichen Regeln, die der Digitalisierung und dem Internet sowie den wirtschaftlichen Erfordernissen angepasst sind, markt- und meinungsbeherrschende Positionen zu identifizieren und den Missbrauch solcher Positionen so weit wie möglich zu verhindern.[562]

---

[556] *Bullinger* ZUM 2007, 337 (342); er weist darauf hin, dass die Europäische Kommission der Auffassung ist, dass nur für den Fall des Nichtfunktionierens eines freien Wettbewerbs übergangsweise Regulierungsmaßnahmen ergriffen werden müssten; dagegen hält *Ory* ZUM 2007, 7 (12), auf Dauer Regulierungsmaßnahmen für notwendig, um Vielfalt und nicht nur Gewinne zu ermöglichen.

[557] *Bullinger* ZUM 2007, 337 (343).

[558] *Bullinger* ZUM 2007, 337 (343).

[559] *Bullinger* ZUM 2007, 337 (343).

[560] *Bullinger* ZUM 2007, 337 (342).

[561] *Bullinger* ZUM 2007, 337 (343).

[562] *Bullinger* ZUM 2007, 337 (343). Dazu, dass der weitgehende Ausschluss politischer Parteien von der Veranstaltung privaten Rundfunks selbst bei einem dezidiert objektiv-rechtlichen Verständnis der Rundfunkfreiheit nicht mit dieser vereinbar ist, weil er weder durch das Ziel der Herstellung von Staatsferne und Überparteilichkeit noch das Ziel der Sicherung der

96 Die Einhaltung der den öffentlich-rechtlichen Rundfunkanstalten gesetzlich vorgeschriebenen Programmgrundsätze (u. a. politisch-weltanschauliche und thematische Ausgewogenheit, Sachlichkeit, Wahrung bestimmter inhaltlicher Programmleitlinien)[563] muss notfalls erzwungen werden können. Insoweit ist eine beschränkte **Rechtsaufsicht durch den Staat,**[564] **nicht** aber **Fachaufsicht** zulässig;[565] „sie muß sich darauf beschränken, die Beachtung der in den jeweiligen rundfunkrechtlichen Normen enthaltenen Verhaltensgebote im Rahmen ihrer Justitiabilität zu kontrollieren".[566] Gerade bei der Frage der Einhaltung von Programmgrundsätzen wird diese Grenze fließend; *Lerche* will deshalb die exekutive Programmaufsicht in die „Nähe einer bloßen Evidenzkontrolle" rücken.[567] Str. ist, ob die Rechtsaufsicht erst eingreifen kann, wenn die Gremien der betreffenden Rundfunkanstalt selbst „die ihnen übertragenen Aufgaben nicht wahrnehmen oder diese Aufgaben zwar wahrnehmen, dabei aber die Rechtsordnung missachten".[568]

97 Die programmgestaltenden **Rundfunkmitarbeiter**[569] können sich auf ihre Freiheit der Meinungsäußerung und auf die Freiheit der Berichterstattung zwar gegenüber staatlichen Eingriffen, nicht aber gegenüber ihrer eigenen Rundfunkanstalt und deren Intendant bzw. dem Rundfunkveranstalter berufen.[570] Bei privaten außenpluralen Rundfunkveranstaltern gilt Entsprechendes wie für das Verhältnis von Presseredakteuren zu ihrem Verleger.[571] Für binnenplurale Rundfunkveranstalter erwächst ein weiteres zwingendes verfassungsrechtliches Argument gegen die Annahme einer grundrechtsgestützten „inneren Rundfunkfreiheit" aus dem Organisationsmodell des binnenpluralen Rundfunks selbst: der hier unmittelbar aus Art. 5 Abs. 1 S. 2 begründete gestaltende Einfluss der **„gesellschaftlich relevanten Gruppen"** darf nicht durch Mitbestimmungsrechte der Mitarbeiter – denen insoweit kein Mandat zur Repräsentation der Allgemeinheit zukommt – überlagert werden.[572] Außerhalb des Rundfunkprogramms unterliegen die Rundfunkmitarbeiter keinen spezifisch rechtlichen Beschränkungen (str.). Eine – zB parteipolitische – Nutzbarmachung des Tele-Bekanntheitsgrades ist eine Frage des journalistischen und politischen Stiles, kann aber nach geltendem Recht nicht untersagt werden.

Meinungsvielfalt im privaten Rundfunk gedeckt ist, vgl. NdsStGH ZUM-RD 2006, 321; zur Beteiligung politischer Parteien an privaten Rundfunkunternehmen vgl. BVerfG NVwZ 2008, 685 ff.; krit. hierzu *Cordes* ZParl 2009, 123 ff., ebenso *Reffken* NVwZ 2008, 857 ff.

[563] S. *Starck/Paulus* in MKS Rn. 223 ff.; zu den Programmanforderungen für den WDR vgl. BVerfGE 83, 238 (317 f.).

[564] BVerfGE 12, 205 (261); BVerwGE 54, 29 (36); VGH Mannheim VBlBW 1986, 259.

[565] *Wufka,* Die verfassungsrechtlich-dogmatischen Grundlagen der Rundfunkfreiheit, 1971, 129; *Ladeur* ZUM 2004, 1 (3).

[566] *Lerche* in Bullinger/Kübler, Rundfunkorganisation und Kommunikationsfreiheit, 1979, 15 (99).

[567] *Lerche* in Bullinger/Kübler, Rundfunkorganisation und Kommunikationsfreiheit, 1979, 100 Fn. 326a; ebenso *Degenhart* in BK Rn. 404.

[568] So VG Mainz JZ 1979, 303 (304); zur Subsidiarität der staatlichen Rechtsaufsicht vgl. *Starck/Paulus* in MKS Rn. 229; *Degenhart* in BK Rn. 404 f.; zur Aufsicht über private Rundfunkveranstalter durch die Landesmedienanstalten vgl. *Degenhart* in BK Rn. 416 ff.

[569] Zum Arbeitnehmerstatus eines redaktionellen Mitarbeiters BAG NZA-RR 2010, 172; *Bruns* RdA 2008, 135 ff.

[570] *Starck/Paulus* in MKS Rn. 208; offen gelassen in BVerfGE 59, 231 (261 f.).

[571] → Rn. 69.

[572] Zutr. *Degenhart* in BK Rn. 358; aA *Schulze-Fielitz* in Dreier Rn. 310; zum Grad der Redakteursbeteiligung als Kriterium für die Zulassung privater Rundfunkveranstalter vgl. BVerfGE 83, 238 (318 ff.); *Schulze-Fielitz* in Dreier Rn. 310; abl. *Degenhart* in BK Rn. 358.

Der Begriff **Rundfunk** in Art. 5 Abs. 1 S. 2 Hs. 2 ist jedenfalls als Oberbegriff für **Hörrundfunk** (Hörfunk) und **Fernsehfunk** (Fernsehen) zu verstehen.[573] Die Einheitlichkeit des verfassungsrechtlichen Begriffes Rundfunk bedeutet jedoch nicht, dass die beiden Hauptteilbereiche des Rundfunks stets rechtlich gleich zu behandeln wären.[574] Ergibt etwa die Medienwirkungsforschung verlässlich, dass vom Fernsehen tiefergehende Wirkungen ausgehen als vom Hörfunk,[575] so würde dies unterschiedliche rechtliche Regelungen, zB im Hinblick auf Gewaltdarstellungen (zB Kriminalfilme), rechtfertigen.[576] **98**

Während der in → Rn. 98 erwähnte Oberbegriff außer Streit steht, gibt der Rundfunkbegriff im Übrigen zu Zweifeln Anlass. Von der Presse unterscheidet sich der Rundfunk durch den technischen Verbreitungsweg. Im weitesten Sinne ist Rundfunk die Verbreitung von Informationen für eine unbestimmte Vielzahl von Personen mittels elektromagnetischer Wellen, ob drahtlos oder kabelgebunden. Zu diesem Rundfunk gehören über den **Rundfunk ieS** (dh die planvolle und zeitlich geordnete Abfolge von Sendungen zum gleichzeitigen Empfang durch die Allgemeinheit nach Art der herkömmlichen Rundfunkprogramme, worunter auch das Pay-TV und Spartenprogramme fallen) hinaus wegen der elektronischen Übermittlung **rundfunkähnliche mediale Internetdienste,** wie Videotext, Bildschirmtext oder sonstige Dienste wie Bewegtbilder- und Ton- und Textabrufdienste, bei denen Informationen für jedermann zum Einzelabruf oder Einzelzugriff bereitgehalten werden, soweit sie eine massenmediale Aufbereitung vornehmen.[577] Der Rundfunkbegriff ist gegenüber der technischen Entwicklung offen.[578] Erforderlich ist allerdings, dass sich die Veranstaltungen an einen unbestimmten Personenkreis richten, sich also technisch nicht nur an bestimmte, im Vorhinein festgelegte Personen wenden.[579] Die früher gängige Formulierung der Adressierung an die Allgemeinheit ist zu anspruchsvoll, zumindest missverständlich. Erfasst wird vielmehr auch Rundfunk, der für ein Krankenhaus oder einen Betrieb veranstaltet wird.[580] Nicht erfasst werden E-Mail oder Online-Banking, da zum Rundfunk begrifflich die Möglichkeit des Empfangs durch Personen gehört, die nicht Teilnehmer einer individuellen Kommunikation sind.[581] **99**

Informationen aus dem **Internet** passen, was die Methode ihrer Verbreitung durch elektromagnetische Schwingungen für die Allgemeinheit angeht, unter den Rundfunkbegriff. Empfang und Nutzung der Informationen durch die Allgemeinheit unterscheiden sich freilich vom Rundfunk. Dennoch ist die Einordnung als Rundfunk strittig,[582] wobei die Verneinung der Rundfunkeigenschaft mit dem Hinweis darauf, dass der Rezipient gezielt auswählt und nicht gezwungen ist, den gesamten Inhalt zu übernehmen,[583] nicht überzeugt. **100**

---

573 BVerfGE 12, 205 (226); 31, 314 (325).

574 Zutr. *Herrmann,* Fernsehen und Hörfunk in der Verfassung der Bundesrepublik Deutschland, 1975, 22.

575 BVerfGE 35, 202 (227 ff.).

576 *Schulze-Fielitz* in Dreier Rn. 168.

577 BVerfGE 74, 297 (350 ff.); *Jarass* in Jarass/Pieroth Rn. 48.

578 *Stern* in Stern StaatsR IV/1 § 110 II 3b.

579 *Jarass* in Jarass/Pieroth Rn. 47.

580 *Starck/Paulus* in MKS Rn. 181; *Jarass* in Jarass/Pieroth Rn. 47; *Schulze-Fielitz* in Dreier Rn. 101.

581 *Starck/Paulus* in MKS Rn. 181; *Jarass* in Jarass/Pieroth Rn. 47; *Schulze-Fielitz* in Dreier Rn. 101.

582 Vgl. hierzu *Schulze-Fielitz* in Dreier Rn. 101; für viele Internetangebote bejahend *Klaes* ZUM 2009, 135 ff.

583 *Ricker* ZUM 2001, 28.

Die These, Online-Dienste der öffentlich-rechtlichen Rundfunkanstalten unterfielen allgemein nicht dem verfassungsrechtlichen Rundfunkbegriff,[584] findet auch in der zutreffenden Feststellung, es bestehe kein Bedarf dafür, die für den klassischen Rundfunk entwickelten Strukturen einer dualen Rundfunkordnung mit ihrem zentralen Element eines öffentlich-rechtlichen Grundversorgungsauftrags auf diese Bereiche zu übertragen, keine tragfähige Grundlage. Die allgemeinzugänglichen und sich an eine unbestimmte Rezipientenschaft wendenden genannten Abrufdienste des **World Wide Web** sind daher im Ergebnis als Rundfunk zu qualifizieren.[585] Das Internet wird zu Recht als das Paradebeispiel für ein funktionierendes außenplurales Medium bezeichnet.[586] Allgemein ist darauf hinzuweisen, dass sich die Freiheit der Berichterstattung durch Rundfunk nach Art. 5 Abs. 1 S. 2 zwar auf den Rundfunk iwS bezieht; verfassungsrechtliche Anforderungen an die Sicherung dieser Freiheit, die das BVerfG im Blick auf den herkömmlichen Rundfunk entwickelt hat, gelten für die neuartigen rundfunkähnlichen Kommunikationsdienste aber nur insoweit, wie sie ähnliche Gegebenheiten und Gefahren aufweisen.[587]

101 Es lässt sich nicht nur seit jeher im Bereich des öffentlich-rechtlichen Rundfunks, sondern auch im Bereich des privaten Rundfunks eine Kluft zwischen dem, was das BVerfG hinsichtlich der Sicherung der Meinungsvielfalt und des Gemeinwohls und der Staats- und Gruppenfreiheit des Rundfunks grundsätzlich postuliert, und der Praxis des Rundfunks feststellen (ua Einfluss der Parteien in den Aufsichtsgremien des Rundfunks über ihre offiziellen Vertreter und die Vertreter ihnen nahestehender Gruppen). Die die Rundfunkordnung in den Ländern der alten Bundesrepublik kennzeichnenden **Defizite** sind mit dieser Ordnung im Wesentlichen **auf die neuen Bundesländer übertragen** worden, ohne dass man bei der Schaffung der neuen Landesrundfunkentwürfe und -gesetze die überkommenen medienrechtlichen Denkmuster wirklich überdacht und auf ihre Tragfähigkeit und Bewährung in der Praxis hin überprüft hätte (was auch Rückwirkungen auf die alten Bundesländer hätte haben müssen). Hier sind Chancen – ua die der Hinwendung zu einem stärker individualrechtlichen Verständnis der Rundfunkfreiheit und die der Verringerung des Parteieneinflusses – nicht ausreichend genutzt worden.[588]

102 Die rechtlichen Bindungen des Rundfunks, die nach Art. 5 Abs. 1 S. 2 als zur Sicherung der Meinungsvielfalt erforderlich angesehen werden, müssen durch die Gesetzgebung jedes einzelnen Landes der Bundesrepublik konkretisiert werden.[589] Solche landesgesetzlichen Regelungen verlieren fortschreitend an Wirksamkeit. Denn in ihrem Geltungsbereich können zunehmend, vor allem über Satelliten, auch **Fernseh- und Hörfunkprogramme anderer Bundesländer und europäischer Nachbarländer** empfangen werden.

---

[584] *Degenhart* ZUM 1998, 333.

[585] *Peine* FS f. Folz, 2003, 257; *Stern* in Stern StaatsR IV/1 § 110 II 3g β; *Bethge* in Sachs Rn. 90b; vgl. auch *Schulze-Fielitz* in Dreier Rn. 101.

[586] *Röger* ZRP 1997, 203 (207).

[587] Zur „Konvergenz der Medien" und deren Auswirkung auf den tradierten Rundfunkbegriff vgl. *Hoffmann-Riem/Schulz/Held,* Konvergenz und Regulierung, 2000; *Mückl* JZ 2007, 1077 ff.; *Schwarze/Hesse,* Rundfunk und Fernsehen im digitalen Zeitalter, 2000.

[588] Vgl. *Schulze-Fielitz* in Dreier Rn. 58; *Wilhelmi,* Verfassungsrechtliche Probleme des öffentlich-rechtlichen Rundfunks in den neuen Bundesländern, 1995, 207 ff.

[589] BVerfGE 57, 295 (319 ff.); 73, 118 (154, 156); für bundesweit verbreiteten privaten Rundfunk vgl. §§ 25 ff. RundfunkStVertr. (2018); zur Frage einer Verfassungspflicht zur Harmonisierung der Landesmediengesetze vgl. *Rudolf/Jutzi* ZRP 1987, 2.

Dieser individuelle Empfang darf wegen der verfassungsrechtlich garantierten Informationsfreiheit (Art. 5 Abs. 1 S. 1) grundsätzlich nicht behindert werden,[590] selbst wenn die Programme nach ihrem Heimatrecht wesentlich geringeren rechtlichen Anforderungen unterworfen sind als die inländischen Programme. Auch der EGMR sieht den Empfang ausländischer Satelliten-Fernsehprogramme mittels Parabol- oder anderer Antennen durch Art. 10 Abs. 1 S. 1 u. 2 EMRK geschützt.[591] Der EuGH[592] schließt es bis zur Harmonisierung des Rundfunkrechts nicht aus, dass ein Mitgliedstaat zur Sicherung seiner eigenen Rundfunkordnung die Einspeisung ausländischer Rundfunkprogramme von der Beachtung der innerstaatlichen Werberegeln abhängig macht.[593] Verfassungsrechtlich ist es aber nicht geboten, diese Anforderungen so weit gehen zu lassen wie für inländische Programme.[594] Um zu vermeiden, dass auf diese Weise höhere Anforderungen an inländische als an importierte Rundfunkprogramme gestellt werden, wird es auf die Dauer unumgänglich sein, die wesentlichen **Grundsätze für europäische Rundfunkprogramme** in einem Mindestmaß zu **vereinheitlichen.**[595]

2. Die Freiheit der Berichterstattung durch … Film wird gewährleistet. Zum Begriff der Berichterstattung → Rn. 75, 76. Die weite Auslegung von „Berichterstattung" (Tatsachenmeldungen und Meinungsäußerungen) führt dazu, dass ihr nicht nur Wochenschauen unterfallen. Die Mehrzahl der Filme wird aber den weitergehenden Schutz der Freiheit der Kunst genießen.[596] Unter **Film** iSd Art. 5 Abs. 1 S. 2 ist entsprechend dem allgemeinen Sprachgebrauch die Vorführung von Bewegtbildern eines **chemisch-optischen** oder **elektronischen Bildträgers,** dem regelmäßig eine Tonspur beigefügt ist, für eine anwesende Vielzahl von Personen.[597] **103**

Unter der Voraussetzung des Abspielens am Ort der Vorführung/Rezeption[598] werden auch Bild-Ton-Träger wie Videobänder, Bildplatten und DVDs zum Film iSd Art. 5 Abs. 1 S. 2, wenn bei ihnen das visuelle Erscheinungsbild dominiert. Der Fim ist in dieser Ausgangsbedeutung stehengeblieben und nicht etwa später auf das Fernsehen ausgedehnt worden.[599] Das Unterscheidungskriterium des Films gegenüber dem Rundfunk ist die Technik der Darbietung; wird ein Film im Fernsehprogramm ausgestrahlt, so handelt es sich um Rundfunk.[600] **104**

---

590 BVerfGE 73, 118 (154, 156 f., 197); BayVerfGH BayVBl. 1986, 14; *Müßig,* Die Sicherung von Verbreitung und Zugang beim Satellitenrundfunk in Europa, 2006.

591 EGMR 28.3.1990 – 12726/87, NJW 1991, 620 – Autronic AG; hierzu *Ricker* NJW 1991, 602.

592 EuGH C-352/85, Slg. 1988, 02085, ECLI:EU:C:1988:196 = ZUM 1988, 294 f. – Bond van Adverteerders.

593 Zum Verbot der Weiterverbreitung eines Programms durch inländische Kabelsysteme vgl. auch EGMR 28.3.1990 – 10890/84, NJW 1991, 615 – Groppera Radio.

594 BVerfGE 73, 118 (197).

595 Zu den Harmonisierungsbestrebungen auf europäischer Ebene vgl. etwa *Bullinger* VBlBW 1989, 161; ferner *Holznagel* MMR 2008, 207; zur Rundfunkfreiheit und Rundfunkordnung im internationalen und europäischen Recht vgl. auch *Michel* ZUM 2009, 453; *Klein,* Die Bedeutung des Europäischen Rechts für den nationalen Rundfunk, 2007.

596 → Rn. 139 ff.; BVerwGE 1, 303 (305); offen gelassen im konkreten Fall von BVerfGE 87, 209 (233).

597 *Bullinger* in HdbStR VII § 163 Rn. 3; *Bethge* in Sachs Rn. 118; ähnlich *Starck/Paulus* in MKS Rn. 256.

598 *Schulze-Fielitz* in Dreier Rn. 111.

599 *Bullinger* in HdbStR VII § 163 Rn. 3.

600 *Schulze-Fielitz* in Dreier Rn. 111.

105 Aufgrund der objektiv-rechtlichen Dimension des Grundrechts hat der Staat eine Schutzpflicht für den Film. Wenn sich der Staat zu Förderungsmaßnahmen für den Film entschließt, verlangt Art. 5 Abs. 1 S. 2 GG, dass jede Einflußnahme auf Inhalt und Gestaltung einzelner Filmerzeugnisse sowie Verzerrungen des publizistischen Wettbewerbs insgesamt vermieden werden. Staatliche Förderungen dürfen bestimmte Meinungen oder Tendenzen weder begünstigen noch benachteiligen. Art. 5 Abs. 1 S. 2 GG begründet im Förderungsbereich für den Staat vielmehr eine **inhaltliche Neutralitätspflicht**, die jede Differenzierung nach Meinungsinhalten verbietet. Der Staat genießt im Bereich der Grundrechtsförderung allerdings einen weiteren Handlungsspielraum als im Bereich der Grundrechtseinschränkung. Art. 5 Abs. 1 S. 2 GG verbietet ihm nur, daß er den Inhalt der Meinungen oder die Tendenz von Filmerzeugnissen zum Förderungskriterium macht und sich auf diese Weise Einfluß auf den gesellschaftlichen Meinungs- und Willensbildungsprozeß verschafft, der nach dem Willen des Grundgesetzes im Interesse der personalen Autonomie und des demokratischen Systems staatsfrei zu bleiben hat. Dagegen ist es ihm nicht von vornherein verwehrt, die Förderung an meinungsneutralen Kriterien auszurichten.[601]

V. Zensurverbot (Art. 5 Abs. 1 S. 3) – Eine Zensur findet nicht statt

106 Zensur iSd Art. 5 Abs. 1 S. 3 ist in historischer Interpretation **nur** die **Vorzensur,** dh „einschränkende Maßnahmen vor der Herstellung oder Verbreitung eines Geisteswerkes, insbes. das Abhängigmachen von behördlicher Vorprüfung und Genehmigung seines Inhalts (Verbot mit Erlaubnisvorbehalt)".[602] Keinen Verstoß gegen das Zensurverbot sah das BVerfG[603] im ehem. § 5 Abs. 1 G zur Überwachung strafrechtlicher und anderer Verbringungsverbot. In der Nichtzulassung eines Schulbuches zum Unterrichtsgebrauch an öffentlichen Schulen liegt keine Zensur, da der Staat hier nicht die Verteilung von Presseprodukten an Dritte verhindert, sondern als Benutzter der Informationen auftritt bzw. im Rahmen seiner Schulhoheit iSd Art. 7 Abs. 1 agiert.[604] Dagegen käme es einer unzulässigen Vorzensur gleich, wenn im Rahmen eines Kennzeichnungsverfahrens (zB im Hinblick auf Altersbeschränkungen) durch Beschlagnahme eines Films dessen Verbreitung verhindert würde, ohne dass zuvor dem Antragsteller Gelegenheit gegeben worden wäre, wegen der im Kennzeichnungsverfahren deutlich gewordenen strafrechtlichen Bedenken von der Verbreitung des Films Abstand zu nehmen.[605] Die **Nachzensur,** dh eine Kontroll- und Repressivmaßnahme, die erst nach der Veröffentlichung eines Geisteswerkes einsetzt, wird vom Zensurverbot **nicht** umfasst. Diese Feststellung bedeutet aber nicht, dass Nachzensur grundsätzlich zulässig ist; vielmehr ist dies nur im Rahmen der all-

[601] Ebenso zur Presseförderung BVerfGE 80, 124 Rn. 27 ff.; *Bethge* in Sachs Rn. 124 ff.; zur Frage, ob die Filmförderung der Beihilfenkontrolle der Art. 107 ff. EGV unterliegt, vgl. *Castendyk/Bark* ZUM 2003, 480; → Rn. 71.

[602] BVerfGE 33, 52 (72); 47, 198 (236); 73, 118 (166); 87, 209 (230); BVerfG-K NJW 2015, 1438 Rn. 32; vgl. auch *Bethge* FS f. Wendt, 2015, 31 (33); *Stern* in Stern StaatsR IV/1 § 108 IV 7c δ; *Warg* DÖV 2018, 473; aA *Hoffmann-Riem* in BMV VerfassungsR-HdB Rn. 221 f.; *Hoffmann-Riem* in AK Rn. 93; gegen ein Verständnis des Art. 5 Abs. 1 S. 3 als absolutes und kategorisch wirkendes Verbot der Präventivzensur *Pfeifer,* Zensurbehütete Demokratie – Das Zensurverbot des Art. 5 Abs. 1 S. 3 GG, 2003.

[603] BVerfGE 33, 52 (73 ff., anders abw. Meinung 78 ff.).

[604] *Jarass* in Jarass/Pieroth Rn. 78; *Starck/Paulus* in MKS Rn. 175.

[605] BVerfGE 87, 209 (232 f.).

gemeinen Regeln über die Meinungs- und Pressefreiheit und ihrer Schranken (Art. 5 Abs. 1 S. 1 und 2, Art. 5 Abs. 2) der Fall.[606]

Der Zensurbegriff des Art. 5 Abs. 1 S. 3 setzt **inhaltliche Prüfung** voraus. **107**
Genehmigungsverfahren, die sich ausschließlich gegen Gefahren richten, die – unabhängig vom Inhalt – durch eine bestimmte Form der Meinungsäußerung entstehen, sind keine Zensur (Bsp.: Verbot des Abwerfens von Flugblättern aus Luftfahrzeugen wegen Verkehrsgefährdung), ebenso technisch oder durch das Erfordernis der Prüfung der Förderung eines Geisteswerks begründete Vorlege- und Anzeigepflichten als solche, soweit diese nicht in ihren faktischen Wirkungen einer staatlichen Zensur gleichkommen.[607]

Das Zensurverbot entfaltet **keine Drittwirkung** gegenüber Privatper- **108**
sonen,[608] zB im Verhältnis von Autor, Redakteur, Lektor und Verleger; die häufig beklagte **„Selbstzensur"** in Presse und Rundfunk ist deshalb kein Fall der durch Art. 5 Abs. 1 S. 3 verbotenen Zensur. Das Zensurverbot betrifft **nur staatliche Maßnahmen.** Aus der Richtung des Zensurverbotes gegen den Staat folgt, dass das Herausfräsen eines bereits gesetzten Zeitungsartikels durch Drucker vor dem Ausdruck der Zeitung oder die Weigerung, einen Zeitungsbeitrag zu setzen („Weißer Fleck"), keine Zensur iSd Art. 5 Abs. 1 S. 3 ist. Jedoch liegt darin ein massiver Eingriff in die Pressefreiheit.[609]

Str. ist, ob neben der Zensur im Sinne eines formellen behördlichen **109**
Prüfungs- und Genehmigungsverfahrens **(formeller Zensurbegriff)** auch „eine Beeinflussung der öffentlichen Meinung (…) dergestalt, daß ein möglicher Beitrag zum Prozess der Meinungsbildung der Öffentlichkeit durch eine intervenierende Instanz entzogen oder verändert zugänglich gemacht wird"[610] unter das Zensurverbot des Art. 5 Abs. 1 S. 3 fällt. Dieser **materielle (faktische) Zensurbegriff,** der von der wohl hL **abgelehnt** wird,[611] klingt in BVerwGE 23, 194 an: „Ein Verstoß gegen das Zensurverbot könnte darin zu erblicken sein, dass durch die Ausgestaltung des Vergnügungsteuerrechts faktisch die Vorführung eines Kulturfilms erheblich erschwert wird, wenn er nicht ein Prädikat erhält und deshalb steuerrechtlich bevorzugt wird (…) Eine Umgehung des Zensurverbots wäre nicht nur zu bejahen, wenn die Vergnügungsteuer etwa nach Art einer Erdrosselungsteuer ausgestaltet wäre, so dass die Versagung des Prädikats die Aufführung des Filmes wirtschaftlich unmöglich macht. Vielmehr wäre eine solche Umgehung bereits dann anzunehmen, wenn nach verständigen wirtschaftlichen Erwägungen ein nicht mit einem Prädikat versehener Dokumentar- oder Kulturfilm ohne Rücksicht auf gewisse Schwankungen der Marktlage kaum aufgeführt werden könnte".[612] Keine Zensur sind daher steuerliche Maßnahmen, die ein durch Art. 5 Abs. 1 geschütztes Produkt lediglich verteuern und damit dessen Ab-

---

606 BVerfGE 33, 52 (72); *Bethge* FS f. Wendt, 2015, 31 (33 f.); *Gersdorf* in HHMW EvStaatslex Sp. 1830.

607 *Stern* in Stern StaatsR IV/1 § 108 IV 7c δ αα.

608 *Bethge* FS f. Wendt, 2015, 31 (34 ff.); *Stern* in Stern StaatsR IV/1 § 108 IV 7c δ αα; aA *Löffler* NJW 1969, 2225 (2227).

609 → Rn. 68; ebenso *Degenhart* in BK Rn. 271.

610 *Noltenius,* Die freiwillige Selbstkontrolle der Filmwirtschaft und das Zensurverbot des Grundgesetzes, 1958, 107 f.

611 Vgl. *Löffler* NJW 1969, 2225 (2226); *Scheuner* VVDStRL 22 (1965), 11 Fn. 32; für einen erweiterten formellen Zensurbegriff *Hoffmann-Riem* in AK Rn. 92; auch *Bethge* in Sachs Rn. 135b, lässt faktische Maßnahmen genügen.

612 BVerwGE 23, 194 (199); VGH Kassel NJW 1987, 1436 (1437): „(…) gezielte Nichtförderung kann auf indirektem Wege in bedenkliche Nähe zu einer nicht erlaubten Zensur führen".

satz oder Nutzung verringern.[613] Bei erdrosselnden Abgaben kann aber praktisch ein Verbot oder eine Behinderung i. S. des technischen Zensurbegriffs vorliegen.“[614]

110 Das auf die Grundrechte des Art. 5 Abs. 1 S. 1 u. 2 bezogene Zensurverbot verbürgt keine selbständigen darüber hinausgehenden Freiheiten, sondern bildet selbst nur eine **Eingriffsschranke** („Schrankenschranke“) in dem Sinne, dass die Grundrechte des Art. 5 Abs. 1 S. 1 u. 2 auch bei Vorliegen der sonstigen Voraussetzungen des Art. 5 Abs. 2 nicht im Wege der Zensur beschränkt werden dürfen. Das Zensurverbot ist also nur ein Schutzmittel, nicht ein eigenes Schutzobjekt.[615] Die vorbeugende gerichtliche Untersagung einer Meinungsäußerung, zB durch gerichtliche **einstweilige Verfügung** ist durch Art. 5 Abs. 1 S. 3 nicht verboten; sie ergeht im Rechtsverhältnis zwischen Privaten;[616] doch ist zu prüfen, ob das Zivilgericht dabei die Meinungs- oder Pressefreiheit hinreichend berücksichtigt hat.[617] Dementsprechend stellt das BVerfG fest, dass eine auf die Unterlassung einer konkreten Persönlichkeitsverletzung zielende gerichtliche Entscheidung der behördlichen Vorprüfung oder Genehmigung des Inhalts einer Veröffentlichung nicht gleichkommt; dies begründet es mit dem Nebeneinander des Zensurverbots aus Art. 5 Abs. 1 S. 3 und der Schrankenbestimmung des Abs. 2.[618]

VI. Schranken (Art. 5 Abs. 2)

111 **1. Diese Rechte finden ihre Schranken.** Mit **„diese Rechte“** sind jedenfalls die in Art. 5 Abs. 1 S. 1 u. 2 enthaltenen Grundrechte gemeint. Dagegen gelten die Schranken des Art. 5 Abs. 2 nicht für das Zensurverbot des Art. 5 Abs. 1 S. 3, da dieses kein selbständiges Grundrecht, sondern nur eine Schranke für Eingriffe ist.[619] Das Zensurverbot gilt ausnahmslos.[620] Zur Frage, ob die Schranken des Abs. 2 auch für die in Abs. 3 genannten Grundrechte gelten, → Rn. 147 f.

112 **Schranken** bedeuten Begrenzungen. Versteht man unter Schranken solche Begrenzungen, die schon im betreffenden Grundrecht selbst enthalten sind, unter Einschränkungen dagegen solche, die von außen an das Grundrecht angelegt werden, so sind die Schranken des Art. 5 Abs. 2 **Einschränkungen.** Einen Sonderfall bilden Grundrechtsbeeinträchtigungen durch meinungsbezogene **Ungleichbehandlungen.** Sie verstoßen gegen das „spezifische und strikte Diskriminierungsverbot gegenüber bestimmten Meinungen“.[621]

113 **2. In den Vorschriften der allgemeinen Gesetze.** Der Begriff der **allgemeinen Gesetze** war schon unter der Geltung des Art. 118 Abs. 1 S. 1 WRV str.; zutr. ist deshalb die Charakterisierung der allg. Gesetze als „jahr-

---

613 *Starck/Paulus* in MKS Rn. 263.

614 *Starck* in MKS Rn. 263. Zu den Bedenken gegen die Verfassungsmäßigkeit der privatrechtlich organisierten, aber staatlichem Einfluss ausgesetzten **freiwilligen Selbstkontrolle der Filmwirtschaft (FSK)** vgl. *Starck* in MKS Rn. 266; s. aber auch *Degenhart* in BK Rn. 428 f., 553: keine Zensur, soweit „kein bestimmender staatlicher Einfluss ausgeübt“ wird.

615 BVerfGE 33, 52 (72); *Starck/Paulus* in MKS Rn. 262.

616 *Degenhart* in BK Rn. 547; *Bethge* in Sachs Rn. 135a: ausschließlich justizielle Sicherung nichtstaatlicher Rechte.

617 BVerfGE 85, 1 (11 ff.).

618 *BVerfG NJW* 2006, 2836 (2838).

619 → Rn. 110.

620 BVerfGE 33, 52 (72); *Bethge* in Sachs Rn. 129; *Schulze-Fielitz* in Dreier Rn. 173.

621 BVerfGE 124, 300 (324); *Jarass* in Jarass/Pieroth Rn. 17.

zehntealte crux des deutschen Staatsrechts"[622] und als „besonders problematische Begrenzung der Meinungsfreiheit".[623] Nach einer Ansicht sind allg. Gesetze alle Gesetze, die **nicht „Sonderrecht gegen die Meinungsfreiheit" enthalten;** unzulässiges Sonderrecht liegt vor, wenn eine an sich erlaubte Handlung **„allein wegen ihrer geistigen Zielrichtung"** verboten oder beschränkt wird.[624] Eine andere Ansicht sieht in allg. Gesetzen solche, „die dem Schutze eines schlechthin, **ohne Rücksicht auf eine bestimmte Meinung** zu schützenden Rechtsgutes dienen".[625] Nach einer dritten Ansicht liegen allg. Gesetze vor, wenn das in den betreffenden Gesetzen **geschützte gesellschaftliche Gut höherrangig ist als die Meinungsfreiheit.**[626]

Diese Rechtslehren haben Eingang in die **Rspr. des BVerfG** gefunden. Es **114** kombiniert jene Ansichten, indem es in ständiger Rspr. als allg. Gesetze alle Gesetze ansieht, „die nicht eine Meinung als solche verbieten, die sich nicht gegen die Äußerung der Meinung als solche richten, die vielmehr dem Schutze eines schlechthin, ohne Rücksicht auf eine bestimmte Meinung, zu schützenden Rechtsguts dienen, dem Schutze eines Gemeinschaftswerts, der gegenüber der Betätigung der Meinungsfreiheit den Vorrang hat".[627] Dieses Rechtsgut muss in der Rechtsordnung allgemein und damit unabhängig davon geschützt sein, ob es durch Meinungsäußerungen oder auf andere Weise verletzt werden kann.[628] Entsprechendes gilt im Bereich der Medienfreiheiten.[629] Das BVerfG verändert jedoch die Ansichten aus der Weimarer Zeit, indem es zwei weitere Gesichtspunkte hinzufügt.[630] Im Ergebnis hat die höchstrichterliche Rspr. meinungsbeschränkende Gesetze zumeist als allgemeine qualifiziert.[631]

Eine Patentformel gibt es nicht. Alle Umschreibungen des Begriffs der allg. **115** Gesetze kommen ohne Ausnahmen nicht aus oder leiden an Unklarheit. Mit diesem Vorbehalt lässt sich feststellen: Ein allgemeines Gesetz liegt **nicht** vor, **1. wenn es sich gegen eine bestimmte Meinung richtet;**[632] oder **2. wenn es sich,** ohne eine bestimmte Meinung treffen zu wollen, **nur im Schutzbereich eines der in Art. 5 Abs. 1 S. 1 u. 2 genannten Grundrechte auswirkt**[633] – Bsp.: Genehmigungspflicht für in Zeitungen und Zeitschriften erfolgende Veröffentlichung von Stellenangeboten für Beschäftigung von Arbeitnehmern im Ausland gem. dem ehem. § 37 Abs. 2 S. 3 G über Arbeitsvermittlung und Arbeitslosenversicherung.[634]

Eine gegenüber der Formel des BVerfG krit. Ansicht will die allg. Gesetze **116** durch das Merkmal der **Schadensverursachung** präzisieren. Ihre Bedeutung

---

[622] *Bethge* AfP 1980, 13 (16).
[623] *Frowein* AöR 105 (1980), 169 (180).
[624] *Häntzschel* in Pauly/Anschütz/Thoma DtStaatsR II Rn. 659.
[625] *Rothenbücher* VVDStRL 4 (1928), 20.
[626] *Smend* VVDStRL 4 (1928), 52.
[627] BVerfGE 7, 198 (209, 210 f.); 111, 147 (155); 113, 63 (78); 117, 244 (260); 120, 180 (200); 124, 300 (322); stRspr.
[628] BVerfGE 111, 147 (155); 117, 244 (260); 124, 300 (322).
[629] BVerfGE 91, 125 (135); 113, 63 (78).
[630] → Rn. 119.
[631] Hinsichtlich der Pressefreiheit etwa BVerfGE 50, 234 (240 f.); ferner BVerfGE 94, 1 (8); *Schulze-Fielitz* in Dreier Rn. 145; Jestaedt in HGR IV § 102 Rn. 56; → Einzelfälle.
[632] BSGE 20, 169 (178); Bsp.: § 11 des G gegen die gemeingefährlichen Bestrebungen der Sozialdemokratie v. 21.10.1878 (RGBl. 1878, 351 ff.); G gegen die Verbreitung der Lehre des Darwinismus im US-Staat Arkansas von 1928; zu Ausnahmen → Rn. 122.
[633] *Ridder* JZ 1961, 539; vgl. auch *Bettermann* JZ 1964, 601 (604).
[634] BVerfGE 21, 271 (280); BVerwG JR 1973, 436 (437); abl. *Schulze-Fielitz* in Dreier Rn. 144.

wird danach so umschrieben: „Immer dann, wenn Meinungsäußerungen Wirkungen haben, die über die Überzeugung hinausgehen, sollen diese Wirkungen nicht besonders privilegiert werden, weil sie auf Meinungsäußerungen zurückgehen".[635] Das Anliegen dieser Umschreibung – Schutz der Meinungsäußerung, Beschränkung nur in Ausnahmefällen – ist billigenswert. Jedoch ist die **Grenze** zwischen geäußerter **Überzeugung** und darüber hinausgehender **Wirkung** schwer zu ziehen: Jede Meinungsäußerung hat „Wirkungen"; ob eine Meinungsäußerung Schäden verursacht (welche Schäden sind überhaupt relevant?), lässt sich oft erst später feststellen.[636]

117 Der Begriff **„allgemeine Gesetze"** umfasst Gesetze im **formellen und materiellen Sinn,** also auch auf gesetzlicher Grundlage beruhende Verordnungen.[637] Verwaltungsvorschriften können nicht als allg. Gesetze qualifiziert werden.[638]

Einzelfälle

118 Als allg. Gesetze iSd Art. 5 Abs. 2 werden zB angesehen:

Anwaltliches Standesrecht – s. Standesrecht.

Arbeitsverhältnis, Grundregeln über das – Nach Ansicht des BAG gehören zu den allg. Gesetzen „im Verhältnis der einzelnen Bürger zueinander auch die Grundregeln über die Arbeitsverhältnisse. Zu diesen maßgebenden Grundregeln der Arbeitsverhältnisse zählt auch das Pflichtengebot, sich so zu verhalten, dass der Betriebsfrieden nicht ernstlich und schwer gefährdet wird und dass die Zusammenarbeit im Betrieb mit den übrigen Arbeitnehmern, aber auch mit dem Arbeitgeber für diese zumutbar bleibt".[639] Die Konstruktion der „Grundregeln über die Arbeitsverhältnisse" als allg. Gesetze iSd Art. 5 Abs. 2 ist problematisch.[640] Vielmehr geht es um die „Pflichtenstruktur des Arbeitsverhältnisses"; es kommt darauf an, ob der Betriebsfriede tatsächlich gestört oder eine Schädigung im Unternehmensbereich hervorgerufen wird;[641] eine bloß abstrakte Gefährdung des Betriebsfriedens reicht nicht aus.[642] Nach *Ridder*[643] ist „nur mißbräuchliche Ausnutzung von Machtstellungen, die sich in Anordnungen zeigt, die nicht durch Natur und Zweck des Arbeitsverhältnisses bedingt sind, (...) verboten".[644]

Aufenthaltsgesetz – die Einschränkung der politischen Betätigung von Ausländern, wie sie in § 47 Aufenthaltsgesetz geregelt ist, entspricht den Anforderungen an ein allg. Gesetz und den ausnahmsweise bestehenden Möglichkeiten, die Äußerung von Meinungen als solchen zu verbieten.[645]

Beamtengesetze – die Bestimmungen über Amtsverschwiegenheit (§ 37 BeamtStG, § 67 Abs. 1 BBG),[646] politische Betätigung (§ 33 Abs. 2 BeamtStG, § 60 Abs. 2 BBG, entsprechend § 39 DRiG)[647] und Auskünfte an die Presse (§ 70 BBG) werden von Rspr.

---

[635] *Frowein* AöR 105 (1980), 169 (183).

[636] So auch *Schulze-Fielitz* in Dreier Rn. 141.

[637] BVerwGE 72, 183 (186); OVG Münster DVBl 1972, 509; *Schulze-Fielitz* in Dreier Rn. 136; *Starck/Paulus* in MKS Rn. 273.

[638] *Schulze-Fielitz* in Dreier Rn. 136.

[639] JZ 1955, 117 (120); vgl. auch BAG NJW 1973, 77; NJW 1978, 1874 (1875); 1984, 1142 f.

[640] Krit. auch *Schwerdtner* JZ 1973, 380.

[641] Dazu *Schwerdtner* JZ 1973, 380 f.

[642] BAG DB 1976, 679 (680); *Schulze-Fielitz* in Dreier Rn. 303; *Degenhart* in BK Rn. 497 ff.

[643] BNS Grundrechte, Bd. II, 2. Aufl. 1968, 283.

[644] Zur Bezeichnung des Vorgesetzen als „Ausbeuter" BVerfG-K NZA 2018, 924; zum Problem Meinungsfreiheit und Arbeitsverhältnis allg. *Degenhart* in BK Rn. 497 ff.; speziell zum Tragen von Plaketten → Rn. 137.

[645] *Starck/Paulus* in MKS Rn. 371, 294 f., 280.

[646] Dazu BVerwG NJW 1983, 2343 f.

[647] Dazu BVerwG DVBl 1988, 351.

und Lehre als allg. Gesetze angesehen.[648] Der Veröffentlichung von Missständen durch Angehörige des öffentlichen Dienstes stehen grds. die Amtsverschwiegenheit, die sog. „Wohlverhaltensklausel" des § 61 Abs. 1 S. 3 BBG und das Dienstwegprinzip (insbes. § 125 BBG) entgegen. Diese Prinzipien verlangen, dass vor der „Flucht in die Öffentlichkeit" verwaltungsintern und nichtöffentlich Abhilfe (im Dienstweg) gesucht wird.[649] In engen Grenzen und nach Ausschöpfung der verwaltungsinternen Mittel ist die Flucht in die Öffentlichkeit dann zulässsig, wenn die Information über den Missstand im öffentlichen Interesse und nicht bloß in der Beförderung der persönlichen Anliegen des **Whistleblowers** liegt.[650] Überhaupt sind nach BVerfGE 39, 334 (367) die durch Art. 33 Abs. 5 gedeckten Regelungen des Beamten- und Disziplinarrechts allg. Gesetze gem. Art. 5 Abs. 2.[651] Die Pflicht der Beamten, „sich durch ihr gesamtes Verhalten zu der freiheitlichen demokratischen Grundordnung im Sinne des Grundgesetzes (zu) bekennen und für deren Erhaltung ein(zu)treten" (§ 33 Abs. 1 S. 3 BeamtStG, § 60 Abs. 1 S. 3 BBG), verstößt nicht gegen Art. 5 Abs. 1 S. 1.[652]

Betriebsverfassungsgesetz – Das Verbot parteipolitischer Betätigung im Betrieb für Betriebsrat und Arbeitgeber ohne Rücksicht darauf, ob eine Gefährdung des Betriebsfriedens zu besorgen ist (§ 74 Abs. 2 BetrVG), gehört zu den allg. Gesetzen.[653]

Bürgerliches Recht – die Normen des Zivilrechts sind nach allg. Auffassung grundsätzlich allg. Gesetze; vgl. zu § 12 BGB OLG Karlsruhe NJW 1972, 1810 (1812); zu § 823 Abs. 1 BGB BVerfGE 34, 269 (282); zu § 826 BGB BVerfGE 7, 198 (211); zu § 906 BGB BGH LM Nr. 4 zu § 906 BGB; zu § 1004 BGB BVerfGE 7, 230 (234); zu Plakat im Mieterfenster: BayObLG NJW 1984, 496; LG Darmstadt NJW 1983, 1201. Schranken sind auch die allg. Regeln der Vertragsordnung,[654] also auch der Grundsatz, dass Verträge einzuhalten sind.[655] Im Hinblick auf § 241 Abs. 2 BGB stellt das OLG München fest, dass es mit dem gebotenen Ausgleich der kollidierenden Grundrechtspositionen nach dem Grundsatz der praktischen Konkordanz unvereinbar wäre, wenn der Betreiber einer Social-Media-Plattform den Beitrag eines Nutzers, in dem er einen Verstoß gegen seine Richtlinien erblickt, auch dann löschen dürfte, wenn der Beitrag die Grenzen zulässiger Meinungsäußerung nicht überschreitet.[656]

Flugblätter – s. Marktordnung; Straßengesetze.

Gegendarstellung, Anspruch auf – s. Pressegesetze.

Gerichtsverfassungsgesetz – Vorschriften über Öffentlichkeit und Sitzungspolizei (§§ 169 ff.) sind allg. Gesetze;[657] das Verbot von Fernsehaufnahmen im Gerichtssaal außerhalb der Hauptverhandlung kann nach Auffassung des BVerfG jedoch im Einzelfall unverhältnismäßig sein.[658] Der durch G v. 16.7.1998[659] eingeführte § 17a BVerfGG, nach dem Rundfunkübertragungen von Verhandlungen des BVerfG in bestimmten Verhandlungsabschnitten zulässig sind, soll den Besonderheiten des bundesverfassungsgerichtlichen Verfahrens Rechnung tragen.[660]

Kartellrecht – s. Wettbewerbsbeschränkungen, Gesetz gegen.

Kontaktsperregesetz – Das Gesetz zur Änderung des Einführungsgesetzes zum GVG v. 30.9.1977[661] ist ein allg. Gesetz.[662]

---

648 BVerwGE 1, 57 (59), *Ule in* BNS Grundrechte, Bd. IV/2, 2. Aufl. 1972, 603, 631.
649 BVerfGE 28, 191 (202 ff.).
650 *Grabenwarter* in Maunz/Dürig Rn. 184; *Degenhart* in BK Rn. 523 f.
651 Ebenso BVerfG NJW 1983, 2691; *Starck/Paulus* in MKS Rn. 380 f.
652 BVerfGE 39, 334 (360 ff.); vgl. auch BVerwGE 42, 79; allg. *Schulze-Fielitz* in Dreier Rn. 188 ff.
653 BVerfGE 42, 133 (140).
654 BGH NJW 1983, 1189 (1191).
655 OLG Hamm NJW 1981, 2473 (2475).
656 OLG München NJW 2018, 3115 Rn. 28.
657 BVerfGE 50, 234 (241).
658 BVerfGE 91, 125 (136 ff.) zu § 176 GVG.
659 BGBl. I 1823.
660 Vgl. Begr. der BReg., BR-Drs. 165/97, 18.
661 BGBl. I 1877.
662 BVerfGE 49, 24 (68).

Kunsturhebergesetz – §§ 22, 23 KUG gehören zu den allg. Gesetzen.[663]

Marktordnung – das in einer städtischen Marktordnung enthaltene Verbot der Verteilung von Flugblättern hält sich innerhalb der Grenzen, die der Meinungsäußerungsfreiheit durch Grundrechte anderer und durch die allg. Gesetze gezogen werden können.[664]

Medienrecht – §§ 8 Abs. 1, 31 LMedienG BW, nach denen eine Landesanstalt im Rahmen ihrer Rechtsaufsicht über private Rundfunkveranstalter Auskünfte und Vorlage von Aufzeichnungen verlangen kann, sind allg. Gesetze.[665]

Persönlichkeitsrecht, Schutz des – die Rechte des Art. 5 Abs. 1 werden durch das allgemeine Persönlichkeitsrecht und insbesondere durch den dort enthaltenen Schutz der Ehre beschränkt. Ein durch Art. 5 Abs. 1 GG und Art. 10 EMRK in seinem Recht auf Meinungs- und Medienfreiheit geschützter Hostprovider kann als mittelbarer Störer in Anspruch genommen werden, wenn er trotz Kenntnis der Verletzung eines Betroffenen in dessen Persönlichkeitsrecht durch einen vom Nutzer in das Internet gestellten Beitrag nicht einschreitet.[666]

Polizei- und Ordnungsrecht – die § 14 preußisches PolizeiverwaltungsG (sog. polizeiliche Generalklausel; Gefahrenabwehrermächtigung) entspr. Bestimmungen in den Polizei- und Ordnungsgesetzen sind traditionell als allg. Gesetze angesehen worden.[667] Nach der jüngeren Rspr. genügt die öffentliche Ordnung allein nicht als Schranke des Grundrechts der Meinungsfreiheit.[668] Folgt man ihr, gilt: Der Gesetzgeber „hat in den allg. Gesetzen, insbes. in den Strafgesetzen (so etwa in den §§ 86, 86a, 130 StGB), Beschränkungen des Inhalts von Meinungsäußerungen an nähere tatbestandliche Voraussetzungen gebunden; eine Berufung auf das Tatbestandsmerkmal der öffentlichen Ordnung ist insofern nicht vorgesehen. Damit wird dem Umstand Rechnung getragen, dass Meinungsäußerungen in der pluralistischen Demokratie grundsätzlich frei sind, es sei denn, der Gesetzgeber hat im Interesse des Rechtsgüterschutzes Schranken im Einklang mit Art. 5 Abs. 2 festgelegt. Für den Begriff der öffentlichen Ordnung ist demgegenüber kennzeichnend, dass er auf ungeschriebene Regeln verweist, deren Befolgung nach den jeweils herrschenden und mit dem Wertgehalt des Grundgesetzes zu vereinbarenden sozialen und ethischen Anschauungen als unerlässliche Voraussetzung eines geordneten menschlichen Zusammenlebens innerhalb eines bestimmten Gebiets angesehen wird (…) Das Grundrecht der Meinungsfreiheit ist ein Recht auch zum Schutz von Minderheiten; seine Ausübung darf nicht allgemein und ohne eine tatbestandliche Eingrenzung, die mit dem Schutzzweck des Grundrechts übereinstimmt, unter den Vorbehalt gestellt werden, dass die geäußerten Meinungsinhalte herrschenden sozialen oder ethischen Auffassungen nicht widersprechen." Das BVerfG weist weiter darauf hin, dass sich Schranken der Meinungsfreiheit „auch aus kollidierenden Grundrechten und damit aus der Verfassung selbst ergeben können". Doch auch eine solche Grundrechtsschranke bildet nach ihm die öffentliche Ordnung nicht.[669] Soweit verfassungsunmittelbare Schranken von Grundrechten anzuerkennen seien, ermöglichten sie zwar Freiheitsbeschränkungen; ihre Konkretisierung unterliege aber dem Vorbehalt des Gesetzes.[670]

Pressegesetze – Vorschriften, mit denen dem von einer Tatsachenbehauptung Betroffenen gegen den verantwortlichen Redakteur und den Verleger eines periodischen Druckwerks oder den Rundfunkveranstalter ein **Anspruch auf Gegendarstel-**

---

[663] BVerfGE 35, 202 (224). Zu diesbezüglichen Fragen im Zusammenhang mit Fernsehberichterstattung über öffentliche Veranstaltungen vgl. *Fuhr* FS Armbruster, 1976, 117 (134 f.); zur Frage der Zulässigkeit der gerichtlichen Beurteilung des Informationswertes von Medienberichten vgl. *Haug,* Bildberichterstattung über Prominente, 2011 (verneinend).

[664] BVerfG NJW 1980, 581.

[665] Zu den ehem. §§ 38 Abs. 1, 60 Abs. 1 LMedienG BW BVerfGE 95, 220 (234 ff.

[666] BGHZ 209, 139 Rn. 23 f.; *Jarass* in Jarass/Pieroth Rn. 112; vgl. auch BGHZ 208, 82.

[667] BVerwGE 1, 303 (307); BGHZ 12, 197 (203); aA *Schwark,* Der Begriff der „Allgemeinen Gesetze" in Art. 5 Abs. 2 des Grundgesetzes, 1970, 133.

[668] BVerfGE 111, 147 (155 ff.).

[669] BVerfGE 111, 147 (157); vgl. *Rühl* NVwZ 2003, 531 (36 f.); *Kniesel/Poscher* NJW 2004, 422 (428).

[670] BVerfGE 111, 147 (157 f.)).

lung eingeräumt wird, sind nach der Rspr. allg. Gesetze.[671] Die Einschränkungen treffen die Presse- oder Rundfunkfreiheit nicht unverhältnismäßig. Sie sollen den Einzelnen vor Gefahren schützen, die ihm durch die Erörterung seiner persönlichen Angelegenheiten in den Medien drohen. Sie haben ihre Wurzel in Reichweite und Einfluss der Presse- und Rundfunkberichterstattung, der der Betroffene, dem seine Angelegenheiten unzutreffend dargestellt scheinen, idR nicht mit Aussicht auf dieselbe publizistische Wirkung entgegentreten kann. Zum Ausgleich dieses Gefälles obliegt dem Gesetzgeber eine aus dem allg. Persönlichkeitsrecht folgende Schutzpflicht, den Einzelnen wirksam gegen Einwirkungen der Medien auf seine Individualsphäre zu schützen.[672] Dazu gehört, dass der von einer Darstellung in den Medien Betroffene die rechtlich gesicherte Möglichkeit hat, ihr mit einer eigenen Darstellung entgegenzutreten.[673] Der Gegendarstellungsanspruch kann bereits durch eine Persönlichkeitsbeeinträchtigung, die nicht Ehrverletzung ist, ausgelöst werden. Eine Wahrheitsabhängigkeit der Gegendarstellung besteht nicht.[674] Zur Verwerfung einer unmittelbar gegen Änderungen des Gegendarstellungsrechts im Saarl. Pressegesetz gerichteten Verfassungsbeschwerde als unzulässig wegen Verstoßes gegen den Grundsatz der Subsidiarität vgl. BVerfGE 97, 157.

Richtergesetz – § 39 DRiG ist allg. Gesetz.[675]

Soldatengesetz – §§ 7, 10 Abs. 6, 15 Abs. 1, 15 Abs. 2, 17 Abs. 2 SG sind allg. Gesetze.[676] Die Einschränkung für aktive Soldaten ergibt sich nach BVerwGE 43, 9 (22) nicht aus Art. 5 Abs. 2, sondern aus Art. 17a.[677]

Staatliches Informationshandeln – Der Hinweis im Verfassungsschutzbericht eines Landes auf den Verdacht verfassungsfeindlicher Bestrebungen eines Presseverlags kommt einem Eingriff in die Pressefreiheit gleich und bedarf deshalb der Rechtfertigung durch ein allg. Gesetz iSd Art. 5 Abs. 2. Der frühere § 15 Abs. 2 des Gesetzes über den Verfassungsschutz in NRW (heute § 5 Abs. 7) wurde vom BVerfG als ein solches Gesetz angesehen.[678] Das VG Köln hat jüngst im Rahmen vorläufigen Rechtsschutzes die Einstufung der antragstellenden Partei als „Prüffall" durch das Bundesamt für Verfassungsschutz als Eingriff in deren Rechte gewertet und für diese Äußerung die Existenz einer Ermächtigungsgrundlage verneint, insbesondere in § 16 Abs. 1 BVerfSchG keine solche gesehen.[679]

Standesrecht – §§ 43, 113 BRAO sind allg. Gesetze.[680] Da die Rspr. Richtlinien des anwaltlichen Standesrechts nicht als Hilfsmittel zur Auslegung und Konkretisierung des § 43 BRAO anerkannte, war Grundlage für die Beschränkung der anwaltlichen Berufsausübung und Meinungsfreiheit zunächst im Wesentlichen nur die Generalklausel des § 43 BRAO selbst.[681] Die Kernformeln dieser Rspr. hat der Gesetzgeber in §§ 43a, 43b BRAO aufgenommen.[682] Werbeverbote werden in der Regel aus berufs-

---

[671] So BVerfGE 97, 125 (145 ff.); dagegen bezeichnet *Bethge* in Sachs Rn. 144 das Gegendarstellungsrecht als „medienspezifisches Sonderrecht par excellence".

[672] BVerfGE 73, 118 (201); *Grabenwarter* in Maunz/Dürig Rn. 404 ff.

[673] BVerfGE 63, 131 (141); 97, 125 (146).

[674] BVerfGE 97, 125 (147 f.).

[675] BVerfG NJW 1983, 2691, Unterzeichnung eines Aufrufes in Zeitung. Zur Meinungsäußerungsfreiheit von Richtern allg.: *Sendler* NJW 1984, 689; *Wipfelder* DRiZ 1983, 337; speziell zum Verhältnis richterlicher Unabhängigkeit und parteipolitischer Bindung: *Gilles* DRiZ 1983, 41. Zur Ablehnung eines Richters wegen politischer Meinungsäußerung: ArbG Frankfurt NJW 1984, 142 f.; krit. dazu *Berglar* ZRP 1984, 4.

[676] So bzgl. § 15 Abs. 1: BVerfGE 28, 282 (289); BVerwGE 73, 237 (237 f.); bzgl. § 15 Abs. 2: BVerfGE 44, 197 (201 f.), Politische Betätigung in Kaserne; ferner BVerwGE 73, 237 (238); bzgl. §§ 7, 17 Abs. 2: BVerwGE 43, 48 (54); bzgl. §§ 10 Abs. 6, 17 Abs. 1: BVerwGE 63, 37 (38 f.); 73, 187 (191); bzgl. § 10 Abs. 6: BVerwGE 83, 60 (62).

[677] → Rn. 136 ff.; allg. *Porwol,* Die politische Meinungsfreiheit des Soldaten, 1984.

[678] BVerfGE 113, 63 Ls. 1.

[679] VG Köln BeckRS 2019, 2209 Rn. 36 ff.

[680] Ehrengerichtshof f. Rechtsanwälte BW NJW 1982, 661.

[681] BVerfGE 76, 171 (184 ff.), Gebot der Sachlichkeit; 76, 196 (205 ff.), Grenzen des Werbeverbots; hierzu *Kleine-Cosack* NJW 1988, 164; *Zuck* NJW 1988, 175.

[682] Speziell zu § 43b BRAO Anwaltsgerichtshof BW NJW 1997, 1315 f.; *Remmertz* NJW 1997, 2785.

bildbezogenen Gesichtspunkten begründet[683] und sind daher in erster Linie eine Frage des Art. 12 Abs. 1.[684] Doch darf auch im Hinblick auf Art. 5 die grundrechtliche Funktion der Werbung[685] – die auch für die freien Berufe gilt – nicht außer Betracht bleiben.[686] Jedenfalls bei vorwiegend rational-informativem Gehalt muss die Information des Publikums nach dem Schutzzweck der Informationsfreiheiten prinzipiellen Vorrang genießen, auch wenn damit Werbeeffekte verbunden sind.[687]

Strafgesetze – werden, soweit sie meinungs-, presse- und publikationsneutrale Straftaten regeln, zu den allg. Gesetzen gezählt.[688] Rechtsdogmatisch schwierig ist dies, wenn die Strafnorm an eine bestimmte Meinung anknüpft. In einem solchen Fall kann die Strafnorm die Grundrechte des Art. 5 Abs. 1 nur einschränken, wenn dies zum Schutz von verfassungsrechtlich geschützten Rechtsgütern unerlässlich ist. Die Rspr. stellt zumeist ohne nähere Begründung fest, dass die betr. Norm ein allg. Gesetz iSd Art. 5 Abs. 2 sei. Das gilt etwa für §§ 89, 185 StGB[689]; § 90a Abs. 1 StGB[690]; § 99 Abs. 1 Nr. 1 StGB[691]; § 103 StGB.[692] Da anders als dem einzelnen Staatsbürger dem Staat kein grundrechtlich geschützter Ehrenschutz zukommt, hat er grundsätzlich auch scharfe und polemische Kritik auszuhalten.[693] Die Verfassungsmäßigkeit von § 353b StGB wird bejaht.[694] Die Vorschrift des § 130 Abs. 4 StGB sieht das BVerfG auch als nichtallgemeines Gesetz als mit Art. 5 Abs. 1 und 2 GG als vereinbar an: „Angesichts des sich allgemeinen Kategorien entziehenden Unrechts und des Schreckens, die die nationalsozialistische Herrschaft über Europa und weite Teile der Welt gebracht hat, und der als Gegenentwurf hierzu verstandenen Entstehung der Bundesrepublik Deutschland ist Art. 5 Abs. 1 und 2 GG für Bestimmungen, die der propagandistischen Gutheißung der nationalsozialistischen Gewalt- und Willkürherrschaft Grenzen setzen, eine Ausnahme vom Verbot des Sonderrechts für meinungsbezogene Gesetze immanent."[695] Bei der Auslegung und Anwendung von Strafvorschriften ist der Bedeutung der Pressefreiheit Rechnung zu tragen.[696] Nach *Kühl* ist die Auslegung des Beleidigungsrechts „zwar nicht vollständig, aber in weitem Umfang auf das BVerfG übergegangen".[697]

Strafprozessordnung – die Normen der StPO sind unter den gleichen Voraussetzungen wie die des StGB (vgl. Stichwort „Strafgesetze") allg. Gesetze,[698] so etwa die Vorschriften über die Durchsuchung und Beschlagnahme: §§ 94, 98, 102, 105 StPO.[699]

Straßengesetze – auch der **„kommunikative Verkehr"** ist Bestandteil des Gemeingebrauchs.[700] Den öffentlichen Straßenraum als Kommunikationsraum, als „Forum der Grundrechtsverwirklichung" zu werten, entspricht der Bedeutung des Art. 5

---

683 Vgl. BVerfGE 33, 125 (170).

684 BVerfGE 85. 248 (256, 263); BVerfGE 94, 372 (389) stellt allein auf die Berufsfreiheit ab.

685 S. o. Rn. 32.

686 *Degenhart* in BK Rn. 531; für die BayBerufsO der Ärzte zutr. BVerfG NJW 1983, 2069.

687 BVerfGE 71, 162 (178 ff.); *Degenhart* in BK Rn. 531. Zum Verhältnis von Standesrecht und Kommunikationsfreiheit bei den freien Berufen allg. *Jarass* NJW 1982, 1833..

688 Vgl. *Bettermann* JZ 1964, 601 (605) mwN.

689 BVerfGE 47, 130 (143).

690 BVerfGE 47, 198 (231); OLG Frankfurt NJW 1984, 1128 (1129).

691 BVerfGE 57, 250 (268).

692 BVerwGE 64, 55 (62 f.).

693 BVerfG NJW 2012, 1273 Rn. 24.

694 BVerfGE 117, 244 (260 f.). Zur Frage der Verfassungsmäßigkeit von § 353d Nr. 3 StGB: *Schuppert* AfP 1984, 67; die Frage der Verfassungsmäßigkeit dieser Vorschrift wird von BVerfGE 71, 206 (214 f.) problematisiert, aber bejaht. Zur Verfassungsmäßigkeit von § 130 Abs. 3 StGB (Verbot der sog. „Auschwitzlüge") vgl. BVerfG-K NJW 2018, 2858; *Huster* NJW 1996, 487.

695 BVerfGE 124, 300 (Ls. 1., 323 ff.); BVerfG-K DÖV 2018, 913 f. Zur Verfassungsmäßigkeit von § 201a StGB vgl. *Wendt* AfP 2004, 181.

696 BVerfGE 117, 244 (259); *Wendt* AfP 2004, 181 (187 ff.).

697 *Kühl* AfP 2004, 190 (197).

698 BVerfGE 27, 88 (99).

699 BVerfGE 117, 244 (261). Zu § 70 StPO vgl. BVerfGE 64, 108 (115).

700 VGH Mannheim ZfL 2012, 123 Rn. 42.

als eines Kommunikationsgrundrechts. Normen des Straßen- und Wegerechts als allg. Gesetze iSv Art. 5 Abs. 2 sind grundrechtsverträglich anzuwenden.[701] Daher sind mündliche Meinungsäußerungen auf Straßen und Wegen, die sog. „Gehsteigberatung“[702] oder das Verteilen von Flugblättern,[703] Schriften, ohne Beschränkung auf Schriften politischen Inhalts,[704] als gemeinverträglich, dh den übrigen Gemeingebrauch nicht antastend, anzusehen. Darüber hinaus gehende Verbreitungshandlungen, wie die gewerbliche Nutzung des öffentlichen Straßenraums durch die gewerbliche Verteilung von Schriften,[705] das Aufstellen von (Informations-)Ständen[706] oder die Benutzung von Lautsprechern[707] etc bedürfen hingegen als über den Gemeingebrauch hinausgehend einer Erlaubnis der Straßenbaubehörden und uU auch der Straßenverkehrsbehörde.[708] Der Schutz des kommunikativen Verkehrs gilt auch für Stätten außerhalb des öffentlichen Straßenraums, an denen in ähnlicher Weise ein öffentlicher Verkehr eröffnet ist und Orte der allgemeinen Kommunikation entstehen: Einkaufszentren, Ladenpassagen oder sonstige Begegnungsstätten, soweit eine unmittelbare Grundrechtsbindung besteht oder Private im Wege der mittelbaren Drittwirkung in Anspruch genommen werden können.[709] Diese Aussagen des FRAPORT-Urteils zu Versammlungen im öffentlichen Raum sind auf die Kommunikationsfreiheiten des Art. 5 Abs. 1 zu übertragen.[710] **Schranken** begründet der entgegenstehende Gemeingebrauch Dritter, insbesondere, wenn Passanten bedrängt werden.[711] Gegenüber der **Sauberkeit und Reinlichkeit** der öffentlichen Straßen ist die Meinungsfreiheit regelmäßig höherrangig.[712] Zum Anspruch auf Sondernutzungserlaubnis für das Verteilen von Zeitungen auf öffentlichen Straßen vgl. BayVGH NVwZ-RR 2000, 726, und für das Aufstellen von Zeitungsentnahmegeräten BayVGH NVwZ-RR 2002, 782. Für gesetzwidrige Zwecke kann eine Sondernutzungserlaubnis grundsätzlich nicht erteilt werden.[713]

Unlauterer Wettbewerb, Gesetz gegen – In § 1 UWG aF hat die Rspr. ein allg. Gesetz gesehen.[714] Bei einer Einschränkung auf der Grundlage des § 1 UWG muss die Verletzung eines hinreichend wichtigen durch diese Norm geschützten Belangs dargetan werden.[715] Die Gefährdung des Leistungswettbewerbs muss ausreichend begründet werden.[716] Geschützt wird auch die Veröffentlichung von Anwaltsranglisten.[717]

Versammlungsgesetz – § 3 VersG (Verbot des öffentlichen Uniformtragens) ist allg. Gesetz.[718] Zur Qualifikation der Vorschriften des § 15 VersG iVm dem aufgehobenen § 103 StGB als allg. Gesetze vgl. BVerwGE 64, 55 (62). Das BVerfG erklärt die Erlaubnis zu Beschränkungen der Versammlungsfreiheit gem. §§ 15, 20 VersG, darunter auch zur Abwehr von Gefahren für die öffentliche Ordnung, nur unter der Voraussetzung für verfassungsrechtlich unbedenklich, dass diese nicht aus dem Inhalt der Äußerungen, sondern aus der Art und Weise der Durchführung der Versammlung

---

[701] *Degenhart* in BK Rn. 520.
[702] VGH Mannheim, ZfL 2012, 123 Rn. 42.
[703] OVG Lüneburg NJW 1977, 916.
[704] BayVerfGH NJW 1978, 1912.
[705] BVerwGE 56, 63 (66); OVG Hamburg NJW 1986, 2009.
[706] BVerwG DVBl 1969, 587 (588); NJW 1978, 1933.
[707] OVG Münster DÖV 1972, 652.
[708] *Stern* in Stern StaatsR I § 108 III 2b β; *Degenhart* in BK Rn. 520.
[709] BVerfGE 128, 226 (252).
[710] *Degenhart* in BK Rn. 520.
[711] OLG Stuttgart DVBl. 1976, 113.
[712] BVerwG NJW 1978, 1935; BayVerfGH NJW 1978, 1912.
[713] VGH Kassel NJW 1983, 2280; einschränkend aber VGH Kassel NVwZ 1987, 902.
[714] BVerfGE 62, 230 (245); 85, 248 (263); 102, 347 (360): Die Vorschrift dient dem Schutz der Konkurrenten, der Verbraucher und sonstigen Marktbeteiligten sowie der Allgemeinheit; BGHZ 14, 163 (171 f.); OLG Köln NJW 1984, 1121.
[715] BVerfGE 107, 275 (281).
[716] BVerfG-K NJW 2001, 3403 (3405 f.).
[717] BVerfG-K DVBl. 2003, 138 f. Zum Verbraucherschutz des UWG und der Meinungsfreiheit s. *v. Stumm* GWR 2017, 5; zur Frage, wann ein Presseorgan zu Wettbewerbszwecken handelt, vgl. BGH NJW 1981, 2752 (2753).
[718] BVerfG NJW 1982, 1803.

folgen.[719] Als Schranke der Meinungsfreiheit erkennt es die öffentliche Ordnung nicht an, vgl. oben Polizei- und Ordnungsrecht.

Wettbewerbsbeschränkungen, Gesetz gegen – das G gegen Wettbewerbsbeschränkungen (GWB) ist allg. Gesetz.[720] Die Sicherung des freien Wettbewerbs auf dem Pressemarkt durch seine Normen dient der Pressefreiheit.[721] Die Regelungen der Pressefusionskontrolle sind zulässig.[722] Zur Frage der Verfassungsmäßigkeit eines G gegen Pressekonzentration vgl. die Hinweise oben in → Rn. 70.

119 Das **BVerfG** hat in die Diskussion über den Begriff der allg. Gesetze zwei eigene Gesichtspunkte eingeführt, die sog. **Wechselwirkungslehre** und das **Gebot der Abwägung im Einzelfall:** „Die allgemeinen Gesetze müssen in ihrer das Grundrecht beschränkenden Wirkung ihrerseits im Lichte der Bedeutung dieses Grundrechts gesehen und so interpretiert werden, dass der besondere Wertgehalt dieses Rechts, der in der freiheitlichen Demokratie zu einer grundsätzlichen Vermutung für die Freiheit der Rede in allen Bereichen, namentlich aber im öffentlichen Leben, führen muss, auf jeden Fall gewahrt bleibt. Die gegenseitige Beziehung zwischen Grundrecht und,allgemeinem Gesetz' ist also nicht als einseitige Beschränkung der Geltungskraft des Grundrechts durch die,allgemeinen Gesetze' aufzufassen; es findet vielmehr eine Wechselwirkung in dem Sinne statt, dass die,allgemeinen Gesetze' zwar dem Wortlaut nach dem Grundrecht Schranken setzen, ihrerseits aber aus der Erkenntnis der wertsetzenden Bedeutung dieses Grundrechts im freiheitlichen demokratischen Staat ausgelegt und so in ihrer das Grundrecht begrenzenden Wirkung selbst wieder eingeschränkt werden müssen".[723] „Das Recht zur Meinungsäußerung muss zurücktreten, wenn schutzwürdige Interessen eines anderen von höherem Rang durch die Betätigung der Meinungsfreiheit verletzt würden. Ob solche überwiegenden Interessen anderer vorliegen, ist auf Grund aller Umstände des Falles zu ermitteln".[724] Die Wechselwirkung bildet eine besondere Ausprägung der verfassungskonformen Auslegung bzw. Ausgestaltung eines Gesetzes und der Verhältnismäßigkeit im engeren Sinne.[725]

120 Liegt ein allg. Gesetz vor, so fragt sich, ob daneben noch Raum für Wechselwirkungslehre[726] und Güterabwägung im Einzelfall bleibt. Die Frage ist zu bejahen. Die besondere Bedeutung der Grundrechte des Art. 5 Abs. 1 S. 1 u. 2 für die persönliche Entfaltung des Einzelnen und für die freiheitliche Demokratie lässt es nicht zu, dass die Allgemeinheit des Gesetzes allein schon als Rechtfertigung für jeden Eingriff ausreicht, obschon die **„Filterfunktion" dieses Beschränkungsvorbehalts** nicht gering geachtet werden darf: Versteht man die Schranke der allg. Gesetze dahin, dass sie Eingriffe ausschließt, die sich gegen eine bestimmte Meinung bzw. einen bestimmten Kommunikationsinhalt[727] oder gegen die Betätigung der in Art. 5 Abs. 1 S. 1 u. 2 gewährleisteten Kommunikationsfreiheiten als solche richten, nicht aber

719 BVerfGE 111, 147 (156 f.).
720 BGHZ 76, 55 (67).
721 BGH NJW 1984, 116; *Jarass* in Jarass/Pieroth Rn. 90.
722 BGHZ 76, 55 (66 f.); *Jarass* in Jarass/Pieroth Rn. 90.
723 BVerfGE 7, 198 (208 f.), Lüth; seitdem stRspr, zB BVerfGE 12, 113 (124 f.); 20, 162 (176 f.); 24, 278 (282); 60, 234 (240); 82, 272 (280); 128, 226 (266); 134, 204 Rn. 68; 142, 74 Rn. 70.
724 BVerfGE 7, 198 (210 f.); ebenfalls stRspr, zB BVerfGE 28, 191 (202); 35, 202 (223 f.); 85, 1 (16); BVerwGE 43, 9 (24); 64, 55 (62 ff.); 117, 244 (260).
725 *Schulze-Fielitz* in Dreier Rn. 159; *Jarass* in Jarass/Pieroth Rn. 69; *Stern* in Stern StaatsR IV/1 § 108 IV 7a.
726 Abl. *Bettermann* JZ 1964, 602.
727 → Rn. 115.

einen Lebensbereich generell regeln,[728] so stellt sie keineswegs eine bloße Leerformel dar, sondern untersagt *a limine* gezielte Beschränkungen des durch die Meinungsfreiheit geschützten Rechtsguts als solchen, ohne dass es noch auf weitere Fragen, namentlich die einer Güterabwägung, ankäme.[729] Was die Interessen- und Güterabwägung betrifft, so sagt der Ausdruck „allg. Gesetze" dazu begrifflich nichts aus. Deshalb kann aus dem Begriff kein Vorrang anderer Rechtsgüter gegenüber den Grundrechten des Art. 5 Abs. 1 S. 1 u. 2 entnommen werden; andererseits gehen selbstverständlich jene Grundrechte nicht allen anderen Rechtsgütern vor. Bei einer Kollision zwischen den Grundrechten des Art. 5 Abs. 1 S. 1 u. 2 mit anderen Rechtsgütern lässt sich eine Rechtsgüterabwägung nicht umgehen – die Frage kann also nur sein, ob die Güterabwägung abstrakt oder konkret (so die Rspr. des BVerfG) zu erfolgen hat. Da es nur unzureichende Maßstäbe für eine abstrakte Abwägung gibt, ist der konkreten Abwägung, die den Einzelfall gerechter lösen wird, der Vorzug zu geben: Die spezifischen Besonderheiten der Grundrechte sind in einer detaillierten Interessen- und Güterabwägung auf Grund des **Übermaßverbots** mit der Folge zum Tragen zu bringen, dass Grundrechtsbeschränkungen unterschiedlicher, auf das jeweilige Grundrecht bezogener Legitimation durch das öffentliche Interesse bedürfen.[730]

Nach der hier vertretenen Konzeption scheitert also schon am Wortlaut der **121**
Verfassung selbst die Auslegung, nach der der Begriff „allgemein" von vornherein als „i. S. der nötigen Wertabwägung" geprägt verstanden wird und solche Normen als „allgemeine Gesetze" angesehen werden, die ein auf dem betreffenden Gebiete der Rechtsordnung der Meinungsfreiheit oder Pressefreiheit übergeordnetes Rechtsgut der Gemeinschaft schützen.[731] Bei einer solchen Reduzierung der Schranke der „allgemeinen Gesetze" auf die Forderung nach einer Güterabwägung zwischen der betroffenen Freiheit und dem Rechtsgut des einschränkenden Gesetzes unterlägen im Übrigen Einschränkungen der Kommunikationsfreiheiten des Art. 5 Abs. 1 nur noch den Kautelen, die für jede Grundrechtseinschränkung gelten.[732] Das vom GG als besondere Voraussetzung für Einschränkungen konzipierte besondere Erfordernis der „Allgemeinheit" des einschränkenden Gesetzes würde der Sache nach aufgegeben.[733]

Die Rechtsgüterabwägung im Einzelfall kann **ausnahmsweise** dazu füh- **122**
ren, dass auch solche Gesetze verfassungsmäßig sind, die Grundrechte des Art. 5 Abs. 1 S. 1 u. 2 einschränken, ohne den Begriff des „allgemeinen Gesetzes" zu erfüllen. So richten sich zB § 86 Abs. 1 Nr. 4 StGB (Verbot der Verbreitung, Herstellung und Einführung von nationalsozialistischen Propagandamitteln) und § 86a StGB (Verbot der Verwendung und Verbreitung entspr. Kennzeichen) gegen eine bestimmte Meinung und sind dennoch wegen des Vorranges des Schutzes der freiheitlich demokratischen Grundordnung und des Gedankens der Völkerverständigung verfassungsgemäß.[734]

---

[728] Vgl. auch noch *Scholz,* Pressefreiheit und Arbeitsverfassung, 1978, 114; *Lerche,* Verfassungsrechtliche Fragen zur Pressekonzentration, 1971, 53 f.

[729] Vgl. *Wendt* AöR 104 (1979), 414 (425 ff.).

[730] Vgl. allg. *Wendt* AöR 104 (1979), 414 (448 ff.); *Bethge* in Sachs Rn. 147b.

[731] So im Anschluss an *Smend,* → Rn. 113, etwa *Scheuner* VVDStRL 22 (1965), 1 (81); *Schnur* VVDStRL 22 (1965), 101 (125).

[732] In dieser Richtung *Bethge* in Sachs Rn. 144.

[733] Vgl. *Wendt* AöR 104 (1979), 414 (426 f.).

[734] *Frowein* AöR 105 (1980), 169 (182 Fn. 70) stützt die Unzulässigkeit des Verbotes von NS-Propaganda auf Art. 139. Zu diesen Vorschriften BGH NJW 1970, 1693 f.; 1979, 1555;

123 **3. Den gesetzlichen Bestimmungen zum Schutze der Jugend.** Eine gesetzliche Bestimmung zum Schutze der Jugend liegt vor, „wenn sie **bestimmt und geeignet ist, die Jugend zu schützen**".[735] Der Jugendschutz darf also nicht nur Deckmantel für das Gesetz sein,[736] und die gesetzliche Regelung muss „das gebotene und adäquate Mittel zum Schutze der Jugend" sein.[737] Die Gefahren, die der Jugendschutz abwehren soll, „drohen auf sittlichem Gebiet von allen Druck-, Ton- und Bilderzeugnissen, die Gewalttätigkeiten oder Verbrechen glorifizieren, Rassenhass provozieren, den Krieg verherrlichen oder sexuelle Vorgänge in grob schamverletzender Weise darstellen und deswegen zu erheblichen, schwer oder gar nicht korrigierbaren Fehlentwicklungen führen können";[738] vgl. auch § 18 Abs. 1 S. 2 JuSchG,[739] wonach zu Medien, die geeignet sind, Kinder oder Jugendliche sittlich zu gefährden, „vor allem unsittliche, verrohend wirkende, zu Gewalttätigkeit, Verbrechen oder Rassenhass anreizende Medien" zu zählen sind.[740]

124 Hins. der Maßstäbe der **Eignung zur Jugendgefährdung** geht das BVerwG[741] davon aus, dass zwar „Extremfälle völliger Verwahrlosung und krankhafter Anfälligkeit" außer Betracht zu lassen sind, im Übrigen aber auch die labilen Jugendlichen vor einer Gefährdung ihrer Entwicklung geschützt werden sollen; die anzulegenden Maßstäbe müssen daher „von dem Jugendlichen schlechthin, einschließlich des gefährdungsgeneigten Jugendlichen, ausgehen".[742] Zutreffend ist die Feststellung des BVerwG[743], „dass die Maßstäbe der Eignung zur Jugendgefährdung in gewissem Umfang zeitgebunden sind. Die Anschauungen darüber, (…) wie die Toleranzgrenze zu ziehen ist, sind dem Wandel unterworfen". Deshalb darf an einer tiefgreifenden und nachhaltigen Änderung dieser Anschauungen nicht vorbeigegangen werden, „sofern der Wandel nicht lediglich vorübergehenden Charakter trägt".[744]

125 In der **Wahl der Mittel** ist der Gesetzgeber auch im Jugendschutz nicht frei: „Die Zulässigkeit der Mittel, mit denen der Gesetzgeber den Schutz der Jugend gewährleisten darf, hängt von einer Güterabwägung zwischen der Forderung nach umfassendem Grundrechtsschutz und dem verfassungsrechtlich hervorgehobenen Interesse an einem effektiven Jugendschutz ab".[745] Aufgrund der Schwierigkeit einer genauen begrifflichen Umschreibung des Indizierungstatbestandes darf der Gesetzgeber grundsätzlich auf Generalklauseln wie die „Eignung zur sittlichen Gefährdung"[746] zurück-

---

Kohlmann JZ 1971, 681; *Greiser* NJW 1972, 1556; OLG Celle MDR 1970, 941; OLG Hamm NJW 1982, 1656; OLG Frankfurt NStZ 1982, 333; → Rn. 118 Stichw. „Strafgesetze".

[735] *Bauer* JZ 1965, 44.

[736] *Bauer* JZ 1965, 44.

[737] BVerfGE 30, 336 (354).

[738] BVerfGE 30, 336 (347).

[739] Vorher § 1 Abs. 1 S. 2 GjSM.

[740] Zu § 1 Abs. 1 S. 2 GjSM BVerfGE 90, 1 (16 ff.).

[741] BVerwGE 39, 197 mAnm *Bachof* JZ 1972, 208.

[742] BVerwGE 39, 205; ebenso BGHSt 8, 81 (86 f.); aA BVerwGE 25, 318 (321 ff.), wonach der literarische Jugendschutz „nur der ungestörten Entwicklung der durchschnittlichen Jugend zu dienen bestimmt ist".

[743] BVerwGE 39, 197 (206).

[744] BGHSt 23, 40 (42).

[745] BVerfGE 30, 336 (348). Zum Grundsatz der Güterabwägung → Rn. 119, 120.

[746] So der frühere § 1 Abs. 1 GjSM, ähnlich heute § 18 Abs. 1 JuSchG (BVerfGE 90, 1 (16 ff.).

greifen. Unzulässig wäre eine den Begriff der Vorzensur[747] erfüllende Filmzensur;[748] andererseits sind Beschränkungen in der Verbreitung, zB Vertriebsbeschränkungen gegenüber dem Großhandel,[749] möglich, und auch das generelle Verbot der Ausstrahlung pornographischer Filme iSd StGB ist zulässig;[750] eine Regelung der Ausstrahlungszeit von jugendgefährdenden Fernsehfilmen wäre verfassungsmäßig.[751]

4. Und in dem Recht der persönlichen Ehre. Der Begriff **Recht** der persönlichen Ehre ist str. Nach Ansicht des BVerfG[752] „bildet auch das Recht der persönlichen Ehre nur insoweit eine die Meinungsfreiheit zulässigerweise einengende Schranke, als es gesetzlich normiert ist". Der Wortlaut und der Vergleich mit den beiden anderen Schranken des Art. 5 Abs. 2 („Gesetze" bzw. „gesetzliche Bestimmungen") und mit der Formulierung in Art. 20 Abs. 3 („Gesetz und Recht") könnten dafür sprechen, auch Gewohnheitsrecht ausreichen zu lassen.[753] Dennoch ist der engen Ansicht des BVerfG der Vorzug zu geben; eine Grundrechtseinschränkung ohne gesetzliche Konkretisierung verstößt, worauf das BVerfG[754] zutr. hinweist, gegen das geltende Grundrechtsverständnis, das Eingriffe in Freiheitsrechte nur auf gesetzlicher Grundlage zulässt. Auch bestünde anderenfalls die Gefahr der Rechtsunsicherheit, zumal im Ehrenschutz die Auffassungen sich leicht wandeln. Das Recht der persönlichen Ehre sind demnach die derzeitige Normierung in den §§ 185 ff. StGB iVm den §§ 374 ff. StPO sowie die §§ 823 ff. BGB und das Recht der Klage auf Unterlassung und Widerruf. **126**

Das Recht der persönlichen Ehre ist **kein bloßer Unterfall der allgemeinen Gesetze.**[755] „Durch die ausdrückliche verfassungsrechtliche Positivierung des Rechts der persönlichen Ehre als einer von drei Schranken der Kommunikationsgrundrechte (…) wird der Stellenwert der Ehre und des Ehrenschutzes hervorgehoben und zugleich dokumentiert, dass im Kollisionsfall angemessene Abstufungen vonnöten, einäugige Gewichtungen dagegen unangebracht sind".[756] Ehrenschutz lässt sich zwar in der Regel auch durch allg. Gesetze bewerkstelligen, die besondere Erwähnung des Ehrenschutzes erlaubt jedoch auch die gezielte Unterdrückung von Meinungsäußerungen zum Schutz der Ehre.[757] Demgegenüber ist das BVerfG nicht bereit, Ehrenschutz auch außerhalb der allg. Gesetze anzuerkennen.[758] Vielmehr hat es die ausdrücklich positivierte Schranke des Ehrenschutzes auf das Niveau der **127**

---

[747] → Rn. 106.

[748] Vgl. aber *Ridder* in BNS Grundrechte, Bd. II, 1954, 283; zutr. dagegen BVerfGE 33, 52 (72).

[749] BVerfGE 77, 346 (356 ff.).

[750] BVerwGE 116, 5 (22 f.); *Jarass* in Jarass/Pieroth Rn. 74a.

[751] Zum Verbot der Werbung für indizierte, jugendgefährdende Ton- und Bildträger vgl. BVerfG NJW 1986, 1241 (1242); zu Tabakwerbebeschränkungen vgl. *Siekmann* DÖV 2003, 657. Unabdingbar ist die Voraussetzung der Jugendgefährdung, vgl. BVerfGE 30, 336 (354); s. ferner BVerfGE 7, 320 (325); 11, 234 (238); BVerwGE 39, 210 (212); zum Jugendschutz im Bereich des Films *Degenhart* UFITA 2009, 331; allg. zum Kinder- und Jugendschutz in der Verfassung *Engels* AöR 122 (1997), 212.

[752] BVerfGE 33, 1 (17).

[753] So noch *v. Mangoldt/Klein*,, 2. Aufl. 1966, Anm. IX 3c.

[754] BVerfGE 33, 1 (16 f.); *Starck/Paulus* in MKS Rn. 307.

[755] Zutr. *v. d. Decken* NJW 1983, 1400.

[756] *Tettinger* JZ 1983, 317 (320).

[757] *Tettinger* JZ 1983, 317 (320).

[758] Krit. *Stern* in Stern StaatsR IV/1 § 108 IV 5a.

Schranken der allg. Gesetze reduziert und den Ehrenschutz in Anwendung der Wechselwirkungstheorie erheblich relativiert.

128 Hieraus erklärt es sich, dass die Schutzwürdigkeit **herabsetzender Äußerungen** gegenüber Personen oder Personengruppen verstärkt zum Gegenstand heftiger und teilweise wenig sachbezogener juristischer Auseinandersetzungen geworden ist. Nach Auffassung des BVerfG muss im Spannungsfeld von Meinungsfreiheit und Ehrenschutz erstere nur dann ohne Abwägung im Einzelfall zurücktreten, wenn die betreffende Äußerung den Kernbereich der Menschenwürde berührt, sowie dann, wenn bei der Äußerung nicht mehr die Auseinandersetzung in der Sache, sondern einzig die Diffamierung einer bestimmten Person im Vordergrund steht (sog. **Formalbeleidigung** oder **Schmähkritik**).[759] Wird also eine Äußerung zu Unrecht als Formalbeleidigung oder Schmähkritik eingestuft, liegt bereits hierin ein Verstoß gegen Art. 5 Abs. 1, weil die Äußerung dann nicht im selben Maß am Schutz des Grundrechts teilnimmt wie Äußerungen, die als Werturteil ohne beleidigenden oder schmähenden Charakter anzusehen sind.[760] Die Annahme einer Formalbeleidigung oder Schmähkritik unterliegt aber strengen Maßstäben, eine überzogene oder ausfällige Kritik macht eine Äußerung für sich genommen noch nicht zur Schmähung.[761] Bereits bei der Bewertung einer Äußerung unter dem Gesichtspunkt der Schmähkritik ist das typische Abwägungskriterium des Gegenschlags heranzuziehen,[762] wird eine Schmähung nämlich regelmäßig dann zu verneinen sein, wenn die Äußerung durch entsprechende vorhergehende Attacken provoziert wurde.[763]

129 Außerhalb dieses (wie das BVerfG selbst eingesteht)[764] engen Bereichs eines grundsätzlichen Vorrangs der persönlichen Ehre des Betroffenen ist dagegen eine **Abwägung** vorzunehmen, bei der es entscheidend auf die Schwere der Beeinträchtigung der jeweils konkret betroffenen Rechtsgüter und insbes. darauf ankommt, ob „von dem Grundrecht auf Meinungsfreiheit im Rahmen einer privaten Auseinandersetzung zur Verfolgung von Eigeninteressen oder im Zusammenhang mit einer die Öffentlichkeit wesentlich berührenden Frage Gebrauch gemacht wird". Stellt danach die umstrittene Äußerung einen Beitrag zur öffentlichen Meinungsbildung dar, so besteht eine Vermutung zugunsten der Freiheit der Rede.[765] An diesem „Prüfungsprogramm" sind zunächst wieder die einseitige Abwertung der wesentlich durch Eigeninteressen motivierten Meinungsäußerung und die pauschale hohe Einschätzung „öffentlichkeitsbezogener" Meinungsäußerungen problematisch.[766] Hinsichtlich der vom BVerfG heraufbeschworenen „Gefahr einer Lähmung oder Verengung des Meinungsbildungsprozesses",[767] ist darauf hinzuweisen, dass demokratische Meinungsbildung nicht substanziell dadurch einge-

---

759 BVerfGE 82, 272 (283 f.) – Strauß; 93, 266 (293 f.) – Soldaten sind Mörder; BVerfG BayVBl. 2006, 15 – Zigeunerjude; NJW 2006, 3769 (3771); BVerfG-K NJW 2016, 2870 Rn. 13, 17; *Stark/Paulus* in MKS Rn. 313; *Degenhart* in BK Rn. 444; zur Schmähkritik ferner *Bölke* NJW 2004, 2352.

760 BVerfG-K BeckRS 2016, 50714 Rn. 12; NJW 2014, 3357 Rn. 11; DÖV 2017, 641; DÖV 2016, 916.

761 BVerfG-K NJW 2016, 2870 Rn. 13, 17; NJW 2014, 3357 Rn. 11; NJW 2017, 1460; OLG Dresden MMR 2019, 121 Rn. 6.

762 BVerfG-K NVwZ 2016, 761 → Rn. 130.

763 Vgl. BVerfGE 54, 129 (137); *Degenhart* in BK Rn. 445.

764 BVerfGE 93, 266 (294).

765 BVerfGE 93, 265 (294).

766 → Rn. 18, 36.

767 BVerfGE 54, 129 (139); 60, 234 (241); 82, 272 (282).

schränkt wird, dass Ehrenschutz zum Zuge kommt. Ehrenschutz bewirkt immer nur, dass die Form der Darlegung, nicht aber der Inhalt der Meinungsäußerung beschränkt wird. Die **Minimierung des Ehrenschutzes,** die das BVerfG durch die Aufhebung zahlreicher die Ehre schützender Urteile ordentlicher Gerichte bewirkt hat, führt nicht zu einer Verstärkung des um Sachfragen bemühten offenen Meinungsbildungsprozesses. Hier erscheint eine Neubesinnung geboten. So ist es etwa verfehlt, die Bezeichnung von Soldaten als „Mörder" zwar „eine überzogene oder gar ausfällige Kritik" zu nennen, den Charakter der Äußerung als Schmähung aber zu verneinen.[768] Auch in ihrem umgangssprachlichen Gebrauch wird mit dieser Aussage Soldaten unmissverständlich ein besonders verwerfliches Handeln attestiert.[769] Auch Kritik an Politikern oder anderen öffentlich bekannten Personen braucht zwar keiner Prüfung auf sachliche Berechtigung oder hinreichendes Niveau standzuhalten, ihr beleidigender oder schmähender Charakter ist aber zu beanstanden. Geboten wäre die systematisierende Aufstellung von falltypischen Wertungsfaktoren.[770]

Zutreffend hält das BVerfG bei Erwiderungen auf einen öffentlich geführten Angriff auf die Ehre einer Person auch eine äußere Aufmachung für erlaubt, die der des Angriffs entspricht. § 193 StGB **(Wahrnehmung berechtigter Interessen)** wird verfassungskonform dahin ausgelegt, dass es in solchen Fällen nicht zu einer Verurteilung kommt. Es besteht ein sog. Recht zum **Gegenschlag.**[771] Gerade auch die Mitarbeiter der Presse können sich in Ausübung ihrer beruflichen Tätigkeit auf § 193 StGB berufen.[772] Der BGH sieht in § 193 StGB eine besondere Ausprägung des Grundrechts der freien Meinungsäußerung;[773] die Tragweite dieses Grundrechts „muss gerade auf die in § 193 StGB gebotene Güterabwägung zwischen Ehre und Meinungsfreiheit – falls Gesichtspunkte der öffentlichen Meinungsbildung eine Rolle spielen – einen wesentlichen Einfluss ausüben".[774] Die Wahrnehmung berechtigter Interessen unterliegt allerdings Grenzen.[775] **130**

Das BVerfG verlangt zu Recht, dass der (objektive) Sinn einer Äußerung genau zu erfassen ist.[776] Maßgeblich ist weder die subjektive Absicht des Sich-Äußernden noch das subjektive Verständnis der von der Äußerung Betroffenen, sondern der Sinn, den die Äußerung nach dem Verständnis eines unvoreingenommenen und verständigen Publikums hat.[777] Äußerungen sind daher stets in dem Zusammenhang zu beurteilen, in dem sie gefallen **131**

---

[768] So aber BVerfGE 93, 266 (294); *Rüthers* NJW 2016, 3337 kritisiert zu Recht die zunehmende Tendenz der Rspr. des BVerfG, den Ehrenschutz nur dann zu gewähren, wenn die Beleidigung einer Mehrheit einzelner Personen unter einer Kollektivbezeichnung einen zahlenmäßig überschaubaren Kreis von Personen betrifft (BVerfG-K NJW 2015, 2022; NJW 2016, 2643; NJW 2017, 1092; BeckRS 2016, 47561).

[769] Vgl. *Stern* in Stern StaatsR IV/1 § 108 IV 5b η.

[770] Vgl. *Tettinger* JZ 1983, 317 (320 ff.); *Stern* in Stern StaatsR IV/1 § 108 IV 5a.

[771] BVerfGE 24, 278 (286); 54, 129 (138); BVerfG-K NJW 2012, 3712 Rn. 35; NVwZ 2016, 761 Rn. 25, 27 m. Anm. *Sachs:* Recht zum emotionalen Gegenschlag; *Stern* in Stern StaatsR IV/1 § 108 IV 6b γ; *Grabenwarter* in Maunz/Dürig Rn. 66. Dagegen besteht für staatliche Organe kein „Recht auf Gegenschlag" dergestalt, dass sie auf unsachliche oder diffamierende Angriffe in gleicher Weise reagieren dürften, vgl. BVerfGE 148, 11 Rn. 60; *Degenhart* in BK Rn. 439.

[772] BGH JZ 1960, 287.

[773] BGH JZ 1959, 375.

[774] BVerfGE 12, 113 (125) mAnm *Ridder* JZ 1961, 537.

[775] OLG Hamm NJW 1982, 659.

[776] BVerfG-K NJW 2014, 3357 Rn. 12.

[777] BVerfGE 93, 266 (295); BVerfG BayVBl. 2006, 15.

sind.[778] Bei versteckten Behauptungen kommt es darauf an, ob sie erkennbar im Text angelegt sind;[779] belastende Umstände müssen dem Sich-Äußernden zugerechnet werden können.[780] Bei einer **Satire** oder **Karikatur** ist zu berücksichtigen, dass sie notwendig mit Übertreibungen, Verzerrungen und Verfremdungen arbeitet;[781] bei ihr ist die satirische Einkleidung vom Aussagekern der Satire zu trennen, wobei die Einkleidung durch das Persönlichkeitsrecht beschränkt werden kann, wenn sie die Missachtung einer bestimmten Person ausdrückt oder deren Menschenwürde verletzt.[782] Dabei sind die Maßstäbe für die Beurteilung der Einkleidung anders und im Regelfall weniger streng; denn ihr ist die Verfremdung wesenseigen.[783] Das OLG Hamburg stellt aber bei der Beurteilung des **Schmähgedichts des Fernsehmoderators Jan Böhmermann** über den türkischen Staatspräsidenten fest, dass der Schutz von in einer pointierten, polemischen und überspitzten Weise geäußerten Kritik durch die in Art. 5 Abs. 1 S. 1 garantierte Meinungsfreiheit voraussetzt, dass mit der Äußerung auch wirklich eine Kritik vorgebracht wird, sie also Elemente enthält, die einen Bezug zu dem Gegenstand der Kritik aufweisen. Je weiter sich der Gehalt einer Äußerung von dem Gegenstand der Kritik entfernt und sich ohne Bezug auf diesen auf die bloße Herabsetzung der Person des Kritisierten fokussiert, desto geringer wird das für den Äußernden streitende Gewicht der Meinungsfreiheit gegenüber dem Gewicht des allgemeinen Persönlichkeitsrechts der von der Äußerung betroffenen Person.[784] Das OLG Hamburg spricht dem Schmähgedicht den Kunstcharakter ab,[785] weil es nicht als „unmittelbarer Ausdruck der individuellen Persönlichkeit des Künstlers und seines inneren Erlebens" gelten könne. Es misst der Verneinung der Kunsteigenschaft aber keine größere Bedeutung bei, weil die für die Zulässigkeit satirischer Äußerungen entwickelten Grundsätze den für die Kunstfreiheit entwickelten Maßstäben stark angenähert seien, da ganz maßgeblich auf den spezifischen Charakter der einzelnen Meinungskundgabe abzustellen sei;[786] angesichts des hohen Rangs der Kunstfreiheit überzeugt dieser Verzicht auf eine Differenzierung nicht, weil es im gerichtlichen Verfahren nicht genügt, ohne Berücksichtigung der Kunstfreiheit eine Beeinträchtigung des Persönlichkeitsrechts festzustellen,[787] doch sind die konkreten Abwägungen des Gerichts im Ergebnis nachvollziehbar.

132 Die vom BVerfG aufgestellten Regeln zur Behandlung **mehrdeutiger Äußerungen** sind unterschiedlich, je nachdem, ob über eine straf- oder zivilrechtliche Sanktion für die erfolgte Äußerung zu entscheiden ist oder ob über einen Anspruch auf deren zukünftige Unterlassung entschieden wird.[788] Allein für nachträglich an eine Äußerung anknüpfende rechtliche **Sanktionen** – wie eine strafrechtliche Verurteilung oder die zivilgerichtliche Ver-

---

[778] BGH NJW 2014, 3154 Rn. 13.
[779] BGHZ 78, 9 (14 ff.).
[780] BVerfGE 82, 43 (52).
[781] BVerfGE 75, 369 (377); 86, 1 (11); BVerfG-K NJW 1998, 1387; OLG Hamburg ZUM-RD 2018, 484 (489).
[782] BVerfGE 75, 369 (377 f.); BVerfG ZUM 2002, 920; *Stark/Paulus* in MKS Rn. 457.
[783] BVerfGE 75, 369 (378); OLG Hamburg ZUM-RD 2018, 484 (489).
[784] OLG Hamburg ZUM-RD 2018, 484 (490).
[785] Dagegen hatte die Vorinstanz angenommen, dass Art. 5 Abs. 3 zum Zuge komme, vgl. LG Hamburg ZUM-RD 2017, 412 (414).
[786] OLG Hamburg ZUM-RD 2018, 484 (489); entsprechend *Faßbender* NJW 2019, 705.
[787] BVerfG-K NJW 2018, 1744 Rn. 21.
[788] BVerfGE 114, 339, „IM-Sekretär" Stolpe, hierzu *Hochhuth* NJW 2006, 189; bestätigend BVerfG NJW 2006, 3769 (3772 f.) – Babycaust.

urteilung zum Widerruf oder zum Ersatz materieller und immaterieller Schäden – gilt im Interesse der Meinungsfreiheit, insbes. zum Schutz vor Einschüchterungseffekten bei mehrdeutigen Äußerungen, der Grundsatz, dass die Sanktion nur in Betracht kommt, wenn die dem Äußernden günstigeren Deutungsmöglichkeiten mit hinreichender Begründung ausgeschlossen worden sind.[789] Gegen Art. 5 Abs. 1 S. 1 verstoßen somit solche sanktionierenden Urteile, die bei mehrdeutigen Äußerungen die zur Verurteilung führende Bedeutung zugrundelegen, ohne vorher die anderen möglichen Deutungen mit schlüssigen Gründen ausgeschlossen zu haben.[790] Steht demgegenüber ein zukunftsgerichteter Anspruch auf **Unterlassung** künftiger Persönlichkeitsbeeinträchtigungen in Frage, wird die Meinungsfreiheit nicht verletzt, wenn von dem Betroffenen im Interesse des Persönlichkeitsschutzes anderer verlangt wird, den Inhalt seiner mehrdeutigen Aussage klarzustellen. Geschieht dies nicht, besteht kein verfassungsrechtlich tragfähiger Grund, von einer Verurteilung zum Unterlassen nur deshalb abzusehen, weil die Äußerung mehrere Deutungsvarianten zulässt, darunter auch solche, die zu keiner oder nur einer geringeren Persönlichkeitsverletzung führen. Der Abwägung mit dem Persönlichkeitsrecht sind vielmehr alle nicht entfernt liegenden Deutungsvarianten zugrunde zu legen, die dieses Recht beeinträchtigen, und es ist zu prüfen, ob die Äußerung in einer oder mehrerer dieser Deutungsvarianten zu einer rechtswidrigen Beeinträchtigung des Persönlichkeitsrechts führt.[791] Die verfassungsrechtlichen Vorgaben für die Deutung mehrdeutiger Tatsachenbehauptungen oder Werturteile unterscheiden sich somit grundlegend, je nachdem, ob die nachträgliche Sanktionierung schon erfolgter Äußerungen oder allein deren zukunftsgerichtete Abwehr in Frage steht.

Die Privatsphäre ist, wie insbes. in der Rspr. zum **allgemeinen Persön- 133 lichkeitsrecht**[792] herausgearbeitet wurde, grundsätzlich zu achten.[793] Jedoch kann ein zutreffender Bericht über Vorgänge aus dem Privatbereich einer Person durch ein ernstliches Interesse an einer Aufklärung der Öffentlichkeit über diese Vorgänge als Beitrag zu einer Frage von allgemeiner politischer Bedeutung gerechtfertigt sein.[794] Wiewohl die Pressefreiheit nicht auf die sog. seriöse Presse beschränkt ist,[795] so kann doch bei der Abwägung zwischen der Pressefreiheit und anderen verfassungsrechtlich geschützten Rechtsgütern berücksichtigt werden, „ob die Presse im konkreten Fall eine Angelegenheit von öffentlichem Interesse ernsthaft und sachbezogen erörtert, damit den Informationsanspruch des Publikums erfüllt und zur Bildung der öffentlichen Meinung beiträgt oder ob sie lediglich das Bedürfnis einer mehr oder minder breiten Leserschicht nach oberflächlicher Unterhaltung befriedigt."[796] Bevor die Ehre eines anderen in der Presse angegriffen wird, muss alles Zumutbare

---

[789] BVerfGE 114, 339 (349 f.); BVerfG NJW 2006, 3769 (3773), jeweils unter Hinweis auf BVerfGE 82, 43 (52); 93, 266 (295 ff.); 94, 1 (9); dazu auch *Schuppert* AfP 2003, 113 (118).

[790] BVerfGE 93, 266 (295 f.); BVerfG-K NJW 2014, 3357 Rn. 12; vgl. aber auch BVerfGE 94, 1 (9 f.).

[791] BVerfGE 114, 339 (350); BVerfG NJW 2006, 3769 (3773); vgl. *Hochhuth* NJW 2006, 189 (191): Teilrücknahme des „Prinzips der meinungsfreundlichsten Deutung von Äußerungen".

[792] → Art. 2 Rn. 58 ff.

[793] BGH NJW 1963, 902.

[794] BGH NJW 1964, 1471; zum öffentlichen Interesse zwischen Persönlichkeitsschutz und Kommunikationsfreiheit vgl. auch *Sieger* AfP 1982, 11.

[795] → Rn. 61.

[796] BVerfGE 34, 269 (283) – Erdichtetes Soraya-Interview.

getan werden, um den wahren Sachverhalt festzustellen.[797] Für die Verbreitung von Tatsachenbehauptungen, deren Wahrheitsgehalt nicht endgültig festgestellt werden kann, prüft die Rspr. der Zivilgerichte den Ausgleich zwischen den Anforderungen der Meinungsfreiheit und den Belangen des Persönlichkeitsschutzes daran, ob der Sich-Äußernde die Anforderungen erfüllt hat, die bei der **Verbreitung von Tatsachenbehauptungen ungeklärten Wahrheitsgehalts** an eine Rechtfertigung durch Wahrnehmung berechtigter Interessen (§ 193 StGB) zu stellen sind.[798] Jedenfalls in Fällen, in denen es um eine die Öffentlichkeit wesentlich berührende Angelegenheit geht, kann nach dieser Rspr. auch eine möglicherweise unwahre Behauptung demjenigen, der sie aufstellt oder verbreitet, so lange nicht untersagt werden, wie er vor der Aufstellung und Verbreitung seiner Behauptung hinreichend **sorgfältige Recherchen** über den Wahrheitsgehalt angestellt hat.[799] Gegen die Entwicklung derartiger Pflichten erhebt das BVerfG so lange keine verfassungsrechtlichen Einwände, wie der Umfang dieser Sorgfaltspflichten von den Fachgerichten in Einklang mit den grundgesetzlichen Anforderungen bemessen wird.[800] Die Fachgerichte dürfen daher einerseits an die Wahrheitspflicht im Interesse der Meinungsfreiheit keine Anforderungen stellen, die die Bereitschaft zum Gebrauch des Grundrechts herabsetzen.[801] Sie haben andererseits aber auch zu berücksichtigen, dass die Wahrheitspflicht Ausdruck der Schutzpflicht ist, die aus dem allgemeinen Persönlichkeitsrecht folgt.[802] Liegt ein schwerwiegender Eingriff in das Persönlichkeitsrecht vor, sind deshalb **hohe Anforderungen an die Erfüllung der Sorgfaltspflicht** zu stellen.[803] Diese sind verletzt, wenn sich der Sich-Äußernde selektiv und ohne dass dies für die Öffentlichkeit erkennbar wäre, allein auf dem Betroffenen nachteilige Anhaltspunkte stützt und hierbei verschweigt, was gegen die Richtigkeit seiner Behauptung spricht.[804]

134 In der Rechtssache **Caroline v. Monaco/Hannover** waren zunächst grundlegende Divergenzen zwischen EGMR und BVerfG aufgetreten.[805] Der EGMR hat den Ausgleich zwischen der Äußerungsfreiheit nach **Art. 10 EMRK** und dem Persönlichkeitsrecht unter dem Aspekt des **Rechts auf Privatheit** in grundsätzlich anderer Weise als das BVerfG, nämlich unter stärkerer Betonung des letzteren, vorgenommen, unter restriktiver Bestimmung insbes. jenes „politischen Kernbereichs" des Art. 10 EMRK, in dem die Kommunikationsfreiheit höheres Gewicht erlangt.[806] Er hatte grundsätzlich unterschieden zwischen der Berichterstattung über „Tatsachen – auch umstrittene –, die einen Beitrag zur Diskussion in einer demokratischen

---

[797] OLG Stuttgart NJW 1972, 2320 (2321).
[798] BGH NJW 1987, 225 (226).
[799] BGHZ 132, 13 (23 f.).
[800] BVerfGE 99, 185 (198); 114, 339 (353 f.); BVerfG NJW 2007, 2686 (2687).
[801] BVerfGE 85, 1 (17).
[802] BVerfGE 99, 185 (198); 114, 339 (353 f.).
[803] BGHZ 132, 13 (24); BVerfG NJW 2007, 2686 (2687).
[804] BVerfGE 12, 113 (130 f.); 114, 339 (353 f.); BGHZ 31, 308 (318). Zum Verhältnis von Meinungsäußerungsfreiheit und allgemeinem Persönlichkeitsrecht vgl. ferner BVerfGE 54, 148; 54, 208; BGH NJW 1982, 635; *Rüthers* FS f. Löffler, 1980, 303. Zu „offenen" Aussagen und „verdeckten" Behauptungen BGHZ 78, 9 (14 ff.). Zum Verhältnis von Rundfunkfreiheit und allg. Persönlichkeitsrecht BVerfGE 63, 131, Gegendarstellung.
[805] EGMR 24.6.2004 – 59320/00, NJW 2004, 2647 – Caroline v. Hannover.
[806] Vgl. *Degenhart* in BK Rn. 80; *Kunig* FS f. Raue, 2006, 191; *Starck* JZ 2006, 76; *Teichmann* NJW 2007, 1917; *Prütting,* Das Caroline-Urteil des EGMR und die Rspr. des BVerfG, 2005.

Gesellschaft leisten und Personen des politischen Lebens zum Beispiel bei der Wahrnehmung ihrer Amtsgeschäfte betreffen" und solcher über Privatpersonen, die keine politischen Ämter ausübten.[807] Er hält diese Unterscheidung nach wie vor aufrecht, [808] erkennt jedoch an, dass Gegenstand des Allgemeininteresses nicht notwendig politische Fragen sein müssen[809] und hat das vom BGH entwickelte[810] und vom BVerfG bestätigte[811] abgestufe Schutzkonzept in der Frage des Persönlichkeitsschutzes Prominenter gebilligt.[812]

5. Schranken sog. besonderer Gewaltverhältnisse. Nach früher hL und Rspr. konnte das Grundrecht der Meinungsfreiheit in sog. besonderen Gewaltverhältnissen auch ohne spezielle gesetzliche Ermächtigung eingeschränkt werden,[813] allerdings nur, wenn das betreffende Verhältnis im GG institutionalisiert war,[814] und nur soweit der Zweck des betreffenden Rechtsverhältnisses dies unumgänglich erforderte.[815] Demgegenüber hat sich heute die Auffassung durchgesetzt, dass die Grundrechte auch im besonderen Gewaltverhältnis nur **durch Gesetz oder aufgrund eines Gesetzes** eingeschränkt werden können.[816] Nachdem mit dem StVollzG v. 16.3.1976[817] eine solche gesetzliche Grundlage geschaffen wurde und nachdem auch das Schulwesen mehr und mehr „durchnormiert" wird, hat die Streitfrage kaum noch praktische Bedeutung; das Beamtenverhältnis, das Wehrdienstverhältnis und die Untersuchungshaft sind schon seit jeher gesetzlich geregelt.[818] **135**

Die Diskussion kreist heute um die verfassungskonforme Auslegung der einschlägigen Gesetzesbestimmungen, insbes. also des BeamtStG, des BBG und der entspr. Landesbeamtengesetze, des DRiG und des SoldatenG. Kaum ein Problem wirft die Pflicht zur Amtsverschwiegenheit auf,[819] wohl aber die **politische Betätigung,**[820] wobei politische Betätigung nicht identisch sein muss mit parteipolitischer Betätigung.[821] Bei der politischen Betätigung ist zu unterscheiden zwischen Meinungsäußerungen **innerhalb** des Dienstes und solchen **außerhalb** des Dienstes.[822] **136**

---

[807] EGMR 24.6.2004 – 59320/00, NJW 2004, 2647 Rn. 62 ff. – Caroline v. Hannover.

[808] EGMR 4.6.2009 – 21277/05, NJW 2010, 751 (752 f.) – Standard Verlags-GmbH [Nr. 2].

[809] EGMR 7.2.2012 – 40660/08 u. 60641/08, NJW 2012, 1053 (1054 ff.) – von Hannover [Nr. 2]; vgl. *Haug,* Bildberichterstattung über Prominente, 2011, 57 ff.; *Grabenwarter* AfP 2004, 309 ff.; *Lenski* NVwZ 2005, 50 ff.

[810] BGHZ 71, 275; BGH NJW 2018, 1820 Rn. 17 ff. mAnm. Elmenhorst.

[811] BVerfGE 120, 180.

[812] EGMR 7.2.2012 – 40660/08 u. 60641/08, NJW 2012, 1053 – von Hannover [Nr. 2]; vgl. *Sajuntz* NJW 2012, 3761 (3763); *Degenhart* in BK Rn. 80.

[813] Vgl. insbes. zur Informationsfreiheit OLG Hamburg NJW 1963, 1789.

[814] Vgl. Art. 33 Abs. 5, Art. 87a Abs. 1, Art. 7 Abs. 1 und Art. 104 Abs. 1.

[815] Vgl. die Hinweise bei *Löffler* NJW 1964, 1100.

[816] Vgl. zum Strafvollzug: BVerfGE 33, 1 (9); krit. dazu *Rupprecht* NJW 1972, 1345; zust. *Starck* JZ 1972, 360; zum Schulwesen vgl. BVerfGE 47, 46 (78 ff.) – Sexualkundeunterricht, mwN; BayVerfGH NJW 1982, 1089 u. dazu *Gramlich* DVBl 1982, 745; *Suhr* NJW 1982, 1065.

[817] BGBl. 1976 I 581.

[818] → Rn. 118 Stichw. „Beamtengesetze"; „Soldatengesetz"; „Strafprozessordnung".

[819] BVerwG NJW 1983, 2343 f.

[820] Zum Begriff der politischen Betätigung zutr. VGH Mannheim NJW 1983, 1215 (1217), Unterzeichnung eines Aufrufes.

[821] BAG NJW 1982, 2888 (2889) – Anti-Atomkraft-Plakette.

[822] Zu dieser Unterscheidung vgl. VG Berlin NJW 1982, 1113 (1114) – Verteilung von schulbezogenen Flugblättern durch Lehrer.

137 Politische Meinungsäußerungen **innerhalb des Dienstes** sind nur als privates, die Arbeitsleistung und das Betriebsklima nicht beeinträchtigendes Gespräch unter Kollegen zulässig, nicht dagegen als planmäßige, andauernde Agitation und nicht gegenüber Dritten. Verfassungsrechtlich zulässig sind daher zB das an Lehrer gerichtete Verbot, im Unterricht Plaketten mit politischen Slogans zu tragen,[823] sowie die Abstimmungspflicht eines Bundeswehroffiziers vor Äußerungen zu verteidigungs- und sicherheitspolitischen Themen.[824]

138 Einer restriktiven Regelung in Bezug auf politische Meinungsäußerungen innerhalb des Dienstes muss eine großzügige Regelung in Bezug auf politische Meinungsäußerungen **außerhalb des Dienstes** entsprechen. Politische Meinungsäußerungen außerhalb des Dienstes sind grundsätzlich zulässig, jedoch in der Form beschränkt durch die Mäßigungspflicht,[825] im Inhalt dagegen nur, soweit die Treuepflicht von Angehörigen des öffentlichen Dienstes – Eintreten für die freiheitlich demokratische Grundordnung – eingreift.[826]

VII. Freiheit der Kunst, Wissenschaft, Forschung und Lehre (Art. 5 Abs. 3)

139 **1. Freiheit der Kunst – Kunst und … sind frei.** Der **Begriff Kunst** leidet unter der Schwierigkeit oder, wie manche meinen, sogar Unmöglichkeit seiner Definition.[827] Allerdings weist der BGH[828] zutreffend darauf hin, dass das „Gebot der Neutralität und Toleranz gegenüber dem Pluralismus im Kunstverständnis" die Gerichte nicht von der Aufgabe entbindet, Kunst von „Nicht-Kunst" abzugrenzen. Indem die Verfassung der „Kunst" zusichert, dass sie frei sei, setzt sie die Existenz von Kriterien voraus, nach denen eine bestimmte Handlungsweise oder ihr Produkt, also ein Bild, eine Skulptur, ein Schriftwerk, eine Theateraufführung usw, die Eigenschaft haben, „Kunst" zu sein. Nur einen beschreibbaren, konturierbaren Schutzgegenstand kann die Verfassung rechtlich schützen.[829] Diese Einsicht bestimmt das BVerfG im Mephisto-Beschluss[830] zum folgenden Definitionsversuch: „Der Lebensbereich‚Kunst' ist durch die vom Wesen der Kunst geprägten, ihr allein eigenen Strukturmerkmale zu bestimmen. Von ihnen hat die Auslegung des Kunstbegriffs der Verfassung auszugehen. Das Wesentliche der künstlerischen Betätigung ist die freie schöpferische Gestaltung, in der Eindrücke, Erfahrungen, Erlebnisse des Künstlers durch das Medium einer bestimmten Formensprache zu unmittelbarer Anschauung gebracht werden. Alle künstlerische Tätigkeit ist ein Ineinander von bewussten und unbewussten Vorgängen, die

---

[823] BAG NJW 1982, 2888; VG Hamburg NJW 1979, 2164 f.; *v. Münch* ZBR 1981, 157 (163 f.); aA VG Berlin NJW 1979, 2629 f.

[824] BVerwG NVwZ 1992, 65. Zu Kfz-Aufklebern an Kraftfahrzeugen von Soldaten innerhalb dienstlicher Anlagen vgl. BVerwGE 53, 327; 73, 237; *Brozat* NZWehrR 22 (1980), 85; zum Mäßigungsgebot auch BVerwG DVBl. 2018, 379.

[825] VGH Mannheim NJW 1983, 1215.

[826] Zur politischen Betätigung von Soldaten in der Öffentlichkeit BVerfG NJW 1981, 2112 f.; BVerwG NJW 1984, 747 ff., zum Uniformtragen bei politischen Veranstaltungen; BVerwGE 46, 175 – Leserbrief; BVerwGE 83, 60 – Teilnahme an Ostermarsch.

[827] Vgl. *Knies,* Schranken der Kunstfreiheit als verfassungsrechtliches Problem, 1967, 214.

[828] BGH NJW 1975, 1882 (1884).

[829] *Starck/Paulus* in MKS Rn. 420; *Würkner* ÖJZ 1989, 225 (229).

[830] BVerfGE 30, 173 (188 f.); vgl. auch BVerfGE 31, 229 (238); 119, 1 (20 f.) – Esra; OLG Hamburg ZUM-RD 2018, 484 (488).

rational nicht aufzulösen sind. Beim künstlerischen Schaffen wirken Intuition, Phantasie und Kunstverstand zusammen; es ist primär nicht Mitteilung, sondern Ausdruck und zwar unmittelbarster Ausdruck der individuellen Persönlichkeit des Künstlers". In Abkehr von früheren starren – und dadurch dem Wesen der Kunst nicht gerecht werdenden – Definitionsversuchen trifft das BVerfG bereits hiermit eine umschreibende „Rahmen"bestimmung des Lebensbereichs „Kunst", die über ihre Einzelkriterien eine flexiblere, also regelmäßig kunst"gerechtere" Beurteilung von Grenzfällen ermöglicht.[831] Dennoch ist diese material- oder wertbezogen zu nennende Definition nicht ohne Kritik in der Literatur geblieben. Ihr wurde vorgeworfen, sie orientiere sich vornehmlich am idealistischen Kunstverständnis der Ästhetik[832] und überschreite die Grenzen eines neutralen Wertbegriffs.[833] Weiter wurde eingewandt, der Definitionsversuch enthalte zu viele Elemente; dadurch werde der Begriff zu eng und schließe Phänomene aus, die sowohl nach dem Selbstverständnis des Künstlers als auch nach allgemeinen gesellschaftlichen Anschauungen und nach dem Urteil der Sachverständigen als Kunstschaffen oder Kunstwerk angesehen werden müssten.[834] Erst recht besteht ein unauflösbarer Widerspruch zu den Auffassungen, Art. 5 Abs. 3 S. 1 verbiete von vornherein eine inhaltliche Ausfüllung des Begriffs Kunst in einem materialqualitativen Sinne[835] oder lasse eine Erfassung der Kunst ausschließlich mit Hilfe formaler Kriterien zu.[836]

In seiner späteren Rspr. stellt sich das BVerfG der Kritik an der Mephisto-Entscheidung und setzt sich mit abweichenden Lösungsansätzen auseinander. Es betont nunmehr die **„Unmöglichkeit, Kunst generell zu definieren"**,[837] weshalb allein bleibe, „bei der konkreten Rechtsanwendung zu entscheiden, ob die Voraussetzungen des Art. 5 Abs. 3 Satz 1 GG vorliegen".[838] Soweit Lit. und Rspr. für die praktische Handhabung von Gesetzen, welche „Kunst" als Tatbestandsmerkmal enthielten, Formeln und Abgrenzungskriterien entwickelt hätten, sei dies für die Auslegung der Verfassungsgarantie allerdings nicht ausreichend, da die einfachrechtliche Auslegung an den verschiedenen Zwecken der gesetzlichen Regelungen orientiert sei.[839] **140**

Die **Bestimmung des Schutzbereichs** der Kunstfreiheitsgarantie **im Einzelfall** hat nach Auffassung des BVerfG unter – nötigenfalls kombinierter – Heranziehung konsensfähiger Gesichtspunkte der zur Kunstdefinition entwickelten verschiedenen Lösungswege zu geschehen.[840] Das Gericht nennt in der Entscheidung zum „Anachronistischen Zug" – eher beispielhaft – drei tragfähige Ansätze: Zunächst verweist es auf die in der Mephisto-Entscheidung entwickelte materiale, wertbezogene Begriffsbestimmung. Anschließend beschreibt es einen formalen, typologischen Ansatz.[841] Dieser ist als **141**

[831] *Würkner* ÖJZ 1989, 225.
[832] *Isensee,* Wer definiert die Freiheitsrechte?, 1980, 27.
[833] *Scholz* in Maunz/Dürig Rn. 28.
[834] *Denninger* in HdbStR VI, 2. Aufl. 2001, § 146 Rn. 8.
[835] *Knies,* Schranken der Kunstfreiheit als verfassungsrechtliches Problem, 1967, 217.
[836] *Müller,* Freiheit der Kunst als Problem der Grundrechtsdogmatik, 1969, 35 ff.
[837] BVerfGE 67, 213 (225) – Anachronistischer Zug; sa bereits BVerwGE 39, 197 (207); vgl. auch BVerfGE 119, 1 (20).
[838] Ebenso BVerwGE 91, 211 (214).
[839] BVerfGE 67, 213 (225); vgl. auch bereits BVerwGE 39, 197 (207).
[840] BVerfGE 67, 213 (225 f.).
[841] BVerfGE 67, 213 (226 f.).

kritische Gegenposition zu der materialen Umschreibung aufzufassen und lässt es genügen, dass bei formaler, typologischer Betrachtung die Gattungsanforderungen eines bestimmten Werktyps erfüllt sind (zB Malen, Bildhauen, Dichten). Dem Vorteil einer solchen formalen Betrachtungsweise, keinerlei Ideologieverdacht ausgesetzt zu sein, steht der Nachteil gegenüber, dass es ihr nahezu unmöglich ist, neue, avantgardistische Werktypen zu erfassen.[842] Der dritte in der Entscheidung genannte Lösungsansatz sieht das kennzeichnende Merkmal einer künstlerischen Äußerung darin, dass sie wegen der Mannigfaltigkeit ihrer Aussage ständig neue, weiterreichende Interpretationen zulässt.[843] Die die künstlerische Darstellung komponierenden „Zeichen" (jeder Art) reichen über ihre alltägliche Aussagefunktion hinaus und führen zu einer praktisch unerschöpflichen, vielstufigen Informationsvermittlung.[844] Die Schwäche dieses von *von Noorden*[845] entwickelten „zeichentheoretischen" Ansatzes[846] wird zT darin gesehen, dass er bei strenger Betrachtung keine vordergründige oder triviale Unterhaltung erfasse, die – formal betrachtet – als Kunst einzustufen sei.[847]

142 Im Großen und Ganzen wird man aber der Einschätzung beipflichten können, dass die vom BVerfG genannten Lösungsansätze trotz ihrer jeweiligen Schwächen **hinreichende Gesichtspunkte** bieten, um im Einzelfall zu entscheiden, ob die Kunstfreiheit ihrem Schutzbereich nach berührt wird.[848] Der vom BVerfG angetretene „Rückzug auf eine Lösung im **topischen Verfahren**"[849] schließt allerdings die Gefahr nicht ganz aus, dass die Freiheit der Kunst in Zweifelsfällen am Ende zur weitgehend freien Disposition der Gerichte stehen könnte.[850] Dieser Gefahr lässt sich nicht durch nahezu konturenlose allgemeine Umschreibungen der Kunst wie die, dass Kunst „kreative Kommunikation mit interpretationsfähiger Struktur" sei,[851] begegnen, wohl aber dadurch, dass man im Zweifelsfall materialen oder wertbezogenen (qualitativen) Abgrenzungskriterien[852] einen gewissen Vorrang einräumt.[853] Der Schutzbereich der Kunst liegt eben nicht a priori fest; deshalb ist eine gewisse Wertung unumgänglich. Dabei kommt auch der **subjektiven Behauptung** des Künstlers Bedeutung zu; allerdings hängt die Eigenschaft eines

---

[842] *Henschel* NJW 1990, 1937 (1939); vgl. auch *Bethge* in Sachs Rn. 185: „Kunstfreiheit ist (…) immer auch Minderheitenfreiheit".

[843] BVerfGE 67, 213 (227).

[844] Erneute Bezugnahme auf die entwickelten Kriterien ua durch BVerfGE 83, 130 (138 f.).

[845] *v. Noorden,* Die Freiheit der Kunst nach dem Grundgesetz (Art. 5 Abs. 3 S. 1 GG) und die Strafbarkeit der Verbreitung unzüchtiger Darstellungen (§ 184 Abs. 1 Nr. 1 StGB), 1969, 82 ff.

[846] Vgl. *Zöbeley* NJW 1985, 254 (255).

[847] *Henschel* NJW 1990, 1937 (1939).

[848] BVerwGE 91, 211 (214); *Henschel* NJW 1990, 1937 (1939).

[849] Zust. *Zöbeley* NJW 1985, 254 (255).

[850] *Würkner* ÖJZ 1989, 225 (230).

[851] *Würkner* ÖJZ 1989, 225 (230); ähnlich *Denninger* in HdbStR VI, 2. Aufl. 2001, § 146 Rn. 13 ff.

[852] Vgl. insoweit etwa noch *Scholz* in Maunz/Dürig Rn. 29: „grundsätzlich jeder schöpferisch-individuale Akt sinnlich-anschaulicher Formgebung (…), der der ‚objektivierte' Ausdruck eines persönlichen Erlebnisses seines Schöpfers ist und auf kommunikative Sinnvermittlung nach außen gerichtet ist".

[853] So wohl auch BVerfGE 75, 369 (377); 119, 1 (20 f.) – Esra; vgl. auch die dezidierte Anknüpfung an die „materiale" Kunstdefinition des Mephisto-Beschlusses durch BVerwGE 84, 71 (73 f.) – Silhouettenschneiden; BGH NJW 2005, 2856 (2856); ferner OVG Münster NJW 1997, 1180 f. – Nacktauftritt als Kunst; OVG Koblenz NJW 1998, 1422.

Kunstwerkes nicht unbedingt davon ab, dass sein Urheber es als Kunstwerk betrachtet oder hat schaffen wollen.[854] So können Gegenstände industrieller Produktion für die Nachwelt zu Kunst werden („Industriekunst"). Der Lebensbereich Kunst ist „weitgehend offen, wandlungs- und entwicklungsfähig"[855]; gegeben sein muss aber „auf jeden Fall eine schöpferische Begabung und schöpferische Leistung".[856]

Auch exzentrische, überraschende und neuartige Schöpfungen können Kunst sein. Jedoch nötigen Erscheinungen wie zB „Happenings", „Aktionen" uä zu der Frage, ob die **subjektive Behauptung des Künstlers allein** ausreichen kann, dh ob derjenige, der behauptet, ein Kunstwerk zu schaffen, das Definitionsmonopol besitzt. Da es – zu Recht – keine vorgeschriebenen Qualifikationsmerkmale für den Beruf des „Künstlers" gibt („Jeder kann Künstler sein" – Bsp.: naive Malerei) und da der Begriff Kunst nicht auf die klassischen Gegenstände Malerei, Bildhauerei, Musik, Dichtkunst beschränkt ist, würde die Anerkennung eines solchen subjektiven Definitionsmonopols die Auflösung des Begriffes Kunst und damit seine juristische Unbrauchbarkeit herbeiführen. Das subjektive Selbstverständnis des Künstlers kann also nicht von allein ausschlaggebender, sondern nur von indizieller Bedeutung sein.[857] **143**

In Zweifelsfällen wird man – im Sinne einer Erkenntnishilfe – für die Abgrenzung von Kunst und Nichtkunst[858] auf das Urteil eines **in Kunstfragen kompetenten Dritten** abstellen können (sog. Drittanerkennung).[859] Um die Gefahr missbräuchlicher Restriktionen auszuschalten, muss diese Drittanerkennung dahin präzisiert werden, dass es darauf ankommt, ob ein in Kunstfragen kompetenter Dritter es für **vertretbar** hält, das in Frage stehende Gebilde noch als Kunstwerk anzusehen. Eine Beschränkung des Kunstbegriffes auf bestimmte vorherrschende Stile, Schulen, Materialien uä scheidet aus.[860] **144**

---

[854] BVerwGE 23, 104 (111).

[855] *Scholz* in Maunz/Dürig Rn. 15.

[856] BVerwG NJW 1982, 900 (901); zur Kleinkunst des Kabaretts vgl. OLG Hamburg JR 1964, 151; zur anspruchslosen Unterhaltungsliteratur vgl. BVerwGE 23, 104 (108), verneinend; zur Werbung als Kunstform *Grigoleit/Kersten* DVBl 1996, 596 sowie *v. Becker* GRUR 2001, 1102; nach BGHZ 130, 196 (202 f.) schützt Art. 5 Abs. 3 nicht den (zweck-)widrigen Einsatz von Kunst zur Missachtung der gesetzl. Ordnungsvorschriften (§ 1 UWG aF) in der Absicht, daraus einen Wettbewerbsvorteil zu ziehen („ölverschmutzte Ente"), offen gelassen von BVerfGE 102, 347 (369); vgl. auch *v. Becker* GRUR 2001, 1102; bei der Auslegung wettbewerbsrechtlicher Vorschriften sind jedenfalls die Vorgaben der Kunstfreiheit zu beachten (BGH NJW 2005, 2856 [2857 f.]); zur Satire als Kunst vgl. BVerfG NJW 2002, 3767; sowie BVerfG NJW 2001, 596 (597) und *v. Becker* GRUR 2004, 908; zur kommerziellen Satire *Koch* WPR 2009, 10; zur Einordnung von neuen Formen der sachbezogenen TV-Unterhaltung („factual entertainment") als darstellende Kunst in Form der Unterhaltungskunst im Sinne des Künstlersozialversicherungsgesetzes BSG BeckRS 2010, 66479, Deutschland sucht den Superstar (DSDS); zur Abgrenzung von Pornographie → Rn. 154.

[857] Ähnlich OVG Münster JZ 1959, 716 (719) u. NJW 1997, 1180 f.; *Scholz* in Maunz/Dürig Rn. 26; *Jarass* in Jarass/Pieroth Rn. 119; *Bethge* in Sachs Rn. 184.

[858] Dazu, dass es nur auf diese Unterscheidung ankommt und eine Niveaukontrolle, also eine Differenzierung zwischen „höherer" und „niederer", „guter" und „schlechter" Kunst, auf eine verfassungsrechtlich unstatthafte Inhaltskontrolle hinausliefe, BVerfGE 75, 369 (377) – Strauß-Karikaturen; BVerfGE 81, 278 (291); 83, 130 (139); dazu, dass das Gesetz für die Einbeziehung einer Leistung in die Künstlersozialversicherung ebenfalls keine besondere Gestaltungshöhe voraussetzt, BSG BeckRS 2010, 66479 – Deutschland sucht den Superstar (DSDS).

[859] *Schick* JZ 1970, 645 (646); als ein Aspekt neben anderen anerkannt von *Bethge* in Sachs Rn. 184; vgl. auch BVerwGE 23, 104 (111).

[860] Vgl. *Starck/Paulus* in MKS Rn. 421 f.; *Jarass* in Jarass/Pieroth Rn. 118.

145 Art. 5 Abs. 3 garantiert im Kunstbereich eine **umfassende Freiheit,**[861] und zwar sowohl für den **„Werkbereich"** (die künstlerische Betätigung selbst) als auch für den **„Wirkbereich"** (Darbietung und Verbreitung des Kunstwerks).[862] Art. 5 Abs. 3 enthält aber nicht nur ein Freiheitsrecht für alle Kunstschaffenden und alle an der Darbietung und Verbreitung von Kunstwerken Beteiligten, die sie vor Eingriffen der öffentlichen Gewalt in den künstlerischen Bereich schützt, sondern als objektive Wertentscheidung für die Freiheit der Kunst stellt sie dem Staat darüber hinaus die Aufgabe, ein freiheitliches Kunstleben zu erhalten und zu fördern.[863] Die in Art. 5 Abs. 3 enthaltene objektive Entscheidung für die Freiheit der Kunst ist auch im Verhältnis von Privaten zueinander zu berücksichtigen.[864] Nach früherer Feststellung des BVerfG erstreckt sich die Reichweite der Gewährleistung „von vorneherein nicht auf die eigenmächtige Inanspruchnahme oder Beeinträchtigung fremden Eigentums zum Zwecke der künstlerischen Entfaltung (sei es im Werk- oder Wirkbereich der Kunst)".[865] Inzwischen wendet sich das BVerfG gegen die damalige Tendenz, „mit Hilfe eines engen Kunstbegriffs künstlerische Ausdrucksformen, die in Konflikt mit den Rechten anderer kommen, von vornherein vom Grundrechtsschutz der Kunstfreiheit auszuschließen".[866] Diese Skepsis ist berechtigt. Sie muss sich auch auf die Verallgemeinerung erstrecken, nach der die vom BVerfG nur für das Eigentum getroffene Einschränkung sich ohne weiteres auf die eigenmächtige Beeinträchtigung von fremdem Leib und Leben, fremder Ehre und Freiheit erweitern lasse;[867] das gilt ungeachtet dessen, dass diese Bestimmung der Reichweite des Schutzbereichs der Kunstfreiheit sich mit einer älteren berührt, die das kunstspezifische Verhalten durch die Ausgrenzung dessen zu bestimmen versucht, was bloß **bei Gelegenheit** der künstlerischen Betätigung geschieht, nur im äußeren Zusammenhang mit ihr steht.[868]

Einzelfälle

146 **Mitbestimmung** – die Mitbestimmung von Personal- bzw. Betriebsräten in Personalangelegenheiten des künstlerischen Personals von Theaterbetrieben wird als grundsätzlich mit der Freiheit der Kunst vereinbar angesehen.[869] Das Kunstfreiheitsgrundrecht des Bühnenleiters kann diesen aber im Einzelfall von der Durchführung von Mitbestimmung entbinden, sofern es um Entscheidungen geht, die unmittelbar den künstlerischen Prozess betreffen.[870]

---

[861] BVerfGE 30, 173 (191) – Mephisto.

[862] BVerfGE 30, 189; 67, 213 (224); 77, 240 (251); 119, 1 (21 f.) – Esra; 142, 74 Rn. 68; BVerfG NVwZ 2004, 472; NJW 2006, 596 (597); BVerwGE 84, 71 (74); BVerwG NJW 1995, 2648; BGHZ 143, 214 (229 f.); *Scholz* in Maunz/Dürig Rn. 17 f.

[863] BVerfGE 36, 321 (331); BVerfG NVwZ 2004, 472.

[864] BVerfGE 119, 1 (21) – Esra.

[865] BVerfG NJW 1984, 1293 (1294) – Sprayer von Zürich; ebenso BVerwG NJW 1995, 2648 (2649); *Murswiek* Der Staat 2006, 473 (496 f.).

[866] BVerfGE 119, 1 (23), Esra.

[867] Differenzierend *Bethge* in Sachs Rn. 198c: „Ist die geniale Fälschung nicht auch Kunst?".

[868] *Müller,* Die Freiheit der Kunst als Problem der Grundrechtsdogmatik, 1969, 104 ff.; *Müller* JZ 1970, 87 (89 f.); zur Frage, ob und inwieweit **Straßenkunst,** wie sie durch Musikanten, Pflastermaler und Aktionskünstler ausgeübt wird, der Kunstfreiheitsgarantie unterfällt, vgl. – bejahend – BVerwGE 84, 71 (74) – Silhouettenschneiden; *Starck/Paulus* in MKS Rn. 470; zur Einstufung von Straßenkunst als Gemeingebrauch oder Sondernutzung vgl. *Starck/Paulus* in MKS Rn. 471; *Jarass* in Jarass/Pieroth Rn. 124.

[869] BVerwGE 62, 55 mkritAnm *Roeper* ZBR 1982, 217; BVerfG ZBR 1983, 107.

[870] *Kunig* DÖV 1982, 765 (771 ff.); *Ossenbühl* DÖV 1983, 785; *Kunig/Meirowitz* JuS 1984, 288; zur Mitbestimmung in Museen *H. P. Ipsen* DVBl. 1982, 112.

Subventionierung – aus Art. 5 Abs. 3 folgt kein Rechtsanspruch auf Subventionierung.[871] Allerdings besteht ein allgemeiner Anspruch aller sich im Kunstleben betätigenden Personen und Richtungen, von positiven staatlichen Förderungsmaßnahmen nicht von vornherein und schlechthin ausgeschlossen zu werden. Das heißt aber nicht, dass jede einzelne positive Förderungsmaßnahme gleichmäßig allen Bereichen künstlerischen Schaffens zugutekommen muss. Bei der Ausgestaltung solcher Maßnahmen hat der Staat vielmehr weitgehende Freiheit;[872] eine staatliche Lenkung durch Förderung oder Benachteiligung best. Kunstrichtungen wäre jedoch unzulässig.[873] Bei wirtschaftlichen Förderungsmaßnahmen (zB steuerlichen Begünstigungen) können wirtschafts- und finanzpolitische Gesichtspunkte beachtet werden.[874] Es besteht auch kein Anspruch des Künstlers aus Art. 5 Abs. 3 gegenüber dem öffentlich-rechtlichen Rundfunk, sein Drama oder sein Musikstück zu senden.[875]

Themenwahl und Themengestaltung, Freiheit der – von Art. 5 Abs. 3 geschützt, und zwar auch dort, „wo der Künstler sich mit aktuellem Geschehen auseinandersetzt; der Bereich der ‚engagierten' Kunst ist von der Freiheitsgarantie nicht ausgenommen".[876]

Verbreitung und Veröffentlichung – von Art. 5 Abs. 3 geschützt, „weil es für jedes künstlerische Schaffen wesentlich ist, dass es der Öffentlichkeit bekannt werden soll".[877] Nicht geschützt wird dagegen der freie Zugang des Betrachters zu einem bestimmten Kunstwerk. Auch die Werbung für ein Kunstwerk gehört zum verfassungsgeschützten Wirkbereich künstlerischen Schaffens, da die „Kunst (…) wie die Schutzgüter der anderen‚Kommunikationsgrundrechte' öffentlichkeitsbezogen und daher auf öffentliche Wahrnehmung angewiesen" ist;[878] ebenfalls geschützt ist der Verkauf von Merchandise-Artikeln, wenn diese konkret auf das Kunstwerk hinweisen.[879]

Vermittelnde Tätigkeit – nach stRspr sind „soweit es (…) zur Herstellung der Beziehungen zwischen Künstler und Publikum der publizistischen Medien bedarf, (…) auch die Personen durch die Kunstfreiheitsgarantie geschützt, die hier eine solche vermittelnde Tätigkeit ausüben".[880] Die Kunstfreiheit wird jedoch um des künstlerischen Schaffens willen gewährleistet, während die Vermittlung des Kunstwerks demgegenüber eine dienende Funktion hat. Diese dienende Funktion schließt eine Inanspruchnahme des Grundrechts durch den Mittler dann aus, wenn dieser damit kein künstlerisches Konzept, sondern kommerzielle Interessen gegenüber dem Künstler durchzusetzen beabsichtigt.[881]

---

[871] BVerwG NJW 1980, 718; OVG Lüneburg DVBl 1969, 875; VGH Mannheim NJW 2004, 624 f.

[872] BVerfGE 36, 321 (332) – Schallplatten-Mehrwertsteuer; BVerfG NVwZ 2004, 472.

[873] Vgl. *Knies,* Schranken der Kunstfreiheit als verfassungsrechtliches Problem, 1967, 214; *Scholz* in Maunz/Dürig Rn. 40 f., 79 f.

[874] BVerfGE 36, 321 (332).

[875] BVerfG NVwZ 2004, 472; OVG Münster NJW 2004, 625 f. Zum Problemkreis Privatrecht und Freiheitsgarantie allg. vgl. *Schwarze* JuS 1978, 94. Zur Kunstförderung allg. ferner VGH Kassel NJW 1987, 1436; VG Wiesbaden NJW 1988, 356 (364 f.); *Steiner* VVDStRL 42 (1984), 7 (27 ff.); *Höfling* DÖV 1985, 387; *Denninger* in HdbStR VI, 2. Aufl. 2001, § 146 Rn. 28 ff.; *Schily* FS Raue, 2006, 313; *Nevermann* FS Raue, 2006, 851; zur steuerrechtlichen Kunstförderung *Kirchhof* NJW 1985, 225 (231 f.); *Heuer* NJW 1985, 232. Vgl. G über Maßnahmen zur Förderung des deutschen Films (Filmförderungsgesetz – FFG) v. 23.12.2016 (BGBl. I 3413).

[876] BVerfGE 30, 173 (190 f.) – Mephisto; 67, 213 (227 f.) – Anachronistischer Zug; 75, 369 (377) – Strauß-Karikaturen.

[877] OVG Münster JZ 1959, 716 (719); BVerfGE 30, 173 (189); BVerfGE 67, 213 (224); 77, 240 (251); BVerfG NJW 2006, 596 (597).

[878] BVerfGE 77, 251.

[879] BGHZ 143, 214 (229 f.) – Marlene Dietrich.

[880] BVerfGE 30, 173 (191); 36, 321 (331) – Schallplattenhersteller; 77, 240 (251); 119, 1 (22), Verleger; BGHZ 130, 205 (218) – Filmproduzent; aA *Scholz* in Maunz/Dürig Rn. 47.

[881] BVerfG NJW 2006, 596 (597).

Verwertung – str. ist, ob zur Kunstfreiheit auch „die geistige, rechtliche und wirtschaftliche Verfügung über die künstlerische Leistung" gehört.[882] Auch bei Annahme eines grundsätzlichen Vorrangs von Art. 14 vor der Kunstfreiheit hinsichtlich vermögensrechtlicher Interessen wird man eine Ausnahme anzuerkennen haben, wenn die Freiheit des Kunstschaffens durch die Ausgestaltung der Regelungen über die Werkverwertung betroffen wird. Der Schutzbereich des Art. 5 Abs. 3 ist betroffen, wenn die wirtschaftliche Verwertung des Werks derart eingeschränkt würde, dass die freie künstlerische Betätigung praktisch nicht mehr möglich erscheint.[883] Auch die wirtschaftliche Verwertung musikalischer Urheberrechte durch die GEMA ist nicht durch Art. 5 Abs. 3, sondern durch Art. 14 geschützt.[884] Allerdings stellt das BVerwG in Bezug auf den als Straßenkünstler tätig werdenden Scherenschnitthersteller fest, er könne „seine Modelle nur dort finden und an den Porträtierten verkaufen, wo Menschen in der Öffentlichkeit (…) versammelt sind oder vorübergehen". Wegen „dieser unauflöslichen Verknüpfung von Herstellung und wirtschaftlicher Verwertung gehört hier auch der Verkauf des Kunstwerks zum geschützten Wirkbereich der Kunst".[885]

147 Umstritten war früher, ob die **Schranken** des Art. 5 Abs. 2 auch für die Freiheit der Kunst gelten.[886] Das BVerfG hat sich für die **vorbehaltlose Gewährleistung** ausgesprochen: „Die systematische Trennung der Gewährleistungsbereiche in Art. 5 weist den Abs. 3 dieser Bestimmung gegenüber Abs. 1 als lex specialis aus und verbietet es deshalb, die Schranken des Abs. 2 auch auf die in Abs. 3 genannten Bereiche anzuwenden. Ebenso wenig wäre es angängig, aus dem Zusammenhang eines Werkes der erzählenden Kunst einzelne Teile herauszulösen und sie als Meinungsäußerungen iSd Art. 5 Abs. 1 anzusehen, auf die dann die Schranken des Abs. 2 Anwendung fänden. Auch die Entstehungsgeschichte des Art. 5 Abs. 3 GG bietet keinen Anhalt für die Annahme, dass der Verfassunggeber die Kunstfreiheit als Unterfall der Meinungsäußerungsfreiheit habe betrachten wollen".[887] Wegen des Verhältnisses der Subsidiarität des Art. 2 Abs. 1 zu den speziellen Einzelfreiheitsrechten gelten auch die Schranken des Art. 2 Abs. 1 nicht für die Freiheit der Kunst.[888]

148 Allerdings ist wegen der vom Grundgesetz anerkannten Gemeinschaftsbezogenheit und Gemeinschaftsgebundenheit des Individuums auch nach Ansicht des BVerfG die Freiheit der Kunst **nicht schrankenlos** gewährleistet.[889] Aus der Vorbehaltlosigkeit der Kunstfreiheitsgarantie folgert das Gericht indessen, dass ihre Grenzen „nur von der Verfassung selbst" bestimmt werden.[890] Die Kunstfreiheit dürfe „weder durch die allgemeine Rechtsordnung noch durch eine unbestimmte Klausel relativiert werden, welche ohne verfassungsrechtlichen Ansatzpunkt und ohne ausreichende rechtsstaatliche

---

882 Bejahend *Erbel,* Inhalt und Auswirkungen der verfassungsrechtlichen Kunstfreiheitsgarantie, 1966, 84; verneinend BVerfGE 31, 229 (239) – zu § 46 UrhG aF mit der Feststellung, dass Art. 14 hier einschlägig ist; ebenso BVerfGE 49, 382 (392); BVerfG NJW 2002, 3458 (3460) – Chick Corea; *Scholz* in Maunz/Dürig Rn. 18; *Wendt,* Eigentum und Gesetzgebung, 1985, 255 ff., 258 ff.

883 Vgl. *Fechner,* Geistiges Eigentum und Verfassung, 1999, 195 ff.; *Jarass* in Jarass/Pieroth Rn. 1120; unentschieden BVerfG NJW 2002, 3458 (3460).

884 BAG AfP 1983, 421 (422).

885 BVerwGE 84, 71 (74); *Jarass* in Jarass/Pieroth Rn. 1120.

886 Vgl. die Nachw. bei *Knies* NJW 1970, 15 (17); *Scholz* in Maunz/Dürig Rn. 11.

887 BVerfGE 30, 173 (191); vgl. auch schon BVerwGE 1, 303 (305–307); aA OVG Münster JZ 1959, 716 (718) m. abl. Anm. *Stein.*

888 BVerfGE 30, 173 (192); 67, 213 (228); aA *Ropertz,* Die Freiheit der Kunst nach dem Grundgesetz, 1966, 98 ff.

889 BVerfGE 30, 173 (193); 142, 74 (84).

890 BVerfGE 30, 173 (193); 142, 74 Rn. 84.

Sicherung auf eine Gefährdung der für den Bestand der staatlichen Gemeinschaft notwendigen Güter abhebt".[891] Da aber Konflikte mit anderen verfassungsrechtlich geschützten Werten (zB dem in Art. 1 u. 2 Abs. 1 garantierten Persönlichkeitsschutz)[892] eintreten können, ist ein solcher Konflikt „nach Maßgabe der grundgesetzlichen Wertordnung und unter Berücksichtigung der Einheit dieses grundlegenden Wertsystems durch Verfassungsauslegung zu lösen".[893] Im Beschluss zum „Anachronistischen Zug" wird dieser Ansatz, nämlich der „schwierige Lösungsweg einer unmittelbaren Verfassungsgüterabwägung",[894] voll bestätigt: „Die Kunst in ihrer Eigenständigkeit und Eigengesetzlichkeit ist (…) vorbehaltlos gewährleistet (…). Hingegen kann auch die Kunstfreiheit Grenzen unmittelbar in anderen Bestimmungen der Verfassung finden, die ein in der Verfassungsordnung des Grundgesetzes ebenfalls wesentliches Rechtsgut schützen".[895] An dieser Konzeption überzeugt, dass der dogmatische Ansatz für die Begrenzungs- bzw. Beschränkungsvoraussetzungen aus der Verfassung selbst gewonnen wird.[896] Nicht deutlich genug wird jedoch, dass man ungeachtet der (bestehenbleibenden) Notwendigkeit der Abwägung im Einzelfall bei der Auflösung von Konflikten der Kunstfreiheit – wie auch anderer vorbehaltsfrei gewährleisteter Grundrechte – mit **Grundrechten Dritter und anderen mit Verfassungsrang ausgestatteten Rechtswerten**[897] dem Gesetzgeber einen Gestaltungsraum eigenständiger Konfliktschlichtung wird zugestehen müssen.[898] In der Sache läuft auch die Rspr. des BVerfG auf die Anerkennung eines solchen unentbehrlichen Beschränkungsvorbehalts hinaus.[899]

„Rechte anderer", zB das Eigentum und die Ehre Dritter, Normen des **149**
Polizeirechts und solche der Strafrechtsordnung begrenzen oder beschränken daher den Künstler in seiner Tätigkeit und Werkdarbietung nur insofern, als es zum Schutz des (auch von einfachgesetzlichen Normen geschützten) Rechtsgutes von Verfassungs wegen geboten ist. Das kollidierende, unmittelbar von der Verfassung geschützte Rechtsgut wird in seinem Schutzanspruch auf die hohe, das Menschenbild des Grundgesetzes mitprägende Bedeutung der Kunstfreiheit und deren Eigengesetzlichkeit hin relativiert.[900] Insgesamt werden sowohl die Anerkennung einer Grenzen bzw. Beschränkungen rechtfertigenden Kollisionslage als auch die erforderliche Abwägung auf Grund des **Übermaßverbots**[901] wesentlich durch den Verfassungsrang, die verfassungs-

---

[891] BVerfGE 30, 173 (193).
[892] Vgl. zB BVerfGE 35, 202 (244) – Lebach; 119, 1 (23 ff.) – Esra; OLG Hamburg NJW 1984, 1130; BGH NJW 1983, 1194 (1195); *Götting* FS f. Raue, 2006, 427; krit. gegenüber der Rspr. des BVerfG zum allg. Persönlichkeitsrecht als „Universalschranke" der Kunstfreiheit insbes. nach Esra *Vosgerau* Der Staat 48 (2009), 107; krit. weiter *Enders* JZ 2008, 581; zur Beeinträchtigung des durch Art. 2 Abs. 2 S. 1 geschützten Rechts auf „psychisches Wohlbefinden" vgl. OVG Koblenz NJW 1998, 1422; zu einem Aufführungsverbot wegen Überwiegens des postmortalen Persönlichkeitsrechts gegenüber der Kunstfreiheit OLG Hamm AfP 2006, 261; vgl. auch *Kobor* JuS 2006, 593 (596); zum gleichen Themenkomplex, aber in diesem Fall eine Verletzung des postmortalen Persönlichkeitsrechts verneinend BGH JZ 2009, 214 mAnm *Ahrens.*
[893] BVerfGE 30, 173 (193).
[894] *Denninger* in HdbStR VI, 2. Aufl. 2001, § 146 Rn. 41.
[895] BVerfGE 67, 213 (228); entsprechend BVerfGE 119, 1 (23).
[896] Vgl. auch *v. Pollern* JuS 1977, 644 (648).
[897] BVerfGE 30, 173 (193); 67, 213 (228); 83, 130 (139); 119, 1 (23 f.); 142, 74 Rn. 84.
[898] Dazu eing. *Bethge,* Zur Problematik von Grundrechtskollisionen, 1977, 272 ff.
[899] Vgl. *Wendt* AöR 104 (1979), 414 (432 ff.); sa BVerwGE 84, 71 (76, 77).
[900] *Denninger* in HdbStR VI, 2. Aufl. 2001, § 146 Rn. 39.
[901] Vgl. *Scholz* in Maunz/Dürig Rn. 65.

rechtliche Verortung und die Interdependenzen der konfligierenden Freiheitsansprüche und Verfassungsgüter sowie die Besonderheiten der Konfliktsituation determiniert.[902] Dabei nimmt das BVerfG bei erheblichen Eingriffen in die Kunstfreiheit eine weitgehende Befugnis zur Überprüfung der vorgängigen zivilgerichtlichen Entscheidungen in Anspruch. Bei besonders starken Eingriffen wie dem Verbot eines Romans beschränkt es seine Prüfung nicht auf die Frage, ob die angegriffenen Entscheidungen auf einer grundsätzlich unrichtigen Auffassung von der Bedeutung des Art. 5 Abs. 3 S. 1 beruhen. Das Gericht überprüft vielmehr die Vereinbarkeit der angegriffenen Entscheidungen mit der verfassungsrechtlichen Kunstfreiheitsgarantie auf der Grundlage der **konkreten Umstände** des jeweiligen Sachverhalts.[903] Problematisch ist im Rahmen der Abwägung der Rückgriff auf unbestimmte Schutzgüter, wie zB die „Funktionstüchtigkeit der Strafrechtspflege".[904] Im Ergebnis kann der effektive Schutz eines der Kunstfreiheit widerstreitenden „verfassungsbeschirmten" Rechtsguts schwächer ausfallen als bei einer ungeschmälerten Anwendung der Normen des bürgerlichen oder des Polizeirechts.[905] So kann zB auch eine Aussage unter dem Aspekt der Meinungsfreiheit allein als nicht mehr zulässig erscheinen, wohl aber – auf Grund des Grades ihrer Verfremdung – als „Nebenwirkung" eines Kunstwerks hinzunehmen sein.[906] Im Mephisto-Beschluss wurde das skizzierte Verfahren des **verhältnismäßigen Ausgleichs** gegenläufiger verfassungsrechtlich geschützter Interessen zur Bewältigung des Konflikts zwischen Kunstfreiheit und Persönlichkeitsschutz eingesetzt. Dabei hat das BVerfG verdeutlicht, dass der soziale Wert- und Achtungsanspruch des Einzelnen ebenso wenig der Kunstfreiheit übergeordnet sei, wie sich die Kunst ohne weiteres über den allgemeinen Achtungsanspruch des Menschen hinwegsetzen dürfe. Habe der Künstler ein „Porträt" des „Urbildes" gezeichnet, komme es auf das Ausmaß der künstlerischen **Verfremdung** oder den Umfang und die Bedeutung der „Verfälschung" für den Ruf des Betroffenen oder für sein Andenken an.[907] Hieran anknüpfend stellt das BVerfG in seinem Beschluss zum Roman „Esra" fest, dass zwischen dem Maß, in dem der Autor eine von der Wirklichkeit abgelöste ästhetische Realität schaffe, und der Intensität der Verletzung des Persönlichkeitsrechts eine Wechselbeziehung bestehe. Je stärker Abbild und Urbild übereinstimmten, desto schwerer wiege die Beeinträchtigung des Persönlichkeitsrechts. Je mehr die künstlerische Darstellung die besonders geschützten Dimensionen des Persönlichkeitsrechts berührten, desto stärker müsse die Fiktionalisierung sein, um eine Persönlichkeitsrechtsverletzung auszuschließen.[908]

150 Auch im Beschluss zum „Anachronistischen Zug" hat das BVerfG die hohe Bedeutung der Freiheit der Kunst zum Persönlichkeitsrecht (Ehrenschutz gegen Beleidigung) ins Verhältnis gesetzt und den Vorrang der ersteren gegenüber einer bloß **geringfügigen Beeinträchtigung** oder der bloßen Möglichkeit einer schwerwiegenden Beeinträchtigung des Persönlichkeitsrechts an-

---

[902] Vgl. *Wendt* AöR 104 (1979), 414 (435).
[903] BVerfGE 119, 1 (22) – Esra.
[904] BVerfGE 81, 278 (293); *Bethge* in Sachs Rn. 198.
[905] *Denninger* in HdbStR VI, 2. Aufl. 2001, § 146 Rn. 39.
[906] Vgl. *Otto* JR 1983, 1 (10); *Henschel* NJW 1990, 1937 (1941).
[907] BVerfGE 30, 173 (195).
[908] BVerfGE 119, 1 (30); krit. zu den Maßstäben des BVerfG *Ladeur* AfP 2008, 30; zum Urteil des BGH im Falle „Esra" – BGH NJW 2005, 2844 – vgl. *Wanckel* NJW 2006, 578 f.

genommen.[909] Im Hinblick auf den Ausgleich zwischen der gesetzlich vorgesehenen, durch die Kunstfreiheit geschützten Möglichkeit der Nutzung von Tonträgern und dem eigentumsgeschützten Leistungsschutzrecht des Tonträgerherstellers aus § 85 Abs. 1 S. 1 UrHG stellt das BVerfG fest, dass in dem Fall, dass der künstlerischen Entfaltungsfreiheit ein Eingriff in das Leistungsschutzrecht des Urhebers gegenübersteht, der dessen Verwertungsmöglichkeiten nur geringfügig beschränkt, die Verwertungsinteressen des Urheberrechtsinhabers zugunsten der Freiheit der künstlerischen Betätigung zurücktreten haben.[910] Hinsichtlich eines Einfuhrverbots für Filme hat das BVerfG gefordert, dass die – in jenem Fall zur Rechtfertigung des Einfuhrverbots unabdingbare – Voraussetzung einer unmittelbaren und gegenwärtigen Gefahr für den Bestand der Bundesrepublik Deutschland und ihre Grundordnung im Lichte des hohen Ranges der Kunstfreiheitsgarantie mit besonderer Sorgfalt geprüft werden müsse.[911] In der Entscheidung zum „Herrnburger Bericht" hat das Gericht hervorgehoben, dass die Einschränkung der Kunstfreiheit sich nicht formelhaft mit dem „Schutz der Verfassung" oder der Funktionstüchtigkeit der Rechtspflege rechtfertigen lasse; vielmehr müssten an Hand einzelner Grundgesetzbestimmungen die **konkret verfassungsrechtlich geschützten Rechtsgüter** herausgearbeitet werden, die bei realistischer Einschätzung der Tatumstände der Wahrnehmung des Rechts aus Art. 5 Abs. 3 S. 1 widerstritten und in Konkordanz zu diesem Grundrecht gebracht werden sollten.[912]

Erforderlich ist aber nicht nur eine genaue Herausarbeitung und Konkretisie- **151**
rung der Verfassungsgüter, die im Einzelfall der Wahrnehmung der Kunstfreiheit entgegenstehen (sollen). Schon vorab ist nach der jüngeren Judikatur der Freiheitsgewährleistung aus Art. 5 Abs. 3 S. 1 dadurch Rechnung zu tragen, dass die inkriminierte Handlung an Hand der der jeweiligen **Kunstgattung eigenen Strukturmerkmale** beurteilt wird; bereits dabei kann sich ergeben, dass eine fühlbare Beeinträchtigung anderer Verfassungsgüter von vornherein ausscheidet oder jedenfalls als strukturtypisch hinzunehmen ist.[913] So spricht das BVerfG in seiner Entscheidung zu den Strauß-Karikaturen (unter Übernahme des Sprachgebrauchs des BGH)[914] davon, dass bei der Beurteilung von Kunst **„werkgerechte" Maßstäbe** anzulegen seien.[915] Das heißt, dass zunächst die prägenden Eigenheiten der in Rede stehenden Kunstgattung zu erfassen sind, um mit Hilfe dieser Strukturmerkmale die Aussage des Kunstwerks zu ermitteln. Erst wenn eine solche werkgerechte Beurteilung ergibt, dass entgegenstehende, ebenfalls verfassungsrechtlich geschützte Rechte Dritter oder andere, sich aus einzelnen Grundgesetzbestimmungen konkret ergebende Verfassungsgüter beeinträchtigt sind, ist eine Abwägung notwendig.[916]

---

[909] BVerfGE 67, 213 (228); vgl. auch BVerfG-K NJW 2018, 1744 Rn. 21 zur Notwendigkeit der Klärung, ob eine Beeinträchtigung des Persönlichkeitsrechts derart schwerwiegend ist, dass die Freiheit der Kunst zurückzutreten hat, weil eine geringfügige Beeinträchtigung oder die bloße Möglichkeit einer schwerwiegenden Beeinträchtigung hierzu angesichts der hohen Bedeutung der Kunstfreiheit nicht ausreichen.

[910] BVerfGE 142, 74 Rn. 86; so bereits BVerfG-K NJW 2001, 598 (599); vgl. demgegenüber OLG Saarbrücken NJW 2018, 3794 m. Anm. Valerius: Lediglich marginale Betroffenheit des Rechts auf freie Ausübung der Kunst, dagegen schwerwiegender Eingriff in das Recht auf ungestörte Religionsausübung (Liegestützen auf Kirchenaltar).

[911] BVerfGE 33, 52 (71).

[912] BVerfGE 77, 240 (255).

[913] *Henschel* NJW 1990, 1937 (1941).

[914] BGH NJW 1983, 1194 (1195).

[915] BVerfGE 75, 369 (376 ff.); 142, 74 Rn. 85 f.: „kunstspezifische Betrachtung".

[916] *Henschel* NJW 1990, 1942; vgl. auch bereits BVerfGE 67, 213 (228 ff.).

Demgemäß verlangt die Kunstfreiheit für ein literarisches Werk, das sich als Roman ausweist, eine an einem kunstspezifischen, ästhetischen Maßstab ausgerichtete Betrachtung. Daraus folgt insbes. eine **Vermutung für die Fiktionalität** des literarischen Textes.[917] Bei der Auslegung und Anwendung des § 51 Nr. 2 UrhG verlangt die durch Art. 5 Abs. 3 geforderte kunstspezifische Betrachtung, die innere Verbindung der zitierten Stellen mit den Gedanken und Überlegungen des Zitierenden über die bloße Belegfunktion hinaus auch als Mittel künstlerischen Ausdrucks und künstlerischer Gestaltung anzuerkennen und damit dieser Vorschrift für Kunstwerke zu einem Anwendungsbereich zu verhelfen, der weiter ist als bei anderen, nicht-künstlerischen Sprachwerken.[918] Eine Abwägung erübrigt sich allerdings, wenn eine derart schwerwiegende Beeinträchtigung widerstreitender Verfassungsgüter vorliegt, dass ein Güterausgleich von vornherein nicht möglich ist. So hat das BVerfG bspw. entschieden, dass **Eingriffe** in den durch Art. 1 Abs. 1 geschützten **Kern menschlicher Ehre niemals** durch die Freiheit künstlerischer Betätigung gedeckt sein können.[919] Zu dem Kernbereich privater Lebensgestaltung, der wegen der besonderen Nähe zur Menschenwürde absolut geschützt ist, rechnet das BVerfG insbes. auch Ausdrucksformen der Sexualität;[920] problematisch ist es aber, besonders schwere Verstöße gegen die Menschenwürde von vornherein aus dem Schutzbereich der Kunstfreiheit „herauszudefinieren".[921]

152 Da „die Kunstfreiheit um des künstlerischen Schaffens willen gewährleistet wird, demgegenüber die Vermittlung des Kunstwerks dienende Funktion hat", entspricht es nach den Feststellungen des BVerfG[922] „den Wertvorstellungen des Verfassungsgebers, den **Werkbereich,** die eigentliche Kunstschöpfung, grundsätzlich für **weniger einschränkbar** zu halten als die (…) Kommunikation zwischen dem Künstler und der Außenwelt". Die „eigentliche Kunstschöpfung ist zudem", wie das Gericht ausführt, „von der Natur der Sache her regelmäßig weniger geeignet, die Rechte Dritter oder andere bedeutende Rechtsgüter zu beeinträchtigen als die Vermittlung des Kunstwerks, die zwangsläufig Außenwirkung beansprucht". In der Tat erscheint die Annahme zutreffend, dass die Zone des Höchstpersönlich-Individualen bzw. strikter Privatheit, in der sich die Schöpfung eines Kunstwerks vollzieht, im Allgemeinen keine freiheitsbeschränkenden Eingriffe duldet[923] und deshalb „staatliche Eingriffe umso weniger zuzulassen (sind), je näher die umstrittene Handlung dem Kern der Kunstfreiheit zuzuordnen ist und je mehr sie sich im Bereich des Schaffens abspielt".[924]

---

917 BVerfGE 119, 1 (33), Esra; zur Weiterentwicklung der Fiktionalitätsvermutung in der Rspr. *Robak* AfP 2009, 325.

918 BVerfG NJW 2001, 598 (599).

919 BVerfGE 67, 213 (228); konkretisiert in BVerfGE 75, 369 (380 f.); *Henschel* NJW 1990, 1942.

920 BVerfGE 119, 1 (29 f.) – Esra.

921 So aber *Dierksmeier* JZ 2000, 883 (887 ff.).

922 BVerfGE 77, 240 (253 f.).

923 *Scholz* in Maunz/Dürig Rn. 65; *Wendt* AöR 104 (1979), 414 (463 f.).

924 BVerfGE 77, 254, unter zutr. Zurückweisung der von *Starck* in v. Mangoldt/Klein, 3. Aufl. 1996, Rn. 207 f., entwickelten Stufentheorie, nach der für den Werkbereich ausschließlich die verfassungsrechtlich geschützten Rechtsgüter als Schranken heranzuziehen seien, während für den Wirkbereich (auch) die allg. Rechtsordnung maßgeblich sei; klarstellend, die weitgehende Ergebnisgleichheit betonend *Starck* in MKS Rn. 452 ff.; BVerfG GewArch 1988, 369 (370); s. aber BVerwGE 84, 71 (74): „Wegen des engen Zusammenhangs zwischen der Kunstschöpfung und der Kommunikation zwischen Künstler und Außenwelt ist bei der Straßenkunst der Wirkbereich nicht weniger schutzbedürftig als der Werkbereich".

Art. 5 Abs. 3 steht der Anwendung von Vorschriften, die die Sondernutzung der Straße auch zwecks Ausübung der Kunst oder zwecks Aufstellung von Kunstgegenständen einer Erlaubnispflicht unterwerfen, nicht entgegen.[925] Diese Auffassung wird vom BVerwG im Urteil zum „Silhouettenschneiden“[926] erneut bestätigt. Danach ist die Frage, ob **Straßenkunst** als „kommunikativer Verkehr“ zum landesstraßenrechtlichen Gemeingebrauch gehört, nach den Maßstäben des Landesrechts zu beurteilen. Art. 5 Abs. 3 S. 1 zwinge zur Qualifizierung von Straßenkunst als Gemeingebrauch auch dann nicht, wenn die Kunstausübung grundrechtlich geschützte Positionen Dritter nicht konkret beeinträchtige. In einem solchen Fall bestehe aber regelmäßig ein Rechtsanspruch auf die Sondernutzungserlaubnis. Die Frage der Erlaubnisfreiheit von „Spontankunst“ lässt das Gericht offen.[927] **153**

Das **Verhältnis von Kunstschutz zu Jugendschutz** wurde früher vom BVerwG mit dem Grundsatz beantwortet: Kunstschutz geht vor Jugendschutz.[928] In späterer Rspr. hat das BVerwG diesen Grundsatz eingeschränkt[929] und festgestellt, nur ein solches Ergebnis künstlerischen Bemühens gehe dem Jugendschutz vor, welches ein bestimmtes Maß an künstlerischem Niveau besitze. In der Folgezeit stellte sich das BVerwG auf den Standpunkt, dass § 1 Abs. 2 Nr. 2 G über die Verbreitung jugendgefährdender Schriften und Medieninhalte (GjSM) (vgl. seit 2003 § 18 Abs. 3 Nr. 2 JuSchG) und Art. 5 Abs. 3 S. 1 einen übereinstimmenden Kunstbegriff verwendeten. Daraus folgerte das Gericht zunächst, bei „schlicht“ jugendgefährdenden Schriften iSd § 1 Abs. 1 GjSM (vgl. jetzt § 18 Abs. 1 JuSchG) gebühre dem Kunstschutz generell Vorrang vor dem Jugendschutz; angesichts des verfassungsrechtlichen Ranges des Schutzes der Jugend vor schwerer Gefährdung iSd § 6 GjSM (vgl. jetzt § 18 Abs. 5 JuSchG) könnten dagegen Schriften, die schwer jugendgefährdend seien, unabhängig von ihrem Kunstwert in die Liste der jugendgefährdenden Schriften nach § 1 Abs. 1 GjSM (vgl. jetzt § 18 Abs. 1 JuSchG) aufgenommen werden.[930] Beide Annahmen erklärte das BVerwG dann aber unter Hinweis auf die „Mutzenbacher“-Entscheidung des BVerfG[931] für nicht mehr haltbar. Es stellte nunmehr fest, dass die Indizierung einer als Kunstwerk anzusehenden Schrift auch dann eine einzelfallbezogene Abwägung mit der Kunstfreiheit voraussetze, wenn die Schrift offensichtlich geeignet sei, Kinder oder Jugendliche schwer zu gefährden. Ein vom Gesetzgeber selbst umfassend geregelter Ausgleich zwischen Kunstfreiheit und Jugendschutz im Bereich jugendgefährdender Schriften existiere somit nicht. Ein allgemeiner Vorrang der Kunstfreiheit gegenüber schlichter Jugendgefährdung könne jedenfalls nicht mehr als Bestandteil eines geschlossenen Konzepts auf legislatorischer Ebene verstanden werden.[932] **154**

---

925 BVerwG DÖV 1981, 342 f.

926 BVerwGE 84, 71.

927 Vgl. demgegenüber die Vorinstanz: VGH Mannheim NJW 1989, 1299 m. Bespr. *Würkner* NJW 1989, 1266; zur Entscheidung vgl. *Steinberg/Hartung* JuS 1990, 795; *Goerlich* Jura 1990, 415; *Hufen* JuS 1991, 597.

928 BVerwGE 23, 104 (110).

929 BVerwGE 39, 197 (207).

930 BVerwGE 77, 75; ferner BVerwG NJW 1987, 1431 (1433); zur Änderung der Rspr. *Lutz* NJW 1988, 3194.

931 BVerfGE 83, 130.

932 BVerwGE 91, 223 (224); 81, 211 (213). Nach BVerfG GewArch. 1988, 369 (370), war das in § 7 Abs. 4 JÖSchG aF normierte Verbot, in der Öffentlichkeit bespielte Bildträger in Automaten anzubieten, verfassungsgemäß. Zum Schutz von Jugendlichen und Kindern im Theater- und Musikbetrieb *Salje* DVBl 1988, 135; zum Verhältnis von Art. 5 Abs. 3 u.

155 Für die **Beeinträchtigung von Urheberrechten** gilt: Steht ein geringfügiger Eingriff in die Urheberrechte ohne die Gefahr merklicher wirtschaftlicher Nachteile (zB Absatzrückgänge) der künstlerischen Entfaltungsfreiheit gegenüber, so haben die Verwertungsinteressen der Urheberrechtsinhaber im Vergleich zu den Nutzungsinteressen für eine künstlerische Auseinandersetzung zurückzutreten.[933]

156 **2. Freiheit der Wissenschaft, Forschung und Lehre – Wissenschaft, Forschung und Lehre sind frei.** Der Wissenschaftsfreiheit des Art. 5 Abs. 3 S. 1 liegt „der Gedanke zugrunde, dass eine von gesellschaftlichen Nützlichkeits- und politischen Zweckmäßigkeitsvorstellungen freie Wissenschaft Staat und Gesellschaft im Ergebnis am besten dient".[934] Ein vergleichbares Recht findest sich in Art. 13 GRCh.[935] Der **Begriff Wissenschaft** stößt auf ähnliche Definitionsschwierigkeiten wie der Begriff Kunst.[936] Für das BVerfG ist wissenschaftliche Tätigkeit „alles, was nach Inhalt und Form als ernsthafter planmäßiger Versuch zur Ermittlung der Wahrheit anzusehen ist".[937] Für das BVerwG ist Wissenschaft „das ernsthafte Bemühen, das Gewußte mit dem Wißbaren in Übereinstimmung zu bringen".[938] Noch knapper ist die Formel „das allein sachorientierte Erkenntnisstreben".[939] Das BVerfG formuliert: Den Kernbereich wissenschaftlicher Betätigung „stellen die auf wissenschaftlicher Eigengesetzlichkeit beruhenden Prozesse, Verhaltensweisen und Entscheidungen bei der Suche nach Erkenntnissen, ihrer Deutung und Weitergabe dar".[940] Alle diese Formulierungen geben nur grobe Umrisse eines komplexen Sachverhaltes, der durch individuelles oder gemeinschaftliches, auf einen Bestand an Erkenntnissen aufbauendes, methodisch vorgehendes, denkendes und auf neue Erkenntnisse gerichtetes Verhalten geprägt ist.[941] Demgemäß ist der Schutzbereich des Grundrechts dann nicht eröffnet, wenn „vorgefassten Meinungen oder Ergebnissen lediglich (der) Anschein wissenschaftlicher Gesinnung oder Nachweisbarkeit" verliehen wird.[942] Da Wissenschaft auf ständige Selbst- und Fremdüberprüfung zielt, ist der Ausdruck „kritische Wissenschaft" eine Tautologie. Wissenschaft äußert sich in Forschung oder Lehre (wobei die Lehre ihrerseits Forschung voraussetzt; → Rn. 159); die Worte „Forschung und Lehre" umschreiben also erschöpfend den Begriff Wissen-

strafrechtlichen Ehrenschutzbestimmungen s. *Bethge* in Sachs Rn. 198d; *Scholz* in Maunz/Dürig Rn. 67; *Würkner* JA 1988, 183; zu Karikatur und Satire in strafrechtlicher Sicht: BVerfG NJW 2001, 596 (597); *Würtenberger* NJW 1982, 610; NJW 1983, 1144; zum Pornographieverbot allg. vgl. *Kuner* AfP 1971, 61; zur Kunstfreiheit als Rechtfertigung für die Verbreitung pornographischer Schriften *Liesching/v. Münch* AfP 1999, 37.

933 BVerfG NJW 2001, 598 (599); BVerfGE 142, 74 Rn. 86; zum Verhältnis von Kunst und Urheberrecht *Wandtke* ZUM 2005, 769; zu den internationalen, supranationalen und rechtsvergleichenden Bezügen der Kunstfreiheit vgl. *Wittreck* in Dreier Rn. 13 ff. Zur Kunstfreiheit in den neuen Medien, insbes. gegenüber einem Host-Provider im Internet, vgl. *Pichler* AfP 1999, 429 (433 ff.), „Privatzensur".

934 BVerfGE 127, 87 (115); 128, 1 (87); 136, 338 Rn. 56.

935 Dazu *Jarass* GRCh Art. 13 Rn. 6 ff.

936 → Rn. 139 ff.; zur Abgrenzung von Kunst und Wissenschaft vgl. *Blankenagel* AöR 125 (2000), 70 (97 ff.).

937 BVerfGE 35, 79 (113); 47, 327 (367); 90, 1 (12); BVerwGE 102, 304 (308); krit. zur Definition des BVerfG *Denninger* in AK Rn. 14.

938 BVerwGE 23, 112 (120).

939 *Knemeyer,* Lehrfreiheit, 1969, 26.

940 BVerfGE 111, 333 (354); 122, 89 (105); 128, 1 (40).

941 Vgl. auch – mit Betonung des sozialen Prozesses und des Sozialsystems – *Hauck/Lüthje,* Wissenschaftsfreiheit durch Mitbestimmung, 1970, 11.

942 BVerfGE 90, 1 (13).

schaft.[943] Art. 5 Abs. 3 S. 1 ist also zu lesen: Wissenschaftliche Forschung und wissenschaftliche Lehre sind frei. Auch anwendungsbezogene Forschungen und Entwicklungen können Wissenschaft sein.[944] Die wissenschaftliche Verwertung wissenschaftlicher Erkenntnisse fällt nicht unter Art. 5 Abs. 3, sondern unter Art. 12 bzw. 14,[945] sofern sie nicht in einem engen Zusammenhang mit der eigentlichen Forschung steht, wobei die Wertentscheidung des Art. 5 Abs. 3 iRd Art. 12 zu berücksichtigen ist.[946]

Bedeutet **Forschung** „das methodenkritische Streben nach neuen Erkenntnissen"[947] bzw. „die selbständige Erarbeitung objektiv neuer wissenschaftlicher Erkenntnisse", [948] so ist Wissenschaft ohne Forschung und Forschung ohne Wissenschaft nicht denkbar. Sind die Kriterien der Wissenschaftlichkeit gegeben, so fällt auch die sog. Zweck- oder Auftragsforschung unter den Begriff Forschung.[949] Forschung braucht sich jedoch nicht in Lehre darzustellen.[950] Deshalb können auch unverkündete Forschungsergebnisse und reine Forschungsinstitute den Schutz des Art. 5 Abs. 3 genießen. 157

Auf Bedenken muss der Versuch stoßen, unter dem Gesichtspunkt der **Verantwortlichkeit** bzw. Sozialfolgenabschätzung bereits den Schutzbereich der Forschungsfreiheit einer „ethischen Limitierung" zu unterwerfen.[951] Sachgerechte Ergebnisse werden sich in der Regel nur dann finden lassen, wenn im Rahmen einer Güterabwägung die Bedeutung eines Forschungsbereichs einerseits und seine – aktuellen oder potentiellen – Auswirkungen auf ein mit Verfassungsrang ausgestattetes Rechtsgut miteinander in Einklang gebracht werden. Dem Grad der jeweiligen Betroffenheit muss der Gesetzgeber bei der Regulierung der Forschung im Hinblick auf den Verhältnismäßigkeitsgrundsatz besondere Rechnung tragen.[952] Dazu stünde im Gegensatz, wenn man, ähnlich wie früher bei der Kunstfreiheit (→ Rn. 145), auch den Schutzbereich der Wissenschaftsfreiheit von vornherein nur auf die spezifische wissenschaftliche Betätigung erlaubten Verhaltens erstreckte und so zB eigenmächtigen Beeinträchtigungen von fremdem Leib und Leben von vornherein den Grundrechtsschutz versagte.[953] Die Verfassungsmäßigkeit einer gesetzlichen Pflicht, sich mit möglichen Folgen einer Nutzung seiner Forschungsergebnisse auseinanderzusetzen, wird vom VerfGH NRW bejaht.[954] 158

Auf Grund des engen Zusammenhangs der Gewährleistung von Forschung und Lehre gewährleistet Art. 5 Abs. 3 S. 1 die wissenschaftliche **Lehre,** dh die „wissenschaftlich fundierte Übermittlung der durch die Forschung ge- 159

---

[943] *Dreier* DVBl 1980, 471; vgl. auch *Köttgen* in BNS Grundrechte, Bd. II, 1954, 296: „Sicher ist (…), dass es außerhalb von Forschung und Lehre keinerlei Wissenschaft gibt".

[944] BVerfGE 126, 1 (21 ff., 24); zu wissenschaftl. Privatgutachten, Sachverhaltsermittlungen, Vorarbeiten und Teamwork vgl. *Starck/Paulus* in MKS Rn. 488.

[945] BVerfGE 71, 162 (176); BGHZ 173, 356 Rn. 19.

[946] *Jarass* in Jarass/Pieroth Rn. 138 mwN; *Fehling* in BK Rn. 69, 105.

[947] *Küchenhoff* DÖV 1964, 601 (603).

[948] BVerwG NVwZ 1987, 681 (682); zum Fehlen einer eindeutigen und allg. anerkannten Definition des Begriffs Forschung, „die als Maßstab genutzt werden könnte, um eine Tätigkeit exakt zu qualifizieren und einzuordnen": BVerfGE 61, 210 (237 ff.).

[949] *Starck/Paulus* in MKS Rn. 477; aA *Köttgen* in BNS Grundrechte, Bd. II, 1954, 306.

[950] *Knemeyer,* Lehrfreiheit, 1969, 23.

[951] *Dickert,* Naturwissenschaften und Forschungsfreiheit, 1991, 400 ff., 509; zum Problem auch *Lorenz* FS f. Lerche, 1993, 267; sowie *Losch/Radau* NVwZ 2003, 390.

[952] Vgl. *Wagner* NVwZ 1998, 1235.

[953] *Fehling* in BK Rn. 147; vgl. auch *Trute,* Die Forschung zwischen grundrechtlicher Freiheit und staatlicher Institutionalisierung, 1994, 158 ff.

[954] VerfGH NRW DVBl 2000, 699.

wonnenen Erkenntnisse".[955] Die Lehre bezieht sich auf die Wiedergabe eigener wie die kritisch reflektierte Verarbeitung angeeigneter fremder wissenschaftlicher Erkenntnisse;[956] diese umfasst jede Form pädagogischer Vermittlung oder eigenverantwortlicher Publikation von wissenschaftlichen Erkenntnissen innerhalb und außerhalb der Hochschule.[957] Zum Begriff der wissenschaftlichen Lehre gehört unabdingbar die spezifische wissenschaftliche Eigenverantwortung; sie muss selbständig und frei von Weisungen durchgeführt werden.[958]

160 Freiheit von Forschung und Lehre ist **nicht auf Tätigkeit an Hochschulen oder durch Hochschullehrer beschränkt.**[959] „Das in Art. 5 Abs. 3 GG enthaltene Freiheitsrecht … steht jedem zu, der wissenschaftlich tätig ist oder tätig werden will".[960] Dadurch sind vor allem die auf wissenschaftlicher Eigengesetzlichkeit beruhenden Prozesse, Verhaltensweisen und Entscheidungen bei der Suche nach Erkenntnissen, ihrer Deutung und Weitergabe, die Fragestellung, die Grundsätze der Methodik sowie die Bewertung der Forschungsergebnisse und ihre Verbreitung geschützt.[961] Dies gilt auch für Mindermeinungen und Forschungsansätze, die sich als irrig oder fehlerhaft erweisen.[962] Ebenso genießt unorthodoxes oder intuitives Vorgehen den Schutz des Grundrechts.[963] Dieser wissenschaftliche Freiraum ist grundsätzlich ohne Vorbehalt geschützt. Gewährleistet sind ein von staatlicher Fremdbestimmung freier Bereich persönlicher und autonomer Verantwortlichkeit des einzelnen Wissenschaftlers und ein Schutz vor staatlichen Einwirkungen auf den Prozess der Gewinnung und Vermittlung wissenschaftlicher Erkenntnisse.[964] Der Unterricht an allgemeinbildenden Schulen erfüllt die genannten Voraussetzungen nicht und wird daher und wegen der Dominanz des staatlichen Erziehungsauftrags von Rspr. und hL nicht als Lehre iSd Art. 5 Abs. 3 angesehen.[965]

---

[955] BVerfGE 35, 79 (113); 141, 143 Rn. 49; *Mager* in HdbStR VII § 166 Rn. 10.

[956] BVerfGE 126, 1 (23 f.); *Jarass* in Jarass/Pieroth Rn. 139; *Starck/Paulus* in MKS Rn. 480; *Fehling* in BK Rn. 83.

[957] BVerfGE 35, 79 (113); *Starck/Paulus* in MKS Rn. 480.

[958] Von BVerwGE 62, 45 (51 f.) verneint für Tutoren, die unter der fachlichen Leitung ihres Professors stehen; BayVerfGE 24, 1 (25); für eine größere Eigenständigkeit der Lehrfreiheit plädiert *Kaufhold,* Die Lehrfreiheit – ein verlorenes Grundrecht?, 2006; krit. *Gärditz* WissR 40 (2007), 67; zu den verfassungsrechtlichen Grenzen der fachlichen Veränderung der Aufgaben eines Professors *Waldeyer* NVwZ 2008, 266 (insbes. 268 f.).

[959] *Bethge* in Sachs Rn. 211; vgl. zum Problemkreis außeruniversitäre Forschungseinrichtungen allg. *Meusel,* Grundprobleme des Rechts der außeruniversitären „staatlichen" Forschung, 1982, 41 ff., sowie *Classen,* Wissenschaftsfreiheit außerhalb der Hochschule, 1994, 72 ff.; *Thieme* DÖV 1994, 150; *Schulze-Fielitz* in BMV VerfassungsR-HdB Rn. 1339 (1349 f.) spricht von einem „relativen Bedeutungsverlust der universitären Wissenschaft".

[960] BVerfGE 35, 79 (112); 90, 1 (11); BVerwGE 102, 304 (307); vgl. auch schon BVerfGE 15, 256 (263 f.).

[961] BVerfGE 35, 79 (112, 113); 47, 327 (367); 90, 1 (11 ff.); BVerwGE 102, 304 (307).

[962] BVerfGE 90, 1 (12); BVerwGE 102, 304 (307).

[963] BVerfGE 35, 79 (113); 47, 327 (367); BVerwGE 102, 304 (307).

[964] BVerfGE 35, 79 (112 f.); 47, 327 (367 f.); 90, 1 (12); BVerwGE 102, 304 (307 f.); zur Wissenschaftsfreiheit von Hochschullehrern der Theologie BVerfG JZ 2009, 511 mit Anm. *Gärditz* JZ 2009, 515; zur Forschung durch Studenten vgl. *Geck* VVDStRL 27 (1969), 157; zur „Lernfreiheit" der Studenten *Geck* VVDStRL 27 (1969), 156 ff.; *Bethge* in Sachs Rn. 208; abl. *Jarass* in Jarass/Pieroth Rn. 140; offen gelassen von BVerfGE 55, 37 (67 f.); → Rn. 164 Stichw. „Lernfreiheit"; zur dualen Hochschule Baden-Württemberg vgl. *Kull* VBlBW 2009, 329.

[965] BVerwG BayVBl. 1956, 247 (248); OVG Lüneburg AS 3, 138 (144); *Stern* in Stern StaatsR I § 20 V 4b δ; *Bethge* in Sachs Rn. 212; *Fehling* in BK Rn. 86; aA zB *Staff* DÖV 1969, 627; zur pädagogischen Freiheit des Lehrers vgl. die gleichnamige Schrift von Johannes Rux, 2002.

Die Freiheit von Wissenschaft, Forschung und Lehre in Art. 5 Abs. 3 S. 1 hat eine **Doppelfunktion:** sie ist sowohl „eine **objektive,** das Verhältnis von Wissenschaft, Forschung und Lehre zum Staat regelnde **wertentscheidende Grundsatznorm**" als auch „für jeden, der in diesen Bereichen tätig ist, ein **individuelles Freiheitsrecht**".[966] Aus der in Art. 5 Abs. 3 S. 1 getroffenen Wertentscheidung entnimmt das BVerfG[967] nicht nur „die Absage an staatliche Eingriffe in den … Eigenbereich der Wissenschaft", sondern auch die Verpflichtung des Staates, „sein Handeln positiv danach einzurichten, d. h. schützend und fördernd einer Aushöhlung dieser Freiheitsgarantie vorzubeugen". Daraus ergeben sich zwei Verpflichtungen des Staates: einmal, die Wissenschaft und ihre Vermittlung „durch Bereitstellung von personellen, finanziellen und organisatorischen Mitteln zu ermöglichen und zu fördern", also „funktionsfähige Institutionen für einen freien Wissenschaftsbetrieb zur Verfügung zu stellen", zum anderen, „durch geeignete organisatorische Maßnahmen dafür zu sorgen, dass das Grundrecht der freien wissenschaftlichen Betätigung so weit unangetastet bleibt, wie das unter Berücksichtigung der anderen legitimen Aufgaben der Wissenschaftseinrichtungen und der Grundrechte der verschiedenen Beteiligten möglich ist".[968] Diese Grundsatzentscheidung des Art. 5 Abs. 3 S. 1 verstärkt dessen Geltungskraft in Richtung auf eine **Teilhabeberechtigung.** Soweit der einzelne Träger des Grundrechts der Korporation einer Hochschule angehört, erwächst ihm ein Recht auf solche staatlichen Maßnahmen auch organisatorischer Art, die zum Schutze seines grundrechtlich gesicherten Freiheitsraums unerlässlich sind, weil sie ihm die freie wissenschaftliche Betätigung überhaupt erst ermöglichen.[969] Dieser Freiraum ist nicht nur im Interesse seiner Entfaltung als Wissenschaftler garantiert, sondern auch im Interesse einer am Wohl des Einzelnen und der Gesellschaft dienenden Wissenschaft. Daher schützt die Wissenschaftsfreiheit nicht vor Beschränkungen, die für den einzelnen Grundrechtsträger aufgrund des Zusammenwirkens mit anderen Grundrechtsträgern im Wissenschaftsbetrieb unvermeidbar sind.[970] Eine Verpflichtung zur Aufrechterhaltung einer bestimmten öffentlichen Forschungseinrichtung besteht nicht. Vielmehr ist der Staat grundsätzlich befugt, Universitäten zu gründen oder aber aufzulösen,[971] zusammenzulegen oder auch zu privatisieren.[972] Der Schutz des Art. 5 Abs. 3 S. 1 richtet sich nicht nur gegen den Staat, sondern auch gegen Maßnahmen der Universitätsorgane.[973] Ein Hochschullehrer hat Anspruch auf Beachtung des Einvernehmens eines Fachbereichs, das auch seine wissenschaftlichen Belange sichern soll.[974] **161**

Bei der Prüfung der Frage, ob es einen unzulässigen Eingriff in die einem Hochschullehrer zustehende Forschungsfreiheit bedeutet, wenn Universitäts- **162**

[966] BVerfGE 35, 79 (112 ff.); 88, 129 (136 f.); 127, 87 (114); 128, 1 (40); 130, 263 (299); BVerwGE 55, 73 (75) – Habilitation; *Scholz* in Maunz/Dürig Rn. 81; *Dörr* FS f. Hufen, 2015, 289 (292 ff.); aA – für ausschließliche Deutung als Individualrecht – *Roellecke* JZ 1969, 726; Gegenposition bei *Knemeyer* JZ 1969, 780; *Rupp* JZ 1970, 165; *Schlink* Der Staat 10 (1971), 244.

[967] BVerfGE 35, 79 (114).

[968] BVerfGE 35, 79 (114 f.); ebenso BVerfGE 88, 129 (137); 93, 85 (95); 111, 333 (353).

[969] BVerfGE 88, 129 (137); 111, 333 (353).

[970] BVerfGE 111, 333 (353).

[971] BVerfGE 85, 360 (382, 384 f.).

[972] BVerfGE 128, 157 (179); 139, 148 Rn. 51; BbgVerfG BeckRS 2016, 46407 Rn. 95.

[973] OVG Berlin JZ 1973, 210.

[974] BVerfGK NVwZ-RR 2008, 218; zust. *Jarass* in Jarass/Pieroth Rn. 156.

organe die Befugnis zur Überprüfung von dessen Forschungstätigkeiten in Anspruch nehmen, hat das BVerwG festgestellt, dass dem Grundrecht der individuellen Forschungsfreiheit des Hochschullehrers kein Grundrecht der Universität auf Wissenschaftsfreiheit dergestalt gegenüberstehe, dass in ihrem Verhältnis zum einzelnen Hochschullehrer eine praktische Konkordanz herzustellen wäre und deshalb die Hochschule (ua) berechtigt wäre, die **Forschungsergebnisse** eines Wissenschaftlers **zu bewerten.**[975] Forschen und wissenschaftlich tätig werden könne nur der Einzelne. Die Hochschulen hätten die Wissenschaftsfreiheit der einzelnen Grundrechtsträger insbes. vor staatlichen Eingriffen zu schützen und zur größtmöglichen Entfaltung zu bringen. Eine Zuständigkeit für einen Eingriff in die Forschungsfreiheit, gestützt auf ein eigenes Recht der Hochschule oder des Fachbereichs aus Art. 5 Abs. 3 S. 1, das der subjektiven Wissenschaftsfreiheit des einzelnen Hochschullehrers gleichgewichtig gegenüberstünde, könne es daher nicht geben.[976] Eine amtliche Befugnis der Hochschule oder ihrer Organe, die Forschung des Einzelnen hinsichtlich ihrer Ergebnisse und der Arbeitsweise „fachlich zu bewerten, zu kritisieren, sonstige amtliche Stellungnahmen dazu abzugeben oder gar von dem Wissenschaftler bestimmte Maßnahmen zu fordern" – wie etwa die Berichtigung von Veröffentlichungen – komme daher nicht in Betracht.[977] Hochschulgremien dürften den **wissenschaftlichen Diskurs weder beeinflussen** noch in anderer Weise präjudizieren. Auch das BVerfG erklärt eine inhaltliche Kritik nur für erlaubt, wenn sie mit Mitteln des wissenschaftlichen Diskurses und daher im Meinungsstreit der Wissenschaftler erfolgt.[978] Demgegenüber enthält nach Auffassung des BVerfG Art. 5 Abs. 3 S. 1 kein Verbot der **Bewertung wissenschaftlicher Qualität** durch die Leitungsorgane der Universität oder ein Verbot, an die Bewertung Folgen bei der **hochschulinternen Ressourcenverteilung** zu knüpfen. Die Absicht des Gesetzgebers, Allokationsentscheidungen möglichst rational und im Interesse einer Effektivierung der Ressourcenverwendung auch leistungsorientiert zu steuern, sei bei wissenschaftsadäquater Bewertung der in der Forschung erbrachten und zu erwartenden Leistungen verfassungsrechtlich nicht zu beanstanden.[979] Eine Beteiligung der Studierenden an der Lehrevaluation wird für zulässig erklärt.[980] Als Sicherungsmechanismen nennt das BVerfG ua die angemessene Beteiligung der Vertreter der Wissenschaft im Verfahren der Festlegung der Kriterien, die Möglichkeit, die Hochschul- und Fachbereichsleitung abzuwählen und das Erfordernis, bei der Verteilung der verfügbaren Mittel jedenfalls die Personal- und Sachmittel zuzuweisen, die es überhaupt erst ermöglichten, wissenschaftliche Forschung und Lehre zu betreiben.[981] Damit sind aber nur äußerste Grenzlinien bezeichnet. Kaum überzeugt auch, wenn die entwickelte Auffassung damit begründet wird, Forschungsleistungen und Forschungsvorhaben würden „seit jeher nicht nur in Prüfungen und Qualifikationsverfahren, sondern auch in Berufungsverfah-

[975] BVerwGE 102, 304 (309).
[976] BVerwGE 102, 304 (309).
[977] BVerwGE 102, 304 (312).
[978] BVerfG NJW 2000, 3635.
[979] BVerfGE 111, 333 (358 ff.).
[980] BVerfGE 111, 333 (360); Bewertungen der Qualität der Lehre unter Einbeziehung studentischer Bewertungen durch den (Studien-)Dekan, den Fachbereichsrat oder andere Hochschulorgane, also amtlich durchgeführt und verantwortet, halten dagegen für verfassungswidrig *Schachtschneider/Beyer* BayVBl. 1998, 171 (172).
[981] BVerfGE 111, 333 (359 ff.).

ren und bei der Vergabe von Drittmitteln bewertet".[982] Diese Bewertungen erfolgen in spezifischen Zusammenhängen und sind hier unverzichtbar.

Zweifel bestehen auch hinsichtlich der Vereinbarkeit von **besoldungsrelevanten Leistungsbewertungen** von Hochschullehrern (§§ 33 BBesG) mit Art. 5 Abs. 3 S. 1 unter dem Blickwinkel des beamtenrechtlichen Alimentationsprinzips, der Gefahr des Missbrauchs der beamtenrechtlichen Stellung des Hochschullehrers zu einer inneruniversitären Fremdbestimmung und der begrenzten Aussagekraft der tendenziell lediglich **quantitativ und administrativ ausgerichteten Kriterien** der Leistungsbewertung. Um der Respektierung des grundrechtlichen Freiheitsanspruchs und der Vermeidung inhaltlicher Eingriffe in die wissenschaftliche Lehre willen könnte man im Übrigen zB geneigt sein, eine Bewertung der Lehre allein nach Kriterien zuzulassen, die deren äußere Darbietung beträfen;[983] auch dann blieben jedoch Zweifel, da die äußere Darbietung sich kaum von den vermittelten Inhalten trennen lässt. **163**

Einzelfälle

Akkreditierung von Studiengängen – das Grundrecht der Wissenschaftsfreiheit aus Art. 5 Abs. 3 S. 1 steht Vorgaben zur Qualitätssicherung von Studienangeboten grundsätzlich nicht entgegen. Der Zwang zur Akkreditierung von Studiengängen bedeutet aber einen schwerwiegenden Eingriff in die Freiheit der Hochschule, über Inhalt, Ablauf und methodischen Ansatz des Studiengangs und der Lehrveranstaltungen zu bestimmen.[984] Der Akkreditierungsvorbehalt bedeutet auch einen Eingriff in die Rechte der Lehrenden und der Fakultäten oder Fachbereiche. Wesentliche Entscheidungen zur Akkreditierung darf der Gesetzgeber daher nicht weitgehend anderen Akteuren überlassen, sondern muss sie unter Beachtung der Eigenrationalität der Wissenschaft selbst treffen.[985] **164**

Amt des Hochschullehrers – die allg. beamtenrechtliche Stellung der Hochschullehrer bleibt nach der Rspr. von Art. 5 Abs. 3 S. 1 unberührt.[986] „Insbesondere kann der Hochschullehrer aus Art. 5 Abs. 3 Satz 1 GG kein verfassungsmäßiges Recht auf unbeschränkte Belassung im Amt oder zeitlich unbeschränkte Zugehörigkeit zur Hochschulkorporation herleiten. Wenn ein Gesetz freilich in die beamtenrechtliche Stellung der Hochschullehrer eingriffe, um – unbeschadet der Vorschrift des Art. 5 Abs. 3 Satz 2 GG – eine endgültige oder vorübergehende Ausschaltung bestimmter wissenschaftlicher Lehrmeinungen zu erreichen oder zu fördern, wäre eine solche Regelung wegen Verstoßes gegen Art. 5 Abs. 3 Satz 1 GG verfassungswidrig".[987] Das VG Berlin[988] lehnt es ab, „wissenschaftliche Betätigungen … der beamtenrechtlichen Mäßigungspflicht zu unterwerfen".[989]

---

[982] BVerfGE 111, 333 (359).

[983] Vgl. *Groh,* Zur Frage der Zulässigkeit von Leistungsbewertungen bei Professorinnen und Professoren im Hinblick auf Art. 5 Abs. 3 GG, 2007, 90 ff.

[984] BVerfGE 127, 87 (120).

[985] BVerfGE 141, 143 (Ls., Rn. 50 ff.); hierzu *Quapp* DÖV 2017, 271; zur Gefährdung der Lehrfreiheit durch Evaluation und Akkreditierung bereits *Höfling* WissR 2008, 92.

[986] BVerwGE 52, 313 (331); 61, 200 (206); 81, 212 (216); BVerfG NJW 1981, 2683 f., politische Treuepflicht; OVG Bremen NJW 1980, 606 (607), Registrierung dienstlicher Telefongespräche.

[987] BVerfGE 3, 58 (151), zu G 131; BVerfG-K NJW 2019, 756; vgl. auch *Fehling* in BK Rn. 113.

[988] VG Berlin NJW 1989, 1688 (1690).

[989] Zu disziplinarrechtlichen Sanktionen gegenüber dem Hochschullehrer vgl. BVerwGE 102, 304 (308). Zur Frage, ob Professoren von Verfassungs wegen Beamte sein müssen, vgl. – bejahend – *Determann* NVwZ 2000, 1346 (1351). Zur Unzulässigkeit von Arbeitszeitverkürzungen für angestellte Hochschulprofessoren durch Tarifvertrag vgl. *Adomeit/Mohr* ZTR 2008, 586. Zugleich Bespr. v. BAG ZTR 2008, 597.

Aufnahme in Fakultät als Privatdozent – Art. 5 Abs. 3 S. 1 gewährt keinen Anspruch auf Aufnahme in die Fakultät einer Hochschule als Privatdozent.[990]

Datenzugang – das BVerwG verneint einen verfassungsunmittelbaren Anspruch auf Einsicht in Behörden(Archiv-)akten zu Forschungszwecken: „Art. 5 III GG gewährleistet in seiner Ausformung als Grundrecht auf freie Forschung (…) ein Recht auf Abwehr jeglicher staatlicher Einwirkung auf den Prozess der Gewinnung wissenschaftlicher Erkenntnisse (…). Ein individuelles Recht darauf, dass der Staat zu Zwecken der Forschung Hilfestellungen leistet, auf die sonst kein Rechtsanspruch besteht, ist dem Freiheitsrecht des Art. 5 III GG als Abwehrrecht nicht zu entnehmen".[991] Auch von dem aus Art. 5 Abs. 3 iVm Art. 3 Abs. 1 abzuleitenden, „auf die Beteiligung an den Ressourcen des Wissenschaftsbetriebes abzielenden Teilhaberecht" werde „ein Anspruch, in sonst unzugängliche Behördenakten zu Zwecken eines konkreten Forschungsvorhabens Einblick zu nehmen, (…) ersichtlich nicht umfaßt".[992] Das BVerfG schließt sich dem an, fordert aber, die Behörde müsse „bei ihrer Entscheidung über die Akteneinsicht zu Forschungszwecken (…) den Stellenwert, den das Grundgesetz der Freiheit der Wissenschaft einräumt, beachten". Der Wissenschaftler könne „verlangen, dass über den Antrag sachgerecht, also frei von Willkür und unter angemessener Berücksichtigung des Zwecks des Anliegens entschieden wird".[993] Dagegen wird ein auf Art. 5 Abs. 3 gestützter Informationsanspruch des Wissenschaftlers gegen den Staat von *Berg*[994] und *Bayer*[995], jeweils mit Ausführungen zur Begrenzung durch kollidierendes Verfassungsrecht, insbes. Grundrechte Betroffener (ua Recht auf informationelle Selbstbestimmung), bejaht.[996]

Dissertation – von Fakultät angenommene u. zur Veröffentlichung freigegebene Dissertation fällt unter das Grundrecht des Art. 5 Abs. 3 S. 1 mit der Folge, dass in ihr enthaltene gewerbekritische Äußerungen nicht unter die Schranke der allg. Gesetze iSv Art. 5 Abs. 2 fallen.[997]

Fachhochschullehrer – bezogen auf die frühere Rechtslage hatte das BVerfG es ausdrücklich offen gelassen, ob und in welchem Umfang sich Fachhochschullehrer auf das Grundrecht aus Art. 5 Abs. 3 S. 1 berufen können.[998] Es hatte allerdings dabei auf die Wechselbeziehung dieser Frage mit den gesetzlich bestimmten Aufgaben der Fachhochschullehrer hingewiesen und so die Entwicklungsoffenheit des sachlichen Schutzbereichs der Wissenschaftsfreiheit hervorgehoben. In diesem Zusammenhang hatte es bereits damals auch schon auf die verstärkten Forschungsaufgaben der Fachhochschulen, auf die fließenden Grenzen zwischen Forschung und Entwicklung sowie auf die gestiegenen Ansprüche an Fachhochschulen und an die Qualifikation der Fachhochschullehrer hingewiesen.[999] Heute stellt das BVerfG fest, dass sich zentrale Annahmen bezüglich für den Anwendungsbereich des Art. 5 Abs. 3 erheblicher Unterschiede zwischen Universitäten und Fachhochschulen im Hinblick auf Rolle und Bedeutung der Forschung angesichts gesetzlicher Neuerungen und faktischer Entwicklungen nicht mehr aufrechterhalten ließen. Inzwischen gestatte die Mehrheit der Bundesländer in ihren Hochschulgesetzen den Fachhochschulen nicht lediglich zu forschen,

---

[990] BVerwGE 8, 170 (172 f.); *Lenz* in Hamann/Lenz Bem. B 14, mwN zur Habilitation.

[991] BVerwG NJW 1986, 1277 (1278).

[992] BVerwG NJW 1986, 1277 (1278).

[993] BVerfG NJW 1986, 1243 mAnm *Gallwas* CR 1986, 836; vgl. auch *Fehling* in BK Rn. 49; *Ruffert* VVDStRL 65 (2006), 146 (184 f.).

[994] *Berg* CR 1988, 234 (237 ff.).

[995] *Bayer* JuS 1989, 191 (193).

[996] Zum Verhältnis von Datenzugang, Datenschutz und Wissenschaftsfreiheit vgl. ferner LG Frankenthal FamRZ 1985, 615 f.; BayVGH CR 1988, 244; *Simitis* FS f. Zeidler, Bd. II, 1987, 1475; *Jehle,* Datenzugang und Datenschutz in der kriminologischen Forschung, 1987; *Wyduckel* DVBl 1989, 327.

[997] OLG Köln NJW 1984, 1119 (1120) mAnm *Deumeland* MDR 1984, 231 f. Allgemein zu den verfassungsrechtlichen Aspekten des Promotionsrechts vgl. *Kluth* FS Schiedermair, 2001, 569.

[998] Vgl. BVerfGE 61, 210 (237 ff.); 64, 323 (353 ff.).

[999] Vgl. BVerfGE 61, 210 (246 f.).

Forschung werde den Fachhochschulen vielmehr als Aufgabe, teilweise sogar ohne funktionale Bindung an ihren Ausbildungsauftrag, ausdrücklich zugewiesen.[1000] Daher könnten sich heute auch Hochschullehrer an einer Fachhochschule, denen die eigenständige Vertretung eines wissenschaftlichen Faches in Forschung und Lehre übertragen worden sei, auf die Freiheit von Wissenschaft, Lehre und Forschung (Art. 5 Abs. 3) berufen.[1001]

Fachzeitschriften – Grenzen der Wissenschaftsfreiheit des Kommunikationsprozesses in Fachzeitschriften ergeben sich ausschließlich aus anderen, gleichwertigen Verfassungsgütern.[1002]

Fakultäten – Fakultäten[1003] und Fachbereiche[1004] haben am Grundrechtsschutz des Art. 5 Abs. 3 teil.[1005] Als (Teil-)Gliederungen der Universität sind sie zumindest teilrechtsfähige Verbände des öffentlichen Rechts, die einen vergleichbaren grundrechtlichen Status genießen.[1006]

Gentechnologie – Hinsichtlich der Gentechnologie und Reproduktionsmedizin gilt es, auf der einen Seite Forschern und Erfindern gesicherte Rechtspositionen einzuräumen, auf der anderen Seite Menschen und Umwelt vor den Gefahren der Gentechnologie zu schützen.[1007]

Kapazitätsnutzung – das Gebot gleichmäßiger Kapazitätsnutzung steht in einem Spannungsverhältnis zu der aus der Lehrfreiheit fließenden Gestaltungsfreiheit der Hochschule; durch Verzicht auf Detailregelungen in der KapazitätsVO wird der Gestaltungsfreiheit Rechnung getragen.[1008]

Krankenversorgung – zu Grenzen der Wissenschaftsfreiheit an Universitätskliniken vgl. BVerfGE 57, 70.[1009]

Lehrstuhl, Verlust bei Entpflichtung – der Verlust des Lehrstuhls bei Entpflichtung (Emeritierung) des Hochschullehrers verstößt nicht gegen Art. 5 Abs. 3 S. 1.[1010] Ebenso hat ein Hochschullehrer aus Art. 5 Abs. 3 kein verfassungsmäßiges Recht auf unbeschränkte Belassung im Amt oder zeitlich unbeschränkte Zugehörigkeit zur Hochschulkorporation.[1011]

Lehrveranstaltungen – zur Freiheit der Lehre gehört die Bestimmung von Inhalt, Methoden und Ablauf von Lehrveranstaltungen oder deren Problemstellung.[1012] Gewis-

---

[1000] BVerfGE 126, 1 (21 f.).

[1001] BVerfGE 126, 1 (Ls. 1, 19); BVerfG NVwZ 2015, 432 Rn. 7; zustimmend *Starck/Paulus* in MKS Rn. 487; ferner *Waldeyer* NVwZ 2010, 1279 und *Pautsch* NVwZ 2012, 674 (675 f.), letztere jeweils mit der Folgerung der Verfassungsmäßigkeit der Verleihung des Promotionsrechts an die Fachhochschulen.

[1002] *Frank* NJW 1983, 1172 f.

[1003] BVerfGE 15, 256 (262); 93, 85 (93); 139, 148 Rn. 40 ff.; BVerfG-K NVwZ 2013, 1145 Rn. 12.

[1004] BVerfGE 93, 85 (93); 111, 333 (352).

[1005] *Fehling* in BK Rn. 124.

[1006] *Bethge* in Sachs Rn. 211.

[1007] Vgl. *Deutsch* ZRP 1985, 73; *Hofmann* JZ 1986, 253; *Feick* BayVBl. 1986, 449; *Lukes/Scholz,* Rechtsfragen der Gentechnologie, 1986; *Vitzthum* in Braun/Mieth/Steigleder, Ethische und rechtliche Fragen der Gentechnologie und der Reproduktionsmedizin, 1987, 263; *Classen* WissR 1989, 235; *Lukes* DVBl 1990, 273; *Dreier/Huber,* Bioethik und Menschenwürde, 2002; zur Genehmigungsbedürftigkeit und -fähigkeit gentechnischer Anlagen (Erfordernis einer besonderen Zulassung durch den Gesetzgeber) vgl. VGH Kassel NJW 1990, 336 mit abl. Anm. *Deutsch;* krit. auch *Rose* DVBl 1990, 279; zur Verfassungsmäßigkeit von therapeutischem Klonen vgl. *Schwarz* KritV 2001, 182; zum Stammzellgesetz *Dederer* JZ 2003, 986; *Schwarz* MedR 2003, 158.

[1008] BVerwGE 54, 77 (94 ff.). Zur Ausbildungskapazität vgl. auch BVerwGE 65, 76 (85 f.); BVerfGE 66, 155; BVerwG NVwZ 1987, 687 (688); 1987, 690 f.; DVBl 1990, 526; 1990, 530 f.; 1990, 531.

[1009] Zur Zulässigkeit der Nutzung der elektronischen Gesundheitskarte zu medizinischen Forschungszwecken *Rossnagel/Hornung* MedR 2008, 538.

[1010] BVerwGE 35, 107 (110).

[1011] BVerfG NVwZ-RR 2003, 354 f.). Zum Status von Professoren im Ruhestand, insbes. zum Recht auf Veröffentlichung *Quambusch* VR 2008, 307.

[1012] BVerfGE 55, 37 (68); 127, 87 (120); 141, 143 Rn. 49.

se rechtliche Bindungen hinsichtlich der Organisation von Forschung und Lehre müssen aber zulässig sein.[1013] Zur Kollision zwischen Lehr- und Gewissensfreiheit bei verweigerter Teilnahme an Tierversuchen s. BVerwGE 105, 73 und BVerfG NVwZ 2000, 909 f. Der Lehrbetrieb kann organisatorisch auf die Einhaltung von Studien- und Prüfungsordnungen ausgerichtet werden, ohne dass dadurch der Wissenschaftscharakter in Frage gestellt würde;[1014] jedoch darf dadurch nicht die inhaltliche Gestaltungsfreiheit ausgetrocknet oder manipuliert werden. Zu Störungen der Lehr- und Lernfreiheit vgl. BVerfGE 55, 37 (68 f.).[1015]

Lehrverpflichtung – Die beamtenrechtliche Lehrverpflichtung des Hochschullehrers grenzt die Wissenschaftsfreiheit im Rahmen des Ausbildungsbetriebes der Universität notwendigerweise ein; die Pauschalierung der Lehrverpflichtung als solche für Zwecke der Kapazitätsermittlung widerspricht nicht der Freiheit der Lehre.[1016] Die Lehrverpflichtung darf eben nicht so hoch angesetzt werden, dass kein ausreichender zeitlicher Freiraum für Forschung – und zwar auch solche, die über die Vorbereitung der Lehre hinausgeht – bleibt.

Lernfreiheit – Die Universität muss Störungen des Vorlesungsbetriebes („aktiver Streik", „Vorlesungsboykott") entgegenwirken, um studierwilligen Studenten den Besuch von Vorlesungen zu ermöglichen.[1017]

Mittelverteilung – Hochschullehrer haben Anspruch auf eine bedarfsgerechte sächliche und persönliche Grundausstattung: „Zu den Voraussetzungen einer sinnvollen Forschungsarbeit gehört, dass der einzelne Forscher über Einsatz, Benutzung und Verwendung sachlicher und personeller Mittel in gewissem Umfang allein entscheiden kann." [1018] Aus Art. 5 Abs. 3 S. 1 iVm dem allg. Gleichheitssatz folgt zudem ein Recht des Hochschullehrers auf angemessene Berücksichtigung bei der Verteilung der vom Staat zur Verfügung gestellten Mittel.[1019] Es müssen die Personal- und Sachmittel zugewiesen werden, die es überhaupt erst ermöglichen, wissenschaftliche Forschung und Lehre zu betreiben.[1020] Dagegen gibt es keinen unbegrenzten Schutz einmal zugestandener Mittel oder Leitungspositionen; von Zusagen kann aber nur unter Berücksichtigung des Art. 33 Abs. 5 und des Vertrauensschutzes bei Vorliegen sachlicher Gründe durch Gesetz abgewichen werden.[1021]

Nebentätigkeit – Wissenschaftliche Tätigkeiten von Hochschulprofessoren genießen in der Regel nebentätigkeitsrechtliche Privilegien.[1022]

Politische Betätigung – Die Verteilung allgemein-politischer Flugblätter und das Anbringen entsprechender Plakate auf dem Universitätsgelände unterliegt nicht dem Schutz von Wissenschaft, Forschung und Lehre.[1023]

Politisches Mandat der Studentenschaft – Aus Art. 5 Abs. 3 S. 1 folgt kein allgemein-politisches Mandat der als öffentlich-rechtlicher Zwangsverband („verfasste Studentenschaft") organisierten (Glied-)Körperschaft Studentenschaft.[1024]. Die Regelung in § 41 Abs. 1 HRG ist deshalb verfassungsgemäß.

1013 Vgl. *Dallinger* JZ 1971, 667; krit. *Strauch* JZ 1972, 43 (459).

1014 BVerfGE 126, 1 (21); BVerwGE 20, 235 (239 f.).

1015 S. a. *Pieroth,* Störung, Streik und Aussperrung an der Hochschule, 1976. Vgl. auch Stichw. „Lernfreiheit"

1016 BVerwGE 60, 25 (48).

1017 OVG Hamburg NJW 1977, 1254 f.; NVwZ 1982, 448 f. mit Hinweis auch auf das Grundrecht der freien Wahl der Ausbildungsstätte.

1018 BVerfGE 43, 242 (282); *Scholz* in Maunz/Dürig Rn. 77; *Starck/Paulus* in MKS Rn. 504; Denninger AK 50; *Jarass* in Jarass/Pieroth Rn. 156; zurückhaltender *Fehling* in BK Rn. 41.

1019 BVerwGE 52, 339 (349 f.); *Jarass* in Jarass/Pieroth Rn. 156.

1020 BVerfGE 43, 242 (285); 54, 363 (390); 111, 333 (362).

1021 BVerfGE 47, 327 (410 ff.); *Jarass* in Jarass/Pieroth Rn. 156.

1022 Vgl. *Gärditz* ZBR 2009, 145.

1023 VGH Kassel NJW 1980, 661 (662).

1024 BVerwGE 34, 69 (76 f.); 59, 231; *Bachof* DÖV 1980, 607, sowie *Redeker* DVBl 1980, 569; aA *Preuß,* Das politische Mandat der Studentenschaft, 1969; *Ridder/Ladeur,* Das sogenannte Politische Mandat von Universität und Studentenschaft, 1973.

Private Hochschulen – str. ist, ob Art. 5 Abs. 3 S. 1 auch die Gründung privater Hochschulen umfasst.[1025] Die Frage ist zu bejahen,[1026] wobei vom Staat gewisse Mindestanforderungen hinsichtlich Niveau, Fächerkanon und Vielfalt aufgestellt werden dürfen.[1027] Die Bezeichnung einer privaten Bildungseinrichtung als „Hochschule" oder „Universität" kann von einer staatlichen Anerkennung abhängig gemacht werden.[1028]

Professorenbesoldung – eine Besoldung der Professoren, die aus einem niedrigen Grundgehalt und Leistungsbezügen besteht, hält das BVerfG grundsätzlich für zulässig. Allerdings müssten die Leistungsbezüge, um ein durch niedrige Grundgehälter entstandenes Alimentationsdefizit kompensieren zu können, für jeden Professor zugänglich und hinreichend verstetigt sein. Auch müssten die Voraussetzungen und Kriterien für die Vergabe von Leistungsbezügen, das Verfahren und die Zuständigkeit wissenschaftsadäquat ausgestaltet sein. Schließlich müssten sich die Leistungsbezüge angemessen im Ruhegehalt niederschlagen. Würden diese Vorgaben nicht erfüllt, so läge ein Verstoß gegen die Sicherung eines angemessenen Lebensunterhalts iSd Art. 33 Abs. 5 vor.[1029]

Prüfungen – zur Frage der Anwendbarkeit des Art. 5 Abs. 3 auf Prüfungen vgl. VGH Mannheim NJW 1983, 2592 (2594).

Rechnungsprüfung – zum Spannungsverhältnis von Wissenschaftsfreiheit und Rechnungsprüfung vgl. BVerwG JZ 1986, 752 (755).[1030]

Selbstverwaltung, akademische – → Rn. 171.

Studierfreiheit – Das Grundrecht auf freie Wahl der Ausbildungsstätte (Art. 12 Abs. 1) beeinflusst das Grundrecht der Wissenschaftsfreiheit in entscheidendem Maße.[1031] Im Verein mit der an Art. 5 Abs. 3 gekoppelten, weil der Lehrfreiheit korrespondierenden Lernfreiheit der Studierwilligen,[1032] ist es zusammen mit Art. 3 Abs. 1 und 20 Abs. 1 (Sozialstaatsprinzip)[1033] die **Magna Charta der Studierfreiheit,**[1034] die dem numerus clausus enge Grenzen setzt, die weiter normative Regelungen[1035] zu dessen grundrechtskonformer und rechtsstaatlicher Bewältigung erheischt und schließlich Bund und Länder bei der Verwaltung des Mangels zu kooperativem Handeln zwingt.[1036] Regeln für die Verteilung knapper Studienplätze haben sich grundsätzlich am Kriterium der Eignung zu orientieren. Daneben kann der Gesetzgeber Gemeinwohlbelange berücksichtigen und dem Sozialstaatsprinzip Rechnung tragen.[1037] Verfassungswidrig sind gesetzliche Vorschriften zum Auswahlverfahren der Hochschulen, soweit der Gesetzgeber unter Missachtung des Vorbehalts des Gesetzes den Hochschulen ein eigenes Kriterienerfindungsrecht überlässt, die Standardisierung und Strukturierung hochschuleigener Eignungsprüfungen nicht sichergestellt ist, im Auswahlverfahren der Hochschulen die Abiturnoten berücksichtigt werden können, ohne einen Ausgleichsmechanismus für deren nur eingeschränkte länderübergreifende Vergleichbarkeit vorzusehen, und für einen hinreichenden Teil der Studienplätze neben der Abiturdurchschnittsnote keine weiteren Auswahlkriterien mit erheblichem Gewicht Berücksichtigung finden.[1038]

[1025] Offen gelassen von BVerwG DÖV 1979, 750 f.; vgl. auch *Becker* DVBl 2002, 92.

[1026] *Starck/Paulus* in MKS Rn. 488, 497; *Scholz* in Maunz/Dürig Rn. 147; *Britz* in Dreier Rn. 24.

[1027] *Fehling* in BK Rn. 249.

[1028] BVerwG NVwZ-RR 1995, 145 f. Zum Verhältnis von Privathochschulfreiheit und Bundesrecht vgl. *Lorenz* WissR 1987, 22; zu den Erfolgsbedingungen und dem rechtlichen Rahmen einer privatrechtlichen Stiftungsuniversität vgl. *Battis/Grigoleit* ZRP 2002, 65.

[1029] BVerfGE 130, 263 (300 f.); *von der Decken* in SHH Rn. 48.

[1030] Vgl. ferner *Sauer* DÖV 1986, 941; *Redeker* DÖV 1986, 946.

[1031] BVerfGE 112, 226 (247); 139, 148 Rn. 51.

[1032] *Starck/Paulus* in MKS Rn. 494; *Oppermann* VVDStRL 27 (1969), 206.

[1033] BVerfGE 33, 303 (331); 37, 104 (113); *Kempen* DVBl. 2005, 1082 (1088).

[1034] *Bethge* in Sachs Rn. 203; BVerfGE 147, 253 Ls. 1 und Rn. 103 ff.: Recht auf gleiche Teilhabe an staatlichen Studienangeboten.

[1035] BVerfGE 147, 253 Ls. 1, 3 und Rn. 115.

[1036] BVerfGE 33, 303 (357 f.); *Bethge* in Sachs Rn. 203; vgl. auch BVerfGE 87, 36 (53 f.); 141, 143 Rn. 58.

[1037] BVerfGE 147, 253 Rn. 108.

[1038] BVerfGE 147, 253 Rn. 115 ff.; hierzu *Braun* DVBl. 2018, 831.

Zeitverträge – Zeitverträge gemäß §§ 57a ff. HRG aF für wissenschaftliches Personal an Hochschulen und Forschungseinrichtungen hat das BVerfG angesichts des verfolgten Ziels einer „sachgerechten Förderung des akademischen Nachwuchses“ für zulässig erklärt.[1039] Auch das heutige Gesetz über befristete Arbeitsverträge in der Wissenschaft[1040] ermöglicht die Befristung von Arbeitsverträgen des wissenschaftlichen und künstlerischen Personals im Akademischen Mittelbau abseits der Beschränkungen des Teilzeit- und Befristungsgesetzes.[1041]

165 Im Verlauf der Hochschulreformdiskussion wurde die Frage erörtert, ob Art. 5 Abs. 3 S. 1 eine **Mitbestimmung** anderer Gruppen als derjenigen der Hochschullehrer zulässt oder gebietet, und wenn ja, in welcher Form („Demokratisierung der Universität“; „Drittelparität“). Im Schrifttum ist dies ausführlich behandelt worden.[1042] Mit der Entscheidung des BVerfG zum Niedersächsischen VorschaltG[1043] und mit dem Erlass des HRG[1044], und dessen Umsetzung in Landeshochschulgesetze steht die prinzipielle Frage heute außer Streit. Die Diskussion hat sich auf Einzelfragen – zB Fragen des Homogenitätsgebotes (→ Rn. 169 f.) – verlagert.[1045]

166 Ausgangspunkt der Auffassung des BVerfG ist die **Offenheit von Struktur und Organisationsform** der Universität: „Die Garantie der Wissenschaftsfreiheit hat (…) weder das überlieferte Strukturmodell der deutschen Universität zur Grundlage, noch schreibt sie überhaupt eine bestimmte Organisationsform des Wissenschaftsbetriebs an den Hochschulen vor“.[1046] „Kriterium für eine verfassungsgemäße Hochschulorganisation kann (…) nur sein, ob mit ihr ‚freie‘ Wissenschaft möglich ist und ungefährdet betrieben werden kann“.[1047]

167 Ausgehend von der Feststellung, dass dem Gesetzgeber im Gebiet der organisatorischen Gestaltung des Hochschulwesens ein breiter Raum zur Verwirklichung seiner hochschulpolitischen Auffassungen verbleibe, **stuft** das BVerfG sodann **ab:** „Der Gesetzgeber unterliegt daher im Blick auf die wertentscheidende Grundsatznorm des Art. 5 Abs. 3 GG keinen Beschränkungen, wenn er eine organisatorische Regelung zu treffen hat, die auf die freie wissenschaftliche Betätigung der Hochschulangehörigen nicht einwirkt, vielmehr nur bestimmt, von wem und in welcher Art und Weise allgemeine Verwaltungsangelegenheiten der Universität erledigt werden sollen (…). Begrenzt ist hingegen die gesetzgeberische Gestaltungsfreiheit im Bereich derjenigen Angelegenheiten, die als,wissenschaftsrelevant‘ angesehen werden müssen, d. h. die Forschung und Lehre unmittelbar berühren“.[1048] Zu diesen **„wissenschaftsrelevanten“ Angelegenheiten** zählt das BVerfG ua die Planung wissenschaftlicher Vorhaben, Koordinierung der wissenschaftlichen

[1039] BVerfGE 94, 268 (284 ff.).

[1040] Vom 12.4.2007, BGBl. I 506, zul. geändert durch G v. 23.5.2017, BGBl. I 1228.

[1041] Zur befristeten Professur im Angestelltenverhältnis *Lenk* WissR 2009, 50.

[1042] Vgl. die Hinw. GGK, 1. Aufl. 1975, Rn. 72; vgl. auch *Avenarius,* Hochschulen und Reformgesetzgebung, 1979, 97.

[1043] BVerfGE 35, 79, sog. Hochschulurteil; dazu *Knies* JuS 1973, 672; *Oppermann* JZ 1973, 433.

[1044] G v. 26.1.1976 (BGBl. I 185), heute idF der Bekanntmachung v. 19.1.1999 (BGBl. I 18), zul. geändert durch G v. 23.5.2017 (BGBl. I 1228).

[1045] Zur Reform des Organisationsrechts der Hochschulen vgl. im Überblick *Battis* DÖV 2006, 498; zu den einzelnen Modellen vgl. *Bull/Mehde* JZ 2000, 650; *Mager* VVDStRL 65 (2006), 275 (295 f.); zu der öffentlich-rechtlichen Stiftungsuniversität als Alternative vgl. *v. Brünneck* WissR 35 (2002), 21.

[1046] BVerfGE 35, 79 (116); ebenso BVerfGE 43, 242 (267 f.); BVerwGE 45, 39 (44).

[1047] BVerfGE 35, 79 (117); ferner BVerfGE 93, 85 (95).

[1048] BVerfGE 35, 79 (122 f.); 93, 85 (95).

Arbeit, Harmonisierung der Lehraufgaben mit den Forschungsvorhaben, organisatorische Betreuung und Sicherung der Durchführung von Forschungsvorhaben und Lehrveranstaltungen (insbes. ihre haushaltsmäßige Betreuung einschl. der Mittelvergabe), Festlegung und Durchführung von Studien- und Prüfungsordnungen sowie die Personalentscheidungen in Angelegenheiten der Hochschullehrer und ihrer wissenschaftlichen Mitarbeiter.[1049]

Das Modell der **„Gruppenuniversität"** hält das BVerfG für nicht von vornherein wissenschaftsfremd und daher für mit der Wertentscheidung des Art. 5 Abs. 3 vereinbar;[1050] nicht zu entscheiden habe das BVerfG, „ob damit die zweckmäßigste Form der Hochschulorganisation gefunden ist".[1051] Auch hinsichtlich der nichtwissenschaftlichen Bediensteten, die – anders als wissenschaftliche Mitarbeiter und Studenten – nicht eine durch Art. 5 Abs. 3 geschützte Tätigkeit ausübten, gebe es „keinen hinreichenden Grund, sie von der Beteiligung generell auszuschließen".[1052] In Bezug auf die **Stimmgewichtung** geht das BVerfG davon aus, Art. 5 Abs. 3 weise innerhalb der an einer Hochschule betriebenen Wissenschaft den Hochschullehrern eine „herausgehobene Stellung" zu.[1053] Ihnen müsse im **Bereich der Lehre** der **„maßgebende Einfluss"** verbleiben.[1054] In Fragen der **Forschung** und in **Berufungsangelegenheiten** muss der Gruppe der Hochschullehrer **„ein ausschlaggebender Einfluss"** vorbehalten bleiben; in Berufungsangelegenheiten kommt eine Mitentscheidung der nichtwissenschaftlichen Bediensteten nicht in Betracht.[1055] Den besonderen Einfluss der Hochschullehrer[1056] sieht das BVerfG auch dann als gegeben an, wenn der Professorengruppe zwar nur eine **Minderheit der Sitze** eingeräumt wird, sie aber gleichzeitig ein **Mehrfachstimmrecht** haben.[1057] **168**

Schließlich stellt das BVerfG ein Homogenitätsgebot auf: Die „in dem System der,Gruppenuniversität' zum Schutz der freien wissenschaftlichen Betätigung der Hochschullehrer erforderlichen organisatorischen Sicherungsmaßnahmen, müssen um ihrer Effektivität willen ergänzt werden durch das ebenfalls aus den Wertentscheidungen des Art. 5 Abs. 3 i. V. m. Art. 3 Abs. 1 GG abzuleitende Gebot, die Gruppe der Hochschullehrer in sich homogen zusammenzusetzen. Wenn der Gesetzgeber die Gruppenzugehörigkeit zu einem Organisationsprinzip macht, dann muss er sich bei der Bestimmung der Gruppen an eindeutige konstitutive Merkmale halten; anderenfalls wird der aus der Gruppenorganisation folgende Proporz willkürlich. Wenn die Gruppen, wie dies in der,Gruppenuniversität' der Fall ist, nach vorgegebenen typischen Interessenlagen rechtlich formiert werden, dann ergibt sich das Unterscheidungsmerkmal gerade aus dieser verschiedenen Interessenlage. Ist aber eine Gruppe nicht homogen zusammengesetzt, dann gibt es für sie keine typische Interessenlage mehr".[1058] **169**

[1049] BVerfGE 35, 79 (123); zur Frage der Wissenschaftsrelevanz der Tätigkeit eines Universitätsrektors bzw. Universitätspräsidenten vgl. BVerfGE 54, 363 (385 f.); 61, 260 (283 ff.); 47, 327 (409); zur Mitbestimmung des Personalrats im Hochschulbereich: *Richardi* WissR 1983, 1.

[1050] BVerfGE 35, 79 (125); bestätigt in BVerfGE 43, 242 (268); 47, 327 (387).

[1051] BVerfGE 35, 79 (125); vgl. auch BVerwGE 45, 39 (46).

[1052] BVerfGE 35, 79 (126).

[1053] BVerfGE 35, 79 (126); VerfGH BW BeckRS 2016, 54632 Rn. 67.

[1054] BVerfGE 35, 79 (131 f.).

[1055] BVerfGE 35, 79 (132 ff.).

[1056] Zum Begriff „Hochschullehrer" BVerfGE 35, 79 (127); 43, 268; 61, 210 (239 ff.).

[1057] BVerfGE 55, 37 (61 ff.).

[1058] BVerfGE 35, 126 (134 f.); VerfGH BW BeckRS 2016, 54632 Rn. 65.

170 Das Homogenitätsprinzip bedeutet, dass der Gruppe der Hochschullehrer „keine Personen mit minderer Qualifikation zugerechnet werden dürfen".[1059] Umgekehrt stellt es sich als unzulässig dar, Hochschullehrer, deren persönliche Eignung und fachliche Qualifikation in einem förmlichen Verfahren festgestellt worden sind, mitgliedschaftsrechtlich der Gruppe der wissenschaftlichen Mitarbeiter zuzuordnen.[1060] Nach Ansicht des BVerfG bedeutet all dies andererseits nicht, „dass eine Differenzierung innerhalb der Gruppe der Professoren unzulässig wäre, auch wenn diese sämtlich dem materiellen Hochschullehrerbegriff des Hochschulurteils entsprechen".[1061] Diese Ansicht ist nur haltbar, wenn die **Differenzierung an Qualifikationsmerkmale** (insbes.: Habilitation) anknüpft, nicht dagegen, wenn sie allein auf die unterschiedliche Besoldungsstufe abhebt.[1062]

171 Ausdrücklich offen gelassen hat das BVerfG[1063] die Frage, ob Art. 5 Abs. 3 S. 1 ein (oder das) sog. „Grundrecht der deutschen Universität" gewährleistet,[1064] dessen wesentlicher Inhalt in der **Hochschulautonomie** (akademische Selbstgesetzgebung und Selbstverwaltung)[1065]gesehen wird.[1066] Die Frage ist zu bejahen. Die wissenschaftlichen Hochschulen in staatlicher Trägerschaft können sich als juristische Personen des öffentlichen Rechts über Art. 19 Abs. 3 auf Art. 5 Abs. 3 berufen, da sie institutionelle Sachwalter der bei ihnen tätigen Wissenschaftler sind und der Effektuierung der individuellen Wissenschaftsfreiheit dienen.[1067] Art. 5 Abs. 3 S. 1 ist auf die Sicherung staatsfreier, organisierter Grundrechtssubstanz angelegt.[1068] Tatsache ist, dass der enge Zusammenhang zwischen Wissenschaftsfreiheit und Wissenschaftsorganisation,[1069] einen Kernbereich an Selbstverwaltung unabweisbar macht.[1070] Auf den gewachsenen Bestand stellt ab BVerfGE 15, 256 (264): Es „ist davon auszugehen, dass durch Art. 5 Abs. 3 GG auf einem den Ländern nach dem Grundgesetz überlassenen Gebiete nicht mehr als dasjenige geschützt werden sollte, was sich im Laufe der geschichtlichen Entwicklung in den einzelnen Ländern als unerlässlich für eine freie Betätigung der Universitäten in Wissenschaft, Forschung und Lehre herausgebildet hatte". Zum geschützten Selbstverwaltungsrecht gehören zB das Recht zu **promovieren** und zu **habilitie-**

[1059] BVerfGE 39, 247 (255) – Eingliederung von Hochschullehrern der Pädagogischen Hochschule Nds. in die Universität Osnabrück; BVerfGE 61, 210 (242) – integrierte Gesamthochschulen in NRW.

[1060] BVerfGE 95, 193 (209 ff.) – DDR-Hochschullehrer.

[1061] BVerfGE 54, 363 (387) – Differenzierung zw. C 3-Professur u. C 4-Professur im UniversitätsG BW; vgl. auch BVerfGE 88, 129 (137).

[1062] Zur (unzulässigen) Zuordnung habilitierter Universitätsmitglieder, die hauptamtlich überwiegend Professorenaufgaben wahrnehmen, zur Gruppe des wissenschaftlichen Dienstes vgl. BVerfGE 56, 192; BVerwGE 100, 160.

[1063] BVerfGE 35, 79 (116).

[1064] Vgl. *Köttgen,* Das Grundrecht der deutschen Universität, 1959, und – bejahend – *Bethge* in Sachs Rn. 210; sowie *Ruffert* VVDStRL 65 (2006), 146 (181); *Mager* HdbStR VII § 166 Rn. 37.

[1065] Allg. zum Selbstbestimmungsrecht der Universitäten: *Geis* WissR 37 (2004), 2; ua zu den mit dem Selbstverwaltungsrecht kompatiblen Organisationsformen: *Groß* DVBl 2006, 721 mwN.

[1066] BVerfGE 33, 303 (342), wonach die Universitäten „herkömmlich Träger von Satzungsautonomie sind".

[1067] *Scholz* in Maunz/Dürig Rn. 124; *Fehling* in BK Rn. 124.

[1068] *Isensee* Der Staat 20 (1981), 169; *Rupp* in HdbStR II § 31 Rn. 32 mit Fn. 82; *Bethge* in Sachs Rn. 210.

[1069] Dazu *Strauch* JZ 1972, 43 (45).

[1070] *Dörr* FS f. Hufen, 2015, 289 (295 f.).

ren sowie das Recht zu Berufungsvorschlägen. Die Ablehnung von Berufungsvorschlägen ist bei gewichtigen Gründen zulässig;[1071] ein Oktroi gegen den ausdrücklichen Willen der Hochschule ist unzulässig.[1072] Wissenschaftseinrichtungen können im Rahmen der ihnen zugewiesenen Aufgaben und dafür gegebenen Autonomie „grundsätzlich Eingriffe in ihre organisatorischen Strukturen abwehren, die einer freien wissenschaftlichen Betätigung abträglich sind".[1073] Das Selbstverwaltungsrecht der Hochschulen schützt nicht gegen die sachlich begründete Auflösung einzelner Hochschulen[1074] oder wissenschaftlicher Einrichtungen.[1075]

Im Beschluss zum Brandenburgischen Hochschulgesetz macht das **172**
BVerfG[1076] sehr weit reichende Aussagen. Der Feststellung des Gerichts, dass der Gesetzgeber, solange er ein hinreichendes Maß an **organisatorischer Selbstbestimmung** der Grundrechtsträger sicherstelle, frei sei, den Wissenschaftsbetrieb nach seinem Ermessen zu regeln,[1077] wird man im Grundsatz noch zustimmen können, weniger allerdings der auf die Hochschulorganisation(!) bezogenen pauschalen Aussage, für die Aufgabe, „die unterschiedlichen Aufgaben der Wissenschaftseinrichtungen und die Interessen aller daran Beteiligten in Wahrnehmung seiner gesamtgesellschaftlichen Verantwortung in angemessenen Ausgleich zu bringen,„ sei „der parlamentarische Gesetzgeber besser geeignet als die an speziellen Interessen orientierten Träger der Wissenschaftsfreiheit".[1078] Der sodann getroffenen Feststellung, der Gesetzgeber dürfe insbes. die Art und Weise der **Beteiligung der Grundrechtsträger** frei gestalten, solange die Strukturen die freie Lehre und Forschung hinreichend gewährleisteten,[1079] kann man ebenfalls im Ansatz noch zustimmen. Wenn hieraus gefolgert wird, der Gesetzgeber könne etwa eine direkte oder repräsentative Beteiligung an Entscheidungen, eine unmittelbare oder eine mittelbare Einflussnahme, Entscheidungs-, Veto-, Mitwirkungs- oder Anhörungsrechte, Aussichts-, Informations- oder Kontrollrechte regeln, je nachdem, welche organisatorischen Strukturen ihm für eine funktionsfähige Wissenschaftsverwaltung geeignet erschienen,[1080] wird mit diesem „Freibrief" für den Gesetzgeber aber entgegen der Bekundung des Gerichts gerade nicht die zur **Sicherung der Wissenschaftsadäquanz** von hochschulorganisatorischen Entscheidungen gebotene Teilhabe der an der Hochschule wissenschaftlich Tätigen gewährleistet. Die Eigengesetzlichkeit wissenschaftsadäquater Hochschulorganisation, die allenfalls den Staat, nicht aber ein

[1071] BVerwGE 52, 313 (318).
[1072] *Siekmann* DÖV 1979, 82 (88).
[1073] BVerfGE 85, 360 (384 f.).
[1074] StGH BW NVwZ 1982, 32.
[1075] BVerfGE 85, 360 (384); 139, 148 Rn. 63; zur Einstellung von Studiengängen vgl. *Karpen,* Abbau von Hochschulkapazitäten, 1987; *Hufeld* DÖV 1997, 1025; VGH Kassel NJW 1970, 295 – Staatsbeauftragter als Rektor; VG Karlsruhe WissR 6 (1973), 83 – Untersagung einer Veranstaltung in den Räumen der Universität; VG Karlsruhe WissR 6 (1973), 84; VG Sigmaringen WissR 6 (1973), 85; zum Spannungsfeld von Selbstverwaltung und Hochschulfinanzierung: *Karpen,* Wissenschaftsfreiheit und Hochschulfinanzierung, 1983; sa *Grupp* FS f. Roellecke, 1997, 97; *Kirchhof* JZ 1998, 275; zu einem Grundrecht der Wissenschaftsfreiheit im europäischen Unionsrecht vgl. *Wagner* DÖV 1999, 129, sowie *Fink* EuGRZ 2001, 193.
[1076] BVerfGE 111, 333.
[1077] BVerfGE 111, 333 (355); vgl. auch BVerfGE 127, 87 (116).
[1078] So aber BVerfGE 111, 333 (355).
[1079] BVerfGE 111, 333 (356); ebenso BVerfGE 127, 87 (116 f.).
[1080] BVerfGE 111, 333 (356).

wissenschaftsfremdes, demokratisch nicht ausreichend legitimiertes und parlamentarisch unzureichend kontrolliertes Gremium als Korrekturinstanz verträgt, wird vollends verkannt, wenn das BVerfG weiter folgert, „auch **hochschulexterne Institutionen**" könnten „dazu beitragen, einerseits staatliche Steuerung wissenschaftsfreiheitssichernd zu begrenzen und anderseits der Gefahr der Verfestigung von status quo-Interessen bei reiner Selbstverwaltung zu begegnen".[1081] Zutreffend ist allein, dass externe Beratungsgremien wie Hochschulräte nicht durch die Wissenschaftsfreiheit legitimiert sind.[1082]

173 In seiner Entscheidung vom 24.6.2014, mit der das BVerfG die die Medizinische Hochschule Hannover betreffenden hochschulorganisatorischen Vorschriften weitgehend verwirft, wird demgegenüber die Gestaltungsfreiheit des Hochschulgesetzgebers deutlich beschränkt und die Wissenschaftsfreiheit und Teilhabe der an der Hochschule wissenschaftlich Tätigen gesichert. Das BVerfG legt dar, dass die mit Art. 5 Abs. 3 S. 1 garantierte Mitwirkung von Wissenschaftlerinnen und Wissenschaftlern sich im wissenschaftsorganisatorischen Gesamtgefüge einer Hochschule auf alle wissenschaftsrelevanten Entscheidungen erstreckt. Dies sind nicht nur Entscheidungen über konkrete Forschungsvorhaben oder Lehrangebote, sondern auch über die Planung der weiteren Entwicklung einer Einrichtung und über die Ordnungen, die für die eigene Organisation gelten sollen. Wissenschaftsrelevant sind auch alle den Wissenschaftsbetrieb prägenden Entscheidungen über die Organisationsstruktur, den Haushalt und hinsichtlich der Hochschulmedizin, weil diese mit der Wissenschaft untrennbar verzahnt ist, über die Krankenversorgung.[1083] Bei einer **Zuweisung von Entscheidungsbefugnissen an ein Leitungsorgan** der Hochschule hat das zu Konsequenz: Je mehr, je grundlegender und je substantieller wissenschaftsrelevante personelle und sachliche Entscheidungsbefugnisse dem Vertretungsorgan der akademischen Selbstverwaltung entzogen und einem Leitungsorgan zugewiesen werden, desto stärker muss im Gegenzug die Mitwirkung des Vertretungsorgans an der Bestellung und Abberufung und an den Entscheidungen des Leitungsorgans ausgestaltet sein.[1084] Die vom BVerfG entwickelte je-desto-Formel übernimmt zu Recht in seinem Urteil v. 14.11.2016 auch der VerfGH BW.[1085] Hinsichtlich der Wahl der Mitglieder eines Leitungsorgans sieht er daher ein hinreichendes Mitwirkungsniveau nur gewährleistet, wenn ein Selbstverwaltungsgremium mit der Stimmenmehrheit der gewählten Vertreter der Hochschullehrer die Wahl eines Mitglieds, das das Vertrauen dieser Gruppe nicht genießt, verhindern kann.[1086] Die in ein Selbstverwaltungsorgan gewählten Vertreter der Hochschullehrer müssen sich von dem Mitglied eines Leitungsorgans, das ihr Vertrauen nicht mehr genießt, trennen können, ohne im Selbstverwaltungsgremium auf eine Einigung mit den Vertretern anderer Gruppen und ohne auf die Zustimmung eines weiteren Organs oder des Staates angewiesen zu sein.[1087]

[1081] So aber BVerfGE 111, 333 (356), Hervorheb. durch Verf.

[1082] *Starck/Paulus* in MKS Rn. 522; zur zweifelhaften Verfassungsmäßigkeit *Löwer* FS f. Wendt, 2015, 285 (299 f.).

[1083] BVerfGE 136, 338 (Ls. 1, Rn. 58); ebenso VerfGH BW BeckRS 2016, 54632 Rn. 62 f.

[1084] BVerfGE 136, 338 (Ls. 2, Rn. 60); vgl. hierzu *Wendt/Weth* jM 2015, 290 ff.; zustimmend auch *Löwer* FS f. Wendt, 2015, 285 (300 f.); *Groß* DÖV 2016, 449; auch BVerfGE 127, 87 (117) hatte bereits die Gewährleistung eines „hinreichenden Niveaus der Partipation der Grundrechtsträger" gefordert.

[1085] BeckRS 2016, 54632 Ls. 3, Rn. 67.

[1086] Ebd. Ls. 4, Rn. 67.

[1087] Ebd. Ls. 5, Rn. 67; zust. *Goerlich/Sandberger* DVBl. 2017, 667.

In seiner Entscheidung vom 12.5.2015 betont das BVerfG erneut die strukturelle Gefährdung der Wissenschaftsfreiheit durch ein ohne Mitwirkung der Träger der Wissenschaftsfreiheit eingesetztes und handlungsbefugtes und zudem nicht abwählbares Leitungsorgan, sei dessen Amtszeit auch befristet. Die staatliche Einsetzung eines Leitungsorgans im Zuge einer Hochschulfusion genüge, stellt es fest, den Anforderungen des GG an eine wissenschaftsadäquate Organisation um so weniger, je länger diese Leitung zeitweise ganz ohne ein universitäres Selbstverwaltungsorgan tätig sei, ohne dass diese Phase zeitlich auf das Erforderliche begrenzt und Befugnisse auf Notkompetenzen für reversible Entscheidungen beschränkt seien.[1088] **174**

Zu den **Schranken** der Freiheit der Wissenschaft, Forschung und Lehre gelten sinngemäß die bei den Schranken der Kunstfreiheit aufgeführten Grundsätze.[1089] Der mit dem Grundrecht gewährleistete Freiraum ist nach der Rspr. nicht für eine von Staat und Gesellschaft isolierte, sondern für eine letztlich dem Wohl des Einzelnen und der Gemeinschaft dienende Wissenschaft verfassungsrechtlich garantiert. Ein Forscher darf sich deshalb bei seiner Tätigkeit, insbes. bei etwaigen Versuchen, nicht über die Rechte seiner Mitbürger auf Leben, Gesundheit oder Eigentum hinwegsetzen.[1090] Ebenso hat er die Wissenschaftsfreiheit anderer zu respektieren. Die Wissenschaftsfreiheit kann aber, wie andere vorbehaltlos gewährleistete Grundrechte, nur aufgrund von **kollidierendem Verfassungsrecht** beschränkt werden,[1091] wobei es grundsätzlich hierzu einer gesetzlichen Grundlage bedarf.[1092] Die Konflikte zwischen der Gewährleistung der Wissenschaftsfreiheit und anderen verfassungsrechtlich geschützten Grundrechten ist unter Rückgriff auf weitere einschlägige verfassungsrechtliche Bestimmungen und Prinzipien sowie auf den Grundsatz der praktischen Konkordanz nach Maßgabe der grundgesetzlichen Wertordnung und unter Berücksichtigung der Einheit dieses Wertsystems durch Verfassungsauslegung zu lösen.[1093] **175**

Zum Konflikt zwischen der Freiheit der Wissenschaft und der zu den hergebrachten Grundsätzen des Berufsbeamtentums (Art. 33 Abs. 5) gehörenden Pflicht zur **Amtsverschwiegenheit des Beamten** hat das BVerwG festgestellt, es „entbindet das Grundrecht der Freiheit der Wissenschaft den Beamten grundsätzlich nicht von der Erfüllung seiner beamtenrechtlichen Pflichten, insbes. einer so wichtigen Pflicht wie der der‚Amtsverschwiegenheit'".[1094] Auch die Normen des **Strafrechts** können, sofern sie Ausdruck grundgesetzlicher Werte sind, die Freiheit von Forschung und Lehre begrenzen, so zB die §§ 93 ff. StGB zum Schutz von Staatsgeheimnissen.[1095] Das Verhältnis von **Tierversuchsbeschränkungen**[1096] und Forschungsfreiheit ist umstritten[1097]; **176**

[1088] BVerfGE 139, 148 Rn. 73 f.

[1089] → Rn. 148 ff.

[1090] BVerfGE 47, 327 (369).

[1091] Vgl. BVerfGE 47, 327 (369); 57, 70 (99); 128, 1 (41).

[1092] Vgl. BVerfGE 83, 130 (142); 122, 89 (107); 128, 1 (41).

[1093] Vgl. BVerfGE 47, 327 (369); 122, 89 (107); 128, 1 (41); zum Konflikt mit Art. 1 Abs. 1 bei der Ausstellung präparierter Leichen („Körperwelten") vgl. VGH München NJW 2003, 1618; *Hufen* DÖV 2004, 611.

[1094] BVerwGE 37, 265 (269).

[1095] AA *Ridder/Stein* DÖV 1962, 361 (367), allerdings mit dem einschränkenden Zusatz „soweit nicht die staatliche Existenz schlechthin auf dem Spiele steht", welche ja gerade durch Staatsgeheimnisse geschützt werden soll.

[1096] Heute §§ 7 ff. TierSchG idF v. 18.5.2006 (BGBl. I 1206, 1313), zul. geändert durch G v. 17.12.2018 (BGBl. I 2586).

[1097] Vgl. *Kloepfer* JZ 1986, 205, sowie *Lange* KritV 2004, 171; *Lindner* NordÖR 2009, 329.

das Staatsziel „Tierschutz" ist nach langer Debatte[1098] 2002 in Art. 20a verankert worden.[1099] Zu Tierversuchen mit operativen Eingriffen durch Biologen an nichtstaatlichen wissenschaftlichen Einrichtungen vgl. BVerfGE 48, 376 (388 f.), wo allerdings zur Begründung der Verfassungswidrigkeit des § 8 Abs. 2 S. 1 aF TierSchG nicht auf Art. 5 Abs. 3 S. 1, sondern nur auf Art. 12 Abs. 1 und Art. 3 Abs. 1 abgestellt wird. *Dreier*[1100] sieht die Begrenzung von Tierversuchen wie von Forschungsmaßnahmen allg. darin, dass diese „nicht unverhältnismäßig in andere Rechtsgüter eingreifen dürfen". Dagegen streitet nach *Kloepfer*[1101] „das Übermaßverbot (…) für die Forschungsfreiheit, nicht aber für den grundrechtsbeschränkenden Tierschutz", weshalb „solche tierschutzgesetzlichen Gestaltungen verfassungswidrig" seien, „die dem Forscher (…) die Beweislast (…) dafür aufbürden wollen, dass Tierversuche für die Gewinnung neuer Erkenntnisse erforderlich seien". Mit der Neufassung des § 8 Absatz 1 TierSchG durch G vom 4.7.2013 hat der Bundesgesetzgeber klargestellt, dass der Tierschutzbehörde kein Versagungsermessen hinsichtlich einer beantragten Genehmigung von Tierversuchen zukommt. Die ethische Vertretbarkeit von Tierversuchen nach § 7a Abs. 2 Nr. 3 TierSchG nF als Genehmigungsvoraussetzung ist fachgerichtlich vollumfänglich überprüfbar.[1102]

177 Angesichts eines noch nicht endgültig geklärten Erkenntnisstandes der Wissenschaft bei der Beurteilung der langfristigen Folgen eines Einsatzes von **Gentechnik** trifft den Gesetzgeber eine besondere Sorgfaltspflicht, bei der er den in Art 20a GG enthaltenen Auftrag zu beachten hat, auch in Verantwortung für die künftigen Generationen die natürlichen Lebensgrundlagen zu schützen. Dieser Auftrag kann sowohl die Gefahrenabwehr als auch die Risikovorsorge gebieten.[1103] Falls bereits die Erforschung neuer Technologien möglicherweise Risiken für verfassungsunmittelbare Rechtsgüter wie Eigentum, Berufsfreiheit, menschliches Leben, aber auch den Umweltschutz, birgt, genügt dies bei sorgfältiger Abwägung, um einen Eingriff in die Wissenschaftsfreiheit zu rechtfertigen.[1104] Die Bestimmungen des **bürgerlichen Rechts** über Schutz vor schädlichen Einwirkungen, zB durch chemische Abgase, greifen auch gegenüber wissenschaftlicher Forschung ein.

178 Im Falle eines **wissenschaftlichen Fehlverhaltens** und nachfolgenden Entzugs akademischer Titel wird die Berufs- und Wissenschaftsfreiheit des Einzelnen insoweit zulässig durch das überragend wichtige Gemeinschaftsinteresse einer funktionstüchtigen Wissenschaft eingeschränkt, das Verfassungsrang genießt.[1105] Dabei kann die Entziehung des Titels auch durch ein späteres, mit der dem Titel zu Grunde liegenden Arbeit nicht in Verbindung stehendes Fehlverhalten gerechtfertigt werden.[1106] Der an dieser Stelle weiterhin teilweise verwendete Begriff der „Unwürdigkeit" genügt, wenn er wissenschaftsbezogen verstanden wird, dem rechtsstaatlichen Bestimmtheitsgebot.[1107]

[1098] Vgl. krit. *Kloepfer/Rossi* JZ 1998, 369.
[1099] Vgl. auch *Caspar/Geissen* NVwZ 2002, 913.
[1100] DVBl 1980, 473.
[1101] *Kloepfer* JZ 1986, 211.
[1102] BVerwG NVwZ 2014, 450.
[1103] BVerfGE 128, 1 Ls. 2.
[1104] BVerfG 128, 1 (85 ff.).
[1105] *VGH BW BeckRS 2011, 54117.*
[1106] BVerwG NVwZ 2013, 1614; entsprechend BVerwG NJW 2016, 1113.
[1107] BVerfG NVwZ 2014, 1571 16 f.; zur Frage der Unwürdigkeit *Rixen* NJW 2014, 1058.

3. Die Freiheit der Lehre entbindet nicht von der Treue zur Verfassung (Art. 5 Abs. 3 S. 2). Der Begriff der **Lehre** in Art. 5 Abs. 3 S. 2 ist identisch mit dem Begriff der Lehre in Art. 5 Abs. 3 S. 1.[1108] Im Übrigen normiert die Treueklausel des Art. 5 Abs. 3 S. 2 nach hM keine zusätzliche Schranke.[1109] Der Sinn der Treueklausel ist von *Carlo Schmid* im ParlRat dahin umschrieben worden: Sie solle verhindern, dass unter dem Vorwand wissenschaftlicher Kritik vom Katheder aus eine hinterhältige Politik betrieben werde, die die Demokratie und ihre Einrichtungen nicht kritisiere, sondern verächtlich mache.[1110] Die Frage, ob die Treueklausel nur die Grenzen verdeutlicht, die der Wissenschaftstätigkeit von vornherein gezogen sind,[1111] oder ob es sich dabei um eine Grundpflicht handelt,[1112] dürfte eher von theoretischer als praktischer Bedeutung sein. Sind das Schutzgut des Art. 5 Abs. 3 S. 2 die **Demokratie und ihre Einrichtungen,** so verbietet diese Norm nicht die sachliche Kritik an einzelnen Regelungen oder an allen Prinzipien des GG, sondern „nur … untreues Verhalten gegenüber der freiheitlichen demokratischen Grundordnung".[1113] Wissenschaftliche Kritik am Grundgesetz muss diesem also insgesamt die Treue halten. Verfassung iSd Art. 5 Abs. 3 S. 2 bedeutet nicht jede einzelne Verfassungsbestimmung, sondern die Grundlage der einzelnen Verfassungsnormen, die man Art. 18, 21 Abs. 2 folgend als freiheitliche demokratische Grundordnung bezeichnet.[1114] Besteht begründeter Anlass für die Annahme, dass ein Bewerber nach Berufung an eine Hochschule die Freiheit der Lehre zum Kampf gegen die freiheitliche demokratische Grundordnung missbraucht, so kann dies die Zurückweisung eines Berufungsvorschlages der Hochschule rechtfertigen.[1115] 179

C. Verhältnis zu anderen Grundrechten

Das Verhältnis des Grundrechts des Art. 5 Abs. 1 S. 1 zu den Grundrechten des Art. 4 ist nicht immer einfach zu bestimmen. Soweit unmittelbare Handlungen aus Art. 4 vorliegen (zB ein Gebet), ist Art. 4 die speziellere Norm. Andererseits fallen allgemeine Meinungsäußerungen zu Themen des Glaubens, Gewissens und Bekenntnisses unter Art. 5 Abs. 1. Überschneidungen – etwa zwischen Art. 5 Abs. 1 S. 2 und Art. 4 Abs. 1 im Bereich der kirchlichen Presse – sind denkbar. Zum Verhältnis von Art. 5 Abs. 1 S. 1 zu Art. 8 vgl. → Art. 8 Rn. 12, 38 ff., 148; zur sog. Einmann-Demonstration, die Meinungsbetätigung, nicht Versammlung ist, vgl. → Art. 8 Rn. 52. Für den Zugang zu und die Ausübung von Presseberufen ist nach älterer Auffassung Art. 5 Abs. 1 S. 2 die spezielle Vorschrift, die Art. 12 Abs. 1 insoweit 180

1108 → Rn. 159 f.

1109 *Hesse* VerfR Rn. 403; diff. *Scholz* in Maunz/Dürig Rn. 197–204.

1110 *Schmid* JöR nF 1 (1951), 92, sog. Warnungsfunktion, dazu *Knemeyer* JZ 1969, 780 (781).

1111 So *Merten* BayVBl. 1978, 554 (558).

1112 So *Badura* DVBl 1982, 861 (870 f. mit Fn. 80); *Stober,* Grundpflichten und Grundgesetz, 1979, 32 ff.

1113 *Scholz* in Maunz/Dürig Rn. 199.

1114 *Starck/Paulus* in MKS Rn. 550; zur freiheitl. demokratischen Grundordnung vgl. BVerfGE 144, 20 Rn. 529 ff.

1115 BVerwGE 52, 313 (318).

verdrängt.[1116] Zutreffend erscheint dagegen die Auffassung, dass das Grundrecht der Pressefreiheit die Dimensionen der Berufs- und Eigentumsfreiheit nicht voll auszuschöpfen vermag.[1117] Die Kunstfreiheit und die Freiheit der Wissenschaft sind im Verhältnis zur Meinungsfreiheit die spezielleren und damit vorrangigen Grundrechte, auch dann, wenn mit der Kunst eine über das Künstlerische hinausgehende Meinungsäußerung verbunden ist.[1118] Hingegen erfasst Art. 10 EMRK mangels einer Spezialgarantie auch die Kunst und die Wissenschaft. Problematisch erscheint die Annahme eines Vorrangs des Art. 14 gegenüber Art. 5 Abs. 3 S. 1 bei der Anbringung von Reklame auf Grundstücken.[1119] Zum Verhältnis von Kunstfreiheit und Versammlungsfreiheit beim Aufzug vgl. BVerfG NJW 1988, 328 (329).[1120]

D. Kritische Würdigung

181 Die Formulierung des Art. 5 provoziert Unklarheiten. Die Worte, jeder habe das Recht, seine Meinung frei „zu äußern und zu verbreiten", nötigen zu dem Versuch, unauflöslich miteinander Verknüpftem einen je eigenständigen Sinn abzugewinnen; auf die Aufnahme des „Verbreitens" hätte man auch verzichten können.[1121] Meinungsäußerung kann nicht ohne Information erfolgen; deshalb ist die Reihenfolge der in Art. 5 Abs. 1 S. 1 genannten Grundrechte problematisch. Pressefreiheit und Freiheit der Berichterstattung durch Rundfunk und Film setzen Freiheit von Zensur voraus; daher könnte man wohl auch ohne die gesonderte Erwähnung des Zensurverbotes in Art. 5 Abs. 1 S. 3 auskommen. Obwohl der Begriff der „allgemeinen Gesetze" schon in der Weimarer Zeit str. war,[1122] ist er – beladen mit bekannten Unklarheiten – in Art. 5 Abs. 2 herübergetragen worden. Weil der Verfassungsgeber die Freiheit der Kunst und Wissenschaft in Art. 5 hineinzwängte, statt sie in einem gesonderten Artikel zu regeln, konnte sich die Frage stellen, ob die Schranken des Art. 5 Abs. 2 auch für Art. 5 Abs. 3 gelten.[1123] Die Reihung „Kunst und Wissenschaft, Forschung und Lehre" in Art. 5 Abs. 3 S. 1 lässt den Eindruck entstehen, dass Wissenschaft, Forschung und Lehre drei verschiedene und selbständig nebeneinanderstehende Dinge seien; tatsächlich bilden Forschung und Lehre nur die (einzigen) Ausdrucksformen der Wissenschaft.[1124]

[1116] *Kübler,* Verh. d. 49. DJT, 1972, D 49 f.; *Mallmann,* Verh. d. 49. DJT, 1972 N 14 f., beide auch zum Verhältnis zu Art. 14.

[1117] *Scholz,* Pressefreiheit und Arbeitsverfassung, 1978, 98 Fn. 26, 123; *Wendt* AöR 104 (1979), 414 (444); *Stern* in Stern StaatsR IV/1 § 108 V 3h; zum Nebeneinander von Art. 5 Abs. 1 S. 2 und Art. 12 Abs. 1 bei der Veranstaltung von Rundfunk vgl. *Wendt* AöR 104 (1979), 414 (445).

[1118] BVerfGE 30, 173 (200); 75, 369 (377); *Stern* in Stern StaatsR IV/1 § 108 V 3b; *Starck/Paulus* in MKS Rn. 413; zum Verhältnis der Gewährleistungen des Art. 5 Abs. 3 zu denjenigen des Art. 5 Abs. 1 vgl. iÜ allgemein *Starck/Paulus* in MKS Rn. 412 f.

[1119] So BVerwGE 2, 172 (179); vgl. demgegenüber *Friauf/Wendt,* Zur Zulässigkeit eines baurechtlichen „Denkmalschutzes" für Arbeiterwohnsiedlungen, 1980, 28, 36 f.

[1120] Zum Verhältnis von Art. 5 Abs. 3 S. 2 zu Art. 18 vgl. *Scholz* in Maunz/Dürig Rn. 202 zu Art. 5 Abs. 3. Allgemein zum Verhältnis von Kunst- zur Wissenschaftsfreiheit *Blankenagel* AöR 2000, 70 (97).

[1121] → Rn. 41.

[1122] → Rn. 113.

[1123] → Rn. 147.

[1124] → Rn. 157.

Literatur

Zu Abs. 1 S. 1 (Meinungsäußerungsfreiheit)

V. Epping/S. Lenz, Das Grundrecht der Meinungsfreiheit, Jura 2007, 881. – ***C. Gomille,*** Mehrdeutigkeit und Meinungsfreiheit, JZ 2012, 769. – ***C. Hillgruber,*** Die Meinungsfreiheit als Grundrecht der Demokratie, JZ 2016, 495. – ***M. Hochhuth,*** Die Meinungsfreiheit im System des Grundgesetzes, 2007. – ***M. Jestaedt,*** Meinungsfreiheit, HGR IV, 2011, § 102. – ***P. Lerche,*** Die Meinungsfreiheit in der Rechtsprechung des BVerwG, FG 50 Jahre BVerwG, 2003, 979. – ***J. Masing,*** Meinungsfreiheit und Schutz der verfassungsrechtlichen Ordnung, JZ 2012, 585. – ***E. Schmidt-Jortzig,*** Meinungs- und Informationsfreiheit, HdbStR VII § 162. – ***K. Stern,*** Die Freiheit der Kommunikation und Information, StaatsR IV/1 § 108.

Zu Abs. 1 S. 1 (Informationsfreiheit)

D. Dörr, Informationsfreiheit, HGR IV, 2011, § 103. – ***E. Gurlit,*** Konturen eines Informationsverwaltungsrechts, DVBl 2003, 1119. – ***S. Jutzi,*** Informationsfreiheit und Rundfunkgebührenpflicht, NVwZ 2008, 603. – ***O. Köppen,*** Das Grundrecht der Informationsfreiheit unter besonderer Berücksichtigung der neuen Medien, 2004. – ***D. Kugelmann,*** Informationsfreiheit als Element moderner Staatlichkeit, DÖV 2005, 851. – ***M. Rossi,*** Informationszugangsfreiheit und Verfassungsrecht, 2004. – ***A. Roßnagel,*** Konflikte zwischen Informationsfreiheit und Datenschutz?, MMR 2007, 16. – ***F. Schoch,*** Das Grundrecht auf Informationsfreiheit, Jura 2008, 25. – ***Wirtz/Brink,*** Die verfassungsrechtliche Verankerung der Informationszugangsfreiheit, NVwZ 2015, 1166.

Zu Abs. 1 S. 2 (Pressefreiheit)

M. Bullinger, Freiheit von Presse, Rundfunk, Film, HdbStR VII § 163. – ***Ch. Degenhart,*** Staatspresse in der Informationsgesellschaft, AfP 2009, 207. – ***B. Geier,*** Grundlagen rechtsstaatlicher Demokratie im Bereich der Medien, Jura 2004, 182. – ***W. Hoffmann-Riem,*** Regelungsstrukturen für öffentliche Kommunikation im Internet, AöR 2012, 509. – ***J. Kühling,*** Im Dauerlicht der Öffentlichkeit – Freifahrt für personenbezogene Bewertungsportale!?, NJW 2015, 447. – ***G. Lehr,*** Pressefreiheit und Persönlichkeitsrechte, NJW 2013, 728. – ***C. Möllers,*** Pressefreiheit im Internet, AfP 2008, 241. – ***H. Neuhoff,*** Die Dynamik der Medienfreiheit am Beispiel von Presse und Rundfunk, ZUM 2012, 371. – ***J. Oechsler,*** Die Satire – Rechtliche Grenzen eines Kulturinstituts, NJW 2017, 757. – ***H.-J. Papier/M. Schröder,*** Verfassungsrechtliche Grenzen kommunaler Publikationen, DVBl. 2017, 1. – ***B. Pieroth,*** Pressefreiheit und Gefahrenabwehr, AfP 2006, 305. – ***O. Püschel,*** Zur Berechtigung des presserechtlichen Auskunftsanspruchs in Zeiten allgemeiner Informationszugangsfreiheit, AfP 2006, 401. – ***Z. Rahvar,*** Die Zukunft des deutschen Presserechts im Lichte konvergierender Medien, 2011. – ***F.J. Säcker,*** Fusion- und Kartellerleichterungen für Zeitungsverlage aus wettbewerbsrechtlicher Sicht, AfP 2005, 24. – ***Ch. Schnabel,*** Die Zukunft des presserechtlichen Auskunftsanspruchs gegen Bundesbehörden, NJW 2016, 1692. – ***Ch. Schröder,*** Strafrechtliche Risiken für den investigativen Journalismus?, NJW 2009, 465. – ***Th. Starke,*** Informantenschutz zwischen Pressefreiheit und staatlichem Verfolgungsinteresse, AfP 2007, 91. – ***K. Stern,*** Die Pressefreiheit und die Filmfreiheit, 2006, StaatsR IV/1 § 109. – ***R. Stürner,*** Caroline-Urteil des EGMR – Rückkehr zum richtigen Maß, AfP 2005, 213. – ***H.-H. Trute,*** Freiheit von Presse und Film, HGR IV, 2011, § 104.

Zu Abs. 1 S. 2 (Rundfunk- und Filmfreiheit)

H. Bethge, Die Freiheit des privaten Rundfunks, DÖV 2002, 673. – ***W. Bosman,*** Verfassungsrechtliche Aspekte eines Werbeverbots für den öffentlich-rechtlichen Rundfunk, ZUM 2003, 444. – ***M. Bullinger;*** Private Rundfunkfreiheit auf dem Weg zur Pressefreiheit, ZUM 2007, 337. – ***O. Castendyk/F. Bark,*** Unterliegt das Filmförderungsgesetz der Beihilfekontrolle der Art. 87 ff. EGV?, ZUM 2003, 480. – ***M. Cordes,*** Medienbeteiligungen politischer Parteien, 2009. – ***M. Cornils,*** Rundfunkgrundversorgung durch subventionierten Privatrundfunk?, DVBL. 2006, 789. – ***Ch. Degenhart,*** Rundfunkrecht vor dem Bundesverwaltungsgericht, FG 50 Jahre BVerwG, 2003, 839. – ***ders.,*** Finanzierung des öffentlich-rechtl. Rundfunks aus nationaler und internationaler Sicht: Der Rundfunkauftrag als Grundlage und Grenze,

AfP 2005, 493. – ***ders.,*** Rundfunkrecht in der Entwicklung, K&R 2007, 1. – ***ders.,*** Rundfunkfreiheit, HGR IV, § 105. – ***D. Dörr,*** Vielfaltsicherung im bundesweiten Fernsehen, AfP-Sonderheft 2007, 33. – ***C.-E. Eberle,*** Gestaltung der deutschen Rundfunkordnung durch die europäische Beihilfenaufsicht?, FS f. Mailänder, 2006, 497. – ***M. Eifert,*** Die Rundfunkfreiheit, Jura 2015, 356. – ***H. Gersdorf,*** Der Rundfunkbegriff, 2007. – ***T. Hoeren,*** Medienöffentlichkeit im Gericht – die Änderungen des GVG, NJW 2017, 3393. – ***R. L. Klaes,*** Verfassungsrechtlicher Rundfunkbegriff und Internet, ZUM 2009, 135.- ***E. Klein,*** Die Rundfunkfreiheit als europäische Rechtsgarantie, in K. Stern, Die Bedeutung des Europäischen Rechts für den nationalen Rundfunk, 2007, 11. – ***K. Kunisch,*** Rundfunk im Internet und der Grundsatz der Staatsfreiheit des Rundfunks, 2011. – ***P. Lerche,*** Aspekte des Schutzbereichs der Rundfunkfreiheit, AfP 2007, 52. – ***J. P. Müßig,*** Die Sicherung von Verbreitung und Zugang beim Satellitenrundfunk in Europa, 2006. – ***A. Paulus/P. Nölscher,*** Rundfunkbegriff und Staatsferne im Konvergenzzeitalter, ZUM 2017, 177. – ***H. Reffken,*** Rundfunkbeteiligungen politischer Parteien, NVwZ 2008, 857. – ***M. Sachs,*** Staatsferne Vielfaltssicherung in den öffentlichrechtlichen Rundfunkanstalten, ZG 2014, 275. – ***F. Schmidt-Husson,*** Rundfunkfreiheit für die Deutsche Welle?, 2006. – ***K. Stern,*** Die Rundfunkfreiheit, 2006, StaatsR IV/1 § 110. – ***P. Weber,*** Die Novelle zum Filmförderungsgesetz aus Sicht des öffentlich-rechtlichen Rundfunks, ZUM 2008, 736.

Zu Abs. 1 S. 3 (Zensurverbot)

H. Bethge, Eine Zensur findet nicht statt, FS f. Wendt, 2015, 31. – ***Th. Franke,*** Das Zensurverbot des Art. 5 I 3 GG – ein Überblick, UFITA 2002, 89. – ***M. Köhne,*** Das Zensurverbot des Grundgesetzes, RuP 2013, 30. – ***K.-H. Ladeur,*** Der prozedurale Schutz der Medienfreiheit, ZUM 2004, 1. – ***Th. Nessel,*** Das grundgesetzliche Zensurverbot, 2004. – ***M. Pfeifer,*** Zensurbehütete Demokratie – Das Zensurverbot des Art. 5 Abs. 1 S. 3 GG, 2003. – ***G. Warg,*** Meinungsfreiheit zwischen Zensur und Selbstzensur, DÖV 2018, 473.

Zu Abs. 2 (Schranken)

M. Beurskens, „Hate-Speech" zwischen Löschungsrecht und Veröffentlichungspflicht, NJW 2018, 3418. – ***W. Brugger,*** Verbot oder Schutz der Haßrede?, AöR 128 (2003), 372. – ***B. Daiber,*** Pressefreiheit und Persönlichkeitsschutz – Kritik und Folgen des „Caroline-Urteils" des EGMR, ZEuS 2005, 557. – ***Ch. Degenhart,*** Verfassungsfragen des Jugendschutzes beim Film, UFITA 2009, 331. – ***S. Engels/M. Stulz-Herrnstadt,*** Einschränkungen für die Presse nach dem neuen Jugendschutzgesetz, AfP 2003, 97. – ***A. Gosche,*** Das Spannungsverhältnis zwischen Meinungsfreiheit und Ehrenschutz, 2008. – ***D. Grimm,*** Der Stolpe-Beschluss des BVerfG – eine Rechtsprechungswende?, AfP 2008, 1. – ***Th. Haug,*** Bildberichterstattung über Prominente. Unter Überprüfung der Zulässigkeit der gerichtlichen Beurteilung des Informationswertes von Medienberichten, 2011. – ***Ph. Kunig,*** Die Medien und das Persönlichkeitsrecht – einige Gedanken aus europäischer Veranlassung, in FS Raue, 2006, 191. – ***K.-H. Ladeur,*** Die „allgemeinen Gesetze" als Schranken der Meinungsfreiheit, K&R 2010, 642. – ***Ch. Langenfeld,*** Die Neuordnung des Jugendschutzes im Internet, MMR 2003, 303. – ***A. Lenk,*** Die befristete Professur an staatlichen und staatlich anerkannten Hochschulen, WissR 2009, 50. – ***S. Lenski,*** Die Kunstfreiheit des GG, Jura 2016, 35. – ***O. Lepsius,*** Einschränkung der Meinungsfreiheit durch Sonderrecht, Jura 2010. – ***L. Michael,*** Mittelbare Drittwirkung spezifisch europäischen Verfassungsrechts am Beispiel des Schutzes der Privatsphäre vor der Presse, AfP 2006, 313. – ***H. Siekmann,*** Verfassungsmäßigkeit eines umfassenden Verbots der Werbung für Tabakprodukte, DÖV 2003, 657. – ***Ch. Starck,*** Das Caroline-Urteil des Europäischen Gerichtshofs für Menschenrechte und seine rechtlichen Konsequenzen, JZ 2006, 76. – ***R. Stettner,*** Der neue Jugendmedienschutz-Staatsvertrag – eine Problemsicht, ZUM 2003, 425. – ***Ch. Teichmann,*** Abschied von der absoluten Person der Zeitgeschichte, NJW 2007, 1917. – ***A.-A. Wandtke/R. Hauck,*** Urheberecht versus Pressefreiheit, NJW 2017, 3422. – ***R. Wendt,*** Der Garantiegehalt der Grundrechte und das Übermaßverbot, AöR 104 (1979), 414. – ***ders.,*** Das Recht am eigenen Bild als strafbewehrte Schranke der verfassungsrechtlich geschützten Kommunikationsfreiheiten des Art. 5 Abs. 1 GG, AfP 2004, 181.

Zu Abs. 3 S. 1 (Kunstfreiheit)

A. v. Arnauld, Freiheit der Kunst, HdbStR VII 2009, § 167. – ***B. v. Becker,*** Rechtsfragen der Satire, GRUR 2004, 908. – ***Ch. Degenhart,*** Verfassungsfragen des Jugendschutzes beim Film, UFITA 2009, 331. – ***Ch. Enders,*** Zum Begriff und zu den Schranken der Kunstfreiheit, JZ 2008, 581. – ***A.-M. Frey,*** Die Romanfigur wider Willen, 2008. – ***H.-P. Götting,*** Persönlichkeitsschutz und Kunstfreiheit, FS f. Raue, 2006, 427. – ***F. Hufen,*** Kunstfreiheit, HGR IV, 2011, § 101. – ***C. Kaerkes,*** Die vergessene Schranken-Schranke der Kunstfreiheit, AfP 2016, 398. – ***K.-H. Ladeur,*** Nochmals – der Fall „Esra" und das Verhältnis von Fiktion und Wirklichkeit, AfP 2008, 30 ff. – ***P. Lerche,*** Kunstfreiheit inmitten aktueller Grundrechtskonzepte, FS f. Raue, 2006, 215. – ***K. Nevermann,*** Anmerkungen zur Institutionalisierung der Kulturförderung des Bundes, in FS Raue, 2006, 851. – ***P. Raue,*** Kunstfreiheit, Persönlichkeitsrecht und das Gebot der praktischen Konkordanz, AfP 2009, 1. – ***K. Stern,*** Die Freiheit der Kunst und der Wissenschaft, StaatsR IV/2, 2011, § 117. – ***U. Vosgerau,*** Das allgemeine Persönlichkeitsrecht als Universalschranke der Kunstfreiheit, Der Staat 48 (2009), 107. – ***E. Wanckel,*** Der Schutz der Persönlichkeit bei künstlerischen Werken, NJW 2006, 578. – ***J. Wenmakers,*** Rechtliche Grenzen der neuen Formen von Satire im Fernsehen, 2009. – ***F. Wittreck,*** Persönlichkeitsbild und Kunstfreiheit, AfP 2009, 6.

Zu Abs. 3 S. 1 (Wissenschaftsfreiheit)

P. Badura, Die Universität in Europa, FS f. Schiedermair, 2001, 465. – ***U. Battis,*** Zur Reform des Organisationsrechts der Hochschulen, DÖV 2006, 498. – ***S. Becker,*** Rechtsfragen zu Gründung und Betrieb privater Universitäten, DVBl 2002, 92. – ***A. v. Brünneck,*** Verfassungsrechtliche Probleme der öffentlich-rechtlichen Stiftungshochschule, WissR 35 (2002), 21. – ***H. Dähne,*** Forschung zwischen Wissenschaftsfreiheit und Wirtschaftsfreiheit, 2007. – ***D. Dörr,*** Die Freiheit von Forschung und Lehre und das Selbstverwaltungsrecht der Hochschulen, FS f. Hufen, 2015, 289. – ***H. Dreier/W. Huber,*** Bioethik und Menschenwürde, 2002. – ***K. F. Gärditz,*** Die Lehrfreiheit – Wiederentdeckung oder Rückbau?, WissR 40 (2007), 67. – ***M.-E. Geis,*** Autonomie der Universitäten, HGR IV 2011, § 100. – ***A. Groh,*** Zur Frage der Zulässigkeit von Leistungsbewertungen bei Professorinnen und Professoren im Hinblick auf Art. 5 Abs. 3 GG, 2007. – ***W. Höfling,*** Die Lehrfreiheit, WissR 2008, 92. – ***F. Hufen,*** Wissenschaft zwischen Freiheit und Kontrolle, NVwZ 2017, 1265. – ***A.-K. Kaufhold,*** Die Lehrfreiheit – ein verlorenes Grundrecht?, 2006. – ***dies.,*** Wissenschaftsfreiheit als ausgestaltungsbedürftiges Grundrecht?, NJW 2010, 3276. – ***M. Kutscha,*** Hochschullehre unter Fachaufsicht?, NVwZ 2011, 1178. – ***K.-H. Ladeur,*** Die Wissenschaftsfreiheit der „entfesselten Hochschule", DÖV 2005, 753. – ***J. F. Lindner,*** Wissenschaftsfreiheit und Tierversuch, NordÖR 2009, 329. – ***W. Löwer,*** Freiheit wissenschaftlicher Forschung und Lehre, HGR IV 2011, § 99. – ***B. Losch/W. C. Radau,*** Forschungsverantwortung als Verfahrensaufgabe, NVwZ 2003, 390. – ***U. Mager,*** Die Universität im Zeichen von Ökonomisierung und Internationalisierung, VVDStRL 65 (2006), 274. – ***dies.,*** Freiheit von Forschung und Lehre, HdbStR VII 2009, § 166. – ***M. Nettesheim,*** Grund und Grenzen der Wissenschaftsfreiheit, DVBl. 2005, 1072. – ***U. Quapp,*** Zur Zukunft der Studiengangsakkreditierung im Licht der aktuellen Entscheidung des Bundesverfassungsgerichts, DÖV 2017, 271. – ***W.-R. Schenke,*** Neue Fragen an die Wissenschaftsfreiheit, NVwZ 2005, 1000. – ***M. Schulte/M. Ruffert,*** Grund und Grenzen der Wissenschaftsfreiheit, VVDStRL 65 (2006), 110, 146. – ***M. Seckelmann,*** Autonomie, Heteronomie und Wissenschaftsadäuanz, WissR 2012, 200. – ***S. Sieweke,*** Die Hochschule als Gefahr für die Wissenschaftsfreiheit, DÖV 2011, 472.

Zu Abs. 3 S. 2 (Verfassungstreue)

K. Stern, Die Verfassungstreueklausel des Art. 5 Abs. 3 S. 2 GG, FS f. Steiner, 2009, 842.

Art. 6 [Ehe und Familie, Elternrecht, Mutterschutz, uneheliche Kinder]

(1) Ehe und Familie stehen unter dem besonderen Schutze der staatlichen Ordnung.

(2) [1]Pflege und Erziehung der Kinder sind das natürliche Recht der Eltern und die zuvörderst ihnen obliegende Pflicht. [2]Über ihre Betätigung wacht die staatliche Gemeinschaft.

(3) Gegen den Willen der Erziehungsberechtigten dürfen Kinder nur auf Grund eines Gesetzes von der Familie getrennt werden, wenn die Erziehungsberechtigten versagen oder wenn die Kinder aus anderen Gründen zu verwahrlosen drohen.

(4) Jede Mutter hat Anspruch auf den Schutz und die Fürsorge der Gemeinschaft.

(5) Den unehelichen Kindern sind durch die Gesetzgebung die gleichen Bedingungen für ihre leibliche und seelische Entwicklung und ihre Stellung in der Gesellschaft zu schaffen wie den ehelichen Kindern.

Weimarer Reichsverfassung von 1919

Art. 119. Die Ehe steht als Grundlage des Familienlebens und der Erhaltung und Vermehrung der Nation unter dem besonderen Schutz der Verfassung. Sie beruht auf der Gleichberechtigung der beiden Geschlechter.

Die Reinerhaltung, Gesundung und soziale Förderung der Familie ist Aufgabe des Staats und der Gemeinden. Kinderreiche Familien haben Anspruch auf ausreichende Fürsorge.

Die Mutterschaft hat Anspruch auf den Schutz und die Fürsorge des Staats.

Art. 120. Die Erziehung des Nachwuchses zur leiblichen, seelischen und gesellschaftlichen Tüchtigkeit ist oberste Pflicht und natürliches Recht der Eltern, über deren Betätigung die staatliche Gemeinschaft wacht.

Art. 121. Den unehelichen Kindern sind durch die Gesetzgebung die gleichen Bedingungen für ihre leibliche, seelische und gesellschaftliche Entwicklung zu schaffen wie den ehelichen Kindern.

Art. 122. Die Jugend ist gegen Ausbeutung sowie gegen sittliche, geistige oder körperliche Verwahrlosung zu schützen. Staat und Gemeinde haben die erforderlichen Einrichtungen zu treffen.

Fürsorgemaßregeln im Wege des Zwanges können nur auf Grund des Gesetzes angeordnet werden.

Übersicht

A. Allgemeine Bedeutung

I. Genese

1 Obwohl Art. 6 viele Regelungen teils nahezu wortgleich aus der Weimarer Reichsverfassung übernimmt, war nicht von Anfang an klar, dass im GG überhaupt eigenständige Grundrechte für Ehe, Familie und das Eltern-Kind-Verhältnis geschaffen werden sollten. Das dürfte seine Ursache vor allem darin gehabt haben, dass die Art. 119 ff. WRV einen stark fürsorglichen

Charakter hatten, der für das GG unpassend erschien.[1] Man entschied sich schließlich für eine Aufnahme dieser Rechte in einer gegenüber der Weimarer Reichsverfassung **freiheitsbetonenderen** Ausgestaltung. Bei Abs. 1 ergab sich der Wortlaut, der sich später als flexibel und modern erweisen sollte, eher aus Gründen der Vereinfachung, als dass er auf einem inhaltlichen Konsens beruhen würde. Nachdem anfänglich Sprachfassungen diskutiert wurden, in denen die Ehe sogar stärker als „rechtmäßige Form" des Zusammenlebens sowie ausdrücklich als Verbindung zwischen Mann und Frau beschrieben werden sollte,[2] und sie außerdem phasenweise klar als die Basis für die Familie gekennzeichnet war,[3] wurden schließlich Ehe und Familie nicht näher definiert und getrennt benannt. Daher darf man davon ausgehen, dass die Ehe schon anfänglich um ihrer selbst willen geschützt war und nicht der Kinder wegen, eine Auffassung, die dem modernen liberalen Verständnis vom Staat entspricht. Auf den Schutz nichtehelicher Familien und schon gar gleichgeschlechtlicher Verbindungen war die Norm dagegen nicht ausgerichtet.[4] Bei Abs. 2 entschied man sich, anders als noch in Art. 120 WRV, keine Erziehungsziele vorzugeben.[5] Hier kann die deutliche Betonung als Freiheitsrecht in Reaktion auf die NS-Herrschaft besonders gut nachvollzogen werden.[6] Das staatliche Wächteramt wurde jedoch weitgehend wörtlich aus der Weimarer Reichsverfassung übernommen. Anders als dort gibt Art. 6 Abs. 4 jeder Mutter ein echtes Grundrecht auf Schutz und Fürsorge. Lebhafte Diskussionen fanden auch über Abs. 5 statt, dessen Endfassung sich dann doch an Art. 121 WRV orientierte.[7] Der Wortlaut des Art. 6 ist bisher unverändert geblieben.

Im Gegensatz zu vielen anderen heute in Europa geltenden Familiengrund- 2
rechten hat Art. 6 keine völkerrechtlichen Regelungen zum unmittelbaren Vorbild genommen. Doch war die **Allgemeine Menschenrechtserklärung** am 10.12.1948 verkündet worden und bei der Durchsetzung des Art. 6 war der Hinweis auf die dort enthaltenen Familienrechte offenbar ein hilfreiches Argument.[8]

II. Inhaltsübersicht

1. Struktur. Art. 6 enthält **verschiedene Grundrechte,** die alle ihre 3
besondere Prägung dadurch erhalten, dass sie sich auf den engsten persönlichen Bereich beziehen. Ehe und Familie (Abs. 1) und das Eltern-Kind-Verhältnis (Abs. 2 und 3) sind dabei als private Freiräume sowie auch als Einrichtungen im staatlich-gesellschaftlichen Bereich anerkannt, garantiert und ge-

[1] Der Verfassungskonvent von Herrenchiemsee sah noch kein Grundrecht für Ehe und Familie vor (siehe Bericht, 20 ff.); zur früheren Verfassungsgeschichte nur *Schwab* FS f. Bosch, 1976, 893; zur Entstehung der Weimarer Reichsverfassung *Seiler* in BK Art. 6 Abs. 1 Rn. 33 ff.; zu Deutung und Ursprung der Artikel der Weimarer Reichsverfassung *Schwab* in Schwab Geschichtliches Recht und moderne Zeiten, 121.

[2] So der Antrag der CDU/CSU (Parlamentarischer Rat V, 828, positiv dazu auch Hauptausschuss, Band 14/I, 597, 611).

[3] Dazu *Brosius-Gersdorf* in Dreier Rn. 11.

[4] Näher *Seiler* in BK Art. 6 Abs. 1 Rn. 43 ff.

[5] Zur Entstehungsgeschichte auch *Sanders,* Mehrelternschaft, 2018, 108 ff.

[6] *Jestaedt* in BK Rn. 4; auch Parlamentarischer Rat 1948–1949, Hauptausschuss (Band 14/I), 612 ff.

[7] Nur Parlamentarischer Rat 1948–1949, Hauptausschuss (Band 14/I), 598 ff.

[8] *Rensmann,* Wertordnung und Verfassung – Das Grundgesetz im Kontext grenzüberschreitender Konstitutionalisierung, 2007, 39; auch *Eberhardt* MRM 2009, 162 (169).

schützt.[9] Bei Abs. 2 besteht die Besonderheit, dass das Elternrecht durch die Ausrichtung auf den Schutz des Kindes und die Begrenzung durch das Wächteramt trotz seines Charakters als Abwehrrecht eine Prägung als „dienendes" oder „fremdnütziges" Grundrecht erhält.[10] Sowohl in Abs. 1 als auch in Abs. 2 ist ein Fördergebot enthalten, das aber in der Regel nicht zu konkreten Ansprüchen der Grundrechtsträger führt.[11] Wertentscheidung, Grundrecht und zusätzlich bindende Aufträge an den Gesetzgeber enthalten Abs. 4 und Abs. 5.

4 Die unterschiedlichen **Dimensionen** der Grundrechte – kurz spricht man von Abwehrrecht, Institutsgarantie und wertentscheidender Grundsatznorm[12] (näher → Rn. 44, 102) – haben jeweils eine unterschiedliche Reichweite. Insbesondere reicht der Schutzbereich des Abwehrrechts – wie auch der Grundsatznorm – richtig verstanden weiter als die Institutsgarantie.[13] Trotzdem lässt Art. 6 Abs. 1 **Schutzlücken,** die jedoch meist über Art. 2 Abs. 1 und Art. 3 Abs. 1 geschlossen werden können. Betroffen sind vor allem unverheiratete Paare (näher → Rn. 76, 89) sowie Kinder, die zwar nicht außerhalb einer Ehe geboren worden sind, aber aus anderen Gründen wegen der Umstände ihrer Geburt benachteiligt werden (näher → Rn. 215).

5 Art. 6 enthält **Menschenrechte,** die allen natürlichen Personen ohne Rücksicht auf ihre Staatsangehörigkeit zustehen. Ihrem Wesen nach (Art. 19 Abs. 3) sind sie nur auf natürliche Personen anwendbar.[14]

6 Die verschiedenen Grundrechte in Art. 6 sind **schrankenlos** gewährleistet (zu Abs. 1 → Rn. 52; zu Abs. 2 → Rn. 106). Eingriffe können also nur aufgrund kollidierenden Verfassungsrechts gerechtfertigt werden.[15] Darüber hinaus bringt das heutige weite Verständnis der Begriffe von Familie und Elternstellung (näher → Rn. 67), die Notwendigkeit der Abwägung unterschiedlicher familiärer Verbindungen schon innerhalb des Art. 6 selbst mit sich. Das gilt etwa für Varianten der Elternstellung, wie die nicht sozial gelebte oder die nur genetische Vaterschaft. Allgemein muss bzgl. des Schutzumfangs zwischen schwächer und stärker ausgeprägten Verbindungen unterschieden werden (zur Familie → Rn. 70 ff.; zur Elternstellung → Rn. 110).[16]

7 **2. Freiheit und Verantwortung.** Vor allem durch die Ausgestaltung als Abwehrrecht hat Art. 6 eine deutlich andere Zielrichtung als noch die Weimarer Reichsverfassung, weil er auf den Schutz der Privatheit von Ehe und Familie ausgerichtet ist. Ehe und Familie werden als in der Gesellschaft vorhandene, private Solidargemeinschaften respektiert und geschützt. Selbst wenn es also in Art. 6 nicht mehr vorrangig um staatliche Interessen geht, sondern um einen echten **Schutz des privaten Familienlebens,**[17] so darf doch nicht übersehen werden, dass Ehe und Familie weiterhin wichtige soziale Funktionen in der Gesellschaft haben und mit dem Schutz zugleich

---

[9] Zu den Schutzdimensionen des Art. 6 vorerst nur *Robbers* in MKS Rn. 8.

[10] Vorerst nur BVerfGE 59, 360 (377); ähnlich *Robbers* in MKS Rn. 145; *Brosius-Gersdorf* in Dreier Rn. 142.

[11] *Brosius-Gersdorf* in Dreier Rn. 87; näher zur Familienförderung → Rn. 97.

[12] *Kotzur/Vasel* in Stern/Becker Rn. 11; *Jarass* in Jarass/Pieroth Rn. 1.

[13] Da letztere nur den „Kern" sichert, BVerfGE 105, 313 (344 f.); näher → Rn. 50.

[14] Zu Art. 6 Abs. 1 BVerfGE 13, 290 (298); bei Abs. 3 bestehen Ausnahmen → Rn. 191.

[15] Vorerst nur *Burgi* in BerlKomm Rn. 28; *Jarass* in Jarass/Pieroth Rn. 23.

[16] Zu Art. 6 Abs. 2 deutlich BVerfGE 135, 48 (3. Ls.).

[17] *Böhm* VVDStRL 73 (2014), 211 (220).

Verantwortung übertragen wird.[18] Familienpolitische und kinderschützende Maßnahmen müssen beide Aspekte in Einklang bringen. Sowohl bei den begrenzenden und verpflichtenden Maßnahmen des Staates (zB einer Kindergartenpflicht → Rn. 179) als auch bei den familienpolitischen Fördermaßnahmen (zB Steuerprivilegien → Rn. 85, 266) muss stets der freiheitswahrende Kern der Norm beachtet werden.[19] Auch Fördermaßnahmen dürfen daher nicht in unverhältnismäßiger Weise bestimmte Rollenmuster oder Erziehungsformen begünstigen oder gar erzwingen.[20] Insbesondere muss bei der Gewährung von Rechten und staatlichen Privilegien auf der Basis des Art. 6 berücksichtigt werden, dass die den Staat entlastende soziale Verantwortung heute nicht mehr exklusiv innerhalb der Ehe übernommen wird.[21] Daher hat aufgrund des Gleichbehandlungsgrundsatzes oftmals eine Übertragung von Vorteilen auch auf andere Paarbeziehungen oder familiale Gruppen zu erfolgen. Aus diesem Grund kann es auch kein allgemeines Abstandsgebot mehr geben (dazu → Rn. 90).

3. Begriffsbildung. Die Reichweite des Art. 6 wird durch eine selbstständige **verfassungsrechtliche Begriffsbildung** bestimmt. Die Begriffe „Ehe", „Familie", „Eltern" oder „Mutter" sind somit nicht automatisch aus dem einfachen Recht abzuleiten oder durch den Gesetzgeber durch einfachrechtliche Regelung beliebig veränderbar.[22] Die Rückführung der Begriffe auf naturrechtliche, also dem Staat vorgegebene Institutionen[23] scheidet in Hinblick auf die Unterschiedlichkeit der in Zeit und Raum vorgefundenen Formen ebenfalls aus.[24] Schließlich kommt auch eine allein an den sozialen und rechtlichen Gegebenheiten zur Zeit der Schaffung des Art. 6 orientierte Begriffsbestimmung[25] nicht in Betracht. Diese würde nicht nur zu einer Versteinerung der Institutionen führen.[26] Vielmehr würde auch der Charakter des Art. 6 in seiner Ausrichtung auf den Schutz der Freiheit der gelebten Ehe und Familie damit verkannt. 8

Die Begriffe sind vielmehr entsprechend der soeben beschriebenen Schutzrichtung der Norm unter Berücksichtigung ihrer Funktion, der herrschenden Anschauungen in der Gesellschaft und der Gesamtheit der grundgesetzlichen Wertungen abzuleiten.[27] Geschützt sind die Phänomene Ehe und Familie daher, wie sie in der **Gesellschaft gelebt** werden. Es kommt dabei nicht 9

[18] *Kotzur/Vasel* in Stern/Becker Rn. 9; *Röthel* in Röthel/Heiderhoff Regelungsaufgabe Paarbeziehung, 17 (22).

[19] Besonders deutlich *Di Fabio* NJW 2003, 993 (998): „Schutz durch Förderung muss freiheitsgerecht sein"; auch *Müller-Terpitz* JZ 2006, 991.

[20] Vorerst nur *Rixen* in Kluth Familie als Wirtschaftsfaktor, 61 (68); zum Betreuungsgeld näher unten → Rn. 263; zum Ehegattensplitting → Rn. 266.

[21] Differenzierend dazu und zu sozialrechtlichen Ausweichmechanismen *Schwab* FamRZ 2007, 1 (6 f.).

[22] Vorerst nur *Seiler* in BK Art. 6 Abs. 1 Rn. 107 f.

[23] So *Lecheler* in HdbStR VI, 2. Aufl. 2001, § 133 Rn. 6.

[24] *Häberle*, Verfassungsschutz der Familie, 1984, 26; *v. Coelln* in Sachs Rn. 2; *Wahl* FS f. Frank, 2008, 31 (37).

[25] So *Lecheler* FamRZ 1979, 1.

[26] *v. Coelln* in Sachs Rn. 2; eingrenzend *Badura* in Maunz/Dürig Rn. 36 f.

[27] BVerfGE 15, 328 (332) („Institution der Ehe ist nicht abstrakt, sondern in der Ausgestaltung gewährleistet, die unseren heute herrschenden Anschauungen entspricht"); 31, 58 (69); 105, 313 (345); die Offenheit der Normbegriffe besonders betonend *Kotzur/Vasel* in Stern/Becker Rn. 1; *Brosius-Gersdorf* in Dreier Rn. 22; *Zuck* NJW 2009, 1449 (1453 f.); enger *v. Coelln* in Sachs Rn. 2; *Badura* in Maunz/Dürig Rn. 38 ff.; *Seiler* in BK Art. 6 Abs. 1 Rn. 56; differenzierend *Robbers* in MKS Rn. 7, der zwar einen verbindlichen Kernbereich bei der Ehe sieht (Rn. 32), aber den Rahmen weit steckt.

darauf an, ob es sich hierbei um dem Menschen schon ursprünglich innewohnende, um kulturell, gesellschaftlich oder religiös geprägte Lebensformen handelt. Die Veränderung tatsächlich gelebter sozialer Verhaltensformen und deren allgemeine Akzeptanz in der Gesellschaft müssen gerade in diesem Bereich der engsten persönlichen Privatsphäre auch Rückwirkungen auf die betroffenen Grundrechte haben.[28] Würden diese den sozialen Wandel unbeachtet lassen, wäre insbesondere ihre Abwehrfunktion geschwächt oder liefe im schlimmsten Fall ins Leere.[29] Aber auch die Institutsgarantie – und, was selten erwähnt wird, sogar die wertentscheidenden Grundsätze – müssen entwicklungsfähig sein und an die realen Verhältnisse und veränderten Wertvorstellungen der Gesellschaft angepasst werden.[30] Das 1976 reformierte Scheidungsrecht mit dem dadurch geänderten Verständnis der Ehe bildet hierfür ein typisches Beispiel.[31] Geschähe dies nicht, würde die Gesellschaft die petrifizierten Institutionen nicht mehr annehmen, und Art. 6 würde auch insofern seine Funktion verlieren.[32] Durch die Dynamik entsteht daher nicht etwa Instabilität, sondern der Schutz wird gerade erst stabilisiert.[33]

10 Bei allem kann sich Art. 3 stark auswirken, wie insbesondere die Rspr. zum Gesetz über die Eingetragene Lebenspartnerschaft (LPartG) gezeigt hat. Indem Art. 3 Abs. 1 Gleichbehandlung verlangt, kann er dazu zwingen, Privilegien auch für solche Gemeinschaften zu garantieren, die nicht von Art. 6 Abs. 1 erfasst sind. Doch darf man nicht verkennen, dass die Lückenschließung über Art. 3 Abs. 1 letztlich eine Hilfskonstruktion bleibt. Sie eignet sich besonders, wenn es um die Behandlung sozialer Phänomene geht, die gesellschaftlich gerade (noch) nicht als Ehe oder Familie angesehen werden, aber in gleicher Weise eine soziale Solidaritätsfunktion übernehmen. Das kann in bestimmten Kontexten auf die nichteheliche Lebensgemeinschaft zutreffen (näher → Rn. 76, 89). Wenn dagegen ein neuartiges familiales Phänomen in der gesellschaftlichen Wahrnehmung zu Ehe oder Familie wird, muss der besondere Schutz des Art. 6 Abs. 1 gewährt werden.[34] So fallen

---

[28] Zur veränderten „Grundrechtsdogmatik" des Art. 6 grundlegend *Böhm* VVDStRL 73 (2014), 211 (222 ff.), die die Ausgestaltungskompetenz des Gesetzgebers als zentral für die Anpassungsfähigkeit des Art. 6 Abs. 1 an die veränderte gesellschaftliche Realität ansieht; enger *Germann* VVDStRL 73 (2014), 257, der die „antidynamische Intention" des GG mehr betont (266) und meint, dass die Begriffe sich zu sehr verändert hätten (Verschiedengeschlechtlichkeit der Ehe, 286; Mehrelternschaft, 288).

[29] Unbestritten wirkt sich solcher Wandel auch bei anderen Grundrechten aus. Siehe zur Homosexualität völlig anders als heute etwa noch BVerfGE 6, 389 (434); eindringlich für die Menschenwürde *Häberle* in HdbStR II § 22 Rn. 71 („Das individuelle und gemeinschaftliche Selbstverständnis der Bürger ist nicht minder konstitutiv"), auch schon Rn. 51 („immer flexibler und differenzierter"); *Nettesheim* JZ 2019, 1.

[30] Zur Institutsgarantie: *Kingreen/Poscher,* Grundrechte, 2018, Rn. 777 (mit Beachtung des „bewahrenden Gehalt[s]"); *Sanders* NJW 2013, 2236 (2239); *Wahl* FS f. Frank, 2008, 31 (37 f.); *Rixen* JZ 2013, 864 (872 f.); aA *Seiler* in BK Art. 6 Abs. 1 Rn. 56; *v. Coelln* in Sachs Rn. 3; *v. Coelln* NJ 2018, 1 (3).

[31] Anders anscheinend *Wollenschläger,* Rechtsgutachten für die Bayerische Staatsregierung, 2018, 70, der einen solchen „Institutswandel" generell nur unter strengeren Voraussetzungen für zulässig erachtet.

[32] Ähnlich mit Blick auf Ehe und Lebenspartnerschaft *Wasmuth* NJ 2017, 353 (359).

[33] Ähnlich *Volkmann* JZ 2018, 265 (271); auch schon *Voßkuhle* AöR 1994, 35 (44 ff.), dort auch näher zu den Begriffen der Rigidität und Flexibilität; *Voßkuhle* JZ 2009, 917 (918) spricht passend von „Pflege".

[34] Weitergehend in Hinblick auf die Funktion als Solidargemeinschaft *Brosius-Gersdorf* in Dreier Rn. 78 (jede wechselseitige Beistands- und Verantwortungsgemeinschaft); doch wird damit *nur* noch das Element der den Staat entlastenden Solidarfunktion, und nicht mehr die durch Art. 6 Abs. 1 gerade erst hervorgehobene Besonderheit von Ehe und Familie berück-

etwa unverheiratete Paare mit Kindern und gleichgeschlechtliche Paare mit Kindern inzwischen unstreitig unter den **Begriff der „Familie“** (→ Rn. 69). Auch das Verständnis des Elternbegriffs wurde erweitert. Der nur genetische Vater kann bereits Rechte aus Art. 6 Abs. 2 ableiten, für lediglich genetische Mütter steht diese Entwicklung noch aus (näher → Rn. 75). Die Beweglichkeit des **Begriffs der „Ehe“** unterliegt vor dem Hintergrund der Einführung der gleichgeschlechtlichen Ehe derzeit einer intensiven Debatte (→ Rn. 58 ff.).

Häufig werden diese Entwicklungen weiterhin unter dem Stichwort des **Verfassungswandels** diskutiert, womit einfach gemeint ist, dass eine Norm des GG bei gleichbleibendem Wortlaut ihre Bedeutung verändert.[35] Der Begriff wird jedoch unterschiedlich verwendet, und teils gerade im Sinne eines die Grenze der zulässigen Auslegung überschreitenden Vorgangs verstanden.[36] Dann vermag er Sorge zu schüren und fordert dazu heraus, historisch oder prinzipiell abgeleitete Grenzen für die Veränderlichkeit zu setzen.[37] Überzeugender ist ein Begriffsverständnis im Sinne einer Weiterentwicklung von Grundrechtsinhalten durch zulässige Auslegung.[38] So verstanden ist der Wandel gerade notwendig, um eine stabile Funktionsfähigkeit der Verfassung zu gewährleisten (soeben → Rn. 9). **11**

Insgesamt darf man nicht übersehen, dass dem einfachen Gesetzgeber bei der Gestaltung des Instituts **Spielräume** zustehen, die er konservativ oder progressiv füllen kann.[39] Auch diese sind aber nicht fixiert, sondern sie verschieben sich ebenfalls mit den beschriebenen gesellschaftlichen Veränderungen. **12**

Vor diesem Hintergrund lässt sich beobachten, dass Art. 6 und das private Familienrecht sich in ihrer **Weiterentwicklung** immer wieder gegenseitig Anschub gegeben haben. So hat das BVerfG auf der Basis des Art. 6 – sowie dem insofern noch wichtigeren Art. 3 – oftmals die Fortentwicklung des privaten Familienrechts zu einer nun weitgehend modernen, das Kindeswohl sichernden, gleichberechtigten Ordnung eingefordert.[40] Dies geschah auch noch nach den grundlegenden Reformen zur Durchsetzung der Gleichberechtigung von Mann und Frau Ende der 1950er Jahre (etwa durch Einführung der Zugewinngemeinschaft und Abschaffung des Stichentscheids). Wie eine „Lokomotive“ hat das BVerfG so das private Familienrecht vorangezogen, und umgekehrt hat der einfache Gesetzgeber mit großen Reformen, wie bei der Einführung der Zerrüttungsscheidung oder des LPartG, den – sich teils erst mit der Zeit öffnenden – Gestaltungsspielraum des Art. 6 genutzt. **13**

sichtigt; die Solidarfunktion zentral setzend auch *Röthel* in Röthel/Heiderhoff Regelungsaufgabe Paarbeziehung, 17 (23 ff.); krit. ggü. einem Abstellen auf die Funktion vor allem *Badura* in Bitburger Gespräche Jahrbuch 2001, 87 (92).

[35] Statt aller *Voßkuhle* Der Staat 43 (2004), 450 (451) mwN.

[36] So etwa *Isensee* in HdbStR XII § 268 Rn. 130 ff.; *Neuner* FamRZ 2017, 1805 (1810); *Badura* in Maunz/Dürig Rn. 36 f. mwN; im Kontext des Art. 6 krit. und mit umfassenden Nachweisen *Germann* VVDStRL 73 (2014), 257 (260 f.).

[37] Deutlich zu diesem Zusammenhang *Bäcker* AöR 2018, 339; *Schmidt* NJW 2017, 2225 (2226 f.) sieht „Strukturprinzipien“; *Schaefer* AöR 2018, 393 (410) spricht von einem „Institutskern“; *Ipsen* NVwZ 2017, 1096 (1098) nennt „das Wesen der Ehe“.

[38] Nur *Voßkuhle* JuS 2019, 417 (418) mwN; näher zu den Begriffsverständnissen *Voßkuhle* Der Staat 43 (2004), 450.

[39] Zu Abs. 1 etwa BVerfGE 53, 224 (245 f.); aktuell BVerfG NVwZ 2017, 617; zu Abs. 2 bspw. BVerfGE 141, 186; BVerfG NJW 2015, 3366; näher → Rn. 46.

[40] Näher und krit. *Neuner* FamRZ 2017, 1805.

Meist wurden dann zunächst größte verfassungsrechtliche Bedenken vorgebracht, die heute kaum noch nachvollziehbar sind.[41] Insbesondere im Abstammungs- und Sorgerecht ist der Vorgang der Anpassung an moderne Familienformen noch im Gange und erfolgt in einem zähen Hin und Her zwischen Privatrechtssetzung und Verfassungsrechtsprechung.

14 Neben die durch die Weiterentwicklung von Lebensformen in den persönlichen Freiheitsrechten stets enthaltene Dynamik tritt das Problem, wie mit **ausländischen Lebensformen** umzugehen ist, die den deutschen Begrifflichkeiten nicht entsprechen, im jeweiligen Heimatrecht aber funktionsäquivalent sind (zB Polygamie, die französische registrierte Partnerschaft *PACS,* die der Adoption verwandte *Kafala*). Mit Blick auf diese Rechtsinstitute greift Art. 6 Abs. 1 nicht ohne weiteres ein, und es geht auch nicht um eine Erweiterung der Institutsgarantie,[42] doch muss entschieden werden, wieweit Abwehr- bzw. Schutzrechte aus Art. 6 entnommen werden können.[43] Wegen des stark an der sozial gelebten Familie orientierten Schutzbereichs des Familiengrundrechts genießen real gelebte **Eltern-Kind-Verbindungen** dennoch in aller Regel dessen Schutz.[44] Schwierigkeiten können dagegen bei Paarbeziehungen (*common law*-Ehe) entstehen, die nicht der Ehe entsprechen (dazu → Rn. 55).

15 Der Schutz von Ehe und Familie ist in verschiedenen Instrumenten des **internationalen Menschenrechtsschutzes** sowie in der EU-Grundrechtecharta (EU-GRC) verbürgt. Das Verhältnis dieser Bestimmungen, die teilweise über Art. 6 hinausgehen, zum GG und zum einfachen Recht ist unterschiedlich. Unabhängig von der Frage der völker- oder europarechtlichen Rechtsverbindlichkeit können sie, insbesondere auch in der Auslegung durch die dafür zuständigen Gerichte (zB den EGMR), Auswirkungen auf das Verständnis des Art. 6 haben (dazu und zum Inhalt der wesentlichen internationalen Normen sogleich → Rn. 28 ff.).

16 Die Verfassungen der meisten **Bundesländer** sehen ebenfalls den Schutz von Ehe und Familie vor, der den Schutzstandard des Art. 6 teils übersteigt, soweit ersichtlich aber dessen Auslegung bisher nicht beeinflusst hat.[45]

III. Grundrechtliche Stellung des Kindes

17 **1. Kind als Grundrechtsträger.** Kinder sind Grundrechtsträger und als solche vom GG umfassend geschützt.[46] Sie haben also alle Grundrechte und sind – wie jeder Mensch – **„grundrechtsfähig".**[47] Dass einige Grundrechte bei (jungen) Kindern aus faktischen Gründen noch nicht zur Anwendung kommen,[48] ändert daran nichts. Richtig ist nur, dass sich der Inhalt und die

[41] Zur Verfassungsmäßigkeit des Zerrüttungsprinzips BVerfGE 53, 224; dagegen etwa *Wilkens* FamRZ 1980, 527; jedoch immerhin noch eine zeitlich offene Härteklausel verlangend BVerfGE 55, 134. Generell näher zu den eherechtlichen Wirkungen des Ersten Eherechtsgesetzes *Schwab* in Schwab Geschichtliches Recht und moderne Zeiten, 231.

[42] Die Fragen stärker verbindend *Mankowski* FamRZ 2018, 1134 (1135); wie hier *Germann* VVDStRL 73 (2014), 257 (267).

[43] BVerfGE 76, 1 (41 f.); *Robbers* in MKS Rn. 81.

[44] Zur EU-GRC für die *Kafala* EuGH FamRZ 2019, 832 (836, Rn. 73) – SM, → Rn. 241.

[45] *Böhm* VVDStRL 73 (2014), 211 (217 f.).

[46] *Rüfner* in HdbStR IX § 196 Rn. 12; näher *Wapler,* Kinderrechte und Kindeswohl, 2015, 89 ff.; *Radtke* DRiZ 2019, 56 (56).

[47] Eine echte Ausnahme stellt die Wahlfreiheit dar (Art. 38 Abs. 2).

[48] *Rüfner* in HdbStR IX § 196 Rn. 13.

selbstständige Ausübung dieser Rechte mit der Entwicklung des Kindes ebenfalls verändern und weiterentwickeln, wie man es sich etwa bei der Meinungsfreiheit, der Versammlungsfreiheit oder – auf andere Art und Weise – auch bei dem allgemeinen Persönlichkeitsrecht leicht vorstellen kann.[49]

Die **Menschenwürde** des Kindes ist unabhängig von den Umständen **18**
seiner Zeugung und Geburt geschützt.[50] Unterschiedlich wird beurteilt, ob und wie Schadensersatzansprüche bei Geburt eines ungewollten Kindes möglich sind. Hier müssen Schadensersatzansprüche zwischen den Eltern in aller Regel ausscheiden.[51] Schadensersatzansprüche gegen Dritte (insbesondere den Arzt) kommen in Betracht, weil man die Persönlichkeit des Kindes von den Unterhaltskosten trennen und eine Kommerzialisierung des Kindes so vermeiden kann.[52]

Das Kind hat auch von Anbeginn an eine zu schützende **Persönlichkeit.** **19**
Häufig wird darüber hinausgehend formuliert, dass das Kind aus Art. 2 Abs. 1 iVm Art. 1 Abs. 1 ein Grundrecht „auf Entwicklung zur Persönlichkeit" habe, aufgrund dessen es in besonderem Maße Schutz beanspruchen kann.[53] Das Wächteramt des Art. 6 Abs. 2 überträgt dem Staat die Pflicht, das Kindeswohl zu schützen, wenn die Eltern diesen Schutz nicht gewährleisten (näher → Rn. 21 ff., Rn. 153 ff.).

Genauer Differenzierung bedarf die Frage, wann und in welcher Hinsicht **20**
ein Kind in der Lage ist, ein **Grundrecht selbst wahrzunehmen** und dessen **Verletzung ohne Hilfe geltend zu machen.** Ersteres ist immer schon dann zu bejahen, wenn das Kind faktisch Handlungen vornehmen kann, die in den Schutzbereich des Grundrechts fallen.[54] Letzteres, also die prozessuale Durchsetzung eines Grundrechts, ist bei minderjährigen Kindern anzunehmen, soweit sie im konkreten Fall die erforderliche Reife und Einsichtsfähigkeit besitzen.[55] Kann das Kind ein Grundrecht noch nicht gerichtlich geltend machen, so geschieht dies im Regelfall durch die Eltern als gesetzliche Vertreter. Soweit das Kind bei der Wahrung seiner Grundrechte gerade nicht die Unterstützung der Eltern erhält, kann ein Ergänzungspfleger als gesetzlicher Vertreter handeln.[56] Außerdem ist der Verfahrensbeistand befugt, die Verfassungsbeschwerde für das Kind einzulegen – dabei besteht die Besonderheit, dass er im eigenen Namen die Rechte des Kindes geltend macht. Diese Konstruktion ergibt sich, weil er nicht gesetzlicher Vertreter des Kindes ist.[57]

---

[49] *Dreier* in Dreier Vorb. Vor Art. 1 Rn. 113.

[50] Zum Schutz des *nasciturus* durch Art. 1 → Art. 1 Rn. 25; zum Menschenwürdeschutz auch *Herdegen* in Maunz/Dürig Art. 1 Rn. 65; *Dreier* in Dreier Art. 1 Rn. 68 ff.; *Dreier* in Dreier Art. 2 Abs. 2 Rn. 66 ff.; offenlassend BVerfG NJW 2017, 948 (kryokonservierte Embryonen); von Menschenwürdeschutz ausgehend BVerfGE 39, 1 (36); näher im Kontext der Fortpflanzung → Rn. 228.

[51] BGH NJW 1986, 2043 (2045); sehr str.; aA etwa *Wagner* in MüKo BGB § 826 Rn. 222.

[52] Näher zum Problemkreis „Kind als Schaden" *Oetker* in MüKo BGB § 249 Rn. 30 ff.

[53] Schon BVerfGE 24, 119 (144); näher *Wapler,* Kinderrechte und Kindeswohl, 2015, 100 f.

[54] Noch weiter differenzierend *Wapler,* Kinderrechte und Kindeswohl, 2015, 98.

[55] Nur *Dreier* in Dreier Vorb. Vor Art. 1 Rn. 114; *Wapler,* Kinderrechte und Kindeswohl, 2015, 95 f.; zu Recht krit. zum zwar nicht falschen, aber missverständlichen Begriff der Grundrechtsmündigkeit *Rüfner* in HdbStR IX § 196 Rn. 9; *Wapler,* Kinderrechte und Kindeswohl, 2015, 91.

[56] So etwa in BVerfG NJW 2010, 2336; näher zu allem *Lischewski,* DÖV 2020, 102.

[57] BVerfG NJW 2017, 465 (466, Rn. 39); zur Pflicht des Staates, dem Kind die Verfassungsbeschwerde zu ermöglichen, BVerfGE 72, 122.

21 **2. Grundrechte des Kindes, Kindeswohl und Art. 6 Abs. 2.** Art. 6 Abs. 2 hat für die Rechte des Kindes verschiedene, teils gegenläufige Bedeutung. Zunächst führt Art. 6 Abs. 2, wiewohl er klar als Grundrecht der Eltern ausgestaltet ist,[58] doch letztlich auch dazu, dass das Interesse des Kindes, bei seinen Eltern leben zu können und von ihnen erzogen zu werden, vom GG geschützt ist.[59] Für das Kind ergibt sich dieses Recht zwar nicht aus dem klar elternorientierten Art. 6 Abs. 2 selbst, sondern aus seinem allgemeinen Persönlichkeitsrecht. Das BVerfG geht in stRspr davon aus, dass dem Kind nach Art. 2 Abs. 1 iVm Art. 6 Abs. 2 S. 1 „ein Recht auf staatliche Gewährleistung elterlicher Pflege und Erziehung“[60] zusteht und es dagegen geschützt ist, „durch staatliche Maßnahmen von der spezifisch elterlichen Hinwendung abgeschnitten zu werden“[61]. Ein Recht des Kindes **auf Eltern** folgt aus Art. 6 Abs. 1 und Art. 1 iVm Art. 2 Abs. 1 bzw. ausdrücklich aus Art. 7 Abs. 1 UN-Kinderrechtskonvention (KRK). Art. 6 Abs. 2 S. 1 verstärkt den **Schutz der Privatsphäre.**[62] Damit ist aber insgesamt doch nur beschrieben, dass das Kind sich mit derselben Stoßrichtung wie die Eltern auf Art. 6 Abs. 2 berufen kann.

22 Auf der anderen Seite hat das Elternrecht zur Folge, dass die Grundrechte des Kindes, und insbesondere seine allgemeine Handlungsfreiheit, in hohem Maße der **elterlichen Bestimmung** unterliegen.[63] Das ist richtig und wichtig, solange das Kind nur eingeschränkt selbstbestimmungsfähig ist, doch muss die zunehmende Reife des Kindes angemessen berücksichtigt werden (näher → Rn. 147).

23 Schwierig ist zudem die Frage, inwiefern das Kind ein Grundrecht auf **Schutz vor den Eltern** hat. Das BVerfG nimmt in stRspr an, dass der Staat zum Handeln verpflichtet sei, wenn eine Gefährdung des Kindes durch die Eltern bestehe. Dabei stützt es die Rechte des Kindes teils auf Art. 2 Abs. 1 und 2, Art. 6 Abs. 2[64], teils einfach auf das **Kindeswohl,**[65] teils auf Art. 2 Abs. 1 iVm Art. 1 Abs. 1[66]. Letztlich muss die Wahl des Grundrechts kontextabhängig erfolgen: Bei körperlicher Gefährdung des Kindes passt Art. 2 Abs. 2,[67] bei der Vornamenswahl oder beim Umgang passt das allgemeine Persönlichkeitsrecht aus Art. 2 Abs. 1 iVm Art. 1 Abs. 1. In jedem Fall ist der Staat verpflichtet, unter Abwägung mit dem Elternrecht Maßnahmen zum Schutz des Kindes zu ergreifen.[68]

---

[58] *Jarass* in Jarass/Pieroth Rn. 48; *Britz* JZ 2014, 1069 (1970); *Brosius-Gersdorf* in Dreier Rn. 152; teils anders anklingend noch in BVerfGE 121, 69 (93).

[59] BVerfGE 133, 59 (73, Rn. 40 ff.); 135, 48 (84, Rn. 101); BVerfG NJW 2019, 1793 (1794, Rn. 53); näher *Britz* JZ 2014, 1069; *Britz* NZFam 2016, 1113 (1115); zu diesem „Familienrecht“ auch *Schild* FS f. Brudermüller, 2014, 653 (656 f.).

[60] Etwa BVerfGE 133, 59 (73, Rn. 41).

[61] BVerfGE 135, 48 (85, Rn. 98).

[62] StRspr, nur beispielhaft BVerfGE 101, 361 (386) – Caroline II; 119, 1 (24) – Esra; zu Art. 6 Abs. 1 BVerfGE 42, 234 (236), dazu → Rn. 48.

[63] *Radtke* DRiZ 2019, 56 (57); *Wapler,* Kinderrechte und Kindeswohl, 2015, 100 ff.

[64] BVerfG NJW 2017, 1295 (1296, Rn. 36 ff.); BVerfG NZFam 2018, 635 (635, Rn. 6); so auch *Britz* NZFam 2016, 1113 (1113 f.); *Radtke* DRiZ 2019, 56 (58).

[65] Dies unterstützend *Wapler,* Kinderrechte und Kindeswohl, 2015, 130.

[66] So auch schon BVerfGE 24, 119 (144) (Ersetzung der elterlichen Einwilligung in die Adoption); BVerfG NJW 2006, 1414 sowie BVerfG NJW 2009, 663 (jeweils Vornamenswahl); BVerfGE 121, 69 (95) zum Umgangsrecht des Kindes.

[67] Anders insofern BVerfG NJW 2010, 2336 (2337, Rn. 26).

[68] Krit. zur mangelnden Sichtbarkeit *Wiesner* ZKJ 2008, 225 (228).

Klar abzulehnen ist ein Grundrecht des Kindes **unmittelbar gegenüber seinen Eltern,** wie es in einer Entscheidung des BVerfG aus dem Jahr 2008 angeklungen ist.[69] Die Annahme einer solchen unmittelbaren Drittwirkung zwischen zwei Privaten außerhalb der im GG ausdrücklich geregelten Fälle wäre systemwidrig. Mit Blick auf die wertentscheidende Grundsatznorm ließen sich zwar eine Ausstrahlungswirkung und damit eine mittelbare Drittwirkung im Eltern-Kind-Verhältnis vorstellen.[70] Damit würde aber der Sinn des Art. 6 Abs. 2 unterlaufen.[71] Es geht gerade um die Einräumung eines familiären Schutzraums gegenüber dem Staat und nicht um eine rechtliche Durchtränkung des Eltern-Kind-Verhältnisses.[72] Es muss also bei dem gegen den Staat gerichteten Anspruch auf Schutz bleiben.[73] 24

3. Optionen für eine Ergänzung des Grundgesetzes. Politisch wird seit Jahren die Ergänzung des GG über **ein spezielles Kindergrundrecht** bzw. eine Kindeswohlklausel diskutiert.[74] Das beruht vor allem darauf, dass die Kinderrechte im GG weitgehend nicht sichtbar sind, da weder die Grundrechtsträgerschaft der Kinder noch die Ausrichtung staatlichen Handelns am Kindeswohl ausdrücklich erwähnt werden.[75] Im Gegensatz hierzu ist der Grundsatz, dass das Kindeswohl Leitgedanke allen Kinder betreffenden staatlichen Handelns sein muss, in verschiedenen völkerrechtlichen Verträgen – insbesondere in Art. 3 UN-Kinderrechtskonvention (KRK)[76] – sowie in Art. 24 Abs. 2 EU-GRC kodifiziert. Art. 12 KRK statuiert zudem die altersgemäße Beteiligung des Kindes an allen Entscheidungen, die es betreffen. Das deutsche Recht genügt der KRK, weil die Rechte des Kindes auf einfachrechtlicher Ebene gewahrt werden können und das GG – wenn auch nicht ausdrücklich – die entsprechenden Rechte ebenfalls einräumt.[77] Die explizitere Regelungstechnik könnte aber trotzdem Vorbildfunktion haben und in einigen Bereichen – wie bei der Beteiligung des Kindes – auch zu einer faktisch verbesserten Rechtsstellung des Kindes führen.[78] 25

Insgesamt handelt es sich bei der damit angestrebten Sichtbarmachung der Kinderrechte[79] um eine Zielsetzung, die mit Vorsicht gehandhabt werden 26

---

[69] BVerfGE 121, 69 (1. Ls.); ähnlich auch BVerfG NJW 2012, 2420 (2421, Rn. 16).

[70] Für „Horizontalwirkung" aber *Kotzur/Vasel* in Stern/Becker Rn. 80.

[71] *Wapler,* Kinderrechte und Kindeswohl, 2015, 169 ff.; *Jestaedt* in Deutscher Familiengerichtstag e. V., 21. DFGT, 2016, 65 (82 f.); *Coester* FS f. Salgo, 2016, 13 (17).

[72] Zu den untragbaren praktischen Problemen *Kirchhof* NJW 2018, 2690 (2691) mwN.

[73] Näher *Coester* FS f. Salgo, 2016, 13 (17).

[74] Zuletzt Gesetzesentwurf des BMJV Abschlussbericht der Bund-Länder-Arbeitsgruppe „Kinderrechte ins Grundgesetz" vom 14.10.2019; Koalitionsvertrag zwischen CDU, CSU und SPD, 19. Legislaturperiode, 21; weitere Vorschläge schon BT-Drs. 17/10118 (die LINKE); BT-Drs. 17/11650 (Bündnis 90/die GRÜNEN); BT-Drs. 17/13223 (SPD); mit weiteren Angaben *Kirchhof* NJW 2018, 2690 (insbes. Fn. 6 und 13).

[75] Für eine ausdrückliche Aufnahme in das GG daher etwa auch *Coester* FS f. Salgo, 2016, 13 (20); *Hohmann-Dennhardt* FPR 2012, 185; generell eine Ergänzung befürwortend auch *Heilmann* NJW 2017, 986 (989); *Heiß* NZFam 2015, 532 (536 f.); *Benassi* ZRP 2015, 24; *Wiesner* ZKJ 2008, 225 (228).

[76] Übereinkommen über die Rechte des Kindes v. 20.11.1989, BGBl. 1992 II 121 (122) (UN-Doc A/RES/44/25) in Kraft getreten am 5.4.1992.

[77] *Wapler,* Kinderrechte und Kindeswohl, 2015, 497 ff., 513; *Kirchhof* NJW 2018, 2690 (2691); krit. *Hofmann/Donath,* Gutachten, Aufnahme von Kinderrechten in das Grundgesetz, 2017, 21 ff. (mit Hinweis auf Anwendungsdefizite).

[78] Noch deutlicher *Hofmann/Donath,* Gutachten, Aufnahme von Kinderrechten in das Grundgesetz, 2017, 23, die zum Kindeswohlprinzip, zum Beteiligungsrecht und zur Entfaltung der kindlichen Persönlichkeit Regelungen empfehlen.

[79] So *Coester* FS f. Salgo, 2016, 13 (20); auch *Hohmann-Dennhardt* FPR 2012, 185 (186).

muss, damit nicht letztlich mehr Nachteile als Vorteile für das Kind entstehen. Vor allem darf die Einfügung bestimmter Rechte für das Kind nicht dazu führen, dass im Umkehrschluss andere, in der neuen Norm nicht explizit benannte Rechte geschwächt oder infrage gestellt werden.[80] Auch darf das mühsam erreichte Gleichgewicht zwischen den Elternrechten und dem staatlichen Wächteramt nicht zerstört werden.[81] Schließlich wäre eine Kinderschutzklausel in Form einer Staatszielbestimmung – ähnlich wie etwa Art. 20a sie enthält – systemwidrig. Denn der Schutz des Kindes ist nicht etwa als solcher zu gewährleisten, sondern folgt bereits unmittelbar aus seiner Position als Grundrechtsträger, die auch deshalb stärker ist, weil sie ihm eigene, durchsetzbare Ansprüche gewährt.[82] Alle jüngeren Entwürfe versuchen dementsprechend, die starke Stellung der Eltern zu sichern und die Gefahr der Schwächung der Rechtsstellung des Kindes zu vermeiden.[83] Vorgeschlagen werden verschiedene Erweiterungen des Art. 6, wobei jeweils die Bedeutung des **Kindeswohls** hervorgehoben wird.[84] Denkbar wäre etwa, Art. 6 Abs. 2 zu ergänzen, um die gemeinsame Verantwortung von Staat und Eltern für das Kindeswohl deutlicher hervorzuheben.

27 Wiewohl eine **Sichtbarmachung der Kinderrechte** somit nicht leicht umzusetzen ist, muss doch ihr Anliegen unterstützt werden. In einer Zeit veränderter Informationsbeschaffung, in der Betroffene – auch Kinder – im Internet selbst nach ihren Rechten suchen, reicht es nicht, auf die Lösungen der Rechtsprechung zu verweisen.[85] Es ist vielmehr richtig, wenn Kinderrechte im GG ausdrücklich und klar erwähnt werden. Doch dürfen die Erwartungen an eine solche Regelung nicht überhöht werden. Zudem muss man sich darüber klar sein, dass eine Vereinfachung in der Sache nicht möglich ist. Kinder betreffende Entscheidungen – sei es in Hinblick auf die Einschätzung der Reife des Kindes, sei es in Bezug auf die Beurteilung des Kindeswohls, sei es bei der Abwägung zwischen Kinder- und Elternrechten – hängen stets in hohem Maße von den Gegebenheiten im konkreten Einzelfall ab. Sie stehen der gesetzlichen Regelung daher nur in sehr eingeschränktem Maße offen. Außerdem verbietet sich eine Einengung der Entscheidungsfreiheit des Richters oder des Beurteilungsspielraums des Verantwortungsträgers.

IV. Überstaatliche Bezüge

28 **1. Vorbemerkung.** Die völker- und europarechtlichen Grundrechte im Bereich der Familie gehen häufiger als in anderen Bereichen über das GG hinaus oder sie werden vom EGMR – im Vergleich zum EuGH, der schon aufgrund des Art. 51 EU-GRC deutlich zurückhaltender ist (→ Rn. 38) –

[80] *Coester* FS f. Salgo, 2016, 13 (17); *Coester* in Röthel/Heiderhoff Mehr Kinderrechte? Nutzen und Nachteil, 2018, 29 (43); *Kirchhof* NJW 2018, 2690 (2692).

[81] Deutlich *Kirchhof* NJW 2018, 2690 (2693); warnend auch *Wapler,* Verfassungsrechtliches Kurzgutachten, 2017, 17; *Wapler* in Röthel/Heiderhoff Mehr Kinderrechte? Nutzen und Nachteil, 2018, 45 (72).

[82] *Kirchhof* ZRP 2007, 149 (151); *Kirchhof* NJW 2018, 2692 (2693).

[83] Für die Vorschläge → Fn. 74; siehe auch Bericht der gemeinsamen Verfassungskommission, BT-Drs. 12/6000, 54 f., 59 f.

[84] Auch *Kirchhof* NJW 2018, 2690 (2693); weitergehend *Wiesner* ZKJ 2008, 225 (228 f.), der sich für nähere Regelungen zum Persönlichkeitsrechts des Kindes in einem neuen Art. 2 Abs. 1a ausspricht; auch *Wapler* bevorzugt – wenn überhaupt – eine Regelung im Bereich des Art. 2, so etwa in Verfassungsrechtliches Kurzgutachten, 2017, 15.

[85] Zur identitätsstiftenden Kraft des Textes *Isensee* in HdbStR XII § 254 Rn. 56.

zumindest etwas anders ausgelegt als Art. 6. So kommt es, dass einzelne Urteile des EGMR – wie etwa *Zaunegger*[86] und *Anayo* sowie *Schneider*[87] – **prägende Wirkung** für das nationale Recht haben konnten. Geringer ist bisher der Einfluss der KRK geblieben. Doch dürfte der Druck, das Kindeswohlprinzip stärker im GG zu verdeutlichen, mit auf sie zurückzuführen sein.[88]

Familiengrundrechte enthält auch die **UN-Menschenrechtserklärung** 29
(so Art. 12, 16, 36 Abs. 3), die aber kein verbindliches Völkerrecht darstellt, sowie auch Art. 17 und 23 des Internationalen Pakts über bürgerliche und politische Rechte (IPbpR). Letzterer ist zwar verbindlich, hatte aber bisher, soweit ersichtlich, keine Auswirkungen auf das deutsche Familienrecht.[89] Art. 24 IPbpR, der besondere Rechte für das Kind enthält, muss in Übereinstimmung mit der neueren und präziseren KRK verstanden werden.

Grundrechtsschutz für Ehe und Familie ist auch in den nationalen Ver- 30
fassungen weltweit sehr verbreitet.[90]

2. EMRK. a) Stellung im Rechtssystem. Die EMRK steht im Rang 31
nur einem förmlichen Bundesgesetz gleich. Eine Verfassungsbeschwerde kann weder unmittelbar auf eine Verletzung der EMRK gestützt werden,[91] noch können die Entscheidungen des EGMR die Rechtskraft der Urteile deutscher Gerichte beseitigen[92]. Sie erhält daher ihren Einfluss hauptsächlich durch völkerrechtsfreundliche Auslegung.[93] Das BVerfG selbst nimmt die Pflicht zur Auslegung iSd EMRK im Familienrecht ernst.[94] Doch geschieht die Berücksichtigung nur innerhalb der methodischen Grenzen und ohne Verkürzung des durch das GG garantierten Schutzes. Dass die betroffenen familienrechtlichen Regelungen – wie etwa stets im Umgangs- und Sorgerecht – oft zwei- oder mehrseitige Grundrechtsverhältnisse betreffen und insofern ein „ausbalanciertes Teilsystem“[95] darstellen, kann dabei zu erheblichen Einschränkungen bei der Berücksichtigung führen. Soweit die Grenzen der Auslegung erreicht sind, ist es Aufgabe des **Gesetzgebers,** „in Umsetzung dieser Rechtsprechung entsprechende materielle Rechtsgrundlagen und Verfahrensregeln zu schaffen“.[96]

b) Auslegung durch den EGMR. Nach Art. 32 ff. EMRK ist der 32
EGMR, der nach Art. 34 EMRK von Privatpersonen mit Individual-

---

86 EGMR NJW 2010, 501 – Zaunegger (zur elterlichen Sorge des nicht mit der Mutter verheirateten Vaters).

87 EGMR NJW 2011, 3565 – Anayo und EGMR NJW 2012, 2781 – Schneider (jeweils zum Umgangsrecht des nur genetischen Vaters).

88 *Kirchhof* NJW 2018, 2690 mit Nachweisen in Fn. 13 (näher → Rn. 25).

89 Ratifiziert durch Gesetz v. 15.11.1973, BGBl. 1973 II 1533; in Kraft getreten am 23.3.1976.

90 Mit vergleichenden Hinweisen und Abdruck der wesentlichen Normen *Seiler* in BK Art. 6 Abs. 1 Rn. 27 ff.

91 Nur BVerfGE 10, 271 (274); 74, 102 (128).

92 BVerfG NJW 1986, 1425; sie entfalten aber gewisse Bindungswirkung für die Fachgerichte BVerfGE 111, 307 (323, 330) – Görgülü.

93 BVerfGE 74, 358 (370) – Unschuldsvermutung; BVerfG NJW 1997, 2811 (2812); BVerfGE 111, 307 (317); 128, 326 (367 f.) – Sicherungsverwahrung; 141, 186 (218, Rn. 73) – Isolierte Vaterschaftsfeststellung; näher zum Verhältnis von BVerfG und EGMR *Kirchhof* NJW 2011, 3681; krit. *Volkmann* JZ 2011, 835; *Nußberger* DRiZ 2019, 114 (117).

94 Beispielhaft BVerfGE 127, 132 (164 f.); 141, 186 (218, Rn. 73 ff.); von einem faktischen Vorrang sprechen daher krit. *Löhnig/Preisner* FamRZ 2012, 489 (493); optimistisch auf einen das Schutzniveau verbessernden Dialog bauend *Kirchhof* NJW 2011, 3681 (3683).

95 BVerfGE 111, 307 (2. Ls.) – Görgülü.

96 BVerfG FamRZ 2013, 1195 (1197, Rn. 30).

beschwerde angerufen werden kann, ausschließlich für die Auslegung der EMRK zuständig. Die Vorgehensweise des EGMR ist dabei vorsichtig. Er betont stets den **Abwägungsspielraum,** den die EMRK den Staaten zubilligt.[97] Vor allem bei „schwierigen Fragen der Ethik und Moral", über die es keinen europäischen Konsens gibt, bleibt er zurückhaltend.[98] Während dieser Spielraum grundsätzlich für alle Vertragsstaaten besteht, wirkt er sich nicht stets in gleicher Weise aus, da der EGMR jedenfalls eine auf das nationale Recht bezogene „Konsistenzprüfung" vornimmt.[99] Augenfällig ist das etwa bei der Behandlung gleichgeschlechtlicher Paare. Hierzu hat er gegenüber Italien entschieden, dass sich das Fehlen jeglichen Rechtsrahmens nicht rechtfertigen ließe, weil die Situation dort bereits von hoher Akzeptanz gleichgeschlechtlicher Paare geprägt gewesen sei.[100]

33 **c) Wesentliche Inhalte.** Der Schutz von Ehe und Familie erfolgt im Wesentlichen durch **Art. 8 und Art. 12 EMRK.** Das Recht auf Familienleben iSd Art. 8 EMRK wird vom EGMR sehr facettenreich und weit verstanden. Es ist Abwehr- sowie Schutzrecht und Institutsgarantie.[101] Es erfasst sowohl die nichteheliche Familie als auch nahe Verwandte, wie Großeltern und Enkel,[102] und schützt insbesondere auch den nur genetischen Vater (→ Rn. 35). Zu der Frage, ob sich aus der EMRK ein Recht auf Familiennachzug ergibt, ist die Rechtsprechung des EGMR differenziert. Ein „automatischer" Anspruch besteht jedenfalls nicht.[103]

34 **Art. 12 EMRK** gewährt Menschen im heiratsfähigen Alter das Recht, nach den innerstaatlichen Gesetzen, welche die Ausübung dieses Rechts regeln, eine Ehe einzugehen und eine Familie zu gründen, wobei die Bezugnahme auf „Männer und Frauen" vom EGMR unter Berücksichtigung von Art. 9 EU-GRC nicht mehr als Festlegung auf die heterosexuelle Ehe verstanden wird.[104]

35 Die konkreten Inhalte der EMRK sollen im jeweiligen Kontext mit angesprochen werden. Hervorgehoben seien nur einige aktuelle, zentrale Einzelfragen:

– **Vaterschaftsanfechtung:** Die Anfechtung durch den genetischen Vater hat den EGMR in vielen Verfahren beschäftigt, mehrere davon richteten sich gegen Deutschland. Neben dem vom Vater geltend gemachten Recht aus Art. 8 EMRK sieht er in jeder Vaterschaftsanfechtung auch das Recht auf Schutz der bestehenden rechtlichen Familie des Kindes (wobei er hierfür Art. 8 Abs. 1 EMRK zwar nicht nennt, aber doch wohl ebenfalls meint). Daher verlangt er (nur), dass ausgewogene, neben den Rechten des

---

[97] So etwa zur Eizellspende EGMR NJW 2012, 207 – S. H. ua/Österreich (mit „Mahnung" an Gesetzgeber); dazu auch *Uerpmann-Wittzack* FS f. Müller-Graff, 2015, 224.

[98] EGMR NJW 2016, 3705 – Parrillo; auch EGMR NJW 2017, 941 – Paradiso und Campanelli; Spielraum geringer, wenn klare Beeinträchtigung des Kindeswohls droht, EGMR 10.4.2019 – P16–2018-001 Rn. 46 (gekürzt in FamRZ 2019, 887 mAnm *Ferrand*).

[99] *Uerpmann-Wittzack* FamRZ 2016, 1897 (1898); näher *Uerpmann-Wittzack* in BLW Konzepte normativer Minimalstandards, 2016, 143 (169 f.).

[100] EGMR FamRZ 2015, 1785 (Ls. mAnm d. Red.) – Oliari.

[101] Grundlegend EGMR 13.7.1968 – 1474/62 ua Rn. 7 – „Belgian Linguistic"; EGMR NJW 1979, 2449 (2450, Rn. 3) – Marckx.

[102] EGMR NJW 1979, 2449 (2452) – Marckx; näher → Rn. 67.

[103] EGMR BeckRS 2014, 80974 Rn. 49 f. – Berisha; EGMR NLMR 2014, 417 – Jeunesse; zu Abschiebungen und Art. 8 EMRK *Nußberger* NVwZ 2013, 1305 (1309 f.); auch → Rn. 243.

[104] EGMR NJW 2011, 1421 (1423, Rn. 60 ff.) – Schalk und Kopf; auch → Fn. 174.

Vaters auch das Kindeswohl berücksichtigende Vorschriften vorhanden sein müssen.[105]

- **Umgangsrecht:** Der EGMR hat das Umgangsrecht des nur genetischen Vaters bejaht,[106] was zur Einführung eines solchen in Deutschland führte. Die Versagung des Kontaktrechts im Einzelfall entspricht jedoch der EMRK.[107]
- **Leihmutterschaft:** Der EGMR hat bereits mehrfach zur Leihmutterschaft entschieden und auch dort den Spielraum der Vertragsstaaten betont.[108] Er sprach jedoch grundsätzlich aus, dass Art. 8 EMRK es verbiete, ein Kind noch von den Wunscheltern zu trennen, wenn es bereits längere Zeit mit diesen zusammengelebt hat.[109] Es reiche aber aus, wenn das Eltern-Kind-Verhältnis durch Adoption begründet werde.[110] Er hält sich die Weiterentwicklung seiner Rechtsprechung offen.[111]

3. EU-Grundrechtecharta. Die **EU-GRC** enthält mehrere Ehe, Familie und Kind betreffende Grundrechte. Art. 7 EU-GRC schützt die Familie als Teil der Privatsphäre und entspricht damit ganz Art. 8 EMRK. Die Eheschließungs- und Familiengründungsfreiheit findet sich in Art. 9 EU-GRC. Art. 24 EU-GRC ist Art. 3 KRK nachgebildet und sieht besondere Kinderrechte vor (→ Rn. 25). Ergänzend garantiert schließlich Art. 14 Abs. 3 EU-GRC ein elterliches Erziehungsrecht, das gerade auch ein Recht auf eine schulische Erziehung gemäß deren religiösen, weltanschaulichen und erzieherischen Überzeugungen umfasst. Als soziales Grundrecht kommt mit Art. 33 EU-GRC noch die Gewährleistung des „rechtlichen, wirtschaftlichen und sozialen" Schutzes der Familie hinzu. Hier besteht keine unmittelbare Parallele zur EMRK und entsprechend herrscht Unsicherheit über den Familienbegriff, der meist eng als Gemeinschaft von Eltern mit minderjährigen Kindern verstanden wird.[112] 36

Soweit die Grundrechte der Charta solchen in der EMRK entsprechen, sind sie gemäß **Art. 52 Abs. 3 S. 1 EU-GRC** ebenso zu verstehen. Das betrifft neben Art. 7 EU-GRC, der dem Art. 8 EMRK entspricht, auch Art. 9 EU-GRC, der Art. 12 EMRK nachempfunden ist. Der EuGH berücksichtigt die EMRK in seiner Rspr. durchgängig.[113] Nach Art. 52 Abs. 3 S. 2 EU-GRC dürfen diese Vorschriften allenfalls einen weitergehenden Schutz gewähren als die EMRK. Diese Parallele entschärft den Streit darum, ob es sich bei Art. 33 Abs. 1 EU-GRC um einen Grundsatz oder ein Grundrecht handelt.[114] Denn echte Schutzansprüche, wie sie den Kern der Norm 37

---

[105] EGMR NJW 2013, 1937 (1939, Rn. 74 ff.) – Kautzor; EGMR BeckRS 2012, 09754 Rn. 80, 89 – Ahrens; EGMR FamRZ 2016, 437 (438, Rn. 30) – Markgraf (zum Fall der gleichwertigen sozial-familiären Beziehung); näher *Wellenhofer* FamRZ 2012, 828.

[106] EGMR NJW 2011, 3565 – Anayo; EGMR NJW 2012, 2781 – Schneider.

[107] EGMR FamRZ 2018, 1423 – Fröhlich; näher → Rn. 166.

[108] EGMR NJW 2015, 3211 (3214, Rn. 77 ff.) – Mennesson (mit Hinweis auf den am selben Tag entschiedenen Fall Labassee).

[109] Die Trennung konkret dennoch zulassend EGMR NJW 2017, 941 – Paradiso und Campanelli, mAnm *Duden* FamRZ 2017, 444; näher *Sanders* NJW 2018, 925.

[110] EGMR 10.4.2019 – P16–2018-001 Rn. 53 ff., zur Kritik an dieser Lösung → Rn. 232.

[111] Wie hier Anm. *Ferrand* FamRZ 2019, 889 (890).

[112] Näher *Rogalla,* Der Schutz von Ehe und Familie in der Europäischen Grundrechtecharta, 2017, 199 ff.

[113] Deutlich schon EuGH NVwZ 2006, 1033; zum Kindeswohl EuGH JZ 2011, 145 (146 f., Rn. 56, 60 ff.) – J. McB.

[114] Für Grundsatz *Jarass* in Jarass Charta der Grundrechte der EU Art. 33 Rn. 3; *Knecht* in SBHS EU-Kommentar Art. 33 EU-GRC Rn. 7; für Grundrecht *Rudolf* in Meyer Charta

ausmachen, müssen jedenfalls soweit bestehen, wie der EGMR sie aus Art. 8 EMRK ableitet. Zumindest die Materialien zur EU-GRC deuten darauf hin, dass sie in der Tat auch unter Art. 7 EU-GRC fallen sollen.[115]

38 Wegen der Selbstbeschränkung des Anwendungsbereichs in Art. 51 EU-GRC und der noch geringen Europäisierung im Familienrecht sind die Wirkungen der Charta in diesem Bereich gering. Doch gibt es schon einige **Entscheidungen des EuGH** zu den auf die Familie bezogenen Grundrechten. Diese beziehen sich zwar jeweils auf die Auslegung eines bestimmten EU-Rechtsakts, doch sollte ihre Aussagekraft nicht unterschätzt werden.

39 Am meisten wahrgenommen und diskutiert wurde das **Urteil *Coman*** zur gleichgeschlechtlichen Ehe. Hier sprach der EuGH aus, dass der Begriff des Ehegatten iSd Richtlinie 2004/38/EG (sog. Freizügigkeitsrichtlinie) auch gleichgeschlechtliche Ehegatten umfasse, und dass Art. 21 AEUV es den Mitgliedstaaten verwehre, ein Aufenthaltsrecht „mit der Begründung zu verweigern, dass das Recht dieses Mitgliedstaats die Ehe zwischen Personen gleichen Geschlechts nicht vorsieht".[116] Das Urteil nimmt keinen Bezug zu Art. 9 EU-GRC und es ist sehr unterschiedlich gedeutet worden.[117] Obwohl Art. 9 EU-GRC das Recht, eine Ehe einzugehen und eine Familie zu gründen, ohne Geschlechtsspezifizierungen festschreibt, ist zweifelhaft, ob der EuGH angesichts der starken Ablehnung in den osteuropäischen Mitgliedstaaten in näherer Zeit so weit gehen wird, das Recht auf Eingehung einer gleichgeschlechtlichen Ehe aus Art. 9 EU-GRC abzuleiten.

40 Bedeutsam ist auch das **Urteil *McB*** des EuGH, das zeigt, dass die Vereinheitlichung des internationalen Verfahrensrechts durch die Brüssel IIa-VO[118] zu einer Ausstrahlung der Charta weit in das materielle nationale Recht hinein führen kann. Es ging dort um die Frage, ob sich aus Art. 24 EU-GRC ableiten lasse, dass auch bei unverheirateten Eltern die gemeinsame Sorge ab Geburt *ex lege* anzunehmen sei. Letztlich hielt der EuGH sich, auch unter Hinweis auf Art. 51 EU-GRC, sehr zurück und meinte, Art. 24 EU-GRC erzwinge dies im Kontext der Brüssel IIa-VO nicht.[119]

41 **4. UN-Kinderrechtskonvention.** Die KRK ist für Deutschland am 5.4.1992 in Kraft getreten.[120] Sie hat Gesetzesrang.[121] Entsprechend ihres völkerrechtlichen Anliegens der Gewährung umfassenden Schutzes von Kindern, normiert sie in großer **Ausdifferenziertheit** Rechte des Kindes,

---

der Grundrechte der Europäischen Union Art. 33 Rn. 13; *Lembke* in GSH Europäisches Unionsrecht Art. 33 EU-GRC Rn. 8; *Kingreen* in Callies/Ruffert EUV/AEUV Art. 33 EU-GRC Rn. 2; umfassend *Rogalla,* Der Schutz von Ehe und Familie in der Europäischen Grundrechtecharta, 2017, 199 ff. (im Ergebnis differenzierend).

[115] Ähnlich und mit Nachweisen *Knecht* in SBHS EU-Kommentar Art. 33 EU-GRC Rn. 7.

[116] EuGH NVwZ 2018, 1545 (1546, Rn. 28) – Coman; ein rechtsvergleichender Überblick zur gleichgeschlechtlichen Ehe bei *Coester-Waltjen* ZEuP 2018, 320.

[117] Zurückhaltend wie hier auch Anm. *Michl* FamRZ 2018, 1147; offener verstehend dagegen Anm. *Dutta* FamRZ 2018, 1067; Anm. *Croon-Gestefeld* StAZ 2018, 297; zweifelnd *Kohler/Pintens* FamRZ 2018, 1369 (1373 f.).

[118] Verordnung (EU) 2019/1111 des Rates vom 25. Juni 2019 über die Zuständigkeit, die Anerkennung und Vollstreckung von Entscheidungen in Ehesachen und in Verfahren betreffend die elterliche Verantwortung und über internationale Kindesentführungen, ABl. EU L 178/1.

[119] Anm. *Thym* JZ 2011, 148 (150 ff.); offener dagegen *Siehr* IPRax 2012, 316.

[120] Gesetz v. 17.2.1992, BGBl. 1992 II 990; der zunächst erklärte Vorbehalt wurde durch Hinterlegung der Rücknahmeerklärung am 15.7.2010 zurückgenommen (BGBl. 2011 II 600).

[121] Bestätigend BVerfG BeckRS 2013, 53752 Rn. 21.

Schutzstandards sowie Förderpflichten des Staats. Viele Elemente, wie die Nichtdiskriminierung oder das Recht auf Leben, sind aus deutscher Sicht selbstverständlich. Art. 18 Abs. 1 KRK gewährleistet auch, ganz ähnlich wie Art. 6 Abs. 2, die vorrangige Verantwortung der Eltern für das Kindeswohl. Anders als in Art. 6 wird dabei betont, dass möglichst beide Eltern gemeinsam verantwortlich sein sollen.

Hervorzuheben ist **Art. 3 KRK,** der die Berücksichtigung des Kindes- **42** wohls bei allen Maßnahmen, die Kinder betreffen, ausdrücklich sichert (zu deutschen Reformüberlegungen → Rn. 25 ff.). Der Wortlaut der Normen ist auffällig zurückhaltend und das Kindeswohl wird als (nur) ein (!) vorrangig zu berücksichtigendes Kriterium benannt.[122] Trotzdem sollte die Norm so verstanden werden, dass das Kindeswohl nur dann hinter anderen Belangen zurücktritt, wenn „substanzielle" Argumente für deren Vorrang vorliegen.[123]

Wesentlich ist aus deutscher Sicht zudem das allgemeine Beteiligungsrecht **43** in **Art. 12 KRK.** Danach müssen Kinder entsprechend ihres Alters und ihrer Reife in allen sie betreffenden Angelegenheiten angehört werden.

B. Einzelfragen

I. Ehe und Familie stehen unter dem besonderen Schutze der staatlichen Ordnung (Art. 6 Abs. 1)

1. Grundlagen, Schutzdimensionen und Schranken. a) Besonderer **44** **Schutz der staatlichen Ordnung.** Wie sich die ungewöhnliche Formulierung des Art. 6 Abs. 1, der Ehe und Familie unter den „besonderen Schutz der staatlichen Ordnung" stellt, auswirkt, wird unterschiedlich beurteilt. Vor allem werden damit die verschiedenen Schutzdimensionen des Grundrechts verdeutlicht.[124] Teils wird zudem eine darüber hinausgehende besondere Qualität des Grundrechts daraus abgeleitet.[125] Man sollte jedoch aus dem besonderen Schutzauftrag jedenfalls **keine Höherstufung** gegenüber anderen Grundrechten ableiten. Vielmehr dürfte die traditionelle[126] und auch international vorzufindende[127] Formulierung vor allem auf der über das Abwehrrecht hinausgehenden, weitreichenden Schutzdimension des Grundrechts beruhen.

b) Schutzdimensionen. aa) Institutsgarantie. Art. 6 Abs. 1 enthält zu- **45** nächst eine **Institutsgarantie** (zur Dogmatik → Rn. 50). Ehe und Familie als Institutionen in Staat und Gesellschaft werden in ihren wesentlichen Grundzügen rechtlich garantiert. Hierbei bestehen deutliche Unterschiede zwischen den Schutzgütern. Die Ehe im heutigen Verständnis kann ohne privatrecht-

---

122 Zur Bedeutung *Schmahl* Kinderrechtskonvention, 2017, Art. 3 KRK Rn. 3 ff.

123 So überzeugend und mit näheren Ausführungen *Wapler,* Kinderrechte und Kindeswohl, 2015, 247 f.; zurückhaltender *Thym* NVwZ 2018, 1340 (1341).

124 *Brosius-Gersdorf* in Dreier Rn. 59; auf ein Abstandsgebot schließend *Seiler* in BK Art. 6 Abs. 1 Rn. 99; ähnlich *v. Coelln* in Sachs Rn. 19, 48, der hierin zudem eine Spezialität zu Art. 3 Abs. 1 sieht.

125 Für besondere Intensität *Kirchhof* AöR 2004, 542 (559 ff.); *Burgi* in BerlKomm Rn. 51; auch *Brosius-Gersdorf* in Dreier Rn. 59; für eine besondere „Wertqualität" *Kotzur/Vasel* in Stern/Becker Rn. 14.

126 Art. 119 WRV; zur Entstehungsgeschichte auch BVerfGE 105, 313 (348 ff.) – LPartG.

127 Art. 10 des Internationalen Pakts über wirtschaftliche, soziale und kulturelle Rechte (IPwskR) v. 19.12.1966 (BGBl. 1976 II 428).

lichen Rechtsrahmen gar nicht entstehen.[128] Dagegen bedarf die Familie für ihre Existenz nicht des institutionellen rechtlichen Rahmens, sondern sie entsteht idR durch natürliche Faktoren (wie biologische Verwandtschaft) und soziale Faktoren (etwa Pflege) (näher → Rn. 67 ff.). Sie ist dadurch insgesamt eher freiheitsorientiert. Doch benötigt auch sie für ihr Funktionieren und ihre rechtliche Anerkennung konkretisierende familienrechtliche Normen.[129]

46 Die einfach-rechtliche Ausgestaltung beider Institute lässt Raum für unterschiedliche Gestaltungen, muss aber die wesentlichen Strukturprinzipien beachten, die sich aus den verfassungsrechtlichen Begriffen von Ehe und Familie – sowie aus anderen besonderen Wertentscheidungen des GG – ergeben.[130] Bei der Ehe sind dies zB die einverständliche formalisierte Begründung sowie die auf Lebenszeit angelegte Verbindung (→ Rn. 63).[131] Des Weiteren muss der Gesetzgeber den von der durch Art. 6 Abs. 1 **geschützten Autonomie** der Eheleute (→ Rn. 84) und Familienangehörigen (→ Rn. 95) geforderten Freiraum gewähren.[132]

47 Tendenzen, die auf eine **Abschaffung** von Ehe (oder gar Familie) durch den Gesetzgeber hinzielten, würden dem GG zuwiderlaufen.[133] Eine **Änderung** des geltenden Ehe- oder Familienrechts muss ebenfalls Art. 6 Abs. 1 sowie den Vorgaben der anderen Grundrechte, wie Art. 2 Abs. 1 und Art. 3, entsprechen.[134] Dabei lässt Art. 6 Abs. 1 für die innere Ausgestaltung zwar sehr viel Freiraum, der einfache Gesetzgeber darf die Institutionen aber nicht aushöhlen. Die den Ordnungskern beschreibenden Kriterien der Ehe sind der Disposition des einfachen Gesetzgebers entzogen. Dasselbe gilt für tragende Elemente der herrschenden Anschauung von Familie – etwa die Regeln über die Abstammung sowie das Recht, als Familie zusammenzuleben.[135] Die elterliche Verantwortung ist durch Art. 6 Abs. 2 ohnehin gesichert. Die weiteren familienrechtlichen Regelungen, wie etwa die Vorschriften zum Verwandtenunterhalt, sind nicht Teil des Ordnungskerns.[136]

48 **bb) Abwehrrecht.** Art. 6 Abs. 1 enthält ferner ein Grundrecht im klassischen Sinne, dh ein **Abwehrrecht** des Bürgers gegen Eingriffe des Staates in die Privatsphäre von Ehe und Familie.[137] Dem Staat sind insbesondere störende Eingriffe in die bestehende Ehe und Familie verboten. Geschützt sind

---

128 Generell zum Spannungsfeld zwischen Regelungen und Freiheit bei Art. 6 Abs. 1 *Kirchhof* AöR 2004, 542 (569 ff.); *Coester-Waltjen* in Riesenhuber Privatrechtsgesellschaft, 2007, 271 (273); krit. zu den staatlichen Regelungszielen *Schwab* FamRZ 2007, 1 (4); im Kontext der Bevölkerungsreproduktion *Brosius-Gersdorf,* Demografischer Wandel und Familienförderung, 2011, 198 ff.; *Röthel* in Röthel/Heiderhoff Regelungsaufgabe Paarbeziehung, 17; *Schwenzer* in Deutscher Familiengerichtstag e. V. 17. DFGT, 2008, 27 (30).

129 BVerfGE 133, 59 (85, Rn. 68); auch 80, 81 (92); *Stern,* Staatsrecht IV/1, 2006, 427; *Jarass* in Jarass/Pieroth Rn. 18.

130 Näher *Mager,* Einrichtungsgarantien, 2003, 201 ff.; *Brosius-Gersdorf* in Dreier Rn. 49 f., 100.

131 BVerfGE 53, 224 (245); 55, 134 (142); in sich widersprüchlich auch auf Ausgestaltung im BGB verweisend allerdings BVerfGE 117, 316 (327 ff.).

132 Aus dem Blickwinkel der Subsidiarität staatlicher Rechtsetzung *Seiler* in BK Art. 6 Abs. 1 Rn. 96; *Kirchhof* AöR 2004, 542 (571); *Coester-Waltjen* in Riesenhuber Privatrechtsgesellschaft, 271 (274), die sich bzgl. der Autonomie jedoch vorrangig auf das Abwehrrecht bezieht.

133 StRspr, nur BVerfGE 80, 81 (92); 105, 313 (346).

134 *Murswiek* in HdbGR II, § 28 Rn. 58.

135 *Brosius-Gersdorf* in Dreier Rn. 101.

136 Zweifelnd *v. Coelln* in Sachs Rn. 33; zu den Einzelheiten → Rn. 54 ff.

137 BVerfGE 6, 55 (71).

dabei auch Lebensformen, die von der Institutsgarantie nicht umfasst sind (zB soziale Familie, dazu → Rn. 68 ff.; nur ausländischem Recht entsprechende Ehe, dazu → Rn. 249 ff.).

cc) Schutz und Förderpflicht, Diskriminierungsverbot. Des Weiteren werden aus Art. 6 Abs. 1 ganz allgemein weitreichende **Schutz- und Förderpflichten** für **Ehe** und **Familie** entnommen. Diese lassen dem Staat allerdings wiederum viel Gestaltungsspielraum und begründen in der Regel keine individuellen Leistungsansprüche (→ Rn. 93, 97).[138] Unstreitig besteht spiegelbildlich ein **Diskriminierungsverbot** (→ Rn. 89). Im Anschluss an das BVerfG werden diese Elemente meist unter dem Begriff der **wertentscheidenden Grundsatznorm** zusammengefasst[139] und insgesamt als **verbindliche Wertentscheidung** für das gesamte die Ehe und Familie betreffende Recht verstanden[140]. Hieraus ergibt sich auch eine Verpflichtung zur **Abwehr von Störungen** (→ Rn. 88; zur Drittwirkung zwischen Privaten → Rn. 98). 49

c) Überlagerung der Schutzdimensionen. Die soeben skizzierten Schutzdimensionen des Art. 6 Abs. 1 sind nicht immer klar zu trennen und werden teilweise unterschiedlich abgegrenzt. Jedenfalls **überschneiden** sie sich, aber sie haben nicht vollständig dieselbe Reichweite.[141] Vor allem die Bedeutung der Institutsgarantie sollte man nicht (mehr) überschätzen. Sie sichert zwar den unumstößlich verbürgten Kerngehalt von Ehe und Familie und bildet damit eine Begrenzung für gesetzgeberische Maßnahmen zu deren Abschaffung oder Einengung (→ Rn. 47). Würde man das klassische Abwehrrecht als Schutzdimension voranstellen,[142] so würde aber auch dieses schon weitgehend den Erhalt des Instituts verlangen, weil sonst der Einzelne in seiner Ehe- bzw. Familienfreiheit verletzt wäre. Den Freiraum des Gesetzgebers bei der über die grundlegenden Wesenselemente hinausgehenden Ausgestaltung von Ehe und Familie schmälert die Institutsgarantie dagegen nicht (zur Veränderlichkeit schon → Rn. 9 ff. und im Zusammenhang der gleichgeschlechtlichen Ehe → Rn. 57 ff.), und sie bestimmt auch nicht den Schutzbereich des Art. 6 Abs. 1 als Abwehrrecht.[143] 50

Der entscheidende **objektive Gehalt** des Art. 6 Abs. 1 besteht daher in der im Wortlaut der Norm so überdeutlichen Schutzpflicht des Staates. Man mag zweifeln, ob es hilfreich ist, die Schutz- und Förderpflichten unter dem Begriff der „wertentscheidenden Grundsatznorm" oder „verbindlichen Wertentscheidung" zu führen. Das BVerfG hat diese Formulierungen geprägt und verwendet sie bis heute regelmäßig.[144] Gut kommt damit zum Ausdruck, dass der Schutzauftrag des Art. 6 Abs. 1 für „den gesamten Bereich des Ehe und Familie betreffenden privaten und öffentlichen Rechts"[145] Geltung hat. An- 51

---

[138] Statt aller *Seiler* in BK Art. 6 Abs. 1 Rn. 112; *Jarass* in Jarass/Pieroth Rn. 20 mwN.

[139] BVerfGE 6, 55 (76 f.); auch BVerfG FamRZ 2014, 911 Rn. 24; *Robbers* in MKS Rn. 8; anders aber *Brosius-Gersdorf* in Dreier Rn. 85 ff.

[140] BVerfGE 6, 55 (72); BVerfG NJW 2019, 1510; näher *Kirchhof* AöR 2004, 542 (578 ff.); *Di Fabio* NJW 2003, 993 (994, 998); gegen Privilegierung der Ehe und für Einfordern von Verantwortung in allen zwischenmenschlichen intimen Gemeinschaften *Schwenzer* in Deutscher Familiengerichtstag e. V. 17. DFGT, 2008, 27 (29 ff.).

[141] Nur *Seiler* in BK Art. 6 Abs. 1 Rn. 100; auch schon → Rn. 48.

[142] So etwa *Uhle* in BeckOK GG Rn. 21; *v. Coelln* in Sachs Rn. 22.

[143] *Brosius-Gersdorf* in Dreier Rn. 75 f.

[144] Zurückhaltung beobachtend in den achtziger Jahren *Friauf* NJW 1986, 2595.

[145] BVerfGE 6, 55 (72); auch 133, 377 (409, Rn. 81); NJW 2019, 1793 (1802, Rn. 124).

dererseits bergen sie die Gefahr, Unwandelbarkeit zu suggerieren,[146] wenn man sich nicht klar macht, dass es sich um eine lediglich etwas erhabene Bezeichnung für den objektivrechtlichen Gehalt des Grundrechts handelt.[147] So verstanden erfasst die Wertentscheidung für Ehe und Familie wiederum zwingend deren Erhalt und die Ausgestaltung als Institute.[148] Der Institutsgarantie selbst bleibt somit letztlich allein die unterstützende Funktion als besondere Hervorhebung des für die gesetzliche Ausgestaltung unverzichtbaren Kerns des Art. 6 Abs. 1, wie er sich aus den Strukturprinzipien der verfassungsrechtlichen Begriffe von Ehe und Familie entnehmen lässt.[149]

52 **d) Schranken.** Art. 6 Abs. 1 gewährt den Schutz von Ehe und Familie **schrankenlos.** Für den objektiven Gehalt wird dies wegen der Gestaltungsfreiheit des Gesetzgebers stark relativiert.[150] Eingriffe in die Ehe- und Familienfreiheit des Einzelnen dürfen jedoch nur im Fall einer Kollision mit **überwiegenden Grundrechten** erfolgen. So kann Art. 6 Abs. 1 mit Abs. 2 kollidieren (etwa bei Ansprüchen des nur genetischen Vaters) und Art. 2 Abs. 2 rechtfertigt Regelungen zum Schutz vor Gewalt in Ehe und Familie.

53 **2. Ehe und Familie als Schutzgegenstände. a) Übergreifendes.** Ehe und Familie sind inzwischen begrifflich klar zu trennen und **eigenständige Schutzgegenstände.**[151] Auch tatsächlich sind sie heute weit weniger miteinander verbunden als zur Zeit der Entstehung des GG.[152] Einerseits gibt es in sehr viel größerer Zahl (gewollt oder ungewollt) kinderlose Ehen[153] und andererseits werden etwa ein Drittel der Kinder nicht in einer Ehe geboren.[154] Es herrscht außerdem eine erhebliche **Pluralisierung** von Familienformen.[155] Diese Veränderungen dürfen nicht mit einem Bedeutungsverlust von Ehe und insbesondere von Familie verwechselt werden.[156] Sie wirken

---

[146] *Friauf* NJW 1986, 2595 (2600).

[147] Die auch keine „ethisch-moralischen" Ansprüche an das Individuum stellt, *Seiler* in BK Art. 6 Abs. 1 Rn. 110.

[148] Das andeutend auch *Jarass* AöR 1985, 363 (367); die Verschränkung wird deutlich auch bei *Mager,* Einrichtungsgarantien, 2003, 200 ff.

[149] Die Institutsgarantie wohl deshalb (nur) als Schrankenschranke ansehend etwa *Kingreen/Poscher,* Grundrechte, 2018, Rn. 777; ihre Bedeutung überschätzend *Pauly* NJW 1997, 1955; auch noch *Huster,* Die ethische Neutralität des Staates, 496 ff.

[150] *Kotzur/Vasel* in Stern/Becker Rn. 91; *Seiler* in BK Art. 6 Abs. 1 Rn. 107; schon → Rn. 46.

[151] *Brosius-Gersdorf* in Dreier Rn. 43; *v. Münch* in BMV VerfassungsR-HdB § 9 Rn. 4; *Seiler* in BK Art. 6 Abs. 1 Rn. 54 betont dabei zugleich das häufige Zusammenfallen; zurückhaltend noch BVerfG NJW 1993, 3058 (Eheschutz, wegen Absicherung bei der Familiengründung); ähnlich *Robbers* in MKS Rn. 17, der die „enge Verknüpfung von Ehe und Familie" hervorhebt.

[152] Zusammenfassend *Böhm* VVDStRL 73 (2014), 211 (213 ff.).

[153] Nach Destatis lebten 2018 9.815.000 Ehepaare ohne Kinder. Diese Zahl ist in den letzten 15 Jahren (abgesehen von einem leichten Anstieg seit der Öffnung der Ehe für gleichgeschlechtliche Paare) annähernd stabil geblieben.

[154] Dazu Destatis, Statistik der Geburten, wonach der Wert 2015 bis 2017 bei jeweils 35 % lag, 2018 hingegen auf ca. 34 % leicht abfiel; zu der Veränderung aus Perspektive des Kindes *Löhnig,* Früher hatten Eltern viele Kinder – heute haben Kinder viele Eltern, 2015.

[155] Im Jahr 2017 lebten jedoch von insgesamt ca. 13,4 Millionen minderjährigen Kindern immerhin 74 % bei Ehepaaren (eingeschlossen sind Patchworkfamilien), 10 % wuchsen mit einem unverheirateten Elternpaar und 17 % mit einem alleinerziehenden Elternteil auf. 14.000 minderjährige Kinder lebten bei gleichgeschlechtlichen Elternpaaren; hierzu Destatis, Datenreport 2018, Kapitel 2 (Familie, Lebensformen und Kinder), 54 (61).

[156] *Wollenschläger,* Rechtsgutachten für die Bayerische Staatsregierung, 2018, 131 f. (bzgl. Einführung der gleichgeschlechtlichen Ehe); *Konietzka/Kreyenfeld* NZFam 2015, 1100 (1101), die für den sinkenden Anteil der Kernfamilie auf zeitlich begrenzte Lebensphasen

sich aber – wie gezeigt – auf die Auslegung des Art. 6 aus (→ Rn. 9 ff.). Weiterhin gehört im Verständnis des GG zur Entstehung der Ehe die formale Eingehung (→ Rn. 55) und zu einer „Familie" notwendig ein Kind, so dass für nicht formalisierte Gemeinschaften ohne Kinder Schutzlücken bleiben (näher → Rn. 69; kritisch → Rn. 76).

b) Ehe. aa) Begriff. Der Begriff der **„Ehe"** wird von den herrschenden Anschauungen mitgeprägt und erhält dadurch erst die notwendige Flexibilität (→ Rn. 59). Ihm liegt nach Ansicht des BVerfG das Bild der „verweltlichten bürgerlich-rechtlichen Ehe" zugrunde, das auch die Möglichkeit der Scheidung kennt (dazu → Rn. 63 ff.).[157] Die Einzelheiten werden vom Gesetzgeber im einfachen Recht bestimmt. Die aktuellen Regelungen des BGB sind geprägt von einem partnerschaftlichen und liberalen Ehebild, das darauf ausgerichtet ist, die Gleichberechtigung der Eheleute zu verwirklichen und Freiraum für die individuelle Ausgestaltung der Gemeinschaft sowie für die Entfaltung innerhalb der Ehe bietet. Doch gibt es grundlegende Strukturen, die zu beachten sind und von denen nicht abgewichen werden darf.[158] 54

bb) Wesenselemente. (1) Formalisierte vertragliche Eingehung. Der **formalisierte Eheschluss** und die **freie Willensübereinstimmung**[159] der Partner gehören seit dem Konzil von Trient (1563) in Kontinentaleuropa zu den Grundstrukturen der Ehe.[160] Trotz der seit über 100 Jahren im deutschen Recht vorgesehenen obligatorischen Zivilehe stellt jedoch die Formalisierung des Eheschlusses speziell durch den Standesbeamten kein Wesensmerkmal des verfassungsrechtlichen Ehebegriffs dar. Würde der Gesetzgeber eine Zivilehe alternativ auch durch kirchliche Eheschließung entstehen lassen,[161] so läge darin sicherlich kein Verstoß gegen Art. 6 Abs. 1, solange ein formaler Akt als Ordnungselement gewährleistet ist.[162] Im Ausland wirksam geschlossene Ehen können in den Schutzbereich des Art. 6 Abs. 1 (Abwehr und Schutz) fallen, selbst wenn sie nicht auf einem formalen Eheschließungsakt beruhen,[163] wie bspw. die in einigen Einzelstaaten der USA noch anzutreffende *common law*-Ehe. Ob dies auch für andere Arten von Putativ-(Nicht)ehen gilt, ist zweifelhaft und muss zumindest von engen faktischen Voraussetzungen abhängig gemacht werden. Das BVerfG hat eine (wohl im Inland gelebte) 55

---

jüngerer Menschen verweisen; aus soziologischer Sicht *Lüscher* in Bitburger Gespräche Jahrbuch 2001, 15 (19 f.); im Kontext der Gleichstellung *Kocher* NZFam 2018, 316. Dies lässt sich auch an dem Anstieg der Eheschließungen ablesen, Destatis, Datenreport 2018 – Kapitel 2 (Familie, Lebensformen und Kinder), 58. Zum hohen Stellenwert der Familie in der Bevölkerung auch *Köcher* FS 40 Jahre Familienpolitik, 1993, 37; *Grein,* Möglichkeiten einer Differenzierung nach Ehetypen im Eherecht de lege ferenda, 2000, 93.

[157] BVerfGE 31, 58 (82 f.); 53, 224 (245).

[158] Vorerst nur BVerfGE 105, 313 (345) (noch mit Verschiedengeschlechtlichkeit und jeweils mwN zu den weiteren Aspekten).

[159] Dazu *Merten* in HdbGR II, § 42 Rn. 151 f.

[160] BVerfGE 62, 323 (330); nicht zur Abgrenzung formalisierter und nicht formalisierter Lebensgemeinschaften gehört der gemeinsame Name, dazu (auch in Hinblick auf Art. 8 EMRK) *Gaaz* FS f. Frank, 2008, 381 (383); und *Lipp* FS f. Frank, 2008, 393 (395).

[161] Dazu *v. Münch* in BMV VerfassungsR-HdB § 9 Rn. 9; *Robbers* in MKS Rn. 39; zur Problematik *Bosch/Hegnauer/Hoyer* FamRZ 1997, 1313.

[162] *Gernhuber/Coester-Waltjen,* Familienrecht, 2020, § 11 Rn. 7; *Pawlowski* JZ 1998, 1032 (1036); abl. *v. Coelln* in Sachs Rn. 9; zurückhaltend *Kingreen* Jura 1997, 401 (402).

[163] BVerfGE 62, 323 (330 f.) (jedenfalls für Altersversorgung); ähnlich zur griechisch-orthodoxen Kirchenehe ohne Personenstandseintragung nach dem Tod, KG FamRZ 1996, 944 (945); *Vogel* VVDStRL 45 (1987), 121; *Uhle* in BeckOK GG Rn. 11.

nicht standesamtlich geschlossene Sinti-Ehe (zwischen deutschen Staatsangehörigen) nicht in den Bereich des Art. 6 Abs. 1 fallen lassen, obwohl es sich um eine langwährende (26 Jahre), nach außen manifestierte Gemeinschaft handelte.[164]

56 **Nichteheliche (auch „faktische") Lebensgemeinschaften** grenzen sich von Ehen gerade durch den bewussten Verzicht auf das formale Element ab und werden auch in der gesellschaftlichen Wahrnehmung klar von der Ehe unterschieden.[165] Dies war nicht nur die klare Entscheidung des Verfassungsgesetzgebers und die Auffassung der gemeinsamen Verfassungskommission 1994[166], sondern an dieser Alternativität hat sich auch heute nichts geändert (dazu, wieweit dennoch der Schutz reicht → Rn. 76). Bei gemeinsamem Kind muss dagegen vollständige rechtliche Gleichstellung mit der ehelichen Familie erfolgen (→ Rn. 203).

57 **(2) Einehe.** Überwiegend wird auch die **Einehe** als notwendiges Charakteristikum der Ehe angesehen. Legt man den oben dargelegten Maßstab an, so ist dies richtig, da die Monogamie nach gegenwärtigem, auch die sonstigen grundrechtlichen Wertungen einbeziehenden, in Deutschland herrschendem Eheverständnis Grundvoraussetzung der Ehe ist.[167] Das bedeutet aber nur, dass der Gesetzgeber die Ehe einfachrechtlich nicht für mehr als zwei Ehegatten öffnen darf.[168] Demgegenüber muss beachtet werden, dass auch die nach dem anwendbaren ausländischen Recht wirksam geschlossene polygame Ehe eine formalisierte eheliche Solidargemeinschaft bildet, so dass sie grundsätzlich den Schutz des Art. 6 Abs. 1 genießt (näher → Rn. 252 ff.).

58 **(3) Keine notwendige Geschlechtsverschiedenheit.** Die Notwendigkeit einer Geschlechtsverschiedenheit der Ehegatten ist Gegenstand einer seit Jahren andauernden Debatte, die auch durch die einfachrechtliche Öffnung der **Ehe für alle** mit Wirkung zum 1.10.2017 kein Ende gefunden hat. Nicht selten wird weiterhin vertreten, die gleichgeschlechtliche Ehe falle nicht unter den Ehebegriff des GG.[169] Teils wird sogar vertreten, die Öffnung verstoße gegen Art. 6 Abs. 1 und es sei eine Verfassungsänderung erforderlich.[170] Diese Irritation wird nur dann verständlich, wenn man bedenkt, dass die Verschiedengeschlechtlichkeit weltweit lange Zeit Kennzeichen der Ehe gewesen ist und insbesondere dem katholischen Ehebild entspricht.

---

[164] Die Nebenklägereigenschaft der „Witwe" ablehnend BVerfG NJW 1993, 3316 (3317); ebenso mit Hinweis auf den Beurteilungsspielraum der Türkei als Vertragsstaat EGMR EuGRZ 2009, 468 (470, Rn. 29, Rn. 83 ff.) – Serife Yigit; anders bei durch staatliche Dokumente gestützter Gutgläubigkeit, EGMR DÖV 2010, 276 – Muñoz Diaz.

[165] Nachdrücklich *Kingreen,* Die verfassungsrechtliche Stellung nichtehelicher Lebensgemeinschaften im Spannungsfeld zwischen Freiheits- und Gleichheitsrechten, 1995, 302.

[166] BT-Drs. 12/6000, 54 ff.; *Isensee* NJW 1993, 2583 (2585).

[167] BVerfGE 29, 166 (176); 31, 58 (69); *Seiler* in BK Art. 6 Abs. 1 Rn. 61; *Robbers* in MKS Rn. 42; *v. Coelln* in Sachs Rn. 7.

[168] Anders *Brosius-Gersdorf* in Dreier Rn. 54, 78 f., von einem sehr engen Begriff der Institutsgarantie her denkend; mit Zweifeln an der Beschränkung auf „Paare" auch *Baer* in Röthel/Heiderhoff Regelungsaufgabe Paarbeziehung, 35 (43 f.).

[169] *Gärditz* FF 2018, 8; *Schaefer* AöR 2018, 393; *Bäcker* AöR 2018, 339 (374 ff.) (zu dessen Auffassung auch → Fn. 174); wohl auch *Wollenschläger,* Rechtsgutachten für die Bayerische Staatsregierung, 2018, 57 ff. (mit einer Übersicht über den Meinungsstand vor der Änderung des § 1353 Abs. 1 BGB).

[170] *Schmidt* NJW 2017, 2225; *Ipsen* NVwZ 2017, 1096; *v. Coelln* NJ 2018, 1; *Badura* in Maunz/Dürig Rn. 36 f., 58h.

Rechtsdogmatisch ist die Frage hingegen klar zu beantworten. Der Begriff der Ehe des Art. 6 Abs. 1 umfasst heute die gleichgeschlechtliche Ehe.[171] Anders gesagt setzt Art. 6 Abs. 1 die **Verschiedengeschlechtlichkeit** der Ehegatten **nicht** mehr als entscheidendes **Wesenselement** der Ehe voraus. Das geschieht vor der konsentierten Erkenntnis, dass gleichgeschlechtliche Paare nicht diskriminiert werden dürfen und sich aus Art. 3 Abs. 1 ergibt, dass die Lebenspartnerschaft rechtlich vollumfänglich wie eine Ehe zu behandeln ist.[172] Es geht damit weder um eine Einengung des Schutzbereichs, die ungleich problematischer wäre, noch um eine Änderung, die bisherige Grundrechtsträger, also verschiedengeschlechtliche Ehepaare, auch nur tangiert (anders als etwa bei der Einführung der Zerrüttungsscheidung). Auch der Hinweis, das Schutzschild des Abwehrrechts könnte aufgeweicht werden, wenn der Anwendungsbereich zu weit gefasst würde,[173] trägt hier nicht. Wie oben schon angesprochen ist es gerade Freiheitsrechten, die den innersten persönlichen Lebensbereich schützen, immanent, dass sie nicht einen feststehenden, die gesellschaftlichen Entwicklungen unbewegt überdauernden Rahmen haben können (→ Rn. 9). Dabei besteht die Besonderheit des Art. 6 darin, dass auch das Institut der Ehe mit umfasst wird, weil dieses erst die Basis der als Freiraum geschützten Lebensform bildet. Somit ist die Ehe offen für eine Veränderung im Sinne der konsentierten, den Werten des GG entsprechenden gesellschaftlichen Vorstellungen. **59**

Nimmt man dies ernst, so ist „Ehe" als Begriff heute nicht (mehr) auf heterosexuelle Verbindungen beschränkt.[174] Es geht nicht um die Loslösung des Worts vom Sprachgebrauch, sondern um ein **Mitgehen mit der Entwicklung** eines Begriffs.[175] Aus sprachlicher Perspektive müsste man daher fragen, ob die Auslegung des verfassungsrechtlichen Ehebegriffs so erfolgen soll, dass sie eine bestimmte Form der Ehe, nämlich die gleichgeschlechtliche Ehe, nicht erfasst. Hierzu ist zu sagen, dass die Entwicklung in der Tat recht schnell verlaufen ist,[176] und durch eine über lange Jahre sehr zögerliche Haltung des Gesetzgebers die Geschwindigkeit der schließlich nachfolgenden **60**

---

171 *Brosius-Gersdorf* in Dreier Rn. 25, 81; *Brosius-Gersdorf* auch schon NJW 2015, 3557; *Robbers* in MKS Rn. 47 f.; *Duden* in MüKo BGB Vor § 1 LPartG Rn. 22; wohl auch *Kotzur/Vasel* in Stern/Becker Rn. 15 ff.; *Dethloff* FamRZ 2016, 351 (354).

172 BVerfGE 133, 377; 132, 179 (188, Rn. 30 ff.); 124, 199 (226); *Schaefer* AöR 2018, 393 (427 ff.) will Art. 2 Abs. 1 anwenden.

173 So die Vorauflage, *Coester-Waltjen* in v. Münch/Kunig, 6. Aufl. 2012, Rn. 3 – jedoch in Bezug auf die Aufgabe fester Strukturen, die bei der Öffnung der (durch formelle Eheschließung zu begründenden) gleichgeschlechtlichen Ehe nicht betroffen sind.

174 So schon früh *Möller* DÖV 2005, 64 (68 ff.); mit rechtsvergleichenden Nachweisen gerade zur Begriffsverwendung *Coester-Waltjen* ZEuP 2018, 320 (351 f.); *Coester-Waltjen,* Rechtsvergleichendes Gutachten, 2018, 151 ff.; Verschiedengeschlechtlichkeit nicht als Kerngehalt sehend etwa *Blome* NVwZ 2017, 1658; anders *Bäcker* AöR 2018, 339 (341, 383 ff.), der eine solche Analogie befürwortet; missverständlich auch die Bezeichnung „Verfassungsfortbildung" oder gar „Verfassungsdurchbrechung" bei *Schaefer* in AöR 2018, 393.

175 Mit eindrucksvollen Umfrageergebnissen *Duden* in MüKo BGB Vor § 1 LPartG Fn. 5.

176 Ablehnend die gemeinsame Verfassungskommission, BT-Drs. 12/6000, 54 ff.; noch anders auch BVerfG NJW 1993, 3058; BVerfGE 105, 313 (345) – LPartG; BVerwG NVwZ 1997, 189 (190); offener allerdings bereits BVerfGE 115, 1 („Duldung" einer durch Geschlechtsumwandlung entstehenden gleichgeschlechtlichen Ehe); für die EMRK, die in Art. 12 das Eheschließungsrecht schon dem Wortlaut nach nur für Männer und Frauen garantiert: EGMR 17.10.1986 – 9532/81 (3. OS) – Rees; offener dann aber auch unter Berufung auf Art. 9 EU-GRC EGMR NJW 2011, 1421 (1423, Rn. 61) – Schalk und Kopf; aus Art. 8 EMRK einen Anspruch auf Einrichtung eines Rechtsrahmens herleitend EGMR FamRZ 2015, 1785 – Oliari.

einfachrechtlichen Entwicklung noch höher war.[177] Der Bedeutungswandel des Eheverständnisses in der Gesellschaft hat in Deutschland[178] und ganz Europa[179] aber viel früher eingesetzt. Längst ist auch klar, dass die „generelle Fortpflanzungsfähigkeit" keine Voraussetzung der Ehe ist.[180] Sie fehlt etwa auch bei der verfassungsrechtlich geschützten Ehe mit einem transsexuellen Partner[181] und sie kann jedenfalls keine Legitimation für die Ausgliederung gleichgeschlechtlicher Gemeinschaften aus dem Ehebegriff sein.[182]

61 Die einfachgesetzliche Absicherung gleichgeschlechtlicher Gemeinschaften hat im Übrigen 2001 mit der verfassungsgemäßen[183] Einführung der **Lebenspartnerschaft** begonnen und das BVerfG hat bald erkannt, dass die vollständige Anpassung des LPartG an die Ehe durch Art. 3 Abs. 1 geboten war (→ Rn. 89).[184] Die deutliche Betonung der wesentlichen Gleichartigkeit kann als Schritt weg vom LPartG-Urteil und vielleicht sogar als Anstoß *(„Nudging")* in Richtung der Öffnung der Ehe verstanden werden.[185] Dass das BVerfG noch lange an dem Ehemerkmal der Verbindung zwischen „Mann und Frau" festgehalten hat, kann jedenfalls keinesfalls als Vorgabe für den Gesetzgeber verstanden werden.[186] Vielmehr sah es das Gericht aus Gründen der Gewaltenteilung überzeugend nicht als seine Aufgabe, selbst die Öffnung der Ehe auszusprechen, sondern konnte dies bis zuletzt noch dem parlamentarisch legitimierten Gesetzgeber überlassen. Inzwischen haben immer mehr europäische Staaten die gleichgeschlechtliche Ehe eingeführt[187] und der gesellschaftliche Konsens in Deutschland ist so groß, dass Art. 6 Abs. 1 der Öffnung nicht mehr entgegensteht. Vielfach wurde bereits im

---

[177] Strafbarkeit erst vollständig beseitigt mit Aufhebung des § 175 StGB durch 29. Gesetz zur Änderung des Strafgesetzbuches v. 31.5.1994 (BGBl. 1994 I 1168).

[178] Früh etwa *v. Münch* in BMV VerfassungsR-HdB § 9 Rn. 8; AG Frankfurt NJW 1993, 940, mit abl. Anm. *Willutzki* MDR 1993, 117; *Reiß* KJ 1994, 98.

[179] Siehe die Entschließung des europäischen Parlaments zur Gleichberechtigung von Schwulen und Lesben in der EG, ABl. EU 1994 C 61/40 (mit Erwähnung der Ehe, 42); Art. 9 EU-GRC enthält (anders als das Vorbild in Art. 12 EMRK) bewusst nicht mehr den Bezug auf Männer und Frauen; früh wurde eine gleichgeschlechtliche Ehe etwa in den Niederlanden (2001), in Belgien (2003), Spanien (2005), Norwegen und Schweden (2009) eingeführt.

[180] Wie hier *Kotzur/Vasel* in Stern/Becker Rn. 18; *Robbers* in MKS Rn. 47a; anders aber *Ipsen* NVwZ 2017, 1096 (1098 f.); *Pauly* NJW 1997, 1955.

[181] Dazu schon BVerfGE 49, 286 (300); *Pousson-Petit* in Pousson-Petit L'identité de la personne humaine, 719 (736); dazu, dass die Ehe kein exklusiver Ort der Fortpflanzung mehr ist, → Rn. 203 ff. (nichteheliche Kinder).

[182] *v. Münch* in BMV VerfassungsR-HdB § 9 Rn. 8; *Kieffmann,* Ehe und andere Lebensgemeinschaften nach Landes- und Bundesverfassungsrecht, 2000, 53; *Schimmel,* Eheschließung gleichgeschlechtlicher Paare?, 1996, 144–156; Anm. *Schimmel* FuR 1993, 349; *Trimbach/Webert* NJ 1998, 63 (66); *Möller* DÖV 2005, 64 (69 f.).

[183] BVerfGE 105, 313 – LPartG.

[184] BVerfGE 124, 199 (228 ff.); auch schon → Fn. 172.

[185] *Rixen* JZ 2013, 864 (871 ff.).

[186] So besonders in BVerfGE 105, 313 (345); später noch BVerfGE 133, 377 (409, Rn. 81); auch noch BVerfGE 137, 273 (342) – Chefarzt, dort jedoch nur formelhaft wiederholend und außerhalb des Kontexts der Entscheidung. Es wäre kaum vertretbar gewesen, hier die Öffnung vorzunehmen. Zu den Formulierungen des BVerfG näher *Duden* in MüKo BGB Vor § 1 LPartG Rn. 22; anders die Einschätzung bei *Badura* in Maunz/Dürig Rn. 58h.

[187] Für die frühen Rechtsordnungen bereits → Fn. 179; vor Deutschland (also vor 1.10.2017) außerdem Portugal (2010), Island (2010), Dänemark (2012), Frankreich (2013), Großbritannien mit Ausnahme von Nordirland (2014), Schottland (2014), Luxemburg (2015), Irland (2015), Grönland (2016), Finnland (2017) und Malta (2017); zu Österreich (2019) auch Österreich. VfGH FamRZ 2018, 191, mAnm *Ferrari;* mit einem Überblick *Coester-Waltjen* ZEuP 2018, 320; für die USA US Supreme Court 576 U.S. (2015), 135 S. Ct. 1039 – Obergefell v. Hodges; hierzu näher *Markard* JöR 2016, 767.

Vorfeld darauf hingewiesen, dass diese nun geboten sei.[188] Richtig ist daher, dass der Begriff „Ehe" auch in Art. 6 Abs. 1 nicht mehr der Verbindung von Mann und Frau vorbehalten ist. Mit *Robbers* kann man sagen, dass „wo zwei Menschen sich vollständig aufeinander einlassen wollen"[189] und daher die Ehe schließen, eine Ehe im verfassungsrechtlichen Sinne besteht.

Abschließend sei angemerkt, dass die **Entwicklungsfähigkeit** des Ehe- **62** begriffs, die hier vertreten wird, keinesfalls das Risiko von Beliebigkeit oder gar Aushöhlung des Art. 6 Abs. 1 birgt. Die Ehe erweist sich vielmehr als ein gut angenommenes, in seiner Form als lebenslange Paarbeziehung stabiles Institut. Eine grundlegende Veränderung des Eheverständnisses deutet sich nicht an. Wenn die Ehescheidung auch häufig ist und nicht selten in oder neben der Ehe weitere Liebesbeziehungen eingegangen werden, entsprechen doch das Lebenszeitprinzip und die Monogamie zweifellos den herrschenden gesellschaftlichen Vorstellungen. Im Übrigen würden von darauf gerichteten Veränderungen der Ehe – anders als bei der gleichgeschlechtlichen Ehe – potentiell alle Ehepaare betroffen sein, so dass für einen Wandel ein strengerer Maßstab gelten müsste.

(4) Lebenszeitprinzip, Ehescheidung und Solidargemeinschaft. Die **63** grundsätzliche **zeitliche Unbeschränktheit** der Lebensgemeinschaft (also keine Ehe „auf Zeit") gehört zu dem weiterhin zweifellos herrschenden Ehebild.[190] Die Einführung einer befristeten Ehe wäre daher mit Art. 6 Abs. 1 unvereinbar.[191] Auch staatlicher Druck in Richtung auf eine Auflösung der Ehe verstößt daher gegen Art. 6 Abs. 1.[192] Im **Erbrecht** spiegelt sich dies, indem die gesetzliche Beteiligung des Ehegatten am Nachlass so ausgestaltet sein muss, dass der Ehegatte bei Auflösung der Ehe durch Tod nicht schlechter steht als bei einer Auflösung durch Scheidung.

Die Möglichkeit einer vorzeitigen Auflösung der Ehe im Falle des Schei- **64** terns ist davon aber zu trennen. Angesichts der Unvollkommenheit menschlicher Gemeinschaften war die völlige Unauflösbarkeit der Ehe nie unverzichtbares Strukturelement der Ehe.[193] Fraglich ist heute vor allem, ob nicht das konsensuale Eheverständnis besser durch eine vertragliche Form der Scheidung abgebildet würde (→ Rn. 83). Nicht übergangen werden dürften dabei jedoch die aus dem Lebenszeitprinzip weiterhin abzuleitende Verpflichtung zur **nachehelichen Solidarität,**[194] die in einem Spannungsverhältnis zur Wiederverheiratungsfreiheit steht.[195] Das Gesetz kann die Gatten jeden-

[188] Die Öffnung der Ehe als geboten ansehend *Dethloff* FamRZ 2016, 351 (354); *Beck/Tometten* DÖV 2016, 581.

[189] *Robbers* in MKS Rn. 47a; so auch *Dethloff* FamRZ 2016, 351 (353); dies betonend im Übrigen auch BVerfGE 133, 377 (413, Rn. 90).

[190] Sehr deutlich BVerfGE 10, 59 (66); *Henrich* FS f. Lerche, 1993, 239 (246); aA *Brosius-Gersdorf* in Dreier Rn. 50, 65.

[191] *Kotzur/Vasel* in Stern/Becker Rn. 19.

[192] Zur Änderung des § 10 StAG in Bezug auf die Polygamie → Rn. 253; zum früheren Beamtenrecht *Wilhelm* FamRZ 1963, 330; vgl. aber noch BDH 4, 51, wonach anstößiges Verhalten der Ehefrau eines Beamten diesen zur Trennung verpflichte.

[193] BVerfGE 31, 58 (82); 53, 224 (245); *Seiler* in BK Art. 6 Abs. 1 Rn. 60; *Robbers* in MKS Rn. 62 ff.

[194] BVerfGE 53, 257 (297) (zum Ausgleich von Versorgungsanwartschaften); 66, 84 (93, 98) (frühere Ehe als „Hypothek" trotz grds. gleichrangigen Schutzes); dazu *Diederichsen* FPR 2007, 221 (223 ff.); *Hohmann-Dennhardt* ZRP 2007, 205; *Hohmann-Dennhardt* FF 2007, 174 (179).

[195] Insofern großzügiger *Robbers* in MKS Rn. 68, 72, der die Grenze bei einer Behinderung der Scheidung selbst sieht; eine Überspannung bejahend für § 1579 Abs. 2 BGB aF, BVerfGE 57, 361 (383, 388) sowie zu § 1579 Nr. 1 BGB BVerfGE 80, 286 (294 f.).

falls verpflichten, ehebedingte Nachteile auszugleichen. Dieser Teilhabegedanke dient dem Schutz des (wirtschaftlich oder persönlich) schwächeren Ehegatten und verlangt gewisse staatliche Vorgaben.[196] Ein dem Halbteilungsgrundsatz entsprechender Versorgungsausgleich ist verfassungsrechtlich daher zulässig und (zumindest in irgendeiner Form) wohl auch geboten.[197] Jedoch sind die Details nicht vollständig geklärt, wobei aber die Schwierigkeiten eher Art. 14 (wenn die Teilung zu erheblichen Verlusten führt) und gelegentlich Art. 3 Abs. 1 sowie Abs. 2 betreffen.[198] Das geltende **Unterhaltsrecht** hat die nacheheliche Solidarität deutlich verringert. Es ist geeignet, eine angemessene Berücksichtigung der alten und einer etwaigen neuen Ehe zu erreichen.[199] Wegen der sehr unterschiedlichen gelebten Rollen wird es immer schwieriger, passende allgemeine Regelungen für die Aufteilung des während der Ehe erwirtschafteten Vermögens vorzusehen.[200]

65 Angesichts des freiheitsorientierten Charakters des Art. 6 Abs. 1 ist Vorsicht angesagt, wenn ergänzend ein gewisses Maß an **gemeinschaftlicher Lebensführung** verlangt wird. Zumindest verbietet es sich, eine generelle Voraussetzung für den Schutz aus Art. 6 Abs. 1 darin zu sehen, dass die Ehe intakt ist oder auch nur je als Beistandsgemeinschaft gelebt wurde.[201] Eine nie solidarisch gelebte, aber wirksam geschlossene Ehe ist daher zunächst unter den Ehebegriff zu subsumieren.[202] Es stünde Art. 6 Abs. 1 diametral entgegen, wenn die Intention oder die Lebensweise der Ehegatten vom Staat überprüft würde, bevor eine Ehe in den Schutzbereich fiele.[203] Das betrifft auch **Scheinehen.**[204] Die Begrenzung des Schutzes folgt bei diesen erst aus der Missbräuchlichkeit.[205] Auch die Angst vor Missbräuchen darf aber keinesfalls zu einer staatlichen Allgegenwärtigkeit in Ehe und Familie führen.[206] Nur in offensichtlichen und eindeutigen Missbrauchsfällen darf ein behördlicher Aufhebungsantrag (§§ 1314 Abs. 2 Nr. 5, 1316 Abs. 1 Nr. 1 S. 1 BGB) gestellt werden.[207]

66 Bei sonstigen Fällen der **Aufhebung der Ehe** muss das Lebenszeitprinzip ebenfalls gewahrt werden. Bei jeder Aufhebung auf Betreiben der Behörde ist das staatliche Ordnungsinteresse gegen den Schutz der aufzuhebenden Ehe abzuwägen.[208]

---

[196] Zum Teilhabegedanken etwa BVerfG NJW 2006, 2175 (2176); BVerfGE 105, 1 (12).

[197] Zur verfassungskonformen Auslegung von § 17 VersAusglG BVerfG 1 BvL 5/18; auch schon BVerfGE 53, 257 (296, 299); BVerfG NJW 2006, 2175 (2176); *Seiler* in BK Art. 6 Abs. 1 Rn. 191.

[198] Im Überblick *Ruland* FS f. Coester-Waltjen, 2015, 193; zu Einzelfragen BVerfG NJW 2015, 686 (Abschaffung des Rentnerprivilegs); BVerfGE 136, 152 (Zusatzversorgung im öffentl. Dienst); Art. 6 Abs. 1 heranziehend aber OLG Hamm FamRZ 2019, 688 (Vorlage des § 17 VersAusglG nach Art. 100).

[199] BVerfGE 128, 193 (207 ff.) – Dreiteilungsmethode; dem folgend BGHZ 192, 45.

[200] Krit. insbes. zum Ehegattensplitting und der beitragsfreien Mitversicherung von Ehegatten *Brosius-Gersdorf* in Dreier Rn. 95 f.; näher dazu → Rn. 266.

[201] Es muss allerdings für die „tote" Ehe die Möglichkeit der Auflösung geben, BVerfGE 53, 224 (245 f.) – Zerrüttungsprinzip; näher → Rn. 82 f.

[202] BVerfGE 55, 134 (142) (zu § 1568 Abs. 2 BGB).

[203] *Kingreen/Poscher,* Grundrechte, 2019, Rn. 751.

[204] *Brosius-Gersdorf* in Dreier Rn. 53; anders die hA, so knapp BVerfG FamRZ 2003, 1000 (1001); auch *Seiler* in BK Art. 6 Abs. 1 Rn. 127; *Robbers* in MKS Rn. 118; *v. Coelln* in Sachs Rn. 11; *Uhle* in BeckOK GG Rn. 13; VG Berlin BeckRS 2018, 43547 Rn. 16.

[205] Für einen Schutz durch Art. 6 Abs. 1 bis zur Aufhebung *Brosius-Gersdorf* in Dreier Rn. 53; *Kingreen/Poscher,* Grundrechte, 2019, Rn. 751.

[206] Zu Recht skeptisch: *Eisfeld* AcP 2001, 663 (670).

[207] *Kotzur/Vasel* in Stern/Becker Rn. 20.

[208] BGH FamRZ 2012, 940 (941, Rn. 15 ff.).

c) Familie. Auch der Begriff der Familie hat sich gegenüber den Vorstellungen bei der Entstehung des GG deutlich verändert. Ursprünglich war Art. 6 Abs. 1 ganz auf die Gemeinschaft von Eltern und minderjährigen Kindern, also die moderne Kleinfamilie,[209] ausgerichtet, die gleichzeitig auch Gegenstand der Regelungen der Abs. 2, 3, in einigen Aspekten der Abs. 4, 5 ist. Inzwischen hat das BVerfG klar ausgesprochen, dass der Zweck des Familienschutzes nicht nur „einen besonderen personellen Raum kindlicher Entfaltungsmöglichkeiten" sichern solle, sondern allgemein „auf den **Schutz spezifisch familiärer Bindungen**" ausgerichtet sei.[210] Damit wurde der Schutzbereich des Art. 6 Abs. 1 an Art. 8 EMRK angeglichen.[211] Das überzeugt, aber man muss dennoch unterscheiden: **67**

Einfachrechtliche Regelungen können den Schutzbereich beeinflussen und erweitern, indem sie Zuordnungen treffen, aber sie bringen keine Begrenzung mit sich.[212] Das bedeutet, dass die Familie sich auf der einen Seite aus sozialer Verantwortungsübernahme ergeben kann und auf der anderen Seite auch durch rein rechtliche Verwandtschaft begründet wird (zB durch Adoption; auch durch § 1592 Nr. 1 BGB in Bezug auf den Ehemann der Mutter, wenn dieser weder genetischer Vater ist noch die soziale Vaterrolle übernimmt). **68**

Im Zentrum des Schutzbereichs steht die Gemeinschaft von **Eltern und minderjährigen Kindern.** „Familie" in diesem engen Sinne umfasst dabei sowohl die eheliche Familie als auch eine bestehende Gemeinschaft zwischen nicht miteinander verheirateten Eltern und Kindern,[213] sowie das Verhältnis des Kindes jeweils zu seinen nicht zusammenlebenden, nicht oder nicht mehr miteinander verheirateten Eltern.[214] Ein Kind hat also zwei Familien, wenn es mit den getrennt lebenden Elternteilen jeweils familiär verbunden ist.[215] Gleichgeschlechtliche Paare mit Kindern sind ebenso geschützt wie verschiedengeschlechtliche.[216] Eine auf Stiefelternschaft oder tatsächlicher Pflege beruhende Eltern-Kind-Beziehung stellt eine Familie **69**

---

[209] BVerfGE 48, 327 (339); *Lecheler* FamRZ 1979, 1 (2 f.); ganz am Bezug zum Kind festhaltend noch *Kirchhof* AöR 2004, 542 (550 f.).

[210] Insbes. BVerfGE 136, 382 (388, Rn. 22 f.); auch schon BVerfG NJW 2009, 1133; umfassend *Britz* NZFam 2018, 289; auch *Otte* FamRZ 2013, 585 (588).

[211] Zur nichtehelichen Familie grundlegend EGMR NJW 1979, 2449 – Marckx; darauf beruft sich das BVerfG, BVerfG NJW 2009, 1133 (1133, Rn. 22 f.); BVerfGE 136, 382 (389, Rn. 23); EGMR EuGRZ 1993, 552 (554, Rn. 45 f.) – Moustaquim (erwachsenes Kind); EGMR ECHR-Rep. 1998–IV, 1477 – Bronda (Großeltern/Enkel), dazu *Rixe* FamRZ 1999, 680; zu Art. 33 Abs. 1 EU-GRC → Rn. 36 f.

[212] Weiter *Brosius-Gersdorf* in Dreier Rn. 111 f., die meint, der einfache Gesetzgeber bestimme – außerhalb des institutionellen Kerns – den Schutzbereich; wie hier *Seiler* in BK Art. 6 Abs. 1 Rn. 86, der von einer „Filterfunktion" spricht.

[213] BVerfGE 106, 166 (176); 112, 50 (65); noch zögerlich BVerfG NJW 1998, 2043; *v. Coelln* in Sachs Rn. 16; *Kotzur/Vasel* in Stern/Becker Rn. 47; zu Art. 8 EMRK nur EGMR FamRZ 1995, 110 (110 f.) – Keegan; zu Art. 23 IPbpR *Palm-Risse,* Der völkerrechtliche Schutz von Ehe und Familie, 1990, 237.

[214] BVerfGE 18, 97 (105 f.) (nichteheliche Mutter, Zusammenveranlagung); 45, 104 (123) (nichtehelicher Vater, Familienlastenausgleich); zu Art. 6 Abs. 2 S. 1 BVerfGE 92, 158 (177) (nichtehelicher Vater); *Seiler* in BK Art. 6 Abs. 1 Rn. 78; *Robbers* in MKS Rn. 90; *Jarass* in Jarass/Pieroth Rn. 8; *v. Coelln* in Sachs Rn. 16; zu Art. 23, 24 IPbpR und zu Art. 7 Abs. 1, 9, 18 Abs. 1 S. 1 KRK etwa *Schumann,* Die nichteheliche Familie, 1997, 158 ff.

[215] Zu den Anforderungen BVerfGE 127, 263 (287); *Badura* in Maunz/Dürig Rn. 60; *Jarass* in Jarass/Pieroth Rn. 8.

[216] Zu Art. 6 Abs. 2 S. 1 („Eltern") BVerfGE 133, 59 – Sukzessivadoption; *Sickert,* Der Schutz der lebenspartnerschaftlichen Familie, 2005, 119 ff., 208 ff.; aA *Kieffmann,* Ehe und andere Lebensgemeinschaften nach Landes- und Bundesverfassungsrecht, 2000, 144.

dar.[217] Umfasst ist somit auch die „Patchworkfamilie" (also die Familie, bei der zumindest ein Kind nur von einem der beiden Elternteile abstammt), wobei es nicht darauf ankommt, ob die Eltern verheiratet sind.[218] Aus Art. 6 Abs. 2 folgt jedoch, dass der „Stief"-Elternteil im Schutzanspruch hinter dem rechtlichen Elternteil zurücktritt (→ Rn. 124).

70 Zu Recht betont *Robbers,* dass es beim Eltern-Kind-Verhältnis dem Grunde nach nicht auf die **Qualität** der konkreten Beziehung ankommen kann.[219] Anders ist dies jedoch bei dem Verhältnis zwischen Eltern und ihren volljährigen Kindern, welches vom Schutzbereich nur umfasst ist, soweit dort noch die typischen Familienfunktionen existieren.[220]

71 Besonders wichtig wird dies bei volljährigen, **betreuungsbedürftigen** Kindern. Aus Art. 6 Abs. 1 ergibt sich die Pflicht, Eltern bei hinreichender Eignung als Betreuer für ihre Kinder zu bestellen.[221] Je nach Lebensituation sind aber auch der Ehegatte oder sonstige nahe Familienangehörige (Kinder) in besonderem Maße zu berücksichtigen.[222] Wohl noch mit Art. 6 Abs. 1 vereinbar ist die Vorgabe des FamFG, dass Angehörige im Betreuungsverfahren schon in erster Instanz Beteiligte sein müssen, um ein eigenes Beschwerderecht zu erhalten.[223] Eine Pflicht des Gesetzgebers, eine **gesetzliche Vertretungsmacht** von Angehörigen oder das *automatische* Einrücken von Angehörigen in die Betreuerrolle vorzusehen, ergibt sich aus Art. 6 Abs. 1 nicht. Würde eine solche gesetzliche Vertretung durch nahe Angehörige[224] eingeführt, müssten entsprechende Widerspruchs- und Kontrollmöglichkeiten vorgesehen werden, um die Autonomie und das Wohl des Vertretenen zu schützen.[225]

72 Für den über die Eltern-Kind-Beziehung hinausgehenden Bereich lässt sich der Begriff „Familie" nur angemessen handhaben, wenn man ihn als fließend und kontextabhängig begreift.[226] Eine Hausgemeinschaft ist dabei nicht Voraussetzung,[227] sie hat aber eine Bedeutung, weil sie grundsätzlich Kennzeichen intensiverer familiärer Bindung ist. Geschützt sind auch sozial stabile Verhältnisse in der **Mehrgenerationenfamilie,** zwischen Großeltern und

---

[217] Auch insofern reicht Abs. 1 also weiter als Abs. 2, explizit BVerfGE 133, 59 (83, Rn. 62); für die Stief- und Pflegefamilie pauschal BVerfGE 18, 97 (105 f.); für Pflegefamilien speziell BVerfGE 68, 176 (187); 79, 51 (59 f.); BVerfG NJW 1999, 3623 (3624).

[218] Anders BFHE 261, 307 (Zählkind); wohl in die hier vertretene Richtung deutend BVerfG NJW 2019, 1793; für Kindergartenbeitrag auch OVG Bautzen BeckRS 2019, 4735.

[219] *Robbers* in MKS Rn. 90.

[220] BVerfGE 57, 170 (178); BVerwG DVBl 1983, 460 (461); *Jarass* in Jarass/Pieroth Rn. 9; *Robbers* in MKS Rn. 83; ebenso EGMR EuGRZ 1993, 552 (554, Rn. 45 f.) – Moustaquim; das BVerfG nimmt eine Stufung entsprechend der Qualität der konkreten Beziehung besonders im Kontext des Ausländerrechts vor, etwa BVerfGE 80, 81 (90 f.); BVerfG FamRZ 1996, 154 (155); BVerfG NVwZ 2009, 387.

[221] Wie hier BGH FamRZ 2011, 966 (subjektives Recht aber ablehnend); aA (Abs. 2) *Robbers* in MKS Rn. 161; *Uhle* in BeckOK GG Rn. 51; zu volljährigen Kindern auch → Rn. 131.

[222] Zugleich zu den Grenzen bei der Betreuerauswahl BGH NJW 2017, 2622; NJW-RR 2013, 1475 (88-jähriger Ehemann).

[223] BGH FamRZ 2015, 572 Rn. 7 (kein Beschwerderecht der Brüder der Betreuten); auch BGH FamRZ 2011, 966 (Mutter des Betreuten); BGHZ 132, 157 (162 f.) (Tochter der Betreuten); krit. *Schwab* in MüKo BGB § 1896 Rn. 221.

[224] BT-Drs. 18/10485.

[225] Zu den aktuellen Entwürfen *Dutta* FamRZ 2017, 581.

[226] So auch *Seiler* in BK Art. 6 Abs. 1 Rn. 80.

[227] BVerfG FamRZ 1996, 1266; FamRZ 2010, 2050 (2050, Rn. 37); zu Art. 8 EMRK → Fn. 232.

Enkeln sowie zwischen – unter Umständen sogar erwachsenen – Geschwistern.[228]

Die **Intensität** des Schutzes nimmt ab, je entfernter und schwächer die genetische bzw. biologische,[229] rechtliche oder sozial-familiäre Bindung zwischen den Personen ausgeprägt ist.[230] Dieser jeweils konkret zu bestimmende Maßstab gilt auch für Großeltern; diese erhalten die Vormundschaft daher einerseits bevorzugt, andererseits aber doch nur nach sorgfältiger Prüfung des Kindeswohls.[231] 73

Verwandtschaftsbeziehungen in der Seitenlinie jenseits der Geschwister und generell ab dem **dritten Grad** fallen idR nicht mehr unter den verfassungsrechtlichen Familienbegriff.[232] 74

Schwierigkeiten macht die Behandlung der nur **genetischen Elternschaft.** Das BVerfG hat diese Fälle bisher ausschließlich über Art. 6 Abs. 2 gelöst und verlangt für ein Eingreifen des Abs. 1 eine soziale Verbindung zwischen dem genetischen Vater und dem Kind.[233] Um die Gefahr von Schutzlücken zu vermeiden und aufgrund des im Ansatz natürlichen Familienbegriffs ist es überzeugender, die betroffenen Personen (also sogar Samenspender und Eizellspenderin) allein aufgrund der natürlichen Verwandtschaft zunächst auch unter den Familienbegriff zu fassen.[234] Auf einer zweiten Stufe kann man, so wie soeben dargestellt, für die Intensität des Schutzes je nach Ausprägung der sozialen Beziehung differenzieren und den Schutz bei völligem Fehlen sonstiger Verbindungen auch auf „Null“ reduzieren. 75

Die klare Bezugnahme auf Kinder bringt es mit sich, dass **kinderlose Paarbeziehungen** oder **sonstige Solidargemeinschaften** nicht als Familie angesehen werden, ganz gleich, wie eng und solidarisch sie gelebt 76

---

[228] Zu Großeltern BVerfGE 136, 382 (388, Rn. 22); zustimmend *Uhle* NVwZ 2015, 272; BVerwG BeckRS 2018, 6031; allgemein *Otte* FamRZ 2013, 585; *Robbers* in MKS Rn. 88; *Uhle* in BeckOK GG Rn. 14; *Brosius-Gersdorf* in Dreier Rn. 112 verlangt auch hier gesetzgeberisches Handeln; noch zurückhaltender *Seiler* in BK Art. 6 Abs. 1 Rn. 80 f. (punktuell); gegen Einbeziehung erwachsener Geschwister *Kotzur/Vasel* in Stern/Becker Rn. 48; *Kirchhof* AöR 2004, 542 (550 f.); *v. Coelln* in Sachs Rn. 16; offenlassend BVerfGE 120, 224 (253) (Strafbarkeit des Geschwisterinzests jedenfalls keine Verletzung von Art. 6 Abs. 1).

[229] Zu den Begriffen → Rn. 115.

[230] BVerfGE 136, 382 (389, Rn. 23); *Robbers* in MKS Rn. 89; *Uhle* NVwZ 2015, 272 (274 f.); *Jarass* in Jarass/Pieroth Rn. 10; BFH BeckRS 2017, 130075 hält deshalb die erbschaftssteuerrechtlichen Regeln für Geschwister überzeugend für ausreichend (2. Ls.: Art. 6 Abs. 1 fordert „keine Gleichbehandlung von Erwerbern unterschiedlicher Steuerklassen“); für Verfassungswidrigkeit des § 19 ErbStG aber *Otte* FamRZ 2013, 585 (588).

[231] Genauer zur Auswahlentscheidung BVerfG FamRZ 2014, 1841 (1842 f.) sowie *Scherpe* FamRZ 2014, 1821 (1822 f.); auch BVerfG FamRZ 2012, 938 (zu Art. 6 Abs. 2); keine Beschwerdebefugnis der Großeltern im Verfahren zur Bestellung des Vormunds, BGH FamRZ 2013, 1380; dies billigend BVerfG FamRZ 2014, 1843 (1845, Rn. 17); keine Beteiligung der Großmutter im Sorgerechtsverfahren, selbst wenn sie als Vormund in Betracht kommt, OLG Bremen FamRZ 2016, 1006.

[232] Großzügiger *Kingreen* Jura 1997, 401 (402), wenn andere Verwandte an die Stelle der Eltern treten und sogar mit den Kindern eine Hausgemeinschaft bilden; weitergehend für Art. 8 EMRK hinsichtlich des Verhältnisses zwischen Onkel/Neffe, EGMR 27.4.1988 – 9659/82, 9658/82 – Boyle and Rice.

[233] Grundlegend BVerfGE 108, 82 (103, 106, 112 f.); deutlich BVerfG FamRZ 2006, 1661 (1662), wonach auch eine vorgeburtliche Verantwortungsübernahme nicht ausreicht; BVerfG FamRZ 2014, 191 Rn. 5; sogar trotz sozial-familiärer Beziehung nur auf Art. 6 Abs. 2 abstellend BVerfG NJW 2018, 3773.

[234] *Robbers* in MKS Rn. 79; aA *Seiler* in BK Art. 6 Abs. 1 Rn. 79; *Brosius-Gersdorf* in Dreier Rn. 108, die meint, eine Einbeziehung könne erst durch den Gesetzgeber erfolgen; zur Begrifflichkeit → Rn. 115; wichtiger ist diese Diskussion für Art. 6 Abs. 2, dazu → Rn. 112 ff.

werden.[235] Als kinderlose Paarbeziehungen fallen daher nur Ehepaare unter Art. 6 Abs. 1. Seit der Familienbegriff auf die Großfamilie erstreckt wird, weil dort „besondere Zuneigung und Nähe, familiäre Verantwortlichkeit füreinander, Rücksichtnahme- und Beistandsbereitschaft"[236] zu beobachten seien, ist der Ausschluss anderer verfestigter Paarbeziehungen jedoch nicht mehr plausibel.[237] Der EGMR stellt dementsprechend überzeugend auf die konkrete Qualität der Beziehung ab.[238] Vielfach wird sonstigen Paar- und Solidarbeziehungen zwischen Erwachsenen vergleichbarer Schutz wie Ehepaaren über Art. 3 Abs. 1 gewährt (→ Rn. 89). Das ist eine Hilfslösung, die zudem nur trägt, soweit nicht im konkreten Fall gerade wesentliche Unterschiede zur verbindlich eingegangenen Ehe bestehen. Es sollte daher überlegt werden, ob dem stabilen unverheirateten Paar nicht schon über Art. 6 Abs. 1 vergleichbarer Schutz gewährt werden muss, wie ihn erwachsene Familienmitglieder erhalten.

77 **3. Wesentliche Inhalte des Art. 6 Abs. 1. a) Reichweite des Eheschutzes. aa) Überblick.** Für die **Ehe** besteht zunächst eine Garantie der **Eheschließungsfreiheit,**[239] zu der **auch die Wiederverheiratungsfreiheit** gehört, sowie weitreichende **Ehegestaltungsfreiheit.**[240] Auch die Freiheit zur **Eheauflösung** sollte aus Art. 6 Abs. 1 entnommen werden (→ Rn. 82 f.). Die Freiheit, nicht zu heiraten, ergibt sich dagegen nicht aus Art. 6 Abs. 1, sondern aus Art. 2 Abs. 1.[241]

78 **bb) Eheschließung.** Die **Eheschließungsfreiheit** setzt gesetzliche Bestimmungen über Form und Voraussetzung der Eheschließung voraus, welche diejenige Lebensgemeinschaft, die den Schutz des GG genießen soll, gegenüber anderen abgrenzt.[242] Die Freiheit zu heiraten findet ihre Grenzen an den Strukturmerkmalen der verfassungsrechtlich geschützten Ehe. Sie besteht daher nicht bei Polygamie (näher → Rn. 252).

79 Die freie Willensübereinstimmung als Wesenselement des Art. 6 Abs. 1 setzt eine entsprechende **Selbstbestimmungsfähigkeit** voraus.[243] Dabei darf der Gesetzgeber wie stets typisieren, doch müssen die dadurch entstehenden Eingriffe verhältnismäßig sein. Die nunmehr generelle Festlegung des Hei-

---

[235] *Robbers* in MKS Rn. 77; *Brosius-Gersdorf* in Dreier Rn. 110; *Seiler* in BK Art. 6 Abs. 1 Rn. 87; aA *Ott* Vorgänge 140 (1997), 54 (57); *Ott* NJW 1998, 117 (118 f.); näher *Pechstein,* Familiengerechtigkeit als Gestaltungsgebot für die staatliche Ordnung, 1994, 107.

[236] BVerfGE 136, 382 (389, Rn. 23).

[237] Im Erg. ebenso *Britz* NZFam 2018, 289 (292), die auf die von Art. 6 Abs. 1 umfasste Freiheit der Familiengründung abstellt.

[238] Deutlich EGMR NJW 2014, 39 (40, Rn. 50) – van der Heijden/Niederlande.

[239] BVerfGE 31, 58 (69) – Spanier-Beschluss; 36, 146 (161) – Eheverbot der Geschlechtsgemeinschaft; sa 29, 166 (175) – Ferntrauung; *Merten* in HdbGR II, § 42 Rn. 150 ff.; zur EMRK *Wolff* EuR 2005, 721 (723) mwN.

[240] BVerfGE 68, 256 (258); zu den Grenzen → Rn. 84 f.

[241] Wie hier BVerfGE 56, 363 (384); uneindeutig BVerfGE 103, 89 (101); für Art. 6 Abs. 1 *Robbers* in MKS Rn. 57; *Jarass* in Jarass/Pieroth Rn. 6; *Merten* in HdbGR II, § 42 Rn. 154.

[242] Ob auch Art. 9 EU-GRC Normen zur Ehekonstituierung verlangt, ist streitig; dagegen etwa *Michl,* Unionsgrundrechte aus der Hand des Gesetzgebers, 2018, 130 ff.; dafür *Rogalla,* Der Schutz von Ehe und Familie in der Europäischen Grundrechtecharta, 2017, 146 ff.

[243] Vgl. auch die internationalen Regelungen (Art. 23 Abs. 2 IPbpR, Art. 17 Abs. 2 Amerikanische Menschenrechtskonvention); zur Verhinderung von Kinderehen Art. 2 der Konvention über die Erklärung des Ehewillens, das Heiratsmindestalter und die Registrierung von Eheschließungen (BGBl. 1969 II 161); Art. 12 EMRK („im heiratsfähigen Alter").

ratsmindestalters von 18 Jahren in § 1303 BGB ist danach wohl noch verfassungsgemäß,[244] insbesondere weil sie von einem Jugendlichen, der schon früher faktisch ehemündig ist, bloßes Zuwarten verlangt. Die strikte Versagung der Eheschließungsmöglichkeit für Geschäftsunfähige (§ 1304 BGB) ist nur tragbar, wenn die Feststellung der Geschäftsunfähigkeit speziell auf die fehlende Einsicht in die Bedeutung der Eheschließung bezogen wird.[245]

Das absolute Verbot der **Verwandtenehe** des § 1307 BGB ist in seiner zurückhaltenden Version durch die allgemeine und hergebrachte Auffassung von der Unvereinbarkeit von enger Verwandtschaft und Ehe gerechtfertigt.[246] Aufschiebende **Eheverbote** und **Genehmigungsvorbehalte** (zB § 1309 BGB – Ehefähigkeitszeugnis für Ausländer, dazu → Rn. 242) bedürfen einer sachlichen Legitimation,[247] sind dem einfachen Gesetzgeber aber nicht grundsätzlich versagt.[248] Ansonsten ist der Gesetzgeber weder berechtigt noch verpflichtet, durch die Aufstellung von **Ehehindernissen** Ehen, für deren Bestand die Prognose ungünstig ist, zu verhindern.[249] **80**

Ganz überwiegend wird angenommen, dass lediglich **kirchliche Zölibatsklauseln** bei entsprechenden konfessionellen Ämtern (mit „Verkündungsauftrag", etwa katholischer Pfarrer) zulässig sind.[250] Die Eheschließungsfreiheit kann auch dadurch beeinträchtigt sein, dass **nachteilige Rechtsfolgen,** die sich nicht aus der personalen Verantwortung der Ehegatten[251] oder der Wirtschaftsgemeinschaft[252] ergeben, an die Ehe geknüpft werden (auch noch gleich → Rn. 89 ff.; zur Einschränkung durch **private Rechtsakte** wie ein Testament → Rn. 99). **81**

cc) Eheauflösung. In Bezug auf die Eheauflösung hat Art. 6 Abs. 1 eine doppelte Funktion, weil er einerseits sichert, dass die Ehe dem Lebenszeitprinzip entspricht, also nicht beliebig auflösbar oder gar begrenzbar ist, andererseits aber gerade auch die Eheauflösungs-[253] und **Wiederverheiratungsfreiheit**[254] umfasst. Für die Herleitung der Ehescheidungsfreiheit wird Art. 2 Abs. 1 nicht gebraucht, weil es zu den zentralen Charakteristika **82**

---

[244] *Antomo* ZRP 2017, 79 (80); zur im Ausland geschlossenen Minderjährigenehe → Rn. 255 f.

[245] *Böhmer* StAZ 1992, 65 (67); das BVerfG lässt „partielle Geschäftsfähigkeit" genügen, BVerfG NJW 2003, 1382 (1383).

[246] BVerfGE 36, 146 (166 f.) – Eheverbot der Geschlechtsgemeinschaft; 120, 224 – Geschwisterbeischlaf zur (eher zweifelhaften, aber ebenfalls noch verfassungsgemäßen) Strafbarkeit; *Robbers* in MKS Rn. 53.

[247] Zur Abwägung BGH FamRZ 2012, 1635 (1636, Rn. 17) (in den Niederlanden registrierte Partnerschaft); sa EGMR 20.7.2010 – 38816/07 Rn. 50 ff. – Dadouch/Malta.

[248] Zu weitgehend Eheverbot während Strafhaft, s. *v. Münch* JZ 1958, 73 (75); auch EGMR 5.1.2010 – 24023/03 Rn. 56 ff. – Jaremowicz (Verstoß gegen Art. 12 EMRK durch Verbot der Eheschließung während Strafhaft wegen „illegalen" Kennenlernens).

[249] BVerfGE 31, 58 (84); 36, 146 (163); *Robbers* in MKS Rn. 61.

[250] *Robbers* in MKS Rn. 52; *Seiler* in BK Art. 6 Abs. 1 Rn. 198; krit. *Brosius-Gersdorf* in Dreier Rn. 62; näher zum kirchlichen Arbeitsrecht → Art. 4 Rn. 82.

[251] BVerfGE 53, 257 (296); zum Unterhaltsrecht BVerfGE 68, 256 (268).

[252] StRspr, etwa BVerfGE 28, 324 (347) – Heiratswegfallklausel; 75, 382 (394); 78, 128 (130); sa 109, 96 (124 f.).

[253] In diese Richtung deutend BVerfG FamRZ 2007, 615; auch BVerfGE 53, 224 (245); aA *Uhle* in BeckOK GG Rn. 23; *v. Coelln* in Sachs Rn. 26; *Merten* in HdbGR II, § 42 Rn. 153; für Einordnung bei Art. 2 Abs. 1 *Kotzur/Vasel* in Stern/Becker Rn. 24; kein Recht auf Scheidung aus Art. 12 EMRK: EGMR EuGRZ 1987, 313 – Johnston ua; kein Recht auf Eheauflösung durch Hilfe zum Suizid des Ehepartners OVG Münster NJW 2007, 3016 (3017); sa BVerfG NJW 2009, 979 (Nichtannahme).

[254] Grundlegend BVerfGE 31, 58 (82 f.).

der Ehe gehört, dass sie nicht nur konsensuell geschlossen wird, sondern auch ihr Bestand nicht gegen den Willen der Ehegatten erzwungen werden kann.

83 Zu fragen ist aber, inwiefern das Strukturmerkmal der grundsätzlich lebenslangen Bindung (→ Rn. 63) es dem Gesetzgeber erlaubt oder sogar gebietet, auf die Eheerhaltung gerichtete Normen vorzusehen. Wiewohl ein hohes staatliches Interesse am dauerhaften Bestand der Ehe als Solidargemeinschaft besteht, darf der Staat die Scheidung nicht beliebig erschweren. Das BGB hält in §§ 1564 ff. BGB noch daran fest, dass die Ehe objektiv unheilbar zerrüttet sein muss und sieht zugleich die Scheidung (nur) durch konstitutiven Gerichtsbeschluss vor. In der Praxis wird bei beiderseitigem Scheidungswillen von einer Überprüfung (insbesondere des Trennungsjahrs) zwar weitgehend abgesehen.[255] Dennoch widerspricht diese Rechtslage den heutigen Vorstellungen von der Konsensualität der Ehe und der Autonomie der Ehegatten aus Art. 6 Abs. 1 sowie Art. 2 Abs. 1. Daher ist es angezeigt, zumindest bei einverständlichen Scheidungen eine **einvernehmliche Scheidungsmöglichkeit** an die Stelle der ausschließlichen gerichtlichen Auflösung zu setzen.[256] Angemessene Wartezeiten (va nach der Eheschließung) und Mediationsangebote sind geeignet, dem Lebenszeitprinzip Rechnung zu tragen.[257] Der notwendige wirtschaftliche Schutz des schwächeren Ehegatten bei den Scheidungsfolgen (→ Rn. 64) kann davon getrennt gewährleistet werden.

84 **dd) Freiheit der Eheführung und Gleichberechtigung.** Art. 6 Abs. 1 sichert auch die Freiheit der **Gestaltung** des Ehelebens. Da die innere Organisation der Ehe vollständig den Ehegatten überlassen ist, können sie ganz weitgehend selbst entscheiden, wie sie ihr Zusammenleben gestalten.[258] Sie müssen dabei weder eine bestimmte Rollenverteilung wählen,[259] noch überhaupt zusammen leben[260]. Auch wenn sich die Ehegatten gegen eheliche Treue oder eine sexuelle Beziehung entscheiden, greift der Staat nicht ein.[261] Richtig wird betont, dass es um Freiheit in einer besonderen Gemeinschaft geht,[262] doch lässt sich gerade das Gemeinschaftliche nicht erzwingen.[263] Art. 6 Abs. 1 sowie Art. 1 Abs. 1 iVm Art. 2 Abs. 1 hindern den Staat daran, dies überhaupt zu versuchen. Im Gegenteil haben die Ehegatten einen An-

[255] Insbesondere das Trennungsjahr spielt kaum noch eine Rolle, nur *Schwab* FamRZ 2017, 1 (2); § 127 FamFG wird übergangen; sehr krit. *Coester-Waltjen* JZ 2017, 1073 (1079), die von einem „unwürdige[n] bürokratische[n] Vorgang“ spricht.

[256] Ähnlich *Coester-Waltjen/Coester* FS f. Canaris, 2017, 659 (678 f.); *Coester-Waltjen* JZ 2017, 1073 (1079); *Heiderhoff* NZFam 2018, 533 (541); ausführlich zur außergerichtlichen Ehescheidung *Schwab* in DSHGL Scheidung ohne Gericht?, 26.

[257] Näher *Heiderhoff* NZFam 2018, 533 (541 f.).

[258] BVerfGE 6, 55 (81 f.); 53, 257 (296).

[259] Statt aller BVerfGE 39, 169 (183); 61, 319 (347).

[260] Das wirkt sich besonders im Steuerrecht aus, BVerfG NJW 2003, 2079 zu § 9 Abs. 1 S. 3 Nr. 5 EStG aF (keine Begrenzung der doppelten Haushaltsführung auf zwei Jahre); BVerfGE 114, 316 (333) – Zweitwohnung; dazu auch → Rn. 266.

[261] Nur *Brosius-Gersdorf* in Dreier Rn. 66; das BGB (va § 1353 BGB) lässt sich hinreichend zurückhaltend verstehen, dazu *Heiderhoff* in Lembke Regulierung des Intimen, 117 (131 ff.); im Kontext der Scheinehe *Markard* in Lembke Regulierung des Intimen, 139 (142 ff.).

[262] So etwa *Robbers* in MKS Rn. 35 f.

[263] Wie sehr sich der Staat im Binnenbereich zurückhalten muss, wird unterschiedlich beurteilt: *Seiler* in BK Art. 6 Abs. 1 Rn. 106 meint, wo es nicht um Sonderfälle (Gewalt) gehe, müssten Regeln abstrakt bleiben oder fehlen; sehr krit. selbst zum geltenden § 1353 BGB *Röthel* in Röthel/Heiderhoff Regelungsaufgabe Paarbeziehung, 17 (23 ff.); Grenzen des Regelungsfähigen sehend auch *Seelmann* in Deutscher Familiengerichtstag e. V., 20. DFGT, 2014, 61 (74).

spruch auf Privatheit, der über Art. 2 Abs. 1 hinausgeht.[264] Der Staat muss diese **Autonomie** der Ehegatten sichern und sogar **stärken.**[265] Erst wo die Persönlichkeit oder der Körper des Einzelnen geschützt werden müssen, und daher das allgemeine Persönlichkeitsrecht oder Art. 2 Abs. 2 im Rahmen einer Grundrechtsabwägung als höherrangig anzusehen sind, muss er eingreifen (zB Strafbarkeit von Vergewaltigung durch Ehegatten).[266]

Trotz der klaren Ausgestaltung der Ehe als Solidargemeinschaft[267] stehen den Ehegatten auch bei den güterrechtlichen und finanziellen Verhältnissen weite Spielräume offen (zu den Eheverträgen → Rn. 98).[268] Soweit der Gesetzgeber – entlastend für die Ehegatten[269] – einen **Rahmen** zur Verfügung stellt (wozu er bzgl. der Grundstrukturen verpflichtet ist, → Rn. 45), hat er sich an den anderen Grundrechten, insbesondere Art. 3 Abs. 2, zu orientieren und die Normen entsprechend **neutral** zu fassen.[270] Besonders sichtbar wurde dieses Zusammenspiel im **Namensrecht,** das außer von Art. 6 Abs. 1 stark von Art. 3 Abs. 2 sowie dem allgemeinen Persönlichkeitsrecht geprägt ist.[271] **85**

Nicht nur die früheren zwingenden Regelungen, die das männliche Geschlecht bevorzugten, waren verfassungswidrig (wegen Verstoßes gegen Art. 3 Abs. 2 und Art. 6),[272] sondern dies gilt auch für dispositive Leitbilder und finanzielle Anreize jeder Art[273]. Gleichgültig, wie die Arbeitsteilung der Eheleute im Einzelnen aussieht, erfordert Art. 6 Abs. 1, dass der Staat diese sowohl im persönlichen als auch im materiell-wirtschaftlichen Bereich als selbstverantwortlich handelnd respektiert und schützt.[274] Vornehmlich das Steuerrecht läuft hier Gefahr, bestimmte Rollenverteilungen oder Lebensmuster zu unterstützen.[275] Anreize zur **Familiengründung** sind aus der Sicht des Art. 6 Abs. 1 nicht problematisch, solange sie nur freiheitserweiternd sind und keinen staatlichen Druck bedeuten.[276] **86**

Im **Strafverfahren** und bei der Strafhaft muss Art. 6 Abs. 1 ebenfalls Rechnung getragen werden. Dies beginnt bei der Zeugnisverweigerung,[277] **87**

---

[264] BVerfGE 42, 234 (236).

[265] Mit Bezug zum Subsidiaritätsgedanken *Seiler* in BK Art. 6 Abs. 1 Rn. 96, 114.

[266] Zur Verpflichtung des Staates zum Schutz eines Ehepartners vor der Gewalt des anderen nach Art. 8 EMRK: EGMR BeckRS 2014, 21158 Rn. 79 – A; BeckRS 2014, 21151 Rn. 76 ff. – Bevacqua.

[267] Besonders deutlich wird dies in §§ 1353 ff. BGB, doch zeigen das Güterrecht und das (nach-)eheliche Unterhaltsrecht dies ebenfalls; auch *Brosius-Gersdorf* in Dreier Rn. 50; zur Verknüpfung *Röthel* in Röthel/Heiderhoff Regelungsaufgabe Paarbeziehung, 17 (31).

[268] Krit. zu § 1931 Abs. 4 BGB *Rauscher* FamRZ 1997, 1121 (1123); zu den Grenzen BVerfGE 81, 1 (7 ff.) – Schlüsselgewalt; zu § 1587o Abs. 2 S. 3 BGB BVerfGE 60, 329 (339 ff.).

[269] *Robbers* in MKS Rn. 11; *Gernhuber* FamRZ 1979, 193 (194 f.).

[270] StRspr, etwa BVerfGE 3, 225 (242); 10, 59 (67); 105, 1 (10 f.); 149, 86 (124, Rn. 105) (Hofabgabepflicht bei der Altersversorgung für Landwirte); *Robbers* in MKS Rn. 76; *Brosius-Gersdorf* in Dreier Rn. 67, 94; *v. Coelln* in Sachs Rn. 30; *Hohmann-Dennhardt* FF 2006, 15.

[271] BVerfGE 84, 9; 109, 256.

[272] Nochmals zum Namensrecht BVerfGE 84, 9 (18 ff.).

[273] BVerfGE 21, 329 (353).

[274] Nur BVerfGE 57, 361 (390); näher zu den Scheidungsfolgen → Rn. 64.

[275] Daher keine zeitliche Begrenzung der Absetzbarkeit der Kosten für doppelte Haushaltsführung bei „Doppelverdienerehen", BVerfGE 107, 27 (53) (Unwirksamkeit von § 9 Abs. 1 Nr. 5 S. 3 EStG aF); zum Ehegattensplitting und zur Zweitwohnungssteuer → Rn. 266.

[276] Vorerst nur *Seiler* in BK Art. 6 Abs. 1 Rn. 124; näher zur Familienförderung → Rn. 97.

[277] Zu §§ 383, 385 Abs. 1 Nr. 4 ZPO OLG München BeckRS 2017, 111973 (für Schwager); nichteheliche Lebensgemeinschaft muss nicht erfasst sein, BVerfG NJW 1999, 1622.

erfasst die Briefkontrolle[278] sowie die Überwachung bei Besuchen in der U-Haft[279] und schließlich die Kontaktmöglichkeiten während der Strafhaft[280].

88 Geht es um die Abwehr von **Störungen durch private Dritte,** sind auch die Freiheitsrechte und Rechtspositionen der „Störer" zu berücksichtigen. So können im Einzelfall besonders das allgemeine Persönlichkeitsrecht oder Art. 14 überwiegen.[281] Bei einem Urheberrechtsverstoß kann daher die eigene Haftung nicht umgangen werden, indem die Offenbarung des verantwortlichen Familienmitglieds unter Berufung auf Art. 6 Abs. 1 verweigert wird.[282]

89 **ee) Diskriminierungsverbot.** Die staatliche Pflicht zum Schutz der Ehe äußert sich vornehmlich in einem Diskriminierungsverbot.[283] Ehegatten dürfen also gegenüber anderen Paarbeziehungen oder Alleinstehenden nicht benachteiligt werden und es ist erlaubt, Vorteile an das Bestehen einer Ehe anzuknüpfen.[284] Das BVerfG sieht in Art. 6 insofern auch weiterhin einen dem Art. 3 Abs. 1 vorgehenden und diesen verdrängenden Gleichheitssatz.[285] Er bedeutet jedoch nicht, dass die Ehe generell vorgezogen werden dürfte oder gar müsste.[286] Vielmehr ist die durch Art. 6 Abs. 1 gerechtfertigte Bevorzugung nach Art. 3 Abs. 1 dann sogar verboten, wenn die konkurrierende Gemeinschaft ihr in den entscheidenden Punkten vollständig entspricht.[287] Das ist nach der Rspr. des BVerfG vor allem bei der **Lebenspartnerschaft** der Fall.[288] Auch darüber hinaus darf die Bevorzugung nicht erfolgen, wenn sich die Besonderheit der Ehe – wie ihre Verbindlichkeit und Stabilität – im konkreten Rechtsverhältnis nicht auswirkt. Dabei darf der Gesetzgeber zwar typisieren, wenn er für bestimmte Ansprüche oder Rechte gerade das Bestehen einer Ehe voraussetzt, aber diese Typisierung muss passend und verhältnismäßig sein.[289] Bei der Beschränkung der Stiefkindadoption auf den Ehegatten eines Elternteils fehlt es daran. Die große Bedeutung der Adoption für das Kind verlangt, dass sie auch in einer nichtehelichen stabilen Paarbeziehung ermöglicht wird.[290]

90 Das früher weitgehend anerkannte **Abstandsgebot,** demgemäß die Ehe sogar hervorgehobenen Schutz genießen musste, wurde somit vom BVerfG

---

[278] Eingeschränkte Briefkontrolle in U-Haft, BVerfGE 35, 35 (39); 57, 170 (179).

[279] Etwa BVerfGE 42, 95 (101); BVerfG NStZ 1994, 52; BVerfG BeckRS 2019, 19255 Rn. 2; zur Besuchsüberwachung auch OLG Nürnberg FamRZ 1999, 961 (962); zu Art. 8 EMRK: EGMR 27.4.1988 – 9659/82 ua Rn. 50 – Boyle and Rice.

[280] Zur Resozialisierung BVerfG BeckRS 2018, 27494 Rn. 34 ff.; näher zu allem *Seiler* in BK Art. 6 Abs. 1 Rn. 229 ff.

[281] BVerfGE 79, 256 (267) – Kenntnis der eigenen Abstammung.

[282] BGH NJW 2017, 1961 (1963, Rn. 23 ff.); für volljähriges Kind ebenso BGH NJW 2018, 65 (66, Rn. 21 ff.); bestätigend BVerfG NJW 2019, 1510.

[283] BVerfGE 28, 104 (112); 76, 1 (72); BVerfG FamRZ 2019, 389 (390, Rn. 6); *Brosius-Gersdorf* in Dreier Rn. 91; *Badura* in Maunz/Dürig Rn. 31.

[284] StRspr, deutlich BVerfG FamRZ 2017, 666 (667, Rn. 42 f.); auch schon BVerfGE 6, 55 (76 f.); 117, 316 (327 f.); 126, 400 (420).

[285] Ausdrücklich BVerfG FamRZ 2019, 389 (390, Rn. 5); auch schon BVerfGE 9, 237 (248 f.).

[286] *Robbers* in MKS Rn. 50; darüber hinausgehend *Seiler* in BK Art. 6 Abs. 1 Rn. 98 f.

[287] Den Gleichheitssatz des Art. 6 Abs. 1 daher gegenüber Abs. 3 nicht ohne Grund für inhaltslos haltend *Germann* VVDStRL 2014, 257 (283); doch bringt Art. 6 Abs. 1 die herausgehobene Stellung der Ehe in besonderer Weise zur Geltung.

[288] BVerfGE 124, 199 (226); 126, 400 (416 ff.); 133, 377 (411, Rn. 85 ff.); möglich ist dagegen die typisierende Bevorzugung der Ehe aufgrund ihrer besonderen Verbindlichkeit, BVerfG NVwZ 2017, 617.

[289] BVerfG NJW 2019, 1793 (1801, Rn. 113 ff.) (ganz aus der Sicht des Kindes begründend).

[290] BVerfG NJW 2019, 1793 (1801, Rn. 123 ff.), insbes. Rn. 126; *Helms* FamRZ 2019, 1072.

zu Recht **aufgegeben.**[291] Die Förderung der Ehe verlangt es nicht, dass andere verbindliche Gemeinschaften schlechter gestellt werden. Schon weil Art. 6 Abs. 1 kein Abstandsgebot enthält, verletzen die dem Eherecht ähnlichen Regelungen der gleichgeschlechtlichen registrierten **Lebenspartnerschaften** nicht den „besonderen Schutz" der Ehe. Ohnehin ist aber die gleichgeschlechtliche Lebensgemeinschaft keine Konkurrenz zur Ehe, sondern ein ***„aliud"***.[292]

Daneben bedeutet das Diskriminierungsverbot auch ein allgemeines **Schädigungs- und Benachteiligungsverbot.** Regelungen, die Ehepaare benachteiligen, bedürfen daher der Rechtfertigung. Wenn nach §§ 1362 BGB, 739 ZPO eine Eigentums- und Gewahrsamsvermutung nur bei Ehegatten besteht, lässt sich diese moderate Schlechterstellung durch die Formalisierung der Zwangsvollstreckung rechtfertigen.[293] Für § 1357 BGB lässt sich vorbringen, dass so hinreichende Freiheit bei der Haushaltsführung für einen (immer noch häufig vorzufindenden) nicht selbst verdienenden Ehegatten erreicht wird.[294] Die typische „wirtschaftliche Verflechtung der Ehegatten" trägt die den überlebenden Ehegatten benachteiligende Anrechnungsregelung in § 2325 Abs. 3 S. 3 BGB.[295] Die gewisse Einengung der Testierfreiheit bei der Entziehung des Ehegattenpflichtteils (jetzt § 2333 Abs. 2 BGB) entspricht dem Sinn des Schutzgebotes des Art. 6 Abs. 1.[296] 91

Inwieweit ansonsten konkurrierende Institute eingeführt werden könnten, ist streitig. Weder das Diskriminierungsverbot noch die Wesenselemente der Ehe würden den Gesetzgeber daran hindern, unterschiedliche Eheformen (etwa mit unterschiedlichen Scheidungsvoraussetzungen[297]) zur Auswahl zu stellen, die allesamt am Schutz des Art. 6 Abs. 1 teilhaben, wiewohl dies praktisch kaum empfehlenswert scheint. Eher schon lässt sich annehmen, dass das Diskriminierungsverbot der Einführung einer außerhalb des Bereichs des Art. 6 Abs. 1 angesiedelten „kleinen Ehe" oder **registrierten Partnerschaft** mit geringeren Pflichten[298] (ähnlich dem französischen *PACS*[299]) entgegenstünde.[300] Das wird vor allem angenommen, wenn das Institut „die gleichen 92

[291] BVerfGE 105, 313 (350) – LPartG; 124, 199 (226); BVerfG NJW 2019, 1793(1802, Rn. 125); krit. *Uhle* in BeckOK GG Rn. 36 f.; *v. Coelln* in Sachs Rn. 48; *Germann* VVDStRL 73 (2014), 257 (283) Fn. 96; auch *Seiler* in BK Art. 6 Abs. 1 Rn. 99.

[292] BVerfGE 105, 313 (345) – LPartG; *Sachs* JR 2001, 45 (49); *Beck* NJW 2001, 1894 (1899).

[293] Außerdem Verbindlichkeit der Ehe anführend *Heßler* in MüKo ZPO § 739 Rn. 21; offenlassend BGHZ 170, 187; für Gesetzesänderung *Löhnig/Würdinger* FamRZ 2007, 1856; auch § 138 Abs. 1 InsO verstößt nicht gegen Art. 6 Abs. 1, nur *Biehl* FamRZ 2001, 745 (746 f.).

[294] Auch auf Mitberechtigung abstellend BVerfGE 81, 1 (7); dagegen verlangt *Luther* FamRZ 2016, 271 (274 ff.) enge (verfassungskonforme) Auslegung.

[295] BVerfG FamRZ 2019, 389 (390, Rn. 8) mit teilweise krit. Anm. *Magnus* FamRZ 2019, 391; aA *Derleder* ZEV 2014, 8.

[296] BGH FamRZ 1989, 609 (610); umgekehrt die Begrenzung des gemeinschaftlichen Testaments (§§ 2267 ff. BGB) auf Ehegatten – mit zweifelhafter Begründung – bestätigend BVerfG NJW 1989, 1986.

[297] Für eine solche Vielfalt *Herzog* in Bitburger Gespräche Jahrbuch 1988, 15 (19 f.); *Bosch* FamRZ 1997, 65 (67); *Grein,* Möglichkeiten einer Differenzierung nach Ehetypen im Eherecht de lege ferenda, 2000, 141 ff.; auch *Hohmann-Dennhardt* ZRP 2005, 173 (174).

[298] Davon zu unterscheiden wäre ein Rechtsregime, welches *ex lege* für solche nichtehelichen Verbindungen gelten würde.

[299] Dazu *Ferrand* FPR 2004, 335; *Spellenberger* StAZ 2017, 193.

[300] Dagegen daher generell *Uhle* in BeckOK GG Rn. 38; auch *Burgi* in BerlKomm Rn. 46 f.; abl. auch schon BGHZ 84, 36.

Rechte und geringere Pflichten" bereithalte.[301] Doch ließe sich eine solche Diskriminierung in der Ausgestaltung verhindern.[302] Allein das Bestehen einer zweiten, geringere Pflichten als die Ehe vorsehenden Form von registrierter Paarbeziehung würde gegen Art. 6 Abs. 1 daher nicht verstoßen.[303] Der Gesetzgeber ist im Übrigen nicht gehindert, für Rechtsprobleme, die im Zusammenhang mit der **nichtehelichen (faktischen) Lebensgemeinschaft** auftreten, Regelungen zu erlassen, und darf sich dabei auch an eherechtliche Vorschriften anlehnen.[304] Die Möglichkeit eines opt-outs ist ein Problem von Art. 2 Abs. 1.[305]

93 **ff) Sonstige Förderung.** Neben der bedeutsameren Familienförderung (dazu → Rn. 97) lässt sich aus Art. 6 Abs. 1 auch eine generelle Förderung der Ehe ableiten.[306] Individuelle Ansprüche ergeben sich daraus aber nicht.[307] Neben den allgemeinen Maßnahmen – wie der Schaffung eines günstigen privatrechtlichen Rechtsrahmens – kann eine Förderung in bestimmten Fällen auch durch konkrete Maßnahmen erfolgen (zum Nachzugs- und Aufenthaltsrecht → Rn. 239 ff.; zum Steuerrecht → Rn. 266).[308] Bei der Förderung wirkt sich wiederum das Zusammenspiel von Art. 3 und Art. 6 aus. Der Staat verstößt bei einer Privilegierung der Ehe also zwar nicht per se gegen Art. 3, weil Art. 6 Abs. 1 insoweit **Legitimation für die Ungleichbehandlung anderer Gemeinschaften** sein kann.[309] Allerdings kann Art. 6 Abs. 1 eine Differenzierung auch hier nicht allein rechtfertigen, sondern diese muss durch die konkreten Besonderheiten der Ehe begründbar sein.[310]

94 **b) Reichweite des Familienschutzes. aa) Überblick.** Auch für die **Familie** bedeutet Art. 6 Abs. 1 zunächst, dass sowohl die Familiengründung als auch die Möglichkeit einer freien Gestaltung des Familienlebens ermöglicht werden muss. Hier ist aber Abs. 2, der das Wohl des Kindes mit einbezieht, oft die speziellere Norm. Für Familien gilt ebenfalls Diskriminierungsschutz; viel wichtiger als bei der Ehe ist bei ihr die **staatliche Förderung.**

95 **bb) Familiengründung und Familienleben.** Der Staat muss zunächst die Freiheit der Familiengründung gewähren.[311] Beschränkungen der Fortpflanzungsmöglichkeiten (zB durch das Gesetz zum Schutz von Embryonen (ESchG), § 1905 BGB) bedürfen daher nicht nur aufgrund des Art. 2 Abs. 1, sondern auch wegen Art. 6 Abs. 1 einer besonderen Legitimation (näher

---

301 So insbes. BVerfGE 105, 313 (351) – LPartG; skeptisch auch *Dutta* AcP 2016, 609 (671 f.), sofern das „Paarbeziehungsregime" nicht wirklich „ehegleich" sei; gerade auch gegen ein gleiches Parallelinstitut *v. Coelln* in Sachs Rn. 49 f. (im Kontext der LPartG-Entscheidung).

302 *Brosius-Gersdorf* NZFam 2016, 245 (248); *Rademacher/Nickisch* AL 2019, 1 (5 ff.).

303 Wie hier auch *Robbers* in MKS Rn. 48; *Seiler* in BK Art. 6 Abs. 1 Rn. 70.

304 *v. Münch* in BMV VerfassungsR-HdB § 9 Rn. 12; *Robbers* in MKS Rn. 44.

305 *Dutta* AcP 2016, 609 (638 ff., insbes. 644); zu Unterhaltsansprüchen *Wellenhofer* FamRZ 2015, 973 (976); auch schon *Coester-Waltjen* NJW 1988, 2085 (2086).

306 StRspr, etwa BVerfGE 6, 55 (76); 124, 199 (225); BVerfG NJW 2019, 1793 (1802, Rn. 124); *Brosius-Gersdorf* in Dreier Rn. 85.

307 *Brosius-Gersdorf* in Dreier Rn. 87; *Burgi* in BerlKomm Rn. 51.

308 Dem widersprechend *Isensee* in HdbStR IX § 190 Rn. 230.

309 Schon oben → Rn. 89; speziell für die Förderung auch *Brosius-Gersdorf* in Dreier Rn. 57; *Badura* in Maunz/Dürig Rn. 32 f.

310 BVerfGE 124, 199 (226); BVerfG NJW 2010, 2783 (2785, Rn. 91); bei einer zu starken Förderung eine Gefahr für die negative Eheschließungsfreiheit sehend *Merten* in HdbGR II, § 42 Rn. 157.

311 *Robbers* in MKS Rn. 92.

→ Rn. 228). Die Autonomie der Familien sowie die Entfaltung des Einzelnen in der Familie ist zu respektieren und zu fördern.[312] Regelungen, die die familiäre Solidarität missachten oder die Kennzeichnung als Familie verhindern, müssen durch mindestens gleichwertige andere Grundrechtspositionen legitimiert werden. **Störungen** des Familienlebens müssen – ähnlich wie für die Ehe (→ Rn. 88) – möglichst geringgehalten werden und bei notwendiger Trennung aus anderen Gründen (zB Haft) ist eine familienschonende Durchführung erforderlich.

cc) Diskriminierungsverbot. Ganz wie bei der Ehe kann aus der staatlichen Schutzpflicht auch ein **Verbot der Schlechterstellung** von Familien abgeleitet werden,[313] wobei Art. 6 Abs. 1 auch indirekte oder unbeabsichtigte Benachteiligungen verbietet.[314] Familienmitglieder dürfen gegenüber Nicht-Familienmitgliedern somit grundsätzlich nicht diskriminiert werden.[315] Das heißt allerdings nicht, dass unter keinem Umstand an die Eigenschaft als Familienangehöriger verpflichtende oder belastende Rechtsfolgen geknüpft werden dürften.[316] Wie bei der Ehe bedarf es dafür jedoch „einleuchtender Sachgründe".[317] Sachgrund ist beispielsweise, dass sich aus Eheschließung, Familiengründung und familiärer Verbundenheit **Solidaritätspflichten** ergeben, die auch der Staat zu seiner Entlastung einfordern darf (zum Sozialrecht → Rn. 262).[318] Die Auferlegung von **Unterhaltspflichten**[319] und die Einräumung von **Pflichtteilsrechten**[320] sind ebenfalls prinzipiell verfassungsgemäß, soweit die sich aus der Gemeinschaft selbst ergebenden Grenzen beachtet (uU Verlust des Erwachsenenunterhaltsanspruchs oder Pflichtteilsrechts), und die Belastungen entsprechend dem Schutzauftrag im Steuer- und Rentenrecht ausgeglichen werden. Ob das ausreichend geschieht, mag bezweifelt werden.[321] Die Unterhaltspflicht der Eltern gegenüber ihren **volljährigen** Kindern und die Unterhaltspflicht der Kinder gegenüber ihren bedürftigen Eltern spannen die familiären Solidaritätspflichten sehr an.[322] Insofern ist die gesetzliche Neuregelung zur Entlastung der Familien von Pflegekosten für volljährige Angehörige zu begrüßen.[323] 96

[312] Von Freiheitsgewinn, ua durch Schwächerenschutz, spricht *Robbers* in MKS Rn. 11.

[313] Zum Schutzumfang der Ehe BVerfGE 6, 55 (76).

[314] Näher *v. Coelln* in Sachs Rn. 38 mwN; nicht erfasst ist das Verhältnis unterschiedlicher Familien zueinander; BVerfGE 9, 237 (242 f.); BVerfG NZS 2010, 626 (626, Rn. 4).

[315] BVerfGE 99, 216 (232); auch 107, 205 (213, 215) (punktuelle Benachteiligung möglich, wenn insgesamt keine Schlechterstellung besteht); *Shiravi* NZS 2009, 242 (243 f.).

[316] Trotz des engen Familienbegriffs daher iE vertretbar: BVerfGE 59, 52; 109, 96 (Ehegattenmitversicherungspflicht bei Landwirten verfassungsgemäß).

[317] BVerfGE 17, 210 (217).

[318] BVerfG FamRZ 2014, 911 (niedrigeres Pflegegeld bei Pflege durch Familienangehörige).

[319] Nur BVerfGE 80, 286 (294 f.); BVerfG FamRZ 2003, 661 (Berücksichtigung fiktiver Nebentätigkeitseinkünfte).

[320] BVerfGE 112, 332 (352 ff.); *Reimann* FamRZ 2007, 1597 (1598 f.); näher und krit. *Röthel* in LRW Familienrechtlicher Status und Solidarität, 85 (116 ff.); *Dutta,* Warum Erbrecht?, 2014, 427 ff., 467 f.

[321] Zur verfassungsrechtlich gebotenen Berücksichtigung der Kinderbetreuung und -erziehung in der gesetzlichen Pflegeversicherung: BVerfGE 103, 242 (252); anders jedoch in der privaten Pflegeversicherung: BVerfGE 103, 271 (284); die Übertragbarkeit auf die Rentenversicherung aufzeigend *Lenze* NVwZ 2015, 1658; dagegen *Bertuleit,* GS f. Schmehl, 2019, 279.

[322] Schon *v. Münch* in BMV VerfassungsR-HdB § 9 Rn. 34; auch BVerfG NJW 1999, 1853; *Gernhuber/Coester-Waltjen,* Familienrecht, 2020, § 46 Rn. 14 ff., § 48 Rn. 1 ff.

[323] Gesetz zur Entlastung unterhaltsverpflichteter Angehöriger in der Sozialhilfe und in der Eingliederungshilfe, BGBl. 2019 I 2135.

97 **dd) Förderung der Familie.** Über das Verbot der Schlechterstellung hinaus ist aus der Schutzpflicht der Auftrag zu einer **positiven Förderung** der **Familie** abzuleiten.[324] Diese positive Förderung kann vom Staat nur innerhalb der Grenzen des gesamtgesellschaftlich Möglichen und Angemessenen erwartet werden.[325] Art. 6 Abs. 1 begründet in der Regel keinen Anspruch auf eine bestimmte Förderung, sondern nur sachlich differenzierende, den Familienschutz in die Abwägung miteinbeziehende Regelungen.[326] Die Unterstützung der familiären Gemeinschaft kann vor allem durch gezielte **finanzielle Maßnahmen** (wie Kindergeld) erfolgen (→ Rn. 264).

98 **c) Drittwirkung des Art. 6 Abs. 1 im Privatrecht.** Art. 6 Abs. 1 wendet sich **nicht gegen Privatpersonen,** jedoch kommt es teils zu einer Ausstrahlungswirkung.[327] Bei der gerichtlichen Kontrolle von **Eheverträgen** handelt es sich jedoch um eine mittelbare Drittwirkung der durch Art. 2 Abs. 1 geschützten Vertragsfreiheit des schwächeren Vertragspartners. Denn es geht (wie bei den Angehörigenbürgschaften) um Verträge, bei denen ein Vertragspartner so überlegen ist, dass er den Vertragsinhalt „faktisch einseitig bestimmen" kann und dem anderen keine materiale Vertragsfreiheit belässt. Wird ein entsprechend einseitiger Vertrag nach § 138 BGB für nichtig erklärt, besteht darin zugleich ein Eingriff in die Ehegestaltungsfreiheit. Das BVerfG meint aber, es gehöre wegen Art. 3 Abs. 2 zur Aufgabe des Staates, das Eherecht so auszugestalten, dass der Freiheit dort Grenzen gesetzt werden, wo eine gestörte Vertragsparität bestehe.[328]

99 Auch Art. 6 Abs. 1 kann aber in seltenen Fällen über § 138 BGB in den Privatrechtsbereich hineinwirken, etwa im Fall vertraglicher Zölibatsklauseln,[329] die grundsätzlich unwirksam sind. Ein **Testament** kann in extremen Fällen wegen einer Drittwirkung des Art. 6 Abs. 1 sittenwidrig sein, wenn es so gestaltet ist, dass unzumutbarer Druck auf den eingesetzten Erben entsteht, mit einer bestimmten Person die Ehe zu schließen oder dies gerade nicht zu tun.[330] Zu bedenken ist, dass typischerweise der bloße Verlust der Erbenstellung eine solche Sittenwidrigkeit nicht trägt. Beim **Persönlichkeitsschutz** ist zu beachten, dass die Familie das Privatleben betrifft und der Schutz aus Art. 2 Abs. 1 iVm Art. 1 Abs. 1 sich durch

---

[324] BVerfGE 43, 108 (121); 130, 240 (252); *Robbers* in MKS Rn. 93; *Jarass* in Jarass/Pieroth Rn. 20.

[325] Zu den begrenzten Wirkungen familienpolitischer Entscheidungen *Gerlach,* Familie und staatliches Handeln, 1996, 326 ff.; krit. zu der Unbestimmtheit verfassungsgerichtlicher Begründungen *Diederichsen* FPR 2007, 221 (224 f.).

[326] BVerfGE 39, 316 (326); 82, 60 (81 f.); *Brosius-Gersdorf* in Dreier Rn. 87; *Burgi* in BerlKomm Rn. 51; sehr krit. *Pechstein,* Familiengerechtigkeit als Gestaltungsgebot für die staatliche Ordnung, 1994, 40 ff., 355 ff.

[327] Grundlegend *Canaris,* Grundrechte und Privatrecht, 1999.

[328] BVerfGE 103, 89 (101) – Unterhaltsverzichtsvertrag; BVerfG NJW 2001, 2248 jeweils auch unter dem Gesichtspunkt des Art. 6 Abs. 4 bei Schwangeren; krit. *Rauscher* DNotZ 2002, 751; neben dem Interessenausgleich zwischen den Ehegatten auch auf Kindesschutz abstellend *Dauner-Lieb* AcP 2001, 295 (308); zust. *Schwab* FamRZ 2001, 349; genereller dazu *Hohmann-Dennhardt* KritV 2005, 197 (200 ff.).

[329] Zum Kirchenrecht näher → Art. 4 Rn. 82.

[330] Für ein Hohenzollerntestament mit „Ebenbürtigkeitsklausel" BVerfG NJW 2004, 2008 (2009); zust. *Staudinger* FamRZ 2004, 768 (769); krit. *Isensee* DNotZ 2004, 754 (764 ff.); *Gutmann* NJW 2004, 2347; abl. zuvor auch BGHZ 140, 118; für Wirksamkeit einer erbvertraglichen Heiratsklausel BVerfG NJW 2000, 2495; BayObLG FamRZ 2000, 380; zu gesellschaftsrechtlichen Nachfolgeregelungen *Foerster* AcP 2013, 173 (190).

Art. 6 Abs. 1, Abs. 2 besonders dann verstärkt, wenn die Eltern-Kind-Beziehung betroffen ist.[331]

II. Pflege und Erziehung der Kinder sind das natürliche Recht der Eltern und die zuvörderst ihnen obliegende Pflicht (Art. 6 Abs. 2)

1. Grundlagen, Schutzdimensionen und Schranken. a) Elternrecht und staatliche Erziehungsaufgabe. Gegenüber dem in Art. 6 Abs. 1 enthaltenen allgemeinen Schutz der Familie als geschlossenem und eigenständigem Lebensbereich betrifft Art. 6 Abs. 2 als **spezielle** Bestimmung den Schutz der Eltern in ihrer Beziehung zu den Kindern. Er begrenzt damit zugleich die Aufgabe staatlicher Stellen bei der Kindererziehung.[332] Eine allgemeine staatliche Kollektiverziehung außerhalb der Familie stünde im krassen Gegensatz zur Verfassung (auch → Rn. 141).[333] 100

Das Wort **„zuvörderst"** hebt einerseits den Vorrang der Eltern bei Pflege und Erziehung der Kinder hervor, weist aber zugleich darauf hin, dass **neben** den Eltern **auch der Staat** Aufgaben und Pflichten bei der Kindererziehung hat,[334] die unabhängig von dem in Art. 6 Abs. 2 S. 2 statuierten staatlichen Wächteramt bestehen. Diese staatliche Fürsorge- und Erziehungsaufgabe, die eine Pflicht des Staates zum Tätigwerden bei Ausfall der Eltern bedeutet,[335] leitet sich jedoch nicht aus Art. 6 Abs. 2 ab,[336] sondern aus dem Schutzanspruch des Kindes aus verschiedenen Grundrechten (insbesondere Art. 2 Abs. 1 und 2). Beim älteren Kind wird Art. 7 bedeutsam (dazu → Rn. 184 ff.). Diese **subsidiäre** Pflicht zur Pflege und Erziehung ist wie das Elternrecht am Kindeswohl orientiert und durch dieses begrenzt (zur Kinder- und Jugendhilfe → Rn. 181).[337] 101

b) Schutzdimensionen. Zunächst enthält Art. 6 Abs. 2 S. 1 ein Grundrecht im klassischen Sinne, also ein **Abwehrrecht der Eltern im Verhältnis zum Staat.**[338] Es schützt als solches umfassend die Verantwortung der Eltern für „Pflege und Erziehung", was weit zu verstehen ist und letztlich als Gesamtzuständigkeit für die Lebensbedingungen des Kindes beschrieben werden kann (näher → Rn. 133 ff.),[339] und erlaubt den Eltern, sich gegen unzulässige Eingriffe des Staates zu wehren. Das Elternrecht richtet sich dagegen **nicht** direkt gegen („störende") **Dritte.** Obwohl es jedem Elternteil zusteht,[340] kann es mangels Horizontalwirkung auch nicht dem anderen Eltern- 102

---

331 Auf die elterliche Hinwendung zum Kind etwa abstellend: BVerfGE 101, 361 (385 f.) – Caroline II; 119, 1 (24) – Esra; sa BGH FamRZ 2018, 1548 (1549 f., Rn. 19).

332 BVerfGE 24, 119 (135) – Adoption I.

333 *Robbers* in MKS Rn. 141; *Uhle* in BeckOK GG Rn. 49; *Kotzur/Vasel* in Stern/Becker Rn. 52; die allgemeine Schulpflicht widerspricht dem jedoch nicht (→ Rn. 184).

334 BVerfGE 24, 119 (135 f.).

335 So *Höfling* in HdbStR VII § 155 Rn. 95 ff.; *Jestaedt/Reimer* in BK Art. 6 Abs. 2, 3 Rn. 135, 370, 600.

336 *Schmitt-Kammler,* Elternrecht und schulisches Erziehungsrecht nach dem Grundgesetz, 1983, 31, 83; *Böckenförde* in Krautscheidt/Marré Essener Gespräche zum Thema Staat und Kirche 14, 75.

337 Zum nach Art. 6 Abs. 1 beachteten Vorrang der Großeltern schon → Rn. 73.

338 *Jarass* in Jarass/Pieroth Rn. 40; *Robbers* in MKS Rn. 140; *Kotzur/Vasel* in Stern/Becker Rn. 79.

339 *Jarass* in Jarass/Pieroth Rn. 42; *Jestaedt/Reimer* in BK Art. 6 Abs. 2, 3 Rn. 63 („Lebens- und Freiheitshilfe").

340 BVerfGE 31, 194 (205); 47, 46 (76).

teil entgegengesetzt werden.[341] Trotz bestehender Dispositionsmöglichkeiten der Betroffenen (→ Rn. 119, 150 ff.) ist das Elternrecht unveräußerlich und unverletzlich. Art. 6 Abs. 2 S. 1 ist als Menschenrecht iSd Art. 1 Abs. 2 zu qualifizieren, so dass keine Beschränkung auf Deutsche erfolgt (zum Aufenthaltsrecht → Rn. 239 ff.).

103 Trotz der Ausrichtung des „natürlichen Elternrechts" auf das Kindeswohl, bleibt es doch ganz klar ein eigenes **„Recht"** der Eltern (zur Rechtsposition des Kindes → Rn. 23, 130).[342] Es hat jedoch einen besonderen Charakter, weil es zugleich eine **Pflicht** zur Versorgung des Kindes umfasst. Hierbei handelt es sich nach Auffassung des BVerfG nicht lediglich um eine das Recht begrenzende Schranke, sondern um einen wesensbestimmenden Bestandteil des Elternrechts (näher → Rn. 137).[343] Vielfach wird daher auch von „Grundpflicht"[344] bzw. **„Elternverantwortung"**[345] gesprochen. Bei Art. 6 Abs. 2 S. 1 handelt es sich aber nicht ausschließlich um ein treuhänderisches Recht,[346] denn es steht den Eltern als Abwehrrecht gegen den Staat auch um ihrer selbst willen zu.[347] Diese freiheitswahrende Dimension zeigt sich ua auch daran, dass der Staat kraft Wächteramtes nicht verpflichtet und auch nicht befugt ist, allein zur Optimierung des Kindeswohls in das Elternrecht einzugreifen,[348] auch wenn „oberste Richtschnur" für die Pflege und Erziehung das Kindeswohl ist.[349]

104 Art. 6 Abs. 2 S. 1 enthält zudem einen **Schutzauftrag,** der den Staat verpflichtet, zu gewährleisten, dass die Kindererziehung in der Familie durch staatliche Maßnahmen und insbesondere durch die Gesetze sichergestellt ist. Wie im Rahmen des Abs. 1 kann man insofern verdeutlichend auch hier von einer **Institutsgarantie** sprechen.[350] In der Literatur wird die Bedeutung der Institutsgarantie unterschiedlich beurteilt. Ähnlich wie hier wird sie teils eher eng umrissen und die Notwendigkeit der privatrechtlichen Ausgestaltung der Elternrechte bereits als Element des Abwehrrechts und (mehr noch) der Schutzpflicht gesehen.[351] Teils wird demgegenüber angenommen, dass auch die Ausgestaltung – etwa mit Regeln zur Verteilung der elterlichen Sorge im Streitfall – unmittelbarer Ausfluss der Institutsgarantie sei, da erst durch sie die Funktionsfähigkeit des elterlichen Rechts gesichert werde.[352] Parallel zu Abs. 1 besteht schließlich die Sichtweise, die Institutsgarantie sichere den

---

[341] *Jestaedt/Reimer* in BK Art. 6 Abs. 2, 3 Rn. 174.

[342] *Höfling* in HdbStR VII § 155 Rn. 67; *Robbers* in MKS Rn. 188 f.; zur missverständlichen Formulierung in BVerfGE 121, 69 (93) → Rn. 24.

[343] BVerfGE 24, 119 (143) – Adoption I.

[344] So etwa *Brosius-Gersdorf* in Dreier Rn. 141; auch BVerfGE 61, 358 (372).

[345] BVerfGE 24, 119 (143) – Adoption I; 107, 150 (169); 108, 82 (102 ff.); *Höfling* in HdbStR VII § 155 Rn. 34; *Robbers* in MKS Rn. 150.

[346] Zum fiduziarischen Charakter des Grundrechts statt aller BVerfGE 59, 360 (382) („Recht im Interesse des Kindes").

[347] Pflege und Erziehung der Kinder sind auch Teil des allgemeinen Persönlichkeitsrechts, *Robbers* in MKS Rn. 188 f. mwN; *Kotzur/Vasel* in Stern/Becker Rn. 52.

[348] BVerfGE 60, 79 (94).

[349] BVerfGE 59, 360 (376); BVerfG FamRZ 2009, 1389 mit Verweis auf BVerfGE 61, 358 (371 f.); ähnlich 31, 194 (208 ff.); *Peschel-Gutzeit* in Staudinger BGB § 1626 Rn. 8; zum Begriff des Kindeswohls → Rn. 157.

[350] Zu den Sichtweisen auch *Höfling* in HdbStR VII § 155 Rn. 24 ff.

[351] Von auxiliärem leistungsrechtlichen Gehalt spricht *Höfling* in HdbStR VII § 155 Rn. 24 ff.; präzisierend *Jestaedt/Reimer* in BK Art. 6 Abs. 2, 3 Rn. 153, die damit gerade den subjektivrechtlich bestehenden Gesetzgebungsanspruch bezeichnen (dazu sogleich).

[352] *Robbers* in MKS Rn. 190 ff.; *Kotzur/Vasel* in Stern/Becker Rn. 79 ff.

unveränderlichen Kerngehalt des Rechts.[353] Der Streit hat wenig praktische Relevanz und eine genaue Abgrenzung kann (wie auch bei der Ehefreiheit, dazu → Rn. 50) unterbleiben. Denn ganz gleich, woraus man die Regelungspflicht des Gesetzgebers ableitet, ist das Argument, dass das Institut „Elternrecht" (mehr etwa als die „Familie" in Abs. 1) der Ausgestaltung bedarf, um gelebt werden zu können, nicht von der Hand zu weisen. Art. 6 Abs. 2 S. 1 enthält somit jedenfalls (auch) einen **Ordnungsauftrag,** nämlich die Rechtsbeziehungen so zu regeln, dass die Familienerziehung gesichert und geschützt ist. Daraus folgt die **Pflicht** des Staates, die rechtliche Position der Eltern so **auszugestalten,** dass sie störende Dritte abwehren[354] und für das Kind nach außen[355] und nach innen[356] tätig werden können. Auch Regelungen für den Fall des Konflikts zwischen den Eltern sind notwendig.[357]

Schließlich sollte man Art. 6 Abs. 2 S. 1 – auch wenn dies nicht durchgängig geschieht[358] – unbedingt **als wertentscheidende Grundsatznorm für die Elternautonomie** und **das Kindeswohl** (näher → Rn. 157) verstehen. Sie prägt somit die Rechtsordnung, die sich diese Werte zu Eigen machen muss;[359] und umfasst einen Förderauftrag. Ob zwischen dem Förderauftrag aus Art. 6 Abs. 1 und Abs. 2 dabei im Einzelnen unterschieden werden sollte, ist von geringer Bedeutung.[360] In der Sache besteht aber – gerade auch in Hinblick auf die Ausstrahlung des Art. 6 Abs. 2 S. 1 auf die gesamte Rechtsordnung[361] – weitgehende Einigkeit. 105

c) Schranken und Ausgestaltung. Auch mit Blick auf **die Schranken** 106
findet man unterschiedliche dogmatische Ansätze. Ob das **Wächteramt** des Staats – bzw. die dadurch zu gewährleistenden Rechte des Kindes[362] – als Schranke anzusehen ist[363], oder ob dies nicht der Fall ist, weil das Elternrecht ohnehin endet, wenn die Eltern ihre Pflicht nicht hinreichend wahrnehmen, wird unterschiedlich beurteilt (→ Rn. 128). Doch muss klar sein, dass der Staat nur auf der Grundlage eines präzisen Gesetzes (→ Rn. 139)[364] und ggf. erst nach genauer richterlicher Überprüfung (→ Rn. 167) von seinem Wächteramt Gebrauch machen darf.

---

353 *Brosius-Gersdorf* in Dreier Rn. 169, die der Institutsgarantie wieder nur die wesentlichen Strukturmerkmale (Autonomie und Vorrang der leiblichen Eltern) zuordnet; auch *Jestaedt/Reimer* in BK Art. 6 Abs. 2, 3 Rn. 146, 153, beziehen die Institutsgarantie eng auf den „Kern der das Eltern-Kind-Verhältnis prägenden Vorschriften".

354 ZB § 1631 Abs. 1, § 1632 Abs. 1, Abs. 2, § 823 Abs. 1 BGB; *Lohse* Jura 2005, 815 (817).

355 Also gegenüber Dritten – zB §§ 1629, 1632 BGB; BVerfGE 84, 168 (180).

356 Also gegenüber dem Kind – zB §§ 1626, 1631 Abs. 1, 1631b BGB.

357 Das hervorhebend *Jestaedt/Reimer* in BK Art. 6 Abs. 2, 3 Rn. 156 ff. („Schlichtungsauftrag"); umfassend *Osthold,* Die rechtliche Behandlung von Elternkonflikten, 2016; näher → Rn. 156.

358 Ohne diese etwa *Brosius-Gersdorf* in Dreier Rn. 166 ff.; dagegen *Höfling* in HdbStR VII § 155 Rn. 40 f., der meint, es sei richtiger von „Ausstrahlungswirkung" zu sprechen.

359 *Robbers* in MKS Rn. 140; *Badura* in Maunz/Dürig Rn. 91.

360 Von „Schutz- und Förderpflichten aus Art. 6 Abs. 1 und 2" sprechend BVerfGE 130, 240 (252); beides unterscheidend *Jarass* in Jarass/Pieroth Rn. 40; zu Abs. 2 *Jestaedt/Reimer* in BK Art. 6 Abs. 2, 3 Rn. 170; zum Fehlen von unmittelbaren Leistungsansprüchen auch schon → Rn. 97.

361 Nur nochmals *Höfling* in HdbStR VII § 155 Rn. 40 f.

362 Nur *Coester* in Staudinger BGB § 1666 Rn. 3.

363 Dies als einzige Schranke benennend *Kotzur/Vasel* in Stern/Becker Rn. 100; genauer zu den unterschiedlichen Terminologien *Wapler,* Kinderrechte und Kindeswohl, 2015, 123.

364 BVerfGE 107, 104 (122) – Anwesenheit im JGG-Verfahren; *Kingreen/Poscher,* Grundrechte, 2018, Rn. 766; *Jarass* in Jarass/Pieroth Rn. 55.

107 Daneben treten die sonstigen verfassungsimmanenten Schranken,[365] bei denen das Schulrecht (Art. 7) herausragt.[366] Richtigerweise muss auch die **Ausgestaltung** (zu deren Notwendigkeit → Rn. 104) des Elternrechts stets auf ihre Eingriffsintensität geprüft werden. Die Ausgestaltungsaufgabe muss zudem im Sinne des Wächteramts immer auf das Wohl des Kindes ausgerichtet sein und die sich dabei zugleich ergebenden Eingriffe müssen vor diesem Hintergrund verhältnismäßig sein.[367]

108 **2. Eltern als Grundrechtsträger. a) Autonomer, gestaltungsfähiger und wandelbarer Begriff.** Wenn Art. 6 Abs. 2 S. 1 das Elternrecht als **„natürliches" Recht** der Eltern bezeichnet, so macht diese Formulierung deutlich, dass der Verfassungsgeber davon ausging, dass von Natur aus die leiblichen Eltern bereit und berufen sind, die Verantwortung für Pflege und Erziehung ihrer Kinder zu übernehmen.[368] Damit mag zwar Art. 6 Abs. 2 S. 1 in seinem Kern naturrechtlich unterlegt sein,[369] es handelt sich aber (und zwar von Anfang an) um autonomes positives Verfassungsrecht[370], das auf einen realen Sachverhalt Bezug nimmt und zugleich in bestimmtem Maße offen für die einfachrechtliche Ausgestaltung ist. Bei dieser Ausgestaltung der Abstammung hat der Gesetzgeber Spielräume, doch müssen sich die Regeln grundsätzlich an dem orientieren, was man vielleicht als „reale Elternstellung" beschreiben kann – womit freilich eine Lebensrealität und nicht (allein) die genetische oder biologische Verwandtschaft gemeint ist.[371] Die Einschätzung dieser „familialen Realität" unterliegt dem Wandel (→ Rn. 9) und betont heute weit weniger die genetische Verwandtschaft als früher.[372] Doch darf der Staat die Zuweisung der Elternstellung nicht zur Erreichung gesellschaftlicher, politischer oder sonstiger Ziele missbrauchen. Es verstieße gegen Art. 6 Abs. 2 S. 1, bestimmte, dem Staat genehme Personen als Eltern zu bestimmen, wenn diese tatsächlich entfernter mit dem Kind verbunden sind. Auf einer Metaebene geht es auch bei der Bestimmung der Abstammungsregeln immer **um das Kind,**[373] das in einer von allen Beteiligten als richtig empfundenen, stabilen Statusbeziehung zu seinen Eltern aufwachsen soll.

109 Das klassische System, das Statuswahrheit, soziale Verantwortungsübernahme und zu erwartende Stabilität der gelebten Eltern-Kind-Beziehung verbindet, ist vor diesem Hintergrund zumindest im Wesentlichen verfassungskonform. Wenn neuerdings Verantwortungsübernahme als zentrales Element

---

[365] *Brosius-Gersdorf* in Dreier Rn. 171; *Jarass* in Jarass/Pieroth Rn. 54.

[366] BVerfG NJW 2009, 3151 (3152, Rn. 14); zur aufenthaltsrechtlichen Steuerung als verfassungsimmanenter Schranke BVerfGE 135, 48 (84, Rn. 95); BVerfG NJW 2015, 44 (47, Rn. 22); zu Art. 8 EMRK auch EGMR FamRZ 2019, 449 – Wunderlich.

[367] Vorerst nur BVerfGE 127, 132; zu Altersgrenzen → Rn. 147, zur elterlichen Sorge → Rn. 156 f., 168; zur Abgrenzung von Eingriff und Ausgestaltung *Mager,* Einrichtungsgarantien, 2003, 214 ff. – doch überschneiden sich beide typischerweise.

[368] Näher *Höfling* in HdbStR VII § 155 Rn. 15; *Brosius-Gersdorf* in Dreier Rn. 155.

[369] Anklingend in BVerfGE 59, 360 (376); abl. die heute wohl allgA.

[370] Nur *Jestaedt/Reimer* in BK Art. 6 Abs. 2, 3 Rn. 183.

[371] Von einem „natürlichen Zusammenhang" spricht *Robbers* in MKS Rn. 166; *Badura* in Maunz/Dürig Rn. 99, meint, es müsse ein „Rechtsband" bestehen, dass in einer „familiären Lebensgemeinschaft mit dem Kind" und der Bereitschaft zur Wahrnehmung der elterlichen Sorge zu sehen sei.

[372] In BVerfGE 79, 256 (267) geht das BVerfG in Bezug auf Art. 6 Abs. 1 („Vater-Kind-Verhältnis") noch davon aus, dass die privatrechtlichen Regeln möglichst die genetische Wahrheit treffen sollen, was etwa gleichgeschlechtliche Elternschaft ausschließe.

[373] Dies zu Recht hervorhebend *Britz* JZ 2014, 1069 (1070); mit Blick auf das Umgangsrecht *Schwab* FS f. Coester-Waltjen, 2015, 223.

weiter gestärkt wird, so trägt dies gewandelten gesellschaftlichen Verhältnissen, sozialen Gegebenheiten und Bedürfnissen Rechnung.[374] Es müssen jedoch die Grenzen der Gestaltungsfreiheit beachtet werden.[375] Schwierigkeiten bereitet auch der **Verzicht** auf die Elternstellung, der vor allem bei der medizinisch assistierten Samenspende erfolgt (zur negativen Freiheit → Rn. 152).

b) Grundsätze. Welche Personen im Einzelnen als **„Eltern"** iSd Art. 6 Abs. 2 S. 1 anzusehen sind, ist streitig. Überwiegend wird angenommen, dass verschiedene Bindungen zwischen dem Kind und dem potentiellen Elternteil eine Elternstellung iSd Art. 6 Abs. 2 S. 1 begründen können. Ein Kind kann also **mehrere Väter und/oder Mütter** im verfassungsrechtlichen Sinne haben, die im Grundsatz auch Grundrechtsträger sind. Generell kannte bereits der Verfassungsgeber dieses Problem: Das (fremd) adoptierte Kind hat biologische und rechtlich-soziale Eltern; das „scheineheliche" Kind hat einen rechtlichen und einen genetischen Vater. **110**

Das BVerfG unterscheidet nun zwischen Personen, die **in den Schutzbereich** des Art. 6 Abs. 2 S. 1 fallen und solchen, die **Grundrechtsträger** sind.[376] Im Versuch, diese Abstufung deutlicher zu bezeichnen, ist auch von einem „Anwartschaftsrecht" gesprochen worden.[377] Klarer wird die Sache, wenn man zunächst allgemein von Grundrechtsträgern spricht, deren Rechtsposition dann aber im Rahmen von Abwägungen graduell unterscheidet.[378] Gleiches kommt auch zum Ausdruck, wenn man die Frage der Elternstellung als Frage des persönlichen Anwendungsbereichs versteht und weit auffasst, während man davon die Frage der jeweiligen konkreten Rechtsstellung (Elternrecht) als Frage der sachlichen Anwendbarkeit trennt.[379] **111**

Ganz überwiegend wird angenommen, dass von Art. 6 Abs. 2 S. 1 umfassend **alle genetischen oder biologischen**[380] Elternteile erfasst seien. Darüber hinaus wird der Begriff meist auf alle Personen erstreckt, die dem Kind einfachrechtlich als Eltern zugeordnet sind.[381] Richtig ist daran, dass die Verfassung in Abs. 2 – wie in Abs. 1 – auf Regelungen des einfachen Rechts Bezug nimmt. Das führt dazu, dass die einfachrechtlichen Regelungen den Elternbegriff sehr weitgehend bestimmen. Man darf jedoch nicht übersehen, dass das einfache Recht nicht beliebig ausgestaltet werden darf. Bei der Bestimmung der rechtlichen Eltern hat der einfache Gesetzgeber zwar Spielraum, doch kennt dieser Grenzen.[382] Denn Art. 6 Abs. 2 S. 1 wäre ausgehöhlt, wenn der Staat die Elternstellung nach Belieben bestimmten Personen zuordnen könnte. Unterschiedlich wird beurteilt, inwiefern auch in- **112**

[374] *Röthel* FS f. Coester, 2019, 129 (137).

[375] Weitergehend *Kaufhold* in Röthel/Heiderhoff Regelungsaufgabe Mutterstellung, 87 (103), die meint, jede Frau, „die dies wünscht", könne zur Mutter gemacht werden, „soweit dies dem Kindeswohl dient"; näher → Rn. 119.

[376] Deutlich etwa BVerfGE 108, 82 (99).

[377] *Lembke* in Röthel/Heiderhoff Regelungsaufgabe Vaterstellung, 37 (54).

[378] So etwa *Kaufhold* in Röthel/Heiderhoff Regelungsaufgabe Mutterstellung, 87 (106); *Jestaedt/Reimer* in BK Art. 6 Abs. 2, 3 Rn. 179.

[379] So *Burgi* in Merten/Papier Grundrechts-HdB, Bd. IV, § 109 Rn. 7; krit. zur Dogmatik des BVerfG und ähnlich vorgehend auch *Sanders,* Mehrelternschaft, 2018, 171.

[380] Zu den Begriffen → Rn. 115.

[381] *Jestaedt/Reimer* in BK Art. 6 Abs. 2, 3 Rn. 218; *Brosius-Gersdorf* in Dreier Rn. 148; näher zum Verhältnis von rechtlicher und biologischer Abstammung *Jestaedt* FS f. Coester, 2019, 13 (18 ff.).

[382] *Robbers* in MKS Rn. 166; *Brosius-Gersdorf* in Dreier Rn. 148; *Badura* in Maunz/Dürig Rn. 99.

tentionale Elternschaft bzw. die Bereitschaft zur Übernahme von Elternverantwortung schon zu einer geschützten Elternstellung führen kann.[383] Wenn die Bedeutung der Intention[384]/Initiative[385]/des Willens zur Verantwortungsübernahme[386] stark herausgehoben wird, handelt es sich wohl oft um ein Missverständnis.[387] Die bloße Übernahme elterlicher Verantwortung führt nämlich keinesfalls „von selbst" zur Elternstellung iSd Art. 6 Abs. 2 S. 1, sondern nur bei entsprechender rechtlicher Ausgestaltung (→ Rn. 124).[388] Es geht dabei also vielmehr um die Frage, wie die Intention oder Verantwortungsübernahme vom Gesetzgeber innerhalb des einfachrechtlichen Abstammungsrechts gewichtet werden sollte (dazu → Rn. 119 ff.).

113 Da – zumindest im Regelfall – nicht alle unter den verfassungsrechtlichen Elternbegriff fallenden Personen in gleichem **Umfang** Träger des Elternrechts[389] sein können, ist es dem einfachen Gesetzgeber überlassen, die sich potentiell ergebenden Konkurrenzsituationen verfassungskonform zu lösen. Maßstab dafür sind neben Art. 6 Abs. 2 S. 1 auch Art. 6 Abs. 1, Art. 1 iVm Art. 2 Abs. 1 und Art. 3 Abs. 1. Bei der Gestaltung hat der Gesetzgeber sich also außer an der Funktion der Abstammung als Abbildung einer möglichst stabilen Eltern-Kind-Beziehung auch an anderen verfassungsrechtlichen Prinzipien wie dem Schutz der Ehe und Familie und dem Schutz des Persönlichkeitsrechts aller Beteiligten zu orientieren. Die zum Teil gegenläufigen Gesichtspunkte muss er miteinander abwägen, wobei die Abwägung für einen Wertewandel – wie die sich verändernde Gewichtung von genetischer und sozialer Elternschaft – offen ist. Das gilt in besonderem Maße für die moderne Fortpflanzungsmedizin (näher → Rn. 115, 217 f.).

114 Das BGB sowie auch der aktuelle Diskussionsteilentwurf[390] sehen derzeit jedoch noch vor, dass nur zwei Personen, wiewohl nicht unbedingt ein Mann und eine Frau, die eigentliche rechtliche Elternstellung einnehmen können.[391] Doch wird überzeugend immer häufiger aufgezeigt, dass privatrechtliche Regelungen, die **mehr als zwei Eltern** vorsehen, jedenfalls nicht gegen Art. 6 Abs. 2 S. 1 verstoßen (näher → Rn. 219 f.)[392].

115 **c) Genetische und biologische Verwandtschaft.** Aus der soeben aufgezeigten Bedeutung der „natürlichen" Elternstellung ergibt sich zunächst, dass die Personen, von denen das Kind biologisch **abstammt,** als Eltern iSd

[383] Das BVerfG hat früher die Bedeutung der genetischen Verwandtschaft mit der daraus (angeblich) herrührenden besonderen Fürsorgebereitschaft sehr hervorgehoben, so insbes. BVerfGE 24, 119 (150) und 108, 82 (100); auch dazu *Kaufhold* in Röthel/Heiderhoff Regelungsaufgabe Mutterstellung, 87 (111 f.).

[384] Arbeitskreis Abstammungsrecht, Abschlussbericht, 2017, 22; Diskussionsteilentwurf, 2 ff. (mit Entwurf für § 1600 Abs. 1 Nr. 3 BGB).

[385] Mit dem Ausdruck „Initiativeltern" etwa *Sanders,* Mehrelternschaft, 2018, 316 ff.

[386] So *Reuß,* Theorie eines Elternschaftsrechts, 2018, 199.

[387] So aber *Schwenzer* in Deutscher Familiengerichtstag e. V. 17. DFGT, 2008, 27 (37 f.); auch *Schwenzer/Dimsey,* Model Family Code, 2006, 98 f.; eindeutig ebenfalls *Reuß,* Theorie eines Elternschaftsrechts, 2018, 199, der deshalb auch nur-soziale Eltern einbeziehen will.

[388] BVerfGE 133, 59 (81, Rn. 59) – Sukzessivadoption; *Badura* in Maunz/Dürig Rn. 99. Es bleibt bei einem Schutz durch Art. 6 Abs. 1.

[389] Zur vom BVerfG abweichenden Begriffsverwendung schon oben → Rn. 110.

[390] Diskussionsteilentwurf, 2.

[391] BVerfGE 108, 82 (101) betont noch das Ein-Vater-Prinzip; weniger kategorisch aber schon BVerfGE 133, 59 (78, Rn. 52), wo die Entscheidung kontextualisiert und nur noch berichtend wiedergegeben wird.

[392] Vorerst *Jestaedt/Reimer* in BK Art. 6 Abs. 2, 3 Rn. 207 f.; *Jestaedt* FS f. Coester, 2019, 13 (34 ff.); aA *Jarass* in Jarass/Pieroth Rn. 46.

Art. 6 Abs. 2 S. 1 anzusehen sind. Unter anderem aufgrund der sicheren Methoden der Abstammungsfeststellung hat sich das Verfassungsverständnis insofern (unstreitig) grundlegend gewandelt.[393] Es ist unerheblich, ob die Eltern miteinander verheiratet sind oder nicht,[394] und ob ihre Elternschaft festgestellt ist oder nicht.[395] Umfasst ist also der genetische Vater – und zwar zunächst auch, wenn es sich um einen Samenspender handelt (zum Verzicht → Rn. 152). Elternteil sind außerdem die Frau, die das Kind geboren hat (biologische Mutter), sowie die Frau, aus deren Eizelle das Kind entstanden ist (genetische Mutter).[396] Bei der Eizellspende sowie bei der Embryonenspende ist also die Mutterschaft iSd Art. 6 Abs. 2 S. 1 gedoppelt: Die Gebärende und die Ei- oder Embryonenspenderin tragen zur Entstehung des Kindes beide so viel bei, dass sie als Mütter zu begreifen sind.[397] Infolgedessen hat nicht nur der genetische Vater ein Recht auf Umgang mit dem Kind (→ Rn. 35, 166), sondern dasselbe muss für die genetische Mutter gelten.[398]

d) Rechtliche Verwandtschaft. aa) Bedeutung. Die (nur) rechtliche Verwandtschaft ist im geltenden Recht vor allem für den **Vater** bedeutsam. Zunächst ist der Ehemann der Mutter nach § 1592 Nr. 1 BGB auch dann rechtlicher Vater, wenn das Kind genetisch nicht von ihm abstammt.[399] Ohne Rücksicht auf die genetische Richtigkeit ist Vater zudem nach § 1592 Nr. 2 BGB derjenige, der ein Kind mit Zustimmung der Mutter als das seinige anerkannt hat. Bei der gerichtlichen Feststellung nach §§ 1600 Abs. 1 Nr. 3, 1600d BGB decken sich die genetische und die rechtliche Vaterschaft. **116**

Für die **Mutter** bestehen (mit Ausnahme der Adoption) keine einfachgesetzlichen Regelungen, die einer anderen Frau als der Geburtsmutter die Elternstellung zuweisen (zum aktuellen Gesetzesentwurf → Rn. 122). Insbesondere wird die Ehefrau der Mutter nicht rechtliche Mutter des Kindes, da § 1592 Nr. 1 BGB nicht greift und schon mangels Regelungslücke nicht analog angewendet werden kann.[400] Vielfach wird vertreten, dass hierin ein Verstoß gegen Art. 3 liegt,[401] wiewohl einzuräumen ist, dass ein gravierender Unterschied darin liegt, dass die genetische Verwandtschaft der Ehefrau der Mutter mit dem Kind, anders als beim Ehemann, in der Regel ausscheidet.[402] **117**

---

[393] So auch *Jestaedt/Reimer* in BK Art. 6 Abs. 2, 3 Rn. 214 ff.; *Robbers* in MKS Rn. 174.

[394] Heute auch für den nichtehelichen Vater unstreitig, deutlich etwa BVerfGE 92, 158 (177 f.); noch zurückhaltend BVerfGE 56, 363 (383 f.); *Robbers* in MKS Rn. 168 f.; *Jarass* in Jarass/Pieroth Rn. 46; aA noch *v. Campenhausen* VVDStRL 45 (1986), 8 (23).

[395] Ebenso *Jestaedt/Reimer* in BK Art. 6 Abs. 2, 3 Rn. 184, 221; *Coester* FamRZ 1995, 1245 (1246); *Sanders,* Mehrelternschaft, 2018, 314.

[396] Auch die Eizellspenderin erwähnend *Robbers* in MKS Rn. 175; *Jestaedt/Reimer* in BK Art. 6 Abs. 2, 3 Rn. 214 ff. (insbes. Rn. 218); *Burgi* in Merten/Papier Grundrechts-HdB, Bd. IV, § 109 Rn. 11.

[397] Ähnlich *Robbers* in MKS Rn. 165, 175; *Jestaedt/Reimer* in BK Art. 6 Abs. 2, 3 Rn. 218; wohl auch *Brosius-Gersdorf* in Dreier Rn. 147, 108; *Kaufhold* in Röthel/Heiderhoff Regelungsaufgabe Mutterstellung, 87 (95) (anders richtigerweise zu den Mitochondrien S. 99); dagegen etwa *Jarass* in Jarass/Pieroth Rn. 46; *Aubel,* Der verfassungsrechtliche Mutterschutz, 2003, 114; *Badura* in Maunz/Dürig Rn. 102.

[398] *Löhnig* FamRZ 2015, 806; näher zu § 1686a BGB → Rn. 166; zum Umgangsrecht der leiblichen Mutter nach Adoption EGMR NJW 2015, 2319 – I. S.

[399] Zur Konkurrenz mit dem nur genetischen Vater → Rn. 222.

[400] BGHZ 220, 58 m. zust. Anm. *Coester-Waltjen* FamRZ 2018, 1922 (1923).

[401] *Schumann* MedR 2014, 736 (745); *Kaulbach/Pickenhahn/v. Scheliha* FamRZ 2019, 768 (773).

[402] So etwa *Kaiser* FamRZ 2017, 1889 (1896); daher vereinbar mit Art. 14 iVm Art. 8, siehe EGMR FamRZ 2014, 97 Rn. 30.

Anders ist dies aber zumindest bei einer – nach § 1 ESchG in Deutschland allerdings verbotenen – Eizellspende an die Geburtsmutter.[403] Für die Eizellspenderin kann der Ausschluss der Anerkennungsmöglichkeit kaum gerechtfertigt werden, da sie zum einen als genetische Mutter von Art. 6 Abs. 2 S. 1 geschützt ist und zum anderen keine Rechtfertigung für die Ungleichbehandlung im Wesentlichen gleicher Sachverhalte besteht (zum Umgangsrecht → Rn. 75; zur Anfechtung → Rn. 221).[404]

118 Vater und Mutter sind schließlich die durch Gerichtsbeschluss bestimmten **Adoptiveltern.** Auch die Adoption durch gleichgeschlechtliche Ehepaare ist möglich.[405] Das BVerfG sah im generellen Ausschluss der Stiefkindadoption **für unverheiratete Paare** einen Verstoß gegen Art. 3 Abs. 1.[406] Eine derartige Typisierung sei unzulässig, weil die Adoption „wesentliche Grundrechte der Kinder" betreffe, namentlich das Recht auf staatliche Gewährleistung elterlicher Pflege und Erziehung aus Art. 2 Abs. 1 iVm Art. 6 Abs. 2 S. 1 und das Recht auf familiäres Zusammenleben aus Art. 6 Abs. 1.[407] Die neue gesetzliche Regelung in § 1766a BGB setzt dies um, doch muss der die Entscheidung tragende Gedanke auch auf die Adoption durch zwei Elternteile (Fremdkindadoption) übertragen werden.[408] Dass eine **Aufhebung** der Adoption nur drei Jahre lang möglich ist, lässt sich mit dem Schutz der neu begründeten Familie aus Art. 6 Abs. 1 und der Funktion der Adoption (Schaffung eines stabilen Eltern-Kind-Verhältnisses) rechtfertigen.[409]

119 **bb) Elterliche Dispositionsmöglichkeiten.** Aktuell ist zunächst zu diskutieren, wie weitgehend für die Bestimmung der Elternstellung auf die „Bereitschaft" der Eltern zur Verantwortungsübernahme abzustellen ist. Generell bildet die **freiwillige Übernahme** der elterlichen Verantwortung eine wichtige Grundlage des Abstammungsrechts. Sie trägt erst die Möglichkeit der Anerkennung ohne Prüfung der genetischen Verwandtschaft und bildet die wesentliche Begründung für den Vorrang des rechtlich-sozialen vor dem nur genetischen Vater (dazu → Rn. 222). Doch gibt es sowohl klassische als auch neue Zweifelsfälle, denn die stabilisierende, statusbegründende Funktion des Abstammungsrechts erlaubt es nicht, dem Willen der Eltern unbegrenzt Bedeutung einzuräumen (näher zur heterologen Insemination → Rn. 217).

120 Dass über die Möglichkeit der **Anerkennung der Vaterschaft** unabhängig von der wahren Abstammung[410] eine Dispositionsmöglichkeit der Beteiligten besteht, ist zunächst – allein schon in Hinblick auf die Staatsferne des Vorgangs der Zeugung, aber auch vor dem Hintergrund der durch Art. 6 Abs. 2 S. 1 zu sichernden Rechtsposition des Kindes – verfassungsrechtlich nicht bedenklich. Mit Art. 6 Abs. 2 S. 1 in Einklang steht insofern die geplante Regelung in § 1599 Abs. 2 BGB-E, die die Anerkennung durch

---

[403] *Reuß,* Theorie eines Elternschaftsrechts, 2018, 313; *Sanders,* Mehrelternschaft, 2018, 247 f.

[404] *Reuß,* Theorie eines Elternschaftsrechts, 2018, 254 ff.

[405] BVerfGE 133, 59; zum schwierigen Weg dorthin etwa BVerfG FamRZ 2009, 1653 (1654, Rn. 15) (§ 9 Abs. 7 S. 2 LPartG nicht verfassungswidrig).

[406] BVerfG NJW 2019, 1793.

[407] BVerfG NJW 2019, 1793 (1796, Rn. 66 f.).

[408] Wie hier *Helms* FamRZ 2019, 1072 (1073); näher *Heiderhoff* Jura 2019, 1017 (1022).

[409] Mit etwas anderer Begründung BGH FamRZ 2018, 440.

[410] §§ 1592 Nr. 2, 1594 BGB.

eine dritte Person mit Zustimmung der Mutter und ihres Ehemanns bzw. ihrer Ehefrau innerhalb von acht Wochen nach der Geburt vorsieht.[411]

Dagegen wird teils die (alleinige) Notwendigkeit der **Zustimmung** der Mutter zur Anerkennung durch den Vater (§§ 1592 Nr. 2, 1595 Abs. 1 BGB) für verfehlt gehalten.[412] Hierzu ist zunächst zu sagen, dass eine Einhegung der Anerkennungen unentbehrlich ist und durch die Mutter weit besser als durch den Staat erfolgen kann. Schwierigkeiten macht jedoch das fehlende Zustimmungserfordernis für (ältere oder sogar erwachsene) Kinder im geltenden Recht. Der Diskussionsteilentwurf korrigiert dies in § 1596 Abs. 2 BGB-E und sieht die Zustimmung des über 14 Jahre alten Kindes vor. Für den weiteren problematischen Fall, dass weder die Mutter noch der genetische Vater die Feststellung der Vaterschaft betreiben, kann die gesetzliche Amtspflegschaft, mit welcher früher die Feststellung gesichert wurde, vor dem Hintergrund des heutigen Verständnisses der Autonomie der Mutter keine Lösung mehr bieten. Es bleibt daher dabei, dass die Feststellung allenfalls im Ausnahmefall der Kindeswohlgefährdung über § 1666 BGB erzwungen werden kann.[413] 121

cc) Bedeutungslosigkeit des Geschlechts. Weitere Herausforderungen an den Gesetzgeber liegen derzeit im Bereich der gleichgeschlechtlichen Gemeinschaften mit Kindern und trans- oder intersexuellen Eltern, bei denen insbesondere die Zuordnung als Mutter oder als Vater nicht durchgängig tragfähig ist. Generell kann aus heutiger Sicht nicht mehr angenommen werden, dass ein Kind je einen Vater und eine Mutter haben müsste. Das BGB sieht wie gezeigt – mit Ausnahme der Adoption – derzeit noch die Verschiedengeschlechtlichkeit der Elternteile vor. Doch wird überwiegend angenommen, dass der Gesetzgeber die **gleichgeschlechtliche Elternschaft** ab Geburt vorsehen darf.[414] Davon will der Diskussionsteilentwurf Gebrauch machen, indem er die Mit-Mutterschaft einführt (§ 1592 Abs. 2 BGB-E). Diese Öffnung für die gleichgeschlechtliche Elternschaft kann schon als Abbau von Diskriminierung der Eltern begrüßt werden, doch dürfte ihre Einführung allein darauf nicht gestützt werden. Nach den oben erläuterten Standards ist auch sie nur soweit mit Art. 6 Abs. 2 S. 1 vereinbar, wie von den entsprechenden Personen die dauerhafte Übernahme der Elternfunktion zu erwarten ist. Eine Mit-Mutter kann dem Kind somit deshalb als Elternteil zugeordnet werden, weil sie sich dazu (in ganz ähnlichem Maße wie der Ehemann der Mutter) aufgrund ihrer faktischen Verbindung mit dem Kind, ihres Willens zur dauerhaften Verantwortungsübernahme und ihrer engen Verbundenheit mit der „Erstmutter" gleichsam als „natürliche" – oder wie man heute lesen sollte „reale" – Mutter qualifiziert. 122

Im Übrigen trägt auch die **binäre Zuordnung** jedes Elternteils als entweder Mutter oder Vater nicht mehr (auch → Rn. 234). Deshalb und auch zur Vermeidung von Diskriminierung bietet es sich an, im rechtlichen Kontext gar 123

---

[411] Auch Arbeitskreis Abstammungsrecht, Abschlussbericht, 2017, 45.

[412] *Gaul* FamRZ 1997, 1441 (1450); *Coester-Waltjen* in 100 Jahre BGB – 100 Jahre Staudinger, 143 (147 f.); *Hager* FS f. Schwab, 2005, 773 (777 f.), ein Parallelproblem besteht bei der Durchbrechung der Vaterzuordnung zum Ehemann der Mutter nach § 1599 Abs. 2 BGB, dazu krit. *Wellenhofer* in MüKo BGB § 1599 Rn. 69.

[413] Dies aufzeigend auch *Coester-Waltjen* FamRZ 2013, 1693 (1694).

[414] Sich dafür öffnend nun auch *Jestaedt/Reimer* in BK Art. 6 Abs. 2, 3 Rn. 205 ff., die meinen, nach dem ursprünglichen Verständnis des Art. 6 müssten jeweils Mutter- und Vaterstelle besetzt sein.

nicht mehr – oder nur noch dort, wo dies im engen Sinne passend ist – von Mutter und Vater zu sprechen, sondern von Elternteilen oder Elternstellen.[415]

124 **e) Rein soziale Verantwortungsübernahme.** Personen, die Elternfunktionen wahrnehmen, aber nicht durch Abstammung, Abstammungsschein oder Adoption (im ersten Grad) mit dem Kind verbunden sind, fallen nicht unter den verfassungsrechtlichen Elternbegriff des Art. 6 Abs. 2 S. 1.[416] Würde man dies anders sehen, wären die auf das Kindeswohl ausgerichteten zentralen Funktionen des Abstammungsrechts, vor allem **Stabilität** und **Statusklarheit,** gefährdet. Soll die Elternposition freiwillig eingenommen werden (durch Adoption, Anerkennung der Vaterschaft), bringt erst der entsprechende rechtliche Rahmen die ausreichende Klarheit und Stabilität. Damit scheiden sowohl Stief- und Pflegeeltern[417] als auch der Vormund[418] als Eltern iSv Art. 6 Abs. 2 S. 1 aus. Auch Personen, die als vermeintliche Eltern (entgegen der biologischen und rechtlichen Zuordnung) ein Kind erziehen, oder weitere Familienangehörige sind nicht umfasst. Wie gezeigt kann eine gefestigte soziale Beziehung in den Familienschutz des Art. 6 Abs. 1 fallen (→ Rn. 69; zur Abwehrnorm des Art. 6 Abs. 3 → Rn. 191).[419]

125 **f) Insbesondere: Austausch von Elternteilen.** Sind die Träger des Elternrechts einmal bestimmt, ist ein **Wechsel** nur ausnahmsweise verfassungskonform möglich. Geschäftsunfähigkeit oder tatsächliche Verhinderung der Eltern und ein damit verbundenes Ruhen der elterlichen Sorge,[420] der Entzug der elterlichen Sorge[421] sowie die Übertragung der elterlichen Sorge auf einen Elternteil[422] lassen sowohl die verfassungsrechtliche als auch die privatrechtliche Elternstellung demgegenüber unberührt.[423] Elternstellung und elterliche Sorge sind also streng zu trennen.

126 Abgesehen von der Adoption kennt das BGB als Mechanismus zum Austausch eines Elternteils einzig die **Anfechtung** der Vaterschaft mit dem rückwirkenden Wegfall der Vaterstellung (§ 1599 BGB, → Rn. 221) und ggf. der **Feststellung** eines anderen Vaters. Mit dieser Regelung klammert das BGB sich nämlich an das veraltete, im falschen Sinne natürliche Bild, dass ein Kind immer nur „einen Vater" haben kann, und belastet damit die Familie stärker als erforderlich.

127 Im Vordergrund der Diskussion steht aber die Frage, wann die verfassungsrechtliche Vaterposition des genetischen Vaters sich gegen die Position des rechtlichen Vaters durchsetzen lassen muss. Klar ist nur, dass weder ein völliger Ausschluss des außerehelichen Erzeugers von der Anfechtung[424] noch

---

415 Dafür auch *Gössl* ZRP 2018, 174 (177); beide Begrifflichkeiten je nach Bedarf verwendend Arbeitskreis Abstammungsrecht, Abschlussbericht, 2017, 74 (These 60); auch *Reuß,* Theorie eines Elternschaftsrechts, 2018, 262, 294.

416 Deutlich BVerfGE 133, 59 (81, Rn. 57); *Brosius-Gersdorf* in Dreier Rn. 148; *Sanders,* Mehrelternschaft, 2018, 172 ff., 329 f.; *Jestaedt/Reimer* in BK Art. 6 Abs. 2, 3 Rn. 218, 243 ff.

417 BVerfGE 79, 51 (60); offengelassen in BVerfG NJW 1994, 183.

418 Wie hier *Jestaedt/Reimer* in BK Art. 6 Abs. 2, 3 Rn. 246.

419 BVerfGE 68, 176 (187); 79, 51; BVerfG NJW 1999, 3623; BVerfG FamRZ 2000, 413 (414); BGH NJW 2005, 2149 (2150); nicht aber der Vormund BVerfGE 10, 302 (328); *Jestaedt/Reimer* in BK Art. 6 Abs. 2, 3 Rn. 246.

420 §§ 1673, 1674 BGB.

421 § 1666 BGB, dazu → Rn. 168.

422 §§ 1626a, 1671 BGB.

423 Zum Unterschied etwa BVerfG FamRZ 2018, 266 (268, Rn. 27); These 14 der AG Sorge und Umgangsrecht (→ Fn. 537) will diese Trennung verdeutlichen.

424 Nur nochmals BVerfGE 108, 82 (99).

ein ausnahmsloses Anfechtungsrecht verfassungsgemäß wären.[425] Der Ausgleich der väterlichen Rechte bei gleichzeitiger Berücksichtigung des Kindeswohls ist jedoch schwierig und bedarf erheblicher **Differenzierung.** Die derzeitige Fassung des einfachen Rechts (§ 1600a Abs. 1 Nr. 2, Abs. 2 BGB) ist noch nicht zufriedenstellend. Dies gilt zum einen in Hinblick auf den ausnahmslosen Ausschluss bei einer sozial-familiären Beziehung zwischen rechtlichem Vater und Kind, zum anderen wegen der rigiden Fristen. Es sind Fälle denkbar, in denen (etwa bei Tod oder dauerhafter Abwesenheit des rechtlichen Vaters) keine das Persönlichkeitsrecht des Erzeugers verdrängenden, verfassungsrechtlich erheblichen Gegenpositionen ersichtlich sind, die den Ausschluss der Anfechtung legitimieren könnten (näher → Rn. 222).

Für **die Mutter** bestehen derzeit keinerlei Korrekturmöglichkeiten (selbst **128** bei Verwechslung von Eizellen oder Embryonen). Zwar ist die sichere Besetzung der ersten Elternstelle für das Kind von besonderer Bedeutung, der völlige Ausschluss der Eizellspenderin kann durch diesen Schutzauftrag aber nicht mehr gerechtfertigt werden (siehe näher dazu → Rn. 218).[426]

Soweit staatliche **Eingriffe** vorgesehen sind, um den Wechsel der Eltern- **129** stellung zu erreichen, hat eine Orientierung an den Prinzipien des Abs. 2 S. 2 und Abs. 3 zu erfolgen.[427] Zur Adoption ohne Einwilligung der Eltern → Rn. 171.

3. Kind als Objekt von Pflege und Erziehung. Das BVerfG hat, wie **130** oben ausgeführt, zuletzt zwar immer klar formuliert, dass auch das Kind einen eigenen Anspruch gegen den Staat auf Gewährleistung elterlicher Pflege und Erziehung hat.[428] Doch ergibt sich seine **Grundrechtsposition nicht unmittelbar aus Art. 6 Abs. 2 S. 1,** sondern sie basiert auf seinem allgemeinen Persönlichkeitsrecht aus Art. 2 Abs. 1 iVm Art. 1 Abs. 1 und findet in Art. 6 Abs. 2 S. 1 nur eine Konkretisierung (näher → Rn. 23).

Der Begriff des **„Kindes"** als Objekt des elterlichen Rechts wird vom **131** einfachen Gesetzgeber auf die den Eltern nächstjüngere Generation bezogen – und zwar ohne Beschränkung auf die Minderjährigkeit derselben.[429] Aus dem Gesamtzusammenhang, insbes. den Begriffen „Pflege und Erziehung", muss aber wohl geschlossen werden, dass Art. 6 Abs. 2 sich nur auf **minderjährige** Kinder bezieht.[430] Erfolgen staatliche Eingriffe in das Verhältnis zwischen volljährigen Kindern und ihren Eltern, so werden diese an Art. 2 Abs. 1 und Art. 6 Abs. 1 gemessen (zur Rolle von Art. 6 Abs. 1 bei volljährigen Kindern → Rn. 71).

---

[425] Jedenfalls dann nicht, wenn zwischen dem rechtlichen Vater und dem Kind eine sozial-familiäre Beziehung besteht, BVerfGE 108, 82 (106); BVerfG FamRZ 2015, 817 (817, Rn. 7); BVerfG FamRZ 2014, 191. Auch zum Diskussionsteilentwurf noch näher → Rn. 222.

[426] Es ergibt sich auch eine Behinderung des Kindes in der Kenntnis der eigenen Abstammung durch diese Regelung, *Coester* DEuFamR 1999, 3 (5); sa *Hieb,* Die gespaltene Mutterschaft im Spiegel des deutschen Verfassungsrechts, 2005, 113; *Wellenhofer* in MüKo BGB § 1591 Rn. 41 f.; *Schumann* MedR 2014, 736 (747).

[427] Zur Vaterschaftsanfechtung von Amts wegen nach § 1600 Abs. 1 Nr. 5 aF → Rn. 260.

[428] Deutlich BVerfG NVwZ 2017, 227 – Burkini, zugleich die Prozessstandschaft ausschließend; *Burgi* in BerlKomm Rn. 98; *Jarass* in Jarass/Pieroth Rn. 48; *Badura* in Maunz/Dürig Rn. 135; *Uhle* in BeckOK GG Rn. 58; *Britz* JZ 2014, 1069 (1070).

[429] ZB in §§ 1618a, 1619, 1620, 1624, 1924 Abs. 4, 2068 BGB.

[430] Sehr str.; wie hier BVerfGE 33, 236 (238 f.); 59, 360 (382); *Brosius-Gersdorf* in Dreier Rn. 162; *Jarass* in Jarass/Pieroth Rn. 44; *Höfling* in HdbStR VII § 155 Rn. 66; aA *Robbers* in MKS Rn. 161; *Uhle* in BeckOK GG Rn. 51; *Jestaedt/Reimer* in BK Art. 6 Abs. 2, 3 Rn. 256; BVerfG FamRZ 2006, 1509 (1510) benennt Abs. 1 und 2.

132 Ganz überwiegend wird angenommen, dass der Schutz des Art. 6 Abs. 2 S. 1 schon **ab der Zeugung** – und damit nicht erst ab der Geburt des Kindes – eingreift.[431] Zwar dehnt dies den Wortlaut der Norm (sowohl den Begriff „Kind" als auch den Begriff „Erziehung") weit aus. Auch ist es in Einzelfällen schwer zu bestimmen, wem genau – neben der „Bauch"mutter – das Elternrecht in dieser Phase zustehen soll. Es ist aber andererseits nicht zu erkennen, warum an die Stelle des spezifischen Schutzes des Art. 6 Abs. 2 S. 1 bis zur Geburt des Kindes nur die allgemeinen Grundrechte aus Art. 2 Abs. 1 iVm Art. 1 treten sollten.[432] Demgegenüber ist der **Wunsch nach Fortpflanzung** ein Teilaspekt des allgemeinen Persönlichkeitsrechts (näher → Rn. 228). Auch für den **Schwangerschaftsabbruch** enthält Art. 6 Abs. 2 S. 1 keine Aussage. Die Entscheidung für oder gegen den Abbruch der Schwangerschaft ist keine Frage der Pflege und Erziehung.[433]

133 **4. Inhalt des Elternrechts. a) Grundsätze.** Art. 6 Abs. 2 S. 1 gewährt den Eltern das Recht zu **„Pflege und Erziehung"** der Kinder. Das ist weit zu verstehen und nicht identisch mit der einfachgesetzlichen elterlichen Sorge. So fällt auch das Recht, die abstammungsrechtliche **Elternstellung einzunehmen** bzw. diese nicht zu verlieren, unter Art. 6 Abs. 2 S. 1 (schon → Rn. 112 ff.). Dasselbe gilt für das **Umgangsrecht** (zum Umgangsentzug → Rn. 163).[434]

134 Der Begriff ist **autonom** zu verstehen und besteht aus einem Konzept, das dem einfachen Gesetzgeber die Befugnis einräumt und die Pflicht auferlegt, innerhalb des Gestaltungsspielraums der Verfassung die Elternautonomie zu konkretisieren und ihre Ausübung zu ermöglichen (schon → Rn. 104).[435] Der Gesetzgeber ist dieser Aufgabe unter anderem mit den Regelungen über die elterliche Sorge, das Umgangsrecht, das Namensrecht und die Abstammung nachgekommen. Oft berührt und überschneidet sich dabei die Ermöglichungs- und Schutzfunktion mit der Ausübung des Wächteramts. Letzteres tritt ganz in den Vordergrund bei den Regelungen des Jugendstrafrechts (dazu → Rn. 154), des Jugendschutzrechts (→ Rn. 182) oder auch schon des Kinder- und Jugendhilferechts (SGB VIII, → Rn. 181).

135 Die **elterliche Sorge** steht den Eltern **gemeinsam** zu (zu den Regelungen bei Elternstreit → Rn. 156 ff.). Bei unverheirateten Eltern kann ausnahmsweise die alleinige **elterliche Sorge** für nur **einen** der Träger des Elternrechts vorgesehen werden, wenn das Kindeswohl dies verlangt.[436] Typisierungen sind dabei jedoch nur möglich, soweit damit keine intensiven Grundrechtsbeeinträchtigungen verbunden sind.[437] Die früheren Regelungen

---

431 Für Geltung ab Zeugung *Robbers* in MKS Rn. 155; *Brosius-Gersdorf* in Dreier Rn. 164; *Uhle* in BeckOK GG Rn. 51; *Jarass* in Jarass/Pieroth Rn. 44; *Höfling* in HdbStR VII § 155 Rn. 65; offenlassend BVerfG NJW 2013, 847 (kryokonservierte Embryonen); wohl für Geltung ab Geburt *Jestaedt/Reimer* in BK Art. 6 Abs. 2, 3 Rn. 253; OVG Magdeburg Beschl. v. 15.4.2008 – 2 M 84/08; auf den Zeitpunkt eines nicht mehr straffreien Schwangerschaftsabbruchs nach § 218a Abs. 1 StGB abstellend OVG Hamburg NVwZ-RR 2009, 133 (134); zu den Auswirkungen auf § 1666 BGB *Wever/Krekeler* MedR 2019, 369.

432 Beachtlich ist bei den Fragen des Schutzes von Kind und Eltern vor der Geburt auch der allgemeine Familienschutz des Art. 6 Abs. 1, dazu → Rn. 95.

433 *Höfling* in HdbStR VII § 155 Rn. 65; aA *v. Coelln* in Sachs Rn. 45 Fn. 455.

434 BVerfGE 108, 82 (110); 111, 307 (330 f.); 121, 69 (94, Rn. 74); BVerfG NJW 2007, 1266 (1267); *Gernhuber/Coester-Waltjen*, Familienrecht, 2020, § 67 Rn. 3.

435 Auch das Kindeswohl verlangt solche Regelungen, BVerfGE 55, 171; *Coester* FamRZ 1996, 1181 (1182); allgemeiner *Höfling* in HdbStR VII § 155 Rn. 50.

436 BVerfGE 127, 132.

437 BVerfGE 17, 1 (23); 79, 87 (100); 84, 168 (183); → Rn. 147.

in §§ 1626, 1626a aF, 1672 aF BGB verstießen gegen Art. 6 Abs. 2.[438] Die derzeitigen Regelungen zur Sorgebeteiligung des nicht mit der Mutter verheirateten Vaters (§§ 1626a ff. BGB) entsprechen zwar den Vorgaben des BVerfG. Es erscheint jedoch aus der Jetztsicht nicht mehr vertretbar, die Versagung der gemeinsamen Sorge ab Geburt als Regelmodell mit der abstrakten Berufung auf das Bedürfnis des Kindes nach sofortiger Sicherheit zu rechtfertigen.[439]

b) Begriff Pflege und Erziehung. Man kann unter **„Pflege"** die Sorge für das körperliche Wohl des Kindes, unter **„Erziehung"** die Sorge für die seelisch-geistige Entwicklung, für Bildung und Ausbildung verstehen.[440] Eine genaue Abgrenzung der Begriffe ist jedoch wegen der Verzahnung der Impulse für die körperliche und die geistige Entwicklung wenig sinnvoll. „Pflege und Erziehung" sollte daher als **einheitlicher Begriff** verstanden werden, der beides umfasst[441] und über den üblichen Sprachgebrauch hinausgeht. Zunächst gehören ua dazu: Ernährung, Kleidung, Sorge für die Gesundheit und körperliche Entwicklung, Wahl des Namens (→ Rn. 145 f.), Entwicklung der geistigen Anlagen des Kindes, Ausbildung zu einem Beruf, Sorge für das Vermögen des Kindes und Finanzierung seines **Unterhalts.** **136**

c) Pflichtbindung und Schranken. Das Recht zu Pflege und Erziehung lässt sich nicht von der Pflichtbindung trennen, die es prägt und begrenzt.[442] Daher spricht man – mit dem BVerfG[443] – auch im privatrechtlichen Kontext besser von **„elterlicher Verantwortung"** als von elterlicher Sorge.[444] Die Ausrichtung auf das **Kindeswohl** führt zu einer immanenten Beschränkung des Elternrechts. Denn die elterliche Pflege und Erziehung soll dazu dienen, dass sich das des Schutzes und der Hilfe bedürftige Kind zu einer eigenverantwortlichen Persönlichkeit innerhalb der sozialen Gemeinschaft entwickeln kann, wie es dem Menschenbild der Verfassung entspricht.[445] Man könnte dies zugleich so verstehen, dass das (gegen den Staat gerichtete) Elternrecht des Art. 6 Abs. 2 S. 1 nur soweit überhaupt besteht, wie es durch das Kindeswohl legitimiert ist. Jenseits dieser Grenze wäre es dann nicht mehr vorhanden, so dass etwaige staatliche Maßnahmen auch nicht als Eingriffe anzusehen wären.[446] **137**

[438] BVerfGE 127, 132, Möglichkeit der Sorgeerklärung (nur) mit Zustimmung der Mutter reicht nicht aus; auch EGMR FamRZ 2010, 103 (105, Rn. 56 ff.) – Zaunegger; zurückhaltend noch BVerfGE 107, 150; gegen völligen Ausschluss des nichtehelichen Vaters schon BVerfGE 84, 168 (181); auch die früher zwingende Übertragung der elterlichen Sorge auf nur einen Elternteil bei Scheidung (§ 1671 Abs. 4 S. 1 aF BGB) war verfassungswidrig, BVerfGE 61, 358 (374).

[439] Näher *Heiderhoff* JZ 2013, 82 ff.; *Coester* in Staudinger BGB § 1626a Rn. 4; *Osthold,* Die rechtliche Behandlung von Elternkonflikten, 2016, 541 ff., 676 ff.

[440] So etwa *v. Coelln* in Sachs Rn. 60; teilw. auch *Brosius-Gersdorf* in Dreier Rn. 158 f.

[441] *Robbers* in MKS Rn. 143 f.; dennoch für die Zuordnung zu den Teilschutzbereichen plädierend *Jestaedt/Reimer* in BK Art. 6 Abs. 2, 3 Rn. 266.

[442] *Robbers* in MKS Rn. 149.

[443] Schon BVerfGE 24, 119 (144); auch etwa 121, 69 (89, Rn. 62).

[444] *Coester* FamRZ 2012, 1337 (1344).

[445] *Böckenförde* in Krautscheidt/Marré Essener Gespräche zum Thema Staat und Kirche 14, 63.

[446] *Brosius-Gersdorf* in Dreier Rn. 161, 172; *Badura* in Maunz/Dürig Rn. 95 („immanente Grenze"), 107; *Burgi* in BerlKomm Rn. 122; vorsichtiger *Höfling* in HdbStR VII § 155 Rn. 46 f.; dagegen *Wapler,* Kinderrechte und Kindeswohl, 2015, 125 f.; *Reuter* AcP 1992, 108 (115 f.); unklar *Jestaedt/Reimer* in BK Art. 6 Abs. 2, 3 Rn. 89 f., 345, 364 ff. die zwar eine immanente Begrenzung, aber nachdrücklich auch eine Qualifikation des Wächteramts als Schranke annehmen.

Die vom BVerfG verwendete Dogmatik ist insofern uneindeutig.[447] Zuletzt hat es jedoch zumeist richtig die Ausübung des Wächteramts als Eingriff gesehen[448] und eine klare Schrankendogmatik verwendet.[449] Diesem Verständnis, welches auch § 1666 BGB zugrunde liegt, ist nachdrücklich beizupflichten. Die Annahme, dass das Elternrecht „von selbst" endet, wo es nicht mehr dem Kindeswohl dient, führt zu nicht hinnehmbaren Unsicherheiten und damit zu einer Schwächung des Elternrechts. Gerade das Kindeswohl eignet sich nicht zur Ziehung scharfer Grenzlinien, da der Begriff viel zu offen ist und stark subjektiv beurteilt werden kann. Zudem würde bei Annahme einer immanenten Grenze die Notwendigkeit eines den Eingriff tragenden Gesetzes sowie einer Verhältnismäßigkeitsprüfung entfallen, was nicht hinnehmbar wäre.

138 Selbst wenn der Staat die Sorge in einem Fall entzieht, in welchem die Eltern klar das Kindeswohl gefährdet haben, liegt deshalb ein **Eingriff** in das Elternrecht vor, der im Rahmen des Wächteramts erfolgt und der Rechtfertigung bedarf (zu den Anforderungen näher → Rn. 153 ff.).[450]

139 Das Wächteramt unterliegt einem **Gesetzesvorbehalt.**[451] Die staatlichen Eingriffe müssen sich zudem stets auf die Wahrung des Kindeswohls beziehen. Schließlich ist wie stets konkurrierendes Verfassungsrecht abzuwägen; neben den Rechten des Kindes (→ Rn. 21) wirkt sich hier Art. 7 erheblich aus (dazu → Rn. 184 ff.).

140 **d) Inhalte der elterlichen Verantwortung im Einzelnen. aa) Erziehungsziele.** Zu dieser umfassenden Verantwortung zählt vor allem die **Bestimmung des Erziehungszieles.**[452] Hierbei sind die Eltern grundsätzlich frei und dürfen nicht durch staatlich verordnete Erziehungsziele oder -mittel, zB im Sinne einer bestimmten Ideologie, Kirche oder Moralordnung, eingeschränkt werden.[453] Für die Bestimmung des Erziehungsziels gelten aber die Schranken des Art. 2 Abs. 1: Die Rechte anderer, die verfassungsmäßige Ordnung und die „guten Sitten" dürfen nicht verletzt werden. Wenn teils darüber hinausgehend formuliert wird, das Erziehungsziel müsse mit dem Menschenbild der Verfassung vereinbar sein,[454] kann dies missverstanden werden.[455] Sicherlich nicht mehr geschützt wäre eine gezielte Erziehung zur

---

[447] Von immanenter Grenze ausgehend deutlich BVerfGE 24, 119 (3. Ls.); mit unterschiedlichen Sichtweisen BVerfGE 59, 360 – dort ist einerseits von einem Eingriff im Rahmen des Wächteramts die Rede (376), andererseits (bezogen auf die wachsende Eigenzuständigkeit des Kindes) von immanenter Begrenzung (382); uneindeutig auch BVerfGE 103, 89 (107), wonach in Fällen der nachhaltigen Kindeswohlgefährdung das Elternrecht keinen Schutz verdient; dagegen deutlich mit der Eingriffsdogmatik arbeitend BVerfGE 31, 194 (204 f.); eine Abgrenzung versuchend *Mager,* Einrichtungsgarantien, 2003, 212 ff.

[448] So bei Sorgerechtentzug BVerfG FamRZ 2018, 1084 (1086, Rn. 16); FamRZ 2017, 1055 (1056, Rn. 17); zu § 182 Hessisches Schulgesetz: BVerfG NJW 2015, 44 (46, Rn. 21).

[449] Dafür auch *Olzen* in MüKo BGB § 1666 Rn. 1.

[450] *Jarass* in Jarass/Pieroth Rn. 55; *Wapler,* Kinderrechte und Kindeswohl, 2015, 125 f.; vorsichtig, aber für immanente Grenze bei „offenkundiger" Kindeswohlverletzung *Höfling* in HdbStR VII § 155 Rn. 49.

[451] *Jestaedt/Reimer* in BK Art. 6 Abs. 2, 3 Rn. 424; *Jarass* in Jarass/Pieroth Rn. 55; *Höfling* in HdbStR VII § 155 Rn. 51 f.; *v. Coelln* in Sachs Rn. 76.

[452] *Robbers* in MKS Rn. 152; *Jestaedt/Reimer* in BK Art. 6 Abs. 2, 3 Rn. 277; *Brosius-Gersdorf* in Dreier Rn. 160.

[453] *Burgi* in BerlKomm Rn. 115.

[454] BVerfGE 56, 363 (384) (wiewohl eher im Sinne eines Ideals); *Jestaedt/Reimer* in BK Art. 6 Abs. 2, 3 Rn. 293; *Burgi* Rn. 114; aA *Böckenförde* in Krautscheidt/Marré Essener Gespräche zum Thema Staat und Kirche 14, 111.

[455] Dagegen daher auch *Robbers* in MKS Rn. 152.

Kriminalität oder gar Gewalttätigkeit.[456] Auch sonst ist dasjenige, was die Kindesrechte – insbesondere aus Art. 1, 2 – fordern, zu beachten und die Erziehung darf daher bspw. nicht die Willenlosigkeit oder Abhängigkeit des Kindes zum Ziel haben.[457] Wenn § 1626 Abs. 2 BGB die Erziehung zu selbstständigem verantwortungsbewusstem Handeln vorgibt, ist dies mit Art. 6 Abs. 2 S. 1 vereinbar. Unverkennbar ist die Einfassung der zulässigen Erziehungsziele einem Wandel (der gesellschaftlichen Vorstellungen) unterzogen.[458] Das eigentliche Problem liegt in der Bestimmung der nicht mehr akzeptablen Lebensmuster in der Vielzahl und Vielfalt der Menschenbilder – sie muss stets im konkreten Fall erfolgen.[459]

bb) Erziehungsstil und Versorgung des Kindes. Umfasst von der Elternautonomie iSd Art. 6 Abs. 2 S. 1 sind die Art und Weise der Versorgung des Kindes sowie die Erziehungsmethoden.[460] Eltern dürfen das Kind nach ihrer Vorstellung ernähren und kleiden, sie dürfen es eher autoritär oder kooperativ erziehen. Wiederum bilden die Schranken des Art. 2 Abs. 1, Abs. 2 und das Menschenbild der Verfassung eine Begrenzung, die der einfache Gesetzgeber im Rahmen des Wächteramts konkretisieren darf und muss. § 1631 Abs. 2 BGB begegnet daher keinen verfassungsrechtlichen Bedenken.[461] Schon aufgrund gesicherter Erkenntnisse über die schädlichen Wirkungen **körperlicher Strafen** bildet ein solches Verbot (zu unterscheiden von der ohnehin verbotenen körperlichen Gewaltanwendung) eine verfassungsrechtlich zulässige typisierende Gefahrenabwehr.[462] **141**

Die Eltern entscheiden auch, ob und wieweit sie selbst das Kind erziehen oder die Erziehung an kollektive Einrichtungen oder sonstige Dritte **delegieren.**[463] Unzulässig wäre daher eine Zwangsjugendorganisation. Auch eine allgemeine Kindergartenpflicht wäre ein Eingriff, der nur schwer zu rechtfertigen ist (näher → Rn. 179). **142**

cc) Medizinische Maßnahmen, sonstige Eingriffe in die körperliche Integrität. Grundsätzlich sind die Eltern auch für den **Körper** und die **Gesundheit** des Kindes verantwortlich.[464] Sie sind dafür zuständig, die Einwilligung in medizinische Behandlungen zu erteilen und die Behandlungsverträge abzuschließen.[465] Doch tritt hier die Pflichtbindung besonders hervor, weil die Grundrechte des Kindes stark betroffen sind (→ Rn. 173). **143**

---

[456] *Jestaedt/Reimer* in BK Art. 6 Abs. 2, 3 Rn. 279; *Burgi* in BerlKomm Rn. 115; weitergehend *v. Coelln* in Sachs Rn. 64 (Erziehung zur Rechtstreue); recht weitgehend § 171 StGB.

[457] Mit weiteren Beispielen *Jestaedt/Reimer* in BK Art. 6 Abs. 2, 3 Rn. 278.

[458] Schon *Häberle,* Erziehungsziele und Orientierungswerte im Verfassungsstaat, 1981, 75 f.

[459] Zu Gefahren durch Medien *Coester/Coester-Waltjen* FS f. Koch, 2019, 457 (462 ff.).

[460] Zur Bedeutung der Vorstellungen im Sorgerechtsstreit bei geschlechtsdysphorischem (Kleidungs-)Verhalten BVerfG FamRZ 2018, 266.

[461] *Höfling* in HdbStR VII § 155 Rn. 49; *Schulze-Fielitz* in Dreier Art. 2 Rn. 97; *Müller-Terpitz* in HdbStR VII § 147 Rn. 95 meint weitergehend, wegen Art. 2 Abs. 2 umfasse die elterliche Sorge schon gar nicht das Recht zu körperlicher Züchtigung.

[462] *Uhle* in BeckOK GG Rn. 62; aA *Robbers* in MKS Rn. 154; *Jestaedt/Reimer* in BK Art. 6 Abs. 2, 3 Rn. 288; zum Sorgerechtsentzug bei Rutenschlägen EGMR FamRZ 2018, 689.

[463] Enger als hier *Coester,* Das Kindeswohl als Rechtsbegriff, 1983, 187, 193.

[464] *v. Coelln* in Sachs Rn. 60; *Jarass* in Jarass/Pieroth Rn. 42.

[465] Zum Konflikt zwischen Einwilligung und Behandlungsvertrag *Spickhoff* FamRZ 2018, 412.

144 Ob zu der umfassenden Verantwortung für die Lebens- und Entwicklungsbedingungen des Kindes auch die Entscheidung über **lebensbeendende Maßnahmen** gehört, ist zumindest nicht ganz eindeutig. Anders als beim Schwangerschaftsabbruch (→ Rn. 132) sollte dies bejaht werden, da es sich eigentlich um eine Wahrnehmung der dem Kind nicht möglichen Selbstbestimmung handelt, und die Eltern mehr noch als bei sonstigen Fragen die am besten zur Wahrnehmung dieser Interessen geeigneten Personen sind.[466] Die Überprüfungsmöglichkeit nach § 1666 BGB kann den Schutz des Kindes im Rahmen des Wächteramts gewährleisten.

145 **dd) Namenswahl.** Die Wahl des Namens **für das Kind** ist als Element der elterlichen Sorge von Art. 6 Abs. 2 S. 1 umfasst[467] und zugleich Teil des allgemeinen Persönlichkeitsrechts des Kindes (Art. 2 Abs. 1 iVm Art. 1 Abs. 1). Grenzen bei der Auswahl des Vornamens ergeben sich aus dem staatlichen Wächteramt bei Namen, die das Kindeswohl gefährden. Eine Geschlechtsidentifikation des Vornamens ist nicht erforderlich, doch besteht eine Grenze, wo der Name dem Kind offensichtlich und nach keiner Betrachtungsweise die Möglichkeit bietet, sich damit (geschlechtlich oder auch sonst) zu identifizieren.[468] Das ist etwa der Fall bei lächerlich machenden Namen oder solchen, die das Kind in seiner Identitätsfindung eingrenzen.[469]

146 Für den Geburtsnamen (Nachnamen) stellen die Koppelung des Kindesnamens an den Namen des sorgeberechtigten Elternteils und die Versagung einer Namensänderung bei Tod eines Elternteils[470] einen unnötigen und damit nicht zu rechtfertigenden Eingriff in das Persönlichkeitsrecht des anderen Elternteils dar.[471] Das noch bestehende (weitgehende) gesetzliche Verbot einer **Doppelnamenbildung** (die viele Probleme auf EU-Ebene verhindern würde)[472] ist kaum mit der von Art. 6 geforderten Autonomie vereinbar.[473]

147 **e) Dauer.** Das elterliche Erziehungsrecht nimmt ab, je mehr das Kind eigenverantwortlich handeln kann.[474] Nach Erreichen der Volljährigkeit endet das Erziehungsrecht. Das steht fest, selbst wenn das Kind, etwa aufgrund einer Behinderung, weiter der Fürsorge bedarf. Die Festlegung des Volljäh-

---

466 Wie hier OLG Hamm NJW 2007, 2704; *Spickhoff* FamRZ 2007, 2048; offenlassend (wegen nach eAO eingetretenem Tod des Kindes): BVerfG FamRZ 2007, 2046; dagegen *Jestaedt/Reimer* in BK Art. 6 Abs. 2, 3 Rn. 271.

467 BVerfGE 104, 373 (385).

468 BVerfG NJW 2009, 663 (664, Rn. 15) zu geschlechtsneutralen Vornamen; BVerfG NJW 2006, 1414 zum an einen Nachnamen erinnernden Vornamen; dazu auch BGH NJW 2008, 2500.

469 Unzulässig wegen eines „belästigenden" Charakters auch zwölf (überwiegend seltene) Vornamen, BVerfG NJW 2004, 1586; zu den Schwierigkeiten einer solchen Annahme im Einzelfall nur *v. Sachsen Gessaphe* in MüKo BGB § 1626 Rn. 16 ff.

470 § 1617a Abs. 2 S. 1, 2 BGB; BGH NJW 2005, 3498; krit. *v. Sachsen Gessaphe* in MüKo BGB § 1617a Rn. 25; *Hilbig-Lugani* in Staudinger BGB § 1617a Rn. 23 mwN.

471 AA zu § 1618 Abs. 1 S. 1 Alt. 1 BGB aF: OLG Braunschweig StAZ 1996, 329 (330); OLG Zweibrücken FamRZ 1997, 696 (697 f.).

472 EuGH FamRZ 2004, 173 – Garcia Avello; FamRZ 2006, 1349; NJW 2009, 135 – Grunkin Paul.

473 Anders BVerfGE 104, 373 (Verbot des Kindesdoppelnamens, der sich aus Elternnamen zusammensetzt); krit. *Coester* Jura 2007, 348 (351); *Hilbig-Lugani* in Staudinger BGB § 1617 Rn. 25; zur Bestimmung des Mehrfachnamens als Ehename BVerfGE 123, 90 (101 ff.).

474 *Robbers* in MKS Rn. 159; *Badura* in Maunz/Dürig Rn. 94; *Jarass* in Jarass/Pieroth Rn. 44; auch BVerfGE 59, 360 (382); *v. Coelln* in Sachs Rn. 70.

rigkeitsalters und auch andere gesetzliche Altersgrenzen gehören zu den das Elternrecht konkretisierenden Maßnahmen. Die darin liegenden Eingriffe – durch fehlende Passgenauigkeit in Bezug auf das konkrete Kind können entweder dessen Rechte oder das Elternrecht betroffen sein – sind durch das Bedürfnis nach klaren Regeln gerechtfertigt. Die gesetzlichen Altersgrenzen müssen jedoch der Entwicklung der Kinder so gut wie möglich entsprechen. Auch hier beeinflusst der Zeitgeist die Beurteilung und beeinflusst damit den Maßstab dafür, wann eine (verfassungsgemäße) Konkretisierung, wann eine (verfassungswidrige) Aushöhlung der Elternautonomie anzunehmen ist. Weder die Herabsetzung der Volljährigkeit auf die Vollendung des 18. Lebensjahres noch die (bereits unter Geltung der insoweit ähnlichen Fassung des Art. 120 WRV eingeräumte) Teilmündigkeit in Religionsfragen verstoßen gegen Art. 6 Abs. 2.[475] Altersgrenzen dürfen aber dann nicht (rein) typisierend festgelegt werden, wenn es um **erhebliche Eingriffe** in höchstpersönliche Rechte des Kindes geht (→ Rn. 174).

5. Elternrecht als Pflichtrecht. a) Pflichtgebundenheit des Elternrechts. Gleichzeitig mit der Garantie der Rechtsstellung der Eltern betont Art. 6 Abs. 2 S. 1 die **Pflichtgebundenheit** des Elternrechts.[476] Durch diese erhält es einen für ein Grundrecht atypischen Charakter,[477] dessen zentrales Element man darin sehen sollte, dass das Elternrecht im Regelfall nicht gegenläufig zu den Kindesinteressen ist, sondern diese gerade nachvollzieht und sichert.[478] Doch ergibt sich aus der Pflichtbindung, dass das **Kindeswohl** bei einer Abwägung mit dem Elternrecht stets vorgeht. Unmittelbar ergeben sich nach hier vertretener Konzeption bei der Sorgeausübung keine Einengungen durch die Pflichtbindung als solche, sondern alle staatlichen Begrenzungen sind als Eingriffe zu qualifizieren, die gerechtfertigt werden müssen (dazu → Rn. 137). 148

Art. 6 Abs. 2 S. 1 erlaubt aber, dass der Staat den Eltern einfachrechtlich gewisse Pflichten auferlegt. Dazu gehören die Umgangspflicht (→ Rn. 212) und – vor allem – die **Leistung von Unterhalt** – in gegenüber den allgemeinen Regeln noch erhöhtem Umfang, § 1603 BGB.[479] Diese verfassungsrechtlichen Elternpflichten hängen nicht von der Gewährung einfachrechtlicher Sorgerechte ab, so dass eine – zumindest teilweise – Inpflichtnahme auch bei Übertragung der elterlichen Sorge auf den anderen Elternteil oder bei Entzug der elterlichen Sorge bestehen bleiben kann.[480] Die Pflicht zur (Rück-)Übernahme des Sorgerechts, wenn der andere Elternteil ausfällt, steht aber unter Kindeswohlvorbehalt.[481] 149

---

[475] → Art. 4 Rn. 41.

[476] *Jestaedt/Reimer* in BK Art. 6 Abs. 2, 3 Rn. 71 ff.; *Brosius-Gersdorf* in Dreier Rn. 142; *Robbers* in MKS Rn. 145.

[477] *Jestaedt/Reimer* in BK Art. 6 Abs. 2, 3 Rn. 77; dort auch zum Unterschied zwischen „ob" und „wie" der Wahrnehmung des Elternrechts bei der Pflichtbindung, Rn. 78.

[478] Knapp *Robbers* in MKS Rn. 144; vertieft und jeweils sehr weitgehend *Schmitt-Glaeser,* Das elterliche Erziehungsrecht, 1980, 50 ff.; *Ossenbühl,* Das elterliche Erziehungsrecht im Sinne des Grundgesetzes, 1981, 50 ff.

[479] BVerfG FamRZ 2008, 1403 (1403, Rn. 11 ff.); NJW 2012, 2420 (2421, Rn. 16) (zum dort formulierten – aber abzulehnenden – Recht des Kindes gegen die Eltern aus Art. 6 Abs. 2 → Rn. 22).

[480] ZB die Unterhaltspflicht gem. §§ 1602 Abs. 2, 1603 Abs. 2 S. 1 BGB.

[481] Siehe § 1680 Abs. 2 S. 1 BGB; § 1681 Abs. 2 BGB; näher *Coester* in Staudinger BGB § 1680 Rn. 20; zur früheren verfassungswidrigen (positiven) Kindeswohlprüfung in § 1680 Abs. 2 S. 2 BGB BVerfG FamRZ 2008, 2185 (2187, Rn. 21).

150 **b) Veräußerung, Verzicht.** Das verfassungsrechtliche Elternrecht ist **unveräußerlich,**[482] auch wenn die Grundlagen dieses Rechts der Disposition der Betroffenen nicht vollständig entzogen sind: Die Betroffenen können die rechtliche Zuordnung zum Kind durch Rechtsakt schaffen (zB Vaterschaftsanerkennung, Adoption) und beseitigen (Vaterschaftsanfechtung bei fehlender genetischer Verwandtschaft, Zustimmung zur Adoption).

151 Die prinzipielle Unveräußerlichkeit hindert auch nicht die Disposition der Eltern untereinander über die unterhalb des verfassungsmäßigen Elternrechts anzusiedelnde elterliche Sorge. Die Möglichkeit der Sorgeerklärung (§ 1626b BGB) und der elterlichen Einigung über das Sorgerecht nur eines Elternteils im Falle der Trennung bis dahin gemeinsam sorgeberechtigter Eltern (§ 1671 Abs. 1 BGB) stößt sich nicht an der Unveräußerlichkeit des Elternrechts. Auch die Möglichkeit, die Ausübung der elterlichen Sorge Dritten zu überlassen, gehört zur Elternautonomie.[483] Einen Grenzbereich trifft die **anonyme Geburt** (dazu → Rn. 227).

152 Der **Verzicht** auf die Elternrechte wird derzeit regelmäßig bei der medizinisch assistierten anonymen Samenspende angenommen[484] und ist im Entwurf eines Gesetzes zur Reform des Abstammungsrechts („Diskussionsteilentwurf")[485] auch für die private Samenspende vorgesehen.[486] Grundsätzlich muss hier das Interesse des Kindes, die verzichtende Person zum Elternteil zu haben, beachtet werden. Dieses tritt zurück, wenn eine andere Person durch Einwilligung in die Samenspende die Bereitschaft zur Einnahme der Elternstellung erklärt und die elterliche Gesamtverantwortung übernimmt. Zweifel bestehen bei der (bisher noch verbotenen) **Samenspende an eine alleinstehende Frau.** Da ohne eine wirksame Befreiung des Samenspenders von der Elternstellung in der Praxis keine Befruchtung möglich wäre, ist allein zu überlegen, ob das (potentielle) Aufwachsen mit nur einem Elternteil für das (noch zu zeugende) Kind einen so erheblichen Nachteil darstellt, dass die Zeugung entgegen des Fortpflanzungsinteresses der Frau aus Art. 2 Abs. 1 (→ Rn. 228) unterbleiben müsste. Das ist nicht der Fall. Das Gesetz sieht bereits heute an verschiedenen Stellen die Einelternschaft vor (alleinstehende Frau, immer wenn von § 1592 Nr. 2 und Nr. 3 kein Gebrauch gemacht wird,[487] Adoption durch Einzelperson). Um dem überwiegenden Fortpflanzungsinteresse der alleinstehenden Frau Rechnung zu tragen, muss daher die Samenspende auch an diese vorgesehen werden.[488]

---

[482] *Jestaedt/Reimer* in BK Art. 6 Abs. 2, 3 Rn. 239 ff.

[483] *Uhle* in BeckOK GG Rn. 52; die Kontrolle von Ausübungsüberlassungen muss daher durch das Kindeswohl gerechtfertigt sein; problematisch wäre daher das Verlangen eines pol. Führungszeugnisses auch für betreuende Familienangehörige und elterliche Freunde.

[484] BT-Drs. 15/2942, 9; BGH NJW 2013, 2589 (2591, Rn. 21); *Sanders,* Mehrelternschaft, 2018, 362 f.; zu entsprechenden Konstellationen und Verträgen *Lettmaier/Moes* FamRZ 2018, 1553; zur ausnahmsweise fehlenden Notwendigkeit der Benachrichtigung des (privaten) Samenspenders bei Adoption des Kindes durch die Lebenspartnerin der Mutter wegen dessen Verzichts BGH NJW 2015, 1820 (1822, Rn. 23).

[485] Abrufbar unter www.bmjv.de/SharedDocs/Gesetzgebungsverfahren/DE/Reform_Abstimmungsrecht.html.

[486] Diskussionsteilentwurf (→ Fn. 485), 3, 33 (zu § 1598c BGB); in ausländischen Rechtsordnungen erklärt ihn teilweise auch die Leihmutter (dazu → Rn. 233).

[487] Zwar könnte das Kind in diesen Fällen nach Eintritt der Volljährigkeit die Feststellung des Vaters seinerseits betreiben; doch wird es oft (anders als bei der Samenspende) dessen Identität gar nicht erfahren.

[488] *Sanders,* Mehrelternschaft, 2018, 364 konkret für Fälle, in denen Einzeladoption möglich wäre; allgemeiner *Reuß,* Theorie eines Elternschaftsrechts, 2018, 203 f.; *Unger* FamRZ 2018, 663 (664).

6. Über ihre Betätigung wacht die staatliche Gemeinschaft, Art. 6 Abs. 2 S. 2. a) Zielrichtung. Das staatliche **Wächteramt** besteht allein zum **Wohl des Kindes,** muss also immer an diesem orientiert sein und ist durch dieses legitimiert.[489] Das Wächteramt bedeutet eine Handlungspflicht für den Staat. Aus Art. 2 Abs. 1 (ggf. auch Art. 1 Abs. 1 bzw. Art. 2 Abs. 2) iVm Art. 6 Abs. 2 S. 2 ergibt sich der Anspruch des Kindes auf staatlichen Schutz (→ Rn. 23).[490] Dieser umfasst im äußersten Fall auch die Pflicht, das Kind von seinen Eltern zu trennen. Dann treten die Voraussetzungen des Art. 6 Abs. 3 hinzu (→ Rn. 189 ff.). **153**

Gesetzliche Regelungen oder staatliche Entscheidungen, die das Elternrecht beeinträchtigen, aber nicht der Abwendung von Gefahren für das Kindeswohl dienen, fallen nicht unmittelbar unter das Wächteramt. Sie können aber dann verfassungsgemäß sein, wenn sie zum Schutz anderer kollidierender Grundrechte erfolgen.[491] Das BVerfG hat zwar auch das **Jugendstrafrecht,** durch welches die Elternrechte erheblich eingeschränkt und staatliche Erziehungsmaßnahmen ergriffen werden können, als durch das staatliche Wächteramt gerechtfertigt angesehen.[492] Das trifft zu, solange die Maßnahmen wirklich vom Erziehungszweck getragen sind. Wo sie darüber hinausgehen, können sie auch zum Rechtsgüterschutz gerechtfertigt sein.[493] **154**

Wie bei jedem Grundrechtseingriff muss der Staat auch bei allen Maßnahmen, die er aufgrund seines Wächteramtes ergreift, das Elternrecht soweit wie möglich respektieren.[494] Er hat stets das **mildeste zur Verfügung stehende Mittel** einzusetzen; dabei ist eine Unterstützung einem Eingriff vorzuziehen[495] und die Wiederherstellung des Elternprimats anzustreben.[496] Generelle Verbote sind nur zulässig, wenn gerade solche das „gebotene und adäquate" Mittel sind, um die Kinder zu schützen.[497] Zur Ausübung des Wächteramtes gehört es nicht, gegen den Willen der Eltern für eine **bestmögliche** Förderung des Kindes zu sorgen.[498] Das verstieße vielmehr gegen das Elternprimat.[499] **155**

b) Zuweisung bei Getrenntleben und Uneinigkeit der Eltern. Eine zentrale Regelungsaufgabe zur Ermöglichung der Ausübung der elterlichen Verantwortung betrifft die **Verteilung der Sorge** bei Getrenntleben und **156**

---

[489] Dazu *Coester,* Das Kindeswohl als Rechtsbegriff, 1983, 134 ff.; BVerfGE 24, 119 (144); BVerfG NJW 1997, 3301; NJW 1999, 631 (633); *Uhle* in BeckOK GG Rn. 58.

[490] BVerfG FamRZ 2018, 1092 (1092, Rn. 6); BVerfG NJW 2017, 1295.

[491] Schon → Rn. 6.

[492] BVerfGE 107, 104 – dort zugleich zu den Grenzen; ebenso *Robbers* in MKS Rn. 254.

[493] *Jarass* in Jarass/Pieroth Rn. 59; BVerfGE 107, 104 (119).

[494] Dem entspricht § 1628 BGB; daher Verstoß gegen Abs. 2, wenn das Gericht die zu besuchende Schule selbst bestimmt, BVerfG NJW 2003, 1031; dem entsprach § 51 Abs. 2 JGG aF mit dem Ausschluss der Eltern vom Jugendgerichtsverfahren nicht: BVerfGE 107, 104 (120); zum Namensrecht → Rn. 145.

[495] BVerfG FamRZ 2014, 1772 (1774 f.); FamRZ 2014, 1266 (1268) (öffentliche Hilfen vor Sorgerechtsentzug); FamRZ 2008, 2185 (2187, Rn. 31); BeckRS 2008, 32559 (begleiteter Umgang vor Umgangsausschluss); ähnlich BVerfG FamRZ 2009, 399 (400).

[496] BGH FamRZ 2014, 543: Verbleibensanordnung nach § 1632 Abs. 4 BGB milderes Mittel gegenüber Sorgerechtsentzug.

[497] BVerfGE 7, 320 (323 f.).

[498] BVerfGE 60, 79 (94); BVerfG FamRZ 1989, 145; NJW 2003, 1031 (1032); *Coester* in Staudinger BGB § 1666 Rn. 81; *Uhle* in BeckOK GG Rn. 59.

[499] Bei anderen Erziehungsberechtigten (Pfleger, Vormund) gilt ein strengerer Maßstab, dazu *Fegeler,* Der Maßstab des Wohls des Kindes, des Mündels, des Pfleglings und des Betreuten bei der gerichtlichen Kontrolle ihrer Interessenvertreter, 2000, 63 ff.

Uneinigkeit der Eltern. Das BVerfG leitet dies aus dem Wächteramt ab[500] – eine Ableitung unmittelbar aus der Institutsgarantie wäre ebenfalls plausibel. Das Familiengericht handelt dabei erst auf Antrag eines Elternteils. Sobald und soweit die Eltern sich einig werden, tritt die Verantwortung des Staats zurück (§ 1671 Abs. 1 S. 2 Nr. 1; Abs. 2 S. 2 Nr. 1 BGB).[501] Von Amts wegen sind staatliche Eingriffe stets erst in Gefährdungssituationen verfassungsgemäß (zu § 1666 BGB → Rn. 168 f.).

157 Bei der Entscheidung über die Verteilung der elterlichen Sorge **im Elternstreit** muss **das Kindeswohl** die entscheidende Bedeutung haben. Die vom Gesetzgeber zur Beilegung von Konflikten zur Verfügung gestellten Regelungen sind dementsprechend dem Kindeswohl verpflichtet – und zwar in materiell-rechtlicher und verfahrensrechtlicher Hinsicht.[502] Die gerichtliche Entscheidung muss vom im Einzelfall zu bestimmenden Kindeswohl getragen sein und darf keinesfalls anders motiviert sein.[503] Zur Konkretisierung des unbestimmten **Rechtsbegriffs des Kindeswohls** in diesem Rahmen haben die Gerichte nicht den breiten Gestaltungsraum der Eltern, sondern müssen das Kindeswohl objektivierbar auf den Einzelfall umsetzen.[504] Das Kind ist in seiner Individualität zu berücksichtigen.[505] Der **Wille des Kindes** macht einen Teil des Kindeswohls aus und ist mit zunehmendem Alter immer stärker zu berücksichtigen.[506] Er kann zwar von anderen Kindeswohlfacetten überlagert werden,[507] doch darf dies nicht zu einer Unterschätzung seines Rangs verleiten.[508] Ab dem 14. Lebensjahr erhält er entscheidende Bedeutung (§ 1671 Abs. 1 S. 2 Nr. 1, Abs. 2 S. 2 Nr. 1 BGB).

158 Die Eltern sind gleichberechtigt (Art. 3 Abs. 2).[509] Doch ist die **gemeinsame Sorge** bei einer Trennung der Eltern einfachrechtlich nicht als bevorzugtes Modell ausgestaltet. Diese Offenheit gegenüber allen Modellen ist wegen des starken Kindeswohlbezugs verfassungsgemäß.[510] Das gleichberechtigte Elternrecht beider Elternteile verlangt jedoch, dass die gemeinsame Sorge aufrechterhalten wird, wenn das Kindeswohl dadurch nicht beeinträchtigt wird.[511]

---

[500] Nur BVerfGE 127, 132 (146).

[501] *Coester* in Staudinger BGB § 1671 Rn. 12.

[502] §§ 1628 iVm 1697a und 1671 BGB tragen dem Rechnung; näher *Coester* FamRZ 1996, 1181 (so optimal wie möglich); BVerfGE 55, 171 (181); 84, 168 (183); 99, 145; BVerfG FamRZ 2004, 354 (355); FamRZ 2009, 1389.

[503] BVerfG FamRZ 2012, 1127 (unzulässig ist insbes. Reaktion auf hartnäckige Umgangsverweigerung durch einen Elternteil); näher zu diesem Problem *Schäder* FamRZ 2019, 1672; zur Frage der Beachtung von Sektenzugehörigkeit eines Elternteils → Art. 4 Rn. 23, 105; auch EGMR 12.2.2013 – 29617/07 (Sektenangehörigkeit schließt Umgangsrecht nicht aus).

[504] *Coester,* Das Kindeswohl als Rechtsbegriff, 1983, 297 f., 305 f., 452 f.; das Kindeswohl ist ein facettenreiches Konzept, das in unterschiedlichen Kontexten verschieden zu bestimmen ist, zu § 1666 BGB → Rn. 168.

[505] BVerfG FamRZ 2018, 266.

[506] BVerfG FamRZ 2018, 266 (268, Rn. 28); auch bereits BVerfG FamRZ 2008, 1737 (1738).

[507] BVerfG FamRZ 2015, 210.

[508] Verdeutlichung verlangt insofern das im Oktober 2019 veröffentlichte Thesenpapier der vom BMJV eingesetzten Arbeitsgruppe"Sorge- und Umgangsrecht, insbesondere bei gemeinsamer Betreuung nach Trennung und Scheidung" (zugänglich unter www.bmjv.de). These 8; auch *Schumann,* Gutachten B zum 72. DJT 2018 These 1; zum Verhältnis von Wille und Wohl *Röthel* JZ 2018, 803 (810).

[509] *Robbers* in MKS Rn. 195.

[510] Nur BVerfG FamRZ 2018, 826.

[511] BVerfG FamRZ 2018, 266; zum (gegenüber § 1666 BGB herabgesetzten) Verhältnismäßigkeitsmaßstab BVerfG FamRZ 2019, 802.

Aus Art. 6 Abs. 2 lässt sich auch keine Verpflichtung des Gesetzgebers ableiten, das **Wechselmodell,** bei dem beide Eltern das Kind in gleichem Umfang betreuen, als gesetzlichen Regelfall vorzusehen.[512] Denn wie gezeigt kann nur die am Kindeswohl im Einzelfall orientierte Ausgestaltung des Umgangs- bzw. des Sorgerechts den Maßstäben der Art. 6 Abs. 2 und Art. 3 genügen.[513] **159**

Da bei der Übertragung der Sorge auf einen Elternteil ein erheblicher Eingriff in das Elternrecht des anderen Elternteils erfolgt, sind die Anforderungen an die **Sachverhaltsfeststellung und Begründung** hoch. In schwierigen Fällen ist die Bestellung eines Sachverständigen erforderlich.[514] Aus Art. 6 Abs. 2 S. 1 ergibt sich auch, dass Sorge- und Umgangsverfahren **zügig** durchzuführen sind, weil durch Zeitablauf der Kontakt zum Kind unverhältnismäßig erschwert wird, was §§ 155 f. FamFG aufnehmen.[515] **160**

Die **Wahrnehmung** der **Kindesbelange** im Verfahren muss gesichert sein. Durch die Regelung des § 158 FamFG zum Verfahrensbeistand ist dem „Grundrechtsschutz der Kinder und ihrem Anspruch auf rechtliches Gehör" Rechnung getragen.[516] In Sorgerechtsstreitigkeiten ist idR ein Verfahrensbeistand zu bestellen, weil einerseits die Eltern wegen eines Interessenkonfliktes nicht in der Lage sind, die Interessen der Kinder wahrzunehmen, andererseits Entscheidungssituation und Bedeutung der Entscheidung die eigenständige Präsentation der Kindesinteressen fordern.[517] Die Eltern müssen die darin liegende Beeinträchtigung ihres Erziehungsrechts wegen des vorrangigen Rechts des Kindes hinnehmen. Auch eine Anhörung des Kindes in Abwesenheit der Eltern stellt keinen unverhältnismäßigen Eingriff dar.[518] **161**

Die Übertragung von Entscheidungsrechten bzw. Angelegenheiten der elterlichen Sorge auf den **nicht sorgeberechtigten Elternteil** in § 1687a iVm § 1687 Abs. 2; § 1688 Abs. 3 S. 2 BGB folgt praktischen Notwendigkeiten; durch die Koppelung an das Kindeswohl sind die verfassungsmäßigen Rechte des sorgeberechtigten Elternteils gewährleistet. **162**

c) Umgangsrecht und -pflicht. Auch vor einer **Versagung** des Umgangs,[519] die einen schwerwiegenden Eingriff in das Elternrecht darstellt und nur infolge einer – die Versagung im Ergebnis verlangenden – Abwägung zwischen dem Elternrecht und Kindeswohlgründen erfolgen kann,[520] ist eine sorgfältige Sachverhaltsanalyse vorzunehmen.[521] Zudem muss die jeweilige **163**

---

[512] BVerfG NJW 2015, 3366; BVerfG FamRZ 2018, 593.

[513] *Heilmann* NJW 2015, 3346; zur sozial- und steuerrechtlichen Ausgestaltung *Lettmaier/Dürbeck* FamRZ 2019, 81 (88); *Conradis/Jansen* FamRB 2019, 199; auch Thesenpapier der AG Sorge- und Umgangsrecht (→ Fn. 508) Thesen 3 und 4.

[514] Nur BVerfG FamRZ 2009, 1389 (1391).

[515] Zu den Grenzen BVerfG NJW 2015, 2561; FamRZ 2019, 1929; FamRZ 2020, 776; auch EGMR FamRZ 2011, 1283 – Kuppinger (aus Art. 6, 13 EMRK); EGMR FamRZ 2010, 1721 – Afflerbach; zur Notwendigkeit einer beschleunigten Bearbeitung bei inländischer Kindesentführung: BVerfG FamRZ 2009, 189 (190); zur Vollstreckung bei Kindesentführung EGMR FamRZ 2015, 469 – Kuppinger II.

[516] BVerfG FamRZ 2004, 86 (87), Antragsrecht des Kindes nicht geboten; zu den Problemen der (früheren) Verfahrenspflegschaft (jetzt Verfahrensbeistandschaft): *Hohmann-Dennhardt* ZfJ 2001, 77 (79 f.); BVerfG FamRZ 2005, 1657 (1658).

[517] BVerfG NJW 2003, 1031 (1033); FamRZ 2005, 1657 (1658); FamRZ 2006, 1261 (1262).

[518] BVerfG NJW 2019, 2532.

[519] Zu einem Kontaktverbot OLG Frankfurt NJW 2019, 2865.

[520] BVerfG NJW 2015, 2561, zum Kindeswillen (2562, Rn. 21); näher BVerfG FamRZ 2016, 1917 Rn. 21 f.; EGMR NJW 2017, 3697 (3698, Rn. 43) – Buchleither; BGH FamRZ 2019, 115.

[521] BVerfG FamRZ 2009, 399; 2008, 856; 2004, 1166; BGHZ 185, 272.

Entscheidung zeitlich begrenzt oder, wie in § 1696 BGB vorgesehen, überprüfbar sein.[522] Verhaltensanforderungen an die Eltern und Umgangsberechtigten (§§ 1684 Abs. 2, 1685 Abs. 3 BGB) beschränken deren allgemeines Persönlichkeitsrecht und bedürfen einer gesetzlichen Grundlage.[523]

164 Das BVerfG sieht den **Anspruch des Kindes auf Umgang** mit seinen Eltern aus § 1684 BGB als Maßnahme im Rahmen des Wächteramts an, da so die Kontaktpflicht als ein Teil der elterlichen Verantwortung aus Art. 6 Abs. 2 S. 1 zivilrechtlich abgebildet wird. Der Anspruch ist in der Regel gerichtlich durchsetzbar, doch kann das Recht des Elternteils aus Art. 2 Abs. 1 iVm Art. 1 Abs. 1 das Kindesinteresse überwiegen, wenn nicht zu erwarten ist, dass der erzwungene (typischerweise dann erstmalige) Umgang einen positiven Verlauf nimmt.[524] Bei der Übernahme der **Umgangskosten,** die im Regelfall der Umgangsberechtigte trägt, sollten der Pflichtrechtscharakter des Art. 6 Abs. 2 und die Bedeutung des Umgangs für das Kindeswohl zentral sein. Der Staat ist nicht generell verpflichtet, den Barunterhaltspflichtigen bei den Umgangskosten zu unterstützen.[525] Sieht man die Umgangskosten als **Mehrbedarf des Kindes,** kann verhindert werden, dass die Umgangskosten seinen Barunterhaltsanspruch reduzieren, und die Gleichbehandlung der Eltern wird gesichert.[526] Sozialrechtlich werden die Kosten für den Umgang zwar als Mehrbedarf des Kindes angesehen.[527] Bedenklich ist dort aber, dass die Befugnis zur Vertretung des Kindes bei der gerichtlichen Durchsetzung fehlt, wenn der Umgangsberechtigte nicht sorgeberechtigt ist.[528] Für den erhöhten Wohnbedarf trifft § 5 Abs. 4 WoGG seit 1.1.2016 eine Art. 6 Abs. 1 genügende Regelung.

165 Die Gewährung eines **Umgangsrechts** an dritte Personen in § 1685 BGB im Interesse des Kindes stellt einen Eingriff in das Elternrecht dar, der dem Verhältnismäßigkeitsgrundsatz jedoch genügt.[529]

166 Das **Umgangsrecht** des nur genetischen **Vaters** ist aus Art. 6 Abs. 2 S. 1 abzuleiten (→ Rn. 115). Es ist in § 1686a BGB geregelt und muss die uU gegenläufigen Grundrechtspositionen vereinen.[530] Dazu gehört der Schutz der rechtlichen Familie, aber sicherzustellen ist insbesondere auch, dass das Kind keinesfalls zum Gegenstand von Rechtsansprüchen werden darf.[531] Zudem muss auch schon bei der Feststellung der genetischen Verwandtschaft im Umgangsverfahren (§ 167a FamFG) die Verhältnismäßigkeit gewahrt werden.[532] Sie erfolgt daher nicht, wenn feststeht, dass ein Kontakt dem Kindeswohl nicht zuträglich sein wird. Wenn die Eltern dem Kind die Existenz eines Vaterschaftsprätendenten verschweigen, würde eine Aufklärung durch den Richter gegen Art. 6 Abs. 2 S. 1 verstoßen.[533]

---

522 BVerfG NJW 2015, 2561 (2562, Rn. 27 ff.).

523 BVerfG FamRZ 2004, 523; zum begleiteten Umgang BVerfG FamRZ 2005, 1057 (1058); 2005, 1815; 2006, 1005 (1006).

524 BVerfGE 121, 69; eing. *Altrogge* FPR 2008, 410; näher *Hennemann* in MüKo BGB § 1684 Rn. 6.

525 Zu § 40 Abs. 5 S. 1 BBesG BVerfG FamRZ 2020, 755.

526 So überzeugend *Lettmaier/Dürbeck* FamRZ 2019, 81 (84) (auch näher zur komplexen Rechtsprechung); zur Rechtfertigung der Ungleichbehandlung BVerfGE 108, 52.

527 BSGE 118, 82 – wegen Art. 6 Abs. 2 sind auch hohe Kosten in Kauf zu nehmen.

528 *Lettmaier/Dürbeck* FamRZ 2019, 81 (87); bei gemeinsamer Sorge greift § 1628 BGB.

529 *Obiter dictum* zum Umgangsrecht von Pflegeeltern: BVerfG FamRZ 2000, 413 (414).

530 Auch EGMR NJW 2019, 2449 sieht den Vorrang des Kindeswohls.

531 *Schwab* FS f. Coester-Waltjen, 2015, 223 (230, 232); auch BVerfGE 108, 82 (114).

532 BVerfG NJW 2015, 542.

533 Dafür aber BGHZ 212, 155 Rn. 50 ff.; wie hier *Löhnig* NJW 2017, 165.

d) Ruhen und Entzug der Sorge. aa) Allgemeines. Die Vorschriften des geltenden Rechts über den **Entzug** der elterlichen Sorge (§§ 1666 f. BGB) und ihr **Ruhen** (§§ 1673 f. BGB) sind ebenfalls im Ansatz notwendige, zumindest teilweise dem Wächteramt zuzuordnende Ausgestaltungen.[534] Die Möglichkeit des Entzugs der Sorge auch in Fällen, in denen das Kindeswohl ohne elterliches Verschulden gefährdet wird, ist notwendig und sinnvoll, um den Schutz des Kindes auch gegenüber gutwilligen, aber zweifelsfrei unfähigen Eltern zu garantieren.[535] Jede weitere Vorverlagerung der Eingriffsschwelle müsste sich daran messen lassen, ob sie zu einer Verbesserung des Schutzes des Kindeswohls führt. Wegen der hohen Belastung, die in der Trennung von den Eltern für das Kind liegt, ist das zu bezweifeln.[536] Essentiell ist aber eine sorgfältige Ausübung der bestehenden Eingriffsmöglichkeiten, für die der Staat Mittel bereitstellen muss (zu den verfahrensrechtlichen Anforderungen → Rn. 169). Bei individuellen Eingriffen in die elterliche Sorge sieht das einfache Recht fast ausnahmslos einen **Richtervorbehalt** vor, durch den insbesondere die Wahrung der Verhältnismäßigkeit gesichert wird (zur Inobhutnahme nach § 42 SGB VIII → Rn. 181). Wenn aktuelle gesetzgeberische Überlegungen darauf abzielen, an die Stelle des Entzugs der Sorge eine Art „Ausübungssperre" zu setzen, handelt es sich hauptsächlich um eine mildere Terminologie.[537] 167

bb) Entzug der elterlichen Sorge, § 1666 BGB. Die Vorschriften über den **Entzug** der elterlichen Sorge müssen die schwierige Balance zwischen Elternrecht und Kindeswohl treffen. In Hinblick auf den Eingriff in das Elternrecht wahren die §§ 1666 f. BGB in abstracto insbesondere auch die Verhältnismäßigkeit.[538] In der konkreten Anwendung muss jedoch die entsprechende Gefährdung des Kindes vom Gericht tatsächlich festgestellt werden. Eine Trennung des Kindes von den Eltern ist nur verhältnismäßig, wenn bei dem Kind bereits ein Schaden eingetreten ist oder sich eine erhebliche Gefährdung für sein körperliches, geistiges oder seelisches Wohl mit „ziemlicher Sicherheit" voraussehen lässt.[539] Der **Wille des Kindes** hat hierbei eine geringere Bedeutung als im Elternstreit, weil die staatliche Handlungspflicht sich aus der objektiv bestehenden Gefährdung ergibt.[540] 168

Noch mehr als bei der Zuweisung der elterlichen Verantwortung im Sorgerechtsstreit kommt es im **Verfahren** des Sorgerechtsentzugs auf sorgfältige Ermittlung an. Das BVerfG hat hierzu in den letzten Jahren wiederholt und detailreich entschieden.[541] Die **Begründung** der Entscheidung muss zu 169

---

[534] Zu § 1666 BGB → Rn. 168; zum Umgangsentzug → Rn. 163; zu § 1748 BGB → Rn. 171 f.

[535] BVerfGE 60, 79 (88 f.).

[536] Zu dieser Belastung (im Kontext der Inobhutnahme) *Fiegert/Ziegenhein u. a.* Kindheit und Entwicklung 2014, 248; zur Vorverlagerung *Coester* in LSV 6. Göttinger Workshop zum Familienrecht, 19 (23).

[537] So überzeugend These 14 des Thesenpapiers der vom BMJV eingesetzten Arbeitsgruppe „Sorge- und Umgangsrecht" (→ Rn. 508).

[538] Nur *Olzen* in MüKo BGB § 1666 Rn. 5; zur Reformdiskussion → Rn. 167.

[539] StRspr des BVerfG, etwa NJW 2017, 1295; FamRZ 2018, 1084 jeweils mwN.

[540] OLG Hamm FamRZ 2015, 1909 (Wille des Kindes nicht alleinentscheidend); OLG Köln ZKJ 2012, 71 (Wille des Kindes nicht beachtlich, wenn Befolgung zu einer Kindeswohlgefährdung führt); näher *Wapler,* Kinderrechte und Kindeswohl, 2015, 278.

[541] BVerfG FamRZ 2014, 1005 (keine Übernahme der Feststellungen des Jugendamts); BVerfG NJW 2015, 223 (zu den Anforderungen an das Sachverständigengutachten und die Auseinandersetzung mit diesem); BVerfG FamRZ 2016, 22 (je geringer der drohende Schaden, desto höher die Anforderungen an Ermittlung und Begründung); zu allem *Britz* NZFam 2016, 1113; *Britz* JZ 2014, 1069.

allen relevanten Voraussetzungen sowie zu den Aspekten der Verhältnismäßigkeit klare Aussagen enthalten.[542] Dennoch muss die Trennung des Kindes von den Eltern **im Eilverfahren** möglich bleiben, auch ohne dass zuvor vollständig ausermittelt ist (etwa können Sachverständigengutachten oder ärztliche Stellungnahmen später eingeholt werden), wenn klare Anhaltspunkte dafür gegeben sind, dass eine Kindeswohlgefährdung besteht, die nur so abgewendet werden kann.[543]

170 Mit Art. 6 Abs. 2 ist auch vereinbar, dass nach § 1632 Abs. 4 BGB ein Kind, das seit längerer Zeit in einer **Pflegefamilie** lebt, von den sorgeberechtigten Eltern nicht ohne weiteres aus der Pflegefamilie herausgenommen werden darf.[544] Pflegeeltern haben zwar per se keine dem Elternrecht vergleichbare Grundrechtsposition, weil das Pflegeverhältnis institutionell auf Zeit angelegt ist (→ Rn. 124). Bei Pflegeverhältnissen muss aber unter dem Gesichtspunkt des Kindeswohls die gewachsene Bindung zwischen Pflegeeltern und Kind berücksichtigt werden.[545] Auch die Übertragung von Entscheidungsrechten auf Pflegepersonen[546] ist in ihrer Ausgestaltung (Erklärungen des Sorgeberechtigten bleiben vorrangig) mit Art. 6 Abs. 2 vereinbar.[547]

171 **e) Adoption ohne Einwilligung der Eltern.** Die Adoption ohne Einwilligung der Eltern stellt den erheblichsten denkbaren Eingriff in Art. 6 Abs. 2 S. 1 dar. § 1748 BGB, der diese Möglichkeit ua bei anhaltender gröblicher Verletzung der elterlichen Pflichten vorsieht, ist entsprechend eng auszulegen.[548] Da dem Elternteil das Elternrecht endgültig und vollständig entzogen wird, sind – wie bei § 1666 BGB – materiell-rechtlich und verfahrensrechtlich besondere Anforderungen zu stellen.[549] Mit Blick auf die Rechte der Eltern besteht gegenüber der Stufenregelung des § 1666 BGB bei der **Ersetzung der Einwilligung in die Adoption** ein Sprung in der Eingriffsqualität, was § 1748 BGB nicht genügend abbildet. Umgekehrt gibt es mit Blick auf die Rechte des Kindes aber auch Fälle, in denen ein langfristiger, gesicherter Verbleib in der Pflegefamilie dringend angezeigt wäre, das Verhalten der Eltern aber eine Ersetzung der Einwilligung zur Adoption nicht rechtfertigt.[550] Hier wäre die Einführung eines neuen Instruments, das die dauerhafte Integration in die neue Familie mit einem Erhalt der rechtlichen Elternstellung der Geburtseltern verbindet, angezeigt.[551]

---

[542] *Britz* FamRZ 2015, 793 (796).

[543] BVerfG FamRZ 2018, 1084; *Britz* NZFam 2016, 1113 (1117).

[544] Zum Verhältnis BVerfG NJW 1999, 3623 (3624); ungenau BGH NJW 2017, 472; mit Einzelheiten *Balloff/Vogel* FamRB 2018, 408; besonders strenge Prüfung, wenn bei der Weggabe des Kindes die Voraussetzungen des § 1666 BGB nicht vorlagen, BVerfG FamRZ 2014, 1266; BVerfG NJW 2010, 2336; BVerfGE 68, 176 (185, 191).

[545] BVerfG FamRZ 2014, 1266; auch schon BVerfG NJW 2010, 2336.

[546] § 1688 bzw. § 1630 Abs. 3 BGB.

[547] Zur Anhörung nach § 161 Abs. 1, 2 FamFG OLG Saarbrücken FamRZ 2014, 598; ZKJ 2016, 269; OLG Bremen FamRZ 2014, 414; OLG Hamm FamRZ 2018, 286.

[548] BVerfG FamRZ 2002, 535 (536); BVerfGE 24, 119 (150); zur sorgfältigen Interessenabwägung bei Stiefkindadoption: BVerfG NJW 2006, 827 (828); NJW 2006, 2470 (2471); dazu *Rösler/Reimann* FamRZ 2006, 1356; zur EMRK, die keine engeren Vorgaben macht, EGMR FamRZ 2018, 264 mAnm *Botthof.*

[549] BVerfG FamRZ 2002, 229; im Einzelnen *Helms* in Staudinger BGB § 1748 Rn. 72 ff.

[550] Hier eine Ersetzung zu Recht ablehnend etwa BVerfG FamRZ 1988, 807 (807 f.).

[551] Näher *Wapler/Frey,* Die Ersetzung der Einwilligung in die Adoption: Rechtslage und Reformbedarf, 2017; BMFSFJ, Kernpunkte zur Weiterentwicklung und Modernisierung des Adoptionswesens, 2017; knapp *Botthoff* FamRZ 2018, 265 (266).

Da auch der **nicht sorgeberechtigte Vater** vollumfänglich Träger des Grundrechts aus Art. 6 Abs. 2 S. 1 ist, muss § 1748 Abs. 4 BGB trotz seines weiteren Wortlauts deckungsgleich mit Abs. 1 bis 3 ausgelegt werden.[552] Bei der **privaten Samenspende** müssen die Rechte des Spenders aus Art. 6 Abs. 2 S. 1, wie sie in § 1747 BGB statuiert sind, gewahrt werden, was schwierig sein kann, wenn die Mutter dessen Identität nicht bekannt gibt.[553] Lässt sich seine Identität nicht ermitteln, muss sein Recht aus Art. 6 Abs. 2 S. 1 hinter dem Interesse des Kindes an der Adoption zurückstehen. Sonst würde es wegen der Art und Weise seiner Zeugung Nachteile erleiden.[554] **172**

f) Besonderheiten bei medizinischen Behandlungen und bei Unterbringung. aa) Eckpunkte. Da die körperliche Integrität mit ihrem höchstpersönlichen Charakter bei medizinischen Maßnahmen in besonderem Maße betroffen ist, ist zunächst die Einwilligung des Kindes selbst erforderlich, sobald es hinreichend einsichtsfähig ist (→ Rn. 174).[555] Zudem ist das Verbot bestimmter schwerwiegender Eingriffe zum Schutz des Kindes zulässig (etwa Sterilisation, Lebendorganspende).[556] Umgekehrt können Pflichtuntersuchungen[557] oder eine **Impfpflicht** möglich sein (→ Rn. 176). **173**

bb) Selbstbestimmung des Kindes. Die wachsende Eigenverantwortlichkeit des Kindes muss bei medizinischen Maßnahem unter passgenauer Berücksichtigung ihrer konkreten Reife beachtet werden. Feste Altersgrenzen verbieten sich hier. Die Berücksichtigung der Eigenzuständigkeit wird noch dringlicher, wenn die Persönlichkeitsentwicklung im Kernbereich betroffen ist, wie etwa bei das Geschlecht betreffenden Maßnahmen (→ Rn. 235) oder bei der Entscheidung einer Minderjährigen für oder gegen einen Schwangerschaftsabbruch.[558] Streitig ist insbesondere, ob und wann die Eltern ebenfalls einwilligen müssen oder ein **Vetorecht** behalten,[559] das dann ggf. nur nach § 1666 BGB überwunden werden könnte. Ein solches Vetorecht bzw. der „Co-Konsens" ließe sich damit begründen, dass man – was realistisch ist – davon ausgeht, dass die Selbstbestimmungsfähigkeit nicht schlagartig, sondern schleichend oder auch gestuft entsteht, so dass das Kind zwar schon die volle Mitentscheidung, aber noch nicht die Alleinverantwortung trägt.[560] Ein solches Verständnis würde dem Minderjährigen zudem die von Art. 6 Abs. 2 gewünschte elterliche Unterstützung sichern.[561] Auch die **174**

---

552 BVerfG NJW 2006, 827; BVerfG NJW 2005, 2685 – Görgülü.

553 Dazu BGH NJW 2015, 1820.

554 IErg wie hier *Helms* in Staudinger BGB § 1747 Rn. 79; noch weiter *Keuter* NZFam 2017, 873.

555 *Spickhoff* FamRZ 2018, 412 (423); anders BGH NJW 2007, 217: Aufklärung der Eltern bei 15-jähriger Patientin ausreichend – nur Vetorecht des Minderjährigen (218).

556 § 1631c BGB; § 8 Abs. 1 Nr. 1a TPG; näher *Coester-Waltjen* MedR 2012, 553 (556).

557 *Burgi* in BerlKomm Rn. 164.

558 Dazu *Amend-Traut/Bongartz* FamRZ 2016, 5; abzulehnen ist OLG Hamburg FamRZ 2014, 1213; überzeugend OLG Hamm NZFam 2020, 14.

559 Für Ersteres zuletzt OLG Frankfurt BeckRS 2019, 20043; für Letzteres *Coester-Waltjen* MedR 2012, 553 (559); selbstverständlich ist, dass die Eltern nicht allein in eine Operation einwilligen können, die der einsichtsfähige Minderjährige ablehnt (dazu nur *Wagner* in MüKo BGB § 630d Rn. 41).

560 Näher *Spickhoff* FamRZ 2018, 412 (425); *Spickhoff* in Spickhoff Medizinrecht § 630d BGB Rn. 7, der zwar das Vetorecht der Eltern ablehnt, aber bei der Einsichtsfähigkeit ein „intellektuelles und ein voluntatives" Element sieht und zudem für das Veto des Minderjährigen eine herabgesetzte Einsichtsfähigkeit verlangt.

561 Erst wenn sich aus Gutachten die Fähigkeit des Minderjährigen zur vollständigen Verantwortungsübernahme ergäbe, würde diese wegfallen.

Gefahr, dass dem noch (zu) jungen Kind zu viel Verantwortung auferlegt und damit der von Art. 6 Abs. 2 S. 1 erstrebte Schutzraum zerstört wird, könnte so minimiert werden. Der 18. Geburtstag verbleibt in jedem Fall als absolute Grenze, an der die Elternzuständigkeit endet.

175 Streitig ist auch, wie bei **kleineren Eingriffen,** wie Ohrlöchern, Tattoos oder Korrekturen der Zahnstellung vorzugehen ist. Teils wird hier eine Eigenzuständigkeit des selbstbestimmungsfähigen Kindes vorgeschlagen.[562] Doch ist es allzu realitätsfern, wenn die Reife (besonders im Nachhinein, wenn es zu Reue oder Schäden gekommen ist) in diesen Fällen jeweils individuell bestimmt werden muss. Die Typisierung mithilfe fester Altersgrenzen ist hier daher notwendig und verhältnismäßig.

176 **cc) Reichweite der elterlichen Entscheidungsfreiheit.** Ist das Kind noch nicht einwilligungsfähig, haben die Eltern auch bei medizinischen Eingriffen einen erheblichen Entscheidungsraum. Sie können einerseits bestimmte medizinisch ratsame Behandlungen (Antibiotika, Operationen) ablehnen, andererseits aber auch nicht notwendige Eingriffe (Korrektur der Ohrenstellung, Entfernung von Hautmal[563]) vornehmen lassen. Erst bei gravierenden Risiken greift der Staat über § 1666 BGB ein.[564] Eine **Impfpflicht,** wie etwa im „Masernschutzgesetz“[565] vorgesehen, stellt einen Eingriff in das Recht der Eltern dar, die die Impfung ihres Kindes ablehnen. Sie kann gerechtfertigt sein, wenn die Gesundheitsgefahren für das ungeimpfte Kind oder für andere Menschen, die ohne die Pflichtimpfung einträten, überwiegen.[566] Für die Wahrung der Verhältnismäßigkeit muss aber das mildeste Mittel gewählt werden, was nicht gewährleistet sein dürfte, soweit praktisch nur Kombinationsimpfstoffe zur Verfügung stehen.[567]

177 Einen Sonderfall stellt die Entscheidung der Eltern für eine **Beschneidung** des männlichen Kindes dar, die durch Art. 6 Abs. 2 S. 1 geschützt, aber zugleich durch die Rechte des Kindes begrenzt ist. Der elterliche Entscheidungsfreiraum ist in diesem Fall stark von kulturellen und religiösen Traditionen geprägt. Wiewohl es sich um einen nicht nur banalen, kaum reversiblen und medizinisch jedenfalls nicht notwendigen operativen Eingriff handelt,[568] müssen sich staatliche Begrenzungen daher – wie in § 1631d BGB geschehen – auf die Einhaltung medizinischer Standards und die allgemeinen Grundsätze des Kindeswohls, insbesondere körperliche Unversehrtheit und Selbstbestimmung[569] beschränken.[570]

---

[562] *Coester-Waltjen* MedR 2012, 553 (559); noch darüber hinausgehend *Röthel* JZ 2017, 116, die eine Eigenzuständigkeit für alle „der Vernunft nicht zugänglichen“ Entscheidungen fordert; *Röthel* in Röthel/Heiderhoff Mehr Kinderrechte? Nutzen und Nachteil, 89 (114); anders *Heiderhoff* in Röthel/Heiderhoff Mehr Kinderrechte? Nutzen und Nachteil, 9 (24 f.).

[563] *Gleixner-Eberle,* Die Einwilligung in die medizinische Behandlung Minderjähriger, 2014, 315, 414; das Aussehen betreffende Eingriffe als Teil des Erziehungsrechts (Erziehungsziel) ansehend *Jestaedt/Reimer* in BK Art. 6 Abs. 2, 3 Rn. 270, 282.

[564] *Gutmann/Schumann/Hegerfeld* FamRZ 2019, 1676 (1677).

[565] BGBl. 2020 I 148.

[566] BVerfG NJW 2020, 1946; *Rixen* ZRP 2019, 93; BVerfG NJW 1959, 2325 zur Pockenimpfung (ohne Berücksichtigung des Elternrechts).

[567] So BR-Drs. 358/1/19, 32 (mit weiteren Bedenken).

[568] Ihre Vor- und Nachteile sowie die Gefahren werden unterschiedlich beurteilt; nur BT-Drs. 17/11295; *Schulze,* Elternrecht und Beschneidung, 2017, 43 ff.

[569] *Rixen* NJW 2013, 257 schlägt konkret zwölf Jahre als Alter hierfür vor.

[570] Wie hier *Hörnle/Huster* JZ 2013, 328; *Schild* FS f. Brudermüller, 2014, 653 (besonders zur Schmerzfreiheit, 667); *Germann* MedR 2013, 412; die Voraussetzungen enger fassend

dd) Unterbringung. Die familiengerichtliche Überprüfung einer **Unterbringung** des Kindes nach § 1631b BGB kann mit dem erheblichen Eingriff in die Rechte des Kindes durch den Freiheitsentzug gerechtfertigt werden. Bei der Kontrolle der Maßnahmen nach § 1631b Abs. 2 BGB[571] muss allerdings die Unverhältnismäßigkeit des Eingriffs vermieden werden, indem die Norm eng ausgelegt wird.[572] **178**

g) Weitere Einzelfälle. Eine allgemeine **Kindergartenpflicht** würde einen Eingriff in das Erziehungsrecht bedeuten, da Eltern selbst bestimmen, ob sie das Kind fremd betreuen lassen möchten. Die Rechtfertigung ist schwierig. Art. 7 kann nicht herangezogen werden. Ziele wie Förderung von Sprachkompetenz mögen zwar prinzipiell geeignet sein, aber die Kindergartenpflicht trifft auch Eltern, deren Kinder keine Förderung in diesem Bereich benötigen.[573] Beim **Kopftuchverbot** für Kinder sind neben den Rechten der Eltern auch die Religionsfreiheit des Kindes und seine allgemeine Handlungsfreiheit betroffen.[574] Ein Verbot erscheint allenfalls für den Schulbesuch denkbar, soweit eine Behinderung durch das Kopftuch real besteht.[575] Eine Teilnahme muslimischer Schülerinnen am **Schwimmunterricht** kann bei angemessener Rücksichtnahme verlangt werden.[576] **179**

Eigene Ansprüche des Kindes auf **Beistand und Gehörsgewährung**[577] **im Familienverfahren**[578] verletzen das Elternrecht aufgrund ihrer geringen Eingriffsintensität und des vorrangig zu berücksichtigenden Schutzbedürfnisses des Kindes nicht. Auch eigene Ansprüche des Kindes auf Beratung verletzen das Elternrecht nicht.[579] Staatliche Stellen haben aber auch bei der **Beratung** die Elternautonomie zu respektieren und ihrer Beratung zugrunde zu legen. **180**

Das **Kinder- und Jugendhilferecht** (SGB VIII) ist so ausgestaltet, dass das Jugendamt nur Angebote macht, die die Eltern freiwillig annehmen. Solche Hilfen, zu deren Vorhaltung der Staat im Rahmen des Wächteramts verpflichtet ist, lassen das Erziehungsprimat unberührt und entsprechen daher Art. 6 Abs. 2 S. 1.[580] Die **Inobhutnahme** nach § 42 SGB VIII rückt dagegen nah an die Grenze eines kurzzeitigen Sorgerechtsentzugs. Diese Maßnahme ist daher nur zulässig, soweit gerade sie zum Schutz des Kindes unentbehrlich und insbesondere das Familiengericht nicht schnell genug erreichbar ist.[581] Das Familiengericht ist auch dann schnellstmöglich anzurufen, wenn **181**

Schulze, Elternrecht und Beschneidung, 2017, 126 ff.; anders *Manok,* Die medizinisch nicht indizierte Beschneidung des männlichen Kindes, 2015; *Herzberg* JZ 2016, 350.

[571] Zur Grundrechtskollision mit Bezug zur Neuregelung generell BT-Drs. 18/11278, 10.

[572] *Kirsch* FamRZ 2019, 933; krit. *Bruckermann* SRa 2017, 124; auf die Bedeutung der Eigenverantwortlichkeit des einsichtsfähigen Kindes hinweisend *Gutmann/Schumann/Hegerfeld* FamRZ 2019, 1676 (1677).

[573] Zu Zahlen http://www.bildungsbericht.de, 72 f.; *Beaucamp* LKV 2014, 344.

[574] *Nettesheim,* Grundgesetz und Verbot eines „Kinderkopftuchs" – Zur Diskussion über Kopftuchverbote für Schülerinnen – Gutachten im Auftrag von Terre des Femmes, 2019, 38 ff.

[575] Krit. selbst für die Schule *Jäschke/Müller* DÖV 2018, 279.

[576] Zu den Anforderungen (auch an die Bekleidung) BVerwGE 147, 362.

[577] BVerfG NZFam 2019, 673 (Eltern dürfen von der Kindesanhörung ausgeschlossen werden).

[578] Zum Verfahrensbeistand schon → Rn. 161.

[579] ZB § 18 Abs. 3 S. 1 SGB VIII (Kinder- und JugendhilfeG).

[580] ZB § 18 Abs. 3 S. 1 SGB VIII (Kinder- und JugendhilfeG).

[581] OVG Münster BeckRS 2017, 132977; AG Frankfurt FamRZ 2019, 296; zu Recht krit. *Hohmann-Dennhardt* FF 2019, 289.

sich das Kind selbst in Obhut begeben hat. Der Gesetzgeber hat die Grenzen schon bedenklich weit gezogen, die Norm ist eng auszulegen.[582] Das Sorgerecht der Eltern ist auch bei minderjährigen unbegleiteten Flüchtlingen beachtlich. Diese müssen angehört werden, soweit sie erreichbar sind.[583]

182 Regelungen des **Jugendschutzes,** etwa Alkohol- oder sonstige Konsumverbote, nächtliche Ausgangsverbote oder Medienschutz u. ä. bedeuten eine Einschränkung der elterlichen Erziehungsfreiheit.[584] Die Eingriffsintensität ist in der Regel gering, weshalb wie bereits gezeigt (→ Rn. 147) auch hier typisierende Regeln im Sinne des Wächteramts zum Schutz des Kindes verfassungskonform sind.[585]

183 Die Begrenzung der belastenden Folgen elterlichen Handelns für das Kind durch **§ 1629a BGB**[586] stellt eine verfassungskonforme und verhältnismäßige Möglichkeit dar, eine uU durch die weiten Handlungsbefugnisse der Eltern erfolgende Persönlichkeitsrechtsverletzung des Kindes[587] zu vermeiden.

184 **7. Elternrecht und Schule.** Elterliches Erziehungsrecht und staatliches Schulrecht – mit der **Schulpflicht** – stehen in einem Spannungsverhältnis. Wie genau dieses aufzulösen ist, ist grundlegend streitig.[588] Das **Recht der Eltern im Schulbereich** besteht zunächst darin, dass sie den „Gesamtplan der Erziehung" ihrer Kinder aufstellen dürfen, den der Staat zu achten hat.[589] Eine Verlagerung der grundsätzlichen Entscheidung über Bildungsziel, Bildungsgang und Bildungsabschluss in die Schule wäre unzulässig. Schulpolitische Grundentscheidungen bedürfen – soweit sie für die Verwirklichung des elterlichen Erziehungsrechts wesentlich sind – der Gesetzesform.[590] Innerhalb der vom Staat und von privaten Trägern zur Verfügung gestellten Ausbildungswege können die Eltern grundsätzlich frei wählen. Dieses **Wahlrecht** kann allerdings eingeschränkt sein, wenn der Staat die Aufnahme in eine bestimmte Schule oder in einen besonderen Schulzweig von gewissen Leistungserfordernissen abhängig macht. Das wird heute überwiegend für zulässig gehalten,[591] allerdings darf das Wahlrecht der Eltern hierdurch nicht leerlaufen.[592] Art. 7 Abs. 4, der im Zusammenhang mit dem Elternrecht zu sehen ist, ermöglicht zudem die Wahl einer Privatschule.[593] Auch gegen das Ange-

---

[582] Kaum ausreichend auch § 106 SGB VIII, der bei Freiheitsentzug das Zitiergebot vorsieht.

[583] *Dürbeck* in BHKN-J Migration und IPR, 65; zur Rechtslage bei minderjährigen Flüchtlingen im Allgemeinen *Herker* VR 2017, 301.

[584] *Diederichsen* NJW 1998, 3471 (3473); zu den möglichen Aktivitäten des Jugendamtes s. §§ 1 Abs. 3, 2 Abs. 2, 8a, 11, 16 ff., 27 ff. SGB VIII.

[585] BVerfG NJW 2012, 1062 – Solarium.

[586] *Habersack* FamRZ 1999, 1; *Coester* Jura 2002, 88.

[587] BVerfGE 72, 155 (173).

[588] Für Gleichordnung BVerfGE 47, 46 (74); 138, 296 (337, Rn. 106) – Kopftuchverbot; für Primat der Elternverantwortung *Robbers* in MKS Rn. 219; für Abschichtung *Huster* DÖV 2014, 860 (näher auch noch sogleich → Rn. 185); zu den Einzelfragen (mit Betonung des Integrationsgedankens) *Barczak* NVwZ 2014, 1556.

[589] BVerfGE 47, 46 (75); von „Bildungsweg" spricht *Robbers* in MKS Rn. 228; auch hier gilt bei Uneinigkeit der Eltern § 1628 BGB, dazu BVerfG NJW 2003, 1031.

[590] BVerwGE 64, 308 (313); zur Reichweite BVerwGE 152, 330 Rn. 42.

[591] BVerwGE 5, 153 (157) – Aufnahme in ein Gymnasium; *Badura* in Maunz/Dürig Rn. 132; aA *Fuß* VVDStRL 23 (1966), 199 (203), der die negative Auslese auf Fälle beschränken will, in denen die Entwicklung der Mitschüler gehemmt wird; → Art. 7 Rn. 54 ff.; zur Frage regionaler Begrenzungen: BVerfG NVwZ-RR 2001, 311 (312).

[592] BVerfGE 45, 400 (416); BVerwG NJW 1981, 1056, keine Garantie für humanistische Gymnasien; kein Anspruch auf „G8" BVerfG NVwZ-RR 2016, 281.

[593] BVerfGE 75, 40 (61); → Art. 7 Rn. 96 ff.

bot von Bekenntnisschulen bestehen aus Sicht des Art. 6 Abs. 2 S. 1 keine Bedenken.[594] Die Schulpflicht kann aber nicht durch **Homeschooling** erfüllt werden.[595]

Sache des Staates ist neben der Einrichtung und Organisation von Schulen auch die Festlegung von **Zielen und Inhalten** des Unterrichts sowie von Ausbildungsgängen.[596] Die einzige ausdrückliche Normierung des individuell durchsetzbaren Elternrechts auch innerhalb der Schulorganisation findet sich in Art. 7 Abs. 2: Eltern können über die Teilnahme ihres Kindes am Religionsunterricht bestimmen.[597] Ein Anspruch auf religionsneutralen Ethikunterricht besteht jedoch nicht.[598] Auch steht ein verpflichtender Ethikunterricht dem Elternrecht und der Religionsfreiheit nicht entgegen.[599] Wenn Wertvorstellungen, pädagogische Konzepte oder Umfang und Art der zu vermittelnden Kenntnisse von Eltern und Schule unterschiedlich bewertet werden, müssen möglichst konkrete Grenzen gezogen werden, innerhalb derer die Schule verlässlich agieren kann.[600] Die vage **Abwägungsmethode des BVerfG** meidet zwar zu Recht die Annahme des Vorrangs entweder des Art. 6 Abs. 2 oder des Art. 7.[601] Sie berücksichtigt letztlich auch, dass faktisch der schulische Erziehungsauftrag schon aus rein praktischen Erwägungen bis zu einem gewissen Punkt der elterlichen Entscheidung vorgehen muss. Die ehrlichere Methode scheint jedoch in einer Art **„Abschichtung"** zu bestehen.[602] Solange es der Schule mit der Unterrichtsgestaltung um „neutral begründete" Bildungsvermittlung geht, kann das Elternrecht dagegen nicht vorgebracht werden.[603] Wenn religiöse Gründe gegen den Unterricht vorgebracht werden oder eine **Unterrichtsbefreiung** beantragt wird, kann dies – solange die Neutralität von Seiten der Schule gewahrt ist – bei Anwendung des Abschichtungsgedankens nur auf Art. 4 gestützt werden.[604] 185

Einen besonders sensiblen Bereich bildet neben der religiösen auch die sexuelle Erziehung. **Sexualkundeunterricht** als fächerübergreifender Unterricht ist zulässig, jedoch haben die Eltern wegen der „grundsätzlich größeren Affinität der Sexualerziehung zum elterlichen Bereich" einen Anspruch 186

---

[594] BVerfG NVwZ 2018, 156.

[595] BVerfG NVwZ 2003, 1113; FamRZ 2006, 1094 (1095); BGH FamRZ 2008, 45 (46); *Hebeler/Schmidt* NVwZ 2005, 1368; zur Strafbarkeit BVerfG FamRZ 2015, 27; zum Sorgerechtsentzug wegen Homeschoolings auch EGMR FamRZ 2019, 449 mAnm *Salgo* und *Grohmann*.

[596] BVerfG DVBl 2002, 971 (972); zur Verwendung eines umstrittenen Lesebuchs im Unterricht BVerwGE 61, 164 (167); zur Rechtschreibreform, mit der der Gesetzgeber die Ausübung des elterlichen Erziehungsrechts nicht in unzulässiger Weise beeinträchtigte, BVerfGE 98, 218.

[597] → Art. 7 Rn. 77 ff.

[598] BVerfG NVwZ 2018, 729.

[599] BVerfG DVBl 2007, 693 (695); *Unruh* DÖV 2007, 625.

[600] Dazu *Roellecke* FS f. Faller, 1984, 187 ff. mwN, insbes. zu den Schwierigkeiten einer Positivierung schulischer Erziehungsziele; zur hier bestehenden Abgrenzungsaufgabe des Gesetzgebers *Badura* in Maunz/Dürig Rn. 131.

[601] Zum Gleichordnungsansatz des BVerfG auch schon soeben bei → Fn. 587.

[602] Dafür *Huster* DÖV 2014, 860; wohl auch *Thiel* in Sachs Art. 7 Rn. 36 f.

[603] Auch das BVerfG gibt der Verpflichtung zur weltanschaulichen Neutralität starkes Gewicht BVerfGE 93, 1 (16 f.) – Kruzifix; eing. → Art. 4 Rn. 56 ff.; auch EGMR NVwZ 2011, 737 – Lautsi; BVerfGE 138, 296 (337, Rn. 106) – Kopftuchverbot; zur Abgrenzung zu Bekenntnisschulen BVerfG NVwZ 2018, 156.

[604] In diese Richtung (trotz Berufung auf Abwägungsmethode) auch BVerwG NJW 2014, 804 (805, Rn. 20 ff.) – Krabat; BVerwGE 147, 362 Rn. 12 ff. – koedukativer Schwimmunterricht.

auf rechtzeitige Information über Inhalt und Methode.[605] Ein **Informationsrecht** der Eltern besteht auch bzgl. anderer Vorgänge im Bereich der Schule, wenn deren Verschweigen die individuelle Erziehung des Kindes durch das Elternhaus beeinträchtigen könnte.[606]

187 Innerhalb der Schule selbst haben die Eltern kraft ihres Elternrechts gewisse **Mitwirkungs- und Mitgestaltungsbefugnisse,** die landesrechtlich normiert und entsprechend verschieden ausgestaltet sein können. Anders als das individuelle Elternrecht, das sich auf die Erziehung und den Ausbildungsgang des jeweils eigenen Kindes bezieht, kann dieses kollektive Elternrecht durch Mehrheitsentscheidungen oder Repräsentanten (zB Elternvertreter) wahrgenommen werden. Aus der Verbindung von Elternrecht und Demokratiegebot (Art. 20) lässt sich ein Recht der Eltern auf **Information** und **Mitsprache** auch in Fragen der Schulorganisation herleiten.[607] In Ausnahmefällen kann das Informationsrecht der Eltern eingeschränkt sein, wenn dies zum Wohle des Kindes erforderlich ist.[608]

188 **8. Schlussüberlegung: Fürsorge und Bestimmungsrecht.** In der Gesamtschau zeigt sich, dass Art. 6 Abs. 2 den Eltern im Innenverhältnis eine gewisse **„Bestimmung"** über das Kind einräumt.[609] Das gilt, obwohl die Fürsorge der Eltern iSd Art. 6 Abs. 2 gerade nicht darauf gerichtet ist, die Freiheitsrechte des Kindes zu beschränken, sondern diesen im Gegenteil zur Wahrung ihrer Freiheitsrechte (Art. 1, 2) in der Lebensphase dienen soll, in der ihm die Fähigkeit der Selbstbestimmung und Selbstverwirklichung noch fehlt. Wiewohl das „Bestimmungsrecht" der Eltern durch das Kindeswohl und das Recht des Kindes auf Entfaltung seiner Persönlichkeit begrenzt ist, mögen die Prägungen, die die Eltern dem Kind mitgeben können, intensiv sein. Sie können religiös, politisch oder weltanschaulich ungewöhnlich sein, all das ist im Rahmen des vor allem freiheitlich orientierten Art. 6 Abs. 2 wie gezeigt mit vorgesehen. Nicht selten wird deshalb bildhaft und roh formuliert, „Eltern sind Schicksal".[610] Dem kann man philosophische Denkmodelle eines Neutralitätsgebots für die elterliche Erziehung entgegensetzen.[611] Aus verschiedenen guten Gründen wählt Art. 6 Abs. 2 solche Modelle nicht. Im Gegenteil wäre dem GG eine staatlich bestimmte Erziehung, mit vorgegebenen Inhalten und Mitteln völlig fremd, und es wäre auch gar nicht möglich, solche allgemeinen Grundsätze zu bestimmen.[612] Das Gebot einer religionsneutralen Erziehung wäre nicht nur mit Art. 6 Abs. 2, sondern auch mit Art. 4 unvereinbar. Das Freiheitsrecht der Eltern ist dabei nicht nur Ausfluss

[605] BVerfGE 47, 46 (75 f.); BVerfG NJW 2009, 3151 (3152, Rn. 18); näher *Rixen* in Grundlagen und Grundfragen des Bürgerlichen Rechts – Symposium Schwab, 131.

[606] BVerfGE 59, 360 (384, 387) – Schweigepflicht bei Schülerberatung.

[607] Ähnlich auf Basis „praktischer Konkordanz" *Fehnemann* AöR 1980, 529 (559) mwN.

[608] BVerfGE 59, 360 (384, 387).

[609] *Jestaedt* in Deutscher Familiengerichtstag e. V. 21. DFGT 2015, 2016, 65 (69 f.); *Jestaedt/Reimer* in BK Art. 6 Abs. 2, 3 Rn. 68 sprechen von Herrschaftsrecht.

[610] BVerfG NJW 2015, 223 (226, Rn. 38); zur Schwelle auch BVerfG FamRZ 2008, 2185; *Röthel* JZ 2017, 116 (119); *Robbers* in MKS Rn. 121 zu den Grenzen; *Hölbling* ZKJ 2010, 366.

[611] *Clayton,* Justice and Legitimacy in Upbringing, 2004, 93 ff.; analysierend *Wapler* in Heiderhoff/Röthel Mehr Kinderrechte? Nutzen und Nachteil, 45 (50 ff.); wesentlich zurückhaltender insofern *Feinberg* in Aiken/Lafollette Whose Child?, 124, der das Recht auf eine offene Zukunft betont, das zumindest im Ansatz dem Recht auf Entwicklung zu einer eigenständigen Persönlichkeit entspricht wie es in Art. 2 Abs. 1 geschützt ist; auch dazu *Wapler,* Kinderrechte und Kindeswohl, 2015, 412 ff.

[612] *Wapler* in Heiderhoff/Röthel Mehr Kinderrechte? Nutzen und Nachteil, 54.

der freiheitlich-demokratischen Gesellschaft – und die daraus entstehende Pluralität der Lebensanschauungen ist nicht nur ein Baustein dieser Gesellschaft – sondern man darf davon ausgehen, dass die individuelle Förderung und Zuwendung sich für die Kinder selbst im Ganzen positiv auswirkt.[613] Das gilt freilich nur, wenn die Begrenzungen des Elternrechts und sein Pflichtcharakter sorgfältig beachtet werden.

III. Gegen den Willen der Erziehungsberechtigten dürfen Kinder nur auf Grund eines Gesetzes von der Familie getrennt werden (Art. 6 Abs. 3)

Art. 6 Abs. 3 behandelt eine der innerhalb des staatlichen Wächteramtes **189**
möglichen Interventionen, wenn das Kind in der Familie intensiv gefährdet wird, nämlich als besonders weitgehende Maßnahme die tatsächliche räumliche **Trennung,** die „Wegnahme" des Kindes von seiner Familie. Art. 6 Abs. 3 enthält eine Erhöhung der Eingriffsvoraussetzungen durch den „spezielleren" Gesetzesvorbehalt (zu Abs. 2 → Rn. 139) sowie die Beschreibung der besonderen Gefahrenlage für das Kind. Die Norm bietet damit vor allem ein **verstärktes Abwehrrecht.**[614] Teils wird sie daher als Schrankenschranke angesehen,[615] was die Funktion aber verengt.[616] Art. 6 Abs. 3 ist „durch Erfahrungen aus der nationalsozialistischen Zeit motiviert";[617] er will eine staatliche Zwangserziehung verhindern – die durch Art. 6 Abs. 2 ohnehin bereits verboten ist. Doch lässt sich der hohe Maßstab heute auch damit begründen, dass die Trennung von den Eltern für das Kind eine extreme Belastung mit sich bringt, weshalb sie der besonderen Abwägung bedarf.[618]

Eine Wegnahme aus der Familie ist nur aufgrund eines Gesetzes zulässig **190**
und dies auch nur dann, wenn entweder ein Versagen der Erziehungsberechtigten oder eine drohende Verwahrlosung der Kinder feststellbar ist. Einfachrechtlich werden die Vorgaben des Abs. 3 in §§ 1666, 1666a BGB aufgenommen. Der Wegnahme steht die vollständige Übertragung des **Aufenthaltsbestimmungsrechts** auf einen Ergänzungspfleger gleich, da dann die Herausnahme ohne Einflussmöglichkeit der Eltern jederzeit erfolgen kann.[619]

Erziehungsberechtigte iSd Art. 6 Abs. 3 sind die Inhaber der elterlichen **191**
Sorge. Erziehungsberechtigt ist des Weiteren der Vormund, in seinem Zuständigkeitsbereich auch der Pfleger. Pflegeeltern können ebenfalls uU erziehungsberechtigt sein,[620] ebenso ein Stiefelternteil.[621] Mit Vormund und Pfleger können auch juristische Personen als Grundrechtsträger in Betracht kommen – nicht allerdings das Jugendamt.[622] Wird der alleinsorgeberechtigten Mutter das Aufenthaltsbestimmungsrecht entzogen, ist der mit dem Kind

[613] Zur Kibbuz-Erziehung, die versucht, beides zu vereinen *Fölling-Albers,* Anregungen aus der Kibbutzerziehung für eine Theorie betreuter institutionalisierter Kindheit? Diskurs Kindheits- und Jugendforschung, 2016, 247; *Wapler,* Kinderrechte und Kindeswohl, 2015, 261 ff.
[614] BVerfG FamRZ 2017, 1577 (1578, Rn. 16); *Höfling* in HdbStR VII § 155 Rn. 61.
[615] *Badura* in Maunz/Dürig Rn. 141; *Jarass* in Jarass/Pieroth Rn. 63.
[616] *Jestaedt/Reimer* in BK Art. 6 Abs. 2, 3 Rn. 447.
[617] BVerfGE 24, 119 (142).
[618] Nachdrücklich BGH NJW 2019, 1435 (1438, Rn. 39).
[619] BVerfG FamRZ 2016, 22.
[620] § 1688 Abs. 1 und § 1632 Abs. 4 iVm § 1688 Abs. 4 BGB.
[621] § 1682 iVm § 1688 Abs. 4 BGB; § 1687b BGB; *Coester-Waltjen* FS f. Schwab, 2005, 761 (764); *Reuß,* Theorie eines Elternschaftsrechts, 2018, 280 f.; aA *Uhle* in BeckOK GG Rn. 62.
[622] *Robbers* in MKS Rn. 257; *v. Coelln* in Sachs Rn. 88.

zusammenlebende nicht sorgeberechtigte Vater ebenfalls in seinem Elternrecht verletzt.[623]

192 Für Abs. 3 kommt es **nicht auf Verschulden** der Erziehungsberechtigten an, sondern darauf, ob bei Verbleib in der Familie für die Entwicklung des Kindes eine nachhaltige Gefahr besteht. Diese muss ein solches Ausmaß erreichen und so akut und schwerwiegend sein, dass die Trennung verhältnismäßig ist.[624] Kann die Gefährdung durch mildere Mittel abgewendet werden, so sind diese einzusetzen.[625] Zeitlich begrenzte Maßnahmen sind unbegrenzten vorzuziehen (näher → Rn. 168).[626]

193 Mit den Begriffen des **Versagens** der Erziehungsberechtigten bzw. der **Verwahrlosung** soll zum einen verdeutlicht werden, dass es auf eine Verursachung der Gefahr durch die Eltern nicht ankommt. Zugleich wird so die notwendige Erheblichkeit der Gefährdung hervorgehoben. Für ein Versagen genügt eine gelegentliche Nachlässigkeit oder eine einmalige Pflichtwidrigkeit nicht.[627] Es muss sich um ein **schwerwiegendes** (nicht notwendig schuldhaftes) Fehlverhalten handeln, das zu einer **erheblichen** Gefährdung des Kindeswohls führt.[628] Eine **Verwahrlosung** liegt vor, wenn die körperliche, seelische oder geistige Entwicklung des Kindes – aus welchen Gründen auch immer – soweit unter der normalen Entwicklung bleibt, dass zur Vermeidung weiterer Nachteile für das Kind die Trennung von der Familie erforderlich ist.[629] Auch schwerwiegende Straftaten des Kindes sind Zeichen der Verwahrlosung.[630]

194 Die **Adoption gegen** den **Willen der Eltern** gem. § 1748 BGB fällt nach Ansicht des BVerfG nicht unter Art. 6 Abs. 3, weil die Zweckrichtung des Eingriffs nicht ein Zurückdrängen des elterlichen Erziehungsrechts zugunsten des Staates ist, sondern im Interesse des Kindes die Begründung eines neuen, funktionsfähigen Eltern-Kind-Verhältnisses erfolgt.[631] Auch wenn man dem folgen will, sollte man im Erst-Recht-Schluss verlangen, dass die Voraussetzungen für den staatlichen Eingriff in die Trägerschaft des Elternrechts im Rahmen des § 1748 BGB nicht geringer sein sollten als die in Abs. 3 für die Trennung von Eltern und Kind statuierten (oben → Rn. 171).[632]

---

[623] BVerfG ZKJ 2011, 133.

[624] BVerfG NJW 2015, 223; BVerfG FamRZ 2016, 22 (25, Rn. 28); *Robbers* in MKS Rn. 263; *Jestaedt/Reimer* in BK Art. 6 Abs. 2, 3 Rn. 496; für den Gefahrenmaßstab nach dem Gewicht des betroffenen Rechtsguts differenzierend *Brosius-Gersdorf* in Dreier Rn. 182.

[625] BVerfGE 60, 79 (93); Sorgeentzug beider Eltern ist nicht gerechtfertigt, wenn durch Inhaftierung eines Elternteils die Gefährdung des Kindeswohls entfällt: BVerfG BeckRS 2005, 31145; zur EMRK: EGMR NJW 2004, 3401 (3405, Rn. 101) – Haase.

[626] BVerfG FamRZ 2016, 1917 (1920, Rn. 36 ff.) (im Kontext des Umgangsausschlusses); *Jestaedt/Reimer* in BK Art. 6 Abs. 2, 3 Rn. 495.

[627] AA *Brosius-Gersdorf* in Dreier Rn. 201 (kein dauerhaftes Fehlverhalten erforderlich); zu Ausnahmen bei schwerwiegender Pflichtverletzung *Jestaedt/Reimer* in BK Art. 6 Abs. 2, 3 Rn. 491.

[628] BVerfG BeckRS 2011, 53388; *Robbers* in MKS Rn. 272; bei Gefahrenprognose muss Erheblichkeit der Gefahr einbezogen werden: BVerfG NJW 2017, 1295; näher → Rn. 168.

[629] BVerfG NJW 2011, 3355 (3356) Rn. 22; *Brosius-Gersdorf* in Dreier Rn. 198; *Jestaedt/Reimer* in BK Art. 6 Abs. 2, 3 Rn. 487.

[630] BVerfGE 107, 104 (118); *Jarass* in Jarass/Pieroth Rn. 65.

[631] BVerfGE 24, 119 (142); krit. (aber letztlich zustimmend) *Robbers* in MKS Rn. 231.

[632] Ebenso *v. Coelln* in Sachs Rn. 85; *Brosius-Gersdorf* in Dreier Rn. 204, 194; *Höfling* in HdbStR VII § 155 Rn. 59; *Pieroth/Schlink,* Grundrechte, 2009, Rn. 661 f.; *Uhle* in BeckOK GG Rn. 65.

IV. Jede Mutter hat Anspruch auf den Schutz und die Fürsorge der Gemeinschaft (Art. 6 Abs. 4)

1. Schutzdimensionen, Grundrechtsträger. Abs. 4 enthält vor allem eine Konkretisierung des Sozialstaatsprinzips. Der **Schutz der Mutter** ist aber zugleich eine besondere Ausprägung der staatlichen Pflichten aus Abs. 1 –3 des Art. 6.[633] Der Anspruch auf Mutterschutz ist **Menschenrecht** und nicht auf Deutsche beschränkt.[634] **195**

Mutter iSd Art. 6 Abs. 4 ist zunächst jede Frau, die ein Kind erwartet[635] oder geboren hat. Mutter ist sie auch dann, wenn das Kind tot geboren ist.[636] Der Schutz des Art. 6 Abs. 4 gilt für die mit dem Kindesvater verheiratete wie für die nicht mit ihm verheiratete Mutter gleichermaßen.[637] Mutter iSd Art. 6 Abs. 4 ist auch die Gebärende nach einer Ei- oder Embryonenspende, während die „nur" genetische Mutter in diesen Fällen – trotz ihrer grundsätzlichen verfassungsrechtlichen Elternstellung (→ Rn. 115, 117) – nicht umfasst ist.[638] Mutter ist schließlich auch die Leihmutter, selbst wenn sie unter Verstoß gegen § 1 EmbryonenschutzG Mutter geworden ist.[639] Die Strafbarkeit solcher Mutterschaft wäre deshalb verfassungswidrig.[640] **196**

Fraglich ist, ob auch die **Adoptivmutter,** die Pflegemutter und die Stiefmutter Mutter iSd Art. 6 Abs. 4 sind. Dafür spricht, dass Art. 6 Abs. 4 zweifellos auch in Hinblick auf das Kind konzipiert ist und diese Mütter faktisch die Kinderbetreuung übernehmen (soziale Mutterschaft). Andererseits sind Elternrecht und Familie schon durch Abs. 1–3 geschützt. Es ist daher davon auszugehen, dass Art. 6 Abs. 4 ursprünglich direkt und unmittelbar an die biologische Fähigkeit von Frauen anknüpfte, Mutter zu werden. Das verbietet zwar nicht, die Norm heute auch auf weitere Personen, die mütterliche Aufgaben übernehmen, also etwa „soziale Mütter" anzuwenden. Dann lässt es sich jedoch nicht rechtfertigen, Väter auszunehmen, die (zB bei der Säuglingsadoption) die Säuglingspflege in ganz gleichem Maße übernehmen können oder müssen. Damit würde die Norm jedoch einen ganz neuen Charakter erhalten. Überzeugender erscheint es demnach, den Schutzbereich des Abs. 4 schmal zu belassen. Dann fallen soziale Mütter nicht unter Art. 6 Abs. 4, ebenso wenig Väter.[641] Dementsprechend ist der Schutz auf die mit der biologischen Mutterschaft direkt zusammenhängenden Belastungen **197**

---

[633] BVerfGE 32, 273 (279) – Mutterschutz I (Konkretisierung des Sozialstaatsprinzips); ebenso *v. Coelln* in Sachs Rn. 90; sowie *Robbers* in MKS Rn. 284; etwas anders *Jarass* in Jarass/Pieroth Rn. 67 (lex specialis gegenüber Sozialstaatsprinzip).

[634] BVerfGE 132, 72 (96 f., Rn. 56); *Robbers* in MKS Rn. 281.

[635] *Brosius-Gersdorf* in Dreier Rn. 212; *Kirchhof* AöR 2004, 542 (553) mit Folgerungen für Kindergeld und Steuervergünstigung vom ersten Schwangerschaftsmonat an.

[636] *Jarass* in Jarass/Pieroth Rn. 69; *Brosius-Gersdorf* in Dreier Rn. 216; *Aubel,* Der verfassungsrechtliche Mutterschutz, 2003, 116.

[637] *Robbers* in MKS Rn. 289; zur Gesetzgebungsgeschichte *Seiler* in BK Art. 6 Abs. 4 Rn. 7 ff.

[638] *Robbers* in MKS Rn. 289; *Jarass* in Jarass/Pieroth Rn. 69; *Brosius-Gersdorf* in Dreier Rn. 213; *Aubel,* Der verfassungsrechtliche Mutterschutz, 2003, 114.

[639] *Robbers* in MKS Rn. 289; *Aubel,* Der verfassungsrechtliche Mutterschutz, 2003, 113.

[640] *Robbers* in MKS Rn. 289.

[641] BAGE 43, 205 (209) (bzgl. Adoptivmutter); BVerfG NJW 1987, 179 (180) (bzgl. Vater); BVerfG BeckRS 2010, 47938 (allg. zum engen Anwendungsbereich des Abs. 4); auch BVerfG NZS 2010, 626 (626, Rn. 6 f.); BVerfG NJW 2011, 1663 (1663, Rn. 12) (Ausschluss des nichtehelichen Partners von der Hinterbliebenenrente); *Brosius-Gersdorf* in Dreier Rn. 213; *Aubel,* Der verfassungsrechtliche Mutterschutz, 2003, 120; aA *Robbers* in MKS Rn. 290 (auch soziale Mütter); auch schon *Stern,* Staatsrecht IV/1, 2006, § 100, 556.

(Schwangerschaft, Geburt, Stillzeit) beschränkt.[642] Alle weiteren Rechte von Eltern ergeben sich aus Abs. 1 und 2, ggf. in Verbindung mit dem Sozialstaatsprinzip. Daneben tritt Art. 3 Abs. 3 S. 1, der Mütter vor geschlechtsbezogener Diskriminierung schützt.[643]

198 Art. 6 Abs. 4 enthält nicht nur einen Programmsatz, dh eine unverbindliche Absichtserklärung hinsichtlich des Mutterschutzes, sondern einen bindenden **Auftrag** an den Gesetzgeber[644] auf Schutz und Fürsorge und eine **wertentscheidende Grundsatznorm.**[645] Diese Grundsatzentscheidung des Verfassungsgebers gilt für das öffentliche Recht und das private Recht gleichermaßen, sie bindet alle staatlichen Stellen,[646] wirkt bei der Auslegung einfachen Rechts **interpretationsleitend**[647], entfaltet aber keine direkte Drittwirkung[648] und bewirkt auch keine Vorrangstellung zwischen den Eltern.[649] Mit Art. 6 Abs. 4 erkennt die Verfassung ausdrücklich an, dass Mutterschaft auch im Interesse der Gemeinschaft besteht[650] und sich die **Gemeinschaft** an den besonderen Belastungen durch Mutterschaft beteiligen sollte.[651] Das BVerfG gibt dem einfachen Gesetzgeber bei der Ausgestaltung von Schutz und Fürsorge aber einen weiten Spielraum.[652] Der Staat muss nicht alle Lasten übernehmen, sondern darf auch **private Dritte** oder die Mutter selbst **belasten.**[653] Nicht nur Effektivität der Fürsorge, sondern auch **Gerechtigkeitsgesichtspunkte** verbieten jedoch, die Lasten der Fürsorge nach zufälligen oder sachfremden Kriterien Einzelnen oder bestimmten Gruppen aufzuerlegen.[654]

199 **2. Inhalt des Anspruchs auf Schutz und Fürsorge.** Der **„Anspruch“** der Mutter (und wohl auch des Kindes) tritt neben die objektive Dimension der Norm im Sinne eines **Verschaffungsanspruchs** gegen den Gesetzgeber – gerichtet auf durchsetzbare Ansprüche auf Schutz und Fürsorge.[655] Inwiefern auch schon ein unmittelbarer konkreter Leistungsanspruch darin liegt, ist zweifelhaft, da schon der Anspruchsgegner unklar gefasst ist.[656] Nach alledem ist die biologische Mutter umfassend geschützt, weshalb bisher offengeblieben

---

[642] IErg ebenso BVerwGE 61, 79 (84); *v. Coelln* in Sachs Rn. 90; aA BAGE 134, 71 (85); viel weiter (konsequent) *Robbers* in MKS Rn. 278, 292; *Brosius-Gersdorf* in Dreier Rn. 217; *Seiler* in BK Art. 6 Abs. 4 Rn. 19; offenlassend ua BVerfGE 32, 273 (277); 94, 241 (258 f.).

[643] Nur BVerfG NZA 2011, 857.

[644] BVerfGE 32, 273 (277); 60, 68 (74); 85, 360 (372); so wörtlich *Robbers* in MKS Rn. 280 ff.; auch *Kotzur/Vasel* in Stern/Becker Rn. 61.

[645] Nur BAG NZA 2019, 1055 (1060, Rn. 52); eindringlich *Uhle* in BeckOK GG Rn. 72 mwN.

[646] BVerfGE 32, 273 (277).

[647] *Kotzur/Vasel* in Stern/Becker Rn. 62; siehe als Beispiel für die interpretationsleitende Wirkung der Norm im Privatrecht BVerfG NJW 2005, 2383 (2384) (Berücksichtigung von Art. 6 Abs. 4 bei Kündigung eines Fitnessvertrags wegen einer Risikoschwangerschaft).

[648] Offen gelassen in BVerfG NJW 1994, 785 (786); zustimmend *Robbers* in MKS Rn. 285; *Seiler* in BK Art. 6 Abs. 4 Rn. 27.

[649] Hierzu *Di Fabio* NJW 2003, 993 (995 f.) mit Blick auf das Kindschaftsreformgesetz von 1997 (noch) „das natürliche Band zwischen Mutter und Kind“ sehr betonend.

[650] BVerfGE 88, 203 (258 f.); *Seiler* in BK Art. 6 Abs. 4 Rn. 13; *Uhle* in BeckOK GG Rn. 72.

[651] *Robbers* in MKS Rn. 302; *Seiler* in BK Art. 6 Abs. 4 Rn. 13, 28 ff.

[652] BVerfGE 60, 68 (74); 109, 64 (87); der Spielraum endet dort, wo der Mindestschutz der Mutter betroffen ist, so *Uhle* in BeckOK GG Rn. 71 mwN.

[653] BVerfGE 37, 121 (125 f.); 109, 64 (87 f.); *Robbers* in MKS Rn. 302; mit einer Übersicht zur Regelung des Mutterschutzes *Seiler* in BK Art. 6 Abs. 4 Rn. 64 ff.

[654] *Robbers* in MKS Rn. 302; zur Belastungsgerechtigkeit *Canaris,* Die Bedeutung der iustitia distributiva im deutschen Vertragsrecht, 1997, 88 ff.

[655] Stärker *Robbers* in MKS Rn. 282 f.

[656] Näher zur Problematik *Kotzur/Vasel* in Stern/Becker Rn. 84.

ist, ob Abs. 4 als „echtes" Grundrecht der Mutter zu verstehen ist. Gründe, die dagegen sprechen könnten, sind nicht ersichtlich.[657]

„Schutz und Fürsorge" beziehen sich wie gezeigt auf die **speziellen** **200**
Belastungen der **biologischen** Mutterschaft (→ Rn. 197). Die weiteren mit der Elternschaft verbundenen Belastungen sind nach Abs. 1 aufzufangen. Im Übrigen kann Abs. 4 den Familienschutz verstärken. Das folgt schon daraus, dass Abs. 4 jeder Frau das Recht geben will, Mutter zu werden **(Schutzfunktion)** und dieser Schutz auch vor jeglichem möglichem Druck bewahren soll, eine Schwangerschaft abzubrechen und nicht Mutter zu werden.[658] Durch „ein Angebot sozialer Hilfen für Mutter und Kind" hat der Staat die Entscheidung der Frau für das Kind zu stützen.[659] Ein verantwortetes „Ja" zur Schwangerschaft kann von der Mutter aber nur erwartet werden, wenn auch jenseits von Geburt und Stillzeit eine Perspektive zur Bewältigung der Familienpflichten besteht.[660] Insofern verlangt der Mutterschutz des Abs. 4 gute Bedingungen für die Familie auch über die Mutterschutzzeiten hinaus. Begünstigte dieser Maßnahmen (zB Erziehungsurlaub, Anrechnung von Erziehungszeiten im Rentenrecht, steuerliche Anerkennung familiärer Belastungen etc) muss dabei dann auch nicht mehr notwendig die biologische Mutter sein, vielmehr können und sollen diese Hilfen der Familie iSd Abs. 1 zugutekommen. Ein Recht auf die Ermöglichung einer **anonymen Geburt** ergibt sich aus Art. 6 Abs. 4 nicht (näher → Rn. 227).

Abs. 4 verbietet eine **nachteilige Behandlung** wegen einer bestehenden **201**
Schwangerschaft oder Geburt[661] und rechtfertigt **Bevorzugungen** wegen der Mutterschaft.[662] Es besteht ein verstärkter Kündigungs- bzw. Räumungsschutz in der Wohnraummiete[663] und Abs. 4 kann auch bei der Inhaltskontrolle von Eheverträgen greifen (→ Rn. 98). Im Strafverfahren kann der spezielle Schutz der Mutter ebenfalls zu beachten sein.[664] Zentral für den Mutterschutz sind **arbeitsrechtliche** Regelungen, und hier zunächst ein wirksamer **Schutz** gegen Kündigungen.[665] Es besteht das Recht, die Schwangerschaft zu verschweigen, sowie ein besonderer Datenschutz für den Fall, dass diese angegeben wurde.[666] Effektiv ist der Mutterschutz dabei nur dann, wenn die Begünstigung nicht gleichzeitig eine mittelbare Benachteiligung verursacht.[667]

Dieser Mutterschutz durch Aufrechterhaltung des Arbeitsverhältnisses und **202**
Kündigungsschutz während der Schwangerschaft und in einer begrenzten nachgeburtlichen Phase kann nur durch eine **Einschränkung der Privat-**

---

657 Dafür *Brosius-Gersdorf* in Dreier Rn. 211; *Jarass* in Jarass/Pieroth Rn. 66; *v. Münch* in BMV VerfassungsR-HdB § 9 Rn. 30; auch schon BVerwGE 47, 23 (27); offenlassend BVerfG NJW 2005, 2382 (Ls. 1).

658 *Robbers* in MKS Rn. 303; *v. Coelln* in Sachs Rn. 86; *v. Münch* in BMV VerfassungsR-HdB § 9 Rn. 30.

659 BVerfGE 88, 203 (258); *Robbers* in MKS Rn. 296 f.

660 BVerfGE 88, 203 (248); auch *Jarass* in Jarass/Pieroth Rn. 75a.

661 BVerfGE 44, 211 (215); 115, 259 (270); BVerwGE 61, 79 (85); *Aubel,* Der verfassungsrechtliche Mutterschutz, 2003, 40 f.

662 BVerfGE 132, 72 Rn. 56 ff. zum Zusammenspiel mit Art. 3; *v. Coelln* in Sachs Rn. 94; *Robbers* in MKS Rn. 287.

663 Andeutend BVerfGE 88, 203 (259).

664 BVerfG NJW 2005, 2382 (2383); *Jarass* in Jarass/Pieroth Rn. 76.

665 Schon BVerfGE 32, 273 (277); 84, 133 (155 f.); 85, 360 (372); zudem besteht Schutz vor Verdiensteinbußen, nur BVerfGE 37, 121 (125).

666 BAG NZA 2019, 1055.

667 Deutlich BVerfGE 109, 64 (90); *Winkler,* Die Risiko- und Lastenverteilung im Mutterschutzrecht, 2002, 126.

autonomie des Arbeitgebers erreicht werden. Die sich daraus ergebende Belastung von Arbeitgebern ist also unvermeidlich und damit als sachgerecht anzusehen. Die frühere Überbürdung auch der finanziellen Lasten ganz oder zum Teil auf den Arbeitgeber war aber nicht von zwingenden oder auch nur von einleuchtenden Gesichtspunkten getragen.[668] Das seit 2005 für alle Arbeitgeber geschaffene Umlageverfahren[669] mildert dieses Problem.[670] Schwierig bleibt allerdings die Konstellation der selbstständigen, nicht in einer gesetzlichen Krankenversicherung versicherten Mütter.[671]

V. Den unehelichen Kindern sind durch die Gesetzgebung die gleichen Bedingungen für ihre leibliche und seelische Entwicklung und ihre Stellung in der Gesellschaft zu schaffen wie den ehelichen Kindern (Art. 6 Abs. 5)

203 **1. Schutzdimensionen, Grundrechtsträger.** Art. 6 Abs. 5 ist seinem Wortlaut und seinem Sinn nach ein verpflichtender **Auftrag an den Gesetzgeber.**[672] Ziel ist die „wirkliche Gleichstellung",[673] nicht nur eine Annäherung. Dieser Verfassungsauftrag ist **bindend** für den Gesetzgeber und verpflichtet ihn, die versprochene Gleichstellung auch zu vollziehen.[674] Er ist heute weitgehend erfüllt (zu noch aktuellen Fragen → Rn. 211).

204 Art. 6 Abs. 5 enthält ferner eine **Wertentscheidung** für das gesamte Recht. Für den Gesetzgeber resultiert daraus eine allgemeine Förderpflicht.[675] Auch alle anderen **staatlichen Stellen,** in welcher Funktion auch immer, haben diese Wertentscheidung zu respektieren und bei der Rechtsanwendung und -auslegung zu beachten.[676] Durch Entscheidung v. 29.1.1969 hat das BVerfG festgestellt, dass Art. 6 Abs. 5 mit Ablauf der 5. Legislaturperiode des Bundestages (am 20.10.1969) **darüber hinaus unmittelbar Wirkung** entfaltet und damit entgegenstehendes einfaches Recht außer Kraft setzt, sofern nicht der Gesetzgeber den ihm in der Verfassung gesetzten Auftrag erfüllt.[677] Der Gesetzgeber hat unter dem Druck dieser Entscheidung das NichtehelichenG[678] verabschiedet, das am 1.7.1970 in Kraft getreten ist. Mit diesem Gesetz wurde die zivilrechtliche Stellung der nichtehelichen Kinder umfassend neu geregelt, das vorgegebene Ziel aber – auch unter der Berücksichtigung der damaligen sozialen Wirklichkeit – noch nicht erreicht. Mehrere Vorschriften des NichtehelichenG wurden in der Folgezeit vom BVerfG verworfen.[679] Mit den 1998

---

[668] *Robbers* in MKS Rn. 302; *Winkler,* Die Risiko- und Lastenverteilung im Mutterschutzrecht, 2002, 121, 158; BVerfGE 109, 64 (70); aA noch BVerfGE 37, 121 (129 ff.); 70, 242; für sozialversicherungsrechtliche Lösung; *Aubel,* Der verfassungsrechtliche Mutterschutz, 2003, 122 f.

[669] § 20 MuSchG; §§ 1 Abs. 2, 2 Aufwendungsausgleichsgesetz; *Buchner* NZA 2006, 121.

[670] *Schlachter* in MPS Erfurter Kommentar MuSchG § 20 Rn. 1 auch zur (inzwischen) notwendigen Anpassung der Berechnungsgrundlage.

[671] *Winkler,* Die Risiko- und Lastenverteilung im Mutterschutzrecht, 2002, 4; *Aubel,* Der verfassungsrechtliche Mutterschutz, 2003, 250 f.

[672] BVerfGE 8, 210 (216); 17, 148 (150); 22, 163 (172); *v. Coelln* in Sachs Rn. 98.

[673] BVerfGE 85, 80 (81).

[674] BVerfGE 8, 210 (216); 17, 148 (155); 22, 163 (172).

[675] BVerfGE 22, 163 (173) – Stieffamilie.

[676] BVerfGE 8, 210 (212); 25, 167 (172 f.).

[677] BVerfGE 25, 167 (188).

[678] BGBl. 1969 I 1243.

[679] BVerfGE 74, 33 (38) zu § 1934c BGB; 84, 168 (178) zu § 1738 BGB; 85, 80 (89) zu § 23b Abs. 1 S. 2 Nr. 5 GVG aF; 92, 158 zu § 1747 BGB aF; *Salgo* KritVj. 1994, 262; zum früheren Streit um eine direkte Orientierung an Art. 8 EMRK nur *Meixner* FuR 1996, 14 (21).

in Kraft getretenen Reformgesetzen wurden schließlich weitere Schritte in Richtung auf das Ziel getan – auch in Hinblick auf die Verpflichtungen aus internationalen Verträgen.[680] Seitdem vermeidet das BGB eine Klassifizierung der Kinder, knüpft aber an die Ehe der Mutter bei Geburt des Kindes besondere Regelungen.

Art. 6 Abs. 5 gewährt jedem Kind, dessen Eltern bei der Geburt nicht miteinander verheiratet waren, einen Anspruch auf rechtliche Regelungen, die seine Lebensbedingungen an diejenigen der innerhalb einer Ehe geborenen Kinder angleichen.[681] Art. 6 Abs. 5 ist damit eine **spezielle** Ausprägung des allgemeinen Gleichheitssatzes des Art. 3 Abs. 1 u. 3.[682] **205**

Art. 6 Abs. 5 enthält ein **Menschenrecht,** ist also nicht auf deutsche Kinder beschränkt.[683] Verstärkt wird es durch Verpflichtungen aus internationalen Verträgen. So verbieten die EMRK (Art. 8 und 14)[684], die KRK[685], die Europäische Sozialcharta (Präambel) und der IPbpR (Art. 2, 24 Abs. 1)[686] eine Schlechterstellung nichtehelicher Kinder; eine Andersbehandlung schließen sie allerdings nicht aus.[687] **206**

Grundrechtsträger sind die nichtehelichen **Kinder.** Das sind (nur) Kinder, deren Eltern **bei der Geburt** nicht verheiratet waren.[688] Der Schutz besteht nicht nur während der Minderjährigkeit, sondern lebenslang.[689] Grundrechtsträger sind hingegen nicht direkt die Eltern des Kindes.[690] Ihr Anspruch auf Autonomie und Schutz ist abschließend in Art. 6 Abs. 1, 2 geregelt. Indirekt wird allerdings **um des Kindes willen** auch die Mutter-Kind- bzw. Vater-Kind-Beziehung geschützt.[691] **207**

2. Wie den ehelichen Kindern – Inhalt des Gleichstellungsanspruchs. „Wirkliche Gleichstellung"[692] ist gefordert, nicht lediglich eine Annäherung der Rechtspositionen. Das BVerfG sieht in der Vorschrift ein grundsätzliches Benachteiligungsverbot für nichteheliche Kinder,[693] eine Besserstellung gegenüber ehelichen Kindern soll jedoch möglich sein.[694] Richtigerweise muss man davon ausgehen, dass unterschiedliche Regelungen durch Sachgründe in Hinblick auf die Position des Kindes legitimiert sein müssen.[695] Sind die sozialen Verhältnisse von innerhalb und außerhalb der Ehe geborenen Kindern weitgehend gleich, so hat sich dies auch in gleichen Regelungen widerzuspiegeln. Sind sie verschieden, so hat der Gesetzgeber **208**

680 *Lakies* ZRP 1990, 229; *Schwenzer,* Vom Status zur Realbeziehung, 1987, 253 (265).
681 BVerfGE 25, 167 (191).
682 BVerfGE 25, 167 (190); 26, 265 (272); 84, 168 (184 f.).
683 Nur *Uhle* in BeckOK GG Rn. 76.
684 Grundlegend EGMR NJW 1979, 2449 (2452, Rn. 47 ff.) – Marckx; wN bei *Grabenwarter/Pabel,* Europäische Menschenrechtskonvention, 6. Aufl. 2016, § 22 Rn. 62.
685 Siehe Art. 2 Abs. 1 UN-KRK; näher *Schmahl* in Schmahl UN-KRK Art. 2 Rn. 16.
686 Siehe HRC, General Comment No. 17, HRI/GEN/1/Rev. 9 (Vol. I), Rn. 5; *Hofmann/Boldt* in Hofmann/Boldt IPbpR Art. 24 Rn. 1.
687 Schon *Palm-Risse,* Der völkerrechtliche Schutz von Ehe und Familie, 1990, 233 ff. mwN.
688 Zuletzt BVerfG NJW 2019, 1793 (1795, Rn. 60); *Jarass* in Jarass/Pieroth Rn. 79.
689 BVerfGE 44, 1 (29); *v. Coelln* in Sachs Rn. 100; *Brosius-Gersdorf* in Dreier Rn. 225; *Robbers* in MKS Rn. 311; zur Diskussion *Hofmann* in SHH Rn. 61.
690 BVerfGE 37, 121 (127).
691 *Burgi* in BerlKomm Rn. 189; *Robbers* in MKS Rn. 310.
692 Sinngemäß BVerfGE 85, 80 (81) – Unterhaltsverfahren.
693 BVerfGE 17, 148 (153 ff.).
694 BVerfGE 85, 80 (88) – Unterhaltsverfahren.
695 So ausdrücklich BVerfGE 85, 80 (88) – Unterhaltsverfahren.

für die sozial benachteiligten Kinder soweit wie möglich Ausgleich zu schaffen.[696]

209 Ob legitimierende Sachgründe für eine Andersbehandlung vorliegen, ist auch eine Frage der sozialen Wirklichkeit, wobei **Vergleichsmaßstab** die Position hypothetischer ehelicher Geschwister sein muss. Die Frage bspw., ob die Ehe der Mutter mit einem bestimmten Mann typischerweise für die Vaterschaft dieses Mannes spricht, ist eine rechtstatsächliche, die nach den herrschenden Verhältnisse zu bejahen sein dürfte. Da bei Kindern nicht miteinander verheirateter Eltern kein entsprechender genereller Vermutungstatbestand gilt, ist eine andere abstammungsrechtliche Zuordnungsregel (§ 1592 Nr. 2, 3 BGB) legitimiert (zu § 1595 BGB schon → Rn. 121; zu weiteren abstammungsrechtlichen Fragen → Rn. 216 ff.).[697]

210 Aufgrund dieser **Beachtlichkeit der gesellschaftlichen Realität** ändert sich die Aufgabe des Gesetzgebers entsprechend der sozialen Verhältnisse. Die gegenwärtige gesellschaftliche Lage dürfte im Wesentlichen gleiche gesetzliche Regelungen für innerhalb und außerhalb der Ehe geborene Kinder fordern und erlauben. Erneute gesellschaftliche Diskriminierungen von nichtehelichen Kindern würden eine Verpflichtung des Gesetzgebers zur Gegensteuerung – soweit dies rechtlich möglich ist – begründen.

211 Heute wird Abs. 5 vor allem noch relevant, wenn es um die Zuordnung zu Eltern im Rahmen der **Abstammung** oder **Adoption** geht. Bei der heterologen Insemination für unverheiratete Paare muss eine Möglichkeit geschaffen werden, die zweite Elternstelle von Geburt an sicher zu besetzen[698] (zu den Reformplänen → Rn. 217) und bei § 1747 BGB muss Art. 6 Abs. 5 beachtet werden, wenn die Mutter den Namen des genetischen Vaters nicht preisgibt (dazu → Rn. 172).

212 Bei dem Anspruch des Kindes **auf Auskunft** über die Identität des Vaters aus § 1618a BGB muss es die Abwägung mit den gegenläufigen Interessen der Mutter hinnehmen.[699] Auch heute können diese noch erhebliches Gewicht haben.[700] Der **Kontakt** zu beiden Eltern soll außerehelich geborenen Kindern soweit als irgend möglich gewährt werden.[701] Dem entspricht die Umgangspflicht des § 1684 BGB (→ Rn. 139; zum defizitären Sorgerecht des Vaters → Rn. 135).

213 Im Kindes**unterhaltsrecht** sind Maßstab, Berechnung und Verfahren vereinheitlicht worden. Auch der Unterhaltsanspruch des betreuenden Elternteils gegen den anderen Elternteil, der sich auf die Lebensbedingungen des Kindes auswirkt, ist mit der Unterhaltsrechtsreform 2007 für den nachehelichen Betreuungsunterhalt (§ 1570 BGB) und für den Unterhalt bei außerehelicher Geburt (§ 1615l Abs. 2 BGB) weitgehend gleichgestellt worden.[702] Die Gerichte haben bei der Anwendung dieser parallelen Normen wegen Art. 6 Abs. 5 einheitliche Kriterien zugrunde zu legen.[703]

---

696 *Robbers* in MKS Rn. 314.

697 BVerfGE 135, 48 (89, Rn. 116).

698 *Lettmaier/Moes* FamRZ 2018, 1553 (1559).

699 BVerfGE 96, 56 (63); *Uhle* in BeckOK GG Rn. 79 mwN.

700 Dazu näher → Rn. 226; zum Anspruch des Kindes gegen den Vater auf Auskunft über die leibliche Mutter siehe AG Berlin Schöneberg FamRZ 2018, 1096.

701 *v. Münch* in BMV VerfassungsR-HdB § 9 Rn. 28.

702 Zur Verfassungswidrigkeit einer Unterscheidung BVerfGE 118, 45; andeutend bereits BVerfG FamRZ 2004, 1013 (1014); FuR 2004, 400 (401); krit. *Foerste* JZ 2008, 42 (44).

703 Soweit sich nicht gerade aus der Ehe Unterschiede ergeben (§ 1570 Abs. 2); zu allem umfassend und teilweise krit. *Löhnig/Preisner* FamRZ 2010, 2029.

Die 2011 nochmals angepassten **erbrechtlichen Übergangsvorschriften** (insbes. Art. 12 § 10 NEhelG) sind vom BVerfG zunächst für mit Art. 6 Abs. 5 vereinbar erklärt worden,[704] doch hat der EGMR dies in einer ganzen Serie von Entscheidungen zu Art. 8, 14 EMRK zumindest für Ausnahmefälle anders gesehen.[705] Geänderte Lebensumstände erfordern nach Ansicht des EGMR[706] auch eine Gleichstellung der vor dem 1.7.1949 geborenen Kinder, soweit nicht besondere Umstände vorliegen. Für erbrechtliche Ansprüche von vor dem 1.7.1949 geborenen Kindern aus Erbfällen, die sich vor dem 29.5.2009 ereignet haben, muss daher im Einzelfall zwischen Diskriminierungsschutz des Kindes und dem Vertrauensschutz der anderen Beteiligten abgewogen werden.[707] **214**

Insgesamt hat die Bedeutung des Abs. 5 abgenommen. Die Probleme haben sich verlagert und das Augenmerk muss eher darauf gelegt werden, dass Kinder, die durch **moderne, nicht immer legale, medizinische Fortpflanzungsmethoden** gezeugt wurden oder die in **Patchworkfamilien** leben, die gleichen Lebensbedingungen erhalten wie andere Kinder. Diese Kinder in gewandelter Interpretation der Norm mit unter Art. 6 Abs. 5 zu fassen, erschiene im Ergebnis passend. Doch ist Abs. 5 sehr spezifisch gerade auf die außerhalb einer Ehe geborenen Kinder ausgerichtet. Das Ziel, auch andere Kinder vor jeglicher Diskriminierung zu schützen, muss daher auf die allgemeinen Grundrechte gestützt werden. Es lässt sich über Art. 6 Abs. 1, 2, Art. 3 Abs. 1 und Art. 1 Abs. 1 vollumfänglich erreichen (näher zur Leihmutterschaft → Rn. 231 f.).[708] **215**

VI. Übergreifende Fragen

1. Abstammung und Fortpflanzung. a) Übersicht. Die enge wechselseitige Bindung zwischen dem **Abstammungsrecht,** das die rechtliche Eltern-Kind-Beziehung privatrechtlich bestimmt, und dem verfassungsrechtlichen Familienbegriff des Art. 6 Abs. 1 (oben → Rn. 67 ff.) sowie dem Elternbegriff des Art. 6 Abs. 2 S. 1 (oben → Rn. 112 ff.) wirkt sich bei verschiedenen aktuellen Fragen aus. Dies gilt insbesondere für die primäre Bestimmung der Elternteile bei Nutzung künstlicher Fortpflanzungsmethoden (→ Rn. 217 f.), bei Konkurrenz zwischen rechtlichem und genetischem Vater (→ Rn. 222), beim Recht zur Kenntnis der eigenen Abstammung (→ Rn. 223 ff.) sowie für die vertrauliche Geburt (→ Rn. 227). **216**

b) Medizinische Reproduktionsmethoden. Die ärztlich assistierte **heterologe Insemination** setzt voraus, dass der Samenspender von der **217**

---

[704] BVerfG NJW 2013, 2103; zur verfassungswidrigen Lücke, die sich durch Wegfall der Legitimation für vor dem 1.7.1949 geborene Kinder ergab BVerfG NJW 2009, 1065 (1066, Rn. 19).

[705] Dazu *Herzog* FamRZ 2019, 249 (267 f.); *Leipold* ZEV 2017, 489.

[706] EGMR NJW-RR 2009, 1603 (1605, Rn. 43) – Brauer; NJW-RR 2014, 645 (648, Rn. 61 ff.) – Fabris; FamRZ 2017, 656 – Mitzinger; NJW 2017, 1805 (1807, Rn. 71 ff.)– Wolter und Sarfert.

[707] Dies anwendend BGH ZEV 2017, 510 (Abkehr vom strengen Stichtagsprinzip durch teleologische Erweiterung von Art. 5 S. 2 ZwErbGleichG); in der Folge auch KG ZEV 2018, 265 Rn. 14 ff.; abwägend auch schon KG FamRZ 2010, 2104 (2105) (stärkere Gewichtung von Vertrauensschutzgesichtspunkten); OLG Stuttgart FamRZ 2010, 674 (675) (ebenfalls Überwiegen von Vertrauensschutzgesichtspunkten); nochmals *Leipold* ZEV 2017, 489 (494 f.).

[708] Zu den Kindern in einer Patchworkfamilie BVerfG NJW 2019, 1793.

Elternverantwortung (Unterhaltspflicht) freigestellt bleibt.[709] Ein Weg, dies zu erreichen, besteht in der verbindlichen Besetzung der zweiten Elternstelle mit einer anderen Person (Vater oder Mit-Mutter) und einem gleichzeitigen „Verzicht" des Samenspenders auf sein Elternrecht (→ Rn. 152). Diese „intentionale Elternschaft" (→ Rn. 112) ist dann mit Art. 6 Abs. 2 S. 1 vereinbar, wenn die zustimmende Person in abstracto (!) für die dauerhafte Übernahme der Elternverantwortung geeignet ist. Es muss um das Kind gehen, so dass Beziehungsstabilität und reale soziale Verantwortungsübernahme, aber nicht die Erfüllung von Elternwünschen entscheidend sind. Die weitreichende Lösung des Diskussionsteilentwurfs übersieht das, wenn sie der in die heterologe Insemination einwilligenden Person nicht nur eine subsidiäre, sondern eine vorrangige Position einräumt.[710] Bei einer Trennung von der Mutter schon vor der Geburt würde die zweite Elternstelle so nämlich dauerhaft mit einer Person belegt, die weder genetisch mit dem Kind verwandt ist, noch je die soziale Elternrolle ausgeübt hat.

218 Bei der **Eizell- und Embryonenspende** unterliegt die mit § 1591 BGB erreichte unabänderliche Zuschreibung der Mutterposition an die Gebärende verfassungsrechtlichen Zweifeln. Sie übergeht das Recht der genetischen Mutter aus Art. 6 Abs. 2 S. 1 selbst in den Fällen, in denen die Geburtsmutter ausfällt (etwa durch Tod oder schwere Krankheit). Es ist zudem – auch in Hinblick auf Art. 3 Abs. 1 – problematisch, dass die Ehefrau der rechtlichen Mutter derzeit selbst dann nicht Mit-Mutter werden kann, wenn sie die genetische Mutter ist.[711]

219 **c) Mehrelternschaft.** Das oben (→ Rn. 108 ff.) beschriebene Abrücken von dem natürlichen Vorbild (ein Vater/eine Mutter) sowie das Ziel, real gelebte Elternstellung auch rechtlich abzubilden, führt dazu, dass man außer im Geschlecht (Mit-Mutterschaft, doppelte Vaterschaft) auch in der Zahl der (grundsätzlichen) Träger des Elternrechts flexibel sein sollte.[712] **Mehrelternmodelle,** deren Voraussetzungen freilich präzise und mit Blick auf das Wohl des Kindes geregelt werden müssten, können für das Kind eine stärkere Sicherung bringen und vielfach auch die Abbildung der „real gelebten"

---

[709] Schon das geltende Recht schließt die Feststellung des Samenspenders als Vater aus (§ 1600d Abs. 4 BGB); das Kind kann aber die rechtliche Vaterschaft anfechten (§ 1600 Abs. 1 Nr. 4, Abs. 4 BGB).

[710] §§ 1600 Abs. 1 Nr. 3, 1600a BGB-E sehen sogar ein Anfechtungsrecht für die einwilligende Person vor, was strikt abzulehnen ist; richtig ist aber, dass diese Person als Elternteil festgestellt werden kann (§ 1598c Abs. 2), Diskussionsteilentwurf (→ Fn. 485), 36; auch Arbeitskreis Abstammungsrecht, Abschlussbericht, 2017, 57 f. These 34, 35 und 70 f. These 51 (zur Mit-Mutterschaft); näher *Heiderhoff* NJW 2016, 2629 (2632 f.); krit. aus Perspektive der Kinderrechte auch *Motejl* FamRZ 2017, 345 (346); *Voigt,* Abstammungsrecht 2.0, 2015, 98 ff.

[711] So OLG Köln FamRZ 2015, 156; wie hier *Dethloff* FS f. Coester-Waltjen, 2015, 41 (49); die geplante Reform → Rn. 122.

[712] Offen für mehr als zwei Eltern etwa *Brosius-Gersdorf* in Dreier Rn. 150; *Coester* in Deutscher Familiengerichtstag e. V., 20. DFGT, 2013/14, 43 (51 ff.); *Gernhuber/Coester-Waltjen,* Familienrecht, 2020 § 6 Rn. 27; *Lembke* in Röthel/Heiderhoff Regelungsaufgabe Vaterstellung, 37 (70); *Scheiwe* FS f. Coester-Waltjen, 2015, 205 (220 f.); auch schon *Schwab* in Schwab/Vaskovics Pluralisierung von Elternschaft und Kindschaft, 41 (48 ff.); *Heiderhoff* FamRZ 2008, 1901; skeptisch zumindest in Hinblick auf sorgerechtliche Gleichbehandlung *Wapler,* Kinderrechte und Kindeswohl, 2015, 186 f.; eher gegen Begründung von Mehrelternschaft bei Abstammung, aber offen für Übertragung der Sorge auf weitere Personen *Helms,* Gutachten F zum 71. DJT 2016, F 25, 26, 66; *Helms* FS f. Coester, 2019, 126 (128); auch *Dethloff* GS f. Heinze, 2005, 133 (142); *Reuß,* Theorie eines Elternschaftsrechts, 2018, 194 ff., 272 ff.; auch schon → Fn. 392.

Elternschaft richtiger gewährleisten.[713] Letzteres träfe bspw. zu bei dem Vorhandensein eines sozial-biologischen Vaters und eines sozialen und rechtlichen Vaters oder einer (Adoptiv-)Mit-Mutter. Ungeklärt ist noch, in welchen Situationen eine Mehrelternschaft in Betracht kommt, wie die Rechte der Beteiligten gegeneinander abzustufen sind und ob diese nur optional bei Konsens der Beteiligten oder in bestimmten Situationen auch ohne Konsens entstehen können sollte. Hierbei ergeben sich sowohl aus dem Familiengrundrecht des Art. 6 Abs. 1 als auch aus dem Elterngrundrecht des Art. 6 Abs. 2 S. 1 Begrenzungen.[714] Denn das Hinzukommen eines weiteren Elternteils hat das Potential, die bestehende sozial-rechtliche Familie zu belasten, es verlangt, die Sorge mit einer weiteren Person zu teilen, und eventuelle Folgekonflikte könnten die Funktionsfähigkeit der elterlichen Sorge beeinträchtigen.[715]

Häufig wird daher eine **konsensuale Lösung** vorgeschlagen.[716] Eine solche **220**
Lösung birgt jedoch das Problem in sich, dass die Dispositionsfreiheit der Eltern über die Elternstellung sehr stark wird (dazu skeptisch bereits → Rn. 116 ff.).[717] Insofern bietet es sich an, die Mehrelternschaft so auszugestalten, dass sie zwar in ihrer Entstehung nicht vom Konsens abhängt, dass jedoch zwei Elternteile vor allem bezüglich der Sorge klar eine **Vorrangstellung** haben. Nur in Auffangsituationen sowie auf konsensualem Wege rücken die „subsidiären" Elternteile (typischerweise der genetische Vater, gerade bei Mit-Mutterschaft) in die aktuelle Ausübung der Elternverantwortung ein.[718] Offen bleiben damit alle anderen Elternrechte und -pflichten, von Umgang über Unterhalt bis zum Erbrecht.[719] Das GG lässt für die Ausgestaltung hier viel Raum, da es wie gezeigt eine Abstufung der Elternrechte erlaubt.

d) Anfechtungsrecht des rechtlichen und des genetischen Vaters. **221**
Für die Korrektur der Elternstellung durch **Anfechtung** hat Art. 6 Abs. 1 und 2 generell erhebliche Relevanz. Zum einen wird durch die Anfechtung als solche und sogar schon durch das darauf gerichtete Verfahren in die durch Art. 6 Abs. 1 geschützte, bestehende Familie eingegriffen. Zudem verliert das Kind einen Elternteil. Es ist daher für jede Anfechtung – ganz gleich durch wen sie betrieben wird – angebracht, dass das einfache Recht Fristen (§ 1600b BGB) und bestimmte Verfahrensvoraussetzungen – wie etwa einen Anfangsverdacht (§ 171 Abs. 2 S. 2 FamFG) – vorgibt. Dass die biologische Mutter generell kein Anfechtungsrecht hat, selbst wenn sie nicht die genetische Mutter ist, steht mit Art. 6 Abs. 2, Art. 3 Abs. 2 S. 1, Art. 2 Abs. 1 in Einklang. Die Verantwortungsübernahme, die durch das Austragen des Kin-

[713] Mit Hinweis auf die auch soziologisch und philosophisch begründbare Nähe der intentionalen mit der biologischen Elternschaft *Röthel* FS f. Coester, 2019, 129 (137 ff.).

[714] *Brosius-Gersdorf* JöR 62 (2014), 179 (192 f., 198); *Helms,* Gutachten F zum 71. DJT 2016, F 70.

[715] *Helms* FS f. Prütting, 2018, 41 (44); *Wellenhofer* in MüKo BGB § 1599 Rn. 69.

[716] *Sanders,* Mehrelternschaft, 2018, 372 ff., 402 ff.; dies im Rahmen der Kindeswohlprüfung (stark) berücksichtigend auch *Plettenberg,* Vater, Vater, Mutter, Kind – Ein Plädoyer für die rechtliche Mehrvaterschaft, 2016, 97.

[717] Skeptisch daher *Reuß,* Theorie eines Elternschaftsrechts, 2018, 233.

[718] *Plettenberg,* Vater, Vater, Mutter, Kind – Ein Plädoyer für die rechtliche Mehrvaterschaft, 2016, 93 ff.

[719] Drohende Schieflagen hervorhebend *Dutta* FS f. Breitscheid, 2019, 113 ff.; die mehrfache Unterhaltsbelastung des Kindes für gerechtfertigt haltend, *Plettenberg,* Vater, Vater, Mutter, Kind – Ein Plädoyer für die rechtliche Mehrvaterschaft, 2016, 129 f.; *Sanders,* Mehrelternschaft, 2018, 426.

des erfolgt ist, lässt sich nicht durch Anfechtung nachträglich beseitigen.[720] Auch für die Anfechtung durch den rechtlichen Vater begegnet die in § 1599 Abs. 1 BGB vorgesehene rückwirkende Nichtigkeit erheblichen Bedenken. Denn sie bedeutet den nachträglichen Fortfall der rechtlichen Grundlage für eine reale, von Art. 6 Abs. 1 geschützte Familie, und setzt darüber hinaus, in dem Zusammenspiel mit unterhaltsrechtlichen Regelungen (§ 1607 Abs. 3 BGB) regelrecht Anreize für eine Anfechtung.[721] Angesichts der oben beschriebenen weitgehenden Lösung der Elternstellung von der genetischen Abstammung und der Stärkung der sozialen Verantwortungsübernahme (→ Rn. 119), würde eine Beendigung der Vaterschaft ex nunc weit besser mit Art. 6 Abs. 1 sowie dem Elternbegriff des Art. 6 Abs. 2 S. 1 zu vereinbaren sein.[722]

222 Zum anderen prägt Art. 6 Abs. 2 S. 1 die Auflösung der schwierigen Konkurrenz zwischen dem **genetischen und dem rechtlichen Vater.** Grundsätzlich ist auch der nur genetische Vater nach zustimmungswürdiger Ansicht des BVerfG von Art. 6 Abs. 2 S. 1 geschützt (→ Rn. 115).[723] Überzeugend ist auch die Annahme des BVerfG, dass seine Rechtsposition im Regelfall hinter diejenige des rechtlichen Vaters zurücktritt, wenn dieser auch die soziale Vaterrolle ausübt.[724] Es ruft daher keine Bedenken hervor, dass § 1600 Abs. 2 BGB die Anfechtung ausschließt, wenn der rechtliche zugleich auch der soziale Vater ist. Schwierigkeiten entstehen erst bei gleicher oder gar größerer sozialer Bindung des genetischen Vaters zum Kind.[725] Vor dem Gesamtbild der Art. 6 Abs. 2 S. 1, Abs. 1, Art. 3 Abs. 1 erscheint die Lösung des Teilentwurfs für diesen Konflikt als angemessener Mittelweg. Mit der freien Anfechtung in den ersten sechs Lebensmonaten und der gerichtlichen Entscheidung im Einzelfall wird die Stabilität der gelebten Familie geschützt und zugleich die Position des biologischen Vaters gestärkt.[726] Um einen Eingriff in Art. 6 zu vermeiden, ist dabei nicht die Erziehungseignung der beiden Väter, sondern nur die Qualität bzw. „Wichtigkeit" der sozialen Beziehung für das Kind entscheidungserheblich.[727]

223 **e) Kenntnis der eigenen Abstammung.** Das Recht auf **Kenntnis der eigenen Abstammung** ergibt sich aus Art. 2 Abs. 1, Art. 1 Abs. 1.[728] Nach

---

[720] Zur Sicherung des Kindeswohls bei Verzicht → Rn. 152; zur Leihmutterschaft → Rn. 231 ff.

[721] Die im Regierungsentwurf von 2016 (BT-Drs. 18/10343) vorgesehene Begrenzung auf zwei Jahre vor Einleitung des Anfechtungsverfahrens räumt diese Bedenken nicht wirklich aus. Kritisch muss auch der in § 1607 Abs. 4 BGB-E enthaltene Auskunftsanspruch gegen die Mutter gesehen werden, dazu *Frank* FamRZ 2017, 161; umfassend *Wellenhofer* FamRZ 2016, 1717.

[722] *Heiderhoff* FamRZ 2010, 8.

[723] BVerfGE 108, 82 (100).

[724] Grundlegend BVerfGE 108, 82; für eine Stärkung von dessen Rechtsposition insbes. *Helms,* Gutachten F zum 71. DJT, 2016, F 44 ff.

[725] BVerfG NJW 2018, 3773 (Rechtsposition des biologischen Vaters durch ineffektives Verfahren verletzt); zurückhaltender BVerfG FamRZ 2015, 817; FamRZ 2014, 191; entsprechend dem Gesetzeswortlaut den rechtlichen Vater schützend BGH FamRZ 2018, 275; aA die Vorinstanz OLG Hamm FamRZ 2016, 2135; für stärkere Gewichtung des Elternrechts des genetischen Vaters *Osthold,* Die rechtliche Behandlung von Elternkonflikten, 2016, 446 f.

[726] Diskussionsteilentwurf (→ Fn. 485), 48 und dortiger § 1600a Abs. 2 S. 2 BGB-E; Arbeitskreis Abstammungsrecht, Abschlussbericht, 2017, 52 These 29.

[727] Zu möglichen Fehldeutungen des Kindeswohls im Kontext der Abstammung *Lembke* in Röthel/Heiderhoff Regelungsaufgabe Paarbeziehung, 37 (61 ff.).

[728] BVerfGE 141, 186 (201 f., Rn. 32 ff.) auch zu dessen Grenzen.

der zustimmungswürdigen Auffassung des BVerfG besteht es nicht in einem gegen den Staat gerichteten Anspruch auf Verschaffung von Kenntnissen, sondern es gewährt nur Schutz vor „Vorenthaltung erlangbarer Informationen".[729] Spiegelbildlich dazu gibt es das Bedürfnis des genetischen Vaters (sowie seltener der genetischen Mutter), den eigenen Nachwuchs zu kennen bzw. das Bedürfnis des rechtlich zugeordneten Vaters, die Nichtabstammung festzustellen; auch diese Anliegen können verfassungsrechtlichen Schutz beanspruchen.[730] Doch sind die gegenläufigen Interessen des Kindes bzw. der bestehenden Familie häufig überwiegend.[731] Während heimliche, dh ohne Einwilligung des Kindes vorgenommene Vaterschaftstests jedenfalls gegen das Persönlichkeitsrecht des Kindes verstoßen,[732] muss das Gesetz fairen Zugang zu der Kenntnis der Abstammung bzw. Nichtabstammung für die Beteiligten vorsehen.[733] Bei der Ausgestaltung der Auskunftsansprüche auf der Basis der Abwägung der Interessen der Betroffenen hat der Gesetzgeber erheblichen Gestaltungsspielraum.[734] Während es keinen generellen Anspruch auf Nichtkenntnis der wirklichen Abstammung gibt,[735] so ist doch das Recht, dass es nicht mehr zur weiteren Aufklärung der leiblichen Abstammung kommt, bei der Abwägung zu berücksichtigen.[736]

Für den Anspruch auf **Klärung der Abstammung** nach § 1598a BGB hat das BVerfG betont, dass das durch Art. 6 Abs. 1 geschützte Familienleben erheblich betroffen ist. Denn die Klärung der Abstammung kann sowohl für die bestehende rechtliche Familie des Kindes als auch für die Familie des vermeintlichen Vaters negative Auswirkungen haben.[737] Andererseits ist umstritten, ob § 1598a BGB den verfassungsrechtlichen Anforderungen umfassend genügt. Kritisiert wird insbesondere das Fehlen einer Möglichkeit für das Kind, von seinem potentiellen genetischen Vater außerhalb des Feststellungsverfahrens eine Genprobe zu verlangen.[738] **224**

§ 1600g BGB des Teilentwurfs erweitert die Ansprüche auf Kenntniserlangung. So kann nach § 1600g Abs. 1 Nr. 6 BGB-E ein Mann, der an Eides statt versichert, der Mutter während der Empfängniszeit beigewohnt zu haben, eine Genprobe des Kindes verlangen. Für den Anspruch des Kindes versucht der Entwurf in § 1600g Abs. 1 Nr. 4 BGB-E einen Kompromiss, indem es einen **Anspruch auf eine Genprobe** gegen den Mann erhält, „der den Umständen nach als leiblicher Vater in Betracht kommt, es sei denn, das Kind ist minderjährig und der Mann kann nach den §§ 1598a und 1598b als **225**

---

[729] Deutlich BVerfGE 141, 186 (204, Rn. 38); auch schon BVerfGE 79, 256 (269); umfassend *Coester-Waltjen* FF 2017, 224.

[730] Zugleich auf die Einnahme der Vaterstellung abstellend BVerfGE 108, 82; vor allem den rechtlichen Vater ansprechend BVerfGE 117, 202 (205) m. zust. Anm. *Luthin* FamRZ 2007, 542; sa *Willutzki* ZRP 2007, 180 (183 f.).

[731] Den Anspruch auf Klärung ganz offenlassend BVerfGE 108, 82; abl. auch BGHZ 170, 161 (165); krit. auch schon *Helms/Frank* FamRZ 2007, 1277 (1278); weitergehend *Reuß*, Theorie eines Elternschaftsrechts, 2018, 484 ff.

[732] BVerfGE 117, 202 (228).

[733] BVerfGE 117, 202 (229 f.); dazu *Brosius-Gersdorf* NJW 2007, 806; *Gröschner* Jura 2008, 132; zum dies umsetzenden § 1598a BGB → Rn. 224; zu den Entwürfen: *Balthasar* JZ 2007, 635; *Klinkhammer* FF 2007, 128; *Frank/Helms* FamRZ 2007, 1277; *Schwab* FamRZ 2008, 23.

[734] BVerfGE 141, 186 (204 ff., Rn. 39 ff.); zur Verfassungswidrigkeit der §§ 1593, 1598 iVm § 1596 Abs. 1 BGB aF BVerfGE 79, 256.

[735] Offengelassen, weil es jedenfalls geringer zu gewichten wäre: BVerfGE 117, 202 (229 f.).

[736] BVerfGE 141, 186 (213, Rn. 62).

[737] BVerfGE 141, 186 (212, Rn. 59 ff.).

[738] *Coester-Waltjen* FF 2017, 224.

Vater festgestellt werden." Das dürfte mit den Rechten des Anspruchsgegners vereinbar sein, soweit die Anforderungen an die Substantiierung der „Umstände" für die Annahme, es könne sich um den Vater handeln, nicht zu niedrig angesetzt werden.

226 Entgegenstehende Grundrechte kann im Übrigen insbesondere **die Mutter** geltend machen, deren Privat- und Intimsphäre betroffen ist, wenn sie sexuelle Kontakte preisgeben muss.[739] Daher muss sie nach § 1618a BGB dem Kind nur dann den Namen des Vaters preisgeben, wenn ihre Rechte aus Art. 2 Abs. 1, Art. 1 nicht überwiegen.[740] Bei dem Anspruch gegen **den Arzt,** der eine Samenspende durchgeführt hat, überwiegen typischerweise die grundrechtlichen Belange des Kindes.[741] Wegen Art. 6 Abs. 2 können die Eltern bestimmen, in welchem Alter das Kind diesen Anspruch geltend macht.[742]

227 **f) Anonyme/vertrauliche Geburt.** Die Regelungen für eine anonyme oder zumindest vertrauliche Geburt, und noch mehr zur Babyklappe, tangieren **verschiedene Grundrechte.**[743] Auf der einen Seite steht das Geheimhaltungsinteresse der Mutter.[744] Dem treten das wegen des Rechts auf Kenntnis der eigenen Abstammung betroffene allgemeine Persönlichkeitsrecht des Kindes und des Vaters gegenüber.[745] Dazu kommt wohl auch das Recht des Kindes auf Umgang mit seinen Eltern[746] und das Recht des Vaters auf Zugang zum Elternrecht. Soweit Eingriffe in die jeweiligen Grundrechte nicht durch die gesetzliche Ausgestaltung vermieden werden können (etwa durch einen Auskunftsanspruch des Kindes, wie ihn § 31 SchwangerschaftskonfliktG für vertrauliche Geburten vorsieht), muss die Rechtfertigung geprüft werden, die sich insbesondere aus dem Persönlichkeitsrecht der Mutter oder eventuell auch aus der sonst potentiell bestehenden Lebensgefahr für das Kind ergeben kann.[747]

228 **g) Fortpflanzung.** Das Recht auf Fortpflanzung oder auch auf **reproduktive Selbstbestimmung**[748] wird teils aus Art. 2 Abs. 1 iVm Art. 1 Abs. 1[749],

---

[739] BVerfGE 96, 56 (61); zur anonymen Geburt auch → Rn. 227.

[740] BVerfGE 96, 56 (63); krit. zur konkret in Anspruch genommenen Abwägungsüberprüfung *Starck* JZ 1997, 777; den Auskunftsanspruch des Scheinvaters im geltenden Recht ablehnend: BVerfGE 138, 377.

[741] BGHZ 204, 54 Rn. 43 ff.

[742] BGHZ 204, 54 Rn. 26.

[743] Generell billigend EGMR NJW, 2003, 2145 – Odièvre, dazu *Benda* JZ 2003, 533 (535); zur Rechtsstellung des Vaters EGMR 10.1.2008 – 35991/04 – Kearns; iE *Gernhuber/Coester-Waltjen,* Familienrecht, 2020, § 53 Rn. 18 ff.

[744] Dieses iRd Art. 8 EMRK noch (zu) hoch gewichtend EGMR NJW 2003, 2145 – Odièvre; die Abwägung mehr betonend EGMR NJOZ 2014, 117 – Godelli; dazu *Becker* FS f. Brudermüller, 2014, 1 (4).

[745] *Kingreen* KritV 2009, 88; *Hassemer/Eidam,* Babyklappen und Grundgesetz, 2011, 58 ff., die auch den Schutz des Lebens und der körperlichen Unversehrtheit des Kindes einbeziehen (Art. 2 Abs. 2), 63 ff.; zweifelnd hierzu Deutscher Ethikrat: BT-Drs. 17/190, 27, 29.

[746] Einschränkend dazu *Hassemer/Eidam,* Babyklappen und Grundgesetz, 2011, 72 ff., allerdings nicht ganz stichhaltig, weil darauf abgestellt wird, dass jedenfalls *ein* Elternteil dieser Pflicht kaum nachkommen werde.

[747] An Letzterer für die Babyklappen-Fälle zweifelnd *Katzenmeier* FamRZ 2005, 1134 (1135).

[748] Dazu *Coester-Waltjen* Reproduktionsmedizin 18 (2002), 183 (188); *Dorneck,* Das Recht der Reproduktionsmedizin de lege lata und de lege ferenda, 2018, 67 ff.; *Lindner* in Rosenau Ein zeitgemäßes Fortpflanzungsmedizingesetz für Deutschland, 2012, 127 (137, 143 ff.).

[749] OLG München FamRZ 2017, 904; *Gassner* ZRP 2015, 126; mit einem Mittelweg *Sanders,* Mehrelternschaft, 2018, 322 f.; aus Art. 2 Abs. 1 iVm Art. 1 Abs. 1 folgt jedenfalls, dass Entscheidungen zur Fortpflanzung wegen ihrer Höchstpersönlichkeit nicht bindend sind – das gilt auch für die medizinisch assistierte Zeugung, dazu BGHZ 146, 391; BGHZ 97, 372.

teils aus Art. 6 Abs. 1[750] abgeleitet. Soweit damit nur das Recht für Mann und Frau bezeichnet wird, grundsätzlich von staatlichen Regelungen unabhängig eine Familie gründen zu können, ist die Ableitung aus Art. 6 Abs. 1 plausibel, weil der Innenbereich der Paarbeziehung betroffen ist. Eine staatliche Geburtenkontrolle, eine Zwangssterilisation oder ein Schwangerschaftsabbruch ohne Einwilligung der Frau verstießen daher gegen Art. 6 Abs. 1.[751] Sobald es um medizinisch assistierte Zeugung und moderne Fortpflanzungsmedizin geht, wird jedoch deutlich, wie sehr der Kinderwunsch Ausfluss des Persönlichkeitsrechts ist. Daher kommt Art. 2 Abs. 1 iVm Art. 1 Abs. 1 die zentrale Bedeutung zu.[752] Soweit nicht sachliche Gründe, insbesondere Rechte Dritter, entgegenstehen, besteht ein Anspruch auf Fortpflanzung.[753] Dies gilt selbst bei der Beteiligung von „Dritten" als Samen-, Eizellen- oder Embryonenspender.[754] Beschränkungen der Fortpflanzungsmöglichkeiten (zB durch das ESchG) bedürfen daher einer besonderen Legitimation. Die Argumentation mit dem Wohl oder der Menschenwürde des Kindes, dessen Zeugung gerade verhindert werden soll, ist dabei problematisch, weil sie den grundsätzlichen Wert des menschlichen Lebens in Frage stellt.[755] Die Würde des (noch ungeborenen) Kindes lässt sich erst dann heranziehen, wenn der Zweck (oder die Art und Weise) seiner Zeugung ein menschenwürdiges Leben ernsthaft in Frage stellt,[756] was bei den hier zu diskutierenden Formen der Erfüllung des Kinderwunsches nicht in Rede steht.

Das **ESchG** mit seinen Restriktionen hält daher einer verfassungsrechtlichen Prüfung nicht stand.[757] Legt man die überzeugenden Maßstäbe der neueren Rspr. des BVerfG zu Grunde,[758] so ist auch eine generelle Beschränkung der Ansprüche auf Kostenübernahme durch die Krankenkasse auf Ehegatten nicht mehr haltbar.[759] **229**

[750] *Reuß,* Theorie eines Elternschaftsrechts, 2018, 201 f.; *Müller-Terpitz,* Medizinrecht, Art. 6 Rn. 2; wohl auch *Brosius-Gersdorf* in Dreier Rn. 117.

[751] § 1905 BGB berücksichtigt dies angemessen, nur BayObLG NJW 2002, 149.

[752] *Klein,* Zur verfassungsrechtlichen Rechtfertigung des Verbots der Eizellspende mit dem Argument des Schutzes des Kindeswohls, 2018, 58 ff.; *Müller-Götzmann,* Artifizielle Reproduktion, 2009, 283 f.; *Kersten* NVwZ 2018, 1248; *Kingreen/Poscher,* Grundrechte, 2019, Rn. 443.

[753] Dazu etwa *Lindner* in Rosenau Ein zeitgemäßes Fortpflanzungsmedizingesetz für Deutschland, 127 (132 f., 137 ff.); die EMRK lässt den Mitgliedstaaten nach der Rspr. des EGMR großen Spielraum, nur *Wildhaber/Hjartarson/Donnelly* HRLJ 2013, 248 ff.; knapp *Uerpmann-Wittzack* FS f. Müller-Graff, 2015, 224 (226 f.).

[754] *Hieb,* Die gespaltene Mutterschaft im Spiegel des deutschen Verfassungsrechts, 2005, 29 ff. mwN; aA *May,* Rechtliche Grenzen der Fortpflanzungsmedizin, 2003, 171 (176), der von einem verfassungsrechtlichen Gebot „einheitlicher Mutterschaft" ausgeht.

[755] So aber BT-Drs. 11/5460, 6; krit. zur Menschenwürde vor der Nidation *Dreier,* Bioethik – Politik und Verfassung, 2013, 25 ff.; überzeugend *Hieb,* Die gespaltene Mutterschaft im Spiegel des deutschen Verfassungsrechts, 2005, 95 ff. (102 f.); *Klein,* Zur verfassungsrechtlichen Rechtfertigung des Verbots der Eizellspende mit dem Argument des Schutzes des Kindeswohls, 2018, 182 ff.; auch *Coester-Waltjen* in Woopen Fortpflanzungsmedizin in Deutschland, 92 (104).

[756] Oder wenn es geboren werden soll, um es zu töten, *Dreier,* Bioethik – Politik und Verfassung, 2013, 26.

[757] Für eine Reform plädierend etwa *Lindner* ZRP 2019, 171; *Kersten* NVwZ 2018, 1248 (1251); zu vergleichbaren Regelungen des österreichischen Fortpflanzungsmedizingesetzes EGMR 1.4.2010 – 57813/00, FamRZ 2010, 957 – S. H./Österreich mAnm *Coester-Waltjen.*

[758] Nur BVerfG NJW 2019, 1793 – Stiefkindadoption.

[759] Anders noch BVerfGE 117, 316 (322); zu Beschränkungen der Kostenerstattung auch BVerfG FamRZ 2009, 761 (762, Rn. 14); die Beschränkung der Leistung abhängig vom Alter für verfassungsgemäß haltend BSG NJW 2010, 1020; zur steuerlichen Absetzbarkeit

230 Die vereinzelt vertretene Ableitung einer **staatlichen Pflicht** zur Förderung der **Bevölkerungsreproduktion** aus Art. 6 Abs. 1 ist mit dessen Charakter als Grundrecht unvereinbar und schon deshalb abzulehnen.[760]

231 **h) Leihmutterschaft.** Ein ganzes Bündel von grundrechtsrelevanten Problemen bringt die **Leihmutterschaft** mit sich. Dabei muss streng unterschieden werden zwischen dem Umgang mit dem infolge einer – typischerweise im Ausland erfolgten – Leihmutterschaftsvereinbarung bereits geborenen Kind und der Diskussion über die abstrakte Verfassungsmäßigkeit von Leihmutterschaft im Allgemeinen.

232 Für das **bereits geborene Kind** treten dessen Rechte stark in den Vordergrund. Insbesondere bei der Frage, ob eine im Ausland bereits erfolgte Zuordnung zu den Wunscheltern dem ordre public entspricht und anerkannt werden kann, darf nicht eine abstrakte Berücksichtigung deutscher Gesetze zu einer Verletzung des Wohls des Kindes führen.[761] Probleme treten auf, wenn im Ausland noch keine Zuordnung erfolgt ist. Wenn der BGH hier eine Zuordnung zu der Geburtsmutter vornimmt und auf die Möglichkeit der Adoption verweist,[762] so kann dies zumindest dann schon aus Sicht der Wunscheltern problematisch sein, wenn diese auch genetische Eltern sind.[763] Es gefährdet aber vor allem das Kind, da die Wunscheltern sich anders entscheiden und von der Adoption absehen können.[764] Damit wird die nicht erwünschte Dispositionsbefugnis derjenigen, die die Zeugung veranlasst haben, verstärkt.

233 Für Verträge über **geplante Leihmutterschaft** stellt sich die Lage anders dar. Doch ist auch hier das Fortpflanzungsrecht der Wunscheltern zu beachten. Die notwendige Abwägung mit gegenläufigen Rechten der Leihmutter und des Kindes kann weniger durch ein Verbot (welches zu Verheimlichung und gerade erhöhter Rechtsunsicherheit führt) als eher durch eine vorsichtige gesetzliche Regelung erreicht werden.[765] Für das Kind muss geklärt sein, dass trotz des „Verzichts" der Leihmutter eine sichere Zuordnung ab Geburt erfolgt,[766] für die Leihmutter, dass die Aufgabe der Elternstellung nur auf Basis einer freien, informierten Entscheidung erfolgen kann.

234 **2. Geschlecht, Transsexualität, Intersexualität.** Für die Bestimmung des **Geschlechts** einer Person sind Art. 2 Abs. 1, Art. 1 Abs. 1 und Art. 3

---

der Kosten einer heterologen Insemination bei Ehepaaren: BFH NJW 2011, 2077; ohnehin gilt dies bei privater Krankenversicherung, nur OLG Karlsruhe FamRZ 2018, 546.

[760] Dafür aber *Brosius-Gersdorf,* Demografischer Wandel und Familienförderung, 2011, 181 ff., 191; wie hier *Seiler* in BK Art. 6 Abs. 1 Rn. 136; von einer „Verfassungserwartung" spricht *Isensee* in HdbStR § 190 Rn. 230.

[761] BGHZ 203, 350; BGH FamRZ 2018, 1846; näher *Heiderhoff* in BeckOK Art. 19 EGBGB Rn. 36, 45.

[762] BGH NJW 2019, 1605 (1609); problematisch auch EGMR NJW 2015, 3211 – Mennesson/Frankreich; EGMR FamRZ 2017, 444 – Paradiso und Campanelli mAnm *Duden,* wo Rechte aus Art. 8 EMRK erst bei längerem Zusammenleben bejaht werden (dazu → Rn. 35).

[763] Zum Elternrecht bei genetischer Verwandtschaft → Rn. 115; angesichts der geplanten Mitmutterschaft bei Samenspende ist ein Recht auch des Ehegatten nicht fernliegend.

[764] Dazu *Löhnig* NZFam 2019, 431.

[765] Nur Stellungnahme „Fortpflanzungsmedizin in Deutschland – für eine zeitgemäße Gesetzgebung", 2019, 85; *Reuß,* Theorie eines Elternschaftsrechts, 2018, 445 ff.

[766] Zur Würde des Kindes schon → Rn. 228; zum Verzicht allgemein → Rn. 152; gegen die Argumentation, das (ungeborene) Kind werde zur Ware, *Duden,* Leihmutterschaft im internationalen Privat- und Verfahrensrecht, 2015, 179.

von zentraler Bedeutung.[767] Hier sind weitere Entwicklungen zu erwarten, die dem Persönlichkeitsrecht der Betroffenen Rechnung tragen.[768] Doch wird auch Art. 6 tangiert, sobald sich Rechtsfragen gerade im familialen Kontext stellen. Durch die Öffnung der Ehe für gleichgeschlechtliche Paare sind einige Probleme zwar nun obsolet.[769] Aktuell muss jedoch insbesondere gesichert werden, dass Art. 6 Abs. 2 S. 1 nicht verletzt wird, soweit Elternrechte betroffen sind. Sichergestellt werden muss zunächst, dass eine **intersexuelle** Person die Elternstellung einnehmen kann.[770] Problematisch sind auch die BGH-Entscheidungen zur Einordnung von **transsexuellen** Elternteilen als Mutter oder Vater je nach ihrem Zeugungsbeitrag.[771] Wenn der BGH meint, diese Zuordnung diene dem Kindeswohl, ist das zweifelhaft.[772] Eine Zuordnung nach dem Geschlecht bei Geburt entspricht – zumindest wenn sie beantragt wird – nicht nur dem Persönlichkeitsrecht besser, sondern dürfte auch für das Kind plausibler sein.[773]

Wenn **bei Kindern** das gefühlte Geschlecht von dem bei der Geburt **235**
zugeschriebenen Geschlecht abweicht, ist bei zu ergreifenden Maßnahmen nicht nur mit besonderer Sorgfalt die Selbstbestimmungsfähigkeit zu ermitteln und zu beachten.[774] Vielmehr müssen auch beim jüngeren, noch nicht eigentlich selbstbestimmungsfähigen Kind dessen Wahrnehmung und „Wünsche" entscheidend sein. Es geht aber hier nicht um den klassischen „Kindeswillen" (→ Rn. 157),[775] sondern um die Diagnostik der Abweichung, für welche die Empfindung des Kindes entscheidend ist.[776]

3. Auslandsberührung. a) Übersicht. Bei Fällen mit Auslandsberührung **236**
stellen sich vielfältige grundrechtsrelevante Fragen. Das gilt zunächst bei **ausländerrechtlichen** Fragen, wo beginnend vom Staatsangehörigkeitsrecht mit der Einbürgerung (→ Rn. 237 f.), über das Aufenthaltsrecht (→ Rn. 239 ff.) bis hin zum Asylrecht (→ Rn. 247 f.) die Vorgaben des Art. 6 beachtet werden müssen. Auch wenn **ausländisches Recht** auf familienrechtliche Sachverhalte anwendbar ist, müssen die Grundrechte gewahrt werden (→ Rn. 249). Schließlich umfasst der Schutz des Art. 6 auch nur im ausländischen Recht vorgesehene **Familienformen** (→ Rn. 55, 252 ff.).

b) Staatsangehörigkeit und Einbürgerung. Der Erwerb der **Staats-** **237**
angehörigkeit infolge der Abstammung nach § 4 Staatsangehörigkeitsgesetz (StAG, für Altfälle § 5 StAG) entspricht der Bedeutung der Familie in Art. 6.

---

[767] Zur Intersexualität BVerfGE 147, 1; zur Verfassungswidrigkeit der Voraussetzungen der Fortpflanzungsunfähigkeit des Transsexuellen (§ 8 TSG aF) BVerfGE 128, 109.

[768] Näher *Sieberichs* FamRZ 2019, 329.

[769] Schon vorher erlaubte § 8 TSG die Weiterführung der Ehe; zur früheren Rechtslage BVerfGE 121, 175 (202 ff.); auch EGMR NJW 2015, 3703 – Hämäläinen (LPart reicht aus).

[770] *Gössl* ZRP 2018, 174; *Jäschke* FamRZ 2018, 887.

[771] Dafür *Jestaedt/Reimer* in BK Art. 6 Abs. 2, 3 Rn. 204; BGH FamRZ 2018, 290 (Mann-zu-Frau-Transsexuelle abstammungsrechtlich Vater) und BGH FamRZ 2017, 1855 (umgekehrter Fall).

[772] Krit. wie hier Anm. *Wapler* FamRZ 2017, 1861; Anm. *Tolmein* NJW 2017, 3383; dem BGH zustimmend *Rauscher* JR 2019, 147; zur Eheurkunde KG NZFam 2019, 505.

[773] Näher *Wapler* FamRZ 2017, 1861.

[774] Zu eventuell durchzuführenden operativen Eingriffen *Siedenbiedel,* Selbstbestimmung über das eigene Geschlecht, 2016, 68 ff., allgemein auch schon → Rn. 174.

[775] So aber BVerfG FamRZ 2018, 266; dies aufgreifend *Lischewski* DÖV 2020, 102 (104).

[776] Zum Problem der Rechtsdurchsetzung *Lischewski* DÖV 2020, 102 (105); die Änderung der Geschlechtszugehörigkeit bedarf keiner familiengerichtlichen Genehmigung, OLG Brandenburg FamRZ 2017, 1014 mAnm *Croon-Gestefeld.*

Im Fall des Verlusts der Staatsangehörigkeit bei Anfechtung der Vaterschaft bietet nicht Art. 6 – da die Anfechtung nach § 1599 BGB zum rückwirkenden Wegfall jeglicher Eltern-Kind-Beziehung führt (→ Rn. 221) –, sondern Art. 16 Abs. 1 Schutz.[777] Nach § 6 S. 1 StAG erwirbt das unter 18-jährige Kind auch im Fall der Adoption durch einen Deutschen die deutsche Staatsangehörigkeit. Die vom BVerwG vorgenommene einschränkende Auslegung, nach welcher dies bei einer schwachen Adoption (bei der die Verwandtschaft mit den leiblichen Eltern bestehen bleibt) nicht gilt,[778] ist vor dem Hintergrund der Art. 3 Abs. 1, 6 Abs. 1 kritisch zu sehen. Die schwache Adoption kann ein wertvolles Instrument zur Integration eines Kindes in eine neue Familie sein.[779] Zwar bricht das rechtliche Band zur alten Familie nicht völlig ab, doch tritt dieses ganz in den Hintergrund.

238 Ein mit einem Deutschen **verheirateter** ausländischer Ehegatte hat einen Anspruch auf Einbürgerung, wenn er die Voraussetzungen des § 9 Abs. 1 StAG erfüllt. Insbesondere sind die Wartezeiten deutlich verkürzt. Liegen die speziellen Voraussetzungen des § 9 Abs. 1 StAG nicht vor, so kann ein ausländischer Ehegatte unter den allgemeinen Voraussetzungen des § 8 StAG bzw. des § 10 StAG eingebürgert werden.[780] Wenn man in § 9 StAG den Schutz der „staatsangehörigkeitsrechtlichen Einheit der Familie"[781] sehen will, ist der Ausschluss der Einbürgerung bei Mehrehe sowohl in Hinblick auf § 9 StAG wie auf § 10 StAG problematisch (→ Rn. 253).

239 **c) Aufenthaltsrecht und Familienschutz. aa) Übersicht.** Der auch Ausländern zustehende Schutz von Ehe und Familie wirkt sich beim **Familiennachzug** und bei der **Ausweisung bzw. Abschiebung** stark aus. Im Grundsatz wird davon ausgegangen, dass weder aus Art. 6 Abs. 1 noch aus Art. 6 Abs. 2 ein Anspruch auf **Familienzusammenführung** im Inland abgeleitet werden kann.[782] Auch folgt aus Art. 6 und Art. 8 EMRK kein unmittelbarer Anspruch auf **Aufenthalt** in Deutschland.[783] Doch muss jeweils bei allen Entscheidungen der Schutz des Art. 6 beachtet werden.[784] Es besteht daher die Pflicht der staatlichen Institutionen, die ehelichen und familiären Bindungen der Betroffenen zu berücksichtigen. Werden Visa unter

---

[777] Eine Verletzung verneinend BVerfG NJW 2007, 425; BVerwGE 162, 17 (2. Ls.); näher zur Abgrenzung von Art. 16 Abs. 1 S. 1 und 2 *Sachs* JuS 2019, 283 (284).

[778] BVerwGE 160, 138 (145, Rn. 21).

[779] Zu dem Problemfeld → Rn. 171; deshalb geht auch der Hinweis des BVerwG auf § 3 Abs. 1 AdWirkG fehl: BVerwGE 160, 138 (146, Rn. 25).

[780] BVerwGE 64, 7 (9 ff.); 162, 153 (169 f., Rn. 48 f.) (näher zu diesem die Polygamie betreffenden Fall → Rn. 253).

[781] *Badura* in Maunz/Dürig Rn. 63.

[782] BVerfGE 76, 1 (1. Ls.); *Robbers* in MKS Rn. 122, 236; *Badura* in Maunz/Dürig Rn. 66; ebenso für Art. 8 EMRK EuGH NVwZ 2006, 1033 (1035, Rn. 66).

[783] BVerfG NVwZ 2013, 1207 (1208); BVerwGE 144, 141 (147 f., Rn. 20 f.); *Robbers* in MKS Rn. 117.

[784] Zum Nachzug BVerfGE 76, 1 (2. Ls.); 80, 81 (93); *Jarass* in Jarass/Pieroth Rn. 35; deutlich für Art. 7 EU-GRC EuGH BeckRS 2019, 3166; zur Ausweisung BVerfG FamRZ 1999, 1577; FamRZ 2006, 187; BVerfG FamFR 2011, 384 mAnm *Brosius-Gersdorf;* BVerfG NVwZ 2013, 1207 (1208); BVerwGE 133, 72 Rn. 20, 25; *Seiler* in BK Art. 6 Abs. 1 Rn. 235; *Robbers* in MKS Rn. 119 ff.; *Heintzen* in HdbGR II, § 50 Rn. 57; *Uhle* in BeckOK GG Rn. 44 f.; zur Verfassungswidrigkeit der Ableitung der Aufenthaltsgenehmigung für das Kind allein von der Mutter (§ 21 AuslG aF) BVerfGE 114, 357 (365 ff.) – s. jetzt § 34 AufenthG; Verstoß gegen Art. 8, 14 EMRK, wenn bei Nachzug danach differenziert wird, ob andere ethnische Herkunft vorliegt, EGMR NVwZ 2017, 1681 (1683 ff., Rn. 105 ff., 138 f.) – Biao; zur EMRK *Meyer-Ladewig/Schuster* in M-LNR EMRK Anhang zu Art. 8 Rn. 3 ff.

fehlender Berücksichtigung familiärer Bindungen nicht erteilt, liegt eine Grundrechtsverletzung auch desjenigen vor, der bereits im Inland lebt.[785] Im Einzelnen:

bb) Familienbeziehung zu Inländern. Nach §§ 27, 28 AufenthG haben ausländische Ehegatten, minderjährige Kinder sowie Eltern minderjähriger Deutscher in der Regel einen **Anspruch auf Aufenthaltserlaubnis,** wenn der deutsche Gatte oder Verwandte seinen gewöhnlichen Aufenthalt im Bundesgebiet hat.[786] Die Entscheidung des deutschen Staatsangehörigen, mit seiner Familie im Inland zu wohnen, bzw. der Schutz des deutschen Kindes vor Verlust der Beziehung zu einem Elternteil hat insoweit Vorrang vor einwanderungspolitischen Erwägungen.[787] Die Anforderungen an den Sprachnachweis und die Unterhaltsfähigkeit sind daher stark herabgesetzt.[788] **240**

Beim Nachzug zum Ehegatten wird darauf abgestellt, ob die Ehe unter den Schutz des Art. 6 Abs. 1 fällt.[789] Die Ehe muss (zumindest in aller Regel) nach deutschem Recht – einschließlich des IPR – wirksam geschlossen worden sein.[790] Entsprechend dem (zu) engen Verständnis des Art. 6 Abs. 1 (→ Rn. 76) wird ein nichtehelicher Lebensgefährte nicht als Familienangehöriger berücksichtigt.[791] Die durch eine **Volljährigenadoption** entstandene Verwandtschaft erlaubt eine Berufung auf Art. 6 Abs. 1 nur, wenn es sich ausnahmsweise um eine tatsächliche familiäre Beistandsgemeinschaft handelt.[792] Eine ***Kafala*** begründet keine eigentliche Verwandtschaft, doch hat der EuGH überzeugend ausgesprochen, dass aus Art. 7, Art. 24 Abs. 2 EU-GRC ein Anspruch auf Aufenthaltsgenehmigung folgt, wenn das Kind und sein Vormund ein tatsächliches Familienleben führen.[793] Das ist auf Art. 6 zu übertragen und sollte durch entsprechende Auslegung des § 36 Abs. 2 AufenthG gewährleistet werden. Andere Familienbeziehungen können einen Anspruch auf Nachzug nach § 36 Abs. 2 AufenthG nur tragen, wenn es ansonsten zu einer außergewöhnlichen Härte käme. Um Art. 6 Abs. 1 gerecht zu werden, muss dies jeweils im konkreten Fall unter Berücksichtigung aller Umstände entschieden werden.[794] Geschützt werden muss bspw. der genetische Vater, wenn er die soziale Vaterrolle ausübt.[795] **241**

Die **Ausweisung bzw. Abschiebung** findet nur unter engen Voraussetzungen und nach Abwägung mit Art. 6 statt, wenn der Betroffene in einer **242**

---

[785] VG Berlin BeckRS 2019, 13035 Rn. 31; *Brosius-Gersdorf* in Dreier Rn. 69.

[786] *Göbel-Zimmermann/Eichhorn* in Huber AufenthG § 27 Rn. 27 f.; *Dienelt* in Bergmann/Dienelt Ausländerrecht § 28 AufenthG Rn. 6; zur Einreise, die erst zum Zweck der Adoption erfolgt: BVerwG FamRZ 2011, 888; auch BVerwGE 138, 77.

[787] BVerwGE 60, 126 (132).

[788] Nur BVerwGE 144, 141 (147 ff., Rn. 19 ff.); BVerwGE 138, 135 (145 ff., Rn. 30 ff.).

[789] BVerwGE 65, 174 (179 f.); VG Berlin BeckRS 2014, 59112; zur Scheinehe, die nach § 27 Abs. 1a AufenthG nicht zum Aufenthalt berechtigt, näher → Rn. 65.

[790] OVG Berlin-Brandenburg NJW 2014, 2665 (kanonische Ehe in Berlin reicht nicht); zu einer Handschuhehe VG Berlin BeckRS 2009, 36698; zum Kollisionsrecht → Rn. 249.

[791] LSG Berlin-Brandenburg BeckRS 2017, 115005 Rn. 7; zum EU-Recht aber EuGH NVwZ 2018, 1699 (1700 f., Rn. 29, 32), nichteheliche Lebensgefährtin muss wie Ehegattin behandelt werden.

[792] BVerfG FamRZ 1996, 154 (155); BVerfGE 80, 81 (94 f.).

[793] EuGH FamRZ 2019, 832 (836, Rn. 73) – SM.

[794] BVerfG FamRZ 2016, 1341 (1342 f., Rn. 13) – es kommt darauf an, ob Gewährung familiärer Lebenshilfe dringend notwendig ist; auch BVerwGE 147, 278 (282 ff., Rn. 13 ff.); OVG Münster FamRZ 1999, 1661 (5. Ls.); sa BVerwG NVwZ-RR 1999, 610.

[795] OVG Hamburg BeckRS 2018, 5973 Rn. 16; näher *Hailbronner,* Ausländerrecht, 2019, § 36 AufenthG Rn. 13.

Familienbeziehung zu Deutschen steht.[796] Liegen schwerwiegende Ausweisungsgründe vor (§ 54 AufenthG), setzt sich der Familienschutz aber nicht unbedingt durch.[797] Generell kommt es auf die jeweilige faktische Bedeutung der Beziehung an.[798] Auch die familiäre Bindung zum Stiefkind kann daher Berücksichtigung verlangen.[799] Es besteht eine Vorwirkung bei noch ungeborenen, aber bereits anerkannten Kindern.[800] Ein ausländischer Verlobter einer Deutschen kann sich auf Art. 6 Abs. 1 noch nicht berufen, wenn der Zeitpunkt der Eheschließung noch ungewiss ist.[801] Wenn ein Ausländer, der sich auf eine bevorstehende Ehe mit einem Deutschen beruft, um die Abschiebung zu verhindern, erst ein **Ehefähigkeitszeugnis** vorlegen muss,[802] kann darin jedoch ein Verstoß gegen Art. 6 Abs. 1 liegen, wenn im Heimatstaat praktisch nicht die Möglichkeit einer Einholung besteht und eine zügige Ersetzung nach § 1309 Abs. 2 BGB nicht erfolgt (ist).[803]

243 **cc) Familienschutz bei EU-Bürgern und gleichgestellten Drittstaatenangehörigen.** Ehegatten, Lebenspartner und Familienangehörige von **EU-Bürgern** sind privilegiert.[804] Für sie erfolgt der Nachzug weitgehend unbegrenzt.[805] Art. 20 AEUV iVm Art. 8 EMRK wirkt sich auch über die Richtlinie 2004/38/EG (Freizügigkeits-RL) hinaus für Drittstaatenangehörige aus, deren Kinder EU-Bürger sind. Sie haben ein Aufenthaltsrecht, soweit sonst der Aufenthalt des von ihnen abhängigen Kindes in der EU gefährdet wäre.[806] Die Ausweisung von EU-Bürgern ist nur unter sehr engen Voraus-

---

[796] Dabei hat auch der Ehegatte des Ausgewiesenen einen eigenen Schutzanspruch: BVerfGE 51, 386 (398); *Badura* in Maunz/Dürig Rn. 64; zu einer bereits geschiedenen Ehe EuGH NVwZ 2011, 483 (484 ff., Rn. 38, 46, 60 f.) – Bozkurt II; ähnlich EGMR InfAuslR 2010, 369 (369 f., Rn. 31 ff.) – Khan; EGMR 12.2.2009 – 2512/04 Rn. 88 – Nolan; allgemein *Kluth* in BeckOK Ausländerrecht § 58 AufenthG Rn. 4.

[797] Mit Abwägung (gegen den Familienschutz) BVerwG BeckRS 2018, 11167 Rn. 56 f.; auch *Tanneberg* in BeckOK Ausländerrecht § 53 AufenthG Rn. 44.

[798] Zugleich zur Einbeziehung nichtehelicher Väter BVerfG FamRZ 2002, 601 (603).

[799] OVG Hamburg FamRZ 1998, 617; auch OVG Berlin-Brandenburg BeckRS 2019, 8336 Rn. 9 (neben weiteren Aspekten); VG Göttingen BeckRS 2018, 25166 Rn. 28 ff. (zugleich zur Scheinanerkennung).

[800] VGH München BeckRS 2017, 128924 Rn. 13; die Vaterschaftsanerkennung ist erforderlich, BVerfG FamRZ 2018, 1204 (1. red. Ls.); zur missbräuchlichen Anerkennung → Rn. 259 f.

[801] OVG Münster BeckRS 1999, 17647 Rn. 6; VGH München BeckRS 1999, 18542 Rn. 2.

[802] So aber OVG Magdeburg FamRZ 2018, 1039 (1040); OVG Bautzen BeckRS 2018, 44274 Rn. 8; auf Vorliegen der Unterlagen für Befreiungsantrag abstellend VGH München BeckRS 2016, 55749.

[803] *Wahlen* in jurisPK-BGB § 1309 Rn. 35 (zumindest bei Verzögerung durch Krankheit der Sachbearbeiterin).

[804] Etwa EuGH NJW 2011, 2033 (2034, Rn. 42); Richtlinien 2004/38/EG (Freizügigkeits-RL), 2003/86/EG (Familienzusammenführungs-RL) und in Umsetzung derselben FreizügG/EU v. 30.7.2004, BGBl. 2004 I 1950 (1986); die Privilegierung gilt aufgrund des ARB 1/80 weitgehend auch für in der EU tätige Arbeitnehmer aus der Türkei, dazu EuGH BeckRS 2019, 13636 (Ehegattennachzug); EuGH NVwZ 2011, 483 (484, 486, Rn. 39, 55) – Bozkurt II.

[805] Siehe aber § 4 FreizügG/EU; zum Anwendungsbereich der Richtlinie 2004/38/EG (Freizügigkeits-RL), die gem. ihrem Art. 3 verlangt, dass von der Freizügigkeit Gebrauch gemacht wird: EuGH BeckRS 2019, 20433 Rn. 54 ff. – Nalini Chenchooliah; zur Reichweite der Standstill-Klausel in Art. 13 ARB 1/80 bei Familiennachzug EuGH NVwZ 2014, 1081 (1082, Rn. 26 ff.) – Naime Dogan (zur Türkei); auch BVerwGE 150, 276 (278 ff., Rn. 12 ff.); mAnm *Gutmann* NVwZ 2015, 345; BVerwG BeckRS 2019, 20727 Rn. 27 f.

[806] EuGH NJW 2011, 2033 (2034, Rn. 42 ff.) – Zambrano; BVerwGE 162, 349 Rn. 34 f.

setzungen möglich,[807] so dass der Schutz der Familie meist nicht entscheidend ist.[808] Doch kann die Beziehung zu einem Kind nach Art. 6 die Ausweisung ausschließen, wenn sie für das Kindeswohl hohe Bedeutung hat.[809]

dd) Familienschutz bei sonstigen Ausländern. Nach §§ 5, 29 ff. AufenthG werden bei sonstigen Ausländern sowohl für den **Ehegattennachzug** als auch für den **Nachzug von Kindern** zusätzliche Erfordernisse aufgestellt (Sicherung des Unterhalts, § 5 Abs. 1 Nr. 1 AufenthG; Sprachanforderungen, §§ 30 Abs. 1 Nr. 2, 32 Abs. 2 AufenthG).[810] Diese Differenzierung ist vor dem Hintergrund des Art. 6, der auch ausländische Familien erfasst, problematisch.[811] Sie lässt sich nur soweit rechtfertigen, wie die tatsächliche Lebenssituation sich von der einer deutschen Familie unterscheidet. Ein Unterschied kann etwa dann vorliegen, wenn die ausländische Familie ohne weiteres im Heimatstaat zusammenleben könnte.[812] **244**

Um in diesem Sinne angemessenen Schutz der Familie zu erreichen, werden die Regelungen des AufenthG durch zahlreiche **Härte-** und **Ermessensklauseln** aufgebrochen.[813] Durch deren Auslegung muss in jedem einzelnen Fall gewährleistet werden, dass der Schutz der Familie nicht verletzt wird.[814] So ist etwa das Spracherfordernis in § 30 Abs. 1 S. 1 Nr. 2 AufenthG mit Art. 6 Abs. 1 vereinbar, solange die Ausnahmen in § 30 Abs. 1 S. 3 AufenthG und insbesondere die Härteklausel in § 30 Abs. 1 S. 3 Nr. 6 AufenthG angemessen weit ausgelegt werden.[815] Wenn nicht beide Eltern in Deutschland leben, hängt der in § 32 AufenthG geregelte Nachzug minderjähriger Kinder im Grundsatz davon ab, dass der in Deutschland lebende Elternteil die Alleinsorge hat (Abs. 1). Doch lockern Abs. 3 (bei Einverständnis des mitsorgeberechtigten Elternteils) und die Härteklauseln in Abs. 4 diese rigide Regelung hinreichend auf, um Verletzungen des Art. 6 zu vermeiden. Beim Nachzug von Eltern zu ihrem minderjährigen in Deutschland lebenden Kind, der in § 36 AufenthG geregelt ist, droht eine Verletzung des Art. 6, wenn nicht auch die noch im Heimatstaat verbliebenen Geschwister ein Aufenthaltsrecht erhalten.[816] Auch insofern muss durch entsprechende Anwendung der Härteklausel reagiert werden.[817] **245**

Bei der **Ausweisung** bzw. **Abschiebung sonstiger Ausländer** ergibt sich aus Art. 6 und Art. 8 EMRK ebenfalls die Notwendigkeit, die familiäre **246**

[807] Dazu EuGH NVwZ 2019, 47 (48, Rn. 43 ff.).

[808] Beispielhaft anhand der Ausweisung eines drittstaatenangehörigen Vaters eines Unionsbürgerkinds VGH Mannheim BeckRS 2019, 13246 Rn. 33 ff.

[809] VGH München BeckRS 2019, 17443 Rn. 34 (zu einem dem Art. 7 ARB 1/80 unterfallenden türkischen Staatsangehörigen und „faktischem Inländer").

[810] BVerfG NVwZ 2011, 35 (37); FamRZ 2011, 1133; FamFR 2011, 384; BeckRS 2010, 56412 Rn. 22 f.; BVerfGK 18, 308.

[811] Verfassungswidrigkeit annehmend *Brosius-Gersdorf* in Dreier Rn. 69; anders BVerfG NVwZ 2011, 870 (870 f., Rn. 3 f.) (zu Sprachkenntnissen).

[812] Das scheidet bei deutschen Staatsangehörigen aus, BVerwGE 144, 141 (2. Ls.).

[813] Kritisch zur Rechtsprechung des BVerwG *Marx* ZAR 2011, 15 (17 ff.).

[814] BVerwG NVwZ 2013, 1493 (1494, Rn. 16 ff.) (bei deutschen Geschwistern); BVerwGE 143, 150 (152, Rn. 11) (bei Geltung des europäischen Niederlassungsabkommens).

[815] BVerwGE 136, 231 Rn. 29 ff.; OVG Berlin-Brandenburg BeckRS 2017, 146776.

[816] *Czech* EuGRZ 2017, 229 (237); *Cremer* ZAR 2017, 312 (315 f.); es hilft wenig, darauf zu verweisen, dass ein Antrag für die Geschwister nach § 32 AufenthG gestellt werden kann, sobald die Eltern eine Aufenthaltsgenehmigung im Inland erhalten haben.

[817] Es kann nicht darauf abgestellt werden, ob der Minderjährige seine Geschwister unterhalten kann, VG Berlin BeckRS 2016, 41933 (für die Eltern gilt § 36 Abs. 1 AufenthG).

Bindung an in Deutschland lebende Personen zu beachten. Das gilt jedoch nicht, wenn die gemeinsame Ausreise möglich ist.[818] Im Rahmen des Abschiebungsschutzes nach § 60 AufenthG ist wegen Art. 6 von einer Rückkehr gemeinsam mit der Kernfamilie auszugehen. Daher muss die Gefahrenprognose auf diese ausgedehnt werden.[819]

247 **ee) Besonderheiten des Familienschutzes bei Asylberechtigten und subsidiär Schutzberechtigten.** Asylberechtige haben einen Anspruch auf Familienasyl (§ 26 AsylG), soweit sie nicht in unterschiedlichen Staaten einzeln Asyl begehren.[820] Bei der Zuständigkeit kommt es vorrangig auf das Kindeswohl an.[821] Davon zu unterscheiden ist der Ehegatten- und **Familiennachzug** zu anerkannten Asylberechtigten (§ 25 AufenthG), der sich nach §§ 29 ff. AufenthG richtet.[822] Da der Nachzug in der Richtlinie 2003/86/EG (Familienzusammenführungs-RL) geregelt ist, muss er deren Anforderungen entsprechen.[823] Beim **Nachzug der Eltern** zu ihren Kindern nach § 36 AufenthG sowie auch beim Minderjährigennachzug kommt es daher auf das Alter bei Antragstellung an.[824]

248 Eingeschränkt und zahlenmäßig gedeckelt ist der Familiennachzug bei den **subsidiär Schutzberechtigten,** die nicht von der Familienzusammenführungs-RL erfasst sind, § 36a Abs. 2 S. 2 AufenthG. Wenn hierbei weiterhin auf das Alter bei Entscheidung (anstelle bei Antragstellung) abgestellt wird,[825] ist das nur dann mit Art. 6 vereinbar, wenn eine zügige Behandlung des Antrags erfolgt.[826] Ob Art. 6 durch die Deckelung verletzt wird, ist streitig.[827] Soweit auch hier Härtefälle besonders berücksichtigt werden, dürften gewisse Wartezeiten zumutbar sein.[828]

249 **d) Kollisionsrecht und ordre public.** Hat ein Sachverhalt Auslandsberührung, wird das anzuwendende Recht nach dem IPR bestimmt. Das kann zur Anwendung ausländischen Rechts führen. Diese ist jedoch durch den **ordre public-Vorbehalt** begrenzt, der insbesondere dann die Außerachtlassung des ausländischen Rechts verlangt, wenn es ansonsten zu einem Grundrechtsverstoß käme.[829] Im Einzelnen ist zu unterscheiden:

250 **aa) Eheschließung.** Sind bei der Eheschließung Ausländer beteiligt, so gilt über das Staatsangehörigkeitsprinzip des Art. 13 EGBGB materiell-recht-

---

[818] Zu gleichgeschlechtlichem Paar, bei dem dies ausschied, VGH Kassel FamRZ 1998, 618; zum Einreisevisum in einem solchen Fall BVerwGE 100, 287.

[819] BVerwG NVwZ 2020, 158 (159, Rn. 15 ff.); zu § 60a AufenthG BVerfG BeckRS 2014, 56943.

[820] BVerfG FamRZ 1998, 1497 (1498).

[821] Problematisch vor dem Hintergrund der Kinder- und Familiengrundrechte EuGH NVwZ 2019, 297 (299, Rn. 70 ff.) – M. A., S. A., A. Z. mAnm *Hruschka* NVwZ 2019, 301.

[822] § 30 AufenthG für Ehegatten, § 32 AufenthG für minderjährige ledige Kinder.

[823] EuGH BeckRS 2019, 3166; auch schon EuGH FamRZ 2010, 621 (621, Rn. 41 ff.) – Chakroun.

[824] EuGH NVwZ 2018, 1463 (1465 f., Rn. 55 ff.) – A, S.

[825] VG Berlin BeckRS 2019, 16991 Rn. 15 ff.; VG Berlin BeckRS 2019, 10283 Rn. 14 ff.; EuGH NVwZ 2018, 1463 greift hier nicht.

[826] Siehe aber BVerfG FamRZ 2018, 399 (aus Art. 6 folgt kein Recht auf Antragstellung vor Asylantrag der Eltern).

[827] Dagegen (mit geringen Ausnahmen) *Thym* NVwZ 2018, 1340 (1343 f.); *Kluth* in BeckOK Ausländerrecht § 36a AufenthG Rn. 3; anders *Bartolucci/Pelzer* ZAR 2018, 133 (138).

[828] *Kluth* ZAR 2016, 121 (127) hält zwei Jahre für noch zulässig – damit dürften die durch die Vorgaben des Art. 6 Abs. 1 begrenzten Spielräume aber wirklich ausgeschöpft sein.

[829] Nur *Helms* IPRax 2017, 153 (155).

lich das jeweilige **Heimatrecht.**[830] Die gebotene Achtung anderer Rechtsordnungen und die kulturelle Identität des Einzelnen rechtfertigen es, die von Art. 6 Abs. 1 vorausgesetzte Normierung in diesem Fall dem ausländischen Recht zu entnehmen. Im Einzelfall kann dies eine **Einschränkung** der Eheschließungsfreiheit bedeuten (höheres Heiratsalter, erforderliche Zustimmung Dritter). Derartige Einschränkungen bzgl. des ausländischen Partners muss grundsätzlich auch ein deutscher Verlobter hinnehmen. Jedoch können die Wertvorstellungen des GG bei besonderem Inlandsbezug das ausländische Recht verdrängen.[831] Das Gesetz trägt dem außer durch den allgemeinen ordre public-Vorbehalt in Art. 6 EGBGB auch durch Art. 13 Abs. 2 EGBGB in verfassungsmäßiger Weise Rechnung. Art. 13 Abs. 2 EGBGB lässt unter bestimmten Bedingungen eine Eheschließung nach deutschem Recht auch dann zu, wenn nach dem Heimatrecht eines oder beider Verlobten die Voraussetzungen für eine Eheschließung nicht vorliegen.[832] So ist etwa dem ausländischen Eheverbot der Religionsverschiedenheit wegen Art. 6 Abs. 1 und Art. 4 Abs. 1, 2 die Beachtung zumindest dann zu versagen, wenn ein hinreichender Inlandsbezug besteht.[833] Auch das Eheverbot der Schwägerschaft ist in der Regel nicht mit Art. 6 Abs. 1 vereinbar.[834] Das Erfordernis der Geschlechtsverschiedenheit wirkt sich schon deshalb nicht aus, weil für die gleichgeschlechtliche Ehe die gesonderte Kollisionsnorm in Art. 17b Abs. 1, 4 EGBGB auf das Registerrecht (also deutsches Recht) verweist. Eine so geschlossene Ehe kommt in Deutschland wirksam zustande, wird im Heimatrecht eines Ehegatten aber möglicherweise als unwirksam angesehen (sog. **„hinkende" Ehe**). Das ist jedoch kein Grund, die Eheschließung überhaupt zu verweigern. Art. 6 Abs. 1 verlangt nicht, dass der Staat die Verlobten gegen ihren Willen vor solchen hinkenden Ehen schützt.[835]

Umgekehrt kann die nach dem Heimatrecht gewährte Eheschließungsfreiheit **aus deutscher Sicht** auch **zu weit** gehen. Dann kann die Ehe in Deutschland nicht geschlossen werden und eventuell wird auch eine im Ausland wirksam geschlossene Ehe wegen Verstoßes gegen den ordre public für unwirksam oder aufhebbar angesehen. **251**

(1) Polygamie/Mehrehe. Zwar können polygame Ehen in Deutschland nicht wirksam eingegangen werden (→ Rn. 57, 78), doch umfasst der Schutz der Ehe aus Art. 6 Abs. 1 in seiner **abwehrrechtlichen** Dimension auch solche Ehen, die entsprechend den Regeln des IPR im Ausland wirksam eingegangen wurden, solange nicht ein Verstoß gegen den ordre public anzunehmen ist.[836] Die bloße Tatsache, dass mehr als zwei Personen die Ehe schließen, führt nicht zu einem Verstoß gegen den deutschen ordre pu- **252**

[830] Kein Verstoß gegen Art. 6 GG, BVerfGE 31, 58 (78 f.).

[831] *v. Hein* in MüKo BGB Art. 6 EGBGB Rn. 184.

[832] Näher *Coester* in MüKo BGB Art. 13 EGBGB Rn. 24 ff.

[833] *Andrae* in NK-BGB Art. 13 EGBGB Rn. 54 f.; dazu und zu ähnlichen ausländischen Eheverboten *Coester* in MüKo BGB Art. 13 EGBGB Rn. 86 ff.; dies auf Art. 136 Abs. 1, 2 WRV und Art. 3 Abs. 3 stützend *Kästner* in BK Art. 140 Rn. 210.

[834] Auf die EMRK (dazu EGMR FamRZ 2005, 1971) abstellend *Rentsch* in BeckOGK Art. 13 EGBGB Rn. 103; *Coester* in MüKo BGB Art. 13 EGBGB Rn. 33, 54; anders als hier BVerwGE 143, 369 (377 f., Rn. 20 f.).

[835] *Robbers* in MKS Rn. 61.

[836] Für Polygamie *Robbers* in MKS Rn. 42; allgemein *Badura* in Maunz/Dürig Rn. 44 mwN; *Badura* in HdbGR II, § 47 Rn. 40 (eher Familienschutz betonend); *Seiler* in BK Art. 6 Abs. 1 Rn. 61 (bei Polygamie aber nur einfachrechtlicher Schutz – wohl über Art. 3 Abs. 1); für Schutz nur als Familie *v. Coelln* in Sachs Rn. 7; *Uhle* in BeckOK GG Rn. 3.

blic.[837] Denn dieser dient nur zur Abwehr von konkreten (Grund-)Rechtsverletzungen, wie sie etwa bei Zwangsehen vorliegen. Vielmehr muss der Charakter als wirksam geschlossene und gelebte Verbindung respektiert werden. Eine generelle Nichtigerklärung oder Aufhebung polygamer Ehen würde daher gegen Art. 6 Abs. 1 verstoßen.[838] Auch das Selbstbestimmungsrecht der Ehefrau wäre im Übrigen beeinträchtigt.

253 Davon zu trennen sind die Fragen, wie sich die polygame Ehe **ausländerrechtlich** auswirkt und welche Elemente des Ehe- und Familienschutzes der in Deutschland gelebten polygamen Ehe zukommen. Bei der Einbürgerung sind der Ausschluss der Einbürgerung bei Polygamie nach § 9 StAG[839] und die Änderung des § 10 Abs. 1 S. 1 aE StAG[840] vor dem Hintergrund des Art. 6 Abs. 1 sehr kritisch zu sehen. Denn selbst wenn man berücksichtigt, dass ein genereller Anspruch auf Einbürgerung nicht besteht,[841] wird ein Anreiz gesetzt, eine von Art. 6 Abs. 1 geschützte Ehe durch Scheidung zu beenden (oder eine Familie aufzulösen) und damit zugleich zumindest einer der Ehefrauen erhebliche Nachteile zuzufügen.

254 Das **Nachzugsrecht** besteht nach § 30 Abs. 4 AufenthG jeweils nur für eine Ehefrau. Anders ist es beim **Familienasyl,** welches nach § 26 AsylG immer schon dann gewährt wird, wenn die Ehe „schon in dem Staat bestanden hat, in dem der Asylberechtigte politisch verfolgt wird". Das bedeutet, dass eine polygame Ehe ausreicht.[842]

255 **(2) Minderjährigenehe/„Kinderehe".** Die **Verheiratung Minderjähriger** erfolgt weltweit häufig gesetzeswidrig und gegen den Willen der Eheschließenden, insbesondere der Braut.[843] Solche Ehen sind in aller Regel schon im Eheschließungsstaat unwirksam. Auch anderenfalls können sie in Deutschland oft nicht anerkannt werden, weil sie auf Zwang beruhen oder die Ehemündigkeit fehlte, so dass ein Verstoß gegen den ordre public vorliegt. Dann greift auch der Eheschutz des Art. 6 Abs. 1 nicht ein. Die 2017 in Art. 13 Abs. 3 EGBGB aufgenommene[844], auch im Ausland wirksam geschlossene Ehen erfassende Abschottung gegen Minderjährigenehen geht jedoch zu weit und widerspricht Art. 6 Abs. 1.[845] Denn für den Schutz des Art. 6 Abs. 1 muss auch hier allein entscheidend sein, ob die Ehe vor dem Hintergrund des deutschen ordre public als wirksam anzusehen ist.[846]

---

[837] *Brosius-Gersdorf* in Dreier Rn. 79; anders wohl *Seiler* in BK Art. 6 Abs. 1 Rn. 129 (aber auch 131); zum Steuerrecht schon BFH NJW 1986, 2209 (2210).

[838] Näher *Coester-Waltjen/Heiderhoff* JZ 2018, 762 (767 f.); *Martens* ZRP 2018, 242 (243); anders wohl *Mankowski* FamRZ 2018, 1134 (1135 f.), der sich aber auf die Institutsgarantie beschränkt; weiter als hier *Brosius-Gersdorf* in Dreier Rn. 54, 78 f., die meint, auch die Institutsgarantie beschränke sich nicht auf monogame Ehen.

[839] Zur Rücknahme der Einbürgerung wegen Polygamie BVerwGE 162, 153.

[840] Mit Wirkung vom 9.8.2019 durch Artikel 1 Drittes Gesetz zur Änderung des Staatsangehörigkeitsgesetzes vom 4.8.2019 (BGBl. 2019 I 1124).

[841] *Hailbronner/Hecker* in HMHK Staatsangehörigkeitsrecht § 10 StAG Rn. 8 f.

[842] BVerwGE 123, 18 (20); *Bergmann* in Bergmann/Dienelt Ausländerrecht § 26 AsylG Rn. 12 mwN; *Marx,* Asylgesetz, 2019, § 26 Rn. 27.

[843] Näher zu Zahlen und Maßnahmen UNICEF, Ending Child Marriage: Progress and prospects, 2014, https://www.unicef.org/media/files/Child_Marriage_Report_7_17_LR. pdf.

[844] Durch Gesetz zur Bekämpfung von Kinderehen vom 17.7.2017 (BGBl. 2017 I 2429).

[845] Zum (offenkundigen) Verstoß gegen Art. 3 Abs. 1 wegen der Altersdifferenzierung Vorlage des BGH zur Frage der Verfassungsmäßigkeit des Art. 13 Abs. 3 Nr. 1 EGBGB: BGH FamRZ 2019, 181 (186 f.), mAnm *Hettich* FamRZ 2019, 188; Anm. *Dutta* FamRZ 2019, 188; Anm. *Löhnig* NZFam 2019, 72 (73); umfassend *Gausing/Wittebol* DÖV 2018, 41.

[846] Im konkreten Kontext *Coester* FamRZ 2017, 77 (79).

Bei Ehen zwischen Personen, die das 18. Lebensjahr noch nicht vollendet haben und die freiwillig die Ehe eingegangen sind, wird man einen Verstoß gegen den ordre public aber jedenfalls nicht allgemein annehmen können. Dies gilt insbesondere, soweit die Eheschließenden **über 16 Jahre alt** waren, da die Ehemündigkeit auch in Deutschland bis 2018 bei 16 Jahren lag. Bei **noch jüngerem Alter** können dagegen Zweifel auftreten. Hier wird oft fehlende Ehemündigkeit vorliegen, so dass nicht von einer freiwilligen Eingehung der Ehe ausgegangen werden kann.[847] Doch würde der Charakter des ordre public verkannt, wenn dieser abstrakt und gewissermaßen blind zur Abwehr fremder Rechtsvorschriften eingesetzt würde. Vielmehr zielt er darauf ab, dass im konkreten Ergebnis die Wertungen der deutschen Rechtsordnung gewahrt werden. Das würde schon generell durch pauschale Altersgrenzen verfehlt. Gerade in Bezug auf Kinder gilt aber, dass das durch Art. 2 Abs. 1 iVm Art. 1 Abs. 1 geschützte Kindeswohl unbedingt eine individuelle Betrachtung erfordert. Mit dem GG vereinbar ist daher nur eine Lösung, bei der im konkreten Fall geprüft wird, ob die Aufrechterhaltung der Ehe dem Kindeswohl zuträglich ist. 256

Ausländerrechtlich bestehen für die Minderjährigenehe teilweise Sonderregelungen; so ist in § 26 Abs. 1 S. 2 AsylG zugunsten des minderjährigen Ehegatten die Nichtigkeit oder Aufhebung der Ehe unbeachtlich; in § 31 Abs. 2 S. 2 AufenthG wird sie als Regelbeispiel für einen Härtefall benannt. Ein Verstoß gegen Art. 6 Abs. 1 erfolgt aber, wenn einer (inzwischen volljährigen) Ehegattin gem. § 30 AufenthG der Familiennachzug verweigert wird.[848] 257

bb) Ehescheidung. Art. 6 Abs. 1 kann dann verletzt sein, wenn ausländischen Ehegatten die **Ehescheidung** stark erschwert wird (zum Recht auf Scheidung → Rn. 82). Das droht nicht nur bei Anwendung eines die Scheidung nicht (oder nur unter hohen Voraussetzungen) zulassenden ausländischen Rechts, sondern auch bei Nichtanerkennung einer im Ausland bereits erfolgten Scheidung.[849] Für eine Scheidung durch einseitige Verstoßung[850] der Frau durch den Mann ist aber auch Art. 3 Abs. 2 zu berücksichtigen.[851] Das Recht der Ehegatten auf Selbstbestimmung in Hinblick auf das Eheende muss sich hier zumindest dann durchsetzen, wenn beide Ehegatten mit der Scheidung durch den einseitigen Akt einverstanden sind.[852] 258

e) Missbräuchliche Vaterschaftsanerkennung. Mit dem Begriff der missbräuchlichen Vaterschaftsanerkennung oder **„Scheinanerkennung"** der Vaterschaft werden Fälle bezeichnet, in denen deutsche Männer Kinder mit ausländischer Staatsangehörigkeit anerkennen, damit diese die deutsche Staatsangehörigkeit erwerben, was wiederum der Mutter ein Aufenthaltsrecht 259

---

847 Dies ebenfalls verlangend (insgesamt sehr weit) *Brosius-Gersdorf* in Dreier Rn. 53 ff.

848 Bei nach syrischem Recht wirksamer Eheschließung im Jahr 2015 aA VG Berlin FamRZ 2019, 279, m. zutr. krit. Anm. *Coester* FamRZ 2019, 282.

849 Nur BVerfG FamRZ 2007, 615.

850 *Möller* JPrivIntL 2014, 461; ähnlich bei Übergabe des Scheidebriefs durch den Mann nach jüdischem Recht.

851 OLG Frankfurt NJW 2019, 3461; zum Selbstloskauf OLG Koblenz NJW 2013, 1377; näher und auch das Problem nennend, dass die Scheidung einer nicht zerrütteten Ehe zu leicht möglich werden könnte, *Rauscher* IPRax 2000, 391 (392 ff.).

852 OLG München NZFam 2016, 703 (706), mAnm *Arnold* NZFam 2016, 706 (707); *Coester-Waltjen* IPRax 2018, 238 (241 f.); *Budzikiewicz* in NK-BGB Art. 10 Rom III-VO Rn. 27; *Helms* in Rauscher EuZPR/EuIPR Art. 10 Rom III-VO Rn. 11.

verschafft. Auch Maßnahmen gegen ein solches Vorgehen können mit dem Missbrauchsargument gerechtfertigt werden.

260 Die in § 1600 Abs. 1 Nr. 5 BGB aF vorgesehene **Behördenanfechtung** bei missbräuchlicher Vaterschaftsanerkennung verstieß dennoch gegen Art. 6, weil die Gründe für die Anfechtung zu weit gefasst waren.[853] Das mit Wirkung vom 29.7.2017 eingeführte Verbot der missbräuchlichen Anerkennung der Vaterschaft (§ 1597a BGB) sieht nun vor, dass die zuständige Behörde bei Verdacht auf das Vorliegen einer Scheinanerkennung die Beurkundung auszusetzen und die Ausländerbehörde zu informieren hat. Diese prüft dann nach § 85a AufenthG, ob Missbrauch anzunehmen ist. Das ist wohl mit Art. 6 Abs. 1 und Abs. 2 S. 1 vereinbar,[854] denn es kommt hier nicht zu einem Eingriff in eine bereits bestehende Familie. Das Recht des Anerkennenden auf Erhalt der Elternstellung ist in echten Missbrauchsfällen demgegenüber nicht geschützt.

261 **f) Kindesentführung/HKÜ.** Das BVerfG hat sich mehrfach mit dem Haager Übereinkommen über die zivilrechtlichen Aspekte internationaler Kindesentführung **(HKÜ)** befasst, welches die schnelle und nur einer kursorischen Kindeswohlprüfung unterliegende Rückführung von Kindern verlangt, die von einem Elternteil ohne Zustimmung des anderen Elternteils in ein anderes Land verbracht wurden.[855] Gerügt wurde durch Verfassungsbeschwerde des entführenden Elternteils jeweils (auch) eine Verletzung des Art. 6 Abs. 2 durch die gerichtliche Rückführungsanordnung. Das BVerfG geht überzeugend davon aus, dass solche Verfassungsbeschwerden keine hinreichende Aussicht auf Erfolg haben, wenn das HKÜ von den Gerichten korrekt angewendet wurde.[856] Denn gegen die Ziele des HKÜ – das letztlich dem Kindeswohl und dem Schutz des Elternrechts des anderen Elternteils dient – können sich nur ungewöhnlich schwerwiegende Beeinträchtigungen des Kindeswohls im Einzelfall durchsetzen.[857] Das BVerfG hat zwar in den ersten Jahren der Geltung des HKÜ verschiedentlich eine eAO nach §§ 32, 93d Abs. 2 BVerfGG erlassen, und die Rückführungsentscheidung vorläufig ausgesetzt.[858] Begründet wurde dies jedoch allein damit, dass das Abwarten der Entscheidung über die Verfassungsbeschwerde für das Kindeswohl weniger schädlich wäre, als das drohende Hin und Her, welches entstehen könne, falls die Verfassungsbeschwerde begründet sei. Inzwischen hat es überzeugend betont, dass auch ein Einleben am neuen Wohnort vor einer späteren Rückführung für das Kindeswohl belastend ist.[859] Zu einem Verfassungsverstoß führt die Rückführungsentscheidung nur, wenn im Rückführungsverfahren relevante Verfahrensfehler auftreten.[860]

---

853 BVerfG NJW 2014, 1364 (Verstoß gegen Art. 16, Art. 6 Abs. 2 und Art. 6 Abs. 1).

854 *Sanders* FamRZ 2017, 1189 (1193).

855 Zur Auslegung des HKÜ BVerfG FamRZ 1997, 1269; BVerfGE 99, 145; zum Verfahren BVerfG FamRZ 2006, 1261; zur Notwendigkeit einer beschleunigten Bearbeitung bei inländischer Kindesentführung: BVerfG FamRZ 2009, 189.

856 Versagte einstweilige Anordnung BVerfG NJW 1996, 1402; nicht angenommene Verfassungsbeschwerden BVerfG NJW 1996, 3145; NJW 1999, 2173.

857 BVerfG FamRZ 2016, 1571; NJW 1999, 631.

858 BVerfG NJW 1995, 2023; NJW 1996, 1953; FamRZ 2005, 1657; FamFR 2012, 262.

859 Die eAO ablehnend daher BVerfG FamRZ 2016, 1571; dazu *Niethammer-Jürgens/Wölfer* FamRB 2016, 342.

860 BVerfG FamRZ 2006, 1261 (fehlender Verfahrenspfleger); BVerfG BeckRS 2006, 23210 (fehlerhafte Beweiswürdigung).

4. Sozialrecht. Zu Höhe und Form sozialrechtlicher Familienförderung macht Art. 6 keine konkreten Vorgaben.[861] Wo Förderung stattfindet, dürfen Familien aber nicht benachteiligt werden.[862] Ein legitimer **Sachgrund** für die Schlechterstellung von Familien kann sich aus der zwischen Ehegatten und zusammenlebenden Familienangehörigen bestehenden **Wirtschaftsgemeinschaft** ergeben. Grundsätzlich kann der Staat daher Einkommen oder Vermögen dieser Personen in Grenzen mitberücksichtigen,[863] woraus eine geringere Höhe staatlicher Förderungsmittel resultieren kann.[864] Übersteigt das Kindergeld den Bedarf des Kindes, darf es der mit ihm in Bedarfsgemeinschaft lebenden Mutter als Einkommen angerechnet werden.[865] 262

Zu beachten ist zudem das staatliche Neutralitätsgebot in Bezug auf die innerfamiliäre Aufgabenverteilung.[866] Problematisch erscheint vor diesem Hintergrund ein **Betreuungsgeld** in der Form, dass Eltern einen zusätzlichen Geldbetrag für die Kinderbetreuung erhalten.[867] Dagegen ist die erhebliche Förderung der **öffentlichen Kinderbetreuung** unproblematisch, weil der dadurch entstehende Druck zu deren Nutzung schwach sein dürfte.[868] Trotz des stark lenkenden Charakters überschreiten das **Elterngeld Plus** und der Partnerschaftsbonus,[869] welche deutliche Anreize für möglichst umfangreiche Erwerbstätigkeit von Eltern setzen – und weniger den Familienlastenausgleich bezwecken – die Spielräume des Art. 6 Abs. 1 wohl nicht.[870] 263

5. Steuerrecht und Kindergeld. Neben den aus Art. 6 Abs. 1 folgenden Grundsätzen, Ehegatten und Familien nicht zu benachteiligen[871] und Neutralität gegenüber innerfamilialen Gestaltungen zu wahren[872], gilt im Steuerrecht das **Leistungsfähigkeitsprinzip.** Demnach ist zunächst erforderlich, dass der existenznotwendige Aufwand für alle Familienmitglieder in „reali- 264

---

[861] *Felix* in RBA Sozialrechtshandbuch, § 30 Rn. 2; schon oben → Rn. 97.

[862] Berücksichtigung bei Pflegeversicherung, BVerfGE 103, 242; keine Freistellung von Beiträgen zur Sozialversicherung, BSGE 120, 23; erhöhter Bedarf für Alleinerziehende bei beiden Eltern nur bei wirklich hälftiger Teilung, BSG NJW 2015, 3741; allg. schon → Rn. 96.

[863] Schon BVerfGE 17, 210 (219); 67, 186 (195); 91, 389 (401).

[864] BVerfG FamRZ 2009, 1295 (1296, Rn. 29); Solidargemeinschaft muss auch tatsächlich bestehen BVerfGE 87, 234 (257, 259 f.) – AFG.

[865] BVerfG NJW 2010, 1803; BSG NZS 2019, 553; *Seiler* in BK Art. 6 Abs. 1 Rn. 214.

[866] *Brose* NZS 2017, 361 (näher auch zur Gleichbehandlung von Mann und Frau); *Pernice-Warnke* FamRZ 2014, 263 (264); *Seiler* NVwZ 2007, 129 (132).

[867] Näher *Brosius-Gersdorf* NJW 2013, 2316; *Pernice-Warnke* FamRZ 2014, 263 (269 f.); diff. *Rixen* NJW 2015, 3136 (3139); BVerfGE 140, 65 stützt die Verfassungswidrigkeit des Gesetzes zur Einführung eines Betreuungsgeldes v. 15.2.2013 (BGBl. I 254) allein auf die fehlende Kompetenz, greift aber krit. den Hinweis auf, das Gesetz fördere den Entschluss einkommensschwacher und bildungsferner Eltern, Kinderbetreuungs- und Förderangebote (die für deren Kinder oft besonders wichtig sind) nicht anzunehmen (Rn. 71).

[868] Anders wohl *Schumann* in Kluth Familie als Wirtschaftsfaktor, 9 (35 ff., insbes. 47 ff.), die meint, die Fremdbetreuung werde zu stark gefördert (51 f.).

[869] BVerfG NJW 2012, 216 hat § 4 Abs. 3 S. 1 BEEG aF (höchstens 12 Monate für einen Elternteil) vor dem Hintergrund der Gleichstellung der Frau gebilligt; ebenso *Brosius-Gersdorf* in Dreier Rn. 138.

[870] *Brose* NZS 2017, 361 (364); zu § 2 Abs. 7 BEEG aF BVerfG NJW 2011, 2869.

[871] Nur BVerfGE 99, 216 (Ls. 1); *Lang* FS f. Klein, 1997, 437 (446 ff.).

[872] Krit. zu sehen sind insbes. Regeln, die durch die Fiktion der finanziellen Gleichwertigkeit der Hausarbeit letztlich die „Hausfrauenehe“ stärken, skeptisch zu § 1360 S. 2 BGB insofern *Brosius-Gersdorf* in Dreier Rn. 67; zur Schlüsselgewalt (§ 1357 BGB) *Robbers* in MKS Rn. 134 (für mit Art. 6 im Einklang haltend).

tätsgerechter" Höhe steuerfrei bleibt.[873] Daraus ergeben sich Kinderfreibeträge.[874] Hinzu tritt das **Kindergeld,** damit auch Familien mit niedrigem Einkommen geschützt sind. Ob eine Steigerung des Kindergeldes nach Zahl der Kinder den finanziellen Belastungen entspricht, erscheint zweifelhaft, da der schärfste Einschnitt in das familiäre Budget durch die Geburt des ersten Kindes erfolgt.[875] Unhaltbar ist der enge Familienbegriff des BFH, wonach in der nichtehelichen Patchworkfamilie für das dritte Kind nur dann das erhöhte Kindergeld zu gewähren ist, wenn alle Kinder von dem antragstellenden Lebensgefährten abstammen.[876]

265 Ob das bestehende System in allen Fällen dem Leistungsfähigkeitsprinzip genügt, ist umstritten. Etwa fragt sich, ob hieran die Höhe der Kinderfreibeträge nicht auch dann orientiert sein müsste, wenn ein Elternteil barunterhaltspflichtig ist.[877] Bei der gesetzlich bestehenden erhöhten **Barunterhaltspflicht** bei getrenntlebenden Eltern kann jedenfalls durch die Begrenzung der Anrechenbarkeit eine Benachteiligung gegenüber kinderlosen Steuerpflichtigen entstehen, die gegen Art. 6 Abs. 1 verstößt.[878] Ergänzend wird diskutiert, in welcher Höhe die Ausgaben für die Betreuung der Kinder bei besserverdienenden Eltern anzusetzen sind. Dazu dürfte sich aus Art. 6 Abs. 1 keine zwingende Antwort ergeben, da die erhöhten Ausgaben gewissermaßen „freiwillig" getätigt werden (Privatschule etc).

266 In mehrerlei Hinsicht problematisch ist das **Ehegattensplitting.** Da der Gesetzgeber im Steuerrecht einen breiten Spielraum hat, wird es überwiegend nicht für verfassungswidrig gehalten.[879] Teils wird es sogar auch weiterhin als konsequente Ausrichtung an der Leistungsfähigkeit des Ehepaars als Wirtschaftsgemeinschaft verstanden.[880] Das verfehlt jedoch vor allem bei kinderlosen Ehen die heutige Realität.[881] Das erste Problem des Splittings besteht in der somit gegebenen – besonders im Verhältnis zu nichtehelichen Familien problematischen – Privilegierung der Ehe.[882] Zweitens entfaltet das Splitting dann seine stärkste Wirkung, wenn ein Ehepartner ein niedriges oder kein Einkommen hat.[883] Es wird insofern eine zu starke verhaltens-

[873] BFH DStRE 2018, 73 (74, Rn. 11 ff.); grundlegend BVerfGE 87, 153.

[874] Die Beträge orientieren sich nun am realen Existenzminimum (s. § 32 EStG), welches unabhängig von Art. 6 Abs. 2 bestimmt wird, BVerfGE 125, 175 (227, Rn. 145); 137, 34 (80, Rn. 92 ff.).

[875] Gleichwohl leitet das BVerfG jedenfalls aus der Alimentierungspflicht des Staates gegenüber seinen Beamten (dazu → Art. 33 Rn. 142 ff.) eine Pflicht zur angemessenen Förderung kinderreicher Familien her, siehe nur BVerfGE 81, 363 (376); auch generell für einen besonderen Schutz kinderreicher Familien *Seiler* in BK Art. 6 Abs. 1 Rn. 144.

[876] BFHE 261, 307.

[877] Mit Einzelheiten krit. *Engels* FamRZ 2018, 1877 (1881).

[878] *Engels* FamRZ 2018, 1877 (1882) mwN; grundlegend zur horizontalen Steuergerechtigkeit BVerfGE 112, 268 (271); krit. *Kirchhof* AöR 2004, 542 (572 ff.).

[879] *Robbers* in MKS Rn. 110; *Uhle* in BeckOK GG Rn. 40, der Art. 6 Abs. 1 sogar ein Gebot zum Ehegattensplitting entnimmt; positiv auch *Merkt* DStR 2009, 2221 (2223); die frühere Zusammenveranlagung von Eheleuten zur Einkommensteuer nach § 26 EStG aF (Progression ohne Splittingvorteil) war verfassungswidrig, BVerfGE 6, 55 (70); ebenso Zusammenveranlagung von Einkünften der Eltern und Kinder zur Einkommensteuer, BVerfGE 18, 97 (105 f.).

[880] So etwa *Seiler* in BK Art. 6 Abs. 1 Rn. 208; *Schmidt* ZRP 2017, 134; auch BVerfGE 133, 377 Rn. 94; dagegen überzeugend *Becker/Englisch* DStR 2016, 1005 (1008); *Englisch* DStJG 2014, 159 (185 ff.); auch *Sacksofsky* NJW 2000, 1896.

[881] Näher *Becker/Englisch,* Reformbedarf und Reformoptionen beim Ehegattensplitting, 2016, 25 ff.

[882] Eine Privilegierung annehmend auch BVerfGE 133, 377 (417, Rn. 95).

[883] *Sacksofsky* FPR 2003, 395 deshalb für die Abschaffung.

steuernde Wirkung befürchtet.[884] Ehe- und familienpolitisch sinnvoller erscheint eine steuerliche Berücksichtigung des real geschuldeten Unterhalts (auch gegenüber Ehegatten und Eltern) oder zumindest ein Familiensplitting.[885] Die Zulässigkeit der Typisierung zugunsten der Ehe als Verantwortungsgemeinschaft rechtfertigt die steuerliche Berücksichtigung der berufsbedingten **doppelten Haushaltsführung,** die bei Ehepaaren nicht zeitlich begrenzt sein darf.[886] Die Wohnung am Arbeitsort ist bei Aufrechterhaltung der Ehewohnung in einer anderen Gemeinde nicht der Zweitwohnsteuer unterworfen.[887] Generell kann die steuerrechtliche Beurteilung nichtehelicher Lebensgemeinschaften anders geregelt sein als die von Ehegatten.[888]

Erbschaftsteuerrechtlich ist bei den Steuersätzen und der Bewertung die **267** Erhaltung der Lebensgrundlagen von Ehe und Familie sicherzustellen;[889] die Besteuerung beim Rückfall von Gewinnen eines in vorweggenommener Erbfolge übertragenen Vermögenswertes ist verfassungsgemäß.[890] Ob die hohen Erbschaftssteuersätze für die zur Lebensgrundlage gehörenden Vermögensstücke bei der **nichtehelichen Lebensgemeinschaft** gerechtfertigt sind, erscheint dagegen fraglich.[891]

C. Verhältnis zu anderen Bestimmungen des Grundgesetzes

Art. 6 Abs. 1 konkretisiert und verstärkt die allgemeine Handlungsfreiheit **268** aus Art. 2 Abs. 1 sowie das Recht auf freie Entfaltung der Persönlichkeit aus Art. 2 Abs. 1 iVm Art. 1 Abs. 1.[892] Umgekehrt können die allgemeine Handlungsfreiheit und das Persönlichkeitsrecht Dritter die Rechte aus Art. 6 Abs. 1 einschränken.[893]

Gegenüber dem allgemeinen Gleichheitssatz des Art. 3 Abs. 1 ist **Art. 6** **269** **Abs. 1** zwar die speziellere Norm. Art. 6 Abs. 1 kann aber eine Bevorzugung von Ehe und Familie nur dann rechtfertigen, wenn diese gerade aufgrund von Besonderheiten dieser Lebensformen erfolgt, die eine Ungleichbehandlung tragen (→ Rn. 89).

Art. 6 Abs. 1 und das Gleichberechtigungsgebot des Art. 3 Abs. 2 wider- **270** sprechen sich nicht. Vielmehr geht das GG davon aus, dass beide Bestimmungen miteinander vereinbar sind, dass Männer und Frauen also auch in der Ehe und in der Familie gleichberechtigt sind. Das gilt für die Gleichberechtigung

---

[884] So *Brosius-Gersdorf* in Dreier Rn. 95 mwN.

[885] *Leisner-Egensperger* FR 2010, 865; *Kirchhof* DB 2016, Hft. 9, 1; auch schon *v. Münch* in BMV VerfassungsR-HdB § 9 Rn. 36; *Lieber* DStZ 1997, 207 (211); *Becker/Englisch,* Reformbedarf und Reformoptionen beim Ehegattensplitting, 2016, 25 ff.; zu verschiedenen Möglichkeiten einer verfassungsgerechten Besteuerung, sa *Becker/Englisch* DStR 2016, 1005.

[886] BVerfGE 107, 27.

[887] BVerfGE 114, 316 (325); auch BVerfG NVwZ 2017, 617; zur verfassungsrechtlichen Akzeptanz der Zweitwohnsteuer für volljährige Kinder BVerfG NVwZ 2010, 1022 (1025, Rn. 49 ff.).

[888] BVerfG FamRZ 1990, 364 (365) – Erbschaftsteuer; BFH FamRZ 1989, 177 (178) – Einkommensteuer; BVerfG NJW 2011, 1663 (1663, Rn. 11) – Hinterbliebenenversorgung.

[889] BVerfGE 93, 165 (174 f.); *Klein* FS f. Flick, 1997, 327 (339); keine Verfassungswidrigkeit der Erbanfallsteuer: BVerfG NJW 2011, 366 (367, Rn. 20).

[890] BVerfG FamRZ 1998, 153 (158); *Niemeyer* FuR 1998, 12.

[891] *v. Münch* in BMV VerfassungsR-HdB § 9 Rn. 12; auch → Rn. 76.

[892] BVerfGE 57, 170 (178); BVerfG FamRZ 2017, 1434.

[893] BVerfGE 121, 69 (Umgangspflicht); 96, 56 (Auskunftsanspruch § 1618a BGB); BVerfG FamRZ 2013, 1195 (Klärung der Abstammung vom vermeintlichen genetischen Vater).

in der Ehe (Ehemann und Ehefrau) ebenso wie in der Familie (Söhne und Töchter).

271 Das in **Art. 6 Abs. 2** geschützte elterliche Erziehungsrecht ist ua eine Konkretisierung des Rechts auf freie Entfaltung der Persönlichkeit und geht dieser allgemeinen Norm als spezielle Bestimmung vor.[894] Art. 6 Abs. 2 verpflichtet den Gesetzgeber in Fällen des Konflikts zwischen den Eltern gleichberechtigende Regelungen vorzusehen, was Art. 3 Abs. 2 entspricht. Auch für die Erziehung der Kinder gilt im Übrigen Art. 3 Abs. 2. Bei der Bestimmung des religiösen Bekenntnisses der Kinder durch die Eltern wie bei der religiösen Erziehung überhaupt ist zugleich die in Art. 4 Abs. 1 geschützte Glaubens- und Gewissensfreiheit tangiert. Art. 6 Abs. 2 und Art. 4 Abs. 1 gelten nebeneinander, können also gleichzeitig verletzt sein.[895] Neben das Elternrecht tritt das staatliche Erziehungsrecht aus Art. 7 (→ Rn. 184).

D. Kritische Würdigung

272 Der zunächst so zögerlich in das GG aufgenommene Art. 6, der (durch die Aufnahme der Kinderrechte noch mehr) als Sammelbestimmung zum Stichwort Familie zu sehen ist, hat sich zu einer kraftvollen Norm entwickelt und bietet einen geeigneten Rahmen für den Schutz traditioneller wie auch moderner Familienformen. Im Zusammenspiel insbesondere mit Art. 2 Abs. 1 und Art. 3 haben die in ihm enthaltenen Grundrechte bewirkt, dass das deutsche Familienrecht beständig **modernisiert** wurde und wird.

273 Aktuell trifft Art. 6 auf eine Gesellschaft, in der es weit weniger Kinder gibt als 1949, die zudem seltener in der Ehe geboren werden, was auch zu anderen Streitfragen und Schutzbedürfnissen führt. Zum einen muss unnachgiebig darauf geachtet werden, dass das **Kindeswohl** sowohl bei gesetzgeberischem als auch bei gerichtlichem Handeln die primäre Bedeutung behält – und nicht etwa die Elterninteressen. Bei den derzeit anstehenden großen Reformen im Abstammungsrecht und bei der elterlichen Verantwortung wird dies, wie oben gezeigt, ganz weitgehend beachtet. Zum anderen muss weiter daran gearbeitet werden, dass **familiale Solidargemeinschaften** – mit Kindern, aber auch ohne Kinder – auch dann vollständigen Schutz als Familien erfahren, wenn keine Ehe besteht oder nicht alle Personen rechtlich miteinander verwandt sind. Geschieht dies nicht, so wird der Familienschutz schnell zur Utopie.[896] Daneben bedürfen viele weitere Bereiche der ständigen Anpassung an das verfeinerte Verständnis von Gleichheit und Autonomie. Die Regelungen, die transsexuelle Personen mit Kindern betreffen, sowie die Autonomie von Erwachsenen und Kindern bei wichtigen Entscheidungen verdienen unbedingt Respekt. Eine zu starke Verrechtlichung der Familie muss vermieden werden, doch muss Hilfe für Kinder so ausgestaltet sein, dass sie auch faktisch wirken kann.

274 Abschließend ist anzumahnen, dass alle Rechte nur dann wirklich nutzbringend und Familienschutz nur dann vollständig sein kann, wenn der Staat die finanziellen Mittel hierfür bereitstellt. **Sozial- und Steuerrecht** müssen den Familien- und Kinderschutz noch stärker fokussieren.

---

[894] BVerfGE 24, 119 (151).
[895] → Art. 4 Rn. 138.
[896] Mit diesem Befund etwa *Diederichsen* FPR 2007, 221.

Im Ganzen muss beim Familienschutz die wirklich schwierige Balance zwischen Freiheit und Schutz getroffen werden, die pauschale Regelungen oftmals verbietet und nur individuell – oftmals nur mit sachverständiger Unterstützung – bei den Gerichten gefunden werden kann. 275

Literatur

C. Bäcker, Begrenzter Wandel – Das Gewollte als Grenze des Verfassungswandels am Beispiel des Art. 6 I GG, AöR 2018, 339. – ***S. Baer,*** Was darf der Staat?, in A. Röthel/B. Heiderhoff, Regelungsaufgabe Paarbeziehung, 2012, 35. – ***J. Becker/J. Englisch,*** Reformbedarf und Reformoptionen beim Ehegattensplitting, DStR 2016, 1005. – ***M. Böhm,*** Dynamische Grundrechtsdogmatik von Ehe und Familie, VVDStRL 73 (2014), 211. – ***G. Britz,*** Kindesgrundrechte und Elterngrundrecht: Fremdunterbringung von Kindern in der verfassungsgerichtlichen Kontrolle, FamRZ 2015, 793. – ***G. Britz,*** Das Grundrecht des Kindes auf staatliche Gewährleistung elterlicher Pflege und Erziehung – jüngere Rechtsprechung des Bundesverfassungsgerichts, JZ 2014, 1069. – ***G. Britz,*** Kinderschutz – aktuelle verfassungsrechtliche Leitlinien, NZFam 2016, 1113. – ***G. Britz,*** Der Familienbegriff im Verfassungsrecht, NZFam 2018, 289. – ***F. Brosius-Gersdorf,*** Demografischer Wandel und Familienförderung, 2011. – ***F. Brosius-Gersdorf,*** Berufliche Chancengerechtigkeit als Zielsetzung der Ehe- und Familienpolitik, in W. Kluth, Familie als Wirtschaftsfaktor, 2018, 71. – ***M. Coester,*** Die Rechtsposition des Kindes im Verfassungsrecht, FS f. Salgo, 2016, 11. – ***M. Coester,*** Das Kindeswohl als Rechtsbegriff, 1983. – ***D. Coester-Waltjen,*** Die Einführung der gleichgeschlechtlichen Ehe in ausgewählten Rechtsordnungen, ZEuP 2018, 320. – ***D. Coester-Waltjen,*** Rechtsvergleichendes Gutachten über die Einführung der gleichgeschlechtlichen Ehe in ausgewählten Rechtsordnungen, 2018. – ***D. Coester-Waltjen,*** Das Spannungsverhältnis zwischen Privat- und Parteiautonomie einerseits und staatlichen Schutz- und Ordnungsinteressen im Privatrecht andererseits, JZ 2017, 1073. – ***D. Coester-Waltjen/M. Coester,*** Ehe und eingetragene Lebenspartnerschaft – sachrechtliche Visionen und kollisionsrechtliche Konsequenzen, FS f. Brudermüller, 2014, 73. – ***D. Coester-Waltjen/M. Coester,*** Dogmatik und Familienrecht, FS f. Canaris, 2017, 659. – ***N. Dethloff,*** Reziproke In-vitro-Fertilisation – Eine neue Form gemeinsamer Mutterschaft, FS f. Coester-Waltjen, 2015, 41. – ***A. Dutta,*** Paarbeziehungsregime jenseits der Ehe – Rechtsvergleichende und rechtspolitische Perspektiven, AcP 2016, 609. – ***K. F. Gärditz,*** „Ehe für Alle": Verfassungswandel oder zeitgebundene Rechtspolitik?, FF 2018, 8. – ***K. F. Gärditz,*** Verfassungsgebot Gleichstellung? – Ehe und Eingetragene Lebenspartnerschaft im Spiegel der Judikatur des Bundesverfassungsgerichts, in A. Uhle, Zur Disposition gestellt? Der besondere Schutz von Ehe und Familie zwischen Verfassungsanspruch und Verfassungswirklichkeit, 2014, 85. – ***B. Gausing/C. Wittebol,*** Die Wirksamkeit von im Ausland geschlossenen Minderjährigenehen – Grundrechtsdogmatische Bewertung des neuen Art. 13 EGBGB, DÖV 2018, 41. – ***M. Germann,*** Dynamische Grundrechtsdogmatik von Ehe und Familie?, VVDStRL 2014, 257. – ***R. Gutmann,*** Ausländerrechtliche Zerstörung der Familie?, NVwZ 2019, 277. – ***T. Helms,*** Ordre public – Der Einfluss der Grund- und Menschenrechte auf das IPR, IPRax 2017, 153. – ***T. Helms,*** Mehrelternschaft?, FS f. Prütting, 2018, 41. – ***R. Hofmann/P. B. Donath,*** Gutachten bezüglich der ausdrücklichen Aufnahme von Kinderrechten in das Grundgesetz nach Maßgabe der Grundprinzipien der UN-Kinderrechtskonvention, 2017. – ***M. Jestaedt*** in Deutscher Familiengerichtstag e. V., 21. DFGT, 2016, 65. – ***M. Jestaedt,*** Eltern im Rechtssinne: Identität und Differenz des Eltern-Begriffs von GG und BGB, FS f. Coester, 2019, 13. – ***K. Kaufhold,*** Was darf der Staat? Verfassungsrechtliche Vorgaben für die einfachrechtliche Regelung der Mutterstellung, in A. Röthel/B. Heiderhoff, Regelungsaufgabe Mutterstellung, 2016, 87. – ***F. Kirchhof,*** Grundrechtsschutz durch europäische und nationale Gerichte, NJW 2011, 3681. – ***G. Kirchhof,*** Die Kinderrechte des Grundgesetzes – Sollte die Verfassung zugunsten von Kindern geändert werden?, NJW 2018, 2690. – ***U. Lembke,*** Was darf der Staat, insbesondere zur Bedeutung des Grundgesetzes für das Abstammungsrecht, in A. Röthel/B. Heiderhoff, Regelungsaufgabe

Vaterstellung, 2014, 37. – ***I. Lischewski,*** Kinderrechte im Grundgesetz, DÖV 2020, 102. – ***P. Mankowski,*** Genießt die Polygamie Schutz durch Grund- oder Menschenrechte aus Verfassungs-, Unions- und Völkerrecht?, FamRZ 2018, 1134. – ***N. Markard,*** Unausweichliche Gleichheit – Obergefell und die Öffnung der Ehe für gleichgeschlechtliche Paare, JöR 2016, 767. – ***F. von Nesselrode,*** Das Spannungsverhältnis zwischen Ehe und Familie in Artikel 6 des Grundgesetzes, 2007. – ***J. Neuner,*** Das Bundesverfassungsgericht als oberstes Familiengericht?, FamRZ 2017, 1805. – ***I. Plettenberg,*** Vater, Vater, Mutter, Kind – Ein Plädoyer für die rechtliche Mehrvaterschaft, 2016. – ***H. Radtke,*** Die Rechte von Kindern im Grundgesetz, DRiZ 2019, 56. – ***P. Reuß,*** Theorie eines Elternschaftsrechts, 2018. – ***S. Rixen,*** Grundrechte als pluralitätssichernde Direktiven für die Familienpolitik, in W. Kluth, Familie als Wirtschaftsfaktor, 2018, 61. – ***S. Rixen,*** Verfassungsgemäße Familienförderung nach dem Urteil zum Betreuungsgeld, NJW 2015, 3136. – ***S. Rixen,*** Verfassung der Pluralität: Der Schutz von Ehe, Familie und Elternrecht unter dem Grundgesetz, Symposium D. Schwab, 131. – ***A. Röthel,*** Differenz und Kongruenz im Güterrecht, FS f. Brudermüller, 2014, 593. – ***A. Röthel,*** Regelungsaufgabe Paarbeziehung und die Instrumente des Rechts, in A. Röthel/B. Heiderhoff, Regelungsaufgabe Paarbeziehung, 2012, 9. – ***A. Röthel,*** Das Recht der Elternverantwortung, JZ 2018, 803. – ***A. Röthel,*** Autonomie im Familienrecht der Gegenwart, JZ 2017, 116. – ***A. Röthel,*** Familienrechtswissenschaft im wiedervereinigten Deutschland, AcP 2014, 609. – ***A. Sanders,*** Mehrelternschaft, 2018. – ***A. Sanders,*** Was ist eine Familie? – Der EGMR und die Mehrelternschaft, NJW 2017, 925. – ***J. P. Schaefer,*** Die „Ehe für alle" und die Grenzen der Verfassungsfortbildung, AöR 2018, 393. – ***E. Schumann,*** Familienleitbilder in der Bundesrepublik, in W. Kluth, Familie als Wirtschaftsfaktor, 2018, 9. – ***E. Schumann,*** Trennungsfamilien – Reformbedarf im Kindschaftsrecht und bei der Familienförderung, RdJB 2019, 30. – ***D. Schwab*** in D. Schwab, Geschichtliches Recht und moderne Zeiten, 121. – ***D. Schwab,*** Elterliche Sorge und Religion, FamRZ 2014, 1. – ***D. Schwab,*** Rechte am Kind ohne Verantwortung? – Zur Begründung von Umgangsbefugnissen Dritter, FS f. Coester-Waltjen, 2015, 223. – ***H. Steiger,*** Verfassungsgarantie und sozialer Wandel – Das Beispiel von Ehe und Familie, VVDStRL 45 (1987), 55. – ***R. Uerpmann-Wittzack,*** Einheit in Vielfalt – Grenzen der Familienrechtsvereinheitlichung durch den Europäischen Gerichtshof für Menschenrechte, FS f. Müller-Graff, 2015, 224. – ***A. v. Campenhausen,*** Verfassungsgarantie und sozialer Wandel – Das Beispiel von Ehe und Familie, VVDStRL 45 (1987), 7. – ***F. Wapler,*** Kinderrecht und Kindeswohl – Eine Untersuchung zum Status des Kindes im Öffentlichen Recht, 2015. – ***F. Wapler,*** Kinderrechte in der Rechtsordnung – eine Aufgabe für den Gesetzgeber, in A. Röthel/B. Heiderhoff, Mehr Kinderrechte? Nutzen und Nachteil, 2018, 45. – ***F. Wollenschläger,*** Rechtsgutachten für die Bayerische Staatsregierung zur Frage der verfassungsrechtlichen Bewertung des Gesetzes zur Einführung des Rechts auf Eheschließung für Personen gleichen Geschlechts, 2018.

Art. 7 [Schulwesen]

(1) Das gesamte Schulwesen steht unter der Aufsicht des Staates.

(2) Die Erziehungsberechtigten haben das Recht, über die Teilnahme des Kindes am Religionsunterricht zu bestimmen.

(3) [1] Der Religionsunterricht ist in den öffentlichen Schulen mit Ausnahme der bekenntnisfreien Schulen ordentliches Lehrfach. [2] Unbeschadet des staatlichen Aufsichtsrechtes wird der Religionsunterricht in Übereinstimmung mit den Grundsätzen der Religionsgemeinschaften erteilt. [3] Kein Lehrer darf gegen seinen Willen verpflichtet werden, Religionsunterricht zu erteilen.

(4) [1] Das Recht zur Errichtung von privaten Schulen wird gewährleistet. [2] Private Schulen als Ersatz für öffentliche Schulen bedürfen der Genehmigung des Staates und unterstehen den Landesgesetzen. [3] Die Genehmigung ist zu erteilen, wenn die privaten Schulen in ihren Lehrzielen und Einrichtungen sowie in der wissenschaftlichen Ausbildung ihrer Lehrkräfte nicht hinter den öffentlichen Schulen zurückstehen und eine Sonderung der Schüler nach den Besitzverhältnissen der Eltern nicht gefördert wird. [4] Die Genehmigung ist zu versagen, wenn die wirtschaftliche und rechtliche Stellung der Lehrkräfte nicht genügend gesichert ist.

(5) Eine private Volksschule ist nur zuzulassen, wenn die Unterrichtsverwaltung ein besonderes pädagogisches Interesse anerkennt oder, auf Antrag von Erziehungsberechtigten, wenn sie als Gemeinschaftsschule, als Bekenntnis- oder Weltanschauungsschule errichtet werden soll und eine öffentliche Volksschule dieser Art in der Gemeinde nicht besteht.

(6) Vorschulen bleiben aufgehoben.

Paulskirchenverfassung von 1849

Abschnitt VI. Art. VI

§ 153. Das Unterrichts- und Erziehungswesen steht unter der Oberaufsicht des Staats, und ist, abgesehen vom Religionsunterricht, der Beaufsichtigung der Geistlichkeit als solcher enthoben.

§ 154. Unterrichts- und Erziehungsanstalten zu gründen, zu leiten und an solchen Unterricht zu ertheilen, steht jedem Deutschen frei, wenn er seine Befähigung der betreffenden Staatsbehörde nachgewiesen hat.

Der häusliche Unterricht unterliegt keiner Beschränkung.

§ 155. Für die Bildung der deutschen Jugend soll durch öffentliche Schulen überall genügend gesorgt werden.

Eltern oder deren Stellvertreter dürfen ihre Kinder oder Pflegebefohlenen nicht ohne den Unterricht lassen, welcher für die unteren Volksschulen vorgeschrieben ist.

Weimarer Reichsverfassung von 1919

Art. 144. Das gesamte Schulwesen steht unter der Aufsicht des Staates; er kann die Gemeinden daran beteiligen. Die Schulaufsicht wird durch hauptamtlich tätige, fachmännisch vorgebildete Beamte ausgeübt.

Art. 145. Es besteht allgemeine Schulpflicht. Ihrer Erfüllung dient grundsätzlich die Volksschule mit mindestens acht Schuljahren und die anschließende Fortbildungsschule bis zum vollendeten achtzehnten Lebensjahre. Der Unterricht und die Lernmittel in den Volksschulen und Fortbildungsschulen sind unentgeltlich.

Art. 146. Das öffentliche Schulwesen ist organisch auszugestalten. Auf einer für alle gemeinsamen Grundschule baut sich das mittlere und höhere Schulwesen auf. Für diesen Aufbau ist die Mannigfaltigkeit der Lebensberufe, für die Aufnahme eines Kindes in eine bestimmte Schule sind seine Anlage und Neigung, nicht die wirtschaftliche und gesellschaftliche Stellung oder das Religionsbekenntnis seiner Eltern maßgebend.

Innerhalb der Gemeinden sind indes auf Antrag von Erziehungsberechtigten Volksschulen ihres Bekenntnisses oder ihrer Weltanschauung einzurichten, soweit hierdurch ein geordneter Schulbetrieb, auch im Sinne des Abs. 1, nicht beeinträchtigt wird. Der Wille der Erziehungsberechtigten ist möglichst zu berücksichtigen. Das Nähere bestimmt die Landesgesetzgebung nach den Grundsätzen eines Reichsgesetzes.

Für den Zugang Minderbemittelter zu den mittleren und höheren Schulen sind durch Reich, Länder und Gemeinden öffentliche Mittel bereitzustellen, insbesondere Erziehungsbeihilfen für die Eltern von Kindern, die zur Ausbildung auf mittleren und höheren Schulen für geeignet erachtet werden, bis zur Beendigung der Ausbildung.

Art. 147. Private Schulen als Ersatz für öffentliche Schulen bedürfen der Genehmigung des Staates und unterstehen den Landesgesetzen. Die Genehmigung ist zu erteilen, wenn die Privatschulen in ihren Lehrzielen und Einrichtungen sowie in der wissenschaftlichen Ausbildung ihrer Lehrkräfte nicht hinter den öffentlichen Schulen zurückstehen und eine Sonderung der Schüler nach den Besitzverhältnissen der Eltern nicht gefördert wird. Die Genehmigung ist zu versagen, wenn die wirtschaftliche und rechtliche Stellung der Lehrkräfte nicht genügend gesichert ist.

Private Volksschulen sind nur zuzulassen, wenn für eine Minderheit von Erziehungsberechtigten, deren Wille nach Artikel 146 Abs. 2 zu berücksichtigen ist, eine öffentliche Volksschule ihres Bekenntnisses oder ihrer Weltanschauung in der Gemeinde nicht besteht oder die Unterrichtsverwaltung ein besonderes pädagogisches Interesse anerkennt.

Private Vorschulen sind aufzuheben.

Für private Schulen, die nicht als Ersatz für öffentliche Schulen dienen, verbleibt es bei dem geltenden Recht.

Art. 148. In allen Schulen ist sittliche Bildung, staatsbürgerliche Gesinnung, persönliche und berufliche Tüchtigkeit im Geiste des deutschen Volkstums und der Völkerversöhnung zu erstreben.

Beim Unterricht in öffentlichen Schulen ist Bedacht zu nehmen, daß die Empfindungen Andersdenkender nicht verletzt werden.

Staatsbürgerkunde und Arbeitsunterricht sind Lehrfächer der Schulen. Jeder Schüler erhält bei Beendigung der Schulpflicht einen Abdruck der Verfassung.

Das Volksbildungswesen, einschließlich der Volkshochschulen, soll von Reich, Ländern und Gemeinden gefördert werden.

Art. 149. Der Religionsunterricht ist ordentliches Lehrfach der Schulen mit Ausnahme der bekenntnisfreien (weltlichen) Schulen. Seine Erteilung wird im Rahmen der Schulgesetzgebung geregelt. Der Religionsunterricht wird in Übereinstimmung mit den Grundsätzen der betreffenden Religionsgesellschaft unbeschadet des Aufsichtsrechts des Staates erteilt.

Die Erteilung religiösen Unterrichts und die Vornahme kirchlicher Verrichtungen bleibt der Willenserklärung der Lehrer, die Teilnahme an religiösen Unterrichtsfächern und an kirchlichen Feiern und Handlungen der Willenserklärung desjenigen überlassen, der über die religiöse Erziehung des Kindes zu bestimmen hat.

Die theologischen Fakultäten an den Hochschulen bleiben erhalten.

Art. 174. Bis zum Erlaß des in Artikel 146 Abs. 2 vorgesehenen Reichsgesetzes bleibt es bei der bestehenden Rechtslage. Das Gesetz hat Gebiete des Reichs, in denen eine nach Bekenntnissen nicht getrennte Schule gesetzlich besteht, besonders zu berücksichtigen.

Übersicht

A. Allgemeine Bedeutung

Der siebte, seit 1949 unverändert gebliebene Artikel des Grundgesetzes 1 regelt mit dem Schulwesen und dem Religionsunterricht Materien, die in Deutschland im 20. Jahrhundert zu den umstrittensten Fragen der Verfassungsgebung überhaupt gehört haben. Das hat leicht einsehbare Gründe. Im Schulverfassungsrecht brechen und konkretisieren sich eine ganze Reihe von **Verfassungsfragen erstrangiger Bedeutung:** das kulturelle Selbstverständnis und die geistige Selbstdarstellung des Staates, das Verhältnis von Staat und Kirche, das Verhältnis von Landesverwaltung und Bundesverfassung im föderalen Staat, die Reichweite der Grundrechte, der Vorbehalt des Gesetzes sowie auch das Verhältnis des Staates zu den ethnischen und religiösen Minderheiten.

I. Genese

Das Grundproblem jeder Schulverfassung reicht historisch an die Wende 2 vom 18. zum 19. Jahrhundert zurück. Es stellt sich in der heutigen Form, seit die bürgerliche Verfassungsbewegung in Deutschland die Unterscheidung von **Staat und Gesellschaft** durchgesetzt hat. Denn mit der Anerkennung einer grundsätzlich der staatlichen Ingerenz entzogenen gesellschaftlichen Sphäre zerbrach das aufgeklärt-absolutistische Bildungsverständnis, vor dessen Hintergrund der berühmte § 1 Abs. 2 S. 12 des Preußischen Allgemeinen Landrechts die Schulen gegen die alten kirchlichen Rechte als „Veranstaltungen des Staates" bezeichnete. Vielmehr stellte sich nun der Bereich der schulischen Bildung als ein Problem der Abgrenzung zwischen Staat und Gesellschaft dar, das der verfassungsrechtlichen Regelung bedurfte. Nichts illustriert diese Tatsache besser als die drei Bände, die Lorenz von Stein in seiner „Verwaltungslehre" dem Bildungswesen widmete.[1] Für ihn war das Bildungs-

[1] *v. Stein*, Die Verwaltungslehre, 1883/1884, Teile 5, 6, 8.

wesen neben der Polizei und der wirtschaftlichen Intervention (Enteignung) eine der Hauptformen der Einwirkung des Staates auf die bürgerliche Gesellschaft und damit zugleich eine Form der geistig-sittlichen Selbsthervorbringung des Staates.

3 Die Geschichte der Schulverfassungen des 19. und 20. Jahrhunderts durchzieht daneben ein Problem, das die bürgerliche Verfassungsbewegung vom absolutistischen Staat geerbt hat. Das Bildungswesen war traditionell eine Domäne der **Kirchen** gewesen, ja öffentlicher Unterricht war in der frühen Neuzeit überhaupt im Wesentlichen Bekenntnisunterricht. Bis zum Ende des 19. Jahrhunderts konnten die Kirchen im Schulwesen weite Bereiche ihrer alten Bedeutung behaupten.[2] So wurde erst 1872 in Preußen die geistliche Schulaufsicht abgeschafft, erst 1887 das Patronatsrecht der Kirche bei der Besetzung von Lehrerstellen.[3] In vielen Teilen des Reiches dominierten bis 1919 die konfessionellen Bekenntnisschulen, in denen die Kirchen überragenden Einfluss besaßen.

4 Mit der **Weimarer Reichsverfassung** von 1919 und der Auflösung des landesherrlichen Kirchenregiments nach dem Ersten Weltkrieg änderte sich die Lage grundlegend. Die verfassungsgebende Nationalversammlung sah sich unterschiedlichsten Interessengruppen gegenüber, die alle die Schulpolitik für ihre Belange reklamierten, von kirchlichen Kreisen bis zu linksradikalen Schulreformern.[4] Die Nationalversammlung griff die Motive der Einheitsschulbewegung des späten 19. Jahrhunderts auf [5] und verband sie mit dem unitarischen Grundzug der Reichsverfassung.[6] Das Schulwesen wurde umfassend verstaatlicht, die Reste kirchlicher Schulaufsicht wurden beseitigt (Art. 144 WRV), die obligatorische Einheitsgrundschule eingeführt (Art. 146 Abs. 1 S. 2 WRV), die Betätigung von Privatschulen streng reguliert (Art. 147 WRV) und das Reich erhielt eine eigene Gesetzgebungskompetenz für die Grundsätze des Schulwesens (Art. 10 Nr. 2 WRV).[7] Indessen war das im Grundzug unitarisch-demokratische Schulwesen der Reichsverfassung durch einen Kompromiss gegenüber den konservativ-christlichen Kräften geprägt. So wurden unter bestimmten Voraussetzungen Bekenntnisschulen neben Gemeinschafts-, Simultan- und bekenntnisfreien Schulen zugelassen („Weimarer Schulkompromiss").[8] Auch blieb der Religionsunterricht an den nichtbekenntnisfreien Schulen ordentliches Lehrfach (Art. 149 WRV). Allerdings entwickelte sich der Vorbehalt einer reichs- und landesgesetzlichen Regelung der Bekenntnisschulen (Art. 146 Abs. 2 S. 3, Art. 174 WRV) zu einem Gegenstand beständigen Streits.[9]

5 Die in **Art. 7** enthaltenen Grundsatznormen über das Schulwesen bleiben in vielfältiger Weise in den Bahnen des Weimarer Schulregimes.[10] Sie lehnen sich sachlich und bis in die Formulierungen hinein an die Vorschriften des

[2] *Burchardt* in Jeserich/Pohl/v. Unruh Deutsche Verwaltungsgeschichte, Bd. III, 471 ff.
[3] *Huber,* Deutsche Verfassungsgeschichte, Bd. IV, 1969, 484, 493; *Lecheler* in Listl/Pirson StaatskirchenR-HdB, Bd. II, § 53 Rn. 416.
[4] *Huber,* Deutsche Verfassungsgeschichte, Bd. VI, 1981, 940 f.
[5] *Jestaedt* in HdbStR VII, § 156 Rn. 14.
[6] *Huber,* Deutsche Verfassungsgeschichte, Bd. VI, 1981, 939.
[7] Ausf. *Huber,* Deutsche Verfassungsgeschichte, Bd. VI, 1981, 939 f.; *Landé* in Pauly/Anschütz/Thoma DtStaatsR II, § 107 Rn. 693 ff.; *Gusy,* Die Weimarer Reichsverfassung, 1997, 331 ff.
[8] Ausf. *Gusy,* Die Weimarer Reichsverfassung, 1997, 333 f.
[9] *Huber,* Deutsche Verfassungsgeschichte, Bd. VI, 1981, 950 ff.
[10] Ausf. *Jestaedt* in HdbStR VII, § 156 Rn. 13 ff.

Vierten Abschnitts des Zweiten Hauptteils der Weimarer Reichsverfassung (Art. 142 ff. WRV) an und geben den dort getroffenen Regelungen eine neue Gestalt. Daraus erklärt sich auch der primär nicht subjektivrechtliche Gehalt, der zwar dem Charakter des zweiten Hauptteils der Weimarer Verfassung entspricht, Art. 7 aber neben den übrigen Vorschriften des Ersten Abschnitts des Grundgesetzes eine gewisse **Sonderstellung** zuweist. Art. 7 enthält Bestimmungen über die staatliche Schulaufsicht, über den Religionsunterricht, der an öffentlichen Schulen (mit Ausnahme der bekenntnisfreien Schulen) ordentliches Lehrfach ist, und über das Recht der Eltern, über die Teilnahme ihrer Kinder am Religionsunterricht zu bestimmen. Darüber hinaus regelt Art. 7 die Gewährleistung der Privatschulen und die Voraussetzungen ihrer Genehmigung. Art. 7 enthält somit **Einrichtungsgarantien, Grundrechtsnormen und Auslegungsregeln für den Bereich des Schulrechts**[11] und geht zunächst insoweit über die Rechtslage der Weimarer Zeit hinaus, als er die Institution der Privatschule als echtes Grundrecht garantiert.[12]

Auch in anderer Perspektive findet in Art. 7 eine Abkehr vom Schulrecht des Abschnitts „Bildung und Schule" der Weimarer Reichsverfassung statt. Diese entwarf das Schulrecht zwar als rein staatlich (vgl. insbes. Art. 144, 146 Abs. 1, 3, Art. 149 WRV), aber gleichwohl mit erheblichem Einfluss der Erziehungsberechtigten (Art. 146 Abs. 2 WRV) auf die konfessionelle Gestalt der Schule.[13] In den Beratungen des Parlamentarischen Rats war das Verhältnis zwischen elterlichem Erziehungsrecht und staatlicher Schulaufsicht und dabei insbesondere der Einfluss der Erziehungsberechtigten bei der bekenntnismäßigen Ausgestaltung des Schulwesens dagegen heftig umstritten. Letzterem wurde im Einzelnen nur in Form der Zulassung privater Bekenntnisschulen (auch Volksschulen) in Art. 7 Abs. 4 u. 5 Rechnung getragen. Eine weitergehende Bindung des (Landes-)Gesetzgebers für die bekenntnismäßige Gestaltung des Schulwesens fand im Parlamentarischen Rat keine Mehrheit. Zwar wurden in den Vorberatungen zu Art. 7 wiederholt Anträge gestellt, die eine grundgesetzliche Sicherung der Bekenntnisschule und des Religionsunterrichts entsprechend Art. 21, 23 des Reichskonkordats erstreben.[14] Unter Verweis auf die originäre und nicht zu kompromittierende Zuständigkeit der Länder für die Regelung schulpolitischer Fragen[15] wurden diese Forderungen jedoch nicht berücksichtigt, hinsichtlich des Religionsunterrichts nicht für die „bekenntnisfreien Schulen" (Art. 7 Abs. 3 S. 1). In Art. 141 („Bremer Klausel") wurde darüber hinaus für den Religionsunterricht noch eine Ausnahme zugunsten derjenigen Länder beschlossen, in denen am 1.1.1949 eine von Art. 7 Abs. 3 S. 1 – also auch von Art. 21 des Reichskonkordats – abweichende Regelung bestand. 6

[11] BVerfGE 6, 309 (355) – Reichskonkordat.
[12] BVerfGE 6, 309 (355) – Reichskonkordat; BVerfGE 75, 40 (61).
[13] Vgl. *Huber,* Deutsche Verfassungsgeschichte, Bd. VI, 1981, 938 ff.
[14] Vgl. JöR nF 1 (1951), 101 ff.
[15] Vgl. etwa die Stellungnahmen von *Heuß* und *Menzel* in der 29. Sitzung des Grundsatzausschusses; *Heuß* in der 21. Sitzung des Hauptausschusses, StenBer. S. 247; *Schönfelder* in der 21. Sitzung des Hauptausschusses, StenBer. S. 252; *Zimmermann* in der 21. Sitzung des Hauptausschusses, StenBer. S. 252 f.; *Schönfelder* in der 43. Sitzung des Hauptausschusses, StenBer. S. 555; *Ehlers* in der 43. Sitzung des Hauptausschusses, StenBer. S. 557; *v. Mangoldt* in der 9. Sitzung des Parlamentarischen Rats, StenBer. S. 177; *Menzel* in der 10. Sitzung des Parlamentarischen Rats, StenBer. S. 205.

II. Inhaltsübersicht

7 Den Kern von Art. 7 bilden damit objektive Gewährleistungen und **Einrichtungsgarantien.** Dies gilt sowohl für die staatliche Schulaufsicht nach Art. 7 Abs. 1, als auch für die Einrichtung des Religionsunterrichts als ordentliches Lehrfach an allen öffentlichen Schulen mit Ausnahme der bekenntnisfreien Schulen (Art. 7 Abs. 3 GG). Darüber hinaus gewährleisten Art. 7 Abs. 4, 5 das Recht zur Errichtung privater Schulen als institutionelle Garantie des Privatschulwesens. Art. 7 erhält darüber hinaus eine **Organisationsregel** im Hinblick auf die inhaltliche Ausgestaltung des Religionsunterrichts, der ausweislich der Regelung in Art. 7 Abs. 3 S. 2 in Übereinstimmung mit den Grundsätzen der Religionsgemeinschaften zu erteilen ist. Ferner enthält Art. 7 verschiedene **Grundrechte und grundrechtsähnliche Bestimmungen.** Ein die allgemeine Regelung des Art. 6 für den Bereich der Schule zuspitzendes spezielles Grundrecht ist namentlich das Recht der Erziehungsberechtigten, über die Teilnahme ihrer Kinder am Religionsunterricht zu bestimmen (Art. 7 Abs. 2). Echte Grundrechte sind weiter die Privatschulfreiheit als Grundrecht privater Schulträger (Art. 7 Abs. 4, 5) sowie das Recht der Erziehungsberechtigten auf Zulassung einer privaten Volksschule als Gemeinschafts-, Bekenntnis- oder Weltanschauungsschule (Art. 7 Abs. 5). Lediglich grundrechtsähnlich ist das im Zusammenhang mit Art. 33 zu sehende Recht der Lehrkräfte, die Erteilung von Religionsunterricht zu verweigern (Art. 7 Abs. 3 S. 3).

8 Dagegen hat das Grundgesetz auf die Aufnahme von ideenpolitischen **Leit- und Programmsätzen** für das Schul- und Bildungswesen nach dem Vorbild der Weimarer Reichsverfassung (Art. 142–149 WRV) verzichtet. Solche Bestimmungen, insbesondere Bildungs- und Erziehungsziele, finden sich heute neben dem Recht auf freien und gleichen Zugang zu öffentlichen Bildungseinrichtungen in den meisten **Landesverfassungen**[16] und auch in einer Reihe ausländischer Verfassungen.[17]

III. Systematischer Zusammenhang

9 Indessen sind die für die **Schulverfassung** des 19. und 20. Jahrhunderts, einschließlich des Grundgesetzes, prägenden, **sozialen und politischen Gesichtspunkte** inzwischen weithin weggefallen oder haben sich doch stark verändert. Dies hat verschiedene, aber miteinander zusammenhängende Ursachen. So ist die **Unterscheidung von Staat und Gesellschaft** als verfassungsrechtliches Problem heute nicht mehr von konstitutiver Bedeutung. Für die soziale Funktion der Schule ist das von erheblicher Relevanz. Denn man kann sie heute kaum noch als eine „Agentur des Staates" gegenüber der Gesellschaft bezeichnen,[18] die wesentlich den Interessen des Staates selbst dient. Vielmehr ist die Schule eine zwar staatlich getragene Institution, die aber in der Demokratie über die Parlamente in vielfältiger Weise dem gesellschaftlichen Zugriff unterliegt.

10 Mit der weithin weggefallenen politischen Unterscheidung von Staat und Gesellschaft hängt ein weiterer für das Verständnis von Art. 7 wesentlicher

[16] OVG Lüneburg NVwZ-RR 2015, 935.
[17] Rechtsvergleichend *Häberle,* Erziehungsziele und Orientierungswerte im Verfassungsstaat, 1981.
[18] *Schelsky,* Schule und Erziehung in der industriellen Gesellschaft, 1957, 26.

Aspekt zusammen. Je weniger Staat und Gesellschaft im Bereich der Schule zu unterscheiden sind, umso schwieriger wird auch die Unterscheidung zwischen staatlicher Neutralität und Religionsfreiheit. Die heute vielfach kurzerhand mit der Religionsfreiheit in eins gesetzte **„Neutralität" des Staates in Glaubens- und Weltanschauungsfragen** hat nach überkommener Auffassung mit ihr nur indirekt zu tun. Sie liegt auf einer anderen Ebene: Ob der Staat den Angehörigen aller Konfessionen bürgerliche Rechtsgleichheit garantiert und ob er an das Merkmal der Religionszugehörigkeit oder des Bekenntnisses geknüpfte Eingriffe in die subjektive Rechtssphäre vornimmt, ist nach dem deutschen Verständnis des 19. Jahrhunderts etwas durchaus anderes als die Frage, ob er sich selbst einem bestimmten Bekenntnis verpflichtet weiß.[19] So bestimmte Art. 14 der Verfassungsurkunde für den preußischen Staat (1850), dass die „christliche Religion […] bei denjenigen Einrichtungen des Staats, welche mit der Religionsübung im Zusammenhange stehen, […] zum Grunde gelegt" werden sollte. Dies galt jedoch unbeschadet der in Art. 12 gewährleisteten vollen Religionsfreiheit.[20] Eine ohne Rücksicht auf einen eigenen Bereich des Staates verstandene grundrechtliche Religionsfreiheit mündet konsequent im Laizismus. Ob sich das überkommene deutsche Gefüge des Staatskirchenrechts gegen diese Entwicklung immunisieren lässt und ob es auch der gegenwärtigen politischen Problematik des Verhältnisses von Staat und Religionsgemeinschaften einen Rahmen geben kann, bildet den Kern der gesamten neueren Diskussion.

Im Laufe des 20. Jahrhunderts stark verändert, dies vornehmlich unter 11
sozialstaatlichen Aspekten, haben sich überdies der dem Schulwesen zugrundeliegende **Begriff der Bildung und ihre Funktion.** Obschon auch heute auf das Pathos des bürgerlich-idealistischen Bildungsbegriffs nirgends verzichtet wird, spielt er in der Bildungspolitik seit Jahrzehnten eine immer geringere Rolle. Das ist unvermeidlich, denn die Rolle der Schule im Sozialstaat ist eine völlig andere als im 19. Jahrhundert. Ihre Funktion liegt weniger in der Durchsetzung eines bestimmten geistigen Anspruchs des Staates oder einer bestimmten bürgerlichen Schicht, sondern vornehmlich in zweierlei: einmal in der integrativen Funktion des schulischen Bildungswesens gegenüber einer pluralistischen Gesellschaft und zum anderen in der „Zuteilungsapparatur von Lebens-Chancen",[21] als die Helmut Schelsky das Schulsystem in den 50er Jahren in einer bis heute grundlegenden Schrift bezeichnet hat.

Die Schule ist heute in ihrer Grundfunktion ein bürokratisches **Steue-** 12
rungs- und Verteilungsinstrument. Sie leistet zum einen die nach der Auflösung der sozialen Schichtendifferenzierung anderenfalls fehlende gesellschaftliche **Statusdifferenzierung,** die sie über das legale Monopol qualifizierender Abschlüsse gegenüber anderen Formen gesellschaftlicher Differenzierung mit den Mitteln des staatlichen Zwangsapparates sichert. Zum anderen ist sie ein Mittel zur Anpassung der Heranwachsenden an die gesellschaftliche Arbeitsverfassung im Ganzen. Gewiss haben einzelne Sozialbereiche wie Sport, Kunst oder Massenmedien eigene Selektionsmechanismen erzeugt, die außerhalb der schulisch generierten Statusdifferenzierung funktionieren.[22] Aber für den weitaus überwiegenden Teil der gesellschaftlich

---

[19] *Böckenförde* in Böckenförde Staat, Verfassung, Demokratie, 1991, 206 ff.
[20] *Huber,* Deutsche Verfassungsgeschichte, Bd. III, 1963, 115 f.
[21] *Schelsky,* Schule und Erziehung in der industriellen Gesellschaft, 1957, 18.
[22] *Luhmann,* Das Erziehungssystem der Gesellschaft, 2002, 70 f.

zu verteilenden Chancen gilt dies nicht. Daraus ergibt sich zugleich die eigentliche **Begründung** für die in Art. 7 Abs. 1 festgeschriebene **Staatlichkeit** des Schulwesens. Wenn nämlich die Macht zur Entscheidung über Erfolg und Misserfolg im Leben und damit zur Standardisierung von Persönlichkeiten und Biographien in der modernen Gesellschaft so weitgehend in der Hand dessen liegt, der das Schulwesen kontrolliert, so ist damit gleichzeitig deutlich, dass die Abkehr von einem staatlich dirigierten Schulwesen völlig unabsehbare Folgen für die gesellschaftliche Integration haben würde.

13 Hinzu tritt ein weiterer Aspekt. Die Schule ist heute ein für den Staat wesentlicher Bereich ökonomischer und sozialer **Zukunftsvorsorge und Planung.**[23] Sie dient zu einem nicht unwesentlichen Teil der möglichst ökonomischen Bewirtschaftung des in der Bevölkerung vorhandenen Begabungspotentials und damit zugleich – wie alle bildungspolitischen Debatten der letzten Jahre eindrucksvoll belegen – der **nationalen Standortpolitik.** Gerade hierin zeigt sich, in welchem Umfang die Schule in der modernen Gesellschaft Zwecken dient, die mit der individuellen Förderung von Kindern höchstens mittelbar zu tun haben: Was in den Schulen heute gelehrt wird, ist bildungspolitisch sekundär, solange die Ergebnisse wirtschaftlichen Erfolg suggerieren, die intraföderale Gleichheitsneurose nicht gereizt wird und Deutschland sich bei internationalen Vergleichsstudien nicht blamiert. Dass es endlich nationale „Bildungsstandards" und vergleichende „Kompetenztests" gibt, wird gefeiert; was sie beinhalten und welche Maßstäbe sie anlegen, spielt dabei kaum eine Rolle.

14 Prägendes **verfassungsrechtliches Element** des Bildungs- und Ausbildungswesens in Deutschland ist die **bundesstaatliche Ordnung.** Angesichts der wenigen Kompetenzen, die das Grundgesetz dem Bund auf dem Gebiet des Bildungswesens zuweist,[24] **sind gem. Art. 30** für den überwiegenden Teil der Gesetzgebung, Verwaltung, Finanzierung sowie Planung in diesem Bereich die Länder zuständig. Eines der Kerngebiete landesgesetzgeberischer Zuständigkeit ist dabei das Schulrecht. Demzufolge sind die Hauptquellen des Schulrechts die Landesschulgesetze[25] und die nach ihnen ergangenen Rechts-

---

[23] *Richter* in AK Rn. 18.

[24] Zu den für das Bildungswesen bedeutsamen Bundeskompetenzen zählen va dessen konkurrierende Gesetzgebungsbefugnis für die außerschulische Berufsbildung gem. Art. 74 Abs. 1 Nr. 11 (Recht der Wirtschaft) und Nr. 12 (Arbeitsrecht), für die Ausbildungsbeihilfen (BAföG) und die Förderung der wissenschaftlichen Forschung gem. Art. 74 Abs. 1 Nr. 13 sowie für die Hochschulzulassung und die Hochschulabschlüsse gem. Art. 74 Abs. 1 Nr. 33. Aufgrund seiner Kompetenz nach Art. 74 Abs. 1 Nr. 27 kann der Bund die Statusrechte und -pflichten der Beamten der Länder, Gemeinden und anderen Körperschaften des öffentlichen Rechts regeln. Gem. Art. 91b Abs. 2 können Bund und Länder schließlich aufgrund von Vereinbarungen zur Feststellung der Leistungsfähigkeit des Bildungswesens im internationalen Vergleich und bei diesbezüglichen Berichten und Empfehlungen zusammenwirken.

[25] Schulgesetz für Baden-Württemberg (SchG) idF v. 1.8.1983 (GBl. 397), zuletzt geändert durch G v. 8.5.2018 (GBl. 153); Bayerisches Gesetz über das Erziehungs- und Unterrichtswesen (BayEUG) idF d. Bek. v. 31.5.2000 (GVBl. 414, Ber. 632), zuletzt geändert durch § 10 des G v. 24.7.2018 (GVBl. 613); Schulgesetz für das Land Berlin (SchulG) v. 26.1.2004 (GVBl. 26), zuletzt geändert durch Art. 1 des G v. 18.12.2018 (GVBl. 710); Gesetz über die Schulen im Land Brandenburg (Brandenburgisches Schulgesetz – BbgSchulG) v. 2.8.2002 (GVBl. I 78), zuletzt geändert durch Art. 4 des G v. 18.12.2018 (GVBl. I 35); Bremisches Schulgesetz (BremSchulG) v. 28.6.2005 (GBl. 260), zuletzt geändert durch G v. 26.6.2018 (GBl. 304); Hamburgisches Schulgesetz (HmbSG) v. 16.4.1997 (GVBl. 97), zuletzt geändert durch G v. 31.8.2018 (GVBl. 280); Hessisches Schulgesetz (Schulgesetz – HSchG) idF v. 14.6.2005 (GVBl. I 441), zuletzt geändert durch Art. 13 des G v. 3.5.2018 (GVBl. I 82); Schulgesetz für das Land Mecklenburg-Vorpommern (Schulgesetz – SchulG M-V) idF d. Bek. v. 10.9.2010 (GVOBl. 462), zuletzt geändert durch Art. 2 des G v. 8.5.2018 (GVOBl.

verordnungen und Verwaltungsvorschriften. Die Gesetzgebungskompetenz der Länder umfasst dabei vor Allem die Regelung der Gliederung und Organisation der Schulen, der Übergänge und Abschlüsse[26] sowie der Verwaltung und Finanzierung. Auch für die Gestaltung der Bildungsinhalte sind, abgesehen von wenigen Ausnahmen im Bereich der beruflichen Bildung, die Länder zuständig.

Die gestiegene Wahrnehmung für den Standortfaktor Bildung, traditionelle unitarische Reflexe und diffuse Ressentiments gegen eine angebliche föderale „Vielfalt der Unbildung" haben dazu geführt, dass in diesen letzten Domänen der landesgesetzgeberischen Kompetenz oft der Ruf nach der Herstellung einheitlicher Verhältnisse durch den Bundesgesetzgeber laut wurde. Der erste beinahe erzielte Konsens der Föderalismuskommission scheiterte 2004 letztlich an der Frage der Bundeskompetenzen in der Bildungs- und Wissenschaftspolitik.[27] **15**

Dass dies in erster Linie den Idiosynkrasien der deutschen bundesstaatlichen Ordnung geschuldet ist, liegt in mehrfacher Hinsicht auf der Hand. Zunächst hat gerade die zum Anlass vieler Forderungen nach Vereinheitlichung gewordene erste **PISA-Studie**[28] gezeigt, dass Föderalismus kein Hinderungsgrund für ein gutes staatliches Bildungswesen ist.[29] Darüber hinaus drängen sich auch aus anderer Perspektive Zweifel an der Wirkungsmacht einer bundesrechtlichen Vereinheitlichung auf: Trotz unbestreitbarer Unterschiede im Detail ist die rechtliche Einheitlichkeit in der Gestaltung des deutschen Schulwesens in weiten Teilen längst Realität.[30] Das ist schon deswegen so, **16**

---

172); Niedersächsisches Schulgesetz (NSchG) idF v. 3.3.1998 (GVBl. 137), zuletzt geändert durch Art. 15 des G v. 16.5.2018 (GVBl. 66); Schulgesetz für das Land Nordrhein-Westfalen (Schulgesetz NRW – SchulG) v. 15.2.2005 (GV NRW 102), zuletzt geändert durch G v. 21.7.2018 (GV. 223); Schulgesetz des Landes Rheinland-Pfalz (SchulG) v. 30.3.2004 (GVBl. 239), zuletzt geändert durch Art. 6 des G v. 19.12.2018 (GVBl. 463); Gesetz zur Ordnung des Schulwesens im Saarland (Schulordnungsgesetz – SchoG) idF d. Bek. v. 21.8.1996 (ABl. 846); zuletzt geändert durch G vom 20.1.2016 (ABl. I 120); Schulgesetz für den Freistaat Sachsen (SchulG) idF d. Bek. v. 27.9.2018 (GVBl. 648), zuletzt geändert durch Art. 14 des G v. 14.12.2018 (GVBl. 782); Schulgesetz des Landes Sachsen-Anhalt (SchulG LSA) idF d. Bek. v. 9.8.2018 (GVBl. 244, 245); Schleswig-Holsteinisches Schulgesetz (Schulgesetz – SchulG) v. 24.1.2007 (GVOBl. 39), zuletzt geändert durch Art. 12 d. G v. 12.12.2018 (GVOBl. 896); Thüringer Schulgesetz (ThürSchulG) idF d. Bek. v. 30.4.2003 (GVBl. 238), zuletzt geändert durch Art. 13 des G v. 6.6.2018 (GVBl. 229, 262).

[26] BVerfGE 34, 165 (183); 41, 29 (44 f.); 41, 88 (106 f.); 45, 400 (415 f.); 53, 185 (196); 96, 288 (303).

[27] Vgl. nur *Margedant* APuZ 13–14/2005, 20 (23 f.).

[28] Für den ersten PISA-Durchgang (PISA = Programme for International Student Assessment) im Jahr 2000 wurden in 32 Industrienationen 180.000 Schüler im Alter von 15 Jahren in drei Kompetenzbereichen (Lesen, Mathematik, Naturwissenschaften) getestet, darunter 5.000 Schüler aus 219 Schulen in Deutschland. Im Rahmen einer nationalen Ergänzungsstudie (PISA-E) zum innerdeutschen Vergleich wurden 50.000 Schüler aus 1.246 Schulen getestet. Vgl. ausf. zur PISA-Studie: *Max-Planck-Institut für Bildungsforschung,* PISA 2000, abrufbar unter: https://www.mpib-berlin.mpg.de/Pisa/PISA_im_Ueberblick.pdf, letzter Abruf 9.6.2020 Zuletzt wurden in der PISA-Studie 2018 insgesamt rund 600.000 Schüler (in Deutschland 5.451) getestet; der innerdeutsche Vergleich wird inzwischen von einer gemeinsamen Einrichtung der Bundesländer, dem Institut für Qualitätsentwicklung im Bildungswesen (IQB) in verschiedenen zeitlichen Abständen für den Primarbereich und die Sekundarstufe I durchgeführt; vgl. https://www.kmk.org/themen/qualitaetssicherung-in-schulen/bildungsmonitoring/ueberpruefungumsetzung-der-bildungsstandards.html, letzter Abruf 9.6.2020.

[29] Hierzu *Boysen/Oeter* RdJB 2005, 296 ff.; *Glotz/Faber* in BMV VerfassungsR-HdB, § 28 Rn. 6.

[30] Hierzu *Boysen,* Gleichheit im Bundesstaat, 2005, 8, 62, 82.

weil die deutschen Länder aus verschiedenen Gründen schon seit langem und trotz großartigster Verfassungsproklamationen[31] politisch kaum mehr imstande sind, substanzielle Unterschiede in inhaltlichen Bildungsfragen hervorzubringen und zu behaupten. Die stetige Vereinheitlichung wurde zu einem großen Teil durch die **freiwillige Koordination der Länder** untereinander auf der Ebene der **Ständigen Konferenz der Kultusminister der Länder in der Bundesrepublik Deutschland (KMK)**[32] realisiert. Dem Zusammenwirken von Bund und KMK verdankt das Schulwesen auch den Unitarisierungsschub durch die seit einigen Jahren etablierten, informellen nationalen Bildungsstandards.[33] Diese haben in jüngerer Zeit etwa die Initiative zum Aufbau eines länderübergreifenden Pools von Abiturprüfungsaufgaben hervorgebracht, die zu einer besseren Vergleichbarkeit der Allgemeinen Hochschulreife in zentralen Fächern führen soll.[34]

17 In noch viel höherem Maße hat die **grundrechtliche Überformung des Landesrechts** zumal durch die bundesverfassungsgerichtliche Rechtsprechung in der Bundesrepublik unitarisierend gewirkt. Das gilt im Allgemeinen[35] ebenso wie speziell für Art. 7. Natürlich steht ein in wesentlichen Zügen föderales Schulwesen schon an sich mit einer bundesverfassungsgesetzlichen Regelung desselben notwendig im Widerspruch. So bestand ein echt bundesstaatliches Schulwesen im Deutschen Reich nur bis 1918, dessen Verfassung keinerlei einschlägige Bestimmungen kannte.[36] Doch mit der grundrechtlichen Überformung des Landesrechts ist mehr gemeint. Neben den Bindungen durch die explizit mit Schule und Erziehung befassten Art. 6, 7 finden sich zahlreiche weitere **bundesgrundrechtliche Überlagerungen der landesgesetzgeberischen Entscheidungsspielräume** bei der Schulgesetzgebung. Man kann sagen, dass das gesamte Schulwesen heute durch die Prävalenz unspezifischer Bundesverfassungsrechtsnormen gekennzeichnet ist.[37] Hervorzuheben ist neben dem Gleichbehandlungsgrundsatz aus Art. 3 vor allem das Verhältnis von staatlichem Schulrecht und Glaubensfreiheit (Art. 4 Abs. 1), das unabhängig von den in Art. 7 eigentlich genau beschriebenen Einflusssphären von Staat und Kirchen bei Gestaltung des Religionsunterrichts[38] stetig neue Ausformungen und Perspektiven durch die Rechtsprechung des Bundesverfassungsgerichts zur Reichweite des Grundrechts aus Art. 4 Abs. 1, 2 erfährt.[39] Von den einschlägigen Entscheidungen gehen dabei immer wieder neue Handlungsanweisungen an Landesgesetzgeber und Schulbehörden aus, wie ein Blick auf die Leitentscheidungen zum Kruzifix im Klassenraum, zum Kopftuch bei Lehrerinnen oder zur Zulassung islamischen Religionsunterrichts demonstriert. Auch historisch unter langwierigen Kämpfen erzielte Kompromisslösungen des Landesrechts, wie die überkonfessionelle christliche Gemeinschaftsschule bayerischen oder nordrhein-westfälischen Typs, geraten unter dem Einfluss dieser Entscheidungen unter

---

[31] OVG Lüneburg NVwZ-RR 2015, 935.

[32] *Boysen,* Gleichheit im Bundesstaat, 2005, 8, 62, 82; *Glotz/Faber* in BMV VerfassungsR-HdB, § 28 Rn. 52 ff.

[33] *Guckelberger* NVwZ 2005, 750 (752); *Avenarius* RdJB 2005, 423 (424 ff.).

[34] Ergebnisse der 342. Kultusministerkonferenz am 20./21.6.2013 in Wittenberg, abrufbar unter: www.kmk.org.

[35] *Boysen,* Gleichheit im Bundesstaat, 2005, 86 ff.

[36] *Jestaedt* in HdbStR VII, § 156 Rn. 14.

[37] *Jestaedt* in HdbStR VII, § 156 Rn. 33, 74 ff.

[38] *Dittmann* VVDStRL 54 (1995), 47 (56).

[39] Vgl. insofern nur BVerfGE 93, 1; 108, 282; 138, 296.

Veränderungsdruck. Eine ähnliche Wirkung entfaltet Art. 19 Abs. 4 gegenüber den landesrechtlichen Ausgestaltungen des Schulrechtsverhältnisses.

Eine große Direktivwirkung hat die Grundrechtsrechtsprechung des BVerfG für die Schulpolitik der Bundesländer schließlich durch die ***Numerus clausus*-Rechtsprechung** und die ihr nachfolgende Rechtsentwicklung entfaltet. Das in der ersten Entscheidung im Jahr 1972 vom ersten Senat aus „dem in Verbindung mit Art. 12 Abs. 1 anzuwendenden allgemeinen Gleichheitssatz“ abgeleitete, generelle und bundesweite Recht auf Zulassung zum Hochschulstudium[40] und die im Anschluss daran von den Verfassungsrichtern erhobene Forderung der Herstellung einheitlicher Zulassungskriterien für Studienanfänger in Fächern mit absolutem *numerus clausus,*[41] veranlassten die Bundesländer nicht nur zum Abschluss des Staatsvertrags über die Vergabe von Studienplätzen. Auch die Entwicklung einheitlicher Maßstäbe für die Bewertung von Abiturzeugnissen, die ihrerseits wiederum weitere Unitarisierungsmaßnahmen auf dem Gebiet der Oberstufenausbildung und damit letztlich grundlegende Vereinheitlichungen im Schulrecht insgesamt nach sich zog, geht auf diese Rechtsprechung zurück.[42] Dieser unitarische Ansatz ist im Schrifttum auf vielfältige Kritik gestoßen.[43] Das Gericht selbst hat seine Rechtsprechung in seinem zweiten *Numerus clausus*-Urteil aus dem Jahr 1977 relativiert und der unitarisierenden Wirkung des Grundrechts aus Art. 12 Abs. 1 Grenzen gesetzt.[44] Die von den Ländern in der Folge des ersten *Numerus clausus*-Urteils ergriffenen weitreichenden Unitarisierungsmaßnahmen auf dem Gebiet des Schulrechts wurden freilich auch in diesem Fall niemals rückgängig gemacht. In seiner neueren Rechtsprechung zur Numerus clausus-Zulassung im Medizinstudium fordert das BVerfG nun Ausgleichsmechanismen für das „länderübergreifende Vergleichbarkeitsdefizit der Abiturnoten“.[45] Nimmt man all diese Entwicklungen zusammen, so muss man feststellen, dass selbst eine völlige Zentralisierung des deutschen Schulwesens, verglichen mit der seit Bestehen der Bundesrepublik eingetretenen Unitarisierung, geringfügig zu nennen wäre. 18

Eng mit dieser grundrechtlich gesteuerten Unitarisierung des Schulrechts hängt ein anderes Problem zusammen. Denn die Unitarisierungswirkung des Bundesverfassungsrechts und der bundesverfassungsgerichtlichen Judikatur beschränkt sich nicht auf die materielle Seite des Landesschulrechts, sondern ist auch für die formelle Seite von Bedeutung: Zumal auf dem Gebiet des Schulrechts, das in wesentlichen Teilen traditionell administratives Binnenrecht war, zunächst stets fraglich ist, in welchem Umfang überhaupt ein rechtsstaatliches oder grundrechtliches Erfordernis des legislativen Tätigwerdens besteht. 19

Die damit angesprochene Diskussion über die **Reichweite des Vorbehalts des Gesetzes im Schulrecht** ist indessen im Kern älter als das Grundgesetz. Art. 10 Nr. 2 WRV sah die (konkurrierende) Kompetenz des Reiches zur Grundsatzgesetzgebung für das Schulwesen vor. Das Reich machte von dieser Kompetenz jedoch kaum Gebrauch;[46] das Unterrichts- 20

---

[40] BVerfGE 33, 303 (352 f.).
[41] BVerfGE 33, 303 (357).
[42] Vgl. *Oeter,* Integration und Subsidiarität im deutschen Bundesstaatsrecht, 1998, 332 f.
[43] *Kisker* FS f. Bachof, 1984, 47; *Rupp,* FG BVerfG II, 1976, 365 (384 f.).
[44] BVerfGE 43, 291 (342).
[45] BVerfGE 147, 253 (336 f.).
[46] S. *Landé* in Pauly/Anschütz/Thoma DtStaatsR II, § 107 Rn. 694; *Jellinek,* Verwaltungsrecht, 3. Aufl. Neudruck 1948, Rn. 517.

wesen blieb damit überwiegend Ländersache. Der Umfang der landesgesetzlichen Regelungen blieb dabei allerdings selbst im ansonsten reformfreudigen Preußen auf dem Stand von 1918 stehen; gesetzlich geregelt wurde hier neben der Lehrerbesoldung und der Schulpflicht letztlich nur die Frage der Unterhaltung der öffentlichen Volksschulen.[47] Das Erfordernis eines formellen Gesetzes beschränkte sich auf die Schulpflicht selbst.[48] Die innere Verwaltung des Schulwesens war aber nach dem viel zitierten Diktum von Georg Anschütz eine **„absolutistische Insel"**.[49]

21 An dieser Situation änderte sich auch unter dem Grundgesetz zunächst wenig. Ausgehend von der verwaltungsrechtlichen Konzeption der Schule als öffentliche Anstalt und der Annahme, dass sich Schulunterricht und damit verbundene pädagogische Maßnahmen in ihrem Kern nicht als Fälle der klassischen, gesetzesvollziehenden Eingriffsverwaltung begreifen lassen, ging die **Lehre vom „besonderen Gewaltverhältnis"**[50] lange Zeit davon aus, dass die die Schule betreffenden Rechtsverhältnisse hinsichtlich der inneren Ordnung der Schulen, der Lehrpläne und Unterrichtsgestaltung im Grundsatz nicht den Anforderungen des allgemeinen rechtsstaatlichen Gesetzesvorbehalts für Eingriffe in Freiheit und Eigentum unterworfen waren. Ministerielle und schulbehördliche Erlasse und Verwaltungsvorschriften wurden hiernach als angemessene und ausreichende Grundlage entsprechender Maßnahmen angesehen.

22 Erstmalig wurde der fehlende Vorbehalt des Gesetzes im Schulrecht im Zuge der seit den 1950er Jahren immer lauter werdenden Kritik an der Konzeption des „besonderen Gewaltverhältnisses" bemängelt.[51] Die Ansicht, dass auch das Schulverhältnis zumindest in seinen Grundzügen durch Gesetz zu regeln sei, gewann allerdings erst Mitte der 1960er Jahre immer mehr Anhänger.[52] Erst in den 1970er Jahren wurde der Vorbehalt des Gesetzes von seiner Bindung an „überholte Formeln",[53] das heißt den Eingriff in Freiheit und Eigentum, gelöst und unter **Betonung seiner demokratisch-rechts-**

---

[47] Übersicht bei *Stier-Somlo,* Sammlung preußischer Gesetze staats- und verwaltungsrechtlichen Inhalts, 7. Aufl. 1930, Kap. XXV f.

[48] Vgl. etwa *Landé* in Pauly/Anschütz/Thoma DtStaatsR II, § 107 Rn. 701: „alle übrigen staatlichen Akte, die das Unterrichtswesen zum Gegenstand haben, beruhen auf der innerstaatlichen Organisationsgewalt und sind als solche Sache der Exekutive"; s. auch *Mayer,* Deutsches Verwaltungsrecht, Bd. II, 3. Aufl. 1924, Rn. 281 f. mit Fn. 22.

[49] *Anschütz,* Die Verfassungs-Urkunde für den preußischen Staat, 1912, 494.

[50] *Mayer,* Deutsches Verwaltungsrecht, Bd. II, 3. Aufl. 1924, § 51. Umfassend zur Thematik *v. Kielmansegg,* Grundrechte im Näheverhältnis, 2012.

[51] In diesem Sinne äußerte sich sehr früh *Ernst Forsthoff* (Lehrbuch des Verwaltungsrechts, 6. Aufl. 1956, Rn. 353) und dann va *Herbert Krüger,* der in seinem Vortrag auf der Staatsrechtslehrertagung in Mainz 1956 im Hinblick auf die Konstruktion des besonderen Gewaltverhältnisses die Frage aufwarf, ob eine von der Verfassung konstituierte Staatsgewalt „sich selber entverfassen und innerlich verwandeln darf, indem sie besondere Gewalten schafft" und feststellte, dass der „Verfassungs- und Rechtsstaat mit seiner Vergesetzlichung und Entpersönlichung aller Gewaltverhältnisse" seiner Ansicht nach auch nach der Verrechtlichung der besonderen Gewaltverhältnisse verlange, *Krüger* VVDStRL 15 (1957), 109 (128, 132).

[52] Vgl. etwa die gleichlautenden und in der anschließenden Aussprache umstrittenen Referate von *Hans-Ulrich Evers* und *Ernst-Werner Fuß* auf der Staatsrechtslehrertagung in Kiel 1964, *Evers* VVDStRL 23 (1966), 147 (157 ff.); *Fuß* VVDStRL 23 (1966), 199 (215). Zur Gegenauffassung s. insbes. *Mangoldt,* Das Bonner Grundgesetz, 1953, 75: „Unter ‚Schulaufsicht' ist nach der unter der Weimarer Verfassung fortentwickelten Lehre […] das dem Staate zustehende administrative Bestimmungsrecht über die Schule zu verstehen. Es umfaßt […] u. a. die Aufstellung der Lehrpläne und der Lehrziele".

[53] BVerfGE 47, 46 (79).

staatlichen Funktion auf ein neues Fundament gestellt.[54] Die von der Lehre vom „besonderen Gewaltverhältnis“ gezogenen Einschränkungen des Grundsatzes vom Vorbehalt des Gesetzes auf dem Gebiet des Schulrechts wurden damit hinfällig und unter Hinweis auf die betroffenen Grundrechtspositionen der Schüler sowie der Eltern verworfen. Meinungsbildend war insoweit insbesondere der mit großer Mehrheit gefasste Beschluss der Abteilung „Schule im Rechtsstaat“ des 51. Deutschen Juristentages im Jahr 1976,[55] der die Geltung des „Parlaments- und Gesetzesvorbehalts“ im Bereich des Schulrechts unter Verweis auf Demokratie-, Sozial- und Rechtsstaatsprinzip zur Verwirklichung des Grundrechtsschutzes bei allen wesentlichen schulischen Angelegenheiten forderte.

Der Freiheitsschutz ist indes nur ein Aspekt, der den Siegeszug des Parlamentsvorbehalts gerade im Schulrecht erklärt, ja vielleicht ist der Zusammenhang zwischen der Verrechtlichung des Schulrechts und dem Grundrechtsschutz überhaupt weniger eng als vielfach angenommen. Der Erfolg des Vorbehaltsdenkens im Schulrecht ist vielmehr auch damit zu erklären, dass die **Umstellung der Schule von der administrativen Binnensteuerung auf die parlamentarische Steuerung** unter den politischen Bedingungen der 1960er und 70er Jahre der geeignete Weg war, die Schulen in das zu verwandeln, was sie unter dem politischen Druck der sozialstaatlich gewendeten Bildungsfrage unvermeidlich werden: Experimentierstätten für die in immer schnellerer Folge sich abwechselnden Bildungsreformen. 23

Endgültig etabliert wurde die Geltung des rechtsstaatlichen Gesetzesvorbehalts im Schulrecht durch die Rechtsprechung des Bundesverfassungsgerichts,[56] der das Bundesverwaltungsgericht folgte. Grundlegend waren insoweit die Entscheidungen zur Hessischen Förderstufe,[57] zum Speyrer Kolleg,[58] zum Sexualkundeunterricht[59] sowie zur Bremer Pflichtsprachenregelung.[60] Hier gewinnt der enger gefasste Grundsatz vom **Vorbehalt des Gesetzes** genauere Konturen durch die **Wesentlichkeitstheorie,** der zufolge alle für die Ausübung von Grundrechten „wesentlichen“ Regelungen durch den Parlamentsgesetzgeber selbst und nicht durch die Exekutive aufgrund gesetzlicher Ermächtigung zu treffen sind.[61] Entscheidend sind dabei nicht Form und Finalität, sondern allein die tatsächliche Wirkung (Intensität) der Maßnahme.[62] Hiernach verpflichten auch im Bereich des Schulwesens Rechtsstaats- und Demokratieprinzip den Gesetzgeber, die wesentlichen Entscheidungen selbst zu treffen.[63] Die gesetzgeberische **Regelungsverantwortung** erfasst dabei neben den Grundsatzfragen des Schulwesens, wie etwa den 24

[54] *Jesch,* Gesetz und Verwaltung, 1961, 95; *Rupp,* Grundfragen der heutigen Verwaltungsrechtslehre, 1965, 78 f.

[55] Vgl. Verhandlungen des 51. DJT 1976, Bd. II, Sitzungsberichte M; *Oppermann,* Verhandlungen des 51. DJT 1976, Bd. I, Gutachten G 48 ff.; vgl. *Starck* NJW 1976, 1375; *Kisker* NJW 1977, 1313; *Pieske* DVBl. 1977, 673; sowie den Bericht „Schule im Rechtsstaat“ der Kommission Schulrecht des Deutschen Juristentages, Veröffentlichungen, Bd. I, 1981.

[56] Zur Entwicklung der Rspr. *Glotz/Faber* in BMV VerfassungsR-HdB, § 28 Rn. 27 ff.

[57] BVerfGE 34, 165 (192 f.).

[58] BVerfGE 41, 251 (260).

[59] BVerfGE 47, 46 (80 f.); BVerwGE 47, 194 ff.

[60] BVerwGE 64, 308 (311 ff.). Vgl. auch *Beaucamp* LKV 2013, 68.

[61] Vgl. allg. BVerfGE 33, 1; 33, 125; 40, 237 (248 ff.); 49, 89 (124 ff.); 76, 171; 83, 130.

[62] Allg. *Badura* StaatsR Kap. D Rn. 56.

[63] BVerfGE 34, 165 (192 f.); 41, 251 (259); 45, 400 (417 ff.); 47, 46 (78 ff.); 58, 257 (268 ff.); BVerwGE 56, 155 (157); 64, 308 (310 ff.).

grundlegenden Merkmalen einer obligatorischen Schulform,[64] der Festlegung der Bildung- und Erziehungsziele in ihren Grundzügen und den Parametern für die Wahl des acht- oder neunjährigen Bildungsgangs,[65] hierbei nach der Rechtsprechung des Bundesverfassungsgericht auch die Entscheidung über die Einführung von Sexualkundeunterricht,[66] auch das Schulverhältnis im engeren Sinne, wie etwa die Versetzung von Schülern[67] oder (verhaltens- oder leistungsbezogene) Schulentlassungen.[68]

25 Das **BVerfG** hat das **Erfordernis eines förmliches Gesetzes** darüber hinaus für die zwangsweise Beendigung des Schulverhältnisses,[69] für die Festlegung des Fächerangebots der gymnasialen Oberstufe,[70] für die Einführung des Ethikunterrichts[71] bejaht, für die Durchsetzung der Rechtschreibreform an den Schulen wurde sie dagegen zu Unrecht verneint.[72] Ohne förmliches Gesetz ist auch die Einführung oder Abschaffung des Samstagsunterrichts möglich.[73] Die Einführung der sogenannten nationalen Bildungsstandards durch Vereinbarung zwischen den Kultusbürokratien der Länder hat zwar keine greifbaren und individualisierbaren Rechtsfolgen für einzelne Schüler. Wegen ihrer grundsätzlichen Bedeutung für die Struktur des Schulwesens wird hier aber zumeist eine formell-gesetzliche Grundlage verlangt, die wenigstens die Grundsätze vorgibt.[74] Dagegen ist die Durchführung obligatorischer, vergleichender Leistungsbewertungen zur Schulevaluation („Kompetenztests") jedenfalls dann ohne spezielle Rechtsgrundlage möglich, wenn sich das Verfahren auf die Erhebung anonymer Daten beschränkt.[75] Die Einführung von Sonderregeln für die Beschulung von Ausländerkindern, insbesondere zur speziellen Sprachförderung,[76] bedarf dagegen wegen der mit ihr verbundenen Gleichheitsproblematik einer gesetzlichen Grundlage.[77] Eine formell-gesetzliche Grundlage ist auch für die Festlegung des Alters zu ver-

---

[64] BVerfGE 34, 165 (192 f.).

[65] BVerfG NVwZ-RR 2016, 281 (282).

[66] BVerfGE 47, 46 (81 f.): „Daß die Sexualerziehung gemäß den hamburgischen Richtlinien von 1970 in Verbindung mit den KMK-Empfehlungen in ganz besonderem Maße im Spannungsfeld zwischen dem natürlichen Erziehungsrecht der Eltern (Art. 6 Abs. 2), dem Recht des Kindes auf freie Entfaltung seiner Persönlichkeit und dem Schutz seiner Intimsphäre (Art. 2 Abs. 1) sowie dem in Art. 7 Abs. 1 vorausgesetzten Bildungs- und Erziehungsauftrag des Staates steht, ist […] dargelegt worden. Die Entscheidung über die Frage, ob ein derartiges Erziehungsvorhaben in der Schule durchgeführt werden sollte, betraf in hohem Maße einen grundrechtsrelevanten Bereich und war für die Ausübung der genannten Grundrechte von großem Gewicht. Es handelte sich somit um eine wesentliche Entscheidung, die der Gesetzgeber selbst treffen mußte und die er nicht auf die Schulbehörde delegieren durfte".

[67] BVerwGE 56, 155 (157); im Gegenschluss anders für die Aufnahme von gerade nicht versetzungserheblichen „Kopfnoten" (Fleiß, Mitarbeit, etc.) in das Jahreszeugnis OVG Bautzen LKV 2019, 517 (519).

[68] BVerfGE 58, 257 (268 ff.); vgl. BVerfGE 34, 165 (192 f.); 47, 46 (83). Speziell zum Übergang in die Sekundarstufe OVG Bautzen LKV 2017, 30.

[69] BVerfGE 58, 257 (274 f.).

[70] BVerfG NJW 1977, 1723.

[71] BVerwGE 107, 75 (83 f.); VGH Mannheim NVwZ 1998, 309; *Engelbrecht* RdJB 2006, 362 (374 ff.).

[72] BVerfGE 98, 218 (251 ff.); 108, 355 (359 ff.); BVerwGE 108, 355; *Bauer/Möllers* JZ 1999, 697.

[73] BVerwGE 47, 201.

[74] *Guckelberger* NVwZ 2005, 750 (752 ff.); *Avenarius* RdJB 2005, 423 (428).

[75] *Wißmann* RdJB 2003, 179 (185 ff.).

[76] Dazu *Langenfeld,* Integration und kulturelle Identität zugewanderter Minderheiten, 2001, 44 ff.

[77] *Reuter* RdJB 2003, 23 (32 ff.); *Schmahl* RdJB 2004, 23.

langen, mit dem die allgemeine Schulpflicht einsetzt.[78] Ob dagegen auch die Festlegung einzelner Lernziele dem Vorbehalt des Gesetzes unterfällt, muss bezweifelt werden.[79]

Die **Geltung der Grundrechte im Schulverhältnis** erhält Bedeutung vor allem im Bereich der Kommunikations- und Persönlichkeitsrechte. So können Schüler sich auf ihre Meinungsfreiheit auch in der Schule berufen,[80] ihre Ausübung kann aber im Hinblick auf den Anstaltszweck der Schule oder zur Aufrechterhaltung der Schulordnung auch besonderen Beschränkungen unterworfen werden.[81] Ebenso unterfällt die Schülerzeitung der Pressefreiheit und darf nicht zensiert werden.[82] Trotzdem muss auch sie sich die Beschränkungen durch ihren innerschulischen Charakter gefallen lassen.[83] Schließlich steht das Recht der Schüler auf körperliche Unversehrtheit der körperlichen Züchtigung entgegen; andere Schulstrafen müssen sich vor Schüler- und Elterngrundrechten rechtfertigen lassen.[84] Das Gleiche gilt für Schuluniformen, spezielle Kleidungsvorschriften[85] und Verbote von Mobiltelefonen.[86] Entlassungsandrohung und Entlassung sind bei schwerwiegenden Ordnungsverstößen auf gesetzlicher Grundlage möglich.[87] 26

Anders ist es allerdings im Bereich der **Privatschulen.** Sie sind nicht Grundrechtsadressaten, sondern vielmehr selbst **Grundrechtsträger** (Art. 7 Abs. 4). Ihre innere Ordnung muss sich nicht an den Grundrechten der Schüler messen lassen, die schließlich freiwillig eine Privatschule besuchen: *volenti non fit iniuria.* Etwas anderes gilt nur, insofern die staatlich anerkannte Privatschule mit Hoheitsrechten, etwa zur Abnahme von Prüfungen und zur Verleihung von Abschlusszeugnissen, beliehen ist.[88] Dann ist sie selbst unmittelbar Verpflichtete der Grundrechte der Schüler. Darüber hinaus trifft den Staat eine aus seiner Aufsicht über die Privatschulen abzuleitende Schutzpflicht, die sich im äußersten Fall zu einem Anspruch auf Aufsichtsmaßnahmen gegen den Privatschulträger verdichten kann.[89] 27

Trotz der generellen Akzeptanz dieser rechtsstaatlichen Grundsätze ist das Schulrecht immer noch durch eine **große Dichte administrativ gestalteter Regelungen** gekennzeichnet, womit nicht nur die in der Staatspraxis so wichtigen Vereinbarungen der KMK gemeint sind. Auch abgesehen von diesem Sonderproblem darf nicht übersehen werden, dass das Instrument der parlamentsgesetzlichen Steuerung im Schulwesen bis heute von vergleichsweise schwacher Prägkraft und die Schule teilweise ein Raum **gesetzesfreier Hoheitstätigkeit** geblieben ist. Zwar ist die Geltung des Gesetzesvorbehalts im „Sonderstatusverhältnis" jedenfalls seit den 1970er Jahren dem Grunde nach anerkannt, auch das in der Wesentlichkeitstheorie sich manifestierende Unbehagen am „besonderen Gewaltverhältnis" fand hier einen ihrer Ur- 28

---

[78] OVG Schleswig NVwZ-RR 1995, 664.
[79] S. aber die Entscheidung VGH Mannheim NJW 1987, 3274, die ein Parlamentsgesetz für den Unterricht über „Friedenssicherung und Bundeswehr" verlangte.
[80] *Stern,* StaatsR Bd. IV/1, Rn. 1438 ff.
[81] *Robbers* in MKS Rn. 15.
[82] *Robbers* in MKS Rn. 20.
[83] BayVerfGH DVBl. 1995, 419 (423 f.).
[84] Ausf. *Tangermann* BayVBl. 2008, 357.
[85] VG Berlin NVwZ-RR 2002, 33.
[86] *Niehues* NVwZ 2001, 872 (874).
[87] VG Düsseldorf NVwZ-RR 2008, 619.
[88] *Jestaedt* in HdbStR VII, § 161 Rn. 79.
[89] *Jestaedt* in HdbStR VII, § 161 Rn. 80.

sprünge.[90] Gleichwohl wurden die an die Verrechtlichung der Schule geknüpften hochfliegenden Hoffnungen[91] im Grunde enttäuscht.

29 Dies konnte auch nicht anders sein. Denn die gesetzliche Steuerung kann ihrem Wesen nach nur gelingen, wo die gesetzesadressierte Staatsgewalt zu einem substanziellen Teil im Normvollzug besteht. Das ist im Bereich der Schule nicht der Fall. Denn der Kern des schulischen Geschehens, die unterrichtende und erzieherische Einwirkung einzelner Lehrkräfte auf die Schüler und ihre Interaktion, entzieht sich der Normierung.[92] Damit sind der gesetzlichen Durchdringung des Schulrechts funktionelle Grenzen gesetzt. Wie man diese **relative Verrechtlichungsschranke** letztlich verfassungsrechtlich begründet, als Gebot guter Schulgesetzgebung, als „angemessenen Pragmatismus", der die „Gefahr einer Überanstrengung des Gesetzes und einer Verkrustung des Schulwesens" bannen soll,[93] oder als eine aus Art. 7 Abs. 1 deduzierte „Schranke" der Schüler- und Elterngrundrechte, ist im Prinzip gleichgültig. Fest steht, dass der umfassende Vorgang der Beschulung nicht wie eine Freiheitsentziehung behandelt und im Ganzen unter das Schema von Eingriff und gesetzlicher Grundlage subsumiert werden kann und dass dogmatische Analogien zu anderen Grundrechten deshalb weithin ins Leere gehen.

30 Ein über den allgemeinen Vorbehalt des Gesetzes hinausreichendes, petitorisches **„Recht auf Bildung"**[94] enthält das Grundgesetz nicht, sondern nur ein seit dem *Numerus-clausus*-Urteil des BVerfG[95] aus Art. 3, 12, 20 abgeleitetes Teilhaberecht an den vorhandenen Bildungseinrichtungen.[96] Teilweise wird auch dem Recht auf Persönlichkeitsentfaltung (Art. 2 Abs. 1) eine positive Seite zugesprochen, nämlich ein Recht auf eine der Entfaltung der individuellen Begabungen entsprechende Schule.[97] Eine konkretisierbare Strukturschaffungspflicht leitet sich daraus nicht ab.[98] Soweit die Landesverfassungen ein solches Recht auf Bildung postulieren, scheitert auch seine Verwirklichung im Einzelfall an der mangelnden Vollziehbarkeit sozialer Grundrechte.[99] Es handelt sich insoweit um auslegungsleitende Programmsätze.[100]

31 Auch über den engeren Bereich des Religionsunterrichts hinaus hat die **Beziehung von Staat, Religion und Schule** in der Vergangenheit immer wieder verfassungsrechtliche und politische **Kontroversen** von größter Intensität ausgelöst.[101] So ist die Frage der religiös-weltanschaulichen Neutrali-

---

[90] BVerfGE 34, 165 (192 f.); 41, 251 (260); 47, 46 (80 f.); 108, 282 (306 f.).

[91] Aus der Diskussion der 1970er Jahre etwa *Heymann/Stein* AöR 97 (1972), 185 (227 ff.).

[92] *Jestaedt* in HdbStR VII, § 161 Rn. 2; *Badura* in Maunz/Dürig Rn. 8; *Pieroth* DVBl. 1994, 949 (950); monographisch *Wißmann,* Pädagogische Freiheit als Rechtsbegriff, 2002.

[93] S. nur *Robbers* in MKS Rn. 27; krit. etwa *Bothe* VVDStRL 54 (1995), 7 (26).

[94] Ein solches Recht sehen aber Art. 2 S. 1 ZP EMRK sowie Art. 14 Abs. 1, 2 GRC vor, hierzu *Langenfeld* in Dörr/Grote/Marauhn EMRK/GG Kap. 23.

[95] BVerfGE 33, 303.

[96] Ausf. *Glotz/Faber* in BMV VerfassungsR-HdB, § 28 Rn. 7 ff.; → Art. 3 Rn. 72.

[97] *Glotz/Faber* in BMV VerfassungsR-HdB, § 28 Rn. 11 ff.

[98] AA *Jarass* DÖV 1995, 674 (677).

[99] Vgl. etwa BbgVerfG NVwZ 2001, 912.

[100] Ebenso, aber mit abw. Begründung *Pieroth* DVBl. 1994, 949 (957): Verstoß echter Leistungsgrundrechte gegen den staatlichen Erziehungsauftrag und damit gegen vorrangiges Bundes(verfassungs)recht (Art. 31); krit. zum bloßen Programmsatzcharakter *Heymann/Stein* AöR 97 (1972), 185 (190).

[101] Für einen geschichtlichen Überblick sowie eine Darstellung der wesentlichen Problemkreise vgl. *Germann/Wiesner* RdJB 2013, 396. Zu den aktuellen Herausforderungen all-

tät von Lehrkräften vom BVerfG in seinem umstrittenen **ersten Kopftuch-Urteil** schwerpunktmäßig als Frage der Religionsfreiheit und des Beamtenrechts verortet worden.[102] Der Streit betraf im Ausgangspunkt die Frage der dienstrechtlichen Eignung (Art. 33 Abs. 2) einer Lehrerin mit Kopftuch zur Erfüllung ihrer amtsbezogenen Pflichten angesichts der durch das Kopftuch symbolisierten Ausübung ihres religiösen Bekenntnisses. Nach der Rechtsprechung des BVerfG ist dem Grundgesetz insoweit keine generelle Regelung zu entnehmen. Hiernach obliegt die Einführung eines entsprechenden **Kopftuch-Verbots** dem (Landes-) Gesetzgeber. In Fortsetzung des Streits vor dem BVerfG hat das BVerwG entschieden, dass auf der Grundlage des im Anschluss an die Entscheidung des BVerfG geänderten baden-württembergischen Schulgesetzes (§ 38 Abs. 2 S. 1 SchulG BW nF)[103] die Einstellung als Lehrerin an Grund- und Hauptschulen im Beamtenverhältnis abgelehnt werden darf, wenn die Bewerberin nicht bereit ist, ohne Kopftuch zu unterrichten.[104] Die Frage blieb zutiefst umstritten und mündete 2015 in einer zweiten Grundsatzentscheidung des BVerfG.[105] Gegenstand des Beschlusses waren Sanktionen für Lehrerinnen, die sich aus religiösen Gründen weigerten, ihr Kopftuch oder eine ersatzweise Kopfbedeckung abzulegen. Mittelbar richtete sich das Verfahren gegen § 57 Abs. 4 und § 58 Abs. 2 SchulG NW aF. § 57 Abs. 4 S. 1 SchulG NW verbot Lehrkräften religiöse Bekundungen, „die geeignet sind, die Neutralität des Landes gegenüber Schülern sowie Eltern oder den politischen, religiösen oder weltanschaulichen Schulfrieden zu gefährden oder zu stören." S. 3 nahm die „Darstellung christlicher und abendländischer Bildungs- und Kulturwerte" von diesem Verbot aus. Nach § 58 Abs. 2 SchulG NW war die Vorschrift auch auf sonstige im Landesdienst stehende pädagogische oder sozialpädagogische Mitarbeiter anwendbar. Das BVerfG, das nun erstmals inhaltlich ein Kopftuchverbot zu überprüfen hatte, stellte sich auf den Standpunkt, dass eine **rein abstrakte Gefährdung des Schulfriedens** für einen solch tiefgreifenden Grundrechtseingriff nicht ausreiche.[106] Der Staat mache sich die hinter dem Kopftuch stehende religiöse Aussage – anders als beim Kruzifix im Klassenzimmer – nicht zu eigen.[107] Die Schüler müssten eine solche Konfrontation mit der positiven Glaubensfreiheit der Lehrerin aushalten.[108] Der staatliche Erziehungsauftrag aus Art. 7 stehe

---

gemein *Häberle* Der Staat 57 (2018), 35; *Walter* ZevKR 62 (2017), 395. S. ferner *Klein* RdJB 2016, 13; *Ennuschat* KuR 2012, 214.

[102] BVerfGE 108, 282 mAnm *Kästner* JZ 2003, 1164; *Engelken* DVBl. 2003, 1526; s. auch *Mahrenholz* RdJB 1998, 287; *Mückl* Der Staat 40 (2001), 96; *Bertram* DVBl. 2003, 1225; *Ipsen* NVwZ 2003, 1020; *Morlok/Krüper* NJW 2003, 1020; *Sacksofsky* NJW 2003, 3297; *Bader* NJW 2004, 3092; *Battis/Bultmann* JZ 2004, 581; *Czermak* NVwZ 2004, 943; *Pofalla* NJW 2004, 1218; *Stern,* StaatsR IV/1, Rn. 615 f.

[103] VG Stuttgart NVwZ 2006, 1444, das die in Baden-Württemberg bestehende Praxis der Anwendung des § 38 Abs. 2 SchulG BW als verfassungswidrig und als Verstoß gegen Art. 14 EMRK befand. Nachgehend VGH Mannheim VBlBW 2008, 437; BVerwG NJW 2009, 1289.

[104] BVerwG JZ 2004, 1178 mAnm *Böckenförde* JZ 2004, 1181. Das vorangegangene erste Revisionsurteil in dieser Sache (BVerwGE 116, 359) war durch das Bundesverfassungsgericht aufgehoben worden (BVerfGE 108, 282 – Kopftuch).

[105] BVerfGE 138, 296 mAnm *Enzensperger* NVwZ 2015, 871; *Schwabe* DVBl. 2015, 570; *Vahle* DVP 2015, 212; *Tomuschat* EuGRZ 2016, 6; *Hong* Der Staat 54 (2015), 409; *Wolff* BayVBl. 2015, 489. S. ferner *Steinberg* Der Staat 56 (2017), 157.

[106] BVerfGE 138, 296 (335).

[107] BVerfGE 138, 296 (336 f., 340). S. auch *Theilen* GYIL 2015, 504 (511 f.).

[108] BVerfGE 138, 296 (337).

dem Tragen eines Kopftuchs nicht generell entgegen, denn „[d]ie dem Staat gebotene weltanschaulich-religiöse Neutralität ist […] nicht als eine distanzierende im Sinne einer strikten Trennung von Staat und Kirche zu verstehen, sondern als eine offene und übergreifende, die Glaubensfreiheit für alle Bekenntnisse gleichermaßen fördernde Haltung."[109] Anders könne dies nur sein, wenn das Kopftuch zu einer **konkreten Gefährdung des Schulfriedens** beitrage.[110] Zudem sei § 57 Abs. 4 S. 3 SchulG NW aF verfassungswidrig. Die darin liegende Benachteiligung anderer Religionszugehöriger im Vergleich zu solchen christlichen oder jüdischen Glaubens sei nicht zu rechtfertigen.[111] Insbesondere verbiete sich die pauschale Schlussfolgerung, das Kopftuch sei ein Zeichen für die Ungleichbehandlung von Mann und Frau.[112] Die Entscheidung wurde im Folgenden vom BVerfG hinsichtlich des Kopftuchverbots für eine Erzieherin in einer Kindertagesstätte bestätigt.[113] Kritik sieht sich diese Rechtsprechung aus unterschiedlichsten Gründen ausgesetzt. Insbesondere wird bemängelt, das BVerfG verkenne die Vorbildfunktion der Lehrkräfte,[114] trage in der Abwägung dem Unterschied zwischen Religionsausübung in der Freizeit und während der Amtstätigkeit nicht hinreichend Rechnung,[115] gehe zu Unrecht von einer Gefahrverursachung durch das Tragen religiöser Symbole aus statt auf eine Inanspruchnahme als Nichtstörerin abzustellen[116] und verlagere die Entscheidung vom demokratisch legitimierten Gesetzgeber auf die Verwaltung.[117]

32 Zuletzt beschäftigte das **Berliner Neutralitätsgesetz**[118] Gerichte und Öffentlichkeit. Dieses sieht in § 2 ein vollständiges Verbot religiöser Symbole für Lehrkräfte an öffentlichen Schulen vor, knüpft aber gerade nicht an das verfassungsgerichtliche Kriterium einer konkreten Gefährdung des Schulfriedens an. Aus diesem Grund ist das Gesetz auch verfassungswidrig.[119] Das LAG Berlin-Brandenburg liest die Anforderungen der zweiten Kopftuch-Entscheidung demgegenüber im Rahmen einer verfassungskonformen Auslegung in § 2 Neutralitätsgesetz hinein[120] und hat in beiden Fällen die Revision zum BAG zugelassen.

---

[109] BVerfGE 138, 296 (339).

[110] BVerfGE 138, 296 (341 f.).

[111] BVerfGE 138, 296 (348 f.).

[112] BVerfGE 138, 296 (348 f.). Zur Reaktion der Landesgesetzgeber auf die neue Rechtsprechung *Schulten* KuR 2015, 168.

[113] BVerfG Beschl. v. 18.10.2016 – 1 BvR 354/11, Rn. 55 mAnm *Frenz* DVBl. 2017, 129; *Schubert* NJW 2017, 2582.

[114] *Heinig* RdJB 2015, 217 (222 ff.); *Ladeur* JZ 2015, 633 (634 f.); *Langenfeld* ZevKR 60 (2015), 420 (426); aA aber *Häberle* Der Staat 57 (2013), 35 (56 f.); *Klein* DÖV 2015, 464 (468).

[115] *Häberle* Der Staat 57 (2018), 35 (58 f.); *Papier* RdJB 2015, 213 (215); *Uhle* in BeckOK GG Rn. 34b.

[116] *Langenfeld* ZevKR 60 (2015), 420 (427); *Papier* RdJB 2015, 213 (215); *Rusteberg* JZ 2015, 637 (640 f.); *Sacksofsky* DVBl. 2015, 801 (805 f.); aA *Klein* DÖV 2015, 464 (469 f.).

[117] *Heinig* RdJB 2015, 217 (229 f.); *Langenfeld* ZevKR 60 (2015), 420 (428 ff.); *Papier* RdJB 2015, 213 (215); *Schönenbroicher* VBlBW 2015, 329 (331); *Franzius* Der Staat 54 (2015), 435 (451 f.); *Rusteberg* JZ 2015, 637 (639 f.).

[118] Gesetz zu Artikel 29 der Verfassung von Berlin vom 27.1.2005 (GVBl. 92).

[119] *Wissenschaftlicher Parlamentsdienst des Abgeordnetenhauses von Berlin,* Gutachten zu den Auswirkungen der „Kopftuch-Entscheidung" des Bundesverfassungsgerichts vom 27.1.2015 auf die Rechtslage in Berlin, abrufbar unter: https://www.parlament-berlin.de/C1257B55002B290D/vwContentByKey/W2AV9GUR536WEBSDE/$File/20150625-Kopftuch.pdf, letzter Abruf 9.6.2020.

[120] LAG Berlin-Brandenburg NZA-RR 2017, 378 (382); NZA-RR 2019, 280. Das ArbG Berlin hatte das Neutralitätsgesetz zuvor als nicht verfassungswidrig angesehen, weil es

Der EuGH hatte bislang nur über Kopftuchverbote durch private Arbeitgeber zu entscheiden.[121] Der EGMR befasste sich hingegen bereits mit dem Kopftuchverbot im öffentlichen Dienst und auch im Lehrbetrieb an Schulen und Universitäten in Frankreich, der Türkei und der Schweiz.[122] In den Fällen aus Frankreich und der Türkei ließ der Gerichtshof das Verbot mit der Begründung zu, dass der Laizismus ein Gründungsprinzip dieser Mitgliedstaaten darstelle.[123] Da der EGMR in Fragen der Religionsfreiheit stark auf den nationalen Kontext und nationale Traditionen abstellt,[124] lässt sich die Argumentation nur begrenzt auf Deutschland übertragen.[125] Bemerkenswert für den deutschen Kontext ist deshalb vor allem der – allerdings ältere – Schweizer Fall, in dem der Gerichtshof die Neutralität des Grundschulunterrichts als Rechtfertigung für den Eingriff in die Religionsfreiheit ausreichen ließ.[126] Ob der EGMR an diesem Maßstab nach den Urteilen *Leyla Sahin/Türkei* und *Ebrahimian/Frankreich*[127] noch festhält, ist jedoch zweifelhaft. 33

Nachhaltig diskussionsprägend war auch der Beschluss des Bundesverfassungsgerichts v. 16.5.1995, nach dem die Anbringung eines **Kreuzes oder Kruzifixes** in Unterrichtsräumen staatlicher Pflichtschulen, die keine Bekenntnisschulen sind, gegen Art. 4 Abs. 1 verstoßen soll.[128] Das Kreuz sei nicht nur Ausdruck der vom Christentum mitgeprägten abendländischen Kultur, sondern Symbol einer bestimmten religiösen Überzeugung. Im Schulzimmer angebracht, führe es zu einer „Unvermeidbarkeit der Begegnung mit dem Kreuz", habe es appellativen Charakter und weise die von ihm symbolisierten Glaubensinhalte als vorbildhaft und befolgungswürdig aus. Zusammen mit der allgemeinen Schulpflicht führten Kreuze in Unterrichtsräumen zur für die Schüler unausweichlichen Konfrontation mit diesem Symbol und zum Zwang „unter dem Kreuz zu lernen". Auch die staatliche Organisationsgewalt über die Schule (Art. 7 Abs. 1) vermöge den Eingriff in die Glaubensfreiheit nicht zu rechtfertigen.[129] Denn die Glaubensfreiheit verlange vom Staat zwar nicht den pauschalen Verzicht auf die „Einführung 34

---

alle Religionen gleichbehandelt: ArbG Berlin 14.4.2016 – 58 Ca 13376/15; 24.5.2018 – 58 CA 7193/17.

[121] EuGH – C-188/15, ECLI:EU:C:2017:204 – Bougnaoui und ADDH; – C-157/15, ECLI:EU:C:2017:203 – Achbit mAnm *Weiler* EJIL 28 (2017), 989.

[122] EGMR 26.11.2015 – 64846/11 – Ebrahimian/Frankreich; 10.11.2005 – 44774/98 – Leyla Sahin/Türkei; 15.2.2001 – 42393/98 – Dahlab/Schweiz.

[123] EGMR 26.11.2015 – 64846/11 – Ebrahimian/Frankreich, Rn. 65 ff.; 10.11.2005 – 44774/98 – Leyla Sahin/Türkei, Rn. 113 ff.

[124] S. nur EGMR 10.11.2005 – 44774/98 – Leyla Sahin/Türkei, Rn. 109; 18.3.2011 – 30814/06, Rn. 68 f. – Lautsi u. a./Italien. Zum Entscheidungsspielraum der Mitgliedstaaten in religiösen Fragen auch *Álvarez Álvarez* JöR 62 (2014), 287; *Walter/Vordermeyer* JöR 63 (2015), 129 (158 f.); *Walter* EuGRZ 2011, 673 (674 f.).

[125] *Muckel* in Häberle/Sattler Islam – Säkularismus – Religionsrecht, 2012, 61 (65). Zu verschiedenen Leitbildern staatlicher Neutralität *Álvarez Álvarez* JöR 62 (2014), 287 (292 ff.).

[126] EGMR 15.2.2001 – 42393/98 – Dahlab/Schweiz.

[127] EGMR 26.11.2015 – 64846/11 – Ebrahimian/Frankreich; 10.11.2005 – 44774/98 – Leyla Sahin/Türkei.

[128] BVerfGE 93, 1; s. *Jestaedt* Journal für Rechtspolitik 1995, 237; *Lerche* Politische Studien 46 (1995), Sonderheft 2, 32; *Lerche* Kirche und Gesellschaft 1995, Sonderheft „Schule ohne Kreuz?", 16; *Frhr. v. Campenhausen* AöR 121 (1996), 448; *Isensee* ZRP 1996, 10; *Badura* BayVBl. 1996, 33 (71); *Heckel* DVBl. 1996, 453; *Würtenberger* FS f. Knöpfle, 1996, 397; *Rux* Der Staat 35 (1996), 523; *Waldhoff* KuR 2011, 153; *Peters* ZöR 67 (2012), 573; *Herbolsheimer/Kukuczka* ZevKR 63 (2018), 367. Umfangr. Nachw. zur Diskussion bei *Stern,* StaatsR IV/1, Rn. 612 ff.

[129] BVerfGE 93, 1 (21 ff.).

christlicher Bezüge bei der Gestaltung der öffentlichen Volksschulen",[130] wohl aber, in der Schule einen möglichst schonenden Ausgleich zwischen den betroffenen Grundrechtspositionen herzustellen.

35 In der Folge der Entscheidung des Bundesverfassungsgerichts wurde Art. 7 Abs. 3 in das Bayerische Gesetz über das Erziehungs- und Unterrichtswesen (BayEUG) eingefügt, der das Gebot, in jedem Klassenraum der staatlichen Schulen in Bayern ein Kreuz anzubringen, mit dem Recht der Erziehungsberechtigten verbindet, aus ernsthaften und einsehbaren Gründen des Glaubens oder der Weltanschauung zu widersprechen.[131] Diese Regelung ist vom BVerwG gebilligt worden.[132] In der Folge hat der **EGMR** in ähnlicher Auslegung in einem italienischen Fall die **Anbringung eines Kreuzes in Pflichtschulen** zunächst als einen Verstoß gegen Art. 9 Abs. 1 EMRK bewertet,[133] die große Kammer kam jedoch schließlich zum gegenteiligen Ergebnis.[134] Die Mitgliedstaaten besitzen hiernach einen Entscheidungsspielraum hinsichtlich der Frage, ob sie nationale Traditionen – hier das Kruzifix im Klassenzimmer als (nach Vortrag der italienischen Regierung) Symbol christlicher ebenso wie demokratischer Werte – aufrechterhalten möchten.[135] Eine Beeinträchtigung durch das Kreuz erachtete die große Kammer als nicht nachweisbar, auf das subjektive Empfinden einzelner Schüler käme es nicht an.[136] Die dogmatische Konstruktion über den Entscheidungsspielraum hinsichtlich der **staatlichen Neutralität in Erziehungsfragen**[137] überzeugt, muss aber auch im Kontext des steten Bemühens des EGMR um die Akzeptanz seiner Urteile und als Reaktion auf den breiten öffentlichen wie politischen Widerstand sowohl in Italien als auch in anderen Mitgliedstaaten des Europarats gegen das erste Urteil gesehen werden.[138]

36 Ebenfalls im Spannungsfeld zwischen Schulaufsicht und Religionsfreiheit bewegen sich die zahlreichen Fälle zu **Schulbefreiungen aus religiösen Gründen.**[139] Besonderes Aufsehen erregten die Burkini-Entscheidungen von BVerwG, BVerfG und EGMR. Das BVerwG erachtete die Teilnahme am **Schwimmunterricht mit Burkini** als zumutbar.[140] Die aus dem Tragen eines Burkinis resultierende Sonderrolle müsse die Schülerin aushalten, zumal die Lehrkräfte verpflichtet sind, unangemessenen Reaktionen von Mitschülern entgegenzuwirken.[141] Der Anblick von Mitschülern anderen Geschlechts in knapper Badekleidung sei ein „nach allgemeiner Auffassung unverfänglicher Ausschnitt sozialer Realität", der aufgrund der Integrationsfunktion der

[130] BVerfGE 93, 1 (23).

[131] S. *Renck* BayVBl. 1996, 492; *Czermak* DÖV 1998, 107; *Badura* in Maunz/Dürig Rn. 22.

[132] BVerwGE 109, 41.

[133] EGMR 18.3.2011 – 30814/06, Rn. 68 f. – Lautsi u. a./Italien.

[134] EGMR 18.3.2011 – 30814/06, Rn. 68 f. – Lautsi u. a./Italien. Zust. *Streinz* BayVBl. 2014, 421 (426 f.); *Walter* EuGRZ 2011, 673 (673) mwN.

[135] EGMR 18.3.2011 – 30814/06, Rn. 68 f. – Lautsi u. a./Italien. Krit. *de Wall* Jura 2012, 960 (964 f.).

[136] EGMR 18.3.2011 – 30814/06, Rn. 68 f. – Lautsi u. a./Italien. Zust. *Häberle* in Häberle/Sattler Islam – Säkularismus – Religionsrecht, 2012, 121 (127 ff.).

[137] Vgl. insbesondere *Álvarez Álvarez* JöR 62 (2014), 287.

[138] Der italienische Ministerpräsident Berlusconi hatte gar angekündigt, das Urteil nicht befolgen zu wollen. S. zum Ganzen *Streinz* FS f. Fiedler, 2011, 703 (707 f., 710).

[139] Umfassend *Krampen-Lietzke,* Der Dispens vom Schulunterricht aus religiösen Gründen, 2013. Einen Überblick über die neuere Rechtsprechung bietet *Wißmann* AL 2015, 1. S. ferner *Anger* NWVBl. 2013, 96.

[140] BVerwGE 147, 362 (374 ff).

[141] BVerwGE 147, 362 (375 f.).

Schule toleriert werden müsse.[142] Das BVerfG nahm die Verfassungsbeschwerde im Nachgang zwar nicht zur Entscheidung an, begründete dies jedoch damit, dass die Beschwerdeführerin sich mit den Argumenten des BVerwG nicht hinreichend auseinandergesetzt habe.[143] In der Literatur fand die Entscheidung Zustimmung,[144] diskutiert wurde aber insbesondere die Konfrontation mit Mitschülern anderen Geschlechts in Badekleidung, die Erforderlichkeit der Maßnahme[145] sowie die Annahme, bestimmte leichtere Grundrechtsbeeinträchtigungen seien von vornherein in Art. 7 Abs. 1 einberechnet.[146] Der Fall vor dem EGMR betraf schweizerische Schülerinnen, für die das muslimische Verschleierungsgebot noch nicht galt, weil sie die Pubertät noch nicht erreicht hatten. Auch hier griff der EGMR auf den Burkini zurück, um die Zumutbarkeit der Teilnahme am Schwimmunterricht zu begründen.[147]

In weiteren Konflikten zwischen Schulpflicht und Religionsfreiheit entschied das BVerfG, dass Schüler baptistischen Glaubens an einer Präventionsveranstaltung gegen sexuellen Missbrauch teilnehmen mussten[148] und das BVerwG, dass einem Zeugen Jehovas der Besuch der Verfilmung des Buches **„Krabat“,** das schwarze Magie thematisiert, zumutbar war.[149] Die *Krabat*-Entscheidung ist in der Literatur auf Kritik gestoßen, weil sie die Verfilmung als „geistig-kulturelle[s] Erbe“ einstufte. Dies zöge den Kreis essentiell notwendiger Unterrichtsveranstaltungen zu weit.[150] Weitere Gerichtsentscheidungen betreffen die **Teilnahme an Schulfahrten**[151] oder die Nichtaufnahme einer muslimischen Schülerin in einer christlichen Bekenntnisschule wegen der Weigerung, am Religionsunterricht teilzunehmen.[152] 37

Ein anderes Problemfeld betrifft die **Religionsausübung durch Schüler in der Schule,** die zuletzt ebenfalls vermehrt Gegenstand von Gerichtsentscheidungen war. So sprach das BVerwG einem Schüler grundsätzlich das Recht zu, außerhalb der Unterrichtszeit ein **Gebet** zu verrichten: „Jedenfalls aufgrund [der] Eingebundenheit in die Schule kann ihm die Wahl von Zeit und Ort des Gebets nicht unter Hinweis darauf von vornherein verwehrt werden, die Schulverwaltung habe die überhaupt in Betracht kommenden Räume ausschließlich für eine andere Nutzung vorgesehen. Der Schutzbereich der Glaubensfreiheit umfasst in dieser Lage den Zugriff auf einen Raum, der hierfür tatsächlich zur Verfügung steht.“[153] Insbesondere die negative Glaubensfreiheit der Mitschüler sei nicht beeinträchtigt, weil Art. 4 38

[142] BVerwGE 147, 362 (377 f.).
[143] BVerfG NVwZ 2017, 227 (228).
[144] *Ladeur* RdJB 2014, 266 (266); *Rademacher* RdJB 2014, 270 (275); *Uhle* NVwZ 2014, 541 (548). Ablehnend aber *Rux,* Schulrecht, 6. Aufl. 2018, 97.
[145] Zur Konfrontation: *Ladeur* RdJB 2014, 266 (269). Zur Erforderlichkeit: *Wißmann* in BK Art. 7-III Rn. 92.
[146] BVerwGE 147, 362 (369); *Uhle* NVwZ 2014, 541 (545 f.); *Winkler* JZ 2014, 143 (144).
[147] EGMR 10.1.2017 – 29086/12, Rn. 101 – Osmanoğlu und Kocabaş/Schweiz. Vgl. auch OVG Bremen NVwZ-RR 2012, 842.
[148] BVerfG NJW 2009, 3151 (3152).
[149] BVerwG NVwZ 2014, 237 (240 ff.).
[150] *Rademacher* RdJB 2014, 270 (280); *Winkler* JZ 2014, 143 (144); kritisch auch *Uhle* NVwZ 2014, 541 (547).
[151] OVG Bremen Urt. v. 19.11.2013 – 1 A 275/10.
[152] BVerwG Beschl. v. 22.3.2017 – 6 B 66.16; OVG Münster Beschl. v. 9.9.2016 – 19 A 805/14. Zum Ganzen *Walter* ZevKR 62 (2017), 395 (405 ff.).
[153] BVerwGE 141, 223 (228 f.).

Abs. 1 nur gegenüber dem Staat gelte, den insofern auch keine Schutzpflicht trifft, jede Konfrontation mit betenden Mitschülern zu vermeiden.[154] Schranke dieser Freiheit ist jedoch die Wahrung des Schulfriedens, der im vorliegenden Fall als konkret gefährdet angesehen wurde.[155] Als milderes Mittel musste die Schule vor einem Verbot des Gebets erwägen, einen Raum zum Gebet zur Verfügung zu stellen, auch wenn die Religionsfreiheit keinen Anspruch auf einen solchen Raum gibt.[156] Kritik sieht sich insbesondere die Auslegung des Schulfriedens als verfassungsimmanente Schranke ausgesetzt: Art. 7 lasse sich insoweit nur der Schutz der Funktionsfähigkeit der Schule entnehmen.[157] Diskutiert werden darüber hinaus das Vorliegen der Voraussetzungen der Inanspruchnahme des betenden Schülers als Nichtstörer[158] sowie das Erfordernis einer gesetzlichen Grundlage.[159]

39 Die Klage einer Berufsschülerin, die während des Unterrichts einen **gesichtsverhüllenden Schleier** tragen wollte, wies der VGH München unter Verweis auf die von Art. 7 Abs. 1 geschützte Wahl der **Unterrichtsmethode der offenen Kommunikation** ab. Diese sei „seit vielen Jahren üblich, im Gegensatz zu einem einseitigen Unterrichtsvortrag der Lehrkraft effizienter […] und [biete] die Möglichkeit […], auf die Schülerin oder den Schüler individuell oder auch auf die Klasse einzugehen."[160] Demgegenüber hat das OVG Hamburg auf verbale sowie non-verbale Kommunikation über Augenkontakt und Gestik verwiesen. Für ein Verbot der Verschleierung fehle momentan eine gesetzliche Grundlage.[161] In Reaktion auf den Beschluss ist in Hamburg die Einführung einer solchen Grundlage geplant. Bayern und Niedersachsen haben das **Verbot der Vollverschleierung** in Schulen 2017 gesetzlich verankert.[162]

IV. Überstaatliche Bezüge

40 Die Kompetenzen der heutigen **Europäischen Union** im Bereich Bildung entwickelten sich im Kontext der Vorschriften über die Freizügigkeit von Arbeitnehmern.[163] Ausgangspunkt des gemeinschaftlichen Bildungsrechts war insoweit die **VO 1612/68,**[164] die gemeinsam mit der Arbeitnehmerfreizügigkeit auch die schulische Betreuung der Kinder von Wanderarbeitneh-

[154] BVerwGE 141, 223 (230 f.).
[155] BVerwGE 141, 223 (235 f.).
[156] BVerwGE 141, 223 (241).
[157] *Beaucamp* LKV 2013, 537 (539); ähnlich *Rux,* Schulrecht, 6. Aufl. 2018, 184; zur Vorentscheidung des OVG Berlin-Brandenburg *Zimmermann* LKV 2010, 394 (398). Zust. indes *Heinig* KuR 2013, 8 (18 f.).
[158] *Beaucamp* LKV 2013, 537 (540 f.); *Enders* JZ 2012, 363 (365 f.); *Ennuschat* KuR 2012, 214 (219). Zur Abgrenzung der Fallkonstellationen s. *Skrzypczak/Hörich* LKV 2012, 449 (453).
[159] *Beaucamp* LKV 2013, 537 (539 f.); *Zimmermann* LKV 2010, 394 (399 f.).
[160] VGH München NVwZ 2014, 1109 (1109).
[161] OVG Hamburg Beschl. v. 29.1.2020 – 1 Bs 6/20.
[162] Art. 56 Abs. 4 S. 2 BayEUG: „[Die Schüler] dürfen insbesondere in der Schule und bei Schulveranstaltungen ihr Gesicht nicht verhüllen, es sei denn, schulbedingte Gründe erfordern dies; zur Vermeidung einer unbilligen Härte können die Schulleiterin oder der Schulleiter Ausnahmen zulassen." § 58 Abs. 2 S. 2 NSchG: „[Die Schüler] dürfen durch ihr Verhalten oder ihre Kleidung die Kommunikation mit den Beteiligten des Schullebens nicht in besonderer Weise erschweren." Vgl. *Wißmann* ZevKR 63 (2018), 345.
[163] Für einen Überblick s. *Frenz* DÖV 2011, 249.
[164] Verordnung (EWG) Nr. 1612/68 des Rates v. 15.10.1968 über die Freizügigkeit der Arbeitnehmer innerhalb der Gemeinschaft, ABl. 1968 L 257, 2.

mern regelte. Die **RL 77/486/EWG**[165] sah schließlich das Recht auf diskriminierungsfreien Zugang zu allgemein- und berufsbildenden Schulen vor. Daneben machte die Herstellung der Dienst- und Niederlassungsfreiheit Regelungen über die **gegenseitige Anerkennung von Befähigungsnachweisen,** insbesondere Diplomen und Prüfungszeugnissen im Schul- und Hochschulbereich erforderlich. Das Unionsrecht hält insoweit mit **Art. 53 AEUV** (iVm Art. 62 AEUV) eine explizite Regelung bereit. Die einschlägigen Richtlinien wurden im Jahre 2005 in die umfassende **RL 2005/36/EG über die Anerkennung von Berufsqualifikationen**[166] überführt. Sie basiert auf dem Prinzip der gegenseitigen Anerkennung bei Einhaltung gewisser Mindeststandards, deren Wahrung durch Anpassungslehrgänge und Eignungsprüfungen in den einzelnen Mitgliedstaaten sichergestellt werden darf.

Daneben wies der EWGV der Gemeinschaft bereits in seiner ursprünglichen Fassung die Kompetenz zur Aufstellung allgemeiner Grundsätze auf dem Gebiet der beruflichen Bildung zu (Art. 128 EWGV), die etwa 1975 zur Gründung des **Europäischen Zentrums für die Förderung der Berufsausbildung** (CEDEFOP, seit 1994 mit Sitz in Saloniki) führte. Ebenfalls auf Grundlage des Art. 128 EWGV[167] ergingen eine Reihe von **Aktionsprogrammen** der Gemeinschaft auf dem Gebiet der allgemeinen und beruflichen Bildung sowie des Jugendaustausches, das bekannteste von ihnen ist das erste **ERASMUS-Programm,** das im Wege finanzieller Förderung die Mobilität von Studierenden innerhalb der Gemeinschaft fördern sollte. 41

Die so etablierte Praxis wurde 1992 durch den Vertrag von Maastricht kodifiziert und in einem eigenen Kapitel („Allgemeine und berufliche Bildung und Jugend") geregelt. Der Vertrag unterscheidet insoweit zwischen **allgemeiner Bildung (Art. 165 AEUV)** und **beruflicher Bildung (Art. 166 AEUV).** Die ursprünglichen Vorschriften der Art. 149, 150 EG wurden durch den Vertrag von Lissabon nur punktuell um Bestimmungen für den Bereich des Sports in Art. 165 AEUV ergänzt, blieben im Übrigen aber weitgehend unverändert. Den Zuständigkeiten der Union werden somit nach wie vor deutliche Grenzen gezogen: Hinsichtlich der allgemeinen Bildung beschränkt Art. 165 AEUV den Handlungsrahmen der EU auf die Förderungen von Aktivitäten der Mitgliedstaaten. Eine eigene Politik der Union kommt nur auf dem Gebiet der beruflichen Bildung nach Art. 166 AEUV in Betracht. Eine Harmonisierung von Rechts- und Verwaltungsvorschriften der Mitgliedstaaten ist auf beiden Gebieten ausgeschlossen, Art. 165 Abs. 4, Art. 166 Abs. 4 AEUV. Im Mittelpunkt der bislang auf Art. 149, 150 EG gestützten Maßnahmen stand die Entwicklung finanzrelevanter, im Ergebnis zeitlich befristeter **Aktionsprogramme.**[168] Ziel dieser in ihrer Grundstruktur[169] stets 42

---

[165] RL 77/486/EWG des Rates v. 25.7.1977 über die schulische Betreuung der Kinder von Wanderarbeitnehmern, ABl. 1977 L 199, 32.

[166] RL 2005/36/EG des Europäischen Parlaments und des Rates v. 7.9.2005 über die Anerkennung von Berufsqualifikationen, ABl. 2005 L 255, 22.

[167] EuGH 30.5.1989 – C-242/87, ECLI:EU:C:1989:217 Rn. 7 – Kommission/Rat (Erasmus); sowie zur Kritik *Classen* EuR 1990, 10.

[168] Einzelheiten bei *Müller-Solger,* Fördermaßnahmen für die Bildung – Die nächste Generation der EU-Bildungsprogramme, 1998; *Teichler* RdJB 2001, 199. S. ferner *Europäische Kommission,* Europa verwirklichen durch allgemeine und berufliche Bildung, 1997. Zu Aktionsprogrammen im breiteren Kontext der europäischen Hochschulpolitik s. auch *Bartsch,* Europäische Hochschulpolitik, 2009, 280–285.

[169] Die Programme werden stets durch die EU initiiert und va mitfinanziert. Die Umsetzung erfolgt dann über die nationalen Bildungsbehörden; in Deutschland etwa über den DAAD.

ähnlichen Programme ist eine gewisse **Europäisierung der nationalen Bildungssysteme,** vor allem durch die Förderung der Mobilität innerhalb der EU und wesentlicher Qualifikationen wie der Erlernung von Fremdsprachen.

43 Als weitere für den Bereich der Bildung relevante Bestimmungen des AEUV sind das allgemeine Diskriminierungsverbot des **Art. 18 AEUV** sowie das allgemeine Freizügigkeitsrecht der **Unionsbürger** in **Art. 21 AEUV** zu nennen. Der EuGH hat insoweit nicht nur diskriminierende Zugangshindernisse zu Bildungseinrichtungen der Mitgliedstaaten für gemeinschaftsrechtswidrig erklärt,[170] sondern darüber hinaus im Zuge seiner Rechtsprechung zu Sozialleistungsansprüchen von Unionsbürgern auch die Gewähr von **Ausbildungsförderung** grundsätzlich dem Diskriminierungsverbot des Art. 18 AEUV unterstellt.[171] Auch die Frage, inwieweit die Schulpflicht durch einen Schulbesuch im Ausland erfüllt werden kann, ist an Art. 18 AEUV zu messen.[172] Insbesondere für die Tätigkeit von **Privatschulen** sind die Vorgaben der wirtschaftlichen **Grundfreiheiten** zu beachten.[173] Der Privatschulbesuch im Ausland ist von der Dienstleistungsfreiheit, aufgrund einer Schwerpunktbetrachtung dagegen nicht von der Kapitalverkehrsfreiheit umfasst.[174] Das Schulgeld muss deswegen grundsätzlich ebenso steuerlich abzugsfähig sein wie bei einem Privatschulbesuch im Inland, wobei eine an der steuerlichen Vergünstigung für den Schulbesuch im Inland orientierte (also anhand des Sonderungsverbots bestimmte) Obergrenze zulässig ist.[175] Der Betrieb einer privaten Schule eines ausländischen Trägers in Deutschland unterfällt der Niederlassungsfreiheit.[176]

44 Das in **Art. 14 der Grundrechtecharta** garantierte Recht auf Bildung umfasst auch den Zugang zur beruflichen Bildung und Weiterbildung. In Anlehnung an die noch anzusprechende Regelung in Art. 2 des 1. Zusatzprotokolls zur EMRK enthält Art. 14 Abs. 3 GRCh das Recht der Eltern, „die Erziehung und den Unterricht ihrer Kinder entsprechend ihren eigenen religiösen, weltanschaulichen und erzieherischen Überzeugungen sicherzustellen". Über den Schutzumfang der EMRK hinaus gehen das in Art. 14 GRCh verbürgte Recht, unentgeltlich am Pflichtschulunterricht teilzunehmen (Abs. 2) sowie die Freiheit zur Gründung von Lehranstalten (Abs. 3). Die praktische Wirksamkeit der in Art. 14 GRCh versammelten Garantien wird angesichts der oben skizzierten, begrenzten Kompetenzen der Union

---

[170] EuGH 13.2.1985 – C-293/83, ECLI:EU:C:1985:69 Rn. 26 – Gravier/Ville de Liège; C-147/03, ECLI:EU:C:2005:427 Rn. 46 – Kommission/Österreich.

[171] EuGH verb.Rs. C-523/11 und C-585/11, ECLI:EU:C:2013:524 – Prinz und Seeberg; C-209/03, ECLI:EU:C:2005:169 Rn. 48 – Bidar; verb. Rs. C-11/06 und C-12/06, ECLI:EU:C:2007:626 Rn. 25 – Morgan und Bucher; C-158/07, ECLI:EU:C:2008:630 Rn. 36 ff. – Förster; ferner C-184/99, ECLI:EU:C:2001:458 Rn. 36 – Grzelczyck.

[172] *Kreuter* DÖV 2013, 937 (941 f.).

[173] EuGH 27.6.2017 – C-74/16, ECLI:EU:C:2017:496 Rn. 48 – Congregación de Escuelas Pías Provincia Betania; C-318/05, ECLI:EU:C:2007:495 Rn. 69 – Kommission/Deutschland; C-76/05, ECLI:EU:C:2007:492 Rn. 40 f. – Schwarz und Gootje-Schwarz; s. ferner *Ennuschat* RdJB 2003, 436; *Korte/Dingemann* RdJB 2009, 380; *Kreuter* DÖV 2013, 937 (939).

[174] EuGH C-74/16, ECLI:EU:C:2017:496 Rn. 48; C-318/05, ECLI:EU:C:2007:495 Rn. 69 – Kommission/Deutschland; C-76/05, ECLI:EU:C:2007:492 Rn. 40 f. – Schwarz und Gootje-Schwarz; BFH 9.5.2012 – X R 3/11, Rn. 22.

[175] EuGH C-76/05, ECLI:EU:C:2007:492 Rn. 64 ff., 80 – Schwarz und Gootje-Schwarz. Für den Hochschulbesuch EuGH C-56/09, ECLI:EU:C:2010:288 Rn. 40 ff. – Zanotti.

[176] So wohl auch BFH 9.11.2011 – X R 12/10, Rn. 42.

auf dem Gebiet des Bildungswesens von der Rechtsprechung der europäischen Gerichte abhängen. Diese fällt bislang jedoch spärlich aus: Anfang 2018 reichte die Europäische Kommission erstmals eine Klage in einem Vertragsverletzungsverfahren ein, in der sie auch eine Verletzung von Art. 14 GRCh rügte.[177]

Auf der Ebene des **Völkerrechts**[178] spiegelt sich die zentrale Rolle von Bildung für den internationalen Menschenrechtsschutz in einer ganzen Reihe einschlägiger Bestimmungen. **Art. 26 Abs. 1 S. 1 der Allgemeinen Erklärung der Menschenrechte**[179] statuiert schlicht und klar: „Jeder hat das Recht auf Bildung". Zu diesem Recht zählen nach Art. 26 Abs. 1 S. 2 die Unentgeltlichkeit des (als obligatorisch erklärten) Unterrichts in den Elementar- und Grundschulen. Art. 26 Abs. 2 unterstreicht explizit den inneren Zusammenhang zwischen Bildung und Menschenrechten, namentlich der Entfaltung menschlicher Persönlichkeit. Art. 26 Abs. 3 erkennt die entsprechenden Elternrechte an. Eine ähnliche Struktur weist **Art. 13 IPwskR** auf, der in den Abs. 1, 2 neben dem allgemeinen Recht auf Bildung weitere Konkretisierungen dieses Rechts sowie (in Abs. 3) die elterliche Erziehungsfreiheit anerkennt. Weitere relevante Vorschriften finden sich in **Art. 29 des Übereinkommens über die Rechte des Kindes**[180] sowie in **Art. 7 des Internationalen Übereinkommens zur Beseitigung jeder Form von Rassendiskriminierung.**[181] 45

In den letzten Jahren hat vor allem Art. 24 der UN-Behindertenrechtskonvention (BRK)[182] beziehungsweise der dort statuierte Grundsatz der inklusiven Bildung für zahlreiche Neuregelungen in den Schulgesetzen gesorgt und ist zum Anknüpfungspunkt grundlegender Debatten geworden. Diskutiert werden insbesondere die Abgrenzung der Begrifflichkeiten integrativ/inklusiv sowie die Übersetzung von Art. 24 BRK.[183] Umstritten ist unter anderem, ob durch Art. 24 BRK ein subjektives Recht auf Zugang zum Regelunterricht gewährleistet ist[184] und inwieweit er auch auf Privatschulen Anwendung findet.[185] Im deutschen Recht entfaltet die Vorschrift nach der Rechtsprechung aufgrund ihrer Unbestimmtheit keine unmittelbare Geltung, sondern bedarf der Umsetzung durch den Gesetzgeber.[186] Die Umsetzung in den Bundesländern dauert noch an und wird sowohl auf UN- 46

---

[177] Rs. C-66/18, ABl. C 211, 7.

[178] Einen Überblick zum Recht auf Bildung im Völkerrecht bietet *Poscher* in Cremer/Ennuschat/Poscher/Rux/Wißmann Selektion und Gerechtigkeit in der Schule, 2012, 35, s. ferner *Langenfeld* in Dörr/Grote/Marauhn EMRK/GG Kap. 23.

[179] Allgemeine Erklärung der Menschenrechte v. 10.12.1948, Resolution 217 A (III) der Generalversammlung v. 10.12.1948.

[180] V. 20.11.1989, BGBl. 1992 II 122.

[181] V. 7.3.1966, BGBl. 1969 II 962.

[182] V. 21.12.2008, BGBl. 2008 II 1419.

[183] Vgl. *Krajewski* JZ 2010, 120 (122); *Poscher/Rux/Langer,* Von der Integration zur Inklusion, 2008, 24 ff.; *Rux* DÖV 2017, 309 (311).

[184] Für ein subjektives Recht *Brosius-Gersdorf* in Dreier Rn. 65; *Schulte* ZESAR 2012, 112 (114 f.), aA *Luthe* jM 2015, 190 (194 f.); *Pörksen* in Cremer/Ennuschat/Poscher/Rux/Wißmann, Selektion und Gerechtigkeit in der Schule, 2012, 21 (25).

[185] *Brosius-Gersdorf* in Dreier Rn. 67.

[186] VGH München BayVBl. 2016, 129 (130); VGH Kassel NVwZ-RR 2010, 602 (602 f.). Zust. *Valta/Opel* RdJB 2017, 134 (134 ff.); *Ennuschat,* Behindertenrecht, 2015, 155 (156 f.); *Faber/Roth* DVBl. 2010, 1193 (1195 f.); *Poscher/Rux/Langer,* Von der Integration zur Inklusion, 2008, 27 f.; *Krajewski* JZ 2010, 120 (123 f.); aA *Rux* DÖV 2017, 309 (313); *v. Bernstorff* RdJB 2011, 203 (217); *Riedel/Arend* NVwZ 2010, 1346 (1347 f.); *Degener* RdJB 2009, 200 (217 f.).

Ebene[187] als auch in der Literatur[188] eng verfolgt. Streitpunkte sind primär das gegliederte Schulsystem sowie der Nachteilsausgleich für behinderte Schüler.[189] Die Rechtsprechung hat bislang insbesondere die Finanzierung von Maßnahmen der Inklusion an Privatschulen beschäftigt. Der VerfGH München hat hierzu wiederholt entschieden, dass eine Privatschule keinen Anspruch auf Ersatz inklusionsbedingten Mehraufwands habe.[190] Eine staatliche Förderpflicht bestehe nicht, da der inklusionsbedingte Mehraufwand nicht das Privatschulwesen insgesamt gefährde.[191] Nicht ausreichend sei insoweit eine Gefährdung des Schultyps der integrativen Ersatzschule.[192] Jedenfalls dieser Begründung trat das BVerwG insoweit entgegen, als es darauf abstellte, ob der Schultyp im jeweiligen Bundesland gefährdet sei, und feststellte, dass der „so genannte Inklusionseffekt […] nicht dazu führen [dürfe], dass die Ersatzschulen in ihrer Gesamtheit zur Sicherung ihres Bestandes auf die integrative Beschulung verzichten müssen."[193]

47 Von besonderer Bedeutung im europäischen Kontext ist das in **Art. 2 des 1. Zusatzprotokolls** zur **EMRK** enthaltene Recht auf Bildung. S. 1 enthält in seiner negativen Formulierung („Das Recht auf Bildung darf niemandem verwehrt werden.") ein subjektives Teilhaberecht sowie darüber hinaus als institutionelle Garantie die Pflicht des Staates, ein Bildungswesen einzurichten und zu unterhalten und so die tatsächlichen Voraussetzungen für das Bildungsrecht des Einzelnen zu schaffen.[194] S. 2 grenzt den staatlichen Erziehungsauftrag zum Elternrecht ab. Mit der Bindung des Staates an das Recht der Eltern, „die Erziehung entsprechend ihren eigenen religiösen und weltanschaulichen Überzeugungen sicherzustellen", enthält er nicht nur eine materielle Vorgabe für die Pflicht des Staates zur Einrichtung eines Bildungswesens, sondern gleichzeitig auch ein entsprechendes subjektives Recht der Eltern. Auf Art. 2 des 1. ZP EMRK gegründete Klagen vor dem EGMR betreffen in der Mehrzahl das Spannungsverhältnis zwischen dem aus S. 1 der Vorschrift entspringenden staatlichen Auftrag zur Einrichtung eines Bildungssystems und den Elternrechten des S. 2.[195]

---

[187] Eine erste Staatenprüfung erfolgte 2015, vgl. den Abschlussbericht, UN-Dok. CRPD/C/DEU/CO/1. Zuletzt wurde eine Fragenliste für die 2. Staatenprüfung an Deutschland gerichtet, UN-Dok. CRPD/C/DEU/QPR/2–3.

[188] Vgl. ua *Bernhard* RdJB 2015, 79; *Degener* KJ 2012, 40; *Engels* ZG 2015, 128; *Mißling/Ückert* RdJB 2015, 63; *Rux* DÖV 2017, 309; *Siehr/Wrase* RdJB 2015, 1083; RdJB 2014, 161; *Tolmein* ZRP 2014, 177.

[189] Vgl. nur *Rux* DÖV 2017, 309 (314 ff.).

[190] Vgl. VerfGH München NVwZ-RR 2018, 913; BayVBl. 2017, 121. S. auch VGH München NVwZ-RR 2016, 51.

[191] VerfGH München NVwZ-RR 2018, 913 (914 f.); BayVBl. 2017, 121 (122). S. auch Rn. 99.

[192] VerfGH München NVwZ-RR 2018, 913 (914 f.); BayVBl. 2017, 121 (122).

[193] BVerwG NVwZ-RR 2017, 146 (147).

[194] Ausf. *Grabenwarter,* Europäische Menschenrechtskonvention, 6. Aufl. 2016, § 22 Rn. 88 ff. Zur neueren Rechtsprechung siehe EGMR 11.1.2011 – 40385/06 – Ali/Vereinigtes Königreich; 16.9.2014 – 31163/11 – Mansur Yalcin ua/Türkei; 6.10.2015 – 37991/12 – Memlika/Griechenland; 23.2.2016 – 51500/08 – Çam/Türkei; 18.12.2018 – 2282/17 – Dupin/Frankreich.

[195] Vgl. nur EGMR 7.12.1976 – 5095/71 – Kjeldsen ua/Dänemark.

B. Einzelfragen

I. Das gesamte Schulwesen steht unter der Aufsicht des Staates (Abs. 1)

Art. 7 Abs. 1normiert das **staatliche Herrschaftsrecht** über die Schule sowie – unabhängig von ihrer Ausgestaltung durch die grundgesetzliche Kompetenzordnung – die Gesamtheit der staatlichen Aufgaben und Befugnisse im Hinblick auf die Planung und Organisation des deutschen Schulwesens. Er erfasst insoweit nicht nur die Hoheit über die Errichtung, Organisation und Aufhebung einzelner Schulen, sondern auch die inhaltliche Festlegung und Ausgestaltung der Ausbildungsgänge, Unterrichtsziele und Lehrpläne.[196] Die Schärfe der aus Art. 144 WRV übernommenen Formulierung der staatlichen Schulaufsicht beinhaltet keinen verfassungsrechtlichen Freibrief für den Staat, das Schulwesen ganz der Durchsetzung seiner Zwecke zu widmen, sondern speist sich aus dem bürgerlichen Ressentiment gegen die geistliche Schulaufsicht.[197] Denkt man sich den polemischen Sinn hinzu, der noch in § 153 der Paulskirchenverfassung klar ausgesprochen war, so meint Abs. 1 nur: Aufsicht des Staates, nicht der Kirche. Er meint nicht: Aufsicht des Staates, nicht der Gesellschaft. Denn Art. 7 selbst garantiert in den Abs. 4 und 5 den Bestand von Privatschulen und damit eine Form der zwischen Staat und Gesellschaft geteilten Schulverantwortung. 48

Kehrseite des Erziehungsauftrags des Staates ist die **allgemeine Schulpflicht,** die das Grundgesetz im Gegensatz zu den meisten Landesverfassungen[198] nicht ausdrücklich anordnet, die sich höchstens im Gegenschluss aus Art. 7 Abs. 2 ergibt, die jedoch auch ohne besondere verfassungsrechtliche Anordnung zum Kernbereich des Schulsystems deutscher Tradition gehört.[199] Insoweit ist dem Elternrecht aus Art. 6 Abs. 1 von vornherein eine Grenze gezogen.[200] Die Möglichkeiten, sich der Schulpflicht unter Berufung auf Eltern-, Persönlichkeits- oder sonstige Freiheitsrechte zu entziehen, sind deswegen auf ein Minimum beschränkt. Schüler haben damit auch für die Teilnahme an politischen Versammlungen keinen unbeschränkten Anspruch auf Befreiung vom Unterricht.[201] Für Erwägung „praktischer Konkordanz" bleibt auch dann kein Raum,[202] wenn etwa der Teilnahme am Sportunterricht religiöse Reinheitsvorschriften entgegengehalten werden[203] oder wenn 49

[196] Vgl. hierzu *Richter* RdJB 2015, 483.

[197] *Landé* in Pauly/Anschütz/Thoma DtStaatsR II, § 107 Rn. 711 ff.; *Glotz/Faber* in BMV VerfassungsR-HdB, § 28 Rn. 15 ff.

[198] Art. 14 Abs. 1 BW Verf., Art. 129 Abs. 1 BayVerf., Art. 30 Abs. 1 Bbg. Verf., Art. 30 BremVerf., Art. 56 Abs. 1 S. 1 Hessische Verf., Art. 15 Abs. 2 S. 2 LVerf. MV, Art. 4 Abs. 2 S. 1 Nds. Verf., Art. 8 Abs. 2 Verf. NRW, Art. 102 Abs. 1 S. 2 SächsVerf, Art. 25 Abs. 2 Sachs.-Anh. Verf., Art. 12 Abs. 1 SchlH Verf., Art. 23 Abs. 1 Thür. Verf.

[199] Zumeist wird sie gleichwohl aus Art. 7 herausgelesen, vgl. *Ennuschat* DV 45 (2012), 331 (337) mwN; *Beaucamp* LKV 2003, 18. Zur Möglichkeit der Abschaffung der Schulpflicht durch den Landesgesetzgeber *Beaucamp* DVBl. 2009, 220.

[200] BVerfG Urt. v. 5.9.1986 – 1 BvR 794/86, spricht von einer verfassungsimmanenten Schranke der Gewissensfreiheit; s. ferner BVerwG DVBl. 1992, 1025; *Pieroth* DVBl. 1994, 949 (951); *Fetzer* RdJB 1993, 91 (94 f.); teilweise aA *Reimer* NVwZ 2008, 718 (721).

[201] S. hierzu *Friedrich* NVwZ 2019, 598 („Fridays for Future"). Zur Beurlaubung wegen religiösen Feiertagen VG Berlin Beschl. v. 26.4.2019 – 3 L 273.19.

[202] Für Abwägungen in solchen Fällen allerdings *Pieroth* DVBl. 1994, 949 (960).

[203] OVG Münster NVwZ 1992, 77; für „großzügige" Regelungen *Robbers* RdJB 2003, 11 (22); ausf. *Langenfeld,* Integration und kulturelle Identität zugewanderter Minderheiten, 2001, 412 ff. Vgl. auch *Rohe* BayVBl. 2010, 257; *Coumont* ZAR 2009, 9.

Eltern kreationistischen Lehren anhängen und ihre Kinder deswegen dem Konflikt mit den Inhalten des Biologieunterrichts entziehen wollen.[204] Einen Ausweg bieten in den für sie geltenden Grenzen insoweit nur die von der Verfassung selbst, als Ausnahme von einer strikt republikanischen Schulidee, garantierten Privatschulen. Wo den Eltern sonst der Staat mit seinem eigenen Erziehungsanspruch gegenübertritt, haben sie dort die Gelegenheit, ihre Wünsche und pädagogischen Vorstellungen zur Geltung zu bringen.[205]

50 Die von unterschiedlichsten Motiven getragene sogenannte **„Homeschooling"**-Bewegung[206] hat zwar auch im juristischen Schrifttum Unterstützer gefunden,[207] bisher aber nichts an der Rechtslage ändern können. Die Berufung auf ein Elternrecht auf häusliche Erziehung geschieht hier meistens mit Hinweis auf herausragende eigene Fertigkeiten, angebliche Hoch- oder Sonderbegabung des Kindes, aus Vorbehalten gegen den staatlichen Schulbetrieb, religiösem Extremismus und antiautoritären Überzeugungen.[208] Die Gerichte haben die daraufhin ausgesprochenen Geldbußen und sonstigen Maßnahmen des Verwaltungszwangs bis zum Entzug des Sorgerechts, sofern sich die Behörden zu einer Ahndung als Ordnungswidrigkeit überhaupt haben durchringen können,[209] bislang mit Recht ebenso bestätigt[210] wie die Versagung von Befreiungen.[211] Das BVerfG hat eine Verletzung von Elternrechten mit Recht verneint,[212] denn das Elternrecht schützt nicht davor, dass Kinder mit anderen als häuslichen Einflüssen in Kontakt kommen.[213] Die Eltern haben vielmehr hinzunehmen, dass der Staat seinen verfassungsrechtlichen Erziehungsauftrag nach seinen bildungspolitischen Vorstellungen zu verwirklichen sucht.[214] Aus denselben Gründen erachtete das BVerfG auch eine Strafnorm zur Sanktionierung der Entziehung von der Schulpflicht als verfassungskonform.[215] Der EGMR entschied zuletzt, dass auch die Unterbringung der Kinder in einem Kinderheim kein

---

[204] OVG Lüneburg BeckRS 2003, 21933; OVG Münster NWVBl. 2008, 70.

[205] *Badura* in Maunz/Dürig Rn. 109; BVerwG NVwZ 1992, 1202; BayVGH NVwZ 1992, 1224 (1225).

[206] Zum Ganzen *v. Lucius,* Homeschooling, 2017; *Handschell,* Die Schulpflicht vor dem Grundgesetz, 2012 sowie die Beiträge in *Reimer* (Hrsg.), Homeschooling, 2012. S. ferner *Avenarius* NZFam 2015, 342; *Brosius-Gersdorf* ZevKR 61 (2016), 141 sowie aus soziologischer Sicht *Spiegler* RdJB 2005, 71; *Reimer* NVwZ 2008, 718 (720).

[207] *Brosius-Gersdorf* in Dreier Rn. 72; *Brosius-Gersdorf* DV 45 (2012), 389 (417 ff.); *Langer* KritVj. 2007, 278.

[208] *Achilles* in Reimer Homeschooling, 2012, 85 (85 ff.); *Achilles* RdJB 2004, 222 (223 ff.); aus der Rspr. etwa OVG Münster NWVBl. 2008, 152; OVG Hamburg NVwZ-RR 2005, 183.

[209] Vgl. *Reimer* NVwZ 2008, 718 (722).

[210] BGH NJW 2008, 369; FamRZ 2008, 45; ferner OLG Hamm NJW 2006, 237; OLG Brandenburg NJW 2006, 235; OLG Koblenz NJW-RR 2005, 1164; VG Hamburg BeckRS 2006, 27114, Erzwingungshaft; OVG Münster NWVBl. 2008, 152; weitere Fälle aus der Rspr. bei *Hannemann/Münder* RdJB 2006, 244 (248 ff.); s. auch *Reinemann* VRS 2004, 232; *Hebeler/Schmidt* NVwZ 2005, 1368; *Achilles* RdJB 2004, 222 (225 ff.) mit umfangr. Nachw.

[211] OVG Bremen NordÖR 2009, 158.

[212] BVerfG NVwZ 2003, 1113; ZevKR 52 (2008), 100; ebenso BVerwG NVwZ 2010, 525. Krit. bzgl. der Begründung *Wallrabenstein* in Reimer Homeschooling, 2012, 67 (71).

[213] BVerfG NVwZ 2008, 72 (74).

[214] BVerfG NVwZ 1990, 54; *Ossenbühl,* Das elterliche Erziehungsrecht im Sinne des Grundgesetzes, 1981, 103 ff.; aA *Beaucamp* DVBl. 2009, 220. Ebenso auch EGMR 11.9.2006 – 35504/03 – Konrad/Deutschland.

[215] BVerfG NJW 2015, 44 (47); mAnm *Vahle* DVP 2016, 123 und *Salgo* FamRZ 2015, 31. Zum Ganzen auch *Avenarius* NZFam 2015, 342.

Menschenrechtsverstoß ist, jedenfalls wenn ansonsten Isolation von der Gesellschaft zu befürchten ist.[216]

Unterhalb der Schwelle der Schulpflicht überhaupt, ist das **Verhältnis von staatlicher Schulhoheit und Elternrecht** freilich differenzierter und von einer Vielzahl schwieriger Abwägungsfragen gekennzeichnet.[217] Ausgangspunkt ist der in der staatlichen Schulhoheit zum Ausdruck kommende **Integrationsauftrag des Staates** gegenüber einer pluralistischen Gesellschaft. Dieser Integrationsauftrag begründet einen eigenständigen schulischen Erziehungsauftrag, der nicht nur fiduziarisch für die Eltern wahrgenommen wird.[218] Er ist deswegen auch nicht dem Primat des elterlichen Erziehungsrechts unterstellt.[219] Der staatliche Auftrag beschränkt sich auch nicht auf die bloße Vermittlung von Kenntnissen, Fertigkeiten und Wissen, sondern umfasst ebenso wie die elterliche Erziehung die gesamte Persönlichkeitsbildung. Das BVerfG hat die Eigenständigkeit des schulischen Erziehungsauftrags als Ausfluss der staatlichen Schulhoheit im Sexualkunde-Beschluss explizit hervorgehoben: „Der Staat kann daher in der Schule grundsätzlich unabhängig von den Eltern eigene Erziehungsziele verfolgen. Der allgemeine Auftrag der Schule zur Bildung und Erziehung der Kinder ist dem Elternrecht nicht nach-, sondern gleichgeordnet. Weder dem Elternrecht noch dem Erziehungsauftrag des Staates kommt ein absoluter Vorrang zu. […] [D]er Lehr- und Erziehungsauftrag der Schule [ist] auch nicht darauf beschränkt, nur Wissensstoff zu vermitteln. Dieser Auftrag des Staates, den Art. 7 Abs. 1 voraussetzt, hat vielmehr auch zum Inhalt, das einzelne Kind zu einem selbstverantwortlichen Mitglied der Gesellschaft heranzubilden. Die Aufgaben der Schule liegen daher auch auf erzieherischem Gebiet."[220] **51**

Die so betonte Gleichordnung von elterlichem und schulischem Erziehungsauftrag[221] wirft freilich in besonderem Maße die Frage nach dem konkreten Verhältnis beider Erziehungsaufträge auf. Tatsächlich verbietet gerade die Gleichrangigkeit einfache Abgrenzungen konkurrierender Kompetenzbereiche, etwa in dem Sinne, dass der schulische Erziehungsauftrag im Bereich der Schule das elterliche Erziehungsrecht beiseite setzt, oder aber der schulische Erziehungsauftrag nach Maßgabe des (mehrheitlichen) Elternwillens auszuüben ist.[222] Die Forderung des BVerfG nach einem „sinnvoll aufeinander bezogene[n] Zusammenwirken"[223] von Eltern und Schule trägt dabei mehr zur Problembezeichnung als zur Lösung bei. Gewiss sind Staat und Eltern vom Grundgesetz mit einer **gemeinsamen Erziehungsaufgabe** im Dienste eines **gemeinsamen Hauptziels** betraut, der Bildung einer eigenverantwortlichen Persönlichkeit. Doch schließlich wird die Frage regelmäßig im Konfliktfalle akut, wenn das „sinnvoll aufeinander bezogene Zu- **52**

---

[216] EGMR 19.1.2019 – 18925/15, Rn. 52 – Wunderlich/Deutschland.

[217] *Wapler* RdJB 2015, 420; *Huster* DÖV 2014, 860; *Diederichsen* FPR 2012, 202.

[218] *Pieroth* DVBl. 1994, 949 (955 f.); s. auch zum Integrations- und Erziehungsauftrag *Uhle* in BeckOK GG Rn. 14, 21.

[219] *Böckenförde,* Elternrecht – Recht des Kindes – Recht des Staates, Essener Gespräche, Bd. 14, 1980, 54 (84); *Uhle* in BeckOK GG Rn. 25.

[220] BVerfGE 47, 46 (72).

[221] *Stern,* StaatsR IV/1, Rn. 600 ff. mwN; aA *Huster* DÖV 2014, 860 (863 f.).

[222] *Böckenförde,* Elternrecht – Recht des Kindes – Recht des Staates, Essener Gespräche, Bd. 14, 1980, 54 (85).

[223] BVerfGE 34, 165 (183): „Diese gemeinsame Erziehungsaufgabe von Eltern und Schule, welche die Bildung der einen Persönlichkeit des Kindes zum Ziel hat, läßt sich nicht in einzelne Kompetenzen zerlegen. Sie ist in einem sinnvoll aufeinander bezogenen Zusammenwirken zu erfüllen". Ferner BVerfGE 47, 46 (74).

sammenwirken" schon gescheitert ist. Nicht hilfreich ist auch die generalisierende Unterstellung eines elterlichen „Gesamtplans" der Erziehung, demgegenüber die Schule stets nur Teilziele zu verwirklichen hätte.[224] Denn dies zwingt zu dem Schluss, dass die Teilziele mit dem Gesamtplan harmonieren müssen, was der Gleichrangigkeit des staatlichen Erziehungsanspruchs mit dem Elternrecht widerspricht. Es ist auch nicht möglich, staatliches und Elternrecht anhand eines dritten, nämlich dem Kindeswohl, in Ausgleich zu bringen.[225] Denn ganz abgesehen von den damit einhergehenden Schwierigkeiten einer neutralen Kindeswohldefinition[226] verfolgt der Staat mit der Schule nicht ausschließlich Kindeswohl, sondern daneben auch eigene Interessen.

53 Man wird also nicht umhinkommen, möglichen Konfliktfällen eine differenzierte Zuordnung gegenüberzustellen, die je nach Erziehungsbereich andere Schwerpunkte aufweist. Unabhängig von ihrer konkreten Bezeichnung lassen sich Erziehungsbereiche ausmachen, die schwerpunktmäßig dem elterlichen oder aber dem schulischen Erziehungsauftrag und einer daraus resultierenden Bestimmungsbefugnis unterliegen. So liegt nach der Terminologie von Ernst-Wolfgang Böckenförde der **Schwerpunkt der schulischen Kompetenzen** im Bereich der „auf die allgemeine Lebens- und Berufstüchtigkeit, die mitmenschlichen und staatsbürgerlichen Anforderungen an die einzelnen und ihre darauf bezogenen Grundeinstellungen"[227] abzielenden Bildung. Das schließt die sogenannte „Wertevermittlung" in gewissen Grenzen ein.[228] Der Schwerpunkt der die „individuelle Ausformung der Persönlichkeit des Kindes, nicht zuletzt in ihrer religiös-weltanschaulichen Überzeugung und ihren (davon mitgeprägten) Lebensgrundhaltungen"[229] umfassenden **persönlich-weltanschaulichen Erziehung** liegt dagegen auf dem Gebiet der **elterlichen Erziehung.**[230] Jedenfalls zwischen diesen beiden Polen lässt sich also zwischen Art. 6 Abs. 2 und Art. 7 Abs. 1 eine Je-desto-Relation herstellen: Je stärker der eine Erziehungsbereich durch eine konkrete Erziehungsentscheidung betroffen ist, umso eher kommt dem für ihn hauptverantwortlichen Träger der Vorrang zu.

54 Schwieriger gestaltet sich die Einordnung der, „die Orientierung auf Lebens- und Berufsziele und, daraus folgend, die Entscheidung für bestimmte Ausbildungsgänge, Schulformen u. ä." umfassende, **Lebenswegerziehung.** Der staatlichen Gestaltungshoheit hinsichtlich Schulformen, Ausbildungsgängen, Lernzielen und -inhalten tritt hier das Recht der Eltern als Träger der persönlichen Erziehung des Kindes gegenüber, dem durch „hinreichende Offenheit und Vielgestaltigkeit"[231] der Schulorganisation ein eigener Gestaltungsspielraum zu eröffnen ist.

---

[224] BVerwG NJW 1982, 1410 (1411); BVerfG NVwZ 1990, 54; *Glotz/Faber* in BMV VerfassungsR-HdB, § 28 Rn. 21; *Stern,* StaatsR IV/1, Rn. 606 ff. mwN.

[225] So aber *Thurn* NVwZ 2008, 718.

[226] *Coester,* Das Kindeswohl als Rechtsbegriff, 1983.

[227] *Böckenförde,* Elternrecht – Recht des Kindes – Recht des Staates, Essener Gespräche, Bd. 14, 1980, 54 (86).

[228] *Loschelder* FS f. Listl, 1999, 349.

[229] *Böckenförde,* Elternrecht – Recht des Kindes – Recht des Staates, Essener Gespräche, Bd. 14, 1980, 54 (87).

[230] *Langenfeld* in Dörr/Grote/Marauhn EMRK/GG Kap. 24 Rn. 20.

[231] *Böckenförde,* Elternrecht – Recht des Kindes – Recht des Staates, Essener Gespräche, Bd. 14, 1980, 54 (87).

Innerhalb des so abgesteckten Rahmens ergeben sich elterliche **Abwehrrechte** gegenüber der staatlichen Erziehungsfunktion dort, aber auch nur dort, wo elterliche Erziehungsschwerpunkte in grober Weise missachtet werden. Auch wenn sich aus dem elterlichen Erziehungsrecht kein generelles Recht auf Mitwirkung oder gar Mitentscheidung bei der Festlegung der Schulformen, Lernziele und -inhalte ableiten lässt, so begründet die Gleichrangigkeit des elterlichen Erziehungsauftrags **Beteiligungsrechte** jedenfalls dort, wo in ihrem Sinne ein Zusammenwirken von Schule und Elternhaus geboten ist. Keinen Eingriff in Elternrechte begründen dagegen spezifisch schulische Maßnahmen, etwa die Sprachstandfeststellung im Rahmen der Schulfähigkeitsprüfung[232] oder die verweigerte Zuteilung in eine bestimmte Profil-Klasse,[233] die Neuordnung der gymnasialen Oberstufe[234] oder die Wahl zwischen acht- und neunjährigem Bildungsgang (G8/G9),[235] die Festlegung der Fremdsprachenfolge[236] oder die Einrichtung einer Förderstufe,[237] aber auch die Schließung oder Umlegung von Schulen und Schulbezirken[238] und die Sprengelpflicht für Grundschulen.[239] Das Gleiche dürfte für die in den letzten Jahren flächendeckend etablierten Output-Kontrollen durch Bildungsstandards gelten.[240] Die schulische Gestaltungshoheit erstreckt sich auch in den Bereich der Freizeit hinein, wie etwa Ski-Freizeiten zeigen, die nicht gegen Elternrechte verstoßen.[241] 55

Maßnahmen, die in besonderem Maße auf die **häusliche Erziehungskonzeption** durchschlagen – so etwa die Einführung von Sexualkundeunterricht[242] – greifen dagegen in das Elternrecht ein und lösen zumindest einen **Anspruch auf rechtzeitige und umfassende Information der Eltern** aus. Definitive Abwehrrechte wird es dagegen auch hier nur in extremen Ausnahmefällen geben können, da die Schule als Organisation anderenfalls funktionsunfähig würde.[243] Im Übrigen darf das Elternrecht aus Art. 6 Abs. 2 nicht zu einem grundrechtlichen Vehikel gemacht werden, die notwendigerweise disparaten privaten Erziehungsideale in die öffentliche Schule hineinzutragen. Eine solche Konzeption ist ein grundrechtsdogmatischer Irrweg. Denn das Gesetz, das nach einer solchen Konzeption des Elternrechts den rechtsstaatlichen Ausgleich zwischen den betroffenen Grundrechtspositionen herzustellen hätte, müsste notwendig allgemein und inhaltlich neutral (nicht „diskriminierend") sein und am Ende der völligen Verrechtlichung der Erziehungsziele könnte ohne Beeinträchtigung von Elternrechten überhaupt nichts mehr unterrichtet werden, was nicht aus „Zahlen und Figuren" besteht. 56

Vorrangig können die elterlichen Bestimmungsrechte dagegen beim **Wechsel des Schulverhältnisses** sein, also insbesondere beim **Übergang** 57

---

[232] OVG Berlin-Brandenburg Beschl. v. 14.2.2018 – 3 M 125.17; vgl. ferner *Siegfried* NVwZ 2010, 296.
[233] OVG Lüneburg NdsVBl. 2014, 108.
[234] BVerfGE 45, 400 (415 f.).
[235] BVerfG NVwZ-RR 2016, 281 (282).
[236] BVerwGE 64, 308 (314).
[237] BVerfGE 34, 165 (182).
[238] *Beaucamp* LKV 2003, 18 (19) mwN.
[239] BVerfG NJW 2013, 2813 (2814), Besprechung *Hufen* JuS 2014, 187.
[240] Zu ihnen *Langenfeld* DV 40 (2007), 347 (368 ff.).
[241] BVerwG NJW 1986, 1949.
[242] BVerfGE 47, 46 (76).
[243] *Beaucamp* LKV 2003, 18 (20).

von einer Schule zur anderen.[244] Das hat Bedeutung vor allem in jenen Bundesländern, die den Übergang von der Grundschule auf das Gymnasium nicht dem Elternwillen überlassen, sondern durch **verbindliche Eignungsprognosen und Schulwahlempfehlungen** regulieren, so etwa in Bayern,[245] Sachsen,[246] Sachsen-Anhalt[247] und Thüringen.[248] In der verbindlichen schulischen Prognoseentscheidung liegt eine verfassungswidrige Beschränkung des Elternrechts, weil gerade für die notwendig risikobehaftete Prognose die Eltern gegenüber der Schule die bessere Legitimität besitzen.[249] Die Zugangsbegrenzung für die Gymnasien kann verfassungsmäßig nur in der Weise eingerichtet werden, dass dabei – wie in Bayern und Baden-Württemberg im Prinzip üblich – auf die bereits erbrachten Leistungen in der Grundschule, nicht aber auf die mutmaßliche Eignung abgestellt, dass also ein retrospektiver und kein prospektiver Maßstab angelegt wird.[250]

58 Ein schwieriges Abgrenzungsproblem wirft die Frage auf, ob die Einführung einer flächendeckenden **obligatorischen Ganztagesschule** gegen Elternrechte verstieße.[251] Sicherlich unterfiele diese Maßnahme in formeller Hinsicht dem Vorbehalt des Gesetzes und obläge deshalb dem Landesgesetzgeber.[252] Zweifelhaft und umstritten ist dagegen die materielle Verfassungsmäßigkeit. Im Hinblick auf die in vielfacher Hinsicht gewandelte soziale Funktion der Schule wird man indessen nicht mehr einfach annehmen können, dass zur Erreichung der staatlichen Bildungsziele allein die Halbtagsschule erforderlich und damit verhältnismäßig ist.[253] Eine sorgfältig erwogene behutsame Verlängerung des Schultages durch den Gesetzgeber dürfte deshalb zulässig sein.[254]

59 **1. Das gesamte Schulwesen. Schulen** iSd Art. 7 Abs. 1 sind Einrichtungen der Bildung und Ausbildung, die – unabhängig vom Wechsel der Lehrerkräfte und Schüler – auf Dauer angelegt sind und ein bestimmtes Erziehungsziel in einer Mehrzahl allgemein- oder berufsbildender Fächer durch planmäßig aufgebauten und ein konsistentes Programm verfolgenden Unterricht verwirklichen.[255] Ausgeschlossen sind damit die Hochschulen (lex specialis:

---

[244] Ausführlich *Barczak,* Der Übergang von der Grundschule in die Sekundarstufe als Grundrechtsproblem, 2011.

[245] Art. 44 Abs. 1 S. 2, Abs. 2 BayEUG.

[246] § 34 Abs. 2 SächsSchulG.

[247] § 4 Abs. 5 SchulG LSA.

[248] §§ 125 ff. ThürSchulO.

[249] *Meinel* DÖV 2007, 66 (70 f.) mwN; *Glotz/Faber* in BMV VerfassungsR-HdB, § 28 Rn. 23; differenzierend *Cremer* in Cremer/Ennuschat/Poscher/Rux/Wißmann, Selektion und Gerechtigkeit in der Schule, 2012, 79 (98 ff.); aA *Beaucamp* NVwZ 2009, 280. Zum Rechtsschutz gegen Grundschulempfehlungen *Wallrabenstein* DVBl. 2010, 147.

[250] Vgl. zur Anforderung eines bestimmten Notenschnittes OVG Bautzen BeckRS 2014, 53739.

[251] Zu Rechtsfragen gebundener Ganztagsschulen *Pabst* NWVBl. 2012, 457.

[252] *Guckelberger* RdJB 2006, 11 (26 f.).

[253] In diesem Sinne vor allem *Ossenbühl,* Das elterliche Erziehungsrecht im Sinne des Grundgesetzes, 1981, 138; *Starck* DÖV 1979, 269 (275); *Tettinger* NWVBl. 2005, 332 (334); *Isensee* in Görres-Staatslexikon, Bd. 2, 8. Aufl. 2018, 62 (74); ähnlich auch *Schmahl* DÖV 2006, 885 (892).

[254] *Bumke* NVwZ 2005, 519 (523); *Jestaedt/Reimer* in BK Art. 6 Abs. 2 u. 3 Rn. 359; *Guckelberger* RdJB 2006, 11 (16 ff.).

[255] So oder so ähnlich die seit *Heckel,* Deutsches Privatschulrecht, 1955, 218, gängigen Definitionen: *Badura* in Maunz/Dürig Rn. 11 mwN; vgl. auch – im Hinblick auf Ersatzschulen nach Art. 7 Abs. 4 – BVerfGE 75, 40 (77). In Abgrenzung zu diesem organisatorisch-formalen Schulbegriff möchte eine aA diesen funktional bestimmen, vgl.

Art. 5 Abs. 3), sowie andere freie, also nicht unter staatlicher Hoheit stehende Unterrichts- und Bildungseinrichtungen wie etwa Tanzschulen, Musikschulen, Volkshochschulen, die Bildungswerke der Kirchen, der Gewerkschaften und der politischen Parteien[256] und dergleichen.

Die Gesamtheit der unter Art. 7 fallenden Schulen lässt sich nach unterschiedlichen Kriterien ordnen. So kann man hinsichtlich der Trägerschaft zwischen öffentlichen und privaten Schulen unterscheiden. **Öffentliche Schulen** sind alle diejenigen Schulen, deren Träger ein Staat, eine kommunale Gebietskörperschaft, ein Zweckverband oder ein sonstiger Verwaltungsträger ist.[257] In der Praxis spielen neben dem Staat vor allem kommunale Gebietskörperschaften als Schulträger eine große Rolle. Nach der Rechtsprechung des BVerfG sind Gemeinden Schulträger für die Grund- und Hauptschulen, weil die Schulträgerschaft „als historisch gewachsene Gemeindeaufgabe eine Angelegenheit der örtlichen Gemeinschaft" im Sinne von Art. 28 Abs. 2 S. 1 ist.[258] Die Schulträgerschaft schließt dabei die Entscheidung über die Einrichtung oder Schließung einer Schule ein.[259] Der Regelfall der Volksschule ist die sogenannte staatskommunale Schule, bei der die Gemeinde die sachliche Schullast trägt und die äußeren Schulangelegenheiten verwaltet, während der Staat (das Bundesland) Dienstherr der Lehrkräfte ist und die pädagogische Aufsicht über die Schularbeit wahrnimmt. Die öffentlichen Schulen sind meist nichtrechtsfähige öffentliche Anstalten oder schlichte Behörden des Schulträgers.[260] Diese Einordnung des Schulrechtsverhältnisses ist sicherlich kaum in der Lage, die Besonderheit der Schule als pädagogische Aufgabe und Veranstaltung abzubilden, ist jedoch im Hinblick auf den Rechtsschutz gegenüber Disziplinarmaßnahmen sowie Versetzungs- und Prüfungsentscheidungen von Bedeutung. **Private Schulen** sind demgegenüber nicht etwa die Schulen privatrechtlicher Träger, sondern alle Schulen, die nicht öffentliche Schulen sind. So können auch öffentlich-rechtliche Körperschaften wie die Kirchen Privatschulträger sein.[261] Die privaten Schulen lassen sich weiter nach der Art des jeweiligen **Trägers** unterscheiden. Schulträger können Vereine, Stiftungen oder privatrechtliche Gesellschaften sein, aber auch Einzelpersonen. Von besonderer Bedeutung als Schulträger sind jedoch die als öffentliche Körperschaften verfassten Kirchen und ihre Untergliederungen. 60

Man kann innerhalb der Gesamtheit der Schulen auch nach ihrem verfolgten Bildungsziel zwischen allgemeinbildenden und berufsbildenden Schulen unterscheiden. **Allgemeinbildende Schulen** sind dabei die in Grund- und Hauptschule gegliederte Volksschule, die Realschule und die höheren Schulen (Gymnasium, Fachoberschule etc) sowie die als Alternative der dreigliedrigen Organisation in Hauptschulen, Realschulen und Gymnasien in 61

---

nur *Brosius-Gersdorf* in Dreier Rn. 34 ff. mwN, sowie ausführlich *Brosius-Gersdorf* DV 45 (2012), 389 (403 ff.).

[256] *Jestaedt* in HdbStR VII, § 161 Rn. 37.

[257] *Badura* in Maunz/Dürig Rn. 11; *Jestaedt* in HdbStR VII, § 161 Rn. 49; zur Zusammenarbeit zwischen Ländern und Kommunen bei der Schulträgerschaft *Hebborn* RdJB 2003, 419, mit Replik von *Köller* RdJB 2005, 27.

[258] BVerfGE 138, 1 (23).

[259] BVerfGE 138, 1 (28).

[260] *Avenarius/Hanschmann,* Schulrecht, 9. Aufl. 2019, 140 f.; *Badura* in Maunz/Dürig Rn. 48; ausführlich *Ennuschat* DV 45 (2012), 331 (342 ff.).

[261] *Jestaedt* in HdbStR VII § 161 Rn. 49; ausf. *Loschelder* in Listl/Pirson StaatskirchenR-HdB, Bd. II, § 55.

vielen Bundesländern eingeführte Gesamtschule. Demgegenüber beschränkt sich das Ausbildungsziel der **berufsbildenden Schulen** auf ein spezielles Berufsfeld. Hierher gehören vor allem die Berufsschulen und die Berufsfachschulen. Für die Begriffsbestimmung des „Schulwesens" im Sinne von Art. 7 Abs. 1 sind diese Einteilungen nicht von Bedeutung, da sich die Aufsicht des Staates auf alle Schulformen erstreckt.

62 Die **überkommene Schulgliederung** in Grundschule, Haupt- und Realschule und Gymnasium ist durch das Grundgesetz weder als solche verbürgt noch im Ganzen disponibel. Allerdings hat das Grundgesetz, anders als die Weimarer Reichsverfassung, auf eine diesbezügliche ausdrückliche Regelung verzichtet. Während Art. 145, 146, 148 WRV Regeln über den Schulaufbau, den Schulbesuch und die Schulpflicht aufstellten und Erziehungsprinzipien und Unterrichtsgegenstände festlegten, fehlen ähnliche Bestimmungen im Grundgesetz. Die Ausgestaltung des Schulsystems steht demnach weithin im Ermessen des Gesetzgebers. Er ist etwa frei, die Primarstufe von vier auf sechs Jahre zu verlängern oder die Gliederung sonst zu modifizieren. Nur eine gänzlich nivellierte Einheitsschule auch in der Sekundarstufe – nicht jedoch die Gesamtschule[262] – stünde mit Art. 7 Abs. 1 im Widerspruch, der es dem Staat nach der Feststellung des BVerfG verwehrt, „die Kinder übermäßig lange in einer Schule mit undifferenziertem Unterricht festzuhalten".[263] Zudem würde das vom BVerfG anerkannte elterliche Wahlrecht zwischen verschiedenen Schulformen aus Art. 6 Abs. 2[264] entleert, wenn eine Alternative nicht mehr bestünde. Außerdem ist die Unterscheidung zwischen (ungegliederter) Primar- und (gegliederter) Sekundarstufe in Art. 7 Abs. 5 vorausgesetzt.[265] Ob allerdings gerade die **Allgemeine Hochschulreife,** als gymnasialer Abschluss, als Nachweis der „Studierfähigkeit nach dem Selbstverständnis der Universitäten" durch Art. 7 Abs. 1 iVm Art. 5 Abs. 3 institutionell garantiert ist,[266] erscheint zweifelhaft. Greifbare qualitative Kriterien für die Ausgestaltung des Abiturs dürften so ohnedies nicht zu gewinnen sein. Es ist kein verfassungsrechtliches Argument ersichtlich, wieso sich die Frage der Studierfähigkeit nicht durch Aufnahmeprüfungen aller Art von den Schulabschlüssen völlig entkoppeln lassen sollte. Und schließlich hat auch die bisherige Beibehaltung des Abiturs die immer schärfere universitäre Kritik an der immer geringeren Studierfähigkeit nicht gehindert.

63 **2. Steht unter der Aufsicht des Staates.** Der Begriff der Aufsicht des Staates über das gesamte Schulwesen[267] hat nichts mit dem vom Grundgesetz etwa in Art. 84 Abs. 3, Art. 85 Abs. 4, Art. 87 Abs. 2, Art. 130 Abs. 3 gebrauchten, technischen Begriff der Aufsicht zu tun.[268] Er meint vielmehr Hoheit oder Verantwortung in einem umfassenden Sinne, genauer: Erfüllungsverantwortung für öffentliche Schulen und Gewährleistungsverantwortung für private Schulen.[269] So findet er sich schon in Art. 144 WRV. Unter

---

262 *Glotz/Faber* in BMV VerfassungsR-HdB, § 28 Rn. 24 ff.

263 BVerfGE 34, 165 (186 f.). Das BVerwG hat die sechsjährige Grundschule in Brandenburg an diesen Maßstäben gemessen als zulässig erachtet: BVerwGE 104, 1 (9 ff.).

264 BVerfGE 34, 165 (184); 45, 400 (415); *Beaucamp* LKV 2003, 18 (19).

265 AA *Orth* NVwZ 2011, 14 (17 f.).

266 So *Gröschner* in Dreier, 2. Aufl. 2004, Rn. 36.

267 Grdl. *Anschütz,* Die Verfassungsurkunde für den preußischen Staat, 1912, 409 ff.

268 Für eine Begriffsbestimmung s. *Richter* in AK Rn. 18a.

269 *Brosius-Gersdorf* in Dreier Rn. 45; *Jestaedt* in HdbStR VII, § 161 Rn. 39 ff.; *Ennuschat* DV 45 (2012), 331 (336).

der staatlichen Schulaufsicht im Sinne des Art. 7 Abs. 1versteht das BVerwG in ständiger Rechtsprechung den „Inbegriff der staatlichen Herrschaftsrechte über die Schule, nämlich die Gesamtheit der staatlichen Befugnisse zur Organisation, Planung, Leitung und Beaufsichtigung des Schulwesens“.[270] Dies umfasst laut BVerfG „jedenfalls die Befugnis des Staates zur Planung und Organisation des Schulwesens mit dem Ziel, ein Schulsystem zu gewährleisten, das allen jungen Bürgern gemäß ihren Fähigkeiten die dem heutigen gesellschaftlichen Leben entsprechenden Bildungsmöglichkeiten eröffnet.“[271] Die Eingriffsrechte ergeben sich dabei nicht direkt aus der Verfassung, sondern müssen durch den Landesgesetzgeber ausgestaltet werden.[272] Der so eröffnete **staatliche Gestaltungsbereich** umfasst nicht nur die **organisatorische Gliederung** der Schule, sondern auch die **inhaltliche Festlegung der Ausbildungsgänge und Unterrichtsziele** und die **Bestimmung des Unterrichtsstoffes.**[273] Hieraus folgt neben dem Recht des Staates, die Voraussetzungen für den Zugang zur Schule, den Übergang von einem Bildungsweg zum anderen und die Versetzung innerhalb eines Bildungsweges zu bestimmen, auch die Befugnis zur Entscheidung darüber, ob und inwieweit das Lernziel von den Schülern erreicht worden ist[274] sowie das Recht, über die Auswahl und Verwendung von Schulbüchern zu entscheiden.[275] Dabei ist das auch sonst geltende Indoktrinationsverbot zu beachten.[276]

Der so konturierte Begriff der Schulaufsicht bezeichnet mithin in **verfassungsrechtlicher Perspektive** die staatliche Schulhoheit, also die gesetzliche Regelung und administrative Überwachung des Schulwesens und der schulischen Erziehung.[277] In **verwaltungsrechtlicher Perspektive** nehmen die Schulaufsicht des Staates und die damit einhergehende organisatorische und sachliche Gestaltungsmacht unterschiedliche Gestalten an, je nachdem, ob es sich um eine (staatliche oder nicht-staatliche) öffentliche oder um eine private Schule handelt.[278] Bei **staatlichen öffentlichen Schulen** fehlt ein rechtlich selbständiges Objekt der Beaufsichtigung. Der auch in diesem Kontext verwendete Begriff der Schulaufsicht bezieht sich auf „die umfassende Verantwortung des Staates für Bildung und Ausbildung“[279] und verweist darauf, dass der Betrieb einer Schule nicht als Ausübung öffentlicher Verwaltung im herkömmlichen Sinne erfasst werden kann. „Der Begriff der Schulaufsicht bedeutet in dieser Hinsicht die Anerkennung von ‚Eigenständigkeit‘ der Schule dahingehend, dass eine im Kern nichtverwaltende Staatstätigkeit durch eine verwaltende Staatstätigkeit ‚beaufsichtigt‘ wird; eine organisatorische ‚Schulautonomie‘ […] ist darin nicht einbegriffen.“[280] Bei der staatlichen Aufsicht über **nicht-staatliche öffentliche Schulen** handelt es sich dagegen um eine Form verwaltungsrechtlicher Staatsaufsicht über selbständige (Kommunen) oder verselbständigte (etwa Stiftungen) Verwaltungs- **64**

[270] BVerwGE 6, 101 (104); 18, 38 (39); 23, 351 (352); 47, 194 (198); 47, 201 (204).
[271] BVerfGE 34, 165 (182). Vgl. auch BVerfGE 53, 185 (196).
[272] OVG Lüneburg NVwZ-RR 2016, 228 (230 f.).
[273] BVerfGE 34, 165 (182); 47, 46 (71 f.); 52, 223 (236); 59, 360 (377); *Langenfeld* DV 40 (2007), 347 (352 f.).
[274] BVerfGE 34, 165 (182); vgl. auch BVerfGE 53, 185 (196).
[275] BVerfG NVwZ 1990, 54; BVerwGE 79, 283.
[276] BVerwGE, 79, 299.
[277] *Badura* in Maunz/Dürig Rn. 45.
[278] *Badura* in Maunz/Dürig Rn. 46.
[279] *Badura* in Maunz/Dürig Rn. 47.
[280] *Badura* in Maunz/Dürig Rn. 47.

einheiten als Schulträger. Grundsätzlich anders strukturiert ist die staatliche Aufsicht über **private Schulen.** Angesichts dort verfolgter besonderer Bildungs- oder Erziehungsziele beschränkt sich die Aufsicht der Sache nach aber auf die Wahrung gesetzlicher Anforderungen des Allgemeininteresses.[281] Das zwischen Schule und Staat bestehende Verhältnis stellt sich hier wie ein wirtschaftsverwaltungsrechtliches **Überwachungsrechtsverhältnis** dar.

65 Die völlige **Überführung** der staatlichen Schulen in echte **funktionale Selbstverwaltung** ist mit dem Verfassungsgebot der staatlichen Schulhoheit unvereinbar.[282] Von staatlicher Schulhoheit kann nur dann die Rede sein, wenn der Staat seine Schulkonzeption effektiv zur Geltung bringen kann und sich nicht auf eine bloße Rechtsaufsicht beschränken muss. Das schließt den gezielten Einsatz einzelner dezentralisierter Steuerungsmittel im Sinne einer managementorientierten „Schulautonomie",[283] insbesondere die Ausstattung der Schulen mit finanzieller Ressourcenverantwortung (Globalbudgets), nicht aus. Die „Staatlichkeit" der Schule, die sich nach dem Gesamtbild der rechtlichen Beziehungen zu ihrem Träger beurteilen lässt, steht indes nicht zur Disposition.

66 Anders als die Eltern haben die **Lehrkräfte** zumindest an staatlichen Schulen gegenüber der staatlichen Aufsichtsgewalt keine grundrechtlichen Abwehrrechte. Auf sie ist Art. 5 Abs. 3 weder direkt noch analog anwendbar.[284] Ihre auch vom BVerfG anerkannte **„pädagogische Freiheit"**[285] ist **kein Freiheitsrecht**[286] und auch kein Grundsatz im Sinne von Art. 33 Abs. 5,[287] sondern eine unverzichtbare Funktionsbedingung ihrer Berufsausübung.[288] Der verfassungsrechtliche Begriff der Staatsaufsicht über das Schulwesen lässt gleichwohl Raum für einen Bereich pädagogischer Eigenständigkeit auch an staatlichen öffentlichen Schulen. Diese Freiräume führen indes ebenso wenig wie das aus dem in Art. 6 Abs. 2 garantierten Elternrecht abgeleitete Recht der Eltern auf Partizipation an der Schulselbstverwaltung[289] oder die aus dem allgemeinen Persönlichkeitsrecht der Schüler erwachsenden Rechtspositionen zu einem Recht auf schulische Selbstverwaltung im Sinne einer „Schulautonomie".[290] Die pädagogische Eigenverantwortung der Lehrkräfte hat sich vielmehr im Rahmen der staatlichen Vorgaben für Unterrichtsziele und -inhalte zu halten. So können Lehrkräfte etwa verpflichtet werden, im Unterricht ein bestimmtes Lehrbuch zu verwenden oder nicht zu verwenden[291] und sind an die in Form von Verwaltungsvorschriften ergehen-

---

281 *Badura* in Maunz/Dürig Rn. 47.

282 *Stern* FS f. Knöpfle, 1996, 333 (348); *Pieroth* DVBl. 1994, 949 (951 f.); aA *Jach,* Schulverfassung und Bürgergesellschaft in Europa, 1999, 67; für eine Beschränkung der staatlichen Schulaufsicht auf die Rechtsaufsicht auch *Müller* DVBl. 2006, 878 (882); zur Diskussion *Lund* RdJB 2004, 263.

283 Zu diesen Ansätzen *Langenfeld* DV 40 (2007), 347 (357 ff.).

284 *Jestaedt* in HdbStR VII, § 161 Rn. 95; *v. Münch* DÖV 1964, 302; *Gallwas* FS f. Maunz, 1981, 71 (76 ff.); aA *Staff* DÖV 1969, 627; *Perschel* DÖV 1970, 34 (36 ff.); *Clevinghaus* RdJB 1975, 25 (26 f.).

285 BVerfGE 47, 46 (83); 59, 360 (378 ff.).

286 *Jestaedt* in HdbStR VII, § 161 Rn. 95. Für ein solches Freiheitsrecht aber *Beck* BayVBl. 2013, 321 (326 ff.).

287 VGH Mannheim VBlBW 1998, 108; *Pieroth* DVBl. 1994, 949 (958); aA *Richter* RdJB 1979, 250 (254 ff.).

288 *Richter* in AK Rn. 36; *Jestaedt* in HdbStR VII, § 161 Rn. 96; *Stender-Vorwachs* VR 2006, 15 (20).

289 BVerfGE 59, 360 (381).

290 *Badura* in Maunz/Dürig Rn. 60.

291 BVerwG NVwZ 1994, 583; vgl. auch *Stock* RdJB 1992, 241.

den Lehrpläne kraft ihres Dienstverhältnisses gebunden. Soweit Gesetzgeber und Verwaltung also die pädagogische Verantwortung von Lehkräften im Kern beseitigen, zerstören sie zwar die Institution Schule, verletzen letztere aber nicht in ihren Rechten.[292]

Hinsichtlich inhaltlicher **Erziehungsprinzipien** und **Unterrichtsgegenstände** schweigt Art. 7 Abs. 1, anders als Art. 148 Abs. 1 WRV, demzufolge „[i]n allen Schulen […] sittliche Bildung, staatsbürgerliche Gesinnung, persönliche und berufliche Tüchtigkeit im Geiste des deutschen Volkstums und der Völkerversöhnung zu erstreben" war. Das Grundgesetz hat das Schulwesen der ausschließlichen Zuständigkeit der Länder zugewiesen.[293] Der durch verfassungsänderndes Gesetz von 1969 eingeführte Art. 91b regelte die Bildungsplanung als eine Gemeinschaftsaufgabe von Bund und Ländern,[294] wurde aber durch die Föderalismusreform I im Jahre 2006 erheblich eingeschränkt.[295] Auch die im Jahr 2014 erfolgte Erweiterung des Anwendungsbereichs auf die Förderung von Wissenschaft, Forschung und Lehre allgemein brachte keine Änderung hinsichtlich des Schulbereichs. Art. 91b Abs. 2 nF enthält aber als Reaktion auf die „PISA"-Studien eine Ermächtigung zum Zusammenwirken von Bund und Ländern bei Berichten und Empfehlungen zur Leistungsfähigkeit des Bildungswesens im internationalen Vergleich.[296] **67**

Der sich hieraus ergebenden weitgehenden **Gestaltungsfreiheit der Länder** bei der Festlegung von Erziehungsprinzipien und Unterrichtsgegenständen, die in vielen Landesverfassungen ihren Ausdruck finden,[297] setzen Art. 7 **68**

---

[292] Für eine verwaltungsgerichtliche Wehrfähigkeit der „pädagogischen Freiheit" dagegen *Wißmann,* Pädagogische Freiheit als Rechtsbegriff, 2002, 205 ff.; *Rux,* Schulrecht, 6. Aufl. 2018, Rn. 1133; *Rux,* Die pädagogische Freiheit des Lehrers, 2002, 216 ff.

[293] → Rn. 14 ff.

[294] Dazu *Glotz/Faber* in BMV VerfassungsR-HdB, § 28 Rn. 2, 34 ff.; ausf. *Dittmann,* Bildungsplanung als Gemeinschaftsaufgabe, 1975; *Kisker,* Kooperation im Bundesstaat, 1971, 291 ff.; *v. Münch* VVDStRL 31 (1973), 51 (83 f.); *Maunz* FS v. d. Heydte, 1977, 1053.

[295] Krit. *Knopp* NVwZ 2006, 1216 (1218).

[296] *Guckelberger* RdJB 2008, 267; *Ennuschat/Ulrich* VBlBW 2007, 121; *Wollenschläger* RdJB 2007, 8; *Hellermann* in Starck Föderalismusreform, 2007, Rn. 307 ff. Für eine Ausweitung des Anwendungsbereichs ua *Wieland* ZG 2012, 266 (274 f.).

[297] Dazu ausf. *Pieroth* DVBl. 1994, 949 (952 ff.). Vgl. etwa **Art. 131 BayVerf.:** „(1) Die Schulen sollen nicht nur Wissen und Können vermitteln, sondern auch Herz und Charakter bilden. (2) Oberste Bildungsziele sind Ehrfurcht vor Gott, Achtung vor religiöser Überzeugung und vor der Würde des Menschen, Selbstbeherrschung, Verantwortungsgefühl und Verantwortungsfreudigkeit, Hilfsbereitschaft, Aufgeschlossenheit für alles Wahre, Gute und Schöne und Verantwortungsbewußtsein für Natur und Umwelt. (3) Die Schüler sind im Geiste der Demokratie, in der Liebe zur bayerischen Heimat und zum deutschen Volk und im Sinne der Völkerversöhnung zu erziehen. (4) Die Mädchen und Buben sind außerdem in der Säuglingspflege, Kindererziehung und Hauswirtschaft besonders zu unterweisen."; **Art. 26 BremVerf.:** „Die Erziehung und Bildung der Jugend hat im wesentlichen folgende Aufgaben: 1. Die Erziehung zu einer Gemeinschaftsgesinnung, die auf der Achtung vor der Würde jedes Menschen und auf dem Willen zu sozialer Gerechtigkeit und politischer Verantwortung beruht, zur Sachlichkeit und Duldsamkeit gegenüber den Meinungen anderer führt und zur friedlichen Zusammenarbeit mit anderen Menschen und Völkern aufruft. 2. Die Erziehung zu einem Arbeitswillen, der sich dem allgemeinen Wohl einordnet, sowie die Ausrüstung mit den für den Eintritt ins Berufsleben erforderlichen Kenntnissen und Fähigkeiten. 3. Die Erziehung zum eigenen Denken, zur Achtung vor der Wahrheit, zum Mut, sie zu bekennen und das als richtig und notwendig Erkannte zu tun. 4. Die Erziehung zur Teilnahme am kulturellen Leben des eigenen Volkes und fremder Völker. 5. Die Erziehung zum Verantwortungsbewußtsein für Natur und Umwelt."; **Art. 7 Verf. NRW:** „(1) Ehrfurcht vor Gott, Achtung vor der Würde des Menschen und Bereitschaft zum sozialen Handeln zu wecken, ist vornehmstes Ziel der Erziehung. (2) Die Jugend soll erzogen werden im Geiste der Menschlichkeit, der Demokratie und der Freiheit, zur Duldsamkeit und zur Achtung vor der Überzeugung des anderen, zur Verantwortung für Tiere und die Erhaltung

als schulverfassungsrechtliche Grundnorm und andere übergeordnete Normen des Grundgesetzes nur äußerste Grenzen.[298] Das BVerfG sieht sich hierdurch bei der verfassungsrechtlichen Beurteilung schulrechtlicher Regelungen der Bundesländer zu „große[r] Zurückhaltung" verpflichtet[299] und sieht „[d]ie Entscheidung bildungspolitischer und pädagogischer Fragen in Bezug auf ein bestimmtes Schul- und Bildungssystem […] der verfassungsgerichtlichen Prüfung grundsätzlich entzogen".[300] Art. 7 Abs. 1 entnimmt es insoweit das Ziel, „ein Schulsystem zu gewährleisten, das allen jungen Bürgern gemäß ihren Fähigkeiten die dem heute gesellschaftlichen Leben entsprechenden Bildungsmöglichkeiten eröffnet".[301]

69 Die eine Zeit lang mit erheblichem Aufwand betriebenen Bemühungen, schulrechtsunspezifischen Normen des Grundgesetzes konkrete Vorgaben für schulische Bildungs- und Erziehungsziele zu entnehmen, dürfen heute als gescheitert gelten. Weder den Grundrechten noch den Staatszielbestimmungen des Grundgesetzes ist auch nur ein partielles **Erziehungsprogramm** zu entnehmen,[302] das mehr besagen würde als die Blankettformel von „Pluralität und Toleranz".[303] Auch für den von Art. 79 Abs. 3 umfassten „Verfassungskern" gilt nichts anderes. Dass Lehrkräften eine gegen diesen Verfassungskern gerichtete Agitation verboten ist, ist unbestreitbar richtig und ergibt sich schon aus den § 60 Abs. 1 S. 3 BBG entsprechenden Normen des Landesrechts, hat aber nichts damit zu tun, ob sich Verfassungsbestimmungen positive Erziehungsdirektiven entnehmen lassen. Das gilt auch für die Ableitung von Erziehungszielen aus Menschenwürdegarantie oder Demokratieprinzip, die entweder in nicht vollziehbaren philosophischen Abstraktheiten oder in gänzlichen Plattitüden endet.[304]

II. Der Religionsunterricht (Abs. 2 u. 3)

70 In Anknüpfung an Art. 149 WRV erklärt Art. 7 Abs. 3 S. 1 den Religionsunterricht zum **ordentlichen Lehrfach an öffentlichen Schulen.**[305] Be-

---

der natürlichen Lebensgrundlagen, in Liebe zu Volk und Heimat, zur Völkergemeinschaft und Friedensgesinnung."; **Art. 22 Abs. 1 und 2 Thür. Verf.:** „(1) Erziehung und Bildung haben die Aufgabe, selbständiges Denken und Handeln, Achtung vor der Würde des Menschen und Toleranz gegenüber der Überzeugung anderer, Anerkennung der Demokratie und Freiheit, den Willen zu sozialer Gerechtigkeit, die Friedfertigkeit im Zusammenleben der Kulturen und Völker und die Verantwortung für die natürlichen Lebensgrundlagen des Menschen und die Umwelt zu fördern. (2) Der Geschichtsunterricht muß auf eine unverfälschte Darstellung der Vergangenheit gerichtet sein." Vgl. ferner Art. 20 Abs. 1 VvB (Förderung der beruflichen Erstausbildung); Art. 33 BremVerf.; Art. 56 Abs. 3 u. 5 HessVerf.; Art. 15 Abs. 5 LVerf. MV (Rücksichtnahme auf die religiösen und weltanschaulichen Empfindungen aller Schüler); Art. 11 Verf. NRW (Staatsbürgerkunde); Art. 27 Abs. 3 Sachs.-Anh. Verf.; Art. 25 Abs. 1 Thür. Verf. (Ethikunterricht).

[298] OVG Lüneburg NVwZ-RR 2015, 935.

[299] BVerfGE 53, 185 (196); vgl. auch BVerfGE 34, 165 (182) und zuletzt BVerfG NVwZ 2018, 156 (157).

[300] BVerfGE 53, 185 (202).

[301] BVerfGE 34, 165 (182); 53, 185 (196).

[302] So aber *Häberle* FS f. Huber, 1981, 211 (225 ff.).

[303] *Richter* in AK Rn. 54; *Richter* RdJB 2015, 483 (Erziehung zur Demokratie).

[304] Vgl. nur *Gröschner* in Dreier, 2. Aufl. 2004, Rn. 47, der vom „Kriterium des Guten, wenn es als Verantwortungskriterium im ursprünglichen Sinne des Rede-und-Antwort-Stehens verstanden wird" zur Notwendigkeit einer Erziehung gegen das Schwarzfahren kommt.

[305] Allgemein zur Kooperation von Staat und Kirchen bzw. Religionsgemeinschaften im Religionsunterricht *Schröder* ZevKR 64 (2019), 257.

schränkt wird die **institutionelle Garantie** in sachlicher Hinsicht durch Art. 7 Abs. 3 S. 1 selbst, der bekenntnisfreie Schulen von der Regelung ausnimmt und durch die Beschränkung auf „öffentliche Schulen" private Ersatzschulen von seinem Anwendungsbereich ausklammert[306] sowie – in räumlich-territorialer Perspektive – durch Art. 141 („Bremer Klausel"), welcher eine Ausnahme zugunsten derjenigen Bundesländer enthält, in denen am 1.1.1949 eine von Art. 7 Abs. 3 S. 1 abweichende Regelung bestand. Darüber hinaus regeln Art. 7 Abs. 2, 3 die Rechtsstellung der am Religionsunterricht Beteiligten, insbesondere der Religionsgemeinschaften, der Eltern und der Lehrer. Nach Art. 7 Abs. 3 S. 2 wird der Religionsunterricht „in Übereinstimmung mit den Grundsätzen der Religionsgemeinschaften erteilt". Über die Teilnahme am Religionsunterricht bestimmen nach Art. 7 Abs. 2 die Erziehungsberechtigten. Nach Art. 7 Abs. 3 S. 3 darf schließlich kein Lehrer „gegen seinen Willen verpflichtet werden, Religionsunterricht zu erteilen". Die systematische Stellung des Abs. 2 ist missglückt. Denn offensichtlich ist Abs. 3 die generelle, Abs. 2 die spezielle Vorschrift.

Neben Art. 7 Abs. 2, 3 wird der Religionsunterricht in den meisten **Landesverfassungen** normiert,[307] die zum Teil über die bundesrechtliche Gewährleistung hinausgehende Vorschriften enthalten.[308] So bestimmt Art. 136 Abs. 3 der Bayerischen Verfassung, dass Lehrkräfte nicht gehindert werden dürfen, Religionsunterricht zu erteilen, gewährleistet also (in den Grenzen der Eignung) eine persönliche „Lehrfreiheit". Abs. 4 erwähnt ausdrücklich, dass Lehrkräfte zur Erteilung des Religionsunterrichts der Bevollmächtigung durch die Religionsgemeinschaften bedürfen (ebenso Art. 14 Abs. 1 Verf. NRW), während Art. 137 Abs. 2 BayVerf. einen Unterricht über die allgemein anerkannten Grundsätze der Sittlichkeit für jene zwingend vorschreibt, die dem Religionsunterricht fernbleiben. Art. 14 Abs. 3 Verf. NRW garantiert den Kirchen ein Inspektionsrecht, um sich durch Einsichtnahme in den Unterricht zu vergewissern, dass der Religionsunterricht in Übereinstimmung mit ihren Lehren und Anforderungen erteilt wird. **71**

Grenzen der Geltungskraft dieser Bestimmungen des Landesverfassungsrechts ergeben sich allein aus Art. 31. Grundrechte der Landesverfassungen bleiben also unberührt, soweit sie mit dem Bundesrecht nicht kollidieren. Art. 142 GG kommt insofern nur klarstellende Bedeutung zu.[309] Hiervon unberührt bleiben die durch Art. 141 erfassten landesverfassungsrechtlichen Vorschriften. Art. 32 BremVerf., der in allgemein bildenden öffentlichen Schulen einen „bekenntnismäßig nicht gebundenem Unterricht in Biblischer Geschichte auf allgemein christlicher Grundlage" als ordentliches Lehrfach vorsieht (Abs. 1) und den konfessionellen Religionsunterricht „außerhalb der Schulzeit" den „Kirchen, Religions- und Weltanschauungsgemeinschaften" zuweist (Abs. 3), kann deshalb ungeachtet der Abweichung von Art. 7 Abs. 3 S. 1 Geltung beanspruchen. **72**

---

[306] BVerwG NVwZ-RR 2019, 686 (689).

[307] Dazu *Link* in Listl/Pirson StaatskirchenR-HdB, Bd. II, § 54 Rn. 440 ff.

[308] In neun Landesverfassungen finden sich insoweit eigene Normierungen: Art. 136 Abs. 2 BayVerf., Art. 18 BW Verf., Art. 57 HessVerf., Art. 14 Verf. NRW, Art. 34 Verf. RhPf., Art. 29 SaarlVerf., Art. 105 Sächs. Verf., Art. 27 Abs. 3 Sachs.-Anh. Verf., Art. 25 Abs. 1 Thür. Verf.; die Verfassungen Mecklenburg-Vorpommerns (Art. 5 Abs. 3 LVerf. MV) und Niedersachsens (Art. 3 Abs. 2 Nds. Verf.) inkorporieren insoweit Art. 7 Abs. 3 S. 1. Zu den Einzelheiten → Rn. 80.

[309] S. *Boysen,* Gleichheit im Bundesstaat, 2005, 157 ff.

73 Das Problem der Geltung von Art. 7 Abs. 3 für die **ostdeutschen Bundesländer** wurde akut, nachdem das Land Brandenburg 1996 das Fach „Lebensgestaltung – Ethik – Religionskunde" als einen für alle Schüler obligatorischen, nicht bekenntnisgebundenen Unterricht eingeführt hatte,[310] dessen Unvereinbarkeit mit dem Begriff des Religionsunterrichts aus Art. 7 Abs. 3 offensichtlich war und auch von niemandem bestritten wurde.[311] So konzentrierte sich die Diskussion darauf, ob die bis 1990 nur auf Bremen anwendbare Ausnahmeregelung des Art. 141 auch für das Beitrittsgebiet Geltung besitzt. Die bis dahin ganz überwiegende Meinung[312] hielt seine Anwendung auf die neuen Bundesländer für ausgeschlossen und diese deswegen zur Abschaffung des Religionsunterrichts für nichtberechtigt. Dass Art. 141 aus historischen und verfassungssystematischen Gründen auch in den neuen Bundesländern Geltung besitze,[313] blieb demgegenüber die Mindermeinung. Indessen blieb die Rechtsfrage ohne verfassungsgerichtliche Klärung, da das BVerfG das Verfahren um den Brandenburger LER-Unterricht mit einem – prozessual und politisch in vielfacher Hinsicht problematischen[314] – „Kompromissvorschlag" beendet hat,[315] dem der Landesgesetzgeber sich zwar anschloss,[316] dessen Verfassungsmäßigkeit aber umstritten geblieben ist.[317] Diesem Beispiel folgend wurde auch im Land Berlin der Religionsunterricht zum Schuljahr 2006/2007 als ordentliches Lehrfach beseitigt.[318] Auch Berlin hat sich dabei auf die Ausnahme des Art. 141 berufen, was – anders als im Falle Brandenburgs – jedenfalls nach Meinung des BVerwG der verfassungsrechtlichen Lage entspricht.[319]

74 Weitere Bestimmungen zum Religionsunterricht finden sich in den **Schulgesetzen** der Bundesländer. Sie wiederholen teilweise die landesverfassungsrechtlichen Bestimmungen und enthalten darüber hinaus Konkretisierungen sowie Organisationsvorschriften.[320] Eine Garantie des Religionsunterrichts an öffentlichen Schulen findet sich schließlich auch in den **Staatskirchenverträgen,**[321] etwa in Art. 7 des Bayerischen Konkordats sowie Art. 9 und 10

---

[310] BbgSchulG v. 12.4.1996, GVBl. I 102. Dazu die Dokumentation der *Konrad-Adenauer-Stiftung* Religionsunterricht in den Schulen, 2. Aufl. 1998; ferner ua *Nipkow* ZThK 93 (1996), 124; *Starck* FS f. Listl, 1999, 391; *Puza* FS f. Listl, 1999, 407.

[311] S. nur *Richter* in AK Rn. 7 mwN; sowie zum Ganzen *Korioth/Augsberg* ZG 2009, 222.

[312] *Link* in Listl/Pirson StaatskirchenR-HdB, Bd. II, § 54 Rn. 443 f.; *Frisch* DtZ 1992, 144 f.; *Kremser* JöR nF 40 (1991/92), 517; *Winter* NVwZ 1991, 753; *Scholz* Essener Gespräche 26 (1992), 7; *Rüfner* Essener Gespräche 26 (1992), 60; *Muckel/Tillmanns* RdJB 2996, 360; *Starck* FS f. Listl, 1999, 391; *Mückl* AöR 122 (1997), 513 (541 ff.) mit umfangr. Nachw.; *Ogorek,* Geltung und Fortbestand der Verfassungsgarantie staatlichen Religionsunterrichts in den neuen Bundesländern, 2005.

[313] *Schlink* NJW 1992, 1008; *Schlink/Poscher,* Der Verfassungskompromiss zum Religionsunterricht, 2000, 86 ff.; *Leistikow/Krzyweck* RdJB 1991, 308; *Weber* ZevKR 35 (1991), 253; *Wißmann* RdJB 1996, 368; *Pieroth/Kingreen* GS Jeand'Heur, 1999, 265; *Erwin,* Verfassungsrechtliche Anforderungen an das Schulfach Ethik/Philosophie, 2001, 194 ff.

[314] Ausf. *Wolff* EuGRZ 2003, 463; positiver *Kotzur* JZ 2003, 73; s. auch *Schmidt* NVwZ 2002, 925.

[315] BVerfGE 104, 305.

[316] G v. 10.7.2002, GVBl. I 55.

[317] Zur nachfolgenden Entwicklung und Diskussion krit. *Janz* ZevKR 53 (2008), 41.

[318] Dazu *Kremser* DVBl. 2008, 607 (608); *Engelbrecht* RdJB 2006, 362; *Renck* LKV 2006, 210.

[319] BVerwG NVwZ 2000, 922 (923 f.); aA *Kremser* DVBl. 2008, 607 (615); zum Ganzen → Art. 141 Rn. 4 ff.

[320] Vgl. etwa §§ 96 ff. SchulG BW und Art. 46 BayEUG.

[321] *Lecheler* in Listl/Pirson StaatskirchenR-HdB, Bd. II, § 53 Rn. 425 ff.; *Link* in Listl/Pirson StaatskirchenR-HdB, Bd. II, § 54 Rn. 445 ff.

des Bayerischen Kirchenvertrags von 1924, in Art. XI des Badischen Konkordats sowie Art. VIII des Badischen Kirchenvertrags von 1932 und in Art. 21 des Reichskonkordats von 1933.[322] Über die reine Garantie des Religionsunterrichts hinaus, finden sich in den Staatskirchenverträgen auch zahlreiche Regelungen zu seinem nach Art. 7 Abs. 3 S. 2 in Übereinstimmung mit den Grundsätzen der Religionsgemeinschaften festzulegenden Inhalt.[323]

Ausgangspunkt der grundgesetzlichen Regelung des Religionsunterrichts **75**
ist seine durch Art. 7 Abs. 3 S. 1 vorgenommene Bestimmung zum **ordentlichen Lehrfach** an öffentlichen Schulen. Das **Wesen** und die **verfassungssystematische Stellung** der **Institution** des **Religionsunterrichts** ist schwierig zu bestimmen und außerordentlich umstritten. Handelt es sich bei dem in Art. 7 Abs. 3 formulierten Erziehungsziel nicht um ein „verstaubtes Relikt aus den Zeiten geistlicher Schulaufsicht"? Ist es nicht ein Überbleibsel der *cura religionis* des weltlichen Regiments? Handelt es sich schlicht um kirchliche Privilegien zur Betätigung im staatlichen Raum?[324] Oder schöpft der Religionsunterricht seine Rechtfertigung im Gegenteil aus einem genuinen Interesse des Staates selbst an der schulischen Erziehung sittlich verantwortlicher Bürger?[325] Verfolgt der Staat mit dem Religionsunterricht nicht vor allem eigene Interessen, indem er die Kirchen zu Agenten einer „Erziehung der Kinder und Jugendlichen zu selbstbewussten und gemeinschaftsfähigen Bürgern eines demokratischen Rechtsstaates"[326] macht? Oder ist schließlich die Persönlichkeitsentfaltung und religiöse Selbstfindung des Kindes die Sinnmitte des Religionsunterrichts, insofern der Staat, der den für die Persönlichkeit bedeutsamen Bereich der Spiritualität und des Glaubens aufgrund seiner Neutralität selbst nicht ausfüllen darf, ihn den Religionsgemeinschaften anvertraut?

Keine dieser Begründungen kann restlos überzeugen. Eine einseitig an der **76**
religiösen Selbstfindung der Kinder orientierte individualistische Auslegung entspricht nicht der Konzeption des Grundgesetzes.[327] Sie verkennt, dass die Glaubensinhalte der den Unterricht tragenden Religionsgemeinschaft unausweichliche Grundlage des Unterrichts sind. Die Einordnung als ein Überbleibsel des Staatskirchentums macht die Vorschrift innerhalb des staatskirchenrechtlichen Gefüges des Grundgesetzes (Art. 140, Art. 137 Abs. 1 WRV) zu einem Fremdkörper. Doch lässt sich der Religionsunterricht auch nicht einfach von den metaphysischen oder moralischen Belangen des Staates her als Einrichtung verstehen, die der Verbreitung „sittlicher Werte", moralischer Normen oder „abendländischer Kulturwerte" dient. So lässt sich schon das Übereinstimmungsgebot (Art. 7 Abs. 3 S. 2) nicht erklären. Außerdem läge darin eine von Seiten der Religionsgemeinschaften nicht hinnehmbare Instrumentalisierung der Religion (-sgemeinschaften) durch den Staat, die dem Toleranzprinzip zutiefst widerspräche.

1. Die Erziehungsberechtigten haben das Recht, über die Teilnah- 77
me des Kindes am Religionsunterricht zu bestimmen. Mit der Regelung des Art. 7 Abs. 2 wiederholt das Grundgesetz in anderer sprachlicher

[322] Vgl. ausf. und mwN *Link* in Listl/Pirson StaatskirchenR-HdB, Bd. II, § 54 Rn. 445 ff.
[323] → Rn. 89 ff.
[324] Formulierungen nach *Mückl* AöR 122 (1997), 513 (518).
[325] *Mückl* in HdbStR VII, § 161 Rn. 28.
[326] So *Jestaedt* in HdbStR VII, § 161 Rn. 29, ähnlich Rn. 66.
[327] *Jestaedt* in HdbStR VII, § 161 Rn. 66.

Form die Entscheidung des Art. 149 Abs. 2 WRV. Gehört der Religionsunterricht als ordentliches Lehrfach[328] auch zum regulären schulischen Pflichtprogramm, so gibt es doch ein individuelles Ausstiegsrecht, das bis zur Religionsmündigkeit von den Eltern, danach von den Schülern selbst wahrgenommen werden kann. Tatsächlich entscheiden die Eltern aber nicht, wie es das Grundgesetz formuliert, über die Teilnahme, sondern über die Nichtteilnahme, denn aus der Qualität des Religionsunterrichts als ordentlichem Lehrfach folgt zwingend, dass die Teilnahme sich ohne weiteres aus der – nach kirchlichem Recht begründeten – Konfessionszugehörigkeit ergibt.[329]

78 Die Religionsmündigkeit bemisst sich nach dem in Vollziehung der einschlägigen Vorschriften der Weimarer Verfassung ergangenen und als Bundesrecht fortgeltenden **Gesetz über die religiöse Kindererziehung** v. 15.7.1921. Dessen § 5 bestimmt, dass die volle Religionsmündigkeit mit der Vollendung des vierzehnten Lebensjahres eintritt. Diese Regel wird auch heute noch der Regelung des Art. 7 Abs. 2 zugrunde zu legen sein.[330] Deshalb obliegt die nach Art. 7 Abs. 2 GG zu treffende Entscheidung mit der Vollendung des vierzehnten Lebensjahres den Schülern selbst, die schließlich in diesem Alter auch ihr Bekenntnis wählen können. Die Abmeldung durch die Schüler lassen die Landesverfassungen von Bayern (Art. 137 Abs. 1) und des Saarlandes (Art. 29 Abs. 2) abweichend von den Altersgrenzen des Gesetzes über die religiöse Kindererziehung erst vom 18. Lebensjahr an zu. Die Landesverfassungen von Bayern und Rheinland-Pfalz sehen für abgemeldete Schüler die Möglichkeit eines Unterrichts über die „allgemein anerkannten Grundsätze der Sittlichkeit" (Art. 137 Abs. 2 BayVerf.) bzw. über die „allgemein anerkannten Grundsätze des natürlichen Sittengesetzes" (Art. 35 Abs. 2 Verf. RhPf.) vor.

79 **Andere Rechte** als die Abmeldung können die Eltern aus Art. 7 Abs. 2 GG nicht herleiten. Sie haben insbesondere nicht das Recht, gleichsam als „milderes Mittel", inhaltlich-gestaltend auf den Religionsunterricht einzuwirken, der vielmehr der alleinigen inhaltlichen Kontrolle der Kirchen unterliegt: Der elterliche Einfluss beschränkt sich auf das Ja oder Nein der Teilnahme und endet insoweit an der berühmten Schultür. Ebenso wenig lässt sich die Vorschrift analog auf den Ethikunterricht anwenden,[331] dessen obligatorische Einführung ohne Befreiungsmöglichkeit nach einer Kammerentscheidung des BVerfG weder Kindes- noch Elternrechte verletzt.[332] Schließlich haben Eltern auch nicht das Recht, ihr Kind an einem anderen Religionsunterricht als dem seiner Konfession teilnehmen zu lassen. Allerdings ist die jeweils verantwortliche Kirche frei, dazu mit Bindungswirkung für den Staat ihr Einverständnis zu erteilen,[333] solange nicht eine Situation entsteht, die die konfessionelle Bindung des Unterrichts zulasten anderer gefährdet.

---

328 → Rn. 80 ff.

329 *Jeand'Heur/Korioth,* Grundzüge des Staatskirchenrechts, 2000, Rn. 312.

330 *Mückl* AöR 122 (1997), 513 (531); *Frisch* DÖV 2004, 462 (466); *Link* in Listl/Pirson StaatskirchenR-HdB, Bd. II, § 54 Rn. 474 ff.

331 *Wißmann* in BK Art. 7 -III Rn. 149.

332 BVerfG NVwZ 2008, 72 (73 ff.).

333 BVerfGE 74, 244 (253); BVerwG NJW 1983, 2584; *Link* ZevKR 47 (2002), 449 (452 f.); *Mückl* AöR 122 (1997), 513 (532); *Mückl* in HdbStR VII § 161 Rn. 31; *Frhr. v. Campenhausen/de Wall,* Staatskirchenrecht, 4. Aufl. 2006, 215 f.; *Link* in Listl/Pirson StaatskirchenR-HdB, Bd. II, § 54 Rn. 493 ff.

2. Der Religionsunterricht als ordentliches Lehrfach. In teilweise wörtlicher Übereinstimmung mit **Art. 149 WRV** garantiert Art. 7 Abs. 3 den Religionsunterricht als **ordentliches Lehrfach an allen öffentlichen Schulen** mit Ausnahme der bekenntnisfreien Schulen.[334] Elf Landesverfassungen enthalten eine ähnliche Garantie.[335] Deren Gewährleistungen gehen teilweise über die Regelung des Art. 7 Abs. 3 S. 1 hinaus. So normieren eine Reihe von Bundesländern die kirchliche Mitverantwortung für Lehrpläne und Lehrbücher,[336] die kirchliche Bevollmächtigung der Religionslehrkräfte,[337] sowie kirchliche Aufsichtsrechte[338] bzw. das Recht der Religionsgemeinschaften, sich durch Einsichtnahme zu vergewissern, dass der Religionsunterricht in Übereinstimmung mit ihren Lehren und Anforderungen erteilt wird.[339] In den Bundesländern ohne verfassungsrechtliche Normierung des Religionsunterrichts findet sich die Einrichtung als ordentliches Lehrfach in den Schulgesetzen.[340] 80

Mit der Garantie des Religionsunterrichts als ordentliches Lehrfach enthält Art. 7 Abs. 3 ein **Grundrecht** und eine **institutionelle Garantie.** Ein Grundrecht dahin gehend, dass für alle Schüler aus Art. 7 Abs. 3 das Recht auf spezifisch konfessionellen Religionsunterricht folgt,[341] sofern sie nicht eine bekenntnisfreie Schule besuchen. Dem kann nicht entgegengehalten werden, dass dieses Recht sich im Gegensatz zur grundsätzlichen Staatsgerichtetheit der Grundrechte auch gegen die Religionsgemeinschaft richten müsste.[342] Denn erstens spricht die Stellung im Ersten Abschnitt im Zweifel für eine subjektive Berechtigung. Und zweitens ist es hier wie bei allen „Leistungsgrundrechten“: Es gilt vorbehaltlich der tatsächlichen Realisierbarkeit, verpflichtet den Staat aber, auch gegenüber den Religionsgemeinschaften auf die Einrichtung von Religionsunterricht hinzuwirken. Unstreitig ist dagegen Art. 7 Abs. 3 ein Grundrecht der Religionsgemeinschaften selbst zu entnehmen.[343] Sie haben ein echtes subjektives Mitwirkungs- 81

---

[334] Zum Religionsunterricht s. *Link* in Listl/Pirson StaatskirchenR-HdB, Bd. II, § 54; *Link* ZevKR 47 (2002), 449 ff.; *Frhr. v. Campenhausen/de Wall,* Staatskirchenrecht, 4. Aufl. 2006, § 26; *Frisch* ZevKR 49 (2004); 589; *Heckel,* Der Rechtsstatus des Religionsunterrichts im pluralistischen Verfassungssystem, 2002; *Isensee* in Bitter Religionsunterricht hat Zukunft, 2000, 19; *Korioth/Jeand'Heur,* Grundzüge des Staatskirchenrechts, 2000, § 15; *Hildebrandt,* Das Grundrecht auf Religionsunterricht, 2000; *Maurer* FS f. Zacher, 1998, 577; *Mückl* AöR 122 (1997), 513.

[335] Eigene Normierungen finden sich in Art. 136 Abs. 2 BayVerf.; Art. 18 BW Verf.; Art. 57 HessVerf.; Art. 14 Verf. NRW; Art. 34 Verf. RhPf.; Art. 29 SaarlVerf.; Art. 105 Sächs. Verf.; Art. 27 Abs. 3 Sachs.-Anh. Verf. Art. 25 Abs. 1 Thür. Verf. Die Landesverfassungen von Mecklenburg-Vorpommern (Art. 5 Abs. 3 Verf. MV) und Niedersachsen (Art. 3 Abs. 2 Nds. Verf.) inkorporieren insoweit Art. 7 Abs. 3 S. 1.

[336] Art. 14 Abs. 2 Verf. NRW; Art. 34 Verf. RhPf.; Art. 29 Abs. 1 SaarlVerf.

[337] Art. 136 Abs. 4 BayVerf.; Art. 14 Abs. 1 Verf. NRW; Art. 34 Verf. RhPf.

[338] Art. 18 BW Verf.; Art. 34 Verf. RhPf.; Art. 29 Abs. 1 SaarlVerf.

[339] Art. 14 Abs. 3 Verf. NRW; Art. 34 Verf. RhPf.

[340] § 7 Abs. 1 Hamburgisches Schulgesetz (HmbSG); § 7 Abs. 1 Schleswig-Holsteinisches Schulgesetz (SchulG SchlH).

[341] *Link* ZevKR 46 (2001), 257 (263); *Mückl* AöR 122 (1997), 513 (522); *Richter* in AK Rn. 55; *Heckel* FS f. Starck, 2007, 1093 (1105); *Hildebrandt,* Das Grundrecht auf Religionsunterricht, 2000, 214 u. *passim; Loschelder* in Papier HdbGR IV, 2011, § 110 Rn. 54; aA *Renck* ZRP 2003, 137 (138).

[342] So aber *Jeand'Heur/Korioth,* Grundzüge des Staatskirchenrechts, 2000, Rn. 311; *Korioth* in Bock Islamischer Religionsunterricht?, 2. Aufl. 2007, 33 (46). *Loschelder* in Papier HdbGR IV, 2011, § 110 Rn. 55 leitet aus Art. 7 Abs. 3 gar ein Grundrecht der Eltern ab.

[343] BVerwGE 123, 49 (52 ff.).

recht.[344] Die institutionelle Garantie bindet den Staat unabhängig von subjektiven Rechten und verpflichtet ihn, die Einrichtung Religionsunterricht mit seinen Mitteln zu fördern und alles zu unterlassen, was der Institution ihre praktische Wirksamkeit nimmt.[345] Es handelt sich insofern um eine objektive „Organisationsregel" für das Schulwesen.[346]

82 Die **Ordentlichkeit** des Religionsunterrichts schließt es aus, ihn zu einem bloßen Wahl- oder Ergänzungsfach herabzustufen oder ihn ohne eigenen Lehrplan in anderen Fächern aufgehen zu lassen und Religion etwa als Nebenaspekt im Deutsch-, Geschichts-, Latein-, Sozialkunde- oder Philosophieunterricht mit zu behandeln.[347] Religionsunterricht ist vielmehr Pflichtfach und Teil der allgemeinen Schulpflicht.[348] Er muss innerhalb der üblichen Unterrichtszeiten erteilt werden,[349] und zwar in deutscher Sprache.[350] Der Pflichtfachcharakter entfällt nicht dadurch, dass Art. 7 Abs. 2 den Eltern das Recht gewährt, ihre Kinder vom Religionsunterricht abzumelden.[351] Religionslehrkräfte sind gleichberechtigte Mitglieder des Kollegiums und als solche in Konferenzen stimmberechtigt.[352] Die Benotung der Leistungen im Religionsunterricht verstößt nicht gegen die Glaubensfreiheit der Schüler.[353] Der Religionsunterricht unterliegt dem **Aufsichtsrecht des Staates nach Art. 7 Abs. 1 GG,** auf das Art. 7 Abs. 3 S. 2 GG verweist. Hierunter fällt die Bereitstellung der Lehrvoraussetzungen sowie als Aufsichtsrecht im engeren Sinne die **Fachaufsicht** über den Unterricht und die **Dienstaufsicht** über die Lehrkräfte[354]. Wird der Religionsunterricht von Geistlichen erteilt, müssen diese einen staatlichen Lehrauftrag erhalten.[355] Auch ist es dem Staat verwehrt, die Religionsgemeinschaften zu den Aufwendungen für den Unterricht heranzuziehen. Er selbst muss alle sachlichen und personellen Voraussetzungen schaffen und trägt alle für den Religionsunterricht anfallenden Kosten.[356] Sofern Kirchenbedienstete den Religionsunterricht erteilen, regeln Landesgesetze die Erstattung der Kosten.[357]

83 Innerhalb dieses Rahmens bestehen für die Schulverwaltung erhebliche **Spielräume** bei der Einrichtung des Unterrichts. So folgt aus Art. 7 Abs. 3 S. 1 GG nicht, dass die Leistungen im Fach Religion versetzungserheblich sein müssen; ebenso wenig folgt allerdings aus Art. 4 GG, dass sie es nicht sein dürfen.[358] Auch die Einordnung als Haupt- oder Nebenfach ist nicht präjudi-

---

[344] *Mückl* AöR 122 (1997), 513 (521); *Jeand'Heur/Korioth,* Grundzüge des Staatskirchenrechts, 2000, Rn. 311.

[345] *Mückl* in HdbStR VII, § 161 Rn. 29; *Mückl* AöR 122 (1997), 513 (522).

[346] *Badura* in Maunz/Dürig Rn. 69.

[347] *Link* in Listl/Pirson StaatskirchenR-HdB, Bd. II, § 54 Rn. 461.

[348] *Mückl* in HdbStR VII, § 161 Rn. 31; *Langenfeld,* Integration und kulturelle Identität zugewanderter Minderheiten, 2001, 497 f.

[349] *Mückl* AöR 122 (1997), 513 (525); *Mückl* in HdbStR VII, § 161 Rn. 30; *Badura* in Maunz/Dürig Rn. 75; *Frisch* DÖV 2004, 462 (464); *Schlink* NJW 1992, 1008 (1009).

[350] *Langenfeld,* Integration und kulturelle Identität zugewanderter Minderheiten, 2001, 498.

[351] BVerfGE 74, 244 (251).

[352] *Frisch* DÖV 2004, 462 (464).

[353] BVerwGE 42, 346; *Link* in Listl/Pirson StaatskirchenR-HdB, Bd. II, § 54 Rn. 462 ff.

[354] *Link* in Listl/Pirson StaatskirchenR-HdB, Bd. II, § 54 Rn. 472; *Brosius-Gersdorf* in Dreier Rn. 100.

[355] *Thiel* in Sachs Rn. 48.

[356] *Mückl* in HdbStR VII, § 161 Rn. 30; *Link* in Listl/Pirson StaatskirchenR-HdB, Bd. II, § 54 Rn. 469 f.

[357] Etwa § 34 Abs. 3 S. 3 SchulG SchlH; § 2 Abs. 3 S. 2 Thür. SchulfinanzierungsG.

[358] BVerwGE 42, 346; *Badura* in Maunz/Dürig Rn. 76.

ziert. Die Schulverwaltungen müssen dem Fach Religion zudem keine institutionelle Sonderstellung gegenüber dem verbreiteten Ersatzunterricht in Ethik oder Philosophie einräumen. Auch dieser – inhaltlich in vielfacher Hinsicht problematische[359] – Ersatzunterricht kann, wie vielfach üblich,[360] als ordentliches Lehrfach ausgestaltet werden; er muss es, wenn er für die dem Religionsunterricht Fernbleibenden obligatorisch ist.[361] Die Gestaltungen weichen von Land zu Land nicht unerheblich voneinander ab.[362] Schließlich ist Art. 7 Abs. 3 S. 1 GG nicht allgemein in dem Sinne zu verstehen, dass der Staat zur ethisch-moralischen Erziehung der Kinder durch ein ordentliches Schulfach verpflichtet ist, also Ersatzunterricht anbieten muss.[363]

Religionsunterricht ist mehr als allgemeine Lebenskunde.[364] Gegenstand **84** des Unterrichts, der in Übereinstimmung mit den Grundsätzen der Religionsgemeinschaften stehen muss, ist das **Bekenntnis der jeweiligen Religionsgemeinschaft.**[365] Der Religionsunterricht darf deshalb, wie das BVerfG mit Recht festgestellt hat, „keine überkonfessionelle vergleichende Betrachtung religiöser Lehren, nicht bloße Morallehre, Sittenunterricht, historisierende und relativierende Religionskunde, Religions- oder Bibelgeschichte“[366] sein. Er ist vielmehr „in konfessioneller Positivität und Gebundenheit“[367] zu erteilen. Nur unter dieser Voraussetzung ist die Ausgestaltung des Religionsunterrichts als einer gemeinsamen Angelegenheit von Staat und Religionsgemeinschaften überhaupt sinnvoll zu rechtfertigen.[368] Die Vorschrift ist keine bloße Verfassungsdirektive, sondern bindet den Adressaten der Grundrechte der Schüler und Erziehungsberechtigten unmittelbar. Das gilt sowohl für Lehrkräfte als auch für die Religionsgemeinschaften. Ihnen ist es verfassungsrechtlich verwehrt, den Religionsunterricht zu einer weltlichen Religionskunde umzugestalten.[369]

Abzugrenzen ist die (bekenntnislose) Religionskunde von Modellen des **85** **interkonfessionellen Religionsunterrichts.**[370] Er kann im Sinne einer „Ökumene in der Schule“, etwa in Form eines gemeinchristlichen Religionsunterrichts abgehalten werden.[371] Unproblematisch ist dieser Fall, wenn auf der Ebene der Trägerkirchen keine wesentlichen Bekenntnisdifferenzen (mehr) bestehen,[372] wie es etwa seit der Leuenberger Konkordie von 1973 für das Verhältnis zwischen Lutheranern, Reformierten und Unierten gilt. Aus-

---

[359] *Jeand'Heur/Korioth,* Grundzüge des Staatskirchenrechts, 2000, Rn. 314 ff.; *Heckel,* Religionsunterricht in Brandenburg, 1998; *Heimann* ZevKR 48 (2003), 17 (19 ff., 29 ff.); *Bader* DÖV 1999, 452 (453); *Erwin,* Verfassungsrechtliche Anforderungen an das Schulfach Ethik/Philosophie, 2001; sowie *Barion* FS f. Mensching, 1967, 227 (speziell zum „bekenntnismäßig nicht gebundenen Unterricht in Biblischer Geschichte auf allg. christlicher Grundlage“ in Bremen).

[360] S. etwa § 7 Abs. 4 HmbSchulG; § 100a SchulG BW; Art. 137 Abs. 2 BayVerf.

[361] BVerwGE 107, 75 (84 ff.); aA *Bader* DÖV 1999, 452.

[362] *Heimann* ZevKR 48 (2003), 17 (18).

[363] BVerwG NVwZ 2014, 1163 (1164 f.); BVerfG NVwZ 2018, 728 (730).

[364] Zur Entwicklung der religionspädagogischen Auffassung des Religionsunterrichts bündig *Link* in Listl/Pirson StaatskirchenR-HdB, Bd. II, § 54 Rn. 447 ff. mwN.

[365] Ausf. *Mückl* AöR 122 (1997), 513 (523 f.) mwN.

[366] BVerfGE 74, 244 (252).

[367] *Anschütz,* Die Verfassung des Deutschen Reichs, 14. Aufl. 1933, Art. 149 Anm. 4; BVerfGE 74, 244 (252).

[368] *Hildebrandt,* Das Grundrecht auf Religionsunterricht, 2000, 234; *Frisch* DÖV 2004, 462 (465).

[369] *Heckel* FS f. Starck, 2007, 1093 (1107 ff.).

[370] Ausführlich hierzu *Mückl* ZevKR 64 (2019), 225 (234 ff.).

[371] *Pulte* AfkKR 173 (2004), 441.

[372] *Link* ZevKR 46 (2001), 257 (270).

geschlossen ist dagegen die **Fusion** des evangelischen und römisch-katholischen Religionsunterrichts,[373] und zwar unabhängig vom Fehlen einer gemeinsamen Bekenntnisgrundlage schon deswegen, weil keine Lehrkraft nach kirchlichem Recht die Befugnis zur Erteilung eines solchen Unterrichts erlangen könnte. Schließlich müsste sie beiderseits bevollmächtigt sein, was kaum ohne Lockerung der jeweiligen Bekenntnisgebundenheit möglich erscheint. **Zulässig** sind dagegen verschiedene Formen der **Kooperation zwischen den Kirchen** im Religionsunterricht, solange die zuständige Lehrkraft nur die Bevollmächtigung der jeweiligen Religionsgemeinschaft besitzt und solange die Leistungsbewertung der Schüler entweder ihrer Konfession zurechenbar bleibt oder sie bewusst und mit dem Einverständnis der anderen Konfession einen fremden Religionsunterricht besuchen.[374] Verfassungsrechtlichen Bedenken begegnet vor diesem Hintergrund das neue **Hamburger Modell** des **„Religionsunterrichts für alle".** Ursprünglich war allein die Evangelisch-Lutherische Kirche in Norddeutschland (Nordkirche) als inhaltlich Verantwortliche des Religionsunterrichts aufgetreten,[375] der allerdings durch den 1995 gegründeten „Gesprächskreis Interreligiöser Religionsunterricht in Hamburg" (GIR) „mitgestaltet" wurde.[376] Fand dieser Weg des „evangelisch verantworteten" Religionsunterrichts zunächst Unterstützung in der Literatur,[377] so hat sich die Situation seit 2012 noch einmal grundlegend geändert. Die mit den muslimischen Verbänden und den Aleviten 2012 abgeschlossenen Verträge sowie eine mit der Jüdischen Gemeinde Hamburg 2014 getroffene Vereinbarung formulieren als gemeinsames Ziel nunmehr eine „Weiterentwicklung" des an den staatlichen Schulen erteilten Religionsunterrichts, die „alle Religionsgemeinschaften im verfassungsrechtlichen Sinne gleichberechtigt am Religionsunterricht beteiligt".[378] Ziel der Weiterentwicklung ist es ausweislich der Darstellung des Landesinstituts für Lehrerbildung und Schulentwicklung unter anderem „zu ermöglichen, dass neben evangelischen Lehrkräften zukünftig auch muslimische, alevitische und jüdische Religionslehrerinnen und Religionslehrer das Fach unterrichten können."[379] Insgesamt ist hiermit eine Entwicklung beschrieben, die den Schritt zu einem „Religionsunterricht für alle" vollzieht, der den Rahmen oben beschriebener zulässiger Kooperation unbestimmt ausdehnt und aus dem Gewährleistungsbereich des Art. 7 Abs. 3 GG hinausführt.[380]

---

[373] *Heckel* FS f. Starck, 2007, 1093 (1118 ff.); *Pulte* AfkKR 173 (2004), 441 (454 ff.).

[374] IE *Heckel* FS f. Starck, 2007, 1093 (1124 ff.); *Mückl* in HdbStR VII, § 161 Rn. 34; *Frisch* DÖV 2004, 462 (468 f.).

[375] Art. 7 des Vertrags zwischen der Freien und Hansestadt Hamburg und der Nordelbischen Evangelisch-Lutherischen Kirche vom 29.11.2005, GVBl. 2006, 429.

[376] Der GIR setzt sich aus Vertretern der christlichen Kirchen sowie der Buddhisten, Juden, Muslime, Aleviten und Bahà'i zusammen.

[377] *Link* ZevKR 46 (2001), 257 (285); ähnlich *Wißmann* Religionsunterricht für alle?, 2019, 59; aA *Kästner* in de Wall/Germann FS f. Link, 2003, 301 ff.; *Frisch* ZevKR 49 (2004), 589 (597); *Heckel* FS f. Starck, 2007, 1093 (1115 ff.); *Mückl* ZevKR 64 (2019), 225 (250).

[378] Art. 6 Abs. 1 des Vertrags mit den muslimischen Verbänden; Art. 5 Abs. 1 des Vertrags mit der Alevitischen Gemeinde vom 13.11.2012; Ziff. 1 der Vereinbarung zwischen der Behörde für Schule und Berufsbildung und der Jüdischen Gemeinde Hamburg vom 11.2.2014, abgedruckt bei *Wißmann,* Religionsunterricht für alle?, 2019, 126. Zum Ganzen *Lutz-Bachmann,* Mater rixarum?, 2015, 469 ff.; *Mückl* ZevKR 64 (2019), 225 (250 ff.); *Bauer* ZevKR 59 (2014), 227.

[379] Abrufbar unter: https://li.hamburg.de/religion/material/4419346/art-einleitung, letzter Abruf 9.6.2020.

[380] *Link* ZevKR 46 (2001), 257 (271, 275 ff.); *Mückl* ZevKR 64 (2019), 225 (252 f.): „interreligiös akzentuierte Religionskunde"; aA *Wißmann,* Religionsunterricht für alle?,

86 Bei **inhaltlichen Verstößen** haben die Religionsgemeinschaften – zumindest im Falle der christlichen Kirchen – die Handhabe, der Bekenntnishaftigkeit des Unterrichts Nachdruck zu verleihen.[381] So sind evangelische Religionslehrkräfte durch die landeskirchliche *vocatio* zur Erteilung des Religionsunterrichts berechtigt, die auch wieder entzogen werden kann, wenn ihr Verhalten zu schwerwiegenden inhaltlichen und fachlichen Beanstandungen Anlass gibt oder wenn sich die Lehrkraft offenkundig in Widerspruch zum Bekenntnis der Evangelisch-Lutherischen Kirche setzt.[382] Die Missio-Ordnungen der römisch-katholischen Erzdiözesen bestimmen in Übereinstimmung mit can. 804, 805 CIC, dass die *missio canonica* jederzeit entzogen werden kann, wenn der Unterricht nicht in Gemäßheit der kirchlichen Lehre erteilt wird.[383] Die Entscheidung über Erteilung und Widerruf der Bevollmächtigung ist eine autonome kirchliche Entscheidung (Art. 137 Abs. 3 WRV, Art. 140 GG); Rechtsschutz vor staatlichen Gerichten ist ausgeschlossen.[384]

87 Freilich ist damit nur ein äußerer, im Fall des evangelischen Religionsunterrichts äußerster Rahmen vorgegeben.[385] Gewiss sind katholische Lehrkräfte, auch wenn sie nicht die Priesterweihe empfangen haben, durch die *missio canonica* in die Hierarchie des römischen Lehramtes eingebunden und auf sie verpflichtet.[386] Gewiss bilden etwa in den evangelischen Kirchen die von ihnen anerkannten reformatorischen Bekenntnisschriften[387] einen vagen Orientierungsrahmen für die konfessionelle Bindung des Unterrichts. Doch innerhalb dessen besteht der weiteste Spielraum für Auswahl, Gewichtung, Darstellung, Behandlungsart und ähnlichem mehr. Die pädagogischen Konzepte des Unterrichts können sich fortentwickeln, es können vergleichende Elemente integriert werden, und es können auch über das positive Bekenntnis hinaus grundsätzliche Lebensfragen allgemeiner Art zum Unterrichtsinhalt gemacht werden.[388] Gegenstand der institutionellen Garantie des Art. 7 Abs. 3 GG ist aber eine der Wissensvermittlung dienende Unterrichtsveranstaltung. Versagt ist den Religionsgemeinschaften damit die Darbietung einer sich auf Gebet und Ritus beschränkenden, rein kultischen Veranstaltung, obschon gottesdienstliche Elemente selbstverständlich auch im Unterricht einen Platz haben.[389] Ändern sich die für den Religionsunterricht maß-

2019, 61 ff.: „teleologisch zutreffende Weiterentwicklung des Verfassungsauftrags" (67); *Unruh,* Religionsverfassungsrecht, 4. Aufl. 2018, Rn. 440 erwägt die „Fortentwicklung bzw. Modifikation der bisherigen Dogmatik zu Art. 7 Abs. 3 GG".

381 *Frhr. v. Campenhausen/de Wall,* Staatskirchenrecht, 4. Aufl. 2006, 216.

382 So etwa §§ 2 Abs. 1 S. 1, 6 Abs. 2 des Kirchengesetzes über die kirchliche Bevollmächtigung zur Erteilung von Religionsunterricht der Evangelisch-Lutherischen Kirche in Bayern; ähnlich §§ 3, 6 Abs. 2 des Kirchengesetzes der Konföderation evangelischer Kirchen in Niedersachsen über die kirchliche Bestätigung von Religionslehrkräften (Vokationsgesetz). S. auch *Link* ZevKR 47 (2002), 449 (453).

383 Dazu *Link* in Listl/Pirson StaatskirchenR-HdB, Bd. II, § 54 Rn. 492; *Listl* in Listl Kirche im freiheitlichen Staat II, 1996, 675. Can. 805 CIC bestimmt: „Der Ortsordinarius hat für seine Diözese das Recht, die Religionslehrer zu ernennen bzw. zu approbieren und sie, wenn es aus religiösen oder sittlichen Gründen erforderlich ist, abzuberufen bzw. ihre Abberufung zu fordern." Dazu ausf. *Pulte* AfkKR 173 (2004), 441 (446 ff.).

384 *Link* in Listl/Pirson StaatskirchenR-HdB, Bd. II, § 54 Rn. 492.

385 Zur inhaltlichen Offenheit des Religionsunterrichts *v. Campenhausen* DVBl. 1976, 609 (611).

386 *Muckel* in de Wall/Muckel Kirchenrecht, 5. Aufl. 2017, § 20 Rn. 6.

387 *de Wall* in de Wall/Muckel Kirchenrecht, 5. Aufl. 2017, § 24 Rn. 20 ff.; vorsichtiger *Link* in Listl/Pirson StaatskirchenR-HdB, Bd. II, § 54 Rn. 490.

388 BVerfGE 74, 244 (253).

389 *Badura* in Maunz/Dürig Rn. 70; *Geis* in BerlKomm Rn. 49.

geblichen Vorstellungen der Religionsgemeinschaften, so hat der religiös neutrale Staat dies grundsätzlich hinzunehmen.[390]

88 Keine große praktische Bedeutung besitzt die in Art. 7 Abs. 3 GG gemachte **Ausnahme zugunsten bekenntnisfreier Schulen.** Bekenntnisfreie Schulen waren traditionell die Weltanschauungsschulen und die Schulen, an denen kein Religionsunterricht erteilt wurde. Diese Ausnahme wurde durch Art. 149 Abs. 1 WRV bestätigt. Sie sollte den insoweit bestehenden Elternwillen respektieren. Deswegen konnten bekenntnisfreie Schulen auch nur auf elterlichen Antrag errichtet werden (Art. 149 Abs. 1, 146 Abs. 2 WRV).[391] Das GG hat diese Ausnahme übernommen.[392] Sie hat juristisch die Bedeutung einer (negativen) institutionellen Garantie: Dem Gesetzgeber ist es durch sie untersagt, das Regel-Ausnahme-Verhältnis auf den Kopf zu stellen und die bekenntnisfreie zur Regelschule zu machen.[393] So konnte sich das Land Brandenburg für die Einführung des bekenntnisneutralen Faches LER nicht auf diese Ausnahme berufen, denn sie trägt wie schon 1919 nur dem Elternwillen Rechnung, bietet aber keine Grundlage zur Ausschaltung des Religionsunterrichts durch den Gesetzgeber.[394]

89 **3. In Übereinstimmung mit den Grundsätzen der Religionsgemeinschaften.** Mit der Bestimmung des Religionsunterrichts zum ordentlichen Lehrfach in öffentlichen Schulen und der Einbeziehung der Religionsgemeinschaften in seine inhaltliche Gestaltung regelt Art. 7 Abs. 3 GG zugleich einen wichtigen Teilbereich des Verhältnisses von Staat und Kirche. Der Religionsunterricht gehört zu den gemeinsamen Angelegenheiten von Staat und Kirche *(res mixtae),* bei denen die Verantwortungsbereiche beider Institutionen eng miteinander verknüpft sind.[395] Dass der Religionsunterricht in Übereinstimmung mit den Grundsätzen der Religionsgemeinschaften erteilt wird, bedeutet zunächst den **Verzicht** des Staates auf eine **inhaltliche Einmischung.** Die **Religionsgemeinschaften** geben nicht nur die bekenntnismäßigen **Grundlagen** vor, sondern sie bestimmen auch die Ziele, den Ablauf und die pädagogischen Mittel des Unterrichts. Das Übereinstimmungsgebot hat ferner eine **personelle Seite:** Den Religionsunterricht dürfen nur Lehrkräfte erteilen, die dafür die Bevollmächtigung (*missio* bzw. *vocatio*) der Religionsgemeinschaften besitzen. Eine Vertretung etwa im Krankheitsfalle durch andere Lehrkräfte ohne Rechtsverhältnis zur Kirche ist dadurch nicht schlechthin ausgeschlossen, sie muss aber die Ausnahme bleiben. Freilich übt der **Staat** auch hier seine **Aufsicht** über das gesamte Schulwesen (Abs. 1) aus.[396] Er sichert die Übereinstimmung des Religionsunterricht mit der schulischen Ordnung im Allgemeinen, übt die Dienstaufsicht über das Lehrpersonal aus und garantiert in weiten Grenzen auch

---

390 BVerfGE 74, 244 (252).

391 *Frisch* DÖV 2004, 462 (464).

392 Ausf. *Link* FS f. Maurer, 2001, 397.

393 *Poscher* RdJB 2002, 380 (384); *Mückl* in HdbStR VII, § 161 Rn. 37; *Mückl* AöR 122 (1997), 513 (526); *Isensee* in Bitter Religionsunterricht hat Zukunft, 2000, 19 (40); *Link* ZevKR 47 (2002), 449 (457); *Schlink* NJW 1992, 1008 (1010); aA *Renck* SächsVBl. 2004, 25.

394 *Link* ZevKR 47 (2002), 449 (458); *Link* in Listl/Pirson StaatskirchenR-HdB, Bd. II, § 54 Rn. 467; *Frisch* DÖV 2004, 462 (464).

395 BVerfGE 74, 244 (251); *Link* in Listl/Pirson StaatskirchenR-HdB, Bd. II, § 54 Rn. 488 f.; *Langenfeld,* Integration und kulturelle Identität zugewanderter Minderheiten, 2001, 498.

396 *Link* in Listl/Pirson StaatskirchenR-HdB, Bd. II, § 54 Rn. 497 ff.

seine Übereinstimmung mit den staatlichen Erziehungszielen.[397] So kann er von den Religionsgemeinschaften ein Mindestmaß an Loyalität erwarten[398] und muss staatsfeindliche Bestrebungen oder Verstöße gegen das Toleranzgebot deswegen nicht hinnehmen.[399]

Der **Begriff** der **Religionsgemeinschaften** bezeichnet dabei **nicht allein** 90 **die großen Kirchen** und setzt auch nicht voraus, dass die betreffende Religionsgemeinschaft den Status einer Körperschaft des öffentlichen Rechts genießt.[400] Nach der Rechtsprechung des EGMR ist die Verweigerung eines vorteilhaften religionsdienenden Rechtstatus rechtfertigungsbedürftig.[401] Eine Religionsgemeinschaft ist vielmehr schon jeder Verband, der die Angehörigen ein und desselben Glaubensbekenntnisses zu allseitiger Erfüllung der durch das gemeinsame Bekenntnis gestellten Aufgaben zusammenfasst.[402] Weder Art. 7 Abs. 3 GG noch die einschlägigen landesverfassungsrechtlichen Bestimmungen enthalten deshalb einen numerus clausus von Berechtigten. Abzugrenzen ist der Begriff aber von religiösen Vereinen, deren Tätigkeit sich nur auf Teilbereiche des Glaubens erstreckt.[403] Auch ist der Begriff der „Religionsgemeinschaften" nicht schlechthin als Abgrenzung zu säkularen Weltanschauungsgemeinschaften zu verstehen, denen ebenfalls ein Anspruch auf die Erteilung von Religionsunterricht zustehen kann.[404] Art. 7 Abs. 3 GG enthält insoweit keine lex specialis zu Art. 140 GG iVm Art. 137 Abs. 7 WRV, die Religions- und Weltanschauungsgemeinschaften generell gleich stellen.[405] Grenzen der Berücksichtigung ergeben sich in Anlehnung an die Vorgaben von Art. 140 GG iVm Art. 137 Abs. 5, 7 WRV im Hinblick auf einen etablierten Organisationsgrad und eine auf Dauer angelegte Vergemeinschaftungsdichte sowie die Konsistenz der Weltanschauung der jeweiligen Gemeinschaft,[406] die bei Weltanschauungsgemeinschaften typischerweise zu verneinen ist.

Die Erteilung des Religionsunterrichts in Übereinstimmung mit den 91 Grundsätzen der Religionsgemeinschaften und das auch hier Geltung beanspruchende staatliche Aufsichtsrecht sind landesgesetzlich geregelt. Der Landesgesetzgeber ist insoweit nicht nur durch Art. 7 Abs. 2, 3 GG, sondern auch durch **bestehende Konkordate** und **Kirchenverträge** gebunden. Fortgeltende vorkonstitutionelle Regelungen finden sich insoweit – in Anlehnung an Art. 149 WRV – für den Bereich der katholischen Kirche vor allem in Art. 21, 22 des Reichskonkordats von 1933, die einen konfessionellen

397 *Mückl* AöR 122 (1997), 513 (530 f.).

398 *Mückl* AöR 122 (1997), 513 (535).

399 *Geis* in BerlKomm Rn. 61.

400 Eingehend zum Begriff und zu den Problemen der Rspr. des BVerwG *Heinig* ZevKR 64 (2019), 1.

401 EGMR 8.4.2014 – 70945/11, 23611/12, 26998/12 ua – Magyar Kereszteny Mennonita Egyház ua/Ungarn.

402 BVerwGE 123, 49 (54 f., 70); BVerwGE 99, 1 (3); zum Begriff der Religionsgemeinschaft ausf. *Poscher* Der Staat 39 (2000), 49 (53 ff.); ferner → Art. 140 Rn. 25 ff.

403 BVerwGE 123, 49 (54 f., 70); aA offenbar *Classen,* Religionsfreiheit und Staatskirchenrecht in der Grundrechtsordnung, 2003, 101 f.

404 S. die jedoch aus anderen Gründen hochproblematische Entscheidung zur „Humanistischen Union": BbgVerfG NVwZ 2006, 1052; ebenso zuvor VG Potsdam BeckRS 9998, 41850; ferner BVerwG NJW 1997, 1796.

405 *Frhr. v. Campenhausen/de Wall,* Staatskirchenrecht, 4. Aufl. 2006, 216 f; aA VG Ansbach Urt. v. 4.7.2019 – AN 2 K 17.01963, Rn. 26.

406 *Frhr. v. Campenhausen/de Wall,* Staatskirchenrecht, 4. Aufl. 2006, 217; *Heckel* FS 50 Jahre BVerfG II, 2001, 379 (396).

Religionsunterricht in Deutschland garantieren, durch die aber die Länder nicht über das grundgesetzliche Maß hinaus verpflichtet werden,[407] ferner in Art. 4 §§ 3, 8, 9 des Bayerischen Konkordats von 1924[408] und Art. 4, 10 des Bayerischen Kirchenvertrags von 1924[409] sowie in Art. XI des Badischen Konkordats von 1931[410] und Art. 3 ff., 20 des Badischen Kirchenvertrags von 1932.[411] Nach Inkrafttreten des Grundgesetzes sind den Religionsunterricht betreffende Regelungen[412] in Art. 5 des Niedersächsischen (Loccumer) Vertrags von 1955, Art. 6 des Kirchenvertrags Schleswig-Holsteins von 1957, Art. 15 des Hessischen Kirchenvertrags von 1960, Art. 16, 20 des Rheinland-Pfälzischen Kirchenvertrags von 1963, Art. 7 des Niedersächsischen Konkordats von 1965, Art. 5, 6 § 6 des Änderungsvertrags zum Bayerischen Konkordat von 1968, § 1 Nr. 2, 3 des Änderungsvertrags zum Bayerischen Kirchenvertrag von 1968 und Abschnitt I der Berliner Vereinbarungen mit der katholischen Kirche von 1970 sowie – nach der Wiedervereinigung – in Art. 5 Evangelischer Kirchenvertrag Sachsen-Anhalt von 1993,[413] Art. 6 Güstrower Vertrag (Mecklenburg-Vorpommern) von 1994,[414] Art. 5 Vertrag des Freistaats Thüringen mit den Evangelischen Kirchen in Thüringen von 1994,[415] Art. 5 Evangelischer Kirchenvertrag Sachsen von 1994[416] und Art. 5 des Evangelischen Kirchenvertrags Brandenburg von 1996[417] getroffen worden.

92 Viel diskutiert wurde über die Voraussetzungen der Einführung eines **islamischen Religionsunterrichts** an öffentlichen Schulen.[418] Das hat seinen Grund vornehmlich in den von Art. 7 Abs. 3 GG errichteten formellen Voraussetzungen der gemeinsamen Aufgabenwahrnehmung durch Staat und Religionsgemeinschaft. Art. 7 Abs. 3 GG setzt das Bestehen eines institutionell gefestigten Trägers des Religionsunterrichts voraus, mit dem die Kooperation überhaupt durchführbar ist und der über die Grundsätze des Religionsunterrichts verbindlich entscheiden kann.[419] Es bedarf dafür eines

---

[407] BVerfGE 6, 309 (342).

[408] G v. 15.1.1925, Anl. 1, GVBl. 53; vgl. auch den Änderungsvertrag zum Bayerischen Konkordat von 1968, dort insbes. Art. 5 u. 6 § 6.

[409] GVBl. 1925, 61; vgl. *Huber,* Deutsche Verfassungsgeschichte, Bd. VI, 1981, 912 ff.; s. auch den Änderungsvertrag zum Bayerischen Kirchenvertrag von 1968, dort insbes. § 1 Nr. 2 u. 3.

[410] GVBl. 1933, 19.

[411] GVBl. 1933, 31.

[412] Die Verträge bis 1970 sind abgedruckt in *Weber,* Die deutschen Konkordate und Kirchenverträge der Gegenwart, Bd. 1, 1962, Bd. 2, 1971.

[413] V. 15.9.1993, ABl. EKD 1994, 24.

[414] Güstrower Vertrag zwischen dem Land Mecklenburg-Vorpommern und der Evangelisch-Lutherischen Landeskirche Mecklenburgs und der Pommerschen Evangelischen Kirche v. 20.1.1994, ABl. EKD, 504.

[415] V. 15.3.1994, ABl. EKD, 280.

[416] V. 24.3.1994, ABl. EKD, 270.

[417] V. 8.11.1996, ABl. EKD 1997, 146. Hiernach werden über die Durchführung des evangelischen Religionsunterrichts in den Schulen des Landes Brandenburg gesonderte Vereinbarungen getroffen, vgl. *Jeand'Heur/Korioth,* Grundzüge des Staatskirchenrechts, 2000, Rn. 276 ff.

[418] Zum Ganzen *Grzeszick* ZevKR 62 (2017), 362; *Koenig* ZevKR 62 (2017), 389; *Hillgruber* KuR 2017, 225; *Kreß* ZRP 2016, 155; *Bock,* Islamischer Religionsunterricht?, 2. Aufl. 2007.

[419] BVerwGE 123, 49 (55); BVerwG 20.12.2018 – 6 B 94/18, Rn. 16 ff.; OVG Münster KuR 2017, 245; kritisch hierzu *Heinig* ZevKR 64 (2019), 1 (18). S. ferner *Beaucamp/Wißmann* DVBl. 2017, 1517 (1521); *Grzeszick* ZevKR 62 (2017), 362 (368). Zu nicht bekenntnisorientiertem Islamunterricht s. VG Wiesbaden Beschl. v. 6.9.2019 – 6 L 1363/19.WI, Rn. 46.

„organisatorischen Minimums auf der Grundlage eines geteilten religiösen Konsenses",[420] nach den oben dargestellten Grundsätzen aber keiner spezifischen Organisationsform. Insbesondere ist nicht erforderlich, dass die islamischen Glaubensgemeinschaften die Rechtsgestalt von Körperschaften des öffentlichen Rechts annehmen.[421] Die Deutsche Islamkonferenz hat Fortschritte in Richtung einer einheitlichen Organisation gebracht und Modellversuche ermöglicht.[422] Das BVerwG hat mehrstufige Verbände im Sinne von Dachverbandsorganisationen als mögliche Religionsgemeinschaften angesehen,[423] es insoweit aber für erforderlich gehalten, dass der Dachverband für die Identität einer Religionsgemeinschaft wesentliche Aufgaben wahrnimmt.[424] Diese Rechtsprechung begegnet im Hinblick auf die Grundsätze religiöser Organisationsfreiheit erheblichen Bedenken. Als maßgebliches Abgrenzungskriterium erscheint nicht die Frage, ob die Verbandsebene besondere Autorität für sich in Anspruch nehmen kann, sondern das personale Substrat, das „aus einer personenspezifischen Zuordnung als Ausdruck einer autonomen Entscheidung entsteht."[425] Die Selbstzuordnung muss dabei in einer Form erfolgen, aus der sich ergibt, dass sich die betreffende Person im Rahmen des jeweiligen religiösen Selbstverständnisses in Organisationsfragen dem Binnenrecht der Gemeinschaft unterwirft und sich von dieser repräsentieren lassen will.[426]

Probleme tatsächlicher Art stellten sich dem islamischen Religionsunter- **93**
richt lange Zeit im Hinblick auf die Ausbildung geeigneter Lehrkräfte.[427] Nachdem einige Universitäten islamische Theologie als Unterrichtsfach eingeführt haben und erste Absolventen bereits in den Schuldienst eingetreten sind, hat sich dieses Problem entschärft.[428] Bislang haben sieben Bundesländer islamischen Religionsunterricht eingeführt. Von diesen bieten drei Bundesländer – Hessen, Niedersachsen und Berlin – bekenntnisorientierten Unterricht durch muslimische Verbände an, die übrigen – Nordrhein-Westfalen, Baden-Württemberg, Rheinland-Pfalz und das Saarland – haben einen Modellversuch mit muslimischen Partnern ins Leben gerufen.[429] Nordrhein-Westfalen und Niedersachsen bedienen sich zur Umsetzung des sogenannten Beiratsmodells, bei dem Vertreter verschiedener Dachverbände als Ansprech-

---

[420] *Heinig* ZevKR 64 (2019), 1 (19).

[421] BVerwGE 123, 49 (70); *Beaucamp/Wißmann* DVBl. 2017, 1517 (1519); *Grzeszick* ZevKR 62 (2017), 362 (369); aA *Korioth* NVwZ 1997, 1041 (1046 ff.).

[422] *Kotzur/Vasel* in Stern/Becker Rn. 46. Eingehend zur Rolle der Deutschen Islamkonferenz im Integrationsprozess *Schröder* in Hunger/Schröder Staat und Islam, 2016, 191 (200 ff.); einen Überblick zu den islamischen Dachverbänden bietet *zu Hohenlohe* ZevKR 64 (2019), 79. Zum Verhältnis von Dachverbänden und Moscheevereinen *Heinig* ZevKR 64 (2019), 1 (17 f.).

[423] BVerwGE 123, 49 (57 ff.); *Grzeszick* ZevKR 62 (2017), 362 (373 ff.). Eine kritische Würdigung der Rspr. findet sich bei *Heinig* ZevKR 64 (2019), 1 (18 ff.).

[424] BVerwG 20.12.2018 – 6 B 94/18, Rn. 16 unter Verweis auf BVerwGE 123, 49.

[425] *Heinig* ZevKR 64 (2019), 1 (17).

[426] *Heinig* ZevKR 64 (2019), 1 (17).

[427] *Rux,* Schulrecht, 6. Aufl. 2018, 91.

[428] *Rux,* Schulrecht, 6. Aufl. 2018, 91. Dabei ist auch islamische Theologie als Unterrichtsfach an Universitäten nur durch das Beiratsmodell ermöglicht worden, vgl. *Schröder* in Hunger/Schröder Staat und Islam, 2016, 191 (207). Krit. *Muckel* in Häberle/Sattler Islam – Säkularismus – Religionsrecht, 2012, 61 (74 ff.). S. ferner *Heinig* ZevKR 56 (2011), 238.

[429] Einzelheiten bei Mediendienst Integration, Islamischer Religionsunterricht in Deutschland, 2018, abrufbar unter: https://mediendienst-integration.de/fileadmin/Dateien/MDI_Informationspapier_islamischer_Religionsunterricht_April_2018.pdf, letzter Abruf 9.6.2020.

partner für den Religionsunterricht fungieren.[430] Das nordrhein-westfälische Beiratsmodell ist Gegenstand eines Rechtsstreits bis zum BVerwG geworden, der die Probleme der bisherigen Rechtsprechung deutlich erkennen lässt.[431]

94 Keine spezifischen Probleme werfen die materiellen Voraussetzungen auf. Die oftmals problematisierte Frage nach der Vereinbarkeit „des" Islams mit der „Wertordnung des Grundgesetzes" oder dem „Menschenbild der Verfassung" ist in der Regel nicht ergiebig[432] und für die Frage des Religionsunterrichts auch belanglos. Denn seine Durchführung verlangt rechtlich keine besondere staatstragende Gesinnung und auch keine Einfügung in das „Konzept der staatlichen Bildungs- und Erziehungsziele",[433] sondern nur ein Minimum allgemeiner *bona fides* gegenüber dem Staat, wie sie auch den Kirchen abverlangt wird.[434] Dass islamischer Religionsunterricht nicht zur Plattform verfassungsfeindlicher Bestrebungen oder zur Begehung von simplen Straftaten werden darf,[435] versteht sich von selbst, ist aber kein spezifisches Problem des Verfassungsrechts[436] oder des islamischen Religionsunterrichts.

95 **4. Kein Lehrer darf gegen seinen Willen verpflichtet werden, Religionsunterricht zu erteilen.** Art. 7 Abs. 3 S. 3 GG konkretisiert für im Schuldienst stehende Lehrkräfte das Recht auf (negative) Religionsfreiheit und gibt ihnen das Recht, die Erteilung von Religionsunterricht zu verweigern bzw. die Lehrtätigkeit insoweit niederzulegen. Damit sind der allgemeinen beamtenrechtlichen Direktionsbefugnis von Dienstvorgesetzten Grenzen gesetzt. Da es sich um eine höchstpersönliche Entscheidung der Lehrkraft handelt, dürfen hieran keine Begründungsanforderungen gestellt werden. Nicht, auch nicht analog, anwendbar ist die Vorschrift auf den nicht bekenntnisgebundenen Ethikunterricht oder vergleichbare Fächer. Mittelbare Bedeutung hat Art. 7 Abs. 3 S. 3 GG zudem als Diskriminierungsverbot: Aus der Weigerung, Religionsunterricht zu erteilen, dürfen sich keine dienstlichen Nachteile für den Betreffenden ergeben.[437] Nur nach den für die „Drittwirkung" der Grundrechte geltenden Grundsätzen ist die Regelung auf Lehrkräfte an Privatschulen anwendbar; nicht anwendbar ist sie auf konfessionelle Privatschulen.[438]

III. Das Recht zur Errichtung von privaten Schulen (Abs. 4 u. 5)

96 Die Anerkennung von Privatschulen ist innerhalb eines im Grundsatz etatistisch-demokratisch ausgerichteten Schulwesens eine Ausnahme.[439] Sie beruht mithin auf einem Kompromiss. Stärker als das Grundgesetz brachte

[430] Vgl. – auch zu den verfassungsrechtlichen Bedenken – *von Ungern-Sternberg* RdJB 2016, 30 (39 ff.).

[431] OVG Münster KuR 2017, 245; BVerwG Beschl. v. 20.12.2018 – 6 B 94/18, Rn. 21 ff. mAnm *Niestegge* KuR 2018, 147. Ausführlich zum Verfahren *Heinig* ZevKR 64 (2019), 1 (16 ff.); *zu Hohenlohe* ZevKR 64 (2019), 79.

[432] *Mückl* AöR 122 (1997), 513 (553).

[433] So aber *Muckel* JZ 2001, 58 (62).

[434] So auch *Beaucamp/Wißmann* DVBl. 2017, 1517 (1520).

[435] *Langenfeld,* Integration und kulturelle Identität zugewanderter Minderheiten, 2001, 521 ff.

[436] aA ua *Heckel* RdJB 2004, 39 (57 ff.).

[437] *Link* in Listl/Pirson StaatskirchenR-HdB, Bd. II, § 54 Rn. 471.

[438] *Link* in Listl/Pirson StaatskirchenR-HdB, Bd. II, § 54 Rn. 472.

[439] S. allgemein zu Schulen in freier Trägerschaft *Sydow/Dietzel* RdJB 2014, 239; *Keller/Krampen* (Hrsg.), Das Recht der Schulen in freier Trägerschaft, 2014.

noch Art. 147 WRV den demokratischen Soupçon gegen das Privatschulwesen zum Ausdruck. Demgegenüber garantiert das Grundgesetz positiv das Recht auf Gründung von Privatschulen. Die Regelung enthält sowohl ein **Grundrecht** als auch eine **institutionelle Garantie.** Vergleichbare Bestimmungen finden sich in den meisten Landesverfassungen.[440] Subjektiv garantiert ist das Recht, Schulen zu gründen und (über den Wortlaut hinaus) auch zu betreiben.[441] Für die Tätigkeit von Privatschulen sind dabei auch die Vorgaben der **Grundfreiheiten des AEUV** zu beachten.[442] Die **subjektive Gründungsfreiheit** ist keine bloß äußerliche. Die Gestaltungsfreiheit des jeweiligen Trägers umfasst die inhaltliche Konzeption im Ganzen, die religiöse oder weltanschauliche Orientierung des Unterrichts, die Auswahl der Fächer, Lehrmethoden, Bildungs- und Erziehungsziele sowie der Lehrkräfte und der Schüler.[443] Der Gesetzgeber ist dagegen an das **Institut der Privatschule** als solches gebunden.[444] Er muss für das Privatschulwesen zumindest einen geeigneten Rechts- und Wirkungsrahmen bereitstellen. Beschränkungen der Privatschulfreiheit, z. B. durch die Voraussetzung der Zuverlässigkeit des Schulträgers, sind zugunsten anderer Güter von Verfassungsrang zulässig.[445] Darüber hinaus hat die Interpretation von Art. 7 Abs. 4 GG als institutionelle Garantie vor allem in der Frage der gesetzlichen Ausgestaltung der Privatschulfinanzierung Bedeutung erlangt. Ob dies dem Sinn der Vorschrift entspricht, ist allerdings zweifelhaft.

Privatschulen sind Schulen, die sich nicht in der Hand eines Trägers öffent- **97**
licher Verwaltung befinden. Sie sind in der Regel **Ersatzschulen.** Ersatzschulen sind solche Schulen, die nach dem mit der Errichtung verfolgten Zweck als Ersatz für eine in dem Land vorhandene oder vorgesehene öffentliche Schule dienen sollen.[446] Ihr Besuch gilt deswegen als Erfüllung der Schulpflicht und ihre Aufgabe ist dadurch partiell eine öffentliche.[447] Dadurch unterscheiden sie sich von den privaten **Ergänzungsschulen.**[448] Solche Ergänzungsschulen existieren namentlich im Bereich der beruflichen Bildung, wo staatliche Entsprechungen vielfach fehlen. Beispiele sind etwa Sprachschulen, Schauspielschulen, Dolmetscherschulen oder die Einjährige Höhere Berufsfachschule.[449] Diese Ergänzungsschulen können sich nicht auf die Gründungsfreiheit aus Art. 7 Abs. 4 GG, sondern nur auf Art. 12 Abs. 1 GG bzw. Art. 2 Abs. 1 GG berufen. Sie unterliegen andererseits auch nicht den strengen Genehmigungsvoraussetzungen des Art. 7 Abs. 4 GG, sondern nur dem allgemeinen Polizeirecht und dem ggf. für sie geltenden Wirtschafts-

---

440 Art. 14 Abs. 2 BW Verf.; Art. 134 BayVerf.; Art. 30 Abs. 6 Bbg. Verf.; Art. 29 BremVerf.; Art. 61 HessVerf.; Art. 4 Abs. 3 Nds. Verf.; Art. 8 Abs. 3 Verf. NRW; Art. 30 Verf. RhPf.; Art. 28 SaarlVerf.; Art. 102 Abs. 3 Sächs. Verf.; Art. 28 Sachs.-Anh. Verf.; Art. 26 Thür. Verf.

441 *Hufen* in Hufen/Vogel Keine Zukunftsperspektiven für Schulen in freier Trägerschaft?, 2006, 49 (54).

442 *Ennuschat* RdJB 2003, 436; *Korte/Dingemann* RdJB 2009, 380.

443 BVerfGE 27, 195 (200 f.); 75, 40 (61 ff.); 90, 107 (114); BVerwG NVwZ-RR 1988, 21; BVerwGE 145, 333 (342); *Badura* in Maunz/Dürig Rn. 102.

444 BVerfGE 6, 309 (355); 27, 195 (200); 34, 165 (197); 75, 40 (61); 90, 107 (114).

445 OVG Saarlouis Beschl. v. 15.2.2012 – 3 A401/11. S. auch *Kümper* DVBl. 2016, 225.

446 BVerfGE 27, 195 (201 f.); 75, 40 (76); 90, 128 (139); zum Begriff *Rennert* DVBl. 2001, 504 (514); *Jach* DÖV 2002, 969 (970 ff.); *Vogel* DÖV 2008, 895 (897 ff.); *Kösling,* Die private Schule gem. Art. 7 Abs. 4, 5 GG, 2005, 164 ff.; *Uhle* in BeckOK GG Rn. 75.

447 *Badura* in Maunz/Dürig Rn. 113.

448 Zum Begriff *Kösling,* Die private Schule gem. Art. 7 Abs. 4, 5 GG, 2005, 249 ff.

449 Ausführlich *Kösling* RdJB 2004, 208.

verwaltungsrecht.[450] Die Abgrenzung zwischen Ersatz- und Ergänzungsschulen richtet sich nach Bundesverfassungsrecht, hängt aber im konkreten Fall maßgeblich davon ab, wie das durch Ersatzschulen überhaupt erst „ersatzfähige" öffentliche Schulwesen durch den Landesgesetzgeber ausgestaltet wird.[451]

98 Nur den Ersatzschulen kommt deswegen die (verbreitet als Verfassungsgebot ausgewiesene) **Schutz- und Förderpflicht des Staates** zugute. Berechtigung, Art und Maß der staatlichen Pflicht zur **Privatschulfinanzierung** sind lebhaft umstritten.[452] Ihr verfassungsrechtlicher Ausgangspunkt ist die empirische Erfahrung, dass die Erfüllung aller nach Art. 7 Abs. 4 GG erforderlichen Voraussetzungen auf Dauer aus privaten Mitteln nur selten möglich ist. Deswegen haben sämtliche einschlägigen Landesgesetze die Subventionierung von Schulen in freier Trägerschaft geregelt.[453] Diese Regelungen werfen eine Reihe von verwaltungs- und verfassungsrechtlichen Fragen, insbesondere bezüglich des Gleichheitssatzes auf.[454] Hier kommt es jedoch nur darauf an, ob sich aus Art. 7 Abs. 4, 5 GG unmittelbar ein Recht auf finanzielle Förderung durch den Staat ergibt, das den Landesgesetzgeber zur Schaffung entsprechender Regelungen verpflichtet. Ein genereller und umfassender Alimentationsanspruch im Umfang der staatlichen Leistungen für öffentliche Schulen besteht nach allgemeiner Auffassung nicht. Kehrseite der Gründungsfreiheit ist vielmehr das unternehmerische Gründungsrisiko. Weiter geht nur Art. 8 Abs. 4 S. 3 Verf. NRW, wonach die nach Art. 7 Abs. 4, 5 GG genehmigten Privatschulen einen Anspruch auf die zur Durchführung ihrer Aufgaben und zur Erfüllung ihrer Pflichten erforderlichen öffentlichen Zuschüsse haben.[455]

99 Bundesverfassungsrechtlich garantiert sind nach der Rechtsprechung des BVerfG nur Staatsleistungen „bis zur Höhe des Existenzminimums der Institution Ersatzschulwesen".[456] Der Staat dürfte also nicht tatenlos dem wirtschaftlichen Ruin des gesamten privaten Sektors, beziehungsweise des jeweiligen Ersatzschultyps im betroffenen Bundesland[457], im Schulwesen zusehen. Ein nachvollziehbares und transparentes Berechnungsverfahren – etwa in Anlehnung an die „Hartz IV"-Rechtsprechung – ist hingegen nicht erforderlich.[458] Eine **einzelne Schule** hat keinen verfassungsunmittelbaren Leistungsan-

[450] *Vogel* RdJB 2004, 114.

[451] Vgl. VG Oldenburg Urt. v. 19.3.2019 – 7 A 2252/18, Rn. 29.

[452] S. dazu die Beiträge in Hufen/Vogel Keine Zukunftsperspektiven für Schulen in freier Trägerschaft?, 2006 sowie überblicksmäßig *Heinig/Vogel* LKV 2012, 337. Zum Finanzierungszweck s. VG Berlin 22.3.2019 – 3 K 198.17, Rz. 51.

[453] Übersicht bei *Vogel* in Hufen/Vogel Keine Zukunftsperspektiven für Schulen in freier Trägerschaft?, 2006, 141.

[454] BVerfGE 75, 40; 90, 107 (126).

[455] Ausf. *Ossenbühl* in Hufen/Vogel Keine Zukunftsperspektiven für Schulen in freier Trägerschaft?, 2006, 95 (104 ff.); VerfGH NRW NVwZ 1984, 95.

[456] BVerfG Beschl. v. 4.3.1997 – 1 BvL 26/96, BvL 27/96. Ebenso BVerfGE 112, 74 (84); BVerwG NVwZ-RR 2013, 147; NVwZ-RR 2012, 965; Urt. v. 21.12.2011 – 6 C 18/10; Beschl. v. 25.8.2011 – 6 B 16/11; OVG Magdeburg LKV 2018, 183 (186); BayVerfGH DÖV 2013, 694.

[457] Für die integrative Beschulung in Ersatzschulen BVerwG NVwZ-RR 2017, 146 (146 f.); für private Berufsschulen VGH Mannheim Urt. v. 11.2.2015 – 9 S 1334/13, Rn. 31; aA – keine Differenzierung nach Schultyp – BayVerfGH NVwZ-RR 2018, 913 (914 f.) und BayVBl. 2017, 121 (120).

[458] BVerwG Urt. v. 21.12.2011 – 6 C 18/10, Rn. 25 f.; zust. VerfG Bbg Urt. v. 12.12.2014 – 31/12, Rn. 157 ff.; *Wallrabenstein* RdJB 2014, 248 (255 ff.); aA VerfGH Sachs SächsVBl. 2014, 83 (91 f.); StGH BaWü DÖV 2015, 802; *Kluth* LKV 2017, 433 (440); *Wegricht* RdJB 2015, 233 (240).

spruch[459] und genießt überhaupt **keinen individuellen Bestandsschutz.**[460] Insbesondere kann aus Art. 3 Abs. 1 GG nicht auf einen Anspruch auf Gleichbehandlung mit den staatlichen Schulen geschlossen werden.[461] Richtigerweise schließt die in Art. 7 GG ausgesprochene Ungleichheit zwischen staatlichen und freien Schulen nämlich eine Anwendung des Gleichheitssatzes in ihrem Geltungsbereich aus. Etwas anderes ergibt sich in diesem Zusammenhang – entgegen verbreiteter Ansicht – auch nicht aus der Sonderungsklausel des Art. 7 Abs. 4 S. 3 GG, wonach die Genehmigung von Privatschulen versagt werden muss, wenn die Schule einer Segregation nach den Besitzverhältnissen Vorschub leisten würde. Da sie die kostendeckende Erhebung von Schulgeld wohl ausschließt, wird aus ihr oftmals gefolgert, dass der Staat deswegen für die Privatschulen einzustehen habe.[462]

Diese Argumentation ist logisch nicht haltbar. Bei Art. 7 Abs. 4 S. 3 GG **100**
handelt es sich um eine die Tätigkeit von Privatschulen beschränkende Norm,[463] die den allgemeinen Vorranganspruch des staatlichen Schulwesens in eine bestimmte Richtung absichern will. Sie in eine Alimentationsgarantie umzubiegen, stellt ihren Sinn geradezu auf den Kopf. Richtig ist, dass die Sonderungsklausel private Schulträger wie Kirchen oder große Stiftungen begünstigt, die über bedeutende finanzielle Eigenmittel verfügen.[464] Aber das hat seinen guten Sinn, denn wo solche Eigenleistungen erbracht werden, ist Gewähr geboten für die Ernsthaftigkeit einer pädagogischen Zielsetzung, die nicht nur in sozialer Segregation besteht. So hat auch das BVerfG festgestellt: „Art. 7 Abs. 4 Satz 1 GG geht von dem herkömmlichen Bild der Privatschule aus, die ihre Existenz dem ideellen und materiellen Engagement ihrer Gründer und Träger verdankt. Diese füllen einen ihnen eingeräumten Freiheitsraum in eigener Initiative aus, die auch die wirtschaftlichen Grundlagen einschließt; sie müssen bereit sein, die damit verbundenen Risiken in Kauf zu nehmen. Der Staat darf erwarten, daß der Schulträger seinem Interesse an der Verwirklichung eigener Ziele und Vorstellungen im schulischen Bereich eigenes finanzielles Engagement folgen läßt.“[465]

Das BVerfG hat die Privatschulfinanzierung daher zu Recht als eine im Er- **101**
messen des Gesetzgebers stehende und nach **Opportunitätsgesichtspunkten** zu gewährende **Subvention** eingeordnet.[466] Angesichts langfristig sinkender Zuschüsse der Länder[467] hat das Gericht die Schulen in freier Trägerschaft auf ihre Obliegenheit verwiesen, Eigenleistungen „außer durch Schulgeldeinnah-

---

[459] OVG Bautzen Urt. v. 29.10.2019 – 2 A 1058/17 Rn. 29; anders *Hufen* in Hufen/Vogel Keine Zukunftsperspektiven für Schulen in freier Trägerschaft?, 2006, 49 (56); zum Spannungsverhältnis zwischen dem „institutionellen Ansatz“ und einer „individuellen Betrachtung“ s. a. VG Berlin Urt. v. 22.3.2019 – 3 K 198.17, Rn. 49.

[460] BVerfG NVwZ 2005, 923 (924).

[461] *Wallrabenstein* RdJB 2014, 248 (257). So aber *Hufen* in Hufen/Vogel Keine Zukunftsperspektiven für Schulen in freier Trägerschaft?, 2006, 49 (65 f.).

[462] BVerfG NVwZ 1994, 886 (887); *Jach* DÖV 2002, 969 (974); *Vogel* DÖV 2008, 895 (904 f.); *Vogel* RdJB 2005, 255; *Hufen* in Hufen/Vogel Keine Zukunftsperspektiven für Schulen in freier Trägerschaft?, 2006, 49 (70 f.); *Jestaedt* in HdbStR VII, § 161 Rn. 61.

[463] *Jestaedt* in HdbStR VII, § 161 Rn. 27.

[464] Zudem haben kirchlich getragene Schulen uU einen besonderen, kirchenvertraglichen oder konkordatsgemäßen Anspruch auf Förderung, BVerwG BayVBl. 1987, 504.

[465] BVerfG Urt. v. 4.3.1997 – 1 BvL 26/96, 1 BvL 27/96 Rn. 29.

[466] BVerfG Urt. v. 4.3.1997 – 1 BvL 26/96, 1 BvL 27/96; vgl. *Thiel* in Sachs Rn. 66; s. auch VGH Mannheim Urt. v. 12.1.2000 – 9 S 317/98.

[467] *Hufen* in Hufen/Vogel Keine Zukunftsperspektiven für Schulen in freier Trägerschaft?, 2006, 49 ff.; *Jach* DÖV 2002, 969 (974) mit Hinweis auf die Entscheidung VGH Mannheim Urt. v. 12.1.2000 – 9 S 317/98.

men bspw. durch Spenden, Zuschüsse hinter ihm stehender und die Schule in einem weiteren Sinne tragender finanzstarker Kräfte oder durch Aufnahme von Krediten" zu erbringen.[468] Über das institutionelle „Existenzminimum" der Privatschulen hinaus verfügt der Gesetzgeber damit über eine umfassende Gestaltungsfreiheit,[469] die er durch formelles Gesetz ausüben muss[470] und die ihre Grenzen in Art. 3 Abs. 1 GG findet.[471] So darf der Staat es insbesondere zur Voraussetzung der Förderung machen, dass sich das Konzept der Schule in der Praxis bewährt hat und seine Unterstützung erst nach einer Wartefrist einsetzen lassen,[472] solange sich daraus keine faktische Einrichtungssperre ergibt.[473] Den Gründern wird auf diese Weise eine Vorleistung abverlangt, gegen die verfassungsrechtlich nichts einzuwenden ist.[474] Ebenso wenig ist eine Landeskinderklausel zu beanstanden, nach der bei der Gewährung wirtschaftlicher Hilfe an die Träger privater Ersatzschulen nur Schüler berücksichtigt werden, die in dem betreffenden Bundesland ihre Wohnung haben.[475] Schließlich begründet Art. 7 Abs. 4 GG auch keine Schutzpflicht in dem Sinne, dass etwa der Träger der Sozialhilfe für das Schulgeld aufzukommen hätte, wenn sich die Eltern für eine Privatschule entscheiden.[476] Angesichts knapper Mittel und der Kürzung der Förderzuwendungen ist zu erwarten, dass die Einzelheiten der Finanzierungsregelungen die Gerichte in Zukunft stärker beschäftigen werden.[477] Auf der anderen Seite wird immer stärker diskutiert, wie eine Kooperation des Staates mit privaten Schulen aussehen kann, um für die Herausforderungen der Zukunft, insbesondere Landflucht und demografischen Wandel, gewappnet zu sein.[478]

102 **1. Genehmigungsvorbehalt.** Die grundsätzliche Anerkennung von Privatschulen schafft naturgemäß vielfältige Gefahren für die Durchsetzung der staatlicherseits mit dem Schulwesen verfolgten Ziele: nicht nur die Gefahr fachlich-organisatorisch unzulänglicher Schulen, sondern auch die eines pädagogischen Sektierertums. Deshalb sind der Gründungs- und Gestaltungsfreiheit Grenzen gezogen. Sie sind durch den Genehmigungsvorbehalt des Art. 7 Abs. 4 S. 2–5, Abs. 5 GG verfassungsrechtlich ausgestaltet. Sofern diese Voraussetzungen jedoch erfüllt sind, besteht auf die Genehmigung ein Anspruch.[479]

---

[468] BVerfG Urt. v. 4.3.1997 – 1 BvL 26/96, 1 BvL 27/96, Rn. 29.
[469] BVerwG NVwZ-RR 2017, 146 (147); BVerfGE 75, 40 (66 f.). S. auch OVG Berlin Urt. v. 27.11.2018 – OVG 3 B 5.18 und OVG Berlin-Brandenburg Urt. v. 26.3.2019 – 3 B 101.18. Zur Beobachtungs- und Nachbesserungspflicht s. OVG Bautzen Urt. v. 29.10.2019 – 2 A 1058/17.
[470] *Schwabenbauer* DÖV 2011, 672 (674).
[471] BVerwG NVwZ-RR 2017, 146 (147).
[472] OVG Magdeburg LKV 2012, 324 (325 f.); *Hufen* in Hufen/Vogel Keine Zukunftsperspektiven für Schulen in freier Trägerschaft?, 2006, 49 (68); aA offenbar *Vogel* RdJB 2005, 255 (258 ff.); krit. auch *Vogel* in Hufen/Vogel Keine Zukunftsperspektiven für Schulen in freier Trägerschaft?, 2006, 19 (24 ff.).
[473] VG Berlin Urt. v. 22.3.2019 – 3 K 198.17, Rn. 43.
[474] BVerfGE 90, 107 (117, 119).
[475] BVerfG NVwZ 2005, 923. Zur Problematik von Landeskinderklauseln allg. *Boysen,* Gleichheit im Bundesstaat, 2005, 281 ff.
[476] BVerwG NVwZ 1993, 691.
[477] *Kluth* LKV 2017, 433 (434); *Heinig/Vogel* LKV 2012, 337 (337). Vgl. zum Fall des Haushaltsvorbehalts im bayrischen Schulfinanzierungsrecht *Schwabenbauer* DÖV 2011, 672 (676 ff.) und zum Haushaltsvorbehalt während einer Wartefrist VG Berlin Urt. v. 22.3.2019 – 3 K 198.17, Rn. 47.
[478] Vgl. ua *Herrmann* VerwArch 107 (2016), 86; *Vogel* DÖV 2011, 661.
[479] *Badura* in Maunz/Dürig Rn. 111 mwN; BayVGH NVwZ-RR 1996, 88. Allg. zu den Genehmigungsvoraussetzungen *Ogorek* DÖV 2010, 341; *Hanßen* RdJB 2009, 334; RdJB 2010, 228; *Vogel* RdJB 2010, 222.

Von Bedeutung ist insbesondere das Erfordernis der **Gleichwertigkeit.** 103
Die Privatschule darf nach Art. 7 Abs. 4 S. 3 GG in ihren **Lehrzielen und Einrichtungen** sowie in der wissenschaftlichen **Ausbildung** ihrer Lehrkräfte **nicht** hinter den öffentlichen Schulen **zurückstehen.**[480] Natürlich muss sie den staatlichen Schulen nicht in jeder Hinsicht gleichen, sonst wäre die Institution der Privatschule um ihren Sinn gebracht (Gleichwertigkeit, keine Gleichartigkeit).[481] Die Vorschrift dient nur dem Schutz der Allgemeinheit vor Defiziten im Bildungserfolg. Der Anforderung des Art. 7 Abs. 4 S. 3 GG wird deshalb, wie das BVerwG festgestellt hat, schon dadurch genügt, „daß – aufgrund einer konkreten und detaillierten Überprüfung der von der privaten Ersatzschule angestrebten Lehrziele – in nachprüfbarer Weise die Prognose möglich ist, daß sie – voraussichtlich – jedenfalls nicht hinter den Lehrzielen der öffentlichen Schulen zurückstehen wird; bloße Zweifel genügen insoweit nicht, eine ansonsten konkret substantiierte Prognose in Frage zu stellen."[482] Selbst starke Abweichungen in der religiös-weltanschaulichen Orientierung,[483] in der Frage der Koedukation,[484] in der Binnenorganisation, in der Fächergewichtung und ähnlichem mehr können deshalb per se kein Grund für die Versagung der Privatschulgenehmigung sein.[485] Auch die Abweichungen im Leistungsstand nach den einzelnen Jahrgangsklassen sind selbst dann unbedenklich, wenn sie die Möglichkeit erheblich erschweren, von der privaten auf eine öffentliche Schule zu wechseln.[486]

Grenzen ergeben sich nur im Hinblick auf jene **Erziehungsziele,**[487] die 104
von Verfassungs wegen so grundlegend sind, dass der Staat sie im Wege seiner Gesamtaufsicht über das Schulwesen (Abs. 1) auch gegenüber Schulen in freier Trägerschaft zur Geltung bringen muss. Schlechthin staatsfeindliche oder verfassungswidrige Erziehungsziele führen deswegen zur Versagung der Genehmigung.[488] Problematisch ist es deswegen, wenn das BVerwG den Begriff der Ersatzschule auf solche Schulen beschränkt, die sich in das pädagogische Gesamtkonzept einfügen, das das betreffende Land mit seinem öffentlichen Schulwesen verfolgt, und die dessen Umsetzung im öffentlichen Schulsektor nicht gefährden.[489] Diese Begriffsbestimmung legt es dem Landesgesetzgeber in die Hand, durch die Änderung seiner „Konzeption", die normativ nur schwer greifbar und deswegen allemal Auslegungs- oder Ansichtssache ist, den zulässigen Umfang des Privatschulwesens zu bestim-

---

480 BVerwG NVwZ-RR 2016, 182; BVerwG Beschl. v. 24.6.2016 – 6 B 52/15; VGH Mannheim Beschl. v. 18.1.2019 – 9 S 2549/18.

481 BVerwG NVwZ-RR 2019, 686 (688).

482 BVerwGE 90, 1 (10 f.); zuletzt bestätigt durch BVerwGE 145, 222 (348). Die Prognose der Gleichwertigkeit muss allerdings, schon im Interesse der sie besuchenden Schülerinnen und Schüler, auf eine gewisse Dauer ausgerichtet sein: OVG Berlin-Brandenburg Beschl. v. 6.7.2017 – 3 N 80.14, Rn. 7.

483 BVerfG NVwZ-RR 2019, 686; VGH Mannheim VBlBW 2018, 455.

484 BVerwGE 145, 333 (341 ff.). Sa *Lassahn/Butler* NVwZ 2013, 1202.

485 BVerwG NVwZ-RR 2019, 686.

486 BVerwGE 112, 263 (267 ff.).

487 Vgl. VGH Mannheim Beschl. v. 20.5.2016 – 9 S 303/16 (zu gleichwertigen Lehrzielen bei Privatschulen).

488 Weitergehend *Richter* in AK Rn. 60, der pauschal auch „elitäre Schulen" für nicht genehmigungsfähig erachtet, was schon im Hinblick auf die Ausschlusswirkung der Sonderungsklausel (Art. 7 Abs. 4 S. 3 Alt. 2) unrichtig ist; weitergehend auch BVerwGE 90, 1; 94, 82 (93).

489 Sog. Akzessorietät, BVerwGE 104, 1 (7) mAnm *Schröder* RdJB 1998, 110 (111 ff.). Ebenso BVerwG Beschl. v. 21.7.2011 – 6 B 29/11. Eingehend zum Konzept der Akzessorietät *Kümper* VerwArch 2016, 120.

men.[490] Das BVerwG hat dies in seiner Folgerechtsprechung ebenfalls klargestellt.[491] Etwas anderes gilt allerdings, soweit die Regelung des Art. 7 Abs. 5 GG zumindest mitbetroffen ist: Die grundschulbezogene Konzeption des Landesgesetzgebers muss auch gegenüber weiterführenden Privatschulen im Prinzip vorrangig sein. So ist die Versagung der Genehmigung eines mit der fünften Klasse beginnenden Gymnasiums in einem Land, das eine sechsstufige Grundschule kennt, nach Auffassung des BVerwG möglich.[492] Die Überprüfung dieser Anforderungen durch die Schulaufsicht, beispielsweise durch eine Leistungsüberprüfung in der vierten Klasse, ist verfassungsrechtlich nicht zu beanstanden.[493]

105 Daneben muss die **Stellung der Lehrkräfte** gesichert sein, also ihnen die Berufsausübung in hinreichender, mit staatlichen Lehrkräften vergleichbarer finanzieller Selbständigkeit möglich sein.[494] Schließlich darf die Privatschule auch nicht auf einer **Finanzierungsbasis** beruhen, die einer „Sonderung der Schüler nach den Besitzverhältnissen der Eltern" Vorschub leistet.[495] Dadurch wird zwar die ausnahmslose Erhebung eines namhaften **Schulgeldes** ausgeschlossen, aber nicht Schuldgeld schlechthin.[496] Von der Staffelung der Beiträge nach der Leistungsfähigkeit bis zur Vorhaltung von Stipendien gibt es eine Vielzahl von Gestaltungen, um dem Verbot von Geldadelsschulen zu entsprechen.[497]

106 Die Genehmigung von Privatschulen ist zu unterscheiden von ihrer **Anerkennung,** die das das Recht mit sich bringt, Prüfungen abzuhalten und Zeugnisse zu erteilen, sprich hoheitliche Kompetenzen auszuüben.[498] Hierzu dürfen landesgesetzlich strengere Anforderungen festgelegt werden.[499] Nur in Nordrhein-Westfalen werden die Öffentlichkeitsrechte ohne weitere Anforderungen mit der Genehmigung selbst verliehen.[500] Ein Anspruch auf Weiterbetrieb einer privaten Ersatzschule besteht nicht.[501] Auch bezüglich der Genehmigungsvoraussetzungen stellen sich aufgrund der zunehmenden Standortkonkurrenz zwischen privaten und öffentlichen Schulen neue

---

[490] So mit Recht *Rennert* DVBl. 2001, 504 (514 f.); *Vogel* DÖV 2008, 895.

[491] BVerwGE 145, 333 (339 f.); BVerwG Beschl. v. 21.12.2016 – 6 BN 1/16.

[492] BVerwGE 104, 1. Vgl. auch den ähnlich gelagerten Fall BVerwG Beschl. v. 28.11.2012 – 6 B 46/12.

[493] BVerfG NVwZ 2011, 1384, 1385.

[494] *Rux,* Schulrecht, 6. Aufl. 2018, Rn. 1245 ff.

[495] Hierzu *Brosius-Gersdorf* NVwZ 2018, 761; *Brosius-Gersdorf* RdJB 2017, 17.

[496] *Jestaedt* in HdbStR VII, § 161 Rn. 56. Großzügiger – bis zur vollständigen Kostendeckung – *Vogel* RdJB 2014, 261 (264 f.). Zur Berechnung *Wrase/Helbig* NVwZ 2013, 1591 (1592 f.); krit. *Brosius-Gersdorf,* Das missverstandene Sonderungsverbot für Privatschulen, Rechtsgutachten im Auftrag der Friedrich-Naumann-Stiftung für Freiheit, 2017, 78 ff.

[497] Dazu beispielsweise BVerwG 21.12.2011 – 6 C 18/10, Rn. 31 ff.; VGH Mannheim DÖV 2013, 694. Ausführlich *Brosius-Gersdorf* NVwZ 2018, 761 (766); *Brosius-Gersdorf* RdJB 2017, 17. Von einer weitgehenden Verfassungswidrigkeit bestehender Schulgeldregelungen gehen indes *Wrase/Helbig* NVwZ 2013, 1591 (1595 ff.) aus.

[498] BVerwG NVwZ-RR 2019, 686 (688); VGH Mannheim NVwZ-RR 2011, 558 (559); Urt. v. 23.10.2012 – 9 S 2188/11, Rn. 48 ff.; VG Berlin Urt. v. 16.8.2012 – 3 K 358.11, Rn. 19; VG Oldenburg Urt. v. 19.3.2019 – 7 A 2252/18, Rn. 22. Zust. *Kümper* DÖV 2015, 864 (870 ff.); *Uhle* in BeckOK GG Rn. 88; krit. hingegen *Brosius-Gersdorf* DV 45 (2012), 389 (423 f.).

[499] VGH Mannheim Urt. V. 23.10.2012 – 9 S 2188/11, Rn. 48 ff. Krit. *Loschelder* in Papier HdbGR IV, 2011, § 110 Rn. 89.

[500] *Loschelder* in Papier HdbGR IV, 2011, § 110 Rn. 88.

[501] OVG Magdeburg Beschl. v. 15.8.2016 – 3 M 145/16, Rn. 10.

Rechtsfragen, wenn die Genehmigungsvoraussetzungen restriktiv ausgelegt werden, um einer Standortkonkurrenz entgegenzuwirken.[502]

2. Genehmigung privater Volksschulen. Während für Privatschulen im Allgemeinen nach Art. 7 Abs. 4 GG ein Anspruch auf Genehmigung besteht, zieht Abs. 5 den Genehmigungsrahmen für den Bereich der **Volksschulen** wesentlich enger. Dem demokratisch-egalitären Zug dieser Einrichtung entspricht es, dass der Staat hier seinen Vorrang gegenüber Schulen in freier Trägerschaft besonders deutlich beansprucht.[503] Unter Volksschulen sind zunächst die vier- oder sechsjährigen, von allen Schülern gemeinsam besuchten **Grundschulen** zu verstehen. Nicht so eindeutig ist die Sache für die Hauptschulen, nachdem sie aus verschiedenen, teils unvermeidbaren Gründen nicht mehr den in ihrem Namen ausgedrückten Anspruch demokratischer Allgemeinheit erheben können. In ihrem gegenwärtigen Zustand werden sie vom Grundgedanken des Art. 7 Abs. 5 GG nicht mehr erfasst.[504] 107

Ein Anspruch auf die Genehmigung einer Grundschule in freier Trägerschaft besteht nur unter besonderen Voraussetzungen. Diese Voraussetzungen müssen **zusätzlich** zu den Voraussetzungen des Abs. 4 gegeben sein.[505] Der Anspruch kann sich einmal aus einem **besonderen pädagogischen Interesse** ergeben.[506] Dieses Interesse muss über das mit der Gründung von Privatschulen meistens verbundene pädagogische Interesse substantiell hinausgehen und ist allemal mehr als das private Interesse des Betreibers.[507] Es kann sich zB auf die Beschulung einer von der allgemeinen Volksschule nicht speziell förderbaren Schülergruppe, etwa Kinder mit Beeinträchtigung, beziehen.[508] Selbst die Anerkennung eines solchen besonderen Interesses führt aber nicht zwingend zur Genehmigung. Vielmehr ist es mit dem grundsätzlichen Vorranganspruch der staatlichen Schulen im Bereich der Volksschulen abzuwägen.[509] Allerdings hat das BVerfG das Kriterium des pädagogischen Interesses in Abkehr von der früheren Rechtsprechung für gerichtlich voll überprüfbar erklärt[510] und dadurch den Rechtsschutz der Betroffenen wesentlich gestärkt.[511] Jedenfalls darf die Zulassung privater Volksschulen nicht dazu führen, dass durch flächendeckende Privatschulen, wie einer großen Zahl an sogenannten Montessori-Grundschulen, der Vorrang des staatlichen Volksschulwesens generell gefährdet würde.[512] 108

Eine Abwägung mit den öffentlichen Belangen findet auch in der zweiten Konstellation statt, bei der Art. 7 Abs. 5 GG eine private Grundschule zulässt: Wenn diese eine bestimmte religiös-weltanschauliche Ausrichtung erhalten 109

[502] Vgl. ua *Avenarius/Pieroth/Barczak,* Die Herausforderung des öffentlichen Schulwesens durch private Schulen – eine Kontroverse, 2012; *Kümper* DVBl. 2016, 225; *Pecker* LKV 2013, 486; *Pieroth* NWVBl. 2014, 365.

[503] BVerfGE 88, 40 (49 f.); BVerwG NJW 2000, 1280 (1281 ff.).

[504] *Rennert* DVBl. 2001, 504 (515); *Kösling,* Die private Schule gem. Art. 7 Abs. 4, 5 GG, 2005, 229 ff., 292; aA *Robbers* in MKS Rn. 227.

[505] BVerfGE 88, 40 (47); *Jestaedt* in HdbStR VII, § 161 Rn. 59.

[506] S. hierzu OVG Bautzen Beschl. v. 9.5.2018 – 2 A 387/15 („Natur- und Umweltschule").

[507] BVerfGE 88, 40 (51 f.).

[508] BVerfGE 88, 40 (55); VGH Kassel NVwZ-RR 2000, 157.

[509] BVerfGE 88, 40 (55).

[510] BVerfGE 88, 40 (50); HessVGH RuS 2000, Heft 2, 13. Nach der Entscheidung des BVerfG hat die Zahl privater Volksschulen stark zugenommen, vgl. *Jach* DÖV 2002, 969 (972).

[511] *Jeand'Heur* FS f. Vogel, 1998, 105 (114).

[512] *Jach* DÖV 2002, 969 (972).

soll, für die eine öffentliche Schule in dem Gemeindegebiet bislang nicht besteht. In diesem Falle kann der Antrag auf Erteilung der Zulassung nicht von jedem beliebigen Träger, sondern nur von Erziehungsberechtigten gestellt werden. Die Vorlage elterlicher Unterstützungsunterschriften durch einen korporativen Antragsteller genügt diesen Anforderungen nicht.[513] In Ausnahmefällen kann nach Art. 7 Abs. 5 auch die Einrichtung islamischer Grundschulen in Betracht kommen,[514] wobei die islamische Ausrichtung naturgemäß nicht ein bloßes Etikett ethnischer Segregation sein darf.[515]

IV. Vorschulen bleiben aufgehoben (Abs. 6)

110 Die Regelung des Art. 7 Abs. 6 bestätigt die Aufhebung der öffentlichen und privaten Vorschulen durch Art. 147 Abs. 3 WRV. Die Vorschulen waren nach Anschütz' Definition „Sondereinrichtungen für den Elementarunterricht solcher Kinder, die später höhere Lehranstalten (Gymnasien, Realgymnasien, Oberrealschulen, höhere Mädchenschulen) besuchen sollten."[516] Durch das **Reichsgesetz über die Grundschulen und die Aufhebung der Vorschulen v. 28.4.1920**[517] wurde diese Verfassungsdirektive mit gewissen Übergangsregelungen vollzogen. In dieser Vorschrift drückte sich einmal mehr der demokratisch-egalitäre Grundzug des Weimarer Schulverfassungsrechts aus, den das BVerfG trefflich wiedergibt, wenn es die Vorschulen als „Standesschulen mit elitärem Anspruch" bezeichnet.[518] Nicht unter das Verbot von Vorschulen fallen die heute verbreiteten vielfältigen Formen der vorschulischen öffentlichen und privaten Bildung; „Vorklassen" ebenso wenig wie bestimmte Kindergärten mit quasi-schulischem Anspruch.[519] Auch eine generelle Kindergartenbesuchspflicht[520] wäre nicht nach Art. 7 Abs. 6 verboten, müsste sich aber an Art. 6 Abs. 2 messen lassen.[521]

C. Verhältnis zu anderen Bestimmungen des Grundgesetzes

111 Der besondere Gleichheitssatz des Art. 3 Abs. 3 S. 2, wonach niemand wegen seiner Behinderung benachteiligt werden darf, entfaltet seine Bedeutung auch für Schule und Ausbildung.[522] Die Organisation des Schulwesens und die Unterrichtsgestaltung müssen die Religions- und Weltanschauungsfreiheit von Schülern und Lehrkräften respektieren, Art. 4 Abs. 1, 2, Art. 7 Abs. 3. Die in Art. 7 Abs. 1 statuierte Schulhoheit des Staates stellt eine verfassungsimmanente Schranke des elterlichen Erziehungsrecht dar, die ihrerseits das Grundrecht aus Art. 6 Abs. 2 respektieren muss. Das in Art. 6 Abs. 2 garantierte „Elternrecht", das Pflege und Erziehung der Kinder als das

[513] VG Stuttgart NVwZ-RR 2004, 580.
[514] *Langenfeld,* Integration und kulturelle Identität zugewanderter Minderheiten, 2001, 564 ff.; aus der Rspr. VG Stuttgart NVwZ-RR 2004, 580.
[515] *Günther,* Zur Zulässigkeit der Errichtung privater Volksschulen als Bekenntnisschulen religiös-ethnischer Minderheiten nach Art. 7 Abs. 5 GG, 2006.
[516] *Anschütz,* Die Verfassung des Deutschen Reichs, 14. Aufl. 1933, Art. 149 Anm. 5.
[517] RGBl. 851.
[518] BVerfGE 88, 40 (55).
[519] *Jestaedt* in HdbStR VII, § 161 Rn. 62; *Reich* LKV 2008, 443 (444 f.).
[520] Hierzu *Guckelberger* RdJB 2012, 5.
[521] *Bader* NVwZ 2007, 537 (539 f.). Zur Kindergartenpflicht s. nur *Beaucamp* LKV 2014, 344.
[522] BVerfGE 96, 288; ausf. *Höller,* Die Beschulung behinderter Kinder und Jugendlicher an öffentlichen Schulen, 2008.

natürliche Recht und primäre Pflicht der Eltern ausweist, gibt den Eltern in pädagogischer Hinsicht ein Recht auf Partizipation an der Schulselbstverwaltung[523] sowie einen Anspruch auf Information über alle Vorgänge an der Schule, die die ihnen obliegende Erziehungsaufgabe tangieren,[524] und beeinflusst in konfessioneller Perspektive die Schulorganisation. Schutz- und Abwehrrechte der Schüler ergeben sich aus dem Persönlichkeitsrecht des Art. 2 Abs. 1 iVm Art. 1 Abs. 1 sowie aus dem Grundrecht der Berufsfreiheit gem. Art. 12 Abs. 1. Die Abgrenzung zwischen Persönlichkeitsrecht und staatlicher Gestaltungsfreiheit verläuft parallel zur Abgrenzung von Art. 6 Abs. 2 und Art. 7 Abs. 1.[525] Das Grundrecht der freien Wahl der Ausbildungsstätte aus Art. 12 Abs. 1 garantiert nur den freien und gleichen Zugang zu Einrichtungen der berufsbezogenen Ausbildung und gilt nicht für die allgemeine Bildung an öffentlichen Schulen.[526]

Die institutionelle Garantie des Art. 7 Abs. 3 findet eine Einschränkung in **112**
der sog. Bremer Klausel des Art. 141. Letztere nimmt diejenigen Bundesländer von der Geltung des Art. 7 Abs. 3 aus, in denen am 1.1.1949 eine abweichende landesrechtliche Regelung bestand.[527]

Art. 7 Abs. 4 ist dagegen speziell zu den Grundrechten der wirtschaftlichen **113**
Betätigung. So kann sich der Privatschulträger in den mit dem Betrieb der Schule zusammenhängenden Belangen nicht auf die Grundrechte aus Art. 9, 12 berufen. Diese Spezialität gilt jedoch nicht bei den mit schulischen Fragen nicht zusammenhängenden Betätigungen; auch richtet sich der Eigentumsschutz etwa an schulisch genutzten Liegenschaften nach Art. 14.

D. Kritische Würdigung

Der **politisch-soziale Kontext der Schulverfassung** hat sich seit In- **114**
krafttreten des Grundgesetzes fundamental verändert. Die 1919 und 1949 so strittigen weltanschaulichen Fragen der Schule – Konfessionsschule oder bekenntnisfreie Schule, Umfang der Privatschulfreiheit, Aufsichtsrechte des Staates, Einheitsschule oder gegliedertes Schulwesen – haben im Laufe der Zeit ihre Bedeutung verloren oder sind unter veränderte Aspekte getreten. Dagegen sind der Schule in der Vergangenheit eine Vielzahl von nicht primär bildungs-, sondern allgemein gesellschaftspolitischen Problemen zugewachsen; teils wurden sie ihr gezielt aufgebürdet, teils wurden die Schulen mit Fragen konfrontiert, die politisch nicht entschieden wurden. War es in den 1970er-Jahren noch das vergleichsweise harmlose Problem der Sexualmoral[528] oder die Kontroverse um die „Erziehung zum Widerstand", [529] sind es heute die Integration von Schülern mit Migrationshintergrund und benachteiligter Bevölkerungsschichten, die Segregation in den Städten,[530] die Gewährleistung minimaler sprachlicher Fähigkeiten bei allen Kindern und die Kriminalprävention in sozialen Brennpunkten.

---

523 BVerfGE 59, 360 (381).
524 BVerfGE 59, 360 (376 ff., 381).
525 *Badura* in Maunz/Dürig Rn. 25.
526 *Badura* in Maunz/Dürig Rn. 24.
527 Ausführlich dazu→ Art. 141 Rn. 4 ff.
528 BVerfGE 47, 46.
529 *Frowein* FS f. Geiger, 1974, 579.
530 *Kersten* DÖV 2007, 50; *Kersten* RdJB 2008, 84.

115 Für die damit aufgeworfenen schulrechtlichen und schulrechtspolitischen Probleme dürfte sich die **grundgesetzliche,** auf die Polaritäten Schule – Elternrecht und Staat – Religion bezogene **Regelung des Schulwesens** indessen als **nicht sonderlich ergiebig** erweisen. Dem Begriff der staatlichen Schulverantwortung sind keine greifbaren Antworten auf die gegenwärtigen Herausforderungen zu entnehmen. Ob es sich um die optimale schulische Erfassung der Kinder aller sozialen Gruppen handelt, um Sinn und Unsinn der Schulbezirke,[531] um die organische Einpassung der Schulpolitik in die Stadtentwicklung,[532] die effektive Organisation der Durchlässigkeit des Schulsystems, um die Verzahnung der verschiedenen Schulformen mit einer sich wandelnden Arbeitswelt, um die institutionelle Verselbständigung der Schulen („Schulautonomie")[533] oder um die gesetzliche Ausgestaltung von Evaluationsinstrumenten:[534] Diese Herausforderungen sind juristisch in erster Linie über die Herausbildung neuer verwaltungsrechtlicher Instrumente zu meistern.

116 Was dagegen die grundgesetzliche Garantie des Religionsunterrichts betrifft, so haben die Auseinandersetzungen der letzten Jahre um die Rolle der Religion in der öffentlichen Schule im Allgemeinen und den **Religionsunterricht** im Besonderen deutlich gemacht, dass die Einrichtung Religionsunterricht zu jenen Institutionen gehört, die in besonderem Maße von vorverfassungsrechtlichen Voraussetzungen abhängig sind. Die Verfassungsgarantie des Art. 7 Abs. 3 setzt einen Staat voraus, der nicht nur aus äußerer Rechtstreue gegenüber den Religionsgemeinschaften ihre Betätigung in der Schule duldet und ihre Vertreter als Fremdlinge empfindet,[535] sondern der für die sichtbare Gestalt der Religionsgemeinschaften aus eigenem Recht jene Verantwortung übernimmt, die die reformatorische Lehre vom weltlichen Regiment ihm zugesprochen hatte. Der Religionsunterricht setzt auch einen Staat voraus, der dessen Inhalte nicht zu einem „Kultur- und Bildungsfaktor"[536] herabwürdigt oder „den Mangel an religionspolitischer Gestaltungskraft und Durchsetzungsvermögen" durch rechtsdogmatische Konstruktionen zu kompensieren sucht, die grundlegende Prinzipien religiöser Organisationsfreiheit verletzen.[537] Das ist aber nur die eine Seite. Die Garantie des Religionsunterrichts *de constitutione lata* setzt auf der anderen Seite auch Religionsgemeinschaften voraus, die die ihnen durch das Staatskirchenrecht eingeräumte Wirkungsmöglichkeit selbstbewusst ausfüllen und nicht zuletzt Lehrkräfte, die dies im Unterricht umsetzen. In dem Maße, in dem diese Voraussetzungen erodieren, stellt sich – und zwar nicht nur im Interesse des Staates, sondern auch und gerade im Interesse der Religionsgemeinschaften – *de constitutione ferenda* die Frage nach der Zukunft des Religionsunterrichts in immer größerer Dringlichkeit.

Literatur

L. Álvarez Álvarez, Das Kruzifix in den europäischen Klassenzimmern, JöR 62 (2014), 287. – ***H. Avenarius/B. Pieroth/T. Barczak,*** Die Herausforderung des öffent-

[531] *Püttner* RdJB 1992, 230.
[532] *Kersten* RdJB 2008, 84.
[533] *Unruh* RdJB 2003, 466; *Langenfeld* DV 40 (2007), 347 (358 ff.).
[534] *Langenfeld* DV 40 (2007), 347 (371 ff.).
[535] S. etwa *v. Campenhausen* NVwZ 1995, 757 (759).
[536] BVerfGE 93, 1 (23).
[537] *Heinig* ZevKR 64 (2019), 1 (16, 21).

lichen Schulwesens durch private Schulen – eine Kontroverse, 2012. – ***H. Avenarius/ F. Hanschmann,*** Schulrecht, 9. Aufl. 2019. – ***T. Barczak,*** Der Übergang von der Grundschule in die Sekundarstufe als Grundrechtsproblem, 2011. – ***G. Beaucamp/K. Wißmann,*** Islamischer Religionsunterricht – Warum ist das eine unendliche Geschichte?, DVBl. 2017, 1517. – ***E.-W. Böckenförde,*** Religionsfreiheit und öffentliches Schulgebet, DÖV 1966, 30. – ***M. Bothe,*** Erziehungsauftrag und Erziehungsmaßstab der Schule im freiheitlichen Verfassungsstaat, VVDStRL 54 (1995), 7. – ***S. Boysen,*** Gleichheit im Bundesstaat, 2005. – ***S. Boysen/S. Oeter,*** Wissenschafts- und Bildungspolitik im föderalen Staat – ein strukturelles Problem?, RdJB 2005, 296. – ***F. Brosius-Gersdorf,*** Das Sonderungsverbot für private Ersatzschulen, 2018. – ***F. Brosius-Gersdorf,*** Finanzhilfe für private Ersatzschulen, DÖV 2017, 881. – ***A. von Campenhausen,*** Erziehungsauftrag und staatliche Schulträgerschaft, 1967. – ***A. Dittmann,*** Erziehungsauftrag und Erziehungsmaßstab der Schule im freiheitlichen Verfassungsstaat, VVDStRL 54 (1995), 47. – ***U. Evers/E.-W. Fuß,*** Verwaltung und Schule, VVDStRL 23 (1966), 147, 199. – ***L. Friedrich,*** „Fridays for Future" statt Freitag in der Schule: Unterrichtsbefreiung für Schülerstreik?, NVwZ 2019, 598. – ***B. Grzeszick,*** Islamischer Religionsunterricht an öffentlichen Schulen, ZevKR 62 (2017), 362 – ***A. Guckelberger,*** Die Einführung nationaler Bildungsstandards, NVwZ 2005, 750. – ***F. Hanschmann,*** Staatliche Bildung und Erziehung, 2017. – ***L. Häberle/J. Hattler*** (Hrsg.), Islam – Säkularismus – Religionsrecht, 2012. – ***W. Härle,*** Religionsunterricht unter pluralistischen Bedingungen. Eine kritische Sichtung des Hamburger Modells, 2019. – ***H. Heckel,*** Deutsches Privatschulrecht, 1955. – ***F. Hufen/J.P. Vogel*** (Hrsg.), Keine Zukunftsperspektiven für Schulen in freier Trägerschaft?, 2006. – ***S. Huster,*** Endlich: Abschichtung statt Abwägung. Neues zum Verhältnis von schulischem Erziehungsauftrag und elterlichem Erziehungsrecht, DÖV 2014, 860. – ***F.-R. Jach,*** Schulvielfalt als Verfassungsgebot, 1991. – ***J. Keller/ I. Krampen*** (Hrsg.), Das Recht der Schulen in freier Trägerschaft, 2014. – ***S. Klenner,*** Schülergrundrechte, 2019. – ***M. Koenig,*** Islamischer Religionsunterricht an öffentlichen Schulen, ZevKR 62 (2017), 389. – ***J. Köster,*** Schulform- und Schulstrukturgarantien in den deutschen Landesverfassungen, 2019. – ***S. Korioth/I. Augsberg,*** Ethik- oder Religionsunterricht?, ZG 2009, 222. – ***B. Kümper,*** Die Akzessorietät der privaten Ersatzschule zwischen Bundesverfassungsrecht und Landesrecht, VerwArch 2016, 260. – ***B. Kümper,*** Konkurrenzsituationen zwischen öffentlichen und privaten Schulen aus Sicht des Bundesverfassungsrechts, DVBl. 2016, 225. – ***Ch. Langenfeld,*** Das Elternrecht im Schulwesen, in: Dörr/Grote/Marauhn, EMRK/GG Konkordanz-Kommentar, 2. Aufl. 2013, Kap. 24. – ***Ch. Langenfeld,*** Aktivierung von Bildungsressourcen durch Verwaltungsrecht, DV 40 (2007), 347. – ***J. von Lucius,*** Homeschooling, 2017. – ***S. Mückl,*** Religionsunterricht bikonfessionell, ökumenisch, multireligiös, ZevKR 64 (2019), 225. – ***S. Mückl,*** Staatskirchenrechtliche Regelungen zum Religionsunterricht, AöR 122 (1997), 513. – ***F. Müller/B. Pieroth,*** Religionsunterricht als ordentliches Lehrfach, 1974. – ***K. Nevermann/I. Richter*** (Hrsg.), Rechte der Lehrer, Rechte der Schüler, Rechte der Eltern, 1977. – ***F. Ossenbühl,*** Die pädagogische Freiheit und die Schulaufsicht, DVBl. 1982, 1157. – ***H.-J. Pabst,*** Gebundene Ganztagsschule im Spiegel des Verfassungsrechts, NWVBl. 2012, 457. – ***B. Pieroth,*** Erziehungsauftrag und Erziehungsmaßstab der Schule im freiheitlichen Verfassungsstaat, DVBl. 1994, 949. – ***R. Poscher,*** Religions- oder Religionskundeunterricht?, RdJB 2006, 461. – ***R. Poscher/J. Rux/T. Langer,*** Von der Integration zur Inklusion, 2008. – ***S. Rademacher,*** Wenn Religionsfreiheit auf Schulpflicht trifft, RdJB 2014, 270. – ***F. Reimer*** (Hrsg.), Homeschooling, Bedrohung oder Bewährung des freiheitlichen Rechtsstaats?, 2012. – ***J. Rux,*** Schulrecht, 6. Aufl. 2018. – ***J. Rux,*** Schulische Inklusion, DÖV 2017, 309. – ***B. Schlink/R. Poscher,*** Der Verfassungskompromiss zum Religionsunterricht, 2000. – ***S. Schmahl,*** Die Beschulung von Kindern und Jugendlichen mit Migrationshintergrund, RdJB 2004, 23. – ***A. Schmitt-Kammler,*** Elternrecht und schulisches Erziehungsrecht nach dem Grundgesetz, 1983. – ***B. Schröder,*** Kooperation von Staat und Kirchen bzw. Religionsgemeinschaften im Religionsunterricht, ZevKR 64 (2019), 257. – ***G. Sydow/J. Dietzel,*** Schulen in freier Trägerschaft zwischen pädagogischer Eigenprägung und Kompatibilität mit staatlichen Bildungszielen, RdJB 2014, 239. – ***A. von Ungern-Sternberg,*** Islamischer Religionsunterricht und islamische Theologie – die Suche nach verfassungskonformen Lösungen, RdJB 2016, 30. – ***A. Wallrabenstein,*** Verfassungsfragen der Privatschulfinanzierung heute, RdJB 2014, 248. – ***Ch. Walter,*** Reformationsfolgen, Säkularisierungsfolgen, Pluralisierungsfolgen: Religiöse Konflikte in der Schule, ZevKR 62 (2017), 395. – ***F. Wapler,*** Religiöse Kindererziehung: Grenzen des Rechts, RdJB 2015, 420. – ***H. Wißmann,*** Pädagogische Freiheit als Rechtsbegriff, 2002. – ***H. Wißmann,*** Bildung im freiheitlichen Verfassungsstaat, JöR 60 (2012), 225. – ***H. Wißmann,*** Religionsunterricht für alle?, 2019.

Art. 8 [Versammlungsfreiheit]

(1) Alle Deutschen haben das Recht, sich ohne Anmeldung oder Erlaubnis friedlich und ohne Waffen zu versammeln.

(2) Für Versammlungen unter freiem Himmel kann dieses Recht durch Gesetz oder auf Grund eines Gesetzes beschränkt werden.

Paulskirchenverfassung von 1849

Abschnitt VI. Art. VIII

§ 161. Die Deutschen haben das Recht, sich friedlich und ohne Waffen zu versammeln; einer besonderen Erlaubniß dazu bedarf es nicht.

Volksversammlungen unter freiem Himmel können bei dringender Gefahr für die öffentliche Ordnung und Sicherheit verboten werden.

Weimarer Reichsverfassung von 1919

Art. 123. Alle Deutschen haben das Recht, sich ohne Anmeldung oder besondere Erlaubnis friedlich und unbewaffnet zu versammeln.

Versammlungen unter freiem Himmel können durch Reichsgesetz anmeldepflichtig gemacht und bei unmittelbarer Gefahr für die öffentliche Sicherheit verboten werden.

Übersicht

A. Allgemeine Bedeutung

I. Genese

1 Erste **Vorläufer der grundrechtlichen Versammlungsfreiheit** entstanden im **18. Jahrhundert** in den Vereinigten Staaten von Amerika und England sowie Frankreich.[1] Im anglo-amerikanischen Rechtskreis entwickelte sich die Versammlungsfreiheit auf Grundlage eines engen Zusammenhangs mit dem Petitionsrecht als politisches Recht, weil öffentliche Versammlungen häufig als Rahmen zur Vorbereitung von Petitionen genutzt wurden.[2] Dieser **politische Charakter** prägte auch die anfängliche Entwicklung in Frankreich, doch rückte dort schnell die Ausformung **individueller Menschenrechte** in den Vordergrund, so dass sich die Versammlungsfreiheit als Ausdruck subjektiver Meinungsfreiheit entwickelte.[3] Trotz dieser unterschiedlichen Nuancierungen war die Versammlungsfreiheit von vornherein durch einen politischen Kontext und die Unterscheidung von Staat und Gesellschaft geprägt.[4] Die Versammlungsfreiheit sicherte das Verlangen nach einer politischen Beteiligung ab und ist als solche Produkt des modernen Verfassungsstaats.[5]

2 In **Deutschland** gelang es der Obrigkeit zu der damaligen Zeit, eine vergleichbare Entwicklung der Versammlungsfreiheit vorerst zu unterdrücken.[6] Vor allem durch die Karlsbader Beschlüsse von 1819 und später die Reaktionen auf das Hambacher Fest 1832 kam es zu weitreichenden **Repressionen,** die sich gegen die Versuche des Bürgertums richteten, an der

[1] Vgl. *Ripke,* Europäische Versammlungsfreiheit, 2012, 8 ff.; *Quilisch,* Die demokratische Versammlung, 1970, 30 ff.; *Schwäble,* Das Grundrecht der Versammlungsfreiheit, 1975, 17 ff.; *Ullrich,* Das Demonstrationsrecht, 2015, 35 ff.; *Ehrentraut,* Versammlungsfreiheit im amerikanischen und deutschen Verfassungsrecht, 1990, 19 ff.

[2] *Ullrich,* Das Demonstrationsrecht, 2015, 37; *Quilisch,* Die demokratische Versammlung, 1970, 38; *Ehrentraut,* Versammlungsfreiheit im amerikanischen und deutschen Verfassungsrecht, 1990, 20.

[3] *Quilisch,* Die demokratische Versammlung, 1970, 41 ff.; *Schwäble,* Das Grundrecht der Versammlungsfreiheit, 1975, 20 ff.; *Geis* in BerlKomm Rn. 2; *Kloepfer* in HdbStR VII § 164 Rn. 5.

[4] *Müller-Franken* in SHH Rn. 1.

[5] *Hoffmann-Riem* in AK Rn. 1; *Depenheuer* in Maunz/Dürig Rn. 9; *Gusy* in MKS Rn. 2.

[6] Vgl. *Kraujuttis,* Versammlungsfreiheit zwischen liberaler Tradition und Funktionalisierung, 2005, 7 ff. Zur Situation im Mittelalter *Ullrich,* Das Demonstrationsrecht, 2015, 34 f.

politischen Willensbildung teilzunehmen.[7] So wurden etwa durch Beschluss der Bundesversammlung vom 5.7.1832[8] nicht nur politisch geprägte Vereine verboten, auch wurden außerordentliche **Volksversammlungen präventiv untersagt** und durften nur nach Genehmigung stattfinden.[9]

Erstmalig verfassungsrechtlich kodifiziert wurde die Versammlungsfreiheit in der **Paulskirchenverfassung** von 1849. Für das Abhalten von Versammlungen sollte es im Grundsatz **keiner Erlaubnis bedürfen;** Versammlungen unter freiem Himmel konnten bei einer dringenden Gefahr verboten werden. Auch wenn diese Garantie strukturell als individuelles Freiheitsrecht konstruiert war, sprachen das weite Grundrechtsverständnis und der umfassende Regelungsansatz der Paulskirchenverfassung, der das gesamte gesellschaftliche und staatliche Leben zum Gegenstand hatte, sowie die individuellen Erfahrungen vieler Abgeordneten auch für eine politische Betätigungsfunktion.[10] Die Regelung der Paulskirchenverfassung griff dabei die Voraussetzung einer friedlichen und waffenlosen Versammlung auf, wie sie sich schon im französischen und anglo-amerikanischen Recht etabliert hatte. Darüber hinaus wurde die grundrechtliche Systematik konkretisiert, indem eine Sonderregelung für Versammlungen unter freiem Himmel aufgenommen wurde.[11] 3

Der **Paulskirchenverfassung** blieb die **Anerkennung versagt** und Versammlungen standen, zB nach dem Landesverfassungsrecht,[12] **weiterhin** unter dem **Vorbehalt einer behördlichen Genehmigung.** Als Konsequenz dieser Rechtslage wanderte die Auseinandersetzung mit der Versammlungsfreiheit verstärkt ins **Verwaltungsrecht** ab; ein Prozess der im Frühkonstitutionalismus und Vormärz bereits begonnen hatte.[13] Der Fokus richtete sich auf die verwaltungsrechtlichen Einschränkungen der Versammlungsfreiheit und die eigentliche Freiheit musste, bevor sie sich auf verfassungsrechtlicher Ebene fest verankern konnte, den verwaltungsrechtlichen Verboten und Eingriffsbefugnissen abgetrotzt werden.[14] Dies führte zwangsläufig zu einer Betonung des **Abwehrcharakters** und zu einem Verblassen der politischen Betätigungsfunktion.[15] Im Einklang mit der deutschen Fokussierung auf den Rechtsstaat entwickelte sich die Versammlungsfreiheit deshalb vorrangig aus einer Perspektive der Gesetzesbindung heraus, die an der Zulässigkeit des verwaltungsrechtlichen Betätigungsrahmens anknüpfte, und demokratische Aspekte vernachlässigte, die im französischen und anglo-amerikanischen Rechtskreis erheblich ausgeprägter waren.[16] 4

---

[7] Vgl. *Kraujuttis,* Versammlungsfreiheit zwischen liberaler Tradition und Funktionalisierung, 2005, 7 ff.; *Ullrich,* Das Demonstrationsrecht, 2015, 41 ff.; *Quilisch,* Die demokratische Versammlung, 1970, 47 ff.; *Schwäble,* Das Grundrecht der Versammlungsfreiheit, 1975, 25 ff.

[8] Abgedruckt bei *Huber,* Dokumente zur deutschen Verfassungsgeschichte I (1803–1850), 1978, Nr. 45, 134 f.

[9] *Depenheuer* in Maunz/Dürig Rn. 9; *Ullrich,* Das Demonstrationsrecht, 2015, 42 unter Hinweis auf die Ausnahme des Badischen Versammlungsgesetzes von 1833 als erste einfachgesetzliche Normierung der Versammlungsfreiheit in Deutschland.

[10] *Kraujuttis,* Versammlungsfreiheit zwischen liberaler Tradition und Funktionalisierung, 2005, 23 ff.; *Ullrich,* Das Demonstrationsrecht, 2015, 45; restriktiver *Kloepfer* in HdbStR VII § 164 Rn. 6; *Rüdiger,* Bürgerliche Emanzipation, 2007, 89.

[11] Dieser Schritt orientierte sich an dem ein Jahr zuvor erlassenen § 29 des Reichsgesetzes betreffend die Grundrechte des deutschen Volkes, RGBl. 1848, 49 (54).

[12] Vgl. etwa Art. 29 der revidierten Preußischen Verfassung von 1850 für Versammlungen unter freiem Himmel.

[13] *Gusy* in MKS Rn. 3; *Geis* in BerlKomm Rn. 5.

[14] *Hoffmann-Riem* in AK Rn. 3.

[15] *Gusy* in MKS Rn. 3; *Hoffmann-Riem* in AK Rn. 2.

[16] *Hoffmann-Riem* in AK Rn. 3.

5 Die **Weimarer Reichsverfassung** knüpfte an die Regelung der Paulskirchenverfassung an und statuierte die **allgemeine Erlaubnisfreiheit** von Versammlungen unter gleichzeitiger Beibehaltung der Möglichkeit, Versammlungen unter freiem Himmel einzuschränken.[17] Damit setzte sich auch das Verständnis der Versammlungsfreiheit als in erster Linie Abwehrrecht fort.[18] Obwohl es insbesondere angesichts der Umwälzungen des politischen Systems und in der Gesellschaft nahe gelegen hätte, die Versammlungsfreiheit stärker auf ihre politische Betätigungsfunktion auszurichten, blieb dies aus.[19] Dass insbesondere die Rechtswissenschaft in der Folgezeit nicht nachhaltig diesen Weg einschlug, mag auch daran gelegen haben, dass die Versammlungsfreiheit schon wenige Jahre nach ihrer ersten verfassungsrechtlichen Normierung vornehmlich mit Gewalttätigkeiten verbunden wurde.[20] 1933 wurde auch die Versammlungsfreiheit durch die Notverordnung des Reichspräsidenten vom 28.2.1933 außer Kraft gesetzt.[21]

6 Bei der Ausarbeitung des **Grundgesetzes** wurde über das Konzept, das der Versammlungsfreiheit zugrunde liegen sollte, nicht vertieft diskutiert und Art. 8 nahm weitgehend ohne Hinterfragen Bezug auf die Regelung des Art. 123 WRV.[22] Bis zur heutigen Zeit wurde der Text des Art. 8 nicht geändert.

7 Die Versammlungsfreiheit des Grundgesetzes führte in den ersten Jahren ein **Schattendasein.** Ihre Inanspruchnahme und damit korrespondierend auch die Auseinandersetzung mit der Versammlungsfreiheit durch Rechtswissenschaft und Praxis blieben verhalten.[23] Ein erster Bedeutungszugewinn erfolgte in der zweiten Hälfte der **1960er Jahre.** Proteste gegen die Notstandsverfassung, den Vietnamkrieg und anlässlich anderer politischer Ereignisse der damaligen Zeit führten unter dem maßgeblichen Einfluss der Studentenbewegung verbreitet zu einem bürgerlichen Selbstverständnis, das von Protest geprägt war und häufig neue und provokative Versammlungsformen erzeugte, auf deren Behandlung sich die staatlichen Behörden noch nicht eingestellt hatten.[24]

8 Ab Ende der 1970er Jahre und vor allem in den **1980er Jahren** nahm die Bedeutung der Versammlungsfreiheit noch einmal erheblich zu.[25] Angetrieben durch die Spannungen des Ost-West-Konflikts, die zivile Nutzung der Atomenergie und den Umweltschutz entwickelten sich Versammlungen zu einem Massenereignis. Die Diskussion über den rechtlichen Rahmen dieser

---

[17] Vgl. zum Verständnis von Art. 123 WRV *Kraujuttis,* Versammlungsfreiheit zwischen liberaler Tradition und Funktionalisierung, 2005, 45 ff.

[18] *Geis* in BerlKomm Rn. 6.

[19] Vgl. *Quilisch,* Die demokratische Versammlung, 1970, 81 ff.; *Ullrich,* Das Demonstrationsrecht, 2015, 50; *Gusy* in MKS Rn. 4.

[20] Vgl. *Gusy* in MKS Rn. 4.

[21] Verordnung des Reichspräsidenten zum Schutz von Volk und Staat, RGBl. I, 83.

[22] *Hoffmann-Riem* in AK Rn. 5. Zur Entstehungsgeschichte JöR nF 1 (1951), 113 ff. Zur Situation in der DDR *Ullrich,* Das Demonstrationsrecht, 2015, 60 ff.

[23] *Hoffmann-Riem* in AK Rn. 6; *Kloepfer* in HdbStR VII § 164 Rn. 7; umfangreich zu einzelnen Phasen der Bedeutung der Versammlungsfreiheit *Höfling/Augsberg* ZG 21 (2006), 151 (160 ff.); vgl. auch *Kraujuttis,* Versammlungsfreiheit zwischen liberaler Tradition und Funktionalisierung, 2005, 61 ff.; *Ullrich,* Das Demonstrationsrecht, 2015, 67 ff.; *Schulze-Fielitz* in Dreier Rn. 19.

[24] *Hoffmann-Riem* NJW 2004, 2777 (2778); *Hoffmann-Riem* in AK Rn. 6; *Höfling/Augsberg* ZG 21 (2006), 151 (160); *Ullrich,* Das Demonstrationsrecht, 2015, 67 f.

[25] *Höfling/Augsberg,* ZG 21 (2006), 151 (161 ff.); *Ullrich,* Das Demonstrationsrecht, 2015, 68 ff.; *Kloepfer* in HdbStRVII § 164 Rn. 8; *Schulze-Fielitz* in Dreier Rn. 19.

Versammlungen erreichte nun, insbesondere mit dem Brokdorf-Beschluss,[26] auch die Verfassungsrechtsprechung.[27] Seit den 1990er Jahre mit dem Höhepunkt Anfang der **2000er Jahre** wurde die Versammlungsfreiheit vor allem durch Versammlungen von rechtsradikalen Gruppierungen und unpolitischen, auf Spaß ausgerichteten Veranstaltungen auf die Probe gestellt.[28]

Die **aktuelle Lebenswirklichkeit** hat die Ausübung der Versammlungsfreiheit verändert. Dabei hat das Aufkommen digitaler Kommunikationstechnologien aber nicht dazu geführt, dass sich gemeinschaftliche Meinungsäußerungen aus dem gegenständlichen öffentlichen Raum in das Virtuelle verlagern.[29] Vielmehr haben sich die digitalen Kommunikationstechnologien zu einem höchst effektiven Mittel zur Organisation und Durchsetzung von Versammlungen entwickelt.[30] Diese tatsächliche **Vitalisierung der Versammlungsfreiheit** beruht auch darauf, dass die Gesellschaft zunehmend politischer, fragmentierter und heterogener wird. Unterstützt wird dieser Bedeutungszuwachs schließlich durch die zunehmende Berichterstattung über Versammlungen, sei es durch Massenmedien oder Individuen in sozialen Netzwerken.[31] **9**

II. Systematischer Zusammenhang, Bedeutung und Funktion

Die Versammlungsfreiheit als „Garantie des kommunikativen Zusammentritts zu Versammlungen"[32] kann aus **unterschiedlichen Perspektiven** betrachtet werden, die auch schon für die Entstehungsgeschichte des Grundrechts prägend waren (→ Rn. 1): von einem **liberal-menschenrechtlichen Standpunkt** aus und einem auf **demokratische Mitwirkung** ausgerichteten Blickwinkel. Der liberal-menschenrechtlich eingefärbte Gehalt ergibt sich dabei schon durch die individuell-abwehrrechtliche Systematik des Grundrechts. Die Teilnahme an einer Versammlung ermöglicht dem Individuum, für die eigene Haltung einzutreten und Ablehnung gegenüber abweichenden Meinungen auszudrücken, Bestätigung durch andere Gleichgesinnte zu erfahren und bislang Unentschlossene für die eigene Position einzunehmen.[33] Dies beinhaltet auch die Vergegenständlichung einer Meinung durch körperliche Präsenz, selbst wenn dadurch ein gewisses Macht- oder gar Aggressionspotenzial zum Ausdruck kommen kann.[34] **10**

Das Grundrecht ermöglicht es dem Individuum, die Vereinzelung seiner Position und Meinung zu verhindern und schützt so sein Zusammenfinden und Zusammenwirken mit anderen.[35] Dahinter steht ein Menschenbild, das die Gemeinschaft mit anderen als **elementares soziales Grundbedürfnis** anerkennt und für die vollständige **Persönlichkeitsentfaltung** **11**

[26] BVerfGE 69, 315. Hierzu *Doering-Manteuffel/Greiner/Lepsius,* Der Brokdorf-Beschluss, 2015.

[27] *Blanke* in Stern/Becker Rn. 15.

[28] *Ullrich,* Das Demonstrationsrecht, 2015, 70; *Kloepfer* in HdbStR VII § 164 Rn. 9; *Höfling/Augsberg* ZG 21 (2006), 151 (162).

[29] Vgl. *Kloepfer* in HdbStR VII § 164 Rn. 1.

[30] Zu veranstalter- und leiterlosen Versammlungen vgl. *Hoffmann-Riem* in AK Rn. 7; *Lenski,* VerwArch 103 (2012), 539 (544 ff.).

[31] *Schulze-Fielitz* in Dreier Rn. 19.

[32] *Blanke* in Stern/Becker Rn. 1.

[33] Vgl. *Gusy* in MKS Rn. 9; *Blanke* in Stern/Becker Rn. 2.

[34] Vgl. BVerfGE 69, 315 (345); *Gusy* in MKS Rn. 10; zu einseitig das körperlich Drohende betonend *Depenheuer* in Maunz/Dürig Rn. 2 ff.; vgl. auch *Butler,* Anmerkungen zu einer performativen Theorie der Versammlung, 2018, 96 ff.

[35] *Kloepfer* in HdbStR VII § 164 Rn. 1.

voraussetzt.[36] Die liberal-menschenrechtliche Komponente dient damit auch der persönlichen Entwicklung durch die geistige Auseinandersetzung mit anderen und der Selbstdarstellung.[37]

12 Vor allem das BVerfG betont daneben den **Einfluss des demokratischen Prinzips** für die Bedeutung der Versammlungsfreiheit.[38] So ist die Versammlungsfreiheit „für eine freiheitliche demokratische Staatsordnung konstituierend"[39], stellt ein „wesentliches Element demokratischer Offenheit"[40] dar und bietet den Bürgern als eine Art Demonstrationsfreiheit[41] „ein Stück ursprünglich-ungebändigter unmittelbarer Demokratie".[42] Die Versammlungsfreiheit gewährleistet auf diesem Wege auch die Freiheit kollektiver Meinungskundgabe[43] und tritt in den Kreis der **Kommunikationsgrundrechte** ein.[44] Die Versammlungsfreiheit wird damit aber nicht zu einem Unterfall der Meinungsfreiheit, denn dies würde der systematischen Eigenständigkeit der beiden Grundrechte nicht gerecht werden (→ Rn. 148).[45]

13 Mit diesem demokratisch-politischen Element kann die Versammlungsfreiheit ein **Korrektivelement im System der repräsentativen Demokratie** bilden, in dem den Bürgern grundsätzlich keine direktdemokratischen Gestaltungsmöglichkeiten zur Verfügung stehen.[46] Dies darf als Mittel der konstruktiven Auseinandersetzung mit gesellschaftlichen Konflikten, zum Ausgleich in einer pluralistischen Öffentlichkeit und zum Aufbau kollektiver Identitäten nicht unterschätzt werden.[47]

---

[36] BVerfGE 69, 315 (343); 128, 226 (250); *Schulze-Fielitz* in Dreier Rn. 15; *Müller-Franken* in SHH Rn. 3; vgl. *Koll,* Liberales Versammlungsrecht, 2015, 21 ff.

[37] BVerfGE 69, 315 (343); 87, 399 (409); 104, 92 (104); *Schulze-Fielitz* in Dreier Rn. 15; *Geis* in BerlKomm Rn. 14; *Schneider* in BeckOK GG Rn. 1; *Jarass* in Jarass/Pieroth Rn. 1; *Hartmann* in BK Rn. 146; *Hong* in Peters/Janz HdbVersR Rn. B 1; *Kunig* in v. Münch/Kunig, 6. Aufl. 2012, Rn. 2; zur Ausprägung als allgemeines Persönlichkeitsrecht *v. Mutius* Jura 1988, 30 (33).

[38] Kritisch *Kloepfer* in HdbStR VII § 164 Rn. 14 ff.; *Depenheuer* in Maunz/Dürig Rn. 35.

[39] BVerfGE 69, 315 (344); 128, 226 (250).

[40] BVerfGE 69, 315 (346).

[41] Für Demonstrationen wird davon ausgegangen, dass sie darauf abzielen, die staatliche Willensbildung durch die Kundgabe von Überzeugungen und Meinungen zu beeinflussen, *Blanke* in Stern/Becker Rn. 36; *Dürig-Friedl* in Dürig-Friedl/Enders VersammlungsG Einl. Rn. 19, 25. Der Begriff der Demonstrationsfreiheit wird nicht als eigenständiger Rechtsbegriff verwendet, sondern lediglich als tatsächlicher Unterfall der Versammlungsfreiheit, *Blanke* in Stern/Becker Rn. 36; *Gusy* in MKS Rn. 18; *Geis* in BerlKomm Rn. 27; *Kniesel* in Dietel/Gintzel/Kniesel VersG Teil I Rn. 104.

[42] BVerfGE 69, 315 (347) unter Bezugnahme auf *Hesse,* Grundzüge des Verfassungsrechts, 1999, 176, Rn. 404; *Schulze-Fielitz* in Dreier Rn. 16; *Geis* in BerlKomm Rn. 12.

[43] BVerfGE 69, 315 (345); 104, 92 (104); 128, 226 (250); *Dietlein* NVwZ 1992, 1066 (1066); vgl. *Hoffmann-Riem* in AK Rn. 16; *Hartmann* in BK Rn. 146; skeptisch *Bertuleit,* Sitzdemonstrationen zwischen prozedural geschützter Versammlungsfreiheit und verwaltungsakzessorischer Nötigung, 1994, 86 f.; *Lehmann,* Der Schutz symbolträchtiger Orte vor extremistischen Versammlungen, 2012, 28 ff., 44.

[44] BVerfGE 69, 315 (345); *Geis* in BerlKomm Rn. 12; *Schulze-Fielitz* in Dreier Rn. 16; *Schwäble,* Das Grundrecht der Versammlungsfreiheit, 1975, 97 ff.; *Hartmann* in BK Rn. 145; *Kloepfer* in HdbStR VII § 164 Rn. 2; *Dürig-Friedl* in Dürig-Friedl/Enders VersammlungsG Einl. Rn. 2.

[45] Vgl. BVerfGE 124, 300 (317, 341); *Depenheuer* in Maunz/Dürig Rn. 182; *Hoffmann-Riem* in HdbGR IV § 106 Rn. 86; *Müller-Franken* in SHH Rn. 63; *Höfling* in Sachs Rn. 84; kritisch *Beyerbach* JA 2015, 881 (887).

[46] BVerfGE 69, 315 (346 f.); *Höfling* in Sachs Rn. 8; vgl. auch *Kloepfer* in HdbStR VII § 164 Rn. 12; *Hoffmann-Riem* in AK Rn. 7.

[47] *Lehmann,* Der Schutz symbolträchtiger Orte vor extremistischen Versammlungen, 2012, 40 ff.; *Schulze-Fielitz* in Dreier Rn. 22; vgl. auch *Ladeur* Der Staat 54 (2015), 97 (99 f.); *Geminn* VerwArch 107 (2016), 601 (610).

Die Versammlungsfreiheit wird so selbst zum **Indikator für den gesellschaftlich-politischen Zustand** eines Gemeinwesens, weil ihre Ausübung in vielfältiger Hinsicht Zeugnis abliefern kann: nicht nur im Hinblick auf die behandelten Themen und ihre Vielfalt, sondern auch durch die Reaktionen staatlicher Behörden auf Versammlungen.[48] Eine solche Betrachtung der tatsächlichen Umstände sollte jedoch nicht zum Eindruck führen, bei der Versammlungsfreiheit handele es sich um das „klassische Grundrecht der Unzufriedenen und Unbequemen oder gar Aufsässigen“[49]. Die Ausübung der grundrechtlichen Freiheit richtet sich typischerweise gegen eine empfundene Obrigkeit, angestammte Meinungen oder den bisherigen gesellschaftlichen Konsens und erfordert regelmäßig einen besonderen persönlichen Einsatz. Die dem zugrundeliegenden individuellen Motivationen entziehen sich aber einer pauschalen Wertung. Vielmehr ist anzuerkennen, dass die Versammlungsfreiheit insbesondere dem **Schutz von Minderheiten** dient.[50] Es liegt in der Natur der Sache, dass die inhaltliche Zielrichtung von Versammlungen typischerweise nicht deckungsgleich mit der Mehrheitsmeinung ist. 14

Die Aufmerksamkeit, die dem Anliegen von Versammlungen zukommt, ergibt sich mittlerweile vor allem durch die **Berichterstattung** der traditionellen **Medien** oder Individuen in sozialen Netzwerken.[51] Insofern kann ein Verhältnis wechselseitiger Beeinflussung entstehen, das auch zu zweifelhaften Konsequenzen führen kann, indem das Anliegen von Versammlungen überrepräsentiert wird oder erst die Berichterstattung eine Eskalation herbeiführt.[52] In diesem Zusammenhang geraten insbesondere Straftaten, die anlässlich einer Versammlung begangen werden, in den Fokus.[53] Dies macht deutlich, dass Versammlungen selbst den Ursprung für Gefährdungen der Demokratie bilden können.[54] Mit der Versammlungsfreiheit gewährt das Grundgesetz damit ein Recht, ohne letztendlich garantieren zu können, dass die Konsequenzen und Folgen seiner Ausübung nicht zu einer Gefahr für die grundgesetzliche Ordnung werden.[55] 15

Regelmäßig stellt sich die Frage nach dem **Verhältnis** von liberal-menschenrechtlicher und demokratischer Funktion und den Konsequenzen, die sich daraus für das Verständnis der Versammlungsfreiheit ergeben.[56] Dabei wird die Konzentration auf die eine oder andere Position der Bedeutung des Grundrechts nicht gerecht.[57] Typischerweise (und bedeutend intensiver als bei anderen Grundrechten)[58] steht die Wahrnehmung des Grundrechts faktisch in einem engen Zusammenhang mit dem politischen Prozess. Zu weit dürfte es deshalb und wegen der individuell-abwehrrechtlichen Systematik 16

---

[48] Vgl. *Kunig* in v. Münch/Kunig, 6. Aufl. 2012, Rn. 4; *Gusy* in MKS Rn. 11; *Schulze-Fielitz* in Dreier Rn. 17.

[49] *Kloepfer* in HdbStR VII § 164 Rn. 1, der aber auch feststellt, dass die Versammlungsfreiheit mittlerweile im Bereich der „Normalbürger“ angekommen sei.

[50] BVerfGE 69, 315 (343 ff.); *Hoffmann-Riem* in AK Rn. 5; *Geis* in BerlKomm Rn. 12.

[51] *Hoffmann-Riem* in AK Rn. 8; *Gusy* in MKS Rn. 9.

[52] *Kloepfer* in HdbStR VII § 164 Rn. 17; *Battis/Grigoleit* NJW 2007, 2171 (2171 f.).

[53] Vgl. *Schulze-Fielitz* in Dreier Rn. 19.

[54] *Brüning* Der Staat 41 (2002), 213 (227); *Blanke* in Stern/Becker Rn. 5; *Schulze-Fielitz* in Dreier Rn. 18; vgl. auch BVerfGE 69, 315 (345).

[55] Vgl. BVerfGE 124, 300 (330); *Kloepfer* in HdbStR III § 42 Rn. 14; *Schulze-Fielitz* in Dreier Rn. 21.

[56] Vgl. *Hoffmann-Riem* in AK Rn. 5; *Gusy* in MKS Rn. 9 ff.; *Schulze-Fielitz* in Dreier Rn. 5.

[57] Ebenso *Gusy* in MKS Rn. 13; vgl. auch *Hoffmann-Riem* in HdbGR IV § 106 Rn. 15.

[58] Vgl. aber *Höfling* in Sachs Rn. 9.

aber gehen, ein demokratisches Grundrechtsverständnis als Ausdruck eines politischen oder demokratischen Grundrechts zu verstehen, für das eine eigenständige Bereichsdogmatik gilt.[59] Es findet keine Verengung auf einer der beiden Richtungen statt,[60] vielmehr es handelt sich um **zwei Komponenten** des Grundrechtsverständnisses, die sich ergänzen und so als Gesamtheit den grundrechtlichen Gewährleistungsgehalt abdecken. Ihr Verhältnis und Zusammenspiel muss im Rahmen der Auslegung des Grundrechts und seiner Konkretisierung durch das einfache Recht strukturiert werden.[61] Eine **Instituts- oder institutionelle Garantie** lässt sich der Versammlungsfreiheit nicht entnehmen.[62]

III. Überstaatliche Bezüge

17 Die Versammlungsfreiheit ist im Vergleich zu anderen Grundrechten nur in beschränktem Maße durch überstaatliche Bezüge beeinflusst.[63] **Art. 11 EMRK** gewährleistet die Versammlungsfreiheit, indem in Abs. 1 jeder Person das Recht gewährt wird, sich frei und friedlich mit anderen zu versammeln (vgl. auch Art. 21 Internationaler Pakt über bürgerliche und politische Rechte, IPbpR). Die Ausgestaltung der Versammlungsfreiheit als Menschenrecht in der EMRK trägt dem elementaren menschlichen Grundbedürfnis nach sozialer Interaktion Rechnung (→ Rn. 11).[64] Auch im Rahmen des Art. 11 EMRK können Versammlungen deshalb als Instrument kollektiver Meinungskundgabe angesehen werden (→ Rn. 12).[65]

18 Als **Menschenrecht** schützt Art. 11 EMRK auch Ausländer und nicht nur Staatsbürger der Vertragsstaaten. In sachlicher Hinsicht ist die Versammlungsfreiheit, die konventionsrechtlich autonom auszulegen ist, **weit zu verstehen.**[66] Konkret wird wegen des Zusammenhangs mit der Meinungsfreiheit darunter üblicherweise die Zusammenkunft von mehreren Personen zum Zwecke der gemeinschaftlichen Meinungsbildung und Meinungsäußerung verstanden, wobei dies überwiegend nicht auf öffentliche politische Gegenstände beschränkt wird.[67] Dieses Verständnis liegt auch **Art. 12 Abs. 1**

[59] *Ehrentraut,* Die Versammlungsfreiheit im amerikanischen und deutschen Verfassungsrecht, 1990, 101 ff.; *Frankenberg* KJ 1981, 370 ff.; *Frank* FS f. Ridder, 1989, 37 (43 ff.); vgl. auch *Hoffmann-Riem* in HdbGR IV § 106 Rn. 16; *Kniesel* NJW 1992, 857 (861); *Höfling* Der Staat 33 (1994), 493 ff. Zur Versammlungsfreiheit als „dienende Freiheit" (ablehnend) *Hartmann* in BK Rn. 150.

[60] *Schulze-Fielitz* in Dreier Rn. 18.

[61] *Hoffmann-Riem* in HdbGR IV § 106 Rn. 14 ff.; *Gusy* in MKS Rn. 13.

[62] *Blanke* in Stern/Becker Rn. 53; *Kloepfer* in HdbStR VII § 164 Rn. 22; *Kohl* in Umbach/Clemens Rn. 14.

[63] *Seidel,* Handbuch der Grund- und Menschenrechte auf staatlicher, europäischer und universeller Ebene, 1996, 112 ff. International findet sich die Versammlungsfreiheit in ähnlicher Ausgestaltung in verschiedenen völkerrechtlichen Menschenrechtsschutzsystemen, so in Art. 11 EMRK, Art. 20 Abs. 1 AEMR, Art. 21 IPbpR, Art. 15 AMRK, Art. 11 AfrMRCh und Art. 24 Nr. 6 ArabMRCh, vgl. *Blanke* in Stern/Becker Rn. 89 ff.

[64] *Schulze-Fielitz* in Dreier Rn. 8.

[65] EGMR 14.2.2006 – 28793/02, Rn. 62 – Parti Populaire Démocrate-Chrétien/Moldawien; *Ripke,* Europäische Versammlungsfreiheit, 2012, 174 ff.; *Daiber* in Meyer-Ladewig/Nettesheim/von Raumer EMRK Art. 11 Rn. 1; *Blanke* in Stern/Becker Rn. 93. Für einen Vorrang des Art. 11 EMRK iS einer *lex specialis* gegenüber der Meinungsfreiheit nach Art. 10 EMRK, *Schulze-Fielitz* in Dreier Rn. 8.

[66] EGMR 31.3.2005 – 38187/97, Rn. 266 – Adali/Turkey; *Arndt/Engels* in Karpenstein/Mayer EMRK Art. 11 Rn. 6; *Schulze-Fielitz* in Dreier Rn. 9; *Blanke* in Stern/Becker Rn. 93.

[67] *Daiber* in Meyer-Ladewig/Nettesheim/von Raumer EMRK Art. 11 Rn. 3; *Arndt/Engels* in Karpenstein/Mayer EMRK Art. 11 Rn. 6; *Frowein/Peukert* EMRK Art. 11

GRCh zugrunde, der dies schon im Wortlaut andeutet („insbesondere im politischen, gewerkschaftlichen und zivilgesellschaftlichen Bereich")[68] und dessen Auslegung sich nach Art. 52 Abs. 3 GRCh an der Rechtslage zur EMRK orientiert.

Bei der Bestimmung der Grenzen der Versammlungsfreiheit des Art. 8 sind die Gewährleistung des Art. 11 EMRK und ihre konventionsrechtliche Auslegung für Träger deutscher Staatsgewalt zu berücksichtigen.[69] Es ist damit nicht ausgeschlossen, dass das konventionsrechtliche Verständnis der Versammlungsfreiheit als Auslegungshilfe für Art. 8 fungiert und so grundrechtskonkretisierende und grundrechtsergänzende Wirkung entfaltet.[70] **19**

B. Einzelfragen

I. Persönlicher Gewährleistungsgehalt – „Alle Deutschen"

Nach Art. 8 ist die Versammlungsfreiheit als **Deutschengrundrecht** konzipiert und nimmt damit Bezug auf die Staatsangehörigkeit iSd Art. 116 Abs. 1.[71] Dieser Charakter als „Bürgerrecht"[72] soll sich nach dem Verständnis des Parlamentarischen Rates aus der demokratisch-politischen Komponente des Grundrechts ergeben.[73] Da sich Ausländer zumindest auf Bundes- und Landesebene nicht an der Legitimation der Staatsgewalt über Wahlen beteiligen könnten (→ Art. 28 Rn. 31 f.), komme ihnen auch nicht die Freiheit zu, sich über Versammlungen an der politischen Willensbildung zu beteiligen.[74] Dieser Gedanke mag zwar zugleich eine erhebliche Verengung des Gewährleistungsgehalts bewirken,[75] doch ist der Wortlaut des Art. 8 insofern eindeutig (→ Rn. 150). **20**

1. Ausländer. Für Ausländer ist – wie bei anderen Deutschengrundrechten auch – hinsichtlich der grundrechtlichen Gewährleistung umstritten, ob und ggf. wie ein verfassungsrechtlicher Schutz möglich ist. Für die Versammlungsfreiheit relativiert sich diese Frage jedoch durch zwei Überlegungen: Einerseits ist der ebenfalls einschlägige Art. 11 EMRK als Menschenrecht ausgestaltet und bei der Auslegung und Anwendung des einfachen Rechts zu berücksichtigen (→ Rn. 19). Andererseits erfasst das maßgebliche einfachgesetzliche Versammlungsrecht auch Ausländer (§ 1 VersG).[76] **21**

Rn. 2; *Grabenwarter/Pabel,* EMRK, 2016, § 23 Rn. 68; umfassend *Ripke,* Europäische Versammlungsfreiheit, 2012, 179 ff.

[68] *Jarass* in Jarass GRCh Art. 12 Rn. 10.

[69] Vgl. BVerfGE 111, 307 (315); 120, 180 (199 ff.); *Sauer,* Staatsrecht III, § 7 Rn. 19 ff.

[70] BVerfGE 111, 307 (317, 329); 74, 358 (370); *Mayer* in Karpenstein/Mayer EMRK Einl. Rn. 89; *Meyer-Ladewig/Brunozzi* in Meyer-Ladewig/Nettesheim/von Raumer EMRK Art. 46 Rn. 17 f.; *Blanke* in Stern/Becker Rn. 92.

[71] *Höfling* in Sachs Rn. 50; *Jarass* in Jarass/Pieroth Rn. 11; *Müller-Franken* in SHH Rn. 30; *Hartmann* in BK Rn. 241; *Dürig-Friedl* in Dürig-Friedl/Enders VersammlungsG Einl. Rn. 20; anders („Alle Menschen …") Art. 23 BbgVerf, dazu *Kirchhoff* LKV 2009, 193 (194 f.).

[72] BVerfGE 69, 315 (343, 346); *Hartmann* in BK Rn. 241; *Di Fabio* in Maunz/Dürig Art. 2 Abs. 1 Rn. 28; *v. Mutius* Jura 1988, 30 (34).

[73] Vgl. JöR nF 1 (1951), 114.

[74] *Gusy* in MKS Rn. 37; *Hoffmann-Riem* in HdbGR IV § 106 Rn. 76; *Hartmann* in BK Rn. 245; *Depenheuer* in Maunz/Dürig Rn. 99.

[75] Skeptisch auch *Hartmann* in BK Rn. 245.

[76] *Schulze-Fielitz* in Dreier Rn. 51; vgl. auch *Höfling* in Sachs Rn. 50 f.

22 Vereinzelt wird unter Verweis auf das daraus folgende Schutzniveau jedweder zusätzliche verfassungsrechtliche Schutz bestritten.[77] Andere billigen Ausländern bei Deutschengrundrechten zumindest über einen Rückgriff auf Art. 1 Abs. 1, Art. 2 Abs. 1, Art. 19 Abs. 2 ausnahmsweise einen verfassungsrechtlichen Schutz in den Grenzen des Menschenwürdegehalts der einzelnen Grundrechte zu.[78] Überzeugender erscheint es aber, Ausländern für Versammlungen einen Schutz über den **Auffangtatbestand des Art. 2 Abs. 1** zuzubilligen.[79] Die hiergegen vorgebrachten Einwände, dies widerspreche der bewussten Systementscheidung des Verfassungsgebers und übergehe die besonderen Tatbestandsvoraussetzungen des Art. 8 Abs. 1 („friedlich und ohne Waffen")[80] greifen zu kurz. Der allgemeinen Handlungsfreiheit liegt ein umfassender Wirkbereich zugrunde, so dass nur bei einer sachlich und persönlich begründeten Anwendbarkeit der Versammlungsfreiheit ein Spezialitätsverhältnis besteht.[81] Dies ergibt sich aber im Falle von Ausländern und der Versammlungsfreiheit ausdrücklich nicht.

23 Für Versammlungen von Ausländern kommt damit der verfassungsmäßigen Ordnung innerhalb der Schrankentrias des Art. 2 Abs. 1 besondere Bedeutung zu. Diese ist unter Berücksichtigung des Versammlungsgesetzes und Art. 11 EMRK zu bestimmen. Dabei ist wegen der Anwendbarkeit des Art. 2 Abs. 1 auch der verfassungsrechtliche **Verhältnismäßigkeitsgrundsatz** zu beachten.[82] Im Versammlungsrecht bestehen für Ausländer keine Sonderregelungen, aber weitergehende einfachgesetzliche Einschränkungen können sich durch das **Aufenthaltsrecht** ergeben (vgl. § 47 AufenthG).[83] Für **Staatenlose** gilt derselbe Maßstab wie für Ausländer.[84]

24 Im Fall von **EU-Ausländern** ist zusätzlich zu berücksichtigen, dass diese gemäß **Art. 18 AEUV** nicht aus Gründen der Staatsangehörigkeit diskriminiert werden dürfen. Zwar gilt dieses **Diskriminierungsverbot** nur im Anwendungsbereich der Verträge. Doch sprechen die Integrationsmechanik der Union,[85] die Unionsbürgerschaft (Art. 20 AEUV) und das kommunale Wahlrecht (Art. 22 AEUV, Art. 28 Abs. 1 S. 3) sowie die demokratisch-politische Komponente der Versammlungsfreiheit (→ Rn. 12) für eine Eröffnung des Anwendungsbereichs der Verträge auch im Falle von Versamm-

---

[77] *Hartmann* in BK Rn. 297.

[78] *Depenheuer* in Maunz/Dürig Rn. 109; *Kohl* in Umbach/Clemens Rn. 36; *Müller-Franken* in SHH Rn. 30; *v. Mutius* Jura 1988, 30 (35); allgemein dazu *Di Fabio* in Maunz/Dürig Art. 2 Abs. 1 Rn. 31. Zum Menschenwürdegehalt der Versammlungsfreiheit *Schulz,* Änderungsfeste Grundrechte, 2008, 612 ff.

[79] *Hoffmann-Riem* in AK Rn. 31; *Hoffmann-Riem* in HdbGR IV § 106 Rn. 78; *Schulze-Fielitz* in Dreier Rn. 49; *Gusy* in MKS Rn. 39; *Geis* in BerlKomm Rn. 67, 69; *Blanke* in Stern/Becker Rn. 50; *Höfling* in Sachs Rn. 50; allgemein BVerfGE 35, 382 (399); 78, 179 (196 f.).

[80] *Depenheuer* in Maunz/Dürig Rn. 109; *Müller-Franken* in SHH Rn. 30.

[81] BVerfGE 78, 179 (196 f.); 96, 10 (21 ff.); *Di Fabio* in Maunz/Dürig Art. 2 Abs. 1 Rn. 32; *Gusy* in MKS Rn. 39; *Stern,* StaatsR III/1, 1988, 1041; *Isensee* VVDStRL 32 (1974), 49 (80, Fn. 73); allgemein BVerfGE 35, 382 (399); 38, 52 (57); 49, 168 (180).

[82] *Hoffmann-Riem* in AK Rn. 31; aA auf Grundlage der eingangs geschilderten Ansichten *Depenheuer* in Maunz/Dürig Rn. 109; *Hillgruber* in Umbach/Clemens Art. 2 Abs. 1 Rn. 274; *Hailbronner* NJW 1983, 2105 (2110 f.); vgl. wiederum für eine Anwendung des Verhältnismäßigkeitsgrundsatzes *Hartmann* in BK Rn. 298.

[83] *Gusy* in MKS Rn. 39; *Schulze-Fielitz* in Dreier Rn. 55; *Hoffmann-Riem* in AK Rn. 31.

[84] *Geis* in BerlKomm Rn. 67; *Blanke* in Stern/Becker Rn. 50; *Schulze-Fielitz* in Dreier Rn. 55.

[85] Hierzu *von Bogdandy* in Grabitz/Hilf/Nettesheim EU-Recht Art. 18 AEUV Rn. 1.

lungen, insbesondere wenn diese inhaltlich Positionen betrifft, die ausdrücklich in den Verträgen benannt sind.[86]

25 Um bei Deutschengrundrechten eine Diskriminierung von EU-Ausländern abzuwenden, werden verschiedene Möglichkeiten diskutiert. Denkbar erscheint es, Art. 8 Abs. 1 unionsrechtskonform anzupassen und auch EU-Ausländer in den persönlichen Schutzbereich einzubeziehen.[87] Angesichts der Wortlautgrenze ist es sachgerechter, auch für EU-Ausländer weiterhin einen **verfassungsrechtlichen Schutz über Art. 2 Abs. 1** anzunehmen, auf diesen aber das Schutzniveau zu übertragen, wie es sich durch Art. 8, insbesondere den Schrankenvorbehalt des Abs. 2, ergibt.[88] Dies lässt sich auch dadurch gewährleisten, dass eine europarechtskonforme Auslegung des einfachen Rechts vorgenommen wird, die dazu führt, dass EU-Ausländer wie Deutsche behandelt werden.[89] Wollte man diese Gleichstellung im Schutzniveau jedoch ausschließlich der Ebene des einfachen Rechts überlassen,[90] ohne EU-Ausländern zugleich verfassungsrechtlichen Schutz zuzubilligen, würde dies ihrer Stellung nicht gerecht werden und zu einer Diskriminierung führen.[91]

26 **2. Minderjährige.** Eine ausdrückliche Altersgrenze für die Wahrnehmung der Versammlungsfreiheit ist im Grundgesetz nicht vorgesehen, trotzdem wird diskutiert, inwiefern sich auch Minderjährige auf die Versammlungsfreiheit berufen können. Dafür ist ua zwischen der Frage der Grundrechtsträgerschaft und der Frage der selbständigen Ausübung des Grundrechts im Hinblick auf das (möglicherweise konfligierende) elterliche Erziehungsrecht aus Art. 6 Abs. 2 zu differenzieren, wobei letzteres häufig mit dem Begriff „Grundrechtsmündigkeit" umschrieben wird.[92] Die Grundrechtsträgerschaft knüpft im deutschen Rechtsstaat **nicht** an ein **bestimmtes Alter** an, so dass auch Minderjährigen die Versammlungsfreiheit zusteht.[93]

---

[86] *Hoffmann-Riem* in AK Rn. 31; *von Bogdandy* in Grabitz/Hilf/Nettesheim EU-Recht Art. 18 AEUV Rn. 34, 42, 48; *Holoubek* in Schwarze/Becker/Hatje/Schoo EU-Kommentar Art. 18 AEUV Rn. 26; iErg ebenso *Hartmann* in BK Rn. 244; vgl. BVerfGE 129, 78 (97 f.); aA *Geis* in BerlKomm Rn. 68; *Depenheuer* in Maunz/Dürig Rn. 110. Für eine Anwendung des Art. 18 AEUV schon im Falle eines rechtmäßigen Aufenthalts eines Unionsbürgers in einem anderen Mitgliedstaat, ungeachtet des konkreten Regelungsbereichs und dessen Bezug zum sachlichen Anwendungsbereich der Verträge, vgl. *Epiney* in Calliess/Ruffert EUV/AEUV Art. 18 Rn. 19.

[87] *Müller-Franken* in SHH Rn. 31; *Bröhmer* in EMRK/GG-Konkordanzkommentar Kap. 19 Rn. 19; *Hufen,* Grundrechte, 2018, § 30 Rn. 14; *Michael/Morlok,* Grundrechte, 2020, Rn. 448; *Ehlers* JZ 1996, 776 (781); zu einer Erweiterung im Hinblick auf Art. 19 Abs. 3 GG vgl. BVerfGE 129, 78 (96 ff.).

[88] Vgl. BVerfG NJW 2016, 1436 Rn. 10 f.; *Geis* in BerlKomm Rn. 69.

[89] *Höfling* in Sachs Rn. 51; *Blanke* in Stern/Becker Rn. 50; *Schulze-Fielitz* in Dreier Rn. 54; *Hoffmann-Riem* in AK Rn. 31.

[90] So *Depenheuer* in Maunz/Dürig Rn. 110.

[91] BVerfGE 129, 78 (97); NJW 2016, 1436 Rn. 11; *Kniesel/Poscher* in HdbPolR Kap. K Rn. 79.

[92] *Depenheuer* in Maunz/Dürig Rn. 103; allgemein *Kingreen/Poscher,* Grundrechte, 2019, Rn. 184 ff.

[93] *Gusy* in MKS Rn. 37; *Geis* in BerlKomm Rn. 62; *Höfling* in Sachs Rn. 50; *Depenheuer* in Maunz/Dürig Rn. 103; *Blanke* in Stern/Becker Rn. 51; *Müller-Franken* in SHH Rn. 32; *Jarass* in Jarass/Pieroth Rn. 11; aA *Kunig* in von Münch/Kunig, 6. Aufl. 2012, Rn. 9; missverständlich *Hartmann* in BK Rn. 246, der nicht zwischen der Grundrechtsträgerschaft und Grundrechtsmündigkeit differenziert; *Schulze-Fielitz* in Dreier Rn. 56, der die Grundrechtsträgerschaft von „Kleinkindern" ablehnt.

27 Für die **Grundrechtsmündigkeit** kann auf die Einsichts- und Selbstbestimmungsfähigkeit abgestellt werden.[94] Zur näheren Bestimmung dieser Grenze wird vorgeschlagen, generelle Altersgrenzen oder typologische Altersstufen zu bilden, die sich etwa anhand bestimmter Lebenssachverhalte oder gesetzlicher Regelungen ergeben.[95] Unmittelbar einschlägige Regelungen für die Versammlungsfreiheit bestehen nicht, aber denkbar ist, auf § 107 BGB, das Gesetz über religiöse Kindererziehung oder die Landesschulgesetze abzustellen, die Vorgaben für die politische Interessenvertretung der Schüler enthalten.[96] Alternativ kann für die Bestimmung der Einsichtsfähigkeit auf die **konkret-individuellen Umstände** der fraglichen Personen sowie Inhalt und Zweck der Versammlung zurückgegriffen werden.[97] Dies ist sachgerecht, weil Versammlungen höchst unterschiedliche Zwecke verfolgen können, die Minderjährige in unterschiedlichem Maße beurteilen und selbst betreffen können.[98] Aufgrund der hohen Bedeutung der Versammlungsfreiheit sollten nicht zu strenge Maßstäbe angelegt werden[99] und auch Minderjährigen die Möglichkeit gegeben werden, sich am gesellschaftlichen Willensbildungsprozess gleichberechtigt zu beteiligen. Die selbständige Geltendmachung der Versammlungsfreiheit durch Minderjährige vor Gericht richtet sich nach den allgemeinen (verfassungs-)prozessrechtlichen Grundsätzen.[100]

28 **3. Sonderstatusverhältnisse.** Personen, die aufgrund eines besonderen (freiwilligen oder zwangsweisen) Verhältnisses zur staatlichen Gewaltsphäre einen Sonderstatus innehaben, sind im Ausgangspunkt ebenfalls Träger der Versammlungsfreiheit.[101] Ihrer Grundrechtsausübung können jedoch besondere verfassungsrechtlich begründete Schranken gegenüberstehen, die den Zweck haben, die Funktionsfähigkeit einer staatlichen Institution zu gewährleisten.[102]

29 **Träger staatlicher Gewalt** können sich grundsätzlich nicht auf Grundrechte berufen (→ Art. 19 Rn. 76). Auch **(Wahl-)Beamte,** die für einen Träger öffentlicher Gewalt in dieser Eigenschaft handeln, dessen Befugnisse ausüben und Aufgaben wahrnehmen, können sich deshalb grundsätzlich nicht auf die Versammlungsfreiheit berufen, wobei dies praktisch ohnehin nur in Ausnahmefällen in Betracht käme.[103] Wenn sich Beamte unabhängig der Wahrnehmung von behördlichen Zuständigkeiten auf die Versammlungsfreiheit berufen, können sich Einschränkungen durch Art. 33 Abs. 5 er-

[94] *Geis* in BerlKomm Rn. 62; *Gusy* in MKS Rn. 37; *Kloepfer* in HdbStR VII § 164 Rn. 51; *Depenheuer* in Maunz/Dürig Rn. 103; *v. Mutius* Jura 1988, 30 (35); vgl. *Schulze-Fielitz* in Dreier Rn. 56.

[95] *Gusy* in MKS Rn. 37; *Depenheuer* in Maunz/Dürig Rn. 103; *v. Mutius* Jura 1988, 30 (35).

[96] *v. Mutius* Jura 1988, 30 (35); *Gusy* in MKS Rn. 37.

[97] *Schulze-Fielitz* in Dreier Rn. 56; *Geis* in BerlKomm Rn. 62; *Kloepfer* in HdbStR VII § 164 Rn. 51; *Kniesel* in Dietel/Gintzel/Kniesel VersG Teil I Rn. 224; *Hufen,* Grundrechte, 2018, § 30 Rn. 14.

[98] *Geis* in BerlKomm Rn. 62; vgl. *Kloepfer* in HdbStR VII § 164 Rn. 51; ebenso darauf abstellend *Depenheuer* in Maunz/Dürig Rn. 103.

[99] *Kloepfer* in HdbStR VII § 164 Rn. 51.

[100] *Kingreen/Poscher,* Grundrechte, 2019, Rn. 191.

[101] BVerfGE 39, 334 (366 ff.); BVerwGE 42, 79 (86); 83, 60 (62); *Gusy* in MKS Rn. 38; *Depenheuer* in Maunz/Dürig Rn. 99; *Müller-Franken* in SHH Rn. 33; aA *Hartmann* in BK Rn. 248. Vgl. allgemein BVerfGE 33, 1 (9 ff.). Zum Begriff „Sonderstatusverhältnis" *Schwarz* in Maunz/Dürig Art. 17a Rn. 9 ff.

[102] *Müller-Franken* in SHH Rn. 33; *Schwarz* in Maunz/Dürig Art. 17a Rn. 11.

[103] BVerfG NVwZ 2005, 1055 (1056) zu einer von einer Behörde organisierten Veranstaltung, welche die Merkmale einer Versammlung erfüllt; vgl. *Hartmann* in BK Rn. 248 f.

geben.[104] Deshalb kommt es vor allem darauf an, ob sich die Grundrechtswahrnehmung unmittelbar auf die dienstliche Stellung als Amtswalter auswirkt oder lediglich die Privatsphäre betrifft.[105] Kollidiert die Teilnahme an einer Versammlung mit der Verpflichtung, eine bestimmte Dienstzeit wahrzunehmen oder an einem Dienstort präsent zu sein, geht die Funktionsfähigkeit des Amtes vor.[106] Doch auch außerhalb der Dienstzeit sind Beamte nicht vollständig frei in der Grundrechtsausübung. Aus Art. 33 Abs. 5 und einfachem Beamtenrecht (vgl. § 60 Abs. 2 BBG, § 33 Abs. 2 BeamtStG) folgt eine Pflicht zur politischen Neutralität, Mäßigung und Zurückhaltung.[107] Dabei betrifft diese Verpflichtung aber eher die Art und Weise von Meinungsäußerungen als den Inhalt der Versammlung.[108]

Eine solche Neutralitätsverpflichtung trifft auch die **Mitglieder von Ver-** 30
fassungsorganen.[109] Je stärker die handelnde Person auch ein politisches Amt ausübt, desto vielschichtiger werden jedoch die Kriterien zur Abgrenzung einer zulässigen privaten Grundrechtsausübung von einer Ausübung öffentlicher Gewalt. Neben die Pflicht zur neutralen Amtsausübung tritt die parteipolitische Äußerungsbefugnis, außerdem ist zu berücksichtigen, ob ein enger Sach- und Funktionszusammenhang mit dem Amt für das eigene Anliegen ausgenutzt wird.[110] Auf dieser Grundlage wird die bloße Teilnahme an Versammlungen grundsätzlich unproblematisch sein; eine detaillierte Prüfung muss bei der Organisation und Leitung von Versammlungen sowie der Ausübung besonderer Funktionen erfolgen.[111] **Wahlkampfveranstaltungen** politischer Parteien sind hingegen regelmäßig Ausdruck der Versammlungsfreiheit.[112] **Ausländische Staatsorgane** können sich in dieser Funktion nicht auf die Versammlungsfreiheit berufen, weil ihnen die deutsche Staatsangehörigkeit fehlt (→ Rn. 21) und sie sich in ihrer Funktion als Amtsträger nicht auf die Grundrechte berufen können.[113]

Für **Soldaten** ergeben sich besondere Schranken aus ihrem besonderen 31
Treue- und Dienstverhältnis.[114] Die Funktionsfähigkeit der Bundeswehr ist über Art. 17a und § 17 Abs. 2 SoldG geschützt.[115] **Schüler** sind trotz ihrer Minderjährigkeit Träger des Grundrechts (zur Konkurrenz mit der Schulpflicht → Rn. 105). Auch bei **Strafgefangenen** kann die Wahrnehmung der Versammlungsfreiheit nicht von vornherein und pauschal ausgeschlossen werden,

---

[104] BVerfGE 39, 334 (366 f.); *Depenheuer* in Maunz/Dürig Rn. 100; zur Zulässigkeit der Einschränkung des Art. 8 Abs. 1 GG durch ein Streikverbot für Beamte BVerfGE 148, 296 Rn. 164 ff.; dazu *Jacobs/Payandeh* JZ 2019, 26; *Hering* ZaöRV 79 (2019), 241.

[105] In diese Richtung *Hartmann* in BK Rn. 248, der aber davon die Grundrechtsberechtigung abhängig macht.

[106] BVerwGE 42, 79 (83); *Müller-Franken* in SHH Rn. 33; zur Möglichkeit von Sonderurlaub *Gusy* in MKS Rn. 38.

[107] *Depenheuer* in HdbStR III § 36 Rn. 62.

[108] BVerfGE 57, 29 (34 ff.); BVerwGE 83, 60 (66 ff.); *Gusy* in MKS Rn. 38; vgl. auch *Schmidt-Jortzig* NJW 1984, 2057 (2060 ff.).

[109] BVerfGE 134, 138 Rn. 8; 138, 102 Rn. 26; 148, 11 Rn. 44; vgl. *Payandeh* Der Staat 55 (2016), 519 (544 ff.); *Kuch* AöR 142 (2017), 491 (496 f.).

[110] Vgl. BVerfGE 148, 11 Rn. 52 ff.; 138, 102 Rn. 36 f.; *Ehlers/Schneider* in Schoch/Schneider/Bier VwGO § 40 Rn. 425; *Kopp/Schenke* VwGO § 40 Rn. 11, 29.

[111] Vgl. *Schneider* in BeckOK GG Rn. 25; *Kniesel* in Dietel/Gintzel/Kniesel VersG Teil I Rn. 82.

[112] *Kniesel* in Dietel/Gintzel/Kniesel VersG Teil I Rn. 85.

[113] BVerfG NJW 2017, 1166 Rn. 3; *Hartmann* in BK Rn. 251. Vgl. auch *Jungbluth* NVwZ 2017, 604 (605).

[114] BVerwGE 83, 60 (62); *Depenheuer* in Maunz/Dürig Rn. 101.

[115] Vgl. BVerfGE 28, 243 (261); 57, 29 (35 ff.).

auch wenn der Zweck und die Funktionsfähigkeit der Anstalt dies allenfalls in eng begrenzten und überschaubaren Ausnahmefällen zulassen werden.[116]

32 **4. Juristische Personen.** Auch inländischen (→ Art 19 Rn. 89) juristischen Personen und Personenvereinigungen des Privatrechts steht nach Maßgabe des Art. 19 Abs. 3 (→ Art 19 Rn. 56 ff.) grundsätzlich die Versammlungsfreiheit zu, soweit sie zu versammlungsspezifischem Verhalten in der Lage sind.[117] In erster Linie bedeutet dies, dass sich juristische Personen als Veranstalter, Initiator, Bewerber oder in vergleichbarer Funktion auf die Versammlungsfreiheit berufen können.[118]

33 Einer **tatsächlichen Mitwirkung vor Ort** als Teilnehmerin oder Leiterin wird von manchen Stimmen in der Literatur entgegengehalten, dass es dafür am notwendigen körperlichen Substrat fehle.[119] Tatsächlich ist die Wahrnehmung der Versammlungsfreiheit durch Körperlichkeit geprägt (→ Rn. 10, 49). Andere verweisen hingegen darauf, dass sich eine juristische Person, wie auch bei anderen tatsächlichen Handlungen, durch natürliche Person vertreten lassen kann.[120] Dieser Vergleich mit dem Gewährleistungsbereich anderer Grundrechte, insbesondere der verwandten Meinungsfreiheit,[121] und der Umstand, dass auch juristische Personen in der Lage sind, sich mit eigenen Positionen am öffentlichen Meinungsbildungsprozess zu beteiligen,[122] spricht dafür, die Versammlungsfreiheit auch insoweit auf juristische Personen zu erstrecken, wie diese durch ihre Vertreter an Versammlungen teilnehmen.[123] Eine andere Frage ist, ob eine solche Form der Grundrechtsausübung tatsächlich mit einer bestimmten juristischen Person assoziiert wird und den von ihr gewünschten Zweck erreichen kann.

34 **Nichtrechtsfähige Personenvereinigungen** (→ Art 19 Rn. 71) können dann Träger der Versammlungsfreiheit sein, wenn sie eine feste körperschaftliche Organisationsstruktur haben und auf gewisse Dauer angelegt sind.[124] Da auch eine Versammlung aus mehreren Personen besteht, stellt sich die Frage, ob eine **Versammlung selbst** als solche Trägerin der Versammlungsfreiheit sein kann. Überwiegend wird darauf hingewiesen, dass die Versammlungsfreiheit kein Kollektivgrundrecht ist, so dass Träger des Grundrechts jeweils die einzelnen Beteiligten sind, dh die organisierenden und teilnehmenden Personen, nicht aber die Versammlung selbst.[125] In aller

---

[116] *Hoffmann-Riem* in AK Rn. 45 mwN; *Depenheuer* in Maunz/Dürig Rn. 102.

[117] BVerfGE 122, 342 (355); *Schulze-Fielitz* in Dreier Rn. 57; *Depenheuer* in Maunz/Dürig Rn. 104; *Jarass* in Jarass/Pieroth Rn. 11.

[118] BVerfG NJW 2001, 1411 (1411 f.); BVerwG NVwZ 1999, 991 (991); *Höfling* in Sachs Rn. 52; *Gusy* in MKS Rn. 40; *Schneider* in BeckOK GG Rn. 23; *Depenheuer* in Maunz/Dürig Rn. 106; *Kloepfer* in HdbStR VII § 164 Rn. 52.

[119] *Höfling* in Sachs Rn. 52; *Kloepfer* in HdbStR VII § 164 Rn. 52; *Dürig-Friedl* in Dürig-Friedl/Enders VersammlungsG Einl. Rn. 21; *Rüfner* AöR 89 (1964), 261, (302).

[120] *Depenheuer* in Maunz/Dürig Rn. 106 f.; *Müller-Franken* in SHH Rn. 35; *Schulze-Fielitz* in Dreier Rn. 57; *Kniesel* in Dietel/Gintzel/Kniesel VersG Teil I Rn. 221; *Hartmann* in BK Rn. 257.

[121] BVerfGE 24, 278 (282); 94, 1 (7); 113, 63 (75).

[122] Zur Vergleichbarkeit mit natürlichen Personen *Gusy* in MKS Rn. 40.

[123] Zur Abgrenzung von der Teilnahme als Privatperson *Hartmann* in BK Rn. 257, Fn. 1092.

[124] BVerfGE 122, 342 (355); VGH München NJW 1984, 2116 (2116); *Schulze-Fielitz* in Dreier Rn. 57; *Jarass* in Jarass/Pieroth Rn. 11; *Höfling* in Sachs Rn. 53; vgl. BVerwG NVwZ 1999, 991 (991 f.); NVwZ 2011, 372 Rn. 11.

[125] *Depenheuer* in Maunz/Dürig Rn. 57, 104; *Höfling* in Sachs Rn. 53; *Geis* in BerlKomm Rn. 28; *Hartmann* in BK Rn. 241, anders aber Rn. 254; *Jarass* in Jarass/Pieroth Rn. 11; *Kniesel/Poscher* in HdbPolR Kap. K Rn. 76; *Epping*, Grundrechte, 2019, Rn. 30.

Regel wird es bei Versammlungen tatsächlich an der erforderlichen organisatorischen Verfestigung fehlen. Es ist aber nicht gänzlich ausgeschlossen, dass Versammlungen, die über einen längeren Zeitraum (→ Rn. 48) und unter Einbeziehung besonderer Infrastruktureinrichtungen (→ Rn. 82 f.) veranstaltet werden, wie etwa Protestcamps, eine hinreichende selbstbestimmte Ordnung entsprechend einer nichtrechtsfähigen Personenvereinigung aufweisen können.[126]

Nach allgemeinen Grundsätzen (→ Art. 19 Rn. 76) sind **juristische Personen des öffentlichen Rechts** nicht grundrechtsberechtigt (→ Rn. 29).[127] **35**
Soweit sich einzelne juristische Personen des öffentlichen Rechts zur Autonomiesicherung ausnahmsweise auf bestimmte Grundreche berufen können, ist die Versammlungsfreiheit hiervon grundsätzlich nicht erfasst.[128] Die öffentlich-rechtlich organisierten **Religions- und Weltanschauungsgemeinschaften** sind hingegen Träger von Grundrechten und damit auch der Versammlungsfreiheit, weil sie ihren Ursprung nicht in der staatlichen Sphäre finden (→ Art. 19 Rn. 79 ff.).[129]

Ausländische juristische Personen, für die nach allgemeinen Grund- **36**
sätzen an den Sitz anzuknüpfen ist (→ Art 19 Rn. 89), können sich auf die Versammlungsfreiheit in demselben Maße berufen, wie dies ausländischen natürlichen Personen möglich ist (→ Rn. 21). Die Versammlungsfreiheit des Art. 11 EMRK kommt auch juristischen Personen und nicht rechtsfähigen Vereinigungen zu.[130] Für juristische Personen aus anderen EU-Mitgliedstaaten ist wie bei natürlichen Personen das unionsrechtliche Diskriminierungsverbot zu berücksichtigen (→ Rn. 24). Bei Deutschengrundrechten greift deshalb ebenfalls ein Schutz über Art. 2 Abs. 1 ein.[131]

II. Sachlicher Gewährleistungsgehalt – „Sich zu versammeln"

Im Ausgangspunkt handelt es sich um eine Versammlung, wenn mehrere **37**
Personen mit einem gemeinsamen Zweck örtlich zusammenkommen.[132] Darüber hinaus wird intensiv diskutiert, ob und in welcher Form dieser Versammlungsbegriff konkretisiert werden muss; die Unterscheidung in öffentliche und nicht öffentliche Versammlungen sowie solche unter freiem Himmel und in geschlossenen Räumen (→ Rn. 115) ist hier allerdings nicht von Bedeutung.

1. Gemeinsam verfolgter Zweck. a) Zweck des Zusammenkom- **38**
mens. Von elementarer Bedeutung ist die Frage, wie der gemeinsam verfolgte Zweck als Merkmal des Versammlungsbegriffs zu verstehen ist. Eine Stoßrichtung, deren Ergebnis regelmäßig als **enger Versammlungsbegriff**

---

[126] *Hartmann* in BK Rn. 254.

[127] Zur Bundesversammlung verneinend *Hartmann* in BK Rn. 258.

[128] *Geis* in BerlKomm Rn. 65; *Gusy* in MKS Rn. 40; *Depenheuer* in Maunz/Dürig Rn. 108.

[129] BVerfGE 19, 129 (132 f.); 42, 312 (321 f.); 53, 366 (387); 102, 370 (387 f.); *Jarass* in Jarass/Pieroth Art. 19 Rn. 29; *Geis* in BerlKomm Rn. 65; *Depenheuer* in Maunz/Dürig Rn. 108.

[130] EKMR NJW 1981, 2630 (2631); *Arndt/Engels* in Karpenstein/Mayer EMRK Art. 11 Rn. 5 mwN; *Bröhmer* in EMRK/GG-Konkordanzkommentar Kap. 19 Rn. 20.

[131] BVerfG NJW 2016, 1436 Rn. 11.

[132] *Gusy* in MKS Rn. 15; *Schulze-Fielitz* in Dreier Rn. 24; *Geis* in BerlKomm Rn. 16; *Müller-Franken* in SHH Rn. 10; den gemeinsamen Willen betonend *Höfling* in Sachs Rn. 14; *Blanke* in Stern/Becker Rn. 21.

bezeichnet wird und die vor allem von der neueren Rspr. des BVerfG[133] getragen wird, verlangt, dass der Zweck in der gemeinsamen Willensbildung und -äußerung mit dem Ziel der Teilhabe an der öffentlichen Meinungsbildung besteht.[134] Dieser enge Versammlungsbegriff trägt dem Öffentlichkeitsbezug der Versammlung Rechnung.[135] Das BVerfG betont für dieses Verständnis die demokratisch-politischen Komponente der Versammlungsfreiheit (→ Rn. 12), ihre Komplementärfunktion für die Meinungsfreiheit sowie ihre Funktion, den Grundrechtsträgern einen Zugang in die Öffentlichkeit zu bieten, der sonst möglicherweise versperrt wäre.[136]

39 Wie genau sich für den engen Versammlungsbegriff eine **Teilhabe an der öffentlichen Meinungsbildung** vollzieht, wird typischerweise nicht weiter konkretisiert oder klargestellt.[137] Hierfür können zwei Elemente ausgemacht werden: Zum einen geht es um die Teilhabe an gerade der „öffentlichen" Meinungsbildung.[138] Entscheidend ist, dass das Zusammenkommen nicht lediglich privater Kommunikation dient. Das Zusammenkommen muss von seiner Struktur her darauf angelegt sein, (ggf. mittelbar) einen Beitrag zur „öffentlichen" Meinungsbildung zu liefern, wobei dies nicht zwingend eine öffentliche Versammlung voraussetzt.[139] Zum anderen betrifft das Element der Teilhabe an der öffentlichen Meinungsbildung auch den Gegenstand des Befassens. Für diesen kann gefordert werden, dass er sich explizit auf Angelegenheiten beschränkt, die zur öffentlichen Meinungsbildung bestimmt und geeignet sind,[140] was nicht zwangsläufig politische Angelegenheiten sein müssen.[141] Grundsätzliche Strukturen von Öffentlichkeit und Privatheit sowie die Entscheidungen der Rspr. machen deutlich, dass solche Gegenstände angesprochen sind, die für die öffentliche Meinung überhaupt von Interesse sind, und eben nicht rein private Angelegenheiten.[142]

40 Zwangsweise muss der enge Versammlungsbegriff dazu führen, dass die Annahme einer Versammlung vom unscharfen Begriff der öffentlichen Meinungsbildung abhängt und deshalb staatliche Stellen darüber entscheiden, ob im konkreten Fall der grundrechtliche Schutz eingreift.[143] Die Rspr. versucht, der damit einhergehenden Gefahr mit einer **Zweifelsregelung** zu begegnen, nach der aufgrund des hohen Rangs der Versammlungsfreiheit

[133] Zur Entwicklung der Rspr. des BVerfG *Hoffmann-Riem* in HdbGR IV § 106 Rn. 45 ff.; *Kraujuttis,* Versammlungsfreiheit zwischen liberaler Tradition und Funktionalisierung, 2005, 73 ff.; *Höfling/Augsberg* ZG 21 (2006), 151 (153 ff.).

[134] BVerfGE 104, 92 (104); 111, 147 (154); 128, 226 (250); 143, 161 Rn. 110; BVerfG NVwZ 2004, 1453 Rn. 11; BVerwGE 129, 42 Rn. 15; *Jarass* in Jarass/Pieroth Rn. 3; *Hong* in Peters/Janz HdbVersR Rn. B 14 f.; *Bredt* NVwZ 2007, 1358 (1359); *Epping,* Grundrechte, 2019, Rn. 34; *Hufen,* Grundrechte, 2018, § 30 Rn. 7. Vgl. Art. 2 Abs. 1 BayVersG, § 1 Abs. 3 SächsVersG, § 2 NdsVersG.

[135] *Bredt* NVwZ 2007, 1358 (1359).

[136] Vgl. BVerfGE 104, 92 (104); vgl. auch *Hoffmann-Riem* in HdbGR IV § 106 Rn. 46; *Höfling* in Sachs Rn. 16.

[137] Vgl. *Blanke* in Stern/Becker Rn. 35.

[138] *Geis* in BerlKomm Rn. 17.

[139] BVerwGE 129, 42 Rn. 15; *Hartmann* in BK Rn. 190.

[140] BVerwGE 129, 42 Rn. 15; BVerwG DRiZ 1969, 158 (158); BayObLG NJW 1970, 479 (480); *Hoffmann-Riem* in AK Rn. 15; *Guradze* ZRP 1969, 6 (6).

[141] *Hoffmann-Riem* in HdbGR IV § 106 Rn. 41, 106; *Hufen,* Grundrechte, 2018, § 30 Rn. 7.

[142] *Kniesel* in Dietel/Gintzel/Kniesel VersG Teil I Rn. 90; vgl. BVerfGE 104, 92 (104 f.).

[143] *Schulze-Fielitz* in Dreier Rn. 28; *Geis* in BerlKomm Rn. 18; vgl. *Schneider* in BeckOK GG Rn. 11.1.

eine Veranstaltung im Zweifel als Versammlung einzuordnen ist.[144] Dies kann jedoch nichts daran ändern, dass die Betonung der demokratisch-politischen Komponente im engen Versammlungsbegriff zu einem Ungleichgewicht führt, weil das liberal-menschenrechtliche Element und die Freiheit zur Persönlichkeitsentfaltung vernachlässigt werden.[145] Der Grundrechtsschutz verlangt keine Beschränkung auf eine demokratische Funktion;[146] die Versammlungsfreiheit ist kein politisches Teilhaberecht (→ Rn. 16). Sie schützt vielmehr auch gegen staatlich veranlasste Vereinzelung und die Isolierung individueller Meinungen (→ Rn. 11). Selbst wenn eine Veranstaltung (noch) nicht der Teilhabe an der öffentlichen Meinungsbildung dient, sondern sich auf einen privaten Meinungsaustausch beschränkt, ist in ihr bereits das Potenzial zur Beeinflussung der öffentlichen Meinung angelegt.[147] Diese „Keimfunktion" privaten Meinungsaustausches in der sozialen Gemeinschaft bedarf, auch aufgrund von Demokratieerwägungen, grundrechtlichen Schutz.[148] Die Bezugnahme auf das demokratische Gemeinwesen kann nicht zu einer Verengung des grundrechtlichen Schutzes führen.[149]

Der **erweiterte Versammlungsbegriff** stellt den Kommunikationspro- 41
zess als Ausdruck der Persönlichkeitsentfaltung in den Mittelpunkt und sieht den Zweck einer Versammlung in der gemeinsamen Meinungsbildung und -äußerung.[150] Diese muss nicht in einer Teilhabe an der öffentlichen Meinungsbildung münden, sondern umfasst auch private Kommunikationsstrukturen und Anliegen. Damit besteht eine inhaltliche Überschneidung mit dem Versammlungsbegriff des Art. 11 EMRK und Art. 12 Abs. 1 GRCh (→ Rn. 18).[151] Entscheidend ist, dass das Zusammenkommen von **kommunikativen Strukturen** geprägt wird, die potenziell auf einen gegenseitigen Meinungsaustausch, die Auseinandersetzung über Standpunkte und Ermittlung konsentierter Positionen sowie das Eintreten dafür ausgerichtet sind. Der erweiterte Versammlungsbegriff setzt damit einen Kommunikationsprozess voraus, der zwar inhaltlich neutral ist, gleichwohl aber besondere Strukturen aufweist.

Zwar sind generelle Einordnungen aufgrund der Vielfältigkeit von Ver- 42
sammlungen kaum möglich, doch ist es auch bei Zugrundelegung des erweiterten Versammlungsbegriffs zweifelhaft, ob bei (kommerziellen) Konzerten[152], Sportveranstaltungen, Kino- oder Theatervorstellungen ein Kom-

---

[144] BVerfG NJW 2001, 2459 (2461); BVerwGE 129, 42 Rn. 16; *Hoffmann-Riem* in AK Rn. 15; *Hong* in Rensen/Brink Linien der Rechtsprechung des Bundesverfassungsgerichts, 2009, 155 (158 f.).

[145] *Geis* in BerlKomm Rn. 18; *Schneider* in BeckOK GG Rn. 11.1.

[146] *Müller-Franken* in SHH Rn. 4.

[147] Vgl. *Kloepfer* in HdbStR VII § 164 Rn. 30; *Schulze-Fielitz* in Dreier Rn. 28.

[148] AA *Geis* in BerlKomm Rn. 20.

[149] *Kniesel* in Dietel/Gintzel/Kniesel VersG Teil I Rn. 90.

[150] BVerwGE 56, 63 (69); VGH München NVwZ 1988, 1055 (1056); VGH Kassel NJW 1994, 1750 (1750); *Gusy* in MKS Rn. 18; *Geis* in BerlKomm Rn. 17, 19; *Blanke* in Stern/Becker Rn. 35; *Sodan* in Sodan Rn. 3; *Kniesel* in Dietel/Gintzel/Kniesel VersG Teil I Rn. 90; *Hesse,* Grundzüge des Verfassungsrechts, 1999, 176, Rn. 405; *v. Mutius* Jura 1988, 30 (36 f.); dies betonend auch noch BVerfGE 69, 315 (343); zweifelnd aber *Hoffmann-Riem* in HdbGR IV § 106 Rn. 46 f.; vgl. auch *Ladeur* Der Staat 54 (2015), 97 (99 f.).

[151] Vgl. auch *Blanke* in Stern/Becker Rn. 31.

[152] Problematisch ist dies insbesondere bei Konzerten, die (auch) zum Zweck der Verfolgung eines gemeinsamen politischen Anliegens ausgerichtet werden. Umstritten sind vor allem sog. Rechtsrock- oder Skinheadkonzerte, die Versammlungseigenschaft bejahend OVG Weimar Beschl. v. 12.7.2017, Az. 3 EO 544/17; BeckRS 2018, 23935; VG Meiningen ThürVBl. 2018, 39; verneinend bzw. kritisch VG Lüneburg JA 2009, 158; VG Stade BeckRS

munikationsprozess stattfindet, der eine hinreichende **gegenseitige Kommunikationsstruktur** aufweist oder ob es sich nicht vielmehr um reine Unterhaltung handelt, bei der die Teilnehmer lediglich konsumierende Rezipienten bleiben.[153] Maßgeblich dürfte regelmäßig sein, ob die Zuschauer über die Rezipientenrolle hinaus kommen und in bestimmte andere Zwecke eingebunden werden, wie zB Wohltätigkeits- oder Spendenzwecke, besondere Anteilnahme bei Unglücken oder direkt eine Meinungskundgabe, etwa in politischer Hinsicht.[154] Wenn die Veranstaltung dem Spaß der Teilnehmer und der Zurschaustellung eines Lebensgefühls dient, kommt es darauf an, ob sich dies auf einen Spaßcharakter beschränkt oder mit dem spezifischen Lebensgefühl auch eine bestimmte Einstellung und Meinung verbunden ist, die Gegenstand eines Kommunikationsanliegens ist.[155] Privaten geselligen Zusammenkünften, wie Feiern oder Spieleabenden, fehlt regelmäßig der Zweck der gemeinsamen Meinungsbildung und -äußerung.[156] Bei wissenschaftlichen Vorträgen ist ebenfalls zu berücksichtigen, inwieweit die Veranstaltung von gegenseitigen Kommunikationsstrukturen geprägt ist und der gemeinsamen Meinungsbildung und -äußerung dient.[157] Häufig werden sich in einer Veranstaltung auch verschiedene Zwecke realisieren (→ Rn. 50).

43 Die Korrelation mit der Meinungsfreiheit und der dortigen Schranke der allgemeinen Gesetze, ebenso wie ein Vergleich mit Art. 9, aber auch der Einfluss der EMRK und GRCh drängen zur Anwendung des erweiterten Versammlungsbegriff, der zwar durch einen Kommunikationsprozess mit besonderen Strukturen charakterisiert ist, ansonsten aber nicht an bestimmte Anliegen oder einen bestimmten gesellschaftlichen Rahmen anknüpft.[158] Auch die Meinungsfreiheit schützt nicht nur Meinungen zu einem bestimmten Anliegen oder mit einer bestimmten inhaltlichen Ausrichtung.

44 Zu konturlos ist es, mit dem **weiten Versammlungsbegriff** auch das Kommunikationselement aus dem Versammlungsbegriff herauszulösen und **jegliche gemeinsame Zweckverfolgung** ausreichen zu lassen, auch wenn damit keine gemeinsame Meinungsbildung einhergeht.[159] Zwar gewährt die Versammlungsfreiheit auch ein Selbstbestimmungsrecht über Art und Weise der Veranstaltung und es ließe sich annehmen, schon in der Gemeinsamkeit

---

2008, 41075; vgl. dazu *Führing* NVwZ 2001, 157 (158); *Scheidler* NVwZ 2013, 1449 (1450); *Thalmair* BayVBl. 2002, 517 (518); *Petersen* DÖV 2019, 131 (138 f.).

[153] Allgemein gegen eine Versammlung in solchen Fällen BVerfGE 104, 92 (104); OVG Berlin NJW 2001, 1740 (1740); OVG Münster NVwZ 2001, 1316 (1316); *Geis* in BerlKomm Rn. 21; *Gusy* in MKS Rn. 19; *Kloepfer* in HdbStR VII § 164 Rn. 31; *Höfling* in Sachs Rn. 19; *Eidenmüller* NJW 1991, 1439 (1442); *Deutelmoser* NVwZ 1999, 240 (242); *Wiefelspütz* DÖV 2001, 21 (21 f.); aA *Depenheuer* in Maunz/Dürig Rn. 47; *Müller-Franken* in SHH Rn. 12. *Schulze-Fielitz* in Dreier Rn. 26 zweifelt in solchen Fällen am gemeinsamen Anliegen.

[154] *Gusy* in MKS Rn. 19; *Höfling* in Sachs Rn. 19; *Schulze-Fielitz* in Dreier Rn. 26; *Pohl* DÖV 2014, 836; *Brenneisen* NordÖR 2006, 97 (99).

[155] BVerfGE 143, 161 Rn. 110; BVerfG NJW 2001, 2459 (2460); BVerwGE 129, 42 Rn. 15; OLG Oldenburg NJW 2016, 887 Rn. 17 f.; OVG Berlin NJW 2001, 1740 (1740); *Neumann* NVwZ 2011, 1171 (1173); aA *Müller-Franken* in SHH Rn. 12. Positiv zur sog. „Fuckparade" *Musil* LKV 2002, 115, (117).

[156] *Hoffmann-Riem* NVwZ 2002, 257 (259); *Geis* in BerlKomm Rn. 21; *Levin/Schwarz* DVBl. 2011, 10 (11) zu sog. „Facebook-Partys".

[157] *Kloepfer* in HdbStR VII § 164 Rn. 31.

[158] *Blanke* in Stern/Becker Rn. 26; *Gusy* in MKS Rn. 18; *Depenheuer* in Maunz/Dürig Rn. 52; vgl. *Hartmann* in BK Rn. 165.

[159] So *Höfling* in Sachs Rn. 14 ff.; wohl auch *Hartmann* in BK Rn. 173, auch wenn dort überwiegend Vertreter eines erweiterten Versammlungsbegriffs zitiert werden.

der Zweckverfolgung liege ein Prozess der gemeinschaftlichen Kommunikation.[160] In systematischer Hinsicht wäre es jedoch schwer zu rechtfertigen, warum der grundrechtliche Schutz des „Tun und Lassens, was man will" im Falle des alleinigen Handelns durch die weiten Schranken des Art. 2 Abs. 1 einschränkbar wäre, beim gemeinsamen Handeln aber nur durch die des Art. 8.[161]

b) Gemeinsamkeit der Zweckverfolgung. Die gemeinsame Zweckverfolgung durch die Teilnehmer grenzt die Versammlung von der bloßen **Ansammlung** ab. Darin drückt sich die gemeinschaftliche, auf Kommunikation angelegte Entfaltung aus, die Grundbedingung für die Annahme einer Versammlung ist.[162] Für die Versammlung bedarf es deshalb eines gemeinsamen, gleichgerichteten Willens und eine innere Verbindung, welche die teilnehmenden Personen vereint.[163] Um eine Ansammlung handelt es sich hingegen, wenn mehrere Personen sich zwar am selben Ort befinden, dort aber ohne innere Verbindung nur individuelle Zwecke verfolgen, mögen sich diese Zwecke auch mit denen anderer Personen vor Ort decken, wie etwa bei Warteschlangen an einer Supermarktkasse, Schaulustigen bei einem Unfall oder Menschenaufläufen an einem Informationsstand.[164] 45

An eine so zu verstehende Gemeinsamkeit dürfen **nicht zu hohe Anforderungen** gestellt werden. Ausreichend ist es, wenn der Zweck des Zusammenkommens den beteiligten Personen bekannt ist und dies der Anlass ihrer Teilnahme ist.[165] Das Verfolgen anderer Zwecke reicht hingegen ebenso wenig wie das Besuchen einer Versammlung aufgrund des bloßen Ereignisses, wenn der dort verfolgte Zweck irrelevant ist, etwa bei Fotografen oder Flaschensammlern. Solchen Personen steht es jedoch frei, sich nachträglich dem Zweck einer Versammlung anzuschließen und dann die Versammlungsfreiheit in Anspruch zu nehmen.[166] Eine kritische oder ablehnende Teilnahme hindert den Schutz des betreffenden Teilnehmers durch die Versammlungsfreiheit nicht – der gemeinsame Zweck bedeutet nicht inhaltliche Einigkeit –, weil Versammlungen auch der Auseinandersetzungen über unterschiedliche Standpunkte dienen, solange dies nicht in den Versuch umschlägt, die Versammlung zu verhindern.[167] Auch die Absicht, sich gegen eine bestehende Versammlung zu richten, kann ein eigenständiger gemeinsamer Zweck sein.[168] 46

Im Falle von **Mietdemonstranten,** die für Geld an einer Versammlung teilnehmen, ist unklar, ob diese den gemeinsamen Zweck einer Versammlung 47

---

[160] BVerfGE 69, 315 (343); *Höfling* in Sachs Rn. 15.

[161] Vgl. *Hoffmann-Riem* in HdbGR IV § 106 Rn. 42.

[162] *Schulze-Fielitz* in Dreier Rn. 25; *Depenheuer* in Maunz/Dürig Rn. 46; *Hoffmann-Riem* in HdbGR IV § 106 Rn. 50; in diese Richtung auch *Gusy* in MKS Rn. 16; vgl. auch BVerfGE 69, 315 (343).

[163] BVerwGE 82, 34 (38); *Blanke* in Stern/Becker Rn. 20; *Höfling* in Sachs Rn. 14; *Geis* in BerlKomm Rn. 17; *Depenheuer* in Maunz/Dürig Rn. 46; *Jarass* in Jarass/Pieroth Rn. 3; *Kloepfer* in HdbStR VII § 164 Rn. 25.

[164] BVerwGE 56, 63 (69); *Depenheuer* in Maunz/Dürig Rn. 46; *Gusy* in MKS Rn. 16. Zur Problematik des ordnungsrechtlichen Umgangs mit Ansammlungen in der Praxis *Lenski* VerwArch 103 (2012), 539 (544 ff; 548 ff.).

[165] *Gusy* in MKS Rn. 16.

[166] *Schulze-Fielitz* in Dreier Rn. 25.

[167] BVerfGE 84, 203 (209 f.); 91, 191 (202 f.); *Höfling* in Sachs Rn. 14; *Blanke* in Stern/Becker Rn. 20; *Gusy* in MKS Rn. 16; *Depenheuer* in Maunz/Dürig Rn. 56; *Schneider* in BeckOK GG Rn. 6.

[168] *Schulze-Fielitz* in Dreier Rn. 29.

mittragen. Entscheidend dürfte sein, dass jeder Mietdemonstrant lediglich seine eigene vertragliche Verpflichtung erfüllen will und eine innere Verbindung fehlt.[169] Allerdings muss dabei berücksichtigt werden, dass sich die persönliche Motivation von einzelnen Personen mitunter nur schwer ergründen lässt, insbesondere wenn stets die Möglichkeit besteht, dass sich diese von einem bestimmten Anliegen spontan überzeugen lassen. Hierbei handelt es sich auch gerade um eine schutzwürdige Funktion von Versammlungen (→ Rn. 10). Die Auftraggeber von Mietdemonstranten, die sich selbst nicht an der Versammlung vor Ort beteiligen, erfahren keinen Schutz durch Art. 8.[170] Hingegen können sich die verbleibenden inhaltlich überzeugten Teilnehmer nach wie vor auf die Versammlungsfreiheit berufen.[171]

48 **2. Äußere Gestalt von Versammlungen.** Die Versammlungsfreiheit ist geprägt von **Typenfreiheit;** es gibt keinen *numerus clausus* von zulässigen Versammlungsformen.[172] Geschützt sein können Versammlungen im klassischen Sinne wie Diskussionsveranstaltungen, Aufzüge, dh das Bewegen von einem Ort zu einem anderen,[173] oder Kundgebungen einschließlich Massenveranstaltungen.[174] Daneben können auch Lichter- und Menschenketten, Mahnwachen, Autokorsos, Straßentheater, aber auch neuartige Erscheinungen wie Flashmobs, Smartmobs und Carrotmobs[175] oder Musik- und Tanzveranstaltungen[176] erfasst sein.[177] Im Rahmen solcher Veranstaltungen können vielfältige Ausdrucksmittel in verbaler oder nicht verbaler Form verwendet werden, einschließlich Schweigen sowie stummen oder beredetem Zeigen von Gegenständen.[178] Es können künstlerische oder symbolische Mittel und Ausdrucksformen benutzt werden[179] und Gestaltungsmittel eingesetzt werden (→ Rn. 79 ff.).[180] Eine **Mindest- oder Höchstdauer** für Versammlungen existiert angesichts der Vielfältigkeit ihrer Erscheinungsformen nicht.[181] Die Versammlungsfreiheit erfasst auch unvorbereitete Spontanver-

---

[169] *Kniesel* in Dietel/Gintzel/Kniesel VersG Teil I Rn. 75; *von Coelln* in Gröpl/Windthorst/von Coelln Rn. 14; kritisch auch *Bredt* NVwZ 2007, 1358 (1362); *Höfling/Krohne* JA 2012, 734 (737); aA *Schulze-Fielitz* in Dreier Rn. 32.

[170] *Blanke* in Stern/Becker Rn. 19.

[171] AA *Bredt* NVwZ 2007, 1358 (1362).

[172] Allgemein BVerfG NVwZ 2011, 422 Rn. 19; NVwZ 2017, 461 Rn. 110; *Kloepfer* in HdbStR VII § 164 Rn. 33 ff.; *Schulze-Fielitz* in Dreier Rn. 29; *Höfling* in Sachs Rn. 20; *Geis* in BerlKomm Rn. 30; vgl. *Quilisch,* Die demokratische Versammlung, 1970, 127; *Dietlein,* NVwZ 1992, 1066 (1066); kritisch *Depenheuer* in Maunz/Dürig Rn. 58.

[173] AA *Depenheuer* in Maunz/Dürig Rn. 42.

[174] *Kniesel* in Dietel/Gintzel/Kniesel VersG Teil I Rn. 163 ff.; *Kniesel/Poscher* in HdbPolR Kap. K Rn. 74.

[175] Dazu BVerfG NJW 2015, 2485 (2485); EGMR 19.11.2019 – 58954/09, Rn. 36 ff. – Obote/Russland; *Ernst* DÖV 2011, 537; *Neumann* NVwZ 2011, 1171 (1173); *Höfling/ Krone* JA 2012, 734 (736 f.). Zur Kategorie der „Raids" als Oberbegriff *Lenski* VerwArch 103 (2012), 539 (540 f.).

[176] BVerfG NJW 2001, 2459 (2460); BVerwGE 129, 42 Rn. 15; VG Frankfurt a. M. NJW 2001, 1741 (1742).

[177] *Höfling* in Sachs Rn. 20. Zur Qualifizierung der sog. Chaos Tage in Hannover als Versammlung VG Hannover NVwZ-RR 1997, 622 (623).

[178] *Gusy* in MKS Rn. 20.

[179] *Geis* in BerlKomm Rn. 31.

[180] *Kniesel* in Dietel/Gintzel/Kniesel VersG Teil I Rn. 168.

[181] *Gusy* in MKS Rn. 21; *Geis* in BerlKomm Rn. 33; *Depenheuer* in Maunz/Dürig Rn. 74; *Müller-Franken* in SHH Rn. 14; *Kniesel/Poscher* in HdbPolR Kap. K Rn. 59; *Laubinger/Repkewitz* VerwArch 92 (2001), 585 (616); aA *Schulze-Fielitz* in Dreier Rn. 30, der für den inneren Zusammenhang eine Mindestdauer fordert, uU aber schon wenige Sekunden ausreichen lässt. Vgl. *Hoffmann-Riem* in AK Rn. 17.

sammlungen und Eilversammlungen, die unter erheblichem Zeitdruck vorbereitet werden (→ Rn. 89).

49 Eine Versammlung verlangt **körperliche Anwesenheit** der Teilnehmer.[182] Der Wortlaut bringt dies durch die Formulierung „sich versammeln" zum Ausdruck.[183] Virtuelle Zusammenkünfte, etwa in Internet-Foren, sind deshalb keine Versammlungen iSd Art. 8.[184] Es fehlt dabei an dem besonderen Effekt der körperlichen Präsenz (→ Rn. 10) und den damit einhergehenden Gefahren (→ Rn. 114). Parallel zu dem notwendigen gemeinsamen Zweck muss die körperliche Anwesenheit mit einer räumlichen Verbundenheit einhergehen.[185] Einzelne Personen, die verstreut über ein größeres Gebiet abgestimmt und gleichzeitig eine bestimmte Meinung kundgeben, zB durch das Verteilen von Handzetteln, bilden deshalb keine Versammlung.[186] Die Frage, ob der (private) Eigentümer des Versammlungsorts seine Zustimmung zur Nutzung gegeben hat, ist für die Qualifizierung als Versammlung unerheblich.[187]

50 **3. Gemischte Versammlungen und Behandlung mehrerer Zwecke.** Veranstaltungen verfolgen häufig nicht allein einen bestimmten kommunikativen Zweck, vielmehr realisieren sich in ihnen verschiedene Zwecke. Beispiele für diesen Prozess der „Eventisierung" finden sich in längerfristigen Protestcamps, Tanzveranstaltungen oder kommerziellen Spaßveranstaltungen. Solche Fälle werden typischerweise als **Grenzfälle des Versammlungsbegriffs** diskutiert, wobei sich dies weniger an dem engen, erweiterten oder weiten Versammlungsbegriff entzündet als an der Frage, ob der kommunikative Zweck von anderen Zwecken überlagert wird.[188]

51 Ob solche gemischten Versammlungen insgesamt dem Schutz der Versammlungsfreiheit unterfallen, entscheidet sich danach, ob die Veranstaltung nach ihrem **Gesamtgepräge** als Versammlung erscheint.[189] Nicht ausreichend ist es jedenfalls, wenn lediglich bei Gelegenheit einer Veranstaltung auch Meinungskundgaben erfolgen.[190] Nach der Rspr. ist hierzu vielmehr eine Gesamtschau aller relevanten tatsächlichen Umstände im Vorfeld und zum Zeitpunkt der Veranstaltung aus Sicht eines durchschnittlichen Betrachters maßgeblich.[191] Die Beurteilung des Gesamtgepräges erfolgt dann in **mehreren Schritten:**[192] In einem ersten Schritt sind alle Elemente der Veranstaltung, die auf die Meinungsbildung abzielen, zu ermitteln, entsprechend

[182] *Blanke* in Stern/Becker Rn. 19; *Geis* in BerlKomm Rn. 16.
[183] *Depenheuer* in Maunz/Dürig Rn. 45.
[184] AG Frankfurt a. M. MMR 2005, 863 (866); *Depenheuer* in Maunz/Dürig Rn. 45; *Schneider* in BeckOK GG Rn. 11.3; *Kniesel* in Dietel/Gintzel/Kniesel VersG Teil I Rn. 75; *Gusy* in MKS Rn. 21; *Klutzny* RDV 2006, 50 (51); aA *Möhlen* MMR 2013, 221 (227 ff.); *Giesen/Kersten* NZA 2018, 1 (6).
[185] *Kniesel* in Dietel/Gintzel/Kniesel VersG Teil I Rn. 78; *Gusy* in MKS Rn. 21; vgl. *Schulze-Fielitz* in Dreier Rn. 32.
[186] *Kniesel/Poscher* in HdbPolR Kap. K Rn. 58; *Kniesel* in Dietel/Gintzel/Kniesel VersG Teil I Rn. 78.
[187] *Wendt* NVwZ 2012, 606 (606).
[188] *Kniesel/Poscher* HdbPolR Kap. K Rn. 51.
[189] BVerfG NVwZ 2017, 461 Rn. 112; NJW 2001, 2459 (2461); BVerwGE 129, 42 Rn. 16; OVG Hamburg NVwZ 2017, 1390 Rn. 44; OVG Berlin NJW 2001, 1740 (1740); VG Frankfurt a. M. NJW 2001, 1741 (1741); *Gusy* in MKS Rn. 19; *Jarass* in Jarass/Pieroth Rn. 4.
[190] BVerfG NJW 2001, 2459 (2461); BVerwGE 129, 42 Rn. 15.
[191] BVerwGE 129, 42 Rn. 17; OVG Hamburg NVwZ 2017, 1390 Rn. 46.
[192] BVerwGE 129, 42 Rn. 17; OVG Hamburg NVwZ 2017, 1390 Rn. 46.

ihrer Bedeutung zu würdigen und zu gewichten. Dabei kann zwar auch das Selbstverständnis der Beteiligten berücksichtigt werden, dies darf aber auch aus Sicht eines durchschnittlichen Betrachters nicht lediglich vorgeschoben und ohne Ernsthaftigkeit erscheinen.[193] Im zweiten Schritt sind die verbleibenden Modalitäten, die nicht auf die Meinungsbildung abzielen, wie Tanz, Musik und Unterhaltung, zu würdigen und zu gewichten. Schließlich sind im dritten Schritt die jeweils zuvor festgestellten Gewichtungen miteinander zu vergleichen. Wenn die auf die gemeinsame Meinungsbildung gerichteten Elemente überwiegen, ist die Veranstaltung insgesamt dem Schutz des Art. 8 zu unterstellen, anderenfalls entfällt der Schutz der Versammlungsfreiheit. Die Rspr. geht unter dem Einfluss des engen Versammlungsbegriffs davon aus, dass **im Zweifel** die Veranstaltung als Versammlung zu behandeln ist (→ Rn. 40).

52 **4. Notwendige Teilnehmerzahl.** Die Anzahl der Teilnehmer, die Art. 8 voraussetzt, ist umstritten, doch kommt dieser Diskussion keine ausgeprägte Praxisrelevanz zu. Das BVerfG verlangt in ständiger Rspr. stets „mehrere Personen" ohne bislang in die Verlegenheit geraten zu sein, dies näher konkretisieren zu müssen.[194] Überwiegend werden zwei Personen vorausgesetzt,[195] weil dadurch schon die Zweckverfolgung auf Basis einer inneren Verbindung gekennzeichnet und der Einzelne effektiv vor Vereinzelung geschützt sei.[196] Da aber die Kommunikation eines solchen „Paars" schon durch Art. 5 Abs. 1 hinreichend geschützt sei und es ansonsten zu praktischen Ungereimtheiten, wie der Notwendigkeit eines Versammlungsleiters komme (§§ 7, 18 VersG), verlangen Stimmen in der Literatur drei Personen.[197] Die Parallele zum Vereinsrecht, wonach sieben Personen notwendig seien (§ 56 BGB),[198] lässt sich angesichts der dauerhaften Vereinsstruktur jedenfalls nicht übertragen.[199] Da es sich bei der Versammlungsfreiheit um ein individuelles Recht handelt (→ Rn. 34), müssen nicht alle beteiligten Personen selbst Träger der Versammlungsfreiheit sein.[200]

III. „Friedlich und ohne Waffen"

53 Bei den Merkmalen der Friedlichkeit und Waffenlosigkeit handelt es sich nicht um Schrankenregelungen, sondern unmittelbare **Begrenzungen des**

[193] *Kloepfer,* Verfassungsrecht II, 2010 § 63 Rn. 10; *Kniesel/Poscher* in HdbPolR Kap. K Rn. 52; vgl. *Morlok,* Selbstverständnis als Rechtskriterium, 1993, 114. Vgl. BVerfG NJW 2001, 2459 (2461).

[194] Exemplarisch BVerfGE 104, 92 (104). Vgl. aber auch BVerfG NJW 1987, 3245 (3245) zu einer Mahnwache durch eine Einzelperson.

[195] VGH Mannheim VBlBW 2008, 60 (60); OLG Düsseldorf JR 1982, 299 (300); *Höfling* in Sachs Rn. 13; *Geis* in BerlKomm Rn. 16; *Kloepfer* in HdbStR VII § 164 Rn. 24; *Schulze-Fielitz* in Dreier Rn. 24; *Blanke* in Stern/Becker Rn. 18; *Kohl* in Umbach/Clemens Rn. 26; *Müller-Franken* in SHH Rn. 10; *Sodan* in Sodan Rn. 2; *von Coelln* in Gröpl/Windthorst/von Coelln Rn. 10 f.; *Kniesel/Poscher* in HdbPolR Kap. K Rn. 46; in diese Richtung auch *Hartmann* in BK Rn. 156.

[196] *Schulze-Fielitz* in Dreier Rn. 24; *Müller-Franken* in SHH Rn. 10.

[197] *Hoffmann-Riem* in AK Rn. 18; *Höllein* NVwZ 1994, 635 (635 Fn. 5); *Hölscheidt* DVBl. 1987, 666 (667); offen gelassen durch *Jarass* in Jarass/Pieroth Rn. 4; *Depenheuer* in Maunz/Dürig Rn. 44; *Kniesel* in Dietel/Gintzel/Kniesel VersG Teil I Rn. 66 f.; wohl auch *Gusy* in MKS Rn. 15.

[198] *von Münch* in v. Münch/Kunig, 3. Aufl. 1985, Rn. 9.

[199] *Blanke* in Stern/Becker Rn. 18.

[200] *Hartmann* in BK Rn. 157.

Gewährleistungsgehalts.[201] Für den grundrechtlichen Schutz müssen beide Merkmale kumulativ gegeben sein.[202] In der Ausübung der Versammlungsfreiheit ist der Konflikt mit anderen Meinungen und Standpunkten von vornherein wesensmäßig angelegt (→ Rn. 14) und der tatbestandlichen Begrenzung liegt der notwendige Ausgleich zwischen der verfassungsrechtlichen Offenheit des Versammlungsgeschehens und den einfachgesetzlichen polizeirechtlichen Eingriffsbefugnissen zugrunde.[203]

Unfriedliche und bewaffnete Versammlungen unterfallen **Art. 2 Abs. 1,**[204] wobei die Unterscheidung zwischen Regelungs- und Schutzbereich nicht maßgeblich ist, sondern dieselben Erwägungen zum Tragen kommen wie für Ausländer (→ Rn. 22). Damit können drohende Ungleichgewichte im Schutzniveau vermieden werden.[205] Das einfache Versammlungsgesetz bleibt in jedem Fall anwendbar.[206] 54

1. Friedlich. Für das Verständnis von Friedlichkeit ist die systematische Gleichrangigkeit mit der Waffenlosigkeit prägend.[207] Für die Unfriedlichkeit einer Versammlung reicht deshalb nicht schon irgendein Rechtsverstoß; anderenfalls würde dieses Merkmal zugleich die Funktion des Gesetzesvorbehalts aus Abs. 2 übernehmen, ohne dabei aber Schranken-Schranken wie das Übermaßverbot berücksichtigen zu müssen.[208] Auch strafrechtlich relevantes Handeln ist nicht gleichbedeutend mit unfriedlichem Verhalten und zu weitgehend wäre es auch, die Unfriedlichkeit allein durch Rückgriff auf den herkömmlichen strafrechtlichen Gewaltbegriff zu begründen, wie er etwa für die Nötigung (→ Rn. 59) Verwendung findet.[209] Bloße Behinderungen Dritter reichen nicht, selbst wenn diese beabsichtigt sind.[210] Schließlich führt ein versammlungstypisches Verhalten, das lediglich psychische Wirkung bei anderen entfaltet, nicht zur Unfriedlichkeit.[211] Körperliche Präsenz und sozialer Druck sind zwangsläufige Funktionen von Versammlungen und die Tatsache, dass dies andere einschüchtert, muss noch keine Unfriedlichkeit begründen.[212] Solche „versammlungstypischen Steigerungen der Wirkungschancen“ sind vom Grundrechtsschutz umfasst.[213] 55

---

[201] BVerfGE 69, 315 (360); *Jarass* in Jarass/Pieroth Rn. 7; *Geis* in BerlKomm Rn. 43; *Gusy* in MKS Rn. 22; *Höfling* in Sachs Rn. 29; *Hartmann* in BK Rn. 204 ff.

[202] *Schulze-Fielitz* in Dreier Rn. 41; *Kloepfer* in HdbStR VII § 164 Rn. 57; *Hartmann* in BK Rn. 227.

[203] *Hoffmann-Riem* in AK Rn. 22; vgl. *Gusy* in MKS Rn. 22.

[204] *Jarass* in Jarass/Pieroth Rn. 7; *Sachs* in Stern StaatsR IV/1, 1211 f.; *Kingreen/Poscher,* Grundrechte, 2019, Rn. 395 f.; aA *Gusy* in MKS Rn. 92; *Schulze-Fielitz* in Dreier Rn. 126; *Müller-Franken* in SHH Rn. 67; *Geis* in BerlKomm Rn. 42.

[205] Relativierend auch *Schulze-Fielitz* in Dreier Rn. 126.

[206] *Gusy* in MKS Rn. 92 Fn. 26.

[207] BVerfGE 73, 206 (248); 104, 92 (106); *Hoffmann-Riem* in AK Rn. 24; *Höfling* in Sachs Rn. 31; *Geis* in BerlKomm Rn. 44.

[208] *Hoffmann-Riem* in AK Rn. 24; *Höfling* in Sachs Rn. 32; *Schulze-Fielitz* in Dreier Rn. 42; *Jarass* in Jarass/Pieroth Rn. 8; *Kingreen/Poscher,* Grundrechte, 2019, Rn. 815.

[209] BVerfGE 73, 206 (248); *Höfling* in Sachs Rn. 33; *Jarass* in Jarass/Pieroth Rn. 8; *Kohl* in Umbach/Clemens Rn. 30.

[210] BVerfGE 73, 206 (248); 87, 399 (406); 104, 92 (106).

[211] *Geis* in BerlKomm Rn. 45; *Kloepfer* in HdbStR VII § 164 Rn. 66.

[212] BVerfGE 73, 206 (250); *Geis* in BerlKomm Rn. 45; *Hoffmann-Riem* in AK Rn. 24; *Gusy* in MKS Rn. 22; *Höfling* in Sachs Rn. 30; restriktiver BGH NJW 1972, 1571 (1573); *Depenheuer* in Maunz/Dürig Rn. 79 ff.; *Schmitt Glaeser* FS f. Dürig, 1990, 91 (97 ff.); kritisch auch *von Roetteken* KJ 2001, 330 (330 f.); *Seidel* DÖV 2002, 283 (288 f.). Umfangreich *Limmer,* Rechtliche Grenzen der Einschüchterung im Versammlungsrecht, 2010, 146 ff.

[213] *Hoffmann-Riem* in AK Rn. 24.

56 Eine Versammlung ist nach allgemeinem Verständnis unfriedlich, wenn sie einen **gewalttätigen und aufrührerischen Verlauf** nimmt.[214] Diese Formulierung ist an das einfache Recht angelehnt (§§ 5 Nr. 3, 13 Abs. 1 Nr. 2 VersG)[215] und bedarf weitergehender Konkretisierung. Ein gewalttätiger Verlauf setzt eine aggressive und erhebliche physische Einwirkung auf Personen oder Sachen voraus und aufrührerisch ist eine Versammlung, wenn sie einen Umsturz bewirken soll oder Widerstand gegen Vollstreckungsbeamte entfaltet, die rechtmäßig handeln.[216] Entscheidend ist, ob „Handlungen von einiger Gefährlichkeit wie etwa aggressive Ausschreitungen gegen Personen oder Sachen oder sonstige Gewalttätigkeiten stattfinden".[217] Das Verständnis der Unfriedlichkeit entspricht damit der Auslegung des Art. 11 Abs. 1 EMRK.[218]

57 Eine Versammlung ist schon dann unfriedlich, wenn der gewalttätige oder aufrührerische Verlauf unmittelbar bevorsteht, so dass es auf eine **Gefahrenprognose** ankommt.[219] Wegen der schwerwiegenden Konsequenzen für den grundrechtlichen Schutz ist Zurückhaltung bei der Annahme von Unfriedlichkeit geboten; hierfür muss eine hohe Wahrscheinlichkeit gegeben sein.[220] Die Prognose muss auf konkreten Anhaltspunkten und nicht vagen oder allgemeinen Vermutungen basieren.[221] Zu berücksichtigen sind dabei der besondere Wert der Versammlungsfreiheit, das Ausmaß möglicher Schäden und die Wahrscheinlichkeit ihrer Realisierung, wobei jede Versammlung gesondert zu betrachten und Prognosen ggf. zu aktualisieren sind.[222]

58 So können Drohungen mit Gewalt, Absichtserklärungen oder Gewaltaufrufe, von denen sich die Veranstalter nicht distanzieren, eine hinreichende Wahrscheinlichkeit für die Unfriedlichkeit begründen.[223] Solche Äußerungen müssen aber eindeutig den **Veranstaltern oder Teilnehmern zugerechnet** werden können, was bei Äußerungen in Internet-Foren Schwierigkeiten bereiten kann.[224] Auch wird die Unfriedlichkeit nicht begründet, wenn es in der Vergangenheit bei Versammlungen mit vergleichbarer politischer Ausrichtung zu Gewalttaten kam.[225] Ein konkreter Anhaltspunkt kann in einem solchen Fall etwa die Personenidentität der Veranstalter sein.[226] Auch die

---

[214] BVerfGE 69, 315 (361); 73, 206 (249); *Höfling* in Sachs Rn. 34; *Geis* in BerlKomm Rn. 45; *Hoffmann-Riem* in AK Rn. 24; *Jarass* in Jarass/Pieroth Rn. 8.

[215] Hierzu BVerfGE 73, 206 (249); *Höfling* in Sachs Rn. 34.

[216] *Geis* in BerlKomm Rn. 45; *Depenheuer* in Maunz/Dürig Rn. 84 jeweils mwN.

[217] BVerfGE 104, 92 (106); BVerfG NJW 2011, 3020 Rn. 33; vgl. BVerfGE 69, 315 (360); 73, 206 (248); 87, 399 (406); *Blanke* in Stern/Becker Rn. 47; *Jarass* in Jarass/Pieroth Rn. 8; *Höfling* in Sachs Rn. 31; *Kohl* in Umbach/Clemens Rn. 30; *Gusy* in MKS Rn. 23.

[218] Vgl. EGMR 12.6.2014 – 17391/06, Rn. 155 – Primov u. a./Russland; *Daiber* in Meyer-Ladewig/Nettesheim/von Raumer EMRK Art. 11 Rn. 5; *Arndt/Engels* in Karpenstein/Mayer EMRK Art. 11 Rn. 7.

[219] *Geis* in BerlKomm Rn. 46; *Höfling* in Sachs Rn. 35; *Schneider* in BeckOK GG Rn. 14; *Jarass* in Jarass/Pieroth Rn. 8; *Hartmann* in BK Rn. 224; *Kingreen/Poscher,* Grundrechte, 2019, Rn. 784.

[220] BVerfGE 69, 315 (360); *Hoffmann-Riem* in AK 5; *Geis* in BerlKomm Rn. 46; *Höfling* in Sachs Rn. 35; *Schneider* in BeckOK GG Rn. 14.

[221] *Hoffmann-Riem* in AK Rn. 25; *Blanke* in Stern/Becker Rn. 48; *Geis* in BerlKomm Rn. 46; *Höfling* in Sachs Rn. 35.

[222] *Gusy* in MKS Rn. 25.

[223] BVerfGE 69, 315 (360); BVerfG NJW 2000, 3051 (3053); *Blanke* in Stern/Becker Rn. 48; *Geis* in BerlKomm Rn. 47.

[224] Vgl. aber OVG Hamburg, Beschl. v. 3.7.2017, 4 Bs 142/17- juris, Rn. 33 ff.

[225] *Hoffmann-Riem* in AK Rn. 25. Vgl. aber anders OVG Hamburg, Beschl. v. 3.7.2017, 4 Bs 142/17- juris, Rn. 33 ff.

[226] *Hoffmann-Riem* in AK Rn. 25.

Vermummung von Teilnehmern oder das **Mitführen von Schutzgegenständen** reicht für sich nicht aus, um die Unfriedlichkeit zu begründen.[227] Hinzutreten müssen weitere Umstände, weil eine Vermummung auch das inhaltliche Anliegen unterstützen oder sich allgemein gegen die Datenerhebung durch Behörden oder Dritte richten kann und Schutzgegenstände nicht zwangsläufig bedeuten müssen, dass von der Versammlung selbst eine Initiative zur Unfriedlichkeit ausgehen soll.[228] Beim Werfen mit faulem Obst, Eiern oder Farbbeuteln ist zu unterscheiden, ob dies nur Element der Versammlungsgestaltung ist und zB Lächerlichkeit erzeugen soll oder Zwangswirkung entwickeln soll.[229]

Für Blockaden, die beabsichtigt und nicht bloß zwangsläufige Nebenfolge **59**
des Versammlungsgeschehens sind (→ Rn. 66) kommt eine Einordnung als **Nötigung iSd § 240 StGB** in Betracht. Vor allem Sitzblockaden wurden früher durch die Fachgerichte typischerweise als strafbare Nötigung eingeordnet.[230] Mittlerweile ist zu Recht anerkannt, dass dieser Schluss derartig pauschal nicht angenommen werden kann und der Grundrechtsschutz sowie die Immanenz passiver Blockadewirkung von Versammlungen stärker zu berücksichtigen sind.[231] Blockaden, die sich ausschließlich auf eine **passive Resistenz** beschränken, unterfallen dem Schutz der Versammlungsfreiheit.[232] So kann das Anketten und Bilden eines physischen Hindernisses weiterhin friedlich sein, solange die beteiligten Personen passiv bleiben, die Schwelle zur aggressiven und erheblichen physischen Einwirkung nicht überschreiten und nicht durch körperliche Kraftentfaltung ein Hindernis mit Zwangswirkung errichten.[233] Die Verwerflichkeit einer Blockade iSd § 240 Abs. 2 StGB ist unabhängig davon je nach Einzelfall zu bewerten, wobei die in Frage stehenden Rechtspositionen einschließlich der Versammlungsfreiheit, die Intensität der Beeinträchtigung und der Zusammenhang zwischen Versammlungsanliegen und Blockademittel zu berücksichtigen sind.[234] Hat eine Blockade zum Ziel, eine andere Versammlung zu verhindern und so die eigenen Ansichten zwangsweise durchzusetzen, greift die Versammlungsfreiheit nicht mehr ein.[235] Das bloße Training einer Blockadeaktion, die sich in dem dargestellten Rahmen bewegt, ist geschützt,

---

227 *Geis* in BerlKomm Rn. 47 f.; *Hoffmann-Riem* in AK Rn. 25, 27; *Höfling* in Sachs Rn. 35; *Schneider* in BeckOK GG Rn. 14.

228 *Geis* in BerlKomm Rn. 47 f.; *Hoffmann-Riem* in AK Rn. 25, 27.

229 *Gusy* in MKS Rn. 27; *Geis* in BerlKomm Rn. 50.

230 BGHSt 23, 46 (54); 35, 270 (273 ff.); 41, 182 (183); OLG Koblenz NJW 1996, 3351 (3352). Zur sog. „Zweite-Reihe-Rspr." des BGH, BVerfG NJW 2011, 3020 (3021).

231 *Gusy* in MKS Rn. 79 f.; *Geis* in BerlKomm Rn. 51 ff.; *Schulze-Fielitz* in Dreier Rn. 43.

232 BVerfGE 73, 206 (248); 76, 211 (215 ff.); 87, 399 (406); 104, 92 (104 f.); BVerfGK 11, 102 (114); *Gusy* in MKS Rn. 79; *Höfling* in Sachs Rn. 33; *Jarass* in Jarass/Pieroth Rn. 8; aA *Depenheuer* in Maunz/Dürig Rn. 66. Zu dem nicht weiter verfolgten Ansatz, auch die Fernziele der Versammlung zu berücksichtigen, BVerfGE 73, 206 (257 ff.).

233 BVerfGE 104, 92 (102); *Schulze-Fielitz* in Dreier Rn. 43; *Gusy* in MKS Rn. 79a; *Höfling* in Sachs Rn. 34.

234 BVerfGE 104, 92 (112); BVerfG NJW 2011, 3020 (3023); OLG Karlsruhe NStZ 2016, 32 Rn. 10; *Gusy* in MKS Rn. 79a.

235 BVerfGE 84, 203 (209); OVG Berlin-Brandenburg LKV 2016, 225 (227); *Schulze-Fielitz* in Dreier Rn. 40; umfangreich zu sog. Verhinderungsblockaden *Rusteberg* NJW 2011, 2999. *Scheidler* NZV 2015, 166 (168) hält diese prinzipiell für unzulässig, vgl. *Scheidler* GewArch 2011, 137 (141) für die Blockade eines Pelzgeschäfts. Für ein generelles versammlungsrechtliches Störungsverbot *Ullrich* DVBl. 2012, 666 (671 f.).

sofern zugleich die weiteren Voraussetzungen einer Versammlung vorliegen.[236]

60 Grundsätzlich schließt die **Unfriedlichkeit einzelner Teilnehmer** auch nur für diese den Schutz des Art. 8 aus.[237] Ein anderes Verständnis würde dazu führen, dass es einzelnen Störern möglich wäre, Versammlungen im Ganzen zu diskreditieren.[238] Die Ordnungsbehörden müssen deshalb gegen die einzelnen unfriedlichen Teilnehmer vorgehen.[239] Dies obliegt nicht den anderen Teilnehmern einer Versammlung.[240] Es verkehrt grundrechtliche Schutzpflichten in ihr Gegenteil, wollte man bislang friedliche Versammlungsteilnehmer zur Aufrechterhaltung ihres grundrechtlichen Schutzes verpflichten, aktiv gegen Gewalttäter vorzugehen und diese ggf. sogar festnehmen und den Ordnungskräften überstellen zu müssen.

61 Hingegen erfasst die Unfriedlichkeit Einzelner die komplette Versammlung, wenn – wobei dies eine schwierige Abgrenzung verlangen kann[241] – das Verhalten einer störenden Minderheit die Versammlung dominiert und prägt.[242] Die **Versammlung als Ganzes** kann auch als unfriedlich angesehen werden, wenn eine kollektive Unfriedlichkeit herrscht, etwa weil die Versammlungsleitung oder Masse die Gewalttaten billigt oder sich mit Gewalttätern solidarisiert und diese aufnimmt, aber auch wenn es zB zu Gewalttaten zwischen Teilnehmergruppen kommt.[243]

62 **2. Waffenlos.** Das Merkmal der Waffenlosigkeit konkretisiert die Friedlichkeit.[244] Erfasst sind Waffen im technischen Sinne, also zB Schusswaffen, Messer, Schlagwaffen oder chemische Kampfstoffe. Nach allgemeiner Auffassung bietet die Definition des § 1 WaffG in dieser Hinsicht Orientierung.[245] Bei solchen Waffen bedarf es keiner Prognose oder weiterer Nachweise der Gefährlichkeit.[246] Das Merkmal führt damit zu einer Anwendungserleichterung. Auch bedarf es keiner spezifischen Verwendungsabsicht des Waffenträgers, vielmehr reichen die objektiven Umstände.[247] Auf die Versammlungsfreiheit können sich deshalb auch Berufswaffenträger nicht berufen, wobei vorrangig zu erörtern ist, ob diese überhaupt an der Versammlung teilnehmen.[248] Die

[236] OVG Münster NVwZ-RR 2013, 38 (38); *Gusy* in MKS Rn. 79a; kritisch *Peters/Janz* LKV 2016, 193 (194); vgl. *Kerkemeyer* Jura 2018, 652 (657 f.).

[237] BVerfGE 69, 315 (361); BVerfG NVwZ 2011, 422 Rn. 20; *Gusy* in MKS Rn. 24; *Blanke* in Stern/Becker Rn. 48; *Höfling* in Sachs Rn. 29; *Jarass* in Jarass/Pieroth Rn. 10.

[238] BVerfGE 69, 315 (361); BVerfG NJW 2007, 2167 Rn. 38; *Geis* in BerlKomm Rn. 59.

[239] *Höfling* in Sachs Rn. 26; *Schneider* in BeckOK GG Rn. 15; *Geis* in BerlKomm Rn. 61. Vgl. *Trurnit* Die Polizei 2010, 341 (344) zu Maßnahmen gegen einzelne Teilnehmer.

[240] So aber *Depenheuer* in Maunz/Dürig Rn. 97.

[241] *Schneider* in BeckOK GG Rn. 15; *Kohl* in Umbach/Clemens Rn. 30.

[242] *Schulze-Fielitz* in Dreier Rn. 48; *Schneider* in BeckOK GG Rn. 15; *Blanke* in Stern/Becker Rn. 48.

[243] BVerfG NVwZ 2011, 422 Rn. 20; *Gusy* in MKS Rn. 24; *Kniesel/Poscher* in HdbPolR Kap. K Rn. 69; *Kniesel* in Dietel/Gintzel/Kniesel VersG Teil I Rn. 213; aA zu den Gewalttaten zwischen Teilnehmergruppen *Depenheuer* in Maunz/Dürig Rn. 98.

[244] Vgl. *Geis* in BerlKomm Rn. 55; *Depenheuer* in Maunz/Dürig Rn. 89; *Blanke* in Stern/Becker Rn. 49. Vgl. zum Verhältnis der beiden Merkmale auch *Gusy* in MKS Rn. 26; *Höfling* in Sachs Rn. 35.

[245] *Schulze-Fielitz* in Dreier Rn. 45; *Gusy* in MKS Rn. 27; *Höfling* in Sachs Rn. 38; *Schneider* in BeckOK GG Rn. 16; *Jarass* in Jarass/Pieroth Rn. 9.

[246] *Hoffmann-Riem* in AK Rn. 26; *Schneider* in BeckOK GG Rn. 16; *Gusy* in MKS Rn. 27; *Höfling* in Sachs Rn. 38; *Depenheuer* in Maunz/Dürig Rn. 89.

[247] *Geis* in BerlKomm Rn. 55; *Müller-Franken* in SHH Rn. 28; *Jarass* in Jarass/Pieroth Rn. 9.

[248] Vgl. *Hartmann* in BK Rn. 209.

Voraussetzung der Waffenlosigkeit entfaltet absolute Wirkung und gilt für die Veranstaltungsleiter, alle Teilnehmer aber auch eingesetzte Ordner.[249]

Verbreitet werden in Anlehnung an § 224 StGB auch **gefährliche Werkzeuge** als Waffe eingeordnet, also solche Gegenstände, die zur Verletzung von Menschen oder zur Herbeiführung erheblicher Sachbeschädigungen objektiv geeignet sind und subjektiv zu diesem Zweck mitgeführt werden.[250] Einzelne Stimmen in der Literatur verzichten sogar auf das subjektive Element und lassen die objektive Eignung eines Werkzeugs ausreichen.[251] Letzteres würde den Grundrechtsschutz in einem nicht hinnehmbaren Maße der Kreativität von Verbotsbegründungen aussetzen, insbesondere angesichts der faktischen Bedeutung der behördlichen Entscheidung im Versammlungsrecht. Aber auch eine Erweiterung auf gefährliche Werkzeuge unter Einbeziehung eines subjektiven Elements erscheint nicht sachgerecht. Das Merkmal der Waffe ist wegen der weitreichenden Wirkung, die zur Versagung des Grundrechtsschutzes führt, restriktiv zu verstehen.[252] Die Einbeziehung gefährlicher Werkzeuge würde überdies eine Prognose über die Verwendungsabsicht erfordern und dies widerspricht nicht nur dem Zweck der Anwendungserleichterung, den das Waffenmerkmal verfolgt, sondern geht auch schon in der Entscheidung über die Unfriedlichkeit auf.[253] 63

Gegenstände, die zur **Durchführung eines zulässigen Versammlungszwecks** und -ablaufs benötigt werden, etwa Fahnen oder Transparente, sind keine Waffen.[254] Gegenstände, die als Wurfgeschosse verwendbar sind, können unter Umständen die Unfriedlichkeit begründen (→ Rn. 58), sind aber nicht als Waffen zu qualifizieren.[255] Scheinwaffen sind keine Waffen iSd Art. 8 Abs. 1 und auch für die Unfriedlichkeit dürfte zu berücksichtigen sein, dass Scheinwaffen selbst keine physischen Einwirkungen hervorrufen.[256] **Schutzgegenstände,** die nicht zum Angriff auf Dritte eingesetzt werden, wie zB Helme, Gasmasken, Schutzschilde oder Mundschutz[257], sind ebenfalls keine Waffen.[258] Die Bezeichnung von Schutzgegenständen als „Schutzwaffen" (vgl. § 17a VersG) ändert daran nichts.[259] Friedliche Versammlungsteilnehmer haben das Recht, sich gegen unfriedliche Dritte zu schützen.[260] Die Einordnung als Waffe würde sich noch schwerwiegender bei solchen Gegenständen auswirken, die aufgrund einer gesetzlichen Anordnung mitgeführt 64

---

[249] *Geis* in BerlKomm Rn. 56.

[250] *Gusy* in MKS Rn. 27; *Schulze-Fielitz* in Dreier Rn. 46; *Hoffmann-Riem* in AK Rn. 26; *Geis* in BerlKomm Rn. 57; *Blanke* in Stern/Becker Rn. 49; *Müller-Franken* in SHH Rn. 28; *Hartmann* in BK Rn. 210.

[251] *von Münch/Mager,* Grundrechte, 2018, Rn. 533.

[252] *Schneider* in BeckOK GG Rn. 16.

[253] *Höfling* in Sachs Rn. 39; *Schneider* in BeckOK GG Rn. 16; *Kloepfer* in HdbStR VII § 164 Rn. 60; *Jarass* in Jarass/Pieroth Rn. 9.

[254] *Gusy* in MKS Rn. 27; vgl. zu demonstrationstypischen Fahnenstangen OVG Weimar ThürVBl. 2000, 14 (15); zu Haltestangen von Transparenten VG Braunschweig NVwZ 1988, 661 (662).

[255] *Höfling* in Sachs Rn. 39. Ebenso als Anhänger eines weiten Waffenbegriffs *Gusy* in MKS Rn. 27; *Hoffmann-Riem* in AK Rn. 26; *Schulze-Fielitz* in Dreier Rn. 46; aA *Depenheuer* in Maunz/Dürig Rn. 90; *Gallwas* JA 1986, 484 (486).

[256] Vgl. *Hartmann* in BK Rn. 214.

[257] Vgl. OLG Frankfurt a. M. NStZ-RR 2011, 257 (258).

[258] *Gusy* in MKS Rn. 27; *Hoffmann-Riem* in AK Rn. 27; *Depenheuer* in Maunz/Dürig Rn. 91; *Schulze-Fielitz* in Dreier Rn. 46; *Jarass* in Jarass/Pieroth Rn. 9.

[259] Vgl. *Müller-Franken* in SHH Rn. 29. Zum Begriff der Schutzwaffe *Kniesel* in Dietel/Gintzel/Kniesel VersG Teil II § 17a Rn. 18 ff.

[260] *Hoffmann-Riem* in AK Rn. 27.

werden, wie zB Motorradhelme.[261] Aufgrund der Bedeutung für den Selbstschutz (Art. 2 Abs. 2) kann das alleinige Mitführen von Schutzgegenständen auch nicht als Indiz für eine drohende Unfriedlichkeit aufgefasst werden.[262] Allenfalls im Zusammenspiel mit anderen Indizien lässt sich dies im Rahmen der Gefahrenprognose berücksichtigen.[263] Dasselbe gilt für eine Vermummung.

IV. Geschütztes Verhalten – „Haben das Recht"

65 Die Versammlungsfreiheit schützt Veranstalter, Teilnehmer und Leiter von Versammlungen gleichermaßen.[264] Deren Wahrnehmung des grundrechtlichen Schutzes ist maßgeblich von zwei Elementen geprägt: Die liberal-menschenrechtliche ebenso wie das demokratisch-politische Element (→ Rn. 10 ff.) drängen dazu, dass die Grundrechtsträger nach eigenen Vorstellungen ihr Anliegen in der Öffentlichkeit darstellen und ihr Streben nach Beachtung durch andere in Form eines **Beachtungserfolgs** erzielen können.[265] Art. 8 gewährleistet zu diesem Zweck ein **Selbstbestimmungsrecht** über Ort, Zeitpunkt sowie Art und Inhalt der Veranstaltung.[266]

66 **1. Planung und Durchführung der Versammlung. a) Allgemeines und zeitbezogene Modalitäten.** Die **Teilnahmefreiheit** gewährleistet das Recht auf Anwesenheit und Mitwirkung an der Versammlung, je nach Form der Versammlung etwa durch Redebeiträge, Ausdruck von Zustimmung aber auch Kritik (→ Rn. 46).[267] Die **körperliche Anwesenheit** der Teilnehmer am Versammlungsort deckt wegen der daraus folgenden Zwangsläufigkeit grundsätzlich auch ab, dass andere während dieser Zeit von dem Ort verdrängt werden und sich dort im Zweifel nicht einfinden können (zu weitergehenden Behinderungen → Rn. 59, 142).[268] Nicht umfasst ist jedoch ein Recht auf Partizipation iS eines politischen Teilhaberechts (→ Rn. 16) oder ein Anspruch darauf, dass Dritte dem Versammlungsanliegen Gehör schenken und sich mit ihm auseinandersetzen.[269]

67 Der **Veranstalter,** also die Person, die zu einer Versammlung einlädt (vgl. § 2 Abs. 1 VersG), hat das Recht, die Versammlung zu planen und vorzubereiten.[270] Diese Veranstaltungsfreiheit erfasst die **Vorbereitungsphase** insgesamt und beinhaltet etwa öffentliche Ankündigungen oder Einladungen,

[261] *Gusy* in MKS Rn. 27. Vgl. (nicht durchweg überzeugend) sowie ebenfalls kritisch zu § 27 Abs. 2 VersG *Kretschmer* NStZ 2015, 504 (506 ff.), zu weiteren Gegenständen aus dem Straßenverkehr OVG Münster NVwZ 1982, 46 (46).

[262] *Höfling* in Sachs Rn. 35; *Geis* in BerlKomm Rn. 57; *Müller-Franken* in SHH Rn. 29; *Schulze-Fielitz* in Dreier Rn. 47; *Jarass* in Jarass/Pieroth Rn. 9; aA BayVGH BayVBl. 1983, 434 (436); *Depenheuer* in Maunz/Dürig Rn. 91; in diese Richtung auch *Scholz* NJW 1983, 705 (711); *Frowein* NJW 1985, 2376 (2378).

[263] *Hoffmann-Riem* in AK Rn. 27.

[264] *Kloepfer* in HdbStR VII § 164 Rn. 44 ff.; *Höfling* in Sachs Rn. 27; *Geis* in BerlKomm Rn. 28; *Blanke* in Stern/Becker Rn. 44; *Müller-Franken* in SHH Rn. 17.

[265] *Blanke* in Stern/Becker Rn. 39 f.; *Schulze-Fielitz* in Dreier Rn. 34 f.

[266] BVerfGE 69, 315 (343); 87, 399 (406); 104, 92 (108, 111); 110, 77 (90); 128, 226 (251); BVerfGK 11, 298 (304 f.); NVwZ 2013, 570 Rn. 16; *Hoffmann-Riem* in HdbGR IV § 106 Rn. 92; *Schulze-Fielitz* in Dreier Rn. 31; *Schneider* in BeckOK GG Rn. 17; *Kniesel,* NJW 1992, 857 (859).

[267] *Blanke* in Stern/Becker Rn. 44; *Schulze-Fielitz* in Dreier Rn. 31.

[268] Vgl. BVerfGE 69, 315 (353); *Gusy* in MKS Rn. 77; *Schulze-Fielitz* in Dreier Rn. 35.

[269] *Gusy* in MKS Rn. 34.

[270] *Blanke* in Stern/Becker Rn. 44; umfangreich dazu *Ebeling,* Die organisierte Versammlung, 2017, 231 ff.

das Organisieren geeigneter Räume oder Plätze, die Einladung von Rednern und die Bestimmung der Modalitäten der Versammlung.[271] Ansonsten bestünde die Gefahr, dass die Versammlungsfreiheit durch staatliche Maßnahmen im Vorfeld ausgehöhlt wird.[272]

Die **Vorverlagerung des grundrechtlichen Schutzes** erfasst auch die Teilnahmefreiheit. Deshalb unterfällt die **Anreise** zu einer Versammlung, auch wenn diese selbst regelmäßig nicht die Voraussetzungen einer Versammlung erfüllt, gleichwohl dem Schutz des Art. 8.[273] Die etwaige Vorverlagerung polizeilicher Befugnisse korrespondiert so mit einem zeitlich vorgreifenden Grundrechtsschutz.[274] **68**

Während der Versammlung ist die **Leitungsfreiheit** gewährleistet, also ua das Recht, den Ablauf zu organisieren, die Versammlung vorübergehend zu unterbrechen und auch Ordnungsmaßnahmen zu erlassen (vgl. § 7 VersG).[275] Außerdem geschützt ist die Entscheidung über einen Ortswechsel und bei sich bewegenden Aufzügen (→ Rn. 48) Änderungen in der Route.[276] **69**

Schließlich ist die **Phase der Beendigung** einer Versammlung geschützt. Dies betrifft die individuelle Entscheidung, den Ort einer Versammlung vor oder nach deren geplantem Ende zu verlassen,[277] weil ansonsten staatliche Maßnahmen Personen von der Teilnahme an zukünftigen Versammlungen abhalten könnten.[278] Die Versammlungsfreiheit entfaltet damit eine **Nachwirkung,** die auch nach einer versammlungsrechtlichen Auflösung noch für einen angemessenen Zeitraum das geordnete Verlassen des Versammlungsorts als versammlungsspezifisches Verhalten ermöglicht.[279] **70**

b) Ortsbezogene Modalitäten. Von besonderer Bedeutung für den Beachtungserfolg[280] ist die **Wahl des Ortes,** an dem die Versammlung stattfinden soll.[281] Die Versammlungsfreiheit gewährt dabei jedoch kein Zutrittsrecht zu beliebigen Orten.[282] Nach der Rspr. des BVerfG schützt Art. 8 vielmehr Versammlungen an solchen Orten, die **allgemeine öffentliche Foren bzw. Orte der allgemeinen Kommunikation** darstellen, dh Orte, die für den kommunikativen Verkehr eröffnet und tatsächlich bereitgestellt sind, indem der Öffentlichkeit ein allgemeiner Zugang gewährt ist, der nicht lediglich nach individueller Kontrolle besteht, und dieser Zugang auch nicht schon nach den äußeren Umständen nur zu bestimmten Zwecken gewährt **71**

---

[271] *Gusy* in MKS Rn. 30; *Höfling* in Sachs Rn. 26.

[272] BVerfGE 84, 203 (209); vgl. *Geis* in BerlKomm Rn. 34.

[273] BVerfGE 69, 315 (343); 84, 203 (209); *Höfling* in Sachs Rn. 26; *Hoffmann-Riem* in HdbGR IV § 106 Rn. 69; *Geis* in BerlKomm Rn. 35.

[274] *Schulze-Fielitz* in Dreier Rn. 33.

[275] *Blanke* in Stern/Becker Rn. 44; *Schneider* in BeckOK GG Rn. 17.1.

[276] *Kniesel/Poscher* in HdbPolR Kap. K Rn. 142; aA *Depenheuer* in Maunz/Dürig Rn. 42.

[277] *Gusy* in MKS Rn. 32; *Geis* in BerlKomm Rn. 36 f.

[278] VG Hamburg NVwZ 1987, 829 (833); VG Berlin NVwZ-RR 1990, 188 (190); *Höfling* in Sachs Rn. 26; *Blanke* in Stern/Becker Rn. 43.

[279] VG Hamburg NVwZ 1987, 829 (833); *von Simson* ZRP 1968, 10 (10 f.); *Schulze-Fielitz* in Dreier Rn. 38; *Geis* in BerlKomm Rn. 37; *Schneider* in BeckOK GG Rn. 22; vgl. *Gusy* in MKS Rn. 32; aA noch BayObLG DÖV 1969, 73 (74); OLG Karlsruhe NJW 1974, 2142 (2143).

[280] *Schulze-Fielitz* in Dreier Rn. 35; *Blanke* in Stern/Becker Rn. 40.

[281] BVerfGE 69, 315 (343); 128, 226 (250 f.); BVerfG NJW 2007, 2167 Rn. 23; NVwZ-RR 2007, 641 (642); NVwZ 2013, 570 Rn. 16; NJW 2015, 2485 Rn. 9; *Gusy* in MKS Rn. 30; *Burgi* DÖV 1993, 633 (638).

[282] BVerfGE 128, 226 (251); BVerfG NJW 2014, 2706 Rn. 16; NJW 2015, 2485 Rn. 5; BGH NJW 2015, 2892 Rn. 11; *Jarass* in Jarass/Pieroth Rn. 14.

wird.[283] Als solche tauglichen Orte kommen in erster Linie eigene Flächen und solche der grundrechtsverpflichteten öffentlichen Hand in Frage, soweit diese für die Zwecke eines kommunikativen Gemeingebrauchs gewidmet sind.[284] Für die Flächen der öffentlichen Hand können diese allgemeinen Grundsätze weiter differenziert werden.[285]

72 Bei **öffentlichen Sachen im Gemeingebrauch** handelt es sich in aller Regel um solche Orte der allgemeinen Kommunikation, deren Widmung die geforderte Öffnung für den kommunikativen Verkehr beinhaltet.[286] Typischerweise betrifft dies öffentliche Straßen und Plätze.[287] Einer Sondernutzungserlaubnis bedarf es nicht.[288] Aus der Versammlungsfreiheit resultiert eine verfassungsrechtlich begründete Duldungspflicht, die der Sachherrschaft an der öffentlichen Sache gegenübersteht.[289] Eine Nutzung von öffentlichen Sachen im Gemeingebrauch ist ureigener Ausdruck der Versammlungsfreiheit und setzt keine staatliche Leitung voraus (zum abwehrrechtlichen Charakter → Rn. 87 ff.).[290] Mögliche Verkehrsbehinderungen, die sich durch die Versammlung ergeben, führen einerseits nicht zu einer Begrenzung des Schutzbereichs, sondern sind im Rahmen der Rechtfertigung eines Eingriffs zu berücksichtigen.[291] Andererseits ist es aber auch nicht vom Selbstbestimmungsrecht des Art. 8 erfasst, solche Kollisionen mit Interessen Dritter selbst abwägen und entscheiden zu können.[292] Es gehört zu den zwangsläufigen Auswirkungen einer tatsächlich-körperlichen Versammlungsfreiheit, dass gerade auf öffentlichem Grund, der sich im Gemeingebrauch befindet, vielfältige Nutzungskonflikte hervorgerufen werden können und ein Ausgleich gegenläufiger grundrechtlich geschützter Interessen erforderlich ist.[293] Dieses Austarieren der grundrechtlichen Handlungssphären zueinander hat durch

---

[283] BVerfGE 128, 226 (251 ff.); BVerfG NJW 2014, 2706 Rn. 16; NJW 2015, 2485 Rn. 5; BGH NJW 2015, 2892 Rn. 11; *Schneider* in BeckOK GG Rn. 30; *Jarass* in Jarass/Pieroth Rn. 14; *Krisor-Wietfeld,* Rahmenbedingungen der Grundrechtsausübung, 2016, 69 ff.; vgl. *Fischer-Lescano/Maurer* NJW 2006, 1393 (1395 f.). Das BVerfG orientiert sich hierbei ausdrücklich an der US-amerikanischen und kanadischen Rspr., vgl. dazu *Scharlau,* Schutz von Versammlungen auf privatem Grund, 2018, 149 ff.; *Wendt* NVwZ 2012, 606 (607 f.).

[284] *Gusy* in MKS Rn. 45; *Schulze-Fielitz* in Dreier Rn. 35; *Geis* in BerlKomm Rn. 76; vgl. *Müller-Franken* in SHH Rn. 19.

[285] Dies lässt unberücksichtigt *Smets* NVwZ 2016, 35 (37).

[286] Vgl. *Höfling* in Sachs Rn. 41 f.; *Schneider* in BeckOK GG Rn. 30.2; *Blanke* in Stern/Becker Rn. 41 f.; *Hartmann* in BK Rn. 194; *Burgi* DÖV 1993, 633 (638 f.).

[287] Auch für Autobahnen ist es nicht ausgeschlossen, dass sie tauglicher Versammlungsort sind, VGH Kassel NJW 2009, 312 (313); *Stern* in Stern StaatsR IV/1, 2006, 1227; *Scheidler* NZV 2015, 166 (170); aA *Blanke* in Stern/Becker Rn. 41. Vgl. *Kniesel* in Dietel/Gintzel/Kniesel VersG Teil I Rn. 146.

[288] VG Berlin NVwZ 2004, 761 (761); *Höfling* in Sachs Rn. 76; *Depenheuer* in Maunz/Dürig Rn. 162; *Kloepfer* in HdbStR VII § 164 Rn. 91; *Müller-Franken* in SHH Rn. 58; *Frowein* NJW 1969, 1081 (1084); vgl. BVerfGE 73, 206 (249); *Gusy* in MKS Rn. 76 Fn. 186.

[289] *Burgi* DÖV 1993, 633 (638); *Höfling* in Sachs Rn. 41; *Blanke* in Stern/Becker Rn. 41; *Kniesel* in Dietel/Gintzel/Kniesel VersG Teil I Rn. 144.

[290] *Burgi* DÖV 1993, 633 (638); *Höfling* in Sachs Rn. 41; vgl. VGH Kassel NJW 1988, 2125 (2126). Generell für einen Anspruch auf ermessensfehlerfreie Entscheidung *Blanke* in Stern/Becker Rn. 42, wobei dabei unberücksichtigt bleibt, dass das Abhalten von Versammlungen keine Genehmigung voraussetzt, sondern allenfalls ein Verbot in Betracht kommt.

[291] *Schneider* in BeckOK GG Rn. 17.

[292] *Schneider* in BeckOK GG Rn. 17; *Kniesel* in Dietel/Gintzel/Kniesel VersG Teil I Rn. 184.

[293] *Hoffmann-Riem* in AK Rn. 53 ff.; *Gusy* in MKS Rn. 76 ff.

die Versammlungsbehörden zu erfolgen, die hierbei mit den Veranstaltern kooperieren (→ Rn. 107).[294]

73 Bei **öffentlichen Sachen im Anstaltsgebrauch** oder **öffentlichen Einrichtungen,**[295] die im Rahmen eines organisatorischen Zusammenhangs genutzt werden, kommt es nach den allgemeinen Grundsätzen darauf an, ob für den Ort tatsächlich ein kommunikativer Verkehr eröffnet ist.[296] Wenn dies aber nicht der Fall ist und auch Versammlungen nicht von den dortigen Widmungszwecken umfasst sind, was regelmäßig der Fall sein wird, bedarf es einer einfachrechtlichen Zulassung.[297] Bei dieser Ermessensentscheidung ist die Bedeutung des Art. 8 zu berücksichtigen.[298] Hierbei ist auch die konkrete Bedeutung der geplanten Versammlung in den Blick zu nehmen.[299] Für **Sachen im Verwaltungsgebrauch** kann die Versammlungsfreiheit kein Nutzungsrecht begründen (zum leistungsrechtlichen Charakter der Versammlungsfreiheit → Rn. 101).[300]

74 Zwar verpflichtet die Versammlungsfreiheit nicht unmittelbar Private, doch ist es nicht ausgeschlossen, dass auch **privates Eigentum** in zulässiger Weise zum Versammlungsort bestimmt wird. Unproblematisch ist dies, wenn der private Eigentümer sein **Einverständnis** erklärt.[301] Ebenfalls hat die Rspr. mittlerweile geklärt, dass auch private Grundeigentümer, hinter denen zumindest überwiegend die **öffentliche Hand** steht, etwa in Form eines gemischtwirtschaftlichen Unternehmens, vollumfänglich grundrechtsverpflichtet sind, so dass die dargestellten allgemeinen Grundsätze (→ Rn. 71) Anwendung finden.[302] Voraussetzung ist deshalb, dass – zumindest am Tag der geplanten Versammlung[303] – an dem fraglichen Ort eine Vielzahl von verschiedenen Tätigkeiten und Anliegen verfolgt werden kann, hierdurch ein vielseitiges und offenes Kommunikationsgeflecht entsteht und möglicherweise in Verbindung mit Ladengeschäften, Dienstleistungsanbietern, Restaurationsbetrieben und Erholungsflächen ein Raum des Verweilens und der Begegnung entsteht, der dem Informations- und Meinungsaustausch dient.[304] Bei solchen privat ausgestalteten Einrichtungen kann, gestützt auf das private Hausrecht, eine Benutzungsordnung erlassen werden, welche die Flächen, die dem allgemeinen Verkehr geöffnet sind, näher bestimmt und ausgestaltet.[305] Dabei kommt dem

---

294 *Gusy* in MKS Rn. 78.

295 Vergleichbares gilt für öffentliche Sachen im Sondergebrauch.

296 So bei BVerfG NJW 2014, 2706 Rn. 16, 19 für einen kommunalen Friedhof.

297 Vgl. *Burgi* DÖV 1993, 633 (639 ff.); *Hartmann* in BK Rn. 195.

298 BVerwGE 91, 135 (140); *Schlink* NJW 1993, 610 (610); *Gusy* in MKS Rn. 76.

299 *Burgi* DÖV 1993, 633 (639).

300 *Burgi* DÖV 1993, 633 (639).

301 *Hartmann* in BK Rn. 192. Denkbar ist es auch, dass sich die Erlaubnis zur Nutzung gesetzlich ergibt. Dabei ist jedoch der Umfang der Vorschrift im Blick zu behalten. § 14 BWaldG erlaubt zB das Betreten von Wald zum Zwecke der Erholung. Ein privater Waldeigentümer ist deshalb gesetzlich nicht aufgrund des § 14 BWaldG verpflichtet, Versammlungen auf seinem privaten Grund zu dulden.

302 BVerfGE 128, 226 (251 ff.). Vgl. *Ernst* FS f. Schmidt-Jortzig, 2011, 79 (95 ff.); *Kersten/Meinel* JZ 2007, 1127 (1128 ff.); *Prothmann,* Die Wahl des Versammlungsortes, 2013, 135 ff.

303 BVerfG NJW 2014, 2706 Rn. 16; anders VG Mainz BeckRS 2017, 115997 Rn. 10 anlässlich eines Tages der offenen Tür einer psychiatrischen Fachklinik.

304 BVerfGE 128, 226 (251 ff.); ablehnend für den Stuttgarter Hauptbahnhof VG Stuttgart NVwZ-RR 2012, 887 Ls. = BeckRS 2012, 51799. Zu einem allgemein geöffneten und zugänglichen Betriebsgelände, das weniger einer Fußgängerzone als mehr einem Gewerbegebiet ähnelt, BGH NJW 2015, 2892 Rn. 12 ff. Vgl. auch *Wendt* NVwZ 2012, 606 (607).

305 BVerfGE 128, 226 (259 ff.); *Schneider* in BeckOK GG Rn. 30.3. Zu verfassungsrechtlichen Anforderungen an solche Hausordnungen *Kersten/Meinel* JZ 2007, 1127 (1131 ff.).

Schutz der Funktionsfähigkeit als öffentlicher Zweck eine maßgebliche Rolle zu.

75 Der Ansatz des BVerfG, zum einen die Orte, deren Nutzung von der Versammlungsfreiheit von vornherein gewährleistet ist, mit der tatsächlichen Eröffnung eines allgemeinen kommunikativen Verkehrs zu verknüpfen, und zum anderen auf die (überwiegende) Grundrechtsverpflichtung des Betreibers und nicht die im Einzelfall gewählte Rechtsform abzustellen, überzeugt. Trotz eines formellen Privatisierungsakts, der in solchen Fällen im Hintergrund steht, ist die allgemeine Nutzbarkeit der fraglichen Flächen ein **unverzichtbares Element demokratischer Gesellschaften.** Diese sind auf den öffentlich nutzbaren Raum zwingend angewiesen:[306] als Ort der Legitimationsrückkoppelung und als Integrationsraum, in dem Individuen zusammentreffen, Zwietracht entsteht und andere Meinungen zugemutet werden.[307] Derart allgemein zugängliche Räume sind eine räumlich-gegenständliche Funktionsbedingung der Versammlungsfreiheit.[308] Dies gilt insbesondere angesichts der zunehmenden Privatisierung öffentlicher Räume und der Überlagerung eigentlich öffentlicher Foren durch privates Hausrecht.[309]

76 Daran schließt sich die Frage an, wie mit solchen Flächen zu verfahren ist, die zwar die Funktion eines öffentlichen Forums aufweisen, gleichzeitig aber **ausschließlich** in der Hand eines **nicht grundrechtsgebundenen privaten Betreibers** sind.[310] Hier kommt eine **mittelbare Drittwirkung** der Versammlungsfreiheit gegenüber den privaten Eigentümern in Betracht (→ Rn. 112 f.).[311] Das BVerfG hat deutlich gemacht, dass der Schutz der Versammlungsfreiheit insbesondere dann in Betracht kommt, wenn Private die Rahmenbedingungen öffentlicher Kommunikation übernehmen und so eine Funktion erlangen, wie sie in der Praxis traditionell dem Staat zukommt.[312] Die inhaltliche Richtung ist damit vorgezeichnet.[313]

77 Zwar scheint im Kontext privater Flächen und der Versammlungsfreiheit im Ergebnis eine Unterscheidung zwischen mittelbarer und unmittelbarer Drittwirkung schwer möglich (weil es häufig nur darum geht, ob eine Versammlung auf solchen Flächen stattfindet oder nicht).[314] Trotzdem gilt es diesen eingeschlagenen Weg weiter zu beschreiten, zumal das BVerfG damit durchaus auf einer Linie mit der Rspr. des EGMR zu **Art. 11 EMRK** liegt.[315] Die Funktion, die öffentliche Räume für die demokratische Gesellschaft auf-

---

306 Hierzu *Ernst* FS f. Schmidt-Jortzig, 2011, 79 (88 ff.); vgl. *Siehr,* Das Recht am öffentlichen Raum, 2016, 214 ff.

307 *Schaefer* Der Staat 51 (2012), 251 (272 f.).

308 *Ernst* FS f. Schmidt-Jortzig, 2011, 79 (95); *Krisor-Wietfeld,* Rahmenbedingungen der Grundrechtsausübung, 2016, 33 ff.

309 Skeptisch *Schluckebier* in BVerfGE 128, 226 (274) – abw. Meinung.

310 Dazu *Scharlau,* Schutz von Versammlungen auf privatem Grund, 2018, 165 ff.; *Lehmann,* Der Schutz symbolträchtiger Orte vor extremistischen Versammlungen, 2012, 66 ff.; *Gornik,* Die Bindung der Betreiber öffentlicher Räume an die Kommunikationsgrundrechte, 2017, 213 ff.; *Schulenberg* DÖV 2016, 55 (56 ff.); *Wendt* NVwZ 2012, 606 (606 ff.); *Schaefer* Der Staat 51 (2012), 251 (266 ff.); *Fischer-Lescano/Maurer* NJW 2006, 1393 (1395 f.); *Smets* NVwZ 2016, 35 (36 ff.).

311 BVerfGE 128, 226 (252); BVerfG NJW 2015, 2485 Rn. 5; *Schulenberg* DÖV 2016, 55 (57); *Wendt* NVwZ 2012, 606 (606 f.).

312 BVerfG NJW 2015, 2485 Rn. 6.

313 So auch *Schulenberg* DÖV 2016, 55 (57 f.); *Brenneisen/Arndt* NordÖR 2016, 269 (270).

314 Diesen Effekt betont auch BVerfGE 128, 226 (249); kritisch *Smets* NVwZ 2016, 35 (36).

315 Vgl. EGMR 6.5.2003 – 44306/98, Rn. 39 ff. – Appleby; insgesamt *Scharlau,* Schutz von Versammlungen auf privatem Grund, 2018, 87 ff.

weist (→ Rn. 75), unterscheidet nicht danach, ob diese von öffentlicher oder privater Hand getragen werden. Die dies anerkennende Verpflichtung Privater basiert zentral auf der Sozialbindung des Eigentums (Art. 14 Abs. 2 S. 1).[316] Diese öffnet sich gerade gegenüber dem Sichversammeln als elementarem sozialem Grundbedürfnis, insbesondere wenn der Fläche deshalb eine soziale Funktion zugewiesen wird, um sich bewusst damit (finanzielle) Vorteile zu verschaffen. Hieran anknüpfend wird in der Literatur vorgeschlagen, für die Verpflichtung des Privaten eine besondere Bedeutung des Ortes für den Zweck der Versammlung und damit den Beachtungserfolg zu fordern.[317] Die Versammlungsfreiheit soll sich nur dann auf den privaten Raum erstrecken, wenn der Versammlungszweck nicht in vergleichbarer Art und Weise im öffentlichen Raum verwirklicht werden kann.[318] Andere betonen hingegen die funktionale Parallelität von öffentlichem und privatem Raum und verweisen darauf, dass das Selbstbestimmungsrecht die Berücksichtigung ganz unterschiedlicher Erwägungen zur Ortswahl zulässt.[319] In dieser Hinsicht ist es überzeugend, auch das Interesse an einer bestimmten Klientel oder schlicht einer großen Vielzahl von erreichbaren Dritten als legitimes Kriterium für eine Ortswahl anzuerkennen.

Der Ausgleich von Versammlungsfreiheit (und Meinungsfreiheit) sowie Eigentumsrecht hat im Wege einer **praktischen Konkordanz** zu erfolgen, wobei die abstrakten Kriterien dafür nach wie vor unklar sind.[320] Herangezogen werden können Aspekte wie der traditionelle Zweck des Ortes sowie der Zusammenhang zwischen Ort und Anliegen.[321] Im Übrigen bietet es sich an, zumindest teilweise vergleichbar den verschiedenen Arten öffentlicher Sachen, auf unterschiedliche Funktionen und Kategorien von Räumen abzustellen. Besteht eine individuelle Zugangskontrolle oder ist die Fläche pauschal für die Öffentlichkeit zugänglich, ist die Fläche aus kommerziellen oder ideellen Gründen zugänglich, dient sie Tätigkeiten von Allgemeininteresse wie der Daseinsvorsorge, ausschließlich individuellen finanziellen Gründen oder (sofern das bei öffentlichen Foren möglich ist) privaten Zwecken?[322] Die Durchführung darf, weil die Verpflichtung des privaten Eigentümers nicht weitergehen darf, als die des Staates,[323] nicht die Sicherheit des privaten Raums und die von Dritten beeinträchtigen, hinsichtlich der Funktionsfähigkeit können aber Einschränkungen nicht vollständig vermieden werden.[324] Die Anzeige der Versammlung gegenüber dem privaten Eigentümer ist grundsätzlich erforderlich, wobei die funktionelle Gleichstellung zu Versammlungen im öffentlichen Raum dafür sprechen würde, bei Eil- und Spontanversammlungen Ausnahmen zuzulassen.[325] **78**

---

[316] Vgl. zu diesbezüglichen Ansätzen in der Rspr. des US Supreme Court *Scharlau,* Schutz von Versammlungen auf privatem Grund, 2018, 149 ff.; *Wendt* NVwZ 2012, 606 (607). Vgl. auch *Brenneisen/Arndt* NordÖR 2016, 269 (271, 273), dort auch zu der einschlägigen Regelung des § 15 Versammlungsfreiheitsgesetz Schleswig-Holstein.

[317] *Wendt* NVwZ 2012, 606 (608).

[318] EGMR 6.5.2003 – 44306/98, Rn. 48 – Appleby; *Wendt* NVwZ 2012, 606 (608).

[319] *Schulenberg* DÖV 2016, 55 (59).

[320] BVerfG NJW 2015, 2485 Rn. 7; *Schulenberg* DÖV 2016, 55 (59 f.). Vgl. *Joite* BLJ 2011, 100 (105).

[321] Zu letzterem auch BVerfG NJW 2015, 2485 Rn. 9.

[322] *Scharlau,* Schutz von Versammlungen auf privatem Grund, 2018, 94 ff., 115 ff., 235 ff.

[323] BVerfGE 128, 226 (249); NJW 2015, 2485 Rn. 6; *Prothmann,* Die Wahl des Versammlungsortes, 2013, 235 f., 244.

[324] Vgl. *Wendt* NVwZ 2012, 606 (609); *Brenneisen/Arndt* NordÖR 2016, 269 (271).

[325] AA *Wendt* NVwZ 2012, 606 (609).

79 **c) Gegenständliche und zweckbezogene Modalitäten.** Art. 8 schützt nur **versammlungsspezifische Tätigkeiten.**[326] Dies erfordert eine Einzelfallentscheidung, wobei vorgeschlagen wird, danach zu fragen, ob sich Versammlungsteilnehmer ohne die fragliche Verhaltensweise unter Druck gesetzt sähen, an der Versammlung gar nicht mehr teilzunehmen.[327] Dies setzt aber voraus, eine Grenze des inneren Zwangs verlässlich zu bestimmen und könnte dazu führen, dass viele eigentlich versammlungstypische Tätigkeiten keinen grundrechtlichen Schutz erfahren. Stattdessen erstreckt sich die Versammlungsfreiheit auf alle Tätigkeiten, die aus Sicht eines verständigen Betrachters **funktional oder symbolisch** einen **hinreichenden Zusammenhang** mit dem Versammlungszweck aufweisen. An sich verbotene Meinungsäußerungen erfahren keinen Schutz durch Art. 8, nur deshalb, weil sie im Rahmen einer Versammlung getätigt werden.[328]

80 Auch der Schutz von versammlungsspezifischen Tätigkeiten dient der größtmöglichen Gewährleistung eines Beachtungserfolgs.[329] Erfasst ist deshalb etwa das Singen und Skandieren[330], das Verwenden von Lautsprechern und Megafonen,[331] Lautsprecherwagen,[332] Trillerpfeifen,[333] Trommeln,[334] ebenso wie das körperliche Sichtbarmachen von Überzeugungen, zB durch Transparente, Fahnen aber auch Fackeln (→ Rn. 48).[335] Auch das Mitbringen von Kindern kann ausnahmsweise der Versammlungsfreiheit unterfallen, wenn funktional oder symbolisch ein hinreichender Zusammenhang zum Versammlungsanliegen besteht;[336] anderenfalls kommt ein Schutz über Art. 6 Abs. 1 bzw. Art. 2 Abs. 1 in Betracht.[337]

81 Der **Einsatz von Leinwänden** und die **Übertragung von Reden** werden in der Rspr. kritisch gesehen. Unter Verweis auf das Element der körperlichen Präsenz und der unmittelbaren Persönlichkeitsentfaltung wird zwar ihr Einsatz zur vergrößerten Darstellung persönlich anwesender Redner anerkannt, nicht jedoch die Zuschaltung abwesender Redner.[338] Dabei muss jedoch zwischen der Versammlungsfreiheit der Organisatoren, Leiter und Teilnehmer vor Ort und derjenigen der abwesenden Redner unterschieden werden.[339] Letztere lässt sich tatsächlich durch Zuschaltung nicht begründen (→ Rn. 49). Das Anliegen der tatsächlich vor Ort stattfindenden Versammlung kann sich jedoch auch im Zuschalten abwesender Redner wiederfinden und stellt deren gemeinsam verfolgten Zweck nicht in Frage. Unter der Voraussetzung, dass funktional oder symbolisch ein hinreichender Zusammenhang mit dem Versammlungszweck besteht, kann deshalb auch der Ein-

[326] *Jarass* in Jarass/Pieroth Rn. 6.
[327] *Schulze-Fielitz* in Dreier Rn. 36 zum Tragen von Uniformen.
[328] BVerfGE 90, 241 (250).
[329] *Dörr* VerwArch 93 (2002), 485 (486); *Schulze-Fielitz* in Dreier Rn. 34.
[330] *Gusy* in MKS Rn. 31; *Schulze-Fielitz* in Dreier Rn. 34.
[331] BVerfG NVwZ 2014, 1453 Rn. 11; BayVGH BeckRS 2014, 57776 Rn. 3 (nicht abgedruckt in NVwZ-RR 2015, 104).
[332] BVerfG NVwZ 2014, 1453 Rn. 11; OVG Münster BeckRS 2018, 16550 Rn. 8.
[333] Vgl. BVerfGE 128, 226 (263).
[334] *Müller-Franken* in SHH Rn. 22a mwN.
[335] BVerfG NVwZ 2008, 671 (672); *Kniesel* in Dietel/Gintzel/Kniesel VersG Teil I Rn. 168; *Müller-Franken* in SHH Rn. 22a.; *Schulze-Fielitz* in Dreier Rn. 34; *Gusy* in MKS Rn. 31.
[336] *Geis* in BerlKomm Rn. 62; vgl. *Gusy* in MKS Rn. 37.
[337] *Kniesel/Poscher* in HdbPolR Kap. K Rn. 81.
[338] OVG Münster NVwZ 2017, 648 Rn. 10; VG Köln BeckRS 2016, 49551.
[339] *Schneider* in BeckOK GG Rn. 11.4; *Jungbluth* NVwZ 2017, 604 (605).

satz von Leinwänden und die Übertragung abwesender Redner von der Versammlungsfreiheit geschützt sein.

Zunehmend stellt sich auch die Frage, in welchem Ausmaß die Einbeziehung von **Infrastrukturanlagen oder vergleichbaren Begleitaktivitäten** als Teil einer Versammlung angesehen werden können und deshalb dem Schutz der Versammlungsfreiheit unterfallen. Dies betrifft insbesondere Zelte oder Pavillons, etwa zum Übernachten der Versammlungsteilnehmer, aber auch Informations- und Imbissstände oder Küchen- und Toilettenwagen.[340] Das BVerfG hatte anlässlich des G20-Gipfels in Hamburg über die Versammlungseigenschaft eines Protestcamps zu entscheiden, hat dazu in der Sache aber ausdrücklich keine Stellung bezogen.[341] **82**

Die Ansätze der Fachgerichte decken sich im Grundsatz, weil sie an den Zweck der Versammlung anknüpfen und dies auf Grundlage des Vorbringens des Veranstalters aus Sicht eines verständigen Drittens beurteilen,[342] weichen in Einzelheiten jedoch voneinander ab. So wird von einigen darauf abgestellt, ob ein **hinreichender funktionaler oder symbolischer Zusammenhang** mit dem Versammlungszweck besteht und die Infrastrukturanlagen einen **inhaltlichen Bezug zur Meinungskundgabe** aufweisen,[343] anderenorts wird verlangt, dass die Anlage bzw. Begleitaktivität dem Zweck der kollektiven Meinungsbildung und -äußerung dient,[344] und schließlich wird vertreten, dass diese (wesens-)notwendig für die Durchführung der Versammlung sein muss.[345] Dem Schutz der Versammlungsfreiheit die Hürde der Notwendigkeit gegenüberzustellen, dürfte mit der Bedeutung des Grundrechts kaum zu vereinbaren sein. Der Verweis auf herkömmliche, frühere Erscheinungen von Versammlungen wird die Notwendigkeit stets in Frage stellen, womit der Versammlungsfreiheit zugleich ihre Entwicklungsoffenheit genommen wäre (→ Rn. 48). Die Notwendigkeit kann in aller Regel außerdem auf Kosten des Beachtungserfolgs relativiert werden. Eine Versammlung mit geringerem (infrastrukturellem) Einsatz und Aufwand führt grundsätzlich zu einem geringeren Beachtungserfolg. Damit wäre aber das Selbstbestimmungsrecht unverhältnismäßig in Frage gestellt. Lediglich vorgeschobene Aktivitäten können auch bei Anerkennung des selbst gewählten angestrebten Beachtungserfolgs über die Voraussetzung eines funktionalen oder symbolischen Zusammenhangs identifiziert werden. Die Frage, ob mit einer bestimmten Anlage zugleich der kollektiven Meinungsäußerung gedient ist, erscheint **83**

---

[340] BVerwG NJW 1989, 2411 (2412); OVG Hamburg NVwZ 2017, 1390 Rn. 31; NordÖR 2017, 563 (565); BayVGH NVwZ-RR 2016, 498 Rn. 49; BayVBl. 2012, 756 Rn. 22 ff.; BeckRS 2012, 49483 Rn. 10 ff.; BeckRS 2017, 105359 Rn. 11 ff.; BeckRS 2012, 52688; OVG Münster BauR 2017, 533 (535); NVwZ-RR 1992, 360 (360); BeckRS 2013, 57135; BeckRS 2012, 55487; OVG Berlin LKV 1999, 372 (373); OVG Berlin-Brandenburg BeckRS 2012, 55693; VG Frankfurt a. M. NVwZ-RR 2012, 806 (807); VG Düsseldorf NVwZ-RR 1992, 185 (186); BeckRS 2012, 54012; VG Aachen BeckRS 2015, 48694; VG München BeckRS 2015, 46809; VG Berlin NVwZ 2004, 761 (761); BeckRS 2012, 59295. Dazu *Kanther* NVwZ 2001, 1239; *Hartmann* NVwZ 2018, 200; *Lutz* DÖV 2019, 55; *Schneider* in BeckOK GG Rn. 20 ff.

[341] BVerfG NVwZ 2017, 1374 Rn. 21 ff.; detailliert *Mehde* DÖV 2018, 1 (4 ff.).

[342] BayVGH BeckRS 2017, 105359 Rn. 12; VG Berlin NVwZ 2004, 761 (761).

[343] BayVGH BeckRS 2012, 49483 Rn. 10; OVG Hamburg NVwZ 2017, 1390 Rn. 32; *Schulze-Fielitz* in Dreier Rn. 34; vgl. BVerfG NVwZ 2014, 1453 Rn. 11.

[344] VGH Mannheim NVwZ-RR 1994, 370 (370); OVG Berlin LKV 1999, 372 (373).

[345] OVG Berlin-Brandenburg BeckRS 2012, 55693; VG Frankfurt a. M. NVwZ-RR 2012, 806 (807); vgl. BayVGH BeckRS 1995, 16373; *Depenheuer* in Maunz/Dürig Rn. 72, *Kloepfer* in HdbStR VII § 164 Rn. 45; *Kanther* NVwZ 2001, 1239 (1241); *Lutz* DÖV 2019, 55 (61 f.).

entweder redundant (wenn man einen mittelbaren Effekt ausreichen lässt) oder angesichts der Typenfreiheit der Versammlungsfreiheit einengend (wenn man einen unmittelbaren Effekt verlangt). Für das Übernachten im Rahmen von Versammlungen kommt es deshalb zB darauf an, ob das Schlafen vor Ort lediglich bequem und nützlich oder funktionell bzw. symbolisch notwendig ist, weil etwa zum Thema Asylrecht in Form eines Hungerstreiks rund um die Uhr demonstriert werden soll.[346] Sollten einzelne Elemente einer Veranstaltung nach diesen Maßstäben nicht der Versammlungsfreiheit unterfallen, kann das Gesamtgepräge trotzdem eine **gemischte Versammlung** ergeben, die den Schutz der Versammlungsfreiheit genießt (→ Rn. 50 f.).

84 Auch das **Tragen von Uniformen** und gleichartiger Kleidung ist grundsätzlich Ausdruck des Selbstbestimmungsrechts und als solches geschützt. Gleichwohl verbietet die einfachgesetzliche **Regelung des § 3 VersG** das Tragen von Uniformen, Uniformteilen oder gleichartigen Kleidungsstücken als Ausdruck einer gemeinsamen politischen Gesinnung. Das BVerfG hat dieses Verbot für den Fall von Uniformen oder sonstiger Kleidung, die Bezüge zu Uniformen militanter Gruppen aufweist, für verfassungsgemäß erklärt, weil damit militante Wirkungen und Einschüchterungseffekte entstehen.[347] Mit dieser an sich nachvollziehbaren und überzeugenden Begründung lässt sich aber kaum der generelle Ansatz des § 3 VersG vereinbaren. Die Regelung ist deshalb zumindest **verfassungskonform einzuschränken,** so dass, auch im Zusammenspiel mit anderen versammlungsspezifischen Tätigkeiten wie Fackeltragen,[348] nur beim Eindruck von Militanz und dem Vorliegen von Einschüchterungseffekten ein Verbot zulässig ist.[349]

85 Da die **Mitnahme von Schutzgegenständen** nicht per se zur Unfriedlichkeit führen kann (→ Rn. 58), ist auch dies von der Versammlungsfreiheit erfasst. Dasselbe gilt für die **Verkleidung und Vermummung** von Teilnehmern, weil auch das Ziel, nicht erkannt zu werden, schützenswert ist.[350] Einfachgesetzlich kann dies nur dann verboten werden, wenn es gerade dazu dient, im Schutz der Vermummung Straftaten zu begehen.[351] § 17a VersG ist unter Berücksichtigung dieser Grundsätze ebenfalls einschränkend anzuwenden[352] und dabei ist auch zu beachten, dass aus der Vorschrift kaum hinreichend klar hervorgeht und in der Praxis uneinheitlich behandelt wird, wann eine Vermummung anzunehmen ist.[353]

---

346 BayVGH NVwZ-RR 2016, 498 Rn. 49; vgl. BayVGH BeckRS 1995, 16373.

347 BVerfG NJW 1982, 1803 (1803).

348 Vgl. *Geis* in BerlKomm Rn. 49.

349 BGHSt 63, 66 Rn. 17; *Schulze-Fielitz* in Dreier Rn. 36; *Schneider* in BeckOK GG Rn. 16.1; *Geis* in BerlKomm Rn. 119; vgl. *Blanke* in Stern/Becker Rn. 76; *Gusy* in MKS Rn. 31. Für die Verfassungswidrigkeit *Höfling* in Sachs Rn. 71; *Preuß* FS f. Schmid, 1985, 419 (441); *Gallwas* JA 1986, 484 (487 f.); aA *Depenheuer* in Maunz/Dürig Rn. 146.

350 *Blanke* in Stern/Becker Rn. 38; aA *Depenheuer* in Maunz/Dürig Rn. 148.

351 *Gusy* in MKS Rn. 31; *Schulze-Fielitz* in Dreier Rn. 37.

352 *Gusy* in MKS Rn. 71; *Höfling* in Sachs Rn. 70; *Hoffmann-Riem* in AK Rn. 25.

353 *Jahn* JZ 1988, 545 (548); für die Möglichkeit einer verfassungskonformen Auslegung *Kniesel* in Dietel/Gintzel/Kniesel VersG Teil II § 17a Rn. 15; *Dürig-Friedl* in Dürig-Friedl/Enders VersammlungsG § 15 Rn. 6; für die Verfassungswidrigkeit *Kunig* in v. Münch/Kunig, 6. Aufl. 2012, Rn. 36; *Ott/Wächter/Heinhold* VersG § 17a Rn. 1 ff.

2. Negative Versammlungsfreiheit. Als negative Versammlungsfreiheit ist das Fernbleiben von Versammlungen geschützt.[354] Teilweise wird darauf hingewiesen, dass Versammlungsfreiheit traditionell „Freiheit mit anderen, nicht von anderen" sei, so dass das Recht, einer Versammlung fernzubleiben, auf Art. 2 Abs. 1 zurückzuführen sei.[355] Andere differenzieren und sehen die negative Freiheit nur dann in Art. 2 Abs. 1 verortet, wenn es sich um eine staatlich organisierte Versammlung handelt, weil Art. 8 nicht für solche Veranstaltungen gelte.[356] Entscheidend muss sein, ob die fragliche Versammlung die Voraussetzungen des Art. 8 erfüllt. Das ist auch bei staatlich initiierten Veranstaltungen nicht ausgeschlossen. Gegenüber staatlichem Zwang, an Versammlungen iSd Art. 8 mitzuwirken, kann die negative Versammlungsfreiheit in Stellung gebracht werden.[357] Handelt es sich hingegen nicht um Versammlungen iSd Art. 8, sondern um sonstige staatliche Massenveranstaltungen, ist auf Art. 2 Abs. 1 zurückzugreifen. 86

V. Grundrechtsbeeinträchtigungen und Gewährleistungsdimensionen – „Ohne Anmeldung und Erlaubnis"

1. Abwehrrecht. Bei Art. 8 handelt es sich in erster Linie um ein Abwehrrecht.[358] Ausgangspunkt dafür ist das **Selbstbestimmungsrecht** über Ort, Zeitpunkt sowie Art und Inhalt der Veranstaltung (→ Rn. 66 ff.). Der Staat hat ungerechtfertigte Beeinträchtigungen des geschützten Verhaltens zu unterlassen. Tauglicher Eingriff in Art. 8 ist nach einer verbreiteten Definition jedes staatliche Handeln, das die Ausübung der Versammlungsfreiheit erschwert oder ganz oder teilweise unmöglich macht, ungeachtet der Frage, ob dieses Handeln final oder unbeabsichtigt, unmittelbar oder mittelbar, mit rechtlicher oder tatsächlicher Wirkung, mit oder ohne Befehl und Zwang erfolgt.[359] 87

Als solche Eingriffe kommen **Anmelde- und Erlaubnispflichten** in Betracht. Obwohl Art. 8 Abs. 1 die Ausübung der Versammlungsfreiheit ausdrücklich ohne Anmeldung oder Erlaubnis gewährleistet, verlangt § 14 VersG für Versammlungen unter freiem Himmel (→ Rn. 114) eine Anmeldung bei der Versammlungsbehörde. Teilweise wird daraus der Schluss der **Verfassungswidrigkeit des § 14 VersG** gezogen, weil mit der einfachgesetzlichen Anmeldepflicht ein verfassungsrechtliches Tatbestandsmerkmal im Ganzen aufgehoben wird.[360] Dem wird aber entgegengehalten, dass erst eine Anmeldung die zuständige Behörde in die Lage versetzt, das Gefahrenpotenzial und die tatsächlichen Auswirkungen von Versammlungen unter freiem 88

---

[354] BVerfGE 69, 315 (343).

[355] *Hoffmann-Riem* in HdbGR IV § 106 Rn. 81; *Gusy* in MKS Rn. 33; *Hellermann,* Die sog. negative Seite der Freiheitsrechte, 1993, 151 ff.; *Denninger* ZRP 1968, 42 (44 f.).

[356] *Schulze-Fielitz* in Dreier Rn. 39; *Hartmann* in BK Rn. 240.

[357] *Kloepfer* in HdbStR VII § 164 Rn. 110. Für eine generelle Verortung in Art. 8 GG *Schneider* in BeckOK GG Rn. 18; *Blanke* in Stern/Becker Rn. 17; *Geis* in BerlKomm Rn. 28; *Jarass* in Jarass/Pieroth Rn. 5.

[358] BVerwG NJW 1993, 609 (609); *Schulze-Fielitz* in Dreier Rn. 59; *Gusy* in MKS Rn. 44; *Depenheuer* in Maunz/Dürig Rn. 111.

[359] *Hoffmann-Riem* in HdbGR IV § 106 Rn. 29; *Blanke* in Stern/Becker Rn. 58; *Depenheuer* in Maunz/Dürig Rn. 124; *Hartmann* in BK Rn. 307; vgl. *Kingreen/Poscher,* Grundrechte, 2019, Rn. 294.

[360] *Höfling* in Sachs Rn. 63; *Seibert* und *Henschel* in BVerfGE 85, 69 (77 ff.) – abw. Meinung; vgl. auch *Depenheuer* in Maunz/Dürig Rn. 169; *Frowein* NJW 1969, 1081 (1085 f.); *Geis* NVwZ 1992, 1025 (1027 f.).

Himmel einschätzen zu können und Vorkehrungen treffen zu können.[361] Von der überwiegenden Ansicht wird deshalb die offensichtliche Diskrepanz zwischen Verfassungs- und einfachem Recht als **Ausprägung eines Kooperationsgebots** (→ Rn. 107) angesehen, die sich bei verfassungskonformer Auslegung noch im Rahmen des Vorbehalts des Art. 8 Abs. 2 hält.[362] Das bedeutet, dass die einfachgesetzliche Anmeldepflicht nicht iS eines Erlaubnisvorbehalts verstanden werden darf.[363] Für Versammlungen nicht unter freiem Himmel können mangels Einschränkungsmöglichkeit (→ Rn. 116) ohnehin keine vergleichbaren Anmeldestrukturen vorgesehen werden.[364]

89 Im Falle von **Spontanversammlungen,** die aus aktuellem Anlass ohne Vorbereitung und damit ohne Einladung und ohne Veranstalter entstehen, entfällt die Anmeldepflicht, weil für diese Art von Versammlungen sonst unweigerlich und stets ein Rechtsverstoß drohen würde.[365] Bei **Eilversammlungen** hingegen, die so kurzfristig durchgeführt werden sollen, dass das Einhalten der 48-Stunden-Anmeldefrist des § 14 VersG nicht möglich ist, sondern dazu führen würde, dass die Versammlung nicht mehr rechtzeitig abgehalten werden könnte, soll die Fristbestimmung nicht eingreifen und die Anmeldung stattdessen unverzüglich vorgenommen werden.[366] Zu Recht wird hierbei jedoch auf den klaren Wortlaut des § 14 VersG hingewiesen, so dass auch bei Eilversammlungen von einer Anmeldepflicht abgesehen werden sollte.[367]

90 Wenn eine notwendige **Anmeldung fehlt,** führt dies zwar, mangels kooperativer Absprache mit der Behörde, zu einer erhöhten Wahrscheinlichkeit, dass sich im Einzelfall Anlässe für ein behördliches Einschreiten ergeben, aber unmittelbare materiell-rechtliche Konsequenzen können aus der fehlenden Anmeldung selbst nicht folgen. So ist eine Auflösung nach § 15 Abs. 3 VersG nicht allein wegen einer fehlenden Anmeldung möglich, sondern nur dann, wenn zugleich weitergehende konkrete Gründe für ein Eingreifen bestehen.[368] Die **Strafvorschrift des § 26 Nr. 2 VersG** kann angesichts des einschränkenden Verständnisses der Anmeldepflicht nicht in verfassungsmäßiger Weise aufrechterhalten werden.[369] Anderenfalls wäre die grundrechtliche Gewährleistung vollends konterkariert. Im Gefüge von Eil- und Spontanversammlungen ist die Strafandrohung zu unbestimmt.

---

361 *Gusy* in MKS Rn. 36.

362 BVerfGE 69, 315 (349 f.); 85, 69 (74 f.); 128, 226 (261); BVerwGE 26, 135 (138 f.); BGHSt 23, 46 (58 f.); *Schulze-Fielitz* in Dreier Rn. 83; *Schneider* in BeckOK GG Rn. 43; *Gusy* in MKS Rn. 67.

363 *Wege* NVwZ 2005, 900 (900 ff.); *Schulze-Fielitz* in Dreier Rn. 83; *Schneider* in BeckOK GG Rn. 43.

364 *Gusy* in MKS Rn. 36.

365 BVerfGE 69, 315 (350 ff.); 85, 69 (74 f.); 128, 226 (261); *Hoffmann-Riem* in HdbGR IV § 106 Rn. 113; *Schulze-Fielitz* in Dreier Rn. 84; *Gusy* in MKS Rn. 67. Zum Absehen von der Anmeldepflicht bei anderen Versammlungsformen wie Flashmobs *Ernst* DÖV 2011, 537 (542); *Neumann* NVwZ 2011, 1171 (1174).

366 BVerfGE 85, 69 (75); *Hoffmann-Riem* in HdbGR IV § 106 Rn. 112; *Schulze-Fielitz* in Dreier Rn. 85; *Schneider* in BeckOK GG Rn. 44; *Werner,* Formelle und materielle Versammlungsrechtswidrigkeit, 2001, 53 ff.

367 *Geis* in BerlKomm Rn. 42; *Geis* NVwZ 1992, 1025 (1030); *Kloepfer* in HdbStR VII § 164 Rn. 35; *Depenheuer* in Maunz/Dürig Rn. 169; kritisch auch *Gusy* in MKS Rn. 68.

368 BVerfGE 69, 315 (351); *Schulze-Fielitz* in Dreier Rn. 100; *Schneider* in BeckOK GG Rn. 47; anders BVerwGE 26, 135 (136 ff.); OLG Düsseldorf NVwZ 1985, 939 (940 f.). Zur Einordnung von Schein- und Mehrfachanmeldungen *Schulze-Fielitz* in Dreier Rn. 83.

369 Ausführlich *Geis* in BerlKomm Rn. 117; vgl. auch EGMR 19.11.2019 – 58954/09, Rn. 44 – Obote/Russland.

Die grundsätzliche verfassungsrechtliche Entscheidung gegen Anmelde- und Erlaubnispflichten[370] steht Regelungen entgegen, die sich gezielt gegen Verhaltensweisen richten, die von Art. 8 geschützt werden (→ Rn. 123).[371] **Anmelde- und Erlaubnispflichten,** die **andere Zwecke verfolgen,** werden durch Art. 8 Abs. 1 nicht grundsätzlich ausgeschlossen. Stets muss dies aber hinreichend bestimmt auf ein formelles Gesetz rückführbar sein (→ Rn. 121). Im Falle von allgemeinen Kontaktverboten, die zwangsläufig auch Versammlungen betreffen, wie aufgrund **infektionsschutzrechtlicher Maßnahmen** (→ Rn. 128), stellt sich überdies die Frage, ob diese einen allgemeinen Charakter aufweisen (und ob sie versammlungsunspezifischer Natur sind) oder sich gezielt (auch) gegen Versammlungen richten.[372] Angesichts der verfassungsrechtlichen Systementscheidung für die Genehmigungsfreiheit spricht vieles dafür, einen restriktiven Maßstab anzulegen. Zumindest dann, wenn weitergehende Voraussetzungen an Versammlungen gerichtet werden als an den bloßen Aufenthalt im öffentlichen Raum oder ein sonstiges Zusammenkommen von Menschen, richtet sich eine Erlaubnispflicht gezielt gegen die Versammlungsfreiheit. **91**

Klassische Formen eines Eingriffs in die Versammlungsfreiheit finden sich außerdem im **Verbot,** der **Auflösung** oder **Auflagen** (§§ 5, 15 VersG).[373] Daneben können auch staatliche Maßnahmen, die auf anderen Grundlagen beruhen, zB Bau- oder Brandschutzrecht, in die Versammlungsfreiheit eingreifen (zur Sperrwirkung des Art. 8 Abs. 2 → Rn. 123).[374] Auch strafrechtliche oder sonstige Sanktionen, die auf ein Verhalten Bezug nehmen, das von der Versammlungsfreiheit geschützt ist, haben Eingriffscharakter.[375] Einfachgesetzliche Konkretisierungen der tatbestandsbegrenzenden Merkmale „friedlich und ohne Waffen" sind an denselben Grundsätzen zu messen, die sonst für eine gesetzliche Ausgestaltung gelten.[376] **92**

Auch **tatsächliches Handeln** kann in die Versammlungsfreiheit eingreifen. Grundvoraussetzung ist allerdings, dass es hinreichend versammlungsbezogen ist.[377] Relevant sind dabei vor allem Handlungen, die die Versammlungsteilnehmer oder -organisatoren **einschüchtern** oder verunsichern.[378] Die Angst vor nachträglichen Repressionen und Beeinträchtigungen oder gar persönlichen Schäden, die auf einer Versammlung erlitten werden, ist das tiefgreifendste und effektivste Mittel, um die Versammlungsfreiheit im Praktischen zu untergraben. Ein Eingriff liegt deshalb zB im sachlich nicht gerechtfertigten Auftreten besonders martialisch erscheinender Polizisten, einer körperlich engen bzw. bedrängenden Begleitung durch die **93**

---

370 Zur Unterscheidung *Gusy* in MKS Rn. 35.

371 *Schulze-Fielitz* in Dreier Rn. 112; weitergehender *Schneider* in BeckOK GG Rn. 26.3; tendenziell auch *Gusy* in MKS Rn. 36.

372 Offen gelassen in BVerfG NVwZ 2020, 711 Rn. 24.

373 Zur Unterscheidbarkeit von Verbot und Auflage im Fall einer zeit- oder ortsmodifizierenden Maßnahme der Behörde *Schörnig* NVwZ 2001, 1246.

374 *Hoffmann-Riem* in AK Rn. 36. Nach *Geis* in BerlKomm Rn. 74 handelt es sich hierbei nicht um Eingriffe in Art. 8, sofern die Maßnahmen nicht „schikanös ausgeübt" werden.

375 *Schneider* in BeckOK GG Rn. 26.

376 *Hoffmann-Riem* in HdbGR IV § 106 Rn. 22 ff., 88 f.; *Schneider* in BeckOK GG Rn. 28; vgl. *Geis* in BerlKomm Rn. 100.

377 *Schneider* in BeckOK GG Rn. 27, 51.5.

378 BVerfGE 122, 342 (368 ff.); VerfGH Berlin NVwZ-RR 2014, 577 (579 f.); *Hoffmann-Riem* in AK Rn. 43; *Kniesel* in Dietel/Gintzel/Kniesel VersG Teil I Rn. 200; *Schneider* in BeckOK GG Rn. 27.1. Zu einem Rückgriff auf ein funktionales Eingriffsäquivalent *Hong* in Peters/Janz HdbVersR Rn. B 48, 54.

Polizei[379] oder dem Tiefflug eines Kampfflugzeugs über eine Versammlung.[380] Denkbar sind daneben auch tatsächliche Störungen des Versammlungsgeschehens, zB akustische Störungen durch einen tieffliegenden Hubschrauber.[381]

94 Eingriffe drohen insbesondere durch **staatliche Überwachungsmaßnahmen.**[382] Der Einschüchterungseffekt wird in diesen Konstellationen noch dadurch verstärkt, dass die Betroffenen nicht erkennen können, was mit den erhobenen Daten geschieht. Die Schwelle zur Annahme eines Eingriffs ist deshalb mittlerweile gering. So ist es unerheblich, ob lediglich Übersichtsaufzeichnungen der Veranstaltung oder personenbezogene Aufnahmen angefertigt werden, weil auch bloße Übersichtsaufnahmen mit den heutigen technischen Mitteln individualisierbar sind.[383] Ein Eingriff ist auch schon bei bloßen Bildübertragungen, die nicht gespeichert werden, anzunehmen.[384] Der Einsatz von Drohnen kann das Gewicht des Eingriffs noch intensivieren, wenn ihr Einsatz kaum wahrnehmbar ist und einer verdeckten Datenerhebung gleichkommt.[385] Rechtfertigungsbedürftig ist außerdem das Erheben von Daten, ohne dass es auf ein Verarbeiten ankäme,[386] wie etwa das Herstellen oder Beschaffen von Teilnehmerlisten.[387] Selbst das bloße Vorhalten von Überwachungstechnik, wenn diese für Dritte als solche erkennbar ist und nach verständiger Beurteilung objektive Anhaltspunkte für eine Verwendung sprechen, kann einen Eingriff darstellen.[388]

95 Die Anforderungen an die Rechtmäßigkeit sind in all diesen Konstellationen unterschiedlich ausgeprägt.[389] Dabei ist zu berücksichtigen, dass eine Überwachung auch dem Schutz einer Versammlung dienen kann.[390] Finden jedoch eine anlasslose und verdachtsunabhängige Überwachung statt oder andere Fälle „exzessiver" Überwachung,[391] ist nicht zu erkennen, wie sich diese Eingriffe angesichts der Bedeutung der Versammlungsfreiheit rechtfertigen lassen sollten.[392] **Versammlungsunspezifische Überwachungsmaßnahmen** können ebenfalls einen Eingriff bewirken, weil bei verständiger

---

[379] OVG Bremen NVwZ 1990, 1188 (1191); VG Hamburg NVwZ 1987, 829 (831 ff.); *Hoffmann-Riem* in AK Rn. 33; *Blanke* in Stern/Becker Rn. 38; *Depenheuer* in Maunz/Dürig Rn. 125; *Krüger/van der Schot* NordÖR 2007, 276 (277).

[380] BVerwGE 160, 169 Rn. 30 ff.

[381] *Kloepfer* in HdbStR VII § 164 Rn. 74.

[382] Vgl. BVerfGE 122, 342 (368 ff.); *Bäumler* JZ 1986, 469 (471 ff.); *Gusy* in MKS Rn. 71a.

[383] BVerfGE 122, 342 Rn. 130; VerfGH Berlin NVwZ-RR 2014, 577 (580); OVG Lüneburg NVwZ-RR 2016, 98 Rn. 6; VG Berlin NVwZ 2010, 1442 (1442); *Koranyi/Singelnstein* NJW 2011, 124 (125 ff.); vgl. *Gusy* in MKS Rn. 71b. Zum Einsatz von Gesichtserkennungssoftware *Mysegades* NVwZ 2020, 852 (854).

[384] VerfGH Berlin NVwZ-RR 2014, 577 (579); OVG Koblenz BeckRS 2015, 42095; OVG Münster DVBl. 2011, 175 (175); VG Berlin DVBl. 2010, 1245 Rn. 15 ff.; *Schneider* in BeckOK GG Rn. 27.1 mwN; aA vgl. BVerfGE 150, 244 Rn. 48; *Söllner* DVBl. 2010, 1248 (1250); *Roggan* NVwZ 2010, 1402 (1403).

[385] *Roggan* NVwZ 2011, 590 (591, 594) hält den nicht erkennbaren Drohneneinsatz sogar für unzulässig; in diese Richtung auch *Neskovic/Ulig* NVwZ 2014, 335 (338 f.).

[386] BVerfG NVwZ 2009, 441, Rn. 128 ff.; *Hoffmann-Riem* in AK Rn. 33; *Hong* NJW 2009, 1458 (1460).

[387] Vgl. *Hoffmann-Riem* in AK Rn. 33.

[388] OVG Lüneburg NVwZ-RR 2016, 98 Rn. 8; vgl. *Neskovic/Ulig* NVwZ 2014, 335 (337).

[389] Vgl. BVerfGE 122, 342 (368 f.); *Roggan* NVwZ 2010, 1402 (1404).

[390] *Gusy* in MKS Rn. 71a.

[391] BVerfGE 69, 315 (349); dazu *Höfling* in Sachs Rn. 57.

[392] *Gusy* in MKS Rn. 71b; vgl. BVerfGE 122, 342 (369 ff.).

Würdigung trotzdem ein vergleichbarer versammlungsspezifischer Einschüchterungseffekt entstehen kann.[393]

Eingriffe können auch im **zeitlichen Vorfeld von Versammlungen** stattfinden. Angesichts der erheblichen Erweiterung des Eingriffsbereichs bedarf es jedoch eines **hinreichenden Versammlungsbezugs,** der sich etwa durch ein finales Handeln oder objektiv hinreichend gewichtige Auswirkungen ergeben kann.[394] Typischerweise fallen darunter etwa die Erfassung oder Durchsuchung von anreisenden Teilnehmern,[395] das Erschweren der Teilnahme durch das Verschleppen von Kontrollen[396] oder Gefährderansprachen.[397] Das Festsetzen einzelner Teilnehmer im Vorfeld, zB vorgesehene Redner, kann indirekt auch für andere Teilnehmer einen Eingriff darstellen.[398] Auch der Aufruf staatlicher Stellen, eine Demonstration nicht zu unterstützen oder an einer Gegendemonstration teilzunehmen, weist Eingriffsqualität auf, wenn dies zu spürbaren Beeinträchtigungen führt oder amtliche Befugnisse unsachlich bzw. nicht neutral in Anspruch genommen werden (→ Art. 28 Rn. 107).[399] Einen (kaum zu rechtfertigenden) Eingriff würde es auch darstellen, wenn eine abschreckende behördliche Äußerung oder Warnung, die eine bestimmte Versammlung betrifft, nicht sachlich und neutral oder gar wahrheitswidrig wäre. 96

2. Schutzpflicht. Aus der grundrechtlichen Versammlungsfreiheit folgt – ebenso wie aus Art. 11 EMRK[400] – auch eine Schutzpflicht. Der Staat ist verpflichtet, die Durchführung von friedlichen Versammlungen zu ermöglichen und sie vor Störungen zu schützen.[401] Dahinter steht die Notwendigkeit, die Grenzen privater Grundrechtsausübung zueinander zu bestimmen und für einen Ausgleich widerstreitender Interessen zu sorgen.[402] Als Konsequenz haben staatliche Behörden alle geeigneten und angemessenen Maßnahmen zu ergreifen, um den friedlichen Ablauf von Versammlungen sicherzustellen.[403] Dies kann einerseits ein Einschreiten gegenüber gewalttätigen 97

[393] AA *Depenheuer* in Maunz/Dürig Rn. 126. Vgl. *Geis* in BerlKomm Rn. 73.

[394] Vgl. *Blanke* in Stern/Becker Rn. 59.

[395] BVerfGE 150, 309 Rn. 61 ff.; BVerfG NVwZ-RR 2010, 625 Rn. 15; VG Lüneburg NVwZ-RR 2005, 248 (249 ff.); *Kniesel* in Dietel/Gintzel/Kniesel VersG Teil I Rn. 239; *Schulze-Fielitz* in Dreier Rn. 63; *Schneider* in BeckOK GG Rn. 26.1. Zu polizeirechtlichen Eingriffsbefugnissen *Trurnit* NVwZ 2012, 1079 (1080 ff.).

[396] BVerfGE 69, 315 (349); VG Lüneburg NVwZ-RR 2005, 248 (249); *Höfling* in Sachs Rn. 56; *Schulze-Fielitz* in Dreier Rn. 63.

[397] OVG Magdeburg NVwZ-RR 2012, 720 (720 f.); *Kießling* DVBl. 2012, 1210 (1211); *Hebeler* NVwZ 2011, 1364 (1365 f.); *Schulze-Fielitz* in Dreier Rn. 63.

[398] *Hoffmann-Riem* in AK Rn. 34.

[399] Vgl. BVerwGE 159, 327 Rn. 21 ff.; OVG Münster NVwZ 2017, 1316 (1319 f.); VG Stuttgart NVwZ-RR 2011, 615 (615 f.); *Ferreau* JZ 2018, 360 (362); *Heusch* NVwZ 2017, 1325 (1331); *Lindner/Bast,* NVwZ 2018, 708 (709 f.); *Stuttmann* NVwZ 2018, 436 (436); umfangreich *Schneider* in BeckOK GG Rn. 27.2.

[400] *Ripke,* Europäische Versammlungsfreiheit, 2012, 214 ff.; *Daiber* in Meyer-Ladewig/Nettesheim/von Raumer EMRK Art. 11 Rn. 60 ff.; *Hoffmann-Riem* in AK Rn. 38.

[401] BVerfGE 69, 315 (355); *Geis* in BerlKomm Rn. 75; *Depenheuer* in Maunz/Dürig Rn. 113; *Schulze-Fielitz* in Dreier Rn. 28; zur Frage, ob es sich hierbei um eine objektivrechtliche Ausprägung handelt *Höfling* in Sachs Rn. 45. *Ullrich* VerwArch 102 (2011), 383 (390) begründet die staatliche Schutzpflicht gerade aus der Friedlichkeit der Versammlung heraus.

[402] *Ullrich* VerwArch 102 (2011), 383 (387 ff.); vgl. *Hoffmann-Riem* in AK Rn. 38.

[403] BVerfG NVwZ-RR 2010, 625 Rn. 18; *Hoffmann-Riem* in HdbGR IV § 106 Rn. 33; *Schulze-Fielitz* in Dreier Rn. 110; *Depenheuer* in Maunz/Dürig Rn. 113. Zur Berücksichtigung bei der Ermessensausübung detailliert *Ullrich* VerwArch 102 (2011), 383 (394 ff; 398 ff.).

Gegendemonstranten oder sonstigen Dritten,[404] andererseits aber auch gegenüber unfriedlichen Minderheiten innerhalb der Versammlung selbst notwendig machen.[405]

98 Mittlerweile häufen sich Fälle, in denen **individuelle Bild- und Tonaufzeichnungen über Versammlungsteilnehmer durch Gegendemonstranten** oder sonstige Dritte angefertigt werden, um zukünftig politische Gegner zu identifizieren und zu Adressaten von tatsächlichen oder rechtlichen Repressionen zu machen (sog. Outing).[406] Insbesondere bei Anliegen, die ausländische Mächte betreffen oder politisch stark polarisiert sind, kann dies zu erheblichen Einschränkungen der Versammlungsfreiheit führen. Versammlungsrechtliche Auflagen, Gegendemonstranten nicht zu fotografieren, oder polizeirechtliche Verfügungen gegen Dritte sind deshalb zulässig.[407] Zwar besteht mit **§ 23 Abs. 1 Nr. 3 KUG** eine Privilegierung bei der Aufnahme von Versammlungen, doch greift diese nur ein, solange die Versammlung als solche und nicht das Hervorheben einzelner Personen im Vordergrund steht.[408] Außerdem konnte der Gesetzgeber bei der Abfassung der Vorschrift das Individualisierungspotenzial heutiger Aufnahmegeräte nicht berücksichtigen (→ Rn. 94).[409] Aufgrund dieses Gefahrenpotenzials und der Bedeutung der Versammlungsfreiheit ist deshalb, wenn nicht auf Seiten des Bildniserstellers weitere Grundrechte wie die Rundfunkfreiheit hinzukommen, ein strenger Maßstab für die Zulässigkeit von Aufnahmen iSd § 23 Abs. 1 Nr. 3 KUG anzulegen. Eine Vermummung Betroffener wird im Übrigen in aller Regel hinzunehmen sein und im Lichte der Versammlungsfreiheit nicht gegen § 17a VersG verstoßen (vgl. → Rn. 85).[410]

99 Maßnahmen gegenüber einer friedlichen Versammlung selbst sind regelmäßig nicht möglich. Nach dem BVerfG kommt die Annahme eines **Zweckveranlassers,** wenn überhaupt, jedenfalls nur bei Vorliegen besonderer, über die inhaltliche Ausrichtung der Veranstaltung hinausgehender provokativer Begleitumstände in Betracht.[411] An dieses Element der **Provokation** abseits des Inhalts und Anliegens der Versammlung sind strenge Anforderungen zu stellen.[412] Die Ursächlichkeit aufgrund des Veranstaltens oder das bloße in Kauf nehmen von Gewalt durch Dritte reicht nicht aus, vielmehr muss der angegebene Zweck lediglich ein Vorwand sein und die Provokation von Ausschreitungen und Gewalt müssen das eigentlich angestrebte Ziel bilden.[413] Typischerweise wird dies Umstände erfordern, die mit dem zulässi-

---

[404] BVerfG NVwZ 2006, 1049 (1050); *Ullrich* DVBl. 2012, 666 (672): Anspruch auf Räumung einer Blockade aus Art. 8 GG.

[405] BVerfGE 69, 315 (360 f.). Zu einer nicht bestehenden Verpflichtung der Versammlungsteilnehmer, selbst gegen unfriedliche Teilnehmer vorgehen zu müssen, → Rn. 60.

[406] *Schneider* in BeckOK GG Rn. 66.3. Zu der Anfertigung von Aufnahmen von Amtsträgern durch Versammlungsteilnehmer, vgl. *Hoffmann-Riem* in AK Rn. 44.

[407] BayVGH NVwZ-RR 2015, 104 Rn. 8 ff.; LG Hannover StV 2010, 640 (640 f.); *Schneider* in BeckOK GG Rn. 66.3; *Ullrich* DVBl. 2012, 666 (669).

[408] *Specht* in Dreier/Schulze UrhG, 6. Aufl. 2018, § 23 KUG Rn. 40; *Herrmann* in BeckOK Informations- und Medienrecht, § 23 KUG Rn. 22.

[409] Für eine adäquate gesetzliche Regelung deshalb LG Hannover StV 2010, 640 f.; *Schneider* in BeckOK GG Rn. 66.3; *Ullrich* DVBl. 2012, 666 (669).

[410] *Güven* NStZ 2012, 425 (429) mwN; aA KG NStZ 2012, 455 Rn. 6 ff. Vgl. *Ullrich* DVBl. 2012, 666 (670).

[411] BVerfGK 8, 195 (201); BVerfG NVwZ 2000, 1406 (1407).

[412] Vgl. BVerfGK 8, 195 (201).

[413] *Dürig-Friedl* in Dürig-Friedl/Enders VersammlungsG § 15 Rn. 27; *Hoffmann-Riem* NVwZ 2002, 257 (263 f.); *Rühl* NVwZ 1988, 577 (577); *Drosdzol* JuS 1983, 409 (414).

gen Versammlungsanliegen in keinem sachlichen oder kommunikativen Zusammenhang stehen.[414] Die strengen Voraussetzungen für die Annahme des Zweckveranlassers nähern sich damit im Ergebnis dem Maßstab der Unfriedlichkeit an (→ Rn. 55 ff.). Da es entscheidend auf die subjektiven Momente ankommt und eine gewisse Kontroverse der Ausübung der Versammlungsfreiheit immanent ist, dürfte es kaum in rechtssicherer Art und Weise möglich sein, über das Modell des Zweckveranlassers die Ausübung der Versammlungsfreiheit über den Bereich der Unfriedlichkeit hinaus weiter zu beschränken.[415]

Regelmäßig wird ein Einschreiten gegenüber friedlichen Versammlungen **100** deshalb allenfalls über den **polizeilichen Notstand** möglich sein.[416] Dies setzt voraus, dass die Behörden nicht in der Lage sind, die Gefahr durch Einschreiten gegenüber dem Störer oder durch Einsatz eigener Mittel abzuwenden.[417] Auch für die Annahme eines polizeilichen Notstandes ist ein strenger Maßstab anzulegen; vorrangig ist die nicht störende Versammlung zu schützen, zB vor Gegendemonstranten.[418] Hierfür muss die Polizei alle verfügbaren Kräfte einsetzen.[419] Fehlt es an notwendigen Einsatzkräften, muss dies die Behörde darlegen, wobei pauschale Behauptungen nicht ausreichen.[420] In diesem Zusammenhang ist sie auch verpflichtet, eindeutige und rechtsverbindliche Amtshilfeersuchen zu stellen.[421] Zur Verhinderung eines polizeilichen Notstands müssen beschränkende Auflagen in Erwägung gezogen werden, um zumindest teilweise die Durchführung der Versammlung zu ermöglichen.[422]

3. Leistungsrecht. Originäre Leistungsrechte, sei es auch nur unspezi- **101** fisch als allgemeine Förderpflicht, lassen sich der Versammlungsfreiheit nicht entnehmen.[423] Es besteht deshalb keine allgemeine staatliche Verpflichtung, Versammlungsflächen zu schaffen und bereit zu halten (zu Flächen, die einem kommunikativem Gemeingebrauch gewidmet sind → Rn. 71 f.).[424] Auch im Rahmen der Sozialhilfe ergibt sich kein individueller Anspruch auf finanzielle

---

[414] *Ullrich* DVBl. 2012, 666 (668); *Schoch* Jura 2009, 360 (364 f.).

[415] Generell ablehnend *Rühl,* NVwZ 1988, 577 (577 f.); *Laubinger/Repkewitz,* VerwArch 93 (2002), 149 (173 ff.); anders OVG Lüneburg NVwZ 1988, 638 (539); vgl. auch VGH München BayVBl. 1993, 658 (658 f.).

[416] Vgl. BVerfGE 69, 315 (360 f.); BVerfG NVwZ 2013, 570 Rn. 17; NJW 2001, 1411 (1412); NJW 2001, 2069 (2072); OVG Hamburg NordÖR 2016, 219 (221); VGH Mannheim NVwZ 1987, 237 (237).

[417] *Schenke,* Polizei- und Ordnungsrecht, 2018, Rn. 313 ff.; *Kingreen/Poscher,* Polizei- und Ordnungsrecht, 2018, § 9 Rn. 74 ff.

[418] BVerfGE 69, 315 (360 f.); BVerfG NVwZ 2013, 570 Rn. 17; NVwZ 2000, 1406 (1407); zum vorrangigen Einschreiten gegen Gegendemonstranten *Ullrich* DVBl. 2012, 666 (668).

[419] *Dürig-Friedl* in Dürig-Friedl/Enders VersammlungsG § 15 Rn. 72.

[420] BVerfG NVwZ 2013, 570 Rn. 17; NVwZ 2006, 1049 (1050); NJW 2001, 2069 (2072); OVG Hamburg NordÖR 2016, 219 (221); *Beckermann* DVBl. 2019, 407 (408 f.) differenzierend *Mehde* DÖV 2018, 1 (9), der unter Bezugnahme auf den G20-Gipfel in Hamburg darauf hinweist, dass bei unübersichtlicher Lage auch ein „Darlegungsnotstand" bestehen könne. Pauschal *Ullrich* DVBl. 2012 666 (668), der als Faustformel drei Polizisten pro gewaltbereitem Störer vorschlägt.

[421] OVG Hamburg NordÖR 2016, 219 (221 f.); umfassend zum Maßstab der Darlegungslast *Beckermann* DVBl. 2019, 407 (408 f.).

[422] *Müller-Franken* in SHH Rn. 48.

[423] BVerwGE 91, 135 (138); *Blanke* in Stern/Becker Rn. 57; *Geis* in BerlKomm Rn. 77; *Kloepfer* in HdbStR VII § 164 Rn. 19; aA *Frank* FS f. Ridder, 1989, 37 (44 f.).

[424] BVerwGE 91, 135 (139); *Gusy* in MKS Rn. 45; *Hoffmann-Riem* in AK Rn. 37; aA *Ehrentraut,* Die Versammlungsfreiheit im amerikanischen und deutschen Verfassungsrecht, 1990, 187.

Unterstützung bei Teilnahme an einer Versammlung.[425] Während Beamte in aller Regel keinen Anspruch auf Nutzung von Diensträumen für Versammlungszwecke haben, kann dies für Schüler im Rahmen der Schülervertretung anders zu beurteilen sein.[426]

102 **Derivative Teilhaberechte** kommen nur insoweit in Betracht, wie die Ausübung der Befugnisse eine Selbstbindung der Verwaltung herbeiführt, vor allem bei der Nutzung von Einrichtungen und öffentlichem Raum zu Versammlungszwecken.[427] Kommt es in einem solchen Fall zu einem zeitlichen und örtlichen Nutzungskonflikt zwischen einer Versammlung und einer sonstigen Veranstaltung, besteht kein genereller Vorrang der Versammlung, vielmehr bedarf es einer Abwägung im Einzelfall.[428]

103 **4. Ausstrahlungswirkung im öffentlichen Recht.** Die Versammlungsfreiheit enthält eine **objektiv-rechtliche Wertentscheidung** der Verfassung, die der Ausübung aller Staatsgewalt zugrunde liegt.[429] Staatliches Handeln hat die Bedeutung der Versammlungsfreiheit und ihrer demokratisch-politischen sowie liberal-menschenrechtlichen Elemente zu berücksichtigen (→ Rn. 10 ff.).[430] Gesetzliche Regelungen sind im Lichte der Versammlungsfreiheit auszulegen, was vor allem auf die Anwendung unbestimmter Rechtsbegriffe und Ermessensregelungen abzielt.[431] Dies betrifft in erster Linie das Versammlungsgesetz, erstreckt sich aber auch auf alle anderen Regelungsbereiche und kommt zB in der Diskussion um die Anwendung des Nötigungstatbestands (§ 240 StGB) zum Ausdruck (→ Rn. 59). Auch bei Entscheidungen über die Nutzung eines Raums der öffentlichen Hand zu Versammlungszwecken sowie sonstigen Erlaubnissen, die nicht durch das Versammlungsgesetz verdrängt werden, ist Art. 8 zu berücksichtigen.[432]

104 Die Versammlungsfreiheit wirkt sich auch auf die Auslegung und Anwendung **gesetzlicher Kostenregelungen** aus. Von diesen kann eine einschüchternde Wirkung ausgehen, die der Wahrnehmung des Grundrechts entgegenstehen kann. Das Durchführen einer Versammlung ist **grundsätzlich gebührenfrei.**[433] Ausnahmsweise sind aber Verwaltungskosten für versammlungsspezifische Maßnahmen wie eine Auflage nach § 15 Abs. 1 VersG denkbar, sofern diese an die Verursachung einer dem Betroffenen zuzurechnenden konkreten Gefahr für die öffentliche Sicherheit und Ordnung anknüpft, nicht aber lediglich auf der Anmeldung oder Initiierung einer Versammlung oder auf dem behördlichen Ausgleich einer an sich zulässigen Ausübung der Versammlungsfreiheit mit anderen konfligierenden Interessen

---

425 BVerwGE 72, 113 (118). Zum Teil wird dies verallgemeinernd dahingehend interpretiert, dass aus der Versammlungsfreiheit keine Subventionsansprüche folgen, *Hoffmann-Riem* in AK Rn. 37; *Depenheuer* in Maunz/Dürig Rn. 114; *Schneider* in BeckOK GG Rn. 30.

426 *Depenheuer* in Maunz/Dürig Rn. 115; abweichend *Geis* in BerlKomm Rn. 77.

427 *Hoffmann-Riem* in HdbGR IV § 106 Rn. 42; *Müller-Franken* in SHH Rn. 5; generell verneinend *Gusy* in MKS Rn. 50; vgl. *Schulze-Fielitz* in Dreier Rn. 115.

428 VG Berlin BeckRS 1996, 31140367; *Hoffmann-Riem* in AK Rn. 42.

429 BVerfGE 69, 315 (343, 348); *Blanke* in Stern/Becker Rn. 55; *Schulze-Fielitz* in Dreier Rn. 109; *Hoffmann-Riem* in AK Rn. 37; vgl. *Kloepfer* in HdbStR VII § 164 Rn. 21.

430 *Gusy* in MKS Rn. 46.

431 BVerfGE 69, 315 (349, 353 f.); 85, 69 (73 f.).

432 *Schulze-Fielitz* in Dreier Rn. 112; *Geis* in BerlKomm Rn. 79.

433 BVerfG NVwZ 2008, 414 (414); *Hoffmann-Riem* in HdbGR IV § 106 Rn. 139; *Kaiser* VBlBW 2010, 53 (54); *Kniesel* in Dietel/Gintzel/Kniesel VersG Teil I Rn. 248 mit Hinweis auf § 25 NdsVersG und Art. 26 BayVersG.

beruht.[434] Kommt es zu einer Kostenforderung, handelt es sich um einen Eingriff, der zumindest dann unangemessen ist, wenn **unüberschaubare Kosten drohen** oder der tatsächliche Verwaltungsaufwand nicht berücksichtigt wird.[435] Im Falle von **(Straßen-)Reinigungskosten** verlangt die Rspr. eine unmittelbare Verursachung der konkreten Verunreinigung.[436] Auch insofern darf es aber nicht zu unüberschaubaren Kostenrisiken kommen, so dass auch bei der Ausgabe von Verpflegung oder Flugblättern zu berücksichtigen ist,[437] inwiefern diese Tätigkeiten in den Schutz der Versammlungsfreiheit einbezogen sind. In der Regel werden solche Kosten deshalb nicht geltend gemacht werden können.[438]

Für die **gesetzliche Schulpflicht** wird typischerweise davon ausgegangen, 105
dass sie zwar nicht durch die Versammlungsfreiheit suspendiert wird, das Grundrecht aber bei der Entscheidung über staatliche Reaktionen auf ein Fehlen zu berücksichtigen ist.[439] In Betracht kommt dafür die Entscheidung nach Landesrecht über die Befreiung vom Unterricht, die regelmäßig im Ermessen steht und einen wichtigen Grund erfordert.[440] Ein Aspekt kann dabei sein, ob sich das Versammlungsanliegen auch außerhalb der Schulzeit realisieren lässt.[441] Bei Versammlungen, die auf die zunehmende Umweltzerstörung reagieren und eine empfundene Perspektivlosigkeit des zukünftigen Erwachsenenlebens thematisieren, spricht einiges dafür, dass der damit verbundene Streik-Charakter eine Ausübung der Versammlungsfreiheit während der Schulzeit nahelegt, weil die selbständige Organisation von Versammlungen und die Teilnahme daran für die politische und demokratische Bildung junger Menschen eine erhebliche Bedeutung haben kann und sich angesichts der unterschiedlichen Schulzeiten ansonsten nur schwer schulübergreifende Teilnehmermengen mobilisieren lassen.[442] Bei der Dienstorganisation kann die Versammlungsfreiheit dazu drängen, Angehörigen des öffentlichen Dienstes die Möglichkeit zu gewähren, an bestimmten Versammlungen teilzunehmen.[443]

5. Verfahrensrechtliche Bedeutung. Verfahrens- und Organisations- 106
bestimmungen kommt eine besondere Bedeutung für die Ausübung der Versammlungsfreiheit zu und auch diese Regelungen sind im Lichte des Grundrechts anzuwenden.[444] Das behördliche Ziel muss sich darauf erstrecken, eine Versammlung im größtmöglichen Sinne nach den Vorstellungen der Veranstalter zu ermöglichen. Dies betrifft konkret etwa Frist-, Anhörungs-,

---

434 BVerfG NVwZ 2008, 414 (414); *Kniesel* in Dietel/Gintzel/Kniesel VersG Teil I Rn. 246; *Geis* in BerlKomm Rn. 92; *Schulze-Fielitz* in Dreier Rn. 122.

435 VGH München NVwZ 2003, 114 (114 f.); *Hoffmann-Riem* in AK Rn. 42; *Depenheuer* in Maunz/Dürig Rn. 127; vgl. OVG Lüneburg NVwZ 1984, 323 (325). *Greve/Quast* NVwZ 2009, 500 (501 f.) sprechen sich dagegen für eine „Bagatellgrenze" aus.

436 BVerwGE 80, 158 (161 f.); 80, 164 (168 f.). Vgl. *Brohm* JZ 1989, 324 (330 f.); *Wiefelspütz* DÖV 2001, 21 (24 f.).

437 Vgl. *Geis* in BerlKomm Rn. 88 ff.; *Depenheuer* in Maunz/Dürig Rn. 128.

438 *Brohm* JZ 1989, 324 (330 f.); *Schulze-Fielitz* in Dreier Rn. 122.

439 VGH Mannheim NJW 1969, 1791; VG Hamburg NVwZ-RR 2012, 892 (893 ff.); *Franke,* Grundrechte des Schülers und Schulverhältnis, 1974, 51 f.; *Gusy* in MKS Rn. 38 mwN; *Depenheuer* in Maunz/Dürig Rn. 102.

440 VG Hamburg NVwZ-RR 2012, 892 (893).

441 VG Hamburg NVwZ-RR 2012, 892 (894).

442 In diese Richtung auch *Friedrich* NVwZ 2019, 598 (601). Vgl. VG Hannover NJW 1991, 1000 (1001).

443 *Gusy* in MKS Rn. 38; *Hoffmann-Riem* in AK Rn. 45; anders BVerwGE 42, 79 (85 f.).

444 BVerfGE 69, 315 (355).

Beteiligungs-, Aufklärungs- und Beratungsregelungen in verwaltungsrechtlichen Verfahren.[445] Insofern kann von einer bereichsspezifisch begrenzten Förderpflicht gesprochen werden,[446] die allerdings nicht so weit geht, dass die gesetzliche Aufgabe der Gefahrenabwehr durch die Versammlungsbehörde zugunsten einer Vereinnahmung durch die Ziele der Versammlung vernachlässigt wird.[447] Die Behörde darf ein versammlungsrechtliches Verfahren nicht verschleppen und ist etwa verpflichtet, zügig über ein mögliches Verbot oder Auflagen zu entscheiden.[448]

107 Die wichtigste Erscheinung dieser Ausprägung ist das **Gebot versammlungsfreundlicher Kooperation.**[449] Die Anmeldung (→ Rn. 88) ist Grundlage eines Kooperationsverhältnisses, das Vertrauen zwischen Veranstaltern und Versammlungsbehörde aufbauen soll.[450] Dieses Mittel des informellen Verwaltungshandelns ist Ausdruck des Verhältnismäßigkeitsgrundsatzes, weil durch Absprachen im Vorfeld spätere einseitige Zwangsmaßnahmen entbehrlich werden.[451] In einem solchen versammlungsfreundlichen Umfeld besteht allerdings auch die Gefahr erhöhter Intransparenz.[452] Schon um diese aufzufangen, darf ein versammlungsfreundliches Engagement der Behörde nicht zu einem abgesenkten verwaltungsgerichtlichen Prüfungsmaßstab führen.[453] Es versteht sich von selbst, dass das Kooperationsverhältnis nicht kontradiktorisch geprägt ist, die Versammlungsbehörde unparteilich agieren muss und dabei ausschließlich öffentlichen Zwecken verpflichtet ist.[454]

108 Zu dieser Form der Kooperation ist die **Behörde** schon aus Gründen der Grundrechtsbindung **verpflichtet.**[455] Weniger eindeutig ist die Lage aber auf Seiten der Veranstalter. Vereinzelt wird auch in dieser Hinsicht von Kooperationspflichten gesprochen.[456] Vergleichbar ist die Lage aber eher mit der Situation einer fehlenden Anmeldung (→ Rn. 90). Auch ein unkooperatives Verhalten ist grundrechtlich zulässig.[457] Es ist in dem Fall allerdings nicht ausgeschlossen, dass sich mangels Absprache im Einzelfall eine tatsächliche Situation ergibt, die einen Anlass für behördliche Maßnahmen bietet, oder dass die fehlende Absprache ein Indiz bei der Bewertung von Situationen, die tatsächlich vor Ort entstehen, darstellt.[458] Eine **Verpflichtung der Veranstalter zur Kooperation,** an deren Einhaltung unmittelbare materiell-rechtliche Konsequenzen geknüpft sind, besteht jedoch **nicht.**[459] So muss insbesondere

---

[445] Vgl. *Kniesel/Poscher* in HdbPolR Kap. K Rn. 241 ff.; *Depenheuer* in Maunz/Dürig Rn. 118; *Schulze-Fielitz* in Dreier Rn. 117 jeweils mwN.

[446] *Schulze-Fielitz* in Dreier Rn. 116.

[447] *Kloepfer* in HdbStR VII § 164 Rn. 41.

[448] *Hoffmann-Riem* in AK Rn. 39.

[449] Allgemein dazu *Buschmann,* Kooperationspflichten im Versammlungsrecht, 1990, 29 ff.; *Weber* KommJur 2011, 50.

[450] *Geis* in BerlKomm Rn. 80; *Depenheuer* in Maunz/Dürig Rn. 118.

[451] BVerfGE 69, 315 (356); OVG Weimar NVwZ-RR 2003, 207 (208); *Hoffmann-Riem* in HdbGR IV § 106 Rn. 107 ff.; *Schulze-Fielitz* in Dreier Rn. 117; *Schneider* in BeckOK GG Rn. 33; *Kloepfer* in HdbStR VII § 164 Rn. 39; *Kniesel/Poscher* in HdbPolR Kap. K Rn. 262.

[452] *Gusy* in MKS Rn. 46.

[453] *Kloepfer* in HdbStR VII § 164 Rn. 41; anders BVerfGE 69, 315 (356).

[454] Dazu *Ernst* RuP 2017, 356 (358 f.); vgl. OVG Weimar NVwZ-RR 2003, 207 (209).

[455] *Hoffmann-Riem* in AK Rn. 50.

[456] *Depenheuer* in Maunz/Dürig Rn. 120.

[457] *Gusy* in MKS Rn. 47.

[458] Vgl. BVerfG NJW 2001, 1407 (1408); OVG Weimar NVwZ-RR 2003, 207 (209).

[459] BVerfG NJW 2001, 2078 (2079); NVwZ 2002, 982 (982); NVwZ 2007, 574 (575); *Höfling* in Sachs Rn. 49; *Gusy* in MKS Rn. 47; *Schneider* in BeckOK GG Rn. 34 f.; *Buschmann,* Kooperationspflichten im Versammlungsrecht, 1990, 75 ff.

vom Veranstalter kein besonderes Sicherheitskonzept vorgelegt werden.[460] Auch entstehen keine Nachteile für den Veranstalter, wenn er behördliche Maßnahmen wie Auflagen verwaltungsgerichtlich überprüfen lässt.[461]

Auf Seiten des Veranstalters mag insofern von einer grundsätzlichen **Obliegenheit,** nicht aber einer Pflicht gesprochen werden.[462] Wenn darauf hingewiesen wird, dass der Unterschied allenfalls terminologischer Natur sei, sich in der Sache aber nicht auswirke,[463] überzeugt das nur bedingt. Als Folge der grundrechtlichen Rechtfertigungslast – Kooperationsgebot als Ausdruck des den Staat bindenden Verhältnismäßigkeitsgrundsatzes – trifft die Behörde nicht nur die Darlegungslast für das Geschehen im Rahmen des Kooperationsverhältnisses, sondern auch im Hinblick auf den Nutzen des Kooperationsgebots insgesamt (→ Rn. 150).[464] 109

Da die Durchführung von Versammlungen regelmäßig termingebunden ist, verlagert sich der versammlungsrechtliche Rechtsschutz verstärkt in den **einstweiligen Rechtsschutz.**[465] Dies betrifft sowohl den verfassungsrechtlichen wie auch fachgerichtlichen Eilrechtsschutz. Auch diese Regelungen des gerichtlichen Verfahrens sind deshalb im Lichte der Versammlungsfreiheit sowie des Gebots effektiven Rechtsschutzes iSd Art. 19 Abs. 4 auszulegen. Anders ist häufig der effektive Grundrechtsschutz nicht zu realisieren. Das bedeutet, dass das Verfahren des einstweiligen Rechtsschutzes auch offen sein muss für Funktionen des Hauptsacheverfahrens.[466] Im **verfassungsgerichtlichen Eilrechtsschutz** nach § 32 BVerfGG, der maßgeblich eine Folgenabwägung beinhaltet, beschränkt sich das Gericht nicht durchgehend auf die sonst übliche Prüfung, ob eine Verfassungsbeschwerde unzulässig oder offensichtlich unbegründet wäre, sondern berücksichtigt ausnahmsweise auch die erkennbaren Erfolgsaussichten einer Verfassungsbeschwerde zugunsten des Antragstellers.[467] Diese sind auch dann gegeben, wenn die Maßnahme auf einer offensichtlich fehlsamen Tatsachenfeststellung bzw. -würdigung basiert, die Gefahrenprognose nicht ausreichend begründet ist oder ihr Umstände zugrunde liegen, die dem Schutzgehalt der Versammlungsfreiheit offensichtlich widersprechen.[468] 110

Der **verwaltungsgerichtliche Eilrechtsschutz** ist grundsätzlich auf eine summarische Prüfung der Erfolgsaussichten im Hauptsacheverfahren beschränkt. Unter dem Eindruck eines effektiven Grundrechtsschutzes haben die Fachgerichte aber die Rechtmäßigkeit der Maßnahme in rechtlicher und tatsächlicher Hinsicht auf Grundlage einer eingehenden Tatsachenermittlung zu prüfen und nur sofern dies nicht möglich ist, stattdessen eine sorgfältige Folgenabwägung vorzunehmen, die hinreichend substantiiert zu begründen ist.[469] 111

---

[460] BVerfG NJW 2001, 2078 (2079).

[461] BVerfG NJW 2001, 2072 (2073).

[462] *Hoffmann-Riem* in AK Rn. 50; *Hoffmann-Riem* in HdbGR IV § 106 Rn. 108; *Schulze-Fielitz* in Dreier Rn. 118; *Schneider* in BeckOK GG Rn. 34. *Geis* in BerlKomm Rn. 81 sieht auch bei der Behörde lediglich eine Kooperationsobliegenheit.

[463] *Depenheuer* in Maunz/Dürig Rn. 120.

[464] *Schneider* in BeckOK GG Rn. 35.

[465] *Hoffmann-Riem* in HdbGR IV § 106 Rn. 150 ff.; *Hoffmann-Riem* NVwZ 2002, 257 (257 f.).

[466] BVerfGE 69, 315 (364); 110, 77 (87); BVerfG NVwZ 2013, 570 Rn. 18.

[467] BVerfGE 111, 147 (153); *Hoffmann-Riem* in HdbGR IV § 106 Rn. 154; *Schneider* in BeckOK GG Rn. 68.

[468] BVerfG NJW 2000, 3053 (3054); NVwZ 2000, 1406 (1407); NVwZ-RR 2002, 500 (500); NVwZ 2004, 1111 (1111 f.).

[469] BVerfG NVwZ 2013, 570 Rn. 18; *Geis* in BerlKomm Rn. 84; *Gusy* in MKS Rn. 49.

Dem **nachträglichen Rechtsschutz,** etwa in Form der Fortsetzungsfeststellungsklage, steht die Erledigung typischerweise nicht entgegen, insbesondere wenn die Versammlungsfreiheit schwer beeinträchtigt ist, was zumindest im Falle eines Verbots oder einer Auflösung stets der Fall ist.[470]

112 **6. Mittelbare Drittwirkung.** Die Ausstrahlungswirkung der Versammlungsfreiheit kann auch **private Rechtsverhältnisse** erfassen.[471] Anknüpfungspunkt dafür sind unbestimmte, wertungsoffene Rechtsbegriffe. Regelmäßig betrifft dies die Frage, ob Flächen, die sich in privater Hand befinden, für eine Versammlung in Anspruch genommen werden dürfen (→ Rn. 76 ff.). Denkbar ist in solchen Fällen auch die Annahme eines privatrechtlichen Kontrahierungszwangs.[472] In Mietrechtsverhältnissen können Rücksichtspflichten versammlungsschonend ausgelegt werden.[473] Für Arbeitnehmer erscheint es möglich, die Regelungen des Arbeitsverhältnisses dahingehend auszulegen, dass eine Versammlungsteilnahme möglich ist.[474]

113 Eine Auslegung einfachgesetzlicher Vorschriften im Lichte der Versammlungsfreiheit kann weiter den Zweck verfolgen, eine ansonsten bestehende abschreckende Wirkung des einfachen Rechts, die der Durchführung von Versammlungen entgegenstehen kann, zu relativieren. Dies betrifft insbesondere haftungsrechtliche Regelungen, weil die Ausübung der Versammlungsfreiheit nicht mit unüberschaubaren Vermögensrisiken verbunden sein darf.[475] Deshalb kann eine **mittäterschaftliche Haftung** nach § 830 BGB nicht auf passiv bleibende Mitdemonstranten erstreckt werden, auch wenn diese mit der Rechtsgutverletzung sympathisieren.[476] Die Beweiserleichterung des § 830 Abs. 1 S. 2 BGB kann bei Versammlungen mit einer Vielzahl von Teilnehmern nicht eingreifen.[477]

VI. Rechtfertigung

114 **1. Schrankenvorbehalt. a) Anwendungsbereich – „Für Versammlungen unter freiem Himmel".** Art. 8 Abs. 2 erlaubt eine Beschränkung von Versammlungen unter freiem Himmel. Dem gegenüber gestellt sind Versammlungen in geschlossenen Räumen, für die kein ausdrücklicher Gesetzesvorbehalt besteht. Die Unterscheidung beider Versammlungsarten beruht in erster Linie auf dem **unterschiedlichen Gefahrenpotenzial,** das aus dem Aufeinandertreffen mit Dritten folgen kann.[478] Wenn der Grad der „Berührung mit der Außenwelt"[479] und „Offenheit und Öffentlichkeit"[480]

---

[470] BVerfGE 110, 77 (89); *Gusy* in MKS Rn. 49.

[471] BVerfG NJW 2015, 2485 Rn. 6; BGHZ 89, 383 (394 f.); 137, 89 (99 f.); *Schulenberg* DÖV 2016, 55 (57); *Wendt* NVwZ 2012, 606 (606 f.).

[472] *Hoffmann-Riem* in HdbGR IV § 106 Rn. 84; *Schulze-Fielitz* in Dreier Rn. 121; vgl. OVG Münster NWVBl. 1992, 243 (245).

[473] *Hoffmann-Riem* in AK Rn. 40.

[474] Vgl. *Quilisch,* Die demokratische Versammlung, 1970, 186 f.; *Hoffmann-Riem* in AK Rn. 40.

[475] *Hoffmann-Riem* in AK Rn. 41; *Schulze-Fielitz* in Dreier Rn. 122.

[476] BGHZ 89, 383 (395); 137, 89 (102 ff.); *Hoffmann-Riem* in AK Rn. 41; *Geis* in BerlKomm Rn. 94; vgl. BGHZ 63, 124 (127 f.).

[477] *Kniesel* in Dietel/Gintzel/Kniesel VersG Teil I Rn. 245; *Geis* in BerlKomm Rn. 94.

[478] BVerwGE 26, 135 (137); *Gusy* in MKS Rn. 54; *Schulze-Fielitz* in Dreier Rn. 66; *Geis* in BerlKomm Rn. 102; *Hoffmann-Riem* in AK Rn. 56; *Blanke* in Stern/Becker Rn. 96; *Frowein* NJW 1969, 1081 (1083).

[479] BVerfGE 69, 315 (348).

[480] *Schulze-Fielitz* in Dreier Rn. 66; *Gusy* in MKS Rn. 54.

geringer wird, weil die Versammlung enger in die Privatsphäre hineinrückt, wird außerdem auch das Ausgleichs- und Regelungsbedürfnis schwächer.[481] Die Formulierung „unter freiem Himmel" ist deshalb **nicht wörtlich** iS einer Überdachung zu verstehen,[482] sondern bezieht sich auf die Offenheit und Zugangsmöglichkeiten für Dritte und damit das Vorhandensein einer festen seitlichen Umgrenzung von der Umwelt, etwa durch Außenwände.[483] Die **seitliche Umgrenzung** muss so beschaffen sein, dass der Verantwortliche mit ihrer Hilfe den Zugang zur Versammlung kontrollieren kann.[484] Da sich Störungen der Umwelt gerade auch durch den Inhalt der Meinungen, die durch eine Versammlung gebildet und bekundet werden, ergeben können, kann eine Versammlung unter freiem Himmel auch dann angenommen werden, wenn die Umgrenzung lediglich in Form von Drahtzäunen oder Gittern besteht und keinerlei akustische (oder optische) Abschirmung besteht.[485] Schließlich sind auch Versammlungen an Orten, die dem allgemeinen kommunikativen Verkehr gewidmet sind (→ Rn. 71), solche unter freiem Himmel.[486]

Diese Unterscheidung zwischen Versammlungen unter freiem Himmel und in geschlossenen Räumen darf nicht verwechselt werden mit der Unterscheidung zwischen öffentlichen und nicht öffentlichen Versammlungen.[487] Um eine **öffentliche Versammlung** handelt es sich, wenn sich jedermann an der Versammlung beteiligen kann, bei einer **nicht öffentlichen Versammlung** ist hingegen der Zutritt auf einen abgeschlossenen oder individuell begrenzten Personenkreis begrenzt.[488] Aus diesem **Nebeneinander der unterschiedlichen Kategorien** resultiert das **Grundproblem des Versammlungsrechts:** Zwar erfasst die Versammlungsfreiheit öffentliche wie nicht öffentliche Versammlungen ebenso wie solche unter freiem Himmel und in geschlossenen Räumen. Der Gesetzesvorbehalt des Art. 8 Abs. 2 gilt aber lediglich für Versammlungen unter freiem Himmel und das daraufhin erlassene Versammlungsgesetz hingegen erfasst grundsätzlich nur öffentliche Versammlungen, so dass die einzelnen Regelungsbereiche des Verfassungsrechts und einfachen Rechts nicht aufeinander aufbauen, sondern quer zueinander liegen.[489] 115

Der Gesetzesvorbehalt des Art. 8 Abs. 2 erstreckt sich nicht auf **Versammlungen in geschlossenen Räumen,** so dass es sich bei der Versammlungsfreiheit insofern um ein **schrankenloses Grundrecht** handelt. Eine Beschränkung in diesen Konstellationen ist deshalb zum einen aufgrund kollidierenden Verfassungsrechts und zum anderen unter Berücksichtigung der Systematik des Art. 8 als einfachgesetzliche Konkretisierung der tatbestandsimmanenten Begrenzung („friedlich und ohne Waffen" → Rn. 53 ff.) 116

[481] *Gusy* in MKS Rn. 54; vgl. *Blanke* in Stern/Becker Rn. 68.
[482] Vgl. *Frowein* NJW 1969, 1081 (1083).
[483] *Gusy* in MKS Rn. 55; *Hoffmann-Riem* in AK Rn. 56; *Höfling* in Sachs Rn. 61; *Jarass* in Jarass/Pieroth Rn. 17; *Blanke* in Stern/Becker Rn. 67, tendenziell weniger gegenständlich und funktionaler BVerfGE 128, 226 (255 f.).
[484] *Depenheuer* in Maunz/Dürig Rn. 134.
[485] *Geis* in BerlKomm Rn. 104; *Hoffmann-Riem* in HdbGR IV § 106 Rn. 104; *Depenheuer* in Maunz/Dürig Rn. 134.
[486] BVerfGE 128, 226 Rn. 76; *Schneider* in BeckOK GG Rn. 37.1.
[487] *Schulze-Fielitz* in Dreier Rn. 64; *Hoffmann-Riem* in HdbGR IV § 106 Rn. 106.
[488] BVerwG NJW 1999, 991 (992); *Kniesel* in Dietel/Gintzel/Kniesel VersG Teil I Rn. 423 f.; *Gusy* in MKS Rn. 60; *Hoffmann-Riem* in HdbGR IV § 106 Rn. 106.
[489] Vgl. *Gusy* in MKS Rn. 63.

möglich.[490] Die Annahme eines generellen Gemeinwohlvorbehalts[491] oder die Übertragung anderer Grundrechtsvorbehalte ist nicht möglich.[492] Gleichwohl bedarf auch die Beeinträchtigung der Versammlungsfreiheit als schrankenlosem Grundrecht einer hinreichend konkreten gesetzlichen Grundlage. Mögliche verfassungsrechtliche Rechtspositionen, welche die die Versammlungsfreiheit einschränken können, sind zB Leib und Leben (Art. 2 Abs. 2 S. 1), die Pressefreiheit (Art. 5 Abs. 1) oder das Eigentum (Art. 14).[493]

117 Im Einzelnen kann dies jedoch zu **Zweifeln an der Verfassungsmäßigkeit einfachgesetzlicher Beschränkungen** führen. So ist nicht ersichtlich, inwiefern die Pflicht nach § 7 VersG, bei Versammlungen in geschlossenen Räumen einen Leiter zu bestellen, einem Rechtsgut mit Verfassungsrang dient oder eine Konkretisierung der Merkmale „friedlich und ohne Waffen" ist.[494] Auch für die Befugnis gemäß § 12a VersG, Bild- und Tonaufnahmen anzufertigen, erscheint es zweifelhaft, ob sich dies stets durch hinreichende Zwecke rechtfertigen lässt.[495]

118 Im Falle von **nicht öffentlichen Versammlungen in geschlossenen Räumen,** für die nicht der Gesetzesvorbehalt des Abs. 2 gilt und für die grundsätzlich auch nicht das einfache Versammlungsgesetz Anwendung findet, ist die Rechtslage offen. Diese Versammlungen weisen das geringste Gefahrenpotenzial auf und genießen den intensivsten Grundrechtsschutz.[496] Mitunter wird eine analoge Anwendung des Versammlungsgesetzes vorgeschlagen,[497] doch erscheint die Annahme einer planwidrigen Regelungslücke angesichts des ausdrücklichen Anwendungsbereichs des Versammlungsgesetzes zweifelhaft.[498] Überwiegend wird das allgemeine Polizeirecht herangezogen, wobei die Beschränkung wegen des besonderen Schutzes solcher Versammlungen dann auf kollidierendes Verfassungsrecht zurückgeführt werden muss.[499] Häufig führt dies jedoch zu einer Kollision mit dem Zitiergebot, weil die landesrechtlichen Polizeigesetze die Versammlungsfreiheit typischerweise als eingeschränktes Grundrecht nicht nennen.[500] Für nicht öffentliche Versammlungen unter freiem Himmel stellen sich im Grundsatz vergleichbare Fragen und Anforderungen,[501] doch ist dabei zweifelhaft, ob eine solche Konstellation praktisch überhaupt möglich ist, denn es ist nicht ersichtlich,

---

[490] Vgl. *Schulze-Fielitz* in Dreier Rn. 73; *Depenheuer* in Maunz/Dürig Rn. 151; *Kniesel* in Dietel/Gintzel/Kniesel VersG Teil I Rn. 255, 306; zurückhaltend *Hoffmann-Riem* in HdbGR IV § 106 Rn. 97.

[491] Vgl. *Schulze-Fielitz* in Dreier Rn. 72.

[492] *Schulze-Fielitz* in Dreier Rn. 72; *Geis* in BerlKomm Rn. 125; *Depenheuer* in Maunz/Dürig Rn. 151; aA *Lücke* DÖV 2002, 93 (97 ff., 100 f.) zu Art. 2 Abs. 1 iVm Art. 1 Abs. 1.

[493] *Blanke* in Stern/Becker Rn. 71.

[494] Zur Verfassungswidrigkeit der Vorschrift kommt *Geis* in BerlKomm Rn. 127; kritisch auch *Höfling* in Sachs Rn. 81.

[495] *Geis* in BerlKomm Rn. 128; wohl für eine verfassungskonforme Auslegung *Schulze-Fielitz* in Dreier Rn. 73.

[496] *Gusy* in MKS Rn. 83; *Depenheuer* in Maunz/Dürig Rn. 152.

[497] *Alberts* NVwZ 1992, 38 (40); *Rühl* NVwZ 1988, 577 (581).

[498] *Ketteler* DÖV 1990, 954 (956); *Krüger* DÖV 1993, 658 (659 f.); *Höllein* NVwZ 1994, 635 (636); weiter *von Coelln* NVwZ 2001, 1234, (1235 f.).

[499] BVerwG NVwZ 1999, 991 (992); OVG Lüneburg NVwZ 1988, 638 (638 f.); *von Coelln* NVwZ 2001, 1234 (1238 f.); *Kötter/Nolte* DÖV 2009, 399 (405). *Depenheuer* in Maunz/Dürig Rn. 152.

[500] *Ketteler,* DÖV 1990, 954 (956); vgl. BVerfGE 150, 309 Rn. 61 ff. Dagegen *von Coelln* NVwZ 2001, 1234, (1237 f.): kein Zitiergebot bei vorbehaltlos gewährleisteten Grundrechten.

[501] *Geis* in BerlKomm Rn. 129.

wie sich die Merkmale „nicht öffentlich" und „unter freiem Himmel" kombinieren lassen sollten.[502]

119 Für den Fall, dass eine versammlungsrechtliche Maßnahme an geäußerte Meinungen anknüpft, müssen zugleich die Anforderungen des **Schrankenvorbehalts aus Art. 5 Abs. 2** berücksichtigt werden (→ Rn. 148). Praktisch handelt es sich um eine häufig anzutreffende Konstellation.[503]

120 Für Angehörige der Streitkräfte und des Ersatzdienstes ist eine Beschränkung darüber hinaus durch **Art. 17a Abs. 1** möglich (→ Art. 17a Rn. 6). Nach **Art. 18** ist eine Verwirkung der Versammlungsfreiheit denkbar (→ Art. 18 Rn. 12 ff.).

121 **b) Gesetzliche Einschränkung – „kann dieses Recht durch Gesetz oder auf Grund eines Gesetzes beschränkt werden".** Art. 8 Abs. 2 enthält einen **einfachen Gesetzesvorbehalt.** Eingriffe in die Versammlungsfreiheit müssen entweder unmittelbar (durch Gesetz) oder mittelbar (auf Grund eines Gesetzes) auf ein formelles Gesetz zurückführbar sein. Ob dies auch für unvorhersehbare, mittelbare oder faktische Beeinträchtigungen gilt,[504] mag zwar eine Frage sein, die gerade für die Ausübung der Versammlungsfreiheit relevant ist, weil die räumliche Verortung und Ablaufgestaltung vielfältigen Einwirkungen ausgesetzt sein können. Wenn aber zum einen darauf abgestellt wird, dass sich der Vorbehalt des Abs. 2 nur auf versammlungsspezifische Eingriffe beziehe, bedeutet dies nicht, dass versammlungsunspezifische Eingriffe nicht auf einer gesetzlichen Grundlage beruhen müssten.[505] Zum anderen handelt es sich bei der Frage der Grenzen einer möglichen Normierung von Rechtsgrundlagen nicht um eine spezifisch versammlungsrechtliche Frage.[506]

122 Eine überragende Bedeutung kommt den **einfachrechtlichen Versammlungsgesetzen** zu. Im Rahmen der Föderalismusreform I verlor der Bund die konkurrierende Gesetzgebungskompetenz für das Versammlungsrecht, die zuvor in Art. 74 Abs. 1 Nr. 3 geregelt war. Die Gesetzgebungsbefugnis liegt nun gemäß Art. 70 bei den Ländern. Dadurch bieten sich Möglichkeiten, das Versammlungsrecht an die Entwicklungen aus der Rspr. anzupassen und insgesamt zu modernisieren.[507] Auch wenn Art. 8 einen einheitlichen Mindeststandard setzt, können sich mit Versammlungsgesetzen der Länder eigenständige Maßstäbe der Landesverfassungsgerichte herausbilden.[508] Bisher haben die Länder von ihrer Gesetzgebungskompetenz nur zurückhaltend Gebrauch gemacht.[509] Ein eigenes Versammlungsgesetz haben lediglich **Bayern, Niedersachsen, Sachsen, Sachsen-Anhalt und Schleswig-Holstein** erlassen.[510] Das Bayerische Versammlungsgesetz enthielt ur-

---

502 *von Coelln* NVwZ 2001, 1234 (1237).

503 Dazu *Hong* in Peters/Janz HdbVersR Rn. B 61.

504 Vgl. *Schulze-Fielitz* in Dreier Rn. 67; *Hoffmann-Riem* in AK Rn. 35; *Geis* in BerlKomm Rn. 99.

505 Vgl. *Hoffmann-Riem* in HdbGR IV § 106 Rn. 98.

506 Dazu *Jarass* in Jarass/Pieroth Art. 20 Rn. 73.

507 *Kloepfer* in HdbStR VII § 164 Rn. 82.

508 *Schneider* in BeckOK GG Rn. 39.1.

509 Vgl. *Gericke* DÖV 2016, 948; *Waechter* VerwArch 99 (2008), 73; *Gusy* RuP 2008, 66; *Scheidler* ZRP 2008, 151; *Gusy* JZ 2011, 563.

510 Bayerisches Versammlungsgesetz vom 22.7.2008, GVBl. 421; zu dessen Verfassungsmäßigkeit *Heidebach/Unger* DVBl. 2009, 283 (286 ff.). Punktuelle Landesregelungen bestehen in Berlin durch das Gesetz über Versammlungen und Aufzüge von Bild und Ton bei Versammlungen unter freiem Himmel und Aufzügen vom 23.4.2013, GVBl. 103, und in

sprünglich weitreichende behördliche Befugnisse, insbesondere im Bereich der Datenerhebung, und eine Vielzahl dieser Vorschriften wurde im Rahmen des einstweiligen Rechtsschutzes vom BVerfG außer Kraft gesetzt und vom Bayerischen Gesetzgeber geändert.[511] Wo es an einem Landesversammlungsgesetz fehlt, gilt nach **Art. 125a Abs. 1** das Versammlungsgesetz des Bundes fort, so dass diesem im Ergebnis praktisch nach wie vor eine erhebliche Bedeutung zukommt.

123 Als spezielles Ordnungsrecht verdrängen die Versammlungsgesetze das allgemeine Polizei- und Ordnungsrecht. **Versammlungsspezifische Maßnahmen** – Maßnahmen, die an Gefahren und typischen Folgen kollektiver Meinungskundgabe anknüpfen – können deshalb nicht auf allgemeines Polizei- und Ordnungsrecht gestützt werden.[512] Das Versammlungsrecht ist insofern abschließend und **polizeifest.**[513] Für **versammlungsunspezifische Gefahren** bleiben aber daneben die fachlich einschlägigen Ordnungsgesetze anwendbar, etwa wegen bauordnungs- oder seuchenrechtlicher Maßnahmen. Bei der Polizeifestigkeit handelt es sich zwar nicht um ein ausdrückliches Verfassungsgebot, ihre verfassungsrechtliche Notwendigkeit ergibt sich aber über das Gebot rechtsstaatlich hinreichend bestimmter Regelungen, die der besonderen Bedeutung der Versammlungsfreiheit Rechnung tragen.[514] Die Polizeifestigkeit endet mit der Beendigung oder Auflösung der Versammlung, auch wenn der grundrechtliche Schutz der Versammlungsfreiheit noch nachwirkt (→ Rn. 70), weil das Versammlungsgesetz keine abschließenden Regelungen für die Zeit nach Beendigung oder Auflösung enthält.[515] Der Beginn der Polizeifestigkeit lässt sich in zeitlicher Hinsicht nicht generell festlegen. Dafür kommt es weniger darauf an, ob Art. 8 eine Vorwirkung entfaltet,[516] sondern auf das Vorhandensein abschließender Regelungen im Versammlungsgesetz.[517]

124 Auch wenn es sich bei den beschränkenden Gesetzen iSd Abs. 2 überwiegend um die Versammlungsgesetze handelt, ist der Gesetzesvorbehalt nicht auf diese beschränkt.[518] Eine Schranke der Versammlungsfreiheit ergibt sich auch durch das **Gesetz über befriedete Bezirke des Bundes**[519] bzw.

Brandenburg durch das Gesetz über Versammlungen und Aufzüge an und auf Gräberstätten vom 26.10.2006, GVBl. I 114. *Schieder* NVwZ 2013, 1325 (1326 ff.) hält divergierende Rechtslagen in den Ländern insbesondere in Form von Sanktionsnormen für verfassungswidrig, aA *Kempny* NVwZ 2014, 191 (192 f.).

[511] BVerfG NVwZ 2009, 441. Vgl. dazu *Arzt* DÖV 2009, 381; *Hanschmann* DÖV 2009, 398; *Heidebach/Unger* DVBl. 2009, 283; *Kutscha* NVwZ 2008, 1210; *Hong* NJW 2009, 1458.

[512] Sofern die Vollstreckung von Maßnahmen, die auf das VersG gestützt sind, nicht geregelt ist, richtet sich diese aber nach Polizei- und Ordnungsrecht, BVerwG NVwZ 2019, 1281 mit Anmerkung *Detterbeck* NVwZ 2019, 1282 (1282 f.).

[513] BVerfGE NVwZ 2005, 80 (81); BVerwGE 82, 34 (38); 129, 142 Rn. 30; VGH Mannheim NVwZ 1998, 761 (763); *Kniesel* in Dietel/Gintzel/Kniesel VersG Teil I Rn. 392 ff.; *Hoffmann-Riem* in HdbGR IV § 106 Rn. 101 ff.; *Blanke* in Stern/Becker Rn. 73; *Müller-Franken* in SHH Rn. 57. Vgl. auch § 9 des Musterentwurfs eines Versammlungsgesetzes, 2011, 29 ff.

[514] *Hoffmann-Riem* in HdbGR IV § 106 Rn. 101; *Hong* in Peters/Janz HdbVersR Rn. B 88; gegen ein Verfassungsgebot *Depenheuer* in Maunz/Dürig Rn. 138; *Schneider* in BeckOK GG Rn. 40. Zur verwaltungsrechtlichen Begründung aus dem Spezialitätsgrundsatz *Kötter/Nolte* DÖV 2009, 399 (401); zu einer gewährleistungsorientierten Begründung *Höfling* Die Verwaltung 45 (2012), 539 (540 f.).

[515] *Kötter/Nolte* DÖV 2009, 399 (402).

[516] So *Müller-Franken* in SHH Rn. 57.

[517] *Meßmann* JuS 2007, 524 (525 f.); *Kötter/Nolte* DÖV 2009, 399 (402).

[518] *Schulze-Fielitz* in Dreier Rn. 68; *Gusy* in MKS Rn. 58.

[519] BGBl. 2008 I 2366; dazu *Dietrich* DÖV 2010, 683; *Werner* NVwZ 2000, 369.

etwaige **Bannmeilengesetzen** der Länder (vgl. § 16 VersG). Diese Regelungen bezwecken den Schutz von Verfassungsorganen, vor allem von Gesetzgebungsorganen. Dabei geht es aber nicht um eine mögliche kommunikative Beeinflussung der Meinungsbildung, die von friedlichen Versammlungen ausgeht, weil solche kommunikativen Austauschverhältnisse Wesensmerkmal der repräsentativen Demokratie sind.[520] Bezweckt wird vielmehr der Schutz der tatsächlichen Funktionsfähigkeit der Organe, die durch physische Störungen wie körperliche Übergriffe oder Blockaden gestört werden können.[521]

Das Gesetz über befriedete Bezirke des Bundes verbietet in § 2 Versammlungen in den befriedeten Bezirken, doch räumt § 3 Abs. 1 einen **Anspruch auf Zulassung** ein, wenn eine Beeinträchtigung des Verfassungsorgans nicht zu besorgen ist.[522] Diese Grundsätze sind auch für Landesregelungen zu berücksichtigen, obgleich § 16 VersG keine Regelung zur Struktur der Bannmeilengesetze der Länder enthält. Wenn im konkreten Einzelfall keine Störung der geschützten Organe zu befürchten ist, wird man durch eine verfassungskonforme Auslegung im Zweifel regelmäßig zu einem Anspruch auf Zulassung kommen.[523] Ansonsten würde das Regel-Ausnahme-Verhältnis zwischen erlaubnisfreier Versammlungsfreiheit und gesetzlicher Beschränkungsmöglichkeiten umgekehrt werden.[524] Eine Erweiterung dieses Schutzes auf andere kulturell oder historisch bedeutsame Orte lässt sich nur in eng begrenzten Ausnahmefällen rechtfertigen.[525] So kann die Rspr. des BVerfG, die sich der Gutheißung des nationalsozialistischen Regimes entgegenstellt (→ Rn. 144), den besonderen Schutz der Gedenkorte für Opfer des Nationalsozialismus in § 15 Abs. 2 VersG begründen.[526] 125

In den **Feiertagsgesetzen** der Länder finden sich typischerweise Verbote für Versammlungen während der Hauptzeit von Gottesdiensten. Der Vorrang der Religionsfreiheit gegenüber der Versammlungsfreiheit, der in diesen Regelungen zum Ausdruck kommt, lässt sich in dieser Pauschalität nicht rechtfertigen, zumal die Feiertagsgesetze grundsätzlich auch Versammlungen in geschlossenen Räumen erfassen.[527] Diese Regelungen sind im Zweifel dahingehend verfassungskonform auszulegen, dass nur Versammlungen unter freiem Himmel erfasst werden und auch diese ausnahmsweise zulässig sein können, wenn keine Störung der religiösen Betätigung zu erwarten ist und gleichzeitig der Ausübung der Versammlungsfreiheit ein besonderes Gewicht zukommt.[528] 126

---

[520] So aber noch die wohl frühere hM OVG Münster NVwZ-RR 1994, 391 (392); VG Hamburg NVwZ 1985, 678 (678); *v. Mutius* Jura 1988, 79 (87); *Schwarze* DÖV 1985, 213 (218).

[521] *Kniesel* in Dietel/Gintzel/Kniesel VersG Teil II § 16 Rn. 6 ff.; *Gusy* in MKS Rn. 75; vgl. *Blanke* in Stern/Becker Rn. 77.

[522] Zu den Voraussetzungen eines solchen Anspruchs *Werner* NVwZ 2000, 369 (371 f.).

[523] Vgl. VGH München NVwZ-RR 2017, 574 Rn. 9; *Höfling* in Sachs Rn. 72; *Schulze-Fielitz* in Dreier Rn. 70.

[524] *Höfling* in Sachs Rn. 72; *Kloepfer* in HdbStR VII § 164 Rn. 88. Vgl. auch *Breitbach* KJ 31 (1998), 238 (240 f.); *Kargl/Kirsch* NJ 1997, 561 (564 f.).

[525] *Geis* in BerlKomm Rn. 108; *Gusy* in MKS Rn. 75; vgl. *Wiefelspütz* ZRP 2001, 60.

[526] *Kniesel* in Dietel/Gintzel/Kniesel VersG Teil II § 15 Rn. 143 f.; *Musil* LKV 2002, 115 (117).

[527] *Arndt/Droege* NVwZ 2003, 906 (908).

[528] *Kloepfer* in HdbStR VII § 164 Rn. 89; *Blanke* in Stern/Becker Rn. 78; vgl. OVG Frankfurt Oder NVwZ 2003, 623 (624). Bei einem Verbot von Versammlungen an stillen Tagen können solche Versammlungen gleichwohl zugelassen werden, die nicht mit dem Charakter des Feiertags in Konflikt stehen, *Blanke* in Stern/Becker Rn. 78; vgl. BVerfG NVwZ 2003, 601 (602).

Ist eine solche verfassungskonforme Auslegung nicht möglich, sind die Regelungen verfassungswidrig.[529]

127 Das Versammlungsrechts mit seinem Verbotsverfahren geht dem **Straßenrecht** vor, so dass eine straßenrechtliche Sondernutzungserlaubnis nicht erforderlich ist (→ Rn. 72). Auch das **Straßenverkehrsrecht,** zB in Gestalt von § 29 StVO, tritt hinter das Versammlungsrecht zurück.[530] Dessen ungeachtet können aber Erwägungen, die ansonsten straßen- und straßenverkehrsrechtlich Niederschlag finden würden, auch für die versammlungsrechtliche Zulässigkeit berücksichtigt werden (→ Rn. 142).[531]

128 Zum Schutz vor **Infektionskrankheiten** sind Beschränkungen der Versammlungsfreiheit möglich (§§ 17, 28, 32 IfSG).[532] In der Praxis hat sich gezeigt, dass auf dieser Grundlage in erster Linie generelle Maßnahmen in Betracht kommen (→ Rn. 140) und zwar Rechtsverordnungen nach §§ 28, 32 IfSG.[533] Für die Normierung von Genehmigungspflichten (→ Rn. 91) oder gar pauschalen Versammlungsverboten (→ Rn. 129) erscheinen die Regelungen – ungeachtet sonstiger verfassungsrechtlicher Zweifel – kaum hinreichend bestimmt.[534] Eine Abweichung von der verfassungsrechtlichen Grundentscheidung für die Genehmigungsfreiheit bedürfte zumindest einer ausdrücklich darauf bezogenen gesetzgeberischen Entscheidung, so dass § 32 IfSG als Ermächtigung iSd Art. 80 Abs. 1 die Abweichungsmöglichkeit ausdrücklich vorsehen und sie an spezielle Voraussetzungen knüpfen müsste. Auch bei Anwendung genereller Regelungen müssen stets die Umstände des Einzelfalls durch Behörden und Gerichte beachtet werden (→ Rn. 133). Auf infektionsschutzrechtlicher Grundlage dürfen nur infektionsspezifische Aspekte und Voraussetzungen geregelt werden, nicht aber andere Zwecke verfolgt oder ein freies Ermessen eingeräumt werden.

129 **2. Schranken-Schranken.** Die beschränkenden Gesetze müssen dem **Bestimmtheitsgrundsatz** entsprechen (Art. 20 Abs. 3), das **Zitiergebot** achten (Art. 19 Abs. 1 S. 2) und dürfen kein **Einzelfallgesetz** darstellen (Art. 19 Abs. 1 S. 1). Im Rahmen des Art. 8 Abs. 2 ist jede gesetzliche Regelung nicht nur Beschränkung, sondern muss als Ausdruck einer Wechselwirkungslehre ihrerseits im Lichte der Versammlungsfreiheit interpretiert und ggf. eingeschränkt werden.[535] Eine Verletzung des **Wesensgehalts** der Versammlungsfreiheit erscheint grundsätzlich fernliegend, könnte aber bei **pauschalen Versammlungsverboten,** die faktisch keine Ausnahmemöglichkeiten bie-

---

[529] *Geis* in BerlKomm Rn. 109; *Höfling* in Sachs Rn. 73; *v. Mutius* Jura 1988, 79 (87) nehmen generell die Verfassungswidrigkeit an. Umfangreich *Arndt/Droeger* NVwZ 2003, 906 (908 ff.) zur Verfassungswidrigkeit von Versammlungsverboten während Hauptgottesdienstzeiten. Offen gelassen in BVerfG NVwZ 2007, 574 (575).

[530] BVerwGE 82, 34 (38); *Blanke* in Stern/Becker Rn. 73; *Geis* in BerlKomm Rn. 110; *Scheidler* NZV 2015, 166 (167); aA *Gusy* in MKS Rn. 77; *Depenheuer* in Maunz/Dürig Rn. 162.

[531] *Schneider* in BeckOK GG Rn. 52; *Müller-Franken* in SHH Rn. 58; *Scheidler* NZV 2015, 166 (169 f.).

[532] Vgl. *Geis* in BerlKomm Rn. 112; *Rixen* RuP 2020, 109; *Sachs* JuS 2020, 474; *Stüer/Stüer* DVBl. 2020, 697; *Kämmerer/Jischkowski* GesR 2020, 341 (348 f.); *Maaß* NVwZ 2020, 589.

[533] Zur Abgrenzung von Allgemeinverfügung und Rechtsverordnung VG München BeckRS 2020, 6126 Rn. 20 ff.

[534] Zu einer Heranziehung der infektionsschutzrechtlichen Bestimmungen im Rahmen von § 15 VersG vgl. BVerfG NJW 2020, 1426 Rn. 13.

[535] BVerfGE 87, 399 (407); *Kloepfer* in HdbStR VII § 164 Rn. 81; *Depenheuer* in Maunz/Dürig Rn. 135; *Geis* in BerlKomm Rn. 100.

ten, (neben anderen Zweifeln an der Verfassungsmäßigkeit) in Betracht kommen. Bei solchen pauschalen Verboten, gestützt etwa auf infektionsschutzrechtliche Grundlagen,[536] die räumlich umfassend und praktisch anlasslos wirken, ist der Versammlungsfreiheit vollständig und ausnahmslos jeglicher Gehalt genommen. Ob eine zeitliche Begrenzung solcher Regelungen diese Konsequenz abmildern kann, ist zumindest bei unlimitierten Verlängerungsmöglichkeiten des Regelungsgebers zweifelhaft.

Der **Grundsatz der Verhältnismäßigkeit** ist das entscheidende Element **130**
für die Konkretisierung der Grenze, innerhalb derer die Versammlungsfreiheit beschränkt werden kann.[537] Grundsätzliche Rahmenbedingungen für seine Anwendung ergeben sich zwar nicht aus Art. 8, lassen sich aber in Form einer Eingriffsschwelle der Rspr. des BVerfG entnehmen:[538] Die Beschränkung der Versammlungsfreiheit muss einem zumindest gleichwertigen Rechtsgut dienen, das im Falle von Verboten oder Auflösungen auch ein wichtiges Gemeinschaftsgut darstellt.[539] Für die Wahrscheinlichkeit eines Schadenseintritts bedarf es einer unmittelbar bevorstehenden Gefahr.[540]

Art. 8 begrenzt nicht den **Kreis der Schutzgüter,** die legitimerweise mit **131**
einer einschränkenden Maßnahme verfolgt werden dürfen.[541] Einfachgesetzlich setzt sich diese Offenheit vor allem im Tatbestand des § 15 Abs. 1 VersG fort. Über das Merkmal der öffentlichen Sicherheit können vielfältige Schutzzwecke verfolgt werden, wie zB Leben und körperliche Unversehrtheit, Eigentum oder staatliche Einrichtungen. In diesem Rahmen kann auch die Sicherheit und Leichtigkeit des Verkehrs als Rechtfertigung für eine Beschränkung herangezogen werden (→ Rn. 142).[542] Berücksichtigungsfähig sind auch **Persönlichkeitsrechte Dritter,** wenn etwa durch eine Versammlung im engen räumlichen Umfeld des Betroffenen eine unzumutbare psychische Drucksituation (Vertreibungsdruck) entsteht.[543] Gerade in solchen Fällen können weitere Schutzgüter hinzutreten, wie die Funktionsfähigkeit der Rspr., kommunalen Selbstverwaltung oder öffentliche Aufgaben der Presse, wenn die Betroffenen zB Richter, kommunale (ehrenamtliche) Mandatsträger oder Journalisten sind.[544] **Außenpolitische Belange** und insbesondere das Ansehen der Bundesrepublik Deutschland sind grundsätzlich keine tauglichen Zwecke, um Versammlungen zu beschränken.[545] Auch

---

[536] Vgl. VG Hannover BeckRS 2020, 4665 Rn. 5; exemplarisch § 3 CoronaVO BW v. 16.3.2020; § 3 ThürSARS-CoV-2-EindmaßnVO v. 26.3.2020.

[537] *Schulze-Fielitz* in Dreier Rn. 79.

[538] Allgemein *Hoffmann-Riem* in HdbGR IV § 106 Rn. 118; *Schulze-Fielitz* in Dreier Rn. 80; *Hong* in Peters/Janz HdbVersR Rn. B 57; allgemein zur Eingriffsschwelle *Poscher* Die Verwaltung 41 (2008), 345 (356 ff.).

[539] BVerfGE 69, 315 (353); vgl. *Kloepfer* in HdbStR VII § 164 Rn. 83; *Müller-Franken* in SHH Rn. 40.

[540] Vgl. BVerfGE 69, 315 (353).

[541] *Hoffmann-Riem* in HdbGR IV § 106 Rn. 118, *Schulze-Fielitz* in Dreier Rn. 65; *Geis* in BerlKomm Rn. 101.

[542] *Schulze-Fielitz* in Dreier Rn. 88; VG Köln NJW 1988, 2123 (2124 f.).

[543] BVerfG NJW 1987, 3245 (3245); OVG Magdeburg NJW 2012, 2535 (2536); NVwZ-RR 2013, 100; *Schulze-Fielitz* in Dreier Rn. 89; *VG Karlsruhe* NVwZ 2019, 897 (899 ff.), mit zustimmender Anmerkung von *v. Schwanenflug* NVwZ 2019, 902 (904).

[544] Vgl. EGMR 10.1.2019 – 65286/13 und 57270/14, Rn. 161 ff. – Khadija Ismayilova; vgl. auch § 188 Abs. 3 StGB-E, BR-Drs. 418/19.

[545] *Hoffmann-Riem* in HdbGR IV § 106 Rn. 123; *Hong* in Peters/Janz HdbVersR Rn. B 78; *Kloepfer* in HdbStR VII § 164 Rn. 87; stärker die Umstände des Einzelfalls betonend *Schneider* in BeckOK GG Rn. 53. Vgl. zu einem Kriterienkatalog *Bolewski* DVBl. 2007, 789 (794). Offen gelassen durch BVerfG NJW 2007, 2167 Rn. 26 f.

staatliche Verpflichtungserklärungen im Vorfeld großer Sportveranstaltungen wie Olympia, Fußball-WM oder -EM, mit denen gegenüber dem organisierenden Verband zugesagt wird, dass in einem bestimmten Radius um die Veranstaltungsorte keine Versammlungen stattfinden, sind keine tauglichen Schutzgüter.[546]

132 § 15 Abs. 1 VersG führt auch die **öffentliche Ordnung** als Grund für Beschränkungen der Versammlungsfreiheit auf. Nach der Rspr. des BVerfG vermag ein Verweis auf die öffentliche Ordnung aber regelmäßig nicht Verbote oder Auflösungen zu rechtfertigen, sondern kommt allenfalls für beschränkende Auflagen in Betracht (→ Rn. 136).[547] Insbesondere kann auf die öffentliche Ordnung nicht für Maßnahmen zurückgegriffen werden, die an Meinungsinhalte anknüpfen.[548]

133 Die Bewertung, ob für das zu schützende Rechtsgut eine Gefahr besteht, beruht auf einer **Prognoseentscheidung.** Diese verlangt nachvollziehbare, erkennbare tatsächliche Umstände, denen umso mehr Gewicht zugemessen werden muss, je intensiver der Kern der Versammlungsfreiheit betroffen ist; sie kann nicht auf einen bloßen Verdacht oder abstrakte Vermutungen gestützt werden.[549] Dabei ist zwar zu berücksichtigen, dass behördliche Entscheidungen häufig unter Zeitnot und auf Grundlage einer unüberschaubaren Sachlage getroffen werden müssen.[550] Verweise auf Presseberichte oder allgemeine Erkenntnisse der Behörden reichen dennoch nicht.[551] Nach dem BVerfG kann ein Verbot oder eine Auflösung auch nicht alleine mit einem behördlichen Sicherheitskonzept gerechtfertigt werden, wenn dieses der Versammlungsfreiheit nicht zugleich hinreichende Verwirklichungschancen einräumt.[552] Dahinter steht die Tendenz des Gerichts, die Abwägung zwischen Sicherheitsinteressen und dem Demonstrationsrecht nicht anhand genereller Typen von Versammlungen oder behördlicher Überlegungen, die losgelöst vom konkreten Versammlungsgeschehen sind, vorzunehmen, sondern den Einzelfallumständen maßgebliche Bedeutung zuzumessen. Aus dem Schutzgehalt der Versammlungsfreiheit selbst folgt ein **Primat der Einzelfallbewertung von Versammlungen** (→ Rn. 140).[553]

134 Im Einklang damit reicht auch das Heranziehen von (anonymen) Äußerungen, die im Internet getätigt werden, grundsätzlich nicht; dazu bedarf es vielmehr einer **nachvollziehbaren Zurechnung** zu den Veranstal-

---

[546] *Rautenberg* RuP 2018, 447 (449).

[547] BVerfGE 69, 315 (350 f.); BVerfG NVwZ-RR 2002, 500 (501); NJW 2001, 1409 (1410); NJW 2001, 2069 (2071); zu einer möglichen Ausnahme BVerfGE 111, 147 (156). Ebenso *Hoffmann-Riem* in HdbGR IV § 106 Rn. 123; *Schulze-Fielitz* in Dreier Rn. 97; *Depenheuer* in Maunz/Dürig Rn. 157; aA OVG Münster NJW 2001, 2986 (2986 f.); NJW 2001, 2114 (2114 f.); NJW 2001, 2113 (2113 f.); NJW 2001, 2111 (2111 f.); VGH Kassel NVwZ-RR 1994, 86 (87); VGH München NVwZ 1992, 76 (77).

[548] BVerfGE 111, 147 (157); *Hoffmann-Riem* in HdbGR IV § 106 Rn. 124; vgl. auch BVerfGE 124, 300 (321 ff.); detailliert *Brüning* Der Staat 41 (2002), 213.

[549] BVerfGE 69, 315 (353 f.); BVerfG NVwZ-RR 2010, 625 Rn. 17, 20; NJW 2010, 141 Rn. 9; NVwZ-RR 2002, 500 (500); NJW 2001, 2069 (2070 f.); NVwZ-RR 2000, 554 (554 f.); *Schneider* in BeckOK GG Rn. 48; *Jarass* in Jarass/Pieroth Rn. 23. Zur Einschätzung von Gefahren kann die Behörde weiter auf einschlägige technische Regelwerke zurückgreifen, OVG Lüneburg NordÖR 2018, 35 (36).

[550] *Gusy* in MKS Rn. 46; *Schulze-Fielitz* in Dreier Rn. 112.

[551] VGH München BeckRS 2018, 21830 Rn. 32; *Kloepfer* in HdbStR VII § 164 Rn. 87.

[552] BVerfG NJW 2007 2167 Rn. 33 ff. Zu polizeilichen Gefährdungsstufen staatlicher Funktionsträger, OVG Koblenz BeckRS 2016, 52385 Rn. 20 ff.

[553] Vgl. BVerfGE 69, 315 (351); BVerfG NJW 2007, 2167 Rn. 36; NVwZ 2020, 711 Rn. 24; NJW 2020, 1426 Rn. 13; anders etwa VG Hamburg BeckRS 2017, 120674.

tern.[554] Auch für den Fall, dass der Veranstalter sich von einem gewaltsamen Verlauf, der sich andeutet, nicht aufrichtig distanziert oder ausreichende Sicherungsmaßnahmen trifft (→ Rn. 58), sind konkrete Anhaltspunkte notwendig.[555] Für die Gefahrenprognose können frühere Umstände als Indizien herangezogen werden, im negativen wie positiven Sinne (→ Rn. 108).[556] Die Versammlungsbehörde trägt die Darlegungslast für die Umstände, auf denen die Gefahrenprognose beruht.[557]

Die Frage der **Erforderlichkeit** stellt sich insbesondere für versammlungsrechtliche **Verbote oder Auflösungen.** Bei diesen Maßnahmen handelt es sich um die intensivsten Eingriffe in die Versammlungsfreiheit und sie kommen nur als **ultima ratio** in Betracht.[558] Regelmäßig werden sie nur bei der Verletzung solcher Straftatbestände, die eine Versammlung unfriedlich machen, gerechtfertigt sein.[559] **135**

Als weniger eingreifendes Mittel bieten sich versammlungsrechtliche **Auflagen** im Vorfeld an. Bei Auflagen handelt es sich um beschränkende Maßnahmen, die grundsätzlich sämtliche Facetten einer Versammlung zum Gegenstand haben und Ablaufänderungen festsetzen können, etwa hinsichtlich Art und Weise der äußeren Gestaltung einschließlich der Verwendung von Hilfsmitteln und infrastrukturellen Einrichtungen, Ort und Zeit der Versammlung oder dem Vorgehen von Veranstaltern und Leitern.[560] Diese können im verfassungsgerichtlichen Eilrechtsschutz nach § 32 BVerfGG auch durch das Gericht selbst angeordnet werden.[561] Dabei sind die Anforderungen an die Verhältnismäßigkeit einer Auflage umso höher, je mehr diese wie ein teilweises Verbot erscheint.[562] Nach Beginn einer Versammlung stehen der Behörde als Ausdruck des Verhältnismäßigkeitsgrundsatzes sog. **Minusmaßnahmen** zur Verfügung, also Maßnahmen, die – regelmäßig unter Rückgriff auf die polizeilichen Standardmaßnahmen[563] – in ihren Wirkungen hinter Verbot oder Auflösung zurückbleiben.[564] **136**

---

[554] BVerfG NJW 2005, 3202 (3203); NVwZ-RR 2002, 500 (500); NJW 2000, 3051 (3053); vgl. BVerfGK 8, 195 (203); *Schneider* in BeckOK GG Rn. 50; anders VG Hamburg BeckRS 2017, 120674 Rn. 38 ff.

[555] BVerfGE 82, 236 (264); BVerfG NJW 2001, 2078 (2079); NVwZ-RR 2002, 500 (500); *Schulze-Fielitz* in Dreier Rn. 101; *Schneider* in BeckOK GG Rn. 49.

[556] BVerfGE 69, 315 (357); BVerfG NVwZ-RR 2010, 625 (626); NJW 2010, 141 Rn. 9, 13; *Schneider* in BeckOK GG Rn. 48 ff. Zur Berücksichtigung von Umständen im verfassungsgerichtlichen Verfahren, die erst nach der letzten fachgerichtlichen Entscheidung entstanden sind, BVerfG NJW 2007, 2167 Rn. 18.

[557] BVerfG NJW 2001, 2078 (2079); BVerfGK 8, 195 (199); *Schulze-Fielitz* in Dreier Rn. 101.

[558] BVerfGE 69, 315 (362); 87, 399 (409); 110, 77 (89); *Schulze-Fielitz* in Dreier Rn. 93; *Hoffmann-Riem* in HdbGR IV § 106 Rn. 130; *Jarass* in Jarass/Pieroth Rn. 23. Zur grundrechtlichen Gebotenheit einer konkret-individuellen Auflösungsverfügung vor Durchführung polizeilicher Maßnahmen, *Hong* NJW 2009, 1458.

[559] *Schulze-Fielitz* in Dreier Rn. 95; *Schneider* in BeckOK GG Rn. 46.

[560] Zu Einzelfällen vgl. umfangreich *Dürig-Friedl* in Dürig-Friedl/Enders VersammlungsG § 15 Rn. 93 ff.

[561] BVerfG NVwZ 2004, 90 (92); *Schneider* in BeckOK GG Rn. 51.3.

[562] *Schneider* in BeckOK GG Rn. 54 f.

[563] Zu einem Ausschluss von Platzverweis und Ingewahrsamnahme kommt BVerfG NVwZ 2005, 80 (81); *Hoffmann-Riem* in HdbGR IV § 106 Rn. 129; vgl. dazu *Schwabe* DÖV 2010, 720 (722 ff.); *Hettich* DÖV 2011, 954 (956); *Schwabe* DÖV 2011, 961 (962); kritisch zu dieser Konstruktion *Kötter/Nolte* DÖV 2009, 399 (404).

[564] *Schulze-Fielitz* in Dreier Rn. 86; allgemein dazu *Kniesel* in Dietel/Gintzel/Kniesel VersG Teil I Rn. 401 ff.

137 Ein milderes Mittel gegenüber der behördlichen Fremdorganisation stellt stets die **Selbstorganisation** einer Versammlung durch Veranstalter und Leiter als Ausdruck des Kooperationsprinzips dar.[565] Besondere Relevanz kommt deshalb dem Ordnungsrecht des Leiters zu, das Vorrang gegenüber behördlichen Maßnahmen hat.[566]

138 Eine Beschränkung der Versammlungsfreiheit ist **angemessen,** wenn das kollidierende Schutzgut höher wiegt als die Bedeutung einer selbstbestimmten Durchführung der Versammlung mit ihren liberal-menschenrechtlichen und demokratisch-politischen Wirkungen. In diesem Rahmen stellt sich häufig die Frage, ob auch das **sachliche Anliegen** und konkrete **(Fern-)Ziel einer Versammlung,** also zB das Einfordern eines strengeren Umweltschutzes oder einer strengeren Asylpolitik, individuell gewichtet und berücksichtigt werden muss. Nicht möglich ist es, eine vertretene Meinung und damit das Versammlungsanliegen inhaltlich zu bewerten und es damit bestimmten Anliegen generell zuzugestehen, eher das Zurücktreten konfligierender Interessen zu rechtfertigen als anderen Anliegen.[567] Nach der Rspr. des BVerfG kann aber die Nähe des Anliegens oder (Fern-)Ziels entweder zu einer die Öffentlichkeit wesentlich berührenden Frage oder privaten, eigennützigen Zwecken berücksichtigt werden.[568] Im Übrigen kann berücksichtigt werden, inwiefern Anliegen und Versammlungsgestaltung ein stringentes und aufeinander abgestimmtes Gesamtgefüge ergeben. In die Abwägung kann deshalb einbezogen werden, ob das konkrete Versammlungsanliegen gerade in einem spezifischen Zusammenhang mit Ort, Zeit und äußerer Gestaltung der Versammlung steht.[569] Bei (jährlich) wiederkehrenden Veranstaltungen können die Nachteile eines Verbots für den Veranstalter geringer sein, wobei sich dieser Aspekt relativiert und umgekehrt auswirken kann, wenn die Veranstaltung immer wieder untersagt wird.[570]

139 Das Erreichen eines **Beachtungserfolgs** anhand dieser Modalitäten muss möglich bleiben und darf durch die staatliche Maßnahme nicht vereitelt werden.[571] Je mehr dies zu befürchten ist, desto mehr nähert sich die Maßnahme einem Verbot an. Eine Ortsverlegung darf deshalb nicht dazu eingesetzt werden, einer Versammlung die Chance auf öffentliche Wahrnehmbarkeit zu nehmen, vielmehr muss auch eine räumliche Nähe zu dem symbolhaltigen Ort, der das Versammlungsanliegen charakterisiert, erhalten bleiben.[572]

140 Es ist nicht ausgeschlossen, auch in genereller Art und Weise **großflächigere Versammlungsverbote** oder -beschränkungen auszusprechen. Das muss aber nicht nur erforderlich sein,[573] sondern muss auch in einem angemessenen Verhältnis zur Bedeutung der Versammlungsfreiheit stehen. Dies

---

[565] *Gusy* in MKS Rn. 78; *Hoffmann-Riem* in HdbGR IV § 106 Rn. 102; *Jarass* in Jarass/Pieroth Rn. 26.

[566] *Hoffmann-Riem* in HdbGR IV § 106 Rn. 136.

[567] *Hoffmann-Riem* in AK Rn. 54; vgl. BVerfGE 73, 206 (257 f.); *Müller-Franken* in SHH Rn. 40.

[568] BVerfGE 73, 206 (258); *Jarass* in Jarass/Pieroth Rn. 23.

[569] *Hoffmann-Riem* in AK Rn. 54.

[570] BVerfG NJW 2005, 3204 (3204); BeckRS 2009, 37251 Rn. 7; *Schneider* in BeckOK GG Rn. 69.1.

[571] *Schulze-Fielitz* in Dreier Rn. 90.

[572] BVerfGE 69, 315 (365); BVerfG NJW 2007, 2167 Rn. 23; OVG Lüneburg NordÖR 2016, 383 (385 f.); VG Hamburg NordÖR 2000, 111 (112 f.); aA OVG Weimar DVBl. 1998, 849 (851).

[573] *Hoffmann-Riem* in HdbGR IV § 106 Rn. 132.

darf nicht dazu führen, dass das Verhältnis von grundrechtlicher Freiheit und Beschränkungsmöglichkeit umgekehrt wird (→ Rn. 125),[574] wobei die Grenze zwischen zulässiger konkreter Beschränkung und unzulässigem flächendeckendem Verbot schwer zu bestimmen sein kann.[575] Hier ist zu berücksichtigen, dass das Versammlungsrecht gerade keine Ermächtigung zum Erlass einer Gefahrenabwehrverordnungen enthält und deshalb eine abstrakte Gefahr und die damit einhergehende Unbestimmtheit nicht ausreicht. Die einfachgesetzlichen Rechtsgrundlagen stehen dem Erlass einer **Allgemeinverfügung** nicht per se entgegen,[576] doch ist deren Charakter als konkret wirkender Verwaltungsakt zu berücksichtigen. Im Rahmen des einschlägigen individuellen Rechtsschutzes muss stets die konkrete Versammlung zum Gegenstand gemacht werden (→ Rn. 133). Beim pauschalen Vorgehen mittels Allgemeinverfügung besteht die Gefahr, dass angesichts der Bedeutung der Versammlungsfreiheit und der Einzelfallumstände für die Vielzahl der einzelnen Anwendungsfälle keine sachgerechten und angemessenen Regelungen getroffen werden können und die Maßnahme dann insoweit nicht gerechtfertigt werden kann.[577]

Bei **konkurrierenden Ortsnutzungsansprüchen** verschiedener Ver- **141**
sammlungen kann das **Prioritätsprinzip** berücksichtigt werden, wobei hiervon etwa dann abgewichen werden kann, wenn das Anliegen einer geplanten Versammlung in einem besonders engen Sachzusammenhang mit dem fraglichen Ort oder Datum steht.[578] Das Ziel, eine andere Versammlung zu verhindern, rechtfertigt keine Abweichung vom Prioritätsprinzip. Bei sog. Scheinanmeldungen wird es regelmäßig im Vorfeld kaum möglich sein, deswegen ein Verbot zu begründen.[579]

Bei Versammlungen, die auf **öffentlichen Straßen** stattfinden, sind nicht **142**
beabsichtigte und zwangsläufige, sozialadäquate Beeinträchtigungen anderer Verkehrsteilnehmer grundsätzlich hinzunehmen.[580] Für diese Abwägung können etwa die Versammlungsgröße, das Ausmaß der Verkehrsbeeinträchtigung, der Zeitpunkt der Anmeldung und Ausweichmöglichkeiten für alle Beteiligten berücksichtigt werden.[581] Die bewusste Verstärkung der behindernden Auswirkungen einer Versammlung führt nicht zwangsläufig zu ihrer Unzulässigkeit, sondern ist unter Berücksichtigung eines möglichen Sachzusammenhangs mit dem Versammlungsanliegen als zusätzlicher Aspekt einzubeziehen.[582]

---

574 *Hoffmann-Riem* in HdbGR IV § 106 Rn. 115.

575 Vgl. *Kloepfer* in HdbStR VII § 164 Rn. 78.

576 OVG Lüneburg NordÖR 2008, 441 (443); VGH Mannheim BeckRS 2013, 58560; OVG Hamburg BeckRS 2017, 120673 Rn. 22; *Schneider* in BeckOK GG Rn. 45; zu § 15 Abs. 1 VersG als Ermächtigungsgrundlage für eine Allgemeinverfügung *Mehde* DÖV 2018, 1 (2 ff.); zur Abgrenzung von Allgemeinverfügung und Rechtsverordnung VG München BeckRS 2020, 6126 Rn. 20 ff.

577 Vgl. exemplarisch VG Darmstadt NVwZ 2016, 1344 (1345 f.).

578 BVerfG NVwZ 2005, 1055 (1056 f.); *Schneider* in BeckOK GG Rn. 55, dort auch zu weiteren Ausnahmen; *Ullrich* DVBl. 2012, 666 (667). Zu Kriterien für eine zulässige Abweichung vom Prioritätsprinzip *Park,* Das Erstanmelderprivileg im Versammlungsrecht, 2016, 147 ff.; *Wagner* DÖV 2017, 708 (712 ff.).

579 *Ullrich* DVBl. 2012, 666 (667).

580 BVerfGE 69, 315 (353); 73, 206 (249 f.); VGH München NJW 1984, 2116 (2117); *Kloepfer* in HdbStR VII § 164 Rn. 91; *Gusy* in MKS Rn. 77; *Schneider* in BeckOK GG Rn. 52.

581 *Depenheuer* in Maunz/Dürig Rn. 163; *Kloepfer* in HdbStR VII § 164 Rn. 92.

582 *Kloepfer* in HdbStR VII § 164 Rn. 92; ohne Abwägung für die Unzulässigkeit *Depenheuer* in Maunz/Dürig Rn. 163.

143 Regelmäßig wirft die Durchführung **rechtsextremer Versammlungen** Fragen auf.[583] Bei deren Beantwortung ist von zentraler Bedeutung, dass das Grundgesetz einerseits, gerade als Reaktion auf die Erfahrungen aus dem Nationalsozialismus, von einer wehrhaften Demokratie ausgeht, andererseits aber auch Gruppierungen solange den Schutz des Rechtsstaats und der Grundrechte gewährt, wie sie nicht in den verfassungsrechtlich vorgesehenen Verfahren verboten sind.[584] Gefährdungen der freiheitlich demokratischen Ordnung kann nur mit den Mitteln des Rechtsstaats begegnet werden.[585]

144 Verbote rechtsextremer Versammlungen sind auf dieser Grundlage insbesondere möglich, wenn die Gefahrenprognose die Begehung strafrechtlicher Äußerungsdelikte nahelegt.[586] Von erheblicher Bedeutung ist dabei der 2005 eingeführte **§ 130 Abs. 4 StGB,** der an die propagandistische Gutheißung des Nationalsozialismus anknüpft. Bei dieser Vorschrift handelt es sich nach dem Verständnis des BVerfG zwar um **Sonderrecht** iSd Art. 5 Abs. 1, 2, das **aber ausnahmsweise Geltung** beanspruchen kann, weil das Grundgesetz als Gegenentwurf zum Nationalsozialismus in solchen Fällen eine Ausnahme vom Erfordernis der Allgemeinheit meinungsbeschränkender Gesetze beinhaltet.[587] Diesen Hintergrund teilt das ebenfalls 2005 eingeführte Verbot nach § 15 Abs. 2 VersG, das es ermöglicht, Versammlungen an Orten, die an die Opfer der nationalsozialistischen Gewalt- und Willkürherrschaft erinnern, zu verhindern (→ Rn. 125), wenn ansonsten die Menschenwürde der Opfer beeinträchtigt werden würde.[588] Nach alledem können Versammlungen insbesondere untersagt werden, wenn sie den Nationalsozialismus, seine Organisationen, führenden Persönlichkeiten oder prägenden Wirkungsstätten verherrlichen, billigen oder rechtfertigen.[589] Dasselbe gilt im Falle der Verbreitung der Ausschwitz-Lüge.[590] Ein vorgreifendes Redeverbot unterliegt allerdings besonders strengen Anforderungen.[591]

145 Schwierigkeiten bereiten insbesondere solche Versammlungsgestaltungen, die etwa durch einen bestimmten Ort oder einen bestimmten Termin von unbefangenen Betrachtern als Gutheißung nationalsozialistischer Meinungen interpretiert werden können, deren sonstige Gestaltung aber für sich allein

---

[583] Allgemein zu rechtsextremen Versammlungen *Röger,* Demonstrationsfreiheit für Neonazis?, 2004; *Hellhammer-Hawig,* Neonazistische Versammlungen, 2005; *Rauscher,* Rechtliche Bewertung rechtsextremistischer Versammlungen, 2017; *Hoffmann-Riem* NJW 2004, 2777.

[584] *Schneider* in BeckOK GG Rn. 59.

[585] BVerfGE 111, 147 (158).

[586] *Wege* NVwZ 2005, 900 (902 ff.); *Scheidler* NVwZ 2013, 1449 (1451). *Seidel* DÖV 2002, 283 (289) will die Zulässigkeit eines Verbots aus der konkreten Gefahr der Begehung verbotener Handlungen nach Art. 26 GG herleiten.

[587] BVerfGE 124, 300 (321 ff.); anders noch BVerwGE 131, 216 (218 f.). Allgemein dazu *Hong* DVBl. 2010, 1267 (1267 ff.); *Degenhart* JZ 2010, 306 (308 ff.); *Lepsius* Jura 2010, 527 (527 ff.). Kritisch zu dieser Ausnahme *Hoffmann-Riem* in HdbGR IV § 106 Rn. 122; *Höfling/Augsberg* JZ 2010, 1088 (1095, 1097); *Volkmann* NJW 2010, 417 (418 f.); *Holzner* DVBl. 2010, 48 (48 ff.); *Schaefer* DÖV 2010, 379 (380, 386); *Enders/Lange* JZ 2006, 105 (108 ff.) die deshalb eine verfassungskonforme einschränkende Auslegung vorschlagen. Auf die Bedeutsamkeit dieser Ausnahme hinweisend *Poscher* NJW 2005, 1316 (1318 f.).

[588] Vgl. für die Zeit vor Erlass des § 15 Abs. 2 VersG BVerfG NVwZ 2002, 714 (714); *Poscher* NJW 2005, 1316 (1317). Vgl. auch BVerfG NVwZ 2005, 1055 (1056). Zur „Öffentlichkeit" solcher Versammlungen und damit zur Anwendbarkeit des VersG *Führing* NVwZ 2001, 157 (159 f.).

[589] BVerfG NVwZ 2002, 714 (714); NJW 2005, 3204 (3204); *Gusy* in MKS Rn. 80.

[590] BVerfGE 90, 241 (249 ff.); *Gusy* in MKS Rn. 80; dazu *Weber,* ZRP 2008, 21. Vgl. auch EGMR 24.6.2003 – 65831/01, NJW 2004, 3691 (3692 f.); BVerfGE 111, 147 (151).

[591] BVerfG NVwZ-RR 2002, 500 (501); NVwZ 2006, 815.

betrachtet typischerweise keine Beschränkungen rechtfertigen kann.[592] Ein Verbot von **Tarnveranstaltungen,** für die nach der Beschreibung in der Anmeldung ein behördliches Eingreifen nicht angezeigt wäre, die dann aber während der Durchführung ein anderes Gepräge erhalten, ist im Vorfeld nur möglich, wenn konkrete Tatsachen die Tarnabsicht belegen und begründbar ist, warum die angemeldete Gestaltung lediglich vorgeschoben ist.[593] Ansonsten kommt gerade bei rechtsextremen Versammlungen ein Verbot wegen Verstoßes gegen die **öffentliche Ordnung** in Betracht.[594] Allerdings lässt sich dieser Verstoß nicht auf Meinungsäußerungen stützen, weil insofern die strafrechtlichen Vorschriften abschließend sind.[595] Dem ging eine intensive Auseinandersetzung zwischen dem BVerfG und dem OVG Münster voraus, das die öffentliche Ordnung auch als betroffen angesehen hat, wenn eine Versammlung unter Umständen stattfindet, die ein Bekenntnis zum Nationalsozialismus beinhalten.[596]

Da das Merkmal der öffentlichen Ordnung einer erheblichen **Unbestimmtheit** ausgesetzt ist und zugleich die besondere Bedeutung der Versammlungsfreiheit berücksichtigt werden muss, ist für seine Bejahung ein strenger Maßstab anzulegen. Ein Verstoß gegen die öffentliche Ordnung kann deshalb grundsätzlich nur Auflagen rechtfertigen, nicht aber Verbote (→ Rn. 136). Und da Meinungsinhalte für eine Beeinträchtigung der öffentlichen Ordnung ausscheiden, kommt es entscheidend auf die Art und Weise der Versammlungsgestaltung an.[597] Regelmäßig wird es zur Begründung von Auflagen notwendig sein, dass von der Versammlung eine provokative oder einschüchternde Wirkung ausgeht, die vom Versammlungsinhalt gelöst ist (und in dieser Hinsicht lassen sich die Maßstäbe auch auf linksextreme Versammlungen übertragen).[598] Es kann gegen die öffentliche Ordnung verstoßen, wenn die Art und Weise der Durchführung einer Versammlung ein aggressives und provokatives Klima der Gewaltdemonstration erzeugt und damit die Unbefangenheit geistiger Auseinandersetzungen und die Freiheit des kommunikativen Prozesses in Frage stellt.[599] Dieselbe Wirkung kann auch eine Versammlung erzeugen, die sich in der Gesamtschau mit den Riten und 146

---

[592] Die verfassungsrechtliche Zulässigkeit des Schutzes bestimmter Orte am Beispiel des brandenburgischen Gräberstätten-Versammlungsgesetzes erörtern *Scheffczyk/Wolff* LKV 2007, 481 (485 ff.); diejenige bestimmter Termine *Pauly/Bushart* DÖV 2017, 64.

[593] BVerfG NJW 2000, 3053 (3055); *Schneider* in BeckOK GG Rn. 62 f.

[594] Skeptisch *Musil* LKV 2002, 115 (118), der mit dem bloß quantitativen, aber nicht qualitativen Unterschied zwischen Verbot und Auflage argumentiert.

[595] BVerfGE 111, 147 (155 f.); BVerfG NVwZ 2008, 671 (673).

[596] OVG Münster DÖV 2001, 649 (649 f.); NJW 2001, 2986 (2986 f.); NJW 2001, 2114 (2114 f.); NJW 2001, 2113 (2113); NJW 2001, 2111 (2111 f.); dagegen etwa BVerfG NJW 2001, 2076 (2077). Insgesamt zu dieser Kontroverse *Benda* NJW 2001, 2947 (2948) „schrille Töne"; *Laubinger/Repkewitz* VerwArch 93 (2002), 149 (152, 160) „starker Tobak", „Aufsehen erregenden Kontroverse"; *Battis/Grigoleit* NJW 2001, 2051 (2053) „in der bundesdeutschen Rechtsgeschichte beispielloser Konflikt"; vgl. auch allgemein dazu *Hoffmann-Riem* NJW 2004, 2777 (2777); *Bertrams* FS f. Arndt, 2002, 19 ff.; *Dörr* VerwArch 93 (2002), 485 (488 f.); umfangreiche Nachweise bei *Hoffmann-Riem* in HdbGR IV § 106 Rn. 124 Fn. 469.

[597] BVerfGE 111, 147 (156 f.).

[598] BVerfG NJW 2001, 2072 (2074); *Schulze-Fielitz* in Dreier Rn. 99; *Müller-Franken* in SHH Rn. 52; *Jarass* in Jarass/Pieroth Rn. 24; *Beljin* DVBl. 2002, 15 (19 f.).

[599] BVerfG NJW 2001, 2069 (2071); NJW 2001, 2072 (2074); NVwZ 2004, 90 (91); *Kloepfer* in HdbStR VII § 164 Rn. 85; *Hoffmann-Riem* in HdbGR IV § 106 Rn. 126; *Schulze-Fielitz* in Dreier Rn. 98; *Heidebach/Unger* DVBl. 2009, 283 (291) zu Art. 15 Abs. 2 Nr. 2 des BayVersG.

Symbolen des Nationalsozialismus identifiziert und den von ihm ausgehenden Schrecken wiederbelebt.[600]

147 Die bloße Inanspruchnahme bestimmter **symbolhaltiger Orte oder Termine** reicht für sich gesehen grundsätzlich nicht, um eine Gefährdung der öffentlichen Ordnung anzunehmen. Auflagen, die auf eine zeitliche Verlegung einer Versammlung abzielen, sind aber dann möglich, wenn der Veranstaltungstermin auf einen Gedenktag oder einen gesetzlichen Feiertag fällt und eine provokative Durchführung das sittliche Empfinden verständiger Dritter erheblich beeinträchtigt.[601] Dabei reicht aber lediglich eine zeitliche Nähe zu einem bestimmten Gedenk- oder Feiertag gerade nicht aus.[602]

C. Verhältnis zu anderen Bestimungen des Grundgesetzes

148 Da Art. 8 maßgeblich an der Kollektivität als Form der Grundrechtsausübung anknüpft, können Überschneidungen zu einer Vielzahl anderer Grundrechte bestehen, die ihrerseits an sachlichen Lebensbereichen anknüpfen. Insbesondere betrifft dies die **Meinungsfreiheit.** Im Ausgangspunkt schützt Art. 5 gegenüber Maßnahmen, die an geäußerte Meinungen und Versammlungsinhalte anknüpfen, während Art. 8 die versammlungsspezifische Zusammenkunft und ihre Modalitäten schützt.[603] Auf dieser Grundlage ist lediglich Art. 8 betroffen, wenn sich eine Maßnahme ausschließlich gegen die Modalitäten einer Versammlung, wie Zeit und Ort, richtet; hingegen ist die Meinungsfreiheit als *lex specialis* einschlägig, wenn die staatliche Maßnahme an einem Meinungsinhalt anknüpft.[604] Möglich ist jedoch auch,[605] dass Maßnahmen gegen Versammlungen beide Grundrechte im Wege der Idealkonkurrenz betreffen, weil sich beide Gewährleistungsgehalte gegenseitig beeinflussen,[606] zB im Fall von Verboten oder insbesondere meinungsbezogenen Maßnahmen, die auch die Gestaltung der Versammlung betreffen. In dem Fall muss der Eingriff sowohl die Voraussetzungen des Art. 8 Abs. 2 wie auch Art. 5 Abs. 2 einhalten (→ Rn. 119).[607] Das Verhältnis zur **Religionsfreiheit** ist von denselben Strukturen geprägt.[608]

149 Die **Kunstfreiheit** aus Art. 5 Abs. 3 S. 1 geht als *lex specialis* der Versammlungsfreiheit vor, wenn im konkreten Fall die Versammlung selbst Kunst

---

[600] BVerfG NVwZ 2004, 90 (91).

[601] Vgl. BVerfG NVwZ 2006, 585 Rn. 12; NJW 2001, 1409 (1410); *Schulze-Fielitz* in Dreier Rn. 99; *Hoffmann-Riem* in HdbGR IV § 106 Rn. 116; *Schneider* in BeckOK GG Rn. 64 f. Zu einer möglichen Verschärfung der Anforderungen an eine solche Provokation in der neueren Rspr. *Hong* DVBl. 2010, 1267 (1276); *Sarnighausen* ZRP 2014, 79 (80 f.).

[602] BVerfG NVwZ 2006, 585 Rn. 18.

[603] BVerfGE 90, 241 (246, 250 f.); *Schulze-Fielitz* in Dreier Rn. 128; *Gusy* in MKS Rn. 87.

[604] BVerfGE 104, 92 (103); 111, 147 (154 f.); *Schulze-Fielitz* in Dreier Rn. 128; *Gusy* in MKS Rn. 87; *Geis* in BerlKomm Rn. 137; *Höfling* in Sachs Rn. 84; *Jarass* in Jarass/Pieroth Rn. 2; *Depenheuer* in Maunz/Dürig Rn. 182.

[605] *Schulze-Fielitz* in Dreier Rn. 128 „regelmäßig"; anders *Gusy* in MKS Rn. 87 „ausnahmsweise".

[606] Vgl. BVerfGE 82, 236 (258); 90, 241 (246); 111, 147 (154 f.); *Hoffmann-Riem* in HdbGR IV § 106 Rn. 86; *Geis* in BerlKomm Rn. 137; *Höfling* in Sachs Rn. 84; *Hong* in Peters/Janz HdbVersR Rn. B 124 ff.; *Hong* in Rensen/Brink Linien der Rechtsprechung des Bundesverfassungsgerichts, 2009, 155 (188 ff.); kritisch zum Ansatz des Bundesverfassungsgerichts *Stern* in Stern StaatsR III/2, 1994, 1384 f.; *Hartmann* in BK Rn. 260 ff.

[607] *Gusy* in MKS Rn. 87; *Geis* in BerlKomm Rn. 137; ausführlich dazu *Hong* in Rensen/Brink Linien der Rechtsprechung des Bundesverfassungsgerichts, 2009, 155 (188 ff.).

[608] Vgl. *Gusy* in MKS Rn. 88; *Depenheuer* in Maunz/Dürig Rn. 184.

darstellt und dem Werk- oder Wirkbereich zuzuordnen ist; ansonsten kommt es zu einer Idealkonkurrenz, wenn etwa eine künstlerische Betätigung lediglich auf einer Versammlung ausgeübt wird.[609] Die **Vereinigungsfreiheit** aus Art. 9 Abs. 1, 3 und die Versammlungsfreiheit stehen regelmäßig nicht in einem Konkurrenzverhältnis, weil Art. 9 nur Zusammenschlüsse schützt, die auf eine gewisse Dauer angelegt sind, während Art. 8 den „Augenblicksverband"[610] schützt (→ Rn. 34).[611] Die **allgemeine Handlungsfreiheit** des Art. 2 Abs. 1 tritt hinter die Versammlungsfreiheit zurück (zum Rückgriff bei unfriedlichen oder bewaffneten Versammlungen → Rn. 54; zum Schutz ausländischer Teilnehmer bzw. Veranstalter → Rn. 22). Der **körperlichen Bewegungsfreiheit** aus Art. 2 Abs. 2 geht die Versammlungsfreiheit vor.[612] Zu sonstigen Grundrechten besteht in aller Regel Idealkonkurrenz, etwa im Verhältnis zur Wohnungsfreiheit oder Eigentumsfreiheit.[613]

D. Kritische Würdigung

Angesichts der Einbindung in überstaatliche Regelwerke, erscheint die personale Beschränkung des Grundrechts auf Deutsche nicht mehr zeitgemäß (→ Rn. 21 ff.). Problematische Entwicklungen für die sachliche Durchführung von Versammlungen ergeben sich zwar im Besonderen auf der Ebene des einfachen Rechts, doch werden diese mitunter gerade durch eine Divergenz zwischen den normativen Strukturen des Grundrechts und den tatsächlichen Gegebenheiten der Grundrechtsausübung hervorgerufen. Dies drückt sich etwa in erheblich erschwerten Bedingungen aus, das Geschehen vor und während einer Versammlung zu rekonstruieren, vor allem bei politisch stark aufgeladenen Großveranstaltungen. So kann es im Vorfeld widersprüchliche Aussagen zwischen Behörden und Veranstaltern zur Kooperationsbereitschaft geben oder der Hergang einer Versammlung durch wechselseitige Vorwürfe einer Eskalation geprägt sein. Mit der Vorstellung eines versammlungsfreundlich geprägten Kooperationsverhältnisses, das etwa die einfachrechtliche Verpflichtung zur Anmeldung einer Versammlung rechtfertigt (→ Rn. 88), lassen sich solche Befunde nur noch schwer vereinbaren. Es bedarf einer – insbesondere auch tatsächlichen – **Revitalisierung des Grundsatzes der Versammlungsfreundlichkeit.** Dies auch deshalb, weil für die Bewertung des tatsächlichen Geschehens zu berücksichtigen ist, dass im Zweifel dem Träger staatlicher Gewalt die Darlegungslast zukommt, was auch für die Frage gilt, ob sich eine einfachrechtliche Anmeldepflicht noch rechtfertigen lässt, wenn die Idee einer Kooperation praktisch ins Leere läuft. Zur Aufrechthaltung der versammlungsfreundlichen Prägung des Grundrechts in der Praxis sollte für Versammlungen, die das Potenzial zu einer kontroversen Entwicklung haben, 150

[609] BVerfGE 67, 213 (224 ff.); *Schulze-Fielitz* in Dreier Rn. 130; *Gusy* in MKS 87; *Geis* in BerlKomm Rn. 138.

[610] *Dietlein* NVwZ 1992, 1066 (1066); *Schulze-Fielitz* in Dreier Rn. 131.

[611] *Gusy* in MKS Rn. 89. Anders kann dies sein, wenn eine durch Art. 9 GG geschützte Vereinigung als Veranstalterin einer Versammlung auftritt, vgl. *Hartmann* in BK Rn. 264; *Hoffmann-Riem* in AK Rn. 68.

[612] *Höfling* in Sachs Rn. 83; *Kloepfer* in HdbStR VII § 164 Rn. 118; *Kniesel* in Dietel/Gintzel/Kniesel VersG Teil I Rn. 333; *Hoffmann-Riem* in AK Rn. 68.

[613] *Kniesel* in Dietel/Gintzel/Kniesel VersG Teil I Rn. 328; 347; *Hoffmann-Riem* in AK Rn. 68.

eine Begleitung durch neutrale **Versammlungsbeobachter** vorgesehen werden.[614]

151 Solche Versammlungsbeobachter könnten auch nähere Auskünfte zu behördlichen Maßnahmen geben, die als faktische Eingriffe anzusehen sind, wie einschüchternde Handlungen und Äußerungen oder Formen von Datenerhebungen. Diesen Maßnahmen kommt neben dem klassischen Instrumentarium wie Verbot und Auflösung im Rahmen einer umfassenden und vielfältigen behördlichen Reaktion auf Versammlungen zunehmend besondere Bedeutung zu. Eine besondere Berechtigung zum **zivilen Ungehorsam** oder Widerstand, in Anlehnung an Art. 20 Abs. 4, enthält die Versammlungsfreiheit nicht. Von manchen wurde in der Vergangenheit in Erwägung gezogen, eine solche Privilegierung des Geschehens im Zusammenhang mit Versammlungen anzunehmen,[615] doch gibt es dafür einerseits keine rechtliche Grundlage und andererseits auch kein Bedürfnis.[616] Eine Auslegung des einfachen Rechts im Lichte der Verfassung ermöglicht bei begründetem Bedarf die notwendigen Spielräume, ohne dabei hinreichend konkrete Rahmenvorgaben aus dem Blick zu verlieren.

Literatur

N. Arndt/M. Droege, Versammlungsfreiheit versus Sonn- und Feiertagsschutz?, NVwZ 2003, 906. – ***U. Battis/K.J. Grigoleit,*** Rechtsextremistische Demonstrationen und öffentliche Ordnung – Roma locuta?, NJW 2004, 3459. – ***Ch. Baudewin,*** Der Schutz der öffentlichen Ordnung im Versammlungsrecht, 2007. – ***B. Beckermann,*** Amtshilfeleistung und polizeilicher Notstand im Versammlungsrecht, DVBl. 2019, 407. – ***A. Bertuleit,*** Sitzdemonstrationen zwischen prozedural geschützter Versammlungsfreiheit und verwaltungsakzessorischer Nötigung, 1994. – ***H. Bethge,*** Die Demonstrationsfreiheit – ein missverstandenes Grundrecht, ZBR 1988, 205. – ***Th. Blanke/D. Sterzel,*** Demonstrationsfreiheit – Geschichte und demokratische Funktion, KJ 1981, 347. – ***W. Bolewski,*** Staatsbesuche und Demonstrationsrecht, DVBl. 2007, 789. – ***M. Breitbach,*** Die Bannmeile als Ort von Versammlungen, 1994. – ***Ch. Brüning,*** Das Grundrecht der Versammlungsfreiheit in der „streitbaren Demokratie", Der Staat 41 (2002), 213. – ***P. Bühring,*** Demonstrationsfreiheit für Rechtsextremisten?, 2004. – ***M. Burgi,*** Art. 8 GG und die Gewährleistung des Versammlungsorts, DÖV 1993, 633. – ***W. Buschmann,*** Kooperationspflichten im Versammlungsrecht, 1990. – ***J. Deger,*** Polizeirechtliche Maßnahmen bei Versammlungen, NVwZ 1999, 265. – ***A. Deutelmoser,*** Angst vor den Folgen eines weiten Versammlungsbegriffs?, NVwZ 1999, 240. – ***A. Dietel/K. Gintzel/M. Kniesel,*** Versammlungsgesetz, Kommentar, 18. Aufl. 2019. – ***C. Dürig-Friedl/Ch. Enders,*** Versammlungsrecht, Kommentar, 2016. – ***C. Ebeling,*** Die organisierte Versammlung, 2017. – ***Ch. Enders/W. Hoffman-Riem/M. Kniesel/R. Poscher/H. Schulze-Fielitz,*** Musterentwurf eines Versammlungsgesetze, 2011. – ***Ch. Förster,*** Die Friedlichkeit als Voraussetzung der Demonstrationsfreiheit, 1985. – ***G. Frank,*** Das Gewaltmonopol des Staates und das Versammlungsrecht, FS f. Ridder, 1989, 31. – ***J. A. Frowein,*** Versammlungsfreiheit und Versammlungsrecht, NJW 1969, 1081. – ***R. W. Füßlein,*** Probleme des Versammlungsgesetzes, DVBl. 1954, 553. – ***M.-E. Geis,*** Die „Eilversammlung" als Bewährungsprobe verfassungskonformer Auslegung, NVwZ 1992, 1025. – ***M.-E. Geis,*** Polizeiliche Handlungsspielräume im Vorbereich und Verlauf von außergewöhnlichen Demonstrationslagen, Die Polizei 1993, 293. – ***R. Geulen,*** Versammlungsfreiheit und Großdemonstrationen, KJ 1983, 189. – ***V. Götz,*** Versammlungsfreiheit und Versammlungsrecht im Brokdorf-Beschluss des Bundesverfassungsgerichts, DVBl. 1985, 1347. – ***A. Gornik,*** Die Bindung der Betrei-

[614] Ausführlich *Ernst* RuP 2017, 356.
[615] *Hannover* KJ 1968, 51 (59); *Prittwitz* JA 1987, 17 (22 ff.); *Frank* FS f. Ridder, 1989, 37 (48 ff.).
[616] Vgl. *Hoffmann-Riem* in AK, 2. Aufl. 1989, Rn. 19; vgl. auch BGHZ 137, 89 (99 f.).

ber öffentlicher Räume an die Kommunikationsgrundrechte, 2017 – ***H. Greve/ F. Quast,*** Gebührenerhebung versus Versammlungsfreiheit, NVwZ 2009, 500. – ***J. Grooterhorst/H. Schmidt,*** Blockadeaktionen von mittelständischen Betrieben im Spannungsfeld von Demonstrations- und Gewerbefreiheit, DÖV 1996, 355. – ***Ch. Gusy,*** Lehrbuch der Versammlungsfreiheit: BVerfGE 69, 315, JuS 1986, 608. – ***Ch. Gusy,*** Aktuelle Fragen des Versammlungsrechts, JuS 1993, 555. – ***W. Hoffmann (-Riem),*** Inhalt und Grenzen der Demonstrationsfreiheit nach dem Grundgesetz, JuS 1967, 393. – ***W. Hoffmann-Riem,*** Demonstrationsfreiheit durch Kooperation?, FS f. H. Simon, 1987, 379. – ***W. Hoffmann-Riem,*** Demonstrationsfreiheit auch für Rechtsextremisten?, NJW 2004, 2777. – ***W. Höfling/S. Augsberg,*** Versammlungsfreiheit, Versammlungsrechtsprechung und Versammlungsgesetzgebung, ZG 2006, 151. – ***J. Hofmann,*** Demonstrationsfreiheit und Grundgesetz, BayVBl. 1987, 97, 129. – ***H.-J. Höllein,*** Das Verbot rechtsextremistischer Veranstaltungen, NVwZ 1994, 635. – ***M. Hong,*** Die Versammlungsfreiheit in der Rechtsprechung des Bundesverfassungsgerichts, in Rensen/Brink, Linien der Rechtsprechung des Bundesverfassungsgerichts, 2009, 155. – ***M. Hong,*** Das Sonderrechtsverbot als Verbot der Standpunktdiskriminierung – der Wunsiedel-Beschluss und aktuelle versammlungsgesetzliche Regelungen und Vorhaben, DVBl. 2010, 1267. – ***F. Hufen,*** Keine Freiheit den Feinden der Freiheit?, FS f. Falter, 2009, 100. – ***K. Jenssen,*** Die versammlungsrechtliche Auflage, 2009. – ***W. Kargl/S. Kirsch,*** Bannmeilengesetz und Bannkreisverletzung, NJ 1997, 561. – ***J. Kersten/F. Meinel,*** Grundrechte in privatisierten öffentlichen Räumen, JZ 2007, 1127. – ***B. Koll,*** Liberales Versammlungsrecht, 2015. – ***D. Kraft/J. Meister,*** Die Strafbarkeit von Internetdemonstrationen, K&R 2005, 458. – ***S. Kraujuttis,*** Versammlungsfreiheit zwischen liberaler Tradition und Funktionalisierung, 2005. – ***J. Kretschmer,*** Ein Blick in das Versammlungsstrafrecht, NStZ 2015, 504. – ***K. Küchenhoff,*** Die geistesgeschichtliche Entwicklung der Vereins- und Versammlungsfreiheit, in Wurzbacher/Küchenhoff/von Schrötter, Vereinigungs- und Versammlungsfreiheit, 1996, 24. – ***K.-H. Ladeur,*** Protest als Kollektive, Der Staat 54 (2015), 97. – ***S. Lamnek,*** Ideologie versus Erfahrung? Demonstrationen in der Sicht von Bürgern und Polizei, in Kaiser/Kurz/Albrecht (Hrsg.), Kriminologische Forschung in den 80er Jahren, 1988, 201. – ***J. Lehmann,*** Der Schutz symbolträchtiger Orte vor extremistischen Versammlungen, 2012. – ***W. Leist,*** Kooperation bei (rechtsextremistischen) Versammlungen, BayVBl. 2004, 489. – ***M. Limmer,*** Rechtliche Grenzen Einschüchterung im Versammlungsrecht, 2010. – ***M. Martini,*** Neue Freunde und Helfer? Drohnen als Mittel der Beobachtung von Großveranstaltungen und Versammlungen, DÖV 2019, 732. – ***J.-H. Meyn,*** Die sog. Vermummung und passive Bewaffnung, 1988. – ***A. v. Mutius,*** Die Versammlungsfreiheit des Art. 8 Abs. 1 GG, Jura 1988, 30, 79. – ***S. Ott/H. Wächtler/H. Heinhold,*** Gesetz über Versammlungen und Aufzüge (Kommentar), 7. Aufl. 2010. – ***W. Park,*** Das Erstanmelderprivileg im Versammlungsrecht, 2017. – ***M. Patz/L.-H. Rode,*** Zur Auslegung des Versammlungsbegriffs bei Veranstaltungen auf Friedhöfen und Gedenkstätten, LKV 2010, 114. – ***W. Peters/N. Janz,*** Handbuch Versammlungsrecht, 2015. – ***C. Petersen,*** Wie viel Kommerz verträgt der „enge" Versammlungsbegriff?, DÖV 2019, 131 – ***U. K. Preuß,*** Nötigung durch Demonstration? Zur Dogmatik des Art. 8 GG, FS f. R. Schmid, 1985, 419. – ***M. Quilisch,*** Die demokratische Versammlung, 1970. – ***D. Richter,*** „Befriedete Bezirke" und andere demonstrationsfreie Zonen, FS f. H. Steinberger, 2002, 899. – ***H. Ridder/ H. Breitbach/U. Rühl/F. Steinmeier,*** Versammlungsrecht, 1992. – ***A. Rinken,*** Die Demonstrationsfreiheit – ein riskantes Grundrecht, StV 1994, 95. – ***G. Roellecke,*** Der kommunikative Gegendemonstrant, NJW 1995, 3101. – ***H. Rossen-Stadtfeld,*** Öffentliche Ordnung, Bürgerliches Vertrauen und die neo-nationalistische Versammlung, BayVBl. 2009, 41. – ***U. F. H. Rühl,*** Versammlungsrechtliche Maßnahmen gegen rechtsradikale Demonstrationen und Aufzüge, NJW 1995, 561. – ***J. Schaefer,*** Grundlegung einer ordoliberalen Verfassungstheorie. Die Grundbegriffe des Grundgesetzes in ordoliberaler Interpretation, entwickelt am Beispiel des Verbotes rechtsextremistischer Versammlungen wegen Gefährdung der öffentlichen Ordnung, 2007. – ***J. Schaefer,*** Wie viel Freiheit für die Gegner der Freiheit? Zum Wunsiedel-Beschluss des Bundesverfassungsgerichts, DÖV 2010, 379. – ***M. Scharlau,*** Schutz von Versammlungen auf privatem Grund, 2018. – ***F. Scheffczyk/H. A. Wolff,*** Die verfassungsrechtliche Bewertung des Gesetzes über Versammlungen an und auf Grabstätten, LKV 2007, 481. – ***H. Schneider,*** Anmerkung zum Brokdorf-Beschluss des BVerfG, DÖV 1985, 783. – ***J. Schwabe,*** Desaster im Versammlungsrecht: Zwei irreführende Kammerentscheidungen des Bundesverfassungsgerichts, DÖV 2010, 720. – ***G. Schwerdtfeger,*** „Leichtigkeit des Verkehrs" als Grenze der Demonstrationsfreiheit, GS f. W. Martens, 1987, 445. – ***M. Spranger,*** Uniformverbot und Versammlungsfreiheit, DöD 1999, 58. – ***K. Waechter,*** Die Vorgaben des Bundesverfassungsgerichts für das behördliche Vorgehen gegen politisch extreme Versammlungen: Maßgaben für neue Versammlungsgesetze der Länder, VerwArch 99 (2008), 73. – ***J. Wege,*** Präventive Versammlungsverbote auf dem verfassungsrechtlichen Prüfstand, NVwZ 2005, 900. – ***D. Wiefelspütz,*** Ist die Love-Parade eine Versammlung?, NJW 2002, 274.

Art. 9 [Vereinigungsfreiheit, Koalitionsfreiheit]

(1) Alle Deutschen haben das Recht, Vereine und Gesellschaften zu bilden.

(2) Vereinigungen, deren Zwecke oder deren Tätigkeit den Strafgesetzen zuwiderlaufen oder die sich gegen die verfassungsmäßige Ordnung oder gegen den Gedanken der Völkerverständigung richten, sind verboten.

(3) 1Das Recht, zur Wahrung und Förderung der Arbeits- und Wirtschaftsbedingungen Vereinigungen zu bilden, ist für jedermann und für alle Berufe gewährleistet. 2Abreden, die dieses Recht einschränken oder zu behindern suchen, sind nichtig, hierauf gerichtete Maßnahmen sind rechtswidrig. 3Maßnahmen nach den Artikeln 12a, 35 Abs. 2 und 3, Artikel 87a Abs. 4 und Artikel 91 dürfen sich nicht gegen Arbeitskämpfe richten, die zur Wahrung und Förderung der Arbeits- und Wirtschaftsbedingungen von Vereinigungen im Sinne des Satzes 1 geführt werden.

Paulskirchenverfassung von 1849

Abschnitt VI. Art. VIII

§ 162

Die Deutschen haben das Recht, Vereine zu bilden. Dieses Recht soll durch keine vorbeugende Maaßregel beschränkt werden.

Weimarer Reichsverfassung von 1919

Artikel 124 (1) Alle Deutschen haben das Recht, zu Zwecken, die den Strafgesetzen nicht zuwiderlaufen, Vereine oder Gesellschaften zu bilden. Dieses Recht kann nicht durch Vorbeugungsmaßregeln beschränkt werden. Für religiöse Vereine und Gesellschaften gelten dieselben Bestimmungen.

(2) Der Erwerb der Rechtsfähigkeit steht jedem Verein gemäß den Vorschriften des bürgerlichen Rechts frei. Er darf einem Vereine nicht aus dem Grunde versagt werden, daß er einen politischen, sozialpolitischen oder religiösen Zweck verfolgt.

Art. 130 (1) […]

(2) Allen Beamten wird die Freiheit ihrer politischen Gesinnung und die Vereinigungsfreiheit gewährleistet.

(3) Die Beamten erhalten nach näherer reichsgesetzlicher Bestimmung besondere Beamtenvertretungen.

Art. 159 Die Vereinigungsfreiheit zur Wahrung und Förderung der Arbeits- und Wirtschaftsbedingungen ist für jedermann und für alle Berufe gewährleistet. Alle Abreden und Maßnahmen, welche diese Freiheit einzuschränken oder zu behindern suchen, sind rechtswidrig.

Art. 165 (1) (1) Die Arbeiter und Angestellten sind dazu berufen, gleichberechtigt in Gemeinschaft mit den Unternehmern an der Regelung der Lohn- und Arbeitsbedingungen sowie an der gesamten wirtschaftlichen Entwicklung der produktiven Kräfte mitzuwirken. Die beiderseitigen Organisationen und ihre Vereinbarungen werden anerkannt.

(2)- (6) […]

EMRK

Art. 11 (1) Jede Person hat das Recht, sich frei und friedlich mit anderen zu versammeln und sich frei mit anderen zusammenzuschließen; dazu gehört auch das Recht, zum Schutz seiner Interessen Gewerkschaften zu gründen und Gewerkschaften beizutreten.

(2) 1Die Ausübung dieser Rechte darf nur Einschränkungen unterworfen werden, die gesetzlich vorgesehen und in einer demokratischen Gesellschaft notwendig sind für

die nationale oder öffentliche Sicherheit, zur Aufrechterhaltung der Ordnung oder zur Verhütung von Straftaten, zum Schutz der Gesundheit oder der Moral oder zum Schutz der Rechte und Freiheiten anderer. [2]Dieser Artikel steht rechtmäßigen Einschränkungen der Ausübung dieser Rechte für Angehörige der Streitkräfte, der Polizei oder der Staatsverwaltung nicht entgegen.

Europäische Grundrechtecharta

Art. 12 (1) Jede Person hat das Recht, sich insbesondere im politischen, gewerkschaftlichen und zivilgesellschaftlichen Bereich auf allen Ebenen frei und friedlich mit anderen zu versammeln und frei mit anderen zusammenzuschließen, was das Recht jeder Person umfasst, zum Schutz ihrer Interessen Gewerkschaften zu gründen und Gewerkschaften beizutreten.

(2) […]

Art. 28 Die Arbeitnehmerinnen und Arbeitnehmer sowie die Arbeitgeberinnen und Arbeitgeber oder ihre jeweiligen Organisationen haben nach dem Unionsrecht und den einzelstaatlichen Rechtsvorschriften und Gepflogenheiten das Recht, Tarifverträge auf den geeigneten Ebenen auszuhandeln und zu schließen sowie bei Interessenkonflikten kollektive Maßnahmen zur Verteidigung ihrer Interessen, einschließlich Streiks, zu ergreifen.

Übersicht

A. Allgemeine Bedeutung

I. Genese

Der begriffsgeschichtlich aus dem Verb „vereinen" hervorgegangene „Verein" meint seit dem 14. Jahrhundert Verbundensein,[1] Übereinkommen, die Vereinigung mehrerer Gegenstände oder Personen.[2] Nach breiter Verwendung in den folgenden Jahrhunderten verfestigt sich der „Verein" im späten 18. Jahrhundert als spezifische (staats-)rechtliche Kooperationsform.[3] Hiervon ausgehend entwickeln sich Konzepte der „Staatenvereine"[4] oder des „Staatsvereins"[5] weiter. Zugleich findet sich „Verein" im Sprachgebrauch der naturrechtlichen Staats- und Gesellschaftstheorie wieder.[6] Als Begriffsmerkmale wird dem Vereinsbegriff der **freiwillige Zusammenschluss zur Verwirklichung eines gemeinsamen Zweckes** entnommen. Hierin liegt eine Adaption des reichsrechtlichen Begriffsverständnisses unter neuen Vorzeichen.[7] Es spiegelt sich der Übergang von der ständisch geprägten mittelalterlichen bzw. frühneuzeitlichen Ordnung zu einer freiheitlicheren bürgerlichen Gesellschaft, in deren Mittelpunkt gleichberechtigte autonome Individuen stehen.[8] Indem das Moment der **Freiwilligkeit** in den Mittelpunkt gestellt wird, hebt sich ein so verstandener Vereinsbegriff insbesondere von den mittelalterlichen und neuzeitlichen „Korporationen" ab, welche verbindliche Vergesellschaftungsformen darstellten.[9] Zugleich nähert sich der Begriff des Vereins dem zeitgleich ent- 1

[1] In diesem Sinne übernimmt es auch den Begriffsinhalt des „Bündnisses"; hierzu *Hardtwig,* Geschichtliche Grundbegriffe VI, Stichwort: *Verein,* 789 (Fn 1).

[2] *Hardtwig,* Geschichtliche Grundbegriffe VI, Stichwort: *Verein,* 789.

[3] Hierzu genauer *Hardtwig,* Geschichtliche Grundbegriffe VI, Stichwort: *Verein,* 789 (790). Exemplarisch zu nennen sind der „Verein von Churfürsten" bei *v. Müller,* Darstellung des Fürstenbundes, 1787, 320 ff. sowie der Reichsfürsten-Verein bei *Scheidemantel,* Repertorium, Band 2, 1782, 146.

[4] Bspw. *Kant,* Werke (Akademieausgabe), AA VI, Die Religion innerhalb der Grenzen der bloßen Vernunft, 34.

[5] Parallel hierzu entwickelt sich der Begriff der „Staats*gesellschaft*". Zur Parallelität von „Verein" und „Gesellschaft" unten noch Genaueres.

[6] Zur Historie *Hardtwig,* Geschichtliche Grundbegriffe VI, Stichwort: *Verein,* 789 (790).

[7] *Hardtwig,* Geschichtliche Grundbegriffe VI, Stichwort: *Verein,* 789 (790).

[8] *Hardtwig,* Geschichtliche Grundbegriffe VI, Stichwort: *Verein,* 789 (791).

[9] Exemplarisch sind hierzu die *Zünfte* zu benennen, die als ständische Körperschaften von Handwerkern seit dem Mittelalter zur Regulierung sozialer und ökonomischer Fragen (wie bspw. Beschäftigungszahlen, Löhne, Preise, Absatzmengen, Witwenversorgung) dienten; hierzu *v. Heusinger* VSWG 2009, Beih. 206. Hierzu auch Haupt (Hrsg.), Das Ende der Zünfte. Ein europäischer Vergleich, 2002.

stehenden „Gesellschaftsbegriff" an[10] und fügt sich auf diesem Wege in ein modernes Verständnis von Staatlichkeit und Individualität ein,[11] welches insbesondere durch den Prozess der Aufklärung vorangetrieben wird. Es ist daher nicht übertrieben, den Aufstieg des Vereins (bereits seit der Umbruchssituation des aufgeklärten Absolutismus) „zur allgegenwärtigen und dominierenden Rechts- und Organisationsform privater und öffentlicher Aktivitäten" festzustellen.[12] Die von ständischen und kirchlichen Zwängen ‚befreite' Gesellschaft sucht neue Formen des Zusammenhalts.[13] Hinter dem frühen Vereinswesen steht zugleich der Versuch, an die Stelle der umfassenden Bindungen des gesellschaftlichen Standes die gemeinsame Interessenverfolgung zu stellen[14] und hierdurch verbleibende korporatistische Strukturen aufzubrechen, um an deren Stelle eine fortschreitende Individualisierung[15] und funktionale Diversifizierung menschlicher Lebensräume voranzutreiben.[16] Diese ermöglicht die Herauslösung des Individuums aus einem bisher lebensbestimmenden Gesamtkontext, setzt es in unterschiedlichste Beziehungen und macht sein Leben und hierdurch auch die gesamte politisch-soziale Ordnung *gestaltbar.*[17] Diese funktionale Ausdifferenzierung der Gesellschaft spiegelt sich auch in der Mannigfaltigkeit der Vereinsgründungen wider, die von akademischen Zirkeln[18] und Bildungsvereinen[19]

---

[10] Einerseits im Sinne einzelner „Gesellschaften" (vgl. *Hardtwig,* Geschichtliche Grundbegriffe VI, Stichwort: *Verein,* 789 (791), zugleich zur „Societät" und „Akademie"), andererseits zur „Gesellschaft" als Gegenbegriff zum Staatswesen (*Winkler,* Staatlichkeit und Individualität, 2021) oder als partielle Gleichsetzung im Rahmen der „Staatsgesellschaft".

[11] Hierzu *Winkler,* Staatlichkeit und Individualität, 2021.

[12] So *Hardtwig,* Geschichtliche Grundbegriffe VI, Stichwort: *Verein,* 789 (791).

[13] Hierzu auch die Beobachtung bei *Brockhaus,* Bd. 1 (1838), 244, Artikel: *Associationen:* Seit sich die ständisch-feudale Welt auflöse, das Grundeigentum mobil werde, das Monopol einzelner Classen auf Besitz und Erwerb der geistigen Schätze zerfalle und sich in allen Lebensbereichen das Prinzip der freieren Konkurrenz durchsetze, könnten sich die freien Associationen auf alle Bereiche menschlicher Tätigkeit ausdehnen. Ähnlich *Meyer,* Große Ausgabe, Bd. 41 (1843), 983 ff., Stichwort: „Association".

[14] Vgl. hierzu auch *Heise/Watermann* Geschichte und Gesellschaft 43 (2017), 5 ff.

[15] Hierzu *Hardtwig,* Geschichtliche Grundbegriffe VI, Stichwort: *Verein,* 789 (801).

[16] Die Vereinigungsfreiheit ist mithin abhängig von und wirkt zugleich ein auf die Entstehung der bürgerlichen Gesellschaft. Sie wird daher als „spätes" Grundrecht verstanden (*Höfling* in Sachs, Rn. 1). Ähnlich betont *Bauer* (in Dreier Rn. 1 unter Verweis auf *Rinken* in AK, Art. 9 Abs. 1 [2001] Rn. 1), dass es sich nicht um ein „klassische[s] Grundrecht" handle.

[17] Diese Gestaltbarkeit resultiert auch aus der neu entstehenden Bildungsselektion, die etwa in den Statuten der zu Beginn des neunzehnten gegründeten Berliner Universität zum Ausdruck kommt, als deren Zweck, die „allgemeine und besondere wissenschaftliche Bildung gehörig vorbereiteter Jünglinge" genannt wird, um sie „zum Eintritt in die verschiedenen Zweige des höheren Staats- und Kirchendienstes tüchtig zu machen"; Entwurf der Kommittierten und seine Umarbeitung, abgedruckt bei *M. Lenz,* Geschichte IV, 1910, 223 f. Mit *Vierhaus* gesprochen verbirgt sich hierhinter „das Eingehen des Staates auf die Idee der freien wissenschaftlichen Bildung als Voraussetzung für den Eintritt in den höheren Dienst"; *R. Vierhaus,* in: Brunner, Conze, Koselleck (Hrsg.), Geschichtliche Grundbegriffe, 2004, 508 –551 508 (530).

[18] Von einer „Akademiebewegung" spricht in diesem Zusammenhang *Hammermayer,* in: Wissenschaftspolitik in Mittel- und Osteuropa, 1976, 1 ff. Hiermit verbunden ist ein neuartiges Wissenschaftsverständnis, welches sich ab Beginn des achtzehnten Jahrhunderts durchsetzt (*Hardtwig,*, Geschichtliche Grundbegriffe VI, Stichwort: *Verein,* S 789 (792); *Ritter,* Das bürgerliche Leben, Vjschr f. wiss. Pädagogik 32 (1956), 6 ff.

[19] Während die frühe Akademiebewegung des 17. Jhd. zunächst von wenigen Bildungsbürgern und Privatgelehrten getragen wurde (die allerdings bereits den Anspruch sozialer Ebenbürdigkeit mit dem Adel erhoben; vgl. *Iselin,* Über die Geschichte der Menschheit, Bd. 1, 1770, 387), steht die Entstehung von Bildungsvereinen ab Mitte des 18. Jhd. eher im Kontext der Entstehung eines allgemeinen (zunächst noch bürgerlichen) Bildungsanspruchs; hierzu *Dann,* in: Dann, Lesegesellschaften und Emanzipation, 1981, 9 ff.

über Studentenverbindungen bis zu Turnvereinigungen und Arbeitervereinen reichen.[20]

2 Das **aufgeklärt-absolutistische Staatswesen** steht dem entstehenden Vereinswesen durchaus offen gegenüber,[21] da dessen Ausgestaltungen geeignet sind, das allgemeine Wohl zu steigern, und dem zunehmend emanzipierten Bürgertum einen Raum der Selbstverwirklichung bietet, ohne diesen dem obrigkeitlichen Einfluss zu entziehen.[22] Dies gilt, obwohl der bürgerliche Zusammenschluss immer auch als Bedrohung des obrigkeitlichen Herrschaftsanspruchs verstanden wurde. Daher gibt es wiederholt Phasen des Vereinsverbots,[23] die insbesondere antidemokratische und antiemanzipatorische Züge (im Sinne der Emanzipation des Bürgers im Verhältnis zum Staat) tragen.[24] Die rechtliche Entwicklung der Vereinsfreiheit ist daher von Höhen und Tiefen geprägt, die unmittelbar mit dem (politischen) Selbstverständnis des Staatswesens verbunden sind. Das Allgemeine Preußische Landrecht anerkennt (ideelle) Gesellschaften als „Verbindungen mehrerer Mitglieder des Staats zu einem gemeinschaftlichen Endzwecke",[25] von denen es Handelsgesellschaften explizit trennt,[26] unterwirft erstere jedoch strengen Verbotsnormen.[27] Erlaubt ist nur die „dem gemeinen Wohl" dienende Vereinigung.[28] Gesellschaften, „deren Zweck und Geschäfte der gemeinen Ruhe, Sicherheit, und Ordnung zuwiderlaufen", sind unzulässig;[29] Gesellschaften, die „andern gemeinnützigen Absichten oder Anstalten" zuwiderlaufen, können verboten werden.[30] Besonders das Entstehen und die Betätigung politischer Vereinigungen wird hierdurch strikt beschränkt.[31]

3 In der **ersten Hälfte des neunzehnten Jahrhunderts** unter dem Eindruck des aufkommenden Frühliberalismus[32] wird die – noch nicht verfassungsrechtlich niedergelegte[33] – Vereinigungsfreiheit verschiedentlich als „Menschenrecht" anerkannt. So möchte *von Mohl* die Anerkennung des „Associations-Rechts"[34] aus „allgemeinen theoretischen Grundsätzen" ableiten.[35] Dabei ist die Vereinigungsfreiheit aus verschiedenen staatswissenschaftlichen Perspektiven anschlussfähig. Eine liberal-individuelle Perspektive rückt die Gestaltbarkeit der privaten Lebenswelt in den Vordergrund. Dies betrifft die Entwicklung der Vereinigungsfreiheit in einer gesellschaftlichen und zugleich apolitischen Sphäre, die durch Turn- oder Bildungsverbände sym-

---

[20] Hierzu auch noch *Müller,* Assoziation und Korporation, 1965, 223.

[21] *Johann Jacob Moser,* Neues Teutsches Staatsrecht, Bd. 17, 1787, 262, § 3 spricht von „Privat-Gesellschaften, die der Regent … gehen lässet, wie sie gehen".

[22] *Hardtwig,* Geschichtliche Grundbegriffe VI, Stichwort: *Verein,* 789 (795).

[23] Vgl. hierzu die Nachw. bei *Merten* in HdbStR VII § 165 Rn. 5 Fn. 14–16.

[24] Hierzu *Küchenhoff,* Geistesgeschichtliche Entwicklung, 18 ff.

[25] II 6 § 1 ALR.

[26] Hierzu I 17 §§ 169 ff. iVm II 6 § 16 ALR.

[27] Vgl. II 6 §§ 1 ff., II 20 § 185 ALR. Eine Genehmigungspflicht besteht nicht mehr.

[28] II 6 § 2 ALR.

[29] II 6 § 3 ALR.

[30] II 6 § 4 ALR.

[31] Hierzu *Küchenhoff,* Geistesgeschichtliche Entwicklung, 18 ff.

[32] Vgl. hierzu ausführlich *Müller,* Assoziation und Korporation, 1965, 220 ff.

[33] In den frühen amerikanischen und französischen Verfassungstexten fand sich noch kein Verweis auf die Vereinigungsfreiheit (im Detail hierzu *Bauer* in Dreier Rn. 3).

[34] Zum Begriff der „Assoziation" *Hardtwig,* Geschichtliche Grundbegriffe VI, Stichwort: *Verein,* 789 (809 ff.).

[35] *R. v. Mohl,* Staatsrecht Württemberg I, 2. Aufl., 1840, 377 ff. Siehe auch *Welcker,* in: Rotteck/Welcker, Das Staats-Lexikon, Erster Band, 3. Aufl. 1856, Stichwort: *Association,* 722, 758.

bolisiert wird. Der Prozess der Vereinigung ist so betrachtet auch Ausdruck größtmöglicher Individualisierung.[36] Zugleich vermag der politische Liberalismus[37] darin ein Vehikel bürgerlicher Partizipation und Gestaltung zu entdecken.[38] Aus dieser Perspektive ergänzt die Vereinigungsfreiheit die Meinungs- und Pressefreiheit. Als Ordnungsmuster eines liberal-organischen Staatsbildes, dass sich etwa bei *Friedländer* oder *von Held* findet,[39] gewährt sie bereits Anschlussfähigkeit an erste vorsichtige demokratische Impulse. Die Vereinigung erscheint hier als Gliederungsebene eines organisch geformten (lebendigen)[40] Staatswesens.[41]

4 Unter dem Einfluss der emotionalisierenden Kraft der Befreiungskriege von 1813/1814 wird insbesondere das Bürgertum von einem nationalen Gemeinschaftsdenken ergriffen, welches sich auch auf die Vereinsbildung auswirkt. Diese erhält in der ersten Jahrhunderthälfte verstärkt eine nationale Stoßrichtung,[42] wie etwa bei Studentenverbindungen und Burschenschaften zu beobachten ist. Der Gemeinschaftsbezug – und mit ihm das Element persönlicher Bindung – tritt stärker hervor, was auch in der begrifflichen Ablösung der „Gesellschaft" durch „Verein" oder „Bund" festgemacht werden kann.[43] Hiermit ist zugleich eine verstärkte Emotionalisierung verbunden.[44]

5 Dieser staatswissenschaftlichen Offenheit stehen – im Hinblick auf politische Vereinigungen – verfassungspolitische Grenzen entgegen. Das besondere Bedrohungspotential politischer Vereinigungen wird durch die Französische Revolution offenbar, sodass solche ab 1789 in Preußen verboten werden.[45] Im Nachgang der französischen Revolution entstehen auf deutschem Gebiet politisch orientierte Vereinigungen („Clubs") nur in den von den französischen Revolutionsheeren besetzten Gebieten.[46] Die Paulskirchenverfassung von 1848/1849, welche in § 162 die Vereinigungsfreiheit gewährt und insbesondere jede „vorbeugende Maaßregel" verbietet, kann keine rechtliche Wirksamkeit entfalten.[47] Die Preußische Verfassung von 1850 regelt die Vereinigungsfreiheit in Art. 30 und sieht in dessen Abs. 3 explizit vor, dass

---

[36] *Müller,* Assoziation und Korporation, 1965, 221.

[37] Zur politischen Ebene des Liberalismus *Müller,* Assoziation und Korporation, 1965, 222.

[38] Hierzu *Bauer* in Dreier Rn. 4.

[39] Als Vertreter eines „konservativ-organischen" Denkens tritt hingegen *Bluntschli* hervor; siehe etwa *Bluntschli,* AllgStaatsR II, 2. Aufl. 1857, 4, 8, 482, 522 f.

[40] Die ‚Lebendigkeit' des *Organismus*begriffs steht insbesondere im Kontrast zum technischen Metapher des Staats*mechanismus;* zur Gegenüberstellung der beiden Begriff *Friedländer* in Jahrbücher für Wissenschaft und Leben, 1848, 568 (577 f.); *Fröbel,* System II, 1848, 71 ff.; *v. Held,* Standpunkte, 1861, 580.

[41] Bei *Friedländer,* dem Staat und Demokratie schon „gleichbedeutende Begriffe" sind, vor denen „fürstliche Autonomie sowohl, als Aristokratie … zur blossen Bedeutung eines Privatverhältnisses herab(sinken)" (*Friedländer* in Jahrbücher für Wissenschaft und Leben, 568 (577)), ist der Staat gar eine „Einheit lebendiger Organismen". *Von Held* betont gleichermaßen die „Freiheit der den Gesellschaftsorganismus bildenden Glieder" (*Held,* Standpunkte, 1861, 560).

[42] *Hardtwig,* Geschichtliche Grundbegriffe VI, Stichwort: *Verein,* 789 (804 ff.).

[43] Hierzu *Hardtwig,* Geschichtliche Grundbegriffe VI, Stichwort: *Verein,* 789 (801); *Hardtwig,* Geschichtliche Grundbegriffe, Stichwort: *Bund,* 644.

[44] *Hardtwig,* Geschichtliche Grundbegriffe VI, Stichwort: *Verein,* 789 (802).

[45] Hierzu noch *Huber,* Dt. Verfassungsgeschichte seit 1789, Band 1, 2. Aufl. 1967, 696 ff.

[46] So bspw. die „Gesellschaft der Freunde der Gleichheit und Freiheit in Mainz". Zugleich widerstrebt die (Neu-)Bildung intermediärer Gewalten zur Durchsetzung von Partikularinteressen dem Ideal der Französischen Revolution; hierzu *Hardtwig,* Geschichtliche Grundbegriffe VI, Stichwort: *Verein,* 789 (800).

[47] Zur Wirksamkeit der Paulskirchenverfassung *Kempny,* Staatsfinanzierung nach der Paulskirchenverfassung, 2011, 22 ff.

politische Vereine „Beschränkungen und vorübergehenden Verboten im Wege der Gesetzgebung unterworfen werden" können.

6 Die **Verfassung des Deutschen Kaiserreichs** verzichtet auf die Gewährung von Grundrechten, gewährt in Art. 4 Nr. 16 dem Reich jedoch die Regelungskompetenz über die Voraussetzungen zur Ausübung der Vereinigungsfreiheit. In deren Umsetzung entstehen das Jesuitengesetz vom 4. Juli 1872,[48] das Sozialistengesetz vom 1. Oktober 1878[49] und das Reichsvereinsgesetz von 1908[50]. Nach § 3 ReichsvereinsG müssen politische Vereinigungen, zu welchen auch Parteien zählen,[51] ihre Gründung unter Vorlage der Satzung bei der Polizeibehörde anzeigen. Gegen die – für die Erlangung der Rechtsfähigkeit nach §§ 21 ff. BGB erforderliche – Eintragung in das Vereinsregister kann die Verwaltungsbehörde Einspruch erheben. Hierdurch wird die Rechtsfähigkeit politischer Vereinigungen deutlich beschränkt.

7 Mit dem Erlass der **Weimarer Reichsverfassung** wird in Art. 124 die Vereinigungsfreiheit gewährleistet und in Art. 130 WRV auch auf Beamte erstreckt.[52] In den Anwendungsbereich des Art. 124 WRV fallen auch Parteien und religiöse Vereine (S. 3). In Art. 124 Abs. 2 wird der Erwerb der Rechtsfähigkeit „gemäß den Vorschriften des bürgerlichen Rechts" garantiert. Die Vereinigungsfreiheit steht unter dem Vorbehalt zuwiderlaufender Strafgesetze. Durch die Verordnung des Reichspräsidenten zum Schutz von Volk und Staat vom 28.2.1933 (sog. Reichstagsbrandverordnung)[53] wurde die Vereinigungsfreiheit – gemeinsam mit der Meinungs- und Pressefreiheit, der Versammlungsfreiheit sowie dem Brief-, Post- und Fernmeldegeheimnis dem Wortlaut nach „bis auf weiteres", tatsächlich jedoch dauerhaft „außer Kraft gesetzt."

8 Das GG garantiert die Vereinigungsfreiheit- und Koalitionsfreiheit in **Art. 9,** der **mit seinen Absätzen 1 und 3** zwei selbständige, aber dennoch inhaltlich zusammenhängende Grundrechte enthält. Die Vorschrift war in der 6., 25. und 32. Sitzung des Grundsatzausschusses am 5.10.1948, 24.11.1948 und 11.1.1949, in der 17., 18., 44., 47. und 57. Sitzung des Hauptausschusses am 3./4.12.1948, 19.1., 8.2. und 5.5.1949 sowie in der 9. Sitzung des Plenums am 6.5.1949 Verhandlungsgegenstand. Bereits in der ersten Lesung im Grundsatzausschuss (5.10.1948) erhielten Abs. 1 und 3 S. 1 ihre jetzige Fassung.

9 Auch die **Landesverfassungen** garantieren die Vereinigungsfreiheit, wobei der persönliche Schutzbereich hier regelmäßig (auf jedermann oder auf alle „Bewohner" des jeweiligen Bundeslandes) erweitert ist.[54] Die Grund-

[48] RGBl. 1872 253. Außerkraftgetreten am 19.4.1917 (§§ 1, 2 G vom 19.4.1917, RGBl. 1917 362). Das Gesetz regelte das Verbot der Jesuiten und anderer verwandter Orden.

[49] RGBl. 1878 351. Außerkraftgetreten am 13.9.1890 (S. 1 G vom 18.3.1888, RGBl. 1888 109). Das Gesetz regelte u. a. das Verbot sozialdemokratischer, sozialistischer und kommunistischer Vereine.

[50] RGBl. 1908 151. Außerkraftgetreten am 12.9.1964 (§ 30 Abs. 1 Nr. 1 G vom 5.8.1964, BGBl. 1964 I 593, 600).

[51] *Huber,* Rd. 3, 1966, DokNr. 7 (S. 6).

[52] Die hiermit verbundene weitgehende Zuerkennung einer „Gesinnungsfreiheit" wurde nachträglich als eine der Schwächen der Weimarer Reichsverfassung betrachtet. Art. 33 Abs. 4 stellt daher nunmehr die Angehörigen des öffentlichen Dienstes in ein „öffentlich-rechtliche[s] Dienst- und Treueverhältnis".

[53] RGBl. 1933 I 83.

[54] So „alle Bewohner Bayerns" in Art. 114 Abs. 1 BayVerf (zur Fortgeltung neben Art. 9 Abs. 1 BayVerfGHE 4, 30 [38 f.]; 32, 18 [25]; 52, 47 ff.), „alle Männer und Frauen" in Art. 27 Abs. 1 BerlVerf, „alle Menschen" in Art. 20 Abs. 1 BbgVerf, „allen Bewohnern der

rechtsschranken sind zum Teil strenger als in Art. 9 Abs. 2 gefasst.[55] Gemäß Art. 142 finden die landesverfassungsrechtlichen Bestimmungen Anwendung, soweit sie „in Übereinstimmung mit den Art. 1 bis 18 dieses Grundgesetzes" Grundrechte gewähren. Dies ist der Fall, soweit die Landesgrundrechte einen weitergehenden (sachlichen oder persönlichen) Schutzbereich gewähren.[56] Dies ist aber auch dann der Fall, wenn das Landesgrundrecht einen im Vergleich zum GG geringeren Schutz bietet, indem es etwa eine engere Schrankenziehung vornimmt.[57] Auch hier eine Übereinstimmung iSd Art. 142 anzunehmen, erklärt sich daraus, „dass Landesgrundrechte einen weitergehenden Schutz durch das Bundesrecht nicht ausschließen wollen".[58] Ein Verstoß würde vorliegen, wenn die Landesgrundrechte in einem solchen Fall beanspruchen würden, den „grundrechtlichen Maximalstandard" zu gewähren.[59] Die Landesgrundrechte können insbesondere bei abweichenden verfassungsprozessualen Bestimmungen Bedeutung erfahren: So stellt die Bayerische Verfassung in Art. 114 das Instrument der Popularklage zur Verfügung, wenn es möglich erscheint, dass sich bei sachgerechter Auslegung der Norm neben verfassungsmäßigen auch verfassungswidrige Anwendungsfälle ergeben.[60]

II. Inhaltsübersicht

10 Die in **Art. 9 Abs. 1, 2** normierte Vereinigungsfreiheit ist bewusst **zweckoffen** bzw. „zielindifferent"[61] gehalten und ermöglicht hierdurch eine „multifunktionale"[62] Anwendung der Vorschrift. Die Regelung des Parteienwesens wird in Art. 21 verselbständigt. Wesentliche Inhalte des Art. 9 Abs. 1, 2 entstammen den Formulierungen des Art. 124 WRV. Zugleich reagiert das GG mit einigen Anpassungen auf die totalitäre Vergangenheit. Weitergehend als die Weimarer Reichsverfassung beziehen sich die Verbotstatbestände des Abs. 2 auf Zwecke und *Tätigkeiten* der Vereinigung. Die in Abs. 2 normierten Grenzen erklären sich einerseits verfassungshistorisch: Während die Grenze der „Strafgesetze" (erste Alternative) bereits in der Weimarer Reichsverfassung[63] enthalten war, leistet die Grenze der „verfassungsmäßige(n) Ordnung" (zweite Alternative) einen Beitrag zur wehrhaften

---

Freien Hansestadt Bremen" in Art. 17 S. 1 BremVerf (wobei die Vorschrift wegen der sprachlich engen sachlichen Gewährleistung des „Recht[s], sich zu *gesetzlich zulässigen* Zwecken zu Vereinen oder Gesellschaften zusammenzuschließen, Fragen der Anwendbarkeit der Vorschrift aufwirft; vgl. *Neumann,* Die Verfassung der Freien Hansestadt Bremen, 1996 sowie *Alexy* in: Fischer-Lescano/Rinken/Buse/Meyer/Stauch/Weber (Hrsg.), Verfassung, Art. 17), „(j)edermann" in Art. 13 Abs. 1 VerfRhPf, „(a)lle Bürger" in Art. 24 Abs. 1 SächsVerf bzw. „(j)eder Bürger" in Art. 13 Abs. 1 ThürVerf.

[55] Etwa in Art. 114 Abs. 2 BayVerf die Verfolgung „rechts- oder *sittenwidrige*[r] Zwecke", in Art. 27 Abs. 1 BerlVerf die Gefährdung der Aufgabenerfüllung „verfassungsmäßiger Organe und öffentlich-rechtlicher Verwaltungskörper", in Art. 13 Abs. 1 VerfRhPf der Verstoß gegen gesetzliche Vorschriften.

[56] *Korioth* in Maunz/Dürig, Art. 142 GG (53. Lfg. 2008) Rn. 14.

[57] Siehe hierzu → Fn. 55.

[58] *Korioth* in Maunz/Dürig Art. 142 GG (53. Lfg. 2008) Rn. 14. Siehe auch BVerfGE 96, 345 (365).

[59] *Korioth* in Maunz/Dürig Art. 142 GG (53. Lfg. 2008) Rn. 14. Siehe auch BVerfGE 96, 345 (365).

[60] Hierzu BayVerfGH, NVwZ-RR 2012, 261 (1. Ls.).

[61] *Dietlein* in: Stern, Staatsrecht IV/1, 2006, § 112 4. b) xx).

[62] Hierunter noch → Rn. 19.

[63] Hier dem Wortlaut nach als Schutzbereichsbegrenzung.

Demokratie[64] – eine Haltung, die erst vor dem Hintergrund der Erfahrungen mit einem totalitären nationalsozialistischen System zu verstehen ist.[65] Der Bezug auf „den Gedanken der Völkerverständigung“ ist zukunftsorientiert und fundiert Deutschlands Stellung in einem neu geordneten Staatengefüge. Dies galt zum Entstehungszeitpunkt vor dem Hintergrund der Erfahrungen des Zweiten Weltkriegs insbesondere der Sicherung fortdauernden Friedens.[66] Die Verbotsmöglichkeiten des Art. 9 Abs. 2 gehen daher (bewusst) weiter als die Einschränkungen, die in der Weimarer Reichsverfassung vorgesehen waren. Die Anwendungsdichte des Verbotsverfahrens nach Absatz 2 fluktuiert im Zeitablauf. Nach einer Welle der Vereinsverbote in den 1980er und frühen 1990er Jahren, schwoll die Verbotshäufigkeit religiöser Vereinigungen insbesondere im Nachgang der Terroranschläge vom 11.9.2001 deutlich an.

Art. 9 Abs. 3 enthält mit der **Koalitionsfreiheit** ein eigenes Grundrecht, das zwar in einem inneren Zusammenhang zu Vereinigungsfreiheit steht, jedoch unter dem Eindruck eines anderen historischen Hintergrundes entstanden und zu verstehen ist. Die Koalitionsfreiheit ist gegenüber Art. 9 Abs. 1 die speziellere Garantie und verdrängt diese daher. Soweit Art. 9 Abs. 3 keine Anwendung findet, bleibt der Rückgriff auf Art. 9 Abs. 1 möglich. Dies betrifft insbesondere Koalitionen, die noch im Entstehen begriffen sind und mangels hinreichender sozialer Mächtigkeit noch nicht den Schutz der Koalitionsfreiheit genießen (→ Rn. 131). Auch im Hinblick auf die Reichweite der Koalitionsautonomie kann auf die Auslegung des Art. 9 Abs. 1 zurückgegriffen werden. **11**

III. Überstaatliche Bezüge

Art. 11 EMRK verbürgt in Abs. 1 Hs. 1 Alt. 2 das Recht, „sich frei mit anderen zusammenzuschließen“.[67] Eine Vereinigung iSd Konventionsrecht liegt vor, wenn sich Menschen mit anderen zusammenschließen, um einen gemeinsamen Zweck zu verfolgen.[68] Hinsichtlich der Zweckbestimmung herrscht eine weitgehende Offenheit.[69] Nicht geschützt sind Vereinigungen mit öffentlich-rechtlichem Bezug.[70] **12**

Von Art. 11 EMRK umfasst ist nicht nur die – im Wortlaut angelegte – positive Vereinigungsfreiheit, sondern auch die negative Freiheit, einer Vereinigung fernbleiben oder aus ihr austreten zu können. Weitergehend als in Art. 9 Abs. 1 kann sich auf Art. 11 Abs. 1 EMRK „jede Person“ berufen; das Grundrecht ist daher als Menschenrecht ausgestaltet. **13**

Eingriffe in die Vereinigungsfreiheit können nach Art. 11 Abs. 2 S. 1 EMRK gerechtfertigt werden. Die dort enthaltenen Schranken sind eng auszulegen.[71] Es bedarf einer gesetzlichen Grundlage, die der Erreichung eines der in Abs. 2 genannten Zwecke dienen und „in einer demokratischen **14**

[64] Hierzu noch → Rn. 91.

[65] BVerfGE 5, 85 (138).

[66] *v. Mangoldt,* Das Bonner Grundgesetz, 83: „Darin kommt der Gedanke zum Ausdruck, daß jede Gefahr für die *Erhaltung des Friedens* schon *im Keim* erstickt werden soll.“ [Hervorhebung durch Verf.].

[67] Hierzu insbesondere EGMR, NJW 1999, 3695 (3698 ff.).

[68] EGMR Beschl. v. 12.12.2002, 56400/00, Cesnieks/Lettland.

[69] *Daiber* in Meyer-Ladewig/Nettesheim/v. Raumer, EMRK, Art. 11 Rn. 7 mit weiteren Bsp. aus der Rspr.

[70] Hierzu noch → Rn. 54.

[71] EGMR NJW 2008, 495.

Gesellschaft" zur Zweckerreichung notwendig sind. Als taugliche Zwecke kommen die nationale oder öffentliche Sicherheit, die Aufrechterhaltung der Ordnung, die Verhütung von Straftaten, der Schutz der Gesundheit oder der Moral und der Schutz der Rechte und Freiheiten anderer in Betracht. Besonders hervorgehoben werden in Abs. 2 S. 2 Einschränkungen der Rechte von Angehörigen der Streitkräfte, der Polizei oder der Staatsverwaltung.[72] Im Ergebnis sind aber auch in diesen Fällen die Anforderungen nach Abs. 2 S. 1 einzuhalten.[73]

15 Art. 11 EMRK wirkt auch in den Schutz gemeinschaftlicher Religionsausübung nach Art. 9 EMRK hinein. Der EGMR hat soweit festgestellt, dass hinsichtlich der Organisation einer Religionsgemeinschaft Art. 9 EMRK im Licht von Art. 11 EMRK […] gelesen werden" muss, da unabhängige Religionsgemeinschaften „unabdingbare Voraussetzung für den Pluralismus in einer demokratischen Gesellschaft und damit Kernstück des von Art. 9 EMRK garantierten Schutzes" sind.[74]

16 Auf der Grundlage des Art. 11 EMRK ist schließlich Art. 12 GRCh entstanden, der neben der Versammlungs- und Vereinigungsfreiheit auch die Koalitionsfreiheit schützt. In Übereinstimmung mit Art. 11 EMRK formuliert auch Art. 12 GRCh ein Menschenrecht („jede Person"). Sachlich ist der Vereinigungsbegriff iSd Art. 11 EMRK zu verstehen.

17 Auf der Rechtfertigungsebene sind über Art. 52 Abs. 3 S. 1 GRCh die Schranken des Art. 11 Abs. 2 EMRK[75] zu beachten.[76]

IV. Systematischer Zusammenhang

18 Der Mensch ist ein soziales Wesen. Schon *Aristoteles* beschreibt diesen als *zoon politikon,* ein politisches[77] Lebewesen, das bereits seinem natürlichen Trieb entsprechend in Familien und Haushalten zusammenlebt und sich aus Selbsterhaltung und wirtschaftlicher Not (allgemeiner: zur erfolgreichen Interessenbefriedigung)[78] in (größeren) gemeinschaftlichen Lebensformen zusammenfindet. Menschliches Handeln wird daher (auch) von einem Trieb des Zusammenlebens und Zusammenwirkens gesteuert.[79] Der Wille und die Bereitschaft zur Sozialisierung ist daher in der menschlichen Geschichte bis zu ihren Ursprüngen nachverfolgbar. Sie beginnt in der Eheschließung und Familiengründung, setzt sich im Zusammenleben in Familie und Dorf fort und beschließt in der politischen Gemeinschaft *(polis).* Dabei sind die Gründe vielfältig und können ökonomischer, ethisch-sittlicher oder geistig-intellektueller Natur sein.[80]

---

[72] Hierunter fallen nicht „Gemeindebedienstete"; hierzu EGMR NZA 2010, 1425 ff.

[73] EGMR NLMR 2012, 309 ff.; EGMR NZA 2010, 1425 ff.

[74] EGMR NVwZ 2015, 499, 2. Ls.

[75] Hierzu bereits → Rn. 14.

[76] *Ruffert* in Calliess/Ruffert EUV/AEUV Art. 12 GRCh Rn. 13; siehe auch *Bernsdorff* in Meyer/Hölscheidt Charta der Grundrechte der EU Art. 12 GRCh Rn. 18, der auch die Schrankenregelung in Art. 16 EMRK übertragen möchte.

[77] Im weiten Wortverständnis der *Polis,* welche *vollkommene Gemeinschaft* meint (*Kullmann,* Aristoteles und die moderne Wissenschaft, 1998, 336).

[78] *Brockhaus,* Band 1, 1838, 244, Art. *Assoziation.*

[79] Hierzu *Höffe* in: Höffe, Aristoteles-Lexikon, 2005, Stichwort: *zoon politicon/politisches Lebewesen,* 620.

[80] Hierzu noch *Kullmann,* Aristoteles und die moderne Wissenschaft, 1998, 334 ff.

So ist auch die Vereinigungsfreiheit ein in besonderem Maße **multifunktionales Grundrecht.**[81] Als seine „Komplementärgarantie(n)“[82] oder Partnergrundrechte werden gerne Art. 5 Abs. 1[83] und Art. 8 Abs. 1 genannt.[84] Hierin findet insbesondere die politische (und kommunikative[85]) Dimension der Freiheit Betonung. Eine Beschränkung der Vereinigungsfreiheit auf seine Komplementärfunktionen wird der Bedeutung dieses Grundrechts – gerade in seiner Vielgestaltigkeit – jedoch nicht gerecht.[86] Bereits der kurze historische Abriss (→ Rn. 1 ff.) belegt ebenso die wirtschaftlich-ökonomische wie die höchstpersönliche Ebene der Vereinigungsfreiheit. Politische Funktionen kamen Vereinigungen in der Vergangenheit nur phasenweise zu, auch gegenwärtig ist die Mehrheit der Vereinigungen auf andere Zwecke gerichtet. Die Grundrechte beschreiben in ihrer Gesamtheit verschiedene Aspekte einer demokratisch-liberalen Gesellschaftsordnung und stehen – so gesehen – insgesamt in einem wechselseitigen Unterstützungsverhältnis. Art. 9 Abs. 1 nimmt in diesem System – gerade wegen seiner Zweckoffenheit[87] – eine zentrale Position ein, indem er (insbes. als Ergänzung zu Art. 2 Abs. 1, Art. 12, Art. 14) freiheitliche Aspekte,[88] (insbes. als Ergänzung zu Art. 6) soziale Aspekte und (als Ergänzung zu Art. 5 Abs. 1, Art. 8) politische Aspekte enthält und auf die im Einzelfall mit ihm korrespondierenden Grundrechte eine sternförmige Ausstrahlungswirkung entfaltet. 19

Im liberalen Grundrechtekanon des GG ist die **soziale Funktion** der Vereinigungsfreiheit besonders hervorzuheben.[89] Neben das individuelle Interesse an (gemeinsamer) Freiheitsbetätigung tritt das soziale Bedürfnis zur gemeinschaftlichen Interessenverfolgung. Die Vereinigung beschreibt so eine soziale Ebene menschlichen Zusammenlebens. Anders als die dauerhafte Verbindung der Ehe und Familie und die vorgegebene Vereinigung in lokalen Gemeinschaften (vgl. Art. 28 Abs. 2) oder im Staatswesen insgesamt schützt Art. 9 Abs. 1 die volatile und selbst gewählte Verbindung und damit zugleich einen wesentlichen Aspekt der Selbstverwirklichung. Diese soziale Ebene 20

---

[81] Ähnlich *Kluth* in Friauf/Höfling Rn. 13 ff. Siehe hierzu auch *Bauer* in Dreier Rn. 20: „… so fällt eine einheitliche thematische Einordnung […] im Gesamtgefüge der Grundrechte ungleich schwerer“ sowie Rn. 21: „Funktionenvielfalt der Vereinigungsfreiheit“. Zur Breite des durch Art. 9 Abs. 1 gewährleisteten Schutzes vgl. noch *Bauer* in Dreier Rn. 22. Hierzu auch *Ziekow,* HGR IV, § 107 Rn. 3, welcher die besondere Stellung der Vereinigungsfreiheit im Grundrechtekanon hervorhebt und Art. 9 Abs. 1 als „zentrale Verfassungsnorm“ beschreibt, „die die Angewiesenheit des Staates auf die gesellschaftliche Ordnung zum Ausdruck bringt.“

[82] *Merten* in HdbStR VII § 165 Rn. 40.

[83] *Friauf* FS f. Reinhardt, 1972, 398.

[84] *Rinken* in AK Rn. 44 sieht noch erweiternd einen „funktionalen Verbund mit Art. 5, 8, 17, 21“.

[85] Als sog. Kommunikationsgrundrecht wird die Vereinigungsfreiheit bspw. im Handbuch des Staatsrecht, Band VII (§ 165) sowie bei *Scholz* in Maunz/Dürig Rn. 8 eingestuft. Ähnlich auch *Höfling* in Sachs Rn. 3.

[86] So aber *Friauf* FS f. Reinhardt, 1972, 398 – im Verhältnis zu Art. 5 Abs. 1. Auch betonend, dass eine Interpretation nur als Komplementärfreiheit zu kurz greift, *Kemper* in MKS Rn. 1.

[87] Hierzu noch → Rn. 29.

[88] Mit Blick auf Art. 12, 14 wird hier insbesondere die wirtschaftliche Freiheit herausgegriffen; vgl. *Bauer* in Dreier Rn. 20.

[89] Mit der Gewährleistung der Vereinigungsfreiheit wird daher auch „ein Schritt in die Sozialordnung getan“. So bei *v. Mangoldt,* Das Bonner Grundgesetz, 1953, 82, der zudem herausstellt, dass „man sich in den Ausschüssen des Parlamentarischen Rates klar gewesen“ ist, dass „von den sonst für den Grundrechtsteil zugrunde gelegten Regeln abgewichen“ wurde.

menschlichen Zusammenlebens umfasst auch geistige Verbindungen und geistigen Austausch: Wie etwa der EGMR ausführt, wären die (in Art. 9 und 10 EMRK) garantierte Gedanken- und Gewissensfreiheit sowie die Meinungsäußerungsfreiheit „von sehr begrenzter Bedeutung, wenn sie nicht von der Garantie begleitet würden, Überzeugungen oder Ideen in Gemeinschaft mit anderen zu bekennen, insbesondere in Vereinigungen von Personen mit denselben Überzeugungen, Ideen oder Interessen."[90] Die hiermit verbundenen Verstärkungs- und Verschränkungswirkungen der persönlichen Entfaltungsfreiheit finden ihre Grundlage auch in der Bestätigungs- und Unterstützungswirkung gemeinschaftlichen Handelns.

21 Solche Zusammenschlüsse verfolgen **unterschiedlichste** und sich zugleich im Zeitablauf wandelnde **Zwecke.** Bereits in der mittelalterlichen Ordnung konnten ähnliche (jedoch häufig noch korporatistische) Zusammenschlüsse verschiedene – aus heutiger Sicht: öffentliche – Funktionen übernehmen.[91] Moderne Vereinigungen dienten schon früh ökonomischen Interessen.[92] Der Bildungsaspekt gewann insbesondere unter dem Eindruck der Aufklärung besondere Bedeutung:[93] Erste Anfänge zeigen sich seit dem 17. Jahrhundert.[94] Politische Ambitionen entwickelten bspw. die Studentenverbindungen (etwa seit 1816), aus solchen politischen Vereinigungen konnten sich im Laufe des neunzehnten Jahrhunderts die Parteien entwickeln.[95] Sozialpolitischer Einfluss ist Zielsetzung der Gewerkschaften. Zugleich soll mit dieser Aufzählung keine abschließende Zweckbeschreibung verbunden sein, liegt es doch gerade im Schutzbereich des Art. 9 Abs. 1, die Vereinigungsbildung zu jedwedem Zweck zu ermöglichen.

22 Im Fokus der Aufmerksamkeit stehen seit den 1970er Jahren die Möglichkeiten **politischer Beteiligung,** wie sie durch Vereinigungen vorangetrieben werden. Der „kooperative Staat"[96] anerkennt „Gruppenmeinungen und Gruppeninteressen als bewegende Kraft der Gemeinwohlprozesse in der pluralistischen Demokratie"[97] und integriert diese in den demokratischen Prozess.[98] In ihm offenbart sich zugleich eine kritische Grundhaltung zu einer überkommenen Differenzierung von Staat und Gesellschaft, welche letztere als „unorganisierte, amorphe Masse der formal Gleichen" versteht.[99] Vereinen und Verbänden wird hingegen die Fähigkeit zugesprochen, Interessen zu

---

[90] EGMR NJW 1999, 3695 (3699 [Rn. 100]).

[91] So übernahmen etwa die Zünfte Aufgaben, die heute als regulierungs-, wirtschafts- und sozialrechtlich eingestuft werden könnten, indem sie einerseits verbraucherschützend und kartellbildend wirkten, sich andererseits aber auch der Witwenversorgung widmeten.

[92] So z. B. der „Actien-Verein"; hierzu *v. Gierke,* Das deutsche Genossenschaftsrecht I, 1868, 991 ff.

[93] Hierzu genauer – unter Nennung konkreter Vereinigungen – *Hardtwig,* Geschichtliche Grundbegriffe VI, Stichwort: *Verein,* 789 (791 f.).

[94] „Fruchtbringende Gesellschaft" (1617) in Weimar; „Deutschgesinnte Genossenschaft" (um 1643) in Hamburg.

[95] Zum heutigen politischen Einfluss noch detaillierter → Rn. 22.

[96] Vgl. umfassend hierzu *Ritter* AöR 104 (1979), 389 ff. Zwar beschreibt dieser Begriff in erster Linie staatlich-wirtschaftliche Kooperationen; doch soll dem „kooperativen Staat" die „Gesellschaft des kooperativen Pluralismus" entsprechen, welche als „aggregierte, gruppenhaft organisierte Gesellschaft" beschrieben wird (*Ritter* AöR 104 (1979), 389 [408]).

[97] *Ritter* AöR 104 (1979), 389 (408).

[98] *Ritter* AöR 104 (1979), 389 (410) spricht von einem „Subsystem politisch relevanter Willensbildung", dessen gesellschaftliche Akteure er jedoch vornehmlich „in den Großorganisationen der Wirtschaft, in mächtigen Gewerkschaften und in den wissenschaftlichen Großforschungseinrichtungen" erblickt.

[99] *Schmidt* AöR 1976 (101), 24 (30).

aggregieren und sie selektiert in den staatlichen Entscheidungsprozess einzubringen. Dieses zunächst in der politikwissenschaftlichen Forschung benannte Phänomen[100] beschreibt das „Zusammenwirken von Staat und Zivilgesellschaft bei der Regelung kollektiver Sachverhalte im gemeinschaftlichen Interesse."[101] Kennzeichnend für den „kooperativen Staat" ist – im politikwissenschaftlichen Sprachduktus – „die Vielzahl von netzwerkartigen Strukturen, die aus staatlichen und nichtstaatlichen Akteuren gebildet sind und die häufig unter dem Begriff der Politiknetzwerke zusammengefasst werden."[102]

Kritik und Fortentwicklungserwägungen werden im Begriff der Zivilgesellschaft aufgenommen. Ihm soll es gelingen, gemeinschaftliche Freiheit und gemeinsame Organisation miteinander zu verknüpfen – „ganz ähnlich wie der Begriff des ‚Öffentlichen' die Ausrichtung am Gemeinwohl mit der Orientierung am privaten Interesse verbindet."[103] Die Konzeption der Zivilgesellschaft ist dabei auch Reaktion auf die Erkenntnisse eines zunehmenden, nicht immer positiv bewerteten, Einflusses derartiger intermediärer Instanzen.[104] Dennoch wird den Vereinigungen auch zugebilligt (durch die Verfolgung altruistischer Zwecke), üblicherweise unterrepräsentierte Interessen (wie bspw. Umweltschutz oder Menschenrechte etc.) zu artikulieren. Die Zuerkennung von Verbandsklagerechten verdeutlicht diese Anerkennung in besonderem Maße.[105] Aus diesem Grund ist die Beteiligung der Verbände daher auch gewollt und (in Teilen) gesetzlich institutionalisiert,[106] um auf diesem Wege Sachverstand heranzuziehen oder die Legitimität und Akzeptanz staatlicher Entscheidungen zu erhöhen. **23**

Seit den 1970er Jahren verdeutlicht sich die Erkenntnis, dass Vereinigungen auch **demokratisch-partizipatorische Funktionen** zukommen können. Dies betrifft zum einen die vereinsinterne Selbstverwaltung bzw. Selbstregulierung, die auf unterster gesellschaftlicher Stufe die Gestaltung der eigenen Lebensumwelt im Diskurs und durch konsensuales Verhalten ermöglicht. Zugleich bieten Vereinigungen eine organisatorische Basis für zivilgesellschaftliche Akteure, die im Vorfeld und außerhalb parteilicher Willensbildung auf den demokratischen Diskurs einzuwirken vermögen. Bürgervereinigungen sind daher Vehikel einer Partizipation außerhalb der Artikulationsformen der repräsentativen Demokratie. Diese Funktion der Vereinigungsfreiheit wird in Art. 12 GRCh besonders hervorgehoben. Sie gewinnt mit der Erweiterung direkt-demokratischer Beteiligungsformen zunehmende Bedeutung. Auf diesem Wege wird die Vereinigungsfreiheit zur Transformationsebene einer bürgerlich-republikanisch gedachten Freiheit. **24**

---

[100] Vgl. hierzu etwa *Benz,* Kooperative Verwaltung, 1994; *Mayntz* in Governance 65 (67 f.).

[101] *Mayntz* in Governance, 2004, 65 (68).

[102] *Mayntz* in Governance, 2004, 65 (69); Vgl. hierzu weiterhin die Beiträge in *Marin/Mayntz (Hrsg.),* Policy Networks. Empirical Evidence and Theoretical Considerations, 1991; *Marsh/Rhodes* (Hrsg.), Policy Networks in British Government, 1992.

[103] *Bull* in Das Öffentliche heute, 2002, 127 (128).

[104] Zur „Macht der Verbände" *Bauer* in Dreier Rn. 26. Zu den Gefahren der Lobbyarbeit die Beiträge in *Ritter/Feldmann* (Hrsg.), Lobbying zwischen Eigeninteresse und Verantwortung, 2005.

[105] Siehe §§ 2 f. UmwRbG, § 64 BNatSchG, § 8 Abs. 3 Nrn. 2, 3 UWG.

[106] Beteiligung in Gesetzgebungsverfahren: § 70 GOBT, Anlage 2 zur GOBT, § 40 Abs. 3 GOBR, § 51 BImSchG, § 61 Abs. 1 Nr. 1, Abs. 2 Nr. 1 BNatSchG; Beteiligung im Verwaltungsverfahren: § 61 Abs. 1 Nr. 2–4, Abs. 2 Nr. 2–8 BNatSchG, §§ 7 Abs. 2, 20 Abs. 1 NABEG.

B. Einzelfragen

I. Vereinigungsfreiheit (Art. 9 Abs. 1, 2)

25 **1. Schutzbereich (Abs. 1). a) Begriff der „Vereine und Gesellschaften".** Art. 9 Abs. 1 spricht von „Vereine[n] und Gesellschaften" und meint damit zugleich die „Vereinigungen" iSd Abs. 2 und 3.[107] Diese auch in den Landesverfassungen[108] und bereits in der Weimarer Verfassung vorfindlichen Formulierungen haben eine begriffshistorische Bedeutung, indem sie verschiedene Ausprägungen der Vereinigung abzubilden versuchen. Das **Moment der Vereinigung** verkörpert das Prinzip der „freien sozialen Gruppenbildung"[109] bzw. den Grundgedanken der „freie(n) Assoziation und Selbstbestimmung"[110] und ist soweit Ausdruck eines freiheitlichen Moments, das von Seiten des BVerfG in Abgrenzung ebenso zu ständisch-korporativen Gliederungen älterer Herrschaftsordnungen[111] wie zur planmäßigen Formung und Organisation totalitärer Staatsformen „nach den Maßstäben eines von der herrschenden Gruppe diktierten Wertesystems" verstanden wird.[112] Die hiermit zugleich verbundene „Selbstbestimmung" bzw. Selbstorganisation umfasst basisdemokratische Überlegungen. Mit dem Akt der Gruppenbildung kann zugleich ein solidarisches Moment verbunden sein, welches durch persönliches Einstehen der Gruppenmitglieder[113] einem nur individualistisch gedachten Gesellschaftskonzept entgegengesetzt wird. Dies entspricht dem Menschenbild des GG, welches – ausgehend von Art. 1 – „nicht das des isolierten und selbstherrlichen Individuums" ist.[114] Vielmehr betont das BVerfG regelmäßig die Gemeinschaftsbezogenheit und Gemeinschaftsgebundenheit der Person,[115] die „zu ihrer Entfaltung auf vielfältige zwischenmenschliche Bezüge angewiesen ist".[116] Die Ausprägung der einzelnen Akzente ist der Gestaltungsautonomie der Vereinigungsmitglieder unterworfen. Die möglichen Gestaltungsformen der Vereinigungen sind daher Legion.[117]

26 Der Schutzbereich des Art. 9 Abs. 1 wird durch den **Begriff der „Vereinigung"** konturiert. Darunter ist ein privatrechtlicher Zusammenschluss natürlicher oder juristischer Personen zu verstehen, der auf Dauer angelegt ist, auf der Basis der Freiwilligkeit erfolgt, zur Verfolgung eines gemeinsamen

---

[107] So etwa auch *Höfling* in Sachs Rn. 8. Dass es sich bei der „Vereinigung" um einen Oberbegriff handelt, wird auch in der Formulierung nach Art. 20 Abs. 1 BbgVerf deutlich, welche von „Vereine[n], Gesellschafte[n] und *andere[n] Vereinigungen*" spricht.

[108] „Vereine und/oder Gesellschaften" nach Art. 114 Abs. 1 BayVerf, Art. 17 S. 1 BremVerf, Art. 15 HessVerf, Art. 13 Abs. 1 VerfRhPf, nach Art. 7 S. 1 SaarlVerf, Art. 13 Abs. 1 VerfSaAnh oder „Vereinigungen und Gesellschaften" nach Art. 27 Abs. 1 BerlVerf. Die jüngeren ostdeutschen Verfassungen sprechen vermehrt von „Vereinigungen" (vgl. Art. 20 Abs. 1 BbgVerf, Art. 24 Abs. 1 SächsVerf, Art 13 Abs. 1 ThürVerf).

[109] So BVerfGE 38, 281 (303); 50, 290 (353).

[110] BVerfGE 50, 290 (355).

[111] Hierzu bereits → Rn. 1.

[112] BVerfGE 50, 290 (353); vgl. auch BVerfGE 38, 281 (303); 80, 244 (252 f.); 100, 214 (223, Rn. 29); aus der Literatur zustimmend *Bauer* in Dreier Rn. 19.

[113] BVerfGE 50, 290 (354) spricht von einem „personalen Bezug".

[114] BVerfGE 50, 290 (353).

[115] BVerfGE 4, 7 (15 f.); 45, 187 (227); 50, 290 (353 f.).

[116] BVerfGE 50, 290 (353 f.).

[117] Art. 9 Abs. 1 umfasst daher „grundsätzlich das gesamte Spektrum des Assoziationswesens von der lose gefügten Bürgerinitiative bis zum hochaggregierten Spitzenverband" (*Rinken* in AK Rn. 46).

Zwecks konstituiert ist und eine organisierte Willensbildung aufweist.[118] Die Definition in § 2 Abs. 1 VereinsG[119] greift diese Merkmale ebenfalls auf,[120] ohne dass die einfachgesetzlichen Regeln für die Verfassungsauslegung verbindlich sein können.[121] Die Begriffsmerkmale sind dabei weit auszulegen.[122] Dies dient gleichermaßen dem gefahrenabwehrrechtlichen Zweck des Vereinsgesetzes und dem Schutz der verfassungsrechtlichen Vereinigungsfreiheit, da eine Vereinigung iSd § 2 Abs. 1 VereinsG nur gemäß § 3 Abs. 1 VereinsG und bei Vorliegen eines Verbotsgrundes nach Art. 9 Abs. 2 verboten werden darf.[123]

Ein **Personenzusammenschluss** setzt ein bewusstes und gewolltes Han- **27** deln der Beteiligten voraus.[124] Ein solcher Zusammenschluss von (mind. zwei)[125] Personen[126] kann daher nur angenommen werden, wenn diese sich **durch einen konstitutiven Akt** verbunden haben, wobei eine stillschweigende Übereinkunft als ausreichend erachtet wird.[127] Auch hinsichtlich des gemeinsamen Zwecks genügt eine **faktische** Übereinstimmung über die wesentlichen Ziele des Zusammenschlusses.[128] Die Gesamtwillensbildung erfordert weder eine Satzung noch spezifische Vereinsorgane.[129] Die Möglichkeit zur Bildung eines Gesamtwillens, „der losgelöst ist vom Willen jeden einzelnen Mitglieds und dem das einzelne Mitglied kraft der Verbandsdisziplin unterworfen ist"[130], muss sich vielmehr aus der inneren Organisationsstruktur ergeben, die „faktisch auf eine organisierte Willensbildung schließen"[131] lassen muss. An einer Personenvereinigung fehlt es hingegen bei einer Stiftung, weshalb diese nicht dem Schutz des Art. 9 Abs. 1, sondern des Art. 2 Abs. 1 unterfällt.[132]

---

[118] *Kluth* in Friauf/Höfling Rn. 49; *Scholz* in Maunz/Dürig Rn. 57; vgl. auch BVerfGE 85, 360 (370).

[119] Verein im Sinne dieses Gesetzes ist ohne Rücksicht auf die Rechtsform jede Vereinigung, zu der sich eine Mehrheit natürlicher oder juristischer Personen für längere Zeit zu einem gemeinsamen Zweck freiwillig zusammengeschlossen und einer organisierten Willensbildung unterworfen hat.

[120] *Schöbener* VerwArch (91) 2000, 374 (385).

[121] Zur Problematik *Leisner,* Gesetzmäßigkeit der Verfassung, 1964.

[122] BVerwGE 154, 22, Rn. 20; BVerwG NVwZ 2014, 1573 (1575); BVerwG BeckRS 2014, 46341, Rn. 8. Insbesondere dürfen sie nicht traditionalistisch und typenverengt verstanden werden (*Höfling* in Sachs Rn. 9).

[123] BT-Drs. 4/430, 13.

[124] BVerwGE 154, 22, Rn. 21.

[125] So *Bauer* in Dreier Rn. 39; *Höfling* in Sachs Rn. 11; *Jarass* in Jarass/Pieroth Rn. 3; *Kluth* in Friauf/Höfling Rn. 51 f.; *Löwer* in: v. Münch/Kunig, 6. Aufl. 2012, Rn. 36; aA (mind. drei) *Merten* in HdbStRVII § 165 Rn. 37. Die geringe Personenzahl entspricht einem weiten Grundrechtsverständnis. Wie *Löwer* bereits in der Vorauf. zutreffend anmerkt, erlauben die Gemeindeordnungen bereits ab zwei Ratsmitgliedern eine Fraktionsbildung und unterstellen also auch hier die Möglichkeit, „einen korporativen Gesamtwillen" zu bilden. Gleiches lässt sich für die BGB-Gesellschaft nach §§ 705 ff. BGB sagen (*Schäfer* in MüKO § 705 BGB Rn. 1).

[126] Zu Stiftungen noch → Fn. 132.

[127] BVerwGE 154, 22, Rn. 21.

[128] BVerwGE 154, 22, Rn. 21.

[129] BVerwGE 154, 22, Rn. 21.

[130] So BVerwG BeckRS 2014, 46341, Rn. 11 zur Begriffsbildung in § 2 Abs. 1 VereinsG. Zurückhaltend zur Übertragung dieser Anforderungen auf die verfassungsrechtliche Ebene *Höfling* in Sachs Rn. 16.

[131] BVerwG BeckRS 2016, 42102, Rn. 21 zur Begriffsbildung in § 2 Abs. 1 VereinsG.

[132] BVerwGE 106, 177 (181), BGHZ 99, 344 (350);VG Düsseldorf, NVwZ 1994, 811 (819) – allerdings mit Übertragung der Schranken aus Art. 9 Abs. 2; *Scholz* in Maunz/Dürig Rn. 62; *Kluth* in Friauf/Höfling Rn. 51; *Kemper* in MKS Rn. 18; *Höfling* in Sachs Rn. 11;

28 Bei **öffentlich-rechtlichen Vereinigungen** (insbesondere Körperschaften) fehlt es an dem Element der Freiwilligkeit bzw. des bewussten und selbstverantworteten Zusammenschlusses. Die oben erörterte verfassungsrechtliche Definition spricht sogar explizit von „privatrechtlichen" Zusammenschlüssen (→ Rn. 26). Diese Beschränkung findet sich nicht in § 2 Abs. 1 VereinsG – dies erweist sich jedoch als unerheblich, da sie zugleich in anderen Tatbestandsmerkmalen (konkret: des bewussten und freiwilligen Zusammenschlusses) enthalten sind. Die Vereinigungsfreiheit findet daher – ebenso wie das VereinsG – auf solche Vereinigungen keine Anwendung.[133] Gleiches gilt für die Personalvertretungen[134] und Aufsichtsgremien des Rundfunks[135], die den Schutz des Art. 9 Abs. 1 ebenfalls nicht genießen. Einen Sonderfall bilden jene Religionsgemeinschaften, die gemäß Art. 140 iVm Art. 137 Abs. 5 WRV einen Status als Körperschaften öffentlichen Rechts innehaben; auf diese sind ggf. die Schrankenregelung in Art. 9 Abs. 2 anwendbar.[136] Fraktionen weisen staatsorganisationsrechtlichen Status auf und können sich daher nicht auf grundrechtliche Freiheiten berufen.

29 Bereits die Wahl des Zwecks ist – im Rahmen der verfassungsrechtlichen Grenzen[137] – von der Vereinigungsfreiheit umfasst. Die weltanschauliche und sonstige Neutralität des GG gebietet hierbei **Zweckoffenheit,**[138] die auch der Umsetzung individueller Präferenzen keine Grenzen setzt.[139] Auch die Verfolgung eines rechtswidrigen Zwecks steht der Schutzbereichseröffnung nicht entgegen.[140] Ansonsten wäre die Schrankensetzung[141] in Art. 9 Abs. 2 Alt. 1 letztlich überflüssig.

30 Fraglich ist, ob Art. 9 Abs. 1 auch auf **Wirtschaftsgesellschaften** – wie insbesondere Aktiengesellschaften – anwendbar ist, ob mithin der gemeinsam verfolgte Zweck ein bloß ökonomischer sein kann. Diese Frage wurde in der Rspr zunächst offen gelassen.[142] Entscheidend ist dabei nicht alleine die wirtschaftliche Zielrichtung, die auch in der Historie der Vereinigungen durchaus eine Rolle gespielt hat.[143] Als problematisch erweist sich vielmehr, dass der von Art. 9 Abs. 1 zunächst ins Auge gefasst Vereinigungstypus insbesondere durch ein „personale(s) Element"[144] oder – wie immer wieder in der Rspr des BVerfG betont – die „freie soziale Gruppenbildung"[145] geprägt ist. Wirtschaftsgesellschaften großen Umfangs betreiben hingegen ein „entpersonali-

---

Jarass in Jarass/Pieroth Rn. 5. Auf Art. 19 Abs. 3 kann sich die Stiftung hingegen stützen, da das notwendige „personale Substrat" im Gründerwillen zu finden ist.

[133] AllgM; vgl. nur BVerfG NJW 1995, 514 (515); *Höfling* in Sachs Rn. 14.

[134] BVerfGE 85, 360 (370).

[135] BVerfGE 83, 238 (339).

[136] Hierzu noch → Rn. 210.

[137] Zulässig ist „jeder verfassungsmäßig erlaubte Zweck" (BVerfGE 50, 290 (354)).

[138] *Bauer* in Dreier Rn. 42; *Merten* in HdbStR VII § 165 Rn. 39 f.

[139] Zur Frage, wieweit hierbei auch ausschließende bzw. diskriminierende Zwecksetzungen möglich sind, noch unter Rn. 72. *Merten* in HdbStR VII § 165 Rn. 38 benennt beispielhaft den Herrenclub oder das Damenkränzchen, den Bund der Heimatvertriebenen wie der Einheimischen.

[140] *Bauer* in Dreier Rn. 42; *Höfling* in Sachs Rn. 15; *Jarass* in: Jarass/Pieroth Rn. 3.

[141] Hierzu noch näher → Rn. 83.

[142] So BVerfGE 50, 290 (356) mit ausf. Verweis auf dagegen sprechende Bedenken. Bejahend hingegen BayOLG, BayObLGZ 1982, 368 (373); *Albrecht/Roggenkamp,* VereinsG, § 17 Rn. 3; *Jarass* in Jarass/Pieroth Rn. 5.

[143] Hierzu bereits → Rn. 1 ff.

[144] BVerfGE 50, 290 (355); 124, 26, Rn. 38.

[145] → Nachw. unter Fn. 109.

siertes Massengeschäft“[146], bei welchem jede persönliche Verbundenheit (bereits dem Namen nach) fehlt.[147] Das gemeinsame Interesse ist ein rein ökonomisches. Das BVerfG scheint mittlerweile eine Einzelfallprüfung zu bevorzugen: Sobald aufgrund der Mitgliederzahlen von einer „Entpersonalisierung“ und einer ausschließlichen Beschränkung auf die ökonomische Ebene ausgegangen werden kann,[148] scheint das Gericht, den Rückgriff auf Art. 9 Abs. 1 ausschließen zu wollen. In einer Entscheidung von 10.6.2009 zur Pflicht der Versicherungsunternehmen aus § 12 Abs. 1b) VAG, § 193 Abs. 5 VVG, Versicherungsschutz im Basistarif zu gewähren, verwies das BVerfG auf die unternehmerische Tätigkeit des klagenden *Versicherungsvereins auf Gegenseitigkeit* (VVaG) sowie die Unternehmensgröße, welche soziale Elemente der persönlichen Begegnung der Mitglieder grundsätzlich ausschließt.[149] Die Frage nach der Grundrechtsfähigkeit wurde letztlich nicht endgültig beantwortet, da der streitgegenständlich (auf die Aufnahme von Priestern beschränkte) VVaG nur eine klar umgrenzte Mitgliederzahl umfasste – und daher im Ergebnis eine hinreichende personale Verbundenheit aufwies.

31 Dem Ansatz der Rspr wird mit Kritik begegnet. Einem restriktiven Verständnis wird zunächst die Zweckoffenheit[150] des Art. 9 Abs. 1 entgegengehalten.[151] Eine ökonomische Zwecksetzung alleine kann daher nicht ausreichen, den Schutz der Vereinigungsfreiheit zu versagen. Zugleich scheint das BVerfG weniger auf die Zwecksetzung der Vereinigung als vielmehr auf die Entpersonalisierung abzustellen. Diesem Ansatz wird Art. 19 Abs. 3 entgegengehalten,[152] der den Schutz der Grundrechte auch juristischen Personen angedeihen lässt. Der Rückgriff auf Art. 19 Abs. 3 hilft jedoch nur bedingt weiter: Auch hiernach bedarf es einer wesensmäßigen Anwendbarkeit des Grundrechts, welche richtigerweise auf Seiten der Vereinigung ein hinreichendes „personales Substrat“ erfordert.[153] In dem Wesen der Vereinigung als Personenverband ist ein solches jedoch bereits zu erblicken,[154] weshalb auch Wirtschaftsvereinigungen die Berufung auf Art. 9 Abs. 1 nicht prinzipiell verwehrt werden darf. Das variierende Maß personaler Substanz bzw. persönlicher Verbundenheit ist vielmehr graduell zu erfassen. Je mehr daher die persönliche Verbundenheit zugunsten einer ökonomisierten Zweckrichtung aufgegeben wird, umso mehr schwächt sich die Schutzwirkung des Art. 9

[146] BVerfGE 124, 26, Rn. 38. Vgl. auch BVerfGE 50, 290 (355).
[147] Besonders deutlich wird dies, soweit sich der Aspekt der „Vereinigung“ auf das Innehaben einer Aktie beschränkt. So hat auch das BVerfG die Aktie in seiner Rspr als bloßes Vermögensrecht betrachtet; vgl. BVerfGE 4, 7 (26) – zur Zwangszuteilung von Aktien, BVerfGE 14, 263 (273 ff.) – zum Mitgliedschaftsentzug in einer AG im Falle der Mehrheitsumwandlung.
[148] Beispielhaft werden Mitgliederzahlen „im sechs- bis siebenstelligen Bereich“ genannt (BVerfGE 124, 26, Rn. 38).
[149] BVerfGE 124, 26 ff.
[150] Hierzu bereits → Rn. 29.
[151] *Kemper* in MKS Rn. 24, *Höfling* in Sachs Rn. 12.
[152] *Merten* in HdbStR VII § 165 Rn. 41 ff.
[153] BVerfGE 21, 362 (369) – Sozialversicherungsträger; BVerfGE 61, 82 (101) – Sasbach; BVerfGE 68, 193 (205 f.) – Innungen; BVerfGE 75, 192 (196) – Sparkassen. Aus der Literatur *Badura* DÖV 1990, 353 (354); *Dürig* BayVBl. 1959, 201 (202); *Storr,* Staat als Unternehmer, 2001, 205 ff. sowie *Huber* in MKS Art. 19 Abs. 3 GG Rn. 211: „Diese Durchgriffsthese ist der *zentrale Leitgedanke* des Art. 19 Abs. 3.“ (Hervorhebung durch Verf.).
[154] Siehe hierzu → Rn. 25.

Abs. 1 bei gleichzeitig zunehmender Schutzwirkung der ökonomischen Grundrechte (Art. 12, 14) ab.[155]

32 Die weiteren Tatbestandsmerkmale der Dauerhaftigkeit und der organisierten Willensbildung deuten auf einen Prozess der **Institutionalisierung** hin. Das Element der zeitlichen und organisatorischen Verfestigung dient insbesondere der Abgrenzung von der Versammlungsfreiheit, die als – eines von mehreren[156] – Partnergrundrechten[157] verstanden wird. Während die Versammlungsfreiheit „Augenblicksverband"[158] – gerade mit der Möglichkeit zur Spontanität – ist, verlangt die Vereinigung als „Dauerverband"[159] einen höheren Organisationsgrad, einen dauerhaften Zusammenschluss und organisierte Willensbildung, mithin ein erhöhtes Maß an Stabilität.[160] Damit geht auch eine gewisse personelle Identität einher, ohne dass dies einen Mitgliederwechsel ausschließt. Genauso wenig ist er jedoch zwingend: Auch geschlossene Personenverbände sind daher Vereinigungen iSd Art. 9 Abs. 1. Das Element der Dauerhaftigkeit[161] steht einer grundsätzlichen Befristung der Vereinstätigkeit nicht entgegen.[162] Diese spielt insbesondere bei Zweckerfüllung (bspw. bei Gründergesellschaften oder Bürgerinitiativen) eine Rolle.

33 Aus Gründen eines weiten Grundrechtsschutzes[163] dürfen die Anforderungen an die Institutionalisierung jedoch nicht zu streng gefasst werden, um auch „losere(n) Vereinigungen" Grundrechtsschutz zu sichern.[164] Keinesfalls ist die Institutionalisierung formaljuristisch zu begreifen. Nicht erforderlich ist daher die Rechtsfähigkeit der Vereinigung,[165] sodass gerade auch nichtrechtsfähige Gesellschaften Grundrechtsschutz erlangen können. Hierin liegt eine Parallelisierung zu Koalitionen (iSd Art. 9 Abs. 3) und Parteien (iSd Art. 21).[166] Im Einzelfall – bei geringem institutionellem Rahmen – kann die Abgrenzung zur Versammlung schwierig sein, sodass auf Indizien (wie Namensgebung, Personenidentität, Einigung über Willensbildungsprozesse, Regelmäßigkeit der Zusammenkünfte) zurückgegriffen werden muss. Auch können sich ursprünglich als Versammlungen geplante Zusammenkünfte mit zunehmender Dauer und Organisation zu Vereinigungen verfestigen.

34 **b) Alle Deutschen.** Der persönliche Schutzbereich der Vereinigungsfreiheit umfasst eine individuelle und eine kollektive Komponente, er erstreckt sich daher auf den einzelnen Bürger genauso wie auf die Vereinigung als solche.[167]

---

155 *Bauer* in Dreier Rn. 35.

156 Hierzu bereits → Rn. 19.

157 *Merten* in HdbStR VII § 165 Rn. 1.

158 So *Scholz* in Maunz/Dürig Rn. 65; *Jarass* in Jarass/Pieroth Rn. 2 sowie bereits Haenel, Dt. Staatsrecht I, 1892, 147 und ähnlich *v. Mangoldt,* Das Bonner Grundgesetz, 1953, 82 („Augenblicksverbindung").

159 *Depenheuer* in Sachs Rn. 65, 67.

160 So *Bauer* in Dreier Rn. 41; *Rinken* in AK Rn. 49.

161 Hierzu *Kemper* in MKS Rn. 77; *Stern,* StaatsR IV/1, 2006, § 107 III 2b.

162 *Jarass* in Jarass/Pieroth, Rn. 3.

163 Hierzu *Höfling,* Offene Grundrechtsinterpretation, passim.

164 *Merten* in HdbStR VII § 165 Rn. 38, der exemplarisch auf Bürgerinitiativen, Bürgerbewegungen oder Interessengemeinschaften verweist. Ebenso *Bauer* in Dreier Rn. 41; *Jarass* in Jarass/Pieroth Rn. 3.

165 BVerfGE 80, 244 (253).

166 *Merten* in HdbStR VII § 165 Rn. 32.

167 St. Rspr. des BVerfG, siehe nur BVerfGE 3, 383 (391 f.); 6, 273 (277); 13, 174 (175); 30, 227 (241); 50, 290 (354); 84, 372 (378); BVerfGE 80, 244 (253); 92, 365 (393 f.); 99, 214 (221); 149, 160 (189); NJW 2020, 905 (919).

aa) Individueller Schutz. Aus einer individuellen Perspektive umfasst Art. 9 Abs. 1 das Recht des *Einzelnen,*[168] eine Vereinigung zu gründen, ihr beizutreten oder fernzubleiben sowie innerhalb einer Vereinigung tätig zu werden. Zum detaillierten sachlichen Umfang → Rn. 46 ff. Als Einzelner in diesem Sinne zählt auch die inländische juristische Person des Privatrechts iSd Art. 19 Abs. 3, wenn diese gleichermaßen eine Vereinigung gründet, ihr beitreten oder austreten möchte,[169] jedoch nur soweit sie sich auch selbst auf die Vereinigungsfreiheit berufen kann.[170] 35

Ebenso wie bei Art. 8 Abs. 1, Art. 11 Abs. 1, Art. 12 Abs. 1 S. 1 sowie Art. 16 Abs. 1, 2 beschränkt sich der persönliche Anwendungsbereich des Art. 9 Abs. 1 auf Deutsche iSd 116 Abs. 1.[171] Die Vereinigungsfreiheit wird von Seiten des GG demnach nicht als Menschen-, sondern als Bürgerrecht konzipiert. Letzteren ist ein besonderer politischer und/oder sozialer Bezug eigen: In der Ausgestaltung des Art. 9 Abs. 1 als Bürgerrecht[172] liegt eine übermäßige Betonung der politischen Funktion dieses Grundrechts.[173] Die Beschränkung des persönlichen Schutzbereichs wird daher auch damit begründet, dass der Staat „bei der politischen Betätigung von Ausländern, die stets auch (außen-)politische Belange der Bundesrepublik berühren können, spezifische Eingriffsinstrumentarien benötigt".[174] In der Verfassungsbegründung schwang zudem die Erwägung mit, möglicherweise den im Ausland lebenden Deutschen durch Verträge auf Gegenseitigkeit mit ausländischen Staaten die Vereinigungsfreiheit zu sichern.[175] 36

Dem Versuch, Ausländer unter Verweis auf Art. 1 Abs. 1 dennoch in den Schutzbereich der Deutschengrundrechte einzubeziehen, steht die ausdrückliche Entscheidung des GG entgegen.[176] Ausländer – ohne deutsche Staatsangehörigkeit und Status – werden daher im Anwendungsbereich des Art. 9 Abs. 1 grundsätzlich auf das Auffanggrundrecht der allgemeinen Handlungsfreiheit nach Art. 2 Abs. 1 verwiesen, welches eine „grundrechtlich versubjektivierte Garantie der Gesetzmäßigkeit der Verwaltung als Ausdruck der Persönlichkeitsentfaltung"[177] enthält. Hierin liegt insbesondere aufgrund der Unanwendbarkeit des Art. 9 Abs. 2 eine spürbare Absenkung des Schutzniveaus, die auch einfach-gesetzlich umgesetzt wird.[178] 37

---

[168] Zur individuellen Komponente der Vereinigungsfreiheit BVerfGE 30, 227 (241).

[169] Vgl. etwa zum Beitritt eines Sportvereins zum Landessportbund Hessen BVerfG NJW-RR 1989, 636 ff.; zum Beitritt einer Jugendgruppe zum Stadtjugendring LG Heidelberg, NJW 1991, 297. Zu den Voraussetzungen des Art. 19 Abs. 3 (insbes. zum Begriff der juristischen Person sowie zur Inlandseigenschaft) vgl. die Kommentierung zu Art. 19. Das Recht auf Bildung und Bestand wird hingegen von der unmittelbar aus Art. 9 Abs. 1 abgeleiteten kollektiven Vereinigungsfreiheit umfasst; vgl. hierzu noch Näheres unter Rn. 41.

[170] Ein Zusammenschluss mehrerer Stiftungen nach Art. 9 Abs. 1 scheidet daher aus (→ Rn. 27 aE, aA *Kluth* in Friauf/Höfling Rn. 53).

[171] Zur Konkretisierung des Deutschen-Begriffs im GG Art. 116 Rn. 36 ff.

[172] Genauso war im Übrigen Art. 124 WRV als „Deutschengrundrecht" ausgestaltet.

[173] Insgesamt zu den Funktionen siehe unter Rn. 18 ff., 25 ff.

[174] *Waldhoff* JuS 2006, 950.

[175] JöR n. F. 1 (1951), 117.

[176] So explizit mit Blick auf Art. 9 Abs. 1 BVerfG NVwZ 2000, 1281 (1281); ebenso bereits für Art. 12 Abs. 1 BVerfGE 78, 179 (196). Der Verweis auf den „menschenrechtlichen Gehalt der Vereinigungsfreiheit" im Mitbestimmungsurteil (BVerfGE 50, 290, 353) soll an dieser Grundannahme nicht rütteln, sondern vielmehr den „personalen Grundzug" der Vereinigungsfreiheit betonen.

[177] So treffend *Löwer* in: v. Münch/Kunig, 6. Aufl. 2012, Rn. 13.

[178] Zu Ausländervereinen → Rn. 44.

38 Anderes gilt für sog. EU-Ausländer: Einer Reduzierung des Grundrechtsschutzes auf das Niveau der allgemeinen Handlungsfreiheit steht im Anwendungsbereich des Unionsrechts das vorrangige Diskriminierungsverbot des Art. 18 AEUV entgegen.[179] Auch wenn daher im Ergebnis weitgehende Einigkeit hinsichtlich der Angleichung des Grundrechtsschutzes von Deutschen iSd Art. 116 Abs. 1 und EU-Ausländern besteht,[180] so kreist die Diskussion um die Frage des „Wie". Überzeugend erscheint der Ansatz einer (rechtsfortbildenden)[181] Anwendung des sachlich einschlägigen Grundrechts.[182] Nach anderer Auffassung werden EU-Ausländer in diesen Fällen auf den Art. 2 Abs. 1 beschränkt, wobei dieses Grundrecht auf das Schutzniveau des entsprechenden Deutschengrundrechts im Sinne eines qualifizierten Grundrechtsschutzes anzuheben ist.[183] Dieser Weiterentwicklung des Art. 2 Abs. 1 lässt sich entgegengehalten, dass eine unionsrechtskonforme Auslegung als Voraussetzung die Kollision von nationalem und europäischem Recht verlangt, welche im Verhältnis zu Art. 2 Abs. 1 gerade nicht besteht.[184] Auf unterschiedlichen Wegen wird jedenfalls ein vergleichbares Ergebnis (die Gleichstellung der EU-Bürger) erreicht.[185] Die grundrechtliche Erweiterung des Anwendungsbereichs der Vereinigungsfreiheit wird einfach-gesetzlich in § 14 Abs. 1 S. 2 VereinsG nachvollzogen, wonach Vereine, „deren Mitglieder oder Leiter sämtlich oder überwiegend ausländische Staatsangehörige eines Mitgliedstaates der Europäischen Union sind", nicht als Ausländervereine gelten, weshalb auf sie die auch für deutsche Staatsangehörige geltenden vereinsgesetzlichen Regelungen zur Anwendung kommen.

39 Fraglich war zunächst, inwieweit eine Gleichstellung von Deutschen und EU-Ausländern rechtlich geboten ist. In den jüngeren Jahren der Europäischen Union wurde eine Beschränkung der Angleichung auf die wirtschaftlichen Grundrechte (insbesondere Art. 12 Abs. 1) befürwortet. Hingegen sollte keine Diskriminierung bei Grundrechten mit demokratischem Gehalt (insbes. Art. 8 Abs. 1) vorliegen, da hier die Besserstellung des deutschen Staatsangehörigen aus einer staatsrechtlichen Stellung resultiere.[186] Die Vereinigungsfreiheit

---

[179] So v. *Bogdandy* in Grabitz/Hilf/Nettesheim Art. 18 AEUV Rn. 48 m. w. N.

[180] Eine restriktive Auffassung will das grundrechtliche Schutzniveau auf einfach-gesetzlichem Weg sicherstellen; siehe *Kunig* in: v. Münch/Kunig, 6. Aufl. 2012, Art. 8 Rn. 8; *Sachs* in Sachs vor Art. 1 GG Rn. 73; *Störmer* AöR 123 (1998), 541 (574 f.); *Schulze-Fielitz* in Dreier Art. 8 Rn. 53.

[181] Um eine Rechtsfortbildung – keine (unionsrechtsfreundliche) Auslegung – handelt es sich, da die Wortlautgrenze missachtet wird; vgl. hierzu allerdings auch Art. 79 Abs. 1 S. 1. Nach *Breuer* in HdbStR VIII § 170 Rn. 43 geht es hingegen nicht „um eine korrigierende Auslegung des Art. 12 Abs. 1, sondern um die konsequente Auslegung und Anwendung der europarechtlichen Gleichstellung".

[182] So *Breuer* in HdbStR VIII § 170 Rn. 43; *Jarass* in Jarass/Pieroth Art. 19 Rn. 12; *Klein* FS f. Stern, 1997, 1301 (1309 f.), der von unionsrechtskonformer Rechtsauslegung spricht; *Oppermann*, Europäisches Gemeinschaftsrecht und deutsche Bildungsordnung, 1987, 32, 84. Zu dieser tendiert das BVerfG auch im Falle der Anwendung des Art. 19 Abs. 3 auf juristische Personen mit Sitz in einem EU-Mitgliedsstaat (BVerfGE 129, 78 [91], 94 ff., Rn. 71, 77 ff.]).

[183] BVerwGE 148, 344, Rn. 11; BVerfG NJW 2016, 1436 (1437); *Bauer* in Dreier Art. 9 Rn. 17 (allerdings in Fn. 98 auch mit krit. Unterton; mit Forderung der Aufnahme einer Unionsbürgerklausel in das GG daher *Bauer* FS f. Maurer, 2001, 13 (14 f.)); *Bauer/Kahl* JZ 1995, 1077 (1083); *Dreier* in Dreier Vorb. Rn. 116; *Epping*, Grundrechte, Rn. 584; *Heintzen*, HGR II, § 50 Rn. 46; *Höfling* in Sachs Rn. 33; *Starck* in MKS Art. 1 Rn. 208.

[184] *Störmer* AöR 123 (1998), 541 (551).

[185] Zum Ausländerverein → Rn. 44.

[186] So (immer noch) *Breuer* in HdbStR VIII § 170 Rn. 43 ausdrücklich zu Art. 8. Krit. zu dieser Differenzierung *Bauer/Kahl* JZ 1995, 1077 (1078, insbes. Fn. 12) mit dem ausdrücklichen

nimmt aufgrund der Weite ihres Anwendungsbereichs[187] beide Aspekte auf und würde so die Schwierigkeit einer differenzierenden einzelfallbezogenen Betrachtung aufwerfen. Nach richtiger Ansicht verlangt Art. 18, 26 Abs. 2 AEUV jedoch eine nicht-differenzierende Gleichstellung im Anwendungsbereich des Vertrags.[188] Diese Annahme wird gestützt durch die Entwicklung der Union von einer reinen Wirtschafts- zu einer sozialen und politischen (Werte-)Gemeinschaft, wie die Entwicklung der Unionsbürgerschaft verdeutlicht. Korrespondierend zur Erweiterung der (aktiven und passiven) Wahlberechtigung auf kommunaler Ebene durch Art. 28 Abs. 1 S. 3 müssen etwa auch kommunale Wählervereinigungen oder Rathausparteien von der Gleichstellung der sog. EU-Ausländer profitieren.[189] Eine Differenzierung zwischen „wirtschaftlichen" und „politischen" Grundrechten würde diesem Befund ebenso wenig gerecht wie der Vielgestaltigkeit der Vereinigungsfreiheit.

Die Grundrechtsmündigkeit des Minderjährigen wird teilweise „[i]m **40**
Gleichklang mit dem Zivilrecht" bejaht.[190] Dem ist mit Blick auf wirtschaftliche Vereinigungen, die auf den Abschluss rechtsgeschäftlicher Verträge ausgerichtet sind, zuzustimmen. Solche setzen daher – nach Maßgabe der unbeschränkten Geschäftsfähigkeit – die Volljährigkeit voraus. In diesem Sinne wirkt die Beschränkung der Grundrechtsmündigkeit schützend auf den Lebensbereich des Minderjährigen ein. Soweit man diesen Schutzgedanken berücksichtigt und weiterführend den Gedanken der Grundrechtsmündigkeit als Konzept des Ausgleichs von *Kindesgrundrechten* und elterlichem *Erziehungsrecht* (im Sinne der Zuständigkeit für die Grundrechts*ausübung* im Verhältnis zu Dritten) versteht,[191] ist einer Beschränkung der kindlichen Grundrechtsausübung nach Maßgabe der Grundrechtsmündigkeit zuzustimmen.[192] Soweit keine rechtsgeschäftlichen Bindungen in Rede stehen, genügt daher die Fähigkeit, themenbezogen einsichtsfähig zu handeln.[193] Eine solche Einsichtsfähigkeit wird durch die bewusste Entscheidung zur Vereinigungstätigkeit regelmäßig impliziert. An einer solchen gleichsam individuellen wie graduellen Grenzziehung kann die Beitragspflichtigkeit einer Vereinsmitgliedschaft nichts ändern. Zwar ist der Minderjährige nicht fähig, eine solche rechtsgeschäftliche Verpflichtung rechtswirksam einzugehen – § 110 BGB findet in diesen Fällen mangels bezahlter „Gegenleistung" keine Anwendung.[194] Diese zivilrechtliche Frage kann jedoch nicht auf die Zuerkennung des grundrechtlichen Schutzes zurückwirken.

bb) Kollektiver Schutz. Aus einer kollektiven Perspektive umfasst Art. 9 **41**
Abs. 1 das Recht der Vereinigung auf Bestand und Betätigung,[195] **ohne dass**

---

und richtigen Verweis darauf, dass Art. 9 Abs. 1 gerade nicht nur eine politische, sondern bspw. auch eine wirtschaftliche Dimension aufweist (zu sonstigen Dimensionen → Rn. 18 ff.).

[187] → Rn. 18 ff., 25 ff., 29.

[188] *v. Bogdandy* in: Grabitz/Hilf/Nettesheim Art. 18 AEUV (42. Lfg. 2010) Rn. 48 („insbesondere aus Art. 8, 9, 11 und 12 GG"). Explizite Benennung des Art. 9 Abs. 1 bei *Starck* in: MKS Art. 1 Abs. 3 Rn. 208.

[189] *Bauer* in Dreier Rn. 17.

[190] *Merten* in HdbStR VII § 165 Rn. 35.

[191] Hierzu *Dürig* in Maunz/Dürig Art. 19 Abs. 3 (1977) Rn. 22.

[192] AA *Jarass* in Jarass/Pieroth Rn. 10; *Kemper* in MKS Rn. 68.

[193] In diesem Sinne auch *Bauer* in Dreier Rn. 33.

[194] Hierzu *Palandt*, BGB, § 110 Rn. 4.

[195] StRspr des BVerfG, siehe nur BVerfGE 3, 383 (391 f.); 6, 273 (277); 13, 174 (175); 30, 227 (241); 50, 290 (354); 84, 372 (378); BVerfGE 80, 244 (253); 92, 365 (393 f.); 99, 214

es hierzu des Rückgriffs auf Art. 19 Abs. 3 bedarf. Dahinter steht die vom BVerfG entwickelte These von den „Doppelgrundrechten", die neben Art. 9 Abs. 1, 3 auch für Religionsgemeinschaften nach Art. 140 iVm Art. 137 Abs. 3 WRV, Rundfunkanstalten nach Art. 5 Abs. 1 S. 2 sowie Universitäten nach Art. 5 Abs. 3 diskutiert wird. Ihre Anwendung auf Art. 9 Abs. 1 wird vom BVerfG – relativ knapp – mit dem „engen Zusammenhang" von individueller und kollektiver Vereinigungsfreiheit begründet.[196] Von Seiten der Literatur wird dieser Begründungsansatz durch den Gedanken erhöhter Grundrechtseffektivität ergänzt.[197] Zugleich wird dem Wirken der Vereinigung gegenüber dem vereinten Wirken der Mitglieder ein Eigenwert zuerkannt, der in der kollektiven Vereinigungsfreiheit aufgegriffen wird.[198] Der ausschließliche Verweis auf Art. 19 Abs. 3 ließe schließlich im Hinblick auf Vereinsbestand und Vereinsbetätigung Schutzlücken.[199]

42 Kritische Stimmen[200] fürchten eine Umgehung der (strengeren) Voraussetzungen des Art. 19 Abs. 3[201] und sprechen daher den oben genannten Grundrechten nur den Schutz der kollektiven Grundrechtsausübung der Einzelnen, nicht des (dann grundrechtsfähigen) Kollektivs zu. Art. 19 Abs. 3 enthält für Vereinigungen im Sinne dieser Vorschrift jedoch nur einen subsidiären – grundsätzlich den gesamten Bereich der Grundrechte betreffenden – Schutz, der einer gegenständlichen Erweiterung im Einzelfall nicht entgegensteht. So ermöglicht es nur die kollektive Vereinigungsfreiheit die Reichweite des Schutzumfangs sachgerecht abzustecken: Während nämlich Art. 19 Abs. 3 mindestens eine Teilrechtsfähigkeit der „juristischen Person" verlangt,[202] gewährt Art. 9 Abs. 1 jeder Vereinigung Grundrechtsschutz, die über eine gewisse Stabilität verfügt.[203] Der ausschließliche Rückgriff auf Art. 19 Abs. 3 würde daher hinsichtlich des Schutzniveaus zu einer unzulässigen Differenzierung innerhalb der Vereinigungen führen. Eine Aushöhlung des Art. 19 Abs. 3 kann hierin nicht gesehen werden, da wesentliche Strukturprinzipien des Art. 19 Abs. 3 in die Auslegung des Art. 9 Abs. 1 hineingelesen und mögliche Unterschiede hierdurch nivelliert werden (kön-

(221); 149, 160 (189); NJW 2020, 905 (919); zur Klagebefugnis eines Dachverbandes kommunaler Wählervereinigungen: BVerfGE 99, 69 Rn. 47; aus der Literatur ebenso *Merten* in HdbStR VII § 165 Rn. 29; *Ziekow,* HGR IV, § 107 Rn. 11 f.

[196] BVerfGE 50, 290 (354).

[197] So *Ziekow,* HGR IV, § 107 Rn. 12, der im Detail die Differenzen zwischen einem kollektiven Grundrechtsverständnis und der Anwendung des Art. 19 Abs. 3 darlegt.

[198] In diese Richtung *Ziekow,* HGR IV, § 107 Rn. 12 (dabei besonders die demokratische Funktion der Vereinigungsfreiheit hervorhebend): „Eine einseitig individualrechtlich-personale Betrachtung, derzufolge die Vereinigungsfreiheit nur die ‚summiert-individuale Grundrechtsausübung' garantiert, verkürzt die demokratisch-funktionale Dimension der Vereinigungsfreiheit unzulässig".

[199] Hierauf weisen *Merten* in HdbStR VII § 165 Rn. 29 *Ziekow,* HGR IV, § 107 Rn. 12 dezidiert hin.

[200] So etwa *Höfling* in Sachs Rn. 27; *Kluth* in Friauf/Höfling Rn. 9 f. S. auch → Art. 19 Rn. 61. Wie hier hingegen *Remmert* in Maunz/Dürig Art. 19 Abs. 3 GG (55. Lfg. 2009) Rn. 109; *Huber* in MKS Art. 19 Abs. 3 GG Rn. 230 f. (zum Verhältnis von Art. 9 Abs. 1 GG und Art. 19 Abs. 3 GG); *Badura/Rittner/Rüthers,* Mitbestimmungsgesetz 1976 und Grundgesetz, 1977, 215; *Hesse,* Verfassungsrecht, Rn. 410; mit ausf. Begründung *Merten* in HdbStR VII § 165 Rn. 28 ff.

[201] Dem ist wiederum die weitgehende Nivellierung der Anwendungsvoraussetzungen (s. noch unten) entgegenzuhalten.

[202] Hierzu unter Art. 19 Rn. 66 ff., insbes. 71. Auf diese Problematik hinweisend *Ziekow,* HGR IV, § 107 Rn. 12.

[203] Hierzu bereits → Rn. 32 f.

nen):[204] So wird die Notwendigkeit personaler Verbundenheit bei Wirtschaftsgesellschaften diskutiert.[205] Auch ist der sachliche Anwendungsbereich auf *inländische* Vereinigungen zu begrenzen:[206] So muss die Vereinigung ihren Sitz im Inland oder in Übertragung der Rspr[207] zu Art. 19 Abs. 3 zumindest im EU-Ausland haben. Ausländische Vereine erhalten weder nach Art. 19 Abs. 3 noch Art. 9 Abs. 1 Grundrechtsschutz. Einfachgesetzlich sind sie in § 15 VereinsG geregelt.

Die Vereinigung ist jedoch darauf beschränkt, ihre eigene Grundrechtsposition geltend zu machen. Art. 9 Abs. 1 schützt nicht die Geltendmachung der Grundrechte ihrer Mitglieder. Ebenso wenig kann hieraus eine Beschwerdebefugnis bzw. Prozessstandschaft der Vereinigung abgeleitet werden.[208] Weiter zur (mangelnden) Ableitung der Verbandsklage aus Art. 9 Abs. 1 → Rn. 60.[209] Das aus Art. 9 Abs. 1 abzuleitende Kollektivrecht beschränkt sich inhaltlich auf verbandsinterne und kernbereichsspezifische verbandsexterne Betätigung (vgl. → Rn. 56 ff., 59 ff.). Eine weitergehende Grundrechtsausübung – im Sinne eines „vereinszweckrealisierenden Außenwirkens"[210] – erfolgt über Art. 19 Abs. 3 iVm dem spezielleren Grundrecht. **43**

Auch mit Blick auf die kollektive Vereinigungsfreiheit wirkt die Konzeption des Art. 9 Abs. 1 als Deutschengrundrecht. **Ausländervereine,** also solche Vereine, deren Mitglieder oder Leiter sämtlich oder überwiegend Ausländer sind, unterfallen daher nicht dem Schutzbereich des Art. 9 Abs. 1.[211] Dies gilt unter bestimmten Voraussetzungen auch für sog. **Mischvereine,** in denen deutsche und ausländische Vereinsmitglieder zusammentreffen.[212] Der Diskussion unter Art. 19 Abs. 3 vergleichbar herrscht auch hier in Teilen Ungewissheit, wo die Grenze zu ziehen ist. Das BVerfG geht von der Gleichstellung des Mischvereins mit dem Ausländerverein jedenfalls dann aus, wenn Mitglieder oder Leiter des Vereins *überwiegend* Ausländer sind.[213] Damit bestätigt es die Verfassungskonformität des § 14 Abs. 1 S. 1, Abs. 2 VereinsG, welcher Ausländervereine in diesem Sinne definiert und zugleich deren Verbotsgründe über die in Art. 9 Abs. 2 genannten hinaus erweitert.[214] Zugleich betont das Gericht in dieser Entscheidung, dass das Tatbestandsmerkmals des „Überwiegens" im Rahmen einer verfassungskonformen Auslegung nicht alleine im Sinne eines Zahlenverhältnisses von Ausländern und Deutschen interpretiert werden darf,[215] sondern auch eine materielle Gewichtung ent- **44**

---

[204] Hierzu → Rn. 30 (zur Grundrechtsfähigkeit von Wirtschaftsgesellschaften) sowie → Rn. 80 sowie Rn. 42 aE (zum inländischen Sitz).

[205] Art. 19 Abs. 3 verlangt unter dem Merkmal „seinem Wesen gemäß anwendbar" nach richtiger Ansicht ebenfalls ein „personales Substrat".

[206] Unter Hinweis auf den Grundsatz der „Einheit der Verfassung" *Huber* in MKS Art. 19 Abs. 3 Rn. 296.

[207] BVerfGE 129, 78 (96); vgl. auch BVerfG (K) NVwZ 2008, 670.

[208] BVerfGK 8, 136 ff.

[209] Hierin liegt gerade nicht Zuerkennung eigener Rechtspositionen, sondern Zuschreibung der Verfolgung anderer Rechte bzw. Sicherstellung der objektiven Rechtsverfolgung.

[210] Hierzu noch → Rn. 59.

[211] BVerfG NVwZ 2000, 1281 (1281).

[212] BVerfG NVwZ 2000, 1281 (1281).

[213] BVerfG NVwZ 2000, 1281 (1281); vgl. auch BVerwG BeckRS 2016, 113752.

[214] So dürfen Ausländervereine auch „zum Schutz der äußeren und inneren Sicherheit, der öffentlichen Ordnung und sonstiger erheblicher Belange der Bundesrepublik oder eines ihrer Länder" verboten werden; hierzu bspw. BVerwGE 55, 175.

[215] Kritisch zu einer solchen Auslegung bereits *v. Feldmann* DÖV 1965, 29 (34); *Feldmann,* Vereinigungsfreiheit und Vereinigungsverbot, 1972, 114 f.

halten kann.[216] Zwar konkretisiert das Gericht mangels tatsächlicher Relevanz nicht, wie eine solche Gewichtung aussehen könnte. Der Rückgriff auf Art. 19 Abs. 3 bietet hier jedoch Anhaltspunkte.

45 Das Merkmal des „Überwiegens" ergibt sich demnach aus dem vorhandenen Gesamtbild bzw. dem „sozialen Erscheinungsbild"[217], in welches u. a. folgende Aspekte einzubeziehen sind: zahlenmäßiges Verhältnis der Mitglieder (als *ein* Merkmal unter mehreren),[218] Stellung von Ausländern und Deutschen im Verein, tatsächliche Verteilung der (Leitungs-)Funktionen und Entscheidungsbefugnisse,[219] die Ausrichtung der Vereinigung (auf „deutsche" oder „ausländische" Ziele – auch wenn diese Zuordnung im Einzelnen schwer fallen dürfte), Finanzierung etc.[220] Das BVerfG bestätigt schließlich die verfassungskonforme Auslegung des Begriffs der „Leitung" durch das BVerwG: Insbesondere um Umgehungsmöglichkeiten nach § 14 VereinsG auszuschließen, darf eine verfassungskonforme Auslegung des einfachen Gesetzesrechts nicht nur auf die „personelle Besetzung des Vorstandes" abstellen, sondern muss auch die maßgebliche Beeinflussung des Vereinsgeschehens durch Ausländer von außen oder innen in den Blick nehmen.[221]

46 **c) Haben das Recht, Vereine und Gesellschaften zu bilden.** Das Grundrecht der Vereinigungsfreiheit gewährleistet die Freiheit, privatrechtliche Vereinigungen zu bilden, ihnen beizutreten oder fernzubleiben.[222] Die Vereinigungen selbst können das Recht auf die Gestaltung der internen Organisationsstruktur, des Verfahrens der Willensbildung und der internen Geschäftsführung geltend machen.

47 **aa) Positive und negative Reichweite.** Die **positive** Vereinigungsfreiheit gewährleistet zuvörderst das Recht, sich zu Vereinigungen des privaten Rechts zusammenzuschließen.[223] Damit garantiert Art. 9 Abs. 1 „die freie soziale Gruppenbildung",[224] also insbesondere die Wahl von Ort, Zeit und Zweck der Vereinsbildung. Die Rechtmäßigkeit des Vereinszwecks kann auf Schutzbereichsebene noch keine Bedeutung entfalten. Nicht geschützt ist das Recht, öffentlich-rechtliche Vereinigungen bzw. Verbände zu gründen. Dies begründet sich bereits historisch. Zudem liegt es nicht in der privaten Verfügungsbefugnis, eine öffentlich-rechtliche Organisationsform zu wählen. Mangels Freiwilligkeit handelt es sich hierbei bereits nicht um Vereinigungen iSd Art. 9 Abs. 1.[225]

48 Der Schutz des Grundrechts umfasst sowohl die Selbstbestimmung über die eigene Organisation der Vereinigung, das Verfahren ihrer Willensbildung und die Führung ihrer Geschäfte[226] als auch das Recht auf Entstehen und Bestehen.[227] Auch die spezifisch **vereinsmäßige Tätigkeit** ist geschützt.[228]

---

[216] BVerfG NVwZ 2000, 1281 (1281).
[217] *Feldmann,* Vereinigungsfreiheit und Vereinigungsverbot, 1972, 114.
[218] Vgl. hierzu BVerwG NVwZ 1995, 587 (587).
[219] BVerwG NVwZ 1997, 68 (70).
[220] *Feldmann,* Vereinigungsfreiheit und Vereinigungsverbot, 1972, 114 f.
[221] BVerfG NVwZ 2000, 1281 (1281).
[222] BVerfGE 10, 89 (102); 10, 354 (361); 84, 372 (378).
[223] BVerfGE 10, 89 (102); 10, 354 (361 f.).
[224] BVerfGE 38, 281 (303); 50, 290 (353).
[225] Hierzu bereits → Rn. 28.
[226] BVerfGE 50, 290 (354); 80, 244 (253); BVerfG NJW 2015, 612 (612).
[227] BVerfGE 13, 174 (175); BVerfG NJW 2015, 612 (612); NVwZ 2018, 1788 (1789).
[228] Vgl. BVerfGE 80, 244 (253). Hierzu noch → Rn. 59.

Dieses Recht betrifft die Vereinsmitglieder und die Vereinigung selbst. Erfasst ist auch das Recht des Vereins, über die Aufnahme und den Ausschluss von Mitgliedern selbst zu bestimmen. Darin angelegt ist bereits eine Differenzierung zwischen innengerichteter und außengerichteter Freiheitsbetätigung. Während die innengerichtete Tätigkeit dem Kernbereich der Freiheitsbetätigung zugerechnet wird (→ Rn. 56 ff.), wird die außengerichtete Tätigkeit nur unter der Bedingung der „Vereinsrelevanz" geschützt (→ Rn. 59 f.). Dass die Grenzen zwischen Innen und Außen auch verschwimmen können, zeigt sich an der Rauchverbotsentscheidung des BVerfG: „Ein Rauchverbot in den Vereinsräumlichkeiten ist jedenfalls dann kein Eingriff in die Betätigungsfreiheit des Vereins und der Vereinsmitglieder, wenn die Räumlichkeiten zwar zur Ausübung des gemeinsam verfolgten Vereinszwecks – dem gemeinsamen Rauchen – genutzt werden sollen, aber auf Grund der offenen Mitgliederstruktur tatsächlich öffentlich zugänglich sind."[229]

Der sachliche Schutzbereich des Art. 9 Abs. 1 umfasst auch **digitale Handlungsformen:** Mitgliederwerbung oder Selbstdarstellung im Internet sind daher auch als Teilbereich der Vereinigungsfreiheit geschützt.[230] Gleiches gilt für vereinsinterne Handlungen – etwa die Einführung virtueller Gremiensitzungen. Die entsprechenden einfach-gesetzlichen Normen sind gegebenenfalls verfassungskonform auszulegen.[231] Die Frage, ob sich darüber hinaus eine echte „Online-Vereinigungsfreiheit" herausgebildet hat,[232] scheint weniger dringlich als etwa bei der Versammlungsfreiheit, als deren Kernelement häufig das höchstpersönliche Zusammentreffen benannt wird. Vereinigungen hingegen bilden im Regelfall nur einen institutionalisierten Rahmen, der kein fortdauerndes, sondern lediglich ein punktuelles Zusammentreffen voraussetzt, so dass analoge und digitale Vereinigungen wesensnah sind. Das in der Mitgliederversammlung enthaltene höchstpersönliche Element wird vornehmlich über einfach-gesetzliche Vorschriften geregelt. Eine Online-Mitgliederversammlung, die über technische Vorgaben eine Beschränkung auf die Versammlungsmitglieder vorsieht,[233] ist auch aus verfassungsrechtlicher Sicht als hinreichend anzusehen.[234] 49

Zur positiven Vereinigungsfreiheit gehört auch das Recht *der Vereinigung,* sich den gesetzlichen Vorgaben entsprechend[235] aufzulösen. 50

[229] BVerfG NJW 2015, 612 (613).

[230] *Hoffmann/Luch/Schulz/Borchers,* Digitale Dimension der Grundrechte, 2015, 174, die von einer „Online-Betätigungsfreiheit" sprechen; *Luch/Schulz* in Neubestimmung der Privatheit 153 (174).

[231] So *Luch/Schulz* in Die Neubestimmung der Privatheit 153 (175). Die satzungsmäßige Option einer Online-Mitgliederversammlung wurde von OLG Hamm, MMR 2012, 420 f. bestätigt; die Forderung, Online-Versammlungen als gleichwertig anzusehen, findet sich bereits bei *Erdmann,* MMR 2000, 526 ff. Hierzu noch *Stöber/Otto,* Handbuch zum Vereinsrecht, Rn. 639.

[232] Bejahend *Möhlen* MMR 2013, 221 (228); *Rutzen/Zenn* International Journal of Non-for-Profit Law 2011, 53 (66); UN-Menschenrechtsausschuss, A/HRC/20/27, Report of the Special Rapporteur on the rights to freedom of peaceful assembly and association, Rn. 63. Zu dem Sonderfall der „virtuellen Parteiverbände", die als Nebenorganisationen von Parteien Art. 9 Abs. 1 unterfallen, *Riegler,* Virtuelle Parteiverbände, 147 ff. und passim – hier auch zur Frage der virtuellen Mitgliederversammlung.

[233] Hierzu OLG Hamm MMR 2012, 420 f. (m. w. N. aus der Lit.); *Beck* RNotZ 2014, 160 (167 f.).

[234] *Hoffmann/Luch/Schulz/Borchers,* Digitale Dimension der Grundrechte, 2015, 176.

[235] Vgl. etwa§ 41 Abs. 1 S. 1 BGB, § 74 BGB, §§ 262 f. AktG, §§ 60, 65 GmbHG.

51 Zugleich wird die **negative** Freiheit geschützt,[236] aus privatrechtlichen Vereinigungen auszutreten oder diesen von vorneherein fernzubleiben.[237] Problematisch wurde dies in der Vergangenheit maßgeblich bei der pflichtigen Zuordnung von Genossenschaften an genossenschaftliche Prüfverbände gemäß § 54 GenG.[238] Die Zwangsmitgliedschaft rechtfertigt sich hier „allenfalls [!] mit dem öffentlichen Interesse an einer effizienten, den Besonderheiten dieser Rechtsform Rechnung tragenden Prüfung der Genossenschaft".[239] Zugleich muss sich eine solche Pflichtmitgliedschaft auf den zur Zielerreichung notwendigen Eingriff beschränken, hier also konkret auf die verbandrechtliche Pflicht, „sich von dem zuständigen Prüfungsverband prüfen zu lassen und die damit verbundenen Kosten zu tragen".[240] Eine Erweiterung der pflichtmitgliedschaftlichen Pflichten kommt daneben nicht in Betracht.[241]

52 Art. 9 Abs. 1 kennt nach teilweise vertretener Ansicht im Hinblick auf öffentlich-rechtliche Vereinigungen sogar eine negative Freiheit, der keine positive Freiheit entspricht: Es sei danach zwar nicht das Recht zur Vereinigung in öffentlich-rechtlicher Organisationsform (hierzu bereits → Rn. 28, 47), aber das Recht zum Fernbleiben von einer solchen Vereinigung von Art. 9 Abs. 1 geschützt.[242] Relevant wird dies beispielsweise im Hinblick auf die Pflichtzugehörigkeit zur Industrie- und Handelskammer (IHK; Körperschaften des öffentlichen Rechts nach § 3 Abs. 1 IHKG) nach § 2 Abs. 1 IHKG,[243] zur Handwerkskammer (Körperschaften des öffentlichen Rechts nach § 90 Abs. 1 Hs. 2 HwO) nach § 90 Abs. 2, 3 HwO oder zu einer Jagdgenossenschaft.[244] Die Gegenauffassung,[245] der auch das BVerfG

---

[236] So auch *Scholz* in Maunz/Dürig Rn. 42. Zur negativen Ausprägung der Vereinigungsfreiheit *Schöbener* VerwArch (91) 2000, 374 (388 ff.).

[237] StRspr seit BVerfGE 10, 89 (102); mit Verweis auf die Verbotsgründe in Art. 9 Abs. 2 zumindest zweifelnd etwa *Reinhardt* FS f. Draheim, 1968, 227 ff., der jedoch missachtet, dass sich die Verbotsgründe nach Abs. 2 ohnehin nur auf einen konkreten Eingriffstatbestand beziehen.

[238] BVerfG NJW 2001, 2617 ff.; BGHZ 130, 243 ff. Gemäß § 54 GenG müssen eingetragene Genossenschaften einem Verband angehören, dem das Prüfungsrecht verliehen wurde. Bei den Prüfungsverbänden handelt es sich regelmäßig um eingetragene Vereine, denen durch die zuständigen Landes- oder Bundesbehörden das Prüfungsrecht verliehen wurde und die staatlicher Aufsicht unterliegen. Die Prüfungsverbände haben zur „Feststellung der wirtschaftlichen Verhältnisse und der Ordnungsmäßigkeit der Geschäftsführung" Einrichtungen, Vermögenslage und Geschäftsführung der Genossenschaft regelmäßig zu prüfen (§ 53 Abs. 1 S. 1 GenG).

[239] BGHZ 130, 243, Rn. 21. So auch die Begründung für die Einführung dieser Regelung durch Gesetz vom 30.10.1934 (RGBl 1934 I 1077); vgl. amtl. Begr.: Deutscher RAnz und Preußischer Staatsanzeiger 1934 Nr. 256 v. 1.11.1934. *Glenk* NJW 1997, 110 ff. empfiehlt aufgrund dieser Zwecksetzung eine Umwandelung der Genossenschaften in öffentlich-rechtliche Körperschaften.

[240] BGHZ 130, 243, Rn. 21.

[241] BGHZ 130, 243, Rn. 21.

[242] So etwa *Bauer* in Dreier Rn. 47; *Höfling* in Sachs Rn. 22 ff.; *Ipsen,* StaatsR II, 22. Aufl. 2019, 23 f.; *Kingreen/Poscher,* Grundrechte, 5. Aufl. 2019, Rn. 806, 812 ff.; *Kleine-Cosack,* Berufsständische Autonomie und Grundgesetz, 1986, 143 ff.; *Schöbener* VerwArch (91) 2000, 374 (396 ff.); *Scholz,* Die Koalitionsfreiheit als Verfassungsproblem, 1971, 270 ff., *Schöbener* in Maunz/Dürig Rn. 88 ff.; aA *Jarass/Pieroth,* Art. 9 Rn. 4.

[243] Hierzu BVerfGE 15, 235 ff.; 146, 164 ff.; NVwZ 2002, 335 ff.; NVwZ 2017, 2744 ff.; BVerfG GewArch 2003, 290 ff.; BVerfG GewArch 2005, 72 ff.; *Gornig* WiVerw 1998, 157 ff.

[244] BVerwG NVwZ 2006, 92 ff.

[245] So etwa *Jarass* in Jarass/Pieroth Rn. 7; *Kemper* in MKS Rn. 29; *Friauf* FS f. Reinhardt, 1972, 389 ff.

zuneigt,[246] misst die Verfassungsmäßigkeit der Zwangsmitgliedschaft in öffentlich-rechtlichen Vereinigungen stattdessen am Maßstab des Art. 2 Abs. 1. Das BVerfG argumentiert historisch und verweist darauf, dass „der Vorschlag der Ergänzung der Vereinigungsfreiheit um eine Regelung, dass niemand soll gezwungen werden dürfen, sich einer Vereinigung anzuschließen", schon im Verfassungskonvent von Herrenchiemsee abgelehnt wurde.[247] „Die Ablehnung gründete sich auf die möglicherweise bestehende Notwendigkeit, auch künftig Angehörige bestimmter Berufe in öffentlich-rechtlichen Organisationen verpflichtend zusammenzufassen."[248] Die Existenz berufsständischer Zwangszusammenschlüsse war bereits den Mitgliedern des Parlamentarischen Rats bekannt, sodass diese Wertung bewusst getroffen wurde, um einen „alten Traditionszusammenhang" aufrechtzuerhalten.[249] Dem lässt sich entgegenhalten, dass die Bildung öffentlich-rechtlicher Vereinigungen staatsinterne und daher dem Grundrechtsschutz grds. verschlossene Tätigkeit (mit anderen Worten: „de(m) Privaten unmögliche Inanspruchnahme öffentlich-rechtlicher Gestaltungsformen"[250]), das Fernbleiben von einer solchen Vereinigung jedoch Ausdruck gesellschaftlicher „freier sozialer Gruppenbildung" ist.[251] Zudem richtet sich die Vereinigungsfreiheit geschichtlich gerade auch gegen hoheitliche Zwangszusammenschlüsse.[252]

Einer Eröffnung des Schutzbereichs lässt sich insbesondere das Fehlen einer positiven Ausprägung dieser Freiheit entgegenhalten:[253] Die Gründung einer öffentlich-rechtlichen Vereinigung, welche nicht auf einer privatautonomen Entscheidung, sondern auf staatlichem Hoheitsakt beruht, liegt außerhalb des privaten Kompetenzbereichs. Dem entspricht die Definition des Vereins in § 2 Abs. 1 VereinsG, welcher den freiwilligen Zusammenschluss voraussetzt. Wo aber keine positive Freiheit ist, da – so könnte man annehmen – kann es auch keine negative Freiheit geben. Geht man zudem davon aus, dass das Element der Freiwilligkeit bzw. Selbstbestimmung begriffsimmanent ist,[254] so wäre eine Schutzbereichseröffnung konsequenterweise abzulehnen. **53**

Der EGMR unterlegt ein ähnliches, wenngleich im Detail differenziertes Bild:[255] Um zu verhindern, dass die „Vertragsstaaten eine Vereinigung nach **54**

---

[246] StRspr seit BVerfGE 10, 89 (102); siehe nur BVerfGE 10, 354 (361 f.); 12, 319 (323); 15, 235 (239); 38, 281 (297 f.); 146, 146 (1. Ls.); BVerfG NJW 1963, 195 (195); NJW 1975, 1265 (1265); NVwZ 2002, 335 (336); VersR 2009, 957; NVwZ 2017, 2744 (2745); diesem folgend BVerwG NJW 1998, 3510 (3511); VG München BeckRS 2013, 45053; VG Ansbach GewArch 2010, 301.

[247] BVerfGE 146, 164 (194); BVerfG NVwZ 2002, 335, Rn. 28 ff.; BVerfG NVwZ 2007, 808, Rn. 31.

[248] BVerfG NVwZ 2002, 335, Rn. 31; BVerfG NVwZ 2007, 808 (811); BVerfGE 146, 164 (194 f.) – mit Verweis auf Dt. BT (Hrsg.), Der Parlamentarische Rat 1948-49, Akten und Protokolle, Bd. 2: Der Verfassungskonvent auf Herrenchiemsee, 1981, Dok. Nr. 14, 514 f.

[249] BVerfG NVwZ 2002, 335, Rn. 33.

[250] *Kingreen/Poscher,* Grundrechte, 5. Aufl. 2019, Rn. 806, 812 ff.

[251] *Ipsen,* StaatsR II, 22. Aufl. 2019 Rn. 58.

[252] *Müller,* Korporation und Assoziation, 1965, 231 ff.

[253] Vgl. hierzu → Rn. 28, 47.

[254] BVerfGE 146, 164 (194).

[255] Das BVerfG (BVerfGE 111, 307; BVerfGE 74, 370, 358; 83, 119, 128; NJW 1991, 1043; NJW 2001, 2245) hat darauf hingewiesen, dass die EMRK und die Rspr des EGMR „als Auslegungshilfen für die Bestimmung von Inhalt und Reichweite von Grundrechten und rechtsstaatlichen Grundsätzen des Grundgesetzes dienen, sofern dies nicht zu einer von der Konvention selbst nicht gewollten (vgl. Art. 53 EMRK) – Einschränkung oder Minderung des Grundrechtsschutzes nach dem Grundgesetz führt."

Belieben als ‚öffentlich' oder ‚quasi-öffentlich' qualifizieren könnten, um sie dem Anwendungsbereich von Art. 11 EMRK zu entziehen",[256] erkennt er dem Begriff der Vereinigung in Art. 11 EMRK „eine autonome Bedeutung" zu[257] und untersucht stattdessen, ob die Einbettung in staatliche Strukturen, die Verleihung von besonderen Rechten (bspw. zur Rechtssetzung oder zur Ausübung von Disziplinargewalt) oder die Verwendung von Verfahrensweisen der öffentlichen Gewalt vorliegen. Auf die (privatrechtliche oder öffentlich-rechtliche) Ausgestaltung kommt es dann nicht mehr an.[258]

55 Der Prüfungsmaßstab für den Schutz gegen die Inanspruchnahme als Mitglied einer Zwangskorporation ist daher nach stRspr des BVerfG[259] und teilw. vertretener Literaturauffassung[260] die in Art. 2 Abs. 1 geregelte allgemeine Handlungsfreiheit. Eingriffswirkungen entfaltet die Zwangsmitgliedschaft an sich genauso wie etwa daraus resultierende (Beitrags-)Pflichten.[261] Bereits die Pflichtmitgliedschaft als solche ist nicht lediglich rechtlich vorteilhaft oder eingriffsneutral.[262] Zwangsverbände sind danach nur zulässig, „wenn sie [legitimen] öffentlichen Aufgaben dienen und ihre Errichtung, gemessen an diesen Aufgaben, verhältnismäßig ist."[263] Nach stRspr des BVerfG und des BVerwG[264] ist dieser Eingriff[265] in den bisher streitgegenständlichen Fällen[266] gerechtfertigt. So wird die Pflichtmitgliedschaft in der IHK damit begründet, dass der IHK die strukturierte und ausgewogene Interessenvertretung der gewerblichen Wirtschaft und die Wahrnehmung von Verwaltungsaufgaben auf wirtschaftlichem Gebiet[267] als legitime öffentliche Aufgaben übertragen worden sind.[268]

56 **bb) Nach innen gerichtete Vereinsautonomie.** Zum Schutzbereich des Art. 9 Abs. 1 gehört insbesondere die **Vereinsautonomie.**[269] Die **nach in-**

---

[256] EGMR NJW 1999, 3695 (3699 [Rn. 100]). Hieraus ergibt sich im Ergebnis eine Reduktion des Schutzbereichs, die derjenigen des BVerfG ähnelt.

[257] EGMR NJW 1999, 3695 (3699 [Rn. 100]).

[258] Hierzu auch *Kleine-Cosack,* Berufsständische Autonomie und Grundgesetz, 1986, 144.

[259] BVerfGE 10, 89 (102); 10, 354 (363); 15, 235 (239); 38, 281 (297 f.); BVerfG NVwZ 2002, 335, Rn. 35; BVerfG NVwZ 2007, 808, Rn. 32; NVwZ 2017, 2744 (2746).

[260] So bspw. *Rinke* BayVBl. 2016, 325 (327) mwN.

[261] BVerfG NJW 2017, 2744 (2746).

[262] BVerfG NJW 2017, 2744 (2746). Anders *Löwer* in: v. Münch/Kunig, 6. Aufl. 2012, Rn. 28, wonach die eigentliche Eingriffswirkung nicht der Zwangszusammenschluss, sondern die daran anknüpfenden Pflichten begründen. Gegen diese wende sich der Grundrechtsträger zuvörderst.

[263] BVerfG NVwZ 2007, 808, Rn. 32. Hierzu noch Art. 2 Rn. 50 („Zwangsverband").

[264] BVerwGE 107, 169.

[265] Als Eingriff wird die Zwangsmitgliedschaft insbesondere im Hinblick auf die damit verbundene Abgabepflicht verstanden; so BVerfGE 146, 164 (193 ff.); BVerfG NVwZ 2002, 335 ff.; vgl. hingegen *Kluth,* Funktionale Selbstverwaltung, 1997, 304 f.

[266] Diese beziehen sich mehrheitlich auf die IHK-Mitgliedschaft (hierzu BVerfGE 15, 235 ff.; 146, 164 (196 ff.); BVerfG NJW 1963, 195 (195); NVwZ 2002, 335 ff.; NVwZ 2017, 2744 ff.; VGH München BeckRS 1996, 17785). Zur Zwangseingliederung in den Erftverband BVerfGE 10, 89 (102). Mit deutlichen Zweifeln zur Verfassungsmäßigkeit der Zwangsmitgliedschaft in der Handwerkskammer *Rinke* BayVBl. 2016, 325 ff.

[267] Zu diesen Aufgaben zählen bspw. die Sachkundeüberprüfung, Erlaubniserteilung und Registrierungsverfahren bei der Umsetzung gewerberechtlicher Erlaubnispflichten nach §§ 34a ff. GewO. Hierzu (mit krit. Analyse) *Jahn,*GewArch 2017, 15 (15); *Forkel* GewArch 2017, 11 ff.

[268] Ausführlich hierzu BVerfG NVwZ 2017, 2744 (2747 ff.) mit Verweis auf die in § 1 IHKG gesetzlich fundierte Zwecksetzung.

[269] Zur Gewährleistung der Vereinsautonomie aus Art. 9 Abs. 1 siehe *Stöber/Otto,* HdbVRe, Rn. 3. VGH München BeckRS 2013, 53425, Rn. 48 spricht von „spezifische(r) Organisationsgarantie".

nen gerichtete Freiheitsausübung wird dem „Kernbereich" der Vereinsfreiheit zugerechnet. Sie umfasst die freie Entschließung über die Organisation, die Willensbildung und die Geschäftsführung des Vereins sowie über Aufnahme und Ausschluss von Mitgliedern.[270] Die Vereinsautonomie stellt eine besondere Ausprägung der Privatautonomie dar.[271] Sie sichert der Vereinigung insbesondere Satzungshoheit zu, die einfachgesetzlich in §§ 25 ff. BGB konkretisiert wird.[272] Auch das Registergericht muss bei der Anmeldung der Vereinigung daher seine eingeschränkte Prüfungskompetenz beachten.[273] Aus der Vereinsautonomie resultiert zugleich die Sanktionsautonomie:[274] Aus Gründen der Rechtsstaatlichkeit ist die Sanktion hinreichend bestimmt in der Satzung zu regeln.[275]

Fraglich bleibt, welche grundsätzlichen Anforderungen an die vereinsinterne Organisation zu stellen sind. Eine Organisation, die etwa nach dem Vorbild eines „Führerkults" aufgebaut ist, stößt bereits an die Grenze des in Art. 9 Abs. 2 formulierten Schutzes der fundamentalen Grundsätze der verfassungsrechtlichen Ordnung. Im Übrigen stehen die innere Organisation und Willensbildung grundsätzlich im Ermessen der Vereinigung und sind als solche von der Vereinigungsfreiheit geschützt. Ein Mindestmaß an demokratischer Binnenstruktur ist jedoch jedenfalls zu verlangen, soweit die Mitgliedschaft für die Mitglieder zur Ausübung eines Grundrechts zwingend erforderlich ist.[276] Dies ergibt sich aus einer grundsätzlichen Gleichgerichtetheit von Demokratie und Grundrechtsschutz, die es verbietet, beide verfassungsrechtlichen Prinzipien gegeneinander in Stellung zu bringen. Eine demokratische Struktur ist auch – und in noch deutlicherem Umfang – zu verlangen, wenn die Vereinigung – bspw. in Gestalt einer Bürgervereinigung – in den politischen Willensbildungsprozess einwirkt. Dies regelt Art. 20 Abs. 3 S. 1 BbgVerf ausdrücklich.[277] Im Übrigen ist der Rechtsgedanke des Art. 21 Abs. 1 S. 3 auf solche Organisationen zu übertragen. Einwirkungen in den Prozess politischer Willensbildung erfolgen über die Kanalisierung von Meinungsäußerungen in Art. 5 Abs. 1 und Art. 8 Abs. 1 und sind über Abstimmungen in Art. 20 Abs. 2 S. 2 staatsorganisationsrechtlich institutionalisiert. Mit fortschreitender Erweiterung der direktdemokratischen Möglichkeiten in den Landesverfassungen[278] gewinnen diese Wirkungsmöglichkeiten zunehmende Bedeutung. 57

Bei Ausübung der Vereinsautonomie, die gleichzeitig Selbstverwaltung des Vereins und Ausübung der Vereinsgewalt ist, treffen regelmäßig kollektive und individuelle Vereinsfreiheit aufeinander. Dies wird insbesondere deutlich 58

[270] *Merten* in HdbStR VII § 165 Rn. 44, 48.

[271] LG Bremen NJW-RR 2013, 1125 (1126).

[272] OLG Frankfurt a. M. NZA-RR 2002, 532 (532).

[273] OLG Köln MittRhNotK 1993, 217.

[274] Für den Sonderfall des Art. 9 Abs. 3 BVerfG NZA 2007, 514 (515).

[275] Hierzu ausf. BGHZ 212, 70 ff.

[276] *Jarass* in Jarass/Pieroth Rn. 16; aA *Kemper* in MKS Rn. 56.

[277] „Parteien und *Bürgerbewegungen,* die sich öffentlichen Aufgaben widmen und auf die öffentliche Meinungsbildung einwirken, müssen in ihrer inneren Ordnung demokratischen Grundsätzen entsprechen." (Hervorhebung durch Verf.). Dessen Verfassungswidrigkeit annehmend hingegen *Merten* in HdbStR VII § 165 Rn. 46. Im Übrigen sind entsprechende Vorgaben durch den Gesetzgeber aufzustellen; vgl. hierzu § 3 Abs. 1 Nr. 5 UmwRbG, der freien Mitgliederzugang und eine „Mitgliederversammlung" mit Stimmrecht verlangt und damit den obigen Vorgaben entspricht.

[278] Vgl. etwa Art. 59 ff. LV BW; hierzu *Winkler* in Haug LV BW Art. 59 Rn. 10 ff.; Art. 60 Rn. 25 ff.

bei der Verhängung von Sanktionsmaßnahmen oder Entscheidungen über den Ausschluss oder die Aufnahme von Mitgliedern. Die kollidierenden Grundrechtspositionen sind dann in ihrer Wechselwirkung zu erfassen und so zu begrenzen, dass sie für alle Beteiligten möglichst weitgehend wirksam werden. Grenzen erfährt die Vereinsautonomie dabei durch den Grundsatz der Gleichbehandlung der Mitglieder sowie das Willkürverbot.[279] Diese werden auch von der zivilgerichtlichen Rspr als allgemeine Rechtsgrundsätze anerkannt,[280] welche die Auslegung der §§ 134, 138, 242, 826 BGB durchziehen und daher in Drittwirkungskonstellationen relevant werden. Ihre Grenze erfährt die Vereinsautonomie in Fällen des Aufnahmezwangs.[281]

59 **cc) Nach außen gerichtete Vereinstätigkeit.** Im Hinblick auf die **nach außen gerichtete Vereinstätigkeit** ist eine weite Interpretation mit Zurückhaltung zu betrachten. Jedenfalls ist von Art. 9 Abs. 1 nicht *jede* Vereinstätigkeit nach außen geschützt,[282] sondern allenfalls ein „Kernbereich" der Vereinstätigkeit,[283] worunter Handlungen zur Entstehung und zur Erhaltung des Bestands der Vereinigung fallen.[284] Das „vereinszweckrealisierende Außenwirken"[285] unterfällt hingegen ausschließlich dem Schutz der spezielleren Grundrechte (etwa Art. 2 Abs. 1,[286] Art. 5 Abs. 1 S. 1 Alt. 1, Art. 8 Abs. 1, Art. 12 Abs. 1 – iVm Art. 19 Abs. 3).[287] Art. 9 Abs. 1 vermittelt einem gemeinsam verfolgten Zweck keinen weitergehenden Schutz als einem individuell verfolgten:[288] die Vereinigungsfreiheit garantiert kein „Ausübungsrecht" im Dienste anderer Grundrechte;[289] sie vermittelt vielmehr eine „spezifische Organisationsgarantie".[290] Zu dem besonders geschützten Kernbereich außenwirksamen Handelns gehören insbesondere die Namensführung,[291] die Verwendung eigener Vereinskennzeichen,[292] die (existenziell wichtige)[293] Mitgliederwerbung,[294] die Information von Mitgliedern und Nichtmitgliedern

[279] OLG Celle NJW-RR 1995, 1273 (1273). Zur Zweckoffenheit → Rn. 29.

[280] OLG Celle NJW-RR 1995, 1273 (1273).

[281] Hierzu noch → Rn. 70 f.

[282] So ganz hM in Rspr und Lit; vgl. nur BVerfGE 54, 237 (251); BVerfG NJW 1996, 1203 (1203); NJW 2000, 1251, Rn. 7; NJW 2015, 612 (613, Rn. 15); noch offen BVerfGE 30, 227 (241); 80, 244, 253 (anders jedoch die Interpretation bei *Kemper* in MKS Rn. 3 Fn. 26, der eine Festlegung des BVerfG verneint); *Bauer* in Dreier Rn. 45; *Nolte/Planker* Jura 1993, 635 (635 ff.); *Schmidt,* Freiheit verfassungswidriger Parteien und Vereinigungen, 1983, 60, 62 ff.; aA *v. Mutius* Jura 1984, 193 (196); *Stein/Frank,* StaatsR, 336: externe Vereinsbetätigungsfreiheit.

[283] So explizit BVerfGE 30, 227 (241); 80, 244 (253); BVerfG NJW 1993, 1253 (1254). Kritisch jedoch zum inhaltlichen Gehalt dieser Formulierung *Kemper* in MKS Rn. 3.

[284] BVerfG NVwZ 2018, 1788 (1789).

[285] *Höfling* in Sachs Rn. 21.

[286] BVerfG NJW 2000, 1251, Rn. 8.

[287] So etwa BVerfGE 70, 1 (25); 123, 186 (236 f., Rn. 158); BVerfG NJW 2000, 1251; NJW 2020, 905 (919); *Bauer* in Dreier Rn. 45; *Jarass* in Jarass/Pieroth Rn. 9; *Kemper* in MKS Rn. 5 (mit Bsp.); *Huber* in MKS Art. 19 Abs. 3 Rn. 231.

[288] BVerfGE 10, 199 (201); 50, 290 (353); 54, 237 (251); 70, 1 (25); BVerfG NJW 2000, 1251, Rn. 7; BVerfG NJW 2015, 612 (613, Rn. 14).

[289] *Kemper* in MKS Rn. 1. In diese Richtung aber *Scholz* in Maunz/Dürig Rn. 40.

[290] BVerfG NJW 2020, 905 (919).

[291] Zum Umfang des Namensführungsrechts BVerfGE 30, 227 (241 f.).

[292] BVerwG NVwZ 2018, 1485 (1487), Rn. 13.

[293] Die Voraussetzung für die Existenz einer Vereinigung ist ihr Mitgliederbestand und damit zusammenhängend auch die Möglichkeit der Gewinnung neuer Mitglieder (so explizit BVerwG NJW 1991, 2037 [2037]).

[294] BVerfGE 28, 295 (305); 57, 220 (245 f.); 84, 372, Ls.; BVerwG NJW 1991, 2037 f.; BAG NJW 2009, 1990 (1993) – per E-Mail an die betrieblichen Emailadressen.

über Aktivitäten der Vereinigung.[295] Soweit wird die Verstärkungswirkung der gemeinsamen Freiheitsausübung offenbar. Das Sammeln von Spenden wird sprachlich dem „Randbereich" der Vereinsfreiheit zugesprochen, tatsächlich aber dem Schutz sonstiger Grundrechte überantwortet.[296] Darüber hinaus anerkennt das BVerfG auch den Schutz der wesentlichen (satzungsmäßigen) Aufgaben.[297]

Aus der Vereinigungsfreiheit können daher auch keine Verbandsklagerechte (als Recht eines Vereins zur gerichtlichen Geltendmachung ausschließlich objektivrechtlich geschützter Interessen) abgeleitet werden.[298] Widersprechen behördliche Entscheidungen den Zielsetzungen der Vereinigungen, so können aus Art. 9 Abs. 1 ebenso wenig subjektiv-öffentliche Rechtspositionen abgeleitet werden, die zur Klageerhebung nach Art. 19 Abs. 4 ermächtigen würden.[299] Eine sachspezifische Verpflichtung des Gesetzgebers, solche Klagerechte einzuführen, um Vollzugsdefizite zu minimieren, lassen sich nicht aus Art. 9 Abs. 1, sondern im Einzelfall aus dem Rechtsstaatsprinzip (Art. 20 Abs. 3) iVm sonstigen Schutzpflichten (etwa aus Art. 20a) ableiten. 60

2. Eingriff. a) Abgrenzung zur Ausgestaltung. Vereinigungen werden – ihrer jeweiligen Zwecksetzung entsprechend – in verschiedenen (zumeist rechtlichen) Formen gegründet. Die Vereinigungsfreiheit besteht daher zwar bereits vorrechtlich (im Sinne des Rechts, **tatsächlich** zusammenzuwirken), erfährt aber eine deutliche Erweiterung im normativen Raum (durch die Bereitstellung verschiedener **rechtlicher** Wirkungsmöglichkeiten).[300] Bereits aus diesem Grund müssen die gesetzlichen Rahmenbedingungen zur Ausfüllung der Vereinigungsfreiheit durch den Gesetzgeber niedergelegt werden. *Höfling* nimmt insoweit eine „kompetenzielle Gewährleistungsdimension" an,[301] welche „ein subjektives Recht auf die Schaffung und Geltung der Normen, die zur Realisierung des grundrechtlich Gewährleisteten unerlässlich sind", enthält.[302] Dem Gesetzgeber obliegt also eine Ausgestaltungspflicht, bei deren Erfüllung er das Untermaßverbot zu beachten hat. So muss er „ein Mindestmaß an Regelungen für die Gründung von und die Betätigung in Vereinen und Gesellschaften vorhalten".[303] Dabei sollte der rechtliche Rahmen eine „hinreichende Vielfalt"[304] an Regelungen mit Wahlmöglichkeiten hinsichtlich Rechtsfähigkeit, Haftungsbeschränkungen, institutionelle Verselbständigung bereithalten.[305] 61

---

[295] Hierzu BAG NJW 2009, 1990 (1994).

[296] BVerfG NJW 1993, 1253 (1254); BVerwG NJW 1991, 2037 f.

[297] BVerfGE 30, 227 (242).

[298] Siehe BVerfG NVwZ 2001, 1148 (1149). Im Ergebnis auch BVerwG NJW 1981, 362 (362), jedoch mit anderer Begründung: „Grundrechtlich geschützt ist aber immer nur die eine Verwirklichung der Vereinsziele erstrebende Betätigung als solche, nicht aber ein bestimmtes Ergebnis dieser Betätigung. Wird daher durch staatliche Maßnahmen nur rein faktisch die Verwirklichung von Vereinszwecken erschwert oder unmöglich gemacht, ohne daß diese Maßnahmen die Betätigung des Vereins als solche administrativ behindern, so wird dadurch die Vereinigungsfreiheit nicht einmal dann berührt, wenn man sie in einem weiten Sinn „als Freiheit gemeinsamen, vereinsmäßigen Handelns an sich" […] versteht."

[299] VGH Mannheim NVwZ-RR 1999, 241 (242).

[300] *Höfling* in Sachs Rn. 84 differenziert entsprechen zwischen einer „natürlichen" und einer normativen Freiheit.

[301] *Höfling* in Sachs Rn. 5. Zur Terminologie *Höfling,* Vertragsfreiheit, 1991, 20 ff.

[302] *Höfling* in Sachs Rn. 6.

[303] *Merten* in HdbStR VII § 165 Rn. 18, 44; *Höfling* in Sachs Rdn. 36 f.; *Scholz* in Maunz/Dürig Rn. 30.

[304] BVerfGE 50, 290 (355).

[305] *Merten* in HdbStR VII § 165 Rn. 18.

62 Gesetzgeberische Ausgestaltungen sind daher von Eingriffsmaßnahmen zu unterscheiden.[306] Unter ersteren versteht das BVerfG alle „Regelungen …, die die freien Zusammenschlüsse und deren Wirken in die allgemeine Rechtsordnung einfügen, die Sicherheit des Rechtsverkehrs gewährleisten, Rechte der Mitglieder sichern und den schutzbedürftigen Belangen Dritter oder auch öffentlichen Interessen Rechnung tragen."[307] Die hier benannten Regelungsintentionen erinnern allerdings auch an die Formulierung von Schrankenvorbehalten und deuten bereits darauf hin, dass **Ausgestaltung** und **Eingriff** nicht immer trennscharf zu unterscheidende Kategorien darstellen, sondern im Einzelfall fließend ineinander übergehen.[308] Es handelt sich hierbei um eine Schwierigkeit, welche die Vereinigungsfreiheit mit anderen normgeprägten Grundrechten teilt. Der Begriff der Ausgestaltung trägt grundrechtsdogmatisch eine positivere Grundstimmung, ist jedoch nur dann treffend, wenn es dem Gesetzgeber im Kern tatsächlich um Freiheits**gestaltung**[309] (im Sinne von Ermöglichung, nicht Begrenzung) geht und ein rechtliches „Konkretisierungsbedürfnis" besteht. Im Übrigen handelt es sich begrifflich um eine beschönigende Überwölbung des Eingriffsakts. Der zulässigen Ausgestaltung wird eine Eingriffswirkung überwiegend abgesprochen.[310]

63 Auch beim Erlass gestaltender Regelungen ist der Gesetzgeber nicht davon befreit, sich „an dem Schutzgut des Art. 9 Abs. 1 zu orientieren".[311] So muss er bei dem (sonst bei Schrankenregelungen bekannten) „erforderlichen Interessenausgleich" – nach der Formulierung des BVerfG – „die Voraussetzungen und zwingenden Bedürfnisse freier Assoziation grundsätzlich wahren".[312] Die Reichweite der Ausgestaltungsbefugnis variiert: Abstrakt gesprochen ist die Ausgestaltungsbefugnis enger, je privater die Vereinigung und weitreichender, je öffentlicher die Vereinigung ist. Im Rahmen der Mitbestimmungsentscheidung konkretisiert das BVerfG diesen allgemeinen Grundsatz, indem es ausführt, dass „Existenz und Wirken von Kapitalgesellschaften in weit höherem Maße ausgestaltende gesetzliche Regelungen notwendig [macht,] als dies für den politischen, kulturellen, geselligen Verein, den Sportverein, den Interessenverband oder die Gesellschaft des bürgerlichen Rechts der Fall ist."[313] Dies erklärt sich daraus, dass „[d]as Wirken der Gesellschaften […] in das wirtschaftliche und soziale Gesamtleben eng eingeflochten [ist]. Ihre Organisation und das Zustandekommen ihrer Entscheidungen berühren daher eine Vielzahl von Belangen der Mitglieder selbst, Dritter, etwa der Gläubiger, besonders aber auch der Arbeitnehmer, sowie öffentliche Interessen. Demgemäß tritt hier vielfach die Funktion der ausgestaltenden Gesetze als Ausgleichsregelungen zwischen den verschiedenen schutzwürdigen Belan-

306 BVerfGE 50, 290 (354).

307 BVerfGE 50, 290 (354); 84, 372 (378); BVerfG NJW 2001, 2617, Rn. 24. Ähnlich BVerfG NJW 1991, 2626 (2626); NJW 1992, 106 (106).

308 Tlw. deutet sich in der Rspr. jedoch auch an, dass Maßnahmen jenseits des Vereinsverbots nach Art. 9 Abs. 2 als „Ausgestaltungen" gefasst werden (so etwa bei BVerfG NVwZ 2003, 855 [856]). *Höfling* in Sachs Art. 9 Rn. 35 spricht von „erheblichen dogmatischen Unklarheiten".

309 Vgl. auch *Jarass/Pieroth* vor Art. 1 Rn. 35; *Kloepfer,* VerfassungsR II, 2010, § 64 Rn. 24.

310 *Jarass* in Jarass/Pieroth Rn. 2.

311 BVerfGE 84, 372 (378 f.).

312 BVerfGE 50, 290 (354 f.); 84, 372 (378 f.).

313 BVerfGE 50, 290 (359).

gen in besonderem Maße hervor. Auch davon abgesehen erfordert diese Sachlage vielfältige Regelungen zwingenden Rechts."[314] So kann die Unternehmermitbestimmung in einem Unternehmen aufgrund des öffentlichen Bezugs der Wirtschaftsgesellschaft zulässig sein. Zugleich erhöht sich die Reichweite der Ausgestaltungsbefugnis mit der Schwächung des personalen Elements.[315]

Unter Beachtung dieser Grundsätze sollen Vorschriften, die Gründungs- **64**
voraussetzungen von Vereinen regeln, regelmäßig keinen Grundrechtseingriff darstellen.[316] Diese grundsätzliche Annahme kann jedoch nur soweit Bestand haben, wie es sich um die Regelung von Rechts- und Organisationsformen der Vereinigungen handelt – also solche Regelungen, die den Boden für die Nutzung der Vereinigungsfreiheit bereiten. Sind die Regelungen hingegen nicht auf Freiheitsgewährung, sondern Freiheitsbeschränkung ausgerichtet, muss von dieser Annahme abgewichen werden: So können restriktiv ausgestaltete Gründungsregelungen weitergehende Auswirkungen als Vereinigungsverbote entfalten, die wiederum in Abs. 2 als besonders tiefgreifende Eingriffe benannt sind.[317]

b) Eingriffsmaßnahmen. Unzweifelhaft als Eingriff zu qualifizieren ist **65**
das Vereinsverbot,[318] das durch seine ausdrückliche Erwähnung in Abs. 2 als grundsätzlich möglicher, allerdings weitreichendster und daher nur in äußerst engen Grenzen zulässiger Eingriff postuliert wird.[319] Das gilt gleichermaßen für das repressive Vereinsverbot wie die präventive Untersagung der Aufnahme einer Vereinstätigkeit oder eine Erlaubnispflicht. Ihm gleichzustellen sind verbotsgleiche Maßnahmen, die auch unter Abs. 2 fallen.

Weitere Eingriffsmaßnahmen sind möglich, unterfallen jedoch nicht **66**
Abs. 2.[320] Von ihrer Wirkung her als Eingriffe zu bewerten (wenn auch vom BVerfG häufig als *Ausgestaltungen* bezeichnet) sind Regelungen zum Beitritt zur bzw. Austritt aus der Vereinigung (konkret: Kontrahierungszwang und Kündigungsverbot[321]). Nicht als Eingriff zu werten sind Regelungen der Rahmenbedingungen, welche für das einzelne Mitglied bei seiner Entscheidung von (wirtschaftlicher) Bedeutung sind.[322] Eingriffswirkung entfalten weiterhin Regelungen, die die innere Organisation betreffen, etwa eine „Zwangsdemokratisierung"[323] oder die (stellenweise diskutierte) Einführung von „Frauenquoten". Nach der Rspr des EGMR stellt auch die Weigerung des Staates, einer Vereinigung Rechtspersönlichkeit zu verleihen, einen Eingriff „in die Ausübung des Rechts auf Vereinigungsfreiheit iSv Art. 11 EMRK" dar.[324]

---

[314] BVerfGE 50, 290 (359).

[315] Hierzu → Rn. 31.

[316] Aus der Rspr BGH NJW-RR 2018, 1376 (1378) – zur Eintragung in das Vereinsregister; aus der Literatur vgl. *Scholz* in Maunz/Dürig Rn. 80; *Höfling* in Sachs Rn. 38.

[317] Hierzu → unter Rn. 65.

[318] Hierzu OVG Frankfurt (Oder) NVwZ-RR 2000, 499 ff.; VGH München NVwZ-RR 2000, 496 ff.

[319] Hierzu noch Näheres → Rn. 74 ff.

[320] In der Rspr des BVerfG deutete sich zunächst ein anderes Verständnis an, wonach (nur) Eingriffe nach Abs. 2 und Ausgestaltungen existieren. Nunmehr hingegen explizit BVerfG NVwZ 2018, 1788 (1790), wonach das Vereinsverbot eine von verschiedenen Eingriffsmöglichkeiten ist.

[321] BVerfGE 124, 26, Rn. 31.

[322] BVerfGE 123, 186, Rn. 123.

[323] In diesem Sinne auch *Merten* in HdbStR VII § 165 Rn. 46 mit Hinweis auf den – aus seiner Sicht verfassungswidrigen – Art. 20 Abs. 3 BbgVerf.

[324] EGMR NVwZ 2015, 499 (3. Ls.).

67 Weiterhin stellt jede Form der Pflichtmitgliedschaft – sofern der sachliche Schutzbereich eröffnet ist[325] – einen Eingriff in die negative Vereinigungsfreiheit dar.[326] Noch keine Eingriffswirkung ist festzustellen, sofern lediglich ein „gewisser Beitrittsdruck" ausgeübt wird.[327] Auch bei lediglich mittelbaren Vor- oder Nachteilen[328], die aus der Vereinszugehörigkeit resultieren, ist eine Eingriffswirkung abzulehnen. Hingegen wirkt eine Genehmigungspflicht wie ein Eingriff.[329]

68 **c) Leistungspflichten.** Art. 9 Abs. 1 begründet zunächst die Verpflichtung des Gesetzgebers, die zur Ausübung der Vereinigungsfreiheit notwendigen rechtlichen Rahmenbedingungen zur Verfügung zu stellen.[330] Im Übrigen ist eine originäre staatliche Leistungspflicht im Hinblick auf Art. 9 Abs. 1 nicht denkbar. Eine solche kann sich höchstens aus einer Zusammenschau mit anderen grundrechtlichen Vorschriften ableiten.[331] Auch ist der Staat nicht verpflichtet, die fiskalischen Voraussetzungen zur Ausübung der Vereinigungsfreiheit sicherzustellen.[332]

69 Soweit sich jedoch der Staat entschließt, Vereinigungen finanziell zu unterstützen, muss er dabei insbesondere das aus Art. 3 Abs. 1 ableitbare Recht auf Chancengleichheit sowie das Art. 9 Abs. 1 entspringende Neutralitätsgebot berücksichtigen.[333] Demnach dürfen finanzielle Leistungen insbesondere nicht zu einer ungerechtfertigten Privilegierung bestimmter Vereinszwecke führen.[334] Diese Grundsätze sind insbesondere bei der Anerkennung der Gemeinnützigkeit von Vereinen iSd § 52 AO zu berücksichtigen.

70 **d) Drittwirkung.** Unter bestimmten Bedingungen kann die in Art. 9 Abs. 1 gewährte Vereinigungsfreiheit auch in privatrechtliche Beziehungen hineinwirken.[335] In diesen Fällen sind regelmäßig Grundrechte verschiedener

---

[325] Hierzu bereits → Rn. 51 f.

[326] Das BVerfG (NJW 2001, 2617 [2618]) spricht hingegen von „Ausgestaltung".

[327] BVerfG NZA 1992, 125 (125).

[328] Ein solcher Nachteil ist etwa anzunehmen, wenn aus der Zugehörigkeit zu einer Vereinigung die waffenrechtliche Unzuverlässigkeit resultiert; hierzu *Spitzlei/Hautkappe* DÖV 2018 973 ff.

[329] Das BVerfG (NVwZ 2003, 855 [856]) spricht hier ebenfalls von „Ausgestaltung".

[330] Hierzu bereits unter → Rn. 61.

[331] So ist der Art. 140 iVm Art. 139 WRV entspringende objektivrechtliche Schutzauftrag (bezüglich des Sonntags und der staatlich anerkannten Feiertage als Tage der Arbeitsruhe und der seelischen Erhebung) gerade auf die Verstärkung derjenigen Grundrechte angelegt, die in besonderem Maße auf diese Tage angewiesen sind (BVerfGE 125, 39 [84]). Dazu zählt insbesondere die Vereinigungsfreiheit, da „der zeitliche Gleichklang einer für alle Bereiche regelmäßigen Arbeitsruhe […] ein grundlegendes Element für die Wahrnehmung der verschiedenen Formen sozialen Lebens" (BVerwGE 153, 183).

[332] Relevant wird an dieser Stelle die Einschätzung als ein Darf-Recht, kein Kann-Recht, d. h. ein Grundrecht, das ein rechtliches, jedoch kein tatsächliches Können garantiert; so *Merten* in HdbStR VII § 165 Rn. 13. Zur Terminologie ausf. *Bettermann* FS f. Hirsch, 1968, 1 (21).

[333] Hierzu *Merten* in HdbStR VII § 165 Rn. 16, der von derivaten Leistungsansprüchen spricht; *Jarass/Pieroth,* GG, Art. 9 Rn. 15. S. auch Martens, Grundrechte im Leistungsstaat, in: VVDStRL 30 (1972), 31 f. Zur gleichmäßigen Zuwendungen an kommunale Fraktionen BVerwG NVwZ 2018, 1656 ff.

[334] So *Merten* in HdbStR VII § 165 Rn. 9. In diesem Zusammenhang siehe auch EGMR NVwZ 2015, 499 (7. Ls., 6. Spstr.), wonach Art. 9 EMRK den Religionsgemeinschaften und ihren Mitgliedern zwar nicht das *Recht* auf staatliche Zuwendungen gibt, „doch wenn ein Konventionsstaat Religionsgemeinschaften Subventionen oder andere Vorteile gewährt, muss er sich *neutral* und *unparteiisch* verhalten und darf nicht *diskriminieren*" (Hervorhebung durch Verf.).

[335] Nach BGH NJW 1999, 1326 (1326) gehört die Vereinigungsfreiheit „zu jenen Grundrechten, die eine mittelbare Drittwirkung entfalten" (*Bauer* in Dreier Rdnr. 43 mwN.; *Jarass*

Grundrechtsträger in einen angemessenen Ausgleich zu bringen.[336] Relevanz gewinnt diese Überlegungen insbesondere bei der Frage nach einem Aufnahmezwang für Verbände mit überragender Machtstellung im wirtschaftlichen oder sozialen Bereich. Grundsätzlich ist ein solcher Aufnahmezwang abzulehnen, kann sich doch auch der Verein auf sein von Art. 9 Abs. 1 geschütztes Selbstbestimmungsrecht berufen, welches auch die eigenverantwortliche Entscheidung über die Mitgliederaufnahme umfasst[337] und einem Aufnahmezwang daher entgegensteht. So kann die Vereinigung im Rahmen ihrer Satzungsautonomie[338] die Voraussetzungen für den Erwerb der Mitgliedschaft weitgehend[339] frei festlegen.[340] Die Satzungsautonomie wird in den vereinsrechtlichen Vorschriften des Bürgerlichen Gesetzbuches (grundrechtskonform) näher ausgestaltet. Die Grenzen der Satzungsautonomie ergeben sich danach aus den allgemein für die Rechtsausübung im Privatrecht geltenden Grenzen, namentlich den §§ 134, 138, 242, 315, 826 BGB.[341] Gemäß § 18 Abs. 1 Nr. 2 AGG sind diskriminierungsfreie Mitwirkungsmöglichkeiten explizit sicherzustellen für „Vereinigungen, deren Mitglieder einer bestimmten Berufsgruppe angehören oder die eine überragende Machtstellung im wirtschaftlichen oder sozialen Bereich innehat, wenn ein grundlegendes Interesse am Erwerb der Mitgliedschaft besteht“. Entsprechend der obigen verfassungsrechtlichen Überlegungen knüpft auch diese Vorschrift an die wirtschaftliche oder soziale Bedeutung der Vereinigung an. Relevant wird die Frage der Drittwirkung desweiteren ua bei der Auslegung der „unlauteren geschäftlichen Handlungen“ nach § 3 Abs. 1 UWG.[342]

Eine Aufnahmepflicht besteht lediglich, wenn in Abwägung der einander **71**
gegenüberstehenden Grundrechte das aus der Vereinigungsfreiheit des Individuums resultierende Aufnahmeinteresse das aus der Vereinigungsfreiheit des Vereins resultierende Ablehnungsinteresse überwiegt. Entsprechend spricht der BGH von einer Aufnahmepflicht, wenn „die Rechtsordnung mit Rücksicht auf schwerwiegende Interessen der betroffenen Kreise die Selbstbestimmung des Vereins über die Aufnahme von Mitgliedern nicht hinnehmen kann“.[343] In Konkretisierung der verfassungsrechtlichen Überlegungen ist dies der Fall, „wenn der Verein im wirtschaftlichen oder sozialen Bereich eine überragende Machtstellung innehat und ein wesentliches oder grund-

---

in Jarass/Pieroth Rn. 16; *Scholz* in Maunz/Dürig Rn. 95 ff.; *Baecker,* Grenzen der Vereinsautonomie im deutschen Sportverbandswesen, 1985, 51 ff., 59 f. mwN). Eine tlw. früher angenommene unmittelbare Drittwirkung (so u. a. *Gammilscheg* AcP 164 (1964), 385 [406]; *Meyer-Cording* NJW 1966, 225 [241]) ist hingegen abzulehnen (hierzu mit Begründung *Baecker,* Grenzen der Vereinsautonomie im deutschen Sportverbandswesen, 1985, 59 f. m. w. N.).

[336] Zum Nebeneinander von Vereinsfreiheit und Berufsfreiheit BVerfG NJW 1996, 1203 f.; BGH DStR 2000, 289 f.

[337] → Rn. 56.

[338] → Rn. 56.

[339] Zu diesbezüglichen Einschränkungen → Rn. 57 f.

[340] Auch wenn die satzungsmäßigen Voraussetzungen erfüllt sind, kann die Vereinigung ihrer Autonomie entsprechend über die Mitgliederaufnahme regelmäßig frei entscheiden, so BGHZ 101, 193 (200), wonach eine Ausnahme nur bei einer (nur in Ausnahmefällen anzunehmenden) Selbstverpflichtung der Vereinigung besteht; BGH NJW 1999, 1326 (1326).

[341] BVerfG FamRZ 1989, 1047; LG Frankfurt/Main NJW 2018, 1128.

[342] Vgl. zum Gegeneinander der Gefahr der Irreführung und Namensführungsrecht der Vereinigung OLG Düsseldorf, NJW-WettbR 1996, 105 (106).

[343] BGH NJW 1999, 1326 (1326).

legendes Interesse an dem Erwerb der Mitgliedschaft besteht".[344] Je stärker die Vereinigung im privaten Bereich angesiedelt ist, umso eher kann die Vereinsautonomie hingegen ungehindert zur Geltung zu kommen.[345] Diese Klarstellung entbindet jedoch nicht von einer verfassungsrechtlichen Prüfung, bei welcher nicht nur die Grundrechte des Antragstellers und des Vereins,[346] sondern auch der übrigen Vereinsmitglieder zu berücksichtigen sind. Eine einfach-gesetzliche Aufnahmepflicht sieht § 18 Abs. 2 AGG vor, wenn die Ablehnung der Mitgliedschaft oder Mitwirkung in einer Vereinigung einen Verstoß gegen das Benachteiligungsverbot nach § 7 Abs. 1 AGG darstellt.

72 An dieser Stelle können auch die Abs. 2 und 3 des Art. 3 Bedeutung gewinnen, soweit die Vereinsmitgliedschaft an die dort genannten Unterscheidungsmerkmale anknüpft.[347] Derartige Differenzierungen finden sich etwa beim Herrenclub oder dem Damenkränzchen, dem Bund der Heimatvertriebenen oder der Einheimischen.[348] Sie müssen grundsätzlich möglich sein, soweit sie unmittelbar mit der primären Zwecksetzung des Vereins verknüpft sind, so im Falle des Männerchors. Bereits hier findet die Vereinsautonomie eine äußere Grenze jedoch in der grundgesetzlichen Werteordnung, namentlich in der Menschenwürde, sodass etwa ein Verstoß gegen das in Art. 3 Abs. 3 verankerte Verbot rassistischer Diskriminierung in keinem Fall zulässig sein kann. Folgt auf die primäre Zwecksetzung eine sekundäre Differenzierung,[349] ist Art. 3 zu berücksichtigen. Ungleichbehandlungen stehen demnach nach Abs. 1 unter dem Vorbehalt des sachlichen Grundes. Die in Art. 3 Abs. 2 und Abs. 3 genannten Differenzierungsmerkmale verbieten eine Ungleichbehandlung zwingend.

73 In solchen Entscheidungen betont das BVerfG, dass „die Auslegung und Anwendung einfachen Rechts […] grundsätzlich Sache der dafür allgemein zuständigen Gerichte und der Nachprüfung durch das Bundesverfassungsgericht weitgehend entzogen ist".[350] Im Ergebnis unternimmt das Gericht dennoch eine vergleichsweise kleinteilige Regelung der einfach-gesetzlichen Vorgaben.[351]

74 **3. Schranken. a) Schranken iSd Abs. 2.** Die verbandsmäßigen Wirkungsmöglichkeiten erfordern die Möglichkeit, in die Tätigkeiten der Vereinigung regulierend einzugreifen. Abs. 2 benennt die Schranken der Vereinigungsfreiheit für die besonders tiefgreifende Form des Eingriffs durch Verbot oder durch verbotsgleiche Maßnahmen.[352] Nach dem Wortlaut dieser Vorschrift **„sind"** Vereinigungen, deren Zwecke oder deren Tätigkeit den Strafgesetzen zuwiderlaufen oder die sich gegen die verfassungsmäßige Ordnung oder gegen den Gedanken der Völkerverständigung richten, **„verboten"**. Diese Formulierung enthebt nicht von der Notwendigkeit, das

---

[344] BGHZ 93,151 (152); 102, 265 (276); BGH NJW-RR 1986, 583; BGH NJW 1997, 3368; BGH NJW 1999, 1326 (1326); LG Bremen NJW-RR 2013, 1125 (1126); LG Heidelberg NJW 1991, 927 (927); ähnlich BVerfG FamRZ 1989, 1047. So auch *Jarass* in Jarass/Pieroth Rn. 16.

[345] BVerfG FamRZ 1989, 1047.

[346] Hierzu BGH NJW 1999, 1326 (1326).

[347] Hierzu BVerfG FamRZ 1989, 1047.

[348] Beispiele bei *Merten* in HdbStR VII § 165 Rn. 38.

[349] *Merten* in HdbStR VII § 165 Rn. 38 differenziert entsprechend die sekundäre von der primären Zielsetzung. Hierzu das von *Merten* in HdbStR VII § 165 Rn. 38 verwendete Bsp. des „Polo-Clubs ehelich Geborener".

[350] BVerfGE 18, 85 (92); konkret mit Bezug auf Art. 9 Abs. 1BVerfGE 84, 372 (379).

[351] Siehe etwa BVerfGE 84, 372 (379).

[352] Zu letzteren bereits → Rn. 65.

Vereinsverbot nach exekutiver Prüfung der in gesetzliche Form gegossenen[353] verfassungsrechtlichen Vorgaben auszusprechen. Entsprechend darf nach § 3 Abs. 1 S. 1 VereinsG ein Verein erst dann „als verboten" behandelt werden, „wenn durch Verfügung der Verbotsbehörde festgestellt ist, daß seine Zwecke oder seine Tätigkeit den Strafgesetzen zuwiderlaufen oder daß er sich gegen die verfassungsmäßige Ordnung oder den Gedanken der Völkerverständigung richtet; in der Verfügung ist die Auflösung des Vereins anzuordnen." Dahinter steht letztlich ein – dem Parteienprivileg nach Art. 21 Abs. 4 angenähertes – „Vereinsprivileg", welches es verbietet, eine nicht verbotene Vereinigung zu diskriminieren.[354]

Die in § 3 Abs. 1 S. 1 Hs. 2 VereinsG enthaltene Bestimmung, wonach die Feststellung der Voraussetzungen des Art. 9 Abs. 2 stets mit der Anordnung der Auflösung des Vereins zu verbinden ist, bewegt sich im verfassungsrechtlichen Rahmen. Es ist nicht geboten, die Auflösung erst dann zu verfügen und durchzusetzen, wenn die erforderlichen Feststellungen unanfechtbar geworden sind.[355] Es entspricht vielmehr dem Willen des Verfassungsgebers, „den Grundrechtsschutz für Organisationen auszuschließen, deren Tätigkeit elementaren Grundsätzen der Rechtsordnung und der Völkerverständigung zuwiderläuft".[356] Um Art. 9 Abs. 1 und Art. 19 Abs. 4 gerecht zu werden, verbleibt der Vereinigung auch nach Auflösung und Verbot die Rechtsmöglichkeit zur Anfechtung.[357] **75**

Richtigerweise ist Art. 9 Abs. 2 als Schrankenregelung, nicht als Schutzbereichsbegrenzung zu verstehen.[358] Missverständlich erscheint daher die vereinzelte Formulierung des BVerfG, „Art. 9 Abs. 1 [sei] dahin auszulegen, daß Abs. 1 die Vereinigungsfreiheit lediglich mit der sich aus Abs. 2 ergebenden Einschränkung gewährleistet."[359] Die Einordnung als Schrankenregelung ergibt sich bereits aus der grundrechtlichen Systematik, die in Abs. 1 eine Konkretisierung des Schutzumfangs und in Abs. 2 die Konkretisierung seiner Begrenzungen vornimmt. Eine solche Aufteilung findet sich auch in den (verwandten) Grundrechten des Art. 5 und Art. 8. Nur eine solche Interpretation wird zudem der Annahme eines Vereinsprivilegs[360] gerecht, welches eine konstitutive Verbotsentscheidung voraussetzt. Insbesondere die in Abs. 2 Alt. 1 enthaltene Beschränkung durch Strafgesetze bedarf einer abwägenden Konkretisierung im Einzelfall, in deren Rahmen insbesondere die Relevanz und Zurechenbarkeit der Straftaten Berücksichtigung finden müssen. Dies erfolgt durch § 3 VereinsG, welchen das BVerwG in die Schutzbereichs- **76**

---

[353] Hierzu §§ 3 ff. VersG.

[354] Hierzu BVerwG NVwZ 2018, 1656 (1660), wonach Art. 9 „jede Benachteiligung von Fraktionen wegen einer Zugehörigkeit ihrer Mitglieder zu verfassungsfeindlichen Vereinigungen oder deren Tätigkeit für solche Vereinigungen aus[schließt], bis gem. § 3 VereinsG in einem förmlichen Verfahren festgestellt wird, dass der Verein gemäß Art. 9 Abs. 3 GG verboten ist". Anders noch BVerwG NVwZ 2006, 214 (215), wonach ein Verein „als verboten behandelt werden" darf, wenn er die Verbotsgründe des § 3 Abs. 1 S. 1 VereinsG erfüllt.

[355] BVerfGE 80, 244 (254). AA *Wilms* JZ 1965, 86 (90) explizit zum Straftatbestand nach § 20 Ziff. 1 VersG; *Spiller,* Das Vereinsverbot nach geltendem VerfassungsR, 1968, 107.

[356] BVerfGE 80, 244 (254 f.). In dieser Entscheidung wird zudem die Verfassungsmäßigkeit des § 20 Abs. 1 Nr. 1 VereinsG bestätigt.

[357] Hierzu noch → Rn. 99.

[358] *Höfling* in Sachs Rn. 40.

[359] So BVerfGE 80, 244 (253) mit Verweis auf von Mangoldt/Klein, Das Bonner Grundgesetz, 2. Aufl. 1957, Art. 9 Anm. IV 2 mwN sowie *Scholz* in Maunz/Dürig Art. 9 (Stand 1979) Rn. 112 ff. So auch BVerwG BeckRS 2014, 57162, Rn. 8.

[360] Hierzu → Rn. 74.

dogmatik des BVerfG einordnet: Danach enthalte § 3 Abs. 1 S. 1 VereinsG „wesentliche Merkmale einer ‚echten' Verbotsverfügung (konstitutive Wirkung der Feststellung; Auflösungsanordnung), auch wenn sie mit Rücksicht auf die verfassungsrechtliche Vorgabe des Art. 9 Abs. 2 nicht als solche ausgestaltet ist."[361] Mit Entscheidung vom 13.7.2018 hat das BVerfG mit umfangreicher Begründung dementsprechend auch noch einmal klargestellt, dass Art. 9 Abs. 2 nicht von vornherein den Schutzbereich der Vereinigungsfreiheit einschränkt,[362] sondern dem nach Art. 9 Abs. 1 geschützten Recht auf Vereinsfortbestand eine ausdrückliche Schranke setzt.[363] Auch die Literatur geht aufgrund des Vergleichs mit Art. 21 Abs. 2 sowie einer möglichst weitreichenden Schutzwirkung des Art. 9 Abs. 1 von einer Schrankenregelung aus.[364] Die Verbotsverfügung entfaltet daher – entgegen obiger Rspr. – konstitutive (nicht lediglich deklaratorische) Wirkung.[365] Keine Anwendung erfährt Art. 19 Abs. 1, insbesondere das hierin enthaltene Zitiergebot,[366] das nur ausgelöst wird, wenn eine ausdrücklich erlaubte Grundrechtseinschränkung durch Gesetz vorgenommen oder zulassen wird. Das BVerfG schließt daher Regelungen, „mit denen der Gesetzgeber im Rahmen grundrechtlicher Schrankenvorbehalte lediglich den individuellen Freiheitsgebrauch in die allgemeine Rechtsordnung integriert",[367] von der Anwendung aus.[368]

77 Die Umsetzung der Schrankenregelung erfolgt in § 3 Abs. 1 S. 1 VereinsG, worin die Verbotsgründe des Art. 9 Abs. 2 wiederholt werden. Gemäß § 3 Abs. 1 S. 2 VereinsG ist mit dem Vereinsverbot in der Regel die Beschlagnahme und die Einziehung des Vereinsvermögens (Nr. 1), von Forderungen Dritter, soweit die Einziehung in § 12 Abs. 1 VereinsG vorgesehen ist (Nr. 2), und von Sachen Dritter, soweit der Berechtigte durch die Überlassung der Sachen an den Verein dessen verfassungswidrige Bestrebungen vorsätzlich gefördert hat oder die Sachen zur Förderung dieser Bestrebungen bestimmt sind (Nr. 3), zu verbinden. Diese Regelung genügt auch dem in Art. 9 Abs. 2 enthaltenen Gesetzesvorbehalt.[369]

78 Bei der Prüfung des Vereinsverbots wird wiederum die Frage nach der Prüfung der Verhältnismäßigkeit virulent. Das BVerwG geht letztlich von einer gebundenen Entscheidung der Behörde aus – und erachtet daher eine Verhältnismäßigkeitskontrolle als entbehrlich: In Fällen des Art. 9 Abs. 2 ergebe sich „unmittelbar aus der Verfassung, dass die dahin gehende Feststellung der Verbotsbehörde und die mit dieser nach § 3 VereinsG verknüpften weiteren Entscheidungen nicht unverhältnismäßig sind".[370] Diese Annahme könnte sich aus dem Wortlaut des Art. 9 Abs. 2 ergeben, wonach die dort genannten Vereinigungen verboten „sind". Richtigerweise ist die Formulierung jedoch – anders als bei anderen Grundrechten – nicht nur als „ermächtigende(r) quali-

---

361 BVerwG NVwZ 2003, 986 (987 f.).

362 In diese Richtung noch BVerwGE 134, 275, 306 f.; vgl. aber auch BVerfGE 80, 244, 253.

363 BVerfG NVwZ 2018, 1788 (1790); ebenso *Jarass* in Jarass/Pieroth Rn. 17.

364 *Jarass* in Jarass/Pieroth Rn, 17.

365 *Höfling* in Sachs Rn. 40; *Jarass* in Jarass/Pieroth Rn. 17.

366 *Jarass* in Jarass/Pieroth Rn. 17.

367 *Cornils* in BeckOK GG Art. 19 Rn. 14.

368 Vgl. BVerfGE 28, 46; BVerfGE 64, 72 (79).

369 Dieser ist trotz der engen Formulierung in Art. 9 Abs. 2 („sind verboten") zu fordern. Anders die Annahme, wonach Art. 9 Abs. 2 als „kraft Verfassungsrechts bestehende Schranke der Vereinigungsfreiheit" wirkt (so BVerwG NVwZ 2003, 986 (987)). Vgl. auch *Stern,* Staatsrecht IV/1, 2006, 1343 (verfassungsunmittelbare Schranke).

370 BVerwG NVwZ-RR 2000, 70 (74 f.) unter Verweis auf BVerwGE 61, 218 (222).

fizierte(r) Gesetzesvorbehalt", sondern als „Gesetzgebungsauftrag" zu verstehen.[371] Am Erfordernis der Verhältnismäßigkeit des Eingriffs ändert diese Formulierung hingegen nichts.[372] Das BVerfG stellt daher richtigerweise fest, dass auch das Vereinsverbot am Grundsatz der Verhältnismäßigkeit zu messen ist.[373] Zugleich bemerkt es jedoch, „dass im einzelnen Fall den Anforderungen des verfassungsrechtlichen Grundsatzes der Verhältnismäßigkeit nur bei der Prüfung Rechnung getragen werden kann, ob die tatbestandlichen Voraussetzungen eines Verbotsgrunds erfüllt sind, denn nach der Feststellung eines solchen Grunds ist nach der Regelungsstruktur des Art. 9 Abs. 2[374] für eine Verhältnismäßigkeitsprüfung kein Raum mehr."[375] Dies erweckt den Anschein, dass die sonst im Rahmen der Rechtsfolge anzusiedelnde Verhältnismäßigkeitsprüfung auf diesem Wege auf die Tatbestandsebene übertragen wird, um dem verfassungsrechtlichen Gebot Genüge zu tun. Zu Recht wird kritisiert, dass eine selbständige Verhältnismäßigkeitsprüfung auf Tatbestandsebene problematisch sein dürfte und stattdessen eine verfassungskonforme Auslegung der objektiven und subjektiven tatbestandlichen Voraussetzungen gefordert.[376]

aa) Anwendungsbereich. Die als abschließend gedachte Regelung des Art 9 Abs. 2 gilt (nur) für Vereinigungen, die in den Schutzbereich des Abs. 1 fallen, also insbesondere nicht für sog. Ausländervereine bzw. Mischvereine.[377] Dies stellt auch § 14 Abs. 1 S. 1 VereinsG klar, wonach „Vereine, deren Mitglieder oder Leiter sämtlich oder überwiegend Ausländer sind (Ausländervereine), … über die in Artikel 9 Abs. 2 des Grundgesetzes genannten Gründe hinaus unter den Voraussetzungen des Absatzes 2 verboten werden" können. Die dort genannten (ebenfalls engen) Verbotsvoraussetzungen genügen jedenfalls den hier geltenden Maßstäben nach Art. 2 Abs. 1. **79**

Ebenfalls nicht erfasst werden ausländische Vereine, dh Vereine mit Sitz im Ausland (hierzu bereits → Rn. 42). § 15 Abs. 1 S. 1 VereinsG normiert für diese die entsprechende Anwendbarkeit des § 14 VereinsG. Soweit deren „Mitglieder und Leiter sämtlich oder überwiegend Deutsche oder ausländische Unionsbürger sind" (§ 15 Abs. 2 VereinsG), wird hingegen die Anwendbarkeit des Art. 9 Abs. 2 bestätigt. Dies erklärt sich daraus, dass den Deutschen und Unionsbürgern auch in diesen Fällen der weitreichende Schutz der Vereinigungsfreiheit gewährt werden soll. Hierbei handelt es sich jedoch um den individuellen Schutz der Vereinsmitglieder, nicht den kollektiven Schutz der Vereinigung. **80**

Obwohl religiöse Vereinigungen dem spezielleren Art. 140 iVm Art. 137 Abs. 2 S. 1 WRV unterfallen, gewinnt auch für sie die Schrankenregelung nach Art. 9 Abs. 2 Bedeutung.[378] **81**

---

[371] *Höfling* in Sachs Rn. 40.

[372] In diesem Sinne auch *Höfling* in Sachs Rn. 49; *Kluth* in Friauf/Höfling Rn. 109; *Merten* in HdbStR VII § 165 Rn. 75; *Jarass* in Jarass/Pieroth Rn. 21; *Scholz* in Maunz/Dürig Rn. 114 (mit ausf. Abstufung); aA BVerwGE 154, 22, Rn. 54; Stern, Staatsrecht IV/1, 2006, 1345; *Kemper* in MKS Rn. 71.

[373] BVerfG NVwZ 2018, 1788 (1790). Siehe auch BVerfG NJW 2020, 905 (919 f.), wonach der Gesetzgeber „die Grenzen der Schranke des Art. 9 II GG nicht ausdehnen darf".

[374] Diese Regelungsstruktur übernimmt § 3 VereinsG, der dementsprechend ebenfalls nur auf tatbestandlicher Ebene die Einfügung einer Verhältnismäßigkeitsprüfung erlaubt. Zur Verhältnismäßigkeitsprüfung bei gebundenen Entscheidungen *Mehde* DÖV 2014, 541 ff.

[375] BVerfG NVwZ 2018, 1788 (1790). Ebenso BVerwG BeckRS 2014, 57162, Rn. 8.

[376] *Kemper* in MKS Rn. 71.

[377] Hierzu → Rn. 44.

[378] Hierzu noch → Rn. 209 ff.

82 **bb) Vereinigungen.** Die – abschließend geltenden[379] – Verbotsgründe nach Art. 9 Abs. 2, § 3 Abs. 1 S. 1 VereinsG beziehen sich auf Zwecke und Tätigkeiten **der Vereine.** Sie sind eng auszulegen.[380]

83 **(1) Deren Zwecke oder deren Tätigkeit den Strafgesetzen zuwiderlaufen.** Gemäß Art. 9 Abs. 2 Alt. 1 sind Vereinigungen, deren Zwecke oder deren Tätigkeit den Strafgesetzen zuwiderlaufen, verboten. Einfachgesetzlich findet sich diese Schranke in § 3 Abs. 1 S. 1 Hs. 1 Alt. 1 VereinsG wieder, der den in Art. 9 Abs. 2 Alt. 1 benannten Verbotsgrund aufnimmt und in diesem Sinne als Schranke wirkt. Als „Strafgesetze" im Sinne dieser Vorschrift gelten nur „allgemeine strafbewehrte Normen".[381] Hiervon abzugrenzen sind Sonderstrafnormen, die sich allein gegen Vereinigungen als solche richten.[382] Wären auch diese taugliche Verbotsnormen, so „stünde die Vereinigungsfreiheit im Ergebnis zur Disposition des Gesetzgebers"[383] – also (nur noch) unter dem Vorbehalt der Verhältnismäßigkeitsprüfung.[384] Die Beschränkung des Art. 9 Abs. 2 Alt. 1 würde sich dann kaum mehr von einem einfachen Gesetzesvorbehalt unterscheiden. Hinzu tritt der – auch der Auslegung der „allgemeinen Gesetze" in Art. 5 Abs. 2 immanente[385] – Gedanke inhaltlicher Neutralität und Wertoffenheit, der beim Erlass von Sonderstrafnormen durchbrochen werden würde.

84 Genauerer Klärung bedarf der Begriff des **„Zuwiderlaufens":** Eine Begehung der Straftaten durch die Vereinigung selbst ist nicht möglich, da es ihr an der für eine Straffähigkeit notwendigen Schuldzurechnungsfähigkeit fehlt. Der strafgesetzwidriger Zweck oder die strafgesetzwidrige Tätigkeit der Vereinigung werden stattdessen aus den Absichten und Verhaltensweisen ihrer Mitglieder abgeleitet.[386] Demnach ist die Strafgesetzwidrigkeit einer Vereinigung nach der Rspr gleichwohl möglich, weil die Vereinigung „durch ihre Mitglieder und die sie repräsentierenden Vereinsorgane einen vom einzelnen Mitglied losgelösten Gruppenwillen bilden und insofern eine eigene Zweckrichtung festlegen sowie selbstständig handeln kann".[387] Wann der auf diesem Wege verselbstständigte Vereinszweck bzw. das selbstständige Vereinshandeln den Strafgesetzen „zuwiderlaufen", ergibt sich letztlich aus einer wertenden Betrachtung der Gesamtumstände, welche insbesondere den Zweck des Verbotstatbestands berücksichtigen muss: Dieser soll „einer besonderen Gefährdung der öffentlichen Sicherheit oder Ordnung" durch eine organisierte

---

379 AllgM, vgl. nur *Heinrich,* Vereinigungsfreiheit und Vereinigungsverbot, 115.

380 BVerfG NVwZ 2018, 1788 (1791).

381 So BVerfG NVwZ 2018, 1788 (1791); siehe auch BVerfG NJW 2020, 905 (920), wonach die Vereinigungsfreiheit „vor vereinigungsspezifischem Sonderrecht" schützt. Ebenso aus der Literatur *Höfling* in Sachs Rn. 45; *Jarass* in Jarass/Pieroth Rn. 18; *Kemper* in MKS Rn. 75. Abweichend von dieser überwiegenden Auffassung können für *Merten* (in HdbStR VII § 165 Rn. 77) auch speziell vereinsbezogene Normen unter den Begriff der „Strafgesetze" fallen: „Da von dem organisierten Kollektiv größere Gefahren ausgehen können als von einem Individuum, muß der Gesetzgeber einer Assoziation Tätigkeiten verbieten können, die er bei dem einzelnen straffrei läßt."

382 BVerfG NVwZ 2018, 1788 (1791).

383 BVerfG NVwZ 2018, 1788 (1791).

384 Hierzu → Rn. 78.

385 Vgl. hierzu → Art. 5 Rn. 114.

386 BVerwG BeckRS 2008, 39066, Rn. 11; VGH Kassel BeckRS 2013, 48799, Rn. 36; OVG Schleswig BeckRS 2012, 52184, Rn. 91.

387 BVerwG BeckRS 2008, 39066, Rn. 11; VGH Kassel BeckRS 2013, 48799, Rn. 36; OVG Schleswig BeckRS 2012, 52184, Rn. 91; VGH Mannheim NVwZ-RR 2012, 198 (199).

Ignoranz und Relativierung der strafrechtlichen Regelungen begegnen.[388] Gerade dem organisatorischen Zusammenwirken wohnt eine „Eigendynamik" und ein „organisiertes Sach- und Personalpotential" inne, welches das strafbare Verhalten – auch durch psychologische Wirkungen – begünstigt.[389] An dieser Stelle kommt der aus Art. 9 Abs. 1, 2 ableitbare Gedanke der Verhältnismäßigkeit zum Tragen, sodass immer auch eine grundrechtsfreundliche Auslegung berücksichtigt werden muss.

Ein Vereinsverbot wegen Strafgesetzwidrigkeit setzt (bereits wegen der **85** unterschiedlichen Stoßrichtungen) keine vorherige strafrichterliche Verurteilung der Einzelpersonen – insbesondere nach § 129 Abs. 1 StGB[390] – voraus.[391] Auch sind Verbotsbehörden und Verwaltungsgerichte nicht an die rechtliche Würdigung in Strafurteilen gebunden. Sie können die Strafgesetzwidrigkeit vielmehr in eigener Kompetenz (unter Berücksichtigung von Art. 9 Abs. 1, 2) prüfen.[392]

Damit das (strafrechtlich relevante) Verhalten der Mitglieder der Vereini- **86** gung zugerechnet werden kann, muss dieses „den Charakter der Vereinigung prägen".[393] Hierfür muss die Strafgesetzwidrigkeit nicht den Hauptzweck der Vereinigung ausmachen und auch nicht auf Dauer bestehen,[394] jedoch grundsätzlich in der Struktur der Vereinigung wurzeln. Zurechenbar sind jedenfalls strafbare Tätigkeiten, die von Vereinsorganen angeordnet oder mit deren Wissen und Billigung begannen werden oder im inneren Zusammenhang mit dem Verein stehen.[395] Begehen die Mitglieder spontan und aufgrund eines eigenen Entschlusses Straftaten, dann sind diese der Vereinigung zuzurechnen, wenn sie sich nach außen – aufgrund des geschlossenen Auftretens – als Vereinsaktivitäten darstellen und die Vereinigung diesen Umstand billigt oder jedenfalls widerspruchslos hinnimmt.[396] Zurechenbar sind auch Verhaltensweisen, die von Seiten der Vereinigung gedeckt werden, „indem sie ihren Mitgliedern durch eigene Hilfestellung oder von ihr veranlasste Hilfe anderer Personen Rückhalt bietet und dadurch straffällig gewordenen Mitgliedern den Eindruck vermittelt, ihr Fehlverhalten sei von der Vereinigung und insbesondere von deren Führungspersonal gewünscht oder gebilligt."[397] Insgesamt muss es sich um Straftaten handeln, die während des Bestehens der Vereinigung begangen wurden. Vor Gründung der Vereinigung und nach

---

[388] VGH Kassel BeckRS 2013, 48799, Rn. 38; OVG Schleswig BeckRS 2012, 52184, Rn. 92.

[389] Siehe hierzu ausf. VGH Kassel BeckRS 2013, 48799, Rn. 38; OVG Schleswig BeckRS 2012, 52184, Rn. 92. Die gerichtlichen Begründungen verweisen explizit auf eine Minderung des Verantwortungsgefühls, den Abbau der individuellen Hemmschwelle sowie den Anreiz zu neuen Straftaten.

[390] BVerwG NJW 1989, 993 (995).

[391] BVerfG NVwZ 2018, 1788 (1791); BVerwGE 134, 275 (280 f.); NJW 1989, 993 (995); VGH Mannheim NVwZ-RR 1993, 25 (26); VGH Kassel BeckRS 2013, 48799; OVG Schleswig BeckRS 2012, 52184, Rn. 94.

[392] BVerfG NVwZ 2018, 1788 (1791); BVerwGE 80, 299 (305 f.); 134, 275 (280 f.); VGH Kassel BeckRS 2013, 48799; ebenso OVG Schleswig BeckRS 2012, 52184, Rn. 94.

[393] VGH Kassel BeckRS 2013, 48799, Rn. 37; OVG Schleswig BeckRS 2012, 52184, Rn. 92.

[394] BVerwG NJW 1989, 993 (995); BVerwG BeckRS 2008, 39066, Rn. 11; VGH Kassel BeckRS 2013, 48799, Rn. 37; OVG Schleswig BeckRS 2012, 52184, Rn. 92.

[395] VGH München NJW 1990, 62 (63).

[396] VGH München NJW 1990, 62 (63); VGH Kassel BeckRS 2013, 48799, Rn. 37; OVG Schleswig BeckRS 2012, 52184, Rn. 92.

[397] VGH Kassel BeckRS 2013, 48799, Rn. 38.

ihrer Auflösung[398] begangene Straftaten bleiben hingegen unberücksichtigt.[399] Zusammenfassend laufen Zwecke oder Tätigkeiten einer Vereinigung daher den Strafgesetzen zuwider, wenn Organe, Mitglieder oder auch Dritte Strafgesetze verletzen und dies der Vereinigung zuzurechnen ist, weil sie erkennbar für die Vereinigung auftreten und diese das zumindest billigt oder weil die Begehung von Straftaten durch die Vereinigung bewusst hervorgerufen oder bestärkt, ermöglicht oder erleichtert wird.[400]

87 Im Einzelfall ist zu prüfen, ob die Strafgesetzwidrigkeit für die Vereinigung derart prägend ist,[401] dass ein Vereinsverbot nicht dem Übermaßverbot zuwiderliefe.[402] So kann sich die prägende Kraft solcher Straftatbestände daraus ergeben, dass die Straftaten unter Verwendung von Vereinsemblemen oder in „Vereinskluft"[403] oder durch Publikationen in der Vereinszeitschrift[404] begangen werden, dass Straftaten von Personen mit Leitungsfunktionen begangen werden,[405] dass die Straftaten im Konkurrenzkampf mit anderen Organisationen[406] oder in großer Zahl[407] erfolgen. Der Inhalt der Vereinssatzung tritt demgegenüber zurück, da strafrechtliche Zwecke üblicherweise nicht auf diese Weise offengelegt werden.[408] Die Ziele der Vereinigung sind weniger ihrer Satzung und ihrem Programm, sondern eher „ihrem Auftreten in der Öffentlichkeit, ihren Publikationen sowie den Äußerungen und der Grundeinstellung ihrer Funktionsträger [zu] entnehmen".[409]

88 **(2) Die sich gegen die verfassungsmäßige Ordnung richten.** Verboten sind ebenfalls Vereinigungen, die sich „gegen die verfassungsmäßige Ordnung" „richten". Einfachgesetzlich findet sich diese Formulierung in § 3 Abs. 1 S. 1 Hs. 1 Alt. 2 VereinsG wieder, der den in Art. 9 Abs. 2 Alt. 1 benannten Verbotsgrund wiederholend aufgreift. Das BVerfG hat bereits in der Elfes-Entscheidung konkretisiert, dass es „geboten" sei, den Begriff der verfassungsmäßigen Ordnung iSd Art. 9 Abs. 1 auf gewisse elementare Grundsätze der Verfassung zu beschränken.[410] Damit folgt es zugleich der Überlegung, dass die im GG verschiedentlich vorfindliche Formulierung nicht einheitlich ausgelegt werden kann. Bei der Auslegung sind Stellung und Funktion der Schranke zu berücksichtigen. Dies wird insbesondere bei einem vergleichenden Blick auf Art. 2 Abs. 1 deutlich: Die dort genannte „freie Entfaltung" der „Persönlichkeit" wird allgemein weit verstanden als jede Form menschlichen Handelns, ohne Rücksicht darauf, welches Gewicht der

[398] Hierfür spricht auch, dass der für die Beurteilung der Rechtmäßigkeit einer Verbotsverfügung maßgebliche Zeitpunkt derjenige ihres Erlasses ist (s. BVerwG NVwZ 2003, 986 (988)).

[399] Hierzu VGH München NJW 1990, 62 (63 f.).

[400] BVerfG NVwZ 2018, 1788 (1791).

[401] So BVerwG NJW 1989, 993 (995).

[402] Vgl. VGH München NVwZ-RR 2000, 496 (496); *Scholz* in Maunz/Dürig Rn. 123.

[403] BVerwG NJW 1989, 993 (996).

[404] BVerwG BeckRS 2008, 39066, Rn. 19; BVerwG NVwZ-RR 2011, 14 (15).

[405] BVerwG BeckRS 2008, 39066, Rn. 26.

[406] BVerwG BeckRS 2000, 30430573, Rn. 12.

[407] BVerwG BeckRS 2000, 30430573, Rn. 12.

[408] Aussagekräftig erscheint es jedoch, wenn die Vereinssatzung auf eine besondere „Solidarität ausgerichtet ist"; vgl. BVerwG NJW 1989, 993 (995); OVG Schleswig BeckRS 2012, 52184, Rn. 92.

[409] BVerwG NJW 1993, 3213; NVwZ-RR 2000, 70 (70); BVerwG BeckRS 2008, 39066, Rn. 11; VGH München NVwZ-RR 2000, 496 (496).

[410] BVerfGE 6, 32 (38) unter Verweis auf BGHSt 7, 222 (227); 9, 285 (286); zuletzt BVerfG NVwZ 2018, 1788 (1791). So auch *Merten* in HdbStR VII § 165 Rn. 78.

Betätigung für die Persönlichkeitsentfaltung zukommt.[411] Die so verstandene allgemeine Handlungsfreiheit kann wiederum weitreichend, nämlich durch „jede formell und materiell rechtmäßige Rechtsnorm", eingeschränkt werden.[412] Hier steht der Begriff zugleich in einer Reihe mit den „Rechten anderer" sowie dem „Sittengesetz". Im Zusammenhang mit Art. 9 Abs. 1, der deutlich enger nur die Vereinigungsfreiheit schützt,[413] gilt anderes: Eine Vereinigung erfüllt den Verbotstatbestand des Art. 9 Abs. 2 Alt. 2 daher (erst) dann, „wenn sie sich gegen die verfassungsmäßige Ordnung richtet, indem sie als solche nach außen eine kämpferisch-aggressive Haltung gegenüber den **elementaren Grundsätzen** der Verfassung einnimmt."[414]

Nach der Rspr von BVerfG, BVerwG und den obersten Verwaltungs- **89**
gerichten gehören zu diesen elementaren Grundsätzen vor allem die Achtung vor den im GG konkretisierten Menschenrechten sowie das demokratische Prinzip, dem die Volkssouveränität, die Verantwortlichkeit der Regierung, die Gesetzmäßigkeit der Verwaltung, die Unabhängigkeit der Gerichte, das Mehrparteienprinzip und die Chancengleichheit der politischen Parteien mit dem Recht auf verfassungsmäßige Bildung und Ausübung einer Opposition immanent sind.[415] Hinzu treten das Grundrecht auf freie Meinungsäußerung,[416] der freie und offene Prozess der Meinungs- und Willensbildung des Volkes,[417] die Rundfunk-, Presse- und Informationsfreiheit,[418] das Bekenntnis zu religiöser und weltanschaulicher Neutralität[419] und die Religionsfreiheit.[420] Um ein Vereinsverbot zu begründen, genügt es nicht, dass die Vereinigung die verfassungsmäßige Ordnung (lediglich) kritisiert oder ablehnt;[421] sie muss ihre verfassungsfeindlichen Ziele „kämpferisch-aggressiv" verwirklichen wollen.[422] Ohne dass Gewaltanwendungen oder Rechtsverletzungen zum Tragen kommen, genügt es, dass die Vereinigung darauf ausgerichtet ist, die verfassungsmäßige Ordnung *fortlaufend*

---

[411] Zuerst in BVerfGE 6, 32 (36). Fortlaufend bestätigt in der späteren Rspr; vgl. hier nur BVerfGE 54, 143 ff.; 80, 137 ff. (mit abweichendem Votum *Grimm*); 90, 145 ff.; BVerfG NJW 2012, 1062 (1062 f.). Aus der Literatur *Degenhart* JuS 1990, 161 ff.; *Duttge* NJW 1997, 3353 ff.; *Cornils* in HdbStR VII § 168 Rn. 37 ff.; *Kahl,* Die Schutzergänzungsfunktion von Art. 2 Abs. 1 Grundgesetz, 2000; *Pieroth,* AöR (115) 1990, 33 ff. sowie allgemein zu einer weiten Schutzbereichsinterpretation *Höfling,* Offene Grundrechtsinterpretation, 1987. Zum Schutzbereich des Art. 2 Abs. 1 noch näher unter Art. 2 Rn. 18 ff.

[412] BVerfGE 6, 32 (37 ff.).

[413] Zum Inhalt → Rn. 25 ff.

[414] BVerwGE 61, 218, 220; 134, 275, Rn. 44; BVerwG NVwZ-RR 2014, 14 ff.; NVwZ 2013, 870 (Hervorhebung durch Verf.); ebenso *Jarass* in Jarass/Pieroth Rn. 19.

[415] Mit jeweils unterschiedlichen Akzentuierungen BVerfG NVwZ 2018, 1788 (1791); BVerwG NJW 1995, 2505 (2505); NVwZ 1997, 66 (67); NVwZ-RR 2000, 70 (71); VGH Mannheim NVwZ-RR 1995, 198 (198); OVG Lüneburg NdsVBl. 2000, 301 (Fundstelle); entsprechend (im Kontext des Art. 21 Abs. 2) exemplarisch BVerfGE 2, 1 (2. Ls.); 144, 20 Rn. 531. Weiter hingegen *Jarass* in Jarass/Pieroth Rn. 19, wonach die „verfassungsmäßige Ordnung" wie in Art. 20 Abs. 3 GG die gesamte Verfassung meint.

[416] BVerfGE 7, 198 (208).

[417] BVerfGE 20, 56 (97); 44, 125 (139); 107, 339 (360).

[418] BVerfGE 7, 198 (208); 10, 118 (121); 12, 205 (259 ff.); 20, 56 (97 f.); 20, 162 (174 f.); 27, 71 (81 f.); 35, 202 (221); 59, 231 (265 f.); 77, 65 (74).

[419] BVerfGE 27, 195 (201).

[420] BVerfGE 137, 273 (303).

[421] Das BVerfG betont, dass Art. 9 Abs. 2 „kein Weltanschauungs- oder Gesinnungsverbot" enthält und „weder auf innere Haltungen noch auf bestimmte politische Überzeugungen" zielt (BVerfGE 124, 300 (333); BVerfG NVwZ 2018, 1788 [1791]).

[422] BVerfGE 124, 300 (330); BVerfG NVwZ 2018, 1788 (1791); BVerwG NVwZ-RR 2000, 70 (71). Ebenso OVG Lüneburg NdsVBl. 2000, 301 (302 f.).

zu untergraben,[423] indem ihre Geltung und Verbindlichkeit in Frage gestellt und die Bereitschaft zu ihrer Verteidigung zersetzt wird.[424]

90 In Anlehnung an die Parteiverbotsrechtsprechung des BVerfG[425] besteht Übereinstimmung dahingehend, dass ein Verbotsgrund jedenfalls vorliegt, wenn eine Vereinigung „in Programm, Vorstellungswelt und Gesamtstil eine **Wesensverwandtschaft mit dem Nationalsozialismus** aufweist".[426] Diese Rspr geht davon aus, dass „eine die Beeinträchtigung oder Beseitigung der freiheitlichen demokratischen Grundordnung erstrebende Zielrichtung i. S. des Art. 21 Abs. 2 auch gegen die verfassungsmäßige Ordnung gerichtet ist".[427] Eine Wesensverwandtschaft mit dem Nationalsozialismus besteht wiederum, wenn die Vereinigung „sich in ihren äußeren Formen und ihrem Sprachgebrauch am Nationalsozialismus orientiert, sich zu maßgeblichen Repräsentanten des Nationalsozialismus bekennt, einen rassisch begründeten Fremdenhass propagiert und führende Funktionsträger eine dem Nationalsozialismus gegenüber positive Grundeinstellung besitzen".[428] Gleichzeitig sind die Anforderungen des Art. 9 Abs. 2 geringer als jene des Art. 21 Abs. 2,[429] da die Parteien in der demokratischen Ordnung des GG einen besonderen Schutz genießen.

91 Art. 9 Abs. 2 Alt. 2 gewinnt daher – in Zusammenschau mit Art. 18 und Art. 21 Abs. 2 – weitergehende Bedeutung als Ausdrucksform der „wehrhaften Demokratie".[430] In Reaktion auf die Versäumnisse der Weimarer Verfassung und die Erfahrungen der Auseinandersetzung mit einem totalitären Regime[431] erkannten die Väter und Mütter des GG die Notwendigkeit, den gesellschaftlichen Kampf gegen die freiheitlich-demokratische Grundordnung des GG bereits in seinen Ansätzen zu unterbinden. In diesem Sinne enthält Art. 9 Abs. 2 ein Instrument „präventiven Verfassungsschutzes".[432] Art. 9 Abs. 2, Art. 18 und Art. 21 Abs. 2 erheben die verfassungsmäßige – im Sinne der „freiheitliche(n) demokratische(n) – (Grund-)Ordnung zum Schutzgut. Aktiviert werden die dort genannten Schutzmaßnahmen (Vereinsverbot, Parteiverbot, Grundrechtsentzug) jedoch erst in dem Moment, in dem die Zielsetzung der Beeinträchtigung oder Beseitigung einen aggressiven-kämpferischen Haltung zum Ausdruck bringt.[433] Dies zeigt sich begrifflich in

---

[423] BVerwGE 61, 218 (220); BVerwG NVwZ-RR 2000, 70 (71). Ebenso OVG Lüneburg NdsVBl. 2000, 301 (302 f.).

[424] VGH Mannheim NVwZ-RR 1995, 198 (198).

[425] Siehe BVerfGE 2, 1 (70) anlässlich des Verbotes der Sozialistischen Reichspartei (SRP) zur Auslegung des Art. 21 Abs. 2.

[426] BVerwGE 134, 275, Rn. 44; BVerwG NJW 1993, 3213 (3215); NVwZ-RR 2000, 70 (71); NVwZ-RR 2011, 14 (15); VGH Mannheim NVwZ-RR 1995, 198 (198); OVG Lüneburg NdsVBl. 2000, 301 (302 f.); Hervorhebung durch Verf.

[427] BVerwG Buchholz 402.45 VereinsG Nr. 28, 122; BVerwG NVwZ-RR 2000, 70 (71); OVG Lüneburg NdsVBl. 2000, 301 (302 f.).

[428] VGH Mannheim NVwZ-RR 1995, 198 (198, 2. Ls.).

[429] BVerfG NVwZ 2018, 1788 (1791).

[430] Hierzu BVerfGE 28, 36 (48); 28, 51 (55); 30, 1 (19 ff.); 39, 334 (349); 80, 244 (253 ff.); 107, 339, Rn. 139; 144, 20, Rn. 517; BVerfG NJW 2001, 2069 (2071); NVwZ 2004, 90 (91); NJW 2004, 2814 (2816); NVwZ 2008, 671 (673); NJW 2017, 611, Rn. 425; BVerwG NVwZ 1995, 1134 ff.

[431] BVerfGE 5, 85 (138); BVerfGE 80, 244 (253).

[432] *Stern,* StaatsR I, 2. Aufl. 1984, V. 2b) ß).

[433] So BVerfGE 124, 300, Rn. 67 mit Verweis auf BVerfGE 5, 85 (141): In Zusammenschau mit Art. 18 und Art. 21 Abs. 2 legte der Verfassungsgeber fest, dass „nicht schon die Verbreitung verfassungsfeindlicher Ideen als solche die Grenze der freien politischen Auseinandersetzung bildet, sondern erst eine aktive kämpferische, aggressive Haltung gegenüber

Art. 18, der vom „Kampfe gegen die freiheitlich demokratische Grundordnung" spricht. Verfassungsfunktional gedacht dürfen diese Instrumente gerade nicht die Aushöhlung der eigenen Wirkungsbedingungen herbeiführen, wozu neben Rechtsstaatlichkeit, Demokratie und grundrechtlicher Freiheit auch die Neutralität und Toleranz des Staatswesens gegenüber unterschiedlichen – insbesondere – politischen Meinungsäußerungen und Betätigungen gehört. So gewährleistet Art. 5 Abs. 1 Alt. 1 die Meinungsfreiheit als „Geistesfreiheit unabhängig von der inhaltlichen Bewertung ihrer Richtigkeit, rechtlichen Durchsetzbarkeit oder Gefährlichkeit."[434] Hinzu tritt ein Grundvertrauen in die „Selbstheilungskraft" des demokratischen Prozesses: „So wie das Grundgesetz die Meinungsfreiheit im Vertrauen auf die Kraft der freien öffentlichen Auseinandersetzung grundsätzlich auch den Feinden der Freiheit garantiert […], vertraut es mit der Vereinigungsfreiheit grundsätzlich auf die freie gesellschaftliche Assoziation und die Kraft des bürgerschaftlichen Engagements im freien und offenen politischen Diskurs."[435] Gerade die Anwendung der Verbotsverfahren nach Art. 21 Abs. 2 und Art. 9 Abs. 2 bedarf daher verfassungsrechtlichen Augenmaßes.[436] Einerseits ist beim Eingriff in persönliche und politische Überzeugungen höchste Zurückhaltung geboten, andererseits muss sich auch die plurale freiheitlich-demokratische Verfassungsordnung äußerer (kämpferisch-aggressiver) Gefährdungen erwehren können. Dabei können auch verbal-geistige Einflussnahmen einen solchen kämpferisch-aggressiven Charakter annehmen: So kann eine Verfassungsordnung auch durch die Schaffung einer rassistischen oder faschistischen Geisteshaltung, durch das ‚Herbeireden' eines Verlusts von Staatlichkeit und staatlicher Souveränität oder durch das Verächtlichmachen seiner demokratisch gewählten Repräsentanten ausgehöhlt werden, indem ihre Wirkungsbedingungen, zu denen maßgeblich der Rechtsgeltungsanspruch und die Akzeptanz der Mehrheitsentscheidung gehören, in Frage gestellt werden. Die vom BVerfG für ein Parteiverbotsverfahren nach Art. 21 Abs. 2 geforderten ‚Erfolgsaussichten' beim Kampf gegen die freiheitliche demokratische Grundordnung sind auf das Vereinigungsverbotsverfahren nicht übertragbar, da es sich hierbei nicht um verfassungsrechtliche Institutionen handelt.[437]

Um die Ziele einer Vereinigung zu ermitteln, greift das BVerwG (auch hier) weniger auf Satzung und Programm der Vereinigung, sondern vielmehr auf das öffentliche Auftreten, Vereinspublikationen sowie Äußerungen und Grundeinstellungen der Funktionsträger zurück.[438] Bei Publikationen rückt **92**

der freiheitlichen demokratischen Grundordnung." Zu den Abstufungen zwischen den verschiedenen Vorschriften im Einzelnen → Rn. 91.

434 BVerfGE 124, 300, Rn. 67 mit Verweis auf BVerfGE 90, 241 (247). Hiervon abweichend prägte das OVG Münster kurz nach der Jahrtausendwende eine Rspr, wonach Versammlungen, die durch ein Bekenntnis zum Nationalsozialismus geprägt sind, wegen Verstoßes gegen die öffentliche Ordnung (§ 15 Abs. 1 VersG) verboten werden können (NJW 2001, 2111; 2001, 2113). Das BVerfG hat dieser Rspr dezidiert den etwa in Art. 5 Abs. 2 enthaltenen Neutralitätsgedanken des GG entgegengehalten (NJW 2001, 2069 ff.; NJW 2001, 2075 ff.; NJW 2004, 2814 ff.).

435 BVerfG NVwZ 2018, 1791 unter Verweis auf BVerfGE 124, 300 (330); 124, 300 (320 f.).

436 Das BVerfG betont daher auch im NPD-Verbotsverfahren die „Zweischneidigkeit" des Schwertes ‚Parteiverbot' (BVerfGE, 144, 20, 1. Ls., sowie in Rn. 405, 586).

437 BVerfGE 144, 20, Rn. 845.

438 BVerwG Buchholz 402.45 VereinsG Nr. 8, 7; BVerwG NJW 1993, 3213 (3215); NVwZ-RR 2000, 70 (71); VGH Mannheim NVwZ-RR 1995, 198 (198); OVG Lüneburg NdsVBl. 2000, 301 (302 f.).

allerdings nicht die „presserechtliche Verantwortlichkeit insbesondere des verantwortlichen Redakteurs" in den Fokus, sondern die vereinsrechtliche Zurechenbarkeit.[439] Zu bejahen ist diese jedenfalls grundsätzlich bei Publikationen, die im Auftrag der Vereinsleitung herausgegeben sind.[440] Aus der Gesamtheit derartiger Äußerungen und Verhaltensweisen ist ein Gesamtbild hinsichtlich der Ziele der Vereinigung zu ermitteln, welches nicht unbedingt durch abweichende Äußerungen der Mitglieder bzw. Funktionsträger oder eine mehr oder weniger große Zahl unverfänglicher Sachverhalte relativiert wird.[441] Bei der Bewertung ist vielmehr zu berücksichtigen, dass die Vereinigung verfassungsfeindliche Bestrebungen zu verheimlichen suchen wird.[442]

93 **(3) Die sich gegen den Gedanken der Völkerverständigung richten.** Art. 9 Abs. 2 Alt. 3 betrifft Vereinigungen, die „gegen den Gedanken der Völkerverständigung" gerichtet sind.[443] Einfachgesetzlich finden diese in § 3 Abs. 1 S. 1 Hs. 1 Alt. 3 VereinsG Erwähnung. Eine Vereinigung erfüllt den Verbotstatbestand des Art. 9 Abs. 2 Alt. 3, wenn ihre Tätigkeit oder ihr Zweck geeignet ist, den Gedanken der Völkerverständigung zu beeinträchtigen.[444] Die Bedeutung des Art. 9 Abs. 2 Alt. 3 geht über eine auf die Vereinigungsfreiheit zielende Beschränkungswirkung hinaus. In Zusammenschau mit Art 18 S. 1, Art. 21 Abs. 2 und Art. 26 wird dieser Beschränkung der Gedanke entnommen, dass der grundgesetzlich verfasste Staat in die Völkerrechtsordnung eingegliedert ist.[445] Der Gedanke der Völkerverständigung beschreibt das friedliche Zusammenleben der Völker, aber auch das friedliche Überwinden der Interessengegensätze verfeindeter Völker.[446] Vereinigungen erfüllen diesen Verbotstatbestand, „wenn sie Gewalt oder vergleichbar schwerwiegende völkerrechtswidrige Handlungen wie den Terrorismus in den internationalen Beziehungen oder zwischen Teilen der Bevölkerung aktiv propagier(en) und förder(n)".[447] Dies betrifft etwa einen Verein, der über einen längeren Zeitraum eine Gruppe im Ausland unterstützt, die Anschläge auf Personen und Sachen vornimmt.[448] Allerdings darf durch solche Vereinigungsverbote „nicht jede Form humanitärer Hilfe in Krisengebieten wegen ihrer mittelbar den Terrorismus fördernden Effekte unterbunden werden".[449]

94 Erforderlich ist auch hier, dass sich die Vereinigung gegen die genannten Rechtsgüter „richtet". Auch hier ist eine „aggressiv-kämpferische" Haltung erforderlich.[450] Nicht hinreichend ist es daher, lediglich Kritik an fremden Staaten auszuüben oder politische/völkerrechtliche Kontakten mit bestimm-

---

[439] Zu den Details BVerwG, NVwZ-RR 2000, 70 (71); OVG Lüneburg NdsVBl. 2000, 301 (302 f.).

[440] BVerwG Buchholz 402.45 VereinsG Nr. 15, 47.

[441] BVerwG NVwZ-RR 2000, 70 (71); OVG Lüneburg NdsVBl. 2000, 301 (302 f.).

[442] Hieraus weist explizit BVerwG NVwZ-RR 2000, 70 (71) hin.

[443] Zum Vorrang des Art. 22a a. F. der Fernseh-Richtlinie BVerwG NVwZ 2010, 1372 ff.; BVerwG BeckRS 2010, 49197.

[444] BVerwG NVwZ-RR 2016, 454 (455 f.).

[445] BVerfGE 108, 129, Rn. 31; 108, 238 (247); 113, 154 (162); BVerfG BeckRS 2011, 48310, Rn. 13; BVerwGE 87, 237 ff.

[446] BVerwG NVwZ-RR 2016, 454 (456).

[447] BVerwG NVwZ 2018, 1788 (6. Ls.).

[448] BVerwG DVBl. 2005, 591 f.

[449] BVerwG NVwZ 2018, 1788 (6. Ls.).

[450] BVerfGE 5, 85 (141).

ten Staaten abzulehnen.[451] Es muss sich um eine aggressiv-kämpferische Haltung der Vereinigung handeln. Soweit das Handeln einzelner Mitglieder im Raum steht, muss deren Verhalten der Vereinigung zuzurechnen sein.[452] Ein Verhalten Dritter, das objektiv geeignet ist, den Gedanken der Völkerverständigung schwerwiegend, ernst und nachhaltig zu beeinträchtigen, ist zurechenbar, wenn „die Vereinigung dies weiß und zumindest billigt."[453]

cc) Sind verboten. Obwohl der Wortlaut des Art. 9 Abs. 2 GG es vermuten lässt, sind solche Vereinigungen nicht ohne Weiteres verboten; vielmehr muss das Verbot erst behördlich festgesetzt werden (→ bereits unter Rn. 76). Das Vereinsverbot nach § 3 Abs. 1 S. 1 VereinsG ist einfach-gesetzliche Umsetzung und Wiederholung der „verfassungsimmanenten" Schranken i. S. d. Art. 9 Abs. 2. Die – in einzelfallbezogener Konkretisierung erfolgende – Verbotsverfügung politischer Vereinigungen ist Sache der vollziehenden Gewalt gemäß Art. 9 Abs. 2, §§ 3 ff. VereinsG. Für Parteien[454] – als Spezialfall der politischen Vereinigungen – gilt jedoch das Parteienprivileg gemäß Art. 21 Abs. 2 S. 2, §§ 13 Nr. 2, §§ 43 ff. BVerfGG. Diese sind daher einfach-gesetzlich auch explizit aus dem Anwendungsbereich des Vereinsgesetzes ausgeschlossen (vgl. § 2 Abs. 2 Nr. 1 VereinsG). Das Parteiverbot nach Art. 21 Abs. 2 wirkt in das Vereinsrecht hinein (vgl. hierzu § 33 Abs. 3 PartG). 95

Auch das Verbots*verfahren* ist grundrechtskonform auszugestalten. Es genießt verfassungsrechtlichen Selbststand. Dies entspricht dem Verständnis der Verfahrensrechte als Ausdruck des grundrechtlichen *status positivus,* der auch „Schutz durch und in staatlichen Verfahren"[455] beinhaltet. In der Rechtsprechung werden in erster Linie abwehrrechtliche Konstellationen thematisiert: Im Mittelpunkt der Betrachtungen stehen Vereinsverbote, die entsprechend der obigen Erwägungen einen besonders tiefgreifenden Eingriff in das Grundrecht aus Art. 9 Abs. 1 darstellen. Die Verbotsverfügungen nach § 3 Abs. 1 S. 1 VereinsG werden zudem ergänzt durch Ermittlungsmaßnahmen nach § 4 VereinsG, denen tlw. weitere grundrechtliche Relevanz zukommt.[456] In Angleichung an strafrechtliche Ermittlungsverfahren verlangt die Rspr aus diesem Grund das Vorliegen eines Anfangsverdachts für die Verwirklichung des Verbotstatbestandes nach § 3 Abs. 1 VereinsG.[457] 96

Im Mittelpunkt der Verteidigungsrechte stehen Anhörungsrechte und Begründungspflichten, die bereits einfach-gesetzlich in §§ 28, 39 VwVfG normiert sind, vorliegend jedoch noch einen gesonderten grundrechtlichen Wert gewinnen. Für richterliche Anordnungen nach § 4 Abs. 2 VereinsG gilt ebenso wie für den Erlass richterlicher Anordnungen nach §§ 94 ff. StPO das Gebot rechtlichen Gehörs nach Art. 103 Abs. 1.[458] Eine Grenze ist erst dort erreicht, wo die Anhörung das mit dem Vereinigungsverbot verfolgte öffent- 97

---

451 *Kingreen/Poscher,* Grundrechte, 35. Aufl. 2019, Rn. 871.

452 Hierzu sind die oben genannten Maßstäbe (→ Rn. 84 ff.) heranzuziehen.

453 BVerfG NVwZ 2018, 1788 (6. Ls.).

454 Zum Parteienbegriff → Art. 21 Rn. 18 ff.

455 *Kingreen/Poscher,* Grundrechte, 32. Aufl. 2016, Rn. 83, allerdings mit leicht abgewandelter Formulierung in der aktuellen Auflage.

456 Vgl. die eigentumsrechtliche Relevanz von Beschlagnahmemaßnahmen nach § 4 Abs. 2, 4 VereinsG.

457 VGH Kassel NJW 1993, 2816 (2827). Vgl. auch OVG Bremen NVwZ-RR 2012, 64 (64): „konkrete Anhaltspunkte" für das Auffinden relevanter Beweismittel.

458 VGH Kassel NJW 1993, 2816 (2827).

liche Interesse zu vereiteln droht.[459] Es entspricht daher gängiger Rechtsprechung, dass eine Anhörung unterbleiben kann, wenn zu befürchten ist, dass „Beweismittel beiseitegeschafft oder vernichtet werden und dadurch der Zweck der angeordneten Ermittlungsmaßnahmen vereitelt würde". Ähnliches gilt für die aus § 28 Abs. 1 VwVfG resultierende Anhörungspflicht vor Erlass der Verbotsverfügung: Da mit dem Vereinsverbot regelmäßig (vgl. § 3 Abs. 1 S. 2 VereinsG) Beschlagnahme und Einziehung des Vereinsvermögens sowie von Sachen Dritter verbunden sind, könnte mit der Anhörung eine unerwünschte Warnung verbunden sein, welche die Durchsetzung dieser Maßnahmen verhindert.[460] Die Beschränkung grundrechtlich gewährter Verfahrensrechte ist in diesem Fall letztlich durch die entgegenstehenden Verfassungsgüter (vgl. Art. 9 Abs. 2) gerechtfertigt. Die verwaltungsgerichtliche Übermittlung von Daten im Rahmen der Überprüfung eines Vereinsverbots muss dem Grundrecht auf informationelle Selbstbestimmung nach Art. 2 Abs. 1 iVm Art. 1 genügen.[461] Im Rahmen der gerichtlichen Überprüfung bedeutet eine Überraschungsentscheidung, mit welcher der Kläger nach dem bisherigen Prozessverlauf nicht rechnen muss, eine Verletzung des Rechts auf rechtliches Gehör.[462]

98 Ebenso wie die Verbotsverfügung selbst müssen die im Rahmen des Verfahrens erlassenen Maßnahmen über die notwendige Bestimmtheit verfügen. Dies gilt etwa für Durchsuchungsanordnungen, die dem Zweck dienen, „den Zugriff auf Beweisgegenstände bei Vollziehung der Durchsuchung zu begrenzen".[463] Hierzu bedarf es regelmäßig einer Konkretisierung des bestehenden Verdachts in tatsächlicher und rechtlicher Hinsicht, die „über eine floskelhafte Beschreibung des Vorwurfs […] hinausgeht".[464] Im Hinblick auf vereinsrechtliche Durchsuchungsanordnungen werden diese verfassungsrechtlichen Anforderungen jedoch mit Blick auf die grundrechtlichen Vorgaben in Art. 9 Abs. 2 regelmäßig relativiert, da diese Konkretisierungswirkung bereits durch die restriktiv normierten Verbotsvoraussetzungen nach Art. 9 Abs. 2 und § 3 Abs. 1 VereinsG ermöglicht wird.[465]

99 Auch nach seinem Verbot und seiner Auflösung verbleibt der Vereinigung eine „auf die Führung der Rechtsverteidigung beschränkte Rechtsstellung".[466] Auf diesem Wege bleibt diese in der Lage, Verbot und Auflösung anzufechten,[467] um eine Art. 19 Abs. 4 vergleichbare Rechtsposition zu wahren. Diese Rechtsschutzgewährung gewinnt besonderes Gewicht, da nur die Vereinigung zur Anfechtung des Verbots befugt ist. Eine Anfechtung des Vereinsverbots durch einzelne Mitglieder scheidet aus, da die Verbotsverfügung „nicht die individuelle Rechtsstellung seiner Mitglieder als natürliche

---

[459] Vgl. BVerwGE 90, 299 (303).

[460] VGH Kassel BeckRS 2013, 48799, Rn. 31.

[461] In diesem Sinne BVerwG NVwZ 2013, 521 ff., das diese grundrechtlichen Anforderungen durch §§ 86 Abs. 1, 99 Abs. 1 StPO sowie § 474 Abs. 1 StPO als erfüllt ansieht.

[462] BVerwG NVwZ 2011, 372 ff.

[463] VGH Mannheim NVwZ-RR 2012, 198 (199).

[464] Vgl. hierzu (im Kontext anderer Grundrechte sowie unter Rückgriff auf das Rechtsstaatsprinzip) BVerfGE 20, 162 (224 f.); 42, 212 (220); 44, 353 (371); BVerfG NStZ-RR 2002, 172 (172).

[465] VGH Mannheim NVwZ-RR 2012, 198 (199).

[466] OVG Schleswig BeckRS 2012, 52184, Rn. 83; ganz ähnlich im Wortlaut VGH Kassel, BeckRS 2013, 48799, Rn. 23 – jeweils mit Verweis auf *Löwer* in: v. Münch/Kunig, 6. Aufl. 2012, Rn. 59.

[467] BVerwG BeckRS 2018, 2862, Rn. 18; BeckRS 2016, 113752, Rn. 15; NVwZ 2014, 1573; zur Frage des einstweiligen Rechtsschutzes: BVerwG BeckRS 2011, 52037.

Personen, sondern die Rechtsstellung des klagenden Vereins als Gesamtheit von Personen betrifft".[468] Einzelne Personen können eine vereinsrechtliche Verbotsverfügung im eigenen Namen nur dann anfechten, wenn die Verbotsverfügung zu ihren Händen ergangen ist und sie geltend machen, keinen Verein iSd § 2 Abs. 1 VereinsG zu bilden.[469] Ebenso wenig ist eine Anfechtung des Vereinsverbots durch einen anderen Verein möglich. Zwar können selbstständige Nebenorganisationen mittelbar durch das in § 9 Abs. 3 VereinsG enthaltene Verbot, dem verbotenen Verein ähnliche Kennzeichen zu verwenden, in ihrer Vereinigungsfreiheit betroffen sein; diese Betroffenheit resultiert jedoch nicht unmittelbar aus der Verbotsverfügung, sondern aus der gesetzlichen Anordnung.[470] Daher wird auch aus Art. 9 Abs. 1 keine Klagebefugnis abgeleitet.

b) Sonstige Schranken. Art. 9 Abs. 2 enthält (dem Wortlaut nach nur) Schranken für Vereinigungsverbote. Auf der Grundlage dieser Vorschrift sind dennoch auch sonstige – weniger tief greifende – Eingriffe zulässig;[471] dies ergibt sich bereits aus dem Grundsatz der Verhältnismäßigkeit,[472] welcher jeweils die Wahl des mildesten geeigneten Mittels verlangt. Hier steht auch nicht der strikte Wortlaut („sind verboten") entgegen, da durch entsprechende mildere Mittel auch das Fortbestehen der Tatbestandsvoraussetzungen unterbunden werden kann. 100

Unterhalb der Schwelle des Abs. 2 fehlt es an einem explizit formulierten Gesetzesvorbehalt, dennoch soll Art. 9 Abs. 1 nach der Rspr des BVerfG über eine „immanente Schranke"[473] verfügen. „Dieser Grundrechtsschutz [aus Art. 9 Abs. 1] unterliegt aber nicht nur den Schranken des Art. 9 Abs. 2 GG, da Vereinigungen nicht mehr erlaubt sein kann als natürlichen Personen. Aus diesem Grunde ist es dem Gesetzgeber nicht verwehrt, jeder Betätigung einer Vereinigung die Schranken zu setzen, die zum Schutz anderer Rechtsgüter von der Sache her geboten sind".[474] Aus der gerichtlichen Begründung scheint hervorzugehen, dass das BVerfG hier einen Art. 2 Abs. 1 entsprechenden Maßstab anwenden will.[475] Dies entspricht im Ergebnis einem einfachen Gesetzesvorbehalt. Andererseits könnte den Ausführungen auch (nur) der Verweis zu entnehmen sein, dass Vereinstätigkeit nach außen, soweit sie nicht den Kernbereich betrifft, gerade nicht von Art. 9 Abs. 1, sondern – soweit kein spezielleres Grundrecht vorliegt – von Art. 2 Abs. 1 geschützt ist. 101

„Sonstige" Eingriffe (ohne Verbotswirkung) sind in Art. 9 Abs. 2 nicht geregelt. Das Schweigen des Verfassungsgebers steht einer Schrankenübertragung aus Art. 2 Abs. 1 entgegen.[476] Einer solchen ist zudem entgegenzuhalten, dass Art. 9 Abs. 1 ja gerade nicht ‚jede' Vereinstätigkeit erfasst, sondern nur den Kernbereich des Vereinswirkens, sodass die Eingriffsmöglichkeiten nach Art. 2 Abs. 1 zu weitreichend wären. Auch einer Über- 102

---

[468] OVG Schleswig BeckRS 2012, 52184, Rn. 83. Im Ergebnis ebenso BVerwG, BeckRS 2018, 2862, Rn. 18; BeckRS 2017, 111814, Rn. 18.

[469] BVerwG BeckRS 2018, 2862, Rn. 18; BeckRS 2016, 113752, Rn. 15.

[470] BVerwG NVwZ 2018, 1485 (1487), Rn. 13.

[471] *Jarass* in Jarass/Pieroth Rn. 22; *Scholz* in Maunz/Dürig Rn. 117.

[472] Zu diesem bereits → Rn. 78.

[473] So BVerfGE 39, 334 (367); BVerfG NJW 1993, 1253 (1254).

[474] So BVerfGE 30, 227 (243); BVerfG NVwZ 2003, 855 (855); BVerfG NJW 1993, 1253 (1254).

[475] So etwa auch *Reinhardt* FS f. Draheim, 1968, 227 (228).

[476] So aber etwa *Jarass* in Jarass/Pieroth Rn. 23.

tragung der Schranken des Art. 5 Abs. 2[477] widerspricht der grundgesetzlichen Systematik,[478] zumal Art. 9 Abs. 1 gerade nicht (nur) Kommunikationsgrundrecht – und insoweit Art. 5 Abs. 1 vergleichbar – ist.[479] Die differenzierte Regelung des Absatzes 2 widerspricht gleichermaßen einer undifferenzierten Anwendung der Vorschrift auf sämtliche Eingriffe. Unsystematisch erschiene es hingegen auch, Vereinsverbote nach Abs. 2, sonstige (schwächer wirkende) Eingriffe hingegen nie zu erlauben.

103 So verbleibt die Möglichkeit, Eingriffe unterhalb des Abs. 2 auf kollidierendes Verfassungsrecht zu stützen.[480] Dem kann nicht entgegengehalten werden, dass auf diesem Wege die Schrankensystematik des Art. 9 Abs. 2 ausgehebelt wird. Bei enger Anwendung der in Art. 9 Abs. 2 benannten Voraussetzungen ist die Schranke des Abs. 2 auch unter diesem Verständnis strenger als ein möglicher Rückgriff auf kollidierendes Verfassungsrecht.

104 Auch „sonstige Eingriffe" stehen unter dem Vorbehalt der Verhältnismäßigkeit. Eingriffsmaßnahmen sind daher auf ihre Geeignetheit, Erforderlichkeit und Angemessenheit zu überprüfen. Hierbei liegt es nahe, iS einer Stufenregelung verschiedene Eingriffsmaßnahmen (so etwa präventive Kontrollmaßnahmen; Eingriffe in die Vereins- bzw. Satzungsautonomie sowie ein punktuelles Vereinbetätigungsverbot) ihrer Eingriffstiefe entsprechend zu differenzieren.[481]

II. Koalitionsfreiheit (Art. 9 Abs. 3)

105 Art. 9 Abs. 3 enthält mit dem Recht, zur Wahrung und Förderung der Arbeits- und Wirtschaftsbedingungen Vereinigungen zu gründen, eine eigenständige grundrechtliche Garantie. Diese Garantie unterscheidet sich von der allgemeinen Vereinigungsfreiheit des Art. 9 Abs. 1 „durch die Einbeziehung eines bestimmten Vereinigungszwecks in den grundrechtlichen Schutz".[482] Da gerade die Bildung solcher Vereinigungen „in der Vergangenheit vom Staat zeitweilig besonders heftig bekämpft" wurde, erhält die Koalitionsfreiheit mit Art. 9 Abs. 3 einen „über Art. 9 Abs. 1 GG hinausgehenden[n] Grundrechtsschutz".[483] Die Garantie der Koalitionsfreiheit hat das bestehende Arbeits(kampf)recht – und insbesondere die hierzu ergangene Rspr bis hin zum BAG – spürbar geprägt.

106 **1. Genese.** Auch wenn Art. 9 in seinen Absätzen 1 und 3 die beiden Grundrechte der Vereinigungs- und der Koalitionsfreiheit zusammenfasst – und die Koalitionsfreiheit damit (anders als die WRV)[484] als einen Sonderfall der Vereinigungsfreiheit behandelt, sind doch die historischen Unterschiede zu betonen. Zwar beruhen beide Grundrechte auf der – zunächst mit der Aufklärung und später dem Zusammenbruch überkommener Gesellschaftsordnungen – entstehenden Erkenntnis, dass Lebensverhältnisse individuell gestaltbar sind. Während die Vereinigungsfreiheit diese Erkenntnisse in die privatesten Lebensräume der Menschen trug, unterlag die Koalitionsfreiheit

[477] So *Scholz* in Maunz/Dürig Rn. 118.
[478] So auch *Kluth* in Friauf/Höfling Rn. 99.
[479] Hierzu bereits → Rn. 19.
[480] *Höfling* in Sachs Rn. 42.
[481] Ausf. hierzu *Scholz* in Maunz/Dürig Rn. 115 ff.
[482] BVerfGE 84, 212 (224).
[483] BVerfGE 84, 212 (224).
[484] Hierzu → Rn. 7, 112.

immer einer wirtschafts- und sozialpolitischen (und damit: öffentlichen) Komponente, weshalb sie unter einem erhöhten Rechtfertigungsdruck stand.

Die Koalitionsfreiheit spielt seit Beginn der **Industrialisierung** und der **107**
damit verbundenen Verschlechterung der Arbeitsbedingungen eine zunehmende Rolle.[485] Sie wird daher auch als „historisch spätes Grundrecht" beschrieben.[486] Tatsächlich lässt sich in Deutschland vom Beginn der eigentlichen Industrialisierung frühestens ab 1835,[487] möglicherweise sogar mit dem Wirtschaftshistoriker *Walt Whitman Rostow* erst ab 1850 sprechen.[488] Die dreißiger und vierziger Jahre des neunzehnten Jahrhunderts sind in Deutschland noch durch einen zunehmenden **Pauperismus** geprägt, der seine Ursache in einem rasanten Bevölkerungswachstum findet, welches nicht durch ein ebensolches Anwachsen der (industriellen) Arbeitsplätze aufgefangen wird.[489] Der Begriff des Pauperismus selbst taucht in der zeitgenössischen Literatur um 1830 auf. Parallel zur wirtschaftlichen Not selbst wächst die Pauperismus-Literatur an, die das Phänomen der Armut beschreibt und Möglichkeiten der Abhilfe diskutiert. Nach 1850 flaute die Literaturwelle ab – zu einem Zeitpunkt, als die anwachsende Industrie in zunehmendem Maße aufnahmefähig für das Heer der Arbeitssuchenden wird. Bereits 1819 formuliert jedoch *T. Marezoll* den Zusammenhang von wirtschaftlicher Kraft und politischem Interesse: „Auch in staatsbürgerlicher Rücksicht, wirkt der Gegensatz von Armuth und Reichthum nachtheilig. Sehr oft wird der Arme am Staate, der so wenig für ihn sorgt, ihn darben lässt, kein wahres Interesse haben."[490] Dass die Ökonomisierung – und damit verbundene: Proletarisierung – zum Gegenstand des zeitgenössischen Interesses wird, zeigt ein zeitgleich anwachsendes (früh-)sozialistisches Schrifttum, dessen maßgebliche Vertreter bei *von Mohl* vermerkt sind.[491] Um die Jahrhundertmitte beschreiben entsprechend *Marx* und *Engels* aus der Perspektive eines materiellen Weltverständnisses in „Die deutsche Ideologie" die bürgerliche Gesellschaft als Ergebnis einer Umwälzung, „die die Verhältnisse der Bourgeois untereinander und zu den Proletariern in reine Geldverhältnisse auflöste, sämtliche … ‚geheiligte Güter' in Handelsartikel verwandelte und für die Proletarier alle naturwüchsigen und überkommenen, z. B. Familien- und politische Verhältnisse nebst ihrem ganzen ideologischen Überbau zerstörte".[492] Sie schlussfolgern daraus den Übergang von der feudalen zur bürgerlichen Gesellschaft als „Auflösung des Gemeinwesens durch das Privatleben".[493]

---

485 Vgl. zur geschichtlichen Entwicklung BVerfGE 19, 303 mit ausf. Darstellung. Hierzu auch BVerfGE 50, 290, 366 f.

486 *Rinken* in AK, Art. 9 Abs. 1 (2001) Rn. 1.

487 Bereits ab 1835 zeigt sich jedenfalls der allgemeine Übergang von Handarbeit zu Maschinenarbeit, die Erleichterung des Handels und der Arbeitsteilung durch den 1834 gebildeten Deutschen Zollverein, Patentübereinkünfte und der Aufschwung des Bankwesens seit den dreißiger Jahren.

488 *W. W. Rostow,* Stages of Growth, 1971, 145 ff.

489 Wie schon der Marburger Staatswissenschaftler *B. Hildebrand* in seiner Kontroverse mit *F. Engel* betont, ist diese Verelendung ebenso eine Folge der frühen Industrialisierung wie der Tatsache, dass es noch zu wenige Fabriken gab, um die stark angewachsene Bevölkerung zu beschäftigen; *Hildebrand,* Nationalökonomie, 1848, 155 ff. Hierdurch wurden viele Menschen gezwungen, unterhalb des Existenzminimums zu leben.

490 *Marezoll,* Naturrecht, 1819, 180.

491 Vgl. hierzu *v. Mohl,* Staatswissenschaften I, 1855, 78 ff.

492 *Marx/Engels* MEW III, 3 (356).

493 *Marx/Engels* MEW III, 3 (344).

108 Für die Entstehung einer (wirtschaftlich abhängigen und sozial benachteiligten) Arbeiterklasse, die – gerade auch in Beobachtung der englischen Verhältnisse – früh die Beachtung eines (vornehmlich) sozialistischen Schrifttums erfuhr,[494] erweisen sich zwei Entwicklungen als maßgeblich: Dies ist zunächst die Eröffnung eines ökonomischen (marktwirtschaftlichen) Handlungsraums, in welchem individuelle Vertragsbeziehungen zum Austausch von Arbeitsleistung und Arbeitslohn möglich werden. Sie ist Ausdruck einer an der Schwelle vom achtzehnten zum neunzehnten Jahrhundert stattfindenden Umgestaltung der Sozialordnung,[495] an deren Ende die Entstehung der (individualisierten) bürgerlichen Gesellschaft steht, zu deren wichtigster Handlungsbereich die Ökonomie avancierte: „Der Arbeitnehmer war … vom streng gliedschaftlich integrierten, gleichsam leibeigenen Teil der Korporation zum individuellen eigenständigen und eigenverantwortlichen Marktteilnehmer geworden."[496] Zugleich gehen aus den ehemals korporativen Strukturen hervorgehende Schutzinstrumentarien (wie sie etwa die mittelalterlichen Gesellen- oder Zunftverbände boten) verloren.[497] Die rechtliche Selbstbestimmung der Arbeiter wird daher durch ihre wirtschaftliche Abhängigkeit und Schutzlosigkeit konterkariert: „Die Interessen der Arbeiter waren anfangs die gleichen, wie die der Unternehmer. Um von den Schranken des Gesinde- und Zunftrechtes frei zu werden, brauchte der Arbeiter dieselbe rechtliche Vertragsfreiheit, wie der Unternehmer. Daß das Arbeitsverhältnis der freien Vereinbarung der Arbeiter überlassen sei, entsprach auch den Wünschen der Arbeiter. […] Allein je mehr sich die Industrie entwickelte, wurde klar, daß der Fabrikarbeiter sich vom Gesinde und Gesellen auch dadurch unterschied, daß er regelmäßig das Leben lang im Arbeiterverhältnis bleibt, nie zu wirtschaftlicher Selbständigkeit gelangt. […] Er stand dem Arbeitgeber rechtlich frei gegenüber, aber war thatsächlich gezwungen, dessen Arbeitsbedingungen anzunehmen."[498]

109 Mit zunehmender Unzufriedenheit der Arbeiterschaft wird die soziale Frage auch zu einer Frage der Stabilität bestehender Herrschaftsverhältnisse, weshalb ihr in zunehmendem Maße Beachtung geschenkt wird.[499] In der juristischen Literatur beschränkt sich dies jedoch weitgehend auf die dogmatische Analyse einer – in weiten Teilen unzureichenden – wohlfahrtstaatlich anmutenden Sozialgesetzgebung, „deren eigentliche und wichtigste Aufgabe" darin gesehen wird, die bestehende Gesellschaftsordnung dadurch zu erhalten, daß sie gewisse Mißverhältnisse, welche die Existenz dieser Ordnung bedrohen könnten, beseitigt."[500] Zeitgleich avancieren die Gewerkschaften „als Bewegungen sozial-assoziativer Selbsthilfe zur Überwindung des sozialen Elends, das die Arbeitnehmerschaft weithin im 19. Jahrhundert traf".[501] Sie ist sozialistisch geprägt, nimmt jedoch etwa auch christliche Züge auf.[502]

---

[494] Dass sie auch in der deutschen Staatslehre Beachtung findet, beweist exemplarisch *Schmitthenners* Werk zu „Pauperismus und Proletariat" (*Schmitthenner,* Pauperismus, 1848).

[495] Hierzu bereits → Rn. 1 ff.

[496] *Picker* FS f. Heckel, 1999, 589 (590).

[497] Nach *Bauer* in Dreier Rn. 1 machten bereits die mittelalterlichen Gesellenverbände „auf Gefährdungslagen der späteren Koalitionsfreiheit" aufmerksam.

[498] *Rehm,* Handbuch des Oeffentlichen Rechts, 1896, 263.

[499] *Herkner,* Arbeitsfrage, 1897; *Rodbertus-Jagetzow,* Beleuchtung der Socialen Frage, 1875.

[500] *Steffen,* Demokratie, 1919, 9 f.

[501] *Scholz* in HdbStR VIII § 175 Rn. 3.

[502] Zu weiteren geistesgeschichtlichen Strömungen, aus denen sich die Vereinigungsfreiheit speist (*Scholz* in HdbStR VIII § 175 Rn. 3).

Die Koalitionsfreiheit und das Streikrecht der abhängig Beschäftigten müssen historisch erst hart erkämpft werden.[503] Erst gemäß § 152 der Gewerbeordnung des Norddeutschen Bundes von 1869,[504] welche im Zuge der Reichsgründung auf die übrigen Einzelstaaten ausgedehnt wurde, werden alle Verbote und Strafbestimmungen „gegen Gewerbetreibende, gewerbliche Gehülfen, Gesellen oder Fabrikarbeiter wegen Verabredungen und Vereinigungen zum Behufe der Erlangung günstiger Lohn- und Arbeitsbedingungen, insbesondere mittelst Einstellung der Arbeit oder Entlassung der Arbeiter" aufgehoben. Doch auch dies bleibt eine partielle Gewährleistung: Zunächst beschränkt sie sich auf einzelne Wirtschaftszweige[505] und erfährt weitere Einschränkungen durch das Sozialisten-[506] und Vereinsgesetz.[507] Zugleich ist hierin nur eine Duldung der Koalitionen, keine Garantie der Koalitionsfreiheit enthalten.[508] **110**

Einen wesentlichen Entwicklungsschritt brachte das nach den Verhandlungsführern benannte Stinnes-Legien-Abkommen vom 18.11.1918. In der Übergangszeit nach dem Sturz der Monarchie und im Angesicht einer sich bildenden Räterepublik schließen die Vertreter der Arbeitgeber und Gewerkschaften hiermit ein Abkommen, in dem die Arbeitgeberseite die Gewerkschaft als „berufene Vertreter der Arbeiterschaft" anerkennt. Damit wird eine Beschränkung der Koalitionsfreiheit unzulässig. Regelungen der Arbeitsbedingungen sollen durch „Kollektivvereinbarungen mit den Berufsvereinigungen der Arbeitnehmer" erfolgen und Arbeiterausschüsse in den Betrieben gebildet werden.[509] **111**

Eine verfassungsrechtliche Verankerung der Koalitionsfreiheit findet sich dann folgerichtig in der Weimarer Reichsverfassung.[510] Mit den Regelungen des Art. 159, 165 WRV wird das Vereinigungsrecht von Arbeitnehmern und Arbeitgebern aus der allgemeinen Vereinigungsfreiheit gelöst und dem Regelungsabschnitt „Wirtschaftsleben" zugewiesen,[511] was bereits auf die besondere wirtschafts- und sozialpolitische Funktion hinweist. Die Koalitionsfreiheit wird hierdurch explizit „jedermann und für alle Berufe" gewährleistet. Während im Kaiserreich das Recht zur koalitionsmäßigen Betätigung lediglich für Verbände der gewerblichen sowie der im Bergbau tätigen Arbeitnehmer gewährleistet war, will der Verfassungsgeber von 1919 die einfachgesetzliche Regelung der § 152 f. GewO durch diese Formulierung auch auf nichtgewerbliche Arbeitnehmer erstrecken. **112**

Die Schutzerstreckung auf „jedermann und auf alle Berufe" wurde auch vom GG übernommen. Der Schutz der Koalitionsfreiheit knüpft damit nicht **113**

---

[503] Hierzu *Bauer* in Dreier Rn. 6.

[504] Bundesgesetzblatt des Norddeutschen Bundes, Band 1869, Nr. 26, Seite 245 ff.

[505] Im Gesinderecht finden sich derartige Freiheiten bis 1919 noch nicht. Vgl. noch → Rn. 112.

[506] Sozialistengesetz vom 1.10.1878 (RGBl. 1878, 351; außer Kraft getreten am 13.9.1890, RGBl. 1888 S. 109).

[507] Reichsvereinsgesetz von 1908 (RGBl. 1908, 151; außer Kraft getreten am 12.9.1964, BGBl. 1964 I S. 593, 600).

[508] *Bauer* in Dreier Rn. 6; *Löwisch/Rieble* in Münchner Handbuch zum Arbeitsrecht III, § 242 Rn. 3.

[509] Hierzu *Richardi* in Münchner Handbuch zum Arbeitsrecht I, § 2 Rn. 23.

[510] Zur Entwicklung während des Ersten Weltkrieges *Bauer* in Dreier Rn. 7. Hervorzuheben sind das Arbeitsgemeinschaftsabkommen der Spitzenverbände von Arbeitnehmern und Arbeitgebern vom 15.11.1928 sowie die Tarifvertragsordnung vom 23.12.1918.

[511] *Scholz* in HdbStR VIII § 175 Rn. 4 spricht von einem „ordnungspolitisch allgemeinere [n] Rang".

nur an die Bestimmungen der Weimarer Reichsverfassung an, sondern lässt sich auch als Reaktion auf die jüngere Vergangenheit lesen – zerschlugen doch die Nationalsozialisten am 2. Mai 1933 die Gewerkschaften, wobei unzählige Gewerkschafter inhaftiert und ermordet wurden. Die Regelung der Koalitionsfreiheit in Art. 9 Abs. 3 betont die inhaltliche Nähe zur Vereinigungsfreiheit und zugleich den freiheitlichen Impuls des Grundrechts. Anders als die Weimarer Reichsverfassung übt das GG besondere sozialpolitische Zurückhaltung.[512] Insbesondere die frühen Landesverfassungen (bspw. Bayern) weisen den Weg zur Integration der Vereinigungsfreiheit in das GG.

114 Art. 9 Abs. 3 wurde durch das Siebzehnte G zur Ergänzung des GG vom 24.8.1968[513] um Satz 3 ergänzt.

115 Einige Landesverfassungen garantieren selbst die Koalitionsfreiheit und das Streikrecht.[514] Die Unterschiede liegen hier im Detail. Soweit die Landesverfassung diese Rechte in Übereinstimmung mit Art. 9 Abs. 3 gewährleisten,[515] findet Art. 142 Anwendung. Sofern die landesverfassungsrechtlichen Garantien hinter dem GG zurückbleiben,[516] gilt daneben die weitere grundgesetzliche Garantie. Erweitert das Landesverfassungsrecht hingegen die grundrechtliche Gewährleistung über das in Art. 9 Abs. 3 vorgegebene Maß, so sind sie insoweit nach Art. 31 unanwendbar. Denn im Falle der Zuerkennung eines über Art. 9 Abs. 3 hinausreichenden landesverfassungsrechtlichen Streikrechts entstünde ein über Art. 31 aufzulösender Konflikt zwischen Bundes- und Landesgrundrecht.[517] Dies ergibt sich aus der Problematik mehrpoliger Rechtsverhältnisse: Die Koalitionsfreiheit der Arbeitgeberverbände und Arbeitgeber sowie die Berufs- und Eigentumsfreiheit des Arbeitgebers würde weitergehend als durch Art. 9 Abs. 3 eingeschränkt.[518]

116 Hieraus resultiert im Einzelfall eine differenzierte Rechtslage auf Landesebene: So geht bspw. Art. 50 BbgVerf über Art. 9 Abs. 3 dahingehend hinaus, dass Art. 9 Abs. 3 kein verfassungsunmittelbares Recht auf Mitbestimmung kennt. Art. 51 Abs. 1 S. 2 BbgVerf überschreitet Art. 9 Abs. 3, indem den Gewerkschaften ein umfassendes Recht auf Zutritt gewährt wird, das von Art. 9 Abs. 3 in diesem Umfang nicht erfasst ist. Ersteres entspricht der Auslegung des Art. 9 Abs. 3 im durch den gesetzlichen Rahmen (insbes. Betriebsverfassungs- und Personalvertretungsrecht sowie MitbestimmungsG) vorgegebenen Umfang;[519] ein verfassungsunmittelbares „Mitbestimmungsrecht" der Gewerkschaften gibt es hingegen nicht.[520] Ein (auch Art. 9 Abs. 3 zu entnehmendes) Betriebszugangsrecht ist hingegen nur im Ausgleich mit

---

512 Hierzu *Scholz* in HdbStR VIII § 175 Rn. 6.

513 BGBl. 1968 I 709.

514 Hingegen verweisen Art. 2 Abs. 1 LV BW, Art. 5 Abs. 3 MVVerf, Art. 3 Abs. 2 1 NdsVerf, Art. 4 Abs. 1 NRWVerf auf die Grundrechte des GG und beziehen diese in die Landesverfassung mit ein.

515 Dies gilt wohl für Art. 170 BayVerf (BayVerfGH, Entscheidung vom 22. Juli 1999 – Vf. 19-VII-95 –, BayVerfGHE 52, 47–66, juris Rn. 80).

516 Bspw. enthält die Berliner Verfassung keine ausdrückliche Regelung zur Koalitionsfreiheit; hier gilt nur die allg. Vereinigungsfreiheit aus Art. 27 Abs. 1 BerlVerf., aus welcher sich spezifische Rechte wie zB. Tarifautonomie, aber wohl nicht ableiten lassen (das Streikrecht ist dahingegen ausdrücklich in Art. 27 Abs. 2 BerlVerf. geregelt). Der persönliche Anwendungsbereich des Art. 51 BremVerf ist beschränkt auf „Arbeitnehmer und Unternehmer" anstatt „Jedermann".

517 Hierzu *Korioth,* MD, Art. 142 (2008) Rn. 14.

518 HessStGH, NZA 2017, 727 (3. Ls.).

519 *Scholz* in Maunz/Dürig Rn. 168.

520 *Scholz* in Maunz/Dürig Rn. 289.

dem Hausrecht des Betriebsinhabers verfassungsrechtlich geboten.[521] Die Verfassungskonformität der Bestimmung des Art. 51 Abs. 2 S. 2 BbgVerf lässt sich daher nur über die Klausel „nach Maßgabe der Gesetze" erhalten.[522]

Die in Art. 29 Abs. 5 HessVerf enthaltene Regelung, wonach Aussperrungen rechtswidrig sind, widerspricht Art. 9 Abs. 3.[523] Die Vorschrift ist daher verfassungswidrig und wird gemäß Art. 31 von Bundesrecht verdrängt. **117**

2. Überstaatliche Bezüge. Neben dem Erlass internationaler Verträge zum Arbeiterschutz[524] gewinnt auf europäischer Ebene zunächst Art. 11 EMRK Bedeutung, der in Abs. 1 Hs. 1 Alt. 2 das Recht verbürgt, „sich frei mit anderen zusammenzuschließen". Dazu gehört ausweislich des Abs. 1 Hs. 2 „auch das Recht zum Schutz seiner [bzw. ihrer] Interessen Gewerkschaften zu gründen und Gewerkschaften beizutreten."[525] Abweichend von der früheren Rspr hat die Große Kammer des EGMR am 12.11.2008 auch das Recht auf Tarifverhandlungen mit dem Arbeitgeber (als Teilbereich der Tarifautonomie) als Art. 11 EMRK abgeleitet.[526] Der EGMR entnimmt der Vorschrift auch eine negative Koalitionsfreiheit.[527] Dies entspricht der Verbürgung der Koalitionsfreiheit in Art. 9 Abs. 3. Eine Konkretisierung des Gewerkschaftsbegriffs findet sich in Art. 11 EMRK hingegen nicht.[528] **118**

Nach Art. 11 Abs. 2 S. 1 EMRK darf die Ausübung dieser Rechte „nur Einschränkungen unterworfen werden, die gesetzlich vorgesehen und in einer demokratischen Gesellschaft notwendig sind für die nationale oder öffentliche Sicherheit, zur Aufrechterhaltung der Ordnung oder zur Verhütung von Straftaten, zum Schutz der Gesundheit oder der Moral oder zum Schutz der Rechte und Freiheiten anderer". Für Angehörige der Streitkräfte, der Polizei oder der Staatsverwaltung ist regelmäßig eine erleichterte Einschränkung möglich (Abs. 2 S. 2). Art. 9 Abs. 3 enthält hingegen keinen Gesetzesvorbehalt und gewährt daher einen weitergehenden Schutz als die Menschenrechtskonvention.[529] **119**

Die Regelung des Art. 11 EMRK wird insbesondere relevant bei der Frage nach dem Streikrecht der Beamten, nachdem der EGMR in zwei Entscheidungen aus den Jahren 2008 und 2009 entschieden hatten, dass Art. 11 EMRK ein Streikrecht (auch) für öffentliche Bedienstete beinhaltet.[530] **120**

---

[521] Hierzu → Rn. 183.

[522] Im Ergebnis ebenso *Scholz* in Maunz/Dürig Rn. 168 f.

[523] Hierzu → Rn. 151.

[524] Zu nennen sind bspw. das ILO-Übereinkommen Nr. 87 über die Vereinigungsfreiheit und den Schutz des Vereinigungsrechts vom 9. Juli 1948 (BGBl. 1956 II, 2073), Art. 22 Abs. 1 IPbpR (Internationale Pakt über bürgerliche und politische Rechte vom 16. Dezember 1966; in Kraft getreten am 23. März 1976; BGBl. 1973 II 1533, 1534), Art. 8 Abs. 1 IPwskR (Internationaler Pakt über wirtschaftliche, soziale und kulturelle Rechte 16. Dezember 1966; in Kraft getreten am 3. Januar 1976; BGBl. 1973 II 1569) sowie die Gewährleistungen der Europäischen Sozialcharta (Art. 5, 6) vom 18. Oktober 1961 (in Kraft getreten am 26. Februar 1965; SEV Nr. 035 (ESC); hierzu näher *Junker,* EuZA 2014, 1 (2 ff.)). Insgesamt hierzu *Bauer,* in: Dreier (Hrsg.), GG I, Art. 9 Rn. 12, 14. Zu den völkerrechtlichen Verträgen und ihre Wirkungen noch näher BVerfGE 58, 233, 254.

[525] Ergänzung d. Verf.

[526] EGMR vom 12.8.2008, Nr. 34503/97 – Demir und Baykara/Türkei, NZA 2010, 1425 Rn. 49.

[527] Zu deren Reichweite EGMR vom 2.6.2016, Nr. 23646/09 – Geotech/Germany, NZS 2017, 179.

[528] BVerfGE 55, 233 (254); BVerfG BeckRS 1991, 06881, Rn. 3.

[529] BVerfGE 55, 233 (253 f.).

[530] Hierzu noch unter ausführlich → Rn. 187 ff.

121 Aus dem Regelungsinhalt des Art. 11 EMRK speist sich schließlich Art. 12 GRCh, der mit Art. 28 GRCh koalitionsspezifische Garantien enthält.[531] Die praktische Bedeutung dieser Vorschrift auf mitgliedstaatlicher Ebene ist jedoch eher gering.[532] Gemäß Art. 51 Abs. 1 S. 1 GRCh gilt die Grundrechtecharta für die Mitgliedsstaaten „ausschließlich bei der Durchführung des Rechts der Union". Der EU kommt jedoch gemäß Art. 153 Abs. 5 AEUV keine Kompetenz hinsichtlich der Regelungsgegenstände Arbeitsentgelt, Koalitionsrecht, Streikrecht und Aussperrungsbefugnis zu.[533] Gemäß Art. 153 Abs. 1 lit. f) AEUV kann die Union auf dem Gebiet der Vertretung und kollektiven Wahrnehmung der Arbeitnehmer- und Arbeitgeberinteressen (lediglich) unterstützend und ergänzend tätig werden. Gemäß Art. 52 Abs. 2 GRCh begründet die Grundrechtecharta weder Zuständigkeiten noch Aufgaben.

122 Art. 28 GRCh, welcher das Recht auf Kollektivverhandlungen und Kollektivmaßnahmen regelt, steht zudem unter dem Vorbehalt des Unionsrechts und der „einzelstaatlichen Rechtsvorschriften und Gepflogenheiten". Beide wirken daher als Schranke.[534] Insgesamt verteilt sich die Koalitionsfreiheit iSd Art. 9 Abs. 3 in seinem Gehalt auf Art. 12 GRCh und Art. 28 GRCh,[535] wobei es Art. 28 GRCh noch an einer hinreichenden Konturierung fehlt.[536]

123 Gemäß Art. 155 AEUV können die Sozialpartner, welche in der Praxis auf supranationaler Ebene angesiedelte Dachverbände nationaler Koalitionen oder industriepolitische Interessenverbände sind,[537] in einen Dialog eintreten[538] und, falls sie es wünschen, vertragliche Beziehungen abschließen. Überwiegend wird davon ausgegangen, dass diese Vorschrift keine rechtliche Kompetenz zum Abschluss europäischer Tarifverträge bietet.[539] Dagegen spricht bereits, dass es auf europäischer Ebene an der Kompetenz zur Regelung einer wesentlichen Materie (des Arbeitsentgelts) fehlt. Zugleich lassen die Vereinbarungen eine normative Wirkung vermissen.[540]

124 **3. Funktionen der Koalitionsfreiheit.** Die Koalitionsfreiheit entfaltet über ihre freiheitliche Bedeutung hinaus eine wirtschafts- und sozialpolitische Funktion – auch wenn sich Art. 9 Abs. 3 anders als die entsprechende Vorschrift der WRV nicht im Abschnitt über das „Wirtschaftsleben", sondern im Grundrechteabschnitt befindet. Nach Aussage des BVerfG dient die Koalitionsfreiheit einer „sinnvollen Ordnung des Arbeitslebens".[541] Ausgehend vom Sozialstaatsprinzip des Art. 20 Abs. 1[542] gewährt das Grundrecht einen „status (activus) socialis" oder anders gesprochen ein „soziales Teilhaberecht"[543].

125 Der Staat entlässt die Entscheidung über die von Art. 9 Abs. 3 umfassten wirtschafts- und sozialpolitischen Fragen explizit in den gesellschaftlichen Freiheitsraum, indem ein Teil „der gesamtgesellschaftlichen Güterallokation

---

531 *Scholz* in HdbStR VIII § 175 Rn. 9.
532 Siehe auch BVerfG NJW 2014, 1874 (1875).
533 *Bauer* in Dreier Rn. 15.
534 *Waltermann* RdA 2014, 86 (87).
535 *Waltermann* RdA 2014, 86 (87).
536 *Franzen,* EuZA 2010, 453 (453) spricht auch von einer „völlig unkonturiert[en]" Norm.
537 *Beneke* in Grabitz/Hilf/Nettesheim Art. 152 (56. Lfg. 2015) Rn. 2.
538 Vgl. auch *Kloepfer,* Verfassungsrecht II, § 64 Rn. 67.
539 *Beneke* in: Grabitz/Hilf/Nettesheim Art. 155 (56. Lfg. 2015) Rn. 3 ff.
540 *Beneke* in Grabitz/Hilf/Nettesheim Art. 155 (56. Lfg. 2015) Rn. 4.
541 BVerfGE 4, 96 (107).
542 *Scholz,* Die Koalitionsfreiheit als Verfassungsproblem, 1971, 257 ff.
543 *Scholz,* Die Koalitionsfreiheit als Verfassungsproblem, 1971, 257.

auf die Vereinigungen nach Art. 9 III GG"[544] dh an die Arbeitnehmer- und Arbeitgeberverbände, delegiert wird. Damit distanziert sich der Staat bewusst von Preis- und Lohnfestsetzungen planwirtschaftlicher Natur. Zugleich reagiert er auf die Erkenntnis struktureller Unterlegenheit auf Arbeitnehmerseite. Schließlich wird auf diesem Wege der auf Seiten der Verbände vorhandene Sachverstand genutzt.[545]

Diese Tarifautonomie (also das Recht der Koalitionen, die Arbeits- und Wirtschaftsbedingungen unabhängig von staatlicher Einflussnahme zu regeln) bündelt verschiedene **Funktionen:**[546] Die Verteilungsfunktion soll die angemessene Teilhabe der Arbeitnehmer am wirtschaftlichen Erfolg sicherstellen. Die Befriedungsfunktion zielt auf die Entschärfung sozialer Konflikte.[547] Bereits im 19. Jahrhundert zeigte sich die Bedeutung der sozialen Frage für die Stabilität der politisch-sozialen Ordnung. Durch die Bereitstellung eines akzeptablen Verfahrens zur Bestimmung gerechter Arbeits- und Wirtschaftsbedingungen wird diese – auch für den politischen Raum wichtige – Stabilität sichergestellt. Die Schutzfunktion des Tarifvertragsrechts beschreibt die Verlässlichkeit tarifvertraglicher Vereinbarungen. Die Ordnungsfunktion erfasst schließlich die tarifvertragliche Aufgabe, eine sinnvolle Ordnung der Arbeits- und Wirtschaftsbedingungen sicherzustellen. 126

4. Schutzbereich. a) Begriff der „Vereinigungen zur Wahrung und Förderung der Arbeits- und Wirtschaftsbedingungen". Art. 9 Abs. 3 schützt Vereinigungen, soweit sie „zur Wahrung und Förderung der Arbeits- und Wirtschaftsbedingungen" dienen, die verkürzend als Koalitionen bezeichnet werden. Als solche kommen (nur) Gewerkschaften und Arbeitgeberverbände in Betracht.[548] Zur Qualifizierung bedarf es der Erfüllung bestimmter – im Folgenden näher zu betrachtender – Merkmale, die sich bereits vorverfassungsrechtlich herausgebildet haben und daher der Verfassungsgebung im Jahre 1948/1949 zugrunde lagen. Als Sonderfall der Vereinigungen stellen Koalitionen freiwillige, auf Dauer angelegte und korporativ organisierte Zusammenschlüsse (von Arbeitnehmern oder Arbeitgebern) dar, die der Wahrung und Förderung der Arbeits- und Wirtschaftsbedingungen dienen. Der Begriff der **Arbeitsbedingungen** bezieht sich auf das Arbeitsverhältnis, umfasst also insbesondere Lohn, Arbeitszeit, Urlaub, Arbeitsschutz. Der Begriff der **Wirtschaftsbedingungen** erfasst sonstige wirtschafts- und sozialpolitische Fragen, wie insbesondere Arbeitslosigkeit, Beschäftigungsstandort, Modernisierung.[549] Gewerkschaften beschreiben dabei den Zusammenschluss von Arbeitnehmern, ohne dass diese einem gleichartigen Beruf nachgehen müssen.[550] Sie sind auf die Erlangung und Erhaltung günstiger Arbeits- und Lohnbedingungen ausgerichtet.[551] In Abgrenzung zu sonstigen 127

---

[544] *Hufen* NZA 2014, 1237 (1238).

[545] In dieser Funktion wirken die Vertreter der Spitzenorganisationen von Arbeitgebern und Arbeitnehmern auch in der Mindestlohnkommission mit (vgl. hierzu §§ 4 f. MiLoG; Mindestlohngesetz vom 11.8.2014, BGBl. 2014 I 1348).

[546] *Scholz/Lingemann/Ruttloff* NZA-Beilage 2015, 3 (4).

[547] BVerfGE 18, 18 (28).

[548] Vereinigungen iSd Art. 9 Abs. 3 GG sind nicht nur „fachberuflich organisierte Verbände" (BVerfGE 4, 96 [104 f.]). Offen, ob hierunter auch eine ‚Gefangenengewerkschaft' fällt, BVerfG BeckRS 2016, 40836, Rn. 3.

[549] Hierzu *Höfling* in Sachs Rn. 57.

[550] Hierzu bereits *Peters* in Kaskel Koalitionen und Koalitionskampfmittel, 29 (31).

[551] Siehe bereits *Peters* in Kaskel, Koalitionen und Koalitionskampfmittel, 29 (30) (speziell zum Gewerkschaftsbegriff).

Wirtschaftsvereinigungen müssen Koalitionen jedenfalls auch auf die Ordnung des Arbeitslebens gerichtet sein.[552]

128 Besonderen grundrechtlichen Schutz erhalten die tariffähigen Koalitionen. Der gesetzlich nicht definierte, jedoch einfachgesetzlich in § 2a Abs. 1 Nr. 4, 97 Abs. 1, 5 S. 1 ArbGG sowie § 2 Abs. 1 TVG vorausgesetzte Begriff der **Tariffähigkeit** meint „die rechtliche Fähigkeit durch Vereinbarung mit dem sozialen Gegenspieler, Arbeitsbedingungen tarifvertraglich mit der Wirkung zu regeln, dass sie für die tarifgebundenen Personen unmittelbar und unabdingbar wie Rechtsnormen gelten."[553] Das BVerfG hat entschieden, dass die Gerichte der Arbeitsgerichtsbarkeit befugt sind, die Voraussetzungen für die Tariffähigkeit einer Arbeitnehmerkoalition näher zu beschreiben, solange der Gesetzgeber auf eine Normierung der Voraussetzungen verzichtet.[554] Dies unterstellt eine gesetzgeberische Gestaltungs- und Konkretisierungsbefugnis, die in der Grundrechtsdogmatik im Hinblick auf normkonkretisierende Grundrechte bekannt ist. Wie im Falle des Eigentumsbegriffs gilt jedoch auch hier, dass die Kriterien für den Begriff der Koalition bzw. das Teilelement der Tariffähigkeit nicht so weit eingeschränkt werden dürfen, dass es letztlich zu einer Aushöhlung der Grundrechtssubstanz kommt.

129 Eine Annäherung an den Begriff der tariffähigen Koalition erfolgt auf empirischem Wege durch eine Beschreibung der vorhandenen sozialen Verhältnisse. Die vorhandenen Koalitionen werden dann auf ihre – für die Verwirklichung der Koalitionsfreiheit[555] – notwendigen Merkmale überprüft.[556] Daraus folgt, dass die Voraussetzungen der Tariffähigkeit an der verfassungsrechtlichen Aufgabe zu messen sind, von der durch das Tarifvertragssystem zur Verfügung gestellten Freiheitlichkeit und Ordnungsfunktion Gebrauch zu machen. Abgeleitet aus diesen Überlegungen hat sich die Überzeugung gebildet, dass zur Tariffähigkeit einer Koalition insbesondere gehört, dass sie frei gebildet, gegnerfrei und (gegner-)unabhängig sowie satzungsgemäß zur Vertretung der Interessen ihrer Mitglieder als Arbeitnehmer verpflichtet ist.[557] Das BVerfG fordert – in Fortsetzung historischer Überzeugungen[558] – hingegen nicht, dass die Vereinigung Kampfbereitschaft zeigt.[559] Es ist kein Ausschlusskriterium, wenn Vereinigungen sich auch politisch betätigen.[560] Der grundrechtliche Schutz bleibt allerdings auch in

---

[552] *Höfling* in Sachs Rn. 58.

[553] LAG Hessen NZA-RR 2015, 482 (485).

[554] BVerfGE 58, 233, (248). In Anlehnung hieran BVerfG BeckRS 1991, 06881, Rn. 2 f. (auch in Auseinandersetzung mit dem Wesentlichkeitsgrundsatz).

[555] Diesen Zusammenhang betonend *Löwisch,* ZfA 1970, 295 (301).

[556] *Löwisch* spricht von einer „phänomenologischen Methode" (*Löwisch* ZfA 1970, 295 (298 f.)), nach welcher die „*Essentialia* des Gewerkschaftsbegriffs" [Hervorhebung im Orig.] herausgearbeitet werden.

[557] BVerfGE 4, 96 (107 f.); 92, 26, Rn. 55.; 18, 18 (28); 58, 233 (247); 163, 108, Rn. 52 ff.

[558] So in der Rspr des Reichsarbeitsgerichts (RAG 2, 289 (293); 2, 299 (303); 3, 170 (173); 6, 139 (143)) sowie in der Weimarer Literatur (*Tatarin-Tarnheyden,* Berufsverbände und Wirtschaftsdemokratie, 30, Anm. 82; *Sinzheimer,* Grundzüge des Arbeitsrechts, 71; *Peters* in Kaskel Koalitionen und Koalitionskampfmittel, 29 (32); *Landmann* in Kaskel Koalitionen und Koalitionskampfmittel, 45 (46)).

[559] BVerfGE 18, 18 (28 ff.) mit umfassender Begründung. Anders noch BAGE 4, 351 (352); 12, 184 ff.

[560] BVerfG BeckRS 2014, 51215, Rn. 18 mit (unklarem) Verweis auf BVerfGE 93, 352 (358).

diesen Fällen auf „koalitionsspezifische Verhaltensweisen" beschränkt (vgl. hierzu → Rn. 145).

130 Die tlw. kumulativ genannten Begriffe der Gegnerfreiheit und Gegnerunabhängigkeit stellen letztlich ein tautologisches Begriffspaar dar, da ihnen keine klar trennbaren Inhalte zugeordnet werden können. Als Ganzes umschreiben sie das Fehlen personeller, organisatorischer oder auch finanzieller Verflechtungen von Arbeitgeber und Arbeitnehmerseite.[561] Personelle Unabhängigkeit auf Gewerkschaftsseite fehlt, wenn der Vorstand einer Arbeitnehmervereinigung überwiegend aus Leitungspersonal des sozialen Gegenspielers besteht.[562] Ebenso wenig darf eine Arbeitnehmervereinigung finanzielle Zuwendungen der Arbeitgeber erhalten, die in erheblichem Umfang das anzunehmende Einkommen an Mitgliedsbeiträgen übersteigen[563] bzw. wesentlich zur Finanzierung der Gewerkschaft beitragen.[564] In allen diesen Fällen ist die „Abhängigkeit vom sozialen Gegenspieler in der Struktur der Arbeitnehmervereinigung angelegt und verstetigt", sodass die eigenständige Interessenwahrnehmung gefährdet ist.[565] Zweck der Koalitionsfreiheit ist es hingegen, dass „die formale Gleichberechtigung der Parteien des Arbeitsvertrages zu seinem tatsächlichen Gleichgewicht" führen soll.[566] Erst hierdurch wird die Durchsetzungskraft gegenüber dem sozialen Gegenspieler sichergestellt[567] und eine „sinnvolle Ordnung des Arbeitslebens"[568] ermöglicht. Ergänzend wird grundsätzlich gefordert, dass die Koalition auf überbetrieblicher Grundlage gebildet wird.[569] Ausnahmen von der Überbetrieblichkeit werden bei Monopolstrukturen zugelassen.[570] Die Gegnerunabhängigkeit ist auch auf Arbeitgeberseite einzuhalten:[571] So dürfen dem Arbeitgeberverband keine Arbeitnehmer angehören.[572] Die gesetzlich festgelegte Mitbestimmung ist hingegen für diese Fragestellung irrelevant.

131 Zumeist wird darüber hinaus die soziale „Mächtigkeit" der (Arbeitnehmer-) Vereinigungen gefordert. Darunter verstehen BVerfG[573] und BAG[574] „eine

---

561 Vgl. etwa BAGE 113, 82 (Rn. 38), wo diese Elemente unter den Begriff der Gegnerunabhängigkeit gefasst werden. BVerfGE 100, 214 (223) spricht hingegen von Gegnerfreiheit. Begriffliche Trennungen erscheinen daher artifiziell; so etwa bei ArbG Köln, Beschluss vom 30.10.2008, 14 BV 324/08, BeckRS 2009, 50233 (2. Ls.), wonach Gegnerunabhängigkeit in erster Linie finanzielle Unabhängigkeit, Gegnerfreiheit hingegen die personelle Unabhängigkeit meint.

562 ArbG Köln, Beschluss vom 30.10.2008, 14 BV 324/08, BeckRS 2009, 50233 (1. Ls.).

563 ArbG Köln, Beschluss vom 30.10.2008, 14 BV 324/08, BeckRS 2009, 50233 (2. Ls.).

564 BAGE 136, 1 (Rn. 52); BAGE 113, 82 (Rn. 38); BAG, NJW 2011, 1386 (1388]; LAG Hamm, NZA-RR 2012, 25 [26].

565 BAGE 113, 82 (Rn. 38); BAG, NJW 2011, 1386 (1388]; LAG Hamm, NZA-RR 2012, 25 [26].

566 *Peters,* in Koalitionen und Koalitionskampfmittel 29 (31).

567 Hierzu ausf. *Thüsing/Hütter,* RdA 2018, 129 (129 f.).

568 BVerfGE 4, 96 (107).

569 BVerfGE 58, 233 (247); BVerfG NJW 1979, 699; NJW 1964, 1267; NJW 1982, 815; BAG, NJW 1977, 1551; NZA 1986, 332. Ausf. zu möglichen Gründen einer solchen Voraussetzung *Löwisch,* ZfA 1970, 295 (314 ff.). Kritisch hingegen *Stelling,* NZA 1998, 920 ff.

570 *Bauer* in Dreier Rn. 78 mwN.

571 Hierzu *Thüsing/Hütter,* RdA 2018, 129 (131 ff.) mit ausf. Begründung – auch mit Blick auf den einzelnen Arbeitgeber (zu dessen Tariffähigkeit → Rn. 133).

572 *Landmann* in Kaskel, Koalitionen und Koalitionskampfmittel 45 (46). Hierzu auch BVerfGE 50, 290 (376) ().

573 StRspr, vgl. nur BVerfGE 58, 233 (249); 100, 214 (223); 146, 71.

574 StRspr; BAGE 163, 108, Rn. 57; BAG, NJW 1991, 1699 (1700); NZA 2005, 697 ff.; NZA 2006, 1112 (1115); NZA 2011, 300 ff.; ebenso *LAG Hamburg,* BeckRS 72934; LAG Hamm, NZA-RR 2012, 25 (26); LAG Hessen, NZA-RR 2015, 482 (485).

Durchsetzungskraft gegenüber dem sozialen Gegenspieler …, die sicherstellt, dass dieser Verhandlungsangebote nicht übergehen kann". Unterhalb dieser Mindestschwelle kommt der Vereinigung „keine ausreichende Autorität zu, um den Anwendungsbereich der Koalitionsfreiheit sinnvoll gestalten zu können".[575] Denn die Tarifautonomie ist nur funktionsfähig, solange zwischen den Tarifvertragsparteien ein ungefähres Kräftegleichgewicht besteht;[576] nur dann greift die Vermutung der Richtigkeit des Ausgehandelten.[577] Entsprechend der bundesarbeitsgerichtlichen Rspr wurde eine solche Forderung nach „eine(r) gewisse(n) Mächtigkeit und Durchsetzungsfähigkeit" auch in den Staatsvertrag über die Schaffung einer Währungs-, Wirtschafts- und Sozialunion zwischen der BRD und der DDR vom 18.5.1990 und dem Gemeinsamen Protokoll über Leitsätze, A III Nr. 2, in Verbindung mit dem Zustimmungsgesetz des Deutschen Bundestages vom 25.6.1990[578] aufgenommen.[579] Die erforderliche soziale Mächtigkeit wird angenommen, wenn die Koalitionen Autorität gegenüber dem sozialen Gegenspieler besitzen und diese über eine leistungsfähige Organisation verfügen und von ihrem organisatorischen Aufbau her in der Lage sind, die ihr gestellten Aufgaben einer Tarifvertragspartei zu erfüllen.[580] Da diese Anforderungen „nicht unverhältnismäßig auf die durch Art. 9 Abs. 3 GG geschützte freie Bildung und Betätigung einer Koalition zurückwirken dürfen, kann Durchsetzungsfähigkeit gegenüber dem sozialen Gegenspieler nicht bedeuten, dass die Arbeitnehmerkoalition die Chance des vollständigen Sieges haben muss. Es muss aber erwartet werden können, dass sie auf Grund ihrer Mitglieder- oder Organisationsstärke vom Gegner ernst genommen wird und deshalb die Regelung der Arbeitsbedingungen nicht einem Diktat der Arbeitgeberseite entspringt."[581] Ob eine solche Durchsetzungsmacht besteht, ist im Einzelfall zu bestimmen.[582] Im Rahmen dieser Beurteilung kommt insbesondere der Mitgliederzahl eine entscheidende Bedeutung zu.[583] Daran hängen: finanzielle Ausstattung, organisatorische Leistungsfähigkeit,[584] finanzielle und personelle Belastbarkeit, hinreichender Druck auf den sozialen Gegner.[585] Die erforderliche Durchsetzungskraft haben auch organisierte Arbeitnehmer, die „Spezialisten in Schlüsselstellungen … [sind], die von der Arbeitgeberseite im Fall eines Arbeitskampfes kurzfristig nur schwer ersetzt werden können".[586] Zur Beurteilung kann auch die „langjährige Teilnahme am Tarifgeschehen" berücksichtigt werden: „Eine eigene aktive und dauerhafte Beteiligung am Prozess der tariflichen Regelung von Arbeitsbedingungen in

---

575 BVerfG BeckRS 2007, 25599, Rn. 7.

576 BAGE 163, 108, Rn. 62.

577 BVerfGE 146, 71; BAG, NZA 2019, 188 (195).

578 BGBl. 1990 II 518.

579 Hierzu BVerfG AP GG Art. 20 Nr. 32, Rn. 2; BAG, NJW 2011, 1386 (1387).

580 BVerfGE 93, 352, Rn. 19; 28, 295 (304); BAGE 31, 318.

581 LAG Hessen NZA-RR 2015, 482 (485) unter weitgehendem Rückgriff auf die Formulierung in BVerfGE 58, 233 (249).

582 *Löwisch* ZfA 1970, S. 295 (310); *Löwisch* Anm. zu BAG, AP Nr. 2 zu § 97 ArbGG 1953, SAE 1972, S. 231 ff.

583 BAGE 163, 108, Rn. 60; 136, 1 ff.; 95, 36; 64, 16; 53, 347; BAG, NZA 2005, 697 (701); NJW 2011, 1386 (1388); LAG Hessen NZA-RR 2015, 482 (485).

584 Zum Verhältnis von Organisationsstruktur und Organisationsbereich BVerfGE 55, 233 (251 f.). Insbesondere zur organisatorischen Leistungsfähigkeit BAGE 163, 108, Rn. 58 ff.

585 BAGE 113, 82; BAG, NZA 2006, 1112 (1119); NZA 2011, 300 (303).

586 BAG NZA 2005, 697 (701); LAG Hessen, NZA-RR 2015, 482 (485).

einem relevanten Teil des beanspruchten Zuständigkeitsbereichs kann ein Beleg dafür sein, dass die Koalition von der Arbeitsgeberseite wahr- und ernstgenommen wird."[587] Dies verdeutlicht sich insbesondere beim Abschluss „originär ausgehandelte[r], eigenständige[r] Tarifverträge in nennenswertem Umfang".[588] Es reicht hingegen nicht aus, wenn eine Arbeitnehmervereinigung „zwei im Wesentlichen gleichlautende Tarifverträge über Mindestlohn abschließt und damit das bereits durch einen anderen Branchentarifvertrag vorgegebene Mindestlohnniveau in erheblicher Weise und ohne erkennbare anderweitige Kompensation unterschreitet.[589] „Wenn eine junge Gewerkschaft noch nicht am Tarifgeschehen teilgenommen hat, ist ihre Durchsetzungskraft und Mächtigkeit prognostisch zu beurteilen."[590]

Mit Beschluss vom 26.6.2018 hat das BAG festgestellt, dass auch die **132**
jüngsten Rechtsänderungen (namentlich das Gesetz zur Regelung eines allgemeinen Mindestlohns und das Gesetz zur Tarifeinheit)[591] an der Notwendigkeit der Einhaltung dieser Voraussetzung nichts geändert haben.[592] Etwas anderes könnte nur gelten, wenn durch diese Regelungen der Spielraum tarifautonomer Regelungen derart eingeschränkt wäre, dass die Funktionsfähigkeit der Tarifautonomie an die Gestaltungskraft der Koalitionen geringere Ansprüche stellen würde. Dies ist allerdings – insbesondere aufgrund des begrenzten Regelungsraums der genannten Gesetze – nicht anzunehmen.

Eventuell könnte etwas anderes für Arbeitgebervereinigungen gelten,[593] da **133**
nach § 2 Abs. 1 TVG schon jeder einzelne Arbeitgeber zum Abschluss von Tarifverträgen in der Lage ist.[594] Neben dem eindeutigen Wortlaut ist der Zweck der Regelung beachtlich: So soll die Ausdehnung der Tariffähigkeit auf den einzelnen Arbeitgeber unmittelbar den Abschluss von Tarifverträgen und mittelbar die Realisierung der Koalitionsfreiheit begünstigen.[595] Das Gesetz will hierdurch die Existenz eines Tarifpartners sicherstellen, wenn ein Arbeitgeberverband nicht besteht.[596] Es entspricht daher auch der Rspr des BAG, dass die Tariffähigkeit des einzelnen Arbeitgebers zum Kernbereich seiner Betätigungsfreiheit aus Art. 9 Abs. 3 gehört.[597] Das BVerfG hat die Frage, ob der einzelne Arbeitgeber sich im Hinblick auf den Abschluss von Haustarifen auf Art. 9 Abs. 3 berufen kann, hingegen bisher offen gelassen.[598]

[587] LAG Hessen NZA-RR 2015, 482 (485).

[588] BAG NZA 2006, 1112 (1118), NZA 2011, 300 (304). Siehe umgekehrt zu sog. Gefälligkeitsabschlüssen BVerfGE 55, 233 (252).

[589] ArbG Köln Beschl. v. 30.10.2008, 14 BV 324/08, BeckRS 2009, 50233 (3. Ls.).

[590] BAGE 136, 1 ff.

[591] Hierzu noch → Rn. 197 ff., 201 ff.

[592] BAGE 163, 108, Rn. 61 ff., 64 ff.

[593] In diesem Sinne BAG, NZA 1991, 428 ff.

[594] Die Prüfung der sozialen Mächtigkeit einzelner AG fordernd: *Müller,* Arbeitskampf und Arbeitskampfrecht, 1985, 152; *Müller,* Tarifautonomie in der Bundesrepublik, 1990, 262 ff., 343 Fn. 538; offen BAGE 23, 292, 309. Zur Notwendigkeit differenzierter Betrachtung *Ramm,* Der Arbeitskampf und die Gesellschaftsordnung des Grundgesetzes, 1965, 183.

[595] So BVerfGE 20, 312, 318.

[596] Siehe auch BVerfGE 58, 233 (256).

[597] In diesem Sinne BAG NZA 1991, 428 (430); BAGE 36, 131, 137; *Scholz,* in: MD, Art. 9 Rn. 192, 199, 302; *Scholz* in HdbStR VI, § 175 Rn. 17; aA *Müller,* Arbeitskampf und Arbeitskampfrecht, 1985, 152; *Müller,* Tarifautonomie in der Bundesrepublik, 1990, 262; *Zeising/Weigert,* NZA 2015, 15 (15).

[598] BVerfG NZA 2004, 1338.

Daraus ergäbe sich unmittelbar, dass auch die Tariffähigkeit des Arbeitgeberverbandes nicht von einem besonderen Erfordernis sozialer Mächtigkeit oder Durchsetzungsfähigkeit abhängig gemacht werden kann.[599]

134 Zu fordern ist weiterhin, dass die durch Art. 9 Abs. 3 geschützte Koalition und ihre interne Willensbildung auf demokratischer Grundlage beruhen.[600] Dem kann entgegengehalten werden, dass das Demokratieprinzip nicht auf private, in Ausübung grundrechtlicher Freiheit gebildete Verbände ausgedehnt werden könne. Zudem ist zuzugestehen, dass Art. 9 Abs. 3 – anders als Art. 21 Abs. Abs. 1 S. 3 – keine entsprechende Anordnung enthält. Dennoch ergibt sich dieses Erfordernis aus der Einbindung der Koalitionen in Normsetzungsprozesse. Dies betrifft zum einen die notwenige Legitimation[601] der Koalitionen zur Schaffung verbindlichen Tarifrechts.[602] Zum anderen wirken Koalitionen über §§ 4, 5, 9 MiLoG bei der Gestaltung des Mindestlohns unmittelbar rechtssetzend.

135 Sind diese Voraussetzungen erfüllt sind „auch so genannte Minderheitengewerkschaften mit gruppenspezifischen Zielsetzungen grundsätzlich geschützt".[603]

136 Koalitionen, denen (noch) keine Tariffähigkeit zukommt, können sich dennoch in einem gewissen Rahmen auf Art. 9 Abs. 3 berufen.[604] Solange ihnen noch keine hinreichende Mächtigkeit und Durchsetzungskraft zukommt, sie also quasi Koalitionen *in statu nascendi* sind, bleibt ihnen zwar die verfassungsrechtliche Garantie der Tarifautonomie verwehrt, vorgelagerte Handlungen sind jedoch vom Schutzumfang des Art. 9 Abs. 3 umfasst.[605] Dazu zählen Betätigungen, die auf andere Weise als durch den Abschluss von Tarifverträgen dem Zweck der Verbesserung der Arbeits- und Lebensbedingungen dienen sollen. Hierunter fällt insbesondere die Mitgliederwerbung.[606] Die Vergrößerung der Mitgliedschaft ist – wie gesehen – wesentliches Merkmal sozialer Mächtigkeit.[607]

137 **b) Das Recht, zur Wahrung und Förderung der Arbeits- und Wirtschaftsbedingungen Vereinigungen zu bilden. aa) Individueller Schutz.** Geschützt ist die positive Freiheit des Einzelnen, Vereinigungen zur Förderung der Arbeits- und Wirtschaftsbedingungen zu bilden, ihnen beizutreten und den geschützten Zweck gemeinsam zu verfolgen.[608] Art. 9 Abs. 3 sichert den Mitgliedern einer Koalition auch das Recht, an der verfassungsrechtlich geschützten Tätigkeit ihrer Koalition teilzuneh-

---

599 BAG NZA 1991, 428 (430).

600 *Hueck/Nipperdey,* ArbR, 7. Aufl., Band II Halbband 1, § 6 II 6, 101. AA *Kluth* in Friauf/Höfling Rn. 151, wonach lediglich „Transparenz in der Willensbildung und eine[…] hinreichende […] Eigenständigkeit gegenüber äußeren Einflüssen zu fordern ist".

601 So *Löwisch* ZfA 1970, 295 (306); *Biedenkopf,* Gutachten zum 46. DJT (1966), Bd. I Teil 1, 97 ff. Vgl. aber auch *Löwisch/Rieble* in Münchner Handbuch zum Arbeitsrecht III, § 243 Rn. 69 ff.

602 Detailliert zur Frage, was demokratische Organisation bedeutet, *Löwisch* ZfA 1970, 295 (306 f.).

603 *Hufen,* NZA 2014, 1237 (1238).

604 BVerfGE 58, 233 (250); BVerfG NJW 1995, 3377; BAGE 21, 98 (103); BAG, NZA 1998, 754 (755); NZA 2012, 1176 (1178). Insgesamt hierzu *Kemper,* Die Bestimmung des Schutzbereichs der Koalitionsfreiheit, 130 f.

605 BVerfGE 58, 233 (250) in Anlehnung an BVerfGE 20, 312 (321 f.).

606 BAG, NZA 2012, 1176 (1178).

607 Vgl. hierzu → Rn. 131.

608 BVerfGE 84, 212 (224); 92, 365, Rn. 106; 93, 352, Rn. 18; 100, 271, Rn. 52.

men.[609] Dies bedeutet im Einzelnen das Recht auf Teilhabe an der internen Willensbildung (wozu auch die Sicherstellung demokratischer Strukturen beiträgt), die Werbung anderer Mitglieder,[610] das Recht auf Schweigen über andere Gewerkschaftsmitglieder,[611] gleiche Wettbewerbschancen bei der Betriebsratswahl (hierzu auch Art. 3 Abs. 1),[612] das Recht auf ungestörte Rechtsberatung[613] sowie das Recht auf Rechtsschutz.[614]

Auch der einzelne Arbeitnehmer kann sein Streikrecht geltend machen. **138** Dies gilt auch für Angestellte des öffentlichen Dienstes und für Beamte. Die bereits bisher in Rspr und Literatur vertretene Auffassung wurde in der jüngsten Rspr des BVerfG noch einmal bestätigt: Einerseits umfasse der Wortlaut „jedermann und für alle Berufe" in Art. 9 Abs. 3 S. 1 neben Angestellten des öffentlichen Dienstes auch Beamte. Andererseits rechtfertigt das BVerfG die Einbeziehung von Beamten in den Schutzbereich mit einer „Klarstellung" des Verhältnisses von Art. 9 Abs. 3 und Art. 33 Abs. 5 zueinander: War dieses Verhältnis bisher umstritten, so stellt das BVerfG mittels systematischer und teleologischer Auslegung nun klar, dass die hergebrachten Grundsätze des Berufsbeamtentums gem. Art. 33 Abs. 5 kollidierendes Verfassungsrecht zur Rechtfertigung von Beschränkungen des Art. 9 Abs. 3 darstellen.[615]

Es ist davon auszugehen, dass strafbare Handlungen nicht von vornherein **139** aus dem Schutzbereich der Koalitionsfreiheit ausgeschlossen sind.[616]

Ebenso geschützt ist die negative Freiheit, einer derartigen Verbindung **140** fernzubleiben oder sie zu verlassen.[617] Problematisch wird dies insbesondere in Fällen der Pflichtmitgliedschaft[618] oder bei nachwirkenden Pflichten. Betroffen ist die negative Freiheit auch in jenen Fällen, in denen ein faktischer Zwang oder erheblicher Druck zum Eintritt in die Koalition besteht.[619] Das Grundrecht der negativen Koalitionsfreiheit schützt hingegen nicht dagegen, dass der Gesetzgeber die Ergebnisse von Koalitionsvereinbarungen – wie im Falle von Allgemeinverbindlicherklärungen von Tarifverträgen oder im Falle gesetzlicher Tariftreueverpflichtungen – zum Anknüpfungspunkt gesetzlicher Regeln nimmt.[620]

bb) Kollektiver Schutz. Art. 9 Abs. 3 schützt die Koalitionen selbst in **141** ihrem **Bestand,** ihrer **inneren Ordnung** und ihrer **Tätigkeit,** soweit diese gerade in der Wahrung und Förderung der Arbeits- und Wirtschaftsbedingungen besteht.[621] Geschützt ist damit auch das Recht der Vereinigungen, durch „koalitionsmäßige" oder „koalitionsspezifische" Betätigung die in

---

[609] BVerfGE 17, 319 (333); 19, 303 (1. Ls.); *Wengler,* Die Kampfmaßnahme im Arbeitsrecht, 1960, 47 f.

[610] BVerfGE 93, 352, Rn. 19; 28, 295 (304); BAGE 31, 318.

[611] LAG Hessen, BeckRS 2013, 67404.

[612] BAG NZA 2018, 604 ff.

[613] LG Berlin NZA 1996, 985 ff.

[614] BVerfG NStZ 1998, 203 ff.

[615] Hierzu noch genauer → Rn. 187 ff.

[616] Offen BVerfG NZA 2014, 493, Rn. 28.

[617] StRspr, BVerfGE 73, 261 (270); 93, 352, Rn. 18; 100, 271, Rn. 52.

[618] Hierzu BVerfGE 10, 89 (102); 10, 354 (361 f.); BVerwG NJW 1962, 1311 f.

[619] Hierzu noch → Rn. 172.

[620] BVerfGE 116, 202 (218).

[621] Mit im Detail unterschiedlicher Formulierung und Betonung der verschiedenen Freiheitsaspekte BVerfGE 88, 103, Rn. 43; 92, 26, Rn. 48; 92, 365, Rn. 106; 93, 352 (357); 100, 214, Rn. 24; 100, 271, Rn. 52.

Art. 9 Abs. 3 genannten Zwecke zu verfolgen.[622] Auch die Koalitionsfreiheit enthält daher ein Doppelgrundrecht.[623]

142 Der Begriff des **Bestandes** umfasst die Gründung, rechtliche Institutionalisierung und Auflösung der Koalition. Der Gründung dürfen keine Hindernisse in den Weg gelegt werden, dennoch besteht eine gesetzliche Ausgestaltungsfähigkeit. Hierin scheint ein Widerspruch zur allgemein anerkannten Auffassung zu liegen, dass die Grundrechtsfähigkeit eine gewisse soziale Mächtigkeit verlangt. Doch ist zu differenzieren: Grundrechtsschutz aus Art. 9 Abs. 3 wird für jede Koalition anerkannt, weitergehend soziale Mächtigkeit wird darüber hinaus im Hinblick auf die Tariffähigkeit verlangt.[624]

143 Geschützt sind auch die Pluralität der Grundrechtsträger, die angestrebte Vergrößerung des Organisationsgrads und der Wettbewerb um Mitglieder und Berufsgruppen.[625] Dies begünstigt in jüngerer Zeit die Entstehung sog. Spartengewerkschaften,[626] die insbesondere im Daseinsvorsorgebereich eine hohe Streikmacht verkörpern.[627] Mit Hinblick hierauf hat das BAG in einer vielbeachteten Entscheidung vom 27.1.2010 den zuvor fünfzig Jahre judizierten Grundsatz der Tarifeinheit aufgegeben.[628] Dieser ging davon aus, dass beim Zusammentreffen zweier Tarifverträge in einem Betrieb der (räumlich, fachlich, persönlich) speziellere Tarifvertrag vorrangig Anwendung findet. Der sachferne Tarifvertrag wurde hingegen verdrängt.[629] Hintergrund dieser früheren Rspr waren Erwägungen der Rechtssicherheit und Rechtsklarheit. Das BAG erkannte jedoch zu Recht, dass dieser Grundsatz die positive Koalitionsfreiheit der in einer Spartengesellschaft organisierten Arbeitnehmer ebenso verletzte wie die kollektive Koalitionsfreiheit der Spartengesellschaft.

144 Der sachliche Schutzbereich betrifft auch die Selbstbestimmung über die **innere Ordnung;** diese umfasst die Organisation, das Verfahren ihrer Willensbildung und die Führung ihrer Geschäfte. Im Hinblick hierauf gilt der in Art. 9 Abs. 1 enthaltene Grundsatz der Vereins- bzw. Satzungsautonomie. Die hier genannten Grundsätze[630] sind auch auf Koalitionen anwendbar. Demnach kann ein Gewerkschaftsmitglied bspw. verpflichtet werden, die Vergütung, die er für die Ausübung eines Aufsichtsmandats erhält, teilweise an eine Stiftung abzuführen.[631] Zu beachten ist jedoch, dass die

---

[622] BVerfGE 50, 290 (367 m. w. N.); 84, 212 (224); 92, 365 Rn. 106; 93, 352 (Ls., 358); 94, 268 (282 f.); BVerfG NVwZ 2018, 1121, Rn. 115 (m. w. N.).

[623] Eine eigene Grundrechtsposition der Koalition für Art. 9 Abs. 3 – anders als bei der Vereinigungsfreiheit – (allerdings nur unter Zugrundelegung des Art. 19 Abs. 3) bejahend *Höfling* in Sachs Rn. 70.

[624] Siehe hierzu → Rn. 128 ff.

[625] BVerfGE 55, 7, 24; BAGE 135, 80 = NZA 2010, 1068 zur Aufgabe der Tarifautonomie; *Hufen* NZA 2014, 1237 (1237).

[626] Beispielhaft zu nennen ist die GDL als Gewerkschaft der Lokführer.

[627] Hierzu *Kerwer* EuZA 2008, 335 ff.

[628] So BAG, NZA 2010, 645 ff. Bereits zuvor wurde der Grundsatz in der Literatur weitreichend kritisiert; vgl. nur *Franzen* RdA 2008, 193 (193 f.); *Kerwer* EuZA 2008, 335 (339 f.); *Greiner* NZA 2007, 1023 (1025); *Jacobs,* Tarifeinheit und Tarifkonkurrenz, 1999, 412 ff.; *Kempen* NZA 2003, 415; anders *Buchner* NZA 2007, 1411; *Hunold* NZA 2007, 1037 (1037 f.).

[629] In diesem Sinne etwa BAG, AP TVG § 4 Tarifkonkurrenz Nr. 4; BAG, NZA 1991, 202 ff.; NZA 2002, 1406 ff.; RdA 2003, 375 ff.; LAG Sachsen, NZA 2008, 59 ff.; LAG RhPf, AP GG Art. 9 Arbeitskampf Nr. 169; LAG RhPf, BeckRS 2007, 45669.

[630] Hierzu bereits → Rn. 56.

[631] Hierzu LG Ffm a. M., BeckRS 2018, 10727 – unter Rückgriff auf Art. 9 Abs. 1 (vgl. Rn. 13 f.).

Koalition die Grundsätze einer demokratischen Binnenstruktur beachten muss.[632]

Die Koalitionsbetätigungsgarantie lässt sich weiter untergliedern in die **145** Koalitionszweckgarantie, die Koalitionsverfahrensgarantie und die Koalitionsmittelgarantie, „wobei die Übergänge der einzelnen Teilgarantien fließend sind".[633] Unklar blieb zunächst, wieweit die Betätigungsfreiheit („Tätigkeiten zur Wahrung und Förderung der Arbeits- und Wirtschaftsbedingungen") zu fassen ist. In seiner frühen Rspr. sprach das BVerfG – möglicherweise missverständlich[634] – davon, dass nur die für die Erhaltung und Sicherung der Koalition als unerlässlich zu betrachtende Betätigung verfassungsrechtlich geschützt sei.[635] Der Schutz bezöge sich nur auf einen **Kernbereich**[636] koalitionsgemäßen Tätigwerdens – begrifflich erinnert dies an die Diskussion unter Art. 9 Abs. 1.[637] Diese Rspr hat von Seiten der Literatur deutliche Kritik erfahren.[638] Mit dem Beschluss des Ersten Senats vom 14.11.1995 hat das BVerfG diese ältere Rspr dahingehend richtig gestellt,[639] dass hiermit nicht die Verengung des Schutzbereichs, sondern vielmehr eine Anlehnung an die Wesensgehaltsgarantie gemeint gewesen sei.[640] Als Unterstützung dieser Interpretation hat das Gericht darauf verwiesen, dass spätere Entscheidungen auf den Begriff des Kernbereichs bewusst verzichtet haben.[641] Die nachfolgende Rspr hat sich dieser Interpretation angeschlossen.[642] Geschützt sind damit alle Verhaltensweisen, die „koalitionsspezifisch" sind.[643] Die Unerlässlichkeit einer Tätigkeit spielt erst bei den Grenzen der Einschränkbarkeit eine Rolle.

Die Reichweite der Koalitionsfreiheit ist daher weit zu fassen: Sie umfasst **146** u. a. die Mitgliederwerbung,[644] die immerhin den Fortbestand der Koalition sichert – und hier auch die Werbung während der Arbeitszeit –,[645] die „freie Darstellung organisierter Gruppeninteressen",[646] die „außergerichtliche Beratung von Mitgliedern […] ebenso wie die Vertretung im gerichtlichen Ver-

---

[632] Hierzu bereits → Rn. 134.

[633] *Scholz/Lingemann/Ruttloff* NZA-Beil. 2015, 3 (4).

[634] Vgl. hierzu noch unten, insbes. Fn. 639 f.

[635] So in BVerfGE 17, 319 (333 f.); 19, 303 (321 ff.); 28, 295 (304); 38, 281 (305); 50, 290 (368), zugleich mit Verweis auf die parallel verwendete Abwägungsformel (S. 369); 57, 220 (245 f.). Ein Verweis auf die Kernbereichsformel fehlt allerdings bereits in BVerfGE 88,103, 114 ff.; 92, 26, 38 ff.

[636] BVerfGE 38, 281 (305); 38, 386 (393); 57, 220 (245 f.); 58, 233 (247 f.).

[637] Hierzu → Rn. 59 ff.

[638] *Caspar,* Stellung der Gewerkschaften im Betrieb, 1980, 78; *Lübbe-Wolff* DB Beilage 9/1988, 2 (3); *Hufen* NZA 2014, 1237 (1238).

[639] „Das in der Rechtsprechung des Bundesverfassungsgerichts entwickelte Verständnis der Koalitionsfreiheit wird damit jedoch nur unvollständig wiedergegeben."

[640] BVerfGE 93, 352 (359, Rn. 23) (mit näherer Begründung in Rn. 24). Seither entspricht dies der ständigen Rspr; vgl. nur BVerfGE 94, 268 (283); 100, 214 (222); 100, 271 (282); 103, 293 (304); BVerfG NVwZ 2018, 1121, Rn. 115. Ebenso *Hufen* NZA 2014, 1237 (1237).

[641] So in BVerfGE 88,103 (114 ff.); 92, 26 (38 ff.); 93, 352 (359 f., Rn. 25).

[642] BVerfGE 94, 268, 283; 100, 214, Rn. 28; 100, 271, Rn. 52; 103, 293 (304); BVerfG NJW 2007, 51 (53); NZA 2007, 394, Rn. 21; NZA 2014, 493, Rn. 23.

[643] BVerfGE 93, 352 (Ls.); BVerfG NZA 1996, 1157 (1158) sowie die Nachw. in der Vorgängerfußnote.

[644] BVerfGE 57, 220 (245 f.); 93, 352 (358); BVerfG, BeckRS 2014, 51215, Rn. 20; ebenso BAG, NJW 2005, 3019 (3021); LAG Köln, NZA-RR 2018, 659 (660). Vgl. hierzu auch BVerfG, NJW 1996, 1203.

[645] BVerfGE 93, 352 (361).

[646] BVerfGE 20, 56 (107); BVerfG NZA 2007, 394, Rn. 22; BVerfG BeckRS 2014, 51215, Rn. 20.

fahren“[647] sowie gewerkschaftliche Aktionen, mit denen arbeits- oder wirtschaftspolitische Forderungen gegenüber Regierung oder Gesetzgeber vertreten werden sollen.[648] Von der Koalitionsfreiheit sind weiterhin alle „Maßnahmen zur Aufrechterhaltung der Geschlossenheit nach innen und außen“[649] erfasst; schließlich ist die „Solidarität ihrer Mitglieder“ von besonderer Bedeutung für die Koalition.[650] Ihren Zweck kann sie nur bei hinreichender „Durchsetzungskraft gegenüber dem sozialen Gegenspieler“[651] erfüllen.

147 Um im Schutzbereich des Art. 9 Abs. 3 zu liegen, müssen die Tätigkeiten der Koalition einen unmittelbaren Bezug zur Förderung der Arbeits- und Wirtschaftsbedingungen haben. Daran fehlt es insbesondere bei allgemeinpolitischen Tätigkeiten[652] oder bei der Tätigkeit in Rundfunkräten.[653]

148 Zur Koalitionsfreiheit gehört auch die Tarifautonomie „im Sinne der autonomen staatsfernen Regelung der Arbeitsbedingungen durch die Tarifpartner, deren Entscheidungen ihrerseits durch die Beitrittsentscheidung ihrer Mitglieder legitimiert sind“:[654] Art. 9 Abs. 3 gewährleistet demnach ein **kollektives Normsetzungsrecht** der Tarifvertragsparteien,[655] in welchem deren kollektive (Selbst-)Gestaltungsbefugnis ihren Ausdruck findet.[656] Die Rechtssetzungsmacht der Tarifparteien leitet sich aus Art. 9 Abs. 3 ab, der den Koalitionen einen Anspruch auf effektive Grundrechtsausübung durch Bereitstellung eines entsprechenden Regelungsrahmens gewährt. § 4 TVG genügt diesem Anspruch, indem er den Koalitionen die rechtliche Möglichkeit einräumt, Tarifverträge mit normativer Wirkung abzuschließen.[657]

149 Zu den der Regelungsbefugnis der Koalitionen überlassenen Materien gehören insbesondere das Arbeitsentgelt und die anderen materiellen Arbeitsbedingungen.[658] Die Tarifautonomie beschreibt einen Freiraum, „in dem Arbeitnehmer und Arbeitgeber ihre Interessengegensätze in eigener Verantwortung austragen können“.[659] So betrachtet ist die Tarifautonomie zunächst „kollektiv ausgeübte“[660] bzw. „kollektivierte Privatautonomie“.[661] Die Betonung der freiheitlichen Komponente darf jedoch die soziale Ebene nicht verdrängen: Die kollektive Freiheitsgewährung dient der Verwirklichung der individuellen Grundrechte (Berufsfreiheit, Eigentumsfreiheit, Vertragsfreiheit,

---

[647] BVerfG NJW 1995, 3377 (3377) mwN.

[648] BAG NJW 2005, 1596 (1597).

[649] BVerfGE 100, 214 (221).

[650] BVerfGE 100, 214 (223).

[651] BVerfGE 100, 214 (223) mit Verweis auf BVerfGE 58, 233 (248 f.) mwN.

[652] BVerfGE 57, 29 (37 f.); 42, 133 (138).

[653] BVerfGE 83, 238 (339).

[654] *Henssler* RdA 2015, 43 (43).

[655] BVerfGE 91, 252, Rn. 21. Zur Möglichkeit, Beschwerdegegenstand einer Verfassungsbeschwerde zu werden, BVerfG NJOZ 2013, 900 (901).

[656] Hierzu BVerfGE 94, 268 (283); 103, 293 (304). Vgl. auch *Waltermann,* RdA 2014, 86 (90): kollektive Selbstorganisation.

[657] Siehe hierzu auch *Höfling* in Sachs Rn. 95 f. (auch zu weiteren theoretischen Ansätzen).

[658] BVerfGE 94, 268 (283); 100, 271, Rn. 52; 103, 293 (304); BVerfG NZA 2005, 153, Rn. 18.

[659] BVerfGE 88, 103 (114).

[660] So die Beschreibung in der Begründung zur Verfassungsbeschwerde BVerfG NZA 2011, 60, Rn. 11; ebenso BAGE 87, 1, Rn. 16; BAGE 127, 231, Rn. 21.

[661] BVerfGE 147, 11, Rn. 147. Siehe auch *Dieterich,* RdA 2002, 1 (2) sowie *Dietlein,* in: Stern, StaatsR IV/1, 2006, 2004, der von „(privat-)autonome[r] Gestaltung der Arbeits- und Wirtschaftsbedingungen“ spricht.

Privatautonomie) in einem Umfang, der im individuellen Ausgleich real nicht erreichbar wäre. Im Wege des Aushandlungsprozesses soll – der Verfassungserwartung[662] entsprechend – eine Regelung erreicht werden, die unter Berücksichtigung gegenläufiger Interessen die individuelle Freiheitsbetätigung und durch diese das Gemeinwohl bestmöglich gewährleistet. Die Bündelung und Aggregierung widerstreitender Positionen und deren eigennützige Verfolgung durch gleich starke Verhandlungspartner ermöglicht im Prozess des Interessenausgleichs eine maximale **Förderung des Gemeinwohls durch Verfahren.** Dieses antizipierte Gemeinwohl umfasst wirtschafts- wie sozialpolitische[663] Elemente, wobei gerade letzteren eine über das individuelle Arbeitsverhältnis hinausreichende Durchsetzungskraft zukommt. Das Gemeinwohl ist daher Zielsetzung der Verleihung von Tarifautonomie, ohne dass die Tarifparteien unmittelbar an „das Gemeinwohl" gebunden sind.[664] Seine endgültige Sicherstellung ist letzten Endes Aufgabe des Gesetzgebers, die dieser auch durch Regelungen bspw. des Mindestlohns nachkommt.

Die immer wieder diskutiert Frage, ob die Tarifvertragsparteien an das Gemeinwohl gebunden sind, ist daher zu verneinen. Erörtert wurde diese zuletzt mit Blick auf die Ausübung des Streikrechts durch sog. Spartengewerkschaften, die mit wenigen Streikenden ganze Infrastruktur- oder Daseinsvorsorgeeinrichtungen lahmlegen können.[665] Eine sachlich-inhaltliche Gemeinwohlbindung der Tarifvertragsparteien ist jedoch abzulehnen. Ein – wie auch immer zu konkretisierendes – Gemeinwohl würde dann als Schranke tarifvertraglicher Gestaltungsfreiheit wirken, ohne dass der Gesetzgeber regelnd tätig werden müsste.[666] Gegen eine solche Auslegung kann Art. 14 Abs. 1 S. 2 (sog. Sozialpflichtigkeit des Eigentums) in Anschlag gebracht werden.[667] Zum einen normiert der Verfassungsgeber die Gemeinwohlbindung hier ausdrücklich (was er bei Art. 9 Abs. 3 gerade nicht getan hat), zum anderen soll auch diese Bindung nicht verfassungsunmittelbar, sondern nur entsprechend der gesetzlich niedergelegten Inhalts- und Schrankenbestimmungen gelten. **150**

Mit der Entscheidung vom 26.6.1991[668] hat das BVerfG zudem explizit die Arbeitskampffreiheit als von Art. 9 Abs. 3 geschützt anerkannt.[669] Die Koali- **151**

662 Zum Gedanken der Verfassungserwartung *Isensee* in HdbStR IX § 190 Rn. 204 ff.; *Seiwerth* RdA 2017, 373 (376). Nach *Isensee* handelt es sich hierbei um die „den Grundrechtsnormen korrespondierende, jedoch nicht rechtlich erzwingbare Annahme, daß die Grundrechtsträger ihre Befugnisse gemeindienlich ausüben" (Rn. 204), die die Verfassung ausdrücklich artikuliert oder […] einschlußweise zu erkennen gibt als die … sachnotwendige Bedingung des gemeinwohlverträglichen gesellschaftlichen Handelns" (Rn. 211). Von dem bei *Isensee* genannten Bsp. des Art. 14 Abs. 1 S. 2 (Rn. 212 ff.) unterscheidet sich Art. 9 Abs. 3 dahingehend, dass individuelle und kollektive Freiheitsausübung und Gemeinwohl idealerweise zusammenfallen.

663 Vgl. auch *Wiedemann* NZA 2018, 1587 (1588), der vor einer Gleichstellung der kollektiven Normsetzungsbefugnis des Art. 9 Abs. 3 mit der privaten Verbandsautonomie in Art. 9 Abs. 1 warnt.

664 Zur entsprechenden Diskussion ausf. → Rn. 150.

665 Hierzu *Kerwer* EuZA 2008, 335 (340).

666 Auch wenn das BVerfG gelegentlich auf das „gemeine Wohl" rekurriert (BVerfGE 38, 281 (307)), so ist dies nicht als Gemeinwohlbindung im oben genannten Sinne zu verstehen. In der Tendenz eher kritisch auch BAGE 51, 59, 84 f.

667 Hierzu *Seiwerth* RdA 2017, 373 (377). Umgekehrt gerade mit Verweis auf die Sozialpflichtigkeit des Eigentums eine Gemeinwohlbindung bejahend: *Rüfner* RdA 1985, 193 (194); *Thüsing* FS 50 Jahre BAG, 2004, 889 (899).

668 BVerfGE 84, 212 (225).

669 Siehe zu dieser Einordnung statt vieler *Höfling* in Sachs, Rn. 102.

tionen sind beim Abschluss von Tarifverträgen frei. Hierzu müssen sie die Mittel, die sie zur Erreichung dieses Zwecks für geeignet halten, selbst wählen können.[670] Maßnahmen, die auf den Abschluss von Tarifverträgen gerichtet sind, werden jedenfalls insoweit von der Koalitionsfreiheit erfasst, als sie allgemein erforderlich sind, um eine funktionierende Tarifautonomie sicherzustellen.[671] Geschützt werden nach nunmehr stRspr demnach auch Arbeitskampfmaßnahmen, die auf den Abschluss von Tarifverträgen ausgerichtet sind.[672] Die Rechtsordnung kennt kein geschlossenes System zulässiger Arbeitskampfmittel.[673] Als probates Mittel werden auf Seiten der Gewerkschaft der Streik,[674] worunter auch Warnstreiks,[675] Unterstützungs- oder Sympathiestreiks[676] oder Flashmobs zu fassen sind, auf Seiten der Arbeitgebervereinigungen die (suspendierende) Aussperrung anerkannt.[677]

152 Im Rahmen des Arbeitskampfes herrscht Kampfmittelfreiheit, was sich aus dem in Art. 9 Abs. 3 geregelten Freiheitsrecht der Koalitionen sowie der Staatsferne der Koalitionsfreiheit ergibt.[678] Die im Arbeitskampf herangezogenen Mittel stehen allerdings – anders als das Tarifziel[679] – unter dem Vorbehalt der Verhältnismäßigkeit. Verhältnismäßig ist die Vorenthaltung der vertraglich geschuldeten Leistung. Unverhältnismäßig können Betriebsstörungen, die aktive Beteiligung Dritter sowie Eingriffe in Gesundheit, Freiheit und Eigentum sein.

153 Nach denselben Maßstäben sind **sog. Flashmob-Aktionen** (zur Störung betrieblicher Abläufe) einzuordnen. Dem Begriff nach handelt es sich hierbei um Aktionen, bei denen „an einem öffentlichen Ort eine Vielzahl von Personen spontan erscheint, eine gemeinsame, gewollt sinnfreie ‚Aktion' durchführt und sich anschließend wieder zerstreut".[680] Problematisch sind derartige Aktionen, da sie sich in ihren Wirkungen deutlich von „klassischen" Arbeitskampfmaßnahmen unterscheiden. Das BAG führt hierzu aus: „Während die Betriebsstörung beim Streik durch die „passive", aber nach Zeit und Ort koordinierte kollektive Verweigerung der von den einzelnen Arbeitnehmern vertraglich geschuldeten Arbeitsleistung hervorgerufen werden soll, geht es bei „Flashmob-Aktionen" um eine „aktive" Störung betrieblicher Abläufe. Auch kann ein Streik seinem Charakter nach nur von Arbeitnehmern geführt werden, während die Beteiligung an „Flashmob-Aktionen" in öffentlich zugänglichen Betrieben auch anderen Personen

---

[670] BVerfGE 18, 18 (29 ff.); 42, 133 (138); 84, 212 (224); 92, 365 (393); 146, 71 (114); BVerfG NVwZ 2018, 1121, Rn. 115.

[671] BVerfGE 84, 212 (225); 88, 103 (114); 92, 365 (393 f.).

[672] BVerfGE 92, 365, Rn. 106; 146, 71 (115); BVerfG NVwZ 2018, 1121, Rn. 116.

[673] BAGE 28, 295; 28, 225; *Seiter,* Streikrecht und Aussperrungsrecht, 140 ff.; *Löwisch/Rieble,* Schlichtungs- und Arbeitskampfrecht, Rn. 46 ff.

[674] BVerfGE 88, 103 (114); 92, 365, Rn. 106. Unter der Geltung der WRV war nach hM das Streikrecht hingegen nicht verfassungsrechtlich garantiert (vgl. *Anschütz,* Die Verfassung des Deutschen Reiches vom 11. August 1919, 14. Aufl. 1933, Art. 159 Rn. 5).

[675] BAG NZA 1988, 846.

[676] BAGE 123, 134; anders nach BAG, NZA 1985, 504; NZA 1988, 474. Kritisch zur Rechtsprechungsänderung *Kerwer* EuZA 2008, 335 (343 f.).

[677] BVerfGE 84, 212 (225): Zulässigkeit von Aussperrungen, „die mit suspendierender Wirkung in Abwehr von Teil- oder Schwerpunktstreiks zur Herstellung der Verhandlungsparität eingesetzt werden"; noch offen BVerfGE 38, 386 (394); BAGE 48, 195 (203). Zum Aussperrungsverbot nach der hessischen Verfassung → Rn. 117. Zur lösenden Aussperrung hingegen BAG 23, 484 ff., BVerfGE 38, 386 ff.

[678] Vgl. BVerfGE 92, 365, 393 m. w. N.; BVerfG NZA 2014, 493, Rn. 23.

[679] Hierzu → Rn. 154.

[680] Zum Begriff *Neumann* NVwZ 2011, 1171 (1172).

möglich ist."[681] Der wesentliche Unterschied zu klassischen Streikaktionen liegt daher darin, dass der Flashmob üblicherweise nicht mit eigenen wirtschaftlichen Opfern der Streikenden, insbesondere dem Verlust des arbeitsrechtlichen Vergütungsanspruchs, verbunden ist. Letztere sollen jedoch dazu führen, dass Gewerkschaften und Arbeitnehmer mit diesem Arbeitskampfmittel im hohen Maße verantwortlich umgehen. An dieser Gewissheit fehlt es bei Flashmob-Aktionen. Dennoch stellt das BAG fest, dass dem Schutz des Art. 9 Abs. 3 „nicht nur ein historisch gewachsener, abschließender numerus clausus von Arbeitskampfmaßnahmen" unterfällt, sondern dass es vielmehr zur verfassungsrechtlich geschützten Freiheit der Koalitionen gehört, „ihre Kampfmittel an die sich wandelnden Umstände anzupassen, um dem Gegner gewachsen zu bleiben und ausgewogene Tarifabschlüsse zu erzielen".[682] Auch sind derartige Flashmob-Aktionen jedenfalls nicht typischerweise mit Straftaten wie Hausfriedensbruch, Nötigung oder Sachbeschädigung verbunden,[683] sondern vielmehr auf die Störung von Betriebsabläufen[684] ausgerichtet. Auch die Beteiligung Dritter hindert nicht prinzipiell die Einordnung als Arbeitskampfmaßnahme.[685] Vielmehr ist die Zulässigkeit solcher Aktionen im Einzelfall am Grundsatz der Verhältnismäßigkeit zu messen. Von der Verhältnismäßigkeit ist auszugehen, wenn der Flashmob als gewerkschaftlich getragene Arbeitskampfmaßnahme erkennbar ist und der Arbeitgeber Gegenmaßnahmen ergreifen kann.[686]

Arbeitskampfmaßnahmen müssen auf ein **tariffähiges Ziel** gerichtet sein, 154
dies sind – allgemein gefasst – die Verbesserungen der Arbeits- und Wirtschaftsbedingungen. Dies umfasst alle Streikforderungen, die tarifvertraglich regelbar sind – wie bspw. Kündigungsfristen.[687] Der Umfang der Regelungsbefugnis ergibt sich aus dem Tarifvertragsgesetz.[688] Nach § 1 TVG können Gegenstand tariflicher Regelungen Rechtsnormen sein, die den Inhalt, den Abschluss und die Beendigung von Arbeitsverhältnissen sowie betriebliche und betriebsverfassungsrechtliche Fragen ordnen. Derartige (zulässige) Streikforderungen unterliegen keiner gerichtlichen Übermaßkontrolle. Eine solche Kontrolle würde gegen die in Art. 9 Abs. 3 geschützte Koalitionsbetätigungsfreiheit der Gewerkschaften verstoßen.[689]

Hiervon nicht erfasst ist der politische Streik.[690] Dies ist bereits seit den 155
Nachkriegsjahren Konsens.[691] Auch der zunehmend relevanter werdende sog. Klimastreik ist nicht Art. 9 Abs. 3, sondern Art. 5 Abs. 1 S. 1 1. Alt. und Art. 8 Abs. 1 zuzuordnen.

Im Einzelfall kann die Tarifautonomie durch die (gemäß Art. 12, 14 156
geschützte) Unternehmensautonomie beschränkt werden. Es ist dann eine Frage der wertenden Betrachtung und des Ausgleichs der widerstreitenden Grundrechtspositionen im Einzelfall, welche unternehmerischen Entscheidungen, die sich zugleich auf die Arbeits- und Wirtschaftsbedingungen aus-

---

681 BAG NZA 2009, 1347 (1353).
682 BAG NZA 2009, 1347 (1351). Bestätigt durch BVerfG NJW 2014, 1874 (1875).
683 BVerfG NJW 2014, 1874 (1875).
684 Hierzu LAG Bln-Bbg, NZA-RR 2009, 149 ff.
685 BAG NZA 2009, 1347 (1351).
686 BAG NZA 2009, 1347 (1353). Bestätigt durch BVerfG NJW 2014, 1874 (1875).
687 BAG NZA 2007, 987 (996).
688 Vgl. LAG Hamm NZA-RR 2000, 535 (536).
689 BAG NZA 2007, 987 (996 f.).
690 ArbG Lörrach NZA-RR 1997, 262 ff.; ArbG Osnabrück NZA-RR 1996, 341 ff.
691 Siehe nur *Weber* Göttinger FS OLG Celle, 1961, 239 (245).

wirken, Gegenstand tarifautonomer Regelungen sein können.[692] Die Grenze wird zumeist bei jenen Entscheidungen gezogen, welche in die unternehmerische Eigenverantwortung fallen (wie etwa Produktionsprozesse, Sortimentsauswahl, Investitionen, Standortverlagerungen). Bei der Abgrenzung sind zwei Fragen zu berücksichtigen: Handelt es sich – aus der Sicht des Unternehmers – um eine höchstpersönliche Entscheidung? Entfaltet diese unmittelbare Auswirkungen auf den Arbeitnehmer? Unter Abwägung der gegenseitigen Belange ist die Reichweite der Tarifautonomie im Einzelfall zu bestimmen. Jedenfalls ist es möglich, einen Firmentarifvertrag zu erstreiken, mit dem die mit einer Betriebsänderung verbundenen Nachteile ausgeglichen oder abgemildert werden sollen.[693] Im Zusammenhang mit Betriebsänderungen sind zumindest Abfindungs- und Kündigungsfristen tariflich regelbare Ziele. Zweifelhaft ist, ob Standortentscheidungen zumindest bei Kapitalgesellschaften und Großunternehmen mit mehreren Betriebsstätten zum geschützten Bereich unternehmerischer Betätigungsfreiheit gehören.[694]

157 **cc) Institutioneller Schutz.** Jenseits der persönlichen und sachlichen Gewährleistungen sind die Gewerkschaften und Arbeitgeberverbände als Institutionen geschützt. Eine Bestandsgarantie für einzelne Koalitionen ist damit jedoch nicht verbunden.[695]

158 Geschützt ist darüber hinaus die staatliche Bereitstellung eines Tarifvertragssystems, dessen Partner frei gebildete Koalitionen sein müssen.[696] Auch wenn sich dieser institutionelle Schutz nur auf einen Kernbereich der Tarifautonomie bezieht, umfasst er zumindest die grundsätzliche Freiheit des Tarifabschlusses und Tarifinhalts sowie ebenfalls grundsätzlich die Unabdingbarkeit, also die zwingende Wirkung des Tarifvertrags.[697]

159 Von diesem institutionellen Schutzauftrag abgedeckt ist auch die Erklärung der Allgemeinverbindlichkeit von Tarifverträgen. Dahinter versteckt sich gemäß § 5 TVG die Anordnung, dass in den in Abs. 1 und 1a genannten Fällen das Bundesministerium für Arbeit und Soziales einen Tarifvertrag im Einvernehmen mit dem Tarifausschuss auf gemeinsamen Antrag der Tarifvertragsparteien für allgemeinverbindlich erklären kann.[698] Gemäß Abs. 4 S. 1 erfassen die Rechtsnormen des für allgemeinverbindlich erklärten Tarifvertrags in seinem Geltungsbereich auch die bisher nicht tarifgebundenen Arbeitgeber und Arbeitnehmer. Hierdurch entfaltet der (allgemeinverbindlich wirkende) Tarifvertrag zumindest im Verhältnis zu außenstehenden Arbeitgebern und Arbeitnehmern Normwirkung.[699]

160 **c) Ist für jedermann und alle Berufe gewährleistet.** Art. 9 Abs. 3 wird als „Doppelgrundrecht" bezeichnet, weil es eine individuelle und eine kollektive Komponente umfasst: Art. 9 Abs. 3 gewährleistet jedermann (und allen Berufen) das Recht, zur Förderung der Arbeits- und Wirtschaftsbedin-

---

692 *Scholz* in Maunz/Dürig Rn. 364.

693 BAGE 122, 134, Rn. 97 ff.; *Kühling/Bertelsmann* NZA 2005, 1017 (1026).

694 Verneinend *Kühling/Bertelsmann* NZA 2005, 1017 (1026); bejahend hingegen LAG Hessen NZA 2015, 1337 (1340).

695 BVerfGE 146, 71 (115).

696 BVerfGE 4, 96 (106).

697 *Konzen* NZA 1995, 913 (915).

698 Erhebt die oberste Arbeitsbehörde eines beteiligten Landes Einspruch, kann das BMAS dem Antrag nur mit Zustimmung der Bundesregierung stattgeben (§ 5 Abs. 5 TVG); zum Verfahren noch *Giesen* in BeckOK Arbeitsrecht § 5 TVG Rn. 23 f.

699 *Kannengießer* in Schmidt-Bleibtreu/Hofmann/Henneke Rn. 42.

gungen Vereinigungen zu bilden. Zu der individualrechtlichen Gewährleistung tritt ein eigenes Freiheitsrecht der Koalitionen hinzu.[700] Auf die Koalitionsfreiheit nach Art. 9 Abs. 3 können sich demnach sowohl Individuen als auch Koalitionen berufen.[701]

aa) Jedermann. Auf die individuelle Koalitionsfreiheit kann sich „jedermann" berufen. Geschützt sind alle Menschen in ihrer Eigenschaft als Berufsangehörige (Arbeitnehmer oder Arbeitgeber),[702] wobei keine Berufsgruppe ausgeschlossen wird. Auf die individuelle Koalitionsfreiheit können sich daher (grundsätzlich) auch Angestellte des öffentlichen Dienstes – unabhängig davon, ob sie hoheitliche oder andere Aufgaben erfüllen – und Beamte berufen.[703] Im Hinblick auf Beamte wirkt Art. 33 Abs. 5 jedoch als Grundrechtsschranke.[704] Hingegen steht Art. 33 Abs. 5 einem Streikrecht von Arbeitnehmern im öffentlichen Dienst nicht entgegen: „Da diesen die besonderen Rechte der Beamten nicht zustehen, bleiben sie darauf angewiesen, ihre Arbeitsbedingungen auf der Ebene von Tarifverträgen auszuhandeln", wobei sie „auch auf das Druckmittel des Arbeitskampfes angewiesen" sind.[705] **161**

Wird einzelnen Arbeitgebern die Tariffähigkeit und damit die Eigenschaft als Koalition iSd Art. 9 Abs. 3 zuerkannt, so können sie sachlich ihr Grundrecht nicht nur durch Beteiligung an Koalitionen, sondern auch eigenständig durch Tarifverhandlungen ausüben. **162**

bb) Koalitionen. Als Kollektivgrundrecht kommt die grundrechtliche Verbürgung des Art. 9 Abs. 3 auch Koalitionen zu.[706] Ergänzend zur Diskussion aus Art. 9 Abs. 1[707] ergibt sich dies aus dem – in Art. 9 Abs. 3 S. 3 explizit benannten – Recht, Arbeitskämpfe durchzuführen, welches letztlich nur den Koalitionen zukommen kann.[708] **163**

Grenzen werden jedoch bei körperschaftlich verfassten Koalitionen gezogen. So kann sich ein als e. V. organisierter Arbeitgeberverband mangels Grundrechtsfähigkeit nicht auf Art. 9 Abs. 3 berufen, wenn er zu zwei Dritteln aus juristischen Personen des öffentlichen Rechts oder aus juristischen Personen des Privatrechts besteht, die staatlich beherrscht werden.[709] Handwerksinnungen sind nicht grundrechtsfähig, soweit sie als Träger mittelbarer Staatsverwaltung betroffen sind. Auch wenn Handwerksinnungen als Grundrechtsträger in Betracht kommen, soweit sie die gemeinsamen berufsständischen und wirtschaftlichen Interessen der in ihnen zusammengeschlossenen Handwerker wahrnehmen, können sie sich in Bezug auf staatliche Normen, die die Zuständigkeit im Verhältnis der Hoheitsträger untereinander regeln, nicht auf Grundrechtsschutz berufen können.[710] Die Handwerksinnung ist auch nicht als grundrechtsgeschützte Sachwalterin ihrer Mitglieder **164**

---

[700] StRspr, vgl. nur BVerfGE 4, 96 (101 f., 106); 17, 319 (333); 93, 352 (357); BVerfG NJW 2014, 1874 ff.

[701] BVerfGE 84, 212 (224); 92, 26, Rn. 48; 100, 214, Rn. 24.

[702] BVerfG NVwZ 2018, 1121, Rn. 113.

[703] BVerfGE 19, 303 (312, 322); BVerfG NVwZ 2018, 1121, Rn. 113; BeckRS 2012, 56062, Rn. 4; NJW 1993, 1379 (1380). Anders im Hinblick auf Beamte wohl noch *Peters* in Kaskel Koalitionen und Koalitionskampfmittel, 1925, 29 (30 f.).

[704] Vgl. noch → Rn. 187 ff.

[705] BVerfGE 88, 103, Rn. 44.

[706] Vgl. hierzu bereits → Rn. 127 ff.

[707] Hierzu → Rn. 41 ff..

[708] So auch *Höfling* in Sachs Rn. 70, wenn auch mit einschränkender Auslegung.

[709] OVG Münster BeckRS 2018, 23847, Rn. 50.

[710] BVerfGE 68, 193 (208 f.); 70, 1 (20 f.); BVerwGE 90, 88 (95).

bei der Wahrnehmung ihrer Grundrechte anzusehen. Diese können ihre Grundrechte selbst wahrnehmen.[711]

165 **5. Eingriff. a) Abgrenzung zur Ausgestaltung.** Ebenso wie die Vereinigungsfreiheit nach Art. 9 Abs. 1 ist die Koalitionsfreiheit nach Art. 9 Abs. 3 ein normgeprägtes Grundrecht.[712] Der Gesetzgeber ist daher nicht nur berechtigt, eingreifend zu regulieren, sondern zuvörderst verpflichtet, freiheitsgestaltend tätig zu werden. Im Hinblick auf die Koalitionsfreiheit betrifft dies einerseits Regelungen, welche den Zusammenschluss zu rechtsfähigen Koalitionen betreffen, sowie andererseits Regelungen, welche die Ausübung der zugewiesenen Freiheiten, insbesondere der Tarifautonomie, betreffen.[713] Denn „die durch Art. 9 Abs. 3 gewährleistete Koalitionsfreiheit ist nur dann sinnvoll, wenn die Rechtsordnung den Koalitionen die Möglichkeit gibt, durch spezifisch koalitionsgemäße Betätigung die in Art. 9 Abs. 3 GG genannten Zwecke zu verfolgen",[714] indem sie die entsprechenden „Rechtsinstitute und Normenkomplexe"[715] zur Verfügung stellt. Hierzu bedarf es etwa der Festlegung von Voraussetzungen der Tariffähigkeit einer Koalition,[716] der Sicherstellung eines gewissen Kräftegleichgewichts,[717] der Vertragsfähigkeit oder des Verbots der verdrängenden Betriebsvereinbarungen nach § 77 BetrVG.[718] Im Einzelnen kommt dem Gesetzgeber ein weiter Gestaltungsspielraum zu,[719] der zugleich sicherstellen muss, dass das Tarifsystem „den Belangen einer effektiven und zugleich freiheitlichen Koalitionseinigung" optimal dient.[720] Indem der Gesetzgeber auf diese Herausforderungen reagiert, stellt er „einen Rechtsrahmen für die autonome Ordnung zur Verfügung."[721] Die „Ausgestaltungsbefugnis"[722] betrifft demnach Konkretisierungen der Koalitionsfreiheit, die erst die Voraussetzungen für eine Wahrnehmung des Freiheitsrechts bilden, indem sie die Beziehungen von „Trägern widerstreitender Interessen" regeln.[723] Die Ausübung der Ausgestaltungsbefugnis ist soweit verpflichtend, als beide Tarifvertragsparteien den Schutz der Koalitionsfreiheit genießen, ihre Freiheitsausübung jedoch in besonderem Maße konfliktträchtig ist. Konkretisierende gesetzliche Regelungen müssen demnach sicherstellen, dass „die aufeinander bezogenen Grundrechtspositionen trotz ihres Gegensatzes nebeneinander bestehen können".[724] Da die Ausgestaltung der Tarifautonomie auch den Einsatz von (Arbeits-)Kampfmitteln erforderlich machen kann, muss der Gesetzgeber zudem sicherstellen, dass „Sinn- und Zweck dieses Freiheitsrechts sowie seine Einbettung in die ver-

---

[711] Vgl. BVerfGE 68, 193 (207).

[712] Vgl. BVerfGE 58, 233 (247): „Die Koalitionsfreiheit bedarf von vornherein der gesetzlichen *Ausgestaltung*" (Hervorhebung durch Verf.). Ausf. hierzu auch *Poscher* RdA 2017, 235 ff.

[713] *Poscher* RdA 2017, 235 ff.

[714] BVerfGE 17, 319 (333); ähnlich BVerfGE 18, 18 (26).

[715] BVerfGE 58, 233 (247).

[716] BVerfGE 58, 233 (247).

[717] Vgl. hingegen *Scholz,* Die Koalitionsfreiheit als Verfassungsproblem, 1971, 263 ff., der nur eine Rechtsgleichheit voraussetzt.

[718] Vgl. *Wiedemann* NZA 2018, 1587 (1588).

[719] Hierzu → Rn. 195.

[720] *Scholz,* Die Koalitionsfreiheit als Verfassungsproblem, 1971, 259.

[721] *Henssler* RdA 2015, 384 (384); *Waltermann* RdA 2014, 86 ff.

[722] BVerfGE 92, 26 (41). Ebenso BVerfGE 28, 295 (306), 57, 220 (245 f.); 84, 212, 228; 88, 103, 115; 92, 365, 394; 93, 352 (359).

[723] BVerfGE 88, 103, Rn. 46; BVerfG NZA 2004, 1338, Rn. 15.

[724] BVerfGE 92, 365, Rn. 107; 88, 103, Rn. 47.

fassungsrechtliche Ordnung“[725] und die Grundrechte Dritter hinreichend gewahrt bleiben.

Während bei der Vereinigungsfreiheit die Schaffung entsprechender rechtlicher Institute und Handlungsformen im Vordergrund steht, ist dies bei der Koalitionsfreiheit die Schaffung eines paritätischen Freiheitssystems, das die gleichmäßige Freiheitsausübung in der Zielrichtung diametral entgegenstehender Akteure ermöglicht. **166**

Ebenso wie im Rahmen der Vereinigungsfreiheit stellt sich hier die Problematik, Ausgestaltung und Eingriff begrifflich wie methodisch zu unterscheiden.[726] Die Doppelrolle des Gesetzgebers, der „die Mauer selbst zu errichten [hat], die vor ihm schützen soll“,[727] wirft dogmatische Fragen auf. Der Vereinigungsfreiheit vergleichbar ist die Abgrenzung über das Regelungsziel vorzunehmen. Geht es um Freiheitsgestaltung und -ermöglichung,[728] so liegt eine Ausgestaltung vor. Dies ist offenkundig immer dann der Fall, wenn Handlungsmöglichkeiten (rechtlich) erst geschaffen werden müssen. Wird die Freiheit zur koalitionsmäßigen Betätigung hingegen begrenzt, ist von einem Eingriff zu sprechen.[729] **167**

Bei der Ausgestaltung besteht ein weiter Handlungsspielraum,[730] den der Gesetzgeber unter Berücksichtigung seiner diametral wirkenden Schutzverpflichtung ausfüllen muss. Sie muss sich am Normziel des Art. 9 Abs. 3 orientieren und darf insbesondere die Parität der Tarifpartner nicht verfälschen.[731] Parität meint dabei ein Verhältnis zweier Partner, „in dem keine Seite imstande ist, eine von ihr gewünschte Entscheidung ohne die Zustimmung der anderen Seite oder doch eines Teils von ihr zu erzwingen, in dem daher auch jede Seite, die andere hindern kann, ihre Ziele (allein) durchzusetzen“.[732] Die Regelungsbefugnis des Gesetzgebers findet ihre Grenzen vielmehr „an dem verfassungsrechtlich gewährleisteten Kernbereich der Koalitionsfreiheit: der Garantie eines gesetzlich geregelten und geschützten Tarifvertragssystems, dessen Partner frei gebildete Koalitionen im Sinne des Art. 9 Abs. 3 GG sein müssen“.[733] Zu diesem Zweck muss der Gesetzgeber den Ausgleich „struktuell angelegter Disparitäten“ vorsehen. Konkrete Maßstäbe, nach denen das Kräftegleichgewicht der Tarifvertragsparteien beurteilt werden könnte, lassen sich Art. 9 Abs. 3 nicht entnehmen.[734] **168**

Ein besonders weiter Spielraum kommt dem Gesetzgeber bei der Regelung überstaatlicher Sachverhalte zu: So betont das BVerfG, dass in jenen Fällen, in denen die Grundrechtsausübung die Rechtordnung anderer Staaten berührt, die Gestaltungsbefugnis des Gesetzgebers „größer [ist] als bei der Regelung von Rechtsbeziehungen mit inländischem Schwerpunkt.“[735] Hier ist es ihm **169**

---

[725] BVerfGE 88, 103 (115).

[726] Vgl. hierzu → Rn. 61 ff., 198.

[727] So die metaphorische Beschreibung bei *Dieterich* RdA 2002, 1 (11).

[728] BVerfGE 92, 26, 41: „Voraussetzung für die Wahrnehmung des Freiheitsrechts“. Hierzu *Höfling* in Sachs Rn. 80, der von einem „auxiliären leistungsrechtlichen Gehalt“ spricht.

[729] Hierzu noch BVerfGE 50, 290, 368.

[730] BVerfGE 92, 365 (394) bzw. 2. Ls. „Entscheidungsprärogative“; BVerfGE 20, 312 (317). Innerhalb dieses Spielraums bewegt sich etwa die gesetzliche Verleihung der Tariffähigkeit an Innungen und Innungsverbände (BVerfGE 20, 312 (318)).

[731] BVerfGE 92, 26, Rn. 59.

[732] BVerfGE 50, 290 (322 f.).

[733] BVerfGE 58, 233 (248). Hierzu detailliert BVerfGE 92, 365, Rn. 109 ff.

[734] BVerfGE 92, 365 (395).

[735] BVerfGE 92, 26, Rn. 60.

insbesondere möglich, solche Gegebenheiten zu berücksichtigen, „die den ausgestaltungsbedürftigen Sachbereich prägen, sich aber seiner Verfügungsgewalt entziehen. So darf er auf die zwischenstaatlichen Beziehungen und auf die Rahmenbedingungen internationaler Märkte Bedacht nehmen."[736]

170 Unter Umständen kann eine ‚reagierende' Korrektur des Gesetzgebers erforderlich werden, wenn sich eine gesetzgeberische Einschätzung im Nachhinein als unzutreffend erweist.[737] „Ursprünglich plausible Annahmen können durch die nachfolgende Entwicklung widerlegt, wohlbegründete Erwartungen hinsichtlich der komplexen Wirkungszusammenhänge enttäuscht werden."[738] So kann eine zunächst verfassungsrechtlich zulässige Regelung eine nachhaltige Störung der Funktionsfähigkeit der Tarifautonomie herbeiführen.[739] In diesen Fällen ist der Gesetzgeber verpflichtet, Maßnahmen zum Schutz der Koalitionsfreiheit zu treffen.

171 Soweit keine gesetzliche Regelung besteht, kann die Rechtsgestaltung auch durch die arbeitsgerichtliche Rspr erfolgen.[740] Diese Annahme steht jedoch unter dem Vorbehalt des Wesentlichkeitsgrundsatzes, wonach alle (insbesondere: für die Verwirklichung der Grundrechte) wesentlichen Entscheidungen in der Hand des parlamentarischen Gesetzgebers liegen. Damit wird eine besondere demokratische Rückbindung sichergestellt: Entscheidungen von großer (insbesondere gesellschaftlicher) Tragweite sollen „aus einem Verfahren hervorgehen, das der Öffentlichkeit Gelegenheit bietet, ihre Auffassungen auszubilden und zu vertreten, und die Volksvertretung dazu anhält, Notwendigkeit und Ausmaß von Grundrechtseingriffen in öffentlicher Debatte zu klären".[741] In der Rspr erlangt der Wesentlichkeitsgrundsatz insbesondere Bedeutung, wenn es um den Ausgleich zwischen verschiedenen Grundrechtsträgern geht.[742] Im Hinblick auf arbeitsrechtliche Fragestellungen hat das BVerfG dennoch zumeist Zurückhaltung walten lassen.[743] Wesentlich (und damit gesetzlich zu regeln) ist nach verfassungsgerichtlicher Feststellung jedoch die Zulässigkeit des Einsatzes von Beamten auf bestreikten Arbeitsplätzen:[744] Hierdurch wird die Ebene der Gleichordnung zwischen den Tarifparteien durchbrochen, indem der – hier als tariffähiger Arbeitgeber tätige – Staat sich zur Vorteilsbegründung hoheitlicher Instrumente – hier des zwangsweisen Einsatzes von Beamten – bedient.

172 **b) Eingriffsmaßnahmen.** Von einem Eingriff in die individuelle Koalitionsfreiheit ist zu sprechen, soweit der durch Art. 9 Abs. 3 geschützte Freiheitsraum beeinträchtigt wird. Ein Eingriff in die positive Koalitionsfreiheit liegt etwa bei einem Gewerkschaftsausschluss,[745] bei einer gesetzlich angeordneten Pflichtmitgliedschaft in Verbänden[746] oder einem Streikver-

---

[736] BVerfGE 92, 26 (41 f.).
[737] BVerfGE 25, 1 (13); 49, 89 (130); 50, 290 (335).
[738] BVerfGE 92, 365 (396).
[739] BVerfGE 92, 365 (396).
[740] BVerfGE 88, 103, Rn. 48.
[741] BVerfGE 85, 386 (403 f.); 108, 282 (312); BVerfG NJW 2008, 1505 (1509).
[742] BVerfGE 83, 142 (13): Ausgleich von vorbehaltlos gewährleisteter Kunstfreiheit und Belangen des Kinder- und Jugendschutzes im Rahmen der Indizierung als jugendgefährdende Schrift (Josephine Mutzenbacher).
[743] Vgl. BVerfGE 84, 212 (226 f.); 88, 103 (115 f.). Kritisch zu dieser „Sonderdogmatik" *Bauer* in Dreier Rn. 95 mwN; *Höfling* in Sachs Rn. 103.
[744] BVerfGE 88, 103, Rn. 49 ff.
[745] Hierzu BVerfG DStR 1991, 1023.
[746] Hierzu BVerfGE 50, 290 ff.

bot[747] vor. Als Eingriff in die negative Koalitionsfreiheit erscheint der Zwang in eine Gewerkschaft einzutreten; nicht ausreichend ist lediglich ein „gewisser Druck, sich einer Gewerkschaft anzuschließen".[748] Ein solcher könnte entstehen, wenn sich ein nicht tarifgebundener Unternehmer, auf den tarifvertragliche Vereinbarungen (etwa wegen ihrer Allgemeinverbindlichkeit) Anwendung finden, veranlasst sieht, der tarifvertragsschließenden Koalition beizutreten, um als Mitglied auf den Abschluss künftiger Tarifverträge Einfluss nehmen zu können. Eine Eingriffswirkung ist hingegen erst bei einem faktischen Zwang oder einem erheblichen Beitrittsdruck zu bejahen, von der in diesen Fällen nicht auszugehen ist.[749]

Besonders schwerwiegend sind Eingriffe in die Tarifautonomie. Das BVerfG anerkennt, dass dem Gesetzgeber auch die Kompetenz zukommt, Fragen zu regeln, die Gegenstand von Tarifverträgen sein können:[750] „Art. 9 Abs. 3 GG verleiht den Tarifvertragsparteien in dem für tarifvertragliche Regelungen zugänglichen Bereich zwar ein Normsetzungsrecht, aber kein Normsetzungsmonopol. Der Gesetzgeber bleibt befugt, das Arbeitsrecht zu regeln (vgl. Art. 74 Abs. 1 Nr. 12 GG)." Die damit verbundenen Beeinträchtigungen der Tarifautonomie sind verfassungsgemäß, wenn der Gesetzgeber mit ihnen den Schutz der Grundrechte Dritter oder anderer mit Verfassungsrang ausgestatteter Belange bezweckt und wenn sie den Grundsatz der Verhältnismäßigkeit wahren.[751] Regelungen der Tarifautonomie dienen allerdings häufig auch dem Ziel, das Freiheitsgefüge der Tarifvertragsparteien auszutarieren. Eingriffe liegen hingegen dann vor, wenn bestimmte Entscheidungen dem Aushandlungsprozess der Tarifvertragsparteien von vornherein entzogen werden. **173**

Als Eingriffe in die kollektive Tarifautonomie kommen demnach folgende in Betracht: **174**

– die Aushebelung des tarifvertraglichen Kündigungsschutzes durch Regelungen des Konkurs-/Insolvenzrechts,[752]
– die Aushebelung der tariflichen Urlaubsregelung durch abweichende Vorgaben des Bundesurlaubsgesetzes,[753]
– die gesetzliche Anordnung eines Mindestlohns,[754]
– die Festsetzung sog. Lohnabstandsklauseln,[755]
– staatlich angeordnete Zwangsschlichtungen[756] sowie
– die Beschränkung der Mitgliederwerbung.[757]

---

[747] Zu Beamten → Rn. 120, 187. Zu Vertragsärzten BSG, NZS 2017, 539 ff., zu Bewachern kerntechnischer Anlagen LAG BlnBbg, LSK 2013, 150025; zu Lokführern LAG Sachsen NZA 2008, 59 ff.

[748] BVerfGE 20, 312 (321 f.); BVerfG NVwZ-RR 1992, 491 (493 f.), wobei unklar bleibt, ob bereits ein Eingriff fehlen soll oder eine Verletzung verneint wird.

[749] BVerfGE 116, 202 (218).

[750] BVerfGE 94, 268 (284); 100, 271 (283); 103, 293 (306); BVerfG NZA 2005, 153, Rn. 20 (Hervorhebung durch Verf.) mit Verweis auf die Gesetzgebungskompetenz aus Art. 74 Abs. 1 Nr. 12; BVerfG, NZA 2001, 777 (778).

[751] Vgl. BVerfGE 94, 268 (284), 103, 293 (306).

[752] Hierzu BVerfG, NZI 1999, 229, Rn. 15, 18 ff.; BVerfG, NZI 1999, 359, Rn. 18 ff.

[753] Hierzu BVerfG NZA 2001, 777 (778).

[754] Hierzu → Rn. 201 ff.

[755] BVerfG NJW 1999, 3033.

[756] BAG NZA 2013, 437 ff.

[757] Hierzu BVerfGE 93, 352 (357).

175 Weitere Eingriffe in die kollektive Koalitionsfreiheit sind
– (gerichtliche) Unwirksamkeitserklärung von verbandsinternen Sanktionen (Ausschlüsse und Funktionsverbote)[758] oder
– die Erweiterung von Ladenöffnungs–[759] oder sonstigen Arbeitszeiten.[760]

176 **c) Drittwirkung.** Im Rahmen arbeitsgerichtlicher Entscheidungen, welche die Koalitionsfreiheit berühren, müssen die Gerichte „der Bedeutung dieses Grundrechts bei der Auslegung und Anwendung der Vorschriften des Privatrechts Rechnung tragen".[761] Die Koalitionsfreiheit entfaltet daher mittelbare Drittwirkung im Rahmen arbeitsgerichtlicher Entscheidungen. Die Aufgabe des BVerfG bleibt es zu prüfen, ob die angegriffenen Entscheidungen Fehler erkennen lassen, die auf einer grundsätzlich unrichtigen Anschauung von der Bedeutung und Tragweite des Grundrechts, insbesondere vom Umfang seines Schutzbereichs, beruhen.[762] In diesem Rahmen sind die einander gegenüberstehenden grundrechtlichen Güter unter Anwendung des Verhältnismäßigkeitsgrundsatzes[763] gegeneinander abzuwägen; so etwa die Koalitionsfreiheit des Arbeitnehmers und die wirtschaftliche Betätigungsfreiheit des Arbeitgebers, die bei Störung des Arbeitsablaufs und des Betriebsfriedens berührt wird.[764]

177 In der bundesverfassungs- und arbeitsgerichtlichen Rspr handelt es sich dabei maßgeblich um die Auslegung arbeitsvertraglicher Regelungen.[765] Die Koalitionsfreiheit wurde in der Vergangenheit weiterhin relevant bei der Auslegung der „grobe(n) (Pflicht-)Verletzung" nach § 23 Abs. 1 BetrVG,[766] der „Androhung von Nachteilen oder durch Gewährung oder Versprechen von Vorteilen" zur Beeinflussung der Betriebsratswahl,[767] der Kürzung tarifvertraglicher Kündigungsfristen nach § 113 Abs. 1 S. 2 InsO,[768] der Beteiligung des Betriebsrats nach § 99 Abs. 1 BetrVG vor arbeitskampfbedingten Einstellungen und Versetzungen,[769] dem Merkmal der „verbotenen Eigenmacht" nach § 858 BGB[770] sowie bei der Auslegung des „sonstigen Rechts" nach § 1004 Abs. 1 BGB iVm § 823 Abs. 1 BGB.[771]

178 Diskussionswürdig ist insbesondere die grundrechtliche Rückbindung der Koalitionen beim Abschluss von Tarifverträgen. Neben einer möglichen Bindung an die Berufsfreiheit der Arbeitnehmer[772] wird insbesondere die Bindung an den Gleichheitsgrundsatz[773] erörtert, der jedoch mit Geltung des

---

758 BVerfGE 100, 214, Rn. 25; BVerfG BeckRS 2012, 55429.
759 BVerfGE 125, 39 (83).
760 VGH München, BeckRS 2016, 109992.
761 StRspr seit BVerfGE 7, 198 (206 ff.); BVerfGE 93, 352 (360, Rn. 26).
762 BVerfGE 93, 352 (360, Rn. 26) mit Verweis auf BVerfGE 18, 85, 92 f.
763 BVerfGE 84, 212 (229); 92, 365 (395); BAG, GS 1/68 vom 21.4.1971; EGMR Nr. 68959/01, NZA 2010, 1423, Rn. 24, 32.
764 BVerfGE 93, 352, Rn. 29.
765 So BVerfGE 93, 352 ff. (Abmahnung wegen Verletzung arbeitsvertraglicher Pflichten).
766 ArbG Marburg NZA 1996, 1331 ff.
767 BVerfGE 100, 214 (222 ff.).
768 BVerfG NZI 1999, 359 (359).
769 BVerfG NJW 1997, 2230 (2230).
770 BAG NZA 2019, 402 (404).
771 BAG NJW 2009, 1990 (1992).
772 BVerfG AP BGB § 620 Altersgrenze Nr. 25.
773 Hierzu BAG 29, 122 (130); 35, 43 (47); BAG NZA 1985, 663; BAG NJW 1994, 815; ArbG Mannheim NZA 1993, 282 jeweils zur Berücksichtigung des Gleichbehandlungsgrundsatzes als *tragendem Grundsatz des Arbeitsrechts.* Der Gleichheitssatz wird von den

Allgemeinen Gleichbehandlungsgesetzes (AGG)[774] an Bedeutung verloren hat. Eine Bindung an den Gleichheitsgrundsatz ist jedenfalls dann anzunehmen, wenn ein Tarifpartner als öffentlich-rechtliche Anstalt oder Körperschaft oder in privatrechtlicher Organisationsform öffentliche Aufgaben[775] wahrnimmt.[776] Gleiches gilt für den – mit Wirkung für unbeteiligte Dritte versehenen – allgemeinverbindlich erklärten Tarifvertrag.[777] Im Übrigen ist zu bedenken, dass die Sozialpartner nicht die Stellung von Verfassungsorganen haben, sondern der gesellschaftlichen Sphäre zuzuordnen sind.[778] Zugleich werden sie jedoch durch die Zuerkennung der Tarifhoheit „auch an den staatlichen Funktionen auf den Gebieten der Regelung der Lohn- und Arbeitsbedingungen und des Arbeitsschutzes kraft Gesetzes beteiligt."[779] Jedenfalls ergibt sich aus Art. 9 Abs. 3 eine richterliche Zurückhaltung bei der Inhaltskontrolle von Tarifverträgen.[780]

Der Schutz der Koalitionsfreiheit richtet sich gemäß Art. 9 Abs. 3 S. 2 **179** auch gegen privatrechtliche Beschränkungen. Nichtig sind hiernach solche Abreden (d. h. zwei- oder mehrseitige Vereinbarungen)[781], die das Grundrecht der Koalitionsfreiheit zielgerichtet bekämpfen, indem sie Rechte aus S. 1 „einschränken oder zu behindern suchen". Sie können also objektiv beeinträchtigend wirken oder subjektiv auf die Beeinträchtigung ausgerichtet sein.[782] Hierunter fallen jedoch keine Abreden, die sich nur mittelbar beeinträchtigend auf die Koalitionsfreiheit auswirken.[783] Auf die Einschränkung oder Behinderung der Koalitionsfreiheit „gerichtete" Maßnahmen (d. h. einseitige Handlungen oder Unterlassungen)[784] sind rechtswidrig. Der Wortlaut spricht dafür, auf die Handlungsabsicht abzustellen.[785] Nach (zustimmungs-

---

Tarifvertragsparteien aber bei der Setzung von Tarifnormen nur dann verletzt, wenn sie es versäumen, tatsächliche Gleichheiten oder Ungleichheiten der zu ordnenden Lebensverhältnisse zu berücksichtigen, die so bedeutsam sind, daß sie bei einer am Gerechtigkeitsgedanken orientierten Betrachtungsweise zu beachten sind. Dabei ist es nicht Sache der Gerichte, zu überprüfen, ob die Tarifvertragsparteien jeweils die gerechteste und zweckmäßigste Regelung getroffen haben, sondern sie sind vielmehr nur befugt zu kontrollieren, ob die getroffene Regelung die Grenzen der Tarifautonomie überschreitet, was nur dann der Fall ist, wenn Differenzierungen vorgenommen werden, für die sachlich einleuchtende Gründe nicht vorhanden sind (BAGE 42, 239, 243). Eine direkte Bindung der Tarifvertragsparteien an Art. 3 Abs. 1 bewusst offenlassend BVerfG NZA 2000, 1113 (1114). Zur Frage, in welchem Verhältnis die unionsrechtlich garantiert Koalitionsfreiheit (Art. 28 GRCh) und der unionsrechtliche Gleichbehandlungsgrundsatz (Art. 21 GRCh) stehen, EuGH C-297, 298/10, Slg. 2001, I-7968, ECLI:EU:C:2010:553 – Hennigs und Mai; hierzu *Franzen* RdA 2013, 180 ff.

[774] Zur Beschränkung der Tarifautonomie durch Vorgaben des AGG BAG NZA 2012, 271 ff.; NZA 2011, 860 ff.

[775] Hierzu BVerfGE 98, 365 (395); 116, 135 (153); 124, 199 Rn. 80 f.: Regelung der Hinterbliebenenrente für Ehe- und Lebenspartner; BVerfGE 131, 66, Rn. 38; BGHZ 103, 370 (383).

[776] BVerfGE 128, 226 (245); 131, 66, Rn. 38.

[777] In beiden Fällen handelt es sich allerdings weniger um einen Fall der Drittwirkung, da der öffentlich-rechtliche Tarifpartner und (im Falle der Allgemeinverbindlichkeitserklärung) *das zuständige Ministerium* als Hoheitsträger unmittelbar nach Art. 1 Abs. 3, 20 Abs. 3 an die Grundrechte gebunden sind.

[778] *Weber* Göttinger FS OLG Celle, 1961, 239 (249).

[779] *Weber* Göttinger FS OLG Celle, 1961, 239 (251).

[780] BAG NJOZ 2002, 114.

[781] *Kemper* in MKS Rn. 187.

[782] *Bauer* in Dreier Rn. 88.

[783] ArbG Frankfurt/Main NZA 1996, 1340.

[784] *Kluth* in Friauf/Höfling Rn. 272.

[785] *Kemper* in MKS Rn. 187.

würdiger) Auffassung der Rspr[786] und von Teilen der Literatur[787] handelt es sich bei der Regelung des Art. 9 Abs. 3 S. 2 um einen Fall unmittelbarer Drittwirkung.

180 Umstritten ist, welche Gewährleistungselemente der Koalitionsfreiheit erfasst werden. Geschützt ist jedenfalls die individuelle Koalitionsfreiheit. So sind insbesondere Absprachen, die die Mitgliedschaft in einer Koalition vorschreiben oder verbieten, unzulässig.[788]

181 Insbesondere von Seiten der Rspr wird auch die kollektive Koalitionsfreiheit in den Schutzumfang des Art. 9 Abs. 3 S. 2 einbezogen. Art. 9 Abs. 3 S. 2 würde dann etwa auch im Verhältnis rivalisierender Gewerkschaften gelten.[789] *Höfling* hält dieser Interpretation jedoch gewichtige Gründe entgegen:[790] So würde Art. 9 Abs. 3 S. 2 andernfalls „Verhaltensweisen für rechtswidrig bzw. nichtig erklär[en], die Art. 9 [Abs. 3 S. 1] gerade schützen will" – eine Situation, die aufgrund der unter Art. 9 Abs. 3 S. 2 gerade ausgeschlossenen Abwägung („sind nichtig" bzw. „sind rechtswidrig") zu einem paradoxen Ergebnis führen würde.[791]

182 **6. Schranken. a) Vorbehaltlos gewährleistetes Grundrecht.** Die Koalitionsfreiheit ist ein vorbehaltlos gewährleistetes Grundrecht.[792] Insbesondere kann Abs. 2 aufgrund seiner systematischen Stellung nicht als Schrankenregelung für Abs. 3 herangezogen werden. Grundsätzlich können ihr daher nur zur Wahrung gleichermaßen verfassungsrechtlich geschützter Güter, insbesondere zum Ausgleich konkurrierender Positionen desselben Grundrechts,[793] Schranken gesetzt werden.[794] Dies bedeutet, dass Eingriffe entweder dem Schutz des jeweiligen Koalitionspartners und damit gerade der Erhaltung der Funktionsfähigkeit der Tarifautonomie oder dem Schutz der Grundrechte Dritter dienen oder durch andere Rechte mit Verfassungsrang gerechtfertigt sind.[795]

183 Als mit Verfassungsrang ausgestattete Güter kommen beispielsweise die folgenden in Betracht:
– das auf Art. 14 gründende Hausrecht des Unternehmers,[796]
– der störungsfreie Arbeitsablauf und der Betriebsfrieden,[797]
– allgemeiner das Recht auf den eingerichteten und ausgeübten Gewerbebetrieb,[798]

[786] So etwa BAGE 91, 210; 104, 155; BAG NJW 2005, 3019 (3021); NJW 2007, 622 (623).
[787] *Bauer* in Dreier Rn. 82; *Höfling* in Sachs Rn. 131.
[788] BAGE 104, 155 (171).
[789] BAG NJW 2005, 3019 (3021).
[790] *Höfling* in Sachs Rn. 133; *Höfling/Burkiczak* RdA 2004, 263 ff.
[791] So eindrücklich *Höfling* in Sachs Rn. 133; ebenso *Kluth* in Friauf/Höfling Rn. 272 ff.; aA *Dieterich* in ErfKomm Art. 9 Rn. 44.
[792] BVerfGE 92, 26, Rn. 59; 100, 214, Rn. 31; BVerfG NVwZ 2018, 1121, Rn. 117.
[793] Hierzu BVerfGE 100, 214, Rn. 31. Vgl. BVerfGE 84, 212 (228).
[794] StRspr seit BVerfGE 28, 243 (261); BVerfGE 84, 212 (228). So auch BVerfGE 92, 26 (41); 100, 214 (223 f.); 100, 271 (283); 103, 293 (306); 146, 71; BVerfG NVwZ 2018, 1121, Rn. 117; BAG AP GG Art. 9 Nr. 140, Rn. 59.
[795] BVerfGE 84, 212 (228); 92, 365 (403); 100, 271 (283); 103, 293 (306); 146, 71 (118 f.); BAG NZA 2010, 1068 ff.
[796] BAG NZA 2019, 402 (404).
[797] BVerfGE 57, 220 (246); 93, 352 (361). Beides ist gefährdet beim gewaltsamen Eindringen in ein Unternehmen zum Zwecke der Mitgliederwerbung (hierzu LAG Hannover NZA-RR 2009, 209).
[798] Hierbei allerdings eine Spürbarkeitsgrenze fordernd BAG NJW 2009, 1990 (1995).

– die Wahrung des Vertrauens in die Neutralität des Personalrats,[799]
– die (aus Art. 12 ableitbare) Unternehmensautonomie,[800]
– der (ebenfalls aus Art. 12 Abs. 1) ableitbare Schutz der Arbeitnehmerrechte,[801]
– die (aus Art. 20 Abs. 3 resultierende) Funktionsfähigkeit bzw. Neutralität der öffentlichen Verwaltung[802] und
– die Neutralität und Funktionsfähigkeit der Streitkräfte.[803]

Als kollidierendes Verfassungsrecht kommt nach der Rspr des BVerfG vor allem das in Art. 20 Abs. 1 verankerte Sozialstaatsprinzip in Betracht.[804] Hierauf können arbeitsmarktpolitische Maßnahmen in einer solchen Breite gestützt werden, dass „kaum mehr als ein allgemeiner Gesetzesvorbehalt verbleibt."[805] Zum Zwecke der Bekämpfung der Massenarbeitslosigkeit, die dem Sozialstaatsprinzip (Art. 20 Abs. 1) sowie der Persönlichkeitsentfaltung des Arbeitnehmers (Art. 1 Abs. 1 iVm Art. 2 Abs. 1) dient,[806] erlaubte das BVerfG gesetzliche Regelungen, die befristet Zuschüsse für Arbeitsbeschaffungsmaßnahmen an die Vereinbarung von untertariflichen Entgelten knüpfen und damit die Tarifhoheit beeinträchtigen.[807] **184**

Entgegenstehende Grundrechte Dritter werden relevant,[808] soweit Daseinsvorsorgeeinrichtungen, wie Krankenhäuser, Kindergärten oder die Flugsicherung, bestreikt werden.[809] Ein darüber hinausreichendes absolutes Streikverbot im Bereich der Daseinsvorsorge ist hingegen abzulehnen. Zu berücksichtigen ist – je nach Einzelfall – zudem die sozialstaatlich verwurzelte[810] Pflicht zur Gewährleistung der Daseinsvorsorge. Streikrecht in der Daseinsvorsorge wird weiterhin unter dem – unspezifischen – Begriff des Gemeinwohls diskutiert.[811] Das Gemeinwohl kann jedoch nur taugliches Beschränkungskriterium sein, soweit dieses in verfassungsrechtliche Güter übersetzbar ist.[812] **185**

Der koalitionsrechtlichen Betätigungsfreiheit kann die – aus Art. 4 Abs. 1, 2 iVm Art. 140, Art. 137 Abs. 3 WRV ableitbare – Kirchenautonomie[813] entgegenstehen. Diese garantiert den Kirchen die Ordnung und Verwaltung ihrer Angelegenheiten innerhalb der Schranken des für alle geltenden Gesetzes. Hieraus können sich nach der (durchaus kritisierten) Rspr des BVerfG[814] **186**

---

799 BVerfGE 28, 295 (307).

800 LAG Hamm NZA-RR 2000, 535: Die Unternehmensautonomie ist bspw. durch die geplante Erzwingung der Standortsicherung (Nichtverlagerung der Produktion) betroffen.

801 Hierauf basieren Regelungen zum Schutz der Leiharbeiter; vgl. BVerfG NZA 2005, 153, Rn. 22.

802 BAG NJW 2005, 1596 (1598).

803 Vgl. BVerfGE 57, 29 (36); BVerfG, BeckRS 2014, 51215, Rn. 24.

804 BVerfGE 100, 271 (284); 103, 293 (307).

805 *Henssler* RdA 2015, 43 (45).

806 Vgl. BVerfGE 100, 271 (284); 103, 293 (307).

807 BVerfGE 100, 271, Rn. 58 ff.

808 Zur Auflistung der einzelnen betroffenen Grundrechte *Hufen* NZA 2014, 1237 (1239).

809 Insgesamt zur Problematik *Franzen/Thüsing/Waldhoff,* Arbeitskampf in der Daseinsvorsorge, 2012; *Rudkowski,* Der Streik in der Daseinsvorsorge, 2010; *Scherer,* Grenzen des Streikrechts in der Daseinsvorsorge, 2000. Zum Professorenentwurf eines Gesetzes zu Streiks in der Daseinsvorsorge *Uhl/Raif* ArbRAktuell 2012, 310 ff.

810 Hierbei ist zunächst auf Art. 20 Abs. 1 zu verweisen; darüber hinaus regelt etwa Art. 87e Abs. 4 eine besondere Gewährleistungsverantwortung des Staates (so explizit *Hufen* NZA 2014, 1237 (1238 f.)).

811 So etwa bei *Rudkowski,* Der Streik in der Daseinsvorsorge, 2010, passim.

812 Kritisch auch *Hufen* NZA 2014, 1237 (1239).

813 Hierzu BAG NZA 2013, 437 (442).

814 BVerfGE 57, 220 ff.

Beschränkungen am gewerkschaftlichen Zugangsrecht zu kirchlichen Betrieben ergeben. Dies bezieht sich jedoch nur auf die körperliche Präsenz von Gewerkschaftsangehörigen im Betrieb, nicht jedoch im Hinblick auf das Verteilen schriftlichen Informationsmaterials durch Betriebsangehörige.[815] Die herkömmliche Sichtweise, wonach das kirchliche Selbstbestimmungsrecht dem Streik in kirchlichen Einrichtungen entgegensteht, wird von der Rspr gegenwärtig relativiert.[816] Auch kann der durch Art. 9 Abs. 3 geschützten Tarifautonomie die selbständige kirchliche Tarifautonomie entgegengehalten werden.[817]

187 Als entgegenstehendes Verfassungsrecht, welches zu einer Beschränkung der Koalitionsfreiheit führen kann, hat das BVerfG mittlerweile[818] explizit Art. 33 Abs. 5 eingestuft. Hiernach ist das Recht des öffentlichen Dienstes „unter Berücksichtigung der hergebrachten Grundsätze des Berufsbeamtentums zu regeln und fortzuentwickeln". War bisher unklar, in welchem Verhältnis diese Vorschrift zu Art. 9 Abs. 3 steht, oder unterließ das Gericht zumindest eine nähere Begründung seiner Auffassung, so stellt es in der jüngsten Entscheidung seine Interpretation unter Zugrundelegung systematischer und teleologischer Auslegung dar: Art. 33 Abs. 5 ist unmittelbar geltendes Recht und enthält einen Regelungsauftrag an den Gesetzgeber sowie eine institutionelle Garantie des Berufsbeamtentums.[819]

188 Da zu den „hergebrachten Grundsätzen des Berufsbeamtentums" iSv Art. 33 Abs. 5,[820] die von Seiten des Gesetzgebers zu „beachten" sind, unter anderem die Treuepflicht der Beamten,[821] das Lebenszeitprinzip,[822] das Alimentationsprinzip[823] und der damit korrespondierende Grundsatz, dass die Besoldung der Beamten einseitig durch Gesetz zu regeln sind,[824] gehören, wird bereits seit Langem über die verfassungsrechtliche Garantie eines Streikrechts für Beamte gestritten.[825] Da auch Beamte in den persönlichen Schutzbereich des Art. 9 Abs. 3 fallen[826] und sich daher grundsätzlich auch auf das Streikrecht berufen können,[827] stellt jedes präventive Verbot der Streikbeteiligung und jede nachträgliche Disziplinarmaßnahme einen Eingriff in den

---

815 LAG Köln NZA-RR 1999, 655.

816 Hierzu *Grzeszick* NZA 2013, 1377 ff.; *Rehm* NZA 2011, 1211 ff.

817 VGH Mannheim NVwZ 1990, 90 f.

818 BVerfG NVwZ 2018, 1121, Rn. 117 (mit Verweis auf BVerfGE 19, 303 (322)). So ebenfalls bereits (allerdings ohne nähere Begründung) BVerfG BeckRS 2012, 56062, Rn. 4.

819 BVerfGE 117, 330 (344); 119, 247 (260); BVerfG NVwZ 2018, 1121, Rn. 118.

820 Mit den „hergebrachten Grundsätzen des Berufsbeamtentums" iSd Art. 33 Abs. 5 GG ist „der Kernbestand von Strukturprinzipien gemeint, die allgemein oder doch ganz überwiegend während eines längeren, traditionsbildenden Zeitraums, insbesondere unter der WRV, als verbindlich anerkannt und gewährt worden sind" (vgl. mit tlw. im Detail abweichendem Wortlaut BVerfGE 8, 332 (343); 46, 97 (117); 107, 218 (237); 117, 330 (344 f.); 121, 205 (219); BVerfG NVwZ 2018, 1121, Rn. 118; ohne Bezug auf die WRV BVerfGE 145, 1, 8). Hierunter fallen nur solche Prinzipien, die das Bild des Berufsbeamtentums *substanziell* prägen (BVerfGE 43, 177 (185), 114, 258 (286); BVerfG NVwZ 2018, 1121, Rn. 119 mit ergänzenden dogmatischen Erläuterungen). Im Weiteren hierzu unter Art. 33 Rn. 114 ff.

821 Vgl. BVerfGE 39, 334 (346 f.); 119, 247 (264); BVerfG NVwZ 2018, 1121, Rn. 120.

822 Vgl. BVerfGE 71, 255 (268); 121, 205 (220); BVerfG NVwZ 2018, 1121, Rn. 120.

823 Vgl. BVerfGE 8, 1 (16 ff.); 44, 249 (264 f.); 49 (260), 271; 99, 300 (314); 117, 372 (380); 140, 240 (277); BVerfG, NVwZ 2018, 1121, Rn. 120.

824 Vgl. BVerfGE 8, 1 (15); 8, 28 (35); 44, 249 (264).

825 Zu den rechtshistorischen Ursprüngen des beamtenrechtlichen Streikverbots *Lauer,* Das Recht der Beamten zum Streik, 39 ff.

826 Hierzu → Rn. 138.

827 Hierzu → Rn. 163.

Schutzbereich dar, der lediglich über Art. 33 Abs. 5 gerechtfertigt werden könnte. Mit Urteil vom 12.6.2018 hat das BVerfG nun im Rahmen von vier – zu einer gemeinsamen Entscheidung verbundenen – Verfassungsbeschwerdeverfahren[828] (erneut) geurteilt, dass Beamten kein Streikrecht zusteht, und hierdurch die seit langem bestehende, jedoch durch europarechtliche Entwicklungen erneut in Frage gestellte[829] Streikverbotsdoktrin bestätigt.

Ein Streikrecht von Beamten wurde bereits in früheren Entscheidungen des BVerfG – unter Berufung auf Art. 33 Abs. 5 – dezidiert abgelehnt.[830] Begründet wurde dies unter anderem mit dem Verweis auf die beamtenrechtliche Treue- und Loyalitätspflicht sowie seine Pflicht zur Achtung der berechtigten Belange der Verwaltung, die den Grundrechtsträger verpflichte, „zunächst die in der institutionellen Ordnung der Verwaltung und des demokratischen Staates liegenden Abhilfemöglichkeiten auszuschöpfen, bevor er den in seinen Folgen … nicht übersehbaren und beherrschbaren Weg in die Öffentlichkeit beschreitet".[831] **189**

In diese weithin abgeschlossene Diskussion kam Ende des vergangenen Jahrzehnts neue Bewegung, nachdem der EGMR in zwei Entscheidungen aus den Jahren 2008 und 2009[832] unter Bezugnahme auf das türkische Recht zu entscheiden hatte, inwieweit Art. 11 EMRK eine Koalitionsfreiheit und ein Streikrecht (auch) für öffentlich Bedienstete beinhaltet. In beiden Entscheidungen erkannte der EGMR ein Streikrecht im Bereich des öffentlichen Dienstes zumindest grundsätzlich an. Aus Anlass dieser Judikatur reklamierten auch deutsche Beamte ein Streikrecht für sich, welches ihnen vereinzelt auch verwaltungsgerichtlich zugesprochen wurde.[833] **190**

In der daran anschließenden bundesverfassungsgerichtlichen Entscheidung wurde dennoch die bisherige Argumentation aufgenommen und bestätigt:[834] So ist der Beamte „zur uneigennützigen Amtsführung verpflichtet und hat bei der Erfüllung der ihm anvertrauten Aufgaben seine eigenen Interessen zurückzustellen."[835] Mit dieser Verpflichtung lassen sich Arbeitskämpfe nicht vereinbaren. Auch zwischen Streikverbot und Alimentationsprinzip ist eine enge Beziehung gegeben: Dass sich der Dienstherr dazu verpflichtet, „den Beamten und seine Familie lebenslang zu alimentieren und ihm … einen angemessenen Lebensunterhalt zu gewähren", ist „eine ‚Gegenleistung' des Dienstherrn dafür, dass sich der Beamte ihm mit seiner ganzen Persönlichkeit zur Verfügung stellt".[836] Umgekehrt steht der Beamte mit dem Staat einem **191**

---

[828] BVerfGE 148, 296 ff. Detailliert zur Entscheidung *Hebeler* ZTR 2018, 368 ff.

[829] Hierzu noch → Rn. 120.

[830] BVerfGE 8, 1 (17); 69, 208 (212 f.); 73, 97 (102); 119, 247, Rn. 55; BVerfG BeckRS 2012, 56062, Rn. 4.

[831] So in BVerfGE 8, 1 (17); 69, 208 (212 f.); 73, 97 (102); 119, 247, Rn. 55; BVerfG BeckRS 2012, 56062, Rn. 4.

[832] EGMR 12.11.2008 – Nr. 34503/9, NZA 2010, 1425 ff.; EGMR 21.4.2009 – Nr. 68959/01, NZA 2010, 1423 ff.; hierzu *Werres* DÖV 2011, 873 ff.; *Lindner* DÖV 2011, 305 ff.; *Schubert* AöR 137 (2012), 92 ff.

[833] So von VG Kassel ZBR 2011, 386 ff.; zu dieser Entscheidung näher *Bitsch* ZTR 2012, 78 ff. AA OVG Lüneburg BeckRS 2012, 51817; OVG Lüneburg BeckRS 2012, 51816; OVG Lüneburg BeckRS 2013, 199395 (allerdings jeweils einen Verstoß gegen Art. 11 EMRK offenlassend).

[834] Ausführlich zur Ausgestaltung des Beamtenstatus BVerfE 148, 296 ff., insbes. Rn. 120 ff.

[835] BVerfGE 148, 296, Rn. 121 unter Verweis auf BVerfGE 119, 247 (246) zur Treuepflicht der Beamten.

[836] BVerfGE 148, 296, Rn. 120, 150 f.

Dienstherrn gegenüber, der „als Gesetzgeber zugleich für die Regelung des Rechtsverhältnisses sowie die Verteilung der gegenseitigen Rechte und Pflichten allein zuständig und verantwortlich ist".[837]

192 Diese Überlegungen werden sodann zu der entscheidungstragenden Schlussfolgerung zusammengeführt: „Das Streikverbot ist nach der gegenwärtigen verfassungsrechtlichen Konzeption des Berufsbeamtentums sowohl mit dem Alimentationsprinzip als auch mit der Treuepflicht untrennbar verbunden. Mit diesen beiden funktionswesentlichen Prinzipien lässt sich ein Streikrecht für Beamte nicht vereinbaren; das Streikverbot gewährleistet und rechtfertigt vielmehr erst die gegenwärtige Ausgestaltung der genannten Strukturprinzipien des Berufsbeamtentums."[838] Anders gewendet: Die Regelungen, die gemäß § 1 Abs. 1 S. 1 TVG in einem Tarif getroffen werden, nämlich Rechtsnormen, die den Inhalt, den Abschluss und die Beendigung von Arbeitsverhältnissen ordnen können, sind im Berufsbeamtentum dem Gesetzgeber vorbehalten.[839] Ein Aufbrechen des beamtenrechtlichen Status durch Zuerkennung des Streikrechts würde hingegen das Berufsbeamtentum „als solches" in Frage stellen[840] und ggf. unabsehbare „Kettenreaktionen in Bezug auf die Ausgestaltung des Beamtenverhältnisses" auslösen.[841] Pointiert wird das Streikverbot des Art. 33 Abs. 5 daher als „eigenständiges, systemnotwendiges und damit fundamentales Strukturprinzip des Berufsbeamtentum" verstanden.[842] Zugleich hebt das BVerfG noch einmal hervor, dass auch eine völkerrechtfreundliche Auslegung[843] zu keinem abweichenden Ergebnis führen kann. Das deutsche Verfassungsrecht verknüpft den Beamtenstatus mit einem ausdifferenzierten System von Rechten und Pflichten, die im Ergebnis mit dem Regelungsgehalt des Art. 11 EMRK vereinbar sind. Durch einseitige Änderungen würde die Ausgewogenheit dieses in Frage gestellt.[844]

193 Weitgehende Einigkeit besteht auch darüber, dass die 2006 eingeführte Fortentwicklungsklausel[845] an dieser Einschätzung nichts ändert. Nach Ansicht des verfassungsändernden Gesetzgebers wurde durch die textliche Änderung (zwar) „die Notwendigkeit einer Modernisierung und Anpassung des öffentlichen Dienstrechts an sich ändernde Rahmenbedingungen hervorgehoben".[846] Zugleich betont dieser, dass die hergebrachten Grundsätze des Berufsbeamtentums „auch weiterhin zu berücksichtigen sind".[847] Bereits in

---

[837] BVerfGE 148, 296, Rn. 152.

[838] BVerfGE 148, 296, Rdnr. 152.

[839] So bereits OVG Lüneburg BeckRS 2012, 51817.

[840] BVerfGE 148, 296, Rn. 153.

[841] BVerfGE 148, 296, Rn. 158.

[842] BVerfGE 148, 296, Rn. 152.

[843] Nach stRspr des BVerfG dienen der Konventionstext und die Rspr des EGMR als Auslegungshilfen für die Bestimmung von Inhalt und Reichweite von Grundrechten und rechtsstaatlichen Grundsätzen des GG, sofern dies nicht zu einer – von der Konvention selbst nicht gewollten – Einschränkung oder Minderung des Grundrechtsschutzes nach GG führt (BVerfGE 74, 358 (370); 111, 307 (317); 120, 180 (200 f.); 148, 296, Rn. 128).

[844] Hierzu BVerfGE 148, 296, Rn. 163 ff.

[845] Durch Art. 1 des G zur Änderung des GG vom 28.8.2006 (BGBl. 2006 I 2034) wurde die Pflicht, das „Recht des öffentlichen Dienstes … unter Berücksichtigung der hergebrachten Grundsätze des Berufsbeamtentums zu regeln" eine Pflicht, eben diese „zu regeln und fortzuentwickeln".

[846] BT-Drs. 16/813, S. 10. In der Literatur wird die Fortentwicklungsklausel zugleich als Flankierung der Neuzuweisung der Gesetzgebungskompetenzen im Beamtenrecht verstanden (*Jachmann* in MKS Art. 33 Abs. 5 Fn. 54).

[847] BT-Drs. 16/813, S. 10.

seinem Ballungsraumbeschluss vom 6.3.2007 hat das BVerfG demnach klargestellt, dass es an seiner stRspr zur Auslegung des Begriffs der „hergebrachten Grundsätze des Berufsbeamtentums“ als eines historisch gewachsenen und verbindlich anerkannten Kernbestandes von Strukturprinzipien festhält.[848] Die nunmehr in Art. 33 Abs. 5 angezeigte grundsätzliche Entwicklungsoffenheit im Hinblick auf die Einbettung des öffentlichen Dienstes in die freiheitliche rechts- und sozialstaatliche Demokratie findet daher weiterhin ihre Grenzen, wo sie in jenen Kernbestand von Strukturprinzipien eingreift.[849] Diese – von der Literatur weithin geteilte[850] – Auffassung findet ihre jüngste Bestätigung in der BVerfG-Entscheidung vom 12.6.2018: „Fortzuentwickeln ist das Recht des öffentlichen Dienstes, nicht aber der hierfür geltende Maßstab, die hergebrachten Grundsätze des Berufsbeamtentums“.[851]

b) Verfassungsrechtliche Grenzen. Der Eingriff erfolgt in verfassungs- **194**
mäßiger Weise, soweit hinreichende sachliche Gründe für die Regelung unter Berücksichtigung des Verhältnismäßigkeitsgrundsatzes vorliegen und die Funktionsfähigkeit der Tarifautonomie gewahrt bleibt.

aa) Verhältnismäßigkeit. Der Eingriff muss dem Grundsatz der Ver- **195**
hältnismäßigkeit entsprechen.[852] Hierbei ist der gesetzgeberische Gestaltungsspielraum zu berücksichtigen,[853] der gerade mit Blick auf die Ausgestaltung der Tarifautonomie weit gefasst wird. Zugleich ist jedoch die Schutzintensität zu berücksichtigen, die mit zunehmender Nähe zum Kernbereich stärker wird: „Je gewichtiger der Schutz ist, den Art. 9 Abs. 3 gewährt, desto schwerwiegender müssen die Gründe sein, die einen Eingriff rechtfertigen sollen.“[854] Dies gilt insbesondere für den „Kernbereich der sozialen Selbstverwaltung“, zu denen Vergütung, Arbeitszeit oder Urlaub gehören.[855] Eine äußere Grenze bildet zudem die Funktionsfähigkeit der Tarifautonomie.

bb) Schranken-Schranke des Abs. 3 S. 3. Nach Abs. 3 S. 3 dürfen **196**
staatliche Maßnahmen gegen Arbeitskämpfe im oben beschriebenen Sinne nicht auf den Art. 12a, 35 Abs. 2, 3, 87a Abs. 4 und 91 beruhen. Diese Ergänzung wurde erst mit Wirkung vom 28.6.1968 durch das Siebzehnte G zur Ergänzung des GG vom 24.6.1968[856] als Art. 9 Abs. 3 S. 3 aufgenom-

---

[848] Vgl. BVerfGE 106, 225 (232).
[849] Vgl. BVerfGE 106, 225 (232), Rn. 54 mit Verweis auf *Jüsgen* DÖV 1951, 474 ff.
[850] So beispielhaft *Jachmann* in MKS Art. 33 Abs. 5, Fn. 54; *Lauer,* Recht des Beamten zum Streik, 109: nur deklaratorische Natur der Fortentwicklungsklausel. AA wohl *Klein* ArbuR 2018, 130–134, wonach der im Rahmen der Föderalismusreform neu ins GG eingefügten Fortentwicklungsklausel des Art 33 Abs 5 mehr Gewicht beizumessen ist, was ohne weiteres eine Berücksichtigung der völkerrechtlichen Vorgaben und eine Öffnung des Beamtentums für die ebenfalls verfassungsrechtlich gewährleistete Tarifautonomie ermögliche.
[851] BVerfGE 148, 296 (349 f.) unter Verweis auf BVerfGE 121, 205 (232) und unter Übernahme der nahezu wortgleichen Formulierungen in BVerfGE 119, 247 ff. Diese Auslegung führt auch dazu, dass die bisherige Rechtsprechung des BVerfG bezüglich der Frage, ob die hergebrachten Grundsätze des Beamtentums „zu berücksichtigen“ oder „zu beachten“ sind, unberührt bleibt. Im Einzelnen: Vgl. *Jachmann* in MKS Art. 33 Abs. 5 Rn. 54, 53; dort mit Verweis auf: BVerfGE 117, 330, 348 f. und 372, 379 f.
[852] BVerfG NZA 2005, 153, Rn. 20. Vgl. auch BVerfGE 94, 268 (284); 103, 293 (306).
[853] BVerfG NZA 2005, 153, Rn. 23 (unter Verweis auf BVerfGE 103, 293, 307).
[854] BVerfGE 100, 271 Rn. 57 mit Verweis auf BVerfGE 94, 268, 284 f.
[855] BVerfGE 94, 268 (283).
[856] BGBl. 1968 I 709.

men.[857] Die Vorschrift ist nicht in dem Sinne zu verstehen, dass im Notstandsfall keine Einschränkungen der Arbeitskampffreiheit zulässig wären. Die Vorschrift schließt lediglich die in S. 3 genannten Maßnahmen kategorisch aus.

197 **7. Aktuelle Herausforderungen der Koalitionsfreiheit. a) Tarifeinheit.** In jüngerer Zeit wird insbesondere um die Verfassungsmäßigkeit des Gesetzes zur Tarifeinheit[858] gestritten, durch welches das Tarifvertragsgesetz (TVG) mit Wirkung vom 10.7.2015 geändert wurde.[859] Im Kern wurde hierdurch geregelt, dass in Betrieben mit konkurrierenden Gewerkschaften nur der Tarifvertrag gilt, der mit der mitgliederstärksten Gewerkschaft ausgehandelt wurde (vgl. § 4a Abs. 2 S. 2, 3 TVG). Diese Regelung schreibt zur subsidiären Auflösung von Tarifkollisionen das betriebsbezogene Mehrheitsprinzip fest. Auf diesem Wege soll erreicht werden, dass Gewerkschaften eines Betriebes zusammenarbeiten und ein Tarifvertrag für alle Beschäftigten des Betriebes gilt. Hierdurch sollte zugleich der überproportionalen Kampfstärke einer Berufsgewerkschaft für Arbeitnehmer in Schlüsselpositionen begegnet werden.[860]

198 In der wissenschaftlichen Diskussion ist die Grundrechtsrelevanz der Regelung umstritten. Teilweise wird in ihr eine Ausgestaltung der Tarifhoheit,[861] teilweise ein Eingriff[862] in die Koalitionsfreiheit erblickt. Die Verfassungsmäßigkeit der Regelung ist dennoch anzunehmen, wenn sie einem legitimen Zweck dient und im Übrigen erforderlich, geeignet und angemessen ist. Die Neuregelung des Tarifeinheitsgesetzes soll der Funktionsfähigkeit der Tarifautonomie dienen. Als legitime Schutzzwecke kommen daneben die Grundrechte des streikbetroffenen Unternehmers (insbesondere das aus Art. 14 resultierende Recht am eingerichteten und ausgeübten Gewerbebetrieb), die Grundrechte sonstiger Drittbetroffener sowie das Sozialstaatsprinzip (Art. 20 Abs. 1) und der Gleichbehandlungsgrundsatz des Art. 3 Abs. 1 in Betracht.[863]

199 Während in der Literatur von der Angemessenheit ausgegangen wurde, weil die jeweilige Minderheitengewerkschaft „die berechtigten Interessen ihrer Mitglieder in die Tarifverhandlungen einbringen kann und an Entscheidungen über Arbeitskampfmaßnahmen beteiligt bleibt“[864] und daher der Bestand

---

[857] Nach BVerfGE 38, 386 (393) „kann unerörtert bleiben, ob die Ergänzung des Art. 9 Abs. 3 GG lediglich deklaratorisch feststellt, was bereits früher galt, oder ob es sich um eine konstitutive Verfassungsänderung handelt.“

[858] BGBl. 2015 I 1130; hierzu *Ewer* NJW 2015, 2230 ff.; *Fischinger/Monsch* NJW 2015, 2209 ff.; *Scholz/Lingemann/Ruttloff* NZA-Beil. 2015, 3 ff.

[859] Hintergrund war eine Änderung der BAG–Rspr zur Tarifeinheit durch Entscheidung vom 7.7.2010 (BAEGE 135, 80), womit die zuvor 50 Jahre gültige Rspr zur Tarifeinheit aufgegeben wurde. Dieser Auffassung des Vierten Senats schloss sich der Zehnte Senat an (BAG NZA 2010, 778).

[860] BT-Drs. 18/4062, 8 f.

[861] *Scholz/Lingemann/Ruttloff* NZA-Beil. 2015, 3 (4). So wohl auch BVerfGE 146, 71 ff., das zwar auf S. 116 von „Eingriff“, andererseits auf S. 119 durchgängig von „Ausgestaltung“ spricht.

[862] *Hufen* NZA 2014, 1237 (1238); *Däubler,* Gutachten zum Gesetzentwurf der Bundesregierung zum Tarifeinheitsgesetz, 2015, 20 f.; *Reichold,* Rechtsgutachten zur Verfassungsmäßigkeit eines von BDA und DGB geplanten „Gesetzes zum Erhalt der Tarifeinheit“, 2010, 10 f.; *Bepler,* Stärkung der Tarifautonomie – Welche Änderungen des Tarifvertragsrechts empfehlen sich?, 2014, B 91; *Di Fabio,* Gesetzlich auferlegte Tarifeinheit als Verfassungsproblem, 2014, 23 f.; *Bayreuther* DB 2010, 2223 f.

[863] *Hufen* NZA 2014, 1237 (1238 ff.).

[864] *Hufen* NZA 2014, 1237 (1240).

der Sparten- oder speziellen Berufsgewerkschaften durch die Regelung des § 4a TVG „weder existentiell gefährdet noch fundamental beschränkt“[865] werde, verweist das BVerfG in seiner Entscheidung vom 11.7.2017[866] darauf, dass die Koalitionsfreiheit kleiner Gewerkschaften im Geltungsbereich eines tarifeinheitlichen Betriebs oder Unternehmens nicht vollständig verdrängt werden darf. Es kritisiert das Fehlen von Vorkehrungen, die strukturell darauf hinwirken, dass die Interessen der von der Verdrängung betroffenen Berufsgruppe im Tarifvertrag der Mehrheitsgewerkschaft wirksam berücksichtigt werden.[867] Während also einerseits die Tarifeinheit probates Mittel sein soll, um die Funktionsfähigkeit der Tarifautonomie zu gewährleisten, erscheint dem BVerfG andererseits eine ausnahmslose Anwendung des Prinzips im Hinblick auf Spartengewerkschaften unverhältnismäßig, was im Ergebnis eine differenzierte Regelung erforderlich macht.

Das BVerfG stellte daher im Ergebnis fest, dass § 4a TVG bis zu einer **200**
Neuregelung nur mit der Maßgabe angewendet werden darf, „dass eine Verdrängungswirkung nach § 4a Abs. 2 Satz 2 TVG nur in Betracht kommt, wenn plausibel dargelegt werden kann, dass die Mehrheitsgewerkschaft die Interessen der Berufsgruppen, deren Tarifvertrag verdrängt wird, ernsthaft und wirksam in ihrem Tarifvertrag berücksichtigt hat“.[868] Eine Anpassung der gesetzlichen Vorgaben sollte bis zum 31.12.2018 erfolgen.[869] Dieses Vorgehen hat deutliche Kritik erfahren.[870] Der Gesetzgeber hat hierauf mit Ergänzung des § 4a TVG um Abs. 2 S. 1, 2. Hs. durch Art. 4f des Qualifizierungschancengesetzes reagiert.[871] Solange daher beim Zustandekommen des Mehrheitstarifvertrags die Interessen von Arbeitnehmergruppen, die auch von dem nach dem ersten Halbsatz nicht anzuwendenden Tarifvertrag erfasst werden, nicht ernsthaft und wirksam berücksichtigt werden, sind auch die Rechtsnormen dieses Tarifvertrags anwendbar. Das BVerfG hatte in seiner Entscheidung deutlich gemacht, dass eine Interessenberücksichtigung insbesondere angenommen werden kann, wenn die betroffenen Berufsgruppen „in einem bestimmten Mindestmaß in der Gewerkschaft organisiert sind, deren Tarifvertrag dann Anwendung findet, oder wenn diesen Berufsgruppen in der Satzung der Gewerkschaft ein hinreichender Einfluss auf die für sie relevanten tarifpolitischen Verbandsentscheidungen eingeräumt ist“.[872] In der Gesetzesbegründung wurde insbesondere darauf abgestellt, dass „in der Tarifpraxis die Interessen der verschiedenen Arbeitnehmergruppen zum Beispiel mittels im Vorfeld der Tarifverhandlungen liegender Beteiligungsverfahren ernsthaft und wirksam berücksichtigt“ werden, oder dadurch, „dass die betreffende Arbeitnehmergruppe in für das Zustandekommen von Tarifverträgen zuständigen Gremien angemessen berücksichtigt ist“.[873]

---

[865] *Scholz/Lingemann/Ruttloff* NZA-Beil. 2015, 3 (4).
[866] BVerfGE 146, 71 ff. Vgl. auch BVerfGE 140, 211 ff.; BVerfG NZA 2016, 893 ff.; NJW 2015, 3294 ff.; NZA 2017, 1277.
[867] BVerfGE 146, 71 (142).
[868] BVerfGE 146, 71 (147).
[869] Zu den gesetzgeberischen Handlungsoptionen *Kerkemeyer/Klengel* DVBl. 2018, 1322 ff.
[870] Hierzu *Wiedemann* NZA 2018, 1587 ff. Vgl. auch die *Sondervoten* von *Baer* und *Paulus,* Rn. 22: „Wie eine Regelung ausgestaltet werden muss, um die damit einhergehenden Einschränkungen des Rechts aus Art. 9 Abs. 3 GG zumutbar werden zu lassen, hat der Gesetzgeber zu entscheiden.“
[871] Gesetz vom 18.12.2018, BGBl. 2018 I 2651.
[872] BVerfGE 146, 71 (147).
[873] BT-Drs. 19/6146, 31 f.

201 **b) Mindestlohn.** Ebenso werden Zweifel an der Verfassungsmäßigkeit des Mindestlohngesetzes[874] geäußert, wonach jeder Arbeitnehmer und jede Arbeitnehmerin einen Anspruch auf Zahlung eines Arbeitsentgelts min. in Höhe des Mindestlohns hat (§ 1 Abs. 1). In dieser Regelung könnte eine Verletzung des – von der Tarifautonomie umfassten[875] – Rechts der Koalitionen liegen, einen unter dem gesetzlichen Mindestlohn liegenden Stundenlohn zu verhandeln.[876] Unbestritten liegt ein Eingriff in die Tarifautonomie vor.[877]

202 Zu dessen Rechtfertigung wird auf verschiedene Aspekte hingewiesen: Der Gesetzgeber selbst sieht hierin ein Mittel zur Bekämpfung der Arbeitslosigkeit, woran die Literatur begründete Zweifel äußert.[878] Die Gewährleistung existenzsichernden Löhne könnte zwar auf Art. 1 Abs. 1 (iVm Art. 2 Abs. 1) gestützt werden, das Maß der Existenzsicherung wird durch die nach dem Mindestlohngesetz geltenden Löhne jedoch deutlich überschritten.[879] Aus dem Sozialstaatsprinzip werden weiterhin das Interesse an der Stabilität der sozialen Sicherungssysteme, an angemessenen Arbeitsbedingungen sowie an dem Ausgleich sozialer Gegensätze abgeleitet.[880] Die Stabilität der sozialen Sicherungssysteme erfolgt wiederum durch die Entlastung der Sozialkasse aufgrund der Reduktion von Grundsicherungsleistungen[881] und gleichzeitig durch die Erhöhung der Einnahmeleistungen.

203 Unter Zugrundelegung dieser Zielsetzungen ist von der Verfassungsmäßigkeit des Mindestlohngesetzes auszugehen.[882] Tatsächlich liegt nur eine geringe Aushöhlung der Tarifautonomie vor: So zeigt sich, dass der betroffene Niedriglohnsektor nur geringe gewerkschaftliche Organisation und somit auch nur vernachlässigbare Tarifbindung kraft Mitgliedschaft aufweist.[883] Aus diesem Grund wird der Niedriglohnsektor von der allgemeinen Lohnentwicklung abgekoppelt.[884] *Seiwerth* bemerkt zutreffend, dass „sich die aus historischer Erwartung schöpfende These, dass sich Arbeitnehmer, geht es ihnen nur schlecht genug, organisierten und sich so mit der Zeit ein Gleichgewicht der privaten, kollektiven Regelung der Arbeitsbeziehungen einpendele, nicht zu bestätigen" scheint. Vielmehr „perpetuieren sich Niedriglohnsektor und Schwäche der Tarifautonomie zumindest teilweise gegenseitig".[885]

204 Die Angemessenheit der Regelung lässt sich auch nicht mit Blick auf die (zugleich) tarifverdrängende Wirkung des Mindestlohns in seiner gegenwärti-

[874] Gesetz zur Regelung des allgemeinen Mindestlohns vom 11.8.2014 (BGBl. 2014 I 1348; zuletzt geändert durch Art. 14 des Gesetzes vom 11.7.2019, BGBl. 2019 I 1066). Eingeführt durch Art. 1 des Tarifautonomiestärkungsgesetz vom 11.8.2014 (BGBl I 2014 1348). Zum Gesetzesbegriff *Viethen* NZA-Beil. 2014,143 ff.

[875] Siehe hierzu bereits → unter Rn. 126.

[876] So etwa *Zeising/Weigert,* NZA 2015, 15 (16); vgl. auch BVerfGE 28, 295 = NJW 1970, 1635.

[877] Statt vieler *Barzak,* RdA 2014, 290 (296); *Henssler,* RdA 2015, 43 (44 f.).

[878] So etwa *Sodan/Zimmermann,* NJW 2009, 2001 (2004); *Zeising/Weigert,* NZA 2015, 15 (17 f.).

[879] *Sodan/Zimmermann,* NJW 2009, 2001 (2003). Im Ergebnis ebenso, jedoch mit abweichender Begründung *Henssler,* RdA 2015, 43 (45 f.).

[880] *Zeising/Weigert* NZA 2015, 15 (17 f.).

[881] Hierzu krit. *Henssler* RdA 2015, 43 (45).

[882] So im Ergebnis auch *Zeising/Weigert* NZA 2015, 15 (17 f.). Insgesamt kritisch *Henssler* RdA 2015, 43 (45 ff.).

[883] Ausf. zur Problematik *Seiwerth* RdA 2017, 373 (376).

[884] *Picker* RdA 2014, 25 (27).

[885] *Seiwerth* RdA 2017, 373 (376). Zu den Gründen ausführlich *Seiwerth* RdA 2014, 358 (360 ff.).

gen Ausgestaltung ablehnen.[886] Diese Bewertung geht von der Annahme aus, dass Lohnvereinbarungen, die unter der Grenze des gesetzlichen Mindestlohns liegen, „ganz überwiegend durch regionale Besonderheiten oder eine besonders niedrige Produktivität der jeweiligen Branche bedingt" seien.[887] Unter Zugrundelegung der oben genannten Rechtfertigungsgründe erweist sich eine tarifdispositive Regelung zwar als milderes, zugleich aber weniger geeignetes Mittel.

C. Verhältnis zu anderen Bestimmungen des Grundgesetzes

Als spezielleres Grundrecht verdrängt die Vereinigungsfreiheit die in Art. 2 Abs. 1 niedergelegte allgemeine Handlungsfreiheit in ihrem Schutzbereich.[888] Sie selbst wird wiederum durch die Regelung spezieller Vereinigungen verdrängt. **205**

I. Parteien (Art. 21 Abs. 1 GG)

Eine spezielle Form der Vereinigung stellen Parteien dar, deren Rechtsstatus in Art. 21 geregelt ist. Der speziellere Art. 21 verdrängt daher in seinem Anwendungsbereich Art. 9 Abs. 1, 2.[889] Dies entspricht auch der einfachgesetzlichen Anordnung in § 2 Abs. 2 Nr. 1 VereinsG, wonach politische Parteien nicht unter den Anwendungsbereich des Vereinsgesetzes fallen. Die Subsidiarität der Vereinigungsfreiheit knüpft an das Bestehen einer Partei an; dabei ist auf die Begriffsbestimmung in § 2 Abs. 1 S. 1 PartG zurückzugreifen, die nach gängiger Rechtsauffassung im Einklang mit Art. 21 Abs. 1 steht.[890] Wesentliches Unterscheidungsmerkmal wird daher regelmäßig der Wille zur parlamentarischen Mitarbeit auf Bundes- oder Landesebene sein (daher noch zu kommunalen Wählervereinigungen → Rn. 208).[891] Hieraus erklären sich die verschärften Anforderungen aus Art. 21 Abs. 1 S. 3, 4. Andererseits schützt das Parteienprivileg des Art. 21 Abs. 2, 4 die Parteien in besonderem Maße. **206**

Während Sonderorganisationen[892] der Parteien ebenfalls den Maßstäben des Art. 21 unterfallen, bemisst sich der grundrechtliche Schutz sog. Nebenorganisationen[893] an dem Maßstab des Art. 9 Abs. 1.[894] Parteinahe Stiftungen **207**

---

[886] So aber *Henssler* RdA 2015, 43 (46).

[887] *Henssler* RdA 2015, 43 (46).

[888] Anwendung findet Art. 2 Abs. 1 wiederum bei Ausländervereinigungen → Rn. 37.

[889] So auch *Scholz* in Maunz/Dürig Art. 9 Rn. 33.

[890] BVerfGE 24, 260 (263 f.); 24, 300 (361); 47, 198 (222); 79, 379, 384; BVerwG NJW 1993, 3213 (3213); NJW 1986, 2654 (2654). Hierzu noch unter Art. 21 Rn. 19 f.

[891] Dieses Merkmal betonend BVerwG NJW 1993, 3213 (3213). Zur Abgrenzung BVerwG NVwZ 1997, 66 (66) mwN.

[892] Als Sonderorganisation wird – in Anlehnung an § 5 des Regierungsentwurf eines Parteiengesetzes aus dem Jahre 1959, der letztlich keine Niederschlag im Parteiengesetz gefunden hat, – eine „Organisation mit besonderen Aufgaben innerhalb der Partei [verstanden], der sie derart eingegliedert ist, daß sie nach dem Gesamtbild der tatsächlichen Verhältnisse – Mitgliedschaft, wirtschaftliche, finanzielle und organisatorische Abhängigkeit – als deren Teil erscheint" (*Oerter,* Sonder- und Nebenorganisationen, 20 f.; s. auch *Riegler,* Virtuelle Parteiverbände, 202 ff.).

[893] Es handelt sich dabei um Vereinigungen, die nicht in die Partei eingegliedert sind, einen eigenen Mitgliederbestand haben und unter Anerkennung der politischen Richtungskompetenz einer Partei eigene Zwecke und Aufgaben verfolgen. Zu den Kriterien der

können sich – als personenlose Vereinigungen – lediglich auf Art. 2 Abs. 1 berufen.[895]

208 Abgrenzungsschwierigkeiten ergeben sich zu sonstigen Wählervereinigungen, die nach überwiegender Auffassung[896] nicht in den Anwendungsbereich des Art. 21 fallen, so dass wiederum Art. 9 Abs. 1 Anwendung findet.[897] Dies sind insbesondere kommunale Wählervereinigungen (sog. Rathausparteien), die lediglich auf kommunaler Ebene aktiv sind. Der rechtliche Grundsatz auf Chancengleichheit zwischen Parteien iSd Art. 21, § 2 PartG und politischen Organisationen auf kommunaler Ebene ergibt sich dann aus Art. 3 Abs. 1 iVm Art. 9, 28 Abs. 1 S. 2.[898]

II. Religions- und Weltanschauungsgemeinschaften (Art. 4 Abs. 1 GG)

209 Im Hinblick auf Religions- und Weltanschauungsgemeinschaften wird die Vereinigungsfreiheit durch die spezielleren Vorschriften über die kollektive Glaubens- und Gewissensfreiheit nach Art. 140 iVm Art. 137 Abs. 2 S. 1, Abs. 7 WRV verdrängt.[899] Diese umfasst die Freiheit, sich aus gemeinsamem Glauben oder einer gemeinsamen Weltanschauung zu einer Religions- oder Weltanschauungsgemeinschaft zusammenzuschließen und zu organisieren.[900] Ein gegen diese gerichtetes Betätigungsverbot greift daher (nur) in den Schutzbereich der religiösen bzw. weltanschaulichen Vereinigungsfreiheit ein. Dem entspricht einfachgesetzlich die Regelung des § 1 Abs. 2 VereinsG, welche politische Parteien und Religionsgemeinschaften ausdrücklich von dem Anwendungsbereich ausnimmt.[901] Als Religions- und Weltanschauungsgemeinschaften iSd WRV versteht man Verbände, die „die Angehörigen eines und desselben Glaubensbekenntnisses […] für ein Gebiet […] zusammenfassen zur allseitigen Erfüllung der durch das gemeinsame Bekenntnis bedingten Aufgaben."[902] Von ihnen zu unterscheiden sind religiöse Vereine, die nur einzelne religiöse Zwecke verfolgen.[903] Sie unterfallen dem spezielleren Art. 4 Abs. 1.

210 An dieser Stelle könnte die Gewährleistung der Vereinigungsfreiheit nach Art. 9 Abs. 1 dann mittelbare Bedeutung gewinnen, wenn die Schranken aus Art. 9 Abs. 2 auch auf diese Freiheitsgewährleistungen übertragen werden

---

weitgehend selbstständig gestalteten Nebenorganisationen siehe *Seifert,* Die politischen Parteien im Recht der Bundesrepublik Deutschland, 1975, 333, 331 f. Zum Begriff der Nebenorganisationen auch *Oerter,* Sonder- und Nebenorganisationen, 21.

[894] BVerfGE 2, 1 (78); 5, 85 (392); *Seifert,* Die politischen Parteien im Recht der Bundesrepublik Deutschland, 1975, 333; *Scholz* in Maunz/Dürig Rn. 75. Zu dieser Einschätzung vgl. noch unter Art. 21 Rn. 22 mwN.

[895] VG Düsseldorf NVwZ 1994, 811 (813), wobei die Maßstäbe zur Untersagung der Stiftungstätigkeit in dieser Entscheidung aus Art. 9 Abs. 2 abgeleitet werden. Zu Stiftungen bereits → 27 a. E.

[896] *Merten* in HdbStR VII § 165 Rn. 69. Hierzu auch BFH DStRE 2017, 1162 ff.

[897] BVerfGE 6, 367 (372 f.); 78, 350, 357 f.; 99, 69 (79).

[898] BVerfGE 78, 350 (358); 121, 108 ff.; ebenso für einen Dachverband kommunaler Wählervereinigungen BVerfGE 99, 69 ff.; BFH, DStRE 2017, 1162 (1165).

[899] Vgl. *Korioth* in Maunz/Dürig Art. 140/Art. 137 WRV (2004) Rn. 15; *Merten* in HdbStR VII § 165 Rn. 71. An anderer Stelle wird auf Art. 4 Abs. 1 zurückgegriffen (so etwa OVG Bremen NVwZ-RR 2012, 64 (64)).

[900] Hierzu → Art. 4 Rn. 42.

[901] *Morlok/Heinig* NVwZ 1999, 697 (704).

[902] *Campenhausen* in MKS Art. 137 WRV Rn. 18.

[903] BVerwGE 24, 236 (246 f.); 70, 138 (163); NJW 2005, 2101, 2104.

können. Diese von der Rspr[904] und Teilen der Literatur[905] vertretene und von Seiten des Gesetzgebers ebenfalls unterstellte[906] Auffassung beruft sich auf mehrere Argumente: Zum einen wird vorgebracht, dass nach Art. 140 iVm Art. 137 Abs. 3 S. 1, Abs. 7 WRV die Betätigung der Religions- und Weltanschauungsgemeinschaften unter dem Vorbehalt der „für alle geltenden Gesetze" steht, wobei Art. 9 Abs. 2 diesen Gesetzen zuzurechnen sei. Dies setzt voraus, dass die Religionsfreiheit einen Schrankenvorbehalt enthält, worüber ebenfalls trefflich gestritten werden kann.

Alternativ wird darauf verwiesen, dass Art. 9 Abs. 2 einen selbstständigen Verbotstatbestand für Vereinigungen aller Art enthält, deren Verbot nicht speziell geregelt ist.[907] Dem zweiten Argument kann zunächst Art. 21 entgegengehalten werden, der überwiegend ebenfalls als Spezialregelung der Vereinigungsfreiheit verstanden wird und mit seinen speziellen Anforderungen an ein Verbotsverfahren in Art. 21 Abs. 2 verdeutlicht, dass das GG Sonderregelungen für besondere Vereinigungen bereithält. Als Sonderregelungen für religiöse Vereinigungen hielte das GG dann Art. 4, Art. 137 WRV iVm Art. 140 bereit.[908] **211**

Fraglich ist vor diesem Hintergrund, ob Art. 9 Abs. 2 eine verallgemeinerungsfähige Beschränkung enthält. Hier ist zu differenzieren: Verallgemeinerungsfähigkeit ist hinsichtlich der Beschränkungen der zweiten Alternative (Vereinbarkeit mit der verfassungsmäßigen Ordnung) und der dritten Alternative (Gedanke der Völkerverständigung) durchaus zu bejahen. Anderes gilt hinsichtlich der in der ersten Alternative genannten „Strafgesetze" – hier zeigt bereits die obige Auslegung, dass deren Reichweite selbst unter Verfassungsvorbehalt[909] steht. Ein restriktiver Ansatz in der Rspr bestätigt diese Annahme: „Der schwerwiegende Eingriff des Verbots einer religiösen Vereinigung ist nur gerechtfertigt, wenn er bei der Abwägung mit den Verfassungsgütern, die mit dem Verbot geschützt werden sollen, nach dem Verhältnismäßigkeitsgrundsatz unerlässlich ist. Dies ist in der Regel der Fall, wenn sich die religiöse Vereinigung aggressiv-kämpferisch gegen die in Art. 79 Abs. 3 GG genannten Verfassungsgrundsätze, d. h. die verfassungsmäßige Ordnung i. S. von Art. 9 II GG richtet".[910] Dies schwingt letztlich auch in den Ausführungen der Rspr mit, wonach Art. 9 Abs. 2 eine spezielle Verbotsregelung bereithält, die „der Wahrung zentraler, für den *Bestand des Staates* und *seine* **212**

---

[904] So die Rspr von BVerfG (BVerfGE 102, 370 [391]) und BVerwG (BVerwGE 37, 344 [363 ff.]; 105, 117 [121]; NVwZ 2006, 694; offen BVerwG NVwZ 2003, 986 (987); ebenso OVG Bremen NVwZ-RR 2012, 64 (64).

[905] *Schmieder* VBlBW 2002, 146 (149); *v. Campenhausen* in HdbStR VI § 136 Rn. 83, 89; *Heinrich,* Vereinigungsfreiheit und Vereinigungsverbot, 2005, 233 ff.; aA *Bauer* in Dreier Rn. 24, 43; *Kemper* in MKSRn. 69; *Merten* in HdbStR VII § 165 Rn. 671; *Michael* JZ 2002, 482 (484); *Pieroth/Kingreen* NVwZ 2001, 841 (843 f.); *Jarass* in Jarass/Pieroth Rn. 2; *Muckel* in Friauf/Höfling Art. 137 WRV Rn. 20.

[906] Hierzu der Hinweis bei BVerwG NVwZ 2003, 986 (987) auf die Streichung des Religionsprivilegs nach § 2 Abs. 2 Nr. 3 VereinsG aF durch das Erste Gesetz zur Änderung des Vereinsgesetzes vom 4.12.2001 (BGBl. 2001 I 3319) und die gesetzgeberische Begründung in BT-Drs. 14/7026, 6.

[907] So BVerwGE 37, 344; *Listl* DÖV 1973, 181.

[908] *Merten* in HdbStR VII § 165 Rn. 71; *Morlok/Heinig* NVwZ 1999, 697 (704); *Alberts* ZRP 1996, 60; *Hollerbach* JZ 1997, 1117 (1118).

[909] Insbesondere im Sinne der Wechselwirkungstheorie (vgl. hierzu → Rn. 85). Zur verfassungskonformen Auslegung des § 20 Abs. 1 S. 1 Nr. 5 VereinsG BGH NStZ 2017, 481 (482).

[910] OVG Bremen NVwZ-RR 2012, 64 (64) mit Verweis auf BVerwG NVwZ 2003, 986 (989).

Einordnung in die Völkergemeinschaft unverzichtbarer Verfassungsgüter dient und die dem Wirken von Vereinigungen ohne Rücksicht auf Art und Inhalt ihrer Tätigkeit äußerste, nicht ohne Gefahr für ihre *Existenz überschreitbare Grenzen* setzt."[911] Schließlich beziehen sich die Anwendungsfälle der Rspr bislang (weitgehend) auf die zweite und dritte Alternative.[912]

213 Auf unionsrechtlicher Ebene besteht für Religionsgesellschaften ein eigenständiger Schrankenvorbehalt: Nach Art. 9 Abs. 2 EMRK[913] darf die Religions- und Bekenntnisfreiheit nicht Gegenstand anderer als vom Gesetz vorgesehener Beschränkungen sein, die in einer demokratischen Gesellschaft notwendige Maßnahmen im Interesse der öffentlichen Sicherheit, der öffentlichen Ordnung, Gesundheit und Moral oder für den Schutz der Rechte und Freiheiten anderer sind. Zugleich ist Art. 9 EMRK im Lichte des Art. 11 EMRK auszulegen, der das Leben in Gemeinschaften gegen unberechtigte staatliche Eingriffe schützt.[914]

214 Nach Ansicht der Rspr wirkt Art. 9 Abs. 2 auch in die Auslegung des Art. 140 iVm Art. 137 Abs. 5 S. 1 WRV hinein, obwohl ein Spezialitätsverhältnis wegen des öffentlich-rechtlichen Charakters der Vereinigungen hier gerade nicht vorliegt. Der Körperschaftsstatus nach Art. 140 iVm Art. 137 Abs. 5 S. 1 WRV ist jedenfalls dann zu versagen, wenn die Voraussetzungen erfüllt sind, unter denen eine private Vereinigung nach Art. 9 Abs. 2 zu verbieten wäre.[915] Es wäre – so die Argumentation des BVerfG – nicht einsichtig, dass Vereinigungen, die als Körperschaften des öffentlichen Rechts ausgestaltet sind, weniger festen Bindungen unterliegen als private Vereinigungen.[916] In diesem Sinne wird aus Art. 9 Abs. 2 ein (allgemeines) Merkmal der Rechtstreue abgeleitet.[917] Zur Anwendung des Schrankenvorbehalts kann nichts anderes als oben gelten.

III. Berufsausübung (Art. 12 I GG)

215 Im Einzelfall können auch Konkurrenzen zwischen Vereinigungs- und Berufsausübungsfreiheit auftreten. Es handelt sich dann um einen Fall konkreter Spezialität, in welchem zwei grundsätzlich in einem Verhältnis idealer Konkurrenz stehende Grundrechte im Einzelfall in ein Spezialitätsverhältnis zueinander treten. In diesen Fällen ist entscheidend, welches Grundrecht „nach seinem Sinngehalt die stärkere sachliche Beziehung zu dem zu prüfenden Sachverhalt" aufweist.[918] *Jarass* spricht insofern eingängig von „situationsbezogene(r) Subsidiarität"[919] bzw. neuerdings von „einzelfallbezogenem Schwerpunktvorrang"[920]. In der Rspr zeigt sich, dass ein solches Aufeinan-

[911] BVerwG NVwZ 2006, 694 (695).

[912] Vgl. etwa BVerwG NVwZ 2006, 694: Gedanke der Völkerverständigung.

[913] Es besteht Einvernehmen dahin, dass Art. 9 Abs. 1 EMRK auch die korporative Seite der Religionsfreiheit umfasst (BVerfG NZA 2014, 1387 [1394]).

[914] EGMR NVwZ 2015, 499 (501) mit Verweis auf EGMR Slg. 2000-XII Nr. 62, Hasan und Chaush/Bulgarien.

[915] BVerfGE 120, 370 (389 f.); BVerwGE 105, 117 (121 f.); OVG Berlin NVwZ 1996, 478 (480); *Robbers* FS f. Heckel, 1999, 697, 703 f.; aA *Morlok/Heinig* NVwZ 1999, 697 (704 f.).

[916] BVerfGE 120, 370 (390).

[917] Abweichend hiervon sehen *Morlok/Heinig* NVwZ 1999, 697 (704 f.) in der Benennung des Art. 9 Abs. 2 keinen „rechtliche(n) oder gar rechtsdogmatische(n) Gewinn", da die dort genannten Rechtsgütern im Wesentlichen auf der Stufe kollidierenden Verfassungsrechts stehen.

[918] BVerfGE 64, 229 (238 f.); BVerfGE 65, 104 (112 f.); BVerfGE 67, 186 (195).

[919] *Jarass* in Jarass/Pieroth, Vorauflage, vor Art. 1 Rn. 18a.

[920] *Jarass* in Jarass/Pieroth vor Art. 1 Rn. 17a.

dertreffen von Art. 9 Abs. 1 und Art. 12 Abs. 1 möglich ist. So werden berufsrechtliche Vereinigungsbeschränkungen von Anwälten (mit anderen Berufsgruppen) in erster Linie am Maßstab der Berufsfreiheit gemessen.[921] Denn: Zu der durch Art. 12 Abs. 1 garantierten freien Berufsausübung zählt auch die Freiheit, den Beruf gemeinsam mit Angehörigen anderer Berufe auszuüben.[922] Art. 9 Abs. 1 tritt dann im Einzelfall zurück.

D. Kritische Würdigung

In einem Kanon der „wichtigsten" höchstpersönlichen, politischen und wirtschaftlichen Grundrechte würde Art. 9 Abs. 1 vermutlich nicht erscheinen. Dies mag an seiner disparaten Ausgestaltung liegen: Das BVerfG betrachtet die Vorschrift als „konstituierend für die demokratische und rechtsstaatliche Ordnung des Grundgesetzes"[923] und billigt der **Vereinigungsfreiheit** hiermit einen besonderen Stellenwert zu. Die gewählten Perspektiven zur Beschreibung des Grundrechts sind jedoch äußerst vielschichtig. Im Mittelpunkt der Betrachtungen zu Art. 9 Abs. 1 steht zumeist die Funktion der Freiheitsgewähr[924]: So betont das BVerfG seit seinen frühen Entscheidungen, dass in Art. 9 Abs. 1 „(o)hne Zweifel … ein wesentliches Prinzip freiheitlicher Staatsgestaltung zum Ausdruck" kommt.[925] „Daß man sich – zu beliebigen Zwecken – mit anderen in Vereinen, Verbänden und Assoziationen aller Art zusammenschließen darf, gehört zu den elementaren Äußerungsformen der menschlichen Handlungsfreiheit."[926] Der Zusammenschluss wird hierdurch als Form der aktiven Freiheitsbetätigung[927] geschützt. Aus dieser Perspektive erscheint Art. 9 Abs. 1 als „Komplementärgarantie"[928] zu Art. 2 Abs. 1 bzw. den speziellen Ausformungen der allgemeinen Handlungsfreiheit.[929] Zugleich enthält Art. 9 Abs. 1 eine soziale Komponente, die bereits historisch in der Tradition der Zünfte wurzelte und in der Geschichte der Vereinsentwicklung immer eine bedeutende Rolle spielte. Der Mensch als soziales Wesen findet hier eine Möglichkeit zu selbstbestimmten Kollektivierung, die zwischen den ‚naturgegebenen' Sozialisierungserscheinungen der Familie und des politischen Herrschaftsverbandes liegt und hierdurch Ausdruck eines „gegliederten" Gesellschaftsverständnisses ist.[930] So kommt der Vereinigungsfreiheit auch eine gesellschaftsbildende und -abbildende Funktion zu. Im Zug aufkommenden zivilgesellschaftlichen Engagements sind es ebenfalls die Vereinigungen, welche öffentliche Diskurse kanalisieren und 216

[921] So zu dem aus § 59a Abs. 1 S. 1 BRAO a. F. resultierenden Soziatätsverbot BVerfGE 141, 82 ff. (Rn. 44 ff.). Weitere Ausführungen zu Art. 9 Abs. 1 werden als überflüssig betrachet (BVerfGE 141, 82 Rn. 94). Vgl. auch BVerfGE 80, 269 (278).

[922] Vgl. BVerfGE 80, 269 (278); 108, 150 (165).

[923] BVerfGE 50, 290 (353).

[924] Zur Einordnung als Freiheitsrecht exemplarisch *Herzog,* Allgemeine Staatslehre, 1971, 373; *Hesse,* VerfR, Rn. 288.

[925] BVerfGE 38, 281 (303).

[926] BVerfGE 17, 306 (314); 38, 281 (303).

[927] Zur Einordnung als „Recht des Dürfens" *Merten* in HdbStR VII § 165 Rn. 6.

[928] *Merten* in HdbStR VII § 165 Rn. 40.

[929] *Merten* in HdbStR VII § 165 Rn. 40, wonach Art. 9 Abs. 1 Komplementärgarantie zum Beispiel auch des Art. 5 Abs. 3 für wissenschaftliche oder künstlerische Vereine, des Art. 4 Abs. 1 für religiöse Vereine oder Weltanschauungsgemeinschaften oder des Art. 12 Abs. 1 für Berufsverbände sein kann.

[930] Vgl. *Scholz* in Maunz/Dürig Rn. 11 ff.

politische Interessen zusammenführen. Ihnen kommt gerade im Rahmen der Forderungen nach mehr direkter Demokratie eine bedeutende Rolle zu. Es ist jene Perspektive, die die Vereinigungsfreiheit in die Nähe der sog. Kommunikationsgrundrechte rückt.

217 Gerade diese Zusammenstellung zeigt jedoch, dass die Beschränkung der Vereinigungsfreiheit auf eine dieser Perspektiven und der damit zusammenhängenden Ausgestaltungen, welche die Vielfältigkeit möglicher Anwendungsfelder negiert, der Reichweite des durch Art. 9 Abs. 1 umfassten grundrechtlichen Schutzes nicht gerecht wird. Wenn daher bestimmte Vereinigungstypen, wie wirtschaftliche oder politische Vereinigungen,[931] in der Diskussion besondere Aufmerksamkeit erfahren, darf dies nicht darüber hinwegtäuschen, dass Vereinigungen mehrheitlich jenseits dieser Typusbildungen zu finden sind. So betrachtet wirkt die Vereinigungsfreiheit nach außen, indem sie auf verschiedenste Grundrechte verstärkend einwirkt. Sie mag der individuellen Freiheitsbetätigung die Bekräftigung und Selbstvergewisserung des Kollektivs zu Seite zu stellen. Jenseits dessen ist die Vereinigung jedoch zugleich Selbstzweck und reflektiert als solcher ein natürliches menschliches Bedürfnis.

218 Mit der **Koalitionsfreiheit** kennt das GG eine besondere Form der Vereinigungsfreiheit, welche – hart erkämpft – in der historischen Entwicklung immer wieder deutlichen Repressionen ausgesetzt war. Dennoch gelang es den Gewerkschaften seit ihrer rechtlichen Anerkennung im Jahre 1916 in besonderem Maße auf die wirtschafts- und sozialpolitische Entwicklung des Landes einzuwirken. Ihr historischer Erfolg setzte sich in den folgenden Jahrzehnten fort. Aktuell zeichnet sich jedoch ein Bedeutungsverlust ab: Dies resultiert einerseits aus einer zunehmenden Internationalisierung der Arbeits- und Beschäftigungsverhältnisse, auf welche die Koalitionen nicht angemessen reagieren können – so fehlt der Rechtsrahmen, um etwa auf europäischer Ebene aktiv zu werden. Andererseits schwächt sich der gewerkschaftliche Einfluss vor dem Hintergrund eines fortschreitenden Mitgliederverlustes (insbesondere im Niedriglohnsektor)[932] und einer damit zusammenhängenden Erosion des tariflichen Geltungsbereichs. Die Koalitionsfreiheit steht so gesehen unter einem Wirklichkeitsvorbehalt. Den Tarifpartnern droht ein Bedeutungsverlust, der auch von Seiten des Gesetzgebers wahrgenommen wird. Der Erlass flankierender gesetzlicher Rahmenbedingungen, wie etwa des Mindestlohngesetzes, sind die Folge. Auf diesem Wege droht auch die Wirkungskraft des Grundrechts der Koalitionsfreiheit zu schwinden. Gerade in einer sich wandelnden (und künftig zunehmend: digitalisierten) Arbeitswelt bedarf es jedoch der Ausnutzung der grundrechtlichen Freiheitsräume durch Arbeitgeber- und Arbeitnehmerverbände, um den anstehenden Herausforderungen gerecht zu werden.

---

[931] Es wäre daher auch verkürzt, die Vereinigung als Teilhabegrundrecht i. e. S. zu verstehen. Zwar ermöglicht die Zweckoffenheit der Vereinigung, die Teilhabe am politischen Willensbildungsprozess; aufgrund dieser Zweckoffenheit ist die Vereinigung aber gerade nicht auf die Beteiligung ausgerichtet. So zu Recht *Höfling* in Sachs Rn. 4, 29.

[932] Nach Aussagen einer Umfrage des *European Social Survey* aus dem Jahre 2016 sind mittlerweile nur noch 15 % der Arbeitnehmer gewerkschaftlich organisiert. Dies steht einer gewerkschaftlichen Bindung von ca. 30 % in den 70er und 80er Jahren gegenüber.

Literatur

Absätze 1 und 2:

F. C. Albrecht; J. D. Roggenkamp, Vereinsgesetz, 2014. – ***P. Badura/F. Rittner/B. Rüthers,*** Mitbestimmungsgesetz 1976 und Grundgesetz, 1977. – ***W. Baecker,*** Grenzen der Vereinsautonomie im deutschen Sportverbandswesen, 1985 – ***H. Bauer,*** Zur Aufnahme einer Unionsbürgerklausel in das Grundgesetz, FS f. Hartmut Maurer, 2001, 13 ff. – ***H. Bauer/W. Kahl,*** Europäische Unionsbürger als Träger von Deutschen-Grundrechten?, JZ 1995, 1077 ff. – ***L. Beck,*** Aktuelles zur elektronischen Hauptversammlung, RNotZ 2014, 160 ff. – ***A. Benz,*** Kooperative Verwaltung, 1994. – ***Benz, Arthur (Hrsg.),*** Governance – Regieren in komplexen Regierungssystemen, 2004. – ***A. Bettermann,*** Gewerbefreiheit der öffentlichen Hand, in: Festschrift für E. Hirsch, 1968, 1 ff.; ***J. C. Bluntschli,*** Allgemeines Staatsrecht, Zweiter Band, 2. Aufl. 1857. – ***R. Breuer,*** Freiheit des Berufs (§ 170), in: Isensee/Kirchhof, Handbuch des Staatsrechts für Deutschland und Europa, Band VIII, Grundrechte: Wirtschaft, Verfahren, Gleichheit, 63 ff. – ***Brockhaus,*** Conversations-Lexikon, Band 1, 8. Aufl. 1838. – ***Bull,*** in: Winter (Hrsg.), Das Öffentliche heute. Kolloquium zu Ehren von Alfred Rinken, 2002, 127 ff. – ***M. Cornils,*** Allgemeine Handlungsfreiheit (§ 168), in: Isensee/Kirchhof, Handbuch des Staatsrechts, Band VII: Freiheitsrecht, 1155 ff. –***O. Dann,*** Die Lesegesellschaften und die Herausbildung einer modernen bürgerlichen Gesellschaft in Europa, in: Dann (Hrsg.), Lesegesellschaften und bürgerliche Emanzipation: ein europäischer Vergleich, 1981, 9 ff. – ***O. Degenhart,*** Die allgemeine Handlungsfreiheit des Art. 2 I GG, JuS 1990, 161 ff. – ***J. Dietlein,*** Die politische Betätigung in der Gesellschaft (§ 114), in: Stern (Hrsg.), Das Staatsrecht der Bundesrepublik Deutschland, Band IV/2, Die Einzelgrundrechte, 2006. – ***G. Duttge,*** Freiheit für alle oder allgemeine Handlungsfreiheit?, NJW 1997, 3353 ff. – ***U. Erdmann,*** Die Online-Versammlung im Vereins- und GmbH-Recht, MMR 2000, 526 ff. – ***P. v. Feldmann,*** Nochmals: Das neue Vereinsgesetz, DÖV 1965, 29 ff.; ***P. v. Feldmann,*** Vereinigungsfreiheit und Vereinigungsverbot – Eine kritische Darstellung des Umfangs und der Schranken der Vereinigungsfreiheit nach dem Grundgesetz und dem Vereinsgesetz, 1972. – ***A. Fischer-Lescano/A. Rinken/K. Buse/I. Meyer/M. Stauch/C. Weber (Hrsg.),*** Verfassung der Freien Hansestadt Bremen, 2016. – ***Forkel,*** Zur IHK-Pflichtmitgliedschaft und –Beitragspflicht, GewArch 2017, 11 ff. – ***K. H. Friauf,*** Die negative Vereinigungsfreiheit als Grundrecht – Ein Beitrag zum Problem wirtschaftsrechtlicher Zwangszusammenschlüsse, in: FS f. Rudolf Reinhardt zum 70. Geburtstag, 1972, 389 ff. – ***A. Friedländer,*** Die Politik der Zukunft – Angeknüpft an das „System der socialen Politik von Julius Fröbel“, in: Noack (Hrsg.), Jahrbücher für Wissenschaft und Leben, Der Jahrbücher für speculative Philosophie dritter Jahrgang, 1848, 568 ff. –***J. Fröbel,*** System der sozialen Politik, Zweiter Teil, Mannheim 1848. – ***F. Gamillscheg,*** Die Grundrechte im Arbeitsrecht, AcP 164 (1964), 385 ff. – ***G. Gornig,*** Pflichtmitgliedschaft in der Industrie- und Handelskammer – Verfassungsrechtliche und europarechtliche Aspekte, WiVerw 1998, 157 ff. – ***L. Hammermayer,*** Akademiebewegung und Wissenschaftsorganisation während der zweiten Hälfte des 18. Jahrhunderts: Formen, Tendenzen, Wandel, in: Wissenschaftspolitik in Mittel- und Osteuropa, 1976. – ***W. Hardtwig,*** in: Brunner/Conze/Kosselleck (Hrsg.), Geschichtliche Grundbegriffe, Band 6: St-Vert, Verein (Gesellschaft, Geheimgesellschaft, Assoziation, Genossenschaft, Gewerkschaft), 789 ff. – ***H.-G. Haupt (Hrsg.),*** Das Ende der Zünfte. Ein europäischer Vergleich, 2002. – ***J. Heinrich,*** Vereinigungsfreiheit und Vereinigungsverbot – Dogmatik und Praxis des Art. 9 Abs. 2 GG, Eine Betrachtung unter besonderer Berücksichtigung der Verbotsverfügungen, 2005. – ***M. Heintzen,*** Ausländer als Grundrechtsträger (§ 50), in: Merten/Papier (Hrsg.), Handbuch der Grundrechte, Band II: Allgemeine Lehren I, 1163 ff.; ***R. Heise/D. Watermann,*** Vereinsforschung in der Erweiterung. Historische und sozialwissenschaftliche Perspektiven, Geschichte und Gesellschaft 43 (2017), 5 ff. – ***J. v. Held,*** System des Verfassungsrechts der monarchischen Staaten Deutschlands mit besonderer Rücksicht auf den Constitutionalismus, Erster Theil, 1856. – ***S. v. Heusinger,*** Die Zunft im Mittelalter – zur Verflechtung von Politik, Wirtschaft und Gesellschaft in Straßburg, VSWG 2009, Beih. 206. –; ***O. Höffe,*** Aristoteles-Lexikon, 2005 ***C. Hoffmann/A. Luch/S. Schulz/K. Borchers,*** Die digitale Dimension der Grundrechte

– Das Grundgesetz im digitalen Zeitalter, 2015. – ***W. Höfling,*** Offene Grundrechtsinterpretation – Grundrechtsauslegung zwischen amtlichem Interpretationsmonopol und privater Konkretisierungskompetenz, 1987. – ***W. Höfling,*** Vertragsfreiheit: Eine grundrechtsdogmatische Studie, 1991. – ***E. R. Huber,*** Dt. Verfassungsgeschichte seit 1789, Band 1: Reform und Restauration 1789–1830, 2. Aufl. 1967. – ***I. Iselin,*** Über die Geschichte der Menschheit, Band 1, 1770. – ***J. Isensee,*** Grundrechtsvoraussetzungen und Verfassungserwartungen an die Grundrechtsausübung (§ 190), in: Isensee/Kirchhoff, Handbuch des Staatsrechts, Band IX: Allgemeine Grundrechtslehren, 265 ff. – ***R. Jahn,*** Betriebsstätteneigenschaft und IHK-Beitragspflicht auswärtiger Baustellen, GewArch 2017, 15 ff. – ***W. Kahl,*** Die Schutzergänzungsfunktion von Art. 2 Abs. 1 Grundgesetz, 2000. – ***I. Kant,*** Werke: Akademie Textausgabe, 1986. – ***S. Kempny,*** Die Staatsfinanzierung nach der Paulskirchenverfassung. Untersuchung des Finanz- und Steuerverfassungsrechts der Verfassung des deutschen Reiches vom 28. März 1849, 2011. – ***E. Klein,*** Gedanken zur Europäisierung des deutschen Verfassungsrechts, in: FS f. Klaus Stern, 1997, 1301 ff. – ***M. Kleine-Cosack,*** Berufsständische Autonomie und Grundgesetz, 1986. – ***W. Kluth,*** Funktionale Selbstverwaltung: Verfassungsrechtlicher Status – verfassungsrechtlicher Schutz, 1997. – ***W. Kullmann,*** Aristoteles und die moderne Wissenschaft, 1998. – ***W. Leisner,*** Von der Verfassungsmäßigkeit der Gesetze zur Gesetzmäßigkeit der Verfassung, 1964. – ***M. Lenz,*** Geschichte der Universität Berlin, Band 4: Urkunden, Akten und Briefe, 1910. – ***A. Luch/S. Schulz,*** Die digitale Dimension der Grundrechte – zur Bedeutung digitaler Handlungsweisen für die Persönlichkeitsentfaltung, in: Hill, Hermann; Schliesky, Utz (Hrsg.), Die Neubestimmung der Privatheit. E-Volution des Rechts- und Verwaltungssystems IV, 2014, 153 ff. – ***H. v. Mangoldt,*** Das Bonner Grundgesetz, 1953. – ***D. Marsh/R. Rhodes (Hrsg.),*** Policy Networks in British Government, 1992. – ***W. Markus,*** Grundrechte im Leistungsstaat, VVDStRL 30 (1972), 7 ff. – ***R. Mayntz,*** Governance im modernen Staat, in: Benz (Hrsg.), Governance – Regieren in komplexen Regelungssystemen, 2004, 65 ff. – ***R. Mayntz/B. Marin (Hrsg.),*** Policy Networks: Empirical Evidence and Theoretical Considerations, 1991. – ***V. Mehde,*** Die Prüfung der Verhältnismäßigkeit bei gebundenen Entscheidungen, DÖV 2014, 541 ff. – ***J. Meyer,*** Große Conversations-Lexicons für die gebildeten Stände, Band 4, 1843. – ***Meyer/Hölscheidt (Hrsg.),*** Charta der Grundrechte der Europäischen Union, 5. Aufl. 2019. – ***U. Meyer-Cording,*** Betriebsstrafe und Vereinsstrafe im Rechtsstaat, NJW 1966, 225 ff. – ***Meyer-Ladewig/Nettesheim/v. Raumer (Hrsg.),*** Europäische Menschenrechtskonvention, 4. Aufl. 2017. – ***D. Merten,*** Vereinsfreiheit (§ 165), in: ***Isensee/Kirchhof*** (Hrsg.), Handbuch des Staatsrechts, Band VII: Freiheitsrechte, 3. Aufl. 2009, 1035 ff. – ***R. v. Mohl,*** Staatsrecht Württemberg I, 2. Aufl. 1840. – ***M. Morlok/M. Heinig,*** Parität im Leistungsstaat – Körperschaftsstatus nur bei Staatsloyalität? – Ein Beitrag zur Dogmatik des Art. 140 GG i. V. mit Art. 137 V 2 WRV –, NVwZ 1999, 697 ff. – ***J. J. Moser,*** Neues Teutsches Staatsrecht, Bd. 17: Von der Teutschen Unterthanen Rechten und Pflichten, 1774 – ***F. Müller,*** Korporation und Assoziation – Eine Problemgeschichte der Vereinigungsfreiheit im deutschen Vormärz, 1965. – ***J. v. Müller,*** Darstellung des Fürstenbundes, 1787. – ***A. v. Mutius,*** Die Vereinigungsfreiheit gemäß Art. 9 Abs. 1 GG, Jura 1984, 193 ff. – ***H. Neumann,*** Verfassung der Freien Hansestadt Bremen, 1996. – ***Nolte/M. Planker,*** Vereinigungsfreiheit und Vereinsbetätigung, Jura 1993, 635 ff. – ***V. Oerter,*** Rechtsfragen des Verhältnisses zwischen politischen Parteien und ihren Sonder- und Nebenorganisationen, Bochum 1971. – ***T. Oppermann,*** Europäisches Gemeinschaftsrecht und deutsche Bildungsordnung, 1987. – ***B. Pieroth,*** Der Wert der Auffangfunktion des Art. 2 Abs. 1 GG, AöR (115) 1990, 33 ff.; ***A. Riegler,*** Virtuelle Parteiverbände – Eine Untersuchung der Binnenorganisation und des Verhältnisses zur Partei, 2019. – ***N. Rinke,*** Die Zwangsmitgliedschaft in der Handwerkskammer auf dem verfassungsrechtlichen Prüfstand, BayVBl. 2016, 325 ff. – ***E.-H. Ritter,*** Der Kooperative Staat – Bemerkungen zum Verhältnis von Staat und Wirtschaft –, AöR 104 (1979), 389 ff. – ***J. Ritter,*** Das bürgerliche Leben, Vjschr f. wiss. Pädagogik 32 (1956), 6 ff. – ***R. Ritter/D. Feldmann (Hrsg.),*** Lobbying zwischen Eigeninteresse und Verantwortung, 2005. – ***H.-G. Scheidemantel,*** Repertorium des Teutschen Staats- und Lehnrechts, Band 2, 1782. –***T. Schmidt,*** Die Freiheit verfassungswidriger Parteien und Vereinigungen: Zur

Schrankenlehre im Rahmen von Art. 21 Abs. 2 und 9 Abs. 2 GG, 1983. – ***W. Schmidt,*** Die Entscheidungsfreiheit des einzelnen zwischen staatlicher Herrschaft und gesellschaftlicher Macht, AöR 101 (1976), 24 ff. – ***B. Schöbener,*** Verfassungsrechtliche Aspekte der Pflichtmitgliedschaft in wirtschafts- und berufsständischen Kammern, VerwArch 91 (2000), 374 ff. – ***R. Scholz,*** Die Koalitionsfreiheit als Verfassungsproblem, 1971. – ***S. Schulz/K. C. Borchers,*** Die digitale Dimension der Grundrechte – Das Grundgesetz im digitalen Zeitalter –, 2015. – ***K.-H. Seifert,*** Die politischen Parteien im Recht der Bundesrepublik Deutschland, 1975. –***W. Spiller,*** Das Vereinsverbot nach geltendem Verfassungsrecht, 1968. – ***T. Spitzlei/C. Hautkappe,*** Individuelle waffenrechtliche Unzuverlässigkeit infolge der Zugehörigkeit zu einem Kollektiv, DÖV 2018, 973 ff. – ***K. Stöber/D.-U. Otto,*** Handbuch zum Vereinsrecht, 11. Aufl. 2016. – ***R. Störmer,*** Gemeinschaftsrechtliche Diskriminierungsverbote versus nationale Grundrechte?, AöR 123 (1998), 541 ff. – ***Vierhaus,*** in: Brunner/Conze/Kosselleck (Hrsg.), Geschichtliche Grundbegriffe, Band 6: St-Vert, Verein (Gesellschaft, Geheimgesellschaft, Assoziation, Genossenschaft, Gewerkschaft), 508 ff. – ***C. Waldhoff,*** Anmerkung zu BVerwG, Beschluss vom 18.10.2005, 6 VR 5/05, JuS 2006, 950 ff. –, ***K. v. Welcker,*** Association, in: Rotteck/Welcker, Das Staats-Lexikon, Erster Band, 3. Aufl. 1856. – ***G. Wilms,*** Der strafrechtliche Staatsschutz nach dem neuen Vereinsgesetz, JZ 1965, 86 ff. – ***D. Winkler,*** Staatlichkeit und Individualität – Studien zur Genese des modernen Staates und der bürgerlichen Gesellschaft, im Erscheinen 2021. – ***J. Ziekow,*** Vereinigungsfreiheit (§ 107), in: Merten/Papier (Hrsg), Handbuch der Grundrechte in Deutschland und Europa, Band IV: Grundrechte in Deutschland, Einzelgrundrechte I, 1213–1247.

Absatz 3:

Bepler, Stärkung der Tarifautonomie – Welche Änderungen des Tarifvertragsrechts empfehlen sich?, 2014, B 91. – ***C. Bitsch,*** Streikrecht für Beamte?, Zeitschrift für Tarifrecht 2012, 79 ff. – ***H. Buchner,*** Arbeitnehmerrechte im Zugriff der Bahn, NZA 2007, 1411 ff. – ***R. Caspar,*** Die gesetzliche und verfassungsrechtliche Stellung der Gewerkschaften im Betrieb, 1980. – ***Däubler,*** Gutachten zum Gesetzentwurf der Bundesregierung zum Tarifeinheitsgesetz, 2015. – ***T. Dieterich,*** Flexibilisiertes Tarifrecht und Grundgesetz, RdA 2002, 1 ff. – ***J. Dietlein,*** Die arbeits- und wirtschaftsrechtliche Vereinigungsfreiheit, in: Stern (Hrsg.), Staatsrecht IV/1, § 112, 1949 ff. – ***U. Di Fabio,*** Gesetzlich auferlegte Tarifeinheit als Verfassungsproblem, 2014. – ***W. Ewer,*** Aushöhlung von Grundrechten der Berufs- und Spartengewerkschaften – das Tarifeinheitsgesetz, NJW 2015, 2230. – ***M. Franzen,*** Das Ende der Tarifeinheit und die Folgen, RdA 2008, 193 ff. – ***M. Franzen,*** Arbeitskampf in Europa, EuZA 2010, 453 ff. – ***M. Franzen,*** Entgeltsysteme und Gleichbehandlung – Gemeinsame Besprechung der Urteile des BAG v. 19.7.2011 – 3 AZR 434/09, 3 AZR 398/09; BAG v. 10.11.2011 – 6 AZR 148/09; BAG v. 8.12.2011 – 6 AZR 319/09, RdA 2013, 180 ff. – ***M. Franzen/G. Thüsing/C. Waldhoff,*** Arbeitskampf in der Daseinsvorsorge, 2012. – ***K. H. Friauf,*** Die negative Vereinigungsfreiheit als Grundrecht – Ein Beitrag zum Problem wirtschaftsrechtlicher Zwangszusammenschlüsse, in: FS für Rudolf Reinhardt zum 70. Geburtstag, 1972, 389 ff. – ***G. Gornig,*** Pflichtmitgliedschaft in Industrie- und Handelskammer – Verfassungsrechtliche und europarechtliche Aspekte, WiVerw 1998, 157 ff. – ***S. Greiner,*** Der Arbeitskampf der GDL – Überlegungen zur Parität im Sparten- und Spezialistenarbeitskampf, NZA 2007, 1023 ff. –***B. Grzeszick,*** Das Urteil des BAG zum Streikverbot in Kirchen auf dem Prüfstand des Verfassungs- und Europarechts, NZA 2013, 1377 ff. –***T. Hebeler,*** Die Beamtenstreikentscheidung des BVerfG, ZTR 2018, 368 ff. – ***M. Henssler,*** Mindestlohn und Tarifrecht, RdA 2015, 43 ff. – ***H. Herkner,*** Die Arbeiterfrage – Eine Einführung –, 1897. – ***B. Hildebrand,*** Die Nationalökonomie der Gegenwart und Zukunft, 1848. – ***W. Höfling/C. Burkiczak,*** Die unmittelbare Drittwirkung gemäß Art. 9 Abs. 3 S. 2 GG, RdA 2004, 263 ff. – ***Hueck/Nipperdey,*** Lehrbuch des Arbeitsrechts, Band II Halbband 1, 7. Aufl. 1968. – ***F. Hufen,*** Gesetzliche Tarifeinheit und Streiks im Bereich der öffentlichen Infrastruktur: Der verfassungsrechtliche Rahmen, NZA 2014, 1237 ff. – ***W. Hunold,*** Tarifpluralität oder Tarifeinheit – Gedanken aus der Praxis, NZA 2007, 1037. – ***M. Jacobs,*** Tarifeinheit und Tarifkonkurrenz, 1999. – ***M. Jacobs/M. Payandeh,*** Das beamtenrechtliche Streikverbot: Konventionsrechtliche Immunisierung durch verfassungsgerichtliche Petrifizierung – Zu BVerfG, Urteil v. 12.6.2018 – 2 BvR 1738/12, 1395/13, 1068/14, 646/15 –, JZ 2019, 19 ff. – ***A. Junker,*** Europäische Vorschriften zum Tarifvertrag, EuZA 2014, 1 ff. – ***W. Jüsgen,*** Die hergebrachten Grundsätze des Berufsbeamtentums als Grundlage der Beamtengesetzgebung, DÖV 1951, 474 ff. –***W. Kaskel, (Hrsg.),*** Koalitionen und Koalitionskampfmittel, 1925. – ***O. Kempen,*** Aktuelles zur Tarifpluralität und zur Tarifkonkurrenz, NZA 2003, 415 ff. – ***M. Kemper,*** Die Bestimmung des Schutzbereichs der Koalitionsfreiheit (Art. 9 Abs. 3 GG): Zugleich ein Beitrag zur Lehre von den Einrichtungsgarantien, 1990. — ***A. Kerkemeyer/E. Klengel,*** Ein Jahr nach dem Karlsruher Tarifeinheitsurteil – quo vadis Tarifeinheit?, DVBl. 2018, 1322 ff. – ***C. Kerwer,*** Von Lokführern, solidarischen Druckern und Nürnberger Haushaltsgeräten: Neue Tendenzen im Arbeitskampfrecht, EuZA 2008, 335 ff. – ***T. Klein,*** Eine andere Verfassungsinterpretation ist möglich – Eine Bestandsaufnahme nach der mündlichen Verhandlung des BVerfG zum Streikrecht für Beamte, ArbuR 2018, 130 ff. – ***H. Konzen,*** Die Tarifautonomie zwischen Akzeptanz und Kritik, NZA 1995, 913 ff – ***J. Kühling/K. Bertelsmann,*** Tarifautonomie und Unternehmerfreiheit – Arbeitskampf aus Anlass von Standortentscheidungen, NZA 2005, 1017 ff. – ***R. Lauer,*** Das Recht des Beamten zum Streik – Von den rechtshistorischen Ursprüngen des beamtenrechtlichen Streikverbots bis zu seiner völkerrechtlichen Infragestellung, 2017. – ***J. F. Lindner,*** Dürfen Beamte noch streiken?, DÖV 2011, 305 ff. – ***M. Löwisch,*** Die Voraussetzungen der Tariffähigkeit, ZfA 1970, 295 ff. – ***M. Löwisch/V. Rieble,*** Schlichtungs- und Arbeitskampfrecht, 1989. – ***G. Lübbe-Wolff,*** Zur verfassungskonformen Interpretation des § 823 BGB im Zusammenhang mit aktiv produktionsbehindernden Arbeitskampfmaßnahmen, DB Beilage 9/1988, 2 ff. – ***T. Marezoll,*** Lehrbuch des Naturrechts, 1819. – ***K. Marx/F. Engels,*** Die deutsche Ideologie – Kritik der neuesten deutschen Philosophie in ihren Repräsentanten Feuerbach, B. Bauer und Stirner und des deutschen Sozialismus in seinen verschiedenen Propheten (1845/1846), in: Karl Marx/Friedrich Engels-Werke (MEW), Band 3, 1969, 3 ff. – ***v. Mohl,*** Die Geschichte und Literatur der Staatswissenschaften, Erster Band, 1855. – ***G. Müller,*** Arbeitskampf und Arbeitskampfrecht, 1985. – ***G. Müller,*** Tarifautonomie in der Bundesrepublik, 1990. – ***Münchner Handbuch zum Arbeitsrecht,*** Band 1: Individualarbeitsrecht I, 4. Aufl. 2018. – ***C. Neumann,*** Flashmobs, Smartmobs, Massenpartys, NVwZ 2011, 1171 ff. – ***E. Picker,*** Robert v. Mohl und die „Arbeiterfrage", in: Kästner, Nörr, Schlaich (Hrsg.), Festschrift für Martin Heckel zum siebzigsten Geburtstag, 1999, 589. – ***R. Poscher,*** Die Koalitionsfreiheit als ausgestaltungsbedürftiges und ausgestaltungsfähiges Grundrecht – Arbeitskämpfe um Ausgründungen und Umstrukturierung, RdA 2017, 235 ff. – ***T. Ramm,*** Der Arbeitskampf und die Gesellschaftsordnung des Grundgesetzes, 1965. – ***H. Rehm,*** Handbuch des Oeffentlichen Rechts, Einleitungsband/Erste Abtheilung: Geschichte der Staatsrechtswissenschaft, 1896. – ***J. Rehm,*** Streikrecht in der Kirche: Vereinbarkeit mit dem Dritten Weg?, NZA 2011, 1211 ff. – ***Reichold,*** Rechtsgutachten zur Verfassungsmäßigkeit eines von BDA und DGB geplanten „Gesetzes zum Erhalt der Tarifeinheit", 2010. – ***Rodbertus-Jagetzow,*** Zur Beleuchtung der Socialen Frage, 1875. – ***W. Rostow,*** Stages of Growth, 1971. – ***Rudkowski,*** Der Streik in der Daseinsvorsorge, 2010. – ***W. Rüfner,*** Zur Gemeinwohlbindung der Tarifvertragsparteien, RdA 1985, 193 ff. – ***D. Rutzen/J. Zenn,*** Association and Assembly in the Digital Age, International Journal of Non-for-Profit Law 2011, 53. – ***Scherer,*** Grenzen des Streikrechts in der Daseinsvorsorge, 2000. – ***H. Schliemann,*** Streik in der Daseinsvorsorge, RdA 2012, 14 ff. – ***F. Schmitthenner,*** Ueber Pauperismus und Proletariat, 1848. – ***R. Scholz,*** Die Koalitionsfreiheit als Verfassungsproblem, 1971. – ***R. Scholz,*** Koalitionsfreiheit (§ 175), in: Isensee/Kirchhoff, Handbuch des Staatsrechts, Band VIII, Grundrechte: Wirtschaft, Verfahren, Gleichheit, 409 ff.; ***R. Scholz/S. Lingemann/M. Ruttloff,*** Tarifeinheit und Verfassung, NZA-Beil. 2015, 3 ff. – ***P. Schrader,*** Arbeitgeberverbände und Mächtigkeit, NZA 2001, 1337 ff. – ***C. Schubert,*** Das Streikverbot für Beamte und das Streikrecht aus Art. 11 EMRK im Konflikt, AöR 137 (2012), 92 ff. – ***H. Seiter,*** Streikrecht und Aussperrungsrecht, 1975. – ***S. Seiwerth,*** Die Gemeinwohlbindung der Koalitionen und des Tarifvertrags, RdA 2017, 373 ff. – ***H. Sinzheimer,*** Grundzüge des Arbeitsrechts, 2. Aufl. 1927. – ***H. Sodan//M. Zimmermann,*** Tarifvorrangige Mindestlöhne versus Koalitionsfreiheit – Die Neufassungen des Mindestarbeitsbedingungengesetzes und des Arbeitnehmer-Entsendegesetzes, NJW 2009, 2001 ff. – ***G. F. Steffen,*** Das Problem der Demokratie, 1919. – ***R. Stelling,*** Das Erfordernis der Überbetrieblichkeit – ein Anachronismus des modernen Gewerkschaftsbegriffs, NZA 1998, 920 ff. – ***E. Tatarin-Tarnheyden,*** Berufsverbände und Wirtschaftsdemokratie, 1930. – ***G. Thüsing,*** Tarifautonomie und Gemeinwohl, in: Festschrift 50 Jahre Bundesarbeitsgericht, 2004. – ***G. Thüsing/G. Hütter,*** Gegnerunabhängigkeit als Voraussetzung der Tariffähigkeit auf der Arbeitgeberseite?, RdA 2018, 129 ff. – ***Uhl/Raif,*** ArbRAktuell 2012, 310 ff. – ***R. Waltermann*** Entwicklungslinien der Tarifautonomie, RdA 2014, 86 ff. – ***W. Weber,*** Die Sozialpartner in der Verfassungsordnung, in: Göttinger Festschrift für das Oberlandesgericht Celle, 1961, 239 ff. – ***W. Wengler,*** Die Kampfmaßnahme im Arbeitsrecht – Rechtsvergleichende Erörterungen zum Urteil des Bundesarbeitsgerichts vom 31.10.1958, 1960. – ***S. Werres,*** Der Einfluss der Menschenrechtskonvention auf das Beamtenrecht – Aktuelle Bestandsaufnahme unter besonderer Berücksichtigung der Rechtsprechung des Europäischen Gerichtshofs für Menschenrechte, DÖV 2011, 873 ff. – ***H. Wiedemann,*** Zur Architektur der Tarifautonomie, NZA 2018, 1587 ff. – ***L. Zechlin,*** Beeinträchtigungen der Koalitionsfreiheit durch Subventionsauflagen, NJW 1985, 585 ff. – ***P. Zeising/D. Weigert,*** Die Verfassungsmäßigkeit des Mindestlohngesetzes, NZA 2015, 15 ff.

Art. 10 [Brief-, Post- und Fernmeldegeheimnis]

(1) Das Briefgeheimnis sowie das Post- und Fernmeldegeheimnis sind unverletzlich.

(2) [1]Beschränkungen dürfen nur auf Grund eines Gesetzes angeordnet werden. [2]Dient die Beschränkung dem Schutze der freiheitlichen demokratischen Grundordnung oder des Bestandes oder der Sicherung des Bundes oder eines Landes, so kann das Gesetz bestimmen, daß sie dem Betroffenen nicht mitgeteilt wird und daß an die Stelle des Rechtsweges die Nachprüfung durch von der Volksvertretung bestellte Organe und Hilfsorgane tritt.

Paulskirchenverfassung von 1849

Abschnitt VI. Art. III

§ 142. Das Briefgeheimnis ist gewährleistet: Die bei strafgerichtlichen Untersuchungen und in Kriegsfällen notwendigen Beschränkungen sind durch die Gesetzgebung festzustellen.

Weimarer Reichsverfassung von 1919

Art. 117. Das Briefgeheimnis sowie das Post-, Telegraphen- und Fernsprechgeheimnis sind unverletzlich. Ausnahmen können nur durch Reichsgesetz zugelassen werden.

Übersicht

A. Allgemeine Bedeutung[1]

I. Genese

Der Schutz der Vertraulichkeit örtlich entkoppelter Kommunikation hat in der Verfassungsgeschichte eine lange Tradition. Sie nahm mit dem Postgeheimnis ihren Anfang. Die ältesten deutschen Regelungen, welche die Vertraulichkeit der Postsendungen verbürgten, nahmen (ausschließlich) die Postbeförderer in die Pflicht: Sie versagten ihnen, selbst auf Sendungen zuzugreifen.[2] Zum klassischen Grund- und Menschenrecht, das auch vor Zugriffen der postfremden Exekutive schützt, reifte die Gewährleistung erst im Zuge der Französischen Revolution.[3] Die Terminologie „Briefgeheimnis" 1

[1] Für die sehr gelungene Mitwirkung an der Kommentierung gebührt Frau *Sarah Fröhlingsdorf* (FÖV Speyer) besonderer Dank.

[2] PrPostO v. 10.8.1712, Kap. VIII § 4; PrAllgemeine PostO v. 26.11.1782, Abschnitt V § 3; ALR § 204 II 15; *Gusy* in MKS Rn. 2.

[3] S. Dekret der verfassunggebenden Nationalversammlung v. 10.5.1790: „ … que le secret des lettres est inviolable et que, sans aucun prétexte, il ne peut y être porte atteinte, ni par les individus ni par les corps administratifs".

entstand spätestens mit der Kodifizierung in Art. 22 der belgischen Verfassung aus dem Jahr 1831: „Le secret de lettre est inviolable." Die erste deutsche verfassungsrechtliche Verbriefung dieses Geheimnisses fand sich in § 38 der Verfassungsurkunde des Kurfürstentums Hessen v. 5.1.1831.[4] **§ 142** der **Paulskirchenverfassung** v. 28.3.1849 verankerte das Briefgeheimnis nach belgischem Vorbild[5] für das gesamte Deutsche Reich.

2 In der Kaiserzeit verhieß § 5 RPostG[6] zwar die Unverletzlichkeit des Briefgeheimnisses. Es band aber ausschließlich die *Post,* nicht die gesamte öffentliche Gewalt.[7] Daraus erwuchs die Bezeichnung „Postgeheimnis".[8] § 299 StGB aF schützte daneben den Briefverkehr, auch wenn nicht die Post ihn vermittelte.[9] Als sich der Telegraph und das Telefon technisch entwickelten, entstand das **Telegraphengeheimnis,** namentlich in § 3 Telegraphen-Ordnung für das Deutsche Reich v. 21.6.1872[10] und § 8 des Gesetzes über das Telegraphenwesen v. 6.4.1892[11]. Die gewandelte Terminologie beeinflusste auch die verfassungsrechtliche Verankerung des **Art. 117 WRV.** Er unterschied neben dem Fernsprech- und Telegraphengeheimnis zwischen dem Postgeheimnis, das die Post verpflichtet, und dem Briefgeheimnis, das auch Sendungen schützt, die nicht die Post übermittelt. Zumindest das Fernsprech-, Telegraphen- und Briefgeheimnis gewährten auch Schutz vor postfremden Exekutivzugriffen.[12]

3 Der **Parlamentarische Rat** übernahm den Wortlaut des Art. 117 WRV in den Grundzügen.[13] Der modernere Begriff „Fernmeldegeheimnis" ersetzte die bisherige Terminologie „Fernsprech- und Telegraphengeheimnis". Im Zuge der Notstandsgesetzgebung im Jahre 1968 teilte der Verfassungsgesetzgeber Art. 10 in zwei Absätze und fügte **Art. 10 Abs. 2 S. 2** ein: Er lockerte die Schranken aus Gründen des Staats- und Verfassungsschutzes (→ Rn. 146 ff.).[14] Im Gegenzug gaben die Besatzungsmächte ihre Rechte aus dem Deutschlandvertrag auf, den Post- und Fernmeldeverkehr zu überwachen.[15] Die **Privatisierung der Bundespost** veränderte zwar nicht den Wortlaut des Art. 10, aber seine Schutzrichtung (→ Rn. 87).[16]

II. Inhaltsübersicht

4 Privater Austausch, der den Augen der Öffentlichkeit verborgen bleibt, ist elementarer Teil der **freien Persönlichkeitsentfaltung** sowie der **Würde** des denkenden und freiheitlich handelnden Menschen.[17] Deshalb stellt das

---

[4] „Das Briefgeheimniß ist auch künftig unverletzt zu halten. Die absichtliche unmittelbare oder mittelbare Verletzung desselben bei der Postverwaltung soll peinlich bestraft werden." *Huber,* Dokumente zur deutschen Verfassungsgeschichte I, 1961, 243.

[5] S. dazu *Kühne* in HdbGR I § 3 Rn. 37; *Würtenberger* in HdbGR I § 2 Rn. 16.

[6] Gesetz über das Postwesen des deutschen Reiches v. 28.10.1871, RGBl. 347.

[7] *Badura* in BK Rn. 17.

[8] *Gusy* in MKS Rn. 2; vgl. etwa *Bovensiepen* in Nipperdey Grundrechte und Grundpflichten der Reichsverfassung, 387, 388; *Nawiasky,* Deutsches und österreichisches Postrecht, 1909, 148 ff.; *Wolcke,* Postrecht, 1909, 66.

[9] *Badura* in BK Rn. 17; *Durner* in Maunz/Dürig Rn. 13.

[10] RGBl. 213.

[11] RGBl. 467.

[12] *Durner* in Maunz/Dürig Rn. 14. Das Postgeheimnis deutete die Mehrheitsauffassung jedoch lediglich als Gewährleistung gegenüber der Post; *Badura* in BK Rn. 20.

[13] Parl. Rat II, 581.

[14] BGBl. 1968 I 708.

[15] Dazu krit. *Wolf* JZ 2013, 1039 (1044 f.).

[16] *Groß* JZ 1999, 326 (329, 332); *Hermes* in Dreier Rn. 5.

[17] BVerfGE 67, 157 (171); 106, 28 (35, Rn. 19); 110, 33 (53, Rn. 105).

GG das Brief-, Post- und Fernmeldegeheimnis unter besonderen Schutz. Es verbürgt damit eine spezielle Komponente menschlicher Kommunikation: vertrauliche Kommunikation auf Distanz.

Wie kaum ein anderes Grundrecht spiegelt Art. 10 den **Widerstreit zwischen Sicherheit und Freiheit** wider, der jede staatliche Ordnung prägt: Muss der Einzelne fürchten, dass Dritte Einblick in vertrauliche Kommunikation nehmen, verändert das sein Kommunikationsverhalten. Er verhält sich nicht mehr frei. Umgekehrt hat der Staat ein legitimes Interesse daran, zu Zwecken der (nationalen) Sicherheit Kenntnis von Kommunikationsinhalten zu erlangen, aus denen für Dritte Gefahren erwachsen können.[18] 5

Einen angemessenen Ausgleich zwischen Sicherheit und Freiheit herzustellen, wächst sich angesichts der dynamischen **technischen Entwicklungen** zu einem immer schwierigeren Drahtseilakt aus: Je mehr sich Teile des Soziallebens in den virtuellen Raum verlagern, umso bedeutsamer wird einerseits der vertrauliche Austausch für die Entfaltung der Persönlichkeit.[19] Die Möglichkeit, dadurch in ungeahntem Ausmaß menschliche Kommunikation nachvollziehen und Persönlichkeitsprofile erstellen zu können, weckt andererseits zugleich das gesteigerte Interesse privater Dritter und der Sicherheitsbehörden.[20] 6

Den Konflikt zwischen individueller Freiheit und kollektiver Sicherheit entscheidet die Verfassung im Grundsatz zugunsten der Grundrechtsentfaltung. Ihr Bekenntnis speist sich auch aus den Erfahrungen ungezügelter staatlicher Überwachung in dunklen Kapiteln deutscher Geschichte, insbesondere der Zeit des Nationalsozialismus. Sie folgt damit unausgesprochen der Erkenntnis: Wer die Freiheit aufgibt, um Sicherheit zu gewinnen, wird am Ende beides verlieren.[21] 7

Der Verfassungstext des Art. 10 tritt den neuartigen technischen Bedrohungen vertraulicher Kommunikation mit einer Verbürgung entgegen, die auf den ersten Blick leicht überwindbar erscheint: Er verankert einen **einfachen Gesetzesvorbehalt.** Angesichts der hohen Bedeutung des Brief-, Post-, und Fernmeldegeheimnisses für die Würdeentfaltung hat die Verfassung jedoch zahlreiche weitere ungeschriebene Sicherungsmechanismen in die Architektur des Art. 10 eingezogen: Sie unterwirft Eingriffe (ähnlich wie im Falle des Rechts auf informationelle Selbstbestimmung) strengen **Schranken-Schranken,** insbesondere des Kernbereichsschutzes (→ Rn. 140), des Bestimmtheits- und Normenklarheitsgebots (→ Rn. 128) und des Gebots der Zweckbindung (→ Rn. 131). 8

III. Überstaatliche Bezüge

1. Völkerrechtliche Gewährleistungen. Art. 10 hat auf internationalrechtlicher Ebene zahlreiche normative Schwestern: **Art. 12** der **UN-Menschenrechtserklärung** (AEMR) schützt jedermann vor willkürlichen Eingriffen in sein Privatleben, seine Familie, seine Wohnung und seinen **Schrift-** 9

[18] Vgl. BVerfGE 85, 386 (396).

[19] Vgl. BVerfGE 120, 274 (307, Rn. 183); *Schenke* in Stern/Becker Grundrechte-Kommentar Rn. 12. Zur Telekommunikationsabhängigkeit *Gusy* in MKS Rn. 21.

[20] Vgl. *Hohmann-Dennhardt* NJW 2006, 545 (548); *Schenke* in Stern/Becker Grundrechte-Kommentar Rn. 14. Zu der Auswertung von Big Data durch die Polizei s. etwa *Härtel* LKV 2019, 49 (54); *Meinicke* K&R 2015, 377 (380 f.).

[21] In Anlehnung an den Aphorismus *Benjamin Franklins:* „Those who would give up essential Liberty, to purchase a little temporary Safety, deserve neither Liberty nor Safety."

verkehr. Art. 17 des **Internationalen Paktes über bürgerliche und politische Rechte** (IPbpR) und **Art. 8** der **Europäischen Menschenrechtskonvention** (EMRK) verbürgen vergleichbare Gewährleistungen. Indem sie auch sonstige Lebensbereiche der Privatheitsentfaltung in *einem* Grundrecht bündeln (vgl. Art. 1, 6 und 13), reicht ihr Schutzradius über Art. 10 hinaus. Sie konstituieren ein **umfassendes Recht auf Achtung der Privatheit.**[22]

10 Die völkerrechtlichen Verträge hat die Bundesrepublik Deutschland durch Zustimmungsgesetz in nationales Recht im Rang unterhalb der Verfassung transformiert (Art. 59 Abs. 2).[23] Das deutsche Recht ist in ihrem Lichte **völkerrechtsfreundlich auszulegen.**[24] Die EMRK ist zugleich Rechtserkenntnisquelle für den unionsrechtlichen Grundrechtsschutz (Art. 6 Abs. 2 EUV).

11 Art. 8 EMRK nimmt zeitgemäß und offen die gesamte **Korrespondenz** als Schutzgegenstand in den Blick. Entsprechend rubriziert der EGMR darunter nicht nur den Briefverkehr,[25] sondern auch sämtliche neuere Kommunikationsformen, wie bspw. E-Mail-Kommunikation. Er verortet diese sowohl im Schutzbereich der Achtung des Privatlebens als auch der Korrespondenz.[26] Ebenso wie Art. 10 verbürgt Art. 8 EMRK dadurch die Vertraulichkeit der Individualkommunikation umfassend. Die Gewährleistung schließt nicht zuletzt die Möglichkeit ein, zu anderen Personen Kontakt aufzunehmen. Er bewahrt daher auch vor Kommunikationsverboten und -behinderungen (→ Rn. 30).[27] Neben den **Inhaltsdaten** schützt er zugleich die **Verkehrsdaten** (zB den Zeitpunkt und die Dauer der Kommunikation).[28] Anders als bei Art. 10 (→ Rn. 39) **endet** sein Schutz aber **nicht mit Abschluss des Übermittlungsvorgangs.** Die staatliche Stelle greift daher auch dann in Art. 8 EMRK ein, wenn sie den Brief beim Empfänger beschlagnahmt.[29] Die Schwierigkeiten der Abgrenzung zwischen Art. 10 und Art. 13 kennt die EMRK somit nicht (→ Rn. 233).

12 Eingriffe in Art. 8 EMRK können neben klassischen Eingriffen, wie zB der Aufzeichnung des Telefonverkehrs,[30] auch **mittelbare und faktische Eingriffe** sein.[31] Sie müssen aber ein Mindestmaß (qualitativer und quantitativer) Schwere aufweisen.[32] Ob diese besteht, macht der EGMR am Einzelfall fest.

13 Art. 8 Abs. 2 EMRK stellt seine Verbürgung unter **qualifizierten Gesetzesvorbehalt:** Der Eingriff muss gesetzlich vorgesehen und in einer demokratischen Gesellschaft notwendig sein, um ein **spezifisches Gemeinwohlziel** zu erreichen. Zu diesen legitimen Zielsetzungen gehören insbesondere:

---

[22] EGMR 10.4.2007 – 6339/05, Rn. 71, NJW 2008, 2013 (2014) – Evans.

[23] BGBl. 1973 II 1533; BGBl. 1952 II 685.

[24] BVerfGE 74, 358 (370, Rn. 39); 111, 307 (324, Rn. 48); 112, 1 (26, Rn. 95).

[25] Zum Briefverkehr EGMR 25.2.1992 – 10802/84, Rn. 43, NJW 1992, 1873 (1874) – Pfeifer und Plankl.

[26] EGMR 15.6.1992 – 12433/86, Rn. 39, NJW 1992, 3088 (3089) – Lüdi; EGMR 12.1.2016 – 37138/14, Rn. 53, NJOZ 2017, 1372 (1374) – Szabó u. Vissy.

[27] EGMR 21.2.1975 – 4451/70, Rn. 43, EuGRZ 1975, 91 – Golder; EGMR 25.2.1992 – 10802/84, Rn. 43, NJW 1992, 1873 (1874) – Pfeifer und Plankl.

[28] EGMR 3.4.2007 – 62617/00, Rn. 43, MMR 2007, 431 (432) – Copland.

[29] EGMR 16.12.1992 – 72/1991/324/394, Rn. 33, NJW 1993, 718 (719) – Niemietz.

[30] Bspw. EGMR 15.1.2015 – 68955/11, Rn. 85 – Dragojević.

[31] *Gersdorf/Paal* in BeckOK InfoMedR EMRK Art. 8 Rn. 43; *Siemen,* Datenschutz als europäisches Grundrecht, 2006, 134; *Uerpmann-Wittzack/Jankowska-Gilberg* MMR 2008, 83 (87 f.).

[32] EGMR 19.10.2017 – 71223/13, Rn. 30, NJW 2018, 3083 (3084) – Fuchsmann.

die nationale oder öffentliche Sicherheit, das Ziel, die öffentliche Ordnung aufrechtzuerhalten und Straftaten zu verhüten – aber auch das wirtschaftliche Wohl des Landes, die Gesundheit, die Moral sowie die Rechte und Freiheiten anderer. **In einer demokratischen Gesellschaft notwendig** ist ein Eingriff, wenn er einem „dringenden sozialen Bedürfnis" entspricht, dh die betroffenen Rechtsgüter mit den verfolgten Zielen in einen angemessenen Ausgleich bringt.[33] Das allgemeine Ziel, Straftaten zu verhüten und die Ordnung aufrechtzuerhalten, reicht bspw. nicht, um in die Vertraulichkeit der Korrespondenz zwischen Anwalt und Mandant einzugreifen. Nimmt die Polizei in ein gefaltetes Papier Einsicht, das der Anwalt seinem Mandanten gibt, müssen außerdem noch nachweisbare Anhaltspunkte dafür bestehen, dass der Inhalt des Briefs die Sicherheit des Gefängnisses oder anderer bedroht oder sonst strafbar ist.[34]

Art. 8 EMRK verbürgt (ebenso wie Art. 10) nicht nur ein negatives Abwehrrecht. Er verpflichtet den Staat auch dazu, die Korrespondenz seiner Bürger aktiv zu **schützen** (→ Rn. 88).[35] In diesen Schutz bezieht Art. 8 EMRK (mit Ausnahme des Rechts auf Achtung des Familienlebens) nicht nur **natürliche,** sondern gleichermaßen auch **juristische Personen** ein.[36] **14**

Auch das deutsche Recht geriet wiederholt auf den Prüfstand der Verbürgungen des Art. 8 EMRK: Im Jahre 1978 prüfte der EGMR, ob **Art. 10 Abs. 2 S. 2** und das **G 10** mit Art. 8 und Art. 13 EMRK vereinbar sind. Dass die deutsche Verfassung die Benachrichtigungspflicht und den Rechtsweg bei Eingriffen in Art. 10 auszuschließen erlaubt, um Zwecke des Staats- und Verfassungsschutzes zu erfüllen (→ Rn. 146 f.), stufte der EGMR im Ergebnis als konventionskonform ein. Im Lichte der Bedrohungen durch Spionage und Terrorismus sei die geheime Überwachung des Brief-, Post- und Fernmeldeverkehrs in einer demokratischen Gesellschaft in außergewöhnlichen Situationen notwendig, um die nationale Sicherheit zu schützen, die Ordnung zu sichern und strafbare Handlungen zu verhüten.[37] Bei **verdeckten Überwachungsmaßnahmen** hat der EGMR den Kontrollmaßstab aber mit Blick auf die erweiterten technischen Möglichkeiten hoch angelegt: In seiner Lesart muss der Einsatz iSd Art. 8 Abs. 2 EMRK allgemein und im konkreten Fall ***unbedingt* notwendig** sein.[38] Das Gesetz muss außerdem wirksame Kontrollmechanismen vorsehen.[39] Fehlt eine gerichtliche Kontrolle, kann die Vorabkontrolle eines zum Richteramt Befähigten dies jedoch ausgleichen.[40] Ähnlich wie das BVerfG stellt der EGMR besonders bei heimlichen Eingriffen hohe Anforderungen an die **Bestimmtheit** der Norm.[41] Bestimmt sein muss etwa, wen die Behörde wie lange überwachen **15**

[33] Dazu etwa *Grabenwarter/Pabel,* Europäische Menschenrechtskonvention, 2016, § 18 Rn. 14 f.

[34] EGMR 24.5.2018 – 28798/13, Rn. 44 ff., NJW 2019, 3131 (3132) – Laurent.

[35] EGMR 8.7.1987 – 9749/82, Rn. 60, NJW 1991, 2199 – W.; EGMR 23.9.2010 – 425/03, Rn. 41, NZA 2011, 277 (278) – Obst; näher *Meyer-Ladewig/Nettesheim* in MNS EMRK Art. 8 Rn. 2 ff.

[36] EGMR 16.4.2002 – 37971/97, Rn. 40 f. – Société Colas Est ua; *Meyer-Ladewig/Nettesheim* in MNS EMRK Art. 8 Rn. 9; *Marauhn/Thorn* in DGM EMRK/GG Kap. 16, Rn. 69.

[37] EGMR 6.9.1978 – 5029/71, Rn. 48, 60, NJW 1979, 1755 (1757 f.) – Klass ua.

[38] EGMR 12.1.2016 – 37138/14, Rn. 73, NJOZ 2017, 1372 (1376) – Szabó u. Vissy.

[39] EGMR 6.9.1978 – 5029/71, Rn. 50, NJW 1979, 1755 (1757) – Klass ua.

[40] EGMR 12.1.2016 – 37138/14, Rn. 85, NJOZ 2017, 1372 (1377) – Szabó u. Vissy.

[41] Näher *Schenke* in Stern/Becker Grundrechte-Kommentar Rn. 133.

darf.[42] Eine Telekommunikationsüberwachung lässt sich nur mit einem sehr schwerwiegenden Grund rechtfertigen. Der begründete Verdacht, dass der Betroffene in „schwere kriminelle Machenschaften" verwickelt ist, reicht aber aus.[43]

16 **2. Unionsrechtliche Gewährleistungen.** In nahezu wörtlicher Übereinstimmung mit Art. 8 EMRK (→ Rn. 11) verbrieft **Art. 7** der **Charta der Grundrechte** der Europäischen Union (GRCh) jeder Person das Recht auf Achtung ihres Privat- und Familienlebens, ihrer Wohnung sowie ihrer **Kommunikation.** Wie sein konventionsrechtliches Pendant schützt das Grundrecht sämtliche Formen der **Individualkommunikation unter Abwesenden umfassend.**[44] Um für technische Entwicklungen offen zu sein, ersetzt Art. 7 GRCh den Begriff „Korrespondenz" durch „Kommunikation".[45] Bedeutung und Tragweite der Gewährleistung sind mit Art. 8 EMRK vergleichbar (vgl. Art. 52 Abs. 3 GRCh).

17 Art. 7 GRCh verbürgt den Privatheitsschutz im System der GRCh nicht exklusiv. Flankierend tritt der Schutz personenbezogener Daten aus **Art. 8 GRCh** hinzu. Während im nationalen Verfassungsrecht Art. 10 als *Lex specialis* das Recht auf informationelle Selbstbestimmung verdrängt (→ Rn. 231), stehen auf unionaler Ebene Art. 7 und Art. 8 GRCh in **Idealkonkurrenz** zueinander.[46] Als Kombinationsgrundrecht entfalten sie eine gemeinsame abwehrrechtliche Dimension.[47]

18 Dem Schutzgehalt dieser Rechte hat der **EuGH** im Jahre 2014 in der Digital-Rights-Entscheidung zur Vorratsdatenspeicherung erstmalig klare Konturen verliehen:[48] Vorratsdatenspeicherung verletzt in seinen Augen zwar nicht den Wesensgehalt der Grundrechte. Denn sie betrifft nur die Verkehrsdaten, nicht die Inhaltsdaten.[49] Der Gerichtshof betonte aber, wie tiefgreifend Vorratsdatenspeicherung in Art. 7 GRCh und Art. 8 GRCh hineinwirkt.[50] Er hält den Eingriff deshalb nur dann für zulässig, wenn der Gesetzgeber ihn auf das absolut Notwendige beschränkt.[51] Diese Anforderung konkretisierte der EuGH im Jahre 2016 in der **Tele2-Entscheidung:** Eine allgemeine und unterschiedslose Vorratsdatenspeicherung genüge nicht dem Gebot der Verhältnismäßigkeit (→ Rn. 205).[52]

---

[42] Ua EGMR 27.10.2015 – 62498/11, Rn. 123 ff., NJW 2016, 2013 (2015) – R. E. mwN.

[43] EGMR 10.2.2009 – 25198/02, Rn. 51, NJW 2010, 2111 (2113) – Iordachi ua.

[44] Vgl. auch ABl. 2007 C 303, 20.

[45] ABl. 2007 C 303, 20.

[46] EuGH C-92, 93/09, Slg. 2010, I-11063, ECLI:EU:C:2010:662 Rn. 47, 52 – Schecke u. Eifert; C-293/12, C-594/12, ECLI:EU:C:2014:238 Rn. 29 – Digital Rights; C-131/12, ECLI:EU:C:2014:317 Rn. 69 – Google Spain; aA *Johlen* in Stern/Sachs GRCh Art. 8 GRCh Rn. 24; *Bernsdorff* in Meyer Charta der Grundrechte der EU Art. 8 GRCh Rn. 13: Art. 8 sei *Lex specialis* zu Art. 7 GRCh.

[47] *Marsch,* Das europäische Datenschutzgrundrecht, 2018, 205 ff.

[48] *Schenke* in Stern/Becker Grundrechte-Kommentar Rn. 142.

[49] EuGH C-293/12, C-594/12, ECLI:EU:C:2014:238 Rn. 39 – Digital Rights.

[50] EuGH C-293/12, C-594/12, ECLI:EU:C:2014:238 Rn. 26 ff., 39 – Digital Rights. Im Gegensatz dazu wiegt der Eingriff nicht schwer, wenn der Datenzugriff sich ausschließlich auf die Identität eines SIM-Karteninhabers und nicht auf sein Kommunikationsverhalten bezieht, EuGH C-207/16, ECLI:EU:C:2018:788 Rn. 58 ff. – Ministerio Fiscal.

[51] EuGH C-293/12, C-594/12, ECLI:EU:C:2014:238 Rn. 52 – Digital Rights. Vgl. auch für die Fluggastdatenspeicherung EuGH Gutachten 1/15, ECLI:EU:C:2017:592 Rn. 140.

[52] EuGH C-203/15, C-698/15, ECLI:EU:C:2016:970 Rn. 105 ff. – Tele2 Sverige.

Seit den 1980er Jahren hat die Europäische Union durch zahlreiche **Sekundärrechtsakte**[53] den primärrechtlichen Schutz der Vertraulichkeit der Kommunikation konkretisiert – allen voran durch die Richtlinie für elektronische Kommunikation (**e-Privacy-Richtlinie;** RL 2002/58/EG[54]). Sie soll die Kommunikation in öffentlichen Telekommunikationsnetzen und öffentlich zugänglichen Telekommunikationsdiensten absichern (Art. 5 Abs. 1, ErwGrd 21 RL 2002/58/EG). Um die nationale bzw. öffentliche Sicherheit zu schützen, die Landesverteidigung zu gewährleisten sowie Straftaten zu verhüten, zu ermitteln, festzustellen und zu verfolgen, lässt sie es unter Kautelen auch zu, Daten „während einer begrenzten Zeit" aufzubewahren **(Art. 15 Abs. 1 S. 2 RL 2002/58/EG).** 19

Wie alle Rechtsakte der Europäischen Union genießt die e-Privacy-RL **Anwendungsvorrang** vor dem nationalen Recht. In ihrem Anwendungsradius verdrängt sie ihrerseits grundsätzlich die **Datenschutz-Grundverordnung** (Art. 95 DS-GVO).[55] Diese fokussiert als Magna Charta des Datenschutzrechts ihren Regelungsanspruch (statt auf die technische Schicht des Kommunikationsaustausches, wie sie Art. 10 vor Augen hat) auf die Inhaltsebene der Kommunikation. 20

Inwieweit Behörden befugt sind, personenbezogene Daten zu verarbeiten, um **Gefahren für die öffentliche Sicherheit** abzuwehren sowie um **Straftaten** verhüten, ermitteln, aufdecken, verfolgen und Strafen vollstrecken zu können, dekretiert die Richtlinie für Polizei und Justiz **(JI-RL)** als Sondernorm.[56] Sie zieht den mitgliedstaatlichen Polizeibehörden insoweit einen sekundärrechtlichen Handlungsrahmen. 21

Zu dem Reigen der unionsrechtlichen Kommunikationsschutznormen gesellt sich seit dem Jahr 2019 auch der **Cybersecurity Act** (VO (EU) 2019/881)[57]. Er stärkt nicht nur die Agentur der Europäischen Union für Cybersicherheit (ENISA), sondern zielt vor allem auf die technische Sicherheit der Kommunikation. Die Verordnung errichtet ein (vorerst[58] freiwilliges) Zertifizierungssystem, das die Vertrauenswürdigkeit von Produkten, Diensten und Prozessen bewertet (Art. 52 Cybersecurity Act). Damit legt sie die Verantwortung für sichere Informations- und Kommunikationstechnik auch in die Hände des Verbrauchers, der seine Kaufentscheidung von einer Zertifizierung abhängig macht. 22

[53] Die Rahmenrichtlinie 2002/21/EG (ABl. 2002 L 108, 33) verankerte allgemeine Bestimmungen des europäischen Kommunikationsrechts. Die Wettbewerbsrichtlinie 2002/77/EG (ABl. 2002 L 249, 21), die Genehmigungsrichtlinie 2002/20/EG (ABl. 2002 L 108, 21), die Zugangsrichtlinie 2002/19/EG (ABl. 2002 L 108, 7) und die Universaldienstrichtlinie 2002/22/EG (ABl. 2002 L 108, 51) füllten ihren Rahmen näher aus. Inzwischen hat der Unionsgesetzgeber diese Richtlinien in der Richtline 2018/1972 über den europäischen Kodex für die elektronische Kommunikation (ABl. 2018 L 321, 36) einer Neufassung unterzogen. Der deutsche Gesetzgeber setzt diese Richtlinien im Telekommunikationsgesetz (TKG) um.

[54] ABl. 2002 L 201, 37.

[55] Zu der komplexen Wechselbeziehung beider Regelungsregime und den daran anknüpfenden Diskussionen s. bspw. BGH ZD 2018, 79; *Gierschmann* ZD 2018, 297 (298). Bereits seit Jahren verhandelt die Union eine Nachfolgeregelung für die E-Privacy-RL: Eine Verordnung soll die inzwischen mehr als 15 Jahre alte Richtlinie ablösen. Eine politische Einigung ist jedoch nicht in Sicht.

[56] RL (EU) Nr. 2016/680 (ABl. 2016 L 119, 89).

[57] ABl. 2019 L 151, 15.

[58] Erstmals zum 31.12.2023 und dann im zweijährigen Turnus muss die EU-Kommission bestimmen, für welche IKT die Zertifizierung verpflichtend wird (Art. 56 Cybersecurity Act).

B. Einzelfragen

I. Das Briefgeheimnis sowie das Post- und Fernmeldegeheimnis sind unverletzlich

23 Art. 10 schützt als klassisches Abwehrrecht sowohl (1.) natürliche als auch juristische Personen (2.) vor staatlichem Zugriff. Er etabliert aber auch eine objektivrechtliche Gewährleistung, insbesondere eine Schutzpflicht des Staates (3.)

24 **1. Inhaltlicher Schutzumfang. a) Gemeinsame Schutzgehalte des Brief-, Post- und Fernmeldegeheimnisses.** Die Gewährleistungen des Art. 10 verteidigen die **Vertraulichkeit der räumlich distanzierten individuellen Kommunikation** gegen hoheitlichen Zugriff. Sie sichern einen „privaten, vor der Öffentlichkeit verborgenen Austausch von Kommunikation"[59], der auf Übermittlung durch Dritte angewiesen ist, um räumliche Distanzen zu überwinden, und daher der besonderen Gefahr des (staatlichen) Zugriffs ausgesetzt ist.[60]

25 Die drei Teilgewährleistungen weisen in ihrer Struktur zahlreiche Schnittmengen (zB hinsichtlich ihrer zeitlichen und räumlichen Reichweite) auf. Über ihren **gemeinsamen Schutzgegenstand** verweben sie sich zu einem vielschichtigen grundrechtlichen Gesamtgefüge des Kommunikationsschutzes. Ihm kommt es nicht auf die jeweilige Ausdrucksform oder Übermittlungsart bzw. -technik, sondern auf die **inhaltsunabhängige** Freiheit vor staatlichem Zugriff auf den privaten Austausch an.[61]

26 Diesem umfassenden Gewährleistungsgehalt entsprechend sind die Teilverbürgungen **entwicklungsoffen.** Insbesondere das Fernmeldegeheimnis umfasst auch neuere Arten der Nachrichtenübertragung, die noch nicht bekannt waren, als die grundrechtliche Gewährleistung entstand (→ Rn. 63).[62]

27 Allen Gemeinsamkeiten zum Trotz: Das Brief-, Post- und Fernmeldegeheimnis unterscheiden sich in ihren konkreten Gewährleistungsgehalten grundlegend.[63] Die drei Verbürgungen grenzen sich über ihr Bezugsobjekt systematisch voneinander ab: Das **Brief- und Fernmeldegeheimnis** knüpft an das **Kommunikationsmedium** (die Art und Weise der Übermittlung) an, das **Postgeheimnis** demgegenüber an einen bestimmten **Übermittler,** die Post.[64] Insofern unterscheiden sich auch die Eingriffsmodalitäten und -intensitäten.[65] Neuere technische Entwicklungen lassen jedoch die Grenzen zwischen ihnen zunehmend verschwimmen: Die Deutsche Post bietet bspw. an, den elektronisch übermittelten **E-Postbrief** neben der elektronischen Zustellung auch klassisch via Briefpost zuzusenden. Ob der hybride E-Postbrief in verschiedene Phasen aufzuteilen ist, auf die teils das Fernmeldegeheimnis, teils das Brief- und Postgeheimnis anzuwenden ist,[66] oder ob die Regelungen des Brief- und Postgeheimnisses einheitlich für das gesamte Pro-

---

59 BVerfGE 67, 157 (171); 110, 33 (53, Rn. 105).

60 Vgl. BVerfGE 115, 166 (182, Rn. 65).

61 *Horn* in HdbStR VII § 149 Rn. 103.

62 BVerfGE 46, 120 (143 f.); 115, 166 (182, Rn. 67).

63 *Gusy* in MKS Rn. 45; *Ogorek* in BeckOK GG Rn. 5; aA *Jarass* in Jarass/Pieroth Rn. 1; *Schenke* in Stern/Becker Grundrechte-Kommentar Rn. 20; *Schoch* Jura 2011, 194 (195).

64 *Hermes* in Dreier Rn. 25.

65 Vgl. *Hermes* in Dreier Rn. 25; *Ogorek* in BeckOK GG Rn. 6.

66 So *Schulz* DuD 2011, 263 (265).

dukt gelten, weil der Dienst in den physischen Postdienst integriert ist, ist offen. Da alle drei Garantien einheitlichen Schranken unterworfen sind, bleiben die verfassungsrechtlichen Auswirkungen der grundrechtlich exakten Zuordnung jedoch begrenzt.

aa) Vertraulichkeit des Kommunikationsvorgangs als Schutzzweck. 28
Die drei Teilverbürgungen des Art. 10 reagiern mit ihrem Gewährleistungsprogramm auf die **besondere Schutzbedürftigkeit** der Vertraulichkeit privater Kommunikation über räumliche und zeitliche Distanz hinweg: Jeder Übermittlungsvorgang induziert eine besondere Gefährdungslage für die Privatheit des Informationsaustauschs. Im Gegensatz zur Kommunikation unter Anwesenden können sich die Kommunikationsteilnehmer in diesem Fall nicht uneingeschränkt der Privatheit ihres Austauschs sicher sein:[67] Sie können den Übertragungsvorgang weder vollständig beherrschen noch überwachen.[68] Vielmehr sind sie darauf angewiesen, dass der Kommunikationsmittler, den sie in den Übermittlungsvorgang einschalten (und der daher auf die Daten zugreifen kann), abgegebene **Vertraulichkeitsversprechen** einhält.[69] Technische Entwicklungen steigern das Risiko. So erleichtert bspw. die Vernetzung der Telekommunikationsinfrastruktur den Zugriff Dritter.[70] Diesen Verlust an Privatheit soll Art. 10 durch verfassungsrechtliche Schutzgarantien kompensieren.

(1) Vertrauen in den Kommunikationspartner? So sehr der Norm- 29
zweck des Art. 10 der **typischen Gefährdungslage** begegnen soll, die der Übermittlungsvorgang hervorruft, so sehr markiert er zugleich auch seine Schutzgrenzen: Die grundrechtliche Verbürgung schützt nur die **Vertraulichkeit des Kommunikationsvorgangs** – nicht das Vertrauen der Kommunikationspartner zueinander.[71] Denn dieses Vertrauen ist unter Anwesenden in gleicher Weise gefährdet. Art. 10 bewahrt daher nicht davor, dass der Kommunikationspartner die Informationen unerwünscht **an Dritte weitergibt.**[72] Art. 10 schützt auch nicht das Vertrauen in die **Identität des Kommunikationspartners.** Kommuniziert bspw. ein Polizeibeamter unter einer Legende, genießt das persönliche Vertrauen, es mit einer Privatperson zu tun zu haben, nicht den Schutz des Art. 10.[73] Besteht ein schutzwürdiges Vertrauen in den Kommunikationspartner, greift allerdings stattdessen das Recht auf informationelle Selbstbestimmung.[74] Dieses Vertrauen kann durchaus auch bei pseudonymisierten Kommunikationsbeziehungen im Internet (bspw. einem Facebook-Chat) entstehen.[75]

---

[67] *Gusy* in MKS Rn. 17 f.; *Pieper* JA 2018, 598 (600). Sa BVerfGE 115, 166 (182, Rn. 66).
[68] Vgl. BVerfGE 115, 166 (185, Rn. 76 f.).
[69] BVerfGE 85, 386 (396); 106, 28 (36, Rn. 20); 115, 166 (184, Rn. 74).
[70] Vgl. *BVerfGE 106*, 28 (36, Rn. 20); *Eichenhofer* Der Staat 55 (2016), 41 (46).
[71] BVerfGE 106, 28 (37, Rn. 23).
[72] BVerfGE 85, 386 (399); 106, 28 (37, Rn. 23). Anders, wenn die Behörde Kommunikationsvorgänge mit dem Einverständnis nur *eines* Kommunikationsteilnehmers überwacht (→ Rn. 111).
[73] Vgl. *Gusy* in MKS Rn. 70; *Schenke* in Stern/Becker Grundrechte-Kommentar Rn. 65.
[74] BVerfGE 120, 274 (345, Rn. 310).
[75] *Martini* VerwArch 107 (2016), 307 (322 ff.); in diese Richtung auch *Biemann*, „Streifenfahrten" im Internet, 2013, 124, 146 mwN; *Eifert* NVwZ 2008, 521 (522); *Hornung* CR 2008, 299 (305); aA BVerfGE 120, 274 (345 f., Rn. 311).

30 **(2) Behinderungen und Verbote der Kommunikation.** Art. 10 verbürgt **kein Recht auf Kommunikation.** Zielt ein Beförderungsverbot auf eine bestimmte Postsendung oder richtet sich eine Sperr- oder Löschungsverfügung gegen einen öffentlichen Blogpost in einem sozialen Netzwerk, schützt das Grundrecht daher nicht vor dem staatlichen Eingriff. Stattdessen greift dann das Grundrecht des Art. 5 Abs. 1 S. 1, subsidiär Art. 2 Abs. 1.[76]

31 Richtet sich eine Maßnahme demgegenüber **gezielt gegen die Vertraulichkeit der Kommunikation,** indem sie Schutzvorkehrungen gegen die ungewollte Kenntnisnahme Dritter verbietet oder behindert, ist der Normzweck des Art. 10 tangiert.[77] Anderenfalls käme es zu sinnwidrigen Verkürzungen des Grundrechtsschutzes: Art. 10 wäre zwar beeinträchtigt, wenn der Staat Schutzvorkehrungen überwindet, nicht aber, wenn er ein Verbot erlässt, Schutzvorkehrungen zu treffen (bspw. ein Verbot, Briefumschläge zu verschließen).[78] In den Schutzradius des Art. 10 fällt daher auch das **Recht, kryptografische Schutzmaßnahmen zu ergreifen.** Sprachzeichen zB via Ende-zu-Ende-Verschlüsselung gegen den Zugriff Dritter abzuschirmen, entspricht dem grundrechtlichen Schutzziel, den Kommunikationsinhalt vor Dritten verbergen zu dürfen.[79] Verbietet der Staat dies, hebt er auch Privatheit auf und greift daher in Art. 10 ein (→ Rn. 104).[80]

32 **(3) Geschlossener Adressatenkreis.** Die Schutzwirkung des Art. 10 setzt voraus, dass derjenige, der kommuniziert, Dritte von dem Informationsaustausch ausschließen will. Sie impliziert aber nicht notwendig die Individualität des Kommunikationsvorgangs, insbesondere **nicht seine Begrenzung auf ein Zweipersonenverhältnis.** Auch ein Gruppen-Chat genießt daher den Schutz des Fernmeldegeheimnisses. Der Adressatenkreis muss nur, aber immerhin von vornherein bestimmbar sein, etwa indem ein Zugangshindernis Dritten den Zutritt zu einem Gruppen-Chat verwehrt (→ Rn. 65).[81]

33 Bei klassischen Mitteilungsformen wie der Massenwerbesendung zeigt sich schon an der Adressierung, ob der Empfängerkreis bestimmt ist.[82] Im Falle der **digitalisierten Kommunikation** fällt die Differenzierung demgegenüber deutlich schwerer:[83] Bei internetvermitteltem Austausch, zB via **Internet-Telefonie,** lässt sich im Gegensatz zu dem Prototypen der Individualkommunikation über das Telefon nicht mehr ohne Weiteres an der Übermittlungsart erkennen, ob sich die Kommunikation an einen geschlossenen Adressatenkreis richtet. Da das maßgebliche Abgrenzungskriterium auch nicht der Inhalt der Kommunikation sein kann,[84] kommt es darauf an, dass

---

[76] BVerfGK 9, 62 (81); statt vieler *Schenke* in Stern/Becker Grundrechte-Kommentar Rn. 55.

[77] *Durner* in Maunz/Dürig Rn. 53; wohl auch *Hermes* in Dreier Rn. 15; aA *Ogorek* in BeckOK GG Rn. 55.

[78] *Durner* in Maunz/Dürig Rn. 52 f.

[79] *Sievers,* Der Schutz der Kommunikation im Internet durch Artikel 10 des Grundgesetzes, 2003, 197.

[80] *Bizer* in AK Rn. 41; *Durner* in Maunz/Dürig Rn. 52 ff., 91; *Groß* in BerlKomm Rn. 70; *Hermes* in Dreier Rn. 53; *Sievers,* Der Schutz der Kommunikation im Internet durch Artikel 10 des Grundgesetzes, 2003, 197; iE *Ogorek* in BeckOK GG Rn. 53; daran zweifelnd, Art. 10 statt Art. 5 Abs. 1 S. 1 anzuwenden, *Gusy* in MKS Rn. 66.

[81] Vgl. etwa *Böckenförde* JZ 2008, 925 (936).

[82] *Hermes* in Dreier Rn. 32; *Horn* in HdbStR VII § 149 Rn. 100.

[83] *Gusy* in MKS Rn. 63; *Schenke* in Stern/Becker Grundrechte-Kommentar Rn. 43.

[84] BVerfGE 125, 260 (311, Rn. 192); *Gusy* in MKS Rn. 64; *Hermes* in Dreier Rn. 40.

die **spezifische Kommunikationsform** unbefugte Dritte vom Kommunikationsvorgang ausschließt (→ Rn. 65).[85]

34 **bb) Schutzgegenstand: Inhalt und Umstände der Kommunikation.** Die Natur des Kommunikations**inhalts** – ob privat, geschäftlich oder politisch – spielt für den Schutz des Art. 10 keine Rolle.[86] Denn Anknüpfungspunkt seines Schutzes ist die **inhaltsneutrale, drittvermittelte Übermittlung** der Kommunikation.[87] Ebenso wie es dem Briefboten versagt ist, Briefe auf spezielle Absender zu untersuchen, um sie dann etwa dem Empfänger nicht oder nur verzögert zuzustellen, ist es einem Telekommunikationsanbieter verwehrt, Mitteilungen auf ihren spezifischen Inhalt zu überprüfen, um ihre Übertragung zu verlangsamen, zu blockieren oder in anderer Weise ungleich zu behandeln. Telekommunikationsanbieter dürfen daher in ihren Netzen nicht die Angebote ihrer eigenen Tochterunternehmen gegenüber anderen Inhalten privilegieren oder Konkurrenzangebote, zB kostenlose Messengerdienste, wie Skype oder Whatsapp, ausgrenzen, die das überkommene Geschäftsmodell mit SMS gefährden. Dieser Grundgedanke ist Gegenstand des netzpolitischen Konzepts der **Netzneutralität.** Als **Architekturprinzip der Infrastrukturregulierung** setzt es einem digitalen Faustrecht der Netzanbieter Grenzen.

35 Zugleich stellt sich dort, wo infolge wachsenden Datenverkehrs die Übertragungskapazität mit dem zu übertragenden Datenvolumen nicht Schritt hält, notwendig die Frage nach einer Priorisierung der Inhalte, um sensible (zB telemedizinische) Angebote oder störungsanfällige Video-Angebote gegen Leistungsabfall zu sichern.[88] In diesen Konstellationen Netzneutralität strikt durchzusetzen, verhindert sinnvolle Maßnahmen des Netzwerkmanagements.[89] In den vergangenen Jahren ist daher eine intensive Diskussion entbrannt, inwieweit es ausnahmsweise erlaubt sein sollte, Informationsgehalte beim Übermittlungsvorgang zu priorisieren oder sonst ungleich zu behandeln. Sachgerecht ist es, Netzneutralität als **Diensteklassen-Neutralität** zu verstehen: Gleiche Daten, zB Videotelefonie, telemedizinische Daten und E-Mail-Daten, sind jeweils innerhalb ihrer Diensteklassen gleich zu behandeln.[90]

36 Die **Europäische Union** bekennt sich in Art. 3 Abs. 3 UAbs. 1 TSM-VO (EU) Nr. 2015/2120 grundsätzlich zu dem Prinzip der Netzneutralität.[91] Ausnahmen lässt sie zu, um zwingenden technischen Gegebenheiten – nicht jedoch finanziellen Interessen der Telekommunikationsanbieter – Rechnung zu tragen.[92] Bußgeldvorschriften in § 149 Abs. 1b TKG flankieren die Wirksamkeit der unionalen Regelungen nationalrechtlich.

37 Art. 10 sichert nicht nur die Vertraulichkeit des Kommunikations**inhalts** ab. Er schützt vielmehr auch die **Umstände** der Kommunikation, insbeson-

[85] *Gusy* in MKS Rn. 63; dagegen dafür, dass das Internet als Ganzes in den Schutzbereich fällt, *Hermes* in Dreier Rn. 40; näher *Sievers,* Der Schutz der Kommunikation im Internet durch Artikel 10 des Grundgesetzes, 2003, 130.

[86] BVerfGE 67, 157 (172); 100, 313 (358, Rn. 160).

[87] BVerfGE 67, 157 (172); 100, 313 (358, Rn. 160); *Gusy* in MKS Rn. 14.

[88] Zur aktuellen netzpolitischen Diskussion um sog. Zero Rating s. OVG NRW BeckRS 2019, 14541; LG Düsseldorf MMR 2019, 626; *Sodtalbers* in Spindler/Schuster Recht der elektronischen Medien TKG § 43a Rn. 68 f.; *Götzinger/Gerecke* ZUM 2018, 341.

[89] *Martini,* Wie viel Gleichheit braucht das Internet?, 2011, 58 f.

[90] *Martini,* Wie viel Gleichheit braucht das Internet?, 2011, 59.

[91] Art. 3 Abs. 3 Uabs. 1 TSM-VO.

[92] Art. 3 Abs. 3 Uabs. 2, 3 TSM-VO.

dere Informationen über Ort, Zeit sowie die Art und Weise der Kommunikation oder der versuchten Kommunikation.[93] Denn aus ihnen lässt sich zum einen auf den Inhalt der Kommunikation rückschließen.[94] Zum anderen tragen sie einen eigenen grundrechtlich sensiblen Aussagegehalt in sich: Unabhängig vom jeweiligen Inhalt der Nachricht lassen sich aus Metadaten Persönlichkeitsprofile erstellen.[95]

38 Im Rahmen der Fernkommunikation fallen jedoch auch Informationen an, die Art. 10 nicht schützt, weil sie sich nicht auf einen **konkreten Kommunikationsvorgang** beziehen.[96] Dazu zählt die Information, welchem Anschlussinhaber eine Telefonnummer zuzuordnen ist[97] – ebenso Standortdaten, die anfallen, wenn ein Mobiltelefon seine Empfangsbereitschaft ohne konkreten Kommunikationsvorgang signalisiert (→ Rn. 71).[98] Um in den Schutzradius des Art. 10 zu fallen, muss der Informationsaustausch überdies zumindest zwischen zwei verschiedenen **menschlichen Kommunikationsteilnehmern** stattfinden. Das Grundrecht greift daher nicht, wenn ausschließlich technische Geräte miteinander kommunizieren, wie zB bei einem **Synchronisationsvorgang** oder im sog. **Internet der Dinge** (→ Rn. 72).

39 **cc) Zeitliche Grenzen.** Der grundrechtliche Kerngehalt des Art. 10, räumlich distanzierte Kommunikation zu verbürgen, strahlt auch auf seine zeitlichen Grenzen aus: Sein Schutz währt grundsätzlich so lange wie die Dauer des **Übertragungsvorgangs.**[99] Denn von dem Zeitpunkt an, zu dem der Grundrechtsträger die Nachricht abgesendet hat, bis zum Eingang beim Empfänger ist sie der erhöhten Gefahr unzulässiger Zugriffe Dritter ausgesetzt.

40 Ob die Schutzwirkung des Art. 10 greift, bestimmt sich aber nicht nach dem Zeitpunkt des Zugriffs. Entscheidend ist, dass die Daten **während des Übertragungsvorgangs** entstanden sind[100] und eine **spezifische Gefährdungslage** fortbesteht.[101]

41 Bei **herkömmlichen Kommunikationsmitteln** wie dem Brief fallen der Übermittlungsvorgang und die typische Gefährdungslage zusammen: Sobald der Brief beim Empfänger angekommen ist, besteht keine übertragungstypische Gefahr mehr. Bei neuartigen **elektronischen Kommunikationsmitteln** ist das anders:[102] Die E-Mail, die auch nach dem Abruf des Empfängers auf dem Server des Providers liegt, ist weiterhin der Zugriffsgefahr ausgesetzt – unabhängig davon, ob der Empfänger bereits von ihr Kenntnis genommen hat und sie ggf. dort dauerhaft speichert. Dementsprechend besteht bei der **Beschlagnahme von E-Mails auf dem Server** des Providers die Gefährdungslage des Art. 10 fort. So hat es zu Recht auch das BVerfG entschieden.[103]

---

[93] StRspr für das Fernmeldegeheimnis: BVerfGE 67, 157 (172); 85, 386 (396); 100, 313 (358, Rn. 161).
[94] BVerfGE 107, 299 (319 f., Rn. 70).
[95] Vgl. BVerfGE 107, 299 (320, Rn. 71); *Schwabenbauer* AöR 137 (2012), 1 (10).
[96] Vgl. BVerfGE 130, 151 (179 f., Rn. 113).
[97] BVerfGE 130, 151 (179 ff., Rn. 113 f.).
[98] BVerfGK 9, 62 (74).
[99] *Durner* in Maunz/Dürig Rn. 62. Vgl. auch BVerfGE 115, 166 (183 f., Rn. 72 ff.); 120, 274 (307 f., Rn. 185); 124, 43 (54, Rn. 45).
[100] Vgl. *Durner* in Maunz/Dürig Rn. 62.
[101] *Schwabenbauer* AöR 137 (2012), 1 (15 f.).
[102] *Schwabenbauer* AöR 137 (2012), 1 (15).
[103] BVerfGE 124, 43 (54 ff., Rn. 46).

Dass sich damit der Schutzradius von dem Übertragungsvorgang entfernt, hat **Kritik** heraufbeschworen:[104] Weder die systematischen Parallelen der drei Gewährleistungen noch die klare historisch gewachsene Abgrenzung zum Recht aus Art. 13 seien auf diese Weise konsequent gewahrt.[105] Das überzeugt nicht. Vielmehr entspricht es gerade dem Sinn des Art. 10, den Schutzstatus so lange aufrechtzuerhalten, wie die **Gefährdungslage** der drittvermittelten Kommunikation fortbesteht. Der Gewährleistungsgehalt des Grundrechts passt sich insoweit an die modernen Kommunikationsszenarien und Gefährdungslagen an, die digitale Übermittlungstechniken bergen (→ Rn. 75).[106] 42

Sobald die Informationen sich nach Abschluss des Kommunikationsvorgangs aber ausschließlich im **Herrschaftsbereich des Kommunikationsteilnehmers** befinden, sind sie nicht mehr den übermittlungsspezifischen Gefahren ausgesetzt.[107] Art. 10 greift daher bspw. nicht, wenn die Behörde einen Brief beschlagnahmt, der bereits zugegangen ist, oder wenn sie die Festplatte eines Computers durchsucht. Sehr wohl immunisieren dann aber andere Grundrechte den Kommunikationsinhalt gegen fremden Zugriff, insbesondere Art. 13, das Recht auf informationelle Selbstbestimmung (Art. 2 Abs. 1 iVm Art. 1 Abs. 1) oder das IT-Grundrecht (Art. 2 Abs. 1 iVm Art. 1 Abs. 1; → Rn. 231 ff.). 43

dd) Räumliche Grenzen. Art. 10 bindet unmittelbar nur die Bundesrepublik Deutschland als Hoheitsträger. Anwendbar ist er daher nur, wenn der Zugriff auf die Kommunikationsdaten der deutschen Staatsgewalt iSd **Art. 1 Abs. 3** zuzuordnen ist. Der Schutzradius der grundrechtlichen Verbürgung endet mithin dort, wo die **deutsche Staatsgewalt** endet. Dieser Raum ist aber nicht mit den Staatsgrenzen identisch.[108] Er ist stattdessen aus der Schutzreichweite des betroffenen Grundrechts selbst zu ermitteln.[109] 44

Der Wortlaut des Art. 10 Abs. 1 selbst kennt keine territoriale Einschränkung.[110] Sein Schutz reicht räumlich über die Staatsgrenzen der Bundesrepublik hinaus, soweit eine im Ausland stattfindende Erfassung und Auswertung der **Kommunikation** in grundrechtssensibler Weise mit deutschem staatlichem Handeln verknüpft ist.[111] Dies trifft jedenfalls dann zu, wenn **„Gebietskontakt"** besteht, dh wenn sich die Anlagen, die den Zugriff auf die ausländischen Kommunikationsvorgänge ermöglichen, auf deutschem Boden befinden oder die Behörde die Daten hier auswertet.[112] 45

Doch selbst wenn kein „Gebietskontakt" besteht, weil der deutsche Staat **auf dem Gebiet eines anderen Staates** handelt, ist er an Art. 10 gebunden.[113] Den Schutz der Vertraulichkeit moderner Kommunikation an den Landesgrenzen enden zu lassen, widerspräche dem Sinn und Zweck der 46

---

[104] Im Einzelnen *Durner* in Maunz/Dürig Rn. 99; *Krüger* MMR 2009, 680 (682).
[105] Vgl. *Durner* in Maunz/Dürig Rn. 63.
[106] Näher *Schwabenbauer* AöR 137 (2012), 1 (15 ff.).
[107] BVerfGE 115, 166 (185, Rn. 76; 187, Rn. 81); 120, 274 (307 f., Rn. 185).
[108] BVerfG BeckRS 2020, 8777 (Rn. 88); vgl. auch *Germann,* Gefahrenabwehr und Strafverfolgung im Internet, 2000, 120; *Herdegen* in Maunz/Dürig Art. 1 Abs. 3 Rn. 79; *Kahl* in BK Art. 1 Abs. 3 Rn. 222; *Zimmermann* ZRP 2012, 116 (117).
[109] BVerfGE 31, 58 (77); 100, 313 (362 f.; Rn. 174); sa *Gröpl* ZRP 28 (1995), 13 (16).
[110] *Guckelberger* in SHH Rn. 29; *Marxsen* DÖV 2018, 218 (226).
[111] Vgl. BVerfGE 100, 313 (363 f., Rn. 176).
[112] BVerfGE 100, 313 (363 f., Rn. 176).
[113] BVerfG BeckRS 2020, 8777 (Rn. 87 ff.); noch offen gelassen bei BVerfGE 100, 313 (364, Rn. 176).

Verbürgung.[114] Zeichnet die deutsche Staatsgewalt, namentlich der BND, den Telefonverkehr auf dem Territorium anderer Staaten auf, hebt der Auslandsbezug den – nicht auf Deutsche und auf das deutsche Staatsgebiet begrenzten – Grundrechtsschutz des Art. 10 daher nicht auf (→ Rn. 165, 178).[115] Erhält der deutsche Staat demgegenüber lediglich **Informationen anderer Nachrichtendienste,** ist Art. 10 nicht betroffen. Da zu diesem Zeitpunkt der Kommunikationsvorgang bereits abgeschlossen ist, greift in diesem Fall vielmehr das Recht auf informationelle Selbstbestimmung.[116]

47 Das **Völkerrecht** gebietet nicht, den Gewährleistungsradius des Art. 10 räumlich einzuschränken.[117] Vielmehr verbürgt es zum einen das Fernmeldegeheimnis ebenso (Art. 8 EMRK; Art. 12 AEMR; → Rn. 9 ff.); zum anderen verläuft die verfassungsrechtliche Schutzzone des Art. 10 parallel zu den Beschränkungen, die das völkerrechtliche Territorialitätsprinzip und das Interventionsverbot begründen:[118] Der Schutz des Art. 10 vor **deutscher Hoheitsgewalt** berührt keine fremden Souveränitätsrechte. Er beschränkt vielmehr lediglich die Handlungsmöglichkeiten der deutschen Staatsgewalt.[119] Entsprechenden Rechtsgrundlagen kommt alleine eine innerstaatliche Ermächtigungsfunktion zu.

48 **b) Spezifika der Einzelgewährleistungen. aa) Briefgeheimnis.** Das Briefgeheimnis schirmt die Vertraulichkeit des individuellen brieflichen Verkehrs gegen den Zugriff der öffentlichen Gewalt ab.[120] Brief iSd Art. 10 ist jede **verkörperte Mitteilung in beliebiger Schrift- und Vervielfältigungsart.**[121] Ist die Sendung durch besondere Vorkehrungen vor der Kenntnisnahme Dritter gesichert, reicht allein die **Möglichkeit,** dass sie eine Mitteilung enthält, um an dem Schutzgehalt zu partizipieren.[122] Anderenfalls liefe Art. 10 leer. Denn der Brief müsste dann zunächst geöffnet werden, um zu erkennen, ob er unter den Voraussetzungen des Art. 10 geöffnet werden darf.[123] Bezugspunkt des Schutzes ist also nicht der Inhalt, sondern die **Form der Kommunikation.**[124]

49 Dem Schutzgehalt des Art. 10 entspricht es, (ebenso wie im Falle des Fernmeldegeheimnisses → Rn. 69) neben dem brieflichen Kommunikationsinhalt auch dessen **Umstände** – also ob oder wann brieflicher Verkehr zwischen den Kommunikationspartnern stattgefunden hat – grundrechtlich

---

[114] *Gröpl* ZRP 28 (1995), 13 (18); *Guckelberger* in SHH Rn. 29; *Ogorek* in BeckOK GG Rn. 48; s. auch BVerfG BeckRS 2020, 8777 (Rn. 110).

[115] BVerfG BeckRS 2020, 8777 (Rn. 105).

[116] *Durner* in Maunz/Dürig Rn. 65; ähnlich für die Verwertung von „Stasi-Unterlagen", *Dammann* NJW 1996, 1946; *Durner* in Maunz/Dürig Rn. 90; *Lesch* NJW 2000, 3035 (3038); aA LG Kiel NJW 1996, 1976; *Palm/Roy* NJW 1998, 3005 (3006 f.).

[117] BVerfG BeckRS 2020, 8777 (Rn. 99 ff.); *Gröpl* ZRP 28 (1995), 13 (17); *Gärditz* VERW 48 (2015), 463 (484); *Guckelberger* in SHH Rn. 29; *Papier* NVwZ Extra 2016/15, 1 (6); *Walter/Ungern-Sternberg* DÖV 2012, 861 (867).

[118] BVerfG BeckRS 2020, 8777 (Rn. 101); BVerfGE 100, 313 (363); *Gröpl* ZRP 28 (1995), 13 (17).

[119] BVerfG BeckRS 2020, 8777 (Rn. 100 ff.); *Becker* NVwZ 2015, 1335 (1339); *Krieger* in Röttgen/Wolff Parlamentarische Kontrolle der Nachrichtendienste im demokratischen Rechtsstaat 35; *Papier* NVwZ Extra 2016/15, 1 (6).

[120] BVerfGE 33, 1 (11); 67, 157 (171).

[121] *Durner* in Maunz/Dürig Rn. 67; näher *Sievers,* Der Schutz der Kommunikation im Internet durch Artikel 10 des Grundgesetzes, 2003, 114 ff.

[122] *Hermes* in Dreier Rn. 30 f.; *Schenke* in Stern/Becker Grundrechte-Kommentar Rn. 30.

[123] *Hermes* in Dreier Rn. 31.

[124] *Groß* in BerlKomm Rn. 22.

zu erfassen.[125] Denn die Norm verfolgt gerade den Zweck, die Vertraulichkeit der Fernkommunikation **umfassend** zu verbürgen (→ Rn. 26).

Auch **nicht verschlossene** individuelle Sendungen, wie **Postkarten und Drucksachen,** fallen in den Schutzradius des Briefgeheimnisses.[126] Dass der Absender die Sendung nicht verschließt, heißt (entgegen aA[127]) nicht, dass er auf den Schutz des Art. 10 verzichtet. Ein Einverständnis mit der möglichen Kenntnisnahme einer Postkarte erstreckt sich nicht auf jedermann, sondern nur auf diejenigen, die notwendiger- oder typischerweise in den Beförderungsvorgang involviert sind.[128] Dass die Umstände der Kommunikation für den Beförderer erkennbar sind, es ihm gegenüber also kein „Geheimnis" ist, wer wann einen Brief auf den Weg gegeben hat, rechtfertigt ebenso wenig den Schutzverlust.[129] 50

Öffentlich adressierte Sendungen, wie Werbematerial, das an alle Bewohner eines bestimmten Gebietes gerichtet ist,[130] stehen demgegenüber nicht unter dem Schutz des Art. 10. Gleiches gilt für Dokumente, die erkennbar nicht an einen **bestimmbaren Personenkreis** adressiert sind (→ Rn. 32). In diese Kategorie fällt insbesondere der offene Versand von Waren, Büchern, Zeitungen oder Katalogen.[131] 51

Ob der **Übermittler** ein privater Bote, ein Postdienstleister (wie die Deutsche Post AG) oder ein sonstiger Übermittler ist, ist für den Schutz des Briefgeheimnisses nicht entscheidend.[132] Das Grundrecht schützt jeweils vor dem **Staat,** der sich in den Transportvorgang einklinkt. 52

Da Art. 10 der Gefahr entgegenwirken will, dass Dritte während des Übermittlungsvorgangs von der Kommunikation Kenntnis nehmen, zieht dieser Zweck auch dem **zeitlichen Rahmen** des Schutzes Grenzen (→ Rn. 39). Er **beginnt,** sobald Dritte im Rahmen des Versendungsvorgangs vom Inhalt oder den Umständen der brieflichen Kommunikation Kenntnis nehmen können.[133] Er **endet,** wenn der Brief so im Herrschaftsbereich des Empfängers eingetroffen ist, dass Dritten der Zugriff auf den Zustellvorgang verwehrt ist.[134] Solange der Brief im Briefkasten weiterhin dem Risiko eines Zugriffs ausgesetzt ist, besteht der Schutz bis zur Kenntnisnahme fort.[135] 53

bb) Postgeheimnis. Das Postgeheimnis adressiert einen spezifischen **Kommunikationsübermittler.** Es sucht die Gefahren für die Privatheit grundrechtlich einzuhegen, die durch die Nutzung der **Post als Zustellungsinstanz** entstehen. 54

---

[125] BVerfG BeckRS 2011, 55884 (Rn. 19); *Durner* in Maunz/Dürig Rn. 69; *Pagenkopf* in Sachs Rn. 12; *Schenke* in Stern/Becker Grundrechte-Kommentar Rn. 30.

[126] *Gusy* in MKS Rn. 47; *Hermes* in Dreier Rn. 31; *Ogorek* in BeckOK GG Rn. 22.

[127] *Groß* in BerlKomm Rn. 23; *Pagenkopf* in Sachs Rn. 12.

[128] *Hermes* in Dreier Rn. 31.

[129] *Bizer* in AK Rn. 53; *Durner* in Maunz/Dürig Rn. 68.

[130] Näher zu Sendungen an die Allgemeinheit *Ogorek* in BeckOK GG Rn. 19.

[131] *Hermes* in Dreier Rn. 32.

[132] *Durner* in Maunz/Dürig Rn. 69; *Groß* in BerlKomm Rn. 22; *Gusy* in MKS Rn. 49; *Hermes* in Dreier Rn. 34.

[133] *Gusy* in MKS Rn. 48; *Hermes* in Dreier Rn. 35; eine aA stellt auf den Zeitpunkt ab, zu dem die Nachricht zur Versendung bereit gemacht wird: *Durner* in Maunz/Dürig Rn. 71; *Ogorek* in BeckOK GG Rn. 23; iE auch *Groß* in BerlKomm Rn. 22.

[134] *Hermes* in Dreier Rn. 35.

[135] So wohl auch *Gusy* in MKS Rn. 48; generell ab Kenntnisnahme: *Durner* in Maunz/Dürig Rn. 71; *Ogorek* in BeckOK GG Rn. 24; iE *Groß* in BerlKomm Rn. 22.

55 **(1) Schutzgehalt im Wandel der Zeit. Ursprünglich** sollte das Postgeheimnis kompensieren, dass der Einzelne auf den **staatlichen Monopolisten** angewiesen war, um schriftliche Mitteilungen zu übermitteln, und der Staat ebenso unauffällig wie unkompliziert auf die Informationen zugreifen konnte.[136] Der grundrechtliche Schutzradius erfasste daher die Vertraulichkeit jedes über die **staatliche Postverwaltung** abgewickelten Kommunikations-, Transport- oder sonstigen Dienstleistungsvorgangs.[137]

56 Seit die Doppelrolle des Staates als Transporteur und Grundrechtsverpflichteter weggebrochen ist, scheint das Postgeheimnis vordergründig **seinen Schutzgegenstand** verloren zu haben.[138] Das wäre jedoch ein Trugschluss. Vielmehr justiert die Verfassung den Schutzgehalt des Grundrechts im Lichte der veränderten lebensweltlichen Rahmenbedingungen neu.[139] Schon vor der Postreform galt das Postgeheimnis ohnedies nicht nur gegenüber der Post selbst, sondern gegenüber allen Staatsgewalten.[140] Dieser Anwendungsbereich hat nicht an Aktualität eingebüßt.[141] Das Postgeheimnis schützt nunmehr vor **staatlichen Eingriffen** in den Postverkehr, den **private Postdienstleister** vermitteln.[142] Postdienstleister in diesem Sinne ist, wer geschäftsmäßig, dh mit einem Mindestmaß an Regelmäßigkeit, für andere Sendungen befördert.[143] Neben diesen Abwehranspruch treten (anstelle einer unmittelbaren Grundrechtsbindung der Postunternehmen) **staatliche Schutzpflichten** (→ Rn. 88).[144] Sie gewinnen auch deshalb an Bedeutung, weil private Unternehmen in eine sensible Sonderstellung hineinwachsen, wenn der Staat ihnen eine Aufgabe der Daseinsvorsorge anvertraut, die traditionell er wahrgenommen hat (→ Rn. 93).[145]

57 Die ehemalige staatliche Post übermittelte auch Fernmeldeleistungen, wie Telefon und Telefax. Diese Kommunikationsformen tangierten einerseits das Fernmeldegeheimnis und andererseits das Postgeheimnis.[146] (Jedenfalls) nach der Postprivatisierung ist es sachgerecht, den Schutzbereich des Postgeheimnisses auf **„körperliche“ Postsendungen** zu beschränken.[147] Einen weitergehenden Schutzradius aufrechtzuerhalten, ließe sich nur *sub specie* der ehemals der Bundespost übertragenen Aufgaben, nicht aber mit dem historisch gewachsenen Wortsinn begründen.[148]

58 **(2) Abgrenzung zum Briefgeheimnis.** Das Postgeheimnis schützt **alle Sendungen, die ein Postdienstleister übermittelt.** Dazu zählt der Inhalt von Briefen ebenso wie der von Paketen und Warensendungen – unabhängig davon, ob sie verschlossen oder unverschlossen sind.[149] Das Post- und das Briefgeheimnis verhalten sich daher wie zwei sich überschneidende Kreise

---

[136] BVerfGE 85, 386 (396); *Gusy* in MKS Rn. 52.
[137] Vgl. BVerwGE 113, 208 (210); *Hermes* in Dreier Rn. 47.
[138] *Hermes* in Dreier Rn. 49; *Schenke* in Stern/Becker Grundrechte-Kommentar Rn. 38.
[139] Vgl. *Gusy* in MKS Rn. 51; *Hermes* in Dreier Rn. 47; *Pagenkopf* in Sachs Rn. 13.
[140] Vgl. BVerfGE 85, 386 (396).
[141] *Bizer* in AK Rn. 56; *Durner* in Maunz/Dürig Rn. 76; *Gusy* in MKS Rn. 57; *Ogorek* in BeckOK GG Rn. 32 ff.; *Pagenkopf* in Sachs Rn. 13a.
[142] *Durner* in Maunz/Dürig Rn. 76; *Groß* in BerlKomm Rn. 24.
[143] *Bizer* in AK Rn. 58;; vgl. auch *Groß* in BerlKomm Rn. 24.
[144] *Durner* in Maunz/Dürig Rn. 76; *Groß* JZ 1999, 326 (332); *Gusy* in MKS Rn. 57 f.
[145] BVerfGE 128, 226 (248, Rn. 56, 59).
[146] *Durner* in Maunz/Dürig Rn. 73 mwN.
[147] Vgl. *Bizer* in AK Rn. 58; *Gusy* in MKS Rn. 53; *Pagenkopf* in Sachs Rn. 13a; aA *Durner* in Maunz/Dürig Rn. 73.
[148] Vgl. *Bizer* in AK Rn. 57 mwN.
[149] BVerwGE 113, 208 (210).

zueinander: Das Postgeheimnis geht einerseits kraft seiner vermittleradressierten Ausrichtung über den Schutzumfang des Briefgeheimnisses hinaus. Denn es schützt – anders als das Briefgeheimnis – auch Sendungen, die erkennbar keinen individuellen Kommunikationsinhalt aufweisen.[150] Andererseits schützt das Briefgeheimnis die Vertraulichkeit während der Übermittlung von Briefen auch, wenn es nicht Postdienstleister sind, die die Briefe zustellen (→ Rn. 52). Denn im Gegensatz zum Postgeheimnis knüpft das Briefgeheimnis formal an das Übermittlungsmedium, nicht an den Übermittler an.[151] Der Brief, den ein Postdienstleister zukommen lässt, hat somit am Schutz beider Grundrechte teil.[152]

(3) Reichweite des Schutzes. Ebenso wie das Brief- und das Fernmeldegeheimnis (→ Rn. 37) schützt das Postgeheimnis neben dem **konkreten Inhalt** der vermittelten Sendungen alle **äußeren Umstände,** die mit der Inanspruchnahme eines Postdienstleisters in Zusammenhang stehen, etwa die Art und Weise, den Ort, die Zeit sowie die Tatsache als solche, dass jemand Absender oder Empfänger ist.[153] 59

Der Grundrechtsschutz erstreckt sich auf den **gesamten Zeitraum,** in dem sich die Sendung **im Gewahrsam** oder Mitgewahrsam des Postdienstleisters befindet.[154] Er **beginnt** daher, wenn der Absender die Sendung beim Postdienstleister einliefert. Er **endet,** sobald dieser die Post dem Empfänger zugestellt hat. Nutzt der Kommunikationsteilnehmer ein **Postfach,** erschöpft sich der Schutz nicht darin, dass der Postdienstleister die Sendung in das Postfach einlegt. Er währt so lange fort, bis der Empfänger sie abholt.[155] 60

cc) Fernmeldegeheimnis. Das Fernmeldegeheimnis schützt die Übertragung räumlich distanzierter individueller Kommunikation durch **unkörperliche Signale.**[156] Wie das Briefgeheimnis knüpft sein Schutzgehalt unmittelbar an das **Übertragungsmedium** an. Anders als dieses setzt es aber nicht verkörperte Mitteilungen voraus; die Verfassung konzipiert es als Komplementärgrundrecht zum Briefgeheimnis.[157] 61

Obgleich die Gewährleistung des Art. 10 auch unter dem Namen **„Telekommunikationsgeheimnis"** firmiert,[158] ist sein Schutzradius nicht mit dem einfachrechtlichen **(§ 88 TKG)** identisch.[159] Dieses bindet unmittelbar **private** Telekommunikationsdienstleister. Art. 10 verpflichtet demgegenüber unmittelbar ausschließlich den **Staat** unabhängig davon, wer Betreiber der Übermittlungseinrichtung ist und ob der Dienst für den öffentlichen Verkehr bestimmt ist.[160] Anders als im TKG ist das grundrechtliche Kommunikations- 62

---

[150] Vgl. *Hermes* in Dreier Rn. 48.

[151] Es ist daher systematisch nicht kohärent, den Schutz des Briefgeheimnisses auf außerpostalische Übermittlungen zu reduzieren, um das Brief- vom Postgeheimnis überschneidungsfrei abzugrenzen; *Bizer* in AK Rn. 60; *Durner* in Maunz/Dürig Rn. 70, 74. So aber *Pagenkopf* in Sachs Rn. 12.

[152] *Bizer* in AK Rn. 54, 60; aA *Ogorek* in BeckOK GG Rn. 29.

[153] BVerfGE 67, 157 (172); *Durner* in Maunz/Dürig Rn. 77.

[154] *Durner* in Maunz/Dürig Rn. 78.

[155] BVerwGE 79, 110 (115).

[156] BVerfGE 106, 28 (35 f., Rn. 19); 115, 166 (182, Rn. 66); 120, 274 (306 f., Rn. 182).

[157] Vgl. *Gusy* in MKS Rn. 59.

[158] BVerfGE 125, 260 (309, Rn. 189); 130, 151 (179, Rn. 110); BVerfG NJW 2016, 3508 (3509, Rn. 32); sa *Rieß* in Büllesbach Datenschutz im Telekommunikationsrecht 135.

[159] BVerfGE 124, 43 (55 f., Rn. 47); BVerfG NJW 2016, 3508 (3509, Rn. 32).

[160] Näher *Gusy* in MKS Rn. 61; *Hermes* in Dreier Rn. 37.

geheimnis auch innerhalb haus- oder unternehmensinterner Fernmeldenetze geschützt.[161]

63 Typischerweise erfasst das Fernmeldegeheimnis die elektronische Übertragung mittels Funk, drahtgebundener Leitung, optischer oder sonstiger Signale. Es ist jedoch **technischen Entwicklungen gegenüber offen.**[162] Entscheidend ist weder die Übermittlungsart (zB Telefon, Telefax oder E-Mail[163]) noch die Ausdrucksform (Sprache, Text, Bilder, Töne oder sonstige Daten).[164]

64 In einer Welt rapide anschwellender digitaler Kommunikationsströme fordert der zunehmende Kontrollverlust über die eigenen Daten die rechtlich begründete Vertraulichkeit der Fernkommunikation heraus. In der Folge wächst dem Telekommunikationsgeheimnis – insbesondere in seiner Funktion, den Einzelnen als Ausfluss der staatlichen **Schutzpflicht** (→ Rn. 88) vor den Gefahren zu bewahren,[165] die vom Zugriff privater Dritter ausgehen, zB gegenüber Cyberangriffen, Identitätsmissbrauch etc. – immer größere Bedeutung zu.

65 **(1) Nicht-öffentliche Kommunikation als Schutzgegenstand.** Wie die anderen beiden Teilgewährleistungen des Art. 10 schützt das Fernmeldegeheimnis nur **nicht-öffentliche Kommunikation,** also den Informationsaustausch, der darauf angelegt ist, unbefugte Dritte auszuschließen (→ Rn. 32). Art. 10 immunisiert daher das Telefongespräch gegen Zugriffe, nicht aber den an die Allgemeinheit gerichteten **Rundfunk** oder den öffentlich zugänglichen Inhalt eines **Weblogs.**[166] Diese unterfallen dem Schutz der Meinungs-, Presse- oder Rundfunkfreiheit (Art. 5 Abs. 1).

66 Je stärker die Digitalisierung Netze und Dienste integriert, umso schwerer fällt allerdings die Abgrenzung.[167] Gerade im **Internet** fließen oftmals öffentlich zugängliche und private Kommunikation konturlos ineinander, bspw. beim Austausch in sozialen Netzwerken. Das Übertragungsmedium taugt dann nicht mehr als Differenzierungsmerkmal.[168] Dem Ansatz, das Internet generell aus dem Schutzbereich auszuklammern, da es nicht in der Lage sei, die Vertraulichkeit der Kommunikation sicher zu schützen,[169] erteilt die Verfassung aber nicht ihren Segen.[170] Die Tatsache, dass sich bspw. E-Mails technisch leicht abfangen lassen, ändert nichts an ihrer grundsätzlichen Schutzwürdigkeit.[171]

67 Umgekehrt genießt auch nicht das Medium Internet als Ganzes den Schutz des Art. 10.[172] Entscheidend ist vielmehr, dass der Kommunikationsvorgang

---

[161] *Gusy* in MKS Rn. 61; *Hermes* in Dreier Rn. 37.

[162] BVerfGE 46, 120 (144); 115, 166 (182, Rn. 67).

[163] BVerfGE 120, 274 (307, Rn. 183).

[164] BVerfGE 106, 28 (36, Rn. 19); 115, 166 (182 f., Rn. 67).

[165] *Hoffmann-Riem* AöR 134 (2009), 513 (528); s. auch *Gusy/Eichenhofer/Schulte* JöR 64 (2016), 385 (395 f.).

[166] *Hermes* in Dreier Rn. 39; *Pagenkopf* in Sachs Rn. 14b.

[167] S. dazu *Gusy* in MKS Rn. 63; *Hermes* in Dreier Rn. 40; *Sievers,* Der Schutz der Kommunikation im Internet durch Artikel 10 des Grundgesetzes, 2003, 130.

[168] *Durner* in Maunz/Dürig Rn. 92 f., 95; *Gusy* in MKS Rn. 62; *Hermes* in Dreier Rn. 39.

[169] *Pagenkopf* in Sachs Rn. 14b.

[170] So zu Recht BVerfGE 120, 274 (307, Rn. 183).

[171] BVerfGE 125, 260 (311, Rn. 192); aA *Pagenkopf* in Sachs Rn. 14b.

[172] Das folgt schon daraus, dass klassische Massenkommunikation, wie Rundfunk, auch über das Internet erfolgt. AA *Hermes* in Dreier Rn. 40.

auf Vertraulichkeit angelegt ist.[173] Diese Schwelle ist bereits dann überschritten, wenn Dritte technische Vorkehrungen, die den **Zugang für jedermann verhindern** (zB Passwortschutz oder eine Verschlüsselung), überwinden müssten, um vom Kommunikationsvorgang Kenntnis zu erlangen.[174] So liegt es bei geschlossenen Chats oder der Kommunikation in sozialen Netzwerken, die nur für „Freunde" oder einen sonstigen geschlossenen Benutzerkreis sichtbar ist[175]. Wenn demgegenüber jeder, der sich anmeldet, den Zugang erhält, ist der Adressatenkreis noch nicht ohne Weiteres geschlossen.

Die **Möglichkeit,** dass in einem Medium private Individualkommunikation stattfindet, genügt aber im Grundsatz, um unter den Schutzschirm des Art. 10 zu schlüpfen.[176] Müsste die Behörde erst auf den Inhalt zugreifen, um zu erkennen, dass der Kommunikationsvorgang nicht öffentlich ist, liefe der Vertraulichkeitsschutz nämlich ins Leere.[177] An der Eingriffsqualität fehlt es demgegenüber, wenn die staatliche Stelle den Zugang mit dem Willen der Kommunikationsbeteiligten erlangt (→ Rn. 110 f.).[178] 68

(2) Kommunikationsvorgang als Schutzvoraussetzung. Ebenso wie bei den anderen Gewährleistungen des Art. 10 zählen zum Schutzumfang des Fernmeldegeheimnisses auch die **Umstände der Kommunikation** – also **ob, wann** und **wie oft** zwischen welchen Personen eine Kommunikationsverbindung bestand oder eine Personengruppe eine solche Verbindung herzustellen versuchte (→ Rn. 37).[179] Art. 10 schützt bspw. davor, eine Rufnummerunterdrückung durch staatlichen Eingriff aufzuheben – ebenso vor einer „Fangschaltung", die einen Anruf rückverfolgbar macht (→ Rn. 111).[180] Aber auch wenn Nutzer **im Internet surfen,** hinterlässt ihr Website-Aufruf individuelle Datenspuren, die den Schutz des Art. 10 genießen.[181] Entsprechend schirmt das Grundrecht den Einzelnen gegen eine (staatliche) Überwachung der Internetnutzung ab.[182] Der Schutz schließt alle personenbezogenen Facetten der Telekommunikation ein, die sich speichern und auswerten lassen[183] – auch kurzfristig gespeicherte Verkehrsdaten.[184] 69

Kommunikations**bestandsdaten,** also allgemeine Informationen, die beim Telekommunikationsdienstleister hinterlegt sind, wie bspw. Daten zum Internetzugang, genießen im Unterschied zu Verbindungsdaten nicht generell den 70

[173] Transaktionen der Kryptowährung Bitcoin zu überwachen, greift bspw. nicht in Art. 10 ein, da die Transparenz der Transaktionen ein Wesensmerkmal des Systems ist, *Safferling/Rückert* MMR 2015, 788 (793).

[174] *Gusy* in MKS Rn. 64. Vgl. auch BVerfGE 120, 274 (341, Rn. 293).

[175] *Bauer,* Soziale Netzwerke und strafprozessuale Ermittlungen, 2017, 241 ff.; *Hermes* in Dreier Rn. 39; *Gusy* in MKS Rn. 64; *Schwabenbauer* AöR 137 (2012), 1 (20); gegen einen Schutz durch Art. 10, da die Mitteilung nicht den Herrschaftsbereich des Absenders verlasse, *Schenke* in Stern/Becker Grundrechte-Kommentar Rn. 43.

[176] BVerfGE 125, 260 (311, Rn. 192); *Bizer* in AK Rn. 65; *Durner* in Maunz/Dürig Rn. 95; *Gusy* in MKS Rn. 64.

[177] Statt vieler *Hermes* in Dreier Rn. 40.

[178] BVerfGE 120, 274 (341, Rn. 293).

[179] BVerfGE 67, 157 (172); 100, 313 (358; Rn. 161); 130, 151 (179; Rn. 112).

[180] BVerfGE 130, 151 (179, Rn. 112).

[181] BVerfG NJW 2016, 3508 (3510, Rn. 37 f.); so auch *Bäcker* in Rensen/Brink Linien der Rechtsprechung des Bundesverfassungsgerichts, 99 (104); *Bär* ZD 2017, 135 (136); *Singelnstein* NStZ 2012, 593 (594); aA *Albrecht/Braun* HRRS 2013, 500 (502 f.); *Eidam* NJW 2016, 3511 (3512).

[182] BVerfGE 125, 260 (311).

[183] BVerfGE 115, 166 (183, Rn. 70).

[184] BVerfGK 9, 399 (402).

Schutz des Art. 10. Erforderlich ist vielmehr ein hinreichender Zusammenhang zu einem **konkreten Kommunikationsvorgang.**[185] Daten, wie Anschlusskennungen, Rufnummern oder statische IP-Adressen, schützt daher im Grundsatz nur das Recht auf informationelle Selbstbestimmung (→ Rn. 231).[186] Anders verhält es sich im Falle der Zuordnung **dynamischer IP-Adressen.** Denn ihr ist notwendig der Zugriff auf konkrete Verbindungsdaten vorgelagert.[187]

71 Auch dann, wenn der Staat den Standort eines Mobiltelefons mithilfe eines **IMSI-Catchers** ermittelt, gewährt Art. 10 grundsätzlich keinen Schutz. IMSI-Catcher lesen die Internationale Mobilfunk-Teilnehmerkennung eines Mobilfunkgeräts aus: Sie simulieren Funkzellen, in die sich Mobiltelefone mit ihrer Kennung einloggen, um ihre Empfangsbereitschaft herzustellen. Dadurch geben die Geräte dem Catcher ihre Standortdaten preis. Er knüpft jedoch nicht an einen **konkreten Kommunikationsvorgang** an, sondern lediglich an den Betrieb des Geräts.[188] Der Austausch zwischen Mobiltelefon und Funkzelle ist rein technischer Natur.[189] Es fehlt daher das Gefahrenpotenzial, dem Art. 10 entgegenwirken soll. Insbesondere gestatten die Daten eines IMSI-Catchers im Normalbetrieb keinen Rückschluss auf den Inhalt eines Kommunikationsvorgangs. Da die Standortdaten aber ein Bewegungsbild ermöglichen können,[190] gefährdet der IMSI-Catcher die Privatheit des Betroffenen erheblich. Dies grundrechtlich einzufangen, ist jedoch nicht Aufgabe des Art. 10, sondern des Rechts auf informationelle Selbstbestimmung.

72 Autonome vernetzte Geräte im **Internet der Dinge,** zB Kühlschränke, die selbsttätig Waren bestellen, oder Fabrikmaschinen, die eigenständig Ersatzteile anfordern, lassen die Grenzen zwischen menschlich und maschinell veranlasstem Informationsaustausch zusehends verschwimmen. Schon automatisiert erstellte E-Mails stellen den Rechtsanwender vor Abgrenzungsschwierigkeiten.

73 Für den Schutz des Art. 10 reicht es in diesen Konstellationen aus, dass nur **ein Kommunikationsteilnehmer** willensgesteuert auf konkrete Kommunikationsinhalte eines anderen Menschen zugreift.[191] Er setzt jedoch voraus, dass Endgeräte **verschiedener Personen** miteinander kommunizieren. Denn Art. 10 knüpft an einen **Kommunikationsvorgang zwischen Menschen an.**[192] Es genügt daher nicht, dass ein Nutzer Informationsgehalte verschiedener Endgeräte, zB zwischen seinem Smartphone und seinem Desktop, **synchronisiert.** Soweit **Cloud Computing** ausschließlich dazu dient, eigene Daten extern zu speichern, greift daher nicht Art. 10, sondern stattdessen das IT-Grundrecht bzw. das informationelle Selbstbestimmungsrecht (→ Rn. 234).[193]

---

[185] Vgl. BVerfGE 130, 151 (179 f., Rn. 113); *Gersdorf* in BeckOK InfoMedR Rn. 15.

[186] Vgl. BVerfGE 130, 151 (181, Rn. 115).

[187] BVerfGE 130, 151 (181 f., Rn. 116); anders *Bäcker* in Rensen/Brink Linien der Rechtsprechung des Bundesverfassungsgerichts, 99 (111 ff.).

[188] BVerfGK 9, 62 (74); krit. *Nachbaur* NJW 2007, 335 (337); *Schenke* in Stern/Becker Grundrechte-Kommentar Rn. 45; *Schwabenbauer* AöR 137 (2012), 1 (22 f.).

[189] BVerfGK 9, 62 (74); BVerfG NJW 2016, 3508 (3510, Rn. 38); ebenso für den Versand einer „stillen SMS" s. BGH NJW 2018, 2809 (2810, Rn. 5).

[190] Vgl. *Nachbaur* NJW 2007, 335 (337); *Schwabenbauer* AöR 137 (2012), 1 (22 f.).

[191] BVerfG NJW 2016, 3508 (3510, Rn. 38).

[192] Vgl. bspw. BVerfG MMR 2005, 674; BVerfG MMR 2006, 805 (806); *Soiné* MMR 2015, 22 (23); *Albrecht/Braun* HRRS 2013, 500 (502); *Klein* NJW 2009, 2996 (2997); *Schwabenbauer* AöR 137 (2012), 1 (19); aA *Grünwald/Nüßing* MMR 2015, 378 (382).

[193] *Britz* DÖV 2008, 411 (413 f.); *Hoffmann-Riem* AöR 134 (2009), 513 (531); *Thüsing/Pötters* in Thüsing Beschäftigtendatenschutz, § 15 Rn. 11.

Macht der Nutzer die gespeicherten Dokumente jedoch anderen zugänglich, handelt es sich um einen **asynchronen Kommunikationsvorgang,** der unter dem Schutz des Art. 10 steht.[194] Maßgeblich für die Abgrenzung ist also die **konkrete Nutzung** der Cloud:[195] Ab dem Zeitpunkt, in dem der Nutzer die Inhalte für andere Nutzer freigibt, greift das Fernmeldegeheimnis.[196] Der Schutz währt so lange fort, wie die Inhalte an diesem Speicherort verbleiben.[197]

Auch die reine **Interaktion zwischen Maschinen,** so sensibel die ausgetauschten Informationen (zB *sub specie* von Geschäftsgeheimnissen) auch sein mögen, unterfällt nicht dem Schutz des Fernmeldegeheimnisses. Für den maschinellen Datenaustausch, der keine Kommunikation zwischen Menschen repräsentiert, greifen vielmehr das Recht auf Integrität und Vertraulichkeit informationstechnischer Systeme bzw. die allgemeine Handlungsfreiheit (→ Rn. 23). **74**

(3) Schutzdauer. Die Schutzdauer des Fernmeldegeheimnisses ist – wie bei den beiden anderen Gewährleistungen – grundsätzlich auf den Vorgang der Kommunikation limitiert (→ Rn. 39). Denn Art. 10 will den Gefahren begegnen, die sich daraus ergeben, dass **Dritte** in den Übermittlungsvorgang eingeschaltet sind. Diese spezifische Gefahr für die Vertraulichkeit der räumlich distanzierten Kommunikation besteht erst, sobald der Absender die Nachricht **aus der Hand gegeben** hat,[198] bis sie im **Herrschaftsbereich des Empfängers** angekommen ist.[199] Ab diesem Zeitpunkt ist sie grundsätzlich nicht mehr erweiterten Zugriffsmöglichkeiten Dritter ausgesetzt. **75**

Moderne Kommunikationsformen stellen jedoch die hergebrachte Annahme in Frage, dass die spezifische Gefährdungslage mit dem Übermittlungsvorgang endet. Eine **E-Mail** genießt vielmehr so lange den Schutz des Art. 10, wie sie auf dem **Server des Providers** gespeichert ist.[200] Denn bis dahin befindet sie sich – ähnlich wie ein Brief im Postfach – nicht im alleinigen Herrschaftsbereich des Empfängers:[201] Der E-Mail-Provider kann unbemerkt auf die Daten zugreifen, weil er den **Speicherort** bereitstellt. Da Art. 10 keinen Telekommunikationsvorgang in einem dynamischen Sinne verlangt, kann das Grundrecht auch in dieser der digitalisierten Realität eigenen Konstellation Schutzwirkung entfalten. Entscheidend ist dafür der Normzweck und die **grundrechtsspezifische Gefährdungslage** – nicht die Dauer des Übermittlungsvorgangs.[202] Das Fernmeldegeheimnis verwan- **76**

---

[194] *Bäcker* in Rensen/Brink Linien der Rechtsprechung des Bundesverfassungsgerichts, 99 (109); *Brodowski/Eisenmenger* ZD 2014, 119 (121); *Gähler* HRRS 2016, 340 (347); *Guckelberger* in SHH Rn. 25; *Schwabenbauer* AöR 137 (2012), 1 (19); *Störing* MMR 2008, 187 (188); *Zimmermann* JA 2014, 321 (326).

[195] *Groß* in BerlKomm Rn. 21; *Guckelberger* in SHH Rn. 25; aA *Bäcker* in Rensen/Brink Linien der Rechtsprechung des Bundesverfassungsgerichts, 99 (109 f.); *Brodowski/Eisenmenger* ZD 2014, 119 (121); *Schwabenbauer* AöR 137 (2012), 1 (10).

[196] *Gusy* in MKS Rn. 63.

[197] Es gilt insoweit das Gleiche wie im Fall einer IMAP (Internet Message Access Protocol)-E-Mail. Auch hier besteht der Schutz des Art. 10 während des gesamten Zeitraums fort, in dem die E-Mail auf dem Server eines Providers gespeichert bleibt (→ Rn. 76).

[198] *Hermes* in Dreier Rn. 38.

[199] BVerfGE 115, 166 (181 ff., Rn. 72 ff.).

[200] BVerfGE 124, 43 (54 ff., Rn. 45 ff.); zust. *Hermes* in Dreier Rn. 38 mwN; *Schwabenbauer* AöR 137 (2012), 1 (14); vgl. auch *Durner* in Maunz/Dürig Rn. 98 f.

[201] *Durner* in Maunz/Dürig Rn. 98; *Hermes* in Dreier Rn. 38.

[202] BVerfGE 124, 43 (54 ff., Rn. 45 ff.); vgl. auch *Schwabenbauer* AöR 137 (2012), 1 (14 ff.); *Gusy* in MKS Rn. 27; *Hermes* in Dreier Rn. 38; krit. dagegen *Durner* in Maunz/Dürig Rn. 99; *Krüger* MMR 2009, 680 (682).

delt sich daher für denjenigen, der das Internet Message Access Protocol **(IMAP)** nutzt und damit seine E-Mails permanent auf den Servern des Anbieters (ggf. über verschiedene Endgeräte hinweg) behält, in ein **Dauergrundrecht;**[203] der Schutzbereich erweitert sich im Sinne einer **Telekommunikationsnachwirkung.**[204]

77 Mit Blick darauf sah eine Kammer des BVerfG im Fall der **Beschlagnahme einer SIM-Karte** auch die darauf gespeicherten Verbindungsdaten als durch Art. 10 geschützt an.[205] Diese Einstufung überzeugt nicht. Denn allein der Betroffene hat die physische Herrschaftsgewalt über die auf der SIM-Karte gespeicherten Daten. Zu Recht hat das Gericht daher später in einem anderen Fall entschieden, dass die Verbindungsdaten, „die nach Abschluss des Übertragungsvorgangs" […] zB auf einer Festplatte „im Herrschaftsbereich des Kommunikationsteilnehmers gespeichert"[206] sind, nicht am Schutz des Art. 10 teilhaben. Vielmehr greift insoweit der Schutz des informationellen Selbstbestimmungsrechts.

78 **2. Persönlicher Schutzbereich. a) Grundrechtsträger.** Art. 10 schützt alle **in- und ausländischen natürlichen Personen,** die an einem Brief-, Post- oder Fernmeldeverkehr tatsächlich beteiligt sind.[207] Bei einem Chatgespräch ist Grundrechtsträger daher bspw. nicht der Inhaber des Accounts, sondern derjenige, der sich tatsächlich am Austausch beteiligt. Die **Legalität des Kommunikationsvorgangs** spielt auf der Ebene des Schutzbereichs keine Rolle.[208] Sie kann aber eine Grundrechtseinschränkung legitimieren.

79 **aa) Kommunikationsdaten Verstorbener.** Träger des Brief-, Post- und Fernmeldegeheimnisses können nur **Lebende** sein. Der Geheimhaltungsschutz für Kommunikationsinhalte und für deren Umstände kann aber über den Tod hinauswirken: Aus Art. 1 Abs. 1 erwächst (auch) ein **postmortaler Persönlichkeitsschutz.** Er ist nicht als Schutz der Toten konzipiert, sondern als Schutz der Lebenden mit Blick auf ihren Tod: Fürchten die Nutzer, dass ihre privaten Daten nach ihrem Tod nicht geschützt sind, strahlt das auf ihre Persönlichkeitsentfaltung zu Lebzeiten aus.[209]

80 Der kommunikationsrechtliche Gewährleistungsgehalt fortwirkenden Vertraulichkeitsschutzes kollidiert mit dem vermögensrechtlichen Schutz der Erben aus § 1922 BGB iVm Art. 14 Abs. 1. Denn in der Schutzmasse des **digitalen Nachlasses,** insbesondere in E-Mail-Accounts und sonstigen Nutzerkonten, schlummern neben vertraulichen Nachrichten auch vermögenswerte Rechtspositionen (zB Geldguthaben). Verfassungsrechtlich ist dann einerseits das Erbrecht und andererseits die **Schutzpflicht des Staates** adressiert, die Privatheit von Kommunikationsdaten sicherzustellen (→ Rn. 88 f.). Zum Schwur kommt damit die Frage, ob der postmortale Persönlichkeitsschutz und/oder das Fernmeldegeheimnis der am Kommunikationsvorgang Beteiligten den Providern verbieten, den Erben, die kraft § 1922 BGB in das Vertragsverhältnis mit den Anbietern eintreten, Zugang zu den Accounts des Verstorbenen (insbesondere soweit sie keinen vermögensrelevanten Charakter

---

[203] Vgl. *Krüger* MMR 2009, 680 (682).
[204] *Klein* NJW 2009, 2996 (2997).
[205] BVerfGK 5, 74 (82); krit. *Durner* in Maunz/Dürig Rn. 99.
[206] BVerfGE 115, 166 (183, Rn. 72).
[207] Näher zum Beteiligungsbeginn *Gusy* in MKS Rn. 24 mit Fn. 117.
[208] Vgl. BVerfGE 85, 386 (397); *Hermes* in Dreier Rn. 27.
[209] *Martini* JZ 2012, 1145 (1150 f.).

haben) zu gewähren.[210] Der Erbe rückt nur in den Nutzungsvertrag, nicht aber auch in die Nutzerstellung (eines abgeschlossenen Telekommunikationsvorgangs) ein.[211] Gewährt der Telekommunikationsanbieter den Erben Zugriff, greift er daher in die einfachgesetzlich geschützte Vertraulichkeit des Kommunikationsvorgangs (§ 88 Abs. 3 TKG) ein. Solange der Gesetzgeber dies nicht ausdrücklich gestattet, verstößt die Freigabe des Accounts für die Erben gegen das einfachgesetzliche Zitiergebot des § 88 Abs. 3 S. 3 TKG.

Um der rechtssicheren Zuordnung des digitalen Nachlasses ***de lege ferenda*** **81** Herr zu werden, sollte der Gesetzgeber Diensteanbieter dazu verpflichten, Einstellungen für den digitalen Nachlass vorzuhalten und den Nutzer darauf hinzuweisen, sodass er seinen letzten Willen für seine digitalen Spuren artikulieren (kann). Die Rechtsordnung sollte den Angehörigen ferner datenschutzrechtliche Nachlasssorgerechte gewähren, damit Diensteanbieter den digitalen Nachlass nicht als Freiwild der Datenausbeute missbrauchen.[212]

bb) Minderjährige und Betreute. Art. 10 knüpft nicht an das Alter, die **82** Geschäftsfähigkeit oder die kognitive Leistungskraft seines Trägers an. **Minderjährige** können sich daher ebenso wie **Betreute** auf Art. 10 berufen. Ihre Kommunikationsgrundrechte strahlen insbesondere auf die Auslegung bürgerlich-rechtlicher Normen (insbesondere §§ 1631, 1666, 1896 BGB) aus. Begrenzungen iSd Art. 10 Abs. 2 S. 1 können sich allerdings auf der Grundlage einfachgesetzlicher Ausgestaltung für den Minderjährigen aus dem elterlichen Erziehungsauftrag (Art. 6 Abs. 2) ergeben.[213] Ähnlich ist der Freiheitsanspruch des Betreuten auf Rechtfertigungsebene mit dem Betreuungsverhältnis in Ausgleich zu bringen.

cc) Juristische Personen. Privaten inländischen[214] juristischen Personen **83** kommt der Schutz des Art. 10 nicht vorbehaltlos, sondern nach Maßgabe des Art. 19 Abs. 3 zu.[215] Juristische Personen des **öffentlichen Rechts** können sich hingegen nicht auf Grundrechte berufen.[216] Sie sind grundrechtsverpflichtet, nicht grundrechtsberechtigt. Etwas anderes gilt dann, wenn sie die Grundrechte in einem Bereich verteidigen, in dem sie vom Staat unabhängig und daher dem Lebensbereich zuzuordnen sind, den das Grundrecht spezifisch schützen soll.[217] Öffentlich-rechtliche Rundfunkanstalten können sich daher ausnahmsweise auf Art. 10 berufen, wenn sie während ihrer Redaktionsarbeit oder um Informationen zu beschaffen, auf Distanz kommunizieren.[218] Zwischen der Rundfunkfreiheit und Art. 10 besteht insoweit ein funktioneller Zusammenhang wechselseitiger Ergänzung. Entsprechendes gilt für Universitäten, die Fernkommunikationsmittel in Anspruch nehmen, um

---

[210] Dazu BGH JZ 2019, 255 (3183, Rn. 58.); *Hoeren* MMR 2018, 740 (749 f.); *Martini/Kienle* JZ 2019, 235 (236).

[211] Für dieses Verständnis streitet auch Art. 5 Abs. 1 S. 2 iVm Art. 2 lit. a der e-Privacy-RL 2002/58/EG. Näher *Martini/Kienle* JZ 2019, 235 (236).

[212] Dazu bereits *Martini* JZ 2012, 1145 (1154 f.).

[213] Näher *Durner* in Maunz/Dürig Rn. 101.

[214] Ausländische juristische Personen sind nicht grundrechtsberechtigt. Ihre Funktionsträger sind aber nicht daran gehindert, eine Grundrechtsverletzung als natürliche Personen geltend zu machen, auch wenn dieser Schutz reflexhaft der juristischen Person zukommt. Denn Art. 19 Abs. 3 soll den individuellen Grundrechtsschutz auf juristische Personen erweitern und nicht den Schutz Privater begrenzen; BVerfG BeckRS 2020, 8777 Rn. 69.

[215] BVerfGE 106, 28 (43, Rn. 38); *Gusy* in MKS Rn. 24; *Hermes* in Dreier Rn. 26.

[216] Statt vieler *Ogorek* in BeckOK GG Rn. 9.

[217] BVerfGE 31, 314 (322).

[218] BVerfGE 107, 299 (310, Rn. 36).

ihre Wissenschaftsfreiheit auszuüben, sowie für Religionsgemeinschaften in Ausübung ihrer Religionsfreiheit.[219]

84 **Postbeförderungsunternehmen** und **Kommunikationsdienstleister,** welche die Kommunikation zwar ermöglichen, aber nicht selbst betreiben, sind nicht Träger des Art. 10,[220] sondern Kommunikationsvermittler, die nicht über die Privatheit der Kommunikation ihrer Kunden disponieren dürfen.[221] Art. 10 etabliert auch kein Grundrecht mit Schutzwirkung für Dritte. Beschränken hoheitliche Maßnahmen deren Dienstleistungen, können sie sich nur auf Art. 12 Abs. 1, 14 Abs. 1 oder Art. 2 Abs. 1 berufen.[222]

85 **dd) Verwirkung.** Als Ausdruck der **streitbaren Demokratie** des GG sind die Grundrechte des Art. 10 **verwirkbar** (Art. 18). Praktische Wirkung hat dieser tiefe Einschnitt in die Grundrechte jedoch nicht erlangt.[223]

86 **b) Grundrechtsverpflichtete.** Art. 10 begründet vorrangig ein **klassisches Abwehrrecht** gegen staatliche Eingriffe in die Vertraulichkeit der Kommunikation.[224] Es verpflichtet die öffentliche Gewalt in all ihren Funktionen und Erscheinungsformen (Art. 1 Abs. 3). Das Geheimhaltungsinteresse gilt dabei insbesondere der Exekutive,[225] typischerweise den Sicherheitsbehörden.[226]

87 Hauptadressat des Art. 10 war in den Anfangstagen des GG die **Bundespost.**[227] Sie war seit 1950 als nicht-rechtsfähiges Sondervermögen des Bundes **öffentlich-rechtlich organisiert.** Im Zuge ihrer Privatisierung ist inzwischen aber die Sonderstellung der Postnachfolgeunternehmen (Deutsche Post AG, Deutsche Postbank AG und Deutsche Telekom) entfallen.[228] Sie sind als Privatrechtssubjekte daher grundsätzlich[229] — ebenso wie andere Kommunikationsanbieter — **nicht unmittelbar** an Art. 10 **gebunden.**[230] Das gilt auch, obgleich der Staat Anteile an ihnen hält – solange er das Unternehmen nicht kraft der eigentumsrechtlichen Mehrheitsverhältnisse beherrscht.[231]

88 **3. Objektiv-rechtlicher Gewährleistungsgehalt; Schutzpflicht.** Art. 10 formuliert neben Abwehrrechten des Einzelnen eine objektive Wertentscheidung der Verfassungsordnung.[232] Aus ihr erwächst im Verbund mit Art. 1 Abs. 1[233] die Verpflichtung des Staates, den Kommunikationsschutz des Art. 10 konkretisierend in die Rechtsordnung hineinzutragen.[234] Ihn

[219] *Groß* in BerlKomm Rn. 26; *Ogorek* in BeckOK GG Rn. 10.
[220] BVerwG NVwZ 2018, 1476 (1479, Rn. 27 ff.); *Durner* in Maunz/Dürig Rn. 104; *Gusy* in MKS Rn. 26; *Hermes* in Dreier Rn. 28; *Ogorek* in BeckOK GG Rn. 15; aA BVerfGE 67, 157 (172); 85, 386 (396); *Papier* NVwZ Extra 2016/15, 1 (4).
[221] *Gusy* in MKS Rn. 26; *Hermes* in Dreier Rn. 28.
[222] Vgl. BVerfGE 115, 205 (229; Rn. 78 ff.); *Gusy* in MKS Rn. 26.
[223] *Butzer* in BeckOK GG Art. 18 Rn. 3.
[224] Statt vieler *Horn* in HdbStR VII § 149 Rn. 105.
[225] BVerfGE 67, 157 (172).
[226] BVerfGE 85, 386 (396); *Gusy* in MKS Rn. 28.
[227] Vgl. BVerfGE 85, 386 (396, Rn. 46); BVerwGE 113, 208 (210, Rn. 10).
[228] *Hermes* in Dreier Rn. 49; *Schenke* in Stern/Becker Grundrechte-Kommentar Rn. 38, 54.
[229] Etwas anderes gilt für beliehene Unternehmer *Durner* in Maunz/Dürig Rn. 109.
[230] *Hermes* in Dreier Rn. 49; *Pagenkopf* in Sachs Rn. 20.
[231] BVerfGE 128, 226 (244, Rn. 46).
[232] BVerfGE 7, 198 (205); 67, 157 (185).
[233] BVerfGE 49, 89 (142); 88, 203 (251).
[234] BVerfGE 67, 157 (185); 106, 28 (37, Rn. 21); BVerfGK 9, 399 (402); krit. *Pagenkopf* in Sachs Rn. 21.

treffen **Schutzpflichten,** die ihn dazu anhalten, die Grundrechtsträger vor den grundrechtlichen Gefahren zu bewahren, die von privaten Akteuren ausgehen.[235]

Die Gewährleistungen stehen damit in der Tradition des Art. 117 WRV. Aus ihm leitete das Schrifttum bereits früh grundrechtliche Schutzpflichten ab.[236] Die **Privatisierung** der Post und des Telekommunikationssektors rückte die Schutzpflichten aus Art. 10 und seine mittelbare Drittwirkung aber stärker in den Fokus seines normativen Geltungsradius (→ Rn. 87).[237] **89**

a) Umfang und Herleitung. Wer die Vertraulichkeit seiner Kommunikation wahren will, befindet sich in einer schutzbedürftigen Ausgangsposition: Einerseits muss er sich, um auf Distanz kommunizieren zu können, der Dienste solcher Leistungsanbieter bedienen, die typischerweise oligopolartig strukturiert sind und über entsprechende wirtschaftliche Macht verfügen. Andererseits kann er nicht selbst kontrollieren, ob diese ihre Vertraulichkeitsversprechen einhalten. Daraus erwächst ein Regulierungsauftrag an den Staat, die Vertraulichkeit der Kommunikation vor dem Zugriff **privater Dritter,** insbesondere den Betreibern von Telekommunikationsdiensten, zu schützen.[238] **90**

Dem demokratisch legitimierten Gesetzgeber kommt zugleich ein weites **Ermessen** zu, wie er seine Schutzpflicht erfüllt,[239] um kollidierende Rechtsgüter in einen grundrechtsschonenden Ausgleich zu bringen.[240] Er hat dabei aber einen verfassungsrechtlichen Mindeststandard zu gewährleisten. Dessen Schutzhöhe definiert das **Untermaßverbot.**[241] **91**

Die **gerichtliche Kontrolldichte** richtet sich nach der Bedeutung des grundrechtlichen Schutzguts, dem Grad seiner Gefährdung und dem Ausmaß der Grundrechtsbeeinträchtigung.[242] Von Bedeutung ist auch, inwieweit dem Grundrechtsträger Selbsthilfemöglichkeiten zur Seite stehen.[243] **92**

Der Umstand, dass private Unternehmen für Lebensbereiche, die früher der Staat als Aufgabe der Daseinsvorsorge wahrnahm, in eine **Pflichten- und Garantenstellung** hineinwachsen, nähert den grundrechtlich gebotenen Schutz gegenüber Privaten der unmittelbaren Grundrechtsbindung des Staates an.[244] Erhöhte Anforderungen an die Schutzpflicht erwachsen aber nicht allein einer Privatisierungsfolgenverantwortung. Sie gründet vielmehr vorrangig auf der hohen Bedeutung, die der auf Vertraulichkeit und Integrität angelegten **Informations- und Kommunikationsinfrastruktur** **93**

---

[235] BVerfGE 106, 28 (37, Rn. 21). S. bspw. auch *Gusy* in MKS Rn. 31 f.

[236] *Bovensiepen* in Nipperdey Grundrechte und Grundpflichten der Reichsverfassung, 387 (388); *Giese,* Verfassung des deutschen Reiches, 1925, Art. 117 Anm. 1.

[237] Vgl. BVerfGE 106, 28 (37, Rn. 21); sa *Gusy* in MKS Rn. 38; krit. zu gesteigerten Schutzpflichten: *Durner* in Maunz/Dürig Rn. 116.

[238] BVerfGE 106, 28 (37, Rn. 21).

[239] Vgl. BVerfGE 55, 349 (364 f.); 125, 38 (78, Rn. 135); *Durner* in Maunz/Dürig Rn. 115.

[240] Vgl. BVerfGE 77, 170 (214 f.); sa bspw. *Calliess* JZ 2006, 321 (322).

[241] BVerfGE 88, 203 (254); ausführlich dazu *Calliess,* Rechtsstaat und Umweltstaat, 2001, 455 ff.

[242] Vgl. BVerfGE 53, 30 (57 f.); 56, 53 (78); *Calliess* JZ 2006, 321 (328); *Neubert* AöR 140 (2015), 267 (288).

[243] *Calliess* JZ 2006, 321 (327); *Neubert* AöR 140 (2015), 267 (288).

[244] BVerfGE 128, 226 (248, Rn. 59). Für Facebook in der Funktion als öffentlicher Begegnungsraum mit Blick auf Art. 3 Abs. 1 GG s. BVerfG NJW 2019, 1935 (1936, Rn. 15).

für die heutige Lebensrealität des Individuums in der Gesellschaft zukommt.[245]

94 **b) Einfachgesetzliche Ausformungen.** Die Schutzpflicht des Staates aus Art. 10 hat sehr vielfältige einfachgesetzliche Ausformungen erfahren – nicht nur strafrechtlich, bspw. in §§ 201, 202b, 206 StGB, sondern auch infrastrukturrechtlich: **§ 39 PostG** unterstellt, als Konsequenz der Postprivatisierung, die Postdienstleistungsunternehmen dem Postgeheimnis. Ähnlich verpflichtet das **TKG,** namentlich § 88, Telekommunikationsdiensteanbieter, Festnetz- und Mobilfunkanbieter sowie Internet-Telefonie- und E-Maildienste, soweit sie selbst Telekommunikationsdienste anbieten (§ 3 Nr. 6 TKG), auf das Fernmeldegeheimnis.[246]

95 Anbieter von **Telemediendiensten,** auch **„Over-the-top-Dienste"** wie WhatsApp, deren Schwerpunkt nicht in der Übertragungsleistung liegt, offerieren zwar keine Telekommunikationsdienste iSd § 3 Nr. 6 TKG.[247] § 7 Abs. 2 S. 3 TMG unterwirft sie aber den Bindungen des Fernmeldegeheimnisses. *Pro futuro* erklärt die **RL (EU) 2018/1972**[248] auf bestimmte OTT-Dienste das strengere Telekommunikationsrechtsregime für anwendbar (vgl Art. 2 Nr. 4 lit. b, 5). Der Unionsgesetzgeber trägt damit zu Recht den Schutzbedürfnissen der technischen Entwicklung Rechnung. Denn aus der Perspektive des Nutzers bleibt es sich gleich, ob der Anbieter die Signale selbst überträgt oder nicht, solange der Dienst die Kommunikation ermöglicht.[249]

96 Die Schutzverpflichtung verlangt neben dem Normierungsauftrag an den Gesetzgeber von der Exekutive und Judikative, Normen – speziell im zivilrechtlichen Rechtsverkehr – grundrechtskonform auszulegen und durchzusetzen.[250] Insbesondere Generalklauseln, die Entscheidungsspielräume eröffnen, sind Einfallstore der **mittelbaren Drittwirkung.**[251] So beeinflusst bspw. der Geheimnisschutz die zivilrechtliche Frage, ob der geschiedene Ehegatte die verschlossene Post des Empfängers öffnen darf.[252] Das Zivilgericht hat das Fernmeldegeheimnis ebenso zu berücksichtigen, wenn es in einem Rechtsstreit zwischen Privaten über die Frage zu entscheiden hat, ob ein Telekommunikationsunternehmen Verkehrsdaten speichern darf.[253] Insbesondere im **Arbeitsrecht** wächst die Bedeutung des Art. 10 nachhaltig, gibt doch der technische Fortschritt dem Arbeitgeber zahlreiche Mittel an die Hand, die Kommunikation des Arbeitnehmers zu überwachen.[254]

97 **c) Schutzpflicht gegenüber fremdstaatlicher Hoheitsgewalt.** Die Schutzpflicht aus Art. 10 besteht auch gegenüber Maßnahmen **fremdstaatlicher Hoheitsgewalt.**[255] Sie entfaltet ihre Wirkung insbesondere, wenn die

---

245 *Hoffmann-Riem,* Stellungnahme zur Anhörung des NSA-Untersuchungsausschusses, 22.5.2014, 19; *ders.* JZ 2014, 53 f.; sa *Gusy/Eichenhofer/Schulte* JöR 64 (2016), 385 (391 f.).

246 Näher *Deutsch/Eggendorfer* K&R 2017, 93 (98).

247 EuGH C-193/18, ECLI:EU:C:2019:498 Rn. 38 – Gmail; näher bspw. *Martini* in BeckOK InfoMedR § 1 TMG Rn. 13b.

248 ABl. 2018 L 321, 36.

249 ErwGrd 15 S. 5 RL (EU) 2018/1972; s. dazu auch *Ludwigs/Huller* NVwZ 2019, 1099 (1101).

250 *Calliess* JZ 2006, 321 (328); *Gusy* DuD 2009, 33 (38).

251 *Calliess* in HdbGR II § 44 Rn. 5 f.

252 BGH NJW-RR 1990, 764.

253 BVerfGK 9, 399 (402).

254 Vgl. *Hermes* in Dreier Rn. 102.

255 BVerfGE 55, 349 (365) mwN; *Guckelberger* in SHH Rn. 31; *Jarass* in Jarass/Pieroth Rn. 14.

Strafverfolgungsbehörde eines anderen Staates auf Kommunikationsdaten zugreifen möchte, die **in Deutschland gespeichert** sind. Ausländische Staaten sind grundsätzlich nicht berechtigt, auf deutschem Boden Daten zu erheben.[256] Ihre Vollzugsinstanzen müssen sich vielmehr an die deutschen Behörden wenden; als Ausfluss der nationalstaatlichen Souveränität bleibt diesen die Zugriffsmacht vorbehalten. Das **E-Evidence-Paket** der Europäischen Union, das sich noch im Gesetzgebungsverfahren befindet, möchte es Behörden anderer Mitgliedstaaten *pro futuro* jedoch gestatten, Daten direkt von den Diensteanbietern verlangen zu können.[257] Davon geht die Gefahr aus, den materiellrechtlichen Grundrechtsschutz sowie seine strafprozessualen Sicherungen, wie den Richtervorbehalt und den Schutz des Kernbereichs privater Lebensgestaltung, zu unterminieren.[258] Ein Abkommen, das den USA (auf der Grundlage des CLOUD Act[259]) und den EU-Mitgliedstaaten einen vergleichbaren Direktzugriff gewährt, befindet sich ebenfalls im Aushandlungsprozess.[260]

Die staatliche Schutzpflicht kommt auch zum Tragen, wenn Unternehmen **98**
Daten **in Drittstaaten übermitteln** oder internationale Übertragungswege nutzen, und sie damit dem Zugriff staatlicher Hoheitsträger aussetzen.[261] Welche Schutzmaßnahmen der Bürger konkret verlangen kann, trat mit besonderer Dringlichkeit auf den Plan, als die **NSA-Affäre** die Vermutung an das Licht der Öffentlichkeit spülte, dass ausländische Geheimdienste die Daten deutscher Bürger systematisch ausgewertet hatten.

Bei **Abhörmaßnahmen außerhalb Deutschlands** beschränkt die Sou- **99**
veränität des fremden Staates die rechtlichen Handlungsmöglichkeiten deutscher Staatsgewalt.[262] Diese kann nur, aber immerhin durch rechtliche und technische Maßnahmen auf den Schutz deutscher Kommunikation hinwirken.[263] Wie auch sonst, wenn den Staat Schutzpflichten treffen – insbesondere in der Außenpolitik[264] –, dürfen die Legislative und Exekutive innerhalb der Grenzen des **Untermaßverbots** grundsätzlich selbst entscheiden, welche konkreten Maßnahmen sie ergreifen.[265] Der Staat verletzt seine Handlungspflicht erst, wenn er entweder gar keine Schutzvorkehrungen trifft oder wenn die getroffenen Vorkehrungen offensichtlich ungeeignet oder völlig unzulänglich sind.[266] Bei einer so intensiven Grundrechtsbeeinträchtigung wie der verdachtslosen millionenfachen Überwachung deutscher Bürger, wachsen die Anforderungen an die Schutzpflichtverantwortung des Staates jedoch – zumal sich der einzelne Bürger vor dem Zugriff kaum schützen kann.[267]

---

[256] Für die USA vgl. *Ullrich* DVBl. 2015, 204 (209 f.).
[257] COM(2018) 225 final.
[258] Vgl. *Burchard* ZRP 2019, 164 (165); *Schaar* MMR 2018, 705 (706).
[259] Clarifying Lawful Overseas Use of Data (CLOUD) Act, H. R. 4943.
[260] Zum Standpunkt Deutschlands s. BT-Drs. 19/13234.
[261] Dem suchen insbesondere die Art. 44 ff. DSGVO Rechnung zu tragen. Dazu bspw. *Martini/Botta* VerwArch 2019, 235 (271); *Mense* ZD 2019, 351 (355); *Molnár-Gábor/Kaffenberger* ZD 2017, 18 (23).
[262] *Schliesky/Hoffmann/Luch/Schulz/Borchers,* Schutzpflichten und Drittwirkung im Internet, 2014, 68 f.; *Ullrich* DVBl. 2015, 204 (210).
[263] *Guckelberger* in SHH Rn. 31.
[264] Vgl. BVerfGE 40, 141 (178); 55, 349 (364 f.).
[265] BVerfGE 56, 54 (81); 125, 39 (78, Rn. 135); *Hoffmann-Riem* JZ 2014, 53 (62); *Ogorek* in BeckOK GG Rn. 75; *Schmahl* JZ 2014, 220 (221).
[266] BVerfGE 56, 54 (81); 142, 323 (337 f., Rn. 70); *Neubert* AöR 140 (2015), 267 (291).
[267] *Neubert* AöR 140 (2015), 267 (289 f.).

100 Wenn Dritte durch **Cyberattacken** Kommunikationsdaten entwenden oder Kommunikationsinfrastruktur mittels Schadsoftware unbrauchbar machen, bedroht das die unbefangene Fernkommunikation unmittelbar und nachhaltig.[268] Neben Strafdrohungen und IT-Sicherheitsmaßnahmen ist dann technisch ein staatlicher Gegenschlag **(„Hackback")** denkbar. Er zielt auf das informationstechnische System des Angreifers, um es zu manipulieren, entwendete Daten zu löschen oder als *Ultima Ratio* die Funktionsfähigkeit des IT-Systems aufzuheben.[269] Die Bundesregierung arbeitete zuletzt daran, die rechtlichen und tatsächlichen Grundlagen für solche Maßnahmen zu schaffen: Das Bundesamt für Sicherheit in der Informationstechnik soll bspw. unter bestimmten Voraussetzungen die Provider dazu verpflichten können, Daten auf Systemen ihrer Kunden zu löschen oder zu verändern.[270] Die weitere Umsetzung liegt zur Zeit aber aufgrund rechtlicher Bedenken auf Eis. Wenn sich die Maßnahme gegen persönlichkeitsrelevante informationstechnische Systeme unbeteiligter Dritter richtet, die bspw. in ein Botnetz eingespannt sind, kann ein „Hackback" das Grundrecht auf Vertraulichkeit und Integrität informationstechnischer Systeme verletzen.

101 Befindet sich das betroffene System im Ausland[271] und geht die Maßnahme über Aufklärung hinaus,[272] darf *de constitutione lata* nur die **Bundeswehr** tätig werden, soweit die Landesverteidigung berührt ist, dh die Bundesrepublik Deutschland auf einen bewaffneten militärischen Angriff von außen reagiert (Art. 87a Abs. 1).[273] Völkerrechtlich setzen das **Gewaltverbot** (Art. 2 Abs. 4 UNCh) und das Interventionsverbot (vgl. Art. 1 Abs. 2; Art. 2 Abs. 1 UNCh) einem solchen Einsatz enge Grenzen.[274] Das Gewaltverbot ist berührt, wenn Hackback-Operationen in ihrem Ausmaß und ihrer Auswirkung so tiefgreifend sind, dass sie mit militärischer Gewalt vergleichbar sind. Das trifft insbesondere dann zu, wenn sie erhebliche physische Zerstörungen verursachen.[275] Eine solche Gewaltanwendung lässt sich zwar in Gestalt einer Selbstverteidigung rechtfertigen (Art. 51 UNCh). Dafür müsste die Cyberattacke, gegen die sich der Hackback richtet, aber die Schwelle zum „bewaffneten Angriff" überschreiten. Unterhalb dieser Schwelle kann eine Gegenmaßnahme zulässig sein, soweit sie keine physischen Schäden hinterlässt.[276] Dabei ist jedoch das erhebliche Eskalationspotenzial in Rechnung zu stellen, das von einem Angriff ausgeht: Da sich seine exakten Urheber häufig nur schwer identifizieren lassen, ist das Risiko hoch, nicht allein die Verursachersysteme zu treffen, sondern **Kollateralschäden** bei Dritten auszulösen und dadurch Gegenmaßnahmen zu provozieren.[277] Bei jeglichen Offensivmaß-

---

[268] Zur Reichweite von Schutzpflichten gegen Cyberangriffe s. *Frenz* DVBl. 2019, 1021 (1022 f.).

[269] Vgl. für mögliche Maßnahmen *Schallbruch* CR 2017, 215 (223 f.).

[270] IT-Sicherheitsgesetz 2.0, Referentenentwurf des Bundesministeriums des Innern, für Bau und Heimat (BMI) v. 7.5.2020, § 74 BPolG-E, § 109a Abs. 8 TKG-E.

[271] Zum Einsatz der Bundeswehr für Cyberabwehr im Inland s. *Ladiges* NZWehrR 2017, 221 (234 ff.); *Marxsen* JZ 2017, 543 (545 ff.).

[272] Für Aufklärungsmaßnahmen stehen grundsätzlich dem BND Befugnisse zu (→ Rn. 173 ff.).

[273] S. dazu auch BT-Drs. 18/6989, 3; *Ladiges* NZWehrR 2017, 221 (227).

[274] *Ladiges* NZWehrR 2017, 221 (225); *Walter* JZ 2015, 685 (687).

[275] *Plate* ZRP 2011, 200 (201).

[276] Das setzt aber voraus, dass der ursprüngliche Angriff einem Staat zurechenbar ist oder ein Staat seine Sorgfaltspflicht verletzt hat. *Schaller* GSZ 2018, 57 (58).

[277] *Brunst* in Hdb des Rechts der Nachrichtendienste, 817 (855, Rn. 77); *Marxsen* JZ 2017, 543 (550).

nahmen der Bundeswehr muss die Regierung zudem grundsätzlich das Parlament beteiligen.[278]

d) Grenzen der staatlichen Befugnis, Sicherheitslücken informationstechnischer Systeme auszunutzen. Art. 2 Abs. 1 iVm Art. 1 Abs. 1, Art. 10, 87f und 91c tragen als verfassungsrechtliches Normensemble dem Staat auf, die **Sicherheit und Funktionsfähigkeit informationstechnischer Infrastrukturen** zu gewährleisten.[279] Der Systemschutz ist die notwendige rechtliche Voraussetzung dafür, dass jeder Telekommunikationstechniken verwenden kann, ohne stets um die Vertraulichkeit seiner Daten fürchten zu müssen.[280] Erhöhten Anforderungen ist das Handeln des Staates insbesondere unterworfen, wenn er den Kontrollverlust über die Daten mitverursacht – bspw., wenn er sich selbst in informationstechnische Systeme „hackt", um Sicherheitslücken auszunutzen. Davon machen Behörden insbesondere dann Gebrauch, wenn sie Systeme mit einer Überwachungssoftware infizieren, um verschlüsselte Telekommunikation zu überwachen (**Quellen-TKÜ;** → Rn. 193 ff.) oder um auf den Gesamtdatenbestand eines Endgeräts zuzugreifen (**Online-Durchsuchung;** → Rn. 234). Trägt der Staat gezielt dazu bei, diese Lücken aufrechtzuerhalten, gefährdet er nicht zuletzt die IT-Sicherheit insgesamt, da auch Dritte die Sicherheitslücken ausnutzen können. Dem setzt der objektive Schutzgehalt des IT-Grundrechts daher enge Grenzen. 102

e) Abgrenzung zu anderen verfassungsrechtlichen Gewährleistungen. Art. 10 gewährt **keinen Anspruch** auf Postbeförderungen oder Kommunikationsdienstleistungen.[281] Der **Zugang zum Internet** ist jedoch grundsätzlich von der Informationsfreiheit (Art. 5 Abs. 1 S. 1 Alt. 2) geschützt.[282] Den objektiv-rechtlichen Verfassungsauftrag, einen Mindeststandard an Kommunikationsdienstleistungen zu gewährleisten, verankert ergänzend Art. 87f Abs. 1.[283] Art. 10 verbürgt immerhin aber die **Möglichkeit, Schutzvorkehrungen verwenden zu können,** um vertraulich zu kommunizieren (→ Rn. 30).[284] Der Staat darf daher sichere Verschlüsselungsmethoden nicht ohne Weiteres verbieten.[285] 103

II. Beschränkungen (Abs. 2 S. 1)

Wenn staatliche Stellen ohne Zustimmung der Kommunikationsteilnehmer geschützte Kommunikationsinhalte oder -umstände zur **Kenntnis nehmen, aufzeichnen** oder **verwerten,** greifen sie in Art. 10 ein.[286] Dafür reicht es 104

[278] *Ladiges* NZWehrR 2017, 221 (241 ff.); *Marxsen* JZ 2017, 543 (551).

[279] *Hoffmann-Riem* JZ 2014, 53 (56, 59); *Hoffmann/Luch/Schulz/Borchers,* Die digitale Dimension der Grundrechte, 2015, 177.

[280] *Hoffmann-Riem* JZ 2014, 53 (57); vgl. auch *Gusy* in MKS Rn. 64a; *Albrecht* in MultimediaR-Hdb; *Roßnagel/Schnabel* NJW 2008, 3534 (3535).

[281] Statt vieler *Hermes* in Dreier Rn. 91.

[282] OLG Nürnberg NStZ 2009, 216 (217); VerfGH Sachs NStZ-RR 2019, 292 (294). Für Art. 10 EMRK: EGMR 1.12.2015 – 48226/10 und 14027/11, Rn. 50, 57 – Cengiz ua; 19.1.2016 – 17429/10, Rn. 44 = NJOZ 2018, 1598 (1599) – Kalda; 17.1.2017 – 21575/08, Rn. 52 ff. – Jankovskis.

[283] Näher dazu *Möstl* in Maunz/Dürig Art. 87f Rn. 62 ff.

[284] *Durner* in Maunz/Dürig Rn. 53; aA *Ogorek* in BeckOK GG Rn. 55.

[285] *Groß* JZ 1999, 326 (334); *Stern/Sachs/Dietlein,* Das Staatsrecht der Bundesrepublik Deutschland, 2011, 147; *Trute* JZ 1998, 822 (829); s. auch *Koch* CR 1997, 106 (108).

[286] BVerfGE 85, 386 (398); BVerfGE 124, 43 (58, Rn. 53).

aus, dass sie sich die **Möglichkeit** verschaffen, die Inhalte oder Umstände **zur Kenntnis zu nehmen.** Selbst in dem vorgelagerten Arbeitsschritt, die Daten zu **erfassen** und zu **speichern,** liegt daher schon ein Eingriff in die grundrechtliche Schutzzone.[287] In Art. 10 greift aber auch ein, wer eine **Schutzvorkehrung** zielgerichtet **überwindet,**[288] zB einen Brief öffnet bzw. durchleuchtet[289] oder einen kryptographisch gesicherten Inhalt entschlüsselt[290]. Verbietet oder beschränkt der Staat gegenüber den Kommunikationsbeteiligten kryptographische Verfahren, kommt die Maßnahme der Überwindung einer Schutzvorkehrung gleich (→ Rn. 30).[291]

105 **1. Eingriffsmodalitäten.** Wenn der Staat nicht selbst den Kommunikationsvorgang „anzapft", sondern die Daten von einem **Kommunikationsmittler** erhält, greift er **mittelbar** in Art. 10 ein. Der Eingriff ist ihm zuzurechnen, wenn eine Behörde hoheitlich anordnet, dass der Kommunikationsmittler auf die Daten zugreift.[292] Der Grundrechtseingriff liegt dann bereits in dem Zugriffsgebot.[293]

106 Die Verpflichtung, **Verkehrsdaten auf Vorrat zu speichern** (→ Rn. 201 ff.), löst schon aufgrund des **erheblichen „chilling effects",** der von ihr ausgeht, eine eingriffsgleiche Gefährdung aus – selbst wenn der Staat die Daten noch nicht unmittelbar zur Kenntnis nehmen kann.[294]

107 Kommunikationsvorgänge **technikbedingt mitzuerfassen,** die dann aber unmittelbar wieder ausgesondert werden, stufte das BVerfG lange Zeit nicht als Grundrechtseingriff ein.[295] Das Gericht bewertete es daher nicht als Eingriff, wenn die Behörde automatisiert Fahrzeugkennzeichen ausliest und wieder aussondert, soweit der Datenabgleich keinen Treffer erzielt.[296] Zu Recht hat das BVerfG diese Rechtsprechung jüngst am Beispiel des Rechts auf informationelle Selbstbestimmung korrigiert: Da sich in dieser Konstellation das behördliche **Interesse an den Daten** bereits bei der Erfassung als notwendiger und gewollter Teil der staatlichen Kontrolle **verdichtet** hat,[297] ist schon diese rechtfertigungsbedürftig – selbst wenn das System die Daten unmittelbar wieder löscht, sofern die Person nicht in der Fahndungsdatei gelistet ist.[298]

108 Nicht allein Kommunikationsdaten zu erheben, sondern auch jeder weitere Schritt, sie zu **verarbeiten, weiterzugeben** oder zu **verwerten,** greift in Art. 10 ein.[299] Voraussetzung ist jedoch, dass der erste Zugriff auf die Kommunikationsdaten der **deutschen Staatsgewalt** zurechenbar ist. Die Einsicht in Abhörprotokolle der Staatssicherheit der DDR greift daher nicht in Art. 10 (sondern in das Recht auf informationelle Selbstbestimmung) ein. Der grund-

---

287 BVerfGE 100, 313 (366, Rn. 187); *Durner* in Maunz/Dürig Rn. 121; in Bezug auf Einschüchterungseffekte *Guckelberger* in SHH Rn. 33.

288 *Gusy* in MKS Rn. 35.

289 BVerfGE 30, 1 (18); 67, 157 (172).

290 *Durner* in Maunz/Dürig Rn. 123; *Ogorek* in BeckOK GG Rn. 50.

291 Vgl. *Durner* in Maunz/Dürig Rn. 91; *Hermes* in Dreier Rn. 53.

292 BVerfGE 107, 299 (313, Rn. 50).

293 BVerfGE 124, 43 (58, Rn. 54); 125, 260 (310, Rn. 190).

294 IE BVerfGE 125, 260 (310 f., 192 f.); zum Einschüchterungseffekt BVerfGE 121, 1 (20, Rn. 148); *Ogorek* in BeckOK GG Rn. 52; aA *Gersdorf* in BeckOK InfoMedR Rn. 30.

295 BVerfGE 100, 313 (366, Rn. 187).

296 BVerfGE 120, 378 (399, Rn. 68).

297 BVerfGE 115, 320 (343, Rn. 74); 120, 378 (398, Rn. 65).

298 BVerfG NJW 2019, 827 (830, Rn. 45).

299 BVerfGE 100, 313 (366, Rn. 188); BVerfGE 125, 260 (310, Rn. 190).

rechtsverpflichtete deutsche Staat hat die Daten nämlich nicht erhoben und damit nicht in einen laufenden Kommunikationsvorgang hineingewirkt.[300]

Ebenso wie das Recht auf informationelle Selbstbestimmung schützt Art. 10 nur den Zugriff auf **individualisierbare** Daten. Anonymisierte Daten zu verarbeiten, greift nicht in Art. 10 ein. **109**

2. Eingriffsausschluss durch Zustimmung. Da Art. 10 die Kommunikationsteilnehmer schützen möchte, steht er auch zu ihrer Disposition: Die Zustimmung wirkt **tatbestandsausschließend;**[301] der Eingriff entfällt. Dafür muss die Zustimmung allerdings frei, dh ohne unzulässigen Druck, zustande gekommen sein.[302] **110**

Eine ältere Auffassung ließ bereits ausreichen, dass allein *ein* Kommunikationsteilnehmer zustimmt. Auf den ersten Blick leuchtet das insoweit ein, als das Fernmeldegeheimnis nicht horizontal zwischen den Gesprächspartnern, sondern nur im vertikalen Verhältnis zum Staat gilt (→ Rn. 29).[303] Das BVerfG ist dem aber zu Recht nicht gefolgt.[304] Denn zur Kommunikation gehören immer mehrere; das Grundrecht gewährt ihnen allen gleichermaßen Schutz, so dass jeder zustimmen muss, um den Eingriff auszuschließen.[305] Grundrechtlich rechtfertigungsbedürftig ist es daher, wenn der Staat nur mit der Erlaubnis *eines* Kommunikationspartners eine **Fangschaltung** einrichtet, die den Telefonanschluss des anonymen Anrufers preisgibt.[306] Andere Fallgruppen stehen dem aber nur gleich, wenn der Staat die **Technik** und damit die **spezifische Gefährdungslage** der räumlich distanzierten Kommunikation **ausnutzt.**[307] Steht dagegen der **Vertrauensbruch** des Kommunikationspartners im Vordergrund – bspw. wenn er die Inhalte nachträglich weitererzählt –, ist schon der Schutzradius nicht berührt (→ Rn. 29). So liegt es in den Augen des BVerfG etwa, wenn ein Gesprächsteilnehmer einem Dritten eine **Mithöreinrichtung** zur Verfügung stellt.[308] Anders als die Fangschaltung, die auf technischem Wege den anonymen Anrufer identifiziert, gibt ein Kommunikationsteilnehmer in diesen Konstellationen selbst die Gesprächsinhalte preis, von denen er im Einverständnis mit dem Kommunikationspartner Kenntnis erlangt.[309] Statt Art. 10 greift dann das Recht des Kommunikationspartners an seinem gesprochenen Wort (Art. 2 Abs. 1 iVm Art. 1 Abs. 1).[310] Der Vertrauensbruch, nicht die spezifische Gefährdungslage örtlich entgrenzter Kommunikation steht auch im Vordergrund, wenn ein **Teilnehmer eines geschlossenen Chats** den Zugang zu seinem Nutzerkonto freiwillig herausgibt und die Behörde diesen eigenständig nutzt, um auf Kommunikationsinhalte zuzugreifen.[311] **111**

---

300 → Rn. 46; aA LG Kiel JZ 1996, 155; zust. *Bäumler* JZ 1996, 156 (156 f.); *Palm/Roy* NJW 1998, 3005 (3006).

301 BVerfGE 107, 299 (313, Rn. 49); BVerfGK 11, 119 (124); s. etwa BVerfG NStZ-RR 2012, 60 (61); näher *Durner* in Maunz/Dürig Rn. 126 mwN.

302 BVerfG NStZ-RR 2012, 60 (61); s. bspw. auch *Guckelberger* in SHH Rn. 11.

303 Vgl. bspw. zur früheren Rechtsprechung OVG Bremen NJW 1980, 606 (607).

304 *Durner* in Maunz/Dürig Rn. 127; *Gusy* in MKS Rn. 25; *Hermes* in Dreier Rn. 58.

305 BVerfGE 85, 386 (399); so auch BVerwGE 79, 110 (116).

306 BVerfGE 85, 386 (398).

307 Vgl. BVerfGE 106, 28 (38, Rn. 25).

308 BVerfGE 106, 28 (38, Rn. 24 f.); so auch BGHSt 39, 335 (340); aA *Bizer* in AK Rn. 42; *Hermes* in Dreier Rn. 58.

309 BGHSt 39, 335 (342); *Ogorek* in BeckOK GG Rn. 59.

310 BVerfGE 106, 28 (39 f., Rn. 27 ff.).

311 Vgl. BVerfGE 120, 274 (341, Rn. 293).

III. Verfassungsrechtliche Rechtfertigung

112 Art. 10 erklärt das Brief-, Post- und Fernmeldegeheimnis für **„unverletzlich"**. Dieses pathetische Schutzbekenntnis soll den hohen Rang dieses Kommunikationsgrundrechts im Verfassungsgefüge unterstreichen. Es macht das Grundrecht aber nicht unantastbar. **Abs. 2 S. 1** unterwirft seine Gewährleistungen vielmehr einem **allgemeinen Gesetzesvorbehalt. Abs. 2 S. 2** geht noch einen Schritt weiter: Er gestattet „heimliche" Eingriffe in Art. 10. Der Staat muss die Betroffenen in diesen Fällen nicht in Kenntnis setzen; an die Stelle des Rechtswegs kann eine Nachprüfung durch parlamentarische Organe treten.

113 **1. „nur auf Grund eines Gesetzes" (Abs. 2 S. 1).** Beschränkungen des Brief-, Post- und Fernmeldegeheimnisses sind verfassungsrechtlich rechtfertigbar, aber entsprechend dem Gebot des allgemeinen Gesetzesvorbehalts **„nur auf Grund eines Gesetzes"** zulässig (Art. 10 Abs. 2 S. 1). Das gilt **ohne Ausnahme** – auch im Sonderstatusverhältnis, bspw. gegenüber Strafgefangenen.[312] Wichtige Schranken des Telekommunikationsgeheimnisses formuliert nicht nur das Bundesrecht (insbesondere die StPO), sondern auch das Landesrecht. So halten die Polizeigesetze der Länder zahlreiche Eingriffsgrundlagen vor, welche die Telekommunikationsüberwachung für Zwecke der Gefahrenabwehr erlauben (→ Rn. 221 ff.).

114 **„Gesetz"** iSd Art. 10 Abs. 2 S. 1 ist nicht nur das formelle Gesetz, sondern **jedes materielle Gesetz jeder Rangstufe**[313] – also auch eine **Rechtsverordnung** oder Satzung. Diese müssen allerdings auf einer hinreichenden (im Falle von Verordnungen insbesondere dem Gebot des Art. 80 Abs. 1 S. 2 genügenden) gesetzlichen Ermächtigung basieren und dem Gebot der **Grundrechtswesentlichkeit** entsprechen. Die Anforderungen an die Bestimmtheit der parlamentarischen Entscheidung steigen mit der Intensität des Eingriffs.[314]

115 **2. Schranken-Schranken.** Die Möglichkeiten, in Art. 10 einzugreifen, sind den **allgemeinen verfassungsrechtlichen Schranken** für Grundrechtseingriffe unterworfen. Da die Kommunikationsgrundrechte für die Persönlichkeitsentfaltung von fundamentaler Bedeutung sind, legt die Verfassung die Hürden insoweit **besonders hoch.**[315] Dies gilt insbesondere mit Blick auf die wachsende Relevanz, die der Fernkommunikation für die Entfaltung von Lebenschancen in der Informationsgesellschaft zukommt.[316]

116 **a) Verhältnismäßigkeit.** Eingriffe in Art. 10 Abs. 1 sind nur zulässig, soweit sie Individual- und Allgemeininteressen in einen sachlich adäquaten Ausgleich bringen[317] und dabei der grundlegenden Bedeutung des Art. 10 für die Entfaltung von Privatheit gerecht werden.[318] Das einschränkende Gesetz muss daher geeignet, erforderlich und angemessen sein, um einen legitimen Zweck zu erreichen.[319] Das gilt nicht nur für die **ermächtigende Norm**

---

312 BVerfGE 33, 1 (11); 116, 69 (80, Rn. 35); aA *Hermes* in Dreier Rn. 60.
313 BVerfGE 125, 260 (313, Rn. 198); *Jarass* in Jarass/Pieroth Rn. 16.
314 Dieser Grundsatz entspringt dem Wesentlichkeitsvorbehalt. S. bspw. BVerfGE 91, 148 (162 f., Rn. 87 ff.); *Durner* in Maunz/Dürig Rn. 135.
315 BVerfGE 67, 157 (172 f.).
316 *Schenke* in Stern/Becker Grundrechte-Kommentar Rn. 12, 69.
317 BVerfGE 113, 348 (382, Rn. 136).
318 BVerfGE 67, 157 (172).
319 S. bspw. BVerfGE 100, 313 (359, Rn. 164); 125, 260 (316, Rn. 204).

selbst, die den Eingriff in Art. 10 gestattet, sondern auch für ihre **konkrete Anwendung** im Einzelfall.[320]

aa) Legitimer Zweck. Zu den legitimen Anliegen des Gemeinwohls, die einen Eingriff in Art. 10 rechtfertigen können, gehören insbesondere **staatliche Sicherheitsinteressen,** vor allem die wirksame Strafverfolgung,[321] die Gefahrenabwehr sowie Aufgaben der Nachrichtendienste,[322] aber auch die **Grundrechte Dritter,** etwa der Gesundheits- oder Lebensschutz. **117**

bb) Geeignetheit. Um einen legitimen Zweck zu erreichen, sind Beschränkungen des Brief-, Post- und Fernmeldegeheimnisses bereits dann geeignet, wenn sie diesen zumindest fördern:[323] Es reicht die **abstrakte Möglichkeit,** den Zweck zu erreichen.[324] Überwachungsmaßnahmen sind daher nicht schon deshalb von Anfang an untauglich, weil Betroffene sie umgehen können, indem sie bspw. ihre Kommunikation verschlüsseln.[325] **118**

In sich dynamisch entwickelnden Bereichen wie der Telekommunikation steht der Gesetzgeber nicht nur in der Pflicht, die abstrakte Tauglichkeit *ex ante* zu analysieren. Er hat auch zu evaluieren, inwieweit sie sich im praktischen Vollzug bewähren,[326] und das Gesetz ggf. **nachzubessern.**[327] Solche Erfolgskontrollen erlangen bei sensiblen Maßnahmen mit großer Streubreite, wie der strategischen Fernmeldeüberwachung des BND (→ Rn. 161 ff., 173), der Vorratsdatenspeicherung (→ Rn. 201 ff.) oder der Funkzellenabfrage (→ Rn. 209), besondere Bedeutung. **119**

cc) Erforderlichkeit. Ebenso wie andere Grundrechtseingriffe hat der Staat Einwirkungen in das Brief-, Post- und Fernmeldegeheimnis auf das grundrechtsschonende Minimum zu begrenzen. Kann er Informationen auch ohne Grundrechtseingriff erlangen oder lassen sie sich in gleichermaßen effektiver Weise durch ein **weniger grundrechtsbeeinträchtigendes Mittel** erreichen, ist der Eingriff unverhältnismäßig.[328] Lassen sich bspw. mithilfe von Satelliten Bewegungen in ausländischen Staaten beobachten, ist es nicht erforderlich, den Fernmelde- und Postverkehr strategisch zu überwachen, um einen bewaffneten Angriffskrieg rechtzeitig erkennen zu können.[329] Auch die öffentliche polizeiliche Fahndung ist grundsätzlich ein milderes und geeigneteres Mittel, um eine vermisste Person zu finden, als auf Kommunikationsinhalte auf einem Dating-Portal zuzugreifen.[330] **120**

Zahlreiche **Subsidiaritätsklauseln** übersetzen dieses verfassungsrechtliche Postulat explizit in einfachgesetzliche Befugnisnormen. Die strafprozessuale Telekommunikationsüberwachung (→ Rn. 187 ff.) ist bspw. nur erlaubt, wenn es wesentlich erschwert oder aussichtslos wäre, den Aufenthaltsort des Beschuldigten zu erforschen oder den Sachverhalt auf andere Weise zu ermitteln (§ 100a Abs. 1 S. 1 Nr. 3 StPO). **121**

---

[320] BVerfGE 124, 43 (66, Rn. 78).
[321] BVerfGE 124, 43 (61, Rn. 65).
[322] BVerfGE 125, 260 (316, Rn. 205); BVerfG BeckRS 2020, 8777 Rn. 144.
[323] BVerfGE 125, 260 (317 f., Rn. 207).
[324] BVerfGE 67, 157 (175); *Durner* in Maunz/Dürig Rn. 146.
[325] BVerfGE 100, 313 (374 f, Rn. 214 ff.); *Schenke* in Stern/Becker Grundrechte-Kommentar Rn. 82.
[326] BVerfGE 100, 313 (375, Rn. 216).
[327] BVerfGE 130, 151 (199, Rn. 161); *Hermes* in Dreier Rn. 69.
[328] S. bspw. BVerfGE 67, 157 (176).
[329] BVerfGE 67, 157 (177).
[330] OVG Rh-Pf ZD 2018, 595 (596).

122 **dd) Angemessenheit.** Die Schwere eines Eingriffs in Art. 10 (1) muss in einem **angemessenen Verhältnis** (3) zu dem Gemeinwohlanliegen (2) stehen, dem die Beschränkung dient.[331]

123 **(1) Eingriffsschwere.** Wie intensiv ein Eingriff ist, hängt insbesondere von der **Zahl der Betroffenen** sowie dem **Umfang** und der **Art** der Daten ab, die er erhebt. **Inhaltsdaten** zu überwachen, ist bspw. grundsätzlich einschneidender als Verkehrsdaten abzufragen.[332] Der **längerfristige** und **systematische** Eingriff beeinträchtigt das Grundrecht in der Regel stärker als der punktuelle.[333] **Heimliche Eingriffe** wiegen schwerer als offene; denn diese erschweren oder nehmen dem Betroffenen die Möglichkeit, sich gegen den Eingriff zur Wehr zu setzen.[334] Die Anforderungen für die einzelne und offene E-Mailbeschlagnahme (§§ 94 ff. StPO; → Rn. 185) liegen daher bspw. niedriger als für die heimliche und ggf. länger andauernde Telekommunikationsüberwachung (§ 100a StPO; → Rn. 187 ff.).[335] Richten sich die Maßnahmen gegen **bestimmte Zielpersonen,** wiegt der Eingriff weniger schwer, als wenn Kontakt- und Begleitpersonen betroffen sind oder sogar jedermann.[336] Daher sind an die Verpflichtung des Dienstanbieters, praktisch alle Verbindungsdaten auf Vorrat zu speichern, sehr hohe Anforderungen zu stellen[337]

124 Auch die **Einwirkungsmöglichkeiten** auf den Datenbestand, das **Risiko eines Missbrauchs** der Daten und die **Rechtsschutzmöglichkeiten** beeinflussen das Gewicht des Eingriffs[338] – ebenso das **Niveau der Datensicherheit.** Denn ein Missbrauch der Daten lässt sich regelmäßig nicht rückgängig machen. Die Messlatte für Schutzvorkehrungen der Datensicherheit liegt daher umso höher, je umfassender und aussagekräftiger die erhobenen Daten sind.[339] Insbesondere **verfahrensrechtlichen Schutzmechanismen,** wie Kontrollen durch unabhängige Instanzen, kommt dabei eine besondere grundrechtssichernde Bedeutung zu (→ Rn. 139).[340]

125 Für die Eingriffsschwere ist darüber hinaus die **Qualität der Kommunikationsbeziehung** von Relevanz: Der Eingriff in die Vertraulichkeit privater Kommunikationsbeziehungen ist typischerweise tiefgreifender als derjenige in die geschäftlichen.[341] Im **Kernbereich privater Lebensgestaltung** gebietet Art. 1 Abs. 1, auf die Überwachung der Kommunikation gänzlich zu verzichten (→ Rn. 140 ff.).

---

[331] BVerfGE 67, 157 (172 f.); 100, 313 (375 f., Rn. 219); 113, 348 (382, Rn. 135 f.).

[332] BVerfGE 100, 313 (376, Rn. 219); 107, 299 (322, Rn. 76); 124, 43 (63, Rn. 70); *Schenke* in Stern/Becker Grundrechte-Kommentar Rn. 83; *Guckelberger* in SHH Rn. 44; noch nicht „ausdiskutiert" sieht dagegen *Gusy* in MKS Rn. 75 diese Gewichtung.

[333] BVerfGE 120, 274 (323 ff., Rn. 230 ff.); BVerfGE 124, 43 (62, Rn. 68); *Bizer* in AK Rn. 93; *Durner* in Maunz/Dürig Rn. 148.

[334] BVerfGE 113, 348 (384, Rn. 142); *Bizer* in AK Rn. 85.

[335] Vgl. BVerfGE 124, 43 (58 f., Rn. 57); *Günther* in MK StPO § 100a Rn. 138 f.; *Klein* NJW 2009, 2996 (2998); *Sieber,* Straftaten und Strafverfolgung im Internet, 2012, C. 111; krit. *Bauer,* Soziale Netzwerke und strafprozessuale Ermittlungen, 2017, 258 f.; *Jahn* JuS 2009, 1048 (1049).

[336] BVerfGE 113, 348 (383 f., Rn. 140 f.); *Bizer* in AK Rn. 86.

[337] BVerfGE 125, 260 (328 ff., 226 ff.).

[338] BVerfGE 125, 260 (318 f., Rn. 212).

[339] Vgl. *Hermes* in Dreier Rn. 72.

[340] Vgl. BVerfGE 125, 260 (325 ff., Rn. 221 ff.; 337, Rn. 248).

[341] Vgl. *Durner* in Maunz/Dürig Rn. 151.

(2) Gewicht des Zwecks; Wahrscheinlichkeit der Rechtsgutsverletzung. Je gewichtiger das **geschützte Rechtsgut** ist, desto schwerwiegendere Eingriffe vermag es zu rechtfertigen.[342] Von besonderem Gewicht sind bspw. die verfassungsmäßige Ordnung, der Bestand und die Sicherheit des Bundes sowie der Länder, ferner Leib, Leben sowie Freiheit der Person.[343] Nicht ihre Bedeutung allein rechtfertigt aber eine Grundrechtsbeeinträchtigung. Hinzukommen muss eine **Mindestwahrscheinlichkeit der Rechtsgutsverletzung.**[344] Behörden dürfen daher auf Verbindungsdaten auch bei hohem drohendem Schaden bspw. nicht ins Blaue hinein zugreifen. Im Bereich der Strafverfolgung ist ihnen der Zugriff vielmehr grundsätzlich nur gestattet, wenn die Maßnahme sich auf einen auf Tatsachen beruhenden Verdacht einer Straftat von erheblicher Bedeutung bezieht.[345] Maßnahmen **im Vorfeld eines konkreten Tatverdachts** sind zwar grundsätzlich zulässig. Sie müssen aber einem überragend wichtigen Schutzgut dienen.[346] 126

(3) Abwägung. Die Schwere des Eingriffs in Art. 10 darf keinesfalls in ein Missverhältnis zu dem Gewicht des Zwecks sowie der Wahrscheinlichkeit der drohenden Rechtsgutsverletzung geraten. Eine verdachtslose **strategische Fernmeldeüberwachung des BND,** die mithilfe von Suchbegriffen die **internationale gebündelte Telekommunikationsübertragung** durchforstet (→ Rn. 161), ist daher mit Blick auf ihre Streubreite und Einwirkungstiefe nur angemessen, wenn sie in hinreichend belegbarer Weise elementaren und definierten Zwecken der äußeren und inneren Sicherheit dient – bspw. um der Gefahr des Rüstungshandels oder des internationalen Terrorismus zu begegnen;[347] die abstrakte Gefahr, die von im Ausland begangenen Geldfälschungen ausgeht, genügt insoweit demgegenüber nicht.[348] Der Gesetzgeber muss die strategische Überwachung **des ausländischen Telekommunikationsverkehrs,** die für Zwecke der Gefahrenfrüherkennung erfolgt, als verfassungsrechtlich gedeckte Sonderbefugnis ausnahmsweise zwar grundsätzlich[349] nicht an konkrete Eingriffsschwellen knüpfen.[350] Er muss aber durch verfahrensrechtliche und inhaltliche Anforderungen sicherstellen, dass deren Eingriffsintensität hinreichend gesetzlich begrenzt ist. Insbesondere muss er Maßgaben zum Einsatz von Filtertechniken und zur Gestaltung des Überwachungsverfahrens sowie zu den Methoden der Datenauswertung vorsehen,[351] ferner die Ausrichtung der Überwachung durch eine ausgebaute unabhängige objektivrechtliche Instanz kontrollierbar machen[352] sowie die Speicherdauer begrenzen, Löschungspflichten regeln und den Kernbereich privater Lebensgestaltung hinreichend wirksam vor einer Überwachung 127

---

[342] BVerfGE 100, 313 (376, Rn. 219); 113, 348 (382, Rn. 136); 124, 43 (62, Rn. 67).
[343] BVerfGE 141, 220 (267, Rn. 100).
[344] BVerfGE 100, 313 (376, Rn. 219); 113, 348 (382, Rn. 136); 124, 43 (62, Rn. 67).
[345] BVerfGE 107, 299 (322, Rn. 76 ff.); *Schenke* in Stern/Becker Grundrechte-Kommentar Rn. 83.
[346] BVerfGE 113, 348 (386 f., Rn. 150).
[347] Vgl. BVerfGE 100, 313 (382, Rn. 238); BVerfG BeckRS 2020, 8777 (Rn. 145 ff.); krit. jedoch für Betäubungsmittelschmuggel oder Geldwäsche *Löffelmann* in Hdb des Rechts der Nachrichtendienste, 1159 (1240, Rn. 123).
[348] BVerfGE 100, 313 (384 f., Rn. 244 f.).
[349] Etwas anderes gilt für die gezielte Überwachung bestimmter Personen oder schutzbedürftiger Berufs- und Personengruppen. BVerfG BeckRS 2020, 8777 (Rn. 185 ff.; 195).
[350] BVerfG BeckRS 2020, 8777 (Rn. 157 ff.).
[351] BVerfG BeckRS 2020, 8777 (Rn. 170 ff; 179 ff.; 192).
[352] BVerfG BeckRS 2020, 8777 (272 ff.).

schützen.[353] Ebenso lassen sich die Freiheitsbeschränkungen, die von einer anlasslosen sechsmonatigen **Vorratsdatenspeicherung** auf das Privatleben Betroffener ausgehen, nur rechtfertigen, um auf der Grundlage von Eingriffsschwellen, die an konkrete Umstände anknüpfen, nachweisbare Gefahren für überragend wichtige Rechtsgüter (etwa Leib, Leben oder Freiheit einer Person) abzuwehren (→ Rn. 201 ff.).[354]

128 **b) Bestimmtheit, Normenklarheit und Zweckbindung.** Gesetzliche Beschränkungen des Art. 10 müssen dem rechtsstaatlichen Gebot der Bestimmtheit und Normenklarheit genügen: **Anlass, Zweck** und **Grenzen** des Eingriffs müssen sowohl **bereichsspezifisch** als auch **präzise** sein und sich der Norm hinreichend zweifelsfrei entnehmen lassen.[355] Denn nur dann kann der Betroffene sich auf den Eingriff einstellen und nur dann geben die Normen der Verwaltung und den Gerichten valide Handlungs- bzw. Kontrollmaßstäbe vor.[356] Dieses Erfordernis hat das BVerfG zuerst im Volkszählungsurteil mit Blick auf das informationelle Selbstbestimmungsrecht entwickelt[357] und dann auf Art. 10 übertragen.[358]

129 Implizite Eingriffsermächtigungen[359] sind daher grundsätzlich genauso wenig tauglich, einen Eingriff in das Fernmeldegeheimnis zu rechtfertigen, wie gefahrenabwehrrechtliche Generalklauseln.[360] **Unbestimmte Rechtsbegriffe** und auslegungsbedürftige Normen sind jedoch zulässig, solange die Eingriffe noch vorhersehbar und justiziabel sind.[361] Neue technische, grundrechtsintensive Eingriffsformen dürfen die Behörden auf überkommene Eingriffsbefugnisse zugleich nicht ohne Weiteres stützen. Die Befugnis des § 99 StPO, *körperliche* Gegenstände zu beschlagnahmen, auf die Beschlagnahme von *E-Mails* auf dem Mailserver des Providers zu erstrecken, ist daher (entgegen der Auffassung des BGH[362]) mindestens zweifelhaft.[363]

130 Je intensiver der Eingriff, umso bestimmter und klarer muss die Eingriffsermächtigung sein.[364] Heimliche Überwachungsmaßnahmen erfordern daher bspw. präzisere Befugnisnormen als offene.[365] Nicht hinreichend normenklar ist bspw. die Ermächtigung des BND, geheimdienstliche Informationen an inländische öffentliche Stellen zu übermitteln, „wenn dies zur Erfüllung seiner Aufgaben erforderlich ist oder wenn der Empfänger die Daten für erhebliche Zwecke der öffentlichen Sicherheit benötigt (§ 24 Abs. 1 S. 1 BNDG)."[366] Ähnlich hat das BVerfG insbesondere für die Vorratsdatenspeicherung hinreichend normenklare Regelungen der Datensicherheit, der Datenverwendung, der Transparenz und des Rechtsschutzes

---

353 BVerfG BeckRS 2020, 8777 (Rn. 191; 208 ff.; 199 ff.).
354 BVerfGE 125, 260 (328, Rn. 227).
355 BVerfGE 100, 313 (359, Rn. 164); 110, 33 (53, Rn. 106); 125, 260 (315, Rn. 202).
356 BVerfGE 110, 33 (53, Rn. 106).
357 BVerfGE 65, 1 (44); 118, 168 (186 f., Rn. 94).
358 BVerfGE 100, 313 (359, Rn. 164); 110, 33 (53, Rn. 106).
359 Näher *Durner* in Maunz/Dürig Rn. 138.
360 S. nur *Schenke* in Stern/Becker Grundrechte-Kommentar Rn. 75.
361 BVerfGE 118, 168 (188, Rn. 100) mwN; zu unbestimmt war bspw. § 5 Abs. 2 Nr. 11 S. 2 VSG NRW aF, der für die Verweisung auf das G10 darauf abstellte, ob eine Maßnahme in Art. 10 eingreift, BVerfGE 120, 274 (317, Rn. 213).
362 BGH NJW 2009, 1828; so auch *Böckenförde*, Die Ermittlung im Netz, 2003, 391 ff.; *Graf* in BeckOK StPO § 99 Rn. 12. BVerfGE 124, 43 (60, Rn. 58) ließ diese Frage offen.
363 Vgl. *Jahn* JuS 2009, 1048 (1049); *Kudlich* JA 2009, 658 (659).
364 BVerfGE 110, 33 (55); s. bspw. auch *Gusy* in MKS Rn. 74.
365 Vgl. BVerfGE 141, 220 (265, Rn. 94).
366 BVerfG BeckRS 2020, 8777 (Rn. 311).

angemahnt.[367] Knüpfen Ermächtigungen an das Vorfeld einer Gefahr oder eines Straftatenverdachts an **(Prognoseentscheidung),** müssen sie **handlungsbegrenzende Tatbestandselemente** enthalten.[368]

Das verfassungsrechtliche Prinzip der **Zweckbindung** (ursprünglich für das Recht auf informationelle Selbstbestimmung entwickelt)[369] setzt nicht nur der Auswertung personenbezogener Daten, sondern auch der Analyse von Fernmeldedaten Grenzen; es gilt also auch für Art. 10.[370] Geschützte Kommunikationsdaten zu einem anderen als dem ursprünglichen Erhebungszweck zu verwenden, bedarf daher einer eigenen, hinreichend klaren gesetzlichen Grundlage.[371] Will die Polizei bspw. Strafverfahrensdaten für präventivpolizeiliche Zwecke verwenden, benötigt sie dafür eine Eingriffsgrundlage in der StPO (§ 479 Abs. 3, § 481) bzw. den polizeirechtlichen Vorschriften. Das Gleiche gilt für gestaffelte Eingriffe: Erhebung, Abruf und Übermittlung benötigen jeweils eigenständige Rechtsgrundlagen.[372] Die Behörde darf die Daten zwar weiter nutzen, wenn der ursprünglich bestimmte Erhebungszweck auch die Folgenutzung der Daten abdeckt.[373] Behörde, Aufgabe und Rechtsgüterschutz müssen dann aber identisch mit der vorherigen Datenerhebung sein.[374] **131**

Deckt der **Erhebungszweck** nicht den **Folgezweck,** greift die Weiterverarbeitung neu in das Grundrecht ein.[375] Sie ist daher nur zulässig, wenn auch eine **hypothetische Datenneuerhebung** zulässig wäre, also die Daten auch für den geänderten Zweck mit vergleichbar schwerwiegenden Mitteln neu erhoben werden dürften, oder eine sonstige neue hinreichend bestimmte gesetzliche Grundlage greift.[376] **132**

Sobald die Behörde die erlangten Daten nicht mehr für den festgelegten Zweck oder im Rahmen des Rechtsschutzes benötigt, muss sie diese grundsätzlich **löschen oder vernichten.**[377] **133**

c) Zitiergebot (Art. 19 Abs. 1 S. 2). Ermächtigt der Gesetzgeber, in Art. 10 einzugreifen, hat er in dem Gesetz darauf hinzuweisen, dass er das Grundrecht einschränkt (Art. 19 Abs. 1 S. 2). Das **Zitiergebot** erfüllt insbesondere eine **Warnfunktion**[378]: Die Entscheidungsträger sollen sich der grundrechtlichen Sensibilität bewusst sein, die von dem Eingriff ausgeht, sowie seine Notwendigkeit und sein Ausmaß kritisch prüfen.[379] Auf **vor-** **134**

---

367 BVerfGE 125, 260 (325, Rn. 220).
368 BVerfGE 110, 33 (55 f., Rn. 113).
369 BVerfGE 65, 1 (46).
370 BVerfGE 100, 313 (359, Rn. 164). Der Grundsatz steht in enger Verbindung mit dem Erfordernis einer bereichsspezifischen, normenklaren Ermächtigungsgrundlage (→ Rn. 128). BVerfGE 65, 1 (62, Rn. 203).
371 BVerfGE 100, 313 (359 f., Rn. 165 ff.); 110, 33 (70, Rn. 158).
372 BVerfGE 130, 151 (184, Rn. 123); näher *Hermes* in Dreier Rn. 67.
373 BVerfGE 100, 313 (360, Rn. 165); 141, 220 (324 f., Rn. 278 f.).
374 BVerfGE 141, 220 (324 f., Rn. 279). Dazu bspw. auch *Martini/Wenzel* DVBl. 2017, 749 (751). Um dies abzusichern und überprüfbar zu machen, muss der BND die Daten kennzeichnen, die er aus einem Eingriff in Art. 10 gewinnt; BVerfGE 100, 313 (360 f., Rn. 168); ebenso für die Antiterrordatei, BVerfGE 133, 277 (372; Rn. 225). Beschlagnahmt die Strafverfolgungsbehörde dagegen E-Mails auf dem Server des Providers oder stellt sie diese sicher, hält das BVerfG eine Kennzeichnungspflicht nicht für geboten, da die Herkunft der Daten im Strafverfahren idR nachvollziehbar sei. BVerfGE 124, 43 (74, Rn. 102).
375 BVerfGE 141, 220 (326, Rn. 284).
376 BVerfGE 141, 220 (327, Rn. 287).
377 BVerfGE 100, 313 (362, Rn. 172).
378 BVerfGE 64, 72 (79 f.); 129, 208 (236, Rn. 178).
379 Vgl. BVerfGE 85, 386 (403 f.); 129, 208 (236 f., Rn. 178).

konstitutionelle Gesetze findet es kraft dieser Funktion jedoch keine Anwendung.[380]

135 Verändert der Gesetzgeber Eingriffsvoraussetzungen, sodass neue Grundrechtseinschränkungen entstehen, muss auch das **Änderungsgesetz** das Zitiergebot wahren.[381] Keine Anwendung findet es dagegen, wenn das Änderungsgesetz die Grundrechtseinschränkungen nur marginal oder gar nicht ändert.[382]

136 Ein Gesetz, das den Anforderungen des Zitiergebots nicht entspricht, ist verfassungswidrig und **nichtig.**[383] Das befreit Rechtsanwender aber nicht von dem Gebot verfassungskonformer Auslegung. Praktisch relevant ist das vor allem für einige landesrechtliche Gefahrenabwehrgesetze:[384] Sie ermächtigen nicht ausdrücklich zu Eingriffen in Art. 10, sind indes nicht insgesamt verfassungswidrig.

137 **d) Anforderungen an den Umfang der Transparenz und des Rechtsschutzes (Art. 10 Abs. 2 S. 2 *e contrario*). aa) Anspruch auf Kenntnis.** Personenbezogene Daten sind grundsätzlich **offen** zu erheben und zu nutzen. Nur so können sich die Betroffenen gegen unrechtmäßige Maßnahmen angemessen zur Wehr setzen und ihre Rechte auf Löschung, Berichtigung und Schadensersatz geltend machen.[385] Greift die Behörde **heimlich** auf die Kommunikationsdaten zu, hat der Grundrechtsträger einen **Anspruch** darauf, zumindest nachträglich davon Kenntnis zu erlangen. Das BVerfG leitet diesen Anspruch aus dem **Gebot effektiven Grundrechtsschutzes** ab: einerseits als Ausfluss der Rechtsschutzgarantie des **Art. 19 Abs. 4,** andererseits als spezifisches Datenschutzrecht, das die Betroffenen gegenüber den informations- und datenverarbeitenden Stellen geltend machen können.[386] Der Anspruch lässt sich aber auch im **Umkehrschluss aus Art. 10 Abs. 2 S. 2** ableiten:[387] Die Verfassung lässt nur in bestimmten Fällen zu, dass ein Eingriff in Art. 10 „dem Betroffenen nicht mitgeteilt wird" und der Rechtsweg ausgeschlossen werden darf. Dann sind regelmäßig nur offene Beschränkungen zulässig.

138 Eingriffe in die Benachrichtigungspflicht stehen (wie Art. 10 insgesamt) unter **Gesetzesvorbehalt.**[388] Der Gesetzgeber hat sie mit den kollidierenden verfassungsrechtlichen Gütern abzuwägen und auf das unbedingt Erforderliche zu beschränken.[389] Die Strafverfolgungsbehörde kann bspw. die Benachrichtigung zeitlich zurückstellen, wenn anderenfalls der Eingriffszweck – die Sachverhaltserforschung – oder elementare Rechtsgüter gefährdet sind (§ 101 Abs. 5 S. 1 StPO). Gänzlich auf die Benachrichtigung verzichten darf die Behörde aber grundsätzlich nicht.[390] Denn selbst für Art. 10 Abs. 2 S. 2

[380] BVerfGE 2, 121 (122); 124, 43 (66, Rn. 77); krit. *Hermes* in Dreier Rn. 68.

[381] BVerfGE 113, 348 (366 f., Rn. 87 f.); 129, 208 (237, Rn. 179).

[382] BVerfGE 5, 13 (16); 16, 194 (199 f.); 35, 185 (188 f.); 61, 82 (113); 129, 208 (237, Rn. 179).

[383] BVerfGE 5, 13 (15 f.); 113, 348 (366, Rn. 90).

[384] *Durner* in Maunz/Dürig Rn. 142, 197; *Gusy* in MKS Rn. 73.

[385] BVerfGE 125, 260 (335, Rn. 242).

[386] BVerfGE 100, 313 (361, Rn. 169); 125, 260 (336, Rn. 244).

[387] *Jarass* in Jarass/Pieroth Rn. 24; *Schenke* in Stern/Becker Grundrechte-Kommentar Rn. 91.

[388] *Durner* in Maunz/Dürig Rn. 163; *Schenke* in Stern/Becker Grundrechte-Kommentar Rn. 92; s. dazu auch BGH NStZ 2015, 704 (705).

[389] BVerfGE 109, 279 (364, Rn. 292); 125, 260 (336, Rn 244); 129, 208 (251, Rn. 227).

[390] Entsprechend ist § 101 Abs. 6 S. 3 StPO restriktiv auszulegen. *Eisenberg,* Beweisrecht der StPO, 2017, Rn. 2551; *Puschke/Singelnstein* NJW 2008, 113 (116); *Wolter/Jäger* in SK-StPO § 101 Rn. 36.

gebietet die Verfassung als Ausprägung des Verhältnismäßigkeitsprinzips, dass der Betroffene nachträglich von dem Eingriff erfährt, sobald die Gefahrenlage nicht mehr besteht (→ Rn. 157).[391]

bb) Präventiver Richtervorbehalt. Einige einfachgesetzliche Befugnisnormen stellen den Eingriff in Art. 10 unter den Vorbehalt richterlicher Anordnung, so zB § 100e Abs. 1 S. 1 StPO. Der **Verfassungstext** des Art. 10 selbst verlangt einen solchen **Richtervorbehalt** – anders als bspw. Art. 13 Abs. 2 für die Anordnung der Wohnungsdurchsuchung – nicht. Er kann sich aber **in bestimmten Fällen** mittelbar aus dem **Verhältnismäßigkeitsprinzip** ergeben:[392] Bei einem **besonders schwerwiegenden heimlichen Eingriff** kann der Richtervorbehalt die Angemessenheit einer sonst unzulässigen Maßnahme herstellen.[393] Die präventive Kontrolle einer unabhängigen Instanz **kompensiert** dann durch verfahrensrechtliche Schutzmechanismen die **mangelnden Rechtsschutzmöglichkeiten** des Betroffenen.[394] In den Augen des BVerfG weist die Vorratsdatenspeicherung eine solche besonders hohe Eingriffsintensität auf, sodass die Abfrage und Übermittlung dieser Verkehrsdaten grundsätzlich unter Richtervorbehalt zu stehen hat.[395] 139

e) Kernbereichsschutz. Wie im Fall des Art. 13[396] darf der Staat auch im Falle des Art. 10 nicht in den **Kernbereich höchstpersönlicher Lebensgestaltung** eingreifen, um seine Gemeinwohlziele durchzusetzen.[397] Diese Schutzzone markiert den unantastbaren Menschenwürdekern, in dem sich Art. 10 Abs. 1 und Art. 1 Abs. 1 überlappen.[398] Sie sichert die Möglichkeit ab, höchstpersönliche innere Vorgänge, Überlegungen und Erlebnisse zum Ausdruck zu bringen, ohne staatliche Überwachung fürchten zu müssen.[399] Der Gesetzgeber hat ihn zu schützen, indem er **Vorkehrungen in der Ermächtigungsnorm** trifft (vgl. zB § 100d StPO).[400] Der Staat darf den Kernbereich insbesondere nicht zum Ziel staatlicher Ermittlungen machen und muss seinen Schutz auch dort sicherstellen, wo sich Höchstpersönliches und Alltägliches vermischen.[401] 140

Obgleich der Kernbereich höchstpersönlicher Lebensgestaltung dem staatlichen Zugriff bedingungslos entzogen ist, lässt das BVerfG auf der **Erhebungsebene** eine Abwägung zu.[402] Es lässt sich dabei von dem Gedanken leiten, dass eine Überwachung der laufenden Telekommunikation grundsätzlich insgesamt weniger tief in die Privatsphäre eindringt als bspw. eine Wohnraumüberwachung oder eine Online-Durchsuchung.[403] Damit die staatliche Stelle **möglichst keine Informationen mit Kernbereichsbezug** 141

---

[391] BVerfGE 30, 1 (31); *Bizer* in AK Rn. 100.

[392] *Durner* in Maunz/Dürig Rn. 154; *Jarass* in Jarass/Pieroth Rn. 24; krit. *Groß* in BerlKomm Rn. 53; *Roßnagel* NVwZ 2010, 751 (752); *Schenke* in Stern/Becker Grundrechte-Kommentar Rn. 93; *Schoch* Jura 2011, 194 (203).

[393] Vgl. BVerfGE 125, 260 (337, Rn. 248).

[394] Vgl. *Gusy* in MKS Rn. 76 f.; *Hermes* in Dreier Rn. 74.

[395] BVerfGE 125, 260 (337 f., 247 f.).

[396] BVerfGE 109, 279 (313 f., Rn. 120).

[397] BVerfGE 113, 348 (390, Rn. 160); 124, 43 (69 f., Rn. 90); 129, 208 (245, Rn. 209).

[398] BVerfGE 113, 348 (391, Rn. 163).

[399] BVerfGE 109, 279 (314 f., Rn. 123); 120, 274 (335, Rn. 271).

[400] BVerfGE 113, 348 (392, Rn. 164); 120, 274 (338, Rn 282); 129, 208 (246, Rn. 212).

[401] BVerfGE 141, 220 (276 f., Rn. 121); BVerfG BeckRS 2020, 8777 Rn. 201.

[402] Krit. *Rusteberg* KritV 2017, 24 (28 f.); *Schenke* in Stern/Becker Grundrechte-Kommentar Rn. 100.

[403] BVerfGE 141, 220 (312 f., Rn. 238 f.); BVerfG NJW 2016, 3508 (3511, Rn. 47).

erhebt, muss sie aber vorher prüfen, wie wahrscheinlich es ist, – gleichsam als Beifang – kernbereichsrelevante Informationen zu erheben.[404] Darauf kann bspw. ein besonderes Vertrauensverhältnis zu dem Kommunikationspartner hindeuten.[405] Fehlt eine hinreichende Wahrscheinlichkeit, hält das BVerfG die Überwachung – selbst in automatisierter Form – für zulässig.[406] Es hält das Risiko, dass die Behörde Informationen zur Kenntnis nimmt, bevor sie die Kernbereichsrelevanz erkennt, dann für hinnehmbar, wenn der Rang des gefährdeten Drittrechtsguts hoch ist und „konkrete Anhaltspunkte […] auf einen unmittelbaren Bezug zur zukünftigen Begehung der Straftat schließen" lassen.[407] Das Gericht folgt damit einem plausiblen Leitgedanken: Dürfte der Staat in solchen Fällen keine Überwachungsmaßnahmen ergreifen, könnte er schwere Kriminalität nicht wirksam strafrechtlich verfolgen.[408] Informationen, die in einem unmittelbaren Zusammenhang mit einer konkreten strafbaren Handlung stehen, gehören ohnedies nicht zum Kernbereich.[409]

142 Erhebt die staatliche Stelle die Information trotz Kernbereichsbezugs, darf sie diese auf **Auswertungsebene** nicht speichern, verwerten oder weitergeben. Sie muss sie unverzüglich löschen und diesen Vorgang protokollieren.[410] Die erhobenen Daten sind zu diesem Zweck auf kernbereichsrelevante Daten zu überprüfen.[411]

143 **f) Wesensgehaltsgarantie des Art. 19 Abs. 2.** Die Wesensgehaltsgarantie des Art. 19 Abs. 2 immunisiert Art. 10 gegen das Risiko vollständiger Entkernung. Aus der Norm erwächst sowohl eine subjektive als auch eine institutionelle Garantie.[412] Ihr **subjektiver Gehalt** überschneidet sich mit dem Menschenwürdekern (→ Rn. 140), ist aber mit ihm nicht identisch.[413]

144 Die **institutionelle Garantie** verbietet, den Post- und Fernmeldeverkehr global oder pauschal zu überwachen.[414] Deutsche Sicherheitsbehörden dürfen daher nicht – ähnlich wie die NSA (→ Rn. 97) – weltweit anlasslos Internet- und Telefonmetadaten sammeln. *De lege lata* darf der BND bei der strategischen Fernmeldeaufklärung daher nur 20 % der Übertragungskapazitäten der Übertragungswege überwachen (§ 10 Abs. 4 S. 3, 4 G 10; → Rn. 161).[415]

145 Dem Wesensgehalt kommt neben dem Verhältnismäßigkeitsprinzip eine eigenständige dogmatische **Bedeutung** zu.[416] Er hat in der Verfassungspraxis bislang aber kaum praktische Relevanz erlangt. Sowohl das BVerfG als auch der EuGH sahen den Wesensgehalt noch nicht verletzt, wenn Telekommuni-

---

404 BVerfGE 141, 220 (313, Rn. 239); *Guckelberger* in SHH Rn. 42a.

405 BVerfGE 141, 220 (314, Rn. 241); anders noch BVerfGE 129, 208 (247, Rn. 215).

406 BVerfGE 141, 220 (313, Rn. 239).

407 BVerfGE 113, 348 (392, Rn. 164).

408 BVerfG NJW 2016, 3508 (3511, Rn. 45).

409 BVerfGE 80, 367 (375); 113, 348 (391, Rn. 161); 124, 43 (70, Rn. 90).

410 BVerfGE 113, 348 (392, Rn. 164); 120, 274 (338 f., Rn. 282 f.); 129, 208 (246, Rn. 212); BVerfG BeckRS 2020, 8777 (Rn. 208).

411 BVerfGE 129, 208 (246, Rn. 212).

412 *Huber* in MKS Art. 19 Rn. 168; *Remmert* in Maunz/Dürig Art. 19 Abs. 2 Rn. 42 ff.

413 BVerfGE 109, 279 (311, Rn. 112); *Dreier* in Dreier Art. 19 Abs. 2 Rn. 20; *Leisner-Egensperger* in HdbGR III § 70 Rn. 69; aA *Durner* in Maunz/Dürig Rn. 155; *Huber* in MKS Art. 19 Rn. 152; *Jarass* in Jarass/Pieroth Rn. 9.

414 Vgl. BVerfGE 67, 157 (174); 100, 313 (376); 125, 260 (322, Rn. 215).

415 Vgl. BVerfGE 100, 313 (376 f.); krit. zur Wirksamkeit der Beschränkung *Papier* NVwZ 2016, 1057 (1058).

416 *Bock/Engeler* DVBl 2016, 593 (594); *Engels,* Die Grenzen des Brief-, Post-, und Fernmeldegeheimnisses, 1972, 46; vgl. auch *Huber* in MKS Art. 19 Rn. 156.

kationsanbieter auf Vorrat anlasslos Telekommunikations**verkehrsdaten** speichern müssen (→ Rn. 201, 205).[417] Der anlasslose Zugriff auf **Inhaltsdaten** verletzt in der Lesart des EuGH dagegen den Wesensgehalt des Art. 7 GRCh.[418]

3. Lockerung der Schranken-Schranken durch Art. 10 Abs. 2 S. 2. 146
a) Bedeutung und Rechtmäßigkeit. Art. 10 Abs. 2 S. 2 erlaubt tiefe Einschnitte in das Brief-, Post- oder Fernmeldegeheimnis: Der Staat darf in das Grundrecht eingreifen, **ohne den Betroffenen benachrichtigen zu müssen** und ohne gerichtliche Rechtsbehelfe zu eröffnen (vgl. auch Art. 19 Abs. 4 S. 3). An die Stelle des Rechtswegs treten dann von der Volksvertretung bestellte Organe und Hilfsorgane. Ihnen fällt die Aufgabe zu, die Verfassungsmäßigkeit der heimlichen Überwachungsmaßnahme außerhalb eines Rechtsbehelfsverfahrens zu prüfen.

Abs. 2 S. 2 fand im Jahre 1968 mit der **Notstandsverfassung** Eingang in das GG.[419] Er soll dazu beitragen, die Maßnahmen des Staats- und Verfassungsschutzes zu effektivieren: Ihre Einrichtungen sollten geheim agieren dürfen, ohne das Fernmeldegeheimnis zu verletzen.[420] 147

Schon seit ihren Anfängen stand die Norm im Kreuzfeuer verfassungsrechtlicher **Kritik.** Auch in dem Senat des BVerfG, der über ihre Verfassungsmäßigkeit zu entscheiden hatte, war die Regelung hoch umstritten. Die Senatsmehrheit hielt die Grundgesetzänderung jedoch für mit **Art. 79 Abs. 3** vereinbar.[421] Sie legte Art. 79 Abs. 3 restriktiv aus, konzentrierte sich namentlich – getreu dem Normwortlaut – auf die Grundsätze, die direkt aus Art. 1 und Art. 20 folgen.[422] Den Anspruch auf einen möglichst umfassenden gerichtlichen Rechtsschutz, wie Art. 19 Abs. 4 ihn vorsieht, sah das Gericht daher nicht von der Ewigkeitsklausel umfasst.[423] Zugleich begrenzte es **die Bedeutung des Art. 10 Abs. 2 S. 2,** indem es die Norm im Lichte des Gesamtgefüges der Verfassung auslegte.[424] Auch der EGMR hat den Regelungen die Menschenrechtskonformität attestiert (→ Rn. 15).[425] Er übernahm sogar die Mindestanforderungen an eine unabhängige Prüfungsinstanz, die das BVerfG entwickelt hatte.[426] 148

b) „Dient die Beschränkung dem Schutze […]" (Abs. 2 S. 2). Maßnahmen iSd Art. 10 Abs. 2 S. 2 sind nur zulässig, wenn sie **hochrangigen staatlichen Schutzzielen** dienen: der freiheitlichen demokratischen Grundordnung oder dem Bestand oder der Sicherung des Bundes bzw. eines Landes. Auf diesen Voraussetzungen bauen die Befugnisnormen des **G 10** auf, die Art. 10 Abs. 2 S. 2 einfachgesetzlich konkretisieren (§ 1 Abs. 1 Nr. 1 G 10; → Rn. 159 ff.). 149

---

417 BVerfGE 125, 260 (322, Rn. 215); EuGH C-293/12, C-594/12, ECLI:EU:C:2014:238 Rn. 38 f. – Digital Rights; aA *Bock/Engeler* DVBl 2016, 593 (595); *Dix/Petri* DuD 2009, 531 (533 f.).

418 EuGHC-362/14, ECLI:EU:C:2015:650 Rn. 94 – Schrems.

419 BGBl. 1968 I 709.

420 Vgl. BVerfGE 30, 1 (19).

421 BVerfGE 30, 1 (26).

422 BVerfGE 30, 1 (26); *Gusy* in MKS Rn. 93; *Häberle* JZ 1971, 145 (146).

423 BVerfGE 30, 1 (24 f.).

424 Vgl. BVerfGE 30, 1 (17 ff.). Zur Kritik in der Literatur etwa *Häberle* JZ 1971, 145 (146, 148); *Rupp* NJW 1971, 284.

425 EGMR 6.9.1978 – 5029/71, NJW 1979, 1755 (Ls. 2) – Klass ua.

426 Vgl. *Arndt* ZParl 1993, 621 (625). Für britische Abhörmaßnahmen s. EGMR 2.8.1984 – 8691/79, EuGRZ 1985, 19 – Malone.

150 **aa) „[....] der freiheitlichen demokratischen Grundordnung […]".** Das Schutzgut der freiheitlichen demokratischen Grundordnung ist kein Unikat des Art. 10 Abs. 2 S. 2. Es findet sich auch in anderen Verfassungsbestimmungen, namentlich in Art. 11 Abs. 2, Art. 18, Art. 21 Abs. 2 S. 2, Art. 73 Nr. 10b, Art. 87a Abs. 4 S. 1 und Art. 91 Abs. 1. Der Topos meint die **elementaren Grundprinzipien** einer freiheitlichen und demokratischen Staatsordnung – insbesondere die Achtung der Menschenrechte des GG, die Volkssouveränität, die Gewaltenteilung, die Gesetzmäßigkeit der Verwaltung und die Unabhängigkeit der Gerichte.[427]

151 Der Schutzgehalt der freiheitlichen demokratischen Grundordnung unterscheidet sich damit wesentlich von der Figur der **verfassungsmäßigen Ordnung** des Art. 2 Abs. 1. Diese bezeichnet alle formell und materiell verfassungsgemäßen Gesetze, also die gesamte „verfassungsmäßige Rechtsordnung" – vom Bundesgesetz bis zur Gemeindesatzung.[428]

152 **bb) „[…] des Bestandes oder der Sicherung des Bundes oder eines Landes […]".** Wie die anderen Verfassungsbestimmungen, die der freiheitlichen demokratischen Grundordnung besonderen Schutz verleihen,[429] zieht auch Art. 10 Abs. 2 S. 2 den Schutz des **Bestandes oder der Sicherung des Bundes** oder eines Landes als zusätzlichen Baustein in die Verfassungsarchitektur ein. Der Topos meint die **elementarsten rechtlichen und sozialen Gegebenheiten,** wie die Bevölkerung, die territoriale Integrität und die handlungsfähige Staatsgewalt.[430]

153 Er unterscheidet sich von der Begriffsgruppe **„Nachteil für das Wohl des Landes oder des Bundes"**, die einige Landesverfassungen als Grenze für den Informationsanspruch des Abgeordneten implementieren.[431] Diese bezeichnet die Gesamtheit des öffentlichen Wohls und des öffentlichen Interesses.[432] Ihr liegt ein deutlich weiteres Verständnis zugrunde als dem Schutz des Bestandes oder der Sicherung des Bundes oder eines Landes iSd Art. 10 Abs. 2 S. 2.

154 **cc) Verknüpfung zwischen Schutzgut und Eingriff.** Eingriffe auf der Grundlage des Art. 10 Abs. 2 S. 2 sind zwar an hohe inhaltliche Tatbestandsvoraussetzungen geknüpft. Sie sind aber schon dann statthaft, wenn sie diesen Zielen **„dienen".** Eine **konkrete Gefahr** ist (anders als typischerweise im Recht der polizeilichen Gefahrenabwehr) nicht erforderlich. Denn Aufgabe des Staats- und Verfassungsschutzes ist es gerade, **im Vorfeld** polizeilicher Gefahrenabwehr Informationen zu beschaffen.[433]

155 Über das Merkmal des „Dienens" entfaltet zugleich aber auch das Prinzip der Verhältnismäßigkeit beschränkende Wirkung:[434] Es verlangt, dass **konkrete Umstände** den Verdacht eines verfassungsfeindlichen Verhaltens rechtfertigen.[435] Die Mutmaßung darf sich nicht anders als durch einen Eingriff in Art. 10 aufklären lassen.[436] Zudem dürfen die Behörden nur solche

---

427 BVerfGE 2, 1 (12 f.); 5, 85 (140).
428 BVerfGE 6, 32 (38); 55, 159 (165,); 90, 145 (172); 128, 193 (206, Rn. 44).
429 Etwas anderes gilt lediglich für Art. 18.
430 *Durner* in Maunz/Dürig Rn. 169; ausführlich *Volkmann* in MKS Art. 91 Rn. 14 ff.
431 Ausdrücklich Art. 24 Abs. 3 S. 1 NDSVerf; Art. 53 Abs. 4 S. 1 LSAVerf.
432 HmbVerfG, VerwRspr 1974, 513 (517).
433 *Durner* in Maunz/Dürig Rn. 173; sa *Lindner/Unterreitmeier* DÖV 2019, 165 (168).
434 BVerfGE 30, 1 (22); zust. *Durner* in Maunz/Dürig Rn. 173.
435 BVerfGE 67, 157 (179) verlangt nachprüfbare tatsächliche Anhaltspunkte.
436 BVerfGE 30, 1 (22).

Personen überwachen, die unter einem konkreten Verdacht stehen, nicht aber Dritte.[437]

c) „[…] kann das Gesetz bestimmen, daß […]“ (Abs. 2 S. 2). Dient eine Maßnahme den Schutzgütern des Art. 10 Abs. 2 S. 2, **kann** das einschränkende Gesetz bestimmen, dass der Eingriff **dem Betroffenen nicht mitzuteilen** ist. Ob der Gesetzgeber entsprechende Gesetze erlässt, steht in seinem **Ermessen.**[438] **156**

Das Übermaßverbot überlagert solche Eingriffe jedoch in zweierlei Hinsicht: Sie sind zum einen nur zulässig, wenn sie zwingend **erforderlich** sind.[439] Zum anderen ist der Betroffene (obgleich der Wortlaut des Art. 10 Abs. 2 S. 2 das Gegenteil insinuiert) **nachträglich** zu benachrichtigen, sobald der Zweck der Überwachungsmaßnahme und die Schutzgüter nicht mehr gefährdet sind.[440] Daher muss die **Exekutive** fortlaufend **überprüfen, ob die Gefährdung noch weiter besteht,** und den Betroffenen ggf. benachrichtigen.[441] **157**

Art. 10 Abs. 2 S. 2 erlaubt, den **gerichtlichen Rechtsschutz** gesetzlich auszuschließen. Kontrollfrei darf die Maßnahme jedoch nicht bleiben: An die Stelle justizieller Prüfung tritt die Nachprüfung durch Organe und Hilfsorgane, welche die Volksvertretung bestellt. Die Verantwortung, die Organe einzusetzen, trägt daher (je nachdem, ob es sich bei dem einschränkenden Gesetz um ein Bundes- oder Landesgesetz handelt) der Bundestag bzw. das Landesparlament.[442] Das Nachprüfungsverfahren ist so auszugestalten, dass es **dem gerichtlichen Rechtsschutz** materiell und prozedural **äquivalent** ist (→ Rn. 170).[443] Der Rechtsschutz muss daher – wiewohl der Betroffene nicht am Verfahren mitwirken kann – **wirkungsvoll** sein.[444] Dafür müssen die Kontrollorgane unabhängig und weisungsfrei,[445] sowie auf eine bestimmte Zeit berufen sein und die notwendige Sach- und Rechtskunde besitzen.[446] Wirksam ist der Schutz auch nur dann, wenn die Kontrollinstanz über die Macht verfügt, alle Prozessschritte der Organe, die mit der Maßnahme befasst sind, umfassend zu überprüfen.[447] **158**

4. Wichtige einschränkende Gesetze. a) Staats-und Verfassungsschutz. aa) Das Gesetz zu Art. 10 (G 10). Von den verfassungsrechtlichen Beschränkungsmöglichkeiten des Art. 10 Abs. 2 S. 2 hat der Bund im G 10 Gebrauch gemacht. Es gestattet den Geheimdiensten, den Brief- und Postverkehr einzusehen und die Telekommunikation zu überwachen sowie aufzuzeichnen (§ 1 G 10). **159**

(1) Individuelle Überwachung. Die Überwachung individuellen Verkehrs knüpft das Gesetz an **tatsächliche Anhaltspunkte,** die den Verdacht rechtfertigen, dass jemand eine der **Katalogstraftaten** des § 3 Abs. 1 G 10 plant, begeht oder begangen hat. Das **Bundesamt für Verfassungsschutz** **160**

---

[437] BVerfGE 30, 1 (22).
[438] BVerfGE 143, 1 (14, Rn. 45).
[439] BVerfGE 30, 1 (22).
[440] BVerfGE 30, 1 (21); ebenso BVerfGE 100, 313 (397, Rn. 287).
[441] *Kaysers* AöR 129 (2004), 121 (127).
[442] Näher BT-Drs. 5/1879, 18.
[443] BVerfGE 30, 1 (23).
[444] BVerfGE 30, 1 (23); 143, 1 (12, Rn. 38).
[445] BVerfGE 30, 1 (23); 100, 313 (361, Rn. 171).
[446] BVerfGE 30, 1 (23); näher *Guckelberger* in SHH Rn. 52.
[447] BVerfGE 30, 1 (23); 100, 313 (361, Rn. 171).

kann die Befugnis insbesondere für die inlandsbezogene Aufklärung nutzen (vgl. § 3 BVerfSchG).[448]

161 **(2) Strategische Überwachung.** Um seiner Aufgabe der Auslandsaufklärung nachzukommen (§ 1 Abs. 2 S. 1 BNDG), darf der BND Telekommunikationsbeziehungen unter engen Voraussetzungen auch **verdachtsunabhängig strategisch überwachen,** dh auf die **gebündelte Übertragung internationaler Telekommunikationsbeziehungen** in Internetaustauschknoten zugreifen (§ 5 Abs. 1 S. 1 G 10). Kabel, die zu einem individuellen Anschluss führen, sind davon ausgenommen.[449] Denn die strategische Überwachung darf nicht in eine Einzelüberwachung von Personen münden.[450] Der BND darf aus der großen Menge der Daten mithilfe von Suchbegriffen (sog. Selektoren) nur einzelne Gesprächsverbindungen erfassen und sie auswerten.[451] *De lege lata* darf der Anteil der Übertragungskapazität höchstens 20 % des Gesamtvolumens betragen, um eine Pauschalüberwachung auszuschließen (§ 10 Abs. 4 S. 4 G 10; → Rn. 143).

162 Die Anordnung, Kommunikationsbeziehungen zu überwachen,[452] ist auf die enumerativ gelisteten Gründe des § 5 Abs. 1 S. 3 G 10 (bspw. die Gefahr eines bewaffneten Angriffskrieges [Nr. 1]) beschränkt. Das Parlamentarische Kontrollgremium muss der Maßnahme vorher **zustimmen** (§ 5 Abs. 1 S. 2 G 10; → Rn. 167).

163 Im Jahre 2001 erweiterte der Gesetzgeber die strategischen Aufklärungsbefugnisse insbesondere auf die **Gefahren des internationalen Terrorismus** „mit unmittelbarem Bezug zur Bundesrepublik Deutschland" (§ 5 Abs. 1 S. 3 Nr. 2 G 10).[453] Dadurch nähern sich das Aufgabenfeld der Geheimdienste und der polizeilichen Gefahrenabwehr einander an.[454] Das BVerwG hat diese Befugnisse als verfassungsgemäß eingestuft.[455]

164 **„International"** iSd § 5 Abs. 1 S. 1 G 10 meint die Beziehungen **zwischen der Bundesrepublik und dem Ausland.** Die Überwachung rein ausländischer Kommunikationsbeziehungen regelt das BNDG (→ Rn. 173).[456] Ob sich die Differenzierung zwischen reiner Auslands- und Ausland-Inland-Kommunikation, insbesondere für paketvermittelte Kommunikationswege, allerdings technisch umsetzen und bruchfrei durchhalten lässt, ist unklar (→ Rn. 180).[457] Die Betreiberfirma des Internetknotenpunkts in Frankfurt am Main machte diesen Umstand vor den Verwaltungsgerichten bislang ohne Erfolg geltend. Als Kommunikationsmittlerin kann sie sich zugleich nicht selbst auf Art. 10 berufen (→ Rn. 84).[458]

---

[448] Näher zur Unterscheidung zwischen Inlands- und Auslandsaufklärung bspw. *Meinel* NVwZ 2018, 852.

[449] BT-Drs. 14/5655, 18.

[450] BVerfGE 67, 157 (180 ff.).

[451] BT-Drs. 17/549, 5.

[452] Neben den Suchbegriffen sind das Aufklärungsgebiet, der Übertragungsweg und der Anteil der Übertragungskapazität festzulegen (§ 10 Abs. 4 G 10).

[453] BT-Drs. 14/5655, 13, 18 f.; BR-Drs. 54/01.

[454] Krit. daher *Roggan,* G-10-Gesetz, 2012, § 5 Rn. 24 f.

[455] BVerwGE 130, 180 (191 f., Rn. 36); zust. *Guckelberger* in SHH Rn. 54.

[456] *Brissa* DÖV 2017, 765 (770); *Marxsen* DÖV 2018, 218 (220).

[457] Näher *Löffelmann* in Hdb des Rechts der Nachrichtendienste, 1159 (1248, Rn. 142); *Papier* NVwZ 2016, 1057 (1058); *ders.* NVwZ Extra 2016/15, 1 (13 f.); *Schantz* NVwZ 2015, 873 (874).

[458] BVerwGE 162, 179 (186, Rn. 24). Unterdessen hat sie Verfassungsbeschwerde erhoben.

Das Verbot, Suchbegriffe zu verwenden, die dazu führen, dass der BND **bestimmte Telekommunikationsanschlüsse** erfasst (→ Rn. 161), gilt *de lege lata* nicht für Telekommunikationsanschlüsse **im Ausland,** wenn sich ausschließen lässt, dass die Anschlussinhaber oder regelmäßigen Nutzer deutsche Staatsangehörige sind (§ 5 Abs. 2 S. 3 G 10). Selbst wenn die unterschiedliche Behandlung von Ausländern und deutschen Staatsangehörigen mit der Verfassung im Einklang steht, beschränkt sich die Schutzwirkung des Art. 10 nicht räumlich auf die Bundesrepublik Deutschland oder deutsche Staatsbürger (→ Rn. 44).[459] Daher sind auch für die Ausland-Ausland-Fernmeldeaufklärung Schutzvorkehrungen für die Überwachung einzelner Personen vorzusehen (→ Rn. 181)[460]. **165**

Nach bisheriger Praxis speicherte der BND Metadaten, die er durch die strategische Fernmeldeüberwachung erlangte, nach einer Anonymisierung in seinem „Verkehrsdatenanalysesystem" **(VERAS).** Das BVerwG hielt diese Praxis für verfassungswidrig. Es vermisste eine gesetzliche Eingriffsgrundlage.[461] Denn der Rohdatenstrom, den der BND im Rahmen der strategischen Fernmeldeüberwachung abschöpft, schließt auch individualisierbare Daten ein, die unter dem Schutz des Art. 10 stehen. Die Daten anschließend zu anonymisieren, unterbricht die Eingriffskette nach Einschätzung des BVerwG nicht.[462] **166**

(3) Kontrolle der Maßnahmen – G 10-Kommission. Maßnahmen, die Bundesbehörden kraft des G 10 durchführen, unterliegen der Kontrolle des **Parlamentarischen Kontrollgremiums** (α) und der **G 10-Kommission** (β) – § 1 Abs. 2 G 10. **167**

(α) Parlamentarisches Kontrollgremium. Der Bundestag bestellt das Parlamentarische Kontrollgremium auf der Grundlage des Art. 45d (nach näherer Maßgabe des PKGrG). Das Gremium erstattet dem Bundestag jährlich **Bericht** (§ 14 Abs. 1 S. 2 G 10). Um seine Aufgabe ordnungsgemäß wahrnehmen zu können, ist es seinerseits auf valide Informationen angewiesen. Das zuständige Bundesministerium des Innern, für Bauen und Heimat hat das Kontrollgremium daher im Abstand von höchstens sechs Monaten über die Durchführung des G 10 zu **informieren** (§ 14 Abs. 1 S. 1 G 10). Das Gremium kann auch selbst **Auskünfte** verlangen (§ 5 Abs. 2 S. 1 PKGrG). Regelungen zur Kontrolle der G 10-Maßnahmen, welche die zuständigen obersten **Landesbehörden** vornehmen, bleiben den jeweiligen Landesgesetzen vorbehalten (vgl. auch § 16 S. 1 G 10). **168**

(β) G 10-Kommission. Das Parlamentarische Kontrollgremium bestimmt die Mitglieder der G10-Kommission (§ 15 Abs. 1 S. 4 G 10). Das zuständige Bundesministerium des Innern **unterrichtet** diese Kommission **monatlich** über die Maßnahmen, die es angeordnet hat, bevor es sie vollzieht (§ 15 Abs. 6 S. 1 G 10). Die Kommission entscheidet auf dieser Grundlage, ob Beschränkungsmaßnahmen zulässig und notwendig sind (§ 15 Abs. 5 S. 1 G 10). Da die G 10-Kommission nur im Monatsrhythmus zusammentritt **169**

---

459 BVerfG BeckRS 2020, 8777 (Rn. 87 f.; 104, 186); *Durner* in Maunz/Dürig Rn. 186; *Guckelberger* in SHH Rn. 54; *Hermes* in Dreier Rn. 43; *Marxsen* DÖV 2018, 218 (221, 225 f.); *Papier* NVwZ 2016, 1057 (1057); *Roggan,* G-10-Gesetz, 2012, Rn. 22.
460 BVerfG BeckRS 2020, 8777 (185 ff.).
461 BVerwG NVwZ 2018, 731 (733, Rn. 23; 734, Rn. 28).
462 BVerwG NVwZ 2018, 731 (733 f., Rn. 26 f.).

(§ 15 Abs. 4 S. 1 G 10),[463] gesteht § 15 Abs. 6 S. 2 G 10 dem Ministerium bei Gefahr im Verzug ausnahmsweise eine Eilkompetenz zu.

170 Die G 10-Kommission berät **geheim.** Ihre Mitglieder sind zur Verschwiegenheit verpflichtet (§ 15 Abs. 2 G 10). Darin unterscheidet sich ihre Kontrolle grundlegend vom öffentlichen gerichtlichen Verfahren. Als Kehrseite ihrer Verschwiegenheit stehen der G 10-Kommission neben der Befugnis, die Beschränkungsmaßnahmen einzelfallbezogen zu überprüfen, **Ermittlungsbefugnisse** von Amts wegen zu, zB das Recht, Einsicht in relevante Unterlagen zu nehmen (§ 15 Abs. 5 S. 3 G 10). Die Kommission darf vollumfänglich kontrollieren, inwieweit **personenbezogene Daten,** welche die Nachrichtendienste aus den Befugnissen des G 10 erlangen, **erhoben, verarbeitet und genutzt wurden** (§ 15 Abs. 5 S. 2 G 10). In der Praxis sieht sich die G 10-Kommission bei ihrer Kontrolltätigkeit jedoch einer unzureichenden **Informationslage** gegenüber:[464] Die Genehmigungen beruhen regelmäßig auf dem Sachvortrag der anordnenden Stelle und fußen auf einer eher summarischen Prüfung.[465] Damit sich diese strukturelle Informationsasymmetrie nicht zu sehr zum Nachteil des Grundrechtsschutzes auswirkt, verbürgt das Gesetz der Kommission unterdessen ausdrücklich die „notwendige Personal- und Sachausstattung" (§ 15 Abs. 3 G 10). Das BVerfG[466] hatte diese angemahnt.

171 Die G 10-Kommission ist ein **„Kontrollorgan eigener Art".**[467] Sie agiert in gerichtsähnlicher Funktion **als Teil der Exekutive.**[468] Das löst eine Spannungslage aus. Denn ihre Kontrolle muss kraft ihrer Aufgabe dem gerichtlichen Rechtsschutz gleichwertig sein.[469] In ihrer Amtsführung ist sie deshalb **unabhängig** und **keinen Weisungen unterworfen** (§ 15 Abs. 1 S. 2, 3 G 10).

172 Die Kommission ist kein Teil des Bundestages oder oberstes Bundesorgan. Die Verfassung installiert sie nicht selbst als Kontrastorgan mit eigenen Rechten im Institutionengefüge. Ihr fehlt daher die **Parteifähigkeit im Organstreitverfahren** (Art. 93 Abs. 1 Nr. 1, § 63 BVerfGG) als „andere Beteiligte".[470] Der Kernbestand ihrer Kontrollbefugnisse leitet sich zwar unmittelbar aus Art. 10 ab.[471] Die G 10-Kommission ist insofern verfassungsrechtlich radiziert: Sobald der einfache Gesetzgeber die „Kann"-Regelung des Art. 10 Abs. 2 S. 2 umsetzt, ist die kontinuierliche institutionelle Kontrolle der Nachrichtendienste verfassungsrechtlich notwendig. Ihre Existenz, Kompetenzen und ihr Status – und somit auch ihre Rechtsposition – ergeben sich jedoch nicht direkt aus dem GG (Art. 10 Abs. 2 S. 2),[472] sondern aus einfachem Gesetzesrecht.[473]

173 **bb) BND-Gesetz.** Die strategische Fernmeldeaufklärung des BND über **Ausländer,** die sich **im Ausland** aufhalten, regelt das BND-Gesetz (BNDG)

---

[463] Krit. *Roggan,* G-10-Gesetz, 2012, § 15 Rn. 17; *Huber* NVwZ 2017, 1513 (1514).
[464] Vgl. *Gusy* in MKS Rn. 102.
[465] *Roggan,* G-10-Gesetz, 2012, § 15 Rn. 11.
[466] BVerfGE 100, 313 (401, Rn. 306).
[467] BVerfGE 143, 1 (13, Rn. 41).
[468] BVerfGE 30, 1 (28); 143, 1 (13, Rn. 41; 18, Rn. 54).
[469] BVerfGE 30, 1 (23).
[470] BVerfGE 143, 1 (10, Rn. 34).
[471] Vgl. BVerfGE 100, 313 (401, 304 ff.); sa *Walter* in BeckOK BVerfGG § 63 Rn. 24.
[472] Dem Gesetzgeber steht es insbesondere frei, von der Möglichkeit des Abs. 2 S. 2 Gebrauch zu machen oder nicht.
[473] BVerfGE 143, 1 (14 ff., Rn. 43 ff.); krit. *Huber* NVwZ 2016, 1706 (1707).

spezialgesetzlich. Bis zum Jahre 2016 stützte der BND seine Tätigkeit insoweit lediglich auf die Aufgabenzuweisungsnorm des § 1 Abs. 2 BNDG. Nunmehr formulieren die §§ 6–18 BNDG ausführliche Eingriffsvoraussetzungen: **§ 6 Abs. 1 BNDG** erlaubt die strategische Überwachung **aus dem Inland,** wenn sie erforderlich ist, um einem der dort – enumerativ – genannten Zwecke zu dienen. Diese sind deutlich weiter gefasst als diejenigen, denen die strategische Überwachung des internationalen Telekommunikationsverkehrs iSd § 5 Abs. 1 G 10 dienen muss (→ Rn. 161).[474] So genügt bspw. der Zweck, Erkenntnisse von außen- und sicherheitspolitischer Bedeutung zu gewinnen (§ 6 Abs. 1 Nr. 3 BNDG). Inwieweit der BND Daten, die er **im Ausland** erhoben hat, verarbeiten und nutzen darf, regelt **§ 7 BNDG.**

Daten aus dem Telekommunikationsverkehr **deutscher Staatsangehöriger,** inländischer juristischer Personen oder von Personen, die sich im Bundesgebiet aufhalten, im Rahmen der Ausland-Ausland-Fernmeldeaufklärung zu erheben, ist verboten (§ 6 Abs. 4 BNDG). Suchbegriffe, die darauf zielen, den Kommunikationsverkehr von **Einrichtungen der Europäischen Union,** öffentlicher Stellen ihrer Mitgliedstaaten oder Unionsbürgern zu erfassen, sind demgegenüber nicht generell unzulässig. Sie unterliegen aber den hohen Anforderungen des § 6 Abs. 3 BNDG. **174**

Die **Anordnung,** aus einem bestimmten Telekommunikationsnetz Daten zu erheben, trifft das Bundeskanzleramt (§ 6 Abs. 1 S. 2 BNDG) auf Antrag des Behördenleiters des BND (§ 9 Abs. 1 BNDG). Die **Suchbegriffe** legt der BND dagegen selbst fest (§ 6 Abs. 2 BNDG).[475] **175**

Die Ausland-Ausland-Fernmeldeaufklärung des BND kontrolliert *de lege lata* ein **„Unabhängiges Gremium",** das als weitere nachrichtendienstliche Kontrollinstanz neben die bereits bestehenden Institutionen (namentlich G 10-Kommission, Bundesbeauftragter für den Datenschutz und die Informationsfreiheit, Parlamentarisches Kontrollgremium und ggf. Untersuchungsausschüsse) tritt. Es setzt sich aus Richtern und Bundesanwälten am Bundesgerichtshof zusammen (§ 16 Abs. 1 BNDG). **176**

Das Bundeskanzleramt **unterrichtet** das Gremium über die getroffenen Anordnungen, bevor sie vollzogen werden (außer bei Gefahr im Verzug – § 9 Abs. 4 BNDG). Erklärt das Unabhängige Gremium die Anordnungen für unzulässig oder nicht notwendig, sind sie unverzüglich aufzuheben (§ 9 Abs. 4 S. 4 BNDG). Die **Kontrollbefugnisse** des Unabhängigen Gremiums gestaltet das Gesetz insgesamt jedoch **restriktiv** aus:[476] Anders als der G 10-Kommission stehen ihm keine Auskunfts-, Einsichts- und Zutrittsrechte zu.[477] Seine Kontrolltätigkeit ist darüber hinaus darauf beschränkt, Anordnungen zu überprüfen. Die Suchbegriffe (Selektoren) einzusehen, ist von dieser Ermächtigung grundsätzlich[478] nicht umfasst.[479] Wie relevant die Kontrolle der Suchbegriffe aber ist, zeigt die hitzige Debatte um die Herausgabe der NSA-Selektorenliste an den NSA-Untersuchungsausschuss.[480] **177**

---

[474] *Marxsen* DÖV 2018, 218 (223).

[475] Hierzu krit. *Marxsen* DÖV 2018, 218 (223 f.).

[476] Vgl. *Huber* ZRP 2016, 162 (165).

[477] Vgl. § 15 Abs. 5 G 10.

[478] Soweit sich die Suchbegriffe auf Einrichtungen der EU, öffentlicher Stellen oder ihrer Mitgliedstaaten oder von Unionsbürgern beziehen, gestattet § 9 Abs. 5 S. 2 und 3 BNDG dem Unabhängigen Gremium ausnahmsweise die Kontrolle der Suchbegriffe.

[479] *Marxsen* DÖV 2018, 218 (228); ebenso krit. *Huber* ZRP 2016, 162 (165).

[480] Vgl. BVerfGE 143, 101 (104 ff.); dazu krit. etwa *Möllers* JZ 2017, 271; *Rusteberg* DÖV 2017, 319 (323 f.).

178 Die Normen des BNDG gehen von der (unzutreffenden) Prämisse aus, dass deutsche Behörden, die Kommunikationsvorgänge von Ausländern im Ausland überwachen, nicht **an Art. 10 Abs. 1 gebunden** sind (→ Rn. 44).[481] Die Vorschriften verzichten daher zum einen darauf, Art. 10 Abs. 1 als eingeschränktes Grundrecht zu zitieren. Das verstößt gegen das **Zitiergebot** des Art. 19 Abs. 1 S. 2 (→ Rn. 134 ff.).[482] Zum anderen genügen die Bestimmungen in ihrer heutigen Form auch nicht den Anforderungen an die **Verhältnismäßigkeit** und **Normenbestimmtheit.** Das BVerfG hat die §§ 6 und 7 (ebenso wie §§ 11, 13–15, 19, 24 Abs. 1 S. 1, Abs. 2 S. 1 und Abs. 3) BNDG daher jüngst für **verfassungswidrig** erklärt.[483]

179 Das Gesetz grenzt insbesondere die Zwecke der Maßnahme unzureichend ein:[484] Es fasst die nachrichtendienstlichen **Aufklärungsziele** (§ 6 Abs. 1 BNDG) bislang zu weit. Der abstrakte außenpolitisch-strategische Aufklärungsauftrag ist zwar seiner Natur nach ein Stück weit unbestimmt, da er der anlasslosen Gefahrenfrüherkennnung dient.[485] Das Verhältnismäßigkeitsprinzip verlangt aber für den zulässigen Eingriff in Art. 10 verfahrensrechtliche und materielle **Überwachungsbegrenzungen,** welche die Ausrichtung auf die Zwecke rationalisiernd strukturieren und überprüfbar machen.[486] Das impliziert zugleich aber nicht, dass der Gesetzgeber die Eingriffsbefugnisse für die Überwachung von Ausländern im Ausland in gleicher Weise ausgestalten muss wie für deutsche Staatsangehörige oder Personen im Inland.[487] Abstriche bei der Transparenz sind bspw. gerechtfertigt, um die ausländischen Quellen nicht zu gefährden und nicht mit den territorialen Hoheitsrechten anderer Staaten in Konflikt zu geraten.[488]

180 Die Maßstäbe, wie miterfasste Inlandskommunikation zu filtern bzw. zu löschen ist, regelt das BNDG bisher nicht klar genug.[489] Ob sich die **Unterscheidung zwischen inländischer, internationaler und ausländischer** Kommunikation **technisch** überhaupt stringent **durchhalten** lässt, ist un-

---

[481] BVerfG BeckRS 2020, 8777 (Rn. 87); *Guckelberger* in SHH Rn. 55b; *Huber* ZRP 2016, 162 (163); *Marxsen* DÖV 2018, 218 (226); *Ogorek* in BeckOK GG Rn. 48; aA *Karl/Soiné* NJW 2017, 919 (920); *Löffelmann* in Hdb des Rechts der Nachrichtendienste, 1159 (1259 f.; Rn. 172).

[482] BVerfG BeckRS 2020, 8777 (Rn. 134 f.).

[483] Der Gesetzgeber hat die Vorschriften bis spätestens Ende 2021 grundlegend zu überarbeiten; BVerfG BeckRS 2020, 8777 (Rn. 331). Die Entscheidung erging nach Bearbeitungsschluss des Kommentars. Die Begründungen und Ergebnisse konnten nicht mehr ausführlich gewürdigt werden.

[484] BVerfG BeckRS 2020, 8777 (Rn. 176 f., 305).

[485] BVerfG BeckRS 2020, 8777 (Rn. 157). *Gärditz* DVBl. 2017, 525 (526) hält keine „rechtsstaatlich höheren Barrieren" für geboten.

[486] Das BVerfG verlangt „hinreichend begrenzte und differenzierte Zwecke", wenn die Maßnahme nicht allein der Information der Bundesregierung dient, BVerfG BeckRS 2020, 8777 (Rn. 176 ff.); vgl. auch *Marxsen* DÖV 2018, 218 (227). Verfahrensrechtlich sind jeweils Erkenntnisziel und Dauer der Überwachungsmaßnahme formal festzulegen, BVerfG BeckRS 2020, 8777 (Rn. 178 ff.).

[487] Die Überwachung von Ausländern im Ausland unterscheidet sich in ihrer grundrechtlichen Intensität von der strategischen Überwachung des internationalen Telekommunikationsverkehrs (§ 5 Abs. 1 S. 1 G 10; → Rn. 161): Sie ist typischerweise milder als jene, da Ausländer im Ausland – anders als deutsche Staatsangehörige – nicht unmittelbar der deutschen Hoheitsgewalt und deshalb auch weniger leicht Folgemaßnahmen ausgesetzt sind, BVerfG BeckRS 2020, 8777 (Rn. 104, 165, 186).

[488] BVerfG BeckRS 2020, 8777 (Rn. 269); *Bäcker,* Stellungnahme zu dem Entwurf eines Gesetzes zur Ausland-Ausland-Fernmeldeaufklärung des Bundesnachrichtendienstes, 23.9.2016, 10 f.; *Marxsen* DÖV 2018, 218 (227).

[489] BVerfG BeckRS 2020, 8777 (Rn. 170 ff., 304).

klar.[490] Der BND benutzt Filtersysteme, deren Funktionsweise im Detail nicht öffentlich bekannt ist.[491] Fest steht aber, dass die Filterung anhand von Top-Level-Domains (.de), IP-Adressen oder Telefonvorwahlen nicht verlässlich Auskunft über das geografische Herkunftsgebiet gibt. Erst recht bieten sie keinen Aufschluss über die Staatsangehörigkeit der Anschlussnutzer. Sind die Leitungswege nicht physikalisch klar festgelegt, sondern ist die Kommunikation – wie im Internet – paketvermittelt, sind die Zielregionen höchstens im Nachhinein feststellbar.[492] Soweit insofern die automatische Aussonderung technikbedingt nicht möglich ist, muss der Gesetzgeber anordnen, dass Daten der inländischen und internationalen Kommunikation im Rahmen der manuellen Auswertung grundsätzlich unverzüglich zu löschen sind.[493]

Das Gesetz (namentlich § 19 BNDG) grenzt auch die Auswertung der gewonnenen Daten bislang unzureichend ein.[494] Es fehlt an ausreichenden Überprüfungsmechanismen für die Suchbegriffe ausländischer Dienste.[495] Der Gesetzgeber muss sicherstellen, dass die erfassten Datenströme substanziell limitiert bleiben, und eine Höchstspeicherdauer von sechs Monaten verankern.[496] Besondere Schutzvorkehrungen sind zudem erforderlich, wenn die strategische Überwachung sich mittels formaler Suchbegriffe (bspw. Anschlusskennungen oder E-Mail-Adressen) auf einzelne Personen oder Vertraulichkeitsbeziehungen gefährdeter Berufsgruppen, insbesondere Journalisten oder Rechtsanwälte, richtet.[497] Die bisherigen Vorkehrungen des BNDG (§ 11 BNDG) zum Schutz des **Kernbereichs privater Lebensgestaltung** genügen dem Achtungsanspruch der Menschenwürde nicht (Art. 1 Abs. 1; → Rn. 140).[498] **181**

Das BVerfG hat nicht zuletzt die gegenwärtige Ausgestaltung der Kontrolle für verfassungswidrig erklärt. Es hält **zwei Instanzen** für erforderlich, um eine effektive Überwachung und Kontrolle des BND zu ermöglichen (obgleich diese nicht notwendigerweise institutionell getrennt sein müssen): eine **gerichtsähnliche Instanz,** die mit Unabhängigkeit ausgestattet ist und – auch in Einzelfällen – abschließende Entscheidungen für Bundesregierung und Nachrichtendienst treffen kann, sowie eine **administrative Kontrollstelle,** die eigeninitiativ stichprobenartig den gesamten Ablauf der strategischen Überwachung prüfen und ggf. beanstanden kann.[499] Der gerichtsähnlichen Kontrollinstanz fällt insbesondere die Aufgabe zu, rechtsstaatliche Sicherungen, insbesondere eine Kontrolle der Suchbegriffe,[500] herzustellen, die ausgleichen, dass der individuelle Rechtsschutz nur eingeschränkt gewährleistet ist.[501] Die administrative Kontrolle muss hingegen auch die Be- **182**

[490] BVerfG BeckRS 2020, 8777 (Rn. 269); *Huber* ZRP 2016, 162 (164); *Marxsen* DÖV 2018, 218 (227 f.); *Papier* NVwZ 2016, 1057 (1058).
[491] BT-Drs. 17/9640, 6; *Graulich,* Bericht für den NSA-Untersuchungsausschuss, 2015, 27 ff.
[492] *Papier* NVwZ Extra 2016/15, 1 (13).
[493] BVerfG BeckRS 2020, 8777 (Rn. 174).
[494] BVerfG BeckRS 2020, 8777 (Rn. 192, 307).
[495] BVerfG BeckRS 2020, 8777 (Rn. 255 f., 322).
[496] BVerfG BeckRS 2020, 8777 (Rn. 191).
[497] BVerfG BeckRS 2020, 8777 (Rn. 185 ff.; 193 ff.).
[498] BVerfG BeckRS 2020, 8777 (Rn. 203 ff., 306); siehe zum Kernbereichsschutz bereits BVerfGE 113, 348 (390, Rn. 160); 124, 43 (69 f., Rn. 90); 129, 208 (245, Rn. 209).
[499] BVerfG BeckRS 2020, 8777 (Rn. 274 ff.).
[500] BVerfG BeckRS 2020, 8777 (Rn. 278).
[501] BVerfG BeckRS 2020, 8777 (Rn. 273, 275).

reiche umfassen, die außerhalb des Kontrollauftrags der gerichtsähnlichen Instanz liegen.[502] Sie hat eine kontinuierliche Rechtskontrolle vorzunehmen, die einen umfassenden Kontrollzugriff verbürgt. Der Gesetzgeber hat hinsichtlich des genauen Zusammenspiels der Kontrollinstanzen sowie ihrer Ausgestaltung einen weitreichenden **Gestaltungsspielraum**[503] – dabei muss sich die administrative Kontrollstelle bei wesentlichen Rechtsfragen aber jedenfalls an die gerichtsähnliche Kontrollinstanz zur abschließenden Entscheidung wenden können.[504] Die Instanzen müssen darüber hinaus über ein eigenes Budget und Personalhoheit, ausreichende finanzielle Möglichkeiten sowie wirksame Kontrollbefugnisse[505] und Unabhängigkeit verfügen, um eine professionelle und wirksame Kontrolle sicherstellen zu können.[506]

183 **b) Strafverfolgung. aa) Postbeschlagnahme (§§ 99, 100 StPO).** Als traditionelles Instrument der Strafverfolgung gestattet die StPO, **Postsendungen** und **Telegramme** zu beschlagnahmen, die an einen Beschuldigten gerichtet sind oder von ihm herrühren (§§ 99, 100 StPO). Die Beschlagnahme knüpft weder an einen bestimmten Straftatenkatalog noch an einen bestimmten Verdachtsgrad an. Sie unterliegt aber den Beschränkungen des **Verhältnismäßigkeitsprinzips:** Die Beschlagnahme muss in einem angemessenen Verhältnis zur Bedeutung und Schwere der Tat stehen.[507]

184 Eine Beschlagnahme anzuordnen, ist grundsätzlich nur das **Gericht** befugt, bei Gefahr im Verzug auch die Staatsanwaltschaft (§ 100 Abs. 1 StPO).

185 § 99 StPO ermächtigt ausschließlich, in den Schutzbereich des **Post- und Briefgeheimnisses** einzugreifen – nicht aber generell in das Fernmeldegeheimnis. Denn die Vorschrift bezieht sich grundsätzlich auf die Beschlagnahme körperlicher Gegenstände.[508] Auf die **Beschlagnahme von E-Mails,** die beim Provider zwischen- oder endgespeichert sind, hat der BGH § 99 StPO gleichwohl angewendet.[509] Gleiches haben andere Gerichte mit Blick auf die Beschlagnahme von Nachrichten getan, die bei dem Provider eines **sozialen Netzwerks** wie bspw. Facebook gespeichert sind.[510] Obgleich die

[502] BVerfG BeckRS 2020, 8777 (Rn. 279).
[503] BVerfG BeckRS 2020, 8777 (Rn. 277 ff.).
[504] BVerfG BeckRS 2020, 8777 (Rn. 276).
[505] BVerfG BeckRS 2020, 8777 (Rn. 290). Das BVerfG (BeckRS 2020, 8777 [Rn. 278]) verlangt, die Suchbegriffe der Kontrolle der gerichtsähnlichen Instanz zu unterwerfen. Der Gesetzgeber muss die Rechtskontrolle zudem so ausgestalten, dass ihr nicht die „Third Party Rule“ entgegengehalten werden kann, sie also auch den Umgang des BND mit Informationen kontrollieren kann, die von ausländischen Diensten stammen; BVerfG BeckRS 2020, 8777 (Rn. 294). Die Third Party Rule bezeichnet eine international allgemein anerkannte Verhaltensregel, die den Vertraulichkeitsschutz im Informationsaustausch verbürgen soll: Informationen, die ein ausländischer Sicherheits- und Nachrichtendienst übermittelt, dürfen die anderen Geheimdienste nur mit dessen Zustimmung preisgeben oder für andere Zwecke nutzen (vgl. BVerfG NVwZ 2017, 137 [Rn. 162]. Wäre die Kontrollinstanz (wie bisher) „Dritter“ im Sinne der Verhaltensregel, könnte sie auf die vertraulichen Informationen der anderen Geheimdienste nicht zugreifen. Es entstünde eine Schutzlücke. Bei den Geheimdiensten löst das umgekehrt jedoch die Sorge aus, dass der BND in Zukunft im Konzert der Geheimdienste nicht mehr „mitspielen“ kann. Ein Kontrollgremium mit weitreichenden Kontrollbefugnissen könne das Vertrauen der ausländischen Geheimdienste in die Vertraulichkeit der Informationen untergraben. Denn je mehr Instanzen in geheimdienstliche Informationen eingebunden sind, umso größer die Gefahr.
[506] BVerfG BeckRS 2020, 8777 (Rn. 281 ff.).
[507] *Graf* in BeckOK StPO § 99 Rn. 7; näher *Günther* in MK StPO § 99 Rn. 40.
[508] *Frister* in Lisken/Denninger PolR-Hdb F. Rn. 242; *Günther* in MK StPO § 99 Rn. 1 ff.
[509] BGH NJW 2009, 1828.
[510] AG Reutlingen ZD 2012, 178; aA *Bauer,* Soziale Netzwerke und strafprozessuale Ermittlungen, 2017, 277 ff.; *Neuhöfer* ZD 2012, 178 f.

Begriffe der StPO – wie das Fernmeldegeheimnis selbst (→ Rn. 63) – entwicklungsoffen sind, verlangt das Gebot der Bestimmtheit und Normklarheit aber eindeutige gesetzliche Regelungen (→ Rn. 128 ff.).[511] Andere Eingriffsgrundlagen sind daher grundsätzlich (in den Grenzen der Verhältnismäßigkeit) vorrangig heranzuziehen. Ermittlungsbehörden können insbesondere nach den Anforderungen des § 100a StPO heimlich auf E-Mails oder Nachrichten in sozialen Netzwerken zugreifen.[512]

Als Minus-Maßnahme schließt die Beschlagnahmebefugnis die Verpflichtung ein, **Auskunft** über die Postsendungen zu erteilen.[513] Die Norm gestattet aber nicht, **retrograde Postsendungsdaten** zu erheben: Die Postsendungen müssen sich noch im Gewahrsam des Postdienstleisters befinden.[514] 186

bb) Telekommunikationsüberwachung (§§ 100a, 100d, 100e StPO). 187
Unter welchen Voraussetzungen die Telekommunikationsüberwachung von **Inhaltsdaten**[515] zu Zwecken der Strafverfolgung zulässig ist, regelt § 100a StPO **abschließend.**[516] Die Befugnis umschließt auch das Recht, **Verkehrsdaten** zu erheben, also Informationen über die Kommunikationsumstände (beteiligte Anschlüsse, Zeitpunkt, Dauer, Standort)[517], die im Rahmen der zu überwachenden Telekommunikation anfallen. § 100g Abs. 1 StPO trifft dafür zwar eine eigene Regelung (→ Rn. 198). Sie schafft aber nur für diejenigen Fälle eine erleichterte Zugriffsmöglichkeit, in denen ausschließlich Verkehrsdaten betroffen sind.[518] Die Vorschrift steht daher selbständig neben § 100a StPO.[519]

§ 100a Abs. 1 S. 1 StPO begrenzt die Telekommunikationsüberwachung auf **schwere Straftaten.** Welche Taten darunter fallen, definiert der Anlasstatenkatalog des Abs. 2 abschließend (§ 100a Abs. 1 Nr. 1 StPO). Der Verdacht muss auf einer hinreichenden Tatsachenbasis gründen und erheblich sein.[520] Die Anlasstat muss auch **im Einzelfall schwer wiegen** (§ 100a Abs. 1 Nr. 2 StPO). Die Telekommunikationsüberwachung ist als Ausfluss des Verhältnismäßigkeitsprinzips zudem gegenüber anderen Ermittlungsmaßnahmen **subsidiär** (vgl. § 100a Abs. 1 Nr. 3 StPO). 188

---

511 Vgl. *Jahn* JuS 2009, 1048 (1049); *Kudlich* JA 2009, 658 (659).

512 Für den *offenen* Zugriff ließ das BVerfG §§ 94, 98 StPO zumindest solange als Ermächtigungsgrundlage ausreichen, als eine *einmalige Beschlagnahme* des Postfachs und der darin befindlichen E-Mails in Rede steht; BVerfGE 124, 43 (58 f., Rn. 57; 62, Rn. 69); *Greven* in KK StPO § 94 Rn. 4a; *Klein* NJW 2009, 2996 (2998); *Sieber/Brodowski* in MultimediaR-Hdb Teil 19, 3, Rn. 85; *Sieber,* Straftaten und Strafverfolgung im Internet, 2012, C. 111; krit. *Durner* in Maunz/Dürig Rn. 47; *Hermes* in Dreier Fn. 263; *Jahn* JuS 2009, 1048 (1049); *Schwabenbauer* AöR 137 (2012), 1 (27 ff.).

513 BGH BeckRS 2014, 5922 (Rn. 7); *Greven* in KK StPO § 99 Rn. 11.

514 BGH NJW 2017, 680 (681, Rn. 5); BeckRS 2019, 12644 (Rn. 13); dagegen für die analoge Anwendung des § 99 StPO noch BGH BeckRS 2014, 5922 (Rn. 8); dafür, die §§ 94 ff. StPO anzuwenden, LG Ingolstadt BeckRS 2018, 2764; *Ceffinato* JuS 2019, 337 (341); *Krause* NZWiSt 2017, 60 (62); *Weisser* wistra 2016, 387 (390). Eine Ergänzung des § 99 StPO um einen Abs. 2, der explizit erlaubt, retrograde Postsendungsdaten zu erheben, befindet sich im Gesetzgebungsverfahren, BT-Drs. 19/9508, 14 f., BR-Drs. 401/20.

515 Im Unterschied zu Metadaten beschreiben Inhaltsdaten den Inhalt, nicht die Umstände (Uhrzeit etc.) der Kommunikation.

516 *Graf* in BeckOK StPO § 100a Rn. 39.

517 Früher „Verbindungsdaten"; BVerfGE 125, 260 (319, Rn. 211).

518 Vgl. BT-Drs. 16/5846, 50.

519 BVerfG NJW 2019, 584 (587, Rn. 52); *Bruns* in KK StPO § 100a Rn. 26; *Eisenberg,* Beweisrecht der StPO, 2017, Rn. 2482 a.

520 BGH BeckRS 2016, 15673 (Rn. 9).

189 Ursprünglich hatte der Gesetzgeber die Norm im Jahre 1968 geschaffen, um die Eingriffsbefugnisse der Strafverfolgungsbehörden an die technischen Entwicklungen anzupassen. Ihre mehrfachen Änderungen, insbesondere des Anlasstatenkatalogs, brachten insgesamt **umstrittene Erweiterungen der Eingriffsbefugnisse** mit sich.[521] Nicht zuletzt ließ die vollständige Neugestaltung der Norm im Jahre 2007 neue Straftatbestände aus dem Bereich der Transaktions- und Wirtschaftskriminalität (bspw. § 100a Abs. 2 Nr. 1b, n, o, q, s StPO) sowie Betäubungsmitteldelikte (§ 100a Abs. 2 Nr. 7 StPO) in die Befugnis Einzug halten. Im Dezember 2019 folgte der Wohnungseinbruchdiebstahl (§ 244 Abs. 4 StGB iVm § 100a Abs. 2 Nr. 1 lit. j).[522] Der Gesetzgeber stuft die Telekommunikationsüberwachung in diesen Bereichen als besonders wirksam ein.[523] Das Gesetz zur effektiveren und praxistauglicheren Ausgestaltung des Strafverfahrens vom 17.8.2017 fügte in § 100a Abs. 1 S. 2 und 3 StPO auch die Befugnis zur Quellen-Telekommunikationsüberwachung hinzu (→ Rn. 193 ff.).[524]

190 Der einfachgesetzliche Begriff der **„Telekommunikation"** iSd § 100a StPO ist ebenso wie das Fernmeldegeheimnis entwicklungsoffen.[525] Neben der Überwachung von Festnetz- und Mobiltelefongesprächen und VoIP-Telefonaten erfasst er die Nachrichtenübermittlung via SMS, MMS, E-Mails, Messaging-Diensten (wie WhatsApp) oder privaten Nachrichten in sozialen Netzwerken. § 100a Abs. 1 S. 1 StPO taugt nach seiner inneren Struktur aber nur als Eingriffsgrundlage, wenn die Strafverfolgungsbehörde bzw. der Provider **während des Übermittlungsvorgangs** auf die Daten zugreift (→ Rn. 39).[526]

191 Die Überwachung des Datenaustauschs zwischen Endgeräten beim **Cloud-Computing** unterfällt dem Anwendungsbereich des § 100a StPO, wenn der Betroffene die Cloud zur **Kommunikation** verwendet (→ Rn. 73). Nutzt er die Cloud dagegen, um eigene Daten extern zu speichern, bleibt nur § 100b StPO als Eingriffsgrundlage. Denn dann greift der Staat nicht in einen laufenden Telekommunikationsvorgang ein, sondern führt eine Online-Durchsuchung durch, die in das sog. IT-Grundrecht eingreift (→ Rn. 234).[527]

192 Das Gesetz unterwirft die Telekommunikationsanbieter zahlreichen **Mitwirkungspflichten:** Sie müssen die Überwachungsmaßnahmen ermöglichen, die das Gesetz vorsieht, und die erforderlichen Auskünfte erteilen (§ 100a Abs. 4 StPO). Den Ablauf und die technischen Anforderungen regeln das TKG (insbesondere § 110 TKG) und die TKÜV. Der Telekommunikationsanbieter ist insbesondere dazu verpflichtet, **„vorhandene Daten"** bereitzustellen. Zu ihnen gehören auch IP-Adressen, selbst wenn der Anbieter sie nicht selbst protokolliert, weil er sich in besonderer Weise dem Datenschutz verschreibt.[528] Denn maßgeblich ist nicht, welche Daten der

---

[521] *Bizer* in AK Rn. 19 mwN; *Durner* in Maunz/Dürig Rn. 191.

[522] BGBl. 2019 I 2121 (2122).

[523] BT-Drs. 16/5846, 40; *Günther* in MK StPO § 100a Rn. 5.

[524] Die Behörde greift dabei direkt auf das Endgerät des Betroffenen zu, statt den Telekommunikationsanbieter die Kommunikationsdaten an die Strafverfolgungsbehörden übermitteln zu lassen.

[525] BVerfG NJW 2016, 3508 (3509 f., Rn. 32 ff.); *Graf* in BeckOK StPO § 100a Rn. 18.

[526] *Graf* in BeckOK StPO § 100a Rn. 21; für E-Mails *Graf* in BeckOK StPO § 100a Rn. 54; *Klein* NJW 2009, 2996 (2996).

[527] Vgl. BVerfGE 141, 220 (303, Rn. 209); *Roggan* StV 2017, 821 (823).

[528] BVerfG NJW 2019, 584 (585, Rn. 41). Bis zur Neuregelung im nationalen Recht (aufgrund der RL (EU) 2018/1972) sind die Verpflichtungen des TKG allerdings nicht auf

Anbieter speichert, sondern welche Daten im Betriebsablauf (fiktiv) anfallen müssten.[529] Dies setzt dem datensparsamen Vorgehen von Telekommunikationsanbietern Grenzen, verlangt im Unterschied zur Vorratsdatenspeicherung (→ Rn. 201) jedoch nicht, dass sie die Daten anlasslos speichern, sondern nur die Zugriffsmöglichkeit im konkreten Einzelfall.

cc) Quellen-Telekommunikationsüberwachung (§§ 100a Abs. 1 S. 2 und 3, 100d, 100e StPO). Herkömmliche Telekommunikationsüberwachung bleibt erfolglos, wenn VoIP-Software oder Messaging-Dienste, wie Skype oder WhatsApp, **Ende-zu-Ende-Verschlüsselung** nutzen.[530] Dem soll das Instrument der **Quellen-Telekommunikationsüberwachung** (§ 100a Abs. 1 S. 2 und 3 StPO) entgegenwirken. Sie ermöglicht es, die Daten – vor oder nach der Verschlüsselung – durch einen **Eingriff in das informationstechnische System** des Betroffenen, also gleichsam an der Quelle, aufzuzeichnen und zu übertragen. Die Ermittler installieren dafür verdeckt auf dem Endgerät des Betroffenen eine Überwachungssoftware[531] – sei es durch physischen Zugriff auf das Endgerät (zB bei Grenzkontrollen), sei es, indem Ermittler via Fernzugriff eine **Software-Schwachstelle** des informationstechnischen Systems ausnutzen.[532] Von diesem Überwachungsweg geht zugleich eine dysfunktionale grundrechtliche Anreizstruktur aus: Der Staat entwickelt ein **Interesse an unsicherer IT-Infrastruktur.** Sein Gefahrenabwehr- und Strafverfolgungsinteresse tritt in Konflikt mit seinem Auftrag, die Sicherheit der Informationstechnik zu fördern (vgl. etwa § 3 Abs. 1 S. 1 BSIG).[533] Auch deshalb steht die Norm auf dem verfassungsgerichtlichen Prüfstand.[534] 193

Da die Quellen-Telekommunikationsüberwachung das informationstechnische System des Betroffenen infiltriert, wiegt ihr Eingriff schwerer als die herkömmliche Telekommunikationsüberwachung.[535] Kraft des Verhältnismäßigkeitsprinzips ist sie daher nur zulässig, wenn sie (zwingend) **notwendig** ist, um die Überwachung „insbesondere"[536] verschlüsselter Kommunikation mit Blick auf eine Katalogtat zu ermöglichen (§ 100a Abs. 1 S. 2 StPO).[537] Die begründete Annahme, dass der Betroffene verschlüsselt kommuniziert, reicht dafür allerdings aus.[538] Mit dem Anschwellen verschlüsselter Kom- 194

internetbasierte E-Mailanbieter (wie Posteo) anzuwenden, vgl. EuGH C-193/18, ECLI:EU:C:2019:498 Rn. 38 – Google.

[529] BVerfG NJW 2019, 584 (587, Rn. 48 f.). Wie zwischen fiktiv anfallenden Daten und tatsächlich nicht vorhandenen Daten abzugrenzen ist, bleibt offen, s. *Marnau* PinG 2019, 71 (74).

[530] Die Entschlüsselung ist dann entweder nicht möglich oder langwierig und kostenintensiv. Vgl. statt vieler BT-Drs. 18/12785, 48. S. auch *Warken* NZWiSt 2017, 329 (331).

[531] BT-Drs. 18/12785, 48 f.

[532] Näher *Pohlmann/Riedel* DuD 2018, 37; sa *Derin/Golla* NJW 2019, 1111 (1114).

[533] *Blechschmitt* StraFo 2017, 361 (362 f.); *Derin/Golla* NJW 2019, 1111 (1114); *Heim* NJW-Spezial 2018, 120; *Neumann/Kurz/Rieger,* Stellungnahme im Ausschuss für Recht und Verbraucherschutz zu BT-Drs. 18/11272, 31.5.2017, 7; *Pohlmann/Riedel* DuD 2018, 37 (44); *Roggan* StV 2017, 821 (828 f.).

[534] Der Verein Digitalcourage, die FDP-Bundestagsfraktion und die Gesellschaft für Freiheitsrechte haben Verfassungsbeschwerde gegen die Befugnisse zur Quellen-Telekommunikationsüberwachung eingelegt (Az. 2 BvR 897/18 et al.).

[535] BT-Drs. 18/12785, 51; *Warken* NZWiSt 2017, 329 (335).

[536] Unklar ist, welche Kommunikationsform der Gesetzgeber neben verschlüsselter Kommunikation erfassen will, s. *Freiling/Safferling/Rückert* JR 2018, 9 (11).

[537] BT-Drs. 18/12785, 51.

[538] *Roggan* StV 2017, 821 (822).

munikation im Internetverkehr[539] entwickelt sich diese Konstellation jedoch immer mehr von der Ausnahme zur Regel.[540] Der **Mobilfunkstandard 5G** eröffnet überdies weitere Verschlüsselungsmöglichkeiten, die sich unter dem bisherigen UMTS-/LTE-Standard nicht in gleicher Weise praktikabel realisieren ließen. Um zu verhindern, dass Straftäter dieses 5 G-Ökosystem missbrauchen, um mithilfe sicherer Verschlüsselung schwere Straftaten zu begehen, schlägt die Bundesregierung Gesetzesänderungen vor.[541] Sie sollen sicherstellen, dass Anbieter weiterhin Abhörschnittstellen bereitstellen.

195 Die Befugnis zur Quellen-TKÜ gestattet den staatlichen Behörden nicht nur, **laufende Kommunikation**[542] zu überwachen. Sie ermächtigt auch dazu, **gespeicherte Kommunikationsinhalte und -umstände** einzusehen und aufzuzeichnen, wenn sie während des Übertragungsvorgangs in verschlüsselter Form überwacht und ausgeleitet hätten werden können (§ 100a Abs. 1 S. 3 StPO). Dies eröffnet den Zugriff auf Nachrichten über **Messenger-Dienste** oder **E-Mails**[543], die während des Übertragungsvorgangs (ab Versand bis Zugang) schon verschlüsselt oder noch nicht entschlüsselt waren.[544]

196 Der Gesetzgeber hält diese Form der Überwachung – obgleich sie auf Daten außerhalb des laufenden Kommunikationsvorgangs zugreift – für mit der alten Überwachungstechnik (mithin Eingriffen in Art. 10) **funktionell äquivalent** und misst sie daher an Art. 10, nicht an den höheren Schranken des sog. IT-Grundrechts.[545] Dafür begrenzt er den zulässigen technischen Wirkradius der Maßnahme: Die angewandte Software muss technisch sicherstellen, dass sie nur solche Daten ausleitet, die auch Gegenstand eines Übertragungsvorgangs sind bzw. waren (§ 100a Abs. 5 Nr. 1b StPO). Sie darf auch nur die Kommunikation überwachen und ausleiten, die ab dem Anordnungszeitpunkt übertragen wurde (§ 100a Abs. 5 Nr. 1b StPO). Die Beschränkungen ändern aber nichts an dem grundlegenden Charakter der Maßnahme: dem Zugriff auf gespeicherte Daten, die zeitlich in keinem unmittelbaren Zusammenhang mit dem Übertragungsvorgang stehen. Die Maßnahme geht insofern spürbar über das hinaus, was die herkömmliche Telekommunikationsüberwachung leistet.[546]

---

[539] Vgl. BT-Drs. 18/12785, 48.

[540] *Neumann/Kurz/Rieger,* Stellungnahme im Ausschuss für Recht und Verbraucherschutz zu BT-Drs. 18/11272, 31.5.2017, 11; *Roggan* StV 2017, 821 (822); wohl aA *Graf* in BeckOK StPO § 100a Rn. 113.

[541] Vgl. etwa BT-Drs. 19/12117, 4.

[542] Soweit Überwachungsmaßnahmen sich auf diese beschränken, misst das BVerfG ihre Zulässigkeit zu Recht an den Anforderungen des Art. 10 statt am IT-Grundrecht, da der Staat nicht auf den Gesamtbestand der Daten auf dem IT-System zugreift und daher keinen gleichermaßen tiefen Einblick in die persönliche Lebensgestaltung wie bei der Online-Durchsuchung erlangt. BVerfGE 141, 220 (309, Rn. 228); vgl. *Singelnstein/Derin* NJW 2017, 2646 (2647); aA *Freiling/Safferling/Rückert* JR 2018, 9 (20).

[543] *Graf* in BeckOK StPO § 100a Rn. 118.

[544] Bei Sprach- und Videotelefonie fallen der Übertragungs- und der Ver- bzw. Entschlüsselungszeitpunkt dagegen regelmäßig zusammen. BT-Drs. 18/12785, 49 f.; *Freiling/Safferling/Rückert* JR 2018, 9 (11); *Graulich* in Lisken/Denninger PolR-Hdb E. Rn. 788; *Großmann* JA 2019, 241 (243).

[545] BT-Drs. 18/12785, 50; *Krauß,* Stellungnahme im Ausschuss für Recht und Verbraucherschutz zu BT-Drs. 18/11272, 31.5.2107, 7 f. („vertretbar").

[546] *Blechschmitt* StraFo 2017, 361 (365); *Sinn,* Stellungnahme im Ausschuss für Recht und Verbraucherschutz zu BT-Drs. 18/11272, 31.5.2017, 6; *Singelnstein/Derin* NJW 2017, 2646 (2648); *Stoklas/Wendorf* ZD-Aktuell 2017, 5725.

Sie ist daher richtigerweise an den **strengeren Anforderungen** des IT-Grundrechts zu messen.[547]

Wie die **Beschränkung** der Quellen-Telekommunikationsüberwachung auf laufende Telekommunikation technisch umgesetzt wird, hält das BVerfG für eine Frage der Anwendung, nicht der Gültigkeit der Norm.[548] Verharren die technischen Vorgaben, wie die Maßnahme umzusetzen ist, aber – wie im Falle des § 100a Abs. 5 StPO – im Vagen, bleibt der Gesetzgeber eine Entscheidung schuldig, die der verfassungsrechtliche Wesentlichkeitsvorbehalt ihm abverlangt.[549] Eine Software, die in ein fremdes System eindringt, kann technisch nämlich mehr, als die verfassungsrechtlich notwendige Beschränkung vorsieht.[550] Um sicherzustellen, dass sie die Beschränkungen einhält, welche das Gesetz verlangt, sind daher zusätzliche **organisatorische und verfahrensrechtliche Maßnahmen** geboten, die es ermöglichen, die Funktionsweise und den Einsatz der Software nachzuvollziehen.[551] Bisher fehlt aber selbst eine Regelung dazu, wer die Software programmiert und wer auf welche Weise ihre Eignung kontrolliert.[552] 197

dd) Erhebung von Verkehrsdaten (§ 100g StPO). § 100g StPO gesteht den Ermittlungsbehörden die Befugnis zu, Verkehrsdaten (§ 3 Nr. 30 TKG) abzurufen – so etwa die Nummer oder Kennung beteiligter Anschlüsse oder der Endeinrichtung (zB die sog. IMEI-Nummer[553] beim Mobiltelefon oder IP-Adressen[554])[555] oder den Beginn und das Ende der Verbindung nach Datum und Uhrzeit. Die Telekommunikationsanbieter speichern diese auf der Grundlage des § 96 Abs. 1 TKG bzw. § 2a Abs. 1 BDBOSG. Der Tatbestand setzt den auf Tatsachen begründeten Verdacht voraus, dass jemand als Täter oder Teilnehmer eine **Straftat von erheblicher Bedeutung** (insbesondere iSd § 100a Abs. 2 StPO) begangen, zu begehen versucht bzw. durch eine Straftat vorbereitet hat oder eine Straftat **mittels Telekommunikation begangen hat** (§ 100g Abs. 1 S. 1 StPO). 198

§ 100g Abs. 1 StPO gewährt den Ermittlungsbehörden nicht nur einen **Auskunftsanspruch** gegenüber den Telekommunikationsdiensteanbietern. Er schließt auch ihre Befugnis ein, **künftig anfallende Verkehrsdaten in Echtzeit** zu erheben. Darunter fällt auch das sog. **IP-Catching:** Es erfasst alle IP-Adressen, deren Nutzer einen bestimmten Dienst (zB eine bestimmte Website) wahrnehmen.[556] Die Befugnis ist grundsätzlich auf den Zweck beschränkt, den Sachverhalt zu erforschen (§ 100g Abs. 1 S. 1 StPO). Die Ermittlungsbehörden dürfen ausnahmsweise aber auch Standortdaten erheben, um den Aufenthaltsort des Beschuldigten zu ermitteln (§ 100g Abs. 1 199

---

[547] Vgl. *Freiling/Safferling/Rückert* JR 2018, 9 (21); *Großmann* JA 2019, 241 (244); *Graulich* in Lisken/Denninger PolR-Hdb E. Rn. 788; *Roggan* StV 2017, 821 (824); *Singelnstein/Derin* NJW 2017, 2646 (2648).

[548] BVerfGE 141, 220 (311, Rn. 234).

[549] IErg LVG Sachsen-Anhalt DVBl 2015, 38; *Tomerius* NVwZ 2015, 412 (415); sa *Guckelberger* in SHH Rn. 55b.

[550] Vgl. *Brink/Mitsdörffer* Communicatio Socialis 2018, 60 (64 f.); *Blechschmitt* StraFo 2017, 361 (365).

[551] Vgl. die Vorschläge von *Neumann/Kurz/Rieger,* Stellungnahme im Ausschuss für Recht und Verbraucherschutz zu BT-Drs. 18/11272, 31.5.2017, 14 f.

[552] *Roggan* StV 2017, 821 (824).

[553] Das Akronym „IMEI" steht für „International Mobile Equipment Identity".

[554] BVerfG NJOZ 2011, 1492 (1493); BGH NJW 2011, 1509 (1511).

[555] Vgl. *Schramm/Shvets* MMR 2019, 568 (569).

[556] *Bär* in BeckOK StPO § 100g Rn. 23.

S. 3 StPO). Der Standort eines Mobilfunknutzers lässt sich technisch insbesondere mit einer sog. **„stillen SMS"** ermitteln. Die Behörde sendet dem Betroffenen dann eine SMS, von der er nichts bemerkt, die aber beim Dienstanbieter Standortdaten generiert. Besonders sensibel ist dieser Vorgang dann, wenn die Behörde die Maßnahme in kurzen Takten wiederholt und dadurch präzise Bewegungsprofile erstellen kann.

200 § 100g Abs. 1 S. 3 StPO gestattet zwar (in den Grenzen des Gebots der Erforderlichkeit), Standortdaten beim Telekommunikationsanbieter **abzufragen.**[557] Das schließt jedoch nicht die Legitimation ein, entsprechende Daten durch den Versand der stillen SMS staatlich zu **erzeugen** und damit das Mobilfunkgerät faktisch in einen Peilsender zu verwandeln. Dafür fehlt in der StPO eine Rechtsgrundlage, die den Anforderungen an einen verfassungsmäßigen Eingriff in das Recht auf informationelle Selbstbestimmung genügt[558] (Art. 10 ist in diesem Fall nicht berührt, da dieser an einen konkreten Kommunikationsvorgang anknüpft; → Rn. 38, 70 f.). Bis der Gesetzgeber eine auf diese Maßnahme ausgerichtete Befugnis in der StPO vorsieht, ist sie daher unzulässig.

201 **ee) Vorratsdatenspeicherung (§ 100g Abs. 2 StPO iVm § 113b TKG).** § 100g Abs. 2 StPO gestattet den Strafverfolgungsbehörden, Verkehrsdaten abzurufen, welche die Telekommunikationsanbieter im Rahmen der **Vorratsdatenspeicherung** (§ 113b TKG) für zehn Wochen anlasslos speichern. Die Vorratsdatenspeicherung umfasst die Daten aller Bürger, ohne dass sie einen Anlass gesetzt oder eine besondere Situation heraufbeschworen haben.[559] Das macht diese Ermittlungsmaßnahme grundrechtlich besonders sensibel. Denn aus den Verkehrsdaten lassen sich umfassende Schlüsse über gesellschaftliche und politische Zugehörigkeiten sowie Vorlieben und Verhaltensmuster der Betroffenen ziehen.[560]

202 Besondere Sensibilität kommt den Regelungen zur Vorratsdatenspeicherung als Teil einer Überwachungsgesamtrechnung auch deshalb zu,[561] weil der Umfang der Datenerhebung und das Potenzial der Datenverarbeitung in der digitalen Kommunikationswelt gewachsen sind.[562] Die Pläne der EU-Kommission, Polizei- und Justizbehörden der EU-Mitgliedstaaten, ggf. sogar der USA,[563] zu ermächtigen, unmittelbar Anbieter von Telekommunikations- und Internetdienstleistungen in anderen EU-Mitgliedstaaten zu verpflichten, elektronische Beweismittel herauszugeben **(E-Evidence-Verordnung),** erhöhen diese Risiken weiter.[564] Ausländische Strafverfolger könnten dadurch direkten Zugriff auf Vorratsdaten erhalten, ohne dass die für deut-

---

557 BGH NStZ 2018, 611 (613).

558 *Singelnstein* NStZ 2014, 305 (308); der BGH hält dagegen § 100i Abs. 1 Nr. 2 StPO für eine taugliche Ermächtigungsgrundlage, BGH NJW 2018, 2809 (2810, Rn. 11); zust. *Bär* MMR 2018, 827; *Bruns* in KK StPO 100i Rn. 1; *Hegmann* in BeckOK StPO § 100i Rn. 5a; krit. Anm. *Puschke* NJW 2018, 2811 (2812); *Rückert* NStZ 2018, 613 (614).

559 BVerfGE 125, 260 (318, Rn. 210).

560 BVerfGE 125, 260 (319, Rn. 211).

561 Zu dieser Rechtsfigur BVerfGE 115, 320 (347, Rn. 94); 125, 260 (324, Rn. 218); *Roßnagel* NJW 2010, 1238 (1242). Sa *Braun/Albrecht* VR 2017, 151 (152); *Knierim* ZD 2011, 17 (21).

562 *Sandhu* EuR 2017, 453 (469); zur Erweiterung durch das Internet der Dinge *Dix/Petri* DuD 2009, 531 (532).

563 Die Europäische Union will mit den USA den Zugang zu elektronischen Beweismitteln verhandeln, vgl. BT-Drs. 19/13234.

564 KOM (2018) 225 endg.

sche Behörden aufgestellten Hürden, wie der Richtervorbehalt, greifen (→ Rn. 97).

Mit Blick auf ihre grundrechtlichen Risiken hat das **BVerfG** für die Vorratsdatenspeicherung aus der Verfassung hohe grundrechtliche Zulässigkeitsanforderungen herausgelesen.[565] Es erklärte die nationalen Regelungen des Telekommunikationsrechts **im Jahr 2010** für mit Art. 10 unvereinbar.[566] § 113b TKG aF gestattete seinerzeit noch, Verkehrsdaten sechs Monate anlasslos zu speichern. Darin erkannte das Gericht einen **unverhältnismäßigen Eingriff** in das Telekommunikationsgeheimnis.[567] Es hielt die Vorratsdatenspeicherung zwar nicht generell für mit Art. 10 unvereinbar – aber nur dann, wenn ihre gesetzliche Ausgestaltung der Schwere des Eingriffs gerecht wird[568] und hinsichtlich der Datensicherheit, des Umfangs der Datenverwendung, der Transparenz und des Rechtsschutzes normenklar ist.[569] 203

Den Vorgaben, die das BVerfG aufgestellt hatte, kam der Gesetzgeber in der **Neuregelung im Jahre 2015** weitestgehend nach.[570] Im Unterschied zu § 100g Abs. 1 StPO setzt die Erhebung der Verkehrsdaten auf Vorrat nunmehr den Tatverdacht einer **besonders schweren Straftat** iSd § 100g Abs. 2 S. 2 StPO voraus (§ 100g Abs. 2 S. 1 StPO, § 113c Abs. 1 Nr. 1 TKG), die auch im Einzelfall besonders schwer wiegt (§ 100g Abs. 2 S. 1 StPO).[571] Die Daten zu übermitteln, knüpft überdies an eine konkrete Gefahr für bestimmte im Gesetz genannte Rechtsgüter an (§ 113c Abs. 1 Nr. 2 TKG). Die Datenerhebung steht unter absolutem **Richtervorbehalt** (§ 100g iVm § 101a Abs. 1 iVm 100e Abs. 1 S. 1 StPO).[572] Um Transparenz zu gewährleisten, sind die Betroffenen darüber hinaus grundsätzlich von der Erhebung der Verkehrsdaten zu **benachrichtigen** (§ 101a Abs. 6 StPO).[573] Den **Schutz von Berufsgeheimnisträgern,** den das BVerfG angemahnt hatte,[574] verwirklicht der Gesetzgeber dagegen nur eingeschränkt: Er verbietet zwar, Verbindungen telefonischer Beratung in **seelischen oder sozialen Notlagen** zu speichern (§ 113b Abs. 6 TKG iVm § 99 Abs. 2 S. 2 TKG). Für **andere Berufsgeheimnisträger** besteht aber lediglich ein Übermittlungsverbot (§ 100g Abs. 4 StPO iVm § 53 Abs. 1 S. 1 Nr. 1 bis 5 StPO). Den Anforderungen der Verfassung wird das nicht gerecht.[575] 204

Ob die deutschen Regelungen zur Vorratsdatenspeicherung mit dem **Unionsrecht,** insbesondere mit Art. 15 der e-Privacy-Richtlinie (RL 2002/58/EG)[576] unter Berücksichtigung der **Art. 7, 8, 11 und Art. 52 Abs. 1 GRCh,** vereinbar sind, ist unklar (→ Rn. 16 f.).[577] Der EuGH hat in der Tele2-Entscheidung, welche die britischen und schwedischen Regelungen zur Vorratsdatenspeicherung auf den Prüfstand stellte, hohe Zulässigkeits- 205

565 BVerfGE 125, 260 (329 f., Rn. 228 f.).
566 BVerfGE 125, 260 (363, Rn. 306).
567 BVerfGE 125, 260 (318 ff., Rn. 210 ff.).
568 BVerfGE 125, 260 (316, Rn. 205).
569 BVerfGE 125, 260 (325, Rn. 220).
570 Dazu etwa *Heißl* DÖV 2016, 588 (594); *Oehmichen/Mickler* NZWiSt 2017, 298 (305).
571 Krit. *Nachbaur* ZRP 2015, 215 (216).
572 So verlangte es auch das BVerfG, BVerfGE 125, 260 (337, Rn. 247).
573 Zweifelnd, dass dies praktisch so umgesetzt wird, *Oehmichen/Mickler* NZWiSt 2017, 298 (305).
574 BVerfGE 125, 260 (334, Rn. 238).
575 *Dix/Kipker/Schaar* ZD 2015, 300 (302); *Oehmichen/Mickler* NZWiSt 2017, 298 (304).
576 ABl. 2002 L 201, 37.
577 *Oehmichen/Mickler* NZWiSt 2017, 298 (307); *Roßnagel* NJW 2017, 696 (698); *Ziebarth* ZUM 2017, 398 (405).

maßstäbe angelegt:[578] Als schwerer Eingriff in das Grundrecht auf Achtung des Privatlebens (Art. 7 GRCh) und auf den Schutz personenbezogener Daten (Art. 8 GRCh) muss die Vorratsdatenspeicherung **„auf das absolut Notwendige"** beschränkt sein.[579] Eine allgemeine und unterschiedslose Vorratsdatenspeicherung überschreite diese Grenze.[580] Die Befugnis zur Vorratsspeicherung muss in der Lesart des Gerichts vielmehr auf **objektive Kriterien** rekurrieren, die einen Zusammenhang zwischen den zu speichernden Daten und dem verfolgten Ziel herstellen.[581] Als Beispiel nennt der EuGH eine Situation, in der ein geografisches Gebiet, das aufgrund objektiver Anhaltspunkte in einem Zusammenhang zur Vorbereitung oder Begehung schwerster Straftaten steht, den erfassten Personenkreis begrenzt.[582]

206 Die **deutschen Regelungen** zur Vorratsdatenspeicherung genügen diesen strengen Anforderungen nicht in jeder Hinsicht. Sie beschränken die Speicherdauer zwar auf vier bzw. zehn Wochen (§ 113b Abs. 1 TKG). Die Speicherung ist aber nicht an einen Anlass geknüpft, der sich an objektiven Kriterien misst. Sie findet vielmehr fortlaufend statt.[583] Auch hinsichtlich der betroffenen Personen steht die Datenerhebung in keinem konkreten Zusammenhang zum verfolgten Ziel.[584] Die Beschränkung für Berufsgeheimnisträger, die teilweise nur auf der Erhebungsebene greift, entspricht ebenso wenig den Vorgaben des EuGH.[585]

207 **Eilanträge,** die deutschen Regelungen zur Vorratsdatenspeicherung **außer Kraft** zu setzen (die kraft § 150 Abs. 13 TKG seit dem 1.7.2017 gelten), lehnte das BVerfG ab. Es stellte dabei vor allem eine Folgenabwägung an: Irreparable Schäden entstünden nicht schon mit der Speicherung, sondern erst mit dem Abruf.[586] Das OVG Nordrhein-Westfalen erklärte die Speicherpflicht aber im Verfahren vorläufigen Rechtsschutzes für mit dem Unionsrecht unvereinbar.[587] Die Bundesnetzagentur veranlasst das dazu, von Anordnungen und sonstigen Maßnahmen, welche die Speicherpflicht durchsetzen sollen, einstweilen abzusehen.[588] Klarheit wird erst eine Entscheidung des EuGH bringen. Das BVerwG hat diesem nunmehr die Frage vorgelegt, ob die deutschen Regelungen zur Vorratsdatenspeicherung gegen Unionsrecht verstoßen.[589]

208 So steckt das Instrument der Vorratsdatenspeicherung im Ergebnis gegenwärtig in einem **Dilemma zwischen verfassungsrechtlicher Dogmatik und Erfordernissen der Rechtspraxis:** Sind die Speicherfristen kurz, erfüllt es seinen Zweck kaum noch. Sind die Speicherfristen lang, schießt ihre Eingriffsintensität schnell über das Ziel hinaus. Viele sehen den Nutzen der

---

[578] EuGH C-203/15, C-698/15, ECLI:EU:C:2016:970 –Tele2 Sverige.

[579] Dies betrifft die Kategorien der zu speichernden Daten, die erfassten elektronischen Kommunikationsmittel ebenso wie die betroffenen Personen und die vorgesehene Dauer. EuGH C-203/15, C-698/15, ECLI:EU:C:2016:970 Rn. 109 – Tele2 Sverige.

[580] EuGH C-203/15, C-698/15, ECLI:EU:C:2016:970 Rn. 105 ff. – Tele2 Sverige.

[581] EuGH C-203/15, C-698/15, ECLI:EU:C:2016:970 Rn. 110 – Tele2 Sverige.

[582] EuGH C-203/15, C-698/15, ECLI:EU:C:2016:970 Rn. 111 – Tele2 Sverige.

[583] *Ziebarth* ZUM 2017, 398 (404).

[584] *Kipker/Scheﬀerski/Stelter* ZD 2017, 131 (132); *Ziebarth* ZUM 2017, 398 (404).

[585] *Heißl* DÖV 2016, 588 (594); *Nachbaur* ZRP 2015, 215 (216); *Roßnagel* NJW 2017, 696 (698); *Sandhu* EuR 2017, 453 (468); vgl. auch *Dix/Petri* DuD 2009, 531 (534).

[586] BVerfG NVwZ 2016, 1240 (1241, Rn. 18).

[587] OVG NRW NVwZ-RR 2018, 43. Ebenso VG Köln, ZD 2018, 601.

[588] Vgl. *BNetzA* Mitteilung zur Speicherverpflichtung nach § 113b TKG, Pressemitteilung v. 28.6.2017.

[589] BVerwG BeckRS 2019, 26126.

Vorratsdatenspeicherung im Verhältnis zu ihrer Eingriffsintensität daher insgesamt auf dem Prüfstand.[590] Das gilt nicht nur hinsichtlich der kurzen Speicherdauer,[591] sondern auch für die hohen Anforderungen des Datenabrufs für die Gefahrenabwehr, der nicht einbezogenen Kommunikationsmittel (wie E-Mail oder Messenger-Dienste) sowie der wachsenden Verschlüsselungsmöglichkeiten.[592] Es wundert daher nicht, wie kontrovers die **politische Bewertung der Vorratsdatenspeicherung** ausfällt. Auf der einen Seite forderten die Innenminister und -senatoren der unionsgeführten Regierungen in ihrer Berliner Erklärung vom 19.8.2016, die Befugnisse zur Vorratsdatenspeicherung „praxisgerecht" auszuweiten.[593] Ein Gesetzesentwurf der FDP-Fraktion[594] zielt auf der anderen Seite darauf, die Regelungen zur Vorratsdatenspeicherung gänzlich abzuschaffen. Bei Richtern und Staatsanwälten stößt dies wiederum auf Gegenwind: Diese stufen die Vorratsdatenspeicherung als für eine effektive Strafverfolgung unverzichtbar ein.[595] Als Kompromiss ist eine den Anforderungen des EuGH entsprechende anlassgebundene Vorratsdatenspeicherung bedenkenswert, die sich zwischen der herkömmlichen Methode und einer konkret-individuellen Maßnahme im Gefahrenvorfeld, wie dem anlassbezogenen Einfrieren von Verkehrsdaten (sog. „Quick Freeze"),[596] bewegt.[597]

ff) Funkzellenabfrage (§ 100g Abs. 3 StPO). § 100g Abs. 3 StPO ermächtigt die Ermittlungsbehörden, Daten zu erheben, die in einer **Funkzelle** anfallen. Die Funkzellenabfrage instrumentalisiert den Bereitschaftszustand von Mobilfunktelefonen zu Überwachungszwecken. Unabhängig vom konkreten Kommunikationsvorgang bauen Mobiltelefone nämlich fortlaufend eine Verbindung zur nächstgelegenen Funkzelle auf, um die Empfangsbereitschaft des Geräts sicherzustellen.[598] Dadurch lassen sich der Standort eines Beobachteten und seine Bewegung über verschiedene Funkzellen hinweg mit einer Genauigkeit von wenigen Hundert Metern[599] bestimmen. Die Funkzellenabfrage greift nicht zuletzt deshalb intensiv in das Fernmeldegeheimnis ein, weil sie unweigerlich auch Verkehrsdaten unbeteiligter Dritter erhebt.[600] Für Aufsehen und rechtspolitische Diskussionen sorgte insbesondere die unter dem Stichwort „Handygate" bekannt gewordene massenhafte Anwendung der Funkzellenabfrage anlässlich einer Demonstration gegen Rechtsextremismus in Dresden im Jahre 2011. **209**

Die Vorschrift des § 100g Abs. 3 StPO bemüht sich darum, die rückwirkende Funkzellenabfrage **normenklar** zu regeln. Sie knüpft an den Ver- **210**

---

590 *Dix/Kipker/Schaar* ZD 2015, 300 (303); *Heißl* DÖV 2016, 588 (591); *Nachbaur* ZRP 2015, 215 (216 f.); *Sandhu* EuR 2017, 453 (469).

591 Näher *Dix/Kipker/Schaar* ZD 2015, 300 (304); *Heißl* DÖV 2016, 588 (591); vgl. auch *Münch* ZRP 2015, 130.

592 *Nachbaur* ZRP 2015, 215 (216 f.).

593 Berliner Erklärung der Innenminister und -senatoren von CDU und CSU zu Sicherheit und Zusammenhalt in Deutschland, 19.8.2016, 4.

594 BT-Drs. 19/204.

595 *Köhler,* Stellungnahme im Ausschuss für Recht und Verbraucherschutz zu BT-Drs. 19/204, 13.6.2018, 4; *Leister,* Stellungnahme im Ausschuss für Recht und Verbraucherschutz zu BT-Drs. 19/204, 13.6.2018, 6.

596 Dazu bspw. *Arning/Moos* ZD 2012, 153; *Möstl* ZRP 2011, 225 (228).

597 *Priebe* EuZW 2017, 136 (139); *Sandhu* EuR 2017, 453 (468 f.); *Ziebarth* ZUM 2017, 398 (405); vgl. auch *Dix/Petri* DuD 2009, 531 (534).

598 *Bär* in BeckOK StPO § 100g Rn. 40.

599 Dies gilt jedenfalls in dicht besiedelten städtischen Gebieten.

600 *Graf* in BeckOK StPO § 100a Rn. 226; *Singelnstein* JZ 2012, 601 (604 f.).

dacht einer Straftat an, die auch im Einzelfall von erheblicher Bedeutung ist (§ 100g Abs. 3 S. 1 Nr. 1 iVm § 100g Abs. 1 S. 1 Nr. 1 StPO). Das Angemessenheitsgebot des § 100g Abs. 3 S. 1 Nr. 2 StPO und eine Subsidiaritätsklausel (§ 100g Abs. 3 S. 1 Nr. 3 StPO) sollen die Verhältnismäßigkeitsprüfung des Eingriffs zusätzlich absichern.[601]

211 **gg) Bestandsdatenauskunft (§ 100j StPO, § 113 TKG).** Ermittlungsbehörden dürfen sich kraft § 100j Abs. 1 StPO den Zugriff auf die Bestandsdaten (bspw. Name oder Anschrift eines Anschlussinhabers) und Zugangssicherungscodes (bspw. PIN-Code eines Mobiltelefons) verschaffen, die bei den Telekommunikationsanbietern gespeichert sind. Zulässig ist das aber nur, wenn dies **erforderlich** ist, um einen Sachverhalt zu erforschen oder den Aufenthaltsort eines Beschuldigten zu ermitteln (§ 100j Abs. 1 S. 1 StPO). Greift die Behörde mithilfe des Zugangssicherungscodes, etwa mittels Quellen-TKÜ, auf Daten laufender Kommunikation zu, sind die Voraussetzungen einzuhalten, welche die StPO für die Nutzung laufender Kommunikationsdaten in § 100a Abs. 2 StPO statuiert (vgl. § 100j Abs. 1 S. 2 StPO).[602] Das Gleiche gilt, wenn die Behörde ein Mobiltelefon beschlagnahmt und mithilfe des Zugangssicherungscodes vertrauliche Kommunikation auf einer bereits eingerichteten Applikation überwacht.[603] Da die Behörde auf diese Weise heimlich auf vertrauliche Daten zugreifen kann, knüpft der Gesetzgeber den Eingriff an einen **Richtervorbehalt** (§ 100j Abs. 3 StPO).

212 Die Befugnis, Auskunft über die Zuordnung einer **dynamischen IP-Adresse** zu einem bestimmten Zeitpunkt zu erlangen (§ 100j Abs. 2 StPO), erlaubt einen Eingriff in den Schutzbereich des Art. 10, da die dynamische IP-Adresse eine besondere Nähe zu konkreten Telekommunikationsvorgängen aufweist (→ Rn. 70).[604] Daher schuf der Gesetzgeber in § 100j Abs. 4 StPO eine **Benachrichtigungspflicht,** die auch für § 100j Abs. 1 S. 2 gilt.[605]

213 **hh) Ermittlungen im Darknet.** Das Darknet fordert die Ermittlungsbehörden immer stärker heraus. Denn es ermöglicht als nur mit spezieller Software zugängliches **Peer-to-Peer-Overlay-Netzwerk** die Anonymität des Internetnutzers und versteckt auch den Standort von Websites.[606] Kommuniziert der Nutzer dort, bleiben seine Identität und sein Standort den Ermittlern idR selbst dann verborgen, wenn sie technische Maßnahmen, wie Bestandsdatenauskunft (§ 100j StPO) oder herkömmliche Telekommunikationsüberwachung (§ 100a StPO), nutzen.[607] Die wohl bekannteste Verschlüsselungssoftware des Darknets „Tor" anonymisiert bspw., indem sie den Datenverkehr über drei Knotenpunkte leitet, sodass sie etwa beim Zugriff auf eine bestimmte Internetseite nicht die IP-Adresse des Nutzers, sondern eine Tor-IP-Adresse protokolliert.[608] Neben dem Schutz der Privatsphäre (für bspw. Dissidenten) eröffnet das Darknet **„Kryptomärkten"** Raum, auf denen – wie unter einer schützenden Tarnkappe – Handel mit Waffen,

---

[601] BT-Drs. 18/5088, 32 f.
[602] Vgl. BVerfGE 130, 151 (208, Rn. 184).
[603] *Bruns* in KK StPO § 100j Rn. 3a.
[604] BVerfGE 130, 151 (181, Rn. 116).
[605] BT-Drs. 17/12879, 11, 13.
[606] *Bachmann/Arslan* NZWiSt 2019, 241 (241 f.); *Mey* APuZ 2017, 4.
[607] Vgl. *Krause* NJW 2018, 678 (679).
[608] Näher *Ihwas* WiJ 2018, 138 (139); *Mey* APuZ 2017, 4 (5 ff.); zur Funktionsweise anderer Darknet-Technologien *Mey* APuZ 2017, 4 (7 f.).

Drogen, Kinderpornographie oder Cybercrime-Diensten stattfindet.[609] Der Täter des Münchener Amoklaufs, der im Sommer 2016 zahlreiche Menschen tötete, hatte sich bspw. seine Tatwaffe über das Tor-Netzwerk beschafft.

Solange es den Strafverfolgungsbehörden nicht technisch möglich ist, die Vorgänge im Darknet zu deanonymisieren, sind sie auf alternative Methoden angewiesen, um die Identität von Straftätern zu ermitteln.[610] Ein Ansatzpunkt besteht in der **Analyse der Daten,** die im Darknet abrufbar sind.[611] Der Vergleich mit Daten im Clearnet oder bereits sichergestellter Plattformen kann Ermittlungserfolge zeitigen.[612] **214**

Um im Darknet **aktiv zu kommunizieren,** setzen die Behörden auf der Basis der §§ 161, 163 StPO **nicht offen ermittelnde Polizeibeamte (noeP)** ein. Die Ermittler **übernehmen digitale Identitäten** überführter Straftäter, um das Vertrauen des Kommunikationspartners zu gewinnen, und führen deren Kontakte fort.[613] Auf diese Weise kamen die Ermittler bspw. auch dem Waffenhändler des Münchner Amoklaufs auf die Schliche.[614] Ob die Beamten in dieser Konstellation auf der Grundlage einer speziellen Ermächtigungsgrundlage, insbes. für verdeckte Ermittler (§ 110a StPO), agieren müssen, hängt grundrechtlich vor allem davon ab, inwieweit Pseudonyme im Darknet im Einzelfall ein schutzwürdiges Vertrauen genießen.[615] **215**

Kraft des *Nemo-tenetur*-Grundsatzes kann die Polizei den Beschuldigten nicht dazu zwingen, seine **Zugangsdaten** herauszugeben.[616] Sie kann diese jedoch (in den Grenzen des im Darknet praktisch Möglichen) durch Ermittlungsmaßnahmen oder von dem Telekommunikationsanbieter kraft § 100j Abs. 1 StPO erlangen. Enthält der Account Kommunikationsdaten, die noch beim Kommunikationsmittler gespeichert sind, greift die Beschlagnahme dieser Daten in Art. 10 ein. Die §§ 94, 98[617] bzw. § 100a StPO halten dafür Eingriffsgrundlagen bereit.[618] **216**

Um illegalen Online-Handel im Darknet einzudämmen, schlägt der Bundesrat einen Straftatbestand vor, der Betreiber solcher Plattformen, auf denen sich anonymer illegaler Handel vollzieht, in die Pflicht nimmt: Internetbasier- **217**

---

[609] Vgl. *Bachmann/Arslan* NZWiSt 2019, 241 (242 f.); *Fünfsinn/Ungefuk/Krause* Kriminalistik 2017, 440 (441 f.).

[610] *Krause* NJW 2018, 678 (679 f.).

[611] *Bachmann/Arslan* NZWiSt 2019, 241 (244 f.); *Fünfsinn/Ungefuk/Krause* Kriminalistik 2017, 440 (444); *Krause* NJW 2018, 678 (679).

[612] *Fünfsinn/Ungefuk/Krause* Kriminalistik 2017, 440 (444); *Hostettler* APuZ 2017, 10 (14).

[613] *Krause* NJW 2018, 678 (680); *Rath* DRiZ 2016, 292 (293).

[614] Näher *Hostettler* APuZ 2017, 10 mwN.

[615] Vgl. *Bruns* in KK StPO § 110a Rn. 7; *Rosengarten/Römer* NJW 2012, 1764 (1767). Da das Darknet auf die Anonymität der Kommunikation angelegt ist, kann sich ein schutzwürdiges Vertrauen grundsätzlich nicht herausbilden; vgl. *Krause* NJW 2018, 678 (680). Allerdings kann im Einzelfall schutzwürdiges Vertrauen bestehen, etwa wenn sich die Kommunikationspartner aus der analogen Welt kennen und unter dem Pseudonym wiederholt kommuniziert haben, *Ihwas* WiJ 2018, 138 (144, 146). Das Vertrauen genießt zwar nicht den Schutz des Art. 10. Denn das Fernmeldegeheimnis schützt nicht das Vertrauen in den Kommunikationspartner. Grundrechtlich gewährt insoweit jedoch das informationelle Selbstbestimmungsrecht Schutz (→ Rn. 29). Das BVerfG gesteht dem Vertrauen gegenüber Pseudonymen demgegenüber generell keinen Schutz zu, BVerfGE 120, 274 (341, Rn. 293); dazu aber → Rn. 30.

[616] *Krause* NJW 2018, 678 (680).

[617] Vgl. BVerfGE 124, 43 (58 f., Rn. 57 f.; 62, Rn. 69); *Greven* in KK StPO § 94 Rn. 4a; *Klein* NJW 2009, 2996 (2998); *Sieber/Brodowski* in MultimediaR-Hdb Teil 19, 3, Rn. 85; *Sieber,* Straftaten und Strafverfolgung im Internet, 2012, C. 111; krit. *Durner* in Maunz/Dürig Rn. 47; *Jahn* JuS 2009, 1048 (1049).

[618] → Rn. 185 ff.

te Leistungen anzubieten, die darauf ausgerichtet sind, rechtswidrige Taten zu ermöglichen, zu fördern oder zu erleichtern **(§ 126a StGB-E),** soll dann strafbar sein.[619] Als Indiz soll etwa gelten, welche Güter die Online-Plattform anbietet oder wie sie mit Hinweisen auf illegalen Handel umgeht.[620] Die Strafbarkeit verlagert sich dadurch allerdings auch weit in das Vorfeld, da der Tatbestand keine rechtswidrige Haupttat erfordert.[621]

218 **c) Gefahrenabwehrrecht. aa) Bundesrecht.** Das Gefahrenabwehrrecht vermittelt den Sicherheitsbehörden zahlreiche Zugriffsbefugnisse auf die drittvermittelte Kommunikation. So darf das **Zollkriminalamt** zu Zwecken der Gefahrenabwehr – zB um Straftaten nach dem Kriegswaffenkontrollgesetz zu verhindern (§ 23a Abs. 1 ZFdG) – die Telekommunikation überwachen.[622] Ähnlich ist die **Bundespolizei** in ihrer Funktion als Luftsicherheitsbehörde ermächtigt, Postsendungen zu durchsuchen (§ 5 Abs. 3 LuftSiG).

219 Die Föderalismusreform I des Jahres 2006 hat den Kompetenzradius des Bundes erweitert: Seither ist ihm die ausschließliche Gesetzgebungskompetenz für die Abwehr der Gefahren des **internationalen Terrorismus** (Art. 73 Abs. 1 Nr. 9a) zugewachsen. In der Folge verlieh der Bundesgesetzgeber dem BKA weitere Ermittlungs- und Überwachungsbefugnisse (insbesondere §§ 4a und 20a-20x BKAG aF).[623] Nunmehr ermächtigt das BKAG ua zur **Telekommunikationsüberwachung,** zur **Quellen-Telekommunikationsüberwachung** (§ 20l BKAG aF; → Rn. 193 ff.) sowie dazu, **Telekommunikationsverkehrsdaten** und **Nutzungsdaten** zu erheben (§ 20m BKAG aF). Einige dieser Ermittlungsbefugnisse erklärte das BVerfG im Jahre 2016 allerdings für verfassungswidrig.[624] Das Gericht sah verfassungsrechtliche Anforderungen an die Transparenz, an den individuellen Rechtsschutz und an die aufsichtliche Kontrolle verdeckter Ermittlungs- und Überwachungsbefugnisse, die es vor allem aus dem **Verhältnismäßigkeitsprinzip**[625] ableitet, nicht gewahrt.[626] So liest es bspw. bei Maßnahmen der Telekommunikationsüberwachung aus der Verfassung eine ausnahmslose Begründungspflicht für die richterliche Anordnung heraus.[627] Die bloße Vermutung allein, dass die Zielperson terroristische Straftaten vorbereitet, rechtfertigt den Grundrechtseingriff einer Telekommunikationsüberwachung im **Vorfeld einer konkreten Gefahr** aus Sicht des Gerichts noch nicht.[628]

220 Auf das Urteil reagierte der Gesetzgeber mit dem **G zur Neustrukturierung des BKAG,** das am 25.5.2018 in Kraft trat. Die Befugnisse, die Telekommunikation zu überwachen (§ 51 BKAG) und Telekommunikationsverkehrsdaten sowie Nutzungsdaten zu erheben (§ 52 BKAG), hat er nunmehr an die Vorgaben des BVerfG[629] angepasst: Im Vorfeld der konkreten Gefahr

[619] BR-Drs. 33/19 und BT-Drs. 19/9508.
[620] BT-Drs. 19/9508, 13. Die Anbieter sind im Ergebnis für fremde Inhalte verantwortlich; *Oehmichen/Weißenberger* KriPoZ 2019, 174 (177).
[621] *Ceffinato* ZRP 2019, 161 (162 f.); krit. *Bachmann/Arslan* NZWiSt 2019, 241 (246); *Gercke* ZUM 2019, 798 (799 f.); *Kubiciel/Mennemann* jurisPR-StrafR 8/2019, Anm. 1.
[622] Näher *Durner* in Maunz/Dürig Rn. 196.
[623] BGBl. 2008 I 3083.
[624] BVerfGE 141, 220 (351, Rn. 356).
[625] *Petri* ZD 2016, 374 (375); *Rusteberg* KritV 2017, 24 (25 f.); *Sachs* JuS 2016, 662.
[626] BVerfGE 141, 220 (282, Rn. 134 ff.).
[627] BVerfGE 141, 220 (312, Rn. 235).
[628] BVerfGE 141, 220 (310, Rn. 232; näher 291, Rn. 164 f.); *Darnstädt* DVBl. 2017, 88.
[629] Vgl. BVerfGE 141, 220 (291, Rn. 165).

muss ein seiner Art nach konkretisiertes Geschehen innerhalb eines übersehbaren Zeitraums erkennbar sein (§ 51 Abs. 1 Nr. 2, § 52 Abs. 1 Nr. 2 BKAG) oder das individuelle Verhalten der Person eine konkrete Wahrscheinlichkeit begründen, dass innerhalb eines übersehbaren Zeitraums eine Straftat zu erwarten ist (§ 51 Abs. 1 Nr. 3, § 52 Abs. 1 Nr. 3 BKAG). Die Gesetzesänderung stärkt allerdings auch das Informationsmonopol des BKA und weitet die Ermächtigungen zur Datenweiterverarbeitung aus. Hinzugekommen ist außerdem die Befugnis, **Postsendungen** und Telegramme zu **beschlagnahmen** (§ 50 BKAG). Sie ist inhaltlich der Ermächtigung der §§ 99, 100 StPO nachgebildet (→ Rn. 183).[630]

bb) Landesrecht. In ebenso großer Vielfalt wie Tiefe ermächtigen die **Polizeigesetze** der Länder ihre Gefahrenabwehrbehörden, in Art. 10 einzugreifen. Sie gestatten insbesondere den Zugriff auf Verkehrs- und Inhaltsdaten.[631] Lediglich das Bremische Polizeigesetz und das Berliner ASOG halten bisher keine Spezialbefugnis vor. Die Maßnahmen stattdessen auf die polizeirechtliche Generalklausel zu stützen, verstößt gegen die verfassungsrechtlichen Bestimmtheitsanforderungen (→ Rn. 128 ff.) und das Zitiergebot des Art. 19 Abs. 1 S. 2 (→ Rn. 134 ff.).[632] 221

Den landesrechtlichen Spezialermächtigungen zieht die **Kompetenz des Bundes für das Strafprozessrecht** (Art. 74 Abs. 1 Nr. 1) Grenzen. Diese hat das BVerfG im Jahre 2005 in seiner Entscheidung zu § 33a Abs. 1 Nr. 2 und 3 NdsSOG aF abgesteckt.[633] Die Vorschrift ermächtigte dazu, die Telekommunikation zu überwachen, um eine gegenwärtige Gefahr abzuwehren und für die Verfolgung oder Verhütung von Straftaten Vorsorge zu betreiben. Die **Vorsorge, um Straftaten zu verfolgen,** ist indes der konkurrierenden Gesetzgebungskompetenz des Bundes für das Strafprozessrecht zuzuordnen. Von ihr hat er in der StPO abschließend Gebrauch gemacht (Art. 72 Abs. 1). Den Ländern verbleibt für diesen Bereich daher keine Zuständigkeit mehr.[634] Anders verhält es sich lediglich für die Zielsetzung, Straftaten zu **verhüten.**[635] 222

Nicht zuletzt als Reaktion auf das BKA-Urteil des BVerfG aus dem Jahr 2016 hat der **bayerische Gesetzgeber** eine neue Ebene für die Befugnis im Vorfeld der konkreten Gefahr in das normative Gebäude eingezogen:[636] Die Polizei darf die Telekommunikation nunmehr auch überwachen oder aufzeichnen, um eine **drohende Gefahr** abzuwehren (Art. 42 Abs. 1 Nr. 1 BayPAG). Die drohende Gefahr setzt voraus, dass im Einzelfall das **individuelle Verhalten** einer Person die konkrete Wahrscheinlichkeit begründet oder Vorbereitungshandlungen (für sich oder zusammen mit weiteren bestimmten Tatsachen) den Schluss auf ein seiner Art nach **konkretisiertes Geschehen** zulassen, das in absehbarer Zeit Angriffe von erheblicher Intensität oder Auswirkung erwarten lässt (Art. 11 Abs. 3 BayPAG). Das BVerfG hatte diese Vorfeldmaßnahme für terroristische Straftatbestände als verfassungsrechtlich 223

---

630 BT-Drs. 18/11163, 119.

631 Art. 42 BayPAG; §§ 23a, 23b BWPolG; § 33b BbgPolG; §§ 10b, 10c, 10d HmbGDatPol; § 15a HessSOG; § 34a MVSOG; §§ 33a, 33b, 33c NdsSOG; §§ 20a, 20b, 20c NRWPolG; § 31 RhPfPOG; §§ 28b, 28c SaarlPolG; §§ 66, 67 SächsPVDG (ab 1.1.2020); § 17b SOG LSA; § 185a SchlHLVwG; §§ 34a, 34b ThürPAG.

632 *Durner* in Maunz/Dürig Rn. 197.

633 BVerfGE 113, 348 (Ls. 2).

634 BVerfGE 113, 348 (371, Rn. 102 ff.).

635 BVerfGE 113, 348 (368, Rn. 94).

636 BayLT Drs. 17/20425 und 17/22124.

rechtfertigbar eingestuft (→ Rn. 219).[637] Der bayerische Gesetzgeber löst den Tatbestand aber aus diesem Zusammenhang heraus. Er erstreckt den Anwendungsbereich auf den Schutz bedeutender Rechtsgüter, die Art. 11 Abs. 3 S. 2 BayPAG definiert.[638] Die umfassende, nicht auf Einzelfälle beschränkte Weite des Tatbestands ist angesichts der Irrtumsquote von Prognosen verfassungsrechtlich bedenklich.[639]

224 Parallel zu den bundesrechtlichen Ermächtigungsgrundlagen (→ Rn. 193 ff., 219) sehen einige Polizeigesetze Befugnisse zur **Quellen-Telekommunikationsüberwachung** vor.[640] Ein Novum im Landespolizeirecht ist die gesetzliche Erlaubnis, **Postsendungen** zu **beschlagnahmen** (Art. 35 BayPAG; → Rn. 219).

225 **d) Strafvollzug und Untersuchungshaft.** § 29 Abs. 3 StVollzG erlaubt, den **Schriftwechsel** Verurteilter im **Strafvollzug** zu **überwachen,** soweit dies erforderlich ist, um eine Person zu behandeln oder die Sicherheit bzw. Ordnung der Anstalt aufrechtzuerhalten. Von dieser Befugnis ist jedoch insbesondere der Schriftverkehr mit dem Strafverteidiger ausgenommen (§ 29 Abs. 1 StVollzG).

226 Die Überwachung darf zwar über den Einzelfall hinaus typisierend angeordnet werden.[641] Den **gesamten Schriftverkehr** flächendeckend, anlassunabhängig zu überwachen, schösse jedoch über das Ziel hinaus.[642]

227 Das StVollzG gestattet auch, Ferngespräche **akustisch zu überwachen,** dh gezielt mitzuhören (§§ 32 S. 2, 27 StVollzG). Der Gefangene und sein Gesprächspartner sind über die Überwachung zu unterrichten (§ 32 S. 3, 4 StVollzG). Verbindungsdaten zu speichern oder Telefonate aufzuzeichnen, ist dagegen nicht gestattet.[643] Regelungen für E-Mails und sonstige Internetdienste lässt das StVollzG vermissen.[644] Neben die Vorschriften des Bundes treten allerdings die **Maßregelvollzugsgesetze der Länder,** die teils Regelungen zur Nutzung neuerer Kommunikationsmittel vorsehen.[645]

228 Während der **Untersuchungshaft** darf das Gericht anordnen, die Telekommunikation sowie den **Schrift- und Paketverkehr** zu überwachen, soweit dies erforderlich ist, um eine Flucht-, Verdunkelungs- oder Wiederholungsgefahr abzuwehren (§ 119 Abs. 1 S. 2 Nr. 2 StPO). Diese Überwachung ist dem Beschuldigten und seinem Gesprächspartner mitzuteilen (§§ 119 Abs. 1 S. 7, 119 Abs. 3 StPO). Die Telekommunikation aufzuzeichnen, deckt die Ermächtigungsgrundlage demgegenüber nicht ab.[646] Insoweit ist § 100a StPO *Lex specialis.* Parallel zu den Vorschriften des Bundes erlauben die **Untersuchungshaftvollzugsgesetze der Länder** Eingriffe in Art. 10 aus Vollzugsgründen.[647]

---

[637] BVerfGE 141, 220 (291, Rn. 165).

[638] *Waechter* NVwZ 2018, 458 (459).

[639] Vgl. *Enders* DÖV 2019, 205 (209 f.); *Waechter* NVwZ 2018, 458 (462); aA *Holzner* DÖV 2018, 946 (950); *Leisner-Egensperger* DÖV 2018, 677 (682).

[640] Art. 42 Abs. 2 BayPAG; § 23b Abs. 2 BbgPolG; § 10c HmbGDatPol; § 15b HessSOG; § 20c Abs. 2 NRWPolG; § 31c RhPfPOG; § 34a Abs. 2 ThürPAG.

[641] BVerfGK 2, 78 (80).

[642] *Durner* in Maunz/Dürig Rn. 200; *Gusy* in MKS Rn. 91.

[643] *Walter/Bosch* in BeckOK Strafvollzug Bund § 32 StVollzG Rn. 5.

[644] *Walter/Bosch* in BeckOK Strafvollzug Bund § 32 StVollzG Rn. 9.

[645] Bspw. § 23 MVollzG RhPf.

[646] *Krauß* in BeckOK StPO § 119 Rn. 31.

[647] *Krauß* in BeckOK StPO § 119 Rn. 3.

5. Rechtsfolgen rechtswidriger Eingriffe. Verstößt der Staat gegen die Anforderungen des Art. 10, erwächst daraus neben der **objektiven Verfassungswidrigkeit** der Maßnahme ein **Abwehranspruch** des betroffenen Grundrechtsträgers. Er kann verlangen, die erhobenen Daten zu löschen oder zu berichtigen.[648] Auch im Falle bereits erledigter Maßnahmen gebietet Art. 19 Abs. 4 bei erheblicher Eingriffsschwere wirksamen **nachträglichen Rechtsschutz.**[649] 229

Rechtswidrig erhobene und verarbeitete Kommunikationsdaten können einem **Verwertungsverbot** unterliegen.[650] Ein allgemeines, absolutes Beweisverwertungsverbot ziehen sie jedoch nicht nach sich.[651] Die Rechtsprechung nimmt stattdessen eine **Abwägung** zwischen den schutzwürdigen Belangen des Betroffenen und anderweitigen Interessen wie der effektiven Strafverfolgung vor.[652] Da ein rechtswidriger Eingriff in Art. 10 regelmäßig tief in die Privatsphäre eindringt, indiziert er jedoch im Zweifel ein Beweisverwertungsverbot.[653] Unumstritten ist das Verwertungsverbot für Daten, die dem Kernbereich höchstpersönlicher Lebensgestaltung angehören.[654] 230

C. Verhältnis zu anderen Grundrechten

Art. 10 steht in engem Konnex zu dem Recht auf informationelle Selbstbestimmung (Art. 2 Abs. 1 iVm Art. 1 Abs. 1; I., → Rn. 232), dem Recht auf Unverletzlichkeit der Wohnung (Art. 13; II., → Rn. 233) sowie dem Recht auf Gewährleistung der Vertraulichkeit und Integrität informationstechnischer Systeme (III.; → Rn. 234). Die grundrechtlichen Verbürgungen eint das Ziel, die freie Entfaltung der Persönlichkeit grundrechtlich abzusichern (→ Rn. 4). Alle drei berühren das Recht, „selbst über die Preisgabe und Verwendung seiner persönlichen Daten zu bestimmen"[655] und „zu entscheiden, wann und innerhalb welcher Grenzen persönliche Lebenssachverhalte offenbart werden".[656] 231

I. Verhältnis zu dem Recht auf informationelle Selbstbestimmung (Art. 2 Abs. 1 iVm Art. 1 Abs. 1)

Das GG schichtet die Schutzbereiche des Brief-, Post- und Fernmeldegeheimnisses auf der einen Seite und des Rechts auf informationelle Selbstbestimmung auf der anderen Seite vergleichsweise klar ab: Entstehen **während eines individuellen Fernkommunikationsvorgangs** personenbezogene Daten, ist Art. 10 gegenüber dem Recht auf informationelle Selbstbestimmung das **speziellere Grundrecht.**[657] Greift Art. 10 nicht, weil die kommunikati- 232

[648] BVerfGE 100, 313 (361, Rn. 169).
[649] BVerfGK 5, 74 (80 f.); *Durner* in Maunz/Dürig Rn. 189.
[650] BVerfGE 65, 1 (46); 85, 386 (402).
[651] BVerfGK 18, 444 (448); *Guckelberger* in SHH Rn. 62.
[652] BVerfGK 14, 107 (111); 18, 193 (203); BGHSt 56, 138 (145, Rn. 25); die Gegenauffassung kritisiert, es fehle eine hinreichend bestimmte Ermächtigungsgrundlage, s. *Hermes* in Dreier Rn. 54; *Schwabenbauer* AöR 137 (2012), 1 (35 f.).
[653] Vgl. *Durner* in Maunz/Dürig Rn. 177; *Gusy* in MKS Rn. 90.
[654] BVerfGE 129, 208 (246, Rn. 212); BVerfG NJW 2016, 1781 (1794, Rn. 205; 1797, Rn. 240).
[655] BVerfGE 65, 1 (43, Rn. 155).
[656] BVerfGE 65, 1 (42, Rn. 152).
[657] BVerfGE 67, 157 (171).

onsbezogenen persönlichen Daten nicht einem konkreten Kommunikationsvorgang entsprungen sind, vermittelt demgegenüber das Recht auf informationelle Selbstbestimmung **(subsidiären) Schutz,** so bspw. für **Bestandsdaten** wie Rufnummern, Kennungen oder statische IP-Adressen (→ Rn. 70).

II. Verhältnis zu Art. 13

233 Art. 10 und das **Recht auf Unverletzlichkeit der Wohnung** (Art. 13) stehen selbständig nebeneinander. Sie schützen unterschiedliche Ausprägungen der Privatsphäre:[658] Während Art. 13 einen räumlich abgrenzbaren Bereich privater Lebensentfaltung gegen Eingriffe schützt, sind die Gewährleistungen des Art. 10 (ebenso wie Art. 2 Abs. 1 iVm Art. 1 Abs. 1) **örtlich entgrenzt.** Er bezieht sich auf die wohnungsunabhängige Nutzung von Kommunikationsmitteln. Überwacht der Staat im Zusammenhang mit fernmeldetechnischen Übertragungsvorgängen Gespräche in der Wohnung, findet allein Art. 10 Anwendung.[659] Übertragen Kommunikationsmedien (zB Alexa) dagegen außerhalb eines Fernmeldevorgangs Gespräche im häuslichen Bereich, gewährt Art. 13 grundrechtlichen Schutz[660] – ebenso wenn staatliche Stellen in der Wohnung auf Inhalte oder Umstände abgeschlossener Kommunikation zugreifen.[661]

III. Verhältnis zu dem Recht auf Gewährleistung der Vertraulichkeit und Integrität informationstechnischer Systeme

234 Um Schutzlücken innerhalb des Systems der Art. 10, 13 und Art. 2 Abs. 1 iVm Art. 1 Abs. 1 zu schließen, hat das BVerfG das **Grundrecht auf Gewährleistung der Vertraulichkeit und Integrität informationstechnischer Systeme** (sog. IT-Grundrecht) aus der Taufe gehoben.[662] Es greift dort, wo sich gerade nicht die typische Gefahr realisiert, vor der die anderen Grundrechte schützen sollen – insbesondere im Falle staatlicher Infiltration von IT-Systemen (sog. **„Online-Durchsuchung"**): Der Staat verschafft sich dann **nach Abschluss der Kommunikationsvorgänge** mittels Internetverbindung Zugriff auf die Inhalte, die **im Herrschaftsbereich** (auf dem Endgerät) eines Kommunikationsteilnehmers gespeichert sind. Das IT-Grundrecht immunisiert Daten verfassungsrechtlich gegen einen **Systemzugriff** – unabhängig davon, ob sie nur kurzzeitig im Klartext vorliegen (da sie bei der konkreten Nutzung anfallen [zB Tastatureingaben]) oder ob sie sich auf dem Arbeitsspeicher oder den Speichermedien ihrer Hardware befinden.[663]

235 Sind die Daten demgegenüber nicht auf dem Endgerät des Nutzers, sondern zB auf dem **Server des E-Mail-Providers** und somit nicht ausschließlich im Herrschaftsbereich des Kommunikationsteilnehmers gespeichert, bleibt der Telekommunikationsanbieter in den Kommunikationsprozess eingeschaltet, so dass Art. 10 greift (→ Rn. 75 ff.).[664]

---

658 *Gusy* in MKS Rn. 41.

659 *Ogorek* in BeckOK GG Rn. 78; *Schenke* in Stern/Becker Grundrechte-Kommentar Rn. 113.

660 *Bruns* in KK StPO § 100a Rn. 52; *Löffelmann* in Hdb des Rechts der Nachrichtendienste, 1159 (1229 f., Rn. 103); stattdessen wohl für Idealkonkurrenz *Durner* in Maunz/Dürig Rn. 210; *Gusy* in MKS Rn. 41.

661 BVerfGE 115, 166 (186 f., Rn. 81).

662 BVerfGE 120, 274 (313, Rn. 201).

663 BVerfGE 120, 274 (314 f., Rn. 205).

664 BVerfGE 124, 43 (54 f., Rn. 46).

IV. Verhältnis zu Art. 5 und sonstigen Grundrechten

Das BVerfG stuft Art. 10 gegenüber dem **Recht der freien Meinungsäußerung** (Art. 5 Abs. 1) als spezieller ein, wenn der Eingriff darin besteht, eine mit Mitteln der Telekommunikation geäußerte Meinung wahrzunehmen oder zu verarbeiten.[665] Ihrer großen Schnittmenge zum Trotz verbriefen beide Grundrechte eigenständigen Schutz. Sie sind daher nebeneinander anwendbar.[666] So liegt es auch, wenn Grundrechtsträger andere Freiheitsrechte ausüben, die gleichzeitig den Anwendungsbereich des Art. 10 betreffen – etwa wenn der Betroffene in Ausübung seiner Berufsfreiheit (Art. 12 Abs. 1) oder Glaubensfreiheit (Art. 4 Abs. 1 und 2) kommuniziert.[667] Auch dann, wenn Überwachungsmaßnahmen sich gezielt gegen Journalisten richten oder auf der Verarbeitungsebene erkennbar ist, dass es sich um pressebezogene Kommunikationsdaten handelt, stehen Art. 10 und die **Pressefreiheit** (Art. 5 Abs. 1 S. 2) in einem Ergänzungsverhältnis.[668] 236

D. Kritische Würdigung

Art. 10 legt seinen Schutzfokus auf den Zeitraum, in dem sich die Kommunikationsinhalte und -umstände auf dem Übertragungsweg befinden. Die Hintergründe dafür sind nicht zuletzt in den **lebensweltlichen Realitäten des analogen Zeitalters** zu suchen: Auf dem Weg des gesprochenen Wortes bzw. eines Briefes vom Absender in den Herrschaftsbereich des Empfängers war zur Zeit der Mütter und Väter des Grundgesetzes die standardmäßige Aufzeichnung des Kommunikationsinhalts nicht ohne Weiteres möglich. Der Staat konnte auf die vertrauliche Kommunikation zwischen zwei Personen vielmehr nur zugreifen, wenn er Briefe öffnete und kopierte oder eine Telefonleitung gezielt in Echtzeit anzapfte und mit einem Aufnahmegerät verband. 237

Im digitalen Zeitalter haben sich die Interaktionsmöglichkeiten nachhaltig verändert. Insbesondere verschwimmen die Grenzlinien zwischen laufender und abgeschlossener Kommunikation zusehends. Das Grundrecht schließt die **Herrschaftssphäre des Kommunikationsteilnehmers** zwar unverändert vom Schutzbereich aus: Der Brief in der Wohnung oder die SMS auf dem Endgerät sind nicht geschützt. Mit dem Transport einer digitalen Nachricht ist heute typischerweise indes zugleich deren **potenziell dauerhafte Speicherung** auf einem für Dritte zugänglichen Speichermedium verbunden (etwa im Falle einer IMAP-E-Mail oder Cloud-Computing). Darauf sollte und muss die grundrechtliche Dogmatik mit einem **weiten Anwendungsradius der Gewährleistung** reagieren. Denn auch wenn der Übertragungsvorgang abgeschlossen ist, bleibt die **Gefahrenlage** für die Vertraulichkeit der Kommunikationsdaten bestehen. 238

Auch Geräte, die im **Internet der Dinge** selbstständig miteinander „kommunizieren“, erzeugen in Zukunft große Mengen sensibler personenbezogener Daten, die sich ggf. leicht abfangen lassen. Ihnen gebührt angemessener grundrechtlicher Schutz. Diesen herzustellen, ist allerdings nicht Aufgabe des 239

[665] BVerfGE 113, 348 (364, Rn. 79); *Jarass* in Jarass/Pieroth Rn. 2.
[666] *Durner* in Maunz/Dürig Rn. 211; *Groß* in BerlKomm Rn. 19.
[667] *Bizer* in AK Rn. 117; *Hermes* in Dreier Rn. 103.
[668] So auch bspw. BVerfGE 100, 313 (365, Rn. 181 f.).

Art. 10. Er setzt **zwischenmenschliche Kommunikation** voraus. Hier erschließt sich dem vielfach als „Grundrecht ohne Land" kritisierten **IT-Grundrecht** ein Anwendungsrevier, in dem es grundrechtsdogmatische Lücken für den Schutz der Vertraulichkeit persönlicher digitaler Datenressourcen schließen kann.

Literatur

C. Arndt, Grundrechtsschutz bei der Fernmeldeüberwachung DÖV 1996, 459. – ***S. Bauer,*** Sebastian Soziale Netzwerke und strafprozessuale Ermittlungen, 2017. – ***F. Becker,*** Grundrechtliche Grenzen staatlicher Überwachung zur Gefahrenabwehr NVwZ 2015, 1335. – ***L. Blechschmitt,*** Zur Einführung von Quellen-TKÜ und Online-Durchsuchung StraFo 2017, 361. – ***E. Brissa,*** Aktuelle Entwicklungen der parlamentarischen Kontrolle nachrichtendienstlicher Tätigkeit des Bundes DÖV 2017, 765. – ***K. Bock/ M. Engeler,*** Die verfassungsrechtliche Wesensgehaltsgarantie als absolute Schranke im Datenschutzrecht DVBl 2016, 593. – ***T. Böckenförde,*** Die Ermittlung im Netz, 2003. – ***B. Derin/ S. Golla,*** Der Staat als Manipulant und Saboteur der IT-Sicherheit, Die Zulässigkeit von Begleitmaßnahmen zu „Online-Durchsuchung" und Quellen-TKÜ NJW 2019, 1111. – ***F. Deutsch/ F. Eggendorfer,*** Das Fernmeldegeheimnis im Spannungsfeld aktueller Kommunikationstechnologien K&R 2017, 93. – ***A. Dix/ T. Petri,*** Das Fernmeldegeheimnis und die deutsche Verfassungsidentität DuD 2009, 531. – ***A. Dix/ D.-K. Kipker/ P. Schaar,*** Schnellschuss gegen die Grundrechte, Plädoyer für eine ausführliche öffentliche Debatte in Sachen Vorratsdatenspeicherung ZD 2015, 300. – ***J. Eichenhofer,*** Privatheit im Internet als Vertrauensschutz, Der Staat 55 (2016), 41. – ***K. Engels,*** Die Grenzen des Brief-, Post-, und Fernmeldegeheimnisses, 1972. – ***F. Freiling/ C. Safferling/ C. Rückert,*** Quellen-TKÜ und Online-Durchsuchung als neue Maßnahmen für die Strafverfolgung: Rechtliche und technische Herausforderungen JR 2018, 9. – ***M. Germann,*** Gefahrenabwehr und Strafverfolgung im Internet, 2000. – ***C. Gröpl,*** Das Fernmeldegeheimnis des Art. 10 GG vor dem Hintergrund des internationalen Aufklärungsauftrages des Bundesnachrichtendienstes ZRP 28 (1995), 13. – ***T. Groß,*** Die Schutzwirkung des Brief-, Post-, und Fernmeldegeheimnisses nach der Privatisierung der Post JZ 1999, 326. – ***A. Grünwald, Andreas/ C. Nüßing,*** Machine To Machine (M2M)-Kommunikation, Regulatorische Fragen bei der Kommunikation im Internet der Dinge MMR 2015, 378. – ***E. Gurlit,*** Verfassungsrechtliche Rahmenbedingungen des Datenschutzes NJW 2010, 1035. – ***C. Gusy,*** Überwachung der Telekommunikation unter Richtervorbehalt, Effektiver Grundrechtsschutz oder Alibi? ZRP 2003, 275. – ***C. Gusy,*** Rechtmäßigkeit der Erfassung ausländischer Telekommunikation durch deutsche staatliche Stellen, 2015. – ***C. Gusy/ J. Eichenhofer/ L. Schulte,*** e-Privacy, Von der Digitalisierung der Kommunikation zur Digitalisierung der Privatsphäre JöR 64 (2016), 385. – ***M. Heidebach,*** Die NSA-Affäre in Deutschland – Stößt der Grundrechtsschutz an seine Grenzen? DÖV 2015, 593. – ***G. Heißl,*** Wiedereinführung der Vorratsdatenspeicherung, DÖV 2016, 588. – ***W. Hoffmann-Riem,*** Freiheitsschutz in den globalen Kommunikationsinfrastrukturen JZ 2014, 53. – ***C. Hohmann-Dennhardt,*** Freiräume – Zum Schutz der Privatheit NJW 2006, 545. – ***J. F. Lindner/ J. Unterreitmeier,*** Grundlagen einer Dogmatik des Nachrichtendienstrechts DÖV 2019, 165. – ***W. Karl/ M. Soiné,*** Neue Rechtsgrundlagen für die Ausland-Ausland-Fernmeldeaufklärung NJW 2017, 919. – ***H. H. Kaysers,*** Die Unterrichtung Betroffener über Beschränkungen des Brief-, Post- und Fernmeldegeheimnisses, AöR 129 (2004), 121. – ***C. Marxsen,*** Strategische Fernmeldeaufklärung DÖV 2018, 218. – ***C.-W. Neubert,*** Grundrechtliche Schutzpflicht des Staates gegen grundrechtsbeeinträchtigende Maßnahmen fremder Staaten am Beispiel der Überwachung durch ausländische Geheimdienste AöR 140 (2015), 267. – ***A. Oehmichen/ C. Mickler,*** Die Vorratsdatenspeicherung – Eine never ending story? NZWiSt 2017, 298. – ***H.-J. Papier,*** Beschränkungen der Telekommunikationsfreiheit durch den BND an Datenaustauschpunkten NVwZ Extra 2016/15, 1. – ***N. Pohlmann/ R. Riedel,*** Strafverfolgung darf die IT-Sicherheit im Internet nicht schwächen DuD 2018, 37. – ***S. Pötters/ C. Werkmeister,*** Der verfassungsrechtliche Konflikt zwischen Freiheit und Sicherheit im Zeitalter des Internets JURA 2013, 5. – ***U. Schliesky/ C. Hoffmann/D. A. Luch/ S. E. Schulz/K. C. Borchers,*** Schutzpflichten und Drittwirkung im Internet, 2014. – ***T. Schwabenbauer,*** Kommunikationsschutz durch Art. 10 im digitalen Zeitalter AöR 2012, 1. – ***M. Sievers,*** Der Schutz der Kommunikation im Internet durch Artikel 10 des Grundgesetzes, 2003. – ***N. Ullrich,*** Die Verpflichtung der Exekutive und Legislative zum Schutz deutscher Bürger vor der Ausspähung durch ausländische Geheimdienste DVBl 2015, 204.

Art. 11 [Freizügigkeit]

(1) Alle Deutschen genießen Freizügigkeit im ganzen Bundesgebiet.

(2) Dieses Recht darf nur durch Gesetz oder auf Grund eines Gesetzes und nur für die Fälle eingeschränkt werden, in denen eine ausreichende Lebensgrundlage nicht vorhanden ist und der Allgemeinheit daraus besondere Lasten entstehen würden oder in denen es zur Abwehr einer drohenden Gefahr für den Bestand oder die freiheitliche demokratische Grundordnung des Bundes oder eines Landes, zur Bekämpfung von Seuchengefahr, Naturkatastrophen oder besonders schweren Unglücksfällen, zum Schutze der Jugend vor Verwahrlosung oder um strafbaren Handlungen vorzubeugen, erforderlich ist.

Paulskirchenverfassung von 1849

Abschnitt VI. Art. I

§ 133. Jeder Deutsche hat das Recht, an jedem Orte des Reichsgebietes seinen Aufenthalt und Wohnsitz zu nehmen, Liegenschaften jeder Art zu erwerben und darüber zu verfügen, jeden Nahrungszweig zu betreiben, das Gemeindebürgerrecht zu gewinnen.

Die Bedingungen für den Aufenthalt und Wohnsitz werden durch ein Heimathsgesetz, jene für den Gewerbebetrieb durch eine Gewerbeordnung für ganz Deutschland von der Reichsgewalt festgesetzt.

Weimarer Reichsverfassung von 1919

Art. 111. Alle Deutschen genießen Freizügigkeit im ganzen Reiche. Jeder hat das Recht, sich an beliebigem Orte des Reiches aufzuhalten und niederzulassen, Grundstücke zu erwerben und jeden Nahrungszweig zu betreiben. Einschränkungen bedürfen eines Reichsgesetzes.

Übersicht

A. Allgemeine Bedeutung

I. Genese

1 **1. Historische Wurzeln und Vorläufer.** Das Grundrecht auf Freizügigkeit ist ein in hohem Maße historisch geprägtes Grundrecht. Es fand einen ersten rechtlichen Niederschlag in der Magna Charta Libertatum von 1215.[1] Kleinstaaterei und Glaubensspaltung in Europa gaben Anlass, die Möglichkeit des Ausweichens vor der nicht akzeptierten Staatsgewalt, insbesondere der von ihr dekretierten Staatsreligion zu verlangen. Im Augsburger Religionsfrieden von 1555 wurde die Abzugsfreiheit für Untertanen festgelegt, die sich dem Bekenntnis ihres Landesherrn nicht anschließen mochten. Im Kern jedoch war Freizügigkeit in der mittelalterlich-feudalen Gesellschaft ein Statusmerkmal, das von vornherein nur den „Freien" zukam. Einen entscheidenden Markstein für die Entwicklung des Freizügigkeitsgrundrechts setzte daher die **Bauernbefreiung,** die in Deutschland mit der Aufhebung der Leibeigenschaft und der damit verbundenen Bindung an die Scholle zu Beginn des 19. Jahrhunderts durchgesetzt wurde. Sie bedeutete die Auflösung der rechtlichen und ökonomischen Bindung an ein Territorium, der zuvor die Mehrheit der Bevölkerung unterworfen gewesen war.[2]

2 Im 19. Jahrhundert war es dann vor allem der enge Zusammenhang mit der **Herausbildung eines deutschen Bundesstaates,** der das Freizügigkeitsrecht prägte. Freizügigkeit erlangte in diesem Kontext Bedeutung als integratives Moment auf dem Weg zu – und als Ausdruck – einer die einzelnen deutschen Territorialstaaten überspannenden gesamtdeutschen Staatlichkeit und Staatsangehörigkeit.[3] Neben die innerterritoriale trat die überterritoriale föderale Freizügigkeit. Die Erstarkung des Freizügigkeitsrechts in der konstitutionellen Epoche spiegelte damit gleichermaßen ökonomische Interessen,

---

[1] Textauszug bei *Heidelmeyer,* Die Menschenrechte, 1972, 47 ff.

[2] S. zur historischen Entwicklung *Randelzhofer* in BK Rn. 1 ff.; *Hailbronner* in HdbStR VII § 152 Rn. 1 ff.; *Durner* in Maunz/Dürig Rn. 6 ff.; *Giegerich* in Marauhn/Grote, Konkordanzkommentar II, Kap. 26 Rn. 1 ff. Eingehende rechtshistorische Darstellung bei *Ziekow,* Über Freizügigkeit und Aufenthalt, 1997, 22 ff.

[3] *Wollenschläger* in Dreier Rn. 3 ff.; *Durner* in Maunz/Dürig Rn. 12 ff.

aufklärerisches Gedankengut und den Prozess der Nationalstaatsbildung wider.[4]

3 **Art. 18 der Deutschen Bundesakte** vom 18.6.1815 sah die Freiheit des nachsteuerfreien Wegzuges in einen anderen Bundesstaat vor, freilich unter der Bedingung der Aufnahmebereitschaft des Einwanderungsstaates. Dementsprechend gewährleisteten die meisten Verfassungen der deutschen Staaten die Auswanderungsfreiheit.[5] Die **Paulskirchenverfassung** von 1849 enthielt in ihrem Grundrechtsteil in § 133 ein Freizügigkeitsrecht für alle Deutschen im gesamten Reichsgebiet, ebenso in § 136 die Auswanderungsfreiheit. Auf einfachgesetzlicher Ebene verwirklichte das **Freizügigkeitsgesetz des Norddeutschen Bundes** von 1867 das Freizügigkeitsrecht innerhalb des Bundes- und später Reichsgebietes.[6] Die Reichsverfassung von 1871 verzichtete zwar generell auf die Aufnahme von Grundrechten, führte aber in Art. 3 ein **gemeinsames Indigenat** ein, aus dem ebenfalls ein Freizügigkeitsrecht innerhalb des Reichsgebietes auf der Basis der Inländerbehandlung folgte. Die Weimarer Reichsverfassung von 1919 übernahm den Freizügigkeitsschutz in **Art. 111 WRV** und verbürgte ihn damit erstmals verfassungskräftig als Grundrecht; die Auswanderungsfreiheit wurde auch hier in Art. 112 WRV separat geregelt. In allen diesen Regelungen ging es nicht nur um die freie Wahl von Aufenthalt und Wohnsitz, sondern auch um die wirtschaftliche Dimension der Freizügigkeit. Die Gewährleistungen umfassten explizit auch die Freiheit des Grunderwerbs und der Gewerbeausübung am Niederlassungsort.

4 **2. Genese von Art. 11 GG.** Angesichts der noch unbewältigten Kriegsfolgen wurde das Freizügigkeitsrecht im **Parlamentarischen Rat** kontrovers diskutiert. Der Herrenchiemseer Entwurf hatte zunächst auf eine Gewährleistung ganz verzichtet. Der Ausschuss für Grundsatzfragen entschied sich für eine Aufnahme eines Freizügigkeitsrechtes. Die Entwurfsfassungen durchliefen jedoch erhebliche Veränderungen im Wechselspiel zwischen dem Ausschuss für Grundsatzfragen, dem Redaktions- und dem Hauptausschuss.[7] In redaktioneller Hinsicht betraf das schon die Formulierung des sachlichen Schutzbereiches. Wurde dieser zunächst in Anlehnung an die Vorläuferversionen der konstitutionellen und Weimarer Zeit näher umschrieben, beschränkte man sich in der abschließenden 4. Lesung auf den knappen Begriff der „Freizügigkeit".[8] In der Sache war va die Reichweite des persönlichen Schutzbereiches umstritten, bei dem zunächst aus Gründen der praktischen Realisierbarkeit eine Beschränkung auf Bundesangehörige favorisiert wurde. Es setzte sich jedoch die weitergehende Auffassung durch, die das Grundrecht der Gesamtheit aller Deutschen iSd Art. 116 zugestehen wollte. Schon in der 1. Lesung wurde demgegenüber die zunächst noch in Anlehnung an Art. 111 WRV angedachte Verknüpfung mit den ökonomischen Begleitrechten (Grunderwerb, Berufsausübung) gestrichen. Schließlich wurde auch die Schrankenregelung des Abs. 2 mehrfach verändert. War Art. 11 in den ersten Entwürfen noch schrankenlos konzipiert worden, wurde auf Initiative des

---

[4] *Durner* in Maunz/Dürig Rn. 14.
[5] *Möhlenbruch,* Freier Zug, 1977, 141 ff.
[6] Gesetz über die Freizügigkeit v. 1.111867, BGBl. d. Norddeutschen Bundes 1867, 55 ff.
[7] ParlRat VII, 3, 37, 94, 140, 212, 343, 400 u. 535. Ausführlich *Durner* in Maunz/Dürig Rn. 27 ff. mwN.
[8] ParlRat VII, 499 f. u. 535.

Redaktionsausschusses eine Schrankenregelung hinzugefügt, die der Hauptausschuss jedoch betont eng ausgestaltete.

Im Zuge der Notstandsgesetzgebung von 1968 wurde die Schrankenregelung in Abs. 2 um den **Notstandsvorbehalt** „zur Abwehr einer drohenden Gefahr für den Bestand oder die freiheitliche demokratische Grundordnung des Bundes oder eines Landes, zur Bekämpfung von […] Naturkatastrophen oder besonders schweren Unglücksfällen" ergänzt.[9] Die Entwürfe der Notstandsverfassung hatten diese besondere Eingriffsermächtigung systematisch noch bei den notstandsspezifischen Regelungen angesiedelt.[10] Erst der zweite Bericht des Rechtsausschusses vom 9.5.1968 verlegte sie in Art. 11 Abs. 2.[11] 5

3. Relevanz in der bundesrepublikanischen Judikatur. In der Geschichte der Bundesrepublik hat das Grundrecht auf Freizügigkeit zunächst eine besondere Rolle gespielt, solange die Probleme der unmittelbaren **Nachkriegszeit** zu bewältigen waren, also die Aufnahme der Flüchtlingsströme aus der nachmaligen DDR und den früheren Ostgebieten des Deutschen Reiches nach dessen Zusammenbruch. Aus dieser Zeit stammen die frühen Leitentscheidungen des BVerfG und des BVerwG zu Art. 11.[12] In der Folgezeit führte das Grundrecht ein „Schattendasein",[13] war nachhaltigen staatlichen Beeinträchtigungen nicht ausgesetzt und demzufolge auch kaum noch Gegenstand höchstrichterlicher Rechtsprechung. Dies hängt auch damit zusammen, dass die Ausreise- und Auswanderungsfreiheit – entgegen der völkerrechtlichen Konzeption, aber mit der völkerrechtlichen Rechtslage vereinbar – nicht dem Art. 11 entnommen wurde[14] und auch weitere Grundrechte thematisch solche Gehalte abdecken, die man in Art. 11 suchen könnte, insbesondere was die Bewegungsfreiheit im Allgemeinen und die wirtschaftliche Freizügigkeit im Besonderen anlangt. 6

Erst der Aufbruch hunderttausender Deutscher in die Bundesrepublik mit dem **Zusammenbruch des SED-Regimes in der DDR 1989** rief die Bedeutung der Freizügigkeit in das (verfassungs-)politische Bewusstsein zurück, begründete aber zugleich auch innerstaatliche Gefährdungslagen: Gesetzgeberische Reaktionen angesichts der Begrenztheit von Wohnraum und der Belastung vorhandener Infrastrukturen warfen erneut die Frage der Beschränkbarkeit des Art. 11 auf und rückten die erwähnten Leitentscheidungen der 50er Jahre in ein neues Licht.[15] In jüngerer Zeit ist Art. 11 erneut wieder stärker in den Blickpunkt geraten, va durch neue Phänomene mobiler gewaltbereiter Gruppierungen (Hooligans, Protestbewegungen bei Gipfeltreffen o. ä.) und das polizeiliche Instrument des Aufenthaltsverbotes oder Wohnungsverweises.[16] Auch Maßnahmen zur Verhinderung der Ausreise oder Wiedereinreise gewaltbereiter Islamisten haben der Diskussion eine neue Facette hinzugefügt.[17] 7

---

[9] G v. 24.6.1968, BGBl. I 709; zur rechtspolitischen Kritik *Hall* JZ 1968, 159 (161 f.).
[10] BT-Drs. III/1800, Art. 115a Abs. 4 Nr. 2; BT-Drs. IV/891, Art. 115b Abs. 2 lit. a u. Art. 115k Abs. 1 lit. b; BT-Drs. IV/3494, Art. 91 Abs. 4; BT-Drs. V/1879, Art. 91 Abs. 3.
[11] BT-Drs. V/2873.
[12] Insbes. BVerfGE 2, 266 ff.; BVerwGE 3, 135 ff.
[13] *Pieroth* JuS 1985, 81.
[14] Sondern Art. 2 Abs. 1; → Rn. 32.
[15] Sa *Alexy* NJW 1990, 2850 ff.; *Zimmermann* ZRP 1991, 85 ff.; *Ziekow,* Über Freizügigkeit und Aufenthalt, 1997, 438.
[16] *Pagenkopf* in Sachs Rn. 10a; *Wollenschläger* in Dreier Rn. 24.
[17] Vgl. *Winkler/Schadtke* JZ 2016, 764.

8 Die sog. **Flüchtlingskrise** ab 2015 warf demgegenüber zwar Fragen der Freizügigkeit auf (insb. aufenthalts- und asylrechtliche Residenzpflichten), die sich jedoch außerhalb des auf Deutsche begrenzten personellen Anwendungsbereiches von Art. 11 bewegten.

II. Inhaltsübersicht

9 Art. 11 Abs. 1 definiert in knapper Form den sachlichen und personellen **Schutzbereich** des Grundrechtes. Abs. 2 enthält eine **Schrankenregelung** in Form eines qualifizierten Gesetzesvorbehaltes mit – je nach Zählweise – fünf oder sechs alternativen Varianten: zum Schutz vor finanziellen Lasten für die Allgemeinheit bei fehlender Lebensgrundlage (Sozialvorbehalt); zur Bewältigung eines inneren Notstandes iSd Art. 91 GG (Notstandsvorbehalt); zur Bekämpfung von Seuchengefahr; zur Bewältigung einer Notstandslage iSd Art. 35 Abs. 2 u. 3 GG (Katastrophenvorbehalt); zum Jugendschutz (Jugendschutzvorbehalt) sowie zur Vorbeugung strafbarer Handlungen (Kriminalvorbehalt).

III. Überstaatliche Bezüge

10 **1. Freizügigkeit im Völkerrecht.** Auf **internationaler Ebene** ist das **Menschenrecht** auf Freizügigkeit enthalten in universellen und regionalen Instrumenten des Menschenrechtsschutzes, so auch schon in Art. 13 der Allgemeinen Erklärung der Menschenrechte von 1948. Art. 2 des 4. ZP zur EMRK v. 16.9.1963[18] sowie Art. 12 des Internationalen Paktes über bürgerliche und politische Rechte von 1966 gewähren das Recht, sich im Hoheitsgebiet des Aufenthaltsstaates frei zu bewegen und den Wohnsitz frei zu wählen sowie das Recht, jedes Land – auch das eigene – zu verlassen. Damit unterscheidet das Völkerrecht systematisch zwischen der Binnenfreizügigkeit und der (grenzüberschreitenden) Außenfreizügigkeit.[19]

11 Die völkerrechtlichen Gewährleistungen gehen insofern über Art. 11 GG hinaus, als sie **unabhängig von der Staatsangehörigkeit** des Betroffenen gelten. Voraussetzung ist allerdings der rechtmäßige Aufenthalt im Gebiet des Staates. Ein Recht auf Einreise oder Aufenthalt kennt das Völkerrecht nur für Staatsangehörige im Verhältnis zu ihrem Heimatland. Allerdings kann es in Sonderfällen gewisse Aus- oder Zurückweisungsverbote geben, so namentlich das Prinzip des non-refoulement im Flüchtlingsrecht.[20] Umgekehrt wird die Ausreisefreiheit vielfach als Völkergewohnheitsrecht qualifiziert.[21]

12 **2. Freizügigkeit im Unionsrecht.** „Freizügigkeit" ist schließlich auch im Europäischen Unionsrecht verbürgt. Sie ist dort ein Herzstück des **europäischen Binnenmarktes** und des europäischen Integrationsprojektes insgesamt. In Funktion und Kontext ist das europäische Freizügigkeitsrecht daher eine moderne Entsprechung der Rolle, die die Freizügigkeit bei der Herausbildung des deutschen Bundesstaates im 19. Jahrhundert spielte. Auch hier überlagern sich ökonomische, grundrechtliche und integrationspolitische Gesichtspunkte.

---

[18] Dazu *Giegerich* in Gote/Marauhn, Konkordanzkommentar II, Kap. 26.

[19] *Gusy* in MKS Rn. 8.

[20] Art. 33 Genfer Flüchtlingskonvention.

[21] Vgl. *Hofmann,* Die Ausreisefreiheit nach Völkerrecht und staatlichem Recht, 1988, 176; s. ferner *Gusy* in MKS Rn. 7 ff.; speziell zur Übersiedlung aus der seinerzeitigen DDR in Drittländer *Hofmann* ZaöRV 50 (1990), 1 ff.; *Uerpmann* Jura 1990, 12 ff.

13 Den Kern des europäischen Freizügigkeitsrechts bilden immer noch die personenbezogenen **Grundfreiheiten** der Art. 45 ff. AEUV, die ein Recht auf Freizügigkeit für Arbeitnehmer, Selbständige sowie Erbringer und Empfänger von Dienstleistungen gewähren. Dabei geht es um grenzüberschreitende wirtschaftliche Betätigung. Diese Grundfreiheiten sind – im Gegensatz zu den vorgenannten völkerrechtlichen Rechtsgrundlagen – im Ausgangspunkt nicht menschenrechtlich, sondern wirtschaftsrechtlich konzipiert: Sie dienen dem Ziel freier und gleicher Betätigung und Mitwirkung in dem gemeinsamen Wirtschaftsmarkt,[22] schützen reflexartig aber auch Familienangehörige. Die Grundfreiheiten setzen die Staatsangehörigkeit eines der Mitgliedstaaten voraus, der Schutz der Familienangehörigen kann sich aber auch auf Drittstaatsangehörige erstrecken. Sie umfassen ein Ein- und Ausreiserecht, sind aber nicht anwendbar auf die innerstaatliche Freizügigkeit deutscher Staatsangehöriger in Deutschland.[23]

14 Jenseits dieser auf wirtschaftliche Betätigung zugeschnittenen Grundfreiheiten gewährleistet das Unionsrecht seit dem Maastrichter Vertrag vom 7.2.1992 eine **allgemeine Freizügigkeit für Unionsbürger (Art. 21 AEUV).** Dieses Freizügigkeitsrecht ist **nicht** an einen **bestimmten Aufenthaltszweck** geknüpft, sondern lediglich an die – ebenfalls mit dem Maastrichter Vertrag eingeführte – Unionsbürgerschaft des Betroffenen (Art. 20 AEUV).[24] Sie erstreckt sich daher auch auf nicht erwerbstätige Unionsbürger. Die Gewährleistung besteht allerdings nur „vorbehaltlich der in [den] Verträgen und in den Durchführungsvorschriften vorgesehenen Beschränkungen und Bedingungen", so dass ihr zusätzlicher Gewährleistungsgehalt nur schwer bestimmbar ist. In der Rspr. des EuGH hat sie gleichwohl eine erhebliche Tragweite erhalten, zumal iVm dem **allgemeinen Diskriminierungsverbot des Art. 18 AEUV.**[25] Nicht zuletzt erfasst Art. 21 AEUV neben einem Ein- und Ausreiserecht auch die Mobilität innerhalb des Aufenthaltsstaates, sofern ein unionsrechtlicher Fallbezug vorliegt.[26] Soweit ein durch Verfassungsvergleichung zu ermittelnder allgemeiner europäischer Grundrechtsstandard besteht, wird er angesichts der in Art. 21 AEUV erfolgten Positivierung (einschließlich der dort genannten Schranken) kaum eigenständige Bedeutung entfalten. Art. 21 AEUV ist sogar gelegentlich „auf dem Wege" zu einem unionsrechtlichen „Auffanggrundrecht", vergleichbar Art. 2 Abs. 1 GG, gesehen worden.[27] Ob Art. 21 AEUV selbst Grundrechtscharakter aufweist, ist umstritten; jedenfalls aber wird er durch den im Kern gleichlautenden Art. 45 der EU-Grundrechte-Charta grundrechtlich komplementiert.[28]

---

[22] S. näher *Hailbronner* EuZW 1991, 170 (178 ff.); zur Fortentwicklung *Durner* in Maunz/Dürig Rn. 44 ff.

[23] So etwa *Pagenkopf* in Sachs Rn. 9; *Gusy* in MKS Rn. 11; aA *Pernice* in Dreier, 2. Aufl. 2004, Rn. 5.

[24] Zu diesem Status *Pechstein/Bunk* EuGRZ 1997, 547 ff.; *Schönberger,* Unionsbürger, 2005, 272 ff.; *Huber* EuR 2013, 637.

[25] ZB EuGH C-224/98, Slg. 2002, I-6191, ECLI:EU:C:2002:432 – D'Hoop; EuGH C-413/99, Slg. 2002, I-7091, ECLI:EU:C:2002:493 – Baumbast und R; EuGH C-482/01 und 493/01, Slg. 2004, I- 5257, ECLI:EU:C:2004:262 – Orfanopoulos und Oliveri. Näher dazu *Bader* JuS 2006, 199 ff.

[26] *Nettesheim* in Grabitz/Hilf/Nettesheim, Recht der Europäischen Union, Art. 21 AEUV, Rn. 21.

[27] S. dazu mit Nachw. *Füßer* DÖV 1999, 96 ff.

[28] *Nettesheim* in Grabitz/Hilf/Nettesheim, Recht der Europäischen Union, Art. 21 AEUV Rn. 11.

15 Die primärrechtlichen Vorgaben des Unionsrechtes wurden kontinuierlich durch Sekundärrecht konkretisiert, insb. durch die Freizügigkeitsrichtlinie 2004/38/EG vom 29.4.2004. Innerstaatlich umgesetzt wird dies durch das FreizügG/EU, neu ausgefertigt am 30.7.2004.[29] Daraus ergibt sich iE ein **Sonderausländerrecht der EU-Angehörigen.**[30]

16 Wie sich dieses unionsrechtliche Freizügigkeitsrecht auf Art. 11 auswirkt, ist umstritten. Richtigerweise wird die Beschränkung des personellen Schutzbereiches von Art. 11 auf Deutsche dadurch nicht aufgehoben (→ Rn. 20). Unabhängig davon bewirken die unionsrechtlichen Verbürgungen kraft ihrer unmittelbaren Anwendbarkeit, dass die mit Blick auf den personellen Schutzbereich und die Ausreisefreiheit **enger gefassten Grenzen des Art. 11 in ihrer Bedeutung erheblich relativiert** werden.[31]

B. Einzelfragen

I. Alle Deutschen

17 Grundrechtsträger sind alle deutschen **natürlichen** Personen und inländische **juristische Personen** privaten Rechts.[32] Die Eigenschaft einer natürlichen Person als Deutscher bestimmt sich (auch) hier nach Art. 116 Abs. 1.[33] Einzubeziehen sind auch Personengesamtheiten, denen es an bürgerlich-rechtlicher Rechtsfähigkeit fehlt, nicht hingegen juristische Personen des öffentlichen Rechts. Bei erwerbswirtschaftlich ausgerichteten juristischen Personen kommt allerdings vorrangig Art. 12 GG als spezielleres Grundrecht zum Zuge.[34]

18 Auch **Minderjährige** sind Träger des Art. 11 Abs. 1, also insoweit „grundrechtsfähig“,[35] die Ausübung des Grundrechts ist aber bis zur Volljährigkeit nach § 2 BGB, also der Vollendung des 18. Lebensjahres, grundsätzlich an den Willen der Erziehungsberechtigten gebunden. Bereits der Schutzbereich des Grundrechts ist – verfassungsrechtlich gestützt durch Art. 6 Abs. 2 – im Sinne der §§ 1626 ff. BGB begrenzt: Art. 6 Abs. 2 zeigt an, dass ein Minderjähriger die Entscheidung über die Inanspruchnahme der Freizügigkeit nur in den Grenzen des elterlichen Erziehungsrechts treffen darf. Die sich hieraus ergebenden Einwirkungsbefugnisse der Erziehungsberechtigten auf die Inanspruchnahme der Freizügigkeit durch den Minderjährigen greifen nicht in den Schutzbereich ein.[36] Wegen der wertsetzenden Bedeutung des Grundrechts sind sie allerdings (auch) im Hinblick auf Art. 11 Abs. 1 ver-

---

[29] BGBl. 2004 I 1950 (1986), zuletzt geändert am 20.7.2017, BGBl. 2017 I 2780.

[30] Eing. *Hailbronner,* Asyl- und Ausländerrecht, 2017, Rn. 54 ff.; sa *Hailbronner* ZAR 1988, 3 ff.; sowie *Hailbronner,* 30 Jahre Freizügigkeit in Europa, 1998.

[31] *Wollenschläger* in Dreier Rn. 12.

[32] Für letztere str., bejahend zB *Durner* in Maunz/Dürig Rn. 60; *Randelzhofer* in BK Rn. 64; *Ogorek* in BeckOK GG Rn. 7; eing. zu dem Problem *Ziekow,* Über Freizügigkeit und Aufenthalt, 1997, 525 ff.

[33] Zum Vertriebenenbegriff des Art. 116 vor dem Hintergrund der Entwicklung in Osteuropa *Zimmermann* ZRP 1991, 85 (87 f.); → Art. 116 Rn. 77 ff.; zum Einfluss des Art. 11 auf die Beweislastverteilung bei der Klärung der Deutscheneigenschaft im Hinblick auf eine Ausreiseverpflichtung BVerwGE 78, 147 (149); *Sachs* NVwZ 1985, 323 ff.; *Wewel* NVwZ 1991, 757 f.; zur Inländereigenschaft juristischer Personen → Art. 19 Rn. 89.

[34] *Wollenschläger* in Dreier Rn. 42.

[35] → Vorauflage, Vorb. Art. 1–19 Rn. 27.

[36] Krit. *Pernice* in Dreier, 2. Aufl. 2004, Rn. 18; *Durner* in Maunz/Dürig Rn. 59; von kollidierendem Verfassungsrecht spricht BVerfG NJW 1996, 3145 (3146).

fassungskonform auszulegen, was etwa für die Frage nach einem Missbrauch des Elternrechts[37] Bedeutung gewinnen kann.

Ausländer genießen den Schutz des Art. 11 Abs. 1 **nicht,**[38] da es sich um ein sog. Deutschenrecht handelt. Zutreffender Ansicht nach genießen Ausländer dennoch Grundrechtsschutz im thematischen Bereich der Freizügigkeit, und zwar aufgrund des Auffanggrundrechts aus Art. 2 Abs. 1.[39] Versuche, Art. 11 Abs. 1 gegen seinen Wortlaut auch unmittelbar auf Ausländer zu erstrecken[40] sind im Schrifttum schon früh unternommen worden.[41] „Überpositives Recht", wenn es denn existieren sollte,[42] kann allenfalls in dem Umfang verfassungsrechtliche Bedeutung haben, in dem der Verfassungsgeber es in die Rechtsordnung überführt hat.[43] Allerdings ist zu beachten, dass die Bundesrepublik kraft Völkerrechts gehalten ist, gewisse Freiheiten im Bereich der Freizügigkeit auch Ausländern zu gewähren.[44] Soweit es sich dabei um völkervertragliche Menschenrechtsverbürgungen handelt, gelangen diese Rechtspositionen aber nicht in Verfassungsrang.[45] Soweit Völkergewohnheitsrecht iSd Art. 25 vorliegt, gelten entsprechende Individualrechtspositionen unmittelbar im innerstaatlichen Rechtsraum, ohne dass dies eine Korrektur der Auslegung des Art. 11 Abs. 1 erforderte oder auch nur legitimieren könnte. Schließlich verlangt Völkerrecht von der Bundesrepublik nicht die Verbürgung einer Individualrechtsposition als Verfassungsrecht, sondern kann lediglich die Einräumung subjektiver Berechtigungen erfordern; auch daraus kann sich also kein Anlass ergeben, über den insoweit eindeutigen Wortlaut des Art. 11 Abs. 1 hinwegzusehen. **19**

Umstritten ist va, ob die unionsrechtlichen Verbürgungen der Freizügigkeit (→ Rn. 16) eine **Anwendung von Art. 11 auch auf Unionsbürger** verlangen. Das ist richtigerweise zu verneinen.[46] Die unionsrechtlichen Freizügigkeitsrechte gelten unabhängig von Art. 11, und dem Diskriminierungsverbot des Art. 18 AEUV ist auch durch einen verfassungsrechtlichen Schutz über Art. 2 Abs. 1 Genüge getan. Dabei ist allerdings auf Schrankenebene dem unionsrechtlichen Gebot der Inländerbehandlung Rechnung zu tragen. **20**

Bei **deutsch-ausländischen Ehen** fällt der ausländische Ehepartner nicht in den personellen Schutzbereich des Art. 11. Grundrechtlicher Schutz ergibt sich hier primär aus Art. 6 Abs. 1. Allerdings wird diskutiert, ob in der Versagung des Familiennachzuges oder der Ausweisung des ausländischen Ehepartners auch ein Eingriff in das Freizügigkeitsrecht des deutschen Ehe- **21**

---

[37] § 1666 BGB.

[38] BVerfGE 76, 1 (47); BVerwGE 56, 254 (258); 100, 335 (342); *Isensee* VVDStRL 32 (1974), 49 (77 ff.); sa *Pieroth* JuS 1985, 81.

[39] → Rn. 63.

[40] Was angesichts der unterschiedlichen Schranken Bedeutung hätte: Art. 11 Abs. 2 stellt strengere Anforderungen an die Grundrechtsbeschränkung als die „Schrankentrias" des Art. 2 Abs. 1, → Art. 2 Rn. 37.

[41] ZB *Dürig* in BNN Grundrechte II, 507 (521 ff.) im Hinblick auf einen „Freizügigkeits-Menschenrechtskern", der sich aus überpositivem Recht ergebe.

[42] → Art. 1 Rn. 2.

[43] Vgl. allg. *Göldner* FS f. Larenz, 1983, 199 ff.; *Kunig,* Das Rechtsstaatsprinzip, 1986, 55 ff.

[44] → Rn. 10 ff.

[45] → Art. 59 Rn. 104; → Art. 25 Rn. 47 ff.

[46] *Durner* in Maunz/Dürig Rn. 65; *Gnatzy* in Schmidt-Bleibtreu/Klein Rn. 9; *Sodan* in Sodan Rn. 6. AA *Pernice* in Dreier, 2. Aufl. 2004, Rn. 18 u. 20; *Ogorek* in BeckOK GG Rn. 8; *Gusy* in MKS Rn. 45.

partners liegen kann, wenn dieser seine Ehe nur noch im Ausland führen könnte.[47]

22 Zu beachten bleibt allerdings, dass einige **Landesverfassungen** das Grundrecht der Freizügigkeit auch auf Ausländer erstrecken.[48] Daraus folgt angesichts von Art. 73 Abs. 1 Nr. 3, Art. 31 – selbstverständlich – keine Veränderung einschlägigen Bundesrechts, wohl aber kann sich ein (zusätzlicher) Kontrollmaßstab für die Überprüfung der Anwendung dieses Rechts im Rahmen der Landesverfassungsgerichtsbarkeit ergeben.[49] Die Einführung einer Landesangehörigkeit, welche sich auch auf Personen erstreckt, die nicht Deutsche sind, würde diesen die Trägerschaft des Art. 11 Abs. 1 nicht verschaffen und wäre wohl auch bundesstaatswidrig.[50]

23 Grundrechtsschutz für die Freizügigkeit von Ausländern besteht bundesrechtlich nach Maßgabe des **Art. 2 Abs. 1.** Die Inanspruchnahme von Freizügigkeit ist Ausdruck der freien Entfaltung der Persönlichkeit, mithin Gebrauchmachen von „Handlungsfreiheit" iSd Art. 2 Abs. 1.[51] Der hierüber geführte Streit betrifft weniger speziell Art. 11 Abs. 1, vielmehr allgemein die Frage der Grundrechtsträgerschaft von Ausländern in Bezug auf Art. 2 Abs. 1, soweit es um Handlungen und Verhalten geht, welche von der Grundrechtsordnung zwar speziell thematisiert, aber doch nur Deutschen ausdrücklich verbürgt sind.[52] Damit hat jedoch der Verfassungsgeber nicht eindeutig zu erkennen gegeben, Ausländern solle jeglicher Grundrechtsschutz in solchen Bereichen versagt werden. Jedenfalls die Entwicklung des Art. 2 Abs. 1 hin zum **allgemeinen Auffanggrundrecht** für den Schutz jeglichen menschlichen Verhaltens verträgt keine partielle Korrektur im Hinblick auf die Grundrechtsträgerschaft. Diese Kategorie kann nämlich nicht sinnvoll getrennt werden von der Kategorie des Schutzbereichs; Begrenzungen der Grundrechtsträgerschaft sind Element der Gesamtprüfung, ob ein Grundrecht auf einen Sachverhalt Anwendung findet. Diese Sichtweise trägt dennoch der vom GG gewollten Unterscheidung im Hinblick auf den Grundrechtsschutz von Deutschen und Ausländern Rechnung, weil sie die je unterschiedliche Beschränkbarkeit der Grundrechte respektiert; sie steht in Übereinstimmung mit der Festigung des internationalen Schutzes der Freizügigkeitsgarantie und bestärkt ihn ihrerseits. Ein Grundrecht auf Einreise[53] folgt dagegen aus Art. 2 Abs. 1 für Ausländer nicht, weil diese Rechtsposition speziell an die Deutscheneigenschaft anknüpft.[54]

---

[47] So BVerwGE 144, 141 (150, Rn. 26); Gusy in MKS Rn. 47. AA *Hailbronner* NJW 1983, 2105 (2106); *Quaritsch* NJW 1984, 2731 (2732); *Jarass* in Jarass/Pieroth Rn. 8. Nach *Durner* in Maunz/Dürig, Rn. 116 ist Art. 11 hier nur dann anwendbar, wenn gezielt die Freizügigkeit des deutschen Ehepartners beeinträchtigt werden soll.

[48] Art. 109 BayVerf.; Art. 17 VvB; Art. 18 BremVerf.; Art. 6 HessVerf.

[49] VerfGH Berlin NJ 1995, 29 (30); allg. *Kunig* NJW 1994, 687 ff.; strikt abl. etwa noch *Ziekow,* Über Freizügigkeit und Aufenthalt, 1997, 525 mwN; weichenstellend BVerfGE 96, 345 (364 ff.). S. näher → Art. 142 Rn. 10.

[50] So – im Blick ua auf Art. 11 – BayVerfGH BayVBl. 1986, 396 (397).

[51] BVerfGE 35, 382 (399); *Hailbronner* in HdbStR VII § 152 Rn. 74 f.; *Pagenkopf* in Sachs Rn. 11; *Randelzhofer* in BK Rn. 90; iE auch *Ziekow,* Über Freizügigkeit und Aufenthalt, 1997, 522, sa *Bleckmann/Wiethoff* DÖV 1991, 722 (725); BVerwGE 100, 335 (342 f.); aA *Erichsen* Jura 1987, 367 (369 f.); *v. Mutius* Jura 1988, 30 (33).

[52] → Art. 2 Rn. 157.

[53] Das für Deutsche in Art. 11 Abs. 1 enthalten ist.

[54] *Gusy* in MKS Rn. 46; *Tomuschat* NJW 1980, 1073 (1074); *Meyer-Teschendorf* ZRP 1987, 149 (151); *Ziekow,* Über Freizügigkeit und Aufenthalt, 1997, 515; aA *Zuleeg* RdA 1975, 221 (222); Näher dazu → Rn. 19.

Auf **einfach-rechtlicher Ebene** ist die Rechtslage bezüglich der Freizügigkeit nur im Ansatz mit einer Unterscheidung zwischen der Rechtsstellung von Deutschen einerseits, Ausländern andererseits zu erfassen, denn „Ausländer" verfügen insoweit über differenzierte Rechtspositionen. Das Sonderausländerrecht der EU-Angehörigen wurde schon erwähnt, → Rn. 16, 20. Im Übrigen ist zu unterscheiden zwischen fremden Staatsangehörigen (deren Status häufig bilateral-vertraglich zwischen der Bundesrepublik und den Heimatstaaten geregelt ist) und Staatenlosen; für politisch verfolgte Ausländer gibt Art. 16a ein Bleiberecht, das während des Anerkennungsverfahrens über die Asylberechtigung Vorwirkungen entfaltet. Für die Freizügigkeit von Diplomaten und Konsuln gelten völkerrechtliche Sonderregelungen.[55] Aus der Sicht des innerstaatlichen Grundrechtsschutzes sind diesbezügliche Regelungen an Art. 2 Abs. 1, nicht an Art. 11 Abs. 1 zu messen. 24

II. Genießen Freizügigkeit im ganzen Bundesgebiet

1. Der Begriff der Freizügigkeit. Der Schutzbereich von Art. 11 wird durch den Begriff der „Freizügigkeit" definiert. Dieser Begriff hat in der Rechtssprache verschiedene Bedeutungen,[56] wird dennoch von Art. 11 Abs. 1 (wie auch von Art. 73 Abs. 1 Nr. 3) **vorausgesetzt.** Auch das Gesetzesrecht definiert ihn nicht. Verwendet wird er in dem Gesetz über die Freizügigkeit vom 1.1.1867.[57] Die Gehalte der dort (§ 1) gewährten Freizügigkeit wurden von Art. 111 WRV auf die verfassungsrechtliche Ebene gehoben, der sich seinerseits nur teilweise in Art. 11 Abs. 1 fortsetzte, vielmehr auch in der Berufsfreiheit des Art. 12 Abs. 1 (nämlich als Recht, „jeden Nahrungszweig" zu betreiben) bzw. in der Eigentümerfreiheit des Art. 14 Abs. 1 (als Recht, „Liegenschaften jeder Art zu erwerben und darüber zu verfügen"). 25

Dieser rechtshistorische Zusammenhang belegt den Zusammenhang der Freizügigkeitsgarantie mit weiteren Grundrechtsverbürgungen; die gesonderte Existenz der letzteren im GG macht es andererseits unmöglich, den Gehalt des Art. 11 Abs. 1 allein mit Mitteln der historischen Interpretation erschließen zu wollen. Vielmehr bedarf es **systematischer Abgrenzung,** dies nicht nur im Hinblick auf die beiden genannten Wirtschaftsgrundrechte. Denn auch der schlichte Vorgang der Fortbewegung ist in mehreren Grundrechten thematisiert: Die Freiheit der Person (Art. 2 Abs. 2 S. 2) ist eine Freiheit der körperlichen Bewegung, im Verbund mit Art. 104 bindet sie Freiheitsbeschränkungen und Freiheitsentziehungen grundrechtlich zurück. Auch Art. 2 Abs. 1 ist geeignet, die Fortbewegung und ihr Gegenstück, den Verbleib am Ort, zu erfassen. Schließlich hat auch die Versammlungsfreiheit des Art. 8 Abs. 1 einen entsprechenden Bezug. Diese Grundrechtsfülle ist mitzubedenken, wenn der spezifische Schutzbereich des Art. 11 Abs. 1 entfaltet wird, denn Grundrechte können zwar nebeneinander anwendbar sein, aber einander auch im Sinne der Regel über die Spezialität einer Norm gegenüber der anderen den Raum nehmen. Art. 2 Abs. 1 ist seiner Funktion nach allerdings nur geeignet, von Art. 11 Abs. 1 gelassene Lücken zu schließen; 26

---

[55] S. zB Art. 26 der Wiener Übereinkommen über diplomatische Beziehungen, BGBl. 1964 II 958; dazu *Heintze* in Ipsen, Völkerrecht, § 24 Rn. 13.

[56] S. *Merten,* Der Inhalt des Freizügigkeitsrechts, 1969, 15 ff.

[57] → Rn. 3.

Rückschlüsse auf die Tragweite des Freizügigkeitsbegriffs kann er nicht begründen.[58]

27 **„Freizügigkeit im Bundesgebiet"** bedeutet – in Anlehnung an die früheren Fassungen dieses Grundrechts – zunächst das Recht, an jedem Ort im Bundesgebiet Aufenthalt und Wohnsitz zu nehmen.[59] „Bundesgebiet" meint den Geltungsbereich des GG, seit dem 3.10.1990 also einschließlich des Gebiets der früheren DDR.[60] Freizügigkeit gewährleistet freien Abzug und freien Zuzug, als „negative" Freizügigkeit auch die Freiheit des Bleibens,[61] darüber hinaus die Freiheit zur Einreise[62] in das Bundesgebiet, aber nicht die Freiheit, dieses zu verlassen.[63] Bei juristischen Personen geht es primär um die Sitzverlagerung oder Niederlassungsgründung.

28 Freier Zug ist **von Bundesland zu Bundesland** (interföderale Freizügigkeit) und **von Gemeinde zu Gemeinde** (interkommunale Freizügigkeit) gewährleistet. Darüber hinaus besteht auch interlokale Freizügigkeit, also solche **innerhalb einer Gemeinde.**[64] Angesichts der zahlreichen großflächigen Gemeinden würde sonst ein willkürliches Bild entstehen, denn ob der Zug eine kommunale Grenze schneidet, hängt vom Zufall ab und besagt nichts über die Schutzwürdigkeit des betreffenden Verhaltens. Wenn Art. 11 Abs. 1 den „Ortswechsel" schützt, ist dies also nicht auf „den Ort" als kommunale Handlungseinheit zu beziehen.

29 Nicht jede Fortbewegung realisiert jedoch Freizügigkeit, sondern nur eine solche, die sich als Fortbewegung im Sinne eines Ortswechsels qualifizieren lässt.[65] Die überkommene Definition setzt eine Aufenthalts- oder Wohnsitznahme voraus. Die **Wohnsitznahme** bezeichnet die Begründung eines Lebensmittelpunktes i. S. einer ständigen Niederlassung (§ 7 Abs. 1 BGB). **Aufenthaltsnahme** ist demgegenüber ein (sonstiger) Ortswechsel zu einem vorübergehenden oder längerfristigen Verweilen ohne Begründung eines Wohnsitzes.[66]

30 Umstritten ist, welche **Mindestanforderungen an die Aufenthaltsnahme** in Abgrenzung zu schlichten Fortbewegungsvorgängen zu stellen sind. Dass nicht jeder Fortbewegungsvorgang den speziellen Schutz aus Art. 11 Abs. 1 verdient,[67] erweist sich dabei auch im Hinblick auf die Schranken des Art. 11 Abs. 2, die etwa auf einen Parkspaziergang anzuwenden sinnwidrig wäre. Zuweilen wird zumindest eine Übernachtung gefordert.[68] Schematische Untergrenzen greifen jedoch zu kurz. Nicht ausschlaggebend ist auch die Motivation des Ortswechsels.[69] Deshalb darf es erst recht keine Rolle spielen, ob bei beabsichtigter Wohnsitzverlagerung der Betreffende tatsächlich

[58] Zum Verhältnis des Art. 11 Abs. 1 zu anderen Grundrechten → Rn. 63 ff.

[59] BVerfGE 2, 266 (273); 43, 203 (211); 80, 107 (150); 134, 242 (327); sa *Wollenschläger* in Dreier Rn. 25; *Ziekow,* Über Freizügigkeit und Aufenthalt, 1997, 486.

[60] Vgl. den Schlusssatz der Präambel des GG.

[61] → Rn. 38.

[62] → Rn. 33.

[63] → Rn. 32.

[64] BVerfGE 110, 177 (191); 134, 242 (324 Rn. 253); *Merten,* Der Inhalt des Freizügigkeitsrechts, 1969, 32 ff.; *Gramlich* DVBl. 1985, 425 (429 f.); *Rittstieg* in AK Rn. 30.

[65] *Hailbronner* in HdbStR VII § 152 Rn. 41.

[66] *Pagenkopf* in Sachs Rn. 16.

[67] Dies aber die Konzeption bei *Pernice* in Dreier, 2. Aufl. 2004, Rn. 14.

[68] *Merten in* Merten/Papier HGR IV, § 94 Rn. 41; *Jarass* in Jarass/Pieroth Rn. 2: „mindestens eine Übernachtung" als Regelfall.

[69] *Wollenschläger* in Dreier Rn. 26; *Durner* in Maunz/Dürig Rn. 73; sa BVerfGE 3, 308 (312).

imstande ist, sich (zB) Wohnung oder finanzielles Auskommen zu verschaffen.[70]

31 Demgegenüber stellt die verbreitet verwendete **„Lebenskreisformel"** darauf ab, ob die Fortbewegung einen Wechsel des alltäglichen Lebenskreises bewirkt und sich dadurch von alltäglicher Bewegungsfreiheit abgrenzt.[71] Maßgeblich ist letztlich eine objektive **Gesamtbewertung unter zeitlichen, räumlichen und finalen Gesichtspunkten.**[72] Erfasst sind Verhaltensweisen, die sich als Ortswechsel qualifizieren lassen und dadurch eine über die insbesondere durch Art. 2 GG geschützte körperliche Bewegungsfreiheit hinausgehende Bedeutung für die räumlich gebundene Gestaltung des alltäglichen Lebenskreises haben.[73] In ähnlicher Weise ist (unspezifischer) oft von einem „mehr als nur flüchtigen" Verweilen von gewisser Dauer und Bedeutung die Rede.[74]

32 **2. Ausreise- und Einreisefreiheit.** Freizügigkeit ist **„im" Bundesgebiet** gewährt, dh im Geltungsbereich des GG.[75] Bereits diese Formulierung legt es nahe, aus Art. 11 Abs. 1 **kein Recht auf Ausreise** zu entnehmen, zumal die Kompetenznorm des Art. 73 Abs. 1 Nr. 3 die „Auswanderung" ausdrücklich neben der Freizügigkeit erwähnt.[76] Historische[77] und entstehungsgeschichtliche[78] Argumente stützen dieses Ergebnis, schließlich auch die Beobachtung, dass die Schranken des Art. 11 Abs. 2 sämtlich auf die innerstaatliche Freizügigkeit zugeschnitten sind.[79] Nach h. M. gewährt Art. 11 Abs. 1 daher keine Ausreisefreiheit; diese ist stattdessen Art. 2 Abs. 1 zu entnehmen.[80] Mit Blick auf das unionsrechtliche Freizügigkeitsrecht (Art. 21 AEUV) wird allerdings teilweise eine unionsrechtskonforme Auslegung für erforderlich gehalten und Art. 11 auch auf die Ausreise in andere EU-Mitgliedstaaten erstreckt.[81]

33 Der Wortlaut des Art. 11 Abs. 1 spricht zwar auch gegen die Annahme eines **Rechts auf Einreise bzw. Einwanderung,** also den Zuzug zur Wohnsitznahme. Dennoch ist ein solches Recht in Art. 11 Abs. 1 enthalten.[82] Von der innerstaatlichen Freizügigkeit kann erst Gebrauch machen, wer zuvor die Staatsgrenze überschreiten durfte. Auch steht das Grundrecht

---

[70] BVerwGE 3, 308 (313); aA OVG Lüneburg DVBl. 1952, 57 (59); *Wernicke* in BK, Erstbearb., Anm. Abs. 2 1b.

[71] So *Randelzhofer* in BK Rn. 28; ähnlich *Gusy* in MKS Rn. 28; *Ziekow* in BerlKomm Rn. 45; *Durner* in Maunz/Dürig Rn. 82.

[72] *Stern* in Stern StaatsR IV/1, 2006, 1137.

[73] BVerfG v. 25.3.2008, 1 BvR 1548/02, juris Rn. 25. Ähnlich *Wollenschläger* in Dreier Rn. 27 f. Etwas pointierter *Ogorek* in BeckOK GG Rn. 13: Verlagerung des räumlichen Lebensmittelpunktes.

[74] *Sodan* in Sodan Rn. 2; *Pagenkopf* in Sachs Rn. 16.

[75] BVerfG DVBl. 1992, 1285 (1278) im Blick auf die ehemaligen Ostgebiete.

[76] Für unergiebig hält dies aber *Ziekow,* Über Freizügigkeit und Aufenthalt, 1997, 494; sa *Ziekow* in BerlKomm Rn. 71.

[77] Vgl. *Merten,* Der Inhalt des Freizügigkeitsrechts, 1969, 109 ff.

[78] Dazu *Ziekow,* Über Freizügigkeit und Aufenthalt, 1997, 406 f.

[79] *Rittstieg* in AK Rn. 39.

[80] Seit BVerfGE 6, 32 (35), Elfes; s. ferner BVerfGE 72, 200 (245); *Rossi* AöR 127 (2002), 612 (616) mwN; *Kingreen/Poscher,* Staatsrecht II, 2018, Rn. 923; *Durner* in Maunz/Dürig Rn. 101; *Wollenschläger* in Dreier Rn. 31; *Gusy* in MKS Rn. 40 ff. AA *Hesse,* Grundzüge des Verfassungsrechts der BRD, 1999, Rn. 371; *Pernice* in Dreier, 2. Aufl. 2004, Rn. 15; *Pagenkopf* in Sachs Rn. 29.

[81] *Pagenkopf* in Sachs Rn. 18.

[82] BVerfGE 2, 266 (273); 43, 203 (211); 110, 177 (191); BVerwGE 122, 313 (316); aA *Gusy* in MKS Rn. 38.

auf Freizügigkeit „allen“ Deutschen zu, nicht nur den gerade im Bundesgebiet befindlichen Deutschen,[83] gilt aber nach wie vor und unabhängig davon, dass die deutsche Einheit inzwischen vollendet ist. Der Einwand, dass Art. 73 Abs. 1 Nr. 3 auch[84] die „Einwanderung“ gesondert neben die Freizügigkeit stellt, tritt demgegenüber zurück, da der Begriff „Einwanderung“ insoweit auf den Zuzug Nicht-Deutscher zugeschnitten ist. Wenn Art. 11 Abs. 1 die Einreisefreiheit Deutscher verbürgt, wird diese den Schranken des Art. 11 Abs. 2 unterworfen. Deshalb wurde gelegentlich versucht, unmittelbar aus dem Wesen der Staatsangehörigkeit[85] und unter Hinweis auf das – vorbehaltlos eingerichtete – Verbot der Auslieferung Deutscher an das Ausland,[86] ein außerhalb des Art. 11 Abs. 1 angesiedeltes, nicht einschränkbares, gleichsam „vorausgesetztes“ Grundrecht auf Einreisefreiheit zu begründen. Insbesondere das zweitgenannte Argument ist beachtlich; seinem Anliegen kann aber auch durch eine strikte Auslegung des Verhältnismäßigkeitsgrundsatzes Rechnung getragen werden. Prinzipiell bleiben deshalb die Schranken des Art. 11 Abs. 2 auch für die Einreisefreiheit von Deutschen maßgeblich – dass sie zu einer nachhaltigen Zugangssteuerung führen könnten, ist auch im Falle krisenhafter Zuspitzung aber kaum denkbar, denn der Verhältnismäßigkeitsgrundsatz würde allenfalls eine einzelfallorientierte Kanalisierung von Zuzugsströmen, nicht aber deren Unterbindung zulassen.[87]

34 Deutschen Volkszugehörigen iSd Art. 116 Abs. 1 ist es grds. zuzumuten, ihr Aufnahmeverfahren als Spätaussiedler **vom Ausland her zu betreiben,** denn Deutscher iSd GG wird der Betroffene erst mit seiner Aufnahme. Ein Eingriff in das Freizügigkeitsrecht liegt allerdings vor, wenn die deutsche Staatsangehörigkeit erwiesen ist.[88]

35 **3. Modalitäten des Ortswechsels.** Geschützt von Art. 11 Abs. 1 ist zunächst **der Zug als solcher,** also der Vorgang, der den Ortswechsel herbeiführt. Bestimmte Fortbewegungsmittel bzw. die Inanspruchnahme von Verkehrsmitteln sind nicht erfasst,[89] auch nicht der einzuschlagende Weg zum Ziel.[90] Verkehrs- oder straßenrechtliche Regelungen berühren daher den Schutzbereich nicht.

36 Besteht hierüber wohl Einigkeit, so bleibt dennoch fraglich, ob und inwieweit Art. 11 Abs. 1 als „Begleitrechte“ auch die Freiheit zur **Mitnahme von Sachen** bzw. allgemein eine **Vermögensmitnahmefreiheit** umfasst („wirtschaftliche Freizügigkeit“). Berücksichtigt man die Anwendbarkeit des Grundrechts auch auf inländische juristische Personen des Privatrechts,[91] so gewinnt die Frage nach dem Bestehen wirtschaftlicher Freizügigkeit als Freiheit zur Verlagerung (etwa) von Betriebsstätten weitere Bedeutung. Eine „wirtschaftliche Komponente“[92] bzw. „erhebliche wirtschaftsverfassungs-

[83] Dieses Argument wurde früher im Blick auf die Deutschen in der damaligen DDR geltend gemacht; *Kingreen/Poscher* Staatsrecht II, 2018, Rn. 920 f.

[84] → Rn. 32 im Zusammenhang mit dem Recht auf Ausreise.

[85] Vgl. *Scholler* DÖV 1967, 469 (472 ff.); *Doehring,* Das Staatsrecht der Bundesrepublik Deutschland, 1980, 337 f.

[86] Art. 16 Abs. 2 S. 1; vgl. *Isensee* VVDStRL 32 (1974), 49 (62).

[87] Zum Verhältnismäßigkeitsgebot → Rn. 46.

[88] BVerwGE 122, 313 (316 f.).

[89] ZB eines Pferdes, BVerfGE 80, 137 (150).

[90] *Kingreen/Poscher* Staatsrecht II, 2018, Rn. 919.

[91] → Rn. 17.

[92] So *Stober,* Handbuch des Wirtschaftsverwaltungs- und Umweltrechts, 1989, § 41 I.

rechtliche Bedeutung“[93] wird nicht selten betont, während andere Stimmen dem Grundrecht – dies vor allem im Blick auf die fehlende Nennung einer solchen Komponente im Text des Art. 11, der insoweit enger ist als die Vorgängervorschrift des Art. 111 WRV – jede Relevanz für den Bereich der Wirtschaft absprechen und insoweit die „Wirtschaftsgrundrechte“ der Art. 12 u. 14 GG für ausschließlich anwendbar halten.[94]

Als eindeutig erscheint zunächst, dass die Gewähr der Freizügigkeit sich nicht in der Verlagerung der „nackten“[95] Existenz erschöpfen kann, weil eine solche Sichtweise dem Umstand nicht Rechnung tragen würde, dass die Inanspruchnahme von Freizügigkeit um der Persönlichkeitsentfaltung willen gewährleistet ist. Allerdings führt dies in ein Konkurrenzproblem zwischen Art. 11 einerseits und den Art. 12 u. 14 andererseits. Für die wirtschaftliche Niederlassung als solche (also Fragen der Zulassung der Berufsaufnahme) ist Art. 12 grundsätzlich lex specialis, desgleichen Art. 14 für den Eigentumserwerb am neuen Ort. Art. 11 bleibt aber neben Art. 14 anwendbar, sofern es um **eigentumsbezogene Beschränkungen der Zugangs- (oder Wegzugs-)Freiheit** geht – jedenfalls mit Blick auf persönliches Eigentum (Vermögensmitnahmefreiheit).[96] Ebenso gewährleistet Art. 11 die Freiheit von Einschränkungen der wirtschaftlichen Aktivität am neuen Ort, sofern sie an den Umstand des Zuzuges anknüpfen.[97] 37

4. Negative Freizügigkeit. Die Freizügigkeit schließt auch das Recht ein, einen (anderen) Ort nicht aufsuchen zu müssen, also **am Ort bleiben zu dürfen.**[98] Insoweit ist häufig von „negativer Freizügigkeit“ die Rede; jedoch ist umstritten, ob dieser Schutz vor „Wegzuggeboten“ nicht schon aus der positiven Aufenthaltsfreiheit folgt.[99]. Unabhängig davon gilt auch hier, dass der von dem Wegzuggebot betroffene Aufenthalt in einer Gesamtbetrachtung die Schwelle überschreiten muss, die das Freizügigkeitsrecht von der bloßen Fortbewegungsfreiheit abgrenzt (→ Rn. 29 ff.).[100] 38

Ein eigenständiges **„Recht auf Heimat“**[101] erkennt das BVerfG **nicht** an, sieht in der sozialen Verwurzelung am Wohnort allerdings einen relevanten Abwägungsfaktor auf Rechtfertigungsebene.[102] 39

5. Eingriffe in das Freizügigkeitsrecht. Stärker als bei anderen Grundrechten ist bei Art. 11 umstritten, welche Anforderungen an den Eingriff zu stellen sind. Die in der allgemeinen Grundrechtsdogmatik erfolgte Über- 40

[93] *Hailbronner* in HdbStR VII § 152 Rn. 57; vgl. auch *Badura,* StaatsR, 2018, Kap. C Rn. 90, ein Grundrecht „wirtschaftlicher Freiheit“.

[94] Aus der älteren Literatur *Wernicke* in BK, Erstbearb., Anm. II 1g; *Strauch,* Die Freizügigkeit im Wandel der Zeiten, 1954, 115.

[95] *Pieroth* JuS 1985, 84.

[96] *Blanke* in Stern/Becker Rn. 15.

[97] Ähnlich *Hailbronner* in HdbStR VII § 152 Rn. 58; *Pagenkopf* in Sachs Rn. 19; *Gusy* in MKS Rn. 31; vgl. auch *Merten,* Der Inhalt des Freizügigkeitsrechts, 1969, 64 ff. u. Merten / Papier HGR IV, § 94 Rn. 61 ff.; *Bethge* AöR 110 (1985), 169 (214). Enger insoweit *Durner* in Maunz/Dürig Rn. 84 f.; *Jarass* in Jarass/Pieroth Rn. 4; *Wollenschläger* in Dreier Rn. 33; *Stern* StaatsR IV/1, 2006, S. 1139 ff.

[98] BVerfGE 134, 242 (324 Rn. 254); *Randelzhofer* in BK Rn. 55 ff.; *Gusy* in MKS Rn. 34; *Erbguth* VerwArch 1995, 327 (344 f.).

[99] *Durner* in Maunz/Dürig Rn. 89; *Ziekow,* Über Freizügigkeit und Aufenthalt, 1997, 487 („integraler Bestandteil der Grundrechtsgarantie“).

[100] *Wollenschläger* in Dreier Rn. 37.

[101] Dazu *Pernice* in Dreier, 2. Aufl. 2004, Rn. 10; *Baer* NVwZ 1997, 27 ff.; eing. *Guckelberger* FS f. Fiedler, 2011, 123 ff.

[102] BVerfGE 134, 242 (329 Rn. 264).

windung des „klassischen Grundrechtseingriffs" unter Einbeziehung auch mittelbar-faktischer Beeinträchtigungen stößt im Kontext von Art. 11 verbreitet auf Ablehnung oder Zurückhaltung. Das liegt daran, dass einerseits die mit der Freizügigkeit geschützte Fortbewegung und Aufenthaltsbestimmung sehr exponiert gegenüber vielfältigsten indirekten Einwirkungen ist, und andererseits die strenge Schrankenregelung des Abs. 2 ersichtlich nur auf einen engen Kreis von Beeinträchtigungsformen zugeschnitten ist. Richtigerweise lässt sich Art. 11 nicht von der allgemeinen Eingriffsdogmatik abkoppeln. Jedoch gilt, wie bei allen Grundrechten, dass auch an den mittelbar-faktischen Eingriff gewisse Anforderungen zu stellen sind und dass diese am spezifischen **Gewährleistungsgehalt** des Grundrechtes auszurichten sind. Dieser liegt bei Art. 11 nicht in möglichst günstigen Ansiedlungs- und Aufenthaltsbedingungen, sondern in der **Freiheit von staatlicher Lenkung bei der Wahl von Wohnsitz und Aufenthalt.** Der Schutzbereich der Freizügigkeit begründet keinen Anspruch darauf, dass der Aufenthalt an einem bestimmten Ort aus tatsächlichen oder rechtlichen Gründen nicht mit Konsequenzen verbunden ist, die den Aufenthalt unattraktiv machen können.[103]

41 Vor diesem Hintergrund liegt ein Eingriff in das Freizügigkeitsrecht primär bei gezielten imperativen Verboten oder Beschränkungen der Wohnsitz- oder Aufenthaltsnahme an einem bestimmten Ort oder der Einreise in die Bundesrepublik Deutschland vor. **Auch mittelbar-faktische Eingriffe sind möglich, wenn sie dem nach Zielsetzung und Wirkung gleichkommen.**[104] Das ist i. d. R. nur dann gegeben, wenn **staatliches Handeln auf eine Einschränkung der Freizügigkeit zielt.**[105] Das können auch mittelbare Beeinträchtigungen sein wie der Ausschluss von Sozialleistungen bei Abweichungen von einem zugewiesenen Wohnort.[106] Notwendig und ausreichend ist es, dass die selbstbestimmte Entscheidung des Betroffenen so nachhaltig beeinträchtigt wird, dass dies bei wertender Betrachtung dem unmittelbaren Eingriff gleich zu erachten ist.[107] So erklärt sich, dass das Gesetz über die Festlegung eines vorläufigen Wohnortes für Aussiedler und Übersiedler v. 6.7.1989[108] sich selbst als Beschränkung des Art. 11 Abs. 1 verstand,[109] obwohl die Zuweisung nach diesem Gesetz nur erfolgte, wenn der Betroffene auf öffentliche Hilfe bei der Unterbringung angewiesen war, und sogleich gegenstandslos wurde, sobald der Nachweis ausreichenden Wohnraums oder eines Arbeits-, Ausbildungs- oder Studienplatzes geführt war, und schließlich die Sanktion einer Zuwiderhandlung gegen die Zuweisungsentscheidung ausschließlich in der Versagung öffentlicher Mittel bestehen konnte. Hingegen sind Aufenthalts- bzw. Zuzugserschwerungen „ohne **freizügigkeitsregelnde Tendenz**"[110] keine Eingriffe in das Freizügigkeitsrecht, zB Unter-

---

[103] BVerfGE NVwZ 2010, 1022 (1025).

[104] BVerfGE 105, 252 (273); 105, 279 (300 f.); 110, 177 (191); NVwZ 2010, 1022 (1025).

[105] *Durner* in Maunz/Dürig Rn. 115 f.; *Gusy* in MKS Rn. 49; *Kingreen/Poscher* Staatsrecht II, 2018, Rn. 926; *Randelzhofer* in BK Rn. 29, der nach dem „Sinn" einer freizügigkeitsbeschränkenden Maßnahme fragt. AA *Ziekow* in BerlKomm Rn. 92.

[106] BVerfGE 110, 177 (191).

[107] Ähnlich *Jarass* in Jarass/Pieroth Rn. 8; *Stern* in Stern StaatsR IV/1, 2006, 1146.

[108] BGBl. 1989 I 1378; neugefasst durch G v. 26.2.1996, BGBl. 1996 I 225, unter neuer Überschrift „Spätaussiedler".

[109] Und deshalb gem. Art. 19 Abs. 1 S. 2 in seinem § 2 Abs. 2 einen entsprechenden Hinweis enthielt; sa § 2 Abs. 1 S. 2 des erwähnten G v. 26.2.1996.

[110] *Durner* in Maunz/Dürig Rn. 116.

schiede im Schulwesen[111] oder allgemeine Abgabenlasten, die mit dem Zuzug verbunden sind (Grunderwerbssteuer).[112]

Im Kontext von Zwangsumsiedlungen infolge des Braunkohletagebaus hat das BVerfG zudem festgestellt, dass das Freizügigkeitsrecht die bodenrechtliche Eignung bzw. Zulässigkeit des angestrebten Aufenthalts oder der ausgeübten Wohnsitznahme voraussetzt, aber nicht selbst garantiert. Das Freizügigkeitsrecht berechtigt daher von vornherein nicht dazu, an Orten Aufenthalt zu nehmen und zu verbleiben, an denen die allgemeinen Bestimmungen des Bodenrechts einer solchen Nutzung entgegenstehen.[113] **Bodenrechtliche Nutzungsbeschränkungen oder -ausschlüsse stellen dementsprechend keinen Eingriff in Art. 11 dar,** es sei denn, sie dienen gezielt der Einschränkung der Freizügigkeit bestimmter Personen. Mit Blick auf diese bodenrechtlichen Vorbedingungen ist Art. 11 somit ein normgeprägtes Grundrecht.[114] Die bodenrechtlichen Nutzungsregelungen wirken auf das Freizügigkeitsrecht im Sinne einer Ausgestaltung ein. Entsprechendes gilt für andere Regelungsregime, die ungezielt Aufenthalte für jedermann einschränken oder ausschließen.[115] 42

6. Weitere Grundrechtsfunktionen. Funktional ist Art. 11 **Abwehrrecht** des Bürgers gegen den Staat, **nicht** hingegen ein **Leistungsrecht.** Er gebietet somit nicht die Gewährung von Leistungen, welche eine Inanspruchnahme des Freizügigkeitsgrundrechts erst ermöglichen. So kann dem Freizügigkeitsrecht kein Anspruch auf Zahlung von Umzugskosten entnommen werden,[116] ebenso wenig ein Anspruch auf die Unterbringung an einem bestimmten Ort.[117] 43

Wie alle Grundrechte enthält Art. 11 neben seiner subjektiv-abwehrrechtlichen Funktion auch eine **objektive Wertentscheidung,** die zu einer Berücksichtigung des Schutzgutes der Freizügigkeit bei allen staatlichen Handlungen zwingt.[118] Im Privatrechtsverkehr kann Art. 11 Bedeutung für die Auslegung von zivilrechtlichen Generalklauseln im Sinne der Lehre von der **mittelbaren Drittwirkung**[119] gewinnen.[120] 44

7. Einzelfälle. 45

Abgabenrecht: Ob die Erhebung von Abgaben, die an Aufenthalt oder Wohnsitznahme anknüpfen, einen Eingriff in das Freizügigkeitsrecht darstellt, ist im Einzelnen str.[121]

---

[111] BVerfG NJW 1999, 3477; *Wollenschläger* in Dreier Rn. 48.

[112] *Gusy* in MKS Rn. 49; *Pagenkopf* in Sachs Rn. 21. Vgl. auch BVerfGE 134, 1 (20 ff.), wo die Erhebung von Studiengebühren von Studierenden mit auswärtigem Hauptwohnsitz nur an Art. 12 iVm Art. 3, nicht aber an Art. 11 gemessen wurde.

[113] BVerfGE 134, 242 (325 ff. Rn. 256 ff.). Zustimmend *Durner* in Maunz/Dürig Rn. 121 ff.; *Gusy* in MKS Rn. 29; *Gnatzy* in Schmidt-Bleibtreu/Klein Rn. 19; *Blanke* in Stern/Becker Rn. 24. Kritisch *Pagenkopf* in Sachs Rn. 14a u. 21; *Sodan* in Sodan Rn. 5; *Schulz* NWVBl. 2014, 331; zur Gegenposition auch *Baer* NVwZ 1997, 27 ff. Anders auch die Rspr. des EGMR zu Art. 2 des 4. ZP EMRK, der jedoch ein großzügigeres Schrankenregime aufweist; dazu *Kingreen/Poscher,* Staatsrecht II, 2018, Rn. 925.

[114] Vgl. auch *Kielmansegg,* Grundrechte im Näheverhältnis, 2012, 378 zur normativen Ausgestaltung der Freiheitsrechte durch die vorgelagerten Regeln der Eigentumsordnung.

[115] *Jarass* in Jarass/Pieroth Rn. 7; *Gusy* in MKS Rn. 49.

[116] VGH München FEVS 21, 244 ff.

[117] VGH Kassel NVwZ 1986, 860 (861); *Jarass* in Jarass/Pieroth Rn. 9.

[118] Vgl. zu dieser Grundrechtsfunktion allg. → Vorauflage, Vorb. Art. 1–19, Rn. 17.

[119] → Vorauflage, Vorb. Art. 1–19, Rn. 16.

[120] Zur Nichtigkeit eines zwischen geschiedenen Eheleuten vereinbarten Wohnsitzverbots wegen Art. 11 Abs. 1 iVm § 138 BGB s. BGH NJW 1972, 1414 f.; *Merten* NJW 1972, 1799; BGHZ 16, 71 (80); BGH NJW 1980, 2414.

[121] Vgl. *Pagenkopf* in Sachs Rn. 21; *Gnatzy* in Schmidt-Bleibtreu/Klein Rn. 17 mwN.

Nach h. M. und der Rspr. des BVerfG ist das **nur ausnahmsweise** dann der Fall, wenn die Abgabe ähnliche Wirkung wie ein striktes Verbot der Aufenthalts- oder Wohnsitznahme hat[122] oder gerade auf die Ausübung des Freizügigkeitsrechtes zielt.[123] Daher greifen **Grunderwerbssteuern oder kommunale Zweitwohnungssteuern** nicht in den Schutzbereich von Art. 11 Abs. 1 ein, wenn und soweit sie anlässlich, aber nicht wegen des Zuzuges erhoben werden und in ihrer Wirkung nicht zur Aufgabe des Hauptwohnsitzes nötigen.[124] Zu Recht zieht jedoch BVerfG NJW 1984, 785 (788) den Gedanken der Freizügigkeit im Rahmen der Prüfung von Art. 3 Abs. 1 heran. Auch die Erhebung von Kurtaxen ist mit Art. 11 vereinbar.[125] Der BFH hat in der Streichung der Entfernungspauschale für Wege zwischen Wohnung Arbeitsstätte eine Beeinträchtigung des Freizügigkeitsrechts sehen wollen; das BVerfG hat demgegenüber nur auf den Gleichheitssatzabgestellt.[126]

Aus- und Übersiedler: Der von vielen Deutschen außerhalb der Bundesrepublik gewünschte Zuzug wurde in der Nachkriegszeit geregelt vor allem durch das Gesetz über die Aufnahme von Deutschen in das Bundesgebiet v. 22.8.1950 (BGBl. I 367; sog. **Notaufnahmegesetz**) und die VO über die Bereitstellung von Durchgangslagern und über die Verteilung der in das Bundesgebiet aufgenommenen deutschen Vertriebenen auf die Länder des Bundesgebiets v. 28.3.1952 (BGBl. I 236). Das Notaufnahmegesetz wie auch die VO zu seiner Durchführung v. 22.8.1951 (BGBl. I 381) wurden durch Gesetz v. 26.6.1990 (BGBl. I 1142) mit Herstellung der Währungsunion aufgehoben. Es war vom BVerfG (BVerfGE 2, 262 ff.) für verfassungsmäßig mit der Maßgabe gehalten worden, dass die Einschränkung der Zuwanderung bei dem einzelnen Zuwanderer das Vorliegen eines der in Art. 11 Abs. 2 genannten Gründe voraussetzt (BVerfGE 2, 278). Das vorgesehene Verbot mit Erlaubnisvorbehalt, das die Freizügigkeit für die Dauer des Aufnahmeverfahrens suspendierte, wurde gleichfalls für zulässig gehalten (BVerfGE 2, 279). Das infolge der massenhaften Zuwanderung seit 1988 erlassene **Gesetz über die Festlegung eines vorläufigen Wohnsitzes** für Aussiedler und Übersiedler v. 6.7.1989 (BGBl. I 1378)[127] sah in seinem § 2 die Zuweisung eines vorläufigen Wohnsitzes vor, wenn der Betreffende über ausreichenden Wohnraum nicht verfügte und bei der Unterbringung auf fremde Hilfe angewiesen war. Es trat am 15.7.1989 in Kraft, sollte zunächst drei Jahre gelten und wurde im Anschluss mehrfach neugefasst und verlängert; seit dem 31.12.2009 ist das WohnortzuweisungsG ausgelaufen. Den darin vorgesehene Ausschluss von Sozialhilfeleistungen bei Spätaussiedlern, die an einem anderen als dem zugewiesenen Ort Wohnsitz nehmen, hat das BVerfG als Eingriff in das Freizügigkeitsrecht angesehen, der aber durch den Sozialvorbehalt in Abs. 2 gerechtfertigt sei.[128]

Bau- und Planungsrecht: Bodenrechtliche Regelungen greifen nach der Rspr. des BVerfG nicht in den Schutzbereich von Art. 11 ein, sondern sind diesem vorgelagert (→ Rn. 42).[129] Z. T. wird dieses Ergebnis auch aus einem Vorrang der Eigentumsgarantie als speziellerem Grundrecht für eigentumsrelevante planerische und enteignende Maßnahmen begründet.[130] Die Bevorzugung der Interessen von Einheimischen bei der Bauleitplanung oder dem Grundstücksverkauf **(Einheimischenmodelle)** ist –

---

[122] BVerfG NVwZ 2010, 1022 (1025).

[123] *Wollenschläger* in Dreier Rn. 47; *Durner* in Maunz/Dürig Rn. 119.

[124] Zur Zweitwohnungssteuer bei Studenten BVerfG NVwZ 2010, 1022 (1025); zu Kommunalabgaben zur Deckung von Wohnungsbaufolgekosten BVerwGE 44, 202 (211); allgemein *Koops,* Zur Verfassungsmäßigkeit der sog. Kommunalen Zweitwohnungssteuer, 1980, 66 ff. Zur Zweitwohnungssteuer iÜ *Wollenschläger/Lippstreu* JuS 2008, 529 ff.; *Oelschläger* DStR 2008, 590 ff.

[125] VGH Kassel DÖV 1986, 884; vgl. *Lux,* Das Recht der Kurtaxe, 1934, 33 ff. zu Art. 111 WRV.

[126] BVerfGE 122, 210 (230 ff.). Vorlagebeschluss des BGH in NJW 2008, 608; dagegen *Durner* in Maunz/Dürig Rn. 118 f.

[127] Begründung der BReg.: BR-Drs. 249/89.

[128] BVerfGE 110, 177 (190 ff.). Dazu auch *Kunig* Jura 1990, 306 (309 f., 312); *Silagi* ZAR 2004, 225 ff.

[129] *Merten* in Merten/Papier HGR IV, § 94 Rn. 91.

[130] *Wollenschläger* in Dreier Rn. 38.

ungeachtet der Frage ihrer Vereinbarkeit insbes. mit dem BauGB und dem Kommunalrecht – von Art. 11 Abs. 1 nicht untersagt.[131] Allerdings darf Auswärtigen dadurch nicht faktisch die Möglichkeit genommen werden, in die betreffende Gemeinde zu ziehen.

Fluchthilfe: s. v. Münch/Kunig, 3. Aufl. 1996, Rn. 20.

Meldewesen: Das Meldewesen ist im Bundesmeldegesetz (BMG) vom 13.5.2013 geregelt. Die allgemeine Meldepflicht, die der Identitätsfeststellung, dem Wohnungsnachweis, steuerrechtlichen Zwecken und der Vorbereitung von Wahlen dient, stellt keinen Eingriff in das Freizügigkeitsrecht dar, denn sie knüpft erst an den erfolgten Zuzug an, lässt aber das Recht unberührt, der Lebensführung einen selbstbestimmten räumlichen Zuschnitt zu geben. Das gilt auch für die Regelung des § 21 BMG, wonach im Falle mehrere Wohnsitze einer dieser Wohnsitze unabhängig vom Willen des Bürgers dessen Hauptwohnung wird.[132] Denn der Begriff der Hauptwohnung ist zwar objektiv anhand der vorliegenden Benutzung zu beurteilen, die Benutzung bleibt jedoch dem einzelnen zur Gestaltung überlassen; seine freie Wohnsitzwahl ist daher nicht beeinträchtigt.[133] Subsidiär enthält § 22 Abs. 3 BMG eine Zweifelsregelung, die vom Bürger nur tatsächlich, nicht schon durch schlichte Erklärungen widerlegbar sind. Auch dies greift nicht in Art. 11 Abs. 1 ein, wird allerdings teilweise im Hinblick auf die wahlrechtlichen Konsequenzen für problematisch gehalten.

Obdachlosigkeit: Eine „Einweisung" in eine Unterkunft, die zu deren Inanspruchnahme nicht verpflichtet, greift in Art. 11 Abs. 1 nicht ein.[134]

Passrecht – Die Ausreisefreiheit ist an Art. 2 Abs. 1 zu messen und nicht von Art. 11 Abs. 1 erfasst (→ Rn. 32).[135]

Pflichtmitgliedschaft: Die Pflichtmitgliedschaft in öffentlich-rechtlichen Verbänden berührt Art. 11 Abs. 1 nicht. Sie ist an Art. 2 Abs. 1 zu messen (→ Art. 2 Rn. 50).[136]

Polizeiliche Maßnahmen: Die Generalklauseln des Gefahrenabwehrrechts (allg. Polizei- und Ordnungsrechts) sind trotz Art. 73 Abs. 1 Nr. 3 auch insoweit kompetenzgerecht erlassen, als sie Beschränkungen der Freizügigkeit zulassen. Das gilt auch für die Ingewahrsamnahme aus präventiven Gründen.[137] Ausdrückliche, dem **Zitiergebot** des Art. 19 Abs. 1 S. 2 genügende Einschränkungen des Art. 11 Abs. 1 sehen allerdings nur einige Landespolizeigesetze vor. In den übrigen Bundesländern sind freizügigkeitsbeschränkende Gefahrenabwehrmaßnahmen daher von den (verfassungskonform auszulegenden) polizei- und ordnungsrechtlichen Ermächtigungsgrundlagen nicht abgedeckt.[138] Das wird teilweise anders gesehen, teils mit dem Argument, Art. 11 Abs. 2 betreffe Rechtsgüter, zu deren Schutz auch vorbehaltlos gewährte Grundrechte begrenzt werden dürfen,[139] teils weil es sich bei den polizeilichen Generalklauseln noch um vorkonstitutionelle Ermächtigungsgrundlagen handele.[140] Zumeist greifen polizeiliche Maßnahmen allerdings nicht in den Schutzbereich von Art. 11 ein. Der polizeiliche Gewahrsam oder die zwangsweise Durchsetzung einer Vorführung betreffen Art. 2 Abs. 2 S. 2, 104 Abs. 1. **Platzverweise** (ähnlich: Stadionverbote[141]) sind eben-

---

[131] Ebenso *Wollenschläger* in Dreier Rn. 35; *Hailbronner* in HdbStR VII § 152 Rn. 58; BVerwGE 92, 56 (64): „Die Inanspruchnahme der Freizügigkeit ist nicht von der Frage abhängig, ob und wie Eigentum an Grund und Boden erworben werden kann"; BayVGH BayVBl. 1991, 47 (49 f.).

[132] VGH Mannheim NJW 1987, 209; OVG Hamburg DÖV 1987, 164; BayVGH NVwZ-RR 1989, 365; *Honnaker* BayVBl. 1983, 481 (483); *Huff* BayVBl. 1984, 585 (586).

[133] BVerfG DVBl. 1999, 601 (602).

[134] OVG Bremen DÖV 1994, 221.

[135] Näher *Hailbronner* in HdbStR VII § 152 Rn. 114 ff.

[136] BVerfGE 10, 354 (372).

[137] *Knemeyer* NVwZ 1990, 138 (140); *Götz* NVwZ 1990, 725 (730). AA *Blankenagel* DÖV 1989, 689 (697 ff.), der aus Art. 11 Abs. 2 – Kriminalvorbehalt – zu Unrecht den Gehalt des Art. 73 Nr. 3 erschließt.

[138] *Gusy* in MKS Rn. 54.

[139] *Riegel* BayVBl. 1980, 577 (579).

[140] *Hailbronner* in HdbStR VII § 152 Rn. 86. Entschieden dagegen *Alberts* NVwZ 1997, 45 (47).

[141] Dazu *Siegel* NJW 2013, 1035 ff.

falls i. d. R. nicht als Eingriffe in das Recht auf Freizügigkeit zu werten, weil sie den freien Zug nicht mit dem erforderlichen Gewicht (→ Rn. 40 f.) beschränken.[142] Das kann selbst bei mehrtätiger Dauer gelten.[143] Bei **längerfristigen Aufenthaltsverboten** (zB ggü. Drogenhändlern) wird – je nach Zeitdauer und räumlicher Ausdehnung – i. d. R. ein Eingriff in Art. 11 Abs. 1 vorliegen.[144] Entsprechendes gilt für die Abgrenzung beim Verbringungsgewahrsam. Auch polizeiliche Wohnungsverweise mit Rückkehrverbot stellen regelmäßig einen Eingriff in Art. 11 dar.[145] **Meldeauflagen** mit dem Ziel der Verhinderung der Begehung von Straftaten stellen grds. insoweit einen Eingriff in Art. 11 dar, als sie auch einen Ortswechsel innerhalb der Bundesrepublik Deutschland verhindern.[146]

Residenzpflichten: Beamte und Notare (bis zum Jahr 2007 galt dies auch für Rechtsanwälte) sind grundsätzlich verpflichtet, ihren Wohnsitz so zu nehmen, dass die ordnungsgemäße Erfüllung ihrer Aufgaben nicht beeinträchtigt wird (vgl. § 72 Abs. 1 BBG, § 10 Abs. 2 S. 1 BNotO). Beamtenrechtlich besteht auch die Möglichkeit der Anweisung, die Wohnung innerhalb einer bestimmten Entfernung von der Dienststelle zu nehmen, § 72 Abs. 2 BBG. In Literatur und Rspr. werden solche Residenzpflichten vielfach nicht an Art. 11, sondern nur an Art. 33 Abs. 5 bzw. Art. 12 Abs. 1 gemessen.[147] Andere Stimmen sehen darin demgegenüber einen Eingriff in Art. 11.[148] Ein Art. 11 generell verdrängendes Spezialitätsverhältnis ist hier in der Tat schwer zu begründen. Jedoch umfasst der Gewährleistungsgehalt des Freizügigkeitsrechtes von vornherein nicht die Freiheit von Anwesenheitspflichten, die sich aus einer dienstlichen oder beruflichen Tätigkeit ergeben. Die daraus folgende **Verpflichtung, den Wohnort so zu wählen, dass er die Dienst- oder Berufsausübung ermöglicht,** ist nur eine Reflexwirkung, die sich nicht spezifisch gegen die Freizügigkeit richtet und deshalb nicht in dieses Grundrecht eingreift. Die beamtenrechtlichen Residenzpflichten greifen daher nicht in Art. 11 ein, soweit sie nur das Erfordernis reflektieren oder konkretisieren, den Wohnsitz so zu wählen, dass die dienstlichen Anwesenheitspflichten am Dienstort erfüllbar sind.[149]

Soldaten: Die in § 18 SoldatenG vorgesehene Möglichkeit, den Soldaten dazu zu verpflichten, in einer Gemeinschaftsunterkunft zu wohnen **(Kasernenpflicht)** ist rechtlich ähnlich zu bewerten wie die beamtenrechtliche Residenzpflicht. Sie greift – sofern mit ihr überhaupt die Pflicht verbunden ist, die Kasernenunterkunft tatsächlich auch zu nutzen – nicht in Art. 11 ein, wenn sie eine dienstlich begründete Präsenzpflicht reflektiert.[150] Soweit ein Eingriff vorliegt, kommt eine Rechtfertigung über Art. 17a Abs. 2 in Betracht. Der Rechtsausschuss des Bundestages ging bei seinen Beratungen zu Art. 17a GG freilich davon aus, dass die Kasernenpflicht Art. 11 überhaupt nicht berührt, da die Freizügigkeit nur die freie Wahl des zivilrechtlichen Wohnsitzes beinhalte.[151]

Spätaussiedler: s. Aus- und Übersiedler.

---

142 BVerfG v. 25.3.2008, 1 BvR 1548/02, Rn. 26.

143 *Jarass* in Jarass/Pieroth Rn. 7; *Pagenkopf* in Sachs Rn. 21; *Wollenschläger* in Dreier Rn. 29; *Sodan* in Sodan Rn. 14; *Schloer* DÖV 1991, 955 (956 f.); *Deger* VBlBW 1996, 90 (93); *Schoch* Jura 2005, 34 (35).

144 *Pagenkopf* in Sachs Rn. 21; *Wollenschläger* in Dreier Rn. 29; *Cremer* NVwZ 2001, 1218 (1223); restriktiv *Götz* NVwZ 1998, 68.

145 VGH Mannheim JZ 2005, 352 ff.; s. ferner *Lang* VerwArch 2005, 283 ff.; *Gusy* in MKS Rn. 34.

146 BVerwGE 129, 142 (149 Rn. 36); *Schucht* NVwZ 2011, 709 (711).

147 BVerfG NJW 1992, 1093; BGH DNotZ 1991, 333 (335); *Blanke* in Stern/Becker Rn. 27; *Hailbronner* in HdbStR VII § 152 Rn. 61; *Pagenkopf* in Sachs Rn. 21; *Rittstieg* in AK Rn. 45; *Stern* in Stern StaatsR IV/1, 2006, 1158 f. Wenig aussagekräftig ist allerdings die oft dafür angeführte Entscheidung BVerfGE 65, 116 (125 ff.), weil es dort nur um eine Residenzpflicht im Bundesgebiet schlechthin ging und Art. 11 schon deshalb nicht tangiert war.

148 *Durner* in Maunz/Dürig Rn. 124; *Jarass* in Jarass/Pieroth Rn. 7; *Hufen,* Staatsrecht II, 2018, § 18 Rn. 7.

149 *Gusy* in MKS Rn. 50; *Kielmansegg,* Grundrechte im Näheverhältnis, 2012, 332.

150 *Kielmansegg,* Grundrechte im Näheverhältnis, 2012, 332 f.

151 Protokoll Nr. 111 des Ausschusses für Rechtswesen und Verfassungsrecht, 8 f.

Sperrbezirk: Die Festlegung eines Sperrbezirks für die Ausübung der Prostitution (vgl. Art. 297 EGStGB) berührt das Grundrecht der Freizügigkeit nicht.[152] Allgemein zu Platzverweisen bzw. Aufenthaltsverboten → Polizeiliche Maßnahmen.

Übersiedler s. Aus- und Übersiedler.

Unfallversicherung: Die Beschränkung der Wegeversicherung im Rahmen der gesetzlichen Unfallversicherung auf direkten Weg zwischen Wohnung und Arbeitsstätte berührt nicht das Freizügigkeitsrecht, weil es die freie Wahl des Wohnsitzes unberührt lässt.[153]

Wahlrecht: Die Bindung des aktiven Wahlrechts an die Erfüllung melderechtlicher Erfordernisse, insbesondere der Grundsatz der Wahlberechtigung am Ort der Hauptwohnung, ist keine mit Art. 11 Abs. 1 unvereinbare „Zwangsverortung".[154] Es bedarf deshalb keiner Legitimierung der entsprechenden Bestimmungen an Hand von Art. 11 Abs. 2 (was nicht gelingen könnte). Zutreffender Ansicht nach handelt es sich um eine allein an Art. 38 Abs. 1 S. 1 zu messende Wahlrechtsbeschränkung ohne fassbaren Bezug zur Freizügigkeitsgarantie. Das Erfordernis der Sesshaftigkeit gehört zu den traditionellen Begrenzungen des Grundsatzes der Allgemeinheit der Wahl.[155]

Zweitwohnungssteuer: s. Abgabenrecht.

III. Dieses Recht darf nur durch Gesetz oder aufgrund eines Gesetzes eingeschränkt werden

1. Allgemeines. Art. 11 Abs. 2 stellt das Freizügigkeitsrecht unter einen qualifizierten Gesetzesvorbehalt. „Gesetz" iSd Art. 11 Abs. 2 ist das **Gesetz im formellen Sinne.**[156] Die Grundrechtseinschränkung ist also nur unmittelbar durch ein Parlamentsgesetz oder durch Rechtsverordnung im Rahmen einer parlamentsgesetzlich eröffneten Ermächtigungsgrundlage zulässig.[157] Dabei bedeutet der Begriff **„Einschränkung"** nicht, dass Art. 11 Abs. 1 nur teilweise beschränkt werden dürfte; auch die **volle Beschränkung** ist möglich.[158] Eine Beschränkung kann auch im Wege des Verbots mit Erlaubnisvorbehalt erfolgen, wenn ein überragend wichtiges Gemeinschaftsgut dies verlangt.[159] Als **Schranken-Schranken** sind insb. das **Verhältnismäßigkeitsprinzip** (vgl. Wortlaut „erforderlich") und das **Zitiergebot** nach Art. 19 Abs. 1 S. 2 zu beachten. **46**

Obwohl der Bund nach Art. 73 Abs. 1 Nr. 3 über die ausschließliche Gesetzgebungskompetenz hinsichtlich der Materie „Freizügigkeit" verfügt und von der Möglichkeit einer Ermächtigung der Länder nach Art. 71 nicht Gebrauch gemacht worden ist, kann Art. 11 Abs. 2 **auch durch Landesgesetze** eingeschränkt werden.[160] Das ergibt sich daraus, dass die einzelnen **47**

[152] BayVerfGH NJW 1983, 2188 (2190).

[153] BSG NJW 2001, 3654; *Thüsing/v. Löwis of Menar* EWiR 2002, 541.

[154] AA *Gramlich* DVBl. 1985, 423 (427).

[155] BVerfGE 58, 202 (205); vgl. ferner OVG Münster NJW 1985, 1237 f.; DVBl. 1987, 144 ff. mit abl. Anm. *Gramlich,* 432 ff.; *Huff* NVwZ 1985, 809 ff.; ThürVerfGH NJW 1998, 525 ff.; *Schreiber* NJW 1998, 492 ff.

[156] BVerwGE 11, 113 (134); *Hailbronner* in HdbStR VII § 152 Rn. 78; *Ziekow,* Über Freizügigkeit und Aufenthalt, 1997, 561; *Durner* in Maunz/Dürig Rn. 126.

[157] Vgl. Art. 80 Abs. 1 S. 2.

[158] BVerfGE 2, 226 (284); *v. Mangoldt/Klein,* Das Bonner Grundgesetz, 1966, Anm. IV 6.

[159] → Rn. 45, Aus- und Übersiedler.

[160] BVerwGE 129, 142 (144 f.); BayVerfGH NVwZ 1991, 664 (666); OVG Bremen NVwZ 1999, 314 (316); VGH Mannheim NVwZ 2005, 88 (89); *Randelzhofer* in BK Rn. 142; *Riegel* BayVBl. 1980, 577 (579); *Wollenschläger* in Dreier Rn. 51; *Jarass* in Jarass/Pieroth Rn. 11; *Gusy* in MKS Rn. 52; *Uhle* in Maunz/Dürig Art. 73 Rn. 62; *Hailbronner* in HdbStR VII § 152 Rn. 79. AA *Waechter* NdsVBl. 1996, 197 (199); *Hecker,* Die Regelung des Aufenthalts von Personen im innerstädtischen Raum, 1997, 50 ff.

Vorbehalte in Abs. 2 sich teilweise auf Gegenstände der Landesgesetzgebung beziehen. Der Kompetenztitel des Art. 73 Abs. 1 Nr. 3 begründet eine ausschließliche Gesetzgebungskompetenz des Bundes für die Ausgestaltung der Freizügigkeit als solcher, nicht aber für alle Fragen, die in irgendeiner Form die Freizügigkeit tangieren können. Er lässt die grds. Zuordnung des Gefahrenabwehrrechts zu den Landeskompetenzen unberührt, auch dann, wenn diese im Einzelfall mit Beeinträchtigungen der Freizügigkeit verbunden ist. Insoweit sind Art. 73 Abs. 1 Nr. 3 und Art. 11 nicht kongruent. Bedeutung hat dies va für den Bereich des landesrechtlichen Gefahrenabwehrrechts, ferner für die Katastrophen- und Brandschutzgesetzgebung der Länder.

48 Neben Art. 11 Abs. 2 eröffnet auch **Art. 17a Abs. 2** die Möglichkeit der Beschränkung der Freizügigkeit zu Zwecken der Verteidigung oder des Zivilschutzes. Hiervon macht das Zivilschutz- und Katastrophenhilfegesetz (ZSKG) Gebrauch, das im Fall des Art. 80a Aufenthaltsbeschränkungen und Evakuierungsanordnungen ermöglicht. Art. 117 Abs. 2 ist demgegenüber mittlerweile obsolet.

49 Im Einzelnen umstritten ist, inwieweit neben Art. 11 Abs. 2 auch **verfassungsimmanente Schranken** zum Zuge kommen können. Dies wird von der Literatur z. T. wegen des strikten Wortlautes und aus entstehungsgeschichtlichen Gründen verneint – Abs. 2 erscheint dann als ein abschließend limitierter Gesetzesvorbehalt.[161] Gleichwohl dürfte der Rückgriff auf verfassungsimmanente Schranken zulässig bleiben, soweit der Verfassungsgeber auflösungsbedürftige Kollisionen mit anderen Verfassungsgütern ersichtlich nicht bedacht hatte.[162] Allerdings lassen sich manche der dafür angeführten Beispiele, etwa Art. 33 Abs. 5 (etwa für Residenzpflichten) und des Strafvollzuges (Freizügigkeitsbeschränkung infolge von Haftstrafen), überzeugender durch exakte Abgrenzungen des Gewährleistungsgehaltes auf Schutzbereichsebene lösen (→ Rn. 45 (Residenzpflichten) u. 64).[163]

50 **2. Und nur für die Fälle, in denen eine ausreichende Lebensgrundlage nicht vorhanden ist und der Allgemeinheit daraus besondere Lasten entstehen würden.** Der Vorbehalt der ausreichenden Lebensgrundlage (sog. **Sozialvorbehalt**) bezieht sich auf finanzielle Not des Betroffenen, nicht auf Raumnot am Ort.[164] Das mag man auch an Art. 117 Abs. 2 ablesen können, der Gesetze, welche das Recht auf Freizügigkeit mit Rücksicht „auf die gegenwärtige" (also zur Zeit des Inkrafttretens des GG bestehende) Raumnot einschränken, in Kraft beließ, bis sie durch Bundesgesetz aufgehoben wurden;[165] solche Gesetze wurden also vom Verfassungsgeber für mit Art. 11 Abs. 1 unvereinbar[166] gehalten.

51 Eine ausreichende Lebensgrundlage ist nach Ansicht des BVerwG gegeben, „wenn nach Alter, Beruf und Gesundheit […] zu erwarten ist, dass [der Bürger] sich den Lebensmindestbedarf selbst zu verdienen vermag, sofern ihm die Arbeitsaufnahme nicht durch behördliche Maßnahmen unmöglich ge-

[161] So zB *Gusy* in MKS Rn. 53; *Stern* in Stern Staatsrecht III/2, 1994, 523; *Frenzel* JuS 2011, 595 (598 f.).

[162] *Durner* in Maunz/Dürig Rn. 160; *Blanke* in Stern/Becker Rn. 43; *Gnatzy* in Schmidt-Bleibtreu/Klein Rn. 23.

[163] *Kielmansegg,* Grundrechte im Näheverhältnis, 2012, 332 ff.; *Merten* in Merten/Papier, HGR IV § 94 Rn. 92.

[164] BVerwGE 3, 135 (138); aA *Gusy* in MKS Rn. 56.

[165] BVerfGE 8, 95 (98).

[166] Dh dann auch: von Art. 11 Abs. 2 nicht gedeckt.

macht wird".[167] Sie fehlt also (erst), wenn ein Betroffener in einer einzelfallbezogenen Prognose **nicht nur vorübergehend hilfebedürftig iSd Sozialrechtes** ist.

52 Als zweite, kumulative Voraussetzung des Sozialvorbehaltes müssen der Allgemeinheit **besondere Lasten** entstehen. Als solche besonderen Lasten hat das BVerfG „insbesondere die Bereitstellung von Wohnraum, infrastrukturelle Folgelasten wie die Herstellung und Erweiterung von Einrichtungen der Betreuung von Kindern, der schulischen Ausbildung, von Kultur und Sport sowie von Anlagen der öffentlichen Versorgung und Entsorgung" gezählt, außerdem notwendige Integrationsmaßnahmen.[168] Aus der sozialstaatlichen Orientierung des GG wird jedoch gefolgert, dass es sich dabei um erhebliche Lasten handeln muss, die im Einzelfall das sozialstaatlich vertretbare Maß überschreiten.[169]

53 Teilweise wird in der Literatur stärker auf den Wortlaut „besondere Lasten" abgestellt, der darauf schließen lässt, dass es sich um ungewöhnliche, den normalen sozialstaatlichen Rahmen sprengende Belastungen handeln muss, wie sie in erster Linie durch große Migrationsströme hervorgerufen werden können.[170] Richtig ist va auch, dass der Wortlaut des Sozialvorbehaltes eine **Kausalbeziehung zwischen der fehlenden Lebensgrundlage und den besonderen Lasten** voraussetzt.[171] Das schließt jedenfalls Belastungen der Infrastruktur aus, die sich schlicht aus der (wachsenden) Einwohnerzahl ergeben. Eine solche Kausalbeziehung liegt vielmehr nur vor bei den finanziellen Belastungen der Kommunen als Sozialhilfeträger sowie dem Bedarf an zu beschaffendem Wohnraum und ggf. Integrationsmaßnahmen.

54 In jedem Fall sind die Gegebenheiten konkret zu ermitteln, pauschalierende Festlegungen dem einschränkenden Gesetzgeber und dem Rechtsanwender nur in engen Grenzen möglich. Die gesetzesvollziehende Verwaltung hat stets zu berücksichtigen, dass Zweifel sich zugunsten des Bürgers auswirken;[172] die Verwaltung trägt die Nachweispflicht für die Voraussetzungen einer Zuweisungsentscheidung,[173] Ermessensspielräume sind nicht nur unter Würdigung von Art. 6 Abs. 1 und 12 Abs. 1 zu konkretisieren; vielmehr ist der Ausnahmecharakter jeder in die Freizügigkeitsgarantie eingreifenden staatlichen Entscheidung stets in Rechnung zu stellen. Aus dem Sozialstaatsprinzip folgt generell eine **enge Auslegung des Sozialvorbehaltes.**[174] Das zum 1.7.1990 aufgehobene Notaufnahmegesetz war hiermit vereinbar, ebenso – in verfassungskonformer Auslegung – das Aus- und Übersiedlergesetz von 1989.[175]

55 **3. Oder in denen es zur Abwehr einer drohenden Gefahr für den Bestand oder die freiheitlich-demokratische Grundordnung des Bundes oder eines Landes.** Der sog. **Notstandsvorbehalt** wurde im Zuge der Notstandsgesetzgebung in den Text des Art. 11 Abs. 2 eingefügt

---

167 BVerwGE 6, 173 (175). Vgl. *Durner* in Maunz/Dürig Rn. 133; *Jarass* in Jarass/Pieroth Rn. 13; diff. *Ziekow,* Über Freizügigkeit und Aufenthalt, 1997, 566: Beschränkbarkeit bei „vorsätzlicher Exorbitanz" oder „Störung der sozialen Orbitanz in toto durch gesamtgesellschaftliche Verschiebungen".

168 BVerfGE 110, 177 (192 f.).

169 *Durner* in Maunz/Dürig Rn. 135.

170 So va *Ziekow* in BerlKomm Rn. 109.

171 *Gusy* in MKS Rn. 56.

172 BVerwGE 3, 310 (311).

173 BVerwGE 5, 31 (34).

174 *Jarass* in Jarass/Pieroth Rn. 13.

175 S. BVerfGE 110, 177 ff.; → Rn. 45, Aus- und Übersiedler.

(→ Rn. 5).[176] Er gehört sachlich der Notstandsverfassung an. Der Gesetzgeber hat von ihm noch keinen Gebrauch gemacht, wäre aber imstande, zB Evakuierungsmaßnahmen oder Ausgangssperren gesetzlich vorzusehen. Wortlaut und Entstehungsgeschichte zeigen, dass sich der Vorbehalt nur auf den **inneren Staatsnotstand** des Art. 91 bezieht,[177] nicht auf den äußeren Notstand (Spannungsfall nach Art. 80a und Verteidigungsfall nach Art. 115a ff.). Deren Feststellung bedarf parlamentarischer Entscheidungen. Für Verteidigungszwecke ermächtigt allerdings Art. 17a Abs. 2 zu Einschränkungen des Freizügigkeitsrechts. Im Übrigen können innerer und äußerer Notstand parallel vorliegen.

56 Voraussetzung des Notstandsvorbehaltes ist das Vorliegen einer drohenden Gefahr[178] für den Bestand bzw. für die freiheitlich-demokratische Grundordnung des Bundes oder eines Landes. Damit verwendet Art. 11 Abs. 2 dieselbe Formel, die vom GG auch sonst – stets in Kombination beider Elemente[179] – zur Umschreibung des inneren Notstandes und darauf bezogener Schutzmaßnahmen verwendet werden (Art. 10 Abs. 2 S. 2, Art. 21 Abs. 2 u. 3, Art. 73 Abs. 1 Nr. 10b, Art. 87a Abs. 4 S. 1, Art. 91). Sie ist auch im gleichen Sinne zu verstehen wie in diesen Parallelvorschriften (→ Art. 91 Rn. 4 ff.). Der Begriff **„Bestand"** bezieht sich auf die drei Elemente der Staatlichkeit von Bund und Ländern, also die Bevölkerung, die territoriale Integrität und die staatliche Handlungsfähigkeit. Der Begriff **freiheitlich-demokratische Grundordnung** ist vom BVerfG bereits im ersten Parteiverbotsverfahren[180] definiert worden als „eine Ordnung, die unter Ausschluss jeglicher Gewalt- und Willkürherrschaft eine rechtsstaatliche Herrschaftsordnung auf der Grundlage der Selbstbestimmung des Volkes nach dem Willen der jeweiligen Mehrheit und der Freiheit und Gleichheit darstellt." Er ist in enger Anbindung an den Grundbestand derjenigen Prinzipien zu verstehen, die Art. 79 Abs. 3 der Verfassungsänderung entzieht.

57 **4. Zur Bekämpfung von Seuchengefahr.** „Seuchengefahr" bezieht sich auf die Bekämpfung **schwerer übertragbarer Krankheiten.** Der Vorbehalt war in Anspruch genommen worden vor allem durch das BSeuchG, sodann durch das seit dem 1.1.2001 geltende InfektionsschutzG (Meldepflichten, Quarantäne; s. speziell §§ 17 u. 28 ff. IFSchG). Auf schwere Gesundheitsgefährdungen, die nicht auf übertragbaren Krankheiten beruhen, kann der Begriff der Seuchengefahr nicht erstreckt werden. Er bezieht sich also zB nicht auf „Umweltverseuchung" im Allgemeinen. Erfasst sind jedoch auch Tierseuchen (§ 6 Abs. 3 TierGesG).

58 **5. Naturkatastrophen oder besonders schweren Unglücksfällen.** Der **Katastrophenvorbehalt** ist, ebenso wie der Notstandsvorbehalt, erst mit der Notstandsverfassung von 1968 in Art. 11 Abs. 2 eingefügt worden.[181] Dabei spielten auch Erfahrungen bei der Bekämpfung der norddeutschen Flutkatastrophe von 1962 eine Rolle. Sachlich gehört er in den Kontext des Katastrophennotstandes nach Art. 35 Abs. 2 u. 3. **„Naturkatastrophen"** sind durch Naturgewalten hervorgerufene Ereignisse, welche erhebliche Schäden für

---

[176] G v. 24.6.1968, BGBl. 1968 I 709.
[177] Ebenso *Jarass* in Jarass/Pieroth Rn. 14.
[178] Also: gesteigerte Anforderungen an die Wahrscheinlichkeit eines Schadenseintritts.
[179] Lediglich Art. 18 verweist nur auf die FDGO, nicht auf den Bestand.
[180] Betr. die Sozialistische Reichspartei, BVerfGE 2, 1 ff.
[181] → Rn. 5.

eine Vielzahl von Personen oder in einem größeren Gebiet verursachen, **„besonders schwere Unglücksfälle"** haben dagegen eine technische Ursache. Beschränkungen können gegen die Gefahrenquelle gerichtet sein, aber auch der Bewältigung der Folgen dienen.[182] Der Katastrophenvorbehalt wird vom Gefahrenabwehr- und Katastrophenschutzrecht der Länder ausgefüllt.[183]

6. Zum Schutze der Jugend vor Verwahrlosung. Der Jugendschutzvorbehalt knüpft an den **Verwahrlosungsschutz** in Art. 6 Abs. 3 an. Jugend iSd Art. 11 Abs. 2 bezieht sich – anders als der engere einfachrechtliche Begriff des Jugendlichen – auf **alle nicht volljährigen Personen.** Als Verwahrlosung können Vorgänge angesehen werden, die geeignet sind, die Entwicklung von Kindern oder Jugendlichen bzw. ihre Erziehung zu einer eigenverantwortlichen und gemeinschaftsfähigen Persönlichkeit zu gefährden.[184] **59**

Der Gesetzgeber hat vom Jugendschutzvorbehalt Gebrauch gemacht durch Bestimmungen des Jugendschutzgesetzes,[185] des Jugendgerichtsgesetzes[186] und des Achten Buches des SGB (Kinder und Jugendhilfe).[187] Familienrechtliche Beschränkungen der Freizügigkeit Jugendlicher betreffen wegen Art. 6 Abs. 2 den Schutzbereich des Art. 11 Abs. 1 von vornherein nicht.[188] **60**

7. Oder um strafbaren Handlungen vorzubeugen, erforderlich ist. Der sog. **Kriminalvorbehalt** erlaubt die gesetzliche Regelung vorbeugender Maßnahmen zur Verhinderung von Straftaten, meint also nicht Untersuchungshaft, Freiheitsstrafen oder freiheitsentziehende Maßregeln nach §§ 63 ff. StGB. Hier kommt ohnehin nicht Art. 11 Abs. 1, sondern Art. 2 Abs. 2 S. 2 iVm Art. 104 zur Anwendung. Von dem Kriminalvorbehalt ist ua Gebrauch gemacht worden durch die Bestimmungen über die Führungsaufsicht[189] und Weisungen[190] im Falle der Strafaussetzung zur Bewährung[191] sowie auf landesrechtlicher Ebene durch das Polizeirecht (→ Rn. 45 (Polizeiliche Maßnahmen). **61**

Für die Inanspruchnahme des Kriminalvorbehalts ist weder erforderlich[192] noch ausreichend, dass die betreffende Person zuvor Straftaten begangen hat.[193] Entscheidend ist, ob die Begehung von Straftaten mit **hinreichender Wahrscheinlichkeit** zu erwarten ist und ob eine Einschränkung der Freizügigkeit erforderlich ist, um die Begehung zu verhindern. Auch dieser Vorbehalt ist eng auszulegen, er verlangt deshalb auch die Differenzierung nach dem Gewicht der Straftat und diesbezüglich iS einer Verhältnismäßigkeitsprüfung eine Gegenüberstellung der Erfordernisse strafrechtlichen Rechtsgüterschutzes mit dem grundrechtlich geschützten Anliegen.[194] **62**

---

182 *Wollenschläger* in Dreier Rn. 54.
183 Zur Katastrophenschutzgesetzgebung s. *Stober/Eisenmenger* NVwZ 2005, 121 (129).
184 *Wollenschläger* in Dreier Rn. 55; *Durner* in Maunz/Dürig Rn. 148.
185 Va § 8 JuSchG zum Aufenthalt an jugendgefährdenden Orten.
186 § 10 Nr. 1 u. 2 JGG.
187 Va § 42 SGB VIII (Inobhutnahme).
188 → Rn. 18.
189 §§ 68 ff. StGB.
190 Vgl. § 56c Abs. 2 StGB.
191 §§ 56, 57 Abs. 3 StGB – schon den Grundrechtseingriff verneint zu Unrecht OLG Hamm NStZ 1985, 310 (311).
192 So aber *Dürig* in Maunz/Dürig, GG, Erstkommentierung, Rn. 78, 81.
193 Wie hier OVG Bremen NVwZ 1999, 314 (316); *Randelzhofer* in BK Rn. 168; *Blankenagel* DÖV 1989, 689 (697); *Wollenschläger* in Dreier Rn. 56.
194 *Stern* in Stern StaatsR IV/1, 2006, 1152. Zu Recht gegen eine Schematisierung dieser Anforderungen *Durner* in Maunz/Dürig Rn. 154 f.

C. Verhältnis zu anderen Bestimmungen des Grundgesetzes

63 Art. 11 Abs. 1 stellt sich wie alle besonderen Freiheitsgrundrechte der Anwendung von Art. 2 Abs. 1 in den Weg, soweit sein Schutzbereich reicht. Soweit der Ortswechsel von Personen nach der erforderlichen Gesamtbetrachtung[195] nicht dem spezifischen Schutzgehalt des Art. 11 Abs. 1 unterfällt, erfüllt **Art. 2 Abs. 1** auch hier eine **Auffangfunktion.** Die Deutschen reservierte Freizügigkeitsgarantie wirft die (zu bejahende)[196] Frage nach der Auffangfunktion von Art. 2 Abs. 1 auch für Ausländer auf, soweit nicht Art. 16a greift.

64 Die von **Art. 2 Abs. 2 S. 2** verbürgte **Freiheit der Person** bezieht sich auf die körperliche (Fort-)Bewegungsfreiheit und schützt sie iVm Art. 104 in unterschiedlichen Verfahren vor Freiheitsbeschränkungen und Freiheitsentziehungen. Art. 11 Abs. 1 schützt die Freiheit, einen anderen Ort aufsuchen zu können,[197] Art. 2 Abs. 2 S. 2 dagegen vor unmittelbaren und zwanghaften Eingriffen in die Freiheit, den gegenwärtigen Aufenthaltsort jederzeit verlassen zu können. Da Art. 11 Abs. 1 nicht jede Fortbewegung schützt, gibt es staatliche Eingriffe in die Fortbewegungsfreiheit, die keinem der beiden Grundrechte unterfallen.[198] Insofern ist es missverständlich, Art. 2 Abs. 2 S. 2 als „lex specialis" zu Art. 11 Abs. 1 zu bezeichnen.[199] Vielmehr stehen beide Grundrechte in einem **Exklusivitätsverhältnis.**[200] Art. 2 Abs. 2 S. 2 verdrängt das Freizügigkeitsrecht insoweit (tatbestandlich), als Freizügigkeitsbeschränkungen sich gerade als notwendige Begleiterscheinung von Freiheitsbeschränkungen bzw. -entziehungen ergeben (→ Rn. 49).[201]

65 Zum Verhältnis von Art. 11 zu Art. 6 Abs. 2 → Rn. 18; Art. 6 Abs. 3 gibt den Eltern einen speziellen Schutz vor der Wegnahme ihrer Kinder, diesen damit ein Bleiberecht. Zum Verhältnis von Art. 12, 14 → Rn. 37. Generell bleibt Art. 11 auch neben spez. Freiheitsrechten anwendbar **(Idealkonkurrenz),** wenn im Zusammenhang mit deren Ausübung zugleich **spezifisch in die freie Wohnsitz- und Aufenthaltsnahme eingegriffen** wird.[202]

D. Kritische Würdigung

66 Gewähr und Beachtung des Freizügigkeitsgrundrechts als Freiheit, „seines Weges zu gehen"[203] **kennzeichnen den demokratischen Verfassungsstaat** westlicher Prägung. Sie hatten in Deutschland zunächst „bundesstaatliche Tragweite".[204] Ihre besondere Attraktivität für diejenigen, denen ihr Heimatstaat gerade auch die Freizügigkeit zum Verlassen des Staates versagt,

[195] → Rn. 31.
[196] → Rn. 19.
[197] Soweit dabei die in → Rn. 29 ff. dargestellten Anforderungen an den Ortswechsel erfüllt sind.
[198] ZB das Gebot, an einer Verkehrsampel zu halten; das Gebot, einen Schulungskurs aufzusuchen.
[199] So zB *Pieroth* JuS 1985, 84 (87).
[200] *Blanke* in Stern/Becker Rn. 44.
[201] *Durner* in Maunz/Dürig Rn. 166.
[202] *Wollenschläger* in Dreier Rn. 66; *Durner* in Maunz/Dürig Rn. 116.
[203] *Zippelius,* Allgemeine Staatslehre, 2017, § 17 III 4; sa LG Stuttgart NJW 1964, 63 (64); OLG Düsseldorf NJW 1983, 1277 (1278).
[204] *Badura,* StaatsR, 2018, Kap. C Rn. 90.

manifestierte sich eindrucksvoll während der mittel- und osteuropäischen Umwälzungen der Jahre 1989/90. Das Verlangen nach Freizügigkeit ist Ausdruck des Strebens nach **individueller Selbstbestimmung für den eigenen Lebenskreis.** Damit ist die Freizügigkeit auch Voraussetzung für die effektive Ausübung anderer Grundrechte: Wohnung, Familie, Beruf, Eigentum will man „nicht irgendwo haben",[205] sondern an einem selbst ausgesuchten Ort. Die in einem auf private Initiative angewiesenen Wirtschaftssystem erforderliche Mobilität des einzelnen ist nur denkbar bei größtmöglicher Freizügigkeit. Auch die in politischer und kultureller Hinsicht pluralistische Gesellschaft bedarf der Freizügigkeit der Individuen, um sich fortentwickeln zu können.[206] In einer weitgehend zentral gesteuerten, „verplanten" Gesellschaft dagegen kommt es zwangsläufig zu Eingriffen in die Freizügigkeit.[207]

Als Kennzeichen des freiheitlichen Staates kann die Freizügigkeit in einem **67**
solchen Staat **grundsätzlich gefährdet nur in Zeiten des Umbruchs** sein: Das zeigten die Anfangs- wie die Endphase der Teilung Deutschlands. Zu einem in sich konsolidierten Staat gehört auch eine ausgewogene Siedlungsstruktur, deren zwanghafte Herstellung ihm aber verwehrt ist. Sie stellt sich nur ein, wenn die ökonomischen, ökologischen und rechtlichen Lebensbedingungen einander im Niveau grundsätzlich gleichen. Mobilität trägt zur Schaffung homogener Lebensbedingungen bei, weil sie Voraussetzung wirtschaftlicher Prosperität ist. Durch Niveaugefälle hervorgerufene massenhafte Mobilität ruft jedoch Gegenreaktionen hervor. Sie kann soziale Strukturen grundlegend verändern und zu Verwerfungen in Sozialleistungssystem führen. Insofern ist die Freizügigkeit **nicht nur ein elementares, sondern auch ein voraussetzungsvolles Recht.** Die großen freizügigkeitsbezogenen Herausforderungen der Gegenwart, die sich aus den internationalen Migrationsströmen ergeben, stehen normativ freilich außerhalb von Art. 11, weil dieser nur als Deutschengrundrecht konzipiert ist.

Die textliche Formulierung des Art. 11 fordert ernsthafte Kritik nicht **68**
heraus, auch wenn sie Abgrenzungsprobleme zu anderen Grundrechten nicht verhütet und die Ausreisefreiheit ausklammert. Letzteres sollte überdacht werden.[208] Die recht wortreiche Umständlichkeit des Art. 11 Abs. 2 erscheint vielleicht akzeptabel; sie bestärkt den Ausnahmecharakter der Grundrechtsbeschränkung und damit den Rang des Grundrechts.

Literatur

H. W. Alberts, Freizügigkeit als polizeiliches Problem, NVwZ 1997, 45. – ***S. Baer,*** Zum „Recht auf Heimat" – Art. 11 GG und Umsiedlungen zugunsten des Braunkohletagebaus, NVwZ 1997, 27. – ***P. Bengelsdorf,*** Das Recht zum Verlassen des Staatsgebietes in den deutschen Verfassungen von 1919–1964, 1968. – ***D. Benrath,*** Probleme mit Problemfans. Fallstricke bei Aufenthaltsverboten und Meldeauflagen, DVBl. 2017, 868 – ***A. Bleckmann/B. Busse,*** Die Ausreisefreiheit der Deutschen, DVBl. 1977, 794. – ***St. Braun,*** Freizügigkeit und Platzverweis, 2000. – ***W. Cremer,*** Aufenthaltsverbote

[205] *Randelzhofer* in BK Rn. 9.

[206] Den Gedanken der „Identitätsfindung" durch „miteinander leben" hebt etwa *Baer* NVwZ 1997, 27 (31) hervor, ähnlich *Alberts* NVwZ 1997, 45 (47).

[207] Vgl. im Rückblick *Brunner* in Bericht der unabhängigen Wissenschaftlerkommission – Menschenrechte in den Staaten des Warschauer Paktes, 1988, 165 ff.

[208] So auch der Verfassungsentwurf des sog. Runden Tisches vom April 1990 in seinem Art. 6 Abs. 1, wo allerdings darüber hinaus eine Erstreckung der Freizügigkeit auf Ausländer und Staatenlose mit ständigem Wohnsitz – gemeint wohl: im Bundesgebiet – vorgeschlagen wurde.

und offene Drogenszene: Gesetzesvorrang, Parlamentsvorbehalt und grundgesetzliche Kompetenzordnung, NVwZ 2001, 1218. – ***O. Daum,*** Anforderungen an Ausreisebeschränkungen von Islamisten, DÖV 2014, 526 – ***J. Deger,*** Platzverweise und Betretungsverbote gegen Mitglieder der Drogenszene und anderer offener Szenen, VBlBW 1996, 90. – ***D. Dicke,*** Verfassungsrechtliche Möglichkeiten und Grenzen der Wirtschaftslenkung in Italien und der Bundesrepublik Deutschland, 1969. – ***E. Eichenhofer,*** Einreisefreiheit und Ausreisefreiheit, ZAR 2013, 135 – ***Th. Eschenburg,*** Ein ernstes Jubiläum – Zum Freizügigkeitsgesetz v. 1.11.1867, DRZ 1947, 353. – ***E. Frenzel,*** Grundfälle zu Art. 11, JuS 2011, 595 – ***F. Fritsch,*** Die Zulässigkeit wohnsitzbeschränkender Auflagen, ZAR 2007, 356. – ***A. Guckelberger,*** „Recht auf Heimat" und Grundgesetz FS f. Fiedler, 2011, 123. – ***Ch. Gusy,*** Verfassungsrechtliche Anforderungen an den Wohnungsverweis, JZ 2005, 355. – ***K. Hailbronner,*** Die Freizügigkeit im Spannungsfeld zwischen Staatsraison und europäischem Gemeinschaftsrecht, DÖV 1978, 857. – ***K. Hailbronner,*** (Hrsg.), 30 Jahre Freizügigkeit in Europa, 1998. – ***H. Hanum,*** The Right to Leave and Return in International Law and Practice, 1987. – ***D.-D. Hartmann,*** Ausreisefreiheit, JöR n. F. 17 (1968), 437. – ***W. Hecker,*** Die Regelung des Aufenthalts von Personen im innerstädtischen Raum, 1997. – ***G. Hirsch,*** Freizügigkeit in der Rechts- und Rentenberatung, RV 1968, 195. – ***S. Jagerskiold,*** The Freedom of Movement, in L. Henkin (Hrsg.), The International Bill of Rights, 1981, 166. – ***J. Jahrreiss,*** Das Prinzip der Freizügigkeit nach dem Grundgesetz, 1953. – ***W. Jellinek,*** Die Bundesverweisung, FS f. Bilfinger, 1954, 109. – ***J. Kranz,*** Die Freizügigkeit nach dem EWG-Vertrag und das nationale Ausländer- und Melderecht, DÖV 1977, 111. – ***Ph. Kunig,*** Das Grundrecht auf Freizügigkeit, Jura 1990, 306. – ***W. Lesting,*** Polizeirecht und offene Drogenszene, KJ 1997, 214. – ***D. Merten,*** Der Inhalt des Freizügigkeitsrechts, 1969. – ***J. Nelhans,*** Die Freizügigkeit der Arbeitnehmer in Europa, 1975. – ***S. v. Perbandt,*** Die Heimatvertriebenen im Grundgesetz, DÖV 1949, 285. – ***B. Pieroth,*** Das Grundrecht der Freizügigkeit, JuS 1985, 81. – ***A. Randelzhofer,*** Der Einfluß des Völker- und Europarechts auf das deutsche Ausländerrecht, 1980. – ***M. Rossi,*** Beschränkungen der Ausreisefreiheit im Lichte des Verfassungs- und Europarechts, AöR 127 (2002), 61. – ***P. Ruidisch,*** Einreise, Aufenthalt und Ausweisung im Recht der Bundesrepublik Deutschland, 1975. – ***U. Scheuner,*** Die Ausreisefreiheit in der Verfassungsgeschichte und im Verfassungsrecht Deutschlands, FS f. Thoma, 1950, 199. – ***F. Schoch,*** Das Grundrecht auf Freizügigkeit (Art. 11 GG), Jura 2005, 34. – ***H. Schröder,*** Die Beschränkung der Freizügigkeit für die Menschen aus der Ostzone, DVBl. 1951, 10. – ***N. Schulz,*** Freizügigkeit versus Umsiedlungsplanung. Neues zur Dogmatik des Art. 11 GG?, NWVBl. 2014, 331 – ***A. Siehr,*** Die Deutschenrechte des Grundgesetzes, 2001. – ***M. Silagi,*** Art. 11 GG und § 3a WoZuG – zur Festschreibung der Einschränkung der Freizügigkeit im Wohnortzuweisungsgesetz durch das BVerfG, ZAR 2004, 225. – ***T. Stein,*** Die Einschränkung der Freizügigkeit von EWG-Ausländern aus Gründen der öffentlichen Sicherheit und Ordnung, NJW 1976, 1553. – ***H.-J. Strauch,*** Die Freizügigkeit im Wandel der Zeiten, 1954. – ***H. Tieves,*** Freizügigkeit nach allgemeinem Völkerrecht als Voraussetzung für die Arbeit von Ausländern in der Bundesrepublik Deutschland, 1959. – ***Ch. Tomuschat,*** Freizügigkeit nach deutschem Recht und Völkerrecht, DÖV 1974, 757. – ***E. Weizsäcker,*** Grundrechte und freiwillige Migration, 2008. – ***K. Winkel,*** Der Ausbau der Freizügigkeit des Marktbürgers durch die Rechtsprechung der Europäischen Gemeinschaft, NJW 1975, 1057. – ***D. Winkler/ K. Schadtle,*** Ausreisefreiheit quo vadis?, JZ 2016, 764 – ***J. Wohlfarth,*** Die Inbesitznahme der Straße durch Randgruppen, BayVBl. 1997, 420. – ***K. Wottge,*** Freizügigkeit und Zuzugsrecht, BB 1948, 153. – ***J. Ziekow,*** Über Freizügigkeit und Aufenthalt. Paradigmatische Überlegungen zum grundrechtlichen Freiheitsschutz in historischer und verfassungsrechtlicher Perspektive, 1997. – ***M. Zuleeg,*** Freizügigkeit für Ausländer, RdA 1975, 221.

Art. 12 [Berufsfreiheit]

(1) [1] Alle Deutschen haben das Recht, Beruf, Arbeitsplatz und Ausbildungsstätte frei zu wählen. [2] Die Berufsausübung kann durch Gesetz oder auf Grund eines Gesetzes geregelt werden.

(2) Niemand darf zu einer bestimmten Arbeit gezwungen werden, außer im Rahmen einer herkömmlichen allgemeinen, für alle gleichen öffentlichen Dienstleistungspflicht.

(3) Zwangsarbeit ist nur bei einer gerichtlich angeordneten Freiheitsentziehung zulässig.

Paulskirchenverfassung von 1849

§ 133. Jeder Deutsche hat das Recht, an jedem Orte des Reichsgebietes seinen Aufenthalt und Wohnsitz zu nehmen, Liegenschaften jeder Art zu erwerben und darüber zu verfügen, jeden Nahrungszweig zu betreiben, das Gemeindebürgerrecht zu gewinnen.

Die Bedingungen für den Aufenthalt und Wohnsitz werden durch ein Heimathsgesetz, jene für den Gewerbebetrieb durch eine Gewerbeordnung für ganz Deutschland von der Reichsgewalt festgesetzt.

§ 158. Es steht einem Jeden frei, seinen Beruf zu wählen und sich für denselben auszubilden, wie und wo er will.

Weimarer Reichsverfassung von 1919

Art. 111. Alle Deutschen genießen Freizügigkeit im ganzen Reiche. Jeder hat das Recht, sich an beliebigem Orte des Reichs aufzuhalten und niederzulassen, Grundstücke zu erwerben und jeden Nahrungszweig zu betreiben. Einschränkungen bedürfen eines Reichsgesetzes.

Art. 133. Alle Staatsbürger sind verpflichtet, nach Maßgabe der Gesetze persönliche Dienste für den Staat und die Gemeinde zu leisten.

Die Wehrpflicht richtet sich nach den Bestimmungen des Reichswehrgesetzes. Dieses bestimmt auch, wieweit für Angehörige der Wehrmacht zur Erfüllung ihrer Aufgaben und zur Erhaltung der Manneszucht einzelne Grundrechte einzuschränken sind.

Art. 151. Die Ordnung des Wirtschaftslebens muß den Grundsätzen der Gerechtigkeit mit dem Ziele der Gewährleistung eines menschenwürdigen Daseins für alle entsprechen. In diesen Grenzen ist die wirtschaftliche Freiheit des Einzelnen zu sichern.

Gesetzlicher Zwang ist nur zulässig zur Verwirklichung bedrohter Rechte oder im Dienst überragender Forderungen des Gemeinwohls.

Die Freiheit des Handels und Gewerbes wird nach Maßgabe der Reichsgesetze gewährleistet.

Art. 163. Jeder Deutsche hat unbeschadet seiner persönlichen Freiheit die sittliche Pflicht, seine geistigen und körperlichen Kräfte so zu betätigen, wie es das Wohl der Gesamtheit erfordert.

Jedem Deutschen soll die Möglichkeit gegeben werden, durch wirtschaftliche Arbeit seinen Unterhalt zu erwerben. Soweit ihm angemessene Arbeitsgelegenheit nicht nachgewiesen werden kann, wird für seinen notwendigen Unterhalt gesorgt. Das Nähere wird durch besondere Reichsgesetze bestimmt.

Übersicht

A. Allgemeine Bedeutung

I. Genese

Die freie Berufswahl ist eine Konstante der **bürgerlichen Verfassungstradition** in Deutschland. Eine markante Ausprägung fand sie in § 158 der Paulskirchenverfassung von 1849, doch war sie bereits in früheren deutschen Verfassungsdokumenten niedergelegt. Dabei wurde bereits eine enge Verbindung zwischen Berufswahl und Freizügigkeit – auch über die Grenzen des Staatsgebiets hinaus – hergestellt, wie sie in jüngerer Zeit durch das Zusammenspiel der Berufsfreiheit mit der EU-Freizügigkeit und den unionalen Grundfreiheiten wieder stärker betont wird (s. u. Rn. 14 ff.). So bestimmte § 29 der Verfassung des Königreichs Württemberg vom 15.9.1819: „Jeder hat das Recht, seinen Stand und sein Gewerbe nach eigener Neigung zu wählen, und sich dazu im In- und Auslande auszubilden, mithin auch auswärtige Bildungs-Anstalten in Gemäßheit der gesetzlichen Vorschriften zu besuchen." Die Weimarer Reichsverfassung (WRV) erwähnte den „Beruf" nur im Zusammenhang mit der Vereinigungsfreiheit (Art. 159) und gewährleistete im Übrigen in verschiedenen Bestimmungen für Staatsbürger bzw. Deutsche „die wirtschaftliche Freiheit des Einzelnen" (Art. 151 Abs. 1 S. 2), die Freiheit des Handels und Gewerbes (Art. 151 Abs. 3) und „die Möglichkeit […], durch wirtschaftliche Arbeit seinen Unterhalt zu erwerben" (Art. 163 Abs. 2 S. 1). Ferner war in Art. 133 Abs. 1 WRV die Pflicht der Staatsbürger, „persönliche Dienste für den Staat und die Gemeinde zu leisten", verankert. 1

Art. 12 GG führt diese Verbürgungen wieder in einer einzelnen Grundrechtsnorm zusammen und nimmt dabei nicht nur den Terminus des Berufs wieder auf, sondern erwähnt auch erstmals explizit die Berufsausübung. Die Vorschrift war im **Parlamentarischen Rat** nur wenig umstritten. Erörtert wurde, ob in Abs. 1 die Notwendigkeit einer besonderen Qualifikation für das Recht zur Ausübung bestimmter Berufe explizit aufgenommen werden solle, was im Ergebnis für nicht erforderlich erachtet wurde.[1] In stärkerem Maße kontrovers waren lediglich Zulässigkeit, Umfang und Bedeutung von Arbeitszwang und Zwangsarbeit (Abs. 2, 3)[2], die gegenüber der Weimarer Verfassung eine Eingrenzung und terminologische Präzisierung erfuhren. 2

II. Inhaltsübersicht

1. Die Grundrechte des Art. 12 im systematischen Zusammenhang. Art. 12 enthält in Abs. 1 das Grundrecht der Berufsfreiheit, das sich in die Freiheit der Berufswahl und die Freiheit der Berufsausübung gliedert und überdies die Wahl von Arbeitsplatz und Ausbildungsstätte einschließt. Überdies sichert Art. 12 Abs. 2 Freiheit von Arbeitszwang und Art. 12 Abs. 3 Freiheit von Zwangsarbeit zu. Dabei handelt es sich um ein eigenständiges Grundrecht, nicht bloß um spezielle Emanationen der bereits durch Art. 12 Abs. 1 umfassend gewährleisteten Berufsfreiheit.[3] Im Beruf als Lebensaufgabe und Grundlage wirtschaftlicher Existenz entfaltet sich die **Persönlichkeit** par excellence. Damit steht Art. 12 Abs. 1 in einem engen Bezug zu Art. 2 3

[1] JöR 1 nF (1951), 134, 136.
[2] JöR 1 nF (1951), 135 ff.
[3] *Scholz* in Maunz/Dürig Rn. 488; → Rn. 144.

Abs. 1, als dessen Konkretisierung sich das Grundrecht für den Bereich der individuellen Leistung und Existenzerhaltung nach Ansicht des BVerfG und der hL präsentiert.[4] Arbeit wird nach deren Ansicht spezifisch „als Beruf (ung)" geschützt, also „in ihrer Beziehung zur Persönlichkeit des Menschen im ganzen, die sich erst darin voll ausformt und vollendet, dass der Einzelne sich einer Tätigkeit widmet, die für ihn Lebensaufgabe und Lebensgrundlage ist und durch die er zugleich seinen Beitrag zur gesellschaftlichen Gesamtleistung erbringt".[5] Von dieser Warte aus erscheint Art. 12 Abs. 1 nicht so sehr als „Grundrecht der Arbeit"[6] als vielmehr als „Grundrecht des arbeitenden Menschen". Solche wertegravide Überhöhung der Finalität des Grundrechts ist nicht unbedenklich und darf jedenfalls nicht zum Anlass genommen werden, den Schutz der Berufsfreiheit auf das zur Existenzsicherung Erforderliche oder Sozialnützliche[7] zu reduzieren. Vielmehr schließt jedenfalls der Schutzbereich des Grundrechts auch unternehmerische Gewinnmaximierung ein, wie auch Art. 2 Abs. 1 als Parallelvorschrift nicht nur gesellschaftlich wertvolle Handlungen schützt.[8] Dies gilt umso mehr, als die korporative Berufsfreiheit – Art. 12 Abs. 1 als Unternehmensgrundrecht – an Bedeutung gewonnen hat[9] gegenüber dem traditionellen Verständnis des Grundrechts als eines solchen der individuellen, wirtschaftlich-sozialen Interaktion.[10] Soweit Art. 12 Abs. 1 Menschenwürdebezüge innewohnen,[11] werden sie durch die Verbote des Arbeitszwangs und der Zwangsarbeit (Art. 12 Abs. 2 u. 3) akzentuiert.[12]

4 **2. Grundrechtsdimensionen der Berufsfreiheit.** Das Grundrecht auf Berufsfreiheit ist wie alle Freiheitsrechte im Kern als **subjektives Abwehrrecht** gegen staatliche Eingriffe konzipiert. Darüber hinaus wohnt ihm – vor allem im Zusammenhang mit der Vergabe von Ausbildungsplätzen an staatlichen Einrichtungen – eine **teilhaberechtliche** Wirkung inne. Ausnahmsweise wird aus Art. 12 Abs. 1 ein (begrenzter) originärer Leistungsanspruch abgeleitet (→ Rn. 65).[13] Als „wertentscheidende Grundsatznorm"[14] ist die Berufsfreiheit beim Erlass von Rechtsnormen ebenso wie bei der Anwendung und Auslegung durch Exekutive und Gerichte beachtlich.[15] Der Wertentscheidung des Art. 12 Abs. 1 zugunsten der freien Wahl des Lebensunterhalts widerspricht es grundsätzlich, die Zulassung zu einer Berufstätigkeit in das

---

[4] BVerfGE 30, 292 (334); 54, 301 (313); 71, 183 (201); 82, 209 (223); 101, 331 (347); *Manssen* in MKS Rn. 4; *Burgi* in BK Art. 12 Abs. 1 Rn. 58 f.

[5] BVerfGE 7, 377 (397); 13, 97 (104); 30, 292 (334); 50, 290 (362); *Jarass* in Jarass/Pieroth Rn. 1.

[6] Dazu die Staatsrechtslehrertagung 1984: vgl. ua *Lecheler* VVDStRL 43 (1985), 50; *Schneider* VVDStRL 43 (1985), 7 (18 f.); *Papier* DVBl. 1984, 801 (810 f.); *Papier* RdA 2000, 1 (2) „Grundrecht der unselbständigen Arbeit"; *Pietzcker* NVwZ 1984, 550 (552 f.); *Bryde* NJW 1984, 2177 (2182 f.) „Freiheit der Person und Grundrecht der Arbeit"; *Zachert* BB 1998, 1310 (1314) „Grundrecht der abhängigen Arbeit"; vgl. auch *Wieland* in Dreier Rn. 22.

[7] → Rn. 31.

[8] → Art. 2 Rn. 21 ff.

[9] → Rn. 23.

[10] Vgl. BVerfGE 7, 377 (397); *Hufen* NJW 1994, 2913 (2914); sa *Burgi* in BK Art. 12 Abs. 1 Rn. 41.

[11] *Häberle* JZ 1984, 345 (351), *Manssen* in MKS Rn. 4.

[12] BVerfGE 22, 380 (382); 74, 102 (116 ff.).

[13] BVerfGE 33, 303 (329 ff.); 39, 276 (293); 43, 291 (313 f.); 59, 1 (25); 59, 172 (199); 66, 155 (179); vgl. auch *Wieland* in Dreier Rn. 167 ff. Zur Frage nach einem originären Leistungsanspruch *Tettinger* AöR 108 (1983), 92 (127 f.); *Hesse* EuGRZ 1978, 427 (434).

[14] BVerfGE 7, 377 (404); 81, 242 (255).

[15] BVerfG (K) GewArch 2000, 240 (242), zur HandwO.

Ermessen einer Behörde zu stellen. Gesetzliche Erlaubnisvorbehalte, insbes. solche des Gewerberechts, sind erforderlichenfalls verfassungskonform so auszulegen, dass sie bei Erfüllung der Tatbestandsvoraussetzungen eine rechtlich gebundene Entscheidung anordnen.[16] Dies gilt auch für sog. „staatlich gebundene Berufe" (→ Rn. 41).[17] Etwas anderes soll gelten, wenn das Gesetz Ausnahmen von subjektiven Zulassungsbeschränkungen gestattet; in diesen Fällen soll es nicht gegen Art. 12 Abs. 1 verstoßen, die Ausnahmebewilligung in das Ermessen der Verwaltungsbehörde zu stellen.[18]

Auch als **Schutzpflicht** kommt der Berufsfreiheit eine tragende Rolle zu, 5
da berufliche Selbstbestimmung vor allem bei abhängig Beschäftigten nur zu angemessener Entfaltung kommen kann, wenn für ausreichende privatautonome Gestaltungsfreiheit Sorge getragen ist. Diese Komponente kommt vornehmlich dort zum Tragen, wo jeweils durch Art. 12 Abs. 1 geschützte Interessen sozial unterschiedlich starker Antagonisten innerhalb eines Rechtsverhältnisses konkurrieren, also im Verhältnis zwischen Arbeitgeber und Arbeitnehmer, aber zB auch zwischen Unternehmen und Handelsvertretern. Der Staat ist kraft seiner – im Grundsatz beide Seiten erfassenden – Schutzpflichten aufgerufen, die konfligierenden Rechtspositionen in einen angemessenen Ausgleich zu bringen (was das BVerfG nicht ganz treffend als „annähernd[es] Kräftegleichgewicht" umschreibt)[19] und insbes. den schwächeren Teil (Arbeitnehmer, Vertragspartner) vor der Aushöhlung seiner beruflichen Dispositionsfreiheit, inklusive Privatautonomie, zu bewahren. Es liegt maW eine **„Grundrechtskollision"** im Anwendungsbereich des gleichen Grundrechts vor, die meist zugunsten des in höherem Maße schutzbedürftigen Arbeitnehmers aufgelöst wird.[20] Dies gilt nicht nur für das Individualarbeitsrecht, sondern auch für das Tarifvertragsrecht.[21] In Wahrnehmung dieser Schutzpflicht sind Gesetze wie die Bücher des Sozialgesetzbuchs (SGB), das Schwerbehindertengesetz (SchwbG, jetzt in das SGB IX eingegliedert), das Teilzeit- und Befristungsgesetz (TzBfG) oder Mutterschutzgesetz (MuSchG) erlassen worden.[22]

Zum Grundrechtsausgleich bleibt der Staat selbst dann verpflichtet, wenn 6
man Art. 12 Abs. 1 im individuellen oder kollektiven **Arbeitsrecht** unmittelbare Geltung zusprechen will. Das BAG hat seine frühere Auffassung, wonach Art. 12 Abs. 1 Arbeitgeber und Arbeitnehmer in unmittelbarer Drittwirkung bindet,[23] aufgegeben. Zwischen den Tarifparteien soll Art. 3 Abs. 1 ungeachtet der „gebündelt privatautonomen" Ableitung privater Rechtsetzung zwar

---

[16] Vgl. für die Gaststättenerlaubnis *Manssen* in MKS Rn. 157 ff.; zum Widerruf eines Gewerbeverbots aufgrund von Art. 12 BVerwGE 28, 202 (205 f., 209 f.).

[17] Str. für Notare; vgl. BGHZ 127, 83 (91 f.); *Kämmerer* NJW 2006, 2727 (2732); *Jarass* in Jarass/Pieroth Rn. 68.

[18] BVerfGE 9, 338 (353 f.).

[19] BVerfGE 81, 242 (255); *Wieland* in Dreier Rn. 145 ff. mwN.

[20] Vgl. *Hergenröder* FS f. Hadding, 2004, 81 (94 ff.).

[21] Vgl. nur *Ruffert* in BeckOK GG Rn. 19 ff.; *Löwisch/Rieble* in Löwisch/Rieble, Tarifvertragsgesetz, 4. Aufl. 2017, § 1 Rn. 236 ff.

[22] AA *Scholz* in Maunz/Dürig Rn. 58, demzufolge Art. 12 Abs. 1 nicht zum Erlass derartiger Schutzbestimmungen verpflichtet, sondern diese uU aus der Perspektive des Sozialstaatsprinzips erforderlich erscheinen; zur rechtfertigenden Wirkung des Art. 6 Abs. 4 in Bezug auf den vom MuSchG etablierten Kündigungsschutz vgl. BVerfGE 55, 154 (157 ff.); allg. *Hanau* FS f. Dieterich, 1999, 201 ff.; → Rn. 57 f.

[23] Allg. BAGE 1, 185 (191 ff.); zu Art. 12 BAGE 13, 168 (174 f.); 24, 438 (441 ff.); vgl. iÜ *Fischinger* in Münchener Handbuch zum Arbeitsrecht Bd. I, 4. Aufl. 2018, § 7 Rn. 4–8 mwN.

als „fundamentale Handlungsanleitun[g] an jeden Normgeber" direkte Geltung entfalten, nicht dagegen Art. 12 Abs. 1, da die normative Rechtsetzung durch die Tarifparteien mit staatlicher Fremdeinwirkung nicht vergleichbar sei.[24] Dessen ungeachtet könnte unmittelbare Drittwirkung allein noch keinen angemessenen Grundrechtsausgleich gewährleisten. Den staatlichen Gewalten ist bei der Erfüllung der Schutzpflicht ein weiter Gestaltungsspielraum gewährt: Verletzt ist die Schutzpflicht erst, wenn Schutzvorkehrungen ganz fehlen oder getroffene Regelungen und Maßnahmen zur Erreichung des Schutzzieles „gänzlich ungeeignet oder völlig unzulänglich" sind bzw. das „Untermaßverbot" verletzen.[25] Daher wird ein Verstoß gegen Art. 12 Abs. 1 wegen Verletzung der Schutzpflicht insbes. im Bereich der Gesetzgebung nur selten festgestellt werden können. Insofern haben sich die Befürchtungen eines Teils des Schrifttums, durch übertriebene Anforderungen insbes. an das Kräftegleichgewicht[26] werde die Privatautonomie ausgehöhlt,[27] jedenfalls bis jetzt nicht bewahrheitet.

7 **3. Berufsfreiheit und Wirtschaftsordnung.** Art. 12 lässt sich – selbst im Kontext mit anderen Vorschriften – kein Bekenntnis des Grundgesetzes für eine bestimmte **Wirtschaftsordnung** entnehmen.[28] Die Umschreibung dieses Befundes als „wirtschaftspolitische Neutralität" der Bundesverfassung[29] gibt allerdings Anlass zu Missverständnissen. Denn um der in Art. 12 und 14 enthaltenen objektiven Verfassungsentscheidungen willen muss die Möglichkeit des Einsatzes von Privateigentum und individuellen Fähigkeiten für persönliche Erwerbsziele in ausreichendem Umfang eröffnet bleiben.[30] Ein Verbot privaten Unternehmertums wäre mit Art. 12 Abs. 1 unvereinbar; vielmehr hat die Wirtschaftsordnung *im Kern* marktwirtschaftlich zu sein. Damit sind „sozialistischen" Elementen innerhalb dieser Marktwirtschaft, wie sie zB Art. 15 zulässt,[31] Grenzen gesetzt; von Sozialisierung darf im Lichte der von Art. 12 u. 14 verkörperten objektiven Wertentscheidungen nur zurückhaltend Gebrauch gemacht werden. Auch jenseits des verfassungsrechtlich gebotenen Minimums an Marktwirtschaft gibt das GG mit Hilfe des Sozialstaatsprinzips und kollidierender Grundrechte weiten Raum für sozial(staatlich)e Bindungen der Privatwirtschaft. Art. 12 Abs. 1 verbietet auch nicht die Gründung und Unterhaltung staats- oder gemeindeeigener Wirtschaftsbetriebe, solange diese in fairem Wettbewerb zu privater Konkurrenz stehen (zur Gegenmeinung, die dies bereits als „Eingriff durch Wettbewerb" ansieht → Rn. 102).[32] Insofern

[24] So BAG NZA 2002, 917 (918); etwas anders noch BAG NZA 1997, 1294 (1295): Tarifautonomie als Befugnis, „wie der Gesetzgeber Rechtsnormen zu schaffen".

[25] BVerfGE 81, 242 (255); 92, 26 (46), Seeschifffahrtsregister, Schutz der Berufsfreiheit der deutschen Seeleute.

[26] Dazu *Wieland* in Dreier Rn. 145 ff.

[27] *Adomeit* NJW 1994, 2467; *Rittner* NJW 1994, 3330; *Hesse/Kaufmann* JZ 1995, 219; *Spieß* DVBl. 1994, 1222.

[28] BVerfGE 50, 290 (336 f.); *Schmidt-Eriksen* DtZ 1990, 108 (110).

[29] BVerfGE 4, 7 (17 f.); 7, 377 (400); 12, 341 (347); 14, 19 (23); 21, 73 (78); 30, 292 (315); 50, 290 (336 ff.); 57, 139 (167); ähnlich *Scholz* in Maunz/Dürig Rn. 85 ff.: „offene Wirtschaftsverfassung"; *Manssen* in MKS Rn. 32; ausf. *Frotscher/Kramer* Wirtschaftsverwaltungs- und Wirtschaftsverfassungsrecht, 7. Aufl. 2019, Rn. 31 ff.

[30] *Scholz* in Maunz/Dürig Rn. 87; *Manssen* in MKS Rn. 32; *Leisner* BB 1975, 1.

[31] → Art. 15 Rn. 12.

[32] BVerfGE 34, 252 (256); 55, 261 (269); BVerwGE 39, 329 (336); 71, 183 (193); BVerwG DVBl. 1996, 152 (153); *Kämmerer,* Privatisierung, 2001, 222; *Breuer* in HdbStR VIII § 171 Rn. 85; *Jarass* in Jarass/Pieroth Rn. 23; *Jarass* DÖV 2002, 489 (494); *Antweiler* NVwZ 2003, 1466 (1469); vgl. aber *Helm,* Rechtspflicht zur Privatisierung, 1999, 149; *Schneider*

lässt sich aus Art. 12 Abs. 1 daher auch keine Pflicht zur Privatisierung ableiten, solange die staatlichen Betriebe mit marktkonformen Mitteln agieren, also weder besondere Privilegien in Anspruch nehmen, noch zu Privaten in Verdrängungskonkurrenz treten.[33] Art. 12 Abs. 1 trifft über das Verhältnis von Privat- und Staatswirtschaft und deren Stärkerelation keine Aussage. Auch wenn in dieser Bestimmung kein allgemeines Subsidiaritätsprinzip angelegt ist, schreibt das kommunale Wirtschaftsrecht den Vorrang privater Aufgabenerfüllung gegenüber staatlichem wirtschaftlichem Handeln bei gleicher Zweckeignung auf einfachgesetzlicher Ebene traditionell fest.[34]

Wachsende Bedeutung kommt Art. 12 Abs. 1 für **staatliche Wirtschaftslenkung und Regulierung** zu. Als Schutzpflicht für unternehmerische Tätigkeit und objektive Wertentscheidung für ein Grundmaß an Wettbewerb[35] verpflichtet das Grundrecht den Staat, innerhalb der einzelnen Wirtschaftsbereiche, soweit erforderlich, für einen angemessenen Ausgleich zwischen seinen Trägern Sorge zu tragen. Diese Pflicht ist teilweise überformt durch das sozialstaatlich getönte Anliegen der Daseinsvorsorge, das in Vorschriften wie Art. 87e Abs. 4 und Art. 87f Abs. 1 auch sektorspezifisch ausgestaltet worden ist (Pflicht zur Erbringung flächendeckender, angemessener und ausreichender Dienstleistungen, insbes. von Universaldienstleistungen).[36] Maßnahmen der Wirtschaftslenkung können mit Eingriffen in unternehmerische Tätigkeit einhergehen, die wie sonst auch der Rechtfertigung bedürfen. Die meisten Marktordnungsgesetze differenzieren, schon weil Art. 12 Abs. 1 unternehmerisches Vorrecht staatseigener Betriebe verbietet, nicht nach dem Träger eines Unternehmens. Eine oft höhere Belastung staatlicher und gemischtwirtschaftlicher Unternehmen resultiert mitunter daraus, dass diese Marktteilnehmer aus einstigen staatlichen Monopolen hervorgegangen sind; „asymmetrische Regulierung" (wie im Post- oder Telekommunikationsbereich) zu ihren Lasten dient der Herstellung und Stabilisierung funktionierender Wettbewerbsstrukturen.[37] Sind diese auf Dauer tragfähig, kann Art. 12 Abs. 1 uU eine Beendigung der sektorspezifischen Regulierung und die Überleitung des Regulierungsgegenstands in das allgemeine Marktrecht (insbes. Wettbewerbsrecht) gebieten, das marktstarken Unternehmen geringere Belastungen auferlegt. 8

4. Kein „Recht auf Arbeit". Art. 12 Abs. 1 kann, insbesondere mit Blick auf den Schutz der freien Arbeitsplatzwahl, als „Grundrecht der Arbeit"[38] oder besser noch „Grundrecht des arbeitenden Menschen"[39] apostro- 9

DVBl. 2000, 1250 (1255 f.); *Tsiliotis,* Der verfassungsrechtliche Schutz der Wettbewerbsfreiheit, 2000, 239 ff., 265 ff.; *Puhl* VVDStRL 60 (2001), 456 (482); *Scharpf* GewArch 2005, 1 (3 f.); *Dietlein* in Stern StaatsR IV/1 § 111 Kap. IV 5b β.

[33] *Kämmerer,* Privatisierung, 2001, 223; *Helm,* Rechtspflicht zur Privatisierung, 1999, 141; vgl. auch *Ruthig/Storr,* Öffentliches Wirtschaftsrecht, 4. Aufl. 2015, Rn. 714.

[34] ZB Art. 87 Abs. 1 Nr. 4 Bayerische Gemeindeordnung (BayGO); § 116 Abs. 1 Nr. 3 Gemeindeordnung für das Land Sachsen-Anhalt (GO LSA); § 108 Abs. 1 Nr. 3 Niedersächsische Gemeindeordnung (NGO); hierzu *Frenz* GewArch 2006, 100; *Gern/Brüning,* Deutsches Kommunalrecht, 4. Aufl. 2019, Rn. 1004; zu staatlichen Monopolen → Rn. 137 ff.

[35] → Rn. 7; BVerfGE 32, 311 (317).

[36] Dazu *Scholz* in Maunz/Dürig Rn. 256; sa → Art. 87e Rn. 30; → Art. 87f Rn. 9 ff.

[37] *Schneider* in Fehling/Ruffert Regulierungsrecht, 2010, § 8 Rn. 15 ff.; *Groebel* in Bien/Ludwigs Das europäische Kartell- und Regulierungsrecht der Netzindustrien, 2015, 169 (174, 178).

[38] So zB *Papier* DVBl. 1984, 801; *Bryde* NJW 1984, 2177; *Wendt* DÖV 1984, 601.

[39] → Rn. 3.

phiert werden. Ein **Recht *auf* Arbeit** kann daraus nicht abgeleitet werden,[40] ebenso wenig wie ein „Recht auf Bildung" im Sinne eines subjektiven Anspruchs auf Zugang zu einer Ausbildungseinrichtung eigener Wahl.[41] Weder Wortlaut noch Telos oder Normzusammenhang stützen die Ableitung eines Leistungsrechts gegenüber dem Staat auf Beschaffung oder Erhaltung eines Arbeitsplatzes.[42] In einem jedenfalls im Kern marktwirtschaftlichen System (Art. 12 Abs. 1, Art. 14 Abs. 1) liegen Produktions- und Dienstleistungseinrichtungen überwiegend in privater Hand, was einem staatsgerichteten Anspruch auf Zuteilung eines Arbeitsplatzes durch den Staat entgegensteht.[43] Der Staat kann Vollbeschäftigung daher nicht gewährleisten. Dies gilt umso mehr, als in wirtschaftlichen Krisensituationen die Entlassung von Arbeitnehmern zur Sicherung des Bestands bestimmter Unternehmen sogar erforderlich sein kann. Die in Art. 12 Abs. 1 verankerte Schutzpflicht für die Freiheit der Wahl des Ausbildungsplatzes bezieht sich über ihre institutionelle Dimension hinaus auf bereits in Ausübung begriffene oder konkret zur Wahl stehende Berufstätigkeit und vermag ein „Recht auf Arbeit" ebenso wenig zu stützen wie einen *Anspruch* auf Schutz gegen den durch private Maßnahmen veranlassten Verlust eines Arbeitsplatzes.[44]

10 Soweit Landesverfassungen ein „Recht auf Arbeit" verheißen,[45] ist dieses nicht als Individualrecht, sondern als „soziales Grundrecht" im Range einer **Staatszielbestimmung** aufzufassen.[46] Aus ihm folgt eine Pflicht des Staates, die Beschäftigungsquote zu fördern, einen hohen Beschäftigungsstand und nach Möglichkeit Vollbeschäftigung anzustreben. Solche Pflichten können auf gesamtstaatlicher Ebene aus dem Sozialstaatsprinzip iVm Art. 12 Abs. 1

---

[40] BVerfGE 84, 133 (146 f.); 85, 360 (373); *Mann* in Sachs Rn. 88; *Manssen* in MKS Rn. 12; *Burgi* in BK Art. 12 Abs. 1 Rn. 69; zum Recht auf Arbeit in einzelnen Landesverfassungen *Wieland* in Dreier Rn. 18; zum Recht auf Arbeit im Wiedervereinigungskontext *Schmidt-Eriksen* DtZ 1990, 108 (112 f.).

[41] BVerfGE 34, 165 (182); BbgVerfG NVwZ 2001, 912; *Ruffert* in BeckOK GG Rn. 22 f.; *Scholz* in Maunz/Dürig Rn. 69; *Maunz* FS f. Geiger, 1974, 545 ff.; zur Ausbildungsstätte vgl. *Manssen* in MKS Rn. 13.

[42] BVerfGE 84, 133 (146 f.); 85, 360 (373), Arbeitsverhältnis im öffentlichen Dienst der DDR; *Scholz* in Maunz/Dürig Rn. 53 ff., 434; zu weitgehend ist die Auffassung von *Schneider* VVDStRL 43 (1985), 7 (23, 41).

[43] *Limbach* FS f. Helmrich, 1994, 279 (282).

[44] BVerfGE 84, 133 (147); sa BVerfGE 81, 242 (255); dazu (Schutzpflicht des Gesetzgebers) *Hermes* NJW 1990, 1764 (1766 f.).

[45] Art. 166 Abs. 2 BayVerf.; Art. 18 Abs. 1 VvB; Art. 8 Abs. 1 BremVerf.; Art. 28 Abs. 2 HessVerf.; Art. 24 Abs. 1 Verf. NRW; Art. 53 Abs. 2 Verf. RhPf.; Art. 45 S. 2 SaarlVerf. sprechen von einem Recht auf Arbeit; etwas anders sind Art. 39 Sachs.-Anh. Verf.; Art. 36 Thür. Verf., Art. 48 Bbg. Verf. und Art. 17 Abs. 1 LVerf. MV formuliert, die den Charakter der Verbürgung als Staatszielbestimmung und die staatliche Förderungspflicht betonen, vgl. *Mann* in Sachs Rn. 25; hinzuweisen ist ferner auf die Festschreibung eines Rechtes auf Arbeit in der DDR-Verfassung, vgl. Art. 21 u. 24 Verf. der DDR idF v. 7.10.1974 (GBl. I 432). Ähnliche grundrechtliche Absicherungen lassen sich in den Verfassungen anderer europäischer Länder auffinden, vgl. Art. 4 Abs. 1 italienische Verf.; Art. 23 Abs. 3 Nr. 1 belgische Verf.; Art. 11 Abs. 4 luxemburgische Verf.; Art. 35 Abs. 1 spanische Verf., Art. 53 portugiesische Verf. (Garantie des Arbeitsplatzes).

[46] *Manssen* in MKS Rn. 12 Fn. 39; ebenfalls *Wieland* in Dreier Rn. 18, der den objektivrechtlichen Verpflichtungscharakter dieser Gewährleistungen betont, sowie *Wieland* VVDStRL 59 (1999), 13 ff. (38 f.); *Weiss* AuR 2001, 374 (376); als bloßer „Programmsatz" wird das Recht auf Arbeit hingegen eingeordnet vom VGH München, BayVGHE 13 (1960) II, 141; *Breuer* in HdbStR VIII § 170 Rn. 16; ebenso *Mann* in Sachs Rn. 20; *Schneider* VVDStRL 43 (1985), 7 (31 f.); *Graf Vitzthum* VBlBW 1991, 404 (408); *Depenheuer* FS 50 Jahre BVerfG II, 2001, 241 ff. (257 f.), bezeichnet eine derartige Verbürgung als „verfassungspolitisches Fossil".

(verstanden als positive Wertentscheidung des Verfassungsgesetzgebers für die „Institution Beruf") ebenso wie aus Art. 109 Abs. 2 (Vollbeschäftigung als Teil des gesamtwirtschaftlichen Gleichgewichts) abgeleitet werden.[47] Auch eine (Schutz-)Pflicht des Staates zur Beschränkung befristeter Beschäftigung hat das BVerfG aus Art. 12 Abs. 1 iVm dem Sozialstaatsprinzip abgeleitet.[48] Umgekehrt hat das BVerfG das sozialstaatliche Ziel der Reduzierung von Arbeitslosigkeit wiederholt als rechtfertigenden Grund für Eingriffe in die Berufsfreiheit herangezogen.[49]

Ein Recht auf Arbeit kann auch nicht den **Unionsgrundrechten** oder EU-Grundfreiheiten[50] entnommen werden. Art. 15 Abs. 1 der Grundrechte-Charta der EU gewährt „das Recht zu arbeiten und einen frei gewählten oder angenommenen Beruf auszuüben". Weder nach ihrem Wortlaut noch in Ansehung ihrer Entstehungsgeschichte vermag die Bestimmung einen subjektiven Anspruch auf Verschaffung eines Arbeitsplatzes zu stützen.[51] 11

III. Überstaatliche Bezüge

1. Berufsfreiheit als EU-Grundrecht und Menschenrecht. Die Berufsfreiheit wird außer durch Art. 12 Abs. 1 auch **durch EU-Grundrechte geschützt,** die ua zur Anwendung kommen, wo nationale Rechtsetzung sich als Durchführung von Unionsrecht darstellt (Art. 51 Abs. 1 GRCh). Art. 15 GRCh gewährleistet das Recht, zu arbeiten und einen frei gewählten und angenommenen Beruf auszuüben. Darüber hinaus ist durch Art. 16 GRCh auch die unternehmerische Freiheit ausdrücklich anerkannt. Schon vor Verabschiedung der GRCh hatte der EuGH die Berufsfreiheit als allgemeinen Grundsatz des Gemeinschaftsrechts, der bei der Überprüfung von Gemeinschaftsakten zu wahren ist (Art. 6 Abs. 2 EUV 1992, Art. 6 Abs. 1 EUV 2007), anerkannt[52] (zum – lückenhaften – Schutz der Berufsfreiheit in der EMRK → Rn. 13). Dies schloss ihre einzelnen Komponenten wie Berufsaufnahme und -ausübung,[53] freie Wahl des Geschäftspart- 12

[47] *Papier* DVBl. 1984, 801 (811); *Scholz* in Maunz/Dürig Rn. 55; *Mann* in Sachs Rn. 20; *Wieland* in Dreier Rn. 26; *Scheuner* FS f. Schäfer, 1975, 109 (112 ff.).

[48] BVerfGE 149, 126.

[49] So zB BVerfGE 100, 271 (284); 103, 293 (307); 116, 202 (223); BVerfG (K) MDR 2007, 959 (= BVerfK 10, 450); als Grundlage der staatlichen Pflicht zur Reduktion der Arbeitslosigkeit wird Art. 109 Abs. 2 angesehen, vgl. *Wieland* in Dreier Rn. 26.

[50] So auch *Borrmann,* Der Schutz der Berufsfreiheit im europäischen Gemeinschaftsrecht, 2002, 243.

[51] *Pernice* DVBl. 2000, 847 (853); *Weber* NJW 2000, 537 (541); *Jarass,* EU-Grundrechte, 2005, § 20 Rn. 19; *Grabenwarter* DVBl. 2001, 1 (5); *Nettesheim* EuR Beiheft 1/2004, 7 (74); *Kingreen* EuGRZ 2004, 570 (571); *Ruffert* in Ehlers Europäische Grundrechte und Grundfreiheiten, 4. Aufl. 2014, § 19 Rn. 6.

[52] EuGH 11/70, Slg. 1970, 1125, ECLI:EU:C:1970:114 Rn. 4 – Internationale Handelsgesellschaft; EuGH 4/73, Slg. 1974, 491, ECLI:EU:C:1974:51 Rn. 14 – Nold; EuGH 44/79, Slg. 1979, 3727, ECLI:EU:C:1979:290 Rn. 15 – Hauer; EuGH 116/82, Slg. 1986, 2519, ECLI:EU:C:1986:322 Rn. 27 – Qualitätswein; EuGH 234/85, Slg. 1987, 2289, ECLI:EU:C:1986:302 Rn. 8 – Keller; EuGH 222/86, Slg. 1987, 4097, ECLI:EU:C:1987:442 Rn. 14 – Heylens; EuGH 132/91, Slg. 1992, I-6577, ECLI:EU:C:1992:517 Rn. 32 – Katsikas; EuGH C-280/93, Slg. 1994, I-4973, ECLI:EU:C:1994:367 Rn. 78 – Deutschland/Rat; EuGH C-306/93, Slg. 1994, I-5555, ECLI:EU:C:1994:407 Rn. 22, 24 – Winzersekt; *Wieland* in Dreier Rn. 11 ff., *Jarass,* EU-Grundrechte, 2005, § 20; *Borrmann,* Der Schutz der Berufsfreiheit im deutschen Verfassungsrecht und im europäischen Gemeinschaftsrecht, 2002, 158 ff. mwN; *Wunderlich,* Das Grundrecht der Berufsfreiheit im Europäischen Gemeinschaftsrecht, 2000, 98 mwN.

[53] EuGH 44/79, Slg. 1979, 3727, ECLI:EU:C:1979:290 Rn. 32 – Hauer.

ners[54] oder Wettbewerbsfreiheit[55] ein. Die rechtsdogmatische Auseinandersetzung mit dieser „Grundrechtsspaltung" steht noch in den Anfängen.[56] Der EuGH behandelt die **Unternehmensfreiheit** des Art. 16 GRCh gegenüber der in Art. 15 GRCh verankerten Berufsfreiheit als **eigenständiges Grundrecht,** ohne damit erkennbar einen Unterschied bei Intensität und Funktion des Grundrechtsschutzes verbinden zu wollen.[57] Nachdem der Gerichtshof anfangs in einzelnen Entscheidungen beide Grundrechte nebeneinander angewandt hatte, findet sich in jüngeren Entscheidungen die Aussage, dass Art. 15 GRCh keine Anwendung finde, wenn Art. 16 GRCh betroffen sei.[58] Davon scheint der Gerichtshof bereits auszugehen, wenn die betroffene Person eine selbständige Tätigkeit ausübt[59] – womit Art. 16 GRCh keinen genuin institutionellen Schutz vermitteln würde, sondern in seinem personalen Schutzbereich der Niederlassungs- und Dienstleistungsfreiheit angenähert wäre. Der Idealkonkurrenz beider Grundrechte erteilt der EuGH in jedem Fall eine Absage.

13 Auf **völkerrechtlicher Ebene**[60] sind für das „Recht auf Arbeit" zum einen Art. 23 AEMR und zum anderen Art. 6 u. 7 des Internationalen Paktes über wirtschaftliche, soziale und kulturelle Rechte (IPwskR)[61] beachtlich, denen zu Folge die Vertragsstaaten das Recht auf Arbeit anerkennen, welches als Recht eines Individuums auf die Möglichkeit begriffen wird, seinen Lebensunterhalt mittels eines frei gewählten Berufes zu bestreiten, vgl. Art. 6 IPwskR. Art. 7 Abs. 1 IPwskR statuiert das Recht auf gerechte und günstige Arbeitsbedingungen. Diese Rechte verpflichten zwar die Vertragsparteien, vgl. Art. 2 Abs. 1 IPwskR, das Fakultativprotokoll zur Individualbeschwerde von 2008 wurde von Deutschland bisher jedoch nicht ratifiziert.[62] Der EMRK ist ein Verbot der Pflicht- und Zwangsarbeit inhärent, vgl. Art. 4 Abs. 2, Abs. 3 EMRK; eine dem Art. 12 Abs. 1 vergleichbare Freiheitsgarantie ist ihr jedoch nicht immanent, was erst recht für ein etwaiges Recht auf Arbeit gilt. Berufsbezogene Betätigungen des Einzelnen werden seitens des EGMR jedoch unter den Schutz des Art. 8 EMRK, welcher das Recht auf Achtung des Privat- und Familienlebens etabliert, gestellt.[63]

14 **2. Ergänzung des Berufsgrundrechts durch Grundfreiheiten.** In der europarechtlichen Spruchpraxis bis heute bedeutsamer als die Gemeinschafts-

[54] EuGH C-90/90 und Rs. C-91/90, Slg. 1991, I-3617, ECLI:EU:C:1991:303 Rn. 13 – Secrétaire d'État à l'Agriculture.

[55] EuGH C-200/96, Slg. 1998, I-1953, ECLI:EU:C:1998:172 – Metronome.

[56] Übersicht über mögliche Deutungsvarianten bei *Jarass* FS f. Müller-Graff, 2015, 1410 ff.

[57] Vgl. hierzu insbes. *Wollenschläger* EuZW 2015, 285 ff.

[58] Vgl. nur EuGH C-134/15, ECLI:EU:C:2016:498 Rn. 26 – Lidl, gegenüber EuGH C-544/10, ECLI:EU:C:2012:526 – Deutsches Weintor.

[59] EuGH C-101/12, ECLI:EU:C:2013:661 Rn. 24 ff. – Schaible; dazu *Jarass* FS f. Müller-Graff, 2015, 1410 (1418).

[60] Vgl. allg. zum internationalen Recht auf Arbeit *Partsch* RdA 1951, 361; *Riedel,* Theorie der Menschenrechtsstandards: Funktion, Wirkungsweise und Begründung wirtschaftlicher und sozialer Menschenrechte, 1983.

[61] Internationaler Pakt über wirtschaftliche, soziale und kulturelle Rechte, beschlossen durch Resolution 2220A (XXI) der UN-Generalversammlung v. 16.12.1966, in Kraft getreten am 3.1.1976, BGBl. 1973 II 1570.

[62] Die Ratifikation wird seit längerem geprüft, vgl. BT-Drs. 18/6315, 4, und wird von der Bundesregierung angestrebt, vgl. Koalitionsvertrag zwischen CDU, CSU und SPD v. 7.2.2018, 155, abrufbar unter: https://www.bundesregierung.de/ (zuletzt abgerufen am 29.5.2019).

[63] EGMR 27.7.2004 – 55480/00 Rn. 47 ff., Sidabras u. Džiautas; vgl. anstelle vieler anderer *Meyer-Ladewig/Nettesheim* in NK EMRK Art. 8 Rn. 49.

grundrechte sind die sog. europäischen **Grundfreiheiten.** Sie sind bei allen mitgliedstaatlichen Akten unabhängig davon beachtlich, ob damit Europarechtsakte durchgeführt werden oder nicht. Als Individualrechte konkurrieren die Grundfreiheiten, namentlich die Personenverkehrsfreiheiten, in Idealkonkurrenz mit Art. 12 Abs. 1, sind aber anders als jener kraft ihres Binnenmarktbezugs funktional begrenzt. Als subjektive Rechte von Unionsbürgern (Deutschen wie Nichtdeutschen) sind die Grundfreiheiten innerstaatlich zwar nicht verfassungs-, wohl aber ggf. verwaltungsprozessual durchsetzbar.[64] Arbeitnehmer dürfen gem. Art. 45 AEUV bei der Wahl des Arbeitsplatzes und der Ausübung einer Berufstätigkeit in anderen Mitgliedstaaten grundsätzlich keinerlei Beschränkungen unterworfen werden; Selbständige können sich auf die Niederlassungsfreiheit (Art. 49 AEUV) und die Dienstleistungsfreiheit (Art. 56 AEUV) berufen. Auch die sachbezogenen Freiheiten des Waren- (Art. 28 ff., 34 ff. AEUV) und des Kapitalverkehrs (Art. 63 Abs. 1 AEUV) sichern berufliche Betätigung ab.

15 Die Schutzlücke, die daraus erwächst, dass Nichtdeutsche sich auf Art. 12 Abs. 1 nicht berufen können,[65] wird durch Grundfreiheiten mit Blick auf mitgliedstaatliche Akte, die nicht der Durchführung von Unionsrecht dienen, zumindest teilweise geschlossen. Umgekehrt können sich auch Deutsche uU gegen deutsche Hoheitsakte unter Berufung auf die Personenverkehrsfreiheiten wehren, da sie über das Verbot der **Diskriminierung** nach der Staatsangehörigkeit (das Inländer nicht erfasst) hinaus auch jede Form der **nichtdiskriminierenden Beschränkung** der enthaltenen Rechtsverbürgungen untersagen.[66] Eine solche liegt nach der Rspr. des EuGH[67] etwa vor, wenn Deutschen der grenzüberschreitende Wechsel der Ansässigkeit bzw. des Arbeitsplatzes in rechtlicher oder tatsächlicher Hinsicht erschwert wird. Insoweit verstärken die Grundfreiheiten punktuell den durch Art. 12 Abs. 1 vermittelten Schutz. Wo die (niedrige) Schwelle des für Grundfreiheiten erforderlichen „grenzüberschreitenden Bezuges“[68] nicht erreicht ist, können sich Nichtdeutsche uU auf Art. 18 AEUV berufen, der eine Diskriminierung nach der Staatsangehörigkeit untersagt, anders als die Grundfreiheiten allerdings nur im Anwendungsbereich des Unionsrechts zur Anwendung kommt. So ist bei der Ausbildungszulassung eine Unterscheidung nach der Staatsangehörigkeit durch die Mitgliedstaaten unzulässig, weil Art. 165 f. AEUV für den Bereich der beruflichen Bildung eine Unionskompetenz begründet.[69]

---

[64] EuGH 26/62, Slg. 1963, 1, ECLI:EU:C:1963:1 Rn. 25 – Van Gend en Loos; *Ehlers* in Ehlers Europäische Grundrechte und Grundfreiheiten, 4. Aufl. 2014, § 7 Rn. 10; aA *Scholz* in Maunz/Dürig Rn. 14; zum Schutz der Berufsfreiheit über die Personenverkehrsfreiheiten *Borrmann,* Der Schutz der Berufsfreiheit, 2002, 166 ff.

[65] Zum Meinungsstand → Rn. 19.

[66] EuGH 8/74, Slg. 1974, 837, ECLI:EU:C:1974:82 Rn. 5 – Dassonville; EuGH 33/74, Slg. 1974, 1299, ECLI:EU:C:1974:131 Rn. 10 ff. – van Binsbergen; EuGH 415/93, Slg. 1995, I-4921, ECLI:EU:C:1995:463 Rn. 92 ff. – Bosman; EuGH 55/94, Slg. 1995, I-4165, ECLI:EU:C:1995:411 Rn. 34 ff. – Gebhard; *Ehlers* in Ehlers Europäische Grundrechte und Grundfreiheiten, 4. Aufl. 2014, § 7 Rn. 27, 30.

[67] EuGH 415/93, Slg. 1995, I-4921, ECLI:EU:C:1995:463 Rn. 95 f. – Bosman; EuGH 190/98, Slg. 2000, I-493, ECLI:EU:C:2000:49 Rn. 23 ff. – Graf; EuGH 10/90, Slg. 1991, I-1119, ECLI:EU:C:1991:107 Rn. 18 ff. – Masgio; EuGH C-9/02, Slg. 2004, I-2409, ECLI:EU:C:2004:138 Rn. 42 – de Lasteyrie du Saillant.

[68] EuGH 332/90, Slg. 1992, I-341, ECLI:EU:C:1992:40 Rn. 9 – Steen I; EuGH 132/93, Slg. 1994, I-2715, ECLI:EU:C:1994:254 Rn. 9 – Steen II; *Ehlers* in Ehlers Europäische Grundrechte und Grundfreiheiten, 4. Aufl. 2014, § 7 Rn. 25.

[69] EuGH 147/03, Slg. 2005, I-1569, ECLI:EU:C:2005:427 Rn. 42 ff., 75 – Kommission/Österreich; *Hilpold* EuZW 2005, 647.

16 Nach der Rspr. des EuGH entfalten Grundfreiheiten, insbes. die Freizügigkeit der Arbeitnehmer, insoweit unmittelbare **Drittwirkung,** als kollektive Regeln, die für Mitglieder privater Verbände erlassen werden (also insbes. die Rechtsakte von Gewerkschaften und Arbeitnehmerverbänden) und sie ähnlich wie staatliche Normen binden, direkt an den Grundfreiheiten zu messen sind; diese binden ihre Urheber unmittelbar.[70] Demgegenüber zeitigt Art. 12 Abs. 1 nach Ansicht der Verfassungs- und Verwaltungsrechtsprechung – wie alle Grundrechte – lediglich mittelbare Drittwirkung.[71] Ausländische juristische Personen treten auch innerhalb Deutschlands als Träger von Grundfreiheiten in Erscheinung, seit der EuGH den Zwang zur Annahme einer Gesellschaftsform deutschen Rechts für mit der europäischen Niederlassungsfreiheit unvereinbar erklärt und ihnen damit den rechtsformwahrenden Zuzug nach Deutschland ermöglicht hat.[72] Insoweit surrogierten die Grundfreiheiten lange den Schutz durch deutsche Grundrechte, der ausländischen juristischen Personen aus der Union erst mit der „Anwendungserweiterung" des Art. 19 Abs. 3 durch das BVerfG[73] zugebilligt wird.

17 Durch europäisches **Sekundärrecht** haben die berufsrelevanten Personenverkehrsfreiheiten in den vergangenen Jahren erhebliche Präzisierungen, aber teilweise auch funktionale Ausweitungen erfahren. 2004 wurde eine Freizügigkeitsrichtlinie erlassen,[74] welche bestehende Rechtsverbürgungen betreffend Ansässigkeit, soziale Sicherheit, Gesundheitsfürsorge etc bekräftigt und ergänzt. Die 2013 novellierte[75] sog. Berufsqualifikationsrichtlinie aus dem Jahr 2005[76] regelt die Modalitäten der selbständigen Ausübung sog. reglementierter Berufe, die nach mitgliedstaatlichem Recht eine qualifizierte Berufsausbildung erfordern, außerhalb des Herkunftsmitgliedstaats, und beseitigt insoweit Zugangshemmnisse. Die Erbringung von Dienstleistungen aus dem Ausland oder durch bisher dort niedergelassene Unionsbürger wird erleichtert durch die sog. Dienstleistungsrichtlinie von 2006,[77] die den Mitgliedstaaten

---

[70] EuGH 36/74, Slg. 1974, 1405, ECLI:EU:C:1974:140 Rn. 16/19 – Walrave; EuGH 415/93, Slg. 1995, I-4921, ECLI:EU:C:1995:463 Rn. 83 ff. – Bosman; EuGH 176/96, Slg. 2000, I-2681, ECLI:EU:C:2000:201 Rn. 35 – FRBSB; EuGH 438/05, Slg. 2007, I-10779, ECLI:EU:C:2007:772 Rn. 33 ff., 57 f. – Seeschifffahrt; noch weitergehend EuGH 281/98, Slg. 2000, I-04139, ECLI:EU:C:2000:296 Rn. 33 ff., 36 – Angonese; *Pießkalla* NZA 2007, 1144 (1145 ff.); *Kluth* AöR 122 (1997), 557 ff.; *Graber,* Die unmittelbare Drittwirkung der Grundfreiheiten, 2002; *Schwarz,* Die direkte Verpflichtung des EU-Bürgers durch Normen des Gemeinschaftsrechts, 2003, 9 ff.; *Förster,* Die unmittelbare Drittwirkung der Grundfreiheiten, 2007, 23 ff.

[71] → Rn. 6; → Art. 1 Rn. 85.

[72] EuGH 208/00, Slg. 2002, I-9919, ECLI:EU:C:2002:632 Rn. 82 – Überseering; vgl. allerdings die Einschränkungen durch EuGH C-210/06, Slg. 2008, I-9641, ECLI:EU:C:2008:723 Rn. 110 – Cartesio.

[73] BVerfGE 129, 78 (96 f.).

[74] RL 2004/38/EG des Europäischen Parlaments und des Rates v. 29.4.2004 über das Recht der Unionsbürger und ihrer Familienangehörigen, sich im Hoheitsgebiet der Mitgliedstaaten frei zu bewegen und aufzuhalten, ABl. 2004 L 158, 77.

[75] RL 2013/55/EU des Europäischen Parlaments und des Rates v. 20.11.2013 zur Änderung der Richtlinie 2005/36/EG über die Anerkennung von Berufsqualifikationen und der Verordnung (EU) Nr. 1024/2012 über die Verwaltungszusammenarbeit mit Hilfe des Binnenmarkt-Informationssystems („IMI-Verordnung"), ABl. 2013 L 354, 132. Überblick über die Änderungen bei *Stork* GewArch 2013, 338.

[76] RL 2005/36/EG des Europäischen Parlaments und des Rates v. 7.9.2005 über die Anerkennung von Berufsqualifikationen, ABl. 2005 L 255, 22; überblicksartig *Kluth/Rieger* EuZW 2005, 486.

[77] RL 2006/123/EG des Europäischen Parlaments und des Rates v. 12.12.2006 über Dienstleistungen im Binnenmarkt, ABl. 2006 L 376, 36.

ua die Pflicht auferlegt, Dienstleistungs- und Niederlassungsbeschränkungen einem bestimmten, gegenüber dem Primärrecht zum Teil verschärften Prüfungsraster[78] zu unterwerfen. Zu diesen allgemeinen, berufsübergreifenden Vorschriften gesellen sich Sekundärrechtsakte, welche die Rechtsverhältnisse einzelner Berufe ausgestalten und damit inhaltlich die nach Art. 12 Abs. 1 S. 2 zulässige Regelung dieser Berufsbilder durch den nationalen Gesetzgeber vorwegnehmen.[79]

Zahlreiche Vorschriften des **Marktordnungs-, Arbeits- und Sozialrechts** fußen auf europarechtlichen Vorgaben und müssen, auch soweit Art. 12 Abs. 1 und nicht das Unionsgrundrecht der Berufsfreiheit auf die Umsetzungsakte anwendbar sein sollte, unionsfreundlich ausgelegt werden. Dies gilt bspw. für eine Vielzahl von Regulierungsmaßnahmen, die zur Herstellung und Erhaltung funktionsfähiger Märkte beigetragen und damit der Berufsfreiheit privater Anbieter zT erst Raum eröffnet haben, also Regulierungsrichtlinien und Einzelentscheidungen, die zur Ausführung gemeinschaftsvertraglicher Vorgaben im Rahmen der übertragenen Kompetenzen erlassen worden sind (Bahn, Post und Telekommunikation, Verkehr, Energie, Flughäfen, Kapitalmärkte, etc).[80] Das deutsche Arbeits- und Sozialrecht wurzelt nicht allein in Art. 12 Abs. 1, sondern in einem erheblichen Umfang auch in (überwiegend sekundärem) Europarecht. Diese Regeln treten teils bestärkend neben die Berufsfreiheit, teils schränken sie die Berufsausübung aber auch ein; dies gilt insbes. für die zahlreichen Diskriminierungsverbote, die zum Teil durch das Allgemeine Gleichbehandlungsgesetz[81] umgesetzt worden sind. Europarechtlich geregelt ist ua auch die wechselseitige Anerkennung von Hochschulabschlüssen als Voraussetzung der Berufsausübung.[82] Im Zuge des „Bologna-Prozesses“[83] kommt es verstärkt zu einer überstaatlichen bzw. europarechtlichen Determinierung der Studiengänge, deren Ergebnis auch die verfassungsrechtliche Bewertung modifiziert (→ Rn. 64).[84] 18

B. Einzelfragen zu Art. 12 Abs. 1

I. Schutzbereich

1. Alle Deutschen. a) Natürliche Personen. Nur **Deutsche** iSd Art. 116 Abs. 1 werden vom Schutzbereich des Art. 12 Abs. 1 erfasst. Für 19

[78] Zur Vereinbarkeit mit europäischem Primärrecht – im Wesentlichen positiv – *Streinz/Leible* in Schlachter/Ohler Europäische Dienstleistungsrichtlinie, 2008, Einl. Rn. 93 f., zugleich mwN zum Meinungsstand; *Korte* EWS 2007, 246 (254).

[79] ZB die Richtlinie 2006/43/EG über Abschlussprüfungen von Jahresabschlüssen und konsolidierten Abschlüssen […] vom 17.6.2006, ABl. Nr. L 157 v. 9.6.2006, S. 87 (für Wirtschaftsprüfer bzw. Abschlussprüfer).

[80] Ein Überblick findet sich bei *Kluth* in Calliess/Ruffert EUV/AEUV, Art. 59 AEUV Rn. 42–61 mwN.

[81] Allgemeines Gleichbehandlungsgesetz v. 14.8.2006, BGBl. 2006 I 1897, zuletzt geändert durch G v. 3.4.2013, BGBl. 2013 I 610 mWv 21.12.2012 → Art. 3 Rn. 151.

[82] Zur Rspr. vgl. EuGH 340/89, Slg. 1991, I-2357, ECLI:EU:C:1991:193 – Vlassopoulou; EuGH 313/01, Slg. 2003, I-13467, ECLI:EU:C:2003:612 – Morgenbesser; zur Anerkennung von Berufsqualifikationen s. *Kämmerer/Kerkemeyer* in Wollenschläger Enzyklopädie Europarecht, Band 10, 2020, § 11.

[83] Vgl. *Niedobitek* in Streinz EUV/AEUV Art. 165 AEUV Rn. 28–30.

[84] Vgl. statt vieler *Bollenbeck,* Der Bologna-Prozess und die Veränderung der Hochschullandschaft, 2007; *Fischer/Wünsch,* Der Bologna-Prozess an juristischen Fakultäten, 2006.

Ausländer gilt das Grundrecht nicht.[85] Verfassungsrechtlicher Schutz wird deren Berufstätigkeit durch Art. 2 Abs. 1 zuteil, der insoweit auch in personaler Hinsicht Auffangfunktion besitzt.[86] Vereinzelt ist aus der Beschränkung des Art. 12 Abs. 1 auf Deutsche gefolgert worden, dass die Berufswahl und -ausübung Nichtdeutscher überhaupt keinen Grundrechtsschutz genieße.[87] Diese Position wird der Bedeutung der Berufsfreiheit für die auch Nichtdeutschen verfassungsrechtlich garantierte freie Entfaltung der Persönlichkeit[88] nicht gerecht und zieht – weil weniger persönlichkeitsrelevante Tätigkeiten gleichwohl von Art. 2 Abs. 1 erfasst bleiben – Wertungswidersprüche nach sich.

20 Durch **völkerrechtliche Verträge** werden Nichtdeutschen – und sofern es sich um Unionsbürger handelt, auch durch das Europarecht[89] – berufsbezogene Freiheiten eröffnet, denen jedoch kein Verfassungsrang zuwachsen kann.[90] Staatenlosen, die ebenfalls von Art. 12 Abs. 1 nicht erfasst werden, sind durch das Gesetz über die Rechtsstellung heimatloser Ausländer im Bundesgebiet v. 25.4.1951 berufsbezogene Gewährleistungen zuteil geworden.[91]

21 Ob wenigstens **Unionsbürger**[92] in den personalen Schutzbereich des Art. 12 Abs. 1 fallen, ist umstritten. Manche Vertreter des Schrifttums befürworten dies[93] unter Hinweis auf die Rechte, die das Unionsrecht den Staatsangehörigen aller Mitgliedstaaten zuerkennt,[94] wie die Grundfreiheiten und das allgemeine Diskriminierungsverbot des Art. 18 AEUV. Einer solch extensiven Auslegung auf Schutzbereichsebene steht jedoch bereits der Wortlaut des Art. 12 Abs. 1 entgegen,[95] und für einen Analogieschluss fehlt es an der rechtspolitischen Notwendigkeit. Nichtdeutsche Unionsbürger können sich auf die Freiheit der Berufswahl und Berufsausübung über Art. 2 Abs. 1 als Auffanggrundrecht berufen; dies gilt auch für juristische Personen im Lichte der – den Wortlaut der Vorschrift allerdings überstrapazierenden[96] – „Anwendungserweiterung" des Art. 19 Abs. 3 (→ Art. 19 Rn. 92). Um der Entwicklung bei den unionsrechtlichen Gewährleistungen auf verfassungsrechtlicher Ebene Rechnung zu tragen, reicht eine Anlehnung an Art. 12 Abs. 1 bei der

---

[85] BVerfGE 78, 179 (196 f.); 104, 337 (346); BVerwGE 1, 71; 56, 254 (261); OVG Münster DÖV 1955, 90 (91); VGH Kassel DVBl. 1966, 646 (647).

[86] BVerfGE 78, 179 (196); 104, 337 (346); BVerwGE 59, 284 (294); *Manssen* in MKS Rn. 266; krit. *Scholz* in Maunz/Dürig Rn. 104.

[87] Vgl. *Scholz* in Maunz/Dürig Rn. 104.

[88] Vgl. *Manssen* in MKS Rn. 4 Rn. 274; zur Bedeutung der Berufsfreiheit für die freie Entfaltung der Persönlichkeit BVerfGE 7, 377 (397); 13, 97 (104); 30, 292 (334); 50, 290 (362); 54, 301 (313); 63, 266 (286); 71, 183 (201); 81, 242 (254); 82, 209 (223); 101, 331 (346 ff.); 110, 226 (251 ff.).

[89] → Rn. 14 ff.

[90] OVG Münster DÖV 1955, 90 (91).

[91] BGBl. 1951 I 269 – weitere völkerrechtliche Gewährleistungen: Art. 4 EMRK (4.11.1950, BGBl. 1952 II 686 (953)); Europäische Sozialcharta (BGBl. 1964 II 1262); vgl. *Scholz* in Maunz/Dürig Rn. 12 Rn. 14, 105.

[92] Zu nach dem Recht eines EU-Mitgliedstaats gegründeten juristischen Personen → Rn. 16.

[93] *Breuer* in HdbStR VIII § 170 Rn. 43; *Jarass* in Jarass/Pieroth Rn. 12; sa *Ruffert* in BeckOK GG Rn. 37.

[94] → Rn. 14.

[95] BVerfG NJW 2016, 1436 (1437); *Scholz* in Maunz/Dürig Rn. 105; *Hofmann* in SHH Rn. 6; *Mann* in Sachs Rn. 35; *Wieland* in Dreier Rn. 58; *Burgi* in BK Art. 12 Abs. 1 Rn. 87; *Bauer/Kahl* JZ 1995, 1077 Fn. 5 mwN; *Glos,* Die deutsche Berufsfreiheit und die europäischen Grundfreiheiten, 2003, 40 f.; *Nolte/Tams* JuS 2006, 31; modifizierend *Manssen* in MKS Rn. 267.

[96] So auch *Huber* in MKS Art. 19 Rn. 308; *Enders* in BeckOK GG Art. 19 Rn. 37.

Schrankenprüfung von Art. 2 Abs. 1 – die sich mit dessen Wortlaut besser vereinbaren lässt – aus. Art. 18 AEUV, der nur im Anwendungsbereich des Unionsrechts gilt,[97] gebietet keine verfassungsrechtliche Gleichstellung von Deutschen und Unionsbürgern.

Die Berufsfreiheit unterliegt keinen **Altersgrenzen.** Auf das Grundrecht kann sich auch berufen, wer minderjährig ist oder im Rentenalter steht oder wegen Geistesschwäche der Betreuung untersteht. Eine „Grundrechtsmündigkeit" ist mit Blick auf Art. 12 ebenso wenig anzuerkennen wie iRd Art. 4 Abs. 1, 2.[98] Das Verbot der Kinderarbeit greift damit in die Berufsfreiheit ein, ist allerdings durch das besonders wichtige Gemeinschaftsgut des Schutzes der Jugend gerechtfertigt.[99] Vielmehr ist der Ausschluss von einem Beruf oder einer Berufsausbildung als zu jung oder zu alt ein rechtfertigungsbedürftiger Eingriff in das Grundrecht (→ Rn. 143). 22

b) Juristische Personen. Das Grundrecht der Berufsfreiheit gewinnt in dem Maße, wie wirtschaftlich-gewerbliche Tätigkeit durch Kapital- und Personenhandelsgesellschaften ausgeübt wird, eine in der Praxis immer stärkere korporative Dimension, die sich in der Judikatur des BVerfG aber nur verhalten niederschlägt. Insoweit ist zwischen der **Unternehmerfreiheit** – welche natürliche und auch juristische Personen ua zur Gründung eines Wirtschaftsunternehmens berechtigt – und der **Unternehmensfreiheit,** verstanden als Freiheit einer juristischen Person zu wirtschaftlicher Betätigung, zu unterscheiden (→ Rn. 39).[100] Inländische juristische Personen des Privatrechts (→ Art. 19 Rn. 66 ff.) genießen nach heute allgemeiner Auffassung[101] für ihre unternehmerisch-wirtschaftliche Betätigung den Schutz des Art. 12 Abs. 1.[102] Zwar übt die juristische Person nicht im engeren Sinne des Wortes einen Beruf aus, aber in ihrem auf Dauer angelegten unternehmerischen, erwerbswirtschaftlichen Handeln steht sie selbständigen Gewerbetreibenden gleich.[103] Trotz Anerkennung der korporativen Grundrechtsdimension spielt sie gerade in der frühen Judikatur des BVerfG – das die Ratio der Berufsfreiheit vorwiegend in der individuellen Persönlichkeitsentfaltung verortete – nur eine untergeordnete Rolle. Der von der Mehrheit in Rspr. und Lehre und insbesondere der Verfassungsgerichtsbarkeit praktizierte „Durchblick" auf die hinter einer Kapitalgesellschaft stehenden natürlichen Personen[104] zur Bestimmung ihrer Grundrechtsfähigkeit belegt, wie stark die Verfassungsdogmatik auch jetzt noch dem Bild einer bloß inhaberakzessorischen Grundrechtsstellung von Unternehmen verhaftet bleibt, hinter der die eigene Berechtigung der juristischen Person zu erwerbswirtschaftlichem Handeln zu verblassen droht. 23

---

[97] → Rn. 15.

[98] So auch *Scholz* in Maunz/Dürig Rn. 117; *Burgi* in BK Art. 12 Abs. 1 Rn. 83.

[99] *Schlachter* in ErfK JArbSchG § 5 Rn. 2.

[100] *Breuer* in HdbStR VIII § 170 Rn. 87; *Dietlein* in Stern StaatsR IV/1 § 111 *Kap. II 1h α.*

[101] BVerfGE 21, 207 (208 f.); 21, 261 (266); 22, 380 (383); 30, 292 (312); 50, 290 (363 ff.); BVerwGE 3, 304 (305 f.); *Scholz* in Maunz/Dürig Rn. 101, 106; *Manssen* in MKS Rn. 268; *Breuer* in HdbStR VIII § 170 Rn. 44; *Nolte* in Stern/Becker Rn. 60 f.; anders *Rittstieg* in AK Rn. 157.

[102] BVerfGE 30, 292 (312); 50, 290 (363); 95, 173 (181); BVerwGE 75, 109 (114); 97, 12 (23); *Mann* in Sachs Rn. 37.

[103] BVerfGE 30, 292 (312); 50, 290 (363); 74, 129 (148); BVerwGE 97, 12 (23).

[104] Zum Durchgriffsgedanken BVerfGE 21, 362 (369); 61, 82 (101); 68, 193 (206); *Manssen* in MKS Rn. 268; *Scholz* in Maunz/Dürig Rn. 106.

24 **Berufsverbände** können sich grundsätzlich nur dann auf Art. 12 Abs. 1 berufen, wenn sie nicht bloß als politische Interessenvertretung für ihre Mitglieder agieren, sondern in genuin eigenen Rechten oder solchen Rechten betroffen sind, die ihnen von den Mitgliedern (ggf. auch treuhänderisch) übertragen worden sind.[105] Auch öffentlich-rechtlich organisierte Verbände können sich unter dieser Voraussetzung auf Art. 12 Abs. 1 berufen, allerdings nur, soweit sie nicht in ihrer Funktion als Teil der hoheitlichen Verwaltung betroffen sind, sondern als verfasste Vertretung der Mitglieder.[106]

25 **Juristische Personen des öffentlichen Rechts** können sich – von diesem Sonderfall abgesehen – auf Art. 12 Abs. 1 nicht berufen; sie sind grundsätzlich Antagonisten von Grundrechtsträgern, auf welche Grundrechte schlechthin „dem Wesen nach" nicht anwendbar sind (Art. 19 Abs. 3; → Art. 19 Rn. 76 ff.).[107] Selbst im Bereich der „Ausnahmetrias" kann Art. 12 Abs. 1 nicht zur Geltung kommen: Die Grundrechtsgeltung für Forschungseinrichtungen und öffentliche Rundfunkanstalten ist funktional auf Art. 5 Abs. 1 bzw. Art. 5 Abs. 3 beschränkt;[108] bei Religionsgemeinschaften besteht, unabhängig davon, ob sie Körperschaften des öffentlichen Rechts sind oder nicht, für eine durch Art. 12 Abs. 1 geschützte unternehmerische Tätigkeit neben Art. 4 Abs. 1, Abs. 2 kein Raum.[109] Für den Bereich kommunaler Wirtschaftstätigkeit ist zu unterscheiden: Die Freiheit der Kommunen zur wirtschaftlichen Betätigung ist durch Art. 28 Abs. 2 und nicht durch Art. 12 Abs. 1 geschützt; sie kann, da solche Tätigkeiten nicht zum Kern kommunaler Autonomie zu rechnen sind, durch die landesrechtlichen Kommunalverfassungen in weitem Umfang beschränkt werden.[110] Unternehmen in privatrechtlicher Organisationsform, an denen eine Kommune oder der Staat beteiligt sind, können sich zwar ggf. auf Art. 12 Abs. 1 berufen (→ Art. 19 Rn. 86 f.). Spezifische Beschränkungen wirtschaftlicher Betätigung, die das kommunale Wirtschaftsrecht auferlegt, beziehen sich jedoch mehr auf die Beteiligung öffentlicher Träger an einer solchen Gesellschaft als das Unternehmensgebaren als solches und sind insoweit nicht an Art. 12 Abs. 1 zu messen.

26 **Beliehene** agieren, soweit die Beleihung reicht, als Verwaltungsbehörden iSv § 1 Abs. 4 VwVfG und können sich gegenüber staatlichen Aufsichtsmaßnahmen insoweit nicht auf Art. 12 Abs. 1 berufen (näher dazu → Art. 19 Rn. 69). Beispiele für solche Tätigkeiten sind Fluggastkontrollen

---

[105] BVerfGE 70, 1 (20); BVerwGE 90, 88 (95); zur Prozessstandschaft BVerfGE 25, 256 (263); 72, 122 (133); BVerfG (K) NVwZ 2001, 1148 (1149).

[106] BVerfGE 70, 1 (20 f.); BVerfG (K) GewArch 1993, 288 (289); die reine „Interessenvertretung" – so der vom BVerfG herangezogene Topos – reicht zur Rechtsbetroffenheit in Art. 12 allerdings noch nicht aus: *Sachs* in Sachs Art. 19 Rn. 99 f.; *Mann* in Sachs Rn. 42.

[107] BVerfGE 21, 362 (368 f.); 23, 353 (372); 25, 198 (205); 26, 228 (244); 35, 263 (271); 39, 302 (312 ff.); 45, 63 (78 f.); 68, 193 (206 ff.); 75, 192 (196); BVerwG DÖV 1972, 350 (351); *Scholz* in Maunz/Dürig Rn. 108; *Sachs* in Sachs Art. 19 Rn. 89 ff.; *Hofmann* in SHH Rn. 8; *Nolte* in Stern/Becker Rn. 62; *Zimmermann,* Der grundrechtliche Schutzanspruch juristischer Personen des öffentlichen Rechts, 1993; aA bei privatrechtlicher Interessenwahrnehmung: *Wieland* in Dreier Rn. 57; *Manssen* in MKS Rn. 273.

[108] → Art. 5 Rn. 22; großzügiger hingegen BVerfGE 107, 299 (310 ff.).

[109] → Art. 4 Rn. 139.

[110] Ein absolutes Verbot privatrechtlicher Beteiligungsverhältnisse und wirtschaftlicher Betätigung der Kommunen würde am Wesensgehalt des Art. 28 Abs. 2 scheitern; vgl. *Wieland/Hellermann,* Der Schutz des Selbstverwaltungsrechts, 1995, 33 ff.; aA *Müller,* Die Entscheidung des Grundgesetzes für die gemeindliche Selbstverwaltung im Rahmen der europäischen Integration, 1992, 38; → Art. 28 Rn. 101 ff.

(§ 16a LuftSiG[111]) oder die Erhebung einer Straßenbenutzungsmaut (§ 2 FStrPrivFinG[112]), aber auch bestimmte Aktivitäten von Trägern von sog. „staatlich gebundenen Berufen" (zB Notar[113]). Der Zugang zu einem teilweise mit der Ausübung öffentlicher Gewalt verbundenen Beruf geht der Beleihung jedoch zeitlich und sachlogisch voraus und unterliegt damit Art. 12 Abs. 1. Auch wo Konzessionierung mit Beleihung einhergeht, muss das Vergaberecht den Anforderungen der Berufsfreiheit Rechnung tragen.[114] Unter Umständen müssen sich auch Widerruf und Rücknahme einer Beleihung, soweit sie auf das Ob der beruflichen Betätigung zurückwirkt, an Art. 12 Abs. 1 messen lassen, da von diesem Zeitpunkt an die der Gewinnerzielung dienende Tätigkeit, die mit der Beleihung verbunden ist, nicht mehr ausgeübt werden kann.[115] Die praktische Bedeutung der Beleihung nimmt heute in dem Umfang zu, wie sich der Staat aus Tätigkeiten der Leistungsverwaltung zurückzieht. Zur Sicherung der Erbringung von Dienstleistungen von allgemeinem Interesse (vgl. Art. 14 AEUV) werden dann zunehmend Private mit solchen Versorgungsaufgaben betraut („Entstaatlichung").[116] Wo im Zuge der Privatisierung auf förmliche Beleihung verzichtet wird, tritt an die Stelle der eigenen Grundrechtsbindung des Unternehmens dessen regulative Steuerung kraft Gesetzes, mit welcher der seinen grundrechtlichen Gewährleistungspflichten nachkommende Staat[117] private Leistungserbringer Pflichten unterwirft, die denen eines Beliehenen funktional ähnlich sind.

2. Beruf. Nach überkommener und allgemein anerkannter Definition ist **Beruf** jede auf Dauer angelegte Tätigkeit, die der Schaffung und Erhaltung einer **Lebensgrundlage** dient. Umstritten ist lediglich, ob für bestimmte Konstellationen weitere Kriterien – wie Erlaubtheit bzw. Sozialunschädlichkeit – als Korrektiv heranzuziehen sind (→ Rn. 31 ff.).[118] Die Dogmatik der Berufsfreiheit nimmt auf die zentrale Bedeutung der Berufsausübung für die Entfaltung des Einzelnen Bezug und konturiert Art. 12 Abs. 1 damit als besonderes Persönlichkeitsrecht. Zu ihr gesellt sich ein gesellschaftsgerichteter, tendenziell objektivrechtlicher Aspekt: Mit der Berufsausübung Einzelner wird ein Beitrag zur gesellschaftlichen Gesamtleistung erbracht.[119] Das in hohem Maße persönlichkeitsverhaftete Berufsideal entspricht der zunehmend 27

[111] BGBl. 2005 I 78, zuletzt geändert durch G v. 23.2.2017, BGBl. 2017 I 298.

[112] BGBl. 2006 I 49, zuletzt geändert durch G v. 29.11.2018, BGBl. 2018 I 2237.

[113] → Rn. 41.

[114] Umf. *Kaelble,* Vergabeentscheidung und Verfahrensgerechtigkeit, 2008, 46 ff.; *Burgi* FS f. Maurer, 2001, 581 (589).

[115] AA *Burgi* FS f. Maurer, 2001, 581 (592), der jedoch einen Schutz gegen Einbußen an Positionen, die ein Beliehener im Laufe seines Tätigwerdens durch eigene Investitionen aufgebaut hat, nach Art. 14 GG befürwortet; *Steiner* FS f. Koja, 1998, 603 (613 f.); zu gewerbe- und verfassungsrechtlichen Grenzen der Rücknahme einer Beleihung als Bezirksschornsteinfeger wegen verfassungsfeindlicher Bestrebungen OVG Magdeburg GewArch 2009, 168.

[116] Zum Begriff der Daseinsvorsorge: *Knauff,* Der Gewährleistungsstaat: Reform der Daseinsvorsorge, 2004, 47 ff.; *Bull* Der Staat 47 (2008), 1.

[117] Vgl. *Burgi,* Funktionale Privatisierung und Verwaltungshilfe, 1999, 331 ff. (353 ff.); *Dietlein,* Die Lehre von den grundrechtlichen Schutzpflichten, 2005, 173 f.

[118] BVerfGE 102, 197 (212 f.); 105, 252 (265); 110, 304 (321); 111, 10 (28); mit Attribut „erlaubt" BVerfGE 7, 377 (397); 68, 272 (281); ebenso BVerwGE 22, 286 (287); eing. BVerwGE 87, 37 (39 ff.); aus dem Schrifttum zB *Ruffert* in BeckOK GG Rn. 40; *Burgi* in BK Art. 12 Abs. 1 Rn. 107; *Scholz* in Maunz/Dürig Rn. 29; *Jarass* in Jarass/Pieroth Rn. 8, jeweils ohne das Merkmal „erlaubt"; *Leisner* JZ 1972, 33 (35); zum Beruf aus soziologischer Sicht vgl. *Hesse* AöR 95 (1970), 449 (451 ff.); → Rn. 31 ff.

[119] BVerfGE 50, 290 (362), Mitbestimmung; sa BVerfGE 30, 292 (334).

durch korporative Formen wirtschaftlicher Erwerbstätigkeit bestimmten sozio-ökonomischen Wirklichkeit heute nur noch begrenzt. Allgemein ist anerkannt, dass neben der „Unternehmerfreiheit" auch die „Unternehmensfreiheit" dem Schutz des Art. 12 Abs. 1 unterliegt,[120] weswegen es angelegen erscheint, an die Stelle der „Lebens- bzw. Existenzgrundlage" die **„Erwerbsgrundlage"** treten zu lassen.

28 Bereits die Schlüsselfunktion der Berufsausübung für die Verwirklichung der Persönlichkeit gebietet es, den Begriff des Berufs weit auszulegen.[121] Die verbreitete Feststellung, er sei „entwicklungsoffen",[122] ist zum Teil missverständlich. Sie darf jedenfalls nicht als Plädoyer für eine mögliche Ergänzung der oa Definitionsformel um einschränkende Kriterien aufgefasst werden, sondern akzentuiert lediglich die Notwendigkeit, sich wandelnde Sozial- und Erwerbsstrukturen bei der Auslegung und Anwendung der Tatbestandsmerkmale zu berücksichtigen. Auch **„atypische" Berufe** werden von Art. 12 Abs. 1 erfasst.

29 Der Gesetzgeber ist im Grundsatz berechtigt, ua durch Verhaltens-, Ausbildungs-, Zulassungs- und Prüfungsanforderungen und Regulierungsvorschriften **Berufsbilder** zu schaffen.[123] Der Schutz des Grundrechts ist jedoch nicht davon abhängig, ob die Tätigkeit einem überkommenen und möglicherweise gesetzlich umrissenen Berufsbild entspricht.[124] Ein statischer Grundrechtsschutz, der sich allein innerhalb normativ vorgezeichneter Berufsbilder entfaltete, würde der vom Menschenbild des Grundgesetzes bestimmten objektiven Entscheidung des Art. 12 Abs. 1 für die Verwirklichung des Einzelnen unabhängig von der gesellschaftlichen Üblichkeit oder Anerkennung einer dem Lebensunterhalt dienenden Tätigkeit widersprechen. Dies ist in Rspr. und Lehre kaum bestritten.[125] Dennoch bleiben Berufsbilder gesetzgebungstechnisch und grundrechtsdogmatisch bedeutsam: Gesetzliche Regelungen zum Schutze von Gemeinschaftsgütern, insbes. solche, welche Anforderungen an die berufliche Ausbildung fixieren, setzen sachlogisch voraus, dass (auch unter Verwendung von Legaldefinitionen) Charakteristika der jeweiligen Berufe über das Berufsbild normativ bestimmt werden. Solchermaßen hergestellte „Gesetzesprägung" von Berufen darf nicht mit einer Ausgestaltung des Schutzbereichs der Berufsfreiheit gleichgesetzt werden, auch wenn der Gesetzgeber – wenn die Stufenlehre (→ Rn. 46 ff.) zur Anwendung gebracht wird – über die Frage disponieren kann, ob in die Berufswahl oder die Berufsausübung eingegriffen wird. Bereits die Festlegung eines Berufsbildes ist als Grundrechtseingriff zu behandeln.[126]

---

[120] → Rn. 23, 39.

[121] BVerfGE 7, 377 (397); 54, 301 (313); 68, 272 (281); *Jarass* in Jarass/Pieroth Rn. 5; BSGE 22, 92 (94); ausf. *Fröhler/Mörtel* GewArch 1979, 105.

[122] *Papier* DVBl. 1984, 801 (802); *Scholz* in Maunz/Dürig Rn. 19.

[123] BVerfGE 13, 97 (106); 75, 246 (265 f.); 80, 1 (24); BVerwGE 94, 352 (359); ausf. *Fröhler/Mörtel* GewArch 1979, 105 (106 ff.).

[124] BVerfGE 7, 377 (397); 78, 179 (193); BVerwGE 2, 89 (92); *Jarass* in Jarass/Pieroth Rn. 5; zu diesen Begriffen krit. *Scholz* in Maunz/Dürig Rn. 284 ff., der zwischen „autonomen" und „heteronomen" Berufsbildern unterscheidet. Unter Berufsbild versteht man „die Gesamtvorstellung über den Inhalt und die Grenzen der für den Beruf charakteristischen Tätigkeit und die fachlichen, persönlichen, ggf. auch finanziellen Gegebenheiten, die mit ihr verbunden sind", *Maunz* in Maunz/Dürig, Erstbearb. 1968, Rn. 24.

[125] Sa *Höfling* DVBl. 1987, 881 (886 f.); *Hufen* NJW 1994, 2913 (2915 f.); zur „Berufsbildlehre" des BVerfG vgl. *Fröhler/Mörtel* GewArch 1979, 105 (106 ff.); *Borrmann,* Der Schutz der Berufsfreiheit, 2002, 56 ff.; anders noch BGH DVBl. 1953, 471 (472).

[126] → Rn. 106.

30 In älteren Entscheidungen hatte das BVerfG dem Berufsbild noch einen höheren Stellenwert beigemessen: Obwohl es darauf abhob, dass auch untypische Tätigkeiten von Art. 12 Abs. 1 geschützt seien, verband es diese Feststellung mit der Aussicht auf die Entstehung neuer Berufsbilder aus solchen Tätigkeiten.[127] In der neueren Verfassungs- und Verwaltungsjudikatur findet sich die Zuordnung eines Sachverhalts zum Schutzbereich des Grundrechts kraft einer „Berufsbilddynamik" aus gutem Grund nicht mehr. Denn werden auch atypische Berufe geschützt, ist die Frage, ob sich aus ihnen ein Berufsbild entwickeln kann, für die Bemessung des Schutzbereichs unerheblich.

31 Der Schutz des Art. 12 Abs. 1 wird beruflichen Tätigkeiten unabhängig davon zuteil, ob sie **sozial oder normativ anerkannt** sind oder nicht. Nicht erforderlich ist, dass die berufliche Tätigkeit dem gesellschaftlichen Fortschritt dient oder kulturell hochwertig ist; in diesem Sinne „neutrale" Tätigkeiten (Traumdeutung, Astrologie,[128] Schaustellung von Personen[129]) werden von Art. 12 Abs. 1 geschützt.

32 Entgegen verbreiteter Auffassung kann von der **Erlaubtheit** einer Tätigkeit nicht abhängen, ob sie vom Schutzbereich der Berufsfreiheit erfasst ist.[130] Andernfalls könnte der Gesetzgeber durch Verbote den Schutzbereich des Grundrechts nach seinen Vorstellungen modellieren. Ob eine berufliche Tätigkeit zu erlauben ist oder nicht, folgt einzig aus der Anwendung der Grundrechtsschranken.[131]

33 Teile von Rspr. und Schrifttum stellen daher nicht auf die Erlaubtheit ab, sondern wollen **gemeinschaftsschädliche Tätigkeiten** vom Schutzbereich des Art. 12 Abs. 1 ausnehmen.[132] Dieser Ansatz aber generiert Rechtsunschärfen, da die Gemeinschaftsschädlichkeit einer beruflichen Tätigkeit nicht selten umstritten und überdies vom Wandel der sozialen Anschauungen bestimmt ist. Überdies besteht auch für eine solche Einschränkung des Schutzbereichs keine Notwendigkeit, weil die Abwendung einer Gefahr von der Rechts- und Sozialgemeinschaft zu Eingriffen in das Grundrecht berechtigt, die bis zum Verbot einer Tätigkeit reichen können.[133] Nach einer vordringenden Ansicht sollen aus dem Schutzbereich des Art. 12 Abs. 1 lediglich „absolut gemeinschaftsschädliche" Tätigkeiten – wie die von „Berufskrimi-

---

[127] BVerfGE 7, 377 (397); 17, 232 (241); BVerwGE 1, 48 (53 f.).

[128] BVerwGE 22, 286 (288 f.), Astrologe als Beruf.

[129] *Scholz* in Maunz/Dürig Rn. 37; *Mann* in Sachs Rn. 53; *Bachof* in Bettermann/Nipperdey/Scheuner Grundrechte, III/1, 1958, 155 (181 f.); *Berg* GewArch 1977, 249.

[130] Wie hier BVerfG NJW 2006, 1261 (1262); BVerwGE 96, 293 (296 f.); *Jarass* in Jarass/Pieroth Rn. 8; *Ruffert* in BeckOK GG Rn. 42; *Wieland* in Dreier Rn. 43; *Mann* in Sachs Rn. 52; *Nolte* in Stern/Becker Rn. 23 ff.; aA BVerwGE 87, 37 (40 f.); *Scholz* in Maunz/Dürig Rn. 38 ff.; *Hofmann* in SHH Rn. 27.

[131] Anders noch BVerwGE 2, 110 (111); *Scholz* in Maunz/Dürig Rn. 35 f.; *Jarass* in Jarass/Pieroth Rn. 8; *Breuer* in HdbStR VIII § 170 Rn. 69; *Wieland* in Dreier Rn. 43; *Manssen* in MKS Rn. 43; *Berg* GewArch 1977, 249 (254); eing. *Höfling,* Offene Grundrechtsinterpretation, 1987, 150 ff.

[132] BVerwGE 22, 286 (288); 96, 293 (297), Betrieb eines Sportwettenunternehmen; *Bachof* in Bettermann/Nipperdey/Scheuner Grundrechte, III/1, 1958, 155 (190 f.); *Bethge* WiVerw 2008, 77 (80); *Friauf* JA 1984, 537 (539); weitergehend OVG Münster NJW 1986, 2783; VGH München NJW 1987, 727. In der Sache ebenso mit Blick auf den Schutz der europäischen Grundfreiheiten EuGH C-137/09, Slg. 2010, I-13019, ECLI:EU:C:2010:774 Rn. 36 ff. – Josemans, Betrieb eines „Coffeeshops", soweit er den Verkauf „weicher Drogen" umfasst.

[133] Wie hier *Jarass* in Jarass/Pieroth Rn. 8; anders BVerwGE 22, 286 (289); *Manssen* in MKS Rn. 43; → Rn. 109 ff.

nellen" oder „Drogendealern" – herausfallen, die dem Menschenbild des Grundgesetzes in eklatanter Weise widersprechen.[134] Doch auch dieses Abgrenzungskriterium erscheint zu unbestimmt und wenig hilfreich, wenn man berücksichtigt, dass selbst berufsmäßige Tötungshandlungen in bestimmten Konstellationen (zB bei Soldaten) von der Rechts- und Gesellschaftsordnung gebilligt werden oder zB die für absolut erachtete Gemeinschaftsschädlichkeit des Drogenhandels mit der „Freigabe" eines Suchtmittels durch den Gesetzgeber hinfällig werden kann. Insbesondere wird die dauerhafte Ausübung der **Prostitution** nicht (mehr) vom Schutzbereich des Art. 12 Abs. 1 ausgenommen werden können,[135] nachdem der Gesetzgeber den sog. Dirnenlohn als rechtswirksame Forderung und die Prostitutionsausübung als potenziell sozialversicherungsfähige Tätigkeit anerkannt hat.[136]

34 Allgemein kontrastiert die von der hM vorgenommene Eingrenzung des Schutzbereichs schließlich auch mit der Tendenz der Verfassungsjudikatur, sämtliche menschlichen Verhaltensformen ohne Rücksicht auf ihren sozialen Wert einem Grundrechtstatbestand, jedenfalls Art. 2 Abs. 1, zuzuordnen und etwaige Begrenzungen damit auf der Schrankenebene zu verorten.[137] Erkennt man Art. 12 Abs. 1 die Funktion zu, die freie Entfaltung der Persönlichkeit im Bereich dauerhafter Erwerbstätigkeit zu sichern, sollte bei diesem Grundrecht die Grenze nicht anders als bei Art. 2 Abs. 1 gezogen und Verzicht auf restriktive Kriterien wie Erlaubtheit oder (absolute) Gemeinschaftsschädlichkeit geübt werden.[138]

35 Die Tätigkeit muss, um als Beruf zu gelten, **auf Dauer angelegt** sein. Das ist nicht der Fall, wo sie nur vorübergehend oder gelegentlich ausgeübt wird.[139] Ein einmaliger Erwerbsvorgang reicht nicht aus, doch dürfen an die Dauer keine strengen Anforderungen gestellt werden.[140] Eine allgemeine Mindestdauer lässt sich nicht bestimmen, da die Natur und Intensität der jeweiligen Tätigkeit in Ansatz gebracht werden müssen.[141] Eine Befristung der Tätigkeit steht ihrer Dauerhaftigkeit grundsätzlich nicht entgegen.[142] Das Kriterium der Dauerhaftigkeit ist auch dann erfüllt, wenn der Arbeitsvertrag – wie bei Zeitarbeitern – einen Einsatz in wechselnden Betrieben für unbestimmte Zeit gestattet; insoweit ist maßgeblich darauf abzustellen, ob sich die Folge der Arbeitsleistungen in Ansehung der vertraglichen Grundlagen als funktionales Kontinuum darstellt.[143]

36 Der **Schaffung und Erhaltung einer Existenzgrundlage** dient die Tätigkeit, wenn sie objektiv geeignet ist, die finanzielle und ökonomische Basis

---

[134] BVerfGE 115, 276 (302); BVerwGE 96, 293 (297); *Ruffert* in BeckOK GG Rn. 42; *Manssen* in MKS Rn. 43; *Scholz* in Maunz/Dürig Rn. 37; *Mann* in Sachs Rn. 54.

[135] Vgl. *Tettinger* AöR 108 (1983), 92 (98). Gegen die Anwendung des Schutzbereichs des Art. 12 Abs. 1 auf die Prostitution noch BVerwG GewArch 1981, 140.

[136] Vgl. das G zur Regelung der Rechtsverhältnisse der Prostituierten (Prostitutionsgesetz) v. 20.12.2001, BGBl. I 3983; vgl. *Kurz* GewArch 2002, 142; *Gurlit/Oster* GewArch 2006, 361 ff.

[137] → Art. 2 Rn. 22 *(Reiten im Walde)*.

[138] Vgl. *Burgi* in BK Art. 12 Abs. 1 Rn. 118 ff.

[139] BVerfGE 32, 1 (28); BVerwGE 96, 136 (139 f.); *Jarass* in Jarass/Pieroth Rn. 5; *Wieland* in Dreier Rn. 41.

[140] BVerfGE 97, 228 (253); *Dietlein* in Stern StaatsR IV/1 § 111 Kap. II 1b η; *Jarass* in Jarass/Pieroth Rn. 5; *Manssen* in MKS Rn. 42.

[141] Vgl. *Manssen* in MKS Rn. 42.

[142] BVerfGE 32, 1 (25 ff.); *Wieland* in Dreier Rn. 41; *Manssen* in MKS Rn. 42; *Mann* in Sachs Rn. 46.

[143] Vgl. *Scholz* in Maunz/Dürig Rn. 298.

Einzelner oder die erwerbswirtschaftliche Tätigkeit und damit den Bestand von Unternehmen nachhaltig zu gewährleisten. In diesem Sinne – also nicht als zusätzliches Erfordernis – wird auch die Anforderung des BVerfG zu deuten sein, wonach die Tätigkeit „wirtschaftlich sinnvoll" zu sein habe.[144] Reicht sie Einzelnen (insbes. mangels finanziellen Erfolges) zur Sicherung der wirtschaftlichen Existenz nicht aus, steht dies der Anwendung von Art. 12 Abs. 1 nicht entgegen. Dies gilt selbst dann, wenn sie den größten Teil der existenznotwendigen Einkünfte nicht aus eigener dauerhafter Tätigkeit beziehen.[145] Nicht anwendbar ist Art. 12 Abs. 1 nur auf Tätigkeiten, die schon ihrer Natur nach kein oder jedenfalls kein hinreichendes Auskommen sichern können oder sollen (wie grds. Hobbyaktivitäten oder Betätigung in Idealvereinen, aber auch – jedenfalls in Ansehung des gesetzlichen Modells – der 2011 eingeführte Bundesfreiwilligendienst).[146] Beruf iSd Art. 12 Abs. 1 ist auch der Nebenberuf, sofern er zur Lebensgrundlage beiträgt; desgleichen genießen mehrere Tätigkeiten, wenn sie nicht jeweils für sich, sondern nur im Zusammenwirken ein wirtschaftliches Auskommen gewährleisten, den Schutz des Grundrechts (Doppel- bzw. Mehrberufler).[147] Die Unterscheidung zwischen Nebenberuf und Nebentätigkeit ist einfachgesetzlich radiziert und für Art. 12 Abs. 1 solange ohne Belang, wie eine Nebentätigkeit in Dauer und Umfang hinreichend erheblich ist.[148] Der Ansicht, Nebentätigkeiten würden nur von Art. 2 Abs. 1 geschützt, da sie nicht der Erhaltung der Lebensgrundlage dienten,[149] kann daher in dieser Allgemeinheit nicht beigepflichtet werden.[150] Bei Gewerbetreibenden kann die Abgrenzung der durch Art. 12 Abs. 1 geschützten beruflichen von der Art. 2 Abs. 1 unterliegenden privaten Sphäre Schwierigkeiten bereiten.[151] Für die Alterssicherung hat das BVerfG einen hinreichend engen Bezug mit der Berufstätigkeit verneint und sie lediglich dem Schutz des Art. 2 Abs. 1 unterstellt.[152]

Art. 12 Abs. 1 differenziert nicht danach, ob die berufliche Tätigkeit **selbständig oder unselbständig** ausgeübt wird.[153] Der Arbeitgeber kann sich auf das Grundrecht ebenso berufen wie der Arbeitnehmer, der Inhaber eines Unternehmens („Unternehmerfreiheit") ebenso wie ein Unternehmen selbst („Unternehmensfreiheit", dazu sogleich → Rn. 39). Abhängige Arbeit dient, was in der Verfassungsrechtsprechung nicht immer hinreichend betont wor- **37**

---

[144] BVerfGE 7, 377 (397); 68, 272 (281); BVerwGE 22, 286 (287); 71, 183 (189); *Mann* in Sachs Rn. 50.

[145] Ein Kunstmaler übt auch dann einen Beruf aus, wenn er nicht von dieser Betätigung, sondern von den Einkünften der Firma seiner Ehefrau lebt, *Scholz* in Maunz/Dürig Rn. 32; das Grundrecht der Berufsfreiheit ist zukunftsgerichtet, BVerfGE 30, 292 (334). Dementsprechend muss die Schaffung der Lebensgrundlage nur „wesensgemäß" möglich sein.

[146] *Jarass* in Jarass/Pieroth Rn. 5; zum Bundesfreiwilligendienst → Art. 12a Rn. 23.

[147] BVerfGE 21, 173 (179); 87, 287 (316 f.); BGHZ 97, 204 (208); *Scholz* in Maunz/Dürig Rn. 292; *Jarass* in Jarass/Pieroth Rn. 7; zB Schreiner und Anstreicher, Lebensmittelhändler und Gastwirt, Syndikus und Dozent.

[148] *Breuer* in HdbStR VIII § 170 Rn. 78 f.; *Scholz* in Maunz/Dürig Rn. 294 ff.; *Mann* in Sachs Rn. 48; *Papier* DVBl. 1984, 801 (804); *Ehlers* DVBl. 1985, 879 (883) mwN; BVerfG NJW 1995, 951 (951 f.); 2003, 419 (420).

[149] BVerfGE 33, 44 (48); BVerwGE 35, 201 (205); 67, 287 (294 f.); sa *Wahlers* DöD 1982, 265 (266).

[150] Ähnlich *Wieland* in Dreier Rn. 42; *Manssen* in MKS Rn. 38.

[151] Näher *Gubelt* in v. Münch/Kunig, 5. Aufl. 2000, Rn. 39.

[152] BVerfGE 10, 354 (362 f.).

[153] BVerfGE 7, 377 (398 f.); 54, 301 (322); 59, 231 (262); *Burgi* in BK Art. 12 Abs. 1 Rn. 111; *Manssen* in MKS Rn. 37; *Jarass* in Jarass/Pieroth Rn. 5; *Nolte* in Stern/Becker Rn. 15; *Lecheler* VVDStRL 43 (1985), 48 (64).

den ist, nicht minder als selbständige Tätigkeiten der Verwirklichung der Persönlichkeit des Arbeitnehmers.[154] Wo die unselbständige Berufstätigkeit von Arbeitnehmern auf die selbständige von (gewerblichen, freiberuflichen und anderen) Arbeitgebern trifft, kann Berufsfreiheit mit Berufsfreiheit kollidieren. Insbesondere dem (kollektiven und individuellen) Arbeitsrecht fällt die Aufgabe zu, zwischen beiden Grundrechtspositionen praktische Konkordanz herzustellen.[155]

38 Da der berufsgrundrechtliche Schutz nicht an der Ausübungsform hängt, ist die Kontroverse um die Frage, inwieweit sog. **freie Berufe** nur bei wirtschaftlich selbständiger Tätigkeit oder auch durch Arbeitnehmer (angestellter Rechtsanwalt, Steuerberater, Arzt) ausgeübt werden können,[156] für den Schutzbereich des Art. 12 Abs. 1 ohne Belang. Die vorkonstitutionelle Bezeichnung „freie Berufe" weist ua auf ihre einstige Befreiung aus dem staatlichen Organisationsbereich hin,[157] ohne ein besonderes Maß an Eingriffsschutz zu signalisieren; im Gegenteil sind gerade freie Berufe um der Unabhängigkeit des Berufsstandes und des von ihren Trägern erbrachten Gemeinwohlbeitrages willen seit jeher besonders stark reguliert.[158] Dies kann in eine „Regulierungsspirale" münden, bei der vorgefundene Restriktionen – zu Unrecht – als schützenswertes Merkmal eines solchen Berufs betrachtet werden.[159]

39 Selbständige Gewerbetreibende (einschließlich Kapitalgesellschaften) werden von Art. 12 Abs. 1 ebenfalls geschützt. Dass dieser die **Gewerbefreiheit** anders noch als Art. 151 Abs. 3 WRV nicht mehr ausdrücklich erwähnt, ist nicht als Abstandnehmen von der früheren Rechtslage zu verstehen;[160] vielmehr besteht für eine gesonderte Erwähnung angesichts des weiten Verständnisses des „Berufs" kein Bedürfnis.[161] Umstritten ist lediglich, welche Facetten der Gewerbeausübung dem Schutz des Art. 12 Abs. 1 unterstehen. Geschützt jedenfalls ist die **„Unternehmerfreiheit"** (vgl. auch Art. 16 GRCh), also das Recht, Unternehmen (Kapital- und Personengesellschaften) zu Erwerbszwecken zu gründen, zu unterhalten und zu leiten.[162] Voraussetzung ist ein Mindestmaß an unternehmerischer Tätigkeit. Die bloße Geldanlage in Aktien großer Publikumsgesellschaften zB erfüllt diese Voraussetzung nicht und steht lediglich unter dem Schutz des Art. 14

---

[154] Vgl. *Zachert* BB 1998, 1310 (1312); *Zeranski* NJW 2000, 336; zur Kritik an der Verfassungsjudikatur *Wieland* in Dreier Rn. 22; *Mann* in Sachs Rn. 44; *Breuer* in HdbStR VIII § 170 Rn. 91; *Bryde* NJW 1984, 2177; *Häberle* JZ 1984, 345 (350 f.); *Pietzcker* NVwZ 1984, 550 (554); *Wendt* DÖV 1984, 601 (602 ff.); → Rn. 3.

[155] *Dieterich/Schmidt* in ErfK GG Art. 12 Rn. 22; BVerfGE 89, 214 (232); → Rn. 5, 57, 125.

[156] Zum Wesen des (gesetzlich nicht klar definierten) freien Berufs BVerfGE 9, 339 (351); 10, 354 (364); 16, 286 (294); 33, 367 (380); aus dem Schrifttum ua *Scholz* in Maunz/Dürig Rn. 269; *Ruffert* in BeckOK GG Rn. 110 ff.; *Fröhler/Mörtel* GewArch 1979, 105 (109 f.); *Taupitz,* Die Standesordnungen der freien Berufe, 1991; *Pitschas,* in Schmidt Öffentliches Wirtschaftsrecht, BT 2, 1996, 1 ff.; *Sodan,* Freie Berufe als Leistungserbringer, 1997; *Kämmerer,* Gutachten H zum 68. DJT, 2010, 12 ff.; *Kämmerer* DStR-Beih zu Heft 15 (2018), 30 (31 ff.).

[157] Vgl. *Taupitz,* Die Standesordnungen der freien Berufe, 1991, 121 ff.

[158] *Scholz* in Maunz/Dürig Rn. 273 f.; *Groeppner* GewArch 2000, 366 (366 f.); zu Besonderheiten „staatlich gebundener" Berufe → Rn. 41.

[159] Vgl. *Ring* NJW 1997, 768 (773); *Kämmerer,* Gutachten H zum 68. DJT, 2010, 32.

[160] BVerfGE 50, 290 (362), Mitbestimmung; BVerwGE 65, 167 (173).

[161] *Tettinger* AöR 108 (1983), 92 (95 f.).

[162] *Lecheler* VVDStRL 43 (1985), 48 (55); speziell für Freiberufler *Kämmerer,* Gutachten H zum 68. DJT, 40 f.

Abs. 1.[163] Von der Unternehmerfreiheit des Gründers und Inhabers eines Unternehmens zu unterscheiden ist insofern die **Unternehmensfreiheit.** Sie umschreibt die durch Art. 12 Abs. 1 geschützte Betätigungsfreiheit der Gesellschaften, insbesondere der Kapitalgesellschaften.[164] In Rspr. und Lehre ist die Unternehmensfreiheit der Sache nach unumstritten, wird jedoch nicht immer scharf von der (Gründern bzw. vor allem bei kleineren Unternehmen auch Betreibern zustehenden) Unternehmerfreiheit abgegrenzt.[165]

Art. 12 Abs. 1 gilt auch unabhängig von der Rechtsnatur der Tätigkeit. **40**
Die berufliche Tätigkeit im **öffentlichen Dienst** wird entgegen einer früher vom BVerwG vertretenen Ansicht vom Schutzbereich des Grundrechts erfasst.[166] Die Gewährleistungen des Art. 12 Abs. 1 werden dabei durch Art. 33 nicht tatbestandlich verdrängt,[167] aber in der Weise überformt, dass Art. 33 (insbes. dessen Abs. 4 u. 5) Eingriffe in die Berufswahl und -ausübung zugleich erfordert und legitimiert.[168] Für diese Ansicht streitet das Bedürfnis nach effektivem Grundrechtsschutz. Die Besonderheit des öffentlichen Dienstes besteht nur darin, dass der grundrechtsverpflichtete Staat zugleich als Arbeitgeber in Erscheinung tritt. Da die Zahl der verfügbaren Arbeitsplätze (Planstellen) begrenzt ist, steht der Zugang zu Berufen des öffentlichen Dienstes nur in diesem Rahmen offen. Faktisch wird das Berufsgrundrecht so auf den diskriminierungsfreien (Art. 33 Abs. 2, Abs. 3) Zugang zu öffentlichen Ämtern eingeengt.[169] Dabei handelt es sich weniger um eine rechtstatsächliche als eine rechtsdogmatische Besonderheit, da grundsätzlich auch der Zugang zur abhängigen Beschäftigung bei privaten Arbeitgebern unter dem Vorbehalt der von diesen im Rahmen der Organisationshoheit bestimmten Kapazitäten steht.

Auf sog. **„staatlich gebundene" Berufe** ist Art. 12 Abs. 1 in vollem **41**
Umfang anwendbar; die Grundrechtsprüfung folgt den gleichen Maßstäben wie bei anderen Berufen auch.[170] Der va für das **Notariat,** aber zB auch für

---

163 BVerfGE 50, 290 (363); *Wieland* in Dreier Rn. 53.

164 *Breuer* in HdbStR VIII § 170 Rn. 87; *Dietlein* in Stern StaatsR IV/1 § 111 Kap. II 1h α.

165 BVerfGE 50, 290 (363).

166 Die berufliche Tätigkeit von Beamten, Richtern, Soldaten wird nach hM grds. auch von Art. 12 Abs. 1 erfasst; so BVerfGE 7, 377 (397 f.); 16, 6 (21); 73, 301 (315); 96, 152 (153); 96, 171 (181); 96, 189 (197); 96, 205 (211); *Manssen* in MKS Rn. 47; *Burgi* in BK Art. 12 Abs. 1 Rn. 269; *Mann* in Sachs Rn. 58 mit Überblick zum Meinungsstand; *Umbach* in Umbach/Clemens Rn. 30, 48; *Hofmann* in SHH Rn. 32; *Hömig* in Hömig/Wolff Rn. 5; aA *Wieland* in Dreier Rn. 44; BVerwGE 2, 85 (86); 6, 72 (74 f.); *Werner* DVBl 1955, 562 (563).

167 Wie hier *Dietlein* in Stern StaatsR IV/1 § 111 Kap. II 1g α; für die *lex-specialis*-Wirkung des Art. 33: *Scholz* in Maunz/Dürig Rn. 206, 212; *Wieland* in Dreier Rn. 179; für eine Überlagerung und Modifizierung *Mann* in Sachs Rn. 56.

168 Für Art. 33 als eine den Art. 12 Abs. 1 ergänzende Regelung vgl. BVerfGE 7, 377 (397 f.); 39, 334 (369); 92, 140 (153); 96, 152 (163 f.); 96, 171 (180 f.); 96, 189 (197 f.); 96, 205 (211); für *lex-specialis*-Wirkung des Art. 33 *Scholz* in Maunz/Dürig Rn. 206, 212; *Wieland* in Dreier Rn. 179; für eine Überlagerung und Modifizierung *Mann* in Sachs Rn. 56.

169 BVerfGE 16, 6 (21); 39, 334 (369); 84, 133 (147); 92, 140 (153); BVerwGE 9, 334 (336); *Bachof* JZ 1966, 167 (173).

170 BVerfGE 7, 377 (398); 16, 6 (21); 47, 285 (319); 73, 301 (315); 80, 257 (265); 110, 304 (321); BVerfG NVwZ 2007, 804; BVerfG (K) DNotZ 2009, 792 (793); *Kleine-Cosack* DNotZ 2004, 327 (327, 330); *Kämmerer* NJW 2006, 2727 (2729 ff.); *Schöbener* NWVBl. 2005, 41; *Scholz* in Maunz/Dürig Rn. 235 ff.; *Wieland* in Dreier Rn. 45; *Burgi* in BK Art. 12 Abs. 1 Rn. 273; aA noch BVerwGE 6, 72 (74), keine Anwendung des Art. 12 Abs. 1 auf Berufe, die der öffentlichen Hand vorbehaltene Aufgaben wahrnehmen (zB Bezirksschornsteinfeger).

den staatlich geprüften Vermessungsingenieur,[171] verwendete Topos ist insoweit irreführend, als die staatliche Bindung eines Berufs nur Ergebnis eines Grundrechtseingriffs und nicht Prämisse für seine Zulässigkeit sein kann.[172] Judikaten des BVerfG, wonach die Grundrechtswirkungen des Art. 12 Abs. 1 bei „staatlich gebundenen" Berufen (wie Notar oder öffentlich bestellter Vermessungsingenieur) „in Anlehnung an Art. 33", insbes. dessen Abs. 5, zurückgedrängt sein sollten,[173] ist nicht nur ein Zirkelschluss vom Eingriffsresultat auf den Rechtfertigungsmaßstab immanent. Sie unterschieden auch nicht hinreichend zwischen den hoheitlichen Aufgaben des insoweit beliehenen Funktionsträgers – der nur insoweit dem Staate angenähert ist[174] – und der wirtschaftlichen und organisatorischen Eigenverantwortung, in der die Berufstätigkeit iÜ erfolgt, sowie der Konkurrenzsituation zwischen den Berufsträgern.[175] Der BGH hat gar die Ansicht vertreten, durch Selbstorganisationsmaßnahmen von Mitgliedern staatlich gebundener Berufe wie Notare werde in die Personalhoheit des Staates eingegriffen.[176] Tatsächlich verhält es sich genau umgekehrt: Der Eingriff geht vom Staat aus, weshalb Maßnahmen, welche der Selbstorganisation von Notaren oder anderen funktional staatsnahen Berufen Grenzen setzen (durch Zulassungsschranken,[177] Begrenzung der Zahl der Stellen[178] oder der Sozietätsgröße[179] oder Festlegung von Gebührensätzen[180]), der Legitimation bedürfen. In jüngerer Zeit neigt das BVerfG mit Recht der vollen Geltung der Berufsfreiheit für Notare zu und weist lediglich darauf hin, die Nähe zum öffentlichen Dienst könne für den Inhalt der gesetzlichen Regelung Bedeutung erlangen.[181]

42 Letztlich lässt sich eine **verfassungsrechtliche Sonderstellung** der „freien" oder „staatsgebundenen" bzw. „staatsnahen" Berufe innerhalb der Dogmatik des Art. 12 Abs. 1 **nicht begründen.** Ob und in welchem Maße die Mitglieder der erfassten Berufsgruppen Eingriffe hinzunehmen haben, bestimmt sich mit Blick auf die jeweilige Tätigkeit und die Natur des Eingriffs sowohl nach der „Freiheit" (dh der organisatorischen und finanziellen Eigenverantwortlichkeit der beruflichen Betätigung) als auch dem öffentlichen Interesse an der ordnungsgemäßen und gefahrfreien Erbringung der jeweiligen Dienstleistung. Im Interesse der Sicherung der Rechtspflege kann insbes. das Notariat Einschränkungen, auch organisatorischer Natur, unterworfen werden; der „böse Schein" des Interessenkonflikts reicht zur Rechtfertigung

---

[171] BVerfGE 73, 301 (315 f.).

[172] Vgl. *Kämmerer* NJW 2006, 2727 (2730 mwN); *Scholz* in Maunz/Dürig Rn. 232 f.; *Breuer* in HdbStR VIII § 170 Rn. 76; *Mann* in Sachs Rn. 62 ff.; *Wieland* in Dreier Rn. 45.

[173] BVerfGE 7, 377 (398); 16, 6 (21 ff.); 73, 280 (292); BVerfG NJW 2003, 419 (420); vgl. auch noch BVerfGE 47, 285 (319); für den öffentlich bestellten Vermessungsingenieur BVerfGE 73, 301 (316); *Hofmann* in SHH Rn. 16, 34; *Schöbener* NWVBl. 2005, 41.

[174] → Rn. 26.

[175] Zur Freiheit der Notare *Kämmerer* NJW 2006, 2727 (2730).

[176] BGHZ 127, 83 (94); BGH DNotZ 2005, 870 (873 f.); im Ansatz auch noch BGH ZNotP 2008, 89 (91).

[177] BVerfGE 17, 371 (376 ff., 386 f.); 73, 280 (292); BGHZ 37, 179 (183 f.); 38, 208 (220 f.); 59, 274 (278); *Hufen* NJW 1994, 2913 (2919); *Linke* DNotZ 2005, 411 (412 f.); *Hahn* GewArch 2006, 129 (131).

[178] BVerfGE 17, 371 (377 ff.); 73, 280 (294 f.), Zahl der Notarstellen; Auswahlmaßstäbe und Auswahlverfahren für die Vergabe von Notarstellen bedürfen gem. Art. 12 Abs. 1 S. 2 einer gesetzlichen Grundlage, BVerfGE 73, 280 (295); *Badura* FS f. Friauf, 1996, 529 (532).

[179] BGHZ 78, 237 (239).

[180] BVerfGE 47, 285 (320); 69, 373 (378 f.); 88, 145 (159).

[181] BVerfGE 110, 304 (320 f.); vgl. jedoch BVerfGE 7, 377 (398); 16, 6 (21 ff.); 17, 371 (377 ff.); 73, 280 (292); BVerfG NJW 2003, 419 (420).

einer Beschränkung (Nebentätigkeitsverbot) jedoch ebenso wenig aus wie eine nur abstrakte Gefahr.[182] Der Gesetzgeber darf den Behörden bei der Regulierung des Zugangs zu staatsnahen Berufen wie dem des Notars keineswegs (mit Blick auf Art. 33) ein „freies Ermessen" über Berufszulassung und -organisation einräumen, sondern Eingriffe dürfen auch insoweit nur unter tatbestandlich klar umrissenen Voraussetzungen und unter Beachtung des Verhältnismäßigkeitsgebots erfolgen.[183] Neben gesetzlichen Vorgaben für die Berufsausübung[184] ist auch die Festlegung von Höchstaltersgrenzen für die Wahrnehmung freier und staatsnaher Berufe verschiedentlich Gegenstand verfassungsgerichtlicher Entscheidungen gewesen.[185] Die funktionale Staatsnähe „staatlich gebundener" Berufe wird insbes. durch Beleihung hergestellt; soweit diese reicht, kann sich der Berufsträger – anders als mit Blick auf den erwerbswirtschaftlichen Hintergrund der Tätigkeit – nicht auf Art. 12 Abs. 1 berufen.[186]

Legt der Staat für Berufe ein **„Verwaltungsmonopol"** fest bzw. lässt sie nur innerhalb staatlicher Strukturen zu, so wird damit die Wahl dieses Berufes in einer freien Form rechtlich ausgeschlossen. Teile des Schrifttums wollen schon vom Schutzbereich des Art. 12 Abs. 1 Tätigkeiten ausnehmen, die der Ausübung durch Private als staatliche Reservatbereiche nicht zugänglich sind – insbes., aber nicht nur, wenn sie vor Erlass des GG bereits Bestand gehabt haben: Ihre Zulässigkeit, von welcher das GG implizit ausgegangen sei, dürfe nicht durch strenge Verhältnismäßigkeitserwägungen ausgehebelt werden.[187] Nach hier vertretener Ansicht hingegen sind auch Begründung und Fortführung eines Verwaltungsmonopols an Art. 12 Abs. 1 zu messen.[188] Mit der Statuierung einer Grenze zwischen staatlichem und privatwirtschaftlichem Handeln geht keine Bereichsscheidung in eine durch Art. 12 Abs. 1 geschützte und eine dem Grundrecht, weil „genuin staatlich", nicht unterliegende Sphäre einher. Dass eine solche scharfe Abgrenzung nicht möglich ist, belegt auch die Rspr. des EuGH zu staatlichen Dienstleistungsmonopolen.[189] Rechtfertigen lässt sich eine solche **Monopolisierung** als Eingriff in Art. 12 Abs. 1 nur mit Blick auf schwerste Gefahren für das Gemeinwohl.[190] Mit Art. 15 kann einer Monopolisierung grundsätzlich kein schützendes Bollwerk errichtet werden: Soweit die Vorschrift eine Sozialisierung von Grund und Boden, Naturschätzen und Produktionsmitteln zulässt – insoweit besteht eine weite Einschätzungsprärogative, die auch ganze Wirtschaftszweige erfassen 43

[182] BVerfG (K) NJW 2003, 419 (421), gegen BGHZ 145, 59 (65 f.); *Kämmerer* NJW 2006, 2727 (2732) mwN.
[183] BVerfGE 112, 255 (262 f.), Anwaltshonorare; BVerfGE 106, 181 (191 f.), Fachärzte; *Kämmerer* NJW 2006, 2727 (2732).
[184] → Rn. 143, Stichwort „Notare".
[185] → Rn. 143, Stichwort „Altersgrenzen".
[186] → Rn. 26.
[187] So insbes. *Wieland* in Dreier Rn. 64 f.; grdl. *Bachof* in Bettermann/Nipperdey/Scheuner Grundrechte, III/1, 1958, 155 (201); in jüngerer Zeit offen gelassen vom BVerfG (BVerfGE 21, 245 (249); 126, 112 (137); dagegen Art. 12 Abs. 1 als Maßstab noch bejaht in BVerfGE 21, 245 (249)).
[188] IdS ausf. *Breuer* in HdbStR VIII § 171 Rn. 89 ff.; *Manssen* in MKS Rn. 257; *Burgi* in BK Art. 12 Abs. 1 Rn. 164; *Badura,* Das Verwaltungsmonopol, 1963, 338 f.; BSG NZS 1992, 67 (69 f.); diff. *Scholz* in Maunz/Dürig Rn. 418; → Rn. 137 mwN.
[189] EuGH 41/90, Slg. 1991, I-1979, ECLI:EU:C:1991:161 Rn. 21 ff. – Höfner/Macrotron.
[190] BVerfGE 21, 245 (251); *Ruffert* in BeckOK GG Rn. 133; krit. *Wieland* in Dreier Rn. 64.

kann –, wird der Berufszugang durch den damit hergestellten wirtschaftsordnungsrechtlichen Rahmen eingeschränkt. Unzulässig wäre indes die Zuweisung von Berufen an Einzelne durch staatlichen Akt.

44 **3. Berufskomponenten.** Nach ganz hM bildet Art. 12 Abs. 1 kein Konglomerat verschiedener berufsbezogener Grundrechte, sondern das **einheitliche Grundrecht** der Berufsfreiheit, das dort lediglich unter unterschiedlichen Aspekten betrachtet wird.[191] Inwieweit sich die Vorstellung von einem einheitlichen Grundrecht mit der Vorstellung des Verfassungsgebers deckt, ist unklar; die Materialien zum GG lassen keinen eindeutigen Schluss zu.[192] Dem Konzept der Grundrechtseinheitlichkeit liegt die Erkenntnis zugrunde, dass die im Verfassungstext erwähnten Teilbereiche sich überlappen und in funktionalem Wechselbezug zueinander stehen. Berufswahl und Berufsausübung lassen sich nach Ansicht des BVerfG „nicht in der Weise trennen, daß jeder von ihnen nur eine bestimmte zeitliche Phase des Berufslebens bezeichnete, die sich mit der anderen nicht überschnitte; namentlich stellt die Aufnahme der Berufstätigkeit sowohl den Anfang der Berufsausübung dar wie die gerade hierin – und häufig nur hierin – sich äußernde Bestätigung der Berufswahl".[193]

45 Bei den im Text des Grundrechts verankerten **Komponenten der Berufsfreiheit** handelt es sich um diejenigen der Berufswahl, der Wahl des Arbeitsplatzes und der Ausbildungsstätte (S. 1) und der Berufsausübung (S. 2). Alle Begriffe dieser Tetralogie lassen sich auf den Dualismus von Berufswahl und Berufsausübung zurückführen. Die Erwähnung der Ausbildungsstätte verdeutlicht, dass sich der Schutz der Berufsfreiheit auch auf das Vorfeld der Berufstätigkeit erstrecken soll, und kennzeichnet die „Berufswahl" damit näher. Zwischen dieser und der Berufsausübung steht als Nexus die Wahl des Arbeitsplatzes. Ihr rechtsdogmatischer Stellenwert ist bislang gering geblieben.

46 **a) Berufswahl und Berufsausübung. aa) Ratio der Abgrenzung.** Trotz des Bekenntnisses zu Art. 12 Abs. 1 als einheitlichem Grundrecht räumten BVerfG und Lehre seinen Komponenten – vor allen Dingen Berufswahl und Berufsausübung – lange ein erhebliches Maß an verfassungsdogmatischer Eigenständigkeit ein, sog. **Stufenlehre** oder auch [Drei-]Stufentheorie. Mit diesem vom BVerfG im „Apothekenurteil" (1958) entwickelten Ansatz[194] wurden differenzierte Rechtfertigungsmaßstäbe für Berufswahl und Berufsausübung erstellt. Seit den frühen 2000er Jahren nimmt die Verfassungsrechtsprechung keine schematische Prüfung im Sinne der Stufenlehre mehr vor, sondern beschränkt sich darauf, die Betroffenheit von Berufswahl oder Berufsausübung als bloße Indikatoren für das Gewicht des Eingriffs zu verwenden. Die Verhältnismäßigkeitsprüfung ist damit entschematisiert worden und deckt sich weitgehend mit derjenigen bei Eingriffen in andere

---

[191] So die heute nahezu einhellige Meinung, vgl. BVerfGE 7, 377 (400 ff.); 9, 338 (344 f.); 17, 269 (276); BVerwGE 35, 146 (148); *Breuer* in HdbStR VIII § 170 Rn. 56; *Jarass* in Jarass/Pieroth Rn. 1a; *Scholz* in Maunz/Dürig Rn. 22 ff.; *Umbach* in Umbach/Clemens Rn. 31; *Mann* in Sachs Rn. 14; *Nolte* in Stern/Becker Rn. 5; diff. *Burgi* in BK Art. 12 Abs. 1 Rn. 42 ff.

[192] *Wieland* in Dreier Rn. 5; *Scholz* in Maunz/Dürig Rn. 23.

[193] BVerfGE 7, 377 (401).

[194] BVerfGE 7, 377 (401, 403, 405 ff.); s. aber das insoweit kritische Sondervotum, abgedruckt bei *Michl* JöR 68 (2020), 323 (378) zu den rechtsgrundsätzlichen Überlegungen *Uber*, Freiheit des Berufs, 1952, 83 ff. (103 ff.); *Manssen* BayVBl. 2001, 641.

Grundrechte.[195] Das Ende des rechtsdogmatischen Sonderwegs bei der Berufsfreiheit, eingeschlagen zu Zeiten einer noch ungefestigten allgemeinen Grundrechtsdogmatik, ist im Interesse der Kohärenz des Grundrechtsschutzes sowie der Einheitlichkeit des Berufsgrundrechts zu begrüßen. Zudem wird verhindert, dass der Gesetzgeber durch normative Prägung von Berufsbildern über einen Freibrief verfügt, um die Grenzen von Berufswahl und Berufsausübung festzulegen und damit über die Rechtfertigungsmaßstäbe für von ihm selbst angeordnete Eingriffe zu disponieren.[196]

Für die Stufenlehre war die Einordnung eines Eingriffs als Beschränkung **47**
der Berufswahl oder der Berufsausübung unumgänglich. Sie konnte sich aber im Einzelfall als schwierig erweisen[197] – nicht nur, weil Berufsausübung und Berufswahl in vielfältiger Weise verbunden sind, sondern auch, weil die Zuordnung eine wertende Betrachtung voraussetzt (vgl. die Nachweise in → Rn. 48). Je nachdem, wie eng oder weit die Konturen eines bestimmten Berufs gezogen werden, stellt sich eine Beschränkung entweder als eine solche der Berufswahl oder aber nur eines „Berufsteiles" oder einer „Berufsmodalität" und damit lediglich der Berufsausübung dar. Auch wenn der Schutz des Art. 12 Abs. 1 nicht von der Zuordnung zu einem „Berufsbild" abhängt, muss doch zur Abgrenzung eines Berufs vielfach auf die Verkehrsauffassung und damit auf die soziale Anschauung von einem bestimmten Beruf zurückgegriffen werden.[198]

Seit jeher hat die starke Wertungsabhängigkeit der Unterscheidung zwischen **48**
Beruf (oder „Berufsfeld")[199] und „Berufsteil"[200] bzw. „Berufsmodalität" Zweifel an der Leistungsfähigkeit der Stufenlehre laut werden lassen.[201] Auch das BVerfG stellte im Laufe der Zeit den Sinn der Unterscheidung zunehmend in Frage.[202] Die langjährige Verfassungspraxis vermittelt den Eindruck wenig stringenter Kasuistik. **Als Berufe** und nicht lediglich als Ausübungsmodalitäten von Berufen sind zB angesehen worden: Anwaltsnotar[203] (für „Nurnotare" kann dann nichts anderes gelten); Handel nur mit loser Milch;[204] Betrieb einer „Schuhbar";[205] Betätigung als Hufpfleger;[206] gewerbliche Personenbeförderung;[207] Tätigkeit als Rettungsdienstunternehmer (in Abgrenzung zum Per-

[195] Siehe exemplarisch BVerfGE 138, 261 (284 ff.).

[196] → Rn. 29, 106 ff.

[197] Vgl. *Breuer* in HdbStR VIII § 170 Rn. 83; *Hesse* AöR 95 (1970), 449 (460 ff.); *Friauf* JA 1984, 537 (541); *Manssen* BayVBl. 2001, 641 (642); krit. zur Abgrenzung Berufswahl – Berufsausübung: *Rupp* AöR 92 (1967), 212 (225); *Hesse* AöR 95 (1970), 449 (460 ff.); *Schwabe* DÖV 1969, 734 (735 ff.); aA *Lücke,* Die Berufsfreiheit, 1994, 8 ff., der die Freiheit der Berufswahl und die Freiheit der Berufsausübung im Hinblick auf den ausdrücklichen Wortlaut des Art. 12 Abs. 1 voneinander trennt. Bis zum „Apothekenurteil" wurde die Aufnahme der Berufstätigkeit zum Teil zur Berufsausübung gerechnet: BVerwGE 1, 48 (49 f.); *Sieg* DVBl. 1950, 197.

[198] BVerfGE 77, 84 (105).

[199] BVerfGE 78, 179 (193); *Höfling* DÖV 1989, 110; grdl. *Scholz* in Maunz/Dürig Rn. 286 f.

[200] *Breuer* in HdbStR VI, 2. Aufl. 2001, § 147 Rn. 40.

[201] So bereits *Papier* DVBl. 1984, 801 (803); *Wieland,* Die Freiheit des Rundfunks, 1984, 178 ff.; *Mann* in Sachs Rn. 152 ff.; *Manssen* in MKS Rn. 141, 148; *Nolte* in Stern/Becker Rn. 89; *Scholz* in Maunz/Dürig Rn. 36 ff.

[202] → Rn. 123.

[203] BVerfGE 17, 371 (380).

[204] BVerfGE 9, 39 (48), unter Hinweis auf die in diesen Fällen besonders strengen Sachkundeanforderungen; krit. *Schwabe* DÖV 1969, 734 (740).

[205] BVerwGE 25, 66 (67 ff.).

[206] BVerfGE 119, 59 (77 f.).

[207] BVerfGE 11, 168 (183).

sonenbeförderungsgewerbe);[208] Tätigkeit als Steuerbevollmächtigter;[209] nicht hingegen die „Arbeitnehmerverleihung im Baugewerbe",[210] welche auf der gleichen gesetzlichen Grundlage wie die Arbeitnehmerüberlassung in anderen Branchen beruht. Abgelehnt wurde auch die Einstufung der Tätigkeit eines Kassen(zahn)arzts[211] oder Knappschaftsarzts[212] als von dem des Arztes abzugrenzender selbständiger Beruf. Im Verhältnis zum „Transportunternehmer" ist die Durchführung des Werkfernverkehrs nach Ansicht des BVerfG nur eine Ausübungsmodalität.[213] Die bloß quantitative Modifikation einer Berufstätigkeit führt, selbst wenn sie viele Berufstätige betrifft, nicht zur Entstehung eines neuen Berufs, ebenso wenig wie die Ausdehnung von Umfang oder Zeitrahmen der individuellen Berufstätigkeit (etwa der Übergang von der Halbtags- zur Ganztagstätigkeit) als Berufswahl anzusehen ist.[214]

49 Als **Indikatoren für Eingriffsform und Eingriffsintensität** bleiben Berufswahl und Berufsausübung bedeutsam. Die tradierte Stufenprüfung – die noch in einzelnen Entscheidungen des BVerfG mehr oder minder durchscheint[215] – mag insoweit als obsolet angesehen werden, ohne aber dadurch als Prüfungsansatz per se unrichtig geworden zu sein.

50 **bb) Berufswahl.** Unter Berufswahl (Berufszugang) ist die freie Entscheidung zu verstehen, eine Berufstätigkeit aufzunehmen und einen bestimmten Beruf auszuüben.[216] Auch die fortgesetzte Ausübung des Berufes ist insofern Berufswahl; sie wird beschränkt, wenn Zwang zur Beendigung einer Berufstätigkeit (zB aus Altersgründen) ausgeübt wird.[217] Als **„negative" Berufswahlfreiheit** ist auch das Recht geschützt, auf einen Beruf zu verzichten[218] oder einen bestimmten Beruf nicht ergreifen zu müssen. Einschränkungen können insoweit ua durch Art. 12 Abs. 2 u. 3 und Art. 12a Abs. 6 legitimiert sein. Im weiteren Sinne ist der „negativen Berufsfreiheit" auch der *actus contrarius* der Berufswahl zuzurechnen, also einen Beruf aufzugeben oder sich aus dem Berufsleben freiwillig zu verabschieden.[219] Geschützt ist bereits die innere Entscheidung für oder gegen einen Beruf oder eine Betätigung, die sich nach außen nicht notwendigerweise zu manifestieren braucht.[220] Dies ist besonders bei der Unterlassung einer Berufstätigkeit bedeutsam, die nicht begründungsbedürftig ist.

51 Negative und positive Berufswahlfreiheit greifen beim **Berufswechsel** ineinander.[221] Als Berufswahl kann sogar der Wechsel zwischen der selbständigen und der unselbständigen Variante eines Berufes zu qualifizieren sein,

---

[208] BVerfGE 126, 112 (136).
[209] BVerfGE 21, 173 (179 ff.).
[210] BVerfGE 77, 84 (105).
[211] BVerfGE 11, 30 (41); 12, 144 (147); offen gelassen hinsichtlich des Facharztes in BVerfGE 33, 125 (161); für die Eigenständigkeit des Berufs Vertrags- bzw. Kassenarzt plädiert *Krölls* GewArch 1993, 217 (221).
[212] BSG NJW 1964, 2224 (2226).
[213] BVerfGE 16, 147 (164).
[214] BVerfGE 17, 232 (241 f.); 68, 272 (281); *Dietlein* in Stern StaatsR IV/1 § 111 Kap. II 1 f. α; *Scholz* in Maunz/Dürig Rn. 295; eing. *Leisner* DVBl. 1989, 1025 (1028 f.).
[215] ZB in BVerfGEA126, 112 (140 ff.); → Rn. 123.
[216] BVerwGE 2, 89 (93); *Manssen* in MKS Rn. 51.
[217] BVerfGE 7, 377 (401); 9, 338 (344 f.); 17, 269 (276); 39, 128 (141); 44, 105 (117); 84, 133 (146); 103, 172 (182 ff.); ausf. *Scholz* in Maunz/Dürig Rn. 288 ff.
[218] BVerfGE 58, 358 (364 f.); 68, 256 (267); *Manssen* in MKS Rn. 56.
[219] BVerfGE 85, 360 (373); *Lücke,* Die Berufsfreiheit, 1994, 10 f.
[220] *Breuer* in HdbStR VIII § 170 Rn. 81; aA noch *Gubelt* in v. Münch/Kunig, 5. Aufl. 2000, Rn. 37.
[221] BVerfGE 39, 128 ff.; 62, 117 (146); 103, 172 (183); *Jarass* in Jarass/Pieroth Rn. 9.

wenn sich diese hinsichtlich ihres sozialen Stellenwerts oder der Ausübungsmodalitäten signifikant unterscheiden (zB selbständiger und angestellter Apotheker).[222] Angesichts zunehmender Permeabilität und Diversifizierung beruflicher Ausübungsmodi wird solches nur noch selten anzunehmen sein; insbes. den Trägern (rechts)beratender freier Berufe ist meist von Gesetzes wegen unabhängig vom Arbeitnehmer- oder Arbeitgeberstatus in einem Maße fachliche Unabhängigkeit (Weisungsfreiheit) eingeräumt, dass der Statuswechsel in aller Regel nicht auch als Berufswechsel verstanden werden kann.[223] Wer also als Rechtsanwalt vom Associate zum Partner einer Sozietät aufsteigt, nimmt keinen Berufswechsel vor.

In Art. 12 Abs. 1 ist der Schutz der Berufswahl bereits durch den Normtext weit nach vorn verlagert, wo der Besuch einer bestimmten **Ausbildungsstätte** Voraussetzung für das Recht ist, eine bestimmte Berufstätigkeit auszuüben (→ Rn. 60). **52**

Prüfungen, die von einer Ausbildungsstätte oder im Rahmen einer beruflichen Ausbildung durch den Staat oder staatlich bestellte Prüfer abgenommen werden, beschränken die Freiheit der Berufswahl. Rspr. und Schrifttum haben aus Art. 12 Abs. 1 Maßstäbe für die Abnahme solcher Prüfungen abgeleitet.[224] Er verpflichtet den Staat zum Erlass der erforderlichen gesetzlichen Regeln[225] mit Wirkung für staatliche ebenso wie nichtstaatliche (in der Regel dann aber beliehene) Prüfungseinrichtungen. **53**

cc) Berufsausübung. Zur **Berufsausübung** zählen alle genuin tätigkeitsbezogenen Aspekte des Berufs, also Form, Inhalt, Bezeichnung, die in Anspruch genommenen Mittel, Ort,[226] zeitlicher, räumlicher und gegenständlicher Umfang,[227] ferner die berufliche Werbung und Außendarstellung.[228] Vom Schutzbereich der Berufsfreiheit erfasst werden insoweit auch alle auf die berufliche Betätigung bezogenen Rechtsakte, vor allem und namentlich bei Selbständigen der Abschluss von (Kunden-, Beschaffungs-, Miet-, Arbeits-, Werbe- etc)Verträgen[229] unter Einschluss der Freiheit, Entgelte für Leistungen – dh Preise – selbst festzulegen bzw. auszuhandeln.[230] Der Abschluss von Arbeitsverträgen ist für den Arbeitgeber Teil der Berufsausübung, für den Arbeitnehmer zählt es (beim erstmaligen Kontrahieren) – zumindest auch – zur Wahl des Arbeitsplatzes. Die Berufsfreiheit gewährleistet insoweit dem Arbeitnehmer die freie Wahl seines Arbeitgebers.[231] Zur Berufsausübung des Arbeit- **54**

---

[222] BVerfGE 7, 377 (398 f.); 59, 302 (315 f., 325); BGHZ 38, 13 (16); *Wieland* in Dreier Rn. 40; *Breuer* in HdbStR VIII § 170 Rn. 67; *Martens* DVBl. 1956, 782 (783); *Frenz* JA 2009, 252.

[223] Vgl. zB §§ 3 Abs. 1, 43a Abs. 1 BRAO; § 57 Abs. 1 StBerG; § 43 Abs. 1 WiPO.

[224] → Rn. 75 „Einzelfragen zur beruflichen Ausbildung" – unter „Prüfungen" bzw. „Wiederholungsprüfungen".

[225] Vgl. *Wieland* in Dreier Rn. 160.

[226] Zum Arbeitsplatzschutz → Rn. 55 ff.

[227] Vgl. *Manssen* in MKS Rn. 67; *Jarass* in Jarass/Pieroth Rn. 10; krit. *Schwabe* DÖV 1969, 734 (735 ff.).

[228] BVerfGE 85, 97 (104); 95, 173 (181); stRspr; zum Werbeverbot für Notare BVerfGE 112, 255. Für eine Differenzierung innerhalb der Berufsausübungsfreiheit zwischen Modus und Inhalt *Burgi* in BK Art. 12 Abs. 1 Rn. 45 ff.

[229] BVerfGE 94, 372 (389); 105, 252 (266); 111, 366 (373); 116, 202 (221 f.); BVerwGE 114, 160 (189 f.); BVerfG DVBl. 2007, 63.

[230] BVerfGE 106, 275 (298); 114, 196 (244); aA *Manssen* in MKS, 6. Aufl., Rn. 70; wie hier *Manssen* in MKS Rn. 69; *Ipsen,* Kartellrechtliche Preiskontrolle, 1976, 79 ff.; zum Verhältnis zwischen Vertragsfreiheit und Art. 12 Abs. 1 → Rn. 77.

[231] BVerfGE 128, 157 (176).

gebers zählt auch der Abschluss eines Gründungsvertrags für ein Unternehmen und die darauf beruhende Führung des Unternehmens (Unternehmerfreiheit in Abgrenzung zur Unternehmensfreiheit). Weitere Rechtspositionen, die von der Freiheit der Berufsausübung umschlossen werden, sind ua tätigkeitssichernde Immaterialgüterrechte (Patente, Gebrauchs- und Geschmacksmuster etc) – in Bezug auf Erwerb wie Einsatz (während das Innehaben solcher Rechte unter Art. 14 Abs. 1 fällt) –, Geschäfts- und Betriebsgeheimnisse,[232] das Führen akademischer Titel und sonstiger beruflicher Bezeichnungen (zB Handelsvertreter, Kaufmann, Fachanwalt, Steuerbevollmächtigter[233]).

55 **b) Arbeitsplatz.** Arbeitsplatz ist die Stelle, an welcher der Einzelne einem gewählten Beruf im konkreten Fall nachgehen möchte.[234] Nach Ansicht des BVerfG bildet die **Wahl des Arbeitsplatzes** ein Relais zwischen Berufswahl und Berufsausübung, da sie der ersten nach- und der zweiten vorgelagert sei.[235] Besonders bei atypischen Berufen kann der Arbeitsplatz den Beruf allerdings auch in einer Weise prägen, dass Berufs- und Arbeitsplatzwahl zusammenfallen. Die freie Wahl des Arbeitsplatzes umfasst sein Einnehmen, Beibehalten, Aufgeben und Wechseln.[236] Er begründet auch ein Abwehrrecht gegenüber der Auswechslung des Vertragspartners, das insbesondere gegen die Privatisierung einer vormals der öffentlichen Hand unterstehenden Einheit in Stellung gebracht werden kann.[237] In funktionaler Hinsicht bezieht sie sich auch auf die rechtlich-organisatorischen Rahmenbedingungen für das Innehaben eines Arbeitsplatzes, wie die freie Auswahl des Partners eines Arbeitsvertrages (oder, bei Selbständigen bspw., des Vertragspartners eines Gewerbemietvertrags).[238]

56 Auch **Selbständigen** ist die Freiheit der Arbeitsplatzwahl verfassungsrechtlich garantiert.[239] Der Verfassungswortlaut, auf den sich die Gegenansicht beruft,[240] steht dieser Deutung gerade nicht entgegen: Zwar benötigt ein Selbständiger zur Aufnahme der Berufstätigkeit keines Arbeitsvertrages, wohl aber vielfach eines materiellen Substrats (Büro, Werkstatt etc) und auch des Abschlusses von Verträgen. Insofern lässt sich die notwendige Bestimmung der näheren Modalitäten für die Ausübung des Berufs durchaus als Wahl des Arbeitsplatzes verstehen.[241] Die Gegenmeinung kann eine Schutzlücke nur dadurch vermeiden, dass sie den Beginn der Berufsausübung auf den Zeit-

---

[232] BVerfGE 106, 275 (299). Zu neuen Schutzregelungen *Buck* JM 2020, 59 ff.

[233] BVerwGE 59, 213 (219).

[234] BVerfGE 84, 133 (146); ähnlich *Jarass* in Jarass/Pieroth Rn. 11; *Breuer* in HdbStR VIII § 170 Rn. 92; *Manssen* in MKS Rn. 57; *Wieland* in Dreier Rn. 46; *Scholz* in Maunz/Dürig Rn. 440.

[235] BVerfGE 84, 133 (146); 85, 360 (373); ebenso *Manssen* in MKS Rn. 57; *Wieland* in Dreier Rn. 23.

[236] BVerfGE 84, 133 (146); 96, 205 (210 f.); 98, 365 (395); vgl. auch *Mann* in Sachs Rn. 86; allg. zum Recht am Arbeitsplatz vgl. *Dorndorf,* Freie Arbeitsplatzwahl und Recht am Arbeitsergebnis, 1979; *Langwieser,* Das Grundrecht der freien Wahl des Arbeitsplatzes, 1967; mwN bei *Schneider* VVDStRL 43 (1985), 7 (30 f.); zu „Landeskinder-Klauseln" → Rn. 73.

[237] BVerfGE 128, 157 (176 ff.).

[238] BVerfGE 84, 133 (146); 85, 360 (372 f.); *Manssen* in MKS Rn. 57; *Dietlein* in Stern StaatsR IV/1 § 11 Kap. II 2a; nur für unselbständige Tätigkeiten: *Burgi* in BK Art. 12 Abs. 1 Rn. 126.

[239] So auch *Scholz* in Maunz/Dürig Rn. 440; *Jarass* in Jarass/Pieroth Rn. 11; *Umbach* in Umbach/Clemens Rn. 51; *Wieland* in Dreier Rn. 46, 53; *Dietlein* in Stern StaatsR IV/1 § 111 Kap. II 2a; vgl. allg. zu diesem Streit *Breuer* in HdbStR VIII § 170 Rn. 92.

[240] *Manssen* in MKS Rn. 60; *Uber,* Freiheit des Berufs, 1952, 82.

[241] Wie hier *Scholz* in Maunz/Dürig Rn. 440; *Jarass* in Jarass/Pieroth Rn. 11; *Wieland* in Dreier Rn. 46.

punkt der Niederlassung vorverlegt. Nach beiden Ansichten geht Art. 12 Abs. 1 dem Art. 11 als spezielle Regelung vor.[242] Art. 11 Abs. 2, wonach die Freizügigkeit unter strengen Voraussetzungen beschränkt werden kann, wenn eine ausreichende Lebensgrundlage nicht vorhanden ist, kann somit nicht herangezogen werden, um die Niederlassung zur Aufnahme einer diese Lebensgrundlage erst sichernden Berufstätigkeit zu unterbinden.

Art. 12 Abs. 1 verpflichtet den Staat nicht nur, sich Eingriffen in die Freiheit der Arbeitsplatzwahl zu enthalten,[243] sondern auch, die rechtlichen Rahmenbedingungen für die Verwirklichung dieser Freiheit im **Privatrechtsverkehr** zu gewährleisten und gegen Vereinbarungen zwischen Privaten, welche auf eine Beschränkung der Arbeitsplatzwahl abzielen, erforderlichenfalls einzuschreiten. Dies folgt aus der Schutzpflichtdimension des Art. 12 Abs. 1.[244] Zwischen vertraglichen Beschränkungen der Arbeitsplatzwahl und solchen der Berufsausübung an sich bestehen vielfach fließende Übergänge (wie bei der Vereinbarung von Konkurrenzverboten oder Karenzzeiten mit regionalem Bezug). Für die Zulässigkeit solcher Regelungen kommt es darauf an, ob das Kräftegleichgewicht zwischen den Beteiligten gewahrt ist.[245] Wird durch Verträge die Freiheit der Arbeitsplatzwahl faktisch unterbunden, schlagen die Wertungen des Art. 12 Abs. 1 über die privatrechtlichen Generalklauseln (insbes. § 138 BGB – Nichtigkeit wegen Sittenwidrigkeit) auf das Rechtsverhältnis durch. Mit Art. 12 Abs. 1 steht zB nicht im Einklang, wenn die stärkere Partei gegenüber der schwächeren vertragliche Regelungen durchsetzt, die sie am Wechsel des Arbeitsverhältnisses hindern – etwa weil für den Fall einer Kündigung erhebliche Zahlungspflichten gegenüber dem Arbeitgeber entstehen.[246] Nicht stets unangemessen ist dagegen die Verpflichtung zur Rückzahlung von Ausbildungskosten für den Fall der Beendigung des Arbeitsverhältnisses.[247] **57**

Der These, Art. 12 Abs. 1 gewähre keinen **Schutz vor Kündigungen,**[248] kann nur mit Einschränkungen zugestimmt werden: Zwar stellen Kündigungen durch private Arbeitgeber grundsätzlich keine Grundrechtseingriffe dar;[249] gleichwohl berühren sie praktisch die Freiheit der Arbeitsplatzwahl (im Sinne der tatsächlichen Unmöglichkeit, den früher gewählten Arbeitsplatz beizubehalten). Der Staat ist zu Beschränkungen des Kündigungsrechts, die sich zugleich als Eingriffe in die Berufsausübung der Arbeitgeber,[250] in **58**

---

[242] *Scholz* in Maunz/Dürig Rn. 200; *Manssen* in MKS Rn. 60; *Breuer* in HdbStR VIII § 170 Rn. 93 f. mwN; *Umbach* in Umbach/Clemens Rn. 25; → Art. 11 Rn. 37.

[243] Zur Nichtigkeit der ArbeitsplatzwechselVO v. 1.9.1939, RGBl. I 1685; LAG Düsseldorf NJW 1950, 718; ferner *Bryde* NJW 1984, 2177 (2183).

[244] BVerfGE 84, 133 (147); 81, 242 (252 ff., insbes. 254 f.); *Mann* in Sachs Rn. 88; *Wieland* in Dreier Rn. 142; allg. zur Herleitung von Schutzpflichten aus Grundrechten *Calliess* in Merten/Papier Grundrechts-HdB, Bd. II, § 44; *Dreier* in Dreier Vorb. Rn. 101 ff.; vgl. allg. zur Bedeutung des Art. 12 Abs. 1 im Arbeitsrecht *Dieterich/Schmidt* in ErfK GG Art. 12.

[245] BVerfGE 81, 242 (260 f.); *Wieland* in Dreier Rn. 142 ff., insbes. 146; *Mann* in Sachs Rn. 101; *Papier* in Merten/Papier Grundrechts-HdB, Bd. II, § 55 Rn. 37 f.; *Badura* FS f. Herschel, 1982, 21 (31); *Dieterich* RdA 1995, 129 (131); krit. zu dem vom BVerfG herausgearbeiteten Maßstab bzgl. des Kräfteungleichgewichts, *Wiedemann* JZ 1990, 695 (697).

[246] BAG NJW 1962, 1981 (1983).

[247] BAGE 42, 48 (51 ff.); BGH DB 1984, 2456; hinsichtlich der Rückzahlung von Ausbildungsvergütungen im öffentlichen Dienst BVerfGE 39, 128 (141 ff.); BVerwGE 30, 65 (70 f.); 30, 77 (79); 40, 237 (239); *Manssen* in MKS Rn. 252.

[248] BVerfGE 84, 133 (146 f.); BAG NJW 1964, 1921 (1922); *Mann* in Sachs Rn. 88; *Scholz* in Maunz/Dürig Rn. 58.

[249] Vgl. *Manssen* in MKS Rn. 26.

[250] Vgl. *Hergenröder* FS f. Hadding, 2004, 81 (88 f., 94 f., 102).

geringerem Maße auch der Arbeitnehmer darstellen, insoweit angehalten, als die Herstellung oder Bewahrung des Kräftegleichgewichts zwischen Arbeitgeber- und Arbeitnehmerseite sie erfordert.[251] Wo der Staat selbst als Arbeitgeber in Erscheinung tritt, findet Art. 12 Abs. 1 – der dabei durch Art. 33 überlagert wird[252] – in der Organisationsgewalt der Gebietskörperschaften eine Begrenzung.[253]

59 **Einschränkungen** des Rechts auf freie Arbeitsplatzwahl durch Gesetz oder Einzelakt sind möglich, obwohl Art. 12 Abs. 1 S. 2 gerade die Wahl des Arbeitsplatzes nicht erwähnt. Das BVerfG hat insoweit im Lichte der Stufenlehre die gleichen Anforderungen angelegt wie an Beschränkungen der dort ebenso wenig genannten Berufswahl (dh Erforderlichkeit zum Schutz eines wichtigen Gemeinschaftsgutes[254]).[255] Sowohl das Verbot, einen bestimmten Arbeitsplatz einzunehmen, als auch der durch staatlichen Eingriff herbeigeführte (von der gesetzlich erlaubten Kündigung eines privaten Arbeitgebers zu unterscheidende) Verlust des Arbeitsplatzes kommen der Regelung der Berufswahl in der Eingriffsintensität nicht nur nahe, solche Maßnahmen können uU bereits als Beschränkungen der Berufswahl angesehen werden. Die Anforderungen an die Rechtfertigung des Eingriffs liegen umso höher, je stärker Art. 12 Abs. 1 durch andere Grundrechtsverbürgungen sekundiert wird. Das BVerfG hat bspw. aus Art. 12 Abs. 1 iVm Art. 6 Abs. 4 abgeleitet, dass auch wichtige Gemeinschaftsgüter den Gesetzgeber grundsätzlich nicht dazu berechtigen, werdende Mütter durch kurzfristige Beendigung ihrer Arbeitsverhältnisse in die Arbeitslosigkeit zu entlassen.[256]

60 **c) Ausbildungsstätte.** Die ausdrückliche Erwähnung der Ausbildungsstätte in Art. 12 Abs. 1 zeigt an, dass das Grundgesetz die Berufswahl umfassend und bereits in einem frühen Stadium geschützt wissen will. Die Aufnahme des Begriffs in den Verfassungstext geht auf eine Anregung aus studentischen Kreisen zurück, die sich Mitglieder des Parlamentarischen Rats zu eigen machten.[257] Das BVerwG fasst den Begriff der Ausbildungsstätte iSd Art. 12 Abs. 1 sehr eng: als eine Einrichtung, „die ein Bewerber durchlaufen haben muss, um nach Ablegung der **nur über diese Einrichtung** erreichbaren Prüfung Berufe ergreifen oder öffentliche Ämter bekleiden zu können, welche die durch die Prüfung erlangte Qualifikation voraussetzen".[258] Damit aber wird das Resultat eines Grundrechtseingriffs – die Verengung des Zu-

---

251 BVerfGE 84, 133 (146 f.); 85, 360 (372 f.); 92, 140 (150); sa *Manssen* in MKS Rn. 26, 58; *Umbach* in Umbach/Clemens Rn. 63; *Burgi* in BK Art. 12 Abs. 1 Rn. 354 ff.; ähnlich *Hergenröder* FS f. Hadding, 2004, 81 (100); allg. zu den Grenzen der Privatautonomie im Arbeitsrecht BAG DB 1994, 279; *Dieterich* RdA 1995, 129 (130); *Papier* RdA 1989, 137 (insbes. 139 f.); *Urban,* Kündigungsschutz außerhalb des Kündigungsschutzgesetzes, 2001, 45 ff.; zur Verfassungsmäßigkeit der Änderungen des betrieblichen Kündigungsschutzes durch das G zu Reformen am Arbeitsmarkt v. 24.12.2003 (BGBl. I 3002 ff.) vgl. *Däubler* NZA 2004, 177.

252 → Rn. 40; BVerfGE 16, 6 (21 f.); 54, 237 (246); 84, 133 (147); *Mann* in Sachs Rn. 56; vgl. allg. zum Verhältnis zwischen Art. 33 und Art. 12 *Scholz* in Maunz/Dürig Rn. 206 ff.; *Jarass* in Jarass/Pieroth Rn. 7, 85; umf. *Leisner* AöR 93 (1968), 161.

253 BVerfGE 7, 377 (398); 39, 334 (369 f.); 73, 280 (292); 84, 133 (147); sa *Scholz* in Maunz/Dürig Rn. 212.

254 → Rn. 109.

255 BVerfGE 84, 133 (148); vgl. *Wieland* in Dreier Rn. 81; krit. *Lücke,* Die Berufsfreiheit, 1994, 26 ff.

256 BVerfGE 84, 133 (156).

257 Näheres dazu in JöR 1 nF (1951), 136.

258 BVerwGE 6, 13 (15); 47, 330 (332); 91, 24 (32).

gangs auf eine Einrichtung – in den Tatbestand hineingelesen; zudem wird die Definition den Durchlässigkeits- und Flexibilitätsanforderungen der modernen Leistungsgesellschaft nicht gerecht. Von Ausbildungsstätte muss daher bereits gesprochen werden, wenn sie ihrer Funktion und Bestimmung gemäß auf einen oder mehrere Berufe oder gar keinen bestimmten Beruf vorbereitet.[259] Für den Grundrechtsschutz ist nicht erforderlich, dass der sich um eine Ausbildungsstelle bemühende Grundrechtsträger von der späteren Berufstätigkeit schon eine konkrete Vorstellung hat.

Die Freiheit, die Ausbildungsstätte zu wählen, schließt nicht nur den **61**
Zugang[260] zu einer Ausbildungsstätte ein, sondern, wo mehrere Institutionen eine bestimmte berufsqualifizierende Ausbildung anbieten, auch das Recht, eine bestimmte unter ihnen als Ausbildungseinrichtung zu wählen.[261] Sie ist nicht erst dann betroffen, wenn dem Betroffenen die Möglichkeit der Ausbildung zu einem bestimmten Beruf an keiner der in Betracht kommenden Einrichtungen offensteht. Insofern ist nicht nur das Ob, sondern auch das Wie des Berufszugangs geschützt. Dies wird nicht nur durch den Wortlaut der Vorschrift bestätigt, die nicht den Zugang zu einer Ausbildungsstätte, sondern deren Wahl – auch im Sinne einer **Auswahl** – schützt. Auch wird nur eine solche Interpretation der Bedeutung gerecht, welche dem Zugang zu einer bestimmten Ausbildungsstelle im Wettbewerb zwischen diesen (wie er in Rankings, Akkreditierungen und sonstigen Bewertungen zum Ausdruck kommt) heute für die konkrete berufliche Laufbahn Einzelner zukommt.

Für den Grundrechtsschutz ist im Grundsatz unerheblich, ob eine Aus- **62**
bildungseinrichtung einen **öffentlichen oder privaten** Träger hat, ob sie öffentlich-rechtlich oder privatrechtlich organisiert ist. Allerdings kann ein Zugangsrecht zu privatwirtschaftlichen Einrichtungen nur über die staatliche Schutzpflicht für die freie Ausbildungsplatzwahl geschaffen werden und ist dabei durch Grundrechte der Ausbildungseinrichtung selbst (Art. 12 Abs. 1, Art. 5 Abs. 3) begrenzt.[262]

Ausbildungsstätten sind insbes. Berufs- bzw. Fachschulen, Universitä- **63**
ten,[263] Fachhochschulen und Berufsakademien.[264] Auch Wirtschaftsbetriebe können, zB im Rahmen der Lehrlingsausbildung, als Ausbildungsstätten fungieren.[265] Allgemeinbildende Schulen können in der Regel nicht als Ausbildungsstätten angesehen werden. Zwar vermitteln sie für spätere berufliche Tätigkeiten relevantes Wissen und nehmen dafür erforderliche Prüfungen ab, doch geht die angestrebte „Lebensbildung" über die Vorbereitung auf berufliche Betätigung hinaus.[266] Das Gymnasium als zwar allgemeinbildende, aber weiterführende Schule wird vom BVerfG zumindest seit der sog. Oberstufenreform (Einführung der Sekundarstufe II mit Spezialisierungsmöglichkeit) als Ausbildungsstätte iSd Art. 12 Abs. 1 qualifiziert.[267] Dem ist entgegenzuhal-

---

[259] *Hamann* in Hamann/Lenz Anm. B 4; ähnlich *Jarass* in Jarass/Pieroth Rn. 94; *Mann* in Sachs Rn. 89; sa *Wieland* in Dreier Rn. 47; *Manssen* in MKS Rn. 61; *Nolte* in Stern/Becker Rn. 29.

[260] So auch *Hofmann* in SHH Rn. 36.

[261] *Scholz* in Maunz/Dürig Rn. 456 unter Verweis auf BVerfGE 33, 303 (337 f.).

[262] So auch *Manssen* in MKS Rn. 61; *Ruffert* in BeckOK GG Rn. 45.

[263] BVerfGE 33, 303 (329); 59, 172 (205).

[264] BVerwGE 10, 136 – Pädagogische Akademien.

[265] OVG NRW OVGE 16, 154 (157 ff.); *Mann* in Sachs Rn. 89.

[266] *Manssen* in MKS Rn. 62; krit. *Dietlein* in Stern StaatsR IV/1 § 111 Kap. II 2b β.

[267] BVerfGE 58, 257 (273), Entlassung; BVerfGE 64, 153 (159); OVG Münster NJW 1976, 725 (726); *Breuer* in HdbStR VIII, 3. Aufl. 2010, § 170 Rn. 104 für Sekundarstufe II;

ten, dass die Einführung einer die spezifischen Eignungen und Neigungen einzelner Schüler berücksichtigenden Wahlmöglichkeit beim Fächerkanon an der allgemeinbildenden Natur dieses Schultyps nichts ändert. Insofern ist Art. 2 Abs. 1 und nicht Art. 12 Abs. 1 einschlägig.[268] Dies gilt auch für den Zugang zu Fachgymnasien (beruflichen Gymnasien), da sie in erster Linie dem Erwerb der allgemeinen Hochschulreife und nur höchst mittelbar der Verwirklichung beruflicher Neigungen dienen. Die Freiheit der Berufswahl kann ausnahmsweise betroffen sein, wenn die Belegung eines bestimmten Schulfachs, die Voraussetzung für den Zugang zu einem konkreten Beruf ist, vereitelt wird. Von Art. 12 Abs. 1 grundsätzlich erfasst wird die Schulausbildung auf dem „zweiten Bildungsweg", die aus einer Berufstätigkeit heraus zur Verbesserung der beruflichen Perspektiven erfolgt.[269]

64 Soweit eine akademische Berufsausbildung vom Bologna-Prozess erfasst ist, also Abschlüsse als **Bachelor und Master** vorsieht, stellt sich die Frage, ob sich die freie Wahl der Ausbildungseinrichtung im Zugang zum Bachelorstudium erschöpft oder auch denjenigen zu einem – konsekutiven – Masterstudium einschließt. Letzteres ist zu bejahen, sofern der Master rechtlich oder auch nur faktisch Zugang zu beruflichen Tätigkeiten verschafft, die dem Inhaber eines Bachelorabschlusses nicht offenstehen. Die Regeln über Kapazitätsbestimmung (→ Rn. 69), Kapazitätserschöpfung (→ Rn. 66 f.) und Zugangskriterien gelten dann auch für die Aufnahme von Bewerbern um Master-Studienplätze mit bestandenem Bachelor.[270] Wo der Bachelor allein (rechtlich oder faktisch) für den Berufseintritt nicht ausreicht, müssen diese Kriterien auf den Zugang zum Masterstudium so angewendet werden, als handle es sich hierbei um den Erstzugang um einen Studienplatz. Dies gilt nur dann nicht, wenn die Zulassung zu einem Bachelorstudium mit der Zulassung zu einem anderen Ausbildungsgang einhergeht, dessen Abschluss allein als der berufsqualifizierende anzusehen ist (wie die Erste juristische Prüfung). Wird ein Bachelor- oder Masterstudiengang berufsbegleitend angeboten,[271] ist uU nicht die freie Wahl der Ausbildungsstätte, sondern nur die Berufsausübung betroffen, was meist mit weniger strikten Anforderungen an die Verhältnismäßigkeit beschränkender Maßnahmen einhergeht (→ Rn. 109 ff.).

65 Die Freiheit der Wahl der Ausbildungsstätte ist prinzipiell als **Abwehrrecht** ausgestaltet:[272] Der Staat darf den Zugang nicht beschränken. Ebenso wenig darf der Einzelne zu einer bestimmten Ausbildung oder überhaupt zum Erlernen eines Berufs gezwungen werden (negative Ausbildungsfreiheit).[273] Wie alle Freiheitsrechte kann Art. 12 Abs. 1 einen **derivativen** (über Art. 3 Abs. 1 vermittelten) **Teilhabeanspruch** vermitteln, und ausnahmsweise können aus Art. 12 Abs. 1 für den Bereich der Berufsausbildung gar **originä-**

Peters Städtetag 1952, 99 (104); *Hamann* in Hamann/Lenz Anm. B 4 mwN; offen gelassen von BVerfGE 41, 251 (261), Zweiter Bildungsweg; BVerwGE 5, 153 (157).

[268] *Jarass* in Jarass/Pieroth Rn. 94; *Jarass* DÖV 1995, 674 (675, 678), der Art. 2 Abs. 1 iVm Art. 7 Abs. 1 heranzieht; *Manssen* in MKS Rn. 62; *Schäfer* Städtetag 1960, 482 (486 mwN); wie hier *Ruffert* in BeckOK GG Rn. 45.2; aA *Dietlein* in Stern StaatsR IV/1 § 111 Kap. II 2b β.

[269] BVerfGE 41, 251 (261); *Breuer* in HdbStR VIII § 170 Rn. 104; *Mann* in Sachs Rn. 89.

[270] *Ernst/Kämmerer* RdJB 2011, 297 (306, 315), so auch VG Osnabrück Urt. v. 10.12.2013 – 1 A 77/13, BeckRS 2014, 46062; krit. zu dieser Konsequenz *Hailbronner* WissR 41 (2008), 106 (114 f.).

[271] *Ernst/Kämmerer* RdJB 2011, 297 (298); *Kluckert* DÖV 2008, 905 (905 f.).

[272] BVerfGE 33, 303 (329); *Wieland* in Dreier Rn. 50; *Scholz* in Maunz/Dürig Rn. 442.

[273] *Mann* in Sachs Rn. 91; bezogen auf Berufsschulzwang *Manssen* in MKS Rn. 65.

re Leistungsansprüche abgeleitet werden. Im Normalfall besteht kein einklagbarer verfassungsrechtlicher Anspruch auf Schaffen oder Bereitstellen eines Ausbildungs- bzw. Studienplatzes[274]: Dem Staat muss die Einschätzungsprärogative darüber verbleiben, wie bei meist begrenzten Kapazitäten der Wertentscheidung aus Art. 12 Abs. 1 Rechnung getragen wird. Auf Art. 12 Abs. 1 kann im Grundsatz also weder ein Begehren auf Herstellung von Kapazitäten noch auf Bereitstellung eines Studienplatzes in einem bestimmten Fach oder gar an einer bestimmten Hochschule gestützt werden.[275] In Schrifttum und Judikatur wird überdies darauf verwiesen, dass einklagbare Ansprüche mit Vorgaben des Haushaltsverfassungsrechts (insbes. Art. 110 Abs. 1 S. 2) und der demokratischen Willensbildung des Parlaments über die Verwendung staatlicher Mittel nicht zu vereinbaren seien.[276] Dieser Einwand freilich erscheint allzu ergebnisgerichtet: Auch wo Leistungsansprüche verfassungsrechtlich anerkannt sind, bedarf es zu ihrer Verwirklichung des Einsatzes finanzieller Mittel; der Unterschied liegt allein in der Größenordnung des finanziell Erforderlichen. Ein subjektives Recht auf ***Bereitstellung* von Ausbildungskapazitäten** wird aus Art. 12 Abs. 1 im Lichte des obenstehenden verfassungsrechtlichen Befundes nur in seltenen Extremkonstellationen abzuleiten sein, insbes. wenn der Staat keinerlei geeignete Maßnahmen ergreift, um die Ausbildung zu einem anerkannten Beruf sicherzustellen, private Einrichtungen aber nicht in der Lage wären, das entstehende Defizit aufzufangen, oder wenn die zur Verfügung gestellten Kapazitäten in eklatanter Weise unzureichend sind.

Anders verhält es sich mit **Zugang zu *vorhandenen* Ausbildungskapazitäten,** auf die ein Anspruch bestehen kann. Solche teilhaberechtlichen Züge entfaltet Art. 12 Abs. 1, wenn die Ausbildung beim Staat oder durch staatliche Vorgaben unter Begrenzung der Kapazität monopolisiert ist. Hintergrund ist die Erkenntnis, dass die Versagung des Zugangs zu einer Ausbildungsstätte vielfach das Ergreifen eines bestimmten Berufs unmöglich macht oder zumindest erschwert. Ohne Weiteres können Bewerber aus Art. 12 Abs. 1 iVm Art. 3 Abs. 1 und dem Sozialstaatsprinzip[277] einen – insoweit derivativen – Leistungsanspruch (Teilhabeanspruch)[278] auf Gleichbehandlung bei der Zuteilung eines Studienplatzes ableiten.[279] Dieser allein **66**

[274] Erwogen zwar noch in BVerfGE 33, 303 (333), doch hat das BVerfG sich auf diese Stellungnahme seither nicht mehr berufen; ausdrücklich anders BVerfG (K) NVwZ-RR 1999, 481 (481); für einen solchen Anspruch BVerwGE 102, 142 (147); *Burgi* in BK Art. 12 Abs. 1 Rn. 288; *Rittstieg* in AK Rn. 128; *Martens* VVDStRL 30 (1972), 7 (21 ff.) mwN.

[275] *Mann* in Sachs Rn. 163; *Manssen* in MKS Rn. 15 f.; Zusammenfassung der Argumentation bei *Hirtschulz,* Numerus clausus und Verfassungsverwirklichung, 1979, 42 ff.

[276] So iErg auch VGH Kassel NJW 1970, 1340 (1341); OVG Berlin NVwZ 1996, 1239 (1242); *Martens* VVDStRL 30 (1972), 7 (34 ff.); *Mann* in Sachs Rn. 162; *Scholz* in Maunz/Dürig Rn. 445; *Tettinger* AöR 108 (1983), 92 (127 f.); *Hesse* EuGRZ 1978, 427 (434); offen gelassen von BVerfGE 33, 303 (333); 43, 291 (325); zum Anspruch auf kostenlose Bereitstellung zahnärztlicher Instrumente im Studium BVerwG NJW 1997, 2465 (2466).

[277] Vgl. zu dem Verhältnis von Sozialstaatsprinzip und Art. 3 *Wollenschläger* in MKS Art. 3 Rn. 234; *Wiegand* DVBl. 1974, 657 ff.

[278] Der Begriff des Teilhabeanspruchs wird mitunter synonym mit dem des Leistungsanspruchs verwendet (insofern über Art. 3 Abs. 1 hinausgehend, so *Breuer* in HdbStR VIII § 170 Rn. 112; *Wieland* in Dreier Rn. 165), während er nach anderer Lesart (vgl. *Manssen* in MKS Rn. 15 f.; *Felix* in Fehling/Kämmerer/Schmidt Hochschulen zwischen Gleichheitsidee und Elitestreben, 2005, 107 (111)) nur die durch Art. 3 Abs. 1 vermittelten, abgeleiteten bzw. derivativen Leistungsansprüche erfassen soll.

[279] BVerfGE 33, 303 (331), zust. *Plander* NJW 1972, 1941 (1942); BVerfGE 43, 291 (313 f.); BVerwGE 102, 142 (147); eing. *v. Mutius* VerwArch 64 (1973), 183; zur Kritik an

vermag schwächer Qualifizierten jedoch keinen Ausbildungszugang zu verschaffen. Daher hat das BVerfG aus Art. 12 Abs. 1 ein **Gebot der erschöpfenden Auslastung vorhandener Kapazitäten** abgeleitet und dem Grundrecht insoweit eine, wenn auch auf das Ergebnis kapazitärer Planungen beschränkte, originäre Teilhabekomponente[280] beigemessen. Andere sehen das Gebot der erschöpfenden Kapazitätsauslastung als derivatives Teilhaberecht an, das jedoch über einen Anspruch auf Gleichbehandlung hinausreiche,[281] und konstruieren damit faktisch eine Metaebene zwischen originärer und derivativer Teilhabe.

67 Das BVerfG hat das Gebot der Kapazitätserschöpfung für den Bereich der Zulassung zu staatlichen Hochschulen[282] in seinen „Numerus Clausus"-Entscheidungen über die Vergabe von Studienplätzen[283] ausgeformt. Ein hochschulreifer Bewerber darf mit seinem Studienplatzbegehren jedenfalls nicht unter Hinweis auf eine nachteilige Rangstelle zurückgewiesen werden, solange Ausbildungsplatzkapazitäten in ausreichendem Maße vorhanden sind.[284] In einem derartigen Fall liegt eine Verletzung des Zulassungsrechts vor.[285] Der jedenfalls **partiell originäre Zulassungsanspruch**[286] ist jedoch dadurch konditioniert, dass die Verweigerung eines begehrten (bestimmten) Ausbildungsplatzes vorauszugehen hat. Insoweit verbindet sich die Eingriffs- mit einer Leistungskomponente; denn wo der Staat über ein auch nur faktisches Ausbildungsmonopol verfügt, ist das Vorenthalten eines Ausbildungsplatzes funktional als Eingriff anzusehen[287] und bedarf insoweit der Rechtfertigung.

68 Ein Recht auf **Herstellung von Kapazitäten** und damit auf unbegrenzten Zugang zu jedem Studienfach besteht grundsätzlich **nicht.**[288] Für den Fall, dass die Zahl der Bewerber die der vorhandenen Ausbildungsplätze übersteigt, darf der Staat vielmehr quantitative Zulassungsbeschränkungen nach qualitativen Maßstäben **(Numerus Clausus)** festlegen.[289] Differenzierungen

---

der Dogmatik des BVerfG vgl. *Hailbronner* WissR 35 (2002), 209 (215); *Steinberg/Müller* NVwZ 2006, 1113 (1116 ff.).

[280] Vgl. *Mann* in Sachs Rn. 160 f.; *Umbach* in Umbach/Clemens Rn. 61.

[281] *Wieland* in Dreier Rn. 165, 167 ff.; sa *Dietlein* in Stern StaatsR IV/1 Kap. VI 2b γ; vgl. hingegen *Breuer* in HdbStR VIII § 170 Rn. 112, der den über Art. 3 Abs. 1 hinausgehenden Gehalt des Art. 12 Abs. 1 betont.

[282] Formell-gesetzlich geregelt im Hochschulrahmengesetz idF der Bekanntmachung v. 19.1.1999 (BGBl. 1999 I 18), zuletzt geändert durch Art. 6 Abs. 2 des Gesetzes v. 23.5.2017 (BGBl. 2017 I 1228). Das HRG wird ergänzt durch den StVertr. v. 8.3.-5.6.2008, welcher durch die Länder in Landesrecht umgesetzt wurde, vgl. G v. 17.2.2009 (HmbGVBl. S. 36), Bek. v. 10.5.2010 (HmbGVBl. S. 402) für Hamburg.

[283] BVerfGE 33, 303 (331 f.), erstes Numerus-Clausus-Urteil; BVerfGE 43, 291 (313 f.), zweites Numerus-Clausus-Urteil; BVerfGE 85, 36 (53 f.), Gebot der erschöpfenden Kapazitätsauslastung; zuletzt BVerfGE 147, 253 (306), drittes Numerus-Clausus-Urteil; dazu *Brehm/Brehm-Kaiser* NVwZ 2018, 543.

[284] BVerfGE 39, 258 (271, 274); 39, 276 (293, 296); *Manssen* in MKS Rn. 23.

[285] BVerfGE 39, 258 (270, 272); 43, 34 (44).

[286] IErg ähnlich *Wieland* in Dreier Rn. 165, welcher dennoch von einem derivativen Teilhaberecht spricht, dieses jedoch im Vergleich zu dem Gleichbehandlungsanspruch als ein „Mehr" ansieht; sa *Dietlein* in Stern StaatsR IV/1 § 111 Kap. VI 2b γ.

[287] *Manssen* in MKS Rn. 16 f.; *Mann* in Sachs Rn. 99, 168; *Pitschas,* Berufsfreiheit und Berufslenkung, 1983, 335.

[288] OVG Koblenz DVBl. 1970, 324 (325); *Gallwas* JZ 1969, 320; *Schmitt* JuS 1970, 60 (insbes. 62 ff.).

[289] Die Regelung des Auswahlverfahrens in § 32 HRG sowie zahlreiche der landesrechtlichen Vorschriften sind jedoch, soweit sie die Zulassung zum Fach Humanmedizin regeln, in Teilen verfassungswidrig, BVerfGE 147, 253 (312 ff.). Die Länder haben darauf mit dem

sind dann nach Maßgabe der Abschlussnote grundsätzlich zulässig, solange mit Rücksicht auf die Wertentscheidung des Art. 12 Abs. 1 und die von allen Bewerbern gleichermaßen erfüllte Anforderung der Hochschulreife auch solchen mit niedriger Rangstelle eine angemessene Chance auf einen Ausbildungsplatz verbleibt.[290] Entgegen einer früher vertretenen Ansicht ist der Numerus Clausus nicht eine dem Schutzbereich des Grundrechts bereits immanente, der Natur der Sache entspringende Grenze, sondern eine an Art. 12 Abs. 1 S. 2 zu messende Beschränkung des Berufszugangs, die einer gesetzlichen Grundlage bedarf.[291] Numerus-Clausus-Regelungen differenzieren zwar nach der Qualifikation von Bewerbern, kommen objektiven Zulassungsschranken aber insoweit nahe, als die Möglichkeit, einen bestimmten Beruf zu ergreifen, mit der Ausschöpfung vorhandener Kapazitäten steht und fällt. Sie können daher nur gerechtfertigt sein, wenn sie einem Schutzgut von besonderem Gewicht („überragend wichtiges Gemeinschaftsgut") dienen und der Eingriff einer strengen Verhältnismäßigkeitskontrolle standhält.[292] Güter, welche – schon aufgrund ihrer verfassungsrechtlichen Verwurzelung in Art. 5 Abs. 3 – Zulassungsschranken rechtfertigen können, sind die Funktionsfähigkeit der einzelnen Hochschuleinrichtung und der fraglichen Studiengänge sowie die Effektivität von Forschung und Lehre.[293] Verhältnismäßig ist die Beschränkung jedoch nur, wenn die Kapazitätsgrenzen sinnvoll festgelegt werden und ihre Fixierung mit der Ausschöpfung der vorhandenen Ausbildungskapazitäten einhergeht.[294] Zugleich muss die Allokation der knappen Studienplätze nach sachgerechten Kriterien erfolgen, wobei jedem hochschulreifen Bewerber eine realistische Chance auf einen Studienplatz unter möglichster Berücksichtigung individueller Präferenzen verbleiben muss.[295] Mit Art. 12 Abs. 1 vereinbar ist der Ausschluss von Studienbewerbern ab 55 Jahren von dem zentralen Vergabeverfahren für Studiengänge mit Numerus Clausus.[296]

Kraft seiner verfassungsrechtlichen Pflicht, grundrechtswesentliche Entscheidungen selbst zu treffen, hat der Gesetzgeber zumindest die **Kriterien für die Ermittlung von Ausbildungskapazitäten** gesetzlich festzuschreiben,[297] während die Kapazitätsfestlegung – in der Praxis auf der Basis sog. Curricularnormwerte – im Detail im Verordnungswege erfolgen kann (Ka- 69

StVertr. über die Hochschulzulassung v. 21.3.–4.4.2019 reagiert, vgl. etwa HmbGVbl. 2019, S. 354 ff.

[290] *Scholz* in Maunz/Dürig Rn. 456, 465 f.; Abiturdurchschnittsnote darf nicht alleiniges Kriterium sein, VG München 19.12.2005 – M3EL 05.20 578, 9 ff.

[291] So nunmehr die einhellige Meinung, BVerfGE 33, 303 (336 f.); 85, 36 (54); OVG Koblenz DVBl 1970, 324 (327); *Scholz* in Maunz/Dürig Rn. 458; *Manssen* in MKS Rn. 16, 108; *Hömig* in Hömig/Wolff Rn. 21; *Jarass* in Jarass/Pieroth Rn. 99; *Mann* in Sachs Rn. 172; *Breuer* in HdbStR VIII § 170 Rn. 109; von einer wesensimmanenten Schranke ausgehend hingegen noch VGH Kassel DVBl. 1970, 739 (740); OVG Lüneburg DVBl. 1970, 930 (931); zu dieser Auffassung umf. *Hirtschulz,* Numerus clausus und Verfassungsverwirklichung, 1979, 53 ff.; zum Verständnis des „Regelungsvorbehalts" → Rn. 79.

[292] BVerfGE 33, 303 (338); 54, 173 (191); 66, 155 (179); vgl. *Jarass* in Jarass/Pieroth Rn. 110; *Wieland* in Dreier Rn. 163 f.; *Frenz* JA 2009, 252 (253).

[293] BVerfGE 66, 155 (179); BVerwGE 80, 373 (379); *Manssen* in MKS Rn. 16; *Tettinger* WissR 23 (1990), 101 (113).

[294] BVerfGE 54, 173 (191); 85, 36 (54); 33, 303 (338 ff.) stRspr; *Wieland* in Dreier Rn. 166; *Mann* in Sachs Rn. 172 f.; *Nolte* in Stern/Becker Rn. 70.

[295] BVerfGE 33, 303 (338, 345 ff.); 43, 291 (314 ff.); *Breuer* in HdbStR VIII § 170 Rn. 109.

[296] OVG Münster DVBl. 2001, 822.

[297] BVerfGE 33, 303 (345 f.); 85, 36 (54); *Scholz* in Maunz/Dürig Rn. 458.

pazitätsverordnungen[298]). Der Gestaltungsspielraum der Exekutive ist nach der Rspr. des BVerfG insoweit begrenzt, als sie den „Bedingungen rationaler Abwägung" zu genügen hat.[299] Die (je nach Landesrecht unmittelbare oder inzidente) Zuständigkeit für die Überprüfung der Kapazitätsfestlegung fällt den Verwaltungsgerichten zu.[300] Im gerichtlichen Verfahren müssen die Prämissen, von denen bei der Normsetzung ausgegangen worden ist, offengelegt werden;[301] das Verwaltungsgericht überprüft sie unter Einsatz seiner eigenen Erkenntnisse und Erfahrungen auf das Vorliegen von Abwägungs- oder Ableitungsfehlern. Soweit die Kapazitätsbereitstellung auf statistisch-mathematischen Größen und Formeln beruht, ist die Überprüfung allerdings den Gerichten – von offenkundigen Fehlern abgesehen – aus tatsächlichen Gründen und mit Blick auf den Erkenntnisvorsprung der zuständigen Normsetzungsorgane bzw. Behörden weitgehend entzogen.[302] Die gerichtliche Überprüfung der verweigerten Zuteilung eines Studienplatzes geht über eine Willkürkontrolle nach alledem zwar hinaus, bleibt aber auf eine Rationalitätskontrolle beschränkt.[303]

70 Sowenig Art. 12 Abs. 1 einen Anspruch auf Herstellung von Kapazitäten vermittelt, sowenig kann umgekehrt mit Rekurs auf die Bestimmung ein **Abbau bestehender Kapazitäten** mit Erfolg angegriffen werden.[304] Zwar kann sich die Beschränkung von Zugangsmöglichkeiten jedenfalls mit Blick auf die konkret betroffenen Bewerber als begründungsbedürftiger Eingriff in die Freiheit der Wahl des Ausbildungsplatzes darstellen.[305] Ein Kapazitätsbestandsschutz aber würde die Planungshoheit des Staates aushebeln. Umgekehrt dürfen Zugangsrestriktionen nicht allein zur Berufslenkung verwendet werden; dies liefe auf eine mit der Freiheitsidee des Art. 12 Abs. 1 nicht mehr zu vereinbarende Zuweisung von Berufen durch den Staat hinaus und wäre regelmäßig unzulässig.[306] Doch ist der Staat aus Art. 12 Abs. 1 iVm dem Sozialstaatsprinzip und Art. 109 Abs. 2 verpflichtet, Vollbeschäftigung anzustreben; dies berechtigt ihn, mit Blick auf nachweislich fehlende Berufsperspektiven für einen Studiengang auch bei lebhafter Nachfrage Kapazitäten abzubauen, wenn die dadurch freigesetzten Mittel einer sinnvollen Erhöhung

---

[298] Vgl. Art. 6 StVertr. v. 8.3.-5.6.2008; vgl. beispielhaft Hamburger VO über die Kapazitätsermittlung, die Curricularnormwerte und die Festsetzung von Zulassungszahlen v. 14.2.1994, HmbGVBl. 1994, 35.

[299] BVerfGE 85, 36 (57); anschaulich dazu *Würtenberger/Fehling* JZ 2000, 173 (175 ff.).

[300] Zur Ausbildung richterrechtlicher Grundsätze für die Vergabe freier Studienplätze außerhalb der gesetzlichen Zuteilungsmechanismen vgl. *Gubelt* in v. Münch/Kunig, 5. Aufl. 2000, Rn. 35.

[301] Zum Erfordernis einer hinreichenden Normbegründung *Manssen* in MKS Rn. 20.

[302] BVerfGE 39, 258 (265 ff.); 54, 173 (193); 66, 155 (179 f.); 85, 36 (57 f.); BVerwGE 70, 318 (332); krit. *Becker/Hauck* NVwZ 1985, 535 (536); besonders restriktiv VGH Mannheim NVwZ 1983, 369 (370) (Kontrolle der äußersten Grenzen); aA OVG Hamburg NVwZ 1983, 361 (weitreichende Kontrolle); dagegen *Breuer* in HdbStR VIII § 170 Rn. 113 ff.

[303] BVerwGE 70, 318 (338); sa *Langer* NJW 1990, 1328 (1329 f.); dies ist nach einer Ansicht nicht bloß eine praktische Konsequenz, sondern vielmehr Folge der in der Verfassung manifestierten funktionellen Grenzen der Verwaltungsrechtsprechung, die die Einschätzungsprärogative des Gesetzgebers in diesem Bereich zu berücksichtigen hat, vgl. *Manssen* in MKS Rn. 20; anders *Breuer* in HdbStR VIII § 170 Rn. 117; krit. bzgl. der Prüfungszurückhaltung des BVerwG *Rottmann/Breinersdorfer* NVwZ 1987, 666 (667 f.); *Becker* NVwZ 1987, 653 (660 ff., insbes. 662).

[304] OVG Berlin NVwZ 1996, 1239; BVerwGE 102, 142 (146 f.).

[305] Ähnlich OVG Hamburg DVBl. 2000, 722; *Brehm/Zimmerling* WissR 33 (2000), 22 (38 ff.); *Brehm/Zimmerling*, Hochschulkapazitätsrecht, 2003, Rn. 56.

[306] BVerfGE 33, 303 (332); 59, 172 (210); *Manssen* in MKS Rn. 19.

der Kapazität bei Studiengängen mit besseren Beschäftigungsperspektiven zugeführt werden.[307] Belange der Niveaupflege und Optimierung der Betreuungsrelation an Hochschulen können für sich genommen keinen Kapazitätsabbau legitimieren. Nur wo der Abbau von Studienplätzen (oder anderen staatlicherseits bereitgestellten Ausbildungsplätzen) sachlich nicht begründbar ist, kann er mithilfe von Art. 12 Abs. 1 abgewehrt werden. Soweit die Beschränkung von Kapazitäten mit organisatorischen Veränderungen (Abbau von Lehrstühlen, Schließung von Universitäten oder Fakultäten) einhergeht, bedarf es einer Abwägung aller grundrechtlich geschützten Interessen, wobei insbes. die Wertentscheidung des Art. 5 Abs. 3 ins Gewicht fällt.[308]

Die dargestellten Zugangsmaßstäbe gelten unabhängig davon, ob erstmals eine Bewerbung für einen Studienplatz erfolgt oder ein Zweit- oder Drittstudium angestrebt wird. Aus verfassungsrechtlicher Sicht bestehen gegen eine **Bevorzugung von Erststudienbewerbern** gegenüber solchen, denen zu einem früheren Zeitpunkt bereits eine Zugangschance zuteil geworden ist, im Ergebnis allerdings weder unter Freiheits- noch Gleichheitsgesichtspunkten Bedenken.[309] Die Grundsätze über die Vergabe von Studienplätzen gelten für **andere Arten von Ausbildungsplätzen,** sofern der Staat sich ein Monopol vorbehält oder private Institutionen die Ausbildung nicht gewährleisten (können), in gleicher Weise[310] – also zB für den juristischen Vorbereitungsdienst.[311] Wo staatliche mit privaten Ausbildungseinrichtungen konkurrieren und in der Gesamtschau beider Seiten ein ausreichendes Angebot an Ausbildungsplätzen zur Verfügung steht, darf der Staat, statt die eigenen Kapazitäten auszuschöpfen, auch auf private Ausbildungsträger verweisen, solange er (in Wahrnehmung seiner aus Art. 12 Abs. 1 fließenden Schutz- bzw. Gewährleistungspflicht) im Gegenzug für die Erschwinglichkeit und Gleichwertigkeit der privaten Ausbildung Sorge trägt.[312] **71**

Stellt der Staat Ausbildungsplätze zur Verfügung, muss er diese in einer Weise ausstatten, dass die Ausbildung ordnungsgemäß und fachgerecht durchgeführt und in zumutbarer Zeit abgeschlossen werden kann. Art. 12 Abs. 1 vermittelt indes keinen Anspruch auf ein gebührenfreies Studium.[313] Werden für das Studium an staatlichen Hochschulen **Studiengebühren** erhoben, müssen diese im Lichte der aus Art. 12 Abs. 1 entspringenden Wertentscheidung so bemessen und gestaltet sein, dass das Studium weder für breitere Bevölkerungsschichten unerschwinglich noch gemessen am erwarteten Berufseinkommen unrentabel wird.[314] Gebühren, deren Höhe nicht mehr dem Wert der erbrachten Ausbildungsleistung entsprechen, werden schon durch **72**

---

[307] So auch *Manssen* in MKS Rn. 19; *Ruffert* in BeckOK Rn. 28.

[308] *Mann* in Sachs Rn. 169; *Scholz* in Maunz/Dürig Rn. 452; *Manssen* in MKS Rn. 16.

[309] Zur „Abschwächung" des Schutzes BayVerfGH BayVBl. 1998, 77; *Manssen* in MKS Rn. 18; *Jarass* in Jarass/Pieroth Rn. 112 aE mit Verweis auf BVerfGE 45, 393 (398); 62, 117 (147 f.); *Scholz* in Maunz/Dürig Rn. 454; *Frenz* JA 2009, 252 (253). S. für Zweit- bzw. Parallelstudiengänge auch BVerfGE 43, 291 (364); Näheres → Rn. 75 unter „Zweit- und Parallelstudium".

[310] *Jarass* in Jarass/Pieroth Rn. 94 f.; *Scholz* in Maunz/Dürig Rn. 71, 188 ff., 442 ff.

[311] VGH Kassel NJW 1997, 959 (960); *Manssen* in MKS Rn. 63.

[312] Dazu tendierend *Scholz* in Maunz/Dürig Rn. 446. Der Staat ist hier verpflichtet, das Recht auf gleichen Zugang sicherzustellen.

[313] BVerfGE 66, 155 (176 ff.); BVerwGE 102, 142 (146 f.); *Mann* in Sachs Rn. 164; *Ruffert* in BeckOK GG Rn. 30; *Scholz* in Maunz/Dürig Rn. 71 aE; *von Weschpfennig,* Rechtliche Grenzen von allgemeinen Studienabgaben, 2015, 98.

[314] BVerwGE 102, 142 (147); 115, 32 (37); vgl. auch *Scholz* in Maunz/Dürig Rn. 71; *von Weschpfennig,* Rechtliche Grenzen von allgemeinen Studienabgaben, 2015, 116 ff.

das Äquivalenzprinzip (auch wenn dessen verfassungsrechtliche Verankerung umstritten ist[315]) untersagt.[316] Überschreitet das Gebührenniveau auch bei Äquivalenz die Leistungsfähigkeit der Bewerber in einer Weise, dass das Studium nicht mehr finanzierbar ist oder wirtschaftlich unsinnig wird, kann es zu einer mit Art. 12 Abs. 1, aber auch mit dem Sozialstaatsprinzip und dem Grundgedanken des Art. 3 Abs. 1[317] unvereinbaren Berufszugangshürde werden. Um dies zu verhindern, kann der Gesetzgeber im Rahmen des Verhältnismäßigen auch privaten Ausbildungseinrichtungen Höchstgrenzen für Studiengebühren vorgeben und muss dies in Fachdisziplinen, die durch Ausbildung in privaten Einrichtungen geprägt sind, im Extremfall auch tun. – Die Zulässigkeit landesrechtlicher Verbote einer Erhebung von Studiengebühren bestimmt sich nicht nach Art. 12 Abs. 1, sondern nach den Kompetenzregeln des VII. GG-Abschnitts (vgl. Art. 74 Abs. 1 Nr. 33).[318]

73 Die Bevorzugung von **„Landeskindern“** – also denjenigen unter den deutschen Bewerbern um einen öffentlichen Ausbildungsplatz, die ihren Wohnsitz im Bundesland haben, in dem sich die Ausbildungsstätte befindet – bei der Studienplatzvergabe oder später bei der Bemessung von Studiengebühren ist mit Art. 12 Abs. 1 iVm Art. 3 Abs. 1 unvereinbar;[319] auch Art. 33 Abs. 1 u. 2 können jedenfalls insoweit, als die Ausbildung auf eine Tätigkeit als Beamter vorbereitet, Vorwirkung entfalten. Im Grundsatz statthaft sind Bonus-Malus-Regelungen bei der Studienzulassung, wenn sie lediglich auf die Neutralisierung allgemeiner Anforderungs- und Bewertungsunterschiede zwischen den Ländern gerichtet sind.[320] Auch ist es nicht schlechthin unzulässig, anstelle solcher individualisierten Zuschläge oder Abzüge pauschale Länderquoten festzulegen, solange der Gesetzgeber dabei von nachvollziehbaren Prämissen ausgeht.[321] Die Übernahme in den Vorbereitungsdienst für das Lehramt darf wegen Art. 33 Abs. 2 nicht mit der Begründung verweigert werden, die dafür erforderliche Staatsprüfung sei in einem anderen Bundesland abgelegt worden.[322]

74 Auch wenn ein „Recht auf Bildung“[323] im strengen Sinne nicht besteht, verpflichten doch diese Vorschriften den Staat, geeignete Maßnahmen zu ergreifen, um auch **einkommensschwachen** Bevölkerungsschichten den **Zugang zu Ausbildungsstätten** (Schule und Stätten der weiterführenden Berufsausbildung) unter zumutbaren Bedingungen zu gewährleisten. Dabei

---

[315] Näher zum Äquivalenzprinzip BVerwGE 26, 305 (309); zuletzt BVerwG DVBl. 2004, 194; allg. *Schmehl,* Das Äquivalenzprinzip im Recht der Staatsfinanzierung, 2004; *Schmehl* ZG 2005, 123; *Siekmann* in Sachs Vorb. Art. 104a Rn. 101 ff.; *Haug* WissR 33 (2000), 1 (10).

[316] Vgl. BVerwG Urt. v. 23.1.2002 – 6 C 16/01, BeckRS 2002, 21337.

[317] Hierauf abstellend *Scholz* in Maunz/Dürig Rn. 71 aE.

[318] BVerfGE 112, 226 (243); *Waldhoff* JuS 2005, 391; StGH Hessen ESVGH 27, 30 (37); *Schmehl* NVwZ 2006, 883 (884 ff.).

[319] BVerfGE 33, 303 (353 f.); 134, 1 (19 ff.); *Scholz* in Maunz/Dürig Rn. 162; *Manssen* in MKS Rn. 20; ausf. *Menger* VerwArch 73 (1982), 86 (97 ff.) betr. Vorbereitungsdienst; so auch § 35 HRG; für die Zulassung zur Externenprüfung an Fachhochschulen sieht das BVerwG (NVwZ 1983, 223 (224)) den Vorbehalt für Landeskinder im Hinblick auf das föderale Prinzip als verfassungsmäßig an.

[320] BVerfGE 37, 104 (113 ff.); 43, 291 (317 ff.); BVerwGE 50, 137 (153 ff.); *Pestalozza* JuS 1976, 93.

[321] BVerfGE 37, 104 (120); 43, 291 (343 ff.); *Reich* in Reich HRG, 10. Aufl. 2007, § 35 Rn. 2; *Thieme,* Deutsches Hochschulrecht, 3. Aufl. 2004, Rn. 815; aA VGH München 23.3.2006 – 7 CE 06.10164 Rn. 21, BeckRS 2009, 33798.

[322] OVG Münster NVwZ 1984, 126.

[323] → Rn. 9.

steht dem Staat ein weiter Einschätzungs- und Gestaltungsspielraum zu;[324] er ist also keineswegs verpflichtet, Unterstützungszahlungen an die Betroffenen zu leisten (wie nach dem BAföG[325]), sondern kann bei gleicher Wirksamkeit auch zB Belastungsverschonungen vorsehen. Ein Anspruch auf Unentgeltlichkeit der Ausbildung in öffentlichen Einrichtungen oder der Bereitstellung von Ausbildungsmitteln und -material kann aus Art. 12 Abs. 1 nicht abgeleitet werden.[326]

d) Einzelfragen zur beruflichen Ausbildung. **Ausländer** – Die dargelegten Grundsätze[327] für die Zulassung zum Studium gelten nicht für Ausländer (zu Unionsbürgern s. dort), da diese sich nicht auf Art. 12 Abs. 1 berufen können.[328] Eine Gleichstellung der Staatsangehörigen eines bestimmten Landes mit Deutschen kraft völkerrechtlichen Vertrags[329] ist aber ebenso wenig untersagt wie Regelungen, kraft derer ein bestimmter Anteil der Studienplätze ua ausländischen Bewerbern vorbehalten wird (§ 32 Abs. 2 Nr. 2 HRG).[330] Entgegen der Auffassung der Rspr.[331] verstößt die Gleichstellung von Ausländern und Deutschen bei der Vergabe von Studienplätzen durch eine Landesverfassung noch nicht gegen Art. 31 bzw. Art. 142. Sie ist, solange sie nicht mit einer mittelbaren Benachteiligung deutscher Studienbewerber (insbes. verringerten Kapazitäten) verbunden ist, als Ausweitung und nicht als Beschränkung des Grundrechtsschutzes zu verstehen; ggf. bedarf es einer grundrechtskonformen Interpretation.[332] 75

Lehr- und Lernmaterialien – Art. 12 Abs. 1 verpflichtet den Staat bzw. die Universitäten nicht, die Kosten von Lehr- und Lernmaterialien zu tragen.[333]

Prüfungen – sa „Wiederholungsprüfungen und -tests". – Berufsbezogene Prüfungsverfahren müssen (auch bei privaten Ausbildungseinrichtungen) so ausgestaltet sein, dass die Berufsfreiheit effektiv geschützt wird.[334] Ebenso wie die Zulassung zu einer Hochschule sind Prüfungen (als Qualifikationsnachweise) subjektive Berufszulassungsvoraussetzungen.[335] Prüfungserfordernisse dürfen insoweit verlangt werden, als auf diese Weise Gefahren, die sich aus mangelnder Qualifikation für die Ausübung des Berufs ergeben, abgewehrt werden können. Zu schützende Gemeinschaftsgüter sind bspw. die leistungsfähige Rechtspflege[336] oder – bei Heilberufen – die Gesundheit der Bevölkerung.[337] Die Berufsfreiheit ist verletzt, wenn die Leistungsanforderungen in der Prüfung außer Verhältnis zu den Anforderungen der Ausbildung oder des Berufs stehen oder keinen erkennbaren Zusammenhang damit aufweisen.[338] Aus Art. 12 Abs. 1 haben Rspr. und Schrifttum sowohl für das Prüfungsverfahren als auch für die

---

[324] BVerfGE 96, 330 (339).

[325] Bundesgesetz über individuelle Förderung der Ausbildung (BAföG) v. 26.8.1971 (BGBl. I 1409), idF der Bekanntmachung v. 7.12.2010 (BGBl. I 1952; 2012 I 197), zuletzt geändert durch Art. 2 des Gesetzes v. 25.5.2020 (BGBl. I 1073).

[326] BVerwGE 102, 142 (146 f.); *Felix* in Fehling/Kämmerer/Schmidt Hochschulen zwischen Gleichheitsidee und Elitestreben, 2005, Fn. 236, 107, 116; → Rn. 72.

[327] → Rn. 60 ff.

[328] Vgl. auch § 27 Abs. 1 S. 1 HRG; → Rn. 19.

[329] Vgl. § 27 Abs. 3 HRG.

[330] BVerwGE NJW 1990, 2899 (2900); *Jarass* in Jarass/Pieroth Rn. 112.

[331] VGH Kassel DVBl. 1988, 407.

[332] Anders noch *Gubelt* in v. Münch/Kunig, 5. Aufl. 2000, Rn. 36; *Felix* in Fehling/Kämmerer/Schmidt Hochschulen zwischen Gleichheitsidee und Elitestreben, 2005, 107 (116); ferner *Pastor* LKV 2002, 447 (451 f.); sa unter Stichwort „Unionsbürger".

[333] BVerwGE 102, 142 (144 ff.); *Manssen* in MKS Rn. 23; → Rn. 74.

[334] BVerfGE 84, 34 (45 f.).

[335] BVerfGE 80, 1 (23 f.); BVerwGE 38, 105 (113); BVerwG NVwZ 1987, 978 (979); eing. *Manssen* in MKS Rn. 227 ff.; *Burgi* in BK Art. 12 Abs. 1 Rn. 266 ff. mwN.

[336] BVerfGE 69, 209 (218); BVerwGE 38, 105 (113).

[337] BVerfGE 80, 1 (24); BVerwGE 68, 69 (72); 78, 280 ff.; vgl. *Manssen* in MKS Rn. 229.

[338] BVerwGE 78, 55, Fragen zur Geografie des Staates Mali in der juristischen Staatsprüfung; zur vollen gerichtlichen Überprüfbarkeit der Zugehörigkeit zum Prüfungsstoff BVerwG NJW 1998, 323 (327).

Korrektur eine Reihe konkreter Imperative abgeleitet. Schriftliche Prüfungsentscheidungen bedürfen einer hinreichenden Begründung. Wird bei mündlichen Prüfungen kein detailliertes Protokoll angefertigt, müssen die Prüfer durch geeignete Maßnahmen eine Rekonstruktion des Prüfungsverlaufs möglich machen.[339] Die Bewertung selbst hat sachkundig zu sein; sie muss sowohl durch fachlich qualifizierte Prüfer als auch in qualifizierter Weise vorgenommen werden.[340] Der Beurteilungsspielraum der Prüfer beschränkt sich auf vielfach mit fachlichen Urteilen verknüpfte „prüfungsspezifische Wertungen"; er findet dort seine Grenze, wo Verfahrensfehler begangen werden, ein unrichtiger Sachverhalt zugrunde gelegt wird, allgemeingültige Beurteilungsspielräume verletzt werden oder sachfremde Erwägungen angestellt werden.[341] Im Lichte der Freiheit der Berufswahl darf – insbes., aber nicht nur bei Multiple-Choice-Tests – eine fachlich vertretbare Stellungnahme des Prüflings nicht zu dessen Nachteil gewertet werden, weil die Prüfer anderer Ansicht sind als der Prüfling.[342] Die Gerichte sind befugt, Fehler zu beanstanden und den Prüfungsbescheid aufzuheben; die Neubewertung obliegt aus Gründen der Gewaltenteilung allerdings dem Prüfer und nicht dem erkennenden Gericht. Berichtigung der fehlerhaften Korrektur und Neubewertung sind nur insoweit erforderlich, als der Fehler für die Notenvergabe kausal war.[343]

Referendariat – Aus Art. 12 Abs. 1 kann kein Anspruch auf Entgelt für Dienste eines Referendars abgeleitet werden, die als Bestandteil seiner Ausbildung geleistet werden. Auch das Alimentationsprinzip des Art. 33 Abs. 5 bildet hierfür keine Grundlage.[344]

Regelstudienzeit – Art. 12 Abs. 1 steht der Festlegung von Regelstudienzeiten (§ 10 Abs. 2 HRG) jedenfalls dann nicht entgegen, wenn ihre Nichteinhaltung nicht bereits die Exmatrikulation, sondern nur den Verlust von Vorteilen (wie zB der Befreiung von Studiengebühren) nach sich zieht.[345]

Studiengebühren[346] – Art. 12 Abs. 1 (iVm Art. 3 Abs. 1) wird durch Anordnung einer Gebührenpflicht für Studierende grundsätzlich nicht verletzt, wenn Studiengebühren nicht prohibitiv wirken und sozialverträglich ausgestaltet sind.[347] Dies gilt auch, wenn dazu nur Studierende herangezogen werden, welche die Regelstudienzeit überschritten bzw. ein gesetzlich festgeschriebenes „Bildungsguthaben" verbraucht haben. Der Gesetzgeber ist berechtigt, Studierende auf diese Weise in Richtung eines zügigen Abschlusses ihres Studiums zu lenken.[348] Das Landesrecht kann ein Verbot der Erhebung von Studiengebühren festschreiben. Dieses muss auf staatliche Hochschulen beschränkt sein, da andernfalls private Bildungseinrichtungen ihrer zentralen Finanzquelle beraubt wären. Art. 59 Abs. 1 S. 1 HessVerf., der die Erhebung von Unterrichtsgeld für öffentliche[349] Schulen und Hochschulen untersagt (vgl. demgegenüber Art. 61 HessVerf. zu privaten Schulen und Hochschulen), ist vom StGH Hessen restriktiv in der Weise ausgelegt worden, dass die Bestimmung Studiengebühren nicht generell ausschließt: Mit Blick auf Art. 59 Abs. 1 S. 4 HessVerf., der die Auferlegung

---

339 BVerwG NVwZ 1995, 494 (495); FG Hamburg DStR 2002, 1100 (1103); HessVGH DVBl. 1997, 621 (622).

340 BVerwGE 70, 143 (150 ff.); *Wieland* in Dreier Rn. 158 f.

341 BVerfGE 84, 34 (53 f.); BVerwGE 70, 143 (150 ff.); BVerwG JZ 1979, 469 (470); BVerwG BayVBl. 1994, 443; BVerwGE 99, 74 (77).

342 BVerfGE 84, 59 (79); BVerfG NVwZ 1992, 657 (657 f.); BVerwG NVwZ 1993, 686 (687); NVwZ-RR 1994, 582 (584); BVerwGE 103, 200 (203 f.); 104, 203 (206); 123, 362 (368); OVG Bautzen NJW 2017, 850 (851).

343 BVerfGE 84, 34 (55 f.); BVerwG DVBl. 1988, 399 (402).

344 BVerfGE 33, 44 (50 f.); *Scholz* in Maunz/Dürig Rn. 446.

345 BVerfG Beschl. v. 31.3.2006 – 1 BvR 1750/01; OVG Münster DÖV 1979, 418, wonach grundsätzlich keine Bedenken gegen die Studiendauer begrenzende Studien- und Prüfungsordnungen bestehen; *Scholz* in Maunz/Dürig Rn. 450, verneint bereits den Eingriffscharakter der Festlegung einer Regelstudienzeit, soweit diese zum Schutz der Ausbildungsfreiheit anderer Studienbewerber geeignet ist.

346 Vgl. allg. → Rn. 72.

347 BVerfGE 134, 1 (13 ff.); *Burgi* in BK Art. 12 Abs. 1 Rn. 335.

348 BVerwGE 115, 32 (38).

349 Zum Begriff der öffentlichen Hochschule in Hessen, VGH Kassel ESVGH 50, 101 (102).

eines angemessenen Schulgelds gegenüber wirtschaftlich Leistungsfähigen für zulässig erklärt, wurden auch allgemeine Gebührenregelungen gebilligt, sofern sie mit der Bereitstellung eines Studiendarlehens einhergehen und damit abstrakt von der wirtschaftlichen Lage im Studienzeitpunkt sind.[350]

Unionsbürger[351] – EU-Ausländer können sich zwar nicht auf Art. 12 Abs. 1 berufen, doch müssen Beschränkungen der insoweit einschlägigen allgemeinen Handlungsfreiheit (Art. 2 Abs. 1) insoweit ähnlich strengen Maßstäben genügen wie bei Deutschen solche des Art. 12 Abs. 1.[352] Die Grundfreiheiten sind hingegen nur ausnahmsweise betroffen.[353] Im Anwendungsbereich des Unionsrechts, zu dem auch die berufliche Bildung zählt (Teil 2, Titel XII AEUV), verbietet Art. 18 AEUV jede Diskriminierung nach der Staatsangehörigkeit. Daraus folgt, dass Unionsbürger zum Studium an deutschen Hochschulen oder zu einer sonstigen Berufsausbildung grundsätzlich unter den gleichen Voraussetzungen zuzulassen sind wie Deutsche.[354] Das Hochschulrahmengesetz (HRG) (§ 27 Abs. 1 S. 2) setzt insoweit – im Einklang mit unionsrechtlichen Vorgaben[355] – voraus, dass die erforderlichen (deutschen) Sprachkenntnisse erbracht worden sind. Der EuGH entschied, dass sich aus Art. 18 iVm Art. 20 AEUV ein Anspruch bedürftiger ausländischer Studierender auf Gewährung von Sozialleistungen gegenüber dem Aufenthaltsstaat ergeben kann.[356] Soweit ein Ausbildungsabschnitt selbst bereits als Berufstätigkeit anzusehen ist, wie das Referendariat, folgt der Anspruch auf diskriminierungsfreien Zugang aus Art. 45 AEUV (Freizügigkeit der Arbeitnehmer), der sekundärrechtlich durch VO (EG) Nr. 1612/68[357] und die Freizügigkeitsrichtlinie 2004/38/EG[358] ausgestaltet wird.[359]

Vorlesungsblockaden – Im Unterschied zum simplen Boykott iS kollektiver Verweigerung eines Vorlesungsbesuchs wird durch die Blockade für andere Studierende ein faktisches Studienhindernis geschaffen. Als objektive Wertentscheidung und Schutzpflicht verpflichtet Art. 12 Abs. 1 den Staat im Interesse der Studierwilligen, Vorlesungsblockaden präventiv wie repressiv entgegenzuwirken.[360]

Wiederholungsprüfungen und -tests – Grundsätzlich zulässig ist es, die Zahl von Wiederholungsprüfungen zu beschränken.[361] Doch ist es in der Regel unverhältnismäßig, die Zulassung zu einem Beruf vom erfolgreichen Bestehen einer *nicht* wiederholbaren Prüfung abhängig zu machen, insbes. wenn diese am Ende einer mehrjährigen (Studien-)Ausbildung steht.[362] Auch wenn der Zugang zu einem Studium selbst unter

---

[350] StGH Hessen NVwZ 2008, 883 (885 ff.); zur Verfassungsmäßigkeit der Studienbeiträge in Hessen *Pestalozza,* Landesverfassungsrechtliche Fragen eines Hochschulgeldes in Hessen, 2006; *Walther* NVwZ 2007, 1366, sowie *Schmehl* NVwZ 2006, 883.

[351] Vgl. allg. → Rn. 21.

[352] Vgl. die Nachweise in Fn. 96.

[353] Ein Vollzeitstudium wird nicht von der Arbeitnehmerfreizügigkeit umfasst, außer wenn es im Zusammenhang zu vorheriger Berufsausübung steht; *Khan/Wessendorf* in Geiger/Khan/Kotzur EUV/AEUV Art. 45 AEUV Rn. 41; *Schneider/Wunderlich* in Schwarze/Becker/Hatje/Schoo Art. 45 AEUV Rn. 16.

[354] Vgl. zu den Erfordernissen der Gleichstellung der Hochschulzugangsberechtigung EuGH C-147/03, Slg. 2005, I- 5969, ECLI:EU:C:2005:427 Rn. 46–68, 75 – Kommission/Republik Österreich; allg. zu den europarechtlichen Bedingungen *Bode,* Europarechtliche Gleichbehandlungsansprüche Studierender und ihre Auswirkungen in den Mitgliedstaaten, 2005.

[355] *Reich* in Reich HRG, 10. Aufl. 2007, § 27 Rn. 2.

[356] EuGH 184/99, Slg. 2001, I-6193, ECLI:EU:C:2001:458 Rn. 35 ff. – Grzelczyk.

[357] ABl. 1968 L 257, 2.

[358] ABl. 2004 L 158, 77.

[359] VGH Kassel NVwZ 1989, 387 (388 mwN); zur aA vgl. Nachw. bei VG Frankfurt NVwZ 1987, 731 (732).

[360] Zum vorläufigen Rechtsschutz studierwilliger Studenten OVG Hamburg NJW 1978, 1395.

[361] BVerwG DÖV 1999, 790; NVwZ 1986, 1018; 1987, 978 (979); BeckRS 2015, 53177.

[362] Vgl. zur Unverhältnismäßigkeit der absoluten Bestehensregelung des mittlerweile nicht mehr gültigen § 14 der Approbationsordnung für Ärzte (AppOÄ) 1978, *Hofmann* in SHH Rn. 44.

dem Vorbehalt eines bestandenen Eignungstests steht, muss der Gesetzgeber wegen der schwerwiegenden Folgen (lebenslanger Ausschluss vom angestrebten Beruf) dafür Sorge tragen, dass dieser in angemessener Frist zumindest einmal wiederholt werden kann.[363]

Zweit- und Parallelstudium – Auch das Zweit- und das Parallelstudium werden von Art. 12 Abs. 1 geschützt. Der Gesetzgeber kann insoweit Einschränkungen vorsehen.[364] Wird der Zugang zum Parallelstudium in überfüllten Studiengängen beschränkt, muss der Gesetzgeber die Kriterien selbst bestimmen und darf der Zulassungsbehörde kein freies Ermessen eröffnen.[365] Das aus Art. 12 Abs. 1 folgende Recht auf Zulassung zum Studium wird durch den Abschluss eines Erststudiums nicht verbraucht.[366] Wo ein Bewerberüberhang besteht, darf der Gesetzgeber konkurrierende Erststudienbewerber gegenüber Bewerbern bevorzugen, die bereits ein Studium abgeschlossen haben (vgl. § 32 Abs. 2 S. 1 Nr. 5 HRG). Soweit kein Härtefall vorliegt, kann dies auch zum Ausschluss vom Zweitstudium führen.[367] Insbesondere ist die Versperrung des Zweitstudiums für einen in einem akademischen Beruf bereits Tätigen nicht zu beanstanden.[368] Eine auf Zweitstudierende beschränkte Erhebung von Studiengebühren widerstreitet weder dem Prinzip der Abgabengerechtigkeit noch Art. 12 Abs. 1.[369] (Zum Verhältnis von Bachelor- und Masterstudium → Rn. 64)

76 **4. Wettbewerbs- und Vertragsfreiheit.** Art. 12 Abs. 1 schützt auch die **Wettbewerbsfreiheit** von Marktteilnehmern im Sinne einer Teilhabe am Wettbewerb nach Maßgabe der durch Angebot und Nachfrage determinierten Funktionsbedingungen eines Marktes.[370] Verfälscht der Staat durch Intervention die Wettbewerbsvoraussetzungen von Unternehmen, ist der Schutzbereich des Grundrechts betroffen.[371] Die früher vom BVerwG vertretene Gegenansicht sieht die Wettbewerbsfreiheit demgegenüber als einen Aspekt der allgemeinen Handlungsfreiheit (Art. 2 Abs. 1) an.[372] Dagegen spricht, dass fairer Wettbewerb für Selbständige und Unternehmen für deren Erwerbschancen und damit für die Fortsetzung der unternehmerischen Tätigkeit essentiell ist. Da der Schutz wettbewerblichen Handelns nur nach Maßgabe der ökonomischen Funktionsbedingungen des Marktes gewährt wird, vermittelt Art. 12 Abs. 1 allerdings keinen Anspruch auf Erfolg im Wettbewerb oder Sicherung künftiger Erwerbschancen, die dem allgemeinen Marktrisiko unterworfen sind.[373] Gesetzliche Regelungen, durch welche Marktakteuren Beschränkungen auferlegt werden, greifen auch dann in die Wettbewerbsfreiheit ein, wenn ihr Ziel der Schutz des jeweiligen Marktes (wie im Wettbewerbsrecht) oder auch die Herstellung vollständigen Wettbewerbs ist (wie bei der sektorspezifischen Regulierung). Hingegen stellt die eigene Betei-

---

[363] OVG Münster NJW 1987, 1505 (1505 f.).

[364] *Hofmann* in SHH Rn. 48; *Manssen* in MKS Rn. 20.

[365] BVerfGE 45, 393 (399).

[366] Ebenso *Manssen* in MKS Rn. 18.

[367] BVerfGE 43, 291 (363 ff.).

[368] BVerwG JZ 1963, 675; krit. *Bachof* JZ 1966, 167 (174).

[369] VGH München BayVBl. 2000, 725; BayVBl. 2001, 1548; VG München NVwZ-RR 2001, 36.

[370] BVerfGE 32, 311 (317); 46, 120 (137 f.); 105, 252 (265); 115, 205 (229); 116, 135 (152); vgl. *Lindner* DÖV 2003, 185 (190).

[371] BVerfGE 105, 252 (265); 32, 311 (317); 86, 28 (37); ebenso *Manssen* in MKS Rn. 71; *Umbach* in Umbach/Clemens Rn. 57; *Di Fabio* JZ 1993, 689 (694); nach *Scholz* in Maunz/Dürig Rn. 131 f., 144 f. wird die Wettbewerbsfreiheit durch Art. 12 Abs. 1 und Art. 14 geschützt.

[372] So noch BVerwGE 17, 306 (309); 30, 191 (198); 60, 154 (159); 65, 167 (174); 79, 326 (239); sa *Bernhard* JZ 1963, 302 (306); mittlerweile Verortung bei Art. 12 Abs. 1, BVerwGE 89, 281 (283); BVerwG NVwZ 2011, 1069 (1071).

[373] BVerfGE 7, 377 (408); 31, 8 (31); 24, 236 (251); 34, 252 (256); 55, 261 (269).

ligung des Staates oder öffentlicher Unternehmen als Marktakteur grundsätzlich noch keinen Eingriff dar (→ Rn. 102).

Ob die **Vertragsfreiheit,** sofern ihre Wahrnehmung im Zusammenhang mit der Ausübung eines Berufs steht, wie sonst Art. 2 Abs. 1 zuzuordnen ist oder aber Art. 12 Abs. 1, ist in Rspr. und Schrifttum umstritten. Ein Teil der Lehre ordnet die Vertragsfreiheit unabhängig von ihrer beruflichen Relevanz als „unbenanntes Freiheitsrecht" der freien Entfaltung der Persönlichkeit gem. Art. 2 Abs. 1 zu.[374] Die damit verbundene grundrechtliche Aufspaltung berufsbezogener Aktivitäten ist kaum praktikabel und wenig lebensnah: Insbesondere bei Selbständigen gründet die berufliche Tätigkeit in weitem Umfang auf dem Abschluss von Verträgen; auch die Freiheit zum Vertragsschluss muss daher, wenn eine spezifische Verbindung mit der beruflichen Tätigkeit besteht, von Art. 12 Abs. 1 erfasst sein. Zu Recht hat das BVerfG daher entschieden, dass die Vertragsfreiheit von Art. 12 Abs. 1 umschlossen wird, wenn eine gesetzliche Regelung sie gerade im Bereich beruflicher Betätigung betrifft; der allgemein subsidiäre Art. 2 Abs. 1[375] scheidet dann als Prüfungsmaßstab aus.[376] 77

II. Schranken

1. Eingriffsvorbehalt, nicht Regelungsvorbehalt. Einschränkungen der Berufsfreiheit sind nach Maßgabe von Art. 12 Abs. 1 S. 2 zulässig, wonach die Berufsausübung durch Gesetz oder aufgrund eines Gesetzes geregelt werden kann. Zu eng gefasst ist Art. 12 Abs. 1 S. 2 insoweit, als darin nur die Berufsausübung Erwähnung findet. Auf dem Boden der Erkenntnis, dass Art. 12 Abs. 1 ein einheitliches, **Berufswahl und Berufsausübung gleichermaßen** erfassendes Berufsgrundrecht statuiert, muss die Berufswahl im Wege teleologischer Erweiterung in die Schrankenregelung eingeschlossen werden, wie sich umgekehrt der Schutzbereich über den Wortlaut des Art. 12 Abs. 1 S. 1 auch auf die Berufsausübung erstreckt. Dass sich Art. 12 Abs. 1 S. 1 u. 2 nicht ineinander zu fügen scheinen, ist lediglich Folge einer redaktionellen Unschärfe.[377] Daraus folgt, dass hinsichtlich der Grundrechtsrelevanz und der grundsätzlichen Statthaftigkeit von Eingriffen zwischen Berufswahl und Berufsausübung vor dem Grundgesetz kein Unterschied besteht. 78

Entgegen dem Wortlaut der Bestimmung handelt es sich nicht allein um einen Regelungsvorbehalt, der den Gesetzgeber zur konkretisierenden Ausgestaltung der Berufsfreiheit berechtigt, sondern um einen klassischen **Eingriffsvorbehalt.**[378] Nur unter dieser Voraussetzung können Gemein- 79

[374] *Manssen,* Privatrechtsgestaltung durch Hoheitsakt, 1994, 183 ff.; ähnlich *Murswiek* in Sachs Art. 2 Rn. 55a.

[375] → Art. 2 Rn. 27.

[376] StRspr; vgl. nur BVerfGE 33, 171 (191); 68, 193 (223 f.); 116, 202 (221); 117, 163 (181); 118, 1 (15 ff.); zuletzt BVerfG, Beschl. v. 6.6.2018 – 1 BvL 7/14 – Rn. 38, ebenso *Hillgruber* in Umbach/Clemens Art. 2 Abs. 1 Rn. 262; *Scholz* in Maunz/Dürig Rn. 122 f.; *Degenhart* JuS 1990, 161 (165).

[377] *Mann* in Sachs Rn. 107; *Jarass* in Jarass/Pieroth Rn. 27; *Manssen* in MKS Rn. 104; *Scholz* in Maunz/Dürig Rn. 312; für Rückbesinnung auf den Wortlaut und eine Differenzierung zwischen Berufswahl und Berufsausübung *Lücke,* Die Berufsfreiheit, 1994, 8 ff.; *Hufen* NJW 1994, 2913 (2917) und in Ansätzen *Schmidt* AöR 106 (1981), 486 (508). Zur Entstehungsgeschichte ausf. *Wieland* in Dreier Rn. 81.

[378] *Manssen* in MKS Rn. 6, 108; *Jarass* in Jarass/Pieroth Rn. 27 f.; *Wieland* in Dreier Rn. 79 ff., 88; *Mann* in Sachs Rn. 106; *Sodan* in Sodan Rn. 25 f.; *Umbach* in Umbach/Clemens Rn. 71 f.; *Burgi* in BK Art. 12 Abs. 1 Rn. 168.

interessen und Grundrechte anderer hinreichende Berücksichtigung finden.[379]

80 Die praktische Bedeutung der „Regelungs"-Terminologie erschöpft sich darin, dass das **Zitiergebot** (Art. 19 Abs. 1 S. 2) nicht zur Anwendung gelangt, weil das Grundrecht nicht wörtlich „eingeschränkt" wird. Dies wird zum Teil damit begründet, es handle sich bei Art. 12 Abs. 1 S. 2 nicht um eine Befugnis zur Einschränkung von Grundrechten, sondern um eine bloße Regelungsermächtigung. Hinzu komme, dass dem Gesetzgeber ohnehin bewusst sei, dass er sich im grundrechtsrelevanten Bereich bewege.[380] Dagegen spricht, dass zwischen Grundrechtsregelung und -einschränkung kein rechtsdogmatischer Unterschied besteht; auch Art. 12 Abs. 1 S. 2 ermächtigt, wie das BVerfG an anderer Stelle unterstrichen hat,[381] zum Eingriff in die Berufsfreiheit. Für eine enge Anlehnung an den Wortlaut des Art. 12 Abs. 1 („geregelt werden") streitet gleichwohl – und allein –, dass es der dem Zitiergebot innewohnenden Warnung bei Berufsregelungen (die aus sachlogischen Gründen unvermeidlich sind) nicht bedarf.[382] Hinzu kommt, dass der Gesetzgeber bei nicht gezielten Regelungen vielfach nicht in der Lage sein wird, verlässlich zu bestimmen, inwieweit ihnen objektiv eine berufsregelnde Tendenz innewohnt und ob Art. 12 Abs. 1 oder vielmehr Art. 2 Abs. 1 den verfassungsrechtlichen Anknüpfungspunkt bildet. Trotz ihres fast schon rabulistischen Ansatzes verdient die Verfassungsjudikatur Zustimmung, weil das Zitiergebot bei einem Grundrecht mit einer so breiten und unübersichtlichen (und teils umstrittenen) Palette von Erscheinungsformen wie Art. 12 Abs. 1 seine Warn- und Vergewisserungsfunktion nicht sinnvoll erfüllen kann. Um die (unbillig erscheinende) Verfassungswidrigkeit als Konsequenz eines Zitierverstoßes zu vermeiden, würde der Gesetzgeber sich sonst zu einer vorsorglichen bzw. salvatorischen Zitierpraxis veranlasst sehen.

81 Abzulehnen ist dagegen die Ansicht, auch die **Wesensgehaltsgarantie** (Art. 19 Abs. 2) gelte für Beschränkungen der Berufsfreiheit nicht.[383] Da die „Regelung" der Berufsfreiheit qualitativ mit Einschränkungen anderer persönlichkeitsprägender Grundrechte vergleichbar ist und überdies Art. 12 Abs. 1 mit anderen Grundrechten ideal konkurriert, ist es vielmehr (anders als beim Zitiergebot) erforderlich, den Anwendungsbereich des Art. 19 Abs. 2 weit zu fassen.[384] Da ein „Menschenwürdekern" iSv Art. 1 Abs. 1 nach allgemeiner Auffassung auch den Grundrechten des Art. 12 innewohnt, dürfte sich die Kontroverse um Art. 19 Abs. 2 in der Praxis allerdings nicht auswirken.[385]

82 **2. Durch Gesetz oder auf Grund eines Gesetzes.** Der Eingriff kann wie bei anderen Grundrechten nur durch Gesetz oder auf der Grundlage gesetzlicher Ermächtigung durch untergesetzliche Vorschriften erfolgen. Das Gesetz muss zum Eingriff der in Rede stehenden Art tatsächlich ermächtigen.

---

379 *Mann* in Sachs Rn. 106; *Manssen* in MKS Rn. 146.

380 BVerfGE 13, 97 (122); 64, 72 (80 f.).

381 BVerfGE 33, 125 (155 f.); 33, 303 (336 f.); BVerfG DVBl. 2007, 1555 (1560); BVerfGE 115, 276 (303 f.).

382 BVerfGE 64, 72 (81).

383 So aber BVerfGE 13, 97 (122); *Burgi* in BK Art. 12 Abs. 1 Rn. 174.

384 *Sachs* in Sachs Art. 19 Rn. 44; *Huber* in MKS Art. 19 Rn. 121 ff.; *Schwarz,* Die Zitiergebote im Grundgesetz, 2002, 119.

385 *Jarass* in Jarass/Pieroth Art. 19 Rn. 8 f.; *Lepa,* Der Inhalt der Grundrechte, 1990, 34; krit. *Hufen,* StaatsR II, 7. Aufl. 2018, § 10 Rn. 46.

Allgemeine Kompetenzzuweisungen für eine Rechtsmaterie an eine Behörde erfüllen, auch wenn sie unmittelbar durch Gesetz erfolgen, die Standards einer Eingriffsermächtigung nicht.[386] Mit „Gesetz" ist wie bei anderen Grundrechten das formelle Parlamentsgesetz (Bundes- oder Landesgesetz) gemeint.[387] Im staatlichen Rechtskreis direkt anwendbare EU-Rechtsakte (Gesetzgebungsakte oder darauf beruhende delegierte Rechtsakte), insbesondere Verordnungen (Art. 288 Abs. 2 AEUV) stehen Parlamentsgesetzen funktional gleich; die Zulässigkeit des Eingriffs bestimmt sich insoweit allerdings nicht nach Art. 12 Abs. 1, sondern nach den Vorschriften der GRCh.[388] Durch Änderung des GG v. 24.6.1968[389] wurde Art. 12 Abs. 1 um den Passus **„oder auf Grund eines Gesetzes"** ergänzt. Damit sollte klargestellt werden,[390] dass auch untergesetzliche Normen (Rechtsverordnungen, Satzungen, insbes. berufsständischer Kammern) berufsfreiheitsbeschränkende Regelungen enthalten dürfen, wenn hierzu eine Ermächtigung durch Parlamentsgesetz besteht.

Die **Wesentlichkeitsrechtsprechung** (auch Wesentlichkeitstheorie oder Wesentlichkeitslehre) ist bei Art. 12 Abs. 1[391] aufgrund der vielfältigen Facetten berufsständischer Selbstregulierung von besonderer Bedeutung. Regelungsinhalte dürfen nur unter der Voraussetzung ausgelagert werden, dass der Gesetzgeber alle für die Verwirklichung der Berufsfreiheit wesentlichen Fragen selbst geregelt hat. Bei Gesetzen, die Verordnungsermächtigungen zum Eingriff in die Berufsfreiheit aussprechen, ist zusätzlich Art. 80 Abs. 1 S. 2[392] zu beachten. Verwaltungsvorschriften – bloße Binnenrechtsnormen ohne Außenwirkung – dürfen keine eigenständigen und zusätzlichen Vorgaben für den Eingriff statuieren, sondern sind auf Interpretation und Ermessenslenkung mit Wirkung für die Behörde beschränkt.[393] Es reicht aus, wenn sich die Anforderungen des berufsregelnden Gesetzes kraft allgemeiner Auslegungsgrundsätze erschließen lassen (wie Telos, Sinnzusammenhang oder Historie der Norm).[394] Unbestimmte Rechtsbegriffe genügen den Anforderungen des Grundrechtsvorbehalts und der Wesentlichkeitsrechtsprechung insoweit, als sie einer Konkretisierung durch Gerichte ohne weiteres zugänglich sind (wie etwa die „Zuverlässigkeit" als Berufszugangsvoraussetzung im Gewerberecht). Die Interpretation von Eingriffsnormen kann den Charakter richterlicher Rechtsfortbildung annehmen,[395] darf jedoch – schon mit Rücksicht auf Art. 20 Abs. 2 S. 2 – nicht in richterliche Rechtsschöpfung münden, welche den formalen Erfordernissen des Art. 12 Abs. 1 S. 2 nicht genügt.[396] Auf- 83

---

[386] BVerwG NJW 1996, 3161 (3162): Veröffentlichung von Warentests durch Behörde.

[387] Allg. Auffassung; *Jarass* in Jarass/Pieroth Rn. 30; *Manssen* in MKS Rn. 108, einschr. insofern vgl. *Scholz* in Maunz/Dürig Rn. 322 „prinzipiell"; bzgl. einer Regelung durch Landesgesetz BVerfGE 7, 377 (443); 33, 303 (357 f.).

[388] → Rn. 12.

[389] BGBl. I 709.

[390] *Breuer* in HdbStR § 170 Rn. 12; zum früheren Meinungsstreit *Scholz* in Maunz/Dürig Rn. 311; *Lerche* DVBl. 1958, 524; *Rupp* AöR 92 (1967), 212 (224 ff.).

[391] BVerfGE 73, 280 (295 f.); 80, 1 (20); 82, 209 (224); *Manssen* in MKS Rn. 117; *Jarass* in Jarass/Pieroth Rn. 30; *Wieland* in Dreier Rn. 83 f.; *Scholz* in Maunz/Dürig Rn. 324; allg. → Art. 20 Rn. 156 ff.

[392] → Art. 80 Rn. 40 ff.

[393] BVerwGE 51, 235 (239); 75, 109 (116 f.); 98, 324 (327); *Mann* in Sachs Rn. 121.

[394] BVerfGE 19, 17 (30); 58, 257 (277); 80, 1 (20 f.).

[395] *Jarass* in Jarass/Pieroth Rn. 30; krit. *Wieland* in Dreier Rn. 86.

[396] BVerfGE 16, 214 (219); 22, 114 (122); BGH NJW 1994, 786 (788); *Jarass* in Jarass/Pieroth Rn. 30; *Scholz* in Maunz/Dürig Rn. 333; *Arndt* NJW 1964, 2146.

grund ihrer Konkretisierung durch Rechtspraxis und Justiz kommen auch Vorschriften wie die polizeiliche Generalklausel als Grundlage für Eingriffe in die Berufsfreiheit in Betracht. Als Ermächtigung ist sie jedoch unzureichend, wenn die Entscheidung darüber, ob die Berufstätigkeit die öffentliche Ordnung verletzt, „von einer verwickelten, in das Gebiet der Weltanschauungen hineinreichenden, abwägenden Wertung einer Mehrzahl verschiedener Schutzinteressen abhängt".[397]

84 Bei der Berufswahl ist der Bereich des „Grundrechtswesentlichen" markanter ausgeprägt als bei der Berufsausübung.[398] Die Regelung der Voraussetzungen eines Berufsverbots oder die Zugangsvoraussetzungen zu einer Berufsausbildung hat der Gesetzgeber insofern stets selbst zu treffen.[399] Ob der Eingriff, der kraft Grundrechtswesentlichkeit durch Gesetz zu erfolgen hat, speziell Art. 12 Abs. 1 und nicht andere Grundrechte betrifft, ist eine ganz andere – sich nach der „berufsregelnden Tendenz" der Maßnahme bemessende – Frage.[400] Treffen Vorgaben die Berufsausübung demgegenüber nur am Rande und reflexhaft, wie vielfach diejenigen der Subventionsvergabe, können in bestimmten Konstellationen sogar Verwaltungsvorschriften ausreichen, ohne dass es einer gesetzlichen Regelung bedarf.[401]

85 Vereinigungen zur berufsständischen Selbstverwaltung dürfen, auch wenn sie als berufsständische **Kammern** öffentlich-rechtlich organisiert sind und ihre Einrichtung selbst auf einem Gesetz beruht, zentrale Voraussetzungen des Berufszugangs und der beruflichen Tätigkeit nicht selbst bestimmen. Ihre Satzungsautonomie ist durch die Wesentlichkeitsrechtsprechung, die derlei dem Gesetzgeber vorbehält, begrenzt.[402] Kammerrechtliche Satzungsgremien, die im Rahmen berufsständischer Selbstverwaltungsstrukturen des öffentlichen Rechts zum Normerlass mit Wirkung für Kammermitglieder befugt sind, dürfen lediglich Berufsausübungsregelungen von minderem Gewicht vornehmen.[403] Die Regelung des Berufszugangs – einschließlich „statusbildender Regeln" betreffend Berufsbezeichnung und Ausbildungsanforderungen – ist ihnen schlechthin entzogen, da es sich dabei um so grundrechtswesentliche Entscheidungen handelt, dass sie nur der Gesetzgeber selbst treffen darf.[404] Mit den (aufgrund des Tages der Entscheidung, aber auch angesichts ihrer umwälzenden Wirkung) als sog. Bastille-Entscheidungen[405] bekannten Judikaten erklärte das BVerfG die frühere Praxis der Kammern, zentrale berufsrechtliche Fragen durch sog. Standesrichtlinien zu re-

---

[397] BVerwG 10, 164 (165); 115, 189 (194); BVerwG DVBl. 1970, 504 (505 f.); *Mann* in Sachs Rn. 109; *Schmidt-Bleibtreu* in SHH Rn. 91; aA *Manssen* in MKS Rn. 108.

[398] BVerfGE 87, 287 (317 ff.), mangelnde Bestimmtheit des Zugangskriteriums der „gehobenen Stellung"; BVerfGE 83, 130 (145); *Mann* in Sachs Rn. 109.

[399] Näher *Scholz* in Maunz/Dürig Rn. 330.

[400] Zur berufsregelnden Tendenz → Rn. 89 ff.

[401] Krit. *Ruffert* in BeckOK GG Rn. 83; sa → Rn. 105.

[402] *Manssen* in MKS Rn. 120 f.; *Jarass* in Jarass/Pieroth Rn. 30; *Wieland* in Dreier Rn. 83, 87; *Scholz* in Maunz/Dürig Rn. 328; zur Wesentlichkeitsrechtsprechung → Rn. 83.

[403] BVerfGE 94, 372 (390); *Scholz* in Maunz/Dürig Rn. 327 aE; *Brandstetter,* Der Erlaß von Berufsordnungen durch die Kammern der freien Berufe, 1971, 66 ff., 70 f., 107 ff., 110; Eickhoff, Berufsaufsicht der freien Berufe in geteilter verantwortung von Kammern und Staat, 2007, 57; *Kleine-Cosack,* Berufsständische Autonomie und Grundgesetz, 1986, 214 ff., 276 ff.; *Schröder* VersR 1990, 243 (247 f.); *Taupitz,* Die Standesordnungen der freien Berufe, 1991, Rn. 618 ff., 629 ff., 829 ff. mwN; *Tettinger,* Kammerrecht, 1997, 187 ff.; *Ruffert* in BeckOK GG Rn. 80.

[404] BVerfGE 33, 125 (155 ff.); *Breuer* in HdbStR VIII § 171 Rn. 3; *Mann* in Sachs Rn. 118; *Starck* NJW 1972, 1489; *Häberle* DVBl. 1972, 909.

[405] BVerfGE 76, 171.

geln, die nicht einmal Satzungsrang hatten, für verfassungswidrig: Ohne Grundlegung in Gesetzesvorschriften seien sie zur Beschränkung von Grundrechten nicht tauglich, könnten (in diesem Fall anwaltliche) Berufspflichten nicht regeln und auch gesetzliche Generalklauseln nicht konkretisieren. Insofern stellte sich das BVerfG mit Recht auch der Ansicht entgegen[406], Standesrichtlinien könnten für die Auslegung und Anwendung gesetzlicher Generalklauseln als wesentliche Erkenntnisquelle herangezogen werden[407]. An die Stelle der Standesrichtlinien rückten **Satzungen** – wie die Berufsordnung der Rechtsanwälte vom 10.12.1996 (BORA) –, welche die gesetzlichen Bestimmungen teils konkretisieren, teils nur paraphrasieren. Gleichwohl hat das BVerfG seither wiederholt berufsständische Satzungsbestimmungen wegen Fehlens einer gesetzlichen Ermächtigung für Eingriffe in die Berufsfreiheit beanstandet und für nichtig erklärt.[408] Umgekehrt kann aber auch das Fehlen einer berufsrechtlichen Selbstorganisation zur Rechtfertigung von Beschränkungen der Berufsfreiheit beitragen. Das BVerfG hat demgemäß den Ausschluss juristischer Personen von der Bestellung zum Insolvenzverwalter mit der Notwendigkeit individueller Vertrauensbildung gerechtfertigt, die anders als durch personalisierte Kommunikation mit dem Insolvenzgericht nicht hergestellt werden könne.[409]

Bei **Satzungsvorschriften** ist zwischen der **Binnen- und einer Aus- 86
strahlungswirkung** zu unterscheiden. Für die Angehörigen des Berufsstandes muss der Gesetzgeber selbst Einschränkungen umso präziser vorzeichnen, je stärker die freie Berufsbetätigung eingeengt wird.[410] Besonders strenge Maßstäbe kommen zur Anwendung, wenn berufsständische Regeln faktisch über den Berufsstand hinauswirken und rechtlich geschützte Interessen Dritter oder die Allgemeinheit betreffen. Auch wenn das BVerfG eine gewisse Außenwirkung für unvermeidlich hält, darf Satzungsrecht jedenfalls Handlungsspielräume Dritter nicht unmittelbar einschränken.[411] Bei Restriktionen, denen allein Mitglieder des Berufsstandes unterworfen sind, ist die Ausstrahlung des Standesrechts auf außerständische Zusammenhänge zu berücksichtigen. Obschon zB die Verhängung von Werbeverboten für Apotheker kraft Satzung nicht grundsätzlich unzulässig ist, muss insoweit doch nach den vertriebenen Produkten differenziert werden und Rücksicht auf Verbindungen zwischen der Apothekenbranche und anderen, stark durch Werbung geprägten Sektoren (Sport, Pharmaindustrie, Krankenkassen) genommen werden[412].

---

[406] BVerfGE 76, 171 (187 ff.); mAnm *Schwabe* DVBl. 1988, 190; BVerfGE 76, 196 (205 ff.); 82, 18 (26 f.); 117, 163 (201); sa BGH NJW 1990, 1719, mAnm *Kewenig* NJW 1990, 1720; *Breuer* in HdbStR VIII § 171 Rn. 5; *Breuer* DVBl. 2010, 1010 (1013 f.); *Busse* AnwBl 2009, 663 (608 f.); zur Entwicklung seit den „Bastille"-Entscheidungen des BVerfG *Knauer/Wolf* BRAK-Mitt. 2007, 142 (143 f.).

[407] BVerfGE 57, 121 (132 f.); 60, 215 (230); 66, 337 (356); BGHSt 18, 77; BGHZ 34, 64 (71).

[408] ZB BVerfGE 101, 312 ff. – Regelung der Voraussetzungen des Erwirkens eines Versäumnisurteils in der BORA; BVerfG NJW 2004, 2656 – Zulässige Bezeichnung eines Rechtsanwaltes als Spezialisten für Verkehrsrecht; OVG Münster NJW 2016, 1400 (1401) – Zulässigkeit eines Vorschussverlangens auf Arzthonorar.

[409] BVerfGE 141, 121 (139 f.); das Vertrauensverhältnis betonend *Seagon* NZI 2015, 825 (827, 828).

[410] BVerfGE 98, 49 (60 f.); 101, 312 (316, 323); *Mann* in Sachs Rn. 117 mwN; allg. *Tettinger*, Kammerrecht, 1997, 187 ff.

[411] BVerfGE 101, 312 (323 f.).

[412] BVerfGE 94, 372 (398 f.); *Ring* NJW 1997, 768 (773); → Rn. 143 unter „Werbeverbote und Warnhinweise für Dienstleistungsberufe".

87 Die getroffenen Feststellungen gelten auch für **andere Selbstverwaltungskörperschaften.** Auch Kommunen dürfen die Dienstleistungserbringung nur monopolisieren und einen Anschluss- und Benutzungszwang begründen, wenn sie hierzu durch Parlamentsgesetz (wie die Gemeindeordnungen/Kommunalverfassungsgesetze) ermächtigt werden, denn ein Anschluss- und Benutzungszwang beschränkt Berufstätige bei der Wahl ihrer Vertragspartner und begrenzt den Marktzugang externer Dienstleistungsanbieter.[413] Staatliche Universitäten können im Rahmen ihrer Selbstverwaltungsbefugnisse Einzelheiten des Studienablaufs und der Erbringung und Bewertung der Leistungsnachweise durch Studien- und Prüfungsordnungen mit Satzungscharakter regeln.[414]

88 **Gewohnheitsrecht** kann Eingriffe in die Berufsfreiheit niemals legitimieren. Es bedarf in jedem Fall eines förmlichen Gesetzes oder gesetzlicher Ermächtigung. Eine Ausnahme will die Rspr. für vorkonstitutionelles Gewohnheitsrecht zulassen, da für dieses das Gebot formeller Gesetzgebung gem. Art. 12 Abs. 1 S. 2 nicht gelten soll – auch wenn im Lichte dieser Vorschrift eine erweiternde Auslegung, die faktisch einen neuen Eingriffstatbestand generierte, für unstatthaft erklärt wurde.[415] Die Ansicht, Eingriffe in die Berufsfreiheit könnten durch Gewohnheitsrecht legitimiert werden, überzeugt aber nicht: Vorkonstitutionelles Recht muss den Vorgaben des Art. 12 Abs. 1 nicht nur in materieller, sondern grundsätzlich auch in formeller Hinsicht entsprechen.[416] Bedeutung kommt vorkonstitutionellem Gewohnheitsrecht und damit auch der aufgeworfenen Rechtsfrage heute praktisch nicht mehr zu.

89 **3. Eingriffe. a) Berufsregelnde Tendenz als Eingriffsschwelle.** Die Feststellung eines Eingriffs – einer „Regelung" iSd Art. 12 Abs. 1 S. 2 also – bedarf bei der Berufsfreiheit vielfach eingehender Begründung. Da sich nahezu jede gesetzliche Regelung in irgendeiner Weise beschränkend auf (typische oder atypische) berufliche Tätigkeiten auswirkt, wäre Art. 12 Abs. 1 immer mit betroffen, mit der Folge, dass Unterschiede zwischen den Grundrechten durch die Dominanz der Berufsfreiheit letztlich eingeebnet würden. Es bedarf daher eines **restriktiven Ansatzes** bei der Bestimmung der Eingriffsschwelle.

90 Ohne weiteres als Eingriffe sind **direkte (finale, gezielte, unmittelbare) Berufsregelungen** anzusehen, welche Wahl oder Ausübung eines Berufs zum unmittelbaren Gegenstand haben und damit den Voraussetzungen des finalen, „klassischen" Eingriffsbegriffs entsprechen.[417] Er liegt insbes. vor, wenn spezi-

413 BVerwGE 62, 224 (230); *Manssen* in MKS Rn. 117, 119; so zunächst auch *Scholz* in Maunz/Dürig Rn. 329, der den Vorbehalt jedoch als regelmäßig erfüllt ansieht, da formellgesetzliche Gemeindeordnungen der Länder die Voraussetzungen für die Einführung von Monopolen festlegen; vermittelnd *Burgi* in BK Art. 12 Abs. 1 Rn. 177 f.; abl. für gemeindliche Leichenhalle: OVG Weimar NVwZ 1998, 871; bejahend BayVerfGH GewArch 2002, 327.

414 OVG Münster DÖV 1979, 418; VGH München 27.1.1994 – Vf.14-VII-92 Kap. VI. A 2. a ee, BeckRS 1994, 21488.

415 BVerfGE 15, 226 (233 f.); 22, 114 (121 f.); 28, 21 (28); 34, 293 (303 f.); 36, 212 (216); 57, 121 (131); 60, 215 (229 f.); BGHZ 124, 224 (229); krit. VGH Mannheim GewArch 1993, 244 (245).

416 Skeptisch daher *Menger* VerwArch 64 (1973), 423 (425 ff.); ebenso *Wieland* in Dreier Rn. 100, da Recht gem. Art. 123 Abs. 1 nur fortgelte, soweit es dem GG nicht widerspricht; hier sei aber ein Widerspruch gerade gegeben, da Art. 12 Abs. 1 S. 2 Regelungen der Berufsfreiheit nur durch Gesetz oder aufgrund eines Gesetzes zulässt.

417 BVerfGE 13, 181 (185); *Mann* in Sachs Rn. 93; ferner *Bethge* VVDStRL 57 (1998), 7 (38 f.); *Weber-Dürler* VVDStRL 57 (1997), 57 (60 f.).

fische Ge- und Verbotsregelungen über Voraussetzungen und Modalitäten bestimmter beruflicher Tätigkeiten erlassen werden[418] – zB Anzeige- und Genehmigungspflichten, Qualifikationsregeln, Betätigungsschranken.

Fehlt es an dieser Finalität, kann eine Regelung dennoch auf mittelbarem Wege Beeinträchtigungen der Berufsfreiheit nach sich ziehen. Voraussetzung dafür ist, dass die fraglichen Vorschriften „in einem engen Zusammenhang mit der Ausübung eines Berufes stehen und – wenigstens objektiv – eine **berufsregelnde Tendenz** deutlich erkennen lassen."[419] Mit dieser Maßgabe können auch Regelungen an Art. 12 Abs. 1 gemessen werden, die allein infolge ihrer spürbaren tatsächlichen Auswirkungen den Schutzbereich des Grundrechts beeinträchtigen.[420] **91**

Die berufsregelnde Tendenz braucht **nur objektiv vorhanden** zu sein. Unter dieser Voraussetzung sind Regelungen auch dann an Art. 12 Abs. 1 zu messen, wenn die Beeinträchtigung beruflicher Betätigung nicht intendiert ist. Fehlt einer Regelung die berufsregelnde Tendenz und ist kein spezielles Freiheitsrecht einschlägig, so ist allein Art. 2 Abs. 1 anwendbar, wobei Besonderheiten beruflicher Tätigkeit bei der Rechtfertigung ggf. Berücksichtigung finden müssen.[421] Nach der Gegenansicht, die nicht an eine „berufsregelnde Tendenz" anknüpft, reicht für eine Beschränkung der Berufsfreiheit gem. Art. 12 Abs. 1 S. 2 jede spezifische, rechtlich oder faktisch wirkende Betroffenheit des Einzelnen bei seiner beruflichen Tätigkeit aus.[422] Ihr ist zwar grundrechtsdogmatische Konsequenz zugute zu halten, da Art. 12 Abs. 1 rechtssystematisch wie jedes andere Grundrecht behandelt wird. Der Prüfungsmaßstab der objektiv berufsregelnden Tendenz kann jedoch den Vorteil größerer Praktikabilität für sich verbuchen – wenngleich die bisherige Rspr. insoweit ein hohes Maß an Kasuistik und Inkonsequenz auszeichnet.[423] Er ist auch hinreichend flexibel, um zB die Folgen von staatlichen Warnungen (→ Rn. 95 ff.) oder Warentests einzuschließen.[424] Die Gegenansicht bleibt den Beweis der Praktikabilität jedenfalls für alle Fälle schuldig, in denen außer Art. 12 Abs. 1 noch ein weiteres Grundrecht betroffen ist. Insbesondere Art. 2 Abs. 1 könnte durch eine zu weitherzige Schrankendogmatik bei der Berufsfreiheit der Bedeutung weitgehend entkleidet werden.[425] **92**

Finale Berufsregelungen werden im Bemühen um terminologische Parallelführung im Schrifttum mitunter als „Maßnahme mit subjektiv berufsregelnder Tendenz" bezeichnet.[426] Diese Bgrifflichkeit ist wenig hilfreich: **93**

---

[418] *Jarass* in Jarass/Pieroth Rn. 14.

[419] BVerfGE 13, 181 (185 f.); 70, 191 (214); 95, 267 (302); 111, 191 (213); 113, 29 (48); 129, 208 (266 f.); *Jarass* in Jarass/Pieroth Rn. 15; *Wieland* in Dreier Rn. 71; *Burgi* in BK Art. 12 Abs. 1 Rn. 133, 135; *Mann* in Sachs Rn. 95, 98; allg. zur Problematik *Bleckmann/Eckhoff* DVBl. 1988, 373, mit Erwiderung *Schwabe* DVBl. 1988, 1055; das Erfordernis einer berufsregelnden Tendenz abl. *Manssen* in MKS Rn. 74; *Cremer* DÖV 2003, 921 (928); *Epping,* Grundrechte, 7. Aufl. 2017, Rn. 399 ff.

[420] BVerfGE 13, 181 (185 f.); 81, 108 (121 f.); *Mann* in Sachs Rn. 94; *Breuer* in HdbStR VIII § 171 Rn. 44 f.; allg. *Gallwas,* Faktische Beeinträchtigungen im Bereich der Grundrechte, 1970, 165; ferner *Weber-Dürler* VVDStRL 57 (1998), 57 (66 ff.); krit. zur Entfernung vom klassischen Eingriffsbegriff *Bethge* VVDStRL 57 (1998), 7 (37 ff.).

[421] BVerfGE 113, 29 (48 f.): Beschlagnahme von Daten Dritter in Anwaltskanzlei.

[422] *Breuer* in HdbStR VIII § 171 Rn. 44.; *Manssen* in MKS Rn. 77 ff.; *Ruffert* in BeckOK GG Rn. 57; *Cremer* DÖV 2003, 921 (928); *Albers* DVBl. 1996, 233 ff.; *Sodan* DÖV 1987, 858 (864); *Weber/Crezelius* GS f. Klein, 1977, 542 (546 ff.).

[423] Belege bei *Manssen* in MKS Rn. 76.

[424] So auch *Umbach* in Umbach/Clemens Rn. 58.

[425] Vgl. *Tettinger* AöR 108 (1983), 92 (116).

[426] *Manssen* in MKS Rn. 74.

Nicht nur wohnt einer gezielten Maßnahme mehr als nur eine „Tendenz" inne, auch fällt der Maßstab der Subjektivität vor allem dort aus, wo der Normgeber seinen Willen nicht eindeutig bekundet hat. Fixiert der Gesetzgeber Berufsbilder, nimmt er nach hier vertretener Ansicht einen Eingriff nur dann vor, wenn mit der Maßnahme auch Tätigkeitsbeschränkungen verbunden sind.[427]

94 Die Rspr. zur berufsregelnden Tendenz lässt sich an einzelnen untersuchten Normen nachzeichnen; ein kohärentes Bild vermag sie nicht zu vermitteln und ist als Anknüpfungspunkt allgemeingültiger Lehrsätze wenig geeignet. Als **Leitlinie** kann Folgendes festgehalten werden: In aller Regel abzulehnen ist eine berufsregelnde Tendenz bei Normen, die sich nur im Wege eines Reflexes auf die Berufstätigkeit auswirken. Je weiter der persönliche und sachliche Geltungsbereich einer Norm gefasst ist, desto weniger wird ihr dagegen berufsregelnde Tendenz innewohnen. Sie ist mit Recht verneint worden für strafrechtliche und strafprozessrechtliche Vorschriften[428] und die polizeirechtliche Generalklausel,[429] ferner für den Vergütungsanspruch des Urhebers eines Werkes gegen den Hersteller von Kopiergeräten.[430] Bedenklich ist die Ansicht, dass das kommunalrechtliche Vertretungsverbot bei Rechtsanwälten von einer berufsregelnden Tendenz frei sei;[431] schließlich wird hierdurch der Spielraum für berufliche Betätigung verengt. Für Ausnahmebewilligungen nach dem LadSchlG hat das BVerwG trotz möglicher Wettbewerbsvorteile der Adressaten eine berufsregelnde Tendenz verneint; dem lag die Ansicht zugrunde, die fraglichen Vorschriften hätten keine wettbewerbsrechtliche, sondern eine arbeitsschutzrechtliche Zielrichtung.[432] Seither hat das LadSchlG, wie auch das BVerfG bestätigt, einen funktionalen Wandel zu einem Gesetz zur Förderung der mittelständischen Wirtschaft erfahren (bestätigt nunmehr durch Art. 74 Abs. 1 Nr. 11, der den Ladenschluss über die „Negativklausel" funktional dem „Recht der Wirtschaft" zuweist),[433] so dass die These vom Fehlen einer berufsregelnden Tendenz insoweit nicht mehr haltbar ist. **Abgabennormen** sollen in Art. 12 Abs. 1 nur eingreifen, wenn sie „in engem Zusammenhang mit der Ausübung eines Berufs stehen und objektiv eine berufsregelnde Tendenz erkennen lassen".[434] Dies gilt bspw. für Lenkungssteuern, mit denen ausschließlich bestimmte Berufsgruppen um der Regelung wirtschaftlicher Prozesse willen belastet werden.[435] Andernfalls ist Art. 2 Abs. 1 einschlägig. Eine berufsregelnde

---

[427] → Rn. 106.

[428] BVerfGE 113, 29 (48); *Mann* in Sachs Rn. 96.

[429] BVerwGE 115, 189 (196); *Mann* in Sachs Rn. 96; aA *Scholz* in Maunz/Dürig Rn. 316.

[430] BVerfGE 31, 255 (265).

[431] BVerfGE 41, 231 (241); 52, 42 (53 f.); 61, 68 (72); wohl auch BVerfG NJW 1998, 694; ebenfalls krit. *Schenk* in Schoch/Schneider/Bier VwGO § 67 Rn. 107; *Burgi,* Kommunalrecht, 6. Aufl. 2019, § 12 Rn. 45.

[432] BVerwGE 65, 167 (172 ff.); die wettbewerbsrechtliche Relevanz der Vorschriften betont hingegen *Wallenrath* NJW 2001, 781; *Hufen* NVwZ 2001, 1009 (1010), der Ausnahmen zu den Ladenöffnungsverboten als unmittelbar finalen Eingriff in den Wettbewerb bewertet.

[433] BVerfGE 111, 10 (40 f.); *Kämmerer/Thüsing* GewArch 2006, 266 (268 f.).

[434] BVerfGE 37, 1 (17); 98, 83 (97); 113, 128 (145); *Friauf,* Verfassungsrechtliche Grenzen der Wirtschaftslenkung und Sozialgestaltung durch Steuergesetze, 1966, 39 ff.; krit. *Hohmann* DÖV 2000, 406 (408 ff.), der die Rspr. für ausbaufähig erachtet und für eine kumulative Betrachtung der tatsächlichen Auswirkungen steuerlicher Bestimmungen auf die Berufsfreiheit mit anderen finalen oder unbeabsichtigten Wirkungen plädiert.

[435] BVerfGE 38, 61 (79) – Sonderbesteuerung des Straßengüterverkehrs („Leber-Pfennig"); *Scholz* in Maunz/Dürig Rn. 429.

Tendenz ist ua lenkenden Abgaben[436] attestiert worden sowie solchen, die in einem mehr als nur losen Zusammenhang mit der Berufsausübung stehen, etwa weil ihre Verwendung – wie bei Abgaben an eine berufsständische Vereinigung (nicht aber an berufsbezogene Sozialkassen[437]) – in erheblicher Weise auf die Berufsausübung zurückwirkt.[438] Art. 12 Abs. 1 ist ebenfalls betroffen, wenn ein Steuergesetz an die Erlangung der Erlaubnis für die Ausübung eines bestimmten Berufes als steuerbegründenden Tatbestand anknüpft.[439] Den allgemeinen Vorschriften der Einkommen- oder Umsatzsteuergesetzgebung fehlt eine solche berufsbezogene Tendenz.[440]

b) Eingriffsschwelle bei Informationen bzw. Warnungen. Auch **schlichthoheitliches Handeln,** insbes. durch behördliche Informationen und **Warnungen** (zB vor gesundheitsschädlichen Verbraucherprodukten), kann Eingriffe in die Berufsfreiheit bewirken.[441] Auch wenn, wie bei Warnungen vor kommerziell angebotenen Produkten oder Dienstleistungen, ein Berufsbezug vorliegt, muss allein deswegen noch nicht die Eingriffsschwelle erreicht sein. Aus Sicht des BVerfG und der hL gewährleistet Art. 12 Abs. 1 keinen Schutz vor Einflüssen auf die wettbewerbsbestimmenden Faktoren und damit auch keinen Anspruch auf Erfolg im Wettbewerb und Sicherung künftiger Erwerbsmöglichkeiten – und kein Recht des Unternehmens, nur so von anderen dargestellt zu werden, wie es gesehen werden möchte oder sich und seine Produkte selbst sieht.[442] Vor diesem Hintergrund sollen marktbezogene Informationen des Staates den grundrechtlichen Gewährleistungsbereich nicht betreffen, sofern der Einfluss auf wettbewerbserhebliche Faktoren ohne Verzerrung der Marktverhältnisse nach Maßgabe der rechtlichen Vorgaben für staatliches Informationshandeln erfolgt. Für die materiellrechtliche Beurteilung kommt es auf den Wahrheitsgehalt der Information bzw. den vertretbaren Aufwand für die Ermittlung des wahren Sachverhalts und die Art und Weise der Darstellung an: 95

Die **bloße Verbreitung** inhaltlich zutreffender und ausreichend recherchierter **Informationen** ist für das BVerfG noch kein Eingriff in Art. 12 Abs. 1, selbst wenn sich die Inhalte „auf einzelne Wettbewerbspositionen nachteilig auswirken", solange die Informationen in sachlich und zurückhaltend formulierter Weise verbreitet werden.[443] Dies leuchtet ein, da die 96

---

436 BVerfG (K) NZA 2005, 102, Abgabe nach Schwerbehindertenrecht.

437 BVerfGE 55, 7 (25 ff.); 75, 108 (153 f.).

438 BVerfGE 111, 191 (213 f.); *Hofmann* in SHH Rn. 12 ff.

439 BVerfGE 13, 181 (186), Schankerlaubnissteuer.

440 AA *Scholz* in Maunz/Dürig Rn. 426.

441 BVerfGE 105, 252 (265, 273 ff.); BVerwGE 87, 37 (41 ff.), Listen über diethylenglykolhaltige Weine; *Faßbender* NJW 2004, 816; *Huber* ZLR 2004, 241 (259); *Murswiek* NVwZ 2003, 1; *Lege* DVBl. 1999, 569; *Hesse* JZ 1991, 744; *Schoch* DVBl. 1991, 667 (671 ff.); zu an Private gerichteten gesetzlichen Warnpflichten → Rn. 143 (unter „Werbeverbote und Warnhinweise sowie Präsentationsvorschriften für Produkte").

442 BVerfGE 105, 252 (268).

443 BVerfGE 105, 252 (265, 268 ff., 273); 106, 275 (302 ff.); krit. *Huber* JZ 2003, 290 (292 ff.); *Lindner* DÖV 2003, 185; *Murswiek* NVwZ 2003, 1; *Faßbender* NJW 2004, 816; *Dietlein* in Stern StaatsR IV/1 § 111 Kap. IV 5a δ; *Kaelble,* Vergabeentscheidung und Verfahrensgerechtigkeit, 2008, 63 ff.; *Hellmann* NVwZ 2005, 163 (165 f.); *Burgi* in BK Art. 12 Abs. 1 Rn. 152; abl. *Manssen* in MKS Rn. 87. In der Lit. wurde diskutiert, inwiefern das BVerfG mittels seiner Formulierung bereits den Schutzbereich des Art. 12 Abs. 1 für nicht eröffnet erachten wollte (so *Huber* JZ 2003, 290 (291)) bzw. einen Eingriff ausschloss (*Murswiek* NVwZ 2003, 1 (3)). Inwiefern eine Differenzierung zwischen Schutzbereichseröffnung und Eingriff überhaupt möglich ist, ist fraglich, vgl. *Faßbender* NJW 2004, 816 (816); zum

öffentliche Stelle insoweit nur als ein Sprachrohr fungiert: Nicht aus der Kommunikation der Information, sondern aus den bloßen Fakten erwächst die Belastung für Marktteilnehmer.[444]

97 Umstritten ist, ob durch die Sachlage gestützte und **berechtigte Warnungen** vor Produkten oder Dienstleistungen oder deren Anbietern die Eingriffsschwelle überschreiten. Die Rspr. neigt dazu, auch dies zu verneinen.[445] Dies überzeugt insofern nicht, als Warnungen darauf gerichtet sind, das Verhalten von Konsumenten in ähnlicher Weise zu steuern wie durch Verwaltungsakt. Mit einem Teil des Schrifttums[446] sollten öffentliche Warnungen daher als Grundrechtseingriffe qualifiziert werden, die allerdings durch die Bekämpfung öffentlicher Gefahren gerechtfertigt sein können. Diese Auffassung hat allerdings zur Folge, dass eine gesetzliche Grundlage für den Eingriff geschaffen werden muss;[447] die Kompetenzverteilungsregel des Art. 30 reicht dafür nicht aus (→ Rn. 100). Aus Sicht des BVerfG aktivieren Informationen mangels Eingriffscharakters schon keinen Grundrechtsvorbehalt, weil sie den verfassungsrechtlichen Aufgaben der BReg. zur Öffentlichkeitsarbeit genügen[448] – oder aber sie sind aus materiellen Gründen grundrechtswidrig; dann kommt es auf das Bestehen einer parlamentsgesetzlichen Ermächtigung aber nicht mehr an.

98 Führt die Information zu einer **Wettbewerbsverzerrung,** hat sie für das BVerfG Eingriffscharakter.[449] Dieser Maßstab führt indes nicht weiter, weil der Beantwortung der Frage, ob der Wettbewerb „verzerrt" ist, ihrerseits eine wertende Betrachtung darüber zugrunde liegt, ob eine Information und ihre Wirkung marktangemessen sind.[450] Eine richtige, aber unsachlich oder tendenziös präsentierte Information dürfte jedenfalls regelmäßig die Eingriffsschwelle überschreiten und, da die Eingriffswirkung gerade in der Art und Weise ihrer Präsentation liegt, einer Rechtfertigung schwerlich zugänglich sein.

99 Streitig ist auch die Qualifikation der Verbreitung **unrichtiger Informationen.** Das BVerfG hat sich nicht klar dazu festgelegt, ob sie schlechthin als Grundrechtseingriff anzusehen sei oder nur dann, wenn die Unrichtigkeit, obwohl erkannt, nicht korrigiert wird. Es erscheint system- und sachgerecht, jede staatliche Verbreitung unrichtiger Informationen, die sich auf das Verhalten von Marktbeteiligten auswirken kann, als Eingriff in die Berufsfreiheit anzusehen. Dieser kann gleichwohl gerechtfertigt sein, wenn die abzuwehrende Gefahr groß ist, ein ernstzunehmender Gefahrenverdacht besteht und

---

Eingriff in Freiheitsrechte durch Informationstätigkeit des Staates vgl. auch den sog. Osho-Fall: BVerfGE 105, 279 (295 ff.).

[444] Vgl. aber *Manssen* in MKS Rn. 86 ff., insbes. Rn. 87, der nur dann einen Eingriff in Art. 12 Abs. 1 ausschließt, wenn richtige Informationen, die seitens des Staates verbreitet werden, keinen konkreten Bezug zu einem bestimmten Grundrechtsträger aufweisen; zum ähnlich gelagerten Fall wettbewerbsrelevanten Handelns staatlicher Unternehmen → Rn. 102.

[445] BVerfGE 105, 252 (273 ff.).

[446] *Boddenberg,* Negative Produktinformation, 2015, 50; *Knebel/Schoss* DÖV 2016, 105 (108); *Monsees,* Behördliches Informationshandeln im Lebensmittelbereich, 2018, 67.

[447] Eine Ermächtigungsgrundlage für Warnungen findet sich bspw. im Produktsicherheitsgesetz v. 22.4.1997 (BGBl. I 2265 ff.).

[448] BVerfGE 105, 252 (268 ff.); abl. *Ruffert* in BeckOK GG Rn. 50, 60 f., 82.

[449] BVerfGE 105, 252 (268).

[450] Nach *Dietlein* ist ein Eingriff jedenfalls dann zu bejahen, wenn der Staat mittels seiner Informationstätigkeit in zielgerichteter Weise marktlenkend agiert. Staatlichen Warnungen, die nicht allein auf faktenbezogene Information beschränkt sind, sei ein derartiges marktlenkendes Moment stets immanent, vgl. *Dietlein* in Stern StaatsR IV/1 § 111 Kap. IV 5a ε.

die Ermittlung des wahren Sachverhalts zunächst nicht möglich oder zumutbar war. Hat er Zweifel am Wahrheitsgehalt der Information, darf der Staat die Information nur verbreiten, wenn das öffentliche Interesse dies erfordert, muss dann aber in angemessener Weise auf die Ungewissheit hinweisen.[451] Die Maßnahme kippt jedoch – auch nach Auffassung des BVerfG – in eine Grundrechtsverletzung um, sobald die Unrichtigkeit der Information offenbar wird, wenn der Staat sie dennoch weiterhin verbreitet und nicht korrigiert. In diesem Fall steht mit der Beeinträchtigung des Schutzbereichs auch die Rechtswidrigkeit fest, da eine Rechtfertigung der Weiterverbreitung der unrichtigen Information ausgeschlossen ist.[452]

In **formeller Hinsicht** ist weiter Voraussetzung, dass die handelnde Stelle **100** im Rahmen ihrer staatlichen Aufgabe und der **Zuständigkeitsordnung** agiert (die das BVerfG bei der Verbreitung von Informationen durch die Gubernative nicht an Art. 83 ff., sondern Art. 30 knüpft[453]) und die innerorganschaftliche Zuständigkeitsverteilung (wie Art. 65) Beachtung gefunden hat. Überschreitet das Handeln in materieller Hinsicht schon die Eingriffsschwelle nicht, kann ein Zuständigkeitsmangel allein keine Grundrechtsverletzung nach sich ziehen – auch wenn Äußerungen des BVerfG in diese Richtung zu deuten scheinen.[454]

c) Der Staat als Marktbeteiligter. Eingriffe in die durch Art. 12 Abs. 1 **101** geschützte Wettbewerbsfreiheit nimmt der Staat bei jeglicher Form der **Marktordnung** vor, also beim allgemeinen Wettbewerbs- und Kartellrecht, aber auch bei der sektorspezifischen Regulierung, beim Finanz- und Kapitalmarkt- sowie Börsenrecht und auch durch das Gewerberecht. Wenn sich der Staat durch eigene Unternehmen am Marktgeschehen beteiligt oder öffentliche Aufträge vergibt, ist der Schutzbereich der Berufsfreiheit so lange nicht betroffen, wie die öffentliche Hand im Einklang mit den „Marktgesetzen" agiert; nach aA ist jeglicher Marktzutritt des Staates in der Funktion eines Wettbewerbers als „Eingriff durch Wettbewerb" zu qualifizieren.[455]

Umstritten ist das Vorliegen eines Eingriffs, wenn sich der Staat direkt oder **102** durch Unternehmen in seiner Trägerschaft am Wettbewerbsgeschehen[456] beteiligt. Einem Teil des Schrifttums gilt jegliche Form **unternehmerischer Tätigkeit des Staates** als Eingriff in die Berufsfreiheit („Eingriff durch Wettbewerb").[457] Dieser Eingriff müsse durch Gemeinwohlbelange, die nicht lediglich in der Erzielung finanzieller Mittel liegen dürften, gerechtfertigt

---

[451] BVerfGE 105, 252 (272).

[452] BVerfGE 105, 252 (273); krit. zu dieser Rspr. *Manssen* in MKS Rn. 88; *Huber* JZ 2003, 290 (292).

[453] „Für das Informationshandeln der Bundesregierung im Rahmen der Staatsleitung bedarf es über die Zuweisung der Aufgabe der Staatsleitung hinaus auch dann keiner besonderen gesetzlichen Ermächtigung, wenn es zu mittelbar-faktischen Grundrechtsbeeinträchtigungen führt.", BVerfGE 105, 279 (303).

[454] Vgl. BVerfGE 105, 252 (270 f.).

[455] → Rn. 102.

[456] Zum Grundrechtsschutz → Rn. 76.

[457] So *Schmidt,* Öffentliches Wirtschaftsrecht AT, 1990, 524; *Ehlers,* Verwaltung in Privatrechtsform, 1984, 102 ff.; *Weiß,* Privatisierung und Staatsaufgaben, 2002, 262 ff. mwN; *Hösch* DÖV 2000, 393 (398 f.); *Puhl* VVDStRL 60 (2001), 456 (482); *Cremer* DÖV 2003, 921 (925 ff.); *Faßbender* DÖV 2005, 89 (98); einer pauschalisierenden Betrachtung widerspricht *Manssen* in MKS Rn. 83; sa *Glos,* Die deutsche Berufsfreiheit und die europäischen Grundfreiheiten, 2003, 177 f.; diff. ebenfalls *Selmer* in Stober/Vogel Wirtschaftliche Betätigung der öffentlichen Hand, 2000, 75 (84 f.); *Kämmerer,* Privatisierung, 2001, 222 f.; vgl. allg. zur Diskussion *Huber,* Konkurrenzschutz im Verwaltungsrecht, 1991, 313 ff.

sein.[458] Demgegenüber betrachtet die hM unternehmerische Betätigung der öffentlichen Hand nur als eine systemimmanente Verschärfung des Konkurrenzdrucks, welche an die Eingriffsschwelle grundsätzlich nicht heranreicht.[459] Für sie spricht, dass zwischen marktbezogenem Agieren des Staates oder eines von ihm beherrschten Unternehmens, wenn es mit dem Verzicht auf staatstypische Privilegien und Machtinstrumente einhergeht und nur marktkonforme Mittel zum Einsatz kommen, und dem Handeln privater Konkurrenten funktional kein Unterschied besteht. Die faktische Betroffenheit privater Marktakteure bei Hinzutreten von Wettbewerbern ist als systemkonform hinzunehmen und von der Trägerschaft des Konkurrenten unabhängig.

103 Eine Ausnahme muss allerdings für den Fall gelten, dass durch öffentliche Unternehmen ein **Verdrängungs- oder Auszehrungswettbewerb** zu Lasten privater Konkurrenten betrieben wird. Demnach liegt ein – der Rechtfertigung in der Regel nicht zugänglicher – Eingriff in die Berufsfreiheit privater Akteure vor, wenn der Wettbewerb in unerträglichem Maße oder in unfairer Weise eingeschränkt wird, die Konkurrenz ausgezehrt wird oder eine Monopolstellung der öffentlichen Hand besteht bzw. geschaffen wird.[460] Insoweit ist nicht nur auf die Folgen des Marktzutritts des Staates bzw. des öffentlichen Unternehmens abzustellen, sondern bereits auf das Ziel, das mit dieser Maßnahme verfolgt werden soll. Nicht erforderlich ist, dass der Staat zur Erlangung der Marktstellung finanzielle Mittel oder Vorrechte zum Einsatz bringt, die privaten Akteuren nicht zu Gebote stehen;[461] ausreichend ist, dass der Marktzutritt strategisch auf eine – dem Gemeinwohl widerstreitende – Einschränkung des Wettbewerbs gerichtet war.[462]

104 Bei der **Vergabe öffentlicher Aufträge** greift der Staat – anders als bei der Subventionsvergabe[463] – nicht von außen in das Wettbewerbsgeschehen ein, sondern beteiligt sich als Nachfrager an diesem. Mit Recht hat das BVerfG das Vorliegen eines Eingriffs in Art. 12 Abs. 1 verneint: Es sei „Wesenselement dieser Wirtschaftsordnung, dass ein Nachfrager den auf der Angebotsseite bestehenden Wettbewerb zu seinen Zwecken nutzt, indem er konkurrierende Angebote vergleicht und sich für das entscheidet, das ihm am günstigsten erscheint."[464] Die Eingriffsschwelle ist jedoch überschritten, wenn der Staat

---

[458] *Puhl* VVDStRL 60 (2001), 456 (482, Fn. 109); *Pielow* NWVBl. 1999, 369 (375); aA *Cremer* DÖV 2003, 921 (929 ff.), der Gewinnstreben als Rechtfertigungsgrund einordnet.

[459] BVerwGE 39, 329 (336 f.); 71, 183 (193); BVerwG NJW 1995, 2938 (2939); VGH Kassel NVwZ 1996, 816 (817); *Kluth* in Stober/Vogel Wirtschaftliche Betätigung der öffentlichen Hand, 2000, 27 f.; *Kämmerer,* Privatisierung, 2001, 222 f.; *Jarass* in Jarass/Pieroth Rn. 23; *Jarass* DÖV 2002, 489 (494); *Pieroth/Hartmann* DVBl. 2002, 421 (426); *Antweiler* NVwZ 2003, 1466 (1469); krit. *Dietlein* in Stern StaatsR IV/1 § 111 Kap. IV 5b ε; vgl. zur Differenzierung zwischen marktimmanenter und nicht marktimmanenter Teilnahme des Staates am Wirtschaftsleben *Tsiliotis,* Der verfassungsrechtliche Schutz der Wettbewerbsfreiheit, 2000, 44 ff.

[460] BVerwG DÖV 1978, 851 (851); BVerwGE 17, 306 (313); 39, 329 (336 f.); BVerwG NJW 1995, 274 (274); 1995, 2938 (2939); *Huber,* Konkurrenzschutz im Verwaltungsrecht, 1991, 313 ff.; *Dietlein* in Stern StaatsR IV/1 Kap. IV 5b ε, knüpft für die Frage des Eingriffs ebenfalls an die Belastungsintensität an, sieht aber die von der Rspr. und teilweise von der Lit. entwickelten Hürden als zu hoch an.

[461] So aber *Jarass* DÖV 2002, 489 (494); krit. *Dietlein* in Stern StaatsR IV/1 § 111 Kap. IV 5b ε.

[462] BVerwG DÖV 1978, 851 (852).

[463] → Rn. 105.

[464] BVerfGE 116, 135 (152); ähnlich *Manssen* in MKS Rn. 102; iErg ebenso *Burgi* in BK Art. 12 Abs. 1 Rn. 155; sa *Wallenrath,* Bedarfsdeckung, 1988, 336; *Ruffert* in BeckOK GG Rn. 67; aA *Puhl* VVDStRL 60 (2001), 456 (482 f.); *Brüning* JZ 2009, 29 (30 f.).

die Vergabe eines öffentlichen Auftrags von anderen als ökonomischen Kriterien (wie Effizienz und Günstigkeit, § 97 GWB) abhängig macht, insbes. dann, wenn der fragliche Auftrag durch eine vorrangige oder exklusive Nachfrage des Staates geprägt ist (zB Straßenbau).[465] Sog. **„vergabefremde Kriterien"** (wie zB Tariftreue der Auftragsbewerber) dienen tatsächlichen oder mutmaßlichen Gemeinwohlbelangen; der Staat fällt, wo er ihre Berücksichtigung vorschreibt, aber wieder aus der Rolle des Marktakteurs in die des Steuernden zurück.[466] Die Unternehmen selbst werden daran gehindert, frei zu entscheiden, wie sie sich am Wettbewerb um den öffentlichen Auftrag beteiligen.[467] Solche Vorgaben verwirklichen daher die Merkmale des Eingriffs.[468] Eine Tariftreuebindung für die Baubranche sah das BVerfG unter Berücksichtigung des „Beurteilungs- und Prognosespielraums" des Gesetzgebers gleichwohl für gerechtfertigt an, da so der Arbeitslosigkeit gewehrt und soziale Standards gesichert werden könnten.[469] Diese Problematik hat angesichts des § 97 Abs. 3 GWB, der eine gesetzliche Grundlage für die Berücksichtigung vergabefremder Kriterien enthält, an Brisanz etwas verloren.

Umstritten ist, wann sich **Subventionen** (bzw. Beihilfen iSd Art. 107 **105**
AEUV) auf die Berufsfreiheit auswirken. Dabei ist zu unterscheiden zwischen der Auswirkung auf den Subventionsempfänger und der Betroffenheit seines Konkurrenten. Die verwendungsbezogenen Pflichten oder Obliegenheiten, die der Subventionsempfänger mit dem Erhalt der Zuwendung übernimmt, sind kein Eingriff in die Berufsfreiheit, wo es sich insoweit um die Causa der Subventionierung handelt und dem Empfänger aufs Ganze betrachtet ein rechtlicher und wirtschaftlicher Vorteil zuteil wird.[470] Anders verhält es sich, wenn der Empfänger in Verbindung mit der Subvention eine zusätzliche selbständige Belastung (etwa in Gestalt einer Auflage) erfährt. Erst die Entziehung einer bereits zugewandten Subvention betrifft – außer der Eigentumsgarantie, Art. 14 Abs. 1 – regelmäßig auch die Berufsfreiheit, wenn Zweck der Unterstützung die Förderung einer gewerblichen bzw. unternehmerischen Tätigkeit war.[471] Was den Konkurrenten des Subventionsempfängers betrifft, ist die Gewährung einer Subvention – anders als die unmittelbare Teilnahme der öffentlichen Hand am Marktgeschehen[472] – eine Maßnahme, welche das Wettbewerbsgeschehen modifiziert; sie ist daher grundsätzlich geeignet, einen Eingriff in die nach hier vertretener Ansicht durch Art. 12 Abs. 1 geschützte Wettbewerbsfreiheit zu bewirken und stellt, sofern sich ein Konkurrent in einer vergleichbaren Lage wie der Subventionsempfänger befindet, zudem eine Ungleichbehandlung iSv Art. 3 Abs. 1 iVm Art. 12

---

[465] Vgl. *Gerlach,* Entscheidungsspielräume der Verwaltung, 2018, 209, der die marktbeherrschende Stellung jedoch als notwendige Voraussetzung der Eingriffswirkung ansieht.

[466] *Kämmerer/Thüsing* ZIP 2002, 596 (601); *Preis/Ulber* NJW 2007, 465 (471); *Rieble* NZA 2007, 1 (3 ff.); zur Unvereinbarkeit von Tariftreueverpflichtungen mit Europarecht EuGH C-346/06, Slg. 2008, I-1989, ECLI:EU:C:2008:189 Rn. 26, 30 f. – Rüffert.

[467] BVerfGE 116, 202 (221); sa *Gerlach,* Entscheidungsspielräume der Verwaltung, 2018, 210.

[468] So auch *Fehling* in Pünder/Schellenberg VergabeR § 97 GWB Rn. 113.

[469] BVerfGE 116, 202 (223 ff.); aA *Kämmerer/Thüsing* ZIP 2002, 596 (601 f.); krit. ebenfalls *Preis/Ulber* NJW 2007, 470; *Pietzcker* ZfBR 2007, 131 (136); *Kaelble,* Vergabeentscheidung und Verfahrensgerechtigkeit, 2008, 68 ff.

[470] AA *Manssen* in MKS Rn. 97 ff.; *Breuer* in HdbStR VIII § 170 Rn. 99; ähnlich *Henseler* VerwArch 77 (1986), 249 (268 f.).

[471] *Manssen* in MKS Rn. 99; *Kämmerer* in HdbStR V, 3. Aufl. 2007, § 124 Rn. 44; weitergehend *Breuer* in HdbStR VIII, 3. Aufl. 2010, § 171 Rn. 99.

[472] → Rn. 102.

Abs. 1 dar.[473] Für Einwirkungen von geringer Intensität will die hL eine Ausnahme machen: Es bedürfe „erheblicher Lenkungsintensität" oder einer spürbaren Verschlechterung der Wettbewerbssituation.[474] Damit wird in Art. 12 Abs. 1 faktisch eine „De-minimis"-Ausnahme des Inhalts implantiert, dass geringfügige Beeinträchtigungen die Eingriffsschwelle nicht erreichen. Maßgeblich sollte aber nicht sein, wie intensiv die Beeinträchtigung ausfällt, sondern vielmehr, ob der Subventionierung mit Blick auf die Konkurrenten eine berufsregelnde Tendenz innewohnt.[475] Dies wird in der Regel bejaht werden müssen: Die der Berufsausübung dienende Begünstigung des einen spiegelt sich im beruflichen Nachteil des Konkurrenten, sofern ein solcher auf dem gleichen Markt aktiv ist. Daher ist ein strenger Maßstab geboten, mit der Folge, dass im Bereich der gewerblichen Wirtschaft Subventionen in den meisten Fällen in die Berufsfreiheit der Konkurrenten eingreifen.[476]

106 **d) Fixierung von Berufsbildern.** Nach hM ist die normative Festlegung von Berufsbildern als Eingriff in die Berufsfreiheit zu behandeln und hat daher dem **Verhältnismäßigkeitsprinzip** (und ggf. auch der Stufenlehre) zu genügen. Andernfalls könnte Art. 12 Abs. 1 durch Manipulationen des Schutzbereichs leerlaufen.[477] Diese Auffassung begegnet jedenfalls im Ansatz Bedenken: Im Normalfall ist die Konturierung eines Berufsbildes eine „neutrale Maßnahme". Belastend wirkt sie erst kraft daran geknüpfter Anforderungen oder der normativen Ausgrenzung von Tätigkeiten, die dem Berufsbild nicht entsprechen. Die Fixierung eines Berufsbildes kann aber ebenso gut auf eine Vergünstigung, etwa Ausbildungsbeihilfen, gerichtet sein. Sie pauschal als Grundrechtsbeschränkung zu behandeln, läuft auf eine Eingriffsfiktion hinaus. Vielmehr ist positiv festzustellen, ob mit der Gesetzesprägung des Berufs ein Eingriff verbunden ist – und zu dessen Rechtfertigung, welches Gewicht ihm im Lichte des mit ihm verfolgten Gemeinwohlziels zukommt. So wird durch Festlegungen von „Berufsbildern", wenn diese mit der Statuierung spezifischer Ausbildungsanforderungen einhergehen, in aller Regel in den Schutzbereich des Grundrechts eingegriffen. In Ansehung dieses Zieles muss bestimmt werden, ob die mit dem Zuschnitt des Berufs durch den Gesetzgeber einhergehenden Beschränkungen (insbes. die rechtliche Unmöglichkeit, den Beruf in einer anderen Ausgestaltungsvariante als der gesetzlich offerierten zu ergreifen und auszuüben)[478] verfassungsgemäß sind.[479] Die

[473] *Kämmerer* in HdbStR V § 124 Rn. 32, 46; *Breuer* in HdbStR VIII § 171 Rn. 105; *Ruffert* in BeckOK GG Rn. 63, 83; ähnlich *Lindner* DÖV 2003, 185 (190); aA *Rittstieg* in AK Rn. 80.

[474] *Manssen* in MKS Rn. 100; sa *Breuer* in HdbStR VIII, 3. Aufl. 2010, § 171 Rn. 105; *Ruffert* in BeckOK GG Rn. 64; ähnlich BVerwGE 65, 167 (174).

[475] Diff. nach einzelnen Subventionstypen *Kaelble,* Vergabeentscheidung und Verfahrensgerechtigkeit, 2008, 96 f.

[476] *Kämmerer* in HdbStR V § 124 Rn. 46; ähnlich weitreichend *Lübbe-Wolff,* Die Grundrechte als Eingriffsabwehrrechte, 1988, 205 ff.; *Scholz* in Maunz/Dürig Rn. 321; ferner *Huber,* Konkurrentenschutz im Verwaltungsrecht, 1991, 135 ff.; *Badura,* JA 1984, 83 (91); *Bauer* DÖV 1983, 53 (55 ff.).

[477] BVerfGE 54, 301 (314); 59, 302 (316); 78, 179 (193); s. ferner *Jarass* in Jarass/Pieroth Rn. 39; *Wieland* in Dreier Rn. 39; *Breuer* in HdbStR VIII § 170 Rn. 64; *Tettinger* AöR 108 (1983), 92 (100 f.); *Friauf* JA 1984, 537 (539 mwN).

[478] BVerfGE 21, 173 (180); *Manssen* in MKS Rn. 46; insofern wird mitunter von „Monopolisierung" des Berufs gesprochen.

[479] Vgl. BVerfGE 21, 173 (180); 25, 236 (247); 59, 302 (315 f.); 75, 246 (265 f.); *Breuer* in HdbStR VI, 2. Aufl. 2001, § 147 Rn. 39; *Wieland* in Dreier Rn. 38 f.; krit. *Hesse* AöR 95 (1970), 449 (463 ff.); *Friauf* JA 1984, 537 (539); *Höfling* DVBl. 1987, 881 (884 ff.).

gesetzliche Fixierung des Berufsbildes darf jedenfalls nicht zur Ausgrenzung bestimmter Berufsaktivitäten als unzulässig führen, wenn kein Gemeinwohlziel solches erfordert; der Gesetzgeber hat das Berufsbild dann in einer Weise zuzuschneiden, die den Interessen weniger „typischer" Berufsträger gerecht wird. Wird die Stufenlehre zugrunde gelegt, darf der Gesetzgeber auch nicht das Ergebnis der Verhältnismäßigkeitsprüfung lenken, indem er Berufe in einer Weise zuschneidet, dass deren Beschränkung auf eine niedrigere Eingriffsstufe fällt.[480]

Bei der gesetzlichen Prägung oder Änderung von Berufsbildern, die mit **107** Laufbahnbeschränkungen oder neuen Qualifikationsanforderungen verbunden ist, kann es zur Wahrung der Verhältnismäßigkeit geboten sein, **Übergangsregelungen** vorzusehen. Dies gilt besonders mit Blick auf jene Personen, die eine in bestimmten Formen künftig für unzulässig erklärte Tätigkeit in der Vergangenheit bereits ausgeübt haben.[481] Wie auch bei anderen Grundrechten steht dem Gesetzgeber freilich ein Recht zur „Typisierung" oder „Generalisierung" in dem Sinne zu, dass atypische Einzelfälle ohne Verstoß gegen Art. 12 Abs. 1 iVm Art. 3 Abs. 1 ausgeklammert werden dürfen.[482] Ein solcher liegt erst vor, wenn die generalisierende Regelung das Spektrum des einschlägigen beruflichen Umfeldes offenkundig unvollkommen abdeckt.[483] Gesetzliche Berufsbildfixierungen haben, insbes. wo gesetzliche Regelungen noch nicht bestehen, an der Lebenswirklichkeit orientiert zu sein.

Wenn in der Rspr. betont wird, der Gesetzgeber müsse die Bedeutung des **108** Grundrechts in der sozialen Ordnung zum Ausgangspunkt seiner Regelung nehmen und die im Wesen des Grundrechts selbst angelegten Grenzen erkennen,[484] wird damit keine Besonderheit des Art. 12 Abs. 1 und auch nicht des „Regelungs"-Vorbehalts umrissen, sondern nur auf die Funktion der Grundrechte als aufeinander bezogene Werte- und Normenordnungen Bezug genommen.

4. Materielle Rechtfertigungsanforderungen. a) Gemeinwohlerfordernis. **109** Der Verfassungsgeber hat die Berufsfreiheit nicht „vorbehaltlos" geschützt, sondern in Art. 12 Abs. 1 S. 2 mit einem „Regelungsvorbehalt" ausgestattet, der für Berufswahl und Berufsausübung, Wahl des Arbeitsplatzes und der Ausbildungsstätte gleichermaßen gilt. Der als Gesetzesvorbehalt (Eingriffsvorbehalt) zu deutenden Klausel[485] ist keine materielle Qualifikation beigegeben. Dies kann jedoch nicht als materielle Angleichung an die Anforderungen des Art. 2 Abs. 1 an die Rechtfertigung eines Eingriffs verstanden werden, dessen gleichfalls nur einfacher Grundrechtsvorbehalt ein formell und materiell verfassungsgemäßes Gesetz verlangt. Dies trüge dem Rang des Art. 12 im Grundrechtekontext und seiner besonderen Bedeutung für die Persönlichkeitsentfaltung und individuelle Lebensgestaltung, um derentwillen das BVerfG verlangt hat, „gesetzlichen Eingriffen hier grundsätzlich enge Grenzen zu ziehen",[486] nicht hinreichend Rechnung. Dieser besondere Stellenwert muss bei der Rechtfertigung von Eingriffen angemessen berücksich-

[480] Krit. zur Befugnis des Gesetzgebers, Berufsbilder zu fixieren, *Hesse* AöR 95 (1970), 449 (470); *Rupp* NJW 1965, 993.
[481] BVerfGE 32, 1 (22 f.) mwN, vorgeprüfte Apothekeranwärter.
[482] BVerfGE 16, 147 (163 f.); 48, 376 (388).
[483] BVerfGE 78, 179 (193).
[484] BVerfGE 7, 377 (404).
[485] → Rn. 79.
[486] BVerfGE 7, 377 (400); ähnlich BVerfGE 11, 168 (183).

tigt werden, jedoch ohne dass das Grundrecht dabei im Widerspruch zu seinem Wortlaut mit einem qualifizierten Gesetzesvorbehalt befrachtet wird. Das BVerfG und – ihm folgend – die hM haben diesen rechtsdogmatischen Spagat lange Zeit durch eine im sog. „Apothekenurteil" entwickelte und als **Stufenprüfung** (auch: „Stufentheorie", „Dreistufentheorie", „Stufenrechtsprechung", „Stufenlehre"[487]) bezeichnete Formalisierung der Verhältnismäßigkeitsprüfung herzustellen versucht. Dabei werden Eingriffe nach Maßgabe der „Stufe", auf welcher der Eingriff ansetzt, also seiner Intensität, nach ihrer Strenge abgestuften **Gemeinwohlanforderungen** zugeordnet („vernünftige Erwägungen des Gemeinwohls" bei bloßen Beschränkungen der Berufsausübung; „Schutz besonders wichtiger Gemeinschaftsgüter" bei Beschränkungen der Berufswahl unter subjektiven Gesichtspunkten; „überragend wichtiges Gemeinschaftsgut" bei Beschränkungen der Berufswahl unter objektiven Gesichtspunkten).[488] Mit Blick darauf konnte man den Gesetzesvorbehalt des Art. 12 Abs. 1 S. 2 als „halb-qualifizierten" betrachten.

110 Das BVerfG hat die Stufenprüfung mittlerweise durch die **flexiblere Formel** abgelöst[489], die eingreifende Norm müsse durch hinreichende, der Art der betroffenen Betätigung und der **Intensität** des jeweiligen Eingriffs Rechnung tragende Gründe des **Gemeinwohls** gerechtfertigt sein und dem Grundsatz der **Verhältnismäßigkeit** entsprechen.[490] In der Sache handelt es sich um keinen differenten, sondern nur um einen entformalisierten Prüfungsansatz, mit dem das BVerfG einen prüfungsdogmatischen Sonderweg aufgibt, der in Zeiten einer allgemein noch ungefestigten Eingriffsdogmatik opportun erschien, heute aber obsolet geworden ist. Mit der Frage, welche Facette – Berufsausübung, objektive oder subjektive Voraussetzungen der Berufswahl – des Schutzbereichs betroffen ist, sind zwar keine spezifischen Anforderungen an den Eingriff bzw. seine Rechtfertigung mehr verbunden; sie dient aber noch als Orientierungsmaßstab für die Verhältnismäßigkeitsprüfung (insbesondere Zweck-Mittel-Relation) bzw. Rechtsgüterabwägung.[491]

111 Da Art. 12 Abs. 1 kein sog. schrankenlos gewährleistetes Grundrecht darstellt, braucht das Gemeinwohlerfordernis, um dessentwillen der Eingriff erfolgt, an sich **nicht selbst Verfassungsrang** aufzuweisen. Die vereinzelt im Schrifttum anzutreffende These, das Gemeinwohlziel müsse sich (bei Zulassungsvoraussetzungen) zumindest „aus der Verwirklichung einer Staatszielbestimmung" ableiten lassen,[492] überzeichnet den zumindest dem Wortlaut nach einfachen Gesetzesvorbehalt in Art. 12 Abs. 1 S. 2. Für eine solche normative Aufladung besteht auch kein Bedarf, da die verfassungsrechtliche Bedeutung der angeführten Gemeinwohlbelange jedenfalls auf der dritten

---

[487] → Rn. 116 ff.

[488] Übersicht über die Anforderungen im Ls. 6 des „Apothekenurteils", BVerfGE 7, 377.

[489] Zwischenzeitlich kombinierte das Gericht auch beide Prüfungsstandards, indem es zunächst die erwähnte „neue" Formel anführte, sodann aber den Sachverhalt einer der drei Eingriffsstufen zuordnete und eine Subsumtion unter die im „Apothekenurteil" geprägten Maßstäbe vornahm: BVerfGE 126, 112 (137 ff.).

[490] BVerfGE 95, 193 (214); 102, 197 (213); 115, 276 (304); → Rn. 123.

[491] Vgl. die Formulierung in BVerfGE 145, 20 (67 Rn. 121): „Der Eingriff muss zur Erreichung eines legitimen Eingriffsziels geeignet sein und darf nicht weiter gehen, als es die Gemeinwohlbelange erfordern; ferner müssen Eingriffszweck und Eingriffsintensität in einem angemessenen Verhältnis stehen […]. An objektive Berufszugangsregelungen sind dabei grundsätzlich gesteigerte Anforderungen zu stellen […]."

[492] *Czybulka* NVwZ 1991, 145 (148).

Stufe der Verhältnismäßigkeitsprüfung (Proportionalität) abwägungserheblich wird. Je weniger das Grundgesetz die Verfolgung des zum Gemeinwohl erklärten Zieles gebietet, desto weniger kann dessen Verfolgung Eingriffe in Art. 12 Abs. 1 legitimieren, insbes. wenn diese über die Regelung der Berufsausübung hinausgehen. Vor allem die Normierung objektiver, der Sphäre des Einzelnen entzogener Berufszugangshürden wird in aller Regel nur gerechtfertigt werden können, wenn Art. 12 Abs. 1 ein mindestens gleich gewichtiges Gut und damit ein solches von Verfassungsrang gegenübersteht.[493] Eine Verfassungsanknüpfung der überragend wichtigen Gemeinschaftsgründe könnte die Gefahr, dass Gemeinwohlbelange auf normativem Wege vorgeschützt werden, mindern.[494] Die große Spannbreite, welche die Judikatur Verfassungsprinzipien bei der Rechtfertigung von Beschränkungen der Berufsfreiheit zuerkannte, relativiert allerdings den Unterschied zwischen Gütern mit und ohne Verfassungsrang. So sind zB sowohl das Streben nach Vollbeschäftigung als auch die Vermeidung bzw. Behebung eines Arbeitskräftemangels aus dem Sozialstaatsprinzip und Art. 12 Abs. 1 selbst abgeleitet worden.[495]

Nach hM ist der Gesetzgeber nicht darauf beschränkt, Regelungen zum Schutz anerkannter und womöglich im Grundgesetz verankerter rechtlich geschützter Interessen[496] vorzunehmen, sondern darf diese **Interessen** durch seine Gesetzgebung auch in gewissem Umfang **selbst bestimmen.**[497] Das BVerfG beanstandet diese „Gemeinwohlbestimmung" oder „Gemeinwohlfindung" nur, wenn sie offensichtlich fehlerhaft oder mit der Wertordnung des GG unvereinbar ist.[498] Letzteres ist der Fall, wenn der Zweck kein im Lichte der verfassungsrechtlichen Ordnung „legitimer" ist.[499] Diese Zurücknahme der richterlichen Überprüfung ist in Teilen des Schrifttums auf Kritik gestoßen,[500] insbes. was Berufswahlbeschränkungen betrifft, die das BVerfG **112**

[493] → Rn. 133.

[494] Insofern krit. ggü. der Stufenlehre *Häberle* AöR 95 (1970), 86 (98 ff.); *Ossenbühl* AöR 115 (1990), 1 (11 f.); *Ipsen* JuS 1990, 634 (636); ferner *Czybulka* NVwZ 1991, 145 (147 f.); *Mann* in Sachs Rn. 152 ff. mwN; *Scholz* in Maunz/Dürig Rn. 336; *Hufen* NJW 1994, 2913 (2917 f.); vgl. die Übersicht bei *Wieland* in Dreier Rn. 109 f.

[495] BVerfGE 21, 245 (251); krit. *Krölls* GewArch 1993, 1 (4 f.).

[496] ZB die Gesundheit der Bevölkerung (BVerfGE 78, 179 (192); 85, 248 (260); BVerfG NVwZ 2010, 1212 (1215)); die geordnete Rechtspflege (BVerfGE 59, 302 (317); 93, 213 (236)); die Sicherheit der Energieversorgung (BVerfGE 30, 292 (323 f.)); Finanzierbarkeit der gesetzlichen Krankenversicherung (BVerfGE 114, 196 (248); 123, 186 (242 f.)); Abwehr der mit dem Betrieb einer Spielbank einhergehenden Gefahren (BVerfG (K) NVwZ-RR 2008, 1 = BVerfGK 10, 525); Schutz der anwaltlichen Unabhängigkeit (BVerfGE 117, 163 (182)); Existenz und Funktionsfähigkeit des Taxenverkehrs (BVerfGE 11, 168 (186 f.); 81, 70 (86); BVerfG (K) NJW 2000, 1326); Schutz der Allgemeinheit im Zusammenhang mit der Sicherheit des gewerblichen Flugverkehrs (BVerfG (K) GewArch 2007, 149 (150) = BVerfGK 10, 227 (228 ff.)).

[497] Zu dem im Zusammenhang hiermit stehenden Einschätzungs- und Prognosespielraum hinsichtlich des zum Schutz des Gutes eingesetzten Mittels → Rn. 113, 125.

[498] BVerfGE 13, 97 (107); 89, 365 (376); 113, 167 (252 f.); zust. *Scholz* in Maunz/Dürig Rn. 340, hingegen nur bzgl. subjektiver Zulassungsbeschränkungen; bei objektiven Zulassungsbeschränkungen soll es bei der vollen gerichtlichen Überprüfung im Sinne des Apothekenurteils bleiben; der Gesetzgeber trage insoweit die Beweislast für das Bestehen einer nachweislichen bzw. höchstwahrscheinlichen Gefahr; *Breuer* in HdbStR VIII § 171 Rn. 61; *Spanner* DÖV 1972, 217 (219 f.); krit. *Häberle* AöR 95 (1970), 86 (101 f.); *Rupp* AöR 92 (1967), 212 (232 ff.); *Reuss* DVBl. 1961, 865 (868 ff.).

[499] BVerfGE 80, 137 (159); 104, 337 (347); 117, 163 (182, 184); *Sachs* in Sachs Art. 20 Rn. 149; *Uerpmann*, Das öffentliche Interesse, 1999, 175 ff.

[500] *Manssen* in MKS Rn. 156; *Gubelt* in v. Münch/Kunig, 5. Aufl. 2000, Rn. 58; ferner krit. bezgl. des gesetzgeberischen Spielraums bei der Gewichtung des verfolgten Zwecks *Burgi* in BK Art. 12 Abs. 1 Rn. 207.

nur um eines „wichtigen" Gemeinschaftsinteresses willen gestatten wollte.[501] Der Gegenvorschlag, darauf abzustellen, ob die vom Gesetzgeber benannten Belange von der Bevölkerungsmehrheit bzw. von den betroffenen Personenkreisen zur Zeit des Gesetzgebungsverfahrens als wichtige Gemeinschaftsinteressen anerkannt werden,[502] würde faktisch eine Befragung der Bevölkerung voraussetzen und dürfte schwer umsetzbar sein. Hinzu kommt, dass gesellschaftliche Gruppen jeweils nur Individualinteressen zu definieren in der Lage sind, während das Finden und Formulieren von Gemeinschaftsinteressen zu den vornehmsten Aufgaben des Staates gehört.[503] Kraft des umrissenen staatlichen Bestimmungsrechts können auch der Schutz eines durch den Gesetzgeber definierten wirtschafts- oder sozialpolitischen Ziels, eines erst durch Gesetz geschaffenen rechtlichen Instituts oder einer Institution im organisatorischen Sinne zu Gemeinwohlinteressen erklärt werden, um derentwillen Beschränkungen auch der Berufswahl erfolgen dürfen. Insofern hat die Rspr. auch Belange wie die „Erhaltung des Leistungsstandes und der Leistungsfähigkeit des Handwerks"[504] oder auch die Verteidigungsbereitschaft der Bundeswehr[505] zur Rechtfertigung von Eingriffen herangezogen. Die bloße Fortführung einer Tradition wird grundsätzlich nicht als Gemeinwohlbelang qualifiziert werden können.[506]

113 Wo die Vereinbarkeit von **Rechtsnormen** mit Art. 12 Abs. 1 in Rede steht, sind dem Gesetzgeber bei der Verhältnismäßigkeitsprüfung **Spielräume** hinsichtlich der rechtfertigenden Gemeinwohlbelange eröffnet. Dabei ist zu unterscheiden zwischen einem Einschätzungs- und Prognosespielraum, was das Gemeinwohlinteresse, seine Gefährdung und das zu ihrer Abwehr taugliche Mittel betrifft, einem Typisierungsspielraum bei der gesetzlichen Regelung der Gefahrenabwehr sowie einem Definitionsspielraum betreffend den Gemeinwohlbezug eines Zieles. Mit dem **Einschätzungs- und Prognosespielraum**[507] wird der politischen Gestaltungsfreiheit des Gesetzgebers im Bereich der Arbeitsmarkt-, Sozial- und Wirtschaftsordnung Respekt gezollt. Der Spielraum erfasst nicht nur den Gemeinwohlbezug eines legislativen Zieles, sondern auch die Eignung des zur Abwehr einer Gemeingefahr bzw. zur Verfolgung des Gemeinwohlziels eingesetzten Mittels. Das BVerfG hat sich vor allem bei wirtschaftspolitischen Maßnahmen auf eine Vertretbarkeitskontrolle beschränkt und dem Gesetzgeber damit einen „Beurteilungsspielraum" zugestanden.[508] Laut BVerfG ist der Beurteilungsspielraum erst dann überschritten, wenn die Erwägungen des Gesetzgebers „so offen-

---

[501] BVerfGE 7, 377 (405).

[502] So *Gubelt* in v. Münch/Kunig, 5. Aufl. 2000, Rn. 58.

[503] Krit. ggü. den Gegnern des BVerfG insoweit auch *Wieland* in Dreier Rn. 107 ff.

[504] BVerfGE 13, 97 (107); BVerwGE 108, 169 (173 f.).

[505] BVerwGE 35, 146 (149), BVerfGE 32, 40 (49); 39, 128 (147); 44, 197 (202 f.).

[506] Insoweit fragwürdig „Erhaltung und Förderung eines gesunden, leistungsfähigen Handwerksstandes als Ganzen": BVerfGE 13, 97 (110); *Leisner* GewArch 2006, 393; *Ehlers* in Achterberg/Püttner/Würtenberger BesVerwR 146 Rn. 92; *Epiney* ZLR 1996, 259 (270 ff.); zweifelnd zumindest bzgl. des Ziels der Qualitätssicherung handwerklicher Leistungen nunmehr auch BVerfG DVBl. 2006, 244 (245).

[507] BVerfGE 77, 84 (106) mwN; *Jarass* in Jarass/Pieroth Rn. 50; *Wieland* in Dreier Rn. 100, 116 f.; zu den senatsinternen Diskussionen über die Reichweite der Prüfungsbefugnis des BVerfG ggü. dem Gesetzgeber im Vorfeld des Apothekenurteils *Michl* JöR 68 (2020), 323 (359 ff.).

[508] Vertretbarkeitskontrolle, BVerfGE 25, 1 (12 f., 17); 50, 290 (332 f.); 99, 367 (389 f.); 123, 186 (241 f.); BVerfG NJW 1997, 247; krit. *Czybulka* NVwZ 1991, 145; *Dietlein* in Stern StaatsR IV/1 § 111 Kap. V 4 β.

sichtlich fehlsam sind, daß sie vernünftigerweise keine Grundlage für gesetzgeberische Maßnahmen darstellen können."[509] Art. 12 Abs. 1 ist auch dann nicht verletzt, wenn sich die Beurteilung des Gesetzgebers später als irrig erweist und der Normgeber im Erlasszeitpunkt nicht in der Lage war, dies vorherzusehen. Der Gesetzgeber ist jedoch verpflichtet, die Regelungen nach Maßgabe der neuen Erkenntnisse innerhalb eines angemessenen Zeitraums abzuändern.[510]

Zwischen dem Maßnahmenziel (Gemeinwohlbelang) und der ihm dienen- **114**
den Beschränkung stellt das BVerfG faktisch eine **Wechselwirkung** her: Je gewichtiger die Beschränkung der Berufsfreiheit ausfällt, desto enger wird der Einschätzungsspielraum. Für nicht unmittelbar berufsregelnde Maßnahmen stellte das BVerfG in einer älteren Entscheidung fest, dem Gesetzgeber stehe insoweit „ein weiterer Raum der Beurteilung und Gestaltung" als bei unmittelbaren Regelungen zu.[511] Da die Art der Regelung nicht zwingend etwas über die Schwere des Eingriffs aussagt, ist diese Aussage dogmatisch nicht überzeugend. Allgemein ist der Spielraum des Gesetzgebers in der Tendenz desto enger, je intensiver der Eingriff in die Berufsfreiheit ausfällt. Insbesondere bei Eingriffen in die Berufswahl hat sich der Gesetzgeber ggf. durch Untersuchungen und Analysen zu vergewissern, ob und in welchem Maße die vermutete Gefahr für das Gemeinwohl tatsächlich besteht und das zu ihrer Abwehr eingesetzte Mittel tatsächlich die ihm attestierte Eignung aufweist.[512] Unterwirft der Gesetzgeber die Berufswahl objektiven Schranken, die außerhalb der Einflusssphäre Einzelner liegen, ist der Prognosespielraum verengt und die Prüfungskompetenz der Gerichte dementsprechend weiter. Es reicht nicht aus, wenn in allgemein gehaltenen Ausführungen Gefahren für das Gemeinwohl vorausgesagt werden, sondern der Gesetzgeber muss iE darlegen, welche Gefahren sich mit Sicherheit oder hoher Wahrscheinlichkeit verwirklichen werden.[513] Insoweit steht den Gerichten gegenüber den Erwägungen des Gesetzgebers eine weitergehende Prüfungskompetenz zu als bei subjektiven Zulassungsvoraussetzungen.

Das Spektrum der **Gemeinwohlinteressen,** die zur Rechtfertigung von **115**
Eingriffen in die Berufsausübung herangezogen werden können, ist breit. Vielfach korrespondieren sie mit Zielvorgaben, die selbst mit Verfassungsrang ausgestattet sind, vor allem Grundrechten, aber bspw. auch Staatszielbestimmungen wie Umwelt- und Tierschutz (Art. 20a).[514] Eine verfassungsrechtliche Normierung ist jedoch mit Blick auf Eingriffe in die bloße Berufsausübung regelmäßig nicht erforderlich: Der Gesetzgeber kann im Rahmen der ihm zugebilligten weiten Einschätzungsprärogative[515] auch Gemeinwohlziele definieren. Sie brauchen nicht verfassungskräftig verankert zu sein, sondern

---

[509] BVerfGE 77, 84 (106); 108, 370 (380 f.); 110, 141 (157 f.); 117, 163 (183); BVerfG NJW 1994, 3007 mwN.

[510] BVerfGE 113, 167 (234); 110, 141 (158); 95, 267 (314); 83, 1 (21 f.); 57, 139 (162 f.); 50, 290 (335); 49, 89 (130); 25, 1 (12 f.) mwN; allg. *Stettner* DVBl. 1982, 1123.

[511] BVerfGE 46, 120 (145).

[512] Ähnlich wie hier *Schlink* FS 50 Jahre BVerfG II, 2001, 443 (453, 456 ff.); nach BVerfGE 7, 377 (408); sowie 11, 168 (186 f.), musste die Gefahr noch nachweisbar bzw. höchstwahrscheinlich sein. Nach BVerwGE 114, 92 (100, 102) verbleibt es bei der Einschätzung der Gefahrenlage durch den Gesetzgeber, soweit diese nicht „erschüttert" werde.

[513] BVerfGE 11, 168 (185).

[514] Erhalt der Artenvielfalt in der Tierwelt (BVerfGE 61, 291 (312) – Art. 20a war zum Zeitpunkt der Entscheidung noch nicht Bestandteil des GG –; BVerfGE 128, 1 (37 ff.); 143, 246 (380 f.); → Art. 20a Rn. 51 ff.

[515] → Rn. 113.

es genügt, dass sie von der Verfassungsordnung gebilligt werden.[516] Das BVerfG hat Beschränkungen der Berufsfreiheit immer wieder mit sozialstaatlichen Erfordernissen begründet, nicht zuletzt mit der Begrenzung der Arbeitslosigkeit[517] und der Ordnung und Förderung des Arbeitsmarktes.[518] Mit dem sozialstaatlichen Ziel der „Daseinsvorsorge",[519] die nur für einzelne Marktbereiche verfassungsrechtlich konkretisiert ist (Art. 87e Abs. 4, Art. 87f Abs. 1), können Eingriffe wie die Pflicht zur Erbringung einer Grundversorgung mit „Universaldienstleistungspflichten" gebilligt werden. Das öffentliche Interesse an funktionsfähigen Märkten[520] legitimiert nicht nur Eingriffsmaßnahmen auf der Basis des allgemeinen Wettbewerbsrechts. Wo Reste monopolistischer Strukturen bestehen, können mit Blick darauf auch marktbeherrschende Unternehmen besonderen Lasten unterworfen werden („sektorspezifische Regulierung", etwa Preisvorgaben, Universaldienstverpflichtungen etc).[521] Dabei kann Unternehmen mit besonderer Marktmacht auch die Pflicht auferlegt werden, Konkurrenzunternehmen Netzzugang zu gewähren.[522] Auch bei funktionsfähigem Wettbewerb ist die Ordnung von Märkten (insbes. mit Blick auf die Allokation begrenzter Ressourcen wie Transportkapazitäten oder Telefonnummern) ein legitimer Gemeinwohlbelang. Dieses Ziel überschneidet sich teilweise mit der Ratio der Gefahrenabwehr – vor allem dem Schutze der Verbraucher – im Gewerberecht, neben welches das Lebensmittel- sowie das allgemeine und das sektorbezogene Verbraucherschutzrecht treten. Dem Gemeinwohl dienen verbraucherschützende Informationspflichten über Produkteigenschaften oder Vertragsrisiken.[523] Auch die Funktionsfähigkeit der Kranken- und Sozialversicherungssysteme ist als Rechtfertigungsgrund für Eingriffe in die Berufsausübung anerkannt.[524] Mit ihr legitimierte das BVerfG zuletzt ua den Kontrahierungszwang, der den privaten Krankenkassen mit Blick auf einen vom Gesetzgeber eingeführten Basistarif auferlegt war.[525] Schließlich liegt die Wahrung gesamtstaatlicher Belange, etwa die Verhütung einer Störung der auswärtigen Beziehungen, im allgemeinen Interesse.[526] Nicht als Gemeinwohlbelang ak-

---

[516] → Rn. 111 f.

[517] BVerfGE 103, 293 (309); 116, 202 (223); BVerfG (K) DB 2007, 978 (979) = BVerfGK 10, 450; BVerfGE 149, 126 (149).

[518] Sicherung eines geordneten Arbeitsmarktes: BVerfGE 77, 84 (107); Förderung ehrenamtlicher Mitwirkung an der Jugendarbeit: BVerfGE 85, 226 (234).

[519] Versorgung der Bevölkerung mit Arzneimitteln: BVerfGE 107, 186 (204); medizinische Versorgung der Bevölkerung: BVerfGE 85, 248 (260); 106, 181 (195).

[520] Vgl. zB BVerwGE 118, 226 (239); 119, 282 (302), OVG Münster NVwZ 2000, 697 (701).

[521] Zugangs- und Entgeltregulierung nach dem TKG, Universaldienstleistungspflichten und Entgeltregulierung nach dem PostG; vgl. BVerwGE 118, 226 (239 ff.); 120, 54 (69); OVG Münster NVwZ 2000, 697 (701).

[522] ZB § 19 Abs. 1 TKG oder § 30 Abs. 2 Nr. 2 Energiewirtschaftsgesetz (EnWG); allg. zu „essential facilities" *Möschel* in Immenga/Mestmäcker Wettbewerbsrecht: GWB, 5. Aufl. 2014, § 19 Rn. 296 ff.; *Emmerich* in Dauses Handbuch des EU-Wirtschaftsrechts, Kap. H I § 3 Rn. 111 ff.; *Dreher* EWiR 2008, 137 (138).

[523] BVerfGE 95, 173 (184): Warnung vor Gesundheitsgefahren durch Rauchen; Schutz des Verbrauchers vor Verwechselung von Lebensmitteln: BVerfGE 53, 135 (145); zu Aufklärungs- und Hinweispflichten im Kapitalmarktrecht vgl. zB BGH DStR 2008, 515; OLG Stuttgart NJOZ 2007, 3857 (3859, 3861); OLG Zweibrücken NJW-RR 1996, 949; *v. Heymann/Edelmann* in Assmann/Schütze Handbuch des Kapitalanlagerechts, 3. Aufl. 2007, § 4 Rn. 17 ff. mwN; *Assmann/Sethe* FS f. Westermann, 2008, 67 (79, 81 f.).

[524] BVerfGE 70, 1 (29); 103, 172 (184); 114, 196 (244).

[525] BVerfGE 123, 186 (238 ff.).

[526] BVerfGE 91, 148 (164).

zeptiert ist grundsätzlich der Schutz vor (regulärer) Konkurrenz: Im Gemeininteresse liegt der Wettbewerb und gerade nicht seine Verhinderung.[527]

b) Grundlagen der Verhältnismäßigkeitsprüfung. aa) Klassischer 116
Maßstab: Stufenlehre. Die Unterscheidung zwischen Berufswahl und Berufsausübung war seit dem „Apothekenurteil" des BVerfG aus dem Jahr 1958 für den Rechtfertigungsmaßstab von entscheidender Bedeutung. Mit diesem Urteil unterstrich das Gericht einerseits die Deutung des Art. 12 Abs. 1 als „einheitliches Grundrecht der Berufsfreiheit"[528] und entwickelte zugleich andererseits ein weitgehend formalisiertes Prüfungsraster, das als **Stufenlehre** (alias Stufentheorie, Dreistufentheorie oder Stufenprüfung) bekannt geworden und vom juristischen Schrifttum nahezu einhellig rezipiert wurde.[529] Bei der Stufenlehre handelt es sich um eine schematisierte Verhältnismäßigkeitsprüfung, die jedoch aufgrund ihrer formalen Verstetigung zur Rechtsfortbildung wird. Die Anforderungen an die Rechtfertigung eines Eingriffs bemessen sich danach, ob in die Berufsausübung oder die Berufswahl eingegriffen wird und ob bei der letzteren an subjektive oder objektive Kriterien angeknüpft wird.[530]

Das BVerfG verstand die von ihm entwickelten Formeln stets nur als eine 117
Form der Grundrechtsauslegung; es wäre auch nicht berufen, neues Verfassungsrecht zu schöpfen.[531] Die Stufenlehre ist nicht zu Verfassungsgewohnheitsrecht erstarkt, auch wenn sie in der Rechtspraxis fast wie solches behandelt worden ist.[532] Könnten sich überkommene Standards der Grundrechtsauslegung ohne weiteres zu Verfassungsgewohnheitsrecht verdichten, würde dies die Erstarrung der bewusst allgemein gehaltenen Grundrechtstatbestände nach sich ziehen. Der Erkenntnis folgend, dass die im „Apothekenurteil" begründete Anwendungspraxis also weder auf konstitutive Fortentwicklung der Grundrechtsaussage noch auf Versteinerung der Grundrechtsauslegung abzielt, verdient gegenüber der gängigen und eine Zeitlang auch vom BVerfG selbst verwendeten[533] Umschreibung als „Stufen*theorie*" der schlichtere Ausdruck Stufenlehre oder Stufenprüfung Vorzug.[534]

Nach der Stufenlehre wird eine Beschränkung der Berufsfreiheit zunächst 118
einer von drei Stufen unterschiedlicher Eingriffsintensität (Regelung der

---

[527] Bereits BVerfGE 7, 377 (408); 11, 168 (188 f.); 93, 362 (370): Rechtsanwälte der neuen Bundesländer; BVerfGE 94, 372 (395): kein generelles Werbeverbot für Apotheker; BVerfGE 97, 12 (31): kein Verbot der Patentgebührenüberwachung durch nicht als Patent- oder Rechtsanwälte zugelassene Personen; BVerfG (K) NJW 2002, 3460 (3461), Beendigung der Börsenpreisaufstellung durch amtliche Kursmakler ist verfassungsgemäß; dazu *Mann* in Sachs Rn. 16 mwN.

[528] BVerfGE 7, 377 (402).

[529] *Mann* in Sachs Rn. 152; *Wieland* in Dreier Rn. 92 ff.; *Scholz* in Maunz/Dürig Rn. 336; *Bachof* JZ 1958, 468 (470); *Kraemer* DVBl. 1958, 850; *Jarass* in Jarass/Pieroth Rn. 33 ff.; *Ipsen,* StaatsR II, 13. Aufl. 2010, Rn. 652 ff.; *Scholz/Aulehner* BB 1993, 2250 (2260); *Ackermann* WRP 1998, 665 (670); zu den damaligen Reaktionen auf das Urteil s. *Michl* JöR 68 (2020), 323 (366 ff.).

[530] BVerfGE 7, 377 (Ls. 6a–c) 402 ff., 406 ff.

[531] In diese Richtung allerdings *Gubelt* in v. Münch/Kunig, 5. Aufl. 2000, Rn. 40 mwN, Rn. 46; *Scheuner* DVBl. 1958, 845 (848): „sehr freie" bzw. „schöpferische Interpretation", jedenfalls keine Rechtsschöpfung „contra legem": *Scholz* in Maunz/Dürig Rn. 336.

[532] Vgl. *Hufen* NJW 1994, 2913 (2917).

[533] Erstmals in BVerfGE 13, 97 (104); zuletzt in BVerfGE 73, 280 (287); BVerfG NJW 2000, 1779.

[534] Diese Bezeichnung findet sich bei *Schlink,* Abwägung im Verfassungsrecht, 1976, 57; *Pietzcker* NVwZ 1984, 550 (551); *Lorz* NJW 2002, 169 (170); *Jarass* DÖV 2000, 753 (757); *Jarass* in Jarass/Pieroth Rn. 33.

Berufsausübung, Regelung von subjektiven Voraussetzungen der Berufswahl, Regelung von objektiven Voraussetzungen der Berufswahl) zugeordnet. Für jede dieser Eingriffsstufen definierte das BVerfG spezifische Verhältnismäßigkeitsanforderungen, die mit Erreichung der nächsthöheren Stufe strenger werden.[535] Vom überkommenen Muster der Verhältnismäßigkeitsprüfung wird vor allem bei der Erforderlichkeit (Grundsatz des mildesten Mittels) und der Proportionalität (Verhältnismäßigkeit im engeren Sinne, Angemessenheit, Übermaßverbot) abgewichen. **Erforderlich** muss bereits die Wahl der jeweiligen Eingriffsstufe sein, dh: Der Staat hat die Abwehr einer Gefahr auf der jeweils niedrigsten Stufe vorzunehmen und darf die nächste erst beschreiten, wenn die Gefahr mit den Mitteln der vorausgehenden Stufe nicht wirksam bekämpft werden könnte.[536] Selbst wenn also nachweislich höchste Gefahren für essenzielle Gemeinschaftsgüter abzuwehren sind, ist Art. 12 Abs. 1 verletzt, wenn anstelle der getroffenen Berufszulassungsregelung eine Ausübungsbeschränkung das normative Ziel ebenso gut erfüllt hätte. Regelungen, welche die Berufswahl nicht beschränken, hat das BVerfG als generell milder angesehen.[537] Steht fest, dass nur eine Berufswahlregelung, also die Regelung auf einer höheren Eingriffsstufe, in Betracht kommt, bedarf es nochmals der Prüfung der („zwingenden") Erforderlichkeit des gewählten Eingriffs für das zu schützende (überragende) Gemeinschaftsgut:[538] „Erweist sich ein Eingriff in die Freiheit der Berufswahl als unumgänglich, so muß der Gesetzgeber stets die Form des Eingriffs wählen, die das Grundrecht am wenigsten beschränkt."[539]

119 Das Hauptaugenmerk der Stufenlehre liegt auf der **Proportionalität** (Angemessenheit) des Eingriffs. Keine Besonderheiten ergeben sich insoweit für Beschränkungen der Freiheit der **Berufsausübung,** die erfolgen darf, „soweit vernünftige Erwägungen des Gemeinwohls es zweckmäßig erscheinen lassen." Der ergänzende Hinweis, der Grundrechtsschutz beschränke sich insoweit „auf die Abwehr in sich verfassungswidriger, weil etwa übermäßig belastender und nicht zumutbarer Auflagen",[540] ist lediglich erläuternder Art und darf nicht als Rücknahme gerichtlicher Kontrolle gedeutet werden.[541] Für Beschränkungen der Freiheit der **Berufswahl (Berufszulassungsregelungen)** hat das BVerfG postuliert, sie müssten besonders wichtigen („überragenden") Gemeinschaftsgütern dienen, die der Freiheit des Einzelnen vorgehen.[542] Soweit sie an **subjektive,** also dem Einfluss Einzelner unterliegende Merkmale anknüpfen, kann eine Beschränkung des Berufszugangs schon „aus der Sache heraus" geboten sein, wo dafür bestimmte Kenntnisse und Fähig-

---

[535] BVerfGE 7, 377 (402 f.), Apothekenurteil; heute nahezu einhellige Meinung, vgl. ua *Jarass* in Jarass/Pieroth Rn. 33 ff.; *Mann* in Sachs Rn. 125; *Breuer* in HdbStR VIII § 171 Rn. 17; *Wieland* in Dreier Rn. 92 f.; aA *Lücke,* Die Berufsfreiheit, 1994, 26 ff.; *Hufen* NJW 1994, 2913 (2917); beide berufen sich auf den ausdrücklichen Wortlaut des Art. 12 Abs. 1 S. 2; zu den Ansichten vor Erlass des Apothekenurteils vgl. *Klein* in v. Mangoldt/Klein Das Bonner Grundgesetz, 2. Aufl. 1966, Anm. V Rn. 372.

[536] BVerfGE 7, 377 (Ls. 6d) 406 f., 410; 25, 1 (19 f.); 30, 292 (319); 69, 209 (218); *Scholz* in Maunz/Dürig Rn. 335.

[537] BVerfGE 7, 377 (406); so wohl BVerfGE 54, 310 (315); 11, 30 (42); *Scholz* in Maunz/Dürig Rn. 335.

[538] BVerfGE 7, 377 (Ls. 6b, 7) 405.

[539] BVerfGE 7, 377 (405).

[540] BVerfGE 7, 377 (Ls. 6a) 405 f.

[541] So aber *Scholz* in Maunz/Dürig Rn. 336 aE.

[542] BVerfGE 7, 377 (405, 410 f.), mit dem Hinweis, der Eingriff müsse zum Schutz dieser Güter „zwingend erforderlich" sein.

keiten nachgewiesen werden müssen und wenn ohne diese mit Schäden oder Gefahren für die Allgemeinheit gerechnet werden muss. „Hier gilt das Prinzip der Verhältnismäßigkeit in dem Sinne, dass die vorgeschriebenen subjektiven Voraussetzungen zu dem angestrebten Zweck der ordnungsgemäßen Erfüllung der Berufstätigkeit nicht außer Verhältnis stehen dürfen."[543] Am strengsten ist die Proportionalitätskontrolle auf der höchsten Stufe der **objektiven Berufszulassungsschranken.** An Merkmale, auf die der Einzelne keinen Einfluss hat, geknüpfte Eingriffe werden als besonders schwerwiegend empfunden; zudem wird die Gefahr des Einfließens sachfremder Motive als hoch veranschlagt. Daher soll „im allgemeinen […] nur die Abwehr nachweisbarer oder höchstwahrscheinlich schwerer Gefahren für ein überragend wichtiges Gemeinschaftsgut" den Eingriff rechtfertigen können. Das Gericht weist ausdrücklich darauf hin, dass das auch aus der begrenzten Zahl der Angehörigen eines Berufsstandes geborene Prestige einer beruflichen Tätigkeit dieses Kriterium nicht zu erfüllen vermag.[544]

Das Prüfungsraster der Stufenlehre beruht auf **standardisierten Annahmen über die Schwere von Berufseingriffen.** Es muss daher auch Vorsorge treffen für den Fall, dass ein Eingriff auf einer niedrigeren und damit im Normalfall weniger eingriffsintensiven Stufe im konkreten Fall ungewöhnlich schwer wiegt. In solchen Fällen wird nicht das schematische Muster der bei Art. 12 Abs. 1 vorgenommenen Verhältnismäßigkeitsprüfung verlassen, sondern der Konnex von Eingriffsstufe und Prüfungsformel durchbrochen.[545] Sind Eingriffe in die Berufsausübung so gravierend, dass sie einer subjektiven oder objektiven Berufszulassungsschranke nahekommen, zieht das BVerfG maW die Verhältnismäßigkeitsstandards der einschlägigen höheren Stufe heran.[546] Solches ist vor allem dann anzunehmen, wenn sich die getroffene Ausübungsregelung mittelbar auf die Berufswahl niederschlägt, etwa indem sie die wirtschaftlichen Grundlagen der Berufstätigkeit grundlegend verändert, aber auch, wenn eine Berufstätigkeit durch die Ausübungsregelung in ihrem Wesen verändert wird. Insoweit wurde auch die Stufenlehre zu keiner Zeit mechanisch, sondern stets mit Rücksicht auf die Gegebenheiten im Einzelfall zur Anwendung gebracht.[547] 120

Von diesen „Stufenleihen" zu unterscheiden sind Konstellationen, die schon im Ausgangspunkt nicht eindeutig zugeordnet werden konnten. So wurden Berufsregelungen, die es Berufsangehörigen nur in Ausnahmefällen und nicht in der Regel wirtschaftlich unmöglich machten, an dem gewählten Beruf festzuhalten, pauschal als Berufsausübungsbeschränkungen eingeordnet.[548] Auch gravierende Eingriffe wie Berufsverbote betreffen aber statistisch meist mehr Personen, die sich bereits in der Ausübung des Berufs befinden, als solche, die den Beruf zu wählen beabsichtigen. 121

bb) Kritik und Maßstabswechsel: Angereicherte Verhältnismäßigkeitsprüfung. Die Stufenlehre hatte, auch als sie sich bereits zu gefestigter Verfassungspraxis entwickelt hatte, im Schrifttum von Anfang an – teils 122

[543] BVerfGE 7, 377 (407); 28, 364 (374 ff.); 64, 72 (82); 69, 209 (218).
[544] BVerfGE 7, 377 (Ls. 6c) 407 f.
[545] BVerfGE 7, 377 (406); 61, 219 (311).
[546] BVerfGE 61, 291 (311), Tierpräparatoren; BVerfGE 77, 84 (106), Verleiher von Arbeitnehmern; BVerfGE 82, 209 (230), Krankenhausfinanzierung; BVerfGE 65, 116 (127 f.); 68, 155 (170 f.); *Jarass* in Jarass/Pieroth Rn. 40; *Manssen* in MKS Rn. 141.
[547] BVerfGE 25, 1 (12).
[548] BVerfGE 13, 181 (186 f.); 16, 147 (165); 30, 292 (313 f.).

berechtigte – **Kritik** erfahren,[549] ohne dass ein konsistentes Gegenmodell zu ihr entwickelt worden ist. Dem BVerfG ist vor allem konzeptionelle Inkonsequenz vorgehalten worden, da auf der einen Seite die Einheitlichkeit des Berufsgrundrechts betont, auf der anderen Seite aber – trotz der schwierigen und unsicheren Zuordnung einer Tätigkeit zu einem bestimmten Beruf – zwischen Berufswahl und Berufsausübung eine dogmatische Bresche geschlagen wird.[550] Die Stufenlehre bleibe überdies überkommenen Schablonen verhaftet; sie orientiere sich am Modell des Selbständigen; zeitgemäße Formen der Berufssteuerung und die Rechtspositionen abhängig Beschäftigter würden in den Hintergrund gedrängt;[551] das Prüfungsraster suggeriere Rationalität, ohne praktikable Abgrenzungen zu ermöglichen.[552] In der Tat lässt sich zwischen „besonders wichtigen" und „überragend wichtigen" Gemeinschaftsgründen kaum unterscheiden,[553] selbst das BVerfG setzte mitunter beide Attribute gleich. „Nachweisbar" oder „schwer" erscheint nicht als praktikable Alternativanknüpfung: Eine nachweisbare, aber geringe Gefahr kann einen schweren Eingriff in die Berufswahl ebenso wenig legitimieren wie eine schwere, aber nicht nachweisbare Gefahr. Insofern hätte auf „nachweisbare *und* höchstwahrscheinlich schwere Gefahren" rekurriert werden müssen. Überzeugen kann die Stufenlehre auch nicht bei der Konturierung subjektiver und objektiver Berufswahlregelungen und den ihnen jeweils zugeordneten Eingriffsanforderungen. Das BVerfG ist immer dann, wenn es um persönliche Eigenschaften, Fähigkeiten und Fertigkeiten geht, von einer subjektiven Zulassungsvoraussetzung ausgegangen;[554] bei Zulassungskriterien, die der Einflusssphäre Einzelner entzogen sind, soll hingegen eine – strenger zu handhabende – objektive Regelung vorliegen.[555] Diese Unterscheidung ist insoweit angreifbar, als das Gericht individuelle Eigenschaften stets der Verantwortungssphäre des Einzelnen zuzurechnen scheint. Dies trifft auf erbrachte oder noch zu erbringende Qualifikationen ohne weiteres zu, nicht aber auf nicht disponible Kriterien wie das Alter, das dem Einfluss des Individuums schlechthin entzogen ist und damit Differenzierungsverboten, wie in Art. 3 Abs. 3, nahesteht (vgl. auch die Diskriminierungsverbote der RL 2000/78/EG und des Art. 10 AEUV bzw. des AGG).[556] Indem das BVerfG unter Hinweis auf die überkommene Abgrenzung zwischen subjektiven und objek-

[549] Vgl. *Rupp* AöR 92 (1967), 212 (232 ff.); *Häberle* AöR 95 (1970), 86 (98 ff.); *Ossenbühl* AöR 115 (1990), 1 (10 ff.); *Ipsen* JuS 1990, 634; *Czybulka* NVwZ 1991, 145 (147 f.); *Hufen* NJW 1994, 2913 (2917 f.); Nachw. ferner bei *Mann* in Sachs Rn. 152 ff. und bei *Wieland* in Dreier Rn. 112 ff. S. aber auch schon die Kritik im Sondervotum zum Apothekenurteil, abgedruckt bei *Michl* JöR 68 (2020), 323 (378 f.). Dagegen *Burgi* in BK Art. 12 Abs. 1 Rn. 190.

[550] Kritik vgl. *Scholz* in Maunz/Dürig Rn. 336; krit., aber iErg für die Ansicht des BVerfG: *Gubelt* in v. Münch/Kunig, 5. Aufl. 2000, Rn. 40.

[551] *Scholz* in Maunz/Dürig Rn. 336; *Schwabe* DÖV 1969, 734 (736 ff.); *Hoffmann-Riem* FS f. Ipsen, 1977, 385 (390 ff.).

[552] → Rn. 123 f.

[553] *Mann* in Sachs Rn. 158 mwN; *Manssen* in MKS Rn. 141; *Nolte* in Stern/Becker Rn. 89.

[554] BVerfGE 9, 338 (345); 13, 97 (106); 39, 334 (370); 86, 28 (39); 119, 59 (61 ff.); GewArch 2008, 28 (29); sa *Papier* Versicherungswirtschaft 1985, 952 (957 f.).

[555] BVerfGE 9, 39 (51); 11, 168 (187 f.); 25, 1 (11); 40, 196 (218); 115, 276 (304 ff.); BVerwG NJW 1996, 1608 (1609); BVerwGE 96, 302 (311, 314).

[556] Vgl. die RL 2000/78/EG v. 27.11.2000, ABl. 2000 L 303, 16 ff.; vgl. aber ArbG Frankfurt BB 2007, 1736 mAnm *Hoff;* krit. *Gaul/Bonanni* Arbeitsrechtsberater 2008, 87 (89); *Waltermann* Zeitschrift für europäisches Sozial- und Arbeitsrecht (ZESAR) 2007, 361 (364 f.); *Lüderitz,* Altersdiskriminierung durch Altersgrenzen, 2005, 133 ff., 219 ff.

tiven Zulassungsvoraussetzungen Altersgrenzen schlechthin der ersten Sparte zurechnet,[557] wird dieser Unterschied zwischen individuellem Schicksal und individueller Verantwortung eingeebnet.[558]

Die **Abkehr von der (formalisierten) Stufenlehre** zeichnete sich seit den 1990er Jahren ab. Das BVerfG unterstrich immer häufiger die Unmöglichkeit klarer Grenzziehungen (zwischen Berufswahl und Berufsausübung)[559] und verzichtete seit 2003 meist auf die Anwendung der Stufenlehre – auch wenn ihre Terminologie (wie „besonders" bzw. „überragend wichtiges Gemeinwohlziel") in manchen Urteilen bis heute durchscheint[560] und vereinzelte Judikate noch auf die Stufenlehre zurückgreifen.[561] Einige neuere Entscheidungen verzichten gar auf jegliche Bezugnahmen auf die Terminologie der Stufenlehre.[562] Nach der flexibleren **neuen Verhältnismäßigkeitsformel,** mit der das BVerfG heute seine Prüfung der Berufsfreiheit in aller Regel einleitet, ist ein Eingriff gerechtfertigt, wenn „die eingreifende Norm durch hinreichende, der Art der betroffenen Betätigung und der Intensität des jeweiligen Eingriffs Rechnung tragende Gründe des Gemeinwohls gerechtfertigt wird und dem Grundsatz der Verhältnismäßigkeit entspricht".[563] Diese Vorgabe umschreibt das BVerfG mit überkommenen[564] Verhältnismäßigkeitsparametern: Die Eingriffe dürften nicht weiter gehen, als die Gemeinwohlziele erforderten, und nicht übermäßig belastend sein, so dass bei einer Gesamtabwägung zwischen der Schwere des Eingriffs und dem Gewicht der ihn rechtfertigenden Gründe die Grenze der Zumutbarkeit noch gewahrt sei.[565] Es zeichnet sich eine Aufweichung des Rasters und die **Entformalisierung der Verhältnismäßigkeitsprüfung** ab. Damit rückt Art. 12 Abs. 1, was zu begrüßen ist, grundrechtsdogmatisch wieder näher an die anderen Freiheitsrechte heran. Teile des Schrifttums halten, sofern es ihr nicht ohnehin kritisch gegenübersteht, an der Stufenlehre noch immer fest.[566] **123**

Die Unterscheidung zwischen Berufswahl und -ausübung reduziert sich damit auf eine Leitlinie für Verhältnismäßigkeitserwägungen, die nur noch durch den besonderen Stellenwert des Art. 12 Abs. 1 im Grundrechtekanon überhöht werden. Der Preis der Entformalisierung und Rückwendung zum allgemeinen Verhältnismäßigkeitsmaßstab und zur Grundrechtskonvergenz besteht darin, dass zwar flexible, aber doch grobmaschige Verhältnismäßig- **124**

---

[557] BVerfGE 9, 338 (345); 64, 72 (82); 103, 172 (184); BVerfG (K) GewArch 2005, 243 (244); GewArch 2007, 149 (150).

[558] Ebenso *Tettinger* DVBl. 2005, 1397 (1402 f., 1404) mwN.

[559] BVerfGE 92, 140 (151); 95, 193 (214), „keine klare Grenzziehung möglich"; BVerfGE 103, 172 (183), „fließende Übergänge"; ähnlich bereits BVerfGE 33, 125 (161); *Scholz* in Maunz/Dürig Rn. 25.

[560] Etwa BVerfGE 117, 163 (182); 138, 261 (284 ff.).

[561] BVerfGE 126, 112 (139 ff.); ebenso BVerfGE 123, 186 (239); skeptisch von vornherein *Depenheuer* FS 50 Jahre BVerfG II, 2001, 241 (260 ff.).

[562] BVerfGE 116, 202 (223 ff.), Tariftreueregelung; BVerfGE 115, 205 (229 ff.), Geschäfts- und Betriebsgeheimnis (vgl. auch BVerfGE 118, 1 (22 ff.), Anwaltshonorar; demgegenüber allerdings BVerfGE 117, 163 (182), Erfolgshonorar für Anwälte).

[563] BVerfGE 95, 193 (214), DDR-Hochschullehrer; 102, 197 (213), Spielbankenmonopol; BVerfGE 115, 276 (304), Sportwettenmonopol; BVerfGE 121, 317 (346), Rauchverbot; noch schlichter etwa BVerfGE 141, 121 (133).

[564] BVerfGE 36, 47 (59); 54, 301 (313).

[565] Aus der neueren Rspr. BVerfGE 101, 331 (347); 103, 1 (10); 104, 357 (364); 106, 182 (192); 121, 317, Rauchverbot.

[566] *Hofmann* in SHH Rn. 52; *Jarass* in Jarass/Pieroth Rn. 33 ff.; *Hömig* in Hömig/Wolff Rn. 13 ff.; *Burgi* in BK Art. 12 Abs. 1 Rn. 187, 190; trotz Kritik für eine weitere Anwendung der Stufenlehre *Wieland* in Dreier Rn. 97.

keitsraster zur Anwendung kommen. Insofern behält die Stufenlehre weiterhin eine **Residualfunktion** als sekundärer „Lackmustest“ und „Stimmigkeitsmaßstab“ für so gefundene Ergebnisse.

125 **„Grundrechtskollisionen“,** insbes. Konstellationen, in denen beide am Rechtsverhältnis beteiligte Parteien sich auf Art. 12 Abs. 1 berufen können,[567] sind auf dem üblichen Wege **praktischer Konkordanz** zu lösen.[568] Die Stufenlehre ist auf solche Konstellationen nicht zugeschnitten. Ein typischer Fall betrifft die Rechtsbeziehungen zwischen Arbeitgebern und Arbeitnehmern.[569] Der Staat hat eine Schutzpflicht wahrzunehmen, die jedoch nicht als Optimierungsgebot verstanden werden darf; Art. 12 Abs. 1 ist nur verletzt, wenn trotz Erforderlichkeit überhaupt keine oder völlig ungeeignete Maßnahmen ergriffen werden.[570]

126 **c) Geeignetheit, Erforderlichkeit und Angemessenheit.** Bei der Beurteilung der **Geeignetheit** des Mittels für den angestrebten Gemeinwohlzweck wird dem Gesetzgeber ein weiter Einschätzungs- und Prognosespielraum zugebilligt.[571] Die Eignung einer Maßnahme schließt deren **Folgerichtigkeit (Kohärenz)** ein, die bei der Berufsfreiheit größere Bedeutung erlangt hat als bei anderen Grundrechten. Beschränkungen beruflicher Betätigungen (wie des Glücksspiels) wegen ihrer schädlichen Wirkungen auf die Allgemeinheit sind nicht folgerichtig (kohärent) und damit nicht geeignet, wenn sich der Staat diese Tätigkeiten nicht nur selbst vorbehält, sondern daraus auch noch Gewinne erzielt.[572]

127 **Erforderlichkeit** bedeutet, dass unter mehreren gleichermaßen geeigneten Mitteln dasjenige zu wählen ist, welches die Berufsfreiheit am wenigsten beeinträchtigt. Dies wirkt sich zum einen dahingehend aus, dass Berufsausübungsregelungen bei gleicher Eignung zur Abwehr der festgestellten Gemeinwohlgefahr grundsätzlich Vorrang gegenüber Beschränkungen der Berufswahl haben. Ob eine Maßnahme die Berufswahl oder die Berufsausübung beschränkt, bleibt also auch bei Abschied von der Stufenlehre ein Leitmaßstab für die Verhältnismäßigkeitsprüfung. Zum anderen ist auch im Rahmen der jeweiligen Eingriffskategorie stets die jeweils mildeste geeignete Maßnahme zu wählen. Allerdings lässt sich, wie auch das BVerfG vor allem in jüngeren Entscheidungen betont, eine klare Unterscheidung zwischen Berufsausübung und Berufswahl oft nicht vornehmen.[573] Auch dies hat zur Abkehr von der formalisierten Stufenprüfung beigetragen. Losgelöst von der Zuordnung zur Berufswahl oder -ausübung lässt sich formulieren, dass erforderlich diejenige

---

[567] → Rn. 5, 57.

[568] BVerfGE 89, 214 (232); 97, 169 (176); BVerfG NJW 2003, 2815; BAG BB 2006, 1798 (1802); 2005, 159 (160); 2002, 2504 (2505).

[569] *Jarass* in Jarass/Pieroth Rn. 55; → Rn. 5, 57 f.

[570] BVerfGE 9, 39 (51 f.), Mindestmilchmenge für Milchhandel ungeeignet zum Schutz der Verbraucher vor Gefahren durch minderwertige Milch; BVerfGE 19, 330 (338 f.), Befähigungsnachweis im Einzelhandel zum Schutz des Verbrauchers vor Gesundheitsgefahren ungeeignet; BVerfGE 80, 1 (24 ff.), Multiple-Choice-Verfahren als Form der ärztlichen Prüfung geeignet; BVerfGE 86, 28 (43), Bedürfnisprüfung als Mittel zur Erleichterung der Auswahl zwischen qualifizierten und unqualifizierten Sachverständigen ungeeignet.

[571] BVerfGE 25, 1 (12, 17 f.); 95, 173 (185), Warnhinweise für Tabakerzeugnisse; 115, 276 (309); 121, 317 (350 ff.); 126, 112 (144 f.); Näheres bei *Manssen* in MKS Rn. 132 ff.; *Jarass* in Jarass/Pieroth Rn. 50; *Wieland* in Dreier Rn. 102, 116 ff.; hinsichtlich des Kontrollmaßstabs diff. *Scholz* in Maunz/Dürig Rn. 339 f.; → Rn. 113.

[572] BVerfGE 145, 20 (67 f.); krit. ggü. dem Kohärenzerfordernis *Burgi* in BK Art. 12 Abs. 1 Rn. 220.

[573] BVerfGE 92, 140 (151); 95, 193 (214); 103, 172 (183).

Maßnahme ist, die den breitesten Raum für die Wahrnehmung einer angestrebten oder Fortsetzung einer bereits ausgeübten Berufstätigkeit lässt.

Eingriffe, die lediglich die **Ausübung eines Berufs** (also Form, Mittel, Umfang und Inhalt der Berufsbetätigung)[574] betreffen, sind in aller Regel **milder** als Beschränkungen der **Berufswahl**[575]: Der besondere Schritt, welcher die Entscheidung für einen bestimmten Beruf für die Entfaltung der Persönlichkeit bedeutet, geht der Eingriffsmaßnahme zeitlich und logisch voraus und bleibt daher unberührt. Staatliche Akte, welche eine Berufstätigkeit unwirtschaftlich machen oder durch welche die Ausübung eines Berufs monopolisiert wird,[576] unterliegen weit strengeren Rechtfertigungsanforderungen als gewerbeaufsichts- oder regulierungsrechtliche Vorgaben. Die überkommene Stufenlehre trug dieser Erkenntnis zudem in der Weise Rechnung, dass sie Beschränkungen der Berufsausübung einer weniger strikten Verhältnismäßigkeitsformel unterwarf: Sie konnten durch sachgerechte und vernünftige Erwägungen des Gemeinwohls gerechtfertigt sein.[577] Kamen Regelungen der Berufsausübung einer Beschränkung der Berufswahl nahe, wurde eine „Stufenleihe" vorgenommen, also die strengeren Vorgaben der nächsthöheren Stufe, obwohl diese formal gesehen nicht erreicht war, zur Anwendung gebracht.[578] Diese – schon im Apothekenurteil angelegte – Notwendigkeit der „Nachjustierung" beraubte die Stufenlehre eines Teils ihres Anspruchs, Eingriffsintensitäten kategorial formalisieren zu wollen. Die in vielen Fällen, vor allem bei unklarer Zuordnung, notwendige Feinsteuerung kann besser durch eine normale Verhältnismäßigkeitsprüfung erreicht werden, welche sich der Kategorien „Berufswahl" und „Berufsausübung" nur noch als Orientierungsgrößen bedient. 128

Der Vorrang des milderen Mittels gilt für **gesetzliche Regelungen** ebenso wie für **Einzelakte.** Bei Normen, welche eine Berufstätigkeit regulieren, hat die Verpflichtung zu Kennzeichnungen oder Warnhinweisen grundsätzlich Vorrang gegenüber Vertriebs- oder Werbeverboten.[579] Der Gesetzgeber muss, ehe er Handlungen untersagt, versuchen, durch regulative Vorgaben deren schädliche Auswirkungen zu minimieren. Räumt die gesetzliche Regelung der Verwaltung Ermessen ein, ist die Erforderlichkeit der Maßnahme bei dessen Ausübung auch im Einzelfall zu beachten. Insbesondere ist zu prüfen, ob Gemeinwohlbelangen ggf. durch Auflagen oder andere Nebenbestimmungen Rechnung getragen werden kann.[580] Das mildere Mittel ist grundsätzlich nicht gleich geeignet, wenn es nur um den Preis signifikant höherer finanzieller Aufwendungen des Staats verwirklicht werden kann.[581] 129

Die Beeinträchtigung der Berufsfreiheit muss schließlich im Lichte des verfolgten Gemeinwohlzieles angemessen sein **(Verhältnismäßigkeit im engeren Sinne, Proportionalität).**[582] Je stärker die Beeinträchtigung ausfällt, desto gewichtiger müssen die Gemeinwohlinteressen sein, denen sie 130

---

[574] → Rn. 54.

[575] BVerfGE 63, 266 (286); 30, 292 (334); 54, 301 (313).

[576] Zum Spielbankenmonopol → Rn. 140.

[577] BVerfGE 39, 210 (225); 41, 360 (370); 57, 121 (136); 78, 155 (162); 91, 148 (164).

[578] → Rn. 120.

[579] BVerfGE 53, 135 (145 f.); 95, 173 (187).

[580] BVerfG DVBl. 2002, 1630 (1632 f.); BVerwGE 78, 114 (118); *Scheidler* DÖV 2008, 189 (190 ff.); *Kleine-Cosack* DNotZ 2004, 327 (331); *Papier* NuR 1991, 162 (166).

[581] *Manssen* in MKS Rn. 138.

[582] BVerfGE 30, 292 (316 f.); 46, 120 (148); 94, 372 (390, 393 f.); 101, 331 (347); 102, 197 (213); 106, 216 (219); 115, 276 (309); 117, 163 (182); BVerfG NJW 2008, 1293 (1295 f.).

dienen soll.[583] Dies gilt nicht nur für die Frage der Anknüpfung an Berufsausübung oder Berufswahl[584], sondern auch für die auf der jeweiligen Stufe getroffene Maßnahme. Der Staat hat – bei der Gesetzgebung ebenso wie bei der Anwendung des Gesetzes auf den Einzelfall – die Schwere des Eingriffs gegen das Gewicht der dafür angeführten Gründe abzuwägen.[585] Das Gesetz wird nicht schon dadurch verfassungswidrig, dass es auf einzelne Gesetzesadressaten, die sich in einer besonderen Lage befinden, keine Rücksicht nimmt; allerdings kann insoweit für den Fall besonderer Härte eine Ausgleichsregelung geboten sein.[586] Wie bereits dargelegt,[587] verfügt der Gesetzgeber hinsichtlich der Gemeinwohlbelange, die den Eingriff rechtfertigen, sowohl über eine Bestimmungs- als auch über eine Einschätzungsprärogative mit Prognosespielraum.[588] Die Rspr. beschränkt sich darauf, offenkundig fehlerhafte Beurteilungen zu beanstanden.[589] Insofern entfaltet sich die Gewichtigkeit des den Eingriff rechtfertigenden Gemeinschaftsgutes vor allem bei der dritten Stufe der Verhältnismäßigkeit (Proportionalität, Übermaßverbot). Die vom Gesetzgeber festgelegten Begrenzungen dürfen im Verhältnis zu dem angestrebten Zweck nicht unzumutbar sein.[590]

131 **d) Verhältnismäßigkeit von Berufswahlregelungen.** Berufswahl- bzw. Berufszulassungsregelungen[591] beschränken den Zugang Einzelner zu einem Beruf und damit in besonderem Maße die Möglichkeit zur Selbstverwirklichung. Dies gilt für Barrieren gegenüber der Aufnahme einer Berufstätigkeit nicht minder als für Verbote der Fortsetzung eines ausgeübten Berufs.[592] Die Notwendigkeit von Berufszulassungsschranken liegt aus Sicht des BVerfG in der Natur der Sache: „[D]em Einzelnen wird in Gestalt einer vorgeschriebenen formalen Ausbildung nur das zugemutet, was er grundsätzlich der Sache nach ohnehin auf sich nehmen müßte, wenn er den Beruf ordnungsgemäß ausüben will."[593] Damit steht zwar grundsätzlich außer Frage, dass die Normierung qualifikationsbezogener Zugangsvoraussetzungen vom Grundgesetz gebilligt wird. Da ihre Wirkung im Ausschluss Einzelner vom angestrebten Beruf besteht, bedarf es gleichwohl einer strikten Prüfung der Verhältnismäßigkeit solcher Regelungen.

132 Für die Verhältnismäßigkeit von Zulassungsbeschränkungen ist nicht allein entscheidend, ob sie sich dem Einfluss der Adressaten entziehen – also heteronom bzw. extrinsisch sind – oder ob sie an intrinsische Maßstäbe

---

[583] BVerfGE 32, 1 (34) mwN.

[584] BVerfGE 138, 261 (285 ff.); 141, 121 (133).

[585] BVerfGE 77, 308 (332) mwN; BVerfGE 85, 226 (234 f.); 85, 248 (261); 94, 372 (393).

[586] BVerfGE 30, 292 (317 ff.); *Breuer* in HdbStR VIII § 171 Rn. 57; *Wieland* in Dreier Rn. 103; vgl. zum Erfordernis der angemessenen Kompensation Privater bei der Indienstnahme durch den Staat *Burgi/Krönke* VerwArch 2018, 424 (442 ff.); *Burgi* in BK Art. 12 Abs. 1 Rn. 265 mwN; zum Kriterium der „Folgerichtigkeit" gesetzlicher Eingriffsmaßnahmen → Rn. 126, 171.

[587] → Rn. 113.

[588] BVerfGE 13, 97 (107); krit. zu der Annahme des weiten Bestimmungsspielraums des Gesetzgebers *Rupp* AöR 92 (1967), 212 (221 f.); *Reuss* DVBl. 1961, 865 (867 f.); *Dietlein* in Stern StaatsR IV/1 § 111 Kap. V 4e β; *Hufen* NJW 1994, 2913 (2918); Kritik zurückweisend *Umbach* in Umbach/Clemens Rn. 97.

[589] BVerfGE 13, 97 (117 f.); Kritik dargestellt bei *Mann* in Sachs Rn. 157.

[590] BVerfGE 7, 377 (406 f.); 28, 364 (374 ff.); 87, 287 (321 ff.); BVerfG (K) NJW-RR 2004, 705; BVerwGE 39, 247 (251).

[591] Zur Abgrenzung ausf. → Rn. 50 ff.

[592] Grdl. BVerfGE 7, 377 (401); 9, 338 (344 f.); 25, 88 (101); 44, 105 (117); 63, 266 (282); 66, 337 (353).

[593] BVerfGE 7, 377.

anknüpfen, die in der Person des Adressaten liegen, sondern auch, ob die Maßstäbe **disponibel oder indisponibel** sind. Die im Apothekenurteil angelegte Unterscheidung zwischen objektiven und subjektiven Berufswahlbeschränkungen überzeugte insoweit nicht, als unter „subjektiv" schlechterdings alle Merkmale gefasst wurden, die innerhalb der Lebenssphäre des Bewerbers liegen bzw. durch diesen erfüllbar sind.[594] Dabei sollte es nicht darauf ankommen, ob eine Regelung generell und ohne Rücksicht auf die individuelle Lage eine „absolute Sperrwirkung" für die Betroffenen erzeugt, sondern darauf, dass ihr Eingreifen von der Erfüllung des Kriteriums im Einzelfall abhängt.[595] Nicht entscheidend war, ob sie – wie Ausbildungsabschlüsse – ihrer Disposition grundsätzlich unterlagen oder nicht – wie das Lebensalter.[596] Es sollte jedoch danach differenziert werden, ob die Betroffenen auf die Erfüllung eines Merkmals Einfluss nehmen können oder nicht. Altersgrenzen wirken als indisponible Maßstäbe insbesondere dann, wenn sie für die Aufnahme eines Berufs gelten, erheblich belastender als Anforderungen, die auch nachträglich noch beigebracht werden können.[597] Eine herkömmliche Verhältnismäßigkeitsprüfung vermag diese Unterschiede besser abzubilden als die überkommene Stufenlehre.

Die Stufenlehre spezifizierte für subjektive und objektive Berufswahlregelungen die Verhältnismäßigkeitsanforderungen. Bei ersteren muss der Schutz „wichtiger Gemeinschaftsgüter", die der Freiheit des Einzelnen vorgehen, die Beschränkung des Berufszugangs „zwingend erforder[n]".[598] Das Prinzip der Verhältnismäßigkeit – womit die dritte Stufe der Proportionalität gemeint ist – gilt „in dem Sinn, dass sie zu dem angestrebten Zweck der ordnungsgemäßen Erfüllung der Berufstätigkeit nicht außer Verhältnis stehen dürfen."[599] Objektive Beschränkungen sind besonders gravierend, weil die **Selbstverwirklichung im Beruf zugunsten der Allgemeinheit zurücktreten** muss, obwohl die subjektiven Voraussetzungen für die Berufstätigkeit vorhanden sind; der Einzelne wird maW gezwungen, eigene berufliche Ziele hinter das gemeine Wohl zu stellen.[600] Dementsprechend streng muss die Verhältnismäßigkeitsprüfung ausfallen. Die Stufenlehre ließ sie nur zugunsten eines „überragend wichtigen" Gemeinschaftsgutes zu.[601] Die besondere Strenge der Verhältnismäßigkeitsprüfung wurde durch die Formel zum Ausdruck ge- **133**

---

[594] Vgl. nur BVerfGE 7, 377 (406 f.); 19, 330 (337); 34, 71 (77 f.); 80, 1 (23 f.); 86, 28 (39); *Wieland* in Dreier Rn. 66 f.; *Scholz* in Maunz/Dürig Rn. 351; *Ossenbühl* AöR 115 (1990), 1 (14); *Lerche* VerwArch 1980, 1. Zur Differenzierung bereits vor dem Apothekenurteil, wenn auch eine andere Terminologie bemühend, *Uber,* Freiheit des Berufs, 1952, 96 ff., 215 ff.; ferner *Breuer* in HdbStR § 171 Rn. 59.

[595] Einflussmöglichkeit auf die betreffenden Eigenschaften ist nicht entscheidend, *Jarass* in Jarass/Pieroth Rn. 35; *Breuer* in HdbStR VIII § 171 Rn. 59.

[596] Für Qualifikation als subjektive Berufswahlregelung BVerfGE 9, 338 (345 f.); 80, 257 (264 f.); 64, 72 (82); 103, 172 (183 ff.); zust. *Scholz* in Maunz/Dürig Rn. 290; *Jahn* GewArch 1991, 247; aA *Tettinger* DVBl. 2005, 1397 (1402 f.); *Hufen* NJW 1994, 2913 (2921 f.); krit. zur Rechtfertigung von Altersgrenzen *Umbach* in Umbach/Clemens Rn. 86; *Höfling* FS f. Leuze, 2003, 263 (267); allg. *Häberle* FS f. Lerche, 1993, 189 ff.

[597] Ebenfalls in diesem Sinne krit. *Mann* in Sachs Rn. 130; *Scholz* in Maunz/Dürig Rn. 351, 363; *Bachof* in Bettermann/Nipperdey/Scheuner Grundrechte, III/1, 1958, 216 ff.; vgl. auch *Hufen* NJW 2004, 14 (16); zur Notwendigkeit einer Unterscheidung zwischen beeinflussbaren und nicht beeinflussbaren Differenzierungskriterien iRd Art. 3 Abs. 1 vgl. BVerfG NVwZ 2005, 201 (201).

[598] BVerfGE 7, 377 (insbes. Ls. 6b); 13, 97 (113); 69, 209 (218); BVerwGE 35, 146 (148 f.).

[599] BVerfGE 7, 377 (Ls. 6c).

[600] Ähnlich *Breuer* in HdbStR VIII § 171 Rn. 71.

[601] → Rn. 119.

bracht, die Abwehr „nachweisbarer und höchstwahrscheinlich schwerer Gefahren" müsse den Eingriff rechtfertigen.[602] Ungeachtet der Frage, ob der Rang des Gemeinschaftsinteresses im Sinne der Stufenlehre faktisch wie eine Qualifikation im Eingriffsvorbehalt behandelt wird oder ob er bei der Prüfung der Proportionalität (Verhältnismäßigkeit im engeren Sinne) Berücksichtigung findet, werden grundsätzlich nur Güter von Verfassungsrang Beschränkungen der Berufswahl aus objektiven Gründen rechtfertigen können.[603] Da Art. 12 Abs. 1 kein schrankenlos gewährleistetes Grundrecht ist, handelt es sich insoweit nicht um eine rechtsdogmatische Prämisse, sondern lediglich um eine Folgerung aus der Anwendung des Verhältnismäßigkeitsprinzips auf solche schwerwiegenden Eingriffe.

134 Die in Art. 12 Abs. 1 ebenfalls genannte **Vergabe von Ausbildungsplätzen** überschneidet sich mit der Berufswahl und ist ihr andererseits zeitlich und funktional auch vorgelagert.[604] Berufswahl- bzw. -zulassungsvoraussetzungen knüpfen an die Eignung und Befähigung des Einzelnen an, einen bestimmten Beruf[605] zu ergreifen oder einen ergriffenen Beruf weiter auszuüben. Insoweit ist zu beachten, dass die verfassungsrechtlichen (zB Art. 3 Abs. 3, Art. 33 Abs. 3) und europarechtlichen Diskriminierungsverbote (insbes. Art. 19 AEUV)[606] untersagen, bestimmte individuelle Eigenschaften als Eignungskriterien für den (gleichen) Berufszugang zu berücksichtigen.[607] Zu **subjektiven Voraussetzungen der Berufsergreifung** gehören schließlich – ggf. in Verbindung mit Erlaubnispflichten – das Absolvieren einer bestimmten Ausbildung, bestimmte (handwerkliche, geistige, sprachliche etc) Fähigkeiten und Kenntnisse, das Ablegen von Prüfungen (durch welche sie zugleich belegt werden) und auch die finanzielle Lage (namentlich bei Unternehmen als Maßstab für ihre Leistungsfähigkeit[608]).[609] Bedeutung entfalten

---

[602] BVerfGE 7, 377 (407 f.); 25, 1 (11); 97, 12 (32); *Mann* in Sachs Rn. 133; *Wieland* in Dreier Rn. 93; *Breuer* in HdbStR VIII § 171 Rn. 73, 76.

[603] Wie Gesundheit der Bevölkerung (BVerfGE 7, 377 (414); 9, 39 (52); 17, 269 (276); BVerwGE 65, 323 (339); vgl. auch Art. 2 Abs. 2 S. 1); verlässliches und dauerhaftes Funktionieren des Verkehrs (BVerfGE 11, 168 (183)); Minderung der Arbeitslosigkeit (BVerfGE 21, 245 (251)); Sicherung der Ernährung der Bevölkerung (BVerfGE 25, 1 (16)); Verkehrssicherheit (BVerfGE 40, 196 (218)); Funktionsfähigkeit der Rechtspflege (BVerfGE 87, 287 (321); 97, 12 (31); BVerfG (K) NJW 2008, 1293 (1295)); Erhaltung einer menschenwürdigen Umwelt (BVerwGE 62, 224 (230), jetzt Art. 20a); rasche Neuordnung und Verbesserung der Forschung in den neuen Bundesländern (BVerfGE 85, 360 (375), Art. 5 Abs. 3); finanzielle Stabilität und Funktionsfähigkeit der gesetzlichen Krankenversicherung (BVerfGE 103, 172 (184)); Suchtbekämpfung BVerfG (K) GewArch 2007, 242 (243)); zur Befugnis des Gesetzgebers, überragend wichtige Gemeinschaftsgüter zu definieren *Wieland* in Dreier Rn. 115; zum Schutz der Gesundheit von Gästen und Bedienstet)en vor den Gefahren des Rauchens *Zimmermann* NVwZ 2008, 705 (708 f.); zu fiskalischen Interessen des Staates *Bethge* WiVerw 2008, 77 (81).

[604] → Rn. 60.

[605] Zur Fixierung von Berufsbildern → Rn. 29, 106 ff.

[606] Vgl. Art. 19 AEUV, zuvor Art. 13 EG, auf dessen Grundlage erlassen wurden: RL 2000/43/EG, ABl. 2000 L 180, 22; RL 2000/78/EG, ABl. 2000 L 303, 16; RL 2002/73/EG, ABl. 2002 L 269, 15; RL 2004/113/EG, ABl. 2004 L 343, 37; Beschl. 2000/750/EG, ABl. 2000 L 303, 23; Beschluss 2006/1672/EG, ABl. 2006 L 315, 1; der Kommissionsvorschlag für eine Richtlinie des Rates zur Anwendung des Grundsatzes der Gleichbehandlung ungeachtet der Religion oder der Weltanschauung, einer Behinderung, des Alters oder der sexuellen Ausrichtung (KOM (2008) 426 endg.) befindet sich beim Rat und ist bisher nicht mehrheitsfähig.

[607] → Rn. 15.

[608] BVerwGE 22, 16, Reisevermittlung; *Scholz* in Maunz/Dürig Rn. 359.

[609] BVerwGE 22, 16 (17); BFHE 151, 194 (198); krit. zur Einordnung als subjektive Zulassungsvoraussetzung BGHSt 7, 394 (401 f.).

subjektive Zulassungsvoraussetzungen auch im Wirtschaftsverwaltungsrecht, da die Aufnahme oder Fortführung einer unternehmerischen Tätigkeit vielfach eine Erlaubnis, Genehmigung oder Konzession voraussetzt. Dies trifft auf weite Bereiche des Gewerberechts zu (Erteilung, Versagung und Rücknahme von Erlaubnissen, ua nach Maßgabe der „Zuverlässigkeit" des Gewerbetreibenden),[610] außerdem auf manche sektorspezifisch geordnete Märkte, bspw. im Anwendungsbereich des Kapitalmarktrechts, sowie ferner auf Teilbereiche des Regulierungsrechts.[611]

Bei **objektiven bzw. extrinsischen Beschränkungen** wird die Zulassung zu einem Beruf von einer – angesichts der strengen Eingriffsanforderungen heute seltenen – Bedürfnisprüfung[612] abhängig gemacht oder einer Kontingentierung unterworfen.[613] Erfordert die Knappheit der bei beruflicher Betätigung in Anspruch genommenen Güter die Beschränkung der Zahl der Nutzungserlaubnisse (Lizenzen), ist ebenfalls eine (in diesem Fall einer Rechtfertigung im Regelfall zugängliche) objektive Beschränkung der Berufswahl gegeben. Bei der Vergabe von Funk- und Telekommunikationslizenzen[614] überschneiden sich Allokationsfunktion und Ordnungsfunktion des Eingriffs. Die Beschränkung liegt in der Natur der Sache (Knappheitssituation), die Ratio staatlicher Allokation des Gutes in der Erkenntnis, dass der ungehemmte, allen Interessenten eröffnete Zugriff auf das Gut weder eine ordnungsgemäße Berufsausübung erlaubt (Art. 12 Abs. 1 als objektive Wertentscheidung) noch den verfassungsrechtlichen Gewährleistungsvorgaben (wie Art. 87f) entspricht. Um die Versorgung der Bevölkerung und ein Mindestmaß an Wirtschaftlichkeit der Berufsausübung sicherzustellen, kann die Zahl der Lizenzen bzw. Gebrauchsrechte dort, wo ein Gut lediglich aus betriebswirtschaftlichen Gründen „knapp" ist, ggf. auch künstlich begrenzt werden (zB bei Taxikonzessionen).[615] Das öffentliche Interesse an der Funktionsfähigkeit des entsprechenden Gewerbes allein reicht zur Legitimierung des Eingriffs nicht aus,[616] vielmehr bedarf es des Nachweises, dass dieses Funktionsfähigkeitsinteresse auch verfassungsrechtlich radiziert ist. 135

Weder Sorge um das soziale Prestige eines Berufs noch Konkurrenzschutz noch berufsständische Belange oder mittelständische Interessen vermögen Eingriffe in die freie Berufswahl zu rechtfertigen.[617] Solange und soweit die 136

[610] Vgl. Überblick *Eisenmenger* in Landmann/Rohmer Gewerbeordnung § 1 Rn. 55 ff.; *Manssen* in MKS Rn. 157 ff.

[611] Vgl. insbes. die Zugangsbeschränkungen durch präventive Verbote mit Erlaubnisvorbehalt im Energiewirtschaftsrecht (§ 4 G über die Elektrizitäts- und Gasversorgung [EnWG]: Genehmigung des Netzbetriebs), vgl. hierzu *Kühne/Brodowski* NVwZ 2005, 849; und Eisenbahnverkehr (§ 6 Abs. 2 S. 1 Allg. EisenbahnG [AEG]), vgl. *Wachinger* in Hermes/Sellner Allgemeines Eisenbahngesetz (AEG)-Kommentar, 2. Aufl. 2014, § 6 Rn. 6, 25, 29. Genehmigungsvoraussetzungen sind Zuverlässigkeit, finanzielle Leistungsfähigkeit und Fachkunde, vgl. § 6 Abs. 2 S. 1 AEG, § 4 Abs. 2 EnWG. Der Bereich des Post- und Telekommunikationswesens ist demgegenüber weitgehend dereguliert; es bestehen zumeist bloße Meldepflichten.

[612] Ausf. *Scholz* in Maunz/Dürig Rn. 365 ff.; *Wieland* in Dreier Rn. 62 ff.

[613] → Rn. 143, Stichwort „Bedürfnisprüfung".

[614] *Kämmerer* NVwZ 2002, 161 (163 ff.); *Martini,* Der Markt als Instrument hoheitlicher Verteilungslenkung, 2008, 642 ff.; *Göddel/Geppert* in Beck TKG § 61 Rn. 1 ff.

[615] BVerfGE 11, 168 (184 f.); BVerwGE 64, 238 (245 f.); BVerwG NJW 1988, 3221 (3221); *Selmer* JuS 1989, 322.

[616] BVerfGE 11, 168 (190); *Manssen* in MKS Rn. 262; BVerwGE 79, 208 (210); 82, 295 (302), öffentliches Verkehrsinteresse an der Funktionsfähigkeit des örtlichen Taxengewerbes; *Selmer* JuS 1989, 322.

[617] BVerfGE 7, 377 (408); 11, 168 (190 ff.); 19, 330 (342); 76, 171 (189); 87, 287 (326); 93, 362 (370); 94, 372 (395); 97, 12 (31); BVerfG (K) NJW 2008, 1293 (1295); OLG

Zulassung weiterer Marktakteure die Versorgung der Bevölkerung mit essenziellen Dienstleistungen in Frage stellt, kann Konkurrenzschutz als Nebenwirkung hingenommen werden, ist dann aber auf das unabdingbare Mindestmaß zu begrenzen.[618] Daher ist der Ausschluss von Berufszugang oder auch nur der freien Niederlassung aufgrund einer **Bedürfnisprüfung** in aller Regel nicht der Rechtfertigung zugänglich.[619] Sozialstaatliche Belange können objektive Regelungen der Berufswahl rechtfertigen, wegen der Weite des Sozialstaatsprinzips und der weit reichenden Gestaltungsfreiheit des Gesetzgebers bedarf das Verhältnismäßigkeitsprinzip jedoch strikter Anwendung.[620] Ob geordnete Verhältnisse im öffentlichen Verkehr den Ausschluss von einem Beruf rechtfertigen können, ist zweifelhaft;[621] bloße Belange „wirtschafts- und verkehrspolitischer Planung und Gestaltung" genügen jedenfalls nicht.[622] Auch dort, wo die Zulassungsbeschränkung (nach objektiven oder subjektiven Kriterien) für sich genommen vor Art. 12 Abs. 1 Bestand hat, muss überall, wo der Berufszugang von einer Auswahlentscheidung abhängt, zusätzlich untersucht werden, ob Grundlagen und Verfahren der Auswahl den Anforderungen der Berufsfreiheit und ggf. Art. 3 Abs. 1 genügen.[623]

137 **5. Berufsverbote – Monopole.** Bei Berufsverboten muss zwischen **generellen Berufsverboten** einerseits, die einen Beruf oder seine Ausübung schlechthin verbieten, und **subjektiven oder individuellen Berufsverboten** andererseits unterschieden werden. Individuelle Berufsverbote sind in der Regel Ausprägungen der Tatsache, dass jemand die gesetzlichen Voraussetzungen des Berufszugangs (subjektive Zugangsregelung) nicht erfüllt. Generelle Berufsverbote sind, falls an die Stufenlehre angeknüpft wird, objektive Berufszugangsschranken und unterliegen, wo sie nicht ausnahmsweise (wie in Art. 55 Abs. 2 und Art. 66) verfassungsrechtlich verankert sind, strengen Verhältnismäßigkeitsanforderungen. Im Rahmen der **Monopolisierung** von Tätigkeiten ist zwischen der Begründung eines staatlichen Betätigungsmonopols (dazu sogleich) und monopolähnlichen Vorbehaltsrechten zu unterscheiden, welche nur Angehörigen bestimmter Berufsgruppen eine bestimmte berufliche Betätigung erlauben (zB Rechtsberatung → Rn. 143 unter „Rechtsanwälte"). Ob solche Vorbehaltsrechte in die Berufswahl oder Berufsausübung eingreifen, hängt vom Zuschnitt der Berufe ab, deren Träger ausgeschlossen sind; zu ihrer Rechtfertigung kann ggf. auf das öffentliche Interesse an der Leistungsqualität, am Rechtsverkehr etc rekurriert werden.

Stuttgart NJW 1955, 1937; *Jarass* in Jarass/Pieroth Rn. 49; *Manssen* in MKS Rn. 262; *Wieland* in Dreier Rn. 62; aA BVerwGE 12, 140 (150 ff.), Filialsteuer.

618 BVerfGE 7, 377 (408); 11, 168 (188 f.); 19, 330 (342); BVerfG (K) NJW 2008, 1293 (1295); BVerwGE 2, 85 (88); BGH BB 1955, 553; *Tettinger* NJW 1987, 294 (299); *Manssen* in MKS Rn. 261 f.

619 BVerfGE 11, 30 (48), Einrichtung von Kassenarztsitzen → Rn. 143, Stichwort „Ärzte/Zahnärzte"; anders jedoch BVerfG NVwZ 2010, 1212 (1214 ff.), Eingliederung des privaten in den öffentlichen Rettungsdienst unter Einführung einer bedürfnisorientierten Zugangsregelung mit Blick auf Gesundheit und Leben der Bevölkerung gerechtfertigt.

620 BVerfGE 10, 354 (370 f.); 29, 221 (235, 237 ff.); *Martens* VVDStRL 30 (1972), 5 (17 f.) mwN.

621 So aber BVerwGE 1, 92 (95); 3, 21 (24).

622 BVerfGE 11, 168 (190); sa *Manssen* in MKS Rn. 261.

623 Zur Taxikonzession BVerwGE 79, 208 (210 ff.); 82, 295 (297 ff.); *Frotscher/Becht* NVwZ 1986, 81 (83 ff.); *Selmer* JuS 1989, 322; zur Güterfernverkehrsgenehmigung BVerfGE 40, 196 (232); BVerwGE 80, 270 (272 ff.); zum Notarrecht BVerfGE 73, 280 (301); zur Vergabe von Telekommunikationslizenzen vgl. *Ritgen* AöR 127 (2002), 351 (382 ff.).

Der Übergang zwischen Monopolen und generellen Berufsverboten[624] ist fließend. **Staatliche Monopole** sind, da hier kein Grundrechtsträger zur Ausübung der beruflichen Tätigkeit befugt ist, als generelle Berufsverbote zu qualifizieren und nur ausnahmsweise der Rechtfertigung zugänglich.[625] Die Auffassung, öffentliche (staatliche) Verwaltungsmonopole dürften nicht an Art. 12 Abs. 1 gemessen werden, da der Zuschnitt des öffentlichen Sektors der Organisationshoheit des Staates vorbehalten sei,[626] ist abzulehnen.[627] Wenn die Berufsfreiheit auf Tätigkeiten beschränkt würde, die dem Zugang Privater offenstehen, könnte der Staat über den Schutzbereich des Grundrechts praktisch frei disponieren.[628] Eine gesetzliche Beschränkung auf einen – insbes. staatlichen oder staatlich beherrschten – Anbieter greift in erheblicher Weise in Art. 12 Abs. 1 ein und kann nur damit gerechtfertigt werden, dass bei Zulassung freien Wettbewerbs die angemessene und ausreichende Versorgung der Bevölkerung mit essenziellen (und damit grundrechtsbedeutsamen) Dienstleistungen (sog. Dienstleistungen im allgemeinen wirtschaftlichen Interesse) nicht gewährleistet wäre (vgl. Art. 14 und Art. 106 Abs. 2 AEUV).[629] Denkbar ist unter solchen Voraussetzungen auch die Einräumung eines Monopols gegenüber einem Unternehmen, das keine institutionelle Verbindung zum Staat aufzuweisen braucht (wie das bis 2007 geltende Brieftransportmonopol der Deutschen Post AG[630]). **138**

Kann durch mildere Maßnahmen wie Auferlegung eines Kontrahierungszwanges[631] gegenüber privaten Versorgern das Versorgungsziel ebenso gut erfüllt werden, darf eine **Monopolisierung der Dienstleistungserbringung** weder beim Staat noch bei privaten Unternehmen vorgenommen werden. Verbreitet sind lokale Dienstleistungsmonopole im Bereich der netzgebundenen Versorgung – meist mit Anschluss- und Benutzungszwang –, welche Unternehmen übertragen sind, die von der öffentlichen Hand beherrscht werden. Die Erkenntnis, dass aus strukturellen Gründen in einem bestimmten Gebiet nur ein einziger Betreiber existieren kann („natürliches Monopol"[632]), rechtfertigt den Ausschluss privater Unternehmen von der Beteiligung an Versorgungsleistungen noch nicht. Art. 12 Abs. 1 gebietet in solchen Fällen wenigstens, den Betrieb der Einrichtung öffentlich auszuschreiben,[633] **139**

---

[624] *Scholz* in Maunz/Dürig Rn. 412, 417 ff.; *Schwabe* DÖV 1969, 734 (735).

[625] BVerfGE 21, 245 (249 ff.); 102, 197 (214); 115, 276; sa *Scholz* in Maunz/Dürig Rn. 378 ff.; *Ruffert* in BeckOK GG Rn. 131 ff.; *Manssen* in MKS Rn. 256 ff.; *Burgi* in BK Art. 12 Abs. 1 Rn. 196.

[626] BVerfGE 14, 105 (111); 41, 205 (218 f.); *Wieland* in Dreier Rn. 64 f.; wie hier BVerfGE 21, 245 (249 ff.); *Bethge* WiVerw 2008, 77 (78 ff.); *Weiß* VerwArch 90 (1999), 415 (417 ff.); *Breuer* in HdbStR VIII § 171 Rn. 89 ff.; *Badura,* Das Verwaltungsmonopol, 1963, 338 f.; *Obermeyer/Steiner* NJW 1969, 1457; *Steiner,* Öffentliche Verwaltung durch Private, 1975, 92 ff.; *Papier* in BMV VerfassungsR-HdB, 2. Aufl. 1955, § 18 Rn. 38 ff.

[627] → Rn. 43.

[628] → Rn. 32, wonach Art. 12 Abs. 1 nicht auf „erlaubte" Tätigkeiten beschränkt sein kann.

[629] *Jarass* in Jarass/Pieroth Rn. 87; *Scholz* in Maunz/Dürig Rn. 417; *Mann* in Sachs Rn. 141.

[630] *Gramlich* NJW 1998, 866; *Gersdorf* DÖV 2001, 661; *Kämmerer* DVBl. 2001, 1705.

[631] Dazu nur *Leisner,* „Privatisierung" des Öffentlichen Rechts, 2007, 93 (111, 144); vgl. etwa die Beförderungspflicht öffentlicher Eisenbahnverkehrsunternehmen nach § 10 AEG sowie den Kontrahierungszwang öffentlicher Apotheken zur Versorgung von Heimbewohnern nach § 12a Abs. 1 S. 1 ApoG.

[632] BGHZ 136, 268 (277); 163, 296 (304); BGH NVwZ 2006, 962 (962); OLG Düsseldorf, Kartellsenat BeckRS 2004, 04811.

[633] Dazu *Kment/Vorwalter* EnWZ 2015, 387 (388 ff.); *Katz* KommJur 2018, 1 (9 ff.).

wobei dies im Lichte des Art. 3 Abs. 1 diskriminierungsfrei zu geschehen hat.

140 Ansatzpunkt für die Aufhebung der meisten in Deutschland noch bestehenden Monopole ist weniger Art. 12 Abs. 1 als vielmehr das **Europäische Gemeinschafts- bzw. Unionsrecht** gewesen. Das BVerfG hatte das **Arbeitsvermittlungsmonopol** der Bundesanstalt (jetzt Bundesagentur) für Arbeit 1967 noch im Grundsatz gebilligt: Es diene zur Vermeidung von Arbeitslosigkeit ebenso wie der Verhinderung des Arbeitnehmermangels, wobei das Gericht die Fähigkeit zu sinnvoller Arbeitsvermittlung nur dem Staat zugestehen wollte.[634] Das Monopol wurde erst infolge einer Entscheidung des EuGH aus dem Jahre 1991 aufgehoben, der Deutschland eines Verstoßes gegen die europäische Dienstleistungsfreiheit (Art. 49 EG, jetzt Art. 56 AEUV) bezichtigte.[635] Art. 87 Abs. 1 aF, welcher die leistende Tätigkeit der Deutschen Bundespost zur Verwaltungsaufgabe erhob und damit dem Geltungsbereich des Art. 12 Abs. 1 entzog, wurde erst geändert und Dienstleistungen in den Bereichen **Post und Telekommunikation** zur privatwirtschaftlichen Tätigkeit erklärt (Art. 87f Abs. 2), nachdem die EG entsprechende Vorschriften erlassen hatte.[636] Monopole bestehen heute fast nur noch auf kommunaler Ebene (Ver- und Entsorgungsmonopole) sowie in manchen Bundesländern bei Tätigkeiten, denen ein besonderes Gefahrenpotenzial attestiert wird. Das BVerfG hat im Jahr 2006 ein staatliches Monopol für die Organisation von **Sportwetten** unter der Voraussetzung zugelassen, dass es konsequent auf die Bekämpfung der Spiel- und Wettsucht ausgerichtet werde (was im konkreten Fall verneint wurde); die Abschöpfung von Mitteln zugunsten des Staatshaushalts sei nur Nebenfolge, nicht selbst ein das Monopol rechtfertigendes Ziel.[637] Für den **Spielbankenbereich** hat das Gericht zwar im Grundsatz zugestanden, dass die Überführung in die Hand staatlich geführter Unternehmen geeignet sein könne, die Gefahrenabwehr (insbes. Bekämpfung der Spielsucht) zu verbessern.[638] Dennoch wurde eine Regelung wegen unverhältnismäßigen Eingriffs in die Berufsfreiheit der Spielbankenbetreiber für unzulässig erachtet, mit welcher Betreibern ordnungsgemäß geführter Spielbanken nach Ablauf der fristgebundenen Erlaubnis die Chance auf eine erneute Erlaubnis genommen wurde.[639] Die unterschiedliche Behandlung von Glücksspielen in Spielbanken einerseits und Sportwetten andererseits vermag nicht zu überzeugen: Die Begründung dafür, dass gerade bei Sportwetten und nicht auch bei Spielbanken eine konsequent auf Bekämpfung der Spielsucht gerichtete gesetzliche Regelung die Monopolisierung rechtfertigt, bleibt das BVerfG schuldig. Überdies erscheint zweifelhaft, ob angesichts des Zieles der Gewinnerzielung, das Spielen und Wetten immanent ist, überhaupt noch Raum für die Spielsuchtbekämpfung als ein ihr in der Tendenz diametral entgegengesetztes Ziel besteht.[640]

---

[634] BVerfGE 21, 245 (249 ff.).

[635] EuGH C-41/90, Slg. 1991, I-1979, ECLI:EU:C:1991:161 – Höfner/Macrotron.

[636] Vgl. auch *Windthorst* in Sachs Art. 87f Rn. 7 ff.

[637] BVerfGE 115, 276 (303 ff., 307, 310); im Ansatz ähnlich EuGH C-316/07 ua, Slg. 2010, I-8069, ECLI:EU:C:2010:504 Rn. 107 – Stoß; sa *Wormit* NVwZ 2017, 281 (284).

[638] BVerfGE 102, 197 (218); 115, 276 (308); BVerfGE 145, 20 (67); strikter noch BVerwGE 96, 302 (314 ff.); krit. *Manssen* in MKS Rn. 260.

[639] BVerfGE 102, 197 (219 ff.).

[640] Zu diesem Interessenkonflikt bereits BVerfGE 115, 276 (310 f.); krit. auch *Scheidler/Büttner* GewArch 2006, 401 (404 f.); *Martini,* Der Markt als Instrument hoheitlicher Verteilungslenkung, 2008, 699 ff.

Da allein mit dem Ziel der Abschöpfung von Mitteln Berufsverbote nicht gerechtfertigt werden können, vermögen **Finanzmonopole** vor Art. 12 Abs. 1 grundsätzlich nicht Bestand zu haben. Als Finanzmonopol wird das ausschließliche Recht des Staates bezeichnet, bestimmte Güter herzustellen, zu erwerben oder zu vertreiben, um auf diese Weise Einkünfte zu erzielen.[641] Das BVerfG will eine – systematisch wenig überzeugende – Ausnahme zulassen für Finanzmonopole, die bei Inkrafttreten des GG bereits bestanden.[642] Als letztes verbliebenes Finanzmonopol wurde zum 31.12.2017 das Branntweinmonopol abgeschafft.[643] Seine verfassungsrechtliche Zulässigkeit war dem Umstand zu verdanken, dass es zuletzt nicht mehr zur Einnahmenerzielung beitrug, sondern als staatliche Abnahmegarantie für Branntwein fungierte[644] – damit unionsrechtlich aber auch als Beihilfe zu qualifizieren war.[645] **141**

Auf **privatrechtliche Berufsverbote,** also solche, die auf einer privatautonomen (zivilrechtlichen) Vereinbarung zwischen Grundrechtsträgern beruhen, wirkt Art. 12 Abs. 1 nur im Wege mittelbarer Drittwirkung ein. Der Staat hat erforderlichenfalls in Wahrnehmung seiner grundrechtlichen Schutzpflichten Regeln zu erlassen, um Missbräuchen zivilrechtlicher Gestaltungshoheit zu Lasten des schwächeren Vertragspartners entgegenzuwirken.[646] Die Stufenlehre taugte nicht als Maßstab für solche mit formaler Einwilligung des Betroffenen erfolgenden „privaten Grundrechtseingriffe", die dank ihrer privatvertraglichen Natur stets subjektbezogen sind. Ob der Staat zulassen darf, dass Einrichtungen von Sportverbänden, insbes. Sportgerichte, befristete Berufsverbote (in Gestalt von Sperren) verhängen, ist ebenso umstritten[647] wie die Statthaftigkeit der Ersetzung staatlicher Gerichtsbarkeit durch private Schiedsgerichtsvereinbarungen, wenn sich die Betroffenen dieser Vorgabe aufgrund der monopolartigen Stellung der Berufsverbände faktisch nicht entziehen können.[648] Nach hA ist dies eine Frage der Beachtung staatlicher **Schutzpflichten,** während das BAG einst von der unmittelbaren **Drittwirkung** des Art. 12 Abs. 1 im Verhältnis zwischen Arbeitgeber(verband) und Arbeitnehmer ausging.[649] Mit Art. 12 Abs. 1 nicht vereinbar war die früher bestehende Regelung, wonach Lizenzspieler nach Beendigung ihres Arbeitsvertrags mit einem Verein nur gegen Zahlung einer Ablösesumme (Transferentschädigung) an einem anderen Ort zum Einsatz kommen durften, da sie den Betroffenen praktisch der Freiheit zum Arbeitsplatzwechsel und möglicherweise überhaupt zur Ausübung einer beruflichen **142**

---

[641] → Art. 105 Rn. 44; *Jarass* in Jarass/Pieroth Art. 105 Rn. 24; ähnlich *Breuer* in HdbStR VIII § 171 Rn. 88; *Papier* FS f. Stern, 1997, 543 (549); aA für Finanzmonopole, die bei Inkrafttreten des GG vorhanden waren, *Henneke* in SHH Art. 105 Rn. 33; mit Einschränkungen auch *Jachmann* in MKS Art. 105 Rn. 46.

[642] BVerfGE 14, 105 (111); 41, 205 (218 ff.); krit. *Breuer* DÖV 2002, 397 (401 ff.).

[643] Gesetz zur Abschaffung des Branntweinmonopols v. 21.3.2013, BGBl. I S. 1650.

[644] Ebenso *Musil* Der Staat 2007, 420 (423 f.).

[645] Die beihilferechtliche Ausnahmeregelung endete zum 31.12.2017, Art. 1 der VO (EU) Nr. 1234/2010 des Europäischen Parlaments und des Rates v. 15.12.2010 zur Änderung der Verordnung (EG) Nr. 1234/2007 des Rates (Verordnung über die einheitliche GMO) hinsichtlich der im Rahmen des deutschen Branntweinmonopols gewährten Beihilfe, ABl. 2010 L 346, 11.

[646] BVerfGE 81, 242 (254 ff.), Ausschluss der Karenzentschädigung für Handelsvertreter; *Hermes* NJW 1990, 1764 (1766 ff.); *Wieland* in Dreier Rn. 145; → Rn. 5, 57 f.

[647] Zust. *Mann* in Sachs Rn. 104; *Stern* FS f. Thieme, 1993, 269 (272 f.); aA *Zuck* NJW 1999, 831 (832).

[648] *Mann* in Sachs Rn. 104; *Scholz* in Maunz/Dürig Rn. 84.

[649] → Rn. 6.

Tätigkeit beraubte.[650] Die Regelungen der Sportverbände wurden geändert, nachdem der EuGH auf einen Verstoß gegen die Freizügigkeit der Arbeitnehmer (Art. 45 AEUV) erkannt hatte.[651]

143 **6. Einzelfälle. Altersgrenze** – Während Mindestaltersregelungen in der Regel ihre Rechtfertigung in berufsbedingten Anforderungen an fachliche oder persönliche Reife finden, können Höchstaltersregelungen im Lichte des Art. 12 Abs. 1 bedenklich sein. Als weiterer Prüfungsmaßstab gesellt sich das Verbot der Diskriminierung wegen des Alters hinzu.[652] Auf Bundesebene nur einfachgesetzlich (in §§ 1, 2, 7 AGG) verankert, hat es kraft seiner Verwurzelung in Art. 1 u. 2 der EG-Richtlinie 2000/78/EG[653] am allgemeinen Anwendungsvorrang des Gemeinschafts- und Unionsrechts teil. Die Kontroverse um seine Anerkennung als allgemeiner Rechtsgrundsatz des Europarechts[654] ist für Neufälle dadurch bedeutungslos geworden, dass das Verbot der Altersdiskriminierung in Art. 10 AEUV nunmehr primärrechtlich verankert worden ist. Zu differenzieren ist zwischen „beendenden" Höchstaltersregelungen, die bei Erreichen einer Altersschwelle das Ausscheiden aus dem Beruf (oder die Einstellung einer bestimmten Form der Berufsausübung) anordnen, und Höchstaltersregelungen für den Berufszugang, wonach bei Überschreitung einer Altersschwelle das Ergreifen eines Berufs oder eines bestimmten Ausübungsmodus (zB Kassenarzt) versagt wird. Das BVerfG hat Höchstaltersgrenzen für die Berufsausübung insbes. bei freien und staatsnahen („staatsgebundenen") Berufen[655] grundsätzlich für zulässig gehalten,[656] obwohl es sich hier um gravierende Einschnitte in die Freiheit der Berufswahl handelt. Der Gesetzgeber sei bei „freien" Berufen nicht etwa zu besonderer Rücksicht in dem Sinne verpflichtet, dass er das Nichtvorliegen der Leistungsvoraussetzungen im Einzelfalle nachweisen müsse. Im Gegenteil führe insbes. ein „Benutzungszwang" dazu, dass der Staat in besonderer Verantwortung stehe, die ordnungsgemäße Leistungserbringung sicherzustellen bzw. Gefahren abzuwehren,[657] die sich aus dem möglichen altersbedingten Versagen der körperlichen und geistigen Kräfte ergeben können.[658] Die Ansicht, den Betroffenen sei eine generelle Altersgrenze eher zumutbar als die Notwendigkeit, ab einem bestimmten Lebensalter die Leistungsfähigkeit durch amtsärztliche Zeugnisse nachzuweisen (zumindest bewege sich der Gesetzgeber, wenn er einer generellen Altersgrenze den Vorzug gebe, innerhalb seiner Einschätzungsprärogative),[659] kollidiert mittlerweile mit dem auch für diese Berufsgruppen verbindlichen, auf Unionsrecht beruhenden (einfachgesetzlichen) Verbot der Diskriminierung wegen des Alters.[660] Die

---

[650] So auch *Mann* in Sachs Rn. 102 f.; krit. *Scholz* in Maunz/Dürig Rn. 84 Fn. 3; *Buchner* RdA 1982, 12; diff. *Reuter* NJW 1983, 649 (652 ff.).

[651] EuGH 415/93, Slg. 1995, I-4921, ECLI:EU:C:1995:463 Rn. 25 ff., 116 ff. – Bosman; vgl. *Roloff*, Das Beschränkungsverbot des Art. 39 EG (Freizügigkeit) und seine Auswirkungen auf das nationale Arbeitsrecht, 2003, 81 f. (176 ff.); *Nolte* JuS 2006, 218 (221); *Hilf/Pache* NJW 1996, 1169 (1172 ff.).

[652] Vgl. nur *König* FS f. Zuleeg, 2005, 341 (356 ff.); *Nussberger* JZ 2002, 524 (529 f.); für Beamtenrechtsverhältnisse *Kämmerer* ZBR 2008, 325 (329 ff.); *Baßlsperger* ZBR 2008, 339 ff.

[653] RL des Rates v. 27.11.2000 zur Festlegung eines allgemeinen Rahmens für die Verwirklichung der Gleichbehandlung in Beschäftigung und Beruf, ABl. 2000 L 303, 16.

[654] BVerfG NJW 2010, 3422, Honeywell, Abs. 72 ff., mit Bezug auf EuGH C-144/04, Slg. 2005, I-9981, ECLI:EU:C:2005:709 Rn. 74 – Mangold.

[655] → Rn. 41; *Hoffmann* DVBl. 1964, 457 (458 f.); eing. *Scholz* in Maunz/Dürig Rn. 232 ff.; *Mann* in Sachs Rn. 62.

[656] BVerfGE 9, 338 (347); zum Ganzen vgl. *Tettinger* NJW 1987, 294; krit. *Hufen* NJW 1994, 2913 (2919 f., 2921 f.).

[657] Krit. zur scheinbaren Beliebigkeit der abzuwägenden Gemeinschaftsgüter *Kingreen/Poscher*, StaatsR II, 34. Aufl. 2018, Rn. 985; *Frenzel* DÖV 2007, 243 (247); *Hoffmann* DVBl. 1962, 541 (543).

[658] BVerfGE 9, 338 (347), Altersgrenze für Hebammen.

[659] BVerfGE 64, 72 (83 ff., 85), altersbedingtes Erlöschen der Zulassung als Prüfingenieur für Baustatik; krit. *Hufen* NJW 1994, 2913 (2922).

[660] Art. 2 Abs. 1 iVm Art. 1 Var. 4 RL 2000/78/EG; § 7 Abs. 1 iVm § 1 Var. 7 AGG; *Kämmerer* ZBR 2008, 325 ff.; *Baßlsperger* ZBR 2008, 339 ff.; zum deutlich restriktiveren Verbot von Altersdiskriminierungen im Beruf als Emanation des allgemeinen Gleichheitsgebotes durch den EuGH vgl. *Preis* NZA 2006, 401 (402 ff.); *Steiner* NZA 2008, 73 (77).

Festlegung eines Maximalalters für die Berufsausübung wurde ua gebilligt bei Bezirksschornsteinfegern,[661] Hebammen/Geburtshelfern,[662] Verkehrspiloten,[663] öffentlich-bestellten und vereidigten Sachverständigen der IHK[664] und Baustatik-Prüfingenieuren.[665] Bewerbungshöchstaltersregelungen wurden für zulässig gehalten bei der Zulassung als Kassenarzt (Unzulässigkeit der Zulassung nach vollendetem 55. Lebensjahr),[666] ferner (im Lichte der Art. 20 Abs. 1, Abs. 2, Art. 28 Abs. 1 S. 2 bedenklich) bei der Kandidatur für das Amt des Bürgermeisters (kommunaler Wahlbeamter).[667] Zweifelhaft ist die verfassungsrechtliche Zulässigkeit eines Höchstzulassungsalters bei Rechtsanwälten (insoweit ist derzeit kein solches festgelegt) und Anwaltsnotaren.[668]

Arbeitnehmer, Schutz – Ein beschränktes Nachtbackverbot ist mit Blick auf den Gesundheitsschutz der Arbeitnehmer verfassungsgemäß,[669] ferner die allgemeinen Regeln des Kündigungsschutzes, durch die Art. 12 Abs. 1 für beide Seiten – Arbeitgeber und Arbeitnehmer – konkretisiert wird.[670] Nach zutreffender Ansicht des BAG ist dennoch bei der Anwendung des Kündigungsrechts die Wertung des Art. 12 Abs. 1 zusätzlich zu berücksichtigen;[671] insoweit konkretisiert sich die staatliche Schutzpflicht. Im Lichte der Berufsfreiheit unzulässig ist es, dem Arbeitgeber auch für Bildungsveranstaltungen des Arbeitnehmers Freistellungs- und Lohnfortzahlungspflichten aufzuerlegen.[672] Für verfassungswidrig wurde auch die Ersetzung des Arbeitgebers durch einen anderen (im konkreten Fall des Landes durch ein Klinikum im Zuge einer Privatisierungsmaßnahme) ohne Widerspruchsrecht der Arbeitnehmer erachtet, da sie unverhältnismäßig in das Recht zur Wahl des Arbeitgebers eingreife (faktische Umgehung des § 1 KSchG).[673]

Arbeitnehmerüberlassung (Leiharbeit/Zeitarbeit) – Zulässig ist das Verbot der berufsmäßigen Arbeitnehmerüberlassung, sofern es auf das Baugewerbe beschränkt bleibt.[674] Für die übrigen Leiharbeiter hat eine Kammer des BVerfG auch eine Bindung der Leiharbeitgeber an die durch Gesetz oder fremden Tarifvertrag festgelegten wesentlichen Arbeitsbedingungen gleichartiger Arbeitnehmer im Entleihbetrieb gebilligt.[675]

Ärzte/Zahnärzte – Im sog. Kassenarzt-Urteil (1960) erklärte das BVerfG eine gesetzliche Regelung, wonach aufgrund einer Verhältniszahl Kassenarztsitze eingerichtet und mit jeweils nur einem Bewerber besetzt wurden, für verfassungswidrig.[676] Die Wiedereinführung eines ähnlichen Kassenarztsitz-Systems in den 1990er Jahren bean-

---

[661] BVerfGE 1, 264 (274 f.).

[662] BVerfGE 9, 338 (345 ff.).

[663] BVerfGK 10, 227 (233 f.) mwN.

[664] BVerwG NVwZ 2011, 569 (571 f.); dazu Anm. *Jahn* GewArch 2011, 249.

[665] BVerfGE 64, 72 (82).

[666] BVerfGE 103, 172 (184 ff.).

[667] BVerfG (K) NVwZ 1997, 1207 (1208).

[668] BVerfGE 80, 257 (263 ff., 268 f.), wo jedoch im Schwerpunkt auf das Fehlen einer gesetzlichen Regelung abgestellt wurde. Laut BVerfG (K) NJW 2008, 1212, soll das Höchstzulassungsalter von 60 Jahren iSv § 6 Abs. 1 S. 2 BNotO mit Art. 12 Abs. 1 vereinbar sein; ebenso BGH NJW 2008, 1229 (1230 f.).

[669] BVerfGE 41, 360 (370 f.); zweifelhaft jedoch, soweit zur Legitimation auch auf den Mittelstandsschutz abgestellt wird (374 f.), krit. auch *Manssen* in MKS Rn. 131, sowie 210 aE; *Leibholz* NJW 1976, 2121 f.; jedoch bestätigt in BVerfGE 87, 363 (383 ff.), mAnm *Sachs* JuS 1993, 863.

[670] BVerfGE 84, 133 (147); *Preis* EWiR 1991, 579.

[671] BAGE 97, 92 (95); 103, 31 (36); sa BVerfGE 96, 205 (210 ff.); 97, 169 (174); BVerfG NJW 2003, 2815 (2815 f.); zust. *Rost* Jahrbuch des Arbeitsrechts 39 (2001), 83 (86); aA *Annuß* NZA 2003, 783 (785); *Reuter* RdA 2004, 161 (165).

[672] BVerfGE 85, 226 (236 f.); iE ebenso *Eich* SAE 1992, 348 (349 ff.).

[673] BVerfGE 128, 157.

[674] BVerfGE 77, 84 (105 f.); zust. *Manssen* in MKS Rn. 215; *Becker* EWiR 1988, 315.

[675] BVerfG (K) NZA 2005, 153 (154 f.); vgl. Anm. *Bayreuther* NZA 2005, 341; *Schüren* RdA 2006, 303; krit. *Kämmerer/Thüsing,* Leiharbeit und Verfassungsrecht, 2005, 68 ff.; *Kämmerer,* Der neue Rechtsrahmen der Arbeitnehmerüberlassung: Verfassungs- und unionsrechtliche Fragen, 2017, insbes. 29 ff.

[676] BVerfGE 11, 30 (41 ff.); 12, 144 (148).

standete das Gericht hingegen nicht; es verwies insoweit auf das öffentliche Interesse an funktionsfähigen Gesundheitssystemen (finanzielle Stabilität der Krankenversicherungen), die durch Überversorgung bedroht sein könnten, und auf Möglichkeiten, im Einzelfall Sonderbedarfszulassungen zuzugestehen.[677] Im Schrifttum ist dies mit Recht als Abkehr von den Koordinaten des Kassenarzt-Urteils und Entwertung der darin aufgestellten Grundsätze kritisiert worden.[678] Nicht gegen Art. 12 Abs. 1 verstoßen: der Widerruf der Approbation wegen Honorarbetrugs,[679] Gebührenordnungen,[680] allgemeine Vorschriften zur Beschränkung und zum Entzug von Kassenzulassungen, insbes. bei groben Pflichtverstößen.[681] Nur gröbliche Pflichtverstöße vermögen den Entzug der Kassenzulassung zu rechtfertigen; sie können sich sowohl aus mangelnder Sachkunde des Arztes und den daraus resultierenden Gesundheitsgefahren ergeben als auch aus einem nachhaltig gestörten Vertrauensverhältnis zu den Krankenkassen (zB infolge manipulierter Abrechnungen).[682] Verfassungsgemäß soll die Gliederung der vertragsärztlichen Versorgung in einen haus- und einen fachärztlichen Versorgungsbereich sein.[683]

Bedürfnisprüfung – Diese objektive Zulassungsvoraussetzung wurde ua für zulässig angesehen bei der Zulassung neuer Unternehmen für den Linienverkehr,[684] nicht jedoch mit Blick auf die Neuerrichtung von Apotheken,[685] der Erteilung einer Erlaubnis zum Betrieb von Schankwirtschaften (auch nicht unter dem Gesichtspunkt des Kampfes gegen den Alkoholmissbrauch),[686] mit Blick auf den Gelegenheitsverkehr mit Mietwagen,[687] die Eröffnung von Zweigniederlassungen eines Kreditinstituts[688]und die öffentliche Bestellung von Sachverständigen, soweit die Bedürfnisprüfung den Schutz vor Konkurrenz bezweckt.[689] Zur faktischen Bedürfnisprüfung bei Kassenärzten s. Ärzte/Zahnärzte. Allgemein zu objektiven Beschränkungen → Rn. 135.

Berufsverbote – → Rn. 137 ff.

Entgeltregelungen – Grundsätzlich gewährleistet Art. 12 Abs. 1 die Freiheit, das Entgelt für berufliche Leistungen selbst festzusetzen bzw. mit Nachfragern auszuhandeln.[690] Die gesetzliche Ermächtigung zu hoheitlicher Preisregulierung bei netzgebundenen (gewerblichen) Dienstleistungen ist als Eingriff in die Berufsausübung im Grundsatz jedoch durch das Ziel der angemessenen und ausreichenden Versorgung (vgl. Art. 87e Abs. 4 und Art. 87f Abs. 1 und iÜ das Sozialstaatsprinzip) gerechtfertigt. Auch Träger freier Berufe sind – in unterschiedlicher Weise und Intensität – gesetzlichen Mindest- und Höchstgebühren unterworfen. Sie lassen sich, insbes. wenn sie dispositiv ausgestaltet sind, durch das öffentliche Interesse an der hohen Qualität (die durch Preisunterbietung gefährdet werden kann) und Erschwinglichkeit freiberuflicher Dienstleistungen vielfach rechtfertigen, sofern der Grundsatz der Verhältnismäßigkeit Beachtung findet.[691] Insbesondere Verbote von Erfolgshonoraren (für Rechtsberatungsdienstleistungen) dürfen weder die Berufsträger übermäßig belasten noch die

---

[677] So insbes. BVerfG (K) DVBl. 2002, 400 (401 f.).

[678] *Hidien* DVBl. 2002, 402 (403); *Sodan* NJW 2003, 257 (258 f.); demgegenüber *Maydell/Pietzcker,* Begrenzung der Kassenarztzulassung: verfassungs- und sozialrechtliche Aspekte, 1993, 16 ff.; wohl auch *Breuer* DVBl. 2010, 1010 (1018).

[679] BVerwGE 105, 214 (217 ff.).

[680] BVerfGE 33, 171 ff.; 68, 319 (327); BVerfG NJW 1992, 737; BVerfG (K) NJW 2004, 3172 (3173); zust. *Manssen* in MKS Rn. 187; aA *Weißauer/Hesselberger* MedR 1985, 207 (208 f.).

[681] BVerfGE 16, 286 (294 ff.); 69, 233 (244); 78, 155 (161), Ausschluss von Heilpraktikern von der Kassenzulassung.

[682] BVerfGE 69, 233 (244); zust. *Martens* MedR 1985, 221 (221).

[683] BSG NZS 1998, 143 (145 ff.).

[684] BVerfGE 11, 168 (184); vgl. *Wieland* in Dreier Rn. 138.

[685] BVerfGE 7, 377 (415 ff.); zust. *Bachof* JZ 1958, 468 (470 f.); *Leisner* JuS 1962, 463; ausf. *Hebeler* JA 2008, 413.

[686] BVerwGE 1, 48 (53); 1, 269 (277 ff.).

[687] BVerfGE 11, 168 (187 ff.).

[688] BVerwGE 8, 14 (18 ff.).

[689] BVerfGE 86, 28 (42).

[690] Vgl. BVerfGE 88, 145 (159).

[691] Vgl. *Kämmerer,* Gutachten H zum 68. DJT, 2010, 86 ff. mwN.

Rechtsverfolgung übermäßig erschweren. Das BVerfG verpflichtete den Gesetzgeber zu einer Auflockerung vormals strikter Regelungen.[692] Ein pauschales Verbot sog. Quota-litis-Vereinbarungen, durch die sich der Freiberufler für den Erfolgsfall einen Teil des eingeklagten Betrags versprechen lässt, findet allerdings – entgegen der Ansicht des BVerfG – in der Abwehr seiner funktionalen „Parteinahme" eine Rechtfertigung.[693]

Exportbeschränkungen – Bestimmungen des Außenwirtschaftsrechts, welche die Ausfuhr von Gütern mit (potenziellem) militärischen Nutzen untersagen oder unter Genehmigungsvorbehalt stellen, schränken die Freiheit des Außenhandels als Bestandteil der Berufsfreiheit ein und können durch gesamtstaatliche Sicherheitsbelange gerechtfertigt sein.[694] Für verfassungsrechtlich zulässig erachtet wurde die Auferlegung einer Verpflichtung zur Offenlegung bestimmter Informationen über Rüstungskontrollgeschäfte.[695]

Gaststätten – s. Rauchverbot.

Heilpraktiker und Anwender sonstiger Heilmethoden – Der Erlaubniszwang wird durch das Erfordernis der Wahrung der Volksgesundheit gerechtfertigt.[696] Dabei steht die Erlaubniserteilung nicht im Ermessen der Behörde; sie ist auch keine formalisierte Prüfung im herkömmlichen Sinne, weswegen kein Beurteilungsspielraum zugestanden werden kann.[697] Nimmt jemand jedoch als „Wunderheiler" eine der ärztlichen oder heilpraktischen nicht vergleichbare Behandlung vor, die für sich genommen aber wiederum nicht mit Gesundheitsgefahren verbunden sein kann, kann die Unterwerfung der Tätigkeit unter den Erlaubnisvorbehalt im Lichte des Art. 12 Abs. 1 unangemessen sein.[698]

Inkompatibilitäten – s. Rechtsanwälte.

Jugendgefährdende Schriften – Das Verbot, solche Schriften im Versandhandel zu vertreiben, zu verbreiten oder zu solchen Zwecken vorrätig zu halten, verstößt nicht gegen Art. 12 Abs. 1.[699] Gleiches gilt für das Verbot der Werbung für jugendgefährdende Ton- und Bildträger.[700]

Ladenschluss – Die Auferlegung von Ladenschließzeiten ist ein Eingriff in die Berufsausübung, der seine Rechtfertigung insbes. in den sozialen und gesundheitlichen Interessen der Beschäftigten (Arbeitszeitschutz) finden kann.[701] Das grundsätzliche Verbot der Sonn- und Feiertagsöffnung ist durch Art. 140 GG iVm Art. 139 WRV gerechtfertigt.[702] Soweit Ausnahmevorschriften greifen, dürfen Apotheken wegen Art. 3 Abs. 1 nicht strenger behandelt werden als andere Verkaufsstellen.[703] Warenautomaten dürfen in das Verbot des Sonn- und Feiertagsverkaufs grundsätzlich nicht eingeschlossen werden.[704]

Mitbestimmung – Die unternehmerische Mitbestimmung der Arbeitnehmer nach dem MitbestG 1976 belässt den Arbeitgebern das Letztentscheidungsrecht im Unter-

---

[692] BVerfGE 117, 163 (188 ff.); krit. *Henssler* AnwBl 2008, 721 (725); *Breuer* DVBl. 2010, 1010 (1017).

[693] Für ein Verbot iE auch Österreichischer VfGH 24.9.2008 – B 330/07, Nr. 1.3.2.

[694] BVerfGE 12, 281 (294 f.); 91, 148 (174).

[695] BVerfGE 137, 185.

[696] BVerfGE 78, 179 (192); BVerfG NJW-RR 2004, 705 (705); BVerfG (K) NJW 2004, 2890 (2890) = BVerfGK 3, 234 (238 f.); vgl. *Höfling* DÖV 1989, 110 (110).

[697] BVerwGE 100, 221 (227 ff.).

[698] BVerfGK 3, 234 (238 ff.).

[699] BVerfGE 30, 336 (350 f.).

[700] BVerfG NJW 1986, 1241.

[701] BVerfGE 13, 237 (241); 111, 10 (32 ff.); *Hufen* NJW 1986, 1291; *Webers* GewArch 2005, 60; *Ruess* WRP 2004, 1324. Früher zog das Gericht auch den Konkurrenzschutz als Rechtfertigungserwägung von gleichem Gewicht heran, BVerfGE 1, 283 (297); anders ausdrücklich BVerfGE 93, 362 (370); ebenso *Manssen* in MKS Rn. 128; *Tettinger* NJW 1987, 294 (297).

[702] BVerfGE 111, 10 (50 ff.); 125, 39; vgl. auch BVerfGE 143, 161 (189 ff.).

[703] *Hofmann* in SHH Rn. 65 mwN.

[704] BVerfGE 14, 19 (24 f.); eing. *Scholz* in Maunz/Dürig Rn. 345.

nehmensbereich und ist nicht nur mit Art. 14 Abs. 1, sondern auch mit Art. 12 Abs. 1 noch vereinbar.[705]

Notare – Der Gesetzgeber ist berechtigt, Eignungsanforderungen und Auswahlkriterien festzulegen,[706] nach früherer Auffassung des BVerfG soll die Beschränkung der Zahl der Notarstellen Art. 12 Abs. 1 nicht einmal berühren.[707] Die jüngere Verfassungsjudikatur erklärt Art. 12 Abs. 1 auch für freie und staatliche Berufe für umfassend anwendbar (→ Rn. 38, 40 f.), sodass die früher vertretene Ansicht keinen Bestand mehr haben dürfte. Sozietätsverbote sind zulässig zwischen Anwaltsnotaren und Nur-Steuerberatern unter dem Gesichtspunkt der Berufsfreiheit,[708] nicht jedoch zwischen Anwaltsnotaren und Wirtschaftsprüfern.[709] Zu Werbeverboten s. dieses Stichwort.

Rauchverbot in Gaststätten – Die Verhängung selbst absoluter gesetzlicher Rauchverbote für Speise- und Schankgaststätten ist durch das überragende Gemeinwohlziel des Gesundheitsschutzes als Berufsausübungsregelung gerechtfertigt.[710] Entscheidet sich der Gesetzgeber im Rahmen seiner weiten Einschätzungsprärogative für ein eingeschränktes, also mit Ausnahmen versehenes, Rauchverbot, so gewinnen die bestimmten Normadressaten auferlegten Beschränkungen gegenüber dem – relativierten – Gemeinwohlziel an Gewicht. Mit Art. 12 Abs. 1 unvereinbar ist nach Ansicht des BVerfG eine gesetzliche Nichtraucherschutzregelung, die das Rauchen in abgetrennten Nebenräumen von Schankgaststätten zulässt, nicht aber in sog. kleinen (unter 75 m^2 Gastfläche) Einraumkneipen, die infolge der Abwanderung von Kunden in der Existenz bedroht werden.[711]

Rechtsanwälte – ***Rechtsberatende Tätigkeiten*** Berufsgruppen (insbes. Rechtsanwälten) ***vorzubehalten,*** die kraft Ausbildung über eine besondere Qualifikation verfügen, ist zur Sicherung der Rechtspflege grundsätzlich zulässig.[712] Der Gesetzgeber war insofern befugt, den früher bestehenden Beruf des Vollrechtsbeistandes abzuschaffen. Die Auslegung der im Rechtsdienstleistungsgesetz (RDG) verankerten Vorbehaltsrechte zur Erbringung außergerichtlicher Rechtsdienstleistungen, die vor allem den Vertretern rechtsberatender Berufe zugute kommt, und der Ausnahmebestimmungen hierzu muss gleichwohl von der Frage geleitet sein, inwieweit die Rechtspflege diesen Ausschluss (der je nach Tätigkeit auf die Berufswahl oder Berufsausübung durchschlägt) in concreto erfordert.[713]

Zu den ***Voraussetzungen für die Zulassung zum Anwaltsberuf:*** Mit Art. 12 Abs. 1 grundsätzlich vereinbar ist bei Anwendung einer strikten Verhältnismäßigkeitsprüfung die Versagung der Rechtsanwaltszulassung wegen Unwürdigkeit.[714] Die Voraussetzungen hierfür sind noch nicht erfüllt bei kritischen Meinungsäußerungen und der Unterstützung nicht verbotener Parteien, wohl aber bei strafbaren Handlungen gegen die freiheitliche demokratische Grundordnung.[715] Unzulässig ist jedoch die Untersagung

---

[705] BVerfGE 50, 290 (364 ff.); zust. *Breuer* in HdbStR VIII § 170 Rn. 87; *Weber* AöR 104 (1979), 521; *Schramm* DVBl. 1979, 413; *Papier* ZGR 1979, 444.

[706] BVerfGE 73, 280 (295); vgl. *Dithmar* NJW 1991, 1085 (1086 f.).

[707] BVerfGE 73, 280 (292 ff.); krit. *Bachof* in Bettermann/Nipperdey/Scheuner Grundrechte, III/1, 1958, 155 (186); krit. auch *Rupp* NJW 1965, 993.

[708] BVerfGE 80, 269 (279 f.), doch nahm das Gericht einen Verstoß gegen Art. 3 Abs. 1 an, da der Zusammenschluss mit einem Steuerberater, der gleichzeitig Rechtsanwalt war, nicht untersagt worden war (280 ff.).

[709] BVerfGE 98, 49 (62 ff.), jedoch vorwiegend unter Bezugnahme auf den Gleichheitssatz; dezidiert anders noch BVerfGE 54, 237 (249); vgl. *Breuer* in HdbStR VIII § 170 Rn. 77.

[710] BVerfGE 121, 317 (350 ff.); BVerfGK 14, 132 (134 f.).

[711] BVerfGE 121, 317 (356 ff.); BVerfG (K) GewArch 2009, 450; VerfGH Saarl 1.12.2008 – Lv 2/08, 3/08 u. 6/08, S. 18. Ebenso *Zimmermann* NVwZ 2008, 705 (706 ff.); *Correl* DÖV 2009, 698 (700); aA *Hummrich* LKRZ 2008, 326 (328).

[712] *Kämmerer* DStR Beih. 2017, 70 (73).

[713] Zur Neuregelung des RBerG BVerfGE 75, 246 (267 f.); zur Auslegung BVerfGE 97, 12 (28 ff.); BVerfG (K) NJW 2004, 2662; ausf. zur Betroffenheit einzelner Berufe *Albrecht,* Rechtsberatung und Verfassungsrecht, 2011, 64 ff., 149 ff.

[714] BVerfGE 63, 266 (286); zust. *Kimminich* JuS 1984, 848 (853); *Tettinger* JZ 1983, 605.

[715] Vgl. § 7 Nr. 6 BRAO; BVerfGE 63, 266 (293 ff., 300 f.); ebenso *Reifner* NJW 1984, 1151; krit. *Redeker* DVBl. 1987, 200 (200 f.).

der Wiederzulassung eines aus der Rechtsanwaltschaft ausgeschlossenen früheren Rechtsanwalts ohne Ausnahmen.[716] Inkompatibilitätsregelungen, also das Verbot, neben einem anderen Beruf den des Rechtsanwalts auszuüben, können nicht mit der Wahrung des Sozialprestiges einer Berufsgruppe gerechtfertigt werden, aber zulässig sein, wenn sich deutlich abzeichnende Interessenkonflikte nicht anders beseitigt werden können.[717] (Beamte, die ihre volle Arbeitskraft für den Dienstherrn einzusetzen haben, vgl. Art. 33 Abs. 5, dürfen daher nicht zur Rechtsanwaltschaft zugelassen werden.)[718]

Zu ***zulassungsbeendenden Maßnahmen:*** Mit Art. 12 Abs. 1 vereinbar ist das Gesetz zur Prüfung von Rechtsanwaltszulassungen, Notarbestellungen und Berufungen ehrenamtlicher Richter,[719] wonach Zulassungen zur Rechtsanwaltschaft widerrufen werden können, wenn der Adressat gegen die Grundsätze der Menschlichkeit oder Rechtsstaatlichkeit, insbes. im Zusammenhang mit einer Tätigkeit für das DDR-Ministerium für Staatssicherheit (MfS), verstoßen hat und daher des Berufs unwürdig ist. Insoweit ist jedoch eine strenge Auslegung geboten: Eine bloße Tätigkeit als „inoffizieller Mitarbeiter" reicht nicht aus, sondern der Betroffene muss durch schuldhaftes Verhalten selbst maßgeblich zur Verletzung fundamentaler Schutzgüter beigetragen haben[720] (vgl. auch Stichwort „Verfassungstreue/Tätigkeit für DDR-Ministerium für Staatssicherheit"). Vorläufige Berufsverbote gem. § 150 BRAO sind nur bei strikter Beachtung der Verhältnismäßigkeit mit Art. 12 Abs. 1 vereinbar: Zum Schutz der gefährdeten Güter muss gerade das beschleunigte Einschreiten erforderlich sein.[721]

Ausübungsregeln: (Zu Werbeverboten s. dieses Stichwort.) Als grundsätzlich zulässig wurden folgende gesetzliche Vorgaben betrachtet: das Verbot, ohne Bestehen entsprechender gesetzlicher Regelungen Fachanwaltsbezeichnungen zu führen[722] (nicht aber das Verbot, einen früher erworbenen Fachanwaltstitel nach Wiederzulassung als Rechtsanwalt erneut zu führen[723]); der Robenzwang vor Gericht;[724] mit Anpassungsvorbehalten die Gebührenbegrenzung im Verfahren vor den Sozialgerichten;[725] das Verbot der Verteidigung mehrerer Beschuldigter im gleichen Strafverfahren;[726] der Ausschluss von der Verteidigung bei Tatbeteiligung oder Begünstigung;[727] das kommunalrechtliche Vertretungsverbot, wenn der Rechtsanwalt dem Rat der Gemeinde angehört (→ Rn. 94). Einschränkungen der Berufsausübung dürfen auf Standesregeln nur beruhen, wenn sie durch eine gesetzliche Regelung abgedeckt sind (→ Rn. 85). Grundsätzlich steht die „freie Advokatur" staatlicher Kontrolle und Bevormundung entgegen und verpflichtet den Staat, die Notwendigkeit vertraulichen und kommunikativen Handelns des Rechtsanwalts zu beachten; dabei steht die objektiv-rechtliche Komponente im Vordergrund.[728] Kooperationen (bis hin zur Bildung von Sozietäten) mit Vertretern anderer, insbes. freier Berufe, darf der Gesetzgeber nur untersagen, wenn die Unabhängigkeit freiberuflicher Beteiligter auf andere Weise nicht sichergestellt werden kann.[729] So darf einem Zusammenschluss von Rechtsanwälten und

---

[716] BVerfGE 66, 337 (358 f.); 72, 51 (63 f.).

[717] BVerfGE 87, 287 (325 ff.), vgl. auch die Ausführungen unter dem Stichwort „Notare".

[718] BVerfG (K) NJW 1988, 2535; ebenso *Manssen* in MKS Rn. 243.

[719] BGBl. 1992 I 1386.

[720] BVerfGE 93, 213 (235 ff., 242 f.); ebenso *Henssler* JZ 1996, 677 (681); vgl. *Hofmann* in SHH Rn. 22; *Manssen* in MKS Rn. 239.

[721] BVerfGE 44, 105 (123 f.); 48, 292 (296); vgl. *Wieland* in Dreier Rn. 137; *Manssen* in MKS Rn. 238.

[722] BVerfGE 57, 121 (130 ff.); vgl. *Zuck* EWiR 1990, 779.

[723] BVerfG 1 BvR 1815/12 v. 22.10.2014 – NJW 2015, 394.

[724] BVerfGE 28, 21 (28); hierzu *Wieland* in Dreier Rn. 143.

[725] BVerfGE 83, 1 (16); krit. *Stolz* EWiR 1991, 265.

[726] BVerfGE 39, 156 (164); 45, 354 (358).

[727] BVerfGE 15, 226 (231 ff.), dort legitimiert mit Blick auf vorkonstitutionelles Gewohnheitsrecht; → Rn. 88.

[728] BVerfGE 63, 266 (282); 113, 29 (55) mAnm *Kutzner* NJW 2005, 2652; *Reifner* NJW 1984, 1151.

[729] Vgl. nur *Kämmerer,* Gutachten H zum 68. DJT, 2010, 73 ff. mwN, zugleich auch zur europarechtlichen Bewertung; *Ruffert* BeckOK GG Rn. 113 ff.

Patentanwälten die gleichzeitige Zulassung als Rechts- und Patentanwaltsgesellschaft nach den jeweiligen Berufsrechten nicht untersagt werden, da die berufsrechtlichen Pflichten, denen die einzelnen Berufsträger unterworfen sind, ausreichenden Schutz gegen mögliche, aus einer solchen Zusammenarbeit resultierende Gefahren bieten.[730] Dieser Befund dürfte sich grundsätzlich auf alle freien Berufe übertragen lassen, deren Berufsrecht strukturell und inhaltlich weitgenend übereinstimmende Anforderungen formuliert.[731] Unter solchen Voraussetzungen kann auch die Zulassung einer Einzelperson zu unterschiedlichen freien Berufen zulässig sein. Für unzulässig wurde zB das Verbot erachtet, die Berufsbezeichnungen „Rechtsanwalt" und „Architekt" gleichzeitig zu führen, wenn beide Berufe ausgeübt wurden.[732]

Art. 12 Abs. 1 soll zwar nicht unmittelbar Prüfungsmaßstab für die Beschlagnahme von Datenträgern einer Rechtsanwaltskanzlei sein, katalysiert jedoch die Anwendung eines strengen Verhältnismäßigkeitsmaßstabs.[733] Ein Rechtsanwalt braucht eine umfängliche Vormundschaft, wenn ihre Übernahme Teil des Rechtsanwaltsberufs ist, nicht unentgeltlich zu übernehmen.[734] Dies gilt auch für die Pflichtverteidigung.[735]

Sa Notare, insbes. zu Sozietätsverboten.

Residenzpflicht – Die Residenzpflicht bei Patentanwälten ist nur bei verfassungskonformer Auslegung der Befreiungsklausel mit Art. 12 Abs. 1 noch vereinbar.[736]

Sachkundenachweis – Mit Art. 12 Abs. 1 ist eine Regelung unvereinbar, die unabhängig von der konkreten Einzelhandelstätigkeit und der vertriebenen Ware gleich strenge Anforderungen an den Nachweis der Sachkunde stellt, da weder der Schutz der Verbraucher noch der des Berufsstandes solches erfordert.[737]

Studium – Der Gesetzgeber darf die (allgemeine oder fachgebundene) Hochschulreife zur Voraussetzung der Aufnahme in eine Hochschule erklären und dafür Kriterien festlegen.[738] Zum Numerus clausus → Rn. 68.

Tariftreue[739] – Zulässig ist nach Ansicht des BVerfG eine gesetzliche Regelung, welche die Vergabe öffentlicher Aufträge von der Beachtung der jeweils geltenden Lohn- und Gehaltstarife abhängig macht, auch ohne dass ein allgemeinverbindlicher Tarifvertrag vorliegt.[740] Der EuGH hat demgegenüber in den Tarifregelungen deutscher Länder einen Verstoß gegen die Dienstleistungsfreiheit erkannt.[741]

Transportgewerbe – Die (als Berufsausübungsregelungen qualifizierten) Verbote des taxiähnlichen Einsatzes von Mietwagen gegenüber Mietwagenunternehmern[742] und der Unterwegs-Aufnahme von Fahrgästen auf Ausflugsfahrten und Ferienziel-Reisen sind verfassungsgemäß.[743]

Verfassungstreue/Tätigkeit für DDR-Ministerium für Staatssicherheit (MfS) – Für die Zulassung zum öffentlichen Dienst ist das Erfordernis der Verfassungstreue

---

[730] BVerfGE 135, 90 (118 ff.).

[731] So wurde bspw. das Sozietätsverbot für Rechtsanwälte mit Ärzten und Apothekern für verfassungswidrig erklärt, BVerfGE 141, 82 (97 ff.), dazu *Henssler/Trottmann* NZG 2017, 241; *Dahns* NJW-Spezial 2018, 254.

[732] BVerfGE 82, 18 (28).

[733] BVerfGE 113, 29 (48 f.); BVerfG, 6.11.2014 – 2 BvR 2928/10, BeckRS 2014, 59255 Rn. 17 ff. (mit stärkerem Akzent auf Art. 13 als Art. 12).

[734] BVerfGE 54, 251 (270 ff.); zust. *Sachs* JuS 2000, 181 (181).

[735] BVerfG 1 BvR 3171/10 – NJW 2011, 3079.

[736] BVerfGE 65, 116 (125); *Manssen* in MKS Rn. 184; zur europarechtlichen Einordnung *Gornig* NJW 1989, 1120.

[737] BVerfGE 19, 330 (339); *Scholz* in Maunz/Dürig Rn. 356 f.; iE ebenso *Nipperdey/Adomeit* BB 1966, 417 (419 ff.).

[738] BVerfGE 33, 303 (349); 104 (114 f.); 43, 291 (318, 320, 328 f.); BVerfG (K) DVBl. 1996, 1367 (1368); *Becker* NVwZ 1983, 204 (205 f.); *Steinberg/Müller* NVwZ 2006, 1113.

[739] → Rn. 104.

[740] BVerfGE 116, 202 (221 ff.); vgl. Anm. *Preis/Ulber* NJW 2007, 465 (469 f.); krit. *Rieble* NZA 2007, 1.

[741] EuGH C-346/06, Slg. 2008, I-1989, ECLI:EU:C:2008:189 – Rüffert; *Uhl* BB 2008, 1236.

[742] BVerfGE 81, 70 (84 ff.); insoweit hat das BVerfG zwar eine Berufsausübungsregelung angenommen, die jedoch der Berufswahlbeschränkung nahekommt.

[743] BVerwGE 32, 209.

eine zulässige Berufszugangsschranke; dies folgt bereits aus Art. 33 Abs. 2 und Abs. 5 (→ Art. 33 Rn. 71 ff., 136). Von Bewerbern kann verlangt werden, dass sie jederzeit für die freiheitliche demokratische Grundordnung eintreten.[744] Dies gilt auch, wenn die Ausbildung nicht zwingend auf eine spätere Verbeamtung bzw. den Verbleib im Staatsdienst gerichtet ist.[745] Ist aktive Verfassungstreue zwar nicht gesichert, der Bewerber aber auch nicht offenkundig verfassungsfeindlich (sog. neutrale Haltung), so ist ein Vorbereitungsdienst außerhalb des Beamtenverhältnisses ohne Diskriminierung zu ermöglichen.[746] Eine frühere Tätigkeit als MfS-Mitarbeiter kann grundsätzlich eine Kündigung rechtfertigen; der entsprechende Sonderkündigungstatbestand des Einigungsvertrages[747] verstößt nicht gegen Art. 12 Abs. 1.[748] Im Lichte des Art. 33 Abs. 2 ist jedoch stets eine Prognose vorzunehmen, die eine konkrete und Einzelfall bezogene Würdigung der Persönlichkeit des Betroffenen einschließt.[749] Die in Anwendung entsprechender Sondertatbestände erklärte Kündigung wegen bewusst wahrheitswidriger Beantwortung von Fragen zu einer früheren Tätigkeit für das MfS verletzt die Berufswahlfreiheit nicht.[750] Auf Beliehene findet Art. 33 Abs. 5 keine Anwendung. Gesetze können sie zu einem Mindestmaß an Loyalität mit der verfassungsrechtlichen Ordnung verpflichten, wobei die Natur der übertragenen hoheitlichen Aufgabe ebenso zu berücksichtigen ist wie der funktionale Vorrang der dem Art. 12 Abs. 1 entspringenden Gewerbefreiheit.[751] Wird – wie zB bei freien Berufen – keine Hoheitsgewalt ausgeübt, darf ein positives Bekenntnis zur freiheitlichen demokratischen Grundordnung nicht verlangt werden, die Versagung des Berufszugangs wegen staatsgerichteter Straftaten ist jedoch zulässig.

Werbeverbote und Warnhinweise für Dienstleistungsberufe – Werbung kann, insbes. bei freien Berufen, nur beschränkt werden, wenn der Schutz eines Gemeinschaftsinteresses, wie zB Lauterkeit der Informationsvermittlung, den Eingriff zwingend gebietet; die Berufung auf Würde oder Tradition eines Berufsstandes reicht nicht aus.[752] Ein uneingeschränktes Werbeverbot würde nicht nur, da unverhältnismäßig, Art. 12 Abs. 1 widerstreiten, sondern liefe auch dem Informationsbedürfnis der Kunden zuwider. Beschränkungen berufsständischer Werbung, wie sie va Regelungen für Träger „freier (Dienstleistungs-)Berufe" vorsehen, sind im Lichte der „zeitbedingten Veränderungen" zu interpretieren.[753] Aufsichtsmaßnahmen haben grundsätzlich Vorrang vor einer Untersagung der Werbung.[754] Insofern ist die Aussagekraft älterer Judikate[755] begrenzt. Gebilligt hat das BVerfG bei Freiberuflern, wenn diese – wie der Apotheker – zugleich Kaufleute sind, nur das Verbot übertriebener, marktschreierischer Werbung.[756]

---

744 BVerfGE 39, 334 (370); BVerfG NJW 1981, 2683 (2683); BVerwGE 61, 194; *Cremer* NJW 1997, 836 (837).

745 BVerfGE 46, 34 (54); *Schick* NJW 1975, 2169 (2173); diff. *Schnellenbach* ZBR 1996, 327 (328 f.).

746 BAGE 53, 137 (144); vgl. *Manssen* in MKS Rn. 251.

747 Anl. I Kap. XIX Sachgebiet A Abschn. III Nr. 1 Abs. 4 Nr. 1.

748 BVerfGE 92, 140 (150 ff.); zu den inhaltlichen Grenzen und Fragen nach entsprechenden Vorgängen auch im Lichte von Art. 12 Abs. 1 und Art. 33 Abs. 2 vgl. BVerfGE 96, 171 (180 ff.); ebenso *Goerlich* JZ 1995, 900; zum Ganzen *Lakies/Kutscha* NZA 1995, 1079.

749 BVerfGE 92, 140 (155).

750 BVerfGE 96, 171 (185); bestätigt in BVerfG (K) NZA 1998, 1329; BVerfG ZBR 1998, 352.

751 Zur Verfassungstreue eines Bezirksschornsteinfegers: OVG Magdeburg LKV 2009, 183; dazu *Kämmerer* in Kluth, Verfassungstreue jenseits des Beamtentums, 2011, 13 (24 ff.).

752 Vgl. *Kämmerer,* Gutachten H zum 68. DJT, 2010, 94 (96 f.), mit dem Vorschlag, auf ein berufsspezifisches Werberecht zugunsten des UWG ganz zu verzichten. Anders *Ring,* Anwaltliches Werberecht, 2018, 6: „Wer für sich Rechte aus dem Sonderstatus „Rechtsanwalt" reklamiert, kann sich nicht gleichzeitig von damit korrespondierenden (Sonder-)Pflichten dispensieren wollen, die zur Sicherung der Funktionsfähigkeit der Rechtspflege geboten sind […]."

753 BVerfGE 111, 366 (379); *Schumann* NJW 1990, 2089 (2096 f.).

754 BVerfGE 111, 366 (377 ff.).

755 Ärzte: BVerfGE 71, 162 (172 ff.); Anwälte: BVerfGE 36, 212 (219 ff.); 76, 196 (205 f.); eing. *Manssen* in MKS Rn. 168 ff.; *Müller-Thele/Schlegel* MDR 2006, 65.

756 BVerfGE 94, 372 (392 f.); 105, 252 (266); zum Ganzen *Ring* NJW 1997, 768; *Mann* in Sachs Rn. 73.

Auch bei Steuerberatern[757] darf nur unsachliche und übertriebene Werbung beanstandet werden. Ein Verbot sachlicher Information verstößt gegen Art. 12 Abs. 1. Dementsprechend muss Ärzten der Allgemeinmedizin der Hinweis darauf erlaubt sein, dass sie auch in anderen Bereichen Qualifikationen erworben haben und sich dort zulässigerweise betätigen.[758] (Zur Frage, ob Werbebeschränkungen überhaupt durch berufsständisches Satzungsrecht angeordnet werden können → Rn. 86.) Dem Grundsatz nach gestattete Straßenbahnwerbung eines Freiberuflers darf daher nicht im Einzelfall mit der Begründung untersagt werden, Werbung in Plakatgröße sei reklamehaft und daher berufsstandswidrig.[759]

Werbeverbote und Warnhinweise sowie Präsentationsvorschriften für Produkte – Die Pflicht, auf Tabakprodukte Warnhinweise aufzubringen, verletzt Art. 12 Abs. 1 nicht.[760] Selbst ein generelles Tabakwerbeverbot kann grundsätzlich mit Erwägungen des Gesundheitsschutzes gerechtfertigt werden.[761] Wird eine bestimmte Form von Werbung für zulässig erklärt, schließt dies die konsistente Nutzung des erlaubten Mediums ein.

Wiedervereinigung – Die Abwicklung von Arbeitsverhältnissen im öffentlichen Bereich kann durch das Interesse am Aufbau einer modernen, effektiven und rechtsstaatlichen Maßstäben verpflichteten Verwaltung gerechtfertigt sein.[762] Zu Sonderkündigungsregeln für ehemalige MfS-Mitarbeiter vgl. das Stichwort Verfassungstreue.

144 **7. Rechtsfolgen.** Beanstandet das BVerfG gesetzliche Regelungen wegen Verstoßes gegen Art. 12 Abs. 1, so hebt es sie nicht in allen Fällen als verfassungswidrig auf. In einer Reihe von Fällen, welche insbes. den Zugang zu staatlichen Bildungseinrichtungen zum Gegenstand hatten, wurde die **Regelungslücke** für die Übergangszeit bis zur gesetzlichen Neuregelung mit der Begründung hingenommen, dass die sonst eintretende „Funktionsunfähigkeit staatlicher Einrichtungen" der verfassungsmäßigen Ordnung noch ferner stünde als der bereits für verfassungswidrig erklärte Zustand.[763]

III. Verbot von Arbeitszwang und Zwangsarbeit (Art. 12 Abs. 2 u. 3)

145 Art. 12 Abs. 2 u. 3 enthalten – trotz gewisser Überschneidungen mit Art. 12 Abs. 1 – das **eigenständige und einheitliche Grundrecht** der Freiheit von Arbeitszwang und Zwangsarbeit.[764] Mit der besonderen Heraushebung der Unzulässigkeit solcher Eingriffe stellt sich der Verfassungsgesetzgeber historischen Praktiken ostentativ entgegen.[765] Die Selbständigkeit der

---

[757] BVerfGE 111, 366 (380 f.); vgl. *Manssen* in MKS Rn. 175; *Just* EWiR 2005, 189l.

[758] BVerfGE 71, 183 (199); 106, 181 (193 ff.); vgl. *Kreft* EWiR 1986, 403.

[759] BVerfGE 111, 366 (380 f.).

[760] BVerfGE 95, 173 (183 ff.); zust. *Wieland* in Dreier Rn. 72; iE ebenso *Di Fabio* NJW 1997, 2863 (2864).

[761] So auch *Siekmann* DÖV 2003, 657 (663); aA *Ackermann* WRP 1998, 665 (669 f.); der EuGH hat eine entsprechende EG-Richtlinie für gemeinschaftskonform angesehen, EuGH C-380/03, Slg. 2006, I-11573, ECLI:EU:C:2006:772 – Deutschland/EP und Rat; *Gundel* EuR 2007, 251; krit. *Ukena* WRP 1999, 141 (144 f.). Allerdings wurden in erfolglosen Verfahren gegen die EU-Tabakproduktrichtlinie II und das deutsche Umsetzungsgesetz nur die zu kurzen Umsetzungsfristen bemängelt und nicht die Werberestriktionen selbst, vgl EuGH C-220/17, ECLI:EU:C:2019:76 Rn. 71 ff.; BVerfG (K) NVwZ 2016, 1171.

[762] BVerfGE 84, 133 (146 f.); ebenso *Däubler* NJ 1991, 233.

[763] BVerfGE 41, 251 (267); 58, 257 (280 f.); 76, 171 (189); BVerwGE 51, 235 (242 f.).

[764] BVerfGE 74, 102 (115 ff.); 83, 119 (125 ff.); *Jarass* in Jarass/Pieroth Rn. 113; *Scholz* in Maunz/Dürig Rn. 488; für eigenständige, aber nicht einheitliche Grundrechte jeweils in Abs. 2 u. 3: *Wieland* in Dreier Rn. 54 f.; *Manssen* in MKS Rn. 296; *Gusy* JuS 1989, 710 (715).

[765] Vgl. zum entstehungsgeschichtlichen Hintergrund BVerfGE 74, 102 (116 ff.), Erziehungsmaßregeln; JöR nF 1 (1951), 133; *Scholz* in Maunz/Dürig Rn. 10; *Mann* in Sachs Rn. 1 ff.

Rechtsverbürgung folgt bereits daraus, dass anders als bei Art. 12 Abs. 1 nicht nur Deutsche in den Genuss des Rechts kommen.[766] Insoweit findet sie zwar ein Gegenstück in Art. 4 Abs. 2 EMRK, doch ist dieser zur systematischen Auslegung des Art. 12 Abs. 2 u. 3 insoweit nur bedingt geeignet, als die Berufsfreiheit selbst in der Konvention nicht ausdrücklich gewährleistet wird. Im Verhältnis zu Art. 12 Abs. 1 ist Abs. 2 enger, da darin nur der Zwang zu einer „bestimmten" Arbeit untersagt wird, während Art. 12 Abs. 1 jeglichen Zwang zur Aufnahme eines Berufs verbietet. Weiter hingegen sind Art. 12 Abs. 2 u. 3 insoweit gefasst, als sie sich nicht nur auf den Beruf im Sinne der wirtschaftlichen Lebensgrundlage beziehen, sondern auf **jegliche Arbeitsbetätigung, also auch die nicht entlohnte.** Wegen der unterschiedlichen materiellen Anknüpfungen beider Normen (Beruf bzw. Arbeit) stehen die Grundrechte, sofern sie zugleich betroffen sind, in Idealkonkurrenz,[767] wenn die Heranziehung zu einer pflichtigen Arbeit die Ausübung eines Berufs, mit dem sie nicht in sachlicher Verbindung steht, faktisch beeinträchtigt. Wo Zwangsarbeit angeordnet ist, Art. 12 Abs. 3, sind anderweitige berufliche Betätigungen allerdings regelmäßig ausgeschlossen, weswegen für diese Fälle Art. 12 Abs. 1 konsumiert wird und hinter Abs. 3 zurücktritt.[768] Die öffentliche Indienstnahme Privater im Rahmen eines frei gewählten Berufs berührt nach hier vertretener Ansicht Art. 12 Abs. 2 nicht, so dass insoweit allein Art. 12 Abs. 1 Anwendung findet.[769]

1. Niemand darf zu einer bestimmten Arbeit gezwungen werden 146
(Art. 12 Abs. 2). Gem. Art. 12 Abs. 2 darf „niemand" zu Arbeit gezwungen werden, und Art. 12 Abs. 3 statuiert ohne Begrenzung auf einen bestimmten Personenkreis die Unzulässigkeit der Zwangsarbeit. Die Verbürgungen gelten also für **alle natürlichen Personen ohne Rücksicht auf ihre Staatsangehörigkeit.**[770] Juristische Personen üben einen Beruf im Sinne unternehmerischer Betätigung aus, die Subsumtion einer erzwungenen Unternehmenstätigkeit unter den Begriff „Arbeit" bereitet jedoch Schwierigkeiten.[771] Für eine weite Auslegung des Begriffs – und damit die Anwendbarkeit des Grundrechts auch auf juristische Personen (Art. 19 Abs. 3) – spricht der Vergleich mit dem kraft Art. 1 Abs. 2 auch für die Auslegung der Grundrechte des GG beachtlichen[772] Art. 4 EMRK, der nach überwiegend vertretener Rechtsauffassung auch juristische Personen schützt.[773] Überdies wird so ein Gleichklang

---

[766] → Rn. 146.

[767] So auch *Scholz* in Maunz/Dürig Rn. 488; *Burgi/Wolff* in BK Art. 12 Abs. 2 u. 3 Rn. 32; *Umbach* in Umbach/Clemens Rn. 124; anders – Spezialität von Art. 12 Abs. 2 u. 3 – *Jarass* in Jarass/Pieroth Rn. 113; tendenziell auch BVerfGE 98, 169 (204 f.). Sa → Rn. 152.

[768] BVerfGE 98, 169 (205); *Jarass* in Jarass/Pieroth Rn. 93; aA *Umbach* in Umbach/Clemens Rn. 124: Idealkonkurrenz; aA BVerwGE 35, 146 (149): Abs. 1 sei *lex specialis;* ebenso *Scholz* in Maunz/Dürig Rn. 489.

[769] BVerwGE 35, 146 (149 f.); ebenso *Mann* in Sachs Rn. 180; *Manssen* in MKS Rn. 296; diff. *Scholz* in Maunz/Dürig Rn. 489; *Burgi/Wolff* in BK Art. 12 Abs. 1 u. 2 Rn. 49 ff. mwN..

[770] *Manssen* in MKS Rn. 315; *Jarass* in Jarass/Pieroth Rn. 114.

[771] Abl. daher *Dietlein* in Stern StaatsR IV/1 § 111 Kap. II 2 mwN; *Jarass* in Jarass/Pieroth Rn. 114; *Umbach* in Umbach/Clemens Rn. 134; diff. *Manssen* in MKS Rn. 313 f.

[772] Zur Bedeutung der EMRK als Auslegungshilfe BVerfGE 74, 358 (370); 83, 119 (128); 94, 115 (136); eing. *Giegerich* in Grote/Marauhn Konkordanzkommentar EMRK/GG, Kap. 2 Rn. 67 ff.; *Dreier* in Dreier Art. 1 Abs. 2 Rn. 21; vgl. *Starck* in MKS Art. 1 Abs. 2 Rn. 125 mwN; *Höfling* in Sachs Art. 1 Rn. 78; *Jarass* in Jarass/Pieroth Art. 1 Rn. 28.

[773] EKMR 27.9.1976 – 7427/76, DR 7, 148 – Four Companies v. Austria; *Marauhn* in Grote/Marauhn, Konkordanzkommentar EMRK/GG, Kap. 12 Rn. 25; *Frowein* in Fro-

mit Art. 12 Abs. 1 hergestellt, bei dem trotz starker Bezugnahme des Grundrechts auf den Kernbereich der Persönlichkeit keine Bedenken hinsichtlich seiner Geltung für juristische Personen erhoben wurden.[774]

147 Das durch Art. 12 Abs. 2 u. 3 vermittelte Grundrecht ist nicht nur ein eigenständiges, sondern auch ein **einheitliches Grundrecht,**[775] innerhalb dessen Art. 12 Abs. 2 u. 3 nur eine Staffelung der **Eingriffsintensität** zum Ausdruck bringen. Zwangsarbeit ist aus dieser Perspektive lediglich ein besonders gravierender Subtypus des Arbeitszwangs, der sich dadurch auszeichnet, dass die gesamte Arbeitskraft über längere Zeit zur Verfügung gestellt wird.[776] Mitunter wird außerdem vorausgesetzt, die Arbeit müsse sich unter Bewachung oder Einsatz ähnlicher Kontrollinstrumente vollziehen.[777] Weder findet dieses Postulat im Wortlaut der Bestimmung Niederschlag, noch erfordert ihr Telos diese Spezialisierung; ausreichend ist, dass eine vollstreckbare Pflicht zu einer solchen Arbeit begründet wird.[778] Nach anderer Ansicht verläuft die Trennlinie zwischen Arbeitszwang und Zwangsarbeit in der Weise, dass der erste die Heranziehung zu einer selbständigen Arbeit bezeichne, die zur Erfüllung rechtlicher Pflichten des Staates bestimmt sei, während der Zweck der Zwangsarbeit in Strafe oder pädagogischen Motiven bestehe.[779] Das Postulat der Beschränkung des Arbeitszwangs auf selbständige Tätigkeiten ist allerdings inkonsistent, denn Kennzeichen solcher Tätigkeiten ist gerade ihre Weisungs- und damit Zwangsfreiheit.[780] Auch der Unterschied bei der Zielsetzung ist jedenfalls im Wortlaut des Art. 12 so nicht angelegt. Aus wiederum anderer Sicht ist das Attribut „bestimmt" für die Abgrenzung maßgeblich. Demnach soll Art. 12 Abs. 2 Anwendung finden, wenn die Heranziehung zu einer ganz bestimmten Arbeitsleistung erfolgt, während die Auferlegung allgemeiner und gegenständlich unbegrenzter Dienstpflichten als Zwangsarbeit qualifiziert wird und damit unter Art. 12 Abs. 3 fällt.[781] Obwohl diese Auffassung Rückhalt im Normwortlaut findet,[782] lässt sich doch eine eindeutige Korrelation zwischen dem gegenständlichen Umfang einer Tätigkeit und dem Gewicht der Beeinträchtigung nicht herstellen.

148 Der Vorzug gebührt letztlich einer vermittelnden, an die wohl hM angelehnten Betrachtung, welche jedoch von Schwere und Umfang der Heranziehung als grundlegendem Kriterium für die Abgrenzung zwischen Arbeits-

---

wein/Peukert EMRK-Kommentar, Art. 1 Rn. 3; *Grabenwarter,* Europäische Menschenrechtskonvention, 6. Aufl. 2016, § 17 Rn. 5.

[774] Wie hier *Manssen* in MKS Rn. 315; aA *Jarass* in Jarass/Pieroth Rn. 114; *Mann* in Sachs Rn. 179; *Ruffert* in BeckOK GG Rn. 138.

[775] BVerfGE 74, 102 (115 ff.); 83, 119 (125, 128); *Breuer* in HdbStR VIII § 170 Rn. 125; *Jarass* in Jarass/Pieroth Rn. 113; *Scholz* in Maunz/Dürig Rn. 490, 503 f.; *Umbach* in Umbach/Clemens Rn. 126; aA *Manssen* in MKS Rn. 296; *Wieland* in Dreier Rn. 77; *Kingreen/Poscher,* StaatsR II, 34. Aufl. 2018, Rn. 996 sehen in Art. 12 Abs. 2 u. 3 eine Schranken-Schranke zu Art. 12 Abs. 1.

[776] Ebenso *Burgi/Wolff* in BK Art. 12 Abs. 2 u. 3 Rn. 22 f.; aA *Marauhn* in Grote/Marauhn Konkordanzkommentar EMRK/GG, Kap. 12 Rn. 9; *Sachs* in Stern StaatsR IV/1 § 105 Kap. III 1a; *Umbach* in Umbach/Clemens Rn. 131 f.; → Rn. 148.

[777] *Mann* in Sachs Rn. 19; *Manssen* in MKS Rn. 297; *Sachs* in Stern StaatsR IV/1 § 105 Kap. III 1a β.

[778] So auch *Wieland* in Dreier Rn. 78; *Scholz* in Maunz/Dürig Rn. 504.

[779] *Gusy* JuS 1989, 710 (712, 715); *Wieland* in Dreier Rn. 54; *Marauhn* in Grote/Marauhn Konkordanzkommentar EMRK/GG, Kap. 12 Rn. 9.

[780] IE ebenso *Manssen* in MKS Rn. 298; *Breuer* in HdbStR VIII § 170 Rn. 119.

[781] *Manssen* in MKS Rn. 297; diff. *Scholz* in Maunz/Dürig Rn. 504; krit. *Uber* FS f. Schack, 1966, 167 (178 f.).

[782] Vgl. *Manssen* in MKS Rn. 297.

zwang und Zwangsarbeit ausgeht. Wird die gesamte Arbeitskraft über **unbegrenzte Zeit oder zumindest einen erheblichen Zeitraum** in Anspruch genommen oder ist die Verpflichtung inhaltlich unbeschränkt, liegt Zwangsarbeit vor.[783] Art. 12 Abs. 3 umreißt dann den Kernbereich des einheitlichen Grundrechts, in den außerhalb gerichtlich angeordneter Freiheitsentziehungen unter keinen Umständen eingegriffen werden kann, während der weniger belastende Arbeitszwang unter den in Art. 12 Abs. 2 umrissenen Voraussetzungen[784] angeordnet werden darf.

Unter der (bestimmten) Arbeit iSv Art. 12 Abs. 2 (und nach hier vertretener Ansicht auch Art. 12 Abs. 3) ist eine **persönlich erbrachte Tätigkeit** zu verstehen, die hinsichtlich ihres Umfangs und des damit verbundenen Aufwands von **gewisser Erheblichkeit** ist. Dem Kriterium der „Bestimmtheit" kommt keine praktische Bedeutung zu.[785] Inhaltlich unbeschränkte Arbeitspflichten werden meist, wenn auch nicht notwendigerweise, als Zwangsarbeit zu qualifizieren sein.[786] Eine Vorschrift wie § 2 Abs. 2 S. 2 SGB II (bzw. ehemals § 18 Abs. 1 BSHG), wonach jeder erwerbsfähige Hilfsbedürftige seine Arbeitskraft zur Beschaffung des Lebensunterhalts für sich und die mit ihm in Bedarfsgemeinschaft lebenden Personen einsetzen muss, statuiert entgegen Teilen des Schrifttums keine bestimmten Arbeitspflichten iSd Art. 12 Abs. 2: Eine solche Vorschrift ist nur eine Obliegenheit, deren Beachtung Voraussetzung für die Gewährung eines Vorteils ist und deren Missachtung – insbes. die Weigerung, eine zumutbare Arbeit (§ 10 SGB II) auszuüben – einen Nachteil (Absenkung bzw. Verlust des Arbeitslosengeldes II, §§ 31a, 31b SGB II, oder der Hilfe zum Lebensunterhalt, § 39 SGB XII) nach sich zieht.[787] Diese Verhaltenssteuerung durch Vorenthalten von Vergünstigungen kann noch nicht als mittelbarer Zwang zum Arbeiten qualifiziert werden. Dies ist auch dann nicht anders zu beurteilen, wenn die – ausgeschlagene – zumutbare Arbeit seitens des Staates faktisch zugewiesen worden ist.[788] Auf einer anderen Ebene liegen Vorschriften wie Art. 163 WRV, der auch eine „sittliche Pflicht" zum Arbeiten statuierte. Derartige „Pflichten" sind im Sinne einer ethisch-moralischen und nicht als Rechtspflicht zu verstehen und mit Art. 12 Abs. 2 u. 3 insoweit nicht vergleichbar.[789] **149**

Eine teleologische Einengung des Schutzbereichs ergibt sich aus dem Zusammenspiel von Art. 12 Abs. 2 u. 3 und Art. 1 Abs. 1. Ziel des Verfassungsgesetzgebers war es, „durch Art. 12 Abs. 2 und 3 eine Herabwürdigung der Person durch Anwendung bestimmter Methoden des Arbeitseinsatzes, wie sie in totalitär beherrschten Staaten üblich sind, sicher auszuschließen."[790] Das **150**

---

783 → Rn. 161.

784 → Rn. 154 ff.

785 Ebenso *Gusy* JuS 1989, 710 (712); anders *Manssen* in MKS Rn. 302; *Scholz* in Maunz/Dürig Rn. 493: in Abgrenzung zu einer allgemeinen Arbeitspflicht, wie sie in Art. 163 WRV vorgesehen war, jedoch → Rn. 149 aE; *Klenner* ZRP 2019, 178 (180).

786 → Rn. 148.

787 *Wieland* in Dreier Rn. 77; *Scholz* in Maunz/Dürig Rn. 489 aE; *Gusy* JuS 1989, 710 (714); aA BSGE 44, 71 (76); *Breuer* in HdbStR VIII § 170 Rn. 122; *Manssen* in MKS Rn. 304; *Mann* in Sachs Rn. 183.

788 IE auch *Breuer* in HdbStR VIII § 170 Rn. 12, der allerdings auf eine Kollision mit Grundrechten anderer Bürger aus Art. 12 Abs. 1, Art. 14 Abs. 1 abstellt; idS für Asylbewerber: OVG Berlin DÖV 1983, 516 (517); aA *Pietzcker* NVwZ 1984, 550 (556); *Friehe* NVwZ 1983, 387; einschr. VG Hannover NVwZ 1986, 417 (418).

789 Vgl. *Anschütz,* Kommentar zur WRV, 14. Aufl. 1933, Art. 163 Anm. 2.

790 BVerfGE 74, 102 (118), Hervorhebung im Originaltext; vgl. *Breuer* in HdbStR VIII § 170 Rn. 118; *Manssen* in MKS Rn. 292.

BVerfG sieht Art. 12 Abs. 2 u. 3 als stets verletzt an, wenn erzwungene Arbeiten in einer die **Menschenwürde** missachtenden Weise unter gleichzeitigem Verstoß gegen bestimmte Grundrechte gefordert werden – also bspw. durch disziplinarische Erzwingung von Arbeitsleistungen, als Sanktion für die Teilnahme an Streiks (Verstoß gegen Art. 9 Abs. 3 S. 2), im Zuge rassisch, religiös, national oder sozial diskriminierender Akte (Verletzung des Art. 3 Abs. 3), oder wenn sie aus anderen Gründen ungerecht, bedrückend, schikanös oder unnötig hart (vgl. Spruchpraxis der EKMR zu Art. 4 Abs. 2 u. 3 EMRK) sind.[791] Die Anknüpfung an die Verletzung anderer Grundrechte weckt allerdings Bedenken, weil Art. 12 Abs. 2 (bzw. Abs. 3) als eigenständiges Grundrecht auf diese Weise obsolet zu werden droht; denn seine Gewährleistungen würden nach dieser Lesart von der Wesensgehaltsgarantie (Art. 19 Abs. 2) bzw. dem Menschenwürdekern der Spezialgrundrechte vollständig überlagert. Nicht zulässig gem. Art. 12 Abs. 2 u. 3 sind sodann Verpflichtungen zu Aufbauleistungen, wenn sie zwar allgemein, aber herabwürdigend und diktaturtypisch sind (zB Anordnung von Arbeitseinsätzen in Industrie oder Landwirtschaft) oder zwar möglicherweise nicht diese Eigenschaften, aber einen selektiven Adressatenkreis[792] aufweisen. Auch die Anordnung eines „sozialen Pflichtjahres“ für Frauen, als Pendant zum nur Männer betreffenden Wehrdienst, Art. 12a Abs. 1, verstanden, wäre unzulässig.[793]

151 Das BVerfG hat über diese eindeutigen Konstellationen hinaus eine **Fallgruppe** unfreiwillig auferlegter Arbeitspflichten definiert, bei denen die Verletzung des Grundrechts von Umfang und Zielrichtung der Maßnahme abhängig ist und damit einer **wertenden Betrachtung** unterliegt. Begrenzte und nicht allgemeine Arbeitspflichten, denen Einzelne im Rahmen eines differenzierten und gesetzlich ausgeformten Sanktionssystems infolge einer Straftat mit edukativer Zielsetzung unterworfen werden, *können* (bei Erfüllung strenger Verhältnismäßigkeitsanforderungen) aus dem Schutzbereich des Art. 12 Abs. 2 u. 3 herausfallen. Dies gilt insbes. für die nach § 56c Abs. 2 Nr. 1 StGB und – deutlicher noch – § 10 Abs. 1 S. 3 Nr. 4, § 23 JGG zulässige **Weisung, Arbeitsleistungen zu erbringen.**[794] Im Lichte des Menschenwürdezusammenhangs ist diese Erwägung nur tragfähig, wenn man berücksichtigt, dass die verhängte Sanktion dazu dienen soll, die Vollstreckung einer verwirkten Freiheitsstrafe abzuwenden (§ 56f Abs. 1 Nr. 2 StGB, § 26 Abs. 1 Nr. 2 JGG), also als milderes Mittel im Verhältnis zu dieser angesehen wird.[795] Wenn gem. Art. 12 Abs. 3 auch Zwangsarbeit durch auf Freiheitsentziehung lautenden Richterspruch angeordnet werden darf,[796] so muss erst recht eine richterliche Verhängung von Arbeitspflichten zulässig sein, deren Erfüllung zugleich dazu dient, die Freiheitsentziehung abzuwehren. Der Delinquent kann sich weigern, die angeordnete Arbeit aufzuneh-

---

[791] BVerfGE 74, 102 (121); zust. *Jarass* in Jarass/Pieroth Rn. 115; aA *Wieland* in Dreier Rn. 68, der ein Herabwürdigen der Persönlichkeit nicht als Begriffsmerkmal des Arbeitszwanges ansieht; ebenso *Manssen* in MKS Rn. 306.

[792] → Rn. 158.

[793] IE *Kübler* DÖV 1962, 809 (811 f.).

[794] Zu § 10 Abs. 1 S. 3 Nr. 4 JGG vgl. BVerfGE 74, 102 (122), das Verb „können“ ist dort kursiv herausgehoben; ebenso BVerfGE 83, 119 (126 f.); *Gusy* JuS 1989, 714; *Jarass* in Jarass/Pieroth Rn. 116; *Diemer* in Diemer/Schoreit/Sonnen Jugendgerichtsgesetz, 7. Aufl. 2015, § 10 Rn. 32.

[795] Ebenso *Breuer* in HdbStR VIII § 170 Rn. 125; *Wieland* in Dreier Rn. 91; *Manssen* in MKS Rn. 312; aA *Sachs* in Stern StaatsR IV/1 § 105 Kap. III 3b α.

[796] → Rn. 162.

men, hat dann aber in Kauf zu nehmen, dass an ihre Stelle die Freiheitsstrafe tritt.[797] Mit solchen Erwägungen vermag auch die Auferlegung gemeinnütziger Leistungen als Bewährungsauflage nach § 56b Abs. 2 S. 1 Nr. 3 StGB vor Art. 12 Abs. 2 Bestand zu haben.[798]

Von Art. 12 Abs. 2 oder Abs. 3 tatbestandlich **nicht erfasst** werden Tätigkeiten, deren Ausführung nur Nebenpflicht aus Berufstätigkeit oder der Erfüllung einer anderen Pflicht ist, insbes. dann, wenn es sich um bloße Obliegenheiten handelt, deren Nichtbeachtung mit Rechtsnachteilen, aber weder mit Zwang noch Sanktionen verbunden ist. Umstritten ist, ob Zwang zu beruflicher Tätigkeit innerhalb eines frei gewählten Berufs (zB ärztlicher Notdienst) unter Art. 12 Abs. 2 fällt. Das BVerwG legt den Akzent mit Recht auf die freie Wahl des beruflichen Rahmens und sieht insoweit allein Art. 12 Abs. 1 (als Spezialnorm) für einschlägig an,[799] während nach anderer Auffassung Art. 12 Abs. 1 und Art. 12 Abs. 2 ideal konkurrieren.[800] Ebenso wenig fallen freiwillig übernommene Pflichten unter Art. 12 Abs. 2,[801] desgleichen ehrenamtliche Tätigkeiten, die keine Indienstnahme für das gemeine Wohl, sondern einen unmittelbaren amtlichen Beitrag dazu verkörpern, wie Tätigkeiten als Wahlhelfer oder Schöffe[802] oder als Volkszähler.[803] Auch Tätigkeitspflichten, die aus der Polizeipflichtigkeit (als Handlungs- oder Zustandsverantwortlicher) resultieren,[804] ferner Nebenpflichten aus der Eigentümerstellung (Sozialpflichtigkeit des Eigentums) oder der Ausübung eines Berufs, insbes. Verkehrssicherungspflichten,[805] fallen nicht unter Art. 12 Abs. 2 u. 3, müssen allerdings ggf. an Art. 12 Abs. 1 gemessen werden.[806] Tatbestandlich einschlägig ist Art. 12 Abs. 2 damit derzeit nur für kommunale Hand- und Spanndienste,[807] die Feuerwehrdienstpflicht[808] und die Deichhilfe.[809] Als allgemeine und überkommene öffentliche Dienstpflichten werden diese jedoch auch vom Erlaubnisvorbehalt des Hs. 2[810] umfasst. **152**

Unter **Zwang** ist jedes physische (vis absoluta oder compulsiva) oder psychische Mittel zu verstehen, das dazu dient, durch Beugung des Willens einer **153**

---

[797] BVerfGE 83, 119 (127); aA *Burgi/Wolff* in BK Art. 12 Abs. 2 u. 3 Rn. 98.

[798] BVerfGE 83, 119 (125 ff.); krit. *Mann* in Sachs Rn. 192; ebenso *Manssen* in MKS Rn. 306.

[799] BVerwGE 35, 146 (149 f.); so noch BVerfGE 47, 318; 58, 358 zu § 65b StGB; ebenso *Scholz* in Maunz/Dürig Rn. 489; *Mann* in Sachs Rn. 180; *Manssen* in MKS Rn. 298; *Jarass* in Jarass/Pieroth Rn. 113.

[800] *Umbach* in Umbach/Clemens Rn. 124; *Gusy* JuS 1989, 710 (712).

[801] HM, BVerwGE 17, 67 (70); 35, 146 (150); *Scholz* in Maunz/Dürig Rn. 502; *Umbach* in Umbach/Clemens Rn. 128.

[802] Schöffe: BayVGHE 7, 77 (80 f.); *Scholz* in Maunz/Dürig Rn. 492; *Jarass* in Jarass/Pieroth Rn. 116; *Götz* VVDStRL 41 (1983), 7 (26 f.) mwN; *Breuer* in HdbStR VIII § 170 Rn. 119; *Manssen* in MKS Rn. 299.

[803] BayVGH NJW 1987, 2538 (2539); aA *Günther* DVBl. 1988, 429 (430 f.).

[804] BVerwGE 22, 26 (29); *Jarass* in Jarass/Pieroth Rn. 116; *Manssen* in MKS Rn. 301.

[805] BVerwGE 22, 26 (29), Gehwegreinigung; VGH Kassel DVBl. 1979, 83 (84), Schneeräum- und Streupflicht auf Gehwegen; zust. *Mann* in Sachs Rn. 181; *Scholz* in Maunz/Dürig Rn. 492; aA *Manssen* in MKS Rn. 301; *Gusy* JuS 1989, 710 (712).

[806] Vgl. *Scholz* in Maunz/Dürig Rn. 492.

[807] Hierzu *Scholz* in Maunz/Dürig Rn. 500; *Wieland* in Dreier Rn. 90.

[808] BVerfGE 92, 91 (109 ff.), wonach eine solche Pflicht zwar von Art. 12 Abs. 2 erfasst wird, bei Beschränkung auf Männer aber gegen Art. 3 Abs. 3 verstößt. IdS *Wieland* in Dreier Rn. 90; *Mann* in Sachs Rn. 185, 187; aA *Scholz* in Maunz/Dürig Rn. 498, unter Hinweis auf die Möglichkeit sachgerechter Differenzierung; vgl. auch das Urteil des EGMR NVwZ 1995, 365 (365 f.): Verstoß gegen Art. 14 EMRK.

[809] BVerfGE 22, 380 (383); *Held* DVBl. 1954, 345 (348); zur Rechtfertigung → Rn. 156.

[810] → Rn. 159 ff.

Person diese zu der bestimmten Tätigkeit zu bewegen.[811] Er fällt nur unter Art. 12 Abs. 2 oder Abs. 3, wenn er von staatlichen Stellen ausgeht. Die zwangsweise Durchsetzung freiwillig eingegangener Verpflichtungen ist nicht erfasst. Gleiches gilt für die Durchsetzung von Arbeitspflichten im Rahmen privatrechtlicher Arbeits- und Dienstverhältnisse, da diese nicht dem Rechtsverhältnis zwischen Individuum und Staat verhaftet sind.[812] Auch wenn Art. 12 Abs. 2 u. 3 insoweit nicht direkt zur Anwendung kommen, muss die von den Vorschriften verkörperte verfassungsrechtliche Wertung – grundsätzliche Ächtung des Zwangs zum Arbeiten – gleichwohl auch Berücksichtigung finden, wenn der Staat Regeln über die private Durchsetzung vertraglich geschuldeter Arbeitspflichten erlässt.

154 **2. Außer im Rahmen einer herkömmlichen allgemeinen, für alle gleichen öffentlichen Dienstleistungspflicht.** Das GG lässt Arbeitszwang unter der Voraussetzung zu, dass er im Rahmen einer Dienstleistungspflicht angeordnet wird, die erstens öffentlich, zweitens herkömmlich, drittens allgemein ist und viertens für alle gleich gilt. Hierbei handelt es sich nicht um eine Einschränkung des Grundrechtstatbestandes, sondern um einen **Eingriffsvorbehalt.**[813] Dies gilt unabhängig von der Vorgabe, dass die Dienstleistungspflicht „herkömmlich" ist, Dienstleistungspflichten neuer Art also gar nicht eingeführt werden dürfen.[814] Maßgeblich ist lediglich, dass der Rechtstradition eine Pflicht der fraglichen Art bekannt ist; das Bestehen einer wirksamen Rechtsgrundlage zum Zeitpunkt des Inkrafttretens des Grundgesetzes wird dagegen nicht vorausgesetzt. Zur Festschreibung solcher Pflichten bedarf es gleichwohl eines förmlichen Gesetzes, Gewohnheitsrecht genügt nicht.[815] Da das Gesetz über die Dienstleistungspflicht auf einem Eingriffsvorbehalt beruht, muss es Verhältnismäßigkeitsanforderungen genügen, also ein legitimes Ziel verfolgen und Maßnahmen vorsehen, die zur Zielverfolgung geeignet, erforderlich und angemessen sind.[816] Kann das Gemeinwohlziel ebenso gut durch arbeitsbezogene Weisungen oder Auflagen (insbes. solche im Zusammenhang mit strafrichterlichen Entscheidungen, die nach hier vertretener Ansicht nicht unter Art. 12 Abs. 2 fallen)[817] erreicht werden, darf eine Dienstleistungspflicht nicht begründet werden.[818]

155 Eine **öffentliche Dienstleistungspflicht** liegt vor, wenn die – nicht in einer Geld- oder Sachleistung bestehende[819] – Tätigkeit im **Interesse der Allgemeinheit** erbracht wird. Auf Entgeltlichkeit kommt es nicht an. Herkömmlich ist die Pflicht grundsätzlich jedenfalls dann, wenn sie bereits vor der Zeit des Nationalsozialismus eingeführt war.[820] Nach anderer Ansicht soll schon genügen, dass die Pflichten in der Rechtsordnung und im Rechts-

---

[811] *Manssen* in MKS Rn. 303; ähnlich *Mann* in Sachs Rn. 182.

[812] Vgl. *Scholz* in Maunz/Dürig Rn. 502; *Manssen* in MKS Rn. 303.

[813] Vgl. *Jarass* in Jarass/Pieroth Rn. 119; *Wieland* in Dreier Rn. 104; *Mann* in Sachs Rn. 185.

[814] → Rn. 155 f.

[815] *Scholz* in Maunz/Dürig Rn. 501; *Jarass* in Jarass/Pieroth Rn. 119; *Klein* DÖV 1961, 844 (844 f.); aA *Breuer* in HdbStR VIII § 170 Rn. 123; *Held* DVBl. 1954, 345 (345).

[816] Vgl. *Umbach* in Umbach/Clemens Rn. 141; *Wieland* in Dreier Rn. 120.

[817] → Rn. 151.

[818] Ähnlich *Wieland* in Dreier Rn. 120.

[819] *Scholz* in Maunz/Dürig Rn. 496; *Mann* in Sachs Rn. 185.

[820] BVerfGE 92, 91 (111); *Scholz* in Maunz/Dürig Rn. 497; *Mann* in Sachs Rn. 186; *Umbach* in Umbach/Clemens Rn. 137; *Jarass* in Jarass/Pieroth Rn. 119; *Dietlein* in Stern StaatsR IV/1 § 111 Kap. II 3a.

bewusstsein verwurzelt sind.[821] Ein signifikanter Unterschied dürfte sich daraus nicht ergeben, da der Begründung neuer Pflichten jedenfalls eine „Traditionsbarriere" gesetzt ist. Zulässig ist die systemkonforme Anpassung überkommener Dienstpflichten an veränderte Zeitumstände. Der Ausweitung des von der Dienstpflicht betroffenen Personenkreises steht das Herkömmlichkeitskriterium nicht entgegen, solange sie (wie die durch Art. 3 Abs. 3 gebotene Einbeziehung von Frauen in den personalen Geltungsbereich der Feuerwehrdienstpflicht) das Wesen der Pflicht nicht grundlegend verändert.[822]

Die Pflicht muss eine **herkömmliche** sein. Dafür kommt es nicht auf die **156**
konkrete Ausgestaltung oder Bezeichnung an; es reicht aus, wenn sie nach ihrem Wesen über eine Verwurzelung in Rechtsordnung und Rechtsbewusstsein verfügt.[823] Art. 12 Abs. 2 bezweckt keine verfassungsrechtliche Versteinerung in dem Sinne, dass Pflichten vor der Vorschrift nur Bestand haben können, wenn sie und der Zweck, dem sie dienen, exakt so überkommen sind, sondern erlaubt, wenn der Wesenskern der Pflicht bestehenbleibt, deren Adaption an ein sich veränderndes tatsächliches oder rechtliches Umfeld. Zählen die **Feuerwehrpflicht** und die Pflicht zur **Deichhilfe** anerkanntermaßen zu den herkömmlichen Pflichten iSd Art. 12 Abs. 2,[824] dürfte dieser grundsätzlich etwa auch Raum für eine allgemeine **Katastrophenschutzpflicht** bieten. Zu den Pflichten, die der Verfassungsgesetzgeber insbesondere als „herkömmlich" im Blick hatte, gehören neben Feuerwehr- und Deichhilfepflicht die kommunalen **Hand- und Spanndienste** (dh lokale Pflichten zur Verrichtung gemeinnütziger Arbeiten oder zur Bereitstellung von Transportmitteln wie traditionell Gespannen bzw. Fuhrwerken).[825] Vereinzelt werden auch die Inpflichtnahme des Arbeitgebers beim Lohnsteuerabzugsverfahren, die Streu- und Schneeräumpflicht der Straßenanlieger und die Pflicht zur Nothilfe nach § 323c StGB dem Art. 12 Abs. 2 zugerechnet;[826] doch solchen Rechtspflichten ist nicht zwingend der Einsatz eigener Arbeitskraft immanent.[827]

Mit Blick auf die Hand- und Spanndienste hat das BVerwG allerdings die **157**
Ansicht vertreten, dass die Tatsache allein, dass diese Dienste in einem Ort einmal eingeführt worden seien, keine hinreichende Gewähr für ihre Herkömmlichkeit biete; vielmehr könne diese im Zuge von **Änderungen der Sozialstruktur** (etwa wenn am Ort nur noch eine Minderheit im Agrarsektor erwerbstätig ist) entfallen.[828] Überzeugender erscheint es, die Herkömmlichkeit des Dienstes lediglich an dessen Typus zu messen und die Unzulässigkeit in Konstellationen sozialen Wandels auf das Fehlen der **Erforderlichkeit** zu gründen. Auch zur Erfüllung der Feuerwehrpflicht wird regelmäßig nur

---

[821] *Manssen* in MKS Rn. 309; *Klein* DÖV 1961, 844 (845); *Kübler* DÖV 1962, 809 (812); *Gusy* JuS 1989, 710 (713).

[822] BVerfGE 92, 91 (111 f.); *Manssen* in MKS Rn. 309.

[823] *Gusy* JuS 1989, 710 (713); *Manssen* in MKS Rn. 309.

[824] Schriftlicher Bericht des Hauptausschusses zum Entwurf des GG, Anl. zum StenBer. des ParlRat v. 6.5.1949, 11, zit. nach BVerfGE 22, 380 (383).

[825] *Mann* in Sachs Rn. 185; *Scholz* in Maunz/Dürig Rn. 500; aA *Held* DVBl. 1954, 345 (348 f.); vermittelnd *Wahsner,* Erfassung und Integration als System, 1972, 93.

[826] *Wahsner,* Erfassung und Integration als System, 1972, 93; zum Lohnsteuerabzugsverfahren *Kirchhof,* Die Erfüllungspflichten des Arbeitgebers im Lohnsteuerverfahren, 2005, 156 f., 200.

[827] IdS *Scholz* in Maunz/Dürig Rn. 492; *Hofmann* in SHH Rn. 94.

[828] BVerwGE 2, 313 (314); *Scholz* in Maunz/Dürig Rn. 497; *Wieland* in Dreier Rn. 89.

ein kleiner Teil der Bevölkerung effektiv benötigt; verfassungsgemäß ist sie mit der Maßgabe, dass die keinen Dienst leistenden Personen zu einer Ausgleichsabgabe herangezogen werden.[829] Solange der pflichtige Personenkreis die Wahl hat zwischen der Erbringung der Arbeitsleistung und der Abgabe und mit dieser nur die pflichtigen Personen belegt werden, steht Art. 12 Abs. 2 der **Ersatzabgabe** nicht entgegen.[830] Für die Wehrpflicht ist Art. 12a Abs. 1 *lex specialis* zu Art. 12 Abs. 2.[831] Der nach 1949 eingeführte Ersatzdienst entbehrte zwar der „Herkömmlichkeit" iSv Art. 12 Abs. 2, war aber durch Art. 12a Abs. 2 verfassungsrechtlich abgesichert.

158 Sowohl was die Allgemeinheit als auch die Gleichheit der begründeten Pflicht betrifft, stellt sich Art. 12 Abs. 2 als Sonderregelung zu Art. 3 dar. Dem Maßstab der **Allgemeinheit** genügt die Pflichtregelung nicht schon dann, wenn der Personenkreis nach einer „abstrakt-generellen Methode" bestimmt wird,[832] sondern die Pflicht muss jedem auferlegt werden, der zu ihrer Erfüllung geistig und physisch in der Lage ist.[833] Ist der Bedarf an Arbeitsleistungen nicht so hoch, dass jeder zu Arbeitsleistungen herangezogen werden kann, so lässt Art. 12 Abs. 2 entgegen der hM keine Beschränkung der Dienstpflicht auf abgegrenzte Gruppen zu, selbst wenn die Abgrenzung sachgerecht erfolgt;[834] dies würde das Erfordernis der „Allgemeinheit" nahezu gegenstandslos machen und die Pflichten letztlich zu solchen besonderer Bevölkerungsgruppen verkehren. Art. 12 Abs. 2 erlaubt demnach **keine** gesetzlich angeordnete Rekrutierung nur von Mitgliedern **bestimmter Berufsgruppen** oder von Personen mit bestimmter Berufsqualifikation für den Einsatz in Notlagen. Dass solche Maßnahmen – auch – an Art. 12 Abs. 1 zu messen sind, steht der Anwendung des insoweit strengeren Art. 12 Abs. 2 nicht entgegen (→ Rn. 145). Mit gutem Grund haben der Bund und manche Länder von Plänen, aus Anlass der Covid-19-Epidemie für den Fall gesundheitlicher Notstandslagen **Einsatzpflichten für Ärzte** bzw. Inhaber einer Approbation sowie ausgebildetes medizinisches Pflegepersonal einzuführen oder zu gestatten, Abstand genommen. Solche Pflichten dürften auch dem Erfordernis der „Herkömmlichkeit" nicht mehr genügen.

159 Zulässig ist hingegen die Begründung einer allgemeinen Pflicht, die in Abhängigkeit von Vorhandensein oder Fehlen bestimmter Qualifikationen der Pflichtigen in **unterschiedlichen Formen** erfüllt wird. Die bloße Verweisung auf die tatbestandlichen Voraussetzungen einer anderen Pflicht – wie der zweifelsfrei allgemeinen Pflicht zum Katastrophenschutz – reicht nicht aus, wenn die verweisende Norm nach Telos und Zusammenhang auf die Inanspruchnahme spezieller Gruppen abzielt.[835] Grundsätzlich noch zulässig ist auch eine allgemeine Pflicht, die *in natura* nur von einem Teil der

---

[829] *Scholz* in Maunz/Dürig Rn. 500; *Wieland* in Dreier Rn. 90.

[830] BVerfGE 9, 291 (299); 13, 167 (170); *Scholz* in Maunz/Dürig Rn. 500; *Breuer* in HdbStR VIII § 170 Rn. 123; aA bzgl. Feuerwehrabgabe *Blumenthal* BB 1972, 445 (445).

[831] → Art. 12a Rn. 55.

[832] So aber *Manssen* in MKS Rn. 310; *Breuer* in HdbStR VI, 2. Aufl. 2001, § 147 Rn. 93.

[833] So im Grundsatz *Jarass* in Jarass/Pieroth Rn. 119.

[834] Ähnlich *Wieland* in Dreier Rn. 90; aA BVerfGE 13, 167 (170); *Jarass* in Jarass/Pieroth Rn. 119; *Manssen* in MKS Rn. 310; *Scholz* in Maunz/Dürig Rn. 498; *Umbach* in Umbach/Clemens Rn. 138.

[835] So z. B. Art. 6 des Bayerischen Infektionsschutzgesetzes v. 25.3.2020, GVBl. S. 174 (Verweisung auf Art. 9 Abs. 1 S. 1 des Bayerischen Katastrophenschutzgesetzes), dazu markant *Achelpöhler* in Helm/Bundschuh/Wulff, Arbeitsrechtliche Beratungspraxis in Krisenzeiten, 2020, § 10 Rn. 6 ff.

Pflichtigen erfüllt wird (→ Rn. 157), solange die nicht Herangezogenen ihrerseits durch ein Surrogat in Gestalt einer Abgabe die Erfüllung der Pflicht absichern.[836] Dem Erfordernis der **Gleichheit** genügt dieses Modell nur mit der Maßgabe, dass es der Entscheidung des Einzelnen anheimgestellt bleibt, ob er die Dienstleistung *in re* erbringen oder das finanzielle Surrogat leisten will[837] – wobei Letzteres die reale Möglichkeit zur Erbringung der Dienstleistung voraussetzt.[838] Pauschalierungen bei der Abgrenzung des Kreises der Dienstleistungspflichtigen nach Maßgabe der wahrscheinlichen Fähigkeit, sie zu erbringen, sind (wie auch bei Art. 3 Abs. 1)[839] zulässig.[840]

(Noch) nicht an Art. 12 Abs. 2 (sondern ua am allgemeinen Persönlichkeitsrecht in der Variante des Rechts auf informationelle Selbstbestimmung) zu messen ist die Auferlegung von Pflichten gegenüber berufsständischen Organisationen (Verbänden oder Kammern), den Behörden **Informationen über Berufsträger** zu übermitteln, die im Krisenfall eingesetzt werden könnten, solange der mögliche Einsatz unter dem Vorbehalt der Einwilligung des Funktionsträgers bleibt.[841] **160**

3. Zwangsarbeit ist nur bei einer gerichtlich angeordneten Freiheitsentziehung zulässig (Art. 12 Abs. 3). Um Zwangsarbeit handelt es sich nach hier vertretener Ansicht bei **besonders gravierenden Arbeitspflichten,** welche die Person als Ganze erfassen, sei es, weil die gesamte Arbeitskraft über einen unbegrenzten oder erheblichen Zeitraum in Anspruch genommen wird oder weil die Pflicht gegenständlich in keiner Weise eingegrenzt ist (s. auch → Rn. 147 f.). Dabei ist weder erforderlich, dass sich die Betroffenen in einem Arbeitslager befinden, noch dass die geforderte Arbeitsleistung mit körperlicher Kraftaufwendung verbunden ist.[842] **161**

Zwangsarbeit ist nur ausnahmsweise bei einer **gerichtlich angeordneten** Freiheitsentziehung zulässig (vgl. auch Art. 4 Abs. 3 lit. a EMRK[843]). Insoweit gehen die formalen Voraussetzungen des Art. 12 Abs. 3 über den des Art. 104 Abs. 2, der Freiheitsentziehungen unter den Vorbehalt richterlicher Anordnung stellt, nicht hinaus. Dies gilt umso mehr, als die Anordnung von Zwangsarbeit nach dem Wortlaut der Vorschrift lediglich „bei", also im Rahmen der gerichtlich angeordneten Freiheitsentziehung zu erfolgen hat, aber nicht selbst vom Richter ausgesprochen worden sein muss.[844] Durch Gesetz[845] können daher (wie in §§ 37, 41 Abs. 1 StVollzG) Arbeitspflichten für Strafgefangene abstrakt-generell begründet werden, ohne dass das richterliche Urteil ausdrücklich die Verurteilung zur Arbeitsleistung umschließt. Im **162**

---

836 BVerfGE 9, 291 (299); 13, 167 (170); vgl. *Hofmann* in SHH Rn. 98; *Mann* in Sachs Rn. 188.

837 Anders BVerfGE 13, 167 (170 f.).

838 BVerfGE 9, 291 (299 f.).

839 → Art. 3 Rn. 99 f.

840 BVerfGE 13, 167 (170 f.).

841 So etwa Art. 5 Abs. 2 BayIfSG, der isoliert betrachtet im Lichte des Art. 12 Abs. 2 unbedenklich ist.

842 → Rn. 146.

843 Vgl. EGMR 9.2.2016 – 10109/14 Rn. 69 ff. – Meier/Schweiz zur Zulässigkeit einer Arbeitspflicht im Strafvollzug auch nach Erreichen des Renteneintrittsalters; zur Frage der Freiwilligkeit der Arbeit s. EGMR 30.3.2017 – 21884/15, NJOZ 2018, 1394 (1397 f.) – Chowdury ua/Griechenland.

844 Vgl. *Sachs* in Stern StaatsR IV/1 § 105 Kap. III 3b β γγ; wohl auch *Umbach* in Umbach/Clemens Rn. 140 „im Rahmen richterlich angeordneter Freiheitsentziehungen".

845 Zum Erfordernis eines formellen Gesetzes vgl. *Sachs* in Stern StaatsR IV/1 § 105 Kap. III 3.

Lichte des Menschenwürdebezugs[846] unterliegt die Anordnung von Zwangsarbeit jedoch **strengen Verhältnismäßigkeitsanforderungen.** Die Einführung von Zwangsarbeit für Untersuchungsgefangene wäre schon deswegen unverhältnismäßig, weil sie durch kein von der Verfassungsordnung gebilligtes Ziel gerechtfertigt werden könnte.[847] Pflichtarbeit im Strafvollzug und bei der Sicherungsverwahrung hat das BVerfG unter dem Vorzeichen der Resozialisierung ausdrücklich gebilligt, solange sie unter der öffentlich-rechtlichen Verantwortung der Vollzugsbehörden erfolgt (was die Möglichkeit des Einsatzes in anderen Betrieben unter staatlicher Aufsicht einschließt).[848] Eine angemessene (finanzielle oder anderweitige) Anerkennung der geleisteten Arbeit, die beim Gefangenen eine positive Einstellung zur Arbeit fördert, ist insbes. zur Erreichung des Resozialisierungsziels geboten.[849]

C. Verhältnis des Art. 12 zu anderen Bestimmungen des GG

I. Andere Freiheitsrechte

163 Zum Verhältnis zwischen Art. 12 Abs. 1 einerseits und Art. 12 Abs. 2 u. 3 andererseits → Rn. 145. Im Verhältnis zu **Art. 2 Abs. 1** geht Art. 12 Abs. 1 nach ganz hM als lex specialis vor.[850] Umstritten bleibt die Abgrenzung der Schutzbereiche beider Vorschriften. Dies betrifft nicht nur die Abgrenzung zwischen Regelungen mit „berufsregelnder Tendenz", auf die Art. 12 Abs. 1 Anwendung finden soll, und solchen, die in Ermangelung einer solchen Tendenz in Art. 2 Abs. 1 eingreifen, soweit kein anderes Freiheitsrecht zur Anwendung kommt.[851] Auch ist die Zuordnung bestimmter, im Zusammenhang mit der Berufsausübung stehender Freiheitssphären zu dem einen oder anderen Grundrecht umstritten. Nach (abzulehnender) Gegenansicht sollen die Wettbewerbs- und die Vertragsfreiheit Art. 2 Abs. 1 zugeordnet sein.[852] Die Schranken des Art. 2 Abs. 1 gelten für Art. 12 Abs. 1 aber nicht. Die früher vertretene Gegenansicht gründete sich auf die Annahme, dass die Berufsfreiheit im Rahmen der durch Art. 2 Abs. 1 garantierten freien Entfaltung der Persönlichkeit wirke.[853] Genau umgekehrt sieht dies die heute ganz überwiegend vertretene Lehre von der **Spezialität,** wonach der Anwendungsbereich des Art. 2 Abs. 1 nur so weit reicht, wie besondere Freiheitsrechte wie Art. 12 Abs. 1 nicht Platz greifen.[854] Die im Vergleich zu Art. 2 Abs. 1 größere Rigidität der Schranken bei Art. 12 Abs. 1 ist im Verfassungswortlaut nicht klar angelegt, sondern gründet auf der Auslegungspraxis und -tradition dieses Grundrechts. Insofern sind Eingriffe in die Berufsfreiheit

[846] → Rn. 150.

[847] IE auch *Breuer* in HdbStR VIII § 170 Rn. 125; *Manssen* in MKS Rn. 313.

[848] BVerfGE 98, 169 (204 f.).

[849] BVerfGE 66, 199 (208); 98, 169 (200 f.); *Hofmann* in SHH Rn. 100; *Manssen* in MKS Rn. 312.

[850] BVerfGE 6, 32 (37); 70, 1 (32); 94, 372 (389); BVerwGE 1, 48 (51); 96, 302 (318); *Scholz* in Maunz/Dürig Rn. 122; *Jarass* in Jarass/Pieroth Rn. 3; *Wieland* in Dreier Rn. 170; *Hofmann* in SHH Rn. 101; *Burgi* in BK Art. 12 Abs. 1 Rn. 380.

[851] BVerfGE 37, 1 (17 f.); 55, 7 (25 ff.); *Jarass* in Jarass/Pieroth Rn. 15.

[852] → Rn. 76 f.

[853] *Scheuner* DÖV 1956, 65 (69 f.); *Dürig* AöR 81 (1971), 117 (121); *Umbach* in Umbach/Clemens Rn. 28.

[854] BVerfGE 8, 274 (328); 9, 338 (343); 68, 223; *Di Fabio* in Maunz/Dürig Art. 2 Abs. 1 Rn. 80; *Dreier* in Dreier Art. 2 Abs. 1 Rn. 93; *Ossenbühl* AöR 115 (1990), 1 (4 f.); *Manssen* in MKS Rn. 272; *Umbach* in Umbach/Clemens Rn. 22 ff.

nicht schon dann gerechtfertigt, wenn das dazu ermächtigende Gesetz formell und materiell im Einklang mit dem Grundgesetz steht, sondern nur, wenn damit ein Gemeinwohlziel verfolgt wird, dessen eigene verfassungsrechtliche Anbindung mit zunehmender Schwere des Eingriffs immer enger sein muss.[855]

Idealkonkurrenz besteht zwischen Art. 12 Abs. 1 und den Freiheitsrechten der Art. 4, Art. 5 Abs. 1 und Art. 5 Abs. 3 andererseits. Wird die berufliche Tätigkeit von Geistlichen, Wissenschaftlern oder Künstlern eingeschränkt, ist neben diesen Grundrechten stets auch Art. 12 Abs. 1 betroffen; auch der Zugang zu Presse- und Rundfunkberufen unterliegt Art. 5 Abs. 1 und Art. 12 Abs. 1 gleichermaßen.[856] Das BVerfG hat den Verlust wissenschaftlicher Arbeitsplätze infolge einer Befristungsregelung allerdings nur an Art. 12 Abs. 1 als dem „sachnäheren" Grundrecht messen wollen und lediglich zugestanden, die besondere Bedeutung der Arbeitsverhältnisse für die wissenschaftliche Betätigung sei bei der Anwendung des Berufsgrundrechts zu berücksichtigen.[857] Eine überzeugende Begründung dafür, warum Art. 12 Abs. 1 erheblich sachnäher sein solle als Art. 5 Abs. 3, findet sich in den Ausführungen des Gerichts nicht; zudem führt die Anknüpfung an ein so vages Kriterium wie „Sachnähe" für die Anwendung einer Ausnahme zu Rechtsunsicherheit.[858] Wird zielgerichtet die Berufstätigkeit von Wissenschaftlern geregelt, sollte daher Idealkonkurrenz von Art. 5 Abs. 3 und Art. 12 Abs. 1 angenommen werden. Ähnliches gilt für das Verhältnis zwischen Religions- und Berufsfreiheit: Der Vorschlag, beim Vertrieb religiöser Schriften zwischen inhalts- und vertriebsbezogenen Maßnahmen zu unterscheiden,[859] ist weder praktikabel, noch wird er der Tragweite dieser Grundrechte hinreichend gerecht.[860] Hingegen fällt das Schächten von Tieren durch einen jüdischen oder muslimischen Metzger lediglich in den Schutzbereich des Art. 12 Abs. 1 und nicht zugleich in den des Art. 4 Abs. 1; dessen Wertung ist jedoch bei der verfassungsrechtlichen Prüfung der Rechtfertigung von Beschränkungen zu berücksichtigen und verstärkt insoweit den Schutzgehalt des Art. 12 Abs. 1.[861] **164**

Wo Idealkonkurrenz besteht, kann ein Problem daraus erwachsen, dass Art. 4 und Art. 5 Abs. 3 „schrankenlos" gewährleistete Grundrechte sind. Wegen des engen Zusammenspiels der betroffenen Freiheitsrechte kann nicht angenommen werden, dass ein Eingriff zwar zur Verletzung des Art. 4 Abs. 1, Abs. 2 oder Art. 5 Abs. 3, nicht aber des Art. 12 Abs. 1 führt, oder umgekehrt; die formal unterschiedlichen Eingriffsvoraussetzungen müssen daher materiell aufeinander abgestimmt werden. Diese zur Wahrung des **165**

---

855 → Rn. 109 ff.

856 Eing. *Scholz* in Maunz/Dürig Rn. 166 f., 170 ff., 180 ff. mwN; vgl. *Wieland* in Dreier Rn. 172 ff.; *Manssen* in MKS Rn. 279 ff.; *Burgi* in BK Art. 12 Abs. 1 Rn. 377 f.

857 BVerfGE 85, 360 (382), wobei darauf verwiesen wird, die mit der Befristung einhergehende generelle Gefährdung der Forschungstätigkeit mindere das Gewicht der durch Art. 5 Abs. 3 S. 1 verstärkten Belange; krit. *Manssen* in MKS Rn. 283; *Däubler* EWiR 1992, 675; anders *Scholz* in Maunz/Dürig Art. 5 Abs. 3 Rn. 180, Idealkonkurrenz.

858 Vgl. *Dietlein* in Stern StaatsR IV/1 § 111 Kap. VII 3.

859 *Gubelt* in v. Münch/Kunig, 5. Aufl. 2000, Rn. 95 aE; *Bachof* in Bettermann/Nipperdey/Scheuner Grundrechte, III/1, 1958, 155 (169 f.).

860 Krit. auch *Lepa* DVBl. 1972, 161 (164).

861 BVerfGE 104, 337 (345 f.); im konkreten Fall wurde allerdings auf Art. 2 Abs. 1 rekurriert, da der Metzger Nichtdeutscher war. Kritisch zu derartigen „Kombinationsgrundrechten" und unter Besprechung dieser Entscheidung *Augsberg/Augsberg* AöR 132 (2007), 539 (544 ff.).

Grundrechtsschutzes erforderliche[862] Harmonisierung ist durch die relativ formalen und spezifisch auf die Berufsfreiheit zugeschnittenen Anforderungen der Stufenlehre mitunter erschwert worden: Während sie für Berufsausübungsbeschränkungen „vernünftige Erwägungen des Gemeinwohls" genügen lässt, bedarf es mit Blick auf die anderen betroffenen Grundrechte verfassungsimmanenter Schranken. Die im strukturellen Ansatz auf eine herkömmliche Verhältnismäßigkeitsprüfung zulaufende „neue Formel" des BVerfG zu Art. 12 Abs. 1[863] erleichtert das Austarieren der Eingriffsvoraussetzungen nun insofern, als für die Gewichtigkeit des Eingriffs nicht mehr ausschließlich an die Grundkoordinaten Berufswahl/Berufsausübung angeknüpft wird. Ist also neben Art. 12 Abs. 1 auch ein schrankenlos gewährleistetes Grundrecht betroffen, wiegt der Eingriff in die Berufsfreiheit so schwer, dass nur eine Rechtfertigung durch Güter mit Verfassungsrang verhältnismäßig sein kann.

166 **Vorrang** genießt Art. 12 Abs. 1 im Verhältnis zu Art. 11, wo es um die Niederlassung zur Ausübung eines Berufes geht (die nach hier vertretener Ansicht auch bei Selbständigen unter das Merkmal „Wahl des Arbeitsplatzes" fällt[864]).

167 Gegenüber einer Reihe von Vorschriften **tritt** Art. 12 Abs. 1 ganz oder teilweise **zurück.** Die verfassungsrechtlichen Berufsverbote für den BPräs. (Art. 55 Abs. 2) und die Mitglieder der BReg. (Art. 66) schließen eine Berufung auf Art. 12 Abs. 1 aus. Zum Verhältnis zu Art. 12a s. dort (→ Art. 12a Rn. 55). Für den öffentlichen Dienst finden sich Sonderregelungen in Art. 33 Abs. 2, Abs. 4 und Abs. 5, welche die Gewährleistungen des Art. 12 Abs. 1 für diesen Bereich konkretisieren, die Vorschrift aber nicht verdrängen.[865] Dieser kommt nur noch insoweit zur Anwendung, als die Bestimmungen keine spezifischen Aussagen enthalten. Für „freie Berufe", insbes. sog. „staatsgebundene Berufe", hat die früher hM eine partielle Verdrängung des Art. 12 Abs. 1 durch die Wertungen des Art. 33 angenommen. Überzeugender ist die Annahme, dass Art. 12 insoweit volle Anwendung findet, die Staatsnähe der Berufe – unter allenfalls systematischer Berücksichtigung der sich aus Art. 33 ergebenden Wertungen – jedoch bei der Zulässigkeit von Beschränkungen ins Gewicht fällt.[866] Nach umstrittener Auffassung übt auch der Abgeordnete einen Beruf aus.[867] Im Grundsatz ist dieser Aussage zuzustimmen, da für die weitaus meisten Abgeordneten das Amt die wirtschaftliche und finanzielle Existenzgrundlage darstellt und die Diäten (Art. 48) heute weniger als Aufwandsentschädigung denn der Sache nach als Besoldung verstanden werden müssen.[868] Die rechtspraktischen Auswirkungen dieser Erkenntnis jedoch sind gering: Nicht nur gehen Art. 38 ff. als *leges speciales* dem Art. 12 Abs. 1 vor; der Abgeordnete kann die Verletzung dieser Rechte auch grundsätzlich nicht mit der Verfassungsbeschwer-

---

[862] BVerfGE 104, 337 (346); krit. *Hofmann* in SHH Rn. 101; *Hain/Unruh* DÖV 2003, 147 (150 f.); *Volkmann* DVBl. 2002, 332 (333).

[863] → Rn. 123.

[864] → Rn. 56.

[865] → Rn. 40; BVerfGE 7, 377 (397 f.); 39, 334 (369); 96, 189 (197); *Breuer* in HdbStR VIII § 170 Rn. 128; *Jarass* in Jarass/Pieroth Rn. 22; krit. *Wieland* in Dreier Rn. 44; *Scholz* in Maunz/Dürig Rn. 206 ff.

[866] → Rn. 41.

[867] BVerfGE 40, 296 (312); 118, 277 (286); krit. *Roth* AöR 129 (2004), 219; *Linck* NJW 2008, 24.

[868] BVerfGE 40, 296 (318 f.); *v. Arnim* NVwZ 2006, 249 (250).

de geltend machen, sondern ist auf den Organstreit verwiesen.[869] Lediglich die Verweigerung des Zugangs zum „Abgeordnetenberuf" (passives Wahlrecht) kann qua Verfassungsbeschwerde gerügt werden, allerdings ist auch insoweit Art. 38 Abs. 1 S. 2 und nicht Art. 12 Abs. 1 einschlägig.[870]

Im Gegensatz zum persönlichkeits- und aktivitätsbezogenen,[871] also gleichsam dynamischen Grundrecht des Art. 12 Abs. 1 wirkt die Eigentumsgarantie des **Art. 14 Abs. 1** objektbezogen und eher statisch. Grundsätzlich schützt Art. 12 Abs. 1 die wirtschaftliche Betätigung selbst, Art. 14 Abs. 1 dagegen deren Ergebnis sowie deren materielle Grundlagen. Dies wird durch die Formel zum Ausdruck gebracht, Art. 14 Abs. 1 schütze das Erworbene, Art. 12 Abs. 1 den Erwerb.[872] Daher kann eine staatliche Maßnahme beide Grundrechte zugleich nicht unter dem gleichen Gesichtspunkt betreffen. Denkbar ist gleichwohl, dass eine Regelung sowohl auf das Erworbene als auch auf die erwerbswirtschaftliche Betätigung unter Einsatz der Eigentumsobjekte ausstrahlt und Art. 12 Abs. 1 somit parallel zu Art. 14 einschlägig ist.[873] Gerade Berufsausübungsregelungen wirken sich vielfach zugleich auf den Schutzbereich des Eigentums aus. Dabei sind die rechtsdogmatischen Besonderheiten zu beachten, die Art. 14 nach hM aufweist: Ein und dieselbe Maßnahme, die Berufsfreiheit und Eigentum gleich gravierend betrifft, regelt bei diesem nur Inhalt und Schutzbereich, während sie in denjenigen der Berufsfreiheit auch eingreift.[874] Dennoch wird grundsätzlich eine Regelung, die zulässigerweise in die Berufsfreiheit eingreift, auch unter dem Gesichtspunkt der Inhalts- und Schrankenbestimmung des Eigentums verfassungsgemäß sein.[875] Gleiches gilt für eine Enteignung nach Art. 14 Abs. 3, wenn sie auch Ertrag oder Grundlagen der beruflichen Betätigung betrifft. Soweit Art. 15 die Monopolisierung unternehmerischer Tätigkeit zulässt, ist auch Art. 12 Abs. 1 nicht verletzt.[876] **168**

II. Gleichheitsrechte

Greift der Staat in die Berufsfreiheit ein, muss er Sorge dafür tragen, dass nicht einzelne (Gruppen von) Regelungsadressaten ohne zureichenden sachlichen Grund stärker belastet werden als andere. Die hM sieht dann eine Verletzung von Art. 12 Abs. 1 iVm Art. 3 Abs. 1 als gegeben an.[877] Bedenklich erscheint dabei die starke rechtsdogmatische Betonung des Art. 12 **169**

[869] StRspr, BVerfGE 6, 445 (448 f.); 64, 301 (312); 97, 408 (414); *Bethge* in Maunz/Schmidt-Bleibtreu/Klein/Bethge, Bundesverfassungsgerichtsgesetz, Bd. II, BVerfGG § 90 Rn. 38, 84; *Benda/Klein,* Verfassungsprozessrecht, 3. Aufl. 2012, Rn. 1012; *Magiera* in Sachs Art. 38 Rn. 72; ähnlich *Hofmann* in SHH Rn. 99.

[870] BVerfGE 40, 296 (308); 64, 301 (313); *Benda/Klein,* Verfassungsprozessrecht, 3. Aufl. 2012, Rn. 1012.

[871] BVerfGE 30, 292 (334 mwN); vgl. *Breuer* in HdbStR VIII § 170 Rn. 130; *Wieland* in Dreier Art. 14 Rn. 200; dem Grunde nach zust. *v. Mutius* VerwArch 63 (1972), 329 (333 f.); krit. *Scholz* in Maunz/Dürig Rn. 147 f. mwN.

[872] BVerfGE 30, 292 (335); 85, 360 (383); 88, 366 (377); 126, 112 (135); BGH NJW 1990, 3260 (3262); *Manssen* in MKS Rn. 289; *Jarass* in Jarass/Pieroth Rn. 3; *Wittig* FS f. Müller, 1970, 575 (50).

[873] BVerfGE 8, 71 (79 ff.); 21, 150 (160); 143, 246 (391 f.); *Scholz* in Maunz/Dürig Rn. 138; *Breuer* in HdbStR VIII § 170 Rn. 130; *Hofmann* in SHH Rn. 107; *Mann* in Sachs Rn. 197.

[874] → Art. 14 Rn. 154.

[875] BVerfGE 16, 147; 17, 232 (248 f.); 50, 290 (364); *Scholz* in Maunz/Dürig Rn. 150; *Manssen* in MKS Rn. 290; *Leisner* JZ 1972, 33 (34).

[876] → Art. 15 Rn. 26; *Scholz* in Maunz/Dürig Rn. 151.

[877] BVerfGE 25, 236 (251); 30, 292 (327); *Breuer* in HdbStR VIII § 170 Rn. 129; *Scholz* in Maunz/Dürig Rn. 153 f.; *Mann* in Sachs Rn. 199; krit. *Selmer* DÖV 1972, 551 (553 ff.).

Abs. 1, obwohl der Gleichheitsverstoß nicht zwingend mit einer übermäßigen Beschränkung der Freiheit des Berufs einhergehen muss – auch wenn dies in der Realität vielfach der Fall sein wird. Soweit auf die Ungleichheit der Behandlung abgestellt wird, bildet Art. 12 Abs. 1 nur das „tertium comparationis". Nicht Art. 3 Abs. 1, sondern Art. 12 Abs. 1 soll verletzt sein, wenn eine zum Schutz eines Gemeingutes erlassene berufsbeschränkende Regelung eine Gruppe von Normadressaten systemwidrig erheblich stärker belastet als eine andere.[878] Der Aussage des BVerfG, der Gesetzgeber sei bei Art. 12 Abs. 1 weniger frei als beim Gleichheitssatz, da dessen konkreter Gehalt für bestimmte Lebensbereiche erst bestimmt werden müsse,[879] soll zwar nicht widersprochen werden, ihr praktischer Erkenntniswert ist aber gering.[880]

170 Werden durch eine Berufsregelung Einzelne ohne sachlichen Grund stärker belastet als andere, ist Art. 3 Abs. 1 iVm Art. 12 Abs. 1 betroffen. Eine andere Beurteilung ist nach hA geboten, wenn die höhere Belastung sich auf Einzelne in atypischen Konstellationen beschränkt. Insoweit wird dem Gesetzgeber wie auch sonst bei Gleichheitssachverhalten ein **Typisierungsspielraum** zuerkannt („generalisierende Betrachtungsweise"). Die Ungleichbehandlung bei „aus dem Rahmen fallenden Sonderfällen" sei dann aus verfassungsrechtlicher Sicht hinzunehmen.[881] Gegenüber dieser Auffassung ist insoweit Skepsis angebracht, als Art. 12 Abs. 1 anerkanntermaßen gerade auch den „atypischen Beruf" schützt.[882] Das Recht des Gesetzgebers, ein „Berufsbild" auf normativem Wege zu zeichnen, geht nicht mit einem Freibrief zur Schlechterstellung von Berufen einher, die dem Bild nicht entsprechen. Insofern ist für die Typizität nicht so sehr an das Berufsbild als vielmehr an die Gefahren anzuknüpfen, denen mit der gesetzlichen Regelung begegnet werden soll.[883]

171 Die Abgrenzung zwischen Freiheits- und Gleichheitsverstoß kann Probleme aufwerfen, wo die **Folgerichtigkeit** in Art. 12 Abs. 1 eingreifender gesetzlicher Maßnahmen in Frage steht. Laut BVerfG muss „bei einer Gesamtabwägung zwischen der Schwere des Eingriffs und dem Gewicht der ihn rechtfertigenden Gründe die Grenze des Zumutbaren gewahrt bleiben."[884] Entscheidet sich der Gesetzgeber in Ausschöpfung seines Einschätzungsspielraums gegen ein strenges und für ein eingeschränktes Schutzkonzept, so können Eingriffe, die bei einem strengen Schutzkonzept hingenommen werden müssten, unverhältnismäßig und damit verfassungswidrig sein. Die Interessen einer Gruppe von Normadressaten (zB Wirte kleinerer Schankgaststätten bei Verhängung eines Rauchverbots), die im Verhältnis zu einer anderen Gruppe (zB Wirte von Schankgaststätten, die über einen als Raucherzimmer deklarierbaren Nebenraum verfügen) erhebliche Nachteile erleidet, gewinnen im Rahmen der vorzunehmenden Gesamtabwägung an Ge-

---

[878] → Rn. 143 unter „Rauchverbot in Gaststätten".

[879] BVerfGE 7, 377 (404).

[880] Zu Spielräumen bei Art. 12 Abs. 1 → Rn. 113; vgl. zum Verhältnis zwischen Art. 3 Abs. 1 und Art. 12 Abs. 1 in einzelnen Sachbereichen → Rn. 65 f., 73, 105.

[881] BVerfGE 25, 236 (251); 30, 292 (327); 34, 71 (79); *Jarass* in Jarass/Pieroth Rn. 52 mwN.

[882] → Rn. 28.

[883] Krit. auch *Jarass* in Jarass/Pieroth Art. 3 Rn. 38; *Osterloh* in Sachs Art. 3 Rn. 119 ff. Das BVerfG (GewArch 2008, 28 (31 f.)) stellt demgegenüber (neben der Abwehr von Gefahren für die Tiergesundheit) auch darauf ab, ob das einheitliche Berufsbild (Hufbeschlagschmied) mit dessen überschießender Qualifikation einen Zuwachs an beruflichen Chancen und soziales Ansehen erwarten lässt.

[884] BVerfGE 121, 317 (346), Rauchverbote.

wicht.[885] Das BVerfG hat insbes. im verfolgten Gemeinwohlziel (Gesundheitsschutz) einen hinreichenden sachlichen Grund für die Differenzierung gesehen und daher nicht Art. 3 Abs. 1, wegen mangelnder Folgerichtigkeit bzw. Schlüssigkeit des gesetzlichen Konzepts jedoch Art. 12 Abs. 1 für verletzt erachtet.[886] Die alleinige Anknüpfung an Art. 12 Abs. 1 weckt Skepsis, da für die verfassungsrechtliche Untragbarkeit des Eingriffs gerade die unterschiedliche Belastung zweier wirtschaftlich konkurrierender Gruppen und damit eine Ungleichbehandlung ausschlaggebend war.[887]

D. Kritische Würdigung

Die geltende Fassung des Art. 12 Abs. 1 erscheint unzeitgemäß. Ihr Wortlaut spiegelt die **gesellschaftlichen Entwicklungen** im Berufs- und Erwerbsleben und die mit ihr verbundene Fortschreibung der Rechtsdogmatik nur unvollkommen wider. Zwar scheint eine gewisse Distanzierung auch des BVerfG selbst von seiner Stufenlehre und ihren präterkonstitutionellen Auslegungsmaximen auf das Gegenteil zu deuten; jedenfalls hat die Forderung, die sich in der Stufenlehre manifestierende dogmatische Eigendynamik des Art. 12 Abs. 1 müsse im Normtext Niederschlag finden,[888] mit deren Niedergang an Boden verloren. Den praktischen Anforderungen aber, wie sie mit der Entwicklung des europäischen **Binnenmarktes** einhergehen, wird der sowohl auf Deutsche beschränkte als auch auf natürliche Personen fokussierte personale Schutzbereich der Vorschrift unabhängig davon nicht mehr ganz gerecht. Die sich offenbarenden Lücken vor allem beim **personellen Schutzbereich** werden immer mehr durch europäische Grundfreiheiten sowie das allgemeine Diskriminierungsverbot des AEUV (Art. 18) gefüllt. Zum einen sollte der personelle Schutzbereich des Art. 12 Abs. 1 de lege ferenda auf Nichtdeutsche, zumindest aber Unionsbürger erstreckt und zum anderen in den Katalog der erfassten berufsbezogenen Tätigkeiten auch das Gründen und Führen von Unternehmen explizit aufgenommen werden (Berufsfreiheit als *Unternehmer*freiheit). Als *Unternehmens*freiheit ist Art. 12 Abs. 1 bereits durch Art. 19 Abs. 3 anerkannt. Dieser, nicht Art. 12 Abs. 1, steht angesichts der zunehmenden unternehmerischen Betätigung niedergelassener ausländischer Gesellschaften in Deutschland insoweit, als er ausländischen juristischen Personen die Grundrechtsträgerschaft – und damit auch die Berufsfreiheit – versagt, auf dem Prüfstand. Um der europäischen Niederlassungsfreiheit (Art. 49, 54 AEUV) Rechnung zu tragen, waren die Mitgliedstaaten zunächst gezwungen, den Zuzug ausländischer Unternehmen unter Beibehaltung ihrer Gesellschaftsrechtsformen zu akzeptieren;[889] der dadurch angestoßene Rechtswettbewerb[890] rang vielen, unter ihnen auch 172

[885] BVerfGE 121, 317 (363).

[886] BVerfGE 121, 317 (358).

[887] Anders zB BVerfGE 122, 210 (231), worin allein eine Verletzung von Art. 3 Abs. 1 geprüft und bejaht wurde, Freiheitsgrundrechte hingegen nicht geprüft wurden; hingegen BVerfGE 149, 126 (153).

[888] Vgl. *Lücke,* Die Berufsfreiheit, 1994, 8.

[889] EuGH C-212/97, Slg. 1999, I-1459, ECLI:EU:C:1998:380 – Centros; EuGH C-208/00, Slg. 2002, I-9919, ECLI:EU:C:2002:632 – Überseering; EuGH C-167/01, Slg. 2003, I-10195, ECLI:EU:C:2003:512 – Inspire Art.

[890] S. nur *Weller,* ZEuP 2016, 53 (64 ff.) für einen Überblick der Entwicklung im Gesellschaftsrecht durch die europäische Rechtsprechung.

Deutschland, Gesetzesänderungen ab, welche die „Mitnahme" der Gesellschaftsform bei Wegzug ins Ausland gestatteten (Aufgabe der sog. Sitztheorie).[891] Zu guter Letzt sollte eine Änderung des Art. 12 Abs. 1 Anlass bieten, die **Einheitlichkeit des „Berufsgrundrechts" stärker zu betonen** als in der geltenden Fassung, die – noch dazu in redaktionell inkonsequenter Weise – eine trennscharfe Fragmentierung in Berufswahl und Berufsausübung suggeriert. Damit würde sich der verfassungsändernde Gesetzgeber die Erkenntnis des BVerfG zu eigen machen, dass die in der Rechtswirklichkeit verbreitete Unsicherheit über die Zuordnung eines Sachverhalts zu Berufswahl oder Berufsausübung eine an diese Unterscheidung anknüpfende formalisierte Verhältnismäßigkeitsprüfung in Frage stellt.

173 Eine redaktionelle Überarbeitung erscheint auch bei **Art. 12 Abs. 2 u. 3** angebracht, deren Wortlaut durch Unschärfen geprägt ist. Aufgegeben werden sollte nicht nur die Aufspaltung des einheitlichen Grundrechts – oder, nach anderer Ansicht, verwandter Grundrechtstatbestände – in zwei Absätze, deren Anwendungsbereiche überdies kaum stringent voneinander abgegrenzt werden können. Da von Art. 12 Abs. 2 heute nur noch wenige Dienstpflichten von praktischer Bedeutung erfasst werden, sollte auch erwogen werden, seine unbestimmten Rechtsbegriffe durch präzisere Vorgaben oder gar einen konkreten Pflichtenkatalog zu substituieren.

Literatur

B. Ackermann, Die Bedrohung der Werbefreiheit, WRP 1998, 665. – ***K. Adomeit,*** Die gestörte Vertragsparität – ein Trugbild, NJW 1994, 2467. – ***C. Antweiler,*** Öffentlich-rechtliche Unterlassungsansprüche gegen kommunale Wirtschaftstätigkeit, NVwZ 2003, 1466. – ***Ch. Armbrüster,*** Zivilrechtliche Folgen des Gesetzes zur Regelung der Rechtsverhältnisse der Prostituierten, NJW 2002, 2763. – ***O. Bachof,*** Zum Apothekenurteil des Bundesverfassungsgerichts, (Anmerkung zu: BVerfG, Urteil vom 11.6.1958 – 1 BvR 596/56), JZ 1958, 468. – ***P. Badura,*** Verteilungsordnung und Zuteilungsverfahren bei der Bewirtschaftung knapper Güter durch die öffentliche Verwaltung, FS f. Friauf, 1996, 529. – ***P. Badura,*** Arbeit als Beruf (Art. 12 Abs. 1 GG), FS f. Herschel, 1982, 21. – ***S. Barden,*** Grundrechtsfähigkeit gemischt-wirtschaftlicher Unternehmen, 2002. – ***M. Bätzel,*** Studienfinanzierung im Sozialstaat, 2003. – ***H. Bauer/W. Kahl,*** Europäische Unionsbürger als Träger von Deutschen-Grundrechten?, JZ 1995, 1077. – ***U. Becker,*** Zur verfassungsrechtlichen Stellung der Vertragsärzte am Beispiel der zulassungsbezogenen Altersgrenzen, NZS 1999, 521. – ***W. Berg,*** Berufsfreiheit und verbotene Berufe, GewArch 1977, 249. – ***Ch. Berringer,*** Regulierung als Erscheinungsform der Wirtschaftsaufsicht, 2004. – ***H. Bethge,*** Der Grundrechtseingriff, VVDStRL 57 (1998), 7. – ***H. Bethge,*** Art. 12 Abs. 1 GG als Grundrecht der gewerblichen Veranstaltung und Vermittlung von Glücksspielen im Bereich von Sportwetten, WiVerw 2008, 77. – ***J. Bormann,*** Die Ausschreibung von Monopolstellungen – Probleme und Lösungsansätze, ZöGU 1999, 256. – ***A. Borrmann,*** Der Schutz der Berufsfreiheit im deutschen Verfassungsrecht und im europäischen Gemeinschaftsrecht, 2002. – ***A. Brandstetter,*** Der Erlass von Berufsordnungen durch Kammern der freien Berufe, 1971. – ***R. Brehm/W. Zimmerling,*** Abbau von Hochschulkapazitäten unter Berücksichtigung von Art. 12 Abs. 1 GG, WissR 2000, 22. – ***R. Breuer,*** Die Zukunft der Freien Berufe zwischen Deregulierung und Neuordnung, DVBl. 2010, 1010. – ***Ch. Brüning,*** Nichts geht mehr? – Zum grundrechtlichen Schutz der Berufsfreiheit vor staatlicher Wirtschaftstätigkeit, JZ 2009, 29. – ***B.-O. Bryde,*** Art. 12 Grundgesetz – Freiheit des Berufs und Grundrecht der Arbeit, NJW 1984, 2177. – ***H. Buchner,*** Grundrechtsschutz durch Privatrecht auf neuer Grundlage?, RdA 1982, 12. – ***M. Burgi,*** Der Beliehene – ein Klassiker im modernen Verwaltungsrecht, FS f.

[891] § 5 AktG und § 4a GmbHG, wonach Sitz der Gesellschaft nunmehr der vom Gesellschaftsvertrag bestimmte Ort im Inland ist; *Kämmerer* EuR 2008, 45 (51 ff.), iÜ → Rn. 16.

Maurer, 2001, 581. – ***M. Burgi/C. Krönke,*** Die ausgleichspflichtige Indienstnahme, VerwArch 2018, 423. – ***C. Corell/J. Wagner,*** Die Nichtraucherschutzgesetze der Länder in der Novellierung, DÖV 2009, 698. – ***W. Cremer,*** Gewinnstreben als öffentliche Unternehmen legitimierender Zweck – Die Antwort des Grundgesetzes, DÖV 2003, 921. – ***D. Czybulka,*** Berufs- und Gewerbefreiheit: Ende oder Fortbildung der Stufentheorie?, NVwZ 1991, 145. – ***W. Däubler,*** Neues zur betriebsbedingten Kündigung, NZA 2004, 177. ***O. Depenheuer,*** Freiheit des Berufs und Grundfreiheiten der Arbeit, FS 50 Jahre BVerfG II, 2001, 241. – ***Th. Dieterich,*** Grundgesetz und Privatautonomie im Arbeitsrecht, RdA 1995, 129. – ***E. Dorndorf,*** Freie Arbeitsplatzwahl und Recht am Arbeitsergebnis, 1979. – ***F. M. Entzer/S. Saurer,*** Nichtraucherschutz im Hotel- und Gaststättengewerbe, BB 2008, 1116. – ***K. Faßbender,*** Wettbewerbsrelevantes Staatshandeln und Berufsfreiheit: Quo vadis, Bundesverfassungsgericht?, NJW 2004, 816. – ***D. Felix,*** Sozialstaatliche Aspekte der Studierendenauswahl und der Einführung von Studiengebühren, in M. Fehling/J. A. Kämmerer/K. Schmidt (Hrsg.), Hochschulen zwischen Gleichheitsidee und Elitestreben, Rechtsfragen der Diversifizierung, 2005, 107. – ***G. Fischer/Th. Wünsch,*** Der Bologna-Prozess an den Juristischen Fakultäten, 2006. – ***W. Frenz,*** Die Berufsfreiheit – Nichtraucherschutz, Sportwetten, Studiengebühren, JA 2009, 252. – ***K. H. Friauf,*** Die Freiheit des Berufes nach Art. 12 Abs. 1 GG, JA 1984, 537. – ***L. Fröhler/G. Mörtel,*** Der Berufsbegriff des Art. 12 Abs. 1 Grundgesetz in der Rechtsprechung des Bundesverfassungsgerichts, GewArch 1979, 105. – ***K. F. Gärditz,*** Studiengebühren, staatsbürgerliche Gleichheit und Vorteilsausgleich, WissR 38 (2005), 157. – ***M. Günther,*** Die Heranziehung als Volkszähler und das Verbot des Arbeitszwanges (Art. 12 Abs. 2 GG), DVBl. 1988, 429. – ***Chr. Gusy,*** Arbeitszwang – Zwangsarbeit – Strafvollzug – BVerfGE 74, 102, JuS 1989, 710. – ***P. Häberle,*** Altern und Alter des Menschen als Verfassungsproblem, FS f. Lerche, 1993, 189. – ***P. Häberle,*** Arbeit als Verfassungsproblem, JZ 1984, 345. – ***P. Häberle,*** Berufsständische Satzungsautonomie und staatliche Gesetzgebung, DVBl. 1972, 909. – ***D. Hahn,*** Das Recht der freien Berufe in der jüngeren Rechtsprechung des Bundesverwaltungsgerichts, GewArch 2006, 129. – ***P. Hanau,*** Verfassungsrechtlicher Kündigungsschutz, FS f. Dieterich, 1999, 201. – ***K. Hailbronner,*** Hochschulzugang, zentrale Studienplatzvergabe und Hochschulauswahlverfahren, WissR 35 (2002), 209. – ***U. Hammer/B. Nagel,*** Abbau von Hochschulkapazitäten unter Berücksichtigung von Art. 12 Abs. 1 GG, NJW 1976, 654. – ***V. Haug,*** Rechtliche Möglichkeiten und Grenzen einer Einführung von Studiengebühren, WissR 33 (2000), 1. – ***O. Haußleiter,*** Beruf und Gewerbe nach dem Bonner GG, DÖV 1952, 496. – ***H. Hege,*** Das Grundrecht der Berufsfreiheit im Sozialstaat, 1977. – ***C. W. Hegenröder,*** Das Spannungsverhältnis von Art. 12 GG und Art. 14 GG im Verhältnis zwischen Arbeitgeber und Arbeitnehmer, FS f. Hadding, 2004, 81. – ***H. Held,*** Die Unzulässigkeit von Hand- und Spanndiensten nach geltendem Verfassungs-, Verwaltungs- und Völkerrecht, DVBl. 1954, 345. – ***V. Hellmann,*** Eine Warnung vor dem Bundesverfassungsgericht – Die Glykol-Entscheidung des BVerfG vom 26.6.2002, NVwZ 2005, 163. – ***P. Henseler,*** Staatliche Verhaltenslenkung durch Subventionen im Spannungsfeld zur Unternehmerfreiheit des Begünstigten, VerwArch 77 (1986), 249. – ***M. Henssler,*** Der Richtlinienvorschlag über die Anerkennung von Berufsqualifikationen, EuZW 2003, 229. – ***G. Hermes,*** Grundrechtsschutz durch Privatrecht auf neuer Grundlage? Das BVerfG zu Schutzpflicht und mittelbarer Drittwirkung der Berufsfreiheit, NJW 1990, 1764. – ***H. A. Hesse,*** Der Einzelne und sein Beruf: Die Auslegung des Art. 12 Abs. 1 GG und das Bundesverfassungsgericht aus soziologischer Sicht, AöR 95 (1970), 449. – ***P. Hilpold,*** Hochschulzugang und Unionsbürgerschaft, EuZW 2005, 647. – ***S. Hirtschulz,*** Numerus clausus und Verfassungsverwirklichung, 1979. – ***H. Hoffmann,*** Die Verstaatlichung von Berufen, DVBl. 1964, 457. – ***H. Hoffmann,*** Gesundheitsrecht und Berufsfreiheit, DVBl. 1962, 541. – ***W. Hoffmann-Riem,*** Die grundrechtliche Freiheit der arbeitsteiligen Berufsausübung, FS f. Ipsen, 1977, 385. – ***W. Höfling,*** Berufsfreiheit und autonome Berufskonstruktion, DVBl. 1987, 881. – ***W. Höfling,*** Beruf – Berufsbild – Berufsfeld, DÖV 1989, 110. – ***W. Höfling,*** Alter und Altersgrenzen im (Hochschul-) Recht – eine Problemskizze, FS f. Leuze, 2003, 263. – ***H. Hohmann,*** Berufsfreiheit (Art. 12 GG) und Besteuerung, DÖV 2000, 406. – ***P. M. Huber,*** Konkurrenzschutz im Verwaltungsrecht, 1991. – ***P. M. Huber,*** Meldepflichten, Information und Warnung – zwischen Art. 19 BasisVO, § 40a LMBG, § 8 ProdSG und dem Glykol-Beschluß des Bundesverfassungsgerichts, ZLR 2004, 241. – ***F. Hufen,*** Ladenschluß – Zum verfassungsrechtlichen Kern eines politischen Dauerthemas, NJW 1986, 1291. – ***F. Hufen,*** Berufsfreiheit – Erinnerung an ein Grundrecht, NJW 1994, 2913. – ***J. Ipsen,*** „Stufentheorie" und Übermaßverbot – Zur Dogmatik des Art. 12 GG, JuS 1990, 634. – ***J. Ipsen,*** Wirtschaftliche Betätigung der Gemeinden als kommunalrechtliche und verfassungsrechtliche Fragestellung, FS f. Rauschning, 2001, 645. – ***H. D. Jarass,*** Zum Grundrecht auf Bildung und Ausbildung, DÖV 1995, 674. – ***H. Kaelble,*** Vergabeentscheidung und Verfahrensgerechtigkeit, Zur wirtschaftslenkenden Auftragsvergabe gemessen an der Berufsfreiheit, den Grundfreiheiten und dem Beihilfenverbot, 2008. –. – ***J. A. Kämmerer,*** Die Zukunft der Freien Berufe zwischen Deregulierung und Neuordnung, Verhandlungen der 68. Deutschen Juristentages, Gutachten H (Abteilung „Berufsrecht"), 2010. – ***J. A. Kämmerer/G. Thüsing,*** Tariftreue im Vergaberecht, ZIP 2002, 596. – ***J. A. Kämmerer/G. Thüsing,*** Leiharbeit und Verfassungsrecht, 2005. – ***H. H. Klein,*** Bemerkungen zu Art. 12 Abs. 2 S. 1 GG, DÖV 1961, 844. – ***M. Kleine-Cosack,*** Vom Amt des Notars zum freien Beruf, DNotZ 2004, 327. – ***W. Kluth/F. Rieger,*** Die neue EU-Berufsanerkennungsrichtlinie – Regelungsgehalt und Auswirkungen für Berufsangehörige und Berufsorganisationen, EuZW 2005, 486. – ***H.-J. Kraemer,*** Die präjudizierende Bedeutung des „Apothekenurteils", DVBl. 1958, 850. – ***U. Kramer/B. Mai,*** Das Hochschulstudium und seine Kosten, WissR 38 (2005), 313. – ***A. Krölls,*** Grundgesetz und ärztliche Niederlassungsfreiheit, GewArch 1993, 217. – ***V. Kurz,*** Prostitution und Sittenwidrigkeit, GewArch 2002, 142. – ***M. Lang,*** Die Grundberechtigung der Nachfolgeunternehmen im Eisenbahn-, Post- und Telekommunikationswesen, NJW 2004, 3601. – ***S. Langer,*** Strukturfragen der Berufsfreiheit, JuS 2003, 203. – ***H. Langwieser,*** Das Grundrecht der freien Wahl des Arbeitsplatzes, 1967. – ***S. Laskowski,*** Die Ausübung der Prostitution, 1997. – ***H. Lecheler,*** Freiheit des Berufes und Grundrecht der Arbeit, VVDStRL 43 (1985), 48. – ***W. Leisner,*** Öffentliches Amt und Berufsfreiheit, AöR 93 (1968), 161. – ***W. Leisner,*** Eigentümer als Beruf, JZ 1972, 33. – ***W. G. Leisner,*** Der Meistertitel im Handwerk – (weiter) ein Zwang? – Europarechtliche und verfassungsrechtliche Probleme, GewArch 2006, 393. – ***M. Limanowski,*** Die Haftung des Staates für Verletzungen der Berufsfreiheit, 2019. – ***J. Lindner,*** Zur grundrechtsdogmatischen Struktur der Wettbewerbsfreiheit, DÖV 2003, 185. – ***R. A. Lorz,*** Die Erhöhung der verfassungsgerichtlichen Kontrolldichte gegenüber berufsrechtlichen Einschränkungen der Berufsfreiheit – Eine Analyse am Beispiel der berufsrechtlichen Werbeverbote, NJW 2002, 169. – ***W. Löwer,*** Der Staat als Wirtschaftssubjekt und Auftraggeber, VVDStRL 60 (2001), 416. – ***J. Lücke,*** Die Berufsfreiheit, 1994. – ***Th. Mann,*** Randnotizen zum Richtlinienentwurf über die Anerkennung von Berufsqualifikationen, EuZW 2004, 615. – ***G. Manssen,*** Berufsfreiheit bei der Berufsausübung?, BayVBl. 2001, 641. – ***M. Martini,*** Der Markt als Instrument hoheitlicher Verteilungslenkung, 2008. – ***Ch. F. Menger,*** Der Anspruch auf Zulassung zum Vorbereitungsdienst und dessen Beschränkbarkeit, VerwArch 1982, 86. – ***F. Michl,*** Das Sondervotum zum Apothekenurteil, JöR 68 (2020), 323. – ***M. Möstl,*** Freiheit und Gebundenheit der Freien Berufe, WiVerw 2002, 213. – ***A. v. Mutius,*** Grundrechte als „Teilhaberrechte" – zu den verfassungsrechtlichen Aspekten des „numerus clausus", VerwArch 1973, 183. – ***H. Nipperdey/K. Adomeit,*** Die Berufsfreiheit als ein Grundelement der sozialen Marktwirtschaft, BB 1966, 417. – ***K. Obermeyer/U. Steiner,*** Die Monopole der öffentlichen Sachversicherung und das Grundrecht der Berufsfreiheit, NJW 1969, 1457. – ***F. Ossenbühl,*** Die Freiheiten des Unternehmers nach dem Grundgesetz, AöR 115 (1990), 1. – ***H. J. Papier,*** Art. 12 GG – Freiheit des Berufs und Grundrecht der Arbeit, DVBl. 1984, 801. – ***H. J. Papier,*** Zulassungsbeschränkungen für Ärzte aus verfassungsrechtlicher Sicht, Versicherungswirtschaft (VW) 1985, 952. – ***H. J. Papier,*** Staatliche Monopole und Berufsfreiheit – dargestellt am Beispiel der Spielbanken, FS f. Stern, 1997, 543. – ***H. J. Papier,*** Arbeitsmarkt und Verfassung, RdA 2000, 1. – ***Ch. Pestalozza,*** Landesverfassungsrechtliche Fragen eines Hochschulgeldes in Hessen, Rechtsgutachterliche Stellungnahme im Auftrag der hessischen Landesregierung, 2007. – ***B. Pieroth/B. Hartmann,*** Grundrechtsschutz gegen wirtschaftliche Betätigung der öffentlichen Hand, DVBl. 2002, 421. – ***J. Pietzcker,*** Art. 12 Grundgesetz – Freiheit des Berufs und Grundrecht der Arbeit, NVwZ 1984, 550. – ***J. Pietzcker,*** Gerichtsschutz im Unterschwellenbereich und Tariftreueklauseln – zwei klärende Entscheidungen des Bundesverfassungsgerichts, ZfBR 2007, 131. – ***R. Pitschas,*** Berufsfreiheit und Berufslenkung, 1983. – ***H. Plander,*** Zulässigkeit des absoluten numerus clausus für Studienanfänger, NJW 1972, 1941. – ***U. Preis/D. Ulber,*** Tariftreue als Verfassungsproblem, NJW 2007, 465. – ***Th. Puhl,*** Der Staat als Wirtschaftssubjekt und Auftraggeber, VVDStRL 60 (2001), 456. –***V. Rieble,*** Tariftreue vor dem BVerfG, NZA 2007, 1. – ***E. Riedel,*** Theorie der Menschenrechtsstandards: Funktionen, Wirkungsweise und Begründung wirtschaftlicher und sozialer Menschenrechte, 1983. – ***G. Ring,*** Berufsbild und Werbemöglichkeiten der Apotheker nach der zweiten Apothekenentscheidung des Bundesverfassungsgerichts, NJW 1997, 768. – ***K. Ritgen,*** Versteigerung von Funkfrequenzen und Vergabe von Telekommunikationslizenzen, AöR 127 (2002), 351. – ***F. Rittner,*** Die gestörte Vertragsparität und das Bundesverfassungsgericht, NJW 1994, 3330. – ***P. Ruess,*** Schluss mit Ladenschluss?, WRP 2004, 1324. – ***H. H. Rupp,*** Das Grundrecht der Berufsfreiheit in der Rechtsprechung des Bundesverfassungsgerichts, AöR 92 (1967), 212. – ***Ch. Scharpf,*** Die wirtschaftliche Betätigung von Gemeinden zwischen Grundrechtsrelevanz und kommunalem Selbstverwaltungsrecht, GewArch 2005, 1. – ***A. Scheidler/A. Büttner,*** Das „ODDSET“-Urteil des Bundesverfassungsgerichts und dessen Folgen, GewArch 2006, 401. – ***U. Scheuner,*** Grundrechtsinterpretation und Wirtschaftsordnung. Zur Auslegung des Art. 12 Grundgesetz, DÖV 1956, 65. – ***U. Scheuner,*** Das Grundrecht der Berufsfreiheit, DVBl. 1958, 845. – ***A. Schmehl,*** Studiengebühren in Hessen – verfassungsgemäß?, NVwZ 2006, 883. – ***B. Schmidt am Busch,*** Die Beleihung: Ein Rechtsinstitut im Wandel, DÖV 2007, 533. – ***Ch. Schmidt-Eriksen,*** Art. 12 GG – Freiheit des Berufs und Recht auf Arbeit, DtZ 1990, 108. – ***J. Schmitt,*** Die Rechtsprechung zur Zulassungsbeschränkung an den Hochschulen, DVBl. 1971, 382. – ***H.-P. Schneider,*** Art. 12 GG – Freiheit des Berufs und Grundrecht der Arbeit, VVDStRL 43 (1985), 7. – ***J.-P. Schneider,*** Der Staat als Wirtschaftssubjekt und Steuerungsakteur, DVBl. 2000, 1250. – ***B. Schöbener,*** Verfassungsrechtliche Maßgaben des Zugangs zum Anwaltsnotariat gem. Art. 12 Abs. 1 iVm Art. 33 Abs. 2 GG, NWVBl. 2005, 41. – ***F. Schoch,*** Staatliche Informationspolitik und Berufsfreiheit, DVBl. 1991, 667. – ***G. F. Schuppert,*** Der Zugang zu den Universitäten – eine Bilanz der Rechtsprechung des Bundesverfassungsgerichts zum numerus clausus, FS f. Hirsch, 1981, 567. – ***J. Schwabe,*** Die Stufentheorie des Bundesverfassungsgerichts zur Berufsfreiheit, DÖV 1969, 734. – ***F. Selbmann/K. Kiebs,*** Rechtsprobleme des neuen Auswahlverfahrens der Hochschule, DÖV 2006, 816. – ***H. Siekmann,*** Verfassungsmäßigkeit eines umfassenden Verbots der Werbung für Tabakprodukte, DÖV 2003, 657. – ***H. Sodan,*** Freie Berufe als Leistungserbringer, 1997. – ***H. Sodan,*** Vorrang der Privatheit als Prinzip der Wirtschaftsverfassung, DÖV 2000, 361. – ***H. Sodan,*** Verfassungsrechtsprechung im Wandel – am Beispiel der Berufsfreiheit, NJW 2003, 257. – ***Ch. Starck,*** Regelungskompetenzen im Bereich des Art. 12 Abs. 1 GG und ärztliches Berufsrecht, NJW 1972, 1489. – ***R. Steinberg/H. Müller,*** Art. 12 GG, Numerus Clausus und die neue Hochschule, NVwZ 2006, 113. – ***U. Steiner,*** Das deutsche Arbeitsrecht im Kraftfeld von Grundgesetz und Europäischem Gemeinschaftsrecht, NZA 2008, 73. – ***R. Stober,*** Die Berufsfreiheit der freien Berufe, NJW 1981, 1529. – ***R. Stober,*** Zur staatlichen Regulierung der gewerblichen Spielevermittlung, GewArch 2003, 305. – ***J. Taupitz,*** Die Standesordnungen der freien Berufe: Geschichtliche Entwicklung, Funktionen, Stellung im Rechtssystem, 1991. – ***P. J. Tettinger,*** Das Grundrecht der Berufsfreiheit in der Rechtsprechung des Bundesverfassungsgerichts, AöR 108 (1983), 92. – ***P. J. Tettinger,*** Wettbewerb in den freien Berufen – berufsgrundrechtliche Aspekte, NJW 1987, 294. – ***P. J. Tettinger,*** Berufsbild und Werbemöglichkeiten der Apotheker nach der zweiten Apothekenentscheidung des Bundesverfassungsgerichts, GewArch 1999, 265. – ***P. J. Tettinger,*** Rechtsprechungslinien des Bundesverfassungsgerichts zu Höchstaltersgrenzen als berufsbezogene Regelungen, DVBl. 2005, 1397. – ***Ch. Tsiliotis,*** Der verfassungsrechtliche Schutz der Wettbewerbsfreiheit und seine Einwirkungen auf die privatrechtlichen Beziehungen, 2000. – ***G. Uber,*** Freiheit des Berufs, 1952. – ***G. Uber,***

Arbeitszwang, Zwangsarbeit, Dienstpflichten, FS f. Schack, 1966, 167. – ***W. Graf Vitzthum,*** Auf der Suche nach einer sozio-ökonomischen Identität? Staatszielbestimmungen und soziale Grundrechte in Verfassungsentwürfen der neuen Bundesländer, VBlBW 1991, 404. – ***U. Volkmann,*** Schächterlaubnis für muslimischen Metzger, DVBl. 2002, 332. – ***A. Voßkuhle,*** Glücksspiel zwischen Staat und Markt, VerwArch 87 (1996), 395. – ***M. Wallerath,*** Ladenschluß und Konkurrentenschutz, NJW 2001, 781. – ***R. Weber,*** Mitbestimmung – Sprengkörper der Verfassungsstruktur?, AöR 104 (1979), 521. – ***G. Webers,*** Ladenschluss und Sonntagsschutz, GewArch 2005, 60, – ***M. Weiss,*** Grundrechte-Charta der EU auch für Arbeitnehmer?, AuR 2001, 374. – ***W. Weiß,*** Öffentliche Monopole, kommunaler Anschluß- und Benutzungszwang und Art. 12 GG, VerwArch 90 (1999), 415. – ***R. Wendt,*** Berufsfreiheit als Grundrecht der Arbeit, DÖV 1984, 601. – ***J. Wieland,*** Arbeitsmarkt und staatliche Lenkung, VVDStRL 59 (2000), 13. – ***N. Wunderlich,*** Das Grundrecht der Berufsfreiheit im Europäischen Gemeinschaftsrecht, 2000. – ***Th. Würtenberger/M. Fehling,*** Zur Verfassungswidrigkeit des Curricularnormwertes für das Fach Rechtswissenschaft, JZ 2000, 173. – ***U. Zachert,*** Ein Mosaik von Arbeitnehmergrundrechten im Grundgesetz, BB 1998, 1310. – ***M. Zimmermann,*** Landesrechtliche Rauchverbote in Gaststätten und die Grundrechte der Betreiber von (Klein-)Gaststätten, NVwZ 2008, 705.

Art. 12a [Wehrdienst und andere Dienstverpflichtungen]

(1) Männer können vom vollendeten achtzehnten Lebensjahr an zum Dienst in den Streitkräften, im Bundesgrenzschutz oder in einem Zivilschutzverband verpflichtet werden.

(2) [1] Wer aus Gewissensgründen den Kriegsdienst mit der Waffe verweigert, kann zu einem Ersatzdienst verpflichtet werden. [2] Die Dauer des Ersatzdienstes darf die Dauer des Wehrdienstes nicht übersteigen. [3] Das Nähere regelt ein Gesetz, das die Freiheit der Gewissensentscheidung nicht beeinträchtigen darf und auch eine Möglichkeit des Ersatzdienstes vorsehen muß, die in keinem Zusammenhang mit den Verbänden der Streitkräfte und des Bundesgrenzschutzes steht.

(3) [1] Wehrpflichtige, die nicht zu einem Dienst nach Absatz 1 oder 2 herangezogen sind, können im Verteidigungsfalle durch Gesetz oder auf Grund eines Gesetzes zu zivilen Dienstleistungen für Zwecke der Verteidigung einschließlich des Schutzes der Zivilbevölkerung in Arbeitsverhältnisse verpflichtet werden; Verpflichtungen in öffentlich-rechtliche Dienstverhältnisse sind nur zur Wahrnehmung polizeilicher Aufgaben oder solcher hoheitlichen Aufgaben der öffentlichen Verwaltung, die nur in einem öffentlich-rechtlichen Dienstverhältnis erfüllt werden können, zulässig. [2] Arbeitsverhältnisse nach Satz 1 können bei den Streitkräften, im Bereich ihrer Versorgung sowie bei der öffentlichen Verwaltung begründet werden; Verpflichtungen in Arbeitsverhältnisse im Bereiche der Versorgung der Zivilbevölkerung sind nur zulässig, um ihren lebensnotwendigen Bedarf zu decken oder ihren Schutz sicherzustellen.

(4) [1] Kann im Verteidigungsfalle der Bedarf an zivilen Dienstleistungen im zivilen Sanitäts- und Heilwesen sowie in der ortsfesten militärischen Lazarettorganisation nicht auf freiwilliger Grundlage gedeckt werden, so können Frauen vom vollendeten achtzehnten bis zum vollendeten fünfundfünfzigsten Lebensjahr durch Gesetz oder auf Grund eines Gesetzes zu derartigen Dienstleistungen herangezogen werden. [2] Sie dürfen auf keinen Fall zum Dienst mit der Waffe verpflichtet werden.

(5) [1] Für die Zeit vor dem Verteidigungsfalle können Verpflichtungen nach Absatz 3 nur nach Maßgabe des Artikels 80a Abs. 1 begründet werden. [2] Zur Vorbereitung auf Dienstleistungen nach Absatz 3, für die besondere Kenntnisse oder Fertigkeiten erforderlich sind, kann durch Gesetz oder auf Grund eines Gesetzes die Teilnahme an Ausbildungsveranstaltungen zur Pflicht gemacht werden. [3] Satz 1 findet insoweit keine Anwendung.

(6) [1] Kann im Verteidigungsfalle der Bedarf an Arbeitskräften für die in Absatz 3 Satz 2 genannten Bereiche auf freiwilliger Grundlage nicht gedeckt werden, so kann zur Sicherung dieses Bedarfs die Freiheit der Deutschen, die Ausübung eines Berufs oder den Arbeitsplatz aufzugeben, durch Gesetz oder auf Grund eines Gesetzes eingeschränkt werden. [2] Vor Eintritt des Verteidigungsfalles gilt Absatz 5 Satz 1 entsprechend.

Paulskirchenverfassung 1849

§ 137 Abs. 7. Die Wehrpflicht ist für Alle gleich; Stellvertretung bei derselben findet nicht Statt.

Weimarer Reichsverfassung von 1919

Art. 133. Alle Staatsbürger sind verpflichtet, nach Maßgabe der Gesetze persönliche Dienste für den Staat und die Gemeinde zu leisten.

Die Wehrpflicht richtet sich nach den Bestimmungen des Reichswehrgesetzes. Dieses bestimmt auch, wieweit für Angehörige der Wehrmacht zur Erfüllung ihrer Aufgaben und zur Erhaltung der Manneszucht einzelne Grundrechte einzuschränken sind.

Übersicht

A. Allgemeine Bedeutung

I. Genese und Inhaltsübersicht

1 Anders als Art. 12 stellt Art. 12a – mit Ausnahme des Abs. 4 S. 2 (→ Rn. 50) – **keine Grundrechtsnorm** dar; vielmehr regelt er Voraussetzungen, unter denen Eingriffe in Freiheitsrechte zur Bewahrung der Sicherheit des Staates erfolgen können (vgl. auch → Art. 17a Abs. 1). Dies gilt insbes. für die Verpflichtung von Männern zum Dienst in den Streitkräften (Art. 12a Abs. 1), der in Art. 12a Abs. 2 S. 2 auch als **Wehrdienst** bezeichnet wird. Das Wehrrechtsänderungsgesetz vom 28.4.2011[1] hat – 55 Jahre nach Einführung der Wehrpflicht – der auf Art. 12a Abs. 1 gestützten gesetzlichen Verpflichtung, Wehrdienst zu leisten, für Friedenszeiten ein Ende bereitet. Da die Verpflichtung im Verteidigungs- oder Spannungsfall (→ Rn. 34) wiederauflebt (§ 2 WpflG nF, wonach die §§ 3–53 nur noch unter dieser Voraussetzung Anwendung finden), umschreibt die Gesetzesbegründung diesen Paradigmenwechsel nicht als Abschaffung, sondern bloß als „Aussetzung" der Wehrpflicht (→ Rn. 6).[2] Sie erstreckt sich nicht nur auf die Pflicht zum

[1] G zur Änderung wehrrechtlicher Vorschriften 2011 (WehrRÄndG 2011), BGBl. 2011 I 678.

[2] BR-Drs. 859/10, 18 („[…] wird die Wehrpflicht nicht abgeschafft"); zum Begriff bereits *Voland* DÖV 2004, 453 (459); *ders.*, ZRP 2007, 185 (187).

Wehrdienst, sondern lässt automatisch – ohne dass es einer Änderung der einschlägigen gesetzlichen Bestimmungen bedurft hätte – auch die Pflicht entfallen, **Zivildienst (Ersatzdienst)** zu leisten,[3] da diese in Bestand und Dauer an den pflichtigen Wehrdienst akzessorisch anknüpft (Art. 12a Abs. 2 S. 1 u. 2 (→ Rn. 23 ff.). Funktional wird durch eine solche Entscheidung des Gesetzgebers Art. 12a stärker als bisher in den Kontext der sog. Notstandsverfassung (→ Art. 115a ff.) gerückt.[4] Die von der „Aussetzung" unberührten Ermächtigungen der übrigen Absätze des Art. 12a zeitigen in Friedenszeiten ohnehin keine Wirkung. Der künftige rechtspraktische Stellenwert des Art. 12a lässt sich schwer einschätzen; insbes. bei Verschärfung der außenpolitischen Sicherheitslage erscheint die Rückkehr zur allgemeinen Wehr(dienst)pflicht – falls sie in wehrgerechter Form (→ Rn. 19 ff.) umgesetzt werden kann – als ein nicht ausgeschlossenes Szenario.

2 Die **Wehrpflicht** war für die Bundesrepublik Deutschland zunächst einfachgesetzlich durch das Wehrpflichtgesetz (WpflG) v. 21.7.1956[5] eingeführt worden.[6] Erst das 17. GG-ErgänzungsG v. 24.6.1968[7] stellte eine explizite verfassungsrechtliche Grundlage in Gestalt des Art. 12a her. Sie umfasst: die Pflicht für Männer zum Dienst in den Streitkräften (Wehrdienst), im Bundesgrenzschutz (Bundespolizei, → Rn. 16) oder in einem Zivilschutzverband (Art. 12a Abs. 1); die Verpflichtung Wehrpflichtiger, die den Dienst an der Waffe verweigern, zu einem zivilen Ersatzdienst (Art. 12a Abs. 2); allgemeine, allerdings subsidiäre Dienstpflichten Wehrpflichtiger im Verteidigungs- und Spannungsfall (Art. 12a Abs. 3, 5); außerdem die Heranziehung von Frauen zu zivilen Dienstleistungen im Sanitäts- und Heilwesen (Art. 12a Abs. 4 S. 1). Art. 12a Abs. 6 schließlich gestattet, ebenfalls im Verteidigungsfall, bestimmte Beschränkungen der Berufsfreiheit auch gegenüber Zivilisten.

3 Die **Terminologie** des Art. 12a und der seiner Ausführung dienenden Bestimmungen des WpflG ist unübersichtlich und nicht durchweg konsistent. Für den verteidigungsbezogenen Einsatz finden dort die Termini Wehrpflicht (§ 3 Abs. 1 S. 1 WpflG; in Art. 12a nur über den abgeleiteten Begriff „Wehrpflichtiger" in Abs. 3 S. 1), Wehrdienst (Art. 12a Abs. 2 S. 2), Dienst in den Streitkräften (Abs. 1 S. 1) und Kriegsdienst mit der Waffe (Art. 12a Abs. 2 S. 1, ebenso Art. 4 Abs. 3) und Dienst mit der Waffe (Art. 12a Abs. 4 S. 2) Gebrauch. Dienst in den Streitkräften und Wehrdienst sind identisch. Kriegsdienst mit der Waffe ist eine Form der Wehrdienstausübung, die streng genommen erst mit Eintritt des Verteidigungsfalles vom bloßen Dienst mit der Waffe iSd Abs. 4 S. 2 zum Kriegsdienst wird; dennoch wird auch der Waffendienst in Friedenszeiten von Art. 12a Abs. 2 S. 1 und Art. 4 Abs. 3 sinngemäß umfasst.[8] Wer den Kriegsdienst mit der Waffe verweigert, kann nach dem Wortlaut des Art. 12a Abs. 2 S. 1 zu einem „Ersatzdienst" verpflichtet werden, der einfachgesetzlich aber als „Zivildienst" bezeichnet wird.[9] Diese terminologische Abweichung zwischen GG und einfachem Gesetz wird

---

[3] Vgl. BR-Drs. 859/10, 20.

[4] Vgl. allerdings *Ipsen* in BK Rn. 1, der Art. 12a insgesamt als Bestandteil der „Notstandsverfassung" betrachtet; ähnlich *Schwarz* in Maunz/Dürig Rn. 1.

[5] BGBl. 1956 I 651.

[6] Zur Genese ausf. *Wahsner,* Erfassung und Integration als System, 1972, 106 ff.

[7] BGBl. 1968 I 709.

[8] *Starck* in MKS Art. 4 Rn. 165 mwN.

[9] Zivildienstgesetz („ZDG") idF der Bekanntmachung v. 17.5.2005, BGBl. 2005 I 1346, ursprünglich am 13.1.1960 erlassen als „Gesetz über den zivilen Ersatzdienst" („Ersatzdienstgesetz"), BGBl. 1960 I 10.

mit Recht kritisiert, da ihr die Gefahr einer Verwechslung mit der in Art. 12a Abs. 3 geregelten Verpflichtung zu zivilen Dienstleistungen innewohnt.[10] Obwohl nicht der Wehrdienst *per se,* sondern nur der Kriegsdienst mit der Waffe verweigert wird, bleibt, wer von seinem Grundrecht aus Art. 4 Abs. 3 Gebrauch macht, vom Dienst in den Streitkräften und damit in Verbindung stehenden Betätigungen schlechthin ausgeschlossen (vgl. auch Art. 12a Abs. 2 S. 3 aE). Dies erklärt sich daraus, dass der Waffendienst ein zentraler und geradezu konstitutiver Teil des Dienstes in den Streitkräften ist.[11]

II. Systematischer und überstaatlicher Zusammenhang

4 Der Begriff der Wehrpflicht scheint in Art. 12a nicht unmittelbar auf. Entgegen einer von Teilen des Schrifttums vertretenen und auch in der Verfassungsjudikatur durchscheinenden Ansicht[12] dürfen **Wehrpflicht** und **Wehrdienst** bzw. Wehrdienstpflicht **nicht gleichgesetzt** werden. Dass im gewöhnlichen Sprachgebrauch „die Dienstpflicht in den Streitkräften allgemein Wehrpflicht genannt wird“,[13] ist unerheblich, wo die Rechtsordnung sich von diesem Sprachgebrauch bewusst abhebt. Ungeachtet der Subsidiarität des Ersatzdienstes bestimmt § 3 Abs. 1 S. 1 WpflG, dass die Wehrpflicht durch den Wehrdienst *oder* durch den Zivildienst erfüllt wird. Diese Aussage findet sich bereits in der Normfassung von 1956, die der Verfassungsgesetzgeber bei Normierung des Art. 12a bereits vorfand. Die Zusammenfassung von Wehr- und Zivildienstpflicht unter dem **Oberbegriff der Wehrpflicht** verdeutlicht das Surrogationsverhältnis zwischen beiden Pflichten und knüpft zugleich an den Wortlaut des Art. 12a Abs. 3 S. 1 an.[14] Danach werden „Wehrpflichtige“ im Normalfall zu Diensten iSd Abs. 1 (insbes. Dienst in den Streitkräften alias Wehrdienst) verpflichtet und bei Verweigerung des Kriegsdienstes abweichend von der Regel zum Ersatzdienst iSv Abs. 2. Die Ersatzdienstpflicht ist insofern eine modifizierte Erscheinungsform des Vollzugs der Wehrpflicht, aber kein *aliud* zu dieser.[15] Das einfache Gesetz darf sie als Emanation der Wehrpflicht ausgestalten, solange die Zivildienstpflicht gegenüber der Pflicht, Wehrdienst zu leisten, subsidiär bleibt und im Verhältnis zu ihr nicht den Charakter einer selbständigen Dienstpflicht annimmt.[16] Auf dem terminologischen Unterschied zwischen Wehrdienst und Wehrpflicht baut schließlich auch die im Wehrrechtsänderungsgesetz 2011 verankerte Option, (auch) in Friedenszeiten einen „freiwilligen Wehrdienst“ zu absolvieren (7. Abschnitt des WpflG), auf: Nicht nur ist der „freiwillige Wehrdienst“ (→ Rn. 11) auch Frauen zugänglich – die nach Art. 12a Abs. 1 bzw. § 1 WpflG nicht wehrpflichtig sind –, sondern seine Einführung steht mit der „Aussetzung“ der Wehrdienstpflicht, die sich faktisch als Abschaffung der Wehrpflicht in Friedenszeiten darstellt (→ Rn. 57) in unmittelbarem Zusammenhang.

5 Das begriffliche Verständnis der Wehrpflicht steht in engem Zusammenhang mit ihrer verfassungsdogmatischen Verortung. In einer Entscheidung aus dem Jahre 1978 bezeichnete das BVerfG die Wehrpflicht als eine **„ver-**

---

[10] *Gornig* in MKS Rn. 17.
[11] Vgl. *Wahsner,* Erfassung und Integration als System, 1972, 146.
[12] Vgl. *Heun* in Dreier Rn. 17 ff.; BVerfGE 48, 127 (161).
[13] *Nolte* in Stern/Becker Rn. 5.
[14] BVerfGE 80, 254 (359).
[15] *Martens,* Grundgesetz und Wehrverfassung, 1961, 129.
[16] So auch *Ipsen* in BK Rn. 109; *Martens,* Grundgesetz und Wehrverfassung, 1961, 129.

fassungsrechtliche Grundentscheidung". Sie beruhe auf der „Vorstellung […], dass es Pflicht aller männlichen Staatsbürger ist, für den Schutz von Freiheit und Menschenwürde als den obersten Rechtsgütern einzutreten."[17] Überwiegend wird die Wehrpflicht insofern als verfassungsrechtliche Pflicht oder Grundpflicht qualifiziert[18] und vereinzelt den Grundrechten sogar als ebenbürtige individuelle Belastung gegenübergestellt.[19] Auch die übrigen in Art. 12a formulierten Pflichten werden vielfach als Grundpflichten qualifiziert.[20] Aus der verfassungsrechtlichen Grundentscheidung für die Landesverteidigung – die als institutionelle Garantie für die Bundeswehr wirkt[21] – kann jedoch entgegen der hM nicht abgeleitet werden, dass der Verfassungsgesetzgeber mehr als eine verfassungsrechtliche Grundentscheidung für die *Zulässigkeit* der Wehrpflicht und der an ihr anknüpfenden Verpflichtungen getroffen habe (und dass Art. 12a neben Art. 87a Abs. 1 und Art. 115b Bestandteil dieser Garantie sei)[22]. Andernfalls hätte er dem Gesetzgeber nicht durch Art. 12a Abs. 1 („können […] verpflichtet werden") die Dispositionsbefugnis über die Wehrpflicht[23] bzw. die Wehrdienstpflicht und damit auch die Organisation der Landesverteidigung (Wehrpflichtarmee, Berufsarmee, Freiwilligenarmee) eingeräumt. Das Rechte- und Pflichtenverhältnis einzelner Bürger zur Bundeswehr steht somit nicht im Zusammenhang mit der ihr erteilten institutionellen Garantie; auch darf Art. 12a kraft seiner systematischen Stellung im Grundrechtsabschnitt des GG nicht mit institutionellen Aussagen befrachtet werden.[24]

Vorzuziehen ist eine vermittelnde Sichtweise, wonach im GG eine **bloß** 6
abstrakte „Wehrpflichtigkeit" angelegt ist, an welche insbes. die Pflichten zum Dienst in den Streitkräften und bei Kriegsdienstverweigerung diejenige zum Zivildienst anknüpfen. Sie bildet insoweit die verfassungsrechtliche Blaupause für die Festschreibung dieser Pflichten, aber auch derjenigen nach Abs. 3 und 5: Auch sie gelten für Wehrpflichtige, auch wenn ihre Wahrnehmung nach einfachgesetzlichem Verständnis nicht der Erfüllung der Wehrpflicht dient. Die Bedeutung und Tragweite des Rechtsinstituts „Wehrpflicht" hingegen sind nicht verfassungskräftig festgeschrieben[25], sondern ebenso eine Angelegenheit einfacher Gesetzgebung wie seine Einführung oder Abschaffung. Obwohl das Wehrrechtsänderungsgesetz 2011, formal betrachtet, nur die Pflicht, Dienst in den Streitkräften zu leisten, „aussetzt", erstrecken sich seine Rechtswirkungen auch auf den Zivildienst und damit die Wehrpflicht als Ganze. Der Terminus „Aussetzung" ist hierbei als euphe-

[17] BVerfGE 48, 127 (161).

[18] So insbes. *Martens,* Grundgesetz und Wehrverfassung, 1961, 124; *Heun* in Dreier Rn. 11; *Nolte* in Stern/Becker Rn. 5; ähnlich *Schwarz* in Maunz/Dürig Rn. 8 mwN; *Schmidt-Radefeldt* in BeckOK GG Rn. 1; diff. Stern, StaatsR III/2, § 88 Kap. III 3d ε.

[19] So insbes. *Martens,* Grundgesetz und Wehrverfassung, 1961, 124.

[20] So *Gornig* in MKS Rn. 1; *Heun* in Dreier Rn. 11; *Guckelberger* in SHH Rn. 8; *Krieger* in BerlKomm Rn. 14.

[21] BVerfGE 28, 243 (261); 48, 127 (159 f.); 69, 1 (21 f.); *Stern,* StaatsR II, 1980, § 42 Kap. V 3a; *Kokott* in Sachs Rn. 1; *Jarass* in Jarass/Pieroth Rn. 2; *Poretschkin* NZWehrR 2008, 103 (105).

[22] So zB BVerfGE 69, 1 (21); *Gornig* in MKS Rn. 7; *Heun* in Dreier Rn. 12.

[23] Diese bestreitet – auch mit Blick auf die Wehrpflicht in ihrer Gesamtheit – die hM nicht; BVerfGE 48, 127 (160 f.); 105, 61 (72); *Gornig* in MKS Rn. 8; *Heun* in Dreier Rn. 11.

[24] Ähnlich *Mössner* FS f. Schlochauer, 1981, 97 (105).

[25] Skeptisch ggü. der hM auch *Jarass* in Jarass/Pieroth Rn. 3; *Brunn* in Umbach/Clemens Rn. 4; *Kokott* in Sachs Rn. 1.

mistische Umschreibung für „Abschaffung" zu lesen und hat allenfalls vor dem Hintergrund der Tatsache, dass sie nicht für den Spannungs- und Verteidigungsfall gelten soll (§ 2 WpflG), eine gewisse terminologische Berechtigung.

7 Bedeutung kommt der Frage, ob die Wehrpflicht als Grundpflicht oder bloß abstrakte verfassungsrechtliche Anknüpfungsbasis zu kategorisieren ist, mit Blick auf die Betroffenheit Einzelner zu. Mit der Qualifikation der Wehrpflicht als „Grundpflicht" kann die Vorstellung einhergehen, dass sie Einzelne verfassungsunmittelbar trifft und daher nicht am Maßstab eines Grundrechtseingriffs gemessen werden muss. In der Tat nimmt das BVerfG an, an der Wehrpflicht anknüpfende Eingriffsakte seien nicht am Verhältnismäßigkeitsprinzip zu messen.[26] Wird dagegen, wie hier, das Gesetz oder der untergesetzliche Rechtsakt, durch den jemand zum Wehr- oder Ersatzdienst in einer bestimmten Form verpflichtet wird, zum Ausgangspunkt des Eingriffs genommen, muss dieser verhältnismäßig sein[27] – wenngleich die Grundentscheidung für die Wehrpflichtigkeit bei der Güterabwägung in Ansatz zu bringen ist.

8 Die Wehrpflicht ist, auch insoweit, als mit ihr **nur Männer** ab Vollendung des 18. Lebensjahres behaftet sind, **kein verfassungswidriges Verfassungsrecht.** Art. 12a Abs. 1, Abs. 2 und Abs. 4 S. 2 schränken Art. 3 Abs. 2 Satz 1 bzw. Abs. 3 Var. 1, die verfassungsrechtlich keinen höheren Rang haben, wirksam ein.[28] Das Demokratieprinzip ist nicht dadurch verletzt, dass bei bestimmten Bevölkerungsgruppen der Mitwirkung in Wahlen und Abstimmungen kein „staatsbürgerliches Komplement" in Gestalt der Mitwirkung an der Landesverteidigung gegenübersteht. Insofern ist das vom BVerfG formulierte staatsbürgerliche „Synallagma"[29] zwischen demokratischer Mitwirkung und allgemeiner Wehrpflicht (oder dem allgemeinen pflichtigen Dienst in den Streitkräften) bedenklich; in letzter Konsequenz müsste dann bei der Bedeutung und Verwirklichung des Demokratieprinzips nach Geschlechtern differenziert werden.[30] Der historische Konnex von *status activus* und Landesverteidigung (wer diese Last zu tragen hatte, sollte von der Mitwirkung im Staat nicht ausgeschlossen sein) *erklärt* nur die Existenz der Wehrpflicht, ohne sie auch rechtlich zu *begründen*.

9 Das GG selbst verwarf jedes Junktim zwischen demokratischer Mitwirkung und Beteiligung an der Landesverteidigung von vornherein dadurch, dass es **Frauen** (wie zuvor die Weimarer Reichsverfassung) staatsbürgerliche Gleichberechtigung gewährte, ohne sie zur Landesverteidigung heranzuziehen. Dass bis zum Jahr 2000 Frauen nicht einmal der freiwillige Dienst an der Waffe zugänglich war, hat ua kriegsvölkerrechtliche Hintergründe (Leitbild von der Frau als Nichtkombattantin). Die Deutung dieses Ausschlusses in dem Sinne, dass Frauen vor dem GG als „nicht wehrwürdig", nur als schutzbefohlen galten,[31] überzeichnet diese Tatsache und lässt sich mit der Grundentschei-

[26] BVerfGE 12, 45 (49 ff.); 69, 1 (21 ff.); zuletzt BVerfGE 105, 61 (71).

[27] IdS etwa *Graser/Tidtjen* DÖV 2010, 878 (880), aber auch BR-Drs. 859/10, 1, 18, für die Wehrdienstpflicht an sich.

[28] BVerfGE 12, 45 (52 f.); 48, 127 (165); *Schwarz* in Maunz/Dürig Rn. 17; *Gornig* in MKS Rn. 159; *Ipsen* in BK Rn. 32; ausf. *Gubelt* in v. Münch/Kunig, 5. Aufl. 2003, Rn. 20/16 Nachtrag; *Sachs* NWVBl. 2000, 405 (410); *Stahn* EuGRZ 2000, 121 (134); iErg ebenso *Zuck* NJW 2000, 1701 (1702).

[29] *Sachs* NWVBl. 2000, 405 (412); BVerfGE 48, 122 (161).

[30] Krit. iE *Sachs* NWVBl. 2000, 405 (412).

[31] So etwa die Vermutung bei *Sachs* JuS 2002, 920 (921); krit. *Kämmerer* EuR 2000, 102 (103 f., 112).

dung des GG für gleiche staatsbürgerliche Rechte kaum in Einklang bringen. In Umsetzung europarechtlicher Vorgaben (→ Rn. 49 f.) wurde Frauen durch verfassungsänderndes Gesetz v. 19.12.2000[32] grundsätzlich unbeschränkter Zugang zum Soldatenberuf eröffnet. Verboten ist nur noch, sie zum Dienst an der Waffe zu verpflichten.

Die auf Männer beschränkte allgemeine Wehrpflicht verstößt auch nicht 10
gegen **Europäisches Unionsrecht,** weder Art. 157 AEUV noch Vorschriften der Gleichbehandlungsrichtlinien[33] stehen ihr entgegen. Der EuGH verweist vor allem auf die Organisationshoheit der Mitgliedstaaten in Bezug auf die Streitkräfte und verneint insoweit die Anwendung der gemeinschaftsrechtlichen Bestimmungen.[34] Dies überzeugt insofern nicht ganz, als ein Zusammenhang zwischen Organisationsform (Wehrpflicht-, Berufs- oder Freiwilligenarmee) und dem Geschlecht der Soldaten nicht ohne weiteres erkennbar wird.[35] Andere stellen darauf ab, dass eine Dienstpflicht schon nicht als Beruf im Sinne des Europarechts angesehen werden könne und schon insoweit keine Belastungsgleichheit geboten sei.[36] Selbst wenn man diesem Befund mit Blick auf die Erfüllung der Wehrpflicht durch Dienst in den Streitkräften zustimmen wollte, könnte er die unterschiedliche Belastung im Zusammenhang mit Verpflichtungen in Arbeits- oder öffentlichen Dienstverhältnissen gem. Art. 12a Abs. 3 (die allein bei Männern zulässig sind) nicht legitimieren, da es sich insoweit offensichtlich um Berufe handelt. Zur Begründung solcher geschlechtsspezifischen Verpflichtungen lässt sich am ehesten anführen, dass damit Benachteiligungen von Frauen ausgeglichen werden, es sich also um eine europarechtlich grds. statthafte „positive Maßnahme" handelt.[37] Mit der EMRK, insbes. ihren Art. 4 Abs. 3 lit. b, Art. 14 u. 15, steht Art. 12a ebenfalls im Einklang.[38]

Den **freiwilligen Dienst** in den Streitkräften, der Bundespolizei, Zivil- 11
schutzeinrichtungen oder Institutionen, die bislang Zivildienstleistende beschäftigt haben, **regelt Art. 12a nicht.** Dass er auch Frauen eröffnet sein soll, wird aus der Änderung des Art. 12a Abs. 4 S. 2 im Jahre 2000 ersichtlich (→ Rn. 50). Wer als Berufssoldat, als Bundespolizei- oder Zivilschutzbeamter tätig wird, macht von seinem Grundrecht aus Art. 12 Abs. 1 Gebrauch und wird keiner der in Art. 12a genannten Pflichten unterworfen. Keine andere Beurteilung erlauben – trotz ihrer Bezeichnung – der durch das Wehrpflichtänderungsgesetz 2011 eingeführte „freiwillige Wehrdienst" (§§ 54 ff. WpflG)

---

[32] BGBl. 2000 I 1755.

[33] Ehemals RL 76/207/EWG des Rates v. 9.2.1976 zur Verwirklichung des Grundsatzes der Gleichbehandlung von Männern und Frauen hinsichtlich des Zugangs zur Beschäftigung, zur Berufsbildung und zum beruflichen Aufstieg sowie in Bezug auf die Arbeitsbedingungen, ABl. 1976 L 39, 40; ersetzt durch RL 2006/54/EG v. 5.7.2006 zur Verwirklichung des Grundsatzes der Chancengleichheit und Gleichbehandlung von Männern und Frauen in Arbeits- und Beschäftigungsfragen (Neufassung), ABl. 2006 L 204, 23.

[34] EuGH C-186/01, Slg. 2003, I-2479, ECLI:EU:C:2003:146 Rn. 35 ff. – Dory; zust. *Dietrich* DÖV 2003, 883 (889).

[35] *Kämmerer* EuR 2003, 447 (451).

[36] Vgl. *Laubinger/Repkewitz* VerwArch 91 (2000), 297 (325); *Stahn* EuGRZ 2000, 121 (134 f.); *Dietrich* DÖV 2003, 883 (887 f.); krit. *Voland* NVwZ 2003, 1341 (1342); *Zuleeg* EuZW 2002, 545.

[37] *Kämmerer* EuR 2003, 447 (454); aA *Schmidt-Radefeldt* in BeckOK GG Rn. 5, im Hinblick auf Art. 3.

[38] BVerwG NJW 2006, 2871; Krieger in BerlKomm Rn. 7; *Nolte* in Stern/Becker Rn. 57.

und der ebenfalls durch Bundesgesetz v. 28.4.2011[39] begründete Bundesfreiwilligendienst, welcher den Ersatzdienst faktisch surrogiert. Da der „freiwillige Wehrdienst" nicht mit einer Verpflichtung iSd Art. 12a Abs. 1 einhergeht, musste die Möglichkeit, diesen zu leisten, gem. Art. 3 Abs. 2 auch Frauen eröffnet werden.

B. Einzelfragen

I. Verpflichtung zum Dienst in den Streitkräften, im Bundesgrenzschutz (Bundespolizei) oder in einem Zivilschutzverband (Art. 12a Abs. 1)

12 Art. 12a Abs. 1 stellt es dem Gesetzgeber frei,[40] Dienstverpflichtungen für die Streitkräfte, den Bundesgrenzschutz oder einen Zivilschutzverband zu begründen. Wie aus dem Wort „können" hervorgeht, steht dies in seiner Einschätzungsprärogative; ein Gesetzgebungsauftrag wird nicht formuliert. Alle in Art. 12a Abs. 1 genannten Dienstpflichten sind auf **Männer** vom vollendeten 18. Lebensjahr an beschränkt – denjenigen Personenkreis, den § 1 WpflG als „wehrpflichtig" bezeichnet. **Frauen** dürfen nach Art. 12a Abs. 4 S. 2 zum Dienst mit der Waffe nicht verpflichtet werden. Die ausdrückliche Beschränkung des Art. 12a Abs. 1 auf Männer berechtigt darüber hinaus zu dem Schluss, dass ein pflichtiger Wehrdienst für Frauen durch Gesetz selbst dann nicht eingeführt werden dürfte, wenn er den Dienst mit der Waffe ausschlösse (→ Rn. 48). Nach Maßgabe von Art. 12a Abs. 4 S. 1 dürfen Frauen lediglich, und nur im Verteidigungsfalle, zu Dienstleistungen im zivilen Sanitäts- und Heilwesen herangezogen werden (→ Rn. 44 ff.).

13 Trotz der formalen Gleichrangigkeit der drei in Art. 12a Abs. 1 genannten Dienste handelt es sich beim Dienst in der **Bundespolizei** und in einem **Zivilschutzverband** faktisch um Ausnahmekonstellationen. Dies ergibt sich schon daraus, dass das GG zwar den Bestand von Streitkräften zwingend vorschreibt (Art. 87a Abs. 1 S. 1), nicht jedoch den der anderen Institutionen; so steht die Errichtung der Bundespolizei im Ermessen des Bundesgesetzgebers (Art. 87 Abs. 1 S. 2). Besteht schon keine verfassungsunmittelbare institutionelle Garantie für den Bestand einer Institution, kann auch der Dienst in der Institution verfassungsrechtlich nicht garantiert sein. Auch wenn der Gesetzgeber, was der Fall ist, von der Ermächtigung zur Begründung einer Bundespolizei Gebrauch gemacht hat, folgt aus Art. 12a Abs. 1 keine verfassungsrechtliche Verpflichtung, Wehrpflichtigen ein Wahlrecht zwischen den drei in Art. 12a Abs. 1 aufgeführten Dienstkategorien einzuräumen. Nicht nur die Terminologie („Wehrpflichtige") deutet auf einen Vorrang des Wehrdienstes; auch bildet allein die Bundeswehr ein „Auffangbecken" für Wehrpflichtige, das die Wehrgerechtigkeit (→ Rn. 19) sicherzustellen vermag.

14 Nach dem Wortlaut des Art. 12a Abs. 1 ist der Dienst in den Streitkräften (sowie im Bundesgrenzschutz und in einem Zivilschutzverband) nicht auf **Deutsche** beschränkt. Eine solche Beschränkung erschiene geboten, wenn die Vorschrift mit einem Teil des Schrifttums als Pendant zum staatsbürgerli-

[39] G über den Bundesfreiwilligendienst (BFDG) = Art. 1 des G zur Einführung eines Bundesfreiwilligendienstes, BGBl. 2011 I 687.

[40] BVerfGE 48, 127 (160); 105, 61 (72); *Heun* in Dreier Rn. 11; *Ipsen* in BK Rn. 28; *Heintzen* in MKS Art. 73 Rn. 17.

chen *status activus* betrachtet werden müsste.[41] Nach hier vertretener Auffassung (→ Rn. 5 ff.) kann aus dem GG weder ein solcher Konnex abgeleitet noch die Wehrpflicht als Grundpflicht eingeordnet werden, so dass der Zusammenhang von Staatsangehörigkeit und Wehrpflichtigkeit jedenfalls nicht zwingend erscheint. Grenzen setzen der Verpflichtung von Ausländern daher nur allgemeine Regeln des Völkerrechts (Art. 25). Sie ist jedenfalls dann unzulässig, wenn jene Ausländer gegen ihren Heimatstaat zum Einsatz gebracht werden;[42] für zulässig wird sie erachtet, wenn das Recht des Heimatstaates in entsprechenden Fällen die Heranziehung Deutscher vorsieht.[43] § 2 WpflG aF, der unter der Voraussetzung der Reziprozität die Verpflichtung von Ausländern zuließ, war in der Rechtspraxis nie bedeutsam geworden und wurde durch G v. 22.4.2005 aufgehoben.[44] Einer Öffnung des „freiwilligen Wehrdienstes" für Ausländer stehen weder Art. 12a noch Art. 33 entgegen; allerdings ist auch seine Beschränkung auf Deutsche (so § 54 Abs. 1 WpflG nF) sowohl verfassungsrechtlich als auch von Europarechts (Art. 45 Abs. 4 AEUV) wegen zulässig.

Die erste der in Art. 12a Abs. 1 aufgelisteten Dienstkategorien ist als **Dienst in den Streitkräften** bezeichnet, in Art. 12a Abs. 2 S. 2 auch **Wehrdienst** genannt. Dem entspricht § 4 Abs. 1 WpflG, wonach der Wehrdienst „in den Streitkräften" geleistet wird. Einzelheiten sind verfassungsrechtlich nicht vorgegeben. Der (Pflicht-)Wehrdienst kann auch auf andere Weise als durch Dienst (im Verteidigungsfalle: Kriegsdienst) mit der Waffe erfüllt werden, wenngleich kein Anspruch auf eine bestimmte Verwendung besteht.[45] Streitkräfte sind allein diejenigen, die der Bund gem. Art. 87a Abs. 1 S. 1 zur Verteidigung aufstellt.[46] Die Bundeswehrverwaltung (Art. 87b) und Streitkräfte verbündeter Staaten sind nicht erfasst.[47] 15

Auf gleiche Stufe mit dem Dienst in den Streitkräften stellt Art. 12a Abs. 1 den pflichtigen Dienst in der **Bundespolizei.** Die Bezeichnung „Bundesgrenzschutz" ist mit der Umbenennung durch Gesetz v. 21.6.2005[48] überholt. Eine wesentliche Änderung des Aufgabenkreises ging mit ihr nicht einher.[49] Derzeit ist eine Grenzschutzdienstpflicht, die nach § 42a WpflG die Verpflichtung zum Wehrdienst ausschließen würde, gesetzlich nicht vorgesehen, sie bestand aber von 1972 bis 1994.[50] Diese Regelungen (§ 49 Abs. 1 16

---

[41] *Heun* in Dreier Rn. 18; ausf. *Wollenschläger/Kreßel* NVwZ 1989, 722 (725 ff.).

[42] *Gornig* in MKS Rn. 32 Fn. 76; *Heun* in Dreier Rn. 18.

[43] Für Zulässigkeit, Ausländer zu verpflichten: *Kokott* in Sachs Rn. 9; *Gornig* in MKS Rn. 32; aA *Heun* in Dreier Rn. 18; *Krieger* in BerlKomm Rn. 27.

[44] G über die Neuordnung der Reserve der Streitkräfte und zur Rechtsbereinigung des Wehrpflichtgesetzes, BGBl. 2005 I 1106.

[45] Ausdrücklich für Berufssoldaten BVerwGE 53, 265 (267); 73, 182 (185); vgl. auch § 3 Abs. 1 SoldatenG.

[46] Vgl. zum Begriff der Streitkräfte im Grundgesetz → Art. 87a Rn. 6; iE ebenso *Poretschkin* NZWehrR 2008, 103 (105); *Jarass* in Jarass/Pieroth Rn. 2; *Heun* in Dreier Rn. 21; *Krieger* in BerlKomm Rn. 30; *Schwarz* in Maunz/Dürig Rn. 32; *Ipsen* in BK Rn. 37.

[47] Dies kann nicht mit grundrechtlichen Schutzpflichten und korrespondierenden Loyalitätspflichten des Bürgers begründet werden, vgl. → Rn. 5 ff.; so aber *Krieger* in BerlKomm Rn. 30; *Heimann* ZRP 1996, 20 (24). Vielmehr gilt der gleiche Begriff der Streitkräfte wie in Art. 87a GG; vgl. auch *Schwarz* in Maunz/Dürig Rn. 32; *Heun* in Dreier Rn. 21; *Nolte* in Stern/Becker Rn. 13.

[48] G zur Umbenennung des Bundesgrenzschutzes in Bundespolizei, BGBl. 2005 I 1818, in Kraft seit 1.7.2005.

[49] Vgl. *Scheuring* NVwZ 2005, 903.

[50] Vgl. *Bestmann,* Die Zivildienstpflichten im äußeren Staatsnotstand, 1972, S. 5 f.; *Kreutzer* DVBl. 1970, 445.

BGSG aF) gelten nach Art. 3 S. 3 G zur Neuregelung der Vorschriften über den Bundesgrenzschutz[51] fort, müssen aber durch Beschluss des Bundestages aktiviert werden.[52] Die (Wieder-)Einführung einer Grenzschutzdienstpflicht wäre verfassungsrechtlich keineswegs unproblematisch. Ihre Zulässigkeit hängt davon ab, ob Art. 12a Abs. 1 auf den „Bundesgrenzschutz" in dem Sinne und in der Gestalt Bezug nimmt, wie er zur Zeit der Vornahme der Verfassungsänderung vorgefunden wurde, oder ob der Begriff in hohem Maße dynamisch zu verstehen ist, also der jeweiligen Prägung der Bundespolizei durch den Gesetzgeber unterliegt. Die Bezeichnung „Bundesgrenzschutz" verweist darauf, dass die ursprüngliche Funktion in der Sicherung der Außengrenzen des Bundes bestand (§ 2 BPolG); doch ist diese Funktion mittlerweile in den Hintergrund getreten. Seit der Gesetzesnovelle v. 23.1.1992[53] obliegt der Bundespolizei auch die Abwehr von Gefahren für den Bahnverkehr und hinzugetreten sind seither Aufgaben im Bereich der Luftsicherheit, des Schutzes von Flugplatzarealen, der Grundstücke von Verfassungsorganen, der Verfolgung bestimmter Straftaten etc. (§§ 1–6, 12f. BPolG). Andererseits ist der Bundesgrenzschutz (bzw. jetzt die Bundespolizei) bereits kraft verfassungsrechtlicher Vorgaben, die für Art. 12a Abs. 1 beachtlich sind, berechtigt, auch in gänzlich anderen Bereichen als der Sicherung der Bundesgrenzen zu agieren; dazu gehört der Einsatz im inneren Notstand (Art. 91 Abs. 1 S. 1) sowie im Verteidigungsfall als im gesamten Bundesgebiet eingesetzte Bundespolizei (Art. 115f Abs. 1 Nr. 1).[54] Das BVerfG hat die einfachgesetzlich verfügte Aufgabenerweiterung für verfassungskonform erachtet: Sie wahre noch „das Gepräge des Bundesgrenzschutzes als einer Sonderpolizei zur Sicherung der Grenzen des Bundes [...] und zur Abwehr bestimmter, das Gebiet oder die Kräfte eines Landes überschreitender Gefahrenlagen".[55] Auch wenn dabei föderalstaatliche Erwägungen im Mittelpunkt standen – Unzulässigkeit des Ausbaus des Bundesgrenzschutzes zu einer allgemeinen, mit den Landespolizeien konkurrierenden Bundespolizei –,[56] muss diese Feststellung funktionaler Kontinuität zwischen dem Bundesgrenzschutz in seiner ursprünglichen Ausgestaltung und der heutigen Bundespolizei auch auf Art. 12a Abs. 1 durchschlagen; eine Dienstverpflichtung wäre also derzeit noch ohne inhaltliche Einschränkungen zulässig. Die dynamische Bezugnahme auf die jeweiligen Befugnisse der Bundespolizei endet jedoch, wenn dieser in verfassungsrechtlich zulässiger Weise Aufgaben zuwachsen, die nicht mehr nur der Gefahrenabwehr auf gesamtstaatlicher Ebene dienen; diese akzidentiellen Aufgaben müssten aus der Grenzschutzdienstpflicht ausgeklammert werden.

17 Das dritte Element in der Dienstetrias des Art. 12a Abs. 1 ist der Dienst in einem **Zivilschutzverband.** Im Verhältnis zum Dienst in den Streitkräften gilt hierfür das zum Dienst in der Bundespolizei Gesagte (→ Rn. 16). Zivilschutz ist eine staatliche Aufgabe, die jedoch unter Mitwirkung privater

---

[51] G zur Neuregelung der Vorschriften über den Bundesgrenzschutz, BGBl. 1994 I 2978.

[52] Dies bezeichnet *Schreiber* NVwZ 1995, 521 (521) als „äußerste Notmaßnahme"; *Ipsen* in BK Rn. 50f.

[53] G zur Übertragung der Aufgaben der Bahnpolizei und der Luftsicherheit auf den Bundesgrenzschutz, BGBl. 1992 I 178, in Kraft seit 1.4.1992.

[54] Zur Historie vgl. *Scheuring* NVwZ 2005, 903; *Ronellenfitsch* VerwArch 90 (1999), 139 (142ff.).

[55] BVerfGE 97, 198 (218ff.); *Ronellenfitsch* VerwArch 90 (1999), 139ff.; krit. *Hecker* NVwZ 1998, 707ff.

[56] BVerfGE 97, 198 (219).

Organisationen (insbes. der in § 20 Abs. 1 ZSG v. 25.3.1997[57] genannten) wahrgenommen wird. Nach § 1 ZSG ist Aufgabe des Zivilschutzes, durch nichtmilitärische Maßnahmen insbes. die Bevölkerung, ihre Wohnungen und Arbeitsstätten und wichtige zivile Einrichtungen sowie Kulturgut vor Kriegseinwirkungen zu schützen. Dem Zivilschutz zugeordnet sind insbes. Selbstschutz, Warnung der Bevölkerung, Katastrophenschutz und Maßnahmen zum Schutze von Gesundheit und Kulturgut (näher hierzu § 1 Abs. 2 ZSG). Mit dem Begriff des Zivilschutzes nimmt Art. 12a Abs. 1 in allgemeiner Form insbes. auf das IV. Genfer Abkommen über den Schutz von Zivilpersonen in Kriegszeiten Bezug.[58] Der (verfassungsrechtlich nicht verbindliche) Begriff des Zivilschutzes gem. § 1 ZSG lehnt sich eng an Art. 61 ff. des I. Zusatzprotokolls zu den Genfer Abkommen an.[59] Dem Gesetzgeber steht für die Ausgestaltung des Zivilschutzes eine weite Einschätzungsprärogative zu Gebote. Aus der Gegenüberstellung von Zivilschutzverbänden und Streitkräften folgt jedoch als „Mindeststandard", dass Zivilschutzverbände auch von Verfassung wegen nicht militärisch sein dürfen. Ihre Mitglieder sind Nichtkombattanten und würden demnach grundsätzlich keinen Anspruch – anders als die Mitglieder des Bundesgrenzschutzes, der nach früherem Recht noch mit militärischen Aufgaben betraut war[60] – auf Behandlung als Kriegsgefangene haben.[61]

Der Bundesgesetzgeber hat bislang darauf verzichtet, von der Ermächtigung **18**
in Art. 12a Abs. 1 Gebrauch zu machen und eine Zivilschutzdienstpflicht einzuführen. Das Gesetz über das Zivilschutzkorps, das bereits 1965 (und damit nicht auf der Grundlage des Art. 12a) erlassen worden war, wurde 1990 wieder aufgehoben.[62] Auch wenn eine Zivilschutzdienstpflicht bisher nicht eingeführt ist, kann die Pflicht zur Ableistung des Wehrdienstes in verfassungsrechtlich zulässiger Weise davon abhängig gemacht werden, ob ein Wehrpflichtiger im Zivil- oder Katastrophenschutz mitgewirkt hat. Nach § 13a Abs. 2 S. 1 WpflG erlosch nach sechs Jahren Mitwirkung im Zivil- und Katastrophenschutz die Pflicht, Grundwehrdienst zu leisten. Damit wurde dem Gebot der Lastengleichheit Rechnung getragen. Solange es insgesamt Beachtung findet, schließt die Heranziehung zu einem der in Art. 12a Abs. 1 genannten Dienste nicht kategorisch aus, dass der Einzelne zugleich oder im Anschluss zu einem sonstigen Dienst im Rahmen der Trias herangezogen wird.[63]

Die Frage nach dem personellen, sachlichen und zeitlichen Umfang der **19**
Erfüllung der Wehrpflicht wird durch Art. 12a Abs. 1 nicht abschließend beantwortet. Insbesondere das in Art. 3 Abs. 1 verwurzelte Prinzip der **Wehrgerechtigkeit**[64] kann insoweit Grenzen setzen. Verfassungsrechtliche Bedenken gegen die Praxis, nur einen Teil der Dienstfähigen zum Wehr-

[57] BGBl. 1997 I 726 ff.; zuletzt geändert durch G v. 27.4.2004, BGBl. 2004 I 630.

[58] G über den Beitritt der BRD zu den vier Genfer Rotkreuz-Abkommen v. 12.8.1949, BGBl. 1954 II 781.

[59] G zu den Zusatzprotokollen I und II zu den Genfer Rotkreuz-Abkommen von 1949 v. 11.12.1990, BGBl. 1990 II 1550.

[60] Vgl. *Kreutzer* DVBl. 1970, 445; *Schreiber* NVwZ 1995, 521 (529); *Gröpl* DVBl. 1995, 329 (336); zweifelnd *Hellenthal,* Frauen im BGS, 1988, 53 ff.; die Auslandstätigkeit der BPol ist nach § 8 BPolBG in keinem Fall militärisch (*Gröpl* DVBl. 1995, 333); *Gornig* in MKS Rn. 51.

[61] Vgl. *Schwarz* in Maunz/Dürig Rn. 43; *Gornig* in MKS Rn. 64; *Heun* in Dreier Rn. 23; *Nolte* in Stern/Becker Rn. 15.

[62] BGBl. 1965 I 782 und BGBl. 1990 I 120; dazu *Ipsen* in BK Rn. 57 f.

[63] Vgl. *Heun* in Dreier Rn. 24; *Gornig* in MKS Rn. 61.

[64] Vgl. einführend zum Ganzen *Tetzlaff,* Vom (un)möglichen Zustand des Wehrpflichtrechts, 2009, 310 ff.

dienst heranzuziehen, dürften die sog. Aussetzung der Wehrdienstpflicht im Jahre 2011 befördert haben.[65] Diese Praxis resultierte nicht nur in einer Ungleichbehandlung zwischen Wehrpflichtigen, die den Kriegsdienst nicht verweigert hatten, sondern auch zwischen diesen und Verweigerern, da nur ein Teil der Wehrdiensttauglichen zum Wehrdienst, aber nahezu alle Kriegsdienstverweigerer zum Ersatzdienst herangezogen wurden.[66] Wehrgerechtigkeitsprobleme waren bereits Gegenstand der Untersuchungen der sog. *Weizsäcker-Kommission* (1999/2000)[67] und werden durch normative sowie tatsächliche Ausnahmen von der Wehrpflicht aufgeworfen.

20 Die Unterscheidungen müssen im Lichte der sie tragenden sachlichen Gründe (im Lichte der „neuen Formel") **verhältnismäßig** sein.[68] Dies gilt umso mehr, als die Wehrpflicht von Verfassungsrechts wegen nicht angeordnet, sondern nur erlaubt wird.[69] Das BVerfG fordert, solche Ausnahmen normativ hinreichend zu bestimmen.[70] Offen ließ es,[71] auf welche Bezugsgrößen bei der Prüfung einer Verletzung der Wehrgerechtigkeit abzustellen ist: auf die Zahl derjenigen, die tatsächlich Pflichtwehrdienst leisten, im Verhältnis zu der Zahl derjenigen, die nach den Vorgaben des Gesetzes für den Wehrdienst zur Verfügung stehen (sog. **Innenwirkung der Wehrgerechtigkeit**[72]), oder die Zahl der tatsächlich Einberufenen im Verhältnis zur Zahl aller männlichen Angehörigen eines Jahrgangs (sog. **Außenwirkung der Wehrgerechtigkeit**[73]). Nach Ansicht des BVerwG[74] ist – auf der Grundlage der Innenwirkung der Wehrgerechtigkeit – eine Verletzung derselben dann ausgeschlossen, wenn die Zahl der tatsächlich Wehrdienst Leistenden nicht deutlich hinter der Zahl der verfügbaren Wehrpflichtigen zurückbleibt. Die Wehrgerechtigkeit ist jedenfalls nicht immer schon dann verletzt, wenn nicht ein gesamter Jahrgang ausgeschöpft wird, solange es keinen Bedarf dafür gibt, alle Wehrtauglichen heranzuziehen; insoweit sind Einschränkungen durch organisationsbedingte sachliche Gründe legitimiert.[75] Wird die Zahl der Dienst Leistenden niedriger angesetzt als die der Wehrfähigen des jeweiligen Jahrgangs, verletzt dies allerdings die Wehrgerechtigkeit, wenn für die Differenzierung keine sachlichen Gründe beigebracht werden können. Unzulässig ist die Auswahl durch Los, die zu allzu großen Belastungsunterschieden führt. Rechtliche Bedenken gegen die Teilausschöpfung von Rekrutenjahrgängen sind vor allem in

---

[65] Vgl. *Voland* ZPR 2007, 185 (186 f.).

[66] So auch *Graser/Tidtjen* DÖV 2010, 878; *Fleischhauer,* Wehrpflichtarmee und Wehrgerechtigkeit, 2007, 109 f.; BVerfG NVwZ 2010, 183 (184); *Fröhler,* Grenzen legislativer Gestaltungsfreiheit in zentralen Fragen des Wehrverfassungsrechts, 1995, 323 f.; aA *Berg* AöR 107 (1982), 585 (604); *Ipsen* ZRP 1978, 153 (155); *Gusy* JuS 1979, 254 (256).

[67] Kom. „Gemeinsame Sicherheit und Zukunft der Bundeswehr", Bericht an die Bundesregierung, Mai 2000, 59 ff.; *Ipsen* ZRP 2001, 469; *Ipsen* FS f. Rauschning, 2001, 105; *Moerchel* Information für die Truppe 46 (2002), 12 (17 f.); *Roth/Schmidt* ZRP 2007, 279.

[68] BVerfGE 38, 154 (167); 48, 127 (162); *Voland* DÖV 2004, 453 (456 f.); *Gornig* in MKS Rn. 10 ff.; strenger *Fleischhauer* NZWehrR 2008, 112 (115 ff.); zur „neuen Formel" → Art. 3 Rn. 26.

[69] *Ipsen* in BK Rn. 74.

[70] BVerfGE 48, 127 (162).

[71] BVerfG NVwZ 2010, 183 (183) mAnm *Glenewinkel/Tobiassen* NVwZ 2010, 171; sowie *Sachs* JuS 2009, 948; s. ferner *Schmidt-Radefeldt* in BeckOK GG Rn. 6.

[72] BVerwGE 122, 331 (331).

[73] So das vorlegende VG Köln im obigen Verfahren nach Art. 100 Abs. 1, NVwZ 2010, 183 (183).

[74] BVerwGE 122, 331 (339); *Tetzlaff,* Vom (un)möglichen Zustand des Wehrpflichtrechts, 2009, 332 ff.

[75] Vgl. *Schmude* FS f. Arndt, 2002, 169 (172 f.); aA *Ipsen* ZRP 2001, 469 (471).

Art. 12a selbst angelegt. Die Praxis, nur einen Teil der Rekruten, insbes. der höchsten Tauglichkeitsstufen, heranzuziehen, mag vor Art. 3 Abs. 1 Bestand haben.[76] Sie steht jedoch im Widerspruch zu Art. 12a Abs. 1, der vom Modell der **allgemeinen und eben nicht einer selektiven Wehrpflicht** ausgeht,[77] und gleichzeitig zu Art. 12a Abs. 2, der den Ersatzdienst als Surrogat des Wehrdienstes konstituiert. Dieses Verhältnis von Regel und Ausnahme wird umgekehrt, wenn bereits die Heranziehung zum Wehrdienst nur ausnahmsweise erfolgt.[78] Die nicht Herangezogenen, aber Wehrtauglichen zur Entrichtung einer Wehrausgleichsabgabe zu verpflichten,[79] könnte Wehrgerechtigkeits-Bedenken nicht ausräumen. Denn es handelt sich bei Geldzahlungen und Erfüllung staatsbürgerlicher Pflichten um nicht vergleichbare Sachverhalte; eine Ausnahme wäre nur in dem Fall gegeben, dass die Entscheidung zwischen Wehrdienst und Abgabe dem potentiellen Rekruten überlassen wäre.[80]

Bei den **sachlichen Gründen,** mit denen **Ausnahmen vom Wehrdienst** 21
gerechtfertigt sein müssen, braucht es sich nicht um Rechtsgüter von Verfassungsrang zu handeln.[81] Eine sich aus der Natur der Sache ergebende Ausnahme ist mangelnde Wehrdienstfähigkeit (vgl. §§ 8a, 9 WpflG). Gesetzliche Befreiungen vom Wehrdienst können verfassungsrechtlichen Bedenken begegnen, wenn für den erfassten Personenkreis zugleich eine Befreiung vom Ersatzdienst angeordnet ist – wie für bestimmte Geistliche (§ 11 Abs. 1 Nr. 1 – 3 WpflG; § 10 Abs. 1 Nr. 1–3 ZDG).[82] Nicht auf verfassungsrechtliche Bedenken stoßen hingegen gesetzliche Altersgrenzen.[83]

Umstritten ist, ob Art. 12a Abs. 1 es zulässt, zum Wehrdienst herangezoge- 22
ne Wehrpflichtige auch zur Mitwirkung an sog **Auslandseinsätzen** zu verpflichten. Dafür scheint zu sprechen, dass die Bestimmung den „Dienst in den Streitkräften" funktional nicht beschränkt; ferner wird auf Art. 24 Abs. 2 verwiesen, wonach Deutschland in ein System kollektiver Sicherheit (wie die NATO) einzutreten berechtigt ist und auch im Falle eines vertragskonformen Strategiewandels die vertraglichen Verpflichtungen zu tragen hat.[84] Indessen ist zweifelhaft, ob das „strategische Konzept" der NATO aus dem Jahr 1999, das nicht nur ein militärisches Engagement (zur Friedenssicherung sowie zur Durchführung von Kapitel VII-Maßnahmen des Sicherheitsrates) jenseits des Gebietes der Mitgliedstaaten, sondern auch „out of area" im weiteren Sinne (maW außerhalb des von Art. 5 Nordatlantikvertrag umrissenen Gebietes) gestattet,[85] vom Nordatlantikvertrag und dementsprechend der vom Bundestag per Zustimmungsgesetz erteilten Ermächtigung noch gedeckt ist.[86] Der

[76] So BVerwGE 122, 331 (343 f.); *Schmude* FS f. Arndt, 2002, 169 (170 ff.); *Krieger* in BerlKomm Rn. 29; aA *Ipsen* ZRP 2001, 469 (471); *Unterreitmeier* ZRP 2007, 163 (164 f.); *Voland* DÖV 2004, 453 (457).

[77] *Ipsen* ZRP 2001, 489 (470 f.).

[78] Vgl. *Fröhler* ZRP 1996, 433.

[79] Vgl. *Fleischhauer,* Wehrpflichtarmee und Wehrgerechtigkeit, 2007, 255 ff.; *Brunn* in Umbach/Clemens Rn. 12; *Gornig* in MKS Rn. 13; *Heun* in Dreier Rn. 15.

[80] IE ebenso *K. Ipsen/J. Ipsen* in BK Erstbearb. Rn. 92.

[81] BVerfGE 48, 127 (162); 38, 154 (167); *Voland* DÖV 2004, 453 (456 f.).

[82] Vgl. *Heun* in Dreier Rn. 20 mwN; aA BVerwGE 34, 291 (293 ff.); 61, 152 (157).

[83] *Heun* in Dreier Rn. 19; *Krieger* in BerlKomm Rn. 28.

[84] Für Zulässigkeit *Heun* in Dreier Rn. 16; *Calliess* in Maunz/Dürig Art. 24 Rn. 70 ff.; *Tomuschat* in BK Art. 24 Rn. 175; aA *Brunner* ZRP 1991, 133 (137 f.).

[85] Das strategische Konzept der NATO findet sich unter https://www.nato.int/cps/en/natolive/official_texts_27433.htm?selectedLocale=en (Stand April 2019).

[86] So aber BVerfGE 104, 151 (155); bestätigt in BVerfGE 118, 244 (262 ff.) mAnm *Fastenrath* JZ 2008, 94; sowie *Sachs* JuS 2008, 165; krit. *Rux* JA 2002, 461; *Murswiek* NVwZ

Heranziehung Wehrpflichtiger zu Auslandseinsätzen entgegen steht auch die funktionale und systematische Bedeutung des Art. 12a Abs. 1: Im Verfassungskontext ist der Wehrdienst eindeutig auf einen möglichen Verteidigungsfall (Art. 115a Abs. 1) bezogen, der bei Auslandseinsätzen der Bundeswehr grundsätzlich nicht vorliegt.[87] Einen gleichartigen Bezug zur „Notstandsverfassung" weisen auch die Parallelbestimmungen der Art. 12a Abs. 3–Abs. 6 auf. Hingegen sind Wehrpflichtige nicht generell ungeeignet, an Auslandseinsätzen teilzunehmen,[88] denn der Wehrdienst erschöpft sich nicht in der Grundausbildung. Dementsprechend hat das WpflG (§ 6a Abs. 1) die „besondere Auslandsverwendung" nur für „gediente Wehrpflichtige" zugelassen. Sachgerecht erscheint eine teleologische Reduktion des Art. 12a Abs. 1 dahingehend, dass zum Wehrdienst Herangezogene im Ausland zum Einsatz kommen dürfen, soweit insoweit weder eine rechtliche noch eine (auf sozialem Druck beruhende) faktische Verpflichtung begründet wird. § 6a WpflG, wonach die Auslandsverwendung nur unter der Voraussetzung einer schriftlich erklärten Bereitschaft des Wehrpflichtigen erfolgen darf, genügt diesen Kriterien.

II. Verpflichtung zu einem Ersatzdienst (Art. 12a Abs. 2)

23 Während zwischen den Dienstpflichten des Art. 12a Abs. 1 – jedenfalls formal gesehen[89] – keine Rangordnung besteht, handelt es sich beim **Ersatzdienst** nach Art. 12a Abs. 2 um ein **Surrogat** für den Dienst in den Streitkräften, **keine Alternative** zu ihm.[90] Dem Gesetzgeber ist es daher formal verwehrt, Wehrpflichtige zwischen Wehr- und Ersatzdienst optieren zu lassen.[91] Auch die Verpflichtung zum Ersatzdienst erfolgt zur Erfüllung der Wehrpflicht;[92] wegen des Surrogationsverhältnisses zwischen Wehr- und Ersatzdienst verstößt § 3 Abs. 1 WpflG, der beide Verpflichtungen terminologisch als „Wehrpflicht" zusammenfasst, nicht gegen Art. 12 Abs. 2 S. 3 iVm Art. 4 Abs. 3.[93] Eine verfassungsrechtliche Pflicht zur Begründung eines Zivildienstes wird, wie das Wort „kann" deutlich macht, nicht schon durch Art. 12a Abs. 2 begründet;[94] sie ergibt sich jedoch, sofern die Pflichten gem. Art. 12a Abs. 1 festgeschrieben sind, im Zusammenhang mit der objektivrechtlichen Komponente des **Grundrechts auf Kriegsdienstverweigerung**

2007, 1130 (1131 f.); zur Reichweite der Zustimmung des Bundestags bereits BVerfGE 90, 286 (357 ff.); *Arndt* NJW 1994, 2197.

[87] Ebenso *Jarass* in Jarass/Pieroth Rn. 2; *Depenheuer* DVBl. 1997, 685 (686 ff.); *Heimann* ZRP 1996, 20 (24 f.); *Winkler* NVwZ 1993, 1151 (1151, 1155 f.); aA *Heun* in Dreier Rn. 16 aE; *Krieger* in BerlKomm Rn. 30; *Walz* NZWehrR 1993, 89 (91).

[88] In diese Richtung *Fehn/Fehn* Jura 1997, 621 (624); ähnlich *Heun* in Dreier Rn. 16 aE; *Schmude* FS f. Arndt, 2002, 169; ähnlich *Voland* ZRP 2007, 185 (188).

[89] → Rn. 13.

[90] BVerfGE 48, 127 (165), 80, 354 (359); *Ipsen* in BK Rn. 78 f.; vgl. zur historischen Entwicklung *Blumenwitz*, Wehrpflicht und Ersatzdienst, 1978, 9 ff., und insbes. zur Historie der Wehrpflicht *Tetzlaff*, Vom (un)möglichen Zustand des Wehrpflichtrechts, 2009, 26 ff.

[91] BVerfGE 48, 127 (166), mAnm *Weber* JuS 1979, 56; vgl. *Kirchhof* in HdbStR IV, 3. Aufl. 2006, § 84 Rn. 83; krit. *Ipsen* ZRP 1978, 153; *Schwarz* in Maunz/Dürig Rn. 47; *Heun* in Dreier Rn. 25; *Kokott* in Sachs Rn. 21.

[92] → Rn. 4.

[93] BVerfGE 80, 354 (358 ff.).

[94] *Nolte* in Stern/Becker Rn. 20; aA *Schwarz* in Maunz/Dürig Rn. 47; *Krieger* in BerlKomm Rn. 38; *Kokott* in Sachs Rn. 21.

(Art. 4 Abs. 3 S. 1). Dennoch wurde der Ersatzdienst erst 1961 durch G begründet.[95] Die 2011 verfügte „Aussetzung" der Pflicht, Wehrdienst – und damit auch Kriegsdienst an der Waffe – zu leisten, hatte auch die Aussetzung des Ersatzdienstes sachlogisch zur Folge. Auch die Pflicht, anstelle des Wehrdienstes einen zivilen Ersatzdienst zu leisten, ist nunmehr auf den Spannungs- und Verteidigungsfall beschränkt.[96] Der Bundesfreiwilligendienst, welcher außerhalb solcher Konfliktlagen faktisch an die Stelle des Ersatzdienstes rückt,[97] stellt einen sozialen Dienst eigener Art dar, der nicht an Art. 12a Abs. 2 gemessen werden kann.

Obschon der – einfachgesetzlich als Zivildienst bezeichnete – Ersatzdienst iSd Art. 12a Abs. 2 als **Surrogat aller** auf der Basis von Abs. 1 konstituierten **Dienstpflichten** konstruiert ist, ersetzt er **in der Sache allein den Pflichtwehrdienst:** Seine tatbestandliche Voraussetzung besteht in der Erklärung des Wehrpflichtigen, den Kriegsdienst mit der Waffe zu verweigern. Auch hat der Gesetzgeber von der Ermächtigung, andere Dienstpflichten nach Abs. 1 einzuführen, keinen Gebrauch gemacht.[98] Die Ersatzdienst-Tätigkeiten stehen gleichrangig neben dem Wehrdienst, schließen den Kriegsdienst mit der Waffe aber nicht ein, und die solchermaßen Verpflichteten gelten völkerrechtlich nicht (mehr) als Kombattanten.[99] Insoweit steht die Verweigerung des Kriegsdienstes mit der Waffe einer Verpflichtung zum Dienst in der Bundespolizei und Zivilschutzverbänden nicht entgegen. Dieser Befund muss jedoch mit Blick auf den Dienst in der Bundespolizei teleologisch eingeschränkt werden, die in Organisationsform und Instrumentarium (uU auch Schusswaffengebrauch) Ähnlichkeiten mit der Bundeswehr aufweist. Während Kriegsdienstverweigerer insofern nicht zum Dienst in der Bundespolizei gezwungen werden können, schließt die Verweigerung einen Dispens von der Zivilschutzdienstpflicht nicht ein. Andernfalls würde sich zu Art. 12a Abs. 3 S. 1, demzufolge auch Kriegsdienstverweigerer zu Diensten in Zivilschutzverbänden herangezogen werden können, ein Wertungswiderspruch einstellen.[100] Die Tatsache, dass vor der sog Aussetzung der Pflicht, Wehrdienst zu leisten, eine höhere Zahl von Wehrpflichtigen zivilen Ersatzdienst als Wehrdienst leistete, war für sich genommen verfassungsrechtlich noch nicht bedenklich, soweit es sich um ernsthafte Verweigerungsfälle handelt. Der Ersatzdienst darf zwar durchaus einen quantitativen, jedoch keinen funktionalen Vorrang gegenüber dem Wehrdienst einnehmen.[101] 24

Vier **Voraussetzungen** sind bei der Einführung und Gestaltung eines verpflichtenden Zivildienstes zu beachten (Art. 12a Abs. 2 S. 2, 3): (1) Eine gesetzliche Regelung ist – anders als bei Art. 12a Abs. 1, wo eine solche 25

---

[95] G über den zivilen Ersatzdienst v. 13.1.1960, BGBl. 1960 I 10.

[96] § 1 Abs. 2 KriegsdienstverweigerungsG idF des Art. 2 G zur Einführung eines Bundesfreiwilligendienstes v. 28.4.2011, BGBl. 2011 I 687.

[97] Bundesfreiwilligendienstgesetz (BFDG) als Art. 1 des G zur Einführung eines Bundesfreiwilligendienstes v. 28.4.2011, BGBl. 2011 I 687.

[98] → Rn. 18.

[99] *Ipsen* in BK Rn. 53; *Heun* in Dreier Rn. 22; allg. *Ipsen* in Fleck The Handbook of Humanitarian Law in Armed Conflicts Rn. 304, 307; für die Bundespolizei *Schwarz* in Maunz/Dürig Rn. 42.

[100] *Ipsen* in BK Rn. 56, 65 f.; *Gornig* in MKS Rn. 63. Zurückhaltender als ältere Judikate auch BVerfGE 80, 354 (359); 105, 61 (79).

[101] BVerfGE 48, 165 (166 f.); *Berg* AöR 107 (1982), 585 (590 ff.); aA *Kokott* in Sachs Rn. 21 f.

stillschweigend vorausgesetzt wird – ausdrücklich vorgeschrieben (vgl. auch Art. 4 Abs. 3 S. 2). (2) Die Freiheit der Gewissensentscheidung darf nicht beeinträchtigt werden. (3) Der Ersatzdienst darf nicht im Zusammenhang mit Verbänden der Streitkräfte und der Bundespolizei stehen. (4) Die Dauer des Ersatzdienstes darf die des Wehrdienstes nicht übersteigen.

26 Die Vorgabe, dass die **Freiheit der Gewissensentscheidung** nicht beeinträchtigt werden darf, bedeutet, dass auf die Entscheidung des Wehrpflichtigen weder durch organisatorische Maßnahmen noch durch individuellen Druck eingewirkt werden darf.[102] Eine **„Gewissensprüfung"** ist zulässig, sofern sie nur der Überprüfung der Gewissensgetragenheit der Entscheidung des Wehrpflichtigen dient. Sie darf nicht zum Ziel haben, dass der Kriegsdienstverweigerer seine Entscheidung zugunsten des Wehrdienstes revidiert. Daher darf auch ein Wehrdienstleistender nicht durch rechtliche Regelungen, die sich während der Dienstzeit oder im Anschluss an diesen auswirken, gegenüber Ersatzdienstleistenden in einer Weise bessergestellt werden, dass er seine Gewissensbedenken hintanstellt, um signifikante Nachteile zu vermeiden.[103] Dass Gerichte eine Bevorzugung von Wehrdienstleistenden in einzelnen Bereichen, zB Unterhaltssicherungsleistungen, für zulässig erklärt haben,[104] ist verfassungsrechtlich bedenklich. Auch die Länge des Ersatzdienstes darf selbst unter Zugrundelegung eines dynamischen Verständnisses[105] nicht so bemessen sein, dass die Wehrpflichtigen sich gezwungen sehen, trotz Gewissensbedenken den Dienst an der Waffe auszuüben.[106] „Gewissensgründe" setzen nicht voraus, dass sich der auf sie berufende Wehrpflichtige in extremer Gewissensnot befindet; es reicht aus, wenn er aus Gewissensgründen signifikante Vorbehalte gegen den Wehrdienst vorbringt.[107]

27 Der Ersatzdienst darf auch, wie Art. 12a Abs. 2 ausdrücklich verfügt, **in keinem Zusammenhang** mit den Verbänden der **Streitkräfte** und der Bundespolizei (früher Bundesgrenzschutz) stehen **(Konnexverbot)**. Diese Vorgabe ist so zu verstehen, dass ein „unmittelbarer Funktionszusammenhang" zu vermeiden ist.[108] Der Ersatzdienstleistende darf weder in der Organisation der Streitkräfte – zB in der Bundeswehrverwaltung[109] – oder der Bundespolizei[110] eingesetzt werden, noch zu ihrer logistischen Unterstützung oder Versorgung beitragen. Der Einsatz beim Nachschub von Waffen und Munition,[111] in der Belieferung mit Lebens- bzw. Sanitätsmitteln,[112] im Fahr-

---

[102] BVerfGE 69, 1 (32); 80, 354 (358); *Heun* in Dreier Rn. 27; *Gornig* in MKS Rn. 70; s. zum Ganzen *Dörig,* Gewissensfreiheit und Diskriminierungsverbot, 1981.

[103] BVerfGE 19, 135 (136); *Schwarz* in Maunz/Dürig Rn. 49.

[104] BVerwGE 52, 145 (150); 68, 239 (240); BAGE 45, 7 (10), zu Arbeitsentgeltzahlungen während einer Wehrübung.

[105] → Rn. 28 f.

[106] *Krieger* in BerlKomm Rn. 39; *Schwarz* in Maunz/Dürig Rn. 51; *Gornig* in MKS Rn. 89.

[107] Näheres → Art. 4 Rn. 115 ff.

[108] *Gornig* in MKS Rn. 84; *Heun* in Dreier Rn. 28; *Schwarz* in Maunz/Dürig Rn. 50; einschr. *Ipsen* in BK Rn. 96 f., Luftschutz sei zulässig.

[109] *Brunn* in Umbach/Clemens Rn. 31; *Gornig* in MKS Rn. 84; *Heun* in Dreier Rn. 28; *Schwarz* in Maunz/Dürig Rn. 50.

[110] *Kokott* in Sachs Rn. 29.

[111] *Gornig* in MKS Rn. 87; *Heun* in Dreier Rn. 28; *Krieger* in BerlKomm Rn. 41; *Nolte* in Stern/Becker Rn. 24; *Schwarz* in Maunz/Dürig Rn. 120.

[112] *Gornig* in MKS Rn. 87; *Heun* in Dreier Rn. 28; *Krieger* in BerlKomm Rn. 41; *Nolte* in Stern/Becker Rn. 24; aA *Schwarz* in Maunz/Dürig Rn. 120.

dienst oder in der Unterhaltung der Infrastruktur ist also ebenso wenig zulässig wie derjenige in der Rüstungsindustrie.[113] Hingegen ist ein Funktionszusammenhang mit Zivilschutzverbänden nicht ausgeschlossen, wiewohl der Ersatzdienst – anders als ein Dienst nach Abs. 1 Var. 3 – nicht *in* einem Zivilschutzverband absolviert werden darf.[114] Das Konnexverbot gilt objektiv und ohne Bezug auf den einzelnen Wehrpflichtigen. Daher ist es unzulässig, wenn etwa ein Sanitätsoffizier, der sich zu einem früheren Zeitpunkt zum Dienst in der Bundeswehr freiwillig verpflichtet hat, im späteren Verfahren zur Anerkennung als Kriegsdienstverweigerer in diesem Punkt durch die frühere Entscheidung präkludiert wird.[115]

Die **Dauer** des Ersatzdienstes darf **die des Wehrdienstes nicht übersteigen** (Art. 12a Abs. 2 S. 2). Da nach Inkrafttreten des Wehrpflichtänderungsgesetzes 2011 außerhalb des Verteidigungs- oder Spannungsfalles kein Pflichtwehrdienst mehr besteht, ist schon insoweit die verfassungsrechtliche Grundlage für die Verpflichtung zum Ersatzdienst gegenwärtig entfallen. Nach zwischen 2004 und 2011 geltendem Recht[116] währte der Ersatzdienst ebenso lang wie der Grundwehrdienst, nämlich 9 und zuletzt 6 Monate; Wehrübungen (die gem. § 4 Abs. 1 Nr. 2 WpflG Bestandteil des Wehrdienstes sind) blieben damit außer Betracht (§ 5 Abs. 1a WpflG bzw. § 24 Abs. 2 S. 1 ZDG). Zuvor hatte die Dauer des Ersatzdienstes die des Grundwehrdienstes überschritten, da auch Wehrübungen (die nach § 6 WpflG je nach Dienstgrad maximal 6–12 Monate dauern können) bei der Kalkulation der Dauer des Ersatzdienstes Berücksichtigung fanden. Nach in Rspr. und Schrifttum fast einhellig vertretener Ansicht ist dies im Grundsatz zulässig.[117] Uneinigkeit besteht lediglich hinsichtlich der Bemessungsgrundlage: Die im Schrifttum überwiegende Ansicht stellt auf die *übliche* tatsächliche Dauer des Wehrdienstes ab.[118] Dies bedeutet, dass Wehrübungen lediglich insoweit in Ansatz gebracht werden können, wie Rekruten zu ihnen in der Rechtspraxis im Durchschnitt herangezogen werden. Dieser Maßgabe genügte die zwischen 2000 und 2004 geltende Regelung, wonach der Ersatzdienst einen Monat länger währte als der Grundwehrdienst. Die Gegenauffassung[119] legt der Bemessung des Ersatzdienstes die *rechtlich mögliche* Dauer des Wehrdienstes zugrunde. Für diese Auffassung wird vorgebracht, dass jeder Wehrpflichtige mit Wehrübungen rechnen müsse, dass der Wehrdienst – selbst bei gleicher Dauer – belastender[120] und die tatsächliche Dauer der Wehrübungen statistisch nur schwer zu ermitteln sei.[121] Dementsprechend billigte das BVerfG auch eine 1983 beschlossene Vorgabe, wonach der Zivildienst um ein Drittel länger dauern müsse als der Grundwehrdienst. Die Inkaufnahme dieses Nachteils sah das Gericht als tragendes Indiz für das Vorliegen einer Gewissens-

28 (margin, beside "Die Dauer …")

[113] *Nolte* in Stern/Becker Rn. 24; jeweils (ausdrücklich) für den Bereich der (direkten) Waffenproduktion *Gornig* in MKS Rn. 86; *Heun* in Dreier Rn. 28; *Kokott* in Sachs Rn. 28; *Schwarz* in Maunz/Dürig Rn. 119.

[114] Vgl. *Wahsner,* Erfassung und Integration als System, 1972, 153, 158.

[115] So aber BVerwGE 72, 241 (245) mAnm *Brunn/Fritz* NVwZ 1986, 722; wie hier *Heun* in Dreier Rn. 28; *Krieger* in BerlKomm Rn. 41.

[116] Art. 1 Nr. 12 lit. b. des 2. ZDG-ÄndG v. 27.9.2004, BGBl. 2004 I 2358.

[117] Vgl. nur *Schwarz* in Maunz/Dürig Rn. 110 mwN.

[118] *Jarass* in Jarass/Pieroth Rn. 7; *Ipsen* in BK Rn. 105; *Gornig* in MKS Rn. 89; *Krieger* in BerlKomm Rn. 39.

[119] BVerfGE 48, 127 (171); 69, 1 (28 f.); 78, 364 (370 f.); *Schwarz* in Maunz/Dürig Rn. 51; vermittelnd *Heun* in Dreier Rn. 29.

[120] Vgl. *Kokott* in Sachs Rn. 26.

[121] Vgl. *Ipsen* in BK Rn. 106.

entscheidung an.[122] Diese Ansicht kann nicht überzeugen: Die Anknüpfung an der rechtlich möglichen Dauer des Wehrdienstes hat zur Folge, dass der Ersatzdienst statistisch gesehen länger dauert als der Wehrdienst. Zugleich wird durch die Aussicht, den im Einzelfall wahrscheinlich signifikant längeren Ersatzdienst absolvieren zu müssen, im Widerspruch zu Art. 12a Abs. 2 S. 2 faktischer Druck auf den Wehrpflichtigen erzeugt, Gewissensbedenken zugunsten des Wehrdienstes zurückzustellen.[123] Schließlich sind die Maßstäbe des BVerfG in diesem Punkte inkonsistent, denn letztlich legt es doch eine in Relation zur Dauer des Wehrdienstes variable und nicht die gesetzlich erlaubte absolute Höchstdauer des Wehrdienstes zugrunde: Der Gesetzgeber wie auch das BVerfG räumen ein, dass eine beliebig hoch angesetzte Frist für die maximale Dauer von Wehrübungen, insbes. bei höheren Dienstgraden, zu unangemessenen Ergebnissen hinsichtlich der Dauer des Ersatzdienstes führen kann.[124] Umso weniger sind die rein approximativen Maßstäbe, die seinerzeit der Verlängerung des Zivildienstes zugrunde gelegt wurden, sachlich haltbar. Trotz aller Schwierigkeiten statistischer Erfassung sollte für die Bemessung des Ersatzdienstes daher an die tatsächliche Dauer des Wehrdienstes einschließlich der Wehrübungen angeknüpft werden.

29 Den Ersatzdienst kürzer anzusetzen als den Wehrdienst, verbietet Art. 12a Abs. 2 nicht ausdrücklich. Die im Jahre 2004 verfügte Angleichung der Dauer des Ersatzdienstes an den Grundwehrdienst hatte – für den Durchschnitt der Wehrpflichtigen – genau dies zur Folge, denn Wehrübungen gingen fortan in die Berechnung nicht mehr ein. Bedenken weckte sie unter dem Vorzeichen des Art. 3 Abs. 1: Wenn der Ersatzdienst ein Surrogat des Wehrdienstes darstellt und dieser für die Wehrpflichtigen mindestens so belastend sein muss wie jener, gibt es keinen sachlichen Grund dafür, Ersatzdienstleistende hinsichtlich der zeitlichen Belastung besser zu stellen.[125] Zwar wird eine solche Besserstellung nicht in jedem Einzelfall eintreten, doch kommt es für eine Gleichheitsverletzung ohnehin auf die abstrakte Grundtendenz des Gesetzes an.

30 Über den **Status des Zivildienstleistenden** trifft das GG keine Aussage. Aus dem Normzusammenhang ergibt sich jedoch, dass es sich um ein dem Wehrdienst ähnliches öffentlich-rechtliches Pflichtenverhältnis handeln muss. Nach § 1 ZDG sind im Zivildienst Aufgaben zu erfüllen, die dem Allgemeinwohl dienen, vorrangig im sozialen Bereich. Dies setzt eine Zuweisung der Kriegsdienstverweigerer zu solchen Einrichtungen (praktisch meist Krankenhäuser, Pflegeanstalten, Altenheime, Einrichtungen des Rettungswesens, etc) vielfach voraus.[126] Die Anerkennung von Beschäftigungsstellen richtet sich nach § 4 ZDG, der außer sozialen Stellen auch solche im Bereich des Umweltschutzes, des Naturschutzes und der Landschaftspflege anführt.

31 Umstritten ist, ob das GG ein Recht auf **Verweigerung** nicht nur des Kriegsdienstes mit der Waffe, sondern auch des **zivilen Ersatzdienstes** verleiht. Aus Art. 4 Abs. 3, der allein auf die Verweigerung des Kriegsdienstes

---

[122] BVerfGE 78, 364 (370 ff.).

[123] Vgl. *Heun* in Dreier Rn. 29; *Gornig* in MKS Rn. 89.

[124] BVerfGE 69, 1 (25); vgl. die Ausführungen im Sondervotum von *Mahrenholz* und *Böckenförde* in BVerfGE 69, 1 (57 ff.), zum Gesetzgebungsverfahren; ebenso *Gornig* in MKS Rn. 89.

[125] *Schwarz* in Maunz/Dürig Rn. 51 hält eine solche Besserstellung für unzulässig; aA wohl *Ipsen* in BK Rn. 106.

[126] *Jaworsky* Verwaltungsrundschau 1979, 129.

bezogen ist, ergibt sich dies jedenfalls nicht.[127] Dem Grunde nach ist die Verweigerung auch des Ersatzdienstes von der Freiheit des Gewissens gem. Art. 4 Abs. 1 erfasst.[128] Dies wird von einem Teil der Rspr. und Lehre bestritten: Die Existenz des Art. 4 Abs. 3 lasse darauf schließen, dass das GG eine Pflichtenverweigerung außerhalb der hier geregelten Konstellation gerade nicht anerkennen wolle.[129] Folgt man der hier vertretenen Auffassung, so konstituiert die Pflicht, Ersatzdienst zu leisten, einen rechtfertigungsbedürftigen – von Art. 12a Abs. 2 allerdings im Regelfall erlaubten – Eingriff in die Gewissensfreiheit der „Totalverweigerer". Nach der Rspr. und überwiegenden Lehre stellen Wehr- und Ersatzdienstpflicht schon für sich genommen Grundpflichten bzw. verfassungsrechtliche Pflichten dar[130] und schränken das Recht zur Totalverweigerung dann bereits tatbestandlich ein.

III. Verpflichtung von Männern zu zivilen Dienstleistungen (Art. 12a Abs. 3 u. 5)

Art. 12a Abs. 3 gestattet, durch Gesetz oder aufgrund eines Gesetzes Wehrpflichtige in **Arbeitsverhältnisse zu verpflichten.** Deren Gegenstand sind zivile (dh für sich genommen nichtmilitärische) Dienstleistungen für Zwecke der Verteidigung. Voraussetzung ist, dass der Verteidigungsfall iSd Art. 115a oder – bei Art. 12a Abs. 5 – der Spannungsfall iSd Art. 80a Abs. 1 festgestellt oder die Anwendung des Art. 12a Abs. 3 angeordnet worden ist. Der Verteidigungsfall tritt ein, wenn das Bundesgebiet mit Waffengewalt angegriffen wird oder ein solcher Angriff unmittelbar droht und der Bundestag mit Zustimmung des Bundesrates eine entsprechende Feststellung trifft (Art. 115a Abs. 1). Die Feststellung des Spannungsfalls erlaubt Art. 80a Abs. 1, ohne dafür spezifische materiell-rechtliche Voraussetzungen zu formulieren.[131] 32

Art. 12a Abs. 3 enthält eine spezielle Schranke des Grundrechts auf Freiheit von Arbeitszwang und Zwangsarbeit, die im Verhältnis zu der in Art. 12 Abs. 2, 3 aufgeführten als *lex specialis* betrachtet werden kann.[132] Der Gesetzgeber hat von der Ermächtigung des Art. 12a Abs. 3 durch das Arbeitssicherstellungsgesetz (ASG) v. 9.7.1968[133] Gebrauch gemacht. Danach erfolgt die Verpflichtung, die nur in ein zumutbares Arbeitsverhältnis erfolgen darf, durch Verpflichtungsbescheid der zuständigen Agentur für Arbeit (§§ 10 ff.). 33

1. Im Verteidigungsfall. Der Einsatzrahmen des Art. 12a Abs. 3 ist durch unbestimmte Rechtsbegriffe ausgesprochen weit gezogen. Gem. Art. 12a Abs. 3 S. 1 Hs. 1 ist Zweck der (für sich genommen zivilen) Dienstleistung die **Verteidigung.** Dieser Begriff wird in Art. 12a Abs. 3 nicht definiert; Abs. 1 Hs. 1 stellt lediglich fest, dass er auch den Schutz der Zivilbevölkerung umschließt. Während die Mitwirkung an Verteidigungs- 34

[127] BVerfGE 19, 135 (137); 23, 127 (132), mit etwas anderem Akzent; *Ipsen* in BK Rn. 126; *Kokott* in Sachs Rn. 30; zur Frage, ob sich freiwillig Wehrdienst leistende Frauen auf diese Norm berufen können, *Walz* NZWehrR 2002, 246.

[128] → Art. 4 Rn. 66; *Gornig* in MKS Rn. 95; *Jarass* in Jarass/Pieroth Rn. 5; *Kokott* in Sachs Rn. 29; *Nolte* in Stern/Becker Rn. 56.

[129] BVerfGE 19, 135 (138), 23, 127 (132); 105, 61 (71); *Schwarz* in Maunz/Dürig Rn. 54; *Heun* in Dreier Rn. 26; *Zippelius* in BK, Drittbearb., 1989, Art. 4 Rn. 129; *Guckelberger* in SHH Rn. 31.

[130] BVerfGE 105, 61 (71) mwN; sowie die Nachw. in → Rn. 5 ff.

[131] → Rn. 41.

[132] IE *Heun* in Dreier Rn. 30; *Manssen* in MKS Art. 12 Rn. 319.

[133] BGBl. 1968 I 787, zuletzt geändert durch G v. 13.12.2007, BGBl. 2007 I 2904.

handlungen ieS ausgeschlossen ist, stellt Art. 12a Abs. 3 differenzierte Regeln über die Rechtsnatur der zu leistenden Dienste, über Einsatzorte und -bereiche auf und verleiht dem unbestimmten Terminus „Zwecke der Verteidigung" damit Konturen. Die Verpflichtung erfolgt in Arbeits-, ausnahmsweise in (öffentlich-rechtliche) Dienstverhältnisse.[134] Einsatzbereiche sind die (nichtmilitärischen Teile der) Streitkräfte selbst, ihre Versorgung und die öffentliche Verwaltung (soweit sie auf die Streitkräfte bezogen ist), ausnahmsweise auch der Schutz der Zivilbevölkerung (Art. 12a Abs. 3 S. 2).

35 Entgegen verbreiteter Ansicht[135] bezeichnet **„Streitkräfte" nur die Bundeswehr;** die Verpflichtung zu zivilen Diensten bei Streitkräften verbündeter Staaten ist nicht erfasst. Dies folgt aus dem funktionalen Zusammenhang zwischen Art. 12a Abs. 1 u. 3, der über den gemeinsamen Anknüpfungspunkt der Wehrpflicht hergestellt wird.[136] § 4 Abs. 1 Nr. 1 ASG, der Arbeitsleistungen bei verbündeten Streitkräften für zulässig erklärt, ist verfassungskonform dahingehend einzuschränken, dass der Einsatz bei Streitkräften Verbündeter die Zustimmung des Wehrpflichtigen erfordert.[137] Zur Versorgung bei den Streitkräften zählen nicht nur Rüstungsbetriebe, sondern auch alle Zulieferbetriebe und Versorgungsunternehmen.[138] Arbeitsverhältnisse bei der öffentlichen Verwaltung sind nicht nur solche bei der Bundeswehrverwaltung (Art. 87b); sie können in allen Verwaltungsbereichen begründet werden. Dies umfasst Arbeitsverhältnisse im Bund, in den Ländern und der mittelbaren Staatsverwaltung,[139] soweit Aufgaben mit Bezug auf die Verteidigung oder den Schutz der Zivilbevölkerung erfüllt werden. Für den Schutz der Zivilbevölkerung statuiert S. 2 Hs. 2 eine Einschränkung insoweit, als eine Verpflichtung in Arbeitsverhältnisse mit diesem Ziel nur zulässig ist, um den lebensnotwendigen Bedarf der Zivilbevölkerung zu decken oder ihren Schutz sicherzustellen. Insbesondere die zweite Klausel ist so weit gefasst, dass eine faktische Beschränkung dadurch kaum bewirkt wird. Der Schutz der Zivilbevölkerung erfasst, wie Art. 12a Abs. 3 S. 2 Hs. 2 zeigt, auch ihre Versorgung.[140] Insoweit kommt ein breites Spektrum von Einsatzmöglichkeiten in Betracht, das von Sanitätseinrichtungen über Verkehrsbetriebe bis hin zu Teilen der Nahrungsmittel- und Bekleidungsindustrie reicht.[141]

36 Ob eine Verpflichtung nach Art. 12a Abs. 3 S. 1 ausgesprochen wird, unterliegt der Einschätzungsprärogative des Staates. Unklar ist, ob die Heranziehung auch dann erfolgen darf, wenn der Bedarf an Arbeitskräften auf freiwilliger Basis gesichert werden kann. Eine entsprechende Einschränkung ist in Art. 12a Abs. 3 – anders als in Abs. 4 – nicht formuliert. Lediglich die Zulässigkeit einer Einschränkung der Freiheit, den Beruf auszuüben oder aufzugeben, entfällt, wenn eine ausreichende Zahl Freiwilliger zur Verfügung steht (Art. 12a Abs. 6). Ungeachtet dessen fehlt es in diesen Fällen an der Erforderlichkeit der Verpflichtung nach Art. 12a Abs. 3, die mit einem gra-

---

[134] → Rn. 38.

[135] Ausf. *Gornig* in MKS Rn. 116; *Krieger* in BerlKomm Rn. 46; *Schwarz* in Maunz/Dürig Rn. 158; *Heun* in Dreier Rn. 33; wie hier *Kreutzer* DVBl. 1969, 399; *Ipsen* in BK Rn. 170.

[136] → Rn. 4.

[137] Gegen einen Einsatz zugunsten Verbündeter *Kreutzer* DVBl. 1969, 399; → Rn. 22 zu den verfassungsrechtlichen Grenzen der Auslandsverwendung von Wehrdienstleistenden.

[138] *Ipsen* in BK Rn. 175; *Schwarz* in Maunz/Dürig Rn. 69; *Hahnenfeld* NJW 1969, 1328 (1329).

[139] *Schwarz* in Maunz/Dürig Rn. 70; *Gornig* in MKS Rn. 119.

[140] Vgl. *Schwarz* in Maunz/Dürig Rn. 71; *Ipsen* in BK Rn. 182.

[141] Vgl. *Gornig* in MKS Rn. 121; sehr weit *Schwarz* in Maunz/Dürig Rn. 71.

vierenden Grundrechtseingriff einhergeht; sie ist dann also mangels Verhältnismäßigkeit unzulässig.[142]

Die Dienstleistungspflichten des Art. 12a Abs. 3 sind beschränkt auf **„Wehrpflichtige".** Dieser Begriff wird in den vorstehenden Absätzen nicht definiert, doch ergibt sich aus dem Sinnzusammenhang, dass darunter Männer ab dem vollendeten 18. Lebensjahr zu verstehen sind (→ Rn. 3 ff.; zur Frage, inwieweit die deutsche Staatsangehörigkeit Voraussetzung ist → Rn. 14). Weiter ist Voraussetzung, dass ein betroffener Wehrpflichtiger weder zum Wehrdienst oder einem der anderen in Art. 12a Abs. 1 genannten Dienste noch zum Ersatzdienst herangezogen worden ist. Insofern werden von Art. 12a Abs. 3 insbes. auch wehrdienstunfähige Personen, vom Wehrdienst Befreite und vom Wehrdienst zurückgestellte Wehrpflichtige erfasst.[143] **37**

Grundsätzlich erfolgt die Dienstverpflichtung in **privatrechtliche Arbeitsverhältnisse.**[144] Nur ausnahmsweise kann eine Verpflichtung in **öffentlich-rechtliche Dienstverhältnisse** erfolgen, und zwar dann, wenn der Zweck die Wahrnehmung „polizeilicher Aufgaben oder solcher hoheitlichen Aufgaben der öffentlichen Verwaltung, die nur in einem öffentlich-rechtlichen Dienstverhältnis erfüllt werden können", ist (Art. 12a Abs. 3 S. 1 Hs. 2). Die Bedeutung dieser Klausel ist unklar: Der beamtenrechtliche Funktionsvorbehalt des Art. 33 Abs. 4 ordnet lediglich an, hoheitsrechtliche Aufgaben im Regelfall Statusbeamten und damit Personen zu übertragen, die in einem öffentlich-rechtlichen Dienstverhältnis stehen. Diese Regelung schließt den Einsatz privatrechtlich Angestellter aber keineswegs kategorisch aus.[145] Dies gilt mit Einschränkungen auch für polizeiliche Aufgaben, die sich durch eine besondere Staatsnähe auszeichnen; diese werden vorwiegend in öffentlich-rechtlichen Dienstverhältnissen erfüllt. Gibt es aber, wie gezeigt, keine hoheitlichen Aufgaben der öffentlichen Verwaltung, die sich dem Einsatz privatrechtlicher Angestellter völlig entziehen, so reduziert sich die Möglichkeit der Verpflichtung in öffentlich-rechtliche Dienstverhältnisse auf die erste in Hs. 2 genannte Variante, die Wahrnehmung polizeilicher Aufgaben.[146] Die Verpflichtung nach Art. 12a Abs. 3 S. 1 Hs. 2 schließt die zwangsweise Begründung eines Beamtenverhältnisses ein, was sich bereits aus der Natur der wahrgenommenen Aufgaben ergibt. Die Auferlegung beamtenrechtlicher Dienst- und Treuepflichten gegen den Willen des Betroffenen ist nicht stärker belastend als die ebenfalls durch staatlichen Akt erfolgende Verpflichtung zur Erbringung der Dienstleistung an sich.[147] Eine gesetzliche Regelung für die Verpflichtung in öffentlich-rechtliche Arbeitsverhältnisse fehlte allerdings auch bis 2011; § 37 ASG stellt klar, dass in diesem G nur privatrechtliche Dienstverhältnisse in Bezug genommen werden.[148] **38**

---

[142] Vgl. auch § 1 S. 2 ASG; *Schwarz* in Maunz/Dürig Rn. 63; *Heun* in Dreier Rn. 33; aA *Nolte* in Stern/Becker Rn. 33; zur – umstrittenen – Anwendbarkeit des Verhältnismäßigkeitsgrundsatzes auf die Wehrpflicht und ihre Emanationen → Rn. 7.

[143] So §§ 9, 11, 12 WpflG; §§ 7 f., 10 f. ZDG.

[144] Vgl. *Gornig* in MKS Rn. 104 f.; *Ipsen* in BK Rn. 152.

[145] → Art. 33 Rn. 164 ff.

[146] Anders die hL, die den Passus im Lichte des Art. 33 Abs. 4 teleologisch umdeutet auf hoheitliche Aufgaben, die in einem öffentlich-rechtlichen Dienstverhältnis erfüllt werden sollen; vgl. *Gornig* in MKS Rn. 124; *Heun* in Dreier Rn. 34.

[147] Im Ergebnis wie hier *Ipsen* in BK Rn. 206 ff.; *Heun* in Dreier Rn. 34; *Gornig* in MKS Rn. 126; aA *Wilhelm* ZBR 1968, 381 (381 f.); *Wahsner,* Erfassung und Integration als System, 1972, 196.

[148] Vgl. *Gornig* in MKS Rn. 102; *Wilhelm* ZBR 1968, 381 (382).

39 Mit Blick auf Art. 4 Abs. 3 und Art. 12a Abs. 2 ist eine funktionale Beschränkung der Verpflichtungsmöglichkeiten nach Art. 12a Abs. 3 geboten. Dies gilt umso mehr, als ein Recht zur Verweigerung der von der Bestimmung erfassten Dienste nicht vorgesehen ist.[149] Denn während der Kriegsdienstverweigerer gem. Art. 12a Abs. 2 S. 2 darauf vertrauen kann, dass die Ersatzdiensttätigkeit in keinem Zusammenhang mit den Verbänden der Streitkräfte steht, erfolgt die Dienstleistungsverpflichtung gem. Art. 12a Abs. 3 auch dann, wenn sie nicht zum Ersatzdienst herangezogene Kriegsdienstverweigerer betrifft, „für Zwecke der Verteidigung". Obwohl der Dienstverpflichtete im völkerrechtlichen Sinne Zivilist bleibt und keinen Kombattantenstatus hat,[150] steht ein Einsatz dieser Art im möglichen Widerspruch zur Gewissensentscheidung nach Art. 4 Abs. 3, die nicht nur eigene Tötungsakte, sondern auch mittelbare Beiträge zum Waffeneinsatz erfasst. Insoweit bedarf es der teleologischen Reduktion des Art. 12a Abs. 3: Soll eine Verpflichtung von Kriegsdienstverweigerern erfolgen, gebietet die Wertung des Art. 12a Abs. 2 S. 2, dass ein Einsatz bei den Streitkräften oder bei ihrer Versorgung (einschließlich zB der Rüstungsindustrie) jedenfalls nicht gegen den Willen des betroffenen Wehrpflichtigen erfolgen darf.[151] Unabhängig hiervon ist die Verpflichtung zu unzumutbaren Dienstleistungen allgemein durch das Übermaßverbot ausgeschlossen.[152]

40 **2. Vor Eintritt des Verteidigungsfalles (Art. 12a Abs. 5).** Auch für die Zeit vor dem Verteidigungsfall können Dienstverpflichtungen iSv Art. 12a Abs. 3 vorgenommen werden, allerdings nur nach Maßgabe des Art. 80a Abs. 1. Dieser nimmt zwei mögliche Konstellationen in Bezug. Der Bundestag kann allein der Anwendung des Art. 12a Abs. 5 zustimmen oder den **Spannungsfall** feststellen, wofür jeweils eine Mehrheit von zwei Dritteln der abgegebenen Stimmen erforderlich ist. Der sog Bündnisfall reicht zur Aktivierung von Verpflichtungen nach Art. 12 Abs. 5 nicht aus, da die Vorschrift explizit nur auf Art. 80a Abs. 1 und nicht auch auf Abs. 3 Bezug nimmt.[153]

41 Das GG formuliert weder für die Feststellung des Spannungsfalles noch unabhängig von einem solchen für die Aktivierung des Art. 12a Abs. 5 materiell-rechtliche Voraussetzungen. Der Gesetzgeber stellte sich unter Spannungsfall eine Zeit erhöhter internationaler Spannungen vor, welche die Herstellung vergrößerter Verteidigungsbereitschaft erforderlich macht.[154] Nicht nur sind diese Vorgaben konturenarm, auch trifft Art. 12a Abs. 5 keine Aussage zu Dauer und Umfang der Verpflichtungen. Art. 12a Abs. 5 S. 1 ist gleichwohl **kein verfassungswidriges Verfassungsrecht.**[155] Nicht nur sind Sinn und Zweck der ausgesprochenen Verpflichtungen durch Art. 12a Abs. 3 hinreichend umrissen, auch kann einer übermäßigen Inanspruchnahme Einzelner durch die Verhältnismäßigkeitskontrolle begegnet werden, die mit

---

[149] *Gornig* in MKS Rn. 134; *Schwarz* in Maunz/Dürig Rn. 60; diff. *Ipsen* in BK Rn. 228 ff.
[150] *Ipsen* in BK Rn. 142.
[151] So auch *Ipsen* in BK Rn. 230 f. mwN.
[152] Vgl. auch § 12 Abs. 1 ASG; *Ipsen* in BK Rn. 165.
[153] *Wahsner,* Erfassung und Integration als System, 1972, 188; *Jarass* in Jarass/Pieroth Rn. 10, Art. 80a Rn. 7; *Brenner* in MKS Art. 80a Rn. 46; anders wohl *Gornig* in MKS Rn. 161.
[154] BT-Drs. V/2873, 11; iE → Art. 80a Rn. 12.
[155] So aber *Hamann* in Hamann/Lenz Anm. B 8.

Blick auf die Schwere des Eingriffs streng und desto strenger ausfallen muss, je weniger greifbar die festgestellten Spannungen sind. Bedrohungen der freiheitlichen demokratischen Grundordnung werden Verpflichtungen in aller Regel legitimieren können;[156] ob geringere Anforderungen gestellt werden können, bestimmt sich nach Art und Umfang der Verpflichtung im Einzelfall.

Die **Teilnahme an Ausbildungsveranstaltungen** kann Wehrpflichtigen gem. Art. 12a Abs. 5 S. 2 zur Vorbereitung auf Dienstleistungen iSd Art. 12a Abs. 3, die besondere Fähigkeiten oder Kenntnisse erfordern, zur Pflicht gemacht werden. Der Zusatz „Satz 1 findet insoweit keine Anwendung" (Art. 12a Abs. 5 S. 3) stellt klar, dass eine solche Verpflichtung den Eintritt des Verteidigungs- oder Spannungsfalles oder einen Aktivierungsbeschluss des Bundestages nicht voraussetzt, sondern bereits in Friedenszeiten ausgesprochen werden kann.[157] Damit soll für den Fall eines kurzfristig eintretenden Spannungs- oder Verteidigungsfalls die Erbringung von Dienstleistungen iSd Art. 12a Abs. 3 sichergestellt werden. Wehrpflichtige, die bereits zum Wehr- oder Ersatzdienst herangezogen sind oder zur Heranziehung vorgesehen sind, dürfen nicht zu Ausbildungsveranstaltungen gem. Art. 12a Abs. 5 S. 2 verpflichtet werden.[158] Da sich die Höchstaltersgrenzen für die Wehrpflicht für Friedenszeit und Verteidigungs- bzw. Spannungsfall (im ersten Fall beträgt sie 45, im zweiten 60 Jahre[159]) unterscheiden, ist unklar, nach welcher Altersgrenze sich die „Wehrpflichtigkeit" für Art. 12a Abs. 5 bestimmt. Entgegen einer im Schrifttum teilweise vertretenen Ansicht[160] muss die für den Verteidigungsfall geltende Grenze maßgeblich sein, da die Ausbildungsveranstaltungen darauf gerichtet sind, den möglichen Einsatz für die in Art. 12a Abs. 3 genannten Pflichten im bewaffneten Konflikt vorzubereiten. Dieser Zweck wäre teilweise in Frage gestellt, wenn auf die Altersgrenze in Friedenszeiten abgestellt werden müsste.[161] Näheres bestimmen §§ 29, 30 ASG. 42

IV. Dienstverpflichtung von Frauen (Art. 12a Abs. 4)

Während sich die vorangegangenen Absätze ausschließlich auf Männer beziehen, betrifft Art. 12a Abs. 4 **ausschließlich Frauen.** S. 1 sieht auch insoweit die Möglichkeit einer Dienstverpflichtung vor, die allerdings erstens auf den Verteidigungsfall beschränkt, die zweitens subsidiär ist und sich drittens nur auf den Sanitäts- und Heilbereich erstreckt. Darüber hinaus stipuliert Art. 12a Abs. 4 S. 2, dass Frauen zum Dienst mit der Waffe „auf keinen Fall" verpflichtet werden dürfen. 43

1. Dienstleistungen im zivilen Sanitäts- und Heilwesen und in ortsfesten militärischen Lazarettorganisationen (Art. 12a Abs. 4 S. 1). 44
Die Möglichkeit der Dienstverpflichtung von Frauen ist auf den **Verteidi-**

[156] Weitergehend *Gubelt* in v. Münch/Kunig, 5. Aufl. 2003, Rn. 23, der diese als ausschließlichen Rechtfertigungsgrund betrachtet; ebenso *Krieger* in BerlKomm Rn. 44; *Nolte* in Stern/Becker Rn. 34; *Brunn* in Umbach/Clemens Rn. 59.

[157] Vgl. *Krieger* in BerlKomm Rn. 48; *Gornig* in MKS Rn. 166.

[158] Keine Alternativität: Rechtsauschuss des BT, Schriftlicher Bericht, BT-Drs. V/2873, 5; *Krieger* in BerlKomm Rn. 43 aE; ebenso *Heun* in Dreier Rn. 30.

[159] Vgl. § 3 Abs. 3 WpflG (für Offiziere gilt Abs. 4) sowie § 3 Abs. 5 WpflG.

[160] *Ipsen* in BK Rn. 242.

[161] Ebenso *Gornig* in MKS Rn. 165.

gungsfall[162] beschränkt. Insofern ergänzt Art. 12a Abs. 4 S. 1 den für wehrpflichtige (aber nicht Wehrdienst leistende) Männer geltenden Art. 12a Abs. 3. Eine dem Art. 12a Abs. 5 vergleichbare Bestimmung existiert allerdings nicht, so dass eine Heranziehung von Frauen vor Eintritt des Verteidigungsfalles unter keinen Umständen erfolgen darf. Anders als Art. 12a Abs. 3 u. 5, die auf die Wehrpflichtigkeit und damit auf die Ausgestaltung durch einfaches Gesetz verweisen, ist bei Art. 12a Abs. 4 S. 1 der Kreis der verpflichtungsfähigen Frauen durch eine konkrete **Altersvorgabe** bereits von Verfassung wegen eingegrenzt: Nur Frauen vom vollendeten 18. bis 55. Lebensjahr dürfen zu den dort genannten Diensten herangezogen werden. Wie bei Art. 12a Abs. 1 bis Abs. 3 ist die Möglichkeit der Heranziehung nicht auf Deutsche beschränkt.

45 Die Heranziehung von Frauen nach Art. 12a Abs. 4 S. 1 darf nur durch Gesetz oder auf Grund eines Gesetzes erfolgen. In materiell-rechtlicher Hinsicht ist sie zudem **subsidiär,** verfassungsrechtlich mithin nur zulässig, wenn der Bedarf an den von der Norm erfassten Dienstleistungen auf freiwilliger Grundlage nicht gedeckt werden kann. Dafür reicht nicht schon eine Prognose aus, wonach mit einer ausreichenden Zahl an Freiwilligen nicht gerechnet werden kann. Notwendig sind grundsätzlich vorangegangene tatsächliche Bemühungen um Freiwillige in ausreichender Zahl.[163] Eine gewisse Einschränkung kann sich allenfalls dann ergeben, wenn ein Bedarf an Dienstleistungen äußerst kurzfristig entsteht; in diesem Fall der „Gefahr in Verzug" kann vom Versuch freiwilliger Rekrutierung ausnahmsweise Abstand genommen werden.[164] Die Bedarfsfeststellung erfolgt pauschal und bezieht sich nicht auf die konkrete Einsatzstelle.

46 Nach hM kommt eine Verpflichtung in öffentlich-rechtliche Dienstverhältnisse iRd Art. 12a Abs. 4 S. 1 nicht in Betracht; vielmehr dürfen lediglich **privatrechtliche Beschäftigungsverhältnisse** begründet werden.[165] Dies hat seinen Grund weniger in der Natur der ausgeübten Dienste (im Sanitäts- und Heilwesen und in Lazaretten), die keine Übertragung hoheitsrechtlicher Befugnisse erfordern, für sich genommen der Begründung eines öffentlich-rechtlichen Dienstverhältnisses andererseits aber auch nicht entgegenstehen. Vielmehr zeigt der systematische Vergleich mit Art. 12a Abs. 3 S. 1 Hs. 2, dass der Verfassungsgesetzgeber eine Verpflichtung in öffentlich-rechtliche Dienstverhältnisse jenseits von Wehr- und Ersatzdienst grundsätzlich nicht zulassen wollte. Eine Ausnahme statuiert die Vorschrift nur für Dienstleistungen, die ohne hoheitsrechtliche Befugnisse nicht ausgeübt werden können, insbes. polizeiliche Aufgaben (→ Rn. 38). Für Frauen ist diese Ausnahme jedoch ohne Belang, da sie solche Aufgaben nur freiwillig übernehmen und nicht dazu verpflichtet werden können.

47 Frauen dürfen im Rahmen einer Dienstverpflichtung nur im zivilen Sanitäts- und Heilwesen sowie in der ortsfesten militärischen Lazarettorganisation eingesetzt werden. **„Zivil"** ist das **Sanitäts- und Heilwesen** nicht schon dann, wenn seine Einrichtungen in privater Trägerschaft stehen, sondern wenn ihm ein funktionaler Bezug zum Militär fehlt. Hierzu gehören Kran-

---

[162] Vgl. → Art. 115a Rn. 9 f.

[163] *Krieger* in BerlKomm Rn. 51; *Gornig* in MKS Rn. 140; *Heun* in Dreier Rn. 37; aA *Ipsen* in BK Rn. 269.

[164] So auch *Schwarz* in Maunz/Dürig Rn. 80.

[165] Vgl. *Stern,* StaatsR II, 1980, § 52 Kap. VII 5d β mwN; *Krieger* in BerlKomm Rn. 51; *Gornig* in MKS Rn. 141; *Brunn* in Umbach/Clemens Rn. 53.

kenhäuser, Kliniken, Sanatorien, Apotheken, aber auch Stellen der öffentlichen Verwaltung (wie zB Gesundheitsbehörden).[166] Dies ergibt sich daraus, dass Art. 12a Abs. 4 S. 1 lediglich den Einsatzbereich spezifiziert, aber keine Aussage zur Art der Tätigkeit trifft. Es ist nicht erforderlich, dass diese selbst in der Erbringung von Pflegedienstleistungen besteht.[167] In militärischen, also nicht-zivilen Einrichtungen dürfen Frauen nur insoweit kraft Dienstverpflichtung zum Einsatz kommen, als es sich um **„ortsfeste Lazarettorganisationen"** handelt. Lazarette sind medizinische Behandlungs- und Pflegeeinrichtungen, die Militärangehörigen vorbehalten sind und nur für die Dauer des militärischen Konflikts Bestand haben. Die Wahl des Begriffs „Lazarettorganisation" verdeutlicht, dass nicht nur der Dienst innerhalb der Lazarette, sondern auch deren Aufbau und Verwaltung sowie Beschaffungsdienste erfasst werden. Voraussetzung ist, dass solche Lazarettorganisationen ortsfest sind.[168] Eine Dienstverpflichtung für Feldlazarette ist nicht zulässig. In dieser Einschränkung kommt das auch von Art. 12a Abs. 4 S. 2 verkörperte Anliegen zum Ausdruck, Frauen nach Möglichkeit vor direkten Einwirkungen bewaffneter Konflikte zu bewahren, sofern sie darin nicht ausdrücklich einwilligen.[169]

2. Keine Verpflichtung zum Dienst mit der Waffe (Art. 12a Abs. 4 S. 2). Art. 12a Abs. 4 S. 2 verbietet, Frauen zum Dienst mit der Waffe zu verpflichten. Die Bestimmung wirkt zwar affirmativ: Sie ordnet nichts an, was nicht aus anderen Vorschriften bereits abgeleitet werden kann. Gleichwohl ist der expliziten Aussage des Satzes eine (auch für die Auslegung anderer Bestimmungen erhebliche) verfassungsrechtliche **Signal- und Bekräftigungswirkung** sowie eine Grundrechtsdimension[170] beizumessen. Dabei ist zwischen einer Verbots- und eine Berechtigungskomponente zu unterscheiden. Art. 12a Abs. 4 S. 2 spricht zunächst ein **Verbot** der Dienstverpflichtung von Frauen an der Waffe aus. Ein solches Verbot kann im Gegenschluss bereits Art. 12a Abs. 1 entnommen werden: Wenn explizit nur für Männer die Möglichkeit der Verpflichtung zum Dienst an der Waffe ausgesprochen ist, fehlt es für eine gleichartige Verpflichtung von Frauen an der verfassungsrechtlichen Grundlage. Der Wortlaut des Art. 12a Abs. 4 S. 2 ist insofern sogar zu eng gefasst, als dem Gesamtkontext des Art. 12a Abs. 1 nicht lediglich ein Verbot der Verpflichtung von Frauen zum Dienst an der Waffe, sondern schlechthin ein Verbot entnommen werden kann, Frauen zum Dienst in den Streitkräften sowie in der Bundespolizei und im Zivilschutz zu verpflichten. Art. 12a Abs. 4 S. 1 wird durch S. 2 nicht eingeschränkt, denn keiner der Dienste, zu denen Frauen nach S. 1 verpflichtet werden können, ist mit dem Einsatz von Waffen verbunden. 48

Bestand und Reichweite der Art. 12a Abs. 4 S. 2 innewohnenden **Berechtigungskomponente** erschließen sich erst in Ansehung der früheren, bis zur Änderung vom 19.12.2000[171] geltenden Normfassung. Sie lautete: „Sie dürfen auf keinen Fall Dienst mit der Waffe leisten." Von der hM, die „sie" auf Frauen schlechthin bezog und die sich auch der Gesetzgeber zu 49

[166] *Gornig* in MKS Rn. 144; *Schwarz* in Maunz/Dürig Rn. 79.
[167] So auch *Gornig* in MKS Rn. 143; *Ipsen* in BK Rn. 263.
[168] Vgl. *Gornig* in MKS Rn. 145; *Schwarz* in Maunz/Dürig Rn. 79.
[169] → Rn. 48 ff.
[170] → Rn. 50.
[171] BGBl. 2000 I 1755.

Eigen machte, wurde dies als generelles Verbot der Bewaffnung von Frauen in den Streitkräften verstanden.[172] Ein freiwilliger Wehrdienst von Frauen war bis zum Jahr 2000 nur insoweit gestattet, als er den Dienst an der Waffe ausschloss, also im Sanitäts-, Küchen-, Büro- und Wartungsdienst, ferner in der Bundeswehrverwaltung.[173] Für die Gegenauffassung konnten mit „sie" lediglich die nach Art. 12a Abs. 4 S. 1 dienstverpflichteten Frauen gemeint sein.[174] Nach einem Urteil des EuGH war der Ausschluss von Frauen vom freiwilligen Dienst in der Bundeswehr (dh von der Tätigkeit als Berufssoldatin) in Deutschland mit den gemeinschaftsrechtlichen Diskriminierungsverboten der RL 76/207/EWG[175] (heute RL 2006/54/EG)[176] unvereinbar. Art. 2 Abs. 1 der Richtlinie untersagt die geschlechtsbezogene Diskriminierung bei beruflicher Betätigung. Der Gerichtshof vertrat die Auffassung, dass die eng auszulegende Ausnahmebestimmung des Art. 2 Abs. 2 der Richtlinie nur für spezifische Tätigkeiten innerhalb der Streitkräfte gelten könne,[177] der Ausschluss von Frauen von fast allen militärischen Tätigkeiten jedoch unverhältnismäßig sei und nicht gerechtfertigt werden könne.[178] Auch das Argument, der Ausschluss sei zum Schutze der Frau iSd Art. 2 Abs. 3 der Richtlinie geboten, wies der Gerichtshof mit Recht zurück.[179] Aufgrund des Anwendungsvorrangs des Gemeinschaftsrechts (wie ihn der EuGH versteht) durften deutsche Rechtsvorschriften, die Frauen den freiwilligen Dienst an der Waffe untersagten, nicht mehr zur Anwendung kommen. Deutschland war, um seinen gemeinschaftsrechtlichen Verpflichtungen zu genügen, gezwungen, seine Rechtsvorschriften den gemeinschaftsrechtlichen Vorgaben anzupassen.[180]

50 Ob zur Befolgung der EuGH-Judikatur eine Änderung des Art. 12a Abs. 4 S. 2 unbedingt erforderlich war[181] oder eine gemeinschaftskonforme Auslegung im Sinne der bis dahin bestehenden Minderheitsmeinung[182] genügt

---

[172] BVerfG NJW 1998, 57; BVerwGE 103, 301 (302 ff.); 113, 332 (333 ff.); iE *Seidner,* Der freiwillige Dienst von Frauen in der Bundeswehr, 1997, 60 ff.; *Gornig* in MKS Rn. 149; *Heun* in Dreier Rn. 39; *Schwarz* in Maunz/Dürig Rn. 82 mwN; *Arndt* NJW 2000, 1461 (1461 f.); *Zuck* NJW 2000, 1701 (1702).

[173] Vgl. *Heun* in Dreier Rn. 38 f.; *Guckelberger* in SHH Rn. 37.

[174] Vgl. *Jarass* in Jarass/Pieroth Rn. 5; *Zuleeg* DÖV 1997, 1017 (1018); *Laubinger/Repkewitz* VerwArch. 91 (2000), 297 (310 ff.); *Repkewitz* NJW 1997, 506 (507 f.); *Doehring* NZWehrR 1997, 45 (45, 51); *Slupik* ZRP 1990, 305 (306); *Müller/Schultzky* NVwZ 2000, 1381 (1382).

[175] RL 76/207/EWG des Rates v. 9.2.1976 zur Verwirklichung des Grundsatzes der Gleichbehandlung von Männern und Frauen hinsichtlich des Zugangs zur Beschäftigung, zur Berufsbildung und zum beruflichen Aufstieg sowie in Bezug auf die Arbeitsbedingungen, ABl. 1976 L 39, 40.

[176] RL 2006/54/EG des Europäischen Parlaments und des Rates v. 5.7.2006 zur Verwirklichung des Grundsatzes der Chancengleichheit und Gleichbehandlung von Männern und Frauen in Arbeits- und Beschäftigungsfragen (Neufassung), ABl. 2006 L 204, 23.

[177] EuGH C-285/98, Slg. 2000, I-69, ECLI:EU:C:2000:2 Rn. 106 – Kreil; ausf. *Kämmerer* EuR 2000, 102 (110 ff.).

[178] EuGH C-285/98, Slg. 2000, I-69, ECLI:EU:C:2000:2 Rn. 106– Kreil.

[179] EuGH C-285/98, Slg. 2000, I-69 ECLI:EU:C:2000:2 Rn. 107 – Kreil; zust. *Gornig* in MKS Rn. 151 aE.

[180] Vgl. ausf. *Hirsch* NJW 2000, 1817; *Laubinger/Repkewitz* VerwArch 91 (2000), 297 (321 ff.); *Koch* DVBl. 2000, 476 (478); *Sieberich* NJW 2000, 2565 (2565 f.); *Götz* JZ 2000, 413 (415); *Lenz* ZRP 2000, 265 (267); aA *Schwarz* in Maunz/Dürig Rn. 82.; *Scholz* DÖV 2000, 417 (418 ff.); *Arndt* NJW 2000, 1461; *Mückl* Jura 2000, 406 (411 f.); *Köster/Schröder* NJW 2001, 273 ff.

[181] *Guckelberger* in SHH Rn. 37; *Arndt* NJW 2000, 1461 (1462); *Dreist* NZWehrR 2000, 65 (78 ff.); *Zuck* NJW 2000, 1701 (1702); für eine Änderung im Interesse der Rechtsklarheit *Sachs* NWVBl. 2000, 405 (409); *Stahn* EuGRZ 2000, 121 (132).

hätte,[183] war umstritten. Um Unklarheiten über das Verständnis der Bestimmung vorzubeugen, entschied sich der Gesetzgeber für die Änderung der Vorschrift[184] und entzog damit die Verfassungskonformität der auf einfachgesetzlicher Ebene vorgenommenen Rechtsänderungen jeglichem Zweifel. Diese (aus Sicht der vormaligen Minderheitsmeinung lediglich klarstellende) Verfassungsänderung weist Art. 12a Abs. 4 S. 2 zudem Berechtigungsgehalt zu. Denn an der Statthaftigkeit des Umkehrschlusses aus Art. 12a Abs. 4 S. 2, wonach Frauen der **freiwillige Dienst mit der Waffe nicht versagt werden** darf, kann kein Zweifel bestehen.[185] Insoweit ist Art. 12a Abs. 4 S. 2 kraft Änderung zum **Grundrechtstatbestand** erhoben, der, was den freiwilligen Dienst (auch mit der Waffe) in den Streitkräften betrifft, nicht nur Art. 12 Abs. 1 ergänzt, sondern auch neben Art. 3 Abs. 2, Abs. 3 tritt und damit einen Beitrag zur Gleichstellung der Frau im Berufsleben leistet.[186] Während die Vorgängernorm in der Interpretation durch die hM in Abweichung von Art. 3 Abs. 2, Abs. 3 zugleich als Benachteiligung von Frauen[187] und – im Zusammenspiel mit Art. 12 Abs. 1 – als Bevorzugung (Freiheit von der Belastung durch den Wehrdienst) gesehen werden konnte,[188] ist Art. 12a Abs. 4 S. 2 in seiner heutigen Fassung für Frauen ausschließlich mit rechtlichen Vorteilen verbunden.

V. Beschränkungen der Berufsfreiheit (Art. 12a Abs. 6)

Art. 12a Abs. 6 S. 1 gestattet für die von Art. 12a Abs. 3 S. 2 erfassten Berufsgruppen Eingriffe in die Freiheit, die Ausübung eines Berufs oder den Arbeitsplatz aufzugeben. Damit legitimiert Art. 12a Abs. 6 S. 1 ausdrücklich Eingriffe in eine Form der „negativen Berufswahlfreiheit",[189] die schwer wiegen, weil die Betroffenen zur Fortführung einer Arbeit gezwungen werden. Da die Tätigkeit bzw. der Arbeitsplatz zu einem früheren Zeitpunkt frei gewählt worden sind, wird der Eingriff meist nicht so gravierend sein wie die meisten auf Art. 12a Abs. 3 beruhenden Maßnahmen. Die Pflicht, den Beruf weiter auszuüben oder den Arbeitsplatz beizubehalten,[190] beschränkt nicht nur die **negative Berufsfreiheit** (Freiheit, den Beruf zu beenden); auch die – positive – Freiheit, einen anderen Beruf oder Arbeitsplatz zu wählen, ist insoweit nicht gewährleistet. Beschränkungen aufgrund von Art. 12a Abs. 6 dürfen nur im Verteidigungsfall vorgenommen werden. Unter den Voraussetzungen des Art. 12a Abs. 5 S. 1 kommen sie auch für die Zeit vor dem Eintritt des Verteidigungsfalls, Art. 12a Abs. 6 S. 2, in Betracht, jedoch nur 51

[182] → Rn. 49.

[183] So *Laubinger/Repkewitz* VerwArch 91 (2000), 297 (322 f.); *Kämmerer* EuR 2000, 102 (117); *Koch* DVBl. 2000, 476 (477); *Stahn* EuGRZ 2000, 125 (131 f.).

[184] Vgl. *Eichen* NZWehrR 2001, 45 (48 ff.); zur Umsetzung in der Praxis *Kümmel* in Ahrens/Apelt/Bender Frauen im Militär – Empirische Befunde zur Integration von Frauen in die Streitkräfte, 63 ff.

[185] *Gornig* in MKS Rn. 154; *Guckelberger* in SHH Rn. 29; *Heun* in Dreier Rn. 39.

[186] Zur Kritik an Art. 12a Abs. 4 S. 2 GG aF als „antiquiert" vgl. *Gornig* in MKS Rn. 149; *Ekardt* DVBl. 2001, 1171 (1175); *Kämmerer* EuR 2000, 102 (114 ff.).

[187] Vgl. *Götz* JZ 2000, 413 (415); *Zuleeg* DÖV 1997, 1018 (1024); aA *Martens,* Grundgesetz und Wehrverfassung, 1961, 134 f. (zu Art. 12 Abs. 3 GG aF).

[188] Vgl. *Slupik* ZRP 1990, 305; *Kämmerer* EuR 2003, 447 (454 f.).

[189] → Art. 12 Rn. 50.

[190] Zur Frage, ob auch Änderungskündigungen nach Art. 12a Abs. 6 statthaft sind, *Wahsner,* Erfassung und Integration als System, 1972, 226.

nach Maßgabe der Einschränkungen, die für die Anwendung des Art. 12a Abs. 5 allgemein gelten.[191]

52 Zwar nimmt der Normwortlaut nur auf **Deutsche** Bezug, die als Träger des Grundrechts aus Art. 12 Abs. 1 ausdrücklich genannt sind. Erst recht lässt aber Art. 12a Abs. 6 Einschränkungen der Berufsfreiheit bei **Ausländern** und Staatenlosen zu, die insoweit lediglich über das allgemeine Persönlichkeitsrecht (Art. 2 Abs. 1 iVm Art. 1 Abs. 1) geschützt sind.[192] Nach seinem Sinn und Zweck muss Art. 12a Abs. 6 auch ein an in der Ausbildung befindliche Personen gerichtetes Verbot einschließen, diese Ausbildung abzubrechen, da die Entscheidung für eine bestimmte Ausbildung Teil der von Art. 12 Abs. 1 geschützten Berufswahl ist[193] und der Staat ein legitimes Interesse daran haben kann, die Ausübung einer beruflichen Tätigkeit in den von Art. 12a Abs. 3 S. 2 genannten Bereichen schon im Vorfeld der Berufsaufnahme im Einzelfall sicherzustellen.[194]

53 Die nach Art. 12a Abs. 6 zulässigen Beschränkungen wirken für **Männer und Frauen** gleichermaßen. Etwas anderes kann auch der Bezugnahme auf Art. 12a Abs. 3 S. 2 nicht entnommen werden. Sie stellt lediglich klar, dass Beschränkungen nach Art. 12a Abs. 6 nur für zivile Dienstleistungen bei den Streitkräften, im Bereich der Streitkräfteversorgung, bei der öffentlichen Verwaltung, sofern sie einen Bezug zur Verteidigung aufweist,[195] und bei der Versorgung der Zivilbevölkerung zulässig sind. Art. 12a Abs. 3 S. 2 Hs. 2, der im Rahmen einer Verpflichtung in Arbeitsverhältnisse bei der Versorgung der Zivilbevölkerung Einschränkungen der beruflichen Betätigung erlaubt, ist kein spezieller Anwendungsfall des Art. 12a Abs. 6, da letztgenannte Vorschrift die Betroffenen nicht zur erstmaligen Ausübung einer nicht frei gewählten Berufstätigkeit mit mittelbarem Verteidigungsbezug, sondern lediglich zu ihrer Fortsetzung anhält.

54 In formeller Hinsicht bedarf es für Verpflichtungen nach Art. 12a Abs. 6 eines **Gesetzes** oder einer gesetzlichen Ermächtigung. Eine solche findet sich derzeit im Arbeitssicherstellungsgesetz (ASG),[196] wonach die Beendigung bestimmter Arbeitsverhältnisse in Spannungszeiten und im Verteidigungsfalle der Zustimmung der Bundesagentur für Arbeit bedarf (§§ 3, 4, 7). Wie alle Eingriffe in Art. 12 Abs. 1 muss auch die Verpflichtung zur Beibehaltung eines Berufs oder Arbeitsplatzes den Anforderungen des Verhältnismäßigkeitsprinzips genügen. Aufgrund der verfassungsrechtlichen Grundentscheidung für die Zulässigkeit von Beschränkungen der genannten Art zur Sicherung der Landesverteidigung reduziert sich diese allerdings auf die Eignung und Erforderlichkeit der gesetzlich zulässigen bzw. konkret angeordneten Maßnahmen. Die Anwendung der „Stufenlehre" des BVerfG[197] erübrigt sich schon deswegen, weil Zweck und Art des Eingriffs verfassungsrechtlich im

---

[191] *Heun* in Dreier Rn. 42 aE; *Gornig* in MKS Rn. 174; → Rn. 41.

[192] *Stern,* StaatsR II, 1980, § 52 Kap. VII 5d δ; *Kühne* in Sachs Rn. 34; *Nolte* in Stern/Becker Rn. 49; *Heun* in Dreier Rn. 42; *Gornig* in MKS Rn. 173.

[193] → Art. 12 Rn. 24, 26.

[194] Wie hier *Gornig* in MKS Rn. 171; *Schwarz* in Maunz/Dürig Rn. 87; anders *Ipsen* in BK Rn. 277; *Kokott* in Sachs Rn. 34; *Nolte* in Stern/Becker Rn. 49.

[195] → Rn. 34.

[196] G zur Sicherstellung von Arbeitsleistungen für Zwecke der Verteidigung einschließlich des Schutzes der Zivilbevölkerung v. 9.7.1968, BGBl. 1968 I 787, zuletzt geändert durch G v. 13.12.2007, BGBl. 2007 I 2904.

[197] Zu dieser und zu ihrer Relativierung in der neueren Rspr. → Art. 12 Rn. 48 ff.

Grundsatz bereits gebilligt sind.[198] Maßnahmen, die sich gegen Arbeitskämpfe richten, dürfen nicht auf Art. 12a Abs. 6 gestützt werden, wie Art. 9 Abs. 3 S. 3 ausdrücklich verfügt.[199]

C. Verhältnis zu anderen Bestimmungen des Grundgesetzes

Im Verhältnis zu Art. 12 kann von Spezialität des Art. 12a nicht generell gesprochen werden,[200] zumal dieser (mit Ausnahme des Abs. 4) keine Grundrechtsverbürgungen ausspricht. Vielmehr besteht ein Spezialitätsverhältnis nur zu Art. 12 Abs. 1 S. 2 insoweit, als Art. 12a Einschränkungen der Berufswahl oder -ausübung zulässt. Eine solche wird explizit durch Art. 12a Abs. 6 verfügt und der Sache nach auch durch Zuweisung eines Arbeitsverhältnisses in Art. 12a Abs. 3 vorgenommen. Damit liegt zugleich ein Eingriff in die Freiheit von Arbeitszwang und Zwangsarbeit (Art. 12 Abs. 2, 3) vor (s. Rn. 33). Im Geltungsbereich von Art. 12a Abs. 1, Abs. 2 besteht der Eingriff in die Berufsfreiheit in der rechtlichen und tatsächlichen Unmöglichkeit, während des Wehr- oder Ersatzdienstes einer frei gewählten beruflichen Tätigkeit nachzugehen. In allen Fällen ist das für Eingriffe in die Berufsfreiheit auch sonst geltende Verhältnismäßigkeitsprinzip zu beachten.[201] Die Schranken anderer Grundrechte, die durch Verpflichtungen nach Art. 12a betroffen werden können,[202] bleiben neben dessen Vorgaben beachtlich; dies gilt vornehmlich für Art. 4 Abs. 1, Art. 5 Abs. 3, Art. 6, 8, 9, 11 u. 13. Art. 17a tritt dabei ergänzend zu Art. 12a hinzu.[203] Soweit Eingriffe in diese Grundrechte nur aufgrund „verfassungsimmanenter Schranken" zulässig sind, erfüllt Art. 12a die Voraussetzungen einer solchen.[204] Für den Schutzbereich der Koalitionsfreiheit statuiert Art. 9 Abs. 3 S. 3 ausdrücklich, dass sich Maßnahmen nach Art. 12a (insbes. solche nach Abs. 3) nicht gegen Arbeitskämpfe richten dürfen. *Leges speciales* sind Art. 12a Abs. 1–5 im Verhältnis zu Art. 3 Abs. 2, Abs. 3: Da das GG selbst es ausdrücklich billigt, Angehörige nur eines Geschlechts (bei Art. 12a Abs. 1–3 und Abs. 5 Männer, bei Art. 12a Abs. 4 S. 1 Frauen) zu Diensten heranzuziehen, scheidet ein Verstoß gegen verfassungsrechtliche Diskriminierungsverbote aus.[205] **55**

D. Kritische Würdigung

Obwohl Art. 12a praktisch keine Grundrechtspositionen vermittelt, handelt es sich um den umfangreichsten Artikel des ersten, mit „Die Grundrechte" überschriebenen GG-Abschnitts. Nicht nur der Wortreichtum lässt ihn als Fremdkörper inmitten des meist konzis gefassten und auf grundlegende Aussagen beschränkten Grundrechtskatalogs erscheinen. Auch angesichts seiner vorrangigen Ausrichtung auf die Sicherung der Landesverteidigung **56**

[198] Wohl auch *Heun* in Dreier Rn. 43.
[199] → Art. 9 Rn. 113 ff.
[200] So aber *Heun* in Dreier Rn. 43; anders nur für Art. 12a Abs. 6: *Gornig* in MKS Rn. 180; *Schwarz* in Maunz/Dürig Rn. 26.
[201] *Heun* in Dreier Rn. 43.
[202] S. generell *Tetzlaff,* Vom (un)möglichen Zustand des Wehrpflichtrechts, 2009, 151 ff.
[203] AA *Tetzlaff,* Vom (un)möglichen Zustand des Wehrpflichtrechts, 2009, 190.
[204] Vgl. *Gornig* in MKS Rn. 66; *Heun* in Dreier Rn. 43.
[205] BVerfGE 48, 127 (165); *Heun* in Dreier Rn. 43; *Gornig* in MKS Rn. 24, 66.

wäre ein Großteil der enthaltenen Vorgaben möglicherweise besser in Abschn. Xa betreffend den „Verteidigungsfall" aufgehoben. Mit Recht ist überdies geltend gemacht worden, dass Teile des Art. 12a auch einfachgesetzlich hätten normiert werden können.[206] Trotz seines Detailreichtums ist er in mancherlei Hinsicht zu unscharf gefasst. Nicht nur finden sich in allen Absätzen unbestimmte Rechtsbegriffe, auch wird das Verständnis der Vorschriften durch Unklarheiten[207] und eine inkonstante, schwer erfassbare Terminologie (vgl. nur das Nebeneinander von Begriffen wie Dienst in den Streitkräften, Wehrpflicht, Wehrdienst und Kriegsdienst) erschwert. Viele Bestimmungen sind mit Ausnahmen versehen, welche – gemeinsam mit den unbestimmten Rechtsbegriffen – zur Erosion von Grundrechtspositionen beitragen können. Wenn gegen sie im konkreten Fall doch nur das Verhältnismäßigkeitsprinzip in Stellung gebracht werden kann, stellt dies die narrative Ausführlichkeit des Art. 12a zusätzlich in Frage. Aus rechtspolitischer Perspektive erscheint die gegenwärtige Fassung des Art. 12a aus verschiedenen Gründen **nicht mehr zeitgemäß.** Auch nach der Änderung des Art. 12a Abs. 4 S. 2 und der damit einhergehenden Anerkennung des Rechtes von Frauen auf Zugang zum freiwilligen Dienst an der Waffe konserviert die Norm bis heute ein überkommenes Verständnis von den Aufgaben der Geschlechter, das sich etwa in den unterschiedlichen Einsatzbereichen nicht wehrdienstleistender Männer gem. Art. 12a Abs. 3 und nach Art. 12a Abs. 4 S. 1 dienstverpflichteter Frauen widerspiegelt. Die Änderung des Art. 12a Abs. 4 S. 2 hatte lediglich zur Folge, dass Art. 12a heute weniger als eine die geschlechtsspezifische Funktionsverteilung zementierende Vorschrift denn als eine solche verstanden werden muss, die Männer im Verhältnis zu Frauen schlechter stellt. Zugleich bleibt Art. 12a noch einseitig dem Ideal der Landesverteidigung als Gegenstand „staatsbürgerlicher Verpflichtung" verhaftet. Die Judikatur des EuGH hat das Bewusstsein dafür gefördert, dass die Betätigung in den Streitkräften auch in Wahrnehmung von Grundrechten (Art. 12 Abs. 1) erfolgen kann – bei Berufssoldaten – und nicht zwangsläufig Folge einer auf Art. 12a Abs. 1 fußenden Grundrechtseinschränkung zu sein hat.

57 Mit der „Aussetzung" der Pflicht, Wehrdienst zu leisten, und damit auch der Ersatzdienstpflicht durch das Wehrrechtsänderungsgesetz 2011 hat der Bund entschieden, von seiner durch Art. 12a Abs. 1 u. 2 eingeräumten Gesetzgebungskompetenz nicht länger Gebrauch zu machen. Während diese faktische Abschaffung der Wehrpflicht für Friedenszeiten verfassungsrechtlich ohne weiteres reversibel ist – es genügt ein einfaches Gesetz –, wird der mit ihm verbundene Umbau **der Bundeswehr zur Berufs- und Freiwilligenarmee** möglicherweise zum **Verlust der strukturellen Voraussetzungen für die Reaktivierung der Wehrpflicht** führen. Diese – wahrscheinlich dauerhaften – neuen verfassungspolitischen Realitäten kontrastieren mit dem normativen Erscheinungsbild des Art. 12a als einer auf das Modell der Wehrpflichtarmee mit staatsbürgerlich begründeten militärischen oder zivildienstlichen Verpflichtungen („Staatsbürger in Uniform") bezogenen Verfassungsnorm. Gleichwohl konnte von einer verfassungsrechtlichen Festlegung auf dieses Modell zu keinem Zeitpunkt die Rede sein. Das Schweigen des GG zu alternativen Bundeswehrstrukturen erklärt sich auch aus dem Fehlen einer

---

206 *Gubelt* in v. Münch/Kunig, 5. Aufl. 2003, Rn. 27; *Schäfer* DVBl 1972, 361 (362).
207 Wie in Art. 12a Abs. 3; → Rn. 34 ff.

Notwendigkeit, die Tätigkeit von Berufssoldaten und Freiwilligen – die in Wahrnehmung von Grundrechten und nicht aufgrund ihrer Beschränkung ausgeübt wird – verfassungsrechtlich zu regeln. Dessen ungeachtet sollte die dem Gesetzgeber faktisch zustehende Option zwischen wehrverfassungsrechtlichen Modellen gerade im Lichte der wahrscheinlich dauerhaften Abkehr von der Wehrpflicht im Wortlaut der Vorschrift stärker als bisher Niederschlag finden.

Literatur

D. Blumenwitz, Wehrpflicht und Ersatzdienst. Die Auseinandersetzung vor dem Bundesverfassungsgericht, 1978. – ***S. Dietrich,*** Europarecht versus Wehrpflicht – Zur Vereinbarkeit einer auf Männer beschränkten Wehrpflicht mit europäischem Gemeinschaftsrecht, DÖV 2003, 883. – ***H. Dörig,*** Gewissensfreiheit und Diskriminierungsverbot als Grenzen einer Neugestaltung des Zivildienstes nach Art. 12a Abs. 2 GG, 1981. – ***F. Ekardt,*** Wehrpflicht nur für Männer – vereinbar mit der Geschlechteregalität aus Art. 79 Abs. 3 GG?, DVBl 2001, 1171. – ***J. Fleischhauer,*** Wehrpflichtarmee und Wehrgerechtigkeit: Die Verfassungsmäßigkeit der allgemeinen Wehrpflicht im Blickwinkel sicherheitspolitischer, gesellschaftlicher und demographischer Veränderungen, 2007. – ***J. Fleischhauer,*** Der Grundsatz der Wehrgerechtigkeit und seine Vorgaben an den Gesetzgeber und die Wehrverwaltung, NZWehrR 2008, 112. – ***O. Fröhler,*** Grenzen legislativer Gestaltungsfreiheit in zentralen Fragen des Wehrverfassungsrechts: Eine staatsrechtliche Analyse unter vergleichender Berücksichtigung der schweizerischen Rechtslage, 1995. – ***J. A. Kämmerer,*** Wehrpflicht und Europarecht – ohne Berührungspunkte?, EuR 2003, 447. – ***H.-W. Laubinger/U. Repkewitz,*** Freiwilliger Waffendienst von Frauen in der Bundeswehr, VerwArch 91 (2000), 297. – ***W. Martens,*** Grundgesetz und Wehrverfassung, 1961. – ***M. Mössner,*** Bundeswehr in blauen Helmen – Verfassungsrechtliche Aspekte des Einsatzes von Bundeswehrsoldaten im Rahmen von UN-Peace-Keeping-Forces, FS f. Schlochauer, 1981, 97. – ***A. Poretschkin,*** Streitkräfte im Sinne des Grundgesetzes, NZWehrR 2008, 103. – ***C. Roth/C. Schmidt,*** Abschaffung der Wehrpflicht?, ZRP 2007, 279. – ***J. Rux,*** Zur Beteiligung des Bundestages bei der Fortentwicklung eines Systems gegenseitiger kollektiver Sicherheit, JA 2002, 461. – ***M. Sachs,*** Frauen an die Front? Die deutsche Wehrverfassung nach dem Spruch des EuGH in Sachen Tanja Kreil, NWVBl 2000, 405. – ***M. Sachs,*** Verfassungsmäßigkeit der allgemeinen Wehrpflicht, JuS 2002, 920. – ***M. Scheuring,*** 1951 bis 2005 – vom Bundesgrenzschutz zur Bundespolizei, NVwZ 2005, 903. – ***R. Schmidt-De Caluwe/S. Heselhaus,*** Die Wehrpflicht in der Zange des Europa- und Verfassungsrechts, NJW 2001, 2680. – ***J. Schmude,*** Die Wehrgerechtigkeit richtet sich nicht nach der Jahrgangsstärke, FS f. Arndt, 2002, 169. – ***C. Stahn,*** Streitkräfte im Wandel – Zu den Auswirkungen der EuGH-Urteile Sirdar und Kreil auf das deutsche Recht, EuGRZ 2000, 121. – ***U. Tetzlaff,*** Vom (un)möglichen Zustand des Wehrpflichtrechts: Rechtsprobleme der Allgemeinen Wehrpflicht im deutschen Verfassungs- und Europarecht, 2009. – ***J. Unterreitmeier,*** Die allgemeine Wehrgerechtigkeit – eine kritische Analyse, ZRP 2007, 163. – ***Th. Voland,*** Frauen doch nicht an die Front? – Zur Entscheidung des EuGH über die Rechtmäßigkeit deutscher Wehrpflicht, NVwZ 2003, 1341. – ***Th. Voland,*** Wehrpflicht nur für Auserwählte? – Die Verfassungswidrigkeit der neuen Einberufungspraxis der Bundeswehr und ihre Folgen, DÖV 2004, 453. – ***Th. Voland,*** Ständig Streit um die Streitkräfte: Der Grundsatz der Wehrgerechtigkeit vor dem Hintergrund aktueller Entwicklungen, ZRP 2007, 185. – ***D. Walz,*** Die Soldatin und das Grundrecht auf Kriegsdienstverweigerung, NZWehrR 2002, 246. – ***M. Zuleeg,*** Fällt die Wehrpflicht in Deutschland durch Richterspruch?, EuZW 2002, 545.

Art. 13 [Unverletzlichkeit der Wohnung]

(1) Die Wohnung ist unverletzlich.

(2) Durchsuchungen dürfen nur durch den Richter, bei Gefahr im Verzuge auch durch die in den Gesetzen vorgesehenen anderen Organe angeordnet und nur in der dort vorgeschriebenen Form durchgeführt werden.

(3) [1] Begründen bestimmte Tatsachen den Verdacht, daß jemand eine durch Gesetz einzeln bestimmte besonders schwere Straftat begangen hat, so dürfen zur Verfolgung der Tat auf Grund richterlicher Anordnung technische Mittel zur akustischen Überwachung von Wohnungen, in denen der Beschuldigte sich vermutlich aufhält, eingesetzt werden, wenn die Erforschung des Sachverhalts auf andere Weise unverhältnismäßig erschwert oder aussichtslos wäre. [2] Die Maßnahme ist zu befristen. [3] Die Anordnung erfolgt durch einen mit drei Richtern besetzten Spruchkörper. [4] Bei Gefahr im Verzuge kann sie auch durch einen einzelnen Richter getroffen werden.

(4) [1] Zur Abwehr dringender Gefahren für die öffentliche Sicherheit, insbesondere einer gemeinen Gefahr oder einer Lebensgefahr, dürfen technische Mittel zur Überwachung von Wohnungen nur auf Grund richterlicher Anordnung eingesetzt werden. [2] Bei Gefahr im Verzuge kann die Maßnahme auch durch eine andere gesetzlich bestimmte Stelle angeordnet werden; eine richterliche Entscheidung ist unverzüglich nachzuholen.

(5) [1] Sind technische Mittel ausschließlich zum Schutze der bei einem Einsatz in Wohnungen tätigen Personen vorgesehen, kann die Maßnahme durch eine gesetzlich bestimmte Stelle angeordnet werden. [2] Eine anderweitige Verwertung der hierbei erlangten Erkenntnisse ist nur zum Zwecke der Strafverfolgung oder der Gefahrenabwehr und nur zulässig, wenn zuvor die Rechtmäßigkeit der Maßnahme richterlich festgestellt ist; bei Gefahr im Verzuge ist die richterliche Entscheidung unverzüglich nachzuholen.

(6) [1] Die Bundesregierung unterrichtet den Bundestag jährlich über den nach Absatz 3 sowie über den im Zuständigkeitsbereich des Bundes nach Absatz 4 und, soweit richterlich überprüfungsbedürftig, nach Absatz 5 erfolgten Einsatz technischer Mittel. [2] Ein vom Bundestag gewähltes Gremium übt auf der Grundlage dieses Berichts die parlamentarische Kontrolle aus. [3] Die Länder gewährleisten eine gleichwertige parlamentarische Kontrolle.

(7) Eingriffe und Beschränkungen dürfen im übrigen nur zur Abwehr einer gemeinen Gefahr oder einer Lebensgefahr für einzelne Personen, auf Grund eines Gesetzes auch zur Verhütung dringender Gefahren für die öffentliche Sicherheit und Ordnung, insbesondere zur Behebung der Raumnot, zur Bekämpfung von Seuchengefahr oder zum Schutze gefährdeter Jugendlicher vorgenommen werden.

Paulskirchenverfassung von 1849

Abschnitt VI. Art. III

§ 140. Die Wohnung ist unverletzlich.

Eine Haussuchung ist nur zulässig:

1. in Kraft eines richterlichen, mit Gründen versehenen Befehls, welcher sofort oder innerhalb der nächsten vier und zwanzig Stunden dem Betheiligten zugestellt werden soll,
2. im Falle der Verfolgung auf frischer That, durch den gesetzlich berechtigten Beamten,
3. in den Fällen und Formen, in welchen das Gesetz ausnahmsweise bestimmten Beamten auch ohne richterlichen Befehl dieselbe gestattet.

Die Haussuchung muß, wenn thunlich, mit Zuziehung von Hausgenossen erfolgen.

Die Unverletzlichkeit der Wohnung ist kein Hinderniß der Verhaftung eines gerichtlich Verfolgten.

Weimarer Reichsverfassung von 1919

Art. 115. Die Wohnung jedes Deutschen ist für ihn eine Freistätte und unverletzlich. Ausnahmen sind nur auf Grund von Gesetzen zulässig.

Übersicht

A. Allgemeine Bedeutung

I. Genese

1 Der Begriff der **„Wohnung"** beschreibt den gegenständlich umgrenzten Kernbereich privater Lebensgestaltung.[1] Art. 13 schützt mit diesem Begriff die Freiheitsentfaltung im (Wohn-)Raum. Es handelt sich insoweit um eine **dingliche Umschreibung** der im Grundrechtskatalog des Grundgesetzes definierten Freiheitsausübungen. Art. 13 zielt auf eine räumliche Absicherung von Freiheit, seine verfassungsrechtliche Funktion besteht im dinglichen Schutz von insoweit nicht näher umschriebenen grundrechtlich geschützten Verhaltensweisen.

2 **Historie und Genese** verdeutlichen diese zentrale Funktion des Art. 13, die räumliche Abschottung des Privatlebens sicherzustellen. Der Kerngehalt des Art. 13 gründet in den Traditionen, die – etwa in der europäischen Antike – die private Wohnung mit sakralem Status umgaben,[2] sich in germanischen Rechtsvorstellungen im Institut des „Hausfriedens"[3] ausdrückten und in der englischen Adelsgesellschaft im (auch: Rechts-)Sprichwort „My home is my castle" anklingen.[4] Bereits die ersten Positivierungen des Menschenrechtsschutzes im 18. Jh. Sprachen die Unverletzlichkeit der Wohnung an, in Frankreich erstmals die nachrevolutionäre Verfassung von 1795, in Deutschland die Paulskirchenverfassung schon mit dem Wortlaut des Art. 13 Abs. 1, während die WRV in Art. 115[5] die Formulierung von der „Freistätte" wählte.

3 In Reaktion namentlich auf organisierte, teils internationale Schwerstkriminalität ist das auf umfassende Unverletzlichkeit angelegte Schutzkonzept des Art. 13 verändert worden. Durch das **45. ÄndG zum GG v. 25.3.1998**[6] wurden die Abs. 3–6 eingefügt; der frühere Abs. 3 blieb textlich unverändert und wurde zu Abs. 7. Die Abs. 1 u. 2 blieben unverändert. Die Änderung zielte auf die verfassungsrechtliche Absicherung sog. Lausch- und Spähangriffe auf Wohnungen („Einsatz technischer Mittel") zur Gefahrenabwehr und Verbrechensbekämpfung. Kriminalpolitisch war die Notwendigkeit des Einsatzes solcher Mittel umstritten gewesen, wird aber überwiegend bejaht.[7] Ihre rechtliche Zulässigkeit nach Art. 13 aF war ebenfalls Gegenstand von Auseinandersetzungen, wobei sich verschiedene Fragen stellten, namentlich diejenige nach der Einschlägigkeit des Schutztatbestands des Art. 13 Abs. 1 für die Abwehr von Maßnahmen, die nicht zu einem körperlichen Erscheinen von Überwachungspersonen in der Wohnung selbst führen, wie auch die

---

[1] Vgl. nur *Papier* in Maunz/Dürig Rn. 1 – „weiter" Wohnungsbegriff.

[2] *Steiner,* Das Grundrecht der Unverletzlichkeit der Wohnung, 1959, 1 ff.; *Herdegen* in BK Rn. 34 „sakrale Aura"; Hinweis auch bei *Sommermeyer* JR 1990, 493.

[3] *Osenbrüggen,* Der Hausfrieden, 1857; vgl. die Terminologie von § 123 StGB.

[4] *Grundmann* HistZ 183 (1957), 1 (23 f.); sa *Fichte,* Naturrecht, 1796, 242 „Die Aufsicht des Staates geht bis zum Schlosse.".

[5] *Gentz,* Die Unverletzlichkeit der Wohnung, 1968, 19 ff.; allg. *Rhein,* Die Unverletzlichkeit der Wohnung: eine Spurensuche zwischen Frankfurt und Weimar, 2001.

[6] BGBl. 1998 I 610.

[7] Vgl. die politische Diskussion dazu dokumentierend etwa BT-Drs. 13/8650, 9642, 9660; BT-Prot. 13/17 677, 19 517; s. ferner *Eisenberg* NJW 1993, 1033; *Krüger* ZRP 1993, 124; *Böttger/Pfeiffer* ZPR 1994, 7; *Kutscha* NJW 1994, 85; *Hassemer* DRiZ 1992, 357; *Frister* StV 1996, 454; *Kretschmer* Jura 1997, 581 (588 f.); *Roxin/Schünemann,* Strafverfahrensrecht, 2017, § 36 Kap. E.

Frage nach der Qualifizierung einer solchen Maßnahme als Durchsuchung iSv Abs. 2 oder aber „Eingriff" bzw. „Beschränkung […] im übrigen" nach Abs. 3 aF.[8] Präventive Lauschangriffe, gestützt auf Abs. 3 aF, kannte bereits die frühere Polizeirechtsgesetzgebung. Die Einführung der Abs. 3–6 wirkt zurück auf das Verständnis von Abs. 1, in dem sich hier schrankenseitig erkennen lässt, vor welcher Art Maßnahmen das Grundrecht (auch) Schutz gewährt. Außerdem wurde die Schrankensystematik des Art. 13 in dem Sinne verändert, dass seither nicht nur für Durchsuchungen iSv Abs. 2 eine Spezialschranke zur Verfügung steht, sondern auch für solche Maßnahmen, deren Zulässigkeit in Abs. 3–5 geregelt ist; Abs. 7 bleibt (wie Abs. 3 GG aF) eine Auffangschranke. Umstritten war auch, ob die Einfügungen in Art. 13 die Grenzen wahren oder überschritten haben, welche Art. 79 Abs. 3 der Zulässigkeit von Verfassungsänderungen zieht. Insofern bestand eine Parallele zur Änderung des Art. 10 durch das 17. G zur Ergänzung des GG v. 24.6.1968, die von dem Bundesverfassungsgericht[9] unbeanstandet geblieben ist. Mit Urteil v. 3.3.2004 hat das **Bundesverfassungsgericht**[10] Art. 13 Abs. 3 GG nF für mit Art. 79 Abs. 3 vereinbar erklärt. Es hat dabei einen als absolut geschützt geltenden Kernbereich privater Lebensgestaltung anerkannt und dem Schutz von Art. 1 Abs. 1 unterstellt – mit der Konsequenz des Ausschlusses einer relativierenden Abwägung zugunsten von Strafverfolgungsinteressen. Die Verwertung von Informationen aus jenem Kernbereich wurde ausgeschlossen. Zugleich wurden einige Bestimmungen der StPO zur Wohnraumüberwachung für mit Art. 13 Abs. 1 und weiteren Grundrechten unvereinbar erklärt. Das Ergebnis der hierdurch erforderlich gewordenen Novellierung führte zu den §§ 100c–100d StPO in heutiger Fassung.

II. Inhaltsübersicht

Die **dingliche Umschreibung** des grundrechtlichen Schutzbereiches führt zu **Unschärfen,** welche diese Rechtstechnik[11] unweigerlich mit sich bringt. Da das auf den Wohnraum bezogene Verhalten nicht präzise beschrieben wird, bleibt der grundrechtliche Schutzbereich in Bezug auf das geschützte Verhalten in seinen Grenzen unscharf. Es bedarf daher weiterer Kriterien zur Eingrenzung des weiten Wohnungsbegriffs, um einer Aushöhlung des Schutzbereichs zu begegnen. 4

Ein Blick in die Eingriffstatbestände der Abs. 2–4 zeigt, um welche Eingriffsmodalitäten und damit um welchen räumlichen Schutz von Freiheit es dem Gesetzgeber zuallererst ging: Um staatliche Durchsuchungen der Wohnung und um Überwachungen der jeweiligen menschlichen Freiheitsausübung in der Wohnung, also um physisches Eindringen und akustische sowie optische Überwachungen durch den Staat. Art. 13 gewährleistet also eine **räumliche Abschottung des Privatlebens** gegenüber staatlichem Eindrin- 5

[8] = Abs. 7 nF.

[9] BVerfGE 30, 1.

[10] BVerfGE 109, 279; dazu die Dokumentation von *Vormbaum/Asholt,* Der große Lauschangriff vor dem Bundesverfassungsgericht: Verfahren, Nachspiel und Presse-Echo, 2005; *Lepsius* Jura 2005, 433, 586; *Hofmann* NVwZ 2010, 217 (220); *Haverkamp* Jura 2010, 492.

[11] Zu dieser für das öffentliche Recht bis auf einige wenige Fälle (zB Widmung) atypischen Regelungstechnik *Berger,* Die Ordnung der Aufgaben im Staat, 2016, 258 m Fn. 202 mwN. Zur freiheitssichernden Funktion der ebenfalls gegenstandsbezogen ausgestalteten Eigentumsgarantie aus Art. 14 Abs. 1 vgl. nur *Bryde* in v. Münch/Kunig, 6. Aufl. 2012, Art. 14 Rn. 3.

gen und zielt dabei insbesondere auf den Schutz des allgemeinen Persönlichkeitsrechts aus Art. 2 Abs. 1 iVm Art. 1 Abs. 1. Demgemäß ist das Grundrecht eng verwandt mit den weiteren Grundrechten zum Schutz der persönlichen Sphäre.

6 Jedenfalls nicht umfasst vom Schutzbereich des Art. 13 ist das vorgelagerte Bedürfnis, überhaupt eine Wohnstätte zu besitzen.[12] Art. 13 gibt **keinen Anspruch auf Wohnraum,** sondern schützt denjenigen, der bereits über eine Wohnung verfügt.[13] Auch bezieht sich der Schutz nur auf „Verletzungen" der Wohnung, nicht auf ihren Entzug. Dass die Förderung des Wohnungsbaus eine Agenda staatlicher und kommunaler Politik ist, gibt das Sozialstaatsprinzip (Art. 20 Abs. 1), wenn überhaupt, dann nur unkonkret vor;[14] dass dem Obdachlosen zu helfen ist, kann aus der staatlichen Schutzpflicht für Leben und Gesundheit folgen, die aus Art. 2 Abs. 2 S. 1 herzuleiten ist.[15] Art. 13, der als einziges Grundrecht das Thema „Wohnen" unmittelbar anspricht, schützt Vorhandenes, schon Erworbenes,[16] und dies zum Nutzen des Inhabers, nicht der Allgemeinheit. Der Bewohner soll das Recht haben, in seinen Räumlichkeiten in Ruhe gelassen zu werden.[17]

7 Dieses Prinzip räumlicher Abschottung und die Grundidee eines dinglichen Schutzes der Persönlichkeitsentfaltung werden durch die **Entwicklungen der Informationstechnik** in besonderem Maße herausgefordert. Der dinglich ausgerichtete Schutzbereich des Grundrechts und die auf Entgrenzung und Virtualisierung angelegte digitale Persönlichkeitsentfaltung geraten so in einen zunehmenden Konflikt, den es angemessen auszubalancieren gilt. Dabei sind sowohl digitales als auch analoges Verhalten der Grundrechtsträger im Wohnraum betroffen. Digitale Endgeräte und Smart Home-Geräte in der Wohnung verfügen über verschiedene Schnittstellen nach außen, die dem Staat ein Eindringen in den Wohnraum durch Infiltration und die damit einhergehende Verletzung der Vertraulichkeit und Integrität dieser Systeme technisch ermöglichen. Computer können extern gesteuert und durchsucht werden, auf private Speichermedien wie Server und Clouds kann extern zugegriffen werden, die Nutzung dieser Systeme kann überwacht und die privaten Daten können ausgelesen werden. Von diesen Formen der sogenannten Online-Durchsuchung[18] ist die digitale Überwachung analogen Verhaltens im Wohnraum zu unterscheiden. Smart Home-Geräte vielfältiger Art – einschließlich digitaler Puppen im Kinderzimmer – können als „digitale Wanzen" das analoge Verhalten im Raum belauschen und/oder beobachten.

8 Der **Wohnraumbezug** ist bei den vorstehend genannten Fallbeispielen je **unterschiedlich ausgeprägt.** Während die zu digitalen Wanzen umfunktionierten Smart Home-Geräte das analoge Verhalten im Raum abschöpfen und sich insoweit nicht von anderen Formen der Belauschung und Überwachung des Wohnraums unterscheiden, verschwimmen die räumlichen Grenzen bei den verschiedenen Formen einer Online-Durchsuchung. Eine Infiltration des häuslichen, fest vor Ort installierten Computers mit lokalem Datenspeicher

---

[12] *Kunig* in v. Münch/Kunig, 6. Aufl. 2012, Art. 13 Rn. 1.

[13] Ebenso zB *Papier* in Maunz/Dürig Rn. 1.

[14] Ebenso *Burgi* NVwZ 2020, 257 (262 f.) mwN.

[15] → Art. 2 Rn. XX. Zu den Grundrechts-Konkurrenzen vgl. → Rn. 85 f.

[16] Vgl. *Berkemann* in AK Rn. 27.

[17] BVerfGE 32, 54 (75); 42, 212 (219); 51, 97 (110); 65, 1 (40); BVerfG NJW 2015, 2787 (2787); sa – bezogen auf Art. 1 Abs. 1 – BVerfGE 27, 1 (6).

[18] BVerfGE 120, 274 – Online-Durchsuchung; ebenso BVerfGE 141, 220 – BKA-Gesetz.

weist einen deutlichen Bezug zum Wohnraum auf. Letzteres ist allerdings nicht der Normalfall. Die Verwendung mobiler digitaler Endgeräte, deren Nutzung wohnraumunabhängig erfolgt und deren Daten nicht mehr (nur) lokal, sondern auf Servern und/oder in Clouds gespeichert werden, löst den Konnex von menschlichem Verhalten und Raum auf. Bei digitaler Kommunikation handelt es sich typischerweise um eine **raumunabhängige digitale Persönlichkeitsentfaltung.** Der umgebene Wohnraum erscheint derart als zufällig.

III. Überstaatliche Bezüge

Der durch Art. 13 Abs. 1 gewährte Schutz der räumlichen Privatsphäre findet sich – als Ausfluss der gemeinsamen europäischen Rechtstradition – in weitergehender Konturierung auch im **völkerrechtlichen wie im unionsrechtlichen Rahmen.** Nach Art. 8 Abs. 1 EMRK hat jede Person Anspruch auf Achtung ihres Privat- und Familienlebens, ihrer Wohnung und ihrer Korrespondenz. Mit Inkrafttreten des Lissabonner Vertrages hat dieser Anspruch nahezu wortgleich („Kommunikation" statt „Korrespondenz") mit Art. 7 GRCh auch im Recht der Europäischen Union verbindlich Eingang gefunden.[19] Zuvor hatte der EuGH diesen Schutz aus den verfassungsrechtlichen Gewährleistungen in den einzelnen Mitgliedsstaaten, den völkerrechtlichen Verträgen, insbesondere der von allen EU-Staaten unterzeichneten EMRK, und allgemeinen Verfassungsgrundsätzen abgeleitet.[20] Beide Bestimmungen – Art. 8 Abs. 1 EMRK wie Art. 7 GRCh – betten den Schutz der Privatheit der Wohnung in einen Kanon von Gewährleistungen ein, die sich im Schutzsystem des GG in weiteren Grundrechten, bspw. Art. 6 in Bezug auf die Familie oder Art. 10 im Hinblick auf die Kommunikation finden. Insbesondere der Konnex zu Art. 1 Abs. 1 (Menschenwürde) sowie dem allgemeinen Persönlichkeitsrecht (Art. 2 Abs. 1 iVm Art. 1 Abs. 1) wird so unmittelbar hergestellt. Allerdings greifen die beiden Normierungen des völkerrechtlichen bzw. unionalen Rechtsrahmens über den Privatheitsschutz des Art. 13 Abs. 1 hinaus, indem sie auch die Substanz der Wohnung und ihrer Nutzung in den Schutzzweck einbeziehen.[21] 9

Art. 7 GRCH wie Art. 8 Abs. 1 EMRK unterliegen hinsichtlich des Schutzbereichs wie der Beschränkbarkeit insbesondere durch die mittlerweile gesicherte gerichtliche Spruchpraxis weitgehenden Konvergenzen. Hatte der EuGH in seinem Urteil in der Rechtssache Hoechst[22] die Einbeziehung von Geschäftsräumen zunächst als nicht zum gemeineuropäischen Standard gehörig angesehen[23], so legte der EGMR für Art. 8 Abs. 1 EMRK in einer nachfolgenden Jurisdiktion schon bald einen „weiten" Wohnungsbegriff zugrunde.[24] Nach der Rechtsprechung des EGMR unterfallen diesem Schutz auch 10

[19] Vgl. Art. 6 Abs. 1 EUV.

[20] *Papier* in Maunz/Dürig Rn. 9.

[21] Für Art. 7 Abs. 1 GRCh vgl. *Bernsdorff* in Meyer-Hölscheidt GRCh Art. 7 Rn. 18; zu Art. 8 EMRK EGMR, 24.11.1986 – 9063/80 Rn. 47.

[22] EuGH 46/87, 227/88, Slg. 1989, 2859, ECLI:EU:C:1989:337 Rn. 17 ff. – Hoechst AG/Kommission.

[23] S. dazu *Kulka* DB 1989, 2115; *Lenz* EuGRZ 1993, 585 (588 f.); *Lazerus,* Die Bedeutung der Verfassungstraditionen der Mitgliedstaaten und der EMRK für die Grundrechte der Europäischen Gemeinschaft: dargestellt am Beispiel des Grundrechts auf Unverletzlichkeit der Wohnung, 2006.

[24] EGMR 16.12.1992 – 13710/88, NJW 1993, 718 – Niemitz; EGMR 28.4.2005 – 41604/98, NJW 2006, 1495 – Buck; EGMR 16.10.2007 – 74336/01, NJW 2008, 3409 – Wieser u. Bicos Beteiligungen GmbH.

die Geschäftsräume eines Rechtsanwalts.[25] Der EuGH hat diese Orientierung in seiner nachfolgenden Rechtsprechung übernommen,[26] allerdings auch betont, dass ein Eingriff, soweit nur Geschäfts- und Betriebsräume beeinträchtigt werden, eher zu rechtfertigen sei als eine Beeinträchtigung der Privatsphäre im Wohnbereich. Gleichzeitig hielt er an seinem zuvor entwickelten Prüfungsmaßstäben in Bezug auf das Vorliegen eines willkürlichen oder unverhältnismäßigen Eingriffs fest.[27]

11 Jüngst hatte sich der EuGH vor dem Hintergrund der Auslegung der Richtlinie 95/46/EG zum Schutz natürlicher Personen bei der Verarbeitung personenbezogener Daten zum freien Datenverkehr (Datenschutzrichtlinie)[28] mit der Frage der **Zulässigkeit von Videoüberwachungssystemen in Wohngebäuden** befassen.[29] Das Gericht stellt im Rahmen einer detaillierten Verhältnismäßigkeitsprüfung intensiv auf die konkreten Umstände des Einzelfalls ab und kommt zu dem Ergebnis, dass die Richtlinie 95/46/EG im Licht der Art. 7 und 8 GRCh dahingehend auszulegen sei, dass sie nationalen Vorschriften nicht entgegenstehe, wonach es zulässig ist, ohne Einwilligung der betroffenen Personen ein Videoüberwachungssystem in den Gemeinschaftsbereichen eines Wohngebäudes zu installieren, um berechtigte Interessen wahrzunehmen, die darin bestehen, den Schutz und die Sicherheit von Personen und Eigentum zu gewährleisten.[30]

IV. Systematischer Zusammenhang

12 Die beschriebene Funktion des Art. 13, Freiheitsentfaltung im Raum zu sichern und insoweit einen dinglichen Schutz nicht näher umschriebener grundrechtlich geschützter Verhaltensweisen sicherzustellen, prägt auch die systematische Einbettung dieses Grundrechts. Dem Grunde nach weist Art. 13 enge Bezüge zu jedem Freiheitsgrundrecht auf, da er in seiner Konstruktion auf eine **räumlich-dingliche Ergänzung** des jeweiligen handlungsbezogenen Schutzbereiches zielt.[31]

13 Insbesondere die Bedeutung von Art. 2 Abs. 1 iVm Art. 1 Abs. 1 im Verhältnis zu Art. 13 steht hier im Vordergrund. Entschieden werden muss, ob das allgemeine Persönlichkeitsrecht die räumliche Schutzrichtung des Art. 13 verstärkt oder diesen vielmehr auf einen eng verstandenen dinglich-gegenständlichen Kernbereich zurückweist. Gerade bei tendenziell auf Entgrenzung angelegten digitalen Verhaltensweisen stellt sich die Frage, ob es eines gesonderten grundrechtlichen Schutzes dieses **„digitalen Raums"** der Grundrechtsträger bedarf und ob und inwieweit dieser in Art. 13 verortet

---

[25] EGMR 16.12.1992 – 13710/88, NJW 1993, 718 (719) – Niemitz.

[26] EuGH C-94/00, Slg. 2002, I-9011, ECLI:EU:C:2002:603 Rn. 29 – Roquette Frères sowie nachfolgend EuGH C-583/13 P, ECLI:EU:C:2015:404 Rn. 20 – Deutsche Bahn/Kommission.

[27] EuGH C-94/00, Slg. 2002, I-9011, ECLI:EU:C:2002:603 Rn. 40; *Jarass,* EU-Grundrechte, 2005, § 12 Rn. 34, der in Bezug auf die Konvergenz der Rechtsprechung des EGMR und des EuGH Zweifel äußert.

[28] Richtlinie 95/46/EG des Europäischen Parlaments und des Rates v. 24.10.1995, ABl. 1995, L281, S 31, ber. in ABl. 2017, L40, 78. Die Richtlinie 95/46/EG wurde durch die Verordnung (EU) 2016/679 (Datenschutz-Grundverordnung) v. 27.4.2016, ABl. 2016, L119 abgelöst.

[29] EuGH C-708/18, ECLI: EU:C:2019:1064 – Asociaţia de Proprietari bloc M5A-ScaraA.

[30] EuGH C-708/18, ECLI: EU:C:2019:1064 Rn. 60 – Asociaţia de Proprietari bloc M5A-ScaraA.

[31] Ausführlich dazu C. I.

werden sollte. Das Bundesverfassungsgericht tendiert hier zu Recht dazu, den Raumbegriff des Art. 13 nicht um eine digitale Dimension zu erweitern, sondern vielmehr das allgemeine Persönlichkeitsrecht entsprechend zu ertüchtigen[32] und auf die aus dem allgemeinen Persönlichkeitsrecht abgeleiteten Datengrundrechte, dh das Recht auf Vertraulichkeit und Integrität informationstechnischer Systeme und das Recht auf informationelle Selbstbestimmung zu rekurrieren.[33]

B. Einzelfragen

I. Grundrechtsadressaten

1. Grundrechtsverpflichtete. Art. 13 verpflichtet den Staat dazu, Eingriffe in den Schutzbereich des Art. 13 Abs. 1 zu unterlassen und ist insoweit zunächst ein Abwehrrecht gegen staatliches Eindringen in die Wohnung. Er richtet sich gegen alle staatlichen Instanzen. Auch das Handeln von Privatpersonen in staatlichem Auftrag[34] ist dem Staat zuzurechnen. Art. 13 ist kein Leistungsrecht in dem Sinne, dass er einen Rechtsanspruch auf angemessenen Wohnraum gegenüber dem Staat zu begründen vermöchte. Art. 13 enthält auch kein konkretes Programm für den Gesetzgeber, das Mietrecht „sozial" auszugestalten.[35] Standort grundgesetzlicher Aussagen, die dem Gesetzgeber insoweit Vorgaben setzen, sind auch das Sozialstaatsprinzip und vor allem die Sozialbindung des Eigentums gemäß Art. 14 Abs. 2.[36] Wie alle Grundrechte enthält auch Art. 13 eine objektive Wertentscheidung,[37] welche die staatlichen Instanzen bei allen Handlungen und Maßnahmen zu berücksichtigen haben.[38] Deshalb muss einfaches Recht so ausgestaltet und ausgelegt werden, dass dem grundrechtlichen Anliegen, dem Wohnungsinhaber einen nur in engen Grenzen beschränkbaren Freiraum zu gewähren, umfassend Rechnung getragen wird. Das gebietet auch strafrechtlichen Schutz vor unerlaubtem Eindringen in befriedetes Besitztum (§ 123 StGB) und verlangt, dem Wohnungsinhaber zivilrechtliche (Störungs-)Abwehr- und Schadensersatzansprüche in die Hand zu geben,[39] entfaltet aber auch insbes. verfahrensrechtliche Wirkungen, etwa für den Vollzug der Gewerbeüberwachung. **14**

Die Grundrechte sind prinzipiell geeignet, sich im Rahmen ausfüllungsbedürftiger Begriffe privaten Rechts und auch bei der Auslegung rechtsgeschäftlicher Abreden sowie bei der Beurteilung ihrer Gültigkeit zur Geltung zu bringen (sog. **mittelbare Drittwirkung**). Das gilt auch für Art. 13 Abs. 1.[40] So würde eine Abrede zwischen Vermieter und Mieter, die Ers- **15**

---

[32] Die sogenannte Online-Durchsuchung ist aus Sicht des BVerfG nicht an Art. 13, sondern an Art. 2 Ab. 1 iVm Art. 1 Abs. 1 zu messen, BVerfGE 120, 274 – Online-Durchsuchung.

[33] BVerfGE 120, 274 – Online-Durchsuchung. Ebenso BVerfGE 141, 220 – BKA-Gesetz. Ausführlich dazu → Rn. 85 f.

[34] Wie etwa des Sachverständigen, der für ein Gericht Sachverhaltsermittlung betreibt, BVerfGE 75, 318 (326); sa OLG Nürnberg NJW-RR 1990, 908.

[35] Vgl. *Papier* in Maunz/Dürig Rn. 5; s. aber auch BVerfGE 18, 121 (132); 68, 361 (369); *Berkemann* in AK-GG Rn. 28.

[36] *Burgi* NVwZ 2020, 257 (261 ff.). Dazu → Rn. 84.

[37] BVerfGE 18, 121 (132); *Bleckmann* DVBl. 1988, 938 (941); *Mager*, Einrichtungsgarantien, 2003, 323 ff.

[38] Ähnlich *Ipsen*, Staatsrecht II, 2019, Rn. 286.

[39] §§ 854, 823 BGB.

[40] BVerfGE 89, 1 (11).

terem ein unbegrenztes und jederzeitiges Betretensrecht einräumt, vor § 138 BGB keinen Bestand haben.[41] Auch auf die Möglichkeit von Energieversorgungsunternehmen, mit ihren Abnehmern Zutrittsrechte zu vereinbaren, wirkt Art. 13 begrenzend ein, ebenso wie auf das Recht des Betriebsrats und der Berufsgenossenschaft, Arbeitsplätze im Rahmen des sog. **Home Office** zu besichtigen.[42] Entsprechendes gilt für Weisungen des Arbeitgebers, die Arbeitsleistung im Home Office zu erbringen.[43] Insgesamt ist für Wirkungen des Art. 13 im Privatrecht aber wenig Raum.[44] Insbesondere modifiziert Art. 13 nicht die Rechtsstellung des Eigentümers gegenüber dem Mieter oder Pächter, wie sie Bürgerliches Recht vorgibt. Art. 13 erweitert auch nicht umgekehrt die Rechte des Mieters gegenüber dem Eigentümer, etwa bzgl. von Handlungen, die der Mieter in Nutzung der Wohnung, aber mit Außenwirkung vornimmt.[45]

16 **2. Grundrechtsberechtigte.** Als gegenständlich-dinglich formuliertes Grundrecht benennt Art. 13 Abs. 1 – anders als andere, verhaltensbezogen formulierte Grundrechte – nicht den Kreis der von ihm geschützten Personen, sondern erklärt „die Wohnung" für „unverletzlich"; offen bleibt, wer insoweit an einer Wohnung berechtigt ist, darüber hinaus, wer an ihr überhaupt berechtigt sein kann.[46] Wer „an" einer Wohnung geschützt ist, ist daher funktional aus der Schutzintention des Art. 13 abzuleiten.

17 Unzweifelhaft gilt das Grundrecht für alle **natürlichen Personen** (einschließlich Minderjähriger, deren Rechtsstellung allerdings insoweit von dem elterlichen Sorgerecht überlagert ist), also ungeachtet ihrer Staatsangehörigkeit und auch für Staatenlose. Demgegenüber hatte Art. 115 S. 1 WRV den Grundrechtsschutz auf Deutsche beschränkt.

18 Das Grundrecht kann auch **korporativ** wahrgenommen werden.[47] Es steht juristischen Personen und Personenmehrheiten ohne Rechtsfähigkeit zu, wenn diese die Anerkennung der Rechtsordnung finden, also nichtrechtsfähigen Vereinen, Gesellschaften und Stiftungen privaten Rechts.[48] Es ist dies unabweislich insbes. in Konsequenz der Erstreckung des Wohnungsbegriffs auf Geschäftsräume, denn es wäre unverständlich, wenn der Einzelkaufmann insoweit geschützt wäre, nicht aber etwa eine GmbH in gleicher Branche und mit insoweit gleicher Interessenlage. Kommerzielle Interessenausübung in dem betreffenden Raum ist nicht vorausgesetzt, auch etwa die Geschäftsstelle

---

41 So jetzt auch BVerfGE 89, 1 (13) unter Hinweis auch darauf, dass Art. 13 für die Auslegung des § 858 BGB – verbotene Eigenmacht – Bedeutung gewinnen könne (BVerfGE 89, 1 (123)); sa OLG Zweibrücken NJW-RR 2001, 730.

42 Dazu *Ganz* ArbRAktuell 2018, 35.

43 Hierzu *Benkert* NJW-Spezial 2019, 309 (309). Unter dem Aspekt des Gesundheitsschutzes bei pandemischen Infektionsgeschehen („Corona") *Sagan/Brockfeld* NJW 2020, 1112 (1114).

44 Vgl. *Herdegen* in BK Rn. 13 „bescheidener Beitrag"; zu früher hierüber geführten Diskussionen *Pappermann* in v. Münch 3. Aufl. 1985, Rn. 8.

45 ZB Anbringung von Plakaten an einer Außenwand; vgl. BVerfGE 7, 230 (238), dort auch zur Bedeutung des Art. 5 Abs. 1 für diese Frage; zust. *Herdegen* in BK Rn. 13.

46 Die Terminologie schwankt; *Berkemann* in AK Rn. 34 f. spricht bzgl. der hier behandelten Frage von Grundrechtssubjektivität und erörtert unter Grundrechtsträgerschaft das Problem, wer grundrechtsberechtigter Wohnungsinhaber ist.

47 BVerfGE 42, 212 (219), für eine KG; BVerfGE 44, 353 (371), für einen eV; BVerfGE 76, 83 (88); LSG Bln BB 1986, 599; BGH NStZ 1997, 195 (196) mAnm *Scholz; Scholl,* Behördliche Prüfungsbefugnisse im Recht der Wirtschaftsüberwachung, 1989, 144; *Bethge,* Die Grundrechtsberechtigung juristischer Personen nach Art. 19 Abs. 3 GG, 1985, 37 f.; aA – für Durchsuchungen iSv Art. 13 Abs. 2 – zB BLAH ZPO § 758 Rn. 19.

48 Vgl. Art. 19 Abs. 3.

des gemeinnützigen Vereins, die Räumlichkeiten eines Sportclubs sind erfasst. Das gilt selbstverständlich auch für politische Parteien, ungeachtet ihres jeweiligen bürgerlich-rechtlichen Status; sie sind andererseits im Anwendungsbereich von Art. 13 nicht von Art. 21 privilegiert, genießen nicht etwa stärkeren Schutz vor Durchsuchungen als der Bürger.[49]

Bei **juristischen Personen des öffentlichen Rechts** ist zu differenzieren.[50] Art. 13 schützt nicht die Träger von Staatsgewalt oder die Gemeinden bzw. Gemeindeverbände. Sie sind aufgrund von Kompetenzen tätig und nicht in Wahrnehmung grundrechtlicher Freiheit.[51] Dass die Grundrechte aus Art. 5 Abs. 1 S. 2 bzw. Art. 5 Abs. 3 öffentlich-rechtlichen Rundfunkanstalten bzw. Universitäten Autonomie gegenüber dem Staat gewährleisten, verschafft ihnen keinen Grundrechtsschutz im Übrigen,[52] jedenfalls nicht solchen aus Art. 13.[53] Öffentlich-rechtlich organisierte Religions- und Weltanschauungsgemeinschaften können sich dagegen auf Art. 13 berufen, sofern sie nicht staatliche Hoheitsgewalt ausüben.[54] Sind sie im letzteren Bereich ihrerseits an die Grundrechte gebunden,[55] so befinden sie sich bei der Ausübung ihrer ihnen nicht vom Staat verliehenen Kirchengewalt außerhalb der Grundrechtsbindung;[56] dem korrespondiert die eigene Grundrechtsberechtigung, soweit sie sich – wie hier – zur rechtlichen Sicherung der Freiheit des religiösen Wirkens als notwendig erweist. 19

Weiterhin kommt es **nicht auf die Eigentumslage** an, sondern darauf, wer – tatsächlich – „wohnt".[57] Sind dies mehrere Personen, so steht jedem[58] von ihnen das Grundrecht zu. Ein Eigentümer eines vermieteten Hauses, der anderwärts wohnt, kann sich auch nicht hinsichtlich solcher Flächen, die allgemein zugänglich sind (Treppen, Hausflur) auf Art. 13 berufen.[59] Regelmäßig fallen der Besitz an einem Raum und die Berechtigung aus Art. 13 zusammen. Die Zuordnung kann aber nicht allein unter Heranziehung der Kategorien des Zivilrechts bestimmt, insbes. nur in Grenzen an den besitzrechtlichen Differenzierungen orientiert werden. Jedenfalls geschützt ist der unmittelbare Besitz an der Wohnung, niemals der mittelbare Besitz.[60] Fremdbesitz (etwa des Mieters, des Gasts im Hotelzimmer), Teilbesitz (etwa an einzelnen Räumen innerhalb einer von mehreren genutzten Wohnung) und Mitbesitz (zB im Rahmen einer Lebensgemeinschaft) sind ausreichend. Oft wird gesagt, nur der rechtmäßige Besitz sei geschützt; zu beachten ist dabei, 20

[49] Vgl. allg. *Kunig* in HdbStR III § 40 Rn. 17.

[50] Sa *Herdegen* in BK Rn. 39 f.; abl. *Esmek*, Der Durchsuchungsbegriff nach Art. 13 Abs. 2 GG in der Zwangsvollstreckung, 1989, 44.

[51] BVerfGE 68, 193 (206); irreführend BVerfGE 57, 220 (243) „Hausrecht der Anstalten (Art. 13 GG)"; zur Abgrenzung von Art. 13 und behördlicher „Hausgewalt" s. *Papier* in Maunz/Dürig Rn. 18; VG Freiburg NVwZ 1998, 545 (Zwangsvollstreckung in Geschäftsräumen eines Landkreises).

[52] BVerfGE 59, 231 (254).

[53] AA *Berkemann* in AK Rn. 51, unter Hinweis auf insofern aber unergiebige Judikatur des BVerfG.

[54] Vgl. *Kühne* in Sachs Rn. 20 „beim Kirchenasyl" – das indessen keine rechtliche Kategorie darstellt.

[55] Vgl. *Hollerbach* VVDStRL 26 (1968), 57 (70 ff.).

[56] S. *v. Campenhausen* in MKS, 3. Aufl. 1985, WRV Art. 137 Rn. 135 mwN.

[57] Jeder, der „mit erkennbarem Wohnwillen Räume unmittelbar besitzt", so *Ipsen*, Staatsrecht II, 2019, Rn. 282.

[58] BVerfGE 109, 279 (326). Dem folgend BVerfG NJW 2018, 2395 (2395 f.) bzgl. Partnern einer Rechtsanwaltskanzlei.

[59] Ebenso *Hermes* in Dreier Rn. 18; VG Berlin Das Grundeigentum 1984, 1173.

[60] Vgl. § 868 BGB, „mittelbare" Besitzer sind etwa der Vermieter und der Verpächter.

dass durchweg und zu Recht ein fortwirkender Schutz des Art. 13 angenommen wird, wenn der gekündigte Mieter die Wohnung noch innehat.[61] Die Rechtsordnung anerkennt auch einfachrechtlich die Rechtsstellung des gekündigten Mieters, der etwa auch nach Erlass eines rechtskräftigen Räumungsurteils noch Vollstreckungsschutz genießt[62] und sich mit dem Vermieter in einem „Abwicklungsverhältnis" befindet, welches beiderseitige Nebenpflichten bestehen lässt.[63]

21 Von Art. 13 geschützt ist nicht nur derjenige, der wenigstens zu einem früheren Zeitpunkt einmal rechtmäßiger Besitzer war; andererseits erwirbt der Hausbesetzer den Schutz gewiss nicht kraft Besetzung. Hausbesetzungen unterfallen dem **Straftatbestand des § 123 StGB,** dessen Schutzobjekt auch auf Dauer leer stehende Gebäude sind.[64] Die Strafbarkeit des widerrechtlichen Eindringens und Verweilens schließt nicht zwingend aus, dass sich im Laufe der Zeit eine – dann durch Art. 13 geschützte – „Atmosphäre des Privatlebens"[65] bildet; das Grundrecht stellt nicht entscheidend auf die sachenrechtliche Dispositionsbefugnis ab, sondern knüpft seinen Schutz an Fakten.[66] Widerrechtlichkeit der Besitzbegründung und Herausbildung einer Lebenssphäre liegen auf unterschiedlichen Ebenen, Erstere kann daher der Einschlägigkeit von Art. 13 nicht auf alle Zeit entgegenstehen. Geboten ist deshalb die bewertende Betrachtung des Einzelfalls: Findet ein als widerrechtliche Inanspruchnahme von Wohnraum zu qualifizierender Vorgang soziale Akzeptanz, wird er insbes. auch behördlich geduldet, so kann sich das **Faktum des Wohnens** durchsetzen, ohne dass dies allerdings notwendig auch Konsequenzen für die straf- und zivilrechtliche Beurteilung haben müsste. Eine effektive Gefahrenabwehr und die Durchsetzung der Rechte von Eigentümern sind durch den Grundrechtsschutz aus Art. 13 nicht in Frage gestellt.[67]

22 Zu eng und zu formal ist die ausschließliche Orientierung am **Besitz,**[68] wenn jemand als Besitzdiener einen Raum im Sinne des sozialen Tatbestandes „Wohnen" innehat, ohne ihn – zivilrechtlich – zu besitzen. Jemand ist dann Besitzdiener, wenn er aufgrund eines Rechtsverhältnisses in sozialer Abhängigkeit den Weisungen eines anderen in Bezug auf eine Sache Folge zu leisten hat, über die er „für" den anderen die tatsächliche Gewalt ausübt.[69] Das betrifft etwa den Fall des Soldaten oder Internatsschülers in der Gemeinschaftsunterkunft, während in anderen Gemeinschaftsunterkünften, in Altersheimen oder Studentenwohnheimen[70] – trotz „Zuweisung" – Besitz der Raumnutzer gegeben sein kann, aber nicht muss. Jedenfalls kann die rein besitzrechtliche Qualifizierung zu unangemessenen Pauschalierungen führen: Das Fehlen des Besitzes steht der Herausbildung einer nach Art. 13 schutz-

---

[61] Statt aller *Maunz* in Maunz/Dürig, 13. Lfg., Rn. 4; sa BVerfGE 89, 1 (12).

[62] Vgl. §§ 721, 765a ZPO.

[63] Vgl. *Müller* MDR 1971, 253.

[64] Vgl. zB LG Bückeburg NStZ 1982, 71; OLG Hamm NJW 1982, 2676.

[65] *Werwigk* NJW 1983, 2366 (2367).

[66] Vgl. *Herdegen* in BK Rn. 38; *Berkemann* in AK Rn. 15; *Hermes* in Dreier Rn. 21 Fn. 76; iE *Kühne* in Sachs Rn. 19, der indes auf „Evidenz" (eine Bevorrechtigung anderer) abstellt; aA zB *Maunz* in Maunz/Dürig, 13. Lfg., Rn. 8b; dem folgend *Papier* in Maunz/Dürig Rn. 12; ebenso *Schmitt Glaeser* in HdbStR VI, 2. Aufl. 2001, § 129 Rn. 13, mit einer Gleichsetzung von „Dieb" und „Hausbesetzer"; sa *Stern* in Stern StaatsR IV/1, § 99 Kap. IV, Verkehrung des Wohnungsschutzes ins Gegenteil; *Gornig* in MKS Rn. 33.

[67] Ebenso *Bleckmann,* Staatsrecht II, 4. Aufl. 1997, § 34 Rn. 9.

[68] Anders aber zB *Maunz* in Maunz/Dürig, 13. Lfg., Rn. 4.

[69] Vgl. nur *Schäfer* in MüKoBGB § 855 Rn. 1 f.

[70] BVerwGE 47, 31; zuvor VG Berlin DÖV 1972, 103; OVG Berlin DÖV 1974, 27.

würdigen Sphäre nicht notwendig entgegen.[71] Entscheidend ist vielmehr, dass Art. 13 die „Begründung“ einer Wohnung voraussetzt und damit denjenigen schützt, der sie begründet hat. Das ist zB nicht gegeben bei Besuchsräumen einer Untersuchungshaftvollzugsanstalt[72] und auch bei Hafträumen[73] und Krankenhäusern,[74] wohl aber denkbar in anderen Gemeinschaftsunterkünften, weil und soweit dort der Raumnutzer individuelle und eigene Privatheit entfaltet. An Letzterem dürfte es in „Lehrerzimmern“ von vornherein fehlen.[75] Die Kategorie des Besonderen Gewaltverhältnisses, unter der geläufig Schul-, Dienst- und Strafvollzugsverhältnisse zusammengefasst werden, ist im Übrigen (auch) hier nicht problemlösend; sie bezeichnet Verhältnisse, in denen typischerweise der Tatbestand von Art. 13 geschützten Wohnens sich nicht herausbildet, ohne dies ein für alle Mal klären zu können.[76]

Die Unverletzlichkeit der Wohnung gehört **nicht** zu den **verwirkbaren** 23
Grundrechten nach Art. 18, obwohl – um dessen Formulierung aufzugreifen – Art. 13 durchaus zum Kampf gegen die freiheitlich demokratische Grundordnung „missbraucht“ werden kann. Dass auch Eingriffe gegenüber dem Bekämpfer dieser Ordnung an Art. 13 zu messen sind, trägt der elementaren Bedeutung des Grundrechts Rechnung und rückt es insoweit konzeptionell in die Nähe zB des Grundrechtsschutzes von Leben und Gesundheit.

II. Die Wohnung ist unverletzlich (Abs. 1)

Nicht zuletzt aufgrund seiner engen funktionalen Verknüpfung mit dem 24
allgemeinen Persönlichkeitsrecht wird der Begriff der „Wohnung“ in Art. 13 Abs. 1 allgemein als **weiter Auslegung** fähig und bedürftig bezeichnet.[77] Dies gilt jedenfalls insoweit, also klassisch „analoge“ Formen der Persönlichkeitsentfaltung jenseits der Wohnung im engeren Sinne in den Blick genommen werden. Diese Tradition einer weiten Auslegung des Wohnungsbegriffs fußt auf der dem allgemeinen Persönlichkeitsrecht entspringenden Annahme, dass der Grundrechtsträger grundsätzlich frei darin sei, einen Raum als Wohnung mit Privatheitsanspruch zu definieren, also dem Wohnen zu widmen.

Diese Sichtweise hat Wurzeln schon in der Rechtsprechung des Preußi- 25
schen Oberverwaltungsgerichts.[78] Den Rechtsbegriff „Wohnung“ verwenden (zB) das Mietrecht, das Sachenrecht, das Familienrecht, das Strafrecht, das Baurecht, das Steuerrecht. Sie alle beziehen sich auf den **Kern des Lebenssachverhalts,** um dessen Schutz es Art. 13 geht: Der Mensch entzieht einen Raum der allgemeinen Zugänglichkeit,[79] errichtet also einen unbetretbaren, uneinsehbaren, unbelauschbaren Raum für sich und ggf. weitere Personen,[80]

---

[71] Vgl. *Berkemann* in AK Rn. 18.

[72] BGHSt 44, 138 (140 f.) = JZ 1999, 259 (260) mAnm *Duttge,* allerdings mit bedenklicher, weil auf die Notwendigkeit der Beschränkung – statt auf das tatsächliche Fehlen der Begründung einer Wohnung – abstellender Argumentation.

[73] BVerfG NJW 1996, 2643, Betreten von Hafträumen ohne Anklopfen; krit. *Sachs* JuS 1997, 460 (461); Einzelzellen qualifiziert als Wohnung aber *Ruthig* JuS 1998, 506 (512); sa *Kretschmer* ZfStrVo 2003, 212.

[74] BGHSt 50, 206; *Lindemann/Reichling* StV 2005, 650; abl. SchlHLSG NJW 1987, 2958.

[75] AA *Berkemann* in AK Rn. 45.

[76] Zum Grundrechtsschutz der Strafgefangenen *Singelstein* NStZ 2014, 305.

[77] Vgl. oben Fn. 1.

[78] Hinweis bei *Berkemann* in AK Rn. 3.

[79] Vgl. *Kern* in Neumann/Nipperdey/Scheuner GrundrechteII, 1954, Rn. 103; *Dagtoglou* JuS 1975, 753.

[80] Eine „räumliche Lebenssphäre“, so BVerfGE 96, 44 (51); sa BVerfGE 75, 318 (328); 89, 1 (12).

den er insbes. und jedenfalls auch zur Befriedigung elementarer Bedürfnisse, wie etwa des Schlafbedürfnisses, nutzt. Das Grundrecht bleibt aber autonom in seiner Begriffsbestimmung, die aus der Schutzrichtung erschlossen werden muss. Ungeachtet der konzeptionellen Wurzeln und der Verfassungstradition besteht ein gleich zu wertendes Schutzbedürfnis bzgl. der privaten Aktivität „Wohnen" im Sinne des allgemeinen Sprachgebrauchs einerseits und allen anderen Aktivitäten, die der Mensch kraft eigener Entscheidung unbehelligt von anderen vornehmen möchte, und zwar unabhängig davon, ob in dem Raum tatsächlich (und kontinuierlich) sich „Privates" ereignet.[81] Daher sind auch eine Zweitwohnung, ein Wochenendhaus geschützt.[82] Allein maßgebend ist die Willensbetätigung des Nutzungsberechtigten, er verschafft einem Raum den Schutz der Privatheit kraft Widmung, wobei der Widmungsakt entsprechendem sozialen Verhalten bereits innewohnt, also grundsätzlich nicht „erklärt" werden muss. Dies führt unproblematisch zur Einbeziehung auch von Nebenräumen,[83] Höfen, Veranden, Garagen.[84] Bei freien (etwa: Garten-)Flächen hängt die Befriedung etwa von einer Umzäunung[85] oder der Errichtung eines Schildes ab.[86] Entscheidend ist jeweils eine Gesamtbetrachtung. Nicht jede eingezäunte Fläche ist eine Wohnung iSd Art. 13; etwa einem Acker oder einer Weide fehlt es an dem vorausgesetzten Privatheitsanspruch des Nutzungsberechtigten, ebenso – zB – einem Strandkorb oder Auto.[87] Das Vorhandensein baulicher Anlagen ist nicht gefordert, auch nicht die Ortsfestigkeit, so dass etwa auch Boote,[88] Campingwagen, Zelte[89] oder Baumhäuser[90] einbezogen sind.

26 Auch **Geschäfts- und Betriebsstätten** haben nach ständiger Rechtsprechung des Bundesverfassungsgerichts am Schutz des Art. 13 teil.[91] Dies sei nicht der Ausdruck paternalistischer Vorstellungen von Unternehmensstrukturen,[92] sondern erkenne den Umstand an, dass berufliche Betätigung – als Persönlichkeitsentfaltung – eines raumbezogenen Schutzes auch vor hoheit-

[81] Vgl. *Schmitt Glaeser* in HdbStR VI, 2. Aufl. 2001, § 129 Rn. 48; der Schutz ist durch Art. 13 „räumlich-formalisiert", vgl. *Rohlf,* Der grundrechtliche Schutz der Privatsphäre, 1980, 156. Ebenso *Papier* in Maunz/Dürig Rn. 10 f.

[82] Nicht allerdings leerstehender Wohnraum; unklar insoweit OVG Hamburg DVBl. 1997, 665.

[83] Wie einem Keller, VGH München NVwZ-RR 1994, 251.

[84] VGH Mannheim NuR 1993, 279 (280) mAnm *Kunig.*

[85] Maunz forderte die Nähe zu einem Gebäude, *Maunz* in Maunz/Dürig, 13. Lfg., Rn. 3c; ähnlich *Jarass* in Jarass/Pieroth Rn. 4.

[86] Letzteres für nicht ausreichend gehalten bei *Hermes* in Dreier Rn. 16.

[87] Das nicht Wohnmobil ist; vgl. *Papier* in Maunz/Dürig Rn. 10; erheblich weitergehend aber *Berkemann* in AK Rn. 45; krit. dazu zu Recht *Wagner,* Kommentar zum Polizeigesetz von NRW und zum Musterentwurf eines einheitlichen Polizeigesetzes des Bundes und der Länder (Reihe Alternativkommentare), 1987, § 19 Rn. 5.

[88] Zu der einem Besatzungsmitglied zugewiesenen Schiffskammer FG Hmb EFG 1985, 638.

[89] Zust. *Kühne* in Sachs Rn. 1.

[90] Zur Räumung von Baumhäusern OVG Münster BeckRS 2018, 22108 (Hambacher Forst), welches in diesem Fall zu Recht allein auf die Versammlungsfreiheit aus Art. 8 abstellte.

[91] Jüngst BVerfG NJW 2018, 2395 (VW-Diesel-Skandal). Ebenso BVerfGE 32, 54 (68 ff.) – Schnellreinigung; und dazu *Battis* JuS 1973, 25; BVerfGE 76, 83 (88); 96, 44 (51); 120, 274 (309); *Lepa* JR 1972, 192; *Schwan* DÖV 1975, 662; s. ferner BAGE 19, 217 (225); BFHE 154, 435; BGH NStZ 1997, 195 (196) mAnm *Scholz; Scholl,* Behördliche Prüfungsbefugnisse im Recht der Wirtschaftsüberwachung, 1989, 143 f.

[92] Der Unternehmer als „Herr im Haus", s. aber noch *Stein/Frank,* StaatsR, 2010, § 35 II 1, anknüpfend an *Stein,* Die Wirtschaftsaufsicht, 1967, 121 ff.

licher Störung bedürfe.[93] Das gilt im Ausgangspunkt auch für Räume, die der Öffentlichkeit ohne spezielle Kontrollmaßnahmen zugänglich sind oder bei denen der Zutritt geradezu gewünscht ist.[94] Der Inhaber nimmt hier den Abwehranspruch selbst partiell zurück, ohne ihn aber gänzlich aufzugeben.[95] Das hat bei derartigen Räumen vor allem für die Frage, welches staatliche Verhalten sich als Grundrechtseingriff darstellt, erhebliche Bedeutung, ebenso ggf. für die Frage der Eingriffsrechtfertigung.

Diese angesichts der Bedeutung der beruflichen Tätigkeit für die Persönlichkeitsentfaltung durchaus nachvollziehbare Argumentation der Rechtsprechung hat ein großes Entgrenzungspotential, geht sie doch von der Annahme aus, dass jegliche Form der Persönlichkeitsentfaltung, auch die berufliche, eines raumbezogenen Schutzes nach Art. 13 bedürfe. Damit stellt sich die Frage, ob und inwieweit auch andere Formen der Persönlichkeitsentfaltung, die wie insbesondere die **digitale Persönlichkeitsentfaltung** nicht an den Wohnraum im engeren Sinne geknüpft sind, raumbezogen-dinglich geschützt werden müssen. Hier droht eine Aushöhlung des Art. 13 im Verhältnis zu den anderen auf Persönlichkeitsschutz angelegten Grundrechten. Gerade die virtuelle Entgrenzung der Persönlichkeitsentfaltung im Zuge der Digitalisierung wirft erneut und mit großer Deutlichkeit die Frage auf, ob die im weiten Wohnungsbegriff liegende Betonung der Persönlichkeitsentfaltung auch in Zukunft eine angemessene Handhabung von Art. 13 ermöglicht.[96] **27**

Die Wahl des Begriffs der **Unverletzlichkeit** zur Umschreibung des Schutzbereichs von Art. 13 mag – wie bei Art. 4 Abs. 1 – die Intention des Verfassungsgebers belegen, die Zulässigkeit von Eingriffen an besonders enge Voraussetzungen zu binden.[97] Während die Würde des Menschen nach Art. 1 Abs. 1 niemals verletzt werden darf – sie ist (sogar) „unantastbar" – und also jeder Eingriff sich als grundrechtswidrig erweist, eröffnet Art. 13 in den Abs. 2 ff. weitreichende Möglichkeiten, die Wohnungsfreiheit zu beschränken.[98] Der im Rahmen dieser Schranken zulässige Eingriff „verletzt" die Wohnung also nicht. **28**

Die Staatsgewalt darf in Wohnungen **gegen den Willen des Berechtigten** nur eindringen und verweilen,[99] wenn sie damit in zulässiger Weise von den ihr eingeräumten Beschränkungsmöglichkeiten Gebrauch macht. Diese sind[100] ausgestaltet in Art. 13 Abs. 2–5, Abs. 7. Von Eindringen kann zunächst gesprochen werden, wenn ein staatlicher Bediensteter oder Beauftragter körperlich in der Wohnung erscheint, doch ist dieses nicht vorausgesetzt. Auch andere Handlungen können das spezifische Schutzgut des Art. 13 beeinträchtigen, etwa der Gebrauch von in einer Wohnung installierten Ton- **29**

---

[93] BVerfG NJW 2018, 2395 (2395 f.).

[94] Ladenlokal, Vereinshaus, Gastwirtschaft; vgl. *Schmitt Glaeser* in HdbStR VI, 2. Aufl. 2001, § 129 Rn. 50 f.; *Berkemann* in AK Rn. 24; diff. *Herdegen* in BK Rn. 31; abl. zB *Jarass* in Jarass/Pieroth Rn. 5.

[95] BVerfGE 97, 228 (265); BVerwGE 121, 345 (348); sa *Mittag* NVwZ 2005, 649 (650).

[96] Ausführlich dazu → Rn. 85 f.

[97] Zu den Hintergründen des in der Formulierung liegenden Pathos, dessen Angemessenheit im ParlRat nicht unumstritten war, Hinweis bei *Papier* in Maunz/Dürig Rn. 2 ff.; sa *Hofe* ZRP 1995, 169 (170 f.).

[98] Zur weiteren Beschränkungsmöglichkeit nach Art. 17a Abs. 2 *Rauball* in v. Münch/Kunig, 5. Aufl. 2000, Art. 17a Rn. 14.

[99] Betonung dieser beiden Aspekte zB in BVerfGE 36, 85 (89).

[100] Abschließend; str.

oder Bildaufzeichnungsgeräten oder die Überwachung infiltrierter Smart Home-Geräte. Nicht nur deren Anbringen stellt einen – punktuellen – Eingriff in das Grundrecht dar, sondern deren Nutzung verletzt es fortdauernd;[101] der gesonderte Schutz des Fernmeldegeheimnisses (Art. 10) verdrängt Art. 13 insoweit nicht.

30 Zweifelhaft ist, ob das Anbringen und die Nutzung von **Aufzeichnungsgeräten außerhalb der Wohnung** den Schutzbereich berühren. Bejaht man dies,[102] so treten Abgrenzungsschwierigkeiten auf; ob auch die optische und akustische Ausspähung aus weiterer Ferne erfasst sein kann, war vor der Verfassungsänderung von 1998 zweifelhaft.[103] Jedenfalls der Verfassungsgeber hatte solche Konfliktlagen allerdings nicht im Blick, konnte sie auch – soweit sie erst durch den neueren Stand der Technik ermöglicht werden – nicht in Rechnung stellen. An den Abs. 3 u. 4 ist nunmehr ablesbar, dass Abs. 1 umfassend vor dem Einsatz technischer Mittel zur Informationserlangung über das Geschehen in einer Wohnung schützt.[104] Soweit der Schutzbereich reicht, ist damit gegenüber dem insoweit zuvor bereits Lücken schließenden allgemeinen Persönlichkeitsrecht speziellerer Schutz gewährleistet. Das gilt auch für die Messung elektromagnetischer Abstrahlungen, mit der die Nutzung eines informationstechnischen Systems in der Wohnung überwacht werden kann.[105]

31 **Neue technische Überwachungsmöglichkeiten** zB durch Zugriff auf intelligente Sprachassistenten („Alexa", „Siri"), Smart Home-Geräte[106] oder Cloud-Speicher und Internetdienste (Online-Durchsuchung)[107] und mittels Drohnen[108] oder Bodycams[109] öffnen den Blick hin auf den Schutz des digitalen Lebensraums.[110] Dennoch vermittelt Art. 13 Abs. 1 keinen allgemeinen, also von den Modalitäten des Zugriffs unabhängigen Schutz vor der Systeminfiltration.[111] Wohnungsschutz ist räumlicher Schutz, kein standortunabhängiger Schutz. Nicht entscheidend ist also, ob sich das infiltrierte

---

[101] BVerfGE 65, 1 (40).

[102] Was nahe liegen kann: Kamera hinter dem Zaun; Videoüberwachung der Wohnungstür, BGH NJW 1991, 2651.

[103] Vgl. *de Lazzer/Rohlf* JZ 1977, 207; die Lit. plädierte überwiegend für ein weites Verständnis des Schutzbereichs, s. *Pappermann* in v. Münch/Kunig, 3. Aufl. 1985, Rn. 46; *Berkemann* in AK Rn. 30 „jeder Lauschangriff"; *Herdegen* in BK Rn. 42; *Schwabe* JZ 1993, 867 (871 f.); VerfGH Sachs JZ 1996, 957 (967), Schutz vor „jeder Art staatlichen Zugriffs auf die Wohnung, der darin private Lebensgestaltung beeinträchtigen kann".

[104] Ebenso *Kühne* in Sachs Rn. 22.

[105] BVerfGE 120, 274 (310).

[106] Vgl. dazu die kleine Anfrage der FDP-Fraktion v. 26.6.2019, BT-Drs. 19/11133 sowie die Antwort der Bundesregierung v. 10.7.2019, BT-Drs. 19/11478.

[107] Eine Online-Durchsuchung ermöglicht seit 2017 § 100b StPO. Zum staatlichen Zugriff auf Cloud-Speicher und Internetdienste durch Ermittlungsbehörden *Brodowski/Eisenmenger* ZD 2014, 119.

[108] Zum Drohneneinsatz durch Polizei *Weichert* ZD 2012, 501. Vgl. auch *Kühne* in Sachs Rn. 16 zum Schutz vor privaten wie staatlichen Einblicken aus der Luft mittels Drohne, Fesselballon, Flugzeug oÄ.

[109] Zum Einsatz von Bodycams durch Polizeibeamte *Lachenmann* NVwZ 2017, 1424.

[110] *Hofmann* in SHH Rn. 1 befürwortet, den (verfassungs- und einfachgesetzlichen) Schutz vor digitalem Hausfriedensbruch zu stärken; vgl. auch *Mavany* ZRP 2016, 221. Vgl. auch den Gesetzentwurf des Bundesrates zur Einführung eines neuen § 202e StGB über die Strafbarkeit unbefugter Benutzung informationstechnischer Systeme (Digitaler Hausfriedensbruch) v. 18.4.2018, BT-Drs. 19/1716.

[111] Das BVerfG hat aus diesem Grund die Durchsuchung von Datenträgern mittels sog. trojanischer Pferde aus dem Schutzbereich des Art. 13 Abs. 1 ausgenommen, BVerfGE 120, 274 (310). Dem folgend *Kluckert* in BeckOK GG Rn. 10.

System vielleicht temporär in einer Wohnung befindet, sondern ob die Infiltration einen Bezug zu Vorgängen in der Wohnung hat.[112] Insofern verbleibt es bei dem Lückenschluss durch das allgemeine Persönlichkeitsrecht.[113]

Nicht vom Schutzbereich ist erfasst die **Sammlung äußerer Daten** über eine Wohnung,[114] also solcher, die nicht unmittelbar das Wohngeschehen betreffen.[115] Insoweit ist das allgemeine Persönlichkeitsrecht einschlägig. Immissionen, insbes. Luftverunreinigungen, Geräusche, Erschütterungen, die auf eine Wohnung einwirken, betreffen nicht das spezifische Schutzgut des Art. 13, sondern sind eine Beeinträchtigung des Gebrauchs.[116] Insoweit können Art. 2 Abs. 2 S. 1 bzw. Art. 14 betroffen sein. **32**

Nur das Eindringen und Verweilen **gegen den Willen** des Berechtigten ist erfasst.[117] Es bedarf dazu nicht der Annahme eines „Grundrechtsverzichts"[118] als eigenständiger Grundrechtsschranke, vielmehr entfällt unmittelbar die Verletzung, wenn der Berechtigte mit der Inanspruchnahme seiner Wohnung einverstanden ist. Keinesfalls geht es um den Verzicht auf „das" Grundrecht als solches, immer nur – im Einzelfall – auf seine Ausübung und Geltendmachung. Das Einverständnis ist rechtlich nur erheblich, wenn es persönlich und frei, in Kenntnis der für eine solche Entscheidung relevanten Umstände gebildet worden ist, nicht also, wenn es etwa durch Täuschung erschlichen,[119] durch Drohung erzwungen oder durch die Inaussichtstellung von Nachteilen nachdrücklich nahe gelegt worden ist.[120] Der Berechtigte muss sich insbes. auch der Freiheit seiner Entscheidung bewusst gewesen sein. Dass das Bewusstsein des Rechts, jedem die Tür weisen zu dürfen, verbreitet ist, kann angenommen werden; dennoch besteht (jedenfalls bei Durchsuchungen) eine entsprechende Informationspflicht.[121] Die Grundrechtsbindung der staatlichen Organe hat auch zur Folge, dass sie den Grundrechtsinhaber bei der Grundrechtswahrnehmung jedenfalls dann zu unterstützen haben, wenn er das Ausmaß des Grundrechtsschutzes offensichtlich prinzipiell verkennt. **33**

Das **Einverständnis** muss zwar nicht notwendig in Worten erklärt, aber doch zweifelsfrei deutlich werden. Niemals kann es ohne Berücksichtigung des Verhaltens des Inhabers unterstellt werden; für Notfälle (Wohnungsbrand) bietet Art. 13 Abs. 7 das angemessene Instrumentarium. Das Einverständnis kann jederzeit frei und damit auch begründungslos widerrufen **34**

---

[112] BVerfGE 120, 274 (310 ff.); ebenso *Kluckert* in BeckOK GG Rn. 10; *Schlegel* GA 2007, 648 (654 ff.); andererseits *Rux* JZ 2007, 285 (292 ff.); s. ferner *Jahn/Kudlich* JR 2007, 57.

[113] Ausführlich dazu unter → Rn. 86.

[114] BVerfGE 65, 1 (40).

[115] *Schmitt Glaeser* in HdbStR VI, 2. Aufl. 2001, § 129 Rn. 54, bezieht die Beobachtung des Wohnungsumfeldes, etwa auch die Feststellung der Besucherfrequenz mit ein.

[116] Vgl. *Herdegen* in BK Rn. 43.

[117] AllgM; s. *Hamann* in Hamann/Lenz Anm. B 2; *Herdegen* in BK Rn. 44; BayObLG BayVBl. 2005, 348 zur polizeilichen Durchsuchung einer Gaststätte mit Einverständnis der Inhaberin.

[118] Eing. *Gentz,* Die Unverletzlichkeit der Wohnung, 1968, 32 ff.; sa *Pietzcker* Der Staat 17 (1978), 527.

[119] „[M]an [kann] nur mit Eingriffen einverstanden sein […], die man kennt", *Frister* JZ 1997, 1130 (1131); s. zum „BtM-Scheinkauf" durch einen nicht offen ermittelnden Polizisten (der kein „verdeckter Ermittler" iSv § 110a Abs. 2 S. 1 StPO, vgl. die Befugnis aus § 110c StPO, war) BGH JZ 1997, 1128; sa *Amelung* StV 1985, 257 (263 f.); *Rogall* JZ 1987, 847 (853); anders *Kluckert* in BeckOK GG Rn. 11.

[120] Vgl. *Esmek,* Der Durchsuchungsbegriff nach Art. 13 Abs. 2 GG in der Zwangsvollstreckung, 1989, 50 ff.; *Winderlich* ZMR 1990, 125 (129); sa FG Bln BB 1986, 1841.

[121] Vgl. *Werner* DGVZ 1986, 65 (71); *Kraemer* DStZ 1989, 410.

werden.[122] Die Wohnung muss dann unverzüglich verlassen werden; denkbar ist aber zB, dass die Fortsetzung einer – vom Betroffenen zunächst konsentierten – Maßnahme wegen Gefahr im Verzug gerechtfertigt ist.

35 Bei **mehreren Berechtigten** ist die Zustimmung aller erforderlich,[123] auch innerhalb einer Ehe oder Lebensgemeinschaft;[124] Eltern erklären sich für Kinder, soweit die elterliche Gewalt reicht. Das schließt aber nicht aus, dass Familien- oder Wohngemeinschaftsangehörige nach Maßgabe einfachen Rechts eine gegen einen anderen gerichtete, anhand der Schranken des Art. 13 zu rechtfertigende Maßnahme gegen sich wirken lassen müssen.

36 „Verletzt" ist das Grundrecht, wenn staatliches Handeln, das vom Einverständnis des Berechtigten nicht gedeckt ist, die geschriebenen Grundrechtsschranken nach Art. 13 Abs. 2 ff. überschreitet, weil es den dort aufgestellten Voraussetzungen nicht genügt oder die allgemeinen Schranken nicht beachtet, die ihrerseits der Beschränkbarkeit von Grundrechten gezogen sind, also etwa wenn staatliches Handeln den Wesensgehalt des Grundrechts iSv Art. 19 Abs. 2 antastet. Die Beachtung dieser Grenze realisiert sich auch hier vornehmlich durch die Wahrung des Verhältnismäßigkeitsgrundsatzes.

37 Verbreitet ist der Hinweis auf sog. **immanente Schranken** aus Art. 13, nicht selten verbunden mit pointierten Aussagen wie derjenigen von der mangelnden Schutzwürdigkeit „kriminell bemakelter Räumlichkeiten",[125] eine Wohnung sei nicht „Asyl" des Rechtsbrechers,[126] als „Störer" könne der Wohnungsinhaber „in seine Schranken" gewiesen werden,[127] Art. 13 dürfe nicht als „Einwand oder Vorwand" dienen, um sich Pflichten zu entziehen.[128] Mit der Kategorie immanenter Schranken wird einerseits auf Begrenzungen des Schutzbereichs aufmerksam gemacht (was nach hier vertretener Auffassung allein an der Interpretation der Begriffe „Wohnung" und „unverletzlich" zu entscheiden ist), andererseits die Annahme ungeschriebener Gesetzesvorbehalte begründet. Was Art. 13 anlangt, so hat der Verfassungsgeber aber sämtliche Konfliktlagen mit kollidierenden Rechten und Gütern abschließend in den Schrankennormen der Abs. 2–7 erfasst; es besteht daher weder Anlass noch Möglichkeit zur Bildung hierüber hinausreichender Eingriffslegitimationen.[129]

---

[122] Dazu neigend auch *Sachs* VerwArch 76 (1985), 398 (425); bedenklich VG Berlin DVBl. 1984, 1186; sa *Tietzsch* DVBl. 1985, 410; *Kühne* in Sachs Rn. 10 „Recht der Beendigung".

[123] Vgl. *Herdegen* in BK Rn. 44; *Berkemann* in AK Rn. 38 f.; anders BGH NJW 1991, 2651 (2652); *Kühne* in Sachs Rn. 24 wegen einer „assoziativen Komponente" des Grundrechts und seiner Verkoppelung mit dem „Familien- und Sozialverband".

[124] Zum Zutrittsrecht eines dauerhaft getrennt lebenden Ehegatten zum gemeinsamen Hausgrundstück OLG Bremen NJW 2017, 3245.

[125] Vgl. *Krey/Haubrich* JR 1992, 309 (313 f.).

[126] Früher *Dagtoglou* in BK, 1966, Rn. 61.

[127] *Dagtoglou* in BK, 1966, Rn. 61 unter Berufung auf *Dürig*.

[128] *Maunz* in Maunz/Dürig, 13. Lfg., Rn. 12, der dies „im Vorfeld zwischen" immanenten Schranken und geschriebenen Schranken ansiedelt; im Ansatz ähnlich *Lilie* NStZ 1993, 121 (125), der dem Öffentlichkeitsgrundsatz des § 169 S. 1 GVG entnimmt, das Hausrecht müsse zurücktreten, wenn der Berechtigte im Fall gerichtlichen Augenscheins zwar nicht den Verfahrensbeteiligten, aber Zuhörern den Zutritt verweigert; s. demgegenüber zutr. BGHSt 40, 191.

[129] Vgl. *Eisenberg* NJW 1993, 1033 (1038); *Kretschmer* Jura 1997, 581 (587); aA *Maunz* in Maunz/Dürig, 13. Lfg., Rn. 10, 22a, der ein Einschreiten ohne gesetzliche Grundlage für zulässig hält, wenn „überragende Gesichtspunkte des Gemeinwohls" dies erforderten; ebenso *Gornig* in MKS Rn. 170; ähnlich wie hier auch *Gusy* DVBl. 1991, 1288 (1292); *Berkemann* in AK Rn. 41 f., der allerdings – nicht überzeugend – einen Widerspruch zu BVerfGE 32, 54 (76) empfindet; → Rn. 37 ff.

III. Durchsuchungen (Abs. 2)

Die Schranken des Art. 13 betreffen **„Durchsuchungen"**,[130] den Einsatz technischer Mittel[131] sowie **„Eingriffe und Beschränkungen im übrigen"**.[132] Diese **Zweispurigkeit** macht eine Bestimmung des Verhältnisses der Schranken zueinander notwendig; sie wird dadurch erschwert, dass Abs. 2 im Schwerpunkt auf eine Handlungsform abstellt, die weiteren Absätze dagegen auf ein Handlungsziel. Art. 13 Abs. 2, Abs. 3 ff. beinhalten die speziellere Vorschrift im Verhältnis zu Abs. 7. Letzterer hat eine Auffangfunktion, erfasst alle Schutzbereichsverletzungen, welche sich nicht als Durchsuchung oder Einsatz technischer Mittel darstellen, allerdings auch nur solche. So gesehen sind die Durchsuchung und der Einsatz technischer Mittel Unterfälle des „Eingriff[s] im übrigen". Liegt eine Durchsuchung vor, so kann sie mithin nicht aus Abs. 7 gerechtfertigt werden, unabhängig davon, ob sie Zielsetzungen verfolgt, die in Abs. 7 zum Ausdruck gebracht sind. Der Durchsuchungsbegriff des Abs. 2 steuert demzufolge auch die Reichweite des Schrankenvorbehalts in Abs. 7 (schon immer) und schließt es nunmehr aus, den Einsatz technischer Mittel iSd Abs. 3–6 als Durchsuchung zu qualifizieren.[133] 38

Durchsuchungen sind Tätigkeiten, die von einem ziel- und zweckgerichteten Suchen staatlicher Organe in einer Wohnung geprägt sind; Inhalt dieser Suche muss sein, „etwas aufzuspüren, was der Inhaber der Wohnung von sich aus nicht offen legen oder herausgeben will, etwas nicht klar zutage Liegendes, vielleicht Verborgenes aufzudecken oder ein Geheimnis zu lüften".[134] Diese Definition ist nicht rechtsgebietsspezifisch modifiziert, umgekehrt ist der verfassungsrechtliche Durchsuchungsbegriff an die einzelnen Rechtsgebiete heranzutragen: **Strafprozessuale, zwangsvollstreckungsrechtliche** und **polizeirechtliche** Maßnahmen, die sich als Durchsuchungen darstellen, müssen **gleichermaßen** Art. 13 Abs. 2 gerecht werden. 39

Diese Definition der Rechtsprechung umschreibt den Durchsuchungsbegriff anschaulich, doch ist sie nicht – wie es in ihr anklingt – rein personalistisch zu verstehen:[135] Ein Sachverhalt, den der eine als geheimhaltungsbedürftig betrachtet (etwa: welche Zeitung er regelmäßig liest), mag dem anderen gleichgültig sein. Dennoch ist nicht in jedem Einzelfall die persönliche Willensrichtung des Betroffenen zu ermitteln, vielmehr von einer **objektiven Beurteilung** auszugehen. Alles, was sich innerhalb der als Wohnung geschützten Sphäre befindet, ist vor dem Zugriff des nachspähenden Staates geschützt, wenn nicht umgekehrt der Berechtigte ihm den Schutz entzieht. Dafür ist die ex ante-Betrachtung maßgeblich. Eine hiernach als Durchsuchung zu qualifizierende Maßnahme verliert diese Eigenschaft nicht dadurch, dass sich im Zuge der Ausforschung die diesbezügliche Willensrich- 40

[130] Grundsätzlich unter Richtervorbehalt; dies im Sinne einer rechtlichen Regel, nicht als empirische Beschreibung der Vollzugspraxis.

[131] Seit der Verfassungsänderung von 1998.

[132] Ausnahmsweise zulässig unmittelbar kraft Verfassungsschranke, regelmäßig gesetzliche Grundlage erforderlich.

[133] Letzteres zuvor str., bejahend etwa *Krüger* ZRP 1993, 124 (126), abl. zB BayVerfGH BayVBl. 1995, 143 (147); *Cassardt* ZRP 1997, 370 (371) mwN.

[134] BVerfGE 51, 97 (106 f.) im Anschluss an BVerwGE 47, 31 (37); sa BVerfGE 75, 318 (327); VGH Kassel NVwZ-RR 1991, 562; OVG Hamburg DVBl. 1997, 665 (666); KG NJW 1997, 400 (401); BVerwGE 121, 345 (350).

[135] S. aber BVerfGE 75, 318 (327).

tung des Betroffenen ändert. Für die Annahme einer Durchsuchung ist aber bedeutsam, welches **Nutzungsgepräge** der Berechtigte der Wohnung gegeben hat: Die behördliche (etwa gewerberechtlich, immissionsschutzrechtlich oder lebensmittelrechtlich veranlasste) Nachschau in Betriebsstätten ist nicht schon deshalb eine Durchsuchung, weil der Inhaber darauf hoffen mag, die Bediensteten der Überwachungsbehörde würden einen Gegenstand übersehen, aus dem sich auf Rechtsverstöße schließen lässt. Die dem Raum insgesamt gegebene „Widmung" steht dem entgegen. Auch das Betreten einer öffentlich zugänglichen Räumlichkeit zur Identitätsfeststellung von Personen stellt keine Durchsuchung dar.[136]

41 Zur Vornahme von Durchsuchungen wird in zahlreichen Gesetzen **ermächtigt.**[137] **Alle** insoweit eröffneten Durchsuchungsbefugnisse aktivieren den Richtervorbehalt und binden das Handeln anderer Organe an Gefahr im Verzug. Entgegen einer früher verbreiteten Meinung[138] betrifft Art. 13 Abs. 2 also nicht lediglich strafprozessuale Durchsuchungsmaßnahmen. Dafür spricht maßgeblich schon der Umstand, dass der Bedeutung des Art. 13 Abs. 2 nicht hinreichend Rechnung getragen wäre, wenn er sich darin erschöpfte, das einfach-gesetzliche Institut des strafprozessualen Durchsuchungsbefehls verfassungskräftig festzuschreiben – ein Institut, das einfachgesetzlich zu beseitigen ohnehin niemand erwägt.

42 **1. Richtervorbehalt.** Der **Richtervorbehalt** des Art. 13 Abs. 2 (vgl. auch Art. 104 Abs. 2 S. 1) meint den Richter iSd Art. 97, nicht also den Rechtspfleger, auch wenn ihm weiten Umfangs richterliche Befugnisse anderer Art übertragen werden können. Welcher Richter zuständig ist, bedarf der gesetzlichen Festlegung (Art. 101 Abs. 1 S. 2). Die materiellen Gründe, aus denen der Richter eine Durchsuchung anordnen kann, gibt das GG in Art. 13 nicht vor, programmiert und begrenzt aber die Auslegung der insoweit maßgeblichen einfach-gesetzlichen Normen, dies einerseits im Zusammenwirken mit dem Schutz vor Willkür, den Art. 3 Abs. 1 bietet, andererseits unmittelbar über den Grundsatz der Verhältnismäßigkeit.[139] Auch andere Freiheitsgrundrechte als Art. 13 können für die Abwägung Bedeutung gewinnen.[140] Freilich ist der Verhältnismäßigkeitsgrundsatz für **jeden** Bürger strikt zu beachten, nicht etwa je unterschiedlich für einzelne Berufsgruppen.

43 Der Richter muss eine **spezielle Anordnung** treffen und begründen, dabei verwendete Formulierungen müssen „im Rahmen des Möglichen und Zumutbaren" sicherstellen, dass der Eingriff in die Grundrechte angemessen begrenzt wird, messbar und kontrollierbar bleibt, kurz, dass die Ermächtigung rechtsstaatlichen Mindestanforderungen genügt.[141] So darf bei einem auf

---

[136] BVerwGE 121, 345 (350) – Teestube.

[137] Vgl. §§ 102 ff. StPO, §§ 758 ff. ZPO und die Verwaltungsvollstreckungsgesetze von Bund und Ländern; s. ferner zB §§ 99, 200, 287 AO, § 4 VereinsG.

[138] S. zB *v. Mangoldt/Klein,* Das Bonner Grundgesetz, 2. Aufl. 1957, Anm. IV 3b; *Kern* in Neumann/Nipperdey/Scheuner Grundrechte II, 1954, Rn. 105; *Schneider* DGVZ 1977, 72 mwN; bedauernd zB *Thomas/Putzo,* ZPO, bis zur 16. Aufl. 1990, § 758 Anm. 1b „unpraktikables Übertreiben".

[139] BVerfGE 20, 162 (186 f.) – Der Spiegel. Ebenso BVerfGE 59, 95 (97); 71, 64 (65); BVerfG NStZ 2019, 351; NJW 2018, 1240; NJOZ 2017, 580; BeckRS 2016, 50709; OVG Lüneburg NVwZ 1990, 679; *Weyland,* Der Verhältnismäßigkeitsgrundsatz in der Zwangsvollstreckung, 1987, 177 ff.; *Kruis/Wehowsky* NJW 1999, 682.

[140] *Papier* in Maunz/Dürig Rn. 143 ff.; *Hofmann* in SHH Rn. 44.

[141] BVerfGE 96, 44 (51) – Arztpraxis; s. zuvor BVerfGE 42, 212 (220) – Quick; BVerfG NJW 1992, 551; NJW 2004, 3171; NJW 2009, 2516. Zu den Anforderungen an die

§ 102 StPO gestützten Durchsuchungsbefehl nicht lediglich schlagwortartig auf eine mutmaßliche **Straftat** hingewiesen werden.[142] Es bedarf tatsächlicher Angaben zu dem zugrunde liegenden Lebenssachverhalt, regelmäßig zu Tatopfer, -zeit, Modalitäten der Begehung.[143] Aus dieser Zwecksetzung des in Art. 13 Abs. 2 enthaltenen Richtervorbehalts ergeben sich Grenzen auch für den Zeitraum, innerhalb dessen eine Durchsuchungsanordnung (noch) vollzogen werden darf,[144] und für die räumliche Dimension.[145] Nicht ausreichend für die Durchsuchung in Vollstreckung eines **zivilgerichtlichen** Urteils ist die Mitwirkung eines Richters bei dessen Erlass.[146] Das ist deshalb geboten, weil anderenfalls die Gebote strikter Prüfung der Verhältnismäßigkeit nicht gesichert wären, und gilt auch für die Verwaltungsvollstreckung.[147] Für die strafprozessuale **„Ergreifungsdurchsuchung"** wird wohl überwiegend angenommen, dass die gerichtliche Anordnung der Freiheitsentziehung durch eine rechtskräftige Entscheidung bereits alle Maßnahmen gegen den Verurteilten billige, die zur Verwirklichung des Strafausspruchs notwendig werden, also einschließlich der Durchsuchung seiner Wohnung.[148] Auch die Anordnung der Durchsuchung der Wohnung desjenigen, der aufgrund eines Fahrverbots zur Herausgabe des Führerscheins verpflichtet ist,[149] soll „stillschweigend" in dem Urteil (oder Strafbefehl) enthalten sein, in dem das Fahrverbot ausgesprochen wird.[150] Auch und gerade weil eine richterliche Durchsuchungsanordnung formlos erfolgen kann, sind solche Aufweichungen bedenklich. Der Grundrechtsschutz erfordert, dass der Richter die Frage einer etwaigen Wohnungsdurchsuchung einzelfallbezogen mit bedenkt, entscheidet und ausspricht.[151] Der Richter muss in keinem der genannten Fälle den Inhalt einer vollstreckbaren Entscheidung nachprüfen; der Richtervor-

---

Erreichbarkeit eines Ermittlungsrichters während der Nachtzeit BVerfG NJW 2019, 1428; NJW 2015, 2787 (2789).

[142] „Vage Anhaltspunkte und bloße Vermutungen reichen nicht aus": BVerfG NStZ 2019, 351 (351 f.); „keine bloße Formsache": BVerfG NJW 2015, 2787 (2789). Ebenso BVerfG StV 1994, 354; VerfGH Bln StV 1999, 296 (297); für eine Ordnungswidrigkeit nach dem AuslG BVerfG NJW 1999, 2176; eing. *Gusy* NStZ 2010, 353. Zu den Anforderungen die Aktenführung der Ermittlungsbehörden BVerfG BeckRS 2016, 50709.

[143] Eing. *Kruis/Wehowsky* NJW 1999, 682 (683 f.); das Beschwerdegericht darf keine Erkenntnisse heranziehen, welche erst durch die Durchsuchung gewonnen werden, s. BVerfG NJW 2011, 291 (292).

[144] BVerfGE 94, 44 (52 ff.) mit der Annahme, ein Durchsuchungsbeschluss verliere seine rechtfertigende Kraft spätestens nach Ablauf eines halben Jahres; dazu *Cirener* JR 1997, 389; *Kruis/Wehowsky* NJW 1999, 682 (685); sa LG Neuruppin StV 1997, 506.

[145] Zur Einbeziehung mehrerer Betriebsstätten s. BVerfG StV 1994, 354 – Dresdner Bank, mAnm *Streck; Otto* StV 1994, 409.

[146] BVerfGE 51, 97 (111 ff.); 76, 83 (89); *Knemeyer* NJW 1967, 1353 (1355); aA *Herdegen* in BK Rn. 56; sa *Schneider* DGVZ 1977, 72 (73) „Übersteigerung des Grundrechtsschutzes"; teilweise str. ist die Rechtslage bei gleichzeitiger Erledigung der Pfändungsaufträge verschiedener Schuldner, dazu – neben der zuletzt zit. Entscheidung des BVerfG – etwa *Bittmann* DGVZ 1989, 136; *Esmek,* Der Durchsuchungsbegriff nach Art. 13 Abs. 2 GG in der Zwangsvollstreckung, 1989, 142 ff.; zu Räumungsklagen *Esmek,* ebenda, 76 ff.

[147] OVG Münster NJW 1981, 1056 (1057); zur Vollstreckung durch einen Vollziehungsbeamten des Finanzamtes s. BVerfGE 57, 346 und § 287 Abs. 4 AO.

[148] OLG Düsseldorf NJW 1981, 2133 (2134) mwN; *Kaiser* NJW 1980, 875; entsprechend für eine vormundschaftsgerichtliche Vorführung zum Zwecke der Begutachtung im Blick auf § 68b Abs. 3 FGG aF: KG NJW 1997, 400.

[149] Vgl. § 44 StGB.

[150] *Köhler* in Meyer-Goßner/Schmitt StPO § 105 Rn. 6, § 463b Rn. 1; dagegen AG Leipzig NJW 1999, 2053 (2054).

[151] Sa *Benfer* NJW 1980, 1611.

behalt verlangt keine weitere (höhere) Instanz.[152] Eine nachfolgende richterliche Kontrolle heilt das Fehlen der richterlichen Entscheidung nicht.[153] Gegen die richterliche Durchsuchungsanordnung kann, dauert die Durchsuchung noch an, Rechtsschutz nach §§ 304 ff. StPO erlangt werden,[154] nach dem Abschluss ergibt sich für Wohnungsdurchsuchungen angesichts der tief greifenden Grundrechtseinwirkung – „nicht nur ausnahmsweise“[155] – ein fortdauerndes Rechtsschutzbedürfnis.[156]

44 Die richterliche Anordnung ergeht gegenüber dem an der Wohnung Berechtigten. Sind dies mehrere Personen, so kann der Erlass gegenüber einem der Wohnungsinhaber ausreichen.[157] Aus Gründen der Verhältnismäßigkeit ist bei der Durchführung der Durchsuchung aber besondere Rücksicht auf die Interessen des Mitinhabers zu nehmen; gesonderte Wohnbereiche sind zu respektieren.[158]

45 Lange war umstritten, ob ohne richterliche Entscheidung (und ohne das Vorliegen von Gefahr im Verzug) Durchsuchungen nach Gesetzen zulässig sind, die nicht ausdrücklich den Richtervorbehalt aufnehmen, weil sie in **vorkonstitutioneller** Zeit erlassen worden sind.[159] Dafür ließ sich anführen, der Verfassungsgeber habe die betreffenden Gesetze entweder nicht in Rechnung gestellt,[160] jedenfalls aber die Zulässigkeit der nach ihnen vorgesehenen Durchsuchungen nicht beseitigen wollen.[161] Andere suchten den Begriff der Gefahr im Verzug zu erweitern, um die entsprechenden Regelungen aufrechtzuerhalten.[162] Diese Wege sind nicht gangbar.[163] Unterschiedlich beurteilt werden kann dennoch, in welcher Weise Art. 13 Abs. 2 auf die fraglichen Gesetze einwirkt. Das BVerfG[164] hält sie nicht für nichtig,[165] sondern nimmt – im Wege **verfassungskonformer Ergänzung** – an, dass die Erforderlichkeit der richterlichen Entscheidung hier unmittelbar aus dem Grundrecht folge.[166]

46 **2. Gefahr im Verzuge.** Als Ausnahme[167] der von ihm aufgestellten Regel gestattet Art. 13 Abs. 2, dass bei **„Gefahr im Verzuge“** auch **nichtrichter-**

---

[152] BVerfGE 57, 346 (356).

[153] BVerfGE 51, 97 (114). Ebenso BVerfG NJW 2019, 1428 (1429 f.); NJW 2015, 2787.

[154] BGH NJW 1995, 3397; BVerfG NJW 2011, 291; NJW 2015, 2787 (2790).

[155] BVerfGE 96, 27 (42) in Abwendung von BVerfGE 49, 329; dazu *Amelung* JR 1997, 384.

[156] BGH NJW 1995, 3397; VerfGH Bln StV 1999, 296 (297); LG Freiburg StV 1989, 427; LG Bremen StV 1997, 177; *Amelung* NJW 1979, 1687 (1691 f.); *Voßkuhle,* Rechtsschutz gegen den Richter, 1993, 332 f.; *Gössel* GA 1995, 238 (240); zu eng VGH München NVwZ-RR 1993, 621.

[157] S. beispielhaft AG Charlottenburg DGVZ 1982, 189; LG Hamburg NJW 1985, 72; *Esmek,* Der Durchsuchungsbegriff nach Art. 13 Abs. 2 GG in der Zwangsvollstreckung, 1989, 55 ff. mwN.

[158] BGH bei *Holtz* MDR 1986, 98; *Nelles* StV 1991, 488.

[159] Vgl. Art. 115 WRV, der keinen Richtervorbehalt kannte; wichtigstes Bsp.: §§ 758, 758a ZPO.

[160] Diese Prämisse ist zweifelhaft, vgl. *Knemeyer* NJW 1967, 1353 (1354).

[161] S. *Maunz* in Maunz/Dürig, 13. Lfg., Rn. 22.

[162] Vgl. früher *Dagtoglou* in BK, 1966, Rn. 70 f.

[163] Zum früheren Streitstand näher *Pappermann* in v. Münch/Kunig, 3. Aufl. 1985, Rn. 22 ff.

[164] BVerfGE 51, 97 (115); sa BVerfGE 76, 83 (89).

[165] Dafür *Knemeyer,* Die Verfassungsmäßigkeit von Wohnungsdurchsuchungen bei Vollstreckung wegen Geldforderungen, NJW 1967, 1353 (1356).

[166] BVerwGE 28, 285.

[167] Den Ausnahmecharakter betont BVerfG NJW 2015, 2787 (2789) und fordert eine enge Auslegung des Begriffs „Gefahr im Verzuge“.

liche Organe eine Durchsuchung anordnen können, wenn dies gesetzlich vorgegeben ist. Gefahr ist in Verzug, wenn die durch die Anrufung des Richters bewirkte Verzögerung die Ausführung oder das Erreichen des rechtmäßigen Zwecks der Durchsuchung gefährden würde.[168] Die Gefahr der Zweckvereitelung muss eine **konkrete** Gefahr sein; sie muss an Hand von Tatsachen belegt werden, kann nicht allein aufgrund der Typik bestimmter Geschehensabläufe oder im Blick auf fallunabhängige kriminalistische Alltagserfahrung unterstellt werden.[169] Es handelt sich um einen **unbestimmten Rechtsbegriff,** der voller gerichtlicher Prüfung zugänglich ist, der auch den besonderen Entscheidungssituationen und ggf. begrenzten Erkenntnismöglichkeiten nichtrichterlicher Organe Rechnung tragen muss.[170] Der Begriff der Gefahr in Verzug bleibt in der von ihm vorausgesetzten Intensität der Wahrscheinlichkeit hinter der „dringenden Gefahr" zurück, wie sie in Art. 13 Abs. 7 vorausgesetzt ist.

Durchsuchungen dürfen durch andere Organe als Richter nur angeordnet **47**
werden, wenn dies **gesetzlich bestimmt** ist. Dafür ist ein Gesetz im formellen Sinne vorausgesetzt; die Ermächtigung in einer Rechtsverordnung oder Satzung reicht also nicht aus. Dass des Weiteren die Durchsuchung nur in der „dort" (also in dem ermächtigenden Gesetz) vorgeschriebenen Form durchgeführt werden darf, könnte darauf deuten, dass die Ermächtigung zwingend mit Vorschriften über die Form verbunden sein muss. Gemeint ist jedoch lediglich, dass etwa vorhandene derartige Vorschriften eingehalten werden müssen;[171] werden sie verletzt, so bedeutet dies zugleich einen Grundrechtsverstoß.[172] Anders als bei dem Einsatz technischer Mittel gem. Abs. 4 und etwa bei der Freiheitsentziehung (Art. 104 Abs. 2 S. 2) bedarf die nichtrichterliche Anordnung keiner nachträglichen richterlichen Bestätigung.[173]

Geregelt ist die Anordnung von Durchsuchungen durch die Exekutive – **48**
jeweils mit Vorschriften über die Form (etwa: nachträgliche Information des Berechtigten, Hinzuziehung von Zeugen) – in der **StPO**[174] und den **Polizeigesetzen,** dort im Rahmen der sog. polizeilichen Standardmaßnahmen.[175] Ob bereits die Generalklauseln der Polizeigesetze zur Anordnung der Durchsuchung von Wohnungen ermächtigen, ist eingehend diskutiert worden[176] und zu verneinen. Der Frage kommt keine praktische Bedeutung zu, weil das Polizeirecht aller Länder Spezialermächtigungen aufweist.

---

[168] Eing. zu den Anforderungen BVerfGE 103, 142; NJW 2015, 2787; dazu *Einmahl* NJW 2001, 1393; *Gusy* JZ 2001, 1933; *Amelung* NStZ 2001, 337; *Lepsius* Jura 2002, 259; BVerwGE 28, 285 (291).

[169] Vgl. *Gentz,* Die Unverletzlichkeit der Wohnung, 1968, 88; eing. *Esmek,* Der Durchsuchungsbegriff nach Art. 13 Abs. 2 GG in der Zwangsvollstreckung, 1989, 67 ff.

[170] *Papier* in Maunz/Dürig Rn. 56; *Berkemann* in AK Rn. 59; *Sommermeyer* JR 1990, 493 (498 ff.); *Geppert* DRiZ 1992, 412; für bloße Kontrolle der Fortdauer der Maßnahme *Köhler* in Meyer-Goßner/Schmitt StPO § 98 Rn. 17; für Willkürkontrolle *Schnarr* NStZ 1991, 209 (214).

[171] Vgl. *Gentz,* Die Unverletzlichkeit der Wohnung, 1968, 91.

[172] Deswegen beinhaltet Art. 13 Abs. 2 insoweit mehr als einen „Hinweis", so aber *Berkemann* in AK Rn. 60, der die hier vertretene Auslegung deshalb ablehnt, weil sich ein Grundrecht nicht in „Hinweisen" erschöpfe; wie hier *Kühne* in Sachs Rn. 36.

[173] Sa *Gentz,* Die Unverletzlichkeit der Wohnung, 1968, 89.

[174] Staatsanwaltschaft, Polizei, vgl. § 161 StPO.

[175] S. ferner § 21 Abs. 6 BKAG aF für das Bundeskriminalamt, nunmehr § 63 Abs. 7 BKAG nF; dazu im weiteren Zusammenhang *Schreiber* NJW 1997, 2137.

[176] *Gentz,* Die Unverletzlichkeit der Wohnung, 1968, 121 ff.

49 Auch gegen nichtrichterliche Durchsuchungsanordnungen und -maßnahmen ist **Rechtsschutz** eröffnet, auch – nach Erledigung infolge Abschlusses der Maßnahme – mit dem Ziel der Feststellung der Rechtswidrigkeit.[177] Bei Versagung fachgerichtlichen Rechtsschutzes wäre eine Verfassungsbeschwerde unmittelbar auf Art. 13, nach Ansicht des BVerfG[178] auf Art. 19 Abs. 4 zu stützen.[179] Schadensersatz kann nach § 839 BGB, Art. 34 geltend gemacht werden. „Grundsätzlich"[180] sollen grundrechtswidrig gewonnene Informationen **nicht verwertet** werden dürfen.[181] Die Rspr. der Strafgerichte – sie bezieht sich vor allem auf den allg. Persönlichkeitsschutz – ist einzelfallbezogen ausgerichtet;[182] Verstöße gegen einfache Verfahrensvorschriften sollen „regelmäßig" nicht ausreichen.[183] Die Vorstellung, der Grundrechtsschutz sei relativiert durch aus dem Rechtsstaatsprinzip begründbare Anliegen einer „funktionstüchtigen Strafrechtspflege", verleitet (auch hier) häufig zu vorschnellen Abwägungen.[184] Ausnahmen von dem Verbot, grundrechtswidrig erlangte Informationen in für den Grundrechtsträger nachteiliger Weise zu verwerten, können allerdings anhand des Grundrechtsschutzes anderer, also in Erfüllung der grundrechtlichen Schutzpflicht begründet werden. Der einzelfallbezogenen Abwägung gibt dies eine festere Grundlage als sie der Topos der „funktionstüchtigen Strafrechtspflege" zu bieten vermag.

IV. Einsatz technischer Mittel

50 Die **Abs. 3–7** betreffen den Einsatz technischer Mittel[185] zur Überwachung von Wohnungen. Dabei geht es um die akustische und die optische Überwachung, teils um präventive Zwecke (Gefahrenabwehr), teils um die Aufklärung von Straftaten, die Strafverfolgung. Es sind dies staatliche Aufgaben mit hohem verfassungsrechtlichem Rang; ihre Wahrnehmung ist teilweise auch Ausdruck der Erfüllung grundrechtlicher Schutzverpflichtungen des Staates, namentlich für Leib und Leben der Bürger, ihres Eigentums; auch die Funktionsfähigkeit, ja der Bestand des Staates können durch Schwerstkriminalität in Gefahr gebracht werden. Die Bedeutung der Gefahrenabwehr und der Verbrechensbekämpfung auch durch Strafverfolgung stoßen freilich auf grundrechtliche Grenzen, unter denen der Grundrechtsschutz der Unver-

[177] Vgl. für das Andauern einer von der Staatsanwaltschaft angeordneten Durchsuchung zu § 98 Abs. 2 S. 2 StPO BGHSt 36, 30 (31); zu den Anforderungen an das Rechtsschutzinteresse BGHSt 28, 206 (207, 209); 37, 79 (82); erweiternd BVerfGE 96, 27; zu den – unübersichtlichen – Rechtswegfragen BGHSt 44, 265.

[178] BVerfGE 96, 27.

[179] Sa BVerfG NJW 1998, 2131 (Zeitungsverlag), wo zusätzlich auf Art. 5 Abs. 1 S. 2 Bezug genommen wird.

[180] *Jarass* in Jarass/Pieroth Rn. 13, aber mit dem Hinweis auf Ausnahmen bei zwingendem Vorrang anderer Verfassungsgüter; sa *Jarass* in Jarass/Pieroth Art. 2 Rn. 40; ähnlich *Herdegen* in BK Rn. 68.

[181] BVerfG NJW 2009, 3225; krit. *Schwabenbauer* NJW 2009, 3207 (3209 f.); BVerfGE 44, 353 (383 f.); KG NJW 1979, 169 „in der Regel"; sa – unentschlossen – BGH NJW 1989, 1741 (1744); LG Bonn NJW 1981, 292 (293 ff.); LG Wiesbaden StrV 1988, 292 (293); strikter *Berkemann* in AK Rn. 64; eingehende und differenzierende Überlegungen für den Strafprozess bei *Amelung* NJW 1991, 2533; *Baumann/Brenner,* Die strafprozessualen Beweisverwertungsverbote, 1991, 150 ff.; zum Steuerrecht *Schmidt-Liebig* BB 1987, 2139.

[182] Vgl. *Gössl* in Löwe/Rosenberg StPO, 26. Aufl. 2006, Einl. Abschn. L Rn. 18 ff.

[183] ZB BGH NStZ 1983, 375; für Umkehrung dieser „Regel" *Berkemann* in AK Rn. 65.

[184] *Kunig,* Das Rechtsstaatsprinzip, 1986, 278 ff., 441 ff.; *Amelung* NJW 1991, 2533 (2539) mwN.

[185] Welcher Apparaturen auch immer, ein nicht zeitbedingter, sondern „entwicklungsoffener" Begriff also.

letzlichkeit der Wohnung eine besondere Bastion darstellt. Die Überwachungsmaßnamen dringen in private Rückzugsräume ein, deren Schutz für die Wahrung der Menschenwürde von besonderer Bedeutung ist.[186]

Das Nebeneinander von repressiver Seite (bei der akustischen Überwachung, Abs. 3) und präventiver Seite (auch die optische Überwachung einbeziehend, Abs. 4) – mit je unterschiedlichen, bei Abs. 3 strengeren Verfahrensanforderungen – wirft die Frage nach der **Verwertbarkeit** aus der jeweils anderen Überwachungsspur auf: derjenigen durch zulässige Maßnahmen zur Strafverfolgung erlangter Erkenntnisse auch für die Gefahrenabwehr und derjenigen durch zulässige Gefahrenabwehr erlangter Erkenntnisse in Strafverfahren.[187] Beide Fragen sind zu bejahen, worauf wohl (der aber allein Maßnahmen im Zusammenhang mit dem Ermittlerschutz betreffende) Abs. 5 S. 2 mit dem Nebeneinander beider Ermittlungsziele deutet. Vorausgesetzt ist aber, dass die jeweilige Maßnahme für sich genommen zulässig ist. Dafür ist, wie auch bei der Notwendigkeit der Abgrenzung von repressivem und präventivem Handeln in anderen Zusammenhängen[188] der Schwerpunkt der Zielrichtung festzustellen. Werden etwa optische Überwachungsmaßnahmen zur Strafverfolgung als solche der Prävention über Abs. 4 durchgeführt, so sind diese rechtswidrig und ihre Ergebnisse für die Strafverfolgung unverwertbar.[189] 51

Die drei in den Abs. 3–5 enthaltenen Schranken des Grundrechts auf Unverletzlichkeit der Wohnung bedürfen sämtlich der einfach-gesetzlichen Umsetzung. Sie können **nicht unmittelbar** durch Behörden oder Gerichte aktiviert werden. Für den **präventiven** Bereich liegen solche Gesetze (teils seit längerem) in allen Ländern vor. Die verfassungsrechtliche Beurteilung dieser Befugnisnormen richtet sich nicht (mehr) nach Art. 13 Abs. 3 GG aF, sondern nach Art. 13 Abs. 4.[190] Die akustische Wohnraumüberwachung zu Zwecken der **Strafverfolgung** (Abs. 3) findet sich geregelt in §§ 100c, 100d StPO.[191] 52

1. Akustische Überwachung zur Verfolgung besonders schwerer Straftaten (Abs. 3). Unter den „technischen Mitteln“ zur Wohnungsüberwachung bezieht sich Abs. 3 allein auf **akustische Überwachung.** Es geht um (Hin-)Hören, nicht um (Zu-)Sehen. Auch eine Eingrenzung auf einzelne Mittel akustischer Überwachung findet nicht statt. Es wird also auch nicht unterschieden zwischen der Übertragung oder Aufzeichnung von Gesprächen oder sonstigen Geräuschen mit innerhalb einer Wohnung angebrachten Geräten und dem Belauschen von außen, aus welcher Entfernung immer. 53

[186] So ausdrücklich BVerfGE 141, 220 (Rn. 99) – BKA-Gesetz.

[187] Vgl. zu Letzterem – vor der Änderung des Art. 13 – BGH NJW 1996, 405; krit. *Staechelin* ZRP 1996, 430.

[188] Etwa bei der Ermittlung des Rechtswegs, s. BVerwGE 47, 255 (264); näher *Gusy*, Polizei- und Ordnungsrecht, 2017, Rn. 147 ff.

[189] Vgl. nach früherer Rechtslage BGH NJW 1991, 2651 (2652); *Rogall* NStZ 1992, 45 (47); sa *Cassardt* ZRP 1997, 370 (375); *Benfer* NVwZ 1999, 237.

[190] Überblick zum „Lauschangriff“ im Landespolizeirecht bei *Kutscha* NJW 1994, 85; zu entsprechenden Eingriffsermächtigungen in den Verfassungsschutzgesetzen sowie speziell zur Einbeziehung des Verfassungsschutzes in die Kriminalitätsüberwachung s. *Koch* ZRP 1995, 24; *Schaefer* NJW 1999, 2572.

[191] Vgl. die dort vorgenommenen Änderungen durch das G zur Verbesserung der Bekämpfung der Organisierten Kriminalität v. 4.5.1998, BGBl. 1998 I 845; s. *Meyer/Hetzer* NJW 1998, 1017; zur Unzulässigkeit des Einsatzes technischer Mittel zum Abhören und Aufzeichnen von Gesprächen in Wohnungen vor der Änderung des Art. 13 BGH NStZ 1997, 195 mAnm *Scholz*.

Erfasst sind damit auch ein möglicher polizeilicher Zugriff auf **intelligente Sprachassistenten** und **Smart Home-Geräte,** soweit er der akustischen Überwachung dient.[192] Art. 13 schützt darüber hinaus auch vor der **staatlichen Infiltration eines informationstechnischen Systems,** das sich in einer Wohnung befindet, um mit Hilfe dessen bestimmte Vorgänge innerhalb der Wohnung zu überwachen, indem die an das System angeschlossenen „Peripheriegeräte" wie zB ein Mikrofon dazu genutzt werden.[193]

54 Abs. 3 bezieht sich auf Wohnungen,[194] in denen der **Beschuldigte** sich vermutlich aufhält. Der Begriff des Beschuldigten entstammt dem Strafprozessrecht: Die Einleitung eines Ermittlungsverfahrens ist vorausgesetzt, weil (erst) diese den einer Straftat Verdächtigen als Beschuldigten qualifiziert.[195] Die Wendung vom „vermutlichen" Aufenthalt (des Beschuldigten) in einer Wohnung legt die Schwelle niedrig, nämlich unterhalb der Wahrscheinlichkeit.[196] Es geht hier nicht um „die Wohnung des Beschuldigten", sondern um solche Wohnungen, in denen er sich – vermutlich – aufhält. Deswegen kommt es nicht auf zivilrechtliche Nutzungsbefugnis, überwiegende Benutzung durch den Beschuldigten oÄ an. Es können nicht nur Gespräche erfasst werden, an denen der Beschuldigte beteiligt ist, sondern alle, die in der betroffenen Wohnung geführt werden. Jede Wohnung, hinsichtlich derer sich sagen lässt, dass sich ein Beschuldigter vermutlich in ihr aufhalte, ist hinsichtlich aller sonstigen Nutzer der akustischen Überwachung unterwerfbar.[197] Die Weite der so eröffneten Zugriffsmöglichkeiten wird verfassungsrechtlich allein – und dementsprechend unscharf – durch die Einbeziehung der Grundrechte dieser Art Drittbetroffener in die Verhältnismäßigkeitsprüfung begrenzt.[198]

55 Gegeben sein muss ein **Verdacht,** der durch bestimmte Tatsachen begründet sein muss. Da der verfassungsändernde Gesetzgeber (in Kenntnis der differenzierenden strafprozessrechtlichen Terminologie) in Abs. 3 nicht von einem „hinreichenden"[199] oder gar „dringenden"[200] Tatverdacht spricht, stattdessen keinerlei Qualifizierung hinzufügt, reicht der einfache Verdacht.[201] Auch bei diesem Verständnis sind aber „zureichende tatsächliche Anhaltspunkte" gefordert,[202] dh es bedarf eines durch konkrete Tatsachen[203] belegten, in kriminalistischer Erfahrung begründeten Anhalts dafür, dass eine der in Betracht kommenden Straftaten vorliegt.[204] Bloße **Vermutungen**

---

[192] Vgl. dazu die kleine Anfrage der FDP-Fraktion v. 26.6.2019, BT-Drs. 19/11133 sowie die Antwort der Bundesregierung v. 10.7.2019, BT-Drs. 19/11478 – „Wanzen im Wohnzimmer".

[193] BVerfGE 120, 274 (Rn. 193) – Online-Durchsuchung.

[194] ISv Abs. 1.

[195] Vgl. *Roxin/Schünemann,* Strafverfahrensrecht, 2017, § 4 Kap. B.

[196] Oder einer „hohen" Wahrscheinlichkeit, so auch *Gornig* in MKS, 4. Aufl. 1999, Rn. 99, 103.

[197] Wohl noch weitergehend *Gornig* in MKS Rn. 99: „grundsätzlich […] auch bei einer Person, […], die mit den verfolgten Straftaten nichts zu tun hat, aber mit den Personen in Berührung kommt, die diese Straftaten begangen haben könnten".

[198] S. unten; sa § 100c Abs. 3 StPO.

[199] Vgl. §§ 170 Abs. 1, 203 StPO; hierfür muss nach dem Stand von Ermittlungen eine Verurteilung wahrscheinlich sein.

[200] Vgl. § 112 Abs. 1 S. 1StPO.

[201] Ähnlich *Kühne* in Sachs Rn. 42.

[202] Vgl. § 152 Abs. 2 StPO.

[203] So insofern nur klarstellend Art. 13 Abs. 3 S. 1 „bestimmte Tatsachen".

[204] S. *Roxin/Schünemann,* Strafverfahrensrecht, 2017, § 39 Kap. B.

reichen dafür **nicht** aus, anders also als bei der Auswahl der zu überwachenden Wohnung unter dem Gesichtspunkt des Aufenthalts.

Angesichts des weit gespannten Anwendungsfeldes für die akustische Wohnraumüberwachung sind für die Grenzziehung von besonderer Bedeutung die Anbindung an das Erfordernis der **„einzeln bestimmten besonders schweren Straftat"** sowie die im letzten Hs. vorgenommene Konkretisierung des Verhältnismäßigkeitsgrundsatzes (darüber hinaus die Abs. 3 S. 2 –4 zu entnehmenden verfahrensrechtlichen Vorgaben). Art. 13 Abs. 3 verlangt die nähere Bestimmung der hier in Betracht kommenden „besonders schweren Straftaten" durch den Gesetzgeber; ohne gesetzliche Festlegung der Bezugsdelikte[205] kann die Schranke des Abs. 3 nicht rechtfertigend wirken. Verfassungsrechtlich ist dabei keine Beschränkung auf bestimmte Rechtsgüter oder etwa eine solche auf die organisierte Kriminalität vorgenommen worden (welche aber im Vordergrund der verfassungspolitischen Auseinandersetzung um die Angemessenheit der Ermöglichung akustischer Lauschangriffe gestanden hatte und insofern als typisches Anwendungsfeld angesprochen werden kann[206]). Eine gesetzliche Bezugnahme auf einzelne Rechtsgüter würde nicht ausreichen, vielmehr bedarf es genauer gesetzlicher Bezeichnung der einschlägigen Straftatbestände. 56

Der Begriff der **besonders schweren Straftat** bedeutet keine Festlegung, welche an eine Kategorie des einfachen Rechts anknüpfen würde. Zwar kennt das StGB in verschiedenen Zusammenhängen den „besonders schweren Fall",[207] doch bezieht sich dies auf eine Abstufung innerhalb einzelner Straftatbestände. Dem Gesetzgeber bleibt also Spielraum, wobei – gestützt auch auf die Art. 2 Abs. 2 S. 2 zu entnehmende Schutzverantwortlichkeit des Staates – die Einbeziehung gegen das Leben gerichteter Verbrechen nahe liegt, bereits der Verzicht auf die ausschließliche Nennung nur eines Rechtguts im Verfassungstext aber anzeigt, dass sich der verfassungsändernde Gesetzgeber unter besonders schweren Straftaten solche vorgestellt hat, die unterschiedliche Rechtsgüter schützen.[208] 57

Schon aus allgemeinen Grundsätzen folgt, dass die Maßnahme der akustischen Wohnraumüberwachung die jedem Grundrecht innewohnende, zumeist auch aus dem Rechtsstaatsprinzip hergeleitete rechtsstaatliche Vorgabe der **Verhältnismäßigkeit** wahren muss. Abs. 3 S. 1 nimmt dies – partiell – mit der Aussage auf, die Erforschung des Sachverhalts „auf andere Weise" müsse sich als „unverhältnismäßig erschwert oder aussichtslos" darstellen, um die Überwachung als zulässig erscheinen zu lassen. Im Zuge der Gesetzesberatungen tauchte insoweit vielfach die Wendung von der *„ultima ratio"* auf.[209] Es ist aber nicht gefordert, dass eine Ermittlung auf andere Weise zunächst ergebnislos unternommen sein müsste. Vielmehr kann die Aussichtslosigkeit solcher Ermittlungen von vornherein feststehen. Dafür bedarf es einer richterlichen Kontrolle unterliegenden Prognose. Bei der im Übrigen vorzunehmenden Verhältnismäßigkeitsprüfung geht es zum einen um eine Abwägung zwischen dem von der Maßnahme erhofften Ermittlungsertrag und der Beeinträchtigung gerade des Wohnungsgrundrechts. Weiterhin wird oft entscheidend sein, ob und in welcher Weise zugleich auch in weitere die 58

205 Vgl. *Kühne* in Sachs Rn. 41.
206 BVerfGE 109, 279 (315).
207 Vgl. nur § 12 Abs. 3 StGB.
208 Vgl. die derzeitige Auflistung in § 100c Abs. 2 StPO.
209 Vgl. BT-Drs. 13/8650, 5.

Privatheit schützende Grundrechtspositionen eingegriffen wird. Soweit das Allgemeine Persönlichkeitsrecht bestimmte Privatbereiche kategorisch schützt, sich also innerhalb des Allgemeinen Persönlichkeitsrechts der Würdeaspekt, welcher Beeinträchtigungen nicht duldet, zur Geltung bringt, ist auch die Wohnraumüberwachung unzulässig.[210] Wesentlich zu berücksichtigen ist auch, ob und welchen Ausmaßes die Überwachungsmaßnahme **in Grundrechte anderer Personen**[211] als des Beschuldigten eingreift, etwa solcher, zu denen er in einem durch die Berufsfreiheit (Art. 12 Abs. 1) geschützten Vertrauensverhältnis steht.[212] Je nach Einzelfall können auch die Weltanschauungsfreiheiten des Art. 4 Abs. 1, Abs. 2, der Schutz von Ehe und Familie in Art. 6 und die Pressefreiheit (Art. 5 Abs. 1 S. 2), darüber hinaus das Wahlgeheimnis (Art. 38 Abs. 1 S. 1) unmittelbar für die Abwägung von Bedeutung sein. Unter Verletzung dieser Rechte gewonnene Erkenntnisse unterliegen nicht absolut einem Beweisverbot, sondern ggf. als Resultat einer Abwägung.[213] Ausdruck des Grundsatzes der Verhältnismäßigkeit ist auch die in Abs. 3 S. 2 enthaltene Vorgabe, wonach „die Maßnahme" zu **befristen** ist. Eine zeitliche Grenze findet sich hier ebenso wenig wie der Ausschluss einer Verlängerung.[214]

59 **Zuständig zur Anordnung akustischer** Wohnungsüberwachung ist gem. Abs. 3 S. 3 ein „mit drei Richtern besetzter Spruchkörper";[215] bei Gefahr im Verzuge ermöglicht S. 4 die Entscheidung eines einzelnen Richters. Es handelt sich um einen gegenüber dem Modell des Abs. 2 **gesteigerten Richtervorbehalt.** „Gefahr im Verzuge" ist anzunehmen, wenn durch die Befassung des richterlichen Kollegiums eine Verzögerung eintreten würde, welche den Ertrag der in Rede stehenden Maßnahme mutmaßlich gefährdet. Gefahr im Verzuge setzt keine „dringende" Gefahr wie bei Abs. 4 u. 7 voraus. „Ein einzelner Richter" iSv Abs. 3 S. 4 ist nicht ein beliebiger Richter, sondern, darauf deutet das Zusammenspiel von Abs. 3 S. 3 u. 4, ein Richter[216] des „an sich" zur Entscheidung berufenen Spruchkörpers.[217]

60 **2. Überwachung zur Abwehr dringender Gefahren (Abs. 4).** Im Gegensatz zu Abs. 3 geht es in Abs. 4 nicht allein um akustische Wohnungsüberwachung, sondern um **technische Mittel im Allgemeinen,** also auch die optische Seite, etwa Aufzeichnungen durch Kameras. Erfasst sind auch optische Aufzeichnungen durch **Smart Home-Geräte.** Das gleiche gilt für die **Infiltration informationstechnischer Systeme,** die sich in der Wohnung befinden, um mit deren Hilfe Vorgänge in der Wohnung durch externe

---

[210] Vgl. in diesem Sinne auch *Gornig* in MKS Rn. 119; *Cassardt* ZRP 1997, 370 (373).

[211] Der „indolosen Dritten", *Kühne* in Sachs Rn. 41.

[212] Vgl. auch § 100c Abs. 6 iVm § 53 Abs. 1 StPO: Unzulässigkeit der Überwachung von Berufsgeheimnisträgern.

[213] Vgl. § 100c Abs. 6 StPO in verfassungsrechtlich nicht notwendigerweise abschließender Bezugnahme auf die Zeugnisverweigerungsrechte gem. §§ 52, 53a StPO; s. ferner BGHSt 19, 325 (331 ff.); BGH NStZ 1997, 195 mAnm *Scholz; Jähnke* FS f. Odersky, 1996, 427 (429).

[214] Vgl. aber § 100d Abs. 1 S. 4–6 StPO: ein Monat mit Verlängerungsmöglichkeit, bei sechs Monaten entscheidet weiter das OLG.

[215] Gem. § 100d Abs. 1 S. 1 StPO, § 74a Abs. 4 GVG eine nicht mit Hauptverfahren in Strafsachen befasste Kammer jeweils des Landgerichts, in dessen Bezirk das OLG seinen Sitz hat.

[216] Nicht notwendigerweise: der Vorsitzende; so einfach-gesetzlich § 100d Abs. 1 S. 2 StPO mit der Maßgabe einer Bestätigung durch die Kammer binnen drei Tagen.

[217] AA *Ziekow/Guckelberger* in BK Rn. 89.

digitale Steuerung mittels der an das System angeschlossenen Kamera zu überwachen.[218]

Abs. 4 ermöglicht nicht Maßnahmen der Strafverfolgung, sondern betrifft die **Gefahrenabwehr,** also die präventive Aktion. Struktur und Begrifflichkeit von Abs. 4 erschließen sich am ehesten durch den Abgleich mit Abs. 7. Das gilt für Gemeinsamkeiten und Unterschiede. Insgesamt ist Abs. 4 „strenger" als Abs. 7, den er als Spezialnorm für seinen Anwendungsbereich verdrängt.[219] Technische Mittel zur Überwachung von Wohnungen dürfen nach Abs. 4 nur zur Abwehr **dringender Gefahren** eingesetzt werden, und zwar allein solcher für die **öffentliche Sicherheit.** Gefahren für Sachgüter sollen nur bei gemeiner Gefahr (Schaden droht für eine unbestimmte Anzahl von Rechtsgütern) erfasst sein.[220] Verfahrensmäßig liegt der Unterschied darin, dass bei Abs. 4 (wie bei Abs. 2 u. 3, anders als bei Abs. 7) grundsätzlich ein **Richtervorbehalt** besteht. Anders als bei Abs. 2 bedarf es im Fall der Anordnung durch eine andere Stelle als den Richter der Nachholung einer richterlichen Entscheidung. Die Regelung ist indes „schwächer" als diejenige nach Abs. 3 insofern, als dort auch bei Gefahr im Verzuge sogleich eine richterliche Entscheidung geboten ist, wenn auch in Abweichung von der dortigen Regel nicht durch ein Kollegium, sondern durch einen diesem Kollegium angehörenden Richter. Hervorzuheben ist des Weiteren, dass Abs. 4 allein die Abwehr von Gefahren ermöglicht, nicht – wie aber Abs. 7 – deren Verhütung. 61

„Unverzüglich" ist hier wie in Art. 104 Abs. 2 S. 2 zu verstehen, meint also nicht „ohne schuldhaftes Zögern".[221] Vielmehr handelt es sich um einen objektiven Maßstab: Jede Verzögerung ist unzulässig, die sich nicht aus sachlichen Gründen rechtfertigen lässt, mögen diese rechtlicher oder tatsächlicher Natur sein.[222] Das wird regelmäßig dazu führen müssen, die Nachkontrolle schon vor der Beendigung der Maßnahme zu veranlassen.[223] 62

Abs. 4 zeigt keinerlei materiellen Maßstab auf: „dürfen". Es bleibt also nur der **Verhältnismäßigkeitsmaßstab,** in welchem sich die Grundrechte aller von der Maßnahme Betroffener nicht anders zur Geltung bringen als iRd Abs. 3.[224] Dass hier – anders als dort – von Verhältnismäßigkeit nicht die Rede ist, ändert daran nichts: Die Formulierung einer Grundrechtsschranke vermag anderen Grundrechten an Schutzintensität nichts zu nehmen. Aus diesem Grund sind auch Maßnahmen nach Abs. 4 zu befristen, obwohl ein Pendant zu Abs. 3 S. 2 fehlt.[225] 63

3. Technische Mittel zum Schutz bei einem Einsatz in Wohnungen tätiger Personen (Abs. 5). Die Vorschrift ist eine Spezialregelung für Maßnahmen, die ausschließlich zum Schutz der bei einem Einsatz in Wohnungen tätigen Personen, insbes. von sog. **verdeckten Ermittlern** ergriffen werden, also solchen polizeilichen Bediensteten, die mit falscher Identität zur Aufklärung von Straftaten oder auch mit dem Ziel des Opferschutzes eingesetzt 64

[218] BVerfGE 120, 274 (Rn. 193) – Online-Durchsuchung.
[219] *Kühne* in Sachs Rn. 46, spricht von einer „Verkürzung des Dringlichkeitspassus".
[220] BVerfGE 109, 279 (379).
[221] Wie in § 121 BGB.
[222] Vgl. *Hill* in HdbStR VI, 2. Aufl. 2001, § 156 Rn. 78.
[223] So auch *Kühne* in Sachs Rn. 46.
[224] Ausführlich zur Verhältnismäßigkeitsprüfung im Rahmen von Abs. 4 BVerfGE 141, 220 – BKA-Gesetz.
[225] Für „entsprechende" Anwendung spricht sich *Kühne* in Sachs Rn. 46, aus.

werden.[226] Abs. 5 spricht wiederum alle „technischen Mittel" an, differenziert also nicht zwischen akustischen und optischen Maßnahmen und auch nicht zwischen präventiven und repressiven Einsätzen. Sofern der Mitteleinsatz „ausschließlich" der Sicherung des angesprochenen Personenkreises dient, reicht die Anordnung „durch eine gesetzlich bestimmte Stelle", bedarf es also keiner richterlichen Entscheidung im Vorwege oder ihrer Nachholung.

65 Abs. 5 S. 2 **(„anderweitige Verwertung")** bezieht sich auf sog. Zufallsfunde, deren Verwertung zu Zwecken der Strafverfolgung oder der Gefahrenabwehr dann zulässig ist, wenn zuvor die Rechtmäßigkeit der Maßnahme richterlich festgestellt wurde. Maßstab für die Rechtmäßigkeitsprüfung ist insbes. die Ausschließlichkeit der Ausrichtung der Maßnahme auf die Sicherung der ermittelnden Person. Zuständig für die Feststellung der Rechtmäßigkeit ist bei beabsichtigter Verwendung der erlangten Information zu repressiven Zwecken der Spruchkörper nach Abs. 3 S. 3 (ausnahmsweise der einzelne Richter gem. S. 4). Bei einer Verwertung zu präventiven Zwecken gilt Abs. 4 S. 2. Die Verwertung kann bei Gefahr im Verzuge ohne richterliche Entscheidung erfolgen, doch ist diese unverzüglich nachzuholen (Abs. 5 S. 2 aE). Die richterliche Entscheidung betrifft jeweils „die Rechtmäßigkeit der Maßnahme", also derjenigen nach Abs. 5 S. 1. Über die Frage der ausschließlichen Ausrichtung auf den Personenschutz hinaus kann dies nur die Kontrolle des von Abs. 5 S. 1 („kann") eröffneten Ermessens namentlich am Maßstab des Verhältnismäßigkeitsgrundsatzes bedeuten.[227] Für einen Ausschluss dieses Maßstabes bieten weder der Wortlaut noch die Systematik einen Anhaltspunkt.[228]

66 **4. Parlamentarische Kontrolle von Maßnahmen nach Abs. 3–5 (Abs. 6).** Die Unterrichtungspflicht hinsichtlich des Einsatzes technischer Mittel in den von Abs. 6 S. 1 angesprochenen Bereichen hat die BReg. gegenüber dem BT jährlich dahingehend zu erfüllen, dass sie Art und Anzahl, Gründe und Ergebnisse von Wohnraumüberwachungsmaßnahmen mitzuteilen hat. Das Instrument ist US-amerikanischen Vorbildern nachempfunden.[229] Gem. S. 2 erfolgt „die parlamentarische Kontrolle" seitens des BT durch ein von diesem gewähltes Gremium, eine Regelung, die die Kontrollbefugnis des BT als solchem nicht verkürzt. Das Nähere über dieses Gremium und sein Verfahren ist in der GO BT zu regeln.[230]

67 Sofern Abs. 6 S. 3 die Länder in die Pflicht nimmt, eine „gleichwertige parlamentarische Kontrolle" (nicht: identische) zu gewährleisten, handelt es sich um eine deklaratorische Vorgabe; gleiches folgt wohl bereits aus dem Homogenitätsgebot des Art. 28 Abs. 1 S. 1.[231]

---

[226] Vgl. – seit 1992 – die Definition in § 110a Abs. 2 S. 1 StPO sowie zu Rechtsfragen des Einsatzes solcher Personen *Roxin/Schünemann,* Strafverfahrensrecht, 2017, § 37 Kap. II; eing. *Krey* JR 1998, 1; sa BVerfGE 57, 250 (284).

[227] *Kühne* in Sachs Rn. 46 „ultima-ratio-Prinzip".

[228] S. *Gornig* in MKS Rn. 140 f.

[229] Vgl. *Raum/Palm* JZ 1994, 447; *Böttger/Pfeiffer* ZRP 1994, 7.

[230] Vgl. in diesem Zusammenhang die Regelung in Art. 10 Abs. 2 S. 2; anders als dort geht es indes vorliegend nicht um einen „Ersatz" für die Versagung des Rechtsweges, nicht um eine Kontrolle der Rechtmäßigkeit durch ein parlamentarisches Gremium, sondern allein um politische Kontrolle – Ausdruck der allgemeinen Kontrollfunktion des Parlaments gegenüber der Regierung; so BVerfGE 109, 279 (373).

[231] Vgl. *Meyer/Hetzer* NJW 1998, 1017 (1025); BayVerfGH BayVBl. 2002, 332 (333 f.); LVerfG MV LKV 2000, 345 (356).

V. Eingriffe und Beschränkungen im Übrigen (Abs. 7)

Art. 13 Abs. 7 erfasst **alle Eingriffe** in den Schutzbereich des Abs. 1, die **nicht** als **Durchsuchungen** oder Einsatz technischer Mittel zu qualifizieren sind. Dient ein solcher Eingriff nicht den Zwecken des Abs. 3, so ist er unzulässig, kann auch nicht durch richterliche Anordnung zulässig werden.[232] Zwischen „Eingriffen" und „Beschränkungen" besteht kein rechtlich greifbarer Unterschied.[233] Die Begriffe können synonym gebraucht werden. Die beiden Halbsätze des Abs. 7 unterscheiden sich erheblich voneinander: Während zur Abwehr einer Gemeingefahr oder einer Lebensgefahr für Einzelne eine gesonderte gesetzliche Ermächtigungsgrundlage nicht gefordert ist, bedarf das Einschreiten zur Verhütung dringender Gefahren für die öffentliche Sicherheit und Ordnung eines solchen Gesetzes. Trotz des verfassungsunmittelbaren (und inhaltlich begrenzten) Gefahrenabwehrvorbehalts bestehen auch für das Anwendungsfeld des ersten Hs. zahlreiche Gesetze. **68**

Die Rspr. betrachtet – heute[234] – hoheitliche Aktivitäten in von Art. 13 erfassten Räumen **nicht als „Eingriff"** iSd Abs. 7, so die Ausübung der **Betretungs- und Besichtigungsrechte** im Bereich spezialgesetzlich geregelter behördlicher Informationsbeschaffung;[235] dies gilt allg. für das Recht der Gefahrenabwehr, bezieht sich aber nur auf solche Räume, die **nicht zu privaten Wohnzwecken** genutzt werden.[236] Demgemäß bedarf die nach § 20 Abs. 1 SGB X als Maßnahme behördlicher Sachaufklärung zulässige[237] Feststellung der Wohn- und Wirtschaftsverhältnisse desjenigen, der einen sozialrechtlichen Anspruch geltend macht, als Grundrechtseingriff der ausdrücklichen Zustimmung des Betroffenen. **69**

Die „weite" Auslegung des in Art. 13 Abs. 1 verwendeten Wohnungsbegriffs wird relativiert durch eine **Differenzierung der Schutzintensität.** Dieses Verständnis drückt sich in zahlreichen Gesetzen aus, vgl. zB § 41 Abs. 4 PolG NRW: „Arbeits-, Betriebs- und Geschäftsräume sowie andere Räume und Grundstücke, die der Öffentlichkeit zugänglich sind oder zugänglich waren und den Anwesenden zum weiteren Aufenthalt zur Verfügung stehen, können zum Zwecke der Gefahrenabwehr […] während der Arbeits-, Geschäfts- oder Aufenthaltszeit betreten werden." Begrenzungen für die Ausübung der Betretensrechte ergeben sich dabei aus dem Grundsatz der **Verhältnismäßigkeit:** Er fordert – über das Bestehen einer gesetzlichen Grundlage hinaus –, dass jeweils der gesetzliche Zweck verfolgt und das Betreten hierfür erforderlich ist, dass die Zwecksetzung auch bereits aus dem Gesetz deutlich ablesbar ist und dass die Maßnahmen nur zu Zeiten stattfinden, in denen die betreffenden Räume normalerweise für die jeweilige **70**

---

232 So aber *Berkemann* in AK Rn. 46.

233 Vgl. *Maunz* in Maunz/Dürig, 13. Lfg., Rn. 13a; *Berkemann* in AK Rn. 197, unterscheidet zwischen Beschränkungen als normsetzenden und Eingriffen als normvollziehenden Maßnahmen.

234 Vgl. aber BVerfGE 17, 232 (251).

235 Vor allem: Gewerbe- und Steueraufsicht, Umweltüberwachung; BVerfGE 32, 54 (75); BVerfG SozR 411 § 132a AFG Nr. 1; BFH NJW 1989, 1183; zum Kartellrecht *Lupberger,* Auskunfts- und Prüfungsverfahren der Kartellbehörden gegen Unternehmen und verfassungsrechtlicher Datenschutz, 1987, 20 f.

236 Offen gelassen in BVerfGE 75, 318 (327) für die Messung von Lärm, der von einem anderen Raum ausgeht; eine Wohnung darf auch nicht durchquert werden, um zu einem Geschäftsraum zu gelangen, BVerwG NVwZ 1986, 831.

237 VGH Kassel NJW 1986, 1129.

geschäftliche oder betriebliche Nutzung zur Verfügung stehen.[238] Des Weiteren wird eine grundsätzliche Informationspflicht gegenüber dem Berechtigten angenommen.[239] Diese rechtsstaatlichen Minima sind schon deshalb einzuhalten, weil das Betreten eines dem Art. 13 Abs. 1 unterfallenden Besitztums den Schutzbereich des Grundrechts jedenfalls berührt (ihn „beeinträchtigt“[240]). Soweit es um gegenüber dem Betroffenen zu erfüllende Kooperationspflichten geht, kann dies der grundrechtlichen Verfahrensfunktion entnommen werden.

71 Es sprechen allerdings durchaus gute Gründe dafür, das Betreten (auch) von Geschäftsräumen als „Eingriff“ zu erfassen; das hätte zur Konsequenz, dass auch insoweit die Voraussetzungen des Art. 13 Abs. 7 im Einzelfall vorliegen müssten, die Maßnahme also jedenfalls zur Verhütung einer dringenden Gefahr für die öffentliche Sicherheit geboten ist.[241] Die Vorstellung, dass dies die Handlungsspielräume der Überwachungsbehörden über Gebühr beschneide, dürfte mitursächlich für die Differenzierung der Schutzintensität von Privatwohnungen einerseits, Betriebs- und Geschäftsräumen andererseits gewesen sein. Die Differenzierung der Rspr. ist demgemäß auf einige **Kritik** des Schrifttums gestoßen.[242] Ihre Ergebnisorientierung wie auch eine dogmatische Inkonsequenz sind gerügt worden: Der Wohnungsbegriff sei einheitlich zu verstehen, werde er „weit“ verstanden, so dürften die Folgen nicht gleichsam nachträglich auf der Schrankenebene korrigiert werden. In der Tat sind alle Eingriffe in Art. 13 Abs. 1 schrankenseitig gleichen Anforderungen zu unterwerfen, so dass die Kritik zuträfe, wenn die angesprochenen Überwachungsbefugnisse Eingriffe darstellten. Dafür spricht, dass Maßnahmen der behördlichen Nachschau in Privatwohnungen unzweifelhaft als Eingriff in Art. 13 zu qualifizieren sind. Eine gleiche Maßnahme muss aber nicht in Bezug auf alle (in sich unterschiedlichen) Lebenssachverhalte, die dem Begriff der Wohnung unterfallen, auch gleich zu beurteilen sein. Vielmehr ist gerade auf der Grundlage eines auf den sozialen Tatbestand „Wohnen“ abstellenden Verständnisses die Funktionsbestimmung zu berücksichtigen, die der Inhaber dem Raum in freier Entscheidung verliehen hat.[243] Die Zugänglichkeit eines Raums vermindert mithin seinen Schutzanspruch. Die Anforderungen des Abs. 7 an die Schrankenziehung werden, so gesehen, nicht erreicht.[244]

---

[238] BVerfGE 32, 54 (77); Übertragung dieser Grundsätze auf das Zugangsrecht zu Veranstaltungen im Rahmen der nachrichtenmäßigen (Fernseh–)Kurzberichterstattung: BVerfGE 97, 228 (265 f.). In dieser Entscheidung ist ungeachtet der Bezugnahme auf die vorgenannte Entscheidung von einem „Eingriff“ die Rede, was nach *Baldus* in BeckOK GG, 1. Ed. 1.2.2008, Rn. 29.2 einen „Anschluss“ an die „dogmatische Position der Lit.“ bedeuten soll, sa *Sodan* in Sodan Rn. 21: „dogmatisch bedenklich.“ *Schoch* Jura 2010, 22 (30), formuliert, die Eingriffsqualität einer solchen Nachschau sei nun nicht „mehr“ umstritten. Indessen spricht das BVerfG – sybillinisch – nicht von einem Eingriff in Art. 13 Abs. 1, sondern von einem solchen in die Entscheidung (des Berechtigten) „über das Zutrittsrecht“.

[239] BVerwGE 78, 251; *Kunig* DVBl. 1988, 578; *Kisgen* ZLR 1989, 220.

[240] BVerfG NVwZ 2007, 1049.

[241] Eing. *Scholl,* Behördliche Prüfungsbefugnisse im Recht der Wirtschaftsüberwachung, 1989, 140 ff.

[242] S. zB *Sachs* NVwZ 1987, 560; *Berkemann* in AK Rn. 6 ff.; *Ennuschat* AöR 127 (2002), 252 (272 ff.); *Schoch* Jura 2010, 22 (30 f.) mwN.

[243] Das meint wohl auch *Berkemann* in AK Rn. 10: „problemspezifische Analyse des jeweiligen sozialen Handlungsfeldes“.

[244] Ebenso etwa *Maunz* in Maunz/Dürig, 13. Lfg., Rn. 13a; *Jarass* in Jarass/Pieroth Rn. 5, 10; *Ruthig* JuS 1998, 506 (510).

1. Gemeingefahr/Lebensgefahr. Der Begriff der **gemeinen Gefahr** wird im modernen Gefahrenabwehrrecht nicht mehr verwendet; er entstammt der preußischen Polizeirechtstradition.[245] Gemeint sind Gefahren für die Allgemeinheit,[246] aber nur solche, die **lebensbedrohend** sein können, wie zB Lawinenunglücke, Überschwemmungen und Erdbeben, Feuer- und Einsturzgefahr, Explosionsgefahr, die Freisetzung radioaktiver Strahlung. Auch Seuchengefahren können diese Qualität haben, obwohl sie erst im zweiten Hs. von Art. 13 Abs. 7 genannt sind. Die Begrenzung auf lebensbedrohende Situationen ist im Sinne systematischer Auslegung geboten angesichts der nachfolgenden Alternative einer Gefahrenabwehrmaßnahme zum Schutz des Lebens einer Person und um der Singularität einer verfassungsunmittelbaren, also einen zwischengeschalteten Gesetzgebungsakt nicht voraussetzenden Beschränkungsmöglichkeit Rechnung zu tragen. Erhebliche praktische Konsequenzen hat das allerdings nicht: Maßnahmen zur Abwehr von Gefahren für andere Rechtsgüter können – dann aber nur bei Dringlichkeit – auf den Hs. 2 des Art. 13 Abs. 7 gestützt werden. Die Aussage der ersten Alt. bezieht sich – wie der gesamte Art. 13 – nur auf das Verhältnis von Bürger und Staat.[247] Dass von **Gefahrenabwehr** die Rede ist, nicht – wie im Hs. 2 – von deren Verhütung, zeigt an, dass eine abstrakte Gefahr nicht ausreicht, vielmehr eine konkrete, also im einzelnen Fall bestehende Gefahr vorausgesetzt ist.[248] 72

Eingriffe in die Wohnung sind möglich, soweit im Übrigen die sog. **Polizeipflichtigkeit** besteht, also entweder die Verantwortlichkeit für eine Störungslage infolge deren unmittelbarer Verursachung bzw. kraft ordnungsrechtlicher Verantwortlichkeit für eine Sache sowie schließlich – hier wichtiger – iSd Zugriffsmöglichkeiten auf den sog. Nichtstörer. So kann der lebensgefährlich Verletzte in ein benachbartes Wohnhaus gebracht werden.[249] Polizeirechtliche Entschädigungsansprüche können entstehen. 73

2. Verhütung dringender Gefahren für die öffentliche Sicherheit und Ordnung. Eingriffe zur Verhütung **dringender Gefahren** für die öffentliche Sicherheit und Ordnung, die sich nicht schon als zur Abwehr einer Gemeingefahr oder einer Lebensgefahr zulässig erweisen, bedürfen einer gesetzlichen Grundlage, nämlich eines **Parlamentsgesetzes** oder einer Rechtsnorm, die aufgrund eines hinreichend bestimmten Parlamentsgesetzes[250] erlassen worden ist. Die allgemeine Satzungsautonomie ermächtigt die Gemeinden nicht zum Erlass entsprechender Satzungen.[251] Auch Gewohnheitsrecht reicht nicht aus.[252] Die Eingriffsgrundlage kann dem Bundes- oder dem Landesrecht angehören. Das Gesetz muss nicht insgesamt den Zielen des Art. 13 Abs. 7 Hs. 2 dienen, sondern nur die jeweils heran- 74

---

[245] S. § 16 Preußisches PolizeiverwaltungsG.

[246] Wie sie teilweise auch Art. 11 Abs. 2 anführt.

[247] Demgegenüber *Berkemann* in AK Rn. 68, der hier offenbar zusätzlich einen Rechtfertigungsgrund für das Handeln des Bürgers gegenüber dem Bürger sieht.

[248] Zur Abgrenzung etwa BVerwG DÖV 1970, 714 (715); *Drews/Wacke/Vogel/Martens* Gefahrenabwehr, 410 ff.; sa *Gusy* DVBl. 1991, 1288 (1292 f.) im Hinblick auf die Befugnisse des Verfassungsschutzes.

[249] Vgl. *Maunz* in Maunz/Dürig, 13. Lfg., Rn. 19; zur Einweisung eines Obdachlosen in eine private Wohnung VGH Mannheim DÖV 1990, 573.

[250] Vgl. *Dagtoglou* JuS 1975, 753 (760); diff. aber *Berkemann* in AK Rn. 72 f.

[251] VGH Mannheim NuR 1993, 279 mAnm *Kunig;* OVG Koblenz NVwZ-RR 1994, 570; VGH München NVwZ 1998, 540.

[252] OLG Nürnberg NJW-RR 1990, 908.

gezogene Eingriffsgrundlage.[253] Lässt diese nicht erkennen, dass sie insoweit nur zur Abwehr dringender Gefahren herangezogen werden darf, bedarf es ihrer verfassungskonformen Begrenzung im Wege einschränkender Auslegung.[254]

75 Die Formulierung verwendet eine **Regelbeispieltechnik** („insbesondere"), so dass nahe liegen könnte, dass nur zur Wahrung solcher Rechtsgüter als Elemente der öffentlichen Sicherheit und Ordnung eingeschritten werden dürfte, die den sodann gegebenen Beispielen – Behebung der Raumnot, Bekämpfung von Seuchengefahr, Jugendschutz – inhaltlich oder von ihrem Gewicht her verwandt oder vergleichbar sind.[255] Diese Überlegung führt hier allerdings nicht eigentlich weiter, zumal die in Abs. 7 verwendeten Beispiele deutlich (nachkriegs-)zeitgeprägt sind und sich vor allem kein ihnen gemeinsames Schutzinteresse erkennen lässt. Das je unterschiedliche relative Gewicht einzelner Bestandteile der öffentlichen Sicherheit ist vor allem auf der Ebene der Verhältnismäßigkeitsprüfung zur Geltung zu bringen.

76 Die Begriffe „öffentliche Sicherheit" und „öffentliche Ordnung" sind polizeirechtlichen Ursprungs und transportieren die dort entwickelten Gehalte in Art. 13 Abs. 7.[256] Die Konjunktion „und" ist hier – wie im Polizeirecht – wie „oder" zu verstehen. **„Öffentliche Sicherheit"** meint in geläufiger Definition die Unverletzlichkeit der objektiven Rechtsordnung, der subjektiven Rechte und Rechtsgüter des Einzelnen sowie der Einrichtungen und Veranstaltungen des Staates und der sonstigen Träger der Hoheitsgewalt.[257] Zur Gefahrenabwehraufgabe der Polizei gehört also auch der Schutz privater Rechte, allerdings in strikter Subsidiarität.[258]

77 **„Öffentliche Ordnung"** soll konstituiert sein durch die Gesamtheit derjenigen ungeschriebenen Regeln für das Verhalten des Einzelnen in der Öffentlichkeit, deren Beachtung nach den jeweils herrschenden Anschauungen als unerlässliche Voraussetzung eines geordneten staatsbürgerlichen Zusammenlebens betrachtet wird.[259] Es handelt sich also nicht um Rechtsnormen. An diesem Begriffsverständnis wie auch an der Dualität der Ausrichtung des Polizeirechts am Schutz öffentlicher Sicherheit **und** Ordnung hat sich berechtigte Kritik entzündet.[260] Jedenfalls in Art. 13 kann der Staat zum Schutz gesellschaftlicher Normen zur „guten Ordnung" entgegen dem Wortlaut des Art. 13 Abs. 7 **nicht** eingreifen – dieses Ergebnis wird in wohl jedem denkbaren Fall der Verhältnismäßigkeitsgrundsatz erzwingen.

78 Die Gefahrenlage ist im vorliegenden Zusammenhang qualifiziert durch das Erfordernis der **Dringlichkeit.** Dem wird überwiegend eine **qualitative** Komponente entnommen, das Schadensausmaß muss also erheblich sein.[261] Das ist auch der Fall bei einem begrenzten und überschaubaren Schaden für

---

[253] Wie zB im Falle des § 139b GewO.

[254] VGH Kassel NVwZ-RR 1991, 526.

[255] Vgl. *Jarass* in Jarass/Pieroth Rn. 37; *Berkemann* in AK Rn. 62.

[256] Vgl. *Herdegen* in BK Rn. 76; *Jarass* in Jarass/Pieroth Rn. 37; diff. aber *Berkemann* in AK Rn. 74 im Anschluss an *Schwan* DÖV 1975, 665.

[257] BVerwG DVBl. 1974, 297 (299 f.). *Voßkuhle* JuS 2007, 908 ff. m. w. N.

[258] Vgl. *Martens* DÖV 1976, 460; sa *Baur* JZ 1962, 73.

[259] PrOVGE 91, 139 (140); sa *Fechner* JuS 2003, 734 ff. m. w. N.

[260] Vgl. *Fechner* JuS 2003, 734 ff.; *Denninger* JZ 1970, 145; bis hin zum Verdikt der Rechtsstaatswidrigkeit: *Peine* DV 1979, 25 (30); zum Stand der Meinungen *Drews/Wacke/Vogel/Martens,* Gefahrenabwehr, 1986, Rn. 245 ff.

[261] *Gentz,* Die Unverletzlichkeit der Wohnung, 1968, 118; *Scholl,* Behördliche Prüfungsbefugnisse im Recht der Wirtschaftsüberwachung, 1989, 157 f.

ein besonders wichtiges Rechtsgut, wie etwa die menschliche Gesundheit. **Nicht** geht es hier um eine Steigerung der **temporären** Anforderungen im Sinne eines unmittelbar bevorstehenden Schadensereignisses.[262] Im Gegenteil und im Gegensatz zum Hs. 1 des Art. 13 Abs. 7 reicht das Vorliegen einer abstrakten Gefahr aus, wie sich an der Verwendung des Begriffs **Gefahrenverhütung** erweist.[263] Dem Staat ist also auch Handeln möglich, das den Eintritt eines Zustandes erst verhindern soll, der eine konkrete (dringende) Gefahr herbeiführen würde.[264]

Gesetze, die zur dringenden Gefahrenabwehr Eingriffe in das Wohnungs- **79**
grundrecht gestatten, sind vor allem die **Polizeigesetze,** darüber hinaus Gesetze zur **Überwachung der gewerblichen Wirtschaft,** insbes. auch aus **Umweltschutzgründen,**[265] welche über die bloße Nachschau hinaus zu Eingriffen ermächtigen, die noch nicht die Schwelle zur Durchsuchung überschreiten.[266] Auch die polizeilichen **Generalklauseln** sind hier – anders als für Durchsuchungen – ausreichend,[267] wenn sie **verfassungskonform** ausgelegt werden: Sie ermächtigen dann zu Maßnahmen zur Abwehr konkreter dringlicher Gefahren, sind hier also enger zu verstehen als im Übrigen, ohne andererseits Art. 13 Abs. 7 insoweit voll abdecken zu können; zur Gefahrenverhütung ermächtigen sie nicht.

Die Regelbeispiele des Art. 13 Abs. 7 nennen Problemfelder, in denen der **80**
Verfassungsgeber deutlich macht, aus welchen Gründen er sich zu den im Hs. 2 eröffneten Beschränkungsmöglichkeiten veranlasst sah. Der auf die Behebung der **Raumnot** bezogene Vorbehalt bezieht sich nicht auf individuelle Wohnraumnot, also Obdachlosigkeit, sondern allgemein auf Mangellagen auf dem Wohnungsmarkt. Gesetzliche Regelungen der Nachkriegszeit, die inzwischen aufgehoben worden sind, ermöglichten hier die staatliche Steuerung. An ihre Stelle sind marktkonformere Mechanismen der Wohnungsbauförderung sowie der staatliche Wohnungsbau getreten.

„Bekämpfung" von **Seuchengefahr** meint (auch) hier Gefahrenabwehr **81**
und Gefahrenverhütung. Wohnungsbezogene Maßnahmen zur Seuchenbekämpfung ermöglichen zB das IfSG, das TierGesG und das Lebensmittel-, Bedarfsgegenstände- und Futtermittelgesetzbuch (LFGB). So ist nach § 16 IfSG[268] die zuständige Behörde berechtigt, im Gefahrenfall u. a. Grundstücke und Räume zu betreten und zu kontrollieren. Gemäß § 28 Abs. 1 S. 1 IfSG kann die zuständige Behörde Kranke oder Krankheitsverdächtige verpflichten, die Wohnung nicht oder nur unter bestimmten Voraussetzungen zu verlassen. Gemäß §§ 16 Abs. 4, 28 Abs. 1 S. 4 IfSG wird das Grundrecht der Unverletzlichkeit der Wohnung entsprechend eingeschränkt.

---

[262] BVerwGE 47, 31 (40).

[263] *Herdegen* in BK Rn. 77; sa *Rathke* ZLR 1985, 115 (120 f.).

[264] BVerfGE 17, 232 (252 f.); VGH München NVwZ 1991, 688 (690).

[265] Vgl. § 52 Abs. 2 BImSchG.

[266] Zum Sozialrecht VG Braunschweig ZfSH/SGB 1985, 470; sa VGH Kassel NJW 1986, 1129; OVG Münster NJW 1990, 728 zu § 20 Abs. 1 SGB X; zum Baurecht s. BayVGH BayVBl. 1987, 21, Erfordernis einer vorgängigen Duldungsverfügung; OVG Bremen NVwZ-RR 1993, 288.

[267] BVerwGE 47, 31 (38 f.); ebenso *Jarass* in Jarass/Pieroth Rn. 36; aA *Gentz,* Die Unverletzlichkeit der Wohnung, 1968, 124; *Berkemann* in AK Rn. 66; *Kühne* in Sachs Rn. 50.

[268] Gesetz zur Verhütung und Bekämpfung von Infektionskrankheiten beim Menschen (Infektionsschutzgesetz – IfSG) v. 20.7.2000, zul. geänd. durch Art. 1, 2, 3 Gesetz zum Schutz der Bevölkerung bei einer epidemischen Lage von nationaler Tragweite vom 27.3.2020, BGBl. 2020 I 587.

82 Die Formulierung **„zum Schutz gefährdeter Jugendlicher"** scheint – wohl geprägt von früheren sozialpsychologischen Vorstellungen – auf einen besonderen Kreis von Jugendlichen hinzudeuten; sie muss – und darf angesichts der Entstehungsgeschichte – stattdessen verstanden werden als Norm zum Schutz (sämtlicher) Jugendlicher vor Gefahren,[269] also in Parallele zu dem besser formulierten Art. 11 Abs. 2.[270] Dies befugt zu gesetzesangeleitetem Handeln etwa in Stätten der Gastlichkeit oder des Vergnügens, schon aus Gründen der Verhältnismäßigkeit aber kaum zu Eingriffen in Privatwohnungen, in die elterliche Wohnung auch deshalb nicht, weil hier die Entscheidung zugunsten des elterlichen Erziehungsrechts (Art. 6 Abs. 2) bestärkend neben Art. 13 tritt.

C. Verhältnis zu anderen Grundrechten

83 Die Funktion, dh die räumlich-gegenständliche Absicherung der Persönlichkeitsentfaltung, bringt eine besondere, Art. 13 seit jeher auszeichnende Konkurrenzsituation mit sich: Als dingliche Umschreibung von Freiheit ist der Wohnungsbegriff dem Grunde nach auf eine Verstärkung der bestehenden handlungsbezogen formulierten Freiheitsrechte ausgerichtet. So weist Art. 13 eine Beziehung besonders mit den weiteren zum Schutz der privaten Sphäre positivierten (oder entwickelten) Grundrechten auf, nämlich Art. 10[271] und Art. 2 Abs. 1 iVm Art. 1 Abs. 1 als Schutznormen für ein allgemeines Persönlichkeitsrecht und gegen Datenerhebung und -verwendung als Grundrechtsbeeinträchtigungen.[272] Verwandtschaft besteht auch mit Art. 6.[273] Diese freiheitssichernde Funktion des gegenstandsbezogenen Schutzbereiches führt zu zwei Grundannahmen für das Verhältnis von Art. 13 Abs. 1 zu anderen Grundrechten: Dies sind zum einen die grundsätzliche **Parallelität des dinglichen und handlungsbezogenen Freiheitsschutzes** und zum anderen das Erfordernis eines **Aushöhlungsschutzes** zugunsten von Art. 13 gerade im Bereich digitaler Freiheitsausübung.

I. Parallelität dinglichen und handlungsbezogenen Freiheitsschutzes

84 So ist zum einen von einer grundsätzlichen Parallelität des dinglichen und des handlungsbezogenen Freiheitsschutzes auszugehen. Art. 13 ist nach verbreiteter Ansicht überwiegend **neben** anderen Grundrechten zu prüfen.[274] **Grundrechtskonkurrenz** besteht etwa, wenn eine kommunikative Betätigung in der Wohnung erfolgt (**Art. 4, 5, 8**[275]) und bzgl. des Schutzes von beruflicher Betätigung **(Art. 12 Abs. 1).** Eingriffe in die Substanz einer

[269] *Gentz,* Die Unverletzlichkeit der Wohnung, 1968, 110.

[270] → Art. 11 Rn. 46 ff.

[271] Zur Abgrenzung von Art. 13 Abs. 1 zu Art. 10 Abs. 1; vgl. – für den Zugriff auf eine Mailbox – BGH NJW 1997, 1934 (1935), nur Art. 10 Abs. 1, denn: „Ein Eingriff, wie er mit dem Abhören eines in einer Wohnung geführten Gesprächs verbunden ist, unterbleibt"; *Palm/Roy* NJW 1997, 1904.

[272] Überlegungen zur „Systematik" des grundgesetzlichen Persönlichkeitsschutzes bei *Schmitt Glaeser* in HdbStR VI, 2. Aufl. 2001, § 129 Rn. 1 ff.

[273] *Schmitt Glaeser* in HdbStR VI, 2. Aufl. 2001, § 129 Rn. 48, spricht von der „Verortung" der Familie.

[274] Eing. Übersicht bei *Papier* in Maunz/Dürig Rn. 143 ff.; sa *Kruis/Wehowsky* NJW 1999, 682 mit Bsp.

[275] Zur Durchsuchung von Räumen der Presse bzw. eines Rundfunksenders BVerfGE 117, 244 (259 f.), BVerfG DVBl. 2011, 161 ff.

Wohnung, etwa deren Abriss, sind an **Art. 14** zu messen, vom Nichteigentümer nicht über Art. 13 abwendbar.[276] Zwangsweise Umsiedlungen können an **Art. 11** zu messen sein,[277] Eingriffe in die Zugänglichkeit einer Wohnung an **Art. 2 Abs. 1,** nicht an Art. 13.[278] Als Beispiel einer **Grundrechtskollision** wurde etwa das Spannungsverhältnis zwischen der staatlichen Schutzpflicht für Leben und Gesundheit **(Art. 2 Abs. 2 S. 1)** und Art. 13 im Fall staatlichen Einschreitens gegenüber tätlichen Auseinandersetzungen innerhalb einer Wohnung erörtert.[279]

Keine Ausweitung erfährt Art. 13 in Richtung auf das **Sozialstaatsprinzip.** Sowohl das Sozialstaatsprinzip des Art. 20 Abs. 1 als auch das Eigentumsgrundrecht in Art. 14 Abs. 1 mit seiner Sozialbindungsklausel in Abs. 2 bilden hier den verfassungsrechtlichen Rahmen für eine wohnraumbezogene Bodenpolitik des Staates.[280] Ergänzend hinzu treten wohnraumbezogene Konkretisierungen des Sozialstaatsprinzips in den Landesverfassungen.[281] **85**

II. Unschärfen im Verhältnis zur digitalen Freiheitsausübung

Auch die digitale Freiheitsausübung muss, soll sie vom Schutzbereich des Art. 13 Abs. 1 erfasst sein, einen hinreichenden Bezug zur räumlichen Sphäre der Wohnung enthalten. Hier komme es aus Sicht des Bundesverfassungsgerichts insbesondere auf den **Raumbezug der staatlichen Eingriffshandlung** an. Das Gericht hat in seiner Entscheidung zur **Online-Durchsuchung,** dh dem heimlichen technischen Zugriff des Staates auf ein in der Wohnung befindliches informationstechnisches System, zwar festgestellt, dass dieser grundsätzlich an Art. 13 zu messen sei, gleichzeitig aber umfangreiche Einschränkungen angenommen.[282] Art. 13 Abs. 1 sei zB dann betroffen, wenn und soweit Mitarbeiter der Ermittlungsbehörde in eine als Wohnung geschützte Räumlichkeit eindringen, um ein dort befindliches informationstechnisches System physisch zu manipulieren.[283] Ein weiterer Anwendungsfall des Art. 13 Abs. 1 sei die Infiltration eines informationstechnischen Systems, das sich in einer Wohnung befinde, um mit Hilfe dessen bestimmte Vorgänge innerhalb der Wohnung zu überwachen, etwa indem die an das System angeschlossenen Geräte wie Mikrofon oder Kamera dazu genutzt werden.[284] Das Gericht rekurriert damit auf die klassischen optischen und akustischen Überwachungsmaßnahmen der Abs. 3–6.[285] **86**

---

[276] AA *Böhmer,* abw. Meinung BVerfGE 49, 228 (238); offenbar jetzt auch BVerfGE 89, 1 (12): zu den „Verletzungshandlungen" bei Art. 13 „können […] auch substantielle Eingriffe zählen […], wenn durch sie die Privatheit […] ganz oder teilweise aufgehoben wird"; sa *Berkemann* in AK Rn. 29: „jedes Zerstören", Rn. 31: „Abriß"; *Alberts* Die Polizei 1991, 70, der überdies – schwer nachvollziehbar – „Planungsprozesse, soweit davon Wohnraum betroffen ist", an Art. 13 messen möchte; wie hier zB *Kingreen/Poscher,* Grundrechte, 2019, Rn. 1015; sa *Zimniok* DÖV 1954, 392.

[277] *Berkemann* in AK Rn. 31, will auch hier Art. 13 anwenden.

[278] AA früher *Dagtoglou* in BK, 1966, Rn. 45.

[279] Vgl. *Helle* NJW 1991, 212; sa LG Bochum NJW-RR 1990, 896.

[280] Ausführlich *Burgi* NVwZ 2020, 257 (261 ff.).

[281] Vgl. nur Art. 106 Abs. 1 BayVerf und Art. 28 Abs. 1 VvB.

[282] BVerfGE 120, 372 (Rn. 191 ff.).

[283] BVerfGE 120, 372 (Rn. 193).

[284] BVerfGE 120, 372 (Rn. 193).

[285] Zu den Verhältnismäßigkeitsanforderungen bei optischer und/oder akustischer Überwachung vgl. nur BVerfGE 141, 220 (Rn. 185) – BKA-Gesetz.

87 Art. 13 Abs. 1 vermittele allerdings, so das Gericht, **keinen generellen, von den Zugriffsmöglichkeiten unabhängigen Schutz** gegen die Infiltration seines informationstechnischen Systems, auch wenn sich dieses System in der Wohnung befinde. Denn der Eingriff könne unabhängig vom Standort erfolgen, so dass ein raumbezogener Schutz nicht in der Lage sei, die spezifische Gefährdung des informationstechnischen Systems abzuwehren.[286] Der Standort des Systems sei in vielen Fällen für die Ermittlungsmaßnahme ohne Belang und oftmals für die Behörde nicht einmal erkennbar. Dies gelte insbesondere für mobile Endgeräte.[287] Art. 13 Abs. 1 schütze zudem nicht gegen die durch die Infiltration des Systems ermöglichte Erhebung von Daten, die sich im Arbeitsspeicher eines Computers oder auf anderen Speichermedien in der Wohnung befänden.[288] Letztere Fallgestaltungen seien ausschließlich von Art. 2 Abs. 1 iVm Art. 1 Abs. 1 erfasst.[289]

D. Kritische Würdigung

88 Art. 13 sieht sich wiederkehrender Kritik ausgesetzt, die ihren Ursprung letztlich in der gegenständlichen Umschreibung des Freiheitsschutzes findet. Der Wohnungsbegriff bleibt in seinen Grenzen unscharf, auch die Normierung der Eingriffsmodalitäten in Abs. 3–6 kann hier keine abschließende Klarheit schaffen. Im Vorfeld der Einfügung der Eingriffsmodalitäten der Abs. 3–6 in Art. 13 waren heftige verfassungspolitische Auseinandersetzungen geführt worden.[290] Es betraf dies zum einen die Frage der kriminalpolitischen Effektivität des so ermöglichten Instrumenteneinsatzes, ebenfalls traten unterschiedliche Vorstellungen über die Gewichtung von Strafverfolgung- bzw. Gefahrenabwehrinteressen einerseits, des Schutzes bürgerlicher Freiheit andererseits hervor. Das BVerfG hat die Vereinbarkeit des Art. 13 Abs. 3 mit Art. 79 Abs. 3 festgestellt.[291] Den Maßstab für die bejahte Frage nach der **Verfassungsmäßigkeit der Verfassungsänderungen**[292] bildet Art. 79 Abs. 3, dies unter dem Gesichtspunkt der „in den Art. 1 und 20 niedergelegten Grundsätze", welche Art. 79 Abs. 3 vor einer „Berührung" schützt.

89 Soweit die **legistische Qualität** der Abs. 3–6 unter den Gesichtspunkten der Weitschweifigkeit[293] gerügt wird, teilt Art. 13 eine derartige Kritik mit anderen Verfassungsänderungen der jüngeren Zeit.[294]

90 Letztlich bleibt der Verpflichtungsinhalt des Art. 13 im Ungefähren. Art. 13 bot allg. Ansicht nach schon in seiner ursprünglichen Fassung das Beispiel eines ungenau gefassten Grundrechts.[295] So wäre eine Klarstellung

---

[286] BVerfGE 120, 372 (Rn. 194).
[287] BVerfGE 120, 372 (Rn. 194).
[288] BVerfGE 120, 372 (Rn. 195).
[289] BVerfGE 120, 372 (Rn. 196 ff.).
[290] Ausführlich dazu *Kunig* in v. Münch/Kunig, 6. Aufl. 2012, Art. 13 Rn. 53 ff.
[291] BVerfGE 109, 279 ff.
[292] Im Vorfeld der Entscheidung des BVerfG verneinend *Momsen* ZRP 1998, 459; tendenziell *Leutheusser-Schnarrenberger* ZRP 1998, 87 (88 ff.); bejahend hingegen *Schily* ZRP 1999, 129.
[293] Vgl. nur *Zuck* NJW 1998, 1919 (1920) „wie ein steuerlicher Ausführungserlaß", „schmalbrüstig"; *Ipsen,* Staatsrecht II, 2019, Rn. 295: „völlig verunglückte Formulierung".
[294] Vgl. nur die umfang- und wortreichen Normierungen in Art. 91c und die jüngste Reform der finanzverfassungsrechtlichen Vorschriften des Grundgesetzes.
[295] S. schon *Kern* in Neumann/Nipperdey/Scheuner Grundrechte II, 1954, Rn. 102; relativierend *Pappermann* in v. Münch/Kunig, 3. Aufl. 1985, Rn. 1, 47, der auch zu Recht

zur Reichweite des Begriffs der **„Wohnung"** wünschenswert.[296] Dies gilt umso mehr, als sich der Kernbereich privater Lebensgestaltung zunehmend nicht nur gegenständlich-räumlich, sondern auch digital abbildet. Neue technische Überwachungsmöglichkeiten zB durch Zugriff auf intelligente Sprachassistenten („Alexa", „Siri"), Smart Home-Geräte[297] oder Cloud-Speicher und Internetdienste (Online-Durchsuchung)[298] und mittels Drohnen[299] oder Bodycams[300] öffnen den Blick hin auf den Schutz des digitalen Lebensraums.[301] Die nationale und unionale Rechtsprechung, den Wohnraum auf Geschäftsräume und sonstige Räume zu erweitern, in denen Persönlichkeitsentfaltung stattfindet, hat sich insoweit als wenig zielführend erwiesen. Je mehr der gegenständliche Kern des Wohnungsbegriffs aufgelöst wird und je mehr die Funktion des Persönlichkeitsschutzes betont wird, desto mehr droht eine Aushöhlung des gegenstandsbezogenen Schutzbereichs. Angesichts der Entgrenzung digitaler Persönlichkeitsentfaltung im virtuellen Raum bleibt für Art. 13 nur eine Rückbesinnung auf den klassisch-gegenständlichen Wohnungsbegriff und eine Überantwortung des Schutzes der digitalen Persönlichkeitsentfaltung auf Art. 2 Abs. 1 iVm Art. 1 Abs. 1. Art. 13 Abs. 1 vermittelt keinen allgemeinen, also von den Modalitäten des Zugriffs unabhängigen Schutz vor der Systeminfiltration.[302] Wohnungsschutz ist **räumlicher Schutz.**

Literatur

H.-W. Alberts, Die polizeiliche Räumung von Häusern, Die Polizei 1991, 70. – ***K. Amelung,*** Zur Frage der Vereinbarkeit vollstreckungsrechtlicher Durchsuchungen mit dem Richtervorbehalt des Art. 13 Abs. 2 GG, ZZP 1975, 74. – ***K. Amelung,*** Grundrechtstheoretische Aspekte der Entwicklung des Grundrechts auf Unverletzlichkeit der Wohnung, in G. Birtsch, Grund- und Freiheitsrechte in der ständischen und spätbürgerlichen Gesellschaft, 1987, 291. – ***K. Amelung,*** Grundfragen der Verwertungsverbote bei beweissichernden Haussuchungen im Strafverfahren, NJW 1991, 2533. – ***K. Amelung,*** Die Entscheidung des BVerfG zur Gefahr im Verzug i. S. des Art. 13 II GG, NStZ 2001, 337. – ***K. Amelung/M. Mittag,*** Beweislastumkehr bei Hausdurchsuchungen ohne richterliche Anordnung gem. § 105 StPO, NStZ 2005, 614. – ***D. Benkert,*** Arbeitsrechtliche Aspekte einer Tätigkeit im Home-Office, NJW-Spezial 2019, 309. – ***A. Berger,*** Die Ordnung der Aufgaben im Staat, 2016. – ***U. Battis,*** Schutz der Gewerberäume durch Art. 13 GG, JuS 1973, 25. – ***M. Baldus,*** Präventive Wohnraumüberwachung durch Verfassungsschutzbehörden der Länder, NVwZ 2003, 1289. – ***A. Böttger/Ch. Pfeiffer,*** Der Lauschangriff in den USA und in

darauf hinwies, dass der freiheitliche Gehalt des Art. 13 erst seit etwa Mitte der 60er Jahre durch Rspr. und Lit. stärker entfaltet worden ist.

[296] Vgl. *Berkemann* in AK Rn. 7.

[297] Vgl. dazu die kleine Anfrage der FDP-Fraktion v. 26.6.2019, BT-Drs. 19/11133 sowie die Antwort der Bundesregierung v. 10.7.2019, BT-Drs. 19/11478.

[298] Eine Online-Durchsuchung ermöglicht seit 2017 § 100b StPO. Zum staatlichen Zugriff auf Cloud-Speicher und Internetdienste durch Ermittlungsbehörden *Brodowski/Eisenmenger* ZD 2014, 119.

[299] Zum Drohneneinsatz durch Polizei *Weichert* ZD 2012, 501. Vgl. auch *Kühne* in Sachs Rn. 16 zum Schutz vor privaten wie staatlichen Einblicken aus der Luft mittels Drohne, Fesselballon, Flugzeug oÄ.

[300] Zum Einsatz von Bodycams durch Polizeibeamte *Lachenmann* NVwZ 2017, 1424.

[301] *Hofmann* in SHH Rn. 1 befürwortet, den (verfassungs- und einfachgesetzlichen) Schutz vor digitalem Hausfriedensbruch zu stärken; vgl. auch *Mavany* ZRP 2016, 221. Vgl. auch den Gesetzentwurf des Bundesrates zur Einführung eines neuen § 202e StGB über die Strafbarkeit unbefugter Benutzung informationstechnischer Systeme (Digitaler Hausfriedensbruch) v. 18.4.2018, BT-Drs. 19/1716.

[302] BVerfGE 120, 274 (Rn. 194).

Deutschland, ZRP 1994, 7. – ***D. Brodowski/F. Eisenmenger,*** Zugriff auf Cloud-Speicher und Internetdienste durch Ermittlungsbehörden, ZD 2014, 119. – ***M. Burgi,*** Eigentumsordnung und Wohnungsnot: Spielräume für eine wohnraumbezogene Bodenpolitik, NVwZ 2020, 257. – ***G. Cassardt,*** Zur Aufklärung mit technischen Mitteln in Wohnungen, ZRP 1997, 370. – ***P. Dagtoglou,*** Das Grundrecht der Unverletzlichkeit der Wohnung (Art. 13 GG), JuS 1975, 753. – ***D. De Lazzer/D. Rohlf,*** Der Lauschangriff, JZ 1977, 207. – ***A. Dittmann,*** Grundrechtlicher Wohnungsschutz und Vollstreckungseffizienz. Bemerkungen zum Richtervorbehalt des Art. 13 Abs. 2 GG in der neuen Sicht des Bundesverfassungsgerichts, DV 1983, 17. – ***U. Eisenberg,*** Straf (verfahrens-)rechtliche Maßnahmen gegenüber „Organisiertem Verbrechen“, NJW 1993, 1033. – ***J. Ennuschat,*** Behördliche Nachschau in Geschäftsräumen und die Unverletzlichkeit der Wohnung gem. Art. 13 GG, AöR 127 (2002), 252. – ***W. Erchinger,*** Probleme bei der Zwangsvollstreckung gegen die Partner einer eheähnlichen Gemeinschaft und einzelne Mitglieder einer Wohngemeinschaft, Diss. Tübingen, 1987. – ***A. Esmek,*** Der Durchsuchungsbegriff nach Art. 13 Abs. 2 GG in der Zwangsvollstreckung, 1989. – ***M. Gentz,*** Die Unverletzlichkeit der Wohnung, 1968. – ***Ch. Figgener,*** Behördliche Betretungsrechte und Nachschaubefugnisse, 2000. – ***J. M. v. Gunten,*** Das Grundrecht auf Unverletzlichkeit der Wohnung, 1992. – ***Ch. Gusy,*** Befugnisse des Verfassungsschutzes zur Informationserhebung, DVBl. 1991, 1288. – ***Ch. Gusy,*** Zum Richtervorbehalt nach GG Art. 13 Abs. 2, JZ 2001, 1033. – ***Ch. Gusy,*** Grundgesetzliche Anforderungen an Durchsuchungsbeschlüsse i. S. d. Art. 13 II GG, NStZ 2010, 353. – ***U. Guttenberg,*** Die heimliche Überwachung von Wohnungen, NJW 1993, 567. – ***W. Hassemer,*** Innere Sicherheit im Rechtsstaat, StV 1993, 664. – ***R. Haverkamp,*** Die akustische Wohnraumüberwachung – ein unzulässiger Eingriff in den unantastbaren Kernbereich privater Lebensgestaltung?, Jura 2010, 492. – ***B. Höfling,*** Warum die mündliche Durchsuchungsanordnung des Richters rechtswidrig ist und welche Konsequenzen eine lediglich mündliche Anordnung für das weitere Verfahren hat, StV 2006, 215. – ***H. Irmen/S. Werres,*** Die Zwangsmaßnahmen des vorläufigen Insolvenzverwalters und der verfassungsrechtliche Schutz der räumlichen Privatsphäre, NZI 2001, 579. – ***M. Jahn/H. Kudlich,*** Die strafprozesuale Zulässigkeit der Online-Durchsuchung, JR 2007, 57. – ***E. Kern,*** Die Unverletzlichkeit der Wohnung, in Neumann/Nipperdey/Scheuner, Die Grundrechte. Handbuch der Theorie und Praxis der Grundrechte, Bd. II, 1954, Rn. 101. – ***H. Kirchmann,*** Der Schutzbereich des Grundrechts der Unverletzlichkeit der Wohnung (Art. 13 GG), 1977. – ***F. L. Knemeyer,*** Die Verfassungsmäßigkeit von Wohnungsdurchsuchungen bei Vollstreckung wegen Geldforderungen, NJW 1967, 1353. – ***G. Köhler,*** Die rechtliche Wirkung der europäischen Menschenrechtskonvention auf das Grundrecht der Unverletzlichkeit der Wohnung nach Art. 13 GG, 1966. – ***J. Kraemer,*** Die Durchsuchungsbefugnis des Vollziehungsbeamten und die Unverletzlichkeit der Wohnung, DStZ 1989, 410. – ***J. Krehl,*** Richtervorbehalt und Durchsuchungen außerhalb gewöhnlicher Dienstzeiten, NStZ 2003, 461. – ***K. Kruis/R. Wehowsky,*** Verfassungsrechtliche Leitlinien zur Wohnungsdurchsuchung, NJW 1999, 682. – ***M. v. Kühlewein,*** Der Richtervorbehalt im Polizei- und Strafprozessrecht, 2001 – ***J. D. Kühne,*** Grundrechtlicher Wohnungsschutz und Vollstreckungsdurchsuchungen, 1980. – ***Ph. Kunig,*** Grundrechtlicher Schutz der Wohnung, Jura 1992, 476. – ***M. Kutscha,*** Rechtsschutzdefizite bei Grundrechtseingriffen von Sicherheitsbehörden, NVwZ 2003, 1296. – ***M. Lachenmann,*** Einsatz von Bodycams durch Polizeibeamte, NVwZ 2017, 1424. – ***O. Lepsius,*** Die Unverletzlichkeit der Wohnung bei Gefahr im Verzug, Jura 2002, 259. – ***O. Lepsius,*** Der große Lauschangriff vor dem Bundesverfassungsgericht, Jura 2005, 433, 586. – ***S. Leutheusser-Schnarrenberger,*** Der „Große Lauschangriff“ – Sicherheit statt Freiheit, ZRP 1998, 87. – ***M. Löffelmann,*** Die Neuregelung der akustischen Wohnraumüberwachung, NJW 2005, 2033. – ***M. Mavany,*** Digitaler Hausfriedensbruch, ZRP 2016, 221. – ***H. Meyer-Wieck,*** Der große Lauschangriff, 2005. – ***B. Raum/F. Palm,*** Zur verfassungsrechtlichen Problematik des „Großen Lauschangriffs“, JZ 1994, 447. – ***G. Ress/J. Ukrow,*** Neue Aspekte des Grundrechtsschutzes in der Europäischen Gemeinschaft. Anmerkungen zum Hoechst-Urteil des EuGH, EuZW 1990, 499. – ***K. Rogall,*** Beweiserhebungs- und Beweisverwertungsverbote im Spannungsfeld zwischen den Garantien des Rechtsstaates und der effektiven Bekämpfung von Kriminalität und Terrorismus, JZ 2008, 818. – ***D. Rohlf,*** Der grundrechtliche Schutz der Privatsphäre, 1980. – ***S. Rohlfing,*** Das kartellrechtliche Untersuchungsverfahren nach deutschem, französischem und europäischem Kartellrecht, 1989. – ***G. Rößler,*** Zwangsvollstreckung im Steuerrecht und Unverletzlichkeit der Wohnung: Weitere Rechtsentwicklung, NJW 1981, 25. – ***J. Ruthig,*** Die Unverletzlichkeit der Wohnung (Art. 13 GG n. F.), JuS 1998, 506. –***M. Sachs,*** Behördliche Nachschaubefugnisse und richterliche Durchsuchungsanordnung nach Art. 13 GG, NVwZ 1987, 560. – ***A. Sagan/M. Brockfeld,*** Arbeitsrecht in Zeiten der Corona-Pandemie, NJW 2020, 1112.– ***R. P. Schenke,*** Verfassungsrechtliche Probleme einer präventiven Überwachung der Telekommunikation, AöR 125 (2000), 1. – ***O. Schily,*** Nachbesserungsbedarf bei der Wohnraumüberwachung?, ZRP 1999, 129. – ***A. Schmidt-Liebig,*** Steuerrechtliche Verwertungsverbote, BB 1987, 2139. – ***F. Schoch,*** Die Unverletzlichkeit der Wohnung nach Art. 13 GG, Jura 2010, 22. – ***R. Scholz,*** Grundrechtsprobleme im europäischen Kartellrecht. Zur Hoechst-Entscheidung des EuGH, WuW 1990, 99. – ***J. Schwabe,*** Die polizeiliche Datenerhebung in oder aus Wohnungen mit Hilfe technischer Mittel, JZ 1993, 867. – ***E. Schwan,*** Art. 13 GG und die gefahrenabwehrenden Eingriffe in die Wohnungsfreiheit, DÖV 1975, 661. – ***J. Sommermeyer,*** Schutz der Wohnung gegenüber strafprozessualen Zwangsmaßnahmen, ein Phantom?, JR 1990, 493. – ***J. Sommermeyer,*** Neuralgische Aspekte des Betroffenenrechts und ihres Rechtsschutzes bei strafprozessualen Hausdurchsuchungen, NStZ 1991, 257. – ***U. Steiner,*** Das Grundrecht der Unverletzlichkeit der Wohnung, 1959. – ***Ch. Suttmann,*** Baubehördliche Betretungsrechte und Privatwohnungen, BauR 2006, 1986. – ***O. Werner,*** Erschweren rechtliche Schranken den Vollstreckungserfolg?, DGVZ 1986, 65. – ***U. Werwigk,*** Zur Geltung des Richtervorbehalts bei der Durchsuchung von besetzten Häusern, NJW 1983, 2366. – ***P. Weyland,*** Der Verhältnismäßigkeitsgrundsatz in der Zwangsvollstreckung, 1987. – ***U. Winderlich,*** Die Räumungsvollstreckung gegen den nicht am Mietvertrag beteiligten Ehegatten des Schuldners, ZMR 1990, 125. – ***K. Zimniok,*** Das Grundrecht der Unverletzlichkeit der Wohnung und die Enteignung, DÖV 1954, 392.

Art. 14 [Eigentum und Erbrecht]

(1) [1]Das Eigentum und das Erbrecht werden gewährleistet. [2]Inhalt und Schranken werden durch die Gesetze bestimmt.

(2) [1]Eigentum verpflichtet. [2]Sein Gebrauch soll zugleich dem Wohle der Allgemeinheit dienen.

(3) [1]Eine Enteignung ist nur zum Wohle der Allgemeinheit zulässig. [2]Sie darf nur durch Gesetz oder auf Grund eines Gesetzes erfolgen, das Art und Ausmaß der Entschädigung regelt. [3]Die Entschädigung ist unter gerechter Abwägung der Interessen der Allgemeinheit und der Beteiligten zu bestimmen. [4]Wegen der Höhe der Entschädigung steht im Streitfalle der Rechtsweg vor den ordentlichen Gerichten offen.

Paulskirchenverfassung von 1849

Abschnitt VI. Art. IX

§ 164. Das Eigenthum ist unverletzlich.

Eine Enteignung kann nur aus Rücksichten des gemeinen Besten, nur auf Grund eines Gesetzes und gegen gerechte Entschädigung vorgenommen werden.

Das geistige Eigenthum soll durch die Reichsgesetzgebung geschützt werden.

§ 165. Jeder Grundeigenthümer kann seinen Grundbesitz unter Lebenden und von Todes wegen ganz oder theilweise veräußern. Den Einzelstaaten bleibt überlassen, die Durchführung des Grundsatzes der Theilbarkeit alles Grundeigenthums durch Uebergangsgesetze zu vermitteln.

Für die todte Hand sind Beschränkungen des Rechts, Liegenschaften zu erwerben und über sie zu verfügen, im Wege der Gesetzgebung aus Gründen des öffentlichen Wohls zulässig.

Weimarer Reichsverfassung von 1919

Art. 153. Das Eigentum wird von der Verfassung gewährleistet. Sein Inhalt und seine Schranken ergeben sich aus den Gesetzen.

Eine Enteignung kann nur zum Wohle der Allgemeinheit und auf gesetzlicher Grundlage vorgenommen werden. Sie erfolgt gegen angemessene Entschädigung, soweit nicht ein Reichsgesetz etwas anderes bestimmt. Wegen der Höhe der Entschädigung ist im Streitfalle der Rechtsweg bei den ordentlichen Gerichten offen zu halten, soweit Reichsgesetze nichts anderes bestimmen. Enteignung durch das Reich gegenüber Ländern, Gemeinden und gemeinnützigen Verbänden kann nur gegen Entschädigung erfolgen.

Eigentum verpflichtet. Sein Gebrauch soll zugleich Dienst sein für das Gemeine Beste.

Art. 154. Das Erbrecht wird nach Maßgabe des bürgerlichen Rechtes gewährleistet.

Der Anteil des Staates am Erbgut bestimmt sich nach den Gesetzen.

Übersicht

A. Allgemeine Bedeutung

1 Art. 14 gewährleistet Eigentum und Erbrecht. Als verfassungsrechtliche Aussage über die Eigentumsordnung ist die Vorschrift von zentraler **Bedeutung** für die Stellung des Einzelnen im Staat und **für die Gesellschaftsordnung insgesamt.** Es ist daher nicht erstaunlich, dass dieser Artikel und seine Auslegung in der gesamten Geschichte der Bundesrepublik im Zentrum politischer Auseinandersetzungen um die Gestaltung der Wirtschafts- und Gesellschaftsordnung gestanden hat und noch steht (zB Mitbestimmung, Bodenordnung, Umweltschutz, insbes. Atom- und Kohleausstieg, Sozialabbau und Wohnungsmarkt).

I. Verfassungsentwicklung

2 Angesichts dieser Bedeutung der Eigentumsgarantie und einer 1949 noch kontroverseren Einstellung der Parteien zur Eigentumsverfassung als heute, war der Wortlaut des Art. 14 im ParlRat erstaunlich wenig umstritten.[1] Allerdings gab es einen Vorstoß im Grundsatzausschuss, die Eigentumsgarantie auf das „der persönlichen Lebenshaltung oder der eigenen Arbeit dienende" Eigentum zu beschränken,[2] der – bei Stimmengleichheit – ebenso erfolglos blieb wie Vorschläge, die Enteignungsentschädigung entweder ganz ausschließbar zu machen[3] oder aber den Gesetzgeber auf eine „angemessene" Entschädigung festzulegen.[4] Art. 14 stellt sich damit als Kompromiss dar, der die **Festlegung auf ein bestimmtes Gesellschaftsmodell vermeidet:** die – nicht auf „persönliches" Eigentum beschränkte – Gewährleistung des Eigentums wird durch die Gestaltungsbefugnis des Gesetzgebers (Art. 14 Abs. 1 S. 2)[5] und die Betonung der Sozialpflichtigkeit (Art. 14 Abs. 2) sozial eingebunden, und durch die Sozialisierungsermächtigung des Art. 15 wird der Übergang zu einer gemeinwirtschaftlichen Ordnung offen gehalten (→ Art. 15 Rn. 1).[6] Der Anerkennung des Privateigentums lässt sich daher kein Bekenntnis des GG zu einer bestimmten Wirtschaftsverfassung entnehmen.[7]

3 Allerdings hat Art. 1 Abs. 3 des Vertrages über die Schaffung einer Währungs-, Wirtschafts- und Sozialunion v. **18.5.1990**[8] die „Soziale Marktwirtschaft" zur Wirtschaftsordnung beider Vertragsparteien erhoben und „dieses Prinzip zwar nicht zu Verfassungsrecht (gemacht), aber doch rechtlich deut-

---

[1] Zur **Entstehungsgeschichte:** JöR nF 1 (1951), 144 ff.; *Wieland* in Dreier Rn. 11–14; *Berkemann* in Umbach/Clemens Rn. 18 ff.; *Rittstieg,* Eigentum als Verfassungsproblem, 1975, 279 ff.; *v. Brünneck,* Die Eigentumsgarantie des Grundgesetzes, 1984, 86 ff.; *Kreuter-Kirchhof,* Personales Eigentum, 2017, 36 ff.

[2] ParlRat, Drs. 134, 4.

[3] ParlRat, Drs. 134, 4.

[4] Anträge *Dehler* (FDP), *Seebohm* (DP): JöR nF 1 (1951), 153.

[5] Zur Bedeutung der Kompetenzbestimmung der Art. 73 u. 74 in diesem Zusammenhang vgl. *Rittstieg,* Eigentum als Verfassungsproblem, 1975, 281 f.

[6] *Schwerdtfeger,* Die dogmatische Struktur der Eigentumsgarantie, 1983, 36.

[7] BVerfGE 50, 290 (337), Mitbestimmung; BVerfGE 4, 7 (17 f.), Investitionshilfe; teilweise abw. *Papier/Shirvani* in Maunz/Dürig Rn. 158 f. mwN; *Papier* in BMV VerfassungsR-HdB Rn. 799 ff.; *Badura/Rittner/Rüthers,* Mitbestimmungsgesetz, 1977, 248 ff.; *Wendt,* Eigentum und Gesetzgebung, 1985, 261 ff.; *Wendt* in Sachs Rn. 6 f.; *Depenheuer/Froese* in MKS Rn. 9.

[8] BGBl. II 537.

lich aufgewertet".[9] Insgesamt dürfte der Einigungsprozess, der neben der rechtsstaatlichen Demokratie immer auch die Marktwirtschaft als Zielvorstellung für das vereinigte Deutschland in den Blick nahm, die in der Verfassungsentwicklung der Bundesrepublik ohnehin angelegte Konstitutionalisierung der sozialen Marktwirtschaft weiter vorangetrieben haben. Da die Vereinigung auf der Basis von Art. 23 durch Beitritt zum GG erfolgte, gelten die Aussagen über dessen wirtschaftspolitische Offenheit und Neutralität allerdings grds. weiter (→ Rn. 6).

Art. 14 steht im „inneren **Zusammenhang mit** der Garantie der persönlichen **Freiheit**".[10] Der Eigentumsgarantie „kommt im Gesamtgefüge der Grundrechte die Aufgabe zu, dem Träger des Grundrechts einen Freiheitsraum im vermögensrechtlichen Bereich zu ermöglichen".[11] Dieser Zusammenhang zwischen Eigentum und Persönlichkeitsentfaltung ist gleichzeitig der Hintergrund für die Bedeutung, die der Gedanke der **Leistung** für die Bestimmung von Umfang und Inhalt der Eigentumsgarantie hat,[12] ohne dass sich die Eigentumsgarantie auf den Schutz selbsterarbeiteten Eigentums reduzieren ließe (besonders thematisiert bei den subj. öff. Rechten → Rn. 50).[13] Die freiheitsschützende Funktion der Eigentumsgarantie bringt diese auch in Beziehung zur **Menschenwürde** als tragendem Konstitutionsprinzip des GG (→ Art. 1 Rn. 1 ff.), da der „Freiheitsraum im vermögensrechtlichen Bereich" den Einzelnen mit der Möglichkeit der Selbstverantwortung auch davor bewahrt, zum „bloßen Objekt" im Staat zu werden. 4

Eine solche betont **personale Sicht der Eigentumsgarantie** sieht sich allerdings dem Einwand ausgesetzt, dass Eigentum im herkömmlichen Sinne nur für einen kleinen Teil der Bevölkerung eine solche Freiheits- und Menschenwürde sichernde Funktion hat.[14] BVerfG und hL haben aus dieser Situation nicht die Folgerung einer „Schwächung" der Eigentumsgarantie gezogen, sondern umgekehrt die vermögenswerten Positionen insbes. öffentlich-rechtlicher Natur, die für die Masse der Bevölkerung entsprechende Funktionen erfüllen (→ Rn. 50 ff.), und auch das Besitzrecht des Mieters in den verfassungsrechtlichen Eigentumsbegriff einbezogen (→ Rn. 32). Die personale Sicht des Grundrechts kann jedoch **nicht** zu einer **Reduzierung** der geschützten Eigentumsrechte auf solche Gegenstände benutzt werden, die im engeren Sinne individueller Persönlichkeitsentfaltung dienen. Eine Ausgliederung des „großen Eigentums" (Unternehmenseigentum) aus dem 5

---

[9] *v. Münch,* Die Verträge zur Einheit Deutschlands, 1990, XVI.

[10] BVerfGE 24, 367 (389); 30, 292 (334); 31, 229 (239); 42, 263 (293); 50, 290 (339); 70, 191 (201); 143, 246 (323); BVerwGE 30, 235 (238); BGHZ 6, 270 (276); *Badura* in BMV VerfassungsR-HdB Rn. 329 f.; *Badura,* 49. DJT, T 10/11; *Zippelius/Würtenberger,* Deutsches Staatsrecht, 2018, § 31 I 1; *Weber* in BNN Grundrechte II,1954, Rn. 353; *Dürig* ZgS 1953, 334; *Hesse* VerfR Rn. 442; *Wieland* in Dreier Rn. 30; *Jarass* in Jarass/Pieroth Rn. 1; *Stein/Frank* StaatsR § 42 II; *Dederer* in BK Rn. 3 ff.; *Papier/Shirvani* in Maunz/Dürig Rn. 1; *Rittstieg* in AK Rn. 80; weitere Nachw. bei *Meyer-Abich,* Der Schutzzweck der Eigentumsgarantie, 1980, 58 ff.; *v. Brünneck,* Die Eigentumsgarantie des Grundgesetzes, 1984, 386 ff.

[11] BVerfGE 24, 367 (389); BVerfGE 50, 290 (339); BVerfGE 93, 121 (140 f.); BVerfGE 102, 1 (15).

[12] BVerfGE 1, 264 (277 f.); BVerfGE 14, 288 (293 ff.); BVerfGE 18, 392 (397); BVerfGE 30, 292 (334); BVerfGE 58, 81 (112); BVerfGE 69, 272 (300 ff.); *Dürig* FS f. Apelt, 1958, 13 (31 f.); weitere Nachw. bei *Meyer-Abich,* Der Schutzzweck der Eigentumsgarantie, 1980, 25 ff.

[13] *Meyer-Abich,* Der Schutzzweck der Eigentumsgarantie, 1980, 35 ff.

[14] *Hesse* VerfR Rn. 443; *Papier/Shirvani* in Maunz/Dürig Rn. 10; *Papier* VVDStRL 35 (1977), 81 f.; *Meyer-Abich,* Der Schutzzweck der Eigentumsgarantie, 1980, 72; *Stein* FS f. Müller, 1970, 503 (505).

Eigentumsbegriff scheitert sowohl an der insoweit eindeutigen Entstehungsgeschichte (→ Rn. 2), wie auch an Art. 15, der die Erstreckung der Eigentumsgarantie auf das Eigentum an Produktionsmitteln voraussetzt (→ Rn. 11). Das GG gewährleistet Art. 14 um der persönlichen Freiheit willen, aber es gestaltet diese Gewährleistung **gegenstandsbezogen** dergestalt aus, dass es „Eigentum" schlechthin garantiert.[15] Darin braucht kein Widerspruch zum insbes. vom BVerfG definierten Schutzzweck der Eigentumsgarantie zu liegen,[16] denn es ist nur konsequent, dass das GG, wenn es einen „Freiheitsraum im vermögensrechtlichen Bereich" eröffnet, das Ergebnis solcher Betätigung nicht schutzlos stellt, selbst wenn im Prozess privatautonomen Eigentumsgebrauchs Eigentumsformen entstehen, in denen das personale Element nur noch sehr vermittelt sichtbar ist (→ Rn. 42). Richtigerweise wird man allerdings die **freiheitssichernde Funktion** des Grundrechts nicht allein in der Dimension persönlicher Entfaltung des einzelnen Eigentümers, sondern **auch** in der **Abwehr** eines durch Zugriffsmöglichkeiten auf privates Eigentum **übermächtigen Staates** zu sehen haben,[17] wobei jedoch wirtschaftspolitische Neutralität des GG und Art. 15 jede Verselbständigung dieses Gedankens zur Garantie einer bestimmten Wirtschaftsordnung ausschließen (→ Rn. 2).

6 Die **personale Funktion** des Eigentums definiert damit zwar nicht abschließend den Schutzbereich der Eigentumsgarantie, aber sie ist **entscheidend für** die **konkrete Reichweite ihres Schutzes.** Diese ergibt sich angesichts der „Plastizität" des Eigentums[18]aus den Entscheidungen des **inhalts- und schrankenbestimmenden demokratischen** Gesetzgebers. Dieser ist jedoch seinerseits an die Gewährleistung des Eigentums gebunden (→ Rn. 103 ff.), wobei für die Ausgestaltung des Eigentums dessen personale Funktion wichtigste Richtlinie ist: Je mehr das in Frage stehende Eigentumsrecht der Sicherung persönlicher Freiheit dient, desto stärker ist sein Schutz, je mehr es in einem sozialen Bezug steht, desto weiter ist die Gestaltungsbefugnis des Gesetzgebers.[19]

7 Ebenfalls von der personalen Funktion des Grundrechts her bestimmen sich sein **Wesensgehalt**[20] und sein – für die Anwendbarkeit des Art. 79 Abs. 3 entscheidender – „Menschenwürdegehalt" (→ Art. 79 Rn. 48 mwN).

8 Die **Dogmatik** des Art. 14 ist ohne ihre **Geschichte**[21] nicht verständlich. Die Rspr., vor allem die des BGH, aber auch jene der anderen Gerichte sowie die ganz herrschende Auffassung in der Lehre, hatte in den ersten Jahrzehnten der Bundesrepublik die Abgrenzung von Sozialbindung und Enteignung zur entscheidenden Fragestellung der Eigentumsgarantie gemacht. Hoheitliche

---

[15] BVerfGE 50, 290 (341).

[16] Abw. *Meyer-Abich,* Der Schutzzweck der Eigentumsgarantie, 1980, 102; *Badura* in BMV VerfassungsR-HdB Rn. 346.

[17] Gedanke der sozialen Machtverteilung: *Meyer-Abich,* Der Schutzzweck der Eigentumsgarantie, 1980, 105 ff., *Papier/Shirvani* in Maunz/Dürig Rn. 9; *Badura* in BMV VerfassungsR-HdB Rn. 346; *Rittstieg* in AK Rn. 76; zu den Zusammenhängen zwischen der Existenz von Privateigentum und politischer Freiheit aus materialistisch-gesellschaftstheoretischer Sicht: *Wittfogel,* Die Orientalische Despotie, 1957.

[18] *Badura* in BMV VerfassungsR-HdB Rn. 655.

[19] BVerfGE 50, 290 (340); 70, 191 (201); 93, 121 (140 f.); 95, 64 (85); 100, 226 (241) 102, 1 (17).

[20] Vgl. *Chlosta,* Der Wesensgehalt der Eigentumsgewährleistung, 1975, 77 f., 144 ff.; abl. gegenüber der Anwendung von Art. 19 Abs. 2 auf Art. 14: *Krüger* FS f. Schack, 1966, 71 (73 f.).

[21] Vgl. *Sieckmann* in BerlKomm Rn. 8.

Zugriffe auf private, vermögenswerte Rechte jenseits einer bestimmten **Schwere- oder Opfergrenze** wurden als enteignend und damit entschädigungspflichtig definiert (vgl. zu Einzelheiten → Rn. 89 ff.), wobei rechtswidrige Einwirkungen (enteignungsgleiche Eingriffe) und eigentumsbelastende Nebenwirkungen hoheitlichen Handelns (enteignende Eingriffe) der Enteignung gleichgestellt wurden. Funktionell-rechtlich hatte diese Konstruktion zur Folge, dass ihre Konkretisierung und damit die Bestimmung, was zulässige Eigentumsgestaltung durch den Gesetzgeber war, weitgehend in der Hand der Zivilgerichte lag, die vom GG (Art. 14 Abs. 3 S. 4) eigentlich nur hins. der Entschädigungshöhe mit Kompetenzen ausgestattet sind.[22] Indem auch vom Gesetzgeber inhalts- und schrankenbestimmend gemeinte Regelungen richterrechtlich als enteignend qualifiziert und mit einer Entschädigungspflicht versehen wurden, umgingen die Zivilgerichte trotz der Junktimklausel (Art. 14 Abs. 3 S. 2) auch die Vorlage beim BVerfG.

Das BVerfG, das in den ersten Jahrzehnten der Bundesrepublik wenig Gelegenheit hatte, die Eigentumsgarantie zu konkretisieren,[23] hat ab ca. 1980 in mehreren grundlegenden Entscheidungen eine **formale** Abgrenzung vertreten.[24] Das BVerfG knüpft dabei aber an Ansätze in der eigenen Rspr. an, die bis BVerfGE 4, 219 (231 ff.) zurückreichen.[25] Es sieht Inhaltsbestimmung nach Art. 14 Abs. 1 S. 2 und Enteignung nach Art. 14 Abs. 3 als je eigene Institute an, die nicht an einer Schweregrenze stufenlos ineinander übergehen (zu Einzelheiten → Rn. 89 ff.). Die an der **Entschädigungsbedürftigkeit** des hoheitlichen Handelns orientierte, relativ großzügige Entschädigungsrechtsprechung der Zivilgerichte wurde dadurch langsam[26] zugunsten einer Rspr. abgelöst, die die **Zulässigkeit** sowohl von inhaltsbestimmenden Gesetzen wie auch von Enteignungsgesetzen thematisierte und hierfür dem BVerfG vorlegte bzw. durch Verfassungsbeschwerden vor das BVerfG brachte. 9

Mit der Rückverlagerung der Kompetenz, die Grenzen der Eigentumsgarantie zu bestimmen, auf Gesetzgeber und BVerfG, wurde die Aufgabe, diese **Grenzen präziser** zu bestimmen, neu gestellt. Einerseits ist damit die Abgrenzung zwischen Eigentumsgestaltung und Enteignung adressiert, andererseits die Anforderungen an ein Enteignungsgesetz und drittens ebenso die Anforderungen an eine Inhalts- und Schrankenbestimmung. Insbesondere für die Abgrenzung bedurfte es einige Zeit, bis das BVerfG nicht mehr entscheidend auf die Entziehung[27] und ihre auf öffentliche Aufgaben gerichtete 10

[22] *Bryde* JbRSoz 11 (1987), 384; *Rittstieg* in AK Rn. 228.

[23] Zu den Gründen *Bryde* JbRSoz 11 (1987), 384 mwN.

[24] BVerfGE 52, 1, Kleingarten; BVerfGE 58, 137, Pflichtexemplar; BVerfGE 58, 300, Nassauskiesung; BVerfGE 70, 191, Fischereirecht; BVerfGE 74, 264, Boxberg; BVerfGE 79, 174, Straßenlärm; BVerfGE 83, 201 (212), Vorkaufsrecht; zu dieser Entwicklung s. *Rittstieg* NJW 1982, 721; *Schwerdtfeger,* Die dogmatische Struktur der Eigentumsgarantie, 1983, 25 ff.; *Böhmer* NJW 1988, 2561; *Böhmer* Staat 1985, 157 ff.; *Maurer* FS f. Dürig, 1990, 293 (303 ff.); *Schmitt-Kammler* FS 600 Jahre Universität Köln, 1988, 821 ff.; *Schmitt-Kammler* FS f. Wolf, 1985, 595 ff.; *Rozek,* Die Unterscheidung von Eigentumsbindung und Enteignung, 1998, 19 ff.; krit. *Baur* NJW 1982, 1734; *Wendt,* Eigentum und Gesetzgebung, 1985, 162 f.; *Schwabe* FS f. Thieme, 1993, 251 ff.; *Lubberger,* Eigentumsdogmatik, 1995, 35 ff.

[25] Vgl. *Bryde* JbRSoz 11 (1987), 384 mwN.

[26] Zur weiterhin vertretenen Schweretheorie s. *Schwabe* FS f. Thieme, 1993, 251; *Wendt* in Sachs Rn. 78; *Lubberger,* Eigentumsdogmatik, 1995, 268 ff.; vgl. die Kritik bei *Sieckmann* in BerlKomm Rn. 9 ff.; *Sieckmann,* Modelle des Eigentumsschutzes, 310 ff.

[27] Vgl. bereits BVerfGE 24, 36 (394), Hamburger Deichordnung; BVerfGE 52, 1 (27); BVerfGE 56, 249 (271 f.); BVerfGE 58, 300 (321); BVerfGE 79, 174 (191); BVerfGE 83, 201 (212 f.), Vorkaufsrecht; BVerfGE 101, 239 (259), Vermögensgesetz; BVerfGE 102, 1 (15), Altlastensanierung.

Zwecksetzung[28] abstellte, die eine klare Abgrenzung noch nicht erlauben, sondern zum historisch ursprünglichen Merkmal der **Güterbeschaffung** zurückkehrte.[29] Dies führt aber nicht dazu, dass der Entzug von Rechtspositionen ohne Güterbeschaffung, also im Rahmen von Inhalts- und Schrankenbestimmungen stets hinzunehmen wäre. Vielmehr verlangt das BVerfG nun auch für Inhalts- und Schrankenbestimmungen zumindest für atypisch schwere Belastungen eine gesetzliche **Ausgleichsregelung.**[30] Die inzwischen für Enteignungsgesetze ausdifferenzierten Bestimmtheitsanforderungen[31] lassen sich daher grundsätzlich auch auf ausgleichspflichtige Inhalts- und Schrankenbestimmungen übertragen (→ Rn. 140). Auch wenn damit dogmatisch keine größere Klarheit verbunden scheint,[32] besteht doch die funktionale Bedeutung in der umfassenden Kompetenz des BVerfG zur Beurteilung eigentumsrelevanter Fälle. Es hat durch die Inpflichtnahme des Gesetzgebers die Rechtsschutzebenen erweitert und den Bestandsschutz deutlich zulasten gesetzlicher Neuordnungsspielräume gestärkt.

11 Mit dem Beitritt der **ehemaligen DDR** ist ein Gebiet Teil der Bundesrepublik geworden, das bisher sowohl rechtlich wie soziologisch und ökonomisch durch eine völlig andere Eigentumsordnung gekennzeichnet war. Insbes. beim Grundbesitz und noch mehr bei den Produktionsmitteln trat Privateigentum völlig hinter sozialistischen Eigentumsformen (Volkseigentum und genossenschaftliches Eigentum) zurück. Die verfassungsrechtlich angesichts der wirtschaftspolitischen Offenheit des GG und im Lichte von Art. 15 theoretisch denkbare Alternative, größere Teile dieses Vermögens in gemeinwirtschaftlichen Eigentumsformen zu belassen oder Modelle eines „Dritten Weges" waren politisch chancenlos, da gerade auch das ökonomische System des „realen Sozialismus" zusammengebrochen und eine möglichst schnelle Übernahme des westlichen Modells erstrebt war. Bereits die Gemeinsame Erklärung zu Vermögensfragen v. 15.6.1990[33] stellt das Recht auf Eigentum in den Mittelpunkt und strebt eine weitgehende Reprivatisierung von Grund- und Unternehmenseigentum durch Rückgabe an die früheren Eigentümer an. Der Einigungsvertrag inkorporiert diese Erklärung und stattet sie darüber hinaus in Art. 41 Abs. 3 mit dem Verbot ihr widersprechender Gesetzgebung durch die Bundesrepublik mit einer Art Quasi-Verfassungsrang aus (→ Rn. 76).[34]

---

[28] BVerfGE 70, 191 (199 f.); BVerfGE 72, 66 (67), Flughafen Salzburg; BVerfGE 101, 239 (259); BVerfGE 102, 1 (15); BVerfGE 104, 1 (9 f.), Baulandumlegung; BVerfGE 112, 93 (109), Zwangsarbeiterentschädigung; BVerfGE 132, 242, Rn. 162, Garzweiler II.

[29] BVerfGE 104, 1 (9), Baulandumlegung; BVerfGE 126, 331 (359), Miterbenausschluss, unter ausdrücklicher Abkehr von bisherigen Entscheidungen BVerfGE 143, 246, Rn. 246 ff., Atomausstieg; zustimmend *Roller* ZUR 2017, 280; *Ludwigs* NVwZ Beil. 2017, 3 (7); *Ziehm* ZNE 2017, 8; vgl. bereits zuvor *Riedel* Eigentum, Enteignung und das Wohl der Allgemeinheit 2012, 107 ff. mwN; ablehnend *Schwarz* DVBl. 2013, 133 (138 ff.); zweifelnd *Axer* in BeckOK GG Rn. 81.

[30] BVerfGE 143, 246, Rn. 257 ff.; zutreffend als Enteignung „light" bei *Froese* NJW 2017, 444.

[31] BVerfGE 132, 242, Garzweiler II.

[32] Kritisch *Froese* NJW 2017, 444.

[33] Nunmehr Anl. III zum Einigungsvertrag v. 31.8.1990, BGBl. II 889.

[34] Zur Bedeutung des Art. 14 für Vermögensfragen im Wiedervereinigungsprozess *Berg* VVDStRL 51 (1992), 46 ff.; *v. Münch* Der Staat 33 (1994), 165 ff.

II. Überstaatliche Bezüge

12 Ein Eigentumsgrundrecht findet sich in vielen **ausländischen** Verfassungen, jedoch sind die Regelungen zum Teil sehr unterschiedlich. Da Eigentum ein normgeprägtes Grundrecht ist (→ Rn. 7), knüpft ein verfassungsrechtlicher Schutz jeweils an unterschiedliche einfachrechtliche Ausprägungen der Regelung von Eigentumsrechten an. Aber auch auf verfassungsrechtlicher Ebene sind deutliche Unterschiede im Schutzniveau festzustellen.[35] Dieser Hintergrund prägt auch die Situation im internationalen Recht und Europarecht, die jeweils auf unterschiedliche nationale Eigentumsordnungen Rücksicht nehmen müssen. Die Differenzierung des deutschen Verfassungsrechts (Sozialisierung, Enteignung und Inhalts- und Schrankenbestimmung) findet sich dabei nicht wieder, sondern Eigentumsschutz wird sehr viel offener und abstrakter gewährt. Vor allem der Enteignungsbegriff ist regelmäßig weiter.[36] Das kann zu Problemen führen, wenn ein Schutz gegen „Enteignung" zum Beispiel in Investitionsschutzverträgen nicht nur erfasst, was nach deutschem Recht Enteignung ist, sondern sich an der amerikanischen Begrifflichkeit („Taking"), orientiert,[37] die auch Inhalts-und Schrankbestimmungen umfasst.[38]

13 Im **universellen Völkerrecht** findet sich das Eigentumsrecht zwar in Art. 17 der UN-Menschenrechtsdeklaration von 1948, nicht aber in den diese in verbindliche Rechtsakte umsetzenden „Verträgen" von 1966, Zivilpakt[39] und Sozialpakt[40]. Das ist der Uneinigkeit über die Eigentumsordnung zur Zeit der Systemkonfrontation zwischen Ost und West geschuldet. Universelles Menschenvölkerrecht kann jedoch in Eigentumsfragen zur Anwendung kommen, wenn andere Rechte, insbesondere das Diskriminierungsverbot, betroffen sind. So hat der zur Überwachung der Einhaltung der Frauenrechtskonvention (CEDAW)[41] berufene Ausschuss Eigentumsbeschränkungen für Frauen zum Thema gemacht[42] und der Ausschuss für die Antirassismuskonvention (CERD)[43] mehrfach Eigentumsrechte von Indigenen thematisiert[44]. Universelles Völkerrecht schützt ausländisches Eigentum zudem im Rahmen des Fremdenrechts.[45]

14 Auch die ursprüngliche Fassung der **EMRK** enthielt kein Eigentumsgrundrecht, da die Formulierung einer entsprechenden Vorschrift kontrovers war.[46]

---

[35] Zur Rechtsvergleichung *Webber/Gover,* Proprietary Constitutionalism in Routledge Handbook of Constitutional Law, 2013, 28 ff.; *Papier/Shirvani* in Maunz/Dürig Rn. 4 f; *Wieland* in Dreier Rn. 25; *Depenheuer/Froese* in MKS vor Rn. 1.

[36] Kritisch zur Abkopplung des formalisierten Enteignungsbegriffs des BVerfG von der international üblichen Terminologie, die eher an Schweretheorien orientiert ist: *Dederer* in BK Rn. 505.

[37] *Bryde* AuR 2019, 494 (496).

[38] *Krajewski,* FS f. Rittstieg, 2015, 80 ff.

[39] Internationaler Pakt über bürgerliche und politisch Rechte vom 16.12.1966 (BGBl. 1973 II 1533, 1534).

[40] Internationaler Pakt über wirtschaftliche, soziale und kulturelle Rechte vom 19.12.1966 (BGBl 1976 II 428).

[41] UN-Konvention zur Beseitigung jeder Diskriminierung von Frauen v. 18.12.1979, (BGBl 1985 II 647).

[42] CEDAW GC 34 (2016) on the Rights of Rural Women, 16 IV G.

[43] Internationales Übereinkommen zur Beseitigung jeder Form von Rassendiskriminierung v. 7.3.1966 (BGBl 1969 II 961).

[44] CERD GR 23 (1997).

[45] *Oeter* in Ipsen Völkerrecht, 1021 f.

[46] Zur Entstehungsgeschichte *Kreuter-Kirchhof,* Personales Eigentum, 2017, 414; *Wieland* in Dreier Rn. 17; *Grote* in Dörr/Grote/Marauhn EMRK/GG Kap. 1 Rn. 31; *Kaiser* in Karpenstein/Mayer EMRK Art. 1 ZP I Rn. 1.

Art. 1 des 1. Zusatzprotokolls (ZP) führte dann den Schutz des Eigentums ein.[47] Die kompromisshafte Formulierung ist Folge der unterschiedlichen Eigentumsordnungen der Konventionsstaaten. Dabei wurde den Konventionsstaaten ein sehr viel weiterer Spielraum zu Einschränkungen gewährt als bei anderen Menschenrechten. Während die Schranken noch umfassender formuliert sind als bei Art. 14, ist der Schutzbereich weiter. Da die EMRK keinen Schutz der Berufsfreiheit vorsieht, sieht der Gerichtshof Eingriffe in Unternehmenstätigkeit als Verletzungen des Art. 1 des 1. Zusatzprotokolls (ZP) zur EMRK, für die im deutschen Recht Art. 12 einschlägig wäre[48]. Über den Schutz „berechtigter Erwartungen" gewährt der Gerichtshof über diese Vorschrift außerdem einen zum Teil sehr weitgehenden Vertrauensschutz.[49] Auch die Grundrechtsträgerschaft ist weiter, da ausländische juristische Personen geschützt sind. Nachdem der Gerichtshof in den ersten Jahrzehnten die den Staaten gewährten weiten Eingriffsrechte sehr ernst nahm und die Vorschrift daher lange Zeit keine große Rolle gespielt hat, verstärkt der Gerichtshof seit Mitte der 90er Jahre die Prüfung.[50] Vor allem die weiten Einschränkungsmöglichkeiten machen es unwahrscheinlich, dass eine nach Art. 14 verfassungsrechtlich zulässige Maßnahme gegen die EMRK verstößt, es ist jedoch nicht undenkbar[51] und könnte in Zukunft, insbesondere beim Schutz „legitimer Erwartungen", zunehmen.[52]

15 Im Recht der **Europäischen Union** ist Grundlage des Eigentumsschutzes heute vor allem Art. 17 GRCh. Ein Eigentumsgrundrecht war auf der Grundlage der gemeinsamen Verfassungstradition der Mitgliedstaaten und Art. 1 des 1. ZP aber auch schon vorher anerkannt.[53] Das Grundrecht bindet die Union und die Mitgliedsstaaten, wenn sie Unionsrecht anwenden. Für das nationale Recht sieht Art. 345 AEUV vor, dass die Eigentumsordnung der Mitgliedstaaten unberührt bleibt, was insbesondere für die Zulässigkeit von Sozialisierungen und öffentlichem Eigentum wichtig ist (vgl. → Art. 15 Rn. 5). Art. 17 erstreckt den Schutz ausdrücklich auf geistiges Eigentum. Die Vorschrift unterscheidet Entziehung (Enteignung und de facto-Enteig-

---

[47] (1) Jede natürliche oder juristische Person hat das Recht auf Achtung ihres Eigentums. Niemandem darf sein Eigentum entzogen werden, es sei denn, dass das öffentliche Interesse es verlangt, und nur unter den durch Gesetz und durch die allgemeinen Grundsätze des Völkerrechts vorgesehenen Bedingungen.
(2) Absatz 1 beeinträchtigt jedoch nicht das Recht des Staates, diejenigen Gesetze anzuwenden, die er für die Regelung der Benutzung des Eigentums im Einklang mit dem Allgemeininteresse oder zur Sicherung der Zahlung der Steuern oder sonstigen Abgaben oder von Geldstrafen für erforderlich hält.

[48] *Cremer* in Dörr/Grote/Marauhn EMRK/GG Kap. 22 Rn. 48; *Kaiser* in Karpenstein/Mayer EMRK Art. 1 ZP I Rn. 22, 23.

[49] Vgl. etwa EGMR 29.11.91 – 12742/87 – Pine Valley Development; *Kreuter-Kirchhof,* Personales Eigentum, 2017, 424 ff.; *Cremer* in Dörr/Grote/Marauhn EMRK/GG Kap. 22 Rn 30; *Kaiser* in Karpenstein/Mayer EMRK Art. 1 ZP I Rn. 11, 19, 20; auch für soziale Leistungsrechte, vgl. *Leijten* EJSS 2019, 207 ff.

[50] *Kaiser* in Karpenstein/Mayer EMRK Art. 1 ZP I Rn. 3; dabei mag rechtssoziologisch eine Rolle gespielt haben, dass die Eigentumsfeindschaft der ehemaligen sozialistischen Systeme in Osteuropa gerade bei Richtern aus diesen Ländern durch betonte Eigentumsfreundlichkeit (über-)kompensiert wurde und wird.

[51] EGMR v. 8.12.2011 – 5631/05, NVwZ 2012, 1455 – Althoff ua; EGMR v. 26.6.2012 – 9300/07, NJW 2012, 3629 – Herrmann; EGMR v. 19.1.2017 – 32377/12, NVwZ 2017, 1273 – Werra Naturstein.

[52] *Thiel* NJOZ 2018, 1441.

[53] Grundlegend EuGH C-44/79, ECLI:EU:C:1979:290, Rn. 17 ff. – Hauer; zur Entwicklung vgl. *Kreuter-Kirchhof,* Personales Eigentum, 2017, 479 ff.

nung[54]) und Nutzungsregelungen, wobei das Schwergewicht der Praxis des EuGH ganz auf den Nutzungsregelungen liegt, die im Interesse des Gemeinwohls zulässig sind. Dabei prüft der Gerichtshof Art. 17 in der Regel gemeinsam mit Berufs- und Unternehmensfreiheit.[55] Der EuGH gewährt dem Unionsgesetzgeber dabei ein sehr weites Ermessen.[56] Vor allem im Bereich der Marktordnung und der Agrarpolitik sind Maßnahmen erst dann unzulässig, wenn sie „offensichtlich ungeeignet" oder die Beurteilung der Erforderlichkeit „offensichtlich irrig"[57] ist. Tatsächliche wirtschaftliche Vorteile, die sich durch Instrumente der „Marktorganisation" wie Quoten ergeben, werden nicht von Art. 17 geschützt, auch nicht unter dem Aspekt des eingerichteten und ausgeübten Gewerbebetriebs.[58]

B. Einzelfragen

I. Das Eigentum … (wird) gewährleistet (Abs. 1 S. 1 1. Alt.)

1. Grundrechtsträger. Träger des Eigentumsgrundrechts sind **alle natürlichen und inländischen juristischen Personen des Privatrechts,**[59] aber auch **nicht rechtsfähige** Personengesellschaften und Vereine, soweit sie in dem ihnen zugeordneten (gesamthänderisch gebundenen) Eigentum betroffen sind.[60] 16

Ausländische juristische Personen sind durch Art. 19 Abs. 3 **vom Schutz des Art. 14 ausgeschlossen** (→ Art. 19 Rn. 89 ff. mwN),[61] was weniger weitreichende Konsequenzen hat, als man annehmen könnte, da (inländische wie ausländische) Anteilseigner als natürliche Personen den Schutz des Art. 14 genießen (→ Rn. 42), und da nach der „Sitztheorie"[62] auch ausländisch beherrschte juristische Personen mit Sitz in der Bundesrepublik inländische juristische Personen sind. Im Übrigen ist der **völker- und europarechtliche Schutz ausländischen Eigentums** zu beachten (→ Rn. 13 ff.). Eine materielle Gleichbehandlung inländischer und ausländischer Unternehmen verlangen völkerrechtliche Verträge, die **Inländerbehandlung** vorsehen, wobei deren Anwendungsbereich durch **Meist-** 17

[54] *Jarass* in Jarass GRCh Art. 17 Rn. 19 unter Verweis auf die Rspr. des EGMR.

[55] Kritisch zur Gefahr der Nichtberücksichtigung der Besonderheiten der Grundrechte *Jarass* in Jarass GRCh Art. 17 Rn. 4.

[56] *Kreuter-Kirchhof,* Personales Eigentum, 2017, 516 ff.; *Jarass* in Jarass GRCh Art. 17 Rn. 41; *Callies* in Callies/Ruffert EUV/AEUV GRCh Art. 17 Rn. 33 ff.; in der Literatur wird diese Zurückhaltung viel kritisiert: *Kreuter-Kirchhof,* Personales Eigentum, 2017, 517 f. unter Verweis auf Art. 52 Grundrechtecharta mwN; *von Danwitz* in Danwitz/Depenheuer/Engel Bericht zur Lage des Eigentums, 215 (277 f.); differenzierend *Callies* in Callies/Ruffert EUV/AEUV GRCh Art. 17 Rn. 36; unter Verweis auf die vergleichbare Zurückhaltung des BVerfG bei Wirtschaftsregulierungen; Verteidigung des EuGH bei *Zuleeg* NJW 1997, 1201 ff.

[57] EuGH C-280/93, ECLI:EU:C:1994:367 – Bananenmarkt, Rn. 90.

[58] *Jarass* in Jarass GRCh Art. 17 Rn. 12.

[59] Zur Geltung für juristische Personen trotz der personalen Natur des Grundrechts: BVerfGE 4, 7 (17); 50, 290 (321 f.); *Meyer-Abich,* Der Schutzzweck der Eigentumsgarantie, 1980, 90 ff. mwN.

[60] BVerfGE 4, 7 (17); *Berkemann* in Umbach/Clemens Rn. 101; *Dederer* in BK Rn. 386 f.; *Axer* in BeckOK GG Rn. 37.

[61] BVerfGE 21, 207 (209); *Papier/Shirvani* in Maunz/Dürig Rn. 348; *Wieland* in Dreier Rn. 84; *Wendt* in Sachs Rn. 16; zur aA *Kahl/Hilbert* in BK Art. 19 Abs. 3 Rn. 334 ff., 352 ff.; *Dederer* in BK Rn. 399.

[62] *Kahl/Hilbert* in BK Art. 19 Abs. 3 Rn. 335 mwN.

begünstigungsklauseln auf weitere Staaten erstreckt werden kann. Während solche Verträge fordern, dass die betroffenen ausländischen juristischen Personen so behandelt werden, als ob Art. 14 für sie gelte, werden sie angesichts Art. 19 Abs. 3 damit nicht zu Grundrechtsträgern des Art. 14 (und haben folglich auch keine Verfassungsbeschwerdebefugnis). Für ausländische **juristische Personen mit Sitz in der Europäischen Union** hat das BVerfG die Grundrechtsfähigkeit bejaht, wenn sie im Anwendungsbereich des Unionsrechts tätig werden.[63] Wegen des eindeutigen Wortlauts folgert das Gericht dies nicht aus einer erweiternden Auslegung, sondern aus dem Anwendungsvorrang des Unionsrechts, insbesondere des Diskriminierungsverbot (Art. 18 AEUV).

18 Nicht ausgeschlossen ist eine Anwendung der Haftungsinstitute des „enteignungsgleichen" und „enteignenden" Eingriffs bzw. Aufopferung zugunsten ausländischer juristischer Personen,[64] da diese nur auf der Ebene einfachen Rechts anzusiedeln sind.

19 Staat und **juristische Personen des öffentlichen Rechts** können Eigentümer sein, idR aber **keine Grundrechtsträger,** da diese primär Rechte des Einzelnen gegen die öffentliche Gewalt sind. Gilt dies schon generell,[65] so gilt es insbesondere für Art. 14, der in seiner freiheitssichernden Funktion als Grundlage eigenverantwortlicher Lebensgestaltung (→ Rn. 4) „nicht das Privateigentum (schützt), sondern das Eigentum Privater".[66] Art. 14 ist damit seinem Wesen nach nicht auf juristische Personen des öffentlichen Rechts anwendbar. Eine zur Enteignungsentschädigung verurteilte Körperschaft kann daher nicht wegen Verletzung des Art. 14 Abs. 3 Verfassungsbeschwerden einlegen.[67] Eine Ausnahme kann nicht schon dann gelten, wenn die öffentliche Körperschaft in vergleichbarer Weise wie Private „staatlicher" Hoheitsgewalt unterworfen ist,[68] so dass kommunale Gebietskörperschaften auch außerhalb der Wahrnehmung öffentlicher Aufgaben nicht den Schutz des Art. 14 genießen.[69] Auch hier hat das BVerfG für das vom schwedischen Staat beherrschte Unternehmen ***Vattenfall*** im Urteil zum Atomausstieg eine Ausnahme zugelassen.[70] Ohne die Frage generell zu entscheiden, hat es eine Beschwerdebefugnis mit Rücksicht auf die Niederlassungsfreiheit und die Rechtsschutzanforderungen von Unionsrecht und EMRK jedenfalls dann bejaht, wenn bei unmittelbaren gesetzlichen Eingriffen nur die Verfassungsbeschwerde zur Verfügung steht. Dieser pragmatische Weg, um Investitionsschutzstreitigkeiten entscheiden zu können, ist dogmatisch freilich fraglich.

20 Grundrechtsträger können hingegen juristische Personen des öffentlichen Rechts sein, die wie **Rundfunkanstalten**[71] oder **Universitäten**[72] von ihrer

---

[63] BVerfGE 129, 78 (94 f.); vgl. auch *Dederer* in BK Rn. 401.

[64] BGHZ 76, 375 (384).

[65] BVerfGE 15, 256 (262); 21, 362 (369); *Remmert* in Maunz/Dürig Art. 19 Abs. 3 Rn. 40 ff. mwN; → Art. 19 Rn. 75 ff. mwN auch zur abw. Ansicht.

[66] BVerfGE 61, 82 (109), Sasbach; *Papier/Shirvani* in Maunz/Dürig Rn. 333; *Wendt* in Sachs Rn. 17; *Dederer* in BK Rn. 415; krit. *Sieckmann* in BerlKomm Rn. 93.

[67] BVerfGE 45, 63 (74 ff.), Stadtwerke Hameln.

[68] AA *Wieland* in Dreier Rn. 86; *Kahl/Hilbert* in BK Art. 19 Abs. 3 Rn. 222 ff.

[69] BVerfGE 61, 82 (105 ff.); offen gelassen für „ganz besonders gelagerte Ausnahmefälle", BVerfGE 61, 82 (109); zum Schutz des Jagdausübungsrechts einer öffentlich-rechtlichen Jagdgemeinschaft BGHZ 132, 64; zum Recht öffentlich-rechtlicher Innungen, Vermögensrechte ihrer Mitglieder wahrzunehmen, BVerfGE 70, 1 (20).

[70] BVerfGE 143, 246 (312 ff.).

[71] BVerfGE 31, 314 (322).

[72] BVerfGE 15, 256 (262).

Aufgabe her einem grundrechtsgeschützten Lebensbereich zugeordnet sind und „als eigenständige, vom Staat distanzierte Einrichtungen bestehen".[73] Ein Eigentumsschutz für solche grundrechtsfähigen juristische Personen des öffentlichen Rechts kommt jedoch nur in Betracht, wenn die Beeinträchtigung vermögenswerter Rechte gleichzeitig das Grundrecht betrifft, dem sie ihre Grundrechtsfähigkeit verdanken, und in diesem Fall dürfte auch dieses Grundrecht (Art. 5) und nicht Art. 14 einschlägig sein.[74]

Grundrechtsfähig sind auch die **Kirchen** und andere **Religionsgesellschaften,** die mit dem Status einer Körperschaft des öffentlichen Rechts ausgestattet sind, da sie dem Grundrechtsbereich des Art. 4 zugehören (→ Art. 4 Rn. 21 mwN). Ihr **Eigentum** ist durch Art. 140 iVm Art. 138 WRV **gewährleistet.**[75] Ob diese Gewährleistung neben Art. 14 steht (→ Art. 4 Rn. 140),[76] Art. 14 ausschließt[77] oder die Anwendbarkeit des Art. 14 gerade begründet,[78] ist umstritten. Soweit Beeinträchtigungen kirchlichen Eigentums sie in ihrer religiösen Funktion treffen, ergibt sich der Abwehranspruch aus Art. 4. 21

Die **Grundrechtsmündigkeit** ist bei Art. 14 parallel zu den bürgerlichrechtlichen Vorschriften über die Geschäftsfähigkeit (§§ 104 ff. BGB) zu bestimmen.[79] 22

2. Das Eigentum … (Abs. 1 S. 1). Der **Begriff** des Eigentums in Art. 14 ist nicht mit dem des bürgerlichen Rechts identisch. Seit *Martin Wolff* für Art. 153 WRV (in Verkennung oder Verzeichnung der seinerzeitigen hL) die **Ausdehnung des Eigentumsbegriffs auf alle vermögenswerten Rechte jedenfalls des Privatrechts** (zu solchen des öffentlichen Rechts → Rn. 50 ff.) als allgemein anerkannt behauptet hat,[80] ist diese Ausdehnung trotz einzelner Angriffe[81] im Wesentlichen nicht mehr bestritten.[82] Das gilt auch für Forderungen[83] und Anwartschaften.[84] **Eigentum ist jedes vermögenswerte Recht, das dem Berechtigten von der Rechtsordnung zur privaten Nutzung und zur eigenen Verfügung zugeordnet ist.**[85] 23

Jede grundrechtliche Sicht des Eigentums, die in Art. 14 den Schutz des Bürgers im vermögensrechtlichen Bereich sieht (→ Rn. 2), muss auch den Eigentumsbegriff **von der Verfassung her** ohne Rücksicht auf 24

---

[73] BVerfGE 45, 63 (79); BVerfGE 61, 82 (103).
[74] Ähnlich *Berkemann* in Umbach/Clemens Rn. 110.
[75] BVerfGE 99, 100.
[76] So *Dederer* in BK Rn. 421; *Wendt* in Sachs Rn. 19.
[77] So *Dicke* in v. Münch/Kunig, 2. Aufl. 1983, Rn. 7.
[78] *Papier/Shirvani* in Maunz/Dürig Rn. 334.
[79] *Berkemann* in Umbach/Clemens Rn. 112.
[80] *Wolff* FS f. Kahl, 1923, 3; zur Weimarer Diskussion ausf. *Eschenbach,* Der verfassungsrechtliche Schutz des Eigentums, 1996, 33 ff.
[81] ZB *Schmitt,* Verfassungsrechtliche Aufsätze, 1958, 123.
[82] *Papier/Shirvani* in Maunz/Dürig Rn. 160; *Dederer* in BK Rn. 3 ff.; *Depenheuer/Froese* in MKS Rn. 113; *Rittstieg* in AK Rn. 64 ff.; *Wieland* in Dreier Rn. 49; *Wendt* in Sachs Rn. 21 f.; *Jarass* in Jarass/Pieroth Rn. 5 ff.; *Schmidt-Bleibtreu* in SHH Rn. 14; *Badura* in BMV VerfassungsR-HdB Rn. 329; *Hesse* VerfR Rn. 444; Stein/Frank StaatsR § 42 II; *Zippelius/Würtenberger,* Deutsches Staatsrecht, 2018, § 31 II 1; *Kingreen/Poscher,* Grundrechte. Staatsrecht II, 2019, Rn. 1036.
[83] BVerfGE 42, 263 (293); BVerfGE 45, 142 (179); BVerfGE 83, 201 (208); BVerfGE 112, 93 (108).
[84] BVerfGE 114, 1 (38).
[85] BVerfGE 89, 1 (6); BVerfGE 97, 350 (371); BVerfGE 101, 239 (258); BVerfGE 112, 93 (108).

bürgerlich-rechtliche Begrifflichkeit bestimmen.[86] Das bedeutet notwendig auch eine **Wandelbarkeit des Eigentumsbegriffs.**[87] Die in frühen Entscheidungen vom BVerfG verwandte Formel, Art. 14 schütze das Eigentum so, „wie es das bürgerliche Recht und die gesellschaftlichen Anschauungen geformt haben",[88] ist daher zumindest missverständlich und wird vom BVerfG nicht mehr gebraucht. Der grundgesetzliche Eigentumsbegriff ist nämlich nicht nur weiter als der des BGB, sondern auch inhaltlich von ihm gelöst. Während § 903 BGB vom Eigentümerbelieben ausgeht, demgegenüber privatrechtliche und öffentlich-rechtliche Bindungen als von außen auferlegte Beschränkungen erscheinen,[89] ist das **Eigentum iSv Art. 14** von vornherein **durch** die **Sozialbindung** des Abs. 2 (→ Rn. 98 ff.) und die **Ausgestaltungsbefugnisse** des **Gesetzgebers** (Abs. 1 S. 2; → Rn. 87 ff.) **definiert.**[90] Damit sind insbes. auch **öffentlich-rechtliche Regelungen** über die Eigentumsnutzung Inhalt der jeweiligen Eigentümerstellung.[91]

25 Die Lösung des verfassungsrechtlichen vom zivilrechtlichen Eigentumsbegriff bedeutet jedoch keinen „Selbststand" des Verfassungsrechts gegenüber dem einfachgesetzlichen Recht,[92] da sich der (jeweilige) Inhalt des Eigentums aus der **Gesamtheit der verfassungsmäßigen Gesetze** ergibt.[93] Bei der Ausgestaltung des Eigentums ist der Gesetzgeber allerdings nicht frei (→ Rn. 103 ff.), und in diesen Begrenzungen des inhalts- und schrankenbestimmenden Gesetzgebers, nicht im Eigentumsbegriff, liegt der spezifisch verfassungsrechtliche Kern der Eigentumsgewährleistung.

26 Der herrschende weite verfassungsrechtliche Eigentumsbegriff bedeutet, dass der **Schutzbereich** des Art. 14 bei **Beeinträchtigungen des Bürgers im vermögensrechtlichen Bereich** idR betroffen ist, ohne dass die begriffliche Qualifizierung der jeweiligen Position als „Eigentum" besonders problematisch wäre. Jedenfalls auf dem Gebiet des Privatrechts fallen unter den Schutz alle vermögenswerten Rechte, die dem Berechtigten von der Rechtsordnung so zugeordnet sind, dass er die damit verbundenen Befugnisse in eigenverantwortlicher Entscheidung zu seinem privaten Nutzen ausüben

---

[86] BVerfGE 58, 300 (335); *Wendt,* Eigentum und Gesetzgebung, 1985, 17 ff.; *Wieland* in Dreier Rn. 31.

[87] BVerfGE 2, 380 (401); 20, 351 (355 f.); *Berkemann* in Umbach/Clemens Rn. 49; *Dederer* in BK Rn. 15; *Hesse* VerfR Rn. 444; *Badura* in BMV VerfassungsR-HdB Rn. 330; *Badura,* 49. DJT, T 7; *Weber* in BNN Grundrechte II, 1954, 338; *Sendler* DÖV 1974, 73 (82 f.); *Wendt,* Eigentum und Gesetzgebung, 1985, 33; *Bryde,* Verfassungsentwicklung, 1982, 274 f.

[88] BVerfGE 1, 264 (278); BVerfGE 2, 380 (402); BVerfGE 11, 64 (70); BVerfGE 14, 263 (278).

[89] IdS noch für Art. 14: BGHZ 60, 126 (131); zur BGH-Rspr. vgl. *Rittstieg* in AK Rn. 31 ff.; *Papier/Shirvani* in Maunz/Dürig Rn. 149 f.; *Leisner,* Sozialbindung des Eigentums, 1972, 196 ff.

[90] *Kingreen/Poscher,* Grundrechte. Staatsrecht II, 2019, Rn. 1036 f.; *Berkemann* in Umbach/Clemens Rn. 122; *Krüger* FS f. Schack, 1966, 71 (72 f.); *Badura* in BMV VerfassungsR-HdB Rn. 330; *Breuer,* Die Bodennutzung im Konflikt zwischen Städtebau und Eigentumsgarantie, 1976, 20 ff.; grds. anders nunmehr gegen Wortlaut, Entstehungsgeschichte und Systematik im Sinne einer verfassungskräftigen Garantie des durch § 903 BGB umschriebenen Eigentumsverständnis: *Depenheuer/Froese* in MKS Rn. 34.; tendenziell wohl auch *Kreuter-Kirchhof,* Personales Eigentum, 2017, 113.

[91] BVerfGE 58, 300 (336).

[92] *Leisner* JZ 1964, 201; *Wahl* Der Staat 20 (1981), 485 (513); *Götz* VVDStRL 41 (1983), 31.

[93] BVerfGE 58, 300 (336); BVerfGE 49, 382 (393); BVerfGE 52, 1 (27); krit. *Papier/Shirvani* in Maunz/Dürig Rn. 150; radikal abl. *Depenheuer/Froese* in MKS Rn. 35.

darf.[94] Str. ist dies jedoch noch teilweise für öffentlich-rechtliche Positionen (→ Rn. 50 ff.), für den Schutz des Vermögens (→ Rn. 47 ff.) sowie für Rechte am Unternehmen (→ Rn. 42 ff.).

Der weite Eigentumsbegriff verlangt jedoch gleichzeitig eine **typologische Differenzierung** der verschiedenen Eigentumsrechte und -objekte, da er eine solche Fülle unterschiedlichster Positionen einbezieht, dass sie unter Berücksichtigung der Schutzrichtung der Eigentumsgarantie (→ Rn. 4–6) auch eine unterschiedliche Behandlung verlangen.[95] Erst so gelingt die Abschichtung, inwieweit vermögenswerte Rechte der Eigentumsgarantie unterfallen oder schutzwürdige Belange von **konkurrierenden Grundrechten** (insbes. Art. 1, 2, 12) geschützt werden oder auch den allgemeinen Vertrauensschutzgrundsätzen unterliegen. 27

Ebenso unterscheiden sich die **Ausprägungen** dessen, zu was der Eigentumsschutz berechtigt. Obwohl grundsätzlich sowohl der **Erwerb** und die **Veräußerung** einer Eigentumsposition, zudem die **Nutzung** und damit die **„eigennützige" Verwendung** zur Sicherung der wirtschaftlichen Voraussetzungen persönlicher Freiheitsausübung umfasst sind und hierfür auch **verfestigte Erwartungen** in den Eigentumsschutz einbezogen sind, ist der Schutzbereich des Art. 14 GG für die unterschiedlichen Eigentumsrechte differenziert zu bestimmen. 28

a) Persönliches Sacheigentum. Das persönliche Eigentum an beweglichen Sachen[96] ist zwar unbestrittenermaßen besonders intensiv geschützt (→ Rn. 6), aber (gerade deswegen?) ohne besondere verfassungsrechtliche Probleme. Die **besonders enge Beziehung** solchen Eigentums **zur persönlichen Freiheit** führt dazu, dass hier (anders als beim Grund- oder Unternehmenseigentum, → Rn. 31 ff., 42 ff.) die Nutzung des Eigentumsobjekts **nicht** als **Eigentumsnutzung** erscheint, **sondern** als **Freiheitsausübung schlechthin** und daher auch nicht dem Schutzbereich des Art. 14, sondern dem des Art. 2 Abs. 1 (oder auch anderer Freiheitsrechte wie Art. 5) zugeordnet wird.[97] Eigentumsrechtlich geschützt sind demgegenüber Erwerb und Veräußerungsbefugnis.[98] 29

Der hoheitliche Zugriff auf privates Sachvermögen erfolgt idR nicht durch Enteignung (zum Sonderfall der Notstandssituation vgl. Art. 115c), sondern nach den Regeln des Polizei- und Strafrechts (→ Rn. 123). 30

b) Grundeigentum. Der bedeutendste Anwendungsbereich der Eigentumsgarantie liegt im Grundeigentum.[99] Gerade auch die **Nutzung** ist hier 31

---

[94] BVerfGE 83, 201 (209); BVerfGE 79, 174 (191) und zwar auch Forderungen, BVerfGE 89, 1; BVerfGE 92, 262 (271); schwieriger für Versicherungsansprüche vgl. BVerfGE 114, 1 (38 ff.).

[95] Zur notwendigen Differenziertheit der Eigentumsgarantie BVerfGE 50, 290 (340); *Papier/Shirvani* in Maunz/Dürig Rn. 160; *Rittstieg* in AK Rn. 70 ff.; *Badura,* 49. DJT, T 11; *Rupp,* Grundfragen der heutigen Verwaltungsrechtslehre, 1965, 166 ff.; *Stein* FS f. Müller, 1970, 503 (504 ff.); *v. Brünneck,* Die Eigentumsgarantie des Grundgesetzes, 1984, 389 f.; wiederum grds. quer zur hL *Depenheuer/Froese* in MKS Rn. 51 f.

[96] „Konsumtives Eigentum": *Raiser* VVDStRL 10 (1952), 159.

[97] Vgl. *Rittstieg* in AK Rn. 85 mit dem Bsp. des Verbots schnellen Autofahrens; *Kingreen/Poscher,* Grundrechte. Staatsrecht II, 2019, Rn. 1044 f.; *Jarass* in Jarass/Pieroth Rn. 4; weitere Bsp. ließen sich → Art. 2 Rn. 29 entnehmen; BVerfGE 110, 141 (167) lässt das Verhältnis von Art. 14 und Art. 2 hinsichtlich von Hundehaltung offen.

[98] BVerfGE 42, 229 (232).

[99] Vgl. *Breuer,* Die Bodennutzung im Konflikt zwischen Städtebau und Eigentumsgarantie, 1976, 20 ff.; *Schmidt-Aßmann,* Grundfragen des Städtebaurechts, 1972; *Papier/Shirvani* in

neben Erwerb, Belastungs- und Veräußerungsmöglichkeiten wesentlicher Bestandteil des Schutzes durch Art. 14.[100]

32 Das BVerfG hat die **besondere soziale Gebundenheit** des **Bodeneigentums** hervorgehoben: Der „unvermehrbare und unentbehrliche" Boden darf nicht „dem Spiel der freien Kräfte und dem Belieben des einzelnen" überlassen bleiben; … „die Interessen der Allgemeinheit (sind) in weit stärkerem Maße zur Geltung zu bringen, als bei anderen Vermögensgütern".[101] Die Angewiesenheit großer Teile der Bevölkerung auf Nutzung fremden Eigentums als Wohnung rechtfertigt und erfordert die Bindung des **Wohnungseigentümers** durch ein **soziales Mietrecht** (→ Rn. 114 „Mietrecht"),[102] das im Übrigen auch auf Seiten des Mieters eine durch Art. 14 geschützte Rechtsposition schafft.[103] Angesichts der seit langem anerkannten Einbeziehung obligatorischer Rechte in den verfassungsrechtlichen Eigentumsbegriff (→ Rn. 23 und 36) und der Verfestigung der Mieterposition durch das soziale Mietrecht ist diese Einbeziehung des Besitzrechts des Mieters konsequent und die dagegen gerichtete Polemik[104] unverständlich. Die besondere soziale Bindung macht das Grundeigentum zu einem der wichtigsten Tätigkeitsbereiche des inhalts- und schrankenbestimmenden Gesetzgebers (→ Rn. 114), wie auch zum (fast ausschließlichen) Anwendungsbereich des Enteignungsrechts.

33 Hins. des Bodeneigentums ist daher auch die privatrechtliche Eigentumsordnung sehr weitgehend durch eine **verwaltungsrechtliche Nutzungsordnung** überlagert.[105] Das lässt es fraglich erscheinen, ob die **Baufreiheit** als Bestandteil des Grundeigentums angesehen werden kann[106] und nicht vielmehr auf einer konstitutiven öffentlich-rechtliche Nutzungszuweisung („Zuteilung") beruht.[107] Das geltende Baurecht regelt die bauliche **Nutzbarkeit** jedenfalls umfassend **öffentlich-rechtlich.**[108] Eine abstrakte „Bau-

---

Maunz/Dürig Rn. 161 ff.; *Rittstieg* in AK Rn. 87 ff.; *Rittstieg* JZ 1983, 161; *Wieland* in Dreier Rn. 49 ff.; *Wendt* in Sachs Rn. 45; *Ehlers* VVDStRL 51 (1992), 211; *Rengeling* AöR 105 (1980), 423.

[100] Etwa BVerfGE 143, 246, Rn. 228 ff. und Rn. 233 ff. für die Reststrommengen als Bestandteil des Nutzungsrechts an Kernkraftwerken; grundsätzlich vgl. *Kingreen/Poscher,* Grundrechte. Staatsrecht II, 2019, Rn. 1044 f.

[101] BVerfGE 21, 73 (82 f.); bestätigt in BVerfGE 87, 114 (146).

[102] BVerfGE 38, 348 (370); BVerfGE 68, 361 (371); BVerfGE 79, 292 (302 f.); BVerfGE 83, 82 (86 f.); BVerfGE 89, 1 (5 ff.); BVerfGE 95, 64 (84); *Berkemann* in Umbach/Clemens Rn. 316.

[103] BVerfGE 89, 1 (5 ff.); *Wieland* in Dreier Rn. 58; *Jarass* in Jarass/Pieroth Rn. 42; *Rittstieg* in AK Rn. 94; *Papier/Shirvani* in Maunz/Dürig Rn. 323; *Derleder* in AK BGB Vorb. §§ 535 ff. Rn. 56; aA *Henschel* NJW 1989, 937 (938 f.); *Depenheuer/Froese* in MKS Rn. 157 ff.; noch offen gelassen in BVerfGE 83, 82 (86 f.).

[104] *Roellecke* JZ 1995, 74 ff.; *Depenheuer* NJW 1993, 2561; *Depenheuer/Froese* in MKS Rn. 160 ff.

[105] *Badura,* 49. DJT, T 27 f.; *Breuer,* Die Bodennutzung im Konflikt zwischen Städtebau und Eigentumsgarantie, 1976, 166 ff.; *Ehlers* VVDStRL 51 (1992), 211.

[106] BGH DVBl. 1973, 918 (919 f.); *Papier/Shirvani* in Maunz/Dürig Rn. 164 ff.; *Dederer* in BK Rn. 255 ff.; *Rengeling* AöR 105 (1980), 423 (433 ff.); *Wendt,* Eigentum und Gesetzgebung, 1985, 201 ff.; *Wendt* in Sachs Rn. 46; *Leisner* in HdbStR VI 2. Aufl. 2001 § 149 Rn. 104; *Depenheuer/Froese* in MKS Rn. 118 ff.; *Sieckmann* in BerlKomm Rn. 73 jeweils mwN; einschr. *Krebs* in Schmidt-Aßmann/Schoch BesVerwR Kap. 4 Rn. 27 ff.

[107] *Breuer,* Die Bodennutzung im Konflikt zwischen Städtebau und Eigentumsgarantie, 1976, 162 (169 ff.) mwN; *Rittstieg* in AK Rn. 98; *Wieland* in Dreier Rn. 50; *Wahl* DVBl. 1982, 51 (56); *Schmidt-Aßmann,* Grundfragen des Städtebaurechts, 1972, 89 ff.; *Sendler* DÖV 1974, 73 (83); *Badura,* 49. DJT, T 27 f.

[108] *Breuer,* Die Bodennutzung im Konflikt zwischen Städtebau und Eigentumsgarantie, 1976, 166.

freiheit“ gibt es nicht. Das bedeutet nicht, dass Baurecht und Bauplanung aus ihrer rechtsstaatlichen „Domestizierung“ entlassen werden.[109] Privatrechtliches Eigentum und öffentlich-rechtliche Nutzungsordnung sind nämlich verbunden: Der Eigentümer hat nicht nur das Recht, „sein Grundstück im Rahmen der Gesetze zu bebauen“,[110] er hat auch einen Anspruch darauf, dass bei der Bauplanung seine Interessen berücksichtigt werden (§ 1 Abs. 6 BauGB),[111] und dass der Gesetzgeber bei der Baurechtsgesetzgebung die Eigentumsgewährleistung beachtet (→ Rn. 65).[112] Insofern ist es nicht falsch, von einer **mit dem Grundeigentum verbundenen „potentiellen“ Baufreiheit** zu sprechen,[113] da die Eigentumsgarantie in der Tat dem Grundeigentümer eine Rechtsposition hins. der Ausgestaltung der öffentlich-rechtlichen Nutzungsordnung einräumt.[114]

Der Gesetzgeber kann **bestimmte Nutzungsmöglichkeiten aus dem Grundeigentum ausklammern.** Das gilt zB für **Bergbauberechtigungen,** da nur die weniger bedeutsamen Bodenschätze „grundeigen“ (§ 3 Abs. 2 S. 2 BBergG), die wirtschaftlich wichtigen hingegen vom Grundeigentum abgespalten („bergfrei“) sind und ihre Nutzung durch konstitutiven Verwaltungsakt verliehen wird (§§ 3 ff. BBergG). Bergbauberechtigungen unterfallen der Eigentumsgarantie unabhängig davon, ob man sie dem öffentlichen oder privaten Recht zuweist.[115] Der Oberflächeneigentümer hat schädigende Einwirkungen bergbaulicher Aktivitäten (als Inhalts- und Schrankenbestimmung) hinzunehmen, allerdings nur im Rahmen des Verhältnismäßigkeitsprinzips.[116] Ebenfalls vom Grundeigentum abgespalten ist gem. § 1a WHG aF die Nutzung des (Grund-)**Wassers** (→ Rn. 114).[117] Dass damit auch bei rechtswidriger Versagung der wasserrechtlichen Genehmigung Art. 14 nicht berührt ist,[118] erscheint nicht zwingend: auch wenn die wasserrechtliche Genehmigung im Ermessen der Behörde steht, kann man den Anspruch auf ermessensrichtige Entscheidung dem Grundeigentum zurechnen, jedenfalls wenn sie zur sonstigen Nutzung des Grundeigentums (Kiesabbau) erforderlich ist.[119] 34

Zum Grundeigentum gehört auch das sog. **Anliegerrecht.**[120] Es sichert den Anliegern einer Straße den „Kontakt nach außen“ und ist verletzt, wenn dieser unterbunden wird. Nicht geschützt sind hingegen Lagevorteile (→ Rn. 45). Das Anliegerrecht gibt auch keinen Anspruch auf Parkmöglichkeiten auf öffentlichen Straßen in angemessener Nähe des Grundstücks.[121] 35

---

[109] So die Befürchtung von *Papier/Shirvani* in Maunz/Dürig Rn. 199.

[110] BVerfGE 35, 263 (276); BVerwGE 20, 124 (126); BVerwGE 42, 115 (116); *Burgi* NVwZ 1994, 527 (532).

[111] BVerwGE 47, 144 (154).

[112] Vgl. *Breuer,* Die Bodennutzung im Konflikt zwischen Städtebau und Eigentumsgarantie, 1976, 180 ff.

[113] *Badura* in BMV VerfassungsR-HdB Rn. 685.

[114] Vgl. *Ehlers* VVDStRL 51 (1992), 217 f.

[115] *Karpen* AöR 106 (1981), 16 ff.; *Papier/Shirvani* in Maunz/Dürig Rn. 324.

[116] BVerwGE 81, 329 (342).

[117] BVerfGE 58, 300.

[118] BGHZ 84, 230 (233), Trockenauskiesung; zust. *Ossenbühl* NJW 1983, 1 (3, 4) Fn. 22.

[119] Zu Jagd- und Fischereirechten BVerfGE 70, 191 (199), Fischereirechte; BGHZ 84, 261; BVerwG DVBl. 1983, 898; BGHZ 132, 64; *Papier/Shirvani* in Maunz/Dürig Rn. 326 f. mwN.

[120] BVerwGE 30, 235 (238 f.); BVerwGE 32, 222 (225); BGHZ 57, 359 (362) mwN; *Papier/Shirvani* in Maunz/Dürig Rn. 220; *Dederer* in BK Rn. 274; *Wendt* in Sachs Rn. 46; *Ossenbühl/Cornils* StaatshaftungsR S. 180 ff.; *Papier/Durner* in Ehlers/Pünder AllgVerwR, 2015, § 41 Rn. 19 ff.

[121] BVerwG NJW 1983, 770.

36 **c) Obligatorische Rechte.** Da nicht nur das zivilrechtliche Sacheigentum, sondern alle vermögenswerten Rechte Eigentum im verfassungsrechtlichen Sinn darstellen (→ Rn. 23), ist grundsätzlich anerkannt, dass **Forderungen** und andere obligatorische Rechte dem Schutz des Art. 14 unterfallen.[122] Für Ansprüche aus **Versicherungsgeschäften** wurde dies bezweifelt, weil der konkrete Leistungsanspruch erst im Versicherungsfall entsteht. Den Anspruch auf Überschussbeteiligung in kapitalbildenden Lebensversicherungen, der durch gesetzliche Bestimmungen gesichert wird und eine wirtschaftlich gehaltvolle Rechtsposition darstellt, hat das BVerfG jedoch als gesetzlich programmiertes, werdendes Eigentum des Versicherungsnehmers angesehen und dem Schutzbereich des Art. 14 Abs. 1 unterstellt (zur daraus folgenden Schutzpflicht → Rn. 72).[123] Dies soll nicht für die versicherungsmathematisch ähnlich kalkulierten Alterungsrückstellungen in der privaten Krankenversicherung gelten, da sie eine kollektive Absicherung darstellen und nicht den einzelnen Versicherten zugeordnet seien.[124] Zumindest soweit die Erhebung und Anrechnung von Prämienzuschlägen gesetzlich vorgegeben ist, greift diese Aussage des BVerfG zu kurz. Darüber hinaus verlangt jede Regelung die Mitgabe oder den Verlust von Alterungsrückstellungen einen Ausgleich der ambivalenten Versicherteninteressen,[125] der sich gerade auch im Rahmen von Art. 14 bearbeiten lässt. Für unverfallbare **Betriebsrentenansprüche** hat das BVerfG Eigentumsschutz anerkannt, aber deutlich gemacht, dass dies nicht für die konkrete Höhe gilt.[126]

37 **d) Geistiges Eigentum.** In den Schutz des Art. 14 fallen auch **Immaterialgüterrechte** (geistiges Eigentum),[127] bei denen der Gesetzgeber den Schöpfer mit Verfügungs- und Verwertungsrechten ausstattet.[128] Das gilt jedoch **nur in vermögensrechtlicher Hinsicht.** Der dem Schöpfer zustehende Schutz seiner Leistung in anderen Aspekten wird von Art. 2 Abs. 1 iVm Art 1 Abs. 1 und den Rechten des Art. 5, insbesondere Kunst- und Wissenschaftsfreiheit, erfasst.[129] Schaffung und Ausgestaltung dieser Rechte obliegt dem Gesetzgeber, wobei neben den Rechten des Schöpfers auch Gemeinwohlbelange, insbesondere das Interesse der Öffentlichkeit an den Ergebnissen, und die Rechte andere Grundrechtsträger zu beachten sind.[130]

38 Das **Urheberrecht** unterliegt dem Schutz der Eigentumsgarantie. Der Gesetzgeber muss die „grundsätzliche Zuordnung des vermögenswerten Ergebnisses der schöpferischen Leistung an den Urheber" und seine Verfügungsbefugnis sichern[131]. Bei der Ausgestaltung hat der Gesetzgeber die soziale Bedeutung des Rechts und die Interessen anderer Grundrechtsträger zu berücksichtigen und deshalb einen verhältnismäßig weiten Gestaltungs-

[122] *Papier/Shirvani* in Maunz/Dürig Rn. 322; *Depenheuer/Froese* in MKS Rn. 153; *Axer* in BeckOK GG Rn. 49; *Wieland* in Dreier Rn. 57 f.

[123] BVerfGE 114, 1 (38 ff., insbes. 41).

[124] BVerfGE 123, 186 (253 f.), kritisch *Depenheuer/Froese* in MKS Rn. 156; aA auch *Axer,* FS f. Heinze, 2005, 1 (8 f.); vgl. *van den Bergh,* Der eigentumsdogmatische Diskurs um die Alterungsrückstellungen in der privaten Krankenkasse, 2015.

[125] Vgl. BGH 164, 297, zu den Rückkaufswerten kapitalbildender Lebensversicherungen.

[126] BVerfGE 131, 66 (80); BVerfGE 136, 152, Rn. 34.

[127] *Fechner,* Geistiges Eigentum und Verfassung, 1999; *Kreuter-Kirchhof,* Personales Eigentum, 2017, 189 ff.

[128] *Papier/Shirvani* in Maunz/Dürig Rn. 320; *Dederer* in BK Rn 1076.

[129] *Dederer* in BK Rn 74.

[130] *Papier/Shirvani* in Maunz-Dürig Rn. 314; *Dederer,* in BK Rn. 1076 ff; *Wieland* in Dreier Rn. 71.

[131] BVerfGE 31, 229, 241; BVerfGE 129, 78, 101; BVerfGE 142, 74, 97; *Papier/Shirvani* in Maunz/Dürig Rn. 315.

spielraum.[132] Ausdruck dieses Interessenausgleichs ist insbesondere die **zeitliche Befristung,**[133] die gleichzeitig einen grundlegenden Gegensatz zum Sacheigentum darstellt. Dabei ist nicht jede denkbare Verwertungsmöglichkeit geschützt.[134] Beschränkungen der Verfügungsrechte sind leichter zu begründen als die der Verwertungsrechte.[135]

Das Recht des **Tonträgerherstellers** unterliegt einem entsprechenden Schutz.[136] Insbesondere die dynamische Entwicklung der **neuen Medien** und die **Digitalisierung** stellen den Gesetzgeber vor neue Herausforderungen.[137] Bemühungen um einen effektiven Schutz der Interessen des Urhebers können dabei nicht nur mit Grundrechten anderer, zum Beispiel der Pressefreiheit[138], kollidieren, sondern auch Gefahren für die Freiheit des Internets auslösen.[139] Strittig ist der eigentumsrechtliche Schutz von **Fernsehübertragungsrechten** an einer Sportveranstaltung.[140] Das Recht auf Kurzberichterstattung verstößt jedenfalls nicht gegen Art. 14, bei berufsmäßigen Sportveranstaltern muss sie nicht unentgeltlich eingeräumt werden.[141] **39**

Geschützt ist auch das Recht des Erfinders **(Patentrecht),**[142] und zwar schon vor der Patenterteilung.[143] Kern des Rechts ist die grundsätzliche Zuordnung des vermögensrechtlichen Ergebnisses der schöpferischen Leistung an den Patentinhaber und seine Freiheit in eigener Verantwortung darüber verfügen zu können.[144] Auch hier hat der Gesetzgeber bei der Regelung die soziale Bedeutung des Rechts zu berücksichtigen.[145] **40**

Weitere eigentumsrechtlich geschützte gewerbliche Schutzrechte sind der Sortenschutz[146], das Markenrecht[147] und der Ausstattungsschutz.[148] Demgegenüber sind Warenbezeichnungen, die sich aus öffentlich-rechtlichen Normen ergeben, die dem Schutz des Publikums vor Täuschung dienen, keine Eigentumsrechte iSd Art. 14, auch wenn sie (reflexartig) die Wettbewerbsposition eines Unternehmens begünstigen.[149] **41**

e) Unternehmen und Anteilseigentum. Die Eigentumsgarantie umfasst auch das Eigentum an **(Groß-)Unternehmen** (vgl. → Rn. 5).[150] Dass sol- **42**

[132] BVerfGE 79, 1 (25); BVerfGE 79, 29 (40); *Dederer* in BK Rn 1078.
[133] BVerfGE 31, 275 (287); BVerfGE 79, 29 (42).
[134] BVerfGE 79, 1 (25).
[135] BVerfGE 142, 74 (97 f.); *Papier/Shirvani* in Maunz/Dürig Rn. 315.
[136] BVerfGE 81, 12 (16); BVerfGE 142, 74 (97); *Dederer* in BK 1091 ff.; *Papier/Shirvani* in Maunz/Dürig Rn. 316.
[137] *Paulus* FS f. Papier, 561; *Kreuter-Kirchhof,* Personales Eigentum, 2017, 230 ff.
[138] BVerfG (2. Kammer) GRUR 2012, 389 f.
[139] Zur kontroversen Diskussion um Art. 17 Urheberrechtsrichtlinie RL 2019/790/E insbes. zu Uploadfiltern: *Pravemann* GRUR 2019, 783.
[140] Bejahend *Papier/Shirvani* in Maunz/Dürig Rn. 203; ablehnend *Dederer* in BK Rn. 91, 1098; Offengelassen in BVerfGE 97, 228 (265).
[141] Zur Ausgestaltung im Lichte von Presse-und Rundfunkfreiheit: BVerfGE 97, 228.
[142] BVerfGE 36, 281, 290 ff.; *Papier/Shirvani* in Maunz/Dürig Rn. 319; *Dederer* in BK Rn. 81, 82; *Wieland* in Dreier Rn. 7; *Timmann,* Das Patentrecht im Lichte von Art. 14 GG, 2008.
[143] BVerfGE 36, 281 (290 f.); *Papier/Shirvani* in Maunz/Dürig Rn. 319.
[144] BVerfG NJW 2001, 1783 (1784).
[145] Zur Verfassungsmäßigkeit des Versuchsprivilegs § 11 Nr 2 PatentG BVerfG (1. Kammer) NJW 2001, 1783.
[146] *Papier/Shirvani* in Maunz/Dürig Rn. 321; *Dederer* in BK Rn. 90.
[147] BVerfGE 51, 193 (216 f.), WeinG; *Papier/Shirvani* in Maunz/Dürig Rn. 320.
[148] BVerfGE 78, 58 (71).
[149] BVerfGE 51, 193 (211 ff.).
[150] *Berkemann* in Umbach/Clemens Rn. 148; *Wendt* in Sachs Rn. 68 f.; *Meyer-Abich,* Der Schutzzweck der Eigentumsgarantie, 1980, 115 ff. mit Nachw., 78 ff.; *Papier* VVDStRL 35

ches Eigentum gleichzeitig Herrschaft über Menschen bedeutet,[151] stellt es in einen gesteigerten sozialen Bezug,[152] entzieht es aber nicht der Eigentumsgarantie.[153] Auch die öffentliche Bedeutung von Großunternehmen schließt die Zuordnung zur Eigentumsgarantie nicht aus,[154] sondern ist wiederum nur für die Gestaltungsfreiheit des Gesetzgebers von Bedeutung. Schließlich ist der eigentumsrechtliche Schutz des Unternehmereigentums auch nicht dadurch ausgeschlossen, dass der Eigentümer in der typischen Kapitalgesellschaft als Anteilseigner kaum noch als „Unternehmer im Unternehmen"[155] sichtbar, der personale Bezug solchen Eigentums daher nur noch sehr vermittelt ist.[156] Auch insoweit führt die verhältnismäßig starke Lösung solchen Eigentums von seinem personalen Bezug einerseits, sein starker sozialer Bezug andererseits zu einer **großen Gestaltungsfreiheit** des Gesetzgebers,[157] nicht zu einer Unanwendbarkeit der Eigentumsgarantie.

43 Dabei ist das **Anteilseigentum** der Aktionäre[158] vom Eigentum der Gesellschaft zu unterscheiden.[159] Inhalt des Anteilseigentums sind Mitgliedschaftsrechte, die auch das Recht beinhalten, auf das Schicksal des Unternehmens Einfluss zu nehmen, und vermögenswerte Rechte.[160] Art. 14 ist daher betroffen bei der Eingliederung der Gesellschaft in einen Konzern,[161] beim Abschluss eines Beherrschungs- und Gewinnabführungsvertrages[162] und beim Ausschluss von Aktionären („squeeze out").[163] Die Durchsetzung der Interessen der Mehrheitsaktionäre ist zulässig, die Minderheitsaktionäre[164] müssen jedoch gegen den Missbrauch wirtschaftlicher Macht gesichert werden, was sowohl eine verfahrensmäßige Absicherung wie Entschädigung verlangt[165] (vgl. → Rn. 114 Einzelfälle Aktienrecht). Nicht geschützt ist hingegen der Wert der Aktie.[166] Eigentumsrechte der Gesellschaft können grundsätzlich nur von dieser geltend gemacht werden. Anderes soll nach der Rspr. des BVerfG dann gelten, wenn Aktionäre eine „substantielle" Beteiligung an der Gesellschaft haben.[167]

(1977), 55 ff. mwN; *Engel* AöR 118 (1993), 169 (170 ff.); gegen das Konzept eines Eigentums am Unternehmen: *Dederer* in BK Rn. 165.

[151] Dazu *Meyer-Abich,* Der Schutzzweck der Eigentumsgarantie, 1980, 85 ff. mwN.

[152] BVerfGE 50, 290 (349 f.); *Berkemann* in Umbach/Clemens Rn. 316.

[153] Zweifelnd *Rittstieg,* Eigentum als Verfassungsproblem, 1975, 363; *Rittstieg* in AK Rn. 100 mwN; *Suhr,* Entfaltung des Menschen durch die Menschen, 1976, 208 ff., geht den umgekehrten Weg und macht die Arbeitnehmer zu Mitträgern des Grundrechts.

[154] In diese Richtung aber *Rittstieg* in AK Rn. 111.

[155] *Püttner* DÖV 1976, 433 (434).

[156] Vgl. *Meyer-Abich,* Der Schutzzweck der Eigentumsgarantie, 1980, 97 ff.; *Papier* VVDStRL 35 (1977), 59 f.; *Suhr,* Eigentumsinstitut und Aktieneigentum, 1966, 83 ff.; *Kreuter-Kirchhof,* Personales Eigentum, 2017, 312 ff. („entpersonalisiertes Eigentum").

[157] BVerfGE 50, 290 (342 f.); *Wieland* in Dreier Rn. 60.

[158] Entsprechendes gilt für Genossenschaftsanteile und die Mitgliedschaft in einem VVaG.

[159] *Dederer* in BK Rn. 63; *Wieland* in Dreier Rn. 60; grundsätzlich auch BVerfGE 143, 246 (312).

[160] BVerfGE 14, 263 (276 f.); BVerfGE 100, 289 (301 f.); BVerfGE 132, 99 (119); *Dederer* in BK Rn. 64; *Papier/Shirvani* in Maunz/Dürig Rn. 310.

[161] BVerfGE 14, 263.

[162] BVerfGE 100, 289.

[163] BVerfGK 11, 253 (= NJW 2007, 3268).

[164] Zu den Rechten der Minderheitsaktionäre *Dederer* in BK 1058 ff.

[165] Grdl. BVerfGE 14, 263 (281 f.).

[166] BVerfGE 132, 99 (119 f.), Widerruf der Börsenzulassung.

[167] BVerfGE 143, 246, (312); im konkreten Fall zwischen 30 und 80 %. kritisch *Dederer* in BK Rn. 69 f.

Der Eigentumsschutz geht bei Unternehmen nicht weiter als der Schutz, den seine wirtschaftliche Grundlage genießt.[168] Er erfasst nur den konkreten Bestand an Rechten und Gütern.[169] Anderes gilt auch nicht unter dem Gesichtspunkt des sog. **„Rechts am eingerichteten und ausgeübten Gewerbebetrieb"** (ReaG). Ein solches Recht ist vom BVerfG nie als Eigentum iSd Art. 14 anerkannt worden.[170] In der Tat spricht nichts für die Übertragung dieser Rechtsfigur aus dem zivilen Deliktsrecht in das Verfassungsrecht.[171] Dass wegen der Systematik des BGB die Schließung von Lücken im deliktischen Unternehmensschutz die Konstruktion eines „sonstigen Rechts" iSd § 823 Abs. 1 BGB nötig machte,[172] macht dieses „Recht", das eher eine durch Interessenabwägung konkretisierungsbedürftige Generalklausel ist,[173] noch nicht zum Eigentum iSv Art. 14. Auch in der Zivilrechtsdogmatik ist die Notwendigkeit dieser Konstruktion, nachdem die Tatbestände, die zu ihr Anlass gaben, spezialgesetzlich vor allem im UWG geregelt sind, umstritten.[174] Im öffentlichen Recht ist der der Konstruktion des ReaG zugrunde liegende Gedanke der **wirtschaftlichen Einheit des Unternehmens,** das mehr ist als eine Summe einzelner Rechte, aber durchaus beachtlich.[175] Das gilt zum einen für **rechtswidrige** Schädigungen, bei denen sich auch im öffentlichen Recht an die zivilrechtliche Kasuistik anknüpfen lässt. Das gilt zum anderen für die **Rechtsfolgeseite rechtmäßiger Eingriffe** (Enteignung und ausgleichspflichtige Inhaltsbestimmung), nämlich die Berechnung der Entschädigung. 44

Ausgeschlossen ist der Schutz zB von **Lagevorteilen,** selbst wenn deren Beseitigung durch hoheitliches Handeln[176] zum Ruin eines Unternehmens führt. Gleiches gilt für die Veränderung einer für das Unternehmen **günstigen Gesetzeslage.**[177] Ebenso wenig kann der Unternehmer sich gegenüber rechtmäßigem **Verwaltungshandeln** auf das ReaG berufen: eine widerrufliche Konzession oder Genehmigung bleibt widerruflich, auch wenn sie Grundlage eines Gewerbebetriebes ist,[178] womit nicht ausgeschlossen ist, dass die wirtschaftlichen Folgen für das Unternehmen bei einer etwa erforderlichen Abwägung zu beachten sind.[179] Schließlich ist die zulässige Einführung eines **Anschluss- und Benutzungszwangs** kein Eingriff in das ReaG des 45

---

[168] BVerfGE 58, 300 (353) und stRspr; zuletzt BVerfGE 143, 246 (331).

[169] BVerfGE 105, 272 (278); BVerfGE 143, 246 (331).

[170] BVerfGE 143,246 (331 f.) mwN.; zur älteren Rspr. vgl. BVerfGE 1, 246 (277 f.); BVerfGE 13, 225 (229).

[171] *Rittstieg* in AK Rn. 105 f.; *Wieland* in Dreier Rn. 62 f.; *Dederer* in BK Rn. 161 ff.; *Berkemann* in Umbach/Clemens Rn. 146; *Badura* AöR 98 (1973), 153 (157 ff.); für den Schutz des eaG durch Art. 14: *Papier/Shirvani* in Maunz/Dürig Rn. 200 ff.; *Depenheuer/Froese* in MKS Rn. 133; *Wendt* in Sachs Rn. 26; *Sieckmann* in BerlKomm Rn. 45.

[172] RGZ 58, 24; BGHZ 2, 387.

[173] *Fikentscher* FS f. Kronstein, 1967, 261; *Buchner,* Die Bedeutung des Rechts am eingerichteten und ausgeübten Gewerbebetrieb für den deliktsrechtlichen Unternehmensschutz, 1971, 257 ff. mwN.

[174] Nachw. bei *Wagner* in MüKo BGB § 823 Rn. 318 ff.

[175] Zu abl. daher *Rittstieg* in AK Rn. 106.

[176] Straßenverlegung: BGHZ 48, 58, Rheinuferstraße; Verlängerung der Anfahrt: BGHZ 45, 150 – Elbe-Leitdamm; BGHZ 94, 373, Beeinträchtigung einer Fahrgerechtigkeit durch 3 km entfernte Brücke; BGHZ 55, 261 – Soldatengaststätte.

[177] BGH NJW 1968, 293, StVO; NJW 1964, 769 – Märchenfilm; BGHZ 45, 83 – Knäckebrot.

[178] *Papier/Shirvani* in Maunz/Dürig Rn. 210; BVerwGE 62, 224; *Sendler* UPR 1983, 33; *Depenheuer/Froese* in MKS Rn. 175.

[179] Vgl. *Papier/Shirvani* in Maunz/Dürig Rn. 211; *Sendler* UPR 1983, 33.

Unternehmers, dem sie die Existenzgrundlage entzieht.[180] Diese Rspr. ist iErg zutreffend, da dem Unternehmer nicht mit Hilfe der Rechtsfigur des ReaG das Unternehmerrisiko abgenommen werden kann: eine freie Wirtschaftsordnung erlaubt ihm, sich auf günstige tatsächliche oder gesetzliche Vorgaben einzustellen, aber er tut das auf eigenes Risiko.[181]

46 Auch Umsatz- und Gewinnchancen werden nicht von der Eigentumsgarantie erfasst.[182] Bei der Ausgestaltung von Eigentumsrechten ist vom Gesetzgeber jedoch ihre **Verwertbarkeit** zu berücksichtigen,[183] und bei gesetzlichem Einwirken auf Gewinnchancen könnte allerdings Art. 12 einschlägig sein.[184]

47 **f) Vermögen, Wert und Geld.** Art. 14 schützt grds. nur vermögenswerte Rechte, **nicht das Vermögen als solches.**[185] Die daran vom BVerfG in früheren Äußerungen geknüpfte Auffassung, der Schutzbereich des Art. 14 sei bei der Auferlegung von Geldleistungspflichten **(Steuern und Abgaben)** überhaupt nicht berührt,[186] hat das Gericht jedoch nicht aufrechterhalten. Es hat in späteren Entscheidungen die Möglichkeit, dass Art. 14 bei übermäßiger („konfiskatorischer“) Besteuerung eingreift, anerkannt,[187] hat das Existenzminimum gegen den Zugriff des Steuergesetzgebers abgesichert[188] und ist im Vermögenssteuerbeschluss einer generellen Unterstellung des Vermögens unter Art. 14 sehr nahe gekommen.[189] Dafür bedarf es jedoch nicht notwendig einer Erstreckung der Eigentumsgarantie auf das Vermögen. Denn Art. 14 als Prüfungsmaßstab des Steuerrechts wurde auch als Beschränkung der Eigentümerfreiheit, nämlich dem Erwerben, Haben, Nutzen, Verbrauchen, Verwalten und Veräußern von Eigentum, konstruiert.[190] Dies überzeugt jedoch gerade nicht als allgemeiner Maßstab für Steuerpflichten, sondern nur soweit spezifische Schutzdimensionen des Art. 14 angesprochen sind, so wie Steuern auch andere Grundrechte, etwa Art. 12, berühren können.[191] Zudem führt die Annahme, Art. 14 schütze das Vermögen insgesamt, dazu, dass das Steuerrecht

---

[180] BVerwGE 62, 224 (227); BGHZ 40, 355; aA OVG Lüneburg DÖV 1978, 44.

[181] Vgl. *Badura* FS 125 Jahre Juristische Gesellschaft Berlin, 1984, 1 (11 ff.); *Bryde* NJW 1984, 2177 (2181 f.) zu Art. 12; zur Möglichkeit eines **Plangewährleistungsanspruches** bei Vorliegen eines bes. Vertrauenstatbestandes vgl. *Ipsen* VVDStRL 11 (1954), 129; *Oldiges,* Grundlagen eines Plangewährleistungsrechts, 1970; *Ossenbühl/Cornils* StaatshaftungsR S. 477 ff.; BGHZ 45, 83 (87 f.).

[182] BVerfGE 105, 272 (278); BVerfGE 143, 246 (331).

[183] BVerfGE 31, 224 (242).

[184] BVerfGE 30, 292 (334 f.); BVerfGE 38, 61 (101); BVerfGE 85, 360 (383); BVerfGE 88, 366 (377); *Jarass* in Jarass/Pieroth Rn. 4: Art. 12 schützt den Erwerb, Art. 14 das Erworbene; *Rittstieg* in AK Rn. 106; *Scholz,* Paritätische Mitbestimmung und GG, 1974, 80.

[185] BVerfGE 4, 7 (17) stRspr, etwa BVerfGE 95, 267 (300); auch offen gelassen in BVerfGE 115, 97 (112), Halbteilungsgrundsatz; BVerwGE 87, 324 (330); *Papier/Shirvani* in Maunz/Dürig Rn. 277; *Rittstieg* in AK Rn. 132; *Depenheuer/Froese* in MKS Rn. 163; *Wieland* in Dreier Rn. 65 ff.; *Ramsauer,* Die faktischen Beeinträchtigungen des Eigentums, 1980, 133 ff., mit umf. Nachw. auch zur aA; *Wendt,* Eigentum und Gesetzgebung, 1985, 36 ff.; *Wendt* in Sachs Rn. 38 f.; *Dederer* in BK Rn. 50 ff.; aA *Sieckmann* in BerlKomm Rn. 53, iErg auch *Axer* in BeckOK GG Rn. 55.

[186] BVerfGE 4, 7 (17), Investitionshilfe; BVerfGE 8, 274 (330).

[187] BVerfGE 14, 221 (224); BVerfGE 19, 119 (128 f.) und öfter.

[188] BVerfGE 87, 153.

[189] BVerfGE 93, 121 (137 ff.); scharf abl. *Böckenförde,* abw. Meinung in BVerfGE 93, 121 (149 ff.); deutlich anders der erste Senat in BVerfGE 95, 267 (300); krit. auch *Lepsius* JZ 2002, 313; vgl. zur auch zwischen den Senaten unterschiedlichen Entwicklung der Rspr. *Wieland* in Dreier Rn. 65 f.

[190] Vgl. *Kirchhof* VVDStRL 39 (1981), 242 ff. mwN; *Kirchhof* in FS f. Vogel, 1996, 27; *Sieckmann* in BerlKomm Rn. 107.

[191] *Papier/Shirvani* in Maunz/Dürig, Rn. 286.

als Inhaltsbestimmung des sozialpflichtigen Eigentums anzusehen ist. Materielle Maßstäbe wären nicht gewonnen, nur eine umfassende Angemessenheitskontrolle des BVerfG.[192] Stattdessen bieten Art. 3 Abs. 1 oder auch die Garantie des menschenwürdigen Existenzminimums qualitative Maßstäbe, wie Art. 14 im Fall der Beeinträchtigung konkreter subjektiver Rechtsstellungen auch.[193] (Vgl. zu Einzelheiten → Rn. 114, Stichwort „Steuer- und Abgabenrecht").

Art. 14 garantiert grds. nur den Bestand, **nicht** den **Tauschwert** eines vermögenswerten Rechts,[194] ohne dass der Tauschwert jedoch für die Eigentumsgarantie bedeutungslos wäre. Er ist vielmehr von Bedeutung für die Entschädigung rechtmäßiger wie rechtswidriger Eigentumsverkürzungen. **Durch rechtswidriges Hoheitshandeln verursachte Wertverluste** eines Eigentumsobjektes können zumindest Indiz für eine Rechtsbeeinträchtigung sein.[195] 48

Problematisiert wird die (Nicht-)Berücksichtigung des Tauschwerts bei **Geld,** das (als Sacheigentum bzw. Forderung) unzweifelhaft der Eigentumsgarantie unterfällt, aber seine wirtschaftliche Funktion allein in seinem Tauschwert hat.[196] Der Versuch, mit diesem Argument Art. 14 gegen eine staatlich (mit-)verursachte **Inflation** zu mobilisieren,[197] dürfte von geringer Tragweite sein: die Verpflichtung der wirtschaftspolitischen Instanzen, das gesamtwirtschaftliche Gleichgewicht zu wahren (Art. 109 Abs. 2),[198] aber auch die dem Sozialstaatsprinzip zu entnehmende Verpflichtung des Staates auf eine Vielzahl konfligierender wirtschaftspolitischer Ziele, schließt jedenfalls eine auf Art. 14 gestützte einseitige Festlegung der Wirtschaftspolitik auf das Ziel der Geldwertstabilität aus.[199] Auch die Verfassungsbeschwerden gegen Maßnahmen in der Finanzkrise konnten mit dem Argument einer Eigentumsverletzung wegen drohender Geldentwertung nicht durchdringen.[200] 49

g) Subjektive öffentliche Rechte. Besonders streitbefangen ist zwar nicht im Grundsatz aber in der Reichweite[201] die Erstreckung der Eigentumsgarantie auf vermögenswerte subjektive öffentliche Rechte.[202] An ihr zeigt 50

---

[192] Zu Recht ablehnend und die Gestaltungshoheit des Gesetzgebers wahrend daher *Wieland* in Dreier Rn. 68.

[193] *v. Arnim* VVDStRL 39 (1981), 299 ff.; *Papier/Shirvani* in Maunz/Dürig Rn. 286; *Rittstieg* in AK Rn. 255 ff.; *Badura* in BMV VerfassungsR-HdB Rn. 352; *Friauf* DÖV 1980, 480 ff.; *v. Brünneck,* Die Eigentumsgarantie des Grundgesetzes, 1984, 360 ff.; in diesem Sinne wohl auch *Bryde* in v. Münch/Kunig, 6. Aufl. 2012, Rn. 23.

[194] BVerfG HFR 1969, 347; *Papier/Shirvani* in Maunz/Dürig Rn. 281; *Wieland* in Dreier Rn. 69; *Rittstieg* in AK Rn. 132.

[195] BVerwG NJW 1979, 995; weitergehend BVerwG NJW 1978, 62; *Suhr,* Eigentumsinstitut und Aktieneigentum, 1966, 26 ff.; *Suhr* NJW 1979, 145.

[196] *Hoffmann-Riem,* Rechtsfragen der Währungsparität, 1969, 64; *Papier/Shirvani* in Maunz/Dürig Rn. 302.

[197] *Papier/Shirvani* in Maunz/Dürig Rn. 302 ff.; *Papier* AöR 98 (1973), 528 (537 f.); JuS 1974, 477; abl. *Rittstieg* in AK Rn. 132.

[198] Dazu *Fischer-Menshausen* in v. Münch/Kunig, 3. Aufl. 1996, Art. 109 Abs. 2 Rn. 10 ff.

[199] So iErg *Papier/Shirvani* in Maunz/Dürig Rn. 303 f.; *Papier* AöR 98 (1973), 528 (548 f.); JuS 1974, 477 (478); *Wieland* in Dreier Rn. 69; zur Berücksichtigung der Geldentwertung im Steuerrecht → Rn. 114.

[200] BVerfGE 129, 124 (174), Griechenlandhilfe Euro-Rettungsschirm; BVerfGE 132, 195, Rn. 96, ESM und Fiskalpakt (eA); BVerfGE 135, 317, Rn. 131, ESM und Fiskalpakt; BVerfG, Urt. v. 30.7.2019 – 2 BvR 1685/14, Rn. 97, 111, Europäische Bankenunion.

[201] Die Forderung nach einer umfassenden Einbeziehung, vgl. BGHZ 6, 270 (278); *Rupp-v. Brünneck,* abw. Meinung in BVerfGE 32, 111 (141 ff.); *Rittstieg* in AK Rn. 121, hat sich nicht durchgesetzt.

[202] Grdl. zur älteren Diskussion: *Dürig* FS f. Apelt, 1958, 13 ff.; *Nicolaysen* FS f. Schack, 1966, 107 ff.; *Weber* AöR 91 (1966), 382 ff., vgl. zur Rspr.-Entwicklung auch *Dederer* in BK Rn. 102 ff.

sich zum einen besonders deutlich der **rechtstheoretische** Ausgangspunkt der Eigentumskonzeption (→ Rn. 4 ff.). Zum anderen werden über den Eigentumsschutz subjektiv öffentlicher Rechte **Verteilungskonflikte** vor dem BVerfG verhandelbar (→ Rn. 54).

51 Die **personale und menschenrechtliche** Sicht auf die Eigentumsgarantie (→ Rn. 5, 13 f.) verlangt unter den wirtschaftlichen Verhältnissen einer Erwerbstätigengesellschaft mit hierauf abgestimmten sozialen Sicherungssystemen eine Ausweitung auch auf öffentlich-rechtliche vermögenswerte Rechte, die für breite Bevölkerungsgruppen die Funktion des (Grund-)Eigentums übernommen haben.[203] Denn andernfalls hätte das Grundrecht für breite Bevölkerungsschichten kaum freiheitssichernde Bedeutung. Gleichzeitig steht ein solches am modernen Sozialstaat orientiertes Eigentumsverständnis in grundlegendem Gegensatz zum konservativ-liberalen Ansatz der Eigentumsgarantie, der privatrechtlich geformtes Eigentum als **vorgefunden** und trotz seiner Gestaltungsbedürftigkeit vor staatlichem Zugriff als zu schützen versteht.

52 Die Rspr. des BVerfG, die nach anfänglichem Zögern[204] **Sozialversicherungsansprüche** in den Schutz der Eigentumsgarantie einbezogen hat, „wenn sie auf **nicht unerheblichen Eigenleistungen** des Versicherten beruhen und der **Sicherung seiner Existenz** dienen"[205] und „dem Rechtsträger ausschließlich **privatnützig zugeordnet**"[206] sind, bildet die Schnittmenge dieser beiden unterschiedlichen Ausgangspositionen und erlaubt damit die Aufrechterhaltung beider Ansätze. Trotz einiger Kritik[207] ist dies in der Literatur inzwischen auf breite Zustimmung gestoßen.[208] Inzwischen hat das

---

[203] BVerfGE 53, 257 (290) unter Berufung auf *Rupp-v. Brünneck,* abw. Meinung in BVerfGE 32, 111 (141 ff.); vgl. auch *Axer* in BeckOK GG Rn. 57; *Papier/Shirvani* in Maunz/Dürig Rn. 258.

[204] BVerfGE 1, 97 – Kriegsopferversorgung; BVerfGE 1, 264 – Bundesschornsteinfegerwesensgesetz; BVerfGE 2, 380 – Wiederaufnahmegründe für Haftentschädigung, BVerfGE 11, 221 – Zusatzsterbegeld; BVerfGE 14, 288 – Ende der Selbstversicherung; BVerfGE 22, 241 – Renteneintrittsalter im Saarland; BVerfGE 24, 220 – Keine Weiterversicherung nach Rentenreform; BVerfGE 32, 111 – Österreichfälle, abw. Meinung Rupp v. Brünne, 129 ff.; BVerfGE 40, 65 – Familienhilfe der Knappschaft.

[205] BVerfGE 53, 257 (289 ff.); BVerfGE 55, 114 (131 f.); BVerfGE 58, 81 (109); BVerfGE 63, 152 (174); BVerfGE 64, 87 (97–103); BVerfGE 66, 234 (247); BVerfGE 69, 272 (298–309); BVerfGE 70, 101 (110–114); BVerfGE 71, 1 (10–17); BVerfGE 71, 66 (80); BVerfGE 72, 9 (18); BVerfGE 72, 141 (152–154); BVerfGE 74, 203 (213); BVerfGE 75, 78 (96–105); BVerfGE 76, 256 (293–295); BVerfGE 80, 297 (308–315); BVerfGE 92, 94 (106); BVerfGE 92, 365 (405); BVerfGE 100, 1 (33).

[206] BVerfGE 69, 272 (300); BVerfGE 97, 271 (283 f.); BVerfGE 112, 368 (396).

[207] *Hase* FS f. Ridder, 1989, 259 ff.; *Grimm* in Deutscher Sozialrechtsverband, Verfassungsrechtlicher Eigentumsschutz sozialer Rechtspositionen, Schriftenreihe des Deutschen Sozialrechtsverbandes XXIII, 1982, 226 ff.; *Thieme* FS f. Wannagat, 1981, 608 ff.; *Rüfner* SGb 1981, 107 f.; *Krause,* Eigentum an subjektiven öffentlichen Rechten, 1982, 30 ff.; *Papier* VSSR 1973, 33 ff.; *Papier/Shirvani* in Maunz/Dürig Rn. 232 ff.; *Depenheuer/Froese* in MKS Rn. 70 ff., 182 ff.; *Berkemann* in Umbach/Clemens Rn. 131.

[208] *Berkemann* in Umbach/Clemens Rn. 163 ff.; *Dederer* in BK Rn. 118 ff.; *Rittstieg* in AK Rn. 121; *Söllner* FS f. Geiger, 1989, 262 ff.; *Stober* SGb 1989, 53 ff.; *Ossenbühl* FS f. Zeidler, 1987, 625; *Katzenstein* FS f. Simon, 1987, 847 ff.; *v. Brünneck* JZ 1990, 992 ff., alle mwN; *Wieland* in Dreier Rn. 33, 74 f.; *Wendt* in Sachs Rn. 34; *Jarass* in Jarass/Pieroth Rn. 11; Hesse VerfR Rn. 445; *Badura* in BMV VerfassungsR-HdB Rn. 350; *Schmidt-De Caluwe* JA 1992, 129 ff.; zurückhaltend *Papier/Shirvani* in Maunz/Dürig Rn. 246 ff.; aA *Stolleis* in Deutscher Sozialrechtsverband, Verfassungsrechtlicher Eigentumsschutz sozialer Rechtspositionen, Schriftenreihe des Deutschen Sozialrechtsverbandes XXIII, 1982, 116 ff.; *Schneider* Juristische Studiengesellschaft Karlsruhe 146 (1980), 31; sowie Nachw. bei *Krause,* Eigentum an subjektiven öffentlichen Rechten, 1982, 30 ff.; *Papier* VSSR 1973, 33 ff.; *v. Brünneck* JZ 1990, 992 f.

BVerfG den Eigentumsschutz für Renten aus der gesetzlichen **Rentenversicherung**[209] und für Arbeitslosen-[210] und Unterhalts- und Übergangsgeld[211] aus der **Arbeitslosenversicherung** anerkannt. Für andere Ansprüche hat es die Frage offen gelassen.[212] Ausdrücklich verneint wurde der Anspruch auf Arbeitslosenhilfe.[213]

Die Debatte um den Eigentumsschutz von **Rentenansprüchen**[214] spiegelt in besonderer Weise den liberalen Gedankenstrang, für den der Eigentumsschutz daraus folgt, dass der Leistungsanspruch das **Äquivalent eigener Leistung** ist.[215] Die **Hinterbliebenenrente** hat das BVerfG nicht als Eigentumsposition anerkannt, sondern nur im Rahmen des allgemeinen Vertrauensschutzgrundsatzes als geschützt angesehen, da es nicht auf die Eigenleistungen des Versicherten, sondern auf monetäre Vorleistungen des Leistungsberechtigten abstellte.[216] Für Rentenansprüche nach dem **Fremdrentengesetz** hat das BVerfG ebenfalls den Eigentumsschutz verneint, wenn und soweit sie ausschließlich auf Rentenzeiten im Ausland und damit ohne tatsächliche Beitragszahlungen in die deutsche Rentenversicherung beruhen.[217] Allerdings ist die Rspr. keineswegs konsistent. Auch Beschäftigte in der DDR haben keine Beiträge in die westdeutsche Rentenversicherung gezahlt, gleichwohl hat das BVerfG die im Einigungsvertrag anerkannten **DDR-Renten** und Anwartschaften dem Schutz von Art. 14 unterstellt.[218] Ob Rentenansprüche aufgrund von **Kindererziehungszeiten,** für die ebenfalls nicht der Leistungsberechtigte, sondern der Bund Beiträge an die Rentenversicherung zahlt,[219] so wie die Hinterbliebenenrente keinen Eigentumsschutz genießen, ist offen. Dies wäre wohl jedenfalls gleichstellungspolitisch problematisch, da sich die Differenz zwischen den Geschlechtern, die sich aus dem unterschiedlichen Familienarbeits- und Erwerbsverhalten ergibt, auch im grundrechtlichen Schutzkonzept fortsetzen würde, obwohl der Gesetzgeber Kindererziehungszeiten ausdrücklich als Beitragszeiten wertet[220]. Für die Bewertung von **Ausbildungs-Ausfallzeiten** hat das BVerfG die Aufspaltung eines Rentenanspruchs nach der Äquivalenzbetrachtung abgelehnt und einen einheitlichen, nur in seiner Intensität abgestuften Schutz durch Art. 14 angenommen.[221] Bisher ist es also nicht gelungen, aus der Abgren- 53

---

[209] BVerfGE 53, 257 – Versorgungsausgleich; BVerfGE 58, 81 – Ausbildungsausfallzeiten I; BVerfGE 64, 87 – Rentenanpassung BVerfGE 69, 272 – KVdR; BVerfGE 70, 101 – Ersatz- und Ausfallzeiten; BVerfGE 71, 1 – Ausbildungsausfallzeiten II.

[210] BVerfGE 74, 9 (18) – Anwartschaftszeitenerhöhung; 74, 203 (213) – Meldeversäumnis.

[211] BVerfGE 76, 220.

[212] BVerfGE 92, 365 – Kurzarbeitergeld; BVerfGE 97, 378 (385) – Krankengeld; aus der älteren Rspr: BVerfGE 11, 221 (226) – Sterbegeld; BVerfGE 40, 65 – Familienhilfe der Knappschaft.

[213] BVerfGE 128, 90.

[214] Erstmals anerkannt in BVerfGE 53, 257 (289 ff.) – Versorgungsausgleich.

[215] BVerfGE 14, 288 (293 ff.); BVerfGE 53, 257 (291 f.); BVerfGE 69, 272 (300 ff.); BVerfGE 72, 9 (19); BVerfGE 101, 1 (33); BVerfGE 116, 96 (121); grdl. insoweit *Dürig* FS f. Apelt, 1958, 13; BSGE 5, 40. Zurecht betont *Dederer* in BK Rn. 115 f., dass nur hier das Kriterium der Eigenleistung eine Rolle spielt.

[216] BVerfGE 97, 271; breit kritisiert, vgl. *Schuler-Harms* NJW 1998, 3095; *Ossenbühl* JZ 1998, 679; *Hase* JZ 2000, 591 mwN; ablehnend auch BSGE 92, 138, juris-Rn. 45 ff.; bereits zuvor jedoch für die Geschiedenenwitwenrente: BVerfGE 72, 141 (152 ff.).

[217] BVerfGE 116, 96.

[218] BVerfGE 100, 1.

[219] § 177 SGB VI.

[220] § 55 Abs. 1 S. 3 SGB VI.

[221] BVerfGE 58, 81; BVerfGE 128, 138 (147).

zung zwischen als Eigentum qualifizierten oder im Rahmen des allgemeinen Vertrauensschutzes verorteten Rentenansprüchen[222] erkennbare Schutzunterschiede abzuleiten.[223] Letztlich steht daher die **dogmenerhaltende Funktion** des Eigentumsschutzes von Sozialversicherungsansprüchen im Vordergrund.[224]

54 Ebenfalls weniger dogmatisch konsistent und eher im Kontext sozialpolitischer Verteilungsdebatten verständlich ist die ambivalente Einordnung von **Entschädigungsansprüchen.** Während Ersatzansprüche für die Aufopferung privater Rechte geradezu selbstverständlich Eigentumsschutz genießen,[225] hat das BVerfG die zur Bewältigung der Kriegsfolgen geschaffenen Entschädigungsansprüche[226] ebenso wie Ansprüche zur Wiedergutmachung nationalsozialistischen Unrechts[227] nicht Art. 14 GG unterstellen wollen, so dass dem Gesetzgeber ein breiter Spielraum auch zum Rückbau dieser Ansprüche gerade auch im Rahmen der Neugestaltung des westdeutschen Sozialstaates blieb. Unabhängig vom Ergebnis bestand aber bereits durch die Fragestellung nach dem Eigentumsschutz, den das BVerfG bereits im ersten Band nicht kategorisch ausschloss, sondern differenziert erörterte,[228] die Möglichkeit, die konkret aufgeworfenen Verteilungsfragen vor dem BVerfG zu verhandeln.[229] Prozessual hatten damit Leistungsempfänger eine **verfassungsbeschwerdefähige Position,** die auch aufgrund von allgemeinen Vertrauensschutzgesichtspunkten erfolgreich sein konnte.[230] Insofern füllt die Berufung auf Art. 14 auch dann, wenn der Eigentumsschutz letztlich verneint wird, die Lücke, die durch das **Fehlen sozialer (Leistungs-)Grundrechte** besteht.

55 Tragfähigere Kriterien, welche subjektiven öffentlichen Rechte Eigentumsschutz genießen, wurden weder in der Rspr. noch in der Literatur[231] entwickelt. Insbesondere der Verweis auf die Vergleichbarkeit einer öffentlich-rechtlichen Position mit derjenigen eines Eigentümers umschreibt zwar das Ergebnis, bietet aber keine Maßstäbe.[232] Auch ein Abstellen darauf, ob eine ersatzlose Entziehung dem rechtsstaatlichen Gehalt des GG widersprechen würde,[233] bleibt unspezifisch, da es den Schutzbereich vom Eingriff her definiert. Da die Einbeziehung in den Eigentumsschutz dazu führt, dass **Art. 14** und nicht das Rechtsstaatsgebot des Art. 20 der verfassungsrechtliche

---

[222] Zur Aufweichung des Leistungskriteriums als Abgrenzungsmaßstab vgl. *Dederer* in BK Rn. 110 f.

[223] Zur Kritik s. o., vgl. auch *Bryde* in v. Münch/Kunig, 6. Aufl. 2012,. Rn. 26.

[224] *Bryde* in v. Münch/Kunig, 6. Aufl. 2012, Rn. 26; vgl. *Wallrabenstein,* Vom Wert der Sozialversicherungsansprüche in v. Arnauld/Musil Sozialverfassungsrecht, 2009, 179; *Musil,* Versicherung im Sozialstaat, 2009, 220 ff., 232.

[225] BVerfGE 53, 336 (348 f.), EisenbahnkreuzungsG.

[226] BVerfGE 1, 264 (278); BVerfGE 2, 380 (399 ff.).

[227] Vgl. *Rupp-v. Brünneck,* abw. Meinung in BVerfGE 32, 111 (142).

[228] BVerfGE 1, 264 (278); auch 2, 380 (399 ff.).

[229] Gerade deshalb kritisch gegenüber einer Transformation des Eigentumsschutzes von einem Freiheits- zu einem Teilhaberecht *Papier/Shirvani* in Maunz/Dürig Rn. 128.

[230] BVerfGE 40, 65 (75 f.) – Knappschaftsrentner-Familienhilfe.

[231] Zur Beschreibung und Systematisierung vgl. *Krause,* Eigentum an subjektiven öffentlichen Rechten, 1982, 30 ff.; *Stober* in Deutscher Sozialrechtsverband, Verfassungsrechtlicher Eigentumsschutz sozialer Rechtspositionen, Schriftenreihe des Deutschen Sozialrechtsverbandes XXIII, 1982, 12 ff.

[232] Krit. zum Zirkelschluss von der – ja gerade auf Art. 14 beruhenden – Stärke einer Position auf dessen Anwendbarkeit: *Nicolaysen* FS f. Schack, 1966, 107 (109); Betonung der Unterschiede zwischen öffentlichen und privaten Rechten bei *Krause,* Eigentum an subjektiven öffentlichen Rechten, 1982, 30 ff.; *Papier* VSSR 1973, 33 ff.

[233] BVerfGE 4, 219 (240); 16, 94 (112) und öfter.

Ort des Vertrauensschutzes im vermögensrechtlichen Bereich[234] wird, ist die Berücksichtigung von **Anwartschaften** bzw. anwartschaftsähnlichen Positionen konsequent. Allerdings ist in der bisherigen Rspr. zu sozialen Leistungsansprüchen nicht erkennbar, wie dieser Vertrauensschutz sich gegenüber den allgemeinen Grundsätzen unterscheidet (→ Rn. 52 f.).[235] Naheliegend scheint es, den Gedanken **frustrierter** Investitionen, den das BVerfG für die Ausgleichspflicht beim Verlust der ebenfalls öffentlich-rechtlichen Rechtsposition der Reststrommengen von Atomkraftwerken herangezogen hat,[236] auch im Rahmen sozialversicherungsrechtlicher Anwartschaften fruchtbar zu machen. Denn gerade in der Erwerbs- und Lebensbiografie lassen sich Vorsorgeentscheidungen oft nicht umkehren, so dass ihnen nicht notwendig Bestandsschutz, aber doch eine Bewahrung ihres freiheitssichernden Wertes zukommen muss. Das notwendige Gegengewicht bilden die **zukunftsgerichteten Belange** sozialer Sicherungssysteme wie ihre Nachhaltigkeit oder ihre gesamtgesellschaftliche Akzeptanz, die auch mit dem Begriff der Generationengerechtigkeit adressiert wird. Die allgemeinen Vertrauensschutzerwägungen und der ebenso allgemeine weite sozialpolitische Gestaltungsspielraum lassen sich so bereichsspezifisch präzisieren. Zur EGMR-Rspr., die auch für soziale Rechte berechtigte Erwartungen unter Art. 1 des 1. ZP als geschützt ansieht und zugleich den weiten Spielraum der Konventionsstaaten betont (→ Rn. 14), ist dies ebenfalls anschlussfähig.

Effektiver als im Rahmen von Art. 14 kann die verfassungsrechtliche Kontrolle anhand von Art. 3, 12[237] und Art. 9[238] ausfallen. Einerseits muss dem Sozialgesetzgeber iRd Art. 14 Abs. 1 S. 2 ein besonders großer Spielraum zugestanden werden. 56

Für **beamtenrechtliche Ansprüche** ist Art. 33 Abs. 5 *lex specialis.*[239] Nach BVerfGE 16, 94 (110 f.) soll das nicht für die Ansprüche von **Soldaten** gelten, ohne dass diese Differenzierung zu überzeugen vermöchte.[240] 57

Die Einbeziehung von öffentlichen **Erlaubnissen und Genehmigungen** in die Eigentumsgarantie[241] trägt zur rechtlichen Erfassung dieser Positionen wenig bei. Insbesondere überzeugt es nicht, einen solchen Eigentumsschutz aus Investitionen, die zur Erlangung einer Genehmigung getätigt wurden, abzuleiten.[242] Das BVerfG ist diesen Vorschlägen auch nicht gefolgt. Auch die in Reststrommengen ausgedrückte Laufzeitbewilligung von Kernkraftwerken hat das BVerfG nicht als eigenständige Eigentumsposition angesehen, sondern als prägenden Teil des Anlageneigentums.[243] Die **Einschlägigkeit** 58

[234] BVerfGE 52, 257 (309); 95, 64 (82); vgl. die Nachw. bei *Götz* FG BVerfG II, 431; *Rüfner* JZ 1983, 755; → Rn. 109.

[235] Für diese allgemeinen Vertrauensschutzgrenzen vgl. *Pitschas* JA 1980, 534 (535); *Thieme* FS f. Wannagat, 1981, 608 ff.; *Rüfner* SGb 1981, 107 f.; *Krause,* Eigentum an subjektiven öffentlichen Rechten, 1982, 30 ff.; *Wieland* in Dreier Rn. 73; *Papier/Shirvani* in Maunz/Dürig Rn. 248 ff.

[236] BVerfGE 143, 246 Rn. 233 ff.

[237] BVerfGE 98, 365.

[238] BVerfGE 92, 365.

[239] BVerfGE 3, 58 (153) und öfter; zuletzt zB BVerfGE 52, 304 (344 f.) – Chefärzte; *Papier/Shirvani* in Maunz/Dürig Rn. 373.

[240] Krit. *Papier* VSSR 1973, 33 (42 f.).

[241] BSGE 5, 40; *Dederer* in BK Rn. 144 ff.; *Weber* AöR 91 (1966), 382 (383 ff.); *Breuer,* Die Bodennutzung im Konflikt zwischen Städtebau und Eigentumsgarantie, 1976, 184 ff.; abl. *Jarass* in Jarass/Pieroth Rn. 13.

[242] BVerfGE 143, 246 Rn. 232.

[243] BVerfGE 143, 246 Rn. 233 ff.

der **Eigentumsgarantie** folgt eben aus dem privatrechtlichen Substrat, wie zB dem Grundeigentum, das durch die Genehmigung ausgestaltet wird, wie etwa bei der Bauerlaubnis (→ Rn. 33). Bei **berufs- und gewerberechtlichen Erlaubnissen** ist in der Regel Art. 12 einschlägig. Der Bestandsschutz solcher subjektiv-öffentlichen Rechte wird durch ihre Zuordnung zur Eigentumsgarantie jedenfalls nicht erweitert. Er folgt aus der jeweiligen spezialgesetzlichen Grundlage bzw. §§ 48, 49 VwVfG.[244] Wiederum geht es nur um eine sinnvolle verfassungsrechtliche Verankerung des Vertrauensschutzprinzips in Art. 14 statt im allg. Rechtsstaatsprinzip. Damit kann Art. 14 bei der Frage nach den Grenzen gesetzgeberischer Freiheit bei der Ausgestaltung verwaltungsrechtlichen Bestandschutzes von Bedeutung sein. Für berufsregelnde Erlaubnisse ist dabei allerdings Art. 12 betroffen.

59 **3. … (wird) gewährleistet: objektive und subjektive Dimensionen (Abs. 1 S. 1). a) Bestandsschutz.** Die „Gewährleistung“ des Eigentumsgrundrechts hat, wie jede Grundrechtsgarantie, mehrere Dimensionen. Sie sichert den **Bestand an konkreten vermögenswerten Rechten in der Hand des jeweiligen Eigentümers** (Bestandsgarantie, Rechtsstellungsgarantie), gewährleistet **subsidiär** einen **Wertersatz** bei Verkürzung dieses Bestandes (Art. 14 Abs. 3) und verlangt vom Gesetzgeber, die Eigentumsgewährleistung bei der **Ausgestaltung** der Eigentumsrechte **zu beachten.**

60 Die Eigentumsgewährleistung schützt nicht nur gegen gezielte hoheitliche Einwirkungen, sondern grds. auch gegen **faktische Beeinträchtigungen.**[245] Die Bestandsgarantie schützt den Eigentümer gegen rechtswidriges hoheitliches Einwirken auf sein Eigentum, auch wenn es sich um Folgen schlicht-hoheitlichen Handelns oder die (nicht beabsichtigten) Nebenfolgen von gegen den Eigentümer oder Dritte gerichtete Regelungen handelt.[246] Str. ist, wie weit ein reiner Vermögensschaden ohne Beeinträchtigung der Eigentumsnutzung ausreicht,[247] und welcher Rechtswidrigkeitszusammenhang zwischen der Rechtswidrigkeit der hoheitlichen Maßnahmen und dem betroffenen Rechtsgut bestehen muss.[248] Nebenfolgen rechtmäßigen Verwaltungshandelns muss der Eigentümer dulden.

61 **b) Institutsgarantie.** Die beiden hauptsächlichen Stoßrichtungen der Eigentumsgarantie, der **Schutz gesetzlich begründeter Rechte** einerseits, der **Schutz gegen eine verfassungswidrige gesetzliche Ausgestaltung** dieser Rechte andererseits, wird in der Gegenüberstellung von Individual- (bzw. Rechtsstellungs-) und Institutsgarantie[249] nur verkürzt erfasst. Die Rechtsfigur

---

[244] So auch *Rittstieg* in AK Rn. 128; *Sendler* UPR 1983, 33 (36); *Krause,* Eigentum an subjektiven öffentlichen Rechten, 1982, 36 f.

[245] *Papier/Shirvani* in Maunz/Dürig Rn. 117; *Wieland* in Dreier Rn. 102; *Wendt* in Sachs Rn. 52; *Jarass* in Jarass/Pieroth Rn. 25 f.; *Berkemann* in Umbach/Clemens Rn. 247; *Ramsauer,* Die faktischen Beeinträchtigungen des Eigentums, 1980, 190 ff., Zusf.; *Gallwas,* Faktische Beeinträchtigung im Bereich der Grundrechte, 1970, 21 ff., 49 ff.

[246] Vgl. die Typologie bei *Ramsauer,* Die faktischen Beeinträchtigungen des Eigentums, 1980, 30 f.

[247] Abl. *Papier/Shirvani* in Maunz/Dürig Rn. 278 ff.

[248] Vgl. *Ramsauer,* Die faktischen Beeinträchtigungen des Eigentums, 1980, 154 einerseits, *Schwabe* NVwZ 1983, 523 andererseits.

[249] *Papier/Shirvani* in Maunz/Dürig Rn. 1, 118 ff.; *Dederer* in BK Rn. 119 f.; *Wieland* in Dreier Rn. 29, 71, 125; *Sieckmann* in BerlKomm Rn. 83 f.; *Axer* in BeckOK GG Rn. 18; *Wendt* in Sachs Rn. 9 f.; *Berkemann* in Umbach/Clemens Rn. 45 ff.; *Badura* in BMV VerfassungsR-HdB Rn. 346; *Weber* in BNN Grundrechte II,1954, 355 ff. (361 ff.); BVerfGE 24, 367 (389); BVerfGE 26, 215 (222); BVerfGE 31, 229 (240); BVerfGE 42, 263 (294); BVerfGE 58, 300 (339).

der **Institutsgarantie**[250] ist nur vor ihrem Weimarer Hintergrund verständlich. Sie sollte einen **Kernbestand von Normen, die die Existenz und Funktionsfähigkeit privaten Eigentums ermöglichen und regeln,** gegenüber einem Gesetzgeber sichern, der nach seinerzeit hL nicht Grundrechtsadressat war. Für das GG ist dagegen schon aufgrund von Art. 1 Abs. 3 eindeutig, dass die Grundrechte auch den Gesetzgeber binden, und der üblicherweise unter der Institutsgarantie subsumierte „Kernbestand" wird ohnehin durch die Wesensgehaltsgarantie des Art. 19 Abs. 2 geschützt.[251] Die Bindung des Gesetzgebers an die Eigentumsgewährleistung geht trotz seiner Ausgestaltungsbefugnis über diese äußerste Grenze hinaus (→ Rn. 87 ff.),[252] was man auch dadurch ausdrücken kann, dass man dem Art. 14 neben der Institutsgarantie noch eine „Wertentscheidung" für das Privateigentum entnimmt.[253] Die Lehre von der Institutsgarantie ist im Übrigen eng an den zivilrechtlichen Eigentumsbegriff angelehnt.[254] Der erweiterte verfassungsrechtliche Eigentumsbegriff verlangt demgegenüber die Herausarbeitung des **institutionellen Gehalts** sehr **unterschiedlicher Eigentumsrechte,**[255] wobei solche institutionellen Gehalte jedoch nur Prüfungsmaßstab für die Wahrung von Verhältnismäßigkeitsprinzip und Gleichheitssatz durch den inhalts- und schrankenbestimmenden Gesetzgeber (→ Rn. 107, 111) und keine absolute Schranke iSd Weimarer Lehre von der Institutsgarantie sind.

Die Unterscheidung von Individual- und Institutsgarantie darf auch nicht **62**
dazu verleiten, einen Gegensatz zwischen subjektivem Grundrecht und objektiver Institutsgarantie zu konstruieren.[256] Unter dem GG verstärkt die institutionelle Seite des Grundrechts in erster Linie die Rechtsstellung des Grundrechtsträgers: Er hat einen Anspruch darauf, dass (auch) der **Gesetzgeber** die Eigentumsgewährleistung respektiert.[257] **Als Abwehrrecht** sichert Art. 14 daher den Eigentümer dagegen, durch verfassungswidrige Gesetze im vermögensrechtlichen Bereich beeinträchtigt zu werden, wobei diese Verfassungswidrigkeit sich sowohl aus der **Verfehlung der** dem Gesetzgeber für die Inhalts- und Schrankenbestimmung **von der Verfassung vorgegebenen Richtlinien** (→ Rn. 87 ff.), wie auch **aus anderen Bestimmungen des Grundgesetzes**[258] ergeben kann.

---

[250] Grdl. *Wolff* FS f. Kahl, 1923, 3 (6); *Schmitt,* Freiheitsrechte und institutionelle Garantien der Reichsverfassung, 1931.

[251] Zur Kritik der Lehre von der Institutsgarantie vgl. *Willke,* Stand und Kritik der neueren Grundrechtstheorie, 1975, 122 ff. mwN; *Eschenbach,* Der verfassungsrechtliche Schutz des Eigentums, 1996, 578 ff.; *Jarass* in Jarass/Pieroth Rn. 4, *Sieckmann* in BerlKomm Rn. 83; deutliche Verteidigung bei *Wendt,* Eigentum und Gesetzgebung, 1985, 183 ff.

[252] AA *Rittstieg* in AK Rn. 49 ff.; *Ridder,* Die soziale Ordnung des GG, 1975, 100 ff.

[253] So *Scholz* NVwZ 1982, 337 (338); *Stein* FS f. Gebh. Müller, 1970, 503 (515).

[254] Woraus noch *Wolff* FS f. Kahl, 1923, 3 (6) folgerte, dass die Institutsgarantie nur für das BGB-Eigentum, nicht für den erweiterten Eigentumsbegriff gelte; vgl. auch *Chlosta,* Der Wesensgehalt der Eigentumsgewährleistung, 1975, 19 ff.; *Weber* in BNN Grundrechte II, 1954, 355.

[255] *Papier/Shirvani* in Maunz/Dürig Rn. 118 f.; *Wendt,* Eigentum und Gesetzgebung, 1985, 192 ff.; *Wendt* in Sachs Rn. 11 f.; *Rittstieg* in AK Rn. 172; als Bsp. BVerfGE 31, 229 (240 ff.); *Bryde* in Basedow/Meyer/Schwintowski Lebensversicherung, Internationale Versicherungsverträge und Verbraucherschutz, Versicherungsvertrieb, 1996, 63 (65 ff.), zum institutionellen Gehalt der Forderung.

[256] So am Ausgangspunkt der Lehre: *Schmitt,* Freiheitsrechte und institutionelle Garantien der Reichsverfassung, 1931; auch *Schmitt,* Verfassungsrechtliche Aufsätze, 1958, 140 ff.

[257] *Papier/Shirvani* in Maunz/Dürig Rn. 415 ff; *Badura* in BMV VerfassungsR-HdB Rn. 334 f.

[258] Vgl. zB BVerfGE 14, 268 (278); BVerfGE 18, 121 (132); BVerfGE 25, 112 (117); BVerfGE 26, 215 (222).

63 Allerdings ist bei Art. 14, wie auch bei anderen Grundrechten, **eine bloß institutionell-objektiv-rechtliche** Wirkung des Grundrechts denkbar, und zwar in zwei Richtungen: Zum einen ist auch bei Art. 14 der vor allem in Zusammenhang mit Leistungsgrundrechten diskutierte Fall denkbar, dass das Grundrecht dem Grundrechtsadressaten **Verpflichtungen** auferlegt, die ihre Fortsetzung nicht in einklagbaren subjektiv-öffentlichen Rechten finden, die maW zwar Handlungsnormen (für den Gesetzgeber), nicht aber Kontrollnormen für die (Verfassungs-)Gerichtsbarkeit sind (→ Rn. 73 f.).[259] Gerade bei Art. 14 mit seiner starken Betonung der sozialen Gebundenheit des Grundrechts (Abs. 2) ist aber auch der Fall denkbar, dass der Gesetzgeber bei der Ausgestaltung des Eigentums den Gehalt des Grundrechts verfehlt, ohne subjektive Rechte zu verletzen, wenn er nämlich die **Pflichtigkeit** des Eigentums nicht hinreichend berücksichtigt (→ Rn. 98 ff.).

64 Die Bedeutung der Gewährleistung gegenüber dem Gesetzgeber manifestiert sich damit in den Schranken, die sie dem inhalts- und schrankenbestimmenden Gesetzgeber setzt (→ Rn. 87 ff.). Gegenüber **Verwaltung** und **Judikative** bedeutet sie in erster Linie die **Gesetzmäßigkeit** von Verwaltung und Rspr., ohne sich in diesem Prinzip zu erschöpfen, da sie auch bei der **Anwendung und Auslegung einfachen Rechts** zu beachten ist.

65 Eine derartige Bedeutung hat die Eigentumsgewährleistung zB im **Bau- und Planungsrecht** (zur gesetzl. Ausgestaltung → Rn. 33). Das gilt insbes. im Planungsstadium, wo die gesetzl. vorgeschriebene (§ 1 Abs. 6 BauGB) **Abwägung öffentlicher und privater Belange** gerade die Berücksichtigung des durch Art. 14 geschützten Eigentums verlangt.[260] Gleiches gilt für Fachplanungen, bei denen Art. 14 eine Planrechtfertigung verlangt.[261] Aus Art. 14 hat die Verwaltungsrechtsprechung zB auch gefolgert, dass § 35 BauGB der Behörde kein Ermessen einräumt[262] und dass auch bei entgegenstehendem materiellem Recht unter dem Gesichtspunkt des **Bestandsschutzes** ein Anspruch auf Baugenehmigung bestehen kann.[263]

66 Bedeutung kann Art. 14 auch bei **ordnungsrechtlichen** Ermessensentscheidungen erlangen, zB bei der Auswahl des in Anspruch genommenen Störers. Da der Zustandsstörer ohne Verschulden und ohne Entschädigungsanspruch für die Beseitigung des polizeiwidrigen Zustandes haftet, dürfte zumindest bei der Ermessensentscheidung, ob der Zustandsstörer oder ein primär verantwortlicher Handlungsstörer in Anspruch genommen wird, Art. 14 ermessensbegrenzend wirken, ohne dass jedoch die Inanspruchnahme des Zustandsstörers generell ausgeschlossen wird (→ Rn. 114, Stichwort „Polizei- und Ordnungsrecht“).[264]

---

[259] *Bryde,* Verfassungsentwicklung, 1982, 303 ff. mwN.

[260] BVerwGE 61, 295 (302); *Papier/Shirvani* in Maunz/Dürig Rn. 197; *Rittstieg* in AK Rn. 56; *Rengeling* AöR 105 (1980), 423 (442 f.) mwN.

[261] BVerwGE 48, 56 (65), BFStrG; *Kühling,* Fachplanungsrecht, 1988, 68 f.; *Rengeling* AöR 105 (1980), 423 (457) mwN.

[262] BVerwGE 18, 247 (250 f.); so auch für den jetzt geltenden § 35 Abs. 2 BauGB, vgl. *Battis/Krautzberger/Löhr,* 14. Aufl. 2019, BauGB § 35 Rn. 70.

[263] Vgl. die Nachw. bei *Breuer,* Die Bodennutzung im Konflikt zwischen Städtebau und Eigentumsgarantie, 1976, 155 ff.; *Rengeling* AöR 105 (1980), 423 (445); zur „eigentumskräftig verfestigten Anspruchsposition“ BVerwGE 26, 111 (117 f.); BVerwGE 47, 126 (131 f.); *Rengeling* AöR 105 (1980), 423 (447 f.).

[264] Vgl. zum Problem des Zustandsstörers *Ehlers* VVDStRL 51 (1992), 228.

c) Verfahrensgarantien. Die Eigentumsgewährleistung wirkt außerdem als Verfahrensgarantie.[265] Die Verfahrensdimension der Grundrechte ist gerade im Bereich des Art. 14 entwickelt[266] und von dort auf andere Grundrechte übertragen worden.[267] **67**

Das BVerfG hat bei drohendem Eigentumsverlust durch **Zwangsversteigerung** eine durch Art. 14 gebotene Handhabung des Verfahrensrechts verlangt, das den Schuldner vor drohender Verschleuderung seines Eigentums bewahrt.[268] **68**

Im **Mietrecht** hat das BVerfG zum WohnraumkündigungsG[269] und zur Zweckentfremdung[270] eine verfassungskonforme Anwendung an sich zulässiger gesetzl. Beschränkung des Eigentums an Wohnraum gefordert, die die Durchsetzung der Vermieterinteressen nicht durch übermäßige Verfahrensanforderungen ausschließt.[271] **69**

Im **Verwaltungsverfahren** fordert Art. 14, dass die **Interessen betroffener Eigentümer** nicht nur materiell berücksichtigt werden, sondern auch im Verfahren effektiv vertreten werden können.[272] Die Einräumung von **Verfahrenspositionen,** die dem Grundrechtsschutz dienen,[273] gewährt den Beteiligten Rechte die die Klagebefugnis nach § 42 VwGO eröffnet.[274] **70**

Auch die frühere Rspr. des BVerwG zum **Nachbarschutz** unmittelbar aus **Art. 14**[275] kann als Berücksichtigung des Art. 14 im Verwaltungsprozessrecht verstanden werden. Wie bereits in der Vorauflage angeregt, hat die Rspr. die Herleitung der Klagebefugnis unmittelbar aus Art. 14 aufgegeben[276] und entnimmt sie nunmehr dem – verfassungskonform ausgelegten – einfachen Recht.[277] **71**

d) Schutzpflichten. Die Eigentumsgewährleistung hat Auswirkungen auf die **Rechtsbeziehungen von Privaten.**[278] Der Gesetzgeber hat bei der Ausgestaltung des Privatrechts Art. 14 ebenso zu beachten (vgl. Beispielsfälle **72**

---

[265] *Papier/Shirvani* in Maunz/Dürig Rn. 126 ff.; *Axer* in BeckOK GG Rn. 20; *Rittstieg* in AK Rn. 56; *Berkemann* in Umbach/Clemens Rn. 229 ff.; *Suhr* NJW 1979, 145 ff.; *Goerlich* DVBl. 1978, 362 ff.

[266] Grdl. BVerfGE 46, 325 (333 ff.) – Zwangsversteigerung; zu Verfahrensgarantien bei Enteignungen BVerfGE 134, 242 (299 f.).

[267] Vgl. insbes. BVerfGE 53, 30 (65 ff.), mit abw. Meinung *Simon/Heußner* BVerfGE 53, 30 (72 ff.) – Mülheim-Kärlich.

[268] BVerfGE 46, 325 (333 ff.); BVerfGE 49, 220 (225); BVerfGE 51, 150 (156); anders noch BVerfGE 42, 64 (72 ff.), wo ein entspr. Gebot aus Art. 3 Abs. 1 hergeleitet wurde; vgl. auch die abw. Meinung *Geiger* BVerfGE 42, 64 (79 ff.), der Art. 103 anwenden will; vgl. auch *Suhr* NJW 1979, 145; zur Vereinbarkeit der Rspr. mit den funktionell-rechtlichen Kompetenzgrenzen zwischen BVerfG und Fachgerichten vgl. *Bryde,* Verfassungsentwicklung, 1982, 313 ff. mwN.

[269] BVerfGE 37, 132 (143 ff.); BVerfGE 49, 244 (249); BVerfGE 53, 352 (357 ff.).

[270] BVerfGE 38, 348 (370 f.); BVerfGE 55, 249 (257 ff.).

[271] Krit. *Rittstieg* in AK Rn. 94.

[272] *Simon/Heußner,* abw. Meinung in BVerfGE 53, 30 (65); *Papier/Shirvani* in Maunz/Dürig Rn. 127 ff.; *Wendt* in Sachs Rn. 43; *Wahl/Pietzcker* VVDStRL 41 (1983), 166 ff. (194 ff.).

[273] Grdl. BVerfGE 53, 30 (65 f.).

[274] AA die frühere VerwRspr. BVerwGE 41, 58 (63 ff.).

[275] BVerwGE 32, 173 (179); BVerwGE 36, 248 (249); BVerwGE 44, 236 (243); BVerwGE 50, 282 (287); *Rengeling* AöR 105 (1980), 423 (450 ff.).

[276] Zur Kritik *Rengeling* AöR 105 (1980), 423 (450 ff.); *Schwabe* NVwZ 1983, 523.

[277] BVerwGE 89, 69 f.; dazu *Rozek,* Die Unterscheidung von Eigentumsbindung und Enteignung, 1998, 221 f.

[278] *Papier/Shirvani* in Maunz/Dürig Rn. 134; *Axer* in BeckOK GG Rn. 22; *Wieland* in Dreier Rn. 195.

→ Rn. 114), wie der Zivilrichter bei dessen Anwendung (→ Rn. 64). Häufig übersehen wird dabei, dass mit der Ausweitung des Eigentumsbegriffs (→ Rn. 23) oft auf beiden Seiten eigentumsrechtlich geschützte Positionen bestehen, zB beim Konflikt von Vermietern und Mietern, Versicherern und Versicherten, Grundeigentümern und Nutzungsberechtigten, Mehrheits- und Minderheitsaktionären (→ Rn. 114, Stichwort „Aktienrecht", „Mietrecht"; „Versicherungsrecht"). In diesen Fällen wird das Gebot „den Bereich des Einzelnen und die Belange der Gemeinschaft in einen gerechten Ausgleich zu bringen"[279] durch das Gebot ergänzt, „die Interessen der Beteiligten in einen gerechten Ausgleich und ein angemessenes Verhältnis zu bringen".[280] Dabei treffen den Gesetzgeber auch **Schutzpflichten** für die Durchsetzung der Eigentumsrechte von Privaten gegen Private,[281] insbes. in Fällen struktureller Unterlegenheit der einen Seite.[282] Die typische Drittwirkungs-Problematik besteht für Art. 14 hingegen nicht: Diese betrifft die Geltung von Grundrechten zwischen Privaten nur, wenn ihre Durchsetzung gegenüber den Prinzipien der Privatrechtsordnung wie Vertragsfreiheit und Eigentümerrechten in Frage steht. Eigentümerrechte sind durch Zivil- und Strafgesetze geschützt und bedürfen einer grundrechtlichen Absicherung gegen Angriffe von Privaten nicht. In den sog. Drittwirkungsfällen spielt Art. 14 durchaus eine Rolle,[283] aber nicht auf der Seite des sich auf die Drittwirkung von Grundrechten (etwa Art. 5, 8) Berufenden, sondern auf der des sich gegen sie Verteidigenden. Bei derartigen Konflikten ist zu beachten, dass auch die Grundrechte Teil der Eigentumsordnung sind, also Inhalt und Schranken des Eigentums mitbestimmen.[284]

73 Die vor allem in der Verfassungsrechtsprechung betonte Bedeutung des Eigentums für die Freiheit (→ Rn. 4) legt auch für Art. 14 die Frage nahe, wieweit sich ihm **Leistungsrechte,** nämlich eine Pflicht des Staates zur Vermögensbildungspolitik, entnehmen lassen.[285] Wie in der allgemeinen Diskussion zu Leistungs-(Grund-)Rechten wird man jedoch nur einen generellen Verfassungsauftrag zu einer gerechten Vermögenspolitik annehmen können, der aber wohl richtiger im Sozialstaatsprinzip als in Art. 14 verankert wird.[286] In jedem Fall richtet sich ein solcher Auftrag an den Gesetzgeber und schafft keine justiziablen Ansprüche (→ Rn. 79).

74 Die Eigentumsgewährleistung verlangt vom Staat auch, das Eigentum seiner Bürger gegen **ausländische Zugriffe** zu schützen. Das GG enthält zwar anders als seine Vorgänger[287] keine ausdrückliche Erwähnung des „Rechts auf diplomatischen Schutz";[288] aber dies ist auch nicht nötig, da ein Schutzanspruch sich aus den einzelnen Grundrechten ergibt.[289] Allerdings verlangt Art. 14 insoweit vom deutschen Staat nur die Berücksichtigung der Grund-

---

[279] BVerfGE 31, 229 und öfter.

[280] BVerfGE 87, 114 (138); 95, 48 (58); 98, 17 (37).

[281] *Berkemann* in Umbach/Clemens Rn. 407; *Wallrabenstein* VersWissStud 33 (2008), 11.

[282] BVerfGE 114, 1 (37 ff.); 114, 73 (89 ff.) – Lebensversicherung.

[283] BVerfGE 7, 230 (233 f.) – Wahlplakat.

[284] *Burgi* DÖV 1993, 633 (636).

[285] Dazu *Papier/Shirvani* in Maunz/Dürig Rn. 145; *Papier* VVDStRL 35 (1977), 92; *Stein,* Vermögenspolitik und Grundrechte, 1974.

[286] *Berkemann* in Umbach/Clemens Rn. 209.

[287] Art. 3 Abs. 6 RV v. 1871; Art. 112 Abs. 2 WRV.

[288] Dazu *Doehring,* Die Pflicht des Staates zur Gewährung diplomatischen Schutzes, 1959; *Geck* ZaöRV 17 (1956/57), 476 ff.

[289] *Bryde,* Internationale Verhaltensregeln für Private, 1981, 43; *Tomuschat* VVDStRL 36 (1978), 19.

rechte seiner Bürger, kein bestimmtes Verhalten.[290] Er gibt daher weder einen Anspruch auf bestimmte Klauseln in völkerrechtlichen Verträgen[291] noch auch nur einen Anspruch, dass die Bundesrepublik bei völkerrechtlichen Verhandlungsprozessen oder in int. Organisationen jeweils den für deutsches Eigentum günstigsten Standpunkt einnimmt.

Das wäre schon deshalb ausgeschlossen, weil die Bundesrepublik in solchen **75**
Fällen einen internationalen Interessenausgleich verfolgen kann und auf ihre außenpolitischen Ziele Rücksicht nehmen muss.[292] Diese Grenze dürfte überschritten sein, wenn die Bundesrepublik durch ihre Zustimmung eine Enteignung **deutschen Auslandsvermögens** legitimiert, die ohne diese Zustimmung völkerrechtswidrig wäre.[293]

Da Art. 14 bis zur Wiedervereinigung im Gebiet der **ehemaligen DDR** **76**
nicht galt und ihm auch keine Rückwirkung zukommt, lassen sich **Sozialisierungen und Enteignungen** der Vergangenheit nicht unmittelbar an dieser Vorschrift messen.[294] Auch ein auf Art. 14 gestützter Rückübereignungsanspruch bei Wegfall des Enteignungszwecks (→ Rn. 130) besteht bei DDR-Enteignungen nicht.[295] Art. 14 lässt sich kein Verfassungsauftrag zur Rückgängigmachung von Eigentumseingriffen entnehmen, die von einer nicht durch das GG gebundenen öffentlichen Gewalt vorgenommen werden.[296] Das der Gemeinsamen Erklärung (→ Rn. 11) zugrundeliegende Prinzip, die Privatisierung bevorzugt durch Rückgabe an die früheren Eigentümer zu verwirklichen, war daher nicht von der Verfassung geboten. Aus diesem Grund verstoßen auch die vielfachen Ausnahmen von diesem Prinzip nicht gegen Art. 14. Der Gesetzgeber, der sich entscheidet, in der DDR begangenes Unrecht wieder gut zu machen, ist dabei allerdings an den Gleichheitssatz sowie Rechtsstaats- und Sozialstaatsprinzip gebunden.[297] Dabei hat er einen besonders großen Entscheidungsspielraum.[298] Das BVerfG hat daher auch die Entscheidungen des Gesetzgebers durchgehend gebilligt, allerdings mit Hilfe von Verhältnismäßigkeitsprinzip und Gleichheitssatz Grenzen gezogen.[299] Die besonders umstrittene Nichtrückgängigmachung der von der Militärregierung veranlassten Enteignungen und Konfiskationen 1945–1949 (Gemeinsame Erklärung Ziff. 1; § 1 Abs. 8 VermG) hat schon wegen der Bedeutung für die außenpolitische und deutschlandpolitische Absicherung der Wiedervereinigung vor dem Gleichheitssatz Bestand.[300] Jedenfalls enthält Art. 143 Abs. 3, der diese Entscheidung verfassungsrechtlich absichert, keinen Verstoß gegen Art. 79 Abs. 3.[301] Bei dem Interessenausgleich zwischen

---

[290] BVerfGE 53, 349 (364 ff.).
[291] BVerfGE 40, 141 (177 f.) – Ostverträge; *Bryde,* Internationale Verhaltensregeln für Private, 1981, 45.
[292] *Bryde,* Internationale Verhaltensregeln für Private, 1981, 44 ff.
[293] *Bryde,* Internationale Verhaltensregeln für Private, 1981, 45; BVerfGE 40, 141 (166), *obiter dictum; Hahn* FS f. Raschhofer, 1977, 59 (60).
[294] BVerfGE 84, 90 (122).
[295] BVerwGE 96, 172 (174 ff.); BGH NJW 1998, 222; aA *Drobnig* DtZ 1994, 228.
[296] BVerfGE 84, 90 (122 ff.); *Papier* NJW 1991, 193 (195); aA *Badura* DVBl. 1990, 1256 (1262); BVerfGE 112, 1, zur Ablehnung eines Rückgabeanspruchs aus Völkerrecht.
[297] BVerfGE 84, 90 (128 f.); 102, 254 (297 ff.).
[298] BVerfGE 84, 90 (130 f.); 102, 254 (299).
[299] BVerfGE 98, 17 (41 ff.) – „Sachenrechtsmoratorium"; BVerfGE 104, 74 – „kalte Enteignung".
[300] BVerfGE 84, 90; bestätigt in BVerfGE 94, 12.
[301] BVerfGE 84, 90 (121 ff.); *Papier* NJW 1991, 193 (196); *Badura* DVBl. 1990, 1256 (1261 ff.); sehr str., aA *Wagner,* Rückgabe und Entschädigung von konfisziertem Grund-

restituierten Eigentümern und den nach DDR-Recht Nutzungsberechtigten ist auf beiden Seiten Art. 14 zu beachten.[302] Der Vertrauensschutz für die nach DDR-Recht Nutzungsberechtigten ist daher zulässig,[303] soweit er nicht einseitig und unverhältnismäßig zulasten der Eigentümer wirkt.[304]

77 Auch bei der **Überleitung von Rentenansprüchen** im Zuge der Wiedervereinigung stellte sich die Frage nach dem Schutz von in der DDR erworbenen Rentenansprüchen durch Art. 14.[305] Im Gegensatz zum Fremdrentenrecht, in dem das BVerfG nur Beiträge zur Solidargemeinschaft der Bundesrepublik als eigentumsbegründende Leistung zählt,[306] hat es die in der DDR erworbenen und im Einigungsvertrag anerkannten Ansprüche und Anwartschaften als eigentumsrechtlich geschützte Positionen angesehen.[307] Jedenfalls unter den besonderen Bedingungen der Wiedervereinigung tritt dabei an die Stelle der Beitragszahlung die Arbeitsleistung.[308] Auch bei der komplexen Aufgabe der Bewältigung der Vereinigung der Alterssicherungssysteme hat der Gesetzgeber einen besonders großen Spielraum,[309] so dass das BVerfG sowohl das Grundkonzept[310] wie die meisten – oft gewichtigen – Einschränkungen gebilligt,[311] allerdings auch Korrekturen vorgenommen hat.[312]

II. … und das Erbrecht (wird) gewährleistet (Abs. 1 S. 1 2. Alt.)

78 Anders als die WRV, die Eigentum und Erbrecht getrennt behandelte (Art. 153 und 154), fasst das GG Eigentum und Erbrecht in Art. 14 zusammen und unterstreicht damit deren Zusammengehörigkeit in einer privaten Vermögensordnung.[313] Das **Recht des Erblassers, sein Vermögen zu vererben,** müsste ohnehin bei Fehlen einer Spezialgarantie als Bestandteil einer Garantie des Privateigentums angesehen werden.[314] Die **Rechte des Erben nach dem Erbfall** sind zweifellos eigentumsrechtlich geschützt. Demgegenüber ist das **„Recht, Erbe zu werden"**[315] bis zum Erbfall regelmäßig bloße Hoffnung. Ausnahmsweise bestehende echte **Anwartschaften,** zB des Nacherben des durch gemeinschaftliches Testament oder Erbvertrag Begünstigten, unter engen Voraussetzungen auch des Hoferben,[316] fallen hingegen wiederum ohnehin in den Schutz der Eigentumsgarantie.

---

eigentum, 1995, 186 ff.; *Graf Vitzthum* in Stern Deutsche Wiedervereinigung II, 1992, 3 ff.; *Wasmuth* NJW 1993, 2476; alle mwN.

302 BVerfG (K) NJ 2001, 419–422.

303 BVerfGE 98, 17; BVerfGE (K) NJ 2001, 419 ff.

304 BVerfGE 98, 17 (41 ff.).

305 *Steiner* FS f. Ruland, 2007, 321 f. mwN.

306 BVerfGE 116, 120 (121); so schon BVerfGE 29, 22 (33).

307 BVerfGE 100, 1 (32).

308 Betonung der Sondersituation bei *Steiner* FS f. Ruland, 2007, 323: „sozialversicherungsrechtliches Begrüßungsgrundrecht"; krit. *Papier/Shirvani* in Maunz/Dürig Rn. 273 ff.

309 BVerfGE 112, 368 (397 ff.).

310 BVerfGE 100, 1 (40 f.); BVerfGE 112, 368 (397 ff.).

311 Vgl. *Steiner* FS f. Ruland, 2007, 325 ff. mit Nachw. zur Kammerrechtsprechung.

312 BVerfGE 100, 1.

313 *Boehmer* in BNN Grundrechte II,1954, Rn. 401; *Axer* in BeckOK GG Rn 140; *Badura* in BMV VerfassungsR-HdB Rn. 344.

314 So auch Art. 60 Abs. 1 RhPfVerf.: „Das Recht der Verfügung (über das Eigentum) schließt das Recht der Vererbung und Schenkung ein", ebenso der EuGH zu Art. 1 1. ZP EMRK 13.6.1979 – 6833/74, EuGRZ 1979, 454 (460 f.) – Marckx.

315 *Stöcker* WM 1979, 214.

316 BGHZ 12, 286; BGHZ 73, 324 (329).

79 Die enge Beziehung der Erbrechtsgewährleistung zur Eigentumsgarantie erlaubt auch die Klärung ihres **Verhältnisses** zu den **anderen Bestimmungen des Art. 14.** Wie für das Eigentum gilt auch für das Erbrecht, dass der Gesetzgeber Inhalt und Schranken bestimmt (Art. 14 Abs. 1 S. 2), wobei die Regelungsbefugnis des Gesetzgebers besonders weit ist, da es sich um einen Vermögensübergang ohne eigene Leistung handelt.[317] Umstr. ist dagegen die **Geltung von Abs. 2.**[318] Soweit sich Abs. 2 unmittelbar an den Eigentümer richtet (→ Rn. 101), folgt bereits aus der Sozialpflichtigkeit des Eigentums, dass der Erblasser bei der Verfügung über seinen Nachlass und der Erbe im Umgang mit dem Ererbten der Verpflichtung nach dieser Bestimmung unterliegt. Die Sozialpflichtigkeit des Eigentums vor und nach dem Erbfall verlangt vom Gesetzgeber aber auch, bei der Ausgestaltung des Erbrechts Abs. 2 zu beachten, wozu er auch durch das Sozialstaatsprinzip verpflichtet ist.[319]

80 Die **Anwendung des Abs. 3 (Enteignung)** scheitert mangels Anwendungsbereichs: Wenn man mit dem BVerfG die Enteignung von der Inhalts- und Schrankenbestimmung strikt trennt (→ Rn. 89 ff.), kann eine Enteignung nur eine beim Erblasser oder Erben als Eigentum geschützte Position treffen.

81 Wie für die Eigentumsgewährleistung wird auch für die des Erbrechts eine Rechtsstellungs-(**„Individual“**-)garantie von einer **„Institutsgarantie“** unterschieden.[320] Da hoheitliche Eingriffe in konkrete erbrechtliche Rechtspositionen eines Bürgers schwer vorstellbar sind, liegt die Bedeutung der Erbrechtsgewährleistung insbes. in ihrer Bedeutung als Grenze für den inhalts- und schrankenbestimmenden Gesetzgeber.[321] – Eine Verletzung durch die Judikative ist bei der Verkennung der Gewährleistung bei Entscheidungen über erbrechtliche Fragen denkbar (→ Rn. 64 f.).

82 Auf der Seite des Erblassers schützt die Erbrechtsgewährleistung vor allem die **Testierfreiheit.**[322] Das Recht des Erblassers, das Schicksal seines Nachlasses (durch letztwillige Verfügung oder Verzicht auf diese) in erster Linie selbst zu bestimmen, ist nicht nur systemprägender Bestandteil der deutschen Erbrechtsordnung iSd klassischen Lehre von der Institutsgarantie,[323] sondern auch wegen des Zusammenhangs der Erbrechtsgarantie mit dem grundrechtlichen Freiheits- und Eigentumsschutz von zentraler Bedeutung. Eine Schrankenziehung kommt nur in engen Grenzen in Betracht. Die (materielle) Ein-

---

[317] BVerfGE 112, 332 (348); *Wieland* in Dreier Rn. 78; kritisch *Axer* BeckOK GG Rn. 156.

[318] *Jarass* in Jarass/Pieroth Rn. 107; offen gelassen bei *Stein* in Soergel, 13. Aufl. 2002, BGB Einl. Vor § 1922 Rn. 6; aA *Nohl,* Vermögensredistribution durch die Besteuerung von Erbschaften und die Erbrechts- und Eigentumsgarantie in Art. 14 des GG, 1979, 124.

[319] Vgl auch das Sondervotum von *Gaier, Masing* und *Baer* BVerfGE 138, 136 (252 ff.).

[320] Grdl. *Boehmer* in BNN Grundrechte II, 1954, Rn. 401 ff.; BVerfGE 44, 1 (17); BGH NJW 1980, 2582; *Wieland* in Dreier Rn. 78; *Depenheuer/Froese* in MKS Rn. 516 ff.; *Axer* BeckOK GG Rn. 142; zur Kritik der Begrifflichkeit → Rn. 61 sowie *Jarass* in Jarass/Pieroth Rn. 3.

[321] *Papier/Shirvani* in Maunz/Dürig Rn. 299; *Rittstieg* in AK Rn. 149; *Badura* in BMV VerfassungsR-HdB Rn. 344.

[322] BVerfGE 93, 165 (174); *Boehmer* in BNN Grundrechte II, 1954, Rn. 418; *Leipold* in MüKo BGB Einl. Vor § 1922 Rn. 22; *Badura* in BMV VerfassungsR-HdB Rn. 344; *Papier/Shirvani* in Maunz/Dürig Rn. 406; *Wieland* in Dreier Rn. 82; *Wendt* in Sachs Rn. 194; *Axer* BeckOK GG Rn. 148; *Jarass* in Jarass/Pieroth Rn. 101; *Rittstieg* in AK Rn. 154; *Depenheuer/Froese* in MKS Rn. 517.

[323] *Boehmer* in BNN Grundrechte II, 1954, Rn. 418.

schränkung der Testierfreiheit durch das Pflichtteilsrecht folgt aus dem ebenfalls durch die Erbrechtsgarantie gewährleisteten Prinzip der Verwandten-(Familien-)erbfolge (→ Rn. 84). Die **landwirtschaftsrechtlichen Anerbenrechte** stehen nach Art. 64 Abs. 2 EGBGB unter dem ausdrücklichen Vorbehalt der Testierfreiheit. Verstöße landesrechtlicher Bestimmungen gegen Art. 64 Abs. 2 EGBGB[324] würden auch gegen Art. 14 Abs. 1 verstoßen.[325]

83 Weitere gesetzl. Schranken der Testierfreiheit ergeben sich aus anderen Grundrechten[326] sowie ferner **§§ 134, 138 BGB.** § 138 BGB ist jedoch wie alle zivilrechtlichen Generalklauseln[327] im Lichte des GG, hier der grundgesetzlichen Entscheidung für die Testierfreiheit, auszulegen. Eine generelle Unterwerfung der Testierfreiheit unter eine *ordre public*-Klausel nach dem Muster von § 48 Abs. 2 TestG v. 31.7.1938,[328] wäre auch jenseits der nationalsozialistischen Handhabung dieser Vorschrift unzulässig.[329] Die überholte Rspr. zum sog. Mätressentestament,[330] die über § 138 BGB eine dem § 48 Abs. 2 TestG vergleichbare Überprüfung des Willens des Erblassers am Maßstab des gesunden Volksempfindens vornahm, hat die Einwirkung des Art. 14 auf diese Problematik nie hinreichend beachtet und war schon deshalb verfassungswidrig.[331]

84 Weiteres tragendes Strukturmerkmal der deutschen Erbrechtsordnung ist das Prinzip der **Verwandtenerbfolge.** Verfassungsrechtlich garantiert ist in diesem Fall jedoch nur die gesetzl. Erbfolge der engeren **Familie,** die auch von Art. 6 Abs. 1 gefordert wird.[332] Das im BGB verankerte Prinzip der unbeschränkten Verwandtenerbfolge (§§ 1924 ff. BGB) ist demgegenüber nicht verfassungsfest, die Beschränkung auf Ehegatten und die ersten drei oder vier Parentelen[333] wäre – auch mit der Folge eines früher einsetzenden Heimfallrechts des Staates – zulässig.[334]

85 Der Konflikt zwischen dem die gesetzl. Erbfolge beherrschenden Prinzip der Verwandtenerbfolge und der Testierfreiheit wird im BGB durch das Institut des **Pflichtteilsrechts** (§§ 2303 ff.) gelöst. Als auch von Art. 6 Abs. 1 geforderte Sicherung einer Mindestbeteiligung der engeren Familie am Erbgut ist diese (materielle) Beschränkung der Testierfreiheit zulässig.[335]

---

[324] Zu möglichen Beispielsfällen *Boehmer* in BNN Grundrechte II, 1954, Rn. 420.

[325] Zur Reform der – wegen Verstoßes gegen den Gleichheitssatz – verfassungswidrigen Höfeordnung (BVerfGE 15, 337) vgl. *Dressel* NJW 1976, 1244 ff.

[326] Zur Verfassungswidrigkeit des Testaments des ehem. Kronprinzen (Ebenbürtigkeitsklausel) wegen Verstoßes gegen Art. 6 vgl. BVerfG, Beschl. v. 22.3.2004 – 1 BvR 2248/01, NJW 2004, 2008.

[327] BVerfGE 7, 198 (205 f.) – Lüth.

[328] RGBl. I 973; aufgehoben durch Art. 1a KontrollratsG 37 v. 30.10.1946, KRABl. 1946, 220.

[329] Wohl aA *Boehmer* in BNN Grundrechte II, 1954, Rn. 409; zum sog. „Behindertentestament" u. a. BGH NJW 2020, 58.

[330] BGHZ 20, 71; 52, 17; 53, 369 (375).

[331] Vgl. *Husmann* NJW 1971, 404 (405); *Leisner* in HdbStR VI 2. Aufl. 2001 § 150 Rn. 16.

[332] BVerfGE 13, 165 (174 f.); *Boehmer* in BNN Grundrechte II, 1954, Rn. 412 ff.; *Leipold* in MüKo BGB Rn. 36; *Wendt* in Sachs Rn. 195; *Papier/Shirvani* in Maunz/Dürig Rn. 409; abl. *Wieland* in Dreier Rn. 81 f., der lediglich die Testierfreiheit als bestimmendes Element anerkennt.

[333] Zu entspr. Vorschlägen *Boehmer* in BNN Grundrechte II, 1954, Rn. 410 f.

[334] *Papier/Shirvani* in Maunz/Dürig Rn. 410; *Rittstieg* in AK Rn. 153; *Depenheuer/Froese* in MKS Rn. 523; *Leipold* in MüKoBGB Einl. Vor § 1922 Rn. 37.

[335] BVerfGE 112, 332 (348 ff.); *Papier/Shirvani* in Maunz/Dürig Rn. 411; *Wendt* in Sachs Rn. 200; *Boehmer* in BNN Grundrechte II, 1954, Rn. 418 ff.; abl. *Wieland* in Dreier Rn. 82.

Das gilt jedoch nur für seinen Grundgedanken, nicht seine konkrete Ausgestaltung.[336] Die relativ restriktive gesetzliche Ausgestaltung der Pflichtteilsentziehung und Pflichtteilsunwürdigkeit in §§ 2333, 2345 BGB sind mit dem GG vereinbar, müssen jedoch im Licht der Erbrechtsgarantie ausgelegt werden.[337]

Testierfreiheit und Verwandtenerbrecht garantieren faktisch die **Privaterbfolge,** dh regelmäßig wird eine natürliche Person durch andere Private beerbt. Ob dem Prinzip der Privaterbfolge eine über die genannten Prinzipien hinausgehende Bedeutung zukommen kann,[338] ist jedoch fraglich. Die Testierfreiheit schließt die Erbeinsetzung öffentlicher Körperschaften nicht aus, sondern ein, und das Prinzip der Familienerbfolge verlangt kein unbeschränktes Verwandtenerbrecht. Anders als Art. 154 WRV kennt das GG zwar keine ausdrückliche Vorschrift über den **„Anteil des Staates am Erbgut",** aber dass der Staat am Erbgut durch die Erbschaftsteuer und als Noterbe bei fehlenden gesetzl. Erben partizipieren kann, ist im Wesentlichen unbestritten[339] und vor Art. 14 Abs. 2 und Sozialstaatsprinzip sogar geboten.[340] Als Grenze der **Erbschaftsbesteuerung** wird regelmäßig das Verbot einer konfiskatorischen Besteuerung angesehen.[341] Das ist hins. des Erbrechts jedoch problematischer als für das Eigentum. Erkennt man die Einschränkbarkeit der Verwandtenerbfolge mit der Konsequenz eines früher einsetzenden Heimfallrechts des Staates an, dann kann der Staat *(a maiore ad minus)* bei bloß entfernten Verwandten auch den Großteil des Erbes durch Steuer abschöpfen.[342] Das BVerfG hat seinen (problematischen) Halbteilungsgrundsatz auch auf das Erbschaftsteuerrecht erstreckt, jedoch nur auf die engere Familie.[343] Fruchtbarer dürfte eine Bindung des Erbschaftsteuergesetzgebers an die der Erbrechtsgarantie zugrunde liegende Wertung sein.[344] Mit dem Gedanken der Familienerbfolge ist dabei die Privilegierung der nächsten Angehörigen durch die erbschaftsteuerrechtliche Steuerklassenregelung ohne Weiteres zu vereinbaren. Problematischer ist es angesichts des Prinzips der Testierfreiheit, dass die Steuerklassenregelung den nicht zu den privilegierten Verwandten gehörenden Testamentserben in die schlechteste Steuerklasse verweist (obwohl er typischerweise dem Erblasser, zB als Lebensgefährte, besonders nahesteht). Wie bei anderen Steuern folgen jedoch auch bei der Erbschaftsteuer die wichtigsten verfassungsrechtlichen Grenzen nicht aus Ei- 86

[336] Zur Kritik an der bloß obligator. Ausgestaltung, die dem Gedanken der Familienerbfolge eher widerspricht: *Boehmer* in BNN Grundrechte II, 1954, Rn. 417.

[337] BVerfGE 112, 332 (356 ff.).

[338] Eine Verfassungsgarantie der Privaterbfolge nehmen an: BVerfGE 93, 165 (173); *Axer* BeckOK GG Rn. 142 f. *Leisner* Verfassungsrechtliche Grenzen der Erbschaftsbesteuerung, 1970, 53 ff.; *Wieland* in Dreier Rn. 82; *Leipold* in MüKo BGB Einl. Vor § 1922 Rn. 30.

[339] *Leipold* in MüKo BGB Einl. Vor § 1922 Rn. 30; *Papier/Shirvani* in Maunz/Dürig Rn. 405.

[340] *Gaier, Masing, Baer,* Sondervotum BVerfGE 138, 136 (252 ff.); *Bryde* FS f. v. Zezschwitz, 2005, 331 f.

[341] BVerfGE 63, 312 (327) mwN – keine Bedenken gegen Ersatzerbschaftssteuer für Familienstiftungen; *Papier/Shirvani* in Maunz/Dürig Rn. 414; *Rittstieg* in AK Rn. 150; *Schmidt-Bleibtreu* in Schmidt-Bleibtreu/Klein/Hofmann/Henneke, Erbschaftssteuer Rn. 36 ff.; zur Kritik *Tipke* ZRP 1971, 158 (159 ff.).

[342] Überzogen daher die Philippika *Leisners* gegen die Ersatzerbschaftsteuerreform mit dem Versuch, eine generelle Besteuerungsgrenze bei 50 % zu errichten; zur Unmöglichkeit einer spezifizierten Grenze auch: *Nohl,* Vermögensredistribution durch die Besteuerung von Erbschaften und die Erbrechts- und Eigentumsgarantie in Art. 14 des GG, 1979, 201 (207).

[343] BVerfGE 93, 165 (174 f.).

[344] *Tipke* ZRP 1971, 158 (159 f.).

gentums- und Erbrechtsgarantie, sondern aus Art. 3 Abs. 1[345] und Rechtsstaatsgeboten.[346]

III. Inhalt und Schranken werden durch die Gesetze bestimmt (Abs. 1 S. 2)

87 **1. Inhalt und Schranken.** Die Ermächtigung an den Gesetzgeber, Inhalt und Schranken des Eigentums zu bestimmen, ist **kein bloßer Gesetzesvorbehalt.** Anders als bei anderen Grundrechten, bei denen sich die Konstruktion eines vorgesetzlichen Grundrechtsinhalts einerseits, eines zu ausnahmsweisen Beschränkungen ermächtigenden Gesetzesvorbehalts andererseits jedenfalls theoretisch denken lässt,[347] ist „Eigentum" (zumal in der weiten Fassung als Inbegriff aller „vermögenswerten Rechte") ohne gesetzgeberisches Tätigwerden gar nicht denkbar: Wer welche Objekte in welchen Formen, unter welchen Bedingungen und in welchen Grenzen „zu eigen" haben kann, wird in allen Gesellschaften immer und ausschließlich von der Rechtsordnung festgelegt.[348] Folgerichtig hat das BVerfG wiederholt die Gestaltungsfreiheit des Gesetzgebers bei der Ausgestaltung von Eigentumsrechten betont.[349] Auf der anderen Seite kann im grundgesetzlichen System des Grundrechtsschutzes, der die Grundrechte gerade auch gegen den Gesetzgeber sichern soll (Art. 1 Abs. 3, 19 Abs. 2), Art. 14 Abs. 1 S. 2 keine Ermächtigung an den Gesetzgeber zur beliebigen Gestaltung des Eigentums sein: **Die Eigentumsgewährleistung setzt der Inhalts- und Schrankenbestimmung Grenzen.**[350]

88 Zur Bestimmung dieser Grenzen (→ Rn. 103 ff.) gibt der Wortlaut von Art. 14 Abs. 1 S. 2, insbes. die **Differenzierung von Inhalt und Schranken,** wenig her. Die Vermutung, die Unterscheidung von „Inhalt" und „Schranken" im Wortlaut des GG müsste auch einen rechtlichen Unterschied zwischen beiden Begriffen bedeuten,[351] dürfte die begriffliche Durchdringung des GG überschätzen: Pleonasmen sind keine Ausnahme („Grund und Boden" usw). Versuche einer Unterscheidung, zB Bestimmung des „Inhalts" als systemkonforme Fortentwicklung privatrechtlichen Beziehungen, der „Schranken" als (öffentlich-rechtliche) Grenzen des Eigentumsgebrauchs,[352] Inhalts-(Rechte konstituierende)bestimmungen und diese beschränkende Bestimmungen,[353] zeitliche Differenzierung von ursprünglicher Inhaltsbestim-

[345] Vgl. nunmehr umf. BVerfGE 117, 1; BVerfGE 138, 136.

[346] BVerfGE 93, 165 (176 f.); BVerfGE 117, 1 – Erbschaftsteuer.

[347] Zur Kritik an diesem „Schrankendenken" jedoch überzeugend *Häberle,* Die Wesensgehaltsgarantie des Art. 19 Abs. 2, 3. Aufl. 1983, 180 ff.; Hesse VerfR Rn. 306 ff.; *Bryde,* Verfassungsentwicklung, 1982, 197 ff.

[348] Zum Versuch die Sachherrschaft als natürliches Substrat von Eigentum zu konstruieren *Lepsius,* Besitz und Sachherrschaft im öffentlichen Recht, 2002.

[349] BVerfGE 21, 73 (83); BVerfGE 42, 263 (294); BVerfGE 50, 290 (339 f.); BVerfGE 70, 191 (200 ff.); BVerfGE 83, 201 (212); BVerfGE 95, 64 (84); vgl. auch BVerfGE 24, 367 (389); BVerfGE 25, 112 (118); BVerfGE 52, 1 (29).

[350] BVerfGE 14, 263; *Papier/Shirvani* in Maunz/Dürig Rn. 422 ff.; *Dederer* in BK Rn. 550 ff.; *Wendt,* Eigentum und Gesetzgebung, 1985, 73 f.; weitergehend *Depenheuer/Froese* in MKS Rn. 43 ff.

[351] So *Krüger* FS f. Schack, 1966, 71; *Ramsauer,* Die faktischen Beeinträchtigungen des Eigentums, 1980, 73.

[352] *Stein/Frank,* StaatsR, § 42 III 1.

[353] *Wendt,* Eigentum und Gesetzgebung, 1985, 147 ff.; *Wendt* in Sachs Rn. 55 ff.; *Depenheuer/Froese* in MKS Rn. 63.

mung und späteren Schranken[354] müssen letztlich an dem Formenreichtum und der daraus folgenden Austauschbarkeit eigentumsgestaltender Maßnahmen scheitern.[355] Folgerichtig verwendet das BVerfG das Begriffspaar „Inhalt und Schranken" undifferenziert: Die Schranken definieren den Inhalt, die Inhaltsbestimmung enthält notwendig Schranken.[356] Die Bedeutung der Doppelformel liegt damit insbes. darin, deutlich zu machen, dass sich die zulässige gesetzgeberische Inhaltsbestimmung nicht auf die systemimmanente Modifizierung einer vorgegebenen Eigentumsrechtsordnung begrenzen muss,[357] sondern dass sie dem Eigentümer auch (neue) Schranken setzen kann. Das häufig hinter den Differenzierungsversuchen stehende Anliegen, den Gesetzgeber bei gezielten Verkürzungen des Eigentumsinhalts strenger zu binden als bei der Begründung und Ausgestaltung von Eigentumsrechten, kann bei der Verhältnismäßigkeitsprüfung (→ Rn. 107) und der Anwendung des Gleichheitssatzes (→ Rn. 111) im Rahmen der Überprüfung inhalts- und schrankenbestimmender Gesetze berücksichtigt werden.

2. Die Abgrenzung zur Enteignung. Die Frage, welche Grenzen die Verfassung dem **inhalts- und schrankenbestimmenden Gesetzgeber** zieht, ist strikt von der Frage der **Enteignung** zu trennen, mit der sie in der Rspr. sowohl des BGH wie des BVerwG und der Lit. bis zu den grundlegenden Entscheidungen des BVerfG zur Konstruktion des Art. 14 (→ Rn. 8 ff.) untrennbar verbunden war. Über alle unterschiedlichen Enteignungstheorien hinweg[358] gingen Rspr. und hL davon aus, dass die auf Art. 14 Abs. 1 S. 2 iVm Art. 14 Abs. 2 gestützte entschädigungslose „Sozialbindung" jenseits einer bestimmten (Opfer-, Zumutbarkeits- oder Schwere-) Grenze zur entschädigungspflichtigen Enteignung wird.[359] Das BVerfG geht demgegenüber dogmatisch präzise davon aus, dass gesetzliche Inhalts- und Schrankenbestimmung und Enteignung je eigenständige Institute sind.[360] Überschreitet der eigentumsgestaltende Gesetzgeber die ihm vom GG gezogenen Grenzen, dann verwandelt sich die Regelung nicht in eine (entschädigungspflichtige) Enteignung, sondern ist unzulässig. Legt eine grds. zulässige generelle Inhaltsbestimmung in ihren Auswirkungen einzelnen besondere Opfer auf, dann macht auch das die Maßnahme noch nicht zur Enteignung iSd Art. 14 Abs. 3, kann aber Entschädigungspflichten auslösen, wie überhaupt die Dichotomie von entschädigungsloser Sozialbindung und entschädigungspflichtiger Enteignung durch die Anerkennung entschädigungspflichtiger Inhalts- und Schrankenbestimmungen zu ergänzen ist (→ Rn. 112). 89

Für die demnach erforderliche **Abgrenzung zwischen gesetzgeberischer Eigentumsgestaltung und Enteignung** kehrt das BVerfG zutreffen- 90

[354] *Ehlers* VVDStRL 51 (1992), 224; zu weiteren Differenzierungsversuchen vgl. *Ramsauer,* Die faktischen Beeinträchtigungen des Eigentums, 1980, 73 ff.; *Dederer* in BK Rn. 553 ff.; *Schwerdtfeger,* Zur Verfassungsmäßigkeit der paritätischen Mitbestimmung, 1978, 225 ff.; *Lubberger,* Eigentumsdogmatik, 1995, 257 ff.

[355] BVerfGE 58, 300 (330); *Berkemann* in Umbach/Clemens Rn. 254.

[356] So auch *Papier/Shirvani* in Maunz/Dürig Rn. 417; *Rittstieg* in AK Rn. 165 ff.; *Rozek,* Die Unterscheidung von Eigentumsbindung und Enteignung, 1998, 57 ff.; *Breuer,* Die Bodennutzung im Konflikt zwischen Städtebau und Eigentumsgarantie, 1976, 19 f. alle mwN.

[357] In dieser Richtung aber *Leisner,* Sozialbindung des Eigentums, 1972, 46 ff.

[358] Vgl. den umfassenden Überblick bei *Dederer* in BK Rn. 493 ff.; *Eschenbach,* Der verfassungsrechtliche Schutz des Eigentums, 1996, 102 ff.

[359] Resümierender Rückblick auf die eigene Rspr. bei BGHZ 99, 24 (27).

[360] BVerfGE 52, 1 (27 f.); BVerfGE 58, 300 (330 f.); BVerfGE 70, 171 (199); BVerfGE 79, 174 (191); BVerfGE 83, 201 (211 f.); BVerfGE 100, 226 (239 f.).

derweise „zurück zum **klassischen Enteignungsbegriff**".[361] Dieser definierte Enteignung als die „entschädigungspflichtige Übereignung von Grundeigentum durch gesetzlich zugelassenen Verwaltungsakt an ein aus öffentlichrechtlichen Gründen begünstigtes Unternehmen".[362] Die Enteignung war also ein **Güterbeschaffungsvorgang** (auch heute → Rn. 93 Enteignung).

91 In der **Weimarer Zeit** wurde dieser Begriff insbes. durch die Rspr. des RG zu Art. 153 WRV hinsichtlich Objekt (generell vermögenswerte Rechte), Form (Enteignung auch durch Gesetz) und Zweck (nicht mehr notwendige Übertragung auf begünstigtes Unternehmen) erweitert.[363] Daran knüpften Rspr. und Lehre in der Bundesrepublik an. Unproblematisch ist dabei die Erweiterung der enteignungspflichtigen Objekte auf alle Gegenstände, die Eigentum iSd Art. 14 sind (wenn auch in der Praxis Grund und Boden fast ausschließlicher Anwendungsfall bleiben und zwar schon deshalb, weil die Beschaffung anderer Güter durch Enteignung kaum je erforderlich (→ Rn. 119 ff.) sein dürfte).[364] Die eigentlichen Abgrenzungsschwierigkeiten ergaben sich mit der **Auflösung der Formtypik:** während beim klassischen Enteignungsbegriff die Unterscheidung zwischen gesetzl. Inhaltsbestimmung und enteignendem Einzelakt kein Problem bereitete, lag mit der Anerkennung einer **Enteignung durch Gesetz** (die das GG in seinen Text übernommen hat) die Annahme nahe, wenn Inhaltsbestimmung und Enteignung gleichermaßen Gegenstand eines Gesetzes sein könnten, unterschieden sie sich auch nur dem Grade nach. Diese Konsequenz wurde am deutlichsten von den Zumutbarkeits- und **Schweretheorien** gezogen.[365] Gleiches gilt für die **Privatnützigkeitstheorie,**[366] die die Enteignungsschwelle ansetzt, wo das Eigentum seine Privatnützigkeit verliert und nur noch Fremd- oder Allgemeinnutzen dient. Aber auch die **Sonderopfertheorie** des BGH ist trotz ihres verbalen Anknüpfens an die Einzelakttheorie des RG[367] eine materielle Abgrenzungstheorie,[368] da sie letztlich nicht formal nach dem Kreis der Betroffenen fragt,[369] sondern materiell wertende Kriterien (Gleichheitsverstoß, Situationsgebundenheit, Pflichtigkeit) anwendet.[370] Zutreffend ist daher für die praktische Anwendung eine Konvergenz der unterschiedlichen Theorien festgestellt und auch gefordert worden.[371]

92 Das BVerfG ist gegenüber allen diesen materiellen Abgrenzungsversuchen zu einer **formellen Unterscheidung** von Inhaltsbestimmung und Enteignung zurückgekehrt: **Inhalts- und Schrankenbestimmung** definiert das BVerfG als „die generelle und abstrakte Festlegung von Rechten und Pflich-

---

[361] So schon 1954 die Forderung von *Dürig* JZ 1954, 4 ff.

[362] So die resümierende Definition der alten Lehre in BGHZ 6, 270 (275).

[363] Vgl. die Darstellung bei *Weber* in BNN Grundrechte II,1954, 338 ff.; *Rittstieg,* Eigentum als Verfassungsproblem, 1975, 252 ff.

[364] *Osterloh* DVBl. 1991, 906 (911); vgl. aber die, nicht genutzte, Enteignungsregelung im Rettungsübernahmegesetz 2009 (→ Rn. 122).

[365] Vor allem das BVerwG in stRspr seit BVerwGE 5, 143.

[366] *Reinhardt* in Reinhardt/Scheuner Verfassungsschutz des Eigentums, 1954, 10 ff.; *Papier/Shirvani* in Maunz/Dürig Rn. 472 f.

[367] BGHZ 6, 270 (279 f.).

[368] *Leisner,* Sozialbindung des Eigentums, 1972, 132 ff.; *Schulze-Osterloh,* Das Prinzip der Eigentumsopferentschädigung im Zivilrecht und im öffentlichen Recht, 1980, 197 ff. (204).

[369] AA *Achterberg,* Allgemeines Verwaltungsrecht, 2. Aufl. 1986, § 24 Rn. 50.

[370] Zutr. *Leisner,* Sozialbindung des Eigentums, 1972, 134, beim Begriff Sonderopfer kann die Betonung auf „Sonder" oder auf „Opfer" gelegt werden.

[371] *Schulze-Osterloh,* Das Prinzip der Eigentumsopferentschädigung im Zivilrecht und im öffentlichen Recht, 1980, 223 ff. mwN; *Dicke* in v. Münch/Kunig, 2. Aufl. 1983, Rn. 50.

ten durch den Gesetzgeber hinsichtlich solcher Rechtsgüter, die als Eigentum i. S. der Verfassung zu verstehen sind".[372]

Enteignung ist demgegenüber „auf die vollständige oder teilweise Entziehung konkreter subjektiver Eigentumspositionen iSd Art. 14 Abs. 1 Satz 1 GG zur Erfüllung bestimmter öffentlicher Aufgaben gerichtet".[373] Sie ist ein **Güterbeschaffungsvorgang:** „Die Enteignung setzt den Entzug des Eigentums durch Änderung der Eigentumszuordnung und stets auch eine Güterbeschaffung voraus".[374] **93**

Der Grundansatz des BVerfG, die strikte Trennung von Inhaltsbestimmung und Enteignung als je eigenen Instituten und ihre eher formale Abgrenzung ist weitgehend akzeptiert worden.[375] Die vom GG ausdrücklich vorgesehene **Legalenteignung** steht dazu nicht im Widerspruch (→ Rn. 142). Während die früher hL daraus schloss, dass auch generelle Eigentumsbeschränkungen Enteignung sein können,[376] definiert das BVerfG richtigerweise nicht die Enteignung von einem materiellen Gesetzesbegriff, sondern umgekehrt die Legalenteignung vom Enteignungsbegriff her. Sie erscheint damit als „Verwaltung durch Gesetz"[377] als konkret/individuell wirkendes Maßnahmegesetz (→ Rn. 142 f.). **94**

Schwierigkeiten bereitete der Lehre zunächst hingegen das Verhältnis von **gesetzgeberischer Gestaltung und wohlerworbenen Rechten.** Nach früheren Äußerungen des BVerfG sollte eine abstrakt-generelle Bestimmung des Eigentumsinhalts für die Zukunft zugleich Enteignung sein können, wenn sie subjektive Rechte entzieht oder mindert, die der Einzelne aufgrund des alten Rechts erworben hat.[378] Dies ist nun aber regelmäßig der Fall. Jede Inhaltsbestimmung, die Eigentümerpflichten verstärkt oder Rechte mindert, trifft am Tag ihres Inkrafttretens einen an diesem Stichtag bestimmbaren Kreis von Eigentümern in seinen auf der Grundlage alten Rechts erworbenen Rechten. Wenn in der Auseinandersetzung mit der Enteignungsrechtsprechung angenommen wurde, dass („nur") für diesen Fall die alten Abgrenzungstheorien ihre Bedeutung behalten,[379] so ist anzumerken, dass es sich **95**

---

[372] BVerfGE 52, 1 (27 f.); BVerfGE 58, 137 (144 f.); BVerfGE 58, 300 (330); BVerfGE 70, 191 (200); BVerfGE 100, 226 (240); BVerfGE 101, 239 (259); BVerfGE 102, 1 (15 f.); BVerfGE 104, 1 ff.

[373] BVerfGE 70, 191 (199 f.); BVerfGE 72, 66 (76); BVerfGE 74, 264 (280); BVerfGE 79, 174 (191); BVerfGE 100, 226 (239 f.) im Anschluss an BVerfGE 52, 1 (27 f.); BVerfGE 58, 137 (144 f.); BVerfGE 58, 300 (330); ebenso BVerwGE 84, 361 (366); BVerwGE 87, 241 (243); BGHZ 99, 24 (28); aA *Sieckmann* in BerlKomm Rn. 109.

[374] BVerfGE 143, 246, Rn. 243 ff.; vgl. zuvor etwa BVerfGE 104, 1 (9 f.).

[375] BVerwGE 77, 295 (297); BGHZ 99, 24 (28); *Kingreen/Poscher,* Grundrechte. Staatsrecht II, 2019, Rn. 1053 ff.; *Jarass* in Jarass/Pieroth Rn. 2; *Rittstieg* in AK Rn. 188 ff.; *Wieland* in Dreier Rn. 100; *Papier/Shirvani* in Maunz/Dürig Rn. 633 ff.; *Depenheuer/Froese* in MKS Rn. 207 ff.; *Ehlers* VVDStRL 51 (1992), 234 ff.; *Rozek,* Die Unterscheidung von Eigentumsbindung und Enteignung, 1998, 81 ff.; *Lege,* Zwangskontrakt und Güterdefinition, 1995, 61 ff.; *Maurer/Waldhoff,* AllgVerwR, 2017, § 27 Rn. 27 ff.; *Schwerdtfeger,* Die dogmatische Struktur der Eigentumsgarantie, 1983, 10 ff.; krit. *Schwabe* JZ 1983, 273 (274); *Schwabe* FS f. Thieme, 1993, 251 ff.; *Lubberger,* Eigentumsdogmatik, 1995, 200; *Wendt,* Eigentum und Gesetzgebung, 1985, 162 f.; *Wendt* in Sachs Rn. 153 ff.

[376] *Schulze-Osterloh,* Das Prinzip der Eigentumsopferentschädigung im Zivilrecht und im öffentlichen Recht, 1980, 194.

[377] BVerfGE 24, 367 (401); BVerfGE 100, 226 (240).

[378] BVerfGE 52, 1 (28); BVerfGE 53, 336 (349); BVerfGE 58, 300 (331); vgl. schon BVerfGE 45, 297 (332), dort nennt das BVerfG diesen Fall in Anlehnung an die Terminologie von *Weber* in BNN Grundrechte II,1954, 350 f.; *Forsthoff* Lehrbuch des Verwaltungsrechts, 10. Aufl. 1973, 254 ff. „Aufopferungsenteignung".

[379] *Schulze-Osterloh* NJW 1981, 2537 (2539); *Schwerdtfeger* JuS 1983, 104 (108); *Battis* NVwZ 1982, 585 (588); *Hendler* DVBl. 1983, 873 (879).

dabei eher um den Regelfall als den Ausnahmefall der gesetzgeberischen Beschäftigung mit Eigentumsrechten handelt, und zwar genau um den Fall, der die gesamte Diskussion um materielle Abgrenzungstheorien in der Vergangenheit bestimmt hat.[380]

96 Diese „offene Flanke"[381] hat das Gericht inzwischen geschlossen. Auch die **gesetzgeberische Umgestaltung von aufgrund alten Rechts erworbenen Rechtspositionen** ist ihrer Funktion iRd Art. 14 nach Inhaltsbestimmung iSv Art. 14 Abs. 1 S. 2.[382] Der Gesetzgeber ist bei dieser Inhaltsbestimmung zur Rücksichtnahme auf bestehende Rechtspositionen verpflichtet (zu Einzelheiten → Rn. 109). Kommt er diesen Verpflichtungen (zB durch schonende Übergangsregelungen) nach, so liegt eine zulässige Inhaltsbestimmung selbst dann vor, wenn alte Rechte entzogen werden.[383] Hält der Gesetzgeber diese Grenzen nicht ein, so liegt eine verfassungswidrige Inhaltsbestimmung vor und keine Enteignung.[384] Selbst der vollständige Entzug wohlerworbener Rechte bei der Neugestaltung eines Rechtsgebiets ist keine Enteignung.[385] Für seine Zulässigkeit ist allerdings das in Art. 14 Abs. 3 „zum Ausdruck kommende Gewicht des Eigentumsschutzes bei der vorzunehmenden Abwägung zu beachten",[386] ohne dass eine völlige, übergangs- und ersatzlose Beseitigung vollständig ausgeschlossen ist (zu Ausgleichspflichten → Rn. 112 f.).

97 Auch wenn man die Institute Inhaltsbestimmung und Enteignung auf der Linie des BVerfG abgrenzt, ist das allerdings entgegen dem Eindruck, den seine Begriffsbestimmungen machen, **nicht rein begrifflich** nach den Merkmalen abstrakt/generell – konkret/individuell möglich.[387] Auch vom Gesetzgeber generell gemeinte Verkürzungen des Eigentumsinhalts konkretisieren sich im Einzelfall,[388] zB die Tötung des seuchenverdächtigen Tieres, die Eintragung des denkmalswürdigen Gebäudes in die Denkmalschutzliste, die naturschutzrechtliche Bindung.[389] Andererseits beruht die Enteignung auf generellen Enteignungsgesetzen. Eine wertende Auslegung des Gesetzes daraufhin, ob es seinem Sinn nach eine generelle Inhaltsbestimmung vornimmt (die sich im Einzelfall konkretisiert) oder zu – die so ausgestaltete Eigentumsordnung ausnahmsweise durchbrechenden – Enteignungen ermächtigt, ist daher nicht zu vermeiden.[390] Verfehlt ist es, wegen dieser verbleibenden

---

[380] *Schulze-Osterloh* NJW 1981, 2537 (2538).

[381] So die in der Lit. vielfach übernommene Formulierung in v. Münch/Kunig, 3. Aufl. 1996, vgl. *Rozek,* Die Unterscheidung von Eigentumsbindung und Enteignung, 1998, 151 Fn. 71.

[382] So deutlich BVerfGE 70, 191 (200 ff.); 83, 201 (212); 100, 226 (240); *Schmitt-Kammler* FS 600 Jahre Uni Köln, 1988, 821 (826 ff.); *Maurer* FS f. Dürig, 1990, 293 (307 ff.); *Rozek,* Die Unterscheidung von Eigentumsbindung und Enteignung, 1998, 150 ff.; *Lege,* Zwangskontrakt und Güterdefinition, 1995, 56; *Engelhardt* NVwZ 1994, 337 (338); *Schoch* Jura 1989, 113 (121).

[383] BVerfGE 31, 275 (285, 290); BVerfGE 36, 281 (293); BVerfGE 43, 242 (288); BVerfGE 58, 300 (351); BVerfGE 70, 191 (200).

[384] BVerfGE 31, 275 (291 ff.); BVerfGE 70, 191 (200); BVerfGE 143, 246 Rn. 262 ff.

[385] BVerfGE 83, 201 (213), Vorkaufsrecht; *Berkemann* in Umbach/Clemens Rn. 275 ff.

[386] BVerfGE 83, 201 (213).

[387] *Rozek,* Die Unterscheidung von Eigentumsbindung und Enteignung, 1998, 157 ff.; *Lege,* Zwangskontrakt und Güterdefinition, 1995, 31 ff.; *Schmidt-Aßmann* JuS 1986, 833 (836); *Pietzcker* JuS 1991, 369 (371).

[388] „Sozialbindende Entzugsakte": *Schmitt-Kammler* NJW 1990, 2515 (2517 f.).

[389] *Rozek,* Die Unterscheidung von Eigentumsbindung und Enteignung, 1998, 233 ff.; *Ehlers* VVDStRL 51 (1992), 237 f.; *Melchinger,* Die Eigentumsdogmatik des Grundgesetzes und das Recht des Denkmalschutzes, 1994, 173.

[390] Beispielhaft BVerwGE 94, 1.

Schwierigkeiten zu materiellen (Schwere-)Theorien zurückzukehren.[391] Vielmehr ist auf den Zweck des Enteignungsinstituts abzustellen, das nicht nur „konkretes" Eigentum in Anspruch nimmt, sondern dies auch für einen „konkreten" Gemeinwohlzweck tut, für den gerade das entsprechende Eigentumsobjekt gebraucht wird. Schon wegen ihrer abweichenden Zweckrichtung fallen damit viele Eigentumseingriffe aus dem Enteignungsbegriff heraus. Der konsequenten Lösung, den Weg zum klassischen Enteignungsbegriff zurück zur Definition der Enteignung als **Güterbeschaffungsvorgang** zu gehen,[392] ist das BVerfG in der Entscheidung zur Baulandumlegung gefolgt[393] und hat dies in der Entscheidung zum Atomausstieg[394] bekräftigt.

IV. Eigentum verpflichtet. Sein Gebrauch soll zugleich dem Wohl der Allgemeinheit dienen (Abs. 2)

In Art. 14 Abs. 2 statuiert das GG in Anknüpfung an den viel umfassende- **98**
ren Grundpflichtenkatalog der WRV[395] eine **Grundpflicht** des Eigentümers[396] und **konkretisiert** damit gleichzeitig das **Sozialstaatsgebot** für die Eigentumsverfassung.[397]

Letzteres ist unstreitig. Die Bestimmung richtet sich in erster Linie an den **99**
inhalts- und schrankenbestimmenden **Gesetzgeber.**[398] Insoweit erläutert Art. 14 Abs. 2 S. 2 den S. 1 näher.[399] Der Gesetzgeber ist nicht nur berechtigt,[400] sondern verpflichtet, bei der Ausgestaltung von Eigentumsrechten einerseits die Gewährleistung des Eigentums, andererseits dessen Sozialpflichtigkeit zu beachten: Art. 14 Abs. 2 als **„Sozialgebot"**[401] bzw. als Verfassungsauftrag.[402]

Die Konsequenz dieses „Sozialgebots" hängt von den Eigenarten der kon- **100**
kreten Eigentumsposition, die der Gesetzgeber ausgestaltet, ab.[403] **Grundeigentum,** aber auch **Sozialversicherungsansprüche,** richtigerweise aber auch **Vermögenspositionen mit gewichtiger gesamtökonomischer („System"-)Relevanz** muss der Gesetzgeber mit Blick und unter Berück-

---

[391] IdS vor allem *Schwabe* FS f. Thieme, 1993, 251 ff.; *Lubberger,* Eigentumsdogmatik, 1995, 265 ff.

[392] So *Bryde* in v. Münch/Kunig, 6. Aufl. 2012, Rn. 58; sowie *Rittstieg* in AK Rn. 193 ff.; vgl. schon *Rittstieg,* Eigentum als Verfassungsproblem, 1975, 411 ff.; *Osterloh* DVBl. 1991, 906 (911); *Schulze-Osterloh,* Das Prinzip der Eigentumsopferentschädigung im Zivilrecht und im öffentlichen Recht, 1980, 267 f.; jetzt vor allem *Lege,* Zwangskontrakt und Güterdefinition, 1995, 59 ff., Enteignung als „Zwangskontrakt"; im Ansatz *Ehlers* VVDStRL 51 (1992), 236 f.; noch abl. BVerfGE 83, 201 (211) – Vorkaufsrecht.

[393] BVerfGE 104, 1 (9 f.).

[394] BVerfGE 143, 246 (242 ff.).

[395] Vgl. *Hofmann* VVDStRL 41 (1983), 65 ff.

[396] *Götz* VVDStRL 41 (1983), 30 f.; *Dederer* in BK Rn. 297; *Stober,* Grundpflichten und GG, 1979, 50.

[397] *Berkemann* in Umbach/Clemens Rn. 510; *Götz* VVDStRL 41 (1983), 30; *Krüger* FS f. Schack, 1966, 71 (75).

[398] „Richtschnur und Grenze für den objektiv-rechtlichen Auftrag an den Gesetzgeber, Inhalt und Schranken des Eigentums zu bestimmen", BVerfGE 89, 1 (5); BVerfGE 100, 226 (241); vgl. *Wieland* in Dreier Rn. 107; *Dederer* in BK Rn. 303; *Papier/Shirvani* in Maunz/Dürig Rn. 416.

[399] *Kübler* AcP 159 (1960), 241; *Papier/Shirvani* in Maunz/Dürig Rn. 416.

[400] So wohl *Leisner,* Sozialbindung des Eigentums, 1972, 44 „Möglichkeit" der Sozialbindung.

[401] *Götz* VVDStRL 41 (1983), 33.

[402] *Rittstieg,* Eigentum als Verfassungsproblem, 1975, 342; *Dederer* in BK Rn. 303; zu den entspr. Richtlinien für den Gesetzgeber → Rn. 87 ff. mwN.

[403] *Wieland* in Dreier Rn. 105.

sichtigung ihres sozialen Bezugs und ihrer sozialen Funktion ausgestalten. Für das Grundeigentum sind Sozialbindungen in den ausdifferenzierten Regimen, des Planungs-, Bau- und Umweltrechts, aber auch etwa im Mietrecht, umgesetzt. Sozialversicherungsansprüche gestaltet der Gesetzgeber schon wegen der Beitragsfinanzierung und daraus folgender ökonomischer Relevanz unter Berücksichtigung der Sozialbindung aus. Ob die rechtliche Gestaltung und Regulierung etwa neuartiger Finanzmarktprodukte oder durch die Digitalisierung entstandener neuartiger Rechtspositionen Art. 14 Abs. 2 genügt, darf jedoch bezweifelt werden.

101 Umstritten ist, welche Bedeutung Art. 14 Abs. 2 als **Grundpflicht** hat. Seit das BVerfG zwischen Enteignung und Inhalts- und Schrankenbestimmung streng formal abgrenzt (→ Rn. 92 ff. und 115) und damit den Gesetzgeber in die Pflicht nimmt, Eigentum verfassungskonform auszugestalten, spricht dogmatisch vieles dafür, auch für die Sozialbindung stets eine Konkretisierung im Gesetz zu verlangen.[404] Aus der Rspr. des BVerfG ergibt sich dies hingegen nicht.[405] Ebenso ist es ein Zirkelschluss, wenn der gesetzliche Konkretisierungsbedarf damit begründet wird, dass Art. 14 Abs. 2 zur individualistisch verstandenen Eigentumsnutzung subsidiär sei.[406] Die Herleitung eines steuerrechtlichen Halbteilungsgrundsatzes aus dem Wörtchen „zugleich" im *obiter dictum* in BVerfGE 93, 121 (138) ist daher unzutreffend.[407] Daher bleibt die Verpflichtung des Gesetzgebers, Art. 14 Abs. 2 GG hinreichend Rechnung zu tragen, auf das Rechtsstaatsprinzip, den Gesetzesvorbehalt und insbes. das Bestimmtheitsgebot gestützt.[408] Es ist aber fraglich, ob sich damit bereits die Bedeutung des Art. 14 Abs. 2 als Verfassungsbestimmung, die den **Eigentümer unmittelbar verpflichtet,** gewandelt hat. Dass diese Funktion nicht unmittelbar erzwingbar ist, schließt eine Grundpflicht noch nicht aus. Auch die *lex imperfecta* ist jedoch *lex*.[409] Im Übrigen ist diese Pflicht nicht völlig ohne Sanktionen: sieht man mit dem BVerfG das Verhältnismäßigkeitsprinzip als Grenze für den inhaltsbestimmenden Gesetzgeber (→ Rn. 107 ff.), dann besteht ein Zusammenhang zwischen der spontanen Erfüllung der verfassungsbegründeten Eigentümerpflichten und dem Ausmaß ihrer gesetzl. Erzwingung.

102 Auch für den **Rechtsanwender** kann Art. 14 Abs. 2 Richtlinie sein, wenn das Gesetz ihm einen Entscheidungsspielraum gibt.[410] Dabei dürfte es im Ergebnis keinen Unterschied machen, ob man Art. 14 Abs. 2 unmittelbar als (zivilrechtliche) Generalklausel anwendet[411] oder seinen Grundgedanken im Rahmen der zivilrechtlichen Generalklauseln berücksichtigt.[412]

---

[404] *Dederer* in BK Rn. 299 ff.; *Axer* in BeckOK GG Rn. 25; *Depenheuer/Froese* in MKS Rn. 201; *Kreuter-Kirchhof,* Personales Eigentum, 2017, 129 f.

[405] Entgegen *Dederer* in BK Rn. 303, allerdings selbst skeptisch Rn. 298.

[406] *Depenheuer/Froese* in MKS Rn. 202 ff.

[407] Vgl. *Böckenförde,* abw. Meinung in BVerfGE 93, 121 (152 ff.); inzwischen auch BVerfGE 115, 97 (114).

[408] Vgl. *Dederer* in BK Rn. 299.

[409] So mit Recht *Hofmann* VVDStRL 41 (1983), 77; gegen *Gusy* JZ 1982, 657.

[410] *Dederer* in BK Rn. 322 f.; *Sieckmann* in BerlKomm Rn. 169; *Breuer,* Die Bodennutzung im Konflikt zwischen Städtebau und Eigentumsgarantie, 1976, 42; *Stein* FS f. Müller, 1970, 503 (523 f.); aA *Papier/Shirvani* in Maunz/Dürig Rn. 416.

[411] Vgl. *Kübler* AcP 159 (1960), 236 (261 ff.).

[412] *Berkemann* in Umbach/Clemens Rn. 512; *Götz* VVDStRL 41 (1983), 32.

V. Grenzen der Inhaltsbestimmung

103 Art. 14 geht nicht von einem vorgegebenen und absoluten Begriff des Eigentums aus.[413] Eigentum ist vielmehr die Summe der vom Gesetzgeber gewährten vermögenswerten Rechte.[414] Auf der anderen Seite ist aber der Gesetzgeber bei der Bestimmung von Inhalt und Schranken nicht frei. Er ist an die Eigentumsgewährleistung einerseits, an die von Art. 14 Abs. 2 (→ Rn. 98 ff.) niedergelegten Maßstäbe andererseits gebunden. Er muss maW „den Bereich des einzelnen und die Belange der Allgemeinheit [bzw. „die Interessen der Beteiligten"] in einen gerechten Ausgleich bringen".[415] Dieses **Abwägungsgebot** erfordert eine Differenzierung der Eigentumsgarantie nach der Beziehung der einzelnen Eigentumsrechte zur Garantie der persönlichen Freiheit einerseits, ihrem sozialen Bezug andererseits.[416] Gesetzgeberische Grenzziehung im Interesse des Gemeinwohls wird umso mehr geboten sein, je mehr Nichteigentümer auf die Nutzung des Eigentumsobjekts angewiesen sind,[417] der Bereich des Einzelnen wird umso stärker geschützt sein, je mehr ihm das Eigentumsrecht zur freien Persönlichkeitsentfaltung und zur eigenverantwortlichen Gestaltung des Lebens dient und je mehr es auf eigener Leistung beruht (→ Rn. 4).[418]

104 **1. „Institutsgarantie" – private Eigentumsordnung.** Der Gesetzgeber hat daher zunächst einmal die Pflicht, „durch Zubilligung und Sicherung von Herrschafts-, Nutzungs- und Verfügungsrechten einen Freiheitsraum im vermögensrechtlichen Bereich" zu gewähren,[419] dh er kann nicht nur, sondern er muss **private Eigentumsrechte schaffen.**[420] Wenn das BVerfG dabei in früheren Entscheidungen mit einer später nicht mehr verwandten Formel den Gesetzgeber an das „Eigentum, wie es das bürgerliche Recht und die gesellschaftlichen Anschauungen geformt haben" bindet,[421] dann ist das zwar angesichts der Offenheit des verfassungsrechtlichen Eigentumsbegriffs zu eng, verweist aber – wie auch die Lehre von der Institutsgarantie (→ Rn. 61) – richtig darauf, dass das GG mit der Entscheidung für das Privateigentum[422]

---

413 BVerfGE 31, 229 (240); 58, 300 (330); grds. abw. *Leisner,* Sozialbindung des Eigentums, 1972, 49 ff.; *Depenheuer/Froese* in MKS Rn. 29 ff.

414 BVerfGE 58, 300 (336); BVerfGE 58, 81 (109 f.); BVerfGE 24, 367 (396); BVerfGE 20, 351 (356).

415 BVerfGE 31, 229 (242); BVerfGE 25, 112 (117 f.); BVerfGE 52, 1 (29); BVerfGE 58, 137 (147); BVerfGE 70, 191 (201 f.); BVerfGE 95, 64 (84); BVerfGE 98, 17 (37); BVerfGE 100, 226 (240).

416 BVerfGE 70, 191 (201); BVerfGE 95, 64 (84); *Badura* in BMV VerfassungsR-HdB Rn. 672; *Papier/Shirvani* in Maunz/Dürig Rn. 425; *Rittstieg* in AK Rn. 174; *Dederer* in BK Rn. 493 ff.; *Wieland* in Dreier Rn. 104 f.; *Berkemann* in Umbach/Clemens Rn. 304 ff.; Hesse VerfR Rn. 448; Stein/Frank StaatsR § 42 II 1 mwN; *Breuer,* Die Bodennutzung im Konflikt zwischen Städtebau und Eigentumsgarantie, 1976, 18; *Ipsen* VVDStRL 10 (1952), 83 f.; *Schwerdtfeger,* Die dogmatische Struktur der Eigentumsgarantie, 1983, 20; *v. Brünneck,* Die Eigentumsgarantie des Grundgesetzes, 1984, 396.

417 BVerfGE 50, 290 (341) – Mitbestimmung; BVerfGE 37, 132 (141); 95, 64 (84) – Mietrecht.

418 BVerfGE 100, 226 (241).

419 BVerfGE 31, 229 (239).

420 *Ehlers* VVDStRL 51 (1992), 216; *Berkemann* in Umbach/Clemens Rn. 248; weitergehend: Garantie des klassischen Instituts des Sacheigentums, *Wendt,* Eigentum und Gesetzgebung, 1985, 194 ff.; *Depenheuer/Froese* in MKS Rn. 29 ff.

421 BVerfGE 1, 264 (278); BVerfGE 4, 219 (240).

422 BVerfGE 14, 263 (277); BVerfGE 18, 121 (132); BVerfGE 20, 351 (355); BVerfGE 21, 150 (155); BVerfGE 26, 215 (222).

von der Zuordnung bestimmter Sachbereiche zur **Privatrechtsordnung** ausgeht. Der Gesetzgeber darf daher der Privatrechtsordnung keine Sachbereiche entziehen, die zum elementaren Bestand grundrechtlich geschützter Betätigung im vermögensrechtlichen Bereich gehören,[423] ohne dass das die Fortentwicklung des Privatrechts ausschließt.[424] Auch die Begründung von **„öffentlichem Eigentum"** an nicht privat genutzten, sondern einem öffentlichen Zweck gewidmeten Grundstücken ist damit nicht ausgeschlossen.[425] Verfassungsrechtlich nicht zu beanstanden ist daher auch die der Dogmatik des deutschen Rechts fremde Konstruktion einer besonderen Form von „öffentlichem Eigentum" im Euratom-Vertrag,[426] der in Art. 86 ff. das Eigentum an besonderen spaltbaren Stoffen ausschließlich der Gemeinschaft vorbehält und den wirtschaftlichen Inhabern nur Nutzungs- und Verbrauchsrechte einräumt.[427]

105 Wesentliches Leitprinzip für die Ausgestaltung privater Eigentumsrechte ist – unbeschadet aller sich aus ihrer Sozialpflichtigkeit ergebenden Grenzen – ihre **Privatnützigkeit.** Der Gesetzgeber muss daher diejenigen Rechte, die nach dem Grundgehalt der Eigentumsgarantie dem Einzelnen als private Vermögensrechte zuzuordnen sind, so ausgestalten, dass sie angemessen **genutzt** und **verwertet** werden können,[428] ohne dass dem Eigentümer jede nur denkbare Verwertungsmöglichkeit zugewiesen werden muss.[429] Das schließt insbes. auch ein, die rechtliche Ausgestaltung privater Vermögensrechte so vorzunehmen, dass sie **funktionstüchtig** sind.[430]

106 **2. Eigentumsspezifische allgemeine Grenzen.** Die wichtigsten Grenzen für den inhaltsbestimmenden Gesetzgeber sind **Gleichheitssatz, Verhältnismäßigkeitsprinzip** und **Vertrauensschutz.**[431] Ob man deshalb mit *Papier*[432] sagen kann, dass diese Grenzen nicht eigentlich eigentumsrechtlich sind, ist trotzdem fraglich. Es spricht vielmehr einiges dafür, dass diese Prinzipien in den **jeweiligen** Grundrechten besser verankert sind als im allg. Rechtsstaatsprinzip. Jedenfalls für Art. 14 gilt, dass Verhältnismäßigkeitsprüfung und Vertrauensschutz einen spezifischen **eigentumsrechtlichen Gehalt** haben.

107 **a) Verhältnismäßigkeit.** Die eigentumsrechtliche Problematik einer **Verhältnismäßigkeitsprüfung** liegt in der Gestaltungsfreiheit des Gesetzgebers. Geht man von einem vorgegebenen, am Eigentümerbelieben des § 903 BGB orientierten Eigentumsbegriff aus, ist es logisch kein Problem, jede Einschränkung dieses zunächst einmal unbeschränkt gedachten Eigentums nach den bei anderen Grundrechten entwickelten Regeln auf ihre Erforderlichkeit, Geeignetheit und Verhältnismäßigkeit ieS zu überprüfen.[433]

---

[423] BVerfGE 24, 367 (389).
[424] BVerfGE 31, 229 (241); *Badura* in BMV VerfassungsR-HdB Rn. 665.
[425] BVerfGE 24, 367 (369); *Dicke* DÖV 1969, 554 (556).
[426] Vom 25.3.1957, BGBl. II 1014.
[427] BVerfGE 49, 89 (146); zur Diskussion: *Offermann-Clas,* Eigentum in den Europäischen Gemeinschaften, 1974, 129 ff.
[428] BVerfGE 31, 229 (241) – Urheberrecht; 100, 226 (241) – Denkmalschutz.
[429] BVerfG 31, 229 (241).
[430] BVerfGE 50, 290 (334 f., 352, 355, 357) – Mitbestimmung.
[431] BVerfGE 58, 300 (338); BVerfGE 70, 191 (201 f.); BVerfGE 72, 66 (77 f.); BVerfGE 74, 203 (214); BVerfGE 87, 114 (138); BVerfGE 98, 17 (35); BVerfGE 100, 226 (241).
[432] *Papier/Shirvani* in Maunz/Dürig Rn. 154.
[433] So *Leisner,* Sozialbindung des Eigentums, 1972, 157 f.; *Depenheuer/Froese* in MKS Rn. 228.

Geht man hingegen mit dem BVerfG davon aus, dass erst der Gesetzgeber den Inhalt des Eigentums festlegt,[434] ist fraglich, woran die Verhältnismäßigkeit[435] eines eigentumsgestaltenden Gesetzes gemessen werden soll.[436] Auch wenn man die grds. Gestaltungsfreiheit des Gesetzgebers anerkennt, ist eine Verhältnismäßigkeitsprüfung jedoch nicht ausgeschlossen.[437]

Bei der Änderung bestehender Eigentumsrechte kann das jeweils geltende Recht Ausgangspunkt der Prüfung sein, was jedoch nicht mit dem Vertrauensschutz für die Inhaber dieser alten Rechtspositionen verwechselt werden sollte (→ Rn. 109). Zu weit geht allerdings eine Position, die rein zeitlich jede Abweichung vom jeweils bestehenden Recht am Verhältnismäßigkeitsprinzip misst.[438] Der Gesetzgeber ist jedoch an **institutionelle Strukturen** gebunden, die er geschaffen hat, und auf die er nunmehr Rücksicht nehmen muss.[439] Eine besonders stringente Verhältnismäßigkeitsprüfung ist dabei denkbar, wenn man sich im Bereich von Rechten bewegt, die von Verfassungs wegen notwendigerweise dem Privaten zuzuordnen sind (→ Rn. 104 f.). Aber auch bei der Neugestaltung von Eigentumsrechten (zB im Bereich der sozialen Sicherungssysteme) ist eine Verhältnismäßigkeitsprüfung nicht ausgeschlossen. Ansatzpunkt ist hier das Gebot, zwischen den Belangen des Einzelnen und der Allgemeinheit abzuwägen (→ Rn. 103). Die Notwendigkeit, die Belange des Einzelnen hinreichend zu berücksichtigen, lässt eine Verfehlung dieses Gebots durch die übermäßige Belastung des einzelnen möglich erscheinen, so dass jedenfalls die **Verhältnismäßigkeit ieS** auch iRd Art. 14 zu prüfen ist, die hier insbes. die Abwägung zwischen Privatnützigkeit und Sozialpflichtigkeit bedeutet. Demgegenüber besteht ein weiter Gestaltungs- und damit konkret Bewertungsspielraum des Gesetzgebers, welche Gemeinwohlbelange mit welchem Gewicht (→ Rn. 99 f.) das legitime Ziel einer so konzipierten Eigentumseinschränkung bilden.[440] Während der Gesetzgeber hins. der **Erforderlichkeit** einer gesetzl. Regelung grds. eine weitgehend freie Hand hat,[441] kann die **Geeignetheit** von Maßnahmen im Rahmen der gesetzgeberischen Zielsetzung überprüft werden, wobei jedoch ebenfalls ein Prognosespielraum des Gesetzgebers zu beachten ist.[442] 108

b) Vertrauensschutz. Im Gegensatz zum Verhältnismäßigkeitsprinzip wird das des Vertrauensschutzes durch eigentumsrechtliche Überlegungen nicht eingeschränkt, sondern **erweitert.** Die gesetzgeberische Zuweisung von Eigentumsrechten an Private kann ihre grundrechtliche Funktion, die Sicherung eines Freiheitsraumes im vermögensrechtlichen Bereich, nur erfüllen, 109

---

[434] BVerfGE 24, 367 (396); BVerfGE 31, 229 (240); BVerfGE 37, 132 (141); BVerfGE 53, 257 (292); BVerfGE 58, 81 (110); BVerfGE 58, 300 (335 f.).

[435] BVerfGE 52, 1 (29 ff.) – Kleingarten; BVerfGE 58, 137 (150) – Pflichtexemplar.

[436] Krit. *Wendt,* Eigentum und Gesetzgebung, 1985, 162; *Wieland* in Dreier Rn. 144 f.

[437] AA *Lerche,* Übermaß und Verfassungsrecht, 1961, 140 ff.; einschr. *Breuer,* Die Bodennutzung im Konflikt zwischen Städtebau und Eigentumsgarantie, 1976, 24 ff.; *Schulze-Osterloh,* Das Prinzip der Eigentumsopferentschädigung im Zivilrecht und im öffentlichen Recht, 1980, 249 ff.; krit. *Rittstieg* in AK Rn. 171.

[438] Als Bsp. *Benda,* Sozialrechtliche Eigentumspositionen im Arbeitskampf, 1986, 121 f.

[439] *Kingreen/Poscher,* Grundrechte. Staatsrecht II, 2019, Rn. 1079; *Bryde* in Basedow/Meyer/Schwintowski, Lebensversicherung, Internationale Versicherungsverträge und Verbraucherschutz, Versicherungsvertrieb, 1996, 69 ff.

[440] Vgl. etwa BVerfGE 143, 246, Rn. 283 für den Atomausstieg.

[441] BVerfGE 8, 71 (80); BVerfGE 21, 73 (83); BVerfGE 53, 257 (293); *Breuer,* Die Bodennutzung im Konflikt zwischen Städtebau und Eigentumsgarantie, 1976, 26.

[442] *Wieland* in Dreier Rn. 145; vgl. etwa für den Atomausstieg BVerfGE 143, 246, Rn. 284 ff.

wenn der Eigentümer jedenfalls im Regelfall auf den Bestand seiner Rechte vertrauen kann. Dass eine Ausgestaltung von Eigentumsrechten eine zulässige, auch verhältnismäßige (→ Rn. 107 f.) Inhaltsbestimmung des Eigentums für die Zukunft ist, rechtfertigt die mit ihr verbundene Verkürzung wohlerworbener Rechte noch nicht.[443] Den Gesetzgeber trifft vielmehr eine besondere Pflicht zur Rücksichtnahme auf nach altem Recht erworbene Rechte.[444]

110 Dies gilt keineswegs ausschließlich für Art. 14, sondern betrifft im Rahmen der sog. unechten Rückwirkung auch von anderen Grundrechten geschützte Belange.[445] Im Rahmen des Art. 14, dem Bestandsschutz der gesicherten Rechte innewohnt,[446] darf der Eigentümer jedoch schon **grundsätzlich** auf den **Fortbestand** gesetzmäßig erworbener vermögenswerter Rechte **vertrauen,** ohne dass es einer Darlegung besonderer Anpassungsschwierigkeiten an die neue Rechtslage bedarf. Der Gesetzgeber muss daher für einen „schonenden Übergang" vom alten ins neue Recht sorgen,[447] zB durch Übergangsfristen[448] oder Entschädigung (→ Rn. 112). Beim vollständigen Entzug ist auch die Wertung des Art. 14 Abs. 3 zu beachten, so dass dieser übergangs- und entschädigungslos nur ausnahmsweise zulässig ist.[449] Wie weit der Vertrauensschutz im Einzelnen trägt, ist dabei im Rahmen der **differenzierten** Eigentumsgarantie wiederum nach sozialem Bezug und Ausgestaltung des einzelnen vermögenswerten Rechts zu beurteilen. Die Reststrommengen für Kernkraftwerke aus dem **Atomausstieg** 2002, die auch Kompensationscharakter für die Beschränkung der zuvor unbegrenzten Laufzeiten haben sollte, genießt nach dem BVerfG stärkeren Schutz als die Zusatzstrommengen von 2010, mit denen der Gesetzgeber zur Erreichung von Klimazielen die Kernenergie als Brückentechnologie weiter nutzen wollte.[450] Im Kontrast hierzu bleibt hins. **sozialversicherungsrechtlicher Positionen** der Vertrauensschutz auch bei ihrer Anerkennung als Eigentum (→ Rn. 50) eingeschränkt. Diese mit Blick auf den personalen Charakter des Eigentumsschutzes unbefriedigende Schwäche lässt sich erklären, da die Höhe von Sozialversicherungsansprüchen in erheblichem Umfang auf Rahmenbedingungen beruht, deren Gestaltung und Berücksichtigung dem Gesetzgeber schon aus Gründen der Finanzverfassung überlassen bleiben muss.[451]

111 **c) Gleichheit.** Auch die Bindung des inhalts- und schrankenbestimmenden Gesetzgebers an den **Gleichheitssatz** hat eine spezifisch eigentumsrecht-

---

[443] BVerfGE 31, 275 (289 ff.); BVerfGE 58, 81 (121): eine (zulässige) Verkürzung von Urheberrechten darf nicht uneingeschränkt auf früher entstandene Rechte angewandt werden.

[444] BVerfGE 36, 281 (293 f.); BVerfGE 42, 263 (294); BVerfGE 45, 297 (331 f.); BVerfGE 53, 336 (351); BVerfGE 58, 300 (351 f.); BVerfGE 83, 201 (212); *Papier/Shirvani* in Maunz/Dürig Rn. 442; *Rittstieg* in AK Rn. 181; *Wieland* in Dreier Rn. 148 f.; *Wendt* in Sachs Rn. 88 f.; *Berkemann* in Umbach/Clemens Rn. 341.

[445] S. etwa für kostenintensive Berufsausübungspflichten BVerfGE 131, 47 (57 f.), dennoch als spezifische Ausprägung des Vertrauensschutzes für Art. 14 *Wendt* in Sachs, Rn. 88a.

[446] BVerfGE 58, 300 (351); BVerfGE 143, 246 Rn. 269.

[447] „Weiche Überleitung": *Salzwedel* DV 1972, 11 ff.; *Sendler* DÖV 1974, 73; *Wendt* in Sachs Rn. 88; BVerfGE 53, 336 (351).

[448] BVerfGE 58, 300 (351 f.).

[449] BVerfGE 83, 201 (213) – Vorkaufsrecht.

[450] BVerfGE 143, 246 Rn. 300 f., 344 f. iVm Rn. 237.

[451] BVerfGE 53, 257 (293) – Versorgungsausgleich; BVerfGE 58, 81 (110 ff.) – Ausbildungsausfallzeit; vgl. aber die abw. Meinung von *Benda/Katzenstein* BVerfGE 58, 129 ff.; BVerfGE 74, 203 (215 ff.).

liche Seite. In der **Gleichheitsprüfung innerhalb des Art. 14** können nämlich mit zeitgemäßer jur. Dogmatik die Anliegen bewältigt werden, die dem Festhalten am überholten Traditionsstück der Institutsgarantie (→ Rn. 61) wie den begrifflichen Differenzierungsbemühungen zwischen Inhalts- und Schrankenbestimmungen (→ Rn. 88) zugrunde liegen dürften. Das BVerfG verwendet iRd Art. 3 Abs. 1 „je nach Regelungsgegenstand und Differenzierungsmerkmalen" unterschiedliche Maßstäbe „vom bloßen Willkürverbot bis zu einer strengen Bindung an Verhältnismäßigkeitserfordernisse".[452] Schärfungen der Gleichheitsprüfung gegenüber dem bloßen Willkürmaßstab sind immer dann angezeigt, wenn ein der Verhältnismäßigkeitsprüfung bei den Freiheitsrechten vergleichbares Regel-Ausnahme-Verhältnis vorliegt, der Gesetzgeber zwei Fälle oder Gruppen „eigentlich" gleichbehandeln müsste, aber differenziert und dies rechtfertigen muss.[453] Diese Situation ist bei der Gleichheitsprüfung iRd Art. 14 häufig gegeben, da der Gesetzgeber bei der Ausgestaltung von Eigentumsrechten typischerweise ein institutionelles System errichtet, vor dessen Hintergrund die besondere Behandlung bestimmter Träger von Eigentumsrechten deutlich ist und der Rechtfertigung bedarf.[454]

3. Ausgleichspflichten. Die Begrenzung des Enteignungsbegriffs auf die Inanspruchnahme konkreter Eigentumsrechte für konkrete Gemeinwohlziele einerseits, die Bindung des inhaltsbestimmenden Gesetzgebers an Gleichheitssatz, Verhältnismäßigkeits- und Vertrauensschutzprinzip andererseits, verlangt ein Abgehen von dem Dogma, dass „Sozialbindung" immer entschädigungslos ist.[455] Die vom Gesetzgeber zu beachtende Gewährleistung des Eigentums kann ihn auch bei der generellen Bestimmung des Eigentumsinhalts zwingen, eine **Eigentumsopferentschädigung** vorzusehen, wenn andernfalls das Gesetz zB einzelne Eigentümer unverhältnismäßig belasten oder berechtigtes Vertrauen enttäuschen würde.[456] *Ipsen* hat die Alternative schon 1951 mit bis heute gültiger Klarheit bezeichnet: entweder enger Enteignungsbegriff, strikte Anwendung der Junktimklausel und Anerkennung einer (Aufopferungs-)Entschädigung im Bereich von Art. 14 Abs. 1 oder weiter Enteignungsbegriff und Verzicht auf strikte Anwendung der Junktimklausel.[457] Das BVerfG hat in diesem Sinne zB im Pflichtexemplarentscheid die an sich zulässige Pflicht zur kostenlosen Ablieferung für verfassungswidrig erklärt, soweit sie wertvolle Druckwerke in niedriger Auflage betrifft.[458] In der Entscheidung zum rheinland-pfälzischen Denkmalschutzrecht betont es allerdings, ähnlich wie in seiner Enteignungsrechtsprechung, das Primat des Schutzes der Substanz des Eigentums, dem finanzielle Ausgleichsregelungen nicht immer gerecht werden.[459] 112

---

[452] BVerfGE 88, 87 (96).

[453] Vgl. *Bryde/Kleindiek* Jura 1999, 36 (38).

[454] S. BVerfGE 143, 246 Rn. 347 ff. (keine Verstrombarkeit bestimmter Reststrommengen einzelner, mit anderen konkurrierender Unternehmen).

[455] So aber *Leisner,* Sozialbindung des Eigentums, 1972, Rn. 43; nachdrücklich *Papier/Shirvani* in Maunz/Dürig Rn. 476 ff.

[456] BVerfGE 79, 174 (192); BVerfGE 83, 201 (213); BVerfGE 100, 226 (244); grdl. *Schulze-Osterloh,* Das Prinzip der Eigentumsopferentschädigung im Zivilrecht und im öffentlichen Recht, 1980, 276 ff.; *Schulze-Osterloh* NJW 1981, 2537 (2543 ff.); *Schwerdtfeger,* Die dogmatische Struktur der Eigentumsgarantie, 1983, 29; *Schulte,* Zur Dogmatik des Art. 14 GG, 1979, 35 ff.

[457] Ipsen VVDStRL 10 (1952), 96 ff.

[458] BVerfGE 58, 137 (149 ff.).

[459] BVerfGE 100, 226 (244).

Auch soweit der Gesetzgeber Privaten die Beeinträchtigung der Eigentumsrechte anderer Privater gestattet (Notstand und sog. bürgerlich-rechtliche Aufopferung), verlangt Art. 14 jedenfalls in einem Kernbereich solche Eingriffsbefugnisse durch Entschädigungspflichten auszugleichen,[460] ohne dass es sich in solchen Fällen um Enteignungen handeln kann.[461]

113 Anknüpfend an diese zunächst nur punktuellen Vorgaben haben Rspr.[462] und Lehre[463] inzwischen ein eigenständiges Institut der **ausgleichspflichtigen Inhaltsbestimmung** entwickelt. Ein Teil der Streitfragen um die Abgrenzung von Enteignung und Sozialbindung der alten Umschlagtheorien hat sich heute in die Diskussion dieses Instituts verlagert und erscheint dort als Abgrenzung zwischen hinzunehmender Umgestaltung bestehender Eigentumspositionen und ausnahmsweise aus Gründen der Verhältnismäßigkeit erforderlicher Ausgleichsregelungen zur Vermeidung von Härtefällen (zur Belastungsgleichheit → Rn. 111). So hat das BVerfG für den „Atomausstieg“ 2011 die Streichung sowohl der alten, seit 2002 geregelten, als auch der neuen, erst im Oktober 2010 zugewiesenen, Reststrommengen als grundsätzlich verhältnismäßige Inhalts- und Schrankenbestimmung angesehen, jedoch zwei Entschädigungsregelungen verlangt. Zur Umsetzung des Urteils sieht daher § 7f AtG[464] eine Entschädigung vor, soweit einzelne Kraftwerksbetreiber im Unterschied zu den anderen die alten Reststrommengen aus 2002 durch die neue zeitliche Befristung des Betriebs nicht verwerten können. § 7e AtG gewährt Entschädigung für Investitionen zwischen Parlamentsbeschluss über die zusätzlichen Strommengen und dem „Moratorium“ der BReg als Reaktion auf die Reaktorkatastrophe in Fukushima.

114 **4. Einzelfälle. Aktienrecht** – Der Gesetzgeber darf die Interessen der Minderheitsaktionäre hinter die Entfaltung der unternehmerischen Initiative zurücktreten lassen, und gesellschaftsrechtliche Regeln schaffen, durch die Aktionäre ihre Stellung durch Umwandlung oder Übernahme verlieren.[465] Dabei müssen die berechtigten Interessen der zum Ausscheiden gezwungenen Minderheitsaktionäre durch wirksame Rechtsbehelfe gegen einen Missbrauch wirtschaftlicher Macht und Entschädigung gewahrt werden.[466] Anders als bei Enteignungen zum Wohl der Allgemeinheit kommt als Entschädigung bei einem solchen Zurücktreten privater Interessen gegenüber anderen Privatinteressen nur eine volle Abfindung in Betracht.[467] Die Entschädigung darf jedenfalls nicht unter dem Verkehrswert liegen. Dieser kann bei börsennotierten Unternehmen nicht ohne Rücksicht auf den Börsenkurs festgesetzt wer-

---

460 Dazu grdl. *Schulte,* Eigentum und öffentliches Interesse, 1970, 107 ff.; *Schulze-Osterloh,* Das Prinzip der Eigentumsopferentschädigung im Zivilrecht und im öffentlichen Recht, 1980, 232 ff.

461 BVerfGE 14, 263 ff. – Feldmühle; BGHZ 53, 226 ff. – Bergschäden; aA *Schwabe,* Die sog. Drittwirkung, 1971, 118 ff.

462 BVerfGE 79, 174 (192); BVerfGE 83, 201 (213); BVerfGE 100, 226 (244); BVerwGE 94, 1; BVerwGE 94, 100; BGHZ 121, 73; BGHZ 121, 328; BGHZ 123, 242; BGHZ 126, 379.

463 *Wieland* in Dreier Rn. 151; *Dederer* in BK Rn. 494; *Schmidt-Bleibtreu* in Schmidt-Bleibtreu/Klein/Hofmann/Henneke Rn. 40; *Maurer/Waldhoff,* AllgVerwR, 2017, § 27 Rn. 82 ff.; *Steinberg/Lubberger* – Aufopferung – Enteignung und Staatshaftung, 1991, 211 ff., „Verhältnismäßigkeitsausgleich“; *Ossenbühl/Cornils* StaatshaftungsR S. 212 ff.; *Schoch* FS f. Boujong, 1996, 655 ff.; *Rozek,* Die Unterscheidung von Eigentumsbindung und Enteignung, 1998, 76 ff.; krit. *Papier/Shirvani* in Maunz/Dürig Rn. 476 ff.; *Lubberger,* Eigentumsdogmatik, 1995, 211 ff.

464 16. AtG-Novelle v. 10.7.2018, BGBl. I 1122; hierzu *Ludwigs* NVwZ 2018, 1268; *Burgi* NVwZ 2019, 585.

465 BVerfGE 14, 263 (281 f.), 10, 289 (305).

466 BVerfGE 14, 263 (281 f.).

467 BVerfGE 14, 263 (283 f.).

den.[468] Da der bloße Wert des Aktieneigentums nicht geschützt ist, wird das Eigentumsrecht des Aktionärs durch den Widerruf der Börsenzulassung auf Antrag des Emittenten nicht berührt.[469]

Baugebote – Die Sozialbindung des Grundeigentums erlaubt es, dem Eigentümer nicht nur Unterlassungs-, sondern auch Handlungspflichten aufzuerlegen.[470] Einem denkbaren Verstoß gegen das Verhältnismäßigkeitsprinzip beugen § 176 Abs. 3 u. 4 BauGB vor, die verhindern, dass Eigentümer generell oder im Einzelfall zu unwirtschaftlichen Maßnahmen gezwungen werden.[471]

Baurecht – Die gesteigerte soziale Bindung des Grundeigentums (→ Rn. 32) erlaubt es dem Gesetzgeber, die bauliche Nutzung öffentlich-rechtlich zu regeln und die Zulässigkeit von Bauvorhaben an die **Bauleitplanung** (§§ 29 ff. BauGB) zu binden.[472] Der Schutz des Eigentümers erfolgt durch die Berücksichtigung seiner Belange (§ 2 Abs. 3 BauGB) im Planungsverfahren (→ Rn. 65). Sofern das planerische Abwägungsgebot gewahrt ist, ist die Vorenthaltung von auch nach bisherigem Recht nicht zulässigen Nutzungsmöglichkeiten vor Art. 14 unbedenklich.[473] Im fehlenden Anspruch auf Werterhöhung durch planerische (oder Infrastruktur-)Maßnahmen liegt gleichzeitig der Ansatz für abgabenrechtliche Wertabschöpfungen (**„Planungswertausgleich"**, „Bodenwertzuwachssteuer")[474], wobei die Eigentumsgarantie solchen Instrumenten allerdings Grenzen setzen kann.[475] Str. ist das Ausmaß, in dem Art. 14 den Eigentümer gegen eine Verschlechterung der rechtlichen Nutzbarkeit seines Grundstücks **(„Herabzonung")** schützt. Das einfachgesetzliche **Planungsschadenrecht** (§§ 39 ff. BauGB) gewährt dem Eigentümer grds. einen Entschädigungsanspruch bei wertmindernden Änderungen (vgl. den Auffangtatbestand § 42 BauGB). Verfassungsrechtlich geboten dürfte dies jedoch nur bei der Festsetzung „heteronomer" Nutzung (Fälle der §§ 40 u. 41 BauGB) und bei verfestigten (insbes. durch das Ins-Werk-Setzen, vgl. § 42 Abs. 3 BauGB) Nutzungsbefugnissen sein.[476] Die Sieben-Jahre-Frist des § 42 Abs. 2 BauGB ist daher jedenfalls verfassungskonform.[477] Zum Baurecht → Rn. 33, 65.

Datenschutz – Nachdem das BVerfG das Recht auf informationelle Selbstbestimmung trotz dessen Herleitung aus Art. 2 Abs. 1 iVm Art. 1 GG auch für jur. Personen heranzieht,[478] ist der früher angedachte Umweg, den Datenschutz für Unternehmen mithilfe von Art. 14 zu konstruieren[479] nicht mehr nötig (→ Art. 2 Rn. 84).

Denkmalschutz – Der Eigentümer hat sich grds. mit Bindungen der Nutzung seines Eigentums abzufinden, die sich aus Gesichtspunkten des Denkmalschutzes ergeben;[480] das gilt zweifellos bei Erhaltung des nutzungsrechtlichen *status quo,*[481] bei

---

468 BVerfGE 100, 289 (305) – Beherrschungs- und Gewinnabführungsvertrag; zum Zeitpunkt: BVerfG [K] NJW 2007, 828; *Jünemann,* Die angemessene Gegenleistung nach § 31 Abs. 1 WpÜG im Lichte des Verfassungsrechts, 2008.

469 BVerfGE 132, 99 (119 f.).

470 BVerwGE 7, 297 (299 f.); *Papier/Shirvani* in Maunz/Dürig Rn. 583; *Breuer,* Die Bodennutzung im Konflikt zwischen Städtebau und Eigentumsgarantie, 1976, 375 f.; *Schmidt-Aßmann,* Grundfragen des Städtebaurechts, 1972, 237 ff.

471 *Papier/Shirvani* in Maunz/Dürig Rn. 585 f.

472 *Papier/Shirvani* in Maunz/Dürig Rn. 171; *Dederer* in BK Rn. 996 ff.; *Breuer,* Die Bodennutzung im Konflikt zwischen Städtebau und Eigentumsgarantie, 1976, 194 f.; *Schmidt-Aßmann,* Grundfragen des Städtebaurechts, 1972, 168 ff.

473 *Papier/Shirvani* in Maunz/Dürig Rn. 512; *Breuer,* Die Bodennutzung im Konflikt zwischen Städtebau und Eigentumsgarantie, 1976, 194 ff.

474 *Breuer,* Die Bodennutzung im Konflikt zwischen Städtebau und Eigentumsgarantie, 1976, 436 ff.; *Schmidt- Aßmann,* Grundfragen des Städtebaurechts, 1972, 308 ff.; *Papier/ Shirvani* in Maunz/ Dürig Rn. 590 ff.; eher krit. *Dederer* in BK Rn. 257 ff. mwN

475 *Papier/Shirvani* in Maunz/Dürig Rn. 593 ff.

476 *Breuer,* Die Bodennutzung im Konflikt zwischen Städtebau und Eigentumsgarantie, 1976, 195 ff.; *Papier/Shirvani* in Maunz/Dürig Rn. 408 ff.; *Burgi* NVwZ 94, 527 (532).

477 Einschr. *Papier/Shirvani* in Maunz/Dürig Rn. 514.

478 Vgl. zB BVerfGE 118, 168 (183).

479 BVerfGE 84, 239 (279).

480 BVerfGE 100, 226 (242); *Papier/Shirvani* in Maunz/Dürig Rn. 530; *Wendt* in Sachs Rn. 131; *Badura* in BMV VerfassungsR-HdB Rn. 687.

481 BGH LM Nr. 70, Kapelle; BGH JZ 1979, 98, Jugendstilvilla; BVerwGE 24, 60.

Eingriffen in diesen, soweit das Verhältnismäßigkeitsprinzip gewahrt ist, was jedenfalls bei Gewährung eines Übernahmeanspruchs der Fall ist.[482] Zulässig sind auch **ortsgestalterische** Vorschriften, die zur Wahrung eines Ortsbildes zB störende Werbung verbieten.[483] Die Prägung einer Umgebung durch ein Baudenkmal beeinflusst auch die Eigentumsnutzung durch die Nachbarn, zB hins. der Duldungspflicht bei Restaurierungsarbeiten.[484] Ungewöhnliche Belastungen können nach den Grundsätzen der ausgleichspflichtigen Inhaltsbestimmung Entschädigungsansprüche auslösen, die gesetzlich geregelt werden müssen.[485] Vorrang kommt jedoch „Vorkehrungen zu, die eine unverhältnismäßige Belastung des Eigentümers real vermeiden und die Privatnützigkeit des Eigentums so weit wie möglich erhalten".[486]

Landwirtschaftsrecht – Das Recht der Land-(und Forst-)wirtschaft enthält angesichts sehr weitgehender Wirtschaftslenkung in diesem Bereich eine Fülle von Vorschriften über zulässige oder gebotene Nutzungen des Grundeigentums. Da diese Nutzung gleichzeitig landwirtschaftliche Berufsausübung ist, ist jedoch zweifelhaft, ob entspr. Regelungen an Art. 14 zu messen sind,[487] sowie für das Recht des landwirtschaftlichen Bodenverkehrs[488] einschlägig sein, während Regelungen der Art und Weise landwirtschaftlicher Nutzung dem Schutzbereich des Art. 12 zugeordnet sind.

Mietrecht – Eine soziale Ausgestaltung des Mietrechts, die „die hohe Bedeutung, die der Wohnung für den einzelnen und die Familie zukommt"[489], berücksichtigt, ist iRd Art. 14 Abs. 1 S. 2 gerechtfertigt und durch Art. 14 Abs. 2 geboten.[490] Nachdem das BVerfG in seiner Rspr. zum **Eigenbedarf**[491] diese zutreffende Entscheidungslinie teilweise verlassen hatte,[492] jedoch sind bei der Durchführung des Mieterhöhungsverfahrens auch die Belange des Vermieters zu berücksichtigen, dem die Durchsetzung einer gesetzl. zulässigen Mieterhöhung nicht unmöglich gemacht werden darf.[493] Auch Begrenzungen von Mietpreissteigerungen, sowohl im zivilen Mietrecht[494] als auch durch öffentlich-rechtliche Vorgaben[495] ist grundsätzlich als soziale Ausgestaltung des Vermietereigentums zulässig; die Grenze soll ein Mietpreis bilden, der auf Dauer zu Verlusten und Gefährdungen der Substanz der Mietsache führt.[496] Ebenso ist das Verbot der Zweckentfremdung von Wohnraum in Gebieten mit unzureichender Wohnraumversorgung zulässig, aber unter Berücksichtigung der Interessen auch des Eigentümers verhältnismäßig zu handhaben.[497] Eine soziale Ausgestaltung des **Kleingartenrechts** ist auch unter geänderten gesellschaftlichen Umständen (Wandel vom

---

482 *Papier/Shirvani* in Maunz/Dürig Rn. 532.

483 Diff. BVerwGE 40, 94 (94 ff.); DÖV 1980, 521 f.; *Papier/Shirvani* in Maunz/Dürig Rn. 535; *Dederer* in BK Rn. 1017.

484 BGH DVBl 1977, 34, Porta Nigra.

485 BVerfGE 100, 226 (242 ff.); → Rn. 113.

486 BVerfGE 100, 226 (245 ff.).

487 So aber wohl die hL, *Badura* in BMV VerfassungsR-HdB Rn. 375 mwN; *Dederer* in BK Rn. 1043ff; BVerfGE 8, 71 (79 f.), Weinrebenanordnung; BVerfGE 21, 150, WeinwirtschaftsG). Art. 14 dürfte für die Frage, ob ein Grundstück überhaupt landwirtschaftlich genutzt werden darf (vgl. aber *Burgi* NVwZ 94, 527 (532) kein „Recht zur agrarischen Grundstücksnutzung".

488 BVerfGE 21, 90; 21, 306; 26, 215.

489 BVerfGE 37, 132 (141).

490 BVerfGE 95, 64 (84).

491 BVerfGE 79, 292; 81, 29.

492 Zur Kritik vgl. *Grimm/Dieterich/Kühling,* abw. Meinung in BVerfGE 81, 29 (35 ff.)), ist es in BVerfGE 83, 82 (86 f.); 87, 1 (5 ff.); 95, 64 (84) zu einer ausgewogenen Berücksichtigung von Vermieter- und Mieterinteressen zurückgekehrt. Das Verbot der Änderungskündigung und ihr Ersatz durch ein Mieterhöhungsverfahren mit dem Maßstab der **Vergleichsmiete** ist verfassungsrechtlich nicht zu beanstanden (BVerfGE 37, 132 (141 f.).

493 BVerfGE 37, 132 (143 ff.); 49, 244 (299); 53, 352 (357 ff.); krit. *Rittstieg* in AK-GG Rn. 94.

494 § 556d BGB, vgl. BVerfG NJW 2019, 3054 ff.

495 Vgl. Berliner **„Mietendeckel",** zu den insbes. kompetenzrechtlichen Fragen *Weber* JZ 2018, 1022, *Putzer* NVwZ 2019, 283.

496 Vgl. *Dederer* in BK Rn. 1103.

497 BVerfGE 38, 348 (370 f.); 55, 249 (257 ff.).

Armen- und Nahrungsmittelproduktionsgarten zum Wohn- und Freizeitgarten) gerechtfertigt, darf aber nicht so einseitig zu Lasten des Verpächters gehen, dass diesem eine wirtschaftliche Verwertung des verpachteten Landes auf Dauer unmöglich ist.[498]

Mitbestimmung – Vgl. Stichwort „Unternehmensverfassung".

Natur- und Landschaftsschutz – Das Natur- und Landschaftsschutzrecht stellt grds. eine zulässige Inhalts- und Schrankenbestimmung hinsichtlich des Grundeigentums dar.[499] Übermäßige Belastungen können nach den Grundsätzen der ausgleichspflichtigen Inhaltsbestimmung (→ Rn. 113) Entschädigungsansprüche auslösen, die gesetzlich zu regeln sind.[500]

Polizei- und Ordnungsrecht – Die Normen des allgemeinen Polizei- und Ordnungsrechts begrenzen das Eigentum in zulässiger Weise.[501] Der Eigentümer einer Sache, von der eine Gefahr für die öffentliche Sicherheit und Ordnung ausgeht, hat als Zustandsstörer die zur Abwehr der Gefahr (bzw. Beseitigung der Störung) erforderlichen Maßnahmen grds. entschädigungslos zu dulden. Die Belastung des Eigentümers als Zustandsstörer mit Sanierungskosten kann jedoch unverhältnismäßig sein, insbes. wenn die Kosten den Verkehrswert übersteigen, wenn die Gefahr, die von dem Grundstück ausgeht, aus Naturereignissen, aus der Allgemeinheit zuzurechnenden Ursachen oder von nicht nutzungsberechtigten Dritten herrührt, das Grundstück Kern seiner privaten Lebensführung ist und er das Risiko nicht bewusst übernommen hat.[502] Entschädigungslos zu dulden ist daher auch die **(veterinär-)polizeiliche** Vernichtung seuchenkranker bzw. seuchenverdächtiger Tiere.[503] Die nunmehr im TierSG vorgesehenen Entschädigungen (§§ 66 ff. TierSG) sind nicht von Verfassungs wegen geboten.

Steuer- und Abgabenrecht – Art. 14 erweist sich als wenig stringente Grenze für den Steuergesetzgeber. Steuerzahlung ist eine vom GG vorausgesetzte Grundpflicht,[504] die Belastung der Eigentümer (unabhängig davon, ob der Schutz auf konkrete Eigentumspositionen oder das Vermögen als Ganzes bezogen wird, → Rn. 47) mit Abgaben daher regelmäßig zulässige Inhalts- und Schrankenbestimmung. Für primär der Einnahmenerzielung dienende **Finanzsteuern** ist auch das Verhältnismäßigkeitsprinzip keine praktikable Grenze, da sie grds. Geeignet und erforderlich für dieses Ziel sind.[505] Die vom BVerfG erwogene Übermaßgrenze konfiskatorischer Besteuerung (→ Rn. 47) ist im geltenden Recht nirgendwo erreicht.[506] Engere Grenzen zieht das BVerfG mit der Freistellung des **Existenzminimums.**[507] Die Ausführungen im **Vermögensteuer**beschluss[508] zur Beschränkung der Vermögenssteuer auf eine Sollertragssteuer und Halbteilungsgrundsatz sind *obiter dicta.*[509] Diesen **Halbteilungsgrundsatz** hat das

---

[498] BVerfGE 52, 1 (30 ff.); krit. *Rittstieg* in AK-GG Rn. 94; zur Bedeutung des Art. 14 für das Mietrecht ausf. *Berkemann* in Umbach/Clemens Rn. 428 ff.

[499] *Papier/Shirvani* in Maunz/Dürig Rn. 529 f.; *Dederer* in BK Rn. 2761032 ff.; *Wendt* in Sachs Rn. 131; *Badura* in BMV VerfassungsR-HdB Rn. 375.

[500] BGHZ 121, 328; 123, 242.

[501] BVerfGE 20, 351 (358 ff.); BVerwGE 38, 209 (218); BGHZ 45, 23 ff.; *Papier/Shirvani* in Maunz/Dürig Rn. 614; *Wendt* in Sachs Rn. 146; *Badura* in BMV VerfassungsR-HdB Rn. 348 mwN.

[502] BVerfGE 102, 1 (19 ff.); → Rn. 66 zu möglichen Ermessensbindungen bei der Auswahl des in Anspruch genommenen Störers; als Sonderproblem wird der Fall des „latenten" Störers (OVG Münster OVGE 11, 250, Schweinemäster) angesehen, bei dem eine ursprünglich zulässige Nutzung erst durch Änderung der Umgebung zu einem polizeiwidrigen Zustand führt, *Papier/Shirvani* in Maunz/Dürig Rn. 615 ff.; *Lutz,* Eigentumsschutz bei „störender" Nutzung gewerblicher Anlagen, 1982, 206 ff.; *Erichsen* VVDStRL 35 (1977), 206; alle mwN.

[503] BVerfGE 20, 351 (358 ff.); BVerwGE 7, 257; einschr. BGHZ 17, 137; 43, 196.

[504] *Hofmann* VVDStRL 41 (1982), 69.

[505] *Papier/Shirvani* in Maunz/Dürig Rn. 293; aA *v. Arnim* VVDStRL 39 (1981), 310 (316), die am wenigsten dringliche Staatsaufgabe muss die am schwersten belastende Steuer rechtfertigen; krit. dagegen *Papier/Shirvani* in Maunz/Dürig Rn. 294 mwN; *Badura* in BMV VerfassungsR-HdB Rn. 670.

[506] *Kirchhof* VVDStRL 39 (1981), 270 f. mwN.

[507] BVerfGE 87, 153 (169).

[508] BVerfGE 93, 121.

[509] Vgl. die zutr. Kritik von *Böckenförde,* abw. Meinung in BVerfGE 93, 121 (149 ff.); so auch nunmehr BVerfGE 115, 97 (110).

BVerfG nunmehr zu Recht **verneint.**[510] Bei **Lenkungssteuern** und **-abgaben** hat der Gesetzgeber eine große Gestaltungsfreiheit, wenn er ein bestimmtes Verhalten der Bürger aus wirtschafts-, sozial- oder umweltpolitischen Gründen fördern will und findet seine Grenze am Gleichheitssatz, nicht an Art. 14.[511]

Umweltschutz – Art. 14 ist kein Hindernis für eine wirksame staatliche Umweltschutzpolitik. Die Zulässigkeit von Bestimmungen, die die umweltbelastende Nutzung von Eigentum beschränken oder verbieten, ist angesichts der Sozialbindung des Eigentums,[512] aber auch der durch solche Nutzung gefährdeten Grundrechte anderer sowie nunmehr auch Art. 20a evident. Eigentum berechtigt nicht von Verfassungs wegen zu einer Nutzung, die die Umwelt belastet.[513] Entspr. Rechte des Eigentümers nach bürgerlichem (§ 906 Abs. 2 BGB) und öffentlichem Recht beruhen auf wirtschaftspolitischen Gesichtspunkten[514] und einer (grds. abänderbaren) Entscheidung des Gesetzgebers. Der Schutz des Eigentümers ist reduziert auf die Berücksichtigung seiner Interessen bei gebotenen Abwägungen.[515] Umgekehrt spricht viel dafür, dass der Staat für Schäden am Eigentum, die auf von ihm genehmigte Emissionen zurückzuführen sind, einzustehen hat, auch wenn dafür die gesetzliche Grundlage im Augenblick noch fehlt.[516]

Unternehmensverfassung – Während die unterparitätische **Mitbestimmung** der Arbeitnehmer nach dem MitbestG von 1976 verfassungsgemäß ist,[517] bleibt die Zulässigkeit einer vollen Parität str.[518]. Das BVerfG hat insoweit bewusst auf eine Festlegung verzichtet.[519] Die Betonung der Funktionsfähigkeit[520] schließt jedoch Modelle aus, die Patt-Situationen institutionalisieren.[521] Das trotz des vom Gericht hervorgehobenen starken sozialen Bezugs von Unternehmenseigentum auch im Anteilseigentum noch geschützte Recht zur privatnützigen Bestimmung über das investierte Kapital erlaubt keine Überparität.[522] Hingegen ist das Montanmodell, in dem Patt-Situationen durch den „Neutralen" vermieden werden, der auch das Vertrauen der Anteilseigner haben muss, verfassungskonform.[523]

Urheberrecht – Bei der Ausgestaltung des Urheberrechts hat der Gesetzgeber seinen weiten Spielraum (→ Rn. 38), den er sowohl zugunsten wie zulasten der Urheber einsetzen kann. Eine Angemessenheitsprüfung der Vergütung der Urheber setzt sich gegenüber der Berufs- und Vertragsfreiheit der Verwerter durch.[524] Angesichts der Schwierigkeit für den Urheber, einzelne Nutzer seiner Werke festzustellen, ist eine Abgabe auf Geräte, die der Verbreitung dienen, zulässig.[525] Auf der anderen Seite ist die zustimmungsfreie Aufnahme geschützter Werke in Sammlungen für Kirchen-, Schul-

---

[510] BVerfGE 115, 97 (114 ff.).

[511] BVerfGE 110, 274 (293 ff.) – Ökosteuer.

[512] *Dederer* in BK Rn. 1035 ff.

[513] BVerfGE 58, 300 (329).

[514] Vgl. zum Zusammenhang zwischen Nachbarrecht und wirtschaftlicher Entwicklung *Coase* Journal of Law and Economics 3 (1960), 1 (8 ff.); *Bryde,* Das Recht der Risikogesellschaft, in Grabes, Wissenschaft und neues Weltbild, 1992, 71 ff.

[515] *Sendler* UPR 1983, 33 (34).

[516] BGHZ 102, 350 (357), Waldschäden; *Leisner,* Waldsterben, 1983; *Suhr,* Immissionsschäden vor Gericht, 1986.

[517] BVerfGE 50, 290 ff., Mitbestimmung; zur Diskussion des Gesetzes vgl. insbes. die Gutachten von *Badura/Rittner/Rüthers* [für Verfassungswidrigkeit] und *Kübler/Schmidt/Simitis* [für Verfassungskonformität].

[518] Abl. *Papier/Shirvani* in Maunz/Dürig Rn. 605.

[519] *Papier/Shirvani* in Maunz/Dürig Rn. 436.

[520] *Papier/Shirvani* in Maunz/Dürig Rn. 446 f., 489, 455, 605.

[521] *Farthmann/Coen* in BMV VerfassungsR-HdB Rn. 948 ff.; *Scholz,* Paritätische Mitbestimmung und GG, 1974, 93 f.

[522] BVerfGE 50, 290 (350).

[523] *Farthmann/Coen* in BMV VerfassungsR-HdB Rn. 948 ff.; *Scholz,* Paritätische Mitbestimmung und GG, 1974, 94 f.; *Schwerdtfeger,* Zur Verfassungsmäßigkeit der paritätischen Mitbestimmung, 1978, 211 f., 245; *Nagel,* Paritätische Mitbestimmung und Grundgesetz, 1988.

[524] BVerfGE 134, 204.

[525] BVerfGE 79, 1.

und Unterrichtsgebrauch, nicht aber ein Vergütungsausschluss vereinbar.[526] Entsprechendes gilt für die zustimmungsfreie Aufführung geschützter Musikwerke bei religiösen Anlässen.[527] In Ausnahmen ist auch der Ausschluss einer Entschädigung denkbar.[528] Das Urheberrecht findet seine Grenze auch an anderen Grundrechten. Die Verwertungsinteressen der Rechteinhaber (Urheber und Tonträgerhersteller) können bei nur geringfügiger Beschränkung gegenüber der Entfaltungsfreiheit von Künstlern im Schutze der Kunstfreiheit zurücktreten.[529] Das durch die Pressefreiheit geschützte Führen eines Online-Archivs kann das Recht der öffentlichen Zugänglichmachung (§ 19a UrhG) begrenzen.[530]

Versicherungsrecht – Die Anwartschaft auf Überschussbeteiligung in der Lebensversicherung ist von Art. 14 erfasst.[531] Die bisherige Ausgestaltung des Versicherungsvertrags- und Aufsichtsrechts hat die Rechte der Versicherten sowohl bei Bestandsübertragungen[532] wie bei der Ausgestaltung der Vertragsbeziehungen[533] nicht hinreichend geschützt.[534]

Wald – Waldbetretungsrechte sind als Konkretisierung der Sozialgebundenheit des Eigentums zulässige Inhaltsbestimmungen des Eigentums.[535] Waldschäden – vgl. Stichwort „Umweltschutz".

Wasserhaushalt – § 1a WHG spaltet die Gewässernutzung zulässigerweise vom Grundeigentum ab.[536]

Zwangsvollstreckungs- und Konkursrecht – ist Inhaltsbestimmung iSv Art. 14 Abs. 1.[537]

VI. Enteignung (Abs. 3)

1. Eine Enteignung … (Abs. 3 S. 1). a) Enteignungsbegriff. Was dem Enteignungsbegriff des Art. 14 Abs. 3 unterfällt, war lange umstritten (auch → Rn. 89).[538] Unter der Weimarer Verfassung war nicht nur der verfassungsrechtliche Eigentumsbegriff erweitert worden (→ Rn. 91). Das RG erweitere ebenfalls das historisch engere Enteignungsverständnis, so dass jeder Entzug einer vermögenswerten Rechtsposition als Enteignung eine Entschädigungspflicht auslösen konnte. Dem ist zunächst die Rspr., namentlich des BGH, auch unter dem GG gefolgt. Mit der Nassauskiesungsentscheidung[539] hat das BVerfG eine **Rückführung des Enteignungsbegriffs** auf ein **enges, formalisiertes Verständnis**[540] eingeläutet. Durch die trennscharfe, klare[541] Abgrenzung zur Inhalts- und Schrankenbestimmung (→ Rn. 89) hat es seine Interpretationshoheit über die verfassungsrechtlichen Begriffe gesi- 115

[526] BVerfGE 31, 229 (242 f.).
[527] BVerfGE 49, 382.
[528] BVerfGE 31, 270, Schulfunk; 79, 29, Vollzugsanstalten.
[529] BVerfGE 142, 74, 95 ff., Sampling.
[530] BVerfG GRUR 2012, 389 f.
[531] BVerfGE 114, 1 (38 ff.).
[532] BVerfGE 114, 1.
[533] BVerfGE 114, 73.
[534] *Bryde* VersWissStud 4 (1996), 65 ff.; *Wallrabenstein* VersWissStud 33 (2008), 11.
[535] Vgl. *Dederer* in BK Rn. 1032 f.
[536] BVerfGE 58, 300, Nassauskiesung; aA BGH DVBl 1978, 58; *Wendt* in Sachs Rn. 61; krit. unter dem Gesichtspunkt des Verhältnismäßigkeitsprinzips: *Papier/Shirvani* in Maunz/Dürig Rn. 536 ff. mwN.
[537] *Lege,* Zwangskontrakt und Güterdefinition, 1995, 74, mit Nachw. Fn. 67; zum Schutz im Verfahren BVerfGE 46, 325 (333); 51, 405 (408).
[538] Zur historischen Entwicklung *Papier/Shirvani* in Maunz/Dürig Rn. 523 ff.; *Depenheuer/Froese* in MKS Rn. 407 ff.
[539] BVerfGE 58, 300.
[540] *Depenheuer/Froese* in MKS Rn. 405; *Dederer* in BK Rn. 499 f.
[541] BVerfGE 143, 246, Rn. 254.

chert. Die Entscheidung zur 13. Atomnovelle („Atomausstieg")[542] soll nach dem BVerfG diesen Reformalisierungsprozess abschließen.[543] Eine Enteignung setzt danach den Entzug des Eigentums durch Änderung der Eigentumszuordnung und stets auch eine Güterbeschaffung voraus.[544]

116 **b) Entzug als vollständiger Rechts- und Vermögensverlust.** Das Merkmal des Entzugs, das den vollständigen Rechts- und Vermögensverlust bedeutet,[545] unterscheidet die Enteignung von der gesetzlichen Bestimmung von Inhalt und Schranken des Eigentums (→ Rn. 87 ff.). Insbesondere die wiederholt als Enteignung bezeichneten **Nutzungs- oder Verfügungsbeschränkungen** sind daher keine Enteignungen iSd Art. 14 Abs. 3 GG. Auch eine nahezu völlige Entwertung des Eigentums durch solche Beschränkungen ändert nichts an der dogmatischen Einordnung. Auch als Inhalts- und Schrankenbestimmungen können sie jedoch nach der Rspr. des BVerfG Ausgleichspflichten auslösen (→ Rn. 112), die der Gesetzgeber umzusetzen hat.[546]

117 Der Entzug der Rechtsposition verlangt einen Rechtsakt (→ Rn. 141 ff. zu Rechtsform).[547] Faktische Beeinträchtigungen entweder durch **Realakte**[548] oder als **mittelbare Folgen** hoheitlichen Handelns („enteignender Eingriff") entziehen nicht die Rechtsposition selbst und sind daher keine Enteignung.[549] Auch durch **Unterlassen** ist keine Enteignung möglich.[550] Gleiches gilt für **rechtswidrige Beeinträchtigungen** („enteignungsgleicher Eingriff"), denn auch durch sie findet kein Entzug der Rechtsposition selbst statt (→ Rn. 8).

118 Art. 14 Abs. 3 findet darüber hinaus auch auf Planungsentscheidungen oder andere Rechtsakte (→ Rn. 141 ff. zu Rechtsform) mit **enteignungsrechtlicher Vorwirkung** Anwendung.[551] Denn auch wenn mit ihnen das Eigentum (in aller Regel an Grundstücken) formal noch nicht entzogen wird, wird bereits hiermit die Zulässigkeit einer konkret-individuellen Enteignung festgelegt.

119 **c) Güterbeschaffung.** Der Entzug der Rechtsposition beim Betroffenen muss zugleich eine Güterbeschaffung der öffentlichen Hand oder eines sonstigen Begünstigten sein.[552] Denn die Enteignung zielt nicht nur auf die Verschlechterung der Rechtsposition des Betroffenen, sondern sie ist gerade auch mit Blick auf die Allgemeinheit konzipiert, die aus Gemeinwohlgründen (→ Rn. 127 ff.) auf privates Eigentum zugreift.[553] Vereinfacht gesagt, ist der Eigentumsgegenstand nach der Enteignung nicht weg, sondern immer noch da, aber **in anderer Hand.** Die Enteignung besteht in der Lösung des recht-

[542] BVerfGE 143, 246.
[543] *Depenheuer/Froese* in MKS Rn. 411, bereits für BVerfGE 104, 1 – Baulandumlegung.
[544] BVerfGE 143, 246, Rn. 243.
[545] BVerfGE 24, 367 (394); 52, 1 (27); 83, 201 (211); 143, 246 Rn. 245.
[546] Vgl. BVerfGE 143, 246.
[547] *Papier/Shirvani* in Maunz/Dürig Rn. 638; *Wieland* in Dreier Rn. 93; *Schwerdtfeger* JuS 1983, 104 (109).
[548] AA *Lege,* Zwangskontrakt und Güterdefinition, 1995, 82 ff., der auch auf das Merkmal hoheitlich verzichtet und die Enteignung durch Private zulassen will.
[549] *Dederer* in BK Rn. 512.
[550] *Papier/Shirvani* in Maunz/Dürig Rn. 647; *Dederer* in BK Rn. 513 *Bender,* Staatshaftungsrecht, 3. Aufl. 1981, Rn. 105 ff.
[551] BVerfGE 74, 264 (282 f.) – Unternehmensflurbereinigung; BVerfGE 95, 1 (21 ff.) – Südumfahrung Stendal.
[552] BVerfGE 143, 246, Rn. 246.
[553] BVerfGE 143, 246, Rn. 256.

lichen Zuordnungsverhältnisses zwischen Eigentumsgegenstand und Eigentümer.[554]

Das Erfordernis der Güterbeschaffung wurde in der Vergangenheit auch vom BVerfG nicht immer einheitlich beurteilt. Gerade in älteren Entscheidungen sah es dieses Merkmal auch ausdrücklich nicht als konstitutiv für eine Enteignung an.[555] Stattdessen wurde versucht, die Enteignung von anderen Beeinträchtigungen mit dem Merkmal der **Zielgerichtetheit** abzugrenzen.[556] Präziser[557] ist jedoch das Merkmal der Güterbeschaffung, die das BVerfG nun auch ausdrücklich unter Aufgabe der früheren Rspr. als zwingend ansieht.[558] **120**

Keine Enteignung liegt daher vor, wenn andere Ziele als die Güterbeschaffung verfolgt werden. **121**

Dies soll insbesondere dann der Fall sein, wenn das Eigentumsrecht „im weitesten Sinne **bemakelt** ist oder in sonstiger Weise als Gemeinwohllast wahrgenommen wird, der Staat also kein originäres Interesse an der Beschaffung des betroffenen Gegenstands aus Gründen des Gemeinwohls hat".[559] Dies hätte noch nicht für eine Enteignung von Unternehmensanteilen nach dem **Rettungsübernahmegesetz 2009**[560] als einem der Instrumente in der Finanzmarktkrise gegolten, auch wenn damit kein Wertzuwachs, sondern wirtschaftliche Verluste verbunden gewesen wären. Denn das Ziel einer solchen Enteignung wäre gerade die Ausübung der Eigentümerstellung als Mehrheits- oder Alleinaktionär gewesen, um Umstrukturierungen durchführen zu können. **122**

Aber mangels Güterbeschaffungszweck[561] wird die **Einziehung** im Straf- und Ordnungswidrigkeitenrecht nicht als Enteignung qualifiziert.[562] Dies ist unstr., soweit sie sich als Strafe oder Sicherungsmaßnahme gegen den Täter richtet.[563] Das gilt auch für den zur Bekämpfung der organisierten Kriminalität eingeführten **„erweiterten Verfall"**, bei dem auch solche Gegenstände eingezogen werden, von denen gerechtfertigt angenommen werden kann, dass sie für strafbaren Handlungen oder aus ihnen erlangt worden sind, selbst wenn die Herkunft aus der abgeurteilten Tat nicht nachgewiesen werden kann.[564] Soweit sie sich gegen Nichttäter richtet, sieht §§ 74 f. StGB eine Entschädigung vor, und richtigerweise wird man eine solche auch verlangen müssen,[565] ohne dass dieses Spezialinstitut im Rahmen der Strafverfolgung damit zur Enteignung iSd Art. 14 Abs. 3 würde. Von der Einziehung zu unterscheiden sind Konfiskationen aus politischen Gründen, die mit Art. 14 nicht vereinbar sind.[566] Das Eigentumsgrundrecht kann jedoch nach Art. 18 verwirkt werden. **123**

---

[554] *Dederer* in BK Rn. 509.

[555] BVerfGE 24, 367 (394); 45, 297 (332); 83, 201 (211).

[556] Vgl. *Bryde* in v. Münch/Kunig, 6. Aufl. 2012, Rn. 71 ff.

[557] Vgl. *Depenheuer/Froese* in MKS, Rn. 415: das Merkmal der Finalität habe keine eigenständige Bedeutung mehr.

[558] BVerfGE 143, 246, Rn. 247 ff.

[559] BVerfGE 143, 246, Rn. 253.

[560] BGBl. 2009 I 725.

[561] *Dederer* in BK Rn. 524.

[562] BVerfGE 22, 387 (422); *Eser,* Die strafrechtlichen Sanktionen gegen das Eigentum, 1969.

[563] *Papier/ Shirvani* in Maunz/Dürig Rn. 760; *Dederer* in BK Rn. 203; *Depenheuer/Froese* in MKS Rn. 414.

[564] BVerfGE 110, 1 (23 ff.).

[565] *Papier/Shirvani* in Maunz/Dürig Rn. 761.

[566] Vgl. *Papier/Shirvani* in Maunz/Dürig Rn. 764 mwN.

124 Auch die **Zwangsvollstreckung** ist keine Enteignung, da sie nicht der Güterbeschaffung, sondern dem Ausgleich der Interessen Privater dient, die miteinander in (Schuld-)Rechtsbeziehung stehen.[567] Entsprechendes gilt für den Ausschluss von Minderheitsaktionären **(squeeze out)** (vgl. → Rn. 43).[568] Keine Enteignung sind ebenfalls Grundflächenaustauschverfahren (**Umlegung** nach §§ 45 ff. BauGB und **Flurbereinigung**), bei denen Grundstücke im öffentlichen Interesse wie im Interesse einer besseren privaten Nutzung zusammengelegt und – sinnvoller geschnitten – neu verteilt werden.[569] Demgegenüber kann die Unternehmensflurbereinigung nach § 190 BauGB iVm § 87 Abs. 1 FlurbG eine Enteignung enthalten.[570]

125 Dogmatisch zwingend sind diese Abgrenzungen nicht. Vielmehr scheint auch das Vorhandensein oder Fehlen von Entschädigungsregelungen bei etablierten Rechtsinstituten, die jeweils für sich genommen akzeptiert und plausibel sind, Einfluss auf die **Kasuistik** zu haben.

126 Eine Maßnahme, die im Anwendungsbereich der GRCh als **Entzug gemäß Art. 17 Abs. 1 S. 2 GRCh** qualifiziert wird, kann eine Enteignung iSd Art. 14 Abs. 3 GG sein, wenn der Güterbeschaffungszweck hinzutritt. Fehlt es daran, wäre die Maßnahme im Anwendungsbereich des Grundgesetzes ein Eingriff aufgrund einer Inhalts- und Schrankenbestimmung.

127 **2. … ist nur zum Wohle der Allgemeinheit zulässig (Abs. 3 S. 1). a) Materielle Anforderungen.** Die Eingrenzung des Enteignungsbegriffs auf die Güterbeschaffung führt dazu, dass das Allgemeinwohlerfordernis kein konstitutives Merkmal für eine Enteignung ist, sondern Voraussetzung ihrer **materiellen Rechtmäßigkeit.**[571] Weil der Eigentumsschutz des Grundgesetzes in erster Linie den konkreten Bestand schützt[572] und sich erst dann, wenn eine Enteignung zulässig ist, in eine Wertgarantie wandelt, ist dieser dem Werterhalt vorgelagerte Schutz gegen die Enteignung selbst konsequent.

128 Begrifflich lässt sich zwischen dem konkreten Enteignungszweck, der in der Güterbeschaffung liegen muss,[573] und dem **Zweck des Vorhabens,** das mithilfe der Enteignung realisiert wird, unterscheiden. Dieses Vorhaben muss einem näher spezifizierten Gemeinwohlziel dienen.[574]

129 Bei der Einschätzung, welche **Gemeinwohlziele** solches Gewicht haben, dass sie eine Enteignung rechtfertigen können, besteht ein **weiter Spielraum** (zum Adressaten dieses Spielraums → Rn. 133 ff.), den das BVerfG nur eingeschränkt kontrollieren kann. Nur dann, wenn ausschließlich Interessen Privater[575] oder rein fiskalische Interessen[576] oder vom Grundgesetz missbilligte

---

567 *Papier/Shirvani* in Maunz/Dürig Rn. 644, 757; *Rittstieg* in AK Rn. 95; aA *Schwabe* FS f. Thieme, 1993, 251 (266).

568 BVerfGE 11, 253.

569 BVerfGE 104, 1; BGHZ 98, 85 (93); *Bryde* JuS 1993, 283; *Schmidt-Aßmann* DVBl. 1982, 152; aA *Berkemann* in Umbach/Clemens Rn. 573 ff.; *Lege,* Zwangskontrakt und Güterdefinition, 1995, 309, 86; *Numberger* BayVBl. 1988, 737; *Labbé* AnwBl 1989, 531; krit. *Wieland* in Dreier Rn. 99; *Papier/Shirvani* in Maunz/Dürig Rn. 758 f.; zur Behandlung von Landabzügen BVerwGE 12, 1.

570 BVerfGE 74, 264 (279 ff.) – Boxberg.

571 BVerfGE 134, 242 Rn. 170.

572 BVerfGE 24, 367 (389); 134, 242 Rn. 168.

573 Vgl. *Dederer* in BK Rn. 631.

574 BVerfGE 134, 242 Rn. 176.

575 *Böhmer,* abw. Meinung in BVerfGE 56, 249 (280 ff.); *Bullinger* Der Staat 1 (1962), 449; *Papier/Shirvani* in Maunz/Dürig Rn. 682 ff.

576 BVerfGE 38, 175 (180), Rückenteignung; *Papier/Shirvani* in Maunz/Dürig Rn. 680; *Dederer* in BK Rn. 636; *Wieland* in Dreier Rn. 117; *Wendt* in Sachs Rn. 163; *Rittstieg* in AK Rn. 208.

Ziele verfolgt werden, ist das Allgemeinwohlerfordernis von vorne herein verfehlt.[577] Darüber hinaus kontrolliert das BVerfG, ob die Wertung, dass ein konkretes Gemeinwohlziel die Enteignung rechtfertigen kann, **vertretbar** ist.[578] Dabei sind die Zulässigkeitsvoraussetzung der Enteignung eng zu interpretieren.[579] Das Wohl der Allgemeinheit als Ziel der Enteignung deckt **nicht jedes öffentliche Interesse** oder jede Staatsaufgabe.[580] Da es für eine Enteignung auch mit dem Interesse des Eigentümers **abzuwägen ist,**[581] hinter dem das verfassungsrechtliche Interesse an einem gesicherten Eigentumsbestand steht,[582] liegt die Eingriffsschwelle bei dem Zugriff auf konkretes Eigentum höher als bei der generellen Ausgestaltung des Eigentums, bei der sich der Gesetzgeber ebenfalls am „Wohl der Allgemeinheit" (Abs. 2) zu orientieren hat.[583]

Das **Vorhaben,** für das die Enteignung erfolgen soll, muss **geeignet** sein, **130**
dieses Gemeinwohlziel zu verwirklichen. Dabei genügt noch nicht die abstrakte Eignung. Vielmehr soll sie auch durch spätere **Realisierung** unter Beweis gestellt werden. Eine Straße oder Anlage, die etwa der Daseinsvorsorge dient, muss also auch tatsächlich gebaut werden. Kommt es nicht zur Realisierung, entfällt nachträglich der Gemeinwohlzweck, der mit dem Vorhaben erreicht werden sollte. Eine Enteignung, die zur Realisierung des Vorhabens erfolgte, dann dient sie nicht mehr dem Wohl der Allgemeinheit. Das BVerfG erkennt in solchen Fällen einen **Rückübereignungsanspruch** des Enteigneten an.[584] Er beruht auf der Garantie des Art. 14 Abs. 1 S. 1 und dem daraus abgeleiteten Anspruch auf Herstellung eines verfassungsmäßigen Zustands.[585] Er ist eine Ausprägung allgemeiner Grundsätze, die sich auch im Folgenbeseitigungs- bzw. sozialrechtlichen Herstellungsanspruch widerspiegeln. Zur Beurteilung der Enteignung selbst trägt die Betrachtung zu einem späteren Zeitpunkt jedoch nicht bei. Im Gegenteil kann eine ursprünglich durchaus zulässige Enteignung durch die Dauer eines hiergegen gerichteten Rechtsschutzverfahrens dazu führen, dass sich durch den Zeitablauf das geplante Vorhaben nicht mehr gemeinwohldienlich realisieren lässt und dadurch die Enteignung unzulässig wird. Die eigentumspolitische Wirkung des Vorrangs der Bestandsgarantie gegenüber einer bloßen Wertgarantie zeigt sich hier besonders deutlich.

Da nur die vom Allgemeinwohl geforderte Enteignung zulässig ist, ist die **131**
Enteignung an das **Verhältnismäßigkeitsprinzip** gebunden.[586] Die Enteig-

[577] StRspr zuletzt BVerfGE 134, 242 Rn. 172; *Depenheuer/Froese* in MKS Rn. 427; *Wieland* in Dreier Rn. 121.

[578] BVerfGE 134, 242 Rn. 173.

[579] Grdl. *Böhmer,* abw. Meinung in BVerfGE 56, 249 (266 ff.).

[580] BVerfGE 74, 264 (284); 134, 242 Rn. 173.

[581] *Breuer* DVBl. 1981, 971 (974); *Papier/Shirvani* in Maunz/Dürig Rn. 690; *Rittstieg* in AK Rn. 207.

[582] *Rittstieg* in AK Rn. 207.

[583] Zur unterschiedlichen Funktion des Gemeinwohlbegriffs in Abs. 2 u. 3: *Böhmer,* abw. Meinung in BVerfGE 56, 249 (275 f.); *Schulte,* Eigentum und öffentliches Interesse, 1970, 68 ff.

[584] BVerfGE 38, 175 (179 ff.); *Wieland* in Dreier Rn. 124; *Wendt* in Sachs Rn. 165; anders noch BVerwGE 28, 184; Nachw. zur älteren Lit. bei *Brüggemann,* Die nachträgliche Zweckverfehlung in verwaltungsrechtlichen Schuldverhältnissen, 1969, 40 ff.

[585] BVerfGE34, 175, 181.

[586] Das häufig als zusätzlich aus dem Rechtsstaatsprinzip folgende Enteignungsgrenze genannt wird: BVerfGE 24, 367 (404); *Böhmer,* abw. Meinung in BVerfGE 56, 249 (283); *Papier/Shirvani* in Maunz/Dürig Rn. 694; *Wieland* in Dreier Rn. 129; *Badura* in BMV VerfassungsR-HdB Rn. 366, dessen Geltung sich aber unmittelbar aus Art. 14 Abs. 3 ergibt.

nung muss daher nicht nur ein geeignetes Mittel zur Erfüllung des zulässigen Gemeinwohlziels sein (was meistens der Fall sein wird), sondern sie muss auch **erforderlich** sein. Das ist zB ausgeschlossen, wenn der freihändige Erwerb für die öffentliche Hand zumutbar ist oder wenn das beabsichtigte Unternehmen auf bereits in öffentlichen Besitz befindlichen Grundstücken verwirklicht werden könnte.[587] Der enteignende Zugriff muss das **mildeste Mittel** wählen, also zB nur die Teilenteignung, statt der Vollenteignung, die obligatorische Inanspruchnahme statt der dinglichen, die dingliche Belastung statt der Vollenteignung, wobei jedoch eine wirtschaftliche Betrachtungsweise ergeben kann, dass für den Eigentümer die Vollenteignung günstiger ist als scheinbar „mildere" Mittel.[588]

132 Das Erfordernis der Allgemeinwohldienlichkeit schließt **Enteignungen zugunsten Privater** nicht grds. aus.[589] Unbestr. ist dies für in privatrechtlichen Organisationsformen wahrgenommene Verwaltungszwecke oder wenn Privaten öffentliche Aufgaben übertragen worden sind.[590] Gemeinwohl und private Gewinnerzielung schließen sich aber auch in anderen Fällen nicht ausnahmslos aus.[591] Auch wenn Art. 14 Abs. 3 idR Wirtschaftsförderung zugunsten eines Unternehmens auf Kosten anderer Privater nicht rechtfertigt, so sind doch viele Fälle denkbar, in denen das Allgemeinwohl iSd Art. 14 Abs. 3 zB zur Erhaltung der Wirtschaftsstruktur eines Gebiets, zur Bekämpfung der Arbeitslosigkeit, zu einer sozialen Bodenordnungspolitik[592] oder der Gewinnung von Rohstoffen für die Energieversorgung[593] Enteignungen legitimiert, die auch Privaten zugutekommen.[594] Problematischer als die Bejahung des Gemeinwohlbezugs trotz privater Gewinnerzielung ist in solchen Fällen die erforderliche **Sicherung der Gemeinnützigkeit** über den Enteignungszeitpunkt hinaus.[595]

133 **b) Gemeinwohlerfordernis als Anforderung an gesetzliche Grundlage.** Insbesondere für Enteignungen zugunsten Privater hat das BVerfG Regelungen zur **Sicherstellung der Gemeinnützigkeit** aufgrund einer

---

[587] *Papier/Shirvani* in Maunz/Dürig Rn. 694; *Dederer* in BK Rn. 655; *Wieland* in Dreier Rn. 146; *Wendt* in Sachs Rn. 164.

[588] Vgl. *Papier/Shirvani* in Maunz/Dürig Rn. 696; *Dederer* in BK Rn. 656; *Rittstieg* in AK Rn. 218.

[589] BVerfGE 66, 248 (257); 74, 264 (284 ff.), Boxberg; *Papier/Shirvani* in Maunz/Dürig Rn. 683; *Rittstieg* in AK Rn. 210; *Wieland* in Dreier Rn. 120; *Dederer* in BK Rn. 378; *Jarass* in Jarass/Pieroth Rn. 80a; *Berkemann* in Umbach/Clemens Rn. 641 ff.; *Sieckmann* in Berl-Komm Rn. 161; eing. *Schmidbauer,* Enteignung zugunsten Privater, 1989, 81 ff.; *Bullinger* Der Staat 1 (1962), 451 ff.; *Frenzel,* Das öffentliche Interesse als Voraussetzung der Enteignung, 1979, 72 ff.; *Breuer* DVBl. 1981, 971 (974).

[590] *Papier/Shirvani* in Maunz/Dürig Rn. 688; *Böhmer,* abw. Meinung in BVerfGE 56, 249 (287); zur Zulässigkeit der Enteignung zugunsten einer Ersatzschule in freier Trägerschaft BGHZ 105, 94.

[591] BVerfGE 66, 248 (257), 74, 264 (284 ff.); vgl. auch *Papier/Shirvani* in Maunz/Dürig Rn. 688; *Rittstieg* in AK Rn. 210; *Wendt* in Sachs Rn. 161; *Schmidbauer,* Enteignung zugunsten Privater, 1989, 101; *Breuer* DVBl. 1981, 971 (974 f.).

[592] BVerfGE 46, 268 (288) – Ansiedlung Heimatvertriebener.

[593] BVerwGE 87, 241 (248 f.).

[594] *Papier/Shirvani* in Maunz/Dürig Rn. 686; *Rittstieg* in AK Rn. 210; *Wendt* in Sachs Rn. 161 f.; *Breuer* DVBl. 1981, 971 (974 f.); *Frenzel,* Das öffentliche Interesse als Voraussetzung der Enteignung, 1979, 119 ff.; *Fromm* in Blümel Aktuelle Probleme des Enteignungsrechts, 1982, 101.

[595] BVerfGE 74, 264 (285 ff.); *Papier/Shirvani* in Maunz/Dürig Rn. 691; *Bullinger* Der Staat 1 (1962), 470 ff.; *Jarass* in Jarass/Pieroth Rn. 87; *Schmidbauer,* Enteignung zugunsten Privater, 1989, 171, 188 ff.

besonderen **gesetzliche Grundlage** verlangt.[596] Zu Recht ist bemerkt worden, dass entsprechendes auch für **Rückübereignungsansprüche** im Fall der Nichtrealisierung des enteignungsbegründenden Vorhabens gelten müsste.[597] Das BVerfG verlangt darüber hinaus schon generell die **Konkretisierung des Allgemeinwohlerfordernisses durch ein Gesetz,** also durch das Parlament.[598] Da jede einzelne Enteignung durch das Gemeinwohl iSv Art. 14 Abs. 3 gerechtfertigt sein muss, ist auf allen Ebenen, also auch bei Plänen und Administrativentscheidungen das staatliche Handeln durch Art. 14 Abs. 3 bestimmt. Da also „spezifisches Verfassungsrecht" angewandt wird,[599] steht den Kompetenzträgern auf der jeweiligen Handlungsebene ein Spielraum zur verbindlichen Konkretisierung des Gemeinwohls zu. Das Allgemeinwohlerfordernis muss jedoch bereits auf der Ebene der Gesetzgebung konkretisiert werden, da es die Abwägungsentscheidungen der nachgelagerten Entscheidungsebenen vorgibt.[600]

Eine Enteignung ist daher nicht schon allein deshalb zulässig, weil sie einem im Gesetz abstrakt bezeichneten Allgemeinwohl dient[601] oder weil sie zugunsten eines im Bebauungsplan ausgewiesenen Vorhabens erfolgt.[602] Bei der notwendigen Einzelfallentscheidung kommt es auf die **Konkretisierungen,** die das Gemeinwohl in der gesetzlichen Vorgabe gefunden hat, an.[603] Dogmatisch handelt es sich bei diesen Anforderungen an den Gesetzgeber um Ausprägungen der sogenannten Wesentlichkeitstheorie, nach der insbesondere in grundrechtsrelevanten Bereichen alle **wesentlichen Entscheidungen vom Gesetzgeber** zu treffen sind.[604] Das BVerfG erweitert damit den **qualifizierten Gesetzesvorbehalt** des Abs. 3 S. 2 (→ Rn. 137 f.). Das Gesetz, das der Enteignung zugrunde liegt, muss nicht nur Art und Ausmaß der Entschädigung regeln, sondern auch den Allgemeinwohlzweck konkretisieren, dem die Enteignung dienen soll. Es muss hinreichend **bestimmt** regeln, zu welchem Zweck, unter welchen Voraussetzungen und für welche Vorhaben enteignet werden darf.[605] Ein Gesetz, das lediglich den Wortlaut des Art. 14 wiederholt, genügt als gesetzliche Grundlage für eine Enteignung noch nicht.[606] Der Gesetzgeber muss vielmehr die Vorhaben, zu deren Gunsten eine Enteignung erfolgen darf, ihrer Art nach so präzise bestimmen, dass dabei das letztlich verfolgte Gemeinwohlziel erkennbar ist. Bei Vorhaben, die der Daseinsvorsorge dienen, ist dies regelmäßig der Fall. Ebenso kann er das Gemeinwohlziel selbst hinreichend präzise umschreiben, wenn dafür von vornherein nur Vorhaben bestimmter Art in Frage kommen.[607] Dies schließt aber nicht aus, dass der Gesetzgeber in einem Gesetz, das 134

---

[596] BVerfGE 74, 264 (286).
[597] *Wieland* in Dreier Rn. 124.
[598] BVerfGE 134, 242 – Garzweiler II.
[599] *Böhmer,* abw. Meinung in BVerfGE 56, 249 (270); *Papier/Shirvani* in Maunz/Dürig Rn. 678.
[600] Vgl. *Wieland* in Dreier Rn. 119.
[601] BVerfGE 3, 332 (334); *Papier/Shirvani* in Maunz/Dürig Rn. 678; *Dederer* in BK Rn. 635.
[602] *Böhmer,* abw. Meinung in BVerfGE 56, 249 (277 f.); *Papier/Shirvani* in Maunz/Dürig Rn. 681; *Rittstieg* in AK Rn. 217.
[603] *Papier/Shirvani* in Maunz/Dürig Rn. 681; *Schmidt-Aßmann* JuS 1986, 833 (837 ff.).
[604] *Dederer* in BK Rn. 612.
[605] BVerfGE 134, 242, Rn. 174 mit Verweis auf ältere Rspr.
[606] BVerfGE 134, 242, Rn. 198; *Dederer* in BK Rn. 616; noch bloß zweifelnd *Bryde* in v. Münch/Kunig, 6. Aufl. 2012, Rn. 88.
[607] BVerfGE 134, 242, Rn. 176.

bestimmte dem Gemeinwohl dienende Aufgaben regelt, für die Durchführung des Enteignungsverfahrens auf ein **allgemeines Enteignungsgesetz verweist.**[608]

135 **Faktisch** nimmt das BVerfG den Gesetzgeber in die Pflicht, für Enteignungen hinreichend konkrete Enteignungsgesetze zu schaffen. Verwaltungsträger dürften daher die Durchführung von Vorhaben tendenziell eher unter Verzicht auf das Instrument der Enteignung planen bzw. umgekehrt auf Vorhaben, die nur mithilfe von Enteignungen realisierbar sind, tendenziell verzichten. **Prozessual** erfolgte diese Kontrolle des Gesetzgebers im Rahmen der verwaltungsgerichtlichen Prüfung der Ermächtigungsgrundlage einer Enteignung (→ Rn. 137) in die das BVerfG entweder durch Vorlage gemäß Art. 100 oder durch anschließende Verfassungsbeschwerde eingebunden wird. Der verwaltungsgerichtliche Primärrechtsschutz gegen die Enteignung wird dadurch entsprechend verlängert.

136 **3. Sie darf nur durch Gesetz oder auf Grund eines Gesetzes erfolgen, das Art und Ausmaß der Entschädigung regelt (Abs. 3 S. 2).** Abs. 3 S. 2 stellt zum einen inhaltliche Anforderungen an die gesetzliche Grundlage einer Enteignung auf und macht zum anderen Vorgaben für die Rechtsform, in der eine Enteignung erfolgen kann.

137 **a) Qualifizierter Gesetzesvorbehalt.** Art. 14 Abs. 3 S. 2 verlangt in jedem Fall ein **Parlamentsgesetz** als Grundlage für Enteignungen (→ Rn. 135).[609] Grundrechtseingriffe von der Tragweite einer Enteignung sind immer „wesentlich" und unterfallen daher dem Parlamentsvorbehalt (→ Art. 20 Rn. 156),[610] Enteignungen können daher auch mit der Begründung angegriffen werden, dass sie auf einem aus irgendeinem Grund verfassungswidrigen Gesetz beruhen[611] oder dass die Verwaltung ein Enteignungsgesetz auf einen Sachverhalt angewandt hat, zu dessen Regelung der betr. Gesetzgeber nicht befugt war.[612]

138 An dieses Parlamentsgesetz stellt Art. 14 Abs. 3 S. 2 inhaltliche Anforderungen, formuliert also einen **qualifizierten Gesetzesvorbehalt.**[613] Das BVerfG hat die ausdrücklich genannte Regelung der Entschädigung („Junktim-Klausel") um die Verpflichtung des Gesetzgebers ergänzt, den Gemeinwohlzweck, dem die Enteignung dienen soll, zu konkretisieren (→ Rn. 133 ff.).[614]

139 Die **„Junktim-Klausel"** selbst[615] wirkt in zwei Richtungen. Einerseits wirkt sie **grundrechtssichernd,** indem sie den Bürger nur dann der Enteignung aussetzt, wenn der Gesetzgeber mit den Eingriffsvoraussetzungen auch bereits über die Entschädigungsfrage entschieden hat,[616] andererseits

[608] Vgl. die Landesenteignungsgesetze aller Länder außer dem Saarland: BW, G v. 6.4.1982; Bay, G v. 25.7.1978; Berlin, G v. 14.7.1964; Bbg., G v. 19.10.1992; Bremen, G v. 5.10.1965; Hamburg, G idFv. 11.11.1980; Hessen, G v. 4.4.1973; MV, G v. 2.3.1993; Nds., G v. 6.4.1981; NRW, G v. 20.6.1989; RhPf., G v. 22.4.1966; Sachsen G v. 18.6.2001; SA G v. 13.4.1994; SchlH, PreußG v. 11.6.1874, zuletzt geändert durch G v. 15.6.2004; Thür. G v. 23.3.1994.

[609] BVerfGE 56, 249 (261); *Papier/Shirvani* in Maunz/Dürig Rn. 656; *Dederer* in BK Rn. 609; *Schick* DVBl. 1962, 774; aA *Weber* in BNN Grundrechte II,1954, 280 f.

[610] *Sommermann* in MKS Art. 20 Rn. 276 f.

[611] BVerfGE 56, 249 (261 ff.); 24, 367 (384); *Papier/Shirvani* in Maunz/Dürig Rn. 667.

[612] BVerfGE 56, 249 (261 ff.) – Dürkheimer Gondelbahn; krit. *Breuer* DVBl. 1981, 971 (972).

[613] *Berkemann* in Umbach/Clemens, Rn. 528; *Dederer* in BK Rn. 610.

[614] BVerfGE 143, 246; *Dederer* in BK Rn. 613 ff.

[615] Grdl. *Ipsen* VVDStRL 10 (1952), 74 (78 ff.).

[616] BVerfGE 46, 268 (287); *Papier/Shirvani* in Maunz/Dürig Rn. 671.

schützt sie aber auch die **Haushaltsprärogative des Gesetzgebers,**[617] der nicht mit unbeabsichtigten Folgen eines Gesetzes für den Staatshaushalt belastet werden soll.[618] Die „Warnfunktion"[619] der Junktimklausel soll daher Enteignungen im Interesse sowohl der betroffenen Bürger als auch des zur Entschädigung verpflichteten Gemeinwesens erschweren. Die Junktim-Klausel schließt es daher aus, dass Gesetze ohne Entschädigungsregelung von den Gerichten durch eine solche ergänzt werden.[620] In diesem funktionell-rechtlichen Zusammenhang liegt der eigentliche Kern der BVerfG-Rspr. zur Abgrenzung von Inhaltsbestimmungen und Enteignungen (→ Rn. 92 f.). Würde man der Junktim-Klausel nur eine grundrechtssichernde Funktion beimessen, wäre wenig dagegen einzuwenden, dass Bürger sich bei rechtswidrigen Eingriffen mit einer Entschädigung zufrieden geben. Erst vor dem Hintergrund der möglichen Umgehung der Haushaltsprärogative des Gesetzgebers (wie auch des Verwerfungsmonopols des BVerfG) gewinnt das strenge Verdikt des BVerfG gegen eine Entschädigung durch die Zivilgerichte, selbst wenn sie sich auf eine Analogie – wie im Fall des WHG (§ 19 Abs. 3) – stützen könnten,[621] Sinn. Gesetze, die gegen die Junktimklausel verstoßen, sind vielmehr verfassungswidrig.[622]

Angesichts des engen Zusammenhangs, den die Konstruktion des Art. 14 **140**
Abs. 3 zwischen der Bestimmung des Gemeinwohlziels, dem die Enteignung dient, und der gesetzgeberischen Abwägung über die Entschädigung herstellt, sind strikte Anforderungen an die **Bestimmtheit von Enteignungsgesetzen** zu stellen (→ Rn. 134). Daran scheiterten auch sog. **salvatorische Entschädigungsklauseln,** mit denen der Gesetzgeber auf die ältere Rspr. der Zivilgerichte reagierte, die von einem stufenlosen Übergang zwischen Sozialbindung (Abs. 2) und Enteignung (Abs. 3) ausging und daher ein Gesetz, das als Inhaltsbestimmung gedacht war, als „enteignend" qualifizieren konnte. Da der Gesetzgeber bei Zugrundelegung dieser Schweretheorie nicht voraussehen konnte (und musste), ob das Gesetz „enteignende" Wirkung haben würde, versuchte er durch vorsorgliche Klauseln die Anforderungen des Art. 14 Abs. 3 zu erfüllen.[623] Solche Klauseln können den Anforderungen des Art. 14 Abs. 3 nicht genügen, müssen dies aber auch nicht, da die entschädigungspflichtigen Sachverhalte keine Enteignungen iSd Art. 14 Abs. 3 sind, sondern als Inhalts- und Schrankenbestimmung verhältnismäßig sein müssen. Sie wurden daher nach der Nassauskiesungsentscheidung des BVerfG von der Rspr. als Entschädigungsregelungen für ausgleichspflichtige Inhalts- und Schrankenbestimmungen (→ Rn. 113) angesehen, was angesichts ihrer Entstehung kaum dem Willen des historischen Gesetzgebers entspricht, aber für eine Übergangszeit hingenommen werden konnte. Heute gelten auch für

---

[617] *Papier/Shirvani* in Maunz/Dürig Rn. 656, 670.

[618] BVerfGE 4, 219 (235).

[619] BVerfGE 46, 268 (287).

[620] BVerfGE 4, 219 (235); 58, 300 (319, 323) und hL; *Papier/Shirvani* in Maunz/Dürig Rn. 670, 817; *Wieland* in Dreier Rn. 125; *Wendt* in Sachs Rn. 168, 178; *Jarass* in Jarass/Pieroth Rn. 93; *Maurer/Waldhoff,* AllgVerwR, 2017, § 27 Rn. 62; *Weyreuther,* Über die Verfassungswidrigkeit salvatorischer Entschädigungsregelungen im Enteignungsrecht, 1980, 94; *Grzeszick* in Ehlers/Pünder AllgVerwR, 2015, § 45 Rn. 13.

[621] BVerfGE 58, 300 (364).

[622] BVerfGE 4, 219 (235); 58, 300 (319 ff.) und hL; vgl. *Papier/Shirvani* in Maunz/Dürig Rn. 672, 818; *Wieland* in Dreier Rn. 126; *Wendt* in Sachs Rn. 166; *Maurer/Waldhoff,* AllgVerwR, 2017, § 27 Rn. 62; *Jarass* in Jarass/Pieroth Rn. 92.

[623] Überblick bei *Weyreuther,* Über die Verfassungswidrigkeit salvatorischer Entschädigungsregelungen im Enteignungsrecht, 1980, 7 f.

sie Bestimmtheitsanforderungen, denen unspezifische salvatorische Entschädigungsklauseln nicht genügen.[624]

141 **b) Rechtsformen der Enteignung.** Der Regelfall der Enteignung ist die sog. **„Administrativenteignung“,**[625] dh die Enteignung durch behördlichen Verwaltungsakt aufgrund einer ausreichenden gesetzl. Grundlage iSv Art. 14 Abs. 3 S. 2.

142 Eine Enteignung kann auch durch Gesetz erfolgen (**„Legalenteignung“** besser **„Legislativenteignung“**[626]). Während diese Möglichkeit in der früheren Rspr. und hL zu einer Verwischung der Unterschiede zwischen Enteignung und Inhaltsbestimmung geführt hat (→ Rn. 89), weist das BVerfG der Legalenteignung von vornherein nur einen begrenzten Platz zu.[627] Die Legalenteignung ist „Verwaltung durch Gesetz“,[628] wie die Administrativenteignung greift sie auf konkrete Eigentumsobjekte bestimmter Bürger zu.[629] Die Zulassung der Legalenteignung ist damit kein Argument für einen materiellen Enteignungsbegriff, sondern für einen formalisierten Gesetzesbegriff (→ Art. 76 Rn. 5).[630]

143 Die **Legalenteignung** sieht das BVerfG **nur unter besonders begründeten Umständen** als **zulässig** an.[631] Denn für den Bürger verkürze sich bei unmittelbarem gesetzlichem Zugriff auf sein Eigentum der Rechtsschutz. Dies gilt angesichts der Bestimmtheitsanforderungen an die gesetzliche Grundlage einer Administrativenteignung und das Verwerfungsmonopol des BVerfG freilich nicht inhaltlich, sondern nur zeitlich (→ Rn. 135).[632] Es würde den verfassungsrechtlichen Eigentumsschutz überspannen, wenn der Gesetzgeber einen nur schmalen Grat zwischen unzulässigem Einzelfallgesetz und unbestimmter Enteignungsermächtigung treffen müsste. Je strenger (heute) das BVerfG die Bestimmtheitsanforderungen handhabt, desto eher muss eine Legalenteignung (entgegen älterer restriktiver Rspr.) möglich sein.[633] Jedenfalls kann der Gesetzgeber nicht verpflichtet sein, pro forma ein abstrakt-generelles Gesetz zu formulieren, das praktisch nur einen oder einzelne Anwendungsfälle haben kann. Auch sonst verbietet die grundgesetzliche Ordnung weder Maßnahmegesetze noch sonst Einzelfallgesetze, wenn die Regelungsmaterie dies erfordert[634] oder andere Gründe dies rechtfertigen.[635]

---

[624] BVerfGE 100, 226 (245); *Ehlers* VVDStRL 51 (1992), 232 ff.; *Melchinger,* Die Eigentumsdogmatik des Grundgesetztes und das Recht des Denkmalschutzes, 1994, 142; *Schoch* FS Boujong, 1996, 655 (667); *Rozek,* Die Unterscheidung von Eigentumsbindung und Enteignung, 1998, 76 ff.; *Pietzcker* JuS 1991, 369; *Detterbeck* DÖV 1994, 273 (276 ff.); großzügiger *Maurer/Waldhoff,* AllgVerwR, 19. Aufl. 2017, § 27 Rn. 83 f.

[625] BVerfGE 52, 1 (27); 58, 300 (331); *Wieland* in Dreier Rn. 93; *Maurer/Waldhoff,* AllgVerwR, 2017, § 27 Rn. 51.

[626] Vgl. *Wieland* in Dreier Rn. 110; *Dederer* in BK Rn. 530 Fn. 1659.

[627] BVerfGE 24, 367 (400 ff.).

[628] BVerfGE 24, 367 (401); *Berkemann* in Umbach/Clemens Rn. 585.

[629] BVerfGE 52, 1 (27); 58, 300 (330 f.); 95, 1 (20); 100, 226 (240).

[630] So jetzt auch deutlich BVerfGE 95, 1 (17).

[631] BVerfGE 24, 367 (400 f.); 25, 371 (402 f.); 45, 297 (324 ff.); 95, 1 (22); *Badura* in BMV VerfassungsR-HdB Rn. 364; *Dederer* in BK Rn. 538; *Papier/Shirvani* in Maunz/Dürig Rn. 664; *Ossenbühl/Cornils,* StaatshaftungsR S. 21; auch *Bryde* in v. Münch/Kunig, 6. Aufl. 2012, Rn. 74.

[632] Ebenfalls kritisch *Papier/Shirvani* in Maunz/Dürig Rn. 666 f.; *Wieland* in Dreier Rn. 112; *Depenheuer/Froese* in MKS Rn. 422.

[633] AA *Dederer* in BK Rn. 539, der an den älteren Einschränkungen festhalten will.

[634] BVerfGE 143, 246, Rn. 392 ff.

[635] ZB erhebliche Verzögerung dringender Deichbauarbeiten in BVerfGE 24, 267 (403); Aufbau Ost in BVerfGE 95, 1 (23 ff.).

Art. 14 Abs. 3 S. 2 ist daher eine Erweiterung gesetzgeberischer Gestaltungsmöglichkeiten gegenüber Art. 19 Abs. 1 S. 1 (→ Art. 19 Rn. 29).[636]

Die Frage, ob eine **Enteignung** auch durch **untergesetzliche Rechtssätze** erfolgen kann, ist nur dann problematisch, wenn der in Art. 14 Abs. 3 S. 2 verwandte Gesetzesbegriff nicht formal verstanden wird, also unter der Annahme, Art. 14 Abs. 3 S. 2 meine auch Rechtsverordnungen und Satzungen als „Gesetze im materiellen Sinne".[637] Dies ist jedoch verfehlt. Untergesetzliche Rechtssätze bedürfen als Rechtsakte der Exekutive ohnehin einer gesetzl. Ermächtigung (→ Art. 80 Rn. 7 zu Rechtsverordnungen). Zudem **verlangt Art. 14 Abs. 3 S. 2** in jedem Fall ein **Parlamentsgesetz** als Grundlage für Enteignungen (→ Rn. 137).[638] Sinn des Entschädigungsjunktims in Art. 14 Abs. 3 S. 2 ist außerdem gerade auch die Wahrung der Haushaltsprärogative des Parlaments. Enteignungen durch untergesetzliche Rechtssätze kommen daher nur als Enteignungen auf Grund eines Gesetzes in Betracht.[639] 144

4. Die Entschädigung ist unter gerechter Abwägung der Interessen der Allgemeinheit und der Beteiligten zu bestimmen (Abs. 3 S. 3). a) Abwägungsgebot an den Gesetzgeber. Bei der Regelung von Art und Ausmaß der Entschädigung trifft den Gesetzgeber ein Abwägungsgebot.[640] Dieses Gebot gerechter Abwägung erlaubt **keine bloß nominelle Entschädigung,**[641] legt den Gesetzgeber im Übrigen aber nicht fest. Insbes. ist er nicht zum vollen Schadensersatz,[642] aber auch **nicht** zum Ersatz des vollen Verkehrswerts verpflichtet.[643] 145

Die verfassungsrechtliche Abwägungspflicht trifft den **Gesetzgeber.** Denn Abs. 3 S. 2 gibt ihm auf, nicht nur die Art, sondern auch das Ausmaß der Entschädigung zu bestimmen. Eine in Bezug auf die Entschädigungsmaßstäbe unbestimmte Regelung, die es der ordentlichen Gerichtsbarkeit überließe, unabhängig vom konkreten Enteignungsgesetz Entschädigungsmaßstäbe zu entwickeln, ließe die Funktion der Junktimklausel (→ Rn. 139) leerlaufen. Angesichts der anhaltenden Auseinandersetzung darüber, ob die zunächst vom BGH angenommene volle Verkehrswertentschädigung der Regelfall, womöglich gar geboten ist oder nur unter weiteren Voraussetzungen als gerecht gelten kann, kann auch die (in der Voraufl. noch vertretene) These nicht überzeugen, dass darin ein stillschweigender Verweis auf die Entschädigungsrechtsprechung des BGH liege. Ein Enteignungsgesetz, dass sich zum Ausmaß 146

---

[636] Vgl. *Wieland* in Dreier Rn. 112; *Papier/Shirvani* in Maunz/Dürig Rn. 668.

[637] Vgl. *Dederer* in BK Rn. 534 ff. mwN; *Weber* in BNN Grundrechte II, 1954, 380 f.

[638] BVerfGE 56, 249 (261); *Papier/Shirvani* in Maunz/Dürig Rn. 656; *Schick* DVBl. 1962, 774; aA *Weber* in BNN Grundrechte II,1954, 280 f.

[639] *Papier/Shirvani* in Maunz/Dürig Rn. 656 ff.; *Wieland* in Dreier Rn. 113; *Schwabe* JZ 1983, 273 (276 ff.); *Schick* DVBl. 1962, 774.

[640] BVerfGE 24, 367 (421); *Papier/Shirvani* in Maunz/Dürig Rn. 699; *Rittstieg* in AK Rn. 227; *Wieland* in Dreier Rn. 129; *Wendt* in Sachs Rn. 169; *Opfermann,* Enteignungsentschädigung nach dem Grundgesetz, 1974, 19 ff. (33 ff.); *Breuer,* Die Bodennutzung im Konflikt zwischen Städtebau und Eigentumsgarantie, 1976, 83 f. mwN.

[641] *Papier/Shirvani* in Maunz/Dürig Rn. 593; *Jarass* in Jarass/Pieroth Rn. 92 ff.; *Dederer* in BK Rn. 700 ff.; *Ipsen* VVDStRL 10 (1952), 74 (98); aA *v. Mangoldt* AöR 75 (1949), 289.

[642] BGHZ 57, 359 (368); 59, 250 (258); *Papier/Shirvani* in Maunz/Dürig Rn. 699; *Rittstieg* in AK Rn. 227.

[643] BVerfGE 24, 367 (421); 46, 268 (285); *Papier/Shirvani* in Maunz/Dürig Rn. 702; *Rittstieg* in AK Rn. 227; *Wieland* in Dreier Rn. 133; *Breuer,* Die Bodennutzung im Konflikt zwischen Städtebau und Eigentumsgarantie, 1976, 81 ff.; a. A. *Depenheuer/Froese* in MKS Rn. 450 ff.,

der Entschädigung im Sinne einer gerechten Abwägung nicht verhält, genügt den Anforderungen des Abs. 3 nicht und ist daher dem BVerfG vorzulegen.[644]

147 **b) Gerechte Abwägung.** Demgegenüber nahm der BGH[645] für sich in Anspruch, die Entschädigungshöhe auch ohne konkretere Vorgaben im Enteignungsgesetz ermitteln zu können und zwar entgegen Wortlaut und Entstehungsgeschichte (→ Rn. 2),[646] jedoch im Einklang mit der früheren hL[647] im Sinne einer vollen **Verkehrswertgarantie.**[648] Auch der BGH geht jedoch inzwischen davon aus, dass dieser Entschädigungsumfang nicht von Art. 14 Abs. 3 S. 3 verlangt wird und der Gesetzgeber eine unter dem vollen Ersatz liegende Entschädigung vorschreiben kann. Daher gewährt er vollen Ersatz nach den von ihm entwickelten Grundsätzen des Verkehrswerts- und Äquivalenzprinzips nur, wenn der Gesetzgeber keine unter diesem Wert liegende Entschädigung vorschreibt.[649] Da die gerechte Entschädigung durchaus auch beim Verkehrswert liegen kann, ist eine solche Auslegung des einfachen Gesetzesrechts – wenn es bestimmt genug ist (→ Rn. 147) – nicht ausgeschlossen.[650]

148 Das Abwägungsgebot kann, muss aber nicht, eine Entschädigung unterhalb des Verkehrswerts vorschreiben.[651] Enteignungsgesetze können daher theoretisch nicht nur wegen zu geringer, sondern auch wegen zu großzügiger Entschädigung verfassungswidrig sein. Die Fixierung von hL und Rspr. auf die Verkehrswertentschädigung und die Tatsache, dass der Gesetzgeber sich offensichtlich lange an diese Maßstäbe gebunden fühlte,[652] haben dem **Abwägungsgebot** bisher – vom Verbot der bloß nominellen Entschädigung abgesehen – **nur wenig Konturen** gegeben.

149 Ausgangspunkt ist der Verfassungswortlaut, der nicht auf den Enteignungsgegenstand, sondern auf die Interessen der Allgemeinheit und der Beteiligten verweist.[653] Unbestritten ist damit zwar kein über den Verkehrswert noch hinausgehender **Schadensersatz** vorgegeben.[654] Die personale Dimension der Eigentumsgarantie kann in Abwägung mit der **Sozialbindung** des Eigentums[655] aber für unterschiedliche enteignete Vermögenspositionen zu differenzierten Ergebnissen führen. Der Gedanke, dass eine **durch eigene Leistung** erworbene Eigentumsposition eine höhere Entschädigung begrün-

[644] *Wieland* in Dreier Rn. 138; *Papier/Shirvani* in Maunz/Dürig Rn. 705 f.

[645] BGHZ 6, 270 (292 ff.); 39, 198 (200) und öfter; *Breuer,* Die Bodennutzung im Konflikt zwischen Städtebau und Eigentumsgarantie, 1976, 83 Fn. 304.

[646] BGH JöR nF 1 (1950), 149 ff., Anträge, die vollen Ersatz und dgl. vorsahen, wurden mehrfach abgelehnt.

[647] *Leisner,* Sozialbindung des Eigentums, 1972, 101 ff.; *Rüfner* FS f. Scheuner, 1973, 511 (514); sowie Nachw. bei *Papier/Shirvani* in Maunz/Dürig Rn. 707, Fn. 1; *Dederer* in BK Rn. 704 ff.; *Breuer,* Die Bodennutzung im Konflikt zwischen Städtebau und Eigentumsgarantie, 1976, 82 Fn. 301.

[648] Zur Kritik *Rittstieg,* Eigentum als Verfassungsproblem, 1975, 423 f.; *Sendler* DÖV 1971, 16 (26); *Breuer,* Die Bodennutzung im Konflikt zwischen Städtebau und Eigentumsgarantie, 1976, 82 f.; Darstellung der historischen Entwicklung bei *Schmidt-Aßmann* FS f. Weber, 1974, 589 (590 ff.).

[649] BGHZ 67, 190 (192).

[650] *Papier/Shirvani* in Maunz/Dürig Rn. 703; *Jarass* in Jarass/Pieroth Rn. 92.

[651] BVerfGE 24, 367 (421); *Bielenberg* DVBl. 1974, 113 ff.

[652] Vgl. *Bielenberg* DVBl. 1974, 113 ff. mit der Folgerung der Verfassungswidrigkeit des BBauG wegen „Abwägungsunterschreitung".

[653] Entgegen *Depenheuer/Froese* in MKS Rn. 450.

[654] *Papier/Shirvani* in Maunz/Dürig Rn. 700 f.; *Wieland* in Dreier Rn. 130; wohl auch *Axer* in BeckOK GG Rn. 127.

[655] *Wieland* in Dreier Rn. 135; *Papier/Shirvani* in Maunz/Dürig Rn. 720.

den soll,[656] kann nur insoweit überzeugen, als damit auf diese personale Funktion des Eigentums, seine Bedeutung für die vermögensrechtliche Sicherung persönlicher Freiheit, verwiesen wird. Er erlaubt außerdem, insbes. im Bau- und Bodenrecht die Nichtberücksichtigung von Planungs- und Spekulationsgewinnen.[657] Ebenfalls hilfreich ist der Gedanke der Sozialbindung allen Eigentums: da sie vom Eigentümer uU verlangt, vermögenswertmindernde staatliche Maßnahmen entschädigungslos zu dulden, muss der enteignete Eigentümer, dessen Grundstück ja idR ebenfalls wegen einer besonderen „Situationsbedingtheit" dem Zugriff der öffentlichen Hand ausgesetzt ist, uU einen vergleichbaren Abschlag dulden.[658] Dagegen ist str., ob die bei der Abwägung zu berücksichtigenden Interessen auch **fiskalische Interessen** einschließen.[659] Richtigerweise wird man zwar nicht allein die Absicht, öffentliche Mittel zu sparen, als zulässiges Kriterium ansehen können, aber die Zahlungsfähigkeit der öffentlichen Hand ist durchaus in die Abwägung einzustellen:[660] Ein unabweisbares öffentliches Vorhaben[661] darf nicht daran scheitern, dass die Entschädigungsleistungen nicht aufgebracht werden können.

5. Wegen der Höhe der Entschädigung steht im Streitfall der 150
Rechtsweg vor den ordentlichen Gerichten offen (Abs. 3 S. 4). Art. 14 Abs. 3 S. 4 weist die Entscheidung über die Höhe des Entschädigungsanspruches den ordentlichen Gerichten, dh den **Zivilgerichten** zu.[662] Diese Zuweisung einer öffentlich-rechtlichen Streitigkeit an die Zivilgerichte (vgl. § 40 Abs. 2 VwGO) ist nur vor dem Hintergrund einer durch die Entwicklung einer rechtsstaatlichen Verwaltungsgerichtsbarkeit überholten Auffassung verständlich, die den ordentlichen Rechtsweg als beste Sicherung bürgerlicher Rechte ansieht.[663] Eine (rechtssoziologisch nicht unbegründete)[664] Hoffnung der für die entspr. Klausel verantwortlichen Mitglieder des ParlRates, bei den Zivilgerichten mit ihrem zivilistisch orientierten Vorverständnis über den Inhalt des Eigentums (§ 903 BGB) ein besonderes Engagement für Eigentümerinteressen zu finden, mag ebenfalls eine Rolle gespielt haben.[665]

Die **Zuständigkeit** der ordentlichen Gerichte ist **beschränkt** auf die 151
Frage nach der **Höhe der gesetzlich gewährten Entschädigung.**[666] Die **richterrechtliche** Gewährung von **Ansprüchen** für die rechtmäßige oder rechtswidrige Beeinträchtigung vermögenswerter Rechte (enteignender und enteignungsgleicher Eingriff) findet jedenfalls **in Art. 14 Abs. 3 keine Grundlage.** Eine Enteignung, die nicht auf Grund eines den Anforderungen

---

656 Grdl. *Opfermann,* Enteignungsentschädigung nach dem Grundgesetz, 1974, 102 ff.; *Papier/Shirvani* in Maunz/Dürig Rn. 715; *Wieland* in Dreier Rn. 134; auch *Bryde* in v. Münch/Kunig, 6. Aufl. 2012, Rn. 90.

657 *Breuer,* Die Bodennutzung im Konflikt zwischen Städtebau und Eigentumsgarantie, 1976, 84; *Papier/Shirvani* in Maunz/Dürig Rn. 717; *Rittstieg* in AK Rn. 229; *Wieland* in Dreier Rn. 134.

658 Zu einem solchen „Sozialbindungs-Abzug": *Papier/Shirvani* in Maunz/Dürig Rn. 720.

659 Abl. *Papier/Shirvani* in Maunz/Dürig Rn. 714; *Leisner,* Sozialbindung des Eigentums, 1972, 118.

660 *Wieland* in Dreier Rn. 136; aA *Schmidt-Aßmann* FS f. Weber, 1974, 598 (601); *Depenheuer/Froese* in MKS Rn. 449 f.

661 BVerfGE 24, 367 – Hochwasserschutz.

662 BGHZ 2, 273 f.

663 Ähnlich Art. 34 S. 3 (→ Art. 34 Rn. 77 f.).

664 Vgl. *Bryde* JbRSoz 11 (1987), 384.

665 So jedenfalls im Rückblick *Dehler* BT StenBer. III/685a.

666 BVerfGE 58, 300 (319).

des Art. 14 Abs. 3 genügenden Gesetzes erfolgt, ist vielmehr rechtswidrig und vor den Verwaltungsgerichten rückgängig zu machen.[667] Wer einen rechtswidrigen Eingriff in sein Eigentum bestandskräftig werden lässt, ist für den dadurch eintretenden Rechtsverlust verantwortlich und kann nicht anschließend von der öffentlichen Hand Geldersatz verlangen.[668] Das bedeutet jedoch nicht, dass den Zivilgerichten eine **Inzidentprüfung** der Frage, ob eine Enteignung vorliegt, überhaupt nicht zufallen kann.[669] Liegt eine gesetzl. Entschädigungsregelung vor, dann haben sie bei einem darauf gestützten Anspruch das Vorliegen der Anspruchsgrundlage zu prüfen und bei Zweifeln die Entschädigungsregelung dem BVerfG gemäß Art. 100 vorzulegen. Außerdem kann der Gesetzgeber Entschädigung nicht nur für Enteignungen gewähren, so dass im Zweifelsfall bereits für die Frage, welcher Rechtsweg gegeben ist, geprüft werden muss, ob es sich um eine Enteignungsentschädigung oder eine sonstige öffentlich-rechtliche Streitigkeit handelt.[670]

152 Dass die Zivilgerichte nicht nur über die Höhe, sondern auch über das Bestehen eines (im Gesetz vorgesehenen) Entschädigungsanspruchs dem Grunde nach entscheiden, geht zwar über die verfassungsrechtlich vorgegebene Rechtswegzuweisung hinaus, ist aber zur Vermeidung weiterer Rechtswegaufspaltungen sinnvoll.[671] Die **Unzuträglichkeiten der Zweispurigkeit** des Rechtsweges sind vom Gesetzgeber auch darüber hinaus für das praktisch bedeutsamste Feld des Enteignungsrechts durch § 217 BauGB vermieden, der die Zuständigkeit der **Kammern** bzw. Senate **für Baulandsachen** sowohl für den Primärrechtsschutz wie die Entschädigungsfrage in Baulandsachen begründet. Das BVerfG hat diese Konstruktion, bei der drei Zivilrichter und zwei Verwaltungsrichter tätig werden, gebilligt.[672]

153 Von Anfang an hat es **Reformüberlegungen** gegeben, die Zweispurigkeit zu beseitigen.[673] Solange erhebliche Interessen an der richterrechtlichen Fortentwicklung der Eigentumsgarantie bestanden, wie sie die Zivilgerichte unter Führung des BGH entwickelt hatten, waren diese politisch nicht durchsetzbar, obwohl angesichts des Ausbaus der rechtsstaatlichen Verwaltungsgerichtsbarkeit systematisch alles für eine Beseitigung der überkommenen zivilgerichtlichen Zuständigkeiten im öffentlichen Recht spricht.[674] Die Reduktion der Rolle der Zivilgerichtsbarkeit auf den eigentlichen Kern ihrer Aufgabe durch die neuere Rspr. des BVerfG könnte eine erneute, unvorbelastete Reformdiskussion ermöglichen.

C. Verhältnis zu anderen Bestimmungen des GG

154 **Art. 1 und Art. 2 Abs. 1** stehen in innerem Zusammenhang mit dem Eigentumsgrundrecht (→ Rn. 4). Trotz der generellen Subsidiarität (→ Art. 2 Rn. 21, 156; zum Meinungsstand bei Art. 1 → *Kunig* in v. Müch/Kunig, 6. Aufl. 2012, Rn. 69) dieser Grundrechte gegenüber den speziellen Frei-

[667] BVerfGE 58, 300 (324).
[668] BVerfGE 58324); *Wieland* in Dreier Rn. 141.
[669] So aber *Battis* NVwZ 1982, 585.
[670] BVerwGE 7, 257 (267 f.) – TierSG; BVerwGE 84, 257 (268) – Naturschutz.
[671] *Wieland* in Dreier Rn. 141; *Papier/Shirvani* in Maunz/Dürig Rn. 752.
[672] BVerfGE 4, 387 (400 ff.).
[673] Vgl. die Nachw. bei *Dederer* in BK Rn. 782; *Doehring,* Das Staatsrecht der Bundesrepublik Deutschland, 1976, 353.
[674] *Schoch* JZ 1995, 768 (773); aA *Papier/Shirvani* in Maunz/Dürig Rn. 819.

heitsrechten, zu denen auch Art. 14 gehört, entstehen im einzelnen Zuordnungsprobleme, so bei Immaterialgüterrechten (→ Rn. 37), bei denen eine Gemengelage von Persönlichkeits- und Vermögenselementen vorliegt, und beim Eigentumsgebrauch, der teilweise Art. 2 Abs. 1 (so beim Konsumeigentum), teilweise Art. 14 zugewiesen wird (→ Rn. 29), wobei solche Zuordnungen in Rspr. und Lehre eine gewisse Beliebigkeit aufweisen. – **Art. 3:** Art. 3 weist erhebliche Berührungspunkte mit der Eigentumsgarantie auf. Art. 14 Abs. 3 kann zwar nicht ausschließlich,[675] aber doch auch vom Gleichheitssatz her verstanden werden. Für die Inhaltsbestimmung ist der Gleichheitssatz wichtiger Maßstab, → Rn. 111. – **Art. 4:** Greift eine Beschränkung des Eigentumsgebrauchs in die Ausübung der Religionsfreiheit ein, kann neben Art. 14 Art. 4 einschlägig sein.[676] Der Eigentumsbereich der Kirchen kann daher nicht nur über Art. 140 iVm Art. 138 WRV, sondern auch über Art. 4 geschützt sein. – **Art. 5:** Geht man vom herrschenden weiten Verständnis der Pressefreiheit aus (→ Art. 5 Rn. 59), dann ist Art. 5 *lex specialis* auch, soweit in das Eigentum von Presseunternehmen gerade im Hinblick auf ihre Pressetätigkeit eingegriffen wird. – **Art. 12:** Das Verhältnis zwischen Art. 14 u. 12 ist, vor allem wenn man an der Einbeziehung des „Rechts am eingerichteten und ausgeübten Gewerbebetrieb" festhält, klärungsbedürftig: wie im Verhältnis von Art. 2 Abs. 1 und 14 hins. des persönlichen Eigentums erscheint dann die Berufsausübung nämlich gleichzeitig als Eigentumsnutzung. Während das BVerfG dazu tendiert, den Schutzbereich der beiden Grundrechte voneinander abzugrenzen,[677] nimmt die Lehre überwiegend eine Idealkonkurrenz an, die jedoch ohne praktische Auswirkungen bleibt, da dann auch die Schranken der beiden Grundrechte identisch sind: eine zulässige Regelung der Berufsausübung ist regelmäßig auch eine zulässige Eigentumsbeschränkung.[678] – **Art. 13:** Zwischen Art. 13 und Art. 14 kann Idealkonkurrenz bestehen (→ Art. 13 Rn. 84). – **Art. 15:** Vgl. → Art. 15 Rn. 8. – **Art. 18:** Art. 14 fällt in den Kreis der nach Art. 18 verwirkbaren Rechte. – **Art. 19:** Vgl. → Art. 19 Rn. 6 f. (Wesensgehalt), → Rn. 97, 144 (EinzelfallG). Das Zitiergebot gilt für inhaltsbestimmende Gesetze nicht;[679] zu Art. 19 Abs. 3 → Rn. 16 ff. – **Art. 33 Abs. 5:** Für vermögensrechtliche Ansprüche der Beamten, nicht aber der Soldaten, gilt Art. 33 Abs. 5 (→ Rn. 57). – **Art. 115c:** erlaubt Sonderregelungen für den Verteidigungsfall. – **Art. 134 Abs. 4, 135a:** → Art. 135 Rn. 8.

D. Kritische Würdigung

Ebenso wenig wie im ParlRat der Wortlaut des Art. 14 besonders umstritten war (→ Rn. 2), ist es heute der Wortlaut des Art. 14, der zu krit. Bemerkungen Anlass geben würde. Von der verfehlten Rechtswegbestimmung des Art. 14 Abs. 3 S. 4 abgesehen (→ Rn. 150), wäre keines der im Bereich der Eigentumsgarantie bestehenden Probleme durch eine andere Formulierung des Art. 14 zu lösen. Diese Feststellung mag angesichts der **155**

[675] BGHZ 6, 270 (280) „Der Verstoß gegen den Gleichheitssatz kennzeichnet die Enteignung".
[676] StGH Hess NJW 1968, 1923 – Urnenbestattung auf Privatgrundstück.
[677] BVerfGE 30, 292 (334 f.); 38, 61 (101) „Art. 12 schützt den Erwerb, Art. 14 das Erworbene"; ebenso BGHZ 111, 349 (356).
[678] BVerfGE 17, 232 (248); 21, 150 (163); *Scholz* in Maunz/Dürig Art. 12 Rn. 122.
[679] *Papier/Shirvani* in Maunz/Dürig Rn. 450; BVerfGE 64, 72 (80).

Fülle von Kontroversen über Umfang und Konstruktion der Eigentumsgarantie, die die vorstehende Kommentierung dokumentiert hat, erstaunlich erscheinen. Es ließe sich argumentieren, der Verfassungsgesetzgeber hätte solche Kontroversen durch sorgfältige Formulierungen vermeiden müssen, umso mehr, als diese zum Teil in die Weimarer Zeit zurückreichen. Doch würde solche Kritik die grundsätzliche verfassungspolitische Problemstellung einer Eigentumsgarantie übersehen: Der Regelungsbereich dieser Grundrechtsbestimmung ist durch eine besondere Dynamik wirtschaftlicher und gesellschaftlicher Entwicklung gekennzeichnet. Normative Kraft kann sie daher nur entfalten, wenn sie nicht versucht, diese Entwicklung in engen begrifflichen Grenzen einzufangen; die Eigentumsgarantie gehört vielmehr zu den Verfassungsbestimmungen, die notwendig offen und wandlungsfähig sind.[680] Eine kodifikatorische Festlegung der der Eigentumsgarantie unterfallenden vermögenswerten Rechte wäre zB kein Fortschritt gegenüber der breiten verfassungsrechtlichen Diskussion, wie sie über die Einbeziehung subjektiv-öffentlicher Rechte geführt wird. Der grundlegende Bonner Kompromiss über die Garantie des Privateigentums einerseits, dessen sozialstaatliche Einbindung andererseits, und die an beide Gedanken gebundene Ausgestaltungsbefugnis des Gesetzgebers sind nicht überholt. Es handelt sich auch nicht um einen „Formelkompromiss" iSv *C. Schmitt,* da der Verfassungsgeber keiner Entscheidung ausgewichen ist, sondern sich für genau die in Art. 14 niedergelegte Regelung entschieden hat, die dem Gesetzgeber die immer neue Abgrenzung zwischen der Privatnützigkeit des Eigentums und seiner Sozialpflichtigkeit aufgibt. Dabei wird die genaue Grenzziehung sicher immer umstritten sein. Da die Eigentumsfrage im Zentrum politischer Auseinandersetzung steht, wird die Auslegung des Art. 14 immer eher dem Dissens- als dem Konsensbereich der Verfassungsinterpretation zugehören.[681] Für die verfassungsrechtliche Arbeit mit dem Art. 14 bedeutet das, dass insbes. die Befugnis des Gesetzgebers, Inhalt und Schranken des Eigentums im Prozess demokratischer politischer Auseinandersetzung zu bestimmen, ernst zu nehmen bleibt.

Literatur

M. Albrod, Entschädigungspflichtige Inhalts- und Schrankenbestimmung des Eigentums nach Art. 14 I 1, 2 GG, 1995. – ***H. H. v. Arnim,*** Besteuerung und Eigentum, VVDStRL 39 (1981), 286. – ***P. Badura,*** Der Verfassungsauftrag der Eigentumsgarantie im wiedervereinigten Deutschland, DVBl 1990, 1256. – ***P. Badura,*** Eigentum im Verfassungsrecht der Gegenwart, Verhandlungen des 49. DJT, Bd. II, 1972. – ***P. Badura,*** Der Eigentumsschutz des eingerichteten und ausgeübten Gewerbebetriebs, AöR 98 (1973), 153. – ***P. Badura,*** Zur Lehre von der verfassungsrechtlichen Institutsgarantie des Eigentums, betrachtet am Beispiel des geistigen Eigentums, FS Maunz, 1981, 1. – ***P. Badura,*** Der Eigentumsschutz des eingerichteten und ausgeübten Gewerbebetriebs gegenüber staatlichen Interventionen im Bereich der Wirtschaft, FS 125 Jahre Jur. Gesellschaft Berlin, 1984, 1. – ***F. Baur,*** Die „Naßauskiesung" – oder wohin treibt der Eigentumsschutz?, NJW 1982, 1734. – ***W. Böhmer,*** Grundfragen der verfassungsrechtlichen Gewährleistung des Eigentums in der Rechtsprechung des Bundesverfassungsgerichts, NJW 1988, 2561. – ***W. Böhmer,*** Die rechtsgeschichtlichen Grundlagen der Abgrenzungsproblematik von Sozialbindung und Enteignung, Der Staat 1985, 157. – ***H. Brüggemann,*** Die nachträgliche Zweckverfehlung in verwaltungsrechtlichen

[680] Vgl. *Bryde,* Verfassungsentwicklung, 1982, 272 ff., 274 f.

[681] Zur „Politisierung der Eigentumsgarantie" *v. Brünneck,* Die Eigentumsgarantie des Grundgesetzes, 1984, 374 ff.

Schuldverhältnissen, 1969. – ***M. Bullinger,*** Die Enteignung zugunsten Privater, Staat 1 (1962), 449. – ***M. Burgi,*** Die Enteignung durch „teilweisen" Rechtsentzug als Prüfstein für die Eigentumsdogmatik, NVwZ 1994, 527. – ***R. Breuer,*** Die Bodennutzung im Konflikt zwischen Städtebau und Eigentumsgarantie, 1976. – ***A. v. Brünneck,*** Die Eigentumsgarantie des Grundgesetzes, 1984. – ***B.-O. Bryde,*** Der Kampf um die Definition von Art. 14, in E. Blankenburg/R. Voigt, Implementation von Gerichtsentscheidungen, JbRSoz 11 (1987), 384. – ***B.-O. Bryde,*** Verfassungsrechtliche Fragen der Bestandsübertragung, in Basedow/Meyer/Schwintowski, Lebensversicherung, Internationale Versicherungsverträge und Verbraucherschutz, Versicherungsvertrieb, 1996, 63. – ***H. Buchner,*** Die Bedeutung des Rechts am eingerichteten und ausgeübten Gewerbebetrieb für den deliktsrechtlichen Unternehmensschutz, 1971. – ***J. Chlosta,*** Der Wesensgehalt der Eigentumsgewährleistung, 1975. – ***G. Dürig,*** Der Staat und die vermögenswerten öffentlich-rechtlichen Berechtigungen seiner Bürger, FS f. W. Apelt, 1958, 13. – ***G. Dürig,*** Das Eigentum als Menschenrecht, ZStW 109 (1953), 326. – ***G. Dürig,*** Zurück zum klassischen Enteignungsbegriff, JZ 1954, 4. – ***D. Ehlers,*** Eigentumsschutz, Sozialbindung und Enteignung bei der Nutzung von Boden und Umwelt, VVDStRL 51 (1992), 211. – ***J. Eschenbach,*** Der verfassungsrechtliche Schutz des Eigentums, 1996. – ***M. Frenzel,*** Das öffentliche Interesse als Voraussetzung der Enteignung, 1979. – ***V. Götz,*** Bauleitplanung und Eigentum, 1969. – ***V. Götz,*** Grundpflichten als verfassungsrechtliche Dimension, VVDStRL 41 (1983), 7. – ***M. Jünemann,*** Die angemessene Gegenleistung nach § 31 Abs. 1 WpÜG im Lichte des Verfassungsrechts, 2008. – ***F. Hase,*** Eigentum als Teilhaberecht – Überlegungen zur Absicherung sozialrechtlicher Ansprüche durch Verfassungsrecht, FS Ridder, 1989, 259. – ***H. Hofmann,*** Grundpflichten als verfassungsrechtliche Dimension, VVDStRL 41 (1983), 42. – ***H. P. Ipsen,*** Enteignung und Sozialisierung, VVDStRL 10 (1952), 74. – ***P. Kirchhof,*** Besteuerung und Eigentum, VVDStRL 39 (1981), 213. – ***P. Krause,*** Eigentum an subjektiven öffentlichen Rechten. Die Tragweite des Eigentumsschutzes von öffentlich-rechtlichen Leistungsansprüchen am Beispiel der Rentenversicherung, 1982. – ***F. Kreft,*** Öffentlich-rechtliche Ersatzleistungen, 2. Aufl. 1998. – ***H. Krüger,*** Die Bestimmung des Eigentumsinhalts (Art. 14 Abs. 1 S. 2 GG), FS Schack, 1966, 71. – ***F. K. Kübler,*** „Eigentum verpflichtet" – eine zivilrechtliche Generalklausel?, AcP 159 (1960/61), 236. – ***J. Lege,*** Enteignung und „Enteignung". Zur Vereinbarkeit der BGH-Rechtsprechung mit Art. 14 GG, NJW 1990, 864. – ***J. Lege,*** Zwangskontrakt und Güterdefinition, 1995. – ***W. Leisner,*** Sozialbindung des Eigentums, 1972. – ***W. Leisner,*** Waldsterben, 1983. – ***O. Lepsius,*** Besitz und Sachherrschaft im öffentlichen Recht, 2002. – ***O. Lepsius,*** Geld als Schutzgut der Eigentumsgarantie, JZ 2002, 313. – ***A. Lubberger,*** Eigentumsdogmatik, 1995. – ***H. Maurer,*** Enteignungsbegriff und Eigentumsgarantie, FS Dürig, 1990, 293. – ***H. Melchinger,*** Die Eigentumsdogmatik des Grundgesetzes und das Recht des Denkmalschutzes, 1994. – ***O. Müller-Michaels,*** Grundrechtlicher Eigentumsschutz in der Europäischen Union, 1996. – ***J. Meyer-Abich,*** Der Schutzzweck der Eigentumsgarantie, 1980. – ***Ch. Offermann-Clas,*** Eigentum in den Europäischen Gemeinschaften, 1974. – ***F. Ossenbühl/Cornils,*** Staatshaftungsrecht, 6. Aufl. 2019. – ***H.-J. Papier,*** Eigentumsgarantie und Geldentwertung, AöR 98 (1973), 528. – ***H.-J. Papier,*** Verfassungsrechtliche Probleme der Eigentumsregelung im Einigungsvertrag, NJW 1991, 193. – ***H.-J. Papier,*** Unternehmen und Unternehmer in der verfassungsrechtlichen Ordnung der Wirtschaft, VVDStRL 35 (1977), 55. – ***U. Ramsauer,*** Die faktischen Beeinträchtigungen des Eigentums, 1980. – ***R. Reinhardt/U. Scheuner,*** Verfassungsschutz des Eigentums, 1954. – ***H.-W. Rengeling,*** Das Grundeigentum als Schutzobjekt der Eigentumsgarantie (Art. 14 GG) und als Gegenstand verwaltungsrechtlicher Planung, Gestaltung und Schrankensetzung, AöR 105 (1980), 423. – ***H. Ridder,*** Enteignung und Sozialisierung, VVDStRL 10 (1952), 124. – ***H. Ridder,*** Die soziale Ordnung des Grundgesetzes, 1975. – ***H. Riegel,*** Das Eigentum im Europäischen Recht, 1975. – ***H. Rittstieg,*** Eigentum als Verfassungsproblem, 1975. – ***H. Rittstieg,*** Grundgesetz und Eigentum, NJW 1982, 721. – ***J. Rozek,*** Die Unterscheidung von Eigentumsbindung und Enteignung, 1998. – ***W. Schmidbauer,*** Enteignung zugunsten Privater, 1989. – ***E. Schmidt-Aßmann,*** Grundfragen des Städtebaurechts, 1972. – ***E. Schmidt-Aßmann,*** Zur Dogmengeschichte und jüngeren Entwicklung der Enteignungsentschädigung, FS Werner Weber, 1974, 589. – ***E. Schmidt-Aßmann,*** Formen der Enteignung (Art. 14 III GG), JuS 1986, 833. – ***A. Schmitt-Kammler,*** Enteignungsentschädigung und staatliche Unrechtshaftung, FS f. E. Wolf, 1985, 595. – ***A. Schmitt-Kammler,*** Ungelöste Probleme der verfassungsrechtlichen Eigentumsdogmatik, FS 600 Jahre Universität Köln, 1988, 821. – ***F. Schoch,*** Rechtliche Konsequenzen der neuen Eigentumsdogmatik für die Entschädigungsrechtsprechung des BGH, FS f. K. Boujong, 1996, 655. – ***H. Schulte,*** Eigentum und öffentliches Interesse, 1970. – ***H. Schulte,*** Zur Dogmatik des Art. 14 GG, 1979. – ***L. Schulze-Osterloh,*** Das Prinzip der Eigentumsopferentschädigung im Zivilrecht und im öffentlichen Recht, 1980. – ***L. Schulze-Osterloh,*** Entschädigungspflichtige Inhalts- und Schrankenbestimmung des Eigentums und Enteignung, NJW 1981, 2537. – ***J. Schwabe,*** Die Misere des Enteignungsbegriffs, FS f. W. Thieme, 1993, 251. – ***G. Schwerdtfeger,*** Eigentumsgarantie, Inhaltsbestimmung und Enteignung, JuS 1983, 104. – ***G. Schwerdtfeger,*** Die dogmatische Struktur der Eigentumsgarantie, 1983. – ***H. Sendler,*** Zum Wandel der Auffassung von Eigentum, DÖV 1974, 73. – ***J.-R. Sieckmann,*** Modelle des Eigentumsschutzes, eine Untersuchung zur Eigentumsgarantie des Art. 14 GG, 1998. – ***E. Stein,*** Vermögenspolitik und Grundrechte, 1974. – ***E. Stein,*** Zur Wandlung des Eigentumsbegriffs, FS f. Gebh. Müller, 1970, 503. Steiner, Verfassungsrechtliche Fragen der Rentenüberleitung, FS Ruland, 2007, 315. – ***R. Steinberg/L. Lubberger,*** Aufopferung – Enteignung und Staatshaftung, 1991. – ***D. Suhr,*** Eigentumsinstitut und Aktieneigentum, 1966. – ***D. Suhr,*** Immissionsschäden vor Gericht, 1986. – ***Dt. Sozialrechtsverband,*** Verfassungsrechtlicher Eigentumsschutz sozialer Rechtspositionen, Schriftenreihe des Deutschen Sozialrechtsverbandes XXIII, 1982. – ***K. Tipke,*** Erbschaftssteuerreform und Grundgesetz, ZRP 1971, 158. – ***A. Wallrabenstein,*** Verfassungsrechtliche Schutzpflichten im Privatrecht, in J. Basedow/D. Rückle/H.-P. Schwintowski ua, VVG-Reform, Lebens-, Kranken-, BU-Versicherung, Verbraucherschutz für Senioren, VersWissStud 33 (2008), 11. – ***R. Wendt,*** Eigentum und Gesetzgebung, 1985. – ***M. Wolff,*** Reichsverfassung und Eigentum, FS f. W. Kahl, 1923, 3. – ***F. Weyreuther,*** Über die Verfassungswidrigkeit salvatorischer Entschädigungsregelungen im Enteignungsrecht, 1980. – ***H.-F. Zacher/F. Ruland,*** Der Bestandsschutz von Sozialversicherungsrenten in der Rechtsprechung des BVerfG, SGb 1974, 441.

Art. 15 [Sozialisierung]

[1] Grund und Boden, Naturschätze und Produktionsmittel können zum Zwecke der Vergesellschaftung durch ein Gesetz, das Art und Ausmaß der Entschädigung regelt, in Gemeineigentum oder in andere Formen der Gemeinwirtschaft überführt werden. [2] Für die Entschädigung gilt Artikel 14 Abs. 3 Satz 3 und 4 entsprechend.

Weimarer Reichsverfassung von 1919

Art. 156. Das Reich kann durch Gesetz, unbeschadet der Entschädigung, in sinngemäßer Anwendung der für Enteignung geltenden Bestimmungen, für die Vergesellschaftung geeignete private wirtschaftliche Unternehmungen in Gemeineigentum überführen. Es kann sich selbst, die Länder oder die Gemeinden an der Verwaltung wirtschaftlicher Unternehmungen und Verbände beteiligen oder sich daran in anderer Weise einen bestimmenden Einfluß sichern.

Das Reich kann ferner im Falle dringenden Bedürfnisses zum Zwecke der Gemeinwirtschaft durch Gesetz wirtschaftliche Unternehmungen und Verbände auf der Grundlage der Selbstverwaltung zusammenschließen mit dem Ziele, die Mitwirkung aller schaffenden Volksteile zu sichern, Arbeitgeber und Arbeitnehmer an der Verwaltung zu beteiligen und Erzeugung, Herstellung, Verteilung, Verwendung, Preisgestaltung sowie Ein- und Ausfuhr der Wirtschaftsgüter nach gemeinwirtschaftlichen Grundsätzen zu regeln.

Die Erwerbs- und Wirtschaftsgenossenschaften und deren Vereinigungen sind auf ihr Verlangen unter Berücksichtigung ihrer Verfassung und Eigenart in die Gemeinwirtschaft einzugliedern.

Hinweis: Art. 155 WRV unterstellte Grund und Boden der Bodenreform, Bodenschätze und Naturkräfte der Aufsicht des Staates.

Übersicht

A. Allgemeine Bedeutung

Die Bedeutung von Art. 15 für Geschichte und Gesamtcharakter des GG 1
ist ungleich größer als seine **praktische Bedeutung.** Art. 15 ist ein wesent-

liches Element[1] des Bonner Kompromisses zwischen bürgerlichen Parteien und Sozialdemokraten. Für die SPD von 1949 war die in Art. 15 eröffnete Möglichkeit, bei entspr. Mehrheit im Parlament eine grundlegende Umgestaltung der Wirtschaftsordnung vornehmen zu können, tragender Grund für die Zustimmung zum Gesamtwerk des GG trotz aller aus ihrer Sicht bestehenden Unvollkommenheiten.[2] Trotz der betont individualschützenden Grundtendenz des Grundrechtsteils einerseits, der Eröffnung einer weitgehenden Zugriffsmöglichkeit auf privates Eigentum durch Art. 15 andererseits, ist die Bestimmung daher kein Fremdkörper im GG, da gerade in diesem Gegensatz sein Beitrag zur politischen Einheitsbildung liegt.[3] In der Praxis hat Art. 15 hingegen keine Rolle gespielt. Von den vorkonstitutionellen hessischen Sozialisierungen nach Art. 41 HV abgesehen,[4] ist es in der Bundesrepublik nicht zu Sozialisierungen gekommen. Ernstzunehmende Sozialisierungspläne gab es nicht.

2 Angesichts der fehlenden praktischen Bedeutung der Norm bewegt sich die **literarische Auseinandersetzung** mit ihr in einem etwas luftleeren Raum, die erkennen lässt, dass die wissenschaftliche Konkretisierungsarbeit sich ohne die Notwendigkeit vollzieht, sich mit praktischen Projekten oder wenigstens Plänen auseinanderzusetzen.

3 *Ridder*[5] hat 1951 vermutet, dass eine Nichtausübung der Sozialisierungskompetenz in engem zeitlichem Zusammenhang mit der Verfassungsgebung diese in relativ kurzer Zeit **obsolet** werden lasse. Darin liegt eher eine realistische politische Prognose als die Behauptung einer zeitlichen Begrenzung der verfassungsrechtlichen Ermächtigung.[6] Kompetenzverlust durch *desuetudo* ist zwar verfassungsrechtlich nicht undenkbar.[7] Die Bedeutung von Art. 15 als Garantie der Offenheit des GG auch für eine gemeinwirtschaftliche Alternative kann jedoch weder durch Nichtausübung noch selbst durch ihr Verschwinden aus der aktuellen Programmatik der großen Parteien obsolet werden. Art. 15 bleibt das fortbestehende Angebot an denjenigen, der die augenblickliche Wirtschaftsordnung ablehnt, innerhalb der grundgesetzlichen Ordnung und nicht außerhalb dieser für seine Ziele zu kämpfen.[8] Diese Funktion des Art. 15 im Gesamtrahmen des GG verbietet dann aber auch, Art. 15 durch eine harmonisierende interpretatorische Reduktion in die Grundrechtssystematik einzubauen.

4 Der Zusammenbruch der DDR hat in der Bundesrepublik Mehrheiten für sozialistische oder auch nur gemeinwirtschaftliche Alternativen noch unwahrscheinlicher gemacht. Die Einigungsverträge haben die augenblickliche Wirtschafts- und Eigentumsverfassung normativ verfestigt. Bei der Regelung offener Vermögensfragen stand die Alternative, in den neuen Bundesländern volks- und genossenschaftliches Eigentum in einem von Art. 15 zugelassenen

---

[1] Die Überführung von Unternehmen in Gemeineigentum wurde in der Nachkriegszeit als zulässiges Mittel der Wirtschaftspolitik betrachtet; *Schliesky* in BK Rn. 1 ff.

[2] *Menzel,* ParlRat, StenProt., 205; *Wieland* in Dreier Rn. 10; *Berkemann* in Umbach/Clemens Rn. 9.

[3] *Meyer-Abich,* Der Schutzzweck der Eigentumsgarantie, 1980, 154; *Göldner,* Integration und Pluralismus, 1977, 44.

[4] Dazu *Winter,* Sozialisierung von Unternehmen, 1976, 119 ff.; *Ipsen* FS f. Jahrreiß, 1964, 115 ff.

[5] *Ridder* VVDStRL 10 (1952), 124 (146 f.).

[6] vgl. auch *Ridder,* Soziale Ordnung, 1975, 100 ff.

[7] *Bryde,* Verfassungsentwicklung, 1982, 454.

[8] Vgl. *Durner* in Maunz/Dürig Rn. 18; *Berkemann* in Umbach/Clemens Rn. 29.

Maße (auch nur vorübergehend) in gemeinwirtschaftlichen Formen zu belassen, nie zur Diskussion. Trotzdem bleibt angesichts der Vollziehung der Vereinigung auf dem Wege des Art. 23 aF und aufgrund der Tatsache, dass eine Streichung von Art. 15 nicht erwogen wurde,[9] die von Art. 15 eröffnete Möglichkeit einer anderen Wirtschaftsordnung Teil des GG.

Im Übrigen könnte Art. 15 **neue Aktualität** erlangen. So ist das Instrument der Bankensozialisierung in der Finanzmarktkrise diskutiert worden.[10] Auch die Notwendigkeit, Wohnungsnot zu bekämpfen, verschafft Art. 15 neue Aufmerksamkeit.[11] Schließlich könnte Art. 15 von Bedeutung sein, wenn bei der Privatisierung grundlegender öffentlicher Aufgaben die „Gewährleistung" der Leistungserbringung (vgl. Art. 87e und f) nicht erreicht wird und die Privatisierung daher rückgängig gemacht werden soll[12]. **5**

Internationales Recht und Europarecht differenzieren in der Regel nicht zwischen Enteignung und Sozialisierung.[13] Das schließt Sozialisierungen nach Art. 15 GG nicht aus. Nach Art. 345 AEUV bleibt „die Eigentumsordnung in den verschiedenen Mitgliedstaaten unberührt". Zweck dieser Bestimmung war und ist gerade auch die Zulässigkeit einer Sozialisierung von Produktionsmitteln.[14] **6**

Auch der Eigentumsschutz des internationalen Fremdenrechts würde durch eine Sozialisierung nach Art. 15 GG nicht verletzt: die von Art. 15 GG geforderte Entschädigung würde den völkerrechtlichen Vorgaben, die im Einzelnen umstritten sind, in jedem Fall genügen.[15] **7**

B. Einzelfragen

I. Rechtsnatur

Für ein Grundrechtsverständnis, das Grundrechte in erster Linie als Abwehrrechte gegen den Staat sieht[16] kann Art. 15 allenfalls insoweit Grundrecht sein, als er ein **„Freiheitsrecht auf Nichtsozialisierung"**[17] enthält, wenn die Voraussetzungen des Art. 15 nicht vorliegen.[18] Auch dann ist aber Art. 14, nicht Art. 15, das einschlägige Grundrecht. Erkennt man hingegen auch die Funktion der Grundrechte als objektive **Wertentscheidung** über die Stellung des einzelnen im Staat an,[19] dann ist Art. 15 im Grundrechtsteil unabhängig von seiner „Grundrechtsnatur" jedenfalls kein Fremdkörper, da **8**

---

[9] *Wieland* in Dreier Rn. 19.

[10] *Peters* DÖV 2012, 64 ff; *Wieland* in Dreier Rn. 20,21.

[11] Vgl. zum Volksbegehren der Initiative Deutsche Wohnen & CO enteignen: www.dwenteignen.de; zur Diskussion der Verfassungsmäßigkeit vgl. *Thiel,* DÖV 2019, 497ff;*TH. I. Schmidt,* DÖV 2019, 508ff *Wieland,* https://www.uni-speyer.de/files/de/Lehrst%C3%BChle/Wieland/Publikationen/Rechtsgutachten_VerfassungsfragenderVergesellschaftungvonWohnraum.pdf; *Kloepfer* NJW 2019, 1656.

[12] *S. Broß,* NZBau 2004, 465 (467 f.); *Wieland* in Dreier Rn. 22.

[13] Vgl. Art. 14 Rn. 13–15.

[14] *Durner* in Maunz/Dürig Rn. 24; *Wieland* in Dreier Rn. 12;*Wernicke* in Grabitz/Hilf/Nettesheim Art. 345 AEUV Rn. 3.

[15] *Durner* in Maunz/Dürig Rn. 23; vgl. auch *Oeter* in Ipsen, Völkerrecht S. 1021 f.

[16] Vgl. generell → Voraufl. Vorb. Rn. 21.

[17] *Krüger* in BNS Grundrechte III/1, 2 unv. Aufl. 1972, 267.

[18] *Ipsen* VVDStRL 10 (1952), 74 (108); *Leisner* JZ 1975, 272 ff.; *Axer* in BeckOK Rn. 7; gegen diese Konstruktion *Rittstieg* in AK Rn. 238; ein Grundrecht derjenigen Nichteigentümer, die an der Sozialisierung ein Interesse haben, nimmt *Ridder,* Soziale Ordnung, 1975, 181, an; *Gramlich* ZVglRWiss. 82 (1983), 165 (175).

[19] Vgl. → Voraufl. Vorb. Rn. 17.

er eine derartige Entscheidung enthält,[20] allerdings nur eine Entscheidung für die Möglichkeit, nicht die Wünschbarkeit, von Sozialisierungen.

9 Art. 15 steht nicht nur räumlich, sondern auch systematisch in unmittelbarer **Nähe zu Art. 14.** Die Sozialisierungsermächtigung gehört mit Art. 14 Abs. 1 S. 2, Art. 14 Abs. 2 u. 3 zu den grundgesetzlichen Konkretisierungen des Sozialstaatsprinzips hinsichtlich der Eigentumsordnung.[21] Wie Art. 14 Abs. 3 erlaubt Art. 15 den (entschädigungspflichtigen) hoheitlichen Zugriff auf Privateigentum. Trotzdem ist die Sozialisierung kein bloßer Sonderfall der Enteignung.[22] Das ist durch die schärfere Konturierung des Enteignungsbegriffes in der neueren BVerfG-Rspr. (und Lehre) noch deutlicher geworden.[23] Von der Enteignung unterscheidet sich die Sozialisierung nach Zielsetzung, Voraussetzungen und Formtypik grundsätzlich.

II. Zum Zwecke der Vergesellschaftung

10 Der Begriff der **Vergesellschaftung** ist lediglich ein **anderes Wort** für Sozialisierung[24] und bezeichnet den Übergang von einer auf private Gewinnerzielung gerichteten Organisationsform des Wirtschaftens in eine gemeinnützige. Die Zweckbindung des Sozialisierungsinstruments lässt sich daher präziser durch sein Ziel, die Überführung in Gemeineigentum und andere Formen der Gemeinwirtschaft bezeichnen, als durch den Vergesellschaftungsbegriff (→ Rn. 13 ff.).

11 **Keine Sozialisierung** ist die Umverteilung unter Privaten, zB die **Bodenreform**[25] oder die **Entflechtung** von Monopolen.

III. Können

12 Der Wortlaut des Art. 15 („können") enthält eine **Ermächtigung,** keinen Verfassungsauftrag zur Sozialisierung.[26] Die Gegenmeinung[27] verkennt, dass dieselbe wirtschaftspolitische Neutralität,[28] die eine – auf Dauer fortbestehende – Möglichkeit zum Übergang zu einer gemeinwirtschaftlichen Ordnung konstituiert, auch eine betont privatwirtschaftliche Ausrichtung der Wirtschaftsordnung durch den Gesetzgeber zulassen muss. Art. 15 verhindert daher auch nicht die Privatisierung von Staatsunternehmen,[29] was nicht ausschließt, dass die Privatisierung von Gemeineigentum im Einzelfall gegen das Sozialstaatsprinzip verstoßen kann, wenn zB die Gewinnorientierung bei einem vom Gemeinwohl gebotenen Aufgabengebiet unerträgliche Konsequenzen für die auf die Aufgabenerfüllung Angewiesenen hätte.

13 Die Sozialisierungsermächtigung findet ihre materiellen **Grenzen** im Katalog der sozialisierungsfähigen Güter (→ Rn. 18 ff.) sowie vor allem in dem

[20] AA bzgl. der Wertentscheidung: *Wendt* in Sachs Rn. 3; *Jarass* in Jarass/Pieroth Rn. 1; *Schell,* Art. 15 GG im Verfassungsgefüge, 1996, 153 f.

[21] *Ipsen* VVDStRL 10 (1952), 74 ff.

[22] *Axer* in BeckOK Rn. 7; *Schmidt-Bleibtreu* in SHH Rn. 3; *Rittstieg* in AK Rn. 237; *Ipsen* VVDStRL 10 (1952), 74; *Ridder* VVDStRL 10 (1952), 124 (125 ff.); *Wendt* in Sachs Rn. 3; aA *Leisner,* Sozialbindung des Eigentums, 1972, 66 f…

[23] → Art. 14 Rn. 89 ff.

[24] Vgl. Bericht über den Verfassungskonvent auf Herrenchiemsee, 32.

[25] *Rittstieg* in AK Rn. 247, *dazu* BVerfGE 46, 268 ff. – Bodenreform.

[26] *Durner* in Maunz/Dürig Rn. 19; *Schliesky* in BK Rn. 17; BVerfGE 12, 354 (363 f.) – VW-Privatisierung; *Rittstieg* in AK Rn. 236; *Axer* in BeckOK Rn. 5.

[27] *Ipsen* VVDStRL 10 (1952), 74 (104 f.).

[28] BVerfGE 4, 7 (17) – Investitionshilfe; BVerfGE 50, 240 (336 f.) – Mitbestimmung.

[29] BVerfGE 12, 363 (364) – VW-Privatisierung.

durch das Sozialisierungsziel („Gemeinwirtschaft") definierten Zweck des Instituts (→ Rn. 9, 10, 13 ff.). Darüber hinausgehende Schranken enthält Art. 15 nicht. Die gemeinwirtschaftliche Umgestaltung der Wirtschaft wird durch die Vorschrift zum legitimen Ziel gesetzgeberischer Tätigkeit, bedarf also nicht im Einzelfall einer Art. 14 Abs. 3 vergleichbaren Rechtfertigung durch das Gemeinwohl oder vor dem Verhältnismäßigkeitsprinzip.[30] Allerdings kann Art. 15 angesichts der Wesensgehaltsgarantie (Art. 19 Abs. 2) für Eigentum und Berufsfreiheit auch nicht als Instrument benutzt werden, die Möglichkeit privater Wirtschaftstätigkeit völlig zu beseitigen.[31] Angesichts des Fehlens praktischer Erfahrungen und Projekte muss aber die Suche nach der Grenze zwischen einer mit dem GG in der Tat unvereinbaren „Zentralverwaltungswirtschaft"[32] und einer zulässigen, gemeinwirtschaftlich geprägten „gemischten Wirtschaftsordnung" eher spekulativ bleiben.

IV. In Gemeineigentum oder in andere Formen der Gemeinwirtschaft überführt werden

Angesichts des offenen Aussagegehalts der Begriffe „Vergesellschaftung" 14
und „Sozialisierung"[33] bietet die Umschreibung des Ziels dieses Vorgangs als Überführung in „Gemeineigentum" oder andere Formen der „Gemeinwirtschaft" den besten Ansatz für eine Präzisierung des Instituts.[34] Das GG verwendet dabei den Begriff der **Gemeinwirtschaft als Oberbegriff.**[35] Dieser Begriff wird zwar ebenfalls in unterschiedlicher Weise gebraucht,[36] für den Bereich des Art. 15 lässt sich jedoch ein Kern bestimmen. Negativ bedeutet Gemeinwirtschaft insbes. die **Abgrenzung zur individuellen Gewinnorientierung** wirtschaftlichen Handelns, positiv die (unmittelbar und nicht über Gewinnstreben vermittelte) Ausrichtung an der gesellschaftlichen **Bedarfsdeckung** und der Verfolgung **sonstiger Gemeinwohlziele.**[37]

Auch der Begriff des **Gemeineigentums** muss vom Gemeinwirtschafts- 15
begriff her ausgelegt werden. **Sozialisierung** ist daher **nicht identisch mit Verstaatlichung.** Einerseits kann Gemeineigentum nicht nur in der Hand des Staates, sondern auch in der eines anderen öffentlich-rechtlichen Trägers (Gemeinden, Selbstverwaltungskörperschaften) begründet werden.[38] Andererseits, und wichtiger, reicht Verstaatlichung nicht aus, wenn die Art des Wirtschaftens nicht geändert wird: Die **Verstaatlichung aus fiskalischen Gründen,** insbes. die Überführung eines Privatunternehmens in ein erwerbs-

---

[30] Explizit aA *Wendt* in Sachs Rn. 14, 23; *Meyer-Abich,* Der Schutzzweck der Eigentumsgarantie, 1980, 150 ff.

[31] *Meyer-Abich,* Der Schutzzweck der Eigentumsgarantie, 1980, 151 f.; *Gramlich* ZVglRWiss. 82 (1983), 165 (176).

[32] *Papier* in BMV VerfassungsR-HdB Rn. 619; *Krüger* in BNS Grundrechte III/1, 2 unv. Aufl. 1972, 281.

[33] „Anweisung auf etwas, was erst noch zu finden ist": *Krüger* in BNS Grundrechte III/1, 2. unv. Aufl. 1972, 269.

[34] *Krüger* in BNS Grundrechte III/1, 2 unv. Aufl. 1972, 288.

[35] *Wieland* in Dreier Rn. 27.

[36] Vgl. den Überblick bei *Ritschl* in BBB SozWissenschaften-HdWB IV, 331 ff.; sowie *Schwerdtfeger,* Unternehmerische Mitbestimmung und GG, 1972, 84 ff.

[37] *Krüger* in BNS Grundrechte III/1, 2 unv. Aufl. 1972, 288 f.; *Durner* in Maunz/Dürig Rn. 34; *Rittstieg* in AK Rn. 240; *Wieland* in Dreier Rn. 28 f.; *Wendt* in Sachs Rn. 5; *Sieckmann* in BerlKomm Rn 13.

[38] *Durner* in Maunz/Dürig Rn. 52; *Wendt* in Sachs Rn. 5.

wirtschaftliches Unternehmen der öffentlichen Hand, ist durch Art. 15 **nicht** gedeckt.[39]

16 Die Umschreibung **sonstiger Formen der Gemeinwirtschaft** ist vom GG bewusst offen gelassen worden.[40] Ob die Formulierung „überführt werden" bedeutet, dass nur einem Eigentümerwechsel gleichkommende Maßnahmen erfasst werden,[41] erscheint zweifelhaft. Die organisatorische Unterstellung unter einen Staatskommissar oder eine Staatsbeteiligung würden jedenfalls reichen.[42] Die Möglichkeiten, ohne eine solche organisatorische Verfestigung eine gemeinwirtschaftliche Orientierung zu erreichen, dürften noch nicht abschließend diskutiert worden sein.[43]

17 Keine Sozialisierung ist die **Mitbestimmung,** jedenfalls solange sie ohne Änderung der gewinnorientierten, privatnützigen Wirtschaftsweise lediglich die Beteiligung der Arbeitnehmer an der Unternehmensführung bezweckt.[44] Sie findet ihre Rechtfertigung und Grenzen in Art. 14 Abs. 1 S. 2.[45] Anderes könnte von Mitbestimmungsmodellen gelten, die Vertretern des Staates oder der Öffentlichkeit einen bestimmenden Einfluss auf das mitbestimmte Unternehmen eröffnen.[46]

18 Wie bei der Enteignung ist bei der Sozialisierung die Erreichung des Sozialisierungsziels **auf Dauer** zu sichern. Das ist insbes. bei **Selbstverwaltungs-** und **genossenschaftlichen** Lösungen zu bedenken, die iRd Art. 15 zulässig sein dürften,[47] bei denen aber eine Zielverfehlung im privaten Interesse von Mitgliedern oder Funktionären nicht ohne weiteres ausgeschlossen erscheint.[48]

V. Gegenstände der Sozialisierung

19 **1. Grund und Boden.** „Grund und Boden" bezeichnet Grundstücke aller Art einschließlich Bestandteilen und Zubehör[49] und wohl auch grundstücksähnliche Rechte.[50] Umstritten ist, welchen Einfluss die Nutzung des Grundstückes auf die **Sozialisierbarkeit** hat. Nach verbreiteter Ansicht soll die Nichtsozialisierbarkeit (zB privatgenutztes Eigenheim oder nicht sozialisierbares Unternehmen) auch die Sozialisierung des zugehörigen Grundstücks ausschließen.[51] Aber Art. 15 schließt eine Trennung von Eigentum und Nutzungsbefugnis nicht aus.[52]

[39] *Schliesky* in BK Rn. 37; *Rittstieg* in AK Rn. 243; *Krüger* in BNS Grundrechte III/1, 2 unv. Aufl. 1972, 286; *Badura,* Verwaltungsmonopol, 1963, 335; *Wendt* in Sachs Rn. 5; *Sieckmann* in BerlKomm Rn 17; diff. *Gramlich* ZVglRWiss. 82 (1983), 165 (171).

[40] Ausf. Art. 156 Abs. 2 WRV; *Krüger* in BNS Grundrechte III/1, 2 unv. Aufl. 1972, 297.

[41] So *Rittstieg* in AK Rn. 241; anders *Ipsen* VVDStRL 10 (1952), 74 (117); *Krüger* in BNS Grundrechte III/1, 2. unv. Aufl. 1972, 290; *Wendt* in Sachs Rn. 6.

[42] Vgl. *Rittstieg* in AK Rn. 244.

[43] Vgl. *Bäumler* DVBl 1980, 625 (629), zur Investitionslenkung; *Schwerdtfeger,* Unternehmerische Mitbestimmung und GG, 1972, 243 ff.

[44] Vgl. *Rittstieg* in AK Rn. 234, 235; *Krüger* in BNS Grundrechte III/1, 2 unv. Aufl. 1972, 267 ff.

[45] → Art. 14 Rn. 114, Stichwort „Unternehmensverfassung".

[46] Vgl. *Krüger,* Paritätische Mitbestimmung – Unternehmensverfassung – Mitbestimmung der Allgemeinheit, 1973; *Wendt* in Sachs Rn. 6.

[47] *Durner* in Maunz/Dürig Rn. 52; *Schliesky* in BK Rn. 44.

[48] *Rittstieg* in AK Rn. 242.

[49] *Durner* in Maunz/Dürig Rn. 33; *Rittstieg* in AK Rn. 247.

[50] *Wieland* in Dreier Rn. 23.

[51] *Axer* in BeckOK Rn. 15; *Wendt* in Sachs Rn. 7.

[52] *Rittstieg* in AK Rn. 247; *Durner* in Maunz/Dürig Rn. 33; *Schliesky* in BK Rn. 25; *Wieland* in Dreier Rn. 23.

2. Naturschätze. Der Begriff der Naturschätze ist weit gefasst und erfasst nicht nur **Bodenschätze,** sondern auch **Naturkräfte,** zB Wasserkraft, Atomkraft.[53] 20

3. Produktionsmittel. Der **umstrittenste Begriff** im Rahmen des Katalogs ist der der Produktionsmittel. Verbreitet wird aus der Tatsache, dass Art. 15 andere Produktionsmittel wie Grund und Boden und Naturschätze nennt, gefolgert, dass der Begriff nicht in einem weiten Sinn verstanden werden kann, sondern beschränkt ist auf Mittel, die der Erzeugung von Gütern dienen. Das schlösse Handel, Banken, Versicherungen und Verkehrsbetriebe aus.[54] Diese Auslegung, die ausgerechnet im Zentrum gemeinwirtschaftlicher Bestrebung stehende Wirtschaftsbetriebe von der Sozialisierung ausnehmen will (vgl. demgegenüber die dem GG vorausgehenden Bestimmungen der Verf. von Bayern (Art. 160); Hessen (Art. 41); RhPf. (Art. 61)), ist vom Wortlaut des Art. 15 (der schließlich auch mit „Grund und Boden" einen Pleonasmus enthält) nicht geboten. Von der Entstehungsgeschichte und dem Zweck des Art. 15 her, der die gemeinwirtschaftliche Alternative offenhalten will, ist es nicht begründbar, gerade die „Kommandohöhen" der Wirtschaft von der Sozialisierung auszuschließen.[55] Der Produktionsmittelbegriff ist daher weit zu verstehen und schließt grundsätzlich alle Wirtschaftsunternehmen ein.[56] 21

Fruchtbarer zur Eingrenzung der sozialisierungsfähigen Unternehmen als der Produktionsmittelbegriff erscheint der Gedanke, dass **Sozialisierungsreife** oder **-eignung** eine gewisse wirtschaftliche Bedeutung voraussetzt. Art. 15 zielt auf Großunternehmen und nicht auf kleinbäuerliche oder handwerkliche Betriebe. 22

VI. Durch ein Gesetz, das Art und Ausmaß der Entschädigung regelt

Die Sozialisierung bedarf eines **Parlamentsgesetzes.** Dieses Gesetz kann – und wird im Regelfall – ein Einzelfallgesetz sein, da die Sozialisierung unmittelbar durch Gesetz erfolgt und typischerweise konkrete Unternehmen betrifft. Die Anwendung des Verbots des Einzelfallgesetzes (Art. 19 Abs. 1) auf Sozialisierungsgesetze ist unter diesen Umständen ausgeschlossen.[57] 23

Die Anforderungen an die **Junktimklausel** sind angesichts der konkreten Natur des Sozialisierungsgesetzes, das eine sehr genaue Festlegung von Art und Höhe der Entschädigung erlaubt, eher noch stringenter einzuhalten als bei der Enteignung. 24

---

[53] *Schliesky* in BerlKomm Rn. 27; *Wieland* in Dreier Rn. 21; *Rittstieg* in AK Rn. 247; aA bzgl. Atomkraft *Wendt* in Sachs Rn. 8; diff. *Durner* in Maunz/Dürig Rn. 34; zum Eigentum nach Art. 86 EURATOM-Vertrag → Art. 14 Rn. 60.

[54] *Durner* in Maunz/Dürig Rn. 39; *Axer* in BeckOK Rn. 17; *Ipsen* VVDStRL 10 (1952),74 (108); *Wendt* in Sachs Rn. 4, 9; *Depenheuer* in MKS Rn. 33 ff.; diff. *Schell,* Art. 15 GG im Verfassungsgefüge, 1996, 121 ff.

[55] *Bettermann* WiR 1973, 184 (250): „wer die Banken für nicht sozialisierungsfähig hält, braucht in der Bundesrepublik gar nicht erst über die Sozialisierung der Industrie zu reden".

[56] *Rittstieg* in AK Rn. 241; *Jarass* in Jarass/Pieroth Rn. 3; *Wieland* in Dreier Rn. 26 f., mit Darstellung von Verlauf und Anlässen der Diskussion; *Sieckmann* in BerlKomm Rn 22; *Schliesky* in BK Rn. 29 ff; *Berkemann* in Umbach/Clemens Rn. 66; *Peters* DÖV 2012, 64 ff.; *Gramlich* ZVglRWiss. 82 (1983), 165 (168 f.); *Bettermann* WiR 1973, 184 ff.; *Papier* VVDStRL 35 (1976), 55 (85 Fn. 126); *Groß* DÖV 1975, 344; *Meyer-Abich,* Der Schutzzweck der Eigentumsgarantie, 1980, Fn. 3, 152 f.

[57] *Wieland* in Dreier Rn. 20; Axer in BeckOK Rn. 18; aA *Depenheuer* in MKS Rn. 44.

VII. Für die Entschädigung gilt Art. 14 Abs. 3 S. 3 u. 4 entsprechend

25 Die **entsprechende Anwendung der Regeln über** die **Enteignungsentschädigung** ist unproblematisch, wenn, wie in diesem Kommentar,[58] das Gebot der Abwägung zwischen den Interessen des Einzelnen und der Allgemeinheit betont wird. Dass eine solche Abwägung für die typische Individualenteignung zu anderen Ergebnissen führen kann (und wohl auch wird) als für die Sozialisierung eines Wirtschaftszweiges, ist offensichtlich. Die Kontroverse darüber, ob nicht die Entschädigung nach Art. 15 trotz des Verweises nach anderen Maßstäben als die nach Art. 14 zu gewähren ist,[59] ist demgegenüber vor dem Hintergrund der Forderung nach einer Verkehrswertbindung der Enteignungsentschädigung zu sehen. Würde man das für Art. 14 bejahen, müsste man allerdings iRd Art. 15 andere Maßstäbe entwickeln, da das Entschädigungsgebot andernfalls Sozialisierungen praktisch ausschließen würde, was kaum sein Sinn sein kann.[60]

C. Verhältnis zu anderen Bestimmungen des GG

26 Zu **Art. 5:** Bei einer Sozialisierung von Kommunikationsmedien ist Art. 5 lex specialis und dürfte sie jedenfalls für Presseverlage ausschließen.[61] – Zu **Art. 12:** Das Verhältnis von Art. 12 u. 15 ist strittig. Nach einer Auffassung liegt die Bedeutung von Art. 15 gerade darin, dass er von Art. 12 dispensiert;[62] nach einer anderen derogiert Art. 15 Art. 12 nicht, so dass auch im Fall der Sozialisierung die selbständige unternehmerische Betätigung im sozialisierten Wirtschaftszweig möglich bleiben muss.[63] Eine Konkurrenz der ehemaligen Eigentümer, ausgestattet mit Kapital (Entschädigung), Goodwill und Know-how wäre allerdings geeignet, das Sozialisierungsziel zu gefährden, so dass der Ausschluss privater Konkurrenz in sozialisierten Wirtschaftszweigen möglich sein muss.[64] Trotzdem bleibt Art. 12 beachtlich. Während die Sozialisierung nach Art. 15 ohne besondere Rechtfertigung und Verhältnismäßigkeitsprüfung möglich ist, muss die Begründung eines öffentlichen Monopols auch vor Art. 12 gerechtfertigt werden, wofür der Schutz des Sozialisierungsziels ein hinreichendes Argument sein kann, aber nicht sein muss. – Zu **Art. 14:** → Rn. 6. Zu **Art. 19:** Sozialisierungsgesetze können Einzelfallgesetze sein).[65] Art. 15 hat keinen eigenen Wesensgehalt, findet seine Grenze aber am Wesensgehalt von Art. 12 u. 14 (→ Rn. 12). – Zu

[58] → Art. 14 Rn. 145 ff.

[59] So *Ipsen* VVDStRL 10 (1952), 74 (112 f.); *Ridder* VVDStRL 10 (1952), 124 (147); *Jarass* in Jarass/Pieroth Rn. 5; *Schell,* Art. 15 GG im Verfassungsgefüge, 1996, 229 ff.; *Weber* NJW 1950, 401 (402); dagegen *Krüger* in BNS Grundrechte III/1, 2 unv. Aufl. 1972, 312; *Schliesky* in BK Rn. 42; *Leisner,* Sozialbindung des Eigentums, 1972, 67; *Wendt* in Sachs Rn. 18.

[60] *Wieland* in Dreier Rn. 31; so aber wohl *Wendt* in Sachs Rn. 19, wonach Art. 15 eine Umgestaltung der Wirtschaftsordnung nicht ermöglicht, sondern nur die Umstrukturierung einzelner Wirtschaftsbereiche in Notlagen und Krisenzeiten erlaubt; ähnlich *Papier* in BMV VerfassungsR-HdB Rn. 17; → Rn. 1.

[61] → Art. 5 Rn. 73.

[62] So *Leisner,* Sozialbindung des Eigentums, 1972, 70, der Art. 15 iÜ als bloßen Sonderfall der Enteignung ansieht; *Wieland* in Dreier Rn. 32.

[63] *Wendt* in Sachs Rn. 21 f.; *Bettermann* WiR 1973, 184 (250 ff.); *Papier* in BMV VerfassungsR-HdB Rn. 18.

[64] *Dicke,* Verfassungsrechtliche Möglichkeiten und Grenzen der Wirtschaftslenkung in Italien und der BRD, 1969, 136, 159; *Gramlich* ZVglRWiss. 82 (1983), 165 (173).

[65] → *Wieland* in Dreier Rn. 32.

Art. 31 u. 142: Eine Reihe (insbes. der älteren) Länderverfassungen enthält ebenfalls Sozialisierungsvorschriften (Art. 160 BV; Art. 39 ff. HV; Art. 61 RhPfVerf; Art. 42 BremVerf; Art. 27 Abs. 1 NRW Verf; Art. 52 SLVerf). Soweit diese einen über Art. 15 hinausgehenden Zugriff auf privates Eigentum zulassen, steht ihnen das GG entgegen, wobei diese Folgerung teilweise wegen der fehlenden Grundrechtsnatur des Art. 15 (→ Rn. 5) aus Art. 31,[66] teilweise wegen des Art. 15 (iVm Art. 14) zu entnehmenden Freiheitsrechts auf Nichtsozialisierung aus Art. 142 entnommen wird.[67] Die in der Lit. geäußerten Zweifel an der Vereinbarkeit der – generell von einer eigentumskritischeren Grundhaltung getragenen – Landesbestimmungen gehen teilweise von einer zu restriktiven Interpretation des Art. 15 aus, insbes. was die sozialisierbaren Güter betrifft.[68] Mit Art. 15 unvereinbar sind Entschädigungsregeln, die eine völlige Versagung zulassen (Art. 44 BremVerf.; Art. 39 Abs. 4 HV).

D. Kritische Würdigung

Art. 15 hat keine aktuelle Bedeutung, sondern ist nur als Teil des Bonner Kompromisses und der Entscheidung für die wirtschaftspolitische Offenheit des GG zu verstehen. In dieser Bedeutung ist er nicht obsolet, auch wenn eine **Aktualisierung unwahrscheinlich** aber nicht undenkbar[69] ist und die Bedenken gegen die wirtschaftspolitische Brauchbarkeit des von Art. 15 bereitgestellten Instrumentariums (im Vergleich zu dem des Art. 14 Abs. 1 S. 2) überwiegen. **27**

Der Zusammenbruch der DDR und die Wiedervereinigung auf der Basis des westlichen Wirtschaftsmodells haben die Unwahrscheinlichkeit einer Aktualisierung des Art. 15 verstärkt, ohne die grundsätzliche Offenheit des GG für wirtschaftspolitische Alternativmodelle zu beseitigen. Auch der **Verfassungsentwurf des Runden Tisches** (April 1990) enthielt einen Sozialisierungsartikel, der sich eng an Art. 15 anlehnte und versuchte, Streitfragen der bundesrepublikanischen Diskussion zu lösen: **28**

„**Art. 31** (1) Boden und Wirtschaftsunternehmen können zum Zwecke der Vergesellschaftung durch ein Gesetz, das Art und Ausmaß der Entschädigung regelt, in selbständige Unternehmen der Gemeinwirtschaft überführt werden. Für die Entschädigung gilt Art. 29 Abs. 3 Satz 5 entsprechend.

(2) Der Staat und die Träger der Kommunalautonomie sind befugt, zur Erfüllung ihrer Aufgaben am Wirtschaftsleben teilzunehmen.

(3) Aus Gründen der zuverlässigen und umfassenden Versorgung der Bevölkerung mit Gütern und Dienstleistungen sowie aus wichtigen ordnungspolitischen Gründen können durch Gesetz oder auf Grund eines Gesetzes Monopole der öffentlichen Hand geschaffen werden.“

---

[66] So *Krüger* in BNS Grundrechte III/1, 2 unv. Aufl. 1972, 321.

[67] Vgl. *Isensee* DÖV 1978, 233 (235); *Wieland* in Dreier Rn. 32: Art. 31 iVm Art. 142.

[68] So *Isensee* DÖV 1978, 233 (235 ff.); → Rn. 17.

[69] Vgl. oben Rn. 5; auf die neue Diskussion hat die FDP damit reagiert, dass sie zum wiederholten Male eine Abschaffung des Art. 15 GG anstrebt (https://www.fdp.de/sites/default/files/uploads/2019/05/06/2019-04-26-bpt).

Literatur

H. Bäumler, Hat die Investitionslenkung verfassungsrechtlich eine Chance?, DVBl 1980, 625. – ***D. Ch. Dicke,*** Verfassungsrechtliche Möglichkeiten und Grenzen der Wirtschaftslenkung in Italien und der Bundesrepublik Deutschland, 1969. – ***F. Dopatka,*** Darstellung und Kritik der herrschenden Auslegung von Art. 15 GG, in G. Winter (Hrsg.), Sozialisierung von Unternehmen, 1976, 155. – ***L. Gramlich,*** Zur Zulässigkeit von Vergesellschaftungen (Nationalisierungen) nach dem Grundgesetz der Bundesrepublik Deutschland, ZVglRWiss. 82 (1983), 165. – ***H. P. Ipsen,*** Enteignung und Sozialisierung, VVDStRL 10 (1952), 74. – ***H. P. Ipsen,*** Sozialisierungsabschluß, FS f. Jahrreiß, 1964, 115. – ***J. Isensee,*** Fortgeltung der saarländischen Sozialisierungsartikel unter dem Grundgesetz, DÖV 1978, 233. – ***H. Krüger,*** Sozialisierung, in Bettermann/Nipperdey/Scheuner (Hrsg.), Die Grundrechte III/1, 2. unv. Aufl. 1972, 267. – ***W. Leisner,*** Sozialbindung des Eigentums, 1972. – ***W. Leisner,*** Der Sozialisierungsartikel als Eigentumsgarantie, JZ 1975, 272. – ***J. Meyer-Abich,*** Der Schutzzweck der Eigentumsgarantie, 1980. – ***H. J. Papier,*** Grundgesetz und Wirtschaftsordnung, in BMV VerfassungsR-HdB, § 18. – ***H. Ridder,*** Enteignung und Sozialisierung, VVDStRL 10 (1952), 124. – ***H. Ridder,*** Die Soziale Ordnung des Grundgesetzes, 1975. – ***T. Schell,*** Art. 15 GG im Verfassungsgefüge, 1996. – ***F. Thiel,*** Art. 15 GG obsolet? DÖV 2019,13; ***G. Winter*** (Hrsg.), Sozialisierung von Unternehmen, 1976.

Art. 16 [Ausbürgerung, Auslieferung]

(1) [1]Die deutsche Staatsangehörigkeit darf nicht entzogen werden. [2]Der Verlust der Staatsangehörigkeit darf nur auf Grund eines Gesetzes und gegen den Willen des Betroffenen nur dann eintreten, wenn der Betroffene dadurch nicht staatenlos wird.

(2) [1]Kein Deutscher darf an das Ausland ausgeliefert werden. [2]Durch Gesetz kann eine abweichende Regelung für Auslieferungen an einen Mitgliedstaat der Europäischen Union oder an einen internationalen Gerichtshof getroffen werden, soweit rechtsstaatliche Grundsätze gewahrt sind.

Paulskirchenverfassung von 1849

Abschnitt VI. Art. I

§ 132. Jeder Deutsche hat das deutsche Reichsbürgerrecht. Die ihm kraft dessen zustehenden Rechte kann er in jedem deutschen Lande ausüben. […]

Abschnitt VI. Art. XIV

§ 189. Jeder deutsche Staatsbürger in der Fremde steht unter dem Schutze des Reichs.

Reichsverfassung von 1871

Art. 3. [Abs. 1–5]

(6) Dem Auslande gegenüber haben alle Deutschen gleichmäßig Anspruch auf den Schutz des Reichs.

Weimarer Reichsverfassung von 1919

Art. 110. (1) Die Staatsangehörigkeit im Reiche und in den Ländern wird nach den Bestimmungen eines Reichsgesetzes erworben und verloren. Jeder Angehörige eines Landes ist zugleich Reichsangehöriger.

(2) Jeder Deutsche hat in jedem Lande des Reichs die gleichen Rechte und Pflichten wie die Angehörigen des Landes selbst.

Art. 112. [Abs. 1]

(2) Dem Ausland gegenüber haben alle Reichsangehörigen inner- und außerhalb des Reichsgebiets Anspruch auf den Schutz des Reichs.

(3) Kein Deutscher darf einer ausländischen Regierung zur Verfolgung oder Bestrafung überliefert werden.

Übersicht

A. Allgemeine Bedeutung

I. Staatsvolk und Staatsangehörigkeit

1 Seit dem Übergang von territorialer zu personaler Zuordnung von Zugehörigkeit zu einem Herrschaftsverband gehört das **Staatsvolk** neben dem Staatsgebiet und der Staatsgewalt zu den konstituierenden Elementen von Staatlichkeit.[1] Aus elementaren Gründen ist daher der Staat gehalten, sein Staatsvolk näher zu bestimmen. Diese Funktion erfüllt das Institut der **Staatsangehörigkeit** als **rechtliches Band** zwischen dem Staat und dem hierdurch sich konstituierenden Staatsvolk.[2] Nach innen erfüllt die Staatsangehörigkeit eine **Schlüsselfunktion,**[3] indem sie darüber entscheidet, ob jemand die Vorzugsstellung des Staatsbürgers[4] oder die Stellung als Ausländer (Fremder) erlangt. Staatsangehörigkeit hat damit notwendigerweise sowohl inkludierende als auch exkludierende Wirkung und entscheidet darüber, wer „dazugehört".[5] Hierdurch eignet sich freilich das Staatsangehörigkeitsrecht zugleich als Mittel diskriminierender Ausgrenzung.[6]

II. Völkerrechtlicher Rahmen

2 Die Staatsangehörigkeit erfüllt völkerrechtlich eine wichtige **Koordinationsfunktion,** indem sie den Einzelmenschen einem Staat zuordnet und dessen Personalhoheit unterstellt. In einem Völkerrecht, das primär als das Recht zwischenstaatlicher Beziehungen definiert ist (zu Wandlungen

[1] Grdl. *Jellinek,* Allgemeine Staatslehre, 3. Aufl. 1913, 394 ff.; zum Übergang va im deutschen Raum *Angster* in Angster/Gosewinkel/Gusy Staatsbürgerschaft im 19. und 20. Jahrhundert, 2019, 79 (94); *Gosewinkel* in FS f. Böckenförde, 1995, 359 (361 ff.); zur historischen und ideengeschichtlichen Entwicklung allg *Grawert,* Staat und Staatsangehörigkeit, 1973; *Weber,* Staatsangehörigkeit und Status, 2018; *Diener, Gans* in Shachar/Bauböck/Bloemraad/Vink The Oxford Handbook of Citizenship, 2018, 36; 107.

[2] IGH Report 1955, 4 (23); *Grawert* Der Staat 23 (1984), 179 (183); *Grawert* in HdbStR II § 16 Rn. 20; *Scholz/Uhle* NJW 1999, 1510 (1510); *Becker* in MKS Rn. 1; *Kämmerer* in BK Rn. 33.

[3] *Grawert* Der Staat 23 (1984), 183; sinngemäß *Kämmerer* in BK Rn. 55, Art. 16 als „Vorschaltgrundrecht".

[4] Zum Verhältnis der Konzepte von Staatsangehörigkeit und Staatsbürgerschaft *Grawert* Der Staat 23 (1984), 179 ff.; *Wiessner,* Die Funktion der Staatsangehörigkeit, 1989, 17 ff.; *Kotalakidis,* Von der nationalen Staatsbürgerschaft zur Unionsbürgerschaft, 2000, 49 ff.; *Schönberger,* Unionsbürger, 2005, 22 ff.; *v. Münch,* Die deutsche Staatsangehörigkeit, 2007, 17 ff.; *Walter* VVDStRL 72 (2013), 7 (11 f.); *Giegerich* in Maunz/Dürig Art. 16 Abs. 1 Rn. 93 ff.; *Weber,* Staatsangehörigkeit und Status, 2018, 8 ff.; (zu?) starke Kontrastierung bei *Brubaker* Staats-Bürger (1992), 1994.

[5] *Kochenov,* Citizenship, 2019.

[6] Dazu eing. *Gosewinkel,* Einbürgern und Ausschließen, 2001; BVerfGE 116, 24 (38 ff.); zur NS-Staatsbürgerschaftspolitik näher *v. Münch,* Die deutsche Staatsangehörigkeit, 2007, 59 ff. Gegensteuerung durch erhöhte Rechfertigungslasten: BVerfGE 130, 240 (255).

→ Rn. 6), wird der Staat als einheitliches Rechtssubjekt wahrgenommen; das Individuum tritt nur als Glied eines Staates in Erscheinung **(Mediatisierung).**[7] Die Durchsetzung individueller Rechte auf völkerrechtlicher Ebene steht damit nur dem Heimatstaat im Wege des diplomatischen Schutzes zu; umgekehrt ist jeder Staat völkerrechtlich gegenüber den anderen Staaten zur Aufnahme seiner eigenen Staatsangehörigen verpflichtet.[8]

Die Bestimmung seiner Staatsangehörigen ist das souveräne Recht des Staates. Das allgemeine Völkerrecht (anders das Vertragsrecht) enthält insoweit nur wenige Direktiven.[9] Allerdings hat der IGH in seinem oft missdeuteten *Nottebohm*-Urteil eine **„echte Verbindung"** (genuine connection) verlangt, wenn ein Staat die Staatsangehörigkeit auf internationaler Ebene gegenüber anderen Staaten geltend machen will.[10] Der Streit hierüber bezieht sich primär auf den Erwerb der Staatsangehörigkeit durch Einbürgerung, weniger auf den Erwerb durch Geburt. Bei letzterem sind seit langem das **Abstammungsprinzip** *(ius sanguinis)* und das **Territorialitätsprinzip** *(ius soli)* etabliert.[11] Das (europäisch wie global vorherrschende)[12] Abstammungsprinzip betont den gemeinsamen staatsangehörigkeitsrechtlichen Status von Familienlinien auf Kosten einer Integration in den Aufenthaltsstaat, während das (vor allem von Common-Law- und klassischen Einwanderungsländern favorisierte)[13] Territorialitätsprinzip umgekehrte Akzente setzt. Ein striktes Territorialitätsprinzip kann freilich auch Zufälligkeiten erzeugen (Geburt während einer Reise), die sich bei einer Kombination mit dem Abstammungsprinzip vermeiden lassen. Einen Zwang zur Typenreinheit gibt es nicht.[14] 3

Eine Folge der unterschiedlichen Anknüpfungspunkte ist **Mehrstaatigkeit,** die durch die Einbürgerungspolitik der Staaten noch vermehrt werden kann. Sie wurde lange Zeit als Übel (sog. Übeltheorie[15]) – wenn auch nicht 4

---

[7] Statt vieler *v. Arnauld,* Völkerrecht, Rn. 49 ff., 83.

[8] *Giegerich* in Maunz/Dürig Art. 16 Abs. 1 Rn. 201 ff.; *Randelzhofer* in Bernhardt Encyclopedia, III, Rn. 501 (506 f.); *Becker* in MKS Rn. 14; *Kokott* in Sachs Rn. 12; näher *Hailbronner* in HRM Grundlagen D Rn. 99 ff., 126 ff.

[9] Eing. *Giegerich* in Maunz/Dürig Art. 16 Abs. 1 Rn. 46 ff.; *Hailbronner* in HRM Grundlagen D Rn. 6 ff.; *Zimmermann/Tams* in BerlKomm Rn. 13 ff.; Annoni/Forlati, The Changing Role of Nationality in International Law, 2013; sa. BVerfGE 77, 137 (153).

[10] IGH Report 1955, 4 (23), „nationality is a legal bond having as its basis a social fact of attachment, a genuine connection of existence, interests and sentiments, together with the existence of reciprocal rights and duties". Zur Kritik *Randelzhofer* in Maunz/Dürig Art. 16 Abs. 1 (Vorbearbeitung – Stand 4/2010) Rn. 38 mwN; *Hailbronner* in HRM Grundlagen D Rn. 20 ff; *Sloane* HILJ 50 (2009) 1.

[11] Näher *Shachar* in Rosenfeld/Sajó The Oxford Handbook of Comparative Constitutional Law, 2012, 1002 (1005 ff.); *Delbrück* in Dahm/Delbrück/Wolfrum Völkerrecht I/2,37 ff.; *Weber,* Staatsangehörigkeit und Status, 2018, 187 ff.

[12] Für Europa s. die Zusammenstellung bei *Weber,* Staatsangehörigkeit und Status, 2018, 494 ff.; *Kämmerer* in BK Rn. 1 ff.

[13] Vgl zum Gegenbild auf dem amerikanischen Kontinent nur *Shachar* in Rosenfeld/Sajó, The Oxford Handbook of Comparative Constitutional Law, 2012, 1002 (1006 f.); *Vink* in Shachar/Bauböck/Bloemraad/Vink The Oxford Handbook of Citizenship, 2018, 221 (224 f., 232); *Honohan/Rougier* Netherlands International Review 65 (2018), 337 (340, 352 f.); sa zu Irland als klassischem Auswanderungsland *Weber,* Staatsangehörigkeit und Status, 2018, 253 f.

[14] *Edwards* in Edwards/Waas Nationality and statelessness under international law, 2014, 11 (17). Zum globalen Trend einer Verschränkung und Relativierung der Erwerbsprinzipien *de Groot/Vonk* Netherlands International Law Review 65 (2018), 319.

[15] BVerfGE 37, 217 (254); BVerfGK NJW 1991, 633 (634); *Scholz/Uhle* NJW 1999, 1510 (1512); krit. ua *Wallrabenstein,* Das Verfassungsrecht der Staatsangehörigkeit, 1999, 212 ff.

als völkerrechtlich verboten – betrachtet, da sie zu gegenseitigen Blockaden bei der Ausübung diplomatischen Schutzes und zu Loyalitätskonflikten va bei der Wehrpflicht und im bewaffneten Konflikt führen kann.[16] Ausdruck dessen ist das Übereinkommen über die Verringerung der Mehrstaatigkeit und über die Wehrpflicht von Mehrstaatern v. 6.5.1963[17], das von der Bundesrepublik Deutschland mWz 21.12.2002 gekündigt wurde.[18] Das Europäische Übereinkommen über die Staatsangehörigkeit v. 6.11.1997[19] spiegelt demgegenüber eine in den letzten Jahren gewachsene Bereitschaft, Mehrstaatigkeit als unvermeidlichen Ausdruck von Migrationsbiographien hinzunehmen und stattdessen die konkreten Kollisionsfälle völkerrechtlich zu regeln.[20]

5 Ein weit größeres Problem stellt nach wie vor die **Staatenlosigkeit** dar:[21] Staatenlose sind überall Fremdlinge und haben keinen Heimatstaat, der sich nach den allgemeinen Regeln völkerrechtlich für sie verwenden könnte.[22] Erst die Staatsangehörigkeit gibt das von *Hannah Arendt* als fundamental beschriebene „Recht, Rechte zu haben".[23] Mehrere völkerrechtliche Abkommen dienen daher der Verhinderung von Staatenlosigkeit und der Regelung der aus Staatenlosigkeit resultierenden Probleme.[24]

6 Diese staatenzentrierte Sicht wird zunehmend durch **menschenrechtliche Gehalte** überlagert.[25] So heißt es in Art. 15 der Allgemeinen Erklärung der Menschenrechte („AEMR"), dass jeder Mensch Anspruch auf Staatsangehörigkeit hat und niemandem seine Staatsangehörigkeit willkürlich entzogen werden darf. Die AEMR ist für sich genommen nicht rechtsverbindlich; sie ist jedoch großenteils zu Gewohnheitsrecht erstarkt.[26] Für Art. 15 AEMR, der in dem auf Grundlage der AEMR erarbeiteten IPBPR keine Entsprechung findet, mögen insoweit zwar berechtigte Zweifel bestehen;[27] auch er

---

[16] *v. Münch* NJW 1994, 1199; *Hokema,* Mehrfache Staatsangehörigkeit, 2002, 236 ff.; *Epping* in Ipsen Völkerrecht, § 7 Rn. 99 ff.; *Hailbronner* in HRM Grundlagen E Rn. 5 ff.; *Kämmerer* in BK Rn. 38 ff.; *Talmon* BRJ 2017, 24.

[17] BGBl. 1969 II 1953.

[18] BGBl. 2002 II 171.

[19] BGBl. 2004 II 579.

[20] *Hailbronner* in HRM Grundlagen E Rn. 27 ff.; *Kämmerer* in BK Rn. 1 (und ff.), 41; *v. Münch,* Die deutsche Staatsangehörigkeit, 2007, 170 ff.; *Uslucan,* Zur Weiterentwicklungsfähigkeit des Menschenrechts auf Staatsangehörigkeit, 2012, 400 ff.; *Deinhard,* Das Recht der Staatsangehörigkeit unter dem Einfluss globaler Migrationserscheinungen, 2015, 380 ff.; krit. ggü. dieser Entwicklung („Rückzug der Treue") hingegen *Wiederin* ZÖR 64 (2009), 421 (429 f.). Zu rechtspolitischen Vorschlägen *Lämmermann* ZAR 2017, 352; *Weinmann* ZAR 2016, 317.

[21] *Wittreck* in Dreier Rn. 21; *Göcke* in Wolfrum MPEPIL, Stateless Persons, 2013. Zu neueren Entwicklungen *Owen* Netherlands International Law Review 65 (2018), 299 (306 ff.).

[22] *Delbrück* in Dahm/Delbrück/Wolfrum Völkerrecht Bd. I/2, 94 ff.; *Epping* in Ipsen Völkerrecht, § 7 Rn. 110 ff.; *Hailbronner* in HRM Grundlagen F Rn. 1 ff.; Edwards/Waas Nationality and statelessness under international law, 2014.

[23] *Arendt,* Elemente und Ursprünge totalitärer Herrschaft II, 1975, 250 ff., 260.

[24] S. insbes. Übereinkommen über die Rechtsstellung der Staatenlosen v. 28.9.1954, BGBl. 1976 II 473; Übereinkommen zur Verminderung von Staatenlosigkeit v. 30.8.1961, BGBl. 1977 II 597. Allerdings fehlt ein völkergewohnheitsrechtlicher Einbürgerungsanspruch, *Uslucan,* Zur Weiterentwicklungsfähigkeit des Menschenrechts auf Staatsangehörigkeit, 2012, 434.

[25] *Spiro* AJIL 105 (2011) 694; *Uslucan,* Zur Weiterentwicklungsfähigkeit des Menschenrechts auf Staatsangehörigkeit, 2012, 108 ff.; *Kesby,* The Right to Have Rights, 2012, 47 ff.; *Zimmermann/Landefeld* ZAR 2014, 97.

[26] *v. Arnauld,* Völkerrecht, Rn. 611.

[27] So *Randelzhofer* in Maunz/Dürig Art. 16 Abs. 1 Rn. 33 (Vorbearbeitung – Stand 4/2010); *Dörr* in Wolfrum MPEPIL, Nationality, 2006, Rn. 7; anders *Pinto de Albuquerque* in

hat aber verbindliche Verträge inspiriert, darunter das Europäische Übereinkommen über die Staatsangehörigkeit von 1997.[28] Auch ohne explizite Garantie kann die EMRK Schutz bieten.[29]

In der Zusammenschau werden folgende basale **Funktionen der Staatsangehörigkeit** erkennbar: Die Integration in einen staatlichen Verband hat für den Einzelnen Schutzfunktion nach außen wie nach innen und für den zwischenstaatlichen Verkehr Koordinationsfunktion. 7

III. Die deutsche Staatsangehörigkeit im Wandel

Die Regelung des Art. 16 Abs. 1 ist ein **Novum** in der deutschen Verfassungsgeschichte. Sie zieht die Konsequenz aus dem Missbrauch des Staatsangehörigkeitsrechts als Mittel der Ausgrenzung im **Nationalsozialismus** (vgl. auch Art. 116 Abs. 2); sie sucht darüber hinaus **Anschluss an das Völkerrecht,** namentlich an dessen menschenrechtliche Dimension.[30] Die Regelung in Art. 16 Abs. 1 wurde maßgeblich von Art. 15 AEMR inspiriert.[31] Aus dem Entstehungshintergrund erklärt sich auch das deutlich erkennbare Anliegen, Staatenlosigkeit zu vermeiden. 8

Die **deutsche Staatsangehörigkeit** wird in Art. 16 Abs. 1 nicht geregelt, sondern vorausgesetzt.[32] Ebenso enthält Art. 116 Abs. 1 lediglich einen Verweis und erweitert den Begriff der „Deutschen" im Sinne des GG um die sog. **Statusdeutschen,** die jedoch nicht *ipso iure* Staatsangehörige sind. Dagegen wurden die **Bürger der DDR** während der deutschen Teilung von der Bundesrepublik automatisch als Inhaber der unteilbaren deutschen Staatsangehörigkeit betrachtet,[33] weswegen mit dem Beitritt der Länder der DDR zur Bundesrepublik eine Statusänderung nicht erforderlich war.[34] Sonderprobleme der Staatsangehörigkeit ergeben sich aus den **Folgen der NS-Staatsangehörigkeitspolitik.** Während dieser Zeit Ausgebürgerte können nach Art. 116 Abs. 2 die deutsche Staatsangehörigkeit wiedererlangen. Die Rechtswirkungen der Sammeleinbürgerungen in während des Zweiten Weltkriegs annektierten und okkupierten Staaten behandeln die Gesetze zur 9

EGMR 21.6.2016 – 76136/12 – Ramadan v. Malta, Rn. 7; diff. *Forlati* in Annoni/Forlati The Changing Role of Nationality in International Law, 2013, 18.

[28] S. insbes. Art. 4. Hinzu tritt ein Diskriminierungsverbot bei der Verleihung der Staatsangehörigkeit (Art. 5); sa *Bianchini,* Protecting Stateless Persons, 2018; *Costamagna* in Annoni/Forlati The Changing Role of Nationality in International Law, 2013, 37.

[29] So kann willkürliche Vorenthaltung der Staatsangehörigkeit Art. 8 verletzen: EGMR 12.1.1999 – 31414/96 – Karassev v. Finnland; 11.10.2011 – 53124/09, Rn. 33 – Genovese v. Malta; sa *Walter* VVDStRL 72 (2013), 7 (27 f.); *Wittreck* in Dreier, Rn. 20.

[30] *Kämmerer* in BK Rn. 30 ff.; *Jarass* in Jarass/Pieroth Rn. 1.

[31] Zur Entstehungsgeschichte JöR 1 (1951), 1 (159 ff.); ferner BVerfGE 116, 24 (37 f., 40 ff.); *Giegerich* in Maunz/Dürig Art. 16 Abs. 1 Rn. 17 ff.; *Ziemske,* Die deutsche Staatsangehörigkeit nach dem Grundgesetz, 1995, 155 ff.

[32] Zu den verschiedenen impliziten Konzeptionen der Mitgliedschaft im deutschen Staatsverband (*demos,* formale Bestimmung, ethnische Zugehörigkeit) *Horváth/Rubio-Marín* ICON 8 (2010), 72 (74 ff.).

[33] Eing. *Randelzhofer* in Maunz/Dürig Art. 16 Abs. 1 (Vorbearbeitung Stand 4/2010) Rn. 68 ff.; *Ziemske,* Die deutsche Staatsangehörigkeit nach dem Grundgesetz, 1995, 93 ff. (173 ff.); *v. Mangoldt* in HdbStRV, 2. Aufl. 2000, § 119 Rn. 25 ff.; *Hailbronner* in HRM Grundlagen G Rn. 1 ff.; in seinem *Teso*-Beschluss hat das BVerfG auch Einbürgerungen nach dem DDR-Staatsangehörigkeitsrecht iRd *ordre public* für gesamtdeutsch wirksam erklärt: BVerfGE 77, 137 (148 ff.).

[34] Näher *v. Mangoldt* FS f. Heckel, 1999, 799; *Hailbronner* in HRM Grundlagen G Rn. 13 ff.; zu offenen Fragen des EVertr. *Hecker* AVR 29 (1991), 27.

Regelung von Fragen der Staatsangehörigkeit v. 22.2.1955 (StARegG) bzw. v. 17.5.1956 (StARegG 2).[35]

10 Die Bestimmung der Staatsangehörigkeit ist **Aufgabe des Gesetzgebers.** Während das deutsche Staatsangehörigkeitsrecht lange Zeit ausschließlich dem Abstammungsprinzip verpflichtet war,[36] sind 1999 mit der **Reform des StAG** (früher: Reichs- und Staatsangehörigkeitsgesetz – RuStAG) Elemente des *ius soli* eingeführt worden.[37] Hierzu zählt va die Regelung in § 4 Abs. 3 StAG, wonach in Deutschland geborene Kinder von Ausländern die deutsche Staatsangehörigkeit erwerben, sofern ein Elternteil einen verfestigten Aufenthalt in der Bundesrepublik Deutschland hat (zur sog. Optionsregelung in § 29 → Rn. 11, 32). Im Gegenzug wurde das Abstammungsprinzip für im Ausland geborene Kinder von Auslandsdeutschen gelockert (§ 4 Abs. 4).

11 Die Regelungsbefugnis des Gesetzgebers findet ihre verfassungsrechtlichen Grenzen in der **institutionellen Garantie** der Staatsangehörigkeit aus Art. 16 Abs. 1.[38] Der Formulierung „*die* deutsche Staatsangehörigkeit" lässt sich entnehmen, dass das GG eine **einheitliche deutsche Staatsangehörigkeit** voraussetzt.[39] Dem stünden Staatsangehörigkeitsstatus mit abgestuften Rechten entgegen.[40] Dies folgt nicht zuletzt aus der bewussten Abkehr von der NS-Staatsbürgerschaftspolitik, wo im Reichsbürgergesetz v. 15.9.1935[41] „Reichsbürger" und „Staatsangehörige" minderen Rechts unterschieden wurden. Unzulässig wäre auch eine **befristete Staatsangehörigkeit,** die der Idee eines auf Dauer angelegten Bandes zwischen Bürger und Staat widerspräche.[42] Hiermit vereinbar ist die Staatsangehörigkeit nach § 4 Abs. 3 StAG. Es handelt sich um eine grundsätzlich auf Dauer angelegte, vollgültige Staatsbürgerschaft. Nach der ursprünglichen Optionsregelung des § 29 aF verloren alle Kinder ausländischer Eltern, die nach § 4 Abs. 3 die deutsche Staatsangehörigkeit erworben haben oder nach § 40b eingebürgert worden sind, regelmäßig die deutsche Staatsangehörigkeit, wenn sie nicht nach Erreichen der Volljährigkeit und spätestens bis zur Vollendung des 23. Lebensjahres die ausländische Staatsangehörigkeit aufgaben.[43] Seit 2014[44] gilt die nun merklich abgeschwächte Optionspflicht lediglich für nicht in Deutschland aufgewachsene Kinder (§ 29 Abs. 1a StAG) mit ius-soli-Erwerb bei Geburt, ausgenommen solche mit einer weiteren Staatsangehörigkeit eines EU-Mitgliedstaats oder der Schweiz. Erst ein behördlicher Hinweis innerhalb eines Jahres nach

---

[35] BGBl. 1955 I 65 bzw. 1956 I 431; näher *Makarov* JZ 1952, 403; *Schätzel* AöR 81 (1956), 265 (283 ff.); *Boetius* AöR 92 (1967), 33; *Ziemske,* Die deutsche Staatsangehörigkeit nach dem Grundgesetz, 1995, 71 ff.; *v. Mangoldt* in HdbStR V, 2. Aufl. 2000, § 119 Rn. 98 ff.

[36] Zu den Ursprüngen *Gosewinkel* in FS f. Böckenförde, 1995, 359.

[37] Überblick und Würdigung ua bei *Hailbronner* NVwZ 1999, 1273; NVwZ 2001, 1329; *Renner* ZAR 1999, 154; *Hailbronner* in HRM Grundlagen A Rn. 13 ff.; *v. Münch,* Die deutsche Staatsangehörigkeit, 2007, 152 ff.; krit. *Wiederin* ZÖR 64 (2009), 421 (425 ff.); *Weber* DVBl. 2017, 17 (23).

[38] Krit. zur institutionellen Garantie *Becker* in MKS Rn 17.

[39] *Huber/Butzke* NJW 1999, 2769 (2771); *Wittreck* in Dreier Rn. 52; *Kämmerer* in BK Rn. 56.

[40] *Ziemske,* Die deutsche Staatsangehörigkeit nach dem Grundgesetz, 1995, 56; *Huber/Butzke* NJW 1999, 2769 (2771); *Kämmerer* in BK Rn. 56. De constitutione lata unzulässig daher der Vorschlag von *Dornis* ZRP 2001, 547 (548 f.).

[41] RGBl. 1935 I 1146.

[42] Vgl. *Kämmerer* in BK Rn. 56; *Wittreck* in Dreier Rn. 59; *Maaßen* BeckOK GG Rn 13.

[43] Zur Kritik an der ursprünglichen Regelung *Kluth* ZAR 2009, 134; *Zimmermann/Schütte/Sener,* Deutsche zweiter Klasse?, 2013; *Farahat,* Progressive Inklusion, 2014, 345 ff.

[44] BGBl. 2014 I 1714.

Vollendung des 21. Lebensjahres löst die Erklärungsobliegenheit aus; der nachzuweisende Verlust der nichtdeutschen Staatsangehörigkeit muss innerhalb von zwei Jahren nach Erhalt des Hinweises erfolgen. Die Staatsangehörigkeit endet hier nicht wegen Fristablaufs[45], sondern wegen der Entscheidung für eine andere Staatsangehörigkeit, nicht anders als bei seit langem anerkannten Verlustgründen auch.[46]

Über diese Aussagen hinaus enthält Art. 16 Abs. 1 **keine weiteren institutionellen Entscheidungen.**[47] Insbesondere ist es dem Gesetzgeber nicht verwehrt, vom Abstammungsprinzip abzuweichen; auch ist die Vermeidung mehrfacher Staatsangehörigkeit legitimes gesetzgeberisches Anliegen, aber kein Verfassungsgebot.[48] Eine vollständige Aufgabe des *ius sanguinis* bzw. ein Übergang zur Mehrstaatigkeit als Regelfall wäre ggf. an Art. 6 und Art. 20 Abs. 2 zu messen, nicht an Art. 16.[49] 12

Der Streit, ob die Staatsbürgerschaft ein **Rechtsverhältnis** mit wechselseitigen Rechten und Pflichten darstellt[50] oder lediglich einen Status, der Anknüpfungspunkt für positiv zu regelnde staatsbürgerliche Rechte und Pflichten ist **(„Bereitschaftsstatus"),**[51] beschränkt sich bei näherer Betrachtung auf die Frage, ob der Staatsangehörige gegenüber dem Heimatstaat einen Anspruch auf Aufnahme sowie auf diplomatischen Schutz gegenüber einem anderen Staat hat.[52] 13

Das **Recht auf Einreise** in den Heimatstaat wird man als fundamentalen Ausdruck des Schutzes ansehen können, den ein Staat seinen Bürgern schul- 14

---

[45] An Widerruf heranreichend *Giegerich* in Maunz/Dürig Art. 16 Abs. 1 Rn. 91.

[46] OVG Münster, StaZ 2017, 241 (244 f.); *Kämmerer* in BK Rn. 105 ff. Sa. *Berlit* ZAR 2015, 90 (auch zur Relevanz unionsrechtlicher Freizügigkeit; ebenso *Giegerich* in Maunz/Dürig Art. 16 Abs. 1 Rn. 75); für (weiterhin) grundsätzlichen Verstoß gegen den Grundsatz gleichberechtigter Zugehörigkeit *Kießling* Der Staat 54 (2015), 1 (25 ff.).

[47] AA im Sinne historisch-nationalstaatlicher Determiniertheit der Staatsangehörigkeit *Ziemske,* Die deutsche Staatsangehörigkeit nach dem Grundgesetz, 1995, 209 ff. (301 ff.); *Scholz/Uhle* NJW 1999, 1510 (1511 ff.); *Hillgruber* in HdbStR II, § 32 Rn. 18 ff.; ähnlich *Haack* HdbStR X, § 205 Rn. 17; *Maaßen* BeckOK GG Rn. 4, 12; dagegen *Hailbronner* NVwZ 1999, 1273 (1275 f.); *Martenczuk* KritVj. 83 (2000), 194 (204 ff.); *Becker* in MKS Rn. 16 ff.; zum Schutz vor Entleerung, Abstufung und Abschaffung (Art. 79 Abs. 3 GG) *Giegerich* in Maunz/Dürig Art. 16 Abs. 1 Rn. 90 f., 96 ff.; *Wittreck* in Dreier Rn. 59; *Kämmerer* in BK Rn. 59.

[48] Ganz hM *Sacksofsky* FS f. Böckenförde, 1995, 317; *Goes,* Mehrstaatigkeit in Deutschland, 1997, 62 ff. (86 ff.); *Wallrabenstein,* Das Verfassungsrecht der Staatsangehörigkeit, 1999, 211; *Kämmerer* in BK Rn. 41 ff.; *Zimmermann/Tams* in BerlKomm Rn. 24 f., 30; BVerfGK NVwZ 2007, 441 (442); aA *Ziemske,* Die deutsche Staatsangehörigkeit nach dem Grundgesetz, 1995, 289 ff.; *Scholz/Uhle* NJW 1999, 1510 (1512 ff.); *Mertens,* Das neue deutsche Staatsangehörigkeitsrecht – eine verfassungsrechtliche Untersuchung, 2004, 170 ff. (189); *Haack* in HdbStR X, § 205 Rn. 9, 11 17; diff. *v. Mangoldt* JZ 1993, 965 (972); *Huber/Butzke* NJW 1999, 2769 (2771 f.).

[49] *Kämmerer* in BK Rn. 57 f.; *Sachs* in Stern StaatsR IV/1, Rn. 711 f.; vgl zu Art. 116 GG *Gärditz* VVDStRL 72 (2013), 49 (134 Fn. 285) unter Verweis auf dürre Stelle in BVerfGE 37, 217 (249); aA *Maaßen* BeckOK Rn. 5; weitere verfassungs- und völkerrechtliche Determinanten bei *Giegerich* in Maunz/Dürig Art. 16 Abs. 1 Rn. 80 ff.

[50] So, mit zT unterschiedlichen Akzentuierungen, *Huber/Butzke* NJW 1999, 2769 (2774); *Delbrück* in Dahm/Delbrück/Wolfrum Völkerrecht I/2, 23 f.; *Grawert* Der Staat 23 (2004), § 16 Rn. 42; *Becker* in MKS Rn. 2 ff., 14, 19 ff.; *Kokott* in Sachs Rn. 13, 15; *v. Münch,* Die deutsche Staatsangehörigkeit, 2007, 8 f.

[51] So erstmals *Wengler* FS f. Schätzle, 1960, 545 (546); sa *Ziemske,* Die deutsche Staatsangehörigkeit nach dem Grundgesetz, 1995, 260 ff.; *Goes,* Mehrstaatigkeit in Deutschland, 1997, 62 ff. (86 ff.); *Zuleeg* in AK Rn. 25; *Kämmerer* in BK Rn. 54; *Zimmermann/Tams* in BerlKomm Rn. 27.

[52] So zutr. *Becker* in MKS Rn. 20. Sa *Wittreck* in Dreier, Rn. 43; *Weber,* Staatsangehörigkeit und Status, 2018, 13 f.

det.[53] Ein Menschenrecht auf Heimkehr ist im Völkerrecht inzwischen etabliert.[54] Da allerdings mit Art. 11 ein sachnäheres Grundrecht vorhanden ist, bedarf es eines Rückgriffs auf Art. 16 allenfalls als Interpretationshilfe.[55]

15 Ein **Recht auf diplomatischen Schutz** begegnet dagegen größerer Skepsis. Ein solches Recht ist völkerrechtlich nach wie vor nicht anerkannt; seine Gewährung hängt von einer souveränen Entscheidung des jeweiligen Staates ab[56] und sollte darum nicht am angeblichen Wesen der Staatsangehörigkeit festgemacht werden. Das GG enthält, anders als § 189 der Paulskirchenverfassung und Art. 112 Abs. 2 WRV, keine explizite Erwähnung. Daher sollte der Ansatzpunkt nicht in Art. 16 Abs. 1,[57] sondern besser in grundrechtlichen Schutzpflichten gesucht werden, bei denen das objektiv-rechtliche Institut der Staatsangehörigkeit als Auslegungsdirektive fungieren kann.[58] Wegen der nach hM weiten außenpolitischen Spielräume der BReg. existiert lediglich ein Anspruch auf fehlerfreie Ermessensausübung.[59]

16 Für **weitergehende Rechte und Pflichten** aus Art. 16 GG selbst ist das Konzept der Staatsangehörigkeit erst recht zu wandelbar und kontextabhängig;[60] insbes. das Wahlrecht folgt aus der Verfassungsentscheidung für die Demokratie, nicht bereits aus einem „naturwüchsigen" Verständnis von Staatsbürgerschaft. Entsprechendes gilt für den Zugang zu öffentlichen Ämtern oder die Wehrpflicht. Solche Rechte und Pflichten sind den konkreten Bestimmungen im Verfassungs- und Gesetzesrecht zu entnehmen.[61] Eine Ausnahme wird man insoweit lediglich für einen Anspruch auf **Ausstellung einer Staatsangehörigkeitsurkunde** machen können, wo eine solche Urkunde für den Nachweis der Staatsangehörigkeit erfor-

---

[53] *Scholler* DÖV 1967, 469 (474); *Isensee* VVDStRL 32 (1974), 49 (62); *Dörr* in Wolfrum MPEPIL, Nationality, 2006, Rn. 50; abwehrrechtliche Begründung aus Art. 16 Abs. 1 bei *Becker* in MKS Rn. 23, 29; *Kämmerer* in BK Rn. 68.

[54] S. insbes. Art. 3 Abs. 2 des 4. Prot. zur EMRK und Art. 12 Abs. 4 IPbpR; ferner Art. 13 Abs. 2 AEMR; zweifelnd (noch) *Randelzhofer* in Maunz/Dürig Art. 16 Abs. 1 (Vorbearbeitung – Stand 4/2010) Rn. 41; wie hier *Hailbronner* in HRM Grundlagen D Rn. 126; *Giegerich* in Maunz/Dürig Art 16 Abs. 1 Rn. 44, 201.

[55] Zum Recht auf Einreise aus Art. 11 Abs. 1 BVerfGE 2, 266 (273); 43, 203 (211); *Jarass* in Jarass/Pieroth Rn. 7; *Zimmermann/Tams* in BerlKomm Rn. 57; sa *Baumert* NVwZ 2020, 110; OVG Berlin-Brandenburg, BeckRS 2019, 27239, Rückkehranspruch von IS-Anhänger/innen.

[56] *Doehring,* Die Pflicht des Staates zur Gewährung diplomatischen Schutzes, 1959, 11 ff.; *Oberthür,* Der Anspruch des deutschen Staatsangehörigen auf diplomatischen und konsularischen Schutz gegenüber anderen Staaten, 1965, 4 ff.; *Dugard* in Wolfrum MPEPIL, Diplomatic Protection, 2009, Rn. 13 ff.; *Giegerich* in Maunz/Dürig Art. 16 Abs. 1 Rn. 202; *Hailbronner* in HRM Grundlagen D Rn. 96. Zur Entwicklung der Debatte *Wittreck* in Dreier Rn. 22.

[57] Insoweit übereinstimmend *Kämmerer* in BK Rn. 63 f., mit Ausnahme für Extremfälle; aA BVerfGE 37, 217 (241); *Geck* ZaöRV 17 (1956/57), 476 (509 ff.); *Isensee* in HdbStR V, 2. Aufl. 2000, § 111 Rn. 12; *Wittreck* in Dreier Rn. 60.

[58] Grundrechtliche Ansprüche nehmen an *Oberthür,* Der Anspruch des deutschen Staatsangehörigen auf diplomatischen und konsularischen Schutz gegenüber anderen Staaten, 1965, 23 f.; *Klein* DÖV 1977, 704 (707 f.); *Blumenwitz* FS f. Ferid, 1978, 439 (445 ff.); *Zimmermann/Tams* in BerlKomm Rn. 57; sa *Kötter/Nolte* DÖV 2007, 186 (192 f.); *Schwander* NVwZ 2019, 1260; bloß objektiv-rechtliche Pflicht: *Doehring,* Die Pflicht des Staates zur Gewährung diplomatischen Schutzes, 1959, 89 ff.

[59] Hier herrscht iErg Übereinstimmung: BVerfGE 55, 349 (364 ff.); BVerwG NJW 1989, 2208 (2208 f.); *Becker* in MKS Rn. 23; *Kokott* in Sachs Rn. 14; sa Fn. 57 u. 58.

[60] *Becker* in MKS Rn. 20.

[61] Insoweit übereinstimmend *Geck* ZaöRV 17 (1956/57), 476 (518); *Zuleeg* in AK-GG Rn. 25; *Becker* in MKS Rn. 23; *Kämmerer* in BK Rn. 55; *Zimmermann/Tams* in BerlKomm Rn. 55; Überblick bei BVerfGE 37, 217 (241 f.); *Wallrabenstein,* Das Verfassungsrecht der Staatsangehörigkeit, 1999, 21 ff.

derlich ist.[62] Dies folgt aus der verfahrensrechtlichen Sicherung der Zuteilungsfunktion der Staatsangehörigkeit.

Neben die deutsche Staatsangehörigkeit ist mit dem Vertrag von Maastricht ergänzend die **Unionsbürgerschaft** (Art. 20 ff. AEUV, zT ergänzend Art. 39 ff. GRC) getreten.[63] Die Unionsbürgerschaft ist gegenüber den Staatsangehörigkeiten der Mitgliedstaaten akzessorisch (ähnlich der Reichsangehörigkeit in Deutschland vor 1934). Sie ist Anknüpfungspunkt nicht nur für Marktfreiheiten des AEUV, sondern auch für – bis ins Sozialrecht hineinragende – Gleichheitsansprüche sowie für eine Auswahl klassischer Bürgerrechte.[64] Mit Blick auf den Integrationsverband ist sie entwicklungsoffen angelegt (s. ausdrücklich Art. 25 AEUV). Insbesondere durch das umfassende Diskriminierungsverbot (Art. 18 AEUV) verliert die deutsche Staatsangehörigkeit „gegenüber anderen Unionsangehörigen weitgehend ihre Bedeutung als Grundlage von Inklusion und Exklusion".[65] Die Festlegung der Voraussetzungen für den Erwerb und den Verlust ihrer Staatsangehörigkeit unterliegt zwar der Zuständigkeit der einzelnen Mitgliedstaaten; von dieser Zuständigkeit ist aber wegen der mittelbaren Auswirkungen auf den Unionsbürgerstatus unter Beachtung des Unionsrechts Gebrauch zu machen.[66] 17

IV. Kontexte des Auslieferungsschutzes

Für die Nichtauslieferung Deutscher gibt es, anders als für Art. 16 Abs. 1 (→ Rn. 8), historische Vorbilder. Seit Beginn des 19. Jahrhunderts führten die meisten deutschen Staaten Auslieferungsverbote ein. Über das Recht des Norddeutschen Bundes gelangte das Verbot der Auslieferung Deutscher 1871 in § 9 des Reichsstrafgesetzbuchs und erhielt erstmals mit Art. 112 Abs. 3 WRV Verfassungsrang.[67] Im ParlRat war die Bestimmung nicht kontrovers. Lediglich der Passus „an das Ausland" wurde diskutiert (→ Rn. 60).[68] Art. 16 Abs. 2 enthielt in S. 2 bis zur Änderung des GG v. 28.6.1993 noch das Asylrecht; der heutige S. 2 wurde mit G v. 29.11.2000 angefügt.[69] 18

---

[62] BVerwG DÖV 1967, 94 (94 f.); *Giegerich* in Maunz/Dürig Art. 16 Abs. 1 Rn. 119, 122; *Zuleeg* in AK Rn. 27; *Becker* in MKS Rn. 24; *Zimmermann/Tams* in BerlKomm Rn. 56; *Schmalenbach* in HdbGR V, 2013, § 122 Rn. 12.

[63] Eing. *Kotalakidis,* Von der nationalen Staatsbürgerschaft zur Unionsbürgerschaft, 2000, 49 ff.; *Schönberger,* Unionsbürger, 2005, 22 ff.; sa *Hailbronner* in HRM Grundlagen H Rn. 1 ff.; *Kämmerer* in BK Rn. 248 ff.; *Giegerich* in Maunz/Dürig Art. 16 Abs. 1 Rn. 58 ff.; *Kadelbach* in v. Bogdandy/Bast, Europäisches Verfassungsrecht, 611; *Huber* EuR 2013, 637; Kochenov EU Citizenship and Federalism 2017; einf. *Schmahl/Jung* Jura 2016, 1272.

[64] Überblick bei *Kotalakidis,* Von der nationalen Staatsbürgerschaft zur Unionsbürgerschaft, 2000, 226 ff. (246 ff.); *Hailbronner* in HRM Grundlagen H Rn. 26 ff.; *Schönberger,* Unionsbürger, 2005, 301 ff.; *Basedow* IPRax 2011, 109; *Mangold* EnzEuR VII, 2016, § 4, 167; *Thym* in ders. Questioning EU Citizenship, 2017, 111.

[65] *Masing* in Dreier, 2. Aufl. 2004, Rn. 27.

[66] EuGH C-369/90, Slg. 1992, I-4239, ECLI:EU:C:1992:295 Rn. 10 – Micheletti; C-135/08, Slg. 2010, I-1467, ECLI:EU:C:2010:104 – Rottmann; C-221/17, ECLI:EU:C:2019:189 – Tjebbes u. a. (kritisch zu dieser Rechtsprechungslinie *Weber* JZ 2019, 449); „'Rückstoßwirkung'", *Wittreck* in Dreier Rn. 27; → Rn. 49.

[67] Zur historischen Entwicklung *Mettgenberg,* Ein Deutscher darf nicht ausgeliefert werden!, 1925, 5 ff., 18 ff.; *Rinio* ZStW 108 (1996), 354 (356 ff.); *Sachs* in Stern StaatsR IV/1, Rn. 795 ff.

[68] Zur Entstehungsgeschichte JöR nF 1 (1951), 165 ff.; *Sachs* in Stern StaatsR IV/1, Rn. 800 ff.; zu Auslieferungsverboten in deutschen Länderverfassungen *Randelzhofer* in Maunz/Dürig Art. 16 Abs. 2 S. 1 Rn. 4; *Zimmermann/Tams* in BerlKomm Rn. 77.

[69] BGBl. 2000 I 1633; zur Genese *Uhle* NJW 2001, 1889 (1889 ff.); *Zimmermann* JZ 2001, 233 (234 f.); zur Verfassungsmäßigkeit der Grundgesetzänderung BVerfGE 113, 273 (295 f.).

19 Die Auslieferung als Form der internationalen Rechtshilfe steht „an einer Nahtstelle zwischen dem innerstaatlichen Recht und dem Völkerrecht“.[70] Das allgemeine **Völkerrecht** kennt keine Auslieferungspflicht der Staaten; Auslieferungen finden auf Grund von bilateralen oder multilateralen Abkommen oder durch Vereinbarung im Einzelfall statt.[71] Zu den typischen **Grundsätzen des Auslieferungsrechts** gehören:[72] Gegenseitigkeit der Pflichten; beiderseitige Strafbarkeit; Nichtauslieferung politischer Straftäter[73] (Achtung des Asylrechts); Spezialität (dh Strafverfolgung nur wegen der Tat, derentwegen ausgeliefert wurde).

20 Das Verbot, eigene Staatsangehörige an das Ausland auszuliefern, ist verbreitet, aber **kein universell gültiger Rechtsgrundsatz.** Ein verfassungsrechtliches Verbot der Auslieferung von Staatsangehörigen kennen – mit unterschiedlichen Einschränkungen – in Europa neben Deutschland zahlreiche andere Staaten.[74] Auch außerhalb Europas, namentlich in Lateinamerika, sind Auslieferungsverbote verbreitet.[75] Eine Ausnahme bildet der anglo-amerikanische Rechtskreis.[76] Auf solche innerstaatlichen Verbote nehmen **völkerrechtliche Auslieferungsabkommen** zT ausdrücklich Rücksicht.[77] Viele multilaterale Abkommen verweisen indes lediglich allgemein darauf, dass die Auslieferung „dem Recht des ersuchten Staates“ unterliege[78] und sehen vor, dass ein Staat, der nicht ausliefert, selbst die Verfolgung einzuleiten hat *(aut dedere aut iudicare)*.[79]

---

[70] *Gusy* BayVBl. 1980, 10 (11).

[71] *Gusy* BayVBl. 1980, 10 (11 f.); *Becker* in MKS Rn. 59; *Zimmermann/Tams* in BerlKomm Rn. 71; *Boister* FS f. Dugard, 2017, 511 ff.; Zusammenstellung bei *Kutsch/Hengstler/Jacoby,* Internationale strafrechtliche Zusammenarbeit, 2007; *Heger/Wolter* in Ambos/König/Rackow Rechtshilferecht in Strafsachen, 2015, 311 ff.; zum Vertragscharakter der Auslieferung selbst va *Vogler,* Auslieferungsrecht und Grundgesetz, 1970, 33 ff.

[72] Vertiefend *Frangou,* Auslieferungsgrundsätze im internationalen und deutschen Recht, 1989; sa *Becker* Jura 1988, 232 (235 f.); *Häde* Der Staat 36 (1997), 1 (4 ff.); *Weigend* JuS 2000, 105 (106 ff.).

[73] Hierzu eing. *Stein,* Die Auslieferungsausnahme bei politischen Delikten, 1983.

[74] ZB Bulgarien (Art. 25 Abs. 4), Finnland (Art. 9 Abs. 3), Italien (Art. 26), Kroatien (Art. 9 Abs. 2), Lettland (Art. 98), Österreich (§ 12 Abs. 1 Auslieferungs- und Rechtshilfegesetz), Polen (Art. 55 Abs. 1), Rumänien (Art. 19 Abs. 1), Russische Föderation (Art. 61 Abs. 1), Schweiz (Art. 25 Abs. 1), Slowakei (Art. 23 Abs. 4), Portugal (Art. 33 Abs. 3), Türkei (Art. 38 Abs. 12); sa *Schmalenbach* in HdbGRV, 2013, § 122 Rn. 55.

[75] Überblick bei *Rinio* ZStW 108 (1996), 354 (356 ff.); *Sachs* in Stern StaatsR IV/1, Rn. 799 f.; *Bassiouni,* International Extradition, 2014, 750.

[76] *Booth,* British Extradition Law and Procedure, Vol. 1, 1980, 69 ff.; ZStW 108 (1996), 354 (367 ff.); *Baier* GA 2001, 427 (432); *Bassiouni,* International Extradition, 6. Aufl. 2014, 499, 746 f.; Grund ist die Prägung durch das Tatortprinzip.

[77] Vgl. als multilaterales Übereinkommen zB Art. 6 Abs. 1 lit. a des Europäischen Auslieferungsabkommens v. 13.12.1957; zu weiteren Beispielen, va in bilateralen Abkommen, *Hecker* AVR 26 (1988), 216 (216 ff.).

[78] ZB Art. 10 Abs. 2 S. 2, Abs. 3 des Übereinkommens gegen Geiselnahme v. 17.12.1979.

[79] So zB das Übereinkommen zur Bekämpfung widerrechtlicher Handlungen gegen die Sicherheit der Zivilluftfahrt v. 26.1.1973 (Art. 7), das Übereinkommen gegen Geiselnahme v. 17.12.1979 (Art. 8 Abs. 1), das Übereinkommen zur Bekämpfung terroristischer Bombenattentate v. 15.12.1997 (Art. 8 Abs. 1), das Übereinkommen zur Bekämpfung der Finanzierung des Terrorismus v. 9.12.1999 (Art. 10), das Übereinkommen zur Bekämpfung des nuklearen Terrorismus v. 13.4.2005 (Art. 11); eing. *Bassiouni,* International Extradition, 2014, 7 ff., 744 f.; *Bassiouni/Wise,* Aut dedere aut judicare, 1995; *Maierhöfer,* Aut dedere – aut judicare, 2006; *Scharf* in Wolfrum MPEPIL, Aut dedere aut iudicare, 2008; *Steger,* Aut dedere aut iudicare, 2017; *Kittichaisaree,* The Obligation to Extradite or Prosecute, 2018, 169 ff.; sa *Frangou,* Auslieferungsgrundsätze im internationalen und deutschen Recht, 1989, 298 ff.

Neben den zwischenstaatlichen Auslieferungsverkehr ist seit den 1990er Jahren verstärkt die **Auslieferung an internationale Gerichtshöfe** getreten, namentlich an die UN-Straftribunale für das ehemalige Jugoslawien und Ruanda sowie an den neuen IStGH. Art. 89 IStGH-Statut verpflichtet die Vertragsparteien völkerrechtlich[80] zur Überstellung gesuchter Personen – ohne Ausnahme für eigene Staatsangehörige.[81] Art. 17 IStGH-Statut, wonach der Gerichtshof nur subsidiär tätig wird, wenn keiner der zur Strafverfolgung berechtigten Staaten eine ernsthafte Untersuchung durchführt, führt in der Sache aber zu einem *aut dedere aut iudicare:* Der Heimatstaat kann die Strafverfolgung selbst übernehmen und damit einen Konflikt zwischen Völkerrecht und Verfassungsrecht vermeiden.[82] 21

Auf **europäischer Ebene** wurden mehrere einschlägige Abkommen geschlossen: unter Ägide des Europarates das Europäische Auslieferungsübereinkommen v. 13.12.1957[83]; im Rahmen der EU die Übereinkommen v. 10.3.1995 über das vereinfachte Auslieferungsverfahren sowie v. 27.9.1996 über die Auslieferung zwischen den Mitgliedstaaten der EU. An deren Stelle ist 2002 der Rahmenbeschluss zum **Europäischen Haftbefehl** getreten.[84] Dieser legt die Auslieferung zwischen EU-Mitgliedstaaten in die Hände der Justizbehörden und sieht die weitgehende Anerkennung ausländischer Entscheidungen vor. Hierzu sind gemeinsame (Anerkennungs-)Standards bei Ausstellung und Vollstreckung von Haftbefehlen unerlässlich. Damit ist das Rechtshilfeparadigma verlassen und das Unionsrecht in eine neue Phase der Harmonisierung nationalen Strafverfahrensrechts eingetreten.[85] Das gegenseitige Vertrauen in äquivalente Verfahrensstandards[86] kann im Ausnahmefall – angesichts individueller Überlastungssituationen und rechtsstaatlicher Divergenzen zwischen den Mitgliedstaaten nicht undenkbar – bei systemischer Standardunterschreitung sowie konkret drohender Rechtsverletzung im Ziel-Mitgliedstaat erschüttert werden.[87] 22

Der deutsche Gesetzgeber hatte den Rahmenbeschluss mit dem **Europäischen Haftbefehlsgesetz (EuHbG)** v. 21.7.2004 umgesetzt.[88] Dieses Gesetz wurde vom BVerfG mit Urteil v. 18.7.2005 wegen Verstoßes gegen Art. 16 Abs. 2 und Art. 19 Abs. 4 für verfassungswidrig und insgesamt nichtig erklärt.[89] 23

---

[80] Zum innerstaatlichen Vorrang des Art. 16 Abs. 2 bei Kollision mit völkerrechtlichen Pflichten *Häde* Der Staat 36 (1997), 1 (8 f.); *Becker* in MKS Rn. 69.

[81] *Ambos,* Internationales Strafrecht, 2018, § 8 Rn. 74.

[82] Vgl. *Schmalenbach* in HdbGR V, 2013, § 122 Rn. 81 f.; *Gärditz* in HdbStR XI 245 Rn. 29; *Zimmermann* ZRP 2002, 97 (98); allg. *Frangou,* Auslieferungsgrundsätze im internationalen und deutschen Recht, 1989, 323 ff.; ILC, Working Group on the Obligation to extradite or prosecute *(aut dedere aut judicare),* Abschlussbericht v. 5.6.2014, A/CN.4/L.844.

[83] BGBl. 1964 II 1371.

[84] Rahmenbeschluss 2002/584/JI v. 13.6.2002, ABl. 2002 L 190, 1; Überblick über die wesentlichen Regelungen bei *Rung,* Grundrechtsschutz in der europäischen Strafkooperation, 2019, 41 ff.; *Kämmerer* in BK Rn. 155 ff.; *Glombik* VR 2019, 233; *Schäfer* JuS 2019, 856.

[85] *Mansdörfer* HRRS 2010, 10 (22 f.); *Satzger* in Streinz EUV/AEUV, Art. 82 AEUV Rn. 51 ff.; *Rung,* Grundrechtsschutz in der europäischen Strafkooperation, 2019, 13.

[86] S. nur *von Danwitz* EuR 2020, 61.

[87] *Kaufhold* EuR 2012, 408; *Reinbacher/Wendel* EuGRZ 2016, 333; *Oehmichen* StV 2017, 257; *Wendel* DRiZ 2018, 176; *Eßlinger,* Gegenseitiges Vertrauen, 2018, 104 ff.; *Rung,* Grundrechtsschutz in der europäischen Strafkooperation, 2019, 362 ff.; *Costa,* Extradition Law, 2020, 115 ff.; *Kulick* JZ 2020, 223; *Kokott* in Sachs Rn. 53. S. nur EuGH C-128/18, ECLIEU:C:2019:857 Rn. 45 ff., 82 ff. – Dorobantu.

[88] BGBl. 2004 I 1748.

[89] BVerfGE 113, 273 mit abw. Voten von *Broß* BVerfGE 113, 273 (319), *Lübbe-Wolff* BVerfGE 113, 273 (327) und *Gerhardt* BVerfGE 113, 273 (339); kritische Würdigung

Den Verfassungsverstoß sah das Gericht in einer mangelnden Berücksichtigung der Grundrechte des GG bei der Nutzung bestehender Umsetzungsspielräume.[90] Das EuHbG ist in überarbeiteter Fassung v. 20.7.2006 am 2.8.2006 in Kraft getreten.[91]

B. Einzelfragen

I. Schutz vor Entziehung und Verlust (Abs. 1)

24 **1. Persönlicher Schutzbereich.** Träger des Grundrechts sind **alle deutschen Staatsangehörigen.** Mehrstaater sind ebenso geschützt; es gibt keine „Staatsangehörigkeit zweiter Klasse".[92] Die Staatsangehörigkeit muss nach dem zum Erwerbszeitpunkt geltenden Recht wirksam erworben worden sein und fortbestehen[93] (zu Rücknahme und Widerruf → Rn. 33–39).

25 Umstritten ist, ob auch sog. **Statusdeutsche** iSv Art. 116 Abs. 1 geschützt sind, die nicht die deutsche Staatsangehörigkeit besitzen. Dafür könnten das vergleichbare Schutzbedürfnis sowie die weitgehend angenäherte Rechtsposition sprechen;[94] dagegen sprechen der eindeutige Wortlaut des Art. 16 Abs. 1, der auf die Staatsangehörigkeit abstellt und nicht auf die Volkszugehörigkeit, sowie der Übergangscharakter dieses Status.[95] Der Streit hat an Bedeutung verloren, da § 40a StAG allen Altaussiedlern mWv 1.8.1999 die deutsche Staatsangehörigkeit verliehen hat und nach § 7 StAG Spätaussiedler und deren Kinder die deutsche Staatsangehörigkeit bereits mit Ausstellung der Bescheinigung nach § 15 BVFG erwerben.[96]

26 Hinsichtlich der Staatszugehörigkeit **juristischer Personen** besteht kein dem Menschen vergleichbares elementares Schutzbedürfnis. Das Grundrecht ist daher nicht seinem Wesen nach (Art. 19 Abs. 3) auf inländische (nicht: „deutsche") juristische Personen anwendbar.[97]

27 **2. Sachlicher Schutzbereich. a) Schutz vor Entziehung der Staatsangehörigkeit.** Als **subjektives Abwehrrecht**[98] schützt das Grundrecht aus Art. 16 Abs. 1 seine Träger umfassend gegen Ausbürgerungsakte aller drei Staatsgewalten (Art. 1 Abs. 3 GG). Erfasst ist auch der Fall, dass deutsche

---

bei *Hufeld* JuS 2005, 865; *Tomuschat* EuGRZ 2005, 453; *v. Unger* NVwZ 2005, 1266; *Vogel* JZ 2005, 801.

[90] BVerfGE 113, 273 (300 ff., 307); kritisiert wurden indes zu Recht kaum verborgene „dunkle Signale" nach Brüssel und Luxemburg: *Lübbe-Wolff* BVerfGE 113, 273 (329); *Tomuschat* EuGRZ 2005, 453 (454); *v. Unger* NVwZ 2005, 1266 (1270).

[91] BGBl. 2006 I 1721; Umsetzung in § 78 ff. IRG; dazu *Rosenthal* ZRP 2006, 105.

[92] So treffend *Zimmermann/Tams* in BerlKomm Rn. 33; sa *Schmalenbach* in HdbGR V, 2013, § 122 Rn. 15; *Giegerich* in Maunz/Dürig Art. 16 Abs. 1 Rn. 111.

[93] *Sachs* in Stern StaatsR IV/1, Rn. 671 ff.; *Jarass* in Jarass/Pieroth Rn. 5; *Zimmermann/Tams* in BerlKommRn. 29.

[94] *Zuleeg* in AK Rn. 6 f.; für analoge Anwendung *Becker* in MKS Rn. 57.

[95] BVerwGE 8, 340 (342 f.); *Lübbe-Wolff* Jura 1996, 57 (58); *v. Mangoldt* in HdbStRV, 2. Aufl. 2000, § 119 Rn. 82; *Kämmerer* in BK Rn. 66; *Hailbronner* in HRM GG Art. 16 Abs. 1 Rn. 22; *Sachs* in Stern StaatsR IV/1, Rn. 681 f.; *Kokott* in Sachs Rn. 33.

[96] *Kokott* in Sachs Rn. 33; *Zimmermann* JZ 2001, 233 (235).

[97] *Becker* in MKS Rn. 53; *Sachs* in Stern StaatsR IV/1, Rn. 684 f.; *Jarass* in Jarass/Pieroth Rn. 5; *Zimmermann/Tams* in BerlKommRn. 34; *Giegerich* in Maunz/Dürig Art. 16 Abs. 1 Rn. 110.

[98] *v. Mangoldt* in HdbStRV, 2. Aufl. 2000, § 119 Rn. 80; *Zuleeg* in AK Rn. 4; *Becker* in MKS Rn. 28; *Kämmerer* in BK Rn. 61; *Sachs* in Stern StaatsR IV/1, Rn. 665; *Zimmermann/Tams* in BerlKomm Rn. 28; die Frage, ob es sich um ein Freiheitsrecht handelt, so BVerfGE

Staatsorgane die Aberkennung der deutschen Staatsangehörigkeit durch andere Staaten anerkennen.[99] Auf spezifisch hoheitliche Eingriffsformen zugeschnitten, entfaltet das Grundrecht keine Horizontalwirkungen.[100] S. 1 schützt vor der **„Entziehung"** als Sonderform des **„Verlusts"** iSv S. 2.[101] Während die **Entziehung ausnahmslos verboten** ist und nicht gerechtfertigt werden kann, sind sonstige Formen des Verlusts der Staatsangehörigkeit nach Maßgabe des S. 2 prinzipiell zulässig. Die Ansicht, wonach Verlust und Entziehung synonym zu verstehen seien und gleichermaßen verhältnismäßige Eingriffe zuließen,[102] geht am Verfassungstext vorbei.

Verlust ist der vollständige Wegfall des Status als Staatsangehöriger, nicht 28 lediglich der Entzug einzelner Rechte (der an anderen Verfassungsbestimmungen zu messen ist).[103] Umstritten ist, wodurch sich die **Entziehung** vom „sonstigen Verlust" unterscheidet.[104] Der Begriff der „Entziehung" legt eine Differenzierung nach der Willensrichtung des Betroffenen nahe (so die **Willenstheorie**).[105] Hiergegen spricht indes S. 2, der von Formen des Verlusts der Staatsangehörigkeit gegen den Willen des Betroffenen spricht, die nicht Entziehung sind. Danach zu unterscheiden, ob der Verlust durch Einzelakt (dann Entziehung) oder kraft gesetzlicher Anordnung (dann sonstiger Verlust) erfolgt **(Einzelakttheorie),**[106] hätte zur Folge, dass diskriminierende Ausbürgerungen durch Gesetz, wie gerade in der NS-Zeit praktiziert und in Art. 116 Abs. 2 ausdrücklich als „Entziehung" bezeichnet, nicht vom Verbot erfasst wären. Überzeugender ist es, mit der wohl hM als Entziehung den Verlust zu fassen, der für den Betroffenen unvermeidbar ist, namentlich weil er an unveränderlichen persönlichen Merkmalen wie Rasse oder Abstammung ansetzt (**Vermeidbarkeitstheorie**).[107] Dieses Kriterium ist jedoch

---

113, 273 (293), oder um ein anderes Abwehrrecht, so *Masing* in Dreier, 2. Aufl. 2004, Rn. 39, hat primär klassifikatorische Relevanz.

[99] BVerfGE 36, 1 (30 f.); *v. Mangoldt* in HdbStR V, 2. Aufl. 2000, § 119 Rn. 81; zu weiteren denkbaren, auch symbolischen Eingriffen *Wittreck* in Dreier Rn. 50.

[100] AA *Masing* in Dreier, 2. Aufl. 2004, Rn. 76, 79, theoretisch denkbar, aber praktisch irrelevant; ähnlich nun auch *Wittreck* in Dreier Rn. 60.

[101] So die hM *Lübbe-Wolff* Jura 1996, 57 (63); *Wittreck* in Dreier Rn. 45; *Becker* in MKS Rn. 27, 42; *Kämmerer* in BK Rn. 72; *Giegerich* in Maunz/Dürig Art. 16 Abs. 1 Rn. 132, 160; für Komplementarität *Randelzhofer* in Maunz/Dürig Art. 16 Abs. 1 (Vorbearbeitung – Stand 4/2010) Rn. 55; der Streit hat keine praktische Bedeutung.

[102] *Zuleeg* in AK Rn. 8, 10; krit. *Kämmerer* in BK Rn. 73; *Sachs* in Stern StaatsR IV/1, Rn. 688 f. Aus Gründen dogmatischer Disziplinierung Rückgriff auf verfassungsimmanente Schranken *Giegerich* in Maunz/Dürig Art. 16 Abs. 1 Rn. 141.

[103] *Sachs* in Stern StaatsR IV/1, Rn. 666. Europäischer Überblick bei *Kämmerer* in BK Rn. 19 ff.

[104] Darstellung und Kritik der verschiedenen Ansätze bei BVerfGE 116, 24 (36 ff.); *Lübbe-Wolff* Jura 1996, 57 (60 ff.); *Becker* NVwZ 2006, 304 (305 ff.); *Becker* in MKS Rn. 32 ff.; *Kämmerer* in BK Rn. 73 ff.; *Sachs* in Stern StaatsR IV/1, Rn. 695 ff.; *Kokott* in Sachs Rn. 16 ff.

[105] *Seifert* in Stern StaatsR IV/1, Rn. 672; *Hofmann* in SHH Rn. 13; *Hailbronner* in HRM Art. 16 Abs. 1 Rn. 33.

[106] *Schätzel* in BNN Grundrechte Rn. 535 (570, 574); *Lichter,* Die Staatsangehörigkeit nach deutschem und ausländischem Recht, 1955, 49; *Doehring,* Die Pflicht des Staates zur Gewährung diplomatischen Schutzes, 1959, 355; *Huber/Butzke* NJW 1999, 2769 (2770); *v. Mangoldt* in HdbStR, V, 2. Aufl. 2000, § 119 Rn. 91; *Kokott* in Sachs Rn. 22.

[107] BVerfGK NJW 1990, 2193 (2193); NVwZ 2001, 1393; BVerfGE 116, 24 (44 f.); BVerfGK NVwZ 2007, 441 (442); BVerwGE 100, 139 (145); BVerwG InfAuslR 1995, 239 (239 f.); *Boetius* AöR 92 (1967), 33 (51 f.); *Randelzhofer* in Maunz/Dürig Art. 16 Abs. 1 (Vorbearbeitung – Stand 4/2010) Rn. 49; *Bleckmann,* Staatsrecht II, 1997, § 36 Rn. 6; *Scholz/Uhle* NJW 1999, 1510 (1511); *Grawert* in HdbStR II § 16 Rn. 55; *Kämmerer* in BK Rn. 76; *v. Münch,* Die deutsche Staatsangehörigkeit, 2007, 270 f. (281).

noch zu eng, da es zB Ausbürgerungen, die an politische oder religiöse Überzeugungen anknüpfen (vgl. Art. 116 Abs. 2), nicht zu erfassen vermag. Als Entziehung wird daher modifizierend jeder Verlust der Staatsangehörigkeit verstanden, der vom Betroffenen nicht oder nur unter unzumutbaren Bedingungen vermieden werden kann **(Zumutbarkeitstheorie)**.[108] Freilich führt das Kriterium der Zumutbarkeit eine gewisse Unschärfe in den Tatbestand der Norm ein.[109] Deutlicher ist zwar die Abgrenzung nach traditionellen **(Traditionstheorie)**[110] oder international anerkannten **(Theorie der internationalen Praxis)**[111] Rechtfertigungsgründen; hier droht indes eine versteinernde Kasuistik, die zudem Unterschiede in den Verfassungsordnungen der Staaten nicht abzubilden vermag. Teilweise wird daher eine Kombination mehrerer Kriterien angeregt **(Kombinationstheorien)**.[112]

29 Bedenklich unscharf wird der Begriff in der **„neuen Formel" des BVerfG,** wonach Entziehung „jede Verlustzufügung" ist, „die die […] Funktion der Staatsangehörigkeit als verlässliche Grundlage gleichberechtigter Zugehörigkeit beeinträchtigt"[113]. Über das Kriterium der **Verlässlichkeit** wird der weiche Maßstab des Vertrauensschutzes eingeführt (der freilich nicht jedes Vertrauen, sondern nur das schützenswerte erfasst), und die **Gleichheit des Zugehörigkeitsstatus** öffnet die Flanke für weitere strukturelle Unwuchten, namentlich die Frage nach der Vergleichbarkeit der Fallgruppen.[114] Derartige Unsicherheiten wollte der Parlamentarische Rat gerade dadurch vermeiden, dass er den in Art. 15 AEMR enthaltenen Zusatz der „willkürlichen" Entziehung nicht in das GG übernahm.[115] Ausbürgerungen politisch missliebiger Personen könnte ein solcher Maßstab gleichermaßen verbieten wie gestatten. Zwar sichert sich das BVerfG nach wie vor mit der Vermeidbarkeitsthese ab;[116] diese wird aber in keinen stringenten Zusammenhang mit der neuen Formel gebracht.

---

[108] BVerfGE 116, 24 (44 f.); BVerfGK NVwZ 2007, 441 (442); BVerfGE 135, 48 (60 f.); BVerfG NZFam 2019, 813 (816); *Becker* NVwZ 2006, 304 (305 f.); *Sachs* in Stern StaatsR IV/1, Rn. 700 ff.; *Schmahl* ZAR 2007, 174 (175); *Schmalenbach* in HdbGR V, 2013, § 122 Rn. 27, auf legitime und spezifische Freiheitsausübung abstellend; im Grundsatz auch *Zimmermann/Tams* in BerlKomm Rn. 38.

[109] Diese Unschärfe gebiert bedenklich unbestimmte Verlustgründe: So sollen in Anwendung der Zumutbarkeitstheorie Ausbürgerungen sogar bei schweren Straftaten gegen die fdGO zulässig sein, *Krohne,* Die Ausbürgerung illoyaler Staatsangehöriger, 2013, 211 (obgleich völkerrechtlich ggf noch erlaubt, s. Art. 7 Abs. 1 lit. d des Europäischen Übereinkommens über die Staatsangehörigkeit von 1997: Verhalten, das den wesentlichen Interessen des Vertragsstaats in schwerwiegender Weise abträglich ist).

[110] S. *Schmalenbach* in HdbGR V, 2013, § 122 Rn. 30; *Pieroth/Schlink,* Grundrechte, 28. Aufl. 2012, Rn. 1045 f.; vgl ex negativo BVerfGE 116, 24 (38, 44).

[111] *Bleckmann,* Staatsrecht, II, 1997, § 36 Rn. 7; als eines von mehreren Kriterien bei *Lübbe-Wolff* Jura 1996, 57 (62); *Becker* in MKS Rn. 34.

[112] *Lübbe-Wolff* Jura 1996, 57 (61 f.), Kombination aller Kriterien; *Becker* in MKS Rn. 35, Unvermeidbarkeit oder Verlustgrund nicht allgemein anerkannt; ähnlich *Zimmermann/Tams* in BerlKomm Rn. 38 f.; Parallele zum Flüchtlingsrecht bei *Masing* in Dreier, 2. Aufl. 2004, Rn. 59, Unvermeidbarkeit oder Ausgrenzung aus der staatlichen Friedensordnung; ähnlich *Jarass* in Jarass/Pieroth Rn. 8 f.; krit. *Kämmerer* in BK Rn. 80.

[113] BVerfGE 116, 24 (44); dem folgend *Jarass* in Jarass/Pieroth Rn. 8. „Einer partiellen Neukodifikation" gleichkommend, *Wittreck* in Dreier, Rn. 14.

[114] Vgl. auch die Kritik bei *Kießling* Der Staat 54 (2015), 1 (23): Verbot durch Art. 16 Abs. 1, überhaupt Fallgruppen zu bilden bzw. zwischen Staatsangehörigkeiten zu unterscheiden.

[115] Dazu selbst BVerfGE 116, 24 (40 ff.).

[116] BVerfGE 116, 24 (44 f.); BVerfGK NVwZ 2007, 441 (442).

Klarere Abgrenzungen lassen sich erreichen, wenn man nicht an den verbotenen, sondern an den **erlaubten Kriterien** ansetzt, also den Verlust gem. Art. 16 Abs. 1 S. 2, nicht die Entziehung, qualifiziert.[117] Dabei kann es nicht darum gehen, einen Kanon tradierter Verlusttatbestände zu fixieren. Stattdessen ist ein generalisierender Anknüpfungspunkt zu bestimmen. Hierfür ist auf die Funktionen der Staatsangehörigkeit zurückzugehen (→ Rn. 7). Um zu verhindern, dass der Einzelne schutzlos wird, aber gleichzeitig den Staaten zu ermöglichen, Hoheitskonflikte zu vermeiden, ist der einzige zulässige Anknüpfungspunkt für einen Verlust der Staatsangehörigkeit, außer der Entlassung auf Wunsch (→ Rn. 44, 47),[118] die **willentliche**[119] **Einordnung in einen anderen Staatsverband.**[120] Dies geschieht in aller Regel durch Annahme einer fremden Staatsangehörigkeit, kann aber auch zB durch freiwilligen Wehrdienst in einem anderen Staat oder durch Eintritt in den Staatsdienst eines anderen Staates erfolgen.[121] Ein hieran anknüpfender Verlust der Staatsangehörigkeit fällt unter S. 2. Fehlt es an einer willentlichen Einordnung in einen anderen Staatsverband, so verfolgt die Ausbürgerung ein per se unzulässiges Ziel und ist als Entziehung der Staatsangehörigkeit nach S. 1 verboten.[122] **30**

Verfassungsrechtlich problematisch sind – nach der hier vertretenen Auffassung[123] – daher **Ausbürgerungen wegen der Beteiligung an Kampfhandlungen einer *nichtstaatlichen* terroristischen Vereinigung** wie dem sog. Islamischen Staat (nun § 28 Abs. 1 Nr. 2 StAG).[124] Sich einer rechtlich formlosen „ausländischen Macht"[125] zuzuwenden, lässt das Schutzbedürfnis des Einzelnen in einer staatlichen Ordnung nicht entfallen und die Abstimmung staatlicher Hoheitssphären unberührt.[126] Zweifelhaft ist auch die (bei **31**

[117] Ähnlich, aber knapp *Gärditz/Wallrabenstein* Verfassungsblog, 16.6.2019 (einzig zulässiger Zweck des Verlusts: Vermeidung von Konflikten durch Mehrstaatigkeit).

[118] Insoweit Übereinstimmung mit *Lübbe-Wolff* Jura 1996, 57 (61).

[119] Dies ist nicht gegeben bei einer Zwangseinbürgerung; *Delbrück* in Dahm/Delbrück/Wolfrum Völkerrecht I/2, 2. Aufl. 2002, 49 ff.; *Kämmerer* in BK Rn. 34. Entgegen *Giegerich* in Maunz/Dürig Art. 16 Abs. 1 Rn. 135, wird lediglich an den Willen zur Einordnung angeknüpft; der Verlust der Staatsangehörigkeit erfolgt hingegen, wie es Art. 16 Abs. 1 S. 2 GG ermöglicht, ggf. auch gegen den Willen der Betroffenen.

[120] Problematisch dagegen die umgekehrte Formel der „Abwendung vom deutschen Staatsverband" (*Sachs* in Stern StaatsR IV/1, Rn. 703, nach *Seifert* in Stern StaatsR IV/1, Rn. 672), die den Schutzcharakter nicht ausreichend betont und die Exklusion von „Staatsfeinden" nicht verhindern kann.

[121] Beispiele nach *v. Mangoldt* in Der Parlamentarische Rat 1948–1949, Akten und Protokolle 5/II, 1993, 714; sa § 28 Abs. 1 Nr. 1 StAG. Bei Eintritt in den Staatsdienst eines anderen EU-Staates verstieße eine solche Regelung allerdings gegen das Unionsrecht, da sie die grenzüberschreitende Wahrnehmung der Individualrechte des AEUV behinderte und zugleich deren personalen Schutz beseitigte: *Zimmermann/Tams* in BerlKomm Rn. 59 f.; *Kotalakidis,* Von der nationalen Staatsbürgerschaft zur Unionsbürgerschaft, 2000, 313; *Zuleeg* in AK Rn. 15.

[122] Zur offeneren Praxis im Rechtsvergleich *Schmalenbach* in HdbGR V, § 122 Rn. 23; sa EGMR 7.2.2017, 42387/13 – K2 v. Vereinigtes Königreich, Rn. 49 ff.; 25.6.2020, 52273/16 u. a. – Shoumid u. a. v. Frankreich, Rn. 43 ff.

[123] Mit anderer Begründung *Kießling* Der Staat 54 (2015), 1 (13); sa *Gärditz* VVDStRL 72 (2013), 49 (127 f. Fn. 262).

[124] BGBl. 2019 I 1124. Zum globalen Kontext *Gibney* in Shachar/Bauböck/Bloemraad/Vink Oxford Handbook of Citizenship, 2017, 358 (366 f.); *Cloots* European Public Law 23 (2017), 57.

[125] BT-Drs. 19/9736, 29.4.2019, S. 1, 10. Sa § 109h StGB.

[126] AA *Weber* ZAR 2019, 209 (217 ff.); *Thym,* Die Verwaltung 52 (2019), 407 (421 ff.) – jeweils auch zur völker- und unionsrechtlichen Zulässigkeit; sa *Giegerich* in Maunz/Dürig Art. 16 Abs. 1 Rn. 157, 188; *Maaßen* BeckOK GG Rn. 25a; vgl. auch *Zimmermann/Eiken* NVwZ 2019, 1313.

drohendem Verlust der Unionsbürgerschaft ggf. unionsrechtliche) Verhältnismäßigkeit: der Schwere des Eingriffs inkl. drohenden Verlusts von Rechten steht ein höchst loser Zusammenhang mit der Staatsangehörigkeit gegenüber; milder und angemessener sind hier straf- und sicherheitsrechtliche Maßnahmen. Willkürnah erscheint auch die Abschiebungs- bzw. Einreisesperrungsvorbereitung von gerade Mehrstaatlern. Rechtsstaatliche Bedenken können schließlich Ausbürgerungsverfahren auslösen, die sich auf intransparente Geheimdienstinformationen stützen.

32 Stets unzulässig sind des Weiteren namentlich Anknüpfungen an in Art. 3 Abs. 3 genannte Kriterien. Auch die Eheschließung einer deutschen Frau mit einem Ausländer (vgl. früher § 17 Nr. 6 RuStAG) bedeutet keine Einordnung in einen anderen staatlichen Verband und ist daher kein tauglicher Verlustgrund, sondern Entziehung der Staatsangehörigkeit.[127] Die willentliche Einordnung in den anderen Staatsverband setzt Kenntnis vom Besitz der deutschen Staatsangehörigkeit voraus.[128] Keine Entziehung, sondern einen Verlust (→ Rn. 40–42) stellt die **Optionsregelung in § 29 StAG** dar.[129] Da diese Regelung nur greift, sofern eine ausländische Staatsangehörigkeit vorhanden ist, wird auch hier an die Einordnung in einen anderen Staatsverband angeknüpft. Durch die geforderte Erklärung erfolgt diese Einordnung auch willentlich.[130]

33 Schwierigkeiten bereitet der Umgang mit **fehlerhaften Einbürgerungen.** Sieht man auch die fehlerhaft erworbene Staatsangehörigkeit (mit Ausnahme der unwirksamen, weil nichtigen) als von Art. 16 Abs. 1 geschützt an,[131] führt dies praktisch nach allen Ansätzen zu dogmatischen Inkonsistenzen, um zu vermeiden, dass ein Verlust in eine verbotene Entziehung umschlägt. Für die Einzelakttheorie liegt im Verlust durch Verwaltungshandeln stets eine verbotene Entziehung. Wer auf die Vermeidbarkeit des Verlusts abstellt, muss bei einer erschlichenen Einbürgerung die Zulässigkeit der Rücknahme nicht auf die Vermeidbarkeit des Verlusts (dieser ist für den Betroffenen zum Zeitpunkt der Rücknahmeentscheidung unvermeidbar), sondern auf die Vermeidbarkeit falscher Angaben zum Zeitpunkt der Einbürgerung abstellen[132] und dabei ignorieren, dass der Betroffene dann gar nicht eingebürgert worden wäre.[133] Vollends unmöglich wird es, auf dieser Basis überzeugend zu begründen, warum es keine Entziehung sein soll, wenn ein Kind seine Staatsangehörigkeit nach erfolgreicher Anfechtung der Vaterschaft verliert: Für das

---

[127] Sa *Kokott* in Sachs Rn. 19, 24.

[128] BVerwGE 131, 121; BVerwG NVwZ-RR 2010, 658; 2011, 212; Offenkundigkeit ist dem gleichgestellt, BVerwGE 137, 47 (50); *Schmalenbach* in HdbGRV, § 122 Rn. 37.

[129] IErg übereinstimmend *Becker* in MKS Rn. 46; *Kämmerer* in BK Rn. 104 ff.; *Jarass* in Jarass/Pieroth Rn. 12; *Kokott* in Sachs Rn. 18; ebenso zur alten Fassung *Hokema,* Mehrfache Staatsangehörigkeit, 2002, 165 ff. (182); *Masing,* Wandel im Staatsangehörigkeitsrecht vor den Herausforderungen moderner Migration, 2001, 47 ff.; *Martenczuk* KritVj. 83 (2000), 194 (209 ff.) aber Verstoß gegen Art. 3; teleologische Reduktion des Verbots wegen des insgesamt verbesserten Status: *Schnapp/Neupert* Jura 2004, 167 (171); aA *Mertens,* Das neue deutsche Staatsangehörigkeitsrecht – eine verfassungsrechtliche Untersuchung, 2004, 221 f.

[130] Zu § 29 Abs. 2 S. 2 StAG aF (Schweigen als Erklärungssurrogat) *Hokema,* Mehrfache Staatsangehörigkeit, 2002, 131 f. Das Unterlassen der Erklärung kann auch nach geltender Rechtslage zur Ausbürgerung führen, *Hailbronner/Maaßen* in HMHK Rn. 55 zu § 29 Abs. 3 StAG.

[131] So deutlich insbes. *Zuleeg* in AK Rn. 19; *Kämmerer* in BK Rn. 67, 79, 87, 89; *Zimmermann/Tams* in BerlKomm Rn. 48; *Schmahl* ZAR 2007, 174 f. Grundsätzlich auch *Sachs* in Stern StaatsR IV/1, Rn. 675 ff.

[132] So *Sachs* in Stern StaatsR IV/1, Rn. 703.

[133] Dies räumt *Kämmerer* in BK Rn. 77 ein.

Kind ist dieser Verlust unvermeidbar und knüpft sogar an ein Kriterium an (Abstammung), das unveränderlich ist.[134] Das BVerfG hat gerade für diese Fälle seine neue Formel entwickelt, um über den Grundsatz des Vertrauensschutzes das Verdikt der Entziehung zu umgehen[135] – freilich unter Preisgabe jeglicher Klarheit der Abgrenzung. Auch wenn man den hier vertretenen Ansatz verfolgt, würde die Rücknahme der erschlichenen Einbürgerung wie auch der Verlust nach erfolgreicher Vaterschaftsanfechtung schwerlich anders denn als Entziehung der Staatsangehörigkeit einzuordnen sein. Verdeckt werden die Risse im Theoriegebäude durch Rekurs auf Billigkeitsvorstellungen aus „Laiensicht",[136] auf eine „offensichtlich mangelnde Schutzwürdigkeit"[137] oder auf Fundamentalerwägungen, wonach eine Rechtsordnung „die sich ernst nimmt, […] nicht Prämien auf die Missachtung ihrer selbst setzen" dürfe, um nicht „die Voraussetzungen ihrer eigenen Wirksamkeit zu untergraben".[138]

Diese dogmatischen Verrenkungen verdeutlichen, dass es hier um **Probleme der Einbürgerung,** nicht um Probleme der Ausbürgerung geht.[139] Zur Verleihung der deutschen Staatsangehörigkeit enthält das GG keine ausdrücklichen Vorgaben (zur institutionellen Garantie → Rn. 11). Gleichwohl kann die Verleihung nicht völlig in das Belieben des Gesetzgebers gestellt sein, der es sonst in der Hand hätte, das Ausbürgerungsverbot des Art. 16 Abs. 1 mittels Konstruktionen wie Nichtigkeit *ex tunc,* Fiktionen oÄ zu umgehen.[140] Art. 16 Abs. 1 ist daher für Fragen der Einbürgerung ein **Umgehungsverbot** zu entnehmen, das zu einer **Abkopplung vom Verwaltungsrecht** verpflichtet. Dies bezieht sich allerdings nicht allein einseitig auf die Frage der Nichtigkeit *ex tunc,* sondern auf die einfachrechtlich beliebig gestaltbare[141] Differenzierung zwischen Wirksamkeit und Unwirksamkeit insgesamt.[142] 34

Um zu verhindern, dass ein Verlust nachträglich als Nichteinbürgerung deklariert wird, muss garantiert sein, dass die Entscheidung sich allein auf die Rechts- und Sachlage zum Zeitpunkt der Erteilung stützt. Im Verhältnis zwischen Nichteinbürgerung und Ausbürgerung geht es damit um die **Garantie intertemporal wirksamer Maßstäbe;** für den Betroffenen bedeutet dies: um **Vertrauensschutz.**[143] Für alle Fälle des fehlerhaften Erwerbs der Staatsangehörigkeit haben daher **folgende Grundsätze** zu gelten: Die Voraussetzungen müssen vorher festgelegt sein; sie müssen zum Zeitpunkt der 35

---

[134] *Becker* NVwZ 2006, 304 (306).

[135] BVerfGE 116, 24 (44 f.); 135, 48 (63 f.).

[136] *Masing* in Dreier, 2. Aufl. 2004, Rn. 74.

[137] *Kämmerer* in BK Rn. 77.

[138] BVerfGE 116, 24 (49); damit soll keine Kritik an der Aussage als solcher geübt werden, *v. Arnauld,* Rechtssicherheit, 2006, 371 ff.

[139] Ähnlich OVG Hamburg NVwZ-RR 2005, 212 (213); *Becker* in MKS Rn. 41; teleologische Begrenzung des Schutzbereichs auch bei *Randelzhofer* in Maunz/Dürig Art. 16 Abs. 1 (Vorbearbeitung – Stand 4/2010) Rn. 53; *Kokott* in Sachs Rn. 30, alle wegen Gesetzmäßigkeitsprinzips aus Art. 20 Abs. 3; zzgl. historisch-teleologischer Argumente BVerwGE 118, 216 (220 f.); aA BVerfGE 116, 24 (46).

[140] BVerfGE 116, 24 (46); *Becker* in MKS Rn. 37. S. § 35 StAG (sa gegen Nichtigkeit einer erschlichenen Einbürgerung BVerwG NVwZ 2014, 1679 (1680)).

[141] Vgl. früher § 24 StARegG, der, abw. von §§ 44, 48 VwVfG, bei Volkszugehörigen für den Fall der erschlichenen Einbürgerung Unwirksamkeit anordnet; näher *Kämmerer* in BK Rn. 97.

[142] So zutr. *Becker* in MKS Rn. 41; *Kokott* in Sachs Rn. 29. Differenzierend *Giegerich* in Maunz/Dürig Art. 16 Abs. 1 Rn. 148 f.

[143] Eing. zu diesen Zusammenhängen *v. Arnauld,* Rechtssicherheit, 2006, 150 ff., 324 ff.

Einbürgerung tatsächlich vorliegen; eine nachträgliche Änderung der Umstände oder der Rechtslage ist irrelevant; Nämliches gilt für künftige Tatsachen (vgl. zB § 8 Abs. 1 Nr. 4 StAG), für die zum Zeitpunkt der Einbürgerungsentscheidung Prognosen zu treffen sind; das schützenswerte Vertrauen des Betroffenen ist zu beachten. Zur Rechtslage bei drohender Staatenlosigkeit → Rn. 45–47.

36 An diesen Grundsätzen gemessen, ist der **Widerruf** einer rechtmäßigen Einbürgerung unzulässig,[144] wenn er nachträgliche Voraussetzungen schafft bzw. auf eine nachträgliche Änderung der Umstände abstellt. Dem Betreffenden wird durch den Widerruf seine Staatsangehörigkeit entzogen. Hiervon verschieden ist der Fall eines Widerrufs wegen **Nichterfüllung einer Auflage** (zB die bisherige Staatsangehörigkeit aufzugeben):[145] Die Voraussetzungen der Einbürgerung standen hier von Anfang an fest; ein schützenswertes Vertrauen, dass man die Einbürgerung unabhängig von der Auflage erhalten würde, ist nicht anzuerkennen. Vorausgesetzt ist, dass nach dem gesetzlichen Entscheidungsprogramm die Einbürgerung mit Nebenbestimmungen verbunden werden darf[146] und die gesetzliche Verlustermächtigung einen solchen Verlustgrund hinreichend bestimmt vorsieht[147].

37 Zulässig sind auch die herkömmlichen[148] Regelungen zur **Nichtigkeit,** soweit sie darauf abstellen, dass ein vertrauensbegründender Rechtsschein fehlt.[149]

38 Eine Einbürgerung darf **zurückgenommen** werden, sofern sie wegen Fehlverhaltens des Betroffenen (wie Täuschung, Drohung, Bestechung) rechtswidrig ist:[150] Die Rechtsordnung kennt grundsätzlich kein schützenswertes Vertrauen des Bösgläubigen in das Behaltendürfen einer erschlichenen oder anderweitig missbräuchlich erlangten Vergünstigung;[151] eine Konsolidierung rechtswidriger Zustände kann freilich nach Verstreichen eines länge-

---

[144] IErg übereinstimmend *Zuleeg* in AK Rn. 19; *Becker* in MKS Rn. 40; *Kämmerer* in BK Rn. 86; *Jarass* in Jarass/Pieroth Rn. 12a; *Kokott* in Sachs Rn. 26; *Zimmermann/Tams* in BerlKomm Rn. 47; teilweise aA *Sachs* in Stern StaatsR IV/1, Rn. 703 f., nicht bei selbstverschuldeten Gründen.

[145] Für Zulässigkeit des Widerrufs *Nettersheim* DVBl 2004, 1144 (1147 f.); *Sachs* in Stern StaatsR IV/1, Rn. 704; wohl auch *Wittreck* in Dreier, Rn. 49; aA *Kämmerer* in BK Rn. 86, zwar prinzipiell rechtfertigungsfähiger Verlust, aber Verstoß gegen Einheitlichkeit der Staatsangehörigkeit.

[146] Prinzipielle Bedingungsfeindlichkeit, aber keine Auflagenfeindlichkeit von Ermessenseinbürgerungen *Sauerland* DÖV 2016, 465 (466 ff.); sa BVerwGE 27, 263 (266); grundsätzliche Nebenbestimmungsfeindlichkeit: *Kämmerer,* in BK, Rn. 86; *Kießling* Der Staat 54 (2015, 1 (21); wohl auch *Giegerich* in Maunz/Dürig Art. 16 Abs. 1 Rn. 172; *Maaßen,* BeckOK Rn. 13. Die Rechtsprechung ist uneinheitlich: keine Aussage in BVerwGE 146, 89; kein vorläufiger Dispens von wesentlichen Einbürgerungsvoraussetzungen zulässig, VG Stuttgart, 24.5.2016, 11 K 5952/15, BeckRS 2016, 47368; VG Düsseldorf, 7.6.2018, 8 K 10236/16 – juris, Rn. 40; dagegen BayVGH, 11.11.2004, 5 ZB 04.916, Rn. 8: Auflagen auch nach allgemeinem Verwaltungsrecht zulässig; sa VG Hannover, 20.9.2010, 10 A 784, BeckRS 2011, 45684.

[147] VG Freiburg (Breisgau), 19.12.2018, 4 K 3086/18: abschließende Regelung des StAG; ebenso *Becker* in MKS Rn. 40; weiter *Sauerland* DÖV 2016, 465 (472 ff.).

[148] Zu Recht kein Persilschein *pro futuro Kämmerer* in BK Rn. 96; *Becker* in MKS Rn. 37.

[149] *Kämmerer* in BK Rn. 96; *Jarass* in Jarass/Pieroth Rn. 12; aA *Lübbe-Wolff* Jura 1996, 57 (62), nur Nichtigkeitsgründe, die an Täuschungshandlungen des Betroffenen anknüpfen.

[150] § 35 Abs. 1 StAG. Insoweit übereinstimmend BVerfGE 116, 24 (45); BVerwGE 118, 216 (221); BVerwGE 143, 171 (181 Rn. 32); *Becker* in MKS Rn. 41; *Jarass* in Jarass/Pieroth Rn. 12; *Kokott* in Sachs Rn. 31; aA *Lübbe-Wolff* Jura 1996, 57 (62); OVG Berlin InfAuslR 2003, 211 (213).

[151] Eing. BVerfGE 116, 24 (45 ff.).

ren Zeitraums eintreten.[152] Andere Fehler, vor allem solche aus der Sphäre der Behörde, vermögen das Vertrauen des Einzelnen in den Fortbestand seiner Staatsangehörigkeit angesichts der fundamentalen Bedeutung dieses Status nicht zu überwiegen.[153]

Zulässig ist es schließlich auch, wenn eine **erfolgreiche Vaterschafts-anfechtung** beim Kind zum Verlust seiner Staatsangehörigkeit führt: Eine bereits bei Geburt geltende Voraussetzung lag zum Zeitpunkt der Geburt nicht vor, was lediglich später festgestellt wurde;[154] auch hier setzt der Vertrauensschutz Grenzen.[155] Für behördliche Vaterschaftsanfechtungen stellt das BVerfG auf die Zumutbarkeit des elterlichen Verzichts auf die Vaterschaftsanerkennung ab, die nur bei Anerkennungen gegeben sein soll, die auf aufenthaltsrechtliche Vorteile zielen (s § 85a Abs. 2 AufenthG).[156] Der Vertrauensschutz ist ebenfalls zu berücksichtigen, wenn ein Kind seine Staatsangehörigkeit verliert, weil seine Eltern die deutsche Staatsangehörigkeit (oder einen gesicherten Aufenthaltsstatus iSv § 4 Abs. 3 StAG) erschlichen haben.[157] 39

b) Verlust der Staatsangehörigkeit (S. 2 Hs. 1). Der Verlust ist unter zwei Voraussetzungen zulässig: Formal muss er „auf Grund eines Gesetzes" erfolgen, in inhaltlicher Hinsicht darf ein Verlust nicht gegen den Willen des Betroffenen eintreten (→ Rn. 44), wenn er hierdurch staatenlos würde (→ Rn. 45–47). Neben diese expliziten Voraussetzungen tritt der Maßstab der Verhältnismäßigkeit (→ Rn. 42). 40

Zur Definition und Abgrenzung von der Entziehung → Rn. 28–30. Entgegen dem Wortlaut kann der Verlust nicht allein auf Grund eines Gesetzes erfolgen, sondern auch **unmittelbar durch Gesetz.** Die Formulierung wird ganz allgemein als missglückt betrachtet, da der Parlamentarische Rat die gesetzlichen Verlusttatbestände (heute va § 25 Abs. 1, § 27 Abs. 1 S. 1 StAG) nicht in Frage stellen wollte.[158] Das Verbot des Art. 19 Abs. 1 S. 1 und das Zitiergebot des Art. 19 Abs. 1 S. 2 gelten.[159] Bei gesetzlichen Neuregelungen 41

---

[152] Nur die „zeitnahe" Rücknahme ist gestattet: allg BVerfGE 116, 24 (52 f.); BVerwGE 130, 209 (211ff): achteinhalb Jahre nicht mehr zeitnah; BVerwG NVwZ 2008, 1249 (1250 f.): nicht länger als fünf Jahre; vgl. § 35 Abs. 3 StAG: bis zum Ablauf von zunächst fünf, nunmehr allerdings verfassungsrechtlich grenzwertigen zehn Jahren nach Einbürgerung. Vgl auch BVerwG, 14.2.2008, 5 C. 15.07, BeckRS 2008, 34370: mehr als 11 Jahre nicht mehr zeitnah.

[153] Ähnlich BVerwGE 118, 216 (221); *Becker* in MKS Rn. 41. Vorverlagerung des Vermeidbarkeitsvorwurfs bei *Kämmerer* in BK Rn. 77, 89; *Sachs* in Stern StaatsR IV/1, Rn. 703; *Jarass* in Jarass/Pieroth Rn. 12; Begründung über Gesetzmäßigkeitsprinzip aus Art. 20 Abs. 3: *Kokott* in Sachs Rn. 30.

[154] Sa insoweit BVerfGE 135, 48 (63 ff.).

[155] Insoweit BVerfGE 135, 48 (80 f.); iErg ebenso BVerfGK NJW 2007, 425 ff.; BVerwGE 162, 17 (32 ff.); *Jarass* in Jarass/Pieroth Rn. 12; *v. Mangoldt* in HdbStR V, 2. Aufl. 2000, § 119 Rn. 84. Schutzwürdig ist auch das Vertrauen von Kleinstkindern, anders BVerfGK NJW 2007, 425 (426); BVerwGE 162, 17 (27 ff.).; BVerfG, NZFam 2019, 813 (815 f.).

[156] BVerfGE 135, 48 (62 ff.) für § 1600 Abs. 1 Nr. 5 aF. Dazu *Giegerich* in Maunz/Dürig Art. 16 Abs. 1 Rn. 155 f.; krit. *Kießling* Der Staat 54 (2015), 1 (15 f.).

[157] BVerwGE 119, 17 (24 f.); EGMR, 21.6.2016, 76136/12 – Ramadan v. Malta, Rn. 90; Becker NVwZ 2006, 304 (307); *Kokott* in Sachs Rn. 32 ff. Ähnlich *Kämmerer* in BK Rn. 94; aA VG Berlin BeckRS 2003, 22313.

[158] *Giegerich* in Maunz/Dürig, Art 16 Abs. 1 Rn. 164 ff.; *Lübbe-Wolff* Jura 1996, 57 (63); *v. Mangoldt* in HdbStR V, 2. Aufl. 2000, § 119 Rn. 94; *Wittreck* in Dreier Rn. 48; *Becker* in MKS Rn. 43; *Kämmerer* in BK Rn. 83.

[159] *Sachs* in Stern StaatsR IV/1, Rn. 706 f.; zum Zitiergebot auch *Wittreck* in Dreier Rn. 52; *Giegerich* in Maunz/Dürig Art. 16 Abs. 1 Rn. 185, insbes. zum neuen § 35 StAG; *Kämmerer* in BK Rn. 83; *Jarass* in Jarass/Pieroth Rn. 10; *Zimmermann/Tams* in BerlKomm

mit tatbestandlicher Rückanknüpfung ist das schutzwürdige Vertrauen Betroffener zu beachten.[160] Bei Eingriffen **auf Grund eines Gesetzes** muss das Gesetz rechtsstaatlichen Bestimmtheitsanforderungen genügen.[161] Da es sich der Schlüsselfunktion (→ Rn. 1) der Staatsangehörigkeit wegen um einen empfindlichen Eingriff in die Rechtsstellung des Betroffenen handelt, sind gesteigerte Anforderungen zu beachten.[162] Die selbst mittelbare Folge eines Wegfalls der Staatsangehörigkeit ist gesetzlich zu regeln.[163] Darüber hinaus muss das Gesetz für Ermessensentscheidungen ein „berechenbares rechtsstaatliches Abwägungsprogramm"[164] enthalten (s. die Ermesssenskonkretisierung in § 35 StAG[165]).

42 Wie bei allen Grundrechtseingriffen ist auch bei der Anordnung des Verlusts der Staatsangehörigkeit der Grundsatz der **Verhältnismäßigkeit** zu beachten.[166] Dabei ist freilich die Entscheidung des Gesetzgebers zu respektieren, Mehrstaatigkeit zu reduzieren und daher bei Erwerb einer ausländischen Staatsangehörigkeit regelmäßig den Verlust der deutschen Staatsangehörigkeit vorzusehen. Auch hier jedoch kann die Rechtsfolge bisweilen unverhältnismäßig sein, wenn enge Bindungen an Deutschland fortbestehen.[167] Das StAG trägt dem durch Ausnahmeregelungen und Beibehaltungsgenehmigungen Rechnung.[168] Auf Wahrung der Verhältnismäßigkeit ist insbes. dort zu achten, wo der Verlust nicht an den Erwerb einer ausländischen Staatsangehörigkeit anknüpft, sondern an sonstige Formen der Einordnung in einen fremden Staatsverband (§ 28 StAG: ungenehmigter freiwilliger Dienst in ausländischen Streitkräften).[169]

43 Bleibt ein Verlust hinter diesen Anforderungen zurück, ist er aus diesem Grund ein verfassungswidriger Verlust. Eine qualifizierte Verfassungswidrigkeit, im Sinne einer Wandlung zur Entziehung, tritt als Rechtsfolge nicht ein, da diese eine verfassungswidrige Zweckverfolgung voraussetzt (→ Rn. 30).[170]

Rn. 45. Für Vertreter der Einzelakttheorie geht Art. 19 Abs. 1 S. 1 GG bereits im Verbot der Entziehung durch Einzelfallgesetz auf. Zum Zitiergebot sa BVerfGE 135, 48 (79); BVerwGE 162, 17 (37 ff.).

[160] BVerfGK NVwZ 2007, 441 (443); näher *v. Arnauld,* Rechtssicherheit, 2006, 336 ff.

[161] BVerfGE 116, 24 (54, 58); näher *v. Arnauld,* Rechtssicherheit, 2006, 242 ff.

[162] BVerfGE 116, 24 (61 ff.), abw. Votum; BVerfGE 135, 48 (79); BVerfG NZFam 2019, 813 (816). Krit. *Schmahl* ZAR 2007, 174 (177 f.).

[163] BVerfGE 135, 48 (79); BVerfG NZFam 2019, 813 (816); laxer für private Vaterschaftsanfechtungen BVerwGE 162, 17 (30 ff.); für Verfassungswidrigkeit von § 17 Abs. 2, 3 StAG daher *Kießling* Der Staat 54 (2015), 1 (24 f.). Ermächtigung durch Rechtsverordnung genügt nicht, *Wittreck* in Dreier Rn. 52; *Giegerich* in Maunz/Dürig Art 16 Abs. 1 Rn. 163; aA *Sachs* in Stern Staatsrecht IV/1, 692.

[164] BVerfGE 116, 24 (52, 55).

[165] Nunmehr kein Rückgriff auf allgemeine Rücknahmevorschriften möglich, *Giegerich* in Maunz/Dürig Art. 16 Abs. 1 Rn. 171.

[166] BVerfGE 135, 45 (80); *Zuleeg* in AK Rn. 10; *Wittreck* in Dreier Rn. 55; *Giegerich* in Maunz/Dürig Art. 16 Abs. 1 Rn. 186; *Kämmerer* in BK Rn. 85; sa BVerwGE 162, 153: hypothetischer Einbürgerungsanspruch zu berücksichtigen; der Grundsatz ist in seinem Anwendungsbereich nicht auf Freiheitsrechte ieS beschränkt, *v. Arnauld* JZ 2000, 276 ff. Verhältnismäßigkeitsanforderungen folgen auch aus Unionsrecht (EuGH, 12.3.2019, C-221/17 – Tjebbes, Rn. 40 ff.) und der EMRK EGMR, 21.6.2016, 76136/12 – Ramadan v. Malta, Rn. 84 ff.

[167] Sa *Wittreck* in Dreier Rn. 55; *Farahat,* Progressive Inklusion, 2004, 356 ff.

[168] *Kämmerer* in BK Rn. 85; skeptisch *Zuleeg* in AK Rn. 17 f.

[169] *Zuleeg* in AK Rn. 23, mit weitergehenden Zweifeln an der Verfassungsmäßigkeit von § 28 StAG aF.

[170] *Giegerich* in Maunz/Dürig Art. 16 Abs. 1 Rn. 167; im Hinblick auf den Gesetzesvorbehalt *Kießling* Der Staat 54 (2015), 1 (18); aA *Schmalenbach* in HdbGRV, § 122 Rn. 29.

Im Rahmen der Lösung des BVerfG freilich können rechtsstaatliche Mängel der Verlustgrundlage die Zumutbarkeit und damit den Entziehungscharakter eines Verlusts begründen.[171]

44 **c) Verhütung von Staatenlosigkeit (S. 2 Hs. 2).** Der Differenzierung des Abs. 1 S. 2 entsprechend, kann der Verlust gegen oder mit dem Willen des Betroffenen eintreten. **Mit dem Willen** des Betroffenen tritt er bei Entlassung (§§ 18–24 StAG) oder Verzicht (§ 26 StAG: bei mehreren Staatsangehörigkeiten) ein. Hier ist es die Staatsbürgerin selbst, die die Staatsangehörigkeit aufgeben möchte. Der Wille muss in diesen Fällen gerade auf die Aufgabe der deutschen Staatsangehörigkeit gerichtet sein. Es genügt nicht, dass er gesetzliche Folge einer willentlich vorgenommenen Handlung (zB Annahme einer fremden Staatsangehörigkeit) ist.[172] Geht die Initiative vom Staat aus, handelt es sich um einen Verlust **gegen den Willen** des Betroffenen, und zwar auch dann, wenn der Betroffene sich zum Verlust der Staatsangehörigkeit nicht äußert.[173] Wollte man einen Verlust „ohne (erklärten) Willen" ausschließen, würde hierdurch die Schutzwirkung von Art. 16 Abs. 1 S. 2 empfindlich reduziert. Zu den Verlustformen gegen den Willen des Betroffenen zählen daher insgesamt die Regelungen in § 25 und §§ 27–29 StAG.[174]

45 Der Zusatz, dass ein Verlust der Staatsangehörigkeit gegen den Willen des Betroffenen nur eintreten darf, wenn er hierdurch nicht staatenlos wird, hat nach dem hier verfolgten Ansatz (→ Rn. 30) lediglich eine **Sicherungsfunktion in Ausnahmefällen.** Verlusttatbestände dürfen, um nicht Entziehung iSv S. 1 zu sein, nur an die willentliche Einordnung in einen anderen (quasi-) staatlichen Verband anknüpfen. Diese Einordnung erfolgt regelmäßig durch Annahme einer anderen Staatsangehörigkeit, so dass Staatenlosigkeit gerade nicht droht. Nur für Fälle zB des Verlusts wegen Eintritts in fremde Streitkräfte könnte es auf die Sicherungsfunktion des S. 2 Hs. 2 ankommen. Da sich § 28 Abs. 1 Nr. 1 StAG hier jedoch auf Fälle beschränkt, in denen der Betroffene zugleich die Staatsangehörigkeit des Staates besitzt, für den er Wehrdienst leistet, hat Art. 16 Abs. 1 S. 2 Hs. 2 für zulässige Verlustkonstellationen bloß Reservefunktion. Nach der Zumutbarkeitslösung des BVerfG hat der Gesetzgeber freilich Vorkehrungen für den Fall der Staatenlosigkeit zu treffen.[175]

46 Eine bloß auf dem Papier bestehende Staatsangehörigkeit, die dem Betroffenen keinen Schutz vermittelt (sog. ***De-facto*-Staatenlosigkeit**), ist der Staatenlosigkeit iSv Art. 16 Abs. 1 S. 2 gleichzustellen.[176]

47 Angesichts des eindeutigen Wortlauts gibt es keine Möglichkeit, den **Anwendungsbereich** der Staatenlosigkeitsklausel zu erweitern. Die Klausel

---

[171] BVerfGK NVwZ 2007, 441 (442).

[172] *Giegerich* in Maunz/Dürig Art. 16 Abs. 1 Rn. 181; *v. Mangoldt* in HdbStR V, 2. Aufl. 2000, § 119 Rn. 96; *Becker* in MKS Rn. 44; *Kämmerer* in BK Rn. 84; *Jarass* in Jarass/Pieroth Rn. 11; *Zimmermann/Tams* in BerlKomm Rn. 43.

[173] *Lübbe-Wolff* Jura 1996, 57 (63 f.); *Sachs* in Stern StaatsR IV/1, Rn. 705 f.

[174] Nähere Analyse bei *Becker* in MKS Rn. 47 ff.; *Kämmerer* in BK Rn. 101 ff.; *Hailbronner* in HRM Art. 16 Abs. 1 Rn. 43 ff.; sa *Zuleeg* in AK Rn. 16 ff.

[175] BVerfGE 135, 48 (76 f.), für den Fall des Wegfalls der Staatsangehörigkeit des Kindes bei Vaterschaftsanfechtungen; tendenziell BVerfG, NZFam 2019, 813 (816 f.).

[176] BVerwG StAZ 1960, 12; *Giegerich* in Maunz/Dürig Art. 16 Abs. 1 Rn. 174; *Lübbe-Wolff* Jura 1996, 57 (63); *v. Mangoldt* in HdbStR V, 2. Aufl. 2000, § 119 Rn. 85, 95; *Wittreck* in Dreier Rn. 54; *Becker* in MKS Rn. 45; *Kämmerer* in BK Rn. 84; *Schmalenbach* in HdbGR V, § 122 Rn. 45; zu Begriff und Phänomen *Schätzel* FS f. Verdross, 1960, 217 (218 ff.).

findet insbes. keine Anwendung auf die **freiwillige Aufgabe** der Staatsangehörigkeit.[177] Staatenlosigkeit ist ein Übel, aber keines, das zu absoluten Grenzen der Selbstbestimmung nötigte.[178] Gleichwohl steht es dem Gesetzgeber frei, zur Vermeidung von Staatenlosigkeit den Erwerb einer fremden Staatsangehörigkeit zur Voraussetzung der Entlassung zu machen (so §§ 18, 24 StAG).[179]

48 Keine Anwendung findet die Regelung auf die **Rücknahme rechtsmissbräuchlich erlangter Einbürgerungen**[180] und andere Fälle, die nach der hier vertretenen Auffassung als Nichterteilung der Staatsangehörigkeit einzuordnen sind (→ Rn. 34–39). Hier geht es nicht um einen Verlust iSv S. 2. In Übereinstimmung mit Art. 8 Abs. 2 lit. b des Übereinkommens zur Verhinderung der Staatenlosigkeit und Art. 7 Abs. 3 iVm Abs. 1 lit. b des Europäischen Übereinkommens über die Staatsangehörigkeit sieht § 35 Abs. 2 StAG vor, dass drohende Staatenlosigkeit der Rücknahme der Einbürgerung in diesem Falle regelmäßig nicht entgegensteht. Gleichwohl wird man berücksichtigen dürfen, dass Staatenlosigkeit nach der Grundkonzeption des Art. 16 Abs. 1 wie auch nach Völkerrecht unerwünscht und nach Möglichkeit zu vermeiden ist.[181] Anders als im Fall der freiwilligen Aufgabe der einzigen Staatsangehörigkeit liegt hier gerade keine willentliche Entscheidung für die Staatenlosigkeit vor.

49 Wegen der Akzessorietät der **Unionsbürgerschaft** (→ Rn. 17) errichtet das Unionsrecht der Rücknahme erschlichener Einbürgerungen auch dann keine zusätzlichen tatbestandlichen Hürden, wenn damit der Verlust einer schon vor der Einbürgerung bestehenden Unionsbürgerschaft einhergehen sollte. Zu prüfen ist aber, ob die Rücknahmeentscheidung „hinsichtlich ihrer Auswirkungen auf die unionsrechtliche Stellung des Betroffenen den Grundsatz der Verhältnismäßigkeit wahrt".[182]

II. Schutz vor Auslieferung (Abs. 2)

50 **1. Schutzdimensionen.** Abs. 2 des Art. 16 steht mit Abs. 1 nur in losem Zusammenhang;[183] ursprünglich enthielt Art. 16 Abs. 2 S. 2 GG zudem noch die Garantie des Asylrechts. Gemeinsamer Bezugspunkt ist der Schutz aus einer **Sonderverbindung zwischen Individuum und Staat:** aus der Staatsangehörigkeit bei Art. 16 Abs. 1, dem Status als „Deutscher" bei

[177] BVerfGE 116, 24 (47); *Kämmerer* in BK Rn. 46.

[178] BVerfGE 116, 24 (47 ff.); *Kämmerer* in BK Rn. 46, 61.

[179] Auch Konsequenz der völkerrechtlichen Vermeidungspflicht, *Wittreck* in Dreier Rn. 53.

[180] IErg ebenso BVerfGE 116, 24 (46 ff.) auf Grundlage einer teleologischen Reduktion; sa *Giegerich* in Maunz/Dürig Art. 16 Abs. 1 Rn. 176 ff.; *Kämmerer* in BK Rn. 89; *Jarass* in Jarass/Pieroth Rn. 12; *Kokott* in Sachs Rn. 31.

[181] Vgl. zur früheren Rechtslage BVerwGE 118, 216 (221); *Nettersheim* DVBl 2004, 1144 (1145); *Kokott* in Sachs Rn. 31. Im Sinne regelmäßiger Beachtlichkeit *Kämmerer* in BK Rn. 89; *Kämmerer* NVwZ 2006, 1015 (1016 ff.); dem folgend *Schmahl* ZAR 2007, 174 (176 f.).

[182] EuGH C-135/08, Slg. 2010, I-1467, ECLI:EU:C:2010:104 Rn. 56 – Rottmann (Kriterien ua: Schwere des Verstoßes, verstrichener Zeitraum). Noch strengere Verhältnismäßigkeitsanforderungen nach EuGH C-221/17, ECLI:EU:C:2019:189 Rn. 40 ff. – Tjebbes (Einzelfallprüfung, Auswirkung auf Familien- und Berufsleben, dritte Minderjährige) – für Kontextualisierung *Thym,* Die Verwaltung 52 (2019), 407 (424 f.). Sa BVerwGE 162, 17 (40 ff.); *Giegerich* in Maunz/Dürig Art. 16 Abs. 1 Rn. 196 f.

[183] *Kämmerer* in BK Rn. 118; *Vogel* JZ 2005, 801 (805 f.); *Zimmermann/Tams* in BerlKomm Rn. 1.

Art. 16 Abs. 2, der Aufnahme als Asylberechtigter bei Art. 16a (Art. 16 Abs. 2 S. 2 GG aF). Innerhalb von Art. 16 nF sieht das BVerfG das verbindende Element in der „besonderen Verbindung der Bürger zu der von ihnen getragenen freiheitlichen Rechtsordnung“[184]. Dabei bleibt unberücksichtigt, dass der Kreis der Grundrechtsträger in Abs. 1 u. 2 nicht deckungsgleich ist (→ Rn. 53).

Dem Verbot wohnt eine im Wesentlichen **doppelte Teleologie** inne:[185] Im Zusammenhang mit der Entwicklung des Nationalstaates entstanden, ist es Ausdruck staatlicher **Souveränität** und behauptet international das aus der Personalhoheit fließende Recht des Staates, seine Angehörigen nicht einer fremden Macht auszuliefern. Hierneben tritt eine **individualrechtliche Perspektive:** Der Einzelne soll „vor den Unsicherheiten einer Aburteilung unter einem ihm fremden Rechtssystem und in für ihn schwer durchschaubaren fremden Verhältnissen bewahrt werden.“[186] Der Gedanke wird zT durch die Erwägung flankiert, der Einzelne solle nur nach Recht beurteilt werden, das er als Staatsbürger mitlegitimiert habe,[187] zT liegt der Schwerpunkt auf der Garantie eines rechtsstaatlichen Verfahrens, das im Ausland nicht (immer) gewährleistet sei.[188] Auch wenn die individualrechtliche Lesart besser in das Bild vom kooperationsoffenen Verfassungsstaat passen mag, macht das Apodiktum des Art. 16 Abs. 2 S. 1, in dem eine Differenzierung nach dem Grad der Verbundenheit mit der heimischen Rechtsordnung nicht angelegt ist, deutlich, dass das Auslieferungsverbot nach wie vor auch die Grundverbindung Staat-Bürger schützt: Art. 16 Abs. 2 S. 1 wohnt eine sich der Kooperation verschließende **protektionistische Zielrichtung** inne, die freilich nunmehr durch S. 2 abgeschwächt wird.[189] „Damit das Auslieferungsverbot […] nicht zu einem Freibrief für kriminelles Handeln eigener Staatsangehöriger im Ausland wird und um der mit dem Schutzversprechen einhergehenden Verantwortung für deren Handeln gerecht zu werden, erstreckt sich die Strafgewalt der Bundesrepublik Deutschland grundsätzlich auch auf Straftaten im Ausland (vgl. §§ 5 ff. StGB und § 1 Völkerstrafgesetzbuch), so dass regelmäßig eine Verfolgung von Straftaten, die Deutsche im Ausland begangen haben, möglich ist.“[190] 51

Das Verbot bindet die **deutsche Staatsgewalt** insgesamt (vgl. Art. 1 Abs. 3), insbes. auch bei Abschluss völkerrechtlicher Verträge und deren Überführung in das deutsche Recht nach Art. 59 Abs. 2.[191] Wie Art. 16 Abs. 1 schützt auch Art. 16 Abs. 2 vor einer spezifisch hoheitlichen Beeinträchtigung und spielt daher in Rechtsverhältnissen zwischen Privaten keine Rolle.[192] Aus dieser Ausrichtung auf einen staatlichen Zwangsakt ergibt sich auch, dass eine **Einwilligung** des Auszuliefernden den Eingriff ausschließt; 52

[184] BVerfGE 113, 273 (294).

[185] S. insbes. *Grützner* in BNN Grundrechte Rn. 583 (588); *Randelzhofer* in Maunz/Dürig Art. 16 Abs. 2 S. 1, Rn. 2; *Wittreck* in Dreier Rn. 62; Darstellung und Kritik bei *Frangou,* Auslieferungsgrundsätze im internationalen und deutschen Recht, 1989, 320 ff.; *Rinio* ZStW 108 (1996), 354 (381 ff.); *Baier* GA 2001, 427 (434 ff.).

[186] BVerfGE 113, 273 (293).

[187] BVerfGE 113, 273 (294); krit. *Kämmerer* in BK Rn. 134.

[188] *Randelzhofer* in Maunz/Dürig Art. 16 Abs. 2 S. 1, Rn. 2; *Zuleeg* in AK Rn. 28; *Weigend* JuS 2000, 105 (110).

[189] Vgl. *Zimmermann/Tams* in BerlKomm Rn. 64 f.; krit. aus verfassungspolitischen Gründen *Becker* in MKS Rn. 63; ähnlich *Lübbe-Wolff* BVerfGE 113, 273 (327 f.).

[190] BVerfGE 113, 273 (295).

[191] *Zimmermann/Tams* in BerlKomm Rn. 79.

[192] Vgl *Wittreck* in Dreier Rn. 68.

der Betroffene könnte sich jederzeit freiwillig unter fremde Hoheitsgewalt begeben.[193]

53 **2. Persönlicher Schutzbereich.** Anders als Art. 16 Abs. 1 (→ Rn. 24–25), erstreckt sich der Schutz des Art. 16 Abs. 2 auf **alle „Deutschen" iSv Art. 116 Abs. 1** (einschließlich Mehrstaatlern). Zum Schutz von nichtdeutschen Unionsbürgern → Rn. 74. Ob die Auszuliefernden Deutsche sind, ist von Amts wegen zu prüfen; Zweifel dürfen nicht zu ihren Lasten gehen.[194] Eine gesicherte Rechtsposition, zB durch Einbürgerungsanspruch oder Zusicherung, entfaltet **Vorwirkungen,** um Zufälle bei der Reihenfolge der Antragsbearbeitung auszuschließen; nicht ausreichend ist die Stellung eines Einbürgerungsantrags, die allein in der Hand des Antragstellers liegt.[195] Eine Auslieferung ist nur bei **natürlichen Personen** denkbar.[196]

54 Entgegen missverständlicher Formulierungen des BVerfG[197] sind auch **Deutsche** geschützt, **die im Ausland leben** und uU mit der deutschen Rechtsordnung weder vertraut sind noch diese durch Teilnahme an Wahlen demokratisch legitimiert haben. Art. 16 Abs. 2 formuliert unmissverständlich, dass „kein Deutscher" ausgeliefert werden darf (→ Rn. 51).

55 **3. Sachlicher Schutzbereich. a) Auslieferung.** Wie Art. 16 Abs. 1 garantiert Art. 16 Abs. 2 ein **subjektives Abwehrrecht.**[198] Unter **Auslieferung** ist zu verstehen, dass der Betroffene auf Ersuchen einer zuständigen ausländischen Stelle „aus dem Bereich deutscher Hoheitsgewalt zwangsweise entfernt und in den Bereich einer nichtdeutschen Hoheitsgewalt übergeführt wird".[199] Typischerweise geht es um Auslieferungen zu strafrechtlichen Zwecken; umfasst sind aber **auch zivil- und verwaltungsrechtliche** (nicht notwendig gerichtliche) **Verfahren.**[200] Dies ergibt sich aus der Beratung im Parlamentarischen Rat[201] und ist auch vom Schutzzweck der Verfassungs-

---

[193] *Becker* in MKS Rn. 65; *Sachs* in Stern StaatsR IV/1, Rn. 807; *Jarass* in Jarass/Pieroth Rn. 18; *Wittreck* in Dreier Rn. 67; aA noch *Mettgenberg,* Ein Deutscher darf nicht ausgeliefert werden!, 1925, 46 f.; *Grützner* in BNN Grundrechte Rn. 592.

[194] BVerfGE 8, 81 (84 f.); 17, 224 (227); BVerfGK NJW 1990, 2193; BVerfGK NVwZ 2012, 1388 (1389); BVerwG DVBl 1963, 147; *Grützner* in BNN Grundrechte Rn. 589; *Randelzhofer* in Maunz/Dürig Art. 16 Abs. 2 S. 1 Rn. 8; *Sachs* NVwZ 1991, 637 (640); *Zuleeg* in AK Rn. 28; *Wittreck* in Dreier Rn. 63; *Becker* in MKS Rn. 89; *Sachs* in Stern StaatsR IV/1, Rn. 807; *Kämmerer* in BK Rn. 119; *Jarass* in Jarass/Pieroth Rn. 18; *Zimmermann/Tams* in BerlKomm Rn. 83; zu den Grenzen der gerichtlichen Aufklärungspflicht BVerfGK NJW 2000, 1253.

[195] BVerfGK NJW 1994, 2016; OLG Karlsruhe NJW 1986, 3035; *Becker* in MKS Rn. 87; *Jarass* in Jarass/Pieroth Rn. 15; *Zimmermann/Tams* in BerlKomm Rn. 82. Enger *Kämmerer* in BK Rn. 119, gesicherte Verfahrensposition; ähnlich *Schmalenbach* in HdbGR V, 2013, § 122 Rn. 60; weiter dagegen *Masing* in Dreier, 2. Aufl. 2004, Rn. 87, Verfahren „in Gang gesetzt"; BVerfGE 4, 322 (330).

[196] *Becker* in MKS Rn. 85.

[197] BVerfGE 29, 183 (193), Schutzpflicht des Staates für „seine im Staatsgebiet lebenden Bürger"; BVerfGE 113, 273 (293), Schutz des Staatsangehörigen, „soweit er sich im Staatsgebiet aufhält".

[198] *Zuleeg* in AK Rn. 28; *Becker* in MKS Rn. 64; *Kämmerer* in BK Rn. 119; *Jarass* in Jarass/Pieroth Rn. 13; *Kokott* in Sachs Rn. 34; *Zimmermann/Tams* in BerlKomm Rn. 65, 78.

[199] BVerfGE 10, 136 (139); 113, 273 (293).

[200] *Randelzhofer* in Maunz/Dürig Art. 16 Abs. 2 S. 1 Rn. 6; *Zuleeg* in AK-GG Rn. 29; *Kämmerer* in BK Rn. 120 f.; *Sachs* in Stern StaatsR IV/1, Rn. 804; *Kokott* in Sachs Rn. 35; *Zimmermann/Tams* in BerlKomm Rn. 85; *Schmalenbach* in HdbGR V, § 122 Rn. 62; zumindest missverständlich BVerfGE 113, 273 (293).

[201] Vgl. den für die endgültige Formulierung maßgeblichen Einwand des Abg. *Wagner* gegen eine Einschränkung auf Auslieferungen „zur Verfolgung und Bestrafung": *Wagner* JöR nF 1 (1951), 168.

norm geboten, nicht zuletzt, da die Verfahrensgestaltung Sache des ersuchenden Staates ist.

Deutsche Staatsorgane dürfen sich – von Einschränkungen gem. Art. 16 Abs. 2 S. 2 abgesehen – nicht daran beteiligen, Deutsche in die Hände einer fremden Hoheitsgewalt zu überführen. Verboten ist daher die **vorläufige Auslieferung**[202] ebenso wie die **Durchlieferung,** dh der Fall, dass ein Deutscher von einem ausländischen Staat an einen anderen ausgeliefert werden soll und dabei das Bundesgebiet passiert.[203] Der bloße Überflug über das bundesdeutsche Territorium ist mangels vernünftiger Einwirkungsmöglichkeiten unerheblich, nicht jedoch eine Zwischenlandung im Bundesgebiet.[204] **56**

Anders will die (wohl noch) hM die **Rücklieferung**[205] an einen ausländischen Staat behandeln, der den Betroffenen vorübergehend unter der Bedingung der Rücküberstellung an deutsche Behörden übergeben hat, um ein inländisches Verfahren in anderer Sache zu ermöglichen. Alle Saldierungen von Freiheitseinbußen und Machtzugewinn und alle Konstruktionen anfänglich begrenzter Verfügungsgewalt führen jedoch nicht daran vorbei, dass auch in diesem Fall deutsche Staatsorgane einen Deutschen, der sich in ihrem Einflussbereich befindet, einem ausländischen Staat überantworten.[206] Der Heimatstaat aber hat für den Deutschen nach Sinn und Zweck des Art. 16 Abs. 2 S. 1 ein **„sicherer Hafen"** *(safe haven)* zu sein. Dass hierdurch die internationale Rechtshilfe behindert wird, liegt in der Natur eines Auslieferungsverbots. Dass mittelbar auch Verfahren im Inland beeinträchtigt werden können, wenn Staaten mangels zu erwartender Rücklieferung von einer Überstellung an Deutschland absehen, ist zwar nicht Ziel des Art. 16 Abs. 2 S. 1, kann aber sehr wohl Folge des Schutzversprechens sein.[207] Hier muss ggf. eine Vernehmung im Ausland im Wege der Rechtshilfe erfolgen. **57**

Die Auslieferung ist von der **Ausweisung** und der **Abschiebung** zu unterscheiden, gegen die Deutsche von Art. 11 geschützt sind (sa Art. 3 Abs. 1 des 4. Prot. zur EMRK). Hier geht die Initiative nicht von einem ausländischen Staat aus, sondern von deutschen Behörden; auch geht es – von Umgehungskonstellationen abgesehen – final um Entfernung aus dem Bun- **58**

---

[202] *Grützner* in BNN Grundrechte Rn. 590; *Vogler,* Auslieferungsrecht und Grundgesetz, 1970, 140; *Gusy* MDR 1979, 542 (543); *Randelzhofer* in Maunz/Dürig Art. 16Abs. 2 S. 1 Rn. 7; *Jarass* in Jarass/Pieroth Rn. 16.

[203] BVerfGE 10, 136 (139 f.); *Grützner* in BNN Grundrechte Rn. 591; *Vogler,* Auslieferungsrecht und Grundgesetz, 1970, 140 ff.; *Randelzhofer* in Maunz/Dürig Art. 16 Abs. 2 S. 1 Rn. 9; *Zuleeg* in AK Rn. 29; *Becker* in MKS Rn. 78; *Kämmerer* in BK Rn. 127; *Sachs* in Stern StaatsR IV/1, Rn. 804; *Jarass* in Jarass/Pieroth Rn. 16; *Kokott* in Sachs Rn. 43; *Zimmermann/Tams* in BerlKomm Rn. 88; *Schmalenbach,* in HdbGRV, § 122 Rn. 65.

[204] *Kämmerer* in BK Rn. 127; *Zimmermann/Tams* in BerlKomm Rn. 88; *Weiß* in HdbStR X § 207 Rn. 8. Strenger *Schmalenbach* in HdbGR V, § 122 Rn. 65, für den deutschen Luftraum: „Mitwirkungsverbot"; *Becker* in MKS Rn. 78.

[205] BVerfGE 29, 183 (192 ff.); BGHSt 5, 396 (404 ff.); 22, 58 (62 ff.); OVG Münster NVwZ 1982, 205 (205 f.); *Grützner* NJW 1954, 1021 (1022); *Grützner* in BNN Grundrechte Rn. 590; *Vogler,* Auslieferungsrecht und Grundgesetz, 1970, 144 ff. (179 f.); *Gusy* MDR 1979, 542 (543); *Frangou,* Auslieferungsgrundsätze im internationalen und deutschen Recht, 1989, 336; *Becker* in MKS Rn. 76; *Jarass* in Jarass/Pieroth Rn. 16; *Zimmermann/Tams* in BerlKomm Rn. 89; diff. *Randelzhofer* in Maunz/Dürig Art. 16 Abs. 2 S. 1 Rn. 12, *Zuleeg* in AK Rn. 30, *Kokott* in Sachs Rn. 38 ff., 42.

[206] *Schmalenbach* in HdbGRV, § 122 Rn. 66.

[207] Wie hier *Wittreck* in Dreier Rn. 66; *Kämmerer* in BK Rn. 128; *Weiß* in HdbStR X § 207 Rn. 9.

desgebiet, nicht um Überstellung an einen anderen Staat.[208] Ebenfalls nicht an Art. 16 Abs. 2 zu messen ist die **Rücküberstellung eines Kindes** an einen im Ausland lebenden Elternteil. Auch hier fehlt es am Ersuchen eines ausländischen Staates; die Initiative geht von dem den Antrag stellenden Elternteil aus. Den grundrechtlichen Maßstab bilden Art. 6 Abs. 2 und Art. 11.[209]

59 **b) An das Ausland.** Dass auf die Auslieferung **„an das"** Ausland abgestellt wird, bedeutet nicht, dass lediglich die Auslieferung Deutscher verboten wäre, die sich innerhalb des Bundesgebietes befinden.[210] Dem Schutzzweck wie der Bindungsnorm des Art. 1 Abs. 3 entsprechend ist maßgeblich, dass sich der Betroffene **im Einflussbereich deutscher Hoheitsgewalt** befindet.[211] Dies ist auch der Fall, wenn er sich in einer deutschen Auslandsvertretung[212] oder im Gewahrsam von deutschen Sicherheitskräften im Auslandseinsatz befindet.[213]

60 Dass Art. 16 Abs. 2 S. 1 von Auslieferung an das **„Ausland"** spricht, ist historisch bedingt. Der HChE sprach von Auslieferung an eine „fremde Macht". Hiervon wurde im ParlRat nur Abstand genommen, um den Besonderheiten der Beziehungen zur damaligen Sowjetischen Besatzungszone Rechnung zu tragen.[214] Der Streit, ob auch die **Überstellung an einen internationalen Gerichtshof** unter das Verbot des Art. 16 Abs. 2 S. 1 zu subsumieren ist,[215] dürfte sich erledigt haben.[216] S. 2 ermächtigt zu „abweichenden" Regelungen und macht so deutlich, dass auch dieser Fall eine Ausnahme vom Verbot des S. 1 darstellt.

61 **4. Beschränkungsmöglichkeiten.** Das Grundrecht ist seit dem 29.11.2000 mit einem **qualifizierten Gesetzesvorbehalt**[217] versehen, der für Auslieferungen an andere EU-Mitgliedstaaten oder internationale Gerichtshöfe eine abweichende Regelung gestattet. In anderen Fällen bleibt die Auslieferung Deutscher verboten, eine Einschränkung durch kollidierendes

---

[208] *Randelzhofer* in Maunz/Dürig Art. 16 Abs. 2 S. 1 Rn. 5; *Kämmerer* in BK Rn. 129; *Jarass* in Jarass/Pieroth Rn. 17; *Schmalenbach* in HdbGR V, 2013, § 122 Rn. 63; *Wittreck* in Dreier Rn. 68; ebenso für Anwendbarkeit von Art. 16 Abs. 2 bei „verschleierter Auslieferung" *Masing* in Dreier, 2. Aufl. 2004, Rn. 93; *Becker* in MKS Rn. 84; *Sachs* in Stern StaatsR IV/1, Rn. 804 f.; *Zimmermann/Tams* in BerlKomm Rn. 90; aA *Zuleeg* in AK Rn. 29, für Art. 16 Abs. 2; *Kokott* in Sachs Rn. 36, für Art. 16 Abs. 1.

[209] BVerfGK NJW 1996, 3145; 1999, 2173.

[210] Missverständlich BVerfGE 113, 273 (293).

[211] *Kämmerer* in BK Rn. 122.

[212] AA *Schmalenbach* in HdbGR V, § 122 Rn. 68: teleologische Reduktion – kein Vertrauen auf Entfernung aus dt Rechtsordnung und Konflikt mit Völkerrecht.

[213] *Wittreck* in Dreier Rn. 64.

[214] Vgl. JöR nF 1 (1951), 165 f.; zum heute überholten Problem der sog. Zulieferungen an die DDR BVerfGE 4, 299; 37, 57; *Hailbronner* JOR 14 (1973), 37; *Gusy* GA 1980, 248; *Randelzhofer* in Maunz/Dürig Art. 16 Abs. 2 S. 1 Rn. 13 f.

[215] Dafür *Schmalenbach* AVR 36 (1998), 285 (298 ff.); *Schnapp* in v. Münch/Kunig, 5. Aufl. 2000, Rn. 21/2. Dagegen *Schöbener/Bausback* DÖV 1996, 621 (621, 623 f.); *Zimmermann* ZaöRV 58 (1998), 47 (101 f.); *Bausback* NJW 1999, 3319.

[216] *Becker* in MKS Rn. 72; *Kämmerer* in BK Rn. 122; aA *Sachs* in Stern StaatsR IV/1, Rn. 806; wohl auch *Zimmermann/Tams* in BerlKomm Rn. 93.

[217] BVerfGE 113, 273 (299); *Becker* in MKS Rn. 80; *Kämmerer* in BK Rn. 130, 136; *Sachs* in Stern StaatsR IV/1, Rn. 808; *Kokott* in Sachs Rn. 44; *Zimmermann/Tams* in BerlKomm Rn. 94; *Wittreck* in Dreier Rn. 69; die Möglichkeit einer Schutzbereichsbegrenzung erwägen *Schnapp* in v. Münch/Kunig, 5. Aufl. 2000, Rn. 21/5; *Vogel* JZ 2005, 801 (806), zT *Uhle* NJW 2001, 1889 (1891 f.); *Tomuschat* EuGRZ 2005, 453 (454 f.); dagegen mit Recht *Pohl*, Vorbehalt und Anerkennung, 2009, 240 f.

Verfassungsrecht kommt nicht in Betracht.[218] S. 2 ermöglicht es der Bundesrepublik Deutschland, sich sowohl an einem Ausbau der internationalen Gerichtsbarkeit als auch des unionalen „Raums der Freiheit, der Sicherheit und des Rechts" zu beteiligen.[219] Die **Durchbrechung der Kooperationsschranke** des Art. 16 Abs. 2 S. 1 markiert eine mehr als nur symbolische Öffnung des Staates gegenüber internationaler und supranationaler Integration.[220]

Voraussetzung für eine vom Auslieferungsverbot des S. 1 abweichende Regelung ist ein **förmliches Gesetz**[221], das den allgemeinen Anforderungen an grundrechtsbeschränkende Gesetze genügen muss.[222] Insbesondere gilt das Zitiergebot des Art. 19 Abs. 1 S. 2.[223] 62

Der Terminus **„Mitgliedstaat der Europäischen Union"** ist dynamisch auf den jeweils aktuellen Kreis der EU-Mitglieder zu beziehen.[224] Der Begriff **„internationale Gerichtshöfe"** bezieht alle internationalen wie supranationalen[225] Institutionen ein, die auf Antrag in einem justizförmigen Verfahren verbindliche Entscheidungen am Maßstab des Rechts treffen;[226] auch hybride Gerichtshöfe sind erfasst, nicht aber Gerichte, die nicht lediglich der Durchsetzung internationalen Rechts dienen, sondern der treuhänderischen Rechtspflege in Gebieten, in denen die Staatsgewalt ihre Effektivität verloren hat.[227] 63

Nicht erforderlich ist, dass Deutschland **Partei des Gründungsstatuts** sein muss.[228] Die Vereinbarkeit von Verfassungsrecht und Vertragspflichten war zwar ein Motiv für die Anfügung von Art. 16 Abs. 2 S. 2; das Ziel liegt aber in einer prinzipiellen Öffnung gegenüber internationaler Gerichtsbarkeit. Dies erklärt auch, warum Art. 16 Abs. 2 die Auslieferung an Staaten außer- 64

---

[218] *Becker* in MKS Rn. 64 (unklar die Aussage, Art. 16 Abs. 2 sei „nicht mit einem Schrankenvorbehalt versehen"; s. andererseits *Becker* in MKS Rn. 80); *Kämmerer* in BK Rn. 136; *Wittreck* in Dreier Rn. 69; zum Rückgriff auf verfassungsimmanente Schranken bei Grundrechten mit qualifiziertem Gesetzesvorbehalt allg. *v. Arnauld,* Die Freiheitsrechte und ihre Schranken, 1999, 128 ff.

[219] BVerfGE 113, 273 (296 ff.).

[220] Vgl. *Masing* in Dreier, 2. Aufl. 2004, Rn. 9, 84, der indes der Möglichkeit einer Auslieferung an internationale Gerichte „auf absehbare Zeit" eher symbolische Bedeutung beimisst; sa *Kämmerer* in BK Rn. 131.

[221] *Uhle* NJW 2001, 1889 (1892); *Becker* in MKS Rn. 80; *Kämmerer* in BK Rn. 135; *Jarass* in Jarass/Pieroth Rn. 19; *Zimmermann/Tams* in BerlKomm Rn. 95.

[222] Überblick bei *Sachs* in Stern StaatsR IV/1, Rn. 813 f. Eing. *v. Arnauld,* Die Freiheitsrechte und ihre Schranken, 1999, 144 ff., 179 ff.

[223] *Kämmerer* in BK Rn. 135; *Sachs* in Stern StaatsR IV/1, Rn. 814; *Jarass* in Jarass/Pieroth Rn. 19; *Zimmermann/Tams* in BerlKomm Rn. 106.

[224] *Zimmermann/Tams* in BerlKomm Rn. 97; *Dreier* in Dreier Rn. 71; *Wolff* ZG 2004, 32 (35); *Becker* in MKS Rn. 81; *Kämmerer* in BK Rn. 137; *Jarass* in Jarass/Pieroth Rn. 20; *Kokott* in Sachs Rn. 44; aA *Schnapp* in v. Münch/Kunig, 5. Aufl. 2000, Rn. 21/6. Institutionen der EU sind nicht erfasst, *Wittreck* in Dreier Rn. 71.

[225] *Jarass* in Jarass/Pieroth Rn. 21; *Zimmermann/Tams* in BerlKomm Rn. 99.

[226] *Uhle* NJW 2001, 1889 (1892); *Zimmermann* JZ 2001, 233 (236); *Zimmermann/Tams* in BerlKomm Rn. 98; *Becker* in MKS Rn. 82; *Kämmerer* in BK Rn. 138; *Sachs* in Stern StaatsR IV/1, Rn. 809; *Wittreck* in Dreier Rn. 72; *Kokott* in Sachs Rn. 49. Vertiefend *Globke,* Die Auslieferung an den Internationalen Strafgerichtshof, 2009, 169 ff.

[227] *Zimmermann* JZ 2001, 233 (236); *Zimmermann/Tams* in BerlKomm Rn. 99, 101; *Kokott* in Sachs Rn. 48.

[228] *Zimmermann* JZ 2001, 233 (235 f.); *Zimmermann/Tams* in BerlKomm Rn. 69, 100; *Becker* in MKS Rn. 82; *Wittreck* in Dreier Rn. 72; *Kokott* in Sachs Rn. 48; *Globke,* Die Auslieferung an den Internationalen Strafgerichtshof, 2009, 206 ff; aA *Uhle* NJW 2001, 1889 (1892); *Kämmerer* in BK Rn. 140; *Jarass* in Jarass/Pieroth Rn. 21; sa *Sachs* in Stern StaatsR IV/1, Rn. 810, Auslieferung wäre in diesen Fällen regelmäßig unverhältnismäßig.

halb der EU untersagt, aber an Gerichte gestattet, die ihre Legitimation von ebendiesen Staaten beziehen. Eine ausreichende Basis für eine solche Kooperation (die völkerrechtlich durchaus vorgesehen ist, vgl. Art. 87 Abs. 5 IStGH-Statut) würde insoweit das förmliche Gesetz liefern, das nach Art. 16 Abs. 2 S. 2 stets nötig ist.

65 Eine Auslieferung Deutscher kann nach derzeitiger Rechtslage auf Grund des (neuen) EuHbG vom 20.7.2006 an Mitgliedstaaten der EU erfolgen sowie an den IStGH auf Grundlage des IStGH-Gesetzes[229]. Die Gesetze über die Zusammenarbeit mit den UN-Straftribunalen für Jugoslawien und für Ruanda (bzw mit dem diese ersetzenden Internationalen Residualmechanismus für die Ad-hoc-Strafgerichtshöfe) bedürfen mit Blick auf Art. 19 Abs. 1 S. 2 der Nachbesserung.[230]

66 **5. Grenzen der Einschränkbarkeit.** Art. 16 Abs. 2 S. 2 ordnet an, dass **„rechtsstaatliche Grundsätze“** zu wahren sind. Der Begriff „Grundsätze“ spricht gegen eine allzu enge Anlehnung an das deutsche Verfahrensrecht; auf der anderen Seite ist aber auch nicht lediglich von „unabdingbaren“ Grundsätzen die Rede. Man wird hier auf einen **Kernbestand (straf-)prozessualer Verfahrensgarantien**[231] zurückgreifen können, wie er in den Art. 101 ff. garantiert ist und dem gemeineuropäischen Verfassungsstandard entspricht[232]. Hierzu zählen die Rechte auf ein unparteiliches Gericht, rechtliches Gehör, ein faires Verfahren und die speziell strafrechtlichen Verbote der Doppelbestrafung, des Zwangs zur Selbstbelastung, der unmenschlichen oder unerträglich harten Bestrafung (einschließlich des Verbots der Todesstrafe[233]) sowie das Schuldprinzip.[234]

67 Die Rechtsstaatsklausel gilt für Auslieferungen an internationale Gerichte wie an andere EU-Mitgliedstaaten.[235] Sie bezieht sich auf das auswärtige Verfahren, ist aber an die deutsche Staatsgewalt adressiert. Der **Gesetzgeber** hat vor Schaffung einer gesetzlichen Grundlage zu prüfen, ob im auswärtigen Verfahren die Beachtung rechtsstaatlicher Grundsätze generell zu erwarten ist. Für EU-Mitgliedstaaten besteht insoweit eine Vermutung (vgl. Art. 2 EUV), nicht jedoch eine unwiderlegliche „normative Vergewisserung“;[236] bei internationalen Gerichten ist auf die Verfahrensordnung und, sofern vor-

---

[229] Gesetz über die Zusammenarbeit mit dem IStGH v. 21.6.2002, BGBl. 2002 I 2144, Art. 1 (Zitiergebot in § 73 IStGHG erfüllt); hierzu *MacLean* ZRP 2002, 260; näher *Pohl*, Vorbehalt und Anerkennung, 2009, 259 ff.

[230] G v. 10.4.1995 (BGBl. 1995 I 485) bzw. 4.5.1998 (BGBl. 1998 I 843); zur fehlenden Zitierklausel *Wittreck* in Dreier Rn. 70; *Kämmerer* in BK Rn. 135; *Jarass* in Jarass/Pieroth Rn. 21; keine Nachbesserung erfolgt bspw in G v. 17.7.2015 (BGBl. 2015 I 1349 (1366 f.)); zur Möglichkeit der Nachbesserung bei Verstößen gegen Art. 19 Abs. 1 S. 2 GG *v. Arnauld*, Die Freiheitsrechte und ihre Schranken, 1999, 201 f. Zur fehlenden Konkretion der bestehenden Kooperationsgesetze *Schmalenbach* in HdbGRV, 2013, § 122 Rn. 81 f.

[231] *Zimmermann* JZ 2001, 233 (237); *Kämmerer* in BK Rn. 143; *Kokott* in Sachs Rn. 51; *Schmalenbach* in HdbGRV, 2013, § 122 Rn. 83.

[232] S BVerfGE 140, 317 (349); *Weiß* in HdbStR X § 207 Rn. 22.

[233] AA *Kokott* in Sachs Rn. 51. Dagegen *Kämmerer* in BK Rn. 148.

[234] *Zimmermann* JZ 2001, 237 (238); *Zimmermann/Tams* in BerlKomm Rn. 104 f.; *Wittreck* in Dreier Rn. 74; *Becker* in MKS Rn. 83; sa BVerfGE 140, 317 (342 ff.).

[235] *Uhle* NJW 2001, 1889 (1893); *Becker* in MKS Rn. 83; *Kämmerer* in BK Rn. 146 f.; *Sachs* in Stern StaatsR IV/1, Rn. 811; *Kokott* in Sachs Rn. 50; *Weiß* in HdbStR X § 207 Rn. 21; *Zimmermann/Tams* in BerlKomm Rn. 102; aA noch *Zimmermann* JZ 2001, 233 (237).

[236] Singgemäß BVerfGE 113, 273 (299); *Kämmerer* in BK Rn. 146; *Zimmermann/Tams* in BerlKomm Rn. 103; aA wohl *Schnapp* in v. Münch/Kunig, 5. Aufl. 2000, Rn. 21/10.

handen, -praxis abzustellen.[237] Zudem hat der Gesetzgeber Verfahren vorzusehen, in denen die Einhaltung dieser Grundsätze durch **Behörden und Gerichte** gesichert werden kann,[238] sollten im Einzelfall begründete Zweifel[239] bestehen. Kommt es nach Auslieferung gleichwohl zu Verstößen gegen rechtsstaatliche Prinzipien, können diese den deutschen Staatsorganen **nicht zugerechnet** werden.[240]

Die gesetzliche Regelung muss als Eingriff in den Schutzbereich des **68** Grundrechts dem Grundsatz der **Verhältnismäßigkeit** Rechnung tragen.[241] Eine Auslieferung wiegt regelmäßig schwer, wenn der Betroffene seinen Lebensmittelpunkt in Deutschland hat und auf diese Weise aus seinem vertrauten Umfeld gerissen wird; in Strafverfahren kommt in einem solchen Fall zumindest eine Strafvollstreckung in Deutschland in Betracht. Regelmäßig unverhältnismäßig wird es ferner sein, einen im Bundesgebiet ansässigen Deutschen zu einem anderen Zweck als zur Strafverfolgung auszuliefern.[242]

Als Schranken-Schranken fungieren auch **Rechtssicherheit** und **Vertrauensschutz.**[243] **69** Der Nulla-poena-Grundsatz erhält im Auslieferungskontext zusätzlich eine verfahrensrechtliche und interlokale Dimension:[244] Der Straftatbestand, der dem Auslieferungsersuchen zu Grunde liegt, mag in der Zielrechtsordnung verankert gewesen sein; dies aber muss dem Betroffenen weder erkennbar noch seine Strafverfolgung im Ausland vorhersehbar gewesen sein. Orientierung bietet hier der **Grad des Inlands- bzw. Auslandsbezugs der Tat.**[245] Keine Bedenken bestehen in der Regel gegen eine Auslieferung bei reinen Auslandstaten, bei denen Handlungs- und Erfolgsort im Ausland liegen:[246] Fremde haben das Recht des Aufenthaltsstaates zu achten und muss damit rechnen, dass Verstöße verfolgt werden.[247] Auch typischerweise grenzüberschreitende Delikte (internationaler Terrorismus, organisierter Drogen- und Menschenhandel usw) haben maßgeblichen Auslandsbezug. Maßgeb-

---

[237] Diff. *Kämmerer* in BK Rn. 145; mit Bezug auf EGMR-Rechtsprechung *Weiß* in HdbStR X § 207 Rn. 24.

[238] BVerfGE 113, 273 (304, 308).

[239] Zur Indizwirkung einer generellen rechtsstaatlichen Praxis und der daraus folgenden Begründungslast *Kokott* in Sachs Rn. 52; *Zimmermann/Tams* in BerlKomm Rn. 103. Die zwingende Einzelfallbetrachtung folgt auch aus Art. 1 Abs. 1 GG, BVerfGE 140, 317 (341 ff.).

[240] *Masing* in Dreier, 2. Aufl. 2004, Rn. 111; sa *Becker* in MKS Rn. 70; wohl auch *Kämmerer* in BK Rn. 144, „verfassungsrechtliche Einstandspflicht für das rechtsstaatsgemäße Handeln der fremden Verfolgungsbehörden", aber bezogen auf „Rechtsakte deutscher Behörden, die der Überstellung vorausgehen".

[241] BVerfGE 113, 273 (300 ff.). Vertiefend *Globke,* Die Auslieferung an den Internationalen Strafgerichtshof, 2009, 262 ff.; zu einzelnen Abwägungsgesichtspunkten *Kämmerer* in BK Rn. 141 f.; *Zimmermann/Tams* in BerlKomm Rn. 108; *Schmalenbach* in HdbGR V, § 122 Rn. 86.

[242] *Kämmerer* in BK Rn. 141; für prinzipielle Unzulässigkeit *Globke,* Die Auslieferung an den Internationalen Strafgerichtshof, 2009, 209 ff., die für eine teleologische Reduktion des Gesetzesvorbehalts auf Auslieferungen zum Zwecke von Strafverfahren plädiert.

[243] BVerfGE 113, 273 (301), dort als Bestandteil der Verhältnismäßigkeit geprüft; eing. *Kämmerer* in BK Rn. 150 ff.

[244] Treffend *Kämmerer* in BK Rn. 150.

[245] BVerfGE 113, 273 (301 f.); *Kämmerer* in BK Rn. 152 ff.; sa *Tomuschat* EuGRZ 2005, 453 (457); *Kokott* in Sachs Rn. 45; *Zimmermann/Tams* in BerlKomm Rn. 109.

[246] AA *Broß* BVerfGE 113, 273 (320 ff.), Verstoß gegen das Subsidiaritätsprinzip.

[247] Insoweit wird auch nicht gegen die Unschuldsvermutung verstoßen (so aber *Broß* BVerfGE 113, 273 (323 f.)). Die Unschuldsvermutung bezieht sich auf das der Auslieferung folgende Strafverfahren, nicht auf Auslieferungen selbst. Diese wären sonst zum Zwecke der Strafverfolgung niemals zulässig.

lichen Inlandsbezug dagegen besitzen Inlandsdelikte, bei denen Handlungs- und Erfolgsort im Wesentlichen im Inland liegen. Hier dürfen Betroffene regelmäßig darauf vertrauen, nach deutschem Recht beurteilt zu werden.[248] Keine vergleichbare Tendenzaussage lässt sich für Delikte treffen, bei denen Handlungs- und Erfolgsort auseinanderfallen.[249] Zurückhaltung ist bei Taten geboten, die nach deutschem Recht nicht strafbar sind.[250]

70 Der Tatvorwurf muss sich den **Auslieferungsunterlagen** vollständig und so präzise entnehmen lassen, dass die gerichtliche Nachprüfung von Auslieferungsvoraussetzungen und -hindernissen möglich ist.[251] **Vorhersehbar** hat insbes. auch die **mögliche Auslieferung** selbst zu sein. Daher muss jedes Ausführungsgesetz zu Art. 16 Abs. 2 die relevanten Fälle im Gesetzestext abbilden.[252] Dies gilt auch und gerade dann, wenn zB für die Unterbrechung der Verjährung auf Handlungen ausländischer Vollstreckungsbehörden abgestellt wird.[253] Eine **Rückwirkung der Auslieferungsvorschriften** ist eine verfahrensbezogene Regelung, die nicht gegen das besondere Rückwirkungsverbot des Art. 103 Abs. 2 verstößt; ein Vertrauen, nicht ausgeliefert zu werden, ist jedenfalls bei maßgeblichem Auslandsbezug der Tat grds. nicht schutzwürdig.[254]

71 Weicht der Gesetzgeber vom Auslieferungsverbot ab, muss er Art. 19 Abs. 4 Rechnung tragen und **effektiven Rechtsschutz** gegen eine Auslieferung ermöglichen. Verfassungsrechtlich ist gegen die im deutschen Auslieferungsrecht etablierte Unanfechtbarkeit der Auslieferungsbewilligung nichts einzuwenden, solange in einem vorgeschalteten Zulässigkeitsverfahren eine effektive Präventivkontrolle möglich ist.[255] Der Gesetzgeber hat diese Vorgaben in § 79 Abs. 2 Gesetz über internationale Rechtshilfe in Strafsachen (IRG) umgesetzt.[256]

72 **6. Art. 16 Abs. 2 im Europäischen Integrationsverbund.** Art. 16 Abs. 2 S. 2 ermöglicht zwar die Umsetzung unionsrechtlicher Vorgaben, setzt diese aber nicht tatbestandlich voraus; auch ohne Europäischen Haftbefehl würde der Gesetzesvorbehalt eine Änderung des IRG legitimieren. Die Integration des „Raums der Freiheit, der Sicherheit und des Rechts" erfolgt verfassungsrechtlich nach wie vor über Art. 23 Abs. 1, mit der Möglichkeit impliziter Verfassungsänderung durch Übertragung von Hoheitsrechten nach Art. 23 Abs. 1 S. 2.[257] Art. 16 Abs. 2 ist daher nicht lex specialis für Fragen der Auslieferung im Europäischen Integrationsverbund[258] und von den all-

---

248 BVerfGK NJW 2016, 1714 (1715).

249 Detaillierte und konkrete Abwägung im Einzelfall erforderlich, s. nur BVerfGK NStZ-RR 2017, 55 (56).

250 BVerfGE 113, 273 (306 f.); *Kokott* in Sachs Rn. 45; diff. *Kämmerer* in BK Rn. 154; *Zimmermann/Tams* in BerlKomm Rn. 110 f.

251 BVerfGK EuGRZ 2009, 691 (693 f.).

252 BVerfGE 113, 273 (315 f.).

253 BVerfGK EuGRZ 2009, 686 (689 f.).

254 OLG Braunschweig NStZ-RR 2005, 18 (19); *Kämmerer* in BK Rn. 150; aber auch BVerfGE 113, 273 (308 f.).

255 BVerfGE 113, 273 (311 ff.); *Becker* in MKS Rn. 73 f.; *Kämmerer* in BK Rn. 124; *Zimmermann/Tams* in BerlKomm Rn. 113. Zu Optimierungen *Leipold/Lochmann* ZRP 2018, 43.

256 OLG Stuttgart NStZ-RR 2007, 203.

257 Hierzu eing. *Hufeld* JuS 2005, 865 (866 ff.).

258 *Kämmerer* in BK Rn. 131; *Zimmermann/Tams* in BerlKomm Rn. 96; *Wittreck* in Dreier, Rn. 80; sa *Hufeld* JuS 2005, 865 (867); unklar die Verhältnisbestimmung in BVerfGE 113, 273 (295, 299).

gemeinen **Regeln über den kooperativen Grundrechtsschutz in Europa** nicht exemt.[259] In Spielräumen, die Unionsrechtsakte dem mitgliedstaatlichen Gesetzgeber lassen, kann sich Art. 16 Abs. 2 nach wie vor entfalten.[260]

Bei Konflikten mit dem Unionsrecht dagegen ist dessen Vorranganspruch im Grundsatz zu respektieren.[261] Grenzen setzt die Vorbehaltsrechtsprechung des BVerfG.[262] Nach der neueren Rechtsprechung können überdies individuelle Auslieferungsentscheidungen aufgrund eines Europäischen Haftbefehls – auch von deutschen Staatsangehörigen – wegen Verstoßes gegen Art. 1 Abs. 1 GG mit der Verfassungsbeschwerde angegriffen werden (Identitätskontrolle).[263] Der grundsätzliche Vorrang des Unionsrechts lässt keine gewichtigen Schutzeinbußen gegenüber Art. 16 Abs. 2 befürchten. Sowohl das Sekundärrecht der EU als auch seine konkrete Anwendung im Einzelfall sind gerichtlich überprüfbar.[264] Außerdem entsprechen sich Auslieferungsschutz gem. GG und GRC im Wesentlichen.[265] Auslieferungen eines Inländers bei einer Tat ohne nennenswerten Auslandsbezug wären wegen der Auswirkungen auf andere Grundrechte auch nach EU-Recht unverhältnismäßig[266]; die vernünftigen Maßstäbe, die das BVerfG Art. 16 Abs. 2 entnimmt, blieben also auch auf unionsrechtlicher Argumentationsbasis erhalten.[267] **73**

Nur die **Sonderbehandlung Deutscher** ungeachtet dessen, ob sie ihren Lebensmittelpunkt tatsächlich in Deutschland haben, lässt sich europarechtlich – jedenfalls soweit Auslieferungen an Drittstaaten betroffen sind – schwerlich rekonstruieren.[268] Hier hatte das BVerfG selbst ein Fragezeichen formuliert,[269] das den Intentionen des verfassungsändernden Gesetzgebers bei Einfügung des S. 2 entsprechen dürfte (→ Rn. 51). Für Auslieferungen in Drittstaaten verweigerte indes das BVerfG bislang – mangels Anwendungsbereichs des Unionsrechts – eine Anwendungserweiterung von Art. 16 Abs. 2 auf Unionsbürger.[270] Der EuGH öffnet zwar demgegenüber über die vorherig ausgeübte **74**

---

[259] *Hufeld* JuS 2005, 865 (866 f., 870 f.); *Tomuschat* EuGRZ 2005, 453 (454 f.); *v. Unger* NVwZ 2005, 1266 (1268 f.).

[260] BVerfGE 113, 273 (301); BVerfGK NStZ-RR 2017, 55 (56); für die Pflicht zur Zusicherung der Rücklieferung gem. Art. 5 Nr. 3 2002/584/JI zur Vollstreckung *Schmalenbach* in HdbGR V, 2013, § 122 Rn. 74; sa BVerfG, NJW 2020, 300 (303 f.) – Recht auf Vergessen I, zur chartafreundlichen Grundrechtsauslegung bei Umsetzung gestaltungsoffenen Unionsrechts. Zum anachronistischen Verweis des BVerfG in seinem Urteil zum EuHbG auf den seinerzeit fehlenden supranationalen Charakter der Dritten Säule (BVerfGE 113, 273 (300 f.)) s. *Arnauld* in v. Münch/Kunig, 6. Aufl. 2012, Rn. 45.

[261] EuGH C-573/17, ECLI:EU:C:2019:530 Rn. 52 ff. – Popławski (im Rahmen der rahmenbeschlusskonformen Auslegung).

[262] S. nur die Nachweise bei BVerfG NJW 2020, 314 (317) – Recht auf Vergessen II.

[263] BVerfGE 140, 317; BVerfGK JZ 2016, 113 (1114); dazu *Sauer* NJW 2016, 1134; *Burchardt* ZaöRV 76 (2016), 527.

[264] Zur Kompensation defizitären Individualrechtsschutzes (sa Art. 276 AEUV) *Grünewald,* Individualrechtsschutz gegen Akte der Europäischen Union nach dem Vertrag von Lissabon, 2015, 72 ff., 128 ff.; *Mayer,* in: von Bogdandy/Huber, IPE VIII, 2019, § 129 Rn. 256 ff.; *Haubold,* Europäisches Sicherheitsverwaltungsrecht, 2010, 141 ff.; sa BVerfG, NJW 2020, 314 (319) – dazu *Wendel* JZ 2020, 157.

[265] S. EuGH C-128/18, ECLI:EU:C:2019:857 Rn. 45 ff., 82 ff. – Dorobantu.

[266] S. bereits Art. 4 Nr. 7 2002/584/JI.

[267] *Gerhardt* BVerfGE 113, 273 (340 ff.); *Hufeld* JuS 2005, 865 (869).

[268] *Zimmermann* ZIS 2017, 220; sa *Tinkl* ZIS 2010, 320 im Anschluss an EuGH C-123/08, Slg. 2009, I-9621 Rn. 43 ff. – Wolzenburg; *Reinhardt/Düsterhaus* NVwZ 2006, 432. Sa *Lübbe-Wolff* BVerfGE 113, 273 (328 f.). Wohl gegen Anwendungserweiterung *Weiß* in HdbStR X § 207 Rn. 15 f., weil Auslieferung an Heimatstaat zulässig bleiben müsse; ebenso *Becker* in MKS Rn. 86.

[269] BVerfGE 113, 273 (293).

[270] BVerfGK NJW 2014, 1495 (1496); BVerfGK 14, 113 (117 f.).

Freizügigkeit das Unionsrecht, stellt aber lediglich die Anforderung auf, dem Mitgliedstaat, dessen Staatsangehörige ausgeliefert werden soll, die Möglichkeit einzuräumen, die Strafverfolgung selbst zu übernehmen.[271]

C. Kritische Würdigung

75 Mit Art. 16 GG hat der Verfassungsgeber die Staatsangehörigkeit **grundrechtlich verstärkt** und damit deren **Schlüsselstellung als ein „Recht, Rechte zu haben"** (Arendt) anerkannt. Vor dem Hintergrund der NS-Ausbürgerungs- und Entrechtungspolitik erklärt sich das Bestreben des GG, Zwangsausbürgerungen zu verhindern und Staatenlosigkeit möglichst zu vermeiden. In regelungstechnischer Hinsicht ist die so zentrale **Abgrenzung zwischen Entziehung und Verlust** in Abs. 1 nicht mit der gebotenen Klarheit gelungen.[272] Dass außerdem der **Erwerb der Staatsangehörigkeit** nach Maßgabe der Gesetze vorausgesetzt wird, schafft einerseits zwar politische Flexibilität, macht es aber auf der anderen Seite erforderlich, eine Umgehung des Garantiegehalts auf dem Wege der Verfassungsinterpretation zu verhindern. **Abs. 2** ist mit Abs. 1 **thematisch eher locker** über den Gedanken einer Sonderverbindung zwischen Individuum und Staat **verknüpft.**

76 Beide Rechtsgarantien in Art. 16 GG sind auch auf unterschiedliche Weise den **Einflüssen einer Transnationalisierung des Verfassungsrechts** ausgesetzt: Während die deutsche Staatsangehörigkeit durch Einführung und Ausbau der **Unionsbürgerschaft** gegenüber Unionsbürgern aus anderen Mitgliedstaaten der EU ihren exklusiven Charakter allmählich gleichsam von innen heraus einbüßt, der Schutz vor Entziehung der Staatsangehörigkeit aber unverändert aktuell bleibt, markiert der **Gesetzesvorbehalt in Abs. 2 S. 2** eine bewusste und explizite Öffnung gegenüber einer supranationalen und internationalen Kooperation in der Strafrechtspflege und relativiert insoweit die Schutzdimension der Staatsangehörigkeit.

77 Bestrebungen, als gefährlich eingestufte Personen die Staatsangehörigkeit zu entziehen, sind verfassungsrechtlich zweifelhaft. Unabhängig davon, ob man sie, wie hier, als verfassungswidrige Entziehung einstuft (→ Rn. 31), sind solche – nur in seltenen Fällen greifenden – Maßnahmen der Symbolpolitik[273] kritisch zu sehen, da sie das Schutzversprechen stabiler und gleichberechtigter Zugehörigkeit in Frage stellen und feindverfassungsrechtliche Richtung einschlagen.[274] Indem sie dem Zweck dienen, ausgebürgerte Deutsche außer Landes zu halten, stellen sie sich in den Kontext einer allgemeinen Versicherheitlichung von Migrationsgovernance.[275]

---

[271] EuGH C-191/16, ECLI:EU:C:2018:222 Rn. 51 – Pisciotti; C–182/15, ECLI:EU:C:2016:630 Rn. 48f. – Petruhhin; Sa EuGH C-42/11, ECLI:EU:C:2012:517 Rn. 50 – Lopes Da Silve Jorge.

[272] Ebenso *Giegerich* in Maunz/Dürig Art. 16 Abs. 1 Rn. 131.

[273] Sa *Zimmermann/Eiken* NVwZ 2019, 1313 (1318); positiv gewendet *Thym,* Die Verwaltung 52 (2019), 407 (411 f.).

[274] *Macklin* in Bauböck Debating Transformations of National Citizenship, 2018, 163 (167 f.).

[275] *Zedner* European Journal of Migration and Law 19 (2016), 222 (225 f.); *Gibney* in Shachar/Bauböck/Bloemraad/Vink Oxford Handbook of Citizenship, 2017, 358 (378); *Mantu,* Contingent Citizenship, 2015, 325. § 28 Abs. 1 Nr. 2 StAG macht Deutsche letztlich zu Migranten, wenn sie nach der Ausbürgerung an der (Wieder-)Einreise gehindert oder ausgewiesen werden (sollen).

Literatur

Zu Abs. 1

Y. Becker, Rückwirkender Wegfall der deutschen Staatsangehörigkeit – Entziehung oder Verlust?, NVwZ 2006, 304. – ***A. Farahat,*** Progressive Inklusion, 2014. – ***R. Grawert,*** Staatsangehörigkeit und Staatsbürgerschaft, Der Staat 23 (1984), 179. – ***K. Hailbronner,*** Die Reform des deutschen Staatsangehörigkeitsrechts, NVwZ 1999, 1273. – ***T. O. Hokema,*** Mehrfache Staatsangehörigkeit, 2002. – ***P. M. Huber/K. Butzke,*** Das neue Staatsangehörigkeitsrecht und sein verfassungsrechtliches Fundament, NJW 1999, 2769. – ***J. A. Kämmerer,*** Die Rücknahme erschlichener Einbürgerungen – Tor zur Staatenlosigkeit?, NVwZ 2006, 1015. – ***A. Kießling,*** Die Funktion der Staatsangehörigkeit als verlässliche Grundlage gleichberechtigter Zugehörigkeit, Der Staat 54 (2015), 1; – ***W. Kluth,*** Variable Staatsbürgerschaftsrechte – eine Alternative zum Optionsmodell?, ZAR 2009, 134. – ***N. Kotalakidis,*** Von der nationalen Staatsbürgerschaft zur Unionsbürgerschaft, 2000. – ***G. Lübbe-Wolff,*** Entziehung und Verlust der deutschen Staatsangehörigkeit – Art. 16 I GG, Jura 1996, 57. ***J. Masing,*** Wandel im Staatsangehörigkeitsrecht vor den Herausforderungen moderner Migration, 2001. – ***I. v. Münch,*** Die deutsche Staatsangehörigkeit, 2007. – ***W. Nettersheim,*** Rücknahme und Widerruf von Einbürgerungen, DVBl 2004, 1144. – ***U. Sacksofsky,*** Mehrfache Staatsangehörigkeit – ein Irregulare?, FS f. Böckenförde, 1995, 317. – ***Th. Sauerland,*** Der Widerruf auflagenbeschwerter Einbürgerungen, DÖV 2016, 465. – ***S. Schmahl,*** Rücknahme erschlichener Einbürgerungen trotz drohender Staatenlosigkeit?, ZAR 2007, 174. – ***F. Schnapp/M. Neupert,*** Grundfragen des Staatsangehörigkeitsrechts, Jura 2004, 167. – ***Ch. Schönberger,*** Unionsbürger, 2005. – ***R. Scholz/A. Uhle,*** Staatsangehörigkeit und Grundgesetz, NJW 1999, 1510. – ***D. Thym,*** Bürger zweiter Klasse im Einwanderungsland?, Die Verwaltung 52 (2019), 407. – ***A. Wallrabenstein,*** Das Verfassungsrecht der Staatsangehörigkeit, 1999. – ***Ch. Walter/K. F. Gärditz,*** Der Bürgerstatus im Lichte von Migration und europäischer Integration, VVDStRL 72 (2013), 7/49. – ***F. Weber,*** Status und Staatsangehörigkeit, 2018. – ***F. Weber,*** Die Aberkennung der deutschen Staatsangehörigkeit, ZAR 2019, 209. – ***B. Ziemske,*** Verfassungsrechtliche Garantien des Staatsangehörigkeitsrechts, ZRP 1994, 229.

Zu Abs. 2

H. Baier, Die Auslieferung von Bürgern der Europäischen Union an Staaten innerhalb und außerhalb der EU, GA 2001, 427. – ***U. Becker,*** Grundprinzipien des Auslieferungsrechts, Jura 1988, 232. – ***C. Globke,*** Die Auslieferung an den Internationalen Strafgerichtshof, 2009. – ***C. Gusy,*** Die Unzulässigkeit der Rücklieferung Deutscher an das Ausland, MDR 1979, 542. – ***C. Gusy,*** Die neuere Entwicklung des völkerrechtlichen Auslieferungsrechts, BayVBl. 1980, 10. – ***U. Häde,*** Die Auslieferung – Rechtsinstitut zwischen Völkerrecht und Grundrechten, Staat 36 (1997), 1. – ***H. Hecker,*** Auslieferungsverträge und Staatsangehörigkeit, AVR 26 (1988), 216. – ***U. Hufeld,*** Der Europäische Haftbefehl vor dem BVerfG, JuS 2005, 865. – ***A. Oehmichen,*** Verfassungs- und europarechtliche Grenzen der Auslieferung, StV 2017, 257. – ***T. Reinbacher/M. Wendel,*** Menschenwürde und Europäischer Haftbefehl, EuGRZ 2016, 333. – ***C. Rinio,*** Die Auslieferung eigener Staatsangehöriger, ZStW 108 (1996), 354. – ***J. Rung,*** Grundrechtsschutz in der europäischen Strafkooperation, 2019. – ***C. Tinkl,*** Die Ungleichbehandlung eigener und fremder Staatsbürger im deutschen Auslieferungsrecht, ZIS 2010, 320. – ***C. Tomuschat,*** Ungereimtes/Zum Urteil des Bundesverfassungsgerichts vom 18. Juli 2005 über den Europäischen Haftbefehl, EuGRZ 2005, 453. – ***A. Uhle,*** Auslieferung und Grundgesetz, NJW 2001, 1889. – ***M. v. Unger,*** „So lange“ nicht mehr: Das BVerfG behauptet die normative Freiheit des deutschen Rechts, NVwZ 2005, 1266. – ***J. Vogel,*** Europäischer Haftbefehl und deutsches Verfassungsrecht, JZ 2005, 801. – ***T. Vogler,*** Auslieferungsrecht und Grundgesetz, 1970. – ***T. Weigend,*** Grundsätze und Probleme des deutschen Auslieferungsrechts, JuS 2000, 105. – ***H. A. Wolff,*** Die Auslieferung Deutscher aufgrund des europäischen Haftbefehls, ZG 2004, 32. – ***A. Zimmermann,*** Die Auslieferung Deutscher an Staaten der Europäischen Union und internationale Strafgerichtshöfe, JZ 2001, 233.

Art. 16a [Asylrecht]

(1) Politisch Verfolgte genießen Asylrecht.

(2) [1]Auf Absatz 1 kann sich nicht berufen, wer aus einem Mitgliedstaat der Europäischen Gemeinschaften oder aus einem anderen Drittstaat einreist, in dem die Anwendung des Abkommens über die Rechtsstellung der Flüchtlinge und der Konvention zum Schutze der Menschenrechte und Grundfreiheiten sichergestellt ist. [2]Die Staaten außerhalb der Europäischen Gemeinschaften, auf die die Voraussetzungen des Satzes 1 zutreffen, werden durch Gesetz, das der Zustimmung des Bundesrates bedarf, bestimmt. [3]In den Fällen des Satzes 1 können aufenthaltsbeendende Maßnahmen unabhängig von einem hiergegen eingelegten Rechtsbehelf vollzogen werden.

(3) [1]Durch Gesetz, das der Zustimmung des Bundesrates bedarf, können Staaten bestimmt werden, bei denen aufgrund der Rechtslage, der Rechtsanwendung und der allgemeinen politischen Verhältnisse gewährleistet erscheint, daß dort weder politische Verfolgung noch unmenschliche oder erniedrigende Bestrafung oder Behandlung stattfindet. [2]Es wird vermutet, daß ein Ausländer aus einem solchen Staat nicht verfolgt wird, solange er nicht Tatsachen vorträgt, die die Annahme begründen, daß er entgegen dieser Vermutung politisch verfolgt wird.

(4) [1]Die Vollziehung aufenthaltsbeendender Maßnahmen wird in den Fällen des Absatzes 3 und in anderen Fällen, die offensichtlich unbegründet sind oder als offensichtlich unbegründet gelten, durch das Gericht nur ausgesetzt, wenn ernstliche Zweifel an der Rechtmäßigkeit der Maßnahme bestehen; der Prüfungsumfang kann eingeschränkt werden und verspätetes Vorbringen unberücksichtigt bleiben. [2]Das Nähere ist durch Gesetz zu bestimmen.

(5) Die Absätze 1 bis 4 stehen völkerrechtlichen Verträgen von Mitgliedstaaten der Europäischen Gemeinschaften untereinander und mit dritten Staaten nicht entgegen, die unter Beachtung der Verpflichtungen aus dem Abkommen über die Rechtsstellung der Flüchtlinge und der Konvention zum Schutze der Menschenrechte und Grundfreiheiten, deren Anwendung in den Vertragsstaaten sichergestellt sein muß, Zuständigkeitsregelungen für die Prüfung von Asylbegehren einschließlich der gegenseitigen Anerkennung von Asylentscheidungen treffen.

Hinweis: Die Paulskirchenverfassung von 1849, die Verfassung des Deutschen Reiches von 1871 und die Weimarer Reichsverfassung von 1919 enthielten keine entsprechende Bestimmung.

Grundgesetz von 1949

Art. 16.
(1) […]
(2) […] Politisch Verfolgte genießen Asylrecht.

Übersicht

A. Allgemeine Bedeutung

I. Genese

1 Mehr noch als die meisten anderen Rechtsmaterien lässt sich das heutige Asylrecht erst in der Einordnung in seine historischen, transnationalen und normativen Kontexte erfassen. Historisch ist es durch eine im Wesentlichen **dreifache Genealogie** gekennzeichnet.[1] Seine **religiösen Wurzeln** verweisen auf die Trennung weltlicher und göttlicher Gerechtigkeit. Wer an einem geweihten Ort Zuflucht findet, soll vor irdischer Gerichtsbarkeit geschützt sein. Mit der Säkularisierung und der Ausbildung staatlicher Schutzinstrumentarien schwindet indes die öffentliche Funktion solcher sakraler Schutzzonen; sie werden in die Sphäre des Privaten überwiesen. Folgerichtig wird heute das sog. Kirchenasyl nicht Art. 16a, sondern Art. 4 und damit dem Bereich privater Freiheitsentfaltung zugeordnet.[2] Neben dieser innerstaatlichen Dimension („internes Asyl") besitzt das Asylrecht auch **zwischenstaatliche Wurzeln** („externes Asyl"): Als Ausdruck staatlicher Souveränität beanspruchen Staaten schon lange das Recht, einem Flüchtling Schutz zu gewähren;[3] gebräuchliche Ausnahmen bei politischem Terrorismus folgen Notwendigkeiten zwischenstaatlicher Kooperation in einer Völkerrechtsordnung, die auf dem Prinzip souveräner Gleichheit fußt.[4] Diese Entwicklungs-

[1] Vgl. *Kämmerer/Kotzur* in BK Rn. 62 ff.; *Wittreck* in Dreier Rn. 1 ff.

[2] → Art. 4 Rn. 82 Stichwort „Kirchenasyl"; näher ua *v. Münch* NJW 1995, 565; *Stiebig* ZAR 2004, 101; *Neundorf* ZAR 2011, 259/389; *Traulsen* KuR 2017, 128; *Botta* ZAR 2017, 434; eing. *Müller,* Rechtsprobleme beim „Kirchenasyl", 1999; *Görisch,* Kirchenasyl und staatliches Recht, 2000; *Grefen,* Kirchenasyl im Rechtsstaat, 2001.

[3] *Gärditz* in Maunz/Dürig Rn. 2 f.; näher *Davy,* Asyl und internationales Flüchtlingsrecht I, 1996, 12 ff.

[4] Einschließlich der Bekämpfung internationalen Terrorismus, s. insbes. Art. 2 lit. c S/RES/1373 (2001), wonach Staaten Terroristen keine „sicheren Häfen" *(safe havens)* bieten dürfen.

linie führt konsequenterweise zu einem Verständnis des Asylrechts als Recht des Staates, nicht des Einzelnen. Ein subjektivrechtliches Verständnis, wie es Art. 16a zu Grunde liegt, kann sich erst aus einer **menschenrechtlichen Wurzel** speisen. Nach diesem Verständnis, das sich erst seit der Mitte des 20. Jahrhunderts durchzusetzen beginnt,[5] ist die Gewährung von Zuflucht dem Respekt vor dem verfolgten Menschen geschuldet, der sich in existenzieller Not befindet und des Schutzes bedarf.[6]

2 Sieht man von vereinzelten Auslieferungsverboten in Verfassungen deutscher Staaten im 19. Jahrhundert[7] und Gewährleistungen in einigen Landesverfassungen[8] ab, stellt die Verbürgung eines Grundrechts auf Asyl in Art. 16 Abs. 2 S. 2 GG aF ein **Novum in der deutschen Verfassungsgeschichte** dar.[9] Den kaum explizierten, aber „selbstverständlichen Hintergrund"[10] der Beratungen im Parlamentarischen Rat bildeten Verfolgungen und Vertreibungen während der NS-Diktatur in Deutschland, aber auch die seinerzeitige Lage im Osten Deutschlands und Europas.[11]

3 Die heutige Fassung des (neuen) Art. 16a geht auf die **Verfassungsänderung v. 28.6.1993** zurück.[12] Art. 16 Abs. 2 S. 2 GG aF wurde in Art. 16a Abs. 1 überführt;[13] die Abs. 2–4 reagierten auf seit Jahren steigende Asylbewerberzahlen (bei durchgängig relativ niedriger Anerkennungsquote)[14] und

---

[5] Dass ein Menschenrecht auf Asyl völkergewohnheitsrechtlichen Status besitzt, bezweifeln *Davy* in AK Rn. 2; *Gärditz* in Maunz/Dürig Art. Rn. 80; *Odendahl* VVDStRL 76 (2017), 49 (69) mwN; aA *Kimminich* in BK (Drittbearbeitung 1984) Rn. 145 f.; sa Fn. 21.

[6] *Kämmerer/Kotzur* in BK Rn. 74 ff.; sa *Gärditz* in Maunz/Dürig Rn. 62: „staatsethische Selbstbeschränkung"; näher *Gusy,* Asylrecht und Asylverfahrensrecht in der Bundesrepublik Deutschland, 1980, 9 ff.

[7] ZB Art. 18 Abs. 3 S. 2 Grundgesetz für die vereinigte landschaftliche Verfassung des Herzogtums Sachsen-Meiningen v. 23.8.1829; weitere Nachw. bei *Zimmermann,* Das neue Grundrecht auf Asyl, 1994, 5 ff.

[8] Aus der Zeit vor Inkrafttreten des GG Art. 105 BayVerf., Art. 7 S. 2 HessVerf., Art. 16 Abs. 2 aF Verf. RhPf., Art. 11 Abs. 2 S. 2 aF SaarlVerf. Von den neuen Bundesländern s. allein Art. 18 Bbg. Verf. Zum Verhältnis zu Art. 16a *Gramlich* ZAR 1987, 127 einerseits, *Göbel-Zimmermann* NVwZ 1995, 763 andererseits.

[9] Zum Flüchtlingsschutz in der Weimarer Republik *Oltmer* Journal of Refugee Studies 30 (2017), 318 (322 ff.).

[10] *Masing* in Dreier, 2. Aufl. 2004, Rn. 11; sinngemäß BVerfGE 76, 143 (156 f.); sa *Berkemann* GS f. Rittstieg, 2015, 215 (225 f.); krit. *Tiedemann* ZAR 2009, 161 (161 ff.).

[11] *Wittreck* in Dreier Rn. 11; *Berkemann* GedS Rittstieg, 2015, 215 (226 f.); *Gärditz* in Maunz/Dürig Rn. 14. Näher zur Entstehungsgeschichte *Berkemann* GS f. Rittstieg, 2015, 215 (223 ff.); Stern StaatsR IV/1 § 103 Kap. II 3; *Wittreck* in Dreier Rn. 11 ff.

[12] Zu dieser Reform (aus unterschiedlichen Perspektiven) *Schoch* DVBl. 1993, 1161; *Voßkuhle* DÖV 1994, 53; *Wollenschläger/Schraml* JZ 1994, 61; *Zimmermann,* Das neue Grundrecht auf Asyl, 1994, 30 ff.; *Davy* in AK Rn. 5 ff.; *Hailbronner,* Ausländerrecht III, 116. Lfg, 5/2020 Kap. B 1, GG Art. 16a Rn. 1 ff.; *Becker* in MKS Rn. 7 ff.; Stern StaatsR IV/1 § 103 Kap. II 4; *Gärditz* in Maunz/Dürig Rn. 30 ff.; *Zimmermann/Tams* in BerlKomm Rn. 5 ff.

[13] Die zu Art. 16 Abs. 2 S. 2 aF ergangene Rspr. ist daher auf Art. 16a Abs. 1 übertragbar: *Huber* NVwZ 1993, 736 (736); *Schoch* DVBl. 1993, 1161 (1162); *Rothkegel* in Umbach/Clemens Rn. 56; *Randelzhofer* in Maunz/Dürig Art. 16a Abs. 1 (Vorbearbeitung – Stand 3/2007) Rn. 27.

[14] In den 50er und 60er Jahren wurden im Jahresdurchschnitt etwa 4.400 Erst- und Folgeanträge im Jahr gestellt, in den 70er Jahren bereits über 15.600. Nach einem Spitzenwert von 107.818 Anträgen im Jahr 1980 pendelte sich der Jahresmittelwert bis 1985 bei rund 50.000 Anträgen ein. Im Jahr vor der Reform wurde mit 438.191 Anträgen der Spitzenwert erreicht. Quelle: Bundesamt für Migration und Flüchtlinge (BAMF), Das Bundesamt in Zahlen 2019, 2020, 9; *Kreienbrink* ZAR 2013, 397 (401). Im selben Jahr verließen ca. 497.000 Ausländer die Bundesrepublik: *Voßkuhle* DÖV 1994, 53 (54 Fn. 14).

die damit verbundene Belastung der Behörden und Gerichte; Abs. 5 sollte va Harmonisierungen des Asylrechts im Rahmen der EU ermöglichen.[15]

Das **BVerfG** hat in drei Urteilen v. 14.5.1996 diese Änderungen **für verfassungskonform erklärt.**[16] Die politisch umstrittene Änderung des GG stieß und stößt auch nach diesen Urteilen in der Rechtswissenschaft auf verbreitete **Kritik.** Neben ästhetischen, aber auch verfassungsfunktional begründeten Einwänden gegen die Detailliertheit der neuen Verfassungsnorm[17] wird inhaltliche Kritik geübt: Die folgenden Absätze nähmen die Garantieaussage des Abs. 1 letztlich wieder zurück, das Grundrecht werde ausgehöhlt, ja faktisch abgeschafft, und habe nur mehr symbolischen Gehalt.[18] In der Tat hat gerade die Drittstaatenregelung (Abs. 2) den Kreis der potentiell Asylberechtigten drastisch reduziert (hierzu → Rn. 70 ff.). Rechtsstaatlich bedenklich sind va einfachgesetzliche Verfahrensregelungen und die bereits in Abs. 4 angelegte Beschränkung des Rechtsschutzes in Asylverfahren (→ Rn. 99 ff.). Es widerspricht dem humanitären Anliegen des Art. 16a Abs. 1, das Verfahren nicht vom Schutz politisch Verfolgter, sondern vom Ausschluss des Asylmissbrauchs her zu entwerfen.[19] 4

Zu warnen ist jedoch zugleich vor einem **Zerrbild der Asylreform** von 1993: Gewiss stand politisch die Missbrauchsdebatte im Vordergrund, was sich in zT bedenklichen Verfassungs- und Gesetzesänderungen niedergeschlagen hat. Der verfassungsändernde Gesetzgeber hat aber nicht allein Abs. 2–4 eingefügt, sondern mit Abs. 1 auch bewusst am Asylgrundrecht festgehalten. Damit gilt nach wie vor der Satz *Carlo Schmids:* „Die Asylgewährung ist immer eine Frage der Generosität, und wenn man generös sein will, muß man riskieren, sich ggf. in der Person geirrt zu haben."[20] 5

II. Inhaltsübersicht

Der erste Absatz von Art. 16a verbürgt Nichtdeutschen, die in ihrem Herkunftsstaat politisch erfolgt werden, **Asyl** (→ Rn. 21 ff.). Diese Garantie erfährt in den 1993 eingefügten Absätzen 2 bis 4 **weit gehende Begrenzungen.** Ausgeschlossen wird die Asylgewährung (zu Grenzen normativer Vergewisserung → Rn. 72 ff.) nach Abs. 2 für Personen, deren Fluchtweg über einen Mitgliedstaat der Europäischen Union bzw. einen anderen, gesetzlich bestimmten **sicheren Drittstaat** geführt hat (→ Rn. 70 ff.). Gem. Abs. 3 können **Herkunftsstaaten,** ebenfalls durch Gesetz, als verfolgungsfrei bestimmt werden, was die im Einzelfall widerlegliche Vermutung begründet, nicht gem. Abs. 1 verfolgt zu sein (→ Rn. 92 ff.). Im Interesse der Verfahrensbeschleunigung schränkt Art. 16a den **Rechtsschutz gegen aufenthaltsbeendende Maßnahmen** bereits qua Verfassung teils erheblich 6

[15] *Davy* in AK Rn. 7; *Becker* in MKS Rn. 11; *Will* in Sachs Rn. 7.

[16] BVerfGE 94, 49, zu Abs. 3; BVerfGE 94, 115, zu Abs. 2; BVerfGE 94, 166, zum Flughafenverfahren und Abs. 4.

[17] *Voßkuhle* DÖV 1994, 53 (62 ff.); *Becker* in MKS Rn. 15; diff. *Gärditz* in Maunz/Dürig Rn. 38.

[18] *Voßkuhle* DÖV 1994, 53 (64 f.); *Frowein/Zimmermann* JZ 1996, 753; *Roth* ZAR 1998, 54; *Marx* InfAuslR 2004, 21 (24 ff.); *Wittreck* in Dreier Rn. 17: „Stummschaltung"; *Zimmermann/Tams* in BerlKomm Rn. 38 ff.

[19] Nach *Schoch* DVBl. 1993, 1161 (1161), muss zu Recht „selbst das – in der ex-post-Perspektive feststehende – Verdikt des ‚Asylrechtsmißbrauchs' erst einmal prozedural gewonnen werden".

[20] *Schmid* im Hauptausschuss des Parl. Rates, zitiert nach JöR nF 1 (1951), 167.

ein. In Abs. 2 S. 3 wird vorläufiger Rechtsschutz – von bundesverfassungsgerichtlichem (Eil-)Schutz abgesehen – bei Fluchtweg über einen sicheren Drittstaat gem. Abs. 2 ausgeschlossen (→ Rn. 89 ff.). Für sichere Herkunftsstaaten gem. Abs. 3 sowie für offensichtlich unbegründete bzw. als offensichtlich unbegründet geltende Fälle wird der Prüfungsmaßstab im vorläufigen Rechtsschutz in Abs. 4 zuungunsten der Antragsteller verengt (→ Rn. 99 ff.). Das Grundgesetz beauftragt den Gesetzgeber, die als offensichtlich unbegründet geltenden Fälle zu konkretisieren; darüber hinaus wird er ermächtigt, den Prüfungsumfang einzuschränken und verspätetes Vorbringen unberücksichtigt zu lassen. Abs. 5 stellt das Asylgrundrecht hinsichtlich der Zuständigkeitsverteilung und Anerkennung von Asylentscheidungen unter einen **Vorbehalt völkerrechtlicher Verträge** mit Mitgliedstaaten der Europäischen Union und anderen sicheren Drittstaaten (→ Rn. 107 ff.). Unabhängig von Abs. 5 relativieren den Asylschutz des Grundgesetzes **Schutzgründe** sowie **harmonisierte Verfahrensstandards des Unionsrechts** (→ Rn. 14, 19 f., 118 f.).

III. Überstaatliche Bezüge

7 Nach allgemeinem **Völkerrecht** hat jeder Staat das souveräne Recht zur Gewährung politischen Asyls, begrenzt durch vertraglich übernommene Auslieferungspflichten. Eine Pflicht zur Gewährung von Asyl kennt das Völkergewohnheitsrecht (ungeachtet des auf den ersten Blick anders lautenden Art. 14 Abs. 1 AEMR) nicht.[21] Ausdrückliche verfassungsrechtliche Garantien eines Asylrechts sind im **internationalen Vergleich** weniger weit verbreitet als Auslieferungsverbote bzw. -beschränkungen. Eine Vorreiterrolle spielten die Staaten Lateinamerikas;[22] in Europa finden sich vergleichbare Bestimmungen erst seit Ende des 2. Weltkrieges. Einige Garantien sind inhaltlich durch das Eintreten des Verfolgten für bestimmte politische Ziele qualifiziert,[23] andere wiederum nur „nach Maßgabe der Gesetze" gewährleistet und damit gesetzgeberischer Ausgestaltung überantwortet.[24] Wieder andere beschränken sich auf die Verbürgung von Abschiebungsschutz.[25]

8 Zentrale Bedeutung im Völkervertragsrecht kommt der **Genfer Flüchtlingskonvention** von 1951 (GFK) zu. Art. 33 Abs. 1 GFK legt ein **Verbot des Refoulement** fest, dh das Verbot von Abschiebung oder Auslieferung

---

[21] *v. Arnauld,* Völkerrecht, 2019, Rn. 791. Vertiefend *Gusy,* Asylrecht und Asylverfahrensrecht in der Bundesrepublik Deutschland, 1980, 27 ff.; eing. *Reichel,* Das staatliche Asylrecht „im Rahmen des Völkerrechts", 1987. In Richtung eines Anspruchs *Worster* International Journal of Refugee Law 26 (2014), 477; *Gil-Bazo* International Journal of Refugee Law 27 (2015), 3 (allgemeiner Rechtsgrundsatz); sa *Lambert* ICLQ 66 (2017), 723, zur gewohnheitsrechtlichen Pflicht zur Gewährung temporären Schutzes.

[22] Nachw. bei Stern StaatsR IV/1 § 103 Kap. II 2b mw Hinweisen 819 ff.; sa *Tietje* in Riedel Neuere Entwicklungen im Einwanderungs- und Asylrecht, 9 (34 ff.); *Kowalczyk/Versteeg* Cornell Law Review 102 (2017), 1219 (1261 ff.).

[23] ZB Frankreich: Abs. 4 Präambel Verf. v. 1946 (iVm Präambel Verf. v. 1958); Portugal: Art. 33 Abs. 8; sa *Gil-Bazo* International Journal of Refugee Law 27 (2015), 3 (7, 24); *Kowalczyk/Versteeg* Cornell Law Review 102 (2017), 1219 (1257 ff., 1267 ff.); zum Asylrecht kommunistischer Staaten Stern StaatsR IV/1 § 103 Kap. II 2b, § 103 Kap. II 2c; spezifisch zur DDR *Poutrous,* Umkämpftes Asyl, 2019, 103 ff.

[24] ZB Italien: Art. 10 Abs. 3; Spanien: Art. 13 Abs. 4. Sa *Foster/Klaaren* in Tushnet ua Routledge Handbook of Constitutional Law, 415 (416 f.); *Häberle* AVR 53 (2015), 409 (420).

[25] ZB Finnland: Art. 9 Abs. 4 S. 2; Griechenland: Art. 5 Abs. 2 UAbs. 2.

verfolgter Personen an einen Verfolgerstaat.[26] Dabei ist nach Sinn und Zweck des Verbots wie nach dem systematischen Zusammenhang mit dem Schutz selbst illegal eingereister Flüchtlinge (Art. 31 GFK) auch die Abweisung an der Grenze erfasst.[27] Zwar bleibt das Refoulementverbot hinter der Asylgewährung insoweit zurück, als es eine Abschiebung an einen nicht verfolgenden Drittstaat zulässt; solange dritte Staaten aber nicht zur Übernahme von Flüchtlingen bereit sind, decken sich beide Institute darin, dass sie eine „faktisch nicht entziehbare Bleibemöglichkeit" einräumen.[28] Die nach der GFK mögliche Überstellung an einen Nichtverfolgerstaat eröffnet allerdings im Rahmen einer integrierten europäischen Flüchtlingspolitik Optionen.

Neben der GFK enthält Art. 3 **UN-Anti-Folterkonvention** ein ausdrückliches Verbot der Auslieferung oder Abschiebung bei drohender Folter.[29] Außerdem können Art. 3 **EMRK** wie der Parallelgarantie in Art. 7 **IPbpR** Abschiebungs- und Auslieferungsverbote entnommen werden, wenn im Zielstaat die tatsächliche Gefahr („real risk") einer grausamen oder erniedrigenden oder sonst menschenunwürdigen Behandlung droht.[30] Diese Verbote erfassen nicht nur Maßnahmen innerhalb staatlicher sowie *an* staatlichen Grenzen,[31] sondern auch extraterritorial sog. Pushback-Operationen im Mittelmeer (→ Rn. 59).[32] 9

---

[26] Näher *Bergmann* in Bergmann/Dienelt Ausländerrecht Art. 16a GG Rn. 119 ff.; *Zimmermann/Tams* in BerlKomm Rn. 12 ff.; *Hailbronner/Thym* JZ 2016, 753 (753 ff.); *Walter* in Walter/Burgi Die Flüchtlingspolitik, der Staat und das Recht, 7 (9 ff.); eing. *Kälin,* Das Prinzip des non-refoulement, 1982; *Gornig,* Das Refoulement-Verbot im Völkerrecht, 1987; zum Streit über die gewohnheitsrechtliche Geltung *Gärditz* in Maunz/Dürig Rn. 85 ff.; *Zimmermann/Tams* in BerlKomm Rn. 12.

[27] Vertieft *Davy,* Asyl und internationales Flüchtlingsrecht I, 1996, 96 ff.; ferner *Davy* in AK Rn. 2; *Gärditz* in Maunz/Dürig Rn. 86; *Zimmermann/Tams* in BerlKomm Rn. 16 f.; aA zB *Masing* in Dreier, 2. Aufl. 2004, Rn. 16.

[28] *Masing* in Dreier, 2. Aufl. 2004, Rn. 17; sa *Bergmann* in Bergmann/Dienelt Ausländerrecht, Rn. 9, 22; gute Gegenüberstellung beider Institute bei *Randelzhofer* in Stern, Zeitgemäßes Zuwanderungs- und Asylrecht – ein Problem der Industriestaaten, 2003, 19 (21), Asylrecht gibt zusätzlich Rechte auf Einreise, auf rechtlich gesicherten Aufenthalt und auf persönliche und berufliche Entfaltung.

[29] Zur Relevanz der Konvention in Auslieferungsverfahren BVerfGK NJW 1994, 2883; *Alleweldt,* Schutz vor Abschiebung bei drohender Folter oder unmenschlicher oder erniedringender Behandlung oder Strafe, 1996, 93 ff. Sa *Gärditz* in Maunz/Dürig Rn. 80 zum Völkergewohnheitsrecht.

[30] *Alleweldt,* Schutz vor Abschiebung bei drohender Folter oder unmenschlicher oder erniedringender Behandlung oder Strafe, 1996, 10 ff., 99 f.; *Harvey* Refugee Survey Quarterly 2015, 43 (49 ff.); zur EMRK: EGMR 7.7.1989 – 14038/88, ECHR Reports Ser. A Nr. 161 = NJW 1990, 2183 (2184 f.) – Soering; EGMR 30.10.1991 – 13163 ua/87, ECHR Reports Ser. A Nr. 215 = NVwZ 1992, 869 (869) – Vilvarajah ua; EGMR, 28.2.2008 – 37201/06, NVwZ 2008, 1330 (1331) – Saadi; EGMR 13.4.2010 – 50163/08 Rn. 40 ff. – Trabelsi; EGMR, 21.1.2011, 30696/11, Rn. 341 ff. – M. S. S. (Überstellung von Belgien nach Griechenland); EGMR, 4.11.2014, 29217/12, Rn. 93 ff. – Tarakhel (Überstellung aus Schweiz nach Italien); EGMR, 23.3.2016, 43611/11, Rn. 110 ff. – F. G.; EGMR, 13.12.2016, 41738/10, Rn. 172 ff. – Paposhvili; sa VGH Mannheim, DVBl. 2018, 458; vertiefend *Kälin* ZAR 1986, 172; *Caroni* in Jahrbuch für Migrationsrecht 2008/09, 237; *Wendel* DVBl. 2015, 731; *Gärditz* in Maunz/Dürig Rn. 106 ff.; eing. *Thurin,* Der Schutz des Fremden vor rechtswidriger Abschiebung, 2009; zum IPbpR *Zimmermann/Tams* in BerlKomm Rn. 20; zu parallelem Schutz aus Art. 2 (Recht auf Leben) und 8 EMRK (Schutz des Familien- und Privatlebens) sa *Nußberger* NVwZ 2016, 815 (819 f.).

[31] EGMR, 21.11.2019, 47287/15 – Ilias/Ahmed.

[32] EGMR, 23.2.2012, 27765/09, Rn. 70 ff. – Hirsi Jamaa; sa EGMR, 5.3.2020, 3599/18 – M. N. (EMRK für Visa-Anträge in Botschaften nicht anwendbar); nur eingeschränkt

10 In den **Kompetenzbereich der EU** ist die Flüchtlings- und Asylpolitik erst 1999 durch den Vertrag von Amsterdam gelangt (Titel IV EG, jetzt Dritter Teil, Titel V AEUV). Zuvor bildeten die Abkommen von Schengen sowie ab 1997 das Übereinkommen von Dublin v. 15.6.1990 die Grundlage der diesbezüglichen Kooperation zwischen den EU-Mitgliedstaaten.[33] Das 2004 vereinbarte[34] **Gemeinsame Europäische Asylsystem** (vgl nun Art. 78 Abs. 1 AEUV) ist zwar noch immer nicht vollendet;[35] notwendige Reformen scheiterten zuletzt an Unstimmigkeiten zwischen den Mitgliedstaaten, die im Rahmen der Flüchtlings(schutz)krise 2015/16 zutage getreten sind.[36] Auch gibt es in erheblichem Maße Probleme beim Vollzug des europäischen Asylrechts, der nach wie vor im Wesentlichen bei den Mitgliedstaaten liegt (→ Rn. 119).[37] Demgegenüber ist die **Regelungsdichte** des EU-Flüchtlingsrechts hoch.[38]

11 Die vier wichtigsten Rechtsinstrumente[39] sind:

– **„Qualifikations- bzw. Statusrichtlinie"** (QRL)[40]: legt Mindestnormen für die Anerkennung und den Status von Flüchtlingen sowie für den Inhalt

---

verwertbar EGMR, 13.2.2020, 8675 u. 8697/15 – N. D. u. NT (beschränkt auf Vorwurf der kollektiven Abschiebung).

[33] Überblick über die Entwicklung bei *Gärditz* in Maunz/Dürig Rn. 114 ff.; *Kämmerer/Kotzur* in BK Rn. 22 ff.; sa *Wollenschläger* EuGRZ 2001, 354; *Kluth* ZAR 2006, 1 (2 ff.); *Zimmermann/Tams* in BerlKomm Rn. 21 ff.; *Laas,* Die Entstehung eines europäischen Migrationsverwaltungsraumes, 2008, 48 ff.; *Velasco Caballero* in Schneider/Velasco Caballero, Strukturen des Europäischen Verwaltungsverbunds, 101; *Fröhlich,* Das Asylrecht im Rahmen des Unionsrechts, 2011; *Baur* in Gornig/Horn Migration, Asyl, Flüchtlinge und Fremdenrecht, 2017, 117; *Moreno-Lax,* Accessing Asylum in Europe, 2017, 365 ff.; *Janda* Verwaltung 51 (2018), 495 (495 ff.).

[34] S. Europäischer Rat, Schlussfolgerungen 4./5.11.2004, 14292/1/04 REV 1, 17 f.; KOM(2005) 184 endg. 9 (Haager Program); sowie bereits Europäischer Rat, Schlussfolgerungen, 15./16.10.1999, A. II. (Tampere).

[35] A European Agenda on Migration, 13.5.2015, KOM(2015) 240 endg., 17. Das Ziel eines einheitlichen Status kann gleichwohl interpretationsleitend berücksichtigt werden, s EuGH, C-369/17, ECLI:EU:C:2018:713 – Ahmed, Rn. 42 ff.

[36] Progress Report on the Implementation of the European Agenda on Migration, 16.10.2019, KOM(2019) 481 endg., 20; Vorschläge: KOM(2016) 197 endg.; KOM(2016) 465 endg.; KOM(2016) 466 endg.; KOM(2016) 467 endg.; KOM(2016)270 endg. Dazu *Koehler* ZAR 2017, 440; *Henkel* DVBl. 2017, 269; *Koehler* ZAR 2019, 21; krit. *Marx* ZAR 2018, 98; *Henkel* ZRP 2017, 2. Zu deutschen Reaktionen *Thym* NVwZ 2016, 409; *Langenfeld* in Lehner/Wapler Die herausgeforderte Rechtsordnung, 15.

[37] Dazu European Agenda on Migration, 13.5.2015, COM(2015) 240 final, 12 ff.; *Marx* in GS f. Rittstieg, 2015, 303 (316 ff.); *Hailbronner/Thym* JZ 2016, 753 (758 ff.); *Michl,* in Bungenberg/Giegerich/Stein Asyl und Migration in Europa 161 (166 f.); *Berlit,* Flüchtlingsrecht in Zeiten der Krise, 2017, 43 ff.; *Schorkopf* ZG 2019, 1. Zu souveränitätsschonenden Notbefugnissen der Europäischen Agentur für die Grenz- und Küstenwache (Frontex) s Art. 42 VO (EU) 2019/1896 v. 13.11.2019, Abl. 2019 L 295, 1.

[38] Zur dynamischen Entwicklung *Berlit,* Flüchtlingsrecht in Zeiten der Krise, 2017, 22 ff.; *Gärditz* in Maunz/Dürig Rn. 114 ff.; *Kämmerer/Kotzur* in BK Rn. 22 ff.

[39] Zu diesen und weiteren Instrumenten Überblick bei *Becker* in MKS Rn. 23; zu erwähnen sind außerdem die Eurodac-Verordnung (→ Rn. 110) sowie die kontrovers diskutierte RL 2008/115/EG über gemeinsame Normen und Verfahren zur Rückführung illegal aufhältiger Drittstaatsangehöriger, v. 16.12.2008, ABl. 2008 L 348, 98; dazu eing *Hörich,* Abschiebungen nach europäischen Vorgaben, 2015; *Augustin,* Die Rückführungsrichtlinie der Europäischen Union, 2016; *Diekmann,* Menschenrechtliche Grenzen des Rückführungsverfahrens in Europa, 2016; sa EuGH C-47/15, ECLI:EU:C:2016:408 – Affum; EuGH C-297/12, ECLI:EU:C:2013:569 – Filev/Osmani.

[40] RL 2011/95/EU über Normen für die Anerkennung von Drittstaatsangehörigen oder Staatenlosen als Personen mit Anspruch auf internationalen Schutz, für einen einheitlichen Status für Flüchtlinge oder für Personen mit Anrecht auf subsidiären Schutz und für den Inhalt des zu gewährenden v. 13.12.2011, Abl. 2013 L 337, 9.

des zu gewährenden Schutzes fest; sieht neben dem Flüchtlingsstatus als zweiten Fall des sog. internationalen Schutzes einen „subsidiären Schutzstatus" vor, wenn bei Rückkehr in den Heimatstaat „ernsthafter Schaden" (Art. 15) droht;[41] Umsetzung va im AsylG;

- **„Dublin-III-Verordnung"**[42]: bestimmt die Zuständigkeit für Anträge auf internationalen Schutz (Flüchtlingsstatus / subsidiärer Schutz) mit dem Ziel, Mehrfachanträge in verschiedenen Mitgliedstaaten bzw sog Sekundärmigration zu verhindern;
- „**Asylverfahrensrichtlinie**"[43]: bestimmt Mindestnormen für das Verfahren der Anerkennung und Aberkennung internationalen Schutzes; Umsetzung va im AsylG;
- **„Aufnahmerichtlinie"**[44]: regelt Mindeststandards für die Aufnahme von internationalen Schutz Beantragenden (zB Aufenthalt, Unterbringung, Inhaftnahme, Bildung, soziale Fragen), Umsetzung va im Asylbewerberleistungsgesetz (AsylbLG) sowie in §§ 44 ff. AsylG.[45]

Um dieses Instrumentarium legt sich ein Netz von EU-internen wie externen Vereinbarungen von der EU selbst als auch den Mitgliedstaaten, sog Rücknahmeabkommen[46]. Eine Erklärung zwischen dem Europäischen Rat und der Türkei v. 18.3.2016, deren rechtliche Einordnung (als völkerrechtliche Vereinbarung) umstritten ist, soll die Zutrittszahlen aus der Türkei reduzieren.[47] 12

Den gemeinsamen primärrechtlichen Maßstab bilden seit dem Inkrafttreten des Vertrags von Lissabon **Art. 18, 19 EU-Grundrechtecharta.** Während Art. 18 auf GFK, EUV und AEUV verweist und ein Asylrecht „nach Maßgabe" dieser Regelungen anerkennt, stellt Art. 19 inhaltliche Kongruenz mit den Auslieferungs- und Abschiebungsverboten her, die sich der EMRK entnehmen lassen (→ Rn. 9). 13

Die deutsche Asyl- und Flüchtlingspolitik erhält ihre Impulse weitgehend von der europäischen Ebene.[48] Durch den **Vorrang** der unionsrechtlichen 14

---

[41] EuGH C-465/07, ECLI:EU:C:2009:9 – Elgafaji; EuGH C-285/12, ECLI:EU:C:2014:39 – Diakité; *Bank* NVwZ 2009, 695; *Bast* ZAR 2018, 41. Zu den verschiedenen Status nur *Ellerbrok/Hartmann* ZJS 2016, 157; *Tometten* in Kerstin/Leuoth Der Begriff des Flüchtlings, 43 (46 ff.).

[42] VO (EU) Nr. 604/2013 → Rn. 110; dazu nur *Bergmann* ZAR 2015, 81; *Fröhlich* ZG 2016, 215; *Marx* NVwZ 2017, 1595. Zu Reformvorschlägen *Marx* ZAR 2016, 366; *Marx* KJ 2016, 150; *Fröhlich* ZG 2016, 215 (227 ff.); *Markard/Heuser* ZAR 2016, 165 (Hotspots); zur Implementation UNHCR, Left in Limbo, 2017.

[43] RL 2013/32/EU zu gemeinsamen Verfahren für die Zuerkennung und Aberkennung des internationalen Schutzes v. 26.6.2013, ABl. 2013 L 180, 60; näher *Renner* ZAR 2004, 305.

[44] RL 2013/33/EU zur Festlegung von Normen für die Aufnahme von Personen, die internationalen Schutz beantragen v. 26.6.2013, ABl. 2013 L 180, 96; zur früheren Aufenthaltsbedingungs-RL *Gerber,* Die Asylrechtsharmonisierung in der Europäischen Union, 2004.

[45] S *Becker,* ZESAR 2017, 101 (106 ff.); *Deibel* ZFSH/SGB 2016, 520.

[46] *Thrun* ZEuS 2008, 699; *Riebau* ZAR 2015, 61; eing *Schmidt,* Die Rückübernahmeabkommen der EU und der Kompetenzkonflikt mit ihren Mitgliedstaaten, 2016; sa KOM (2016) 385 endg.

[47] S. Pressemitteilung des Europäischen Rates „Erklärung EU-Türkei" v. 18.3.2016; dazu *Hofmann/Schmidt* NVwZ 2016, 743; *Rohländer* KJ 2017, 81; *Walter* in Walter/Burgi Die Flüchtlingspolitik, der Staat und das Recht, 7 (41 ff.). Das EuG, 28.2.2017, T-192 ua/16, ECLI:EU:T:2017:128 geht nicht von einer Handlung eines Unionsorgans aus; dazu *Hofmann/Schmidt* EuGRZ 2017, 317.

[48] *Gärditz* in Maunz/Dürig Rn. 181; *Maaßen* in BeckOK Rn. 10; *Lehner* in Bungenberg/Giegerich/Stein Asyl und Migration in Europa, 93. Nach EuGH-Rspr. darf mitgliedstaatli-

Vorgaben auch vor nationalem Verfassungsrecht[49] schwindet die Bedeutung von Art. 16a als Schutzversprechen sowie (nach Maßgabe der **Verfassungsjudikatur zum Verhältnis des GG zum EU-Grundrechtsschutz**)[50] als Kontrollmaßstab.[51] Mit zunehmender Regelungsdichte des Unionsrechts steigt die Relevanz von Art. 18, 19 GRCh.[52] Soweit von Seiten der EU Mindeststandards definiert werden, die strengere Selbstbindungen der Mitgliedstaaten unberührt lassen, kann Art. 16a als Maßstab relevant bleiben.[53]

IV. Systematischer Zusammenhang

15 Seiner Verwurzelung auch in der Menschenrechtsidee (→ Rn. 1) entsprechend, bestehen zwischen dem Asylrecht und der **Menschenwürdegarantie** des Art. 1 Abs. 1 enge Zusammenhänge: „Voraussetzungen und Umfang des politischen Asyls sind wesentlich bestimmt von der Unverletzlichkeit der Menschenwürde, die als oberstes Verfassungsprinzip nach der geschichtlichen Entwicklung des Asylrechts die Verankerung eines weitreichenden Asylanspruchs im Grundgesetz entscheidend beeinflusst hat."[54] Dies bedeutet indes nicht, dass das Grundrecht als Ganzes dem Schutz der unantastbaren Menschenwürde unterstünde oder gar selbst über Art. 79 Abs. 3 der Verfassungsänderung entzogen wäre;[55] wohl aber darf aus Achtung vor der Würde des Menschen niemand abgewiesen, ausgeliefert oder abgeschoben werden, wenn ihm im Zielstaat eine menschenunwürdige Behandlung droht.[56] Diese menschenwürdeimmanente Kerngewährleistung bleibt hinter dem Asylgrundrecht zurück, aber auch hinter dem Refoulement-Verbot. Dieses schließt Formen von Verfolgung ein, die nicht die Schwelle der menschenunwürdigen Behandlung übertreten.[57]

16 Bedeutung und Tragweite des Asylgrundrechts lassen sich erst ermessen, wenn man es in Verbindung mit **anderen ausländerrechtlichen Schutzformen in Gestalt von Ausweisungs- und Abschiebungsverboten** setzt.[58] Prägend für die Entwicklung des Asylrechts in Deutschland ist na-

---

cher Schutzanspruch mit unionsrechtlichem Flüchtlingsschutz nicht verwechselbar sein, EuGH C-57 u. 101/09, ECLI:EU:C:2009:285, Rn. 119; BVerwGE 139, 272 (295 f.) bejaht diese Verwechselbarkeit für Art. 16a Abs. 1.

[49] Kollisionslagen zB Ausnahmen vom Schutzbereich aufgrund Unionsrechts – *Kämmerer/Kotzur* in BK Rn. 34; BVerwGE 140, 114 (127 ff.); BVerwGE 139, 272 (295 f.); EuGH, 9.11.2010, C-57 u. 101/09, ECLI:EU:C:2010:661, Rn. 113 ff.; Ausschluss von EU-Mitgliedstaaten als sichere Drittstaaten – BVerwGE 158, 271 (282); BVerwG, NVwZ 2017, 1625 (1626 Rn. 17). Sa methodisch *Wittreck* in Dreier Rn. 39, 52.

[50] Grundlegend: BVerfGE 73, 339 (387) – Solange II, BVerfGE 140, 317 (335 ff.) – Solange III; BVerfG NJW 2020, 300 (303 ff.) – Recht auf Vergessen I; NJW 2020, 314 (316 ff.) – Recht auf Vergessen II.

[51] BVerwGE 139, 272 (295 f.); BVerwGE 140, 114 (129 f.).

[52] *Thym* ZRP 2020, 52 (54).

[53] → Rn. 20; zu der rechtlichen Gemengelage *Becker* in MKS Rn. 24.

[54] BVerfGE 54, 341 (357); sa BVerfGE 56, 216 (235); 80, 315 (333).

[55] BVerfGE 94, 49 (102 f.); krit. *Zimmermann/Tams* in BerlKomm Rn. 60 ff.

[56] *Gärditz* in Maunz/Dürig Art. 16a Abs. 1 Rn. 453; *Zimmermann/Tams* in BerlKomm Rn. 55 ff.; vertiefend *Zimmermann,* Das neue Grundrecht auf Asyl, 1994, 242 ff.; sa *Dreier* in Dreier Art. 1 Abs. 1 Rn. 144; → Art. 1 Rn. 54.

[57] Näher *Pieroth/Schlink* FS f. Mahrenholz, 1994, 669 (672 ff.); eing zum Verhältnis von Asylrecht, Refoulementverbot und Menschenwürde *Hong,* Asylgrundrecht und Refoulementverbot, 2008.

[58] Überblick über das Zusammenspiel der verschiedenen Schutzformen bei *Will* in Sachs Rn. 50 ff.; *Marx,* Aufenthalts-, Asyl- und Flüchtlingsrecht, 2020, 43 ff.

mentlich die **Zweigleisigkeit von Asyl- und Flüchtlingsrecht,**[59] die sich zeitweilig auch in gespaltenen Verwaltungszuständigkeiten niederschlug (heute liegt die Zuständigkeit gem. § 5 Abs. 1 Satz 1 AsylG, § 60 Abs. 1 AufenthG einheitlich beim Bundesamt für Migration und Flüchtlinge [BAMF]). Während anfangs das Asyl den Flüchtlingsstatus weitgehend verdrängte, begann ab den 80er Jahren eine zunehmende tatbestandliche Verengung der Asylberechtigung durch die Rspr. vor allem des BVerfG.[60] Hierdurch wuchs die Bedeutung des Refoulement-Verbots in § 51 Abs. 1 AuslG (damals sog **kleines Asyl,** heute § 60 Abs. 1 AufenthG sowie Schutzstatus nach § 3 AsylG), das eine Auffangfunktion bei GFK-Flüchtlingen ohne Asylberechtigung erfüllte (sog Konventionsflüchtlinge). In der Folgezeit übertrug die Verwaltungsjudikatur jedoch die tatbestandlichen Verengungen des Asylrechts zunehmend auch auf die Anerkennung nach der GFK und koppelte damit die deutsche Konventionspraxis von den international üblichen Standards ab.[61]

In der Konsequenz wurde der Flüchtlingsschutz in großen Teilen auf die Ebene der sonstigen **Abschiebungsverbote** verlagert.[62] Zu diesen zählen das Verbot der Abschiebung bei drohendem ernsthaften Schaden (subsidiärer Schutz, § 60 Abs. 2 AufenthG, § 4 Abs. 1 AsylG, ebenfalls mit Anerkennungszuständigkeit des BAMF), bei drohender Todesstrafe im Zielstaat (§ 60 Abs. 3 AufenthG, § 8 IRG) oder bei Unvereinbarkeit der Abschiebung mit der EMRK (§ 60 Abs. 5 AufenthG). Regelmäßig soll zudem bei konkreter erheblicher Gefahr für Leib, Leben, Gesundheit oder Freiheit von einer Abschiebung abgesehen werden (§ 60 Abs. 7 AufenthG). Während der Flüchtlingsschutz unter dem Vorbehalt zum Schutz der öffentlichen Sicherheit und Ordnung steht (§ 60 Abs. 8 AufenthG), findet dieser Vorbehalt auf die Auslieferungs- und Abschiebungsverbote gem. Abs. 2 bis 7 keine Anwendung. Schließlich kann die Abschiebung aus humanitären oder den anderen in § 60a AufenthG genannten Gründen vorübergehend ausgesetzt werden. Ausweislich der Statistik haben diese gesetzlichen Bleibemöglichkeiten heute eine weit größere praktische Bedeutung als das Grundrecht auf Asyl.[63] 17

---

[59] BVerfGE 9, 174 (181); 52, 391 (406) zum Verhältnis von Flüchtlingsanerkennung und Asylanerkennung; vertieft *Kimminich* in BK (1984) Rn. 198 ff.; zur Entwicklung *Tiedemann* ZAR 2009, 161 (163 ff.); *Hailbronner* ZAR 2009, 369 (369 ff.); *Strieder* InfAuslR 2015, 451.

[60] *Davy* in AK Rn. 18; *Bergmann* in Bergmann/Dienelt Ausländerrecht Rn. 24; namentlich zu nennen sind die Rspr. zu den Nachfluchtgründen (BVerfGE 74, 51), zum religiösen Existenzminimum (BVerfGE 76, 143) und zur nichtstaatlichen Verfolgung (BVerfGE 80, 315).

[61] Krit. *Masing* FS f. Böckenförde, 1995, 51 (79 f.); *Renner* ZAR 1999, 206 (209 ff.); *Marx* InfAuslR 2004, 21 (24); *Titze,* Die deutsche Asylrechtsprechung und das internationale Flüchtlingsrecht, 2008, 22 ff.; zur Frage, ob Deutschland angesichts seiner restriktiven Interpretation der GFK aus britischer Sicht als sicherer Drittstaat angesehen werden kann, UK Court of Appeal NVwZ-Beil. Heft 5/2000, 58; UK House of Lords NVwZ-Beil. Heft 2/2002, 17. Für dialogische Interpretation der GFK *Markard,* Kriegsflüchtlinge, 2012, 20 ff., 375.

[62] Krit. *Davy* in AK Rn. 48 ff.; *Renner* ZAR 2003, 52 (57); *Marx* InfAuslR 2004, 21 (23 ff.).

[63] Im Jahr 2019 entfielen bei insges. 183.954 Entscheidungen 1,2 % auf Asylanerkennungen, 10,6 % auf Gewährung subsidiären Schutzes, 3,2 % auf Abschiebungsverbote nach § 60 Abs. 5 oder 7 AufenthG. Dem standen 29,4 % ablehnende und 32,4 % „formelle Entscheidungen" (ua Dubliner Verfahren, Einstellungen nach Antragsrücknahme) gegenüber. Quelle: BAMF, Das Bundesamt in Zahlen 2019, 2020, 37.

18 Der **Bedeutungsverlust des Asylgrundrechts** ist demnach Folge einer kontinuierlichen Verengung des Schutzbereichs von Art. 16a (früher Art. 16 Abs. 2 S. 2) durch die Rspr., va aber durch den verfassungsändernden Gesetzgeber, der 1993 das Grundrecht marginalisiert hat (→ Rn. 4).[64]

19 Spiegelbildlich hierzu ist es Aufgabe des Ausländerrechts geworden, die Wahrung der völker- und unionsrechtlichen Pflichten der Bundesrepublik Deutschland zu garantieren; hieraus resultiert der **Bedeutungszugewinn des einfachrechtlichen Abschiebungsschutzes.** Diese Entwicklung wird durch die Europäisierung des Asyl- und Flüchtlingsrechts weiter verstärkt. Für transnationale Harmonisierungen ist das auf völkerrechtlichen Standards beruhende Flüchtlingsrecht grundsätzlich besser geeignet als ein verfassungsrechtliches Recht auf Asyl. Soll die Bedeutung des Grundrechts auf Asyl wenigstens formal gesichert werden, ist eine **Engführung von Asyl- und Flüchtlingsrecht** unumgänglich.[65]

20 Das Unionsrecht zwingt zwar nicht zu seiner Rezeption in das nationale Verfassungsrecht;[66] die bloße Anpassung des einfachgesetzlichen Flüchtlingsschutzes an das Recht der EU schafft jedoch weitere Unklarheiten nicht zuletzt, weil das Unionsrecht nicht nur begrifflich (hier ist schon lange von „Asylrecht" die Rede, vgl. etwa Art. 18 GRCh), sondern auch sachlich über das klassische Flüchtlingsrecht hinaus Regelungen trifft.[67] In einer solchen **Öffnung gegenüber einem europäischen Flüchtlingsrecht** muss kein endgültiger Abschied vom Grundrecht auf Asyl gesehen werden:[68] Die von der europäischen Ebene formulierten Mindestnormen[69] sollten für die verfassungsrechtlichen Minimalgarantien auslegungsleitend sein.[70]

B. Einzelfragen

I. Einzelfragen zu Abs. 1

21 **1. Schutzbereich. a) Allgemeines.** Art. 16a garantiert gewissermaßen ein **„Nichtbürger-Recht"**, das nur Ausländer und Staatenlose (sowie Volksdeutsche vor Erlangung der Staatsbürgerschaft[71]) schützt.[72] Für Deutsche erfüllen Art. 11 u. 16 eine vergleichbare Schutzwirkung, indem sie

---

[64] Krit. ggü. diesen Entwicklungen ua *Davy* in AK Rn. 8 ff.; *Marx* InfAuslR 2004, 21 (23 ff.); *Masing* in Dreier, 2. Aufl. 2004, Rn. 31 ff.; diff. *Wittreck* in Dreier Rn. 49.

[65] *Bergmann* in Bergmann/Dienelt Ausländerrecht Rn. 24; *Marx* InfAuslR 2004, 21 (23 ff.); *Strieder* InfAuslR 2015, 451; andere Linie in der Rspr. des BVerwG (zB BVerwGE 131, 186 (190 f.); BVerwGE 133, 221 (230) – dazu *Kraft* ZAR 2009, 41 (46 ff.)). Diff. *Wittreck* in Dreier Rn. 50; *Gärditz* in Maunz/Dürig Rn. 163 f.

[66] *Gärditz* in Maunz/Dürig Rn. 167; *Kämmerer/Kotzur* in BK Rn. 32.

[67] Vgl. *Bergmann* in Bergmann/Dienelt Ausländerrecht Rn. 131 ff.; krit. ggü. der Zweigleisigkeit *Tiedemann* ZAR 2009, 161 (167); *Hailbronner* ZAR 2009, 369 (371 ff.).

[68] S. freilich *Wittreck* in Dreier Rn. 50: „redundante(…) Doppelgewährleistung"; und prozessual BVerwG, InfAuslR 2016, 63: kein Rechtsschutzbedürfnis für eine Aufstockungsklage, wenn zuvor bei gleichzeitiger Asylablehnung Flüchtlingseigenschaft zuerkannt wurde.

[69] *Kämmerer/Kotzur* in BK Rn. 32; diff. *Hailbronner* ZAR 2009, 369 (371 f., 374 f.).

[70] VGH Mannheim InfAuslR 2008, 97 (100); BVerwGE 140, 114 (129 f.); *Bergmann* in Bergmann/Dienelt Ausländerrecht Rn. 1 ff.; *Zimmermann/Tams* in BerlKomm Rn. 37; *Jarass* in Jarass/Pieroth Rn. 4; etwas anders *Gärditz* in Maunz/Dürig Rn. 167 ff. (Verzahnung von Art. 16a mit Unionsrecht über – seit 1993 relevante – GFK); für Selbständigkeit von Art. 16a *Maaßen* in BeckOK Rn. 6.2 (anders für Ausnahmetatbestände, ebd., Rn. 7); ähnlich *Will* in Sachs Rn. 1d.

[71] *Wittreck* in Dreier Rn. 53.

[72] *Davy* in AK Rn. 14; *Becker* in MKS Rn. 9, 105 f.; *Gärditz* in Maunz/Dürig Rn. 193.

Einreise, Aufenthalt und Schutz vor Abschiebung umfassend garantieren.[73] Zwar ist durch Einfügung des neuen Art. 16 Abs. 2 S. 2 der absolute Abschiebungsschutz durchbrochen worden;[74] die Voraussetzungen für eine Auslieferung Deutscher an andere EU-Mitgliedstaaten oder an internationale Strafgerichtshöfe jedoch sind so gefasst und zu handhaben, dass das von Art. 16a Nichtdeutschen garantierte Schutzniveau nicht unterschritten wird.[75] Das Asylrecht besitzt höchstpersönlichen Charakter[76] und ist, nicht zuletzt auch wegen seiner Nähe zur menschlichen Würde (→ Rn. 15), seinem Wesen nach **nicht** auf **juristische Personen** anwendbar.[77] Auch **Minderjährige** können Grundrechtsträger sein – schließlich ist es der Verfolger, der einen Menschen zum Verfolgten macht.[78] Einzelverfolgung Minderjähriger kann zB bei Verfolgung aus religiösen Gründen, wegen des Geschlechts oder wegen der sexuellen Orientierung stattfinden; meist wird es sich um Gruppenverfolgung handeln (→ Rn. 43). Zur Verfolgung Familienangehöriger ebenfalls → Rn. 43.

Als **allgemeine Zielrichtung** des Asylrechts sieht das BVerfG den Schutz von Menschen, die „aus der übergreifenden Friedensordnung der staatlichen Einheit" ausgegrenzt werden.[79] Damit werden bereits wichtige Weichen für die **Reichweite des Schutzbereichs** gestellt: Nicht erfasst werden so erstens Personen, die einer allgemeinen Notsituation in ihrer Heimat entkommen wollen (hier fehlt es an Ausgrenzung), zweitens Bürgerkriegsflüchtlinge (in deren Heimat keine Friedensordnung mehr existiert), drittens nichtstaatlich Verfolgte (da kein Ausschluss aus einer staatlichen Friedensordnung erfolgt). 22

Zumindest die **Fixierung auf eine funktionierende staatliche Friedensordnung** muss indes angesichts zunehmenden **Staatszerfalls** und **prekärer Staatlichkeit** hinterfragt werden.[80] Das Asylgrundrecht speist sich nicht nur aus zwischenstaatlichen Wurzeln, sondern fußt primär auf der Menschenrechtsidee (→ Rn. 1). Dies zwingt zwar nicht zur Gewährung subsidiären Schutzes bei jeder Verletzung von Menschenrechten im Ausland;[81] wohl aber verpflichtet es dazu, die Perspektive des Betroffenen einzubeziehen. Den Betroffenen stürzt jede **gezielte Verfolgung, vor der es in der Heimat keinen Schutz gibt,** in dieselbe Zwangslage. Daher muss Ziel des Grundrechts auf Asyl sein, durch Gewährung von Zuflucht Menschen zu schützen, die wegen eines asylerheblichen Merkmals gezielte Verfolgung 23

---

[73] *Zimmermann/Tams* in BerlKomm Rn. 64 f.; aA Stern StaatsR IV/1 § 103 Kap. II 3c α γγ, § 103 Kap. II 3c δ.

[74] Daher für eine Geltung von Art. 16a auch für Deutsche *Wittreck* in Dreier Rn. 53.

[75] → Art. 16 Rn. 50 ff.

[76] BVerfGE 83, 216 (230).

[77] BVerfGE 97, 49 (66), zu Fluggesellschaften; *Becker* in MKS Rn. 107; *Kämmerer/Kotzur* in BK Rn. 88.

[78] S. allerdings OVG Magdeburg DÖV 2000, 252 „Mindestmaß an eigener geistiger Entwicklung" für eigene Verfolgung wegen regimefeindlicher Haltung nötig (für Kleinkind verneint); anders auf staatliche Repressionen abstellend zu Recht neuere Rechtsprechung zu Syrien, zB VG Sigmaringen, 23.11.2016, A 5 K 1495/16, Rn. 116 ff.; VG Oldenburg, 20.2.2017, 2 A 6163/16, Rn. 25; VG Göttingen, 22.3.2017, 3 A 25/17, Rn. 150 ff.

[79] BVerfGE 80, 315 (334 f.), stRspr.

[80] So auch zu Recht *Marx* InfAuslR 2004, 21 (26 ff.); *Gärditz* in Maunz/Dürig Rn. 199; *Markard,* Kriegsflüchtlinge, 2012, 5, 372 ff.

[81] So aber *Marx,* Eine menschenrechtliche Begründung des Asylrechts, 1984, 149 ff. (181 ff.); *Lübbe-Wolff* in Dreier, 1. Aufl. 1996, Rn. 15; dagegen mit Recht *Neumann* NVwZ 1985, 628 (629 f.); *Becker* in MKS Rn. 36; *Gärditz* in Maunz/Dürig Rn. 198 f.

erfahren. Diese im Flüchtlingsrecht inzwischen bereits vollzogene[82] Akzentverschiebung von der „Zurechnungslehre" oder „Theorie der Verfolgungsverantwortlichkeit" hin zu einer „Schutztheorie"[83] hat Konsequenzen va bei der Beurteilung nichtstaatlicher Verfolgung (→ Rn. 40).

24 Zutreffend ist dagegen, dass das ausdrücklich auf „politisch Verfolgte" beschränkte Asylrecht **nicht** dazu gedacht ist, Schutz vor **allgemeinen Notsituationen** in der Heimat zu schaffen (→ Rn. 32). Hier bleibt der Rückgriff auf andere rechtliche Verbürgungen – auf Ebene des Verfassungsrechts[84] insbes. auf Art. 20 Abs. 1 (Sozialstaat) und, im Extremfall, Art. 1 Abs. 1.

25 **b) Asylerhebliche Merkmale.** Der Begriff der „politischen Verfolgung", im GG nicht näher umrissen, ist grundsätzlich weit zu bestimmen.[85] Eine Verfolgung ist nicht nur dann **politisch,** wenn sie an im engeren Sinne politische Überzeugungen des Verfolgten anknüpft. Kein Staat hat das Recht, „Leib, Leben oder die persönliche Freiheit des einzelnen aus Gründen zu gefährden oder zu verletzen, die allein in seiner **politischen Überzeugung, seiner religiösen Grundüberzeugung oder in für ihn unverfügbaren Merkmalen liegen,** die sein Anderssein prägen (asylerhebliche Merkmale)".[86] Die Rspr. lehnt sich hier seit langem an die **Kriterien des Art. 1 A Nr. 2 GFK** an, der neben politischer Verfolgung ieS die Verfolgung wegen Rasse, Religion, Nationalität oder Zugehörigkeit zu einer sozialen Gruppe nennt.[87] Ob diese Zusammenstellung als abgeschlossener Katalog verstanden wird oder ob Art. 1A Nr. 2 GFK nur einen Anhaltspunkt für die Verfassungsinterpretation liefert,[88] ist iErg irrelevant: Das offene Merkmal der „sozialen Gruppe" ermöglicht es, weitere Ausgrenzungen einzubeziehen[89] und trägt zugleich dem Umstand Rechnung, dass **Anderssein stets soziale Konstruktion** ist. Damit gerät das Asylrecht zum **Prüfstein für Ausgrenzungen in der eigenen Gesellschaft** und spiegelt Wandlungsprozesse des sozialen Bewusstseins auch in Deutschland.

26 Die Verfolgungsgründe lassen sich unter Rückgriff auf Art. 10 Abs. 1 QRL konkretisieren:[90] Der Begriff der **Rasse** umfasst danach va Verfolgung

---

[82] S. § 3c AsylG in Umsetzung von Art. 6 lit. c QRL; näher *Göbel-Zimmermann/Eichhorn/Beichel-Benedetti,* Asyl- und Flüchtlingsrecht, 2017, Rn. 130 ff.

[83] Gegenüberstellung bei UK Court of Appeal NVwZ-Beil. Heft 5/2000, 58 (60); sa *Bergmann* in Bergmann/Dienelt Ausländerrecht Rn. 148.

[84] Zu den verschiedenen völkerrechtlichen Schutzgründen *Hailbronner* ZAR 1987, 3; ZAR 1993, 3. Aus verwaltungsrechtlicher Sicht *Nonnenmacher* VBlBW 1994, 46.

[85] BVerfGE 9, 174 (179 ff.); 54, 341 (357); 76, 143 (157 f.); 80, 315 (333).

[86] BVerfGE 80, 315 (333).

[87] BVerfGE 76, 143 (157); BVerwGE 4, 235 (237); 4, 238 (241); 49, 202 (204 f.); 68, 171 (173); 79, 143 (144 ff.); krit. *Reichel,* Das staatliche Asylrecht „im Rahmen des Völkerrechts", 1987, 103 ff., 119 f., noch zu Art. 16 Abs. 2 S. 2 aF; angesichts der Bezugnahme auf die GFK in Art. 16a Abs. 2 S. 1 nF dürften die Bedenken nicht länger durchgreifen, *Schnapp* in v. Münch/Kunig, 5. Aufl. 2000, Rn. 8.

[88] Näher zu diesem Verhältnis *Säcker* in Barwig ua, Asylrecht im Binnenmarkt, 1989, 123; *Hailbronner,* Ausländerrecht III, 116. Lfg., Rn. 49 ff.; Stern StaatsR IV/1 § 103 Kap. II 3c α ββ.

[89] *Randelzhofer* in Maunz/Dürig Art. 16a Abs. 1 (Vorbearbeitung – Stand 3/2007) Rn. 29: Art. 1A Nr. 2 GFK „umfasst […] bei sachgerechtem Verständnis alle denkbaren Fälle politischer Verfolgung"; *Wittreck* in Dreier Rn. 66: „Auffangfunktion"; sa die Bandbreite der Beispiele bei *Gärditz* in Maunz/Dürig Rn. 268.

[90] Näher *Göbel-Zimmermann/Eichhorn/Beichel-Benedetti,* Asyl- und Flüchtlingsrecht, 2017, Rn. 37 ff.; *Löhr* in Hofmann/Löhr, Europäisches Flüchtlings- und Einwanderungsrecht, 72 ff.; zur auslegungsleitenden Bedeutung der QRL → Rn. 20.

wegen Hautfarbe, Herkunft und Zugehörigkeit zu einer ethnischen Gruppe (lit. a); Verfolgung wegen der **Religion** schließt Verfolgung wegen atheistischer Überzeugungen ein und erstreckt sich auf „die Teilnahme bzw. Nichtteilnahme an religiösen Riten im privaten und öffentlichen Bereich, allein oder in Gemeinschaft mit anderen, sonstige religiöse Betätigungen oder Meinungsäußerungen und Verhaltensweisen Einzelner oder der Gemeinschaft, die sich auf eine religiöse Überzeugung stützen oder nach dieser vorgeschrieben sind" (lit. b); der Begriff der **Nationalität** bezieht sich nicht allein auf das (Nicht-)Vorliegen einer (bestimmten) Staatsangehörigkeit, „sondern bezeichnet insbesondere auch die Zugehörigkeit zu einer Gruppe, die durch ihre kulturelle, ethnische oder sprachliche Identität, gemeinsame geografische oder politische Ursprünge oder ihre Verwandtschaft mit der Bevölkerung eines anderen Staates bestimmt wird" (lit. c); Verfolgung wegen einer **politischen Überzeugung** knüpft regelmäßig an oppositionelle Positionen an, „wobei es unerheblich ist, ob der Antragsteller aufgrund dieser Meinung, Grundhaltung oder Überzeugung tätig geworden ist" (lit. e). Welche politischen Ansichten Verfolger oder Verfolgte vertreten, ist unerheblich; Art. 16a Abs. 1 ist **hinsichtlich der Gesinnung** des Zuflucht Suchenden **neutral.**[91]

Das Kriterium der (bestimmten) **„sozialen Gruppe"** wird in Art. 10 **27**
Abs. 1 lit. d QRL überzeugend durch zwei Bedingungen bestimmt: Erstens muss es um gemeinsame **Merkmale** (iwS) gehen, die entweder **angeboren bzw. unverfügbar** oder die „so **bedeutsam für die Identität oder das Gewissen** sind, dass der Betreffende nicht gezwungen werden sollte, auf sie zu verzichten".[92] Zweitens muss diese Gruppe wegen dieses Merkmals von der sie umgebenden Gesellschaft **als andersartig betrachtet** werden (→ Rn. 25 zur sozialen Konstruktion von Andersartigkeit).[93] Je nach Situation im Herkunftsland (s. Art. 10 Ab. 1 lit. d Satz 2 QRL) kann eine abweichende **sexuelle Orientierung** die Zugehörigkeit zu einer „sonstigen Gruppe" begründen.[94] Da auch identitätsprägende Merkmale genügen, sind Verrenkungen, die aus Homosexualität dann ein unverfügbares Merkmal machen, wenn sie „unentrinnbar" oder „schicksalhaft irreversibel" ist und für den Betroffenen zu vermuten steht, dass er sich homosexueller Handlungen eines unbezähmbaren inneren Triebes wegen nicht wird enthalten können, verzichtbar.[95] Auch **geschlechtsspezifische Verfolgung** kann Asylrelevanz

---

[91] BVerfGE 54, 341 (356 f.); 80, 315 (339); BVerwGE 75, 304 (305); *Kämmerer/Kotzur* in BK Rn. 104; Stern StaatsR IV/1 § 103 Kap. II 3c α; *Gärditz* in Maunz/Dürig Rn. 249.

[92] Sa *Gärditz* in Maunz/Dürig Rn. 264, zur Eingrenzung des Merkmals durch Vergleich mit anderen Verfolgungsgründen.

[93] Vertiefend *Marx* ZAR 2005, 177; *Gärditz* in Maunz/Dürig Rn. 263 ff. Dies dürfte auch geschlechtliche Non-Binarität erfassen, s. § 3b Abs. 1 Nr. aE AsylG.

[94] Stern StaatsR IV/1 § 103 Kap. II 3c α ββ; auf Grundlage der QRL EuGHK, 7.11.2013, C-199 bis 201/12, EU:C:2013:720, Rn. 44 ff.; VG Stuttgart ZAR 2007, 107; ähnlich BVerwGE 79, 143 (146 ff.); *Wittreck* in Dreier Rn. 66; *Becker* in MKS Rn. 55; *Gärditz* in Maunz/Dürig Rn. 271 ff; näher *Kapell* ZAR 1999, 260; *Szczesny* in Lohrenscheit Sexuelle Selbstbestimmung als Menschenrecht, 2009, 169; krit. *Fliegauf* NVwZ 1989, 29. Sa EuGH C-148 bis 150/13, ECLI:EU:C:2014:2406, Rn. 59 ff.: für den Einzelfall und nicht anhand Rechte verletzender Beweisproben zu prüfen; sa EuGH, 25.1.2018, C-473/16, ECLI:EU:C:2018:36; *Berlit/Dörig/Storey* ZAR 2016, 281/332; zu neuerer Rspr. *Berlit* NVwZ-Extra 8/2020, 1 (16).

[95] Überzeugend VG Oldenburg 13.11.2007 – 1 A 1824/07, Rn. 25, BeckRS 2007, 28362 (= ZAR 2008, 70 (nur red. Ls.)); sa VG Schleswig 20.11.2006 – 4 A 244/05, Rn. 39, BeckRS 2006, 27371; *Titze* ZAR 2012, 93 (95); unnötig verkrampft dagegen BVerwGE 79,

erlangen;[96] nicht nur dort, wo sich die Verfolgung von Frauen zusätzlich an andere Merkmale knüpft (etwa im Rahmen ethnischer Verfolgung), sondern auch bei „Repressalien gegenüber Frauen als Frauen".[97] Dies sollte jedenfalls dann anerkannt werden, „wenn der Übergriff eine Intensität erreicht, die es – menschenrechtlich definiert – gebietet, gesellschaftlich überkommene Formen der Ausgrenzung zum Anlass zu nehmen, dem einzelnen Menschen Schutz […] zu bieten".[98] Als Unterfall kann auch geschlechtliche Identität (auch jenseits binärer Geschlechtlichkeit) verfolgungsrelevant werden (s. Art. 10 Abs. 1 lit. d Satz 3 QRL).[99] Als weiteres potentiell asylerhebliches Merkmal kommen insbes. **Behinderungen** in Betracht.[100]

28 **c) Verfolgung. aa) Verfolgungsintensität. „Verfolgung"** muss den Betroffenen in eine „für ihn ausweglose Lage" bringen, der er sich nur durch Flucht entziehen kann.[101] Dies setzt eine **schwerwiegende Verletzung grundlegender Menschenrechte** voraus.[102] Die erforderliche **Intensität** ist in aller Regel bei Eingriffen in **Leib, Leben und Freiheit der Person** gegeben.[103]

29 Bei Maßnahmen, die sich gegen andere Rechtspositionen (insbes. freie Religionsausübung, berufliche und wirtschaftliche Betätigung) richten, verlangt die Rspr. das **Unterschreiten einer Minimalgarantie,** die von der Menschenwürde geboten ist.[104] So ist das BVerfG von einer Verfolgung aus religiösen Gründen bislang erst dann ausgegangen, wenn der Heimatstaat ein **religiöses Existenzminimum** verweigert, indem er die Religionsausübung auch im Privaten verfolgt.[105] Das BVerwG hat für § 60 Abs. 1 AufenthG demgegenüber im Anschluss an den EuGH die Linie des Unionsrechts (Art. 10 Abs. 1 lit. b QRL) nachvollzogen und die Unterscheidung zwischen *forum internum* und *externum* aufgegeben.[106] Im Interesse einer Orientierung

---

143 (147); der „Triebschutz" soll auch Bisexuelle erfassen, die sich auf Grund inneren Zwangs nicht allein auf das andere Geschlecht beschränken können: BVerwG InfAuslR 1990, 104 (105 f.).

[96] *Markard,* Kriegsflüchtlinge, 2012, 147 ff., 176 ff.; *Gärditz* in Maunz/Dürig Rn. 271 mwN.

[97] *Wittreck* in Dreier Rn. 67; *Gärditz* in Maunz/Dürig Rn. 271 f.; Stern StaatsR IV/1 § 103 Kap. II 3c α ββ; die Zuschreibung erfolgt hier durch die Verfolger. Beispiel: OVG Münster, Asylmagazin 2014, 151 (152).

[98] *Bumke* NVwZ 2002, 423 (427 f.); singgemäß *Becker* in MKS Rn. 55; *Wittreck* in Dreier Rn. 67; Beispiele sind Zwangsprostitution, Massenvergewaltigungen oder Genitalverstümmelung; zum Thema vertiefend *Hailbronner* ZAR 1998, 152; *Bumke* NVwZ 2002, 423; *Marx* ZAR 2005, 177 (182 ff.); *Hailbronner,* Ausländerrecht III, 116. Lfg., Rn. 86a ff.; *Göbel-Zimmermann/Eichhorn/Beichel-Benedetti,* Asyl- und Flüchtlingsrecht, 2017, Rn. 163 ff.; ausf. *Jensen,* Frauen im Asyl- und Flüchtlingsrecht, 2003; *v. Thenen,* Geschlechtsspezifische Flucht- und Bleibegründe, 2004; *Moll,* Das Asylgrundrecht bei staatlicher und frauenspezifischer Verfolgung, 2007, 72 ff.

[99] *Gärditz* in Maunz/Dürig Rn. 270.

[100] *Gärditz* in Maunz/Dürig Rn. 267; *Zimmermann/Tams* in BerlKomm Rn. 72, 73.

[101] BVerfGE 74, 51 (64); 76, 143 (158); 80, 315 (335).

[102] Vgl. Art. 9 Abs. 1 lit. a QRL; sa *Becker* in MKS Rn. 36.

[103] BVerfGE 76, 143 (157); BVerwGE 80, 321 (324); 87, 141 (146); Beispiele bei *Davy* in AK Rn. 16.

[104] BVerfGE 54, 341 (357); 76, 143 (158 ff.); BVerwGE 80, 321 (324); 96, 200 (207 f.); BVerwG NVwZ 1987, 701; krit. *Zimmermann/Tams* in BerlKomm Rn. 101.

[105] BVerfGE 76, 143 (158 ff.); näher *Bergmann* in Bergmann/Dienelt Ausländerrecht Rn. 30 ff.; ausf. mit krit. Würdigung *Liegmann,* Eingriffe in die Religionsfreiheit als asylerhebliche Rechtsgutsverletzung religiös Verfolgter, 1993, 91 ff., 156 ff.

[106] BVerwGE 146, 67 (75 f.) unter Aufgabe der alten Linie: BVerwGE 120, 16 (19 ff.); BVerwG NVwZ 1988, 263; s. nun EuGH, verb. Rs. C-71/11, C-99/11, ECLI:EU:

an europäischen Mindeststandards sollte auch die Interpretation des Art. 16a GG nicht kategorisch nach Grundrechtssphären trennen, sondern nach der Schwere der Konsequenzen für die Betroffenen fragen.

Zu bedenken ist indes, dass nicht jede Diskriminierung bei der Ausübung von Rechten automatisch einen Asylanspruch auslösen kann. Dies würde das Asylrecht, das zum Schutz vor gesteigerten Formen von Ausgrenzung im Heimatstaat gedacht ist, strukturell überfordern. Die Sonderbehandlung bei Eingriffen in Leib, Leben und Bewegungsfreiheit rechtfertigt sich aus dem elementaren Rang dieser Güter.[107] Bei Eingriffen in andere Rechtsgüter sollte jedoch statt auf eine Verletzung der Menschenwürde besser auf die **Unzumutbarkeit des Verbleibs** abgestellt werden. Bedenklich ist es, wenn eine „Addition" von Beeinträchtigungen verschiedener Rechtsgüter (unterhalb der Verfolgungsschwelle) grundsätzlich ausgeschlossen wird;[108] es muss möglich bleiben, Fälle von Verfolgung anzuerkennen, in denen durch eine Vielzahl von Schikanen im täglichen Leben der Verbleib in der Heimat unzumutbar wird. Überzeugend sieht Art. 9 Abs. 1 lit. b QRL vor, dass Verfolgung auch „in einer **Kumulierung unterschiedlicher Maßnahmen** […] bestehen [kann], die so gravierend ist, dass eine Person davon in ähnlicher […] Weise betroffen ist" wie durch schwerwiegende Verletzung grundlegender Menschenrechte.[109] 30

Die Ausgrenzung aus dem Staatsverband wird besonders greifbar bei der **Ausbürgerung.** Auch wenn der Einzelne hierdurch nicht automatisch in existenzielle Not gestürzt wird, wird doch die Basis seiner staatsbürgerlichen Rechte entzogen, bei drohender Staatenlosigkeit sogar das „Recht, Rechte zu haben";[110] das BVerwG spricht vom „staatsangehörigkeitsrechtlichen Existenzminimum".[111] Da zu den wesentlichen staatsbürgerlichen Rechten das Recht auf Einreise in den Heimatstaat gehört,[112] sind auch andere Formen der „Aussperrung" von eigenen Staatsangehörigen, **Abschiebung** und **Einreiseverbot,** sofern sie nicht nur vorübergehend sind,[113] ihrer Intensität nach als Verfolgung zu qualifizieren.[114] In allen diesen Fällen ist aber das Anknüpfen an ein asylerhebliches Merkmal erforderlich.[115] Bei **Staatenlosen** tritt der Staat des gewöhnlichen Aufenthalts an die Stelle des 31

C:2012:518, Rn. 62 f. – Y. und Z.; analog für sexuelle Orientierung EuGH, C-199 bis 201/12, ECLI:EU:C:2013:720, Rn. 65 ff. – X. ua.

[107] *Sachs* JuS 1989, 537 (539); *Gärditz* in Maunz/Dürig Rn. 204, auch zur Schwere der Menschenrechtsverletzung als Kriterium; *Zimmermann/Tams* in BerlKomm Rn. 100 unterscheiden in Anlehnung an Derogationsklauseln wie Art. 15 Abs. 2 EMRK „absolut" und „relativ geschützte Rechtsgüter" (ähnlich *Schnapp* in v. Münch/Kunig, 5. Aufl. 2000, Rn. 10 „Basisgüter").

[108] BVerwG NVwZ-RR 1995, 607; aA *Lübbe-Wolff* in Dreier, 1. Aufl. 1996, Rn. 18.

[109] So auch *Rothkegel* in Umbach/Clemens Rn. 84; *Zimmermann/Tams* in BerlKomm Rn. 102; *Gärditz* in Maunz/Dürig Rn. 209; zur Kumulation von Diskriminierungen im Flüchtlingsrecht näher *Dowd* International Journal of Refugee Law 23 (2010/11), 28; zur intersektionalen Betrachtung *Markard,* Kriegsflüchtlinge, 2012, 233.

[110] Dazu → Art. 16 Rn. 5.

[111] BVerwG NVwZ-RR 1996, 602 (602).

[112] → Art. 16 Rn. 14.

[113] BVerwG DVBl. 1997, 912 (913).

[114] BVerwG NVwZ 1985, 589 (589); *Randelzhofer* in Maunz/Dürig Art. 16a Abs. 1 (Vorbearbeitung – Stand 3/2007) Rn. 105; zu De-facto-Ausbürgerungen allg. auch BVerwG NVwZ-RR 2010, 252 (253).

[115] BVerwG NVwZ-RR 2010, 252 (253); *Becker* in MKS Rn. 53 f.; verneint bei Ausbürgerung, die erfolgt, weil sich der Betroffene durch Verbleib im Ausland einer allgemeinen Wehrpflicht entzieht: BVerwG NVwZ-RR 1996, 602 (603); → Rn. 34.

Heimatstaates.[116] Sofern der Entschluss, die Wiedereinreise zu verweigern, an asylerhebliche Merkmale anknüpft, liegt auch hier asylbegründende politische Verfolgung vor.[117] Im Unterschied zu eigenen Staatsbürgern lehnt die Rspr. bei Staatenlosen jedoch eine Vermutung für den politischen Charakter der Verfolgung ab.[118] Dies wird der prekären Situation Staatenloser nicht gerecht und berücksichtigt zu wenig, dass das gewohnte Lebensumfeld auch ohne das formale Band der Staatsangehörigkeit sehr wohl „Heimat" sein kann.[119]

32 **bb) Zielrichtung der Verfolgung.** Verfolgung bedeutet **gezielte Ausgrenzung.** An einer solchen fehlt es „bei Nachteilen, die jemand aufgrund der allgemeinen Zustände in seinem Heimatstaat zu erleiden hat, wie Hunger, Naturkatastrophen, aber auch bei den allgemeinen Auswirkungen von Unruhen, Revolutionen und Kriegen".[120] Das Asylgrundrecht soll Migrationsphänomene nicht umfassend abdecken, sondern dient der Privilegierung bestimmter Fluchtgründe.[121] Notwendig ist daher stets eine Verbindung zwischen Verfolgung und asylerheblichem Merkmal, dh die Verfolgung muss **gerade wegen des asylerheblichen Merkmals** stattfinden;[122] unschädlich ist, wenn die Maßnahme daneben andere, asylneutrale Ziele verfolgt.[123]

33 Auch schwere Menschenrechtsverletzungen im Heimatstaat sollen nicht asylbegründend sein, wenn sie keine Ausgrenzung sozialer Gruppen bezwecken, sondern bspw. Erscheinungsformen einer allgemeinen Unterdrückung der Bevölkerung in einer Diktatur sind.[124] Aus diesem Grunde sind **strafrechtliche Verbote** und ihre Durchsetzung erst dann asylrelevant, wenn sie wegen eines asylerheblichen Merkmals angeordnet bzw. verhängt oder aber verschärft werden, dh wenn der Betroffene „eine Behandlung erleidet, die härter ist als die sonst zur Verfolgung ähnlicher – nicht politischer – Straftaten von vergleichbarer Gefährlichkeit im Verfolgerstaat übliche" (sog **Polit-Malus**).[125] Dies soll selbst für **Folter** oder **Todesstrafe** gelten (die aber ein Abschiebungshindernis aus Art. 1 Abs. 1 und Art. 3 EMRK sowie Zusatzprotokoll 6 u. 11 begründen können, vgl. § 60 Abs. 2, 3 AufenthG);[126] über-

---

116 Vgl. Art. 1A Nr. 2 GFK; vertiefend zur völkerrechtlichen Rechtslage *Darling* International Journal of Refugee Law 21 (2009), 742.

117 BVerwG NVwZ 1985, 589 (589); 1986, 759 (759); DVBl. 2005, 1203.

118 BVerwG NVwZ-RR 1996, 471 (471); NVwZ-RR 1996, 602 (602).

119 Vgl. *Große* InfAuslR 2002, 449 (450).

120 BVerfGE 80, 315 (335).

121 *Masing* in Dreier, 2. Aufl. 2004, Rn. 28; sa *Gärditz* in Maunz/Dürig Rn. 198, 241.

122 BVerfGE 80, 315 (335).

123 BVerfGE 80, 315 (348).

124 BVerwGE 67, 184 (193); 74, 226 (229, 233); *Davy* in AK Rn. 25; *Masing* in Dreier, 2. Aufl. 2004, Rn. 38; *Zimmermann/Tams* in BerlKomm Rn. 74; aA *Bergmann* in Bergmann/Dienelt Ausländerrecht Rn. 28 für Verletzungen „absolut geschützter" Rechtsgüter wie Leib, Leben und Freiheit der Person; ferner *Marx* ZAR 1984, 102 (109 f.); sa *Kämmerer/Kotzur* in BK Rn. 103, für Maßnahmen der Massenverfolgung.

125 BVerfGE 80, 315 (338); 81, 142 (150); BVerwGE 74, 226 (229); *Gärditz* in Maunz/Dürig Rn. 229; *Zimmermann/Tams* in BerlKomm Rn. 75; aA bei Menschenwürdeverletzung *Becker* in MKS Rn. 37; für die Feststellung der besonderen Intensität der Verfolgungsmaßnahme kommt es nicht auf etwaige Folgeschäden an: BVerfGK NVwZ 2009, 1035 (1036).

126 Zur Folter: BVerfGE 81, 142 (151); BVerfGK NVwZ-Beil. Heft 11/1996, 83 (83); NVwZ-Beil. Heft 11/1998, 113 (114); BVerwGE 67, 184 (193 f.); 74, 226 (229); allerdings kann Folter „als schärfste Form der Ausgrenzung […] ein Indiz für die asylerhebliche Zielrichtung der staatlichen Maßnahme" darstellen: BVerfGK NVwZ-RR 2004, 613 (614); zur Todesstrafe: BVerwG DVBl 1993, 325 (326); *Becker* in MKS Rn. 51; *Will* in Sachs Rn. 24;

zeugender ist indes, hier die Anknüpfung an politische Überzeugungen als solche genügen zu lassen.[127]

Grundsätzlich nicht asylerheblich sind auch **Wehrpflicht** und Zwangsrekrutierungen, sofern sie einen allgemeinen Charakter haben.[128] Sie können aber politische Verfolgung begründen, wenn sie an ein asylrelevantes Persönlichkeitsmerkmal anknüpfen oder wenn eine Bestrafung wegen Wehrdienstentziehung „zum Anlaß genommen wird, auf asylrechtlich bedeutsame persönliche Merkmale oder Eigenschaften zuzugreifen".[129] **34**

Vielfach findet Verfolgung **indirekt** statt, knüpfen Verfolgungsmaßnahmen nicht an das Anderssein an sich an, sondern an ein Verhalten, das Ausdruck dieses Andersseins ist.[130] Dem Betroffenen wird damit die Option eingeräumt, sich konform zu verhalten und seine Überzeugungen, Veranlagungen usw zu unterdrücken. Ein wichtiges Mittel ist dabei das **Strafrecht.** Die Asylrelevanz strafrechtlicher Verfolgung bemisst sich dabei nicht allein an den geltenden Strafgesetzen; vielmehr ist auch die Rechtsanwendungspraxis einzubeziehen.[131] Für politische Verfolgung ieS ist seit langem anerkannt, dass auch die **Verfolgung wegen politischer Betätigung** asylbegründend sein kann.[132] Die Rspr. hat hier die völkerrechtlich fest etablierte Nichtauslieferung politischer Straftäter in den menschenrechtlichen Verfolgungsschutz integriert.[133] Bei „politischen Straftaten" stellte das BVerwG zunächst darauf ab, ob die Bestrafung auf die Unterdrückung einer abweichenden Meinung des Täters zielte;[134] mit dem BVerfG ist aber von einer „**Vermutung** dafür [auszugehen], staatliche Verfolgung politischer Straftaten als **asylrechtlich beachtlich** einzuordnen".[135] Dies gilt auch dann, wenn der Staat seinen Bestand und seine politische Identität verteidigt.[136] **35**

Eine Strafverfolgung stellt bei politisch motivierten Taten in drei Fällen **keine asylerhebliche Verfolgung** dar: bei Straftaten, die sich gegen die **Rechtsgüter anderer Bürger** richten; bei Verfolgung eines kriminellen Tataspekts, dessen **Strafwürdigkeit international anerkannt** ist; wenn die **36**

Jarass in Jarass/Pieroth Rn. 13; zum Ganzen vertiefend *Treiber,* Die Asylrelevanz von Folter, Todesstrafe und sonstiger unmenschlicher Behandlung, 1990. Sa *Kämmerer/Kotzur* in BK Rn. 103 Fn. 566.

[127] *Gärditz* in Maunz/Dürig, Rn. 229 f.; *Schnapp* in v. Münch/Kunig, 5. Aufl. 2000, Rn. 11, Folter; *Hailbronner,* Ausländerrecht III, 116. Lfg., Rn. 78. *Huber* KJ 16 (1983), 164 (168 f.), asylrelevante „Demonstration staatlicher Macht"; dem folgend *Kimminich* in BK (Drittbearbeitung 1984) Rn. 250; *Marx* ZAR 1984, 102 (107 ff.).

[128] BVerwGE 69, 320 (321 f.); 81, 41 (42, 44 f.); *Hailbronner,* Ausländerrecht III, 116. Lfg., Rn. 80 ff.; aA *Gusy,* Asylrecht und Asylverfahrensrecht in der Bundesrepublik Deutschland, 1980, 129 ff.; diff. *Davy* in AK Rn. 27; *Discher* ZAR 1998, 217; *Lehmann* NVwZ 2018, 293 (ua zu Syrien); *Gärditz* in Maunz/Dürig Rn. 231 ff. (auch zum Unionsrecht).

[129] BVerwG NVwZ 1993, 789 (790); sa BVerwGE 62, 123 (125); 69, 320 (321 ff.); EuGHK, 26.2.2015, C-472/13, ECLI:EU:C:2015:117 – Shepherd.

[130] Dies gilt offenkundig nur für asylbegründende Merkmale, bei denen sich konformes Verhalten erzwingen lässt, nicht dagegen für rassistische Verfolgung.

[131] BVerfGE 76, 143 (161).

[132] BVerfGE 80, 315 (336 f.); BVerwGE 77, 258 (265); 80, 136 (140).

[133] BVerfGE 80, 315 (336 ff.). Präzise Analyse bei *Masing* in Dreier, 2. Aufl. 2004, Rn. 42.

[134] S. va BVerwGE 77, 258 (264 ff.); Gegenüberstellung der Judikatur von BVerwG und BVerfG bei *Randelzhofer* in Maunz/Dürig Art. 16a Abs. 1 (Vorbearbeitung – Stand 3/2007) Rn. 33 ff.

[135] *Randelzhofer* in Maunz/Dürig Art. 16a Abs. 1 (Vorbearbeitung – Stand 3/2007) Rn. 35, im Anschluss an BVerfGE 80, 315 (337 ff.); 81, 142 (150 ff.); sa *Davy* in AK Rn. 27.

[136] BVerfGE 80, 315 (337); 81, 142 (149).

Straftat unter **Einsatz gemeingefährlicher Waffen** verübt wurde.[137] Damit ist zugleich klargestellt, dass die **Verfolgung von Terroristen** (zu der alle Mitglieder der Vereinten Nationen verpflichtet sind[138]) nicht asylrelevant ist: „Asylbegründend ist die Verfolgung des politischen Feindes, nicht die Abwehr des Terrors."[139] Erst recht erhält kein Asyl, wer terroristische Aktivitäten vom Boden der Bundesrepublik Deutschland aus fortsetzen will (aber → Rn. 67 f.).[140] Den auf internationaler Ebene geführten Streit über eine Definition des Terrorismus[141] vermeidet das BVerfG durch die og Kriterien des Rechtsgüterschutzes und der gemeingefährlichen Waffen überzeugend. An sich legitime Terrorbekämpfung kann jedoch unter bestimmten Bedingungen asylrelevant werden: wenn eine gesamte Bevölkerungsgruppe pauschal verdächtigt wird,[142] bei einem Polit-Malus (→ Rn. 33) oder bei **Gegenterror,**[143] sofern dieser nicht die Gestalt allgemeiner Repression annimmt.[144]

37 Eine vergleichbare Schutzbereitschaft findet sich bei **anderen Asylmerkmalen** in der Rspr. nicht; hier werden Einschränkungen der Betätigungsmöglichkeiten durch Verbot und Strafe im Heimatstaat in zT weitem Umfang für zumutbar erachtet (zum sog. religiösen Existenzminimum → Rn. 29). Dieser **Doppelstandard** ist angesichts des Schutzziels von Art. 16a Abs. 1 **mindestens problematisch.**[145] Auch bei Bestrafung öffentlicher Glaubensbekenntnisse oder homosexueller Handlungen etwa geht es darum, die Betätigung einer Überzeugung bzw. einer Veranlagung zu unterbinden und durch Zwang zur Konformität das Anderssein zu unterdrücken. Allein bei politischen Handlungen diese Unterdrückung für asylrelevant zu erklären, schafft zwischen den Fluchtgründen einen Unterschied, der sich aus der inneren Logik des Grundrechts heraus nicht begründen lässt. Der unausgesprochene Grund für diese Differenzierung liegt darin, dass religiöse Toleranz und soziale Integration Homosexueller auch hierzulande erst das Ergebnis langsamer **Wandlungsprozesse** waren, die zT noch längst nicht abge-

[137] BVerfGE 80, 315 (337 ff.); 81, 142 (150, 152); BVerfGK DVBl. 2001, 66 (66 f.); BVerwGE 87, 152 (153); 111, 334 (339); *Hailbronner,* Ausländerrecht III, 116. Lfg., Rn. 68 ff.; vgl. auch § 3 Abs. 2 AsylG, Art. 12 Abs. 2 QRL: keine Anerkennung bei (1) Begehung völkerrechtlicher Verbrechen, (2) schweren nichtpolitischen Straftaten oder grausamen Handlungen (ungeachtet angeblich politischer Motive), (3) Handlungen im Widerspruch zu den Zielen und Grundsätzen der Vereinten Nationen. Diff. zur Einordnung von Bürgerkriegshandlungen BVerwGE 136, 89. Restriktiver *Zimmermann/Tams* in BerlKomm Rn. 76, überhaupt nur die gewaltfreie Betätigung politischer Gesinnungen sei geschützt. Bei Angehörigen terroristischer Organisationen ist eine individuelle Würdigung notwendig: EuGH C-57/09, Slg. 2010, I-11022, ECLI:EU:C:2010:6 Rn. 85 ff. – Bund D.

[138] S. insbes. S/RES/1373/2001; sa *v. Arnauld,* Völkerrecht, 2019, Rn. 1112 ff.

[139] BVerfGE 80, 315 (339); BVerfGK NVwZ-Beil. Heft 4/2001, 41 (41 f.); *Gärditz* in Maunz/Dürig, Rn. 229; krit. ggü. einem unpassenden Verwirkungsgedanken *Wittreck* in Dreier Rn. 114, 82; *Bergmann* in Bergmann/Dienelt Ausländerrecht, 2020, Rn. 65.

[140] BVerfGE 81, 142 (152 f.); ebenso BVerfGK NVwZ 1992, 261 (261); BVerwGE 109, 12 (18), bestätigt durch BVerfGK NVwZ-Beil. Heft 4/2001, 41; BVerwG NVwZ 2011, 1456; kritische Darstellung der Rspr. zum Terrorismusvorbehalt bei *Renner* ZAR 2003, 52.

[141] S. nur *v. Arnauld,* Völkerrecht, 2019, Rn. 1109 f.

[142] BVerwGE 96, 200 (205); *Becker* in MKS Rn. 50.

[143] BVerfGE 80, 315 (339 f.); BVerfGK NVwZ-Beil. Heft 8/1999, 81 (82); NVwZ-Beil. Heft 7/2000, 75 (75 f.).

[144] Differenzierte Rückausnahmen allerdings durch Art. 12 Abs. 2 QRL überlagert, s. BVerwGE 132, 79 u. nachfolgend EuGH C-57 u. 101/09, ECLI:EU:C:2010:661, Rn. 113 ff. – Bund D; BVerwG, 7.7.2011, 10 C 27/10 u. parallel BVerwGE 140, 114; sa *Hailbronner* ZAR 2009, 369 (374 f.).

[145] *Wittreck* in Dreier Rn. 63, 66; *Kapell* ZAR 1999, 260 (268 f.).

schlossen sind.[146] Demgegenüber verfängt auch der naheliegende Einwand nicht, es sei nicht Aufgabe des Asylrechts, solchen Prozessen im Heimatstaat vorzugreifen.[147] Mit einer solchen Begründung könnte auch die Verfolgung politischer Dissidenten als Ausdruck noch fehlender politischer Reife aus dem Schutzbereich des Art. 16a wegdefiniert werden. Zudem ist die Entscheidung, ob dem Betroffenen ein Verbleib in seiner Heimat zuzumuten ist, mit Blick auf einen Aufenthalt in Deutschland von der deutschen Staatsgewalt zu treffen, die sich dabei – bei aller Rücksicht auf fremde Kulturen – letztlich **an hiesigen Maßstäben orientieren** muss.[148]

Ob nach og Maßstäben eine Verfolgung vorliegt, ist **objektiv,** und zwar „anhand ihres inhaltlichen Charakters nach der erkennbaren Gerichtetheit der Maßnahme selbst zu beurteilen, nicht nach den subjektiven Gründen oder Motiven, die den Verfolgenden dabei leiten".[149] Das EU-Flüchtlingsrecht führt den Perspektivwechsel von der Verfolgerperspektive hin zur Opferperspektive sogar noch einen Schritt weiter, indem es auf die „begründete Furcht vor Verfolgung" abstellt.[150] Unerheblich ist, ob das Opfer die ihm zugeschriebenen Merkmale wirklich besitzt.[151] **38**

cc) Subjekt der Verfolgung. Politische Verfolgung iSv Art. 16a Abs. 1 ist typischerweise[152] **staatliche Verfolgung,**[153] und zwar durch den **Heimatstaat**[154] bzw. – bei Staatenlosen – durch den Staat des gewöhnlichen Aufenthalts. **39**

Nichtstaatliche Verfolgung ist nach der Rspr. in zwei Fällen asylrelevant: zunächst, wenn sich der Staat zum „Komplizen"[155] privater Verfolger macht, indem er deren Taten anregt, unterstützt oder dem Verfolgten seinen Schutz verweigert **(mittelbare staatliche Verfolgung).**[156] Insofern ist staat- **40**

[146] *Masing* in Dreier, 2. Aufl. 2004, Rn. 41 zur Religionsfreiheit; *Gärditz* in Maunz/Dürig Rn. 269, für Homosexualität. Illustrativ der Vergleich zwischen dem iranischen Strafrecht und dem bundesdeutschen StGB vor 1969 sowie der Rspr. des EGMR in BVerwGE 79, 143 (148 ff.).

[147] BVerwGE 79, 143 (149); *Fliegauf* NVwZ 1989, 29 (30); dass es nicht um Durchsetzung anderer Anschauungen im Heimatstaat geht, stellt zu Recht das VG Oldenburg 13.11.2007 – 1 A 1824/07, Rn. 44, BeckRS 2007, 28362 fest.

[148] Zutr. VG Oldenburg 13.11.2007 – 1 A 1824/07, Rn. 44, BeckRS 2007, 28362; sa OVG Hamburg NVwZ-Beil. Heft 9/1999, 92 (93); *Treiber,* Die Asylrelevanz von Folter, Todesstrafe und sonstiger unmenschlicher Behandlung, 1990, 201 ff.; *Hailbronner* ZAR 1998, 152 (156); *Kapell* ZAR 1999, 260 (268 f.); *Bumke* NVwZ 2002, 423 (425 f., 428); auf universelle Standards abstellend *Marx* ZAR 2005, 177 (183 f.).

[149] BVerfGE 80, 315 (335); BVerwGE 85, 139 (141 f.); 96, 200 (205); zu der sog. Motivationslehre in der früheren, abweichenden Rspr. des BVerwG *Randelzhofer* in Maunz/Dürig Art. 16a Abs. 1 (Vorbearbeitung – 3/2007) Rn. 29 ff.

[150] Vgl. Art. 2 lit. d QRL, oben Fn. 40; *Kluth* in BeckOK Ausländerrecht, § 3 AsylG Rn. 10 ff.

[151] BVerfGK InfAuslR 1991, 25 (28); NVwZ-Beil. Heft 7/1995, 52 (53); InfAuslR 2002, 322 (325).

[152] *Wittreck* in Dreier Rn. 68; *Becker* in MKS Rn. 65 „im Ausgangspunkt"; gegen die verbreitete Feststellung, politische Verfolgung sei „grundsätzlich" staatliche Verfolgung, *Masing* in Dreier, 2. Aufl. 2004, Rn. 45.

[153] BVerfGE 80, 315 (333 f.); BVerfGK NVwZ 2000, 1165 (1166); *Gärditz* in Maunz/Dürig Rn. 275: „*Thomas Hobbes* revisited".

[154] BVerwGE 68, 106 (107); anders nur bei dauerndem Aufenthalt in einem Drittstaat und fehlender Möglichkeit der (verfolgungsfreien) Rückkehr in den Heimatstaat: BVerfGK NVwZ 1991, 979; BVerwGE 89, 171 (175 f.); *Gärditz* in Maunz/Dürig Rn. 276.

[155] Begriff nach *Masing* in Dreier, 2. Aufl. 2004, Rn. 46.

[156] BVerfGE 54, 341 (358); 76, 143 (169); 80, 315 (335 f.); 83, 216 (235); BVerwGE 67, 317 (318 f.); 85, 12 (19 f.); vertiefend *Hailbronner,* Ausländerrecht III, 116. Lfg., Rn. 90 ff.; *Gärditz* in Maunz/Dürig Art. 16a Rn. 278 ff.; dass das staatliche Unterlassen seinerseits an

liche Verfolgung auch durch ein Unterlassen (der Schutzgewährung) möglich;[157] eine Pflicht zu lückenlosem staatlichem Schutz besteht freilich nicht.[158] Exzesstaten der privaten Verfolger können dem Staat ebenso wenig zugerechnet werden wie Exzesstaten einzelner Amtsträger.[159] Der zweite Fall betrifft Fälle, in denen die Staatsgewalt zwar nicht unwillig, aber unfähig zum Schutz ist (Problem der *failed states* oder *failing states*). Hier ist nichtstaatliche Verfolgung dann asylbegründend, wenn die Verfolger „zumindest in einem ‚Kernterritorium' ein […] Herrschaftsgefüge von gewisser Stabilität – i. S. einer ‚übergreifenden Friedensordnung' – tatsächlich errichtet haben" **(quasi-staatliche Verfolgung).**[160] Dafür ist weder eine Anerkennung des Regimes noch eine Befriedung nötig;[161] die frühere restriktive Rspr. des BVerwG ist aufgegeben.[162] Diese Entwicklung ist zu begrüßen, sollte hier aber nicht stehen bleiben. Versuche, über staatstheoretische Konstrukte von Gewalt- und Schutzmonopol reale Verfolgungssituationen zu negieren, gehen am Schutzzweck des Art. 16a Abs. 1 vorbei.[163] Wer in seiner Heimat vor gezielter Verfolgung aus asylerheblichen Gründen nicht sicher ist, genießt den Schutz des Asylrechts.

41 Dies schließt **private Verfolgung,** selbst durch einen Familienverband,[164] ein, sofern staatliche Stellen unwillig (Komplizenschaft, s. oben) oder unfähig *(failed state)* zum Schutz sind.[165] Der Ausschluss aus der Friedensordnung muss an Formen prekärer Staatlichkeit angepasst werden (→ Rn. 23). Zwar trifft es zu, dass Art. 16a Abs. 1 keinen Schutz „vor den Folgen anarchischer Zustände oder der Auflösung der Staatsgewalt" an sich verspricht;[166] hier jedoch geht es nicht um den Schutz vor allgemeinen Gefährdungen durch Anarchie, sondern um gezielte Verfolgung, die in einem schutzlosen Raum von überlegener Seite ausgeht. Im Einklang mit Art. 6 lit. c QRL (und § 3c Nr. 3 AsylG) ist im Asyl- ebenso wie im Flüchtlingsrecht Schutz auch vor nichtstaatlichen Akteuren geboten, sofern staatliche oder quasi-staatliche Stellen einschließlich internationaler Organisationen „erwiesenermaßen nicht in der

---

asylerhebliche Merkmale anknüpft, ist aber nicht erforderlich: BVerwG NVwZ 1996, 85 (86).

[157] *Becker* in MKS Rn. 34; *Jarass* in Jarass/Pieroth Rn. 10; *Gärditz* in Maunz/Dürig, Rn. 280: „systematische Duldung"; Fördern und Zusammenwirken mit gesellschaftlicher Diskriminierung: *Markard* Asylmagazin 2013, 402 (407 f.); Beispiel bei OVG Münster Asylmagazin 2014, 151 (152).

[158] BVerfGE 81, 58 (66); 83, 216 (235 f.); *Gärditz* in Maunz/Dürig Rn. 282.

[159] BVerfGE 80, 315 (352); BVerfGK DVBl. 2003, 1260 (1261 f.); *Gärditz* in Maunz/Dürig Art. 16a Rn. 283; *Wittreck* in Dreier Rn. 68; zur Darlegungspflicht der Behörden und Gerichte BVerfGK NVwZ 1992, 1081 (1083); *Becker* in MKS Rn. 67.

[160] BVerfGK NVwZ 2000, 1165 (1166); *Gärditz* in Maunz/Dürig Rn. 284, 281 f. Sa *Marx* InfAuslR 2000, 513; *Hailbronner,* Ausländerrecht III, 116. Lfg., Rn. 95 ff.

[161] BVerfGK NVwZ 2000, 1165 (1166 f.); *Gärditz* in Maunz/Dürig Rn. 284.

[162] BVerwGE 114, 16 (20 ff.) in Abkehr von BVerwGE 101, 328 (332 ff.); 104, 254 (258); krit. *Will* in Sachs Rn. 35a.

[163] Eing. Kritik bei *van Ooyen* ARSP 2003, 387; sa Kritik an „abstrakten staatstheoretischen Begriffsmerkmalen" bei BVerfGK NVwZ 2000, 1165 (1166). Ähnlich *Davy* in AK Rn. 24.

[164] Zweifelnd OVG Schleswig InfAuslR 2007, 256 (257); ablehnend *Gärditz* in Maunz/Dürig Rn. 282 für das Extrem des ‚Haustyrannen'. Zu Bandenkriminalität in Zentralamerika *Rauch/Lührs* ZAR 2020, 98.

[165] *Zimmermann/Tams* in BerlKomm Rn. 88; *Dietz* BayVBl. 2012, 645 (647); offen auch *Lehner* in Bungenberg/Giegerich/Stein Asyl und Migration in Europa, 93 (101 f.); mit abw. Begr. *Neumann* NVwZ 1985, 628 (631 f., 634); enger die hM: statt vieler BVerfGE 80, 315 (336); *Rothkegel* in Umbach/Clemens Rn. 66 ff.; Stern StaatsR IV/1 § 103 Kap. II 3c α ββ.

[166] BVerfGE 80, 315 (336) noch zu Art. 16 Abs. 2 S. 2 GG aF; BVerfGK NVwZ 2000, 1165 (1166); *Gärditz* in Maunz/Dürig Rn. 281; aA *Davy* in AK Rn. 24.

Lage oder nicht willens sind, Schutz vor Verfolgung […] zu bieten".[167] Einschränkend ist darauf zu verweisen, dass bei Formen privater Verfolgung inländische Fluchtalternativen (→ Rn. 45) regelmäßig eher zur Verfügung stehen werden als bei staatlicher Verfolgung.[168]

Politische Verfolgung ist auch im **Bürgerkrieg** denkbar, obgleich die Flucht vor dem Bürgerkrieg als solchem keinen Asylanspruch auslöst.[169] Anerkannt ist dies, wenn der Bürgerkrieg „als Vernichtungskrieg geführt"[170] wird, „wenn die staatlichen Kräfte den Kampf in einer Weise führen, die auf die physische Vernichtung von auf der Gegenseite stehenden […] und nach asylerheblichen Merkmalen bestimmten Personen gerichtet ist, obwohl diese keinen Widerstand mehr leisten wollen oder können oder an dem militärischen Geschehen nicht oder nicht mehr beteiligt sind, vollends wenn die Handlungen der staatlichen Kräfte in die gezielte physische Vernichtung oder Zerstörung der ethnischen, kulturellen oder religiösen Identität des gesamten aufständischen Bevölkerungsteils umschlagen".[171] Dasselbe hat für ein *De-facto*-Regime[172] zu gelten, das eine nichtstaatliche Bürgerkriegspartei errichtet (→ Rn. 40 zur quasi-staatlichen Verfolgung), aber auch für andere Formen der Verfolgung, in denen es nicht um die militärische Bekämpfung der Gegenseite, sondern um gezielten Ausschluss unbeteiligter Personen aus einer – relativen! – Friedensordnung geht.[173] 42

dd) Verfolgungsbetroffene. Notwendig ist die **Verfolgung in eigener Person.**[174] Die Familienzugehörigkeit genügt als solche nicht für die Annahme eigener Verfolgung; sie begründet aber eine widerlegliche Vermutung für eine Verfolgung auch der nächsten Verwandten (Ehepartner und minderjährige Kinder).[175] Mit der Einführung eines akzessorischen **Familienasyls** (§ 26 AsylG) hat der Gesetzgeber von der Prüfung eigener Verfolgung entbunden;[176] er hat damit zugleich dem Grundsatz der Familieneinheit Rechnung getragen, der mit ermessensreduzierender Wirkung aus Art. 6 Abs. 1 folgt.[177] Problematisch erscheint es, dass beim Familienasyl die Nähe 43

---

[167] *Bergmann* in Bergmann/Dienelt, Ausländerrecht Rn. 145, 148; *Zimmermann/Tams* in BerlKomm Rn. 83 ff.; für die Erstreckung auf grds. alle Formen nichtstaatlicher Verfolgung ausdrücklich BVerwGE 126, 243 (250 f.); zur Verfolgung durch Missionen unter dem Dach einer Internationalen Organisation *Gärditz* in Maunz/Dürig Rn. 285.

[168] *Göbel-Zimmermann/Eichhorn/Beichel-Benedetti,* Asyl- und Flüchtlingsrecht, 2017, Rn. 132; OVG Schleswig InfAuslR 2007, 256 (259); *Becker* in MKS Rn. 91; *Zimmermann/Tams* in BerlKomm Rn. 90.

[169] BVerfGE 80, 315 (340); BVerwGE 72, 268 (277); näher *Gusy* ZAR 1982, 35; *Hailbronner,* Ausländerrecht III, 116. Lfg., Rn. 98 ff.

[170] *Masing* in Dreier, 2. Aufl. 2004, Rn. 46.

[171] BVerfGE 80, 315 (340); BVerfGK DVBl. 1994, 203 (203).

[172] Zur Vergleichbarkeit mit dem Subjekt quasi-staatlicher Verfolgung *Randelzhofer* in Maunz/Dürig Art. 16a Abs. 1 (Vorbearbeitung – Stand 3/2007), Rn. 76 Fn. 8 auf S. 85.

[173] Sa *Gärditz* in Maunz/Dürig Rn. 238; gegen eine restriktive Handhabung des Gedankens der „übergreifenden Friedensordnung" *Masing* in Dreier, 2. Aufl. 2004, Rn. 47. Zur Gruppenverfolgung der Jesiden durch den Islamischen Staat zB VG Oldenburg (Oldenburg), 28.6.2017, 3 A 4969/16, Rn. 21 ff.; VG Berlin, 25.1.2018, 29 K 140.17 A, Rn. 27 ff.

[174] BVerfGE 83, 216 (230); *Becker* in MKS Rn. 74; *Will* in Sachs Rn. 39.

[175] BVerwGE 75, 304 (312 f.); 79, 244 (246); vertiefend *Hailbronner,* Ausländerrecht III, 116. Lfg., Rn. 159 ff. Sa EuGH C-652/16, ECLI:EU:C:2018:801 – Ahmedbekova, Rn. 50.

[176] BVerwGE 88, 326 (327 ff.); 90, 364 (368 ff.); 104, 347 (349 ff.); näher *Becker* in MKS Rn. 112 ff. Sa § 14a AsylG.

[177] BVerfGE 76, 1 (72 f.); BVerfGK NVwZ 1991, 978 (978); *Gärditz* in Maunz/Dürig Rn. 303; vgl. nunmehr Art. 23 QRL zur möglichsten Aufrechterhaltung des Familienverbandes; eing. *Zimmermann,* Der Grundsatz der Familieneinheit im Asylrecht der Bundesrepublik Deutschland und der Schweiz, 1991; krit. *Lübbe* EuR 2015, 351.

zu Art. 16a gleichwohl überwiegen soll, weswegen Angehörige eines Asylberechtigten, die über einen sicheren Drittstaat einreisen, keinen Anspruch auf Familienasyl haben.[178] Bei entfernteren Verwandten müssen besondere Umstände hinzutreten, um eine „akzessorische" Verfolgung zu begründen.[179] Möglich und praktisch am häufigsten ist eine **Gruppenverfolgung,** dh die Verfolgung Einzelner auf Grund ihrer (uU auch nur vermeintlichen) Zugehörigkeit zu einer kollektiv verfolgten[180] Gruppe.[181] Die Annahme einer Gruppenverfolgung orientiert sich an zwei Parametern: Primär muss eine gewisse örtliche und zeitliche **Verfolgungsdichte** auf Wiederholungsträchtigkeit schließen lassen.[182] Ergänzend, zT auch substituierend, treten jedenfalls bei unmittelbarer staatlicher Verfolgung[183] gesicherte Indizien für ein **Verfolgungsprogramm** hinzu.[184] Die gezielte Verfolgung einer Gruppe begründet eine widerlegliche Vermutung für die individuelle Verfolgung aller Gruppenmitglieder.[185] Zu der Unterscheidung von regionaler und örtlicher Gruppenverfolgung → Rn. 46 f., zum anzulegenden Wahrscheinlichkeitsmaßstab → Rn. 53.

44 **ee) Anderweitige Sicherheit vor Verfolgung.** Voraussetzung der Schutzgewährung ist, dass der Verfolgte nicht anderweitig vor Verfolgung sicher ist; das Asylrecht bietet also lediglich **subsidiären Schutz.**[186] Der Asylanspruch entsteht daher nicht, wenn der Betroffene in seiner Heimat an einem anderen Ort Zuflucht finden kann.[187]

45 Die **inländische Fluchtalternative** muss zum einen in zumutbarer Weise erreichbar sein;[188] zum anderen muss der Aufenthalt dort dem Verfolgten zugemutet werden können. Unzumutbar ist der Aufenthalt, wenn der Flüchtling am Zufluchtsort ein Leben am Rande des Existenzminimums führen

---

[178] BVerwGE 104, 347 (349 ff.), bestätigt durch BVerfGK NVwZ-Beil. Heft 9/2000, 97 (98); OVG Münster NVwZ-Beil. Heft 3/1997, 21 (22); aA VGH München InfAuslR 1994, 78 (79); OVG Koblenz NVwZ-Beil. Heft 3/1997, 22 (23); *Gerson* InfAuslR 1997, 253 (254 f.); *Marx* InfAuslR 1997, 208 (221).

[179] BVerwG NVwZ 1994, 1122, Misshandlung bei Verhören, härtere Behandlung als bei Strafverfahren ohne politischen Hintergrund.

[180] Zu der (nicht trennscharf möglichen) Abgrenzung von der Einzelverfolgung wegen Zugehörigkeit zu einer sozialen Gruppe näher *Hailbronner,* Ausländerrecht III, 116. Lfg., Rn. 140 ff.; BVerfGE 83, 216 (233 f.).

[181] BVerfGE 54, 341 (358 f.); 83, 216 (231 ff.); näher *Hailbronner,* Ausländerrecht III, 116. Lfg., Rn. 127 ff.; *Becker* in MKS Rn. 76 ff.; *Will* in Sachs Rn. 40 ff.; *Randelzhofer* in Maunz/Dürig Art. 16a Abs. 1 (Vorbearbeitung – Stand 3/2007) Rn. 53 ff.; *Strieder* InfAuslR 2007, 25.

[182] BVerfGE 83, 216 (231 ff.); BVerwGE 96, 200 (203 ff.); Anzahl und Intensität der Verfolgungsmaßnahmen müssen auch zur Größe der Gruppe in Beziehung gesetzt werden: BVerwG Buchholz 11 Art. 16a GG Nr. 49 Rn. 5; näher zur Verfolgungsdichte *Will* in Sachs Rn. 40 ff. sowie Rn. 43 zu Varianten von Individual- und Gruppenverfolgung.

[183] *Will* in Sachs Rn. 42. Übertragbarkeit auf nichtstaatliche Verfolgung offen gelassen in BVerwGE 126, 243 (251).

[184] BVerwGE 96, 200 (204); 101, 123 (125); näher *Randelzhofer* in Maunz/Dürig Art. 16a Abs. 1 (Vorbearbeitung – Stand 3/2007) Rn. 60 ff.; krit. *Selk* NVwZ 1995, 145.

[185] BVerwGE 70, 232 (234); 79, 79 (81); *Wittreck* in Dreier Rn. 60; aA *Bergmann* in Bergmann/Dienelt, Ausländerrecht Rn. 45, keine Frage der Vermutung, sondern Wesen der Kollektivverfolgung.

[186] BVerwGE 101, 328 (335); *Will* in Sachs Rn. 8.

[187] BVerfGE 80, 315 (342 ff.); 81, 58 (65); 83, 216 (232); BVerwGE 85, 139 (140 f.); 101, 123 (130 f.); näher *Hailbronner,* Ausländerrecht III, 116. Lfg., Rn. 210 ff.; krit. zu dieser Rspr. *Klug/Betz* ZAR 2003, 13 (17 f.); systematisch für Abschiebungsschutz *Gärditz* in Maunz/Dürig Rn. 428.

[188] BVerwGE 131, 186 (191); sa BVerwG NVwZ 1993, 1210 (1212); *Gärditz* in Maunz/Dürig Rn. 426.

müsste.[189] Eine zumutbare inländische Fluchtalternative soll auch dann bestehen können, wenn eine staatliche Friedensordnung (zB im Bürgerkrieg) nicht mehr besteht.[190] Ob der Flüchtling unter solchen Umständen am Zufluchtsort vor neuerlicher Verfolgung mit hinreichender Wahrscheinlichkeit geschützt ist, lässt sich, hier wie überhaupt, nur im Einzelfall beurteilen.[191] Dabei kann der anderweitige Schutz auch von einer internationalen Organisation garantiert werden, sofern und soweit diese das Staatsgebiet ganz oder teilweise beherrscht.[192]

Bei Gruppenverfolgungen (→ Rn. 43) unterscheidet die Rspr. für die Frage nach einer inländischen Fluchtmöglichkeit zwischen regionaler und örtlicher Verfolgung: Eine **regionale Verfolgung** kennzeichnet, „daß der […] verfolgende Staat die gesamte […] Gruppe im Blick hat, sie aber – als ‚mehrgesichtiger Staat' – bspw. aus Gründen politischer Opportunität nicht oder jedenfalls derzeit nicht landesweit verfolgt. Durch das Merkmal ‚regional' wird die Verfolgung als eine solche gekennzeichnet, die nicht landesweit, sondern nur regional *praktiziert* wird."[193] Zu denken ist etwa an Separatisten, die – zunächst – allein in der betreffenden Region verfolgt werden.[194] Da die Verfolgung jederzeit auch die außerhalb der Region lebenden Gruppenmitglieder treffen kann, ihre Verschonung daher als zufällig erscheint,[195] ist der Wahrscheinlichkeitsmaßstab für eine Verfolgung auch in anderen Landesteilen reduziert. 46

Anders dagegen soll es bei einer von vornherein **örtlich begrenzten Verfolgung** sein, bei der nicht alle Mitglieder einer Gruppe, sondern lediglich die an einem bestimmten Ort lebenden Gruppenmitglieder Ziel der Verfolger sind.[196] Diese Unterscheidung ist so lange unbedenklich, wie sie nicht durch vorschnelle Typisierung einer Würdigung des Einzelfalls im Wege steht.[197] Insbesondere bei unmittelbarer Verfolgung durch eine Zentralstaats- 47

[189] S. *Marx* ZAR 2017, 304 (307). Auf einen Vergleich mit der Lage am Herkunftsort kommt es wegen Art. 8 QRL nicht (mehr) an: BVerwGE 131, 186 (190 f., 195 f.), für das Flüchtlings-, nicht für das Asylrecht. Zu Recht krit. ggü. der fortbestehenden Beschränkung auf verfolgungsbedingte Mangelsituationen beim Asylrecht BVerfGE 80, 315 (343 f.); BVerfGK NVwZ-Beil. Heft 9/1997, 65 (66); *Marx* ZAR 2017, 304 (305); sa BVerfGE 80, 315 (343): ausweglose Lage; BVerfGK, NVwZ 2013, 1207 (1208) zur Aufrechterhaltung der Familieneinheit.

[190] BVerwGE 108, 84 (89 f.); krit. *Davy* in AK Rn. 31. Jedenfalls muss eine sichere Reise zum Zufluchtsort möglich und eine Verletzung von Art 3 EMRK ausgeschlossen sein, EGMR, 28.6.2011, 8319/07 u. 11449/07 – Sufi und Elmi, Rn. 266; sa *Marx* ZAR 2017, 304 (305: zu nichtstaatlicher Verfolgung; 306: zum gg. Art. 3 EMRK herabgesetzten Maßstab).

[191] Zutr. *Zimmermann/Tams* in BerlKomm Rn. 91; *Gärditz* in Maunz/Dürig Rn. 429 unter Verweis auf Art. 8 Abs. 2 QRL; *Marx* ZAR 2017, 304 (305 f. mwN).

[192] Vgl. Art. 7 Abs. 1 lit. b und Art. 12 Abs. 1 lit. a QRL; dazu EuGH C-175/08 ua, ECLI:EU:C:2010:351, Rn. 76, NVwZ 2010, 505 – Salahadin Abdulla; EuGH C-31/09, Slg. 2010, I-5572, ECLI:EU:C:2010:105, Rn. 42 ff. – Bolbol (tatsächliche Inanspruchnahme des Schutzes erforderlich); sa *Löhr* in Hofmann/Löhr Europäisches Flüchtlings- und Einwanderungsrecht 64 ff.; *Markard,* Kriegsflüchtlinge, 2012, 206 ff.

[193] BVerwGE 105, 204 (207 f.); sa BVerfGE 80, 315 (342 f.); 81, 58 (65).

[194] BVerfGE 80, 315 (342); BVerwGE 105, 204 (208).

[195] BVerfGE 83, 216 (231); BVerwGE 101, 134 (139).

[196] BVerwGE 101, 134 (138 ff.); 105, 204 (207 ff.).

[197] Krit. daher *Klug/Betz* ZAR 2003, 13 (18); Kritik an der Praktikabilität übt auch *Masing* in Dreier, 2. Aufl. 2004, Rn. 51; zust. dagegen *Randelzhofer* in Maunz/Dürig Art. 16a Abs. 1 (Vorbearbeitung – Stand 3/2007) Rn. 63; für das Flüchtlingsrecht ist die Unterscheidung durch Art. 8 QRL obsolet geworden: VGH Kassel 21.2.2008 – 3 UE 191/07.A, Rn. 43, BeckRS 2008, 34213; *Göbel-Zimmermann/Eichhorn/Beichel-Beneddetti,* Asyl- und Flüchtlingsrecht, 2017, Rn. 213.

gewalt dürfte regelmäßig eine Vermutung dafür sprechen, dass Angehörige einer verfolgten Gruppe landesweit bedroht sind.[198]

48 Anderweitige Verfolgungssicherheit kann der Verfolgte auch in sicheren Drittstaaten finden (vgl. § 27 AsylG).[199] Diese **ausländische Fluchtalternative** ist durch Abs. 2 nicht obsolet geworden, da dieser sich nur auf bestimmte europäische Staaten bezieht.[200] Jenseits des Anwendungsbereichs von Abs. 2 müssen zwei Voraussetzungen vorliegen, um anderweitige Verfolgungssicherheit zu begründen: Der Asylbewerber muss erstens in dem Drittstaat **objektiv vor Verfolgung sicher** sein; dies impliziert über bloßen Abschiebungsschutz hinaus auch grundsätzlich gesicherte Lebensumstände.[201] Zweitens muss die **Flucht in dem Drittstaat ihr Ende gefunden** haben; der Drittstaat muss also mehr als eine Durchgangsstation auf der Flucht nach Deutschland sein.[202] Dabei kommt es neben der Dauer auch auf das äußere objektiv erkennbare Verhalten des Flüchtlings während seines Aufenthalts in diesem Staat an.[203] Anderweitige Verfolgungssicherheit lässt zwar das Asylrecht entfallen, nicht aber den Schutz vor Abschiebung in einen Verfolgerstaat.[204]

49 **ff) Kausalzusammenhang Verfolgung – Flucht – Asyl.** Die Rspr. verlangt einen durchgehenden **Kausalzusammenhang zwischen Verfolgung, Flucht und Asylbegehren.**[205] Der Asylbewerber muss wegen der Verfolgung seine Heimat verlassen haben und deswegen um Asyl nachsuchen.[206] An diesem Zusammenhang fehlt es typischerweise bei sog **Nachfluchtgründen,** dh bei Verfolgung bzw. Verfolgungsgefahr, die erst nach der Ausreise entsteht. Differenziert wird dabei zwischen objektiven und subjektiven Nachfluchtgründen.

50 **Objektive Nachfluchtgründe** sind solche, bei denen die asylbegründenden Umstände ohne ein Zutun der Asylbewerberin eingetreten sind, zB durch einen Machtwechsel im Heimatstaat.[207] Hier ist die Asylberechtigung unproblematisch.[208] Aus Sicht des Betroffenen ist es Zufall (oder Glück), dass er vor der für ihn nachteiligen Änderung der Situation aus der Heimat ausgereist ist; eine Rückkehr in die Heimat ist ihm nicht zuzumuten (→ Rn. 53).

51 **Subjektive Nachfluchtgründe** dagegen sind solche, die sich unter Mitwirkung der Betroffenen ergeben haben. Hierzu können eine exilpolitische

---

[198] BVerwG InfAuslR 1994, 375 (377); *Davy* in AK Rn. 29; *Zimmermann/Tams* in BerlKomm Rn. 90; *Marx* ZAR 2017, 304 (305); tendenziell auch BVerfGE 80, 315 (343).

[199] Dazu näher *Hildner* ZAR 1983, 132; *Krist* InfAuslR 1996, 81; *Hailbronner,* Ausländerrecht III, 116. Lfg., Rn. 229 ff.; *Kämmerer/Kotzur* in BK Rn 178 f.; sa BVerwGE 122, 376 (387 f.).

[200] *Kämmerer/Kotzur* in BK Rn. 114; sa *Will* in Sachs Rn. 47.

[201] BVerwGE 78, 332 (345 f.); 79, 347 (352 f.).

[202] BVerwGE 79, 347 (351 ff.); 84, 115 (117 f.).

[203] BVerwGE 79, 347 (354). Dies gilt auch für den Aufenthalt in Flüchtlingslagern.

[204] BVerwG DVBl. 2007, 1568 (1569 f.); *Zimmermann/Tams* in BerlKomm Rn. 95.

[205] BVerfGE 74, 51 (64); 80, 315 (344); BVerwGE 85, 139 (140); 87, 141 (147); krit. *Masing* in Dreier, 2. Aufl. 2004, Rn. 68; Verteidigung der Rspr. bei *Hailbronner,* Ausländerrecht III, 116. Lfg., Rn. 170 ff.

[206] Das äußere Erscheinungsbild der Ausreise entscheidet: BVerwGE 87, 52 (55); 111, 334 (337).

[207] Weitere Beispiele bei *Becker* in MKS Rn. 85; *Wittreck* in Dreier Rn. 79.

[208] BVerfGE 74, 51 (64 f.); BVerwGE 77, 258 (260 f.); 88, 92 (95 f.). *Kämmerer/Kotzur* in BK Rn. 126.

Tätigkeit,[209] religiöse Konversion,[210] aber auch bereits die illegale Ausreise,[211] der illegale Verbleib im Ausland[212] oder das Stellen eines Asylantrags[213] zählen. Die **Rspr.** hält subjektive Nachfluchtgründe für die Asylberechtigung **regelmäßig für unbeachtlich,**[214] hat aber im Laufe der Zeit Ausnahmen anerkannt:[215] wenn exilpolitische Aktivitäten „sich als Ausdruck und Fortführung einer schon während des Aufenthalts im Heimatstaat vorhandenen und erkennbar betätigten festen Überzeugung darstellen";[216] wenn die Stellung des Asylantrags Konsequenz einer latenten Gefährdung in der Heimat ist, die zu dem Nachfluchtverhalten drängt;[217] bei Kindern und Jugendlichen, die erst am Zufluchtsort politische oder religiöse Überzeugungen entwickeln konnten;[218] wenn eine nach der Ausreise in Deutschland geschlossene Ehe mit einer Person anderer Religionszugehörigkeit oder die christliche Erziehung von Kindern in Deutschland Anlass für religiöse Verfolgung in der Heimat sind.[219] Diese Ausnahmen verdeutlichen, dass ein Schutzbedürfnis auch bei den sog *réfugiés sur place* nicht von der Hand zu weisen ist und dass die Frage des eigenen Zutuns als solche nicht das entscheidende Kriterium sein kann.[220] Sinnvoller erscheint es daher, auch subjektive Nachfluchtgründe als **grundsätzlich asylbegründend** anzuerkennen und stattdessen ausnahmsweise dann die Asylrelevanz zu verneinen, wenn die Änderung der Umstände **missbräuchlich** herbeigeführt wurde, um die Asylberechtigung zu erlangen (Fälle der **Verfolgungsprovokation** im Zufluchtsstaat).[221] Zu bedenken ist aber, dass – wie schon bisher – auch in solchen Fällen Abschie-

[209] BVerfGE 74, 51 (66).

[210] *Karras,* Missbrauch des Flüchtlingsrechts?, 2017, 11 ff.; zu Maßstäben, die Ernsthaftigkeit einer Konversion zu würdigen, BVerfG, 3.4.2020, 2 BvR 1838/15 (zu Art. 4 Abs. 1, 2).

[211] BVerwGE 81, 41 (46); näher *Hailbronner,* Ausländerrecht III, 116. Lfg., Rn. 204 ff. Zu Syrien s. nur OVG Lüneburg, 16.1.2020, 2 LB 731/19, Rn. 29 ff.; VGH Mannheim, Asylmagazin 2019, 181 (183); zur zuvor uneinheitlichen Rspr. *Münch* InfAuslR 2017, 325; *Ellerbrok/Hartmann,* NVwZ 2017, 522; *Putzer* NVwZ 2017, 1176.

[212] BVerwG NVwZ 1989, 68 (69).

[213] BVerwGE 68, 171 (175); näher *Randelzhofer* in Maunz/Dürig Art. 16a Abs. 1 (Vorbearbeitung – Stand 3/2007) Rn. 92 ff.

[214] BVerfGE 9, 174 (181); 74, 51 (65 f.); BVerwGE 88, 92 (95); anders bei der Flüchtlingsanerkennung: BVerfGK NVwZ 1994, 60 (61); NVwZ-RR 2004, 615 (616); ausdrücklich auch § 28 Abs. 1a AsylG; näher *Will* in Sachs Rn. 33 f.; sa *Lehner* in Bungenberg/Giegerich/Stein Asyl und Migration in Europa, 93 (102 f.); krit. *Becker* in MKS Rn. 81; *Gärditz* in Maunz/Dürig Rn. 299 f.

[215] Überblick bei *Masing* in Dreier, 2. Aufl. 2004, Rn. 63 ff.; *Will* in Sachs GG Rn. 34.

[216] BVerfGE 74, 51 (66); BVerwGE 77, 258 (261); BVerwGE 135, 49 (Rn. 57); *Hailbronner,* Ausländerrecht III, 116. Lfg., Rn. 187 ff.; krit. *Brunn* NVwZ 1987, 301; *Bergmann* in Bergmann/Dienelt, Ausländerrecht Rn. 57, trägt einer möglichen Änderung von Überzeugungen nicht Rechnung; krit. auch *Zimmermann/Tams* in BerlKomm Rn. 116 unter Hinweis auf Art. 5 Abs. 2 QRL, der bereits eine entsprechende „Überzeugung" oder „Ausrichtung" im Herkunftsstaat genügen lässt.

[217] BVerwGE 81, 170 (171 ff.); 82, 171 (175 f.); BVerwG DVBl 1992, 1543; *Hailbronner,* Ausländerrecht III, 116. Lfg., Rn. 200 ff.

[218] BayVGH Entscheidungssammlung zum Ausländerrecht (EZAR) 206 Nr. 3 (= DÖV 1992, 125 f. (nur Ls.)); s. jetzt auch § 28 Abs. 1 S. 2 AsylG; diff. für das Asylfolgeantragsverfahren BVerwGE 133, 31; 135, 49.

[219] BVerwGE 90, 127 (132 f.), Kernbereich persönlicher Freiheit betroffen.

[220] Skeptisch auch *Brunn* NVwZ 1987, 301; *Hofmann* NVwZ 1987, 299; *Schnapp* in v. Münch/Kunig, 5. Aufl. 2000, Rn. 11, Nachfluchtgründe; *Bergmann* in Bergmann/Dienelt, Ausländerrecht Rn. 49 ff.; *Zimmermann/Tams* in BerlKomm Rn. 119.

[221] Ähnlich *Hofmann* NVwZ 1987, 299 (301). Noch großzügiger *Löhr* in Hofmann/Löhr, Europäisches Flüchtlings- und Einwanderungsrecht 78 f.; der Missbrauchsgedanke wird betont in BVerfGE 9, 174 (181); sa BVerwGE 90, 127 (131 f.); krit. aus Sicht des Flüchtlingsrechts *Karras,* Missbrauch des Flüchtlingsrechts?, 2017.

bungsschutz zu gewähren ist, wenn die neuen Umstände die reale Gefahr einer Verfolgung im Heimatstaat begründen.[222]

52 Durchbrochen ist die Kausalkette auch bei abgeschlossenen Vorgängen. Das Asylrecht schützt daher nur vor **gegenwärtiger Verfolgung.**[223] Je länger der Betroffene nach erlittener Verfolgung im Land verbleibt, desto mehr spricht gegen deren Fortdauer.[224] Bei Ausreise mehrere Jahre nach konkreten Maßnahmen ist regelmäßig nicht mehr von einer andauernden Verfolgung auszugehen.[225] Zum Erlöschen und zum Widerruf der Asylanerkennung bei Wegfall der Verfolgungssituation → Rn. 63 f.

53 „Gegenwärtigkeit" ist nicht punktuell zu verstehen, sondern setzt die Prognose über ein Fortbestehen der Verfolgungsgefahr voraus. Maßgeblich ist, ob – im Zeitpunkt der Asylentscheidung bzw. der letzten gerichtlichen Tatsachenentscheidung beurteilt[226] – dem Asylbewerber die **Rückkehr in den Verfolgerstaat zumutbar** ist.[227] Die Rspr. hatte hier **abgestufte Prognosemaßstäbe** entwickelt und ua danach unterschieden, ob jemand bereits 'vorverfolgt', dh bereits vor Ausreise Opfer von Verfolgungsmaßnahmen war.[228] Im Anschluss an den EuGH[229] geht das BVerwG nunmehr (für die Anerkennung der Flüchtlingseigenschaft) vom einheitlichen Prognosemaßstab der tatsächlichen Gefahr aus.[230] Die Rückkehr in den Herkunftsstaat ist unzumutbar, wenn mit **beachtlicher Wahrscheinlichkeit** erneute Verfolgung droht.[231] Ausgangspunkt ist eine **qualitativ-wertende Betrachtungsweise,** die danach fragt, ob bei Würdigung aller Umstände „bei einem vernünftig denkenden, besonnenen Menschen in der Lage des Asylsuchenden Furcht vor Verfolgung hervorgerufen werden kann".[232] Dabei erkennt die neuere Rechtsprechung des BVerwG gem. Art. 4 Abs. 4 QRL im Fall einer Vorverfolgung eine **Beweiserleichterung** an.[233] Dann gilt eine Verfolgungsvermutung, wenn nicht stichhaltige Gründe gegen eine Wiederholung der Verfolgung sprechen. Die Umstellung von differenzierten Prognosemaß-

---

[222] *Davy* in AK Rn. 33; *Wittreck* in Dreier Rn. 80; BVerfGE 80, 315 (346); sa EGMR, 23.3.2016, 43611/11, Rn. 111 ff. – F. G.

[223] BVerfGE 54, 341 (360); *Becker* in MKS Rn. 90.

[224] BVerwGE 87, 141 (147); 111, 334 (337).

[225] BVerwGE 87, 52 (53 f.); 89, 171 (175).

[226] BVerfGE 54, 341 (359 f.); BVerwGE 75, 181 (183 f.); zur Berücksichtigung späterer offenkundiger Tatsachen: BVerwGE 91, 104 (106 ff.); diff. *Gärditz* in Maunz/Dürig Rn. 295.

[227] BVerfGE 54, 341 (360 f.); BVerwGE 75, 304 (306); 79, 143 (150); 88, 367 (377); 89, 162 (169).

[228] Vertiefend *Becker* in MKS Rn. 58 ff.; *Hailbronner,* Ausländerrecht III, 116. Lfg., Rn. 262 ff.; *Gärditz* in Maunz/Dürig Rn. 286 ff.; *Kämmerer/Kotzur* in BK Rn. 115 f.; *Zimmermann/Tams* in BerlKomm Rn. 104 ff.

[229] EuGH, C- 175/08 ua, ECLI:EU:C:2010:105 – Abdulla, Rn. 92 ff.

[230] BVerwGE 140, 22 (38 f.); 141, 161 (170); *Berlit* ZAR 2017, 110 (117); sa OVG Münster NVwZ 2017, 1223 (1224).

[231] BVerwGE 140, 22 (38 f.); 146, 67 (80 f.); zu Zusicherungen *Gärditz* in Maunz/Dürig Rn. 294; zur Ermittlung von Herkunftslandtatsachen *Reiling/Mitsch* Verwaltung 50 (2017), 537.

[232] BVerwGE 79, 143 (150); 89, 162 (169 f.); BVerwGE 146, 67 (80 f.); *Gärditz* in Maunz/Dürig Rn. 290; *Berlit* ZAR 2017, 110 (117); *Dietz* NVwZ-Extra 24/2014; zur Ermittlung von Herkunftslandinformationen vertiefend *Reiling/Mitsch* Verwaltung 50 (2017), 537; krit. zu gleichwohl eingesetzten quantitativen Kriterien nur *Baade* DÖV 2018, 806 (814 ff.), deutlich zB in BVerwG NVwZ 2012, 454 (456).

[233] Dies gilt auch beim Widerruf der Flüchtlingseigenschaft, *Göbel-Zimmermann/Eichhorn/Beichel-Benedetti,* Asyl- und Flüchtlingsrecht, 2017, Rn. 122; nicht Vorverfolgte tragen hingegen die (materielle) Beweislast, BVerwG, InfAuslR 2019, 459 (Rn. 26 ff.).

stäben auf erleichterte Beweisanforderungen dürfte in der Praxis kaum zu anderen Ergebnissen führen, reduziert aber die Komplexität der alten Maßstäberechtsprechung und ermöglicht zugleich den Anschluss an die europäische Judikatur.

2. Garantiegehalt des Grundrechts. Art. 16a Abs. 1 gewährt ein **subjektiv-öffentliches Recht.**[234] Es berechtigt den begünstigten Personenkreis **unmittelbar.** Das Asylverfahren dient nur der Prüfung der Voraussetzungen; es ist als Anerkennungsverfahren ausgestaltet und zielt nicht auf Zuerkennung von Asyl. Daher handelt es sich der Sache nach bei der Asylanerkennung um einen **deklaratorischen** Akt.[235] Der Schutz, den schon Asylbewerber genießen, ist damit unmittelbarer Ausfluss von Art. 16a, nicht Ausdruck einer grundrechtlichen „Vorwirkung".[236] Dass der Status des Asylbewerbers nur ein vorläufiger und in vieler Hinsicht beschränkter ist, erklärt sich aus der Notwendigkeit, die Berechtigung erst im Verfahren zu klären.[237] 54

Für die **Entstehung des Anspruchs** ist der Kontakt mit dem Staatsgebiet der Bundesrepublik Deutschland unerheblich.[238] Dem Wortlaut des Art. 16a Abs. 1 lässt sich kein Hinweis auf eine solche zusätzliche Bedingung entnehmen; sie stünde auch in Widerspruch mit der nicht lokal begrenzten Bindung deutscher Staatsgewalt an die Grundrechte des GG aus Art. 1 Abs. 3.[239] Art. 16a Abs. 1 formuliert ein zunächst unkonditioniertes Schutzversprechen für alle politisch Verfolgten, von dem freilich in Abs. 2, aber auch nur dort, weitgehende Ausnahmen bei einer Einreise über sichere Drittstaaten gemacht werden.[240] Von der Entstehung ist die **Durchsetzung des Anspruchs** zu unterscheiden: Diese ist – im Einklang mit der völkerrechtlichen Differenzierung zwischen einer *jurisdiction to prescribe* und einer *jurisdiction to enforce*[241] – grundsätzlich nur auf dem eigenen Staatsgebiet gestattet.[242] Mangels völkerrechtlicher Grundlage kann daher insbes. in deutschen Auslandsvertretungen jedernfalls nicht ohne Zustimmung des Empfangsstaates um Asyl nachgesucht werden (sog. **diplomatisches Asyl**).[243] 55

---

[234] Vgl. amtl. Begr. BT-Drs. 12/4152, 3; *Gärditz* in Maunz/Dürig Rn. 327, 183; zu Art. 16 Abs. 2 S. 2 GG aF BVerfGE 54, 341 (356); 56, 216 (235); BVerwGE 75, 304 (305).

[235] *Wittreck* in Dreier Rn. 87; *Kämmerer/Kotzur* in BK Rn. 85; *Bergmann* in Bergmann/Dienelt, Ausländerrecht, Rn. 16; *Zimmermann/Tams* in BerlKomm Rn. 45; für das Unionsrecht ebenso EuGH C-391/16 ua, ECLI:EU:C:2019:403, Rn. 90; einen „gleichsam konstitutiven" Akt nehmen an: BVerfGE 60, 253 (295); 94, 166 (200); *Will* in Sachs Rn. 11, 49; *Gärditz* in Maunz/Dürig Rn. 328 f.; wohl ebenso *Maaßen* in Beck OK GG Rn. 51; unentschieden *Becker* in MKS Rn. 124, jedenfalls konstitutiv für nicht aus Art. 16a folgende Rechte.

[236] *Denninger/Rachor* ZAR 1988, 51 (57); anders die hM: BVerfGE 80, 68 (73); *Davy* in AK Rn. 39; *Becker* in MKS Rn. 123; *Zimmermann/Tams* in BerlKomm Rn. 46.

[237] BVerfGE 60, 255 (293 ff.) zum Charakter des Asylverfahrens. Verfahrensabhängigkeit betont nachdrücklich *Gärditz* in Maunz/Dürig Rn. 239.

[238] *Denninger/Rachor* ZAR 1988, 51 (55 f.); *Davy* in AK Rn. 39; *Wittreck* in Dreier Rn. 85; aA BVerwGE 69, 323 (324 ff.); *Jarass* in Jarass/Pieroth Rn. 6; *Gärditz* in Maunz/Dürig Rn. 305 ff.; *Kämmerer/Kotzur* in BK Rn. 84, 91 f. Sa zu humanitären Visa *Kluth* ZAR 2017, 105 (110); aus dem non-refoulement-Gebot herleitend *Endres de Oliveira* KJ 2016, 167 (169 ff.).

[239] *Kingreen/Poscher,* Grundrechte. Staatsrecht II, 2019, Rn. 244 f., 1133; enger aufgrund völkerrechtsorientierter Interpretation *Tiedemann,* Flüchtlingsrecht, 2019, 67; generell BVerfG, 19.5.2020, 1 BvR 2835/17, Rn. 87 ff.

[240] *Wittreck* in Dreier Rn. 85.

[241] Dazu statt vieler *v. Arnauld,* Völkerrecht, 2019, Rn. 347.

[242] *Gärditz* in Maunz/Dürig Rn. 309.

[243] Zum diplomatischen Asyl *von Arnauld,* Völkerrecht, 4. Aufl. 2019, Rn. 586 f.; *Tiedemann,* Flüchtlingsrecht, 2. Aufl. 2019, 40; eing. *Carrie,* Das diplomatische Asyl im gegen-

56 Seinem Wesen nach ist das Grundrecht auf Asyl auf eine Leistung gerichtet,[244] nämlich auf die Gewährung von Zuflucht. Gleichwohl präsentiert es sich als ein **unspezifisches Leistungsrecht.** Über die Gestattung von Aufenthalt hinaus enthält es allenfalls ein perspektivisches Versprechen auf eine menschenwürdige Zukunftssicherung in Deutschland.[245] Das Recht *auf* Aufenthalt sagt selbst kaum etwas über das Recht *im* Aufenthalt.[246] Allerdings besitzt Art. 16a Abs. 1 eine wichtige **Türöffnerfunktion,** indem es den Anwendungsbereich anderer staatlicher Rechtspflichten eröffnet.[247] Hierzu zählen (neben den speziellen Vorschriften des einfachgesetzlichen Ausländerrechts) va grund- und menschenrechtliche Verpflichtungen der Bundesrepublik Deutschland (vgl. insbes. Art. 1 Abs. 3 GG und Art. 1 EMRK) sowie Vorgaben des internationalen (vgl. Art. 12 ff. GFK) und des europäischen (vgl. Art. 20 ff. QRL[248]) Flüchtlingsschutzes. Hervorzuheben sind namentlich: Inländergleichbehandlung beim Zugang zu Leistungen der öffentlichen Fürsorge (Art. 23 GFK, Art. 29 QRL[249]), zu Bildungseinrichtungen (Art. 22 GFK, Art. 27 QRL) und zu medizinischer Versorgung (Art. 30 QRL)[250]; Meistbegünstigung beim Zugang zum Arbeits- (Art. 17 f. GFK, Art. 26 QRL)[251] und Wohnungsmarkt (Art. 21 GFK, Art. 32 QRL) sowie bei der Freizügigkeit im Staatsgebiet (Art. 26 GFK, Art. 33 QRL).[252]

57 Der Rechtsstatus der **Asylbewerber** reicht demgegenüber weniger weit.[253] Asylbewerber kommen nicht in den Genuss der vollen flüchtlingsrechtlichen

---

wärtigen Völkerrecht, 1994; *Klepper,* Diplomatisches Asyl, 2009. Extraterritoriale Schutz*pflicht* verneinen von vornherein *Kämmerer/Kotzur* in BK Rn. 84; bei Verweigerung (in Auslandsvertretungen beantragter) humanitärer Visa (extraterritoriale) Anwendbarkeit von Unions- und Konventionsrecht verneint: EuGH (Gr. K.), 7.3.2017, C-638/16 PPU, EU:C:2017:173 – X und X; EGMR (Gr. K.), 5.3.2020, 3599/18 – M. N.

[244] Umstritten; wie hier *Randelzhofer* in Maunz/Dürig Art. 16a Abs. 1 (Vorbearbeitung – Stand 3/2007) Rn. 28; *Maaßen* in BeckOK GG Rn. 55; *Kluth* in Stern/Becker, Rn. 20; wohl auch *Becker* in MKS Rn. 119 f.; aA *Rottmann* Staat 23 (1984), 337 (346 ff.); *Selk,* Asylrecht und Verfassung, 1990, 25 ff. (79 f.); *Lübbe-Wolff* in Dreier, 1. Aufl. 1996, Rn. 53; Stern StaatsR IV/1 § 103 Kap. II 3b, § 103 Kap. II 3d β; *Zimmermann/Tams* in BerlKomm Rn. 41 ff.; *Gärditz* in Maunz/Dürig Rn. 184 f.; *Kingreen/Poscher,* Grundrechte. Staatsrecht II, 35. Aufl. 2019, Rn. 1133; *Pieroth* in Jarass/Pieroth Rn. 23. Für Mehrdimensionalität *Wittreck* in Dreier Rn. 84; *Kämmerer/Kotzur* in BK Rn. 82 f; Betonung der leistungsrechtlichen Dimension in Rn. 94.

[245] Weitergehend BVerwGE 49, 202 (206).

[246] Es ist daher *Kimminich* in BK (Drittbearbeitung 1984) Rn. 278 zuzustimmen, dass der Streit über den Leistungs- oder Abwehrcharakter letztlich größtenteils „fruchtlos und überflüssig" ist.

[247] Angesichts unionsrechtlicher Überlagerung Plädoyer für Fokusverschiebung auf Asylfolge(grund)rechte *Lehner,* in ZEuS Sonderband 2016, 93 (114 ff.).

[248] S. ferner ggf. RL 2003/109/EG v. 25.11.2003 betr. die Rechtsstellung der langfristig aufenthaltsberechtigten Drittstaatsangehörigen, ABl. 2003 L 16, 44.

[249] S. EuGH (Gr. K.), 1.3.2016, C-443 u. 444/14, EU:C:2016:127 – Alo u. Osso; EuGHK, 21.11.2018, C-713/17, EU:C:2018:929 – Ayubi.

[250] *Eichenhofer* ZAR 2013, 169; *Rixen* NVwz 2016, 640.

[251] Gleichwohl ohne Anspruch aus Art. 16a, *Wittreck* in Dreier Rn. 122; *Kämmerer/Kotzur* in BK Rn. 86; sa *Hofmann* EuR 2018, 289.

[252] Dazu, dass eine Steuerung der Binnenmigration von Ausländern über Reduzierung von Sozialleistungen für Flüchtlinge gegen die GFK verstößt, BVerwGE 111, 200; zu Einschränkungen der Freizügigkeit BVerfGE 96, 10; krit. *Pelzer/Pichl* ZAR 2016, 96. Mit der Dauer des Aufenthalts steigende Integrationsansprüche, *Wittreck* in Dreier Rn. 89; *Gärditz* in Maunz/Dürig Rn. 335 f.; *Kämmerer/Kotzur* in BK Rn. 83, unter Verweis auf Menschenwürde.

[253] Zu Differenzierungen innerhalb der Gruppen der Schutzstatusinhaber bzw. -beantragenden *v. Harbou* NVwZ 2016, 421; *Thym* NVwZ 2018, 1340 (1343); *Bartolucci/Pelzer* ZAR 2018, 133; *Werdermann* ZAR 2018, 11; *Janda* Verwaltung 51 (2018), 495 (514).

Garantien; dass ihr Aufenthalt noch nicht gesichert ist, gestattet Differenzierungen in der rechtlichen Behandlung.[254] Asylbewerber sind zB in ihrer Freizügigkeit eingeschränkt (§ 56 AsylG)[255] und haben während des laufenden Verfahrens in der Regel keinen Anspruch auf Erwerbstätigkeit,[256] Kindergeld[257] oder Erziehungsgeld.[258] Wohl aber ist ihnen von Verfassungs wegen das (nicht lediglich physische) Existenzminimum zu sichern;[259] hierzu zählt auch eine Pflicht zur menschenwürdigen Unterbringung während der Dauer des Asylverfahrens.[260] Die einfachrechtliche Ausgestaltung findet sich im AsylbLG;[261] auf europäischer Ebene sind die Vorgaben der Richtlinie über Aufnahmebedingungen (→ Rn. 11) zu beachten.

Das (vorbehaltlich des Abs. 2) unbedingte Versprechen der Gewährung **58**
von Zuflucht schützt gegen Vorenthaltung, Entziehung und Schlechterfüllung. Art. 16a Abs. 1 wächst insofern als „negativer Ausfluss des Anspruchs auf Schutz“[262] eine **abwehrrechtliche Dimension** zu.[263] Das Grundrecht schützt damit gegen alle **aufenthaltsverweigernden oder aufenthaltsbeendenden Maßnahmen** gegenüber den geschützten Personen.[264] In seinem Kern enthält das Asylgrundrecht das Verbot der Abschiebung in oder der Auslieferung an einen Verfolgerstaat,[265] geht aber hierüber hinaus, indem es gerade ein Recht auf Aufenthalt in Deutschland gewährt (→ Rn. 8).[266] Einen Eingriff stellt bereits die Abweisung an der Grenze dar.[267] Angesichts des Charakters als Anerkennungsverfahren (→ Rn. 54) sind vor Abschluss des Asylverfahrens aufenthaltsbeendende Maßnahmen unzulässig; Asylbewerbern steht grundsätzlich ein Einreiserecht und ein vorläufiges Bleiberecht zu, bis

---

[254] *Gärditz* in Maunz/Dürig Rn. 346, integrationsfreundliche oder -feindliche Maßnahmen im politischen Belieben; sa BVerfGE 116, 229 (239).

[255] Jdfs. an Art. 2 Abs. 1 zu messen, *Wittreck* in Dreier Rn. 92, 86; für unzumutbare Einschränkungen dürfte der Schutzcharakter von Art. 16a indes Grenzen begründen. Unionsrechtlich Einschränkbarkeit der Bewegungsfreiheit gem. Art. 7 Abs. 2 u. 3 RL 2013/33/EU (Aufnahme-RL).

[256] BVerfG NJW 1984, 558; BVerwG DÖV 1982, 40 (41); *Wittreck* in Dreier Rn. 122; *Kämmerer/Kotzur* in BK Rn. 86.

[257] BSG NVwZ 1983, 246 (247).

[258] BSGE 70, 197 (199).

[259] BVerfGE 132, 134 (172 f.); BVerwGE 71, 139 (141); *Wittreck* in Dreier Rn. 122; *Kämmerer/Kotzur* in BK Rn. 86; sa *Gärditz* in Maunz/Dürig Rn. 346: nicht aus Art. 16a, sondern Art. 1 Abs. 1 iVm Art. 20 Abs. 1.

[260] Vom BVerwG aus Art. 16a Abs. 1 selbst abgeleitet: DVBl. 2010, 523 (Ls.).

[261] Überblick bei *Hocks* in Dörig Handbuch Migrations- und Integrationsrecht, 2018, § 13 Rn. 749 ff. Reformiert nach BVerfGE 132, 134 (166 ff.); Leistungskürzungen gem. § 1a Nr. 2 verfassungsgemäß: BSG, 12.5.2017, B 7 AY 1 /16R, Rn. 27 ff.; aA *Kanalan* ZFSH/SGB 2018, 247 (250 ff.); zu eingeschränkter Zulässigkeit von Leisungskürzungen indes allg. BVerfG NJW 2019, 3703 (3705 f.); EuGH C-233/18, ECLI:EU:C:2019:956, Rn. 45 ff. – Haqbin, im Hinblick auf Art. 20 RL 2013/33; Überblick bei Wissenschaftlicher Dienst BT, WD, 19.3.2020, WD 3 – 3000 – 054/20.

[262] *Randelzhofer* in Maunz/Dürig Art. 16a Abs. 1 (Vorbearbeitung – Stand 3/2007) Rn. 28. Anders *Gärditz* in Maunz/Dürig Rn. 185: Anspruch auf (vorübergehenden) Aufenthalt „Sekundärfolge des Abwehranspruchs“.

[263] Sa *Becker* in MKS Rn. 118, 121; *Gärditz* in Maunz/Dürig Rn. 184 f.

[264] *Wittreck* in Dreier Rn. 92; *Jarass* in Jarass/Pieroth Rn. 28; *Kämmerer/Kotzur* in BK Rn. 92.

[265] *Becker* in MKS Rn. 121 f.; *Wittreck* in Dreier Rn. 88, 92; *Gärditz* in Maunz/Dürig Rn. 184.

[266] *Wittreck* in Dreier Rn. 86, 92; *Becker* in MKS Rn. 119; *Maaßen* in BeckOK GG Rn. 51.

[267] BVerwGE 105, 28 (32); *Davy* in AK Rn. 36; *Wittreck* in Dreier Rn. 92; *Becker* in MKS Rn. 121; *Kämmerer/Kotzur* in BK Rn. 91; indirekt und diff. *Gärditz* in Maunz/Dürig Rn. 309.

bestandskräftig über ihren Antrag entschieden ist.[268] Ausnahmen bei sicheren Drittstaaten, verfolgungsfreien Herkunftsstaaten oder bei „offensichtlicher Unbegründetheit" sind angesichts des Schutzversprechens von Art. 16a Abs. 1 problematisch und bedürfen jedenfalls restriktiver Handhabung (→ Rn. 60 f., 99 ff.).[269]

59 Grundrechtseingriffe sind auch solche Maßnahmen, die eine **Einreise in das Bundesgebiet** für politisch Verfolgte erschweren;[270] dies folgt daraus, dass der Anspruch auf Asyl bereits vor dem Kontakt mit dem Bundesgebiet entsteht (→ Rn. 55). Dies schließt **Pushback-Operatione**n auf hoher See sowie Varianten extraterritorialer Asylverwaltung ein.[271] Entgegen der hM ist daher auch eine **Visumspflicht** an Art. 16a Abs. 1 zu messen.[272] Hierdurch erübrigen sich auch dogmatisch anfechtbare Konstruktionen, wonach die Visumspflicht keinen Eingriff bedeute, soweit ihre Erfüllung möglich und zumutbar sei,[273] erst die rechtsgrundlose Verweigerung des Visums[274] oder gar die Einreiseverweigerung wegen fehlenden Visums einen Eingriff darstelle.[275] Geradezu zynisch erscheint es, das an Beförderungsunternehmer gerichtete Verbot, Asylsuchende ohne Visum nach Deutschland zu befördern (§ 63 Abs. 1 AufenthG), nicht einmal als Grundrechtseingriff zu qualifizieren:[276] Hier wird die von der Rspr. selbst errichtete Zumutbarkeitsschranke für die Visumspflicht unterlaufen. Eine solche Regelung ist verfassungswidrig.[277] Selbst wenn man entgegen der hier vertretenen Ansicht das Schutzversprechen des Asylgrundrechts allein auf das Bundesgebiet beschränken wollte, darf der Garantiegehalt des Art. 16a Abs. 1 nicht dadurch ausgehöhlt werden, dass der Zugang zum Zufluchtsort versperrt wird.[278] So ist es nicht undenkbar, Anträge auf humanitäre Visa aus dem

---

[268] BVerfGE 67, 43 (56 ff.); 80, 68 (73 f.); 80, 182 (187 f.); BVerwG NVwZ 1992, 682 (684).

[269] VGH Kassel NVwZ 1988, 274 (275); *Wittreck* in Dreier Rn. 100; keine grundsätzlichen Bedenken BVerfGE 56, 216 (236 f.); 67, 43 (56 ff.); sa *Gärditz* in Maunz/Dürig Rn. 309, 377.

[270] *Denninger/Rachor* ZAR 1988, 51 (57); *Davy* in AK Rn. 36; *Wittreck* in Dreier Rn. 92; *Kämmerer/Kotzur* in BK Rn. 91; aA *Randelzhofer* in Maunz/Dürig Art. 16a Abs. 1 (Vorbearbeitung – Stand 3/2007) Rn. 107; offen gelassen in BVerfGE 97, 49 (66).

[271] Sa *Gärditz* in Maunz/Dürig Rn. 315 (verneint für Pushbacks sowie humanitäre Rettung und Unterstützung der Grenzsicherung anderer Staaten, zB über Frontex; dann Schutz durch GG-externe Regeln).

[272] Sa *Denninger/Rachor* ZAR 1988, 51 (57 ff.); *Kreßel* DÖV 1988, 501 (503 ff.); *Davy* in AK Rn. 39; *Wittreck* in Dreier Rn. 92; sa BVerwGE 105, 28 (32); aA BVerfGK NVwZ 1987, 1068 (1068); *Bierwirth* ZAR 1987, 64 (65 ff.); *Hailbronner* FS f. Doehring, 1989, 283 (291); *Jarass* in Jarass/Pieroth Rn. 28; *Kämmerer/Kotzur* in BK Rn. 92; (aufgrund der leistungsrechtlichen Konstruktion) *Maaßen* in BeckOK GG Rn. 51; zu Visa und Flüchtlingsschutz sa Europäisches Übereinkommen über die Aufhebung des Sichtvermerkzwangs für Flüchtlinge v. 20.4.1959, BGBl. 1961 II 1098.

[273] BVerfGK NVwZ 1987, 1068 (1068).

[274] So wohl *Bierwirth* ZAR 1987, 64 (70 f.).

[275] *Jarass* in Jarass/Pieroth Rn. 28.

[276] So aber inzwischen BVerwG NVwZ 2000, 448 im Anschluss an BVerfGE 97, 49 (63 ff.); krit. *Denninger/Rachor* ZAR 1988, 51 (57 f.); *Davy* in AK Rn. 39; *Wittreck* in Dreier Rn. 92; anders *Gärditz* in Maunz/Dürig Rn. 308.

[277] Zutr. *Roth* ZAR 1989, 73 (75); *Selk* NVwZ 1993, 144; *Becker* in MKS Rn. 125; *Masing* in Dreier, 2. Aufl. 2004, Rn. 96; auch Vorlagebeschluss BVerwG NVwZ 1992, 682 (684 f.) mit zurückweisender Entscheidung BVerfGE 97, 49 (65 f.); sa *Kluth* in BeckOK Ausländerrecht, Rn. 5 ff. Unionsrechtswidrig für Überschreitung von Binnengrenzen: EuGH C-412 u. 474/17, ECLI:EU:C:2018:1005.

[278] *Denninger/Rachor* ZAR 1988, 51; auf Basis einer „räumlichen Vorwirkung" auch BVerwG NVwZ 1992, 682 (684 f.); *Davy* in AK Rn. 39; *Becker* in MKS Rn. 125.

Ausland bei beachtlicher, unmittelbarer und erwiesener Gefahr für bedeutsame Güter wie Leib und Leben auf Art. 16a GG zu stützen.[279] Einer ausgreifenden Generosität setzen die Abgrenzung völkerrechtlicher Hoheitssphären sowie die Pragmatik „extraterritoriale(r) Anwendungsinfrastrukturen“[280] Grenzen.[281]

Das Grundrecht aus Art. 16a Abs. 1 besitzt eine **ausgeprägte Verfahrensdimension.**[282] Dies hängt mit der Funktion eines Verfahrens zusammen, das nicht auf Bewilligung, sondern auf Anerkennung gerichtet ist (→ Rn. 54). Aus dem dem Verfahren vorausliegenden unbedingten Anspruch des Berechtigten folgt eine Pflicht, geeignete Vorkehrungen zu treffen, um Fehlentscheidungen zu verhindern, die praktisch unkorrigierbar sind.[283] Diese Pflicht führt zu einer **verfassungsrechtlichen Aufladung gesetzlicher Verfahrensregeln**[284] und schlägt sich va darin nieder, dass Behörden und Gerichte in besonderem Maße **von Amts wegen zu Ermittlung und Aufklärung verpflichtet** sind.[285] Die Einhaltung dieser Pflichten kontrolliert (auch) das BVerfG,[286] was die zT detaillierte (Kammer-)Rechtsprechung des Gerichts erklären mag.[287] Andererseits ist der Asylbewerber der wichtigste Zeuge für die asylbegründenden Vorkommnisse.[288] Daher dürfen ihm **Mitwirkungsobliegenheiten** im Verfahren auferlegt werden, um die in seinem Erfahrungsbereich liegenden Informationen zu erlangen.[289] Diese Obliegenheiten sind für sich genommen nicht als Grundrechtseingriff zu qualifizieren, da es nicht um Zwang zur Selbstbelastung, sondern um die Klärung des geltend gemachten Anspruchs geht.[290] Übersteigerte Anforderungen an die Mitwir- **60**

---

[279] GA Mengozzi C-638/16 PPU, ECLI:EU:C:2017:93, Rn. 137 im Hinblick auf Art. 4 GRCh (für das Asylrecht gem. Art. 18 GRCh offen gelassen), aA EuGH C-638/16 PPU, ECLI:EU:C:2017:173 – X und X; EGMR 5.3.2020, 3599/18 – M. N. (bereits extraterritoriale Anwendbarkeit von Unions- und Konventionsrecht verneint).

[280] *Gärditz* in Maunz/Dürig Rn. 311; unrealistisch, Rn. 317, 342 ff.

[281] S. *Kämmerer/Kotzur* in BK Rn. 84; dagegen emphatisch GA Mengozzi C-638/16 PPU, ECLI:EU:C:2017:93, Rn. 169 ff.

[282] BVerfGE 56, 216 (236); 65, 76 (93 f.); *Ritgen* ZG 2015, 297 (326 ff.); *Wittreck* in Dreier Rn. 123 f.; *Gärditz,* in FS f. Schenke, 2011, 689; *Gärditz* in Maunz/Dürig Rn. 239, 338 ff.; *Maaßen* in BeckOK GG Rn. 52 „‘verwaltetes Grundrecht’“.

[283] BVerfGE 71, 276 (292); 87, 48 (62); NVwZ-Beil. Heft 9/1997, 65 (66); *Masing* in Dreier, 2. Aufl. 2004, Rn. 101; *Maaßen* in BeckOK GG Rn. 53; krit. gegenüber abschreckendem Verfahren *Wittreck* in Dreier Rn. 123.

[284] Soweit diese nach dem Willen des Gesetzgebers den Bestand des Asylrechts grdl. sichern: BVerfGE 56, 216 (242); 65, 76 (94); BVerfGK NVwZ 1992, 973 (974); sa *Wittreck* in Dreier Rn. 123; *Gärditz* in Maunz/Dürig Rn. 339.

[285] BVerwGE 85, 92 (94); 87, 141 (150); näher zu diesen Pflichten *Dawin* NVwZ 1995, 729; *Jobs* ZAR 2002, 219; *Rothkegel* in Umbach/Clemens Rn. 48 ff.; *Hailbronner,* Ausländerrecht III, 116. Lfg., Rn. 281 ff.; *Gärditz* in Maunz/Dürig Rn. 340; 482 ff. Sa EGMR, 23.8.2016, 59166/12, Rn. 85 ff. – J. K., auch zur Beweislastverteilung.

[286] BVerfGE 76, 143 (161 f.); 83, 216 (234 f.); BVerfGK, 25.2.2019, 2 BvR 1193/18, Rn. 18 (und Rn. 20 zur Übertragung auf andere Schutzformen); sa BVerfGK NVwZ 2017, 231, zur Ermöglichung der Rechtsmittelzulassung.

[287] Eingehender Überblick bei *Roeser* EuGRZ 2002, 498; EuGRZ 2005, 86; EuGRZ 2007, 397; EuGRZ 2009, 177; EuGRZ 2011, 445; EuGRZ 2013, 369; EuGRZ 2015, 637; EuGRZ 2017, 642; *Zimmermann/Tams* in BerlKomm Rn. 256.

[288] BVerfGE 94, 166 (200 f.); *Gärditz* in Maunz/Dürig Rn. 339.

[289] Zusammenstellung dieser Informationen in Art. 4 Abs. 2 QRL; für die allgemeinen Verhältnisse im Heimatstaat gilt dagegen der Untersuchungsgrundsatz: BVerwGE 66, 237 (238 f.); eing. zu Untersuchungspflicht und Beweislast *Becker* in MKS Rn. 99 ff.; *Hailbronner,* Ausländerrecht III, 116. Lfg., Rn. 250 ff. Zur Substantiierungsobliegenheit bei religiöser Verfolgung EuGH C-56/17, ECLI:EU:C:2018:803, Rn. 84 – Fathi.

[290] *Wittreck* in Dreier Rn. 92.

kung jedoch bedrohen die effektive Realisierbarkeit des Grundrechts und sind unzulässig.[291] Sanktionen wegen unterlassener Mitwirkung setzen voraus, dass der Asylbewerber zuvor hierüber belehrt worden ist.[292]

61 Mit Blick auf die Pflicht, Fehlentscheidungen zu vermeiden, sind Versuche kritisch zu prüfen, die auf eine **Abkürzung des Asylverfahrens** zielen.[293] Ziel muss es sein, **unsorgfältige Sachverhaltsaufklärung** und **vorschnelle Urteile** zu **vermeiden.** Der Trend im Asylverfahren zum schnellen Abschluss „offensichtlich unbegründeter" Fälle, zum Sofortvollzug und zur Abschiebung vor Abschluss des Verfahrens oder der großzügige Einsatz von Fiktionen (va § 81 S. 1 AsylG) zu Lasten des Asylbewerbers[294] erregen mit Blick auf rechtsstaatliche Prinzipien, aber auch auf die Verfahrensdimension des Art. 16a Abs. 1 gerade in der Kumulation **ernste Bedenken.**[295] Entschieden wird über das Schicksal von Menschen; Verfolgte sind oft von ihren Erlebnissen traumatisiert;[296] sie müssen sich in einer fremden Sprache und Kultur zurechtfinden; interkulturelle Dissonanzen bei der Kommunikation[297] können zu Fehleinschätzungen führen.[298] Die Klageabweisung wegen offensichtlicher Unbegründetheit (zum Eilrechtsschutz → Rn. 99 ff.) ist restriktiv zu handhaben und „setzt voraus, dass an den tatsächlichen Feststellungen des Gerichts vernünftigerweise kein Zweifel besteht und sich die Abweisung der Klage geradezu aufdrängt".[299]

62 Um die Beachtung des Grundrechts aus Art. 16a Abs. 1 zu garantieren, ist im **Auslieferungsverfahren** die Nichtverfolgung im Zielstaat von Amts

---

291 *Maaßen* in BeckOK GG Rn. 54; BVerfGK InfAuslR 1994, 324; 1995, 15 (17); NVwZ-Beil. Heft 11/1996, 81; NVwZ-Beil. Heft 3/1999, 17. Zum Vorschlag, Leitentscheidungen des BVerwG zu Ländertatsachen einzuführen, *Berlit/Dörig* NVwZ 2017, 1481 ff.; *Baade* DÖV 2018, 806 (816).

292 BVerfGK DVBl. 1994, 632 f.; *Becker* in MKS Rn. 99.

293 Historische Darstellung bei *Ritgen* ZG 2015, 297. Andererseits kann eine zügige Klarstellung im Interesse des Flüchtlings selbst liegen: BVerfGE 56, 216 (236).

294 Überblick bei *Becker* in MKS Rn. 129 ff.; zum gerichtlichen Verfahren auch *Gärditz* in Maunz/Dürig Rn. 462 ff. (462: „filigranes Sonderverwaltungsprozessrecht"); sa *Thym* NVwZ 2015, 1625; *Kluth* ZAR 2015, 337.

295 *Marx* InfAuslR 2004, 21 (30 ff.); krit. auch *Schoch* DVBl 1993, 1161 (1169 f.); *Huber* NVwZ 1997, 1080; *Bergmann* in Bergmann/Dienelt, Ausländerrecht Rn. 111 ff., 115 ff.; *Gärditz* in FS f. Schenke, 2011, 689; *Wittreck* in Dreier Rn. 124; *Fontana* NVwZ 2016, 735 (741 f.); *Farahat* Verwaltung 52 (2019), 311 (insbes. zur De-Individualisierung des Verfahrens); sa *Ritgen* ZG 2015, 297 (322); schon vor der einschneidenden Reform von 1993 mahnend *Bachof* FS f. Dürig, 1990, 319; mit Blick auf die EMRK *Weinzierl,* Der Asylkompromiss 1993 auf dem Prüfstand, 2009, 14 f., 18, passim; vertiefend zu den Anforderungen des EGMR an die gerichtliche Kontrolle von Asylentscheidungen *Spijkerboer* International Journal of Refugee Law 21 (2009), 48.

296 Vertiefend *Marx* InfAuslR 2003, 21; *Middeke* DVBl. 2004, 150; *Markard* Verwaltung 52 (2019), 337 (348); sa OVG Weimar NVwZ-RR 2004, 455 (456), Herabsetzung der Schlüssigkeitsanforderungen nötig.

297 Dazu näher *v. Arnauld* in Klein/Martínez, Wirklichkeitserzählungen, 2009, 14 (39 ff.); Lawrence/Ruffer Adjudicating refugee and asylum status, 2015.

298 BVerfGE 94, 166 (201); vertiefend *Schmitt Glaeser* in Dörr, Ein Rechtslehrer in Berlin, 81; sa *Gärditz* in Maunz/Dürig Rn. 483; *Cameron,* Refugee Law's Fact-Finding Crisis, 2018, 35; sa *Ramezankhah* International Journal of Refugee Law 29 (2017), 110; aus entscheidungspsychologischer Sicht *Herlihy/Gleeson/Turner* International Journal of Refugee Law 22 (2009/10), 351.

299 BVerwG DÖV 1979, 902 (903); zust. BVerfGE 65, 76 (95 f.), noch unter Geltung von Art. 16 Abs. 2 S. 2 aF; zur Übertragbarkeit auf die heutige Rechtslage *Wittreck* in Dreier Rn. 124 – und eingehende Begründung erforderlich; *Hailbronner,* Ausländerrecht III, 116. Lfg., Rn. 301a ff.; *Jarass* in Jarass/Pieroth Rn. 29; s. nunmehr auch BVerfGK NVwZ-Beil. Heft 9/1997, 65 (66); DVBl. 2000, 1122 (1122 f.); InfAuslR 2002, 146 (148); BVerfGK NVwZ 2008, 418.

wegen zu prüfen; die Behörden trifft eine Vergewisserungspflicht.[300] Sichert der Zielstaat die Nichtverfolgung zu, so gilt zwar in der Regel eine Vermutung für dessen Vertragstreue;[301] allerdings schuldet das die Zulässigkeit einer Auslieferung prüfende Gericht eine selbständige Gefahrenprognose.[302] Die Prüfung hat unabhängig vom Abschluss eines parallel laufenden Asylanerkennungsverfahrens zu erfolgen; die Verfahren sind grundsätzlich voneinander getrennt.[303] Das Asylrecht geht seiner grundrechtlichen Verankerung wegen Ausnahmen vom Abschiebungsschutz für politische Straftäter vor.[304]

3. Beendigung und Schranken des Asylrechts. Da das Asylrecht nur Schutz vor gegenwärtiger Verfolgung bietet (→ Rn. 52), ist verfassungsrechtlich nichts gegen den **Widerruf** einer Asylanerkennung einzuwenden, wenn deren Voraussetzungen entfallen sind (vgl. § 73 Abs. 1 AsylG).[305] Bedingung ist, dass sich die für die Lagebeurteilung maßgeblichen Verhältnisse entscheidungserheblich und nicht nur vorübergehend geändert haben; veränderte oder abweichend gewürdigte Erkenntnisse genügen nicht.[306] Voraussetzung eines Widerrufs ist weiter, dass dem Betroffenen bei Rückkehr auch nicht aus anderen Gründen Verfolgung droht.[307] Die Sicherheitslage im Heimatstaat muss so beschaffen sein, dass der Flüchtling nicht in absehbarer Zukunft erneut als Flüchtling anzuerkennen wäre. 63

Verfassungsrechtlich unbedenklich ist grundsätzlich auch das automatische **Erlöschen** der Anerkennung in Fallkonstellationen, die an ein Verhalten des Asylberechtigten selbst anknüpfen; Bedingung ist aber, dass das Verhalten tatsächlich den Schluss auf den Wegfall des Schutzbedürfnisses zulässt. Dies ist für die meisten der in § 72 Abs. 1 AsylG geregelten Fälle zu bejahen.[308] Nicht eindeutig sind indes die Fälle in Nr. 1 (Annahme oder Erneuerung eines 64

[300] BVerfGE 63, 197 (209 ff.); 64, 46 (62 ff.); 64, 125 (132 f.); BVerfGK, NVwZ 2015, 1204 (1204 f.); BVerfGK, 9.3.2016, 2 BvR 348/16; sa bereits BVerfGE 9, 174 (182). Sa BVerfGK NJW 2018, 37 (39) zur Aufklärungspflicht der Gerichte nach dem „Grundgedanke(n)" von Art. 16a GG; Vergewisserungspflicht gilt auch für Unionsbürger und EWR-Angehörige, EuGH C-182/15, ECLI:EU:C:2016:630, Rn. 60 Petruhhin, Rn. 60; C-897/19 PPU, ECLI:EU:C:2020:262, Rn. 64 ff. – Ruska Federacija.

[301] BVerfGE 64, 46 (63); 64, 125 (132 f.); 109, 38 (62).

[302] BVerfGK NVwZ 2015, 1204 (1205); BVerfGK, NJW 2018, 37 (39 f.); BVerfGK, 30.10.2019, 2 BvR 828/19, Rn. 44; BVerfGK, 4.12.2019, 2 BvR 1832/2019, Rn. 45; *Wegner* ZVRS 2019, 7; strenge Maßstäbe fordert bei Abschiebungen *Telschow* JuWissBlog, 27.6.2018; sa EGMR, 17.1.2012, 8139/09, Rn. 183 ff.

[303] BVerfGE 60, 348 (358); BVerfGK NVwZ 2015, 1204 (1204 f.); BVerfGK, 18.6.2019, 2 BvR 1092/19, Rn. 13; *Maaßen* in BeckOK GG Rn. 55.

[304] *Schnapp* in v. Münch/Kunig, 5. Aufl. 2000, Rn. 9; BVerfGK NVwZ 2015, 1204 (1205); näher zum Verhältnis von Auslieferungsverfahren und Asylgrundrecht *Quaritsch,* Recht auf Asyl, 1985, 152 ff.; *Kimminich* EuGRZ 1986, 317.

[305] BVerfGE 54, 341 (360); *Becker* in MKS Rn. 141, 143; *Jarass* in Jarass/Pieroth Rn. 22; *Gärditz* in Maunz/Dürig Rn. 334; *Kämmerer/Kotzur* in BK Rn. 131; näher *Groh* ZAR 2009, 1.

[306] BVerwGE 112, 80 (82 ff.); 118, 174 (177); 124, 276 (281); 139, 109; 140, 22; *Berlit* ZAR 2017, 110 (117); ob auch eine Änderung der Rechtslage genügt, hat das BVerwG NVwZ 2009, 592, ausdrücklich offen gelassen.

[307] BVerwGE 124, 276 (281); *Wittreck* in Dreier Rn. 115; zum Widerrufsmaßstab der GFK *Marx* InfAuslR 2005, 218; *Salomons/Hruschka* ZAR 2005, 1; *Titze,* Die deutsche Asylrechtsprechung und das internationale Flüchtlingsrecht, 2008, 67 ff.

[308] Für Nr. 1a (freiwillige Rückkehr und Niederlassung im Heimatstaat), Nr. 3 (Erwerb der Staatsangehörigkeit eines sicheren Drittstaates) und Nr. 4 (freiwilliger Verzicht bzw. Rücknahme des Antrags). Verfahrensrechtliche Einschränkungen durch Art. 45 Abs. 5 RL 2013/32/EU.

Nationalpasses oder sonstige Inanspruchnahme des Schutzes des Heimatstaates[309]) und Nr. 2 (Wiedererlangung einer verlorenen Staatsbürgerschaft). Zum einen ist hier an Fälle nichtstaatlicher Verfolgung zu denken, bei denen die Bedrohung gerade nicht vom Heimatstaat ausgeht; zum anderen genügt ein Antrag auf Verlängerung der Ausweispapiere für sich genommen nicht als Beleg für einen Fortfall des Schutzbedürfnisses.[310] **Gegen ein Erlöschen ohne weiteres** bestehen insoweit ernste **verfassungsrechtliche Bedenken.** Ein solcher Automatismus ist zudem mit Art. 11 Abs. 2 QRL unvereinbar. Danach ist zu prüfen, „ob die Veränderung der Umstände erheblich und nicht nur vorübergehend ist, so dass die Furcht des Flüchtlings vor Verfolgung nicht länger als begründet angesehen werden kann". Die Erlöschensgründe des § 72 Abs. 1 AsylG sind daher in diesem Sinne verfassungs- und richtlinienkonform zu interpretieren.[311]

65 Die **Rücknahme** der Anerkennung bei unrichtigen Angaben des Asylbewerbers ist verfassungsrechtlich zulässig, sofern die fraglichen Angaben entscheidungserheblich waren und sofern eine Anerkennung nicht aus anderen Gründen geboten ist (so auch die Ausgestaltung in § 73 Abs. 2 AsylG).[312]

66 Gemäß ausdrücklicher Anordnung in Art. 18 ist auch die **Verwirkung** des Asylrechts möglich.[313] Jenseits dessen kennt Art. 16a keinen Missbrauchsvorbehalt.[314]

67 Verschiedene Ansätze zur Begründung einer **„Asylunwürdigkeit"** überzeugen dogmatisch nicht.[315] Dies gilt va für die Annahme einer diffusen „Opfergrenze" als immanente Begrenzung des Schutzbereichs.[316]

68 Sachlich gut begründbar ist es demgegenüber zwar, Ausweisung und Abschiebung gefährlicher Ausländer entgegen Art. 16a Abs. 1 über **kollidierendes Verfassungsrecht** zu rechtfertigen;[317] der Ansatz scheitert aber an Art. 18: Auf diese Weise würden die hohen prozeduralen Hürden umgangen, die das GG sogar für schwerste Verfehlungen vorsieht. Obwohl damit *de constitutione lata* allein der Weg über die **Verwirkung des Grundrechts**

---

[309] BVerwGE 89, 231 (234 f.); BVerwGE 159, 270 (283 f.), aus den Handlungen muss sich objektiv die Schutzunterstellung ergeben.

[310] Einordnung als Indizwirkung für eine Unterschutzstellung, die entkräftet werden kann, BVerwGE 159, 270 (283 f.); *Fleuß* in BeckOK Ausländerrecht Rn. 10; sa *Bergmann* in Bergmann/Dienelt, Ausländerrecht Rn. 17 mwN.

[311] *Kämmerer/Kotzur* in BK Rn. 131; *Wittreck* in Dreier Rn. 115; sa *Pelzer* in Europäisches Flüchtlings- und Einwanderungsrecht, 149 (155 f.): Unionsrechtsverstoß.

[312] Umstritten ist, ob zur Lückenschließung ergänzend § 48 VwVfG herangezogen werden kann – so BVerwGE 112, 80 (88 ff.) – oder ob die Rücknahmeregelung in § 73 Abs. 2 AsylG abschließend ist – so *Becker* in MKS Rn. 143; *Zimmermann/Tams* in BerlKomm Rn. 124.

[313] *Becker* in MKS Rn. 150; Stern StaatsR IV/1 § 103 Kap. II 3c δ; ausf. *Gärditz* in Maunz/Dürig Rn. 461; *Zimmermann/Tams* in BerlKomm Rn. 132; *Kämmerer/Kotzur* in BK Rn. 131; aA (Missbrauch des Asylrechts als solchem kaum denkbar) *Lerche* FS f. Arndt, 1969, 169; *Gusy,* Asylrecht und Asylverfahrensrecht in der Bundesrepublik Deutschland, 1980, 161 ff.

[314] *Wittreck* in Dreier Rn. 114; *Kämmerer/Kotzur* in BK Rn. 131.

[315] Insoweit *Gärditz* in Maunz/Dürig Rn. 409, 434.

[316] BVerwGE 49, 202 (208 f.); 106, 351 (360); 109, 1 (3 ff.); *Kluth* in Stern/Becker Rn. 74; wie hier *Renner* ZAR 2003, 52 (55 f.).

[317] *v. Pollern* BayVBl. 1979, 200; *Will* in Sachs Rn. 52a; *Gärditz* in Maunz/Dürig Rn. 433; *Zimmermann/Tams* in BerlKomm Rn. 127, 129; *Kämmerer/Kotzur* in BK Rn. 95 f. (Sicherheit *der* und öffentliche Sicherheit *in* der Bundesrepublik Deutschland); *Maaßen* in Beck OK GG (Verweis auf Sicherheit der Bundesrepublik Deutschland); sa *Bergmann* ZAR 2005, 137; *Hailbronner/Thym,* JZ 2016, 753 (754).

(und damit über das BVerfG) verfassungstextlich und dogmatisch sauber ist,[318] wird die Asylgewährleistung über „verfassungstranszedierende Schranken"[319] des Unionsrechts (Art. 12 Abs. 2, Art. 15 Abs. 5 QRL) doch begrenzt.[320] Die verfassungsrechtliche Zweifelhaftigkeit von zB § 53 Abs. 3a, § 60 Abs. 8 S. 1 AufenthG[321] wirkt sich somit wegen des **Vorrangs unionsrechtlicher Ausschlussgründe und Ausnahmetatbestände** schwerer Straftaten bzw. der Gefährdung staatlicher Sicherheit nicht aus. Doch auch insoweit ist eine restriktive Interpretation geboten: Wäre eine *Ausweisung* aus Gründen der öffentlichen Sicherheit noch verhältnismäßig,[322] müsste bei *Abschiebung* in einen Verfolgerstaat die Möglichkeit in Rechnung gestellt werden, dass als milderes Mittel ein straffällig gewordener Schutzsuchender auch in Deutschland bestraft werden kann.[323] Absolute Grenzen errichten schließlich auch hier Art. 1 Abs. 1 GG und Art. 3 EMRK[324] bzw. Art. 4 und Art. 19 Abs. 2 GRCh.[325]

Nach stark gesunkenen Asylbewerberzahlen im ersten Jahrzehnt des Jahrtausends haben neue Fluchtursachen und erheblich steigende Ankünfte von Flüchtlingen in den letzten Jahren[326] der Frage nach einem dem GG immanenten generellen **Kapazitätsvorbehalt** Aktualität verschafft.[327] Ein solcher käme allenfalls in einer notstandsähnlichen Extremsituation in Betracht, die bislang nicht erreicht wurde.[328] Das Grundrecht aus Art. 16a Abs. 1 unter- **69**

---

[318] VGH Kassel NVwZ-Beil. Heft 9/2000, 102 (106); *Kimminich* JZ 1965, 739 (745); *Wollenschläger,* Immanente Schranken des Asylrechts (Art. 16 Abs. 2 S. 2 GG), 1971, 87 ff.; *Gusy,* Asylrecht und Asylverfahrensrecht in der Bundesrepublik Deutschland, 1980, 153 ff.; *Selk,* Asylrecht und Verfassung, 1990, 98; *Hopfauf* NVwZ 1994, 566 (567 f.); *Becker* in MKS Rn. 148; *Kingreen/Poscher,* Grundrechte. Staatsrecht II, 2019, Rn. 1138; diff. *v. Pollern* BayVBl. 1979, 200 (206).

[319] *Wittreck* in Dreier Rn. 113.

[320] *Gärditz* in Maunz/Dürig Rn. 413, 411; *Becker* in MKS Rn. 149.

[321] VGH Kassel NVwZ-Beil. Heft 9/2000, 102 (106); *Kimminich* JZ 1965, 739 (745); *Wollenschläger,* Immanente Schranken des Asylrechts (Art. 16 Abs. 2 S. 2 GG), 1971, 87 ff.; *Gusy,* Asylrecht und Asylverfahrensrecht in der Bundesrepublik Deutschland, 1980, 153 ff.; *Selk,* Asylrecht und Verfassung, 1990, 98; *Hopfauf* NVwZ 1994, 566 (567 f.); *Becker* in MKS Rn. 148; *Kingreen/Poscher,* Grundrechte. Staatsrecht II, 2019, Rn. 1138; diff. *v. Pollern* BayVBl. 1979, 200 (206).

[322] Nicht indes aus Gründen der öffentlichen Ordnung. Zu notwendigen verfassungskonformen Reduktionen von § 51 Abs. 3 AuslG (heute § 53 AufenthG) VGH Kassel NVwZ-Beil. Heft 9/2000, 102 (106); ebenso *Bauer* in Bergmann/Dienelt Ausländerrecht, Rn. 24.

[323] *Becker* in MKS Rn. 148; *Stern* StaatsR IV/1 § 103 Kap. II 3c γ; für eine restriktive Interpretation auch BVerwGE 106, 351 (360 ff.); *Bergmann* ZAR 2005, 142 f.; *Will* in Sachs Rn. 52a; *Zimmermann/Tams* in BerlKomm Rn. 130.

[324] *Huber* NVwZ 2002, 787 (791); *Zimmermann/Tams* in BerlKomm Rn. 130.

[325] EuGH C-391/16 ua, ECLI:EU:C:2019:403, Rn. 95 ff. – Révocation du statut de réfugié, für parallel liegende Art. 14 Abs. 4 bis 6 QRL bei Aus- und Zurückweisungsschutz.

[326] Vom damaligen Rekord 1993 (Erst- und Folgeanträge): 438.191 zunächst bis zum Niedrigstand 2008: 28.018 über den neuen Rekord 2016: 745.545 bis nun zu 2019: 165.938. Die Anerkennungsquote lag 2019 bei 1,2 % (2016: 0,3 %); die Gesamtschutzquote betrug 2019 38,2 % (2016 62,4 %). Quelle: BAMF, Das Bundesamt in Zahlen 2019, 2020, 9 ff., 36, 38.

[327] *Gärditz* in Maunz/Dürig Rn. 436 ff. Steuerungsoptimismus im Koalitionsvertrag CDU, CSU, SPD, 12.3.2018, 103 f. (Begrenzung auf 180.000 bis 220.000 Schutzsuchende mit Maßnahmenbündel). ZB *de constitutione ferenda* nach Umwandlung von Art. 16a in eine objektiv-rechtliche Garantie, *Hopfauf* ZRP, 2015, 226 (228 f.); sa *Becker/Kersten* NVwZ 2016, 580 (582). Zur unionsrechtlichen Perspektive *Ellerbrok/Hartmann* ZJS 2016 157 (177).

[328] So auch *Kluth* ZAR 2016, 1 (5); *Berlit,* Flüchtlingsrecht in Zeiten der Krise, 2017, 63, 66 f.; etwas „großzügiger" wohl *Gärditz* in Maunz/Dürig Rn. 440 (anders für Art. 16a Abs. 2 Rn. 437 f.; ähnlich *Papier* NJW 2016, 2391 [2392]); s. anders wohl *Möstl* AöR 142 (2017), 175; sa undeutlich *Häberle* AVR 53 (2015), 409 (421). Zur Unverhältnismäßigkeit starrer Grenzen *Kämmerer/Kotzur* in BK Rn. 129; *Gärditz* in Maunz/Dürig Rn. 438.

liegt **keinem fiskalischen Leistungsfähigkeitsvorbehalt.**[329] Angesichts seiner unionsrechtlichen Überlagerung (→ Rn. 14) ist bereits die Thematisierung einer „Obergrenze“ des Asylrechts nach Art. 16a Abs. 1 irreführend.[330] Ob das Unionsrecht selbst Abweichungen von Asylregelungen bzw. quantitative Begrenzungen zulässt, ist zweifelhaft, allerdings noch nicht endgültig geklärt.[331] Für Ausnahmesituationen könnten stattdessen bereits existierende Instrumente auf europäischer Ebene aktiviert werden.[332] Den zweifellos gravierenden Belastungen durch hohe Zahlen Schutzsuchender ist durch solidarische Lösungen va im europäischen Asylsystem zu begegnen (→ Rn. 119).[333]

II. Einzelfragen zu Abs. 2

70 **1. Einreise aus sicheren Drittstaaten (S. 1 u. 2).** Anderweitige Verfolgungssicherheit schließt wegen der **Subsidiarität des Asyls** die Berufung auf Art. 16a aus (→ Rn. 48). Über diese allgemeine Regel geht Abs. 2 **in zweifacher Hinsicht hinaus:** einmal durch das Konzept der normativen Vergewisserung (→ Rn. 71), einmal dadurch, dass bereits die Einreise aus dem Drittstaat genügt, ein gesicherter Aufenthalt also nicht erforderlich ist (→ Rn. 84). Nach hM sind Abs. 1 u. 2 als Einheit zu betrachten; Abs. 2 soll den persönlichen Schutzbereich des Grundrechts von vornherein verschließen.[334] Vorzugswürdig ist es jedoch, in **S. 1 Fall 1** eine **verfassungsunmittelbare Schranke** zu erblicken und in **S. 2 iVm S. 1 Fall 2** einen **qualifi-**

[329] Stern StaatsR IV/1 § 103 Kap. II 3c γ; *Zimmermann/Tams* in BerlKomm Rn. 129; *Wittreck* in Dreier Rn. 82 (Schutzbereichsbegrenzungen „verfassungsfremd“); eing. *Schwartz,* Wirtschaftliche Grenzen und Schranken des Asylgrundrechts, 1992; aA *Randelzhofer* in Maunz/Dürig Art. 16a Abs. 1 (Vorbearbeitung – Stand 3/2007) Rn. 131; *Hillgruber* FS f. Schmidt-Preuß 2018, 69 (74.f); *Gärditz* in Maunz/Dürig Rn. 439: „Vorbehalt des Möglichen“ für Leistungsgehalte von Art. 16a; diff. *Becker* in MKS Rn. 146.

[330] Sa *Kämmerer/Kotzur* in BK Rn. 130; *Gärditz* in Maunz/Dürig Rn 442 f. Zu unions- und völkerrechtlichen Schranken *Farahat/Markard* GLJ 17 (2016), 923; *Ritgen* DVBl. 2016, 137. Zur Begrenzung des Familiennachzugs *Fontana* NVwZ 2015, 735 (739 f.); *Thym* NVwZ 2018, 1340.

[331] Wissenschaftlicher Dienst, BT, 16.12.2015, PE 6 – 3000 – 153/15. Zu Art. 72 AEUV EuGH C-715/17 ua, ECLI:EU:C:2020:257, Rn. 142 ff. (eng auszulegen; keine maßstablose Befugnis zur Abweichung); sa *Berlit,* Flüchtlingsrecht in Zeiten der Krise, 2017, 64 ff.; *W. Michl* in Bungenberg/Giegerich/Stein Asyl und Migration in Europa 161 (176 ff.); mitgliedstaatliche Interessen weitergehend andenkend: *Hailbronner/Thym* JZ 2016, 753 (762 f.); *Möstl* AöR 142 (2017), 175 (211 ff.): nationale Abweichungsbefugnis. Zu quantitativen Grenzen des Dublin-Selbsteintritts Deutschlands gem. Art. 17 Abs. 1 Dublin-III-VO *Papier* NJW 2016, 2391 (2392 f.); *Berlit,* Flüchtlingsrecht in Zeiten der Krise, 2017, 60; *Gärditz* in Maunz/Dürig Rn. 437, 444.

[332] Vorübergehender Schutz nach RL 2001/55/EG des Rates vom 20.7.2001 über Mindestnormen für die Gewährung vorübergehenden Schutzes im Falle eines Massenzustroms von Vertriebenen und Maßnahmen zur Förderung einer ausgewogenen Verteilung der Belastungen, die mit der Aufnahme dieser Personen und den Folgen dieser Aufnahme verbunden sind, auf die Mitgliedstaaten v. 20.7.2001, ABl. 2011 L 212, 12; s. dazu *Markard,* Kriegsflüchtlinge 2012, 305 ff.; *Schmidt* ZAR 2015, 205; *Türközü* Friedens-Warte 92 (2019), 215.

[333] *Gärditz* in Maunz/Dürig Rn. 446; *Groß* Z'Flucht 2017, 72; *Becker/Kersten* NVwZ 2016, 580 (582); *Farahat/Markard* GLJ 17 (2016), 923 (942); sa BVerfGE 128, 224 (226). Zu Optionen *Kluth* ZAR 2016, 1 (6); *Hailbronner* RuP 2016, 68 (73 f.); *Thym,* Sollbruchstellen des deutschen, europäischen und internationalen Flüchtlingsrechts, 2019, 39 ff. Sa EuGH (Gr. K.), 26.7.2017, C-646/16, EU:C:2017:586 – Jafari.

[334] BVerfGE 94, 49 (87, 95); *Schoch* DVBl. 1993, 1161 (1164), Vergleich mit Friedlichkeitsvorbehalt bei Art. 8 Abs. 1 GG; *Gärditz* in Maunz/Dürig Rn. 350 („Tatbestandsausnahme“), 377; *Becker* in MKS Rn. 151; *Bergmann* in Bergmann/Dienelt, Ausländerrecht Rn. 93; *Will* in Sachs Rn. 69; *Maaßen* in BeckOK GG Rn. 60; *Kämmerer/Kotzur* in BK Rn. 133, 135, 160; scharfe Kritik bei *Marx* InfAuslR 1997, 208 (209), die freiheitssichernde Grundrechtsdogmatik wird „vollends auf den Kopf gestellt“.

zierten Gesetzesvorbehalt.[335] Für die Einordnung auf Schrankenebene spricht nicht allein die systematische Stellung des Abs. 2; sie gestattet zudem eine sachgerechtere Einbindung der Ausnahmen vom Konzept der normativen Vergewisserung (→ Rn. 72), als wenn das Grundrecht aus Abs. 1 durch Annahme immanenter Grenzen für die Bestimmung eben dieser Grenzen von vornherein als Maßstab ausscheidet.[336] S. 2 begründet eine **ausschließliche Bundeskompetenz,** von der der Bundesgesetzgeber durch § 26a Abs. 2 iVm Anl. I AsylG Gebrauch gemacht hat.

a) Das Konzept „normativer Vergewisserung". Abs. 2 folgt dem Konzept einer **„normativen Vergewisserung",**[337] dass der Drittstaat einem Flüchtling, der sein Staatsgebiet erreicht, den nach GFK und EMRK gebotenen Schutz gewährt. Die Sicherheit des Flüchtlings in dem betreffenden Drittstaat wird durch die Verfassung (S. 1 Fall 1) bzw. durch Gesetz (S. 2 iVm S. 1 Fall 2) generell und konstitutiv[338] festgestellt; eine Überprüfung im Einzelfall ist nicht vorgesehen. Die normative Vergewisserung ist damit funktional (zunächst, aber → Rn. 72 ff.) einer (prinzipiell) unwiderleglichen Vermutung vergleichbar.[339] Durch den generellen Ausschluss vom Asylrecht wird **vom Gebot einer individuellen Prüfung abgewichen,** die Art. 33 GFK anordnet und auch den individualrechtlichen Grundpositionen der EMRK und des Art. 1 Abs. 1 GG zu entnehmen ist.[340] 71

Der Übergang von der individuellen Prüfung zu einer generellen Regelung führt zu **Typisierungsopfern,** die bei politischer Verfolgung besonders hart betroffen sind. Um Abhilfe zu schaffen, hat das BVerfG **immanente Grenzen des Konzepts** der normativen Vergewisserung aufgezeigt. Diese folgen aus der „Natur" eines solchen Konzepts[341] und betreffen daher **alle seine Anwendungsfälle,** sowohl auf Ebene der Verfassungsgesetzgebung als auch auf Ebene der einfachen Gesetzgebung.[342] Bei den vom Verfassungsgesetzgeber für sicher erklärten Mitgliedstaaten der EU wird jedoch regelmäßig ein erheblicher Begründungsaufwand nötig sein, um im Einzelfall eine der immanenten Grenzen geltend zu machen.[343] 72

---

[335] *Marx* InfAuslR 1997, 208 (208 f.); für S. 2 ebenso *Kingreen/Poscher,* Grundrechte. Staatsrecht II, 2019, Rn. 1132; *Wittreck* in Dreier Rn. 51; wohl auch *Becker* in MKS Rn. 168 f.; im Sinne eines den Schutzbereich ausgestaltenden Gesetzes dagegen *Masing* in Dreier, 2. Aufl. 2004, Rn. 82; *Jarass* in Jarass/Pieroth Rn. 25, 31; wieder aA *Zimmermann/Tams* in BerlKomm Rn. 51, 135, prozessuale, nicht materielle Beschränkung; anders auch *Randelzhofer* in Maunz/Dürig Art. 16a Abs. 2 (Vorbearbeitung – Stand 2/1999) Rn. 51: „Verwirkungstatbestand".

[336] *Marx* InfAuslR 1997, 208 (209); allg. *v. Arnauld,* Die Freiheitsrechte und ihre Schranken, 1999, 15 ff. (insbes. 41 ff.), 114 ff.

[337] Näher BVerfGE 94, 49 (95 f.); *Maaßen/de Wyl* ZAR 1996, 158 (159 ff.).

[338] AA *Rothkegel* in Umbach/Clemens Rn. 108, 118.

[339] *Will* in Sachs Rn. 55, 59, 60; *Wittreck* in Dreier, Rn. 96; *Becker* in MKS Rn. 160; *Kämmerer/Kotzur* in BK Rn. 135; aA (Fiktion) *Schoch* DVBl. 1993, 1161 (1163); *Rothkegel* in Umbach/Clemens Rn. 107.

[340] Dazu *Zimmermann,* Das neue Grundrecht auf Asyl, 1994, 177 ff.; *Rothkegel* in Umbach/Clemens Rn. 40; hier setzt die verbreitete Kritik an der Verfassungs- bzw. Völkerrechtswidrigkeit von Art. 16a Abs. 2 GG an; statt vieler *Marx* InfAuslR 1997, 208 (213 ff.); *Davy* in AK Rn. 46; *Bergmann* in Bergmann/Dienelt, Ausländerrecht Rn. 110; *Wollenschläger/Schraml* JZ 1994, 61 (64); *Weinzierl,* Der Asylkompromiss 1993 auf dem Prüfstand, 2009, 11 ff.

[341] *Masing* in Dreier, 2. Aufl. 2004, Rn. 79; sinngemäß BVerfGE 94, 49 (99).

[342] *Moll/Pohl* ZAR 2012, 102; implizit wohl BVerfGE 94, 49 (99 f.); *Jarass* in Jarass/Pieroth Rn. 24; für möglich gehalten dagegen: BVerfGK EuGRZ 2009, 540 (eA); NVwZ 2010, 318 (eA).

[343] Sa *Gärditz* in Maunz/Dürig, Rn. 382, wegen Bindung an GRCh.

73 **Von der Vergewisserung ausgenommen** sind nach BVerfG die Fälle, (1.) dass dem Betroffenen im Drittstaat die Todesstrafe droht;[344] (2.) dass ihm im Drittstaat unmittelbar ein Verbrechen droht, ohne dass der Drittstaat ihn hiervor schützen kann;[345] (3.) dass sich die für die Qualifizierung als sicher maßgeblichen Verhältnisse im Drittstaat vorübergehend schlagartig geändert haben; (4.) dass im Einzelfall der Drittstaat selbst zum Verfolgerstaat wird; (5.) dass sich der Drittstaat unter Missachtung seiner Vertragspflichten ohne Prüfung des Gesuchs des Flüchtlings zu entledigen trachtet.[346] Diese Fallgruppen sind **nicht abschließend.**[347] So greifen die immanenten Grenzen der Vergewisserung auch, wenn im Drittstaat im Einzelfall eine sonst menschenunwürdige oder erniedrigende Behandlung droht;[348] ebenso, wenn ein EU-Mitglied seine Verpflichtungen aus den einschlägigen Bestimmungen des Unionsrechts in erheblicher Weise verletzt (→ Rn. 77).

74 Den Flüchtling trifft keine erhöhte Darlegungslast;[349] schon aus völker- und europarechtlichen Gründen genügt es, in „vertretbarer Weise" eine Verletzung der Schutzrechte zu rügen *(arguable claim).*[350]

75 Liegt einer der genannten Fälle vor, scheint das BVerfG auf einfachgesetzlichen Abschiebungsschutz zurückgreifen zu wollen.[351] Nimmt man jedoch die Idee immanenter Grenzen der normativen Vergewisserung ernst und geht man von einem Schrankencharakter der Regelung aus, so reicht die Verdrängungswirkung des Abs. 2 gegenüber der Regelaussage des Abs. 1 nur so weit, wie die normative Vergewisserung reicht. In den genannten Fällen lebt daher, sofern die Voraussetzungen nach Art. 16a Abs. 1 vorliegen, der **Anspruch auf Asyl** wieder auf, ist also der Flüchtling als Asylbewerber zu behandeln.[352]

76 Diese immanenten Grenzen sind im Ansatz **einzelfallbezogen**[353] und stellen die Einstufung eines Staates als sicherer Drittstaat nicht generell in Frage. Die dritte Fallgruppe bezieht sich zwar auf allgemeine Verhältnisse,[354]

---

344 Trotz des in Art. 2 EMRK hineingelesenen Verbots der Todesstrafe durch EGMR, 2.3.2010, 61498/08, Rn. 120 – Al-Saadoon, ist die Ratifikation des 6. und 13. ZP von Bedeutung, um konstante Beachtung des Verbots zu garantieren; jdfs. nicht hinreichend zur Qualifikation als „sicher", so *Zimmermann/Tams* in BerlKomm Rn. 153, 162. Dies gilt auch für generellen Verzicht auf Vollstreckung der Todesstrafe, s. dazu *Maaßen* in BeckOK GG Rn. 73.1. Die Ausnahme gilt ebenfalls für Kettenabschiebung in einen Viertstaat, in dem Todesstrafe droht, *Kämmerer/Kotzur* in BK Rn. 169.

345 Hier eher für Abschiebungshindernis *Kämmerer/Kotzur* in BK Rn. 169.

346 BVerfGE 94, 49 (99 f.); sa Art. 38 Abs. 1 RL 2013/32/EU – *Gärditz* in Maunz/Dürig Rn. 393, sieht Übereinstimmung mit Maßstäben von Art. 16a Abs. 2.

347 *Frowein/Zimmermann* JZ 1996, 753 (758); *Lübbe-Wolff* DVBl. 1996, 825 (827 f.); wohl auch *Gärditz* in Maunz/Dürig Rn. 382; aA *Randelzhofer* in Maunz/Dürig Art. 16a Abs. 2 (Vorbearbeitung – Stand 2/1999) Rn. 69; *Göbel-Zimmermann/Eichhorn/Beichel-Benedetti,* Asyl- und Flüchtlingsrecht, 2017, Rn. 88.

348 *Pieroth/Schlink* FS f. Mahrenholz, 1994, 669 (687 f.); *Masing* in Dreier, 2. Aufl. 2004, Rn. 80; sa *Gärditz* in Maunz/Dürig Rn. 381.

349 *Marx* InfAuslR 1997, 208 (214 f.); ähnlich *Gärditz* in Maunz/Dürig Rn. 382 f. („substantiierter Vortrag"), aber ebd., Rn. 383, mit Verweis auf Umsetzungsproblem; aA BVerfGE 94, 49 (100), der Schluss muss sich zudem auf Basis bestimmter Tatsachen „aufdrängen"; distanziert *Kämmerer/Kotzur* in BK Rn. 170.

350 *Davy* in AK Rn. 46; *Zimmermann/Tams* in BerlKomm Rn. 164 ff.; *Göbel-Zimmermann/Eichhorn/Beichel-Benedetti,* Asyl- und Flüchtlingsrecht, 2017, Rn. 88.

351 BVerfGE 94, 49 (99); die Systemwidrigkeit dieser Annahme monieren *Lübbe-Wolff* DVBl. 1996, 825 (827, 831); *Marx* InfAuslR 1997, 208 (215).

352 *Gärditz* in Maunz/Dürig Rn. 381 f.; wohl auch *Becker* in MKS Rn. 194: Prima-facie-Ausschluss des Asylrechts findet keine Anwendung.

353 Sa *Gärditz* in Maunz/Dürig Rn. 382.

354 *Lübbe-Wolff* DVBl. 1996, 825 (831).

stellt allerdings auf eine vorübergehende Änderung der Situation im Drittstaat ab.

Eine solche zeitweilige Herausnahme eines Staates aus der normativen Vergewisserung ist nicht allein für Staaten außerhalb der EU denkbar (vgl. § 26a Abs. 3 AsylG)[355], sondern auch für EU-Mitgliedstaaten.[356] Der verfassungskräftigen normativen Vergewisserung in S. 1 liegt implizit das Vertrauen in die gemeinsame Wertebasis iSv Art. 6 Abs. 1 EU zu Grunde.[357] **Systemische bzw. schwere Mängel** des Asylverfahrens oder der Aufnahmebedingungen in den EU-Überstellungsstaaten vermögen – selbst ohne Maßnahmen nach Art. 7 EUV[358] – dieses Vertrauen im Einzelfall zu erschüttern.[359] Besteht aufgrund der Schwere der Schwachstellen eine beachtliche Wahrscheinlichkeit[360], dass den Asylbewerbern im konkret zu entscheidenden Einzelfall eine unmenschliche oder erniedrigende Behandlung (Art. 4 GRCh) droht, ist von einer Überstellung abzusehen.[361] Die neuere Rechtsprechung des EuGH deutet darauf hin, dass nicht nur systemische Mängel entscheidend sind, sondern auch die Unzumutbarkeit im Einzelfall.[362] Niedrige Anerkennungsquoten sind noch kein Anhaltspunkt für Mängel im **Asylverfahren.**[363] Anders verhält es sich allerdings, wenn kein effektiver Rechtsschutz zu erlangen ist;[364] allgemeine rechtsstaatliche Defizite, zB erhebliche Einschränkung der Unabhängigkeit der Justiz, können die Unterschreitung von Mindeststandards plausibilisieren.[365] **Aufnahme- und Unterbringungsbedingungen** sind nicht bereits bei ungünstigeren Sozialleistungen unzumutbar, sondern erst wenn extreme materielle Not droht, die einer unmenschlichen Behandlung entspricht.[366] 77

[355] Vor Geltung einer Rechtsverordnung Aufgabe der Judikative *Kämmerer/Kotzur* in BK Rn. 169; unklar *Maaßen* in BeckOK GG Rn. 73.3, Rn. 68 zu Norwegen.

[356] Offenlassend BVerfGK, 17.9.2014, 2 BvR 732/14, Rn. 8; sa *Gärditz* in Maunz/Dürig Rn. 364 sowie Rn. 361 ff. (Vorverlagerung in Aufnahmeverfahren); Rn. 354, für Wiederaufleben des Asylgrundrechts; aA *Kämmerer/Kotzur* in BK Rn. 149.

[357] BVerfGE 94, 49 (88 f.); *Kämmerer/Kotzur* in BK Rn. 144. Sa EuGH C-163/17, ECLI:EU:C:2019:218, Rn. 80 ff. – Jawo.

[358] *Wittreck* in Dreier Rn. 98; *Gärditz* in Maunz/Dürig Rn. 364.

[359] Bereits ab Prüfung der Zuständigkeit im GEAS sowie selbst nach Abschluss eines Asylverfahrens, EuGH C-163/17, ECLI:EU:C:2019:218, Rn. 83 ff. – Jawo. Ggf. besteht gar ein Anspruch auf ein neues Asylverfahren, EuGH C-540 u. 541/17, ECLI:EU:C:2019:964, Rn. 41 f. – Hamed u. Omar.

[360] EuGH C-163/17, ECLI:EU:C:2019:218, Rn. 88 – Jawo: „ernsthaftes Risiko" (‚substantial risk').

[361] S. *Weinzierl,* Der Asylkompromiss 1993 auf dem Prüfstand, 2009, 12 f., 15 ff. mwN; BVerfGK EuGRZ 2009, 549 (eA) und NVwZ 2010, 318 (eA); für Dublin-Überstellungen: BVerfGK, 17.9.2014, 2 BvR 732/14; BVerwG, NVwZ 2014, 1039; zu Bulgarien: OVG Saarlouis, 13.12.2016, 2 A 260/16 (verneint; sa aufgrund jüngerer Quellenlage OVG RhPf, 17.3.2020, 7 A 10903/18; anders noch VGH Kassel NVwZ 2017, 570 (571)); grundlegend EuGH C-411/10, ECLI:EU:C:2011:865 – N. S.; zuvor EGMR, 21.1.2011, 30696/09 – M. S. S. (zu Griechenland); sa EuGH C-297/17 ua, ECLI:EU:C:2019:219 – Ibrahim. Näher *Thym* NVwZ 2018, 609; *Langenfeld* NJW 2019, 677 (680 mwN); *Göbel-Zimmermann/Eichhorn/Beichel-Benedetti,* Asyl- und Flüchtlingsrecht, 2017, Rn. 413 ff.; zur Verlagerung des Schutzes von Art. 16a auf andere Grundrechte *Kämmerer/Kotzur* in BK Rn. 149.

[362] S. zB EuGH C-646/16, ECLI:EU:C:2017:586, Rn. 10 – Jafari; *Thym* NVwZ 2009, 609 (611); enger (noch) *Gärditz* in Maunz/Dürig Rn. 352.

[363] VG Frankfurt NVwZ-RR 2008, 354 (354).

[364] S. *Gärditz* in Maunz/Dürig Rn. 384.

[365] S. für den europäischen Haftbefehl EuGH C-216/18 PPU, ECLI:EU:C:2018:586, Rn. 46 ff. – LM.

[366] EuGH C-163/17, ECLI:EU:C:2019:218, Rn. 92 ff. – Jawo (dh Fehlen von „‚Bett, Brot, Seife'", VGH BW, 27.5.2019, A4 S 1329/19 Rn. 5 = Asylmagazin 2019, 313 (314)); *Thym* NVwZ 2009, 609 (612 f.) insbes. zu schutzbedürftigen Personengruppen.

78 Fehlen die Voraussetzungen für die Qualifizierung als sicher dagegen **generell** und **auf unabsehbare Zeit** oder entfallen diese nachträglich, so verstößt die Einstufung durch den Gesetzgeber bei sonstigen Drittstaaten gegen Art. 16a Abs. 1 und kann auf dem Wege der Normenkontrolle oder einer Verfassungsbeschwerde durch das BVerfG korrigiert werden.[367] Auch in Bezug auf Mitgliedstaaten der EU steht dieser Weg offen;[368] der verfassungskräftigen Einstufung als sicher wegen ist der materielle Maßstab hier jedoch auf Art. 79 Abs. 3 reduziert.[369] Dass ein EU-Mitglied generell und für einen nicht absehbaren Zeitraum als unsicherer Drittstaat einzustufen sein sollte, so dass die Abschiebung bzw. Zurückweisung von Flüchtlingen dorthin gegen Art. 1 Abs. 1 verstieße, ist angesichts der strukturellen Krise und der anhaltenden Belastung des Asylsystems verschiedener Mitgliedstaaten an den Außengrenzen nicht mehr ausgeschlossen.[370]

79 **b) Sichere Drittstaaten.** Als **Drittstaat** sind alle Staaten außer der Bundesrepublik Deutschland und dem Herkunftsstaat anzusehen. Ist ein unter Abs. 2 fallender Staat Herkunftsstaat des Flüchtlings, so sind Abs. 3 u. 4 als *leges speciales* heranzuziehen.[371] **Mitgliedstaaten der EG** (der Begriff ist seit Inkrafttreten des Vertrags von Lissabon überholt und synonym zu den Mitgliedstaaten der EU iSv Art. 16 Abs. 2 S. 2 und Art. 23 Abs. 1 zu verstehen[372]) werden bereits von Verfassung wegen zu sicheren Drittstaaten erklärt. Der Kreis ist dynamisch zu bestimmen und „erfaßt den jeweils aktuellen Bestand der Mitgliedstaaten".[373] Die verfassungsrechtliche Bezeichnung als sichere Drittstaaten verstößt für sich genommen nicht gegen die unionsrechtliche Systematik sicherer Drittstaaten außerhalb der EU (s. Art. 33 Abs. 2 RL 213/32/EU),[374] solange gewährleistet ist, dass die Reichweite des Asylschutzes im Verhältnis zu den anderen Mtgliedstaaten im Einklang mit Unionsrecht bestimmt wird (sa → Rn. 77).[375]

80 **Andere sichere Drittstaaten** sind nach derzeitiger Gesetzeslage Norwegen und die Schweiz.[376] Tritt ein solcher „anderer" sicherer Drittstaat der EU bei, ist allein S. 1 maßgeblich.[377]

81 Dass die Anwendung von GFK und EMRK **sichergestellt** sein muss, bezieht sich, trotz des nicht ganz eindeutigen Wortlauts, allein auf die sonstigen Drittstaaten. Dies ergibt sich aus Entstehungsgeschichte und Teleologie der Norm.[378] Der betreffende Staat muss **Vertragspartei** beider Konventionen

---

[367] *Rothkegel* in Umbach/Clemens Rn. 124 f.; *Will* in Sachs Rn. 67; *Zimmermann/Tams* in BerlKomm Rn. 155. Zur Überprüfungs- und Delisting-Pflicht *Gärditz* in Maunz/Dürig Rn. 376, sowie das Durchspielen der Rechtsschutzoptionen: Rn. 385 ff.

[368] Wohl auch *Lübbe-Wolff* DVBl 1996, 825 (831); auf Basis einer anderen dogmatischen Einordnung auch *Rothkegel* in Umbach/Clemens Rn. 116; aA *Schnapp* in v. Münch/Kunig, 5. Aufl. 2000, Rn. 15; *Masing* in Dreier, 2. Aufl. 2004, Rn. 81; *Sachs* in Stern StaatsR IV/1 Rn. 859; *Zimmermann/Tams* in BerlKomm Rn. 148.

[369] *Davy* in AK Rn. 43 Fn. 145; *Gärditz* in Maunz/Dürig Rn. 355, 362.

[370] S. oben → Rn. 77.

[371] *Becker* in MKS Rn. 163; *Gärditz* in Maunz/Dürig Rn. 460.

[372] *Jarass* in Jarass/Pieroth Rn. 24; *Zimmermann/Tams* in BerlKomm Rn. 146; *Wittreck* in Dreier Rn. 97; *Gärditz* in Maunz/Dürig Rn. 350; *Kämmerer/Kotzur* in BK Rn. 144.

[373] BVerfGE 94, 49 (89).

[374] S. aber BVerwGE 158, 271 (279); BVerwG, NVwZ 2017, 1625 (1626); zu Folgeanträgen nach Verfahren in anderem EU-Staat BVerwGE 157, 18.

[375] Ähnlich *Gärditz* in Maunz/Dürig, Rn. 352; *Kämmerer/Kotzur* in BK Rn. 136 ff.

[376] Zum Vorrang der Dublin-Regelungen *Kluth* in Stern/Becker Rn. 79, 87. Zum Zustimmungserfordernis des Bundesrates krit. *Kämmerer/Kotzur* in BK Rn 157.

[377] BVerfGE 94, 49 (89); *Becker* in MKS Rn. 161; zuletzt: Kroatien.

[378] BVerfGE 94, 49 (88); aA *Lübbe-Wolff* DVBl. 1996, 825 (829); ausf. Interpretation bei *Meierhofer,* Die asylrechtliche Drittstaatenregelung, 1998, 89 ff.

sowie des Protokolls über die Rechtsstellung der Flüchtlinge vom 31.1.1967 sein und sich den **Kontrollverfahren** der Abkommen unterworfen haben.[379] Zudem muss neben der rechtlichen Bindung die **„tatsächliche Einhaltung“** verbürgt sein.[380] Hierzu muss der (Dritt-)Staat seine Organe zur Anwendung der Konventionen verpflichtet haben; erforderlich ist eine Prüfung am Maßstab von Art. 33 GFK und Art. 3 EMRK, nicht jedoch ein dem deutschen Recht vergleichbares Asylverfahren.[381] Wohl aber muss es „[s]chutzsuchenden Ausländern […] nach den rechtlichen und tatsächlichen Verhältnissen im Drittstaat möglich sein, ein Schutzgesuch tatsächlich anzubringen und dadurch die Verpflichtung einer zuständigen Stelle zu begründen, hierüber nach vorgängiger Prüfung eine Entscheidung zu treffen.“[382]

Der Qualifizierung eines Staates als sicher steht grundsätzlich nicht entgegen, dass eine **Weiterschiebung** in einen „Viertstaat“ droht. Art. 16a Abs. 2 akzeptiert grundsätzlich vergleichbare Drittstaatsregelungen in anderen Staaten.[383] Ausgeschlossen muss aber eine Kettenabschiebung in den Verfolgerstaat sein;[384] zudem muss im Zielstaat die Einhaltung von GFK und EMRK bzw. von vergleichbaren Standards rechtlich und tatsächlich gesichert sein.[385] Erforderlichenfalls ist mittels Rücknahmeübereinkommen hierauf hinzuwirken.[386] Die deutschen Behörden trifft insoweit eine Vergewisserungspflicht.[387] Schließlich muss auch verhindert werden, dass der Betroffene zum **„refugee in orbit“** wird, der auf seiner Flucht nie zur Ruhe kommt, weil er von Staat zu Staat weitergereicht wird.[388] 82

Nach dem Konzept der normativen Vergewisserung ist es in Fällen des S. 2 der Gesetzgeber, der über die Einstufung eines Staates als sicher entscheidet. Das BVerfG gesteht ihm **weite legislative Spielräume** zu – sowohl in der Wahl der Erkenntnismittel (hier sollen sogar amtliche Informationen genügen) als auch bei der Würdigung der so gewonnenen Informationen; es will lediglich eine **Ver-** 83

---

[379] Ausf. *Gärditz* in Maunz/Dürig Rn. 366 ff.; *Kämmerer/Kotzur* in BK Rn. 152 ff.

[380] BVerfGE 84, 49 (90); *Gärditz* in Maunz/Dürig Rn. 369 ff.; näher *Zimmermann/Tams* in BerlKomm Rn. 151 ff.; *Becker* in MKS Rn. 164.

[381] *Kämmerer/Kotzur* in BK Rn. 154, 156; sa *Gärditz* in Maunz/Dürig Rn. 369.

[382] BVerfGE 94, 49 (91); zu wahren sind die völkerrechtlichen Mindestanforderungen, zu denen auch eine individuelle Prüfung gehört: *Rothkegel* in Umbach/Clemens Rn. 121; *Gärditz* in Maunz/Dürig Rn. 369; sa *Kämmerer/Kotzur* in BK Rn. 159; zu den verfahrensrechtlichen Anforderungen nach Völkerrecht *Hofmann/Donath* in Hofmann/Löhr, Europäisches Flüchtlings- und Einwanderungsrecht 19.

[383] BVerfGE 94, 49 (92); berechtigte Kritik an Inkonsequenzen bei *Marx* InfAuslR 1997, 208 (212 f.).

[384] BVerfGE 94, 49 (92); *Wittreck* in Dreier Rn. 100; *Kämmerer/Kotzur* in BK Rn. 156, auch zu praktischen Schwierigkeiten.

[385] *Kämmerer/Kotzur* in BK Rn. 171. Die bloß faktische Beachtung ohne zu Grunde liegende Rechtspflicht genügt nicht: *Becker* in MKS Rn. 166; *Zimmermann/Tams* in BerlKomm Rn. 154; sa *Frowein/Zimmermann* JZ 1996, 753 (756); aA *Randelzhofer* in Maunz/Dürig Art. 16a Abs. 2 (Vorbearbeitung – Stand 2/1999) Rn. 19; wohl auch BVerfGE 94, 49 (92 f.) – mit Bedenken hierzu *Kämmerer/Kotzur* in BK Rn. 171.

[386] *Rothkegel* in Umbach/Clemens Rn. 122; zur deutschen Vertragspraxis *Lehnguth* ZAR 1997, 161; *Lehnguth/Maaßen/Schieffer* ZfSH/SGB 1998, 387 (392 ff.).

[387] *Pieroth/Schlink* FS f. Mahrenholz, 1994, 669 (681 ff.); *Alleweldt,* Schutz vor Abschiebung bei drohender Folter oder unmenschlicher oder erniedrigender Behandlung oder Strafe, 1996, 115 ff.; *Rothkegel* in Umbach/Clemens Rn. 106; zurückhaltend *Hailbronner* FS f. Bernhardt, 1995, 365 (374 ff., 382 f.); *Lehnguth/Maaßen* ZfSH/SGB 1995, 281 (289 f.).

[388] *Hailbronner* ZAR 1993, 107 (113); *Zimmermann,* Das neue Grundrecht auf Asyl, 1994, 206 ff.; *Göbel-Zimmermann/Masuch* InfAuslR 1996, 404 (408); *Marx* InfAuslR 1997, 208 (212 f.); *Rothkegel* in Umbach/Clemens Rn. 110.

tretbarkeitskontrolle ausüben.[389] Dieser zurückgenommene Maßstab wird der Tragweite der gesetzgeberischen Regelung nicht gerecht.[390] Der Gesetzgeber schränkt die Reichweite der Asylgarantie unter (weitgehender) Ausschaltung der gebotenen Individualprüfung ein. Hieran sind strenge Anforderungen zu stellen,[391] deren Beachtung auch verfassungsgerichtlich justiziabel ist.[392]

84 **c) Einreise.** Im Unterschied zur ausländischen Fluchtalternative allgemein (→ Rn. 48) genügt für Abs. 2 die **Einreise aus einem sicheren Drittstaat;** ein gesicherter Aufenthalt ist nicht erforderlich. Dies beseitigt das ansonsten bestehende Recht des Flüchtlings, den Ort seiner Zuflucht zu wählen.[393] „Einreise aus" bedeutet nicht „Einreise über" bzw. „Durchreise"[394]; notwendig ist ein **qualifizierter Gebietskontakt**[395]. Der Aufenthalt im Drittstaat muss dem Flüchtling **Gelegenheit** geboten haben, **Schutz zu erlangen,** ungeachtet dessen, ob diese Gelegenheit genutzt wurde.[396] Dabei ist der tatsächliche Reiseverlauf entscheidend.[397] Auf das gewählte Beförderungsmittel kommt es nicht an. Keine Schutzgelegenheit ergibt sich regelmäßig, wenn auf der Reise die „internationalen" Transitzonen von Flughäfen nicht verlassen werden.[398] Hindernde Umstände, die der Flüchtling selbst zu vertreten hat, sind unbeachtlich;[399] vonnöten ist freilich eine realistische Betrachtung, was in die Einflusssphäre des Flüchtlings fällt.[400] Zwar tragen Asylbewerber nicht die Beweislast dafür, dass sie per Schiff oder Flugzeug eingereist sind;[401] geben sie aber wichtige Beweismittel aus der Hand, darf dies prinzipiell zu ihren Lasten berücksichtigt werden.[402]

---

[389] BVerfGE 94, 49 (93). So auch *Maaßen* in BeckOK GG Rn. 81.2; ausgeglichen durch Begründungserfordernis *Gärditz* in Maunz/Dürig Rn. 370 ff.

[390] *Wittreck* in Dreier Rn. 100.

[391] Trotz Verteidigung des Einschätzungsspielraums *Kämmerer/Kotzur* in BK Rn. 159.

[392] *Lübbe-Wolff* DVBl. 1996, 825 (831); *Meierhofer,* Die asylrechtliche Drittstaatenregelung, 1998, 223 ff.; *Rothkegel* in Umbach/Clemens Rn. 123; *Zimmermann/Tams* in BerlKomm Rn. 157; krit. *Masing* in Dreier, 2. Aufl. 2004, Rn. 86 f., der die „Diskrepanz von normativem Anspruch und faktischer Kontrolle" bereits in der Verfassungsnorm angelegt sieht; aA *Marx* InfAuslR 1997, 208 (210), Verfassungsänderung hat hierfür keinen Anlass geboten. Sa *Kämmerer/Kotzur* in BK Rn. 164.

[393] BVerfGE 94, 49 (94); krit. *Selk* ZAR 1994, 59 (63 ff.).

[394] Ebenso EuGH C-564/18, ECLI:EU:C:2020:218, Rn. 47 – LH.

[395] Art. 38 Abs. 2 lit. a RL 2013/32/EU: „Verbindung zwischen dem Antragsteller und dem betreffenden Drittstaat".

[396] BVerfGE 94, 49 (87, 94); *Kämmerer/Kotzur* in BK Rn. 172; *Gärditz* in Maunz/Dürig Rn. 356 f.; krit. ggü. der Gleichsetzung von Schutzbedürftigkeit und Fluchtweg *Schoch* DVBl. 1993, 1161 (1163); *Rothkegel* in Umbach/Clemens Rn. 102.

[397] BVerfGE 94, 49 (94). Zu Vermutungen *Kämmerer/Kotzur* in BK Rn. 173.

[398] *Schoch* DVBl. 1993, 1161 (1163); *Voßkuhle* DÖV 1994, 53 (55); *Frowein/Zimmermann* JZ 1996, 753 (757); *Becker* in MKS Rn. 174; *Zimmermann/Tams* in BerlKomm Rn. 136; aA *Maaßen/de Wyl* ZAR 1996, 158 (163); *Maaßen* in BeckOK GG Rn. 77; *Gärditz* in Maunz/Dürig Rn. 359; ebd., Rn. 357, zur Obliegenheit der Nutzung „real zugängliche(r) Schutzmöglichkeiten".

[399] BVerfGE 94, 49 (94).

[400] Problematisch BVerwGE 105, 194 (199), Einreise in einem verplombten Lkw; krit. *Marx* InfAuslR 1997, 208 (216); zust. dagegen *Randelzhofer* in Maunz/Dürig Art. 16a Abs. 2 (Vorbearbeitung – Stand 2/1999) Rn. 41, Verhalten von Schleuserbanden generell dem Flüchtling zurechenbar; *Becker* in MKS Rn. 172; sa OVG Münster NVwZ 1997, 1143 (1144); diff. *Meierhofer,* Die asylrechtliche Drittstaatenregelung, 1998, 132 f.; *Will* in Sachs Rn. 71.

[401] *Rothkegel* in Umbach/Clemens Rn. 111; *Zimmermann/Tams* in BerlKomm Rn. 141; allg. *Gärditz* in Maunz/Dürig Rn. 356; aA VGH München BayVBl. 1998, 119 (120); OVG Münster NVwZ-Beil. Heft 8/1998, 86 (86 f.); *Jarass* in Jarass/Pieroth Rn. 26.

[402] BVerwGE 109, 174 (179); *Becker* in MKS Rn. 177; *Jarass* in Jarass/Pieroth Rn. 26; *Will* in Sachs Rn. 73; diff. zur Beweislast *Bergmann* in Bergmann/Dienelt, Ausländerrecht Rn. 102; krit. *Marx* InfAuslR 1997, 208 (219).

Sofern feststeht, dass die Einreise über einen sicheren Drittstaat erfolgt ist (zB wenn die Einreise auf dem Landweg feststeht), ist die **Feststellung des konkreten Drittstaates,** über den der Flüchtling eingereist ist, **nicht erforderlich.**[403] Dies ergibt sich aus der Zielrichtung der Regelung, denjenigen das Asylrecht zu versagen, die anderweitig Schutz hätten finden können.[404] 85

d) Wirkungen des Asylausschlusses. Liegen die Voraussetzungen nach Abs. 2 S. 1 vor, **entfällt** mit dem Asylrecht auch das **vorläufige Aufenthaltsrecht,** das der Asylbewerber sonst genießt.[405] Zur Wirkung auf das Familienasyl → Rn. 43. Diese Wirkung tritt unabhängig davon ein, ob eine Rückführung tatsächlich durchführbar ist.[406] Rechtlich wird dadurch die Ausweisung und Abschiebung des Flüchtlings in einen sicheren Drittstaat ermöglicht.[407] Da Abs. 2 gerade auf diese Rechtsfolge zielt, erfasst seine Ausschlusswirkung auch alle **sonstigen Abschiebungsverbote** vis-à-vis des sicheren Drittstaats[408], ausgenommen bei dringenden humanitären oder in der Person liegenden Gründe wie zB nach § 60a Abs. 2 S. 3 AufenthG.[409] Gegenüber dem Verfolgerstaat und anderen nicht als sicher eingestuften Drittstaaten dagegen bleiben die einfachgesetzlichen Abschiebungsverbote bestehen.[410] Ebenso ist Schutz zu gewähren, wenn **Abkommen gemäß Abs. 5** die Zuständigkeit der Bundesrepublik Deutschland begründen (vgl. § 18 Abs. 4 Nr. 1, § 26a Abs. 1 S. 2 Nr. 2 AsylG).[411] 86

Die Drittstaatenregelung, das Kernstück der Asylreform von 1993,[412] stellt Deutschland in einen **asylrechtlichen cordon sanitaire.**[413] Die Einreise auf 87

---

[403] *Gärditz* in Maunz/Dürig Rn. 360; *Kämmerer/Kotzur* in BK Rn. 173, auch zur Darlegungslast der Schutzsuchenden (zumeist bei der Feststellung der Einreise über den See- oder Luftweg).

[404] BVerfGE 94, 49 (94 f.); BVerwGE 100, 23 (25 ff.); *Hailbronner* ZAR 1993, 107 (114); *Becker* in MKS Rn. 176; *Will* in Sachs Rn. 69; *Zimmermann/Tams* in BerlKomm Rn. 137; aA (wegen Rückschiebung als eigentlichem Ziel der Regelung) *Renner* ZAR 1993, 118 (120 f.); ZAR 1996, 103 (105); *Marx* InfAuslR 1997, 208 (218 f.); *Davy* in AK Rn. 45; *Rothkegel* in Umbach/Clemens Rn. 110.

[405] BVerfGE 94, 49 (87). Bei Antragstellung im Inland bis zur Feststellung der Einreise aus einem sicheren Drittstaat nicht, *Gärditz* in Maunz/Dürig Rn. 394; dieses Bleiberecht muss jedoch nicht als Annex aus Art. 16a Abs. 1 folgen.

[406] BVerfGE 94, 49 (87); aA *Möller/Schütz* DVBl. 1995, 864 (867 f.); *Marx* InfAuslR 1997, 208 (210).

[407] *Kämmerer/Kotzur* in BK Rn. 174; sa ebd., Rn. 142 zur Abweisung an der Grenze.

[408] BVerfGE 94, 49 (95); *Randelzhofer* in Maunz/Dürig Art. 16a Abs. 2 (Vorbearbeitung – Stand 2/1999, Rn. 52; *Becker* in MKS Rn. 157; *Zimmermann/Tams* in BerlKomm Rn. 159; aA *Huber* NVwZ 1993, 736 (737); *Schoch* DVBl. 1993, 1161 (1164); *Lübbe-Wolff* DVBl. 1996, 825 (826 f.); *Bergmann* in Bergmann/Dienelt, Ausländerrecht Rn. 98; sa *Gärditz* in Maunz/Dürig Rn. 449.

[409] BVerfGE 94, 49 (95); zweifelnd *Bergmann* in Bergmann/Dienelt, Ausländerrecht Rn. 109; eing. zum Abschiebungsschutz *Gärditz* in Maunz/Dürig Rn. 451 ff.

[410] BVerfGE 94, 49 (97); *Becker* in MKS Rn. 156; *Zimmermann/Tams* in BerlKomm Rn. 159; *Gärditz* in Maunz/Dürig Rn. 458 ff.; der Schutz des Art. 16a Abs. 1 entfällt dagegen vollständig, dh selbst gegenüber dem Verfolgerstaat: *Lübbe-Wolff* DVBl. 1996, 825 (826); *Masing* in Dreier, 2. Aufl. 2004, Rn. 72; aA VG Chemnitz NVwZ-RR 1995, 57 (57 f.).

[411] BVerfGE 94, 49 (86); krit. zum „hinkenden" Verhältnis von Abs. 2 u. 5 *Marx* InfAuslR 1997, 208 (210 f.).

[412] *Maaßen/de Wyl* ZAR 1996, 158 (159); *Bergmann* in Bergmann/Dienelt Ausländerrecht Rn. 89.

[413] *Schoch* DVBl. 1993, 1161 (1164); *Rothkegel* in Umbach/Clemens Rn. 114; ähnlich *Becker* in MKS Rn. 155: „Gürtel der Verfolgungssicherheit"; *Gärditz* in Maunz/Dürig Rn. 51: „Schutzgürtel".

dem Landweg führt zum Ausschluss vom Asylrecht, und auf dem See- und Luftweg behindert die Sichtvermerksregelung die Flucht auf deutsches Staatsgebiet.[414] Abs. 2 wird daher als „Grundrechtsverhinderungsvorschrift" kritisiert.[415]

88 Dabei steht die rechtsinterne Wirksamkeit der Regelung außer Frage; was die **praktische Wirksamkeit** betrifft, lassen sich kaum klare Aussagen treffen.[416] Der spürbare Rückgang der Asylbewerberzahlen dürfte – neben dem Abebben der Fluchtbewegungen aus den Umbruchstaaten Mittel- und Osteuropas Anfang der 90er Jahre – zunächst mit der Reform von 1993 zwar zusammengehangen, die praktische Wirkung von Abs. 2 selbst in einer schwer messbaren Abschreckungswirkung gelegen haben.[417] Die weitere Entwicklung ist jedoch, von Art. 16a Abs. 2 unbeeindruckt, durch neuere Flucht- und Migrationsbewegungen (ausgelöst ua durch außereuropäische Konflikte zB in Syrien und Afghanistan) sowie die umfassende Überlagerung des Asylschutzes durch materielle wie prozessuale Regelungen des Unionsrechts gekennzeichnet. Va angesichts unionsrechtlicher Schutzgründe (→ Rn. 14) schwindet die Steuerungswirkung ins Infinitesimale (s. § 26a Abs. 1 Satz 2 Nr. 2 Var. 1 AsylG).[418] Die von der Vorschrift rechtlich ermöglichte Abschiebung in einen sicheren Drittstaat scheitert in der Praxis – neben Problemen der Identitätsfeststellung – vielfach zum einen an der geringen Kooperation der Zielstaaten,[419] zum anderen – selbst dort, wo Übernahmepflichten existieren (wie im Rahmen des „Dubliner Rechts", → Rn. 110) – an nicht bekannten Reisewegen.[420] Damit dürfte Abs. 2 in der Praxis, wenn überhaupt, weniger eine Entlastung der Behörden und Gerichte als vielmehr eine **Reduzierung des Rechtsstatus von Flüchtlingen** bewirken.[421]

89 **2. Ausschluss vorläufigen Rechtsschutzes (S. 3).** S. 3 ist in mehrfacher Hinsicht **sprachlich missglückt.** Dies beginnt mit der Formulierung, wonach aufenthaltsbeendende Maßnahmen vollzogen werden „können". Den Intentionen des Verfassungsgesetzgebers entsprechend ist dies als **verfassungsunmittelbarer Ausschluss** vollzugshindernder Anordnungen im

[414] *Voßkuhle* DÖV 1994, 53 (64 f.); zur Verfassungswidrigkeit des § 63 Abs. 1 AufenthG → Rn. 59.

[415] *Franßen* DVBl. 1993, 300 (301); zust. *Voßkuhle* DÖV 1994, 53 (64 f.); *Marx* InfAuslR 1997, 208 (210, 220).

[416] Allg. zur Migrationssteuerung durch Recht *von der Decken* VVDStRL 76 (2017), 49 (89).

[417] *Hailbronner,* Ausländerrecht III, 116. Lfg., Rn. 18; sa *Schimany* in Luft/Schimany 20 Jahre Asylkompromiss, 2014, 33 (51 ff.).

[418] *Lehner* in Bungenberg/Giegerich/Stein Asyl und Migration in Europa 93 (107 ff.); *Kämmerer/Kotzur* in BK Rn. 3; sa *Gärditz* in Maunz/Dürig Rn. 52: „noch nicht totes Recht, … aber … grundrechtliches Randproblem"; Wiederaufleben bei Funktionsstörung des europäischen Asylsystems: *Möstl* AöR 142 (2017), 175 (194) – s. dagegen EuGH C-646/16, ECLI:EU:C:2017:586, Rn. 93 ff. – Jafari; unionsrechtlich noch fragwürdiger *Peukert ua* JZ 2016 347 (349 f.); sa *Di Fabio* ZSE 2015, 257 (264 f.).

[419] *Bergmann* in Bergmann/Dienelt Ausländerrecht Rn. 138; Bericht aus der Praxis *Martini-Emden* jM 2017, 151.

[420] *Davy* in AK Rn. 9; *Rothkegel* in Umbach/Clemens Rn. 112; *Hailbronner,* Ausländerrecht III, 116. Lfg., Rn. 23; *Bergmann* in Bergmann/Dienelt Ausländerrecht Rn. 103; *Zimmermann/Tams* in BerlKomm Rn. 138 f.; *Bast,* Aufenthaltsrecht und Migrationssteuerung, 2011, 42; sa *Ritgen* DVBl. 2016, 136 (141). Zu unionsinternen Schwierigkeiten *Bergmann* ZAR 2015, 81.

[421] *Davy* in AK Rn. 11, 48; sa *Renner* ZAR 1999, 206 (208 f.); *Hailbronner,* Ausländerrecht III, 116. Lfg., Rn. 19.

Rahmen vorläufigen Rechtsschutzes einzuordnen;[422] erfasst sind alle einschlägigen verwaltungsprozessualen Rechtsbehelfe.[423] Zudem erfasst die Regelung nach Sinn und Zweck über ihren Wortlaut hinaus auch **einreiseverhindernde Maßnahmen.**[424]

Eine wichtige Einschränkung des Anwendungsbereichs erfährt S. 3 durch den Verweis auf S. 1.[425] Hieraus folgt zum einen, dass der Streit darüber, ob ein Fall des S. 1 vorliegt, von S. 3 ausgenommen ist; der Ausschluss erstreckt sich daher nicht auf Fälle, in denen ernst zu nehmende Zweifel an der Einreise über einen sicheren Drittstaat bestehen.[426] Zum anderen stellt sich S. 3 als **prozessuale Spiegelung der materiell-rechtlichen Regelung in S. 1** dar.[427] Aus diesem Grunde sind wie bei S. 1 alle Formen von Schutz vor Abschiebung in einen sicheren Drittstaat erfasst, jedoch nicht Fälle, in denen die Abschiebung in den Verfolgerstaat oder in einen anderen nicht als sicher eingestuften Staat droht.[428] Außerdem greift der Ausschluss vorläufigen Rechtsschutzes nicht ein, wo die immanenten Grenzen der normativen Vergewisserung im Streit stehen (→ Rn. 72 ff.).[429] 90

Entgegen dem Regelungszweck, Abschiebungen selbst im vorläufigen Rechtsschutzverfahren zu ermöglichen, untersagt nun § 34a Abs. 2 S. 1 AsylG im Einklang mit Art. 46 Abs. 5 RL 2013/32/EU die Abschiebung bei rechtzeitiger Antragstellung innerhalb kurzer Frist (1 Woche).[430] Im Verfahren können ua die Grenzen normativer Vergewisserung geltend gemacht werden.[431] Darüber hinaus kommt in Eilfällen ein Antrag nach § 32 BVerfGG in Betracht, zB bei drohenden schweren Grundrechtsverletzungen nach Überstellung an einen anderen EU-Mitgliedstaat (→ Rn. 77).[432] 91

III. Einzelfragen zu Abs. 3

1. Verfolgungsfreie Herkunftsstaaten (S. 1). Abs. 3 gestattet die Bestimmung **sicherer Herkunftsstaaten** durch Bundesgesetz, das der Zustim- 92

[422] BVerfGE 94, 49 (100); *Jarass* in Jarass/Pieroth Rn. 34; *Will* in Sachs Rn. 79; *Zimmermann/Tams* in BerlKomm Rn. 169; aA *Lübbe-Wolff* DVBl. 1996, 825 (832); *Rothkegel* in Umbach/Clemens Rn. 128; *Masing* in Dreier, 2. Aufl. 2004, Rn. 88. Krit. *Wittreck* in Dreier Rn. 105.

[423] *Gärditz* in Maunz/Dürig Rn. 466; *Will* in Sachs Rn. 81; *Zimmermann/Tams* in BerlKomm Rn. 170; krit. mit Blick auf Art. 19 Abs. 4 GG *Davy* in AK Rn. 46.

[424] BVerfGE 94, 49 (101); *Becker* in MKS Rn. 185; *Kämmerer/Kotzur* in BK Rn. 177; *Jarass* in Jarass/Pieroth Rn. 34; *Will* in Sachs Rn. 83; *Zimmermann/Tams* in BerlKomm Rn. 169; aA *Lübbe-Wolff* DVBl. 1996, 825 (832); *Rothkegel* in Umbach/Clemens Rn. 128.

[425] Anders *Kämmerer/Kotzur* in BK Rn 175: „unnötig".

[426] BVerfGE 94, 49 (101 f.); *Schoch* DVBl. 1993, 1161 (1165 f.); *Becker* in MKS Rn. 184; *Bergmann* in Bergmann/Dienelt Ausländerrecht Rn. 114; aA *Randelzhofer* in Maunz/Dürig Art. 16a Abs. 2 (Vorbearbeitung – Stand 2/1999) Rn. 88.

[427] Vgl. *Randelzhofer* in Maunz/Dürig Art. 16a Abs. 2 (Vorbearbeitung – Stand 2/1999) Rn. 85; *Masing* in Dreier, 2. Aufl. 2004, Rn. 90.

[428] BVerfGE 94, 49 (101); *Gärditz* in Maunz/Dürig Rn. 467; *Becker* in MKS Rn. 183; *Kämmerer/Kotzur* in BK Rn. 175; *Will* in Sachs Rn. 882; aA *Rothkegel* in Umbach/Clemens Rn. 129.

[429] BVerfGE 94, 49 (102); *Davy* in AK Rn. 46; *Becker* in MKS Rn. 194.

[430] Insofern ist der Ausschluss des Supensiveffekts gem. Art. 16a Abs. 2 Satz 3 überlagert.

[431] *Pietzsch* in BeckOK Ausländerrecht § 34a AsylG Rn. 15 ff. Zur (schwierigen) inzidenten Anfechtung der Listung als sicherer Drittstaat *Gärditz* in Maunz/Dürig Rn. 385 ff.

[432] BVerfG NVwZ 2009, 1281; sa *Gärditz* in Maunz/Dürig Rn. 453, 469; sowie BVerfGK NVwZ 2017, 1196; NVwZ-RR 2019, 209 (Griechenland); BVerfGK InfAuslR 2020, 39 (Italien); zur weitergehenden Bedeutung von § 32 BVerfGG nach der früheren, restriktiven Rechtslage *Randelzhofer* in Maunz/Dürig Art. 16a Abs. 2 (Vorbearbeitung – Stand 2/1999) Rn. 81, 92.

mung des Bundesrates bedarf (vgl. Anl. II zu § 29a Abs. 2 AsylG[433]).[434] Im Unterschied zum Konzept normativer Vergewisserung in Abs. 2 trägt die **„antizipierte Tatsachen- und Beweiswürdigung"** durch den Gesetzgeber[435] in Abs. 3 Züge einer widerleglichen Vermutung (→ Rn. 97).[436] Hieraus folgt eine „‚Arbeitsteilung' zwischen dem Gesetzgeber einerseits und den Behörden und Gerichten im Rahmen des jeweiligen Einzelverfahrens andererseits".[437] Im Unterschied zu Abs. 2 **beschränkt** Abs. 3 den Schutzbereich des Art. 16a Abs. 1 außerdem nicht in persönlicher, sondern **in prozessualer Hinsicht.**[438]

93 Ein Staat ist gemäß Abs. 3 **sicher,** wenn dort „weder politische Verfolgung noch unmenschliche oder erniedrigende Bestrafung oder Behandlung stattfindet". Der Begriff der **„politischen Verfolgung"** ist gegenüber Abs. 1 kontextbedingt modifiziert: Da es um die generelle Einstufung von Staaten als „sicher" gilt, muss die Verfolgungsfreiheit landesweit und ohne Beschränkung auf bestimmte Bevölkerungsgruppen festgestellt werden.[439] Mit der **„unmenschlichen oder erniedrigenden Behandlung"** wird erkennbar auf Art. 3 EMRK Bezug genommen.[440] Obgleich diese Vorschrift damit keinen Verfassungsrang erhält,[441] ist der deutlichen Bezugnahme wegen und im Sinne einer völkerrechtsfreundlichen Auslegung des Grundgesetzes auf möglichsten Gleichklang mit der Rspr. des EGMR zu achten.[442] **Folter** mag nur unter bestimmten Voraussetzungen als politische Verfolgung gelten (→ Rn. 33), verstößt aber gegen Art. 3 EMRK und stellt auch ohne ausdrückliche Übernahme in den Verfassungstext eine unmenschliche und erniedrigende Behandlung dar.[443] Die Einstufung als verfolgungsfrei hindert nicht per se, dass in einem Staat die **Todesstrafe** existiert. Allerdings kann sich die Verfolgungsrelevanz bzw. der unmenschliche oder erniedrigende

---

[433] Derzeit aufgeführt Albanien, Bosnien und Herzegowina, Ghana, Kosovo, Mazedonien, ehemalige jugoslawische Republik, Montenegro, Senegal, Serbien. Zu Zweifeln bzgl. va Ghana BVerfGE 94, 115 (148 ff.) mit Sondervoten *Limbach, Böckenförde* und *Sommer* (161 ff.); sa *Wollenschläger/Schraml* JZ 1994, 61 (68); *Frowein/Zimmermann* JZ 1996, 753 (760 f.); *Wittreck* in Dreier Rn. 101; *Becker* in MKS Rn. 200; zur Verfassungsmäßigkeit der Anlage II gem. d. Rspr. *Gärditz* in Maunz/Dürig Rn. 405; s. ergänzend Kriterien in Anhang I gem. Art. 37 Asylverfahrensrichtlinie (zu Ermessen und Verneinung einer Diskriminierung aufgrund der Staatsangehörigkeit EuGH C-175/11, ECLI:EU:C:2013:45, Rn. 71 ff. – D. und A.; sa *Gärditz* in Maunz/Dürig Rn. 408); KOM(2015) 452 endg., 9.9.2015; Art. 45 VO-E in KOM(2016) 467 endg., 13.7.2016 zu Vorschlägen für gemeinsame EU-Listen. Zur möglichen Umsetzung einer „kleinen" europarechtlichen Liste *Thym* ZRP 2020, 52; zu EU-Mitgliedstaaten als sichere Herkunftsstaaten (§ 29a Abs. 2 AsylG) *Gärditz* in Maunz/Dürig Rn. 405; *Kämmerer/Kotzur* in BK Rn. 182.

[434] Dass anders als bei Abs. 2 die EU-Mitgliedstaaten nicht von vornherein qua Verfassung für „sicher" erklärt werden, ist lediglich eine Frage der Regelungstechnik ohne inhaltliche Bedeutung: *Bergmann* in Bergmann/Dienelt Ausländerrecht Rn. 70.

[435] BVerfGE 94, 115 (133); *Gärditz* in Maunz/Dürig Rn. 395 ff.; näher zum Verfahren der Bestimmung *Zimmermann/Tams* in BerlKomm Rn. 178 ff.

[436] *Zimmermann/Tams* in BerlKomm Rn. 177; *Gärditz* in Maunz/Dürig Rn. 406 f.

[437] BVerfGE 94, 115 (133).

[438] *Gärditz* in Maunz/Dürig Rn. 406; *Will* in Sachs Rn. 88; *Kämmerer/Kotzur* in BK Rn. 183; vgl. aber BVerfGE 94, 115 (142) „grundrechtsausfüllendes Gesetz".

[439] BVerfGE 94, 115 (135), allgA; näher *Zimmermann/Tams* in BerlKomm Rn. 184 ff.

[440] *Kämmerer/Kotzur* in BK Rn. 188; der in Art. 3 EMRK nicht enthaltene Zusatz „Bestrafung" ändert hieran nichts: *Zimmermann/Tams* in BerlKomm Rn. 188.

[441] AA *Huber* NVwZ 1993, 736 (738); *Schoch* DVBl. 1993, 1161 (1164) „bedingte Verfassungsgarantie"; dagegen *Masing* in Dreier, 2. Aufl. 2004, Rn. 14 in Fn. 330.

[442] *Zimmermann/Tams* in BerlKomm Rn. 189; vgl. allg. BVerfGE 111, 307 (317); BVerfGE 148, 296 (351 ff.).

[443] BVerfGE 94, 115 (136 f.).

Charakter aus den Umständen ihrer Verhängung oder Vollstreckung ergeben.[444]

94 Dass, an diesen Maßstäben gemessen, ein Herkunftsstaat als sicher zu qualifizieren ist, hat der Gesetzgeber anhand der in Abs. 3 S. 1 genannten **Prüfkriterien** zu bestimmen, die an europäischen Vorbildern orientiert sind.[445] Eine bloß formale Rechtsbindung reicht nicht aus; hinzukommen muss eine Rechtspraxis von Behörden und Gerichten.[446] Bloß vereinzelte Vorkommnisse stehen der generellen Einstufung eines Staates als sicher nicht entgegen.[447] Bei den „allgemeinen politischen Verhältnissen" sind keine dem Grundgesetz entsprechenden Strukturen gefordert, sondern primär „Rechtsstaatlichkeit im allgemeinen und Freiheitlichkeit für den einzelnen".[448] Erforderlich ist, der generellen Normwirkung wegen, zudem eine **gewisse Stabilität** dieser „sicheren" Verhältnisse.[449] Auf ein bestimmtes Niveau von Demokratisierung kommt es hingegen nicht an.[450]

95 Für die Einstufung will das BVerfG dem Gesetzgeber bei der Tatsachenermittlung einen weiten **Einschätzungsspielraum** zubilligen und auch bei der Tatsachenbewertung erst einschreiten, „wenn eine Gesamtwürdigung ergibt, daß der Gesetzgeber sich bei seiner Entscheidung nicht von guten Gründen hat leiten lassen".[451] Eine derart zurückgenommene Kontrolle wird den erheblichen Vermutungswirkungen, die durch die prozessualen Folgen in Abs. 4 noch verstärkt werden, nicht gerecht.[452] Geboten ist die **sorgfältige Ermittlung und nachvollziehbare Würdigung der Tatsachen,** insbes. bei Staaten mit erst kurzer demokratischer Tradition.[453]

96 Verstößt die Einstufung als sicherer Herkunftsstaat gegen die qualifizierenden Bedingungen des S. 1, so ist sie verfassungswidrig und kann im Wege der **Normenkontrolle** oder auch – zumindest inzident – der **Verfassungsbeschwerde** angefochten werden.[454] Parallel zu § 26a Abs. 3 (sichere Drittstaaten) kann auch die Geltung als sicherer Herkunftsstaat durch Rechtsverordnung temporär ausgesetzt werden (§ 29a Abs. 3 AsylG).[455]

97 **2. Vermutungsfolge (S. 2).** Die Rechtswirkung des Gesetzes nach Abs. 3 S. 1 besteht gem. S. 2 in der **widerleglichen Vermutung,** dass in dem

---

[444] BVerfGE 94, 115 (138); andere Abschiebungshindernisse bleiben unberührt (s. § 60 Abs. 3 AufenthG iVm § 8 IRG): *Bergmann* in Bergmann/Dienelt Ausländerrecht Rn. 83, in Rn. 84 Kritik an der Realisierung im Flughafenverfahren.

[445] BVerfGE 94, 115 (139); eing. zu den Prüfkriterien *Gärditz* in Maunz/Dürig Rn. 402 ff.

[446] *Kämmerer/Kotzur* in BK Rn. 185.

[447] *Zimmermann/Tams* in BerlKomm Rn. 190; *Gärditz* in Maunz/Dürig Rn. 398.

[448] BVerfGE 94, 115 (140 f.).

[449] BVerfGE 94, 115 (141).

[450] *Gärditz* in Maunz/Dürig Rn. 402, gegenüber „asylrelevante(r) Menschenrechtslage"; *Maaßen* in BeckOK GG Rn. 85.

[451] BVerfGE 94, 115 (143 f.); zur Begr. dienen die Worte „gewährleistet erscheint" in Abs. 3 S. 1.

[452] *Masing* in Dreier, 2. Aufl. 2004, Rn. 117 „grundlegende Verkennung des Kontrollauftrags"; *Frowein/Zimmermann* JZ 1996, 753 (761); *Wittreck* in Dreier Rn. 102.

[453] Sondervotum *Limbach* BVerfGE 94, 115 (159 ff.); *Jarass* in Jarass/Pieroth Rn. 32; *Zimmermann/Tams* in BerlKomm Rn. 197 ff.; vermittelnd *Becker* in MKS Rn. 202, Vertretbarkeitskontrolle; ähnlich und eing. *Maaßen* in BeckOK GG Rn. 87; flexible Prüfungsintensität bei *Gärditz* in Maunz/Dürig Rn. 402; *Kämmerer/Kotzur* in BK Rn. 186.

[454] BVerfGE 94, 115 (133); *Becker* in MKS Rn. 201; zurückhaltend zu Erfolgsaussichten *Gärditz* in Maunz/Dürig Rn. 399 f.; krit. auch *Kämmerer/Kotzur* in BK 195.

[455] Dazu *Maaßen* in BeckOK GG Rn 88.

betreffenden Staat **keine Verfolgung** droht.[456] Der Begriff ist als „politische Verfolgung" zu interpretieren; das BVerfG bezieht hier subjektive Nachfluchtgründe ein, die es sonst vom Schutz des Art. 16a Abs. 1 ausnimmt (→ Rn. 51).[457] Sonstige Abschiebungshindernisse sind von der Vermutungswirkung ausdrücklich nicht erfasst.[458] Die **Inkongruenz von Tatbestand** (setzt über Abwesenheit politischer Verfolgung auch Beachtung von Art. 3 EMRK voraus) **und Rechtsfolge** (Vermutung bezieht sich allein auf das Nichtvorliegen politischer Verfolgung) trägt fließenden Übergängen zu asylrechtlich erheblichen Verfolgungsmaßnahmen Rechnung.[459]

98 Die Vermutung kann **entkräftet** werden, wenn der Flüchtling Tatsachen vorträgt, die die Annahme begründen, dass er gleichwohl politisch verfolgt wird.[460] Eine Widerlegung der auf die allgemeinen Verhältnisse im Herkunftsstaat zielenden Vermutung wird dem Flüchtling allenfalls gelingen, wenn er eine grundlegend veränderte Situation geltend macht, auf die Gesetzgeber und BReg. noch nicht reagiert haben.[461] Gefordert ist demgegenüber regelmäßig eine **Erschütterung der Vermutung** in Bezug auf sein **individuelles Verfolgungsschicksal.**[462] Hier genügt ein schlüssiger und substantiierter Vortrag (einschließlich unter den Umständen vom Antragsteller zu erwartender Beweismittel), der vor dem Hintergrund der allgemeinen Erkenntnisse über den Herkunftsstaat glaubhaft erscheinen muss.[463] Die **Darlegungslast für das individuelle Verfolgungsschicksal** geht damit kaum über das vor Einführung von Art. 16a geltende Maß hinaus.[464] Auch unter Geltung von Art. 16 Abs. 2 S. 2 aF musste der Vortrag vor dem Hintergrund allgemeiner Einschätzungen und Lageberichte plausibel erscheinen. Dass diese Einschätzungen nunmehr vom Gesetzgeber stammen und nicht mehr allein vom Auswärtigen Amt, spielt keine Rolle: Auch das Gesetz legt nur fest, dass der betreffende Staat sicher *erscheint*. Behörden und Gerichte bleiben aufgefordert, dies im Einzelfall kritisch zu hinterfragen. Daher trifft sie auch eine Pflicht, einem auf konkrete Tatsachen gestützten, schlüssigen Vorbringen des Flüchtlings nachzugehen; der bloße, bereits die Vermutung begründende Hinweis auf die allgemeine Lage im Herkunftsstaat genügt nicht.[465] Zur Warnung vor überspannten Anforderungen an das Vorbringen des Flüchtlings → Rn. 61.

---

[456] Näher *Kämmerer/Kotzur* in BK Rn. 189 ff.; zur grundsätzlichen Vereinbarkeit mit GFK und EMRK *Zimmermann,* Das neue Grundrecht auf Asyl, 1994, 42 ff.

[457] BVerfGE 94, 115 (145 f.); sa *Kämmerer/Kotzur* in BK Rn. 194.

[458] BVerfGE 94, 115 (146); *Becker* in MKS Rn. 196; *Will* in Sachs Rn. 95; *Zimmermann/Tams* in BerlKomm Rn. 203; *Maaßen* in BeckOK GG Rn. 89 f.; aA *Randelzhofer* in Maunz/Dürig Art. 16a Abs. 3 (Vorbearbeitung – Stand 2/1999) Rn. 130 f.; anders auch für Art. 3 EMRK *Kämmerer/Kotzur* in BK Rn. 191.

[459] BVerfGE 94, 115 (137).

[460] Entsprechender Tatsachenvortrag erforderlich, *Kämmerer/Kotzur* in BK Rn. 190; *Bergmann* in Bergmann/Dienelt Ausländerrecht Rn. 76.

[461] *Becker* in MKS Rn. 203.

[462] *Bergmann* in Bergmann/Dienelt Ausländerrecht Rn. 77 f. Sa *Kämmerer/Kotzur* in BK Rn. 192; *Wittreck* in Dreier Rn. 103.

[463] BVerfGE 94, 115 (147); *Renner* ZAR 1993, 118 (122); *Schoch* DVBl. 1993, 1161 (1165); *Gärditz* in Maunz/Dürig Rn. 406 f.; *Kämmerer/Kotzur* in BK Rn. 193; *Becker* in MKS Rn. 204;.

[464] Vgl. *Wolff* DÖV 1996, 819 (824); *Wittreck* in Dreier Rn. 103; *Bergmann* in Bergmann/Dienelt Ausländerrecht Rn. 69; *Kämmerer/Kotzur* in BK Rn. 193; zur Rechtslage nach Art. 16 Abs. 2 S. 2 aF eing. *Dürig,* Beweismaß und Beweislast im Asylrecht, 1990, 44 ff.

[465] BVerfGE 89, 101 (104). Sa *Maaßen* in BeckOK GG Rn. 92.

IV. Einzelfragen zu Abs. 4

99 Wird ihr Asylantrag als **offensichtlich unbegründet** abgelehnt, hat die Ausländerin binnen Wochenfrist auszureisen (§ 36 Abs. 1 AsylG). Ein Widerspruch ist nicht möglich (§ 11 AsylG); auch die Klage hat keine aufschiebende Wirkung (§ 75 Abs. 1 Satz 1 AsylG). Um eine Aushöhlung des Grundrechtsschutzes zu vermeiden, hatte unter Geltung von Art. 16 Abs. 2 S. 2 aF das BVerfG strenge Anforderungen an die Abweisung eines Antrags als offensichtlich unbegründet formuliert und die Position des Asylbewerbers im verwaltungsgerichtlichen Eilverfahren gestärkt. Abs. 4 zielt auf eine Korrektur dieser Rspr.;[466] dies erklärt die Hochzonung einer verwaltungsprozessualen Detailregelung auf die Ebene des Verfassungsrechts. Über seinen Wortlaut hinaus bezieht sich S. 1 Hs. 1 nach Sinn und Zweck auch auf Maßnahmen, die der **Einreiseverhinderung** dienen.[467] Andernfalls wäre die angestrebte Straffung des Verfahrens, die insbes. das sog. Flughafenverfahren (→ Rn. 106) im Blick hatte, nicht zu erreichen.

100 **S. 1 Hs. 1** ordnet die **sofortige Vollziehbarkeit** aufenthaltsbeendender Maßnahmen unter regelmäßigem Ausschluss der Suspensivwirkung einstweiligen Rechtsschutzes an.[468] Dies betrifft **drei Fallgruppen:** Fälle des Abs. 3 (sichere Herkunftsstaaten, → Rn. 92 ff.), offensichtlich unbegründete Fälle und als offensichtlich unbegründet geltende Fälle. Mit der zweiten Fallgruppe hat der Verfassungsgesetzgeber erkennbar auf die Verfassungsrechtsprechung Bezug genommen;[469] hier geht es um Konstellationen, in denen „an den tatsächlichen Feststellungen des Gerichts vernünftigerweise kein Zweifel besteht und sich die Abweisung der Klage geradezu aufdrängt".[470] Die dritte Fallgruppe sollte dazu dienen, diese Beschränkungen zu überwinden und dem Gesetzgeber die Bestimmung neuer Fälle zu eröffnen (vgl. § 30 Abs. 2 bis 5 AsylG).[471] Formuliert ist diese Fallgruppe als in sich maßstabslose Fiktion,[472] weswegen das BVerfG verlangt, dass der Gesetzgeber der Bedeutung des Asylrechts, insbes. auch des vorläufigen Bleiberechts des Flüchtlings (→ Rn. 58), gerecht werden müsse und sich hinsichtlich des Gewichts der Gründe an den beiden anderen Fallgruppen zu orientieren habe.[473] In allen diesen Fällen ist die Suspensivwirkung einstweiligen Rechtsschutzes ausgeschlossen, außer bei „ernstlichen Zweifeln" des Gerichts (→ Rn. 104).

---

[466] *Voßkuhle* DÖV 1994, 53 (56, 58); zur Vorgeschichte näher *Will* in Sachs Rn. 97, 101.

[467] BVerfGE 94, 166 (192); *Will* in Sachs Rn. 103; *Zimmermann/Tams* in BerlKomm Rn. 217; *Maaßen* in BeckOK GG Rn. 98; *Gärditz* in Maunz/Dürig Rn. 471; aA *Lübbe-Wolff* DVBl. 1996, 825 (839); teilweise aA *Randelzhofer* in Maunz/Dürig Art. 16a Abs. 4 (Vorbearbeitung – Stand 2/1999) Rn. 149, Einreiseverweigerung nur für Fälle des Abs. 3 erfasst.

[468] *Wittreck* in Dreier Rn. 106: (bedingtes) Verbot einstweiligen Rechtsschutzes; *Gärditz* in Maunz/Dürig Rn. 473; aA *Kämmerer/Kotzur* in BK Rn. 197 (nur Konsequenz andernorts angeordneter sofortiger Vollziehbarkeit).

[469] *Becker* in MKS Rn. 212; *Zimmermann/Tams* in BerlKomm Rn. 213.

[470] BVerfGE 65, 76 (95 f.); → Rn. 61.

[471] *Becker* in MKS Rn. 213; *Zimmermann/Tams* in BerlKomm Rn. 214; *Kämmerer/Kotzur* in BK Rn. 202; krit. *Wittreck* in Dreier Rn. 110.

[472] *Renner* ZAR 1993, 118 (119); scharfe Kritik bei *Masing* in Dreier, 2. Aufl. 2004, Rn. 127: „bar jedes konsistenten Rechtsgedankens und regelungstechnisch ein Armutszeugnis".

[473] BVerfGE 94, 166 (191); näher *Randelzhofer* in Maunz/Dürig Art. 16a Abs. 4 (Vorbearbeitung – Stand 2/1999) Rn. 183 ff.

101 **S. 1 Hs. 2** zielt darüber hinaus auf eine **innere Beschränkung des Eilverfahrens** durch zusätzliche Einschränkung des Prüfungsumfangs und durch Präklusion bei verspätetem Vorbringen (→ Rn. 105).

102 In **S. 2** wird der **Gesetzgeber ermächtigt** und **beauftragt**[474], „das Nähere" zu bestimmen, was regelungstechnisch insofern missglückt ist, als jedenfalls S. 1 Hs. 2 keine verfassungskräftige Anordnung der weitergehenden Beschränkungen enthält, sondern diese lediglich ermöglicht („kann").[475]

103 Die Regelung betrifft den **verwaltungsgerichtlichen Eilrechtsschutz, nicht** aber das **Verfahren nach § 32 BVerfGG.**[476] Durch die rigorosen Beschränkungen beim Verwaltungsrechtsschutz rückt zwar das BVerfG in die Funktion eines Rechtsmittelgerichts ein;[477] dies ist indes kein Grund für eine restriktive Handhabung der verfassungsgerichtlichen Kontrolle im Eilverfahren.[478] Angesichts schwer wiegender und irreparabler Nachteile, die dem Flüchtling drohen, wenn er irrtümlich abgewiesen wird, ist es von Verfassung wegen geboten, dass das BVerfG diese Rolle übernimmt.[479] Flüchtlinge dürfen insbes. bis zur Entscheidung des BVerfG nicht abgeschoben werden.[480]

104 Im Unterschied zu Abs. 2 S. 3 ist der **Ausschluss der Suspensivwirkung nicht absolut konzipiert;** vielmehr haben die Verwaltungsgerichte die Vollziehung der Maßnahme auszusetzen, wenn **ernstliche Zweifel** an ihrer Rechtmäßigkeit bestehen.[481] Dabei genügen Zweifel an der Offensichtlichkeit der Unbegründetheit.[482] Ernstliche Zweifel sollen dem BVerfG zufolge vorliegen, „wenn erhebliche Gründe dafür sprechen, daß die Maßnahme einer rechtlichen Prüfung wahrscheinlich nicht standhält".[483] Damit wird augenscheinlich eine Parallele zu § 80 Abs. 4 S. 3 VwGO gezogen, die aber der ausgeprägten Verfahrensdimension von Art. 16a Abs. 1 und der Tragweite von Fehlentscheidungen in diesem Bereich nicht gerecht wird. Selbst wenn man die Absicht des verfassungsändernden Gesetzgebers in Rechnung stellt, den Suspensiveffekt zurückzudrängen,[484] muss bereits die „nicht nur als gering einzustufende Möglichkeit einer Fehleinschätzung" für die Aussetzung

---

[474] *Wittreck* in Dreier Rn. 106: qualifizierter Gesetzesvorbehalt; *Gärditz* in Maunz/Dürig Rn. 473: Ausgestaltung.

[475] Krit. auch Stern StaatsR IV/1 § 103 Kap. II 4e α; *Kämmerer/Kotzur* in BK Rn. 200, sowie näher Rn. 198.

[476] *Schoch* DVBl. 1993, 1161 (1165); *Jarass* in Jarass/Pieroth Rn. 36; *Zimmermann/Tams* in BerlKomm Rn. 231 f.; *Gärditz* in Maunz/Dürig Rn. 472. Eing. *Kämmerer/Kotzur* in BK Rn. 216.

[477] *Voßkuhle* DÖV 1994, 53 (63 f.); *Becker* in MKS Rn. 218 f. Sa *Neidhardt/Ehrbeck* NVwZ 2015, 761.

[478] So aber BVerfGE 94, 166 (212 ff.); Kritik am „Harakiri in Karlsruhe" (nach *Lamprecht*) übt *Lübbe-Wolff* DVBl. 1996, 825 (841).

[479] Sondervotum *Limbach/Böckenförde/Sommer* BVerfGE 94, 166 (225 ff., 230 ff.); *Renner* ZAR 1996, 103 (108); *Becker* in MKS Rn. 220; *Zimmermann/Tams* in BerlKomm Rn. 233; *Gärditz* in Maunz/Dürig Rn. 472.

[480] Sondervotum *Limbach/Böckenförde/Sommer* BVerfGE 94, 166 (229 ff.); *Jarass* in Jarass/Pieroth Rn. 36; *Zimmermann/Tams* in BerlKomm Rn. 233. AA *Rothkegel* in Umbach/Clemens Rn. 54; *Gärditz* in Maunz/Dürig Rn. 472, für den bloßen Antrag.

[481] Näher *Gärditz* in Maunz/Dürig Rn. 471; *Kämmerer/Kotzur* in BK Rn. 203 ff.; ebd., Rn. 201 wegen Nähe zu Maßstab nach § 80 Abs. 5 VwGO Zweifel an Steuerungswirkung; zur Unionsrechtskonformität *Wittmann* ZAR 2019, 45 (52); sa EuGH C-181/16, ECLI:EU:C:2018:465, Rn. 56 – Gnandi, zum Sinn der aufschiebenden Wirkung.

[482] AllgA BVerfGE 94, 166 (192); *Bergmann* in Bergmann/Dienelt Ausländerrecht Rn. 87; *Zimmermann/Tams* in BerlKomm Rn. 218.

[483] BVerfGE 94, 166 (194).

[484] *Hailbronner* ZAR 1993, 107 (115); *Will* in Sachs Rn. 105.

der aufenthaltsbeendenden Maßnahme genügen.[485] Zudem müssen die Verwaltungsgerichte die Aussetzung anordnen können, wenn sie auf Grund von Fehlabläufen im Verwaltungsverfahren, die der Asylbewerber nicht zu vertreten hat, nur so ihrer Kontrollaufgabe gerecht werden können.[486] In Kammerentscheidungen knüpft das BVerfG wieder an seine Rspr. vor 1993 an.[487]

S. 1 Hs. 2 ermächtigt iVm S. 2 den Gesetzgeber dazu, in den genannten **105**
Fällen den **Prüfungsumfang einzuschränken** und anzuordnen, dass **verspätetes Vorbringen unberücksichtigt** bleibt (vgl. § 36 Abs. 4 S. 2, aber va S. 3 AsylG[488]). Der verfassungsändernde Gesetzgeber wollte damit die vom BVerfG aufgestellten Anforderungen an die Tatsachenermittlung reduzieren.[489] Auch im Rahmen dieser „in sich maßstabslosen Öffnungsklausel"[490] müssen der Grundsatz der Verhältnismäßigkeit und das Gebot effektiven Rechtsschutzes beachtet werden.[491] Soll der Rechtsschutz nicht zur Farce verkommen, können die Gerichte nicht von der Pflicht zur hinreichenden Sachverhaltsermittlung entbunden werden.[492] Dass mit Art. 16a Abs. 1 am subjektiven Recht auf Asyl festgehalten wurde, hindert hier wie andernorts ebenso eine einseitig am Beschleunigungsziel orientierte Interpretation (→ Rn. 4) wie die Verpflichtung auf ein Verfahren, das der Rechtsstaatlichkeit nicht nur der äußeren Form nach genügt.

Die von Art. 16a Abs. 4 eröffneten Möglichkeiten zur Beschleunigung und **106**
Straffung des Verfahrens hat der Gesetzgeber va im sog. **Flughafenverfahren** genutzt (§ 18a AsylG).[493] Um die ansonsten schwierige Rückführung abgelehnter Asylbewerber zu erleichtern, wird für Flüchtlinge, die mit dem Flugzeug angereist sind, das Asylverfahren durch Außenstellen des BAMF regelmäßig bereits vor Einreise in das Bundesgebiet auf dem Flughafengelände durchgeführt. Das Verfahren ist gekennzeichnet durch vielfältige Beschränkungen des Rechtsschutzes: Einschränkungen der Amtsermittlung, Anhörung ohne Rechtsbeistand, verkürzte Fristen, Präklusion usw. Das BVerfG hat es für insgesamt verfassungskonform erklärt, allerdings mit einigen Leitlinien für die Handhabung, etwa in Bezug auf die Schulung des Personals, Einsatz von Dolmetschern, Rücksicht auf die physische und psychische Verfassung der

[485] *Becker* in MKS Rn. 221; ähnlich *Wollenschläger/Schraml* JZ 1994, 61 (68); *Zimmermann/Tams* in BerlKomm Rn. 220; BVerfG InfAuslR 1998, 363 (364 f.); enger *Schoch* DVBl. 1993, 1161 (1166); *Randelzhofer* in Maunz/Dürig Art. 16a Abs. 4 (Vorbearbeitung – Stand 2/1999) Rn. 156; *Bergmann* in Bergmann/Dienelt Ausländerrecht Rn. 87, Ausgang des Hauptverfahrens muss offen sein.

[486] *Schoch* DVBl. 1993, 1161 (1170); *Zimmermann/Tams* in BerlKomm Rn. 221. Zur Praxis *Wittreck* in Dreier Rn. 107.

[487] BVerfGK NVwZ 2008, 418 (419) mwN, überzeugend gestützt auf eine Interpretation von Art. 19 Abs. 4 im Lichte von Art. 2 Abs. 2 S. 1; sa BVerfGK NVwZ 2018, 1563 (Erstreckung auf sonstige Schutzstatus); BayVBl 2019, 446.

[488] Überblick bei *Becker* in MKS Rn. 224 ff.; *Kämmerer/Kotzur* in BK Rn. 212 ff.

[489] Näher *Will* in Sachs Rn. 97, 101.

[490] *Masing* in Dreier, 2. Aufl. 2004, Rn. 124.

[491] *Masing* in Dreier, 2. Aufl. 2004, Rn. 124; *Zimmermann/Tams* in BerlKomm Rn. 224.

[492] *Göbel-Zimmermann/Masuch* InfAuslR 1996, 404 (415); *Will* in Sachs Rn. 102; *Jarass* in Jarass/Pieroth Rn. 37; *Kämmerer/Kotzur* in BK Rn. 215; BVerfG NVwZ-Beil. Heft 2/1993, 11; NVwZ-Beil. Heft 3/1993, 19 (19); BVerfGK NVwZ 2008, 418 (419 f.); NVwZ 2018, 1563 (1565).

[493] Eing. *Laier,* Das Flughafenverfahren nach § 18a AsylVfG in rechtsvergleichender Perspektive, 1999; *Bender,* Das Asylverfahren an deutschen Flughäfen, Gutachten, 2014, 14 ff.; *Ritgen* ZG 2015, 297 (333 f.). Vgl zu beschleunigten Verfahren in Aufnahmeeinrichtungen (§ 30a AsylG) *Thym* NVwZ 2016, 409 (410); *Kluth* ZRP 2018, 190 (192); *Ritgen* ZAR 2019, 7 (9 ff.); krit. *Pelzer/Pichl* KJ 2016, 210 (216); für sonstige Asylverfahren s. *Kämmerer/Kotzur* in BK Rn. 211.

Flüchtlinge.[494] Dennoch bleiben Bedenken. Beizupflichten ist dem Gericht zunächst darin, in der Situation der Asylbewerber, die das Flughafengelände für die Dauer des Verfahrens nicht verlassen können (jedenfalls nicht in Richtung auf das Bundesgebiet), grds. keine Freiheitsbeschränkung iSv Art. 104 iVm Art. 2 Abs. 2 S. 2 zu sehen.[495] Problematisch erscheint aber die dreitägige Rechtsmittelfrist (§ 18a Abs. 4 S. 1 AsylG), die sich auch nicht durch verfassungskonforme Auslegung umdeuten lässt,[496] oder dass noch vor Abfassen der Entscheidungsgründe die Rückschiebung erfolgen soll (Tenorbeschluss, § 18a Abs. 4 S. 7 iVm § 36 Abs. 3 S. 9 AsylG): eine solche Regelung blendet die richtigkeitssichernde Bedeutung gerichtlicher Begründungen aus.[497] Gerade die Kumulation der Rechtsschutzbeschränkungen in einem Verfahren, in dem Fehlentscheidungen existenzielle Folgen haben können, erscheint – bei aller Zustimmung zum Ziel einer Verfahrensbeschleunigung – bedenklich.[498] Es sollte vermieden werden, dass das Asylverfahren in Teilen „in die Nähe von Rechtsstaatlichkeit nur noch symbolisierender Förmelei" rückt.[499]

V. Einzelfragen zu Abs. 5

107 Mit Abs. 5 besitzt Art. 16a einen **Völkervertragsvorbehalt,** der in seiner Funktion einem qualifizierten Gesetzesvorbehalt vergleichbar ist.[500] Er legt den Vorrang völkerrechtlicher Verträge vor den Abs. 1–4 fest und gestattet so Modifikationen der verfassungsrechtlichen Regelaussagen.[501] Damit setzt Abs. 5 den Abschluss entsprechender Verträge voraus. Die Öffnung der deutschen Rechtsordnung erfolgt über **Art. 59 Abs. 2.**[502]

108 Der **Anwendungsbereich** von Abs. 5 ist beschränkt. Erfasst sind lediglich Abkommen, die **Zuständigkeitsregelungen** für die Prüfung von Asyl-

[494] BVerfGE 94, 166 (195 ff., 202 ff.); zust. *Randelzhofer* in Maunz/Dürig Art. 16a Abs. 4 (Vorbearbeitung – Stand 2/1999) Rn. 170 ff., in Rn. 177 ff. auch zur Völkerrechtskonformität. Zur unionsrechtlichen Überlagerung *Wittreck* in Dreier Rn. 108.

[495] BVerfGE 94, 166 (198 f.); zust. *Gärditz* in Maunz/Dürig Rn. 477 ff.; *Becker* in MKS Rn. 215, treffend: „das vorläufige Bleiberecht (mutiert) zum vorläufigen Warterecht auf Einreise"; diff. *Stahmann* in Marschner/Lesting/Stahmann, Freiheitsentziehung und Unterbringung E Rn. 129; sa BGH, InfAuslR 2017, 285; ZAR 2019, 164; aA EGMR 25.6.1996 – 25 390/94, ECHR Reports 1996-III, 577 Rn. 41 ff. – Amuur; *Lübbe-Wolff* DVBl. 1996, 825 (837); *Birkenkötter,* FoR 2014, 58; sa EuGH C-924 u. 925/19 PPU, EU:C:2020:367, Rn. 231.

[496] *Lübbe-Wolff* DVBl. 1996, 825 (840); *Zimmermann/Tams* in BerlKomm Rn. 227; *Gärditz* in Maunz/Dürig Rn. 476; krit. *Kämmerer/Kotzur* in BK Rn. 210; für verfassungskonforme Auslegung dagegen BVerfGE 94, 166 (207, 210).

[497] Sondervotum *Limbach/Böckenförde/Sommer* BVerfGE 94, 166 (239); *Schoch* DVBl. 1993, 1161 (1169 f.); *Frowein/Zimmermann* JZ 1996, 753 (763); *Lübbe-Wolff* DVBl. 1996, 825 (840); *Schnapp* in v. Münch/Kunig, 5. Aufl. 2000, Rn. 28; aA BVerfGE 94, 166 (211 ff.); dasselbe gilt für § 36 Abs. 3 S. 9 AsylG.

[498] *Laier,* Das Flughafenverfahren nach § 18a AsylVfG in rechtsvergleichender Perspektive, 1999, 265; dies gilt va bei traumatisierten Flüchtlingen: *Alleweldt,* Schutz vor Abschiebung bei drohender Folter oder unmenschlicher oder erniedringender Behandlung oder Strafe, 1996, 141 ff.

[499] *Masing* in Dreier, 2. Aufl. 2004, Rn. 125. Kompensation durch die Verwaltungspraxis erforderlich, *Gärditz* in Maunz/Dürig Rn. 476.

[500] *Becker* in MKS Rn. 229 f.; Stern StaatsR IV/1 § 103 Kap. II 4f α; *Zimmermann/Tams* in BerlKomm Rn. 234 f.

[501] Diff. *Kämmerer/Kotzur* in BK Rn. 219.

[502] *Zimmermann/Tams* in BerlKomm Rn. 235; *Wittreck* in Dreier Rn. 120; gegen die Deutung Art. 16a Abs. 5 GG sei lex specialis zu Art. 23 Abs. 1 GG – so *Zimmermann,* Das neue Grundrecht auf Asyl, 1994, 384 ff. – mit Recht *Randelzhofer* Art. 16a Abs. 5 (Vorbearbeitung – Stand 2/1999) Rn. 196; s. mittlerweile auch *Zimmermann/Tams* in BerlKomm Rn. 238.

begehren einschließlich der gegenseitigen Anerkennung von Asylentscheidungen treffen. Der Begriff „Asyl" ist weit, unter Einschluss anderer Formen des Flüchtlingsschutzes zu verstehen (allerdings stellt sich hier die Frage nach der Verdrängungswirkung: → Rn. 114);[503] Anträge auf rein temporären Abschiebungsschutz sind nicht erfasst. Zur Anerkennung von Asylentscheidungen wird man als (ergänzende) „Kehrseite" auch die gegenseitige Anerkennung aufenthaltsbeendender Maßnahmen zu rechnen haben.[504] Der Abschluss von Rücknahmeübereinkommen dagegen fällt ebenso wenig unter Abs. 5 wie die Koordination inhaltlicher Maßstäbe[505] oder Ausgestaltungen des Rechts im Asyl.[506]

Vertragsparteien können neben den **Mitgliedstaaten der EU** (der Begriff erstreckt sich wie bei Abs. 2 dynamisch auf den jeweils aktuellen Mitgliederbestand: → Rn. 79)[507] auch andere Staaten sein, wobei der Hinweis auf die Anwendung der EMRK den Kreis auf (sonstige) **Mitgliedstaaten des Europarates** beschränkt. Nicht erforderlich ist, dass an dem Vertrag neben der Bundesrepublik Deutschland immer auch mindestens ein weiteres EU-Mitglied beteiligt sein muss.[508] Zwar war die Einordnung in ein von der EU getragenes Zuständigkeitssystem nach dem Vorbild der Abkommen von Schengen und Dublin primäres Ziel der Einfügung von Abs. 5;[509] die Vorschrift sollte es der Bundesrepublik Deutschland aber zugleich ermöglichen, „entsprechende Verträge mit anderen Staaten" zu schließen, in denen die Anwendung der GFK und der EMRK sichergestellt ist.[510] Das von Abs. 5 in den Blick genommene europäische System der Lastenverteilung weist über den Kreis der EU hinaus.[511] **109**

Abs. 5 bezog sich bei seiner Schaffung primär auf das Schengener Durchführungsübereinkommen (SDÜ),[512] dessen asylrechtliche Bestimmungen am 1.9.1997 durch das **Dubliner Übereinkommen** abgelöst wurden.[513] Nach der **Vergemeinschaftung der Asylpolitik** durch den Vertrag von Amsterdam sind die Dublin-Verordnungen (aktuell Dublin III) an die Stelle des Dubliner Übereinkommens getreten.[514] Die **Dublin-III-Verordnung** greift **110**

---

[503] *Becker* in MKS Rn. 236; *Zimmermann/Tams* in BerlKomm Rn. 241.

[504] *Randelzhofer* Art. 16a Abs. 5 (Vorbearbeitung – Stand 2/1999) Rn. 205 f.; *Zimmermann/Tams* in BerlKomm Rn. 241; zweifelnd *Bergmann* in Bergmann/Dienelt Ausländerrecht Rn. 128.

[505] AA ohne nähere Begr. nur *Will* in Sachs Rn. 107d.

[506] Näher zu den Vertragsinhalten *Randelzhofer* Art. 16a Abs. 5 (Vorbearbeitung – Stand 2/1999) Rn. 201 ff.; *Becker* in MKS Rn. 235 ff.

[507] *Kämmerer/Kotzur* in BK Rn. 221.

[508] *Schnapp* in v. Münch/Kunig, 5. Aufl. 2000, Rn. 29; *Becker* in MKS Rn. 232; *Zimmermann/Tams* in BerlKomm Rn. 244; aA *Wollenschläger/Schraml* JZ 1994, 61 (70); *Wittreck* in Dreier Rn. 120: „Vorbehalt unionsmediatisierter völkerrechtlicher Regelung"; *Jarass* in Jarass/Pieroth Rn. 43; *Gärditz* in Maunz/Dürig Rn. 491.

[509] Insoweit wie *Wittreck* in Dreier Rn. 118; eing. zur Entstehungsgeschichte *Gärditz* in Maunz/Dürig Rn. 489.

[510] BT-Drs. 12/4152, 4.

[511] *Will* in Sachs Rn. 106a f.

[512] Übereinkommen zur Durchführung des Übereinkommens von Schengen v. 14.6.1985 zwischen den Regierungen der Staaten der Benelux-Wirtschaftsunion, der Bundesrepublik Deutschland und der Französischen Republik betr. den schrittweisen Abbau der Kontrollen an den gemeinsamen Grenzen v. 19.6.1990, BGBl. 1993 II 1013.

[513] Übereinkommen über die Bestimmung des zuständigen Staates für die Prüfung eines in einem Mitgliedstaat der Europäischen Gemeinschaften gestellten Asylantrags v. 15.6.1990, BGBl. 1994 II 792. Ablösung des SDÜ gemäß Bonner Protokoll, BGBI. 1995 II 738.

[514] VO (EU) Nr. 604/2013 zur Festlegung der Kriterien und Verfahren zur Bestimmung des Mitgliedstaats, der für die Prüfung eines von einem Drittstaatsangehörigen oder Staatenlosen in einem Mitgliedstaat gestellten Antrags auf internationalen Schutz zuständig ist,

die Regelungen des Übereinkommens auf: Vorrangig für die Bestimmung des für die Bearbeitung des Schutzgesuchs zuständigen Mitgliedstaats bleibt die Herstellung der Familieneinheit (Art. 8 ff.); in der Regel wird indes der Staat der (illegalen) Einreise (Art. 13) zuständig (begrenzt auf 12 Monate). Hinzu tritt die Zuständigkeit von Staaten, in denen sich der Asylbewerber länger als fünf Monate ununterbrochen aufgehalten hat (Art. 13 Abs. 2). Durchreisen über den Transitbereich von Flughäfen sind dann zuständigkeitsbegründend, wenn sie vom Flüchtling zur Antragstellung genutzt wurden (Art. 15). Lässt sich ein zuständiger Mitgliedstaat nicht ermitteln, ist der Mitgliedstaat zuständig, in dem der Antrag zuerst gestellt wurde (Art. 3 Abs. 2 UAbs. 1). Liegen im eigentlich zuständigen Mitgliedstaat systemische Schwachstellen vor, die eine Gefahr einer unmenschlichen oder entwürdigenden Behandlung (Art. 4 GRCh) mit sich bringen, wird der Mitgliedstaat zuständig, der den (zuletzt gestellten) Schutzantrag prüft (Art. 3 Abs. 2 UAbs. 2 u. 3).[515] Wegen dieser Selbsteintrittspflicht ist es nicht notwendig, das weiterhin bestehende Selbsteintrittsrecht (Art. 17 Abs. 1)[516] in Fällen systemischer Mängel im eigentlich zuständigen Mitgliedstaat in eine Prüfungs- oder gar Selbsteintrittspflicht umzudeuten.[517] Für die Ermittlung des Einreisestaates werden Beweismittel und Indizien geregelt (Art. 22 Abs. 3). Die Frist für die Zuständigkeitsrüge gegenüber einem anderen Mitgliedstaat ist auf drei Monate verkürzt (Art. 21 Abs. 1). Um zu verhindern, dass es zu mehrfacher Antragstellung kommt, wird das Zuständigkeitssystem durch eine integrierte Fingerabdruck-Datei flankiert (Eurodac).[518]

111 Auf diese unionsrechtlichen Regelungen **findet Art. 16a Abs. 5 keine Anwendung,** weil er sich allein auf völkerrechtliche Abkommen bezieht.[519] Da seit der Vergemeinschaftung der Asylpolitik völkerrechtliche Verträge im Allgemeinen kein Mittel der unionsinternen Asylzuständigkeitsverteilung mehr darstellen, ist der Anwendungsbereich der Vorschrift erheblich ausgedünnt.[520] Auch die Vereinbarung mit Dänemark über die Anwendung der Dublin-II-Verordnung[521] fällt, weil unionsunmittelbar, nicht unter Abs. 5.[522] Relevanz behält Art. 16a Abs. 5 lediglich für Abkommen der Mitgliedstaaten selbst mit europäischen Drittstaaten – dh für den Fall des Scheiterns von Verhandlungen ggf. mit dem Vereinigten Königreich.[523] Ansonsten setzt sie

ABl. 2013 L 180, 31 – dazu sowie zur Rspr. des EuGH *Marx* ZAR 2014, 5; *Bergmann* ZAR 2015, 81; *Thym* DVBl. 2018, 276; spezifisch zu Rechtsschutzfragen *Lehnert/Pelzer* ZAR 2010, 41; *Günther* ZAR 2017, 7.

[515] EuGH C-646/16, ECLI:EU:C:2017:586, Rn. 101 – Jafari.

[516] Nach EuGH C-661/17, ECLI:EU:C:2019:53, Rn. 58 ff., eine Ermessensvorschrift, dessen Ausübung nach EuGH C-646/16, ECLI:EU:C:2017:586, Rn. 100 – Jafari, selbst für eine außergewöhnlich hohe Zahl von Schutzsuchenden zulässig ist.

[517] So noch zu Dublin II: EuGH C-411 u. 493/10, ECLI:EU:C:2011:865, Rn. 98 – N. S. (Prüfungspflicht); VGH Kassel, 1.9.2017, 4 A 2987/16a, Asylmagazin 2017, 407 (Rn. 36 ff.) (Selbsteintrittspflicht); sa *Wendel* JZ 2016, 332 (337); W. *Michl* in Bungenberg/Giegerich/Stein Asyl und Migration in Europa, 161 (168, 181 f.); *Langenfeld* NVwZ 2019, 677 (679).

[518] Eurodac-Verordnung VO (EU) Nr. 603/2013, ABl. 2003 L 180, 1 zur Einrichtung einer Fingerabdruckdatei für Personen, die Anträge auf internationalen Schutz stellen.

[519] *Maaßen* in BeckOK GG Rn. 106, 109.

[520] *Wittreck* in Dreier Rn. 118.

[521] Beschluss des Rates v. 21.2.2006, 2006/188/EG, ABl. 2006 L 66, 37. Irland hat der Beteiligung an der Dublin-III-Verordnung zugestimmt, s. Präambel, Erwägungsgrund 41.

[522] *Maaßen* in BeckOK GG Rn. 106, 109; *Kluth* in Stern/Becker Rn. 134.

[523] *Zimmermann/Tams* in BerlKomm Rn. 238; *Wittreck* in Dreier Rn. 118; *Gärditz* in Maunz/Dürig Rn. 489; *Kämmerer/Kotzur* in BK Rn. 223, halten ein Ausweichen auf völkerrechtliche Verträge bei Scheitern einer Reform des Unionsflüchtlingsrechts für nicht aus-

bestenfalls ein zaghaftes Signal in Richtung auf eine Öffnung für transnationale Einflüsse.

Die fraglichen Abkommen müssen **GFK und EMRK beachten;** zudem muss die Anwendung beider Konventionen in den Vertragsstaaten **sichergestellt** sein (→ Rn. 8 f.).[524] Ob dies der Fall ist, kann im gerichtlichen Verfahren im Wege der konkreten Normenkontrolle geklärt werden.[525] Ungeachtet dessen, ob es sich bei der EU-Türkei-Erklärung von 2016 um einen völkerrechtlichen Vertrag handelt,[526] findet Art. 16 Abs. 5 schon wegen des territorialen Vorbehalts der Türkei zur GFK auf Überstellungen in die Türkei keine Anwendung.[527] **112**

Für die EU-Mitgliedstaaten wird man, im Lichte von Abs. 2 interpretiert (→ Rn. 79 ff.), zwar unter Vorbehalt der immanenten Grenzen normativer Vergewisserung (→ Rn. 72 ff.) unterstellen dürfen, dass die Anwendung von GFK und EMRK sichergestellt ist.[528] Auch unter Geltung der Dublin-III-Verordnung muss aber im Wege einstweiligen Rechtsschutzes geklärt werden können, ob die Überstellung an einen anderen EU-Mitgliedstaat ausnahmsweise wegen Verstößen gegen menschen- und flüchtlingsrechtliche Standards im Zielstaat unzulässig ist (→ Rn. 77).[529] **113**

Abs. 1–4 **„stehen"** den näher bezeichneten Abkommen **„nicht entgegen".**[530] Wegen der auf Zuständigkeitsregelungen beschränkten Vertragszwecke ist auch die in Abs. 5 eröffnete Verdrängungswirkung gering. Diese **betrifft praktisch nur Abs. 2,** der die vorrangige Zuständigkeit des sicheren Drittstaats zur Prüfung des Asylbegehrens unterstellt.[531] Bei den anderen Absätzen beschränkt sich der Vorrang völkervertraglicher Zuständigkeitsbestimmungen darauf, dass ihre Regelungen keine Anwendung finden, weil in Deutschland uU kein Asylverfahren durchgeführt wird.[532] Ist auf Grund von Abkommen nach Abs. 5 die Bundesrepublik Deutschland für die Prüfung eines Asylantrags zuständig, ist die Rückschiebung in einen sicheren Drittstaat, die Abs. 2 ermöglichen soll, ausgeschlossen. Zudem bewirkt der Vorrang von Abkommen nach Abs. 5, dass **kein Ausschluss vom Asylgrundrecht** erfolgt (vgl. § 26a Abs. 1 S. 3 Nr. 2 AsylG).[533] Wollte man hier strikt an der Spaltung von Asyl- und Flüchtlingsrecht festhalten und eine vertraglich begründete Zuständigkeit allein für die Prüfung von Schutz nach Maßgabe der GFK annehmen, wäre die praktische Relevanz der Bestimmung von Anbeginn an fast zur Unkenntlichkeit reduziert gewesen. **114**

---

geschlossen. Das Dubliner Übereinkommen lebt auch nicht nach Ablauf des Übergangsabkommens mit Großbritannien wieder auf, s. Art. 21.

[524] *Wittreck* in Dreier Rn. 120, mit Zweifeln an zB der Rußländischen Föderation.

[525] *Becker* in MKS Rn. 233; näher zu Fragen des Rechtsschutzes iRd Abs. 5 *Will* in Sachs Rn. 107b; *Zimmermann/Tams* in BerlKomm Rn. 247 f.

[526] *Kämmerer/Kotzur* in BK Rn. 26.

[527] Diff. aus unions- und völkerrechtlicher Warte *Walter* in Walter/Burgi Die Flüchtlingspolitik, der Staat und das Recht, 2017, 7 (44 ff.).

[528] *Becker* in MKS Rn. 234; Stern StaatsR IV/1 § 103 Kap. II 4f γ; *Kämmerer/Kotzur* in BK Rn. 224.

[529] *Weinzierl/Hruschka* NVwZ 2009, 1540.

[530] *Gärditz* in Maunz/Dürig Rn. 490: „Kollisionsregel … kraft Spezialität".

[531] BVerfGE 94, 49 (86 f.); *Meierhofer,* Die asylrechtliche Drittstaatenregelung, 1998, 214 ff.

[532] Vgl. *Randelzhofer* Art. 16a Abs. 5 (Vorbearbeitung – Stand 2/1999) Rn. 194; weitergehend *Will* in Sachs Rn. 107a, die allerdings Abs. 5 von seinen tatbestandlichen Beschränkungen befreien will, oben Fn. 506.

[533] *Becker* in MKS Rn. 235; *Maaßen* in BeckOK GG Rn. 105; BVerfGK InfAuslR 2000, 364 (365).

115 Abs. 5, der 1993 erst relativ spät Eingang in den Reformprozess gefunden hat,[534] ist das **Dokument einer verpassten Chance.**[535] Sein in mehrfacher Hinsicht beschränkter Anwendungsbereich nimmt ihm jede Möglichkeit, Anschlussstelle für eine gesamteuropäische Asylpolitik zu werden und das deutsche Asylrecht aus seiner internationalen Isolation zu befreien. Bei Schaffung dieser Verfassungsnorm war die rasante Entwicklung auf europäischer Ebene gewiss noch nicht abzusehen;[536] diese Entwicklung ist über Abs. 5 hinweggegangen.[537] Die **wichtigsten Impulse** für das deutsche Flüchtlingsrecht gehen heute vom **Unionsrecht** aus und gelangen, mit Vorranganspruch auch gegenüber dem Grundgesetz versehen, über Art. 23 Abs. 1 in die deutsche Rechtsordnung.[538]

C. Kritische Würdigung

116 Die Asylrechtsgarantie steht in einem **Spannungsverhältnis zu den Beschränkungen,** die im Zuge der Asylrechtsreform von 1993 eingeführt worden sind und die in teils bedenklicher Weise die Garantieaussage des Abs. 1 auszuhöhlen drohen.[539] Vor allem die **Drittstaatenregelung** des Abs. 2 hat den Kreis der potentiell Begünstigten drastisch begrenzt.[540] Die kumulative Verwendung von normativen Vergewisserungen, Vermutungen und Fiktionen zu Lasten der Antragsteller, Präklusionsregelungen und Beschränkungen des Rechtsschutzes ist **rechtsstaatlich bedenklich.**[541] Hierdurch ist es Aufgabe der Behörden und Gerichte geworden, im Einzelfall durch **restriktive Handhabung der Restriktionen** rechtsstaatskonforme Entscheidungen zu gewährleisten; faktisch ist das BVerfG in die Rolle eines Rechtsmittelgerichts gerückt. In dem nachvollziehbaren Bestreben, das Asylverfahren zu straffen, hat der verfassungsändernde Gesetzgeber Voraussetzungen geschaffen, die den wendigen Asylbewerber begünstigen, die **wirklich Schutzbedürftige** aber ohne einen Stab von Helfern (Dolmetscher, Anwälte, Sozialhelfer, Law Clinics) **überfordern** müssen. Im Ergebnis dürfte die Asylrechtsreform von 1993 vor allem die Abdrängung von Migranten in den **einfachgesetzlichen Abschiebungsschutz** bewirkt haben.

117 Auch in **regelungstechnischer Hinsicht** darf Art. 16a als missglückt gelten.[542] Dies liegt nicht nur an dem Detailcharakter von Abs. 4, mit dem in

[534] Stern StaatsR IV/1 § 103 Kap. II 4 f.

[535] *Randelzhofer* Art. 16a Abs. 5 (Vorbearbeitung – Stand 2/1999) Rn. 231/232; *Davy* in AK Rn. 58; *Zimmermann/Tams* in BerlKomm Rn. 237 f., „missglückte Bestimmung", deren Aufnahme in das GG rückblickend „insgesamt verfehlt" erscheint. Deutlich positiver (aber zugleich wohl die Bedeutung von Art. 16a Abs. 5 überschätzend) *Will* in Sachs Rn. 106 ff.

[536] Vgl. aber bereits *Voßkuhle* DÖV 1994, 53 (65), nur der „soeben erreicht[e] Minimalzustand europäischer Asylkoordinierung" wurde festgeschrieben.

[537] *Zimmermann/Tams* in BerlKomm Rn. 254; als eine Art archimedischen Punkt der supranationalen Integration des deutschen Asylrechts dagegen will *Will* in Sachs Rn. 106a f., 107e die Bestimmung lesen.

[538] *Zimmermann/Tams* in BerlKomm Rn. 237, 254 „Pointiert mag man formulieren, dass das deutsche Asylrecht heutzutage vor allem über Art. 23 GG gewährleistet wird".

[539] *Wittreck* in Dreier Rn. 49: „Rumpfgrundrecht"; *Kämmerer/Kotzur* in BK Rn. 227: „von verfassungsfremder Polyphrasie nur schlecht kaschierte Grundrechtsruine".

[540] Der Schutz vor politischer Verfolgung erscheint überdies zu eng – s. zB *Kämmerer/Kotzur* in BK Rn. 230.

[541] *Berlit* NVwZ 2020, 97 (99).

[542] Ebenso *Kämmerer/Kotzur* in BK Rn. 229.

bedenklicher Weise die Verfassungsjudikatur ausgehebelt und die Neuregelung verfassungsrechtlich immunisiert werden sollte; Abs. 2 u. 4 fallen auch durch unsorgfältige Formulierungen auf, die es immer wieder erfordern, sich vom Wortlaut der Norm zu lösen, um dem Regelungsziel des verfassungsändernden Gesetzgebers zu entsprechen (→ Rn. 86, 91, 99 ff.). Mit Abs. 5 schließlich wurde eine Chance vertan, dem deutschen Asylrecht eine **europäische Dimension** zu eröffnen; europäische Einflüsse gelangen derzeit primär über das Flüchtlingsrecht in das deutsche Recht.[543] Angesichts der großzügigen Verheißung des Abs. 1 ist es nicht ohne Ironie, dass es ausgerechnet das Unionsrecht ist, das auf diesem Wege derzeit die **nötigen humanitären Impulse** gibt. Vieles spricht dafür, auch das Asylrecht diesen Impulsen interpretatorisch zu öffnen, um dem fortbestehenden Versprechen des Abs. 1 Rechnung zu tragen.[544]

Trotz der **Überlagerung durch das EU-Flüchtlings- und Asylrecht** ist **118**
Art. 16a GG **nicht gänzlich obsolet.**[545] Die grundrechtliche Garantie des Asylrechts eröffnet den **Zugang zum BVerfG,** der andernfalls nur auf Umwegen (va über Art. 1 Abs. 1, Art. 2 Abs. 2 S. 1 oder Art. 3 Abs. 1 GG) zu erreichen wäre;[546] dass es immer wieder verfassungsgerichtlicher Interventionen bedarf, um rechtsstaatliche Standards im Asylverfahren zu sichern, ist in den Jahren seit der Asylgrundrechtsreform deutlich geworden. Außerdem ist das Asylgrundrecht gerade vor dem Hintergrund seiner Entstehungsgeschichte inzwischen ein integraler **Bestandteil der deutschen Verfassungskultur**[547] und sollte auch deshalb nicht aufgegeben werden. Sinnvoll wäre jedoch eine Grundgesetzänderung, die klarstellend **Bezug auf das europäische Asylrecht** nimmt und an die Stelle des missglückten Abs. 5 treten sollte.[548]

Die praktische Irrelevanz von Art. 16a lenkt den Blick auf Ausgestaltung **119**
und **Wirksamkeit des EU-Asylsystems** (GEAS). Dort liegen die eigentlichen Gestaltungsoptionen.[549] Die Flüchtlings(schutz)krise von 2015/16 hat die **Konstruktionsmängel des Dublin-Verteilungssystems** und zugleich die Uneinigkeit unter den Mitgliedstaaen deutlich hervortreten lassen. Bei hohen Zutrittszahlen werden entweder die Mitgliedstaaten an den Außengrenzen oder – aufgrund des faktischen Scheiterns bzw. Ignorierens der Zuständigkeitsnormen[550] – einzelne Zielländer überfordert. An einer selbst behutsamen **Lastenteilung im Geiste der Solidarität** (Art. 80 AEUV) sind nicht alle Mitgliedstaaten interessiert.[551] Die EU ist trotz abnehmender

---

[543] *Gärditz* in Maunz/Dürig Rn. 167 ff.

[544] Fehlende Angleichung kritisieren ua *Kämmerer/Kotzur* in BK Rn. 227. Zur Rezeption ausländischer Rspr. durch die Verwaltungsgerichte *Lambert* ICLQ 58 (2009), 519; *Tiedemann* NVwZ 2009, 1196; sa *Gärditz* in Maunz/Dürig Rn. 170.

[545] *Kämmerer/Kotzur* in BK Rn. 32 („‘Reservegarantie‘"), 35 („‘Hintergrundverfassung‘"), 82; *Wittreck* in Dreier Rn. 39; sa *Bergmann* in Bergmann/Dienelt Ausländerrecht Rn. 155.

[546] S. BVerfGK, 9.3.2016, 2 BvR 348/16 Rn. 12 ff. (im Auslieferungsverfahren); sowie *Becker* in MKS Rn. 218 ff.; *Wittreck* in Dreier Rn. 39. Neufassung in Anlehnung an Art. 18 GRCh erhielte die Funktion und öffnete zum Unionsrecht, *Lehner* in Bungenberg/Giegerich/Stein Asyl und Migration in Europa 93 (113 f.); s. freilich BVerwG, InfAuslR 2016, 63.

[547] *Hailbronner* ZAR 2009, 369 (372, 375 f.), *Hailbronner* HdbGR V, § 123 Rn. 22 f., der insoweit von eher symbolischen Gründen für eine Beibehaltung von Art. 16a spricht.

[548] Zutr. *Hailbronner* ZAR 2009, 369 (376); ebenso *Kämmerer/Kotzur* in BK Rn. 229.

[549] *Krajewski* VVDStRL 76 (2017), 123 (150). Sa *Hopfauf* ZRP 2015, 226 (229); *Fontana* NVwZ 2016, 735 (737).

[550] *Becker* in Becker/Burgi Die Flüchtlingspolitik, der Staat und das Recht, 55 (73 ff.); *Schorkopf* ZG 2019, 1 (5 ff.).

[551] S. nur EuGH C-715, 718, 719/19, ECLI:EU:C:2020:257 – Kommission/Polen (zum Relocationprogramm *Heuser* NVwZ 2018, 364); allg *Saracino* ZfP 2018, 283 (291 ff.).

Flüchtlingszahlen in einem lähmenden Paradox des Reformstillstands gefangen: Die naheliegende konsequentere Harmonisierung[552] und Unterstützung der Erstzutrittsstaaten scheitern an politischen Blockaden, die einzelnen Mitgliedstaaten nützt. Aus dem Blick und ins Vergessen dürfen jedenfalls nicht **die Schutzsuchenden** selbst geraten. Strukturelle Mängel in Mitgliedstaaten va an den Außengrenzen beeinträchtigen nicht nur die Umsetzung von Zuständigkeitsregeln, sondern individuelle Rechte.[553] Die Asylpolitik und -praxis der EU ist der Befolgung geltenden Rechts verpflichtet; sie sollte daher unhaltbare Zustände in überfüllten Unterkünften innerhalb der EU vermeiden und außerhalb Leid mindern, zB durch legale Zugangswege und Unterstützung belasteter Aufnahmestaaten.[554]

Literatur

Asylrecht allgemein

U. Berlit, Flüchtlingsrecht in Zeiten der Krise, 2017. – ***J. A. Frowein/A. Zimmermann,*** Die Asylrechtsreform des Jahres 1993 und das Bundesverfassungsgericht, JZ 1996, 753. – ***R. Göbel-Zimmermann/T. Masuch,*** Das Asylrecht im Spiegel der Entscheidungen des Bundesverfassungsgerichts, InfAuslR 1996, 404. – ***S. Fontana,*** Verfassungsrechtliche Fragen der aktuellen Asyl- und Flüchtlingspolitik im unions- und völkerrechtlichen Kontext, NVwZ 2016, 735. – ***Ch. Gusy,*** Asylrecht und Asylverfahren in der Bundesrepublik Deutschland, 1980. – ***K. Hailbronner,*** Die Asylrechtsreform im Grundgesetz, ZAR 1993, 107. – ***K. Hailbronner,*** Das Asylrecht nach den Entscheidungen des Bundesverfassungsgerichts, NVwZ 1996, 625. – ***K. Hailbronner,*** Das Grundrecht auf Asyl – unverzichtbarer Bestandteil der grundgesetzlichen Wertordnung, historisches Relikt oder gemeinschaftsrechtswidrig?, ZAR 2009, 369. – ***K. Hailbronner/D. Thym,*** Grenzenloses Asylrecht?, JZ 2016, 753.– ***B. Huber,*** Das Asylrecht nach der Grundgesetzänderung, NVwZ 1993, 736. – ***Ch. Langenfeld,*** Asyl und Migration unter dem Grundgesetz, NJW 2019, 677. – ***R. Lehner,*** Das Grundrecht auf Asyl und seine Folgerechte im Grundgesetz, in: M. Bungenberg/Th. Giegerich/Th. Stein, Asyl und Migration in Europa, ZEuS Sonderband 2016, 93. – ***G. Lübbe-Wolff,*** Das Asylgrundrecht nach den Entscheidungen des Bundesverfassungsgerichts vom 14. Mai 1996, DVBl 1996, 825. – ***R. Marx,*** 25 Jahre deutsches Asylrecht, InfAuslR 2004, 21. – ***E. Reichel,*** Das staatliche Asylrecht „im Rahmen des Völkerrechts", 1987. – ***G. Renner,*** Asyl- und Ausländerrechtsreform 1993, ZAR 1993, 118. – ***G. Renner,*** Was ist vom deutschen Asylrecht geblieben?, ZAR 1996, 103. – ***G. Renner,*** Von der Rettung des deutschen Asylrechts, ZAR 1999, 206. – ***K. Ritgen,*** Grundlagen, Entwicklungen und Perspektiven der Gesetzgebung zur Organisation und Verfahren der Asylverwaltung in Deutschland, ZG 2015, 297. – ***K. Ritgen,*** Völker-, unions- und verfassungsrechtliche Möglichkeiten einer Begrenzung der Zuwanderung von Flüchtlingen und Asylsuchenden, DVBl. 2016, 137. – ***A. Roth,*** Das Grundrecht auf Asyl – ein (fast) abgeschafftes Grundrecht?, ZAR 1998, 54. – ***F. Rottmann,*** Das Asylrecht des Art. 16 GG als liberal-rechtsstaatliches Abwehrrecht, Der Staat 23 (1984), 337. – ***K. Schenk,*** Die Entwicklung des Asylrechts in der 50-jährigen Rechtsprechung des Bundesverfassungsgerichts, NVwZ 2002, 801. – ***F. Schoch,*** Das neue Asylrecht gem. Art. 16a GG, DVBl 1993, 1161. – ***M. Selk,*** Asylrecht und Verfassung, 1990. – ***D. Thym,*** Migrationsverwaltungsrecht, 2010. – ***P. Tiedemann,*** Das konstitutionelle Asylrecht in Deutschland – Ein Nachruf, ZAR 2009, 161. – ***A. Titze,*** Die deutsche Asylrechtsprechung und das internationale Flüchtlingsrecht, 2008. – ***A. Voßkuhle,*** „Grundrechtspolitik" und Asylkompromiß, DÖV 1994, 53. – ***R. Weinzierl,*** Der Asylkompro-

[552] *Dörig/Langenfeld* NJW 2016 1 (3 f.); aA *Schorkopf* ZG 2019, 1 (24 f.).

[553] Sa *Hailbronner* in HdbGR V, 2013, § 123 Rn. 21, zu Erschwerung der Schutzgewähr durch ungleiche Verfahrensanforderungen im Mehrebenengewirr.

[554] S. nur *Göbel-Zimmermann/Eichhorn/Beichel-Benedetti,* Asyl- und Flüchtlingsrecht, 2017, Rn. 1034 ff.; *Becker* in Becker/Burgi Die Flüchtlingspolitik, der Staat und das Recht, 2017, 55 (100 ff.); *Kluth* in Lehner/Wapler Die herausgeforderte Rechtsordnung, 2018, 351.

miss 1993 auf dem Prüfstand, 2009. – ***A. Zimmermann,*** Das neue Grundrecht auf Asyl, 1994.

Europäisches Asylrecht

J. Bast, Vom subsidiären Schutz zum europäischen Flüchtlingsbegriff, ZAR 2018, 41. – ***M. Bungenberg/Th. Giegerich/Th. Stein (Hg.),*** Asyl und Migration in Europa, 2016. – ***G. Dörig/Ch. Langenfeld,*** Vollharmonisierung des Flüchtlingsrechts in Europa, NJW 2016, 4. – ***A. Farahat/N. Markard,*** Forced Migaration Governance, German Law Journal 17 (2016), 923. – ***D. Fröhlich,*** Das Asylrecht im Rahmen des Unionsrechts, 2011. – ***T. Ellerbrok/L. Hartmann,*** Grundzüge des Flüchtlingsrechts und das Recht in der Flüchtlingskrise, ZJS 2016, 157. – ***K. Hailbronner,*** Auswirkungen der Europäisierung des Asyl- und Flüchtlingsrechts auf das deutsche Recht, ZAR 2003, 299. – ***K. Hailbronner,*** EU Immigration and Asylum Law, 2. Aufl. 2016. – ***R. Hofmann/T. Löhr*** (Hrsg.), Europäisches Flüchtlings- und Einwanderungsrecht, 2008. – ***W. Kluth,*** Die Reichweite und Folgen der Europäisierung des Ausländer- und Asylrechts, ZAR 2006, 1. – ***D. Kugelmann,*** Asylagenda 2010 – Dimensionen des Gemeinsamen Europäischen Asylsystems, ZAR 2007, 81. – ***M. Laas,*** Die Entstehung eines europäischen Migrationsverwaltungsraumes, 2008. – ***H. Lambert,*** Transnational Judicial Dialogue, Harmonization and the Common European Asylum System, ICLQ 58 (2009), 519. – ***V. Moreno-Lax,*** Accessing Asylum in Europe, 2017. – ***G. Renner,*** Europäische Mindestnormen für Asylverfahren, ZAR 2003, 88. – ***D. Thym,*** Rücküberstellung von anerkannten Schutzberechtigten innerhalb der EU, NVwZ 2018, 609. – ***R. Weinzierl,*** Deutsche und europäische Grundrechte im Raum der Freiheit, der Sicherheit und des Rechts, ZAR 2010, 260. – ***M. Wollenschläger,*** Das Asyl- und Einwanderungsrecht der EU, EuGRZ 2001, 354.

Einzelfragen

R. Alleweldt, Schutz vor Abschiebung bei drohender Folter oder unmenschlicher oder erniedrigender Behandlung oder Strafe, 1996. – ***J. Bergmann,*** Das immanent beschränkte Asylgrundrecht, ZAR 2005, 137. – ***U. Berlit,*** Die Bestimmung der „Gefahrendichte" im Rahmen der Prüfung der Anerkennung als Flüchtling oder subsidiär Schutzberechtigter, ZAR 2017, 110. – ***U. Bumke,*** Zur Problematik frauenspezifischer Fluchtgründe, NVwZ 2002, 423. – ***E. Denninger/F. Rachor,*** Asylrecht und Sichtvermerkszwang, ZAR 1988, 51. – ***Th. Discher,*** Wehrdienstenziehung als Asylgrund, ZAR 1998, 217. – ***J. Dürig,*** Beweismaß und Beweislast im Asylrecht, 1990. – ***Ch. Gusy,*** Bürgerkriegsopfer als „Flüchtlinge" und „politisch Verfolgte", ZAR 1982, 35. – ***K. Hailbronner,*** Geschlechtsspezifische Fluchtgründe, die Genfer Flüchtlingskonvention und das deutsche Asylrecht, ZAR 1998, 152. – ***R. Hofmann,*** Nachfluchtgründe und Flüchtlingsvölkerrecht, NVwZ 1987, 299. – ***A. Hopfauf,*** Zur Frage der Abschiebung anerkannter Asylberechtigter, NVwZ 1994, 566. – ***B. Huber,*** Legitimation der Folter in der Rechtsprechung zum Asylrecht, KJ 16 (1983), 164. – ***B. Huber,*** Auswirkungen der Urteile des BVerfG vom 14.5.1996 auf die Rechtsweggarantie des Art. 19 IV GG, NVwZ 1997, 1080. – ***I. Jensen,*** Frauen im Asyl- und Flüchtlingsrecht, 2003. – ***T. A. Jobs,*** Verfassungsrechtliche Anforderungen an verwaltungsgerichtliche Asylentscheidungen, ZAR 2002, 219. – ***N. Kapell,*** Zur Asylrelevanz der Inkriminierung homosexueller Handlungen, ZAR 1999, 260. – ***B. Karras,*** Missbrauch des Flüchtlingsrechts?, 2017. – ***E. Kreßel,*** Sichtvermerkspflicht und Asylrecht, DÖV 1988, 501. – ***G. Krist,*** Die ausländische Fluchtalternative, InfAuslR 1996, 81. – ***T. Laier,*** Das Flughafenverfahren nach § 18a AsylVfG in rechtsvergleichender Perspektive, 1999. – ***G. M. Liegmann,*** Eingriffe in die Religionsfreiheit als asylerhebliche Rechtsgutsverletzung religiös Verfolgter, 1993. – ***N. Markard,*** Kriegsflüchtlinge, 2012. – ***R. Marx,*** Die Drittstaatenregelung des Artikels 16a II GG nach dem Urteil des Bundesverfassungsgerichtes vom 14. Mai 1996, InfAuslR 1997, 208. – ***R. Marx,*** Neue Entwicklungen zum Begriff der quasi-staatlichen Verfolgung, InfAuslR 2000, 513. – ***R. Marx,*** Furcht vor Verfolgung wegen der Zugehörigkeit zu einer bestimmten sozialen Gruppe (Art 10 I Bstd RL 2004/83/EG), ZAR 2005, 177. – ***R. Marx,*** Interner Schutz von Flüchtlingen nach Art. 1 A Nr. 2 GFK, ZAR 2017, 304. – ***F. Moll,*** Das Asylgrundrecht bei staatlicher und frauenspezifischer Verfolgung, 2007. – ***R. C. van Ooyen,*** Staatliche, quasi staatliche und nichtstaatliche Verfolgung, ARSP

2003, 387. – ***H.-I. v. Pollern,*** Immanente Schranken des Grundrechts auf Asyl, BayVBl. 1979, 200. – ***K. Reiling/L. Mitsch,*** Wissen im Asylprozess, Verwaltung 50 (2017), 537. – ***G. Renner,*** Terrorismusbekämpfung und Schutzsuchende, ZAR 2003, 52. – ***A. Schmitt Glaeser,*** Die Untersuchungsmaxime im Asylrecht, in O. Dörr (Hrsg.), Ein Rechtslehrer in Berlin, 2004, 81. – ***R. Schwartz,*** Wirtschaftliche Grenzen und Schranken des Asylgrundrechts, 1992. – ***M. Selk,*** Die Drittstaatenregelung gem. Art. 16a Abs. 2 GG – eine verfassungswidrige Verfassungsnorm, ZAR 1994, 59. – ***G. v. Thenen,*** Geschlechtsspezifische Flucht- und Bleibegründe, 2004. – ***W. Treiber,*** Die Asylrelevanz von Folter, Todesstrafe und sonstiger unmenschlicher Behandlung, 1990. – ***M. Wendel,*** Asylrechtlicher Selbsteintritt und Flüchtlingskrise, JZ 2016, 332.

Art. 17 [Petitionsrecht]

Jedermann hat das Recht, sich einzeln oder in Gemeinschaft mit anderen schriftlich mit Bitten oder Beschwerden an die zuständigen Stellen und an die Volksvertretung zu wenden.

Paulskirchenverfassung von 1849

Abschnitt VI. Art. VII

§ 159. Jeder Deutsche hat das Recht, sich mit Bitten und Beschwerden schriftlich an die Behörden, an die Volksvertretungen und an den Reichstag zu wenden.

Dieses Recht kann sowohl von Einzelnen, als auch von Corporationen und von Mehreren im Vereine ausgeübt werden; beim Heer und der Kriegsflotte jedoch nur in der Weise, wie es die Disciplinarvorschriften bestimmen.

Reichsverfassung von 1871

Art. 23. Der Reichstag hat das Recht, innerhalb der Kompetenz des Reichs Gesetze vorzuschlagen und an ihn gerichtete Petitionen dem Bunderathe resp. Reichskanzler zu überweisen.

Weimarer Reichsverfassung von 1919

Art. 126. Jeder Deutsche hat das Recht, sich schriftlich mit Bitten oder Beschwerden an die zuständige Behörde oder an die Volksvertretung zu wenden. Dieses Recht kann sowohl von einzelnen als auch von mehreren gemeinsam ausgeübt werden.

Übersicht

A. Allgemeine Bedeutung

I. Inhaltsübersicht und Genese

Das Petitionswesen umfasst sehr unterschiedliche Arten von Eingaben gegenüber dem Staat. Vielfach wird im Petenten die rechtsunkundige Person mit ihrem **höchstpersönlichen Einzelschicksal** gesehen.[1] Es geht dann um 1

[1] Dem entspricht es, dass im Jahr 2017 rund 18 % der Petitionen an den BT das Ressort Arbeit und Soziales betrafen. Dabei ging es vielfach um das Alg. II sowie um die gesetzliche Rentenversicherung; s. Bericht des Petitionsausschusses v. 6.6.2018, BT-Drs. 19/2250, 41 f., 76; außerdem entfielen im Bereich des Ressorts Inneres 2017 von insgesamt 1709 Petitionen 522 auf den Bereich Flüchtlinge, Asyl und Aufenthaltsrecht, wobei u. a. Einzelschicksale im Zusammenhang mit der Durchsetzung der Dublin-Verordnung in Rede standen, s. Bericht des Petitionsausschusses v. 6.6.2018, BT-Drs. 19/2250, 18 u. 76.

die „Nöte des kleinen Mannes“[2] und „den vom modernen Verwaltungssystem überforderten Bürger“.[3] *Dürig* spricht von der „menschlichen Purgationsfunktion des ‚Herzausschüttenkönnens'„.[4] Tatsächlich machen daneben vielfach gerade politisch engagierte, um ihr Recht wissende Bürger vom Petitionsrecht Gebrauch.[5] Das gilt namentlich für die **plebiszitähnliche Interessenwahrnehmung** mit Hilfe von Sammel- und Massenpetitionen.[6] Rechtsschutzergänzende Petitionen[7] werden teilweise sogar mit anwaltlicher Hilfe eingelegt.[8] Aus staatlicher Sicht sind Beschwerden iSv Art. 17 Anregungen zur Selbstkontrolle.[9] Werden auf diese Weise Missstände aufgedeckt, kann dies zu einer Veränderung der Verwaltungspraxis oder sogar zu Gesetzesänderungen führen, die weit über den Einzelfall hinausweisen. Darüber hinaus erfüllt das Petitionsrecht die Funktion eines „Seismographen“ oder **„Frühwarnsystems“**[10] für das Verhältnis von Staat und Gesellschaft. In dieser Hinsicht sind insbes. die jährlichen Tätigkeitsberichte der Petitionsausschüsse von Bund und Ländern als Bestandsaufnahmen wertvoll.[11] Historisch lässt sich das Petitionsrecht auf das Supplikationswesen des ausgehenden Mittelalters und der frühen Neuzeit zurückführen.[12] Eine große Rolle spielte das Eingabewesen als umfassender informeller Rechtsbehelf in der DDR.[13] Dieser Tradition, aber auch dem Umbruch, den die Wiedervereinigung im Osten Deutschlands mit sich gebracht hat, entspricht es, dass Ostdeutsche noch immer häufiger vom Petitionsrecht Gebrauch machen als Westdeutsche.[14] Damit dürfte dem Petitionsrecht als Rückkoppelung zwischen Staat und Bürgern im Osten eine stärkere **Integrationsfunktion**[15] zukommen als im Westen.

2 Juristisch ist das Petitionsrecht ein **Kommunikationsgrundrecht** wie die Meinungs- und die Versammlungsfreiheit.[16] Es ist aber, anders als diese, nicht vorrangig ein freiheitliches Abwehrrecht gegen den Staat. Vielmehr setzt es den Staat als Kommunikationspartner voraus. Es institutionalisiert

---

[2] So *Graf Vitzthum/März* JZ 1985, 809 (817).

[3] *Graf Vitzthum/März* JZ 1985, 809.

[4] *Dürig* in Maunz/Dürig Erstbearb. 1960 Rn. 1.

[5] *Hornig,* Die Petitionsfreiheit als Element der Staatskommunikation, 2001, 73; *Kempf* in Bockhofer, Mit Petitionen Politik verändern, 1999, 357 (359 ff.).

[6] So wurden beim BT im Jahr 2017 36 Massen- und Sammelpetitionen abschließend erledigt; s. Bericht des Petitionsausschusses v. 6.6.2018, BT-Drs. 19/2250, 84 ff.

[7] Dazu *Hornig,* Die Petitionsfreiheit als Element der Staatskommunikation, 2001, 67; sa *Brenner* in MKS Rn. 13.

[8] S. etwa den Hinweis von *Schröder* in Bockhofer, Demokratie wagen – Petitionsrecht ändern, 2004, 97 (99) zu Ausländer- und Asylpetitionen.

[9] Sa *Woike* DÖV 1984, 419 (421).

[10] StGH Bremen NVwZ-RR 1997, 145 (146); *Graf Vitzthum/März* JZ 1985, 809.

[11] S. *Wittrock* DÖV 1987, 1102 (1104 f.).

[12] S. zur Verfassungsgeschichte im Überblick *Hornig,* Die Petitionsfreiheit als Element der Staatskommunikation, 2001, 22 ff.; *Rinken* in Bockhofer, Demokratie wagen – Petitionsrecht ändern, 2004, 47 (47 f.) sowie die Beiträge von *Ludewig ua* in Bockhofer, Mit Petitionen Politik verändern, 1999, 21 ff.; ferner *Bauer* in Dreier Rn. 1 ff.; *ders.* HGRV, § 117 Rn. 2 ff.; s. auch *Versteyl* I + E 2011, 117 (117).

[13] S. *Elsner* in Bockhofer, Mit Petitionen Politik verändern, 1999, 48.

[14] 2017 kamen in Berlin und Sachsen auf 1 Mio. der Bevölkerung des Landes 269 bzw. 177 Petitionen an den BT, während es in Bremen und Baden-Württemberg jeweils lediglich 102 und in Bayern 104 waren; s. Bericht des Petitionsausschusses v. 6.6.2018, BT-Drs. 19/2250, 78; ferner *Stettner* in BK Rn. 7.

[15] Dazu *Bauer* in Dreier Rn. 23; *Stettner* in BK Rn. 24.

[16] *Hoffmann-Riem* FS f. Selmer, 2004, 93 (94); *Hornig,* Die Petitionsfreiheit als Element der Staatskommunikation, 2001, 74 ff.; *Klein* in Maunz/Dürig Rn. 52, 135.

einen Weg, auf dem einzelne der Staatsgewalt ihre Meinung kundtun können. Auf diese Weise ergänzt das Petitionsrecht die Mittel der staatlichen Willensbildung, die nach Art. 20 Abs. 2 vom Volk auszugehen hat. Freilich gewährt das Petitionsrecht, anders als etwa das Wahlrecht, keine Teilhabe an der Staatsgewalt.[17] Es handelt sich daher nicht um ein staatsbürgerliches Recht. Dennoch flankiert das Petitionsrecht den Prozess der politischen Willensbildung in seiner Einwirkung auf die Staatsgewalt und weist damit einen besonderen **Demokratiebezug** auf.[18] Daneben haben Petitionen als formlose Rechtsbehelfe eine **Rechtsschutzfunktion.**[19] Insofern ergänzt Art. 17 die Rechtsschutzgarantie des Art. 19 Abs. 4. Dementsprechend reichen die Wurzeln des Petitionswesens in vordemokratische Zeit zurück (→ Rn. 1). Anders als ein staatsbürgerliches Recht ist Art. 17 auch nicht auf Deutsche beschränkt.

II. Überstaatliche Bezüge

Auf europäischer Ebene[20] gewährleisten Art. 20 Abs. 2 UAbs. 1 S. 2 lit. d), Art. 24 Abs. 2 und Art. 227 AEUV sowie Art. 44 Europäische Grundrechtscharta (EUGrCh) ein Petitionsrecht, das sich jedoch auf Eingaben beim **Europäischen Parlament** beschränkt. Während Art. 227 AEUV eine eigene Betroffenheit voraussetzt, umfasst Art. 44 EUGrCh auch Popularpetitionen, doch wird diese weite Gewährleistung durch Art. 52 Abs. 2 EUGrCh auf den Umfang des Petitionsrechts nach Art. 227 AEUV beschränkt. Daneben tritt ein Beschwerderecht zum parlamentarischen Bürgerbeauftragten nach Art. 228 AEUV, Art. 43 EUGrCh, bei dem die Rechtsschutzfunktion im Vordergrund steht. Art. 24 Abs. 4 AEUV ergänzt das Petitionsrecht um ein Recht, sich in jeder Vertragssprache des Vertrages über die Europäische Union an die Unionsorgane zu wenden und eine Antwort in dieser Sprache zu erhalten. Völkerrechtlich ist das Petitionsrecht hingegen nicht verbürgt.[21] 3

B. Einzelfragen

I. Jedermann hat das Recht sich … zu wenden

Obwohl das Petitionsrecht einen besonderen Demokratiebezug aufweist, ist es nicht auf Staatsangehörige beschränkt. Anders als in § 159 der Paulskirchenversammlung und in Art. 126 WRV ist das Petitionsrecht im GG als Jedermannsrecht ausgestaltet. Hier zeigt sich die Nähe zur Rechtsweggarantie des Art. 19 Abs. 4 sowie zur Meinungsfreiheit nach Art. 5 Abs. 1 (→ Rn. 2). **Ausländern,** die nicht in Deutschland wohnen, steht das Petitionsrecht jedenfalls zu, soweit ein sachlich begründeter Kontakt zur deutschen Staats- 4

---

[17] BVerfGE 8, 104 (115); sa BVerfGE 20, 56 (98 f.); *Klein* in Maunz/Dürig Rn. 49, 141; *Langenfeld* in. HdbStR III § 39 Rn. 13.

[18] *Hornig,* Die Petitionsfreiheit als Element der Staatskommunikation, 2001, 96–98; sa *v. Coelln* in Stern/Becker Art. 17 Rn. 26; damit kann in Petitionen, die auf die politische Meinungsbildung einwirken sollen, entgegen *Burmeister* in HdbStR II, 1. Aufl. 1987, § 32 Rn. 18 ff. keineswegs ein unzulässiges „Erschleichen" plebiszitärer Gestaltungsbefugnisse gesehen werden; dagegen zutr. *Würtenberger/Schenke* in Bockhofer, Mit Petitionen Politik verändern, 1999, 97 (101–104).

[19] *Hornig,* Die Petitionsfreiheit als Element der Staatskommunikation, 2001, 64 ff.

[20] Dazu *Guckelberger* DÖV 2003, 829 ff.; im Überblick *Kadelbach* in Ehlers, Europäische Grundrechte und Grundfreiheiten, § 26 Rn. 67 ff.

[21] *Langenfeld* in HdbStR III § 39 Rn. 8; *Bauer* in Merten/Papier HGRV, § 117 Rn. 18.

gewalt besteht,[22] was insbesondere im Hinblick auf ins Ausland abgeschobene Ausländer anzunehmen ist.[23] Ein Aufenthalt oder gar Wohnsitz in Deutschland ist nicht erforderlich.[24] Art. 115 Abs. 1 BayVerf., der das Petitionsrecht auf „Bewohner Bayerns" beschränkt, wird durch den weitergehenden Art. 17 überlagert. Ob Minderjährige im eigenen Namen Petitionen einlegen können, bestimmt sich nach den allgemeinen Regeln über die Grundrechtsmündigkeit.[25] Die Grundrechtsfähigkeit **juristischer Personen** bemisst sich nach Art. 19 Abs. 3, wobei das Petitionsrecht seinem Wesen nach ebenso wie die Meinungsfreiheit auf Personenvereinigungen anwendbar ist, die einen eigenen Willen bilden können. Der Umstand, dass **Gemeinden** das Selbstverwaltungsrecht nach Art. 28 Abs. 1 mit der Möglichkeit der kommunalen Verfassungsbeschwerde nach Art. 93 Abs. 1 Nr. 4b besitzen, könnte dafür sprechen, ihnen auch das Petitionsrecht als nicht-förmliches Beschwerderecht zuzusprechen.[26] Durch die Zuerkennung eines umfassenden Petitionsrechts würde aber der Unterschied zwischen individueller Freiheit, die einer Gemeinde nicht zusteht, und beschränkten hoheitlichen Wahrnehmungskompetenzen verwischt. Bitten und Beschwerden von Gemeinden sind damit nicht unzulässig, fallen aber nicht unter den Schutz des Art. 17.[27]

5 Art. 17 hat einen doppelten Schutzgehalt. Er gewährt ein Recht auf ungehinderten **Zugang** zu öffentlichen Stellen und einen Anspruch, dass sich diese Stellen mit dem vorgebrachten Anliegen befassen.[28] Eine Erschwerung der Übergabe von Petitionen greift unmittelbar in das Zugangsrecht ein. Daher unterliegen Petitionen von Gefangenen an die Volksvertretungen nach § 29 Abs. 2 StVollzG nicht der Briefkontrolle; auch andere Petitionen[29] dürfen nicht angehalten werden. Werden Personen, die von ihrem Petitionsrecht Gebrauch gemacht haben, deshalb diskriminiert, handelt es sich um einen mittelbar-faktischen Eingriff. Wenn § 7 S. 2 des Gesetzes über den Wehrbeauftragten des Deutschen Bundestages[30] bestimmt, dass ein Soldat wegen der Anrufung des Wehrbeauftragten weder gemaßregelt noch benachteiligt werden darf, handelt es sich dementsprechend um eine Umsetzung verfassungsrechtlicher Vorgaben aus Art. 17. Eine Kostenpflicht würde ebenfalls in das Recht auf ungehinderten Zugang eingreifen und ist damit unzulässig.[31] Dagegen hindert eine Beschwerde nach Art. 17 nicht den Vollzug der angegriffenen Maßnahme.[32] Auch die **Vorbereitung einer Petition** darf der Staat nicht behindern.[33] Das gilt insbes. für Sammelpetitionen (→ Rn. 14). Insoweit muss es möglich sein, ungehindert zusammenzukommen und Mit-

---

[22] OVG NRW NJW 1979, 281; *Langenfeld* in HdbStR III § 39 Rn. 18; weitergehend *Bauer* in Dreier Rn. 26; *Klein* in Maunz/Dürig Rn. 68.

[23] BVerwG NJW 1981, 700; *Bauer* in Dreier Rn. 26.

[24] So wurden zB 2017 beim Petitionsausschuss des Deutschen Bundestags 297 Petitionen aus dem Ausland eingereicht, was 2,58 % aller eingelegten Petitionen entspricht, s. BT-Drs. 19/2250, 78.

[25] Dazu → Art. 2 Rn. 14.

[26] So *Brenner* in MKS Rn. 43; *Langenfeld* inHdbStR III § 39 Rn. 22; dagegen *Krings* in BerlKomm Rn. 26.

[27] *Dollinger* in Umbach/Clemens Rn. 30; *Klein* in Maunz/Dürig Rn. 73.

[28] BVerfGK NJOZ 2007, 2939 (2946).

[29] OLG Nürnberg MDR 1993, 794 f.

[30] IdF der Bek. v. 16.6.1982, BGBl. I 677, zuletzt geändert durch G v. 5.2.2009, BGBl. I 160.

[31] BayVGH BayVBl. 1968, 361 (362); *Krings* JuS 2004, 474 (477).

[32] *Langenfeld* in HdbStR III § 39 Rn. 75.

[33] *Brenner* in MKS Rn. 46; *Langenfeld* in HdbStR § 39 Rn. 31.

petenten zu werben, bspw. durch das Auslegen von Unterschriftslisten.[34] Allerdings ist der Zugangsanspruch vorrangig **abwehrrechtlicher Natur.**[35] Art. 17 gibt keinen Anspruch, zur Vorbereitung einer Petition staatliche Einrichtungen in Anspruch zu nehmen. So hat eine Polizeigewerkschaft keinen Anspruch auf die öffentliche Auslage von Unterschriftenlisten in Polizeidienststellen.[36] Anders verhält es sich, wenn Angehörige des öffentlichen Dienstes im Kollegenkreis für eine Petition werben. Geht der Dienstherr dagegen vor, greift er in das Petitionsrecht ein, was grundsätzlich nur im Rahmen verfassungsunmittelbarer Schranken gerechtfertigt werden kann (→ Rn. 13). Art. 17 besitzt zudem eine **Schutzpflichtdimension,**[37] die eingreift, wenn Petenten von Privaten am Einreichen und Verfolgen einer Petition gehindert werden.[38]

6 Zum Befassungsanspruch gehört auch ein **Recht auf Antwort,** nicht aber ein Recht auf eine bestimmte Art der Sachbefassung oder auf ein bestimmtes Ergebnis. Aus dem Wortlaut ergibt sich zunächst nur das Zugangsrecht. Der rein formale Zugang wäre jedoch wertlos, wenn der Adressat nicht auch verpflichtet wäre, den Inhalt zur Kenntnis zu nehmen und in der einen oder anderen Form in Erwägung zu ziehen. Darüber hinaus ist der Adressat verpflichtet, dem Petenten die Art der Erledigung mitzuteilen, weil nur so überprüft werden kann, ob das Recht aus Art. 17 gewahrt wurde. Anderenfalls bliebe es bei einem „Scheinrecht",[39] bloße „Papierkorbbeschwerden"[40] einzureichen. Art. 17 hat daher über seinen abwehrrechtlichen Gehalt hinaus den Charakter eines **Leistungsrechts.**[41] Es ergibt sich ein Anspruch auf Kenntnisnahme, sachliche Prüfung und Bescheidung.[42] Der Bescheid hat insofern informatorischen Charakter, als sich aus ihm lediglich die Kenntnisnahme vom Inhalt der Eingabe und die Art ihrer Erledigung ergeben müssen.[43] Die Antwort muss grundsätzlich schriftlich gegenüber dem Petenten ergehen, bei Sammelpetitionen gegenüber dem benannten Vertreter oder mangels solcher Angaben gegenüber dem erstgenannten Petenten.

7 Bei Massenpetitionen (→ Rn. 14), die ohne weiteres eine sechsstellige Zahl erreichen können,[44] könnte eine **Pflicht zur individuellen Antwort** hin-

---

[34] BVerwGE 158, 208 Rn. 7.

[35] S. *Krings* JuS 2004, 474 (477); zust. *v. Coelln* in Stern/Becker Art. 17 Rn. 27.

[36] BAG NJW 2005, 1596 (1599).

[37] Dazu allg. → Art. 1Rn. 43 ff.

[38] *Krings* JuS 2004, 474 (477).

[39] So BVerfGE 2, 225 (230).

[40] So *Graf Vitzthum,* Petitionsrecht und Volksvertretung, 1985, 31.

[41] *Hoffmann-Riem* FS f. Selmer, 2004, 93 (95 f.); *Hornig,* Die Petitionsfreiheit als Element der Staatskommunikation, 2001, 95 f.; *Jarass* in Jarass/Pieroth Rn. 1; *Klein* in Maunz/Dürig Rn. 84.

[42] BVerfGE 2, 225 (230); BVerfGK NJW 1992, 3033; NJOZ 2007, 2939 (2946); *Hornig,* Die Petitionsfreiheit als Element der Staatskommunikation, 2001, 60.

[43] BVerfGE 2, 225 (230); BVerfGK NJW 1992, 3033; BayVerfGH NVwZ 2000, 548.

[44] So etwa die Petition für den Schutz landwirtschaftlicher Nutzflächen aus dem Jahr 2011 (212 292 Untersützende), die Petition für eine Reform der Pflegeversicherung aus dem Jahr 2014 (176 523 Unterstützende), die Petition für ein einheitliches Finanzvolumen bei ärztlichem Behandlungsaufwand aus dem Jahr 2011 (169 148 Unterstützende), die Petition gegen die Indizierung von Internetseiten (133 778 Unterstützende), die Petition gegen ein Verkaufsverbot für Heilpflanzen aus dem Jahr 2011 (124 202 Unterstützende) und die Petition für eine Beibehaltung des Berufsbildes der Gesundheits- und Kinderkrankenpflege aus dem Jahr 2018 (164 706 Unterstützende); s. auch die Beispiele bei *Würtenberger* in Bockhofer, Mit Petitionen Politik verändern, 1999, 169.

gegen die Funktionsfähigkeit der angerufenen Stelle bedrohen. Hier bietet sich eine öffentliche Antwort an, bspw. im Amtsblatt, im Internet und durch Pressemitteilung. Berücksichtigt man, dass das Recht auf Antwort ohnehin nur aus Sinn und Zweck des Petitionsrechts abgeleitet wird und dass bei Massenpetitionen das öffentliche Anliegen gegenüber dem individuellen Begehren im Vordergrund steht, erfüllt eine öffentliche Antwort bei Massenpetitionen den Anspruch aus Art. 17. Wollte man abweichend davon vertreten, dass Art. 17 stets einen Anspruch auf individuelle Antwort gewährt, ließe sich eine Beschränkung dieses Leistungsrechts bei Massenpetitionen nur über verfassungsunmittelbare Schranken rechtfertigen mit der Folge, dass es einer gesetzlichen Grundlage bedürfte (→ Rn. 13).[45]

8 Eine nähere **Begründung** der inhaltlich maßgebenden Gesichtspunkte fördert die Transparenz und Akzeptanz staatlicher Entscheidungen und ist daher wünschenswert.[46] Da Art. 17 gerade keinen Entscheidungsanspruch einräumt, ist eine solche Begründung verfassungsrechtlich aber nicht geboten.[47] Eine Begründung ist auch keine Voraussetzung für effektiven Rechtsschutz,[48] da nur auf eine Befassung mit der Sache geklagt werden kann, nicht aber auf eine bestimmte Form der Sachbehandlung (→ Rn. 28). Mangels Regelungscharakters sind Petitionsbescheide grundsätzlich keine Verwaltungsakte.[49] Da kein Anspruch auf eine bestimmte Sachentscheidung besteht, mag man von einem formellen Grundrecht sprechen.[50] Mit der Antwort ist der Petitionsanspruch erfüllt. Eine Folgepetition muss nur geprüft werden, wenn sie wesentliche neue Tatsachen enthält oder wenn sich die Rechtslage geändert hat.[51]

9 Art. 17 knüpft, anders als die Rechtsschutzgarantie des Art. 19 Abs. 4, nicht an Individualrechte an und setzt auch keine individuelle Betroffenheit voraus.[52] Damit ist **auch die Popularpetition** geschützt.[53] **Zulässigkeitsvoraussetzung** einer Petition ist die Schriftform (→ Rn. 15). Nach einer frühen Entscheidung des BVerfG sollen auch solche Petitionen unzulässig sein, mit denen gesetzlich Verbotenes gefordert wird.[54] Dies erscheint zweifelhaft. Art. 17 gibt ohnehin keinen Anspruch auf eine bestimmte Sachentscheidung (→ Rn. 5). Eine Forderung nach Verbotenem wird die angerufene Stelle abschlägig bescheiden.[55] Damit hat sie den Petitionsanspruch erfüllt. Ein Grund, die Eingabe als unzulässig zu behandeln, besteht nicht.[56] Eher ließe sich daran denken, dass Eingaben mit einem „beleidigenden, heraus-

---

[45] So iE *Wedde* SächsVBl. 2004, 97 (100); *Packbier* SächsVBl. 2004, 225 (228).

[46] BVerfGK NJW 1992, 3033; *Stettner* in BK Rn. 92.

[47] Sa BVerwG NJW 1991, 937 (938); BayVerfGH NVwZ 1988, 820 (821); OVG Lüneburg NVwZ-RR 2008, 746; *Bauer* in Dreier Rn. 43; *Langenfeld* in HdbStR III § 39 Rn. 35; ausf. *Rühl* DVBl 1993, 14 ff.; aA OVG Bremen JZ 1990, 965 (966 f.); *Siegfried* DÖV 1990, 279 (281 ff.); krit. auch *Klein* in Maunz/Dürig Rn. 90.

[48] So aber *Siegfried* DÖV 1990, 279 (282 f.).

[49] BVerwG NJW 1977, 118; VGH München BayVBl 1981, 211 (212); *Brenner* in MKS Rn. 51; *Neumeyer* JuS 1979, 31 (32–34); *Brocker* in Epping/Hillgruber Art. 45c Rn. 20.

[50] So zB *Graf Vitzthum/März* JZ 1985, 809 (810); krit. *Hornig,* Die Petitionsfreiheit als Element der Staatskommunikation, 2001, 99 f.

[51] BVerfGE 2, 225 (231 f.); OVG NRW NWVBl. 1993, 296 f.; *Brenner* in MKS Rn. 36; *Krings* in BerlKomm Rn. 69.

[52] OLG Düsseldorf NJW 1972, 650 (651).

[53] *Brenner* in MKS Rn. 35; *Klein* in Maunz/Dürig Rn. 60; *Langenfeld* in HdbStR III § 39 Rn. 27.

[54] BVerfGE 2, 225 (229); zust. BVerwGE 103, 81 (89); *Jarass* in Jarass/Pieroth Rn. 5.

[55] Ähnlich *Bauer* in Dreier Rn. 29.

[56] So auch *Burkiczak* NVwZ 2005, 1391 (1393); *Langenfeld* in HdbStR III § 39 Rn. 29.

fordernden oder erpresserischen Inhalt" unzulässig sind.[57] Hier ist allerdings größte Vorsicht geboten, um das Petitionsrecht nicht durch Anforderungen an eine angemessene Ausdrucksweise zu beschränken.[58] Grundsätzlich haben staatliche Stellen auch solche Eingaben, die sie sprachlich unangemessen finden, sachlich zu beantworten. In offenkundigen Fällen kommt eine strafrechtliche Ahndung in Betracht (→ Rn. 27). Nur dort, wo **strafrechtlich relevante Äußerungen** das sachliche Anliegen ganz in den Hintergrund treten lassen, darf es die angerufene Stelle ablehnen, sich mit der Eingabe zu befassen.[59] Auch dies muss die staatliche Stelle dem Petenten mitteilen. Ähnliches gilt für querulatorische Eingaben.[60] Schließlich besteht kein Anlass, die Zuständigkeit der angerufenen Stelle (→ Rn. 22) zum Zulässigkeitserfordernis zu machen.[61] Art. 17 begründet vielmehr eine **umfassende Empfangszuständigkeit.**[62] Fehlt der angerufenen Stelle die Befassungszuständigkeit, hat sie dies dem Petenten mitzuteilen oder die Eingabe an eine zuständige Stelle weiterzuleiten.[63] In beiden Fällen hat sie den Petitionsanspruch erfüllt. Gegen eine Pflicht zur Weiterleitung spricht, dass damit die Wahlfreiheit des Einzelnen, ob er sich mit einem Anliegen an eine bestimmte Stelle wendet, eingeschränkt wird.[64] Eher lässt sich eine Pflicht erwägen, im Falle der Unzuständigkeit mindestens eine zuständige Stelle zu benennen,[65] wobei allerdings nicht erwartet werden kann, dass jede Stelle umfassend über die gesamte staatliche Zuständigkeitsordnung Auskunft zu geben vermag. Im Übrigen bleibt in aller Regel zumindest der Bundestag oder ein Landesparlament als zuständiger Petitionsadressat.

Die Ausgestaltung des Petitionswesens ist iE Aufgabe der Gesetzgebung **10**
sowie der jeweils mit Petitionen befassten Stellen.[66] Die Behandlung von Parlamentspetitionen wird, vorbehaltlich gesetzlicher Regelungen, regelmäßig durch Geschäftsordnungen geregelt. Soweit die in → Rn. 5 genannten Mindestvoraussetzungen gewahrt sind, steht die nähere **Ausgestaltung im** gesetzgeberischen oder administrativen **Ermessen.**[67] So können vorbehaltlich besonderer Regelungen, wie sie Art. 45c für den Bundestag trifft, spezielle Petitionsausschüsse gebildet oder Bürgerbeauftragte eingesetzt und deren Verfahren geregelt werden. Allerdings ist bei der Ausgestaltung die Grundentscheidung des Art. 17 für ein funktionierendes Petitionswesen zu beachten. Zulässig erscheint bspw. die Praxis einiger Landesparlamente, Petenten zunächst auf förmliche Rechtsbehelfe zu verweisen, soweit solche gegeben sind.[68]

---

[57] So BVerfGE 2, 225 (229); zust. BVerwGE 103, 81 (89); *Langenfeld* in HdbStR III § 39 Rn. 29; aA *Bauer* in Dreier Rn. 39; *Krings* JuS 2004, 474 (476).

[58] Ähnlich *Burkiczak* NVwZ 2001, 1391 (1393); sa BVerfG NJW 1991, 1475 (1477); OLG Düsseldorf NVwZ 1983, 502 (502 f.).

[59] OLG Düsseldorf NJW 1972, 650 (651); *Stettner* in BK Rn. 76.

[60] *Woike* DÖV 1984, 419 (425).

[61] So aber BVerfGE 2, 225 (229); dagegen *Stettner* in BK Rn. 67.

[62] S. *Krings* in BerlKomm Rn. 68.

[63] *Klein* in Maunz/Dürig Rn. 86; *Pagenkopf* in Sachs Rn. 11.

[64] *Hornig,* Die Petitionsfreiheit als Element der Staatskommunikation, 2001, 119.

[65] So *Langenfeld* in HdbStR III § 39 Rn. 34.

[66] *Hornig,* Die Petitionsfreiheit als Element der Staatskommunikation, 2001, 61 f., 103 ff.; *Jarass* in Jarass/Pieroth Rn. 12; zu den Problemen einer Ausgestaltungsbefugnis *Klein* in Maunz/Dürig Rn. 119.

[67] Leitlinien für die Behandlung von Petitionen durch Behörden formuliert *Woike* DÖV 1984, 419.

[68] *Hornig,* Die Petitionsfreiheit als Element der Staatskommunikation, 2001, 62, 111 f.

11 Ebenso durfte der BT ergänzend zur klassischen Petition, die nur an die angerufene Stelle gerichtet ist, eine sog. **öffentliche Petition** einführen, die auf der Internetseite des Petitionsausschusses veröffentlicht wird und dort innerhalb einer vierwöchigen Frist von anderen mit unterzeichnet werden kann.[69] Währenddessen ist außerdem die Abgabe eines Diskussionsbeitrags zu einer öffentlichen Petition in einem Online-Forum des Petitionsausschusses möglich,[70] wodurch das Petitionsrecht attraktiver gemacht und dem Bedürfnis nach kollektiver Meinungskundgabe im Internet Rechnung getragen wird.[71] Voraussetzung für Veröffentlichung und Sachdiskussion ist jedoch, dass der Petitionsausschuss die fragliche Petition als „öffentliche" Petition angenommen hat, wobei dem Ausschussdienst insoweit eine Vorprüfungskompetenz zukommt.[72] Erreicht eine öffentliche Petition ein Quorum von mindestens 50 000 Unterstützern, wird sie nach den Regeln über Sammelpetitionen behandelt und der Petitionsausschuss hört die Petenten grundsätzlich in öffentlicher Sitzung an.[73] Wird dieses Quorum nicht erreicht, kommt das reguläre Petitionsverfahren zur Anwendung.

12 Wenngleich sich die **öffentliche Petition** in den letzten Jahren gerade bei jüngeren Bevölkerungsgruppen einer immer größeren Beliebtheit erfreut,[74] wirft das Rechtsinstitut **verfassungsrechtliche Fragen** auf, über die vom Bundesverfassungsgericht bislang nicht entschieden wurde.[75] Dabei geht es zum einen darum, ob Petenten aus Art. 17 einen Anspruch auf Behandlung ihrer Petition als öffentliche Petition geltend machen können. Die Rechtsprechung verneint dies mit der Begründung, dass ein Anspruch auf Veröffentlichung dem erklärten Willen des Petitionsausschusses widerspreche, der ausweislich der Richtlinie über die Behandlung öffentlicher Petitionen[76] mit der Einführung der öffentlichen Petition keine Erweiterung der subjektiven Rechte der Bürger habe vornehmen wollen, sondern dem es vielmehr darum gegangen sei, ein *aliud* zu schaffen, welches dem Informationsinteresse des Parlaments Rechnung trage.[77] Dagegen lässt sich jedoch einwenden, dass Art. 17 gerade keine natürliche Freiheit garantiert, sondern einer Einrichtungsgarantie ähnlich ist, deren Wirkung in erster Linie von der einfach- und untergesetzlichen Ausgestaltung abhängt.[78] Eng verbunden mit der Frage nach einem grundrechtlichen Anspruch auf Behandlung einer Petition als öffent-

---

[69] S. Ziff. 2.2 Abs. 4 i. V. m. Ziff. 7.1 Abs. 4 der Verfahrensgrundsätze, abrufbar unter https://www.bundestag.de/ausschuesse/a02/verfahrensgrundsaetze/532086 sowie Ziff. 8 der Richtlinie für die Behandlung von öffentlichen Petitionen (öP) gemäß Ziffer 7.1 (4) der Verfahrensgrundsätze; *Guckelberger* DÖV 2008, 85 (88 ff.).

[70] S. Ziff. 2.2 Abs. 4 der Verfahrensgrundsätze.

[71] *Brenner* in MKS Rn. 32.

[72] Ziff. Ziff. 5 der Richtlinie für die Behandlung von öffentlichen Petitionen (öP) gemäß Ziffer 7.1 (4) der Verfahrensgrundsätze; 2017 wurden insgesamt 703 Petitionen im Internet veröffentlicht, s. BT-Drs. 19/2250, 8.

[73] Ziff. 8.4 Abs. 4 der Verfahrensgrundsätze.

[74] Vgl. BT-Drs. 19/9900, 5 u. 7; s. auch *Riehm/Böhle/Lindner,* Elektronische Petitionssysteme, 2013, 115; zurückhaltend hingegen Eisel ZParl 2016, 867 (868 ff.).

[75] BVerfG (K) Beschl. v. 17.2.2014 – 2 BvR 57/13 Rn. 11 bemängelt lediglich die fehlende Auseinandersetzung des OVG Berlin-Brandenburg mit den bislang ungeklärten Rechtsfragen bezüglich der Zulassung einer Petition als Öffentliche Petition, nimmt jedoch nicht selbst zu dieser Frage Stellung.

[76] Richtlinie über die Behandlung öffentlicher Petitionen (öP) gemäß Ziffer 7.1 (4) der Verfahrensgrundsätze.

[77] BVerwGE 158, 208 Rn. 13 ff.; OVG Berlin-Brandenburg Urt. v. 17.3.2016 – 3 B 9.14, BeckRS 2016, 43709; VG Berlin Urt. v. 1.12.2015 – 2 K 39.14, BeckRS 2014, 120935.

[78] *Krüper* DÖV 2017, 800 (802); so im Ergebnis auch *Unger* in MKS Art. 45c Rn. 31.

liche Petition ist die Frage nach der Notwendigkeit einer parlamentsgesetzlichen Grundlage für die Regelung der öffentlichen Petition und die Ausgestaltung ihres Verfahrens. Die Verwaltungsgerichte verneinen insoweit einen Bezug zu Art. 17 und halten eine binnenorganrechtliche Regelung durch die Richtlinie über die Behandlung öffentlicher Petitionen für ausreichend.[79] Dies überzeugt indes nicht, da die Richtlinie zumindest mittelbar auf das normgeprägte Grundrecht der Petitionsfreiheit einwirkt und es schon aus diesem Grund einer parlamentsgesetzlichen Regelung bedarf.[80] Daneben können bei der Entscheidung des Petitionsausschusses, ob eine Petition veröffentlicht werden soll oder nicht, auch die von Art. 5 Abs. 1 S. 1 1. Var. geforderte Meinungsneutralität sowie die Gleichheitssätze des Art. 3 Abs. 1 und 3 tangiert sein.[81] Außerdem besteht die Möglichkeit, dass das Petititionsrecht durch die Einführung der öffentlichen Petition mit ihren weitreichenden Partizipationsmöglichkeiten für Dritte in ein plebiszitähnliches Instrument verwandelt wird, was ohne parlamentsgesetzliche Grundlage nicht durchführbar ist.[82] Das letztgenannte Argument wird in der verwaltungsgerichtlichen Rechtsprechung bislang überhaup nicht thematisiert.[83]

Das Petitionsrecht wird **vorbehaltlos gewährleistet.** Lediglich für Soldaten und Zivildienstleistende stellt Art. 17a Abs. 1 das Recht auf Sammelpetitionen (→ Rn. 14) unter Gesetzesvorbehalt. Im Übrigen unterliegt Art. 17 nur **verfassungsimmanenten Schranken.**[84] Eine Übertragung anderer Schranken wie der des Art. 2 Abs. 1[85] würde die Schrankensystematik des Grundgesetzes sprengen. Geht man davon aus, dass auch der Petitionsinhalt von Art. 17 geschützt wird, müsste man bspw. bei beleidigenden Petitionen das allgemeine Persönlichkeitsrecht der Betroffenen nach Art. 2 Abs. 1 iVm Art. 1 Abs. 1[86] als kollidierendes Verfassungsrecht heranziehen. Derartige Probleme stellen sich nicht, wenn man den Petitionsinhalt allein dem Schutz der Meinungsfreiheit nach Art. 5 Abs. 1 S. 1 zuordnet (→ Rn. 27). Für verfassungsunmittelbare Schranken erscheint vor allem Raum, wenn Petitionen die **Funktionsfähigkeit der Verwaltung oder des Parlaments** beeinträchtigen. Dies wird man nur in Extremfällen annehmen können, so zB bei Massenpetitionen (→ Rn. 6). Dann ist zu beachten, dass verfassungsunmittelbare Schranken nur durch Parlamentsgesetz nachgezeichnet werden können; es gilt also der **Vorbehalt des Gesetzes.**[87] Auch in Sonderstatusverhältnissen ist das Petitionsrecht außerhalb von Art. 17a Abs. 1 nur im Rahmen verfassungsimmanenter Schranken beschränkt. Für das **Beamtenverhältnis** 13

[79] So etwa BVerwGE 158, 208, Rn. 13 ff.; OVG Berlin-Brandenburg, Urt. v. 16.2.2015 – 3 B 9.14, BeckRS 2016, 43709; VG Berlin, Urt. v. 1.12.2015 – 2 K 39.14, BeckRS 2014, 120935; VG Berlin, Urt. v. 17.10.2012 – 2 K 6.12, BeckRS 2012, 210644.

[80] So auch *Krüper* DÖV 2017, 800 (808); *Guckelberger* NVwZ 2017, 1462 (1462 f.); a. A. *Finger* in MSW Parlamentsrecht § 26 Rn. 21 f.

[81] *Krüper* DÖV 2017, 800 (807); *Guckelberger* DÖV 2008, 85 (92); einen Eingriff in Art. 3 Abs. 1 offenlassend BVerfG (K) v. 17.2.2014 – 2 BvR 57/13, Rn. 11; zum Anspruch auf diskriminierungsfreie Prüfung und Erledigung einer Petition auch BVerwGE 158, 208, Rn. 9 u. 20.

[82] So auch *Pagenkopf* in Sachs Rn. 9; *Klein* in Maunz/Dürig Art. 45c Rn. 69; *Bauer* in Dreier Rn. 37; *ders.* HGR V, § 117 Rn. 43.

[83] So auch *Bauer* FS f. Stern, 2012, 1211 (1214).

[84] BVerfG NJW 1991, 1475 (1476); *Brenner* in MKS Rn. 63 f.; *Langenfeld* in HdbStR III § 39 Rn. 46; *Pagenkopf* in Sachs Rn. 15.

[85] So *Rauball* in v. Münch/Kunig, 5. Aufl. 2009, Rn. 16.

[86] → Art. 2 Rn. 51 ff.

[87] BVerfGE 107, 104 (120) zu Art. 6 Abs. 2.

kommt Art. 33 Abs. 5 mit der Verweisung auf die hergebrachten Grundsätze des Berufsbeamtentums als kollidierendes Verfassungsrecht in Betracht. So kann namentlich der Zugang zur Volksvertretung durch eine beamtenrechtliche Pflicht zur Einhaltung des Dienstweges[88] eingeschränkt werden.[89] Auch hier gilt der Vorbehalt des Gesetzes.[90] Außerdem obliegt Beamten insbesondere dann, wenn sie vom Petitionsrecht zugleich wesentlich auch als Mittel der Meinungsäußerung in Form von politischer Agitation und Auseinandersetzung Gebrauch machen bzw. es dazu missbrauchen, eine Pflicht zur Mäßigung und Zurückhaltung.[91]

II. Einzeln oder in Gemeinschaft mit anderen

14 Art. 17 erwähnt ausdrücklich, dass Petitionen nicht nur individuell, sondern auch in Gemeinschaft mit anderen eingereicht werden können. Daran zeigt sich, dass das Petitionsrecht auch ein Instrument der politischen Willensbildung ist (→ Rn. 2). Eine Unterschriftenliste, mit der eine Bürgerinitiative ein bestimmtes Anliegen verfolgt, wird ebenso erfasst wie eine gemeinsame Petition von Staatsbediensteten. Wird eine sog. öffentliche Petition auf der Internetseite des BT von Unterstützern mit gezeichnet (→ Rn. 11), handelt es sich ebenfalls um eine sog. **Sammelpetition.** Das Recht auf Sammelpetitionen kann nach Art. 17a Abs. 1 für Soldaten und Zivildienstleistende eingeschränkt werden, ist aber iÜ, ebenso wie das Recht aus Art. 17 insgesamt, vorbehaltlos gewährleistet (→ Rn. 13). Soll bspw. Strafgefangenen nach den Kontaktsperrevorschriften der §§ 31 ff. EGGVG das Recht beschnitten werden, zum Zweck der Abfassung gemeinschaftlicher Petitionen Kontakt zu ihren Mitgefangenen aufzunehmen, lässt sich dies nur im Rahmen verfassungsunmittelbarer Schranken rechtfertigen.[92] Von Sammelpetitionen, die gemeinsam eingereicht werden, sind sog. **Massenpetitionen** zu unterscheiden, bei denen eine Vielzahl ganz oder weitgehend wortgleicher Petitionen eingereicht wird.[93] Sie können zB als Postkartenaktionen mit entsprechenden Vordrucken oder mit vorformulierten Protestbriefen organisiert werden und fallen selbstverständlich ebenfalls in den Schutzbereich von Art. 17.

III. Schriftlich mit Bitten und Beschwerden

15 Art. 17 verlangt eine **schriftliche Eingabe.** Damit wird, in Abgrenzung zur lediglich mündlichen Eingabe, eine textliche Verkörperung verlangt, die das Anliegen des Petenten fixiert, seine Ernsthaftigkeit dokumentiert und die Bearbeitung erleichtert. Auch muss die Eingabe den Absender soweit erkennen lassen, dass sie ohne weiteres beantwortet werden kann. Eine handschriftliche Unterschrift ist dafür nicht zwingend erforderlich.[94] Anonyme Eingaben

[88] S. § 171 BBG.

[89] *Langenfeld* HdbStR III § 39 Rn. 51.

[90] → Art. 33 Rn. 121; aA *Langenfeld* in HdbStR III § 39 Rn. 50; sa *Lecheler* in HdbStR III § 110 Rn. 70.

[91] OVG Münster Urt. v. 21.11.2011 – 1 A 2563/09, BeckRS 2012, 45505.

[92] BVerfGE 49, 24 (55 ff.), Kontaktsperregesetz.

[93] *Packbier* SächsVBl. 2004, 225; *Würtenberger* in Bockhofer, Mit Petitionen Politik verändern, 1999, 169; zur Definition der Massenpetition s. Ziff. 2.2 Abs. 3 der Grundsätze des Petitionsausschusses über die Behandlung von Bitten und Beschwerden (Verfahrensgrundsätze).

[94] *Bauer* in Dreier Rn. 26; *Klein* in Maunz/Dürig Rn. 62; aA *Brenner* in MKS Rn. 30; *Langenfeld* in HdbStR III § 39 Rn. 26; *Rauball* in v. Münch/Kunig, 5. Aufl. 2009, Rn. 11.

sind nicht geeignet, den Bescheidungsanspruch aus Art. 17 auszulösen und werden daher nicht geschützt.[95] Dennoch kann die angerufene Stelle selbstverständlich auch anonymen Beschwerden nachgehen und sollte dies zur Aufdeckung von Missständen ggf. tun. Das Schriftformerfordernis schließt mündliche Äußerungen gegenüber öffentlichen Stellen nicht aus; die angerufene Stelle darf auch auf solche Äußerungen reagieren. Sie ist aber nicht verpflichtet, einen Zugang für mündliche Eingaben zu eröffnen und sie muss sich mit solchen Eingaben auch nicht befassen. Wenn demgegenüber vertreten wird, dass mündliche Eingaben erst recht von Art. 17 erfasst seien,[96] handelt es sich um eine rein historische Auslegung, die über den insoweit klaren Verfassungswortlaut hinausgeht.

Das Schriftformerfordernis ist jedoch im Lichte der technischen Entwicklung **weit auszulegen.** Ähnlich wie im Prozessrecht reicht ein Telefax – einschließlich eines Computer-Faxes[97] – aus, wobei es auf eine Unterschrift nach dem → Rn. 15 Gesagten nicht ankommt. In Bezug auf **Emails** sehen die Grundsätze des Petitionsausschusses des Deutschen Bundestags über die Behandlung von Bitten und Beschwerden vor, dass bei elektronisch übermittelten Petitionen (sog. E-Petitionen) das Schriftformerfordernis gewahrt ist, wenn der Urheber und dessen Postanschrift ersichtlich sind und das im Internet für elektronische Petitionen zur Verfügung gestellte Formular verwendet wird.[98] Dies ist eine zulässige Ausgestaltung des Petitionsrechts. Bei anderen für Petitionen zuständigen Stellen reichen Emails auf jeden Fall dann aus, wenn die angerufene Stelle einen entsprechenden Zugang eröffnet und wenn sie entsprechend § 130a Abs. 1, 3 ZPO, § 55a Abs. 1, 3 VwGO, § 3a Abs. 2 S. 2 VwVfG mit einer qualifizierten Signatur nach dem Signaturgesetz versehen sind.[99] Angesichts des insgesamt geringen Formalisierungsgrades des Petitionsverfahrens erscheint es jedoch insgesamt sachgerecht, auch eine einfache Email ausreichen zu lassen, sofern die Stelle dafür einen Zugang eröffnet und sofern keine konkreten, ernsthaften Zweifel an der Identität des Petenten und an der Ernsthaftigkeit der Eingabe bestehen.[100] 16

Der Verfassungswortlaut lässt offen, ob Petitionen auch in **Fremdsprachen** eingereicht werden können.[101] Man wird aber weder aus Art. 17 noch aus dem Verbot sprachbezogener Diskriminierung nach Art. 3 Abs. 3[102] ableiten können, dass Eingaben aus beliebigen, der Behörde nicht vertrauten Sprachen ins Deutsche übersetzt werden müssen.[103] Damit erfasst Art. 17 nur Eingaben, die in Deutsch oder ggf. in als Amtssprache zugelassenen Minderheitssprachen verfasst sind.[104] Darüber hinaus wird man Petitionen in anderen 17

[95] S. nur *Jarass* in Jarass/Pieroth Rn. 4; krit. *Krings* JuS 2004, 474 (476).

[96] Dahingehend *Dollinger* in Umbach/Clemens Rn. 23.

[97] Aus der Sicht des Prozessrechts der Gemeinsame Senat der obersten Gerichtshöfe des Bundes BVerwGE 111, 377 (381 f.).

[98] Vgl. Ziff. 4. Abs. 1 S. 2 der Grundsätze des Petitionsausschusses des Deutschen Bundestages über die Behandlung von Bitten und Beschwerden (Verfahrensgrundsätze); krit. *Kellner* NJ 2007, 56 (58 f.).

[99] *Schmitz* NVwZ 2003, 1437 (1439).

[100] Dahingehend auch *Brocker* in Epping/Hillgruber Rn. 13; *v. Coelln* in Stern/Becker Art. 17 Rn. 10; *Gerner* NZS 2012, 847 (849 ff.); *Guckelberger* DÖV 2008, 85 (87); *Schmitz* NVwZ 2003, 1437 (1439 f.); *Vahle* DVP 2010, 227; aA *Kellner* NJ 2007, 56 (57 f.).

[101] Bejahend *Bauer* in Dreier Rn. 35; *Brenner* in MKS Rn. 28; *Langenfeld* in HdbStR III § 39 Rn. 25.

[102] → Art. 3 Rn. 185 ff.

[103] Sa *Klein* in Maunz/Dürig Rn. 64.

[104] Ähnlich *Krings* in BerlKomm Rn. 43; *Pagenkopf* in Sachs Rn. 9.

Sprachen zulassen müssen, wenn offenkundig ist, dass die angerufene Stelle diese Sprache beherrscht, weil sie sie zB selbst verwendet.

18 Art. 17 unterscheidet zwischen Bitten und Beschwerden.[105] Während mit einer **Beschwerde** ein bestimmtes Verhalten einer Behörde oder einer anderen Stelle angegriffen wird, fallen unter den Begriff der **Bitte** alle Anliegen und Begehren ohne individuellen Beschwerdecharakter.[106] Zu den Beschwerden gehören namentlich die Gegenvorstellung und die Dienstaufsichtsbeschwerde[107] als formlose Rechtsbehelfe. Mit der Gegenvorstellung oder Remonstration wendet sich der Betroffene an die Ausgangsbehörde, die eine Entscheidung getroffen hat, und ersucht sie, diese zu ändern oder aufzuheben. Dagegen ist die Aufsichtsbeschwerde oder Dienstaufsichtsbeschwerde an eine vorgesetzte Behörde gerichtet. Wird lediglich Missbilligung kundgetan, liegt keine Beschwerde und damit keine Petition vor, weil der Äußernde keine Überprüfung erwartet.[108] Auch bloße Tatsachenmitteilungen sind weder Beschwerden noch Bitten. Allerdings sind Eingaben insoweit großzügig auszulegen. Wer Tatsachen mitteilt oder seine Missbilligung zum Ausdruck bringt, will im Zweifel, dass der vorgetragene Missstand zumindest in zukünftigen Fällen abgestellt wird oder die angerufene Stelle sonst in der einen oder anderen Weise darauf reagiert.[109] Zu den Bitten gehören Anregungen zur Verbesserung der Verwaltungspraxis ebenso wie Gesetzgebungsvorschläge. Beispiel für eine Bitte ist auch der Strafantrag nach § 171 S. 1 StPO. Während die bloße Strafanzeige als reine Tatsachenmitteilung keine Petition darstellt, löst der Strafantrag als Petition einen Anspruch auf Bescheidung durch die Strafverfolgungsbehörden aus. Auch bloße Auskunftsersuchen werden als Bitten erfasst.[110] Art. 17 behandelt Bitten und Beschwerden gleich. Demgegenüber differenziert Art. 45c Abs. 2 dergestalt, dass dem Petitionsausschuss des Deutschen Bundestages besondere Ermittlungsbefugnisse nur bei Beschwerden zukommen sollen.[111] Auch das Fachrecht differenziert zum Teil zwischen Bitten und Beschwerden. So schließt § 1 Abs. 4 S. 1 Wehrbeschwerdeordnung (WBO) im Soldatenrecht nur Kollektivbeschwerden aus, nicht aber kollektive Bitten. Klagen und Anträge in einem gerichtlichen Verfahren sind keine Bitten oder Beschwerden iSv Art. 17; insoweit ist allein Art. 19 Abs. 4 einschlägig.[112]

IV. An die zuständigen Stellen

19 „Stellen", bei denen Petitionen eingereicht werden können, sind zunächst solche der **Exekutive.** Neben den Behörden, deren Verhalten beanstandet wird, gehören dazu Aufsichtsbehörden bis hin zu den Ministerien oder auch den Rechnungshöfen.[113] Damit lassen sich sowohl die Gegenvorstellung als auch die Dienstaufsichtsbeschwerde als nicht-förmliche Rechtsbehelfe ver-

[105] S. auch → Art. 45c Rn. 7 u. 19.
[106] BVerwG NJW 1976, 637 (638); → Art. 45c Rn. 19.
[107] BVerwG NJW 1977, 118; OLG Karlsruhe NJW-RR 2006, 1640.
[108] S. *Woike* DÖV 1984, 419 (421); allg. zur Meinungsäußerung *Brenner* in MKS Rn. 28; *Klein* in Maunz/Dürig Rn. 42; aA *Krings* JuS 2004, 474 (475 f.).
[109] Sa *Stettner* in BK Rn. 47.
[110] *Jarass* in Jarass/Pieroth Rn. 3; *Klein* in Maunz/Dürig Rn. 45; *Stettner* in BK Rn. 54; einschr. *Bauer* in Dreier Rn. 34.
[111] → Art. 45c Rn. 19.
[112] OVG Lüneburg, Beschl. v. 24.8.2018 – 13 LA 21/17, BeckRS 2018, 20126, Rn. 17; *Klein* in Maunz/Dürig Rn. 45; *Jarass* in Jarass/Pieroth Rn. 3.
[113] Dazu *Wittrock* DÖV 1987, 1102 (1105 f.); aA *Ellmauer* DÖV 1988, 637 ff.

fassungsrechtlich dem Petitionsrecht zuordnen. Höhere Behörden besitzen im Rahmen ihrer Befugnisse und des konkret vorgebrachten Anliegens Ermessen, wieweit sie selbst tätig werden oder die Sache an nachgeordnete Stellen abgeben.[114] Zu den Stellen zählen auch sog. Bürgerbeauftragte, die innerhalb der Verwaltung eigens zur Bearbeitung von Petitionen geschaffen werden. Rundfunk- und Landesmedienanstalten[115] sowie Universitäten sind taugliche Petitionsadressaten, auch soweit sie sich für ihre Tätigkeit auf Grundrechte berufen können.[116] Grundrechte werden diesen Akteuren nämlich im Verhältnis zum Staat eingeräumt, nicht aber als Schutz vor anderen Grundrechtsträgern.[117] Auch **Gerichte** kommen jedenfalls im Bereich der Gerichtsverwaltung als taugliche Petitionsadressaten in Betracht, doch wird ihnen im Bereich der Rspr. regelmäßig die Zuständigkeit (→ Rn. 22) zur Petitionsprüfung fehlen. Hoheitsträger sind auch dann zuständige Stellen, wenn sie privatrechtlich handeln. Demgegenüber sind Private mangels Grundrechtsbindung keine zuständigen Stellen iSv Art. 17.

20 Schwierig ist die Zuordnung von **Staatsbetrieben** und von privatrechtlich organisierten Verwaltungsträgern. Sie werden als zuständige Stellen durch das Petitionsrecht verpflichtet, soweit sie nach Art. 1 Abs. 3 grundrechtsverpflichtet sind.[118] Demnach zählen sowohl Beliehene als auch Unternehmen, die sich in Staatshand befinden, grundsätzlich zu den Stellen iSv Art. 17.[119] Das gilt allerdings nicht für Post und Bahn, die das Grundgesetz als Unternehmen aus der Grundrechtsbindung gelöst und dem privatwirtschaftlichen Bereich zugeordnet hat.[120] Auch in diesem Bereich kann freilich die öffentlich-rechtliche Regulierung ebenso zum Gegenstand von Petitionen gemacht werden wie die Einwirkungsmöglichkeiten, die dem Bund als Eigentümer[121] zustehen.[122] Zuständige Stellen sind insoweit die Bundesnetzagentur, das Eisenbahnbundesamt und die zuständigen Ministerien.

21 Art. 17 stellt Parlamente als **Volksvertretungen** neben die zuständigen Stellen. Will man Gemeinderäte und andere kommunale Vertretungsorgane nicht als Volksvertretung behandeln (→ Rn. 26), gehören sie ebenfalls zu den Stellen iSv Art. 17. Darüber hinaus erfasst Art. 17 **internationale und ausländische Stellen,** also bspw. solche der Europäischen Union und der Vereinten Nationen. Sie werden durch deutsches Verfassungsrecht zwar nicht verpflichtet. Art. 17 verbietet es deutschen Staatsorganen aber, den Zugang zu solchen Stellen zu verwehren oder zu behindern (→ Rn. 5).[123]

22 Das Wort „zuständig" bezeichnet hier nicht die umfassende Zuständigkeit aller staatlichen Stellen, Petitionen entgegenzunehmen (→ Rn. 9), sondern

---

[114] *Woike* DÖV 1984, 419 (422 f.).

[115] Zur sog. Programmbeschwerde *Radke* ZUM 1991, 400 (404 f.).

[116] AA *Langenfeld* in HdbStR III § 39 Rn. 40.

[117] Zur anders gelagerten Frage, wieweit die Parlamente Petitionen nachgehen dürfen, die Rundfunkanstalten betreffen, s. *Stettner* in BK Rn. 87.

[118] Dazu allg → Art. 1 Rn. 70 ff., 82.

[119] S. *Bauer* in Dreier Rn. 41; *Klein* in Maunz/Dürig Rn. 99; diff. *Brenner* in MKS Rn. 55.

[120] Dazu → Art. 87e Rn. 10, Art. 87f Rn. 18; *Klein* in Maunz/Dürig Rn. 99; speziell zur Post *Heintzen* FS f. Leisner, 1999, 531; *Küppers* ArchPT 1995, 109 (109 f.); *Langenfeld* in HdbStR III § 39 Rn. 39.

[121] Dazu → Art. 87e Rn. 18, Art. 87f Rn. 6.

[122] Zum Umfang der Kontrollbefugnisse nach Privatisierungen s. allg. *Röper* Der Staat 37 (1998), 249 (273 ff.); ZParl 30 (1999), 748; *Schefold* NVwZ 2002, 1085 (1085 f.).

[123] *Brenner* in MKS Rn. 46; *Krings* JuS 2004, 474 (476); *Langenfeld* HdbStR III § 39 Rn. 41.

die Kompetenz, sich mit dem Anliegen zu befassen. Insoweit ist die allgemeine Zuständigkeitsordnung maßgebend.[124] Regelmäßig folgt die **Befassungskompetenz** aus der Erledigungszuständigkeit, also aus der Kompetenz, das Erbetene zu gewähren oder der Beschwerde abzuhelfen.[125] Die Rechtsordnung kann einer Stelle aber auch eine Befassungskompetenz ohne entsprechende Entscheidungsbefugnis einräumen. Das gilt namentlich für **Bürgerbeauftragte,** die im Bereich der Verwaltung geschaffen werden, wie etwa Ausländer-, Datenschutz- oder Gleichstellungsbeauftragte. Art. 17 gebietet es nicht, derartige spezialisierte Stellen einzurichten, doch trägt eine solche Ausgestaltung[126] zur Effektuierung des Petitionsrechts bei. Fehlt die Befassungszuständigkeit, muss die angegangene Stelle den Petenten entsprechend bescheiden oder die Petition an eine zuständige Stelle weiterleiten (→ Rn. 9). **Gerichte** werden regelmäßig keine zuständigen Stellen sein, weil ihnen außerhalb förmlicher Rechtsbehelfe die Kompetenz zur Sachprüfung fehlt.[127] Insbesondere sind sie regelmäßig an einer Überprüfung ihrer eigenen Entscheidungen gehindert. Soweit aber ausnahmsweise die Möglichkeit einer „Gegenvorstellung" etwa im Falle der Missachtung rechtlichen Gehörs eröffnet wird, lässt sich dies durchaus als Spezialfall der Petition verstehen. Allerdings bedarf es des Rückgriffs auf Art. 17 nicht, soweit die Prozessordnungen Rechtsschutz, etwa in Form einer Gehörsrüge, gewähren.[128]

V. Und an die Volksvertretung

23 **Volksvertretung** sind sowohl der Bundestag als auch die Landesparlamente. Bei ihnen fordert Art. 17 keine gesonderte Zuständigkeitsprüfung. Sie besitzen von Verfassungs wegen eine umfassende Befassungskompetenz, auch wenn sie im Bereich der Verwaltung regelmäßig nicht selbst Abhilfe schaffen können.[129] Dies ist Ausfluss der parlamentarischen Kontrolle über die Exekutive.[130] In diesem Rahmen steht es dem Parlament auch frei, unverbindliche Empfehlungen abzugeben und die Petition mit seiner Stellungnahme an die Regierung weiterzuleiten (sog. Petitionsüberweisungsrecht).[131] Insoweit lässt sich von einer formellen Allzuständigkeit[132] des Parlaments sprechen. Freilich ist auch die Befassungszuständigkeit der Volksvertretungen beschränkt.[133] Eine erste Beschränkung ergibt sich aus der bundesstaatlichen **Kompetenzverteilung.** Soweit Eingaben die jeweilige Verbandskompetenz überschreiten, dürfen sie nicht in der Sache behandelt werden.[134] So dürfte der Petitionsausschuss des Bundestages grundsätzlich keinen Vorwürfen gegen Landesminister nachgehen. Die Organkompetenz wird durch den unantastbaren Kernbereich exekutiver Eigenverantwortlichkeit und durch die richterliche Unabhängigkeit nach Art. 97 Abs. 1 begrenzt. Damit sind vor

---

[124] *Langenfeld* in HdbStR III § 39 Rn. 42.
[125] S. *Graf Vitzthum/März* JZ 1985, 809 (811).
[126] → Rn. 10.
[127] BVerfGK NVwZ 2002, 1499; *Krings* in BerlKomm Rn. 47–49.
[128] OVG Sachsen-Anhalt BeckRS 2005, 15290.
[129] S. *Graf Vitzthum,* Petitionsrecht und Volksvertretung, 1985, 39–41.
[130] Dazu, allerdings auch Unterschiede zwischen Petitionsrecht und parlamentarischer Kontrolle betonend, *Graf Vitzthum/März* JZ 1985, 809 (812–814).
[131] S. BVerfGK BeckRS 2005, 33617; *Langenfeld* in HdbStR III § 39 Rn. 70 ff.
[132] BVerfGK NJW 1992, 3033; StGH Bremen NVwZ-RR 1997, 145 (146); *Graf Vitzthum/März* JZ 1985, 809 (812).
[133] Zur Parallele im Recht der Untersuchungsausschüsse → Art. 44 Rn. 29 ff.
[134] S. StGH Bremen NVwZ-RR 1997, 145 (146); *Brenner* in MKS Rn. 52.

allem einer Befassung mit gerichtlichen Entscheidungen enge Grenzen gesetzt.[135]

Unter Volksvertretung sind einerseits das Parlament als Ganzes zu verstehen, andererseits spezielle Parlamentsorgane, die zur Behandlung von Petitionen eingerichtet wurden. Einzelne Abgeordnete oder Fraktionen sind hingegen nicht Volksvertretung iSv Art. 17.[136] Sie können allenfalls als Boten für die Übermittlung von Petitionen an die Volksvertretung fungieren.[137] Art. 17 meint die Volksvertretung als Institution, nicht das jeweils konkret gewählte Parlament. Petitionen, die am Ende der Legislaturperiode noch nicht beschieden sind, müssen daher nach der Wahl erledigt werden; sie unterliegen nicht dem Grundsatz der Diskontinuität.[138] Zur Entlastung des Plenums werden Petitionen an die Volksvertretung regelmäßig einem **Petitionsausschuss** zugewiesen. Für den Bundestag sieht Art. 45c die Einsetzung eines Petitionsausschusses vor. Petitionen an einen Landtag können auch Fachausschüssen[139] oder einem **parlamentarischen Bürgerbeauftragten** bzw. Ombudsmann[140] zugewiesen werden. Als parlamentarischer Bürgerbeauftragter ist insbes. der Wehrbeauftragte des deutschen Bundestages nach Art. 45b zu qualifizieren. Auf europäischer Ebene ist dieses Modell mit dem Bürgerbeauftragten des Europäischen Parlaments nach Art. 228 AEUV verwirklicht (→ Rn. 3). Petitionsausschüsse bereiten regelmäßig lediglich Beschlussvorlagen für das Plenum vor. Ob ihnen auch die abschließende Entscheidung über Petitionen übertragen werden darf und in welchem Umfang sie das Plenum informieren müssen, ist eine Frage des jeweiligen Parlamentsrechts.[141] Art. 17 enthält keine Vorgaben für die parlamentarische Binnenorganisation.[142] **24**

Die Behandlung der Petition ist für das Parlament nicht nur eine Pflicht gegenüber dem Petenten, sondern auch ein Recht gegenüber der Exekutive. Art. 23 der Reichsverfassung von 1871 beschränkte sich sogar darauf, diesen zweiten Aspekt zu regeln. Das berechtigende Element zeigt sich besonders deutlich im sog. **Petitionsinformationsrecht** gegenüber der Exekutive.[143] Dieses Recht auf Auskunft, das dem Parlament die Behandlung der Petition ermöglichen soll, lässt sich als Annex ebenfalls aus Art. 17 ableiten.[144] Es richtet sich nicht nur gegen die BReg., sondern auch unmittelbar gegen andere Stellen, soweit diese nach dem → Rn. 19–21 Gesagten selbst petitionspflichtig sind und nicht ausnahmsweise eine verfassungsrechtlich verbürgte Unabhängigkeit gegenüber dem Parlament in Anspruch nehmen können.[145] Für den Petitionsausschuss des Deutschen Bundestages sieht Art. 45c zusätzliche Ermittlungsbefugnisse zur Prüfung von Beschwerden vor, die über das ungeschriebene Petitionsinformationsrecht hinausgehen.[146] **25**

---

135 StGH Bremen NVwZ-RR 1997, 145 (146); *Sierck* DRiZ 1998, 442 (443).
136 *Krings* in BerlKomm Rn. 57; aA *Rauball* in v. Münch/Kunig, 5. Aufl. 2009, Rn. 13.
137 OLG Frankfurt a. M. NStZ-RR 2004, 94 (95); sa *Dollinger* in Umbach/Clemens Rn. 32.
138 → Art. 45c Rn. 6; *Jarass* in Jarass/Pieroth Rn. 10; *Klein* in Maunz/Dürig Rn. 109; allg. zur Diskontinuität → Art. 39 Rn. 26.
139 *Hornig,* Die Petitionsfreiheit als Element der Staatskommunikation, 2001, 140 f.
140 *Hornig,* Die Petitionsfreiheit als Element der Staatskommunikation, 2001, 142 ff.; *Guckelberger* DÖV 2013, 613 (621 ff.).
141 Zum Umfang der Berichtspflicht *Röper* NVwZ 2002, 53 (53 f.); ZParl 33 (2002), 239.
142 *Brink* NVwZ 2003, 953 (954).
143 S. → Art. 45c Rn. 12.
144 BVerwGE 158, 208 Rn. 11; *Brenner* in MKS Rn. 61; *Graf Vitzthum/März* JZ 1985, 809 (814 f.); *Stettner* in BK Rn. 82 ff.; aA *Krings* in BerlKomm Rn. 75.
145 *Langenfeld* in HdbStR III § 39 Rn. 64 ff.
146 → Art. 45c Rn. 18ff.

26 Umstritten ist die Einordnung von **Gemeinderäten** und anderen kommunalen Vertretungsorganen. Sie sind nach Art. 28 Abs. 1 S. 2 ebenso Vertretungen des Volkes wie die Landesparlamente. Eine wortlautgestützte, systematische Auslegung spricht daher dafür, sie als Volksvertretung iSv Art. 17 zu behandeln.[147] Die Frage erübrigt sich, soweit das Landeskommunalrecht kommunalen Vertretungsorganen eine umfassende Befassungs- bzw. Überwachungskompetenz einräumt. Dann sind sie unabhängig von ihrer Einordnung als zuständige Stelle oder als Volksvertretung befugt, alle Anliegen im Bereich der kommunalen Verbandskompetenz sachlich zu prüfen.[148] Der Streit um die richtige Einordnung wird daher auch als „Scheingefecht" bezeichnet.[149]

C. Verhältnis zu anderen Bestimmungen des Grundgesetzes

27 Das Petitionsrecht ist insbes. von der **Meinungsfreiheit** abzugrenzen. Das Vorbringen, das in einer Petition enthalten ist, stellt für sich genommen eine Meinungsäußerung dar, die als Tatsachenbehauptung oder Werturteil durch Art. 5 Abs. 1 S. 1 geschützt ist.[150] Das BVerfG scheint beide Vorschriften in einer Kammerentscheidung aus dem Jahr 1990 parallel prüfen zu wollen mit der Folge, dass Meinungsäußerungen in Petitionsform sowohl an Art. 5 Abs. 1 S. 1 als auch an Art. 17 zu messen sind.[151] Das führt allerdings dazu, dass Meinungsäußerungen in Petitionsform iErg nur den strengeren verfassungsimmanenten Schranken unterliegen.[152] Überzeugender erscheint, die beiden Grundrechte nach ihrer unterschiedlichen Schutzrichtung abzugrenzen,[153] wie es auch in einer Kammerentscheidung des BVerfG aus dem Jahr 2004 anklingt.[154] Danach wird eine Meinungsäußerung allein durch Art. 5 geschützt, auch wenn sie in einer Petition enthalten ist. Art. 17 schützt dagegen nicht den Inhalt der Petition, sondern den Zugang zur öffentlichen Stelle und einen Anspruch auf eine Reaktion. So ist bspw. die Strafbarkeit einer Petition beleidigenden Inhalts an Art. 5 Abs. 1 S. 1, Abs. 2 zu messen und nicht an Art. 17. In diese Richtung weist auch die Aussage des BVerfG, dass ein Petitionsinhalt, der strafbar und daher nach Art. 5 Abs. 2 nicht durch die Meinungsfreiheit geschützt sei, nicht allein deshalb rechtmäßig werde, weil er in eine Petition eingehe.[155] Insofern stimmt auch die Aussage, dass Art. 17 kein Rechtfertigungsgrund sei.[156] Allerdings ist zu beachten, dass die Furcht vor **strafrechtlichen Sanktionen** wegen unangemessener Äußerungen Personen davon abhalten könnte, von ihrem Petitionsrecht Gebrauch zu machen. Solche Sanktionen behindern damit den freien Zugang, den Art. 17 verbürgt. Man könnte in derartigen Fällen daran denken, Art. 5 u. 17 nebeneinander anzuwenden. Im Interesse einer klaren Schutzbereichsabgrenzung

---

[147] OVG Münster NJW 1979, 281 (281 f.); *Brenner* in MKS Rn. 52; *Krings* in BerlKomm Rn. 54; aA *v. Mutius* VerwArch 70 (1979), 165 (169 ff.).

[148] Dies betont OLG Düsseldorf NVwZ 1983, 502.

[149] *Wittzack* in Bockhofer, Mit Petitionen Politik verändern, 1999, 134 (136); ähnlich *Pagenkopf* in Sachs Rn. 10.

[150] → Art. 5 Rn. 24 ff.

[151] BVerfGK NJW 1991, 1475 (1476, 1477).

[152] Dahingehend auch *Klein* in Maunz/Dürig Rn. 135.

[153] So *Hoffmann-Riem* FS f. Selmer, 2004, 93 (99 ff.).

[154] BVerfGK NJW 2004, 354 (356).

[155] BVerfGK NJOZ 2007, 2939 (2946).

[156] So zB OLG Düsseldorf NJW 1972, 650 (651); *Krings* JuS 2004, 474 (476).

erscheint es aber vorzugswürdig, Sanktionen, die an den Inhalt der Petition anknüpfen, allein an Art. 5 zu messen. Auf der Schrankenebene ist dann jedoch das Petitionsrecht als verstärkende Grundrechtsposition zu berücksichtigen.[157] Das bedeutet, dass der Verfolgung von Ehrschutzdelikten und der Annahme zivilrechtlicher Abwehransprüche bei Petitionen besonders enge Grenzen gezogen sind.[158] So müssen Dritte es bspw. hinnehmen, wenn ein Petent mit einer Dienstaufsichtsbeschwerde ehrenrührige Behauptungen zur Überprüfung stellt. Strafrechtlich ist hier an den Rechtfertigungsgrund der Wahrnehmung berechtigter Interessen zu denken, der im Lichte des Art. 17 auszulegen ist.[159] Bei bewusst unwahrem Vorbringen ist der Petent hingegen ebenso wenig schutzwürdig wie bei leichtfertig aufgestellten und offenkundig falschen Behauptungen; auch Äußerungen, die einen anderen ohne nennenswerten Tatsachengehalt lediglich verächtlich machen sollen, verdienen keinen Schutz.[160] Insgesamt gilt Ähnliches wie für Äußerungen gegenüber Gerichten im Rahmen des Anspruchs auf rechtliches Gehör nach Art. 103 Abs. 1.[161] Werden zur Vorbereitung von Petitionen **Versammlungen** durchgeführt oder Vereinigungen gebildet, sind insoweit ausschließlich Art. 8 und 9 anwendbar.

Das Petitionsrecht und die **Rechtsweggarantie** stehen unabhängig nebeneinander.[162] Art. 19 Abs. 4 stellt mit der Anknüpfung an ein möglicherweise verletztes subjektives öffentliches Recht höhere Anforderungen auf als Art. 17, eröffnet dafür aber, anders als das Petitionsrecht, eine rechtsförmige Kontrolle durch ein unabhängiges Gericht. Petitionsentscheidungen können selbst Gegenstand gerichtlicher Kontrolle sein. Freilich geht der Rechtsschutz nicht weiter als der materielle Anspruch aus Art. 17.[163] So kann im Wege der **allgemeinen Leistungsklage** auf Durchführung eines Petitionsverfahrens[164] und auf Mitteilung der Art der Petitionsbehandlung geklagt werden.[165] Eine Klage auf eine bestimmte Art der Behandlung oder auf eine bestimmte Sachentscheidung lässt sich hingegen nicht auf Art. 17 stützen.[166] Im Falle einer möglichen Verletzung des Petitionsrechts kommt nach der Erschöpfung des Rechtswegs zudem eine **Verfassungsbeschwerde** zum Bundesverfassungsgericht nach Art. 93 Abs. 1 Nr. 4a GG, § 90 BVerfGG in Betracht.[167] Auch für den Fall, dass die Ablehnung einer Petition als öffentliche Petition (→ Rn. 11 f.) gerügt werden soll, ist zunächst der Verwaltungsrechtsweg zu erschöpfen.[168] 28

[157] *Hoffmann-Riem* FS f. Selmer, 2004, 93 (104 ff.).

[158] OLG Hamm NJW-RR 1995, 1399 (1400); *Schmid* BayVBl. 1981, 267 (268).

[159] OLG Düsseldorf NJW 1972, 650 (651).

[160] OLG Celle NVwZ 1985, 69 (70); OLG Düsseldorf NVwZ 1983, 502 (502 f.); OLG Karlsruhe NJW-RR 2006, 1640; zust. BVerfGK NJW 1991, 1475 (1476).

[161] Die Parallele betont OLG Düsseldorf NVwZ 1983, 502.

[162] Sa *Guckelberger,* Aktuelle Entwicklungen des parlamentarischen Petitionswesens, 2011, 14; *Hornig,* Die Petitionsfreiheit als Element der Staatskommunikation, 2001, 57; *Klein* in Maunz/Dürig Rn. 47, 136.

[163] *Hornig,* Die Petitionsfreiheit als Element der Staatskommunikation, 2001, 58.

[164] OVG NRW NJW 1979, 182; VG Leipzig LKV 2005, 39; *Brenner* in MKS Rn. 51; *Krings* in BerlKomm Rn. 93.

[165] BVerfGK NJW 1992, 3033; BVerwG NJW 1976, 637 (638); OVG Bremen JZ 1990, 965.

[166] BVerfGE 13, 54 (90); BVerfGK NJW 1992, 3033.

[167] BVerfG NJW 1989, 953; *Brenner* in MKS Rn. 50; so neuerdings auch BayVerfGH BayVBl. 2017, 674.

[168] BVerfG NVwZ-RR 2012, 1.

29 Art. 45c weist Petitionen, die an den Bundestag gerichtet sind, dem **Petitionsausschuss** zu und regelt damit die Art der Behandlung von Petitionen im Bundestag. Die Rechte des Petenten bestimmen sich allein nach Art. 17, der seinerseits die Auslegung von Art. 45c prägt.[169] Art. 45b regelt den **Wehrbeauftragten** als spezielle parlamentarische Petitionsinstanz.[170] Auch Soldaten bleibt daneben die Möglichkeit der Petition zum Petitionsausschuss.[171]

D. Kritische Würdigung

30 Das Petitionsrecht führt juristisch eher ein Schattendasein. Seine Hauptbedeutung liegt außerhalb des formaljuristischen Bereichs. Plakativ wird dies mit Begriffen wie „parlamentarischer Kummerkasten der Nation" oder „Seismograph" für Stimmungen in der Öffentlichkeit umschrieben (→ Rn. 1). Die Bedeutung des parlamentarischen Petitionsrechts hängt in starkem Maße von seiner Handhabung durch das Parlament ab. Wird die Mitgliedschaft im Petitionsausschuss als unattraktiv angesehen und regelmäßig Parlamentsneulingen überlassen,[172] werden **Potenziale des Petitionswesens** verschenkt. Wichtig ist, ob der Petitionsausschuss bereit ist, ggf. selbst zu ermitteln, und in welcher Form das Plenum mit Petitionen befasst wird. Ob der Schwerpunkt eher bei Individualanliegen oder bei Petitionen von allgemeiner politischer Bedeutung gesehen wird, hängt ebenfalls von den jeweils befassten Parlamentariern ab, wenngleich beide Aspekte grundsätzlich als gleichwertig angesehen werden.[173] In jüngster Zeit hat das Petitionsrecht durch die Einführung der öffentlichen Petition und den damit verbundenen Beteiligungsmöglichkeiten an Attraktivität gewonnen,[174] was zunächst einmal positiv zu bewerten ist, weil dadurch „eine unmittelbare Brücke" von den Bürgern zum Parlament geschlagen werden kann.[175] Andererseits kann die Möglichkeit der Petitionsunterstützung per Mausklick auch dazu verleiten, das Petitionsrecht durch nicht durchdachte Handlungen zu missbrauchen, wodurch es zu einer Art „Spielzeug für gelangweilte oder frustrierte Bürger" degradiert werden könnte.[176] Diese Gefahr alleine sollte den Gesetzgeber aber nicht daran hindern, das Petitionsrecht möglichst bürgerfreundlich auszugestalten, wozu vor allem eine transparente, formell-gesetzliche Regelung gehört (→ Rn. 12). In der Verwaltung wird das Petitionsrecht bisweilen nur als lästige Pflicht angesehen.[177] Die Chance, Petitionsrecht und Bürgerbeauftragte zu einem wichtigen Bestandteil eines **Konzeptes guter Verwaltung** zu machen, ist in Deutschland bislang nicht genutzt worden. Dies mag auch in der strengen

---

169 → Art. 45c Rn. 27.

170 → Art. 45b Rn. 28 ff., 34.

171 *Reckzeh* DVBl 1983, 70 (76).

172 S. *Ismayr* in Bockhofer, Demokratie wagen – Petitionsrecht ändern, 2004, 60 (65).

173 *Ismayr* in Bockhofer, Demokratie wagen – Petitionsrecht ändern, 2004, 68 f.

174 Dies zeigt sich zwar nicht in einem Anstieg der Zahl der Petitionen insgesamt, aber in der großen Zahl der Mitzeichnungen bei öffentlichen Petitionen und der regen Nutzung der dazu eingerichteten Diskussionsforen, s. *Bauer* in HGR V, § 117 Rn. 79; *Riehm/Böhle/Lindner,* Elektronische Petitionssysteme, 2013, 115 ff.; vgl. auch BT-Drs. 19/2250, 82; zurückhaltender *Buchholtz* DÖV 2017, 1009 (1011).

175 *Kersten,* Schwarmdemokratie, 2017, 195.

176 Zu dieser Gefahr s. etwa *Pagenkopf* in Sachs Rn. 9.

177 Zur Praxis s. etwa *Schröder* in Bockhofer, Demokratie wagen – Petitionsrecht ändern, 2004, 103; *Röper* DÖV 2015, 456 (457 ff.); *ders.* NVwZ 2017, 1821 (1822 ff.).

deutschen Demokratietheorie[178] begründet sein, die ganz vorrangig auf das Staatsvolk als Gesamtheit und auf formale Legitimationsketten abstellt.[179] Obwohl Ombudsleute in ausländischen Konzepten zur Verwaltungsmodernisierung teilweise eine wichtige Rolle spielen,[180] nimmt sie das deutsche Verfassungsrecht kaum zur Kenntnis. Im Grundgesetz ist lediglich der Wehrbeauftragte als parlamentarischer Ombudsmann normiert (→ Rn. 24). Darüber hinaus erfasst Art. 17 mit dem Begriff der zuständigen Stellen auch administrative Ombudsleute wie Ausländer- und Datenschutzbeauftragte, soweit sie fachrechtlich eingeführt werden (→ Rn. 22). Auf Landesebene existiert neben den Petitionsausschüssen der Landesparlamente zumindest teilweise die Insitution des Bürgerbeauftragten als Beauftragten der Landtage bei der Ausübung der parlamentarischen Kontrolle der Exekutive.[181] Bislang ist jedoch nicht ersichtlich, dass diese Institution auch in das Grundgesetz Eingang finden könnte, um die Tätigkeit des Petitionsausschusses zu ergänzen und zu unterstützen.

Literatur

H. Bauer, Das Petitionsrecht: Eine Petitesse?, FS f. Stern zum 80. Geburtstag, 2012, 1211. – ***R. Bockhofer*** (Hrsg.), Demokratie wagen – Petitionsrecht ändern!, 2004. – ***ders.*** (Hrsg.), Mit Petitionen Politik verändern, 1999. – ***T. Gerner,*** Das Petitionsrecht nach Art. 17 des Grundgesetzes, NZS 2012, 847. – ***A. Guckelberger,*** Aktuelle Entwicklungen des parlamentarischen Petitionswesens, 2011. – ***Dies.,*** Neue Erscheinungen des Petitionsrechts: E-Petitionen und öffentliche Petitionen, DÖV 2008, 85. – ***W. Hoffmann-Riem,*** Zum Gewährleistungsgehalt der Petitionsfreiheit, FS f. Selmer, 2004, 93. – ***M. Hornig,*** Die Petitionsfreiheit als Element der Staatskommunikation, 2001. – ***G. Krings,*** Die Petitionsfreiheit nach Art. 17 GG, JuS 2004, 474. – ***J. Krüper,*** Normsetzung im Kraftfeld des Art. 17 GG, DÖV 2017, 800. – ***C. Langenfeld,*** Das Petitionsrecht, in Isensee/Kirchhof HStR, Bd. III, § 39. – ***E. Röper,*** Notwendige Beteiligung der Parlamente bei den Petitionen an die zuständigen Stellen, NVwZ 2017, 1821. – ***ders.,*** Über Administrativpetitionen, DÖV 2015, 456. – ***U. F. H. Rühl,*** Der Umfang der Begründungspflicht von Petitionsbescheiden, DVBl 1993, 14. – ***J. Vahle,*** Die Petition, DVP 2010, 227. – ***A. Versteyl,*** Petitionen im Rahmen von umweltrelevanten Projekten, I + E 2011, 117. – ***W. Graf Vitzthum,*** Petitionsrecht und Volksvertretung, 1985. – ***W. Graf Vitzthum/W. März,*** Das Grundrecht der Petitionsfreiheit, JZ 1985, 809. – ***U. Woike,*** Die Behandlung von Petitionen durch Behörden, DÖV 1984, 419.

---

[178] → Art. 20 Rn. 118.

[179] S. *Mehde* ZG 16 (2001), 145 (156 ff.).

[180] S. etwa *Mehde* ZG 16 (2001), 145 (150 ff.) zu Großbritannien; ausführlich zum Ganzen auch *Bauer* in HGR V, § 117 Rn. 11 ff.; *Haas,* Der Ombudsmann als Institution des Europäischen Verwaltungsrechts, 2012, 125 ff.

[181] S. *Debus* DÖV 2017, 810 (811 ff.); Bürgerbeauftragte existieren gegenwärtig in Rheinland-Pfalz, Schleswig-Holstein, Mecklenburg-Vorpommern, Thüringen und Baden-Württemberg, während in Berlin die Schaffung des Amtes des Bürgerbeauftragten geplant ist; ausführlich dazu auch *Guckelberger,* Aktuelle Entwicklungen des parlamentarischen Petitionswesens, 2011, 19 ff.; zum Petitionsrecht auf Landesebene s. auch *Guckelberger/Geber/Zott* LKRZ 2012, 125 ff.

Art. 17a [Grundrechtseinschränkungen in Zusammenhang mit Dienstverpflichtung und Verteidigung]

(1) Gesetze über Wehrdienst und Ersatzdienst können bestimmen, daß für die Angehörigen der Streitkräfte und des Ersatzdienstes während der Zeit des Wehr- oder Ersatzdienstes das Grundrecht, seine Meinung in Wort, Schrift und Bild frei zu äußern und zu verbreiten (Artikel 5 Abs. 1 Satz 1 erster Halbsatz), das Grundrecht der Versammlungsfreiheit (Artikel 8) und das Petitionsrecht (Artikel 17), soweit es das Recht gewährt, Bitten oder Beschwerden in Gemeinschaft mit anderen vorzubringen, eingeschränkt werden.

(2) Gesetze, die der Verteidigung einschließlich des Schutzes der Zivilbevölkerung dienen, können bestimmen, daß die Grundrechte der Freizügigkeit (Artikel 11) und der Unverletzlichkeit der Wohnung (Artikel 13) eingeschränkt werden.

Paulskirchenverfassung von 1849

Abschnitt VI. Art. VII

§ 159. Jeder Deutsche hat das Recht, sich mit Bitten und Beschwerden schriftlich an die Behörden, an die Volksvertretungen und an den Reichstag zu wenden.

Dieses Recht kann sowohl von Einzelnen als von Corporationen und von Mehreren im Vereine ausgeübt werden; beim Heer und der Kriegsflotte jedoch nur in der Weise, wie es die Disciplinarvorschriften bestimmen.

§ 163. Die in den §§ 161 [Versammlungsfreiheit] und 162 [Vereinigungsfreiheit] enthaltenen Bestimmungen finden auf das Heer und die Kriegsflotte Anwendung, insoweit die militärischen Disciplinarvorschriften nicht entgegenstehen.

Weimarer Reichsverfassung von 1919

Art. 133. [Abs. 1]

Die Wehrpflicht richtet sich nach den Bestimmungen des Reichswehrgesetzes. Dieses bestimmt auch, wieweit für Angehörige der Wehrmacht zur Erfüllung ihrer Aufgaben und zur Erhaltung der Manneszucht einzelne Grundrechte einzuschränken sind.

A. Allgemeine Bedeutung

1 Art. 17 ist Teil der sog. **Wehrverfassung,** die 1956 in das Grundgesetz eingefügt wurde[1] und die Grundlage für die Schaffung der Bundeswehr bildet. Die Vorschrift ergänzt bestimmte Grundrechte in Hinblick auf Belange der Verteidigung um einen **zusätzlichen Gesetzesvorbehalt.** Dabei gestattet Art. 17a Abs. 1 zusätzliche Eingriffe in die **Kommunikationsgrundrechte** von Soldaten und Ersatzdienstverpflichteten. Als Kehrseite wird damit zugleich klargestellt, dass Grundrechte grundsätzlich auch für Soldaten als „Staatsbürger in Uniform" in vollem Umfang gelten.[2] Früheren Lehren, wonach sog. besondere Gewaltverhältnisse wie das Soldatenverhältnis grundrechtsfreie Räume sein sollten, wird somit implizit eine Absage erteilt.[3] Art. 17 Abs. 1 gestattet insbes. eine Beschränkung der kollektiven Meinungs-

---

[1] G v. 19.3.1956, BGBl. I 111.

[2] *Cuntz,* Verfassungstreue der Soldaten, 1985, 191; *Schwarz* in Maunz/Dürig Rn. 4, 6 ff., 18 ff.; *Jarass* in Jarass/Pieroth Rn. 1; *Brenner* in MKS Rn. 7.

[3] *Heun* in Dreier Rn. 4; ausf. *Tetzlaff,* Das Soldatenrecht der Bundesrepublik Deutschland im Lichte neuerer Grundrechtsfunktionen, 2000, 37 ff.; sa BVerwG NVwZ-RR 2004, 47 (48).

äußerung. Dies entspricht allgemeinen europäischen Standards. So erkennt Art. 11 Abs. 2 S. 2 EMRK besondere Einschränkungen der Versammlungs- und Vereinigungsfreiheit von Soldaten, Polizisten und Verwaltungsbeamten an. Art. 17 Abs. 1 ist insoweit enger, als er nur Soldaten und Zivildienstleistende erfasst und auch nicht die Vereinigungsfreiheit betrifft. Art. 17a Abs. 2 gestattet verteidigungsbezogene Beschränkungen der **Freizügigkeit** und der Unverletzlichkeit der **Wohnung.** Praktische Relevanz besitzt Art. 17a derzeit nur für Berufs- und Zeitsoldaten sowie Freiwillig Wehrdienstleistende, nachdem Wehr- und Ersatzdienst gegenwärtig suspendiert sind.[4]

B. Einzelfragen

I. Grundrechtseinschränkungen für Soldaten und Zivildienstleistende

1. Für die Angehörigen der Streitkräfte und des Ersatzdienstes während der Zeit des Wehr- und Ersatzdienstes. Art. 17a Abs. 1 gilt zum einen für Angehörige der Streitkräfte, also **Soldatinnen** und **Soldaten.** Zum anderen erfasst die Vorschrift Angehörige des Ersatzdienstes iSv Art. 12a Abs. 2, also **Zivildienstleistende.** Für andere Dienstpflichten nach Art. 12a Abs. 1 sowie 3–6 gilt Art. 17a Abs. 1 nicht. Bei Soldaten unterscheidet die Vorschrift nicht zwischen Wehrpflichtigen sowie Berufssoldaten und Soldaten auf Zeit. Hingegen werden Zivilbedienstete der Bundeswehr nicht erfasst.[5] Dieser Geltungsbereich macht deutlich, dass Art. 17a Abs. 1 auf die besonderen Bedürfnisse der Streitkräfte zugeschnitten ist. Dass sich die Norm auch auf den zivilen Ersatzdienst erstreckt, erscheint sachlich nicht zwingend geboten und dürfte sich aus einem Willen zur Gleichbehandlung von Wehr- und Ersatzdienst erklären.[6] Die ausdrückliche Eingrenzung besonderer Grundrechtseinschränkungen auf Zeiten des entsprechenden Dienstes zeigt, dass Art. 17a die **Funktionsfähigkeit der Streitkräfte** sichern soll.[7] Reservisten werden damit nur erfasst, soweit sie Wehrübungen ableisten.[8] 2

Art. 17a Abs. 1 sagt nichts über Grundrechtsbeschränkungen in **anderen Sonderstatusverhältnissen** aus, also bspw. für Beamte, Schüler und Strafgefangene. Solche Beschränkungen können nach allgemeinen Regeln gerechtfertigt werden.[9] Man wird Art. 17a Abs. 1 nicht als abschließende Spezialregelung verstehen können, die ähnliche Grundrechtsbeschränkungen in anderen Sonderbeziehungen ausschließen soll. Andererseits erscheint die Ausnahmevorschrift, die sich nur auf zwei von mehreren, jeweils unterschiedlich gelagerten Sonderstatusverhältnissen erstreckt, nicht analogiefähig. 3

2. Gesetze über Wehrdienst und Ersatzdienst können bestimmen, dass … [Grundrechte] eingeschränkt werden. Art. 17a Abs. 1 enthält einen einfachen Gesetzesvorbehalt. Angesichts der ausschließlichen Bundes- 4

---

[4] Gemäß § 2 des Wehrpflichtgesetzes idF der Bekanntmachung v. 16.9.2008 (BGBl. I 1886), zuletzt geändert durch Gesetz v. 3.5.2013 (BGBl. I 1084) gelten die Regelungen über die Wehrpflicht nur im Spannungs- oder Verteidigungsfall; → Art. 12a Rn. 1.

[5] *Heun* in Dreier Rn. 6.

[6] Sa *Kokott* in Sachs Rn. 8.

[7] So iE BVerfGE 28, 282 (292); 44, 197 (202); BVerfGK NJW 1992, 2750; BVerwGE 73, 237 (238); 86, 321 (325).

[8] BVerwGE 43, 9 (22); *Buth* NZWehrR 1981, 216 (224 f.); *Heun* in Dreier Rn. 6; *Kokott* in Sachs Rn. 11.

[9] → Art. 5 Rn. 135.

kompetenz nach Art. 73 Abs. 1 Nr. 1 kann es sich nur um **Bundesgesetze** handeln.[10] So hätten es die Länder, denen nach der Föderalismusreform die Gesetzgebungskompetenz für das Versammlungsrecht zusteht, zwar in der Hand, ein Uniformverbot aus spezifisch versammlungsrechtlichen Gründen zu erlassen. Ein Uniformverbot zum Schutz der Bundeswehr bleibt aber der Bundesgesetzgebung vorbehalten. Art. 17a Abs. 1 erfasst nach seiner offenen Formulierung sowohl die Einschränkung unmittelbar durch als auch aufgrund eines Gesetzes. In diesem Rahmen ist auch eine Verordnungsermächtigung nach Art. 80 Abs. 1 denkbar.[11] Wie jede Grundrechtseinschränkung muss auch eine solche aufgrund von Art. 17a Abs. 1 **verhältnismäßig** sein. Legitim sind iRd Art. 17a nur solche Eingriffsziele, die Sinn und Zweck der Norm entsprechen. Es muss also darum gehen, die Funktionsfähigkeit der Streitkräfte bzw. des Zivildienstes zu sichern. Dieses Ziel ist nicht eng zu verstehen. Es reicht, wenn die **gute Funktion der Bundeswehr** gefördert wird.[12] Freilich muss ein solchermaßen legitimierter Eingriff nicht nur geeignet, sondern auch erforderlich und ieS verhältnismäßig sein.[13] Zudem sind bspw. Grundrechtseingriffe mit dem Ziel, das gute Ansehen der Bundeswehr vor Kritik zu schützen, nicht von Art. 17a Abs. 1 gedeckt, wie die ausdrückliche Beschränkung auf Zeiten des Dienstes deutlich macht (→ Rn. 2). Zulässig sind dagegen Beschränkungen der politischen Meinungsäußerung, die die politische Neutralität der Bundeswehr und damit ihre Stellung in der parlamentarischen Demokratie des Grundgesetzes sichern sollen.[14] Dazu gehören nicht nur Äußerungen in der Öffentlichkeit, wie etwa eine Demonstrationsteilnahme in Uniform,[15] sondern insbes. auch das Werben für politische Themen innerhalb des Dienstes.[16]

5 Zu den Gesetzen über den Wehrdienst zählt insbes. das **Soldatengesetz.**[17] § 1 Abs. 4 Wehrbeschwerdeordnung (WBO) erklärt zudem gemeinschaftliche Beschwerden von Soldaten für unzulässig und schränkt damit das Recht auf Sammelpetitionen nach Art. 17 ein (→ Rn. 7). Gesetz über den Ersatzdienst ist das **Zivildienstgesetz** (ZDG), das in § 29 die politische Betätigung innerhalb des Dienstes beschränkt und in § 41 Abs. 3 kollektive Beschwerden ausschließt. Das Recht zu parlamentarischen Sammelpetitionen ist nicht beschränkt worden.[18] Im Übrigen wird die Beschränkung des kollektiven Beschwerderechts für Soldaten durch die Möglichkeit einer speziellen Individualpetition[19] zum Wehrbeauftragten des Deutschen Bundestages nach Art. 45b kompensiert.

6 **3. Betroffene Grundrechte.** Art. 17a Abs. 1 nennt neben der Meinungsfreiheit die Versammlungsfreiheit sowie das Recht auf Sammelpetitionen.

---

[10] *Heun* in Dreier Rn. 7; *Höfling* in BerlKomm Rn. 11.
[11] *Heun* in Dreier Rn. 7; *Höfling* in BerlKomm Rn. 12.
[12] S. *Heun* in Dreier Rn. 4.
[13] *Schoch* AöR 108 (1983), 215 (231); sa BVerfGE 28, 55 (63); *Jarass* in Jarass/Pieroth Rn. 7.
[14] Sa *Ipsen* in BK Rn. 48, 50.
[15] Sa BVerfGE 57, 29 (35 f.), wonach das Uniformverbot Meinungs- und Versammlungsfreiheit von vornherein nicht berührt.
[16] BVerfGE 44, 197 (202 ff.); krit. in Hinblick auf die Verhältnismäßigkeit das Sondervotum *Rottmann* BVerfGE 44, 197 (205 ff.); sowie *Plander* DVBl 1980, 581.
[17] S. *Graßhof* NZWehrR 1995, 177 (181 ff.) mit einem Überblick über die einschlägigen Vorschriften.
[18] *Heun* in Dreier Rn. 13.
[19] Zur Frage, ob hinsichtlich des Ausschlusses der Sammelbeschwerde das Zitiergebot verletzt ist, *Ipsen* in BK Rn. 78.

Damit wird deutlich, dass insbes. Formen der **kollektiven Meinungsäußerung** im Interesse der Funktionsfähigkeit der Streitkräfte beschränkt werden können. Daneben ist es aber bspw. auch möglich, politische Meinungsäußerungen innerhalb der Bundeswehr stärker zu reglementieren als in anderen Bereichen, um ein reibungsloses Funktionieren der Streitkräfte zu gewährleisten.[20] Art. 17a Abs. 1 bezieht sich nur auf die Freiheit, seine Meinung zu äußern und zu verbreiten, nicht aber auf die ebenfalls in Art. 5 Abs. 1 S. 1 gewährleistete Informationsfreiheit.[21] Gesetze, die die Meinungsfreiheit im Interesse der Funktionsfähigkeit der Streitkräfte beschränken, sind **allgemeine Gesetze** iSv Art. 5 Abs. 2[22] und ließen sich damit bereits nach dieser Schrankenbestimmung rechtfertigen. Einer Spezialvorschrift bedürfte es insofern nicht.[23] Immerhin betont die Sonderregelung des Art. 17a, dass der Funktionsfähigkeit der Bundeswehr im Rahmen der vorzunehmenden Abwägung besonderes Gewicht zukommt.[24] Im Versammlungsrecht kommt Art. 17a eigenständige Bedeutung für Versammlungen in geschlossenen Räumen zu, weil nach Art. 8 Abs. 2 nur Versammlungen unter freiem Himmel beschränkt werden können.[25] Das Petitionsrecht umfasst nach Art. 17 ausdrücklich Sammelpetitionen und unterliegt außerhalb von Art. 17a Abs. 1 keinem Gesetzesvorbehalt.[26]

Hinter der Möglichkeit, das kollektive Petitionsrecht einzuschränken, steht 7
die Furcht vor Meuterei.[27] **Sammelpetitionen** sind solche, die von einer Mehrzahl von Petenten gemeinsam eingebracht werden.[28] **Massenpetitionen** sind dagegen ganz oder nahezu gleichlautende Petitionen, die von einer Vielzahl unterschiedlicher Petenten eingebracht werden.[29] Massen- und Sammelpetitionen beruhen auf einem ähnlich koordinierten Vorgehen. Massenpetitionen müssen den Sammelpetitionen iSv Art. 17a gleichgestellt werden, weil sich ein Verbot von Sammelpetitionen sonst durch Massenpetitionen leicht umgehen ließe.[30] Öffentliche Petitionen werden als Sammelpetitionen behandelt,[31] so dass Art. 17a sich auch auf sie bezieht. Art. 17a erfasst auch Petitionen, an denen sich neben Soldaten andere Personen beteiligen,[32] nicht aber die Beteiligung an solchen Petitionen, die keinen Bezug zum Wehr- oder Ersatzdienst haben und die maßgeblich von anderen Personen getragen werden. Von Art. 17a nicht erfasst werden (Sammel-)Petitionen an das **Europäische Parlament** nach Art. 227 AEUV sowie das Recht von Soldaten,

---

[20] S. § 10 Abs. 6; § 15 SoldatenG; dazu BVerfGE 28, 36 (46 ff.); 28, 282 (288 ff.); 44, 197 (201 ff.); BVerfGK NJW 1992, 2750 (2750 f.); BVerwGE 132, 179 Rn. 33; sowie im Überblick *Graßhof* NZWehrR 1995, 177 (184 ff.; 191 ff.).

[21] *Cuntz,* Verfassungstreue der Soldaten, 1985, 193; *Heun* in Dreier Rn. 8.

[22] BVerfGE 28, 282 (292); *Wendt* → Art. 5 Rn. 112 ff.; → Rn. 119 Stichwort „Soldatengesetz"; aA *Schmidt-De Caluwe* NZWehrR 1992, 235 (243 ff.); krit. *Schoch* AöR 108 (1983), 215 (229 f.); zum Verhältnis zwischen Art. 17 Abs. 1 und Art. 5 Abs. 2 → Rn. 11.

[23] Sa *Brenner* in MKS Rn. 23–26, der den Anwendungsbereich von Art. 17 Abs. 1 daher auf Gesetze beschränkt, die Sonderrecht iSv Art. 5 Abs. 2 GG darstellen; → Rn. 11.

[24] Sa *Plander* DVBl 1980, 581 (585); *Schoch* AöR 108 (1983), 215 (243 f.).

[25] *Brenner* in MKS Rn. 30; *Heun* in Dreier Rn. 11.

[26] → Art. 17 Rn. 14.

[27] *Brenner* in MKS Rn. 32; *Ipsen* in BK Rn. 74.

[28] → Art. 17 Rn. 14.

[29] → Art. 17 Rn. 14.

[30] *Heun* in Dreier Rn. 12; *Langenfeld* in HdbStR III § 39 Rn. 48; aA *Brenner* in MKS Rn. 31.

[31] Ziff. 7.1 Abs. 4 der Grundsätze des Petitionsausschusses über die Behandlung von Bitten und Beschwerden (Verfahrensgrundsätze); näher dazu → Art. 17 Rn. 11 ff.

[32] *Heun* in Dreier Rn. 12; *Langenfeld* in HdbStR III § 39 Rn. 48.

sich an den **Europäischen Bürgerbeauftragten** nach Art. 228 AEUV zu wenden, soweit die Zuständigkeit des Europäischen Parlaments bzw. des Europäischen Bürgerbeauftragten gegeben ist.[33]

II. Grundrechtseinschränkungen für Verteidigungszwecke

8 **1. Gesetze, die der Verteidigung einschließlich des Schutzes der Zivilbevölkerung dienen, können bestimmen.** Art. 17a Abs. 2 verwendet den Begriff der **Verteidigung,** wie er sich auch in Art. 45a, Art. 73 Abs. 1 Nr. 1 sowie Art. 87a Abs. 2 in jeweils unterschiedlichem Zusammenhang findet. Ein Verteidigungsfall iSv Art. 115a Abs. 1 S. 1, also die Feststellung, dass das Bundesgebiet mit Waffengewalt angegriffen wird oder ein solcher Angriff unmittelbar droht, ist nicht erforderlich. Im wehrrechtlichen Zusammenhang bezieht sich Verteidigung nach klassischem Verständnis auf einen bewaffneten Angriff auf das eigene Staatsgebiet, der von einem oder mehreren anderen Staaten ausgeht. Diese **enge Auslegung** erscheint auch hier geboten, weil Art. 17a Abs. 2, der erkennbar als eng begrenzte Ausnahmevorschrift zu den sonst geltenden Schrankenbestimmungen konzipiert ist, sonst uferlos weit würde. Insbesondere darf die Metapher eines Kampfes oder gar Krieges gegen den Terror nicht dazu verleiten, Maßnahmen der Terrorabwehr als Verteidigung iSv Art. 17a zu qualifizieren. Mag man am Merkmal der Zwischenstaatlichkeit im Zuge der Diskussion nach dem 11.9.2001 im Einzelfall zweifeln, muss doch am Merkmal des von außen kommenden Angriffs festgehalten werden,[34] um nicht die Grenzen zum Polizeirecht zu verwischen. Der **Zivilschutz** wird hier, wie auch in Art. 73 Abs. 1 Nr. 1,[35] als Element der Verteidigung verstanden. Es geht also um den Schutz der Zivilbevölkerung in einem bewaffneten, grundsätzlich zwischenstaatlichen Konflikt.

9 Die Gesetze müssen der Verteidigung lediglich dienen. Es wird also kein aktueller bewaffneter Konflikt vorausgesetzt. Art. 17a Abs. 2 gestattet seinem Wortlaut nach auch Grundrechtseinschränkungen, die lediglich der Vorbereitung auf einen bewaffneten Konflikt dienen. Dieser bedenklichen Weite ist durch eine strenge Verhältnismäßigkeitsprüfung bei **Vorfeldmaßnahmen** Rechnung zu tragen. Während sich Beschränkungen der Freizügigkeit und der Unverletzlichkeit der Wohnung während eines bewaffneten, zwischenstaatlichen Konflikts, der deutsches Staatsgebiet berührt, vergleichsweise einfach rechtfertigen lassen, bedarf es bei der bloßen Vorbereitung auf eine Verteidigungssituation schwerwiegender Gründe, um Eingriffe zu rechtfertigen, die über das nach beiden Grundrechtsnormen normalerweise Erlaubte hinausgehen. So erscheint kaum vorstellbar, wie im Rahmen von Manövern das Betreten einer durch Art. 13 Abs. 1 geschützten Wohnung erlaubt werden könnte.[36]

10 **2. Dass die Grundrechte der Freizügigkeit … und der Unverletzlichkeit der Wohnung … eingeschränkt werden.** Art. 17a Abs. 2 ergänzt den qualifizierten Gesetzesvorbehalt des Art. 11 Abs. 2. Gesetze, deren Re-

[33] *Brenner* in MKS Rn. 34.

[34] Sa → Art. 87a Rn. 4; *Kirchhof* inHdbStR IV § 84 Rn. 49 verlangt einen Angriff „von außen kommender, hierarchisch gesteuerter, militärähnlicher Organisationen"; sa schon *Ipsen* in BK Rn. 130.

[35] → Art. 73 Rn. 7.

[36] So aber offenbar *Heun* in Dreier Rn. 15; *Jarass* in Jarass/Pieroth Rn. 4; *Schwarz* in Maunz/Dürig Rn. 34.

gelungsziel die Verteidigung einschließlich des Zivilschutzes ist, dürfen danach in die **Freizügigkeit** eingreifen. Sie unterliegen nur den allgemeinen Verhältnismäßigkeitsanforderungen. Die **Verhältnismäßigkeit** ieS wird freilich kritischer zu betrachten sein, je weiter die geplanten Maßnahmen von einem konkreten bewaffneten, zwischenstaatlichen Konflikt entfernt sind (→ Rn. 9). Entsprechendes gilt für die Unverletzlichkeit der **Wohnung,** wo Art. 17a Abs. 2 die Schrankenbestimmungen des Art. 13 Abs. 2–7 ergänzt und überlagert. Gerade hier ist es wichtig zu betonen, dass Art. 17a Abs. 2 nur bewaffnete, zwischenstaatliche Auseinandersetzungen betrifft und keine zusätzlichen Ermittlungsmaßnahmen bei der Terrorismusbekämpfung deckt (→ Rn. 8).

C. Verhältnis zu anderen Bestimmungen des Grundgesetzes

Art. 17a Abs. 1 ergänzt bestimmte Kommunikationsgrundrechte für Soldaten und Zivildienstleistende um einen einfachen Gesetzesvorbehalt. Darüber hinaus sind die Grundrechte auch bei Soldaten nach den allgemeinen Regeln beschränkbar.[37] Die umstrittene Frage, ob Art. 17a Abs. 1 Art. 5 Abs. 2 verdrängt,[38] ist weitgehend irrelevant, wenn man berücksichtigt, dass Art. 17a Abs. 1 eine verdrängende Wirkung allenfalls in seinem spezifischen Anwendungsbereich entfalten kann und dass die Norm insoweit keine höheren Rechtfertigungsanforderungen stellt als Art. 5 Abs. 2. Plausibler erscheint es, Art. 17a Abs. 1 nur auf solche **Beschränkungen der Meinungsfreiheit** anzuwenden, die sich nicht unter Art. 5 Abs. 2 subsumieren lassen.[39] Gegen diese Auslegung spricht jedoch, dass sie Art. 17a Abs. 1 im Bereich der Meinungsfreiheit nahezu jedes Anwendungsfeldes berauben würde. Für Einschränkungen nach Art. 17a gilt das **Zitiergebot** gem. Art. 19 Abs. 1 S. 2.[40] Danach müsste eine Einschränkung der Meinungsfreiheit, die an sich als allgemeines Gesetz iSv Art. 5 Abs. 2 nicht dem Zitiergebot unterliegen würde,[41] im Bereich des Art. 17a Abs. 1 das Zitiergebot auslösen,[42] obwohl Art. 17a Grundrechtseinschränkungen erleichtern will. Diese Unstimmigkeit vermeidet, wer Art. 17a nur dort anwendet, wo Art. 5 Abs. 2 nicht eingreift.[43] Auch das BVerfG hat diese Konsequenz zu Recht nicht gezogen.[44] Das Zitiergebot greift hingegen ein, soweit Art. 17a 11

---

[37] *Jarass* in Jarass/Pieroth Rn. 1; *Kokott* in Sachs Rn. 9.

[38] So BVerwGE 43, 9 (22 f.); 43, 48 (51–53); BVerwG NJW 1970, 908 (909); *Schwarz* in Maunz/Dürig Rn. 28; *Heun* in Dreier Rn. 9; *Höfling* in BerlKomm Rn. 22; *Ipsen* in BK Rn. 47; *Schmidt-De Caluwe* NZWehrR 1992, 235 (241); *Schoch* AöR 108 (1983), 215 (226–228, 234 f.); aA *Jarass* in Jarass/Pieroth Rn. 1; sa *Brenner* in MKS Rn. 16, 23 ff.; offen BVerfGE 28, 282 (291); undeutlich BVerfGE 44, 197 (201): „allgemeines Gesetz im Sinne des Art. 5 Abs. 2 GG […] in Ausfüllung des Art. 17a Abs. 1 GG"; ebenso BVerfGK NJW 1992, 2750 (2750 f.); mit unklarer Differenzierung BVerwGE 83, 60 (62); ebenso unklar BVerfG NVwZ-RR 2008, 330; als über Art. 5 Abs. 2 hinausgehend interpretiert in BVerwG NVwZ-RR 2009, 426 (427).

[39] *Brenner* in MKS Rn. 23 ff.

[40] *Brenner* in MKS Rn. 38.

[41] BVerfGE 28, 282 (289); → Art. 19 Rn. 16.

[42] So ausf. *Schmidt-De Caluwe* NZWehrR 1992, 235 (241 ff.); *Schoch* AöR 108 (1983), 215 (235–239); ferner *Beyer* BayVBl. 1981, 233 (234); *Heun* in Dreier Rn. 10; *Ipsen* in BK Rn. 58.

[43] *Brenner* in MKS Rn. 23 ff.

[44] BVerfGE 28, 282 (291–293); ebenso BVerwGE 43, 48 (53–55).

herangezogen wird, um Eingriffe zu rechtfertigen, die sich nicht unter Art. 5 Abs. 2 subsumieren lassen.[45]

12 Alle Grundrechte, die Art. 17a Abs. 1 nicht nennt, gelten auch im Soldaten- und Zivildienstverhältnis ohne besondere Schranken.[46] Sie können also nur im Rahmen der für das jeweilige Grundrecht allgemein geltenden Schranken beschränkt werden.[47] Namentlich ist es im Rahmen verfassungsimmanenter Schranken mit Art. 9 Abs. 1 vereinbar, einen Soldaten wegen seiner Mitgliedschaft in einer verfassungsfeindlichen Vereinigung aus der Bundeswehr zu entfernen, wenn und soweit dies zur Sicherung der Funktionsfähigkeit der Streitkräfte geboten ist.[48] Die punktuelle Regelung des Art. 17a Abs. 1 entfaltet insoweit **keine Sperrwirkung.**[49] Schon gar nicht lässt sich Art. 17a Abs. 1 auf andere Sonderstatusverhältnisse übertragen (→ Rn. 3). Art. 17a Abs. 2 ergänzt und überlagert die Schrankenvorbehalte der Art. 11 Abs. 2 sowie Art. 13 Abs. 2–7.

D. Kritische Würdigung

13 Art. 17a Abs. 1 schien nur kurzzeitig, Ende der 70er und Anfang der 80er Jahre, aus seinem „Schattendasein"[50] herauszutreten, als um die politische Betätigung von Soldaten gerungen wurde. Die Tragweite der Vorschrift ist begrenzt. Sie erleichtert die Einschränkung bestimmter Kommunikationsgrundrechte im Soldaten- und Zivildienstverhältnis. Die meisten der von Art. 17a Abs. 1 erfassten Einschränkungen ließen sich auch ohne diese Spezialvorschrift rechtfertigen. Immerhin verdeutlicht die Norm, dass die Funktionsfähigkeit der Bundeswehr ein besonders wichtiger Rechtfertigungsgrund für gewisse Beschränkungen der Kommunikationsgrundrechte ist. Im Übrigen stellt Art. 17a Abs. 1 implizit klar, dass **Grundrechte** auch im früher sog. besonderen Gewaltverhältnis **grundsätzlich volle Geltung** beanspruchen (→ Rn. 1).

14 Art. 17a Abs. 2 spielt zu Recht kaum eine Rolle. Sollte Deutschland in einen zwischenstaatlichen, bewaffneten Konflikt verwickelt werden, der sich auf das deutsche Staatsgebiet auswirkt, könnte die Norm ein sinnvolles Anwendungsfeld haben. Einem **möglichen Missbrauch** ist durch eine enge Auslegung zu begegnen, die den Zusammenhang mit bewaffneten, zwischenstaatlichen Konflikten betont und ggf. strenge Verhältnismäßigkeitsmaßstäbe anlegt.

Literatur

E. Cuntz, Verfassungstreue der Soldaten, 1985. – ***R. Schmidt-De Caluwe,*** Die verfassungsrechtliche Grenze der Meinungsäußerungsfreiheit der Soldaten – Art. 5 II oder Art. 17a I GG? NZWehrR 1992, 235. – ***F. K. Schoch,*** Verfassungsrechtliche Grundlagen der Einschränkung politischer Betätigung von Soldaten AöR 108 (1983), 215. – ***T. Tetzlaff,*** Das Soldatenrecht der Bundesrepublik Deutschland im Lichte neuerer Grundrechtsfunktionen, 2000.

---

[45] *Kokott* in Sachs Rn. 12, 21; *Mutschler* in Umbach/Clemens Rn. 7; tendenziell aA BVerfGE 28, 36 (47); 28, 55 (62 f.); *Jarass* in Jarass/Pieroth Rn. 6.

[46] BVerwGE 127, 302 (324 f.); BVerwG NVwZ-RR 2004, 47 (48).

[47] *Heun* in Dreier Rn. 14; *Mutschler* in Umbach/Clemens Rn. 16; enger *Schwarz* in Maunz/Dürig Rn. 17, 34 f.; *Ipsen* in BK Rn. 81: kein Rückgriff auf verfassungsimmanente Schranken.

[48] Sa *Cuntz,* Verfassungstreue der Soldaten, 1985, 205–207; *Mutschler* in Umbach/Clemens Rn. 16; tendenziell aA *Goerlich* Jura 1993, 471 (478).

[49] AA *Münker* NZWehrR 2001, 89 (99 ff.); wohl auch *Brenner* in MKS Rn. 13 f.

[50] So *Schoch* AöR 108 (1983), 215 (219).

Art. 18 [Verwirkung von Grundrechten]*

[1] Wer die Freiheit der Meinungsäußerung, insbesondere die Pressefreiheit (Artikel 5 Abs. 1), die Lehrfreiheit (Artikel 5 Abs. 3), die Versammlungsfreiheit (Artikel 8), die Vereinigungsfreiheit (Artikel 9), das Brief-, Post- und Fernmeldegeheimnis (Artikel 10), das Eigentum (Artikel 14) oder das Asylrecht (Artikel 16a) zum Kampfe gegen die freiheitliche demokratische Grundordnung mißbraucht, verwirkt diese Grundrechte. [2] Die Verwirkung und ihr Ausmaß werden durch das Bundesverfassungsgericht ausgesprochen.

Hinweis: Art. 18 hat keinen Vorläufer in den deutschen Reichsverfassungen.

Übersicht

A. Allgemeine Bedeutung

I. Genese

Kein Recht und keine Freiheit sind vor der Gefahr des Missbrauchs gefeit. 1
Um diese Gefahr wissend, sieht Art. 18 als *ultima ratio* die Möglichkeit der Verwirkung bestimmter Grundrechte vor und ist insoweit als spezifische Ausprägung des **allgemeinen Gedankens rechtsmissbräuchlichen Verhaltens** zu lesen. Zugleich bildet die Norm eine Facette der streitbaren oder wehrhaften Demokratie[1], zu der sich das Grundgesetz nach den Erfahrungen der nationalsozialistischen Machtübernahme in den unterschiedlichsten Vari-

* Unser ganz herzlicher Dank gilt *Fabian Preger* für seine wertvolle Hilfe bei dieser Neubearbeitung.

[1] *Schnelle,* Freiheitsmissbrauch und Grundrechtsverwirkung. Versuch einer Neubestimmung von Artikel 18 GG, 2014, 23. Von „militant democracy" spricht der Klassiker *Loewenstein* American Political Sciences Review 31 (1937), 417, 638 ff.; mit Bezug auf Ephoren, die Wächter oder Hüter in Sparta kreiert *Will* ein neues Epitheton: Ephorale Verfassung, 2017.

anten bekennt (s. Art. 9 Abs. 2, Art. 20 Abs. 4, Art. 21 Abs. 2).[2] So unterstreicht die Norm im Zusammenklang mit der Menschenwürdebasis demokratischer Herrschaftsorganisation (Art. 1 Abs. 1)[3] und den Grundrechten, die eine spezifische konstitutive Bedeutung für die pluralistische Demokratie haben (Meinungsfreiheit, Art. 5 Abs. 1, Versammlungsfreiheit, Art. 8 Abs. 1, Vereinigungsfreiheit, Art. 9 Abs. 1), den Wechselbezug von grundrechtlicher Freiheit und freiheitlicher demokratischer Grundordnung. Dass Grundrechte gelebt und wie sie ausgeübt werden, hat für das Selbstverständnis und die Stabilität einer politischen Gemeinschaft hohe Relevanz.[4] Gerade weil der freiheitliche Staat des Grundgesetzes sich durch die möglichst umfassende Gewährung persönlicher, gesellschaftlicher und politischer Grundrechte definiert, will er diese Freiheit vor ihren Feinden schützen[5] – ***„pas de liberté pour les ennemis de la liberté"***[6].

2 Das Wissen um die **Gefahr des Grundrechtsmissbrauchs** ist so alt wie die moderne Grund- und Menschenrechtsidee als solche.[7] Schon Art. 11 der Französischen Erklärung der Menschen- und Bürgerrechte (1789) stellt die Meinungs- und Gedankenfreiheit unter den „Vorbehalt der Verantwortlichkeit für den Missbrauch dieser Freiheit in den durch das Gesetz bestimmten Fällen".[8] Dennoch ist die Grundrechtsverwirkungsklausel[9] – jedenfalls im deutschen Verfassungsrecht – ein relativ junges Instrument.[10] Die Reichsverfassung von 1871 hatte noch gar keinen Grundrechtskatalog und mit Art. 48 Abs. 2 der Weimarer Reichsverfassung ist Art. 18 schon wegen seines individualrechtlichen Gehalts sowie präventiven Charakters nicht vergleichbar.[11] Allerdings kennen die vorgrundgesetzlichen Landesverfassungen vergleichbare Regelungen.[12] Ihnen stand, ebenso wie dem Verfassungskonvent

---

[2] *Brenner* in MKS Rn. 7; *von Ceoelln* in Stern/Becker Rn. 4; *Wittreck* in Dreier Rn. 7.; *Morlok/Michael,* StaatsorganisationsR, § 5 Rn. 293; *Lameyer,* Streitbare Demokratie, 1978; zur Entstehungsgeschichte des Begriffs „streitbare Demokratie" *Papier/Durner* AöR 128 (2003), 340; aus politikwissenschaftlicher Sicht *Fuhrmann,* Antiextremismus und wehrhafte Demokratie: Kritik am politischen Selbstverständnis der Bundesrepublik Deutschland, 2019; aus der Rspr. BVerfGE 13, 46 (49 f.); 25, 44 (58); 25, 88 (100); 28, 36 (48 f.); 28, 51 (55); 30, 1 (19 ff., 45 f.), Sondervotum; 39, 334 (349); 80, 244 (253).

[3] Art 1 → Rn. 1, 25.

[4] In diesem Sinne ist auch der Appell bei *Hesse,* Grundzüge des Verfassungsrechts, 1999, Rn. 709 zu deuten: „Grundrechte sollen nur ihrem Geiste gemäß, nicht ihrem Geiste zuwider gebraucht werden."

[5] *Hufen* FS f. Falter, 2009, 101 ff.; die gängige Wendung von den „Feinden der Freiheit" wird freilich dann prekär, wenn sie ein „Freund-Feind"-Denken Schmittscher Provenienz insinuiert, so auch *Dürig/Klein* in Maunz/Dürig Rn. 10; präziser formuliert daher BVerfGE 144, 20 (195 Rn. 514): „keine unbedingte Freiheit für die Feinde der Freiheit".

[6] Auf dieses *Louis Antoine de Saint-Just* zugeschrieben Motto der Französischen Revolution verweisen *Stern,* Staatsrecht III/2, 931, und *Guski,* Rechtsmissbrauch als Paradoxie, 2019, 157, und zitiert zudem *Poppers* berühmtes Paradox der Toleranz: „Unlimited tolerance must lead to the disappearance of tolerance. If we extend unlimited tolerance even to those who are intolerant, if we are not prepared to defend a tolerant society against the onslaught of the intolerant, then the tolerant will be destroyed, and tolerance with them" (The Open Society and Its Enemies I, 1945, 226). Später daran anknüpfend *Rawls,* A Theory of Justice, 1971, 220.

[7] Zu den naturrechtlich-scholastischen Traditionen *Wittreck* in Dreier Rn. 5.

[8] Dazu *Dürig/Klein* in Maunz/Dürig Rn. 1.

[9] *Scheuner* FG f. Kaufmann, 1950, 313 ff. spricht von einer „Verfassungsschutzbestimmung".

[10] So *von Coelln* in Stern/Becker Rn. 1; *Dürig/Klein* in Maunz/Dürig Rn. 1 mwN.

[11] *von Coelln* in Stern/Becker Rn. 1.

[12] Ebd. mit Verweis auf Art. 17 Abs. 1, Art. 18 HessVerf., Art. 10 SaarlVerf; Art. 124 BadVerf. und Art. 133 RhPfVerf wurden zwischenzeitlich gestrichen. Unter den nach-

von Herrenchiemsee[13] und dem Parlamentarischen Rat, das dramatische Scheitern der ersten deutschen Republik spätestens mit dem Ermächtigungsgesetz vom 24.3.1933 vor Augen. Der Parlamentarische Rat sprach sich, insoweit restriktiver als „Herrenchiemsee", gegen eine „Außerkraftsetzung von Grundrechten durch Verwaltungsakt" aus, behielt die Verwirkungsentscheidung dem BVerfG vor (die Parallele zum Parteiverbot aus Art. 21 Abs. 2, Abs. 4 ist greifbar) und konkretisierte den – bis heute gültigen – Kreis der verwirkbaren Grundrechte.[14]

Nach Art. 20 Abs. 2 HChE sollte das BVerfG nur als Beschwerdeinstanz entscheiden. Demgegenüber betonte der Allg. Redaktionsausschuss die außerordentlich weitreichende Bedeutung eines solchen Eingriffs und die entsprechenden **rechtsstaatlichen Bedenken gegen originär exekutivische Eingriffsbefugnisse.** Missbrauchsschutz bei höchster Grundrechtssensibilität sollte das verfassungsgerichtliche Entscheidungsmonopol bieten. Der Hauptausschuss schloss sich dem Vorschlag des Allg. Redaktionsausschusses an.[15] Bei dieser Fassung (mit ihrem starken Vertrauen in die Judikative) blieb es bis zur Endformulierung als Art. 18 S. 2. Effektiver, aber streng kontrollierter, Verfassungsschutz sollte anders als in Weimar ein Scheitern der Verfassung verhindern und in den Händen jener Instanz liegen, die dazu institutionell wie funktional am besten geeignet schien: dem Verfassungsgericht. 3

Das Scheitern der Weimarer Republik (allein) mit den Schwächen ihrer Verfassung zu erklären, griffe historisch gewiss zu kurz.[16] Doch ohne Zweifel waren es die historischen Erfahrungen – „angesichts des Trümmerfeldes"[17] 1948/49 auf das Eindringlichste präsent –, die die Sicherung einer zukunftsfähigen und deshalb **„wehrhaften" Verfassung** zu einem wesentlichen Ziel der Verfassunggebung machten. Das zeigt sich einmal an den ausdrücklichen grundgesetzlichen Garantien zum Schutz der Verfassung unter denen Art. 79 Abs. 3 den wohl prominentesten Rang einnimmt. Das verdeutlicht aber auch die systematische Stellung der Grundrechte. Sie und nicht etwa der staatsorganisatorische Teil stehen am Anfang der Verfassung[18], da die funktionierende Staatsorganisation in einer menschenwürderadizierten[19] freiheitlichen Demokratie grundrechtsbedingt ist.[20] Der Grundrechtsmissbrauch ist deshalb so gefährlich, weil er nicht nur grundrechtliche Freiheit – die immer auch die 4

grundgesetzlichen Landesverfassungen formuliert nur Art. 37 BerlVerf (1995) eine Art. 18 parallele Verwirkungsmöglichkeit.

[13] Art. 20 HChE, welcher lautete: „(1) Wer die Grundrechte der Freiheit der Meinungsäußerung (…), der Pressefreiheit (…), der Versammlungsfreiheit (…) oder der Vereinigungsfreiheit (…) zum Kampf gegen die freiheitliche und demokratische Grundordnung missbraucht, verwirkt damit das Recht, sich auf die Grundrechte zu berufen", dazu *Dürig/Klein* in Maunz/Dürig Rn. 1.

[14] *von Coelln* in Stern/Becker Rn. 2. Einzelheiten in JöR nF 1 (1951), 172 ff. Umfänglich zur Entstehungsgeschichte auch *Schnelle,* Freiheitsmissbrauch und Grundrechtsverwirkung. Versuch einer Neubestimmung von Artikel 18 GG, 2014, 23 ff.

[15] ParlRat, Verhandlungen des HptA, 1948/49, 44. Sitzung v. 19.1.1949, zu Art. 20b (589 f.).

[16] Zur Diskussion *Gusy,* Weimars lange Schatten – „Weimar" als Argument nach 1945, 2003; *Schmitt Glaeser,* Missbrauch und Verwirkung von Grundrechten im politischen Meinungskampf, 1968, 25 ff.; *Schmitt Glaeser* in Merten/Papier Grundrechts-HdB III, § 74 Rn. 2.

[17] So die Eingangsworte aus der Präambel der BayVerf.

[18] Vgl. BerichtHCh, 20 f.; *v. Mangoldt,* BerParlR zum Entwurf des GG (Drs. 850/854), 5 f.

[19] Art 1 → Rn. 1.

[20] Vgl. auch BerichtHCh, 35 f.

Freiheit der Anderen und Andersdenkenden ist *(R. Luxemburg)* – in ihr Gegenteil verkehrt, sondern auch den Verfassungsstaat als solchen destabilisiert. Letztlich lässt sich „nahezu die ganze Verfassung" als ein „Geflecht von Sicherungen zur Verhinderung ihrer Überwältigung" begreifen.[21] Umgekehrt ist aber auch das Verwirkungsinstitut selbst missbrauchsanfällig und kann seine Schutzfunktion nur erfüllen, wenn es durch äußerst restriktive Handhabung auch vor sich selbst geschützt wird.[22]

5 Art. 18 ist damit ebenso wenig frei von **Ambivalenzen** wie die Idee der **„streitbaren Demokratie"** als solche. In seinem KPD-Urteil charakterisierte das BVerfG – von einem abwägenden Konkordanzdenken motiviert – das Konzept als eine stets problematisierungsbedürftige Synthese von Freiheitsgewährleistung und Freiheitsbegrenzung.[23] Diese Synthese setzt einen kontinuierlichen Prozess voraus, so wie sich die Verfassung in ihrer Gesamtheit als „öffentlicher Prozess" deuten lässt.[24] Die präzise dogmatische Erfassung der „streitbaren", „wehrhalten" ode „abwehr bereiten" Demokratie bleibt problematisch.[25] Fraglich ist insbesondere, ob es sich nur um eine – ihrerseits ideologieanfällige – Sammelbezeichnung handelt[26] oder ob das Konzept für spezifische Grundentscheidungen respektive -prinzipien steht, die über den Gehalt der zugrunde liegenden Einzelbestimmungen hinausweisen.[27] Für eine endgültige Klärung dieser Frage bietet eine Kommentierung zu Art. 18 keinen Raum. Sie sei vielmehr als Ermahnung verstanden, nicht aus bester „streitbarer" Absicht den notwendigen demokratischen Diskurs über Gebühr beschränken und die Grenzen des diskursiv gerade noch Erträglichen zu früh zu ziehen. Eines ist im Sinne einer entwicklungsgeschichtlichen Quintessenz jedenfalls festzuhalten: Die Grundrechtsverwirkung soll im freiheitlichen Verfassungsstaat den Angreifer „entpolitisieren", aber „entbürgerlichen"[28] oder aus der Rechtsgemeinschaft ausschließen[29] darf sie ihn nicht.

II. Überstaatliche Bezüge

6 Auch **universell-völkerrechtliche** und **regional-völkerrechtliche Menschenrechtsabkommen** thematisieren den Missbrauch von Individualrechten, so etwa Art. 30 AEMR, Art. 5 IPbürgR, Art. 5 IPwskR oder Art. 17 EMRK.[30] Ihre Stoßrichtung ist indes eine etwas anders gelagerte. Die völkerrechtlich gewährleisteten Menschenrechte dürfen nicht so ausgelegt werden, dass sie das Recht begründen, eine Tätigkeit auszuüben oder eine Handlung zu begehen, welche die Beseitigung dieser Rechte zum Ziel ha-

[21] *Lameyer,* Streitbare Demokratie, 1978, 20; siehe auch *Denninger,* Freiheitliche demokratische Grundordnung, 1977, 1293 ff.

[22] Ausführliche Hinweise auf die problematische Tradition der Verwirkung – bis hin zum „bürgerlichen Tod" – gerade in der NS-Zeit *Wittreck* in Dreier Rn. 8 f.

[23] BVerfGE 5, 85 (134 ff.); s. auch *Boventer,* Grenzen politischer Freiheit im demokratischen Staat, 1985; *Jesse,* Streitbare Demokratie in der Bundesrepublik Deutschland, 1991; *Fuhrmann,* Antiextremismus und wehrhafte Demokratie. Kritik am politischen Selbstverständnis der Bundesrepublik Deutschland, 2019.

[24] *Häberle,* Verfassung als öffentlicher Prozess, 3. Aufl. 1998.

[25] Grdl. dazu schon *Wolff* GS f. Jellinek, 1955, 33, bes. 48 ff.

[26] Früh *Schlink* Der Staat 15 (1976), 335 (360 ff.); jetzt *Fuhrmann,* Antiextremismus und wehrhafte Demokratie. Kritik am politischen Selbstverständnis der Bundesrepublik Deutschland, 2019.

[27] Vgl. BVerfGE 63, 266 (310 f.), Sondervotum; *Stern,* StaatsR I, Rn. 194 ff.

[28] So dezidiert *Dürig/Kein* in Maunz/Dürig Rn. 10.

[29] *Walter* in Klein/Menke Der Mensch als Person und Rechtsperson, 203.

[30] *Dürig/Klein* in Maunz/Dürig Rn. 142; *Wittreck* in Dreier Rn. 12 ff.

ben.[31] Normadressaten sind also primär die Mitgliedstaaten als potenzielle Gefährder, während Art. 18 zum Schutz der freiheitlichen Demokratie und damit „ihres" politischen Gemeinwesens den individuellen Grundrechtsträgern dort letzte Grenzen ihrer Freiheit setzt, wo sie zum Kampf gegen die Grundfeste dieses Gemeinwesens missbraucht und damit in ihr Gegenteil verkehrt wird. [32] Von der Rechtsfolgenseite her bestehen ebenfalls Unterschiede: Wirken die völkerrechtlichen Klauseln wie eine Grundrechtsschranke, die keines weiteren Vollzugsaktes bedarf, hängt die Verwirkung nach Art. 18 von einer konstitutiven Entscheidung des BVerfG ab – insoweit auch im weltweiten Vergleich ein Unikat.[33]

Von Teilen der Wissenschaft wurde kritisch diskutiert, ob Art. 18 mit **7**
Art. 17 EMRK vereinbar sei. Letztere Vorschrift gilt innerstaatlich zwar nur im Rang eines einfachen Gesetzes[34], kann Art. 18 also in seiner Anwendung nicht sperren, sehr wohl aber seine völkerrechtsfreundliche Auslegung mitbestimmen. Der EGMR respektiert das Konzept der wehrhaften Demokratie und gesteht den Mitgliedstaaten ganz im Sinne einer „margin of appreciation" weitgehende Ausgestaltungsspielräume – auch präventiver Natur – zu, behält sich aber in Einzelfällen eine am Übermaßverbot orientierte Überprüfung vor.[35] Mit Blick auf **Art. 54 Grundrechte-Charta**[36] lässt sich vergleichbar argumentieren. Das Unionsrecht thematisiert den Grundrechtsmissbrauch analog zu Art. 17 EMRK – die Formulierungen sind wortgleich. Die Union gesteht den Mitgliedstaaten, die an die Grundrechtecharta ohnehin nur gebunden sind, soweit sie Unionsrecht vollziehen (Art. 51 Abs. 1), weitgehende Autonomie in Verfassungsschutzfragen zu. Der Rechtsstatus des Grundrechtsträgers ist in beiden Fällen ein gespaltener: Spricht das BVerfG eine Verwirkung von Grundrechten des GG aus, so lässt das sowohl die EMRK-Rechte als auch die Charta-Rechte unberührt.[37] Deshalb bleibt – wie die Verfassung insgesamt – die Grundrechtsverwirkung „überstaatlich bedingt"[38] und muss sich, gerade mit Blick auf die Verhältnismäßigkeit, an den „Maßstabsnormen"[39] des Völker- und Europarechts orientieren. Der Raum, in dem Art. 18 Anwendung finden könnte, ist sehr eng gefasst, aber er besteht, solange der Staat keine stärkere Einschränkung will als die in der Konvention vorgesehene (siehe Art. 17 EMRK).

III. Systematische Zusammenhänge

Neben dem überstaatlichem und dem innerbundesstaatlichen Kontext – auf **8**
vor- und nachgrundgesetzliches Landesverfassungsrecht wurde schon kurz verwiesen – lebt Art. 18 auch aus seinen **verfassungsimmanenten Bezü-**

---

[31] *Dürig/Klein* in Maunz/Dürig Rn. 142.

[32] *Wittreck* in Dreier Rn. 12.

[33] *Dürig/Klein* in Maunz/Dürig Rn. 142; *von Coelln* in Stern/Becker Rn. 53.

[34] BVerfGE 74, 358 (370); mwN *Herdegen* in Maunz/Dürig, Art. 25 Rn. 22.

[35] EGMR, EuGRZ 2003, 206; *Dürig/Klein* in Maunz/Dürig Rn. 143; *Kugelmann,* Die streitbare Demokratie nach der EMRK, EuGRZ 2003, 533.

[36] *Hatje* ZÖR 2018, 583 ff.

[37] *Wittreck* in Dreier Rn. 16, der von der Funktionslogik her eine interessante Parallele zwischen Art. 18 und Art. 7 EUV erkennt (ebd. Rn. 17): ersterer eine Staatsschutz-, letztere eine Unionsschutznorm, beide orientiert am fundamentalen Wert grundrechtlicher Freiheit.

[38] *v. Simson* FS f. Aubin, 1979, 217 f.; *Häberle/Schwarze/Graf Vitzthum,* Die überstaatliche Bedingtheit des Staates: zu Grundpositionen Werner von Simsons auf den Gebieten der Staats- und Verfassungslehre, des Völker- und des Europarechts, 1993.

[39] *Calliess* in HdbStR IV, 3. Aufl. 2006, § 83 Rn. 6.

gen und von den Gehalten, die für das Konzept der abwehrbereiten Demokratie relevant sind. Wird der Schutz vor dem Missbrauch von Freiheit durch den Gebrauch grundrechtlicher Freiheit thematisiert, impliziert das auch ein spezifisches Grundrechtsverständnis. Wäre grundrechtliche Freiheit nämlich auf den *status negativus*[40] der Freiheit vom Staat beschränkt, bedürfte es einer Normierung wie der in Art. 18 enthaltenen gar nicht. Missbrauchsmöglichkeiten treten überall dort zu Tage wo es um die Freiheit „im Staat" und „zum Staat" (im Sinne politischer Teilhabe) geht. [41] Den Gebrauch dieser Freiheitsdimensionen will Art. 18 indes nicht moralisch aufladen oder gar insinuieren, es gebe im Umkehrschluss zum Grundrechtsmissbrauch einen spezifisch von der Verfassung vorgezeichneten „richtigen" Grundrechtsgebrauch. Wollte der Staat seinen Bürgerinnen und Bürgern genau vorschreiben, wie sie ihre Grundrechte zu gebrauchen haben, wären diese letztlich wertlos.[42] Art. 18 muss *ultima ratio* bleiben.[43] Missbrauchsgrenzen für den Extremfall bestätigen nur, dass Grundrechtsausübung bis hin zu diesen schmerhaften Grenzen (etwa bei der sog. Hate Speech) möglich sein muss.

9 Dogmatisch ist die Grundrechtsverwirkung ein**eigenständiges Institut.**[44] Eine bruchlose Einordnung in die Kategorien von Grundrechtsgewährleistungen und Grundrechtsbeschränken respektive -schranken erscheint – schon wegen der konstitutiven Rolle des BVerfG für die Herbeiführung der Rechtsfolge – nicht möglich. Darüber können auch funktionell-rechtlich durchaus angemessene und überdies illustrative Qualifikationen wie „grundrechtsübergreifende Gewährleistungsbegrenzung" nicht hinweghelfen.[45] (Dogmatische) Konturen gewinnt die Norm aus ihrem Telos (Was soll sie warum schützen?) und ihrer Funktionslogik (Wie soll sie schützen?) respektive einem Vergleich mit funktionsäquivalenten Normierungen (wie etwa Art. 21 Abs. 2, Abs. 4).[46] *Wittreck*[47] verweist diesbezüglich auf zwei relevante Entwicklungen: Zum einen sind potenzielle Missbrauchsfälle bislang konsequent im Rahmen der Schrankensystematik behandelt worden. Der freiheitsschonende Vorteil liegt auf der Hand. Es mag punktuell zu faktischen Minderungen des Individualrechtsschutzes kommen, aber der sehr viel weitergehende vollständige Verlust durch Verwirkung unterbleibt.[48] Zum anderen sucht – deutlich weitergehend – die sog. Wunsiedel-Rechtsprechung des

---

[40] *Jellinek,* System der subjektiven öffentlichen Rechte, 2. Aufl. 1905, 94 ff., bes. 104 f.

[41] Grundlegend *Häberle* VVDStRL 30 (1972), 43 (86 ff., 121 ff.); zu unterschiedlichen Freiheitsverständnissen und ihren dogmatischen Konsequenzen *Krebs* in Merten/Papier Grundrechts-HdB II, § 31.

[42] Grundrechte mögen sich als „Erziehungsziele" und „Orientierungswerte" deuten lassen (*Häberle,* Erziehungsziele und Orientierungswerte im Verfassungsstaat, 1981), aber nur im Sinne einer Ermöglichung von Freiheit, nicht etwa der Determinierung ihres Gebrauchs.

[43] Missbrauch ist eben mehr als „missbilligter Gebrauch". Zum Missbrauchsbegriff *von Coelln* in Stern/Becker Rn. 24; s. auch *Hesse* Grundzüge des Verfassungsrechts, 1999, Rn. 711. Deshalb können Verwirkungsinstitute, wie sie im Privat- oder Verwaltungsrecht bekannt sind (oben Rn. 1), trotz des gemeinsamen Rechtsgedankens, der sie trägt, für Art. 18 kein konkretes Vorbild sein. Darauf hingewiesen hat schon *Dürig* JZ 1952, 513 ff.; aA *Schmitt Glaeser* in Merten/Papier Grundrechts-HdB III, § 74 Rn. 20.

[44] *Brenner* in MKS I Rn. 22; *von Coelln* in Stern/Becker Rn. 8; *Michael/Morlok,* Grundrechte, Rn. 551; *Wittreck* in Dreier Rn. 33. Auch entstehungsgeschichtlich wird keine bestimmte dogmatische Konzeption greifbar, *Matz* JöR NF 1 (1951), 171 ff.

[45] So *Schnelle,* Freiheitsmissbrauch und Grundrechtsverwirkung, 2014, 191 ff.

[46] In diesem Sinne *Wittreck* in Dreier Rn. 11.

[47] *Wittreck* in Dreier Rn. 11.

[48] *Wittreck* in Dreier Rn. 11 mwN; *Walter* in Klein/Menke Der Mensch als Person und Rechtsperson, 2011, 203 ff.

BVerfG bestimmte (neonazistische) Meinungen von vornherein außerhalb des Schutzes der Grundrechte stellen, wirkt also schutzbereichsverkürzend.[49] Übergreifender Maßstab ist unabhängig von der dogmatischen Stellschraube, der sich der Verfassungsinterpret bedient, die Frage, ob eine Verfassungsgefährdung von solchem Gewicht und Ausmaß vorliegt, dass es der weitestgehenden Beschränkung bedarf.[50] Verhaltensweisen von Grundrechtsträgern in den von Art. 18 thematisierten Freiheitsbereichen können nur dann einen Missbrauch darstellen, wenn sie den Kampf gegen die freiheitliche demokratische Grundordnung als solche bezwecken.

Zusammenfassend: Art. 18 bildet nicht nur die Grundlage der Verwirkung, **10**
er zieht ihr auch strikte Grenzen: Ausschließlich die von Art. 18 umfassten Grundrechte können verwirkt werden; eine Verwirkung ist nur möglich in den von Art. 18 eng gezogenen Grenzen; die Verwerfungsentscheidung ist – parallel zu Art. 21 Abs. 2, Abs. 4 – allein dem Bundesverfassungsgericht vorbehalten.[51] Jede niedrigschwelligere Konzeption würde ihr Ziel verfehlen, die Freiheit (aller) vor dem Gebrauch von Freiheit (einiger) zu schützen, ohne – das wäre das gefährliche **Paradoxon der Verwirkung** – die Freiheitsidee um der Freiheit willen preiszugeben.

B. Einzelfragen

I. Wer

Art. 18 knüpft an die Grundrechtsträgerschaft an. Nur wer grundrechts- **11**
berechtigt ist, kann seine grundrechtliche Freiheit auch verwirken. Das „Wer" umfasst folglich **natürliche Personen,** die Träger der enumerativ[52] aufgeführten Grundrechte sein können: Deutsche (Art. 116 Abs. 1) mit Ausnahme von Art. 16a Abs. 1 und Ausländer mit Ausnahme der Art. 8 u. 9. Geschützt ist die freiheitlich-demokratische Grundordnung nicht als abstraktes verfassungstheoretisches Konzept, sondern in ihrer konkreten grundgesetzlichen Ausprägung. Bei Nicht-Deutschen greift folglich der Tatbestand nicht etwa, wenn sie die politische Ordnung in ihren Heimatstaaten, sondern nur, wenn sie die freiheitlich-demokratische Grundordnung des Grundgesetzes bekämpfen. [53] Bei Abgeordneten sind zusätzlich Art. 46 Abs. 3 u. 4, beim BPräs. Art. 60 Abs. 4 zu beachten. Schließlich betrifft Art. 18 inländische juristische Personen, soweit diese nach Art. 19 Abs. 3 Grundrechtsträger sein können und nicht Art. 9 Abs. 2 und Art. 21 Abs. 2 vorgehen. Das gilt auch für juristische Personen mit Sitz in der EU.[54]

---

[49] BVerfGE 124, 300 (328 ff. Rn. 24 ff.); kritische Stimmen aus der Lit. dazu etwa *Volkmann* JZ 2010, 209, 212; *Lepsius* Jura 2010, 527; *Martini* JöR 59 (2011), 279 (294 f.).

[50] Bislang hat das BVerfG in den wenigen einschlägigen Verfahren die Frage, ob überhaupt ein Missbrauch vorliegt, offengelassen, BVerfGE 11, 282 (282 f.); 38, 23 (25).

[51] S. auch *von Coelln* in Stern/Becker Rn. 9.

[52] *Brenner* in MKS Rn. 41 ff.; *Dürig/Klein* in Maunz/Dürig Rn. 29; *Pagenkopf* in Sachs Rn. 10; *Schmitt Glaeser,* Mißbrauch und Verwirkung von Grundrechten im politischen Meinungskampf, 1968, 116 f.; *Schnelle,* Freiheitsmissbrauch und Grundrechtsverwirkung. Versuch einer Neubestimmung von Artikel 18 GG, 2014, 57 f.

[53] Vgl. *Dürig/Klein* in Maunz/Dürig Rn. 26; *Brenner* in MKS Rn. 24.

[54] *Dürig/Klein* in Maunz/Dürig Rn. 26.

II. Die Freiheit der Meinungsäußerung, insbes. die Pressefreiheit (Art. 5 Abs. 1), die Lehrfreiheit (Art. 5 Abs. 3), die Versammlungsfreiheit (Art. 8), die Vereinigungsfreiheit (Art. 9), das Brief-, Post- und Fernmeldegeheimnis (Art. 10), das Eigentum (Art. 14) oder das Asylrecht (Art. 16a)

12 Art. 18 regelt die verwirkbaren Grundrechte **abschließend.**[55] Mit der Reihenfolge ist keine Wertung oder Gewichtung verbunden, sie folgt nur der Aufzählung des Grundrechtskatalogs. Den Anfang macht die Freiheit der Meinungsäußerung nach Art. 5 Abs. 1. Die Pressefreiheit wird exemplarisch hervorgehoben. Daneben umfasst Art. 5 Abs. 1 aber auch noch – von Art. 18 nicht explizit genannt – die Rundfunk- und Filmfreiheit sowie die Informationsfreiheit. Presse, Rundfunk und Film – heute auch das Internet – teilen zwar das Charakteristikum, spezifische Medien der Meinungsvermittlung zu sein. [56] Vom Normzweck her (Agitation gegen die freiheitlich demokratische Grundordnung) lassen sich alle Kommunikationsgrundrechte unabhängig von ihrer jeweiligen Mediengebundenheit einbeziehen. Dem steht indes der klare Wortlaut und der Charakter von Art. 18 als restriktiv zu handhabende Ausnahmevorschrift entgegen.[57] Für die Informationsfreiheit nach Art. 5 Abs. 1 S. 1 Hs. 2[58] steht das ohnehin außer Zweifel. Geschützt wird die Eigeninformation des Rezipienten aus allgemein zugänglichen Quellen und damit kein Tun, das „zum Kampfe gegen die freiheitliche demokratische Grundordnung" missbraucht werden könnte. Soweit keine kommunikative Beeinflussung anderer stattfindet, ist die bloße Rezeption von Informationen – selbst wenn sie einen demokratiefeindlichen Inhalt hätten – unschädlich. [59]

13 Verwirkbar ist weiterhin die Lehrfreiheit (Art. 5 Abs. 3). Hingegen werden die Forschungs- und die Kunstfreiheit nicht von Art. 18 umfasst. Der „wissenschaftlich verbrämte Kampf gegen die Verfassung" erscheint als besonders problematisch, „wenn er sich der akademischen Lehre bedient".[60] Freilich zeigt das Beispiel der Kunstfreiheit auch, dass Art. 18 nicht alle potenziell gefährlichen Spielarten politischer Kommunikation erfasst. Auch über das Medium der Kunst können verfassungsfeindliche politische Ideen öffentlichkeitswirksam vermittelt werden, das Werben für eine antidemokratisch-autoritäre politische Ordnung kann außerdem im Gewand der Religion auftreten oder sich auf die Gewissensfreiheit berufen.[61] Art. 18 erfasst also nicht alle Gefahren des Politisch-Kämpferischen. Die Norm denkt vielmehr auch vom **Menschenwürdegehalt** einer Freiheitsbetätigung her, um der Verwirkbarkeit Grenzen zu ziehen.

14 Mit Blick auf die **Vereinigungsfreiheit** ist Art. 18 unklar gefasst, denn der Klammerzusatz erfasst Art. 9 insgesamt und damit möglicherweise auch die **Koalitionsfreiheit** als Spezialfall der **Vereinigungsfreiheit.** Ob das gewollt ist[62], erscheint von ihrem Schutzgegenstand her fraglich, dessen hohen Wert Art. 9 Abs. 3 S. 3 unterstreicht. Ausdrücklich erfasst Art. 18 mit

---

[55] Oben → Rn. 10.
[56] Vgl. *Matz* JöR nF 1 (1951), 172; *von Coelln* in Stern/Becker Rn. 11.
[57] *Wittreck* in Dreier Rn. 38.
[58] *Jarass* in Jarass/Pieroth Rn. 6.
[59] BVerfGE 27, 71 (78 ff.); 27, 88 (99 ff.); 33, 52 (65 ff.); 124, 300 (332).
[60] *von Coelln* in Stern/Becker Rn. 11.
[61] *Dürig/Klein* in Maunz/Dürig Rn. 34.
[62] So *von Coelln* in Stern/Becker Rn. 13; *Stern,* Staatsrecht III/2, 960.

der Eigentumsgewährleistung des Art. 14 die planmäßige Ausnutzung wirtschaftlicher Verfügungsbefugnisse – und damit wirtschaftlicher Macht – zum Kampf gegen die freiheitliche demokratische Grundordnung.[63] Nicht umfasst ist das Erbrecht, da es sich nicht etwa als ein Spezialfall der Eigentumsfreiheit deuten lässt.[64] Schließlich führt der Katalog aus Art. 18 noch das **Asylrecht** an (Art. 16a). Dessen Verwirkung würde aber nicht nur die Missbrauchsgefahr verhindern, sondern den Asylanspruch de facto wegfallen lassen. Das heißt aber nicht, dass damit eine sofortige Abschiebung möglich wäre. Zum einen ist Art. 16a heute weithin unionsrechtlich überformt; selbst wenn sein Schutzanspruch wegfällt, bleibt es beim unionsrechtlich gebotenen Schutz.[65] Zum anderen stünde dem völkerrechtlich u. U. das Refoulement-Verbot entgegen.[66] Auch Art. 1 Abs. 1 (ebenso wie Art. 2 Abs. 2) ergänzt den Schutz aus Art. 16a, wenn etwa Todesstrafe, Folter oder unmenschliche Behandlung drohen.[67] So bliebe selbst bei einer Verwirkung von Art. 16a der Flüchtlingsschutz in seinen menschenwürderelevanten Dimensionen erhalten.[68]

Die AfD brachte am 27.9.2018 einen Gesetzentwurf ein, in dem sie die Änderung des Grundgesetzes (19/4484) forderte.[69] Auch die **ungestörte Religionsausübung** (Art. 4 Abs. 2) sollte verwirkt werden können. Bisher ist sie in der Aufzählung der verwirkbaren Grundrechte nicht enthalten. Der Gesetzesentwurf wurde mit den Stimmen der Fraktionen CDU/CSU, SPD, FDP, DIE LINKE und BÜNDNIS 90/DIE GRÜNEN gegen die Stimmen der Fraktion der AfD abgelehnt. Auch wenn in Zeiten des religiös-fundamentalistisch motivierten Terrorismus Religionsfreiheit nicht mehr nur als selbstverständliches Identitätsmerkmal freiheitlicher Verfassungsstaatlichkeit, sondern auch als Gefahr für diese gilt[70], stehen ihr hoher Menschenwürdegehalt und ihr Charakter als Ausprägung des Persönlichkeitsrecht – woran der Mensch (nicht) glaubt, ist für seine Identität bestimmend – der Verwirkungsmöglichkeit auch *de constitutione ferenda* entgegen.[71] 15

[63] Ebenso *Brenner* in MKS Rn. 37. Eine dem politischen Meinungskampf dienende Funktion schreibt *Schmitt Glaeser* der Eigentumsfreiheit zu: Missbrauch und Verwirkung von Grundrechten im politischen Meinungskampf, 1968, 120 ff.; *Schmitt Glaeser* in Merten/Papier Grundrechts-HdB III, § 74 Rn. 23.

[64] *von Coelln* in Stern/Becker Rn. 14; anders *Jarass* in Jarass/Pieroth Rn. 5 f., *Butzer* in BeckOK GG Rn. 8.1.

[65] Art. 16a → Rn. 14.

[66] Art. 16a → Rn. 8.

[67] *Wittreck* in Dreier, Art. 16a, Rn. 5, Rn. 9.

[68] *Dreier* in Dreier, Art. 1 Abs. 1, Rn. 164 f.

[69] Abrufbar unter www.bundestag.de/dokumente/textarchiv/2018/kw39-de-grundrechtsverwirkung-568892 (6.3.2020).

[70] *Sacksofsky* bzw. *Möllers* VVDStRL 68 (2009), 7 ff. bzw. 42 ff.; siehe auch *Nussbaum,* Die neue religiöse Intoleranz. Ein Ausweg aus der Politik der Angst, 2014.

[71] Vgl. *Schnelle,* Freiheitsmissbrauch und Grundrechtsverwirkung. Versuch einer Neubestimmung von Artikel 18 GG), 2014, 132. Historisch argumentiert der Wissenschaftliche Dienst des Deutschen Bundestags (Zur Aufnahme des Grundrechts der ungestörten Religionsausübung in die Verwirkungsregelung des Art. 18 GG), WD 3 – 3000 – 221/17, 2017, 4 f., abrufbar unter www.bundestag.de/resource/blob/538912/c6a02428fef8ff61f191e7ea-eb6ed973/WD-3–221-17-pdf-data.pdf (6.4.2020): Die Religionsfreiheit sei bewusst ausgelassen worden, um keine Wiederbelebung des „Kulturkampfs" (als Lehre aus dem Kaiserreich) herbeizuführen bzw. dieser nicht erneut Gefahr zu laufen. AA *Pagenkopf* in Sachs Rn. 10a; *von Coelln* in MSKB BVerfGG § 39 Rn. 17: „Sofern man das Instrument der Grundrechtsverwirkung in Zukunft wieder zur Bekämpfung von Verfassungsfeinden einsetzen will, wird eine Ergänzung der verwirkbaren Grundrechte unumgänglich sein. (…). (In) Zeiten zunehmender verfassungsfeindlicher Bestrebungen, die zumindest religiös verbrämt,

III. Zum Kampfe gegen die freiheitliche demokratische Grundordnung missbraucht

16 Die Auswahl der Grundrechte – und damit auch Normbereich und -zweck des Art. 18 – wird durch den Blick auf die anschließenden Tatbestandsmerkmale erklärt. „Zum Kampfe gegen die freiheitliche demokratische Grundordnung missbraucht" werden können insbesondere **Grundrechte mit zentralem Bezug zur politischen Kommunikation,** das umso mehr in öffentlicher und ggf. in organisierter Form. Das GG kennt vielfache Bezüge auf die „freiheitliche demokratische Grundordnung"[72]: Art. 11 Abs. 2, Art. 21 Abs. 2, Art. 87a Abs. 4 S. 1 und Art. 91 Abs. 1. Eine Legaldefinition dieses unbestimmten Rechtsbegriffs hält das Grundgesetz nicht vor, sondern überlässt die Konkretisierung der Rechtsprechung des BVerfG. Dieses nimmt spezifischen Bezug auf Art. 21 Abs. 2[73], geht dabei prinzipienorientiert, ein Stück weit aber auch eher beschreibend vor: „eine Ordnung, die unter Ausschluss jeglicher Gewalt- und Willkürherrschaft eine rechtsstaatliche Herrschaftsordnung auf der Grundlage der Selbstbestimmung des Volkes nach dem Willen der jeweiligen Mehrheit und der Freiheit und Gleichheit darstellt. Zu den grundlegenden Prinzipien dieser Ordnung sind mindestens zu rechnen: die Achtung vor den im Grundgesetz konkretisierten Menschenrechten, vor allem vor dem Recht der Persönlichkeit auf Leben und freie Entfaltung, die Volkssouveränität, die Gewaltenteilung, die Verantwortlichkeit der Regierung, die Gesetzmäßigkeit der Verwaltung, die Unabhängigkeit der Gerichte, das Mehrparteienprinzip und die Chancengleichheit für alle politischen Parteien mit dem Recht auf verfassungsmäßige Bildung und Ausübung einer Opposition."[74]

17 Die Interpretation des BVerfG ist im Wesentlichen auf breite, aber nicht uneingeschränkte Zustimmung gestoßen.[75] So hat der **deskriptive Charak-**

---

zum Teil aber auch religiös motiviert sind, (erscheint) zumindest die Nichtberücksichtigung der Religionsfreiheit verfassungspolitisch verfehlt."

[72] In der Literatur oft auch in der „Symbioseform" von der „freiheitlich-demokratischen" Grundordnung gebraucht.

[73] Deshalb ist der Kontext zum jüngsten NPD-Verbotsverfahren (BVerfG Urt. v. 17.1.2017 – 2 BvB 1/1399, BVerfGE 144, 20) besonders relevant, wenn es um einen Vergleich der Effektivität von Parteiverbot und Grundrechtsverwirkung geht.

[74] BVerfGE 2, 1 (12 f.); 5, 85 (140); 20, 56 (97 f.). Im NPD-Verbotsverfahren (2017) unterstreicht das BVerfG die Menschenwürde, die Demokratie und den Rechtsstaat, BVerfGE 144, 20, LS 3: „Der Begriff der freiheitlichen demokratischen Grundordnung im Sinne von Art. 21 Abs. 2 GG umfasst nur jene zentralen Grundprinzipien, die für den freiheitlichen Verfassungsstaat schlechthin unentbehrlich sind. a) Ihren Ausgangspunkt findet die freiheitliche demokratische Grundordnung in der Würde des Menschen (Art. 1 Abs. 1 GG). Die Garantie der Menschenwürde umfasst insbesondere die Wahrung personaler Individualität, Identität und Integrität sowie die elementare Rechtsgleichheit. b) Ferner ist das Demokratieprinzip konstitutiver Bestandteil der freiheitlichen demokratischen Grundordnung. Unverzichtbar für ein demokratisches System sind die Möglichkeit gleichberechtigter Teilnahme aller Bürgerinnen und Bürger am Prozess der politischen Willensbildung und die Rückbindung der Ausübung der Staatsgewalt an das Volk (Art. 20 Abs. 1 und 2 GG). c) Für den Begriff der freiheitlichen demokratischen Grundordnung sind schließlich die im Rechtsstaatsprinzip wurzelnde Rechtsbindung der öffentlichen Gewalt (Art. 20 Abs. 3 GG) und die Kontrolle dieser Bindung durch unabhängige Gerichte bestimmend. Zugleich erfordert die verfassungsrechtlich garantierte Freiheit des Einzelnen, dass die Anwendung physischer Gewalt den gebundenen und gerichtlicher Kontrolle unterliegenden staatlichen Organen vorbehalten ist."

[75] *Stern,* StaatsR I, 1984, Rn. 568 ff. mwN; *Schnelle,* Freiheitsmissbrauch und Grundrechtsverwirkung. Versuch einer Neubestimmung von Artikel 18 GG, 2014, 59 f.

ter des Definitionsansatzes ebenso zur Kritik geführt[76] wie der Befund, es handle sich um eine Zusammenstellung höchst heterogener und verschiedenen kategorialen Ebenen angehörender Grundsätze.[77] Zudem sei die Umschreibung einem stetigen Wandel der Zeit unterworfen, sie könne die herrschenden Auffassungen und somit die Machtstellung der Herrschenden begünstigen und aufgrund ihrer strukturellen Offenheit den Willen der Mehrheit überpointieren.[78] Weiterhin wird – gerade mit Blick auf Art. 79 – diskutiert, ob die vom BVerfG aufgelisteten grundlegenden Ordnungsprinzipien um die übrigen Staatsstrukturprinzipien (das Sozialstaatsprinzip, das Republikprinzip und das Bundesstaatsprinzip) erweitert werden sollten, wohingegen die parlamentarische Verantwortlichkeit der Regierung nicht zum zwingenden *acquis démocratique* gehöre.[79] So berechtigt all diese Monita sein mögen, gilt doch auch umgekehrt: Die beklagte **strukturelle Offenheit** ist schon deshalb nötig, um auf immer neue (strukturelle) Gefährdungslagen reagieren zu können. Dass daraus eine Wertetyrannei der Mehrheit wird, verhindert schon der demokratischer Herrschaftsorganisation immanente Gedanke des Minderheitenschutzes.[80]

Auch der Begriff des Kampfes ist nicht eindeutig bestimmt, impliziert aber **18**
eine **„besondere Gefährlichkeit der Freiheitsausübung"** bzw. ihres Ziels.[81] Damit ist eine spezifische Finalität verbunden: In nachhaltig-aggressiver Form soll auf eine Beeinträchtigung der freiheitlichen demokratischen Grundordnung oder gar deren Beseitigung hingearbeitet werden. Und der Kampf setzt entsprechend aggressionstaugliche – also jedenfalls nicht evident ungeeignete oder wirkungslose – Mittel voraus, die ebenso planvoll wie zweckbezogen zum Einsatz kommen sollen. Neben der Mittelauswahl können offene Aggression und Gewaltanwendung, aber auch bloße Gewaltandrohungen oder Aufstachelung zur Gewaltausübung ein Indiz für den Kampf sein.[82] Als **präventive Verfassungsschutzbestimmung** setzt Art. 18 jedenfalls schon im Vorfeld konkreter Gefahren an. Es genügt, dass bei ex ante Betrachtung plausibel angenommen werden kann, dass der betroffene Grundrechtsträger in seinem „Kampf gegen die freiheitliche demokratische Grundordnung" entschlossen vorgehen wird[83] und sein Verhalten bereits eine nachhaltige und noch andauernde Gefährlichkeit zeigt.[84] Mit anderen Worten: Es kommt auf die Gefährlichkeit des Verhaltens, nicht den Eintritt der gefahrbedingten Beeinträchtigung an.

Der Missbrauchstatbestand ist eng mit dem Kampf bzw. kämpferischen **19**
Vorgehen verbunden. „Grundrechtsmissbrauch" setzt also den Grundrechtsgebrauch – bezogen auf die explizit genannten Grundrechte – vo-

[76] *Schmitt Glaeser* in Merten/Papier HStR III, § 74 Rn. 7.
[77] *Ridder,* Die soziale Ordnung des Grundgesetzes, 1975, 64.
[78] *Schnelle,* Freiheitsmissbrauch und Grundrechtsverwirkung. Versuch einer Neubestimmung von Artikel 18 GG, 2014, 60 mwN.
[79] *Denninger,* Freiheitliche demokratische Grundordnung, 1977, 65 ff.; *Schmitt Glaeser,* Mißbrauch und Verwirkung von Grundrechten im politischen Meinungskampf, 1968, 47 ff.; *Stern,* StaatsR I, 1984, Rn. 564 ff.
[80] Mehrheit entscheidet, aber nicht ohne Grenzen, dazu Art. 20 → Rn. 53, 612.
[81] *Vöneky* in BK Rn. 49.
[82] *Vöneky* in BK Rn. 49; weiterhin *Brenner* in MKS, Art. 18 Rn. 31; vgl. auch *Schmitt Glaeser,* Mißbrauch und Verwirkung von Grundrechten im politischen Meinungskampf, 1968, 135 ff.; *Schmitt Glaeser* in Merten/Papier Grundrechts-HdB III, § 74 Rn. 18, 24.
[83] Wiederum *Vöneky* in BK Rn. 50.
[84] BVerfGE 11, 282 (282 f.); 38, 23 (23 ff.).

raus[85]. Das allein genügt aber nicht, wenn der kämpferische Gebrauch nicht eine eindeutige Finalität hat: Die missbrauchten Freiheiten müssen zum Kampf gegen die freiheitliche demokratische Grundordnung eingesetzt werden.[86] Insofern ist der Missbrauch weniger eine gesondertes Tatbestandsmerkmal, sondern ein spezifischer **Modus der Tatbestandsverwirklichung.**[87] Schließlich gilt es, das Objekt des Missbrauchs präzise zu bestimmen. Es ist nicht das jeweilige Grundrecht, es ist die von seinem Schutzbereich umfasste Freiheit.[88] Streng genommen kann Grundrechtsgebrauch niemals Freiheitsgebrauch aber sehr wohl missbräuchlich sein.

IV. Verwirkt diese Grundrechte. Die Verwirkung und ihr Ausmaß werden durch das Bundesverfassungsgericht ausgesprochen

20 Missbrauchsfolge ist die Verwirkung der Grundrechte, die aber nicht *ipso facto* eintritt, sondern ein kompliziertes Verfahren voraussetzt. Dieses regelt Art. 18 S. 2 i. V. m. §§ 36 ff. BVerfGG. Das **Entscheidungsmonopol** liegt, ebenso wie im Parteiverbotsverfahren nach Art. 21 Abs. 2, beim **Bundesverfassungsgericht.** Zuständig ist gem. § 14 Abs. 2 BVerfGG der Zweite Senat. Auf diese Weise wird die „Exzeptionalität der Norm (…) prozedural abgesichert" und so möglichem Missbrauch, insbesondere durch die Exekutive, vorgebeugt.[89] Einen ähnlichen Schutzzweck verfolgt überdies der zweistufige Verfahrensaufbau. Dem Haupt- wird ein Vorverfahren vorgeschaltet[90], in dessen Verlauf der Betroffene bereits rechtliches Gehör findet und unzulässige bzw. unzureichende Anträge frühzeitig verworfen werden können.[91] Darüber hinaus ist dem BVerfG mit der Entscheidung über das Ausmaß der Verwirkung auch die Festlegung konkreter Beschränkungen zugewiesen (§ 39 Abs. 1 BVerfGG).[92] Die Verwirkungsentscheidung wirkt konstitutiv und ex nunc.[93]

21 **Entscheidung und Verfahren** vor dem BVerfG sind einfachgesetzlich in §§ 36–41 BVerfGG näher geregelt.[94] Das Verfahren ist als Antragsverfahren ausgestaltet. Es wird nicht von Amts wegen eingeleitet, sondern nur auf einen Antrag des BT, der BReg. oder einer Landesregierung (§ 36 BVerfGG), der wiederum im Ermessen dieser Organe liegt.[95] Ist der Antrag aber erst einmal

---

[85] *Schnelle,* Freiheitsmissbrauch und Grundrechtsverwirkung. Versuch einer Neubestimmung von Artikel 18 GG, 2014, 71 mwN.

[86] *Wittreck* in Dreier Rn. 47; *Vöneky* in BK Rn. 52.

[87] *Schnelle,* Freiheitsmissbrauch und Grundrechtsverwirkung. Versuch einer Neubestimmung von Artikel. 18 GG, 2014, 71; s. auch *Pagenkopf* in Sachs Rn. 11.

[88] *Vöneky* in BK Rn. 53: Ein Missbrauch der Grundrechte sei schon konzeptionell schwer vorstellbar, wenn ein maßgeblicher Grundrechtsstatus der abwehrrechtliche ist. Weiterhin *Schnelle,* Freiheitsmissbrauch und Grundrechtsverwirkung. Versuch einer Neubestimmung von Artikel 18 GG, 2014, 78.

[89] *Vöneky* in BK Rn. 57; vgl. ferner *Huber* in Merten/Papier, Hdb der GR II, § 49, Rn. 57.

[90] *Schnelle,* Freiheitsmissbrauch und Grundrechtsverwirkung. Versuch einer Neubestimmung von Artikel 18 GG, 2014, 91 ff.

[91] *Vöneky* in BK Rn. 58.

[92] BVerfGE 10, 118 (122); s. noch *Schmitt Glaeser,* Mißbrauch und Verwirkung von Grundrechten im politischen Meinungskampf, 1968, 171, 224 ff.

[93] Grundsätzlich diskutiert bei *Schnelle,* Freiheitsmissbrauch und Grundrechtsverwirkung. Versuch einer Neubestimmung von Artikel 18 GG, 2014, 97 ff.; zu Art. 21 Abs. 2 vgl. nur BVerfGE 107, 339 (362).

[94] Zu Einzelheiten *von Coelln* in MSKB BVerfGG § 36 Rn. 10; *Brenner* in MKS Rn. 59 ff.; *Huber* in Merten/Papier Grundrechts-HdB II, § 49 Rn. 55 ff.

[95] BVerfGE 5, 85 (113, 129); 39, 334 (359 f.), beide zu Art. 21 Abs. 2; *Stern* FG BVerfG I, 1976, 194 (201 f.). Einzelheiten zum Verfahrensablauf bei *Vöneky* in BK Rn. 60 ff.

gestellt, muss es von Amts wegen durchgeführt werden. Dabei gilt der Amtsermittlungsgrundsatz (§ 26 Abs. 1 BVerfGG). Für das Ausmaß der Verwirkung setzen §§ 39 u. 40 BVerfGG den einfachgesetzlichen Rahmen. So stellt das BVerfG bei begründetem Antrag fest, welche Grundrechte der Antragsgegner verwirkt hat (§ 39 Abs. 1 S. 1 BVerfGG). Es kann ihm nach Art und Dauer genau bezeichnete Beschränkungen auferlegen. Diese bilden ihrerseits die Ermächtigungsgrundlage für die zur Ausführung zuständigen Verwaltungsbehörden. § 39 Abs. 2 BVerfGG wirkt gegenüber § 39 Abs. 1 S. 3 BVerfGG als *lex specialis.* Juristische Personen können, jedenfalls bei Verwirkung der Vereinigungsfreiheit und unter strenger Beachtung des Übermaßverbots nach § 39 Abs. 2 BVerfGG, sogar aufgelöst werden.[96] Weitere von der Norm vorgesehene Nebenfolgen der Verwirkungsentscheidung sind die Aberkennung des Wahlrechts, der Wählbarkeit und der Fähigkeit zur Bekleidung öffentlicher Ämter.[97]

Die Entscheidung des BVerfG über die Verwirkung führt zur **„Begrenzung“** des subjektivrechtlichen Grundrechtsstatus. Die Verwirkung ist auf die explizit in Art. 18 genannten Grundrechte beschränkt. Für eine extensive Auslegung oder analoge Anwendung besteht kein Anlass. Als „Sondernorm in einer grundrechtsbasierten Ordnung“ muss Art. 18 vielmehr eng ausgelegt werden, um die „Menschenrechtskonformität der Norm selbst zu erhalten“.[98] Umstritten ist aber, ob das Grundrecht als solches oder nur das Recht zu seiner Geltendmachung verwirkt ist, ob sich also der Betroffene lediglich nicht mehr auf sein Recht berufen kann oder ob es ihm aberkannt wird.[99] Die Differenzierung mag spitzfindig und praxisfern wirken, ist aber angesichts des im Grundgesetz angelegten Menschenrechtskonzepts von zentraler Bedeutung.[100] Dem Staat sind die Menschenrechte vor- und aufgegeben, er erfindet und verleiht sie nicht bloß (vgl. Art. 1 Abs. 2), sondern steht instrumental im Dienst dessen, was „unverletzlich“ und „unveräußerlich“ ist. Worüber er – jedenfalls im relevanten Menschenwürdekern respektive Wesensgehalt (Art. 19 Abs. 2) – nicht verfügen kann, dessen **Verwirkung in der Substanz** kann der Staat auch nicht anordnen – wohl aber die **missbräuchliche Ausübung** verhindern.[101] Überdies kann, schon von der Logik der Verwirkung her, ein „verwirktes Grundrecht“ keine Schutzplicht des Staates zugunsten desjenigen begründen, der dieses Recht verwirkt hat.[102] **22**

Zwischen dem Missbrauch der grundrechtlichen Freiheit und der Verwirkungssanktion besteht notwendig ein funktionaler Zusammenhang. Der Ausspruch der Verwirkung und seine Folgen müssen strikt missbrauchsbezogen bleiben. Jede weiter Ausgrenzung aus der Rechtsgemeinschaft würde deren konstitutiver Idee widersprechen, die eine Rechtlos-Stellung nicht **23**

---

[96] *Vöneky* in BK Rn. 60 ff, Rn. 90.

[97] *Vöneky* in BK Rn. 90.

[98] *Vöneky* in BK, Rn. 81.

[99] Zum Streit *Schnelle,* Freiheitsmissbrauch und Grundrechtsverwirkung. Versuch einer Neubestimmung von Artikel 18 GG, 2014, 214, die die erste Position vertritt; siehe auch *Huber* in Merten/Papier Grundrechts-HdB II, § 49 Rn. 55; *von Coelln* in MSKB BVerfGG § 39 Rn. 23.

[100] Auch Art. 20 Abs. 1 des Entwurfs von Herrenchiemsee sprach deshalb nur davon, dass, wer Grundrechte missbraucht, das Recht verwirkt, sich auf diese zu berufen, Nachweise bei *Dürig/Klein* in Maunz/Dürig Rn. 1.

[101] *Brenner* in MKS Rn. 51.

[102] *Stern,* Staatsrecht III/2, 966. Zur Diskussion um die objektive-rechtliche „Fortwirkung“ eines „verwirkten Grundrechts“ s. *Huber* in Merten/Papier, Grundrechts-HdB II, § 49 Rn. 61; *Vöneky* in BK Rn. 104 mwN.

erlaubt. Weder kann noch will die Verwirkung die Stellung als Rechtssubjekt aufkündigen, es geht ihr in sachlicher Hinsicht vielmehr allein um **die Verhinderung einer ideologisch-politisch motivierten Pervertierung grundrechtlicher Freiheit.**[103] Das heißt aber noch lange nicht, dass jedes politische Verhalten des von der Verwirkungsentscheidung Betroffenen vom Grundrechtsschutz ausgenommen wäre.[104] Die Missbrauchsentscheidung meint auch keine Pönalisierung – über eine eventuelle Strafbarkeit ist nach den einschlägigen strafrechtlichen Vorschriften zu entscheiden –, sondern sie dient dem Schutz der Verfassung, wirkt präventiv, nicht repressiv.[105]

24 Damit beinhaltet der Verwirkungsausspruch immer eine **Prognoseentscheidung.** Sie operiert notwendig mit Ungewissem und hängt deshalb von Einschätzungen ab, die immer auch fehl gehen können. Dass der Verfassungsstaat Ungewissheiten in sein Kalkül nehmen und im Wissen um ihre Fehlbarkeit einen rechtlichen Rahmen für Prognosen setzen muss, ist aus dem Polizei- und Sicherheitsrecht hinlänglich bekannt. Solche Prognosen müssen an eine hinreichende Tatsachengrundlage anknüpfen – vorliegend die Missbrauchshandlungen – und das Übermaßverbot wahren.[106] Der Missbrauch ist also Anlass des Verfahrens, zugleich Grundlage für die Prognoseentscheidung und begründet respektive begrenzt darüber hinaus die Verwirkungsentscheidung nebst der daraus notwendig werdenden Folgemaßnahmen.

25 Dass die Verwirkungsentscheidung auf die Katalogrechte aus Art. 18 begrenzt ist, wurde schon ausgeführt.[107] Damit ist aber noch keine letztverbindliche Aussage über eine potenzielle **„Ausstrahlungswirkung"** – oder gar nur mögliche Reflexe – auf in Art. 18 nicht genannte Grundrechtsbereiche getroffen.[108] Jedenfalls liefe es dem Schutzzweck der Norm zuwider, wenn eine Verwirkung eines ausdrücklich in Art. 18 genannten Grundrechts nur deswegen ausgeschlossen wäre, weil dadurch notwendig andere Grundrechte berührt sind (etwa Meinungsäußerungen, die die Religionsfreiheit berühren, Varianten der Vereinigung, die die Berufsfreiheit berühren etc.).[109] Verwirkungsfolgen, die andere Grundrechte zwar mit beeinträchtigen, aber verhältnismäßig sind, lassen sich rechtfertigen.[110] So lebt auch die allgemeine Handlungsfreiheit (Art. 2 Abs. 1) nicht etwa als Auffanggrundrecht zum Schutz jenes missbräuchlichen Verhaltens wieder auf, das zu einer Verwirkung von Art. 8 Abs. 1 und Art. 9 Abs. 1 geführt hat.

26 Der **exekutive Vollzug** der Verwirkungsentscheidung ist gesetzlich nicht näher ausgestaltet. Die Exekutive bleibt dabei selbstverständlich grundrechts- und rechtsstaatsgebunden. Es gilt der Vorbehalt des Gesetzes.[111] Damit stellt sich aber ein ganz praktisches Problem: Ein hinreichend umfassendes und

---

[103] Vgl. nur *Dürig/Klein* in Maunz/Dürig Rn. 16 f.; *Brenner* in MKS Rn. 8; *Brenner* DÖV 1995, 60 (63); *Huber* in Merten/Papier Grundrechts-HdB II, § 49 Rn. 56; *Jarass* in Jarass/Pieroth Rn. 6; *Schmitt Glaeser* in Merten/Papier Grundrechts-HdB III, § 74 Rn. 30.

[104] Weitgehend wohl *Dürig/Klein* in Maunz/Dürig Rn. 16 f., 70 ff.

[105] BVerfGE 11, 282 (283) – Gefährlichkeit des Antraggegners für die Zukunft als Voraussetzung; ebenso BVerfGE 38, 23 (24); 9, 162 (165); 107, 339 (368), für Art. 21 Abs. 2.

[106] Zum Übermaßverbot allg. *Jarass* in Jarass/Pieroth Art. 20 Rn. 117.

[107] Oben Rn. 21.

[108] *Dürig/Klein* in Maunz/Dürig Rn. 30 ff.; *von Coelln* in Stern/Becker Rn. 16. Die Rechtsprechung des ist nicht eindeutig: BVerfGE 10, 118 (122); 25, 88 (96 f.).

[109] *Vöneky* in BK Rn. 82.

[110] *Vöneky* in BK Rn. 82; ferner *Jarass* in Jarass/Pieroth Rn. 6.

[111] Vgl. *Enders* in Epping/Hillgruber Rn. 17.1; *Huber* in Merten/Papier Grundrechts-HdB II, § 49 Rn. 61; *Schmitt Glaeser,* Mißbrauch und Verwirkung von Grundrechten im politischen Meinungskampf, 1968, 232 mwN.

zugleich hinreichend bestimmtes Gesetz, das alle denkbaren Verwirkungskonstellationen erfasst, bliebe ohne den Rückgriff auf vage Generalklauseln kaum realisierbar[112] und liefe Gefahr, zu einer schwer überschaubaren Kasuistik zu führen.[113] Eine Parallele zu den sog. Warnfällen – Warnungen der Exekutive vor gesundheitsschädlichen Lebensmitteln[114] oder als jugendgefährdend eingestuften religiösen Gruppierungen (Sekten)[115] – liegt nahe. Weil eine umfassende gesetzliche Grundlage für alle Warnungsvarianten schlicht nicht realisierbar ist, argumentiert das BVerfG mit einer verfassungsunmittelbaren Ermächtigungsgrundlage (konkret: spezifischen, der Bunderegierung zugewiesenen Exekutivbefugnissen). Eine solche Ermächtigungsgrundlage hält für die Verwirkung Art. 18 S. 2 ebenfalls verfassungsunmittelbar vor.[116] Die verfassungsgerichtliche Verwirkungsanordnung fungiert als deren Konkretisierung.[117]

Dass eine solche Konkretisierungsbefugnis über die regulären Aufgaben und Kompetenzen des BVerfG hinausgreift, ist nicht von der Hand zu weisen, liegt aber in der Natur der Sache begründet. Sein grundrechtsschonend gedachtes Verwerfungsmonopol rückt das BVerfG, wie auch bei Art. 21 Abs. 2, in eine vom Aufgabenprofil her typische Exekutivposition. Bei der Konkretisierung der verfassungsunmittelbaren Ermächtigungsgrundlage muss es noch dazu legislativnah arbeiten. Nur ein strengster Verhältnismäßigkeitsmaßstab kann einer solch gewaltenverschränkenden Konstellation gerecht werden, in der Entscheidungs- und Kontrollinstanz zusammenfallen. Wie bei Art. 21 Abs. 2 gibt es eben nur diese eine Instanz. Ihr, der „least dangerous branch"[118], hat der Verfassunggeber die **exzeptionelle Entscheidung** bewusst anvertraut und am ehesten zugetraut. Und wie bei Art. 21 Abs. 2 sorgen die Einbindung der Bundesrepublik in die EMRK und der EGMR menschenrechtssensibel dafür, dass der staatliche Kontrolleur nicht ohne überstaatliche Kontrolle bleibt. 27

C. Verhältnis zu anderen Vorschriften

I. Verhältnis zu anderen Vorschriften des GG und zum Landesverfassungsrecht

Mit Blick auf **politische Parteien** ist Art. 21 Abs. 2 *lex specialis.*[119] Es gilt streng zu trennen, ob ein grundrechtsmissbräuchliches Verhalten einem Einzelnen oder einer Organisation zugerechnet werden muss, ganz unabhängig davon, ob der Einzelne dieser Organisation angehört oder nicht.[120] Den Einzelnen kann ein Verwirkungsverfahren nur wegen ihm individuell zurechenbarer Handlungen treffen. Ist eine Partei nicht nach Art. 21 Abs. 2 für verfassungswidrig erklärt worden, dürfen an eine sich im Rahmen des allgemein Erlaubten bewegende parteipolitische Betätigung des Einzelnen Parteimit- 28

[112] Wiederum *Schmitt Glaeser,* Mißbrauch und Verwirkung von Grundrechten im politischen Meinungskampf, 1968, 230 f.
[113] So schon *Stern* FG BVerfG I, 1976, 194 (218).
[114] BVerfGE 105, 252 – Glykol.
[115] BVerfGE 105, 279 – Osho.
[116] *Stern* FG BVerfG I, 1976, 194 (217 f.); *Brenner* in MKS Rn. 18 ff., insbes. Rn. 20: „verfassungsimmanente Grundrechtsschranke und -prägung".
[117] Vgl. *Hesse,* Grundzüge des Verfassungsrechts, 1999, Rn. 712.
[118] *Bickel,* The Least Dangerous Branch, 2. Aufl. 1986.
[119] BVerfGE 25, 44 (59 f.); Art. 21 → Rn. 96.
[120] BVerfGE 12, 296 (305 ff.); 25, 44 (56 ff.); 47, 130 (139 ff.).

glieds keine Rechtsnachteile geknüpft werden.[121] Ist eine Partei demgegenüber für verfassungswidrig erklärt worden, stehen die Verwirkungsgrenzen aus Art. 18 Normen, die auf die Parteiorganisation bezogenes Verhalten sanktionieren, nicht entgegen.[122]

29 Die Beurteilung des Verhältnisses von **Art. 18 zu Art. 9 Abs. 2** hängt zunächst davon ab, ob die Begriffe der **„verfassungsmäßigen Ordnung"** und der **„freiheitlichen demokratischen Grundordnung"** kongruent sind.[123] Das vorausgesetzt, bezieht sich Art. 9 Abs. 2 auf den Schutz der Vereinigung selbst, während Art. 18 die individuelle Grundrechtsausübung betrifft.[124] Wie schon mit Blick auf Art. 21 Abs. 2 gilt es zwischen Organisationsverhalten und Individualverhalten zu differenzieren. Ist letzteres ausschlaggebend, steht Art. 9 Abs. 2 einem Verwirkungsverfahren nicht entgegen. Im umgekehrten Fall ist der Grundrechtsstatus des Einzelnen von einem Verbot der Vereinigung nach Art. 9 Abs. 2 (mit-)betroffen, soweit es gerade um das vereinigungsbezogene Handeln geht.[125] Gegen die Vereinigung selbst kann auch ein Verfahren nach Art. 18 eingeleitet werden, sofern keine behördliche Verbotsverfügung ergangen ist.[126] Sind Vereinigungen allerdings bereits gem. Art. 9 Abs. 2 verboten, kann Art. 18 nicht mehr greifen.[127] Geht es also um ein Verbot und die Auflösung einer Vereinigung, so ist Art. 9 Abs. 2 gegenüber Art. 18 *lex specialis.*

30 Das Verhältnis von **Art. 19 Abs. 2 und Art. 18** bereitet nur demjenigen Schwierigkeiten, der entgegen der hier vertretenen Auffassung die Verwirkung als „Voll-Verwirkung" ansieht. Da die Garantie des Wesensgehalts gerade ausschließt, dass der Einzelne seiner grundrechtlich gesicherten Freiheit beraubt wird – nur die Möglichkeit ihrer Ausübung hat er verwirkt –, kann es auch zu keinem Normkonflikt kommen. Art. 19 Abs. 2 und Art. 18 stehen vielmehr nebeneinander.

31 Von dem Verwirkungsausspruch des BVerfG werden **inhaltsgleiche Grundrechte der Landesverfassungen** mitumfasst.[128] Einem Landesverfassungsgericht steht eine sich aus der Landesverfassung ergebende Kompetenz zu Verwirkungsentscheidungen[129] nur hinsichtlich der Grundrechte der Landesverfassung zu. Die praktische Bedeutung ist gering und auf jenen Gehalt beschränkt, der über den der Grundrechte des Grundgesetzes hinausgeht.[130]

---

[121] StRspr, BVerfGE 12, 296 (305 ff.); 17, 155 (166 f.); 47, 130 (139 ff.). Anders gelagert ist der Fall freilich, wenn der Einzelne zwar Mitglied einer Partie ist, sein grundrechtsmissbräuchliches Verhalten aber entweder mit der Parteiarbeit gar nichts zu tun hat oder so weit über das Parteiübliche hinausweist, dass von dem, was das BVerfG im Rahmen von Art. 21 Abs. 2 für noch verfassungskonform gehalten hat, nicht mehr gedeckt wird.

[122] BVerfGE 25, 44 (56 ff.); 25, 69 (77 f.); 25, 79 (86 f.); 25, 88 (98, 100); zum Mandatsverlust von Abgeordneten bei einer Verfassungswidrigkeit nach Art. 21 BVerfGE 2, 1 (74); inzwischen gesetzlich geregelt in § 46 Abs. 1 S. 1 Nr. 5 BWG.

[123] So *Dürig/Klein* in Maunz/Dürig Rn. 57; Art 9 → Rn. 91.

[124] Vgl. *Dürig/Klein* in Maunz/Dürig Rn. 117 bzw. Rn. 115, wo die Unterscheidung des Adressatenkreises beider Normen dargelegt wird.

[125] S. auch BVerfGE 80, 244.

[126] Anders *Schmitt Glaeser,* Mißbrauch und Verwirkung von Grundrechten im politischen Meinungskampf, 1968, 238 ff.

[127] BVerfGE 13, 174 (177).

[128] Vgl. die ausführliche Darstellung bei *Brenner* in MKS Rn. 80 ff.; aA *von Coelln* in Stern/Becker Rn. 33 f.

[129] Als Verwirkungs- oder verwirkungsähnliche Regelungen s. Art. 37 VvB, Art. 17, 18, 146 Abs. 2 HessVerf., Art. 10 SaarlVerf.

[130] Teils anders *Schmitt Glaeser,* Mißbrauch und Verwirkung von Grundrechten im politischen Meinungskampf, 1968, 276 f.

D. Kritische Würdigung

Art. 18 hat primär appellativen Charakter. Dass er bisher ohne größere praktische Relevanz geblieben ist und noch nie zum „Verwirkungserfolg" geführt hat, spricht weniger gegen eine Regelungsnotwendigkeit für den Extremfall als vielmehr für die Stabilität der freiheitlichen und demokratischen Grundordnung, die Art. 18 schützen will. Im Gesamtgefüge einer abwehrbereiten Demokratie bleibt die Norm von – nicht nur symbolischer – Relevanz. Sie zeigt, dass eine freie politische Gemeinschaft den „Feinden der Freiheit" deren **Freiheit in der Substanz** zwar nicht nimmt, sehr wohl aber einer **missbräuchlichen Ausübung** entschlossen entgegentritt.[131] Diese Entschlossenheit lebt in der Praxis freilich von deutlich niedrigschwelligeren Instrumenten vom Vereinsverbot über die Begrenzung von *„Hate Speech"* bis hin zu den strafrechtlichen Staatsschutzdelikten. Der Katalog der verwirkbaren Grundrechte ist bewusst restriktiv gehalten. Dabei sollte es auch zukünftig bleiben. 32

Literatur

A. v.* Arnauld,** Die Freiheitsrechte und ihre Schranken, 1999. – ***O. Backes, Rechtsstaatsgefährdungsdelikte und Grundgesetz, 1970. – ***Ch. Bamberger,*** Verfassungswerte als Schranken vorbehaltloser Freiheitsgrundrechte. Vom Verfassungs- zum Gegenseitigkeitsvorbehalt, 1999. – ***H. Bethge,*** Grundrechtswahrnehmung, Grundrechtsverzicht, Grundrechtsverwirkung in J. Isensee/P. Kirchhof, HdbStR IX, 3. Aufl. 2011, 1111. – ***H. Butzer/M. Clever,*** Grundrechtsverwirkung nach Art. 18 GG: Doch eine Waffe gegen politische Extremisten? DÖV 1994, 673. – ***H. Copic,*** Grundgesetz und politisches Strafrecht neuer Art, 1967. – ***E. Denninger*** (Hrsg.), Freiheitliche demokratische Grundordnung, 2 Bände, 1977. – ***E. Denninger,*** Der Schutz der Verfassung in BMV VerfassungsR-HdB, § 16. – ***G. Dürig,*** Die Verwirkung von Grundrechten nach Art. 18 des Grundgesetzes JZ 1952, 513. – ***R. Echterhölter,*** Zur Problematik des Art. 18 GG JZ 1953, 656. – ***H.-U. Gallwas,*** Der Mißbrauch von Grundrechten, 1967. – ***F. Ginthum,*** Der Missbrauch mit dem Missbrauch – Art. 18 GG, die Verwirkung von Grundrechten und die grundrechtsimmanente Missbrauchsschranke, FoR 1999, 125. – ***A. Hatje,*** Der Grundrechtsmissbrauch im Unionsrecht – Zum Anwendungsbereich und der praktischen Bedeutung von Art. 54 der Grundrechte-Charta der Europäischen Union ZÖR 2018, 583. – ***E. M. Schnelle,*** Freiheitsmissbrauch und Grundrechtsverwirkung. Versuch einer Neubestimmung von Artikel 18 GG, 2014. – ***J. Iliopoulos-Strangas,*** Der Mißbrauch von Grundrechten in der Demokratie, 1989. – ***J. Isensee,*** Verfassungsnorm in Anwendbarkeitsnöten: Art. 18 des Grundgesetzes in FG f. K. Graßhof, 1998, 289. – ***M. Klamt,*** Die Europäische Union als streitbare Demokratie – Rechtsvergleichende und europarechtliche Dimensionen einer Idee, 2012. – ***H. Krüger,*** Mißbrauch und Verwirkung von Grundrechten DVBl 1953, 97. – ***J. Lameyer,*** Streitbare Demokratie, 1978. – ***J. Lameyer,*** Streitbare Demokratie JöR NF 30 (1981), 147. – ***G. Lautner,*** Die freiheitliche demokratische Grundordnung, 1982. – ***A. Menzel,*** Grundfragen der Verwirkung, dargestellt insbesondere anhand des öffentlichen Rechts, 1987. – ***P. Lerche,*** Das Asylrecht ist unverwirkbar in FS f. Arndt 1969, 199. – ***H.-J. Papier/W. Durner,*** Streitbare Demokratie AöR 128 (2003), 340. –

[131] Auf eine mögliche Kehrseite verweist *Brenner* in MKS Rn. 15: „Dass der Vorschrift [Art. 18] auch die Gefahr innewohnt, zu Zwecken eines populistischen Scheinaktivismus der Regierung instrumentalisiert zu werden, und zudem die mit der Einleitung eines Verwirkungsverfahrens auch der Bekanntheitsgrad politischer Extremisten gesteigert werden mag, stellt die Kehrseite der Norm dar (…). Er fährt aber sogleich fort, diese Kehrseite könne aber wohl kaum als eine ernsthafte Schwäche interpretiert werden, zumal sich diese Gefahren in der Vergangenheit nicht verwirklicht haben."

H. H. Rupp, Bemerkungen zur Verwirkung von Grundrechten (Art. 18 GG) in FS f. Küchenhoff, 1972, 653. – ***A. Sattler,*** Die rechtliche Bedeutung der Entscheidung für die streitbare Demokratie, 1982. – ***U. Scheuner,*** Der Verfassungsschutz im Bonner Grundgesetz in FG f. Kaufmann, 1950, 313. – ***A. K. Struth,*** Hassrede und Freiheit der Meinungsäußerung. Der Schutzbereich der Meinungsäußerungsfreiheit in Fällen demokratiefeindlicher Äußerungen nach der Europäischen Menschenrechtskonvention, dem Grundgesetz und der Charta der Grundrechte der Europäischen Union, 2019. – ***W. Schmitt Glaeser,*** Missbrauch und Verwirkung von Grundrechten im politischen Meinungskampf, 1968. – ***M. Schmitt Glaeser,*** Grundrechtsverwirkung, in: D. Merten/H.-J. Papier, Handbuch der Grundrechte in Deutschland und Europa III, 2006, 749. – ***K. Stern,*** Verfahrensrechtliche Probleme der Grundrechtsverwirkung in FG BVerfG I, 1976, 194. – ***R. Stettner,*** Verfassungsdogmatische Erwägungen zur Grundrechtsverwirkung DVBl. 1975, 801. – ***Ch. Walter,*** Gibt es einen Ausschluss aus der Rechtsgemeinschaft?, in: E. Klein/Ch. Menke (Hrsg.), Der Mensch als Person und Rechtsperson, 2011, 203. – ***D. Wilke,*** Die Verwirkung der Pressefreiheit und das strafrechtliche Berufsverbot, 1964. – ***G. Willms,*** Art. 18 GG und der strafrechtliche Staatsschutz NJW 1964, 225.

Art. 19 [Einschränkung und Wesensgehalt von Grundrechten; Anwendbarkeit auf jur. Personen; Rechtsweggarantie]

(1) [1] Soweit nach diesem Grundgesetz ein Grundrecht durch Gesetz oder auf Grund eines Gesetzes eingeschränkt werden kann, muß das Gesetz allgemein und nicht nur für den Einzelfall gelten. [2] Außerdem muß das Gesetz das Grundrecht unter Angabe des Artikels nennen.

(2) In keinem Falle darf ein Grundrecht in seinem Wesensgehalt angetastet werden.

(3) Die Grundrechte gelten auch für inländische juristische Personen, soweit sie ihrem Wesen nach auf diese anwendbar sind.

(4) [1] Wird jemand durch die öffentliche Gewalt in seinen Rechten verletzt, so steht ihm der Rechtsweg offen. [2] Soweit eine andere Zuständigkeit nicht begründet ist, ist der ordentliche Rechtsweg gegeben. [3] Artikel 10 Abs. 2 Satz 2 bleibt unberührt.

Paulskirchenverfassung von 1849

Abschnitt VI.

§ 130. Dem deutschen Volke sollen die nachstehenden Grundrechte gewährleistet sein. Sie sollen den Verfassungen der deutschen Einzelstaaten zur Norm dienen, und keine Verfassung oder Gesetzgebung eines deutschen Einzelstaates soll dieselben je aufheben oder beschränken können.

Abschnitt VI. Artikel X

§ 182. Die Verwaltungsrechtspflege hört auf; über alle Rechtsverletzungen entscheiden die Gerichte. […]

Weimarer Reichsverfassung von 1919

Art. 107. Im Reiche und in den Ländern müssen nach Maßgabe der Gesetze Verwaltungsgerichte zum Schutze der einzelnen gegen Anordnungen und Verfügungen der Verwaltungsbehörden bestehen.

Übersicht

A. Allgemeine Bedeutung

1 Art. 19 schließt als **Konglomerat** aus sehr unterschiedlichen Verfassungsaussagen mit Grundrechtsbezug den Grundrechtsteil des GG ab.[1] Nur Abs. 4, die Rechtsweggarantie, die im Falle der Rechtsverletzung durch die öffentliche Gewalt den Rechtsweg eröffnet, ist selbst ein **Grundrecht** (→ Rn. 98). Das Einzelfallgesetzverbot und das Zitiergebot in Abs. 1 sowie die Wesensgehaltgarantie in Abs. 2 fungieren als **Schranken-Schranken,** schränken also die

[1] *Lege* in HdbGR III § 66 Rn. 1 spricht von einem „Schlusspunkt unter dem Grundrechtsteil.".

Möglichkeit des Staates in Grundrechte einzugreifen weiter ein.[2] Abs. 3 hingegen erweitert – unter bestimmten Bedingungen – den persönlichen Anwendungsbereich der Grundrechte auf juristische Personen. Alle Regelungen des Art. 19 sind Ausdruck des Bestrebens des Verfassungsgebers die Grundrechte effektiv abzusichern.[3] Die in Art. 19 zusammengefassten Bestimmungen sind gleichwohl **disparat,**[4] geregelt werden unterschiedlich gelagerte Sachverhalte.

I. Genese

1. Allgemeinheitspostulat (Abs. 1 S. 1). Die in Art. 19 Abs. 1 S. 1 zum Ausdruck kommende Idee der Allgemeinheit der Gesetze lässt sich **ideengeschichtlich** bis in die Antike zurückverfolgen, ist also nicht nur ein Kind der Neuzeit.[5] Allerdings besteht bereits auf struktureller Ebene ein Allianz zwischen der Allgemeinheit der Gesetze und demokratischer Herrschaft. Deshalb weist das in Art. 19 Abs. 1 S. 1 statuierte Allgemeinheitspostulat (oder, negativ gewendet, das Verbot von Einzelfallgesetzen) einen engen Zusammenhang zum Prinzip der **Volkssouveränität** (vgl. Art. 20 Abs. 2) auf.[6] Es ist sicher kein Zufall, dass der volonté générale und das allgemeine Gesetz schon bei *Rousseau* miteinander verkoppelt werden.[7] Die „Allgemeinheit der Urheberschaft" und die „Allgemeinheit der Adressatenschaft" sind nicht nur strukturanalog, sie bedingen einander.[8] Demokratie fordert nicht nur die Formierung des Allgemeinwillens in geordneten und transparenten Wahl- und Rechtsetzungsverfahren, sondern auch die „Herrschaft gleicher Rechte".[9] Eine Gesellschaftsordnung, die die Egalität der Gruppenmitglieder zur Voraussetzung hat,[10] kann in der Ausübung des (vermittelten) Volkswillens nicht dauerhaft dieser Prämisse widersprechen.[11] 2

Streitig diskutiert wird die Frage, inwieweit das Allgemeinheitspostulat auch als Reaktion auf die **Rechtsetzung** im **Nationalsozialismus** zu ver- 3

[2] AllgA siehe nur *Enders* in BeckOK GG Rn. 2, 14, 21; *Lege* in HdbGR III § 66 Rn. 1; *Remmert* in Maunz/Dürig Vor Art. 19 Rn. 1.

[3] Siehe etwa *Remmert* in Maunz/Dürig Vor Art. 19 Rn. 3 f., 6; *Roellecke* in Umbach/Clemens Art. 19 Abs. 1 – 3 Rn. 3.

[4] *Krebs* in v. Münch/Kunig, 6. Aufl. 2012, Rn. 1 spricht davon, dass die Bestimmung „ganz heterogener Natur" sei; ebenso: *Remmert* in Maunz/Dürig Vor Art. 19 Rn. 3.

[5] So bereits *C. Schmitt,* Verfassungslehre, 1928 (11. Aufl. 2017), 139 f.

[6] In diese Richtung auch *Dreier* in Dreier Art. 19 Abs. 1 Rn. 1; *Hufeld* in BK Art. 19 Abs. 1 Rn. 52 ff.

[7] So versteht *Rousseau,* Gesellschaftsvertrag, 1758 (2004), S. 40 f., das Gesetz als das entscheidende Mittel der Selbstregierung: „Aber wenn das ganze Volk über das ganze Volk bestimmt, betrachtet es nur sich selbst, und wenn sich dann eine Beziehung bildet, bildet sie sich zwischen dem ganzen Gegenstand unter einem Gesichtspunkt und dem ganzen Gegenstand unter einem anderen Gesichtspunkt ohne irgendeine Teilung des Ganzen. Dann ist die Sache, über die man bestimmt, so allgemein wie der Wille, der bestimmt. Diesen Akt nenne ich Gesetz." und fährt fort: „[…]; mit einem Wort, jede Amtshandlung, die sich auf einen individuellen Gegenstand bezieht, gehört nicht zur gesetzgebenden Gewalt."

[8] *Hufeld* in BK Art. 19 Abs. 1 Rn. 52 f.

[9] Bereits *Tocqueville,* Über die Demokratie in Amerika, 1835 (1997), 44 bemerkt: „Ich sehe nur zwei Möglichkeiten, wie man die Gleichheit in der Politik zur Herrschaft bringen kann: man muß entweder jedem Bürger Rechte geben oder keinem." Mit Blick auf *Tocqueville* spricht *Menke* in Demmerling/Rentsch Die Gegenwart der Gerechtigkeit, 142 (150 f.) von „der Herrschaft gleicher Rechte".

[10] BVerfGE 144, 20 (208, Rn. 542): „Demokratie ist die Herrschaftsform der Freien und Gleichen."

[11] Deutlich weniger klar ist hingegen, inwieweit die Herausbildung der modernen Nationalstaaten bereits der Idee der Gesetzesallgemeinheit Vorschub leistet. Dafür wohl: *G. W. F. Hegel,* Grundlinien der Philosophie des Rechts, 1821 (1972), § 273, der sowohl die gesetzgebende als auch die Regierungsgewalt in Bezug auf „das Allgemeine" bestimmt.

stehen ist. Während einige dies als selbstverständlich annehmen,[12] verweisen andere darauf, dass das Allgemeinheitspostulat erst relativ spät Eingang in die Beratungen zum GG gefunden habe[13]. Ein Stein des Anstoßes ist hier die Frage, inwieweit von einem „Missbrauch des parlamentarischen Gesetzes"[14] im Nationalsozialismus die Rede sein kann.[15] Unabhängig davon liegt es nahe, das Allgemeinheitsstatut auch als Reaktion auf die (rassistischen) Diskriminierungen im Nationalsozialismus aufzufassen.[15a]

4 **2. Zitiergebot (Abs. 1 S. 2).** Das **Zitiergebot** des Art. 19 Abs. 1 S. 2, also die Pflicht, im grundrechtsbeschränkenden Gesetz selbst die eingeschränkten Grundrechte und „ihre" Artikel im GG zu nennen, kann anders als das Verbot von Einzelfallgesetzen nicht auf eine lange ideengeschichtliche Traditionslinie zurückgeführt werden,[16] was angesichts seines formalen Charakters (→ Rn. 32) auch kaum verwunderlich ist.

5 Sowohl das **Verbot von Einzelfallgesetzen** als auch das **Zitiergebot** sind erst relativ spät in die Beratungen zum GG eingeflossen. Eine mit dem Allgemeinheitspostulat sowie dem Zitiergebot vergleichbare Regelung enthält seit 1946 die Hessische Verfassung,[17] die insoweit als Inspirationsquelle fungierte.[18] Am 13.12.1948 wurden im Parlamentarischen Rat beide Regelungen durch den allgemeinen Redaktionsausschuss als Art. 20c Abs. 1 vorgeschlagen.[19] Es folgte eine Kontroverse,[20] die sich in erster Linie um die Frage drehte, ob der Gesetzgeber – vor allem durch das Zitiergebot – nicht zu stark eingeschränkt würde, und im Ergebnis zugunsten der Aufnahme der beiden Bestimmungen in die Verfassung entschieden wurde[21].

6 **3. Wesensgehaltsgarantie (Abs. 2).** Die Idee des Schutzes eines **Kernbereichs der Grundrechte,** wie sie sich nunmehr in Art. 19 Abs. 2 findet, ist schon in der Weimarer Staatsrechtslehre erörtert worden.[22] *C. Schmitt* nahm in seiner Verfassungslehre nicht nur für die von ihm entwickelte Figur

---

[12] *Stern* FS 50 Jahre BVerfG, Bd. II, 1 (27); siehe auch *Huber* in MKS Rn. 3.

[13] So *Dreier* in Dreier Art. 19 Abs. 1 Rn. 5.

[14] So *Huber* in MKS, 6. Aufl. 2010, Rn. 3.

[15] Insoweit zu Recht kritisch *Dreier* in Dreier Art. 19 Abs. 1 Rn. 5 (Fn. 14).

[15a] Siehe *Huber* in MKS Rn. 3.

[16] Zum verfassungshistorischen Hintergrund siehe *Roellecke* in Umbach/Clemens Art. 19 Abs. 1 – 3 Rn. 2; *Dreier* in Dreier Art. 19 Abs. 1 Rn. 4.

[17] Art. 63 Abs. 2 S. 1 HessVerf lautet: Gesetz im Sinne solcher grundrechtlichen Vorschriften ist nur eine vom Volk oder von der Volksvertretung beschlossene allgemeinverbindliche Anordnung, die ausdrücklich Bestimmungen über die Beschränkung oder Ausgestaltung des Grundrechts enthält.

[18] Siehe *Stern,* StaatsR III/2, 1994, § 83 I.4.61.

[19] Siehe Deutscher Bundestag/Bundesarchiv, Der Parlamentarische Rat 1948–1949, Bd. 7, 1995, 133 (144). Die Gründe für die Aufnahme dieser Bestimmungen liegen im Dunkeln, weil die Arbeit des Allgemeinen Redaktionsausschusses nicht protokolliert wurde. Siehe *Remmert* in Maunz/Dürig Art. 19 Abs. 1 Rn. 5.

[20] Siehe Deutscher Bundestag/Bundesarchiv, Der Parlamentarische Rat 1948–1949, Bd. 5/II, 910 (951 f.); Bd. 14/II, 2009, 1379 (1433 ff.), 1459 (1501 f.) (in den beiden letzten Debatten war vor allem das Zitiergebot der Stein des Anstoßes).

[21] Deutscher Bundestag/Bundesarchiv, Der Parlamentarische Rat 1948–1949, Bd. 14/II, 2009, 1379 (1436), 1459 (1502). *Dreier* in Dreier Art. 19 Abs. 1 Rn. 5 weist darauf hin, dass das Zitiergebot hiernach nur noch redaktionelle Änderungen erfuhr. Diese finden sich in Deutscher Bundestag/Bundesarchiv, Der Parlamentarische Rat 1948–1949, Bd. 7, 1995, 218 f., 346, 402, 446, 501. Zusammenfassung der Diskussionen bei *Stern,* StaatsR III/2, 1994, § 83 I., II. 1. und III. 1.

[22] Kurze Zusammenfassung der Diskussion bei *Enders* in BeckOK GG Rn. 19 und *Leisner-Egensperger* HdbGR III § 70 Rn. 1 f.; siehe auch *Huber* in MKS Rn. 104 und *Stern,* StaatsR III/2, 1994, § 85 I. 1.

der institutionellen Garantien (hierunter fasste er etwa die Ehe und die kommunale Selbstverwaltung), sondern auch für die seiner Ansicht nach „echten", dh individuellen, Grundrechte an, dass sie nicht beseitigt werden dürften.[23] In der Weimarer Republik wurde also schon vorgedacht, was dann 1949 Teil der Verfassung werden sollte.

Die Aufnahme einer Garantie, die den „Kern" der jeweiligen Grundrechte schützen soll, findet sich zudem bereits in einigen Landesverfassungen, die vor dem GG in Kraft traten[24] Die **Wesensgehaltsgarantie** des Art. 19 Abs. 2 ist in der Sache bereits in Art. 21 Abs. 4 S. 2 HChE vorgeschlagen worden. Ferner proklamierte Art. 21 Abs. 1 HChE: „Die Grundrechte dürfen nicht beseitigt werden. Auf ein solches Ziel gerichtete Anträge sind unzulässig." Der im HChE angedachte Wesensgehaltsschutz bezog sich nicht nur auf Grundrechtseinschränkungen, sondern auch auf gesetzliche Ausgestaltungen der Grundrechte.[25] Im Vergleich mit den heute in Abs. 1 zum Schutz der Grundrechte niedergelegten Regelungen (Verbot der Einzelfallgesetze sowie Zitiergebot) wurde die Wesensgehaltsgarantie im Parlamentarischen Rat deutlich weniger kritisch gesehen.[26] Es kam insoweit zu keiner ausführlichen Diskussion,[27] weshalb die Verfassungsgenese kaum Anhaltspunkte für die Auslegung der Norm liefert[28]. 7

4. Grundrechtsberechtigung juristischer Personen des Privatrechts (Abs. 3). In der deutschen[29] Verfassungsgeschichte gab es vor dem Erlass des GG zwar vereinzelte, punktuelle Aussagen zur Grundrechtsfähigkeit juristischer Personen,[30] aber **keine dem Art. 19 Abs. 3 vergleichbare Bestimmung,** auch nicht in der WRV.[31] Am ehesten entsprach dem noch § 93 Abs. 1 der Bayerischen Verfassung von 1919, der auch juristischen Personen die Beschwerdebefugnis bei der Verletzung verfassungsmäßiger Rechte zusprach und mit dieser prozessualen Regelung eine materielle Grundrechtsberechtigung voraussetzte.[32] In der damaligen Staatsrechtslehre war die Frage der Grundrechtsberechtigung für juristische Personen umstritten, wobei ne- 8

[23] *C. Schmitt,* Verfassungslehre, 1928 (11. Aufl. 2017), 170 ff.; zusammenfassend: *Stern,* StaatsR III/2, 1994, § 85 I. 5. a) ff., der auch auf andere Autoren der Weimarer Staatsrechtslehre verweist.

[24] Siehe den Überblick bei *Remmert* in Maunz/Dürig Art. 19 Abs. 2 Rn. 11 sowie *Stern,* StaatsR III/2, 1994, § 85 I. 1., der darüber hinaus auf Art. 28 der argentinischen Verfassung v. 1853 verweist, der eine ähnliche Garantie enthielt.

[25] *Remmert* in Maunz/Dürig Art. 19 Abs. 2 Rn. 5.

[26] Siehe etwa die Äußerungen von *v. Mangoldt* wiedergegeben in Deutscher Bundestag/Bundesarchiv, Der Parlamentarische Rat 1948–1949, Bd. 5/I, 1993, 117 (119): „Es fehlt dann noch ein wichtiger Grundsatz des Herrenchiemseer Entwurfs, der auch formuliert werden müßte, nämlich der Grundsatz, daß alle diese Grundrechte durch die durch Gesetz vorgesehenen Beschränkungen nicht in ihrer Substanz angegriffen werden dürfen." (ähnliche Formulierungen auf [150]).

[27] *Stern,* StaatsR III/2, 1994, § 85 I. 4., wo auch die Normgenese im Parlamentarischen Rat nachgezeichnet wird.

[28] *Huber* in MKS Rn. 108; *Leisner-Egensperger* HdbGR III § 70 Rn. 3; *Stern,* StaatsR III/2, 1994, § 85 II. 1.

[29] Zur Situation in den USA, Frankreich, Österreich und der Schweiz *Kahl/Hilbert* in BK Rn. 121 ff.; *Dreier* in Dreier Rn. 8.

[30] Vgl. die Zusammenstellung bei *Remmert* in Maunz/Dürig Rn. 2; *Kahl/Hilbert* in BK Rn. 128 ff.

[31] *Dreier* in Dreier Rn. 10; *de Wall* in BerlKomm Rn. 5; *Remmert* in Maunz/Dürig Rn. 4.

[32] *Dietmair,* Die juristische Grundrechtsperson des Art. 19 Abs. 3 im Licht der gesellschaftlichen Entwicklung, 1988, 106 f.; zurückhaltend *Stern,* StaatsR III/1, 1988, 1093.

ben pauschaler Ablehnung und Annahme auch schon die wesensmäßige Anwendbarkeit diskutiert wurde.[33]

9 Im **HChE** fand der Gehalt des Art. 19 Abs. 3 noch keine Entsprechung, wohl aber in einer Ergänzung zu den Bayerischen Leitgedanken für die Schaffung eines GG.[34] Im Parlamentarischen Rat wurde ein erster Entwurf mit einer anfänglichen Beschränkung auf Körperschaften und Anstalten mit eigener Rechtspersönlichkeit später ausgedehnt, um mit dem Begriff der juristischen Person potenziell solche des privaten wie öffentlichen Rechts abzudecken und etwa auch die Stiftung zu erfassen; zugleich wurde die Textfassung auf inländische juristische Personen beschränkt.[35] Daneben wurde das ursprüngliche Konzept einer enumerativen Aufzählung erfasster Grundrechte zugunsten der generalklauselartigen Regelung in Form der wesensmäßigen Anwendbarkeit aufgegeben.[36] Die so beschlossene Fassung ist bis heute unverändert.

10 **5. Rechtsweggarantie (Abs. 4).** Im **19. Jahrhundert** bestand der Schutz der Bürger gegen Verwaltungshandeln noch in Form der Verwaltungsrechtspflege in einem **verwaltungsinternen Rechtsschutzsystem,** das zwar justizähnliche Strukturen aufwies, aber von der Verwaltung selbst durchgeführt wurde.[37] Die Paulskirchenverfassung von 1849 bestimmte in § 182, dass die Verwaltungsrechtspflege enden und fortan die Gerichte über Rechtsverletzungen entscheiden sollten, doch trat die Verfassung nicht in Kraft und diese Forderung realisierte sich nicht.[38] Gleichwohl führten einzelne Länder des Deutschen Reichs die **Verwaltungsgerichtsbarkeit iS einer gerichtlichen Kontrolle** in der Folgezeit ein[39] und Art. 107 der Weimarer Reichsverfassung formulierte den Auftrag an den Gesetzgeber, Verwaltungsgerichte zu schaffen, wobei darunter überwiegend behördliche Einrichtungen verstanden wurden, die zwar sachlich, nicht aber personell unabhängig waren.[40]

---

[33] Zu letzterem *Gebhard,* Handkommentar zur Verfassung des Deutschen Reichs vom 11.8.1919, 1932, 444; allgemein zum Stand der damaligen Diskussion *Oechsle,* Zur wesensmäßigen Anwendung, 1960, 6 ff.; *Schmidt,* Grundrechte und Nationalität, 1966, 22 f.; *Dietmair,* Die juristische Grundrechtsperson des Art. 19 Abs. 3 im Licht der gesellschaftlichen Entwicklung, 1988, 102 ff. Vgl. auch *Dreier* in Dreier Rn. 10; *Remmert* in Maunz/Dürig Rn. 5 f. jeweils mwN.

[34] Deutscher Bundestag/Bundesarchiv, Der Parlamentarische Rat 1948–1949, Bd. 2, 1981, 47.

[35] Vgl. die Begründung des Allgemeinen Redaktionsausschusses, Deutscher Bundestag/Bundesarchiv, Der Parlamentarische Rat 1948–1949, Bd. 7, 1995, 217 f.; vgl. auch *Remmert* in Maunz/Dürig Rn. 11 f.; *Kahl/Hilbert* in BK Rn. 141 f., 144; *Sachs* in Sachs Rn. 4.

[36] Vgl. *Remmert* in Maunz/Dürig Rn. 11 f.; *Kahl/Hilbert* in BK Rn. 142.

[37] *Rüfner,* Verwaltungsrechtsschutz in Preußen von 1749 bis 1842, 1962, S. 131 ff.; *Weiß* in Weiß, Rechtsschutz als Element von Rechtsstaatlichkeit, 2011, 9 (17 ff.); *Schulze-Fielitz* in Dreier Rn. 4; *Schenke* in BK Rn. 7; vgl. *Rüfner,* Verwaltungsrechtsschutz in Preußen von 1749 bis 1842, 1962, 119 ff. Zur früheren Entwicklung *Schenke* in BK Rn. 1 ff.

[38] Vgl. *Ladenburger* Der Staat 41 (2002), 407; *Sydow* VerwArch 92 (2001), 389; *Stern,* StaatsR III/2, 1994, 1213; *Schlacke,* Überindividueller Rechtsschutz, 2008, 32 ff.

[39] In Baden wurde 1863 die Verwaltungsgerichtsbarkeit eingeführt, in Preußen 1872, in Hessen 1874, in Württemberg 1876 und in Bayern 1878, vgl. *Rüfner* in Jeserich/Pohl/von Unruh Deutsche Verwaltungsgeschichte Bd. III, 1984, 909 (915 ff.); *Sydow,* Die Verwaltungsgerichtsbarkeit des ausgehenden 19. Jahrhunderts, 2000, 55 ff.; *Sydow* VerwArch 92 (2001), 389 (401 ff.).

[40] *Weiß* in Weiß Rechtsschutz als Element von Rechtsstaatlichkeit, 2011, 9 (31 f.); *Schenke* in BK Rn. 19; *Schulze-Fielitz* in Dreier Rn. 3. Nach 1933 wurden zuerst die Kontrollmöglichkeiten der Verwaltungsgerichtsbarkeit im Hinblick auf politische Akte beschnitten und später weite Teile der Verwaltungsgerichtsbarkeit durch das Instrument der Verwaltungsbeschwerde ersetzt, bei dem die Beschwerdebehörde maßgebliche Entscheidungsbefug-

Mit Art. 19 Abs. 4 S. 1 gewährleistet das GG nun die Möglichkeit des gerichtlichen Rechtsschutzes gegen Maßnahmen der öffentlichen Gewalt, ohne dies aber zwingend mit einer **eigenständigen Verwaltungsgerichtsbarkeit** zu verbinden, auch wenn diese bei Erlass des GG schon weitgehend verwirklicht und präsent war.[41] Nach S. 2 ist subsidiär die ordentliche Gerichtsbarkeit zuständig, um die Rechtsschutzmöglichkeiten nicht durch Kompetenzunklarheiten zu belasten.[42] Mit dieser Gewährleistung realisierte sich eine traditionell rechtsstaatliche Forderung, die zuvor unerfüllt geblieben war.[43] S. 3, der von diesem Prinzip gerichtlichen Rechtsschutzes abweicht und die Überwachungstätigkeit der G-10 Kommission als adäquates Surrogat anerkennt (→ Rn. 180), wurde im Rahmen der sog. Notstandsverfassung 1968 aufgenommen.[44] **11**

II. Inhaltsübersicht

Das in Abs. 1 S. 1 verankerte **Allgemeinheitspostulat** sowie das in Abs. 1 S. 2 festgeschrieben **Zitiergebot** verfolgen unterschiedliche Stoßrichtungen: Während die Allgemeinheit der Gesetze einen Schutz vor Gesetzen, die nicht für alle Rechtsunterworfenen, sondern nur für bestimmte Personen oder Personengruppen gelten sollen (→ Rn. 22 ff.) intendiert, stellt das Zitiergebot dem Gesetzgeber eine „formale Hürde", die er nehmen muss, wenn er Grundrechte per Gesetz einschränken oder hierzu in einem Gesetz ermächtigen möchte (→ Rn. 32). Er muss bei grundrechtsbeschränkenden Gesetzen stets die eingeschränkten Grundrechte und „ihre" Artikel nennen. Ebenso wie die Regelungen des Abs. 1 ist auch die in Abs. 2 statuierte **Wesensgehaltsgarantie** eine **Schranken-Schranke** der Grundrechte.[45] Intendiert ist ein Schutz des materiellen Grundrechtsgehalts.[46] Hierzu wird es der öffentlichen Hand (→ Rn. 48) verboten, den Wesensgehalt eines Grundrechts anzutasten. Abs. 3 dehnt hingegen den **personellen Schutzbereich** der Grundrechte weiter aus, indem dieser auf inländische juristische Personen erstreckt wird, soweit die Grundrechte „ihrem Wesen nach" auf die juristischen Personen anwendbar sind (→ Rn. 55 ff.). Die **Rechtsschutzgarantie** des Abs. 4 hingegen eröffnet jedem den Rechtsweg, wenn er in seinen eigenen Rechten verletzt ist, statuiert also eine umfassende Rechtsschutzgarantie gegen Maßnahmen der öffentlichen Gewalt (→ Rn. 98 ff.). **12**

nis über die Zulassung des verbleibenden verwaltungsgerichtlichen Verfahrens hatte, *Schenke* in BK Rn. 22 f.

[41] *Schulze-Fielitz* in Dreier Rn. 6, 36; *Huber* in MKS Rn. 455; vgl. BVerfGE 31, 364 (368); enger *Lorenz* FS f. Menger, 1985, 143 (146). Dem lag historisch die Kontroverse zugrunde, ob Rechtsschutz durch die ordentlichen Gerichte (so zB Otto Bähr) oder im Rahmen einer eigenständigen Verwaltungsgerichtsbarkeit (so zB Rudolf von Gneist) zu gewährleisten war, vgl. *Schenke* in BK Rn. 8 f. mwN.

[42] *Sachs* in Sachs Rn. 6.

[43] Vgl. *Schulze-Fielitz* in Dreier Rn. 1.

[44] Gesetz zur Änderung des Grundgesetzes vom 24.6.1968, BGBl. I S. 709.

[45] *Huber* in MKS Rn. 113.

[46] *Huber* in MKS Rn. 112.

B. Einzelfragen

I. Allgemeinheitspostulat (Abs. 1 S. 1)

13 Bereits aus dem Status als **Schranken-Schranke** der Grundrechte (→ Rn. 1) ergibt sich, dass es dem Allgemeinheitspostulat des Art. 19 Abs. 1 S. 1 zuvörderst um einen effektiven Schutz der Grundrechte geht.[47] Art. 19 Abs. 1 S. 1 ist kein eigenes Grundrecht,[48] also nicht selbstständig rügbar[49]. Allerdings ist das Allgemeinheitspostulat **grundrechtsakzessorisch.** Wird gegen Art. 19 Abs. 1 S. 1 verstoßen, ist immer zugleich auch das Grundrecht verletzt, in das durch das Einzelfallgesetz eingegriffen wird.[50]

14 Daneben bestehen aber auch Bezüge zum **staatsorganisationsrechtlichen** Teil der Verfassung. So steht das Postulat der Allgemeinheit der Gesetze in einem engen Zusammenhang mit dem **Rechtsstaatsprinzip** sowie der **Gewaltenteilung** (→ Rn. 15). Die Formel von der „Herrschaft gleicher Rechte" (→ Rn. 2) deutet bereits einen engen Zusammenhang des Allgemeinheitspostulats mit dem **Rechtsstaatsprinzip an.**[51] Die Allgemeinheit der Gesetze nimmt – so *Forsthoff* – die „geläufige Antithese von genereller Norm und individuellem Befehl wieder auf."[52] Das Gesetz soll nicht den Einzelnen treffen, sondern abstrakt-generelle Aussagen für alle Rechtsunterworfenen beinhalten und auf diese Weise auch einen Schutz des Einzelnen bewirken.

15 Die Allgemeinheit des Gesetzes steht in einem engen Zusammenhang zur **Gewaltenteilung,**[53] geht hierin aber nicht auf. Das Allgemeinheitspostulat beschreibt zwar auch das idealtypische Verhältnis von Legislative und Exekutive: Wo die legislative Gewalt allgemeinverbindliche Sollenssätze aufstellt, werden diese von der Exekutive „konkretisiert",[54] wenngleich auch die Verwaltung abstrakt-generelle Normen erlassen darf (Rechtsverordnungen, Satzungen)[55]. Allerdings begründet die Norm **keinen allgemeinen Verwaltungsvorbehalt,** der die „konkret-individuelle Regelung" einzig der Exekutive zuweist.[56] Denn dies würde auf einen Konflikt mit der für die Grundrechtsdogmatik zentralen Lehre vom **Gesetzesvorbehalt** hinauslaufen, da diese nicht an formalen, sondern an **inhaltlichen Kriterien** ausgerichtet ist.[57] Das Allgemeinheitspostulat ist deshalb nicht so zu verstehen,

---

[47] *Hesse,* Grundzüge des Verfassungsrechts der Bundesrepublik Deutschland, 20. Aufl. 1995 (Nachdr. 1999), 148; *Remmert* in Maunz/Dürig Art. 19 Abs. 1 Rn. 16.

[48] *Remmert* in Maunz/Dürig Vor Art. 19 Rn. 4; aA *Roellecke* in Umbach/Clemens Art. 19 Abs. 1 – 3 Rn. 4.

[49] BVerfGE 117, 302 (310).

[50] *Remmert* in Maunz/Dürig Vor Art. 19 Rn. 4.

[51] *C. Schmitt,* Verfassungslehre, 1928 (11. Aufl. 2017), 139: „Gesetz ist nicht der Wille eines oder vieler Menschen, sondern etwas *Vernünftig-Allgemeines;* nicht *voluntas,* sondern *ratio.*" (Hervor. i. Org.); *Denninger* in AK Art. 19 Abs. 1 Rn. 9.

[52] *Forsthoff* in GS f. W. Jellinek, 1955, 221 (222).

[53] BVerfGE 134, 33 (87 f., Rn. 128); *Bauernfeind* DVBl. 1976, 193 (195); siehe auch *Dreier* in Dreier Art. 19 Abs. 1 Rn. 14; *Krebs* in v. Münch/Kunig, 6. Aufl. 2012, Rn. 9.

[54] Siehe wiederum *Forsthoff* in GS f. W. Jellinek, 1955, 221 (222), der von einer „konstitutive[n] Unterscheidung zwischen Normieren und Handeln" spricht.

[55] *Dreier* in Dreier Art. 19 Abs. 1 Rn. 15.

[56] *Dreier,* Hierarchische Verwaltung im demokratischen Staat, 1991, 182 ff.; *Dreier* in Dreier Art. 19 Abs. 1 Rn. 15; *Huber* in MKS Rn. 14; *Krebs* in v. Münch/Kunig, 6. Aufl. 2012, Rn. 9.

[57] Vgl. BVerfGE 134, 33 (89); *Krebs* in v. Münch/Kunig, 6. Aufl. 2012, Rn. 9; *Kunig* Jura 1993, 308 (311) spricht von „Disharmonie"; *Remmert* in Maunz/Dürig Art. 19 Abs. 1 Rn. 15.

dass es jede konkret-individuelle Regelung ausschließlich der Verwaltung überantworten möchte.[58]

1. Soweit nach diesem Grundgesetz ein Grundrecht. Die sprachliche Fassung von Art. 19 Abs. 1 S. 1 gilt als **missglückt**[59] und bezieht das Allgemeinheitspostulat nicht auf jedes, sondern nur auf das Gesetz, das im GG gewährleistete[60] Grundrechte einschränkt *oder* hierzu ermächtigt. Sofern indes die Verfassung bereits ein **absolutes Beschränkungsverbot** statuiert, bedarf es keines weiteren Schutzes durch das Verbot des Einzelfallgesetzes.[61] In diesen Fällen findet Art. 19 Abs. 1 S. 1 deshalb keine Anwendung. Erfasst sind damit diejenigen Grundrechtseinschränkungen durch oder aufgrund eines Gesetzes, für die die Verfassung einen Gesetzesvorbehalt statuiert.[62] Allerdings sollte das Allgemeinheitspostulat nicht auf diese Fälle beschränkt werden. Denn auf diese Weise würden alle Eingriffe in vorbehaltlos gewährleistete Grundrechte aus dem Anwendungsbereich von Art. 19 Abs. 1 S. 1 ausgenommen, was angesichts der vergleichbaren Strukturen und Gefährdungslagen widersinnig erscheint.[63] Dies gilt erst recht vor dem Hintergrund, dass auch vorbehaltlos gewährleistete Grundrechte durch oder aufgrund eines Gesetzes eingeschränkt werden können.[64] 16

Der **verfassungssystematische Standort** von Art. 19 Abs. 1 S. 1 wirft die Frage auf, ob sich die Bestimmung nur auf die Grundrechte des ersten Abschnitts der Verfassung bezieht oder aber alle Grundrechte und grundrechtsgleichen Rechte des GG umfasst.[65] Die Verfassungssystematik kann indes nicht der Grund sein, die Schranken-Schranke des Art. 19 Abs. 1 S. 1 nur auf die Grundrechte des ersten GG-Abschnitts zu beschränken, will doch die Norm Grundrechtsbeschränkungen im Allgemeinen einer (weiteren) Einschränkung unterwerfen.[66] 17

Eine andere Frage ist, ob das Allgemeinheitspostulat auch auf die **Ausgestaltung** von **Grundrechten** Anwendung findet. Dies wird man je nachdem, ob man von einem kategorialen oder einem fließenden Unterschied von Inhaltsbestimmungen und Grundrechtsbeschränkungen ausgeht, unterschiedlich beantworten. Da die Grenzziehung zwischen Ausgestaltung und Eingriff bei normgeprägten Grundrechten diffizil, wenn nicht gar vielfach unmöglich ist,[67] sprechen die besseren Gründe für die Einbeziehung der gesetzlichen Ausgestaltungen eines Grundrechts.[68] Hierfür spricht auch, dass 18

[58] *Dreier* in Dreier Art. 19 Abs. 1 Rn. 15; *Remmert* in Maunz/Dürig Art. 19 Abs. 1 Rn. 15.

[59] AllgA *Denninger* in AK Art. 19 Abs. 1 Rn. 11; *Dreier* in Dreier Art. 19 Abs. 1 Rn. 9; *Lege* in HdbGR III § 66 Rn. 5; *de Wall* in BerlKomm Art. 19 Abs. 1, 2 Rn. 28; *Sachs* in Sachs Rn. 20. Es müsste heißen: „[…] muß das Gesetz allgemein und darf nicht nur für den Einzelfall gelten." (siehe *Denninger* in AK Art. 19 Abs. 1 Rn. 11; dem zustimmend: *Huber* in MKS Rn. 47; *Dreier* in Dreier Art. 19 Abs. 1 Rn. 9).

[60] *Antoni* in Hömig/Wolff Rn. 2 Landesgrundrechte bleiben außer Betracht.

[61] *Dreier* in Dreier Art. 19 Abs. 1 Rn. 12.

[62] Siehe bereits BVerfGE 24, 367 (396); 25, 371 (398).

[63] *Dreier* in Dreier Art. 19 Abs. 1 Rn. 11; *Hufeld* in BK Art. 19 Abs. 1 Rn. 7; *Jarass* in Jarass/Pieroth Rn. 1.

[64] BVerfGE 32, 98 (107 f.); 33, 23 (29); 41, 29 (50 f.); 52, 223 (246 f.); 93, 1 (21); 108, 282 (297), 138, 296 (333) (Glaubensfreiheit); 30, 173 (192); 83, 130 (142) (Kunstfreiheit).

[65] Siehe bereits *Scheffler,* Schutz der Grundrechte vor gesetzlichen Einzeleingriffen, 1981, 149 ff.; siehe auch *Huber* in MKS Rn. 36 ff.

[66] Wie hier: *Huber* in MKS Rn. 37; einschränkend hingegen: *Remmert* in Maunz/Dürig Art. 19 Abs. 1 Rn. 34.

[67] Siehe *Wieland* in Dreier Art. 14 Rn. 92.

[68] So im Ergebnis auch *Huber* in MKS Rn. 114.

das BVerfG Inhalts- und Schrankenbestimmungen des Eigentums in stRspr am Verhältnismäßigkeitsgrundsatz misst,[69] also die (aufgrund der Normgeprägtheit des Grundrechts notwendige) Ausgestaltung des Eigentums wie einen Eingriff in dieses behandelt.

19 Streitig diskutiert wird die Frage, ob auch **Gleichheitsgrundrechte** vom Anwendungsbereich des Art. 19 Abs. 1 S. 1 umfasst sind. Hiergegen wird mit Recht die im Vergleich mit Freiheitsgrundrechten andere Grundstruktur ins Feld geführt.[70] Im Ergebnis dürfte für Art. 19 Abs. 1 S. 1 im Rahmen von Gleichheitsrechten auch deshalb kein Raum mehr sein, weil diese bereits die Konstellation erfassen, die auch das Allgemeinheitspostulat ins Visier nimmt, nämlich die nicht auf Sachgründen basierende Ungleichbehandlung von Gleichem (→ Rn. 30).

20 Unklar ist, ob das Verbot des Einzelfallgesetzes auch auf das **Leistungshandeln** des Staates Anwendung finden soll. Sowohl die sprachliche Fassung der Bestimmung als auch ihre *Ratio* sprechen gegen dieses Verständnis.[71] Das Allgemeinheitspostulat adressiert eine besondere grundrechtliche Gefährdungslage, nämlich den Grundrechtseingriff, nicht aber die Ungleichbehandlung im Rahmen der Leistungsverwaltung.

21 **2. Durch Gesetz oder auf Grund eines Gesetzes eingeschränkt werden kann.** Die Einschränkungen der Grundrechte müssen durch oder aufgrund eines Gesetzes erfolgen. „Gesetz" ist insoweit formal zu verstehen: Gemeint ist das **formelle Parlamentsgesetz.**[72] Unerheblich ist, ob das vom GG gewährleistete Grundrecht von einem Landes- oder vom Bundesgesetzgeber beschränkt wird.[73] Aus dem Anwendungsbereich ausgeschieden sind damit aber von vornherein alle anderen abstrakt-generellen Rechtssätze, wie Rechtsverordnungen oder Satzungen.[74] Da diese im Einklang mit geltenden Gesetzen stehen müssen und die wesentlichen Entscheidungen bereits im Gesetz zu treffen sind,[75] erscheint diese Beschränkung des Anwendungsbereichs der Vorschrift nicht weiter problematisch.

22 **3. Muss das Gesetz allgemein und nicht nur für den Einzelfall gelten.** Die Norm formuliert dieselbe Aussage **einmal positiv** („muss das Gesetz allgemein") und **einmal negativ** („nicht nur für den Einzelfall").[76] Inhaltlich sind diese Aussagen redundant, sie meinen dasselbe.[77] Gefordert ist, dass jedes grundrechtsbeschränkende Gesetz dem Allgemeinheitspostulat genüge trägt.[78]

---

[69] BVerfGE 58, 81 (114); 58, 137 (148); 72, 66 (77 f.); 74, 203 (214 f.); 87, 114 (138); 97, 378 (387 ff.); 98, 17 (39 f.); 101, 239 (259 ff.).

[70] So *Dreier* in Dreier Art. 19 Abs. 1 Rn. 11; *Enders* in BeckOK GG Rn. 6; *de Wall* in BerlKomm Art. 19 Abs. 1, 2 Rn. 15; aA hingegen *Sachs* in Sachs Rn. 19.

[71] *Sachs* in Sachs Rn. 18; siehe auch *Remmert* in Maunz/Dürig Vor Art. 19 Rn. 3, Art. 19 Abs. 1 Rn. 31.

[72] *Lege* in HdbGR III § 66 Rn. 12 mwN.

[73] *Krebs* in v. Münch/Kunig, 6. Aufl. 2012, Rn. 3.

[74] *Huber* in MKS Rn. 45; *Stern,* StaatsR III/2, 1994, § 83 II. 7. c).

[75] So genannte Wesentlichkeitsrechtsprechung des BVerfG. Siehe BVerfGE 34, 165 (192 f.); 49, 89 (126 f.); 61, 260 (275); 80, 124 (132); 98, 218 (251); 101, 1 (34); 108, 282 (311 f.); 123, 39 (78).

[76] *Hufeld* in BK Art. 19 Abs. 1 Rn. 16.

[77] AllgA *Dreier* in Dreier Art. 19 Abs. 1 Rn. 9; *Lege* in HdbGR III § 66 Rn. 1; *Huber* in MKS Rn. 47 („Tautologie"); *Krebs* in v. Münch/Kunig, 6. Aufl. 2012, Rn. 6; *Remmert* in Maunz/Dürig Art. 19 Abs. 1 Rn. 1; *Sachs* in Sachs Rn. 20; *de Wall* in BerlKomm Art. 19 Abs. 1, 2 Rn. 28; aA wohl *Enders* in BeckOK GG Rn. 8.

[78] Siehe nur *Enders* in BeckOK GG Rn. 1; *Huber* in MKS Rn. 47.

Hieraus ein Prüfprogramm abzuleiten bereitet indes erhebliche Schwierigkeiten, steht doch die nähere Bestimmung der Allgemeinheit (eines Gesetzes) vor der Aufgabe den Grad an Allgemeinheit allgemein zu bestimmen. Hier helfen „semantische Kraftanstrengungen"[79] nicht weiter.[80] Erforderlich ist vielmehr ein Umgang mit der Norm, der ihren Status als Schranken-Schranke der Grundrechte aufgreift.

Knüpft man die Allgemeinheit der Gesetze an die **Universalisierbarkeit der Ratio,** also die Verallgemeinerungsfähigkeit der von ihnen getroffenen Wertentscheidungen, nimmt man im Ergebnis einen Rationalitätstest vor, ist doch die allgemeine Geltung einer Aussage stark mit der Vorstellung einer allgemeinen Vernunft verknüpft.[81] Diese Perspektive bleibt wichtig, lässt sich aber nur schwer in eine verfassungsrechtliche Prüfung „übersetzen". Schließlich lässt sich fast jeder Norm ein Postulat entnehmen, dessen Grundaussage auf unterschiedliche Konstellationen bezogen, also verallgemeinert werden kann. Zudem verkennt eine derartige Herangehensweise, dass es Art. 19 Abs. 1 S. 1 in seiner Funktion als Schranken-Schranke der Grundrechte nicht allein um die Verallgemeinerbarkeit eines gesetzgeberischen Anliegens geht, sondern um die Adressierung einer „grundrechtstypischen Gefährdungslage", nämlich der gesetzgeberischen Definitionsmacht bei der Festlegung der adressierten Personenkreise.[82] 23

Die Allgemeinheit einer Norm kann sich deshalb auf zwei Dimensionen beziehen; nämlich auf ihre **sachliche** sowie ihre **personelle Ebene.**[83] Diese stehen nicht losgelöst voneinander, sondern sind interdependent zu denken. So kann eine Sachregelung, die für jedermann gilt, im Ergebnis nur bestimmte Personengruppen belasten oder privilegieren. **Zeitliche Aspekte** können ein Indiz für einen engen oder weiten Anwendungsbereich einer gesetzlichen Norm sein.[84] Das Allgemeinheitspostulat enthält aber keine Aussagen über die notwendige Geltungsdauer eines Gesetzes.[85] So kann etwa eine Gesetzesnorm, die für wenige Stunden das Tragen bestimmter Kleidungsstücke ver- oder gebietet, unproblematisch vor Art. 19 Abs. 1 S. 1 bestehen, so sie nicht bestimmte Personen oder Personengruppen benachteiligt. 24

Die hL sieht die Zielrichtung des Allgemeinheitspostulats in der Verhinderung von **personenbezogenen Gesetzen,** die Grundrechte einschränken,[86] stellt also den individuellen Schutz des Einzelnen in den Mittelpunkt und nimmt eine **negative** Bestimmung des Anwendungsbereichs vor. Verboten ist demnach das **Einzelpersonengesetz,**[87] das sich dadurch auszeich- 25

---

[79] Begriff nach *Mayer/Kollmeyer,* DVBl. 2013, 1158 (1159), die ihn freilich mit Blick auf Art. 127 Abs. 6 AEUV gebrauchen.
[80] Ebenso *Lege* in HdbGR III § 66 Rn. 105.
[81] Vgl. *Dreier* in Dreier Art. 19 Ab. 1 Rn. 1.
[82] *Huber* in MKS Rn. 49 f., 53 f.
[83] *Enders* in BeckOK GG Rn. 8; *Hufeld* in BK Art. 19 Abs. 1 Rn. 46.
[84] Siehe BVerfGE 13, 225 (229); 25, 371 (396), wo gefordert wird, dass die Rechtsfolge nicht nur einmal eintreten dürfe. Allerdings dürfte damit der Einzelfallbegriff zu weit gezogen sein, weil hiermit allein der Exekutive bestimmte – womöglich besonders grundrechtsrelevante – Fälle vorbehalten werden, deren Regelung indes in erster Linie dem Gesetzgeber überantwortet werden sollte. Näher *Dreier* in Dreier Art. 19 Abs. 1 Rn. 15.
[85] In diese Richtung aber *Hufeld* in BK Art. 19 Abs. 1 Rn. 39 f.; iErg wie hier *Stern,* StaatsR III/2, 1994, § 83 II. 8. a) α).
[86] *Huber* in MKS Rn. 51 ff.
[87] *Bauernfeind* DVBl. 1976, 193 (195 ff.); *Dreier* in Dreier Art. 19 Abs. 1 Rn. 14; *Huber* in MKS Rn. 51; *Stern,* StaatsR III/2, 1994, § 83 II. 8. d) α); *Remmert* in Maunz/Dürig Art. 19 Abs. 1 Rn. 36 sieht jedenfalls Einzelpersonengesetze als erfasst an.

net, dass nur bestimmte Personen oder mehrere Einzelpersonen von ihm betroffen sind.[88] Allerdings besteht die Schwierigkeit, das Einzelpersonengesetz näher zu umschreiben, wenn nicht im Gesetz selbst ein individualisierter Adressat benannt wird.[89] Stellt man den Schutz von Einzelpersonen in den Vordergrund, lässt sich der Bereich, der von Art. 19 Abs. 1 S. 1 erfasst sein soll, nur näherungsweise umschreiben. Es kommt dann nämlich darauf an, ob der Gesetzgeber den Adressatenkreis so eng zugeschnitten hat, dass im Ergebnis nur hinreichend bestimmbare individuelle Grundrechtsträger betroffen werden. Dieselbe Frage stellt aber auch Art. 3 Abs. 1 an den Gesetzgeber, so dass in diesem Fall dem Allgemeinheitspostulat keine weiteren Einschränkungen entnommen werden können.[90] In beiden Fällen ist letztlich entscheidend, ob sich hinreichend gewichtige Gründe für den (engen) Adressatenkreis ausmachen lassen.

26 *Hufeld* hingegen interpretiert das Allgemeinheitspostulat als ein Gebot der **Folgerichtigkeit.**[91] Damit kommt es zentral darauf an, ob in Gesetzen getroffene Wertentscheidungen ein Mindestmaß an Kohärenz wahren. Dies kann aber schon deshalb nicht richtig sein, weil das Gebot der Folgerichtigkeit in einem demokratisch verfassten Gemeinwesen mit einer hochgradig ausdifferenzierten Rechtsordnung an Grenzen stößt[92] und die Bildung von derart weit gefassten Vergleichsgruppen mit konzeptionellen Problemen behaftet ist.

27 Auch das **BVerfG** bestimmt das Allgemeinheitspostulat **negativ.**[93] Nach ihm kommt es darauf an, dass die Rechtsfolge nicht nur einmal eintritt.[94] Es darf beim Erlass eines Gesetzes nicht abzusehen sein „auf wie viele und welche Fälle das Gesetz Anwendung findet".[95] Das Gericht betont zudem, dass die allgemeine Fassung des Gesetzes nicht den Umstand, dass es sich im ein Einzelfallgesetz handelt, verschleiern dürfe.[96] Allerdings hat dieses Bekenntnis „kaum praktische Relevanz".[97] Das Gericht versucht gleichzeitig, nicht jede gesetzliche Adressierung eines einzelnen Sachverhalts dem Gesetzgeber aus der Hand zu schlagen. **„Maßnahmegesetze"** (dh auf einen konkreten Einzelfall abstellende Gesetze)[98] sowie **„Anlassgesetze"** (die auf eine konkreten „Anlass" zurückzuführen sind)[99] verstoßen nicht *per se* gegen die Verfassung. Vielmehr erlaubt das Gericht die gesetzliche Regelung von „Einzelfällen", solange hierfür ein sachlicher Grund besteht.[100] Insgesamt werde der allgemeine Gleichheitssatz durch Art. 19 Abs. 1 S. 1 konkretisiert.[101] Auch das BVerfG spricht sich also für eine Lesart des Allgemeinheitspostulats aus, das Einzelpersonengesetze verbietet.[102]

---

[88] *Remmert* in Maunz/Dürig Art. 19 Abs. 1 Rn. 36.
[89] Dies räumt auch *Remmert* in Maunz/Dürig Art. 19 Abs. 1 Rn. 38.
[90] Vgl. *Dreier* in Dreier Art. 19 Abs. 1 Rn. 16.
[91] *Hufeld* in BK Art. 19 Abs. 1 Rn. 105 ff.
[92] Siehe auch *Dreier* in Dreier Art. 19 Abs. 1 Rn. 13.
[93] *de Wall* in BerlKomm Art. 19 Abs. 1, 2 Rn. 29.
[94] BVerfGE 13, 225 (229); 25, 371 (396); in der Sache ähnlich: BVerfGE 99, 367 (400).
[95] BVerfGE 134, 33 (88, Rn. 128) mit Verweis auf BVerfGE 121, 30 (49).
[96] BVerfGE 13, 225 (229); 24, 33 (52); 99, 367 (400).
[97] *Sachs* in Sachs Rn. 22.
[98] BVerfGE 25, 371 (396): „Der Begriff des Maßnahmegesetzes ist also verfassungsrechtlich irrelevant."
[99] BVerfGE 7, 129 (150 f.); 13, 225 (228 f.); 24, 33 (52); 25, 371 (396).
[100] BVerfGE 25, 371 (399); 85, 360 (374); 134, 33 (88).
[101] BVerfGE 134, 33 (88); ebenso: *Jarass* in Jarass/Pieroth Rn. 2.
[102] *Huber* in MKS Rn. 53.

Gerade in Krisenzeiten sowie im Fall der Beschleunigung von Planungs- und Genehmigungsprozessen mittels gesetzlicher Festlegungen wird das Allgemeinheitspostulat herausgefordert. **Krisen** erfordern *per definitionem* außergewöhnliche Maßnahmen, seien diese gesetzlicher oder untergesetzlicher Art.[103] So fußte etwa die Verstaatlichung der als systemrelevant eingestuften insolventen Hypo Real Estate Holding AG über ein Squeeze-out zugunsten des Bundes[104] auf einem Anlassgesetz, dessen sachliche Regelungen spezifisch auf eben diesen „Fall" zugeschnitten waren.[105] Gleichwohl lag kein Verstoß gegen Art. 19 Abs. 1 S. 1 vor. Denn hier (und andernorts)[106] hat der Gesetzgeber nur einen bestimmten Anlass genommen, um für eine unbestimmte Anzahl an Sachverhalten eine einheitliche Regelung zu treffen.[107] Auch in Zukunft kann die entsprechende Regelung[108] genutzt werden. Nicht gänzlich vergleichbar, aber von der Interessenkonstellation ähnlich, sind die Fälle, in denen der Gesetzgeber eine Entscheidung an sich zieht, die üblicherweise den Planungsbehörden vorbehalten ist. Dies gilt etwa für **größere Infrastrukturprojekte.**[109] Das BVerfG hat sich in der Entscheidung *Ortsumfahrung Stendal*[110] mit einer derartigen Konstellation beschäftigen müssen. Dort resümierte es, dass eine Übernahme der staatlichen Planung durch die Legislative möglich sei, sofern „hierfür im Einzelfall gute Gründe bestehen".[111] „Gute Gründe" dafür, bestimmte Planungsentscheidungen, die ansonsten der Exekutive zugewiesen sind, in Gesetzesform zu gießen, bemessen sich in erster Linie nach der (gesamt-)gesellschaftlichen Bedeutung des jeweiligen Projektes.[112] Die Verkürzung des Rechtsschutzes (und die damit verbundene Beschleunigung des Vorhabens) kann allein kein guter Grund dafür sein, Planungsentscheidungen in Gesetzesform zu gießen. 28

Einschränkend ist jedenfalls zu sagen, dass die Verfassung in Art. 14 Abs. 3 S. 2 auch **Legalenteignungen** zulässt, weswegen auch die Enteignung einer Person durch Gesetz rechtmäßig sein kann.[113] Freilich ist in diesem Fall besonders darauf zu achten, ob Art. 3 Abs. 1 und ggf. Art. 3 Abs. 3 gewahrt ist. 29

Der Versuch, den **Einzelnen** ins Zentrum des Allgemeinheitspostulats zu stellen, ist im Ausgangspunkt zu begrüßen, zeigt aber auch, dass der Norm aufgrund ihrer Unbestimmtheit nur schwer eine positive Umschreibung des „allgemeinen Gesetzes" zu entnehmen ist. Auch insoweit kommt dem Verbot des Einzelfallgesetzes kaum eine steuernde Wirkung zu, weil derartige Differenzierungen bereits von Art. 3 Abs. 1 umfasst sind.[114] 30

---

[103] Siehe etwa *Hufeld* in BK Art. 19 Abs. 1 Rn. 169 zur Causa Hypo Real Estate.

[104] Ermöglicht durch Art. 2 des Gesetzes zur weiteren Stabilisierung des Finanzmarktes v. 7.4.2009, BGBl. 2009 I 725.

[105] Str., ist ob man von einem Gesetz „für den Einzelfall" sprechen kann. Dafür: *Hufeld* in BK Art. 19 Abs. 1 Rn. 169; dagegen hingegen: *Hofmann* NVwZ 2009, 673 (674), der auf die abstrakt-generelle Formulierung des Gesetzes abhebt.

[106] BVerfGE 99, 367 (400).

[107] OLG München Urt. v. 28.9.2011 – 7 U 711/11, Rn. 54 ff. (juris).

[108] § 12 Abs. 4 Finanzmarktstabilisierungsbeschleunigungsgesetz (FMStBG).

[109] Zum Maßnahmengesetzvorbereitungsgesetz → Rn. 161,

[110] BVerfGE 95, 1.

[111] BVerfGE 95, 1 (17).

[112] BVerfGE 95, 1 (17).

[113] So auch die Rspr.: BVerfGE 74, 264 (296 f.); 95, 1 (26); *Dreier* in Dreier Art. 19 Abs. 1 Rn. 30; kritisch hingegen *Huber* in MKS Rn. 27 ff.

[114] Siehe auch BVerfGE 25, 371 (399): „Konkretisierung des allgemeinen Gleichheitssatzes".

II. Zitiergebot (Abs. 1 S. 2)

31 Das Zitiergebot des Art. 19 Abs. 1 S. 2 stellt ebenfalls eine grundrechtliche Schranken-Schranke dar,[115] dient also ebenso der Effektivierung der Grundrechte. Wie Art. 19 Abs. 1 S. 1 ist es kein Grundrecht[116] und deshalb nicht selbstständig rügefähig.[117] Es ist keine eigenständige grundrechtliche Garantie; vielmehr entfaltet es seine Wirkung nur im Zusammenspiel mit den Grundrechten. Von daher erscheint es **grundrechtsakzessorisch.** Das Zitiergebot soll nach der Lesart des BVerfG[118] in erster Linie die **demokratische Deliberation** über Gesetze sicherstellen, die Grundrechtseingriffe vornehmen oder erlauben. Es fungiert damit zuvörderst als eine Art Warnhinweis (→ Rn. 33), der in der parlamentarischen Debatte aufgegriffen werden kann oder nicht. Damit steht es in einem engen Verhältnis zum **Demokratieprinzip** sowie zum Prinzip der **Parlamentsöffentlichkeit.**

32 **1. Außerdem muß das Gesetz.** Das in Art. 19 Abs. 1 S. 2 verankerte **Zitiergebot** fordert vom Gesetzgeber, dass dieser bei jedem grundrechtbeschränkenden Gesetz („außerdem") „das Grundrecht unter Angabe des Artikels nennt." Statuiert wird eine rein **formale Anforderung,** die dem Gesetzgeber überantwortet wird.[119] „Gesetz" ist wiederum formal zu verstehen: Gemeint ist auch hier das formelle Parlamentsgesetz.[120] Unerheblich ist, ob es sich um ein Bundes- oder Landesgesetz handelt.[121] Wiederum wird primär auf die Grundrechte des ersten Abschnitts des GG Bezug genommen. Grundrechtsgleiche Rechte, die ihren Standort jenseits des ersten Abschnitts haben, sind aber mit umfasst, sofern sie durch Gesetz beschränkt werden dürfen.[122]

33 **2. Das Grundrecht unter Angabe des Artikels nennen.** Die Literatur attestiert dem Zitiergebot eine dreifache Zielrichtung.[123] Zunächst kommt ihm unstreitig eine **Warn- und Besinnungsfunktion** für den Gesetzgeber zu.[124] Demnach handelt es sich zuvörderst um eine mentale oder psychologische Schranken-Schranke.[125] Dahinter steht die Vorstellung, dass die Pflicht der Benennung der eingeschränkten Grundrechte beim Gesetzgeber eine Art „Reflektionssschleife" in Gang setzt. So lässt sich auch das BVerfG verstehen, wenn es – ganz liberal – den „eigentlichen Sinn" des Zitiergebots darin erblickt, dass das Parlament angehalten wird, „Notwendigkeit und Ausmaß von Grundrechtseingriffen in öffentlicher Debatte zu klä-

---

[115] *Huber* in MKS Rn. 64; *Stern,* StaatsR III/2, 1994, § 83 III. 2.

[116] AA *Roellecke* in Umbach/Clemens Art. 19 Abs. 1 – 3 Rn. 4.

[117] BVerfGE 117, 302 (310).

[118] BVerfGE 85, 386 (403 f.).

[119] *Hesse,* Grundzüge des Verfassungsrechts der Bundesrepublik Deutschland, 20. Aufl. 1995 (Nachdr. 1999), 148; *Remmert* in Maunz/Dürig Art. 19 Abs. 1 Rn. 40; *Stern,* StaatsR III/2, 1994, § 83 III. 2. a).

[120] *Axer* in HdbGR § 67 Rn. 17.

[121] Siehe nur *Remmert* in Maunz/Dürig Art. 19 Abs. 1 Rn. 48.

[122] Eingehend: *Axer* in HdbGR § 67 Rn. 28.

[123] Siehe *Axer* in HdbGR § 67 Rn. 9 f., *Dreier* in Dreier Art. 19 Abs. 1 Rn. 19; *Remmert* in Maunz/Dürig Art. 19 Abs. 1 Rn. 40 ff.; aA *Sachs* in Sachs Rn. 25 f., der von einer dualen Zielrichtung ausgeht; unentschieden: *Singer* DÖV 2007, 496 ff.

[124] BVerfGE 64, 72 (79 f.); 113, 348 (367, Rn. 87); *Denninger* in AK Art. 19 Abs. 1 Rn. 16; *Dreier* in Dreier Art. 19 Abs. 1 Rn. 19; *Remmert* in Maunz/Dürig Art. 19 Abs. 1 Rn. 40; *Stern,* StaatsR III/2, 1994, § 83 III. 2. a).

[125] Bereits *Bullinger* BB 1961, 499 spricht von einem „psychologischen Hemmnis"; *Stern,* StaatsR III/2, 1994, § 83 III. 2. a).

ren."[126] Darüber hinaus sollen nach der hL[127] die **Rechtsanwender** durch das Zitiergebot auf die Grundrechtsrelevanz eines Gesetzesprogrammes **hingewiesen** werden.[128] Ihnen soll also vor Augen geführt werden, dass sie bei der „Anwendung" der zur Grundrechtseinschränkung ermächtigenden Gesetzesgrundlagen die verfassungsrechtlichen Schranke-Schranken zu beachten haben. Ferner sollen auch die **Grundrechtsberechtigten** über die einschränkende Wirkung eines Gesetzes **informiert** werden.[129] Die Benennung der unterschiedlichen Funktionen des Zitiergebots sagt noch nichts über deren Verhältnis aus. Dafür, dem Zitiergebot in erster Linie eine Warnfunktion zuzuschreiben,[130] spricht, dass die parlamentarische und gesellschaftliche Auseinandersetzung jene Normen identifizieren kann, die die besonders grundrechtsintensiv sind.

Der Anwendungsbereich des Zitiergebots wird von der Rspr.[131] deutlich **34**
enger gezogen als derjenige von Art. 19 Abs. 1 S. 1. Zwar spricht die grammatikalische Auslegung dafür, dass beide Vorschriften denselben Anwendungsbereich haben, verweist doch Art. 19 Abs. 1 S. 2 auf die Vorgängerbestimmung („Außerdem").[132] Das BVerfG führt aber den Status als **Formvorschrift** ins Feld, um die Norm „eng" auszulegen. Bei einer nicht-engen Auslegung würde sie „zu einer leeren Förmlichkeit erstarren" und den „Gesetzgeber in seiner Arbeit unnötig behindern".[133] Allerdings liegt es im Wesen einer reinen Formvorschrift, dass sie Abläufe ggf. verlangsamt und das Sachergebnis nicht zwangsläufig beeinflussen muss.[134]

In der Rspr. sind zahlreiche Ausnahmen vom Zitiergebot anerkannt:[135] So **35**
werden **vorkonstitutionelle Gesetze** nicht dem Zitiergebot unterworfen.[136] Selbiges gilt, wenn der Gesetzgeber Grundrechtseingriffe, die sich bereits in einem vorkonstitutionellen Gesetz fanden, nunmehr **„wiederholt".**[137] Eine Verwaltungspraxis, die nunmehr in Gesetzesform gegossen wird, erfüllt dieses Kriterium indes nicht.[138] **„Offenkundige"** Grundrechtseingriffe werden ebenfalls nicht vom Zitiergebot erfasst.[139] **Nicht-finale** Eingriffe in Grundrechte sollen ebenfalls nicht dem Zitiergebot unterfallen.[140] Ausgeschlossen sind nach der Rspr. ferner alle Eingriffe in **vorbehaltlos gewährleistete Grundrechte;**[141] die **Meinungsfreiheit,** sofern sie Art 5 Abs. 2 ge-

---

[126] BVerfGE 85, 386 (403 f.).

[127] BVerfGE 5, 13 (15); 35, 185 (188 f.) begrenzen das Zitiergebot hingegen auf die Warn- und Besinnungsfunktion.

[128] *Axer* in HdbGR § 67 Rn. 10; *Remmert* in Maunz/Dürig Art. 19 Abs. 1 Rn. 41.

[129] *Axer* in HdbGR § 67 Rn. 10; *Remmert* in Maunz/Dürig Art. 19 Abs. 1 Rn. 42; *Sachs* in Sachs Rn. 26.

[130] *Enders* in BeckOK GG Rn. 15; wohl auch *Sachs* in Sachs Rn. 25.

[131] BVerfGE 2, 121 (122 f.); 5, 13 (16).

[132] *Denninger* in AK Art. 19 Abs. 1 Rn. 17.

[133] So BVerfGE 28, 36 (46); für eine enge Auslegung auch: BVerfGE 35, 185 (188).

[134] Siehe bereits auch *Bullinger* BB 1961, 499.

[135] Eingehend zu diesen *Hufeld* in BK Art. 19 Abs. 1 Rn. 202 ff.

[136] St. Rspr. BVerfGE 2, 121 (122 f.); 5, 13 (16); 28, 36 (46); 124, 43 (66, Rn. 77); siehe aus der Rspr. bereits auch BVerwGE 43, 48 (54) und BGHZ 5, 46 (54 f.); aus der Literatur bereits auch *Röhl* AöR 81 (1956), 195 (208 f.); *Bethge* DVBl. 1972, 365 (366 f.).

[137] BVerfGE 5, 13 (16 f.); 15, 288 (293); 16, 194 (199 f.); 35, 185 (189 f.); 61, 82 (113); in der Sache ebenso: BVerwGE 47, 31 (39).

[138] So jüngst und mit Recht BVerfG Urt. v. 19.5.2020 – 1 BvR 2835/17 –, Rn. 134 f.

[139] BVerfGE 35, 185 (189); siehe auch BVerfGE 64, 72 (80).

[140] BVerfGE 28, 36 (46); BVerfG (K) NJW 1999, 3399 (3400); etwas anders hingegen: BVerfGE 49, 89 (141).

[141] BVerfGE 83, 130 (154) (zur Kunstfreiheit).

nügen;[142] das **Eigentum;**[143] die **Berufsfreiheit;**[144] in die Meinungsfreiheit, die Versammlungsfreiheit, das Petitionsrecht, das Wohnungsgrundrecht sowie die Freizügigkeit im **Soldatenverhältnis** (vgl. Art. 17a)[145] sowie in die **allgemeine Handlungsfreiheit**[146].

36 Im Ergebnis nimmt das BVerfG der Bestimmung damit ihre Schärfe, macht sie zum **„stumpfen Schwert"**[147]. Das Gericht hat sich einen ganzen Katalog an Ausnahmen erarbeitet, mit dem das Zitiergebot vom Regel- zum Ausnahmefall wird. Das Zitiergebot wird aus pragmatischen Gründen kleingehalten.[148]

37 Das Schrifttum hat die Entwicklung der Rspr. vielfach **kritisiert**[149] und blickt heute etwas ratlos auf den verfassungsgerichtlichen Umgang mit dem Zitiergebot[150]. Hervorgehoben wird etwa die Diskrepanz zwischen der allgemeinen Grundrechtsdogmatik einer- sowie der Rspr. zum Zitiergebot andererseits: Während die Grundrechtsdogmatik längst eingesehen hat, dass zwischen Ausgestaltung und Eingriff kein kategorialer Unterschied besteht, wird bei der Prüfung des Zitiergebots nach wie vor an dieser Unterscheidung festgehalten.[151] Allerdings wird die Rechtsprechungslinie nicht *grosso modo* abgelehnt. Dies gilt richtigerweise für die Ausklammerung **vorkonstitutioneller Gesetze,**[152] da der damalige Gesetzgeber das Zitiergebot noch nicht kennen konnte[153]. Ferner sind **nicht-finale Eingriffe** ebenfalls nur schwer „einzufangen", so dass in diesem Fall die intendierte Warnfunktion leerlaufen würde, weil der Gesetzgeber dazu übergehen dürfte, alle möglicherweise betroffenen Grundrechte zu nennen. Ebenso richtig ist die Ausklammerung von **Enteignungen** aus dem Anwendungsbereich des Zitiergebots, weil in dem Gesetz, das Enteignungen vornimmt oder diese zulässt, bereits der grundrechtsbeschränkende Charakter hinreichend deutlich zum Ausdruck kommt.[154] Auch im Anwendungsbereich von **Art. 17a** ergibt es wenig Sinn, dem Gesetzgeber zusätzlich noch die Einhaltung des Zitiergebots mit auf den Weg zu geben.[155] Zuzustimmen ist dem Gericht auch darin, dass es die

---

[142] BVerfGE 28, 282 (289, 291 ff.); 33, 52 (77 f.); 44, 197 (201 f.); 64, 72 (80); zustimmend: *Roellecke* in Umbach/Clemens Art. 19 Abs. 1 – 3 Rn. 39.

[143] Zu Art. 14 Abs. 1: BVerfGE 21, 92 (93); 64, 72 (79 f.); zu Art. 14 Abs. 3: BVerfGE 24, 367 (398).

[144] BVerfGE 13, 97 (122); 28, 36 (46); 64, 72 (79 ff.).

[145] BVerfGE 28, 36 (47); 28, 55 (62); 28, 282 (292 f.).

[146] BVerfGE 10, 89 (99); 28, 36 (46); 64, 72 (80).

[147] So *Axer* in HdbGR III § 67 Rn. 2; zustimmend: *Dreier* in Dreier Art. 19 Abs. 1 Rn. 22.

[148] Siehe bereits *Bullinger* BB 1961, 499; siehe auch *Axer* in HdbGR III § 67 Rn. 22.

[149] Übersicht etwa bei *Singer* DÖV 2007, 496; *Remmert* in Maunz/Dürig Art. 19 Abs. 1 Rn. 55.

[150] Fast schon resignierend: *Dreier* in Dreier Art. 19 Abs. 1 Rn. 28.

[151] Siehe *Axer* in HdbGR § 67 Rn. 25; *Dreier* in Dreier Art. 19 Abs. 1 Rn. 27; *Schoch* AöR 108 (1983), 215 (235 ff.); *Stern,* StaatsR III/2, 1994, § 83 III. 5. f); siehe auch *Hillgruber* HdbStR IX § 201 Rn. 44 und *Lübbe-Wolff,* Die Grundrechte als Eingriffsabwehrrechte, 1988, 60, die anmerkt, dass das Zitiergebot durch „die extensive Auslegung der Grundrechte" überstrapaziert werde.

[152] *Dreier* in Dreier Art. 19 Abs. 1 Rn. 23; *Stern,* StaatsR III/2, 1994, § 83 III. 3. a).

[153] So bereits *Röhl* AöR 81 (1956), 195 (208 f.); siehe auch *Roellecke* in Umbach/Clemens Art. 19 Abs. 1 – 3 Rn. 36: „Für die Vergangenheit kommen alle Warnungen und Informationen zu spät."

[154] BVerfGE 24, 367 (398); *Axer* in HdbGR III § 67 Rn. 12 f.; *Denninger* in AK Art. 19 Abs. 1 Rn. 18; *Dreier* in Dreier Art. 19 Abs. 1 Rn. 23 mwN; *Krebs* in v. Münch/Kunig, 6. Aufl. 2012, Rn. 16; *Roellecke* in Umbach/Clemens Art. 19 Abs. 1 – 3 Rn. 35.

[155] *Axer* in HdbGR III § 67 Rn. 14.

allgemeine Handlungsfreiheit aus dem Zitiergebot ausklammert, da diese in vielen Fällen betroffen sein wird.[156] Kritisch zu sehen ist hingegen die Ausnahme für **„offenkundige"** Grundrechtseingriffe. So ist das Offenkundigkeitskriterium maßstabsarm. Dagegen, **„wiederholende"** Eingriffstatbestände aus dem Anwendungsbereich auszuklammern, spricht bereits die Überlegung, dass der Gesetzgeber in dieser Situation neu über den Grundrechtseingriff entscheiden muss, also auch hier die Warnfunktion zum Zuge kommen muss.

In der Literatur wird dafür plädiert, **Gleichheitsrechte** aus dem Anwendungsbereich von Art. 19 Abs. 1 S. 2 auszunehmen.[157] Anders als beim Allgemeinheitspostulat (→ Rn. 19) leuchtet ein solcher Schritt indes nicht ein, weil auch und gerade bei den Gleichheitsrechten die drei angesprochenen Funktionen des Zitiergebots (→ Rn. 33) ins Gewicht fallen. So scheint gerade die Privilegierung oder Benachteiligung bestimmter Personengruppen regelmäßig besonders diskussionswürdig und -bedürftig. Anderes sollte für den **allgemeinen Gleichheitssatz** des Art. 3 Abs. 1 gelten, weil dessen Zitierung eine **reine Förmelei** wäre.[158] **38**

Die verfassungsrechtliche Pflicht, „das Grundrecht unter Angabe des Artikels [zu] nennen", ist vage. Erforderlich ist damit jedenfalls die kumulative Angabe von Grundrecht und Grundrechtsartikel im jeweiligen Gesetz. Damit enthält sich das GG zu der Frage, **an welcher Stelle im Gesetz** die Nennung der Grundrechte sowie „ihrer" Artikel erfolgen soll. Zweifel an einer Klausel, die alle eingeschränkten Grundrechte im Gesetz benennt,[159] sind deshalb unangebracht. Die bestehende Gesetzgebungspraxis nennt die eingeschränkten Grundrechte meist in einer Bestimmung am Ende des jeweiligen Gesetzes,[160] räumt dem Zitiergebot also (auch optisch) eher eine geringe Bedeutung ein. In einigen Gesetzen erfolgt die Nennung der eingeschränkten Grundrechte aber bereits in der einschränkenden Norm selbst.[161] Favorisiert wird von Teilen der Literatur die Zitierung des eingeschränkten Grundrechts unmittelbar nach der jeweiligen Eingriffsnorm.[162] Eine derartige Nennung kommt dem Ziel des Zitiergebots am nächsten, zwingend vorgegeben ist sie hingegen nicht.[163] **39**

Nach Ansicht des **BVerfG** muss in einem **Änderungsgesetz** auch dann das eingeschränkte Grundrecht genannt werden, wenn das geänderte Gesetz bereits eine Zitiervorschrift enthält, die auch die neuen Grundrechtseinschränkungen mit umfassen würde.[164] Dies ist zwingend, wenn man dem Zitiergebot in erster Linie eine Warnfunktion zuschreibt (→ Rn. 33). Unzweifelhaft unzulässig ist die alleinige Nennung der eingeschränkten Grund- **40**

---

[156] *Axer* in HdbGR III § 67 Rn. 24; *Stern,* StaatsR III/2, 1994, § 83 III. 5. a).

[157] *Dreier* in Dreier Art. 19 Abs. 1 Rn. 24; *Hufeld* in BK Art. 19 Abs. 1 Rn. 214.

[158] So *Axer* in HdbGR III § 67 Rn. 27; dem zustimmend: *Dreier* in Dreier Art. 19 Abs. 1 Rn. 24.

[159] So *Sachs* in Sachs Rn. 31, der die Zweifel vor allem in Bezug auf „umfangreiche[n] Artikelgesetze[n]" formuliert.

[160] *Axer* in HdbGR III § 67 Rn. 30; siehe etwa § 70 BPolG.

[161] Ein mittlerweile prominentestes Beispiel hierfür findet sich in § 28 Abs. 1 S. 4 IfSG.

[162] *Axer* in HdbGR III § 67 Rn. 29; *Remmert* in Maunz/Dürig Art. 19 Abs. 1 Rn. 43; *Sachs* in Sachs Rn. 31.

[163] Siehe *Huber* in MKS Rn. 98; *Jarass* in Jarass/Pieroth Rn. 7; *Singer* DÖV 2007, 496 (500); *Stern,* StaatsR III/2, 1994, § 83; zweifelnd hingegen: *Sachs* in Sachs Rn. 31 sowie *Remmert* in Maunz/Dürig Art. 19 Abs. 1 Rn. 44, der es als zwingend erachtet, dass aus dem Zitat hervorgeht, welche Regelung welches Grundrecht einschränkt.

[164] BVerfGE 113, 348 (367).

rechte nur in den Gesetzesmaterialien.[165] Hier fehlt es an der hinreichend starken Verbindung zwischen grundrechtseinschränkendem Gesetz sowie dem „Grundrechtszitat". Ebenfalls unzureichend ist der Verweis auf ein anderes Gesetz, das Grundrechtseinschränkungen ermöglicht, weil der Gesetzgeber hier nicht positiv darüber Zeugnis ablegt, dass er Grundrechte einschränken möchte.[166] Hingegen dürfte eine Nennung in der Präambel eines Gesetzes wohl (noch) zulässig sein,[167] weil die Präambel Teil des Gesetzes ist.

41 Verstöße gegen das Zitiergebot ziehen nach ganz hM die **Verfassungswidrigkeit** des Gesetzes und seine **Nichtigkeit** nach sich.[168] Diese Rechtsfolge ist aber lediglich auf die Eingriffsnormen zu beschränken, die in Grundrechte eingreifen oder hierzu ermächtigen, und deren Eingriffscharakter nicht durch die Nennung der betroffenen Grundrechte im jeweiligen Gesetz hinreichend deutlich gemacht wurde.[169] Deshalb wird es regelmäßig „nur" zu einer Teilnichtigkeit der Gesetze kommen.[170]

42 Fraglich ist, ob die Beseitigung des Verstoßes das Gesetz wieder verfassungskonform macht, mit der Folge, dass es **wiederauflebt.** Dies wird überwiegend verneint[171] und kann auf das „Dogma von der *ex-tunc*-Nichtigkeit verfassungswidriger Gesetze"[172] verweisen. Allerdings hätte auch die Nichtigkeit von einzelnen Eingriffsnormen aufgrund einer Nichtbeachtung des Zitiergebots weitreichende Folgen, die die Praxis zu ihrem einschränkenden Verständnis des Zitiergebots geführt haben. Es erscheint damit geboten, das Nichtigkeitsdiktum ein Stück weit abzufedern.[173] Vorgeschlagen wurde, entweder eine *ex-tunc*-Nichtigkeit nur für Gesetze anzunehmen, die nach einer Änderung der bundesverfassungsgerichtlichen Rspr., die vom restriktiven Kurs abweicht, erlassen werden,[174] oder aber den Rechtsfolgenausspruch des BVerfG bei Verstößen gegen das Zitiergebot auf die Feststellung des Normverstoßes zu beschränken und mit einer befristeten Aufforderung an den Gesetzgeber zu verbinden, den Verstoß zu beseitigen.[175] Der vorgeschlagene zweite Lösungsweg bricht mit dem Nichtigkeitsdogma, scheint aber vor dem Hintergrund der ansonsten eintretenden Probleme der Rechtspraxis ein Weg zu sein, auf dem sich die Anforderungen des Zitiergebots mit den Bedürfnissen am Fortbestand wichtiger Eingriffsnormen in Einklang bringen lassen.

---

[165] BVerfGE 113, 348 (367); 120, 274 (343, Rn. 302): siehe auch: *Sachs* in Sachs Rn. 31; *Remmert* in Maunz/Dürig Art. 19 Abs. 1 Rn. 43.

[166] BVerfGE 120, 273 (343); zustimmend *Huber* in MKS Rn. 97. Im konkreten Fall wurde im G über den Verfassungsschutz in Nordrhein-Westfalen (VSG NRW) auf das G-10 Gesetz verwiesen.

[167] *Stern,* StaatsR III/2, 1994, § 83 III. 6.

[168] BVerfGE 5, 13 (15 f.); 113, 348 (367); *Axer* in HdbGR III § 67 Rn. 32; *Bethge* DVBl. 1972, 365 f. (mwN zur Gegenansicht); *Denninger* in AK Art. 19 Abs. 1 Rn. 19; *de Wall* in BerlKomm Art. 19 Abs. 1, 2 Rn. 66; aA *Klein* in v. Mangoldt/Klein, Das Bonner Grundgesetz, Anm. IV. 3. a); *Barella* NJW 1959, 2291 (2292): „übertriebener Formalismus".

[169] *Huber* in MKS Art. 19 Abs. 1 Rn. 102.

[170] Siehe jüngst BVerfG Urt. v. 19.5.2020 – 1 BvR 2835/17 –, Rn. 134.

[171] *Axer* in HdbGR III § 67 Rn. 32; *Sachs* in Sachs Rn. 32; *de Wall* in BerlKomm Art. 19 Abs. 1, 2 Rn. 68.

[172] *Dreier* in Dreier Art. 19 Abs. 1 Rn. 29 (Hervor. d. Verf.).

[173] In diese Richtung bereits *Stern,* StaatsR III/2, 1994, § 83 III. 8.; dem prinzipiell wohlwollend gegenüberstehend: *Dreier* in Dreier Art. 19 Abs. 1 Rn. 29.

[174] So nun BVerfGE 113, 348 (367).

[175] *Stern,* StaatsR III/2, 1994, § 83 III. 8. So jetzt BVerfG Urt. v. 19.5.2020 – 1 BvR 2835/17 –, Rn. 329 ff.

III. Wesensgehaltsgarantie (Abs. 2)

Die in Art. 19 Abs. 2 statuierte Wesensgehaltsgarantie richtet sich zuvörderst an den **Gesetzgeber.**[176] Daneben sind nach hM aber auch die **Judikative** und die **Exekutive** an die Garantie gebunden.[177] Die Bindung von Judikative und Exekutive läuft aber im Ergebnis weitgehend leer, wenn nicht ein absolutes Verständnis (→ Rn. 51) zugrunde gelegt, also dem jeweiligen Grundrecht ein abwägungsfester Kern zugeschrieben wird. Die Wesensgehaltsgarantie richtet sich primär an den **parlamentarischen Gesetzgeber.**[178] Daneben dient auch sie der **Effektivierung** der im GG garantierten Grundrechte und der in Art. 1 Abs. 3 vorgesehenen Grundrechtsbindung der öffentlichen Gewalt.[179] 43

Wie den Regelungen des Abs. 1 kommt auch der Wesensgehaltsgarantie des Abs. 2 nur eine **geringe praktische Relevanz** zu.[180] Dies hat strukturelle Gründe. Wenn das Kernproblem des Allgemeinheitspostulats nach Art. 19 Abs. 1 S. 1 darin besteht, allgemein zu umschreiben, wann eine gesetzliche Wertung (noch) allgemein ist (→ Rn. 22), stellt Art. 19 Abs. 2 die Rechtsanwender vor die Herausforderung, das „Wesen des Wesens"[181] zu bestimmen. Dies ist indes ein diffiziles Unterfangen,[182] weil hierfür unterschiedliche Wertungen vorgenommen werden müssen.[183] So muss etwa entschieden werden, ob der Wesensgehalt absolut oder relativ zu bestimmen ist (→ Rn. 56 ff.). 44

1. In keinem Falle darf ein Grundrecht. Fixpunkt der Wesensgehaltsgarantie sind – ebenso wie in Art. 19 Abs. 1 – die **Grundrechte;** der Anwendungsbereich der Wesensgehaltsgarantie wird maßgeblich danach bestimmt, welche Rechte hierunter zu verstehen sind. Rspr. und Literatur ziehen den **Anwendungsbereich** der Wesensgehaltsgarantie deutlich **weiter** als denjenigen von Art. 19 Abs. 1. 45

Das BVerfG setzt sich nicht explizit mit dieser Frage auseinander, hat aber etwa im Rahmen einer Überprüfung der **Koalitionsfreiheit** die Wesensgehaltsgarantie angesprochen.[184] Ferner hat das Gericht die Wesensgehaltsgarantie sowohl in Bezug auf Art. 2 Abs. 2 als auch in Bezug auf Art. 12 sowie Art. 14 thematisiert[185] Dies – sowie der Umstand, dass weniger eindeutige Entscheidungen länger zurückliegen – lässt den Schluss zu, dass das 46

---

[176] AllgA, siehe bereits *Häberle,* Die Wesensgehaltgarantie des Art. 19 Abs. 2 Grundgesetz, 1962, 64; *Dreier* in Dreier Art. 19 Abs. 2 Rn. 11; *Remmert* in Maunz/Dürig Art. 19 Abs. 2 Rn. 1; wohl auch *Roellecke* in Umbach/Clemens Art. 19 Abs. 1 – 3 Rn. 4.

[177] *Antoni* in Hömig/Wolff Rn. 5; *Remmert* in Maunz/Dürig Art. 19 Abs. 2 Rn. 27; *Sachs* in Sachs Rn. 36 f.; *Stern,* StaatsR III/2, 1994, § 85 IV. 1. b) und c); differenzierend: *Huber* in MKS Rn. 116 ff.

[178] *Remmert* in Maunz/Dürig Art. 19 Abs. 2 Rn. 26; *de Wall* in BerlKomm Art. 19 Abs. 1, 2 Rn. 81.

[179] *Dreier* in Dreier Art. 19 Abs. 2 Rn. 20.

[180] AllgA *Sachs* in Sachs Rn. 9, 40; *Stern,* StaatsR III/2, 1994, § 85 II. 3.; *Herbert,* EuGRZ 1985, 321 (326); *Huber* in MKS Rn. 109; *Dreier* in Dreier Art. 19 Abs. 2 Rn. 8: Funktionsverlust.

[181] So die viel zitierte Wendung bei *Luhmann,* Grundrechte als Institution, 6. Aufl. 2019, 59 f.

[182] *Antoni* in Hömig/Wolff Rn. 6.

[183] *Remmert* in Maunz/Dürig Art. 19 Abs. 2 Rn. 1; siehe bereits auch *Chlosta,* Der Wesensgehalt der Eigentumsgewährleistung, 1975, 39.

[184] BVerfGE 84, 212 (228).

[185] BVerfGE 61, 82 (113); siehe zudem BVerfGE 100, 313 (376).

Gericht mittlerweile dazu tendiert, die Wesensgehaltsgarantie, anders als beim Zitiergebot und beim Allgemeinheitspostulat, deutlich weiter zu ziehen.[186]

47 Die **Literatur** versteht den Bezug auf die Grundrechte **umfassend.**[187] Erfasst sind demnach nicht nur diejenigen Grundrechte, bei denen ein Gesetzesvorbehalt besteht, sondern auch die vorbehaltlos gewährleisteten Grundrechte sowie Ausgestaltungen von Grundrechten.[188] Auch vorkonstitutionelles Recht soll in den Anwendungsbereich einbezogen werden, weil die Wesensgehaltsgarantie eine sachliche, keine formale Regelung trifft.[189] Ebenso einbezogen werden sollen die grundrechtsgleichen Rechte.[190] Dies ist folgerichtig, weil die Wesensgehaltsgarantie allen Grundrechten zugutekommen soll und auch vorbehaltlos gewährleistete Grundrechte vom Gesetzgeber oder aufgrund eines Gesetzes eingeschränkt werden können. Ausnahmen sollen nach der Literatur hingegen beim Gleichheitsrechten bestehen.[191] Dies leuchtet indes allenfalls beim allgemeinen Gleichheitssatz, nicht bei den spezifischen Diskriminierungsverboten des Art. 3 Abs. 3 ein.

48 **2. In seinem Wesensgehalt angetastet werden.** Die Norm bezweckt einen **zusätzlichen Grundrechtsschutz** (→ Rn. 43), lässt aber offen, ob es sich um eine rein **objektive** Bestimmung handelt oder aber diese auch bei der Prüfung eines **individuellen** Grundrechts zu berücksichtigen ist. Unklar ist also, ob die Wesensgehaltsgarantie individuell oder institutionell wirken soll.[192] Diese Frage ist eng damit verbunden, ob der Begriff des Wesensgehaltes absolut oder relativ zu fassen ist (→ Rn. 50 ff.).[193]

49 Allgemein anerkannt ist, dass die Wesensgehaltsgarantie die **Grundrechte** als solche **garantieren,** also eine Art Institutsgarantie etablieren möchte.[194] Die Wesensgehaltsgarantie schützt demnach vor der Beseitigung eines Grundrechts.[195] Konsentiert ist aber auch, dass die Wesensgehaltsgarantie nicht die Aufhebung gewisser Grundrechtsgarantien im Rahmen einer Verfassungsänderung verbietet.[196] Ein gegenteiliges Ergebnis wäre auch nicht mit den Wertungen des Art. 79 Abs. 3 vereinbar. Zudem lässt sich für dieses Ergebnis anführen, dass zwischen dem Menschenwürdekern der Grundrechte und ihrem Wesensgehalt zu unterscheiden ist: Die Menschenwürde wohnt in jedem Grundrecht, ist aber nicht auf die Existenz der anderen Grundrechte angewiesen.[197]

---

[186] So auch Nierhaus in BK Art. 19 Abs. 2 Rn. 99.

[187] *Leisner-Egensperger* HdbGR III § 70 Rn. 10 mwN; *Sachs* in Sachs Rn. 33.

[188] *Antoni* in Hömig/Wolff Rn. 5; *Chlosta,* Der Wesensgehalt der Eigentumsgewährleistung, 1975, 39 (für eine analoge Anwendung von Art. 19 Abs. 2 auf Art. 14); *Denninger* in AK Art. 19 Abs. 2 Rn. 2; *Dreier* in Dreier Art. 19 Abs. 2 Rn. 9; *Remmert* in Maunz/Dürig Art. 19 Abs. 2 Rn. 22.

[189] *Remmert* in Maunz/Dürig Art. 19 Abs. 2 Rn. 29.

[190] *Sachs* in Sachs Rn. 33.

[191] Hierfür *Dreier* in Dreier Art. 19 Abs. 2 Rn. 9.

[192] *Antoni* in Hömig/Wolff Rn. 6; *Huber* in MKS Rn. 161.

[193] Vgl. *Dreier* in Dreier Art. 19 Abs. 2 Rn. 12 ff.

[194] BVerfGE 30, 1 (24); *Antoni* in Hömig/Wolff Rn. 6.

[195] *Dreier* in Dreier Art. 19 Abs. 2 Rn. 13; Der Interpretation der Wesensgehaltsgarantie als Institutsgarantie, ist vorgehalten worden, dass auf diese Weise Art. 19 Abs. 2 leerliefe. Siehe *Herbert,* EuGRZ 1985, 321 (324).

[196] BVerfGE 109, 279 (310 f.); *Hofmann* in SHH Rn. 18; *Remmert* in Maunz/Dürig Art. 19 Abs. 2 Rn. 31; *Sachs* in Sachs Rn. 35; *Stern,* StaatsR III/2, 1994, § 85 IV. 2.

[197] BVerfGE 109, 279 (311) formuliert: „Der Wesensgehalt ist aber nicht mit dem Menschenwürdegehalt eines Grundrechts gleichzusetzen."

Ob die Wesensgehaltsgarantie darüber hinaus als ein **schutzverstärkendes** 50
Recht des jeweiligen Grundrechtsträgers zu werten, die Wendung „in keinem Falle" also wie „in keinem Einzelfalle" zu verstehen ist,[198] ist nicht abschließend geklärt. Zugunsten eines zusätzlichen Schutzes des jeweiligen Grundrechtsträgers wird regelmäßig auf die Schutzwirkung der Grundrechte verwiesen.[199] Dies ist – nicht zuletzt aufgrund der Intention des Verfassungsgebers (→ Rn. 1, 5) – zutreffend. Allerdings bereitet die Bestimmung eines grundrechtlichen „Wesensgehaltes" erhebliche Schwierigkeiten. Offensichtlich ist, dass es nicht einen Wesensgehalt aller, sondern „nur" einen Wesensgehalt **des jeweiligen Grundrechts** geben kann.[200] Streit herrscht insbesondere darüber, ob der Wesensgehalt „absolut" oder „relativ" zu bestimmen ist.[201]

Die Wendung „in keinem Falle" dürfe der Wesensgehalt eines Grundrechts 51
angetastet werden, deutet eher auf ein Verständnis der Verfassung hin, das von einem **absoluten Grundrechtskern** ausgeht.[202] Ergänzend ließe sich darauf verweisen, dass Art. 19 Abs. 2 das Verb „angetastet werden" verwendet, also auch insoweit die gebotene Zurückhaltung betont. Wird ein absolutes Verständnis zugrunde gelegt, heißt dies, dass jedes Grundrecht einen bestimmten „Kern" enthält, der dem Adressaten der Wesensgehaltsgarantie versperrt ist, auf den er also nicht zugreifen darf.[203] Es gibt also einen grundrechtlichen „Rest" der nicht aufgeht, der nicht im Abwägungsprozess verloren gehen darf. Ein absolutes Verständnis kann aber schon deshalb nicht überzeugen, weil in einigen Fällen (etwa: lebenslange Freiheitsstrafe/Sicherungsverwahrung,[204] „finaler Rettungsschuss" (→ Art. 2 Rn. 99),[205] vollständige Enteignung einer Person[206]) ein Grundrechtseingriff erlaubt sein muss, der vom Individualgrundrecht nichts mehr übrig lässt.[207] Kurz, ein absolutes Verständnis von Art. 19 Abs. 2 verkennt, dass in bestimmten Einzelfällen ein Grundrecht ggf. vollständig zugunsten eines anderen zurücktreten muss. Zudem spricht die Überlegung, dass die Grundrechte einen „Menschenwürdekern" enthalten, nicht für,[208] sondern eher gegen das absolute Verständnis.[209] Wenn im Innern jedes Grundrechts ein Funken Menschenwürde wohnt, ergibt ein darüber

[198] *Chlosta,* Der Wesensgehalt der Eigentumsgewährleistung, 1975, 40.

[199] *Chlosta,* Der Wesensgehalt der Eigentumsgewährleistung, 1975, 41; *Leisner-Egensperger* HdbGR III § 70 Rn. 19 f. mwN; *Dreier* in Dreier Art. 19 Abs. 2 Rn. 13.

[200] So bereits BVerfGE 22, 180 (219); siehe auch *Häberle,* Die Wesensgehaltgarantie des Art. 19 Abs. 2 Grundgesetz, 1962, 234; *Dreier* in Dreier Art. 19 Abs. 2 Rn. 10.

[201] Siehe etwa die Überblicke bei *Herbert,* EuGRZ 1985, 321 (323); diese Konfrontation wurde von *Häberle,* Die Wesensgehaltgarantie des Art. 19 Abs. 2 Grundgesetz, 1962, 66 als „nicht haltbar" kritisiert.

[202] BVerfGE 7, 377 (411); 34, 238 (245); *Leisner-Egensperger* HdbGR III § 70 Rn. 28; siehe auch *Stelzer,* Das Wesensgehaltsargument und der Grundsatz der Verhältnismäßigkeit, 1991, 50 mwN.

[203] *Leisner-Egensperger* HdbGR III § 70 Rn. 26, 28.

[204] *Drews,* Die Wesensgehaltsgarantie des Art. 19 II GG, 2005, 189 ff.; *Schaks* JuS 2015, 407 (410).

[205] Siehe etwa *Drews,* Die Wesensgehaltsgarantie des Art. 19 II GG, 2005, 226 ff.; *Leisner-Egensperger* HdbGR III § 70 Rn. 15; *Schaks* JuS 2015, 407 (409).

[206] *Drews,* Die Wesensgehaltsgarantie des Art. 19 II GG, 2005, 207 ff.

[207] *Dreier* in Dreier Art. 19 Abs. 2 Rn. 16; *Krebs* in v. Münch/Kunig, 6. Aufl. 2012, Rn. 25; *de Wall* in BerlKomm Art. 19 Abs. 1, 2 Rn. 101 ff.; zur Diskussion siehe auch *Leisner-Egensperger* HdbGR III § 70 Rn. 51 ff.

[208] Hierfür BVerfGE 23, 127 (134); 45, 187 (223); BVerfG (K) EuGRZ 2004, 321 (323); siehe auch *Herdegen* in Maunz/Dürig Art. 1 Abs. 1 Rn. 26.

[209] In diese Richtung bereits auch *Herbert* EuGRZ 1985, 321 (325); *Sachs* in Sachs Rn. 43; aA *v. Bernstorff* JZ 2013, 905 (914); *Herdegen* in Maunz/Dürig Art. 1 Abs. 1 Rn. 26; *Stern,* StaatsR III/2, 1994, § 85 III. 2. c) β).

hinausgehender Schutz des Wesensgehalts – so man diesen absolut versteht – wenig Sinn. Auch der von den Vertretern eines absoluten Verständnisses vorgebrachten Einwand gegen das relativ(ierend)e Verständnis, dass so Art. 19 Abs. 2 leerlaufe,[210] ist zwar inhaltlich richtig (→ Rn. 52 f.), kann aber auch nicht über das zentrale Defizit des absoluten Ansatzes hinwegtäuschen.

52 Fasst man den Wesensgehalt der Grundrechte hingegen **relativ,** gibt es keine harten Grundrechtskern, sondern die Bestimmung des Wesensgehaltes des jeweiligen Grundrechtes ist abhängig vom mit dem Grundrechtseingriff verfolgten Zweck und der Eingriffsintensität.[211] Hierfür streitet die Erkenntnis, dass es „den" Kern eines Grundrechts *a priori* nicht gibt, sondern sich dieser immer erst im Angesicht der jeweiligen Grundrechtsbeeinträchtigung zeigt. Die Frage ist dann allerdings, welcher genuine Anwendungsbereich noch für Art. 19 Abs. 2 verbleibt. Schließlich ist bereits jede unverhältnismäßige Einschränkung von Grundrechten nicht mit der Verfassung vereinbar.[212] Art. 19 Abs. 2 führt die Rechtsanwendung also in eine **Aporie:** Entweder man hält den Anspruch aufrecht, den Wesensgehalt – also einen, wie auch immer zu bestimmenden, „Kern" eines Grundrechts – absolut zu schützen und akzeptiert damit zweifelhafte Ergebnisse oder man relativiert den Schutz der Garantie dahingehend, ihr eine unterstützende Wirkung im Rahmen der Verhältnismäßigkeitsprüfung zuzuschreiben. Dann bleibt von dieser aber nichts mehr übrig, was über das Übermaßverbot hinausgeht.[213]

53 Hinzu tritt die Feststellung, dass beide Auffassungen – bei allen Unterschieden in der Konzeption – den Wesensgehalt des jeweiligen Grundrechts kaum näher konturieren können.[214] Damit kommt der Norm nur eine **appellative,** rein **„deklaratorische Bedeutung"**[215] zu. Dem entspricht es, wenn die Rspr. der Wesensgehaltsgarantie, von anfänglichen Bekenntnissen einmal abgesehen,[216] kaum Bedeutung zugemessen hat.[217] Zwar hat das BVerfG durchaus mit der Wesensgehaltsgarantie argumentiert. Bis heute gibt es aber – soweit ersichtlich – nur einen Fall, in dem das Gericht den Wesensgehalt eines Grundrechts als verletzt angesehen hat.[218]

54 Diesem Befund ist auch nicht dadurch beizukommen, dass man den Wesensgehalt absolut bestimmt, ihn aber allein auf die objektive Grundrechtsbestimmung bezieht.[219] Dies verkennt zum einen den Umstand, dass die Norm auch dem individuellen Grundrechtsträger dienen soll (→ Rn. 50). Zum anderen besteht auch in diesem Fall das Problem, den Kerngehalt näher zu konturieren (→ Rn. 53).[220]

---

[210] Deutlich *Leisner-Egensperger* HdbGR III § 70 Rn. 41; kritisch bereits auch *Stern,* StaatsR III/2, 1994, § 85 III. 2. c) α).

[211] In diese Richtung BVerfGE 27, 344 (352); 58, 300 (348); 109, 133 (156); 117, 71 (96 f.).

[212] Siehe bereits *Hesse,* Grundzüge des Verfassungsrechts der Bundesrepublik Deutschland, 20. Aufl. 1995 (Nachdr. 1999), 149.

[213] AA *Dreier* in Dreier Art. 19 Abs. 2 Rn. 18.

[214] *Herbert* EuGRZ 1985, 321 (324).

[215] So bereits *Häberle,* Die Wesensgehaltgarantie des Art. 19 Abs. 2 Grundgesetz, 1962, 234 ff.; *Hesse,* Grundzüge des Verfassungsrechts der Bundesrepublik Deutschland, 20. Aufl. 1995 (Nachdr. 1999), 149.

[216] BVerfGE 7, 377 (411); 16, 194 (201); 34, 238 (245).

[217] *Herbert* EuGRZ 1985, 321 (326): „keine selbständige Bedeutung".

[218] BVerfGE 22, 180 (219 f.), wo aber sogleich hinterhergeschoben wird, dass auch der „Grundsatz der Verhältnismäßigkeit verletzt" sei.

[219] So aber *Jäckel,* Grundrechtsgeltung und Grundrechtssicherung, 1967, 91, 108 ff.; *Herzog* FS f. Zeidler, Bd. II, 1987, 1415 (1424 f.); *Brenner,* Der Staat 32 (1993), 493 (505).

[220] Vgl. *Herzog* FS f. Zeidler, Bd. II, 1987, 1415 (1425 f.).

IV. Grundrechtsberechtigung juristischer Personen (Abs. 3)

1. Grundlagen. a) Bedeutung und Funktion. In ihrem Ursprung gelten die Grundrechte für den Menschen, dh natürliche Personen,[221] und davon abweichende Regelungen sind begründungsbedürftig.[222] Eine solche Funktion übernimmt Art. 19 Abs. 3, indem er die Grundrechtsgeltung auf juristische Personen erstreckt.[223] Aus der Norm folgt jedoch **nur** eine **erstreckte Grundrechtsberechtigung** und nicht zugleich auch eine Bindung der juristischen Personen an die Grundrechte.[224] Die Bestimmung sichert die Wirkmöglichkeiten rechtlich bereitgestellter Organisationsformen grundrechtlich und damit umfangreich ab (zum Sinn und Zweck des Inlandsvorbehalts → Rn. 91).[225] Ursprünglich wurde in Erwägung gezogen, ob eine Entscheidung des BVerfG aus der Anfangszeit des GG so zu verstehen war, dass sich das Wesensmerkmal auf die Grundrechte in ihrer Gesamtheit beziehen sollte.[226] Aus der Unterschiedlichkeit der einzelnen Grundrechte und der Entstehungsgeschichte (Wesensvorbehalt als Ersatz für enumerative Aufzählung, → Rn. 9) folgt aber, dass es nicht um die Anwendbarkeit der Grundrechte in ihrer Gesamtheit auf juristische Personen gehen kann.[227] Deshalb wird im Zusammenhang mit dem Wesensbezug mittlerweile diskutiert, wie das maßgebliche Kriterium beschaffen ist, das über die Anwendung der einzelnen konkreten Grundrechte für juristische Personen entscheidet (zur Frage, welche konkreten Grundrechte anwendbar sind → Rn. 95 ff.; zur Bezugnahme des Wesens auf die einzelne juristische Person → Rn. 94 Fn. 412).[228] 55

aa) Durchgriffsthese/personales Substrat und grundrechtstypische Gefährdungslage. Art. 19 Abs. 3 lässt sich keine Antwort auf die Frage entnehmen, ob und inwieweit die juristische Person als solche schützenswert ist, also unabhängig von den durch sie zusammengefassten natürlichen Personen. Dahinter steht eine grundsätzliche Diskussion über den Bezugspunkt des tatbestandlichen Wesensvorbehalts und das Wesen der Grundrechte im Allgemeinen, dh ihrer grundlegenden Funktion und Geltung für juristische Personen.[229] 56

Zurückgehend auf die Rspr. des BVerfG wird verbreitet eine Geltungserstreckung der Grundrechte auf juristische Personen dann für gerechtfertigt gehalten, „wenn ihre Bildung und Betätigung Ausdruck der freien Entfaltung der natürlichen Personen sind, besonders wenn der ‚Durchgriff' auf die hinter den juristischen Personen stehenden Menschen dies als sinnvoll und erforderlich erscheinen lässt"[230] (sog. **Durchgriffsthese oder Lehre** 57

---

[221] *Huber* in HdbGR II, § 49 Rn. 1, 4 f.; *Isensee* in HdbStR IX § 199 Rn. 2; *Jarass* in Jarass/Pieroth Rn. 10; vgl. BVerfGE 3, 383 (391).

[222] *Huber* in HdbGR II § 49 Rn. 4; vgl. *Dreier* in Dreier Rn. 27, 89.

[223] „Grundrechtserstreckungsnorm", *Stern,* StaatsR III/1, 1988, 1079; *Dreier* in Dreier Rn. 27. „Geltungserstreckungsnorm", *Merten* in HdbGR III § 56 Rn. 97; vgl. BVerfGE 129, 78 (97). „Grundrechtsberechtigungsnorm", *Kahl/Hilbert* in BK Rn. 151.

[224] *Dreier* in Dreier Rn. 28 mwN.; aA *Lücke* JZ 1999, 377 (378 f.).

[225] *Kahl/Hilbert* in BK Rn. 173 ff.; *Ackermann* JöR 65 (2017), 113 (131 ff.); ähnlich *Dreier* in Dreier Rn. 29 mwN.

[226] BVerfGE 21, 362 (369).

[227] So schon *Bettermann* NJW 1961, 1321 (1324); *de Wall* in BerlKomm Rn. 16; vgl. *Huber* in MKA Rn. 205.

[228] *Huber* in MKS Rn. 205; *Kahl/Hilbert* in BK Rn. 157; *Remmert* in Maunz/Dürig Rn. 28.

[229] *Huber* in MKS Rn. 205; *Kahl/Hilbert* in BK Rn. 157; *Remmert* in Maunz/Dürig Rn. 28.

[230] BVerfGE 21, 362 (369).

vom personalen Substrat).[231] Dem liegt die Annahme zugrunde, dass sich die Schutzwirkung der Grundrechte auf einen einheitlichen Ansatz zurückführen lässt, der sich aus dem Zusammenhang zwischen wesensmäßiger Anwendung (→ Rn. 94 ff.), dem Wesensgehalt der Grundrechte iSd Art. 19 Abs. 2 und der Würde des Einzelnen ergebe.[232] Die Durchgriffsthese geht deshalb davon aus, dass der Grundrechtsschutz natürlicher Personen der entscheidende Grund für eine Geltungserstreckung auf juristische Personen ist und hebt dabei den „anthropozentrischen"[233] Schutzweck der Grundrechte hervor, der mit dem Verlangen nach einem personalen Substrat auch im Falle der Beteiligung juristischer Personen gewahrt bleibt. Grundrechtsträgerin ist damit trotzdem die juristische Person selbst und nicht die hinter ihr stehenden natürlichen Personen.[234] Ihr kommt in der Sache allerdings nur ein dienender oder abgeleiteter Grundrechtsschutz zu,[235] weil sich das Wesen der Grundrechte primär auf den einzelnen Menschen bezieht.

58 Nach einem **stärker funktionsbezogenen Ansatz** basiert die Erstreckung der Grundrechtsgeltung auf einer **grundrechtstypischen Gefährdungslage.**[236] Entscheidend ist dann, ob die juristische Person sich in einer für ein bestimmtes Grundrecht typischen Gefährdungslage befindet, die der einer natürlichen Person vergleichbar ist.[237] Dies führt zu einem originären Schutz des Konstrukts juristische Person, das damit auch auf der Ebene der Grundrechte als rechtliche Realität anerkannt wird.[238] Dies wird der politisch-sozialen Wirklichkeit gerechter, weil auch das Wirken großer Organisationseinheiten wie internationalen Konzernstrukturen, bei denen die Bedeutung des dahinter stehenden Individuums kaum noch bestimmbar ist, erfasst werden kann.[239] Dasselbe gilt für die Grundrechtsfähigkeit von Organisationseinheiten, die ihrem personalen Substrat weitgehend entkleidet sind, wie Stiftungen, für die auch der Verfassungsgeber davon ausging, dass sie erfasst seien (→ Rn. 9).[240] Im Hinblick auf das Wesen der Grundrechte steht weniger die natürliche Person im Vordergrund, sondern vielmehr der Ausgleich von

---

[231] BVerfGE 21, 362 (369); 61, 82 (101); 68, 193 (205 f.); 75, 192 (195 f.); BVerfG NVwZ 2009, 1282 (1282 f.); BayVerfGH BayVBl. 1996, 656 (656); *Remmert* in Maunz/Dürig Rn. 28; *Sachs* in Sachs Rn. 10; *Badura* BayVBl. 1989, 1 (2); *Siepermann* DÖV 1975, 263 (268); *Storr,* Der Staat als Unternehmer, 2001, 205 ff., 233, *Rüfner* FS 50 Jahre BVerfG II, 2001, 55 (57); zurückgehend auf *Dürig* BayVBl. 1959, 201 (202). Von einem „Durchblick" spricht BVerfGE 61, 82 (101).

[232] *Huber* in MKS Rn. 206. Vgl. *Kahl/Hilbert* in BK Rn. 160.

[233] Formulierung bei *Gersdorf,* Öffentliche Unternehmen im Spannungsfeld zwischen Demokratie und Wirtschaftlichkeitsprinzip, 2000, 65; *Schnapp* in HdbGR II, § 52 Rn. 4, 22; *Remmert* in Maunz/Dürig Rn. 26.

[234] BVerfGE 3, 383 (391); *Rüfner* FS 50 Jahre BVerfG II, 2001, 55 (57); *Remmert* in Maunz/Dürig Rn. 35.

[235] *Isensee* in HdbStR IX § 199 Rn. 5; *Rüfner* FS 50 Jahre BVerfG II, 2001, 55 (56); *Huber* in MKS Rn. 207; *Dreier* in Dreier Rn. 32.

[236] StGH Hess DÖV 2007, 483 (483); *Dreier* in Dreier Rn. 34; *Kingreen* JöR 65 (2017), 1 (27 ff.); *Kulick* JöR 65 (2017), 57 (71 ff.); *Ludwigs/Friedmann* NVwZ 2018, 22 (27); *Klein* FS f. Scupin, 1973, 165 (167 f.); *Bettermann* FS f. Hirsch, 1968, 1 (11); *Bettermann* NJW 1969, 1321 (1324, 1326 ff.); *Kröger* JuS 1981, 26 (29); *Erichsen/Scherzberg* NVwZ 1990, 8 (11); vgl. *Bethge* AöR 104 (1979), 54 (69). Zu einem funktionalen Verständnis *Beyer,* Zur Beschwerdebefugnis von Verbänden wegen Grundrechtsverletzungen, 1976, S. 87 ff.

[237] Vgl. *Remmert* in Maunz/Dürig Rn. 27; *Ludwigs/Friedmann* NVwZ 2018, 22 (27); *Erichsen/Scherzberg* NVwZ 1990, 8 (11).

[238] Vgl. *Dreier* in Dreier Rn. 32 f.

[239] *Kahl/Hilbert* in BK Rn. 160; *Dreier* in Dreier Rn. 33 f.

[240] *Bethge* AöR 104 (1979), 54 (69 f.); *Dreier* in Dreier Rn. 33.

staatlicher Macht und privaten Freiheitsräumen.[241] Im Vergleich zur Durchgriffsthese ist dieser Ansatz weiter und flexibler[242] und er steht dem Systemverständnis der EMRK näher.[243]

Aufgrund dieser Überlegungen **verdient die grundrechtstypische Gefährdungslage Zustimmung,** auch wenn sich in der Praxis die Unterschiede zwischen beiden Deutungsweisen reduzieren (zur Situation bei gemischtwirtschaftlichen Unternehmen → Rn. 86).[244] Das BVerfG, das zwar überwiegend mit der Durchgriffsthese in Verbindung gebracht wird, greift im Rahmen seines Ansatzes ebenfalls auf die grundrechtstypische Gefährdungslage zurück.[245] Mit beiden Ansätzen lässt sich ein grundsätzlicher Ausschluss von Trägern staatlicher Gewalt begründen (→ Rn. 76). Trotz der Notwendigkeit eines personalen Substrats gehen auch die Vertreter der Durchgriffsthese überwiegend nicht davon aus, dass Organisationseinheiten, die keinen nennenswerten Bezug zu natürlichen Personen aufweisen, wie zB internationale Konzerne, vom Grundrechtsschutz ausgeschlossen wären.[246] 59

bb) Verhältnis zwischen Art. 19 Abs. 3 und Grundrechten mit korporativer Prägung (Lehre von den Doppelgrundrechten). Für einzelne[247] Grundrechte wird von manchen angenommen, dass ihr **Gewährleistungsgehalt inhärent korporativ geprägt** ist und von vornherein die Möglichkeit kollektiver Betätigung beinhaltet (sog. **Doppelgrundrechte**), so dass bei ihnen ein Rückgriff auf Art. 19 Abs. 3 nicht erforderlich bzw. versperrt sei.[248] Auch in der Rspr. des BVerfG lässt sich eine solche Sichtweise ausmachen, die im Einzelnen vor allem Art. 9 Abs. 1[249] und Abs. 3[250] sowie Art. 4 Abs. 1 und Abs. 2,[251] Art. 5 Abs. 1 60

---

[241] Teilweise wird auch die Unterscheidung von Staat und Gesellschaft, das Verhältnis von Über- und Unterordnung oder die Abgrenzung von Innen- und Außenrecht genannt, vgl. *Dreier* in Dreier Rn. 34, 56; *Sachs* in Sachs Rn. 91; *Kahl/Hilbert* in BK Rn. 164.

[242] *Kahl/Hilbert* in BK Rn. 164; *Dreier* in Dreier Rn. 34.

[243] *Ludwigs* NVwZ-Beilage 2017, 3 (6); vgl. *Goldhammer/Sieber* JuS 2018, 22 (25).

[244] *de Wall* in BerlKomm Rn. 26; *Dreier* in Dreier Rn. 46, 56; *Kahl/Hilbert* in BK Rn. 170 f. erkennen nur eine geringe juristische Operationalisierungsleistung.

[245] BVerfGE 45, 63 (79); 61, 82 (102, 105, 108); 118, 168 (204); 143, 246 Rn. 188, 195; ausschließlich auf die grundrechtstypische Gefährdungslage abstellend BVerfGE 106, 28 (43); vgl. *Bumke/Voßkuhle,* Casebook Verfassungsrecht, 2015, Rn. 21; *Kahl/Hilbert* in BK Rn. 166 ff.; *Rüfner* in HdbStR IX § 196 Rn. 63 f.

[246] Vgl. *Stern,* StaatsR III/1, 1988, S. 1119; *de Wall* in BerlKomm Rn. 27; dagegen die Grundrechtsberechtigung von Stiftungen mangels personalen Substrats ablehnend *Scholz/Langer,* Stiftung und Verfassung, 1990, 45 ff.; *Storr,* Der Staat als Unternehmer, 2001, 215 f.

[247] Weitgehend *Badura* DÖV 1990, 353 (356); *Schmidt,* Grundrechte und Nationalität, 1966, 33; *Oechsle,* Zur wesensmäßigen Anwendung, 1960, 153.

[248] *Bethge,* Die Grundrechtsberechtigung juristischer Personen nach Art. 19 Abs. 3 Grundgesetz, 1985, 41 f. („keine eigenständige, noch nicht einmal deklaratorische Relevanz"); *Rüfner* in HdbStR IX § 196 Rn. 75, („lediglich klarstellende Bedeutung"); vgl. auch *Rüfner* FS 50 Jahre BVerfG II, 2001, 55 (57 f.).

[249] BVerfGE 13, 174 (175); 30, 227 (241); 50, 290 (353 ff.); 84, 372 (378); 123, 186 (237); 124, 25 (34); *Isensee* in HdbStR IX § 199 Rn. 96; *Merten* in HdbStR VII § 165 Rn. 29; *Bethge,* Die Grundrechtsberechtigung juristischer Personen nach Art. 19 Abs. 3 Grundgesetz, 1985, 40 ff.; aA *Scholz,* Koalitionsfreiheit als Verfassungsproblem, 1971, 135 ff.; *Scholz* in Maunz/Dürig Art. 9 Rn. 23 ff.; *Höfling* in Sachs Art. 9 Rn. 27; *Kluth* in BerlKomm Art. 9 Rn. 90; *Sachs* in Stern, StaatsR IV/1, 2006 1331 f.; *Sachs* in Sachs Rn. 78. Im Falle von Art. 9 Abs. 1 wird der dem Grundrecht inhärente Schutz korporativer Betätigung etwa begründet mit einem engen sachlichen Zusammenhang und einem effektiven Grundrechtsschutz, BVerfGE 50, 290 (354); *Merten* in HdbStR VII § 165 Rn. 31 f.

[250] BVerfGE 18, 18 (25 f.); 50, 290 (320, 366 ff.); 94, 268 (282 f.); 103, 293 (304).

[251] BVerfGE 19, 129 (132); 24, 236 (246 f.); 53, 366 (387); 99, 100 (118); 102, 370 (378); 125, 39 (73); 137, 273 Rn. 94 ff.; 139, 321 Rn. 83; *Morlok* in Dreier Art. 4 Rn. 112; aA

S. 2[252] und Art. 5 Abs. 3[253] betrifft. Dies wirkt sich nicht nur auf die Anwendung des Art. 19 Abs. 3 aus, sondern wird auch dann relevant, wenn im spezifischen (Doppel-)Grundrecht keine Beschränkung auf Deutsche enthalten ist.

61 Die umfangreiche Annahme eines auch korporativ geprägten Gewährleistungsgehalts dieser Grundrechte würde Art. 19 Abs. 3 **in weiten Bereichen obsolet** machen.[254] Die individuelle Struktur der Grundrechte im Allgemeinen und die Wesensunterschiede zwischen Individual- und Organisationsgrundrechten, auf die Art. 19 Abs. 3 hinweist, wären eingeebnet.[255] Im Falle von Art. 9 Abs. 3 könnte die Annahme eines Doppelgrundrechts dazu führen, dass die begrenzende Wirkung des Inlandsvorbehalts aus Art. 19 Abs. 3 entfällt,[256] obwohl selbst die Vertreter einer korporativen Prägung diesen Schluss in der Sache regelmäßig nicht ziehen wollen und stattdessen dem Art. 19 Abs. 3 – entgegen seiner eigentlichen Konzeption (→ Rn. 55) – eine beschränkende allgemeingültige Grundaussage entnehmen.[257] Im Ergebnis kann **Art. 19 Abs. 3 seinen Anwendungsbereich** nicht gegenüber Doppelgrundrechten verlieren und ist auch nicht bloß deklaratorischer Natur, sondern **konstitutiv und insofern abschließend** zu verstehen (→ Rn. 90).[258]

62 **b) Überstaatliche Bezüge.** Die **Menschenrechte der EMRK** beziehen sich dem Wortlaut nach nicht auf juristische Personen,[259] doch kommt ihnen trotzdem **grundsätzlich Menschenrechtsfähigkeit** zu, wie sich aus Art. 34 EMRK, der die Möglichkeit von Individualbeschwerden regelt, ergibt. Die dort einbezogenen „nichtstaatlichen Organisationen oder Personengruppen" sind weit zu verstehen[260] und setzen lediglich eine hinreichende Verfestigung voraus, verlangen aber keine Rechtsfähigkeit.[261] Die Regelung beruht auf einer potenziellen Opfereigenschaft („victim of violation"), so dass es darauf ankommt, ob ein bestimmtes Recht seiner spezifischen Natur nach auf die juristische Person anwendbar ist.[262] Staatliche Organisationen sind nicht erfasst und um solche handelt es sich, wenn die Organisationen an der Aus-

---

BVerfGE 105, 279 (293); *Borowski,* Glaubens- und Gewissensfreiheit, 2006, 371 f.; *Mückl* in BK Art. 4 Rn. 65.

[252] BVerfGE 20, 162 (171); 21, 271 (277 f.); *Hoffmann-Riem* in AK Art. 5 Abs. 1, 2 Rn. 35, 164; aA *Degenhart* in BK Art. 5 Abs. 1, 2 Rn. 350.

[253] BVerfGE 15, 256 (262); 93, 85 (93); 111, 333 (354 f.); 139, 1448 Rn. 42 f.; 141, 143 Rn. 48; aA *Fehling* in BK Art. 5 Abs. 3 Rn. 124.

[254] *Huber* in MKS Rn. 229; *Dreier* in Dreier Rn. 89.

[255] *Isensee* in HdbStR IX § 199 Rn. 108; *Dreier* in Dreier Rn. 89. Dies gilt vor allem für Art. 9 Abs. 1 und insbesondere wenn man dem Grundrecht auch eine externe Betätigungsfreiheit entnimmt (→ Art. 9 Rn. 59), vgl. *Huber* in MKS Rn. 230 ff.

[256] So *Ritter,* NJW 1964, 279 (282); *v. Münch* in BK Art. 9 Rn. 108; *Bauer* in Dreier Art. 9 Rn. 71; sowie unter der Einschränkung, dass die ausländische juristische Person im Inland anerkannt ist, *Dietz,* Koalitionsfreiheit, 1961, 445.

[257] BVerfG NVwZ 2008, 670 (670); *Jarass* in Jarass/Pieroth Art. 9 Rn. 44; *P. M. Huber* in MKS Rn. 295; *de Wall* in BerlKomm Rn. 49; vgl. *Kahl/Hilbert* in BK Rn. 155.

[258] *Kahl/Hilbert* in BK Rn. 155; *Dreier* in Dreier Rn. 90; *Huber* in MKS Rn. 229 ff.

[259] Vgl. aber den Eigentumsschutz nach Art. 1 Abs. 1 S. 1 Erstes Zusatzprotokoll zur EMRK.

[260] *Kleinlein* JöR 65 (2017), 85 (88 f., 92 f.); *Goldhammer/Sieber* JuS 2018, 22 (24).

[261] *Schäfer* in Karpenstein/Mayer EMRK Art. 34 Rn. 39; *Grabenwarter/Pabel,* EMRK, 2016, § 13 Rn. 11; *Crones,* Grundrechtlicher Schutz von juristischen Personen im europäischen Gemeinschaftsrecht, 2002, S. 94 f.; *Remmert* in Maunz/Dürig Rn. 20; *Kahl/Hilbert* in BK Rn. 63.

[262] EKMR 9.1.1995 – 19509/92 – Church of Scientology of Paris; *Goldhammer/Sieber* JuS 2018, 22 (25 f.); *Schweizer* in HdbGR VI/1 § 138 Rn. 54; *Kleinlein,* JöR 65 (2017), 85 (93 f.);

übung von Hoheitsgewalt teilnehmen oder unter staatlicher Kontrolle stehen und öffentliche Versorgungsaufgaben wahrnehmen.[263] Nichtstaatliche Organisationen müssen eine institutionelle und organisatorische Unabhängigkeit vom Staat aufweisen und dafür können ihre Rechtsnatur, ihre Befugnisse, die Natur und der Kontext der Betätigung sowie der Grad der Unabhängigkeit von politischen Behörden betrachtet werden.[264] Öffentliche Unternehmen können damit umfangreicher einbezogen werden als nach dem BVerfG im Rahmen von Art. 19 Abs. 3.

Auch in der **Grundrechtecharta der Europäischen Union** (GRCh) fehlt eine Generalklausel wie Art. 19 Abs. 3.[265] Doch schon vor Erlass der Grundrechtecharta war die **prinzipielle Grundrechtsberechtigung** für juristische Personen **anerkannt**[266] und dieser Gedanke sollte fortgeführt werden.[267] Außerdem statuiert Art. 52 Abs. 3 S. 1 GRCh, dass der Schutzumfang nicht hinter dem der EMRK zurückbleiben darf. Die Grundrechtsberechtigung setzt damit auch hier nicht eine bestimmte Rechts- oder Organisationsform voraus, sondern verlangt eine hinreichend verfestigte organisatorische Willensbildung und eine Auslegung des fraglichen Grundrechts daraufhin, ob dieses für die juristische Person anwendbar ist.[268] Im Grundsatz wird die Grundrechtsberechtigung juristischer Personen des öffentlichen Rechts auch in diesem Kontext mehrheitlich abgelehnt,[269] wobei Bereichsausnahmen für Universitäten oder Rundfunkanstalten in Erwägung gezogen werden.[270] Das EuG macht außerdem Ausnahmen für staatliche Einrichtungen aus Drittstaaten.[271] **63**

Im Bereich der Grundfreiheiten ist die **Niederlassungsfreiheit nach Art. 54 AEUV** ausdrücklich auf Gesellschaften anwendbar und dieser Befund lässt sich auf die anderen Grundfreiheiten ausdehnen.[272] Der unionsrechtliche Gesellschaftsbegriff ist weit zu verstehen und verlangt lediglich eine **64**

Dreier in Dreier Rn. 13; *Kahl/Hilbert* in BK Rn. 64. Für eine Bewertung der einzelnen Menschenrechte *Kahl/Hilbert* in BK Rn. 75 ff.

[263] EGMR 23.9.2003 – 53984/00 [Extracts] Rn. 26 – Radio France ua; 7.12.2006 – 35841/02 Rn. 47 – Österreichischer Rundfunk; 13.12.2007 – 40998/98 Rn. 79 f. – Islamic Republic of Iran Shipping Lines; 15.11.2011 – 28502/08 Rn. 60 ff. – Transpetrol; 16.2.2016 – 8895/10 Rn. 35 f. – Ärztekammer für Wien und Dorna; *Schäfer* in Karpenstein/Mayer EMRK Art. 34 Rn. 41; *Meyer-Ladewig/Kulick* in Meyer-Ladewig/Nettesheim/von Raumer EMRK Art. 34 Rn. 14.

[264] BVerwG BeckRS 2019, 38246 Rn. 28.

[265] Vgl. aber den Schutz der unternehmerischen Freiheit in Art. 16 GRCh oder die Art. 42–44 GRCh. Zu der Situation bei ungeschriebenen Gemeinschaftsgrundrechten *Remmert* in Maunz/Dürig Rn. 21.

[266] EuGH 17.12.1970 – C-11/70, Slg. 1970, I-1125 Rn. 4 ff. – Internationale Handelsgesellschaft; 26.6.1980 – C-136/79, Slg. 1980, I-2033 Rn 17 ff. – National Panasonic; 11.7.1989 – C-265/87, Slg. 1989, I-2237 Rn. 15 – Schräder.

[267] *Huber* in MKS Rn. 328; *Remmert* in Maunz/Dürig Rn. 21.

[268] *Jarass* GRCh Art. 51 Rn. 50 f.; *Schwerdtfeger* in Meyer/Hölscheidt GRCh Art. 51 Rn. 61; *Kahl/Hilbert* in BK Rn. 107 ff. mit Ausführungen zu einzelnen Grundrechten.

[269] *Kahl/Hilbert* in BK Rn. 114; *Dreier* in Dreier Rn. 19; *Huber* in MKS Rn. 329.

[270] *Frenz,* Europarecht IV, 2009, Rn. 299; *Jarass* GRCh Art. 51 Rn. 55 ff.; zur Grundrechtsberechtigung öffentlich-rechtlicher Rundfunkunternehmen bzgl. Art. 16 GRCh EuGH 26.4.2012 – Rs. C-510/10, ECLI:EU:2012:244 Rn. 57 – DR und TV2 Danmark.

[271] EuG 19.1.2013 – Rs. T-496/10, ECLI:EU:T:2013:39 Rn. 35 ff. – Bank Mellat; 5.2.2013 – Rs. T-494/10, ECLI:EU:T:2013:59 Rn. 33 ff. – Bank Serdat Iran; 8.9.2015 – Rs. T-564/12, ECLI:EU:T: 2015:599 Rn. 113 ff. – Ministry of Energy of Iran; vgl. dazu *Germelmann/Gundel* BayVBl. 2016, 725 (728 f.).

[272] Statt vieler *Ehlers* in Ehlers, Europäische Grundrechte und Grundfreiheiten, 2014, § 7 Rn. 46 f.

rechtliche Organisationsstruktur, auch wenn diese keine rechtliche Selbständigkeit oder Rechtsfähigkeit begründet.[273] Notwendig ist bei funktionaler Betrachtung, dass die Gesellschaft einen Erwerbszweck verfolgt, wofür schon die Teilnahme am Wirtschaftsleben mit einem entgeltlichen Angebot ausreicht.[274] Dies kann auch, in einem größeren Umfang als im Rahmen von Art. 19 Abs. 3 (→ Rn. 76), staatliche Organisationseinheiten erfassen (→ Art. 28 Rn. 104). Voraussetzung ist in jedem Fall, dass es sich um eine Gesellschaft handelt, die vergleichbar der Staatsangehörigkeit eine spezifische Verbindung zu einem Mitgliedstaat der Union über Gründung und Sitz aufweist (vgl. Art. 54 Abs. 1 AEUV).[275] Durch die Grundfreiheiten können sich, insbesondere unter Berücksichtigung des Diskriminierungsverbots (vgl. Art. 18 AEUV), erhebliche Beeinflussungen von Art. 19 Abs. 3 ergeben (→ Rn. 92).

65 **2. Die Grundrechte (sachlicher Umfang der Geltungserstreckung).** Art. 19 Abs. 3 knüpft an „die Grundrechte" an (zur Geltungserstreckung einzelner Grundrechte → Rn. 94 ff.). Angesichts der Struktur des Art. 93 Abs. 1 Nr. 4a spricht vieles dafür, sie alleine auf die Grundrechte, wie sie **im ersten Abschnitt des GG** enthalten sind, zu beziehen und **nicht auch** auf **grundrechtsgleiche Rechte** (Art. 20 Abs. 4, 33, 38, 101, 103 und 104).[276] Die damit verbundenen Konsequenzen sind in der Sache aber überschaubar.[277] Nach einhelliger Ansicht ergibt sich für die sog. Prozessgrundrechte der Art. 101 Abs. 1, 103 eine umfassende Geltung für alle juristischen Personen schon aus rechtsstaatlichen Gründen (→ Rn. 97). Die sonstigen grundrechtsgleichen Rechte sind ihrem Wesen nach ohnehin nicht auf juristische Personen anwendbar.[278]

66 **3. Gelten auch für inländische juristische Personen (personeller Umfang der Geltungserstreckung). a) Juristische Person.** Der Begriff der „juristischen Person" deutet – bei einer Gegenüberstellung mit dem materiell verstandenen Begriff der „Vereinigung" in Art. 9 Abs. 2 (→ Art. 9 Rn. 26) – eine gewisse Rechtstechnizität und Bezugnahme auf die einfachrechtliche, vor allem **privatrechtlich geprägte Dogmatik** an.[279] Angesprochen sind damit juristische Personen als Zusammenschlüsse von Personen oder Sachen zu Organisationen, denen die Rechtsordnung Rechtsfähigkeit verliehen hat und die selbständige Träger von Rechten und Pflichten sein können.[280] Der Begriff

---

[273] *Ehlers* in Ehlers, Europäische Grundrechte und Grundfreiheiten, 2014, § 7 Rn. 46; *Dreier* in Dreier Rn. 16; *Kahl/Hilbert* in BK Rn. 85.

[274] *Müller-Graff* in Streinz EUV/AEUV Art. 54 AEUV Rn. 3; *Korte* in Calliess/Ruffert EUV/AEUV Art. 54 AEUV Rn. 9.

[275] *Müller-Graff* in Streinz EUV/AEUV Art. 54 AEUV Rn. 6 ff.; *Korte* in Calliess/Ruffert EUV/AEUV Art. 54 AEUV Rn. 11 ff.; *Jung* in Schwarze/Becker/Hatje/Schoo EU-Kommentar Art. 54 AEUV Rn. 11 ff.

[276] *Kahl/Hilbert* in BK Rn. 426; *Enders* in BeckOK GG Rn. 49; *Manssen,* Staatsrecht II, 2020, Rn. 147; ähnlich *Dreier* in Dreier Rn. 40 ff.; aA *Sachs* in Sachs Rn. 67; *Tettinger* in HdbGR II § 51 Rn. 50; für eine Analogie *Jarass* in Jarass/Pieroth Rn. 15; vgl. für die formellen Argumente einer Nichtanwendung auf Art. 101, 103 BVerfGE 21, 362 (373); 61, 82 (104).

[277] *Becker* Jura 2019, 496 (498); *Dreier* in Dreier Rn. 43.

[278] Vgl. dazu *Remmert* in Maunz/Dürig Rn. 112; *Kahl/Hilbert* in BK Rn. 388 f.

[279] *Geiger* DÖV 1952, 481 (487); *Kingreen/Poscher,* Staatsrecht II, 2019, Rn. 205; *Stern,* StaatsR III/1, 1988, 1134.

[280] Statt vieler *Schwennicke* in Staudinger-BGB Einl. zu §§ 21 ff., Rn. 1 mwN; vgl. BGHZ 25, 134 (145).

der juristischen Person in Art. 19 Abs. 3 erfasst zwar diese juristischen Personen des Privatrechts im rechtstechnischen Sinne, **geht aber darüber hinaus.**[281]

aa) Juristische Personen privatrechtlicher Herkunft. (1) Juristische Personen des Privatrechts im ieS. Art. 19 Abs. 3 erfasst im Ausgangspunkt die juristischen Personen des Privatrechts im überkommenen Sinne. Da ihnen Rechtsfähigkeit zukommt und sie privatautonom agieren, ist ihr Wirken Ausdruck des privaten Freiheitsraums, den die Grundrechte absichern sollen (→ Rn. 58),[282] wobei etwaige einfachgesetzliche Beschränkungen des Betätigungsfeldes unerheblich sind.[283] Dies betrifft privatrechtliche Körperschaften und Stiftungen; Personengesellschaften werden üblicherweise nicht einbezogen (zu ihnen → Rn. 70). 67

Als **Körperschaften** sind die Kapitalgesellschaften in Form der AG (§§ 1 ff. AktG)[284], GmbH (§ 1 ff. GmbHG)[285] mit Unternehmergesellschaft (UG, § 5a GmbHG) und gGmbH (§ 4 S. 2 GmbHG, §§ 51 ff. AO)[286], KGaA (§§ 278 ff. AktG)[287] und Europäische Gesellschaft (SE, Art. 1 ff. SE-VO, §§ 1 ff. SE-Ausführungsgesetz)[288] von Art. 19 Abs. 3 erfasst. Eine körperschaftliche Struktur weisen daneben auch der eingetragene Verein (§§ 21 ff. BGB)[289], der Versicherungsverein auf Gegenseitigkeit (VVaG, §§ 171 ff. VAG)[290], die eingetragene Genossenschaft (§§ 1 ff. GenG)[291] und die europäische Genossenschaft (SCE, Art. 1 ff. SCE-VO, §§ 1 ff. SCE-Ausführungsgesetz)[292] auf. Auch sie sind damit als juristische Person zu qualifizieren. Bei privatrechtlichen Stiftungen (§§ 80 ff. BGB) fällt es zwar schwer, ein personales Substrat auszumachen, doch unter Berücksichtigung eines funktionalen Ansatzes (→ Rn. 58) und der Vorstellungen des Verfassungsgebers (→ Rn. 9) kann auch für **Stiftungen** die Grundrechtsberechtigung anerkannt werden.[293] Die Organisation in einer **ausländischen Rechtsform** steht der Anwendung des Art. 19 Abs. 3 nicht entgegen, wenn diese ausländische juristische Person ihren Sitz nach Deutschland verlegt hat oder aufgrund des unionsrechtlichen Einflusses als inländische Organisation zu behandeln ist (→ Rn. 89, 92).[294] 68

In der älteren Rspr. des BVerfG wird eine Grundrechtsberechtigung juristischer Personen des Privatrechts mitunter ausgeschlossen, wenn von diesen **öffentliche Aufgaben wahrgenommen** werden (zu juristischen Personen des Privatrechts mit staatlicher Beteiligung → Rn. 85 ff.).[295] Wie nachhaltig 69

---

[281] *Sachs* in Sachs Rn. 58.
[282] Vgl. *Dreier* in Dreier Rn. 45.
[283] *Sachs* in Sachs Rn. 59.
[284] BVerfGE 10, 89 (99); 23, 208 (223); 29, 260 (265 f.); 53, 336 (345); 66, 116 (130).
[285] BVerfGE 3, 359 (363); 21, 261 (266); 44, 103 (103 f.); 100, 313 (356); 111, 366 (372).
[286] BVerfGE 53, 366 (386); *Kahl/Hilbert* in BK Rn. 198.
[287] BVerfGE 23, 153 (163).
[288] *Lutter* in Lutter/Hommelhoff/Teichmann SE-Kommentar, 2015, Art. 1 SE-VO Rn. 19; *Krausnick* JuS 2008, 869 (871); *Kahl/Hilbert* in BK Rn. 198.
[289] BVerfGE 3, 383 (390); 10, 221 (225); 24, 278 (282); 53, 366 (386).
[290] *Remmert* in Maunz/Dürig Rn. 38; *Kahl/Hilbert* in BK Rn. 199; *Sachs* in Sachs Rn. 60.
[291] BVerfGE 118, 168 (202 ff.); vgl. *Krausnick* JuS 2008, 869 (871).
[292] *Kahl/Hilbert* in BK Rn. 199.
[293] BVerfGE 46, 73 (83 f.); 57, 220 (240); 70, 138 (160); *Kahl/Hilbert* in BK Rn. 201 f.; *Dreier* in Dreier Rn. 46; *Sachs* in Sachs Rn. 61.
[294] *Remmert* in Maunz/Dürig Rn. 39; *Kahl/Hilbert* in BK Rn. 206; *Krausnick* JuS 2008, 869 (871).
[295] BVerfGE 68, 193 (213); 70,1 (15); BVerfG NJW 1987, 2501 (2502); NJW 1990, 1783 (1783); NJW 1996, 584 (584); vgl. auch BVerfGE 61, 82 (104).

diese Entscheidungen sind, ist aber unklar, und die Einordnung bestimmter Aufgaben als „öffentlich" ist derart unbestimmt, das sich dies nicht in sinnvoller und überzeugender Weise mit der Frage der Grundrechtsträgerschaft verbinden lässt.[296] Auch eine Stellung als **Verwaltungshelfer** oder eine **Indienstnahme Privater** steht der Grundrechtsanwendung nicht entgegen.[297] Im Falle einer Verdichtung zu einer **Beleihung** scheidet die Grundrechtsberechtigung bei einer Tätigkeit in dieser Funktion aber aus.[298]

70 **(2) Sonstige privatrechtlich verfassten Organisationen.** Art. 19 Abs. 3 beschränkt sich nicht auf juristische Personen des Privatrechts im herkömmlichen Sinne,[299] vielmehr kommen **auch rechtsfähige Personengesellschaften bzw. Gesamthandsgesellschaften** für eine Anwendung in Betracht.[300] Ihnen kommt Rechtsfähigkeit nicht umfassend zu, sondern lediglich reduziert auf bestimmte Regelungsbereiche.[301] Häufig wird deshalb auch zwischen voll- und teilrechtsfähigen Verbänden unterschieden, wobei dies missverständlich sein kann, denn einerseits suggeriert der Begriff der Vollrechtsfähigkeit eine Absolutheit, die in dem Maße nicht besteht,[302] und andererseits besteht in Bezug auf die grundsätzliche Fähigkeit, eigene Rechte zu erwerben oder sich zu verpflichten (vgl. § 124 Abs. 1 HGB), im Außenverhältnis regelmäßig kein Unterschied.[303]

71 Losgelöst von diesen privatrechtlichen Kategorien verlangen das BVerfG und Teile der Literatur für eine juristische Person nach Art. 19 Abs. 3 mittlerweile eine Organisation, die eine **rechtlich verfasste und festgefügte Struktur** aufweist und auf **gewisse Dauer** angelegt ist.[304] Damit findet zwar eine Ablösung von dem einfachrechtlich, privatrechtlich geprägten Begriff der juristischen Person statt (→ Rn. 66), doch konnte diesem unter normhierarchischen Gesichtspunkten ohnehin keine maßgebliche Bedeutung für das Verfassungsverständnis zukommen.[305] Tatsächlich unterscheiden sich Personengesellschaften und juristische Personen des Privatrechts ieS mittlerweile primär nur durch den Entstehungstatbestand, weil letztere zur Rechtsfähigkeit eines staatlichen Mitwirkungsaktes (Eintragung oder Konzession) bedürfen.[306] Dieser Unterschied ist jedoch ohne Bedeutung für das grundrechtliche Schutz-

---

[296] *Dreier* in Dreier Rn. 54; *Kahl/Hilbert* in BK Rn. 300 ff.; *Sachs* in Sachs Rn. 111; *Jarass* in Jarass/Pieroth Rn. 18; *Isensee* in HdbStR IX § 199 Rn. 47 f; *Schoch* Jura 2001, 201 (206); relativierend *Remmert* in Maunz/Dürig Rn. 63.

[297] AA *Remmert* in Maunz/Dürig Rn. 61 f., jedenfalls in Bezug auf die Verwaltungshilfe, daneben aber auch in Bezug auf die „unvollständige" Beleihung, die sich letztlich aber kaum von der Indienstnahme unterscheiden lässt.

[298] *Kahl/Hilbert* in BK Rn. 301; *Sachs* in Sachs Rn. 111; *Brüning* in Stern/Becker Rn. 77.

[299] BVerfGE 3, 383 (391 f.); 122, 342 (355); anders aber noch *Geiger* DÖV 1952, 481 (487).

[300] Zur begrifflichen Gleichsetzung *Wertenbruch* in Westermann/Wertenbruch Handbuch Personengesellschaften I, 77. EL 2020, § 2 Rn. 31.

[301] *Kloepfer,* Verfassungsrecht II, 2010, § 49 Rn. 52; *Dreier* in Dreier Rn. 47.

[302] *Sachs* in Sachs Rn. 59; *Remmert* in Maunz/Dürig Rn. 37; *Bethge,* Die Grundrechtsberechtigung juristischer Personen nach Art. 19 Abs. 3 Grundgesetz, 1985, 31; umfassend *Fabricius,* Relativität der Rechtsfähigkeit, 1963, 49 ff.

[303] *Wertenbruch* in Ebenroth/Boujong/Joost/Strohn HGB, 2020, § 105 HGB Rn. 13 f.; *Wertenbruch* in Westermann/Wertenbruch Handbuch Personengesellschaften I, 77. EL 2020, § 2 Rn. 34 f.

[304] BVerfGE 122, 342 (355); *Kahl/Hilbert* in BK Rn. 186; *Huber* in MKS Rn. 88.

[305] *Dreier* in Dreier Rn. 47; *de Wall* in BerlKomm Rn. 78; *Kahl/Hilbert* in BK Rn. 197; *Jarass* in Jarass/Pieroth Rn. 20.

[306] *Schöpflin* in BeckOK-BGB § 21 Rn. 7; *Leuschner* in MüKo-BGB Vor § 21 Rn. 1 ff., 10 ff. Vgl. zur Unterscheidung auch §§ 14, 1059a Abs. 2 BGB, § 7 MarkenG, § 11 InsO.

bedürfnis.[307] Auch der historische Verfassungsgeber hatte sich auf ein eher allgemeines Verständnis gestützt;[308] ihm fehlte es an „besonders präzisen rechtsdogmatischen Vorstellungen über die Reichweite der Regelung".[309] Zumindest die „Gesellschaft des Handelsrechts" (gemeint sein dürften die Personengesellschaften OHG und KG) sah der Verfassungsgeber als schutzwürdig an.[310] Im Ergebnis besteht Einigkeit, dass auch Personengesellschaften bzw. Gesamthandsgesellschaften oder teilrechtsfähige Verbände als juristische Personen iSd Art. 19 Abs. 3 anerkannt werden können,[311] auch wenn sich ihre Grundrechtsfähigkeit auf den rechtlich verfassten Betätigungsbereich beschränkt.[312]

Als **Personengesellschaften** kommen damit die mittlerweile auch vom BGH[313] als rechtsfähig anerkannte Außen-GbR (§§ 705 ff. BGB)[314] einschließlich der Partnerschaftsgesellschaft (§§ 1 ff. PartG)[315], die OHG (§§ 105 ff. HGB)[316], die KG (§§ 161 ff. HGB)[317], die europäische wirtschaftliche Interessenvereinigung (EWIV, Art. 1 ff. EWIV-VO, §§ 1 ff. EWIV-Ausführungsgesetz)[318] und die früheren Parten- und Baureederei (§§ 489 ff. HGB aF, § 509 HGB aF)[319] als Träger von Grundrechten in Betracht. Dasselbe gilt für den **nichtrechtsfähigen Verein** (§ 54 BGB)[320] und die WEG (§§ 10 ff. WEG)[321]. Der Grundrechtsschutz kann auch schon in der Gründungsphase und noch während der Liquidation eingreifen.[322] Die Betei- 72

---

[307] Vgl. *Gschwendtner,* Der Begriff der juristischen Person im Verfassungsrecht und die Stellung des Art. 19 Abs. 3 im Wertsystem der Grundrechte, 1968, S. 11; *Kahl/Hilbert* in BK Rn. 197.

[308] Vgl. *Stern,* StaatsR III/1, 1988, S. 1106.

[309] *Dreier* in Dreier Rn. 11 unter Berufung auf Deutscher Bundestag/Bundesarchiv, Der parlamentarische Rat 1948–1949, Bd. 5, 1993, 771 f., 949 f.

[310] *Kahl/Hilbert* in BK Rn. 197 unter Bezugnahme auf *v. Mangoldt* in der 44. Sitzung des Hauptausschusses v. 19.1.1949, Drs. Nr. 541, zit. nach Deutscher Bundestag/Bundesarchiv, Der parlamentarische Rat 1948–1949, Bd. 14/II, 2009, 1428.

[311] *Dreier* in Dreier Rn. 47; *Huber* in MKS Rn. 238 ff.; *Sachs* in Sachs Rn. 62 ff.; *de Wall* in BerlKomm Rn. 74; *Enders* in BeckOK GG Rn. 35; *Stern,* StaatsR III/1, 1988, 1130 ff.; *Kingreen/Poscher,* Staatsrecht II, 2019, Rn. 209; *Schoch* Jura 2001, 201 (202).

[312] *Huber* in MKS Rn. 239; *Dreier* in Dreier Rn. 47; *Sachs* in Sachs Rn. 63; *Remmert* in Maunz/Dürig Rn. 38; *Stern,* StaatsR III/1, 1988, 1134. Regelmäßig wird die Reichweite der Grundrechtsfähigkeit mit dem Umfang der (Teil-)Rechtsfähigkeit gleichgesetzt, doch diese Verknüpfung mit der einfachgesetzlichen Lage erscheint zweifelhaft, so auch *Kahl/Hilbert* in BK Rn. 203; vgl. BVerfGE 6, 273 (277).

[313] BGHZ 146, 341 (347).

[314] BVerfG NJW 2002, 3533 (3533); *Huber* in MKS Rn. 240; kritisch *Stürner* JZ 2003, 44 (44 f.).

[315] *Kahl/Hilbert* in BK Rn. 196; *Remmert* in Maunz/Dürig Rn. 39; *Sachs* in Sachs Rn. 64.

[316] BVerfGE 4, 7 (12); 23, 208 (223).

[317] BVerfGE 4, 7 (12); 10, 89 (99); 20, 162 (171); 42, 212 (219); 53, 1 (13); 102, 197 (212 f.); 121, 317 (370).

[318] *Kahl/Hilbert* in BK Rn. 196; *Krausnick* JuS 2008, 869 (871).

[319] *Kahl/Hilbert* in BK Rn. 196; *Sachs* in Sachs Rn. 64; *Remmert* in Maunz/Dürig Rn. 39. Beide Rechtsformen wurden 2013 abgeschafft. Für vorher entstandene Parten- und Baureedereien gelten nach § 71 Abs. 1 EGHGB die früheren Vorschriften des HGB weiter.

[320] BVerfGE 6, 273 (277); 13, 174 (175); 24, 236 (246 f.); *Remmert* in Maunz/Dürig Rn. 38; *Dreier* in Dreier Rn. 47; vgl. auch BVerfGE 102, 370 (383).

[321] *Kahl/Hilbert* in BK Rn. 208; *Dreier* in Dreier Rn. 48.

[322] Zur Gründungsphase in Form einer Vorgesellschaft einer GmbH BVerfGE 135, 90 Rn. 44; zum religiösen Verein BVerfGE 102, 370 (383). Zur Liquidationsphase BVerfGE 13, 174 (175); 98, 106 (116). Allgemein *Sachs* in Sachs Rn. 64; *Huber* in MKS Rn. 243. Mit der Voraussetzung, dass die Organisation schon bzw. noch rechtsfähig ist, *Remmert* in Maunz/Dürig Rn. 39, was aber sehr früh (vgl. *Merkt* in MüKo-GmbHG, 3. Aufl. 2018, § 11 Rn. 97 ff.) bzw. spät (vgl. *Berner* in MüKo-GmbHG, 3. Aufl. 2018, § 60 Rn. 16 f.) der Fall ist, ohne diese Einschränkung *de Wall* in BerlKomm Rn. 72; *Kahl/Hilbert* in BK Rn. 216 ff.

ligung weiterer juristischer Personen als Träger steht einer Anwendung des Art. 19 Abs. 3 ebenso wenig entgegen wie die „Grundtypvermischung“,[323] etwa bei der GmbH & Co. KG.[324]

73 **Politische Parteien** und **Wählervereinigungen** sind zwar eng in einen verfassungs- bzw. öffentlich-rechtlichen Kontext eingebunden, aber eine Grundrechtsberechtigung ergibt sich im Falle ihrer typischen Organisation als eingetragener oder nichtrechtsfähiger Verein und kommt im Übrigen aufgrund einer rechtlich verfassten Struktur, die auf eine gewisse Dauer angelegt ist, in Betracht (→ Rn. 71).[325] Vergleichbares lässt sich auch für **Gewerkschaften,**[326] den **Betriebsrat**[327] und wohl auch für den **Personalrat**[328] annehmen. Einer Einbeziehung der **Gütergemeinschaft und Erbengemeinschaft** kann jedenfalls nicht eine fehlende privatrechtliche Rechtsfähigkeit entgegengehalten werden.[329] Von geringer Praxisrelevanz ist die Diskussion über die Grundrechtsfähigkeit der **Innen-GbR** und der **stillen Gesellschaft,** die definitionsgemäß nicht nach außen in Erscheinung treten.[330]

74 **(3) Nicht rechtsfähige Zusammenschlüsse.** Handelt es sich um **schlichte oder lose Personenmehrheiten,** die nicht rechtsfähig sind und sich auch nicht durch eine verfestigte Struktur und einer in ihnen angelegten gewissen Dauer der Stellung einer juristischen Person annähern, kommt eine Grundrechtsträgerschaft über Art. 19 Abs. 3 nicht in Betracht, wie zB bei Skatrunden, Kaffeerunden oder dem gemeinsamen Musizieren.[331] Auch eine Versammlung iSd Art. 8 kommt in aller Regel nicht für eine eigenständige Grundrechtsträgerschaft in Betracht (→ Art. 8 Rn. 34). Dasselbe gilt für die Unterzeichner eines Volksbegehrens.[332] Die Organe, die für eine juristische Person handeln, fallen selbst nicht in den Anwendungsbereich von Art. 19 Abs. 3.[333]

---

[323] BVerfGE 3, 383 (391); *Kahl/Hilbert* in BK Rn. 214; zum Begriff *Zielinski,* Grundtypvermischung und Handelsgesellschaftsrecht, 1925.

[324] BVerfGE 20, 162 (171); 98, 106 (116); 102, 197 (212 f.).

[325] *Kahl/Hilbert* in BK Rn. 209; *Sachs* in Sachs Rn. 64; *Dreier* in Dreier Rn. 52; aA *Huber* in MKS Rn. 242. Für Fraktionen kommt es darauf an, ob eine private Rechtsform oder zumindest eine öffentlich-rechtliche und privatrechtliche Doppelnatur angenommen wird, zum Meinungsbild zur Einordnung von Fraktionen vgl. *Singer* NZA 2008, 789 (791); *Ipsen* NVwZ 2005, 361 (362 f.). Ist dies nicht der Fall, kommt eine Grundrechtsträgerschaft aufgrund ihrer verfassungsrechtlichen Einbindung nicht in Betracht, offen gelassen in BVerfG NJW 2003, 1856 (1856); dafür *Sachs* in Sachs Rn. 107a; dagegen *Kahl/Hilbert* in BK Rn. 264.

[326] BVerfGE 77, 1 (38); 92, 26 (37 f.); 92, 365 (392); 94, 268 (282); 146, 71 Rn. 113, allerdings unter Zugrundelegung der Lehre von den Doppelgrundrechten (→ Rn. 60).

[327] *Ellenbeck,* Die Grundrechtsfähigkeit des Betriebsrats, 1996, 80, 99; *Kahl/Hilbert* in BK Rn. 211; *Dreier* in Dreier Rn. 51; aA *Brüning* in Stern/Becker Rn. 56.

[328] *Dütz,* Der Grundrechtsschutz von Betriebsräten und Personalvertretungen, 1986, 48 ff.; *Bethge,* Die Grundrechtsberechtigung juristischer Personen nach Art. 19 Abs. 3 Grundgesetz, 1985, 99 f.; *Kahl/Hilbert* in BK Rn. 211; aA *Dreier* in Dreier Rn. 51. Offen gelassen von BVerfGE 28, 314 (323 f.); 51, 77 (86 f.). Vgl. für die Rechtsfähigkeit des Personalrats BVerwGE 90, 76 (80 f.).

[329] Für die Einbeziehung *Kahl/Hilbert* in BK Rn. 203; *Dreier* in Dreier Rn. 47; *Tettinger* in HdbGR II § 51, Rn. 31, 33; aA *Rüfner* FS 50 Jahre BVerfG II, 2001, 55 (62).

[330] Dazu *Kahl/Hilbert* in BK Rn. 204.

[331] *Dreier* in Dreier Rn. 51; *Sachs* in Sachs Rn. 65; *Remmert* in Maunz/Dürig Rn. 41; *Jarass* in Jarass/Pieroth Rn. 20; *Tettinger* in HdbGR II § 51 Rn. 34. Auf die Möglichkeit, dass sich eine GbR bildet, weisen *Kahl/Hilbert* in BK Rn. 219 hin. Für die Berücksichtigung von „sozial emergenten Kollektivitäten“ im digitalen Umfeld *Ingold* Der Staat 53 (2014), 193 (225).

[332] BVerfGE 96, 231 (239 ff.); *Dreier* in Dreier Rn. 52.

[333] BVerfG Urt. v. 19.5.2020 – 1 BvR 2835/17, Rn. 68; *Sachs* in Sachs Rn. 66; *Brüning* in Stern/Becker Rn. 56.

bb) Juristische Personen des öffentlichen Rechts. Der **Wortlaut** des Art. 19 Abs. 3 lässt **keinen Unterschied** zwischen juristischen Personen des Privatrechts und solchen des öffentlichen Rechts erkennen. Auch bei der Erarbeitung der Vorschrift kam es zu keiner generellen Ausgrenzung juristischer Personen des öffentlichen Rechts (→ Rn. 9). Inwieweit diese von Art. 19 Abs. 3 erfasst werden, ist maßgeblich unter Berücksichtigung des Wesensbezugs und der allgemeinen Funktion der Grundrechte in der Rechtsordnung zu bestimmen.[334] **75**

(1) Keine Grundrechtsgeltung als Grundsatz. Für das BVerfG liegt das Wesen der Grundrechte im Licht der Durchgriffsthese (→ Rn. 57) darin, dass sie die Freiheitssphäre des Einzelnen gegen Eingriffe der staatlichen Gewalt schützen.[335] Die Bildung und Betätigung juristischer Personen des öffentlichen Rechts sind **nicht Ausdruck individueller Freiheiten** und greifen deshalb nicht auf die dahinter stehenden natürlichen Personen durch (sog. **Wesensargument**).[336] Dieser Wesensunterschied lässt sich auch mit einer stärker funktionalen Betrachtung (→ Rn. 58) erkennen. Juristische Personen des öffentlichen Rechts sind Mittel zur Ausübung staatlicher Gewalt und können damit grundsätzlich nicht in eine grundrechtstypische Gefährdungslage geraten, die der einer natürlichen Person vergleichbar ist, weil ihr Handeln **durch gemeinwohlorientierte und verfassungsrechtliche Bindungen geprägt** ist (vgl. Art. 1 Abs. 3, Art. 20 Abs. 2). Juristische Personen des öffentlichen Rechts sind, anders als diejenigen des Privatrechts, **nicht Mittel gesellschaftlicher Freiheitsbetätigung**[337] und auch nicht im Allgemeinen Sachwalter bürgerlicher Grundrechte und Interessen, sondern dem Gemeinwohl verpflichtet.[338] **76**

Vielfach wird zur Begründung dieses Befunds auch das sog. **Konfusionsargument** vorgebracht. Danach sollen der Staat und die juristischen Personen des öffentlichen Rechts nicht zugleich Verpflichtete der Grundrechte iSd Art. 1 Abs. 3 und deren Berechtigte sein.[339] Bei einer pauschalen Betrachtung mag dies zwar naheliegen, doch unter Berücksichtigung der Rechtsverhältnisse im konkreten Einzelfall ist es durchaus möglich, dass eine juristische Person des öffentlichen Rechts in einer Konstellation grundrechtsverpflichtet und in einer anderen ausnahmsweise grundrechtsberechtigt ist (→ Rn. 79 ff.).[340] Das Konfusionsargument hat deshalb nur begrenzte Aussagekraft. **77**

---

[334] BVerfGE 21, 362 (369 ff.); *Dreier* in Dreier Rn. 30; *Kahl/Hilbert* in BK Rn. 224; *Huber* in MKS Rn. 205; eingehend *Remmert* in Maunz/Dürig Rn. 28 ff., ua mit systematischer Bezugnahme auf den Wesensgehalt iSv Art. 19 Abs. 2.

[335] BVerfGE 15, 256 (262); 21, 362 (369); 61, 82 (101); 68, 193 (205 f.); 143, 246 Rn. 188; vgl. BVerfGE 70, 1 (16); 75, 192 (195 f.).

[336] Vgl. BVerfGE 21, 362 (369 ff.); 59, 231 (255).

[337] Vgl. *Kahl/Hilbert* in BK Rn. 243.

[338] *Huber* in MKS Rn. 274; *Sachs* in Sachs Rn. 101; *Frenz* VerwArch 85 (1994), 22 (43 ff.); vgl. BVerfGE 68, 193 (207).

[339] BVerfGE 15, 256 (262); 21, 362 (369 f.); 62, 354 (369); 68, 193 (206); 70, 1 (16 ff.); 143, 246 Rn. 188; *Huber* in MKS Rn. 245.

[340] Kritisch *Bettermann* NJW 1969, 1321 (1323); *Schoch* Jura 2001, 201 (204); *Goldhammer* JuS 2014, 891 (894 f.); *Schnapp* in HdbGR II § 52 Rn. 27 f.; *Möllers,* Staat als Argument, 2000, 307; *Kahl/Hilbert* in BK Rn. 226 f.; *Dreier* in Dreier Rn. 59. Das BVerfG ordnet die in diesen Strukturen angelegten staatlichen Binnenkonflikte mitunter auch als Kompetenzkonflikte im weiteren Sinne ein, die an die Stelle einer denkbaren Grundrechtsbeziehung treten, BVerfGE 21, 362 (370 f.); 68, 193 (206); 75, 192 (196). Dies lässt zwar häufig sachgerechte Lösungen zu, vermag aber nicht jeden Einzelfall zu erfassen, wie etwa Eigentumsentziehun-

78 In der Sache besteht mittlerweile weite Einigkeit. Nach dem BVerfG kommen juristische Personen des öffentlichen Rechts, soweit sie gesetzlich zugewiesene und geregelte öffentliche Aufgaben wahrnehmen, **grundsätzlich nicht als Träger von Grundrechten** in Betracht; nur ausnahmsweise ergibt sich ein anderes Bild (zur Anwendbarkeit der Prozessgrundrechte → Rn. 97).[341] Auch wenn die Begründung des Verfassungsgerichts nicht vollumfänglich Gefolgschaft verdient, hat die Rspr., der teilweise eine Vermutung gegen die Grundrechtsfähigkeit entnommen wird,[342] im Ergebnis zu Recht weite Zustimmung erfahren.[343] Der Ausschluss der Grundrechtsberechtigung wird nicht dadurch in Frage gestellt, dass eine juristische Person des öffentlichen Rechts privatrechtliche Handlungsformen verwendet.[344] Von diesem Grundsatz der Nichtgeltung sind zumindest die Bundesrepublik Deutschland und die Länder als originär staatliche Rechtssubjekte des GG (unmittelbare Staatsverwaltung) erfasst; dasselbe gilt für die Europäische Union und ausländische juristische Personen des öffentlichen Rechts wie Staaten.[345] Im Übrigen sind Einzelheiten nicht unumstritten (→ Rn. 83 f.).

79 **(2) Kirchen, Rundfunkanstalten und Universitäten als Ausnahmetrias.** In drei Konstellationen wird die Geltung der Grundrechte für juristische Personen des öffentlichen Rechts traditionell angenommen. Zur Begründung verweist das BVerfG darauf, dass die den juristischen Personen durch die Rechtsordnung übertragenen Aufgaben entweder „unmittelbar einem durch bestimmte Grundrechte geschützten Lebensbereich zugeordnet sind oder wie die Kirchen […] kraft ihrer Eigenart ihm von vornherein zugehören."[346]

80 Die **öffentlich-rechtlichen Religions- und Weltanschauungsgesellschaften** nach Art. 140 iVm Art. 137 Abs. 5 S. 1, Abs. 7 WRV entstammen dem gesellschaftlichen Bereich und bleiben, ungeachtet eines übergeworfenen öffentlich-rechtlichen Körperschaftsstatus,[347] Mittel zur **gemeinsamen Grundrechtsausübung und Interessenverwirklichung** ihrer Mitglieder.[348]

---

gen zu Lasten einer Gemeinde, *Kahl/Hilbert* in BK Rn. 229, vgl. *Bettermann* NJW 1969, 1321 (1323); *Schnapp* in HdbGR II § 52 Rn. 28.

[341] BVerfGE 23, 12 (30); 23, 353 (372); 24, 367 (383); 25, 198 (205); 26, 228 (244); 39, 302 (312 f.); 45, 63 (79); 61, 82 (102); 62, 354 (369); 68, 193 (205 ff.); 75, 193 (195 ff.); 77, 340 (344); 98, 17 (47); 107, 299 (309 f.); 137, 108 Rn. 107; 143, 246 Rn. 188; 147, 50 Rn. 239.

[342] *Dreier* in Dreier Rn. 56; *Kahl/Hilbert* in BK Rn. 222 Fn. 778; für eine Deutung als Indiz *Remmert* in Maunz/Dürig Rn. 43, 45 mwN.

[343] BVerwGE 59, 231 (240); 64, 202 (205); 98, 163 (178); 111, 354 (360 f.); BGHZ 63, 196 (198 ff.); 84, 261 (264 f.); BFHE 62, 115 (118 f.); 74, 385 (394 ff.); *Dreier* in Dreier Rn. 56 ff.; *Huber* in MKS Rn. 245 ff.; *Kahl/Hilbert* in BK Rn. 220; *Enders* in BeckOK GG Rn. 45; *Hofmann* in SHH Rn. 23; *Jarass* in Jarass/Pieroth Rn. 24 ff.; *Stern,* StaatsR III/1, 1988, 1157 ff.; kritisch *Schnapp* in HdbGR II § 52 Rn. 22 ff. Der vollständigen Ablehnung oder unbeschränkten Zubilligung einer Grundrechtsträgerschaft für juristische Personen des öffentlichen Rechts kommt heute kaum noch nennenswerte Bedeutung zu, vgl. dazu *Kahl/Hilbert* in BK Rn. 220 mwN.

[344] BVerfGE 45, 63 (78 ff.); 61, 82 (105); 68, 193 (207 f.); 75, 192 (196 f.); BVerfG NJW 1996, 584 (584); NJW 1996, 1588 (1589); *Dreier* in Dreier Rn. 69; *Remmert* in Maunz/Dürig Rn. 47; *Jarass* in Jarass/Pieroth Rn. 25; *Rüfner* in HdbStR IX § 196 Rn. 109 ff.

[345] *Kahl/Hilbert* in BK Rn. 265, 267 mwN; ausdrücklich zu den Bundesländern BVerfGE 81, 310 (334); vgl. BVerfG NJW 2006, 2907 Rn. 12.

[346] BVerfGE 61, 82 (102); 68, 193 (207); 75, 192 (196).

[347] Vgl. BVerfGE 83, 341 (357); 102, 370 (388); *Korioth* in HdbGR IV § 97 Rn. 48.

[348] BVerfGE 21, 362 (374); 42, 312 (321 f.); *Sachs* in Sachs Rn. 94; *Kokott* in Sachs Art. 4 Rn. 11; *Remmert* in Maunz/Dürig Rn. 50.

Trotz der öffentlich-rechtlichen Form werden sie nicht zur Staatskirche (vgl. Art. 140 GG iVm Art. 137 Abs. 1 WRV), vielmehr sind sie unter der Prämisse der Dichotomie von Staat und Gesellschaft letzterer zuzurechnen, erfahren in der religiös-weltanschaulich neutralen Ordnung des GG Autonomie und Unabhängigkeit und können damit in eine Gefährdungslage geraten, die typischerweise denen natürlicher Personen entspricht.[349] Vorbehaltlich einer Beleihung mit Hoheitsaufgaben (→ Rn. 69) sind sie deshalb **umfassend** wie Religionsgemeinschaften in privater Rechtsform **Träger der Grundrechte.**[350]

Grundrechtsberechtigt sind daneben die **öffentlich-rechtlichen Rundfunkanstalten** (nicht aber die Landesmedienanstalten[351]), wobei sich dies grundsätzlich auf die Rundfunkfreiheit nach Art. 5 Abs. 1 S. 2 beschränkt.[352] Nach der Rspr. des BVerfG gilt dies außerdem für solche Grundrechte, welche die Ausübung der Rundfunkfreiheit unterstützen (zu Art. 19 Abs. 4 → Rn. 97).[353] Die öffentlich-rechtlichen Rundfunkanstalten sind zwar, anders als die öffentlich-rechtlichen Religionsgesellschaften, direkt durch den Staat geschaffen und von diesem getragen. Ihre gesetzlich übertragene Aufgabe fällt aber unmittelbar in den Lebensbereich der Rundfunkfreiheit und die objektiv-rechtliche Verpflichtung, einen **inhaltlich staatsfreien und neutralen Rundfunk** zu gewährleisten, lässt eine **grundrechtstypische Gefährdungslage** entstehen, die nach einer verfassungsrechtlichen Absicherung des eigenständigen Wirkens verlangt.[354] 81

Eine vergleichbare Struktur liegt der Grundrechtsberechtigung von **Universitäten** einschließlich ihrer Untergliederungen wie Fakultäten, Fachbereiche oder Forschungsinstituten (nicht aber der verfassten Studierendenschaft[355]) sowie ähnlichen staatlichen Einrichtungen im Hinblick auf die Wissenschaftsfreiheit des Art. 5 Abs. 3 zugrunde.[356] Auch die Universitäten und vergleichbare Einrichtungen bedürfen zur Wahrnehmung ihrer gesetzlich zugewiesenen Auf- 82

---

[349] Vgl. BVerfGE 53, 366 (387); 70, 138 (160 f.); 102, 370 (387); *Huber* in MKS Rn. 255; *de Wall* in BerlKomm Rn. 92.

[350] BVerfGE 102, 370 (387); *Sachs* in Sachs Rn. 94; *de Wall* in BerlKomm Rn. 93; *Brüning* in Stern/Becker Rn. 70; *Jarass* in Jarass/Pieroth Rn. 29; *Barwig,* Die Geltung der Grundrechte im kirchlichen Bereich, 2004, 29 ff.; in Bezug auf Art. 4 Abs. 1, 2; BVerfGE 19, 129 (132); 70, 138 (160 f.); in Bezug auf Art. 3 Abs. 1 BVerfGE 19, 1 (5); 30, 112 (119 f.); Grundrechtsberechtigung für Art. 2 Abs. 1, Art. 3 GG offen gelassen in BVerfGE 42, 312 (321 ff.); in Bezug auf Art. 14 *Papier/Shirvani* in Maunz/Dürig Art. 14 Rn. 341.

[351] Offen gelassen in BVerfG NVwZ-RR 1993, 550 (550); vgl. BVerfGE 95, 163 (171 f.); für eine Grundrechtsberechtigung *Hoffmann-Riem,* Personalrecht der Rundfunkaufsicht, 1991, 88 f.; *Bumke,* Landesmedienanstalten, 1995, 225 ff.; dagegen VerfGH Sachs NJW 1997, 3015 (3015); *Degenhart* in BK Art. 5 Abs. 1, 2 Rn. 361; *Bethge* NJW 1995, 557 (558). Die Landesmedienanstalten werden regelmäßig nicht Veranstalter von Rundfunk sein, sondern sind vorrangig staatliche Aufsichtsbehörden, *Kahl/Hilbert* in BK Rn. 261; *Dreier* in Dreier Rn. 62.

[352] BVerfGE 31, 314 (322); 34, 154 (162); 59, 231 (254); 74, 297 (317 f.); 78, 101 (102); 95, 220 (234); *Dreier* in Dreier Rn. 62; *de Wall* in BerlKomm Rn. 107; *Huber* in MKS Rn. 263; *Bethge,* Die Grundrechtsberechtigung juristischer Personen nach Art. 19 Abs. 3 Grundgesetz, 1985, 83 ff.

[353] BVerfGE 107, 299 (309 f.) für Art. 10; kritisch dazu *Sachs* in Sachs Rn. 95, 97, der den Schutzbereich von Art. 10 schon von Art. 5 Abs. 1 S. 2 als hinreichend abgedeckt ansieht.

[354] Vgl. *Remmert* in Maunz/Dürig Rn. 52.

[355] Offen gelassen in BVerfGE 93, 85 (94); für eine Grundrechtsberechtigung VerfGH Bln NVwZ 2001, 426 (426); *Denninger* KritJ 27 (1994), 1 (7 ff.); dagegen VerfGH Bln NVwZ 2000, 549 (549); *Fehling* in BK Art. 5 Abs. 3 Rn. 121 f.; *Dreier* in Dreier Rn. 61; *Kahl/Hilbert* in BK Rn. 262; *Prenz* DÖV 2016, 905 (907 f.).

[356] BVerfGE 15, 256 (262); 21, 362 (373 f.); 31, 314 (322); 85, 360 (370, 384); 93, 85 (93); 122, 89 (114); BVerfG NVwZ-RR 2003, 705 (706); BVerwGE 45, 39 (42); *de Wall* in BerlKomm Rn. 99 ff.; *Huber* in MKS Rn. 256 ff.; *Gärditz,* Hochschulorganisation und ver-

gaben **Unabhängigkeit vom Staat,** insbesondere angesichts der weitgehenden faktischen Monopolisierung dieses Lebensbereichs in staatlicher Hand.[357]

83 **(3) Weitere Einzelfälle und mögliche Ausnahmen.** Die Anwendung des Art. 19 Abs. 3 auf die **Gemeinden und Kreise** als Erscheinungsformen mittelbarer Staatsverwaltung wird traditionell uneinheitlich beurteilt, doch können sie (nicht mehr)[358] als Mittel gesellschaftlicher Freiheitsbetätigung angesehen werden und kommen deshalb für eine Geltungserstreckung der Grundrechte nicht in Betracht.[359] Zwar fördert die gemeindliche Autonomie auch die Aktivierung bürgerlicher Elemente in einem politisch-demokratischen Kontext, doch dient die Selbstverwaltung im Schwerpunkt dem staatlichen Interesse an einer dezentralen und sachnahen Verwaltungseinheit, die vollumfänglich in die staatliche Gesamtorganisation eingebunden ist (→ Art. 28 Rn. 69).

84 Auch für **andere Einrichtungen mittelbarer Staatsverwaltung** lässt sich grundsätzlich keine Grundrechtsberechtigung annehmen, weil diese ungeachtet etwaiger funktionaler Selbstverwaltungselemente vorrangig besondere Erscheinungsformen der Staatsgewalt sind, so im Fall von Sozialversicherungsträgern,[360] Sparkassen,[361] berufsständischen Kammern[362] sowie kassenärztlichen und kassenzahnärztlichen Vereinigungen[363]. Bei Handwerksinnungen und Innungsverbänden ist dies im Grundsatz ebenso,[364] doch sind für diese nach dem BVerfG auch Tätigkeitsbereiche denkbar, in denen die echte Mitgliedervertretung im Vordergrund steht und nicht die Erfüllung hoheitlicher Aufgaben.[365] Auch bei öffentlich-rechtlichen Zwangskörperschaften, die an Grundstücke und deren Nutzung anknüpfen, wie Jagd- und Fischereigenossenschaften oder Wasser- und Bodenverbänden, ist es nicht ausgeschlossen, dass diese primär der Interessenvertretung der Mitglieder dienen.[366] Nahe liegt die Annahme einer ausnahmsweisen Grundrechtsberechtigung bei staatlichen Kultureinrichtungen

---

waltungsrechtliche Systembildung, 2009, 370 ff. Zur Vergleichbarkeit von Universitäten und Fachhochschulen vgl. BVerfGE 126, 1 (20 ff.); 141, 143 (Rn. 48).

[357] *de Wall* in BerlKomm Rn. 99; *Sachs* in Sachs Rn. 96; *Remmert* in Maunz/Dürig Rn. 51.

[358] Vgl. BVerfGE 83, 37 (53 f.).

[359] BVerfGE 23, 353 (372); 45, 63 (79); 61, 82 (100 ff.); 128, 226 (244); 137, 108 Rn. 107; BVerfG NVwZ 2007, 1176 (1176); NVwZ 2008, 778 (778 f.); NJW 2016, 3153 Rn. 26, 29 f.; BVerwG NVwZ 1989, 247 (249); *Huber* in MKS Rn. 250; *Kahl/Hilbert* in BK Rn. 254; aA BayVerfGHE 3, 129 (135); 5, 1 (5 f.), 29, 105 (119 ff.); 37, 101 (106); *Scholler/Broß* DÖV 1978, 238 (243 f.).

[360] Zu Rentenversicherungsträgern BVerfGE 21, 362 (367 ff.); 77, 340 (344); zu Allgemeinen Ortskrankenkassen BVerfGE 39, 302 (312 ff.); BVerfGK 3, 300 (301 f.); BVerfG NVwZ 2008, 671 Ls.; aA *Kröger* JuS 1981, 26 (29); zu (geschlossenen) Betriebskrankenkassen BVerfG NVwZ 2005, 572 (573 f.); zur (gewerblichen) Berufsgenossenschaft BVerfG NVwZ-RR 2001, 93 (93); zu Innungskrankenkassen BVerfG NVwZ-RR 2009, 361 (361 f.); allgemein zu gesetzlichen Krankenkassen BVerfGE 113, 167 (227); anders bei privaten Krankenversicherungen BVerfGE 123, 186 (235 ff.). Zu Zusatzversorgungskassen des öffentlichen Dienstes *Glaser* NVwZ 2006, 1366 (1368 f.).

[361] BVerfGE 75, 192 (195 ff.); BVerfG NJW 1995, 582 (582 f.); aA *Spranger* AöR 127 (2002), 27 (38 ff.).

[362] *Kahl/Hilbert* in BK Rn. 258; *Huber* in MKS Rn. 272; zur Ärztekammer in ihrer Funktion als Sozialversicherungsträger BVerfG NJW 1997, 1634 (1634 f.).

[363] BVerfGE 62, 354 (369 f.); BVerfG NJW 1996, 1588 (1588 f.); aA *Huster* VSSR 1993, 195 (213 ff.).

[364] BVerfGE 68, 193 (208 ff.); BVerfG NVwZ 1994, 262 (262 f.).

[365] BVerfGE 70, 1 (15 ff.); vgl. BVerwGE 90, 88 (95).

[366] Allgemein *Kahl/Hilbert* in BK Rn. 263; *Dreier* in Dreier Rn. 64. Speziell die Grundrechtsträgerschaft der Jagdgenossenschaft bejahend BGHZ 84, 261 (264 f.); 132, 63 (65); 143, 321 (324); BVerwG BeckRS 2011, 51681 Rn. 5; *Stumpf* BayVBl. 2004, 289 (291); vgl.

wie Theatern, Museen oder Orchestern im Hinblick auf die Kunstfreiheit aus Art. 5 Abs. 3, um eine inhaltliche Staatsferne zu gewährleisten.[367]

cc) Privatrechtliche Organisationen mit staatlicher Beteiligung. Juristischen Personen des Privatrechts, die vollständig durch den Staat gehalten werden **(Eigengesellschaften),** kommt keine Grundrechtsberechtigung zu.[368] Die Freiheit, eine privatrechtliche Rechts- und Organisationsform zu wählen, befreit nicht von staatlichen Bindungen und ermöglicht keine „Flucht ins Privatrecht".[369] Auch aus einem Zusammenschluss und der Trägerschaft verschiedener juristischer Personen des öffentlichen Rechts, die für sich gesehen nicht grundrechtsberechtigt sind, kann keine juristische Person des Privatrechts mit Grundrechtsberechtigung hervorgehen.[370] **85**

Die Behandlung **gemischtwirtschaftlicher Unternehmen** (bzw. anderer Organisationen), an denen der Staat wie auch Private beteiligt sind, ist umstritten, auch wenn das BVerfG dazu mittlerweile Stellung bezogen hat. Nach der Rspr. ist die Grundrechtsberechtigung zu versagen, wenn der Zusammenschluss **vom Staat beherrscht** wird.[371] Eine Beherrschung kann in Anlehnung an §§ 16, 17 AktG regelmäßig angenommen werden, wenn die öffentliche Hand mehr als 50 % der Anteile hält, selbst wenn sich dies auf unterschiedliche Träger öffentlicher Gewalt verteilt.[372] Auch ohne Mehrheit der Anteile kann von einer Beherrschung ausgegangen werden, wenn durch sonstige rechtliche Einwirkungsmöglichkeiten eine Steuerungsmöglichkeit des Unternehmenswirkens gewährleistet ist.[373] In der Literatur wird hingegen die Grundrechtsberechtigung vielfach generell und unabhängig einer staatli- **86**

BGHZ 145, 83 1. Ls.; aA *Huber* in MKS Rn. 269. Bejahend für die Wasser- und Bodenverbände *Hoppe/Beckmann* DVBl 1990, 177 (181 f.); *Rapsch* DÖV 1992, 657 (664).

[367] *Dreier* in Dreier Rn. 64; *Bethge* in Sachs Art. 5 Rn. 192; *Huber* in MKS Rn. 268; *von Arnauld* in HdbStR VII § 167 Rn. 50; *Rüfner* in HdbStR IX § 196 Rn. 123; aA *Germelmann,* Kultur und staatliches Handeln, 2013, 182 f.

[368] BVerfGE 45, 63 (80); 68, 193 (212 f.); 143, 246 Rn. 190; 147, 50 Rn. 241 ff.; BVerfG NVwZ-RR 2016, 242 Rn. 6; NVwZ-RR 2017, 121 Rn. 16; *Huber* in MKS Rn. 276; *Dreier* in Dreier Rn. 69 ff.; *Kahl/Hilbert* in BK Rn. 270; *de Wall* in BerlKomm Rn. 111; *Sachs* in Sachs Rn. 110; *Brüning* in Stern/Becker Rn. 77; *Rüfner* in HdbStR IX § 196 Rn. 134; *Ehlers,* Verwaltung in Privatrechtsform, 1984, 84; *von Arnauld* DÖV 1998, 437 (451); aA *Ludwigs/Friedmann* NVwZ 2018, 22 (27); *Merten* DÖV 2019, 41 (45 ff.).

[369] *Remmert* in Maunz/Dürig Rn. 57; begriffsprägend *Fleiner,* Institutionen des deutschen Verwaltungsrechts, 1928, 326.

[370] BVerfGE 68, 193 (205 ff.); *Dreier* in Dreier Rn. 66; *Remmert* in Maunz/Dürig Rn. 57.

[371] BVerfGE 128, 226 (247); 143, 246 Rn. 190; 147, 50 Rn. 243; BVerfG NJW 2019, 351 Rn. 22; *Huber* in MKS Rn. 280, 286; *Dreier* in Dreier Rn. 78; *Kahl/Hilbert* in BK Rn. 278 ff.; *Jarass* in Jarass/Pieroth Rn. 19a; *de Wall* in BerlKomm Rn. 116 f.; *Gersdorf,* Öffentliche Unternehmen im Spannungsfeld zwischen Demokratie und Wirtschaftlichkeitsprinzip, 2000, 136 ff.; *Masing* FS f. Bryde, 2013, 409 (417 f.); zuvor bereits BVerfG NJW 1990, 1780 (1783); NVwZ 2009, 1282 (1283), wonach eine Grundrechtsbindung jedenfalls bei Beherrschung und zusätzlich Wahrnehmung einer öffentlichen Aufgabe gegeben sei, in diese Richtung auch *Möstl,* Grundrechtsbindung öffentlicher Wirtschaftstätigkeit, 1999, 138 ff.; vgl. *Windthorst* VerwArch 95 (2004), 377 (393 ff.). Für einen pauschalen Ausschluss der Grundrechtsberechtigung *Weiß,* Privatisierung und Staatsaufgaben, 2002, 280 ff.

[372] BVerfGE 128, 226 (247); 143, 246 Rn. 190; 147, 50 Rn. 241. Krit. Sondervotum *Schluckebier* in BVerfGE 128, 269 (269 f.), der nur bei einer rechtlich verbindlichen Interessenkoordination der verschiedenen öffentlichen Minderheitengesellschafter von einer Grundrechtsverpflichtung ausgeht. Nach *Maser,* Die Geltung der Grundrechte für juristische Personen und teilrechtsfähige Verbände, 1964, 158 ff., soll bereits bei einem Anteil von mehr als 25 % und einer Sperrminorität die Grundrechtsbindung ausgelöst werden.

[373] *Kahl/Hilbert* in BK Rn. 282; *de Wall* in BerlKomm Rn. 117; vgl. *Huber* in MKS Rn. 286; in diese Richtung auch BVerfGE 115, 205 (227 f.). Dieses Kriterium betonen auch *Storr,* Staat als Unternehmer, 2001, 243 f.; *Groß* in HdbVwR I § 13 Rn. 92.

chen Beherrschung angenommen, weil ua gemischtwirtschaftliche Unternehmen wie private Unternehmen am Markt nach den Regeln des Wettbewerbs tätig sind.[374] Außerdem führe dies zu Rechtssicherheit und wahre den Grundrechtsschutz privater Anteilseigner.[375]

87 Trotz der vielfältigen organisatorischen Abstufungen, die in der Praxis möglich sind, lässt sich die **Grundrechtsberechtigung** gemischtwirtschaftlicher Unternehmen in sinnvoller und praktikabler Weise **nur uneingeschränkt zubilligen oder ablehnen,**[376] auch wenn damit die Gefahr einhergeht, dass den beteiligten Privaten der Grundrechtsschutz entzogen wird[377] oder dem beteiligten Staat systemwidrig Grundrechtsschutz zugesprochen wird[378]. Aus der Perspektive der Durchgriffsthese mag eine Versagung der Grundrechtsberechtigung in solchen Fällen zwar das personale Substrat (→ Rn. 57) berühren, doch ist dies hinnehmbar, weil die Beteiligung Privater an einem gemischtwirtschaftlichen Unternehmen auf einer freiwilligen Entscheidung beruht und ansonsten dem staatlichen Wirken ein erheblicher Transparenzverlust droht.[379] Das BVerfG erkennt deshalb zu Recht an, dass es sich bei einer staatlich beherrschten Organisationsstruktur nach wie vor um staatliche Tätigkeit in lediglich anderem Gewand handelt, für das eine Grundrechtsgeltung nicht in Betracht kommt.

88 Umstritten ist die Behandlung **juristischer Personen, die von ausländischen Staaten beherrscht** werden. Im Falle einer (inländischen) privatrechtlichen Aktiengesellschaft, die vollständig von einem anderen Mitgliedstaat der Union gehalten wird, hat das BVerfG die Grundrechtsfähigkeit ausnahmsweise angenommen.[380] Zur Begründung verwies es darauf, dass das Konfusionsargument bei ausländischen Staaten nicht zum Tragen komme und unter Berücksichtigung einer ansonsten im Vergleich zu anderen Marktteilnehmern erheblich weniger ausgeprägten Rechtsschutzmöglichkeit eine Beeinträchtigung der **Niederlassungsfreiheit** nur durch die Zubilligung der Grundrechtsfähigkeit zu verhindern sei, was letztendlich auch die EMRK nahe lege (→ Rn. 62).[381] Auch wenn das Beschränkungsverbot der Nieder-

---

[374] *Schmidt-Aßmann* BB 1990 Beilage 34, 1 (10 ff.); *Schmidt-Preuß* in HdbStR IV § 93 Rn. 37; → Art. 12 Rn. 14; *Stern,* StaatsR III/1, 1988, 1170; *Selmer* in HdbGR II § 53 Rn. 37 ff.; *Pieroth* NWVBl. 1992, 85 (87 f.); *Barden* ZögU 25 (2002), 375 (379 ff.); vgl. *Lang* NJW 2004, 3601 (3603).

[375] *Stern,* StaatsR III/1, 1988, 1169 f.; vgl. dazu *Gersdorf,* Öffentliche Unternehmen im Spannungsfeld zwischen Demokratie und Wirtschaftlichkeitsprinzip, 2000, 147 ff. mwN.

[376] BVerfGE 128, 226 (246); 147, 50 Rn. 243; *Dreier* in Dreier Rn. 73; *Krausnick* JuS 2008, 965 (968 f.); aA für eine abgestufte Grundrechtsberechtigung *Bull,* Staatsaufgaben, 1973, 98, Fn. 49; *Storr,* Staat als Unternehmer, 2001, 244 f.; *Bethge,* Zur Problematik von Grundrechtskollisionen, 1977, 66. Nach *Remmert* in Maunz/Dürig Rn. 69 ist zwischen der Ausübung individueller Freiheit und der Wahrnehmung staatlicher Kompetenzen zu differenzieren, so dass das Wirken eines Unternehmens teils privat, teils staatlich zu verstehen sein soll.

[377] Dazu *Schmidt-Aßmann* BB 1990 Beilage 34, 1 (11 f.); *von Arnauld* DÖV 1998, 437 (450 f.); *Merten* FS f. Krejci II, 2001, 2003 (2020); *Kühne* JZ 1990, 335 (336).

[378] BVerfG NVwZ 2009, 1282 (1283); *Roellecke* in Wolter/Riedel/Taupitz Einwirkungen der Grundrechte auf das Zivilrecht, Öffentliche Recht und Strafrecht, 1999, 137 (151 Fn. 77).

[379] BVerfGE 128, 226 (247); *Dreier* in Dreier Rn. 76; *Huber* FS f. Schmidt-Preuß, 2018, 87 (95); *Kahl/Hilbert* in BK Rn. 287; aA für den Fall einer nachträglichen staatlichen Beherrschung *Erichsen/Ebber* Jura 1999, 373 (377). Gegenüber den staatlichen Anteilseignern können die Grundrechte im gesellschaftlichen Binnenverhältnis nach wie vor geltend gemacht werden, *Gurlit* NZG 2012, 249 (254 f.); *de Wall* in BerlKomm Rn. 112.

[380] BVerfGE 143, 246 Rn. 184 ff.

[381] BVerfGE 143, 246 Rn. 192 ff. Zu Recht skeptisch zur Erwägung, die EMRK zur Absicherung heranzuziehen, *Kahl/Hilbert* in BK Rn. 317; *Berkemann* DVBl. 2017, 793 (795).

lassungsfreiheit sich vor allem auf den Marktzugang konzentriert,[382] erscheint es unabhängig vom konkreten Einzelfall, den das Verfassungsgericht zu entscheiden hatte, nicht unplausibel, dass auch fehlende Rechtsschutzmöglichkeiten vom Marktzugang abhalten können (→ Rn. 91).[383] Die dann notwendige Inländergleichbehandlung muss, wie Art. 54 Abs. 2 AEUV verdeutlicht, auf einer Parallelität zu privat getragenen Gesellschaften beruhen,[384] so dass mit einer **europarechtsfreundlichen Auslegung des Art. 19 Abs. 3** die Grundrechtsberechtigung juristischer Personen, die von ausländischen Staaten getragen werden, möglich ist, auch wenn dies für juristische Personen, die vom deutschen Staat getragen werden, anders zu beurteilen ist (→ Rn. 86 f.).

b) Inländereigenschaft. Um eine juristische Person des Inlands handelt es 89
sich, wenn diese ihren **Sitz im Staatsgebiet** der Bundesrepublik Deutschland hat (zum europarechtlichen Einfluss → Rn. 64).[385] Entscheidend ist dabei nicht der formelle Satzungssitz, sondern der Ort, an dem **schwerpunktmäßig die wesentlichen Verwaltungshandlungen** stattfinden („tatsächliche Hauptverwaltung"[386], „effektiver Verwaltungssitz"[387] bzw. „Aktionszentrum"[388]; zu ausländischen Rechtsformen → Rn. 68).[389] Hierbei handelt es sich um ein verfassungsrechtlich geprägtes Kriterium, das keiner einfachgesetzlichen Ausgestaltung bedarf,[390] zugleich besteht aber auch kein „Abstandsgebot", wonach die Begrenzung auf inländische juristische Personen auch bei der Zuerkennung einfacher Rechte eingehalten werden muss.[391]

Nicht einhellig beurteilt wird, ob der Sitz der juristischen Person auch **im** 90
Falle von Deutschengrundrechten maßgeblich sein soll. Auf Grundlage der Durchgriffsthese (→ Rn. 57) wird von manchen vertreten, dass in solchen Konstellationen abweichend vom Sitz auf die Staatsangehörigkeit der hinter der juristischen Person stehenden natürlichen Personen (des beherrschenden Teils oder der Leitungsorgane) abgestellt werden müsse.[392] Damit werde verhindert, dass kollektiv organisiertes Verhalten von Ausländern bevorzugt

[382] *Müller-Graff* in Streinz EUV/AEUV Art. 49 AEUV Rn. 58; *Forsthoff* in Grabitz/Hilf/Nettesheim Das Recht der EU Art. 49 AEUV Rn. 95.

[383] *Fehling/Overkamp* ZJS 2017, 486 (489); *Berkemann* DVBl. 2017, 793 (795); kritisch für den konkreten vom BVerfG zu entscheidenden Fall, auch im Hinblick auf einen Verlust von Rechtsschutzmöglichkeiten *Ludwigs* NVwZ-Beilage 2017, 3 (6); *Knaier/Wolff* EWS 2017, 207 (211 f.); *Kahl/Hilbert* in BK Rn. 314 f.; vgl. *Gundel* FS f. Schmidt-Preuß, 2018, 33 (41 Fn. 47).

[384] *Fehling/Overkamp* ZJS 2017, 486 (489); aA *Kahl/Hilbert* in BK Rn. 313.

[385] BVerfGE 21, 207 (208 f.); 23, 229 (236); BVerfG NVwZ 2000, 1281 (1282); NVwZ 2008, 670 (671); NJW 2018, 2392 Rn. 29; *Sachs* in Sachs Rn. 54; *Remmert* in Maunz/Dürig Rn. 78 mwN. Zum Bezug auf das Staatsgebiet der Bundesrepublik Deutschland *de Wall* in BerlKomm Rn. 52 mwN; *Huber* in MKS Rn. 303; aA aber *Hofmann* in SHH Rn. 20.

[386] BVerfGE NJW 2018, 2392 Rn. 29.

[387] *Isensee* in HdbStR IX § 199 Rn. 66; vgl. *Sachs* in Sachs Rn. 54.

[388] *Meessen* JZ 1970, 602 (604); *Bethge,* Die Grundrechtsberechtigung juristischer Personen nach Art. 19 Abs. 3 Grundgesetz, 1985, 45; *Kahl/Hilbert* in BK Rn. 344.

[389] *Huber* in MKS Rn. 296; *Isensee* in HdbStR IX § 199 Rn. 72; *Remmert* in Maunz/Dürig Rn. 78 mwN; *Kahl/Hilbert* in BK Rn. 335 mwN. Zur Entwicklung der Maßgeblichkeit des tatsächlichen Sitzes *Guckelberger* AöR 129 (2004), 618 (628); *Remmert* in Maunz/Dürig Rn. 80. Umfangreich zu weiteren Ansätzen *Kahl/Hilbert* in BK Rn. 340 ff.

[390] So aber noch *Rüfner* AöR 89 (1964), 261 (276 f.); *Rux* ZAR 1999, 217 (220); vgl. *Meesen* JZ 1970, 602 (603 ff.).

[391] *Remmert* in Maunz/Dürig Rn. 90; *Huber* in MKS Rn. 302; *Kahl/Hilbert* in BK Rn. 343; *Isensee* in HdbStR IX § 199 Rn. 69; vgl. BGHZ 76, 375 (383 f.).

[392] *Isensee* in HdbStR IX § 199 Rn 72 ff.; *Huber* in MKS Rn. 300; *Merten* in HdbGR III § 56 Rn. 99; *Rupp-von Brünneck* FS f. Arndt, 1969, 349 (382 f.); tendenziell auch *Remmert* in Maunz/Dürig Rn. 85 f. Offen gelassen in BVerfG NJW 2002, 1485 (1485). Dahinter steht

werde, und die grundgesetzliche Differenzierung zwischen Deutschen- und Menschenrechten bleibe gewahrt.[393] Diesem Ansatz können erhebliche praktische Schwierigkeiten entgegenstehen, zB im Falle großer börsennotierter Unternehmen, deren Aktien sich in Streubesitz befinden, so dass sich ständig wechselnde Situationen und damit Rechtsunsicherheit ergeben können.[394] Überzeugender ist es in Fortführung des Konzepts einer grundrechtstypischen Gefährdungslage (→ Rn. 58) auch im Falle von Deutschengrundrechten **alleine auf die juristische Person als solche und deren Sitz abzustellen.**[395] Nicht anders ist dies im Falle einer ausländischen juristischen Person, die von deutschen Staatsangehörigen getragen wird.[396]

91 Der **Sinn und Zweck** des so verstandenen **Inlandsvorbehalts** zielt darauf ab, einen „fremdenrechtlichen Aktionsspielraum" zu erhalten.[397] Der Grundrechtsausschluss auf Verfassungsebene belässt die Möglichkeit, durch völkerrechtliche Verträge mit anderen Staaten abweichende Regelungen auf Basis des Gegenseitigkeitsprinzips zu treffen und damit mittelbar den Schutz deutscher juristischer Personen im Ausland zu fördern.[398] Daneben wird durch den Inlandsvorbehalt ein Anreiz geschaffen, dass sich juristische Personen im Inland niederlassen bzw. dort verbleiben.[399]

92 Für **juristische Personen aus dem EU-Ausland**[400] besteht mittlerweile im Ergebnis unter Verweis auf die Grundfreiheiten und das allgemeine Diskriminierungsverbot (Art. 18 AEUV) überwiegend Einigkeit, dass auch diese **grundrechtsberechtigt** sind.[401] In der Literatur wird dies verbreitet mit einer europarechtskonformen Auslegung des Art. 19 Abs. 3 begründet, die den fortgeschrittenen Integrationsstand würdigt.[402] Das BVerfG sieht ein

---

die sog. Kontrolltheorie, die ebenfalls alternativ zur generellen Bestimmung einer inländischen juristischen Person in Erwägung gezogen wird, vgl. *Kahl/Hilbert* in BK Rn. 336.

[393] *Huber* in MKS Rn. 300; *Merten* in HdbGR III § 56 Rn. 96; *Remmert* in Maunz/Dürig Rn. 85; vgl. *Isensee* in HdbStR IX § 199 Rn. 72 ff.

[394] *Sachs* in Sachs Rn. 56.

[395] *Dreier* in Dreier Rn. 80; *Sachs* in Sachs Rn. 56; *Kahl/Hilbert* in BK Rn. 338; *Enders* in BeckOK GG Rn. 48; *Tettinger* in HdbGR II § 51 Rn. 41; *Guckelberger* AöR 129 (2004), 618 (628). Zum Gedanken systematischer Kontinuität vgl. auch *Remmert* in Maunz/Dürig Rn. 84. Anders BVerfG NVwZ 2000, 2181 (2181) für einen sog. Ausländerverein, allerdings im Hinblick auf Art. 9 Abs. 1 und auf Grundlage der Lehre vom Doppelgrundrecht, → Rn. 60. Zur allgemeinen Frage, ob sich EU-Ausländer direkt auf das Deutschengrundrecht berufen können oder die allgemeine Handlungsfreiheit mit dem Schutzniveau des speziellen Freiheitsrechts, BVerfG NJW 2016, 1436 Rn. 11 f.

[396] BVerfG NJW 2008, 670 (671); *Kahl/Hilbert* in BK Rn. 338.

[397] *Rüfner* in HdbStR IX § 196 Rn. 92; vgl. *de Wall* in BerlKomm Rn. 51; *Sachs* in Sachs Rn. 52; *Huber* in MKS Rn. 294; vgl. auch *Stern,* StaatsR III/1, 1988, 1136.

[398] *Sachs* in Sachs Rn. 52; *de Wall* in BerlKomm Rn. 51; *Tettinger* in HdbGR II § 51 Rn. 40.

[399] *Huber* in MKS Rn. 294.

[400] Die Kapital- und Zahlungsverkehrsfreiheit kann nach Art. 63 Abs. 2 AEUV auch auf Drittstaaten angewendet werden, vgl. *Ress/Ukrow* in Grabitz/Hilf/Nettesheim Das Recht der EU Art. 63 AEUV Rn. 120 mwN. Mit Verweis auf Art. 28 Abs. 2 AEUV wird auch erwogen, dass sich Drittstaatenangehörige auf die Warenverkehrsfreiheit berufen können, *Ehlers* in Ehlers, Europäische Grundrechte und Grundfreiheiten, 2014, § 7 Rn. 50; *Leible/Streinz* in Grabitz/Hilf/Nettesheim Das Recht der EU Art. 34 AEUV Rn. 31; differenzierend *Jarass* EuR 1995, 202 (208); aA *Kingreen* in Calliess/Ruffert EUV/AEUV Art. 34–36 AEUV Rn. 33.

[401] Ablehnend *Roellecke* in Umbach/Clemens Rn. 82; *Bethge,* Die Grundrechtsberechtigung juristischer Personen nach Art. 19 Abs. 3 Grundgesetz, 1985, 55 ff.; *Weinzierl,* Europäisierung des deutschen Grundrechtsschutzes?, 2006, 126 ff.

[402] *Huber* in MKS Rn. 307; *Tettinger* in HdbGR II § 51 Rn. 49; *Jarass* in Jarass/Pieroth Rn. 23; *Kotzur* DÖV 2001, 192 (196); *Schoch* Jura 2001, 201 (203). Für eine Gleichstellung aufgrund eines europarechtlichen Gleichbehandlungsgebots, *Störmer* AöR 123 (1998), 541 (559 f.); vgl. *Wernsmann* Jura 2000, 657 (662); *Drathen,* Deutschengrundrechte im Lichte des

b) Grundsätzlich anwendbare Grundrechte. Soweit Grundrechte Rechtspositionen schützen, die nicht nur natürlichen Personen zustehen können, **tatsächliche Verhaltensweisen** schützen, die **auch korporativ ausgeübt werden können,** oder sich gegen staatliche Belastungen richten, die jedermann betreffen können, kommt grundsätzlich eine Anwendbarkeit in Betracht.[422] Dies gilt für die allgemeine Handlungsfreiheit (Art. 2 Abs. 1),[423] die Religions- und Weltanschauungsfreiheit (Art. 4 Abs. 1, 2),[424] die Kommunikationsfreiheiten (Art. 5 Abs. 1),[425] die Wissenschafts- und Kunstfreiheit (Art. 5 Abs. 3),[426] die Privatschulfreiheit (Art. 7 Abs. 4, 5),[427] die Versammlungsfreiheit (Art. 8; → Art. 8 Rn. 32),[428] die Vereinigungs- und Koalitionsfreiheit (Art. 9 Abs. 1, 3),[429] das Brief-, Post- und Fernmeldegeheimnis (Art. 10 GG),[430] das Recht auf Freizügigkeit (Art. 11),[431] die Berufsfreiheit (Art. 12 Abs. 1),[432] die Unverletzlichkeit der Wohnung (Art. 13)[433] und die Eigentumsfreiheit und passive Erbfreiheit (Art. 14 Abs. 1)[434]. Für das **allgemeine Persönlichkeitsrecht** ist für die Einzelausprägungen anhand eines höchstpersönlichen Bezugs zu differenzieren.[435] Der allgemeine Gleichheitssatz (Art. 3 Abs. 1) ist auf juristische Personen anwendbar.[436] Für die **speziellen Gleichheitssätze** (Art. 3 Abs. 2, 3) ist ebenfalls zu unterscheiden.[437] 96

c) Prozess- und Justizgrundrechte. Die Prozessgrundrechte der Art. 101 Abs. 1, 103, die vom Anwendungsbereich des Art. 19 Abs. 3 nicht erfasst werden (→ Rn. 65), sind in erster Linie ein **Wesenselement rechts-** 97

---

[422] *Sachs* in Sachs Rn. 69; *Kahl/Hilbert* in BK Rn. 391; *Dreier* in Dreier Rn. 37.

[423] BVerfGE 10, 89 (99); 19, 206 (215); 23, 12 (30); 66, 116 (130); 125, 104 (121).

[424] BVerfGE 19, 120 (132); 24, 236 (246 f.); 42, 312 (321 f.); 46, 73 (83); 70, 138 (160 f.); 99, 100 (118); 105, 279 (292 f.); 125, 39 (73); 139, 321 Rn. 83.

[425] Zur Meinungsfreiheit BVerfGE 24, 278 (282); 113, 63 (75); zur Pressefreiheit BVerfGE 20, 162 (171); 21, 271 (277 f.); 66, 116 (130); 80, 124 (131); 95, 28 (34 f.); 113, 63 (75); zur Rundfunkfreiheit 31, 314 (322); 95, 220 (234); 121, 30 (56 ff.).

[426] Zur Wissenschaftsfreiheit BVerfGE 15, 256 (262); 111, 333 (354 f.); 141, 143 Rn. 48; zur Kunstfreiheit BVerfGE 30, 173 (191); 119, 1 (22); 142, 74 Rn. 59.

[427] BVerwGE 40, 347 (349).

[428] BVerfGE 122, 342 (355); 143, 161 Rn. 109; BVerwG NVwZ 1999, 991 (991).

[429] Zur Vereinigungsfreiheit BVerfGE 13, 174 (175); 30, 227 (241); 50, 290 (353 ff.); 149, 160 Rn. 86; zur Koalitionsfreiheit BVerfGE 4, 96 (101 f.); 19, 303 (312); 28, 295 (304); 50, 290 (366 f.); 146, 71 Rn. 130 ff.

[430] BVerfGE 100, 313 (356); 106, 28 (42 f.); 107, 299 (310); BVerfG Urt. v. 19.5.2020 – 1 BvR 2835/17, Rn. 67.

[431] OVG Saarlouis BeckRS 2010, 56969; *Wollenschläger* in Dreier Art. 11 Rn. 42.

[432] BVerfGE 21, 261 (266); 30, 292 (312); 50, 290 (361 ff.); 85, 97 (104); 105, 252 (265); 115, 205 (229); 131, 47 (57); 135, 90 Rn. 52 ff.; 143, 246 Rn. 182; 147, 50 Rn. 234.

[433] BVerfGE 42, 212 (219); 44, 353 (371); 76, 83 (88); 106, 28 (43).

[434] BVerfGE 4, 7 (17); 23, 153 (163); 41, 126 (149); 53, 336 (345); 143, 246 Rn. 182.

[435] BVerfGE 118, 168 (203); *Di Fabio* in Maunz/Dürig Art. 2 Abs. 1 Rn. 224; *Dreier* in Dreier Rn. 38; *Sachs* in Sachs Rn. 70; zu Einzelheiten BVerfGE 95, 220 (241 f.); 118, 168 (203); 106, 28 (42 ff.); 118, 168 (203 f.); 128, 1 (43); 147, 50 Rn. 237; BVerwGE 82, 76 (78 f.); 131, 171 Rn. 16; *Kahl/Hilbert* in BK Rn. 393 ff. mwN; *Dreier* in Dreier Rn. 38; *Remmert* in Maunz/Dürig Rn. 103; *de Wall* in BerlKomm Rn. 134; *Huber* in MKS Rn. 317; *Weiß* JZ 1998, 289 (293 f.); *Dannecker* ZStW 127 (2015), 370; vgl. auch BVerfG NJW 2005, 883 (883); NJW 2010, 3501 Rn. 20, 25; BVerfGK 18, 33 (40 f.); generell ablehnend *Hufen* Staatsrecht II, 2020, § 11 Rn. 17; *Jarass* NJW 1989, 857 (860); *Schoch* Jura 2008, 352 (356).

[436] BVerfGE 4, 7 (12); 19, 206 (215); 23, 153 (163); 95, 267 (317); 143, 246 Rn. 182.

[437] Zu Einzelheiten *Dreier* in Dreier Rn. 39; *Kahl/Hilbert* in BK Rn. 398; *Remmert* in Maunz/Dürig Rn. 101 Fn. 3; für eine umfassende Geltung *Rüfner* in HdbStR IX § 196 Rn. 74; *Baer/Markard* in MKS Art. 3 Rn. 413; vollumfänglich verneinend *Stern,* StaatsR III/1, 1988, S. 1126; vgl. BVerfGE 149, 160 Rn. 94.

staatlicher Verfahren und ein Gebot der Fairness, so dass sich alle juristischen Personen, auch solche des öffentlichen Rechts oder aus dem Ausland, auf diese Verfahrensgarantien berufen können.[438] Bei der **Rechtsweggarantie** nach Art. 19 Abs. 4 handelt es sich hingegen um ein Grundrecht iSd Art. 19 Abs. 3, so dass diese (und weitgehend parallel dazu das Petitionsrecht nach Art. 17)[439] nach verbreiteter Ansicht grundsätzlich nicht juristischen Personen des öffentlichen Rechts[440] oder solchen aus dem (Nicht-EU-)Ausland (→ Rn. 92 f.) zusteht, es sei denn, dass diese sich zumindest auf ein anderes materielles Grundrecht[441] berufen können (→ Rn. 108).[442]

V. Rechtsweggarantie (Abs. 4)

98 **1. Grundlagen. a) Bedeutung und Funktion.** Art. 19 Abs. 4 bildet den Abschluss des ersten Abschnitts, der die Grundrechte enthält, und weist für den Rechtsstaat eine **überragende Bedeutung** auf.[443] Die Regelung gewährleistet die Effektivität der vorhergehenden Grundrechte, indem sie als verfahrensrechtliche **Folge der Rechtssubjektivität** deren Durchsetzung vor Gericht ermöglicht.[444] Art. 19 Abs. 4 setzt damit gesondert begründete materielle Rechte voraus, ohne diese unmittelbar selbst zu enthalten,[445] und die Regelung enthält auch **kein allgemeines Verrechtlichungsgebot,** gerichtet auf Erlass materiell-rechtlicher Regelungen.[446] Ungeachtet ihrer dienenden Funktion als verfahrensrechtliche Absicherung der Grundrechte und trotz der Formulierung des Art. 142 handelt es sich bei der Rechtsweggarantie um ein **formell geprägtes, aber vollwertiges Grundrecht,** das mit der Verfassungsbeschwerde geltend gemacht werden kann.[447] Art. 19 Abs. 4 stellt

---

[438] BVerfGE 3, 359 (363); 19, 52 (55 f.); zu ausländischen juristischen Personen BVerfGE 12, 6 (8); 18, 441 (447); 64, 1 (11); *Payandeh* JuS 2019, 1035 (1036); zu juristischen Personen des öffentlichen Rechts BVerfGE 6, 45 (49 f.); 13, 132 (139 f.); 21, 362 (373); 39, 302 (307); 45, 63 (79); 61, 82 (104); 75, 192 (200); *Dreier* in Dreier Rn. 40; *Enders* in BeckOK GG Rn. 49; *Stern,* StaatsR III/1, 1988, 1155 f., 1468.

[439] Vgl. *Kahl/Hilbert* in BK Rn. 429; *Dreier* in Dreier Rn. 42.

[440] BVerfG NVwZ 2019, 642 Rn. 19 ff.; offen gelassen in BVerfG NVwZ 2007, 1176 (1177).

[441] Vgl. zu dieser Voraussetzung und weitergehender zu einer generellen Anwendung auf ausländische juristische Personen *Dreier* in Dreier Rn. 43 mwN.

[442] *Kahl/Hilbert* in BK Rn. 427; *Enders* in BeckOK GG Rn. 50; *Sachs* in Sachs Rn. 53, 108, 114; *Huber* in MKS Rn. 386; *Remmert* in Maunz/Dürig Rn. 102 S. 115 Fn. 4; vgl. BVerfGE 107, 299 (310 f.); 129, 108 (118); BVerfG NVwZ 2017, 53 Rn. 20; aA für eine generelle Anwendung auf ausländische juristische Personen, *Isensee* in HdbStR IX § 199 Rn. 70; *Stern,* StaatsR III/1, 1988, 1147; *Dreier* in Dreier Rn. 42 mwN; verneinend für ausländische juristische Personen des öffentlichen Rechts, BVerfG NJW 2006, 2907 Rn. 12.

[443] Vgl. *Thoma* in Wandersleb/Traumann Recht-Staat-Wirtschaft Bd. 3, 1951, 9, der Art. 19 Abs. 4 als „Schlußstein" im „Gewölbe des Rechtsstaats" beschreibt.

[444] *Sachs* in Sachs Rn. 11; *Schenke* in BK Rn. 28; *Ibler* in BerlKomm Rn. 111; *Huber* in MKS Rn. 333; vgl. BVerfGE 107, 395 (404).

[445] BVerfGE 113, 273 (310); *Ibler* in BerlKomm Rn. 18; *Huber* in MKS Rn. 365; *Schulze-Fielitz* in Dreier Rn. 41; *Enders* in BeckOK GG Rn. 51.

[446] *Schmidt-Aßmann* in Maunz/Dürig Rn. 13; *Schenke* in BK Rn. 56; *Huber* in MKS Rn. 473; *Papier* in HdbStR VIII § 177 Rn. 7; aA *Achterberg,* Probleme der Funktionenlehre, 1970, 207 f.; *Lorenz,* Der Rechtsschutz des Bürgers und die Rechtsweggarantie, 1973, S. 14 ff.; *Zuleeg* VerwArch 73 (1982), 384 (395).

[447] BVerfGE 110, 77 (85 f.); 138, 33 Rn. 16; *Enders* in BeckOK GG Rn. 51; *Sachs* in Sachs Rn. 12; *Ramsauer* in AK Rn. 33; *Hofmann* in SHH Rn. 33; nach *Klein* VVDStRL 8 (1949), 67 (88, 123) handelt es sich um ein „formelles Hauptgrundrecht"; im Anschluss daran *Schulze-Fielitz* in Dreier Rn. 39 f.; *Huber* in MKS Rn. 365; für ein grundrechtsgleiches Recht BVerfG NJW 2005, 3410 (3414).

eine „Grundsatznorm für die gesamte Rechtsordnung“[448] dar und ein Kernstück des formalen Rechtsstaates.[449]

Mit Art. 19 Abs. 4 hat der Verfassungsgeber eine **Systementscheidung für den Individualrechtsschutz** getroffen (→ Rn. 109).[450] Wenn die Verfassung in dieser Art dem Einzelnen „das Recht einräumt, ‚sein Recht' selbst in die Hand zu nehmen“,[451] geht damit auch eine Prozessverantwortung bzw. -obliegenheit des Bürgers einher, die sich zB in Anfechtungslasten, Präklusionsfristen oder Verwirkungsmöglichkeiten ausdrückt.[452] Für Formen der **objektiv-rechtlichen Rechtskontrolle** stellt Art. 19 Abs. 4 nicht die Grundlage dar, steht solchen prozessualen Ausprägungen aber auch nicht entgegen.[453] Gleichwohl entfaltet auch Individualrechtsschutz objektiv-rechtliche Kontrollwirkungen, indem etwa gerichtliche Entscheidungen über den Einzelfall hinaus die Tätigkeit der Verwaltung beeinflussen.[454] **99**

Bei Art. 19 Abs. 4 handelt es sich um ein **normgeprägtes Grundrecht,** weil das Beschreiten des Rechtswegs nur im Rahmen bestehender Vorschriften über Gerichtsverfassung und Prozessordnung, aber auch nur bei Bestehen subjektiver Rechte (→ Rn. 109 ff.) möglich ist.[455] Auch der Maßstab für die Wahrnehmung ihrer individualrechtsschützenden Funktion ergibt sich für die Gerichte durch das Recht selbst unter Einschluss der anerkannten Rechtsmethodik.[456] Diese Ausgestaltungsbefugnis des Gesetzgebers (→ Rn. 146) darf aber nicht dazu führen, dass die Grundentscheidung des Art. 19 Abs. 4 für einen Individualrechtsschutz durch eine abweichende Struktur ersetzt wird oder durch eine abweichende prozessrechtliche Prägung in den Hintergrund gerät und infolge einer anderweitigen Überlastung der Gerichte nicht mehr realisiert werden kann.[457] **100**

Art. 19 Abs. 4 ist daneben ein wesentliches Element des rechtsstaatlichen **Grundsatzes der Gewaltenteilung.**[458] Dies mündet in einer **institutionel-** **101**

---

[448] BVerfGE 58, 1 (40) unter Verweis auf *von Mangoldt/Klein,* Das Bonner Grundgesetz Bd. 1, 2. Aufl. 1957, 542.

[449] *Schmidt-Jortzig* NJW 1994, 2569 (2571); *Classen* JA 2010, 487 (491); *Sachs* in Sachs Rn. 11; *Schenke* in BK Rn. 24; kritisch *Weber,* Spannungen und Kräfte im westdeutschen Verfassungssystem der Gegenwart, 1970, 92 f. „Hypertrophie des Justizstaatlichkeit“.

[450] BVerwG NVwZ 2012, 567 Rn. 15; *Schmidt-Aßmann* in Maunz/Dürig Rn. 8; *Huber* in MKS Rn. 342; *Schenke* JZ 1988, 317 (317); *Schoch* in GVwR III § 50 Rn. 2 ff.; *Krebs* FS Menger, 1985, 191 (197); *Mehde* Die Verwaltung 43 (2010), 379 (385 ff.); *Schlacke,* Überindividueller Rechtsschutz, 2008, 54 ff. Zu den Stärken und Grenzen dieses Systems *Ibler* in BerlKomm Rn. 111 ff. Im 19. Jahrhundert konkurrierte dieses Systemverständnis noch mit einer primär objektiven Kontrolle durch Verwaltungsgerichte (→ Rn. 11 Fn. 40), *Schulze-Fielitz* in Dreier Rn. 8 mwN.

[451] *Schenke* in BK Rn. 28.

[452] *Schmidt-Aßmann* in Maunz/Dürig Rn. 8; *Huber* in MKS Rn. 374.

[453] BVerfGE 22, 106 (110 f.); *Schmidt-Aßmann* in Maunz/Dürig Rn. 9; *Schenke* in BK Rn. 31; *Huber* in MKS Rn. 345.

[454] *Huber* in MKS Rn. 343 f.; *Lorenz,* Der Rechtsschutz des Bürgers und die Rechtsweggarantie, 1973, 132 f.; vgl. historisch zur Einordnung von Anfechtungs- und Verpflichtungsklage *Niese* JZ 1952, 353.

[455] BVerfGE 60, 253 (268 f., 294); 101, 106 (123 f.); 133, 1 Rn. 69; *Schulze-Fielitz* in Dreier Rn. 42; *Enders* in BeckOK GG Rn. 52; *Huber* in MKS Rn. 372; *Schmidt-Aßmann* in Maunz/Dürig Rn. 5; *Dietlein* in Stern, StaatsR IV/2, 2011, 1888; *Cornils,* Die Ausgestaltung der Grundrechte, 2005, 445 ff.

[456] *Schenke* in BK Rn. 32 f.

[457] *Schmidt-Aßmann* in Maunz/Dürig Rn. 9; *Huber* in MKS Rn. 347.

[458] BVerfGE 139, 321 Rn. 128 ff.; *Schmidt-Aßmann* in Maunz/Dürig Rn. 10.

len Garantie, die sich auch aus der Rechtsweggarantie ergibt.[459] Der Staat muss, zumindest im Hinblick auf die nach S. 2 subsidiäre ordentliche Gerichtsbarkeit, die Existenz staatlicher Gerichte und deren funktionsadäquate materielle und personelle Ausstattung sicherstellen.[460] Die Rechtsweggarantie des Art. 19 Abs. 4 überschneidet sich mit dem **allgemeinen Justizgewährleistungsanspruch** (→ Art. 2 Rn. 31).[461] Die in diesem verkörperten allgemeinen rechtsstaatlichen Prinzipien werden aber durch die spezielle Ausprägung des Art. 19 Abs. 4 für den Rechtsschutz gegen Akte öffentlicher Gewalt konkretisiert, so dass der allgemeine Justizgewährleistungsanspruch zurücktritt.[462] Die grundrechtliche Rechtsweggarantie komplettiert damit das rechtsstaatlich geprägte Gefüge aus staatlichem Gewaltmonopol, bürgerlicher Friedenspflicht und Selbsthilfeverbot.[463]

102 Die **materiellen Grundrechte** beinhalten eine verfahrensrechtliche Schutzdimension, die sich ebenfalls zu einem **grundrechtsunmittelbaren Rechtsschutz** verdichten kann.[464] In der Vergangenheit hatten einige Entscheidungen des BVerfG für Unsicherheit über das Verhältnis zwischen Art. 19 Abs. 4 und diesem grundrechtsunmittelbaren Rechtsschutz gesorgt.[465] Mittlerweile deutet sich an, dass im Rahmen seines Anwendungsbereichs **Art. 19 Abs. 4 grundsätzlich Vorrang** genießt und der grundrechtsunmittelbare Rechtsschutz abseits davon zum Tragen kommen soll, etwa im Hinblick auf zivilrechtliche Verfahren oder Verwaltungsverfahren (zu eigenen Vorwirkungen des Art. 19 Abs. 4 auf das Verwaltungsverfahren → Rn. 173 ff.) sowie dann, wenn besondere oder zusätzliche Maßgaben im Zusammenhang mit einem spezifischen Grundrecht angezeigt sind.[466]

103 Die Schaffung neuer subjektiv-rechtlicher Normen, die Tendenz, den Begriff des subjektiven Rechts extensiv auszulegen, und der Bedeutungszuwachs mehrpoliger Rechtsverhältnisse haben die **Relevanz der Rechtsweggarantie** nach Art. 19 Abs. 4 in der Vergangenheit merklich **gesteigert** (→ Rn. 187 f.).[467]

---

[459] BVerfGE 31, 364 (368); *Huber* in MKS Rn. 380; *Schulze-Fielitz* in Dreier Rn. 42; *Papier* in HdbStR VIII § 177 Rn. 3; umfangreich *Ibler* in BerlKomm Rn. 19 ff.; kritisch *Schenke* in BK Rn. 39; *Mager,* Einrichtungsgarantien, 2003, S. 321 ff.; *Maurer* FS 50 Jahre BVerfG II, 2001, 467 (477).

[460] *Huber* in MKS Rn. 380; umfangreich *Ibler* in BerlKomm Rn. 35 ff.

[461] BVerfGE 107, 395 (401 f.); 112, 185 (207); 117, 71 (121 f.); *Papier* in HdbStR VIII § 177 Rn. 16; *Schmidt-Aßmann* in Maunz/Dürig Rn. 17; für ein Zurückbleiben des allgemeinen Justizgewährleistungsanspruchs *Huber* in MKS Rn. 358.

[462] BVerfGE 81, 347 (356); 83, 182 (194); 107, 395 (403 ff.); *Schulze-Fielitz* in Dreier Rn. 36; *Schenke* in BK Rn. 39; *Ramsauer* in AK Rn. 28; *Jarass* in Jarass/Pieroth Rn. 34; vgl. *Mehde* Die Verwaltung 43 (2010), 379 (385 ff.).

[463] BVerfGE 54, 277 (292); 81, 347 (356); *Schmidt-Aßmann* in Maunz/Dürig Rn. 16; *Schulze-Fielitz* in Dreier Rn. 35; ausführlich *Isensee* in HdbStR II § 15 Rn. 83 ff.

[464] Für Art. 14 Abs. 1 BVerfGE 35, 348 (361); 45, 297 (333); 49, 220 (225); 51, 150 (156); für Art. 12 Abs. 1 BVerfGE 39, 276 (294); für Art. 7 Abs. 5 BVerfGE 88, 40 (45, 56); für Art. 2 Abs. 2 BVerfGE 53, 30 (57); für Art. 2 Abs. 1 BVerfGE 50, 1 (3 f.); 52, 203 (206 ff.).

[465] Vgl. *Schmidt-Aßmann* in Maunz/Dürig Rn. 23 mwN.

[466] BVerfGE 101, 106 (122); *Schulze-Fielitz* in Dreier Rn. 148; *Sachs* in Sachs Rn. 11; *Jarass* in Jarass/Pieroth Rn. 34; *Papier* in HdbStR VIII § 177 Rn. 21; *Maurer* FS 50 Jahre BVerfG II, 2001, 467 (477); skeptisch *Schmidt-Aßmann* in Maunz/Dürig Rn. 23; in diese Richtung auch schon BVerfGE 60, 253 (296 ff.); vgl. aber auch BVerfGE 134, 242 (299 ff., 319 f.); BVerfG NJW 2015, 2100 Rn. 41 ff.

[467] Vgl. *Schulze-Fielitz* in Dreier Rn. 12 f.; *Huber* in MKS Rn. 335; *Schenke* in BK Rn. 42 ff.; *Wahl,* Herausforderungen und Antworten: Das Öffentliche Recht der letzten fünf Jahrzehnte, 2006, 34 f.; *Steiger* VerwArch 107 (2016), 497 (502 ff.).

b) Überstaatliche Bezüge. Auch **völkerrechtliche Verträge** können Verpflichtungen enthalten, einen hinreichenden Rechtsschutz zu gewährleisten, doch bezieht sich deren Geltung häufig nur auf den Regelungsbereich des jeweiligen Vertrags.[468] Einen allgemeineren Ansatz verfolgen etwa Art. 14 Abs. 1 Internationaler Pakt über bürgerliche und politische Rechte (IPbpR), aber insbesondere auch **Art. 6 Abs. 1, Art. 13 EMRK.** Obwohl Art. 6 Abs. 1 EMRK in seiner deutschen Übersetzung lediglich von zivilrechtlichen und strafrechtlichen Verfahren spricht, erfasst diese Bestimmung nach der Rspr. des EGMR als europäische Justizgewährleistungsgarantie das Handeln der Exekutive und auch verwaltungsrechtliche Konstellationen, zumindest wenn sie die Berufsausübung oder Eigentum betreffen.[469] Art. 13 EMRK führt vor allem das Beschleunigungsgebot fort, das auch schon in Art. 6 Abs. 1 EMRK angelegt ist.[470] Diese Gewährleistungen sind, etwa im Hinblick auf eine überlange Verfahrensdauer (→ Rn. 160), auch für die Gestaltung von Verfahren vor deutschen Gerichten zu berücksichtigen.[471] 104

Im Unionsrecht ist vor allem **Art. 47 GRCh** von Bedeutung, der einen wirksamen Rechtsbehelf und ein unparteiisches Gericht gewährleistet. Dabei weist der Rechtsschutz gegen Unionsrechtsakte selbst aber mitunter Defizite und Lücken auf, auch wenn dieser vor nationalen Fachgerichten verfolgt wird,[472] zB bei Rechtsakten, die nicht unmittelbar an einen individuellen Adressaten gerichtet sind,[473] so dass sich die Frage stellt, inwieweit hier Art. 19 Abs. 4 zur Anwendung kommen kann (→ Rn. 139). Das Unionsrecht stützt sich in diesem Bereich vorrangig auf objektive Kontrollverfahren, die durch institutionelle Akteure betrieben werden und weniger auf subjektiven Individualrechtsschutz.[474] 105

Darüber hinaus entfaltet das Bedürfnis eines **wirksamen Vollzugs des Unionsrechts** („effet utile", vgl. Art. 4 Abs. 3 EUV) erhebliche Auswirkungen auf das nationale Rechtsschutzsystem und damit die Umsetzung der Rechtsweggarantie aus Art. 19 Abs. 4. Dabei kann das Unionsrecht einerseits verlangen, dass Rechtsschutzmöglichkeiten erweitert werden, wie etwa durch das Einräumen subjektiver öffentlicher Rechte, Verbandsklagen im Umweltrecht oder auch Verfahrensvorgaben im Vergaberecht.[475] Andererseits kommt es unter Verweis auf den wirksamen Vollzug des Unionsrechts aber auch zu 106

---

[468] *Schulze-Fielitz* in Dreier Rn. 14.

[469] EGMR 10.3.1980 – 6232/73, NJW 1979, 477 Rn. 87 ff. – König; 23.10.1985 – 8848/80, NJW 1987, 2141 Rn. 34 ff. – Benthem; 27.10.1987 – 10426/83, NJW 1989, 2181 Rn. 31 – Pudas; 6.11.2008 – 58911/00, NVwZ 2010, 177 Rn. 46 – Leela Förderkreis; *Dörr/Lenz,* Europäischer Verwaltungsrechtsschutz, 2006, Rn. 630 ff.; *Meyer-Ladewig/Harrendorf/König* in Meyer-Ladewig/Nettesheim/von Raumer EMRK Art. 6 Rn. 9, 21 f.; *Schmidt-Aßmann* in Maunz/Dürig Rn. 37a.

[470] Vgl. *Breuer* in Karpenstein/Mayer EMRK Art. 13 Rn. 54 ff.

[471] Vgl. nur *Sauer,* Staatsrecht III, 2018, § 7 Rn. 13 ff.

[472] *Pache* in Bruha/Nowak/Petzold Grundrechtsschutz für Unternehmen im europäischen Binnenmarkt, 2004, 193 (218 ff.); *Schulze-Fielitz* in Dreier Rn. 17 ff.; *Huber* in MKS Rn. 531.

[473] *Ehlers* VerwArch 84 (1993), 139 (149 ff.); vgl. EuGH 15.7.1963 – C-25/62, Slg. 1963, 217 (238) – Plaumann.

[474] *Munding,* Das Grundrecht auf effektiven Rechtsschutz im Rechtssystem der Europäischen Union, 2010, 385 ff.; *Kirchhof* NJW 2011, 3681 (3684); vgl. *Baumeister* EUR 2005, 1. Zur historischen Entwicklung *Last,* Garantie wirksamen Rechtsschutzes gegen Maßnahmen der Europäischen Union, 2008, 20 ff.

[475] *Schmidt-Aßmann* in Maunz/Dürig Rn. 37d; *Schulze-Fielitz* in Dreier Rn. 25; *Huber* in MKS Rn. 534, 413 ff. jeweils mwN; *Rennert* DVBl. 2017, 69 (70 ff.).

Einschränkungen von Rechtsschutzmöglichkeiten, zB im vorläufigen Rechtsschutz.[476]

107 **2. Gewährleistungsgehalt.** Art. 19 Abs. 4 gewährleistet unter bestimmten Voraussetzungen, dass der Rechtsweg beschritten werden kann (zu der verfassungsrechtlich geforderten Beschaffenheit und zulässigen Ausgestaltung des Rechtswegs als Gewährleistung → Rn. 144 ff.).

108 **a) Wird jemand (persönlicher Gewährleistungsgehalt).** Die Rechtsweggarantie ist ein **Jedermann-Grundrecht** und damit können sich alle natürlichen Personen, auch Ausländer und Staatenlose, auf sie berufen.[477] Das Grundrecht ist seinem Wesen nach (Art. 19 Abs. 3) auch auf inländische **juristische Personen** anwendbar (→ Rn. 97).[478] Zum Teil wird dies auch für ausländische juristische Personen angenommen, weil Art. 19 Abs. 4 lediglich auf subjektive (auch einfachgesetzliche) Rechte Bezug nimmt, die auch ausländischen juristischen Personen zukommen.[479] Systematisch überzeugender ist es aber, den Grundrechtscharakter des Art. 19 Abs. 4 in den Blick zu nehmen, so dass sich für juristische Personen der Anwendungsbereich verfassungsrechtlich über Art. 19 Abs. 3 ergibt und nicht anhand des umfassenderen aber einfachrechtlichen Bezugs des Tatbestands.[480] **Juristische Personen des öffentlichen Rechts** oder solche, die von der öffentlichen Hand beherrscht werden (→ Rn. 85), können sich nach allgemeinen Grundsätzen (→ Rn. 76) auch nicht auf Art. 19 Abs. 4 berufen, es sei denn diese sind ausnahmsweise (partiell) grundrechtsfähig (→ Rn. 79 ff.), weil in dem Fall Art. 19 Abs. 4 insoweit zur Unterstützung eingeschlossen wird.[481]

109 **b) In seinen Rechten verletzt (sachlicher Gewährleistungsgehalt). aa) Eigene subjektive Rechte. (1) Allgemeine Strukturen.** Der Rechtsweg, den Art. 19 Abs. 4 gewährleistet, **setzt** ein **subjektives Recht voraus** (→ Rn. 100).[482] Darin ist traditionell einerseits eine Unterscheidung zwischen einem privaten und öffentlichen Rechtskreis angelegt.[483] Andererseits scheiden aber auch Rechte Dritter oder objektive Rechte, selbst wenn sie im Einzelfall mit einer Popularklage oder einer Verbandsklage geltend gemacht

---

[476] EuGH Rs. C-217/88, Slg. 1990, I-2879 (2906) – Tafelweindestillation; *Kotulla* Die Verwaltung 2000 (33), 521 (558 ff.); vgl. *Haibach* DÖV 1996, 60 (61); *Huber* in MKS Rn. 539 f.; *Classen* NJW 1995, 2457 (2463 f.); *Schoch* JZ 1995, 109 (112, 118).

[477] BVerfGE 35, 382 (401); 65, 76 (90); 67, 43 (58); 78, 88 (99); 94, 166 (206 f.); *Schmidt-Aßmann* in Maunz/Dürig Rn. 38 f.; *Jarass* in Jarass/Pieroth Rn. 48; *Sachs* in Sachs Rn. 113.

[478] *Ibler* in BerlKomm Rn. 6; *Huber* in MKS Rn. 385; *Schenke* in BK Rn. 81.

[479] *Schulze-Fielitz* in Dreier Rn. 82; im Ergebnis auch *Schmidt-Aßmann* in Maunz/Dürig Rn. 40; *Papier* in HdbStR VIII § 177 Rn. 24; vgl. *Jarass* in Jarass/Pieroth Rn. 48.

[480] *Ibler* in BerlKomm Rn. 8; *Huber* in MKS Rn. 386; *Sachs* in Sachs Rn. 114.

[481] BVerfGE 39, 302 (313 ff.); 107, 299 (312); 129, 108 (118); *Schmidt-Aßmann* in Maunz/Dürig Rn. 42; *Schenke* in BK Rn. 83; *Ramsauer* in AK Rn. 42; *Sachs* in Sachs Rn. 114; anders die früher hM BFHE 62, 115 (118); BSG NJW 1958, 399 (399); *Klein* VVDStRL 8 (1949), 67 (102); *Bettermann* NJW 1969, 1321 (1322). Gute Gründe sprechen dafür, dies nicht nur bei der klassischen Ausnahmetrias (Kirchen, Rundfunkanstalten und Universitäten) anzunehmen (→ Rn. 79 ff.), sondern auch bei kommunalen Selbstverwaltungskörperschaften und Art. 28 Abs. 2, *Dreier* in Dreier Art. 19 Abs. 3 Rn. 43; *Schmidt-Aßmann* in Maunz/Dürig Rn. 43; *Schenke* in BK Rn. 83; *Bethge* AöR 104 (1979), 265 (296); aA *Ibler* in BerlKomm Rn. 12; offen gelassen in BVerfGE 61, 82 (109).

[482] BVerfGE 116, 1 (11); *Sachs* in Sachs Rn. 126; *Schulze-Fielitz* in Dreier Rn. 60.

[483] *Schmidt-Aßmann* in Maunz/Dürig Rn. 148 f.

werden können, aus.[484] Im so verstandenen Merkmal des subjektiven Rechts vereinen sich traditionell die Personalität als Gegenkonzept zur Einbindung des Einzelnen in staatliche Funktionen und die Individualität als Ausdruck privater und nicht öffentlicher Interessen, ungeachtet der Tatsache, dass sich mittlerweile private und öffentliche Rechtsbetätigung in vielerlei Hinsicht verschränken und sich auch das Verständnis des subjektiven Rechts weiterentwickelt (→ Rn. 118).[485]

Art. 19 Abs. 4 **begründet** diese **subjektiven Rechte nicht** selbst, sondern setzt sie voraus.[486] Auch dieses Element der grundrechtlichen Gewährleistung ist damit normgeprägt. Die erfassten subjektiven Rechte sind **nicht auf Grundrechte** (→ Rn. 113) **beschränkt,** wie der Vergleich mit dem Wortlaut des Abs. 3 oder Art. 1 Abs. 3 verdeutlicht.[487] Subjektive Rechte iSd Art. 19 Abs. 4 können **vielfältige Grundlagen** haben: einfaches Gesetz (→ Rn. 113), Rechtsverordnungen und Satzungen, Völker- und Europarecht (→ Rn. 117), Richterrecht und Gewohnheitsrecht sowie Einzelakte in Form von Urteilen, Verwaltungsakten oder Rechtsgeschäften.[488] Subjektive Rechte können nur ausnahmsweise aus Verwaltungsvorschriften resultieren, wenn diese selbst unmittelbar Außenwirkung entfalten; daneben können Verwaltungsvorschriften mittelbar in Verbindung mit anderen Außenrechtssätzen Grundlage von subjektiven Rechten sein, wie etwa mit Art. 3 Abs. 1 bei einer Selbstbindung der Verwaltung.[489] Die subjektiven Rechte können **öffentlich-rechtlicher, aber auch privatrechtlicher Natur** sein.[490] **110**

Zur konkreten Identifizierung subjektiver Rechte kann auf die **Schutznormlehre** zurückgegriffen werden. Subjektive Rechte resultieren danach aus solchen Normen, die zumindest auch dem individuellen Interesse einer Person zu dienen bestimmt sind und diese nicht alleine aus Gründen eines Allgemeininteresses, im Wege eines Reflexes, begünstigen.[491] Ob eine Norm diesen Charakter aufweist, ist mittels des Auslegungskanons zu bestimmen,[492] **111**

---

[484] *Schmidt-Aßmann* in Maunz/Dürig Rn. 122, 150; *Enders* in BeckOK GG Rn. 66; *Hofmann* in SHH Rn. 64. *Sachs* in Sachs Rn. 126 weist darauf hin, dass nicht selbst verletzte Personen sich auf das Petitionsrecht des Art. 17 berufen können.

[485] *Schmidt-Aßmann* in Maunz/Dürig Rn. 117.

[486] BVerfGE 15, 275 (281); 61, 82 (110); 83, 182 (194 f.); 116, 1 (11 f., 18); 129, 1 (20); BVerfG NVwZ 2001, 1148 (1149); *Schulze-Fielitz* in Dreier Rn. 61; *Huber* in MKS Rn. 391; *Jarass* in Jarass/Pieroth Rn. 36.

[487] BVerfGE 96, 110 (114 f.); *Schulze-Fielitz* in Dreier Rn. 61; *Jarass* in Jarass/Pieroth Rn. 36.

[488] *Ibler* in BerlKomm Rn. 131; *Schmidt-Aßmann* in Maunz/Dürig Rn. 154; *Sachs* in Sachs Rn. 127; *Schenke* in BK Rn. 428; *Schulze-Fielitz* in Dreier Rn. 66.

[489] BVerwG NVwZ-RR 1996, 498 (499); *Schenke* in BK Rn. 428; *Schmidt-Aßmann* in Maunz/Dürig Rn. 132; aA *Ibler* in BerlKomm Rn. 134.

[490] *Schmidt-Aßmann* in Maunz/Dürig Rn. 134; *Jarass* in Jarass/Pieroth Rn. 36; *Schenke* in BK Rn. 420; aA *Ibler* in BerlKomm Rn. 132, 150; *Bauer,* Gerichtsschutz als Verfassungsgarantie, 1973, 68 f.

[491] BVerfGE 27, 297 (308); 31, 33 (39 f.); 83, 182 (194); 116, 1 (11); BVerwGE 41, 58 (63); 52, 122 (129); 98, 118 (120 f.); 111, 276 (280); *Schulze-Fielitz* in Dreier Rn. 62; *Schmidt-Aßmann* in Maunz/Dürig Rn. 128; *Jarass* in Jarass/Pieroth Rn. 37; *Masing* in GVwR I § 7 Rn. 106 f. Zur Frage, ob ein subjektives Recht auch eine Rechtsmacht zur Durchsetzung voraussetzt, *Schenke* in BK Rn. 403; *Sachs* in Sachs Rn. 129. Nach *Schmidt-Aßmann* in Maunz/Dürig Rn. 136 folgt dies schon daraus, dass eine Norm gerade auch Individualinteressen zu dienen bestimmt ist, ähnlich *Schenke* in BK Rn. 416 ff. Kritisch zur Schutznormlehre *Zuleeg* DVBl. 1976, 509 (510 ff.); *Bartlsperger* VerwArch 60 (1969), 35 (49); Überblick bei *Wahl* in Schoch/Schneider/Bier VwGO Vorb. § 42 Abs. 2 Rn. 96 mwN.

[492] BVerfGE 31, 33 (39 ff.); BVerwGE 107, 215 (220); *Schmidt-Aßmann* in Maunz/Dürig Rn. 128; *Schulze-Fielitz* in Dreier Rn. 62. Zu allgemeinen Strukturen und Wertungen,

wobei sich die Schutznormlehre im Laufe der Zeit entwickelt hat[493] und mittlerweile dem objektiven Normzweck, der Normstruktur und dem Normgefüge maßgebliches Gewicht beizumessen ist.[494] Von manchen wird angenommen, dass, auch im Lichte des Art. 19 Abs. 4, eine Vermutung für die Annahme eines subjektiven Rechts besteht; das gilt allerdings nicht in mehrpoligen Verhältnissen.[495]

112 Ein **allgemeiner Gesetzesvollziehungsanspruch** des Einzelnen existiert nicht.[496] Gleichwohl lässt sich aber im Hinblick auf die Integration der Bundesrepublik Deutschland in die Europäische Union der Sache nach eine Art bereichsspezifischer Gesetzesvollziehungsanspruch erkennen, weil das BVerfG aus Art. 38 Abs. 1 S. 1, Art. 20 Abs. 1, 2 iVm Art. 79 Abs. 3 einen „Anspruch auf Demokratie" ableitet, den jeder Bürger geltend machen kann und der im Wege einer (auch formellen) Identitätskontrolle die Einhaltung der Voraussetzungen aus Art. 23 Abs. 1 und Art. 79 Abs. 2, 3 ermöglicht (→ Rn. 139).[497]

113 **(2) Einzelne Normkategorien.** Die **Grundrechte** sind **subjektive öffentliche Rechte in Reinkultur.**[498] Dies ist in erster Linie das Resultat einer normexternen Wirkung, aufgrund derer die Grundrechte unmittelbar selbst subjektive Rechte konstituieren.[499] Vorrangig ist für die Bestimmung subjektiver Rechte jedoch auf einfaches Recht zurückzugreifen.[500] Trotzdem kommt den Grundrechten auch für die **subjektiven Rechte des einfachen Rechts** auf vielfältige Weise eine erhebliche Bedeutung zu. So beeinflussen die Grundrechte über eine norminterne Wirkung deren Auslegung und sind relevant für die Bestimmung subjektiver Rechte im einfachen Recht.[501] Auf diesem Wege können die Grundrechte die Annahme einfachgesetzlicher subjektiver Rechte sogar erzwingen, ungeachtet des gesetzgeberischen Willens.[502] Die Grundreche bewirken damit, dass die einfachgesetzliche Zu-

Schmidt-Aßmann in Maunz/Dürig Rn. 137 f.; *Ibler* in BerlKomm Rn. 128; *Schenke* in BK Rn. 443 ff.

[493] Historisch zum subjektiven öffentlichen Recht und der Entwicklung der Schutznormlehre *Bühler,* Die subjektiven öffentlichen Rechte und ihr Schutz in der deutschen Verwaltungsrechtsprechung, 1914, 21, 224; *Bühler* GS f. W. Jellinek, 1955, 269 (274); *Bauer* AöR 113 (1988), 582 (587 ff.); umfassend *Bauer,* Geschichtliche Grundlagen der Lehre vom subjektiven öffentlichen Recht, 1986.

[494] *Schmidt-Aßmann* in Maunz/Dürig Rn. 128; *Huber* in MKS Rn. 395; vgl. *Schenke* in BK Rn. 442 ff.

[495] BVerfGE 15, 275 (281 f.); *Bachof* DVBl. 1961, 128 (131); *Ibler* in BerlKomm Rn. 117, 140; *Enders* in BeckOK GG Rn. 61; aA *Schulze-Fielitz* in Dreier Rn. 62; kritisch auch *Bettermann* AöR 96 (1971), 528 (543).

[496] BVerfGE 132, 195 (235); 135, 317 Rn. 130; *Schmidt-Aßmann* in Maunz/Dürig Rn. 122; *Sachs* in Sachs Rn. 126; *Schulze-Fielitz* in Dreier Rn. 70.

[497] BVerfGE 142, 123 Rn. 94; BVerfG EuZW 2020, 324 Rn. 95 ff.; *Ohler* ZG 2020, 95 (97 f.).

[498] *Ibler* in BerlKomm Rn. 122; *Huber* in MKS Rn. 392; *Enders* in BeckOK GG Rn. 61; aA *Rupp,* Grundfragen der heutigen Verwaltungsrechtslehre, 1965, 153 ff.

[499] *Schmidt-Aßmann* in Maunz/Dürig Rn. 125; *Schenke* in BK Rn. 429; aA *Wahl* DVBl. 1996, 641 (648); *Wahl* in Schoch/Schneider/Bier VwGO Vorb. § 42 Abs. 2 Rn. 54.

[500] BVerwG NVwZ 2001, 322 (322); *Huber* in MKS Rn. 393; *Schenke* in BK Rn. 429; *Wahl/Schütz* in Schoch/Schneider/Bier VwGO § 42 Abs. 2 Rn. 57 ff.

[501] *Schmidt-Aßmann* in Maunz/Dürig Rn. 123; *Schenke* in BK Rn. 450 ff.; *Huber* in MKS Rn. 397 f. Für die Frage, ob ein subjektives Recht direkt aus den Grundrechten folgt oder vielmehr mit deren Berücksichtigung im einfachen Recht zu verorten ist, lassen sich kaum allgemeine Strukturen ausmachen, vgl. *Schulze-Fielitz* in Dreier Rn. 68 ff.; *Schmidt-Aßmann* in Maunz/Dürig Rn. 126; *Schenke* in BK Rn. 432 ff.; *Schlichter* NVwZ 1983, 641 (642 f.).

[502] *Sachs* in Sachs Rn. 131; *Dietlein* in Stern, StaatsR IV/2, 2011, 1924.

erkennung von subjektiven Rechten nicht vollständig in das Belieben des Gesetzgebers gestellt ist, wobei sich die Grenzen dafür nicht abstrakt bestimmen lassen.[503] Auch eine Verletzung objektiven Rechts kann, wenn damit ein Grundrechtseingriff verbunden ist, eine mittelbare Subjektivierung objektiven Rechts bewirken.[504]

Für die Bestimmung subjektiver Rechte in **mehrpoligen Verhältnissen** 114 kommt den Grundrechten ebenfalls eine erhebliche Bedeutung zu. In solchen Situationen können die berührten Normen des einfachen Rechts unter Einschluss der Grundrechte iS eines Konfliktschlichtungsprogramms interpretiert werden.[505] Für Drittbetroffene können sich die Grundrechte vor allem in Gestalt von Schutzpflichten auswirken.[506] Dies kann auch dazu führen, dass Grundrechte zugunsten einer Person der Ableitung eines subjektiven Rechts zugunsten einer anderen Person entgegenstehen.[507]

Ermessensregelungen sind häufig mit einem **Recht auf ermessensfehler-** 115 **freie Entscheidung** verbunden. Zwingend ist dies aber nicht, sondern kann nach allgemeinen Grundsätzen nur angenommen werden, wenn die Regelung als solche zumindest auch dem Interesse des Einzelnen zu dienen bestimmt ist, was in diesem Kontext allgemein im Zweifel angenommen wird.[508]

Organisations- und Verfahrensregelungen können ebenfalls unter Be- 116 achtung der Schutznormlehre subjektive Rechte begründen.[509] Auch wenn eine Verfahrensbeteiligung im öffentlichen Interesse besteht, muss das nicht zwingend einem subjektiven Recht entsprechen.[510] Daneben steht eine mögliche verfahrensrechtliche Schutzdimension der Grundrechte, die zur Ergänzung des materiellen Grundrechtsschutzes geboten sein kann.[511]

Völkerrechtliche Verträge regeln grundsätzlich das Verhältnis von Staa- 117 ten zueinander, so dass subjektive Rechte daraus vielfach nicht resultieren.[512] Anders ist dies aber etwa für Rechte aus der EMRK und anderen Menschenrechtsverträgen, die unmittelbar anwendbar sind.[513] Subjektive Rechte können auch im **Unionsrecht** wurzeln und zwar direkt im Primärrecht, zB den Grundfreiheiten, aber auch in Verordnungen und möglicherweise sogar unmittelbar wirkenden Richtlinien ebenso wie sie indirekt als Folge einer

---

503 *Huber* in MKS Rn. 395 ff.; *Sachs* in Sachs Rn. 129.

504 *Schenke* in BK Rn. 430.

505 Vgl. umfangreich *Schmidt-Preuß,* Kollidierende Privatinteresse im Verwaltungsrecht, 1992, 205 ff., 247 f.; *Wahl* in Schoch/Schneider/Bier VwGO Vorb. § 42 Abs. 2 Rn. 102 ff.; *Schmidt-Aßmann* in Maunz/Dürig Rn. 140 ff.; *Schenke* in BK Rn. 451 ff.

506 *Jarass* in Jarass/Pieroth Rn. 39; *Schulze-Fielitz* in Dreier Rn. 78.

507 *Schmidt-Aßmann* in Maunz/Dürig Rn. 124.

508 BVerfGE 96, 100 (114 ff.); 113, 273 (310 f.); *Sachs* in Sachs Rn. 132; *Schmidt-Aßmann* in Maunz/Dürig Rn. 135; *Jarass* in Jarass/Pieroth Rn. 37; zur Ablehnung eines Rechts auf ermessensfehlerfreie Entscheidung beispielhaft BVerwGE 85, 220 (222).

509 *Schulze-Fielitz* in Dreier Rn. 65; *Ibler* in BerlKomm Rn. 135; *Jarass* in Jarass/Pieroth Rn. 40. Die Annahme eines subjektiven Rechts aus Verfahrens- oder Organisationsregelungen muss nicht zwingend bedeuten, dass dahinter auch ein subjektives Recht materieller Prägung steht, *Schmidt-Aßmann* in Maunz/Dürig Rn. 150; *Schmidt-Preuß,* Kollidierende Privatinteresse im Verwaltungsrecht, 1992, 174 f.; zurückhaltend VGH München NJW 2014, 876 (876).

510 *Schmidt-Aßmann* in Maunz/Dürig Rn. 149.

511 BVerfGE 63, 131 (143); *Schulze-Fielitz* in Dreier Rn. 72 f.

512 *Schulze-Fielitz* in Dreier Rn. 64; *Ibler* in BerlKomm Rn. 131; *Jarass* in Jarass/Pieroth Rn. 37a; vgl. BVerfGE 57, 9 (25 f.).

513 BVerwGE 158, 142 Rn. 12; *Enders* in BeckOK GG Rn. 61; vgl. *Schmidt-Aßmann* in Maunz/Dürig Rn. 133.

unionsrechtlichen Verpflichtung des nationalen Gesetzgebers entstehen können.[514] Es ist ein Anliegen des Unionsrechts, den Einzelnen die Rechtsmacht zu verleihen, selbständig die Einhaltung des Unionsrechts gegenüber den Mitgliedstaaten geltend zu machen,[515] so dass die Voraussetzungen eines subjektiven Rechts häufig gegeben sind und sich dadurch praktisch ein erheblicher Zuwachs an subjektiven Rechten ergeben hat.[516]

118 Dieser **Sachwaltergedanke** hat in jüngerer Zeit den Blick für sog. **prokuratorische Rechte** geöffnet, die das Konstrukt des subjektiven Rechts erweitern können.[517] Die funktionale Subjektivierung von Rechtssätzen stellt zwar die traditionelle Unterscheidung von öffentlichen und privaten Interessen in Frage.[518] Gleichwohl kann damit aber anerkannt werden, dass der Bürger mittlerweile qualitativ deutlich intensiver in gemeinwohlorientierte Fragestellungen eingebunden ist als noch bei Erlass des GG, etwa durch die Schaffung prinzipieller Informationsfreiheit.[519] Zugleich kann damit ein strukturelles Vollzugsdefizit ausgeglichen und eine effektive Rechtsdurchsetzung ermöglicht werden, insbesondere im Bereich von Gemeinschaftsgütern, bei denen sich eine gemeinwohlschonende Nutzung auf rein individueller Basis regelmäßig nicht erreichen lässt, obwohl dies für das Individuum von erheblicher Bedeutung ist, zB im Umwelt-, Regulierungs- und Informationsrecht.[520] Der Ausgestaltungsspielraum des Gesetzgebers ermöglicht grundsätzlich solch eine Bestimmung subjektiver Rechte.[521]

119 Dies kann zu einer **schwierigen Abgrenzung** zu solchen Klagemöglichkeiten führen, die der Gesetzgeber unabhängig von subjektiven Rechten einräumt und bei denen es sich nicht um Rechte iSd Art. 19 Abs. 4 handelt, wie etwa bloß prozessuale oder verfahrensrechtliche Berechtigungen (zB der prozessuale Anspruch auf Beiladung, § 65 VwGO).[522] Einfachgesetzlich wird dies durch die Ausnahmen nach § 42 Abs. 2 Hs. 1 VwGO ausgedrückt.[523] Auch Rechte, die lediglich zur Prozessführung erworben worden sind, sollen wegen rechtsmissbräuchlichen Verhaltens nicht von Art. 19 Abs. 4 geschützt sein.[524]

120 Um subjektive Rechte iSd Art. 19 Abs. 4 handelt es sich auch nicht im Falle von **staatsorganisationsrechtlichen Rechten** oder sonstigen **öffentlich-rechtlichen Befugnissen** und Kompetenzen sowie anderen Formen staatlichen Innenrechts.[525] Diese Regelungen basieren auf einer Einbindung

---

514 *Huber* in MKS Rn. 413; *Enders* in BeckOK GG Rn. 70; *Schenke* in BK Rn. 457; zur konzeptionellen Einbindung *Schmidt-Aßmann* in Maunz/Dürig Rn. 152.

515 Vgl. schon EuGH 5.2.1963 – C-26/62, Slg. 1963, 3 (26) – van Gend & Loos.

516 *Huber* in MKS Rn. 413; *Ibler* in BerlKomm Rn. 137.

517 *Masing,* Die Mobilisierung des Bürgers für die Durchsetzung des Rechts, 1997, 128; *Krüper,* Gemeinwohl im Prozess, 2009, 212 ff.; *Hong* JZ 2012, 380 (383 f.); *Schmidt-Aßmann* in Maunz/Dürig Rn. 117a; *Schmidt-Aßmann* GS f. Brugger, 2013, 411 (426 f.); *Gärditz* in Gärditz VwGO § 42 Rn. 99. Vgl. zu aggregierten Interessen und deren prozessrechtlicher Einbindung *Schoch* in GVwR III § 50 Rn. 146 f.

518 Vgl. *Schenke* in BK Rn. 404 ff.

519 *Schmidt-Aßmann* in Maunz/Dürig Rn. 117a.

520 *Hong* JZ 2012, 380 (385); *Schmidt-Aßmann* in Maunz/Dürig Rn. 117a.

521 Vgl. *Enders* in BeckOK GG Rn. 66 f.; *Schmidt-Aßmann* in Maunz/Dürig Rn. 117b.

522 *Huber* in MKS Rn. 391; *Sachs* in Sachs Rn. 126; *Schmidt-Aßmann* in Maunz/Dürig Rn. 150.

523 Vgl. *Wahl/Schütz* in Schoch/Schneider/Bier VwGO § 42 Abs. 2 Rn. 37.

524 BVerwGE 112, 135 (136 f.); 141, 171 Rn. 18 kritisch *Masing* NVwZ 2002, 810 (814 f.); *Kment* NVwZ 2014, 1566 (1567 f.); vgl. auch BVerfGE 134, 242 Rn. 153 ff., 157.

525 *Sachs* in Sachs Rn. 127; *Schulze-Fielitz* in Dreier Rn. 64; *Schmidt-Aßmann* in Maunz/Dürig Rn. 148.

des Einzelnen in staatliche Funktionen und sie repräsentieren den öffentlichen Rechtskreis im klassischen Sinne.

bb) Rechtsverletzung. Die Rechtsverletzung, die nach Art. 19 Abs. 4 S. 1 notwendig ist, beruht auf der Rechtswidrigkeit der angegriffenen Maßnahme. Da es jedoch (erst) Aufgabe der Gerichte ist, die Rechtswidrigkeit zu prüfen, reicht es für den verfassungsrechtlich gewährleisteten Rechtsweg zu den Gerichten schon aus, wenn die angegriffene Maßnahme **möglicherweise rechtswidrig** ist.[526] Damit ist die Notwendigkeit eines Rechtswidrigkeitszusammenhangs verbunden, nach dem die (mögliche) Rechtswidrigkeit der Maßnahme gerade die Verletzung des subjektiven Rechts begründen muss.[527] Der **Maßstab,** der für die Möglichkeit der Rechtsverletzung entscheidend ist, entspricht dem, der auch für **§ 42 Abs. 2 VwGO** heranzuziehen ist.[528] 121

Die Möglichkeit der Rechtsverletzung und der Rechtswidrigkeitszusammenhang bestehen auf Grundlage der umfassenden Freiheitssphäre, die Art. 2 Abs. 1 gegenüber gesetzeswidrigem Staatshandeln erzeugt,[529] stets für den Adressaten einer belastenden staatlichen Maßnahme (sog. **Adressatentheorie**).[530] Der Rechtswidrigkeitszusammenhang gewinnt aber insbesondere in mehrpoligen Verhältnissen und bei der Verletzung von Verfahrensvorschriften Bedeutung, wobei für letztere im Hinblick auf die Rechtsverletzung Heilungsvorschriften und Unbeachtlichkeitsregeln (→ Rn. 178) zu berücksichtigen sein können.[531] 122

Die geltend gemachte **Rechtsverletzung** muss **grundsätzlich schon erfolgt** sein (zu vorbeugendem Rechtsschutz → Rn. 172).[532] Möglich ist es auch, dass einzelne subjektive Rechte bereits bei Gefährdungen des geschützten Rechtsguts verletzt werden, zB im Falle des Lebens und der körperlichen Unversehrtheit.[533] Die Rechtsverletzung muss der öffentlichen Gewalt adäquat **zurechenbar** sein, wofür in Zweifelsfällen die Kriterien der Finalität, Schwere der Beeinträchtigung sowie Unmittelbarkeit herangezogen werden können.[534] 123

Der Maßstab für das tatsächliche Bestehen der Rechtswidrigkeit als solcher bestimmt sich nicht durch Art. 19 Abs. 4, sondern das einschlägige **materielle Recht** und seine allgemeinen Regeln. Eine bloß faktische Betroffenheit reicht grundsätzlich nicht,[535] doch kann dies etwa im Falle gewichtiger 124

---

[526] BVerfGE 31, 364 (368); *Schulze-Fielitz* in Dreier Rn. 75; *Huber* in MKS Rn. 417.

[527] *Schmidt-Aßmann* in Maunz/Dürig Rn. 156 ff.; *Schulze-Fielitz* in Dreier Rn. 76; *Jarass* in Jarass/Pieroth Rn. 41.

[528] *Enders* in BeckOK GG Rn. 64; *Schulze-Fielitz* in Dreier Rn. 75; *Sachs* in Sachs Rn. 133 Fn. 470. Zum Maßstab der möglichen Rechtsverletzung bei § 42 Abs. 2 VwGO *Wahl/Schütz* in Schoch/Schneider/Bier VwGO § 42 Abs. 2 Rn. 64 ff.

[529] BVerfGE 6, 32 (36).

[530] BVerwGE 54, 211 (221); *Schulze-Fielitz* in Dreier Rn. 76; *Huber* in MKS Rn. 406 f.; *Schenke* in BK Rn. 462; *Ibler* in BerlKomm Rn. 125; *Köpfler,* Die Bedeutung von Art. 2 Abs. 1 Grundgesetz im Verwaltungsprozess, 2008, 110 ff.; vgl. BVerwGE 28, 268 (271). *Ibler* in BerlKomm Rn. 125 weist darauf hin, dass dieser Gedanke schon vor Erlass des Grundgesetzes galt.

[531] *Schmidt-Aßmann* in Maunz/Dürig Rn. 155, 158; *Schulze-Fielitz* in Dreier Rn. 78.

[532] *Schmidt-Aßmann* in Maunz/Dürig Rn. 164.

[533] *Ibler* in BerlKomm Rn. 154, der das Beispiel des § 7 Abs. 1, 2 AtG nennt; *Schulze-Fielitz* in Dreier Rn. 74.

[534] BVerfGE 46, 120 (137); 47, 1 (21); 116, 202 (222); BVerwGE 90, 112 (121); *Huber* in MKS Rn. 404 f.; *Schmidt-Aßmann* in Maunz/Dürig Rn. 171; vgl. *Albers* DVBl. 1996, 233 (234 f.).

[535] *Schulze-Fielitz* in Dreier Rn. 77; *Schmidt-Aßmann* in Maunz/Dürig Rn. 120; allg. *Pietzcker* FS f. Bachof, 1984, 131 (139 ff.).

Auswirkungen auf die individuelle Rechtsposition anders zu beurteilen sein.[536]

125 **c) Durch die öffentliche Gewalt (Begrenzung der Gewährleistung).** Art 19 Abs. 4 gewährleistet den Rechtsweg nur, wenn die Rechtsverletzung von der öffentlichen Gewalt ausgeht. Der Begriff der öffentlichen Gewalt wird im Zusammenhang mit Art. 19 Abs. 4 **von der hM als vollziehende Gewalt** und damit primär verwaltende Tätigkeit **verstanden,** so dass sich für die „öffentliche Gewalt" ein engerer Anwendungsbereich ergibt als bei Art. 93 Abs. 1 Nr. 4a oder im Vergleich zu Vorschriften, die auf die Staatsgewalt abstellen (Art. 20 Abs. 2).

126 **aa) Verwaltung als vollziehende Gewalt.** Bei der Bestimmung der Verwaltung als vollziehende Gewalt wird wiederum ein **breiter Ansatz** verfolgt. Erfasst sind öffentlich-rechtliche Verwaltungsträger in einem umfassenden Sinne, unerheblich ob administrative oder gubernative Funktionen ausgeübt werden.[537] Traditionell wird öffentliche Gewalt von den **Organisationseinheiten des öffentlichen Rechts** ausgeübt, womit Bund, Länder, Kreise und Gemeinden ebenso wie sonstige Körperschaften, Anstalten und Stiftungen des öffentlichen Rechts angesprochen sind.[538] Öffentlich-rechtliche Religionskörperschaften sind nur soweit erfasst, wie sie staatliche Hoheitsgewalt ausüben, zB bei der Erhebung der Kirchensteuern,[539] der Verwaltung von Friedhöfen,[540] aber auch im Falle innerkirchlicher (öffentlich-rechtlicher) amts- oder dienstrechtlicher Konstellationen, weil es sich hierbei um eine Folge der öffentlich-rechtlichen Dienstherreneigenschaft iSd Art. 140 iVm Art. 137 Abs. 5 WRV handelt.[541] Ansonsten sind öffentlich-rechtliche Religionskörperschaften Teil der gesellschaftlichen Sphäre und unterfallen als Ausdruck gemeinsamer Grundrechtsausübung ihrer Mitglieder (Rn. 80) nicht der öffentlichen Gewalt iSd Art. 19 Abs. 4.[542]

127 **Subjekte des Privatrechts** nehmen grundsätzlich nicht an der Ausübung öffentlicher Gewalt teil, weil dafür organisierte Staatlichkeit und die Ausübung spezifisch staatlicher Gewalt Voraussetzung ist.[543] Dies betrifft

---

[536] *Schulze-Fielitz* in Dreier Rn. 77; umfangreich etwa zu faktischen Grundrechtsbelastungen *Schenke* in BK Rn. 439 ff.

[537] *Schmidt-Aßmann* in Maunz/Dürig Rn. 53 f.; *Schulze-Fielitz* in Dreier Rn. 53; *Enders* in BeckOK GG Rn. 55; *Jarass* in Jarass/Pieroth Rn. 42.

[538] *Sachs* in Sachs Rn. 117; *Schmidt-Aßmann* in Maunz/Dürig Rn. 53; *Schenke* in BK Rn. 232; *Ibler* in BerlKomm Rn. 51.

[539] BVerfGE 18, 392 (396); 19, 206 (218); 30, 415 (422).

[540] BVerwG NJW 1990, 2079 (2080).

[541] Anders BVerwG NVwZ 1993, 672 (672); *Papier* in HdbStR VIII § 177 Rn. 30 f.; *Ehlers* JuS 1989, 364 (369 f.); vgl. *Kästner,* Staatliche Justizhoheit und religiöse Freiheit, 1991, 120 ff. Zur Dienstherreneigenschaft und einem öffentlich-rechtlichen Dienst- und Treueverhältnis *Unruh* in MKS Art. 137 WRV Rn. 215; *Germann* in BeckOK Art. 140 Rn. 91. In der Sache ist in solchen Sachverhalten das verfassungsrechtlich gewährleistete kirchliche Selbstbestimmungsrecht (Art. 140 iVm Art. 137 Abs. 3 WRV) zu berücksichtigen ist, vgl. *Schenke* in BK Rn. 270 ff.

[542] *Schmidt-Aßmann* in Maunz/Dürig Rn. 114; *Huber* in MKS Rn. 431 f.; *Sachs* in Sachs Rn. 117; *Schulze-Fielitz* in Dreier Rn. 58 f.; *Jarass* in Jarass/Pieroth Rn. 46; *von Campenhausen* AöR 112 (1987), 623 (642); *Höfling* JA 1995, 431 (437); umfassend *Schenke* in BK Rn. 264 ff.

[543] *Schenke* in BK Rn. 254; *Schmidt-Aßmann* in Maunz/Dürig Rn. 104; *Schulze-Fielitz* in Dreier Rn. 54; *Ibler* in BerlKomm Rn. 96 ff.

etwa politische Parteien, Verbände oder Koalitionen, ungeachtet der Frage, ob diese auch Gemeinwohlinteressen verfolgen.[544] Bei juristischen Personen des Privatrechts, hinter denen zumindest teilweise der Staat steht (vor allem öffentliche bzw. gemischtwirtschaftliche Unternehmen), kommt es darauf an, ob diese vom Staat beherrscht werden (→ Rn. 86).[545] **Beliehene** üben hingegen, soweit ihnen Hoheitsmacht übertragen ist, auch öffentliche Gewalt iSd Art. 19 Abs. 4 aus.[546] Bei anderen Formen funktionaler Privatisierung wird regelmäßig entweder keine öffentliche Gewalt ausgeübt, wie bei der Indienstnahme Privater, oder es findet allenfalls eine Zurechnung zu einem Verwaltungsträger statt, wie bei Verwaltungshelfern; für die unmittelbare eigene Ausübung öffentlicher Gewalt durch die einbezogenen Privaten fehlen diesen hinreichende eigenständige Gestaltungsmöglichkeiten.[547]

Die Ausübung öffentlicher Gewalt wird regelmäßig nicht in Frage gestellt **128**
durch die konkret gewählte **Handlungsform** – dies gilt zumindest für die klassischen öffentlich-rechtlichen Handlungsformen mit Außenwirkung, wie Verwaltungsakt, öffentlich-rechtlicher Vertrag, Realhandeln oder einfache Willenserklärung.[548] Auch administrative Rechtsetzung (Verordnung oder Satzung) stellt Ausübung öffentlicher Gewalt dar.[549] Der Verwaltung kommt insofern eine **Formenwahlfreiheit** zu, auch wenn das zu verkürzten Rechtsschutzmöglichkeiten führt.[550]

„Gerichts-" oder „justizfreie" Hoheitsakte, die von der Exekutive **129**
erlassen werden können, **existieren** im Allgemeinen unter dem GG **nicht.**[551] Besteht verfassungsrechtlich die Notwendigkeit, die justizielle Überprüfung durch eine andere institutionelle Struktur zu ersetzen, ist dies explizit angeordnet (Art. 10 Abs. 2 S. 2, → Rn. 180, und Art. 44 Abs. 4 S. 1). Das bedeutet, dass auch **Regierungsakte,** zB in Form von Regierungserklärungen oder Organisationsentscheidungen, Erscheinungsformen öffentlicher Gewalt sind, auch wenn der gerichtliche Kontrollmaßstab begrenzt sein kann und es häufig an einer subjektiven Rechtsverletzung fehlt.[552] Dies gilt auch

---

544 *Schulze-Fielitz* in Dreier Rn. 54; *Schmidt-Aßmann* in Maunz/Dürig Rn. 105, 108, 109; *Ibler* in BerlKomm Rn. 100 ff.; *Stober* NJW 1979, 2001 (2002); vgl. *Lorenz,* Der Rechtsschutz des Bürgers und die Rechtsweggarantie, 1973, 93 ff.

545 *Schmidt-Aßmann* in Maunz/Dürig Rn. 58.

546 *Huber* in MKS Rn. 421; *Schulze-Fielitz* in Dreier Rn. 53; *Ramsauer* in AK Rn. 47; *Jarass* in Jarass/Pieroth Rn. 42; *Papier* in HdbStR VIII § 177 Rn. 29.

547 *Schmidt-Aßmann* in Maunz/Dürig Rn. 56a; *Ibler* in BerlKomm Rn. 52.

548 *Ibler* in BerlKomm Rn. 64; *Schulze-Fielitz* in Dreier Rn. 55; *Papier* in HdbStR VIII § 177 Rn. 32; bejahend auch für Innenrechtsakte *Schmidt-Aßmann* in Maunz/Dürig Rn. 69; differenzierend *Schenke* in BK Rn. 296 ff.

549 BVerfGE 115, 81 (92); BVerwGE 80, 355 (361); 111, 276 (279); *Schulze-Fielitz* in Dreier Rn. 55; *Jarass* in Jarass/Pieroth Rn. 43; *Seiler* DVBl. 2007, 538 (538); offen gelassen noch in BVerfGE 31, 364 (367 f.); zurückhaltender BVerwGE 129, 199 (204 ff.). Zur Einbeziehung bestimmter Innenrechtsnormen *Schmidt-Aßmann* in Maunz/Dürig Rn. 71. Zur gerichtlichen Geltendmachung eines Anspruchs auf Erlass einer untergesetzlichen Norm bzw. dem rechtswidrigen Unterlassen untergesetzlicher Normen BVerwG NVwZ 2002, 1505 (1505 f.); *Schenke* NJW 2017, 1062 (1064).

550 BVerfGE 10, 89 (105); 70, 35 (56); *Ibler* in BerlKomm Rn. 67, 289; *Schmidt-Aßmann* in Maunz/Dürig Rn. 67; *Schulze-Fielitz* in Dreier Rn. 89; *Sachs* in Sachs Rn. 142; *Schenke* in Kopp/Schenke VwGO Anh. § 42 Rn. 58.

551 *Schulze-Fielitz* in Dreier Rn. 55; *Schmidt-Aßmann* in Maunz/Dürig Rn. 77; *Ibler* in BerlKomm Rn. 71; *Jarass* in Jarass/Pieroth Rn. 43; aA noch *Schneider,* Gerichtsfreie Hoheitsakte, 1951, 27 ff.

552 *Schmidt-Aßmann* in Maunz/Dürig Rn. 77 ff., 81 ff.; *Schenke* in BK Rn. 306 ff.; *Sachs* in Sachs Rn. 119; *Jarass* in Jarass/Pieroth Rn. 43.

für Gnadenakte einschließlich deren Ablehnung[553] sowie für Maßnahmen, die sich gegenüber Personen auswirken, die in einem besonders geprägten Näheverhältnis zum Staat stehen (auch „besonderes Gewaltverhältnis" oder „öffentlich-rechtliches Sonderstatusverhältnis").[554]

130 Öffentliche Gewalt iSd Art. 19 Abs. 4 kann auch in **privatrechtlicher Form ausgeübt** werden. Dies erfasst mit dem sog. Verwaltungsprivatrecht die privatrechtliche Wahrnehmung materieller Verwaltungsaufgaben.[555] Von manchen werden die **erwerbswirtschaftliche Betätigung** und die **Hilfsgeschäfte der Verwaltung** vom Anwendungsbereich des Art. 19 Abs. 4 ausgeschlossen, weil in beiden Bereichen der Staat nicht mit spezifisch staatlichen Befugnissen auftrete, sondern vielmehr als Anbieter oder Nachfrager wie auch private Marktteilnehmer.[556] Da sich das Spezifische staatlichen Handelns besonders in der Grundrechtsbindung und dem Gesetzesvorbehalt zeigt[557] und Art. 19 Abs. 4 ein Instrument des individuellen Grundrechtsschutzes ist (→ Rn. 98 f.), entspricht der Anwendungsbereich der Rechtsweggarantie aber dem Umfang und der Reichweite staatlicher Grundrechtsbindung.[558] Für das Vergabewesen wird dies bekräftigt durch die ausdifferenzierten unionsrechtlichen Vorgaben, die besonders auf den Schutz der Beteiligten abzielen.[559]

131 **bb) Gesetzgebung.** Akte parlamentarischer Gesetzgebung werden vom **BVerfG** traditionell **nicht als Ausdruck öffentlicher Gewalt** angesehen.[560] Dafür wird etwa auf die besonderen verfassungsprozessualen Verfahren für eine Normenkontrolle hingewiesen (Art. 93 Abs. 1 Nr. 2, 4a, Art. 100), die abschließend zu verstehen seien.[561] Außerdem gehe die Wirkung für und gegen jedermann, die mit einer Entscheidung im Rahmen einer Normen-

[553] *Ibler* in BerlKomm Rn. 74; *Sachs* in Sachs Rn. 119; *Schmidt-Aßmann* in Maunz/Dürig Rn. 80; *Dietlein* in Stern, StaatsR IV/2, 2011, 1908 f.; *Hömig* DVBl. 2007, 1328 (1329 ff.); *Lorenz,* Der Rechtsschutz des Bürgers und die Rechtsweggarantie, 1973, 44 ff.; aA für ablehnende Gnadenentscheidungen BVerfGE 25, 353 (358 ff.); 45, 187 (242 f.); BVerfG NJW 1978, 2591 (2591); NJW 2001, 3771 (3771); BVerwGE 14, 73 (74 ff.); BVerwG NJW 1983, 187 (188); *Rupp,* Grundfragen der heutigen Verwaltungsrechtslehre, 1965, 182, Fn. 254; *Evers* DÖV 1974, 131 (131 f.); anders allerdings für den Widerruf einer Gnadenentscheidung BVerfGE 30, 108 (111).

[554] BVerfGE 21, 191 (194 ff.); *Hofmann* in SHH Rn. 76 ff.; *Enders* in BeckOK GG Rn. 56; *Schmidt-Aßmann* in Maunz/Dürig Rn. 84 ff.; *Schenke* in BK Rn. 289 ff.; *Liou,* Der verwaltungsgerichtliche Individualrechtsschutz gegen rechtsverletzende hoheitliche Verwaltung unter dem Verfassungsauftrag des Art. 19 Abs. 4 GG, 1994, 72 f.

[555] *Sachs* in Sachs Rn. 118; *Ramsauer* in AK Rn. 49; *Schmidt-Aßmann* in Maunz/Dürig Rn. 64; *Enders* in BeckOK GG Rn. 63; zurückhaltender BVerfGE 116, 135 (149 f.); aA *Papier* in HdbStR VIII § 177 Rn. 27.

[556] BVerfGE 116, 135 (149 f.); *Schenke* in BK Rn. 284; *Schmidt-Aßmann* in Maunz/Dürig Rn. 65; *Ibler* in BerlKomm Rn. 69; *Ennuschat/Ulrich* DÖV 2007, 1009 (1012); *Wollenschläger* DVBl. 2007, 589 (591); *Kahl* Jura 2002, 721 (728).

[557] Vgl. *Schmidt-Aßmann* in Maunz/Dürig Rn. 60.

[558] *Schulze-Fielitz* in Dreier Rn. 53; *Enders* in BeckOK GG Rn. 63.

[559] *Huber* in MKS Rn. 431; *Jarass* in Jarass/Pieroth Rn. 42; insoweit differenzierend *Schmidt-Aßmann* in Maunz/Dürig Rn. 65a; *Ibler* in BerlKomm Rn. 70.

[560] BVerfGE 24, 33 (49); 24, 367 (401); 25, 352 (365); 45, 297 (334); 67, 26 (37); 75, 108 (165); 112, 185 (207); ebenso *Enders* in BeckOK GG Rn. 59; *Sachs* in Sachs Rn. 124; *Dietlein* in Stern, StaatsR IV/2, 2011, 1910 ff.; *Hofmann* in SHH Rn. 46; *Jarass* in Jarass/Pieroth Rn. 44; aA *Schmidt-Aßmann* in Maunz/Dürig Rn. 93; *Huber* in MKS Rn. 435; *Schulze-Fielitz* in Dreier Rn. 50; *Ibler* in BerlKomm Rn. 82; *Ramsauer* in AK Rn. 54; *Schenke* in BK Rn. 338 ff.; *Bachof* AöR 86 (1961), 186 (187); *Maurer* FS 50 Jahre BVerfG II, 2001, 467 (479 f.); *Schenke* NJW 2017, 1062 (1064 ff.).

[561] BVerfGE 24, 33 (49 f.); 67, 26 (37); *Enders* in BeckOK GG Rn. 59; *Hofmann* in SHH Rn. 46; *Erichsen,* Staatsrecht und Verfassungsgerichtsbarkeit Bd. 1, 1982, 129. Vgl. umfangreich dazu *Schenke* in BK Rn. 349 ff.

kontrolle verbunden ist, über den Gewährleistungsgehalt des Art. 19 Abs. 4 hinaus.[562] Der Verweis auf diese verfassungsprozessualen Regelungen verdeutlicht aber, dass sich der Ausschluss parlamentarischer Gesetzgebung jedenfalls **nicht mit dem Wortlaut begründen** lässt (→ Rn. 125), und auch der **strukturelle Zusammenhang mit Art. 1 Abs. 3** drängt dazu, dem materiellen Grundrechtsschutz prozessuale Möglichkeiten, vermittelt über Art. 19 Abs. 4, auch bei Gesetzen an die Seite zu stellen.[563] Um **Rechtsschutzlücken** zu vermeiden gilt dies umso mehr, als sich die Handlungsform des Parlamentsgesetzes wandelt und dadurch Überschneidungen mit der Verordnung oder – als Einzelfallgesetz – Abgrenzungsschwierigkeiten zum Verwaltungshandeln ergeben können.[564] Zwar ist eine verwaltungsgerichtliche Inzidentkontrolle möglich, etwa auch auf Grundlage einer allgemeinen Feststellungsklage, doch lassen sich in dem Rahmen kaum Rechtssätze angemessen beurteilen, die eine Vielzahl unterschiedlicher Ziele, Zwecke und Motive in sich aufnehmen und damit erheblich über den erfassten Einzelfall hinauswirken.[565] Die **Rechtsweggarantie muss** deshalb auch im Falle parlamentarischer Gesetzgebung **eingreifen.** Die Verwerfungskompetenz des Art. 100 GG berührt dies nicht.[566]

Art. 19 Abs. 4 findet Anwendung bei **klassisch verwaltender Tätigkeit durch Legislativorgane** und sonstigen Akten, die nicht Gesetzgebung darstellen, etwa Parlamentsbeschlüssen, Verfahrenshandlungen oder selbständigen Entscheidungen von Ausschüssen.[567] Die **Wahlprüfung** durch das Parlament nach Art. 41 tritt an die Stelle des Rechtswegs iSd Art. 19 Abs. 4, aber nur soweit sich die Wahlprüfung auf objektive Rechtsfehler beschränkt und nicht zugleich auch subjektive Rechte geltend gemacht werden.[568] 132

cc) Rechtsprechung. Überwiegend wird materielle Rechtsprechungstätigkeit, die als Instrument neutraler Streitschlichtung unter persönlicher und sachlicher Unabhängigkeit sowie Wahrung verfassungsrechtlicher Verfahrensgarantien ausgeübt wird,[569] **nicht als Ausübung öffentlicher Gewalt** angesehen.[570] Nach dem BVerfG soll Art. 19 Abs. 4 lediglich „Schutz durch den 133

---

562 *Sachs* in Sachs Rn. 123; vgl. dazu *Ibler* in BerlKomm Rn. 199.

563 *Schulze-Fielitz* in Dreier Rn. 50.

564 *Huber* in MKS Rn. 435; *Schulze-Fielitz* in Dreier Rn. 50; dagegen *Hofmann* in SHH Rn. 46.

565 *Schmidt-Aßmann* in Maunz/Dürig Rn. 93; vgl. *Barczak* DVBl. 2019, 1040 (1043 ff.).

566 *Schenke* in BK Rn. 352.

567 *Schulze-Fielitz* in Dreier Rn. 56; *Schmidt-Aßmann* in Maunz/Dürig Rn. 91; *Jarass* in Jarass/Pieroth Rn. 44.

568 *Schenke* in BK Rn. 324; *Schulze-Fielitz* in Dreier Rn. 57; *Huber* in MKS Rn. 430; *Schmidt-Aßmann* in Maunz/Dürig Rn. 34; *Schenke* NJW 2020, 122 (122 f.); *Bettermann* AöR 96 (1971), 528 (546); *Pauly* AöR 123 (1998), 232 (282 f.); aA für einen umfassenden Ausschluss des Art. 19 Abs. 4 BVerfGE 22, 277 (281); 34, 81 (94); 46, 196 (198); 66, 232 (234); BayVGH BayVBl. 1992, 267 (269). Dazu auch *Hofmann* in SHH Rn. 47. Nach VerfGH Sachs NVwZ 2019, 1829 Rn. 46 f. kann der Grundsatz effektiven Rechtsschutzes fordern, in Ausnahmefällen eine der Wahl vorgelagerte Wahlprüfung durchzuführen; kritisch *Brade* NVwZ 2019, 1814 (1815 ff.); offen gelassen, allerdings mit anderen Schwerpunkten, in BVerfGE 149, 378 Rn. 8.

569 Vgl. *Schenke* in BK Rn. 371 mwN; *Huber* in MKS Rn. 446; *Sachs* in Sachs Rn. 120; *Enders* in BeckOK GG Rn. 55; vgl. auch BVerfGE 103, 242 (151); 116, 1 (9 f.).

570 BVerfGE 11, 263 (265); 15, 275 (280); 49, 329 (340); 65, 76 (90); 76, 93 (98); 107, 395 (403 ff.); 112, 185 (207); 138, 33 Rn. 17; BVerwGE 8, 350 (351); *Schenke* in BK Rn. 371; *Enders* in BeckOK GG Rn. 57; *Hofmann* in SHH Rn. 45; *Jarass* in Jarass/Pieroth Rn. 45; *Papier* in HdbStR VIII § 177 Rn. 43; *Ramsauer* in AK Rn. 55; *Maurer* FS 50 Jahre BVerfG II, 2001, 467 (481 ff.). Dazu gehören auch Entscheidungen zur Strafvollstreckung,

Richter, nicht gegen den Richter" gewähren.[571] Häufig wird darauf hingewiesen, dass bei einer Einordnung der Rechtsprechungstätigkeit als öffentliche Gewalt nicht enden wollende Rechtsschutzmöglichkeiten geschaffen würden, das Gebot der Rechtssicherheit aber rechtskräftige gerichtliche Entscheidungen notwendig mache.[572] Stattdessen könne der allgemeine Justizgewährleistungsanspruch herangezogen werden.[573]

134 **Von anderer Seite** werden – vergleichbar der Beurteilung gesetzgeberischer Akte (→ Rn. 131) – Wortlaut und verfassungsrechtliche Systematik herangezogen, um auch die Verletzung subjektiver Rechte durch Rechtsprechungstätigkeit **prinzipiell dem Art. 19 Abs. 4 zu unterstellen.**[574] Um aber der Befürchtung eines endlosen Rechtswegs zu begegnen, gewährleiste Art. 19 Abs. 4 danach lediglich einen zweistufiges Instanzenzug, der den primären Rechtsschutzanspruch mit einem sekundären Kontrollanspruch kombiniere.[575]

135 Für das Verständnis von Rechtsprechungstätigkeit sind **drei Modalitäten zu unterscheiden:** Objekt und Ausdruck der Normausgestaltung, Adressat der Grundrechtsverpflichtung und öffentliche Gewalt iSd Art. 19 Abs. 4. Der Rspr. kommt tatsächlich eine Sonderstellung zu, denn sie ist in erster Linie in einer der ersten beiden Modalitäten angesprochen. **Ereignisse,** die **im Gerichtsverfahren** von Gericht selbst ausgehen und als Rechtsverletzung gewertet werden können, sind **grundsätzlich** schon von vornherein in den Gewährleistungsbereich des Art. 19 Abs. 4 einbezogen, weil sie **Objekt und Ausdruck der Normausgestaltung** durch den Gesetzgeber sind.[576] Die Integrität des gerichtlichen Verfahrens ist insoweit mit der Ausgestaltung des Gewährleistungsbereichs des Art. 19 Abs. 4 verknüpft. Kontrollmöglichkeiten gegenüber solchem gerichtlichen Verhalten sind zur Wahrung eines effektiven Rechtsschutzes direkter Bestandteil der institutionellen Garantie eines (normgeprägten) Rechtswegs, resultieren aber nicht aus der Ausübung öffentlicher Gewalt iSd Art. 19 Abs. 4.

136 Wird der durch den Gesetzgeber ausgestaltete **Gewährleistungsbereich** während des Beschreitens des Rechtswegs durch das Gericht missachtet (→ Rn. 143), kommt ein **Eingriff** in die Rechtsweggarantie in Betracht. Art. 19 Abs. 4 kann dann durch die Rechtsprechungstätigkeit zwar verletzt sein, doch ist dies nicht per se mit dem rechtsverletzenden Akt der öffent-

---

Jarass in Jarass/Pieroth Art. 20 Rn. 146. Umstritten ist, ob auch Formen freiwilliger Gerichtsbarkeit und Zwangsversteigerungen zur klassischen Spruchrichtertätigkeit zu zählen sind, dafür *Papier* in HdbStR VIII § 177 Rn. 44; dagegen *Sachs* in Sachs Rn. 120a Fn. 414; differenzierend *Schmidt-Aßmann* in Maunz/Dürig Rn. 101; vgl. *Huber* in MKS Rn. 440; *Schulze-Fielitz* in Dreier Rn. 55.

[571] BVerfGE 76, 93 (98); ebenso verneinend für Entscheidungen des EuGH BVerfGE 73, 339 (372 f.). Nach *Schulze-Fielitz* in Dreier Rn. 49 handelt es sich dabei um einen Zirkelschluss.

[572] *Sachs* in Sachs Rn. 120; *Schenke* in BK Rn. 372; *Dietlein* in Stern, StaatsR IV/2, 2011, 1913 f.; *Enders* in BeckOK GG Rn. 57; *Schenke* JZ 1988, 317 (319); *Kingreen/Poscher,* Grundrechte, 2019, Rn. 1160; vgl. BVerfGE 1, 433 (437 f.).

[573] BVerfGE 107, 395 (401 ff.); 108, 341 (347 ff.).

[574] *Voßkuhle,* Rechtsschutz gegen den Richter, 1993, 146 ff.; *Huber* in MKS Rn. 442; *Ibler* in BerlKomm Rn. 90; *Lorenz,* Der Rechtsschutz des Bürgers und die Rechtsweggarantie, 1973, 241 ff.; *Bauer,* Gerichtsschutz als Verfassungsgarantie, 1973, 100 ff.; *Maurer* FS 50 Jahre BVerfG II, 2001, 467 (481 ff.); offener auch *Schulze-Fielitz* in Dreier Rn. 49.

[575] *Voßkuhle,* Rechtsschutz gegen den Richter, 1993, 298 ff.; *Schmidt-Aßmann* in Maunz/Dürig Rn. 96; *Huber* in MKS Rn. 444.

[576] Vgl. *Enders* in BeckOK GG Rn. 57.

lichen Gewalt gleichzusetzen, der den Rechtsweg eröffnet und den Rechtsschutz nach Art. 19 Abs. 4 zur Folge hat. Insofern ist der **Unterschied** zwischen den **Adressaten der Grundrechtsverpflichtung** und der **Bestimmung öffentlicher Gewalt** zu berücksichtigen. Ein Rechtsschutz ergibt sich ebenfalls als notwendiger Bestandteil der institutionellen Garantie des Rechtswegs.[577]

Rechtsverletzungen durch die **öffentliche Gewalt iSd Art. 19 Abs. 4,** 137
die zum Beschreiten des Rechtswegs führen, gehen nach alledem typischerweise nicht von materieller Rechtsprechungstätigkeit aus. Ereignisse im gerichtlichen Verfahren sind Ausdruck der Normausgestaltung oder ein selbständiger Eingriff. Anders ist dies (und das ist weithin anerkannt), wenn gerichtliche Maßnahmen nicht dem Verständnis materieller Rechtsprechungstätigkeit (→ Rn. 133) unterfallen, sie damit **außerhalb spruchrichterlicher Tätigkeit** stattfinden und deshalb öffentliche Gewalt iSd Art. 19 Abs. 4 sind.[578] Das bedeutet, dass **justizielle Maßnahmen** wie die Ausübung eines ausdrücklichen Richtervorbehalts (zB Art. 13 Abs. 2, Art. 104 Abs. 2, 3, § 81a Abs. 2 StPO) als öffentliche Gewalt eingeordnet werden können.[579] Dazu zählen auch die Bestellung eines Insolvenzverwalters[580] oder Maßnahmen, die im Rahmen eines Gerichtsprozesses stattfinden, wie sitzungspolizeiliche Anordnungen nach § 176 GVG[581]. Hierunter fallen außerdem Entscheidungen von Rechtspflegern,[582] Urkunds- und Kostenbeamten,[583] Maßnahmen der Justizverwaltung wie Auskunftserteilungen an Dritte[584] oder Prozesshandlungen der Staatsanwaltschaft[585].

dd) Inländische öffentliche Gewalt. Art. 19 Abs. 4 eröffnet den 138
Rechtsweg gegen Akte inländischer öffentlicher Gewalt.[586] Dies umfasst den Vollzug oder die Vollstreckung fremder Hoheitsakte durch deutsche Träger von Staatsgewalt[587] ebenso wie die Akte von deutschen staatlichen Organisationseinheiten, die ihren Sitz im Ausland haben, oder solcher Akte, deren Wirkungen im Ausland eintreten.[588] Akte ausländischer Staaten werden nicht erfasst.[589]

Unklar war lange, ob Art. 19 Abs. 4 Rechtsschutz gegen **Rechtsakte** 139
der Union oder anderer zwischenstaatlicher Einrichtungen gewährleistet.

---

[577] Vgl. *Sachs* in Sachs Rn. 121.

[578] *Ibler* in BerlKomm Rn. 89; *Schenke* in BK Rn. 379; *Sachs* in Sachs Rn. 120a.

[579] BVerfGE 96, 27 (39 ff.); 104, 220 (233); 107, 395 (406); BVerfG NJW 2015, 3432 Rn. 15; *Hofmann* in SHH Rn. 89 ff.; *Sachs* in Sachs Rn. 120a; *Enders* in BeckOK GG Rn. 55; *Jarass* in Jarass/Pieroth Rn. 45, *Rabe von Kühlewein,* Der Richtervorbehalt im Polizei- und Strafprozeßrecht, 2001, 349 ff.

[580] BVerfGE 116, 1 (9 ff.); BGHZ 158, 212 (214 f.).

[581] BVerfG NJW 2015, 2175 Rn. 14.

[582] BVerfGE 49, 220 (228); 49, 252 (257); 101, 397 (407).

[583] BVerfGE 28, 10 (14 f.); 107, 395 (406).

[584] BVerfGE 138, 33 Rn. 20 f.; *Schmidt-Aßmann* in Maunz/Dürig Rn. 102.

[585] BVerfGE 96, 100 (114); 103, 142 (156); *Ibler* in BerlKomm Rn. 94 f. Hingegen unterfällt die Zustimmungserklärung des Gerichts zur Einstellungsentscheidung der Staatsanwaltschaft nicht Art. 19 Abs. 4, BVerfG NJW 2002, 815 (815).

[586] BVerfGE 58, 1 (26 ff.); 59, 63 (85 f.); *Schulze-Fielitz* in Dreier Rn. 51.

[587] BVerfGE 63, 343 (375); BSGE 61, 131 (133); *Schmidt-Aßmann* in Maunz/Dürig Rn. 49; *Schulze-Fielitz* in Dreier Rn. 53.

[588] BVerfGE 6, 290 (295); 57, 9 (23); *Sachs* in Sachs Rn. 116; *Schulze-Fielitz* in Dreier Rn. 53; *Kahl* in HdbStR XI § 237 Rn. 48; vgl. auch BVerfG, Urt. v. 19.5.2020 – 1 BvR 2835/17, Rn. 87 ff. – juris; vgl. auch BVerfGK 17, 266 (269 ff.).

[589] *Schulze-Fielitz* in Dreier Rn. 52; *Jarass* in Jarass/Pieroth Rn. 47.

In der älteren Rspr. des BVerfG deutete sich an, dass das Gericht zwar von seiner grundsätzlich bestehenden Jurisdiktion ausging, diese aber zurücknahm, solange ein wirksamer Grundrechtsschutz generell gewährleistet war; im Verhältnis zum EuGH entwickelte sich daraus ein „Kooperationsverhältnis".[590] Mittlerweile hat das BVerfG deutlicher hervorgehoben, dass Akte der Unionsorgane nicht an die deutschen Grundrechte gebunden sind und der **Rechtsweg iSd Art. 19 Abs. 4** ihnen gegenüber **nicht eröffnet** ist,[591] sondern diese vielmehr nur inzident[592] im Rahmen der nationalen Übertragungs- und Mitwirkungsakte am Maßstab des Art. 23 Abs. 1 (bzw. im Falle zwischenstaatlicher Organisationen Art. 24 Abs. 1) überprüft werden.[593] Materiell-rechtlich liegt dem ein Anspruch auf Demokratie aus Art. 38 Abs. 1 S. 1, Art. 20 Abs. 1, 2 iVm Art. 79 Abs. 3 zugrunde (→ Rn. 112).

140 Abweichend dazu ist der Rechtsweg aber eröffnet gegen eigenständige Akte deutscher öffentlicher Gewalt, die in Form des **indirekten Vollzugs** ihre Grundlage im Unionsrecht finden oder Reaktionen auf die Integrationsverantwortung darstellen.[594] In der Literatur finden sich Bestrebungen, Rechtsschutz durch deutsche Gerichte weitergehender zuzubilligen, wenn sich die Ausübung von nicht deutscher Staatsgewalt unmittelbar auf Grundrechtsträger auswirkt und ansonsten kein hinreichender Rechtsschutz für Rechtsverletzungen im Inland bestünde.[595]

141 **3. Gewährleistungsdimensionen und Grundrechtsbeeinträchtigungen.** Bei einer Verletzung subjektiver Rechte durch die öffentliche Gewalt muss dem Betroffenen der Rechtsweg offenstehen. Die Struktur der Gewährleistung macht deutlich, dass es sich bei Art. 19 Abs. 4 **nicht** um ein **klassisches Freiheitsrecht** handelt (→ Rn. 98).[596] Vielmehr haben Grundrechtsträger einen **Leistungsanspruch** auf eine staatliche Bereitstellung von Rechtsschutzmöglichkeiten, was auf verschiedenen Ebenen der Normausgestaltung bedarf (→ Rn. 100).[597] Der dem zugrunde liegende **Ausgestaltungscharakter** – und die damit im Zusammenhang stehende **Ein-**

---

[590] BVerfGE 73, 339 (387); 89, 155 (174 f.); auf dieser Linie auch BVerfGE 102, 147 (162 f.); 118, 79 (95 f.); vgl. *Enders* in BeckOK GG Rn. 89; *Sachs* in Sachs Rn. 115 bezeichnet die Situation als „unklar".

[591] BVerfGE 129, 124 (175 f.); 142, 123 Rn. 97; 151, 202 Rn. 112; BVerfG, Urt. v. 5.5.2020 – 2 BvR 859/15, Rn. 92 ff. (vgl. anschaulich insbesondere die dortige Antragsumstellung während des Verfahrens, Rn. 20 ff., 86 ff.) – juris; vgl. *Sauer,* Staatsrecht III, 2018, § 9 Rn. 51 ff.

[592] Rechtsakte der Europäischen Union sind mittelbar Prüfungsgegenstand, wenn sie als Vorfrage für eine Unterlassungsrüge gegen Träger deutscher Staatsgewalt entscheidend sind, BVerfGE 142, 123 Rn. 98.

[593] Vgl. BVerfG, Urt. v. 5.5.2020 – 2 BvR 859/15, Rn. 88 f.; BVerfGE 149, 346 Rn. 36 ff.; *Huber* in MKS Rn. 423. Fraglich ist, ob dies auch für den Bereich der Menschenwürde gelten kann, vgl. BVerfGE 140, 317 Rn. 35 ff., wo allerdings auch eine Auslieferung durch deutsche Behörden Anknüpfungspunkt war.

[594] *Huber* in MKS Rn. 423; *Schmidt-Aßmann* in Maunz/Dürig Rn. 51. Zu Umsetzungsakten ohne Umsetzungsspielraum *Schulze-Fielitz* in Dreier Rn. 51.

[595] *Schmidt-Aßmann* in Maunz/Dürig Rn. 47 ff.; *Schenke* in BK Rn. 233; für eine „Residualverantwortung" deutscher Gerichte *von Arnauld* JöR 59 (2011), 497 (518); vgl. *Ibler* in BerlKomm Rn. 55; anders BVerfGE 59, 63 (88).

[596] *Schulze-Fielitz* in Dreier Rn. 140; *Huber* in MKS Rn. 372.

[597] BVerfGE 101, 106 (123 f.). Zum Charakter als Leistungsrecht *Ibler* in BerlKomm Rn. 43 ff.; *Schulze-Fielitz* in Dreier Rn. 84; *Schmidt-Aßmann* in Maunz/Dürig Rn. 7; *Jarass* in Jarass/Pieroth Rn. 49.

richtungsgarantie –[598] prägen praktisch das Verständnis des Art. 19 Abs. 4.[599]

Die **Ausgestaltung der Gewährleistung** betrifft Möglichkeiten des Zugangs zu staatlichen Gerichten, Verfahrensregeln und gerichtliche Entscheidungsmöglichkeiten sowie deren Wirkungen.[600] Sie betrifft damit die Art und Weise, wie der Rechtsweg im konkreten Fall beschritten werden kann und damit die Frage, ob dem Betroffenen unter Berücksichtigung seiner und sonstiger verfassungsrechtlicher Positionen angemessene und effektive Rechtsschutzmöglichkeiten gewährleistet sind (→ Rn. 151 ff.). Auch **Änderungen der normativen Lage,** die sich nachteilig auf die Rechtsschutzmöglichkeiten auswirken, können unter diesem Gesichtspunkt betrachtet werden.[601] Diese Dimension der Rechtsweggarantie überschneidet sich faktisch mit dem Gehalt der objektiven Wertentscheidung, die in der Vorschrift zu finden ist.[602] **142**

Daneben lässt sich der Vorschrift ein **abwehrrechtlicher Gehalt** entnehmen, auch wenn dieser im Vergleich zum Leistungsrecht weniger dominant ist.[603] Vergleichbar der Eigentumsgarantie kann die Position des Grundrechtsträgers im Einzelfall unter Missachtung einer (verfassungsgemäßen) normativen Ausgestaltung verletzt werden, nicht nur durch die Verwaltung,[604] sondern auch durch Gerichte (→ Rn. 136).[605] Insoweit kann die hergebrachte dogmatische Systematik mit Schutzgehalt, Eingriff und Rechtfertigung herangezogen werden.[606] **Grundrechtsverpflichtet** sind dabei – weitergehend als die öffentliche Gewalt iSd der Norm (→ Rn. 125 ff.) – umfassend **alle Träger staatlicher Gewalt** nach Art. 1 Abs. 3.[607] Bei einem Eingriff in Art. 19 Abs. 4 wird der Zugang zu Rechtsschutzmöglichkeiten, die verfahrensmäßige Geltendmachung der eigenen Positionen oder die Wirkung von gerichtlichen Entscheidungen beeinträchtigt. Denkbar ist etwa, dass die Beratung und Vertretung durch Anwälte erschwert wird[608], das Rechtsschutzziel durch das Gericht unzutreffend ausgelegt wird[609] oder in willkürlicher Weise die Beweiswürdigung und Tatsachenfeststellung betrieben wird.[610] An einem Eingriff fehlt es bei einer wirksamen Einwilligung iS eines Grundrechtsverzichts.[611] **143**

[598] Nach *Ibler* in BerlKomm Rn. 38 ff., 45 geht der Leistungsanspruch über den Gehalt der Einrichtungsgarantie hinaus, was aber deren Bestand nicht in Frage stellt. *Schenke* in BK Rn. 39 f. geht hingegen davon aus, dass die Einrichtungsgarantie in dem Leistungscharakter aufgeht und deshalb keine besondere Bedeutung bekommt.

[599] *Schulze-Fielitz* in Dreier Rn. 65; *Schmidt-Aßmann* in Maunz/Dürig Rn. 7.

[600] *Schenke* in BK Rn. 34; *Schulze-Fielitz* in Dreier Rn. 79.

[601] *Schulze-Fielitz* in Dreier Rn. 84; *Huber* in MKS Rn. 373.

[602] Vgl. zur objektiven Wertentscheidung BVerfGE 39, 1 (41 f.); 49, 89 (141 f.); *Schmidt-Aßmann* in Maunz/Dürig Rn. 10 ff.; *Huber* in MKS Rn. 375 ff.; *Ibler* in BerlKomm Rn. 41 f.; vgl. *Schulze-Fielitz* in Dreier Rn. 84; gegen einen abwehrrechtlichen Gehalt *Schenke* in BK Rn. 36 ff. (der auch diese Aspekte der Leistungsdimension zuordnet); *Sachs* in Sachs Rn. 12; *Ramsauer* in AK Rn. 77; *Maurer* FS 50 Jahre BVerfG II, 2001, 467 (474 f.).

[603] *Schulze-Fielitz* in Dreier Rn. 84; *Ibler* in BerlKomm Rn. 47; *Jarass* in Jarass/Pieroth Rn. 51.

[604] Dies nimmt auch *Schenke* in BK Rn. 38 an.

[605] *Ibler* in BerlKomm Rn. 311 f.

[606] *Ibler* in BerlKomm Rn. 17.

[607] *Schulze-Fielitz* in Dreier Rn. 85. Vgl. zur Bindung an das Prinzip effektiven Rechtsschutzes BVerfGE 77, 275 (284); *Sachs* in Sachs Rn. 143; *Enders* in BeckOK GG Rn. 79.

[608] *Jarass* in Jarass/Pieroth Rn. 51; *Schulze-Fielitz* in Dreier Rn. 84.

[609] BVerfG NJW 2002, 2699 (2700); NVwZ 2005, 1304 (1306).

[610] BVerfG NJW 2017, 1731 Rn. 26 ff.

[611] *Schmidt-Aßmann* in Maunz/Dürig Rn. 247; *Jarass* in Jarass/Pieroth Rn. 51a; restriktiv *Schulze-Fielitz* in Dreier Rn. 86.

144 **4. Zulässige Ausgestaltung des Rechtswegs und Rechtfertigung – „so steht ihm der Rechtsweg offen". a) Allgemeine inhaltliche und dogmatische Grundsätze. aa) Effektivität des Rechtsschutzes als Grundprinzip.** Art. 19 Abs. 4 gewährleistet nach hM nicht nur, dass überhaupt Rechtsschutz durch Gerichte geboten wird, sondern verlangt – von allen drei Staatsgewalten (→ Rn. 143) – als grundlegendes Prinzip weiter, dass zur Verfügung stehender Rechtsschutz auch effektiv sein muss.[612] Dieses Prinzip effektiven Rechtsschutzes wirkt sich in vielerlei Hinsicht auf den Zugang zu Rechtsschutzmöglichkeiten, die verfahrensmäßige Geltendmachung der eigenen Positionen, die Wirkung von gerichtlichen Entscheidungen, aber auch über das eigentliche Gerichtsverfahren hinaus auf ein vorgelagertes Verwaltungsverfahren aus. Im Ausgangspunkt muss prinzipaler **Gegenstand und Zweck des Rechtsschutzes** die **behauptete Rechtsverletzung** und deren Abwehr sein; eine bloß inzidente Überprüfung reicht grundsätzlich nicht aus.[613]

145 Ein durchgängiger Bestandteil des Effektivitätsprinzips ist daneben die **Klarheit staatlicher Regelungen und Maßnahmen,** was sich nicht nur auf Prozess- und Verfahrensregelungen erstreckt, sondern insgesamt im Zusammenhang mit der gerichtlichen Geltendmachung subjektiver Rechte steht. Relevante Regelungen, Handlungen und Erklärungen müssen hinreichend bestimmt sein sowie im Zweifel zugunsten des Grundrechtsträgers und nicht zu dessen Lasten ausgelegt werden.[614]

146 **bb) Zulässige Ausgestaltungen.** Als normgeprägtes Grundrecht bedarf die Rechtsweggarantie der Ausgestaltung durch den Gesetzgeber (→ Rn. 100). Das Grundprinzip effektiven Rechtsschutzes ist dabei Leitlinie, darf aber **nicht** iS eines einseitigen **„Maximierungsgebots"** verstanden werden.[615] Vielmehr kommt dem Gesetzgeber ein **weiter Gestaltungsspielraum** zu.[616] Dabei kann nicht nur die Möglichkeit für den Betroffenen, über den Rechtsweg materielle Einzelfallgerechtigkeit zu erreichen, einbezogen werden, sondern auch andere Zwecke wie Rechtssicherheit, Rechtsfrieden, Verfahrensbeschleunigung, Effektivität des vorgelagerten Verwaltungshandelns oder institutionelle Überlegungen zur Sicherung der Einheit der Rechtsordnung verfolgt werden.[617] Der Gesetzgeber ist deshalb dazu angehalten, im Rahmen eines insgesamt ausgewogenen Rechtsschutzsystems, das

---

612 BVerfGE 40, 272 (274 f.); 54, 94, (96 f.); 88, 118 (123); 93, 1 (13); 112, 185 (207); 117, 244 (268); *Huber* in MKS Rn. 461; *Schenke* in BK Rn. 637; *Enders* in BeckOK GG Rn. 74; *Jarass* in Jarass/Pieroth Rn. 50; kritisch *Lorenz* AöR 105 (1980), 623 (633 ff.); *Arndt,* Praktikabilität und Effizienz, 1983, 137 ff.; *Windthorst,* Der verwaltungsgerichtliche einstweilige Rechtsschutz, 2009, 497 ff.

613 *Huber* in MKS Rn. 471; *Schmidt-Aßmann* in Maunz/Dürig Rn. 74; *Sachs* in Sachs Rn. 135.

614 *Schulze-Fielitz* in Dreier Rn. 91; *Sachs* in Sachs Rn. 143a; *Jarass* in Jarass/Pieroth Rn. 55, 64; zum Gebot verfassungskonformer Auslegung *Enders* in BeckOK GG Rn. 73.

615 *Schulze-Fielitz* in Dreier Rn. 81; *Schmidt-Aßmann* in Maunz/Dürig Rn. 4; *Schenke* in BK Rn. 640.

616 BVerfGE 60, 253 (268 f., 294); 101, 106 (123 f.); 133, 1 Rn. 69; *Huber* in MKS Rn. 378; *Jarass* in Jarass/Pieroth Rn. 52. *Ibler* in BerlKomm Rn. 21 weist zu Recht darauf hin, dass dieser Gestaltungsspielraum nicht uneingeschränkt ist.

617 BVerfGE 57, 277 (291); 60, 253 (268 f., 294); 101, 106 (123 f.); BVerfG NVwZ 2018, 582 Rn. 30; *Huber* in MKS Rn. 376; umfangreich *Cornils,* Die Ausgestaltung der Grundrechte, 2005, 467 ff.; *Glaser,* Der Rechtsschutz nach § 98 Abs. 2 S. 2 StPO, 2008, 296 ff.; vgl. *Voßen,* Die Rechtsprechung des Bundesverfassungsgerichts zur Rechtsweggarantie des Art. 19 Abs. 4 GG, den Verfahrensgarantien nach Art. 101 Abs. 1 Satz 2 GG, Art. 103 Abs. 1 GG und zum Prozeßrecht der Fachgerichte, 2002, 144 ff.; *Schröder,* Gesetzesbindung des Richters und Rechtsweggarantie im Mehrebenensystem, 2010, 241 ff.

diese **Vielzahl von Schutzzwecken** aufnimmt, möglichst effektive individuelle Rechtsschutzmöglichkeiten zu gewährleisten.[618]

Der Maßstab für die Verfassungsmäßigkeit von gesetzgeberischen Ausgestaltungen ist noch nicht vollständig durchleuchtet.[619] Trotz struktureller Zweifel wird dafür überwiegend auf den **Verhältnismäßigkeitsgrundsatz** abgestellt.[620] Vereinzelt wird angenommen, dass eine Ausgestaltung stets dem Schutzzweck des wirkungsvollen Individualrechtsschutzes dienen oder diesen fördern müsse,[621] doch ist dies angesichts der Vielfalt möglicher Schutzaspekte, die berücksichtigt werden können, zweifelhaft (→ Rn. 146). Faktisch bestehen einige wenige sehr grundsätzliche Maßstäbe und eine Vielzahl von sehr konkreten Maßstäben, die einer detaillierten Kasuistik nahekommen (→ Rn. 151 ff.), jedoch fehlt es an einer verbindenden Maßstabsbildung, weshalb auch im Einzelfall häufig nicht die dogmatischen Möglichkeiten des Verhältnismäßigkeitsgrundsatzes umfangreich und gewinnbringend ausgenutzt werden können. 147

Den **Wesensgehalt** des Art. 19 Abs. 4 darf der Gesetzgeber als Mindestmaß nicht unterschreiten (Untermaßverbot).[622] Bei einer möglichen subjektiven Rechtsverletzung durch die öffentliche Gewalt darf der Rechtsweg nicht vollumfänglich ausgeschlossen werden (Lückenlosigkeit des gerichtlichen Rechtsschutzes[623]) bzw. muss eine solche Entscheidung dem verfassungsändernden Gesetzgeber obliegen.[624] Im Übrigen ist die Kontrolle individueller Rechtsverletzungen in einem gerichtsförmigen Verfahren durch unabhängige Gerichte vorausgesetzt.[625] 148

cc) Rechtfertigung von Eingriffen. Die **Abgrenzung** zwischen Eingriffen und Ausgestaltungen ist zwar schwierig, die praktischen Unterschiede sind tatsächlich aber gering.[626] Denkbar ist es, Ausgestaltungen formal zu verstehen, also als **abstrakt-generelle Regelungen** des Zugangs zu staatlichen Gerichten, der Verfahrensregeln und der gerichtlichen Entscheidungsmöglichkeiten sowie deren Wirkungen, so dass Ausgestaltungen typischerweise vom Gesetzgeber ausgehen.[627] 149

[618] *Schulze-Fielitz* in Dreier Rn. 81; vgl. *Huber* in MKS Rn. 378; *Schmidt-Aßmann* in Maunz/Dürig Rn. 4, 229; kritisch *Cornils,* Die Ausgestaltung der Grundrechte, 2005, 450 ff.; *Lorenz* AöR 105 (1980), 623 (633 ff.). Für eine „möglichst wirksame gerichtliche Kontrolle" BVerfGE 77, 245 (284); 96, 44 (50); 143, 216 Rn. 20; BVerfG NJW 2004, 2725 (2726); NVwZ 2007, 1046 (1047); NVwZ 2007, 1176 (1177); für einen „möglichst lückenlosen gerichtlichen Schutz", BVerfGE 8, 274 (326); 67, 43 (58); 103, 142 (156); vgl. BVerfGK 11, 262 (266); für eine „tatsächlich wirksame gerichtliche Kontrolle", BVerfGE 35, 263 (274); 101, 106 (122); 101, 397 (497); 118, 168 (207); BVerfG NVwZ 2005, 438 (438).

[619] Vgl. allgemein *Cornils,* Die Ausgestaltung der Grundrechte, 2005, 633 ff.

[620] BVerfGE 60, 253 (268 f.); 77, 275 (284); 88, 118 (123 f.); 101, 106 (124 f.); 116, 1 (18 f.); BVerfG NVwZ 2006, 579 Rn. 53; NVwZ 2013, 1285 Rn. 28; *Schulze-Fielitz* in Dreier Rn. 84, 140; *Ibler* in BerlKomm Rn. 320; *Jarass* in Jarass/Pieroth Rn. 53.

[621] So BVerfGE 60, 253 (269); vgl. auch BVerfGE 133, 1 Rn. 69.

[622] *Huber* in MKS Rn. 379.

[623] Dazu *Schenke* in BK Rn. 119 ff.

[624] BVerfGE 101, 397 (408); *Schmidt-Aßmann* in Maunz/Dürig Rn. 146; *Huber* in MKS Rn. 519; *Schulze-Fielitz* in Dreier Rn. 141, 146; *Jarass* in Jarass/Pieroth Rn. 53.

[625] *Enders* in BeckOK GG Rn. 88; *Huber* in MKS Rn. 490 weist auf mögliche Ausnahmen vor allem im Bereich der Supranationalisierung hin; vgl. BVerfGE 73, 339 (376).

[626] *Enders* in BeckOK GG Rn. 53 weist zutreffend darauf hin, dass das BVerfG regelmäßig nicht zwischen Ausgestaltung und Eingriff unterscheidet. Seiner Ansicht nach ist eine Abgrenzung zwischen beidem auch nicht sinnvoll möglich.

[627] Im Vergleich zur Eigentumsgarantie des Art. 14 ist die Situation hier offener, weil sich gewährleistungsrelevante staatliche Maßnahmen nicht lediglich in die Kategorien Ausgestal-

150 Art. 19 Abs. 4 enthält **keinen ausdrücklichen Schrankenvorbehalt,** doch können wie bei anderen schrankenlosen Grundrechten kollidierende Verfassungsgüter herangezogen werden.[628] Im Übrigen gilt nach allgemeinen Grundsätzen der **Verhältnismäßigkeitsgrundsatz.**[629] Damit ergeben sich in der Sache vergleichbare Rechtmäßigkeitsanforderungen wie für eine Ausgestaltung.[630]

151 **b) Zugang zu staatlichen Gerichten.** Art. 19 Abs. 4 gewährleistet den Zugang zu staatlichen deutschen Gerichten, die den Voraussetzungen der Art. 92, 97 genügen.[631] Damit sind Gerichte erfasst, die **materielle Rechtsprechungstätigkeit** ausüben, also solche Gerichte, die als Instrument neutraler Streitschlichtung unter persönlicher und sachlicher Unabhängigkeit sowie Wahrung verfassungsrechtlicher Verfahrensgarantien tätig sind.[632] Dazu zählen auch die **Verfassungsgerichte** des Bundes und der Länder,[633] wenngleich verfassungsgerichtlicher Rechtsschutz grundsätzlich nicht durch Art. 19 Abs. 4 gewährleistet wird, schon weil dieser typischerweise nur zu einer Prüfung spezifischen Verfassungsrechts führt.[634] **Nicht** als Gerichte iSd Art. 19 Abs. 4 anerkannt werden können staatliche Beschwerde- oder Schlichtungsstellen, nichtstaatliche Schieds-, Verbands-, Kirchen- oder Vereinsgerichte oder Verwaltungseinrichtungen wie Vergabekammern (auch wenn das im Rahmen von Art. 267 AEUV anders zu beurteilen sein kann).[635] Diese Gerichte müssen in personeller und sachlicher Hinsicht funktionsgerecht ausgestattet sein.[636] Besondere Anforderungen an den Spruchkörper bestehen nicht, so dass auch Einzelrichter zulässig sind.[637]

---

tung und individueller Eingriff mit erheblich spezifischen Voraussetzungen (Enteignung) einordnen lassen müssen, vgl. *Ernst* in MüKo BGB Vor § 903 Rn. 121.

[628] *Huber* in MKS Rn. 381; *Schulze-Fielitz* in Dreier Rn. 140; *Ibler* in BerlKomm Rn. 316; *Jarass* in Jarass/Pieroth Rn. 54; *Groß* JZ 2020, 76 (80); aA *Enders* in BeckOK GG Rn. 53.

[629] *Ibler* in BerlKomm Rn. 325; *Jarass* in Jarass/Pieroth Rn. 54.

[630] So auch *Jarass* in Jarass/Pieroth Rn. 54.

[631] BVerfGE 4, 74 (94 f.); 11, 232 (232 f.); 49, 329 (340); *Schulze-Fielitz* in Dreier Rn. 90; *Sachs* in Sachs Rn. 134; zur richterlichen Unabhängigkeit und Digitalisierung *Starosta* DÖV 2020, 216; zu Gerichten internationaler Organisationen und ausländischer Staaten, *Schmidt-Aßmann* in Maunz/Dürig Rn. 173b; zu Gerichten berufsständischer Kammern *Schulze-Fielitz* in Dreier Rn. 90 mwN.

[632] *Dietlein* in Stern, StaatsR IV/2, 2011, 1936 ff.; *Schenke* in BK Rn. 84 ff.

[633] *Sachs* in Sachs Rn. 134; *Schulze-Fielitz* in Dreier Rn. 92. Ob der EuGH ein taugliches Gericht iSd Art. 19 Abs. 4 ist, wird nicht einhellig beurteilt; dafür, soweit im Verfahren des konkreten Einzelfalls Individualrechtsschutz ausgeübt wird, *Huber* in MKS Rn. 447; *Ibler* in BerlKomm Rn. 181; vgl. BVerfGE 73, 339 (366); 75, 223 (233 f.); dagegen *Dörr,* Der europäisierte Rechtsschutzauftrag deutscher Gerichte, 2003, 201 ff.; *Schulze-Fielitz* in Dreier Rn. 92.

[634] BVerfGE 1, 332 (344); 99, 1 (19); 139, 321 (364 f.); BVerfG BeckRS 2010, 56389 Rn. 4; *Huber* in MKS Rn. 449 f.; vgl. BVerfGE 107, 395 (413). Auch für die Landesebene verlangt Art. 19 Abs. 4 nicht Instrumente des subjektiven verfassungsgerichtlichen Rechtsschutzes, *Schulze-Fielitz* in Dreier Rn. 91; → Art. 28 Rn. 28.

[635] *Huber* in MKS Rn. 451 f.; *Schulze-Fielitz* in Dreier Rn. 90; *Schmidt-Aßmann* in Maunz/Dürig Rn. 176 jeweils mwN. Zur Sportgerichtsbarkeit *Brüning* ZG 2019, 386; zum innerreligionsgemeinschaftlichen Rechtsweg BVerfG NJW 2019, 1866.

[636] BVerfGE 133, 168 (200 ff.); 139, 245 Rn. 63 ff., 98; *Huber* in MKS Rn. 487.

[637] BVerfG NJW 1984, 559 (559); *Schenke* in BK Rn. 87 *Papier* in HdbStR VIII § 177 Rn. 58; aA *Ule* DVBl. 1982, 821 (825); kritisch zur Situation in der Verwaltungsgerichtsbarkeit *Hufen* Die Verwaltung 32 (1999), 519 (526 ff.); *Krugmann* ZRP 2001, 306 (309). Zur Zulässigkeit von Laienrichtern und sachverständigen Beisitzern *Schmidt-Aßmann* in Maunz/Dürig Rn. 174.

Die Einrichtung **unterschiedlicher Gerichtszweige** und Rechtswege iS der einfachgesetzlich vorgesehenen Instanzenzüge der Fachgerichtsbarkeit ist zulässig.[638] Alle Rechtswege stehen grundsätzlich **gleichrangig nebeneinander**[639] und eine institutionelle Garantie der Verwaltungsgerichtsbarkeit lässt sich ungeachtet des Art. 95 systematisch nicht begründen.[640] Für die Zuweisung einer Streitigkeit zu einem dieser Rechtswege enthält Art. 19 Abs. 4 keine Vorgaben,[641] insbesondere besteht keine Verpflichtung, alle Verfahren, die sich gegen die öffentliche Gewalt iSd Art. 19 Abs. 4 richten, der Verwaltungsgerichtsbarkeit zuzuweisen.[642] Führt dies zu einer **Spaltung des Rechtswegs,** lässt sich diese mit Art. 19 Abs. 4 vereinbaren, weil danach lediglich ein, nicht aber ein einheitlicher Rechtsweg verlangt wird.[643] Das **Gebot der Rechtswegklarheit** fordert jedoch, dass die Regelungen zum einschlägigen Rechtsweg hinreichend klar bestimmt und formuliert sein müssen (→ Rn. 145).[644] 152

Die Effektivität des Rechtsschutzes verlangt **nicht mehr als eine gerichtliche Instanz.**[645] Hat der Gesetzgeber jedoch einen mehrgliedrigen Instanzenzug geschaffen, nimmt dieser fortan vollumfänglich am Schutz der Rechtsweggarantie teil (→ Rn. 142).[646] Für die Ausgestaltung weiterer Instanzen gilt deshalb ein **Gebot der Rechtsmittelklarheit,** nach dem der Zugang zu weiteren Instanzen nicht unnötig erschwert werden darf und die Anforderungen an Rechtsmittel sich in besonderem Maße durch Gleichheit, Klarheit und innere Logik auszeichnen müssen.[647] Unterschiedliche Aus- 153

---

[638] *Schulze-Fielitz* in Dreier Rn. 91; *Jarass* in Jarass/Pieroth Rn. 55; vgl. *Huber* in MKS Rn. 448.

[639] BVerfGE 31, 364 (368); BVerfG NJW 1984, 1451 (1452); BVerwG NVwZ 1991, 59; *Schenke* in BK Rn. 99.

[640] *Huber* in MKS Rn. 455; *Enders* in BeckOK GG Rn. 88; weitergehend *Lorenz* in FS f. Menger, 1985, 143 (146).

[641] *Schmidt-Aßmann* in Maunz/Dürig Rn. 230.

[642] BVerfGE 4, 387 (398 f.); 31, 364 (368); *Ibler* in BerlKomm Rn. 188. Vgl. auch Zuweisungen an die ordentliche Gerichtsbarkeit in Art. 14 Abs. 3 S. 4, Art. 34 S. 3.

[643] BVerfGE 8, 174 (181 f.); BSGE 75, 97 (137 ff.); *Huber* in MKS Rn. 453; *Schoch* in GVwR III § 50 Rn. 63 ff.; vgl. aber BVerfG NVwZ 2006, 579 Rn. 63; vgl. zum Regulierungsrecht *Knauff* VerwArch 98 (2007), 382 (392 ff.).

[644] BVerfGE 54, 277 (292 f.); 57, 9 (22); 85, 337 (353); 96, 44 (49 f.); BVerfG NVwZ 2001, 1392 (1392); *Schulze-Fielitz* in Dreier Rn. 91; *Sachs* in Sachs Rn. 138; *Höfling* VVDStRL 61 (2002), 260 (289 f.). Die Gerichte sind dazu verpflichtet, etwaige Unklarheiten aufzulösen, etwa durch eine sachgemäße Anwendung der Verweisungsvorschriften nach §§ 17 ff. GVG, *Schmidt-Aßmann* in Maunz/Dürig Rn. 231. Art. 19 Abs. 4 ist noch nicht bei einer fälschlicherweise abgelehnten Zuständigkeit eines Gerichts verletzt, sondern erst bei unbegründeter Verweigerung jeglichen Rechtswegs, BVerfGE 57, 9 (22); BVerfG NJW 1984, 1451 (1452).

[645] BVerfGE 41, 12 (26); 87, 48 (61); 92, 365 (410); BVerwGE 120, 87 (93); 158, 225 Rn. 12; *Huber* in MKS Rn. 475; *Enders* in BeckOK GG Rn. 57. Nach BVerfGE 83, 24 (31); BVerfG NVwZ 2007, 1046 (1047); NVwZ 2008, 418 (419) bestehen in einer solchen einstufigen Konstellation aber erhöhte Anforderungen an die gesetzlichen Regelungen, welche die Wahrheitserforschung ermöglichen. Nach BVerfGE 107, 395 (411 f.); *Schulze-Fielitz* in Dreier Rn. 94 bedarf es dann, schon um Verletzungen des rechtlichen Gehörs nach Art. 103 Abs. 1 zu verhindern, außerdem die Möglichkeit einer eigenständigen gerichtlichen Abhilfe; skeptisch *Voßkuhle* NJW 2003, 2193 (2196 f.).

[646] *Huber* in MKS Rn. 475; *Jarass* in Jarass/Pieroth Rn. 56.

[647] BVerfGE 74, 228 (234); 78, 88 (98 f.); 107, 299 (337); 117, 71 (122); 134, 106 (117 f.); *Huber* in MKS Rn. 474 f.; *Schulze-Fielitz* in Dreier Rn. 95; *Drechsler* NVwZ 2020, 210 (212 f.). Zu den Anforderungen an die Darlegung und das Vorliegen von Zulassungsgründen für die Berufung nach §§ 124, 124a VwGO, BVerfGE 151, 173 Rn. 27 ff. Nach BVerfGE 80, 244 (250) darf das Einlegen eines Rechtsmittels nicht durch Strafandrohungen erschwert werden.

gestaltungen müssen sich sachlich und unter Berücksichtigung des Gleichheitssatzes begründen lassen.[648]

154 Art. 19 Abs. 4 gebietet einen möglichst lückenlosen Rechtsschutz gegen **alle Formen öffentlicher Gewalt,**[649] was etwa dazu führt, dass im Falle untergesetzlicher Normen eine allgemeine Feststellungsklage möglich sein muss, wenn die Möglichkeit einer Normenkontrolle nach § 47 VwGO landesrechtlich nicht eröffnet ist.[650] Bei der Einordnung konkreter Akte öffentlicher Gewalt im System der Handlungsformen, was einfachgesetzlich regelmäßig für die einschlägige Klageart entscheidend ist, dürfen Unklarheiten nicht zu Lasten des Bürgers gehen.[651] Prozessuale Mittel, die nicht auf subjektiven Rechten beruhen, wie eine **Popularklage,** fallen nicht in den Gewährleistungsbereich von Art. 19 Abs. 4.[652] Gewährleistet ist deshalb auch nicht die Einführung von **Verbandsklagen** und Art. 19 Abs. 4 steht auch einer „zwangsweisen Kollektivierung der Rechtsverfolgung" entgegen, weil dies die Strukturentscheidung für den Individualrechtsschutz in Frage stellen würde.[653] Die (zeitweilige) Zurückstellung individueller Rechtsverfolgung in Massenverfahren zugunsten von **Musterprozessen** ist hingegen zulässig.[654]

155 Die **Zulässigkeitsvoraussetzungen** für den individuellen Rechtsschutz dürfen durch den Gesetzgeber auch beschränkend ausgestaltet werden. Insbesondere aus widerstreitenden Gründen wie der Rechtssicherheit (zu weiteren Gründen → Rn. 146) sind Vorgaben im Hinblick auf die Form und Begründung,[655] die eigenhändige Unterzeichnung,[656] eine ordnungsgemäße Vertretung[657] oder eine ladungsfähige Anschrift[658] verfassungsrechtlich zulässig (zu Fristen → Rn. 159). Die Voraussetzung der Klagebefugnis nach § 42 Abs. 2 VwGO entspricht ohnehin dem Gehalt des Art. 19 Abs. 4. Die Grenze der zulässigen Ausgestaltung ist erreicht, auch durch die Kumulation mehrerer Beschränkungen,[659] wenn der Rechtsschutz unzumutbar und sachlich ungerechtfertigt erschwert wird.[660]

156 Art. 19 Abs. 4 steht nicht der Zulässigkeitsvoraussetzung eines **allgemeinen Rechtsschutzbedürfnisses** entgegen, aber an dieses dürfen keine strengen Voraussetzungen gestellt werden.[661] Bei einer **Erledigung** des ursprünglichen

---

648 BVerfGE 65, 76 (91).

649 BVerfGE 8, 274 (326); 54, 39 (41); 96, 27 (39); 101, 397 (407); 104, 220 (231); BVerfG NJW-RR 2006, 1 (1); NVwZ 2007, 807 (807); *Huber* in MKS Rn. 469.

650 BVerfGE 31, 364 (369 f.); 115, 81 (92 ff.); BVerwGE 68, 12 (14 f.); *Schenke* in BK Rn. 360 f.; aA *Frenz* BayVBl. 1993, 483 (490 f.).

651 BVerwGE 41, 305 (306); 48, 279 (281 f.); 60, 223 (229); 78, 3 (5); *Ernst,* Die Verwaltungserklärung, 2008, 417 ff. mwN; *Schulze-Fielitz* in Dreier Rn. 110.

652 BVerfG NVwZ 2009, 1426 (1427); *Enders* in BeckOK GG Rn. 66.

653 BVerwGE 101, 73 (81 ff.); BVerfG NVwZ 2001, 1148 (1149); *Schmidt-Aßmann* in Maunz/Dürig Rn. 267, 270.

654 BVerfGE 54, 39 (40 ff.); *Schmidt-Aßmann* in Maunz/Dürig Rn. 268; *Huber* in MKS Rn. 507; *Sachs* in Sachs Rn. 144; zweifelnd *Sailer* BayVBl. 1980, 272 (273).

655 BVerfG NJW 2002, 3534 (3534); NJW 2015, 3500 Rn. 33 f.

656 BVerfG NJW 2002, 3534 (3534 f.).

657 BVerwG NJW 1980, 1706; *Ibler* in BerlKomm Rn. 351.

658 BVerwG NJW 2012, 1527 Rn. 11.

659 *Schulze-Fielitz* in Dreier Rn. 112.

660 BVerfGE 10, 264 (268); 54, 94 (97); 69, 381 (385 f.); 110, 339 (342); *Schenke* in BK Rn. 152; *Schmidt-Aßmann* in Maunz/Dürig Rn. 233; *Ruthig* in Kopp/Schenke VwGO § 1 Rn. 13. Zu extensiven Beschränkungen ist primär durch eine restriktive Auslegung und Anwendung durch die Gerichte zu begegnen, vgl. BVerfGE 77, 275 (284); 110, 339 (342); BVerwGE 134, 335 Rn. 13 ff.

661 *Ibler* in BerlKomm Rn. 330; *Schenke* in BK Rn. 190 ff.; umfangreich *Christonakis,* Das verwaltungsprozessuale Rechtsschutzinteresse, 2004, 114 ff. Ein Verfahren im einstweiligen

Rechtsschutzanliegens entfällt das allgemeine Rechtsschutzbedürfnis zwar häufig, dennoch kann gerichtlicher Rechtsschutz nicht pauschal verweigert werden.[662] Trotz einer Erledigung ist nach überwiegendem Verständnis die Inanspruchnahme gerichtlichen Rechtsschutzes möglich, wenn Wiederholungsgefahr besteht, ein Rehabilitationsinteresse aufgrund diskriminierender Maßnahmen angenommen werden kann, sich Akte der öffentlichen Gewalt typischerweise kurzfristig erledigen und ansonsten keine gerichtliche Überprüfung möglich wäre sowie in Fällen tiefgreifender Grundrechtseingriffe, insbesondere wenn eine gerichtliche Entscheidung aufgrund eines Versäumnisses von Verwaltung oder Gericht nicht rechtzeitig erlangt werden konnte.[663]

Gerichtlicher Rechtsschutz darf zwar grundsätzlich mit einer Pflicht verbunden werden, **Gerichtskosten** zu tragen und einen Kostenvorschuss zu leisten.[664] Über das Institut der **Prozesskostenhilfe** müssen aber finanzielle Hindernisse, die dem Beschreiten des Rechtswegs ansonsten im Wege stünden, abgeschwächt werden.[665] In diesem Zusammenhang gilt es ein Gebot der Rechtsschutzgleichheit zu berücksichtigen, dass zum Ziel hat, die Auswirkungen unterschiedlicher finanzieller Möglichkeiten der Rechtssuchenden zu relativieren.[666] **157**

c) Grundsätze des Gerichtsverfahrens. Die Ausgestaltung und Handhabung des Verfahrens vor Gericht darf angesichts der unterschiedlichen Zwecke, die in diesem Rahmen berücksichtigungsfähig sind (→ Rn. 146), auch mit nachteiligen Auswirkungen für die Rechtssuchenden verbunden sein, doch darf dies nicht zu unzumutbaren Auswirkungen führen.[667] Die Verfahrensgestaltung muss den Anforderungen eines fairen Verfahrens genügen[668] und der Rechtssuchende darf sich vertreten lassen.[669] Ein mündliches Verfahren ist allerdings nicht zwingend erforderlich.[670] **158**

Prozesshandlungen (auch beim Zugang zu staatlichen Gerichten) dürfen aus Gründen der Rechtssicherheit und des Rechtsfriedens mit **Fristen** verbunden sein, wobei diese aber nicht zu kurz bemessen sein dürfen.[671] Werden **159**

Rechtsschutz steht der weiteren Durchführung eines Hauptsacheverfahrens nicht entgegen, BVerfGE 110, 77 (88).

[662] *Huber* in MKS Rn. 503.

[663] Vgl. BVerfGE 96, 27 (40); 104, 220 (234); 110, 77 (90 f.); BVerfG NVwZ 2007, 807 (807); NVwZ-RR 2011, 405 Rn. 22 f.; NJW 2013, 1943 (1944); BVerwG NVwZ 1994, 282 (282 f.). Zu dem Ziel, eine Präjudizwirkung für einen späteren Staatshaftungsprozess zu erzielen, BVerwGE 146, 303 Rn. 44. Umfangreich dazu *Schenke* in BK Rn. 197 ff.; *Schulze-Fielitz* in Dreier Rn. 100; *Sachs* in Sachs Rn. 139a; *Enders* in BeckOK GG Rn. 82 jeweils mwN.

[664] BVerfGE 10, 264 (268); 85, 337 (346 ff.); BVerwGE 18, 150 (152 ff.); *Schulze-Fielitz* in Dreier Rn. 104; einschränkend zur Kostenvorschusspflicht *Schenke* in BK Rn. 156 f.

[665] BVerfGE 133, 1 Rn. 81; *Schmidt-Aßmann* in Maunz/Dürig Rn. 242; *Huber* in MKS Rn. 463; *Möbius,* Das Prinzip der Rechtsschutzgleichheit im Recht der Prozesskostenhilfe, 2014, 219 ff. Zum Maßstab für die Prüfung der Erfolgsaussichten bei der Prozesskostenhilfe BVerfG NJW 2020, 534 Rn. 25 ff.

[666] BVerfGE 10, 264 (270); 50, 217 (231); 81, 347 (356 f.); BVerfGK 9, 123 (126); *Bergner/Pernice* in Emmenegger/Wiedmann Linien der Rechtsprechung des Bundesverfassungsgerichts Bd. 2, 2011, 241 (255 ff.); *Huber* in MKS Rn. 464.

[667] Vgl. *Sachs* in Sachs Rn. 139.

[668] Verfassungsrechtlichen zur prozessualen Waffengleichheit *Zuck* EuGRZ 2020, 5.

[669] BVerfGE 39, 156 (163); *Schulze-Fielitz* in Dreier Rn. 105; vgl. *Beckmann* DVBl. 2019, 1172 (1173). Dass der Rechtssuchende mit seinem Anliegen Gehör findet, ergibt sich vorrangig aus Art. 103 Abs. 1 (→ Rn. 184).

[670] *Schenke* in BK Rn. 146; *Ibler* in BerlKomm Rn. 244.

[671] BVerfGE 8, 240 (247); 60, 253 (269); 77, 275 (285); 88, 118 (124); *Schulze-Fielitz* in Dreier Rn. 101. Ein komplettes Ausnutzen der Frist ist zulässig, BVerfGE 40, 42 (44); 69,

prozessrechtliche Sanktionen an ein Fristversäumnis geknüpft, muss dieses dem Rechtssuchenden zurechenbar sein und die Voraussetzungen an eine Wiedereinsetzung in den vorigen Stand dürfen nicht zu gravierend sein (zum Asylverfahren → Rn. 167).[672]

160 Ein effektiver Rechtsschutz setzt voraus, dass er in einer angemessenen **Verfahrensdauer** zu einer abschließenden gerichtlichen Entscheidung gelangt.[673] Dies ergibt sich direkt aus Art. 19 Abs. 4, daneben fordern das aber auch Art. 6 Abs. 1 EMRK und Art. 47 Abs. 2 GRCh (→ Rn. 104 f.).[674] Unter welchen Bedingungen eine unangemessene Verzögerung eintritt, lässt sich nicht anhand bestimmter Zeitspannen abstrakt feststellen, sondern hängt von den Umständen des Einzelfalls ab, wie der Bedeutung der Sache, ihrer inhaltlichen Schwierigkeit, den Auswirkungen der Verfahrensdauer für die Beteiligten und deren Verhalten bzw. aus welcher Verantwortungssphäre sich die Verzögerung ergibt (zur Zurückstellung im Zusammenhang mit Musterprozessen → Rn. 154).[675] Das **Beschleunigungsgebot** beeinflusst die gerichtliche Terminierungs- und Erledigungspraxis.[676] Der Gesetzgeber muss den Anspruch auf ein zügiges Verfahren durch sekundäre Sanktions- und Rechtsschutzmöglichkeiten absichern.[677] Zu diesem Zweck und als Reaktion auf frühere Probleme[678] hat der Gesetzgeber mittlerweile das Gesetz über den Rechtsschutz bei überlangen Gerichtsverfahren und strafrechtlichen Ermittlungsverfahren erlassen und insbesondere die Verzögerungsrüge (§§ 198 ff. GVG) eingeführt, mit der eine Entschädigung zugesprochen werden kann.[679]

---

381 (385 f.). Auch ein verfrüht eingelegtes Rechtsmittel muss berücksichtigt werden, BVerfGE 54, 94 (96 ff.). Die Rücknahmefiktion des § 92 Abs. 2 VwGO, die an ein Nichtbetreiben des Verfahrens unter Fristsetzung anknüpft, ist zurückhaltend zu gebrauchen, BVerfG NVwZ 2013, 136 (137 f.); vgl. zur verfassungsrechtlichen Zulässigkeit auch BVerfG NVwZ 1994, 62 (63).

[672] BVerfG NVwZ 2018, 579 Rn. 24 ff.; *Schulze-Fielitz* in Dreier Rn. 103; *Jarass* in Jarass/Pieroth Rn. 63.

[673] BVerfGE 55, 349 (369); 60, 253 (269); 93, 1 (13); BVerfG NVwZ 2011, 486 (492 f.); NVwZ-RR 2011, 625 (626 f.); *Schulze-Fielitz* in Dreier Rn. 111; *Papier* in HdbStR VIII § 177 Rn. 93; *Huber* in MKS Rn. 484; *Jarass* in Jarass/Pieroth Rn. 66; *Schlette,* Der Anspruch auf gerichtliche Entscheidung innerhalb angemessener Frist, 1999, 23 ff.; *Wilfinger,* Das Gebot effektiven Rechtsschutzes in Grundgesetz und Europäischer Menschenrechtskonvention, 1995, 53 ff. Dies gilt insbesondere im Verfahren des einstweiligen Rechtsschutzes, um zu verhindern, dass vollendete Tatsachen geschaffen werden, BVerfG NVwZ 2014, 62 Rn. 10.

[674] *Schmidt-Aßmann* in Maunz/Dürig Rn. 263. Vgl. auf Landesebene etwa Art. 52 Abs. 4 S. 1 Verf Bbg, dazu VerfG Bbg NVwZ 2010, 378 (379 f.).

[675] BVerfG NJW 2005, 3488 (3489); vgl. BVerfGE 55, 349 (369); 93, 1 (13). Eine Verfassungsbeschwerde, deren Verfahren mehr als sieben Jahre dauert, kann gegen Art. 6 Abs. 1 EMRK verstoßen, EGMR 1.7.1997 – 20950/92, NJW 2809 Rn. 55 ff. – Probstmeier; zu weiteren exemplarischen Einzelfällen *Schulze-Fielitz* in Dreier Rn. 111. Zur Vorlage an den EuGH, *Huber* in MKS Rn. 484.

[676] *Huber* in MKS Rn. 506; vgl. BVerfG NZA 2015, 1403 Rn. 12.

[677] EGMR 26.10.2000 – 30210/96, NJW 2001, 2694 Rn. 157 ff. – Kudla; *Jarass* in Jarass/Pieroth Rn. 66.

[678] Vgl. EGMR 10.3.1980 – 6232/73, NJW 1979, 477 Rn. 97 ff. – König; 29.5.1986 – 9384/81, NJW 1989, 652 Rn. 90; 25.2.2000 – 29357/95, NJW 2001, 211 Rn. 70 ff. – Gast und Popp; 8.6.2006 – 75529/01, NJW 2006, 2389 Rn. 97 ff., 115 f., 128 ff. – Sürmeli; 2.9.2010 – 46344/06, NJW 2010, 3355 Rn. 51 f. – Rumpf; vgl. auch die Zusammenstellung bei *Schlette,* Der Anspruch auf gerichtliche Entscheidung in angemessener Frist, 1999, 21 f.; vgl. insgesamt *Tiwisina,* Rechtsfragen überlanger Verfahrensdauer nach nationalem Recht und der EMRK, 2010.

[679] Dazu *Schmidt-Aßmann* in Maunz/Dürig Rn. 263a; *Sachs* in Sachs Rn. 144; *Schenke* NVwZ 2012, 257; *Steinbeiß-Winkelmann* NJW 2014, 177; *Kirchberg* DVBl. 2015, 675; *Lorenz,* Die Dogmatik des Entschädigungsanspruches aus § 198 GVG, 2018, 79 ff.

Verfahrensregelungen, die der Beschleunigung dienen, sind deshalb grundsätzlich zulässig und können einerseits als Ausdruck eines effektiven Rechtsschutzes sogar geboten sein, andererseits aber auch mit Art. 19 Abs. 4 in Konflikt geraten.[680] Ein Paradigmenwechsel ist mit dem Maßnahmengesetzvorbereitungsgesetz (MgvG)[681] verbunden, weil damit zwar die Durchführung des **Planungsverfahrens** für bestimmte Infrastrukturgroßprojekte der Verwaltung vorbehalten bleibt, die abschließenden Genehmigung aber durch den Gesetzgeber mittels weiterer einzelner **Maßnahmegesetze** erfolgt. Der individuelle Rechtsschutz wird damit erheblich zurückgedrängt, weil sich dieser dann regelmäßig auf die Verfassungsgerichtsbarkeit reduziert (→ Rn. 151).[682] Eine Einschränkung des Rechtsschutzes durch Maßnahmegesetze, vor allem im Hinblick auf Legalenteignungen, muss nach dem BVerfG auf einem triftigen Grund beruhen (hier mag zwischen einem Zeit- und Bedeutungsaspekt differenziert werden)[683], nach wie vor eine tatsächlich wirksame gerichtliche Kontrolle in individueller Hinsicht gewährleisten und rechtzeitigen Rechtsschutz ermöglichen (→ Rn. 174).[684] Eine Beschleunigung der Planungsverfahren ist gerade bei großen Infrastrukturvorhaben häufig angebracht, doch gerät die tatsächliche Wirksamkeit des Rechtsschutzes mit der Begrenzung des verfassungsprozessualen Prüfungsmaßstabs auf spezifisches Verfassungsrecht in einen Konflikt.[685] Ob es gelingen wird, die detaillierten Vorgaben des einschlägigen materiellen einfachen Rechts und des Verwaltungsverfahrens als Ausdruck verfassungsrechtlicher Positionen (zB Art. 2 Abs. 2 S. 1) hinreichend effektiv zu prüfen und damit das geforderte Niveau zu erreichen, ist zweifelhaft.[686] **161**

Art. 19 Abs. 4 gewährt grundsätzlich einen Anspruch, dass zumindest **einmal** eine **vollständige Überprüfung** der möglichen Rechtsverletzung in rechtlicher und tatsächlicher Hinsicht durch ein Gericht erfolgt.[687] Dies schließt die Erhebung der relevanten Tatsachen durch das Gericht selbst iSd **Untersuchungsgrundsatzes** ein.[688] Wenn geheimhaltungsbedürftige Tatsachen berührt sind, kann die Durchführung eines In-camera-Verfahrens (vgl. **162**

---

[680] *Schulze-Fielitz* in Dreier Rn. 112. Zum Konzentrationsgrundsatz *Schenke* in BK Rn. 143 ff.

[681] Vgl. Maßnahmengesetzvorbereitungsgesetz (MgvG) vom 22.3.2020, BGBl I S. 640. Zu vorhergehenden gesetzlichen Beschleunigungen des Verwaltungsverfahrens, *Stüer* DVBl. 2020, 617 (617 mit Fn. 1).

[682] *Stüer* DVBl. 2020, 617 (619 f.); *Ziekow* NVwZ 2020, 677 (681); *Wegener* ZUR 2020, 195 (195). Fraglich ist deshalb, ob die Beeinträchtigung des Rechtsschutzes schon durch das MgvG oder erst die späteren konkreten Maßnahmegesetz erfolgt, *Groß* JZ 2020, 76 (80 f.).

[683] BVerfGE 95, 1 (15 ff.); *Eisenmenger* NVwZ 2013, 621 (622); *Groß* JZ 2020, 76 (78), wobei das BVerfG dies noch vorrangig im Hinblick auf Konflikte mit dem Gewaltenteilungsgrundsatz (Art. 20 Abs. 2 S. 2) und damit dem Verhältnis zwischen Verwaltung und Gesetzgebung im Bereich von Planung und Einzelfallgesetz berücksichtigt hatte (→ Rn. 28).

[684] Vgl. BVerfGE 95, 1 (22); 134, 242 Rn. 190 ff.; 139, 321 Rn. 128 ff.; *Wegener* ZUR 2020, 195 (196 ff.).

[685] BVerfGE 139, 321 Rn. 130. Das Gericht bezieht dies zwar auf Einzelpersonengesetze, doch verlangt Art. 19 Abs. 4 ohnehin eine Prüfung der Verletzung subjektiver Rechte.

[686] *Groß* JZ 2020, 76 (79 f); vgl. *Stüer* DVBl. 2020, 617 (620 f.); *Reidt* DVBl. 2020, 597 (601); aA *Ziekow* NVwZ 2020, 677 (681 ff., 685).

[687] BVerfGE 15, 275 (282); 101, 106 (123); 103, 142 (156); 129, 1 (20); 133, 1 Rn. 72; BVerwGE 118, 352 (357); *Schmidt-Aßmann* in Maunz/Dürig Rn. 183; *Sachs* in Sachs Rn. 145; *Schenke* in BK Rn. 491.

[688] *Huber* in MKS Rn. 462. Nach *Schmidt-Aßmann* in Maunz/Dürig Rn. 219 lässt sich der Untersuchungsgrundsatz allerdings nicht auf Art. 19 Abs. 4 stützen, sondern folgt aus den objektiv-rechtlichen Kontrollzwecken des Gerichtes, vgl. *Ramsauer* in AK Rn. 123.

§ 99 Abs. 2 VwGO) geboten sein.[689] Dem liegt insgesamt eine verfassungsrechtliche Strukturentscheidung für eine **Letztentscheidungsbefugnis durch Gerichte** mit eigenen Prüfungs- und Entscheidungsbefugnissen zugrunde.[690] Diese bleiben jedoch gesetzesakzessorisch und können nicht über die materiell-rechtlichen Bindungen der öffentlichen Gewalt hinausgehen.[691] Bei der Kontrolle von Parlamentsgesetzen ist eine Einschätzungsprärogative des Gesetzgebers zu beachten.[692] Ein Gestaltungsspielraum steht auch dem Normgeber untergesetzlicher Vorschriften zu, doch ist dieser enger als derjenige des parlamentarischen Gesetzgebers.[693]

163 Die Gerichte sind bei ihrer Entscheidungsfindung grundsätzlich nicht an Feststellungen und Wertungen der Verwaltung gebunden, was auch die Anwendung **unbestimmter Rechtsbegriffe** einschließt.[694] Der Gesetzgeber kann diese Letztentscheidungsbefugnis der Gerichte in Ausnahmefällen einschränken, wie zB im Falle der reduzierten Kontrolldichte bei **Ermessenentscheidungen.**[695] Dabei hat er das Spannungsverhältnis von gerichtlichem Rechtsschutzauftrag und eigenständiger Aufgabenwahrnehmung durch die öffentliche Gewalt zu berücksichtigen.[696] Je erheblicher die Belastung für den Einzelnen ist, je bedeutender die betroffenen Rechte sind und je mehr die Maßnahme unabänderlich ist, desto strenger muss die Kontrolldichte sein.[697] Abweichungen von der vollständigen gerichtlichen Überprüfung müssen auf einem sachlichen Grund beruhen.[698] Aus Gründen des individuellen Rechtsschutzes und der Gewaltenteilung darf ein Gericht eine fehlende gesetzgeberische Entscheidung für eine reduzierte gerichtliche Kontrolldichte nicht selbständig durch eine eigene Entscheidung ersetzen.[699]

164 Auch **verwaltungsrechtliche Beurteilungsspielräume** müssen nach der sog. normativen Ermächtigungslehre auf einem Gesetz beruhen oder sich durch Auslegung hinreichend deutlich ergeben und auf einem Sachgrund beruhen.[700] Beurteilungsspielräume sind zweckmäßig und können typischer-

---

[689] *Huber* in MKS Rn. 462; *Enders* in BeckOK GG Rn. 77; vgl. BVerfGE 101, 106 (122 ff.).

[690] *Schulze-Fielitz* in Dreier Rn. 116.

[691] BVerfGE 88, 40 (56); 103, 142 (156); *Huber* in MKS Rn. 515.

[692] *Ibler* in BerlKomm Rn. 253; *Huber* in MKS Rn. 462; *Schenke* in BK Rn. 620 ff.; vgl. BVerfGE 25, 1 (12 f.); 30, 250 (263); 88, 87 (97); 134, 242 (293); 142, 353 Rn. 40 f.

[693] BVerfGE 13, 248 (255 ff.); 31, 145 (176 f.); 42, 374 (387 f.); *Ibler* in BerlKomm Rn. 254; *Schenke* in BK Rn. 594 ff.; vgl. *Schmidt-Aßmann* in Maunz/Dürig Rn. 217 f. Verwaltungsvorschriften beeinflussen die Kontrolldichte grundsätzlich nicht, BVerfGE 129, 1 (21).

[694] BVerfGE 15, 275 (282); 61, 82 (110 f.); 73, 339 (373); 78, 214 (226); 84, 34, (49); *Schmidt-Aßmann* in Maunz/Dürig Rn. 183; *Schulze-Fielitz* in Dreier Rn. 116; *Sachs* in Sachs Rn. 145. Dies gilt auch, wenn sich das zugrunde liegende Verständnis verändert, BVerwGE 108, 190 (197), oder die unbestimmten Rechtsbegriffe durch untergesetzliche Regelungswerke konkretisiert werden, BVerfGE 129, 1 (21, 23 ff.). Eine Bindung ist nur ausnahmsweise möglich, wenn der Betroffene darüber im früheren Verwaltungsverfahren über die Bindung belehrt wurde, BVerwGE 155, 35 Rn. 21 ff.

[695] BVerfGE 61, 82 (111); 88, 40 (56); 103, 142 (157); zur Ermessensausübung vgl. *Schenke* in BK Rn. 494 ff.

[696] *Schulze-Fielitz* in Dreier Rn. 117; vgl. BVerfGE 129, 1 (22 f.); umfangreich *Schenke* in BK Rn. 491 ff.; zur eigenständigen Aufgabenwahrnehmung durch die Verwaltung *Ernst,* Die Verwaltungserklärung, 2008, 180 ff.

[697] BVerfG NVwZ 2007, 948 (949); NVwZ 2013, 500 (501); *Schulze-Fielitz* in Dreier Rn. 128, 131.

[698] BVerfGE 129, 1 (23, 31).

[699] BVerfGE 83, 130 (148); 129, 1 (22); vgl. BVerfGE 49, 228 (242), abw. Meinung *Böhmer.*

[700] BVerfGE 61, 82 (111); 103, 142 (157); 129, 1 (22); BVerfG NVwZ 2012, 694 (694 ff.); BVerwGE 62, 86 (98); 147, 244 Rn. 25; *Schmidt-Aßmann* in Maunz/Dürig Rn. 185; *Schenke* in BK Rn. 530 ff.; *Huber* in MKS Rn. 462; *Gärditz* Die Verwaltung 46 (2013), 257 (266 f.);

weise aus den gesetzlichen Grundlagen ermittelt werden, wenn ein Gericht die maßgeblichen Sachverhalte und Wertungen nicht (mehr) ermitteln kann, die inhaltliche Entscheidung von der Qualifikation der beteiligten Personen abhängt, die Entscheidung einem pluralistisch zusammengesetzten und grundsätzlich weisungsfreiem Gremium überantwortet ist oder die Entscheidung maßgeblich von persönlich-wertenden und juristisch nicht handhabbaren Kriterien abhängt oder in erheblichem Umfang wertend-prognostische Elemente beinhaltet.[701] Die ohnehin bestehende Rechtsschutzfunktion des Verwaltungsverfahrens (→ Rn. 173 ff.) muss in einem solchen Fall intensiviert werden.[702] Wenn eine Verwaltungsentscheidung auf den **Erkenntnisstand der Fachwissenschaft** Bezug nimmt, das Gericht aber bei der Bewertung an die fachwissenschaftlichen Grenzen und auf ein außerrechtliches Erkenntnisdefizit stößt, soll das Gericht die plausible Einschätzung der Behörde zugrunde legen dürfen, ohne dass dies einer ausdrücklichen gesetzlichen Ermächtigung bedarf; es handelt sich insoweit nicht um einen Beurteilungsspielraum, sondern eine faktische Grenze verwaltungsgerichtlicher Kontrolle.[703]

Die gerichtliche Prüfung muss auf einer **vollständigen materiellen** **165**
Rechtsanwendung einschließlich unionsrechtlicher Vorschriften beruhen.[704] Aus Art. 19 Abs. 4 folgt aber grundsätzlich kein Maßstab für die Beweiserhebung und Beweislast; dies ist vielmehr Bestandteil des materiellen Rechts und wird beeinflusst durch die materiellen Grundrechte, Art. 20 Abs. 3 und Art. 103 Abs. 1.[705] Eine fehlerhafte Anwendung des materiellen Rechts bewirkt keine Verletzung des Art. 19 Abs. 4.[706] In dem bestehenden System des Instanzenzugs folgt aus Art. 19 Abs. 4 aber zumindest eine gerichtliche Begründungspflicht, wenn weitere Rechtsmittel möglich sind.[707]

Präklusionsvorschriften lassen sich mit dem Grundsatz effektiven Rechts- **166**
schutzes vereinbaren, wenn die Konsequenz erkennbar ist und die Rechtsschutzmöglichkeiten dadurch nicht unangemessen eingeschränkt werden;[708]

---

vgl. *Sieckmann* DVBl. 1997, 101; so auch schon *Bachof* JZ 1955, 97 (100); *Kellner* DÖV 1962, 572 (576 f.); kritisch *Poscher* FS f. Wahl, 2011, 527 (532, 549 ff.); *Ramsauer* FG 50 Jahre BVerwG, 2003, 699 (711 ff., 715 ff.). Allg. zum Prüfungsmaßstab bei Beurteilungsspielräumen BVerfGE 84, 34 (53 ff.); *Schenke* in BK Rn. 583; *Schulze-Fielitz* JZ 1993, 772. Zum Planungsermessen *Schmidt-Aßmann* in Maunz/Dürig Rn. 208 ff.

[701] Zusammenstellungen der einschlägigen Fallgruppen bei *Schulze-Fielitz* in Dreier Rn. 121 ff.; *Schenke* in BK Rn. 543 ff.; *Schmidt-Aßmann* in Maunz/Dürig Rn. 191 ff. jeweils mwN. Zu Multiple-Choice-Prüfungen im Studium BVerfGE 84, 59 (77 ff.).

[702] BVerfGE 84, 34 (46 f.); *Schulze-Fielitz* in Dreier Rn. 130.

[703] BVerfGE 149, 407 Rn. 18 ff.; offen gelassen in BVerfGE 129, 1 (23); dazu *Sow* DÖV 2019, 317; *Schmidt-Aßmann* EurUP 2019, 395; *Eichberger* NVwZ 2019, 1560; *Sachs* DVBl. 2020, 311; vgl. BVerwGE 131, 274 Rn. 65; allgemein zur Kontrolldichte bei Regelungen, die auf den Stand der Technik bzw. Wissenschaft Bezug nehmen, *Schulze-Fielitz* in Dreier Rn. 134 ff.; *Schmidt-Aßmann* in Maunz/Dürig Rn. 203.

[704] *Sachs* in Sachs Rn. 146; *Brüning* in Stern/Becker Rn. 111; vgl. BVerfGE 118, 79 (97).

[705] *Ibler* in BerlKomm Rn. 246 ff.; *Schulze-Fielitz* in Dreier Rn. 115; zu der Heranziehung von Sachverständigen *Schmidt-Aßmann* in Maunz/Dürig Rn. 223.

[706] BVerfGE 61, 82 (110); 97, 298 (315 f.); *Ibler* in BerlKomm Rn. 312; *Schulze-Fielitz* in Dreier Rn. 116.

[707] Ebenso *Schulze-Fielitz* in Dreier Rn. 115; *Lücke,* Begründungszwang und Verfassung, 1987, 58 ff.; aA *Ramsauer* in AK Rn. 126; *Kischel,* Die Begründung, 2003, 89 f. Geboten ist in diesem Zusammenhang auch die Bekanntgabe der gerichtlichen Entscheidung, zu einer Veröffentlichungspflicht für Urteile, vornehmlich allerdings im Hinblick auf Art. 5 Abs. 1 S. 2, BVerfG NJW 2015, 3708 Rn. 16 ff.

[708] BVerfGE 61, 82 (109 ff.); 88, 118 (124); *Huber* in MKS Rn. 499; *Jarass* in Jarass/Pieroth Rn. 62a; *Sachs* in Sachs Rn. 145; *Schulze-Fielitz* in Dreier Rn. 99; *Thiel* DÖV 2001, 814 (817 ff.).

entsprechendes gilt für die prozessuale Verwirkung.[709] Auch inhaltliche Bindungen durch materielle **Bestands- und Rechtskraft** sind aus Gründen der Rechtssicherheit und des Rechtsfriedens vom Gericht bei der Entscheidungsfindung zu beachten.[710] Verwaltungsakte dürfen prinzipiell bei sachlichen Gründen **Tatbestandswirkungen** für Dritte aufweisen, auch wenn diese nicht klagebefugt sein sollten.[711] Eine erhebliche Einschränkung des Rechtsschutzes kann aber dann bestehen, wenn gesetzlich die Tatbestandswirkung eines bestandskräftigen Verwaltungsaktes im Nachhinein auf Dritte erweitert wird und keine Möglichkeit bestand, gegen den Verwaltungsakt vorzugehen.[712]

167 Im **Asylverfahren** sind die Rechtsschutzmöglichkeiten erheblich eingeschränkt, aber das BVerfG hält diese grundsätzlich noch für hinreichend effektiv, auch etwa wenn die Rechtsmittelfrist im Hauptsacheverfahren auf bis zu eine Woche (vgl. § 74 AsylG) verkürzt ist; im Hinblick auf eine Wiedereinsetzung soll verlangt werden können, dass sich der Ausländer mit unzureichenden Sprachkenntnissen angesichts des erkennbar amtlichen Charakters von Bescheiden innerhalb einer Woche über deren Inhalt Kenntnis verschafft.[713] Auch der Ausschluss einstweiligen Rechtsschutzes gegen die Vollziehung aufenthaltsbeendender Maßnahmen nach § 34a Abs. 2 AsylG auf Grundlage des Art. 16a Abs. 2 S. 3 (→ Rn. 180) soll verfassungskonform anwendbar sein.[714] Die Rechtsschutzverkürzung im sog. Flughafenverfahren (§ 18a AsylG) auf eine Rechtsmittelfrist von drei Tagen (auf Antrag mit Nachfrist von vier Tagen) ist nach dem BVerfG ebenfalls verfassungsgemäß, wenn durch organisatorische Maßnahmen wie eine sofortige kostenlose asylrechtskundige Beratung sichergestellt ist, dass effektiver Rechtsschutz durch die obwaltenden Umstände nicht unzumutbar erschwert oder vereitelt wird.[715] Grundlage solcher Konstellationen sind unzulässige oder offensichtlich unbegründete Rechtsschutzbegehren iSd Art. 16a Abs. 4, § 36 AsylG.

168 **d) Entscheidungsmöglichkeiten und -wirkungen.** Der Gesetzgeber hat einen Gestaltungsspielraum bei der Frage, durch welche unterschiedlichen Entscheidungsmöglichkeiten und -wirkungen dem Gebot des effektiven Rechtsschutzes Genüge getan werden soll.[716] Entscheidend ist, dass die konkrete subjektive Rechtsverletzung angemessen sanktioniert werden kann.[717] Dies deckt Formen des Primärrechtsschutzes (Aufhebung, Leistung, Beseitigung, Unterlassung) und Sekundärrechtsschutzes (finanzieller Ersatz oder Entschädigung) ab, freilich wird ersterem ein Vorrang eingeräumt.[718] Die im Einzelfall einschlägige Entscheidungsform hängt dabei maßgeblich von der

---

[709] *Schmidt-Aßmann* in Maunz/Dürig Rn. 234.

[710] *Sachs* in Sachs Rn. 145; vgl. BVerfG NVwZ 2007, 573 (574).

[711] BVerfGE 83, 182 (198).

[712] AA BVerfG Urt. v. 9.7.2020 – 1 BvR 2067/17 ua, Rn. 21; BVerwG NVwZ 2018, 1485 Rn. 31; skeptisch hingegen auch *Stelkens* in Stelkens/Bonk/Sachs VwVfG § 41 Rn. 140; *El-Ghazi* StV 2018, 116 (122).

[713] BVerfGE 86, 280 (285 f.); zur Kontrolldichte der Verwaltungsgerichte *Schulze-Fielitz* in Dreier Rn. 142. Allgemein *Markard* Die Verwaltung 52 (2019), 337.

[714] BVerfGE 94, 49 (113); kritisch *Lübbe-Wolff* DVBl. 1996, 825 (832); *Schoch* DVBl. 1993, 1161 (1163); *Wittrek* in Dreier Art. 16a Rn. 105.

[715] BVerfGE 94, 166 (206 ff.) mit abw. Meinung *Limbach, Böckenförde, Sommer* 223 ff.

[716] *Schulze-Fielitz* in Dreier Rn. 106; *Sachs* in Sachs Rn. 136.

[717] *Huber* in MKS Rn. 474; *Ibler* in BerlKomm Rn. 195; *Schenke* in BK Rn. 224 ff.; *Schmidt-Aßmann* in Maunz/Dürig Rn. 288.

[718] *Huber* in MKS Rn. 458 ff.; *Sachs* in Sachs Rn. 136.

Entscheidung des Rechtsschutzsuchenden ab; die **Dispositionsmaxime** ist ausweislich des Wortlauts und der subjektiven Struktur des Art. 19 Abs. 4 verfassungsrechtlicher Bestandteil der Rechtsweggarantie.[719] Ein effektiver Rechtsschutz setzt deshalb voraus, dass dem Begehren des Klägers effektiv Geltung verschafft werden kann.[720] Eine gerichtliche Entscheidung muss **verbindlich,** der Rechtskraft fähig und **grundsätzlich vollstreckbar** sein, wobei nicht ausgeschlossen ist, dass schon mit der Feststellung der Rechtswidrigkeit eine hinreichend effektive Mindestwirkung entfaltet wird.[721] Die inhaltliche Prüfungskompetenz, die auch die einschlägigen Rechtsnormen umfasst (→ Rn. 165), geht einher mit einer Verwerfungskompetenz, die aber bei bestimmten Gerichten konzentriert sein kann.[722]

Die effektive Durchsetzung einer Entscheidung im Hinblick auf ihre **169**
Konsequenzen für den Einzelfall setzt ein **wirksames Vollstreckungsrecht** voraus.[723] Dies beinhaltet auch tatsächlich effektive Durchsetzungsmöglichkeiten gegenüber Behörden.[724] Die Zwangsmittel des § 172 VwGO sind insofern nicht abschließend zu verstehen und es können auch einschneidendere Zwangsmaßnahmen ergriffen werden.[725] Angesichts zwar vereinzelt bleibender, in der Sache aber schwerwiegender behördlicher Weigerungen, gerichtliche Entscheidungen zu befolgen,[726] stellt sich die Frage, ob Art. 19 Abs. 4 letztendlich auch eine **Zwangshaft gegenüber Amtsträgern** nach § 167 VwGO iVm § 888 ZPO fordert. Der EuGH hat im Bereich der Anwendung von Unionsrecht die Effektivität des Unionsrechts und von Rechtsbehelfen (Art. 47 GRCh, Art. 6 Abs. 1 EMRK) betont, die Antwort in der Sache aber trotzdem primär dem nationalen Recht und dessen Bewertung durch die nationalen Gerichte überlassen, jedoch angesichts der Freiheitsgarantie des Art. 6 GRCh die Einhaltung verschiedener Kriterien zur Vermeidung von willkürlichem Freiheitsentzug angemahnt.[727] Ob das geltende Vollstreckungsrecht diesen Anforderungen gerecht wird, ist zweifelhaft.[728] Schon aus Gründen der Verhältnismäßigkeit müssen vor einer Zwangshaft andere Zwangsmittel in Betracht gezogen werden; auch sekundäre Haftungsregelungen können eine Rolle spielen.[729]

---

[719] *Haverkämper,* Die verfassungsrechtlichen Grundlagen der Maximen des Verwaltungsprozessrechts, 1973, 50 ff.; *Schenke* in BK Rn. 134; *Schmidt-Aßmann* in Maunz/Dürig Rn. 264; *Ibler* in BerlKomm Rn. 242.

[720] *Ibler* in BerlKomm Rn. 194.

[721] Ebenso *Schmidt-Aßmann* in Maunz/Dürig Rn. 280, 288; *Schulze-Fielitz* in Dreier Rn. 106, 138; *Sachs* in Sachs Rn. 136, 147; *Lorenz,* Der Rechtsschutz des Bürgers und die Rechtsweggarantie, 1973, 274; vgl. *Ibler* in BerlKomm Rn. 195; aA für die Notwendigkeit der Vollstreckbarkeit und damit für einen Ausschluss lediglich feststellender Entscheidungen *Bachof,* Die verwaltungsgerichtliche Klage, 1968, 164 f.; *Bauer,* Gerichtsschutz als Verfassungsgarantie, 1973, 102; *Brenner* Die Verwaltung 31 (1998), 1 (23); *Schenke* in BK Rn. 224, 230; *Schenke* in Kopp/Schenke VwGO, § 172 Rn. 6a.

[722] *Huber* in MKS Rn. 509 f.

[723] *Schulze-Fielitz* in Dreier Rn. 139; *Huber* in MKS Rn. 474.

[724] *Enders* in BeckOK GG Rn. 84a; *Kring* NVwZ 2019, 23 (24).

[725] BVerfG NVwZ 1999, 1330 (1331).

[726] Vgl. die Zusammenstellung bei *Klinger* NVwZ 2019, 1332 (1332 f.); *Kring* NVwZ 2019, 23 (23 f.); *Ruffert* JuS 2020, 700 (700).

[727] EuGH 19.12.2019 – C-752/18, ECLI:EU:C:2019:1114 Rn. 33 ff. = NJW 2020, 977.

[728] EuGH 19.12.2019 – C-752/18, ECLI:EU:C:2019:1114 Rn. 48 = NJW 2020, 977; vgl. VGH München ZUR 2019, 108 Rn. 146 f.; vgl. auch BVerfGE 23, 183 (196). Zuvor verneinend VGH Mannheim NVwZ-RR 1995, 619 (619); BFH DStRE 2000, 387 (389); LSG Bln-Bbg BeckRS 2012, 68542.

[729] EuGH 19.12.2019 – C-752/18, ECLI:EU:C:2019:1114 Rn. 51; *Will* NJW 2020, 963 (965).

Die Möglichkeit einer Zwangshaft kann aber im Lichte des Art. 19 Abs. 4 (und Art. 20 Abs. 3) durch den Gesetzgeber nicht per se ausgeschlossen werden.[730]

170 Ein **vorläufiger Rechtsschutz** ist nach Art. 19 Abs. 4 geboten, wenn ohne ihn erhebliche, nicht anders abwendbare Nachteile entstehen würden, die durch eine Entscheidung in der Hauptsache nicht beseitigt werden könnten.[731] Diese Entscheidungen können anhand einer summarischen Prüfung und auf Grundlage einer Folgenabwägung getroffen werden.[732] Je schwerwiegender die drohende Rechtsverletzung ist, desto enger muss die gerichtliche Kontrolldichte sein.[733] Dies kann auch zu einer vollumfänglichen Prüfung führen,[734] auch unter Vorwegnahme der Hauptsache (→ Art. 8 Rn. 110 f.).[735] Angesichts der praktischen Tendenz, Entscheidungen verbreitet mit Folgenabwägungen zu begründen, sollte berücksichtigt werden, dass der Regelfall des Art. 19 Abs. 4 auch im vorläufigen Verfahren die inhaltliche Prüfung ist und Folgenabwägungen nur nachrangig in Betracht kommen, insbesondere im Rahmen des § 123 VwGO.[736] Ein Ausschluss des vorläufigen Rechtsschutzes aus Gründen des öffentlichen Interesses kann nur in eng begrenzten Ausnahmefällen in Erwägung gezogen werden.[737]

171 Nach dem BVerfG verlangt Art. 19 Abs. 4 „nicht schlechthin" eine **Suspensivwirkung** von Rechtsbehelfen gegen Verwaltungsakte, doch handelt es sich um ein Rechtsschutzelement, das wegen der drohenden Vollstreckbarkeit von Verwaltungsakten die Regel bleiben muss.[738] Eine dem entgegenstehende Anordnung der sofortigen Vollziehung kann nur mit überwiegenden öffentlichen Interessen begründet werden.[739]

172 Rechtsschutz nach Art. 19 Abs. 4 findet grundsätzlich nachträglich zur Rechtsverletzung und repressiv statt (→ Rn. 123).[740] Für lediglich drohende Rechtsverletzungen deutet sich im Wortlaut des Art. 19 Abs. 4 zwar an, dass diese nicht erfasst sind, doch muss aus Gründen des Grundrechtsschutzes ausnahmsweise **vorbeugender Rechtsschutz** gewährleistet werden, wenn etwa Rechtsverletzungen hinreichend konkret drohen und nicht rückgängig

[730] *Will* NJW 2020, 963 (965); *Klinger* NVwZ 2019, 1332 (1335); *Kring* NVwZ 2019, 23 (27 f.); *Berkemann* DÖV 2019, 761 (772 f.); *Kaufmann* EuZW 2020, 192 (193).

[731] BVerfGE 35, 263 (274 f.); 46, 166 (179); 65, 1 (70 f.); 93, 1 (13 f.); 126, 1 (27 f.); *Schoch* in GVwR III § 50 Rn. 228 ff.; *Schenke* in BK Rn. 671 ff.; *Schulze-Fielitz* in Dreier Rn. 113; *Jarass* in Jarass/Pieroth Rn. 59; instruktiv *Schmidt-Aßmann* in Maunz/Dürig Rn. 273 ff.

[732] *Sachs* in Sachs Rn. 148a; *Schmidt-Aßmann* in Maunz/Dürig Rn. 80b; *Schenke* in BK Rn. 674 f.

[733] BVerfG NVwZ 2017, 149 Rn. 20; NJW 2017, 545 Rn. 17; BVerfGK 20, 196 (197).

[734] BVerfGE 67, 43 (62); BVerfG NVwZ 2003, 200 (200 f.); NJW 2003, 1305 (1306); *Huber* in MKS Rn. 480.

[735] BVerfG NVwZ 2005, 927 (928); *Hong* NVwZ 2012, 469 (470); vgl. schon BVerfGE 12, 36 (42 f.); ausführlich zur Vorwegnahme der Hauptsache *Schoch* in Schoch/Schneider/Bier VwGO § 123 Rn. 141 ff.

[736] *Huber* in MKS Rn. 479; offener BVerfG NVwZ 1997, 479 (480); NVwZ-RR 2001, 694 (695); *Jarass* in Jarass/Pieroth Rn. 59. Vgl. zur (gesetzeswidrigen) Verwendung der Folgenabwägung bei § 123 VwGO *Schoch* in Schoch/Schneider/Bier VwGO § 123 Rn. 64a ff.

[737] BVerfGE 51, 268 (284 ff.); 69, 220 (285); 94, 166 (216); *Huber* in MKS Rn. 480; *Sachs* in Sachs Rn. 148a; *Schulze-Fielitz* in Dreier Rn. 114.

[738] BVerfGE 35, 382 (402); 51, 268 (285); 65, 1 (70); 69, 315 (372); *Huber* in MKS Rn. 481; *Schmidt-Aßmann* in Maunz/Dürig Rn. 274; *Hofmann* in SHH Rn. 66; aA *Schoch, Vorläufiger Rechtsschutz, 1988,* 1128 ff.; *Hufen,* Verwaltungsprozessrecht, 2019, § 31 Rn. 4.

[739] BVerfGE 35, 382 (402); 69, 220 (228); BVerfG NVwZ 2007, 946 (947); *Huber* in MKS Rn. 482.

[740] *Huber* in MKS Rn. 467.

gemacht werden könnten.[741] Eine vergleichbare Funktion übernehmen auch Richtervorbehalte (→ Rn. 137), die im Vorfeld einer Maßnahme eine richterliche Prüfung anordnen.[742]

e) Einbeziehung des außergerichtlichen Verfahrens. Art. 19 Abs. 4 entfaltet (Vor-)Wirkungen in anderen Rechtsgebieten als dem Prozessrecht, in erster Linie im **Verwaltungsverfahrensrecht,** sofern dies notwendig ist, um sicherzustellen, dass der gerichtliche Rechtsschutz nicht durch die rechtliche Ausgestaltung oder faktische Durchführung eines vorgelagerten Verwaltungsverfahrens oder anderer nicht-prozessualer Regelungen vereitelt oder unzumutbar erschwert wird (zur Wahlfreiheit für Handlungsformen → Rn. 128).[743] Die Auswirkungen des Art. 19 Abs. 4 müssen dabei umso intensiver sein, je schwieriger eine spätere gerichtliche Überprüfung ist (→ Rn. 163).[744] **173**

Ein dem gerichtlichen Verfahren vorgeschaltetes **Widerspruchsverfahren** ist nicht zwingend geboten, weil Art. 19 Abs. 4 „nicht Rechtsschutz durch, sondern gegen Behörden" gewährleistet.[745] Zulässig sind auch **gestufte Verfahren,** bei denen sich nach und nach Bindungswirkungen für den späteren Verfahrensablauf ergeben, sofern diese Wirkungen hinreichend klar gesetzlich geregelt und erkennbar sind, auch gegen diese Vorentscheidungen effektiver Rechtsschutz besteht und damit keine unzumutbaren Risiken verbunden sind.[746] **174**

Akte der öffentlichen Gewalt, die subjektive Rechtspositionen berühren, müssen **bekannt gegeben** werden, auch im Falle von Verwaltungsvorschriften mit unmittelbarer Außenwirkung.[747] Eine Benachrichtigung ist insbesondere bei solchen Akten geboten, die typischerweise nicht unmittelbar wahrnehmbar sind, wie die Erhebung und Verarbeitung von Daten.[748] Bei heimlichen Eingriffen müssen die Betroffenen grundsätzlich später benachrichtigt werden[749] und bei schwerwiegenden Grundrechtseingriffen wie Zwangsbehandlungen kann eine vorherige Ankündigung notwendig sein.[750] **175**

---

[741] *Schulze-Fielitz* in Dreier Rn. 107; *Sachs* in Sachs Rn. 133; *Ibler* in BerlKomm Rn. 226; *Schenke* in BK Rn. 467, 644 ff.; vgl. BVerfG NVwZ 2003, 856 (857).

[742] *Huber* in MKS Rn. 468.

[743] BVerfGE 61, 82 (110); 101, 106 (123); 109, 279 (364); 118, 168 (207); *Sachs* in Sachs Rn. 140; umfangreich *Schenke* in BK Rn. 695 ff. *Schulze-Fielitz* in Dreier Rn. 87 spricht von einer Ausstrahlungswirkung des Art. 19 Abs. 4. Nach *Huber* in MKS Rn. 491 realisiert sich darin ein Grundrechtsschutz durch Verfahren; vgl. *Laubinger* VerwArch 73 (1982), 60.

[744] BVerfGE 84, 34 (46); *Schulze-Fielitz* in Dreier Rn. 87; *Schenke* in BK Rn. 700.

[745] *Huber* in MKS Rn. 447. In der Sache ebenso BVerfGE 35, 65 (73); 60, 253 (291); 69, 1 (48); *Schulze-Fielitz* in Dreier Rn. 87; *Sachs* in Sachs Rn. 143a; *Holzner* DÖV 2008, 217 (221 ff.); *Beaucamp/Ringermuth* DVBl. 2008, 426 (427 f.); vgl. *Härtel* VerwArch 98 (2007), 54 (65 ff.). Daran ändert sich auch nichts, wenn lediglich eine gerichtliche Tatsacheninstanz besteht (→ Rn. 153), *Schmidt-Aßmann* in Maunz/Dürig Rn. 179.

[746] BVerfGE 129, 1 (32 f.); 134, 242 Rn. 193; *Schulze-Fielitz* in Dreier Rn. 108, 87; *Ibler* in BerlKomm Rn. 291; *Jarass* in Jarass/Pieroth Rn. 76. Vgl. *Salm,* Individualrechtsschutz bei Verfahrensstufung, 2019, 81 ff., 95 ff.

[747] *Schmidt-Aßmann* in Maunz/Dürig Rn. 250 ff.; *Schulze-Fielitz* in Dreier Rn. 89; *Jarass* in Jarass/Pieroth Rn. 78; zu Verwaltungsvorschriften mit Außenwirkung BVerwGE 122, 264 (269 f.). Dies kann mit einer Wartepflicht verbunden sein, die geplante Maßnahme umzusetzen, zB bei der beamtenrechtlichen Ernennung, BVerwGE 118, 370 (374 f.); 139, 11 Rn. 10 ff.; 143, 22 Rn. 20; *Enders* in BeckOK GG Rn. 84; *Schulze-Fielitz* in Dreier Rn. 89; *Battis* DVBl 2013, 673 (674 ff.).

[748] BVerfGE 109, 279 (364); 118, 168 (208); 120, 351 (362 f.); *Huber* in MKS Rn. 492.

[749] BVerfGE 100, 313 (361 ff., 397 ff.); 109, 279 (363 ff.); 118, 168 (208); 120, 351 (362 f.); 125, 260 (337 ff.); 129, 208 (238); 141, 220 Rn. 136; zu Ausnahmen jüngst BVerfGE 150, 244 Rn. 154; BVerfG, Urt. v. 19.5.2020 – 1 BvR 2835/17, Rn. 269.

[750] BVerfGE 128, 282 (311); 133, 112 Rn. 70; *Schmidt-Aßmann* in Maunz/Dürig Rn. 252b.

176 Um späteren Rechtsschutz effektiv zu ermöglichen, müssen Maßnahmen **dokumentiert, aufgezeichnet und begründet** werden.[751] Die Verpflichtung zur ordnungsgemäßen Aktenführung lässt sich damit auch auf Art. 19 Abs. 4 stützen.[752] Die Dokumentationspflicht kann sich auch auf die Nachvollziehbarkeit der tatsächlichen Grundlagen eines Verfahrens erstrecken, so dass bei technischen Beweismitteln, auch in Rahmen standardisierter Messverfahren, für alle Beteiligten die Rohdaten vorzuhalten sein können, um die Ergebnisse nachzuprüfen, wenn nicht andere gleichwertige Verteidigungsmittel zur Verfügung stehen.[753]

177 Die Frage, ob eine (förmliche) **Rechtsbehelfsbelehrung** bei belastenden Maßnahmen verfassungsrechtlich geboten ist, hat das BVerfG bislang jedenfalls im Grundsatz offen gelassen bzw. zurückhaltend beurteilt; solange eine solche nicht ausnahmsweise im Einzelfall erforderlich ist, um unzumutbare Schwierigkeiten bei der Rechtsverfolgung auszugleichen, ist Art. 19 Abs. 4 Genüge getan, wenn die (prozessualen) Regelungen über den Zugang zum Gericht im Übrigen zu Gunsten des Bürgers ausgelegt und angewendet werden, vor allem diejenigen über eine Wiedereinsetzung.[754]

178 Verwaltungsverfahrensrechtliche Regelungen zur **Heilung und Unbeachtlichkeit** von Verfahrensfehlern werden vornehmlich als Beschränkungen von materiellen (Aufhebungs- oder Beseitigungs-)Rechten verstanden und sind damit Ausdruck eines Gestaltungsspielraums des Gesetzgebers im Bereich der verfahrensrechtlichen Dimension der materiellen Grundrechte und können nicht dem Gewährleistungsgehalt des Art. 19 Abs. 4 zugeordnet werden.[755] Der Regelung des **§ 44a VwGO** wird verbreitet kein Ausschluss, sondern lediglich eine Verzögerung des Rechtsschutzes entnommen, und die dortige Ausnahmeregelung des S. 2 wird im Lichte des Art. 19 Abs. 4 ausgelegt.[756]

[751] BVerfGE 65, 1 (70); 103, 142 (159 f.); 109, 279 (333); 118, 168 (210 f.); *Schmidt-Aßmann* in Maunz/Dürig Rn. 253; *Schenke* in BK Rn. 723 ff.; *Huber* in MKS Rn. 494; *Schulze-Fielitz* in Dreier Rn. 88; *Ramsauer* in AK Rn. 135; *Lücke,* Begründungszwang und Verfassung, 1987, 37 ff., 50 ff.; *Kischel,* Die Begründung, 2003, 63 ff.; vgl. *Hofmann* in SHH Rn. 51, 69; vgl. zur Begründung der Entscheidungen eines Richterwahlausschusses, BVerfGE 143, 22 Rn. 34. *Ibler* in BerlKomm Rn. 295 sieht die Begründungspflicht im Rechtsstaats- und Demokratieprinzip verankert, dazu noch BVerfGE 6, 32 (44 f.); 49, 24 (66). Zu Regelungen zur Vernichtung von Unterlagen, die für die Geltendmachung von Rechtsschutz notwendig sind, BVerfGE 100, 313 (364 f.). Zur möglichen Umkehrung der Beweislast bei Verstößen gegen diese Pflichten OVG Greifswald NVwZ 2002, 104 (106).

[752] *Ibler* in BerlKomm Rn. 298; *Huber* in MKS Rn. 492; zu elektronischen Akten *Greve/Grundmann* NVwZ 2015, 1726 (1727); *Ernst,* Der Grundsatz digitaler Souveränität, 2020, 55 f.

[753] VerfGH Saarl NJW 2019, 2456 Rn. 38 ff., 52 zu einer Geschwindigkeitsmessung; vgl. zuvor BGHSt 39, 291 (300 ff.); *Mysegades* NZV 2020, 119 (124 f.); kritisch *Peuker* NZV 2019, 443 (443 f.); *Krenberger* NZV 2019, 421 (421 f.). Vgl. auch BVerfGE 123, 39 (71 ff.).

[754] BVerfG NJW 2013, 39 Rn. 14; *Ibler* in BerlKomm Rn. 301; *Schmidt-Aßmann* in Maunz/Dürig Rn. 257a; im Grundsatz offen gelassen in BVerfGE 40, 237 (258 f.); restriktiv BVerfGK 16, 114 (114 f.); vgl. BVerfGE 93, 99 (107 f.); 94, 166 (206).

[755] *Huber* in MKS Rn. 498; *Schenke* in BK Rn. 751 ff.; *Schmidt-Aßmann* in Maunz/Dürig Rn. 155, 158; aA *Ibler* in BerlKomm Rn. 303.

[756] *Sachs* in Sachs Rn. 141; *Ibler* in BerlKomm Rn. 348 f.; *Schulze-Fielitz* in Dreier Rn. 98; vgl. BVerfG NJW 1991, 415 (416); BVerwGE 34, 248 (250 f.); 88, 332 (334 ff.); BVerwG NJW 1999, 1729 (1730); *Stelkens/Schenk* in Schoch/Schneider/Bier VwGO § 44a Rn. 5.

5. Soweit eine andere Zuständigkeit nicht begründet ist, ist der ordentliche Rechtsweg gegeben (Abs. 4 S. 2). Art. 19 Abs. 4 S. 2 enthält eine **Ersatzzuständigkeit** der ordentlichen Gerichtsbarkeit und bezieht sich damit auf den historischen Kernbereich der Gerichtsbarkeit in Form der Zivil- und Strafgerichtsbarkeit.[757] Die Regelung soll Kompetenzkonflikte zu Lasten der Bürger verhindern.[758] Durch die einfachgesetzliche Generalklausel zur Eröffnung des Verwaltungsrechtswegs (§ 40 Abs. 1 VwGO, daneben § 13 GVG, § 51 SGG, § 33 Abs. 1 FGO) kommt der Bestimmung keine nennenswerte praktische Bedeutung zu.[759] Kommt sie ausnahmsweise dennoch zur Anwendung, entscheidet die Sachnähe über die Zuordnung zur Zivil- oder Strafgerichtsbarkeit; im Zweifel sind die Zivilgerichte zuständig.[760] 179

6. Artikel 10 Abs. 2 Satz 2 bleibt unberührt (Abs. 4 S. 3). Ein vollständiger **Ausschluss des Rechtsweges** bedarf einer Entscheidung des verfassungsändernden Gesetzgebers (→ Rn. 148). Der 1968 aufgenommene S. 3 (→ Rn. 11) bekräftigt den in Art. 10 Abs. 2 S. 2 enthaltenen Rechtswegausschluss im Bereich des Brief-, Post- und Fernmeldegeheimnisses (→ Art. 10 Rn. 167 ff.).[761] Die Regel des lückenlosen Rechtsschutzes wird dadurch aufgebrochen, doch geht das BVerfG davon aus, dass dies im Hinblick auf Art. 79 Abs. 3 zulässig ist.[762] Weitere Beschränkungen finden sich in Art. 16a Abs. 2 S. 3, Abs. 4, Art. 41 und Art. 44 Abs. 4 S. 1.[763] 180

C. Verhältnis zu anderen Bestimmungen des Grundgesetzes

Da Art. 19 unterschiedliche Bestimmungen enthält, weisen diese jeweils unterschiedliche Bezüge zu anderen Regelungen des GG auf. In jedem Fall ist das Verbot des Einzelfallgesetzes eine **Schranken-Schranke** der Grundrechte (→ Rn. 7). *Lex specialis* zu Art. 19 Abs. 1 S. 1 ist Art. 14 Abs. 3 S. 2.[764] Da die Verfassung auch Legalenteignungen erlaubt, können diese nicht am Allgemeinheitspostulat gemessen werden (→ Rn. 29). Selbiges muss für die Sozialisierungsklausel des Art. 15 gelten, die in der Sache nur die Enteignungsmöglichkeiten erweitert.[765] 181

Das **Zitiergebot** fungiert ebenfalls als formale **Schranken-Schranke** der Grundrechte (→ Rn. 27). *Leges speciales* zum Zitiergebot sind wiederum Art. 14 Abs. 3 S. 2[766] sowie richtiger Ansicht nach[767] auch Art. 17a, da dort 182

---

[757] *Schmidt-Aßmann* in Maunz/Dürig Rn. 294; *Sachs* in Sachs Rn. 150.

[758] *Brüning* in Stern/Becker Rn. 117; *Schulze-Fielitz* in Dreier Rn. 93.

[759] *Huber* in MKS Rn. 454; *Ibler* in BerlKomm Rn. 355; *Sachs* in Sachs Rn. 150.

[760] *Schmidt-Aßmann* in Maunz/Dürig Rn. 294; *Ibler* in BerlKomm Rn. 354; *Sachs* in Sachs Rn. 150.

[761] *Sachs* in Sachs Rn. 151 spricht von einer „klarstellenden" Bedeutung; für eine legalisierende Wirkung *Schulze-Fielitz* in Dreier Rn. 141.

[762] BVerfGE 30, 1 (24 ff.); *Ibler* in BerlKomm Rn. 359 ff.; *Hofmann* in SHH Rn. 95; aA *Schenke* in BK Rn. 127 f.; *Ramsauer* in AK Rn. 145; *Evers* in Dürig/Evers, Zur verfassungsändernden Beschränkung des Post-, Telefon- und Fernmeldegeheimnisses, 1969, 58 ff.; *Erichsen* VerwArch 62 (1971); 291 (299).

[763] Vgl. dazu *Huber* in MKS Rn. 522 ff.; *Schenke* in BK Rn. 129 f.

[764] BVerfGE 74, 264 (296 f.); 95, 1 (26); *Dreier* in Dreier Art. 19 Abs. 1 Rn. 30; *Krausnick* JuS 2007, 991 (992); aA hingegen *Hufeld* in BK Art. 19 Abs. 1 Rn. 167.

[765] *Dreier* in Dreier Art. 19 Abs. 1 Rn. 30.

[766] BVerfGE 24, 367 (398).

[767] *Axer* in HdbGR III § 67 Rn. 14; *de Wall* in BerlKomm Art. 19 Abs. 1, 2 Rn. 55; aA hingegen *Roellecke* in Umbach/Clemens Art. 19 Abs. 1 – 3 Rn. 40.

die möglichen zusätzlichen Grundrechtsbeschränkungen im Wehrdienstverhältnis abschließend aufgezählt werden.

183 Die **Wesensgehaltsgarantie** des Abs. 2 steht in einem nicht vollends geklärten Verhältnis zur Menschenwürde des Art. 1 Abs. 1 (→ Rn. 53). Das BVerfG geht davon aus, dass der Wesensgehalt des jeweiligen Grundrechts nicht mit seinem Menschenwürdekern übereinstimmt, was Verfassungsänderungen von der Wesensgehaltsgarantie ausnimmt.[768] *Leges speciales* zu Art. 19 Abs. 2 sind Art. 14 Abs. 3,[769] Art. 15[770] sowie Art. 18[771]. Dort wo die Verfassung selbst den endgültigen Entzug einer grundrechtlich geschützten Rechtsposition erlaubt, ist für die Wesensgehaltsgarantie kein Platz mehr.

184 Art. 19 Abs. 4 enthält mit dem **Rechtschutz gegen die öffentliche Gewalt** die Regelung eines Ausschnitts des allgemeinen Justizgewährleistungsanspruchs nach Art. 2 Abs. 1 iVm Art. 20 Abs. 3 und geht diesem deshalb insoweit als spezielle Regelung vor (→ Rn. 101). Die Art. 97, Art. 101 Abs. 1 und Art. 103 Abs. 1 dienen demselben Ziel wie Art. 19 Abs. 4 und ergänzen sich.[772] Sie gewährleisten allgemeine Rechtsschutzstandards für alle Gerichtszweige und Arten von Streitigkeiten und gehen in ihrem spezifischen Anwendungsbereich als Sonderregelungen dem Art. 19 Abs. 4 vor.[773] Die Rechtsweggarantie unterstützt verfahrensrechtlich die Wirksamkeit der materiellen Grundrechte, indem sie deren gerichtliche Durchsetzung sicherstellt (→ Rn. 98).

D. Kritische Würdigung

185 Die **Allgemeinheit der Gesetze** sowie das **Zitiergebot** haben sich – entgegen der im Parlamentarischen Rat geäußerten Befürchtungen (→ Rn. 5) – nicht zu Fesseln des Gesetzgebers entwickelt. Vielmehr sind sie beide in der Verfassungspraxis weitgehend irrelevant.[774] Dies hat unterschiedliche Ursachen. Wo die Allgemeinheit der Gesetze sich als bereits verfehltes Prüfprogramm erweisen muss, gilt für das Zitiergebot, dass es erst durch die Rspr. stark eingeschränkt wurde, wenngleich sich derzeit Tendenzen ausmachen lassen, die auf eine – erfreuliche – Abkehr von der restriktiven Linie hindeuten. Auch wenn das Zitiergebot rein formaler Natur ist, ist es geltendes Verfassungsrecht, das bei der Rechtsetzung zu beachten ist.

186 Wie das Verbot des Einzelfallgesetzes ist auch der Schutz des Wesensgehaltes der Grundrechte mit konzeptionellen Schwächen behaftet. Hier wie dort wird ein Maßstab postuliert, aus dem sich kein tragfähiges Normprogramm ableiten lassen dürfte. Da unverhältnismäßige Beschränkungen der Grundrechte ohnehin verfassungswidrig sind, und sich der Schutz eines absoluten

[768] BVerfGE 109, 279 (310 f.); zustimmend *Dreier* in Dreier Art. 19 Abs. 2 Rn. 20.

[769] *Stern,* StaatsR III/2, 1994, § 85 IV. 2.

[770] *Stern,* StaatsR III/2, 1994, § 85 IV. 2.

[771] Siehe mwN *Dreier* in Dreier Art. 19 Abs. 2 Rn. 20; *Stern,* StaatsR III/2, 1994, § 85 IV. 1. c) möchte die Wesensgehaltsgarantie dergestalt auf Art. 18 anwenden, dass „eine unbegrenzte Verwirkung" nicht erlaubt ist. Auch dies lässt sich aber bereits über eine strikte Anwendung des Verhältnismäßigkeitsgrundsatz sicherstellen.

[772] BVerfGE 101, 106 (129); *Ibler* in BerlKomm Rn. 363 f.

[773] *Schulze-Fielitz* in Dreier Rn. 147; *Huber* in MKS Rn. 363 f.; *Jarass* in Jarass/Pieroth Rn. 65; vgl. *Schmidt-Aßmann* in Maunz/Dürig Rn. 18; zur Abgrenzung zu Art. 101 Abs. 2 *Huber* in MKS Rn. 364; *Ibler* in BerlKomm Rn. 364.

[774] So bereits auch *Hesse,* Grundzüge des Verfassungsrechts der Bundesrepublik Deutschland, 20. Aufl. 1995 (Nachdr. 1999), 148.

Kernbereichs sich jenseits der ohnehin nicht antastbaren Menschenwürde kaum realisieren lässt, bleibt es im Ergebnis allein bei einer **appellativen Wirkung** (→ Rn. 57). Dies ist auch der innere Grund für den mittlerweile zaghaften Umgang der Rspr. mit der Bestimmung: Während sie in den Anfangsjahren der Bundesrepublik durchaus rezipiert wurde,[775] ist es seitdem still um sie geworden. Man mag darüber streiten, ob der Wesensgehaltsgarantie des Art. 19 Abs. 2 eine **Reservefunktion** zukommt, wenn die „grundrechtsimmanenten Prinzipien" missachtet werden.[776] Allerdings dürfte gerade in dem Fall, in dem der Gesetzgeber sich nicht länger an eine möglichst grundrechtsschonende Begrenzung gebunden fühlt, auch der Appell des Art. 19 Abs. 2 ungehört verhallen.

Die Umsetzung der Strukturentscheidung für den Individualrechtsschutz, die Art. 19 Abs. 4 trifft (→ Rn. 99), ist seit Erlass des GG mehr und mehr vervollständigt und ergänzt worden.[777] Die Möglichkeiten, individuelle Positionen gegenüber der öffentlichen Gewalt in Stellung zu bringen, sind auf einem Höchstniveau. Zwangsläufig dient dies aber nicht nur dem individuellen Rechtsschutz und stärkt die Stellung des Individuums im Gemeinwesen, sondern schafft auch **Verhinderungspotential.**[778] Dies macht es nötig, einen angemessenen Ausgleich zwischen Individualinteressen und Gemeinwohlzielen zu finden. Zugleich darf dies aber nicht davon abhalten, die Funktionen individueller Rechtsverfolgung sachgerecht fortzuschreiben, dh einerseits ihr Potenzial in bestimmten Bereichen, in denen bislang Vollzugsdefizite bestehen, weitergehender zu nutzen, auch wenn das bedeutet, das Verständnis des subjektiven Rechts weiterzuentwickeln (→ Rn. 118).[779] **187**

Die staatlichen Reaktionen auf diese Herausforderungen folgen bislang keinem kohärenten Muster. Im Bereich großer Planungsvorhaben versuchte der Gesetzgeber in den letzten Jahren in einigen Bereichen mit intensivierten **Beteiligungsmöglichkeiten** die Rechte der Bürger zu stärken, an anderer Stelle wurden Beteiligungsmöglichkeiten aber auch gestrichen bzw. erheblich zurückgenommen.[780] Während bei solchen großen Planungsvorhaben die Verfahren eine erhebliche Komplexität und Dauer angenommen haben, lässt sich an anderer Stelle eine übermäßige Verlagerung der Entscheidung in summarische Verfahren beobachten.[781] **188**

Literatur

Zu Abs. 1:

H. Bauernfeind, Zum Verbot von Einzelfallgesetzen, DVBl 1976, 193. – ***H. Bethge,*** Probleme des Zitiergebots des Art. 19, DVBl 1972, 365. – ***E. Forsthoff,*** Über Maßnahme-Gesetze, GS f. W. Jellinek, 1955, 221. – ***K. Hesse,*** Grundzüge des Verfassungsrechts der Bundesrepublik Deutschland, 20. Aufl. 1999. – ***H. Hofmann,*** Das Postulat der Allgemeinheit des Gesetzes, in C. Starck (Hrsg.), Die Allgemeinheit des Gesetzes, 1987, 9. – ***H. Hofmann,*** Das Rettungsübernahmegesetz im Spiegel des Art. 14 III GG – „Eine Enteignung ist nur zum Wohle der Allgemeinheit zulässig", NVwZ 2009, 673. – ***W. Kilian,*** Der Geltungsbereich des Zitiergebots im Art. 19 Abs. 1 S. 2 GG, 1966. –

---

[775] BGHSt 4, 375 (377); 4, 385 (392); 7, 394 (401 f.), BGHZ 6, 270 (279); 22, 167 (175 ff.); BVerwGE 1, 48 (51); 1, 92 (94); 2, 295 (299 f.).

[776] *Häberle,* Die Wesensgehaltgarantie des Art. 19 Abs. 2 Grundgesetz, 1962, 235.

[777] *Huber* in MKS Rn. 349.

[778] *Huber* in MKS Rn. 349, 351. Umfassend *Menke,* Kritik der Rechte, 2018, 177 ff.

[779] Vgl. *Franzius* UPR 2016, 281 (290 f., 295).

[780] *Antweiler* NVwZ 2019, 29; *Groß* JZ 2020, 76 (76 f.).

[781] Kritisch auch *Heinemann* NVwZ 2019, 517 (518 f.); vgl. *Ibler* in BerlKomm Rn. 34; *Buchheister* DVBl. 2017, 610 (611 f.); vgl. auch *Beckmann* DÖV 2019, 773 (774 f.).

G. Kirchhof, Die Allgemeinheit des Gesetzes, 2009. – ***H. Krüger,*** Die Verfassungswidrigkeit der lex Schörner, DVBl. 1955, 758, 791. – ***Ph. Kunig,*** Einzelfallentscheidung durch Gesetz, Jura 1993, 308. – ***C.-F. Menger,*** Das Gesetz als Norm und Maßnahme, VVDStRL 15 (1957), 3. – ***C.-F. Menger,*** Über Inhalt und Tragweite von Art. 19 Abs. 1 des Grundgesetzes, GS f. Klein, 1977, 321. – ***Ch. Möllers,*** Dogmatik der grundgesetzlichen Gewaltengliederung, AöR 132 (2007), 493. – ***H. Röhl,*** Die Nennung des eingeschränkten Grundrechts nach Art. 19 Abs. 1 Satz 2 des Grundgesetzes, AöR 81 (1956), 195. – ***Th. Schwarz,*** Die Zitiergebote im Grundgesetz, 2002. – ***C. Starck,*** Der Gesetzesbegriff des Grundgesetzes, 1970. – ***D. Volkmar,*** Allgemeiner Rechtssatz und Einzelakt, 1962. – ***H. Wehrhahn,*** Das Gesetz als Norm und Maßnahme, VVDStRL 15 (1957), 35. – ***K. Zeidler,*** Maßnahmegesetz und „klassisches" Gesetz, 1961.

Zu Abs. 2:

U. Brenner, Möglichkeiten und Grenzen grundrechtsbezogener Erfassungsänderungen, dargestellt anhand der Neuregelung des Asylrechts, Der Staat (32) 1993, 493. – ***J. Chlosta,*** Der Wesensgehalt der Eigentumsgewährleistung, 1975. – ***C. Drews,*** Die Wesensgehaltsgarantie des Art. 19 II GG, 2005. – ***G. Dürig,*** Der Grundsatz von der Menschenwürde, AöR 81 (1956), 117. – ***H.-U. Erichsen,*** Zur Verfassungswidrigkeit der lebenslangen Freiheitsstrafe, NJW 1976, 172. – ***P. Häberle,*** Die Wesensgehaltgarantie des Art. 19 Abs. 2 Grundgesetz, 3. Aufl. 1983. – ***G. Herbert,*** Der Wesensgehalt der Grundrechte, EuGRZ 1985, 321. – ***R. Herzog,*** Grundrechte aus der Hand des Gesetzgebers, FS J. Zeidler, Bd. II, 1987, 1415. – ***E. v. Hippel,*** Grenzen und Wesensgehalt der Grundrechte, 1965. – ***A. Leisner-Egensperger,*** Die Wesensgehaltsgarantie des Art. 19 Abs. 2 GG, in D. Merten/H.-J. Papier (Hrsg.), Grundfragen der Grundrechtsdogmatik, 2007. – ***B. Remmert,*** Verfassungs- und verwaltungsrechtsgeschichtliche Grundlagen des Übermaßverbotes, 1995. – ***N. Schaks,*** Die Wesensgehaltsgarantie, Art. 19 II GG, JuS 2015, 407. – ***L. Schneider,*** Der Schutz des Wesensgehalts von Grundrechten nach Art. 19 Abs. 2 GG, 1983. – ***M. Stelzer,*** Das Wesensgehaltsargument und der Grundsatz der Verhältnismäßigkeit, 1991.

Zu Abs. 3:

T. Ackermann, Unternehmen als Grundrechtssubjekte, JöR 65 (2017), 113. – ***P. Badura,*** Die Unternehmensfreiheit der Handelsgesellschaften, DÖV 1990, 353. – ***U. Becker,*** Grundrechtsberechtigung juristischer Personen (Art. 19 Abs. 3 GG), Jura 2019, 496. – ***A. Berger,*** Staatseigenschaft gemischtwirtschaftlicher Unternehmen, 2006. – ***H. Bethge,*** Grundrechtsträgerschaft juristischer Personen, AöR 104 (1979), 54, 265. – ***H. Bethge,*** Die Grundrechtsberechtigung juristischer Personen nach Art. 19 Abs. 3 GG, 1985. – ***K. A. Bettermann,*** Juristische Personen des öffentlichen Rechts als Grundrechtsträger, NJW 1969, 1321. – ***M. Goldhammer,*** Grundrechtsberechtigung und -verpflichtung gemischtwirtschaftlicher Unternehmen, JuS 2014, 891. – ***M. Goldhammer/F. Sieber,*** Juristische Person und Grundrechtsschutz in Europa, JuS 2018, 22. – ***A. Guckelberger,*** Zum Grundrechtsschutz ausländischer juristischer Personen, AöR 129 (2004), 618. – ***M. Hilf/S. Hörmann,*** Der Grundrechtsschutz von Unternehmen im europäischen Verfassungsverbund, NJW 2003, 1. – ***H.-G. Koppensteiner,*** Zur Grundrechtsfähigkeit gemischtwirtschaftlicher Unternehmungen, NJW 1990, 3105. – ***M. Kotzur,*** Der Begriff der inländischen juristischen Personen nach Art. 19 Abs. 3 GG im Kontext der EU, DÖV 2001, 192. – ***M. Ludwigs,*** Grundrechtsberechtigung ausländischer Rechtssubjekte, JZ 2013, 434. – ***M. Ludwigs/C. Friedmann,*** Die Grundrechtsberechtigung staatlich beherrschter Unternehmen und juristischer Personen des öffentlichen Rechts, NVwZ 2018, 22. – ***M. Ludwigs/C. Friedmann,*** Die Grundrechtsberechtigung juristischer Personen nach Art. 19 III GG, JA 2018, 807. – ***S. Papenbrock,*** Die Grundrechtsberechtigung juristischer Personen des öffentlichen Rechts bei Beteiligung eines ausländischen Staates im Rechtsvergleich, 2019. – ***Th. Poschmann,*** Grundrechtsschutz gemischt-wirtschaftlicher Unternehmen, 2000. – ***J. Rauber,*** Zur Grundrechtsberechtigung fremdstaatlich beherrschter juristischer Personen, 2019. – ***W. Rüfner,*** Der personale Grundzug der Grundrechte und der Grundrechtsschutz juristischer Personen, FS 50 Jahre BVerfG II, 2001, 55. – ***E. Schmidt-Aßmann,*** Der Grundrechtsschutz gemischt-wirtschaftlicher Unternehmen nach

Art. 19 Abs. 3 GG, BB-Beil. Heft 34/1990. – ***F. E. Schnapp,*** Gemeinden als Grundrechtsträger, Der Städtetag 1969, 534. – ***R. Störmer,*** Gemeinschaftsrechtliche Diskriminierungsverbote versus nationale Grundrechte?, AöR 123 (1998), 541 – ***R. Weinzierl,*** Europäisierung des deutschen Grundrechtschutzes?, 2006.

Zu Abs. 4:

O. Bachof, Reflexwirkungen und subjektive Rechte im öffentlichen Recht, GS W. Jellinek, 1955, 287. – ***Hartmut Bauer,*** Geschichtliche Grundlagen der Lehre vom subjektiven öffentlichen Recht, 1986. – ***Horst Bauer,*** Gerichtsschutz als Verfassungsgarantie. Zur Auslegung des Art. 19 Abs. 4 GG, 1973. – ***C. Bickenbach,*** Grundfälle zu Art 19 IV GG, JuS 2007, 813, 910. – ***C. Classen,*** Der Einzelne als Instrument zur Durchsetzung des Gemeinschaftsrechts?, VerwArch 88 (1997), 645 – ***O. Dörr,*** Der europäisierte Rechtsschutzauftrag deutscher Gerichte, 2003. – ***C. Franzius,*** Modernisierung des subjektiven öffentlichen Rechts, UPR 2016, 281. – ***V. Götz/ H. H. Klein/C. Starck*** (Hrsg.), Die öffentliche Verwaltung zwischen Gesetzgebung und richterlicher Kontrolle, 1985. – ***C. Gusy,*** Verfassungsfragen vorbeugendenden Rechtsschutzes, JZ 1998, 167. – ***P. Heinemann,*** Verwaltungsrechtlicher Eilrechtsschutz: Die Chimäre der summarischen Rechtsprüfung, NVwZ 2019, 517. – ***D. Hömig,*** Gnade und Verfassung, DVBl. 2007, 1328. – ***W. Krebs,*** Kontrolle in staatlichen Entscheidungsprozessen, 1984. – ***P. Lerche,*** Die Verwaltungsgerichtsbarkeit im Geflecht der Rechtskontrollen, BayVBl. 1980, 257. – ***D. Lorenz,*** Der Rechtsschutz des Bürgers und die Rechtsweggarantie, 1973. – ***D. Lorenz,*** Das Gebot effektiven Rechtsschutzes des Art. 19 Abs. 4 GG, Jura 1983, 393. – ***V. Mehde,*** Verwaltungskontrolle als Daueraufgabe der Verwaltungsgerichtsbarkeit, Die Verwaltung 43 (2010), 279. – ***A. Niesler,*** Individualrechtsschutz im Verwaltungsprozess, 2012. – ***H.-J. Papier,*** Zur verwaltungsgerichtlichen Kontrolldichte, DÖV 1986, 621. – ***C. Pestalozza,*** Art. 19 IV GG – nur eine Garantie des Fachgerichtsweges gegen die Verletzung von Bundesgrundrechten i. S. der Art. 1–17 GG, NVwZ 1999, 140. – ***J. Pietzcker,*** Drittwirkung – Schutzpflicht – Eingriff, FS Dürig, 1990, 345. – ***K. Rennert,*** Verwaltungsrechtsschutz auf dem Prüfstand, DVBl. 2017, 69. – ***M. Sachs,*** Verwaltung an den „Funktionsgrenzen der Rechtsprechung", DVBl. 2020, 311. – ***W.-R. Schenke,*** Rechtsschutz bei normativem Unrecht, NJW 2017, 1062 – ***W.-R. Schenke,*** Verfassungsrechtliche Garantie eines Rechtschutzes gegen Rechtsprechungsakte?, JZ 2005, 116. – ***R. Scholz,*** Verwaltungsverantwortung und Verwaltungsgerichtsbarkeit, VVDStRL 34 (1976), 145. – ***E. Schmidt-Aßmann,*** Kohärenz und Konsistenz des Verwaltungsrechtsschutzes, 2015. – ***E. Schmidt-Aßmann,*** Verwaltungsverantwortung und Verwaltungsgerichtsbarkeit, VVDStRL 34 (1976), 221. – ***H. Schmitz,*** Der Blick der Verwaltung auf die Verwaltungsgerichtsbarkeit, DVBl. 2019, 265. – ***D. Steiger,*** Entgrenzte Gerichte? Die Ausweitung des subjektiven Rechts und der richterlichen Kontrollbefugnisse, VerwArch 107 (2016), 497. – ***A. Voßkuhle,*** Rechtsschutz gegen den Richter, 1993. – ***P. Wilfinger,*** Das Gebot effektiven Rechtsschutzes in Grundgesetz und Europäischer Menschenrechtskonvention, 1995. – ***K. Windthorst,*** Der verwaltungsgerichtliche einstweilige Rechtsschutz, 2009.

II. Der Bund und die Länder

Art. 20 [Staatsgrundlagen; Widerstandsrecht]

(1) Die Bundesrepublik Deutschland ist ein demokratischer und sozialer Bundesstaat.

(2) [1] Alle Staatsgewalt geht vom Volke aus. [2] Sie wird vom Volke in Wahlen und Abstimmungen und durch besondere Organe der Gesetzgebung, der vollziehenden Gewalt und der Rechtsprechung ausgeübt.

(3) Die Gesetzgebung ist an die verfassungsmäßige Ordnung, die vollziehende Gewalt und die Rechtsprechung sind an Gesetz und Recht gebunden.

(4) Gegen jeden, der es unternimmt, diese Ordnung zu beseitigen, haben alle Deutschen das Recht zum Widerstand, wenn andere Abhilfe nicht möglich ist.

Weimarer Reichsverfassung von 1919

Art. 1. Das Deutsche Reich ist eine Republik.
Die Staatsgewalt geht vom Volke aus.

Übersicht

A. Allgemeine Bedeutung

I. Genese

1. Art. 20 und der Verfassungsstaat als Typus. Art. 20 formuliert **Strukturprinzipien der Herrschaftsorganisation**[1], die das Grundgesetz der bundesrepublikanischen Verfassungsordnung als ihre änderungsfeste (Art. 79 Abs. 3) Substanz zugrunde legt.[2] Das Widerstandrecht aus Abs. 4 sichert sie zusätzlich ab – und zwar bewusst individualrechtlich.[3] Da diese Strukturbestimmungen staatsbezogen gedacht sind, handelt es sich um **Staatsstrukturbestimmungen.**[4] Sie konkretisieren den Typus des modernen Verfassungsstaates[5] grundgesetzspezifisch und formulieren zu diesem Zweck Grund und Grenze, konturieren Inhalte und Verfahren, bezeichnen zugleich Ziel und Aufgabe der Ausübung hoheitlicher Gewalt.[6] In ihrer aufeinander bezogenen Zusammenschau skizzieren sie letztlich den Kern dessen, was die bundesrepublikanische Verfassungsidentität[7] ausmacht. Das geschieht bewusst in einem einzigen, programmatisch und für das Ganze der Verfassung auch emblematisch gemeinten Artikel. So wie Art. 1 den Grundrechtsteil eröffnet, tut das Art. 20 für den staatsorganisatorischen Teil: in radikaler Abkehr zu allen vordemokratischen, vorrechtsstaatlichen, autoritären und totalitären Varianten deutscher Staatlichkeit. Wer nach dem „Wesensgehalt" des GG fragt, findet im Zusammenspiel von Art. 1 und Art. 20 die Antwort. 1

Die von Art. 20 für die Bundesrepublik Deutschland ausbuchstabierten Herrschaftsstrukturen und -funktionen sind aber nicht zwingend auf die Staatsorganisation, erst recht nicht auf die nur eines einzigen Staates verengt. Sie haben vielmehr in einem weiteren Sinne Relevanz für die unterschied- 2

[1] Mein herzlicher Dank gilt *Manuela Niehaus* und *Larissa Oppermann* für ihre wertvolle Hilfe bei der Erarbeitung vorliegender Kommentierung.

[2] Schon klassisch *Dürig* FG f. Maunz, 1971, 441; *Zacharias* in Thiel Wehrhafte Demokratie, 2003, 57 ff.

[3] Gängig ist insoweit auch die Formel von der streitbaren Demokratie, siehe *Badura* FS f. Scheuner, 1973, 19 ff., 31; *Papier/Durner* AöR 128 (2003), 341.

[4] Von „Verfassungsgesetzliche(n) Staatsstrukturbestimmungen" spricht etwa *Contiades* in seiner gleichnamigen Monographie aus dem Jahre 1967.

[5] *Häberle,* Der kooperative Verfassungsstaat, 2013, 17, umschreibt diesen Typus wie folgt: Er „setzt sich aus idealen und realen – Staat und Gesellschaft betreffenden – Elementen zusammen, die bei kaum einem einzelnen Verfassungsstaat alle gleichzeitig erreicht sind, die aber einen optimalen Sollzustand und einen möglichen Istzustand in den Blick nehmen: in Richtung einer universalen Verfassungslehre mit Elementen einer völkerrechtsoffenen Weltrechtskultur."

[6] *Ehmke,* Grenzen der Verfassungsänderung, 1953, 53 f.; *Häberle* VVDStRL 20 (1963), 61 ff.; *Brunkhorst,* Einführung in die politische Ideengeschichte, 2000, 253 ff.; *Kotzur* in HdbStR XII § 260 Rn. 2 mwN.

[7] Den nicht unumstrittenen Begriff hat das Bundesverfassungsgericht in seiner Lissabon-Entscheidung (BVerfGE 123, 267) geprägt. Seither hat die Formulierung über den Entscheidungskontext hinaus (terminologischen) Selbststand gewonnen: *Polzin,* Verfassungsidentität, 2018; vorher schon *Baus/Pöttering,* Europäische Integration und deutsche Verfassungsidentität, 2010.

lichsten denkbaren Varianten von Herrschaftsorganisation politischer Gemeinschaften, seien diese nun staatlich verfasst, supranational konstituiert (wie die EU) oder international (durch multilaterale Vertragsregime) begründet (wie die UN). Keineswegs zufällig legt Art. 2 EUV der Union als Wertbasis zugrunde, was in ihren mitgliedstaatlichen Verfassungen normativ zu Rechten bzw. (Struktur-)Prinzipien verdichtet wird.[8] Macht, die nicht durch Gottes Gnade verliehen oder in sonstiger Weise transzendental begründbar ist und die ihre Autorität nicht aus selbstermächtigendem Können herleitet, bedarf **innerweltlicher Legitimationsmaßstäbe:** demokratischer Rückbindung, rechtsstaatlicher Einhegung, republikanischer Gemeinwohlorientierung, horizontaler Differenzierung im Sinne des Subsidiaritätsdenkens und gerechtigkeitsorientierten sozialen Ausgleichs. Diese Maßstäbe können indes nur insoweit universelle Gehalte für sich in Anspruch nehmen, als sie an gemeinmenschliche Bedürfnisse, Gefährdungslagen und elementare Unrechtserfahrungen – wie etwa der Willkürherrschaft – anknüpfen. Sie sind überdies kontingent.

3 *Die* Demokratie gibt es ebenso wenig wie *den* Rechtsstaat, *den* Sozialstaat oder ein allgemeines Bundesstaatsmodell. *Res publica* und *salus publica* sind politischer Gemeinschaftsbildung nicht vor-, sondern aufgegeben.[9] Das Widerstandsrecht reagiert auf spezifische unrechtsstaatliche Erfahrungen und nimmt zugleich den Einzelnen in die Verantwortung für „seine" Verfassung. In häufig komplexen Rezeptionsprozessen[10] und abhängig von den – ihrerseits historisch bedingten – politischen, sozialen und nicht zuletzt auch wirtschaftlichen Kontexten – erhalten die **universellen Maßstäbe** durch konkrete Verfassungsentscheidungen[11] ihre **kulturspezifische normative Substanz.**

4 So finden sich seit der amerikanischen und französischen Revolution allgemeine Aussagen zu den Grundlagen des Staatswesens in vielen Verfassungen.[12] Sie sind heute, wie schon angesprochen, für den **Verfassungsstaat typusprägend,** haben auf unionaler Ebene (Art. 2 EUV wurde ebenfalls bereits genannt, Art. 5 III EUV, Art. 10 Abs. 1 EUV und andere wären nachzutragen) ein nichtstaatliches Pendant gefunden und vermitteln dem Völkerrecht (etwa im Diskurs um eine „international rule of law"[13] oder ein Recht auf Demokratie[14]) konstitutionelle Impulse.[15]

5 **2. Art. 20 im Verfassungsgefüge der Bundesrepublik Deutschland.** Ungeachtet der eben angedeuteten langen Ideen- und Verfassungsgeschichte der Staatsstrukturbestimmungen stellt ihre konzentrierte Bündelung nach

[8] *Calliess* JZ 2004, 1033 ff.; *Geiger* in Geiger/Khan/Kotzur EUV/AEUV Art. 2 EUV Rn. 1 ff.

[9] In diesem Sinne *Häberle* Verfassung als öffentlicher Prozess, 1998.

[10] *Häberle,* Verfassungslehre als Kulturwissenschaft, 1998, 715 ff.

[11] Die Terminologie der „Verfassungsentscheidung" findet sich etwa bei Maunz/Dürig, Art. 20 II. Rn. 1–9.

[12] *Sachs* in Sachs Rn. 1.

[13] *Chesterman,* Rule of Law in Max Planck Encyclopedia of International Law (https://opil.ouplaw.com/view/10.1093/law:epil/9780199231690/law-9780199231690-e1676?prd=EPIL), 2007.

[14] *Kokott* ZaöRV 2004, 517 ff., 525 ff. mwN; *v. Bogdandy* ZaöRV 2003, 853 ff.; *Marks* in Fox/Roth Democratic Governance in International Law, 2000, 532 ff.; *Schindler* FS f. Seidl-Hohenfeldern, 1998, 611 ff.; *Crawford,* Democray in International Law, 1993; *Franck* AJIL 1992, 46 ff.

[15] Eine treffliche Übersicht zur völkerrechtlichen Konstitutionalisierungsdebatte findet sich bei *Kleinlein,* Konstitutionalisierung im Völkerrecht, 2012.

dem Muster von Art. 20 ein (relatives) **Novum** dar.[16] Die frühen Verfassungen der amerikanischen (1776) und französischen (1789) Revolutionsepoche leisten noch keine so umfassende **Selbstbeschreibung ihrer Verfassungsarchitektur** bzw. normative Absicherung ihrer Strukturprinzipien in nur einer zentralen Norm.[17] Erinnert sei aber an den sendungsbewussten Verfassungsuniversalismus aus Art. 16 der „Déclaration des Droits de l'Homme et du Citoyen" („Erklärung der Menschen- und Bürgerrechte"), die eine Garantie der Menschenrechte und das Prinzip der Gewaltenteilung dem Verfassungsstaat zu seinem typusbestimmenden Erbe macht.[18] Demgegenüber beruhen die einzelstaatlichen Verfassungen des 19. Jahrhunderts auf Fürstensouveränität,[19] heben das konstitutionell-monarchische Prinzip hervor[20] und beschränken sich auf die – damals freilich wohl wichtigste – Frage der (neuen) Staatsform einer konstitutionellen Monarchie.[21] Erst Art. 1 der Weimarer Reichsverfassung (1919) bricht mit der Monarchie und rezipiert *J.-J. Rousseaus* Klassikertext zur Volkssouveränität: „Die Staatsgewalt geht vom Volke aus."[22] Ein weitergehender Katalog fehlt auch hier.

6 Die 1946/1947 erlassenen **deutschen Landesverfassungen** zeichnen die in Art. 20 Abs. 1 bis 3 enthaltenen Prinzipien vor und lassen nach der nationalsozialistischen Gleichschaltungspolitik die Bundesstaatlichkeit wirkmächtig wiederauferstehen.[23] Zu einer Bündelung dieser Prinzipien will sich der Verfassungskonvent von Herrenchiemsee noch nicht verstehen. Er dachte die grundlegenden Strukturen eher mit Blick auf die Länder – dazu Art. 28 Abs. 1 – und die Ewigkeitsgarantie.[24] Seine Genese verdankt Art. 20 vielmehr den Arbeiten des Parlamentarischen Rates.[25] Den Ausgangentwurf hatte *H. von Mangoldt* erarbeitet – weitere Formulierungsanregungen stammten von *C. Schmid* – und im Ausschuss für Grundsatzfragen zur Diskussion gestellt.[26] Die endgültige Fassung der bis heute unverändert gebliebenen Abs. 1 und 3 des Art. 20 geht auf den Hauptausschuss, die Fassung von Abs. 2, seither ebenfalls unverändert, auf den Allgemeinen Redaktionsausschuss zurück.[27] Ein explizit garantiertes Widerstandrecht kannte das Grundgesetz von 1949 indes nicht. Abs. 4, dem eine hohe symbolische Funktion zukommt, fand erst mit der Notstandsgesetzgebung (1968) Eingang in den Verfassungstext.[28]

---

16 *Dreier* in Dreier, Art. 20 (Einführung) Rn. 1.

17 *Dreier* in Dreier, Art. 20 (Einführung) Rn. 1.

18 „Toute Société dans laquelle la garantie des Droits n'est pas assurée, ni la séparation des Pouvoirs déterminée, n'à point de Constitution".

19 *Rolin,* Der Ursprung des Staates. Die naturrechtlich-rechtsphilosophische Legitimation von Staat und Staatsgewalt im Deutschland des 18. und 19. Jahrhunderts, 2005.

20 *Füssl,* Professor in der Politik: Friedrich Julius Stahl (1802 – 1861), 1988.

21 *Pieroth* in Jarass/Pieroth Rn. 1; *Dreier* in Dreier, Art. 20 (Einführung) Rn. 1 mit Textbelegen etwa aus der bayerischen, badischen, württembergischen oder sächsischen Verfassung.

22 *Dreier* in Dreier, Art. 20 (Einführung) Rn. 1; *Häberle,* Verfassungslehre als Kulturwissenschaft, 1998, 705.

23 *Sachs* in Sachs Rn. 1 mit Verweis auf die entsprechenden Textbelege.

24 *Dreier* in Dreier, Art. 20 (Einführung) Rn. 2.

25 Nachweise in JöR nF 1 (1951), 195.

26 JöR nF 1 (1951), 195; *Dreier* in Dreier Rn. 2; *Sachs* in Sachs Rn. 2.

27 Parl. Rat VII, 220 u. 502; weitere Details bei *Dreier* in Dreier, Art. 20 (Einführung) Rn. 2, der auf die entstehungsgeschichtlichen Ausführungen von *Reimer,* Verfassungsprinzipien, 2001, verweist.

28 *Jarass* in Jarras/Pieroth Rn. 171.

7 Besonderes Augenmerk verdient schließlich auch die systematische Stellung von Art. 20. Die Paulskirchenverfassung von 1848/49, die preußische Verfassung von 1848/50, die meisten deutschen Länderverfassungen des 19. und frühen 20. Jahrhunderts, die Reichsverfassung von 1871 und auch die Weimarer Reichsverfassung von 1919 hatten die Bestimmungen über den Staat und seine Organisation an ihren jeweiligen Anfang gerückt.[29] Anders das Grundgesetz: Es überlässt den Grundrechten den Vortritt. Ein deutlicheres Signal, dass der **Staat in den Dienst des Menschen** gestellt ist und letzterer den Nukleus jeder Form von politischer Gemeinschaftsbildung formt, hätte die verfassungsrechtliche Neuordnung nach 1949 kaum setzen können. Ganz wie es der Verfassungsentwurf von Herrenchiemsee schon für Art. 1 Abs. 1 vorgeschlagen hatte: „Der Staat ist um des Menschen willen da, nicht der Mensch um des Staates willen."[30] Der Staat wird vom Einzelnen her konstituiert, seine Staatlichkeit ist „(g)rundrechtsgeprüft", seine organisatorischen Grundprinzipien werden inhaltlich von den Grundrechten her determiniert und sind auf den Menschen hin zu denken.[31]

8 **3. Art. 20 und das Menschenbild des Grundgesetzes.** Damit ist schließlich die zentrale Frage nach dem Menschenbild des Grundgesetzes angesprochen.[32] Zu dessen Konturierung bedient sich das Bundesverfassungsgericht nämlich nicht nur der Einzelgrundrechte, sondern verweist auch auf Art. 20: „Das Menschenbild des Grundgesetzes ist nicht das eines isolierten, souveränen Individuums; das Grundgesetz hat vielmehr die Spannung Individuum – Gemeinschaft im Sinne der **Gemeinschaftsbezogenheit** und **Gemeinschaftsgebundenheit der Person** entschieden, ohne dabei deren Eigenwert anzutasten. Das entspricht insbesondere auch einer Gesamtansicht der Art. 1, 2, 12, 14, 15, 19 und 20 GG".[33] Art. 1 Abs. 1 greift individualgrundrechtlich in die politische Gemeinschaft hin aus, da er in seiner Menschenwürdeformel den Du-Bezug von vornherein mitgedacht hat: die Anerkennung der „gleichen Menschenwürde des Anderen", die (s. Art. 1 Abs. 2) die Grundlage jeder menschlichen Gemeinschaft ist.[34] Art. 20 bindet umgekehrt die politische Gemeinschaft zurück an die Menschenwürde und die Individualgrundrechte. Damit knüpft er an die vernunftrechtrechtlichen Konstruktionen von Staat und Gesellschaft zwischen dem 16. und 18. Jahrhundert an. Auch hier bildet der Einzelmensch den Anfang aller Staatswerdung und Gesellschaftsbegründung; nach der Lehre vom Gesellschaftsvertrag vermitteln die realiter oder idealiter kontrahierenden Individuen dem Staat seine Legitimität.[35]

---

[29] *Robbers* in BK Rn. 55.

[30] Zitiert nach JöR nF 1 (1951), 48.

[31] So explizit *Robbers* in BK Rn. 46.

[32] *Häberle,* Das Menschenbild im Verfassungsstaat, 1988, 47 ff.; *Häberle* FS f. Kriele, 1997, 1277; *Becker,* Das „Menschenbild des Grundgesetzes" in der Rechtsprechung des Bundesverfassungsgerichts, 1996; *Bergmann,* Das Menschenbild der Europäischen Menschenrechtskonvention, 1995; Nachweise auch bei *Herdgen* in Maunz/Dürig, Art. 1, Rn. 28.

[33] BVerfGE 4, 7 (15 f.); 30, 1 (20); 115, 118 (158 f.); *Robbers* in BK Rn. 53.

[34] Erinnert sei auch an den „status corporativus" der Grundrechte, *Häberle,* Die Wesensgehaltgarantie des Art. 19 Abs. 2. GG, 1983, 376 ff.

[35] *Robbers* in BK Rn. 57; *Kersting,* Die politische Philosophie des Gesellschaftsvertrages, 1994; *Kersting* in Heun/Honecker/Morlok/Wieland Evangelisches Staatslexikon, 760; *Koller,* Neue Theorien des Sozialkontrakts, 1987; *Bielefeldt,* Neuzeitliches Freiheitsrecht und politische Gerechtigkeit. Perspektiven der Gesellschaftsvertragstheorien, 1990; *Boucher/Kelly,* The Social Contract from Hobbes to Rawls, 1994. Für den wohl wichtigsten Vertreter der neuen Sozialvertragslehren, *Rawls,* sei verwiesen auf dessen „Theorie der Gerechtigkeit", 1975, insbes. 140 ff., sowie auf „Gerechtigkeit als Fairness: ein Neuentwurf", 2003.

II. Inhaltsübersicht

1. Das Zusammenspiel der Verfassungsstrukturprinzipien. Art. 20 Abs. 1 nennt die fundamentalen Strukturprinzipien des Grundgesetzes in einem Atemzug: Mit „Bundesrepublik Deutschland" ist sowohl auf das Bundesstaats- als auch das Republikprinzip verwiesen, es folgen das Demokratie- und das Sozialstaatsprinzip, mit dem „Bundesstaat" klingt der Föderalismus ein zweites Mal an. Allein der Rechtsstaat ist nicht ausdrücklich genannt. Dieses jedenfalls **semantische Übergewicht des Föderalen** hatte in Herrenchiemsee *L. Bergsträßer* moniert. Sollte der staatsorganisatorische Teil mit dem Staatsnamen beginnen, so sei ein weiterer Hinweis auf den „bundesstaatlichen Aufbau" überflüssig, wenn nicht tautologisch.[36] In seinem Vorschlag fehlt mit der Nennung des Staatsnamens zugleich der republikanische Impuls, dafür findet der Rechtsstaat explizite Erwähnung: „Deutschland ist ein demokratischer und sozialer Rechtsstaat mit parlamentarischer Regierungsform und bundesstaatlichem Aufbau."[37] 9

Nach manchen Variationen setzte sich die heute gültige Fassung auf Vorschlag von *Th. Heuss* im Parlamentarischen Rat durch.[38] Sein rechtsstaatliches Credo hatte das Grundgesetz ohnehin schon in Art. 1 Abs. 3 grundrechtsspezifisch ausdifferenziert[39] und damit jene **grundrechtsgeprägte materielle Rechtsstaatlichkeit** grundgelegt,[40] die Art. 20 Abs. 3 mit über die Grundrechte hinausweisendem Bindungsanspruch wiederaufgreift und die das Homogenitätsgebot aus Art. 28 Abs. 1 S. 1 mit seiner Idee des republikanischen, demokratischen und sozialen Rechtsstaats auch der verfassungsmäßigen Ordnung in den Ländern zugrunde legt.[41] 10

Dass Art. 20 Abs. 1 unmittelbar nach der Nennung des Staatsnamens die demokratische Herrschaftsorganisation benennt, ist alles andere als ein Zufall. Schon die Präambel denkt, ebenso wie Art. 146, das Deutsche Volk als Subjekt der Verfassunggebung. Damit sind aber keine **„Schöpfungs-Mythen"** ungebundener verfassungsgebender Gewalt beschworen, wie sie in der Tradition des **Dezisionismus** eines *C. Schmitt* immer wieder anklingen.[42] Der Glaube an die Ur-Dezision in *rebus politicis* beruht auf einem doppelten – mitunter vielleicht gewollten – Missverständnis: der *Ungebundenheit* und der *Einmaligkeit*. Eine politische Gemeinschaft findet nicht in freier Ungebundenheit zu ihrem konstitutionellen Selbst, sondern weiß sich dabei abhängig von übergeordneten Gerechtigkeitsvorstellungen, völkerrechtlichen Rahmungen und vor allem dem, was Art. 1 Abs. 1 verfasster Staatlichkeit als ihr Apriori vorgibt: der unantastbaren Menschenwürde.[43] 11

Verfassung wiederum ist nichts einmaliges, sondern ein kontinuierlicher, von ihren Bürgerinnen und Bürgern tagtäglich gelebter **öffentlicher Prozess**[44]: „plébiscite de tous les jours".[45] Bei diesem „Plebiszit" sind es wiederum 12

[36] Siehe JöR nF 1 (1951), 195 f.
[37] JöR nF 1 (1951), 196.
[38] JöR nF 1 (1951), 201 (Antrag Drs. 381 v. 15.12.1948).
[39] JöR nF 1 (1951), 44.
[40] *Zacher,* Freiheitliche Demokratie, 1969, 57 f.
[41] *Klein* Zeitschrift für die gesamte Staatswissenschaft 1950, 390.
[42] *Schmitt,* Verfassungslehre, 1928, 20 ff.
[43] *Kotzur* Liber Amicorum f. Häberle, 2004, 298 f.
[44] Grundlegend *Häberle,* Verfassung als öffentlicher Prozess, 1998.
[45] *Renan,* Was ist eine Nation?, 1996, 34 f.: „Das Dasein einer Nation ist – erlauben Sie mir dieses Bild – ein Plebiszit Tag für Tag, wie das Dasein des einzelnen eine dauernde

rechtsstaatliche Traditionen und Volkssouveränität, die dem Mythos der Verfassungsschöpfung eine rationale Alternative gegenüberstellen.[46] Wer verfasste und verfassunggebende Gewalt in diesem nicht strikt getrennten, sondern aufeinander hin bezogenen Sinne begreift, wird in der **Demokratie** unschwer den zentralen Verfassungsgrundsatz des Grundgesetzes, überhaupt sein legitimatorisches Grundprinzip politischer Einheitsbildung erkennen.[47] Art. 20 Abs. 1 legt sich allerdings weder auf eine bestimmte Demokratietheorie fest noch kopiert die Norm „irgendeine historisch gegebene politische Gestalt von Demokratie".[48] Die Grundidee von Demokratie wird erst in den Einzelartikeln des Grundgesetzes – von der Menschenwürderadizierung in Art. 1 Abs. 1 bis zur parlamentarisch-repräsentativen Ausgestaltung in Art. 38 ff. – sowie einfachgesetzlich konkretisiert.[49] Sie ist neben der bundesstaatlichen aber von Anfang an auf die sozialstaatliche Dimension hin bezogen.[50]

13 Es war vor allem *H. Heller,* der unter der Weimarer Verfassung den „Sozialstaat" entschlossen propagiert hatte.[51] *C. Schmid* sprach bei den Verfassungsberatungen im Parlamentarischen Rat ausdrücklich vom „soziale(n) Pathos der republikanischen Tradition".[52] Mit der Entscheidung für bundesstaatliche Strukturen folgt das Grundgesetz noch sehr viel weiter zurückreichenden Traditionen deutscher Staatlichkeit.[53] Der mitteleuropäische Raum, zu dem Deutschland gehört, war seit jeher, wie Deutschland selbst, föderal strukturiert; seit dem Heiligen Römischen Reich charakterisieren **bundesstaatliche Elemente** seine Herrschaftsorganisation.[54] Lediglich der Kulturbruch des Nationalsozialismus stand gänzlich außerhalb dieser Kontinuität.[55]

14 Eine beachtliche verfassungsrechtliche Tradition kann in Deutschland schließlich auch das **Republikprinzip** aufweisen.[56] Wenngleich erst die Weimarer Reichsverfassung in Abkehr von der Monarchie die republikanische Staatsform konstituiert hat, reichen republikanische Ansätze bis zu den Freien Reichstädten des Heiligen Römischen Reiches, die Stadtstaaten der Hanse (Bremen, Hamburg, Lübeck) oder die konstitutionellen Monarchien des 19. Jahrhunderts zurück.[57] Art. 20 stellt damit das Grundgesetz in ein Spannungsverhältnis von Kontinuität und Wandel, will bewusste Kontinuitäten und Diskontinuitäten. Die Norm ist in ihrer Genese ebenso **zeitbedingt**

Behauptung des Lebens ist." Darauf Bezug nehmend *Smend,* Staatsrechtliche Abhandlungen (1928/1994), 119 (136).

[46] *Michael* in BK, Art. 146, Rn. 314.

[47] *Robbers* in BK Rn. 407.

[48] *Robbers* in BK Rn. 408; *Hesse,* Grundzüge des Verfassungsrechts der Bundesrepublik Deutschland, 1999, Rn. 21.

[49] Zu letzterem BVerfGE 103, 44 (64).

[50] *Böckenförde* FS f. Schäfer, 1980, 182 ff.

[51] *Heller,* Rechtsstaat oder Diktatur, 1930, 11; dazu aus der Lit. *Schluchter,* Entscheidung für den sozialen Rechtsstaat, 1968; *Dehnhard,* Dimensionen staatlichen Handelns, 1996, 33 ff.

[52] Parl. Rat, Stenographischer Bericht, 172; vgl. hierzu *Stern,* StaatsR I, 880.

[53] *Isensee* in HdbStR VI § 126; *Sarcevic,* Das Bundesstaatsprinzip, 2000; *Bohr* (Hrsg.), Föderalismus, 1992; *Häberle,* Kulturverfassungsrecht im Bundesstaat, 1980; *Hesse,* Der unitarische Bundesstaat, 1962; *Scheuner* in Scheuner Staatstheorie und Staatsrecht, 415 ff.

[54] *Robbers* in BK Rn. 960; *Ritter,* Föderalismus und Parlamentarismus in Deutschland in Geschichte und Gegenwart, 2005; *Grzesick,* Vom Reich zur Bundesstaatsidee, 1996; *Nipperdey,* Der Föderalismus in der deutschen Geschichte, 1986; *Koselleck,* Föderale Strukturen in der deutschen Geschichte, 1975.

[55] Allgemein *Leisner,* Kontinuität als Verfassungsprinzip, 2002.

[56] Siehe etwa *Preuß,* Deutschlands Republikanische Reichsverfassung, 1923.

[57] *Robbers* in BK Rn. 216; *Gröschner* in HdbStR II § 23 Rn. 5 ff.; *Nowrot,* Das Republikprinzip in der Rechtsordnungengemeinschaft, 2014, 292 ff. und öfter.

(Infrastruktur des verfassungsstaatlichen Neubeginns), wie sie ihrerseits **Zeit verarbeitet** (Brüche, fortlebende Traditionslinien, Entwicklungsoffenheit ihrer Prinzipien) und schließlich sogar das Überzeitliche (ihre **Apriori** von der Menschenwürde bis zur Gerechtigkeitsorientierung) ihrem Reglungsprogramm zugrunde legt.[58]

Dieser dreifache Zeithorizont prägt insbesondere das **Rechtsstaatsprinzip.** Es tritt – nicht dort, sondern lediglich in Art. 28 Abs. 1 S. 1 erwähnt – 15
zu den in Art. 20 genannten Grundsätzen hinzu, klingt in Art. 20 Abs. 3 an und ist prägender Grundsatz für das verfassungsstaatliche Selbstverständnis der Bundesrepublik Deutschland: „Rechtsstaatlichkeit stützt den Verfassungskonsens, ohne den Verfassung keinen tragenden Grund besitzt."[59] Hinter der **Rechtsstaatsidee** steht nämlich nicht mehr und nicht weniger als die für den modernen Verfassungsstaat und eine liberale Weltordnung gleichermaßen konstitutive Freiheitsidee. Genau deshalb ist politischer Einheitsbildung das *Paradigma* der Rechtsstaatlichkeit weniger vor- als aufgegeben: die Bindung hoheitlicher Gewalt im Interesse individueller Freiheit[60] – im Extremfall bewährt durch das **Widerstandsrecht**[61] mit seinen naturrechtlichen Wurzeln.[62]

2. Die Besonderheiten von Verfassungsstrukturbestimmungen. Die 16
in Art. 20 Abs. 1 bis 3 (insbes. Abs. 1) niedergelegten „Elemente" haben grundlegenden Charakter. Sie betreffen die Verfassungssubstanz und greifen über Wertentscheidungen[63] weit hinaus, weil es ihnen um die normative Verbindlichkeit dieser Verfassungssubstanz geht. Es fehlt jedoch an einer einheitlichen Terminologie, um die Qualität der so charakterisierten „Elemente" zu erfassen. Die einen sprechen von **Verfassungsstrukturbestimmungen,**[64] andere von **„verfassungsrechtlichen Grundentscheidungen"**,[65] **Verfassungsgrundsätzen,**[66] **Staatszielen, Staatsstrukturbestimmungen, „Staatsfundamentalnormen"**,[67] wieder andere von **Strukturprinzipien** respektive **Verfassungsprinzipien.** Mitunter ist schlicht von der Staatsform die Rede.[68] Eine ganz andere Abstraktionshöhe implizieren Wendungen wie „Gedanke" – „Gedanke des sozialen Rechtsstaats"[69] – oder Idee – „Rechtsstaatsidee".[70] Aber auch ausführlichere Umschreibungsversuche mit sehr viel spezifischerem Konkretisierungsanspruch finden sich: „leitende verfassungs-

[58] *Häberle* ZfP 1974, 11 ff.; *Häberle* in Die Zeit. Schriften der Carl-Friedrich-von-Siemens-Stiftung, 1983, 289 ff. (auch in *Häberle,* Rechtsvergleichung im Kraftfeld des Verfassungsstaates, 1992, 627); *Berg* JöR 56 (2008), 23.

[59] *Robbers* in BK Rn. 1718, ua mit Hinweis auf *Hesse* FS f. Smend, 1962, 71 ff.

[60] *Voßkuhle,* Rechtsstaat unter Druck, Die Zeit v. 27.9.2018, 6.

[61] *Höfling* in HdbGRV § 121; *Frankenberg* JZ 1984, 266.

[62] *Wolzendorff,* Staatsrecht und Naturrecht in der Lehre vom Widerstandsrecht des Volkes gegen die rechtswidrige Ausübung der Staatsgewalt, 1916.

[63] Von „Grundwertentscheidungen" spricht *Benda* in HdbVerfR § 17 Rn. 200.

[64] Diese Begrifflichkeit findet sich auch bei *Robbers* in BK Rn. 61.

[65] BVerfGE 123, 39 (68).

[66] *Bauer/Abromeit* DÖV 2015, 1 (11).

[67] *Nawiasky,* Allgemeine Rechtslehre, 1948, 31 ff.

[68] *Dreier* in Dreier, Art. 20 (Einführung) Rn. 8 mwN.

[69] BVerfGE 9, 20 (35).

[70] So hat *Vogel* in seiner gleichnamigen Monographie aus dem Jahre 1977 über „Die Rechtsstaatsidee im Staatshaftungsrecht" gearbeitet; *Grzeszick* spricht von der Bundesstaatsidee: „Vom Reich zur Bundesstaatsidee. Zur Herausbildung der Föderalismusidee als Element des modernen deutschen Staatsrechts", 1996; „Das Wesen der Sozialstaatsidee bei *v. Stein.* Eine Untersuchung zur Genesis der konservativen Sozialstaatstheorie" ergründet *Kuk,* 1978.

rechtliche Prinzipien, die der Staatsorganisation ihr Gepräge geben, the **constitutional framework of government**".[71]

17 Der Verweis auf die Staatsform greift schon deshalb zu kurz, weil Art. 20 in seinen materiellen Gehalten die formale Seite transzendiert und die tradierte Staatsformenlehre mit ihrem Dreierschema von Monarchie (negativ: Tyrannis), Aristokratie (negativ: Oligarchie) und Demokratie (negativ: Ochlokratie) der Komplexität heutiger „Governance"-Beziehungen und Verflechtungen kaum mehr gerecht wird.[72] Wo von punktuellen (Grund-/Struktur-)Entscheidungen die Rede ist, wirken dezisionistische Assoziationen prekär und treffen den **„Prozess- und Entfaltungscharakter"** der **Verfassung** nicht adäquat.[73] Ebensowenig kann der Begriff „Staatszielbestimmungen" den Normgehalt von Art. 20 Abs. 1 bis 3 umfassend transportieren. Es geht nämlich nicht nur um Zielorientierung, Gesetzgebungsaufträge oder gar bloße Programmatik (Programmsätze), sondern die normative Strukturierung bundesrepublikanischer Verfassungsstaatlichkeit mit ganz konkreten regulativen Gehalten.[74]

18 Der **Prinzipienbegriff** in seinen unterschiedlichen Spielarten ginge jedenfalls dann fehl, wenn er primär auf normtheoretische Differenzierungen, etwa die von *R. Alexy* forcierte Unterscheidung von Regeln und Prinzipien,[75] abzustellen oder Verfassungsprinzipien allein in Art. 20 zu verorten suchte.[76] So wertet das BVerfG Grundrechte indirekt als Verfassungsprinzipen, wenn es sie „anderen grundlegenden Verfassungsprinzipien" gegenüberstellt,[77] das „Verfassungsprinzip der freien Verbandsbildung (Art. 9 Abs. 1)" adressiert[78] oder in der Unverletzlichkeit der Menschenwürde ein „oberstes Verfassungsprinzip" erkennt.[79]

19 Eine Festlegung auf einen der vorgeschlagenen Termini oder eine neue terminologische Variante tun indes auch nicht Not. Begriffliche Nuancierungen sollten aber beachten, was den **Regelungstypus** des Art. 20 Abs. 1 bis 3 ausmacht. Das ist, wie einleitend gesagt, zweierlei: Sein Bezug auf die Verfassungssubstanz respektive das ihr anhaftende Prinzipielle und der daraus resultierende normative (Formungs-)Anspruch. Deshalb lässt sich in einem „attributiven" Sinne[80] durchaus auf den Prinzipienbegriff rekurrieren, wenn damit als qualitative Zuschreibung sowie in ihrer Bedeutung hervorgehoben **„leitende Ideen und grundlegende Ordnungsvorstellungen"** gemeint sind.[81]

---

[71] *Stern,* StaatsR I, 1984, 552.

[72] *Dreier* in Dreier, Art. 20 (Einführung) Rn. 9; für eine Übersicht *Gallus/Jesse,* Staatsformen. Von der Antike bis zur Gegenwart, 2007.

[73] *Dreier* in Dreier, Art. 20 (Einführung) Rn. 9; *Häberle,* Verfassung als öffentlicher Prozess, 1998; Einzelheiten schon oben → Rn. 11.

[74] *Robbers* in BK, Rn. 62; *Dreier* in Dreier, Art. 20 (Einführung) Rn. 10.

[75] *Alexy,* Theorie der Grundrechte, 1986, 75 ff.; *Alexy.,* Recht, Vernunft, Diskurs, 1995, 177 ff.; die Unterscheidung geht wiederum zurück auf *Dworkin,* Taking Rights Seriously, 1978, 22 ff., 71 ff. (dt. Ausgabe: Bürgerrechte ernst genommen, 1984, 54 ff.); s. darüber hinaus *Esser,* Grundsatz und Norm in der richterlichen Rechtsfortbildung des Privatrechts, 1990, 50 ff.; *Sieckmann,* Regelmodelle und Prinzipienmodelle des Rechtssystems, 1990, 52 ff.; *Heun* FS f. Starck, 2007, 245; *Maitra,* Regeln und Prinzipien, 2006, 77 ff.

[76] *Robbers* in BK Rn. 84.

[77] Nachweise bei *Robbers* in BK Rn. 84. sowie bei *Reimer,* Verfassungsprinzipien. Ein Normtyp im Grundgesetz, 2001, 29.

[78] BVerfGE 38, 281 (302).

[79] BVerfGE 54, 341 (357); 56, 216 (234); weitere Nachweise bei *Robbers* in BK Rn. 84 f.

[80] *v. Bogdandy* in HdbStR XI § 232 Rn. 30.

[81] *Dreier* in Dreier, Art. 20 (Einführung) Rn. 12; *Morlok/Michael,* Staatsorganisationsrecht, 2019, § 3 Rn. 90 ff.

Diese Leitideen und Ordnungsvorstellungen aus Art. 20 lassen sich verfassungskulturell grundieren. So wie der freiheitliche Verfassungsstaat selbst das Ergebnis tief in seiner wechselvollen Geschichte gründender kultureller Entwicklungsprozesse ist und Zukunftsfähigkeit aus seinem kulturellen Erbe immer neu erringen muss,[82] leben auch seine tragenden Konstitutionsprinzipien aus der Tiefe der *Kultur,* und zwar sowohl aus ihren partikulären (den Erfahrungen, selbstbestimmten Entscheidungen, Erwartungen und Hoffnungen eines konkreten, hier des deutschen Volkes) als auch ihren universalen Momenten (etwa dem in der menschlichen Würde angelegten Menschenrechtsuniversalismus[83]). Der Prinzipienbegriff verweist zugleich auf eine (relative) „Offenheit" der Verfassungssubstanz. Prinzipien sind ein Stück weit unabgeschlossen und auf „permanente" Konkretisierung hin angelegt.[84] Weder der Rechtsstaat noch der Sozialstaat, weder die Demokratie noch der Bundesstaat, auch nicht die Republik mit ihren großen ideengeschichtlichen Aufladungen seit *Ciceros „res publica – res populi"*[85] sind etwas Gegebenes, das es nur zu bewahren gälte. Ihnen wohnt vielmehr ein „Aufforderungscharakter" inne, der sie auf beständige Realisierung und **dynamische Fortschreibung** hin anlegt.[86] 20

In einer solchen Deutung findet sich dann durchaus ein Optimierungsgedanke wieder, wie ihn *R. Alexy* seiner Prinzipienlehre zugrunde legt.[87] Ihr zufolge beinhalten Prinzipien **Optimierungsgebote.** Sie erlauben, differenziert nach Sachgebieten und Regelungszielen, ganz unterschiedliche Grade der Annäherung an ein Optimum.[88] Zugleich setzt der Optimierungsgedanke der Offenheit der Prinzipien Grenzen im Sinne eines relativen Rückschrittverbotes. Was es zu optimieren gilt, darf nicht hinter das bereits Erreichte zurücktreten/zurückfallen. Gerade im Leistungsbereich hängt das gebotene (optimale) Maß der Prinzipienerfüllung aber in hohem Maße von tatsächlichen (und auch rechtlichen) Möglichkeiten ab (Vorbehalt des Möglichen).[89] Der Optimierungsgedanke verweist überdies auf ein immanentes Spannungsverhältnis hin, in dem die Prinzipien einerseits miteinander, anderseits im Verhältnis zu weiteren Verfassungsbestimmungen (etwa den Grundrechten) stehen.[90] So lassen sich Prinzipien nie in Reinform verwirklichen.[91] Wo sie mit anderen Normierungen in Widerstreit geraten, bedarf es begrenzter und 21

---

[82] *Häberle,* Der kooperative Verfassungsstaat – aus Kultur und als Kultur. Vorstudien zu einer universalen Verfassungslehre, 2013, 17; vorher schon *Häberle,* Verfassungslehre als Kulturwissenschaft, 1998, 28 ff.

[83] Für den Diskussionsstand zum Spannungsfeld von Demokratie und Menschenrechten etwa *Hofmann* JZ 2001, 1.

[84] *Dreier* in Dreier, Art. 20 (Einführung) Rn. 12.

[85] De re publica I, 39: „Est igitur res publica res populi, populus autem non omnis hominum coetus quoquo modo congregatus, sed coetus multitudinis iuris consensu et utilitatis communione sociatus." (Der Staat ist Sache des Volkes, aber das Volk ist nicht irgendeine Menge von Menschen, sondern eine Menschenmenge, welche in der Rechtsauffassung übereinstimmt und zum gemeinsamen Nutzen vereint ist.)

[86] *Dreier* in Dreier, Art. 20 (Einführung) Rn. 12; *Robbers* in BK Rn. 112; *Heitsch,* Die Ausführung der Bundesgesetze durch die Länder, 2001; *Volkmann,* Grundzüge einer Verfassungslehre der Bundesrepublik Deutschland, 2013, 103.

[87] *Alexy,* Theorie der Grundrechte, 1986, 75 f.; *Bull,* DVBl 2008, 1 (3 f.); krit. *Lerche* FS f. Stern, 1997, 197.

[88] Vgl. schon *Brohm,* Strukturen der Wirtschaftsverwaltung, 1969, 245.

[89] *Gaier* FS f. Bryde, 2013, 367 ff.; *Alexy,* Theorie der Grundrechte, 1986, 75 f.; *Bull* DVBl. 2008, 1 (3 f.).

[90] *Dreier* in Dreier, Art. 20 (Einführung) Rn. 12.

[91] BVerfGE 42, 312 (340); s. schon *Jellinek,* Allgemeine Staatslehre, 1966, 615.

begründungbedürftiger Ausnahmen, einer **verhältnismäßigen Zuordnung** und der Herstellung von **praktischer Konkordanz.**[92] Die potentiellen Konfliktkonstellationen sind denkbar variantenreich: Gewaltenteilung vs. Demokratie; Demokratie vs. Rechtsstaat; Rechtsstaat vs. Sozialstaat (woran die Wendung vom sozialen Rechtsstaat nichts ändert, wohl aber die Zuordnung akzentuiert), Demokratie vs. Bundesstaat.[93]

22 Prinzipien sind gewiss abwägungs-, ausfüllungs- und konkretisierungsbedürftig – normativ unverbindlich oder auf rein programmatische Bedeutungsgehalte reduziert sind sie deshalb aber nicht. Art. 20 Abs. 1 formuliert im Indikativ („ist“) und unterstreicht damit ihre selbstverständliche **Normativität.** Es geht nicht um die Beschreibung einer – so vorfindlichen oder idealisierten – Wirklichkeit, sondern um ein striktes Sollen[94] und damit den Anspruch, diese Wirklichkeit zu gestalten. Dem normativen Anspruchscharakter der Verfassungsprinzipien korrespondiert damit ihre Grenzziehungsfunktion gegenüber (macht-)politischem Geschehen und wirtschaftlicher Übermacht, kurz: ihre dirigierende Kraft. Sie wollen Wirklichkeit steuern, nicht die „tatsächlichen Machtverhältnisse“ (so aber *F. von Lassalle,* 1862) beschreiben. Diesen Steuerungsanspruch bringt der Terminus von den interdependenten Formprinzipien organisatorisch-formaler und materialer Natur auf einen treffenden Punkt.[95]

23 **3. Die Interpretation von Verfassungsstrukturbestimmungen.** Ihre **Allgemeinheit** und **Offenheit** stellen spezifische Anforderungen an die Interpretation von Verfassungsprinzipien (respektive -grundsätzen oder -strukturbestimmungen). Die vier seit *F. C. von Savigny* (1840) kanonisierten Auslegungsmethoden (Wortlaut, Geschichte, Systematik, Telos) bedürfen der Ergänzung um Auslegungszugänge, die den normtypischen Besonderheiten einer Verfassung Rechnung tragen.[96] Das dem Zivilrecht entlehnte Subsumtionsmodell kann keinen ausschließlichen Referenzcharakter besitzen.[97] Die Grundentscheidungen aus Art. 20 sind nämlich nicht nach Muster von Tatbestand und Rechtsfolgen aufgebaut. Sie zeichnen sich vielmehr durch einen hohen Generalitätsgrad aus und können deshalb auch „in unterschiedlichen Graden erfüllt werden“[98] Die „definitiven Gebote“ strikt konditional strukturierter Regeln (wenn-dann) sind ihnen fremd.[99]

---

[92] *Hesse,* Grundzüge des Verfassungsrechts der Bundesrepublik Deutschland, 1999, Rn. 314 ff.; das Bundesverfassungsgericht denkt schon seit BVerfGE 1, 14 (50) in eine ähnlich abwägende Richtung. Aus Sicht der zivilrechtlichen Methodenlehre *Canaris,* Systemdenken und Systembegriff in der Jurisprudenz, entwickelt am Beispiel des deutschen Privatrechts, 1983, 53, 55 f.

[93] Zu solchen Spannungsfeldern finden sich exemplarische Belege etwa bei *Kirchhof* in HdbStR II § 21 Rn. 93 ff., *Böckenförde* in HdbStR II § 24 Rn. 82 ff., 97 ff., oder *Papier* FS f. 50 Jahre BSG, 2004, 23 (26).

[94] *Volkmann,* Grundzüge einer Verfassungslehre der Bundesrepublik Deutschland, 2013, 111.

[95] Demgegenüber fordert *Böckenförde* in HdbStR II § 24 Rn 84 die konsequente Trennung von Demokratie als „organisatorisch-formalem“ und Rechtsstaat als „material-verfahrensmäßigem Formprinzip“.

[96] Grundlegend *Schneider* und *Ehmke* VVDStRL 20 (1963), 1 ff. bzw. 53 ff., sowie *Hesse,* Grundzüge des Verfassungsrechts der Bundesrepublik Deutschland, 1999, 19 ff.; ein *locus classicus* mit anderer Stoßrichtung: *Böckenförde,* NJW 1976, 2089.

[97] So *v. Arnauld,* VVDStRL 74 (2015), 39 (42 f).

[98] *Alexy,* Theorie der Grundrechte, 1986, 76.

[99] Sie sind, in anderen Worten nicht „syllogismusfähig“, unter sie kann also nicht im klassischen Sinne subsumiert werden (Eing. zum Ganzen *Alexy,* Theorie der Grundrechte, 1986, 75 ff.; *Alexy,* Recht, Vernunft, Diskurs, 1995, 177 ff.; die Unterscheidung geht zurück

Die vielleicht wichtigste Rolle bei der Interpretation und Konkretisierung solcher Prinzipien kommt seinerseits einem Prinzip zu: dem Prinzip der **Einheit der Verfassung.** Gemeint ist eine ganzheitliche Sicht der einzelnen Verfassungsprinzipien.[100] So denkt das Grundgesetz Rechtsstaat *und* Sozialstaat zusammen, spricht Art. 28 Abs. 1 explizit aufeinander beziehend von den Grundsätzen des „republikanischen, demokratischen und sozialen Rechtsstaates". Konfligierende Prinzipien sind im Sinne **„praktischer Konkordanz"** *(K. Hesse)* oder eines **„schonendsten Ausgleichs"** *(P. Lerche)* so zu realisieren, dass keines von ihnen vollständig preisgegeben werden darf. Nichts anderes verdeutlicht Art. 79 Abs. 3, wenn er auch dem demokratischen Souverän verbietet, sich etwa über die Kerngehalte der Rechtsstaatlichkeit hinwegzusetzen oder die Bundesstaatlichkeit aufzugeben.[101] 24

Der Grundsatz der verfassungskonformen Auslegung[102] einfachen Rechts kann zur Konkretisierung abstrakter Verfassungsprinzipien wenig beisteuern, wohl aber kann es so etwas wie eine **„gesetzeskonforme" Auslegung** der Verfassung geben.[103] Sie stellt nicht etwa den Vorrang der Verfassung in Frage, sondern will darauf verweisen, dass es zu einer Wechselwirkung zwischen Verfassungs- und Gesetzesinterpretation kommt, wenn das BVerfG ein Gesetz am Maßstab der Verfassung überprüft und so die Verfassungskonkretisierungen des einfachen Gesetzgebers[104] ihrerseits auf die Verfassungsprobe stellt.[105] Der Maßstab **„funktioneller Richtigkeit"**[106] hilft insbesondere, dem Gewaltenteilungsgrundsatz präzisere Konturen zu verleihen. Er fordert, die Garantien des Art. 20 – Art. 79 Abs. 3 verbürgt ihre je eigenständige Unabdingbarkeit – so zu interpretieren, dass sie nicht in ihren grundgesetzlichen Konkretisierungen als deren Summe aufgehen, sondern darüber hinaus eigenständige Bedeutung behalten.[107] Eine wichtige Inspirationsquelle für die Prinzipienkonkretisierung kann schließlich die Verfassungsvergleichung sein.[108] 25

Wegleitend muss bei alldem der schon mehrfach betonte Charakter der Verfassung als öffentlicher und damit ein Stück weit auch immer entwicklungsoffener Prozess bleiben.[109] Demokratie, Rechtsstaat oder Sozialstaat sind nur als **Typen** zu verstehen, nicht als „überzeitliche, eindeutige und ihrer Substanz nach nicht veränderliche geistige Entitäten".[110] *Die* Demokratie, *den* Rechtsstaat, *den* Sozialstaat gibt es schlicht nicht. So enthalten Typenbegriffe auch keine abgeschlossene, ein für alle Mal festliegende Summe von Einzelmerkmalen, sondern Elemente, die in mehr oder weniger starkem Maße, abhängig von den geschichtlichen, sozialen, ökonomischen, vor allem aber 26

auf *Dworkin,* Taking Rights Seriously, 22 ff., 71 ff. (dt. Ausgabe: Bürgerrechte ernst genommen, 1984, 54 ff.).

[100] Aus der Judikatur des BVerfG bereits E 1, 14 (32) oder 49, 24 (56).

[101] → Art. 79 Rn. 32 ff.

[102] Seit BVerfGE 2, 266 (282).

[103] Dazu *Hesse,* Grundzüge des Verfassungsrechts der Bundesrepublik Deutschland, 1999, 30 ff. – siehe auch BVerfGE 115, 51.

[104] Auch sie sind ja eine Form von Verfassungsentwicklung, dazu grundlegend *Bryde,* Verfassungsentwicklung, 1982.

[105] *Häberle/Kotzur,* Europäische Verfassungslehre, 2016, Rn. 720.

[106] Dazu *Hesse,* Grundzüge des Verfassungsrechts der Bundesrepublik Deutschland, 1999, 28.

[107] Von einer „Reservefunktion" spricht *Dreier* in Dreier, Art. 20 (Einführung) Rn. 12.

[108] Grundlegend *Häberle,* Rechtsvergleichung im Kraftfeld des Verfassungsstaates, 1994.

[109] Dazu → Rn. 12.

[110] Vgl. die Formulierung bei *Leibholz,* Strukturprobleme der modernen Demokratie, 1967, 262 ff., 268 f.; dagegen *Müller,* Normstruktur und Normativität, 1966, 88.

kulturellen Kontexten in ihnen vorzufinden sind. Ein Kernbestand typusprägender Elemente ist unabdingbar (kein Rechtsstaat ohne Gewaltenteilung, keine Demokratie ohne Volkssouveränität etc.), andere können indes variieren, sogar fehlen oder weniger „idealtypisch" ausgeprägt sein.

27 Mithin sind sie einer rein deduktiv-logischen Interpretationsmethode nicht zugänglich, lassen sich folglich nicht exakt definieren, sondern nur in Annäherung umschreiben.[111] Der Typus bleibt entwicklungsoffen und lässt Raum für Bedeutungswandel in der Zeit.[112] Eines der schönsten Sprachbilder für diese Offenheit verdankt die Verfassungslehre dem kanadischen Supreme Court.[113] In einer berühmten Entscheidung aus dem Jahre 2004 zu Fragen der gleichgeschlechtlichen Ehe heißt es: „The 'frozen concepts' reasoning runs contrary to one of the most fundamental principles of Canadian constitutional interpretation: that our Constitution is a living tree which, by way of progressive interpretation, accommodates and addresses the realities of modern life."[114] Solche **Entwicklungsoffenheit** und **Adaptionsfähigkeit** an die sich dynamisch weiterentwickelnden Gegebenheiten des modernen Lebens seien indes nicht mit interpretatorischer Beliebigkeit verwechselt. Es geht vielmehr darum, den eben angemahnten Kernbestand typusprägender Elemente anhand von konkreten Problemkonstellationen zu aktualisieren und so praktische Relevanz entfalten zu lassen. Ein offener Verfassungsbegriff will die Verfassung auf all ihre relevanten **Kontexte** hin öffnen,[115] ohne dabei die Konturen der normativen Verfassung zu relativieren. Kontextualisierung ist vor allem auch deshalb notwendig, weil die in Art. 20 gebündelten Strukturbestimmungen, Grundsätze oder Prinzipien keine originären Produkte des Rechts sind, sondern der politischen Theorie entstammen.[116] Ihr ideengeschichtliches Erbe ist Bürde und Stütze zugleich. Es determiniert moderne Vorverständnisse[117] und verlangt deren kritische Reflektion.

---

[111] Allg. zur Denkform „Typus" in der Jurisprudenz *Engisch,* Die Idee der Konkretisierung in Recht und Rechtswissenschaft in unserer Zeit, 1968, 237 ff.; *Herschel* FS f. Kunze, 1969, 225 (239); *Hassemer,* Tatbestand und Typus, 1968; *Rode* JR 1968, 401; *Isensee,* Umverteilung durch Sozialversicherungsbeiträge, 1973, 41 f.; *Heun,* Funktionell-rechtliche Schranken der Verfassungsgerichtsbarkeit, 1992, 95 ff.; *Leenen,* Typus und Rechtsfindung, 1971; *Kaufmann,* Analogie und Natur der Sache, 1982, 47 ff.; *Larenz/Canaris,* Methodenlehre der Rechtswissenschaft, 1995, 290 ff.; *Lege,* Pragmatismus und Jurisprudenz, 1999, 420; *Pawlowski* Rechtstheorie 1999, 263; *Schnapp* JuS 1998, 873 (874 f.); weitere Darstellung und Nachw. bei *Butzer,* Fremdlasten in der Sozialversicherung, 2001, 159 ff.; *Schneider/Schnapp,* Logik für Juristen, 2006, § 6 II; anders *Breuer* GS f. Heinze, 2005, 81, der von der „Definition des Sozialstaates" spricht.

[112] Näher *Röhl/Röhl,* Allgemeine Rechtslehre, 2008, 35 f.; *Schnapp* JZ 2004, 473 (477).

[113] *Waluchow,* A Common Law Theory of Judicial Review: The Living Tree, 2007.

[114] Supreme Court of Canada, Reference re Same-Sex Marriage, [2004] 3 S. C. R. 698, 2004 SCC 79, Rn. 22.

[115] Verstanden im Sinne der Kontextthese *Häberles:* Kontext meine „Verstehen durch Hinzudenken", *Häberle,* Kommentierte Verfassungsrechtsprechung, 1979, 44 ff.; *Voßkuhle/Wischmeyer,* JöR 63 (2015), 401.

[116] Nicht unproblematisch ist indes die Idee eines „vorverfassungsrechtlichen Gesamtbildes BVerfGE 2, 380 (403), das der Verfassungsgeber vermeintlich vorfände; kritisch zu Recht *Möllers,* Der Staat als Argument, 2000, 259; weitere Nachweise bei *Vogel/Waldhoff* in BK, Vorbem. Zu Art. 104a-115 GG, Rn. 285. Indem das Recht politische Ideen aufgreift, „übernimmt" es sie nicht einfach, sondern gibt ihnen ein originär normatives Gepräge, macht sich gewissermaßen sein eigenes (normatives) Bild, siehe dazu auch *Hillgruber* VVDStRL 67 (2008), 8 (9); *Hoffmann-Riem* FS f. Raiser, 2005, 515 (525); *Trute* in Schulze-Fielitz Staatsrechtslehre als Wissenschaft, 115 (132), vorher schon *Antoniolli* FS f. Merkl, 1970, 33 (40). Vor „politischer Lyrik" hatte bereits *Arndt,* Das nicht erfüllte Grundgesetz, 1960, 22, nachdrücklich gewarnt.

[117] Generell zur Problematik des Vorverständnisses *Esser,* Vorverständnis und Methodenwahl in der Rechtsfindung, 1972; vorher bereits *Gadamer,* Wahrheit und Methode, 1960.

III. Überstaatliche Bezüge

1. Völkerrecht. Das Grundgesetz ist stets im Kontext seiner überstaatlichen Einbettung zu lesen. Es sind nicht zuletzt **„internationale Maßstabsnormen"**,[118] an denen sich nationale Verfassungsbestimmungen einerseits in ihren Bedeutungsgehalten messen lassen müssen und die andererseits die Interpreten nationalen Rechts inspirieren können. Die Bezüge zum internationalen und supranationalen Recht sind je nach Einzelprinzip ganz unterschiedlich konturiert.[119] Um Strukturbedingungen demokratischer Herrschaftsorganisation jenseits des Staates ist es eher schwach bestellt.[120] Dem klassischen Koexistenzvölkerrecht, das gegenüber der Herrschaftsorganisation souveräner Staaten neutral zu bleiben hatte, war die Frage nach demokratischer Entscheidungslegitimation gänzlich fremd.[121] Auch die UN-Charta verzichtet auf jeden expliziten Demokratiebezug. Mit der völkerrechtlichen Konstitutionalisierungsdebatte[122] einher gehen heute immerhin Forderungen nach universellen Mindeststandards demokratischer Teilhabe.[123] Die demokratische Idee wird, oft mit menschenrechtlicher Stoßrichtung, als Rechtsprinzip für das Völkerrecht diskutiert.[124] Hinzu kommen Bemühungen um eine **„democracy promotion"**[125] in Post-Konfliktsituationen.[126] Neue Treuhandformen und internationale Verwaltungen wirken als typische Demokratiemittler mit häufig schwer zu ziehenden Grenzen gegenüber dem Prinzip der Nicht-Intervention und dem Selbstbestimmungsrecht der Völker, dem seinerseits eine demokratische Komponente innewohnt.[127] Nicht unproblematisch sind Sanktionen[128] oder andere externe Anreize zur Durchsetzung demokratischer Herrschaftsorganisation – bis hin zur sog. „pro-demokratischen Intervention".[129] In rudimentärer Form greifbar wird ein menschenrechtlich radiziertes Moment demokratischer Selbstbestim- 28

---

[118] *Calliess* in HdbStR IV 3 § 83 Rn. 6.

[119] Siehe Dreier in Dreier, Art. 20 (Einführung) Rn. 3.

[120] Aus der Literatur: *Ehm,* Das völkerrechtliche Demokratiegebot, 2013; *Petersen,* Demokratie als teleologisches Prinzip – Zur Legitimität von Staatsgewalt im Völkerrecht, 2009; *Brühl-Moser* Liber Amicorum f. Wildhaber, 2007, 969 ff.; *Volkmann* AöR 127 (2002), 575 ff.; *Held,* Democracy and the Global Order, 1996; *Bobbio* in Archibugi/Held, Cosmopolitan Democracy. An Agenda for a New World Order, 17 ff. Einen guten Überblick zur Demokratiedebatte im Völkerrecht liefert auch *Burchill,* Democracy and International Law, 2006.

[121] *v. Arnauld,* Völkerrecht, 2019, Rn. 89; *Peters* FS f. Delbrück, 2005, 535 (541); *Doehring* FS f. Steinberger, 2002, 127 (128); *Kokott* ZaöRV 2004, 517 (517 f.). Zur Legitimations-/Legitimitätsfrage generell *Kumm* EJIL 2004, 907; *Wolfrum* FS f. Neuhold, 2007, 471.

[122] *Kleinlein,* Konstitutionalisierung im Völkerrecht, 2012.

[123] *Franck* AJIL 1992, 46; *Crawford* BYIL 63 (1993), 113; *Bauer,* Der völkerrechtliche Anspruch auf Demokratie, 1998; *Brunkhorst* Zeitschrift für Soziologie, Sonderheft „Weltgesellschaft", 2005, 330; *v. Bogdandy* ZaöRV 2003, 853; *Bruha/Alsen* GS f. Blumenwitz, 2008, 555; *Ibegbu,* Right to Democracy in International Law, 2003.

[124] *Fox/Roth,* Democratic Governance and International Law, 2000; *Fox,* YJIL 1992, 539; *Frowein* in Ginther/Hafner et al. Völkerrecht zwischen normativem Anspruch und politischer Realität, 1994, 365.

[125] *Diamond* Foreign Policy 1992, 25.

[126] *Paris/Sisk,* The Dilemmas of Statebuilding – Confronting the contradictions of postwar peace operations, 2008; *Schoch* in Weiss/Schierer Prekäre Staatlichkeit und internationale Ordnung, 42; *Call/Cook* Global Governance 2003, 233.

[127] *Chesterman,* You, the People – The United Nations, Transitional Administration, and State Building, 2004; *Newmann/Rich,* The UN Role in Promoting Democracy – Between Ideals and Reality, 2004.

[128] Dazu etwa *Wierse,* Post-Conflict: Peacebuilding im Kosovo: Die internationale Verwaltung von Territorien als Methode des Peacebuilding, 2008.

[129] *van Driest* NYIL 2010, 29; *Magen/Morlino* in Magen/Morlino International Actors, Democratization and the Rule of Law. Anchoring Democracy, 224.

mung, das im Laufe der Zeit nicht ohne Weiteres die normativen Grundlagen, aber doch die Wahrnehmungsperspektiven der internationalen Gemeinschaft verändern könnte. Bei Stimmen aus dem völkerrechtlichen Schrifttum, die eine Anerkennung von Regierungen an deren demokratische Legitimation zu koppeln suchen, findet eine solche Tendenz verstärkende Resonanz.[130]

29 Weit stärker als die Demokratieidee wirkt die Zuschreibung von Rechtsstaatlichkeit identitätsbestimmend für jede freiheitliche Herrschaftsordnung, sei sie staatlich verfasst oder in den Raum jenseits des Staates ausgreifend. Mag es auch „paradox klingen: Der Rechtsstaat ist auf den Staat nicht angewiesen. Anders als das Demokratieprinzip ist das nomokratische Prinzip nicht an vermeintlich (?) ontologische Größen wie das „Volk" (oder eben auch den „Staat") gebunden, sondern knüpft allein an das Vorhandensein institutionalisierter Macht an."[131] Genau deshalb sind ohne das Narrativ der Rechtsstaatlichkeit weiterführende Diskurse über eine regel- und institutionenbasierte politische Ordnungsbildung kaum vorstellbar – bis hin zur Rede von einer **„international rule of law".**[132] Politischer Einheitsbildung ist das Paradigma der Rechtsstaatlichkeit stets vor- und aufgegeben: In Rede steht nicht weniger als die Bindung hoheitlicher Gewalt im Interesse individueller Freiheit, gleich wer die Hoheitsgewalt ausübt.

30 Schon aufgrund seiner spezifischen Offenheit, Konkretisierungsbedürftigkeit und Abhängigkeit von Entwicklungsstand/Leistungsfähigkeit politischer Gemeinschaften kennen völkerrechtliche Regelungen das Sozialstaatsprinzip im engeren Sinne nicht.[133] Wohl aber werden Elemente dessen diskutiert, was auf nationaler Ebene zum Sozialstaatskontext rechnet, allen voran das **Solidaritätsprinzip**[134] und das Prinzip **intergenerationeller Verantwortung** respektive Gerechtigkeit.[135] So heißt es in einem Handbuch zur Gerechtigkeit zwischen gegenwärtigen und künftigen Generationen: „(t)he concept of intergenerational justice may very well become an intellectual leitmotif of the new century."[136] Typisch sozialstaatliche Motive reflektieren schließlich die „global commons",[137] noch weitergehend, das Konzept der „common ownership"[138] sowie das gemeinsame Menschheitserbe und die „common concerns of humankind".[139]

---

[130] *Petersen* Asian Journal of International Law, 2011, 149; *Oeter* Friedenswarte, 1998, 243.

[131] *v. Arnauld* in Depenheuer/Grabenwarter Verfassungstheorie, § 21 Rn. 13, Rn 58 ff. mwN.

[132] Dazu findet sich mittlerweile ein breiter völkerrechtlicher Diskurs, siehe aus der Lit. etwa: *Carter* Harvard Human Rights Law Journal, 1991, 1; *Watts* GYIL 36 (1993), 15; *Thürer* SZIER 1995, 455; *Brownlie,* The Rule of Law in International Affairs, 1998; *Hafner* FS f. Delbrück, 2005, 307; *Wittiger* JöR 57 (2009), 427; *Chesterman,* Rule of Law in Max Planck Encyclopedia of International Law, 2007.

[133] *Dreier* in Dreier, Art. 20 (Einführung) Rn. 3.

[134] Nachweise bei *Kotzur/Schmalenbach* AVR 52 (2014), 68.

[135] *Zaddach,* Climate Policy Under Intergenerational Discounting: An Application of the Dynamic Integrated Climate-Economy Model, 2016.

[136] *Tremmel* in Tremmel Handbook of Intergenerational Justice, 1.

[137] *Durner,* Common Goods – Statusprinzipien von Umweltgütern im Völkerrecht, 2001.

[138] Dazu *Risse,* On Global Justice, 2012.

[139] *Trindade,* International Law for Humankind: Towards a New Jus Gentium, 2010, 144: „The conceptions of common heritage and of common concern of mankind embody universal solidarity and social responsibility (…), emanate from human conscience (…), reflect basic values of the international community as a whole (rather than State interests), and strengthen the notion of an international *ordre public* (rather than a fragmented contractual vision). They do so in order to face the new global challenges to the international community as a whole, and indeed to all humankind (…)."

Soweit die Republik rein auf die Staatsform bezogen gedacht wird, fehlt jedes völkerrechtliche Pendant, da die Wahl der Staatsform dem Selbstbestimmungsrecht unterfällt. Wer einen formell verengten Republikbegriff aber um die klassischen materiellen Gehalte von **„*res publica*"/„*salus publica*"** anreichert, wird auch auf internationaler Ebene fündig. Schon *F. Súarez* (1548 – 1617), ein berühmter Repräsentant der Spanischen Völkerrechtsschule, hatte von einem ***„bonum commune humanitatis"*** gesprochen. Verweise auf ein menschheitlich gedachtes Gemeinwohl finden sich heute in Entscheidungen internationaler Tribunale. Ein Beispiel gibt das Internationale Jugoslawien-Tribunal in der *Tadic*-Entscheidung vom 2.10.1995: „traditional configuration of the international community, based on the coexistence of sovereign States more inclined to look after their own interests than community concerns or humanitarian demands".[140] Noch sehr viel bekannter freilich ist die Barcelona-Traction-Rechtsprechung des IGH aus dem Jahre 1950. Hier identifiziert der Gerichtshof „common interests of all mankind" und bezieht sich auf „interests of the international community as such".[141] 31

Auch die Bundesstaatlichkeit ist keine Blaupause, derer sich das Völkerrecht bedienen könnte. Bundes- oder zentralstaatliche Organisation unterfallen ihrerseits dem Selbstbestimmungsrecht der Völker. Ein spezifisch bundesstaatliches Regulativ aber spielt in Zeiten der Globalisierung auch eine völkerrechtlich immer wichtigere Rolle: die **Subsidiarität.**[142] In komplex verschränkten politischen Mehrebenensystemen soll die größere Einheit nur dann und nur dort „einspringen", wo die kleinere zur effektiven Aufgabenwahrnehmung nicht mehr in der Lage ist.[143] 32

2. Unionsrecht. Die Grundsätze der freiheitlichen Demokratie auf Grundlage der Rechtsstaatlichkeit bündelt das Unionsrecht in Art. 2 EUV. Dazu rechnen die Achtung der Menschenwürde, die Freiheit, die Demokratie, die Gleichheit, die Rechtsstaatlichkeit und die Wahrung der Menschenrechte einschließlich der Minderheitenrechte.[144] Wenn die Norm von **„Werten"** spricht, auf die sich die Union gründet, bleiben die Terminologie und, was noch schwerer wiegt, das hinter ihr liegende Konzept indes ambivalent. Die Menschenwürde mag ein Wert oder weit mehr sein, nämlich die anthropologische Prämisse einer Verfassungsordnung schlechthin. In Art. 1 der Grundrechtecharta ist sie jedenfalls in Grundrechtsqualität erstarkt. Demokratie und Rechtsstaatlichkeit firmieren im Kontext verfassungsstaatlicher Verfassungsordnungen seltener als Werte denn Fundamentalprinzipien der Staatsorganisation. Gleiches gilt für die Freiheit, deren Sicherung für den Verfassungsstaat schlechthin konstitutiv ist.[145] 33

Von seiner Anlage her aber wirbt Art. 2 EUV für einen **Idealtypus politischer Herrschaftsorganisation.** Diesen Idealtypus entnimmt die Norm den mitgliedstaatlichen Verfassungen („Werte sind allen Mitgliedstaaten … ge- 34

---

[140] HRLJ 16 (1995), 437 ff., 457 (Nr. 96 am Ende).

[141] ICJ, Case concerning the Barcelona Traction, Light and Power Co Ltd, New Application: 1962, Belgium v Spain, Second Phase [1970] ICJ Rep 3.

[142] *Calliess,* Rechtstheorie, Beiheft, 2002, 371 ff.

[143] *Emmerich-Fritsche,* Vom Völkerrecht zum Weltrecht, 2012, 652 ff.

[144] Ob und inwieweit die in Art. 2 S. 2 EUV normierten Werte – das sind Pluralismus, Nichtdiskriminierung, Toleranz, Gerechtigkeit, Solidarität und die Gleichheit von Frauen und Männern – eine parallele Bindungswirkung entfaltet, ist jedenfalls vom Wortlaut der Norm her fraglich, da hier nur umschrieben wird, was eine wertgebundene Gesellschaft ausmacht. Dazu *Calliess* in Calliess/Ruffert EUV/AEUV Art. 2 EUV Rn. 29 f.

[145] *Geiger* in Geiger/Khan/Kotzur EUV/AEUV Art. 2 EUV Rn. 3.

meinsam") und macht sie mitgliedstaatlicher Verfassungsstaatlichkeit zugleich zur normativen Vorgabe (siehe etwa Art. 7 EUV und Art. 49 EUV). Die Demokratie denkt das Unionsrecht sowohl als repräsentativ (Art. 10 Abs. 1)[146] als auch partizipativ (Art. 10 Abs. 3 und Art. 11, vor allem Art. 11 Abs. 4[147]). Über das Unionsrecht, also das Europarecht im engeren Sinne, hinaus liefert das Europarecht im weiteren Sinne wichtige Ansätze zur Konkretisierung des Demokratiebegriffs. Auf sie können Union wie Mitgliedstaaten gleichermaßen zurückgreifen. So sieht Art. 3 des 1. Zusatzprotokolls zur EMRK vor, dass alle Konventionsstaaten in angemessenen Zeitabständen freie und geheime Wahlen abhalten. Deren Voraussetzungen wiederum bildet eine Gewährleistung der Meinungsäußerungsfreiheit im Kontext der Wahlen.[148]

35 Für eine **Rechtsgemeinschaft**[149] wie die EU bildet die Rechtsstaatlichkeit das vielleicht wichtigste ihrer Strukturprinzipien.[150] Das **nomokratische Prinzip**[151] umfasst die formelle wie materielle Rechtsstaatlichkeit. Erstere ist primär durch den Grundsatz der Gewaltenteilung, den Vorbehalt des Gesetzes und den Gedanken geregelter Verfahren (due process), letztere durch den Schutz der Grundrechte und das Verhältnismäßigkeitsprinzip gewährleistet.[152] In beiden Ausprägungsformen ist Sinn und Zweck der Rechtsstaatlichkeit, die Ausübung hoheitlicher Gewalt rechtlich zu binden und dadurch zu bändigen.[153] Konkretisierend hat der EuGH im Wege richterlicher Rechtsfortbildung rechtsstaatsspezifische allgemeine Rechtsgrundsätze und so Standards entwickelt, hinter die auch die Mitgliedstaaten nicht zurückfallen dürfen: etwa die Garantie effektiven Rechtsschutzes,[154] das Rückwirkungsverbot,[155] den Bestimmtheitsgrundsatz[156] oder den Vertrauensschutz.[157]

36 Umso schwerer wiegen die gegenwärtigen **Rechtsstaatsdefizite** in Polen und Ungarn. Die Kommission hat 2017 eine Justizreform in Polen, bei welcher mehrere oberste Richter durch Zwangspensionierung ausgetauscht wurden, zum Anlass genommen, zum ersten Mal ein Verfahren gegen einen Mitgliedsstaat nach Art. 7 Abs. 1 EUV einzuleiten. Aufgrund der hohen politischen Hürden dieses Verfahrens kam es bislang jedoch zu keinen konkreten Ergebnissen.[158] In parallel laufenden Vertragsverletzungsverfahren hat der Gerichtshof indes eindeutig Stellung bezogen und sich einmal mehr zum entschlossenen Hüter der „rule of law" gemacht: „Dieses Erfordernis der Unabhängigkeit der Gerichte, das dem Auftrag des Richters inhärent ist,

[146] *Kadelbach,* Europäische Integration und parlamentarische Demokratie, 2009.
[147] *Mader* EUR 2013, 348.
[148] *Calliess* in Calliess/Ruffert EUV/AEUV Art. 2 EUV Rn. 21.
[149] *Hallstein,* Die Europäische Gemeinschaft, 1979, 53.
[150] *v. Bogdandy* in v. Bogdandy Europäisches Verfassungsrecht, 13 (36).
[151] Also die „Herrschaft des Rechts".
[152] *Calliess* in Calliess/Ruffert EUV/AEUV Art. 2 EUV Rn. 25; *Calliess,* Die neue EU, 2010, 288.
[153] *Calliess* in Calliess/Ruffert EUV/AEUV Art. 2 EUV Rn. 25; *Geiger* in Geiger/Khan/Kotzur EUV/AEUV Art. 2 EUV Rn. 3.
[154] EuG T-461/08, Slg. 2011, II-6367, ECLI:EU:T:2011:494 Rn. 118 – Evropaïki Dynamiki/EIB; EuGH C–64/16, ECLI:EU:C:2018:117 – Associação Sindical dos Juízes Portugueses.
[155] EuGH C-98/78, Slg. 1979, 69, ECLI:EU:C:1979:14 Rn. 20 – Racke.
[156] EuGH C-169/80, Slg. 1981, 1931, ECLI:EU:C:1981:171 Rn. 17 – Gondrand Freres.
[157] EuGH C-90/95, Slg. 1997, I-1999, ECLI:EU:C:1997:198 Rn. 35 ff. – De Compte/Parlament.
[158] https://www.europarl.europa.eu/news/de/agenda/briefing/2020-01-13/4/rechtsstaatlichkeit-in-ungarn-und-polen-fortschritt-der-artikel-7-verfahren (14.4.2020).

gehört zum **Wesensgehalt des Rechts** auf wirksamen gerichtlichen Rechtsschutz und des Grundrechts auf ein faires Verfahren, dem als Garant für den Schutz sämtlicher dem Einzelnen aus dem Unionsrecht erwachsender Rechte und für die Wahrung der in Art. 2 EUV genannten Werte, die den Mitgliedstaaten gemeinsam sind, u. a. des Wertes der Rechtsstaatlichkeit, grundlegende Bedeutung zukommt."[159] Allein die Wendung vom Wesensgehalt bestätigt, dass das Unionsrecht – jedenfalls in der Lesart des EuGH – prägende Maßstäbe auch für den nationalen Rechtsstaat aufstellen will. Art. 20 ist daher immer auch im Lichte des Art. 2 EUV zu lesen.

B. Einzelfragen

I. Die Bundesrepublik Deutschland ist ein demokratischer und sozialer Bundesstaat

1. Der Staatsname: Bundesrepublik Deutschland. Mit seinen Eingangsworten legt Art. 20 Abs. 1 den **Staatsnamen** der Bundesrepublik Deutschland verfassungsrechtlich fest und verbindet damit eine eindeutige normative Konsequenz: die Entscheidung für die Republik und für die Bundesstaatlichkeit.[160] Nur in diesen normativen Dimensionen unterfällt die programmatische Namensgebung der Ewigkeitsgarantie, der Name als solcher wird von Art. 79 Abs. 3 indes nicht für unabänderlich erklärt.[161] Der Begriff des Reiches, der deutsche Herrschaftsorganisation schon seit dem „Heiligen Römischen Reich" begleitet hatte, in der Verfassung von 1871 dem deutschen Nationalstaat machtpolitischen Geltungsanspruch zuschreiben wollte und durch den menschenverachtenden Expansionsdrang des „Dritten Reichs" endgültig desavouiert war, wurde aufgegeben. Das freilich ändert nichts am völkerrechtlichen Fortbestand des Deutschen Reiches, mit dem zu Zeiten der deutschen Teilung die Bundesrepublik nur teilidentisch war.[162] Erst durch die Wiedervereinigung hat das vormalige Völkerrechtssubjekt „Deutsches Reich" in Gestalt der Bundesrepublik Deutschland seine vollständige völkerrechtliche Handlungsfähigkeit wieder erlangt.[163] Der republikanische Bestandteil des Staatsnamens ist Erbe von Weimar: „Das Deutsche Reich ist eine Republik" (Art. 1 Abs. 1 WRV). Nach dem Sturz der deutschen Fürstenhäuser und der sog. „Novemberrevolution" markierte das Ausrufen der Republik durch Philipp Scheidemann und Karl Liebknecht am 9.11.1918 den grundlegenden Umbruch von der **monarchischen** zur **republikanischen Staatsform.**[164] Die Rückbesinnung auf diese republikanische Tradition war für das Grundgesetz von 1949 schon so selbstverständlich, dass 37

[159] EuGH C-192/18, ECLI:EU:C:2019:924 – Kommision/Polen; EuGH C–216/18 PPU, ECLI:EU:C:2018:586 – vorher Minister for Justice and Equality (Mängel des Justizsystems);, EuGH C–619/18, ECLI:EU:C:2019:531 Rn. 58 – Kommission/Polen (Unabhängigkeit des Obersten Gerichts).

[160] *Robbers* in BK Rn. 145 und 148 mwN; siehe auch *Sachs* in Sachs Rn. 8; *Stern,* StaatsR I, 1984, 581; *Gröschner* in HdbStR II § 23 Rn. 23. Verfassungsgeschichtlich zur Situation in Deutschland 1918/1919 *v. Lewinski* NJW 2018, 3357.

[161] *Robbers* in BK Rn. 151, unter Verweis auf Löw DÖV 1979, 822.

[162] Die Position war nie unumstritten. Es mögen Zweifel laut werden, ob es „Teilidentitäten" von der Wortlogik her überhaupt geben kann (wohl schon, so wie es auch plurale Identitäten gibt). In der Sache bestätigt auch durch das sog. Grundvertragsurteil in BVerfG 36, 1 (16).

[163] Weitere Nachweise bei *Robbers* in BK Rn. 161.

[164] Dazu *Morlok/Michael,* StaatsorganisationsR, 2019, § 6 Rn. 305.

es die Republikeigenschaft nicht mehr *expressis verbis* feststellen muss, sondern im Staatsnamen voraussetzen konnte.[165]

38 **2. Das Republikprinzip.** Um den Republikbegriff in seiner gesamten Sinnfülle zu erschließen, bedürfte es einer ideen- wie wirkungsgeschichtlich inspirierten historischen Rekonstruktion. Sie hätte Ciceros *„est igitur res **publica res populi**"*,[166] die italienische Renaissance mit ihren Stadtrepubliken, den Deutschen Idealismus, die Weimarer Klassik oder den „Vormärz von 1848" ebenso einzuschließen wie das republikanische Denken bei *Montesquieu,*[167] *Kant*[168] oder *H. Arendt.*[169] Es wäre weiterhin der Zusammenhang zu den Gesellschaftsvertragstheorien in der Natur- und Vernunftrechtsdoktrin des 17. und 18. Jahrhunderts herzustellen, denen zufolge Republik die „Verfassungs- und Rechtsordnung der durch den Gesellschaftsvertrag verbundenen Einzelnen" bezeichnet.[170] Es wäre nicht zuletzt die staatsrechtliche Herkunft des Republikbegriffs in der spezifisch deutschen Verfassungstradition zu erschließen.[171]

39 Ohne dies vorliegend im Einzelnen leisten zu können, sei eine gewisse historische Konstante akzentuiert: Schon von ihrem Wortsinne her meint *„res publica"* die **öffentliche Angelegenheit** und legt ein weites Begriffsverständnis zugrunde, das sich nicht im Gegenentwurf zur Monarchie erschöpft.[172] Es geht vielmehr um das „wohlgeordnete Gemeinwesen eines freien Staates unter einer guten Verfassung",[173] charakterisiert durch die Attribute „freiheitlich", „demokratisch" und „verantwortlich"[174] sowie in die Traditionslinie von *„res publica", „salus publica"* und „öffentliche Freiheit" gestellt.[175] Der **Republikbegriff** aus Art. 20 Abs. 1 ist ein **materialer.**[176] Die mit der französischen Revolution einsetzende anti-monarchische

---

[165] *Morlok/Michael,* StaatsorganisationsR, 2019, § 6 Rn. 306.

[166] *Cicero* in Büchner De re publica (Über den Staat), 131: „Es ist also das Gemeinwesen Sache des Volkes".

[167] *Montesquieu* konzipierte die Republik als Gegensatz zur Willkürherrschaft, *Montesquieu,* De l´esprit des lois, 1748, 2. Buch, Kap. I.

[168] Nach Kant sollte die „bürgerliche Verfassung in jedem Staat (…) republikanisch sein" (*Kant,* Zum Ewigen Frieden, 1795), alle staatliche Gewalt der salus publica dienen und despotische Willkür der Herrschaft des Gesetzes weichen (*Kant,* Metaphysik der Sitten, 1797, § 52 A 212.).

[169] Nachweise dazu bei *Nowrot,* Das Republikprinzip in der Rechtsordnungsgemeinschaft, 2014, 341 f.

[170] *Robbers* in BK Rn. 194; *Reinalter,* Republikbegriff und Republiken seit dem 18. Jahrhundert im europäischen Vergleich, 1999.

[171] Dazu *Robbers* in BK Rn. 214 ff.

[172] So schon *Thoma* in Anschütz/Thoma HStR I, 1930; 186 f.; *Hesse,* Grundzüge des Verfassungsrechts der Bundesrepublik Deutschland, 1999, Rn. 120; zur Diskussion in Deutschland *Mager* in Brunner/Conze/Koselleck Geschichtliche Grundbegriffe V 549 ff.; *Schachtschneider,* Res publica res populi, 1994, 253 ff., die „(g)eistesgeschichtlichen Grundlagen der republikanischen Grundalgen der republikanischen Ordnungsidee" in ihrer Breite und Tiefe ergründet *Nowrot,* Das Republikprinzip in der Rechtsordnungsgemeinschaft, 2014, 292 ff. *Jellinek,* Allgemeine Staatslehre, 1928, 711 hatte Republik demgegenüber noch schlicht als „Nichtmonarchie" gedeutet.

[173] *Morlok/Michael,* StaatsorganisationsR, 2019, § 6 Rn. 314, die für ihre Deutung an *Bodin,* Six Livres de la République, 1577, anknüpfen und *Hesse,* Grundzüge des Verfassungsrechts der Bundesrepublik Deutschland, 1999, Rn. 120 als modernen Klassiker zitieren; schließlich auch *Stern,* StaatsR I, 1984, 581.

[174] So die Republikdeutung bei *Häberle,* Verfassungslehre als Kulturwissenschaft, 1998, 1000.

[175] *Häberle/Kotzur,* Europäische Verfassungslehre, 2016, Rn. 324.

[176] Zum materiellen Republikverständnis – auch den sozialen Gehalten, die sich dahinter verbergen – *Dreier* in Dreier, Art. 20 (Republik) Rn. 20 ff.; *Gröschner* in HdbStR II § 23.

Stoßrichtung kann ihn seiner weit darüber hinausgehenden Substanz nicht entkleiden.[177]

Damit sei nicht in Abrede gestellt, dass sich die Bundesrepublik Deutschland durch ihre Charakterisierung als Republik auch von der monarchischen Staatsform absetzen[178] und jeder Form dynastischer Herrschaftslegitimation eine Absage erteilen will.[179] Entscheidend aber ist eine andere Abgrenzung: die von jedweder Form obrigkeitsstaatlicher, despotischer oder diktatorischer Herrschaft. Sie besagt zugleich, dass staatliche Gewalt niemals als präexistent, vorverfassungsmäßig, dh letztlich rechtlich ungebunden begriffen werden kann.[180] In der Republik wird legitime Herrschaftsgewalt von einem Berufungsakt durch die Herrschaftsunterworfen (das Volk, die Bürgerinnen und Bürger) abgeleitet und nur auf Zeit verliehen.[181] Wie eng der Republikbegriff mit den Ideen von Rechtsstaatlichkeit und Demokratie verwoben ist, wird so rasch klar.[182] Er erschöpft sich aber nicht in diesen beiden Dimensionen, sondern legt einerseits – mit eigenem Sinngehalt und eigenständigem Steuerungsanspruch – **Freiheit** politischer Gemeinschaftsbildung als Ordnungsprinzip zugrunde und gibt andererseits politischer Gemeinschaftsbildung die **Gemeinwohlorientierung** *(„salus publica")* als Ziel wie Aufgabe vor.[183] **40**

Die Freiheitsorientierung versinnbildlicht die synonyme Verwendung des Begriffs **„Freistaat"** programmatisch.[184] Die Gemeinwohlbindung entspringt langer republikanischer Tradition, an deren Pathos der Parlamentarische Rat 1948/49 bewusst anknüpft: „Der Hauptausschuss schlägt (…) den Namen Bundesrepublik Deutschland vor. In diesem Namen kommt zum Ausdruck, dass ein Gemeinwesen bundesstaatlichen Charakters geschaffen werden soll, **41**

Materiell gedacht ist die Republik auch zur Qualifizierung staatenübergreifender Integrationsräume geeignet, *v. Bogdandy* JZ 2005, 529. So stellt Europas konstitutionelles Fortschrittsnarrativ die Union in die gemeineuropäische Traditionslinie der res publica: *Wertgeleitet* sollen die Unionszugehörigen „gemeinsame politische Sache machen" und sich ihrer Sache sicher sein: *Kühnhardt,* Constituting Europe, 2003, 26; insbes. zur Menschenrechtsidee *Starck* FS f. Badura, 2004, 1033 ff.

[177] Zur Begriffsentwicklung siehe auch *Sommermann* in MKS Rn. 16 f. Begrifflich ist klarzustellen, dass Monarchie – ungeachtet ihres Variantenreichtums – eine Staatsform meint, in der das Staatsoberhaupt ein Amt auf dynastischer Grundlage auf Lebenszeit ausübt und Herrschaft entweder „von Gottes Gnaden" oder innerweltlich-dynastisch legitimiert wird.

[178] Dazu *Grzeszick* in Maunz/Dürig, Art. 20 III. Rn. 2; *Stern,* StaatsR I, 1984, § 17 Kap. I 5. Demgegenüber leitet *Hain* in MKS Art. 79 Rn. 137 ff. das Monarchieverbot aus dem demokratischen Prinzip ab. Einer klassisch monarchischen Staatsform fehle die hinreichende Legitimation der monarchischen Spitze. Für konstitutionelle und erst recht parlamentarische Monarchien mag anderes gelten: zu „verfassungsstaatlichen Monarchien" *Häberle,* Verfassungslehre als Kulturwissenschaft, 1001 ff.

[179] Vgl. in diesem Zh. eine Entscheidung des BVerfG zu Ebenbürtigkeitsklauseln in Erbverträgen (BVerfG, Beschluss der 3. Kammer des Ersten Senats vom 22.3.2004, 1 BvR 2248/01. Das Ebenbürtigkeitsprinzip sei heute schon deshalb obsolet, weil es seine ursprüngliche staatsrechtliche Funktion – die Regelung der Thronfolge in einer Erbmonarchie – nicht mehr erfüllen könne (Rn. 47).

[180] *Hesse,* Grundzüge des Verfassungsrechts der Bundesrepublik Deutschland, 1999, Rn. 119, 122.

[181] *Stern,* StaatsR I, 1984, § 17 Kap. II 2a; *Isensee* JZ 1981, 1 (1 ff.).

[182] *Morlok/Michael,* Staatsorganisationsrecht, 2019, § 6 Rn. 315.

[183] *Nowrot,* Das Republikprinzip in der Rechtsordnungengemeinschaft, 2014, 361 ff.; *Häberle* in Münkler/Fischer Gemeinwohl und Gemeinsinn im Recht, 99; *Häberle* FS f. Steinberger, 2002, 1153; *Anderheiden,* Gemeinwohl in Republik und Union, 2006; *Voßkuhle* Der Staat 50 (2011), 251 (260): Gemeinwohl als die „Bezugsgröße rationalen staatlichen Handelns."

[184] *Gröschner/Lembcke* (Hrsg.), Freistaatlichkeit. Prinzipien eines europäischen Republikanismus, 2011.

dessen Wesensgehalt das demokratische und soziale Pathos der republikanischen Tradition bestimmt."[185] Diese Dualität impliziert eine Spannung: Gemeinwohlorientierung kann individueller Freiheitsverwirklichung entgegenstehen, den grundrechtlichen Freiheitsanspruch gar aushöhlen, wenn sie überhöht wird.[186] Die Republik ist deshalb auch die **Herrschaftsform des Ausgleichs** im Sinne der praktischen Konkordanz *K. Hesses.*[187]

42 Die Stärke des Republikbegriffs ist nicht seine Eindeutigkeit, sondern sein Ausgreifen-Können in den Raum jenseits des Staates, seine Zukunfts- und Rezeptionsoffenheit. Die Republik macht Herrschaft zur öffentlichen Angelegenheit und fordert daher Transparenz bei ihrer Ausübung. Die Republik ist zugleich menschheits- *(I. Kant)* und verantwortungsbezogen. Die Republik kennt schon deshalb keine Untertanen, weil sie ihre Bürgerinnen und Bürger auffordert, für ihr Gemeinwesen einzustehen.[188] Die Amtsträger verpflichtet sie zur unparteiischen Amtsführung im Interesse aller.[189] Wie alle anderen Verfassungsprinzipien auch, wirkt das Republikprinzip sowohl eigenständig (als freiheitliches Ordnungsmodell) als auch komplementär (zum freiheitlichen Rechtsstaat, zur Demokratie, zum gemeinwohlorientierten Sozialstaat).[190] Am wichtigsten aber bleibt seine **Absage an jedes metaphysische Staatsdenken:** Das „staatliche System soll nicht auf sakralen, religiösen oder ideologischen Fundamenten ruhen, sondern auf einer vernunftorientierten politischen Ordnung."[191] Das ist die zentrale Ordnungsidee der Republik für das innerstaatliche wie für das überstaatliche Recht.

43 **3. Das Demokratieprinzip – Grundlegungen demokratischer Herrschaftsorganisation. a) Der Typus des demokratischen Verfassungsstaates und die konkrete Ausgestaltung der grundgesetzlichen Demokratie.** Art. 20 Abs. 1 qualifiziert die Bundesrepublik als **demokratischen Bundesstaat.** Dem Grundsatzausschuss hatte dessen Vorsitzender *von Mangoldt* in der 11. Sitzung vom 14.10.1948 noch einen Entwurf vorgelegt, in dem Abs. 1 vom „demokratischen (...) Rechtsstaat mit parlamentarischer Regierungsform" sprach.[192] Stärker als in der Variante, die sich letztlich durchsetzen konnte, sollte so der „Gegensatz zur sogenannten Volksdemokratie in den Ländern der Ostzone" ebenso wie zur Verachtung des Parlamentarismus durch den Nationalsozialismus zum Ausdruck gebracht werden.[193] Diese parlamentarische Seite demokratischer Herrschaftsorganisation im Sinne der repräsentativen Demokratie nimmt heute erst Art. 20 Abs. 2 S. 2 in den Blick, während sich Abs. 1 allein auf die Grundidee der „Selbstregierung des Volkes" konzentriert (altgriechisch δῆμος – *dēmos:* „Volk" und κράτος – *krátos:* „Gewalt").[194] Wer sich einer Herrschaftsordnung unterwirft, soll zugleich deren Schöpfer sein und ihr dadurch Legitimität verleihen.[195]

---

[185] JöR 1 nF (1951), 20 ff.
[186] Gemeinwohlskeptisch deshalb schon *Stolleis* VerwArchiv 65 (1974), 1 (28).
[187] *Nowrot,* Das Repblikprinzip in der Rechtsordnungengemeinschaft, 2014, 86 f.
[188] *Huster/Rux* in BeckOK GG Rn. 203.
[189] *Sommermann* in MKS Rn. 14 ff.; *Robbers* in BK Rn. 354 ff.
[190] *Nowrot,* Das Republikprinzip in der Rechtsordnungengemeinschaft, 2014, 503.
[191] *Morlok/Michael,* Staatsorganisationsrecht, 2019, § 6 Rn. 321.
[192] JöR 1 nF (1951), 195.
[193] Stenoprot., 1; Kurzprot. (Drs. 198), 1; Nachweise in JöR 1 nF (1951), 195.
[194] *Böckenförde* in HdbStR III § 34 Rn. 2.
[195] *Dreier* in Dreier, 2. Aufl. 2007, Art. 20 (Demokratie) Rn. 1; *Grzeszick* in Maunz/Dürig, Art. 20 II. Rn. 2.

Dieser Legitimationsmodus – oft zum Inbegriff einer „guten Staatsordnung“ erhoben[196] – ist indes nur scheinbar selbsterklärend, sondern ebenso voraussetzungsvoll wie variantenreich.[197] Es wäre vor allem verfehlt, demokratische Herrschaftsorganisation auf die schlichte Identität von Herrschenden und Beherrschten herunterzubrechen.[198] Die **identitäre Demokratie** – das heißt die völlige Identität von Herrschenden und Beherrschten, wie sie etwa bei *Rousseau* angelegt ist – nämlich leugnet die Existenz von Konflikten, als wäre politische Einheit, im Sinne eines ungeschichtlichen und statischen Zustands, substantiell vorgegeben und müsste nicht in tagtäglichen Prozessen politisch neu errungen werden.[199] Der Organisationsmodus solcher Prozesse demokratischer politischer Einheitsbildung is weit komplexer. *Abraham Lincoln* hat ihn in seiner berühmten **„Gettysburg Address“**[200] in die Trias „government *of* the people, *by* the people, and *for* the people“ aufzufächern versucht. 44

Wer darüber hinaus zur historischen Selbstvergewisserung an die attische Demokratie, die freien Städte des Mittelalters, amerikanische und französische Revolution, das Zeitalter des Konstitutionalismus oder das Ringen um „Wesen und Wert der Demokratie“[201] unter der Weimarer Reichsverfassung erinnert,[202] wird auf ein ausdifferenziertes ideen- und theoriegeschichtliches Erbe, aber keine einheitliche Blaupause stoßen. Wer an die Volks- und Rätedemokratien kommunistisch-sozialistischer Provenienz denkt,[203] bemerkt rasch die Ideologieanfälligkeit. So sehr Art. 20 Abs. 1 in großen Traditionslinien steht und politische Entwürfe seinen notwendigen Kontext bilden, so entschlossen formt das Grundgesetz seinen eigenen **„Rechtsbegriff der Demokratie“** aus.[204] Ihm kann der Interpret nicht mit den theoretischen Modellen der allgemeinen Staats- oder Verfassungslehre, sondern nur anhand der konkreten grundgesetzlichen Normensembles in Sachen demokratischer Herrschaftsorganisation gerecht werden.[205] 45

---

[196] Und darüber hinaus der Herrschaftsorganisation insgesamt: siehe etwa *Bohman,* Democracy Across Borders. From Dêmos to Dêmoi, 2007; *Christiano* in Besson/Tasioulas The Philosophy of International Law, 119 ff.

[197] Für eine „Phänomenologie der Demokratie“ *Stern,* StaatsR I, 1984, 590 ff.; Beispiele aus französischer, aber für die Demokratiedebatte verallgemeinerungsfähiger Sicht gibt *Heuschling* in Bauer/Huber/Sommermann Demokratie in Europa, 33 (36, insbes. Fn. 9). Demokratie“ gilt heute fast weltweit als Inbegriff einer „guten“ Staatsordnung. Es finden sich insbesondere Kennzeichnungen wie gewaltenteilende, wertgebundene, freiheitliche, oder pluralistische Demokratie, dazu *Hesse,* Grundzüge des Verfassungsrechts der Bundesrepublik Deutschland, 1999, 58 ff.

[198] *Schmitt,* Verfassungslehre, 1928, 234: „Demokratie (…) ist die Identität von Herrschenden und Beherrschten, Regierenden und Regierten“. Zur Kritik an identitärdemokratischen Konzepten etwa *Hesse,* Grundzüge des Verfassungsrechts der Bundesrepublik Deutschland, 1999, Rn. 130; *Möllers,* Demokratie – Zumutungen und Versprechen, 2009, 29 f.

[199] *Hesse,* Grundzüge des Verfassungsrechts der Bundesrepublik Deutschland, 1999, Rn. 130.

[200] Abgedruckt in *Lincoln,* Speeches and Writings 1859–1865: Speeches, Letters, and Miscellaneous Writings, Presidential Messages and Proclamations, 1989, 536 ff.

[201] *Kelsen,* Vom Wesen und Wert der Demokratie, 1929; die Gegenposition bei *Schmitt,* Verfassungslehre, 1928, 234 ff.

[202] *Bringmann,* Das Volk regiert sich selbst. Eine Geschichte der Demokratie, 2019; *Finley,* Antike und moderne Demokratien, 1980.

[203] Nachweise bei *Dreier* in Dreier, Art. 20 (Demokratie) Rn. 1 ff.

[204] *Morlok/Michael,* StaatsorganisationsR, 2019, § 5, Rn. 122.

[205] *Hesse,* Grundzüge des Verfassungsrechts der Bundesrepublik Deutschland, 1999, Rn. 127; *Stern,* StaatsR I, 1984, § 18 Kap. I 2.

46 Neben Art. 20 Abs. 1 gehören aus dem staatsorganisationsrechtlichen Teil dazu insbesondere Art. 20 Abs. 2 S. 1 und 2 (die Volkssouveränität und der Gedanke der mittelbaren/repräsentativen Demokratie),[206] sowie Art. 20 Abs. 4[207] und Art. 21 Abs. 2,[208] letzterer ebenfalls Ausdruck der wehrhaften Demokratie. Art. 21 Abs. 1 sichert die Mitwirkung politischer Parteien an der politischen Willensbildung,[209] Art. 38 Abs. 1 S. 1 garantiert die Wahlrechtsgrundsätze[210] und Art. 38 Abs. 1 S. 2 konturiert mit der Rechtsstellung der Abgeordneten den zentralen Repräsentationsgedanken.[211] Die Homogenitätsklausel aus Art. 28 Abs. 1 macht die demokratische Herrschaftsorganisation auch für die Länder zur verbindlichen Vorgabe.[212] Schließlich verweist das GG an ganz unterschiedlichen Stellen auf die **„freiheitlich-demokratische" Grundordnung** (die freilich auch rechtsstaatliche, republikspezifische etc. Facetten hat): Art. 10 Abs. 2, Art. 11 Abs. 2, Art. 18, Art. 21 Abs. 2, Art. 73 Abs. 1 Nr. 10 lit. b, Art. 87a Abs. 4 oder Art. 91 Abs. 1.[213]

47 Mindestens ebenso wichtig wie die staatsorganisationsrechtliche Ausgestaltung der Demokratie ist ihre **grundrechtliche Fundierung.** Das liegt für die Meinungsfreiheit und alle Kommunikationsfreiheiten (Informationsfreiheit, Pressefreiheit, Rundfunkfreiheit, Filmfreiheit, Internetfreiheit) auf der Hand. Sie sind elementare Lebensvoraussetzungen der freiheitlichen Demokratie[214] und „schlechthin konstituierend für die freiheitlich-demokratische Ordnung".[215] Besonders plastischen Niederschlag findet dieser Befund verfassungsvergleichend betrachtet in einem berühmten Bild von *O. W. Holmes.*[216] Er skizziert die demokratische Öffentlichkeit als einen „Marktplatz der Ideen" und will die Agora der griechischen Polis zu massendemokratischem Leben erwecken. Art. 9 Abs. 2[217] und Art. 18 („zum Kampfe gegen die freiheitlich demokratische Grundordnung missbraucht")[218] machen die Demokratie, parallel zu Art. 20 Abs. 4 und Art. 21 Abs. 2, wehrhaft.[219]

48 Ganz entscheidend aber ist das Verständnis der **Menschenwürde** (Art. 1)[220] als „kulturanthropologischer **Prämisse der Demokratie**".[221] Die menschenwürderadizierte Freiheit des Individuums findet hier ihre herrschaftsorganisatorische Konsequenz.[222] Der Zusammenhang von Menschenwürde und De-

---

[206] Dazu unten → Rn. 117 und Rand.
[207] Dazu unten → 177 ff.
[208] → Art. 21 Rn. 96.
[209] → Art. 21 Rn. 31.
[210] → Art. 38 Rn. 27 ff.
[211] → Art. 38 Rn. 100 ff.
[212] → Art. 28 Rn. 22 ff.
[213] *Robbers* in BK Rn. 481.
[214] Im Sinne von BVerfGE 7, 198 (208), dort bezogen auf Meinungs- und Informationsfreiheit.
[215] BVerfGE 10, 118 (121); 20, 56 (97), 107, 299 (308), ständ. Rechtsprechung; dazu *Grabenwarter* in Maunz/Dürig, Art. 5 Abs. 1 u. 2, Rn. 519; *Schulze-Fielitz* in Dreier, Art. 5, Rn. 43.
[216] Seinerseits inspiriert von *John Stuart Mills* Klassiker „On Liberty" (1859); für eine kritische Analyse *Gordon* Social Theory & Practice 1997, 235.
[217] → Art. 9 Rn. 10.
[218] → Art. 18 Rn. 1.
[219] → Art. 9 Rn. 91.
[220] → Art. 1 Rn. 11.
[221] Dazu *Häberle* in HdbStR II § 22; *Häberle,* Verfassungslehre als Kulturwissenschaft, 1998, 623 f. mwN.
[222] *Häberle* in HdbStR II § 22 Rn. 67: „Die „universal" und kulturspezifisch umrissene „Kultur der Menschenrechte" und die sie konkretisierende „Kultur der Freiheit" entfalten (…) unmittelbar demokratiebegründende Kraft. So oft, und in Deutschland besonders erfolg-

mokratie ist schon bei *I. Kant* angelegt. Als Klassikertext kann die berühmte Formel gelten, wonach „der Mensch, und überhaupt jedes vernünftige Wesen" als „Zweck an sich selbst, nicht bloß als Mittel zum beliebigen Gebrauch für diesen oder jenen Willen" existiere und deshalb in „allen seinen, sowohl auf sich selbst, als auch auf andere vernünftige Wesen gerichteten Handlungen jederzeit zugleich als Zweck betrachtet werden" müsse.[223] Diese innere Verbindung von Demokratie und Menschenwürde respektive den aus ihr fließenden Menschenrechten wurde vom Bundesverfassungsgericht in seinem Lissabon-Urteil eher en passant benannt[224] und verdient noch weit größere Aufmerksamkeit. Die gerade in der deutschen Verfassungslehre lange etablierte Trennung von unpolitischer Menschenwürde bzw. unpolitischen Menschenrechten einerseits und politischer Demokratie andererseits greift zu kurz.[225] Anders als von dieser dichotomischen Trennung impliziert, wird der Mensch im Kern seines Bürger-Seins betroffen getroffen, wenn er keine Möglichkeit hat, durch Wahlen und Abstimmungen, durch Meinungs- und Demonstrationsfreiheit seine politischen Freiheiten zu leben.[226]

Art. 79 Abs. 3 macht das Demokratieprinzip, dh die grundgesetzliche Grundentscheidung für demokratische Herrschaftsorganisation, **änderungsfest.**[227] Damit allerdings sind nicht automatisch alle der hier skizzierten Konkretisierungen der Abänderbarkeit entzogen. Die Abgrenzungen können mitunter schwierig sein. So wäre eine Verlängerung der Wahlperiode des Deutschen Bundestages[228] ebenso denkbar wie eine Absenkung des Wahlalters (etwa auf 16 Jahre),[229] das Grundgesetz dürfte neben Art. 29[230] weitere direkt-demokratische Elemente auf Bundesebene wagen,[231] ja selbst eine Präsidialdemokratie einführen. Die Etablierung eines Einparteiensystems wäre indes ebenso undenkbar wie die Einführung eines Zensuswahlrechts. Ein geschlossener Kanon der änderungsfesten Demokratiegehalte lässt sich zwar nicht auf-,[232] wohl aber feststellen, dass, je intensiver die selbstbestimmte Freiheit und die für gleiche Freiheit denknotwendig vorausgesetzte gleiche Teilhabe des Einzelnen betroffen sind, umso eher die Ewigkeitsklausel Relativierungen verbietet. Art. 79 Abs. 3 gegen eine größere demokratisch legitimierte Gestaltungsmacht der EU in Stellung zu bringen – wie vom BVerfG mitunter angedacht[233] – scheidet daher jedenfalls solange aus, als komplementäre unionale Legitimationsmechanismen nicht zu politischen Freiheits- und Teilhabeverlusten der Bürgerinnen und Bürger als Legitimationssubjekte führen.[234] 49

---

reich, Spielarten des Liberalismus, des Positivismus und ein den Traditionen des Bourgeois bzw. des deutschen Konstitutionalismus verpflichtetes Denken die Demokratie als bloße „Staatsform" von den Grundfreiheiten unpolitisch trennen wollen, so unmissverständlich muss man heute den Zusammenhang zwischen Menschenwürde bzw. Grundfreiheiten und freiheitlicher Demokratie betonen; diese ist die organisatorische Konsequenz jener".

223 *Kant,* Grundlegung zur Metaphysik der Sitten, 1785, Erster Abschnitt, AA IV 428.
224 BVerfGE 123, 267 (341).
225 *Häberle/Kotzur,* Europäische Verfassungslehre, 2016, Rn. 839.
226 *Häberle/Kotzur,* Europäische Verfassungslehre, 2016, Rn. 839.
227 → Art. 79 Rn. 51.
228 *Zeh* Zeitschrift für Parlamentsfragen, 1976, 353.
229 *Rupprecht,* Das Wahlrecht für Kinder, 2012, 56 ff.
230 *Erbguth/Schubert* in Sachs Art. 29 Rn. 9 f.
231 *Degenhart,* Staatsorganisatinsrecht I, 2019, Rn. 115 ff.
232 Vgl. *Hain* in MKS, Art. 79 Rn. 75 ff.
233 BVerfGE 97, 350; BVerfGE 123, 267 (LS 4).
234 *Dreier* in Dreier, Art. 79 Abs. 3 Rn. 55; weiterhin *Hanebeck* DÖV 2004, 901.

50 **b) Demokratische Freiheit.** Demokratie meint die **Herrschaft der Freien und Gleichen.**[235] Das menschenwürdebegabte freie Individuum, im Sinne *Kants* „Zweck in sich selbst" steht nicht nur in Verantwortung für seine politische Gemeinschaft, es hat auch ein Recht auf politische Mitbestimmung.[236] Dieses Recht ist Voraussetzung seiner Freiheitsverwirklichung. Das Grundgesetz denkt Demokratie daher als die „Ordnung eines freien und offenen politischen Prozesses", in dem dank „pluralistische(r) Initiativen und Alternativen" [237] Raum für streitige Austragung von Konflikten besteht,[238] die Minderheit von heute zur Mehrheit von morgen werden kann und in der Dialektik von Regierung und Opposition politische Entscheidungen – oft kompromisshaft[239] – ausverhandelt werden. Die Inszenierung einer Politik der „vollendeten Tatsachen" oder der „Alternativlosigkeit"[240] wirkt deshalb prekär: Wo eine bestimmte politische Option als „alternativlos" apostrophiert wird, erscheint Teilhabe am Entscheidungsprozess von vornherein sinnlos. Demokratisches Entscheiden lebt aber gerade von einem **„Möglichkeitsdenken"** als **Denken** „der Alternativen" und **„in Alternativen".**[241] Nur so kann der kritische Diskurs um die bestmöglichen Handlungs- bzw. Gestaltungsoptionen gelingen, nur so kann sich die rationalisierende Kraft der Deliberation entfalten, nur so wird der Blick frei auf sozialen Wandel und daraus resultierende Reformnotwendigkeiten.[242]

51 Die folgenden **Voraussetzungen demokratischer Freiheit,** wie sie das Grundgesetz ausgestaltet, seien – ohne jeden Anspruch auf Vollständigkeit besonders akzentuiert:

– **Demokratische Willensbildung** muss sich vom Volk hin zu den Staatsorganen und nicht umgekehrt realisieren.[243] Sowohl die Freiheit der Entscheidungsvorgangs im engeren Sinne (Wahlen und Abstimmungen[244]) als auch die Freiheit der Entscheidungsfindung und Entscheidungsbildung im Vorfeld gilt es deshalb zu sichern. Der Sicherung letzterer dienen die Medienfreiheit,[245] die oben genannten Kommunikationsgrundrechte, die Sicherung aller Pluralgruppen in der offenen Gesellschaft (Interessengruppen, Bürgerinitiativen, Verbände,[246] Gewerkschaften, Kirchen etc. – insgesamt also aller „organisierten Interessen"[247]). Aus ihrer Konkurrenz entsteht jene für den Verfassungsstaat konstitutive **Pluralität,** die ihn im Ganzen zu einem freiheitlichen Gemeinwesen macht.[248]

---

[235] *Böckenförde* in HdbStR II § 24 Rn. 41; *Kriele* VVDStRL 29 (1971), 46 (61 ff.); *Gosepath,* Gleiche Gerechtigkeit – Grundlage des liberalen Egalitarismus, 2004, 293.
[236] *Häberle* in HdbStR II § 22 Rn. 68.
[237] *Hesse,* Grundzüge des Verfassungsrechts der Bundesrepublik Deutschland, 1999, Rn. 135 f.
[238] Grundlegend aus politikwissenschaftlicher Sicht *Wiener,* A Theory of Contestation, 2014.
[239] Nicht zuletzt deshalb gilt Toleranz als ein tragender Grundsatz der freiheitlichen Demokratie, BVerfGE 33, 23 (32).
[240] Wiederum *Wiener,* A Theory of Contestation, 2014.
[241] So grundlegend *Häberle,* Verfassungslehre als Kulturwissenschaft, 1998, 560 ff.
[242] *Kotzur* in BK Vorbem. zu Art. 38 Rn. 73.
[243] BVerfGE 20, 56 (98 f.).
[244] Dazu → Art. 38 Rn. 1.
[245] Zum Begriff der Massenmedien siehe *Luhmann,* Die Realität der Massenmedien, 2017, 10; *Kloepfer* in HdbStR III § 42.
[246] Zu Art. 9 schon BVerwGE 1, 184; BVerfGE 100, 214 (223).
[247] In diesem Zusammenhang *Steinberg* in Schneider/Zeh Parlamentsrecht und Parlamentspraxis, 217 (256).
[248] *Häberle/Kotzur,* Europäische Verfassungslehre, 2016, Rn. 1100.

- Die **freie Bildung politischer Parteien** (Art. 21 Abs. 1 S. 2)[249] ist eine zentrale Voraussetzung, ihre Mitwirkung an der politischen Willensbildung eine zentrale Wirkbedingung der freiheitlichen Demokratie.[250] Es sind die Parteien, die die politische Auseinandersetzung im Vor- und Umfeld der Wahlen prägen.[251] Zur **Freiheit der Wahl** gehören ein „grundsätzlich freies Wahlvorschlagsrecht für alle Wahlberechtigten"[252] sowie „eine freie Kandidatenaufstellung unter Beteiligung der Mitglieder der Parteien und Wählergruppen".[253] Auch die innerparteiliche Organisation (Art. 21 Abs. 1 S. 3[254]) hat sich an den Strukturprinzipien der freiheitlichen Demokratie zu orientieren.[255] Deshalb müssen zB mehrere Bewerber zur Auswahl stehen können, freie Wahlvorschläge möglich sein und konkurrierende Listenvorschläge erörtert werden; deshalb muss das diskursive Moment bei den Debatten hinreichende Verwirklichung finden.[256]
- Freiheitsverstärkend wirken die bundesstaatliche Ordnung und **kommunale** (Art. 28 Abs. 1 S. 2, Abs. 2)[257] respektive **funktionale Selbstverwaltung.**[258] Ein eng verstandenes Demokratieprinzip könnte mit dem Selbstverwaltungs- respektive Autonomiegedanken konfligieren, weil ersteres auf der Souveränität des gesamten Staatsvolks und der Einheit der Staatsgewalt aufbaut,[259] während letztere von der Idee der Betroffenen-Partizipation (als eine Form der Output-Legitimation) gespeist werden und sich, was die Input-Legitimation anbetrifft, mit der Legitimationsleistung eines bloßen Teil-Staatsvolkes begnügen.[260] Das BVerfG betont, der Autonomiegedanke lasse sich sinnvoll in das System der grundgesetzlichen Ordnung einfügen[261] und funktionale Selbstverwaltung stehe nicht im Gegensatz zum demokratischen Prinzip, sondern verstärke es,[262] weil sie, wie die kommunale Selbstverwaltung, durch die **Pluralisierung der Entscheidungsträger** ein Mehr an Freiheit ermögliche.
- Freiheitssichernd wirkt schließlich auch die Teilhabe der Bürgerinnen und Bürger an **partizipativ ausgestalteten Verwaltungsverfahren.**[263] Zu denken ist hier an Anhörungsrechte (z. B. §§ 28, 66 VwVfG, § 91 AO) oder die Öffentlichkeitsbeteiligung (etwa in § 3 BauGB). Zu denken ist in

---

249 → Art. 21 Rn. 43.

250 *Starck* in HdbStR III § 33 Rn. 41.

251 *Kotzur* in Papier/Merten HdbGR V § 120 Rn. 26. Heute auch auf europäischer Ebene über den nationalen Verfassungsstaat hinaus, vgl. *Tsatsos* EuGRZ 1994, 45; *Tsatsos/Schefold/Schneider,* Parteienrecht im europäischen Vergleich, 1990; *Geerlings* Recht und Politik 2004, 38.

252 BVerfGE 41, 399 (417).

253 BVerfGE 47, 253 (282).

254 → Art. 21 Rn. 54.

255 Was Mitgliederbefragungen in Parteien einschließt, so die Befragung der SPD-Mitglieder vor Bildung der Großen Koalition 2018. Auch sie muss demokratischen Mindeststandards genügen.

256 *BVerfGE 89,* 243 (251 f.); *Huber* DÖV 1991, 229 (230). Zur Problematik von Quotenregelungen, etwa Frauenquoten *Degenhart,* Staatsrecht I, 2019, Rn. 86.

257 → Art. 28 Rn. 29 ff., 65 ff.

258 *Starck* in HdbStR III § 33 Rn. 35; Der Aspekt wird im Rahmen der Legitimation durch das Volk ebenfalls zu diskutieren sein.

259 Pointiert idS *Merten* VVDStRL 55 (1996), 7 (35 f.) mwN; zum Problem *Oebbeke* VVDStRL 62 (2003), 366 (392 ff.); *Sachs* in Sachs Rn. 44, jeweils mwN.

260 *Dreier* in Dreier, Art. 20 (Demokratie) Rn. 83.

261 BVerfGE 33, 125 (157).

262 BVerfGE 107, 59 (86 ff.); dazu *Unruh* JZ 2003, 1061; *Becker* DÖV 2004, 910; *Jestaedt* JuS 2004, 649; *Musil* DÖV 2004, 116.

263 *Starck* in HdbStR III § 33 Rn. 42 ff.

einem weiteren Sinne schließlich an das freiheitsverwirklichende Potential, das alle Aktivkräfte der offenen Gesellschaft durch ihre Teilhabe am Verfassungsleben (die eben genannte Beteiligung an Verwaltungsverfahren, die Beteiligung an gerichtlichen Verfahren, insbes. vor dem Bundesverfassungsgericht) entfalten.[264]

52 Die folgenden **Gefährdungen demokratischer Freiheit** gilt es besonders in den Blick zu nehmen. Auch diese Übersicht kann keinen Anspruch auf Vollständigkeit erheben.

- **Staatliche Wahlwerbung** und die damit angemaßte hoheitliche Autorität für bestimmte politische Inhalte verletzt die Freiheit demokratischer Entscheidungsbildung. Zwar bleibt auch im Vorfeld von Wahlen die Öffentlichkeitsarbeit der Regierung zulässig, aber weder darf der informative Gehalt hinter den werbenden Auftritt zurücktreten noch die Information versteckte Parteinahme sein.[265]
- Die Kommunikationsstrategie des sog. **„Mikrotargeting"** kann manipulative Effekte auf den Prozess der Entscheidungsbildung haben. Wenn aufgrund systematischer statistischer Erhebungen bestimmte Zielgruppen innerhalb der Gesellschaft identifiziert und gerade in ihren politischen Präferenzen, Wünschen, ideologischen Prägungen und Vorurteilen gezielt –etwa über die sozialen Medien – angesprochen werden, entstehen Filterblasen oder Echokammern. Sie verfestigen das Vorgefertigte und verkürzen so Diskurszusammenhänge, was umso schwerer wiegt, wenn diese Verkürzung mit bewusster Fehlinformation **(„fake news")** Hand in Hand geht.[266]

53 **c) Demokratische Gleichheit.** Weil Demokratie die Herrschaft der Freien und Gleichen ist, meint demokratische Freiheit immer ein Stück weit **„Gleichheit in der Freiheit"**.[267] Die zentralen Gleichheitsbedingungen der Demokratie sind die Wahlrechtsgleichheit, die Chancengleichheit der politischen Parteien und die chancengleiche Teilhabe aller Bürgerinnen und Bürger am politischen Wettbewerb. Letztere lebt nicht zuletzt vom Wechselspiel zwischen Mehrheit („Mehrheit entscheidet") und Minderheit respektive dem demokratischen Minderheitenschutz, den dieses im **Wettbewerb**[268] um politische Entscheidungsmacht fordert.

54 Im Folgenden seien die **Gleichheitsdimensionen** schlaglichtartig festgehalten: Die bereits angesprochene **Staatliche Wahlwerbung** hat neben der freiheitsbeschränkenden auch eine gleichheitswidrige Dimension, weil so die Regierungsparteien bevorzugt werden können.[269]

---

[264] Grundlegend *Häberle* in Häberle Verfassung als öffentlicher Prozess, 155 (160 f.); wohl enger *Müller-Franken* DVBl. 2009, 1072 (1073).

[265] Vgl. *BVerfGE* 44, 125 (144); 63, 31 (243); 105, 252 (269 f.); 105, 279 (301 ff.); *Schürmann,* Öffentlichkeitsarbeit der Bundesregierung, 1992; ausführliche Nachweise bei *Grzeszick* in Maunz/Düring, Art. 20 II. Rn. 18. Dort auch zu der Frage, ob vergleichbare Restriktionen im Vorfeld von Volksabstimmungen gelten (Rn. 19).

[266] *Zuboff,* The Age of Surveillance Capitalism, 2019; *Hofmann,* Micro-Targeting as a New Form of Political Claim-Making, 2018; *Barbu-Kleitsch* Procedia – Social and Behavioural Sciences 2014, 44; *Gorton* New Political Science 2016, 61. Allgemein *Schliesky/Schult/Gottberg/Kuhlmann,* Demokratie im digitalen Zeitalter, 2016.

[267] *Kirchhof* in HdbStR V § 181 Rn 64 ff.; *Böckenförde,* Demokratie als Verfassungsprinzip, HdbStR II, 2004 § 24 Rn. 41; mit Blick auf die verfassungshistorischen Entwicklungslinien seit der Französischen Revolution *Jouanjan* EuGRZ 2002, 314; *Kriele* VVDStRL 29 (1971), 46 (61).

[268] *Hatje/Kotzur* VVDStRL 69 (2010), 135 bzw. 173.

[269] → Rn. 52.

Die **Wahlrechtsgleichheit** ist die „Fundamentalnorm der egalitären Demokratie".[270] Sie garantiert Art. 38 Abs. 1 S. 1, bezogen auf den Zähl- wie Erfolgswert, in einem streng formalen Sinne.[271] Demgegenüber bleibt das Unionsrecht, jedenfalls prima facie, noch defizitär. Das zählwertgleiche „one man one vote" ist auf europäischer Ebene zwar realisiert, die Erfolgswertgleichheit aber nicht (vgl. Art. 14 Abs. 3 EUV, Art. 39 Abs. 2 GRC). Hier fordern das völkerrechtliche Prinzip der souveränen Staatengleichheit und die verfassungsstaatliche Maßgabe demokratischer Gleichheit praktische *(K. Hesse),* mit Blick auf die Arbeitsfähigkeit des Europäischen Parlaments auch pragmatische Konkordanz.[272] **55**

Komplementär zur spezifisch auf den Wahlakt bezogenen Wahlrechtsgleichheit wirkt die **Chancengleichheit politischer Parteien** im „Vorfeld der politischen Willensbildung".[273] Die Parteien genießen neben dem Status der Freiheit, der Öffentlichkeit und der innerparteilichen Demokratie einen Status der Gleichheit.[274] Dieser Status der Gleichheit ist ein selbstverständlicher Bestandteil der demokratischen Ordnung[275] – bis hin zu Fragen der Parteienfinanzierung.[276] Diese Selbstverständlichkeit mag die Rechtsprechung zu gewissen Indifferenzen bei der dogmatischen Herleitung verleitet haben. Sie erfolgte zunächst nur aus Art. 21.[277] Später wurde Art. 38 Abs. 1 als Grundlage der Chancengleichheit der Parteien benannt und Art. 21 nur noch ergänzend respektive bestätigend herangezogen.[278] In Gerichtsentscheidungen finden sich auch immer wieder Parallelzitate von Art. 3 Abs. 1 und Abs. 3 in Verbindung mit Art. 21 sowie der einfachgesetzlichen Konkretisierung in § 5 PartG.[279] **56**

Bei aller Wechselbezüglichkeit sollten die Wahlrechtsgleichheit und die Chancengleichheit der politischen Parteien als getrennte Ausprägungsformen gleicher politischer Teilhaberechte begriffen werden. Letztere bindet die Bürger, die hinter den Parteien stehen, in den chancengleichen politischen **57**

---

[270] *Wild,* Die Gleichheit der Wahl, 2003, 11.

[271] BVerfGE 1, 208 (244 ff.); 95, 408 (417 ff.); 99, 69 (77 ff.). Eine Verletzung von Art. 38 Abs. 1 S. 1 kann überdies im Wege der Verfassungsbeschwerde gerügt werden, BVerfGE 89, 155 (171 ff.); BvE 2/08, Rn. 174 ff. 208 ff. Weitere Nachweise zu Art. 38 Abs. 1 S. 1 bei → Art. 38 Rn. 30.

[272] BvE 2/08, Rn. 177 (BverfGE 123, 267), konstatiert: „Die ursprünglich allein innerstaatlich bedeutsame Wechselbezüglichkeit zwischen Art. 38 Abs. 1 Satz 1 und Art. 20 Abs. 1 und Abs. 2 GG erfährt durch die fortschreitende europäische Integration schrittweise eine Erweiterung." Für eine allgemeine Übersicht *Lenz,* Ein einheitliches Verfahren für die Wahl zum Europäischen Parlament, 1995; *Scheffler,* One man – one vote – one value? Der schwierige Weg zu einem einheitlichen Wahlrecht für das Europäische Parlament, 2005.

[273] *BVerfGE 8,* 51 (68); *Kieslinger,* Das Recht auf politische Chancengleichheit, 1998, 27 ff.; *Morlok* FS f. Tsatsos, 2003, 408 ff.

[274] *Hesse* VVDStRL 17 (1959), 11 (36 ff.); *Hesse,* Grundzüge des Verfassungsrechts der Bundesrepublik Deutschland, 1999, Rn. 172 ff.; *Häberle,* JuS 1967, 64 (71 ff.); *Morlok/Michael,* StaatsorganisationsR, 2019, § 5 Rn. 255 und 264 ff.

[275] Aus der Rechtsprechung *BVerfGE 1,* 208 (244); *4,* 27 (30); 7, 99 (103); *13,* 1 (9 f.); *20,* 56 (113 f.); *24,* 300 (329 ff.); grundlegend *Hesse* VVDStRL 17 (1959), 11 ff.; weiterhin *Lipphardt,* Die Gleichheit der politischen Parteien vor der öffentlichen Gewalt, 1975.

[276] S. etwa *BVerfGE 111,* 382; *Morlok,* NVwZ 2005, 157; *v. Arnim* NJW 2005, 247.

[277] BVerfGE 4, 27 (30); demgegenüber wird für das Recht von Wählervereinigungen, etwa einen Wahlvorschlag zu machen, von Anfang an auf Art. 38 Abs. 1 verwiesen.

[278] BVerfGE 6, 84 (90); 24, 300 (340).

[279] OVG Koblenz NVwZ 2006, 109 f.; s. auch OVG Frankfurt (Oder) ZUM-RD 2004, 555. Neben der Wahlrechtsgleichheit aus Art. 38 Abs. 1 S. 1 dürften Art. 3 Abs. 1 und Abs. 3 GG nicht genannt werden, da die streng formale Wahlrechtsgleichheit gegenüber dem allgemeinen Gleichheitssatz Spezialität beansprucht.

Wettbewerb ein, erstere schreibt ihnen eine **streng formalisierte** Rolle, eine spezifisch auf den Wahlvorgang bezogene politische Gestaltungsfunktion zu. Die strenge Formalisierung verbietet jede Differenzierung, der Parteiwettbewerb lässt eine **abgestufte Chancengleichheit** zu. Staatliche Leistungen an politische Parteien dürfen zB danach gestaffelt werden, welchen Zuspruch die Partei bei den Bürgern findet.[280]

58 Das egalitär-demokratische Prinzip der Chancengleichheit ist nicht nur den Parteien, sondern allen am politischen Prozess Beteiligten (grundrechtlich) verbürgt.[281] Dafür steht insbeondere das **Wechselspiel von Minderheit und Mehrheit.**[282] Strukturelle Ungleichheiten gilt es auszugleichen.[283]

59 Das **Mehrheitsprinzip** gehört zum ***aquis démocratique***[284] in Europa. Es stellt eine Technik dar, um auf individualistischer Basis kollektive Entscheidungen zu fällen.[285] Doch weit mehr noch: Das Mehrheitsvotum bleibt für die Minderheit von heute erträglich, da sie in Zukunft die real gleiche Alternierungschance[286] – sie freilich setzt Chancengleichheit im demokratischen Wettbewerb voraus – hat, für sich die Mehrheit zu gewinnen.[287] Für die durch Wahlakt legitimierte Rechtssetzung des Parlaments spricht eine (nur) „vorläufige Gerechtigkeits- und Gemeinwohlvermutung".[288] Das Mehrheitsprinzip kann dabei nicht etwa substantielle Rationalität beanspruchen (die Mehrheit weiß es nicht notwendig besser). Es ermöglicht aber „geregelte Konfliktaustragung" und qualifiziert als **„Friedensregel"**[289] für den Machtwechsel. Die Funktionslogik friedlichen Machtwechsels setzt zu-

---

[280] *Streinz* in MKS Art. 21 Rn. 127 ff; s. auch BVerfGE 144, 20.

[281] *Kißlinger,* Das Recht auf politische Chancengleichheit, 1998; *Schulz,* Gewährleistung kommunikativer Chancengleichheit als Freiheitsverwirklichung, 1998.

[282] Das Fehlen dieses Wechselspiels auf Unionsebene hatten die Beschwerdeführer im Lissabon-Verfahren nachdrücklich gerügt, siehe BvE 2/08, Rn. 107: „Der Vertrag von Lissabon verletze schließlich das demokratische Prinzip wechselnder Mehrheiten. Zum demokratischen Prinzip gehöre der Wettbewerb um politische Macht, also das Wechselspiel von Minderheit und Mehrheit. Dieser Wettbewerb finde jedoch auf europäischer Ebene nicht statt. Die europäischen Institutionen seien nicht um die Zentralität des politischen Konflikts geordnet. Die Unerkennbarkeit politischer Konfliktlinien führe zu politischer Apathie in Form von Enthaltungen bei den Wahlen zum Europäischen Parlament." Ebd. Rn. 210 sieht das BVerfG das demokratische Gefüge gefährdet, wenn „die Bürger nicht mit Mehrheitswillen herrschen können". Aus der Lit. zum Mehrheitsprinzip grundlegend schon *Friesenhahn,* VVDStRL 16 (1958), S. 9 ff., 16 und öfter; *Scheuner,* Das Mehrheitsprinzip in der Demokratie, 1973; *Heun,* Das Mehrheitsprinzip in der Demokratie, 1983; *Stern,* StaatsR I, 1984, 611 ff.; *Hillgruber* AöR 127 (2002), 460.

[283] *Strom,* Minority Government and Majority Rule, 1990.

[284] So die treffende Formulierung bei *Sommermann* in Bauer/Huber/Sommermann Demokratie in Europa, 191 (197). *Lehmbruch,* Parteienwettbewerb im Bundesstaat, 2000, 19, spricht von einer der „wichtigsten Entdeckungen", die „die Menschheit im europäischen Zivilisationsprozess gemacht hat".

[285] *Shapiro,* The State of Democratic Theory, 2003, 51.

[286] *Shapiro,* The State of Democratic Theory, 21 2003, In Mehrebensystemen entsteht hier ein drängendes Problem. Je komplexer demokratische Entscheidungen ausgestaltet sind, umso geringer erscheint die Alternierungschance. Die politischen Akteure, allen voran die Parteien, sind umso stärker aufgefordert, dem Bürger programmatische Alternativen zu vermitteln.

[287] *Hesse,* Grundzüge des Verfassungsrechts der Bundesrepublik Deutschland, 1999, Rn. 143.

[288] *Häberle* in Häberle Verfassung als öffentlicher Prozess, 1998, 565; *Badura,* Staatsrecht, 2003, 273 f.; eine Neigung der Demokratie, „vorrangig die Bedürfnisse des Augenblicks" zu befriedigen, beklagt *de Tocqueville,* Über die Demokratie in Amerika, 1976, (franz. 1835/40), 258.

[289] *Lehmbruch,* Parteienwettbewerb im Bundesstaat, 2000, 16; zur Bedeutung des Kompromisses für demokratisches Entscheiden *Thoma,* Über Wesen und Erscheinungsform der modernen Demokratie, 1948, 21 ff.

gleich faire Teilhabemöglichkeiten *(J. Rawls)* der Wettbewerber um Gestaltungsmacht voraus.

Ohne eine jedenfalls minimal gleiche Verteilung von Lebenschancen wäre chancengleiche politische Teilhabe eine Illusion.[290] Der Schutz des Existenzminimums[291] beinhaltet auch eine Art **Existenzminimum in *rebus politicis.*** **60**

Strukturelle Ungleichheiten werden schließlich durch **Minderheitenschutzregeln** kompensiert. In Ländern mit einem hohen Minderheitenanteil – etwa der Schweiz – findet das konkurrenzdemokratische „Regelsystem des Parteienwettbewerbs um zeitlich begrenzte Machtausübung mit dem Mehrheitsprinzip als fundamentaler Spielregel" durch ein konkordanzdemokratisches „Regelsystem des Verhandelns" notwendigen Ausgleich.[292] **61**

Wo die Minderheit nie die Chance hätte, zur Mehrheit zu werden, versagt die reine Mehrheits- als Friedensregel. **Plebiszite** können gerade Minderheiten effektivere Partizipationschancen ermöglichen.[293] **62**

d) Demokratische Öffentlichkeit. Demokratie lebt von und verlangt nach **Öffentlichkeit.**[294] Zu einer grobmaschigen Typisierung können insbesondere die unterschiedlichen Funktionsbereiche demokratischer Öffentlichkeit herangezogen werden: die Parlamentsöffentlichkeit, die Wahlkampföffentlichkeit, die Parteienöffentlichkeit, die Medienöffentlichkeit, die staatliche Öffentlichkeitsarbeit, die Gerichtsöffentlichkeit und schließlich auch die Frage nach einer europäischen Öffentlichkeit. **63**

Diese Funktionsbereiche seien wie folgt aufgeschlüsselt. **Parlamentsöffentlichkeit:** Der Grundsatz der Parlamentsöffentlichkeit ist in Art. 42 Abs. 1 niedergelegt und wird durch die Geschäftsordnung des Bundestages weitergehend spezifiziert (etwa § 19 – Sitzungsöffentlichkeit; § 70 – öffentliche Anhörungen).[295] Die Verhandlungen des Bundestages müssen grundsätzlich öffentlich sein. Notwendigkeiten effektiver Ausschussarbeit (§§ 69, 69a GOBT) oder des Geheimschutzes können eine Ausnahme begründen **64**

---

290 Vgl. in diesem Zh. auch *Röhner* Femina Politica – Zeitschrift für feministische Politikwissenschaft, 2018, 40.

291 *Grzeszick* in Maunz/Dürig Art. 20 VIII. Rn. 23; *Maurer,* Staatsrecht I, 2010, § 8 Rn. 74.

292 Spezifisch für die Schweiz *Rhinow* VVDStRL 44 (1986), 83 (86 ff.); für die Schweiz und Österreich *Lehmbruch,* Proporzdemokratie. Politisches System und politische Kultur in der Schweiz und Österreich, 1967; allgemein zum Verhältnis von Konkurrenzdemokratie und Konkordanzdemokratie *Abromeit,* Interessenvermittlung zwischen Konkurrenz und Konkordanz, 1993. Als typische Konkurrenzdemokratie gilt Großbritannien, als typische Konkordanzdemokratien qualifiziert werden die Schweiz, Luxemburg, aber auch die Europäische Union, Nachweise und Kritik bei *Sommermann* in Bauer/Huber/Sommermann Demokratie in Europa, 191 (215).

293 Direktdemokratische Entscheidungsmöglichkeiten kennt neben der Schweiz als dem klassischen Repräsentanten der „halbdirekten Demokratie" in Europa zB Polen (Art. 62 der Verfassung, formuliert im systematischen Zusammenhang mit dem Petitionsrecht). Für eine Übersicht *Krause* in HdbStR III § 35. Sinnvolle Quoren wiederum dienen dazu, einer „Diktatur der Minderheiten" einen Riegel vorzuschieben.

294 Grundlegend *Habermas,* Strukturwandel der Öffentlichkeit, 1962. Von der „Öffentlichkeit als Lebensgesetz der Demokratie" spricht *Horn* VVDStRL 68 (2009), 413 (418), unter Bezugnahme auf *Häberle* in Häberle Die Verfassung des Pluralismus. Studien zur Verfassungstheorie der offenen Gesellschaft, 126.

295 *Häberle* in Häberle Die Verfassung des Pluralismus, 326 ff.; jetzt fortgeschrieben in *Häberle,* Der kooperative Verfassungsstaat – aus Kultur und als Kultur. Vorstudien zu einer universalen Verfassungslehre, 2013, 310 ff.; spezifisch *Linck* ZParl 1992, 673. Berühmt ist *Schmitts* Polemik gegen die Parlamentsöffentlichkeit (*Schmitt,* Die geistesgeschichtliche Lage des heutigen Parlamentarismus, 2. Aufl. 1926, 10 f.). Weiterhin *Kißler* in Schneider/Zeh Parlamentsrecht und Parlamentspraxis, § 36; *Marschall,* Transnationale Repräsentation in Parlamentarischen Versammlungen, 2005, 71 f.

(vgl. § 17 GOBT). Parallele Öffentlichkeitsgebote gelten für die Länderparlamente. Auch die Verhandlungen des Bundesrates sind grundsätzlich öffentlich (Art. 52 Abs. 3, S. 3 und 4).[296]

65 Ein Spezifikum der Parlaments- ist die **Budgetöffentlichkeit** (vgl. Art. 110 und 114).[297]

66 Auch der **parlamentarischen Kontrolle der Regierung** wohnt ein Moment der Öffentlichkeit inne (Art. 43 und 53).[298] Nicht zuletzt deshalb spielt die Öffentlichkeit des Verfahrens für parlamentarische Untersuchungsausschüsse (Art. 44) eine zentrale Rolle.[299]

67 Die **Wahlprüfung** (Art. 40) lässt sich als eine Art Verlängerung der Parlamentsöffentlichkeit deuten. Durch sie wird der entscheidende demokratische Legitimationsakt *öffentlich* kontrollierbar.[300] Schließlich muss auch die Alimentierung der Abgeordneten öffentlich beschlossen und für den Bürger transparent sein.[301]

68 **Wahlkampföffentlichkeit:** Auch die Konstituierung des Parlaments ist ein öffentlicher Vorgang. Wahlkämpfe sind deshalb öffentliche Prozesse, in denen die pluralistische Demokratie die politischen Weichenstellungen für die nächste Wahlperiode – idealiter eher diskursiv als polemisch – ausverhandelt. Umso schwerer wiegen manipulative Störungen der Wahlkampföffentlichkeit durch Scheinöffentlichkeiten (etwa fake news, Einfluss ausländischer Kräfte – so wurde eine Einflussnahme Russlands auf den US-Präsidentschaftswahlkampf 2016 beobachtet –, gefälschte Internetpräsenzen etc.).[302]

69 **Parteienöffentlichkeit:** Den politischen Parteien kommt ein Status der Öffentlichkeit zu.[303] Die Bürgerinnen und Bürger müssen wissen, welche politischen Positionen Parteien vertreten. Ohne die Vermittlungsleistung der Parteien wäre die Teilhabe des Volkes an der politischen Willensbildung nämlich nicht möglich (vgl. etwa § 6 Abs. 3 PartG). Auch die politischen Prozesse innerhalb der politischen Parteien dürfen sich nicht in einem Arkanbereich abspielen. Über die Strömungen und Kräfteverhältnisse innerhalb der Parteien soll sich der Bürger – zB via Parteitage (in der Corona-Krise 2020 von den „Grünen" erstmals sogar online erprobt (SZ vom 4.5.2020, S. 4 und 5) – ebenso informieren können wie über die Parteienfinanzierung (Art. 21 Abs. 1 S. 4, §§ 23 ff. PartG).[304]

70 **Medienöffentlichkeit:** Freie Medien konturieren in ihrer pluralistischen Vielfalt den öffentlichen Raum des politischen Diskurses ganz wesentlich mit. Freie Willensbildung lebt von der Möglichkeit zu freier Meinungsbildung[305] auf Grundlage hinreichender – unverfälschter (fake news!) –

---

[296] → Art. 52 Rn. 17 f.

[297] → Art. 110 Rn. 43, Art. 114 Rn. 12.

[298] *Robbers* in BK Rn. 631.

[299] BVerfGE 77, 1 (48).

[300] *Schreiber* DVBl. 2010, 609; zur Entwicklungsgeschichte aus der Weimarer Zeit *Meyer,* Das justizförmige Wahlprüfungsgericht beim Reichstag der Weimarer Republik. Institution, Verfahren, Leistung, 2010.

[301] Nachweise bei *Pieroth* in Jarass/Pieroth Rn. 12.

[302] https://www.zeit.de/politik/ausland/2018-12/us-wahl-2016-russland-einmischung-soziale-medien (7.4.2020).

[303] Klassisch *Hesse* VVDStRL 17 (1959), 11 (39 ff).

[304] *Morlok/Michael,* Staatsorganisationsrecht, 2019, § 5, Rn. 269 formulieren anschaulich, Parteien dürften keine „Black Boxes" sein.

[305] *Frowein* in Berka/Karl Medienfreiheit, Medienmacht und Persönlichkeitsschutz, Schriften des Österreichischen Instituts für Menschenrechte, 17.

Information. Hier spielen die bereits benannten **Kommunikationsgrundrechte** mit spezifischer Demokratierelevanz eine entscheidende Rolle[306]: zuvörderst die Meinungsfreiheit, insbesondere als Redefreiheit,[307] die Rundfunk-, Presse- und Medienfreiheit, die Demonstrations- und Versammlungsfreiheit, schließlich die Vereinigungsfreiheit. Erst auf Grundlage dieser grundrechtlich ermöglichten und grundrechtgesicherten Auseinandersetzung entsteht jene „öffentliche Meinung", die die politische Willensbildung vorformt.[308]

Staatliche Öffentlichkeitsarbeit: Von der staatlichen, insbesondere der 71
regierungsamtlichen Öffentlichkeitsarbeit war bislang nur als Grenze demokratischer Freiheit die Rede. Umgekehrt trifft die Regierung aber auch eine demokratische Verpflichtung, ihre Arbeit, ihre Maßnahmen und Vorhaben der Öffentlichkeit darzulegen und zu erklären.[309] Die Erwartungen, die freie Kommunikation mache durch die Digitalisierung einen qualitativen Quantensprung, wurden jedenfalls teilweise enttäuscht („Hass in der Echokammer", „Lügen im Netz", „Manipulation der Öffentlichkeit", „Chilling-Effekte").[310] Für die Verwaltung gilt Vergleichbares. Die größtmögliche Publizität allen Regierungs- und Verwaltungshandelns erleichtert dessen Verständnis, eröffnet Wege der demokratischen Teilhabe und erlaubt die unabdingbare demokratische Kontrolle.

Gerichtsöffentlichkeit: Auch die Gerichtsöffentlichkeit bildet eine Vari- 72
ante demokratischer Öffentlichkeit. Wo Entscheidungen im „Namen des Volkes" ergehen, muss jedermann Kenntnis haben, wann und wo ein erkennendes Gericht eine Hauptverhandlung abhält.[311] Ausnahmen zum Schutz der Rechte Betroffener (Ausschluss der Öffentlichkeit) und zur Sicherung einer funktionsfähigen Rechtsprechung sind zulässig.[312]

Europäische Öffentlichkeit: Für die demokratische Öffentlichkeit spielt 73
schließlich auch die politische Öffentlichkeit in Europa eine Rolle. So lässt sich im europäischen Verfassungsverbund die Interaktion einerseits der nationalen Parlamente untereinander, anderseits der nationalen Parlamente mit dem Europäischen Parlament in eine besondere Netzwerkstruktur zur kooperativen demokratischen Legitimation politscher Entscheidungen übersetzen.[313] Neue Formen eines „Multilevel-Parlamentarismus" respektive eines „europäischen Parlamentsverbunds"[314] können auf der Grundlage verschränkter, teils mitgliedstaatlich gespeister, teils originär europäisch generierter Öf-

[306] Die „schlechthin konstituierende Funktion" der Meinungsfreiheit für die Demokratie betont das BVerfG seit E 7, 198 (208) – *Lüth;* bezogen auf die Versammlungsfreiheit E 69, 315 (344 f.) – *Brokdorf;* weiterhin BVerfGE 102, 370 (398) – *Zeugen Jehovas;* näher dazu *Schmitt Glaeser* in HdbStR III § 38 Rn. 56; *Schmitt-Glaeser* FS f. Möckl, 2005, 369; *Schulze-Fielitz* Jura 2008, 52 ff.

[307] Die Freiheit der politischen Rede gehört seit der attischen Demokratie – insbesondere der perikleischen Epoche – zu den Essentialia demokratischer Herrschaftsorganisation, vgl. *Bleicken,* Die athenische Demokratie, 1995, 344 ff.; *Brunkhorst,* Demokratie und Differenz, 1984, 84.

[308] BVerfGE 97, 350 (369); weitere Nachweise bei *Robbers* in BK Rn. 626.

[309] Siehe schon BVerfGE 44, 125 (147).

[310] Dazu *Pöschl* in Koziol Tatachenmitteilungen und Werturteile: Freiheit und Verantwortung, 31 (33 ff).

[311] Robbers in BK Rn. 644, unter Verweis auf BVerfGE (K), NJW 2002, 814.

[312] Robbers in BK Rn. 643.

[313] *Möllers* FS f. Wahl, 2011, 759 ff.

[314] *Sommermann* in Sommermann Aktuelle Fragen zur Verfassung und Verwaltung im europäischen Mehrebenensystem, 87 (100).

fentlichkeiten entstehen.[315] Darüber hinaus werden Momente europäischer politischer Öffentlichkeit auch aus Kunst, Kultur, Wissenschaft etc greifbar.

74 **4. Das Sozialstaatsprinzip. a) Grundidee.** Während der liberale Rechtsstaat mit seiner formalen Gleichheit vor dem Gesetz den Bürgerinnen und Bürgern rechtlich gesicherte Freiheit gewährt, bedarf dieses Freiheitsversprechen für seinen effektiven Gebrauch eines Mindestmaßes an **realen Freiheitschancen,** dh an materieller Existenzsicherung.[316] Klassisch formuliert: Im Sozialstaat ist Freiheit von vornherein „sozialgebundene Freiheit".[317] Deshalb muss das Rechtsstaatsprinzip komplementär um das Sozialstaatsprinzip ergänzt werden.[318] Leider verzichtet Art. 20 Abs. 1 auf die glückliche Wendung vom „sozialen Rechtsstaat",[319] stellt das Sozialstaatsprinzip dem Rechtsstaatsgebot aber gleichrangig gegenüber.[320] In dieser Verbürgung widerspiegeln sich die großen Traditionslinien des christlichen Caritas-Gedanken einerseits,[321] der Arbeiter- und Revolutionsbewegungen andererseits. Beide rangen um Antworten auf die drängende „Soziale Frage" des Industriezeitalters.[322] Der Parlamentarische Rat konnte überdies an die Nachkriegsverfassungen der Länder anknüpfen, die bereits Einzelausgestaltungen des Sozialstaatsprinzips kannten.[323]

75 Dem **„sozialen Rechtsstaat"** wie der **„sozialen Marktwirtschaft"**[324] geht es um Korrekturen eines Freiheitsverständnisses, das die tatsächlichen Ungleichheiten beim Freiheitsgebrauch ignoriert. Solche Korrekturen dürfen aber nicht über das Ziel hinausschießen: Der Sozialstaat will gewiss sozialer Leistungsstaat sein[325] und aktiv „Sozial(rechts)politik"[326] betreiben, darf aber

---

[315] Einerseits *Häberle,* Gibt es eine Europäische Öffentlichkeit?, 2000, andererseits *Grimm,* Braucht Europa eine Verfassung?, 1995.

[316] *Morlok/Michael,* Staatsorganisationsrecht, 2019, § 7 Rn. 401.

[317] *Dürig* JZ 1953, 193 (197). Damit ist zugleich auf den Zusammenhang von Freiheit und sozialer Sicherheit verwiesen, programmatisch *Durner/Peine/Shirvani* FS f. Papier, 2013.

[318] Zur Spannung zwischen den beiden Prinzipien etwa *Zacher* in HdbStR II § 28 Rn. 109 ff.; *Hesse,* Grundzüge des Verfassungsrechts der Bundesrepublik Deutschland, 1999, 83 ff.; *Stern,* StaatsR I, 1984, 886 ff.

[319] *Heller* Recht und Staat in Geschichte und Gegenwart, Bd. 68, 1930, 11; *Heller* in Heller Gesammelte Schriften, Bd. II, 1971, 281 (291): „Die *soziale Idee* ist die folgerichtige Fortführung der politischen zur wirtschaftlichen Demokratie. Die erstere hat die politischen Stände beseitigt. Die letztere wendet sich gegen die wirtschaftlichen Klassen. (…). Sie will (…) den reinen Rechtsstaat zum demokratisch-sozialen Wohlfahrtsstaat (…) umwandeln." *Stein,* Gegenwart und Zukunft der Rechts- und Staatswissenschaft Deutschlands, 1876, 215, hatte sehr viel früher von „sozialer Demokratie" gesprochen. Zur Renaissance des sozialen Rechtsstaats nach 1945: *Kägi* Die Schweiz – Ein nationales Jahrbuch, 1945, 129; siehe auch *Zacher* in HdbStR II § 28 Rn. 20.); *Maier* FS f. Sternberger, 1977, 219 (231): Freiheitsdenken „jenseits von Liberalismus und Sozialismus"; zur Balance von Freiheit und Sozialstaatsadäquanz im demokratischen Verfassungsstaat *Haverkate,* Rechtsfragen des Leistungsstaats, 1983, 63 ff.

[320] BVerfGE 6, 32 (41).

[321] *Mazurek,* Katholische Soziallehre, 1981.

[322] Umfassend *Stolleis,* Geschichte des Sozialrechts in Deutschland, 2003; siehe auch *Koslowski* Der Staat 34 (1995), 221 (221).

[323] *Sachs* in Sachs Rn. 46 mit zahlreichen wN; *Kingreen,* Das Sozialstaatsprinzip im europäischen Verfassungsverbund, 2003, 22 ff.

[324] *Kraus,* Sozialstaatlichkeit und soziale Marktwirtschaft, 1962.

[325] Zum Begriff des Leistungsstaates *Häberle* VVDStRL 30 (1972), 41 (46 ff). (Abgrenzung von Leistungsstaat und Leistungsgesellschaft), insbes. S. 55 (Charakteristika des leistenden Staates); siehe auch *Martens,* Grundrechte im Leistungsstaat, VVDStRL 30 (1972), 7. Dem Leistungsstaat gilt es heute den „Dienstleistungsstaat" zu kontrastieren, siehe *Voßkuhle* Der Staat 49 (2001), 495.

[326] *Schulze-Fielitz,* Theorie und Praxis der parlamentarischen Gesetzgebung, 1988, 122 ff., 452 f. und passim.

nicht zum paternalistischen Vor- und Fürsorgestaat mutieren, der durch freiheitsvergessene Überreglementierung ein vermeintliches soziales Optimum zu schaffen sucht.[327]

Auch im Sozialstaat bleibt das Individuum im Sinne des **Subsidiaritätsgedankens**[328] für sich selbst verantwortlich. Die Einstandspflicht der Solidargemeinschaft beginnt erst dort, wo der Einzelne zur eigenverantwortlichen Sicherung seiner Existenzgrundlagen nicht mehr in der Lage ist oder die politische Gemeinschaft schon um ihrer Zukunftsfähigkeit willen (Stichwort „gleiche Bildungschancen") überindividuelle Gemeinwohlkonkretisierungen leisten muss. Wenn der Sozialstaat den Wohlstand mehren und die gerechte Teilhabe möglichst vieler daran sicherstellen will,[329] dann muss er seine eigene Gestaltungsmacht erhalten und ökonomisch leistungsfähig bleiben. 76

Der soziale Leistungsstaat setzt zudem **gesellschaftliche Eigenverantwortung** voraus. Dass *sein* Staat den Bürger etwas angeht, dass der Bürger *seinen* Staat nicht nur einmalig konstituiert, sondern täglich neu „belebt" und dadurch „erhält", gilt für die soziale Dimension verfasster Staatlichkeit in besonderer Weise.[330] In ihren „Erziehungszielen und Orientierungswerten"[331] formuliert die Verfassung ein Integrationsprogramm für den citoyen oder, institutionenökonomisch gesprochen, Leitbilder für die „corporate identity" einer gestaltungs*willigen* und gestaltungs*fähigen* politischen Gemeinschaft. Der **aktivierende Sozialstaat**[332] braucht die Bürgergesellschaft[333] und vice versa. 77

b) Normgehalt. Das Politikfeld des Sozialen ist in hohem Maße **ideologieanfällig** und mag, wo normativ konkretisiert, zu einer moralisierenden Überhöhung dessen verleiten, was das Recht hier leisten kann und leisten soll. In der Frühzeit des Grundgesetzes wurde(n) unter dem nachhaltigen Einfluss von *C. Schmitt* und *E. Forsthoff*[334] Rechts- und Sozialstaat daher scharf kontrastiert und dem Bekenntnis zum Sozialstaat mitunter bloßer Programmsatzcharakter zugemessen.[335] Dem widerspricht schon die spezifische Rechtsverbindlichkeitsgarantie der Ewigkeitsklausel aus Art. 79 Abs. 3, die Art. 20 in seiner Gesamtheit als Staatsfundamental- und „wertentscheidende Grundsatznorm" ausweist.[336] Das Soziale ist unter dem Grundgesetz nicht mehr nur Ambiance der Verfassung, sondern ihr Regelungsgegenstand. Dieser Schritt 78

---

[327] So lässt der aufgeklärte Absolutismus in der Tradition der „guten Polizey" erste Strukturen einer staatlichen Wohlfahrtsvorsorge erkennen, vgl. *Gröschner* in Dreier, 2. Aufl. 2007, Art. 20 (Sozialstaat) Rn. 1 ff.

[328] *Häberle* JöR 119 (1994), 169.

[329] *Zacher* in HdbStR II § 28 Rn. 33.

[330] *Schmitt Glaeser* in HdbStR III § 38 Rn. 2. Zu dieser Staatsidee grundlegend *Smend* in Smend Staatsrechtliche Abhandlungen, 119; *Heller,* Staatslehre (1934), 1983, 62 ff., 259 ff. und passim; *Hesse,* Grundzüge des Verfassungsrechts der Bundesrepublik Deutschland, 1999, Rn. 5 ff.

[331] *Häberle* FS f. Huber, 1981, 211.; *Häberle,* Verfassungslehre als Kulturwissenschaft, 1998, 758 ff.; vorher bereits *Evers,* Die Befugnis des Staates zur Festlegung von Erziehungszielen, 1979.

[332] *Luthe* NDV 2003, 167; *Trube* NDV 2003, 334; *Wohlfahrt* NDV 2001, 82; sehr kritisch *Ladeur* Der Staat 41 (2002), 3.

[333] *Bürsch* Sozialer Fortschritt 2002, 89.

[334] *Lepsius* in Gusy Weimars lange Schatten – Weimar als Argument nach 1945, 354 (378 ff).

[335] *Grewe* DRZ 1949, 349: „substanzloser Blankettbegriff"; *Klein* Zeitschrift für die gesamte Staatsrechtswissenschaft, 1950, 390: Antinomie zwischen Sozialstaat und liberalem Rechtsstaat; *Friesenhahn* Recht, Staat, Wirtschaft, II, 1950, 164 (178): Bloße Verpflichtung an den Gesetzgeber und Auslegungsmaxime für die Grundrechtsinterpretation.

[336] → Art. 79 Rn. 39 ff.

wird möglich, weil der strikte Dualismus von Staat und Gesellschaft, wonach nur der Staat verfasst ist, soziales Gestalten indes gesellschaftlicher Selbststeuerung überlassen werden muss, für den Typus des Verfassungsstaates heutiger Entwicklungsstufe keine Geltung mehr beanspruchen kann.[337]

79 **c) Grundgesetzliche Ausgestaltung.** Das Sozialstaatsprinzip enthält einen **normativen Gestaltungsauftrag** an den Gesetzgeber.[338] Diesem steht dabei ein weiter Ausgestaltungsspielraum offen,[339] das Grundgesetz gibt aber einen orientierenden Rahmen vor: Sozialstaatsrelevante Kompetenznormen verpflichten den Gesetzgeber zwar zu keinerlei Handeln, implizieren aber eine gewisse Erwartungshaltung an gesetzgeberisches Tätigwerden (z. B. Art. Art. 74 Abs. 1 Nr. 6, 7, 9, 10, 12, 13, 16, 19, 19a, 20 und 24 iVm Art. 72 Abs. 2 bzw. Art. 72 Abs. 3 Nr. 3 und 6).[340] Auch wenn klassische soziale Grundrechte (wie ein Recht auf Arbeit, Wohnung, Bildung oder soziale Sicherheit) nicht in das Grundgesetz aufgenommen wurden,[341] finden sich originäre Leistungsrechte etwa in Art. 3 Abs. 2, 6 Abs. 4 oder 7 Abs. 4. Über Art. 1 Abs. 1 und Art. 2 Abs. 1 kann das Sozialstaatsprinzip Ansprüche zur Sicherung des Existenzminimums begründen.[342]

80 Die Sozialbindung des Eigentums (Art. 14 Abs. 2) und die umstrittene Ermächtigung zur Vergesellschaftung von Grund, Boden, Naturschätzen und Produktionsmitteln (Art. 15) lassen sich als Konkretisierungen von Sozialstaatlichkeit lesen.[343] Grundrechtliche Schutzpflichten mögen durch den Sozialstaatsgedanken zusätzlich substantiiert werden.[344] Selbst die hergebrachten Grundsätze des Berufsbeamtentums (Art. 33 Abs. 5) liefern Anknüpfungspunkte für sozialstaatliche Ausgestaltung (zB amtsangemessene Alimentation für kinderreiche Beamtenfamilien).[345] Insgesamt kann das Sozialstaatsprinzip als **Interpretationshilfe** für Rechtsprechung und Verwaltung sowie als wichtiger **Konkretisierungsmaßstab** bei der Ermessensausübung dienen.[346]

81 Vor allem das umweltstaatlich in Art. 20a angelegte **Nachhaltigkeitsdenken**[347] gilt es für den sozialstaatlichen Gestaltungsauftrag fruchtbar zu machen. Der Verfassungsstaat muss sich in der Generationenperspektive hand-

[337] *Hesse* DÖV 1975, 437; *Häberle,* Verfassungslehre als Kulturwissenschaft, 1998, 36, 90, 685 und öfter.

[338] St. Rechtsprechung seit BVerfGE 1, 97 (105); weiterhin 50, 57 (108); 100, 271 (284); 103, 242 (259 f.); 110, 412 (445); *Sachs* in Sachs Rn. 47; *Papier* FS f. 50 Jahre BSG, 2004, 23 (26); *Berg,* Staatsrecht, 2011, S. 163 ff. Wegweisend sind die Beiträge der Jenenser Staatsrechtslehrertagung.

[339] BVerfGE 1, 97 (105); 8, 274 (329); BVerfGE 22, 180 (204) – dem Gesetzgeber „stünden alle Wege offen"; 27, 253; 100, 271 (284); *Sachs* in Sachs Rn. 20: „kaum (…) definitive Einzelkonsequenzen"; in der Tendenz zustimmend *Butzer,* Fremdlasten in der Sozialversicherung, 2001, 397; *Kingreen,* Das Sozialstaatsprinzip im europäischen Verfassungsverbund, 2002, 144; *Rixen,* Sozialrecht als öffentliches Wirtschaftsrecht, 2005, 311; Kritik an dem „pragmatischen" Sozialstaatsverständnis des BVerfG bei *Heinig,* Der Sozialstaat im Dienst der Freiheit, 2008, 17 ff.

[340] *Robbers* in BK Rn. 1380.

[341] *Sachs* in Sachs Rn. 32. Daran hat sich auch nach der Wiedervereinigung nichts geändert.

[342] *Sommermann* in MKS Rn. 130.

[343] → Art. 14 Rn. 98, Art. 15 Rn. 9.

[344] Vgl. etwa *Robbers,* Sicherheit als Menschenrecht, 1987, 193.

[345] *Robbers* in BK Rn. 1425 ff.

[346] *Stern,* StaatsR I, 1984, § 21 II 3; *Sommermann* in MKS, Rn. 124 ff.; *Wittreck* in Dreier Art. 20 (Sozialstaat), Rn. 25 f.

[347] → Art. 20a Rn. 28.

lungsfähig erhalten und hat deshalb einen gerechtigkeitsorientierten Umgang mit knappen Ressourcen sicherzustellen. Der Sozialstaat bleibt nur als „nachhaltiger Sozialstaat" ein Projekt mit Zukunft.[348] Daseins–, Risiko- und Wachstumsvorsorge haben nämlich nicht nur die Bedürfnisse der gegenwärtigen, sondern auch der künftigen Generationen zu bedenken. Dass der verteilende Staat angesichts knapper Mittel zu einer vorausschauenden und systematischen Planung verpflichtet ist, folgt zwangsläufig aus diesen drei interdependenten Vorsorgedimensionen.[349]

d) Dimensionen des Sozialstaatsprinzips. Das Sozialstaatsprinzip ist durch seine große **Wandlungsoffenheit** geprägt, da es auf immer neue soziale Wirklichkeiten reagieren muss. Rechtssatzförmig niedergelegt ist nur die normative Strukturentscheidung für den Sozialstaat, die zugleich ein wesentliches Gestaltungsanliegen der Rechtsordnung unter dem Grundgesetz zum Ausdruck bringt.[350] Diese Strukturentscheidung ist niemals abgeschlossen, sondern auf beständig neue Realisierung und dynamische Fortentwicklung angelegt.[351] Ein absolutes „soziales Rückschritts- oder Verschlechterungsverbot" besteht nicht. [352] Das Soziale entfaltet sich in einem dauerhaften und entwicklungsoffenen Prozess gestufter Konkretisierung.[353] Dem Gesetzgeber steht dabei neben dem bereits erwähnten großen Ausgestaltungsspielraum bei der Zielkonkretisierung ein nicht minder großes Ermessen bei der Wahl der Mittel zu.[354] 82

Im Folgenden seien einige **wesentliche Dimensionen** benannt: Von größter Bedeutung ist die **Sicherung des Existenzminimums** durch das Sozialstaatsprinzip aus Art. 20 Abs. 1 in Verbindung mit Art. 1 Abs. 1[355] und Art. 3 Abs. 1.[356] Der Gesetzgeber muss die Mindestvoraussetzungen für ein menschenwürdiges Dasein schaffen und soll sich für den Schutz des Schwächeren am jeweiligen Entwicklungsstand des Gemeinwesens orientieren.[357] Eine zentrale Rolle spielt hier die **Sozialhilfe.**[358] Erinnert sei auch an das steuerfreie Existenzminimum.[359] Immer wieder in der Kritik steht die sog. Hartz IV-Gesetzgebung:[360] So hat der Gesetzgeber wiederum einen weiten Gestaltungsspielraum für Regelleistungen nach § 28 SGB XII. Allerdings stellte das BVerfG fest, dass die Berechnung der Beiträge für Kinder nicht in 83

[348] *Kotzur* BayVBl. 2007, 257.
[349] Siehe schon *Würtenberger,* Staatsrechtliche Probleme politischer Planung, 1979, 383.
[350] Angelehnt an *v. Bogdandy* in v. Bogdandy Europäisches Verfassungsrecht, 149 (157).
[351] *Stern,* StaatsR I, 1984, 552, spricht von „the constitutional framework of Government"; *Schuppert* AöR 120 (1995), 32 (51 f).
[352] *Stolleis* in Verhandlungen des 55. DJT, Bd. II, 1984, N 40; *Schlenker,* Soziales Rückschrittsverbot und Grundgesetz, 1986; ein Verbot des „sozialen Rückschritts" verneinend auch *Isensee* GS f. Heinze, 2005, 417 (431) mwN.
[353] *Zacher* FS f. Ipsen, 1977, 207 (239 ff.); *Benda* in HdbVerfR, 1994, 477 ff., 522 ff. (Sozialstaatsklausel als ein „zukunftsorientierter Rechtsbegriff"); aus der Rechtsprechung BVerfGE 5, 85 (198 f.); 59, 231 (263).
[354] St. Rspr. seit BVerfGE 1, 97 (105); *Sachs* in Sachs Rn. 48; *Felix* DVBl. 2004, 1070 ff.
[355] Grundlegend BVerfGE 82, 60 (85); vgl. auch BVerwGE 52, 339 (346); 82, 364 (368).
[356] Etwa BVerfGE 78, 104 (117 ff.); 82, 60 (85 f.); siehe auch *Arndt/Schumacher* AöR 118 (1993), 513.
[357] *Sachs* in Sachs Rn. 46; BVerfGE 137, 34 (72); BVerfGE 129, 124 (150); BVerfGE 82, 40 (79 ff.); BVerfGE 99, 246 (249 ff.); BVerfGE 99, 268; 99, 273 – Transmissionsriemen zur Subjektivierung der objektiv-rechtlichen Sozialstaatsgehakte waren hier Art. 6 Abs. 1 und Art. 3 Abs. 1.
[358] *Wittreck* in Dreier Art. 20 (Sozialstaat) Rn. 45.
[359] *Sommermann* in MKS Rn. 120a.
[360] *Butterwegge* Gesundheits- und Sozialpolitik, 2015, 38.

verfassungsgemäßer Weise erfolgt, wenn sie von den Beiträgen für Erwachsene abgeleitet wird, ohne den spezifischen Kindsbedarf (Schulmaterial etc.) mit zu bedenken.[361]

84 Die **Sozialversicherung** gegen die Wechselfälle des Lebens (zB Rentenversicherung, Hinterbliebenenversorgung, Krankenversicherung, Arbeitslosenversicherung, Unfallversicherung, Pflegeversicherung) rechnet zum unerlässlichen Kern von Sozialstaatlichkeit. Eine Verfassungsgarantie, dass sich das bestehende System nicht ändert, folgt daraus nicht. So bestehen etwa keine engen Grenzen für den Gesetzgeber, um die Altersrente (Stichwort Riesterrente) oder das Gesundheitssystem zu reformieren (Gesundheitsmodernisierungsgesetz). Zu den jüngeren Reformen rechnen etwa das Rentenpaket 2014[362] und Reformen aus dem Jahre 2019.[363] In einer alternden Gesellschaft ist die Pflegeversicherung[364] von besonderer Relevanz.

85 Möglich wären auch eine Bürgerversicherung, ein bedingungsloses Grundeinkommen oder eine Grundrente ohne Bedürftigkeitsprüfung.[365] Sowenig eine **Systemgarantie** besteht, wäre ein **Systemwechsel** geboten.

86 **Gleiche Bildungschancen** sind ein weiteres Grundanliegen des zukunftsorientiert-nachhaltigen Sozialstaates. Das findet etwa in der jüngsten Rechtsprechung des BVerfG zum Zulassungsverfahren für das Medizinstudium Niederschlag.[366] Studiengebühren sind nicht per se ausgeschlossen, müssen in ihrer Ausgestaltung aber auf die persönlichen Belastungen der Studierenden Rücksicht nehmen, etwa Ausnahmeregelungen vorhalten.[367]

87 Ebenfalls sozialstaatlich garantiert sind **besondere Hilfen.** Diese umfassen die Vor- und Fürsorge für Strafgefangene und Entlassene (Resozialisierung) ebenso wie die Berücksichtigung der geistig-psychologischen Situation des Menschen in seiner Berufswelt (zB Personalvertretungsgesetz) oder die Daseinsvorsorge (Energieversorgung). Genannt sei auch das für effektiven Rechtsschutz (Art. 19 Abs. 4) unverzichtbare Institut der Prozesskostenhilfe.

88 Das **Steuerrecht** hat sozialstaatliche Maßgaben zu berücksichtigen. Das BVerfG hat etwa eine Neuordnung der Pensionen und Renten gefordert, die ungleich besteuert wurden.[368] Kinderfreibeträge sind bei der Besteuerung von Familien zu gewähren.[369]

---

[361] BverfGE 125, 175.

[362] https://www.bundestag.de/dokumente/textarchiv/2014/276546–276546 (8.4.2020).

[363] So wurde die Erwerbsminderungsrente verbessert, die Mütterrente („Mütterrente 2") ausgeweitet und ein „Übergangsbereich" für geringfügig Beschäftigte geschaffen („Midi-Jobber" zahlen ermäßigte Sozialversicherungsbeiträge, Nachweise bei *Wick* FuR 2019, 311, *Fenge* ifo Schnelldienst 2019, 5).

[364] Vgl. BVerfGE 103, 197 (221 ff.); 103, 225 (235 ff.); 103, 242 (257 ff.), 103, 271 (286 ff.).

[365] *Sommermann* in MKS Rn. 115 ff.

[366] BverfGE 147, 253; weiterhin: BVerfG, Beschluss vom 8.5.2013 – 1 BvL 1/08 (BverfGE 134, 1) zur Unzulässigkeit der Bevorzugung bremischer Landeskinder bei Erhebung von Studiengebühren durch die Hochschulen Bremen: Aus Art. 12 Abs. 1 iVm 3 Abs. 1 und dem Sozialstaatsprinzip „ergibt sich für diejenigen, die dafür die subjektiven Zulassungsvoraussetzungen erfüllen, im Rahmen der vom Staat geschaffenen Ausbildungseinrichtungen ein Recht auf freien und gleichen Zugang zum Hochschulstudium ihrer Wahl" (Rn. 37). Die gleichen Normen verpflichten den Gesetzgeber, für die Wahrung gleicher Bildungschancen im Bereich des Hochschulzugangs zu sorgen. Studiengebühren dürfen insofern nicht prohibitiv wirken, dh keine unüberwindliche soziale Barriere bilden (Rn. 41).

[367] *Sachs* in Sachs Rn. 48.

[368] BVerfGE 105,73.

[369] BVerfGK 17, 445 (BeckRS 2010, 51322).

Schließlich gilt es die **europarechtlichen Dimensionen** der Sozialstaatlichkeit zu berücksichtigen.[370] Strittig sind Sozialleistungen (nach SGB II/XII) für Unionsbürgerinnen und Unionsbürger ohne Aufenthaltsrecht.[371] Im Jahre 2016 hat der Gesetzgeber Klärung zu schaffen versucht und festgelegt, dass kein Anspruch während der ersten fünf Jahre des Aufenthalts entsteht, wenn die Anspruchsteller nicht in Deutschland Arbeitnehmer oder selbstständig sind respektive einen Anspruch aus vorheriger Arbeit erlangt haben (vgl. § 7 Abs. 1 S 2 Nr. 2 SGB II).[372] In der Rechtsprechung des EuGH ist eine Dynamik des Vorwärts-Drängens und des Zurückweichens erkennbar: Vom „Marktbürger" zum „Sozialbürger" und wieder zurück zum „Marktbürger".[373] 89

e) Instrumente sozialstaatlicher Gestaltung. Zur Konkretisierung des Sozialstaatsprinzips stehen dem Gesetzgeber alle Instrumente gesetzgeberischen Gestaltens zur Verfügung.[374] Dabei wird es häufig um Interventionen, Lenkung und planende Gestaltung gehen. Der Sozialstaat bedient sich zur Realisierung solcher Lenkungszwecke typischerweise der Leistungsverwaltung in ihrer gesamten Bandbreite[375] und aller Mechanismen der Daseinsvorsorge.[376] Er arbeitet mit Maßnahmegesetzen,[377] Plänen[378] und – europarechtlich besonders relevanten – Subventionen.[379] 90

5. Das Bundesstaatsprinzip. a) Typologie und Rechtscharakter des Bundesstaates im historischen Kontext. Mit der Entscheidung für einen **Bundesstaat** spricht sich das Grundgesetz „für eine Verteilung staatlicher Gewalt in der Fläche des Gesamtstaates" aus.[380] Anders als beim **Staatenbund**[381] – hier schließen sich die einzelstaatlichen Mitglieder völkervertraglich zur Verfolgung bestimmter limitierter Zwecke zusammen und behalten ihre unbeschränkte Völkerrechtssubjektivität bei – liegt die unbeschränkte Völkerrechtssubjektivität des Bundesstaates allein beim Gesamtstaat.[382] Er wird staats- bzw. verfassungsrechtlich begründet, ist im völkerrechtlichen Sinne souverän und verfügt über die sog. Kompetenz-Kompetenz.[383] Anders als der Zentral- oder Einheitsstaat – Frankreich gibt das klassische Beispiel –, will der Bundesstaat seit seiner „Erfindung" mit der Gründung der USA (1788)[384] Vielfalt 91

---

[370] *Sachs* in Sachs Rn. 46; *Mückenberger* EuR 2014, 369; *Brandt*, „Soziales Europa?", 2006; *Zacher* EuR 2002, 147.

[371] EuGH C-333/13, ECLI:EU:C:2014:2358 – Dano; EuGH C-67/14, ECLI:EU:C:2015:597 – Alimanovic.

[372] Die Einschränkungen werden teilweise ihrerseits für verfassungswidrig gehalten, siehe SG Speyer, 17.8.2017 – S 16 AS 908/17 ER.

[373] Eine ausführliche Rechtsprechungsübersicht bei *Pöschl* ZÖR 2019, 929.

[374] *Huster/Rux* in BeckOK GG Rn. 211.1.

[375] *Badura* DÖV 1966, 624; *Sommermann* in MKS Rn. 116.

[376] *Huster/Rux* in BeckOK GG Rn. 211.

[377] *Huber,* Maßnahmegesetz und Rechtsgesetz, 1963, 177.

[378] *Ruck* in Voigt Handbuch Staat, 1071.

[379] *Maurer,* Staatsrecht I, 2010, § 8 Rn. 73.

[380] *Morlok/Michael,* Staatsorganisationsrecht, 2019, § 8 Rn. 441; zu den im weltweiten Vergleich höchst heterogenen Varianten des Bundesstaates *Häberle* in Hdb des Föderalismus, Bd. 1, 2012, § 10, 251 ff.; *Jestaedt* HdbStR II § 29; *Stern,* StaatsR I, 1984, 647 ff.

[381] Beispiele sind etwa der etwa der Deutsche Bund von 1815–1866 und die Gemeinschaft Unabhängiger Staaten (GUS), die sich im Anschluss an den Zerfall der Sowjetunion gebildet hatte.

[382] Klassisch *Jellinek,* Die Lehre von den Staatenverbindungen, 1882.

[383] *Huster/Rux* in BeckOK GG Rn. 10.

[384] Diese „Erfindung" war von erheblichen verfassungspolitischen Auseinandersetzungen zwischen Föderalisten und Anti-Föderalisten begleitet. Klassischen Niederschlag haben sie in

ermöglichen und die horizontale Gewaltenteilung um eine vertikale ergänzen.[385] Eine bundesstaatliche Ordnung bietet sich damit immer dort an, wo zwar eine einheitliche gesamtstaatliche Staatsgewalt gewollt ist, soziale, ökonomische, geographische oder kulturelle Unterschiede eine vollständige „Vergemeinschaftung unter dem Rubrum eines einheitlichen Staates" aber nicht nahelegen.[386]

92 Diese staatsorganisatorische Einsicht findet in der **deutschen Verfassungsgeschichte** Widerklang.[387] Die Einigung der deutschen Klein- und Kleinststaaten zum Reich von 1871 konnte nur bundesstaatlich gelingen. Sie war im Norddeutschen Bund (1866 bis 1871) schon vorgezeichnet und auch in der gescheiterten Paulskirchenverfassung (1848/49) angelegt, während der Rheinbund (1806 bis 1813) und der deutsche Bund von 1815 staatenbündische Konstruktionen blieben.[388] Als die Weimarer Reichsverfassung (1919) den grundlegenden Strukturwandel von der Monarchie zur Republik, vom monarchischen Prinzip zur demokratischen Herrschaftslegitimation vollzog, behielt sie die bundesstaatliche Gesamtstruktur bei.[389] Durch die nationalsozialistische Gleichschaltungspolitik erodierte der gewaltenteilende Bundesstaat und fand mit dem „Gesetz über den Neuaufbau des Reiches" vom 30.1.1934 sein vorläufiges Ende.[390] Umso stärker drängten die Alliierten für den freiheitlich-demokratischen Neubeginn unter dem Grundgesetz auf die konsequente Verwirklichung der Bundesstaatlichkeit.[391] Das „Rechtsprinzip" des Bundesstaates wurde schließlich im Staatsnamen und „sozialen Bundesstaat" des Art. 20 Abs. 1 doppelt verankert.[392]

93 Die ideengeschichtliche Grundlage der Bundesstaatlichkeit bildet das ihr übergeordnete **politische Prinzip des Föderalismus.** Es beschreibt ein Ordnungsmodell, das eine regional definierte Gliederung und Verteilung öffentlicher Gewalt fordert und auf einerseits miteinander verbundenen, andererseits rechtlich selbständigen Organisationseinheiten gründet.[393] In anderen Worten: Die staatlichen Gewalten sind in einem politischen Mehrebensystem verflochten, das – siehe EU – auch die staatenübergreifende Ebene

---

den „Federalist Papers" (Alexander Hamilton, James Madison und John Jay) gefunden, dazu *Zehnpfenning,* Die Federalist Papers, 2007.

[385] *Hesse,* Grundzüge des Verfassungsrechts der Bundesrepublik Deutschland, 1999, Rn. 231; über Wirkungen der vertikalen Gewaltenteilung aus Sicht der amerikanischen Bundesstaatskonzeption schon klassisch *Fraenkel,* Das amerikanische Regierungssystem, 1981, 104.

[386] *Morlok/Michael,* Staatsorganisationsrecht, 2019, § 8 Rn. 441. Der Begriff der „Einheit der Staatsgewalt" ist seinerseits mit Vorsicht zu interpretieren, versteht er sich doch oft nicht als exakt juristisches Konstrukt, sondern hat eher eine polemische Stoßrichtung, vgl. *Schlink,* Die Amtshilfe, 1982, 62.

[387] Zum Folgenden *Stolleis,* Geschichte des öffentlichen Rechts in Deutschland, Bd. 2, 1992, 62 f.; *Willoweit,* Föderalismus in Deutschland. Zu seiner wechselvollen Geschichte vom östfränkischen Königtum bis zur Bundesrepublik, 2019; *Maurer,* Staatsrecht I, 2010, § 10 Rn. 9 ff.

[388] In diesem Kontext *Kempny* Zeitschrift der Savigny-Stiftung für Rechtsgeschichte: Germanistische Abteilung 2012, 391.

[389] *Anschütz,* Die Verfassung des Deutschen Reiches vom 11. August 1919, 1933, Art. 1 Ziff. 4: „Das Deutsche Reich ist auch nach seiner neuen Verfassung ein Bundesstaat."

[390] *Morlok/Michael,* Staatsorganisationsrecht, 2019, § 8 Rn. 445.

[391] Hatte der Verfassungskonvent von Herrenchiemsee noch vom „Bunde der Länder" gesprochen, formuliert der Parlamentarische Rat explizit „Bundesstaat", siehe JöR nF 1 (1951), 198, 201; Nachweise bei *Sachs* in Sachs Rn. 55.

[392] *Nawiasky,* Der Bundesstaat als Rechtsbegriff, 1920.

[393] *Morlok/Michael,* Staatsorganisationsrecht, 2019, § 8 Rn. 443; *Korioth,* Föderalismus, Evangelisches Staatslexikon 2006, Sp. 596.

einschließen kann.[394] Hierarchisch dürfen diese Ebenen indes nicht gedacht werden.[395] Gemeint sind vielmehr ineinander verschränkte, in ihrer Ausdehnung unterschiedliche Aktionsfelder.[396] Innerstaatliche Dezentralisierung[397] und staatenübergreifende Prä-Föderalisierung greifen funktionell Hand in Hand. Sie bezeichnen keine abgeschlossenen, sondern dynamisch entwicklungsoffene Prozesse. Föderale Systeme sind, wie alle politischen Gemeinschaften, in beständigem Werden begriffen und versuchen dabei ihr Streben nach einem Mindestmaß an Einheit mit ihrer Orientierung an Regionalität, Pluralität und Subsidiarität auszubalancieren.[398]

Wo immer die föderale Ordnungsidee sich bundesstaatlich realisiert, entfaltet sie ein feststehendes gemeinsames Merkmal: Die Gliedstaaten behalten ihre **Eigenstaatlichkeit** (ohne im völkerrechtlichen Sinne, siehe Art. 2 Nr. 1 UN-Charta, souveräne Staaten zu sein) und Verfassungshoheit.[399] Das Grundgesetz legt dabei einen zweigliedrigen Bundesstaat zugrunde. Neben dem Bund und den eigenstaatlichen Ländern existiert, anders als in der Dreigliedrigkeitslehre angelegt,[400] kein umgreifender oder überwölbender Gesamtstaat.[401] 94

b) Das bundesstaatsspezifische Spannungsverhältnis von Einheit und Vielfalt. aa) Grundlagen, Dynamik und Reformbedarf. Die Bundesstaatlichkeit sucht den **Zielkonflikt** zwischen **Einheit** und **Vielfalt** staatsorganisatorisch fruchtbar zu machen. Damit wird die Verteilung der staatlichen Kompetenzen zum Kernstück bundesstaatlicher Verfassungssubstanz.[402] Während Art. 30 vielfaltsorientiert die Länder generell für zuständig erklärt, 95

[394] Das vor allem von *Pernice* Common Market Law Review 1999, 703 eingeführte Modell des Mehrebenen-Konstitutionalismus hat sich für den europäischen Verfassungsraum weithin durchgesetzt und findet auch mit Blick auf völkerrechtliche Konstitutionalisierungsprozesse Anklang. Weitere treffende Umschreibungen leisten auch (Leit-)Bilder wie „Politikverflechtung" (*Scharpf/Reissert/Schnabel,* Politikverflechtung. Theorie und Empirie des kooperativen Föderalismus in der Bundesrepublik, 1976; später *Scharpf* Politische Vierteljahresschrift 1985, 323), „Mehrebenenverflechtung" (*Peters,* Elemente einer Theorie der Verfassung Europas, 2001, 188; ihr folgend *Schwind,* Zukunftsgestaltende Elemente im deutschen und europäischen Staats- und Verfassungsrecht, 2008, 75), „Mehrebenen-Demokratie" (*Di Fabio,* Das Recht offener Staaten. Grundlinien einer Staats- und Rechtstheorie, 1998, 139 ff.), „Sympolitie" (*Tsatsos,* The European Sympolity: New Democratic Discourses, 2008) oder „Synarchie" (*Chryssochoou* JöR 57 (2007), 407 ff.).

[395] Begriffskritisch deshalb *Badura* AöR 131 (2006), 423 (426); *Häberle* VVDStRL 66 (2007), 84; jetzt in *Häberle,* Verfassungsvergleichung in europa- und weltbürgerlicher Absicht, 2009, 204 f.); allgemein *Weh,* Vom Stufenbau zur Relativität. Das Europarecht in der nationalen Rechtsordnung, 1997, etwa 213 ff.; *Mayer* in Schuppert/Pernice/Haltern Europawissenschaft, § 14, 429.

[396] Von Politikverflechtung sprechen *Benz/Detemple/Heinz,* Varianten und Dynamiken der Politikverflechtung im deutschen Bundesstaat, 2016.

[397] Dass Dezentralisierung von der kommunalen Selbstverwaltung über differenzierte Formen des Regionalismus bis hin zum Bundesstaat die Demokratie „von unten nach oben stärkt", ist eine Idee mit langer Tradition; vgl. dazu etwa die Europäische Charta der kommunalen Selbstverwaltung vom 15.10.1985, BGBl. 1987 II 66, oder, textlich besonders geglückt, Art. 11 Abs. 4 Bay. Verf.: „Die Selbstverwaltung der Gemeinden dient dem Aufbau der Demokratie von unten nach oben in Bayern."

[398] *Morlok/Michael,* Staatsorganisationsrecht, 2019, § 8 Rn. 452; grundlegend *Häberle,* Verfassung als öffentlicher Prozess, 1998.

[399] BVerfGE 1, 14 (34) und ständige Rechtsprechung, etwa E 103, 332 (357); *Nawiasky,* Bundesstaat als Rechtsbegriff, 1920, 8 ff.; *Jestaedt* HdbStR II § 29 Rn. 9.

[400] Siehe etwa *Kelsen,* Allgemeine Staatslehre, 1966, 199 f.

[401] BVerfGE 13, 54 (77 ff.); *Isensee* in HdbStR VI § 126 Rn. 170 ff.; *Gundel* DÖV 2017, 133 ff.

[402] So auch *Sachs* in Sachs Rn. 59.

soweit das Grundgesetz keine andere Regelung trifft oder zulässt,[403] hat sich in der Praxis eine Tendenz der Unitarisierung durchgesetzt:[404] Auf den Bund werden stetig Kompetenzen verlagert, von denen dieser seinerseits immer extensiveren Gebrauch macht.[405] Die Verlagerung von Kompetenzen auf die EU und deren teils „exekutivföderalistisches" Gepräge treten erschwerend hinzu.[406] Dem suchte im Kontext der Wiedervereinigung Art. 5 des Einigungsvertrages gegenzusteuern.[407] Das ist allenfalls partiell gelungen.[408]

96 Zu verweisen ist auf die gestärkten **Mitwirkungsrechte** der Länder bei der **europäischen Integration** (Art. 23).[409] Eine weitere Stärkung der Länderrechte bewirkt die Effektivierung der Erforderlichkeitsklausel aus Art. 72 Abs. 2,[410] prozessual unterstützt durch Art. 93 Abs. 1 Nr. 2a.[411] Die angestrebte umfassendere Föderalismusreform scheiterte zunächst in der 15. Wahlperiode, kam dann aber schließlich doch noch in zwei Teilen 2006[412] und 2009[413] zustande. Ihr Ziel einer Modernisierung der Bundesstaatlichkeit suchte sie durch größere Entscheidungseffizienz zu erreichen: insbesondere durch eine klarere Verteilung der Zuständigkeiten und Verantwortlichkeiten, eine Verbesserung der institutionellen Rahmenbedingungen und durch die Sicherung langfristig tragfähiger Haushalte von Bund und Ländern.[414] Im Bereich der Gesetzgebung wurde die Rahmengesetzgebung aufgegeben – auch weil die Richtlinie als unionales Rahmengesetz wirkt.[415] Im Bereich der konkurrierenden Gesetzgebung gilt es nunmehr zwischen Kern- oder Vorrang-,[416] Bedarfs- oder Erforderlichkeits- und Abweichungskompetenzen zu unterscheiden.[417] All das zeigt: Politikkoordination im Bundesstaat bedarf einer adäquaten konstitutionellen Infrastruktur, die einer übermäßigen Unitarisierung entgegenwirkt.[418]

97 **bb) Das Moment der Vielfalt.** Den Ausgangspunkt der vielfaltssichernden Kompetenzordnung bildet Art. 30. Seine Verteilungsregel ist Ausdruck des **Subsidiaritätsgedankens**[419] und steht für den Staatsaufbau, damit insbesondere auch der Demokratie von unten nach oben.[420] Dieses Grund-

---

[403] → Art. 30 Rn. 1.

[404] Klassisch *Hesse,* Der unitarische Bundesstaat, 1962, 14 ff. und öfter.

[405] Aus der Lit. *Oeter,* Integration und Subsidiarität im deutschen Bundesstaatsrecht, 1998, 17 ff.; *Boysen,* Gleichheit im Bundesstaatsrecht, 2005, 61 ff.

[406] Dazu die Studie von *Dann,* Parlamente im Exekutivföderalismus, 2004.

[407] Nachweise bei *Sachs* in Sachs Rn. 57; *Donner/Berlit* Zeitschrift für Parlamentsfragen 1992, 316.

[408] Nachweise bei *Oeter,* Integration und Subsidiarität im deutschen Bundesstaatsrecht, 1998, 304 ff.

[409] Art. 30 Rn. 122 f., siehe auch *Papier/Münch/Kellermann,* Föderalismus: Der deutsche Bundesstaat in der Europäischen Union, 2018.

[410] Art. 72 Rn. 32 ff.

[411] Art. 93 Rn. 76.

[412] Dazu *Kluth,* Föderalismusreformgesetz, 2007; *Gerstenberg,* Zu den Gesetzgebungskompetenzen nach der Föderalismusreform, 2009.

[413] *Bauer* in Dreier, Art. 20 (Bundesstaat) Rn. 13; *Sommermann* in MKS Rn. 56a; *Selmer* NVwZ 2009, 1255; *Seckelmann* DÖV 2009, 747.

[414] BT-Drs. 16/812, bes. 7 ff.; Nachweise bei *Sachs* in Sachs Rn. 58a.

[415] *Szukala,* Das Implementationssystem europäischer Politik, 2012, 80.

[416] Auch Vorrangkompetenz genannt.

[417] Zum Ganzen *Ipsen* NJW 2006, 2801; *Klein/Schneider* DVBl 2006, 1549; *Rengeling* DVBl. 2006, 1537; *Kluth,* Föderalismusreformgesetz, 2006. → Art. 72 Rn. 6.

[418] *Zimmer* Zeitschrift für Parlamentsfragen 2010, 677.

[419] Zum Zusammenhang von Subsidiaritätsdenken und Bundesstaatsprinzip bereits *Stern,* StaatsR I, 1984, 660 f.

[420] *Morlok/Michael,* Staatsorganisationsrecht, 2019, § Rn. 459.

muster setzt sich für alle drei staatlichen Gewalten fort: die Gesetzgebung in Art. 70 ff., die Verwaltung in Art. 83 ff. und die Rechtsprechung in Art. 92 ff.[421] Als Ausnahme zu den Länder- sind die Bundeskompetenzen enumerativ beschränkt.[422] Die Verteilung des Steueraufkommens regelt Art. 106.[423] Überdies wird die Kompetenzordnung von den Grundsätzen der ausschließlichen und der eindeutigen Zuordnung bestimmt. Es sollen entweder nur der Bund oder nur die Länder ermächtig werden, parallele Ermächtigungen bleiben die Ausnahme (Art. 72 Abs. 3, 84 Abs. 1, S. 2 bis 4, Art. 91a ff.) – **Ausschließlichkeit** ist das Grundmuster der Kompetenzarchitektur.[424] Weiterhin kann die Ausübung einer Befugnis oder die Ausfüllung einer Staatsaufgabe nicht auf die Kombination zweier Kompetenztitel gestützt werden, sondern muss sich durch Interpretation nur einem Kompetenztatbestand zuordnen lassen.[425]

Vielfaltssichernd wirkt ebenfalls das dem Bundesstaatsprinzip strukturimmanente Moment des **Minderheitenschutzes.** Die Parteien, die auf Bundesebene die Opposition, können auf Länderebene die Regierung bilden und vice versa. Dadurch eröffnen sich dem Gemeinwesen vielfältige Machtkonstellationen, die ein föderales Korrektiv zum demokratischen Mehrheitsprinzip bilden (Art. 42 Abs. 2).[426] Parallel dazu wird die Wahlfreiheit der Bürgerinnen und Bürger erhöht.[427] Institutionell wirkt das zentrale **föderative Organ,** der **Bundesrat,** als vielfaltssicherndes Gegengewicht zu den **unitarischen Bundesorganen** Bundestag und Bundesregierung.[428] Art. 79 Abs. 3 stellt bundesstaatliche Vielfalt als solche unter Ewigkeitsvorbehalt,[429] ohne eine in Art. 29 ausdrücklich vorgesehene mögliche Neugliederung der Länder zu unterbinden. 98

cc) Das Moment der Einheit. Einheitsstiftend wirken vor allem Art. 31, die **Homogenitätsklausel** aus Art. 28 Abs. 1 und Art. 1 Abs. 3 respektive 20 Abs. 3, der die gesamt- wie gliedstaatliche Staatsgewalt grundrechtlich/rechtsstaatlich bindet. Daneben existieren vielfältige, in ihrer Wirkung jedenfalls potentiell unitarisierende Einflussmöglichkeiten des Bundes auf die Länder im Bereich der Verwaltung (etwa Art. 84 Abs. 2 und Abs. 5, 85 Abs. 2 und Abs. 3, Art. 108 Abs. 3 S. 2 und Abs. 7, für die Gemeinschaftsaufgaben Art. 91a).[430] Auch Art. 25 S. 2 wirkt vereinheitlichend, weil die solchermaßen transformierten allgemeinen Regeln des Völkerrechts auch für die und in den Ländern unmittelbar gelten.[431] Wer der **Bundestreue** wechselseitige Loyalitätspflichten zwischen dem Bund und den Ländern entnimmt, mag sie 99

---

[421] *Sachs* in Sachs Rn. 59.

[422] *Morlok/Michael,* Staatsorganisationsrecht, 2019, § 8 Rn. 462.

[423] → Art. 72 Rn. 5.

[424] → Art. 72 Rn. 5. Jüngst (Juli 2019) stoppte etwa der BayVerfGH ein Referendum gegen den Pflegenotstand gestützt auf die eindeutige Kompetenzordnung des Grundgesetzes, siehe auch https://www.lto.de/recht/nachrichten/n/bay-verfgh-41ix19-volksbegehren-pflege-bayern-unzulaessig/ (18.3.2020).

[425] *Lutz,* Vielfalt im Bundesstaat, 2014, 163 f.

[426] *Grzeszick* in Maunz/Dürig, Art. 20 IX. Rn. 27 mwN.

[427] *Grzeszick* in Maunz/Dürig, Art. 20 IX. Rn. 28.

[428] → Art. 50 Rn. 5. Zu Einzelfragen des Länderverhaltens im Bundesrat insbes. *Grzeszick* in Maunz/Dürig Art. 20 IV. Rn. 139 ff.

[429] *Dreier* in Dreier, Art. 79 Rn. 16. Das Staatsgebiet der Länder ist damit nicht unveränderlich festgeschrieben. Zu den parallelen Fragen eines Landesstaatsvolks und einer Länderstaatsgewalt *Grzeszick* in Maunz/Dürig, Art. 20 IV. Rn. 91 ff.

[430] *Grzeszick* in Maunz/Dürig, Art. 20 IV. Rn. 74. Zur bundesstaatlichen Wirkungsrichtung von Art. 92, 95 und 96 im Bereich der Dritten Gewalt *Voßkuhle* in MKS Art. 95 Rn. 3.

[431] *Streinz* in Sachs Art. 25 Rn. 91.

ein Stück weit vielfalts-, aber gewiss stärker noch einheitssichernd deuten.[432] Die letztlich stärkste homogenisierende Wirkung folgt aus der schlichten Tatsache, dass, anders als Art. 30 es vermuten lässt, das Schwergewicht aller gesetzgeberischen Tätigkeit beim Bund liegt.

100 **c) Unmittelbare Rechtsfolgen aus dem Bundesstaatsprinzip.** Das bundesstaatliche Prinzip erzeugt unmittelbare Rechtsfolgen insoweit es eine Preisgabe der **Eigenstaatlichkeit der Länder** untersagt.[433] Damit verbunden ist die Garantie eines Aufgabenkernbereichs als **„Hausgut"** der Länder.[434] Hierzu gehören etwa deren Bestimmung über ihre organisatorische Grundstruktur, die Garantie der Zuweisung eines „angemessenen" Anteils am Gesamtsteueraufkommen (Art. 106) und die Kulturhoheit,[435] die es nicht nur gegenüber dem Bund, sondern auch der EU zu sichern gilt. Als je eigene Staaten sind die Länder in ihrer Staatlichkeit gleich und vom Bund gleich zu behandeln. Das erfordert bei koordiniertem Handeln einstimmige Entscheidungen und verbietet Ungleichbehandlungen, soweit das Grundgesetz keine Differenzierungen zulässt (wie zB in Art. 51 Abs. 2, Art. 54 Abs. 3, Art. 91a oder Art. 107).[436] Überdies ist auch gegen eine Zusammenarbeit der Länder (zB Gemeinschaftseinrichtungen) nichts einzuwenden,[437] zumal der **kooperative Bundesstaat** als Gegenpol zu einem reinen Wettbewerbsföderalismus solches Miteinander sowohl zwischen Bund und Ländern als auch zwischen den Ländern untereinander gerade will.[438] In diesem Zusammenhang sei auch nochmals darauf verwiesen, dass Art. 79 Abs. 3 die grundsätzliche Mitwirkung der Länder an der Gesetzgebung des Bundes mit umfasst.[439] Ein im Lichte des Kooperationsgedankens zu lesendes Sonderproblem bildet der Länderfinanzausgleich.[440]

101 Die im Grundgesetz explizit positivierten normativen Ausgestaltungen des Bundesstaatsprinzips werden durch den ungeschriebenen, aber justiziablen Grundsatz der **Bundestreue** (Grundsatz des bundesfreundlichen Verhaltens) ergänzt.[441] Danach sind Bund und Länder zu gegenseitiger Rücksichtnahme, zur Unterstützung sowie zu Kooperation und Koordination verpflich-

[432] Dazu → Art. 30 Rn. 18.

[433] BVerfGE 87, 181 (196). Für die Weimarer Zeit *Thoma* in Thoma/Anschütz HdbStR I, 1. Aufl. 1930, 169.

[434] BVerfGE 34, 9 (19 f.).

[435] *Battis/Gusy,* Einführung in das Staatsrecht, 2018, Rn. 157; *Häberle* AVR 124 (1999), 549.

[436] *Grzeszick* in Maunz/Dürig Art. 20 IV. Rn. 114 ff.

[437] Ebenso *Sachs* in Sachs Rn. 59; zum Lindauer Abkommen s. BVerfGE 92, 203 (231 f.). Die Frage, ob einer Selbstbindung der Länder Grenzen gesetzt sind, hat das BVerfG in E 87, 181 (196) bewusst offengelassen.

[438] Zu stärker wettbewerbsorientierten, kooperativen oder gar fiduziarischen Modellen *Häberle* ZöR 2007, 39.

[439] *Huster/Rux* in BeckOK GG Rn. 46.

[440] *Federer-Meyer,* Finanzielle Solidarität im Bundesstaat. Der horizontale Länderfinanzausgleich des Grundgesetzes und die bundesstaatliche Solidargemeinschaft, 2017. Eine im Jahre 2013 durch die Landesregierungen von Hessen und Bayern gegen den Länderfinanzausgleich vor dem BVerfG eingereichte abstrakte Normenkontrolle erwies sich als „Bumerang", so *v. Altenbockum* in der FAZ, s. https://www.faz.net/aktuell/politik/harte-bretter/laenderfinanzausgleich-der-bumerang-12049766.html (18.3.2020) Die Antragsteller nahmen den Normenkontrollantrag zurück. Am 21.11.2017 kam es zu einer Einstellung des Verfahrens, s. BVerfGE 147, 184.

[441] Etwa BVerfGE 86, 148 (211 f.); 92, 203 (234 ff.); zum Ganzen *Bauer,* Die Bundestreue, 1992; vorher schon *Bayer,* Die Bundestreue, 1961; krit. *Hesse,* Der unitarische Bundesstaat, 1962, 7 ff.

tet.[442] Es geht also um wechselseitige Loyalitätspflichten – die Bundestreue ist keine Einbahnstraße.[443] Dies bedeutet, dass Bund und Länder bei der Ausübung ihrer jeweiligen Kompetenzen – die Bundestreue ist akzessorisch zu einer von ihr vorausgesetzten bundesstaatlichen Rechtsbeziehung[444] – auf die jeweils anderen rechtlich fixierten Positionen Rücksicht zu nehmen haben. In der Sache kommen so der Grundsatz von Treu und Glauben und (str.) das Verhältnismäßigkeitsprinzip[445] zum Zuge.[446]

Im Bereich der **vollziehenden Gewalt** gilt nach wie vor, dass Art. 83 die **102**
Verwaltungsräume des Bundes und der Länder organisatorisch und funktionell voneinander trennt.[447] Bund und Länder dürfen von der in den Art. 83 ff. vorgeschriebenen „Verwaltungsordnung" grundsätzlich nicht abweichen, und zwar auch nicht einvernehmlich; die verfassungsrechtlich festgeschriebene Zuständigkeitsordnung steht nicht zur Disposition. Demgemäß schließt das GG eine **Mischverwaltung** aus, soweit sie nicht ausdrücklich zugelassen ist.[448] Undifferenziert von einem „Verbot" der Mischverwaltung zu sprechen, ist deshalb eher irreführend.[449] Treffender sollte von einem Grundsatz der Trennung die Rede sein, der Kooperation nicht grundsätzlich ausschließt, sondern vielmehr begrenzt.[450] Die Grenze wäre dort überschritten, wo die Kooperation zu einer Kompetenzverschiebung führt.[451] Die genaue Bestimmung einer solchen Grenzüberschreitung bleibt in der Praxis freilich schwierig. Die Literatur jedenfalls unterstreicht die Abgrenzungsnotwenidgkeit. So finden sich dafür die plastischen Termini „Kompetenzerhaltungsgebot", „Umgehungsverbot", weiterhin wird von einem „Grundsatz der Verantwortungsklarheit" oder einem „Grundsatz der eigenverantwortlichen Kompetenzwahrnehmung" gesprochen.[452]

d) Funktionale Aspekte der Bundesstaatlichkeit. Die Funktionen der **103**
Bundesstaatlichkeit lassen sich am besten im Sinne einer **„gemischten Bundesstaatslehre"** entfalten.[453] Der Bundesstaat will durch Dezentralisierung

---

[442] Einzelheiten bei *Grzeszick* in Maunz/Dürig Art. 20 IV Rn. 119 ff.

[443] Deshalb mag sich die Wendung vom „gemeinschaftsfreundlichen" Verhalten eher anbieten, so *Grzeszick* in Maunz/Dürig, Art. 20 IV. Rn. 120. *Stern,* StaatsR I, 1984, 699 f., spricht von „bündnisfreundlichem Verhalten".

[444] BVerfGE 90, 286 (337).

[445] Siehe auch BVerfGE 81, 310 (338).

[446] *Sachs* in Sachs Rn. 70. Zu den Einzelausprägungen der Bundestreue ebenso wie ihren Grenzen detailreich *Grzeszick* in Maunz/Dürig, Art. 20 IV. Rn. 126 ff.

[447] BVerfGE 55, 274 (318 ff.); 63, 1 (36 ff.); 75, 108 (151).

[448] BVerfGE 108, 169 (182); s. vorher bereits idS BVerfGE 11, 105; 32, 145; 39, 96; 41, 291; 63, 1; so auch die ganz überwiegende Meinung im Schrifttum: *Gerner* BayVBl. 1955, 193 (195); *Kirchhof* in Maunz/Dürig, Art. 83 Rn. 88 ff; *Ossenbühl,* Verwaltungsvorschriften und Grundgesetz, 1968, 373 f., 425 f.; *Stern,* StaatsR II, 1980, § 41 Kap. V 4; *Pieroth* in Jarass/Pieroth Art. 30 Rn. 10; *Köttgen* JöR 11 (1962), 173 (187 f.); *Tiemann,* Gemeinschaftsaufgaben von Bund und Ländern in verfassungsrechtlicher Sicht, 1970, 75; *Trute* in MKS Art. 83 Rn. 28; *Weber* DRV 1969, 121 (129, 131); *Loeser,* Theorie und Praxis der Mischverwaltung, 1976, 209 f.; *Schnapp* DÖV 2003, 965 (971); *Schnapp* GS f. Tettinger, 2007, 505; *Schnapp* VSSR 2007, 243; *Schnapp* Jura 2008, 241; *Trapp* DÖV 2008, 277; aA *Sendler* DÖV 1981, 409 ff.; *Papier* FS f. Knöpfle, 1996, 273 (279 f.); *Burgi* FS f. Schnapp, 2008, 15 plädiert dafür, den Terminus „Mischverwaltung" aufzugeben und durch den Ausdruck „vertikale Kooperation im Bundesstaat" zu ersetzen; ferner BVerfGE 119, 331, SGB II-Arbeitsgemeinschaften; *Henneke* Landkreis 2008, 3; *Huber* DÖV 2008, 844.

[449] So *Kirchhof* in BeckOK GG, Art. 83 Rn. 88.

[450] *Grzeszick* in Maunz/Dürig, Art. 20 IV. Rn. 162.

[451] *Grzeszick* in Maunz/Dürig, Art. 20 IV. Rn. 162.

[452] *Trute* in MKS Art. 83 Rn. 29 ff.

[453] *Häberle,* Verfassungslehre als Kulturwissenschaft, 1998, 776 ff.

die kulturelle (regionale) Vielfalt und damit zugleich die „demokratisch inspirierte organisatorische Pluralität" des Gemeinwesens sichern.[454] Er ermöglicht so durch Sachbezogenheit und Personennähe „vor Ort" auch ein höheres Maß an individueller Teilhabe und individueller Freiheit.[455] Dazu kombiniert er Momente des Wettbewerbs (Wettbewerbs- oder Konkurrenzföderalismus)[456] mit solchen der Kooperation (kooperativer Föderalismus). Unitarische Momente suchen die Vielfalt unter dem Dach einer gemeinsamen staatlichen Organisation zu bündeln.[457] Art. 72 Abs. 2 spricht explizit von der „Wahrung der Rechts- oder der Wirtschaftseinheit".[458] Vielfaltsbegrenzend wirkt auch die Gleichwertigkeit der Lebensverhältnisse (wiederum Art. 72 Abs. 2), die nicht zuletzt des Sozialstaatsprinzips wegen im ganzen Bundesgebiet gewährleistet werden soll.[459]

104 Der Bundesstaat wagt mehr Demokratie, weil sich auf Bundes- und Länderebene die Mitwirkungsmöglichkeiten aller relevanten politischen und gesellschaftlichen Akteure vervielfältigen, und er stärkt – dank vertikaler Gewaltenteilung – den Rechtsstaat. Diesen spezifischen Gewaltenteilungsaspekt hat das Bundesverfassungsgericht eindrücklich umschrieben: „Die Kompetenzaufteilung […] ist eine wichtige Ausformung des bundesstaatlichen Prinzips im Grundgesetz und zugleich ein Element zusätzlicher **funktionaler Gewaltenteilung.** Sie verteilt politische Macht" – organisiert also auch in spezifischer Weise Politikverflechtungen – „und setzt ihrer Ausübung einen verfassungsrechtlichen Rahmen, der diese Machtverteilung aufrechterhalten und ein Zusammenwirken der verschiedenen Kräfte sowie einen Ausgleich der widerstreitenden Belange ermöglichen soll."[460] Weil der Bundesstaat die landsmannschaftlich-kulturelle Heterogenität der Länder nicht nur erlaubt, sondern bewusst zum Mittel politischer Einheitsbildung macht,[461] dient er letztlich auch zur inneren Befriedung des Gemeinwesens.[462] Einheit in Vielheit und Ausdifferenzierung von Macht machen ihn zum attraktiven Organisationsmodell politischer Herrschaft.

105 **e) Reformfähigkeit des Bundesstaates.** Das der Verfassung eigene „semper reformanda" gilt in besonderem Maße für bundesstaatliche Herrschaftsorganisation, da sie die fragile Balance zwischen Einheit und Vielfalt wirklichkeitsorientiert immer neu auszutarieren hat. So waren die Erfahrung weitreichender Blockademöglichkeiten zwischen Bundestag und Bundesrat ein Grund für die im Jahre 2006 initiierte **Föderalismusreform I.**[463] Ihr

---

[454] *Morlok/Michael,* Staatsorganisationsrecht, 2019 § 8 Rn. 447; *Robbers* in BK Art. 20 Abs. 1, Rn. 1019. Zur kulturstaatlichen Seite des Bundesstaates *Häberle,* AöR 124 (1999), 549.

[455] *Robbers* in BK, Art. 20 Abs. 1 Rn. 1029 f.

[456] *v. Ooyen* Recht und Politik, 2014, 211.

[457] *Bauer* in Dreier, Art. 20 (Bundesstaat), Rn. 24.

[458] → Art. 72 Rn. 41 ff.

[459] *Huster/Rux* in BeckOK GG Rn. 33.

[460] BVerfGE 108, 169 (181); das Zitat findet sich auch bei *Morlok/Michael,* Staatsorganisationsrecht, 2019, § 8 Rn. 449 und findet seine theoretische Rückbindung in *Hesses* Bundesstaatskonzeption (Grundzüge, 1999, Rn. 273). Auf den Aspekt der Politikverflechtung verweist *Häberle,* Verfassungslehre als Kulturwissenschaft, 1998, 777.

[461] Weniger „e pluribus unum", wie aus der US-amerikanischen Verfassungstradition geläufig, sondern eher „in Vielfalt geeint". Dieses Motto hat sich im Übrigen auch die präföderale EU zur Erklärung ihres „Woher" und zur Bestimmung ihres „Wohin" seit dem Jahre 2000 auf die Fahnen geschrieben.

[462] *Morlok/Michael,* Staatsorganisationsrecht, 2019, § 8 Rn. 450.

[463] Siehe BT-Drs. 16/813, 7 f.; zum Folgenden *Morlok/Michael,* Staatsorganisationsrecht, 2019, § 8 Rn. 453.

Leitgedanke war, durch eine eindeutigere Zuordnung der Kompetenzen die Gesetzgebung von Bund und Ländern effizienter zu gestalten. Deshalb wurde auch die Rahmengesetzgebungskompetenz abgeschafft. Je weniger Bundesgesetze zustimmungsbedürftig sind, umso geringer ist das Risiko von Blockaden. Je weniger Mischfinanzierungstatbestände eine Abhängigkeit von Bund und Ländern begründen, umso leichter wird es, Bundes- und Länderinteressen Rechnung zu tragen. Indes gibt es auch jüngste gegenläufige Korrekturen im Bildungsbereich. Durch die Verfassungsänderung für den **Digitalpakt** (15.3.2019) – sie betrifft etwa den Erwerb digitaler Endgeräte, Fortbildungen, Lernmittelplattformen etc – wurden Bildungsinfrastrukturen neu justiert, eine Mischfinanzierung ermöglicht und das Kooperationsverbot aufgehoben.[464]

Umstritten war bei der Reform aus dem Jahre 2006 insbesondere die sog. **106** **Abweichungsgesetzgebung** nach Art. 72 Abs. 3.[465] Sie sollte – freilich sachbereichsspezifisch limitiert – den Ländern größeren Spielräume für eigene gesetzgeberische Gestaltung eröffnen, den unitarischen Bundesstaat so, ohne ihn grundsätzlich in Frage zu stellen, weiter dynamisieren und mehr Wettbewerb zuzulassen.[466] Bislang haben die Länder von der Abweichungsmöglichkeit jedoch sehr viel spärlicheren Gebrauch gemacht als ursprünglich erwartet.[467] Dass das europäische Mehrebenensystem von außen Reformerfordernisse an den nationalen Bundesstaat herantragen kann, sei abschließend erwähnt. Der heutige Art. 23 ist die vielleicht weitreichendste Konsequenz eines solchen Reformdrucks durch Integrationsfortschritt.

II. Alle Staatsgewalt geht vom Volke aus

1. Der Volksbegriff. Nach ganz überwiegender Auffassung verweist **107** Art. 20 Abs. 1 auf das **Staatsvolk** der Bundesrepublik Deutschland, also die Summe der Staatsangehörigen (Art. 116 Abs. 1, 1. Alt.) sowie die Statusdeutschen (Art. 116 Abs. 1, 2. und 3. Alt.).[468] Das bestätigt der Bezug zur Präambel, die das Verfassungswerk von der verfassunggebenden Gewalt des Deutschen Volkes her denkt, sowie zu Art. 33, 56, 64 Abs. 2 und Art. 146.[469] Der Demos als Legitimationssubjekt ist indes komplexer, als es diese statusbezogene Einordnung suggeriert.[470] Am Anfang demokratischer Herrschaftsorganisation steht ein **Paradoxon.**[471] Die Bestimmung respektive Selbstfindung des Volkes, des demokratischen Souverän, entspricht nicht der Legitimationslogik demokratischer Verfahren. Es erfolgt keine Abstimmung über die Zugehörigkeit.[472]

Die Exkludierten sind, qua Selbstdefinition einer Zugehörigengemein- **108** schaft,[473] an der Artikulation der maßgeblichen Ausschlusskriterien nicht

[464] G. zur Änderung des Grundgesetzes (Artikel 104b, 104c, 104d, 125c, 143e) – BGBl. 2019 I 404–405. Auf die jeweiligen Einzelkommentierungen sei verwiesen.

[465] → Art. 72 Rn. 50.

[466] *Morlok/Michael,* Staatsorganisationsrecht, 2019, § 8 Rn. 473 ff.

[467] *Morlok/Michael,* Staatsorganisationsrecht, 2019, § 8 Rn. 474.

[468] *BVerfGE* 83, 37 (50 f.); 83, 60 (76); 107, 59 (87); *Dreier* in Dreier Art. 20 (Demokratie) Rn. 94; *Böckenförde* in HdbStR II § 24 Rn. 26 ff; *Grawert* in HdbStR II § 16 Rn. 1 ff.; *Huber* DÖV 1989, 531 ff.; *Karpen* NJW 1989, 1012; *Schmidt-Aßmann* AöR 116 (1991).

[469] *Grzeszick* in Maunz/Dürig, Art. 20 II. Rn. 79.

[470] Vgl. *Volkmann* in BerlKomm Rn. 30.

[471] *Kotzur* in Bauer/Huber/Sommermann Demokratie in Europa, 351 (360 ff).

[472] *Jennings,* The Approach to Self-Government, 1956, 56: „The people cannot decide until somebody decides who are the people."

[473] *Kirchhof* in HdbStR IX, 1. Aufl. 1997, § 221.

beteiligt.[474] Damit einher geht die Gefahr, das Volk zum „mythische[n] Referenzsubjekt"[475] zu überhöhen und einen substanzhaften, präexistenten Demos zu etablieren.[476] Auch wenn historisch jede Demokratie vordemokratische Wurzeln hat, logisch jeder Demos auf eine vordemokratische, da nicht in demokratischen Verfahren festlegbare Zugehörigengemeinschaft zurückgeht, ist das Leben der Demokratie eine beständig neue Selbstkonstitution ihres Legitimationsträgers.

109 Sie beginnt mit, erschöpft sich aber nicht in der Betätigung der verfassunggebenden Gewalt. Im Prozess der Verfassunggebung wird das Volk zum **Demos,** dh zu einem politisch selbstgestaltungsfähigen Akteur, weil es sich nun erstmals in demokratischen Verfahren artikulieren und materielle Gemeinwohlprinzipien formulieren kann.[477] Die Inklusions-Dynamik der Verfassunggebung setzt sich in der Betätigung der verfassten Gewalt fort. Demokratische Gesetzgebung qualifiziert als immer neuer Akt der Selbstkonstitution, vor allem im Gesetzgebungsprozess findet die politische Gemeinschaft immer aufs Neue zum „Wir". Soll, wie eine viel berufene Metapher impliziert, der Demos „personale Schicksalsgemeinschaft"[478] sein, so als wesentlich gestaltendes Subjekt und nicht erleidendes Objekt dieses „Schicksals".[479]

110 Die im Grundgesetz angelegte Reduzierung des Volkes auf das Staatsvolk kann sich von dem Ballast ungelöster/unlösbarer legitimatorischer Vorfragen nicht befreien. Sie muss ihn tragen, um demokratische Herrschaftsorganisation operationalisierbar zu machen. An der Selbstherrschaft, dh an der Ausübung der Staatsgewalt sollen nur diejenigen partizipieren können, die Angehörige dieses Staates und deshalb grundsätzlich umfassend und dauerhaft seiner Gewalt als Pflichtige unterworfen sind.[480] In Migrationsgesellschaften wird sich künftig indes immer drängender die Frage stellen, ob ausschließlich das Band der Staatsangehörigkeit eine rechte- und pflichtenbegründende Nähebeziehung stiften kann,[481] oder ob gestufte Formen bürgerschaftlicher Teilhabe möglich werden (Stichwort „Denizenship").[482] Das Bundesverfassungsgericht hat solchen Weiterungen in seiner Rechtsprechung zum Kom-

---

[474] *Benhabib* in Benhabib Kosmopolitismus und Demokratie. Eine Debatte, 2008, 19 (25): „Ein gemeinsames Merkmal aller Normen von Zugehörigkeit, einschließlich – wenn auch nicht nur – der Normen von Bürgerschaft, besteht darin, dass die von der Konsequenz dieser Normen und insbesondere von den Ausschlusskriterien Betroffenen per definitionem nicht an deren Artikulation beteiligt sein können." *Benhabib,* The Rights of Others: Aliens, Residents, and Citizens, 2004, 206, bezeichnet als „hinzunehmendes Paradox demokratischer Legitimität", dass jene, über deren Zugehörigkeit zum demos entschieden wird, an dieser Entscheidung nicht mitwirken können.

[475] *Hildebrandt,* Staat und Gesellschaft unter dem Einfluss der Globalisierung, 2002, 39.

[476] *Hesse* VVDStRL 17 (1959), 11 (17 f.); *Hesse,* Grundzüge des Verfassungsrechts der Bundesrepublik Deutschland, 1999, Rn. 131; *Müller,* Der politische Mensch – menschliche Politik. Demokratie und Menschenrechte im staatlichen und globalen Kontext, 1999, 46; *Habermas,* Faktizität und Geltung. Beiträge zu einer Diskurstheorie des Rechts und des demokratischen Rechtsstaats, 1998, 607.

[477] *Arato,* Civil Society, Constitution, and Legitimacy, 2000, 230 f.

[478] *Isensee* FS f. Mikat, 1989, 705 (709 f.); kritisch *Habermas,* Faktizität und Geltung, 1992, 633; *Rittstieg* NJW 1991, 632 (633).

[479] *Häberle* JZ 1975, 297 (301).

[480] BVerfGE 83, 37 (51); *Grzeszick* in Maunz/Dürig, Art. 20 II. Rn. 79.

[481] *Kotzur* JöR 66 (2018), 371.

[482] *Matz-Lück,* Denizenship und Staatsangehörigkeit im Spiegel rechtlicher Integration. Eine Betrachtung der Kriterien staatlicher Zugehörigkeit und politischer Teilhabe im Wandel, Habilitationsschrift 2017 (Manuskriptfassung).

munalwahlrecht für Ausländer Ende der 1980er Jahre eine Absage erteilt.[483] Für die Unionsbürgerinnen und Unionbürger sind sie längst Wirklichkeit geworden (Art. 28 Abs. 1 S. 3).[484] Zu beachten ist schließlich auch, dass Entscheidungen, die in einem Staat getroffen werden, fundamentale Auswirkungen auf die Bürgerinnen und Bürger anderer Staaten haben können (Schulfall: Treibhausgasemissionen).[485]

2. Volkssouveränität und die Ausübung von Staatsgewalt. Herrschaftsträger ist das Volk, Objekt der demokratischen Legitimation die von ihm ausgeübte Staatsgewalt.[486] Die Volkssouveränität,[487] heute europäisches Gemeingut, [488] kann dabei nicht absolut gedacht werden. Mag das **„We, the People"** den *pluralis majestatis* des monarchischen Staates auch demokratisch umgemünzt haben, ein Absolutheitsanspruch des Souveräns verbindet sich damit nicht mehr. Verfassungsstaatliche Herrschaftslegitimation beruht auf der Trias von Demokratie, Rechtsstaatlichkeit und Menschenrechten. Das Volk als Souverän ist rechtsstaatlich wie menschenrechtlich eingehegt und kann sich dieser Bindung, siehe Art. 79 Abs. 3, nicht entledigen. Der „Demos" meint vor allem kein homogenes Volk, sondern die Bürger in ihrer Vielfalt. Die Volks- wandelt sich zur **„Bürgersouveränität"** *(P. Häberle)*, was ihrer Verabsolutierung per se entgegensteht[489] und jeder homogenisierenden Lesart der Repräsentation einen Riegel vorschiebt. **111**

Ebensowenig wie der Volksbegriff mythisch überhöht, darf der Bürgerbegriff idealistisch verklärt werden. Gewiss setzt Volks- als Bürgersouveränität idealiter weitreichende demokratische Kompetenzen voraus, nämlich ein Gestalten-Wollen und Gestalten-Können des Citoyen.[490] Ein solches **Bürgerbild** scheitert jedoch ebenso wie übersteigerte Deliberationsvorstellungen[491] an der Wirklichkeit. Der Wahlbürger ist nicht nur „homo politicus". Er entscheidet nicht nur rational, sondern auch emotional, gar irrational.[492] Er handelt nicht nur reflektiert, sondern folgt unhinterfragten Routinen, gehorcht ideologischen Bindungen, lässt sich vereinnahmen und manipulieren (fake news, deepfakes etc.).[493] Für die Demokratie als Herrschaft der Freien und Gleichen verbietet sich von vornherein die Frage, wie gebildet, aufgeklärt, informiert, verantwortungsfähig- und verantwortungsbereit ihr **112**

---

[483] BVerfGE 83, 37; kritisch *Wallrabenstein,* Das Verfassungsrecht der Staatsangehörigkeit, 1999, 102 ff.; *Tschentscher,* Demokratische Legitimation der dritten Gewalt, 2006, 64 ff.

[484] → Art. 28 Rn. 54 ff.

[485] *Kumm* IJCL 2016, 697.

[486] *Grzeszick* in Maunz-Dürig, Art. 20 II. Rn. 89. Auch wenn dieser Zusammenhang an vielen anderen Stellen des Grundgesetzes, etwa in Art. 38, ausbuchstabiert wird, behält Art. 20 Abs. 2 Selbststand, siehe *Jestaedt,* Demokratieprinzip und Kondominialverwaltung, 1993, 147; *Schnapp* FS f. Ipsen, 2000, 807 (813).

[487] *Erbentraut,* Volkssouveränität, 2009.

[488] Dazu zwei Beispiele: Für Österreich formuliert Artikel 1 BV-G: „Österreich ist eine demokratische Republik. Ihr Recht geht vom Volk aus." Für Polen heißt es in Artikel 4 Abs. 1 der Verf.: „Die oberste Gewalt in der Republik Polen steht dem Volk zu."

[489] Dazu *Kotzur* in Bauer/Huber/Sommermann Demokratie in Europa, 351, mwN. Ein rechtsvergleichendes Beispiel: Die Präambel der Verfassung Polen sagt: „das Polnische Volk – alle Staatsbürger der Republik".

[490] *Smend* Staatsrechtliche Abhandlungen, 1968, 309 ff.; *Stolleis,* Untertan – Bürger – Staatsbürger in Vierhaus Bürger und Bürgerlichkeit im Zeitalter der Aufklärung, 1980, 65 ff.; *Preuß* in Winter Das Öffentliche heute, 179; *Schmitt Glaeser* in HdbStR III § 38 Rn. 3.

[491] *Becker* Zeitschrift für Politik 2000, 216.

[492] *Habermas,* Faktizität und Geltung, 1992, 404; *Gigerenzer,* Bauchentscheidungen. Die Intelligenz des Unbewussten und die Macht der Intuition, 2007.

[493] *Arrow,* Social Choice and Individual Values, 1963.

jeweiliges Legitimationssubjekt ist.[494] Vielmehr bildet die gleiche Freiheit aller am Willensbildungsprozess Beteiligter die *Grundlage* und formt den *Modus* der zu erbringenden Legitimationsleistungen.[495]

113 Im so verstandenen Sinne der heterogenen Vielfalt seiner Bürgerinnen und Bürger übt das Volk die Staatsgewalt aus. Diese umfasst „alle Staatsorgane und Amtswalter in der Summe ihrer legislativen, exekutiven und judikativen Funktionen"[496] – in der Terminologie des BVerfG „jedes amtliche Handeln mit Entscheidungscharakter".[497] Volkssouveränität meint deshalb Beeinflussbarkeit: Auf Inhalt und Form der Herrschaftsausübung nehmen die Herrschaftsunterworfenen bestimmenden Einfluss **(Input-Legitimation).**[498] Damit ist die sachliche Dimension[499] der Volkssouveränität angesprochen. Alle anstehenden Sachentscheidungen müssen durch das Volk getroffen werden.[500]

114 In personell-organisatorischer Hinsicht müssen „alle Positionen, die öffentliche Gewalt ausüben", auf das Volk zurückgeführt werden können.[501] Diese personelle Legitimation wird vermittelt durch Wahl oder Bestellung und gesichert durch Weisung und Aufsicht. Die gängige Legitimationstheorie unter dem Grundgesetz beruft sich zur Veranschaulichung auf das Bild einer „ununterbrochenen, auf das Volk zurückführenden **Legitimationskette** für die mit der Wahrnehmung staatlicher Angelegenheiten betrauten Amtswalter."[502] Das plastische Sprachbild hat gewiss seinen Wert, aber er ist begrenzt und erkauft seine Stringenz um den Preis „idealtypischer Reinheit".[503] Prekär nämlich wird das Bild, wenn es die Herstellung des Legitimationszusammenhangs zu einem quasi-religiösen Einsetzungsakt stilisiert, durch den der *eine* Wille des *einigen* Volkes seine *einzig*mögliche Realisation findet.[504] Bei der Legitimationsvermittlung geht es weniger um **(fiktive) Ableitungs-** als um **(reale) Verantwortungszusammenhänge.**[505] Diese Verantwortung hat eine zeitliche Dimension, die sich vor allem in der Periodizität der Wahlen niederschlägt (Art. 39).[506] Die Bürger verleihen nur Macht auf Zeit, um Machtmissbrauch zu verhindern und getroffene Entscheidungen reversibel zu halten. Unter Verantwortungsgesichtspunkten wird auch die Rechtmäßigkeit von Koalitionsausschüssen diskutiert, da sie weder dem Parlament noch den Gremien einer einzelnen Partei unmittelbar verantwortlich sind.[507]

115 Der Legitimationszusammenhang hat schließlich noch eine institutionelle Seite. **Institutionelle Legitimation** wird vermittelt durch die Errichtung

---

[494] Nachweise dazu bei *Kotzur* VVDStRL 69 (2010), 173 (201, insbes. Fn. 123).
[495] *Kirchhof* in HdbStR V § 124, Rn. 158 ff.; *Böckenförde* in HdbStR II § 24 Rn. 41.
[496] *Dreier* in Dreier, Art. 20 (Demokratie) Rn. 90; *Grzeszick* in Maunz/Dürig, Art. 20 II. Rn. 117.
[497] BVerfGE 83, 60 (73).
[498] *Morlok/Michael,* Staatsorganisationsrecht, 2019, § 5 Rn. 126.
[499] Zu den Dimensionen insgesamt *Böckenförde* in HdbStR II § 24 Rn. 14 ff.
[500] Plastisch BVerfGE 77, 1 (40): Die Notwendigkeit demokratischer Legitimation ersterckt nicht „nur auf bestimmte, sondern auf alle Formen der Ausübung von Staatsgewalt".
[501] *Morlok/Michael,* Staatsorganisationsrecht, 2019, § 5 Rn. 134.
[502] BVerfGE 38, 258 (271); 47, 253 (272, 275); 52, 95 (130) und öfter. Das Bild der „Legitimationskette" findet sich explizit etwa in BVerfGE 47, 253 L. 2; 83, 60 (73); 93, 37 (66 f.).
[503] *Morlok/Michael,* Staatsorganisationsrecht, 2019, § 5 Rn. 138.
[504] *Kotzur* in Bauer/Huber/Sommermann Demokratie in Europa, 351 (380).
[505] Siehe in diesem Zusammenhang auch *Groß,* Das Kollegialprinzip in der Verwaltungsorganisation, 1999, 163 ff.
[506] → Art. 39 Rn. 1, 5.
[507] *Huster/Rux* in BeckOK GG Rn. 122 ff.

von verselbständigten Verwaltungseinheiten durch Parlamentsgesetz. Damit wird zwar die unmittelbare Bindung an das Parlament gelockert. Das aber bleibt – auch mit Blick auf die funktionelle Selbstverwaltung[508] – solange unproblematisch, als trotz Verselbständigung bei Gesamtbetrachtung aller legitimationsstiftenden Momente ein hinreichendes Legitimationsniveau gesichert ist.[509] Durch Gesetz können für spezifische Bereiche der Erledigung öffentlicher Aufgaben besondere Formen der Selbstverwaltung geschaffen werden, solange der Gesetzgeber, insbesondere im Hinblick auf Grundrechtseingriffe, sich seiner Regelungsbefugnis nicht völlig entäußert.

Volkssouveränität ist insgesamt für eine Fülle ganz **unterschiedlicher Legitimationsformen** offen. Sie erlaubt vielfältige Differenzierungen. Nicht zuletzt deshalb haben sich variantenreiche Epitheta der „Herrschaft des Volkes" eingebürgert[510], die zB kompetitive, konsensorientierte oder deliberative Momente akzentuieren.[511] So wichtig idealtypische Unterscheidungen für die Beschreibung politischer Entscheidungsprozesse bleiben,[512] so wenig können sie die gesamte Wirklichkeit demokratischen Entscheidens erfassen. Konkurrenz und Konkordanz wirken letztlich immer komplementär zusammen. Unmittelbare normative Konsequenzen lassen sich aus der Beschreibung von Entscheidungsvoraussetzungen und -prozessen ohnehin nicht gewinnen. 116

Von zentraler normativer Relevanz ist eine andere kategoriale Differenzierung. Das Grundgesetz hat der **indirekten (repräsentativen) Demokratie** den Vorrang eingeräumt (dazu unten → Rn. 123) und sieht direkt-demokratische Teilhabe nur in Art. 29 Abs. 2 S. 1 vor.[513] Den kommunalen Gebietskörperschaften gewährt Art. 28 Abs. 2 ein Selbstverwaltungsrecht (eigener Wirkungskreis).[514] In dessen Konsequenz wird das Gemeinde- bzw. Kreisvolk als eigenständiges Legitimationssubjekt angesehen. Im übertragenen Wirkungskreis bleiben die kommunalen Gebietskörperschaften indes in die hierarchische Staatsverwaltung eingebunden und erfahren dort parlamentsvermittelte Legitimation, sei es durch den Bundestag oder das jeweilige Landesparlament.[515] Insoweit beruht die kommunale Selbstverwaltung auf einem dualen Legitimationsmodell. 117

Die bereits angesprochene **funktionale Selbstverwaltung** bezeichnet Konstellationen, in denen Exekutivaufgaben auf einen Verwaltungsträger 118

---

508 BVerfGE 107, 59; BVerfGE 111, 191; zum Problemkreis *Classen,* Demokratische Legitimation im offenen Rechtsstaat, 2009, 3.

509 BVerfGE 83, 60 (72): „Aus verfassungsrechtlicher Sicht entscheidend ist nicht die Form der Legitimation staatlichen Handelns, sondern deren Effektivität; notwendig ist ein bestimmtes Legitimationsniveau". Siehe auch E 93, 37 (67); 107, 59 (87); *Kluth,* Funktionale Selbstverwaltung, 1997, 374 ff.

510 Für eine „Phänomenologie der Demokratie" *Stern,* StaatsR I, 1984, 590 ff.; *Heuschling* in Bauer/Huber/Sommermann Demokratie in Europa, 33 (36, insbes. Fn. 9).

511 Umfänglich *Chapman/Shapiro,* Democratic Community, 1993; *Baber,* Strong Democracy, 1984; zur deliberativen Demokratie *Cohen,* Deliberative Democracy and Democratic Legitimacy in Hamlin/Pettit The Good Polity, 17; *Warren,* Deliberative Democracy in Carter/Stokes Democratic Theory Today. Challenges for the 21st Century, 173; *Bohman/Rehg,* Deliberative Democracy. Essays on Reason and Politics, 1997; zur Kritik *Ladeur* Der Staat 41 (2002), 3.

512 *Schmidt,* Demokratietheorien, 4. Aufl. 2008, 325 ff.; *Möllers,* Demokratie – Zumutungen und Versprechen, 2008, 13 („expressiven Demokratie").

513 Zum Problemkreis *Möstl/Schuler-Harms* VVDStRL 72 (2012), 355 ff. bzw. 417 ff.

514 → Art. 28 Rn. 179.

515 *Grzeszick* in Maunz/Dürig Art. 20 II. Rn. 171; *Dreier* in Dreier, Art. 20 (Demokratie), Rn. 126.

übertragen werden, der zwar Teil der Staatsorganisation bleibt, innerhalb dieser aber rechtlich weitgehend verselbständigt ist und deshalb auch nicht den strikten Aufsichts- und Weisungsstrukturen der Ministerialverwaltungen unterliegt.[516] Beispiele sind etwa die Industrie- und Handelskammern, die berufsständischen Kammern, Universtäten oder Sozialverwaltungskörperschaften. Auch wenn hier die Legitimationsketten lose gewirkt erscheinen, erkennt das Grundgesetz historische gewachsene Organisationsformen der Selbstverwaltung an (vgl. Art. 86, 87 Abs. 2 und 3 oder 130 Abs. 3).[517] Demokratische Herrschaftslegitimation steht im Dienste der Freiheit[518] und erlaubt Autonomie jedenfalls insoweit, als die Aufgaben und Handlungsbefugnisse der autonom agierenden Organe gesetzlich hinreichend bestimmt sind und ihre Wahrnehmung letztlich der Aufsicht personell-demokratisch legitimierter Amtswalter unterliegt.[519] Letztlich erinnert gerade die funktionale Selbstverwaltung daran, dass die Legitimation „guter", dh gerechtigkeitsgeleiteter, sicherheits- und wohlstandsorientierter Herrschaft immer auch von ihrem Erfolg abhängt (Output-Legitimation).[520]

119 **3. Zum Verhältnis demokratischer Herrschaftslegitimation auf nationaler und unionaler Ebene.** Die **europäische Integration** lässt die überkommenen Vorstellungen von demokratischer Herrschaftslegitimation nicht unberührt.[521] Die Wahrnehmung der Hoheitsbefugnisse, die der Union übertragen wurden, lässt sich nicht mehr zwingend auf den Willen eines bestimmten Mitgliedstaates zurückführen und an das jeweilige Staatsvolk rückbinden. Dadurch wird die Gestaltungsmacht nationaler Parlamente relativiert.[522] Seit seinem Maastricht-Urteil (BVerfGE 89, 155) fordert deshalb das BVerfG: „Im Anwendungsbereich des Art. 23 GG schließt Art. 38 GG aus, die durch die Wahl bewirkte Legitimation und Einflussnahme auf die Ausübung von Staatsgewalt durch die Verlagerung von Aufgaben und Befugnissen des Bundestages so zu entleeren, dass das demokratische Prinzip, soweit es Art. 79 Abs. 3 in Verbindung mit Art. 20 Abs. 1 und 2 GG für unantastbar erklärt, verletzt wird." Dem schließt sich die Lissabon-Entscheidung (BVerfGE 123, 267) bruchlos an: Dem Deutschen Bundestag müssten aufgrund des verfassungsrechtlichen Demokratieprinzips „Aufgaben und Befugnisse von substantiellem Gewicht" verbleiben.[523]

---

[516] *Grzeszick* in Maunz/Dürig Art. 20 II. Rn. 173; *Dreier,* Hierarchische Verwaltung im demokratischen Staat, 1991; *Emde,* Die demokratische Legitimation der funktionalen Selbstverwaltung, 1991; *Jestaedt,* Demokratieprinzip und Kondominialverwaltung, 1993, 64 ff.; *Kluth,* Funktionale Selbstverwaltung, 1997; *Böckenförde* in HdbStR II § 24 Rn. 33 ff. *Greiff,* Funktionale Selbstverwaltung und Demokratieprinzip, 2006.

[517] Seit BVerfGE 10, 89 ff.; aus jüngerer Zeit etwa BVerfGE 115, 25 (45 f.).

[518] Klassisch *John Stuart Mills Klassiker* „On Liberty" (1859).

[519] *BVerfGE* 107, 59 (94); zur Kritik an dieser Argumentation *Grzeszick* in Maunz/Dürig, Art. 20 II. Rn. 179 mwN.

[520] *Morlok/Michael,* Staatsorganisationsrecht, 2019, § 5 Rn. 139.

[521] *Di Fabio,* Das Recht offener Staaten, 1998, 129 ff.

[522] Zum Problemkreis *Dahrendorf* The National Interest 2001, 17; *Calliess* in Bauer/Huber/Sommermann Demokratie in Europa, 281.

[523] BVerfGE 123, 267 (Lissabon), Rn. 246. Zu diesen Aufgaben rechnet das Gericht jedenfalls die Staatsbürgerschaft, das zivile und militärische Gewaltmonopol, Einnahmen und Ausgaben einschließlich der Kreditaufnahme sowie die für die Grundrechtsverwirklichung maßgeblichen Eingriffstatbestände und kulturellen Fragen wie die Verfügung über die Sprache, die Gestaltung der Familien- und Bildungsverhältnisse, die Ordnung der Meinungs-, Presse-

Hinter diesen Judikaten steht nicht zuletzt die Sorge vor einem **„Exekutiv-Unionismus".**[524] Art. 20 Abs. 2 ist indes im Lichte der Integrationsoffenheit und -freundlichkeit des Grundgesetzes zu lesen, wie sie schon die Präambel zum Ausdruck bringt und Art. 23 normativ ausbuchstabiert. Das notwendige **Legitimationsniveau** sichert ein komplexes **Legitimationsgefüge.** Miteinander verwoben sind die Legitimationsleistung der Mitgliedstaaten – sie haben ja die Hoheitsrechte unter Mitwirkung ihrer unmittelbar demokratisch legitimierten Parlamente übertragen und wirken über ihre Vertreter im Ministerrat und im Europäischen Rat an den unionalen Entscheidungsprozessen mit – und die Legitimationsleistung des durch die Unionsbürgerinnen und -bürger direkt gewählten Europäischen Parlaments.[525] Die „offene Staatlichkeit"[526] des GG öffnet auch sein Demokratieprinzip hin zu einer intensiven und weitgehenden europäischen Integration.[527] 120

4. Exkurs: Zu Erosionserscheinungen demokratischer Herrschaftslegitimation. Nicht nur die europäische Integration fordert die klassischen Varianten demokratischer Herrschaftslegitimation heraus.[528] Die Wirklichkeit, in der demokratische Repräsentation stattfindet, und damit zugleich deren Funktionsbedingungen ist/sind rasantem Wandel unterworfen. Im Zeitalter der sog. „neuen Medien" werden unter dem Stichwort **„liquid democracy"** [529] „fließende" Entscheidungsformen diskutiert. Open-Source-Software ermöglicht etwa für die innerparteiliche Entscheidungsfindung ein „liquid feedback" und korrespondierende „ad hoc-Entscheidungen",[530] sei es ausschließlich von Parteimitgliedern oder sogar von jedermann.[531] Würden durch solche Entscheidungen Parteimitglieder im Parlament gebunden, wäre das ein eklatanter Verstoß sowohl gegen den Grundsatz des freien Mandats als auch gegen das Repräsentationsprinzip als solches.[532] In radikalen Spielarten solcher „Verflüssigung" werden Parlamente vollständig durch online-Abstimmungsergebnisse ersetzt (eine mit Art. 20 Abs. 2 unvereinbare neue Variante direkter E-Democracy).[533] 121

Die **„elektronische Demokratie"**, die **„liquid"**, **„delegate"** oder **„media democracy"** sind keine grundgesetzkonforme Alternative zur repräsentativen Demokratie.[534] Gleiches gilt für die **„epistemic democracy"**, die weniger um die Input-Legitimation als die rationale Grundierung deliberativer Pro- 122

---

und Versammlungsfreiheit oder den Umgang mit dem religiösen oder weltanschaulichen Bekenntnis. Siehe auch noch BVerfGE 132, 195 (ESM); BVerfGE 129, 124 (EFS).

[524] *Scholz,* Deutschland – In guter Verfassung?, 2004, 48; *Brenner* in HdbStR III § 44 Rn. 68; *Lübbe-Wolff* VVDStRL 60 (2001), 246 (265).

[525] *Grzeszick* in Maunz/Dürig, Art. 20 II. Rn. 264. Ein wichtiges Sonderproblem – die paralmentarische Legitimation gemischter Verträge bei Freihandelsabkommen – behandelt *Schroeder* EuR 2018, 119.

[526] *Vogel,* Die Verfassungsentscheidung des Grundgesetzes für eine internationale Zusammenarbeit, 1964.

[527] Zu den Grundsatzproblemen der Demokratie im europäischen Mehrebenenverbund noch *Häberle/Kotzur,* Europäische Verfassungslehre, 2016, Rn. 867 ff.

[528] *Pernice* in Prins/Cuijpers/Lindseth/Rosina Digital Democracy in a Globalized World, 27.

[529] *Hernani* in Sociology in Switzerland: Democracy in Politics and Social Life, 2011.

[530] „Adhocracy", s. *Hernani* in Sociology in Switzerland: Democracy in Politics and Social Life, 2011, 16.

[531] *Hernani* in Sociology in Switzerland: Democracy in Politics and Social Life, 2011, 5.

[532] *Hernani* in Sociology in Switzerland: Democracy in Politics and Social Life, 2011, 5.

[533] *Hien* DVBl 2015, 1 (2).

[534] *Zittel* in Schmitt Herausforderungen der repräsentativen Demokratie, 2003, 175.

zesse ringt.[535] Eine Verfallsgeschichte erzählen Ansätze wie **„Post Democracy“**[536] und „Post-Parlamentarismus“.[537] Internationalisierung und Europäisierung einerseits, Privatisierung und Informalisierung andererseits führten zu einem Funktionsverlust der Parlamente[538] und „nach-demokratische“ Zeiten, in denen demokratische Institutionen zwar noch formal intakt, aber ihre Kompetenzen mehr oder weniger entkleidet seien.[539] Von einem solchen Funktionsversagen der repräsentativen Demokratie unter dem Grundgesetz kann gewiss nicht die Rede sein, die kritischen Debatten mögen aber Erosionserscheinungen frühzeitig zu erkennen und effektive Remeduren zu entwickeln helfen.[540]

III. Sie wird vom Volke in Wahlen und Abstimmungen (…)

123 **1. Wahlen und Abstimmungen.** Der Modus zur Ausübung von Staatsgewalt durch das Volk sind Wahlen und Abstimmungen. Damit legt sich das Grundgesetz im Wesentlichen auf die repräsentative Demokratie fest.[541] Wahlen sind Ausdrucksform parteipolitischen Wettbewerbs[542] und zielen auf die Auswahl der zur Sachentscheidung befugten Personen,[543] Abstimmungen auf Sachentscheidungen ab.[544] Abstimmungen erfolgen punktuell-sachbezogen, Wahlen kehren periodisch wieder[545] – von der Demokratie als „Herrschaft auf Zeit“ war schon die Rede – und ermöglichen dem citoyen aktivbürgerliche Teilhabe,[546] durch die er die Zusammensetzung der Parlamente und Kommunalvertretungen bestimmt.[547] Dieser **unmittelbare Legitimationsakt** hebt letztere von den nur mittelbar legitimierten Entscheidungsträgern der Exekutive und Judikative ab.[548] Er wird durch die **Wahlrechtsgrundsätze** aus Art. 38 Abs. 1 S. 1 ausgestaltet.[549] Demnach müssen die Wahlen allgemein, frei, gleich, geheim und unmittelbar sein.[550] Der Wahlgesetzgeber ist jedoch nicht auf ein bestimmtes Wahlsystem festgelegt.[551] Das Unmittelbarkeitserfordernis ist freilich kein durchgängiges Kriterium verfassungsstaatlicher Demokratien (siehe etwa das Wahlmännersystem in den USA[552]). Auf Unionsebene gilt zwar das „one man,

[535] *Anderson* Episteme: A Journal of Social Epistemology 2006, 8; *Martí* in Besson/Martí Democracy and its Discontents: National and Post-National Challenges, 27; *Bohman/Rehg,* Deliberative Democracy, 1997.

[536] *Crouch,* Postdemokratie, 2008.

[537] *Andersen/Burns* in Andersen/Eliassen The European Union: How democratic is it?, 227.

[538] Aus der Lit: *Schulze-Fielitz,* Der informale Verfassungsstaat, 1984; *Herdegen* und *Morlok* VVDStRL 62 (2003), 7 bzw. 37; *Ruffert* DVBl. 2002, 1145; *Puhl* in HdbStR III § 48.

[539] *Crouch,* Postdemokratie, 2008; dazu *Pünder* VVDStRL 72 (2013), 191 (193); *Kajewski,* Wahrheit und Demokratie: eine Zeitdiagnose der Postdemokratie, 2014.

[540] Zu den besonderen Herausforderungen der Demokratie in Zeiten der Corona-Pandemie *Frost,* SZ vom 4.5.2020, 9.

[541] *Böckenförde* FS f. Eichenberger, 1982, 301.

[542] *Morlok* FS f. Tsatos, 2003, 408.

[543] *Kelsen,* Verteidigung der Demokratie, 153 ff., 223 ff. versteht die Demokratie selbst als „Form“ und „Methode“ der Entscheidungsfindung.

[544] *Grzeszick* in Maunz/Dürig, Art. 20 II. Rn. 108; *Schmidt-Aßmann* AöR 116 (1991), 329 (354); *Morlok* FS f. 50 Jahre Bundesverfassungsgericht, Bd. 2, 2001, 559 ff.; *Grawert* in HdbStR II § 16 Rn. 58.

[545] BVerfGE 1, 14 (33); 20, 56; BVerfG NVwZ 1994, 893.

[546] BVerfGE 83, 60 (71).

[547] BVerfGE 18, 151 (154).

[548] *Grzeszick* in Maunz/Dürig Art. 20 II. Rn. 109.

[549] Art. 38 Rn. 27.

[550] *Hesse,* Grundzüge des Verfassungsrechts der Bundesrepublik Deutschland, 1999, Rn. 146.

[551] BVerfGE 95, 335 (349 ff.).

[552] *Doehring,* Allgemeine Staatslehre, 2004, § 17 Rn. 328.

one vote", aufgrund der degressiven Proportionalität indes nicht das „one man, one value".[553] Eine Voraussetzung aber teilen alle Varianten freiheitlich-demokratischer Herrschaftsorganisation: Es muss eine wirkliche Wahlmöglichkeit vorhanden sein.[554] Bei Einparteiensystemen ist das nie der Fall.

Schwieriger zu fassen ist der Begriff der **Abstimmungen.** Sie meinen Formen direkter Demokratie, die grundsätzlich gleichberechtigt neben der repräsentativ-demokratischen Herrschaftslegitimation stehen. Denkbar sind die **Volksbegehren** und **Volksentscheide** (die klassischen Plebiszite), aber auch rein **konsultative Volksbefragungen** oder, auf ganz spezifische Legislativakte bezogen, Gesetzes- oder Verfassungsreferenden.[555] Auf Bundesebene bleiben sie die Ausnahme und auf Fragen der territorialen Neugliederung beschränkt (Art. 29, 118, 118a). Allerdings werden angesichts von Ermüdungs- und Erosionsentscheidungen der parlamentarischen Demokratie vermehrt direkt-demokratische Elemente eingefordert, um gestiegenen Partizipationsbedürfnissen Rechnung zu tragen[556] und die Bürgerinnen/Bürger für – durchaus kompetitives[557] – politisches Entscheiden zu aktivieren.[558] Eine plebiszitäre Öffnung bedarf der ausdrücklichen Verfassungsänderung, jedenfalls wenn sie zu verbindlichen Entscheidungen führen soll.[559] Ob dies aufgrund seiner faktischen Bindungswirkung auch für fakultative Referenden gelten soll, bleibt umstritten.[560] Nach der Brexit-Erfahrung im Vereinigten Königreich ist hier ohnehin höchste Restriktion geboten. Abzulehnen ist die Forderung, allein bei Fragen der Hoheitsrechtsübertragung auf die EU ein Referendum zu verlangen.[561] Eine ansonsten in Sachen direkter/halbdirekter[562] Demokratie unerfahrene politische Gemeinschaft erläge hier allzu leicht den Gefahren populistischer Manipulation.[563] 124

2. Die Rahmenbedingungen freier Wahlen. Freie Wahlen stellen einen Zusammenhang von **Responsivität** („responsiveness") und **Verantwortlichkeit** („accountability") zwischen Legitimationssubjekt und „Herrschen- 125

[553] *Bieber/Epiney/Haag/Kotzur,* Die Europäische Union, 2020, § 3 Rn. 16.

[554] StGH Hess NJW 1971, 697 (697 f.).

[555] Umfassend *Rux,* Direkte Demokratie in Deutschland, 2008; *Stern,* StaatsR I, 1984, § 18 Kap. II; *Sommermann* in MKS Rn. 156; zum Problem der thematischen Begrenzung direktdemokratischer Entscheidungen *Ritgen* NVwZ 2000, 129.

[556] Zu Partizipationsfragen *Preuß* in Offe Demokratisierung der Demokratietheorie, 259; *Schmitt Glaeser* VVDStRL 31 (1973), 179 (197 ff.) versteht Partizipation als „funktionales Phänomen".

[557] *Roemer,* Political Competition. Theory and Applications, 2001.

[558] *Möstl* VVDStRL 72 (2013), 355 (368 ff.). Ein Beispiel für solche Partiziaptionsbedürfnisse oder Erwartungen mag „Stuttgart 21" sein, dazu *Schönenbroicher* VBlBW 2010, 462; *Gärditz,* GewArch 2011, 273.

[559] *Paulus* FS f. Bryde, 2013, 273. Zudem wirft das „Wie" der direkten Demokratie, also ihre verfahrenstechnische Ausgestaltung, umfangreiche Fragen auf: Müssen zwingende Ausnahmen für bestimmete Regelungsbereiche gelten (etwa Haushalts- oder Besoldungsfragen), wie lässt sich das Problem Neutralität bei notwendig staatlichen Informationen lösen, wie die Chancengleichheit bei der Partizipation sicherstellen, wie viele Haushaltsmittel dürfen für direktdemokratische Kampagnen aufgewendet werden, wie lassen sich Elemente der parlamentarisch-repräsentativen und der direkten Demokratie konstruktiv verbinden? Zu all dem *Morlok/Michael,* Staatsorganisationsrecht, 2019, § 5 Rn. 203 ff.

[560] *Rommelfanger,* Das konsultative Referendum, 1988; *Bugiel,* Volkswille und repräsentative Entscheidung, 1991, 395 ff.

[561] Dazu *Möstl* VVDStRL 72 (2013), 355 (403 ff.); *Steinberg* FS f. Würtenberger, 2013, 305 (316).

[562] So das Schweizer Modell.

[563] Allgemein zur Qualität direktdemokratisch getroffener Entscheidungen *Schliesky* SchlHA 2014, 86.

den" her.[564] Wer sich zur Wahl stellt, muss nicht nur kommunizieren, welche politischen Ziele sie oder er im Falle des Wahlerfolgs im Parlament verfolgen will, sondern auch die Erwartungen, Vorstellungen und Bedürfnisse der Wählerinnen und Wähler in Erfahrung zu bringen versuchen, um überhaupt gewählt zu werden. Einmal gewählt, müssen die Abgeordneten eben diesen Wählerinnen und Wählern *Rede und Antwort* stehen, ihnen *Antwort geben* und sich damit vor ihnen *„verantworten"*.[565]

126 Die Legitimationsleistung der Wahlen hängt aber nicht zuletzt von den Rahmenbedingungen ab, unter denen sie stattfinden. Demokratische Willensbildung insgesamt bedarf adäquater Organisation und Verfahren. Diese wiederum dürfen nicht auf den staatlichen Bereich beschränkt bleiben, denn es geht ja gerade darum, „das Volk als Gegenüber der staatlichen Herrschaft zu aktivieren und dessen Interessen und Überzeugungen in den staatlichen Entscheidungsgang einzuspeisen."[566] Eine solche **Vermittelrolle** übernehmen insbesondere die **politischen Parteien** als Intermediäre zwischen Staat und Gesellschaft.[567] Ein im Parteienwettbewerb[568] gründendes Mehrparteiensystem[569] ist deshalb zwingende Voraussetzung und Funktionsbedingung der freiheitlichen Demokratie.[570] Sowohl die Gründungsfreiheit[571] als auch die Chancengleichheit politischer Parteien[572] sind zu gewährleisten. Deshalb genießen die politischen Parteien einen Status der Freiheit und der Gleichheit.[573] Hinzu kommt ein Status der Öffentlichkeit, denn die Wählerinnen und Wähler müssen wissen, welche Ziele Parteien verfolgen, wie sie sich finanzieren und welche Personen entscheidende Parteiämter innehaben.[574] Schließlich muss die Organisation politischer Parteien selbst demokratischen Grundsätzen genügen (innerparteiliche Demokratie).[575] Im Wahlkampf müssen demokratische Deliberationsprozesse zur Formung der politischen Willensbildung möglich sein.[576] Das Wahlrecht kann daher, beginnend mit der Festlegung auf ein bestimmtes Wahlsystem,[577] wie das Parteienrecht als Wettbewerbsrecht eingeordnet werden.[578]

127 Wahlen werden insbesondere durch die Kommunikationsgrundrechte, dh die Meinungs- und Pressefreiheit sowie die Versammlungs- und Vereini-

[564] *Kotzur* in BK Vorbem. zu Art. 38–49, Rn. 58.
[565] *Kotzur* in BK Vorbem. zu Art. 38–49, Rn. 58.
[566] *Morlok/Michael,* Staatsorganisationsrecht, 2019, § 5 Rn. 248.
[567] *Degenhart,* Staatsrecht I, 2019, Rn. 49 ff.
[568] BVerfGE 111, 382 ff.; *Köhler,* Parteien im Wettbewerb, 2005; *Morlok* NVwZ 2005, 157 ff.; *Morlok* FS f. Tsatos, 2003, 408.
[569] Etwa BVerfGE 2, 1 (13, 69); 5, 85 (199, 224); 52, 63 (88); umfassend *Morlok/Merten,* Parteienrecht, 2018; historisch *Bergsträsser,* Geschichte der politischen Parteien in Deutschland, 1995; → Rn. 123.
[570] Zur Vermittlung und Formung des Volkswillens durch Verfahren *Böckenförde* in HdbStR III § 34 Rn. 4.
[571] Art. 21 Abs. 1 S. 2; BVerfGE 5, 85 (134 f.); 44, 125 (146).
[572] BVerfGE 1, 208 (242, 252); 3, 19 (26); 6, 273 (280). Aus der Lit.: *Hesse* VVDStRL 17 (1959), 11 (36 ff.) (zum Status der Gleichheit der politischen Parteien); *Kißlinger,* Das Recht auf politische Chancengleichheit, 1998; *Schulz,* Gewährleistung kommunikativer Chancengleichheit als Freiheitsverwirklichung, 1998.
[573] Nachweise bei *Degenhart,* Staatsrecht I, 2019, Rn. 53 ff.
[574] *Morlok/Michael,* Staatsorganisationsrecht, 2019, § 5 Rn. 269 f.
[575] *Morlok* in Tsatsos Auf dem Weg zu einem gesamtdeutschen Parteienrecht, 89; *v. Alemann,* Das Parteiensystem der Bundesrepublik Deutschland, 2018, 165 ff.
[576] *Meyer* in HdbStR III § 45 Rn. 12 ff.
[577] Schon BVerfGE 1, 208 (246); zur Verhältniswahl insbes. BVerfGE 4, 375 (380); 6, 84 (95); BVerfGE34, 81 (99).
[578] *Grofman/Lijpart,* Electoral Laws and Their Political Consequences, 1986.

gungsfreiheit abgesichert.[579] Diese wiederum ermöglichen, dass sich die politische Willensbildung des Volkes nicht in Wahlen und Abstimmungen erschöpft, sondern sich eine „öffentliche Meinung" mit nicht zu unterschätzender Kontrollfunktion bilden kann.[580]

Auf folgende **Einzelprobleme** zu den Wahlen sei verwiesen:[581] 128

- freies Vorschlagsrecht aller Wahlbeteiligten und nicht nur der Parteien;[582]
- Grundmandatsklausel;[583]
- Öffentlichkeitsarbeit der Bundesregierung in Zeiten vor der Wahl;[584]
- Regeln zur Ineligibilität;[585]
- Sperrklausel;[586]
- Überhangmandate;[587]
- Wahlwerbung in den Medien;[588]
- „Wahlomat".[589]

Die Wahlentscheidung resultiert in und ermöglicht Mehrheitsentscheidungen.[590] **„Mehrheit entscheidet"** (Art. 42 Abs. 2) ist die zentrale Grundlage demokratischer Entscheidungsfindung.[591] Damit ist keine Richtigkeitsgarantie oder gar ein Wahrheitsanspruch verbunden. Es geht vielmehr darum, das demokratische Ideal der Selbstbestimmung für die Mehrzahl der Abstimmenden zu gewährleisten, so die Durchsetzungswahrscheinlichkeit zu erhöhen und letztlich – rein pragmatisch gedacht – die Entscheidungsfindung zu erleichtern.[592] Für die unterliegende Minderheit[593] ist das Mehrheitsvotum schon deshalb erträglich, weil es veränderungsoffen ist und die Minderheit von heute zur Mehrheit von morgen werden kann.[594] Periodisch wiederkehrende Wahlen (Art. 39 Abs. 1 S. 1) eröffnen kontinuierliche Korrekturmöglichkeiten. 129

---

[579] Dazu bereits → Rn. 47.

[580] *Hesse,* Grundzüge des Verfassungsrechts der Bundesrepublik Deutschland, 1999, Rn. 150; s. auch BVerfGE 20, 56 (98 f.); 69, 315 (346); BVerfGE 89, 155 (185); 97, 350 (369), letztere zur Öffentlichkeit des Staatshandelns.

[581] → Art. 38 Rn. 26 ff.

[582] BVerfGE 41, 399 (418); *Starck* in HdbStR III § 33 Rn. 32; umfassend *Meyer* in HdbStR III § 46.

[583] BVerfGE 95, 408.

[584] BVerfGE 44, 125 (139, 147 ff); BVerfGE 63, 230 ff.; *Schürmann,* Öffentlichkeitsarbeit der Bundesregierung, 1992; *Di Fabio* JZ 1993, 689; *Studenroth* AöR 125 (2000), 257.

[585] *Beaucamp* DVBl. 2009, 1006.

[586] *Ehlers* Jura 1999, 660 (665 ff.).

[587] BVerfGE 131, 316.

[588] BVerfGE 37, 84 (91); 47, 198 (237); 87, 220 (272 f.); *Morlok* in Dreier, Art. 21 Rn. 96; *Becker,* Wahlwerbung politischer Parteien im Rundfunk, 1989; *Schultze-Sölde,* Politische Parteien und Wahlwerbung in der dualen Rundfunkordnung, 1994. Es gilt das Prinzip der „abgestuften Chancengleichheit", BVerfGE 14, 121; BVerfG NJW 2002, 2939 – „TV-Duell" der Kanzlerkandidaten; Anmerkung dazu von *Volkmann,* JZ 2003, 86.

[589] VG München, Beschluss v. 8.9.2008, M7 E 08.4347.

[590] Aus der Lit. zum Mehrheitsprinzip grundlegend schon *Friesenhahn* VVDStRL 16 (1958), 9 (16 und öfter); *Scheuner,* Das Mehrheitsprinzip in der Demokratie, 1973; *Heun,* Das Mehrheitsprinzip in der Demokratie, 1983; *Stern,* SaatsR I, 1984, 611 ff.; weiterhin *Hillgruber,* Die Herrschaft der Mehrheit, AöR 127 (2002), 60. Siehe auch schon → Rn. 53, 58 ff.

[591] BVerfGE 29, 154 (165); *Flaig,* Die Mehrheitsentscheidung, 2013; *Krüper* ZJS 2009, 477, *Hillgruber* AöR 127 (2002), 460.

[592] *Morlok/Michael,* Staatsorganisationsrecht, 2019, § 5 Rn. 168 ff.

[593] Zum Schutz der parlamentarischen Minderheit etwa *Strom,* Minority Government and Majority Rule, 1990.

[594] *Droege* DÖV 2009, 649. Das Fehlen des Wechselspiels von Minderheit und Mehrheit auf Unionsebene hatten die Beschwerdeführer im Lissabon-Verfahren nachdrücklich gerügt, siehe BVerfGE 123, 267 (07): „Der Vertrag von Lissabon verletze schließlich das demokratische Prinzip wechselnder Mehrheiten. Zum demokratischen Prinzip gehöre der Wettbewerb

130 In diesem Kontext spielt schließlich das Institut der **Opposition**[595] eine maßgebliche Rolle. Es dient dem Schutz der parlamentarischen Minderheiten[596] – wobei Minderheitenschutz über den Schutz der parlamentarischen Opposition noch hinausgeht, weil es nicht nur institutionelle, sondern auch situative Minderheiten geben kann. Das Grundgesetz enthält zwar keinen eigenständigen Oppositionsartikel, aber die deutschen Länderverfassungen bieten reiches verfassungstextliches Anschauungsmaterial (zB Art. 40 S. 1 und S. 2 SächsVerf).[597] Die parlamentarischen Mitwirkungsmöglichkeiten der Opposition sind dabei stärker von einem *funktionellen* denn *institutionellen Oppositionsverständnis* her gedacht.[598]

IV. (…) und durch besondere Organe der Gesetzgebung, der vollziehenden Gewalt und der Rechtsprechung ausgeübt

131 In seinem zweiten Satzteil verweist Art. 20 Abs. 2 S. 2 auf die besonderen Organe von Gesetzgebung, vollziehender Gewalt und Rechtsprechung. Er legt damit, freilich ohne alle seine Facetten erschöpfend zu erfassen, den Grundsatz der Gewaltenteilung fest und setzt ihn zugleich als historisch gewachsenes tragendes Organisationsprinzip des freiheitlichen Rechtsstaates voraus.[599] Die **Rechtsstaatsidee** selbst lässt sich freilich kaum auf eine griffige, entwicklungsgeschichtlich informierte und zugleich kontextbewusste Formel bringen. Zu heterogen sind die Rechtskulturen, die sich der Herrschaft des Rechts unter ganz unterschiedlichen sozialen, politischen und ökonomischen Rahmenbedingungen verschrieben haben.[600] Zu vielfältig sind aber auch die Teilelemente, aus denen sich die übergeordnete Rechtsstaatsidee formt und dank derer sich normative Konkretisierungen von Rechtsstaatlichkeit erst gewinnen lassen. Dieses Schicksal teilt der Rechtsstaat gewiss mit allen Staatsstrukturprinzipien aus Art. 20, erscheint aber vielleicht sogar in noch höherem Maße als ein durch seine Geschichtlichkeit bedingter und in seinem Universalitätsanspruch überforderter Sammelbegriff.[601]

132 Den Rechtsstaat deshalb auf seine konkreteren Teilprinzipien zu reduzieren, wäre jedoch verfehlt. Die Rechtsstaatsidee ist nämlich der Dreh- und Angelpunkt der **verfassungsstaatlichen Freiheitsidee.** Zwar spricht Art. 20 weder an irgendeiner Stelle explizit von „Rechtsstaat", noch leistet er

---

um politische Macht, also das Wechselspiel von Minderheit und Mehrheit. Dieser Wettbewerb finde jedoch auf europäischer Ebene nicht statt. Die europäischen Institutionen seien nicht um die Zentralität des politischen Konflikts geordnet. Die Unerkennbarkeit politischer Konfliktlinien führe zu politischer Apathie in Form von Enthaltungen bei den Wahlen zum Europäischen Parlament." Ebd. sieht das BVerfG das demokratische Gefüge gefährdet, wenn „die Bürger nicht mit Mehrheitswillen herrschen können." (BVerfGE 123, 267 (210)).

[595] BVerfGE 2, 1 (13) spricht vom „Recht auf Ausübung einer Opposition".

[596] *Mundil,* Die Opposition, 2014.

[597] *Cancik* JöR 55 (2007), 151 (193 f.). Speziell zu Sachsen: BVerfGE 91, 246; SächsVerfGH, SächsVBl 1995, 227 ff.; SächsVerfGH, DÖV 1996, 783 f.

[598] *Cancik,* Parlamentarische Opposition in den Landesverfassungen, 2000, 104 ff.; *Huber* in HdbStR III § 47 Rn. 48 ff., 63 ff.; *Hesse,* Grundzüge des Verfassungsrechts der Bundesrepublik Deutschland, 1999, Rn. 36 f.

[599] *Degenhart,* Staatsrecht I, 2019, Rn. 297; *Cornils* in Depenheuer/Grabenwarter Verfassungstheorie, § 20; *Möllers,* Die drei Gewalten, 2008; *Di Fabio* in HdbStR III § 27; *v. Arnauld* ZParl. 2001, 678; *Dreier,* Hierarchische Verwaltung im demokratischen Staat, 1991, 175.

[600] Zur Relevanz der jeweiligen dogmengeschichtlichen Kontexte und staatstheoretischen Vorverständnisse *Sommermann* in MKS Rn. 229. Siehe auch *Stern,* StaatsR I, 1984, 764 ff.

[601] *Hofmann,* Der Staat 34 (1995), 1.

umfängliche Konkretisierungen der Rechtsstaatsidee,[602] er versteht rechtsstaatliche Freiheit aber als Funktionsbedingung der freiheitlichen Demokratie und macht das einerseits an der Gewaltenteilung, anderseits an der Einhegung der Gesetzgebung durch die verfassungsmäßige Ordnung sowie an der Rechts- und Gesetzesbindung von Exekutive und Judikative fest (Abs. 3).[603]

Dieses Denken steht – erinnert sei auch an die ideengeschichtlichen **133**
Grundlagen bei *Kant, Locke* und *Montesquieu* – in der großen Tradition[604] der Französischen Revolution. Art. 16 der Französischen Erklärung der Menschen- und Bürgerrechte von 1789 setzt Demokratie voraus und erklärt dann, durchaus sendungsbewusst, eine Gesellschaft ohne Grundrechte und Gewalteilung habe keine Verfassung.[605] Die Gewaltensteilung ist funktionell sowohl auf die demokratische Herrschaftsorganisation als auch die Sicherung grundrechtlicher Freiheit hin bezogen. Durch ein System von **„checks and balances"** soll jene kontinuierliche Absicherung vor Herrschaftsmissbrauch etabliert werden, ohne die politische Einheit autokratischer Herrschaft Vorschub leisten würde. Diese „checks and balances", verstanden als wechselseitige Kontrolle, Hemmung und Mäßigung, wollen indes keine strikt-überschneidungsfreie Scheidung der drei staatlichen Gewalten, sondern eine balancierende **Funktionengliederung.**[606] Anders formuliert: Maßstab der balancierenden Zuordnung von Aufgaben, Rechten, Befugnissen etc. ist die „funktionelle Richtigkeit".[607] So können möglichst viele an der Macht beteiligt und staatliche Funktionen bestmöglich wahrgenommen werden.[608] Auch wenn die funktionelle Seite gewissermaßen die Direktiven der Scheidung vorgibt, bedarf sie komplementärer Ergänzung um eine personelle und organisatorische Dimension.[609]

Keiner der drei Teilgewalten darf folglich ein Übergewicht zugemessen **134**
werden; auch wo es Verschränkungen gibt, muss der jeweilige Kernbereich unangetastet bleiben.[610] Eine klare Trennung gelingt mit Blick auf die Ge-

---

602 Was auch unmöglich sein mag, legt man ein entwicklungsoffenes Stufenmodell von Rechtsstaatlichkeit zugrunde, siehe *Grimm* JZ 2009, 596.

603 Dazu → Rn. 137 ff. Eines Rückgriffs auf Verfassungsgewohnheitsrecht (grdl. *Tomuschat,* Verfassungsgewohnheitsrecht?, 1972, 74 ff., 81 ff., 132 ff.; *Wolff,* Ungeschriebenes Verfassungsrecht unter dem Grundgesetz, 2000, 247 f.) bedarf es dazu nicht.

604 Das Denken in Traditionslinien darf indes nicht über die Zeit- und Kulturbedingtheit des Rechtsstaats hinwegtäuschen, *Sommermann* in MKS Rn. 229; *Schulze-Fielitz* Zeitschrift für vergleichende Politikwissenschaft 2011, 1.

605 *Isensee* in Becker/Studt Die Ämter und ihre Vergangenheit im „Dritten Reich", 15 (22).

606 BVerfGE 68, 1 (86); *Degenhart,* Staatsrecht I, 2019, Rn. 297; *Hesse,* Grundzüge des Verfassungsrechts der Bundesrepublik Deutschland, 1999, Rn. 475 ff.; *Pitschas,* Verwaltungsverantwortung und Verwaltungsverfahren, 1990, 538.

607 BVerfGE 68, 1 (86); *Hesse,* Grundzüge des Verfassungsrechts der Bundesrepublik Deutschland, 1999, Rn. 73; *Ehmke* VVDStRL 20 (1963), 53 (73 ff.). Zum Grundsatz der „funktionsgerechten Organstruktur" *Schmidt-Aßmann* GS f. Martens, 1987, 249 (263 f.); *Groß,* Das Kollegialprinzip in der Verwaltungsorganisation, 1999, 200 ff.

608 BVerfGE 95, 1 (15).

609 *Degenhart,* Staatsrecht I, 2019, Rn. 297; *Voßkuhle/Kaufhold* JuS 2012, 314. Zur personellen Seite BVerfGE 18, 241 (254 ff.); zur (Un-)Vereinbarkeit von Mandat und Exekutivamt BVerfGE 18, 172 (183); zur Unvereinbarkeit von Richteramt und Verwaltungsfunktion BVerfGE 10, 200 (217 f.); 14, 56 (68).

610 BVerfGE 9, 268 (280); 22, 106 (111); 34, 52 (599); *Klopefer,* Verfasungsrecht I, 2011, § 10 Rn. 77 ff.; zum Problemkreis politische Parteien und Gewaltenteilung *Sachs* in Sachs Rn. 92; *Schulze-Fielitz* in Dreier Rn. 71 ff.; *Stern,* StaatsR I, 1984, § 20 Kap. IV 3; krit. *Zimmer,* Funktion – Kompetenz – Legitimation, 1979, 23; *Achterberg,* Probleme der Funktionenlehre, 1970, 195 ff., 230.

richtsbarkeit: Hier greift insbesondere der Richtervorbehalt aus Art. 92, in dessen Konsequenz den **Gerichten** ein **Rechtsprechungsmonopol** zugewiesen ist. Insbesondere ist der Gesetzgeber daran gehindert, den Gerichten den Kernbereich des Strafrechts zu entziehen und der Verwaltung zuzuweisen.[611] Die personelle und sachliche Unabhängigkeit des Richters sichern Art. 97 Abs. 1 und 2.[612] Grundrechtliche Absicherung findet der Funktionsbereich der Rechtsprechung durch die Garantie effektiven Rechtsschutzes aus Art. 19 Abs. 4[613] sowie die sog. Prozess- oder Justizgrundrechte (Art. 101 ff.).[614] Wenn ein Gericht im Sinne des „judicial activism" Rechtsfortbildung betreibt, kommt es notwendig mit dem Kompetenzbereich des Gesetzgebers in Berührung. Das lebendige System des Rechts bedarf einerseits solcher Fortschreibung, darf andererseits die Dritte Gewalt nicht zum Ersatzgesetzgeber machen.[615]

135 Die **Legislative** ist die **Leitgewalt** in der Demokratie.[616] Dieser exponierten Stellung trägt der Parlamentsvorbehalt Rechnung.[617] Das BVerfG erlaubt deshalb auch, Planungsentscheidungen in Gesetzesform zu gießen (Maßnahmegesetz).[618] Indes lassen sich auch zugriffsfreie Räume der vollziehenden Gewalt (Regierung und Verwaltung) ausmachen.[619] Die Maßnahmegesetzgebung steht deshalb unter erhöhtem Begründungsaufwand, ist nur im Einzelfall zulässig und muss der Verwaltung den Kernbestand ihrer Aufgaben belassen.[620] Auch die Regierung kann sich auf einen „Kernbereich exekutiver Eigenverantwortung" berufen.[621] So haben etwa Untersuchungsausschüsse einen nicht ausforschbaren „Initiativ-, Beratungs- und Handlungsbereich" zu respektieren.[622]

136 Mitunter findet der „Gewaltenbegriff" auch Verwendung im metaphorischen Sinne. Werden etwa die Medien als **„vierte Gewalt"**[623] apostrophiert, um ihren Einfluss auf politische Willensbildungsprozesse und ihre Kontrollfunktion gegenüber den politischen Akteuren zu veranschaulichen, so ist das funktional durchaus zutreffend, damit verbindet sich aber keinerlei normative Zuschreibung. Beunruhigender wären Versuche, neben Legislative, Exekutive und Judikative noch weitere Gewalten zu konstruieren:

---

611 *Degenhart,* Staatsrecht I, 2019, Rn. 300; Amnestiegesetze gereifen jedenfalls dann, wenn sie ein laufendes Verfahren betreffen, in den Zuständigkeitsbereich der Strafjustiz ein, BVerfGE 10, 234 (246).

612 → Art. 97 Rn. 48.

613 → Art. 19 Rn. 133 f., 151.

614 *Uhle* in Merten/Papier HdbGR V § 129.

615 *Kruse,* Die verfassungsrechtlichen Grenzen richterlicher Rechtsfortbildung. Zur Gesetzmäßigkeit der Rechtsprechung unter dem Grundgesetz, 2019; *Schmidt,* Richterliche Rechtsfortbildung in Deutschland und der Schweiz. Plädoyer für ein methodisches Vorgehen auf Grundlage des Legitimitätsgedankens, 2017; nach *Degenhart,* Staatsrecht I, 2019, Rn. 301, ist eine Rechtsfortbildung *praeter legem,* aber nicht *contra legem* zulässig.

616 *Dreier* in Dreier, Art. 20 (Demokratie) Rn. 76 ff., 88 ff. und öfter.

617 Der Begriff, heute oft dem Bundesverfassungsgericht zugeschrieben, stammt von *Häberle,* Berufs-„ständische" Satzungsautonomie und die staatliche Gesetzgebung, DVBl. 1972, 909 (912, dort in Fn. 49).

618 BVerfGE 91, 1; siehe dazu auch → Rn. 143 ff. (147).

619 Dazu *Maurer/Schnapp* VVDStRL 43 (1985), 135 ff. (172 ff.).

620 Hinzu kommt, dass Gesetze den Rechtsschutz Betroffener beschneiden. Eine verwaltungsinterne und verwaltungsgerichtliche Kontrolle sind nicht möglich.

621 Nachweise bei *Degenhart,* Staatsrecht I, Rn. 693.

622 BVerfGE 67, 100 (139); 110, 199 (214).

623 *Baier,* Die Medienpolitik der EU. Die Medien im Spannungsfeld zwischen Liberalisierung und Rolle als Vierte Gewalt in einer Demokratie, 2012; *Bucher,* Neue Medien und transnationale Demokratie, 2009.

Gnadengewalt, Prüfungsgewalt, Wehrgewalt etc. Als Sprachbilder sind solche Termini unbedenklich. Liefen sie aber darauf hinaus, für die jeweils bezeichneten Tätigkeitsbereiche die Bindung an die Gesetzmäßigkeit, vor allem an die Grundrechte, zu lockern oder gar suspendieren und damit rechtsfreie Verwaltungsreservate zu schaffen, würde das die Rechtsstaatsidee konterkarieren.[624]

V. Die Gesetzgebung ist an die verfassungsmäßige Ordnung, die vollziehende Gewalt und die Rechtsprechung sind an Gesetz und Recht gebunden

1. Die Bindung an die verfassungsmäßige Ordnung. Die Legislative oder „erste Gewalt" ist nur der Verfassung unterworfen.[625] In diesem Sinne statuiert Art. 20 Abs. 3 zunächst die Bindung des (einfachen) Gesetzgebers an die verfassungsmäßige Ordnung. Der Terminus findet sich mehrfach im Grundgesetz, allerdings nicht mit demselben Bedeutungsgehalt. Verweist Art. 2 Abs. 1 als Schranke zur weit gefassten allgemeinen Handlungsfreiheit auf die „verfassungsmäßige Ordnung", so ist damit die Gesamtheit aller formell und materiell verfassungsmäßigen Gesetze gemeint.[626] Art. 20 Abs. 3 geht es indes um den **Vorrang der Verfassung** („paramount law of the land").[627] Die Garantie knüpft deshalb an den gesamten Normenbestand des Grundgesetzes an[628] und eröffnet dem BVerfG die entsprechenden Kontrollmöglichkeiten einschließlich der Normverwerfungskompetenz („judicial review"), siehe Art. 93, 100; §§ 90 ff. BVerfGG.[629] Darüber hinaus mag es universell-völkerrechtliche oder überpositive Rechtsgrundsätze geben, die auch den Verfassunggeber binden und an denen sich das nationale einfache Recht messen lassen muss.[630] Der Vorrang der Verfassung besteht auch gegenüber dem Völkerrecht (Art. 25).[631] Demgegenüber genießt das Unionsrecht Anwendungsvorrang auch gegenüber den mitgliedstaatlichen Verfassungen, nach Auffassung des EuGH uneingeschränkt,[632] nach Auffassung des BVerfG nur insoweit die nationale Verfassungsidentität unangetastet bleibt.[633] 137

---

[624] Vgl. auch *Achterberg* ParlamentsR, 1984, 165.

[625] *Di Fabio* in HdbStR II § 27 Rn. 18. Ein Klassikertext entstammt der Feder von *Madison,* The Federalist no. 51, The Federalist Papers (Ausgabe 1982), 263: „In a republican government, the legislative authority necessarily predominates" (zitiert bei *Herdegen* VVDStRL 62 (2003), 7 (9)).

[626] BVerfGE 6, 32 (38); 80, 137 (153).

[627] *Morlok/Michael,* Staatsorganisationsrecht, 2019, § Rn. 340. Daraus folgt zugleich die Ausstrahlungswirkung der Verfassung auf alle Bereiche des einfachen Rechts, s. dazu die Lüth-Entscheidung, BVerfGE 7, 198 (207); *Rensmann,* Wertordnung und Verfassung, 2007, 284 ff.

[628] *Sommermann* in MKS Rn. 240.

[629] Zur „Erfindung des judicial review" *Marbury v. Madison* (5 U.S. 137 (1803)); dazu *Black,* The People and the Court, 1960, 337 ff.; *Bickel,* The Least Dangerous Branch, 1962, 16 ff.; aus jüngerer Zeit *Bell/Paris,* Rights-based Constitutional Review. Constitutional Courts in a Changing Landscape, 2016.

[630] Vgl. schon BVerfGE 1, 14 (18) Ls. 27; zurückhaltend BVerfGE 29, 166 (176); 34, 269 (286 f.).

[631] → Art. 25 Rn. 45 ff.

[632] *Streinz* in Streinz EUV/AEUV, Art. 4 EUV, Rn. 35.

[633] BVerfGE 123, 267 (344, 353 f.).

138 **2. Die Bindung an Gesetz und Recht. a) Die Bindung an Gesetz und Recht als Herzstück der Rechtsstaatlichkeit – national-verfassungsstaatlich und europäisch betrachtet.** Auch der Bindung aller staatlichen Gewalten[634] an Gesetz und Recht lässt sich keine umfassende Normierung der Rechtsstaatlichkeit entnehmen.[635] Die Wendung steht aber für eine Essentiale dessen, was die **„Herrschaft des Rechts"** (nicht, jedenfalls nicht primär: Herrschaft durch Recht) ausmacht.[636] Art. 2 EUV weist diese „rule of law" als einen Wert aus, der allen mitgliedstaatlichen Verfassungsordnungen zugrunde liegt.[637] Das Rechtsstaatsprinzip ist ein gemeineuropäisches Verfassungsprinzip,[638] das sich in der dem europäischen Verfassungsverbund eigentümlichen Dialektik einerseits aus den mitgliedstaatlichen Verfassungsordnungen speist und in dessen Licht andererseits die mitgliedstaatlichen Rechtsstaatsgarantien zu lesen sind. Rechtsstaatskrisen auf mitgliedstaatlicher (Polen,[639] Ungarn[640]) wie unionaler Ebene („gelockerte" Normbindung bei Maßnahmen zur Bekämpfung der globalen Finanzkrise) sind deshalb für „das ganze" Europa besorgniserregend.[641] Deshalb hat die Kommission im Jahre 2014 einen neuen EU-Rahmen zur Stärkung der Rechtsstaatlichkeit entwickelt.[642] Dieser sog. Rechtsstaatsmechanismus ist als dialogisches Verfahren sowohl der ultima ratio des Sanktionsmechanismus aus Art. 7 EUV als auch dem Vertragsverletzungsverfahren nach Art. 258 AEUV vorgeschaltet, soweit es um Rechtsstaatsverstöße geht.[643]

139 Bei aller geschichtlichen und kulturellen Bedingtheit greift die Bindung an Gesetz und Recht ins Universelle aus.[644] Das zeigt einmal der völkerrecht-

---

[634] Auch die der Legislative kann gebunden sein. Der Wortlaut legt dies zwar nicht nahe, aber Regeln wie das AbgeordnetenG oder das PUAG deuten durchaus darauf hin.

[635] *Kaltenborn,* Streitvermeidung und Streitbeilegung im Verwaltungsrecht, 2007, 208. Manche Autoren fürchten interpretative Beliebigkeit, sollten allzu viele ungeschriebene Rechtsstaatselemente in Art. 20 Abs. 3 „hineingelesen" werden, *Kunig* AöR 123 (1998), 486 (489); *Breuer* FS f. 50 Jahre BVerfG, 2003, 223 (224 f.) warnt vor ergebnisorientierten und beliebigen „Gedankenspielereien", *Schmidt-Aßmann* in HdbStR II 3 § 26 Rn. 7 vor einer „Grenzverwischung zwischen Verfassungsrecht und politischer Programmatik", *Stern,* StaatsR I, 1984, § 20 Kap. III 2 vor einer „Überstrapazierung". Zu einem summarischen Rechtsstaatsverständnis *Calliess,* Rechtsstaat und Umweltstaat, 2001, 38, 50 und öfter.

[636] *Schulze-Fielitz* in Dreier Art. 20 (Rechtsstaat) Rn. 38.

[637] *Ullerich,* Rechtsstaat und Rechtsgemeinschaft im Europarecht, 2011; *Bieber/Epiney/Haag/Kotzur,* Die Europäische Union 2020, § 3 Rn. 13.

[638] *Weber* ZÖR 2008, 267; *May,* Handbook on the rule of law, 2018. Mit Blick auf die Rechtsprechung des EGMR: *Schilling* AVR 44 (2006), 57–77.

[639] Seit 2016 läuft ein Verfahren der Kommission unter dem neuen Rechtsstaatsmechanismus gegen Polen. Ein Vorschlag für einen Ratsbeschluss zur Feststellung der eindeutigen Gefahr einer schwerwiegenden Verletzung der Rechtsstaatlichkeit durch die Republik Polen (KOM(2017) 835 endg.) liegt vor. Die Kommission sieht eine eindeutige Gefahr für eine Verletzung der Rechtstaatlichkeit (siehe Art. 1 des Vorschlags für einen Beschluss des Rates). Derzeit läuft die Verhandlungsphase. Weiterhin verwiesen sei auf die Empfehlung der Kommission (EU) 2018/03 zur Rechtstaatlichkeit in Polen (Änderungen der Regelungen am polnischen Verfassungsgericht).

[640] Im Falle Ungarns (Herabsetzung des Höchstalters für Richter) hatte der EuGH eine Verletzung festgestellt (EuGH C-286/12, ECLI:EU:C:2012:687 – Kommission vs Ungarn), das Urteil blieb aber folgenlos.

[641] *Kadelbach,* Verfassungskrisen in der Europäischen Union, 2018.

[642] KOM(2014) 158 endg.

[643] Siehe auch *Kneuer* FS f. Neuss, 2018, 207.

[644] *Hofmann* Der Staat 34 (1995), 1. Die Universalität des Rechtsstaatsdenkens kann vor allem auf die universellen Gefährdungen verweisen, denen der Rechtsstaat ausgesetzt ist, *Denninger* Rechtstheorie 1993, 7.

liche Diskurs um eine **„international rule of law“**[645], der internationale Beziehungen auf eine regelbasierte staatenüber- bzw. umgreifende Ordnung gründen will. Rechtgebundenheit soll stabile und berechenbare Verhältnisse nicht nur innerhalb des Staates, sondern auch bei der internationalen Staatenkooperation sichern.[646] Überdies rechnet zwar nicht die „rule of law“ selbst, aber das Willkürverbot als einer ihrer Kerngehalte zu den allgemeinen Rechtsgrundsätzen nach Art. 38 Abs. 1 lit. c IGH-Statut.[647] In Transformations- und Nachkriegsgesellschaften wird der Respekt für die „rule of law“ für die stabile Staatenbildung eingefordert; Akteure wie Deutschland oder die EU verstehen sich als Exporteure dieser „rule of law“, stehen in „Rechtsstaatsdialogen“ mit noch rechtsstaatsferneren Partnern[648] und suchen Vorteile, die sie anderen Staaten etwa im Rahmen vertraglicher Verpflichtungen gewähren, an die strikte Einhaltung der „rule of law“ zu binden (sog. „rule-of-law-conditionality“).[649]

Diese Bindung an Gesetz und Recht will – national wie europäisch und 140
ein Stück weit schon universell gedacht – mehr als eine formale Gesetzesstaatlichkeit.[650] Der **formelle Rechtsstaatsbegriff** hatte sich im 19. Jahrhundert entwickelt. Der bürgerlich-liberale sollte als „formeller“ Rechtsstaat die absolute Macht des Fürsten durchbrechen und so den Ideen des Konstitutionalismus zum Sieg verhelfen.[651]

Zentrale Elemente des Rechtsstaates[652] im formellen Sinne sind 141

- die Normerzeugung in den dafür vorgesehenen Verfahren;
- die Gesetzmäßigkeit der Verwaltung (Vorrang und Vorbehalt des Gesetzes);
- die Unabhängigkeit der Gerichte;
- die Gewaltenteilung.

Weil diese formellen Elemente nicht verhindern, dass Gesetze allen beliebigen Inhalt annehmen können, auch solche, die zur Idee der Gerechtigkeit in eklatantem Widerspruch stehen,[653] bedürfen sie der Ergänzung um eine **materielle Dimension.**[654]

---

[645] Dazu schon → Rn. 29.

[646] *Heintze* in Epping/Heintze Wiederherstellung staatlicher Strukturen in Nach-Konflikt-Situationen, 25 (27).

[647] *Foque* in Wellens International Law: Theory and Practice, 34 f.

[648] Ein Beispiel gibt der deutsch-chinesische Rechtsstaatsdialog, dazu das BMJV unter www.bmjv.de/DE/Themen/EuropaUndInternationaleZusammenarbeit/DeutschChinesischerRechtsstaatsdialog/DeutschChinesischerRechtsstaatsdialog_node.html (20.3.2020).

[649] *Holterhus* in Holterhus The Law Behind Rule of Law Transfers, 73 ff.; *Heintze* in Epping/Heintze Wiederherstellung staatlicher Strukturen in Nach-Konflikt-Situationen, 25 (28 f.).

[650] Die letztlich unergiebige kategoriale Scheidung von formellem und materiellem Rechtsstaat ist unter dem GG ohnehin obsolet, siehe *Huster/Rux* in Epping/Hillgruber Rn. 134; *Schulze-Fielitz* in Dreier, Art. 20 (Rechtsstaat) Rn. 46.

[651] *Dreier,* JZ 1985, 353.

[652] Die folgende Übersicht gibt freilich nur einen holzschnittartigen Überblick. In der Literatur wird eine Überfülle von Unterprinzipien der Rechtsstaatlichkeit identifiziert, siehe *Kunig,* Das Rechtsstaatsprinzip, 1986; *Sobota,* Das Prinzip Rechtsstaat, 1997, 530 f.; aus der Kommentarliteratur *Sachs* in Sachs Rn. 77 f.; *Schulze-Fielitz* in Dreier Rn. 61 ff.

[653] *Radbruch* SJZ 1946, 105.

[654] *Dreier* in Dreier Art. 79 Rn. 53 denkt dabei an einen Grundbestand von justizstaatlichen Garantien und an das Verhältnismäßigkeitsprinzip; *Kirchhof* in HdbStR II § 21 Rn. 86 zählt die aus der Gesetzesbindung folgende Voraussehbarkeit und Messbarkeit staatlichen Handelns, dessen prinzipielle Kontrolle sowie dessen Rationalität und Mäßigung zum Kern der Rechtsstaatlichkeit; *Schmidt-Aßmann* in HdbStR II § 26 Rn. 90 rechnet zum Kern ua das Publikationsgebot für Normen und die Justizgewährung. Viele weitere Varianten ließen sich hinzufügen, ein abgeschlossener Kanon lässt sich nicht festmachen. Das bereitet nicht zuletzt

142 **Wesentliche Aspekte** eines materiellen Rechtsstaatsverständnisses sind:

- neben der eben angesprochenen Orientierung an der übergeordneten Gerechtigkeit die Grundrechtsbindung aller staatlichen Gewalt (Art. 1 Abs. 3) oder: der Rechtsstaat als „Grundrechtsstaat“;[655]
- die Idee der Rechtssicherheit und Rechtsklarheit;
- die Idee der Berechenbarkeit und Vorhersehbarkeit von Recht und staatlichem Handeln generell;
- der Vertrauensschutz;
- die Verhältnismäßigkeit;
- der effektive Rechtsschutz (einschließlich einer starken Verfassungs- und Verwaltungsgerichtsbarkeit)
- die Haftung des Staates für von ihm verschuldetes Unrecht.[656]

143 **b) Der Gesetzesbegriff.** Rechtsstaatlichkeit meint **Gesetzesgebundenheit** allen staatlichen Handels.[657] Zu einem Dreh- und Angelpunkt des Rechtsstaats wird damit der Gesetzesbegriff. Die Verbindung von „Recht“ und „Staat“ zum „Rechtsstaat“ mag eine spezifisch deutsche Wortprägung sein.[658] Die im Begriff angelegte Idee umfassender Gesetzes- respektive Rechtsbindung aller hoheitlichen Gewalt findet in der englischen („rule of law“) bzw. französischen („prééminence de droit“) „Herrschaft des Rechts“ aber nicht nur ein terminologisches Gegenbild, sondern letztlich ein gemeineuropäisches Pendant.[659]

144 Ein Gesetz impliziert mit dem „Gesetzten“ den **Setzungsakt,** Gesetz ist damit immer positives Recht,[660] etwas Festgestelltes und Feststehendes[661]: jede staatliche Anordnung (normative Verbindlichkeit), die von der für die Gesetzgebung zuständigen Organen (Bundestag, Bundesrat etc.) in den von der Verfassung vorgeschriebenen Verfahren und der vorgesehenen Form erlassen wird.[662] Das Parlamentsgesetz, vom demokratisch unmittelbar legitimierten Gesetzgeber erlassen, hebt sich schon deshalb von nachrangigen

---

Abgrenzungsschwierigkeiten mit Blick auf die Frage, welche Elemente der Rechtsstaatlichkeit unter Ewigkeitsvorbehalt (Art. 79 Abs. 3) stehen. BVerfGE 30, 1 (24 f.) sieht nur den in Art. 20 Abs. 2 explizit angesprochenen Grundsatz der Gewaltenteilung und den in Abs. 3 verbürgten Grundsatz der Bindung der Gesetzgebung an die verfassungsmäßige Ordnung, der vollziehenden Gewalt und der Rspr. an Gesetz und Recht als „ewigkeitsfest“ an. Was Gesetzes- und Rechtsbindung im konkreten Einzelfall meint, ist indes wiederum eine interpretationsoffene Frage.

[655] *Häberle* in HdbGR I § 7 Rn. 31; *Merten* in HdbGR II § 27 Rn. 5 ff.

[656] *Windhorst,* Staatshaftungsrecht, 2019.

[657] *Morlok/Michael,* Staatsorganisationsrecht, 2019, § 15, Rn. 914 ff.; *Kirchhof,* Die Allgemeinheit des Gesetzes, 2009.

[658] *Stern,* StaatsR I, 1984, 764, unter Verweis auf *Michaelis,* Die Deutschen und ihr Rechtsstaat, 1980, 5.

[659] *v. Bogdandy* in v. Bogdandy/Bast Europäisches Verfassungsrecht, 13 ff., 36; *Gerkrath,* L'émergence d'un droit constitutionnel pour l'Europ – Modes de formation et sources d'inspiration de la constitution des communautés et de l'union européenne, 1997, 347. Ergänzend sei darauf hingewiesen, das im Europae der EMRK mit Herrschaft des Rechts häufig die Herrschaft der Grundrechte assoziiert wird, so *Limbach* EuGRZ 2000, 417.

[660] Um nicht den Risiken positivistischer Verengung zur Erlegung, bedarf es neben der Gesetzes- auch der umfassenderen Rechtsbindung, dazu → Rn. 195.

[661] *Morlok/Michael,* Staatsorganisationsrecht, 2019, § 15, Rn. 914 unter Verweis auf *Schneider,* Gesetzgebung, 2002, § 2 Rn. 44. Für eine entwicklungsgeschichtliche Betrachtung *Caroni,* Gesetz und Gesetzbuch. Beiträge zu einer Kodifikationsgeschichte, 2003.

[662] *Hesse,* Grundzüge des Verfassungsrechts der Bundesrepublik Deutschland, 1999, Rn. 506; *Degenhart,* Staatsrecht I, 2019, Rn. 146; grundlegend *Schulze-Fielitz,* Theorie und Praxis der parlamentarischen Gesetzgebung, 1988.

Rechtssätzen ab. Begrifflich findet das in der Unterscheidung von formellen und materiellen Gesetzen seinen Niederschlag.[663] Gesetz ist damit jede Rechtsnorm, die in einem förmlichenm Gesetzgebungsverfahren zu Stande gekommen ist.

Das Grundgesetz bezieht sich also, wenn es den Terminus Gesetz verwendet, vornehmlich auf ein **Gesetz im formellen Sinne.** Gemeint sind die vom Parlament in Gesetzesform[664] und in den dafür vorgesehenen Verfahren erlassenen Hoheitsakte (formelles Parlamentsgesetz). Das **Gesetz im materiellen Sinne** meint hingegen alle abstrakt-generellen Regelungen, seien es Parlamentsgesetze oder untergesetzliche Rechtsnormen, erlassen durch die Exekutive (Rechtsverordnungen und Satzungen).[665] Das Attribut formell beschreibt folglich die formale und prozedurale Dimension, das Attribut materiell die inhaltliche Qualität. **145**

Das lässt sich am **Haushaltsplan** verdeutlichen: Er wird zwar in Gesetzesform verabschiedet, hat aber keinen normativ verbindlichen Inhalt, sondern weist lediglich Finanzpositionen zu. Das hat auch historische Gründe. Der Kampf der Volksvertretungen um politische Mitsprache war aufs Engste verknüpft mit dem Kampf um die Haushaltshoheit.[666] Im konstitutionellen Dualismus zwischen König und Parlament spielte die Frage nach dem *Letztentscheidungsrecht* über den Haushaltsplan eine entscheidende Rolle.[667] Dass sie zu den alleinigen Gunsten des Parlaments ausging, ist schlechterdings konstitutiv für den modernen demokratischen Verfassungsstaat. Die Exekutive hat die Verpflichtung, den Haushaltsplan aufzustellen. Daran gekoppelt ist das Recht des Parlaments, diesen Haushaltsplan zu legitimieren. Die Gesetzesform, in der das Parlament sein „Königsrecht" [668] wahrnimmt, verleiht besondere Dignität und Legitimität. **146**

Parlamentsgesetze lassen sich schließlich je nach den **Steuerungsanliegen,** die sie verfolgen, in unterschiedliche Gesetzestypen ausdifferenzieren: zB Einzelfallgesetze, Mantelgesetze, Änderungsgesetze, Gesetze, die völker- oder europarechtliche Rechtsakte in nationales Recht umsetzen (Umsetzungsgesetzgebung), Maßnahmegesetze, Organisationsgesetze, befristete und experimentelle oder auch nur symbolische Gesetzgebung.[669] In dieser Typenvielfalt widerspiegeln sich die Gemeinwohlperspektiven des modernen Rechts- und Sozialstaats.[670] **147**

---

663 *Morlok/Michael,* Staatsorganisationsrecht, 2019, § 15, Rn. 914.

664 Das Parlament muss nicht zwingend in Gesetzesform handeln. So genügt für die Zustimmung zu Auslandseinsätzen der Bundeswehr ein einfacher Parlamentsbeschluss, dazu *Stein/von Buttlar, Kotzur,* Völkerrecht, 2017, Rn. 845.

665 *Ossenbühl* in HdbStRV § 105 Rn. 37 f.

666 Staatshaushalt und Staatsleistung, 1989; *Kilian,* Die Nebenhaushalte des Bundes, 1993; *Noll,* Haushalt und Verfassung, 2000; *Gröpl,* Haushaltrecht und Reform, 2001; *Kube,* Finanzgewalt in der Kompetenzordnung, 2004; *Isensee* JZ 2005, 971; *Heintzen* in HdbStR V § 120; *Benninghofen,* Die Staatsumschuldung, 2014.

667 *Gröpl* in BK Art. 110 Rn. 19.

668 *Isensee* DVBl. 2001, 1161 (1163).

669 *Smeddinck* in Kluth/Krings Gesetzgebung, § 3 Rn. 47.

670 *Degenhart,* Staatsrecht I, 2019, Rn. 148; das Gesetzgebungs- lässt sich deshalb auch als „Gemeinwohlverfahren" qualifizieren, siehe *Häberle,* Öffentliches Interesse als juristisches Problem, 2006, 32 ff.; *Schulze-Fielitz,* Theorie und Praxis der parlamentarischen Gesetzgebung, 1988, 179 f. Allgemein zum Gemeinwohlbegriff *Martens,* Öffentlich als Rechtsbegriff, 1969; *Häberle,* Öffentliches Interesse als juristisches Problem, 2006; *Uerpmann,* Das öffentliche Interesse, 1999; *Anderheiden,* Gemeinwohl in Republik und Union, 2006.

148 **aa) Die Bestimmtheit des Gesetzes: Rechtsstaatlichkeit und Rechtssicherheit.** Der Bestimmtheitsgrundsatz – der nicht nur für Gesetze, sondern alle Rechtsnormen gilt, vgl. etwa § 37 Abs. 1 VwVfG – fordert: Das vom Gesetzgeber Gewollte muss hinreichend bestimmt, klar und erkennbar sein. Dem steht freilich nicht entgegen, dass jede Rechtsnorm grundsätzlich auslegungsbedürftig bleibt.[671] So darf der Gesetzgeber auslegungsfähige und -bedürftige Begriffe verwenden, die nicht, ohne ihren Allgemeingültigkeitsanspruch zu verlieren, präziser umschrieben werden können.[672] Er darf weiterhin mit Generalklauseln arbeiten[673] und der Verwaltung Ermessens- oder Beurteilungsspielräume belassen,[674] solange deren Grenzen abgesteckt sind und die Verwaltungsentscheidungen damit gerichtlich überprüfbar bleiben.[675] Einem Begriff zweifelfreie Bestimmtheit zuzuschreiben *(„in claris non fit interpretatio")* wäre hermeneutisch ohnehin naiv.[676] Alle Begriffe sind **kontextabhängig** und ihr Bedeutungsgehalt muss kontextsensibel ermittelt werden.[677] Deshalb stehen auch unbestimmte Rechtsbegriffe solange im Einklang mit dem Bestimmtheitsgebot, solange sie durch Praxis und Rechtsprechung im Auslegungswege ausgefüllt werden können bzw. bereits ausgefüllt worden sind.

149 Bei **Verweisungen** auf andere Normen gilt es zwischen statischen und dynamischen Verweisungen zu unterscheiden.[678] Während erstere unbedenklich sind, weil der in Bezug genommene Normgehalt feststeht, rufen letztere verfassungsrechtliche Bedenken hervor.[679] Richtschnur ist: Der Rechtsunterworfene muss ohne Zuhilfenahme spezieller Kenntnisse feststellen können, auf welche Rechtssätze verwiesen wird und welchen Inhalt sie haben.[680] Will eine Rechtsnorm in die grundrechtlich geschützte Rechtssphäre des Bürgers eingreifen – das BVerfG spricht vom „grundrechtswesentlichen Bereich" –, so müssen die Anforderungen an den Bestimmtheitsgrundsatz besonders streng gefasst werden.[681] Die strengsten Maßgaben gelten deshalb im Straf-

---

[671] BVerfGE 1, 14 (45); 17, 67 (82); 25, 216 (227); BVerfGE 128, 282 (317); BVerfGE 134, 141 = NVwZ 2013, 1468 (1474).

[672] BVerfGE 4, 352 (357 f.); 11, 234 (237); *Peine/Siegel,* Allgemeines Verwaltungsrecht, 2018, Rn. 194 ff. Problematisch ist zB die Verwendung des besonders vagen und von sich beständig wandelnden gesellschaftlichen Auffassungen abhängigen Begriffs der „öffentlichen Ordnung" im Polizei-, Sicherheits- und insbesondere im Versammlungsrecht, dazu *Jesch* AÖR 82 (1957), 166 (168); *Wiefelspütz* KrtiV 2002, 19.

[673] BVerfGE 8, 274 (326); BverfGE13, 153 (161); BVerfGK 17, 273; BVerfGE 126, 170 (196 ff).

[674] BVerfGE 8, 274 (326); BVerfGE 31, 255 (264); BVerfGE 83, 130 (145); BVerfGE 110, 33 (56 f.).

[675] BVerfGE 8, 274 (326); 20, 150 (158) mwN; BVerfGE 21, 7 (78); BverfGE 84, 34 (49 f.); BVerfGE 129, 1 (21).

[676] *Potacs,* Rechtstheorie, 2019, 173.

[677] *Schnapp* JZ 2004, 473 (476); *Dreier* DVBl 1999, 667; *Häberle* FS f. Broermann, 1982, 211.

[678] *Clemens* AÖR (111) 1986, 63.

[679] *Sachs* in Sachs Rn. 123a.

[680] BVerfGE 5, 25 (31); 8, 274 (303); 22, 330 (346); zu dynamischen Verweisungen s. BVerfGE 47, 285 (311 f.); BVerfGE 60, 135 (155); BVerfGE 78, 32 (36); BVerfGE 141, 143 (176). Das ergibt sich im Übrigen bereits aus dem Grundsatz der Gesetzmäßigkeit der Verwaltung und dem Erfordernis der Effektivität gerichtlichen Rechtsschutzes (vgl. schon BVerfGE 8, 274 (326); 13, 153 (161)). Verlängerungsgesetze sind auch dann nicht zu beanstanden, wenn das in Bezug genommene Gesetz bereits außer Kraft getreten ist, so schon BVerfGE 8, 274 (303).

[681] *Feuerbach,* Lehrbuch des gemeinen in Deutschland geltenden Peinlichen Rechts, 1801, 20 f.; *Bott/Krell* ZJS 2010, 694.

recht (siehe Art. 103 Abs. 2: *nulla poena sine lege scripta, stricta, praevia, certa*).[682] Auch jenseits des Strafrechts ist das Bestimmtheitsgebot für manche Rechtsbereiche noch einmal spezialgesetzlich konkretisiert (so zB in Art. 80 Abs. 1 S. 2 für die Verordnungsermächtigung oder in § 37 Abs. 1 VwVfG für den Erlass von Verwaltungsakten).

Indes darf nicht übersehen werden, dass Anforderungen der **Rechtssicherheit**[683] mit Prinzipien der materiellen Gerechtigkeit in Widerstreit geraten können. Hier stehen zwei Teilprinzipien der Rechtsstaatlichkeit im Konflikt.[684] Ausgleich kann nur durch balancierende Zuordnung gelingen – einmal mehr drängt sich die „praktische Konkordanz" *(K. Hesse)* als Zuordnungsmodell auf. Dabei kommt dem Gesetzgeber eine weitgehende Einschätzungsprärogative zu.[685] 150

bb) Einzelfallgesetze. Einzelfallgesetze regeln einen konkreten Sachverhalt. Sie sprechen explizit nur einen bestimmten Adressatenkreis, mitunter gar nur einen einzigen Adressaten an (zB die bestimmte besoldungsrechtliche Eingruppierung für den Inhaber eines bestimmten Amtes, die namentliche Benennung von bestimmten Atomkraftwerken, die nach § 7 Abs. 1a S. 1 AtG in der Fassung des 13. Änderungsgesetzes vom 31.7.2011, BGBl 2011 I 1704 nur eine genau bezifferte Strommenge produzieren dürfen und nach deren Erreichen den Betrieb einstellen müssen).[686] Unerheblich ist, ob das Einzelfallgesetz seine Adressaten explizit benennt oder trotz abstrakt-genereller Formulierung der Sache nach nur auf einen Einzelfall Anwendung findet.[687] Ein solches **getarntes Einzelfallgesetz** liegt immer dann vor, wenn die Tatbestandsmerkmale zwar abstrakt-generell gefasst, aber so verengt sind, dass de facto nur ein Einzelfall in den gesetzlichen Regelungsbereich fällt (etwa eine rundfunkrechtliche Regelung, die nur das Programm eines einzigen Anwenders betrifft).[688] 151

Wie etwa Art. 14 Abs. 3 S. 2 (Enteignung nur durch Gesetz, das zugleich auch die Art und das Ausmaß der Entschädigung regelt[689]) belegt, verbietet das GG Einzelfallgesetze nicht generell. Unzulässig sind sie nach Art. 19 Abs. 1 S. 1 nur dann, wenn sie Grundrechte einschränken.[690] Wenn der Gesetzgeber Einzelfälle aufgreift und sie einer **belastenden Regelung** unterwirft, ist das jedenfalls eine Problematik der Gleichbehandlung nach Art. 3 Abs. 1.[691] 152

cc) Vorrang und Vorbehalt des Gesetzes, Gesetzmäßigkeit der Verwaltung. Der Grundsatz der Gesetzmäßigkeit der Verwaltung verweist auf die wesentliche Funktion des Rechts im Verfassungsstaat: Das Recht ist der entscheidende Ordnungsfaktor, dh der Verfassungsstaat gründet im **Primat** 153

---

682 → Art. 103 Rn. 34, 43. Verboten ist die strafbegründende oder strafverschärfende Analogie, siehe etwa BVerfGE 91, 1 (12 ff.).
683 *v. Arnauld,* Rechtssicherheit, 2006.
684 BVerfGE 2, 380 (403); 3, 225 (237); 7, 89 (92); 7, 194 (196); 13, 261 (271); 15, 313 (319); 20, 323 (331); 25, 269 (290).
685 *Wienbracke* ZJS 2013, 148 (150); *Bickenbach,* Die Einschätzungsprärogative des Gesetzgebers, 2014.
686 *Degenhart,* Staatsrecht I, 2019, Rn. 150.
687 *Degenhart,* Staatsrecht I, 2019, Rn. 150.
688 BVerfGE 74, 297.
689 → Art. 14 Rn. 136 ff. (143).
690 → Art. 19 Rn. 16.
691 *Degenhart,* Staatsrecht I, 2019, Rn. 151.

des Rechts, das seinerseits noch weiter reicht als die *lex scripta.*[692] Diese Ordnungsfunktion umfasst zwei Komponenten: den **Vorrang** und den **Vorbehalt des Gesetzes.** Das Prinzip des Gesetzesvorrangs besagt insoweit, dass Verwaltungsmaßnahmen nicht gegen (höherrangige) Rechtssätze verstoßen dürfen. Er impliziert zudem, dass von der vollziehenden Gewalt und der sie kontrollierenden Fachgerichtsbarkeit[693] das sog. einfache Recht vorrangig anzuwenden ist und ein unmittelbarer Rückgriff auf die Verfassung nur in Ausnahmefällen in Betracht kommt.[694] Das enthebt freilich nicht von der Beachtung des Verfassungsrechts; für die Grundrechte ist das in Art. 1 Abs. 3 noch einmal explizit hervorgehoben.[695]

154 Der **Vorbehalt** des Gesetzes[696] geht über die Bindung an bestehendes Recht noch hinaus.[697] Soweit er greift, darf die Verwaltung in einer bis dato ungeregelten Materie nicht von sich aus tätig werden, sondern bedarf einer expliziten gesetzlichen Ermächtigungsgrundlage.[698] Da Art. 20 Abs. 3 seinem Wortlaut nach, wenn überhaupt nur den **Vorrang** des Gesetzes ausdrücklich normiert,[699] ist die Herleitung des Gesetzesvorbehalts umstritten. Teilweise wird er, da vom Regelungszweck vorausgesetzt, unmittelbar aus Art. 20 Abs. 3,[700] teilweise als allgemeiner Grundsatz aus dem Rechtsstaats- und Demokratieprinzip hergeleitet.[701]

155 Ebenso umstritten wie die Herleitung ist auch die Reichweite.[702] Unstrittig gilt der Gesetzesvorbehalt nur für die Eingriffsverwaltung. Greift der Staat in die grundrechtliche Schutzsphäre seiner Bürgerinnen und Bürger ein, so muss dieser Eingriff jedenfalls in seinen wesentlichen Grundzügen durch ein Parlamentsgesetz determiniert sein. [703] Weiter geht die Lehre vom **Totalvorbehalt,** die den Gesetzesvorbehalt auch auf leistende oder begünstigende Verwaltungsmaßnahmen erstrecken will.[704] Das BVerfG sucht die Reichweiteproblematik unter Rückgriff auf die **Wesentlichkeitslehre** zu lösen: Der parlamentarische Gesetzgeber habe alle wesentlichen, vor allem die grundrechtswesentlichen Fragen im Verhältnis von Staat und Bürger zu

---

[692] Deshalb müssen die Grundrechte – mit funktionsbedingten Einschränkungen – auch in Sonderstatusverhältnissen (Schulverhältnis, Beamtenverhältnis, für Strafgefangene und im Militär) gelten, dazu *Epping,* Grundrechte, 2019, Rn. 697 f.

[693] Zur Kritik am Begriff der Fachgerichtsbarkeit *Häberle,* Synop. f. Hoppe 1996, 43 f.

[694] *Jestaedt,* Grundrechtsentfaltung im Gesetz, 1999, 54 ff.

[695] BVerfGE 112, 50 (61). → Art. 1 Rn. 71. Die sog. Fachgerichtsbarkeit ist immer auch Verfassungsgerichtsbarkeit und im europäischen Rechtsprechungsverbund zugleich Unionsgerichtsbarkeit –freilich nicht im institutionellen, sondern im funktionalen Sinne.

[696] *Lerche* in HdbGR III § 62. Die Rede ist auch von der negativen Gesetzmäßigkeit der Verwaltung. Sie umfasst auch den Vorrang der Verfassung, *Wahl* Der Staat 20 (1981), 485.

[697] *Lassahn,* Rechtsprechung und Parlamentsgesetz: Überlegungen zu Anliegen und Reichweite eines allgemeinen Vorbehalts des Gesetzes, 2017; zum Folgenden auch *Morlok/Michael,* Staatsorganisationsrecht, 2019, § 7 Rn. 343 ff.

[698] Vgl. etwa BVerfGE 78, 179 (197).

[699] Der Grundstz besagt, dass alles Handeln von Legislative, Exekutive und Judikative nie gegen geltende Gesetze verstoßen darf.

[700] BVerfGE 40, 237 (248 f.); 49, 89 (126).

[701] Nachweise bei *Jarass* in Jarass/Pieroth Rn. 69.

[702] Wiederum *Morlok/Michael,* Staatsorganisationsrecht, 2019, § 7 Rn. 344 f.

[703] Aus der älteren Lit. *Krebs,* Vorbehalt des Gesetzes und Grundrechte, 1975.

[704] Diese Auffassung konnte sich indes nicht durchsetzen, da sie dem Erfordernis einer hinreichenden Flexibilität staatlichen Handelns zuwiderlaufe. Zu bedenken ist aber, dass gerade im Recht der Subventionsgewährung Wettbewerbsvorteile des Leistungsempfängers automatisch Wettbewerbsnachteile der Konkurrenten bedingen. Ausführliche Nachweise bei *Schulze-Fielitz* in Dreier, Art. 20 (Rechtsstaat) Rn. 108.

regeln.[705] Eindeutige Abgrenzungen bleiben freilich schwierig. Das Wesentlichkeitsdenken impliziert letztlich eine Skalierung von Intensitätsstufen: Je schwerer die Grundrechtsbeeinträchtigung, umso höhere Anforderungen sind an die gesetzliche Grundlage zu stellen.[706] Im Bereich der Leistungsverwaltung genügt demnach, wenn die Haushaltsmittel im Haushaltsplan – einem Gesetz im formellen Sinne – bereitgestellt werden.[707]

dd) Insbesondere: Gesetzesvorbehalt und Wesentlichkeitstheorie. In der Figur des **Parlamentsvorbehalts** und der ihm korrespondierenden **Wesentlichkeitsrechtsprechung** finden das legitimatorische Prä des demokratisch gewählten Gesetzgebers (das Parlament entscheidet respektive muss am Entscheidungsprozess angemessen beteiligt sein) und der Vorrang des Gesetzes (die Entscheidung hat in Gesetzesform zu erfolgen) zusammen.[708] Die rechtsstaatliche ist eine „wesentliche" Ergänzung zur bereits behandelten demokratischen Dimension der Wesentlichkeitstheorie. Nach der Rechtsprechung des BVerfG verpflichten Rechtsstaats- und Demokratieprinzip in ihrem Zusammenwirken den Gesetzgeber, in grundlegenden normativen Bereichen, zumal im grundrechtsrelevanten Bereich, alle Entscheidungen selbst zu treffen.[709] 156

Welche Entscheidungen „wesentlich" sind, bleibt allerding eine konkretisierungsbedürftige Frage. Das BVerfG sieht keineswegs die Kompetenz für alle grundlegenden Fragen beim Parlament – auch ein parlamentarisches „Rechtssetzungsmonopol" gibt es nicht[710] –, sondern geht bereichsspezifisch vor.[711] Der wichtigste Bereich sind die Grundrechte: Wesentlichkeit ist **Grundrechtswesentlichkeit,** die „Grundrechtsrelevanz" das „vorbehaltsauslösende Merkmal",[712] die Intensität der Grundrechtsbetroffenheit der Maßstab. Neben der Grundrechtswesentlichkeit wird die Wesentlichkeitstheorie auch auf andere Bereiche erstreckt: wesentlich grundlegende Verfassungsprinzipien (deshalb lässt sich durchaus eine eigenständige „Rechtsstaatswesentlichkeit" denken), wesentlich für die Grundlagen des Staat-Bür- 157

[705] Etwa BVerfGE 108, 282 (312).

[706] In diesem Sinne auch *Morlok/Michael,* Staatsorganisationsrecht, 2019, § 7, Rn. 345. Zur Fiskalgeltung der Grundrechte *Schulev-Steindl* in Merten/Papier HdbGR VII/1 § 6 Rn. 83 ff.

[707] *Morlok/Michael,* Staatsorganisationsrecht, 2019, § 7, Rn. 345. Etwas anderes gilt aber wegen der höheren Grundrechtsintensität für Pressesubventionen, dazu *Degenhart,* Staatsrecht I, 2019, Rn. 327.

[708] *Hofmann* in SHH Rn. 69; *Badura* in HdbStR II § 25 Rn. 62; *Schmidt-Aßmann* in HdbStR II § 26 Rn. 64. Europäisch fortgedacht bei *Röder,* Der Gesetzesvorbehalt der Charta der Grundrechte der Union im Lichte einer europäischen Wesentlichkeitstheorie, 2007.

[709] BVerfGE 49, 89, LS 2: „Die normative Grundsatzentscheidung für oder gegen die rechtliche Zulässigkeit der friedlichen Nutzung der Kernenergie im Hoheitsbereich der Bundesrepublik Deutschland ist wegen ihrer weitreichenden Auswirkungen auf die Bürger, insbesondere auf ihren Freiheitsbereich und Gleichheitsbereich, auf die allgemeinen Lebensverhältnisse und wegen der notwendigerweise damit verbundenen Art und Intensität der Regelung eine grundlegende und wesentliche Entscheidung im Sinne des Vorbehalts des Gesetzes. Sie zu treffen ist allein der Gesetzgeber berufen."

[710] Vgl. BVerfGE 49, 89, LS 1: „Aus dem Grundsatz der parlamentarischen Demokratie darf nicht ein Vorrang des Parlaments und seiner Entscheidungen gegenüber den anderen Gewalten als ein alle konkreten Kompetenzzuordnungen überspielender Auslegungsgrundsatz hergeleitet werden." Hinzu kommen die exekutivische Rechtssetzung (Art. 80) und die Selbstverwaltung, die sich ihre Legitimation wiederum vom vorrangig legitimierten Parlament ableiten.

[711] So *Schmidt-Aßmann* in HdbStR II § 26 Rn. 64 unter Verweis auf BVerfGE 40, 137 (249).

[712] So wiederum *Schmidt-Aßmann* in HdbStR II § 26 Rn. 64; BVerfGE 49, 89 (126 f.); 98, 128 (251).

ger-Verhältnisses, wesentlich für die Teilhabe der Bundesrepublik Deutschland am völkerrechtlichen Verkehr und die Ausübung der auswärtigen Gewalt.[713] So gilt der Parlamentsvorbehalt aber auch für grundlegende politische Entscheidungen, die nicht (zwingend) der Gesetzesform bedürfen, aber dennoch nicht am Parlament vorbei getroffen werden sollen (wie die Zustimmung zu Auslandseinsätzen der Bundeswehr).[714] Parlaments- und Gesetzesvorbehalt sind folglich nicht deckungsgleich.

158 Die Unbestimmtheit des Wesentlichkeitskriteriums hat zu nachhaltiger Kritik geführt.[715] Es bestehe die Gefahr einer unsicheren, schwer voraussehbaren und undifferenzierten Ausdehnung der parlamentarischen Befugnisse.[716] So betont die Literatur, die meisten Vorbehaltsfragen hätten sich mit einer behutsamen Erweiterung des Eingriffsbegriffs lösen lassen.[717] Ungeachtet solch durchaus berechtigter Monita steht die Wesentlichkeitstheorie emblematisch für die rechtsstaatlich-gewaltenteilende Demokratie. Zudem hat sie dem Bundestag eine **Mitsprache bei staatsleitenden Entscheidungen** der Bundesregierung in außen-, verteidigungs- und europapolitischen Fragen gesichert.[718]

159 **ee) Die Beschränkung der Rückwirkung von Gesetzen, Vertrauensschutz.** Art. 103 Abs. 2 verbietet rückwirkende Strafgesetze explizit.[719] Davon abgesehen sind rückwirkende belastende Gesetze nicht schlechthin unzulässig.[720] Zu unterscheiden ist zwischen **echter (retroaktiver) Rückwirkung,** wobei in bereits abgeschlossene Sachverhalte regelnd eingegriffen wird (Rückbewirkung von Rechtsfolgen), und **unechter (retrospektiver) Rückwirkung,** wobei auf noch nicht abgewickelte Sachverhalte für die Zukunft eingewirkt wird (tatbestandliche Rückanknüpfung).[721] Der Differenzierung geht es weniger um eine kategoriale Scheidung als um eine Konkretisierung der Grundsätze, an denen die verfassungsrechtliche Zulässigkeit rückwirkender Gesetze zu bemessen sind: an der Rechtssicherheit und dem Vertrauensschutz.[722] Diesem Maßstab folgend ist echte Rückwirkung grundsätzlich verboten, wenn nicht „zwingende Gründe des gemeinen Wohls oder ein nicht – oder nicht mehr – vorhandenes schutzbedürftiges Vertrauen des einzelnen eine Durchbrechung"[723] gestatten. Die Rechtsprechung operiert hier mit spezifischen Fallgruppen, in denen die echte Rückwirkung ausnahmsweise zulässig ist.[724]

---

[713] BVerfGE 68, 1 (87); 90, 286 (344 ff.).

[714] BVerfGE 140, 160; *Scherrer,* Das Parlament und sein Heer. Das Parlamentsbeteiligungsgesetz, 2010; *Wagner,* Parlamentsvorbehalt und Parlamentsbeteiligungsgesetz: Die Beteiligung des Bundestages bei Auslandseinsätzen der Bundeswehr, 2010.

[715] *v. Arnim* DVBl 1987, 1241; *Schmidt-Aßmann* in HdbStR II § 26 Rn. 65.

[716] *Schmidt-Aßmann* in HdbStR II § 26 Rn. 65; *Kisker* NJW 1977, 1313.

[717] *Schmidt-Aßmann* in HdbStR II § 26 Rn. 65.

[718] *Badura* in HdbStR II § 25 Rn. 64 ff.

[719] Diskutiert wird, ob dieses Verbot auch für eine Verlängerung der Verjährung gilt. Das ist letztlich abzulehnen, weil der Tatbestand unberührt bleibt und an ihn keine neuen Rechtsfolgen geknüpft werden, dazu *Schreiber* ZStW 1968, 348.

[720] *Sachs* in Sachs Rn. 131 ff.; *Schulze-Fielitz* in Dreier Rn. 139 ff.

[721] Dazu BVerfGE 30, 367 (385 f.); 30, 392 (401); 72, 175 (196); 79, 29 (45 f.); umfassend *Lepsius* JURA 2018, 577 u. JURA 2018, 695.

[722] BVerfGE 25, 269 (289 f.); *Blanke,* Vertrauensschutz im deutschen und europäischen Verwaltungsrecht, 2010; *Grzeszick,* Rückwirkung und Vertrauensschutz im Recht der Energiewende, 2018; *Michel* JZ 2015, 425 (426 ff.), *Lepsius* JZ 2014, 488.

[723] BVerfGE 72, 200 (258).

[724] BVerfGE 18, 429 (439); 45, 142 (173 f.); 72, 200 (258), weitere Nachw. bei *Jarass* in Jarass/Pieroth Rn. 70 ff.; *Huster/Rux* in BeckOK GG Rn 186.1; *Grzeszick* in Maunz/

Dazu rechnen insbesondere und ohne Anspruch auf Vollständigkeit:[725] **160**

- Das geltende Recht ist ohnehin so **unklar,** unsystematisch und verworren, dass Rechtssicherheit und Vertrauensschutz einer Rückwirkung nicht sinnvoller Weise entgegenstehen können.
- Der Betroffene musste nach der rechtlichen Situation zu dem Zeitpunkt, auf den der Eintritt der Rechtsfolge vom Gesetz bezogen wird, rechnen und kann sich deshalb nicht auf **schutzwürdiges Vertrauen** berufen.
- Eine neue Rechtsnorm erweist sich **im Nachhinein** als ungültig bzw. der Bürger darf sich nicht auf den durch eine ungültige Norm erzeugten Rechtsschein verlassen.
- **Zwingende Gründe des Gemeinwohls,** die dem Gebot der Rechtssicherheit übergeordnet sind, rechtfertigen eine Anordnung der Rückwirkung.
- Die Rückwirkung ist sachlich geboten und verursacht entweder gar keinen oder nur unerheblichen Schaden **(Bagatellvorbehalt).**
- Das Rückwirkungsverbot kann schließlich in Konflikt mit dem Gebot der **materiellen Gerechtigkeit** geraten (zB DDR-Mauerschützen, DDR-Spione).[726] Die Frage ist, inwieweit bei schwersten Rechtsverletzungen überpositives Recht oder das Völkerrecht das Rückwirkungsverbot relativieren kann.[727]

Umgekehrt ist die **unechte Rückwirkung** in der Regel zulässig. Anderes gilt nur dann, wenn das Gesetz einen Eingriff vornimmt, mit dem der Betroffene nicht zu rechnen brauchte, den er also auch bei seinen Dispositionen nicht berücksichtigen konnte, und wenn bei der Abwägung zwischen dem Ausmaß des individuellen Vertrauensschadens und der Bedeutung des Gesetzes für das Allgemeinwohl das Vertrauen des Einzelnen schutzwürdiger als das gesetzliche Regelungsziel ist.[728] Im Steuerrecht gibt es grds. keine echten Rückwirkungen während der Dauer eines Veranlagungszeitraums. Das BVerfG hat klargestellt, dass weder das Ziel einer Gegenfinanzierung anderweitiger Steuerentlastungen noch die Absicht, Mehreinkünfte zu erzielen, eine unechte Rückwirkung rechtfertigen können.[729] **161**

Zusammenfassend: Vertrauensschutz meint **Rechtssicherheit in der zeitlichen Dimension.** Der Bürger muss in die Beständigkeit der Gesetze vertrauen können; das ist gerade auch für seine wirtschaftlichen Dispositionen ganz unabdingbar. Misstrauen in das Recht würde einer rechtsbegründeten politischen Gemeinschaft letztlich ihre Substanz entziehen. **162**

ff) Der Grundsatz der Verhältnismäßigkeit: Übermaß- und Untermaßverbot. Alles rechtsstaatliche Handeln steht unter dem **Gebot der Verhältnismäßigkeit.**[730] Die Frage, ob der Verhältnismäßigkeitsmaßstab sich „bereits aus dem Wesen der Grundrechte selbst ergibt" und einer **163**

Düring, Art. 20 VII. Rn. 83 ff. Eine zusammenfassende Übersicht findet sich auch bei *Meyer* FS f. Schnapp, 2008, 153 (157 f.).

[725] BVerfGE 72, 200 (258).

[726] *Wullweber* KJ 1993, 49 (51).

[727] *Dreier* JZ 1997, 421.

[728] Dazu etwa BVerfGE 14, 288 (298); 72, 141 (154); 72, 175 (196); 79, 25 (45 f.).

[729] *Huster/Rux* in BeckOK GG Rn. 187.1; BVerfGE 127, 1 (NJW 2010, 3629); BVerfGE 127, 31 (NJW 2010, 3638).

[730] *Huster/Rux* in BeckOK GG, Rn. 189–197.

Herleitung aus dem Rechtsstaatsprinzip im Allgemeinen daher nicht mehr bedarf,[731] ist müßig, da die Grundrechtsbindung aller staatlichen Gewalt einen wesentlichen Aspekt materieller Rechtsstaatlichkeit ausmacht. In die Rechte des Bürgers darf schlechterdings nicht unbegrenzt eingegriffen werden.[732] Für die Prüfung der Verhältnismäßigkeit ist zunächst eine Zweck-Mittel-Relation herzustellen und zu fragen, ob die hoheitliche Maßnahme einen legitimen Zweck verfolgt. Dann ist in einem Dreischritt zu untersuchen, ob die Maßnahme (1) zur Erreichung des Zwecks geeignet ist, ob sie (2) erforderlich ist (dh bei gleicher Effektivität das mildeste Mittel darstellt) und ob sie (3) im Sinne einer umfassende Abwägung aller grundrechtlichen Belange und sonstigen Rechtsgüter von Verfassungsrang angemessen ist (Verhältnismäßigkeit im engeren Sinne).[733]

164 **c) Der Rechtsbegriff. aa) Zum Verhältnis von Recht und Gesetz.** Mit dem Rechtsbegriff verweist Art. 20 Abs. 3 auf ein Essential der Rechtsstaatlichkeit: die **Idee der Gerechtigkeit** und damit die Forderung nach materieller Gerechtigkeit.[734] Die Staatsgewalten sind nicht nur auf die „Gesetzlichkeit aller Staatstätigkeit" sondern auch auf die „Gerechtigkeit aller von ihnen ausgeübten Herrschaft von Menschen über Menschen für Menschen" verpflichtet.[735] Wie die Präambel bedient sich der Appell an das Recht – denn der Rechts- hat, anders als der Gesetzesbegriff, stark appellativen Charakter[736] – einer bewusst feierlich gestimmten Formelhaftigkeit.[737] Die Ästhetik der Sprache unterstreicht die Dignität des Rechts. Die Begriffspaarung „Gesetz und Recht" macht darüber hinaus bewusst, „dass sich Gesetz und Recht zwar faktisch im allgemeinen, aber nicht notwendig und immer decken."[738] Den diesbezüglichen Klassikertext liefert, erschüttert durch die Unrechtserfahrungen im Dritten Reich, *G. Radbruch:* Das gesetzte Recht genieße auch dann Vorrang, wenn es „inhaltlich ungerecht und unzweckmäßig" sei, „es sei denn, dass der Widerspruch des positiven Gesetzes zur Gerechtigkeit ein so unerträgliches Maß erreicht, dass das Gesetz als „unrichtiges Recht" der Gerechtigkeit zu weichen hat."[739]

165 Damit redet das Grundgesetz weder subjektivistischen Gerechtigkeitsvorstellungen das Wort[740] noch will es Gesetzmäßigkeit gegen Rechtmäßigkeit ausspielen,[741] aber es zieht dort eine letzte Grenze, wo „Gerechtigkeit nicht einmal erstrebt", wo „Gleichheit, die den Kern der Gerechtigkeit ausmacht, bei der Setzung positiven Rechts bewusst verleugnet" wird und das so entstandene Gesetz nicht etwa nur „unrichtiges Recht" ist, sondern vielmehr

---

[731] BVerfGE 19, 342 (349); 61, 126 (134); 76, 1 (50 f.); *Kunig,* Rechtsstaatsprinzip, 1986, 354.

[732] Leitentscheidungen des BVerfG sind etwa: BVerfGE 7, 377 (Apothekenurteil); BVerfGE 90, 145 (Cannabis).

[733] Zur Verhältnismäßigkeit *Hufen,* Staatsrecht II, 2018, § 9.

[734] BVerfGE 33, 367 (383) mwN; 44, 353 (374); 45, 187 (246); *Schulze-Fielitz* in Dreier, Art. 20 (Rechtsstaat), Rn. 48 f.; *Schmidt-Aßmann* in HdbStR II, § 26 Rn. 41; *v. Münch* Der Staat 33 (1994), 165; *Robbers,* Gerechtigkeit als Rechtsprinzip, 1980.

[735] *Robbers* in BK Rn. 399 unter Verweis auf *Maihofer* in HdVerfR, 468.

[736] *Schulze-Fielitz* in Dreier Art. 20 (Rechtsstaat) Rn. 85.

[737] *Schmidt-Aßmann* in HdbStR II § 26 Rn. 41, der zugleich an Triepels berühmte Überlegungen „Vom Stil des Rechts" (1947) erinnert.

[738] BVerfGE 34, 269 (286 f.).

[739] *Radbruch* SJZ 1946, 105, auch *Dreier/Paulson,* Gustav Radbruch – Rechtsphilosophie, 1. Aufl. 1999, 211 ff.

[740] Vgl. auch BVerfGE 3, 162 (182).

[741] *Forsthoff,* Lehrbuch des Verwaltungsrechts I, 7. Aufl. 1958, Vorwort.

der „Rechtsnatur überhaupt" entbehrt.[742] **Legalität** mag in den allermeisten Fällen **Legitimität** indizieren,[743] kann sie aber nicht garantieren. So argumentiert, wie eben zitiert, auch das BVerfG.[744] In diesem Sinne muss auch Art. 97 Abs. 1 gelesen werden, der die Richter nur dem Gesetz unterwirft.[745] Gesetzes- impliziert immer auch Rechts- und Verfassungstreue (letztere folgt schon aus Art. 1 Abs. 3). Das Verfahren der konkreten Normenkontrolle stellt sicher, dass der Richter rechts- und verfassungstreu entscheiden kann, ohne „contra legem" entscheiden zu müssen.[746]

bb) Zur Rechtsquellenproblematik. Neben dem Gesetzesrecht umfasst der traditionelle Rechtsquellenkanon **weitere Rechtstypen,** die sehr viel problematischer sind. Zu ihnen gehört zunächst das **Richterrecht.**[747] Angesichts von – gerade verfassungsgerichtlichem – „judicial activism" befürchten manche gar „[d]ie heimliche Revolution vom Rechtsstaat zum Richterstaat".[748] In den Grenzen von Rechtsanwendung und Rechtsfortbildung („praeter" aber nicht „contra legem"[749]) noch weitgehend unbedenklich, wäre echte richterliche Normsetzung dem kontinentaleuropäischen Rechtssystem, auf dessen Folie auch das GG operiert, fremd.[750] Anders als im Common Law mit seiner Theorie des „stare decisis"[751] kennt das deutsche Recht keine verbindlichen Präzedenzentscheidungen, die eine dynamische richterliche Rechtsfortbildung auf den durch verbindliches Richterrecht besetzten Gebieten sperren würden. Deshalb umfasst der Grundsatz der Rechts- und Gesetzesbindung nicht die Bindung an Richterrecht.[752] 166

Gewohnheitsrecht unterfällt unterdessen dem Rechtsbegriff.[753] Für den Spezialfall des Völkergewohnheitsrechts ordnet Art. 25 innerstaatliche Geltung mit Übergesetzesrang an.[754] Verfassungsgewohnheitsrecht – schon als Kategorie nicht unumstritten – spielt in der Praxis allenfalls eine untergeordnete Rolle.[755] Restriktionen gelten auch dort, wo Gewohnheitsrecht als 167

---

[742] Nochmals *Radbruch* SJZ 1946, 105, auch *Dreier/Paulson,* Gustav Radbruch – Rechtsphilosophie, 1. Aufl. 1999, 211 ff.

[743] *Stern,* StaatsR I, 1984, § 20 Kap. IV 4 mwN.

[744] BVerfGE 34, 269 (286 f.); zu „gesetzlichem Unrecht" im Zusammenhang mit Art. 103 Abs. 2, BVerfGE 95, 96 (134 f.); → Rn. 164.

[745] → Art. 97 Rn. 71.

[746] → Art. 100 Rn. 1 ff.

[747] *Kruse,* Die verfassungsrechtlichen Grenzen richterlicher Rechtsfortbildung. Zur Gesetzmäßigkeit der Rechtsprechung unter dem Grundgesetz, 2019; vergleichend *Schmidt,* Richterliche Rechtsfortbildung in Deutschland und der Schweiz. Plädoyer für ein methodisches Vorgehen auf Grundlage des Legitimitätsgedankens, 2017; *Payandeh,* Judikative Rechtserzeugung: Theorie, Dogmatik und Methodik der Wirkungen von Präjudizien, 2017; *Scherer de Mello Aleixo,* Verantwortbares Richterrecht: eine rechtstheoretische und methodenkritische Untersuchung, 2014.

[748] So der gleichnamige Essay von *Rüthers* (2016).

[749] Dazu bereits → Rn. 134 (Fn. 615).

[750] *Sommermann* in MKS Rn. 276 mwN.

[751] *Pilny,* Präjudizienrecht im anglo-amerikanischen und im deutschen Recht: eine rechtsvergleichende und rechtsmethodologische Analyse unter besonderer Berücksichtigung des Verfassungsrechts, 1993; *Ziegler,* Selbstbindung der Dritten Gewalt, 1994; *Pohl,* Rechtsprechungsänderung und Rückanknüpfung, 2005.

[752] BVerfGE 84, 212 (227); *Sommermann* in MKS Rn. 286.

[753] Etwa *Frühauf,* Zur Legitimation von Gewohnheitsrecht im Zivilrecht unter besonderer Berücksichtigung des Richterrechts, 2006; siehe auch *Bederman,* Custom as a Source of Law, 2010.

[754] AA → Art. 25 Rn. 46 ff.

[755] *Tomuschat,* Verfassungsgewohnheitsrecht?, 1972.

Eingriffsermächtigung für die vollziehende Gewalt firmieren soll.[756] Der Gesetzesvorbehalt erfordert hier regelmäßig die *lex scripta*. So verlangt etwa das BVerfG für die Einschränkung vorbehaltlos gewährleisteter Grundrechte durch verfassungsimmanente Schranken deren Konkretisierung in Form eines einfachen Gesetzes.[757]

168 Zum Recht zählt auch das unmittelbar anwendbare Unionsrecht. Rechtsakte der Union (insbes. Verordnungen) bedürfen keiner Transformation oder sonstigen „Bestätigung" durch die Mitgliedstaaten, um Rechtswirkungen in den und für die Mitgliedstaaten zu entfalten.[758] Sie durchbrechen, bildlich gesprochen, den nationalen Souveränitätspanzer und auch primärrechtliche Bestimmungen gelten als solche unmittelbar.[759] Diese unmittelbare Wirkung/Geltung wird noch dadurch gestärkt, dass – wie der EuGH schon früh betonte – sowohl Primär- als auch Sekundärrecht in dem Sinn **unmittelbar anwendbar** sein können, dass unionsrechtliche Bestimmungen unmittelbar Rechte und Pflichten von Einzelnen begründen können („self-executing norms"). Den Betroffenen steht die Geltendmachung vor nationalen Gerichten offen.[760]

169 Mit Blick auf seine rechtsstaatliche Bindung[761] erweist sich das **Soft Law** als problematisch.[762] Soft Law ist weder Recht iSv Art. 20 Abs. 3 noch ein „Eigenbegriff der Rechtssprache (…) kontinentaleuropäische(r) Rechtsordnungen".[763] Es meint „weiche Verpflichtungen" respektive „weiche Steuerungsformen" (unverbindliche Übereinkünfte, Verhaltensregeln – sog. „codes of conduct" – Absichtserklärungen, Leitlinien oder Selbstverpflichtungserklärungen).[764] Ihre normative Steuerungsabsicht wird zwar nicht von einem vollstreckbaren Normbefehl getragen,[765] die faktische Steuerungswirkung kann mitunter aber ähnlich stark sein wie die eines Parlamentsgesetzes. (Grundrechts-)wesentliche, quasi-verbindliche Regelungen, die am Parlament vorbei (Parlamentsvorbehalt) und außerhalb der dafür zwingend vorgesehen Gesetzesform (Gesetzesvorbehalt) getroffen werden, fordern die gewaltenteilige Demokratie durchaus heraus.[766] Höchst heterogene, mitunter einander widersprechende Soft Law-Instrumente (über-)fordern die Rechtsanwender.[767]

---

[756] *Witthohn,* Gewohnheitsrecht als Eingriffsermächtigung, 1997.

[757] BVerGE 108, 282 (307): „Für ein mit der Abwehr abstrakter Gefährdungen begründetes Verbot für Lehrkräfte, in Schule und Unterricht ein Kopftuch zu tragen, reicht die im Land Baden-Württemberg geltende beamten- und schulrechtliche Gesetzeslage nicht aus."

[758] *Bieber/Epiney/Haag/Kotzur,* Die Europäische Union, 2019, § 3 Rn. 35.

[759] *Bieber/Epiney/Haag/Kotzur,* Die Europäische Union, 2019, § 3 Rn. 35.

[760] EuGH C-106/77, Slg. 1978, 629, ECLI:EU:C:1978:49 Rn. 14/16 – Simmenthal; EuGH C-57/65, Slg. 1966, 239 (257 f.) ECLI:EU:C:1966:34 – Lütticke; EuGH, C-41/74, Slg. 1974, 1337, ECLI:EU:C:1974:133 – van Duyn/Home Office.

[761] Paralleles gilt für die demokratische Rückbindung.

[762] *Knauff,* Der Regelungsverbund. Recht und Soft Law im Mehrebenensystem, 2010.

[763] *Müller-Graff* EuR 2012, 18 (20).

[764] *Schmahl* JuS 2018, 737 (738). Sehr gelungen ist die Umschreibung bei Brunkhorst, Solidarität, 2002, 190: „So wie soft law, das die „Grauzone zwischen rechtlich unverbindlichem und politischem Anspruch", zwischen moralischenm Apell und zwingendem Recht (jus cogens) ausfüllt, hoffnungsvoll *als law in the making* verstanden worden ist, so lassen sich auch schwache Öffentlichkeiten als *strong public in the making,* als starke Öffentlichkeit-im-Werden betrachten."

[765] Vgl. *Richter* AVR 2014, 545 (547).

[766] Wiederum *Knauff,* Der Regelungsverbund. Recht und Soft Law im Mehrebenensystem, 2010, 468.

[767] Von einer „bunte(n) Vielfalt sonstiger Ethikkataloge (…), die alle möglichen Institutionen und Vereinigungen – ohne sich aufeinander abzustimmen – produziert haben", spricht

Grundsätzliche verfassungsrechtliche Bedenken bestehen dennoch nicht, da das Parlament Soft Law, das es billigt, durch gegenstandidentisches Recht ersetzen, Soft Law, das es ablehnt, durch entgegenstehendes Recht verwerfen kann.[768]

Rechtsstaatlich ebenso problematisch sind **rechtspluralistische Ansätze.**[769] Hier stellt sich die Frage, wie Recht, das nicht-staatlicher Setzung entstammt[770] – *Schmalenbach* spricht von „Normativität jenseits des Staates"[771] – im Rahmen staatlicher (insbes. gerichtlicher) Rechtsdurchsetzung Berücksichtigung finden darf. Hoch umstritten ist die Einbindung/Anwendung religiösen Rechts[772]: zB Beschneidungsfälle,[773] Sharia-Recht als Instrument alternativer Streitbeilegung in familien- oder erbrechtlichen Konstellationen.[774] Die rechtsstaatliche Einhegung religiösen Rechts ist auch deshalb so schwierig, weil es nicht unter innerweltlichem Legitimationsdruck steht.[775] Dennoch darf der Rechtsstaat die Pluralität normativer Steuerungssysteme nicht schlicht negieren respektive ein staatliches Rechtssetzungsmonopol behaupten, dass es so heute nicht mehr gibt. Der Rechtsstaat muss vielmehr Regeln aufstellen, wieviel Rechtspluralismus er – nicht nur in relgiösen Fragen, auch im Handelsrecht (*lex mercatoria*[776]) oder im Seehandelsrecht (*lex maritima*[777]) – er zulassen kann. Eine äußerste Grenze zieht jedenfalls der ordre-public-Vorbehalt.[778] 170

cc) Die Widerspruchsfreiheit der Rechtsordnung. Mit dem Begriff des Rechts verbindet sich der Gedanke eines systematischen Ordnungssystems. Jede einzelne Rechtsnorm, aber auch die Rechtsordnung als solche muss für die Bürgerinnen und Bürger klar, in ihrer immanenten Logik nachvollziehbar und widerspruchfrei sein.[779] So hat das BVerfG den Grundsatz der 171

Pöschl in WiR – Studiengesellschaft für Wirtschaft und Recht Private Rechtssetzung, 195 (223).

[768] *Pöschl* in WiR – Studiengesellschaft für Wirtschaft und Recht Private Rechtssetzung, 195 (223).

[769] *Teubner* Basler Schriften zur Europäischen Integration Nr. 21, 1996, 4.; siehe auch *Walker* MLR 2002, 317 ff.; *Maduro* in Walker Sovereignty in Transition, 21.

[770] *Teubner* ZaöRV 2003, 1.

[771] *Schmalenbach* VVDStRL 76 (2017), 245 (250).

[772] Zum Folgenden wiederum *Schmalenbach* VVDStRL 76 (2017), 245 (250 f.); *Berkmann,* Hat religiöses Recht eine Existenzberechtigung in säkularer Gesellschaft?, 2018; *Rohe,* Der Islam in Deutschland – Eine Bestandsaufnahme, 2017.

[773] Restritiv das LG Köln, Urt. v. 7.5.2012 – 151 Ns 169/11, NJW 2012, 2128; *Wiater* NVwZ 2012, 1379, 1382; allg. *Lucke,* Die Suche nach einem Legitimationsmaßstab für Pönalisierungsentscheidungen in der mehrkulturellen Gesellschaft der Bundesrepublik Deutschland, 2016; über den strafrechtlichen Kontext hinaus *Schulze,* Elternrecht und Beschneidung, 2016.

[774] Weitgehend die Anerkennung der Sharia-Gerichtsbarkeit im Vereinigten Königreich, dazu *Goldrick* Human Rights Law Review 2009, 603 (637 f.); zum Scheidungs- und Erbrecht *Mai,* Möglichkeiten der Integration islamischen Rechts in das deutsche Rechtssystem. Überlegungen zum Familien- und Erbrecht am Modell Singapur, 2019; *Mensko* Law Vision 2008, 10; *Tibi* in Byrnes/Katzenstein Religion in Expanding Europe, 204; allgemein *Steinberg,* Zwischen Grundgesetz und Scharia: der lange Weg des Islam nach Deutschland, 2018.

[775] *Kadivar,* Gottes Recht und Menschenrechte. Eine Kritik am historischen Islam, 2017.

[776] *Krajewski,* Wirtschaftsvölkerrecht, 2017, Rn. 27; *Ehricke* JuS 1990, 967; *Calliess* in Zürn/Zangl Verrechtlichung: Bausteine für Global Governance, 160 (168 ff.).

[777] *Goldby/Mistelis,* The role of arbitration in shipping law, 2016; *Maurer,* Lex Maritima: Grundzüge eines transnationalen Seehandelsrechts, 2012.

[778] *Lurger/Melcher,* Hdb Internationales Privatrecht, 2017, 242 f.

[779] *Degenhart,* Staatsrecht I, 2019, Rn. 381. Umfänglich *Dietrich,* Systemgerechtigkeit und Kohärenz. Legislative Einheit und Vielheit durch Verfassungs- und Unionsrecht, 2014.

Widerspruchsfreiheit der Rechtsordnung postuliert.[780] Bundes- und Landesgesetzgeber trifft die Verpflichtung, die jeweiligen Regelungen so aufeinander abzustimmen, dass die Normunterworfenen nicht gegenläufigen Regelungen ausgesetzt sind, die im Extremfall umfassend normkonformes Verhalten sogar unmöglich machen könnten.[781]

172 Treten einander widersprechende Regelungen in einen **Normkonflikt,** bedarf es einer Bestimmung, welche Norm zu weichen hat. Kriterien sind der Rang der Norm, die Zeitfolge und die Spezialität.[782] Für das Verhältnis von Bundes- und Landesrecht trifft Art. 31 eine eindeutige Regelung.[783] Sind bundes- oder landesrechtliche Normen untereinander widersprüchlich, so entscheiden der Rang, die *lex-posterior-* oder die *lex-specialis*-Regel. Die Anforderungen an die Widerspruchsfreiheit der Rechtsordnung dürfen indes nicht zu einer absoluten Systemgerechtigkeit überdehnt werden. Würden nur „perfekt" aufeinander abgestimmte Normen dem Rechtsstaatsgebot entsprechen, so wäre der Gesetzgeber schlechterdings überfordert.

173 **dd) An den Grenzen des Rechts: der Ausnahmezustand.** Globalisierungstypische neue Gefährdungslagen wie der internationale Terrorismus haben die Risikoprävention zum prioritären Leitmotiv politischer Ordnungsbildung gemacht[784] und dem **Denken vom Ausnahmezustand** her eine Renaissance beschert.[785] Extremsituationen ließen sich mit den Mitteln des Rechts nicht mehr bewältigen und erlaubten daher, jedenfalls auf Zeit, eine Lockerung der strengen Rechts- und Gesetzesbindung. Wie gefährlich und missbrauchsanfällig solch ein Ansatz ist, liegt auf der Hand. Zwischen rechtlich gebändigten Notstandsregelungen und einem freiheitsfeindlichen Ausnahmezustand *Schmittscher* Provenienz gilt es daher sorgfältig zu differenzieren.[786] **Punktuelle Notstandsmaßnahmen** können mit der grund- und menschenrechtlichen Bindung aller hoheitlichen Gewalt und damit den Mindestanforderungen der „rule of law" im Einklang stehen, ein – vor allem permanenter – Ausnahmezustand wäre deren Negation. Gewiss muss der Rechtsstaat in der Lage sein, auf neue Unrechtserfahrungen ebenso angemessen wie effektiv zu reagieren. Eine voreilige Flucht in den Ausnahmezustand könnte weder das eine noch das andere leisten. Die Selbstbehauptung des Rechtsstaats[787] wird gewiss nicht durch die Aufgabe seiner Prämissen gelingen.

---

[780] BVerfGE 98, 106 (117 f.) – Verpackungssteuer im Widerspruch zu Zielsetzung und Systematik des Abfallrechts; 98, 265 (301); *Jarass* AöR 2001, 588; *Sodan* JZ 1999, 864; umf. *Felix,* Einheit der Rechtsordnung – zur verfassungsrechtlichen Relevanz einer juristischen Argumentationsfigur, 1998, 239 f.

[781] BVerfGE 98, 106 (118 f.).

[782] *Degenhart,* Staatsrecht I, 2019, Rn. 381.

[783] → Art. 31 Rn. 1 ff.

[784] *Kotzur* EUR Beiheft 3, 2009, 7.

[785] Klassisch *Schmitt,* Politische Theologie, vier Kapitel zur Lehre von der Souveränität (1922), 1979; in scharfem Kontrast dazu *Smend,* Staatsrechtliche Abhandlungen, (1928) 1958, 119 ff., 194; unter dem Grundgesetz sodann *Schneider,* Ausnahmezustand und Norm, 1957; *Hesse* JZ 1960, 105; *Harms,* Verfassungsrecht in Umbruchsituationen, 1999, 125; mit großer internationaler Ausstrahlungswirkung *Agamben,* State of Exception. Homo Sacer II, 1, 2005 (dazu *Miethke,* Giorgio Agambens Homo-Sacer-Projekt im Völkerrechtsschrifttum. Eine völkerrechtsphilosophische Untersuchung, nach rezeptionstheoretischen Grundlagen abgehandelt, 2017).

[786] *Kotzur* AVR 42 (2004), 353.

[787] In Anspielung an *Depenheuer,* Die Selbstbehauptung des Rechtsstaats, 2007.

ee) Der Rechtsstaat in der Corona-Krise. Eine Ausnahmesituation dramatischen Ausmaßes löst ab März 2020 die **Corona-Pandemie** aus.[788] Noch nie seit Gründung der Bundesrepublik Deutschland haben so weitgehende Beschränkungen des öffentlichen und privaten Lebens – bis hin zu Ausgangs- und Kontaktsperren – die grundrechtlichen Freiheiten der Bürgerinnen und Bürger in so hohem Maße beeinträchtigt und den Grundrechtsstaat in seinen Grundfesten herausgefordert. Auch in anderen EU-Mitgliedstaaten, ja weltweit, bietet sich dasselbe Bild.[789] Die Notstands-Gesetzgebung in Ungarn, die es dem Ministerpräsidenten seit dem 30.3.2020 erlaubt, zeitlich unbefristet zu regieren, führt den Rechtsstaat an seine Grenzen und darüber hinaus.[790] In Polen wachsen die ohnehin schon vorhandenen autokratischen Tendenzen unter dem Deckmantel der Krise in besorgniserregender Weise.[791] Der Rechtsstaat als Typus muss kraft seiner materiellen Garantien, Verfahren und Institutionen unter Beweis stellen, dass auch die Not ein Gebot kennt.[792] 174

Das gilt auch für die grundgesetzliche Variante. Der Staat soll „im Kampf gegen die Pandemie fürsorgliche und strenge Instanz" sein und die „soziale Ordnung", ja sogar das Leben jedes einzelnen Menschen so weitreichend regeln, dass es Sicherheit in der Unsicherheit gibt.[793] Weil einerseits über das wahre Ausmaß der Gefahr, andererseits über die Eignung und Erforderlichkeit der Maßnahmen so große Unsicherheit herrscht, greifen die klassischen Maßstäbe des **Verhältnismäßigkeitsprinzips**[794] nur schwer.[795] Gefordert wird eine Novellierung des Infektionsschutzgesetzes, Entschädigungsregelungen für von Schließungen betroffene wirtschaftliche Akteure sollten eingebaut werden.[796] **Weitere hochproblematische Aspekte** seien stichpunktartig genannt: Wie weit reichen staatliche Schutzpflichten aus Art. 2 Abs. 2, inwieweit müssen hier auch Fernwirkungen bedacht werden, da eine länger andauernde Einstellung der Wirtschaftstätigkeit das Gesundheitssystem nachhaltig belastet und in Zukunft uU noch mehr Todesopfer fordern könnte als die aktuelle Pandemie?[797] Führt eine potentielle Stärkung von Notstandskompetenzen (*de iure* und/oder *de facto*) zu einer Erosion von Länderkompetenzen? Bedingen Mobiltelefon-Apps, die ermitteln sollten, ob sich der Handy-Nutzer in der Nähe eines Corona-Infizierten aufgehalten hat (gar wenn mit Bewegungsprofilen und flächendeckenden Standorterhebungen verbunden), nicht schwerwiegende Eingriffe in die informationelle Selbstbestimmung?[798] Eine mögliche Zwangsverpflichtung von medizinischem Per- 175

---

788 *v. Bogdandy/Villarreal* MPI Research Paper Series No. 2020/07. Die Schatten der sog. Spanischen Grippe, die zu Ende des Ersten Weltkriegs weltweit etwa 50 Millionen Todesopfer kostete, sind lang, dazu *Morens/Taubenberger* American Journal of Public Health 2018, 1452.

789 *Müller-Jung* FAZ v. 14.3.2020. *Ferguson* ua, Report 9: Impact of non-pharmaceutical interventions (NPIs) to reduce COVID-19 mortality and healthcare demand, 2020.

790 SZ v. 2.4.2020, 4.

791 SZ v. 2.4.2020, 4.

792 *Kohler* Archiv für Rechts- und Wirtschaftsphilosophie 1915, 411 (411 f.).

793 *Prantl,* SZ vom 28./29.3.2020, 5.

794 Dazu → Rn. 163.

795 So auch der ehemalige Präsident des BVerfG *Papier* im Interview, SZ v. 2.4.2020, 2. Weiterhin *Lepsius,* Vom Niedergang grundrechtlicher Denkkategorien in der Corona-Pandemie, Verfassungsblog, 6.4.2020.

796 SZ v. 2.4.2020, 2.

797 → Art. 2 Rn. 101.

798 Nochmals → Art. 2 Rn. 75 ff.

sonal droht mit dem Verbot des Arbeitszwangs (Art. 12 Abs. 2) zu kollidieren, eine Bevorzugung jüngerer Patienten mit besserer Überlebensprognose beim Zugang zu intensiv-medizinischer Behandlung (Triage) könnte in eine verbotene Abwägung „Leben gegen Leben" münden.[799]

176 Vielleicht noch größere Sorgen als die Rechtsstaats- respektive Grundrechtskonformität der konkret getroffen Maßnahmen – insbes. wenn sie zeitlich strikt begrenzt sind – bereitet eine andere Beobachtung. Gerade in extremen Ausnahmesituationen wächst die **Sehnsucht nach autoritärer Staatlichkeit** und das längst überwunden geglaubte Modell des fürsorglich-paternalistischen Obrigkeitsstaats erlebt eine Renaissance.[800] Wo das Parlamentsgesetz dem Ausnahmedekret weicht, sind rechtsstaatliche und demokratische Grenzen definitiv überschritten. Wo restriktive Maßnahmen nicht an restriktiv bemessene Zeiträume gekoppelt werden, ist die Verhältnismäßigkeit nicht gewahrt. Welche verfassungsrechtlichen und gesellschaftspolitischen Diskurse die Corona-Krise (als biologischer Katastrophenfall) auslösen und welchen weltgesellschaftlichen Wandel sie bewirken wird, ist derzeit noch völlig offen.[801] Eines aber steht fest: Würde ein „Ausnahmezustandsszenario" auf längere Zeit perpetuiert, dann hätte der liberale Rechtsstaat abgedankt.[802]

VI. Gegen jeden, der es unternimmt, diese Ordnung zu beseitigen, haben alle Deutschen das Recht zum Widerstand, wenn andere Abhilfe nicht möglich ist

177 Als ***Ultima Ratio*** zur Sicherung des freiheitlich-demokratischen Verfassungsstaates gewährt Art. 20 Abs. 4 ein **Widerstandsrecht.**[803] Es ist zugleich

[799] → Art. 1 Rn. 53.

[800] *Bull/Cunitz/Dressel/Oettinger/Schuster/Zeh,* Was soll, was kann Demokratie? Erwartungen – Enttäuschungen – Hoffnungen, 2018; *Krönke,* Governmental Paternalism, 2018; *Barnett,* Paternalism Beyond Borders, 2017; *Kolbe,* Freiheitsschutz vor staatlicher Gesundheitssteuerung. Grundrechtliche Grenzen paternalistischen Staatshandelns, 2017.

[801] Die Rechtswissenschaft hat sich diesen Fragestellungen aber durchaus schon zugewandt: *Spiegel,* Die Allokation von Rettungsmitteln. Eine Frage der Verteilungsgerechtigkeit, 2019; *Grüner,* Biologische Katastrophen. Eine Herausforderung für den Rechtsstaat, 2017; *Klafki,* Risiko und Recht. Risiken und Katastrophen im Spannungsfeld von Effektivität, demokratischer Legitimation und rechtsstaatlichen Grundsätzen am Beispiel von Pandemien, 2017; *Breau/Samuel,* Research Handbook on Disasters an International Law, 2016; *Pünder/Klafki,* Risiko und Katastrophe als Herausforderung für die Verwaltung, 2015; *Lange,* Kooperation im Katastrophen- und Bevölkerungsschutz, 2015; *Klöpfer,* Handbuch des Katastrophenrechts, 2015; *Steinau-Steinrück,* Die staatliche Verhütung und Bekämpfung von Infektionskrankheiten. Rechtliche Rahmenbedingung, grundgesetzliche Schutzpflichten und Eingriffsgrenzen, 2013; *Witte,* Recht und Gerechtigkeit im Pandemiefall. Bevorratung, Verteilung und Kosten knapper Arzneimittel im Falle eines Seuchenausbruchs, 2013.

[802] Nochmals *Papier,* SZ v. 2.4.2020, 2; *Mangold,* How Corona Aggravates the Crises of the European Union and Threatens its Existence, Verfassungsblog, 6.4.2020.

[803] *Degenhart,* Staatsrecht I, 2019, Rn. 472. Aus der Lit.: *Schweikhard/Morren/Siep,* Ein Recht auf Widerstand gegen den Staat?: Verteidigung und Kritik des Widerstandsrechts seit der europäischen Aufklärung, 2018; *Tiedemann/Eisleb,* Recht auf Widerstand: zur Theorie politischer Verweigerung, 2018; *Elpel,* Das Widerstandsrecht: eine rechtsphilosophische und völkerrechtliche Betrachtung der Legitimität innerstaatlichen Widerstands zur Durchsetzung von Menschenrechten, 2017; *Johst,* Begrenzung des Rechtsgehorsams. Die Debatte um Widerstand und Widerstandsrecht in Westdeutschland 1945–1968, 2016; *Nescher,* Das Widerstandsrecht: Voraussetzungen und Anwendungskriterien für die legitime Anwendung des Rechts auf aktiven Widerstand gegen die Staatsgewalt, 2013; *Bertram,* Das Widerstandsrecht des Grundgesetzes, 1970.

Ausdruck der „wehrhaften Demokratie" des GG.[804] Nicht einzelne Rechtspositionen, mögen sie je für sich genommen von noch so hohem Gewicht sein, allein die **Existenz des Verfassungsstaates** als solchen ist sein Schutzgut. Die Vorschrift wurde im Zuge der Notstandsgesetze 1968 in das Grundgesetz eingefügt.[805] Der Parlamentarische Rat hatte sich 1949 noch dezidiert gegen ein auf Verfassungsebene verbrieftes Widerstandsrecht ausgesprochen. Er befürchtete, dass es allzu leicht als „Aufruf zum Landfriedensbruch" missverstanden werden könnte.[806] Und auch 1968 stieß die „Konstitutionalisierung" des Widerstandsrechts keineswegs nur auf Zustimmung.[807] Während die sonstigen Regelungen der **Notstandsverfassung** die Handlungsfähigkeit des Staates in existentiellen Krisensituationen (Katastrophen-, Verteidigungs- und Spannungsfall) sichern sollen und sogar eine vorübergehende Einschränkung bestimmter Grundrechte erlauben,[808] will das Widerstandsrecht ein Gegengewicht zum möglichen Missbrauch dieser Notstandsbefugnisse durch die staatliche Gewalt bilden. Es qualifiziert deshalb als grundrechtsgleiches Recht,[809] ermächtigt die Bürger und nimmt die Bürgergesellschaft, freilich ohne jede Verpflichtungswirkung, in Verantwortung für den von ihr konstituierten Verfassungsstaat.

Im juristischen Diskurs – gerade in der neueren völkerrechtlichen Literatur – ist mitunter auch von einem **Widerstandsrecht der staatlichen Gemeinschaft** nach außen die Rede. Zwar habe sich staatliches Recht grundsätzlich völkerrechtskonform zu orientieren, es könne aber ein „verfassungsrechtliches Widerstandsrecht" gegen internationale Normen geben, die Kernprinzipien der nationalen Verfassungen wie die Grundrechte oder das Demokratieprinzip verletzen.[810] Auch wenn solche Überlegungen die Sorge um den Fortbestand freiheitlicher Demokratien mit Art. 20 Abs. 4 teilen mögen, haben sie mit dem grundrechtsgleichen Widerstandsrecht dogmatisch wie inhaltlich nichts zu tun. Gleiches gilt, wenn im politischen Diskurs – zum Zwecke pointierter Zuspitzung – mit einem Recht auf oder gar einer moralischen Pflicht zum Widerstand argumentiert wird. **178**

1. „Diese Ordnung". Die in Art. 20 Abs. 4 zum Schutzgebot erhobene **Ordnung** ist die in Art. 20 Abs. 1–3 niedergelegte, allerdings nur, soweit sie **179**

---

[804] Klassisch *Loewenstein* American Political Sciences Review 1937, 417, 638; aus politikwissenschaftlicher Sicht *Fuhrmann,* Antiextremismus und wehrhafte Demokratie: Kritik am politischen Selbstverständnis der Bundesrepublik Deutschland, 2019; Grundlagen der wehrhaften Demokratie formen neben dem Widerstandsrecht insbesondere Art. 9 Abs. 2, Art. 18, Art. 21 Abs. 2, 3 und 4, Art. 73 Abs. 1 Nr. 10b, Art. 79 Abs. 3, Art. 87 Abs. 1 S. 2, dazu *Morlok/Michael,* Staatsorganisationsrecht, 2019, § 5 Rn. 293.

[805] BGBl. 1968 I 709.

[806] *Grzeszick* in Maunz/Düring, Art. 20 IX. Rn. 20. Anders die Landesverfassungsgesetzgeber von Berlin, Bremen und Hessen nach 1945: Sie billigen jedem Bürger ausdrücklich ein Recht zum Widerstand zu, Nachweise bei *Bertram,* Das Widerstandsrecht des Grundgesetzes, 1970, 11.

[807] Kritische Stimmen: *Hesse,* Grundzüge des Verfassungsrechts der Bundesrepublik Deutschland, 1999, Rn. 760; *Klein* DÖV 1968, 865 (867); *v. Peter* DÖV 1968, 719 (721); *Isensee,* Das legalisierte Widerstandsrecht, 1969, 97 ff.; *Böckenförde* JZ 1970, 168 (172); *Kröger,* Widerstandsrecht und demokratische Verfassung, 1971.

[808] *Grzeszick* in Maunz/Dürig, Art. 20 IX. Rn. 12; *Voigt* in Voigt Ausnahmezustand, 89 (97, insbes. Fn. 48); *Nowrot,* Rechtswissenschaftliche Beiträge der Hamburger Sozialökonomie, Heft 5, 2016, 5 (10 ff.).

[809] *Grzeszick* in Maunz/Düring, Art. 20 IX. Rn. 13; krit. *Stern,* StaatsR II, 1980, § 57 Kap. III 3a.

[810] *Cottier/Würger* in Sitter-Liver Herausgeforderte Verfassung: Die Schweiz im globalen Konzert, 241 (263 f.); *v. Bogdandy* Journal of International Constitutional Law 2008, 397.

in ihrem grundlegendem Gehalt durch Art. 79 Abs. 3 für unabänderlich erklärt wird.[811] Das folgt schon aus der Logik vom GG vorgesehener zulässiger Verfassungsänderungsmöglichkeiten durch die verfasste Gewalt. Was dem verfassungsändernden Gesetgeber zur dynamischen Fortschreibung der Verfassung erlaubt ist, kann keinen Widerstandsfall auslösen.

180 **2. „Recht zum Widerstand" – die Abgrenzung zum zivilen Ungehorsam.** Das Widerstandsrecht hat zwar eine lange geistes- und entwicklungsgeschichtliche Tradition.[812] Sie ist aber kaum all jene Bedrohungsszenarien zu reflektieren in der Lage, denen sich die Verfassungsstaatlichkeit des globalisierten 21. Jahrhunderts ausgesetzt weiß. Deshalb wird der **Widerstandsfall** in Art. 20 Abs. 4 nur umschrieben, in seinen Voraussetzungen jedoch nicht exakt konkretisiert. Den Variantenreichtum potenzieller Gefährdungen kann das positive Verfassungsrecht schlechterdings nicht auf einen (oder mehrere) präzise(n) Punkt(e) bringen. Vom Normzweck her müssen allerdings ausschließlich Angriffe gegen die Verfassung als Ganzes und Bedrohungen der grundgesetzlichen Ordnung als solcher gemeint sein. Der Widerstandsfall setzt gewissermaßen den „Staatsstreich" voraus – entweder den „Staatsstreich von oben" (durch staatliche Organwalter) oder den „Staatsstreich von unten" (durch zivilgesellschaftliche Kräfte).[813] Wann der Widerstandsfall beginnt, ist nicht unproblematisch. Sowohl der Wortlaut der Norm – „unternimmt" – als auch der Normzweck legen nahe, dass auch Versuchshandlungen den Widerstandsfall auslösen können.[814] Nach erfolgter/erfolgreicher Beseitigung der freiheitlich-demokratischen Verfassungsordnung käme jeder Widerstand zu spät. Bloße Vorbereitungshandlungen sind indes noch nicht umfasst.

181 Wegen seiner engen Voraussetzungen ist der Eintritt unter der geltenden Ordnung fast ausgeschlossen, er wird erst dann relevant, wenn diese **geltende Ordnung in ihrem Fortbestehen gefährdet** ist und die freiheitlich-demokratische Verfasstheit der politischen Gemeinschaft als solche auf dem Spiel steht. Einzelne Verfassungsverstöße (Grundrechtsverletzungen durch die öffentliche Gewalt, Verstöße gegen die Wahlrechtsgrundsätze, verfassungswidriges Verhalten von Bundespräsident oder Bundesregierung, Verstöße gegen die bundesstaatliche Kompetenzordnung etc.) können das Widerstandsrecht nicht auslösen.[815] Abgrenzungsbedarf besteht auch zu klassischen Formen von Notwehr und Nothilfe.[816]

182 Ist das drohende Ende der bestehenden Verfassungsordnung die Anwendungsvoraussetzung des Widerstandsrechts, stellt sich die Frage nach dem Sinn und der Effektivität der verfassungsrechtlichen Positivierung. Bleiben

---

[811] Hesse, Grundzüge des Verfassungsrechts der Bundesrepublik Deutschland, 1999, Rn. 758; näher *Grzeszick* in Maunz/Dürig, Art. 20 IX. Rn. 20 f. Allgemein zum Ordnungsbegriff *Anter,* Die Macht der Ordnung. Aspekte einer Grundkategorie des Politischen, 2007.

[812] *Bertram,* Das Widerstandsrecht des Grundgesetzes, 1970, spricht das kirchliche Widerstandsrecht (13 ff.), das germanische Widerstandsrecht (15 ff.), den Zusammenhang von Widerstandsrecht und Lehensrecht (18 f.), das Widerstandsrecht im Ständestaat (19 ff.), Begründungen zum Widerstandrecht im Mittelalter (28 ff.), das Widerstandsrecht im absoluten Staat (34 ff.) und neuzeitliche Varianten des Widerstandsrechts (37 ff.) an.

[813] *Isensee,* Das legalisierte Widerstandsrecht, 1969, 28 ff.; *Stern,* StaatsR II, 1980, § 57 Kap. III 7a.

[814] *Hesse,* Grundzüge des Verfassungsrechts der Bundesrepublik Deutschland, 1999, Rn. 758.

[815] *Scholler* Der Staat 8 (1969), 19 (27).

[816] Früh *Wertenbruch* FS f. Hippel, 1965, 318 ff.

Bestrebungen, die freiheitliche demokratische Grundordnung zu beseitigen, erfolglos, so bedürfen die, die Widerstand leisten, in der Regel keiner Berufung auf das Widerstandsrecht; haben die Bestrebungen dagegen Erfolg, so werden die Abwehrmaßnahmen in einem solchen Staatsstreichsszenario nicht mehr an Art. 20 Abs. 4 gemessen werden.[817] Der Selbsterhaltungskraft der Verfassung sind, so intensiv auch Normen wie Art. 20 Abs. 4 oder Art. 79 Abs. 3 gegenzusteuern versuchen, schlicht faktische Grenzen gesetzt. Ihre **revolutionäre Ablösung** kann auch die robusteste Verfassung nicht vermeiden. Der Ausnahmezustand, in dem ihr Geltungsanspruch eben gerade nicht mehr gewahrt wird, lässt sich schwerlich normativ einhegen. Auch wenn deshalb manches dafür spricht, das Widerstandsrecht als übergesetzliches Recht zu verstehen – es lässt sich schon deshalb nur schwer in positives Recht umsetzen, weil es dessen Rechtsgehorsam verlangende Gesetzlichkeit denklogisch in Frage stellen muss –, verdient der mit Art. 20 Abs. 4 verfolgte Positivierungsansatz Zustimmung. Bei allen normativen Schwächen und Ambivalenzen leistet er mehr als rein symbolische Verfassungspolitik. Er hat Appellcharakter, aber mehr noch: Er ermächtigt die Bürgerinnen und Bürger – „We, the People" – im Extremfall für die Verteidigung ihrer selbstbestimmten, demokratischen Freiheit einzutreten und stellt sie dabei explizit ins Recht.

Davon zu unterscheiden ist der **„zivile Ungehorsam".**[818] Den Klassiker- 183
text verdankt die Rechtswissenschaft *Henry David Thoreau.* Er veröffentlichte 1849 aus Protest gegen die amerikanische Eroberungs- und Sklavenpolitik sein zeitlos gültiges Essay „Civil Disobedience" (Über die Pflicht zum Ungehorsam gegen den Staat). Im Sinne seiner Freiheitslehre darf der Citoyen mit rechtswidrigen Mitteln gegen ethisch für illegitim gehaltene staatliche Entscheidungen vorgehen. Während das Widerstandsrecht gem. Art. 20 Abs. 4 legal ist, setzt der zivile Ungehorsam die Rechtsverletzung schon begrifflich voraus und will ethische Legitimität gegen Legalität durchsetzen.[819] Typische Beispiele geben etwa Sitzblockaden gegen Atomtransport[820], die sich für den Klimaschutz einsetzende Graswurzelbewegung „Extinction Rebellion", die neuerdings ganze Städte wie Berlin oder London lahmzulegen versucht und dabei ausdrücklich zu zivilem Ungehorsam aufruft, oder das Kirchenasyl. Die Rechtsprechung zeigt restriktive Tendenzen.[821] Die Literatur diskutiert eine Variante (erlaubten) zivilen Ungehorsams.[822] Legitimationsversuche über das Widerstandsrecht würden dessen äußerst restriktiv zu handhabendem *Ultima-Ratio*-Anwendungsbereich nicht gerecht.[823] Auch der Verstoß gegen die Schulpflicht bei den aktuellen „Fridays for Future"-Demonstrationen für mehr

---

[817] *Hesse,* Grundzüge des Verfassungsrechts der Bundesrepublik Deutschland, 1999, Rn. 760 mwN.

[818] Dazu *Züger,* Reload disobedience: ziviler Ungehorsam im Zeitalter digitaler Medien, 2017; *Smith,* Civil disobedience and deliberative democracy, 2013; *Dreier* FS f. Scupin, 1983, 573; *Wassermann* Zeitschrift für Politik 1983, 343; *Frankenberg* JZ 1984, 266; *Karpen* JZ 1984, 249; über den Staat hinaus *Neubauer,* Das Recht des Staates auf zivilen Ungehorsam: mit Menschenrechten begründete Rechtsbrüche in der internationalen Politik, 2016.

[819] Vgl. *Sachs* in Sachs Rn. 169; *Gröschner* in Dreier Rn. 17.

[820] *Stiel,* „Jeder Bürger hat das Recht", 2002, 24 ff.

[821] Zum Kirchenasyl die Übersicht unter www.asyl.net/view/detail/News/weitere-verschaerfungen-beim-kirchenasyl-und-neue-obergerichtliche-entscheidungen/ (zuletzt besucht am 18.6.2020; weiterhin *Siegmund,* Verfassungsrechtliche Aspekte des Kirchenasyls, 1997; *Robbers* AöR 113 (1988), 30 (38 ff.).

[822] *Glotz,* Ziviler Ungehorsam im Rechtsstaat, 1983.

[823] *Will* in Sachs Art. 16a Rn. 1e mwN.

Klimaschutz mag in die Kategorie zivilen Ungehorsams fallen[824] – wobei die offensichtliche Möglichkeit rechtskonformen Alternativverhaltens (Demonstrationen außerhalb der Schulzeit) erhebliche Zweifel weckt.

184 **3. „Alle Deutschen" – die Träger des Widerstandsrechts.** Träger des Widerstandrechts und damit deren potenzielle Inhaber sind alle Deutschen iSv Art. 116 Abs. 1. Der Widerstand kann individuell oder kollektiv ausgeübt werden.[825] Die von der frühen Lit. teilweise angenommene Priorität der kollektiven Ausübung ist eine Frage der Erfolgsaussicht, nicht der Inhaberschaft.[826] Wie bei allen **„Deutschenrechten"** stellt sich auch bei Art. 20 Abs. 4 die Frage nach der Berechtigung von **Unionsbürgerinnen und Unionsbürgern.**[827] Sie dürfte allerdings weithin theoretischer Natur sein, da ein Zusammenhang zwischen grundgesetzlichen Widerstandsrecht und unionsrechtlichem Antidiskriminierungsgedanken (Art. 18 AEUV und seine binnenmarktspezifischen Konkretisierungen) nur schwer konstruierbar ist.

185 **4. „Wenn andere Abhilfe nicht möglich ist" – das Widerstandsrecht.** Das Widerstandsrecht kann seiner inneren Logik und seinem Normzweck nach nur *ultima ratio* zur Verteidigung des freiheitlichen Verfassungsstaates sein. Die **Unmöglichkeit anderweitiger Abhilfe** ist deshalb Tatbestandsvoraussetzung für den Widerstandsfall. Das bedeutet, um mit dem BVerfG[828] zu sprechen: es müssen „alle von der Rechtsordnung zur Verfügung gestellten Rechtsbehelfe so wenig Aussicht auf wirksame Abhilfe bieten, dass die Ausübung des Widerstandes das letzte verbleibende Mittel zur Erhaltung oder Wiederherstellung des Rechts ist". Angesichts dessen mutet es fast schon absurd an, dass gegen das Zustimmungsgesetz zum Vertrag von Lissabon vor dem Bundesverfassungsgericht sogar das Widerstandsrecht in Stellung gebracht wurde. Das BVerfG hat diesem Versuch mit wünschenswerter Klarheit eine Absage erteilt.[829]

186 Die Begrenzung auf die *ultima ratio* offenbart die bereits skizzierte Crux des Widerstandsrechts. Judiziert nämlich das BVerfG darüber, ob konkrete Widerstandshandlungen gerechtfertigt sind (Art. 93 Abs. 1 Nr. 4a), so ist allein das Tätigwerden des Gerichts ein Beweis für die Tatsache, dass die Rechtsprechungsfunktion noch intakt, „andere Abhilfe" also noch möglich ist. Anders gewendet: Jedes Gericht, das Art. 20 Abs. 4 auslegt und anwenden will, muss immer zu dem Ergebnis gelangen, dass dessen Tatbestandvoraussetzungen nicht gegeben sind. Damit trägt Art. 20 Abs. 4 den **Keim seiner Unanwendbarkeit** bereits in sich. Vollständig „unanwendbar" ist die Norm indes nicht. Denn es sind durchaus Fälle denkbar, in denen zum Zeitpunkt der Widerstandshandlung eine entsprechende Möglichkeit nicht mehr gegeben war, später – nach erfolgreicher Niederschlagung des Staatsstreichs – aber wieder eröffnet wird. Muss sich ein Grundrechtsberechtigter dann für einen

---

[824] *Rucht* APuZ 2019, 4.

[825] *Isensee,* Das legalisierte Widerstandsrecht, 1969, 46; *Scheidle,* Das Widerstandsrecht, 1969, 20.

[826] *Scholler* Der Staat 8 (1969), 19 (37).

[827] Zur Diskussion *Göztepe-Çelebi,* Die Unionsbürgerschaft und ihre Fortentwicklung im Hinblick auf die politischen Rechte, 2002, 220 ff.

[828] Schon BVerfGE 5, 85 (377).

[829] Vgl. BVerfGE 123, 267 (313 f.); die Zurückweisung dieses Ansinnens erfolgte durch das Gericht mit der wünschenswerten Eindeutigkeit, (s. Rn. 333).

im Rahmen der Widerstandshandlung begangenen Normverstoß verantworten, kann ihm Art. 20 Abs. 4 effektiv zur Seite stehen.[830]

Da jede Form des Widerstands in rechtliche geschützte Positionen anderer eingreifen kann, stellt sich die Frage nach dem Verhältnis von Mittel und Zweck. Auch in Extremsituationen heilt der Zweck nicht ausnahmslos alle Mittel.[831] Seinem Wortlaut nach lässt Art. 20 Abs. 4 alle Formen des Widerstandes zu (aktiven und passiven, gewaltsamen und gewaltlosen Widerstand). Diese Mittel sind am gängigen Maßstab des **Übermaßverbotes** (Geeignetheit, Erforderlichkeit, Angemessenheit/Verhältnismäßigkeit im engeren Sinne) zu messen.[832] **187**

C. Verhältnis zu anderen Bestimmungen des Grundgesetzes

Da Art. 20 Abs. 1 bis 3 die tragenden Strukturen für die Verfassungsarchitektur der Bundesrepublik Deutschland zu einer identitätsbestimmenden Norm bündelt, steht sein Normprogramm mit mehr oder weniger allen übrigen Grundgesetzvorschriften in einem **engen Bedingungszusammenhang.** Das gilt umso mehr, als Art. 79 Abs. 3 die Kerngehalte aus Art. 20 – und damit auch die Konkretisierung dieser Kerngehalte in anderen Verfassungsnormen – unter Ewigkeitsvorbehalt stellt. Im Folgenden sei das Verhältnis anhand der Teilprinzipien aufgeschlüsselt und schließlich um das Widerstandsrecht aus Art. 20 Abs. 4 ergänzt. **188**

I. Das Republikprinzip

Meint Republik, **formal** verstanden, Nicht-Monarchie, so findet das im gewählten, also nicht erbmonarchisch bestimmten Staatsoberhaupt seinen Ausdruck (Art. 54 bis 61). Die im **materiellen** Sinne verstandene Republik – die gemeinwohlorientierte *res publica* – klingt schon im Freiheitsbegriff der Präambel „Einheit und Freiheit" an. Sie wird unterfüttert etwa durch die Freiheitrechte, das Gesetzgebungsverfahren (Art. 76 ff.) als Verfahren der Gemeinwohlkonkretisierung[833] respektive **Gemeinwohl-Entdeckungsverfahren**[834] und alle Normen, die demokratische Teilhabe ermöglichen: *res publica* als *res populi*. **189**

II. Das Demokratieprinzip

Das **Demokratieprinzip** wird zunächst durch die Wahlrechtsgrundätze aus. Art. 38 Abs. 1 S. 1 konkretisiert[835], die ihrerseits grundrechtsgleiche **190**

---

[830] Anders, jedenfalls missverständlich *Schnapp* in der Vorauflage → Rn. 80.

[831] Rechtlich wie ethisch-moralisch besonders schwerwiegende Fragen wirft der Tyrannenmord auf: Dazu *Gornig* FS f. Brunner, 2001, 603; weiterhin *Saracino,* Tyrannis und Tyrannenmord bei Machiavelli. Zur Genese einer antitraditionellen Auffassung politischer Gewalt, politischer Ordnung und Herrschaftsmoral, 2012; *Haasis,* „Den Hitler jag' ich in die Luft": der Attentäter Georg Elser. Eine Biographie, 2001.

[832] Vgl. *Jarass* in Jarass/Pieroth Rn. 117.

[833] Dazu → Rn. 40f. Weiterhin *Graf v. Kielmannsegg* in v. Arnim/Sommermann Gemeinwohlgefährdung und Gemeinwohlsicherung, 125.

[834] *Häberle,* Öffentliches Interesse als juristisches Problem, 2006, 251; *Schulze-Fielitz,* Theorie und Praxis parlamentarischer Gesetzgebung, 1988, 179 f.; *Morlok* VVDStRL 62 (2003), 37 (61) („Parlamentarische Entscheidungen als Gemeinwohlentscheidungen"); *Hartmann* AöR 134 (2009), 1 (14).

[835] Verfehlt ist freilich die seit der Maastricht-Entscheidung praktizierte und jüngst (Mai 2020) im EZB-Urteil bestätigte Umdeutung von Art. 38 zu einer Popularklagemöglichkeit

Qualität haben. Art. 21 sichert die Parteiendemokratie. Die Idee demokratischer Herrschaftsorganisation ist als solche menschenwürderadiziert (Art. 1 Abs. 1);[836] spezifisch demokratierelevante Grundrechte schaffen die Voraussetzungen zu freier demokratischer Partizipation, Teilhabe und Kontrolle (etwa die Meinungs- und Medienfreiheit, Art. 5 Abs. 1, die Versammlungsfreiheit, Art. 8, oder die Vereinigungsfreiheit, Art. 9 Abs. 1).[837] Auch der Möglichkeit, seine jeweiligen Rechtspositionen vor Gericht effektiv durchzusetzen (Art. 19 Abs. 4), wohnt eine demokratische Komponente inne.[838] Das für die repräsentative Demokratie entscheidende Repräsentationsprinzip wird in Art. 38 Abs. 1 S. 2 formuliert.[839] Ein Moment direkt-demokratischer Teilhabe schimmert in Art. 29 Abs. 2 S. 1 auf.[840] Nach Maßgabe von Art. 23[841] wird demokratische Legitimation bei der Übertragung von Hoheitsrechten auf die EU vermittelt, nach Maßgabe von Art. 24[842] bei der Übertragung von Hoheitsrechten auf zwischenstaatliche Einrichtungen. Dem in Art. 20a (Umweltstaat) angelegten Nachhaltigkeitsprinzip lässt sich ein allgemeiner Rechtsgedanke entnehmen,[843] der für den Entwurf einer **nachhaltigen Demokratie** (nachhaltige demokratische Teilhabe) nutzbar gemacht werden kann. Ebenso betroffen ist der Aspekt der intergenerationellen Gerechtigkeit, dass Entscheidungen, die von jetzt Wahlberechtigten getroffen werden, die Belange künftiger Generationen – und das weit über die nationale politische Gemeinschaft hinaus – beinträchtigen können.[844]

III. Der Rechtsstaat

191 Für die **formale Seite des Rechtsstaates** entscheidend sind die grundgesetzliche Kompetenzarchitektur (insbes. Art. 70 ff.) sowie das Gesetzgebungsverfahren (Art. 76 ff.). Die horizontale Gewaltenteilung findet in Art. 38 ff. zur Legislative (Bundestag und Bundesrat), in Art. 62 zur Exekutive (Gubernative), in Art. Art. 83 ff. zur Administrative und in Art. 92 ff. zur Judikative Ausdruck, die vertikale Gewaltenteilung im bundesstaatlichen Kompetenzgefüge.[845] Der **materielle Rechtsstaat** ist vor allem der grundrechtsgesicherte Rechtsstaat. Art. 1 Abs. 3 ist deshalb als bewusst parallele Garantie zu Art. 20 Abs. 3 konzipiert. Die Willkürfreiheit als Essentiale der

---

mit integrationsskeptischer Stoßrichtung. Der europäischen Demokratie erweist Karlsruhe damit seit fast drei Jahrzehnten einen reichlich anmaßenden Bärendienst.

[836] Dazu → Art. 1 Rn. 11, 90. Die Frage der Rationalitätsgewähr durch Meinungswettbewerb diskutiert *Kloepfer* in HdbStR III § 42 Rn. 14.

[837] Dazu → Art. 1 Rn. 16. Demokratie bedarf insbesondere der assoziativen Effektuierung, *Schuppert* in Klein/Schmalz-Bruns Politische Beteiligung und Bürgerengagement in Deutschland. Möglichkeiten und Grenzen, 114 ff.; *Graf Vitzthum* in Huber/Mössle/Stock Zur Lage der parlamentarischen Demokratie, 71 ff.; *Huber* JZ 1994, 689 ff.

[838] Grundlegend dazu *Häberle* JZ 1975, 297 (299, 302 ff.).

[839] Klassisch zum Gedanken der Repräsentation „Parteienstaat" *Leibholz,* Das Wesen der Repräsentation und der Gestaltwandel der Demokratie im 20. Jahrhundert, 1966.

[840] Dazu → Art. 29 Rn. 13.

[841] → Art. 23 Rn. 25 ff.

[842] → Art. 24 Rn. 92.

[843] Umfänglich *Kahl,* Nachhaltigkeit als Verbundbegriff, 2008. Das Drei-Säulenmodell der Nachhaltigkeit bezieht sich auf die Ökologie, die Ökonomie und das Soziale.

[844] *Huster/Rux* in BeckOK GG Rn. 119. *Franzius* EurUP 2019, 498, behandelt den „Klimaschutz im Anthropozän" und setzt sich mit dem Vorschlag eines (Welt-)Gesellschaftsvertrags auseinander, den der „Wissenschaftliche Beirat der Bundesregierung Globale Umweltveränderungen" (WBGU) vorgelegt hat.

[845] Dazu sogleich → Rn. 192.

Rechtsstaatlichkeit[846] verbürgt Art. 3 Abs. 1. Ebenso essenziell ist der effektive Rechtsschutz aus Art. 19 Abs. 4, der durch die Justizgrundrechte (Art. 101 ff.) weitergehende Absicherung erfährt. Rechtsakte, die gegen die Bestimmung des Art. 20 verstoßen, gehören nicht zur verfassungsmäßigen Ordnung und können daher das Grundrecht auf freie Entfaltung der Persönlichkeit (Art. 2 Abs. 1) ebenso wenig zulässigerweise einschränken wie die übrigen Grundrechte. Stimmen befürchten daher eine „Subjektivierung" des „objektiven" Gehalts von Art. 20.[847] Indes ist festzuhalten, dass es jedenfalls keinen Jedermann-Anspruch auf verfassungsgemäße Gesetzgebung gibt.[848] Nach der Rechtsprechung des BVerfG enthält Art. 20 Abs. 3 selbst kein „rügefähiges Recht".[849] Alles andere würde auch auf einen allgemeinen Gesetzesvollziehungsanspruch hinauslaufen, welcher der deutschen Rechtsordnung fremd ist. Mit ihrem Verweis auf die verfassunggebende Gewalt denkt schließlich schon die Präambel des Grundgesetzes den bundesrepublikanischen Rechts- als Verfassungsstaat.

IV. Der Bundesstaat

Bereits die Präambel („in den Ländern") legt die Bundesstaatlichkeit zu- 192
grunde. Art. 30 begründet den Vorrang des Bundes- vor dem Landesrecht. Art. 70 ff. konturieren die **Kompetenzordnung des Bundesstaates.** Über den **Bundesrat** (Art. 50 ff.) wirken die Länder an der Gesetzgebung des Bundes mit. Die Rechte der Gliedstaaten sind auch prozessual besonders abgesichert: Art. 93 Abs. 1 Nr. 2a und Nr. 3.

V. Der Sozialstaat

Das BVerfG leitet aus dem Sozialstaatsprinzip iVm Art. 1 Abs. 1 einen 193
Anspruch auf Sicherung des Existenzminimums ab.[850] Der Nachhaltigkeitsgedanke (Art. 20a) lässt sich auf das Soziale hin weiterdenken **(nachhaltiger Sozialstaat).**[851] Ob – und wenn ja inwieweit – jede Demokratie ein Mindestmaß an Wohlstand und Entwicklung zur Voraussetzung hat,[852] das demokratische Gemeinwohl also von ökonomischem Wohlergehen abhängt, mag sich auch als Frage der Nachhaltigkeit formulieren lassen.

VI. Das Widerstandsrecht

Das Widerstandsrecht steht in einem doppelten Kontext. Es ist einmal als 194
Korrektiv zu staatlichen Ermächtigungen im Rahmen der Notstandsverfassung zu lesen. Es ist zum anderen eine Teilverbürgung der abwehrbereiten

[846] *Schapp,* Freiheit, Moral und Recht, 2017.

[847] StRspr; grdl. BVerfGE 6, 32 (41); 20, 150 (154); 112, 1 (21); krit. *Hesse,* Grundzüge des Verfassungsrechts der Bundesrepublik Deutschland, 1999, Rn. 427; eing. zum Problem *Bethge* FS f. Isensee, 2007, 613 ff.

[848] *Bethge* VVDStRL 57 (1998), 7 (25).

[849] BVerfGE 112, 93 (106); 114, 371 (383).

[850] Dazu → Rn. 83.

[851] Dazu → Rn. 81.

[852] *Hirsch,* Der nationale Wettbewerbsstaat. Staat, Demokratie und Politik im globalen Kapitalismus, 1995, 11 et passim. In der Tradition *Hellers* muss die politische Gemeinschaft immer als empirisches Sein, als „menschlich gesellschaftliche Lebensform" begriffen werden und jede Analyse des Rechts bedarf deshalb neben einer normativen auch einer „empirisch-kausalen" Betrachtungsweise *Heller,* Staatslehre, 1934, 37 ff.; allg. *Eidenmüller* JZ 1999, 53.

Demokratie des Grundgesetzes.[853] Als grundrechtsgleiches Recht kann das Widerstandsrecht im Wege der Verfassungsbeschwerde (Art. 93 Abs. 1 Nr. 4a) eingeklagt werden.

D. Kritische Würdigung

I. Art. 20 als „Verfassung der Verfassung"

195 Wie keine andere Norm des Grundgesetzes bündelt Art. 20 die typusprägenden Elemente des modernen Verfassungsstaates, formuliert gleichsam dessen Quintessenz respektive das Konzentrat seiner Freiheitsidee: die **konstitutionelle Trias von Demokratie, Rechtsstaat und Menschenrechten** (letztere sind im materiellen Rechtsstaat mit angelegt, vgl. Art. 1 Abs. 3 korrespondierend zu Art. 20 Abs. 3). Diese Trias ist ihrerseits eingebettet in ein materielles Republikverständnis, sie wird ergänzt um Bundes- und Sozialstaatlichkeit und bewehrt durch das Widerstandsrecht aus Art. 20 Abs. 4. In Art. 20 geht es zugleich um die wesentlichen Verfassungsfunktionen: die Begründung, Begrenzung und Kontrolle hoheitlicher Macht. Die Norm ist, von Art. 79 Abs. 3 unter Ewigkeitsvorbehalt gestellt, eine Art „Verfassung der Verfassung". Sie legt das Fundament des grundgesetzlichen Verfassungsstaates (Staatsfundamentalnorm)[854] und stellt diesem zugleich seine Visitenkarte aus. Wenn – so umstritten der Begriff bleibt – von **„Verfassungsidentität"**[855] die Rede sein soll, speist sich diese verfassungstextlich aus den Präambelversprechen, hier vor allem der europäisch-integrierten und international-offenen Staatlichkeit des Grundgesetzes[856], der Verpflichtung aller staatlichen Gewalt auf die Menschenwürde (Art. 1 Abs. 1) und den in Art. 20 niedergelegten Prinzipen. Insbesondere gilt, was Klassiker wie *Immanuel Kant, Robert v. Mohl* oder *Johann Christoph Freiherr v. Aretin* dem Rechtsstaat ins Stammbuch geschrieben haben:[857] Die umfassende Rechtsbindung aller hoheitlichen Gewalt ist Lebensbedingung, anders formuliert „anthropologische Notwendigkeit"[858] einer – lies: jeder! – freiheitlichen Gesellschaft und einer – lies wiederum: jeder! – in Freiheit geordneten politischen Gemeinschaft.

196 Damit verbindet sich ein **implizierter Universalitätsanspruch,** der die normtheoretische Einordnung von Art. 20 – erhebt er universelle Prinzipien für das Grundgesetz zum Maßstab und orientiert sich damit an vorverfassungsrechtlichen Kategorien oder konturiert er konkret den grundgesetzlichen Rechtsstaat, die grundgesetzliche Demokratie, die „Bundes"-Republik etc.? – nicht einfach macht. Die Prinzipien aus Art. 20 sind, auch wenn und soweit sie sich an universelle Ideen/Ideale von Verfassungsstaatlichkeit anlehnen, historisch kontingent. Effektive Normativität gewinnen sie erst durch **kulturbedingte und zeitgeprägte Konkretisierung.** So wie der freiheitliche Verfassungsstaat als Typus das Ergebnis tief in seiner wechselvollen Geschichte gründender kultureller Entwicklungsprozesse ist und Zukunftsfähigkeit aus seinem kulturellen Erbe immer neu erringen

853 Dazu → Rn. 177.
854 Dazu → Fn. 69.
855 Oben Fn 7.
856 → 28.
857 Nachwesie bei *Stern,* StaatsR I, 1984, 769 f.
858 *Ryffel,* Grundprobleme der Staats- und Rechtsphilosophie, 1969, 416.

muss,[859] leben auch seine tragenden Konstitutionsprinzipien aus der Tiefe der Kultur primär einer konkreten politischen Gemeinschaft, aus ihren Erfahrungen und Hoffnungen. Diese aber reichern sich an durch universelle Momente, etwa den Menschenrechtsuniversalismus, die eben zitierte „anthropologische Notwendigkeit" und damit zugleich das universale Ideal willkürfreier Herrschaft. Anders formuliert: Art. 20 will den Verfassungsstaat, dem er sich als durchaus universell gedachtem Modell freiheitlicher Herrschaftsorganisation verschreibt, in kultureller Partikularität realisieren und dabei auf immer neue Herausforderungen von Freiheit immer neue Antworten regelbasierter Freiheitssicherung geben.[860] Deshalb gilt es, seine gemeineuropäischen[861] und universellen Gehalte[862] – wenigstens als Reflexionsrahmen – zu aktivieren, ohne dem Irrtum zu erliegen, es gäbe *die* Demokratie, einen a-historischen Rechtsstaat oder gar eine „Weltrepublik".[863]

II. Die Risiken normativer Steuerung durch Prinzipien

Die normative Konkretisierung von Prinzipien ist methodisch anspruchsvoll und nicht frei von Risiken. Zunächst zu den Risiken. Prinzipien sind, gerade weil sie das Prinzipielle überhöhen können, ideologieanfällig, sie mögen zu Idealisierungen und Stilisierungen neigen. Ihr Pathos und ihr universeller Anspruch laufen Gefahr, übersteigerte Erwartungen an ein ideales Herrschaftsmodell zu wecken, die eine notwendig defizitäre Wirklichkeit niemals erfüllen kann. Eine vollständig widerspruchsfreie Rechtsordnung[864] gäbe es nur in einer perfekten Welt. Wenn etwa das BVerfG Rechtssicherheit und Gerechtigkeit als tragende Prinzipien der Rechtsstaatlichkeit postuliert,[865] liegt auf der Hand, dass absolute Rechtssicherheit unerreichbar bleibt und dass das Gerechtigkeitsversprechen sich schon aufgrund höchst unterschiedlicher Gerechtigkeitsvorstellungen wird kaum je zur Zufriedenheit aller Rechtsunterworfenen einlösen lassen. Rechtssicherheit und materielle Gerechtigkeit können überdies in vielfachen Konfliktlagen zueinander stehen.[866] Ihre Auflösung verlangt eine Priorisierung durch Gesetzgeber oder Gerichte, die nicht immer dem Erwartungshorizont des jeweils Betroffenen entprechen mag. Der Eindruck, rechtliche Konfliktkonstellationen und gesellschaftliche Konflikte seien verfassungsrechtlich immer eindeutig vorentschieden, wäre 197

[859] *Häberle,* Der kooperative Verfassungsstaat – aus Kultur und als Kultur. Vorstudien zu einer universalen Verfassungslehre, 2013, 17; *Häberle.* Verfassungslehre als Kulturwissenschaft, 1998, 28 ff.

[860] Zu den besonders drängenden gegenwärtigen Herausforderungen rechnet zB der Populismus, *Müller,* Was ist Populismus. Ein Essay, 2016; *Müller,* Ressentiment. Wiege des Populismus, 2019; *Fukuyama,* Identität. Wie der Verlust der Würde unsere Demokratie gefährdet, 2019; *Manemann,* Demokratie und Emotion. Was ein demokratisches Wir von einem identitären Wir unterscheidet, 2019; aus US-amerikanischer Perspektive *Nussbaum,* Königreich der Angst. Gedanken zur aktuellen politischen Krise, 2019.

[861] *Häberle* EuGRZ 1991, 261; später *Heintzen,* Gemeineuropäisches Verfassungsrecht in der Europäischen Union, EuR 1997, 1.

[862] Mit einem spezifischen Blick auf das Demokratieprinzip *Franck* University of Richmond Law Review 1994.

[863] Sie ist auch in *Kants* „Ewigem Frieden" (1795) nur idealer Entwurf und nicht etwa Zustandsbeschreibung.

[864] → Rn. 171.

[865] BVerfGE 2, 380 (403); 3, 225 (237); 7, 89 (92); 13, 261 (271); 15, 313 (319); ständige Rspr.

[866] Ein klassisches Beispiel sind die Verjährungsregeln.

prekär. Eine Gesellschaft muss Konflikte aushalten und austragen können. Sie darf diese **„contestations“**[867] nicht auf die dritte Gewalt abwälzen und davon ein allseitig befriedigendes/befriedendes Ergebis erwarten.

198 Nicht minder **gefährlich** sind **Idealisierungen** der repräsentativen Demokratie, die schnell in deren Desavouierung umschlagen können. Demokratische Repräsentation[868] stellt keineswegs auf quasi-aristokratische Eliten und deren vernunftbegründet-diskursives Ringen um das einzig Richtige oder gar eine höhere Wahrheit ab.[869] Die Natur des Wahlaktes durch die freien und gleichen „Realbürger“ – eben nicht den idealen Citoyen – verkennt, wer Wahlen zu einer vernunftgeleiteten Bestenselektion stilisiert.[870] Die durch solche Überhöhungen provozierten destruktiven Kritiken sind nur allzu bekannt: Das repräsentative System versage bei der Auswahl des politischen Personals, die Distanz zwischen den Bürgerinnen und Bürgern und ihren Vertretern sei zu groß, nur die Identität von Regierenden und Regierten vermeide eine Verzerrung des – „wahren“ – Volkswillens.[871] Die Rede von durch Entgrenzung begründeten Funktions- und Steuerungsverlusten des Staates befeuert ein solches **„Verfallsparadigma“**.[872]

199 Die Überhöhung des Prinzipiellen ließe sich an weiteren Beispielen illustieren: der Bundesstaat als eine ideale Balance von Einheit und Vielfalt, die keine Föderalismusreform je leisten kann; der Gleichklang von *res publica* und *salus publica,* der konfligierende Individualinteressen ignoriert; das Bild von einem Sozialstaat, der aus unbegrenzten Mitteln ideale Verteilungsgerechtigkeit schafft; ein zur moralischen Bürgerpflicht umgedeutetes Widerstandsrecht, das jede und jeden als Widerstandskämpfer(in) für den idealen Staat stieht. Um solche Gefahren zu vermeiden, gilt es eines immer wieder zu verdeutlichen: Weder kann noch will eine Norm wie Art. 20 die Frage nach der „guten Ordnung“ letztverbindlich beantworten. Sie hält nur die notwendigen normativen Infrastrukturen vor, die für eine „gute Ordnung“ unabdingbar sind, und verlangt eine entprechende institutionelle Ausgestaltung. Auf Grundlage **adäquater Strukturen** und **Institutionen** bedarf die Ordnung immer neuer normativer Konkretisierung, zu der nicht nur die staatlichen Gewalten, sondern alle Aktivkräfte der offenen Gesellschaft aufgefordert bzw. eingeladen sind.[873] Vor allem aber bleibt das Wissen: Art. 20 formuliert teleologische Prinzipien, denen es sich bestmöglich anzunähern gilt; eine vollständige/vollkommene Realisierung war niemals avisiert und wäre niemals möglich.[874]

III. Die Schwierigkeiten bei der normativen Konkretisierung von Prinzipien

200 Der normative Gehalt von Art. 20 lässt sich nur schwer exakt erschließen. Sprachlich in die Gestalt deskriptiver Sätze gekleidet, operiert die Norm auf

---

867 *Wiener,* A Theory of Contestation, 2014.

868 Zum Folgenden *Kotzur* in BK Vorbem. zu Art. 38, Rn. 41 ff.

869 *Becker,* Die Parlamentarismuskritik bei Carl Schmitt und Jürgen Habermas, 1999, sowie *Marschall,* Parlamentarismus. Eine Einführung, 2005, 259.

870 Dazu *v. Ooyen,* Bundesverfassungsgericht und politische Theorie: Ein Forschungsansatz zur Politologie der Verfassungsgerichtsbarkeit, 2015, 39 ff.

871 Nachweise bei *Manin,* Kritik der repräsentativen Demokratie, 2007, 156; siehe auch Evangelisches Staatslexikon, Stichwort: Parlament, Parlamentarismus.

872 So *Oberreuter* in Recker Parlamentarismus in Europa, 179 ff.

873 *Häberle* JZ 1975, 297.

874 *Petersen,* Demokratie als teleologisches Prinzip. Zur Legitimität von Staatsgewalt im Völkerrecht, 2009.

einer **Abstraktionshöhe** und in einer **Allgemeinheit,** die sich nur schwer mit den Mitteln klassischer Jurisprudenz und deren methodischem Instrumentarium bewältigen lässt. Dieses Schicksal teilt Art. 20 freilich mit anderen Garantien von Prinzipien und sonstigen hoch abstrakten Normierungen, die stärker als die typischen in Tatbestand und Rechtsfolge gekleideten Rechtsnormen von außerverfassungsmäßigen Denkmodellen, politischen Präferenzen und ideologisch aufgeladenen Vorverständnissen geprägt sind. Das mag den Normanwender zum Hineinlesen des Gewünschten anstatt zum Aufdecken des Gesollten verleiten und ganz unterschiedliche Ergebnisse plausibel begründbar machen. So kann die „soziale Gerechtigkeit" des Sozialstaatsdenkens einerseits zum Gebot bedürfnisorientierter Umverteilung gemacht werden, andererseits in Gestalt der Leistungsgerechtigkeit der Umverteilung restriktive Grenzen setzen.[875]

Das gebietet Vorsicht bei der Auslegung: Prinzipien dürfen nicht mit **201** Einzelheiten aufgeladen werden, die sich nicht unmittelbar aus der Verfassung ableiten lassen, sondern in die Regelungszuständigkeit des Gesetzgebers fallen und die der Konkretisierung durch einfaches Recht bedürfen.[876] Geboten ist weiterhin jene besondere Kontextsensibilität, die Verfassungsinterpretation generell erfordert: So wie das Regelungsganze einer Verfassung nur in und aus ihren Kontexten lebt, bedarf ihre Auslegung der Arbeit am Kontext: „Verstehen durch hinzudenken".[877] Der Normkontext hat eine normsystemimmanente Seite, wie sie typischerweise durch die systematische Ausgelungsmethode erschlossen wird. Der äußere Kontext betrifft Einbettung der Verfassung in die sie umgebende Welt. Ihr entspringen die Vorverständnisse der Norminterpreten.[878] Je stärker ein Verfassungsbegriff von seiner Begriffs- und Ideengeschichte aufgeladen ist, je stärker er durch Begleitnarrative unterlegt wird, umso größere Bedeutung gewinnt die **Offenlegung des je eigenen Vorverständnisses** und dessen kritischer Reflektion auf der Folie der Vorverständnisse der anderen. Und umso größere Vorsicht ist bei richterlicher Rechtsfortbildung geboten.[879] Allein der Verdacht, Karlsruhe wolle durch prinzipienkonkretisierenden „judicial activism" dem Gesetzgeber Konkurrenz machen, beschädigt schon dessen Autorität.[880]

Kontextsensibilität verlangt auch den Blick über die Grenzen der eigenen **202** Rechtsordnung hinaus. Dem hier relevanten **Rechtsvergleich**[881] geht es nicht um spiegelbildliche Übernahme, sondern um die Interpretation des Eigenen im Spiegel des Anderen. Das Eigene bleibt auch dort der Maßstab, wo der Norminterpret sich rechtsvergleichend und interdisziplinär dem Anderen öffnet. Der Verfassungsvergleich macht lediglich Deutungsangebote, denen umso größere Relevanz zukommt, je abstrakter, universeller respektive von einem gemeineuropäischen Modell inspiriert sich eine Norm erweist. Die Interpretation von Art. 20 kann durch solche Deutungsangebote nur gewinnen.

---

875 Dazu → Rn. 79 f.

876 *Brugger* AöR 119 (1994), 1.

877 *Häberle,* Kommentierte Verfassungsrechtsprechung, 1979, 44 ff. und öfter.

878 *Esser,* Vorverständnis und Methodenwahl in der Rechtsfindung, 1972; vorher bereits *Gadamer,* Wahrheit und Methode, 1960.

879 Dazu → Rn. 134, 166.

880 *Jestaedt/Lepsius/Möller/Schönberger,* Das entgrenzte Gericht – Eine kritische Bilanz nach sechzig Jahren Bundesverfassungsgericht, 2011.

881 *Häberle,* JZ 1989, 913; *Hirschl,* Comparative Matters. The Renaissance of Comparative Constitutional Law, 2014.

IV. Art. 20 im staatenübergerufenden Wirkungszusammenhang

203 Die Art, wie Art. 20 bündig das Verfassungskonzentrat zusammenfasst, kann im globalen Verfassungsvergleich als Besonderheit[882] und durchaus vorbildlich gelten. Die neue **„gute Ordnung"**, den radikalen Bruch mit dem nationalsozialistischen Unrechtsstaat, auf einen identitätsprägenden Nenner zu bringen, war das Anliegen des Verfassunggebers. Er hat sich dabei klassischer Vorbilder wie der US-Federal Constitution von 1787 bedient und sich bewust knapp auf das Wesentliche beschränkt.[883] In der Textstufenentwicklung[884] neuerer Verfassungen, die Rechtsprechungslinien und dogmatische Fortschreibungen bewusst aufgreifen, findet sich mitunter eine größere Regelungs- und Detailvielfalt zu Rechtsstaat und Demokratie, zu Sozialstaat, Republik und, soweit relevant, Bundestaat. Nur ein Beispiel: Oppositionsartikel werden zu einer durchaus geläufigen Verbürgungsvariante, um das Demkratieprinzip in der Varinate der parlamentarisch-repräsentativen Demokratie noch schärfer zu konturieren.[885]

204 Auf unionsrechtlicher Ebene findet Art. 20 kein exaktes Pendant, aber für den **Verfassungsverbund** typische **Korrespondenznormen.** Dazu rechnet zuvörderst Art. 2 EUV. Dazu rechnet vor allem auch die Art und Weise, wie sich das europäische Primärrecht den parlamentarisch-rechtsstaatlichen Demokratien der Mitgliedstaaten nebst ihren Parlamenten affirmativ (Art. 12 EUV) zuwendet. Die Union verspricht die Achtung der nationalen Identität (Art. 4 Abs. 2 EUV).[886] Dieses Versprechen darf der Norminterpret von Art. 20 ernst nehmen. Und er sollte sich dabei den Beitrag von Art. 20 zur Konturierung gemeineuropäischer Verfassungsstaatlichkeit bewusst machen.[887]

Literatur

Allgemeines

W. Bagehot, Die englische Verfassung, erstmals erschienen 1867, hrsg. von K. Streifthau, 1971. – ***K. Eichenberger,*** Vom Umgang mit Strukturprinzipien des Verfassungsstaates, FS f. Stern, 1997, 457. – ***P. Häberle,*** Der kooperative Verfassungsstaat – aus Kultur und als Kultur. Vorstudien zu einer universalen Verfassungslehre, 2013. – ***P. Häberle/M. Kotzur,*** Europäische Verfassungslehre, 2016. – ***P. Häberle,*** Verfassungslehre als Kulturwissenschaft, 1998. – ***K.-E. Hain,*** Die Grundsätze des Grundgesetzes. Eine Untersuchung zu Art. 79 Abs. 3 GG, 1999. – ***J. Isensee,*** Staat und Verfassung, in HdbStR II § 15. – ***D. Merten,*** Über Staatsziele, DÖV 1993, 368. – ***F. Reimer,*** Verfassungsprinzipien. Ein Normtyp im Grundgesetz, 2001. – ***J.-R. Sieckmann,*** Regelmodelle und Prinzipienmodelle des Rechtssystems, 1990. – ***K. P. Sommermann,*** Staatsziele u. Staatszielbestimmungen, 1997. – ***P. Unruh,*** Der Verfassungsbegriff des Grundgesetzes. Eine verfassungstheoretische Rekonstruktion, 2002.

Republik

M. Anderheiden, Gemeinwohl in Republik und Union, 2006. – ***G. Frankenberg,*** Die Verfassung der Republik, 1996. – ***W. Henke,*** Die Republik, in HdbStR I § 21. –

---

[882] Dazu schon → Rn. 5.

[883] Spätere Verfassungsänderungen, man denke nur an Art. 23, auch Art 16a, haben diese Kunst guter Verfassunggebung leider weniger intensiv beherzigt.

[884] *Häberle* in Häberle Rechtsvergleichung im Kraftfeld des Verfassungsstaates, 1992, 3 ff.

[885] *Mundil,* Die Opposition, 2014.

[886] *Geiger* in Geiger/Khan/Kotzur, EUV/AEUV Art. 4 EUV Rn. 2; *Raworth* European Law Review 1994, 16.

[887] *Holterhus,* The Law Behind Rule of Law Transfers, 2019. Dem korresponiert etwa die „rule of law-promotion" durch die EU, dazu *Holterhus* in *Holterhus* The Law Behind Rule of Law Transfers, 73.

St. Huster, Republikanismus als Verfassungsprinzip?, Der Staat 34 (1995), 606. – ***J. Isensee,*** Republik – Sinnpotential eines Begriffs, JZ 1981, 1. – ***K. Löw,*** Was bedeutet „Republik" in der Bezeichnung „Bundesrepublik Deutschland"?, DÖV 1979, 819. – ***K. A. Schachtschneider,*** Res publica res populi. Grundlegung einer Allgemeinen Republiklehre, 1994. – ***H. Schulz-Schaeffer,*** Der demokratische Rechtsstaat als Republik, als „gemeinsame Sache aller", JZ 2003, 554. – ***F. Wittreck,*** „Republik" als verfassungsunmittelbare Grundrechtsschranke?, GS f. Blumenwitz, 2008, 881.

Bundesstaat

H. Bauer, Die Bundestreue, 1992. – ***H.-W. Bayer,*** Die Bundestreue, 1961. – ***E. W. Böckenförde,*** Sozialer Bundesstaat und parlamentarische Demokratie, FS f. Schäfer, 1980, 182. – ***S. Boysen,*** Gleichheit im Bundesstaat, 2005. – ***H. Bülck/P. Lerche,*** Föderalismus als nationales und internationales Ordnungsprinzip, VVDStRL 21 (1964), 1, 66. – ***A. Dittmann,*** Föderalismus in Gesamtdeutschland, in HdbStR IX § 205. – ***N. Engels,*** Chancengleichheit und Bundesstaatsprinzip, 2001. – ***R. Grawert,*** Verwaltungsabkommen zwischen Bund und Ländern in der Bundesrepublik Deutschland, 1967. – ***P. Häberle,*** Aktuelle Probleme des deutschen Föderalismus, DV 24 (1991), 169. – ***W. Hempel,*** Der demokratische Bundesstaat, 1969. – ***R. Herzog,*** Zwischenbilanz im Streit um die bundesstaatliche Ordnung, JuS 1967, 193. – ***K. Hesse,*** Der unitarische Bundesstaat, 1962. – ***J. Isensee,*** Idee und Gestalt des Föderalismus im Grundgesetz, in HdbStR IV § 98. – ***O. Kimminich,*** Der Bundesstaat, in HdbStR I § 26. – ***G. Kisker,*** Kooperation im Bundesstaat, 1971. – ***St. Korioth,*** Integration und Bundesstaat, 1990. – ***H. Meyer,*** Die Föderalismusreform 2006. Konzeption, Kommentar, Kritik, 2008. – ***H. Nawiasky,*** Der Bundesstaat als Rechtsbegriff, 1920. – ***St. Oeter,*** Integration und Subsidiarität im deutschen Bundesstaatsrecht, 1998. – ***F. Ossenbühl,*** Föderalismus nach 40 Jahren Grundgesetz, DVBl 1989, 1230. – ***J. Pietzcker,*** Zusammenarbeit der Gliedstaaten im Bundesstaat. Landesbericht Bundesrepublik Deutschland, in Ch. Starck, Zusammenarbeit der Gliedstaaten im Bundesstaat, 1988, 17. – ***W. Rudolf,*** Bund und Länder im aktuellen deutschen Verfassungsrecht, 1968. – ***W. Rudolf,*** Kooperation im Bundesstaat, in HdbStR IV § 105. – ***E. Sarcevic,*** Das Bundesstaatsprinzip, 2000. – ***U. Scheuner,*** Struktur und Aufgabe des Bundesstaates in der Gegenwart, DÖV 1962, 641. – ***U. Scheuner,*** Wandlungen im Föderalismus der Bundesrepublik, DÖV 1966, 513. – ***W. Schmidt,*** Das Verhältnis von Bund und Ländern im demokratischen Bundesstaat des Grundgesetzes, AöR 87 (1962), 253. – ***E. Schmidt-Aßmann,*** Thesen zum föderalistischen System der Bundesrepublik Deutschland, Jura 1987, 449. – ***H. Schneider/W. Schaumann,*** Verträge zwischen Gliedstaaten im Bundesstaat, VVDStRL 19 (1961), 1, 86. – ***H. P. Schneider,*** Die bundesstaatliche Ordnung im vereinigten Deutschland, NJW 1991, 2448. – ***M. Usteri,*** Theorie des Bundesstaates, 1954. – ***Ch. Vedder,*** Intraföderale Staatsverträge, 1996. – ***H. J. Vogel,*** Die bundesstaatliche Ordnung des Grundgesetzes, in BMV VerfassungsR-HdB, § 22.

Demokratie

W. Adrian, Demokratie als Partizipation. Versuch einer Wert- und Einstellungsanalyse, 1977. – ***S. Alonso/J. Keane/W. Merkel*** (Hrsg.), The Future of Representative Democracy, 2011.– ***A. Augustin,*** Das Volk in der europäischen Union, 2000. – ***P. Badura,*** Die parlamentarische Demokratie, in HdbStR II § 25. – ***H. Becker,*** Die Parlamentarismuskritik bei Carl Schmitt und Jürgen Habermas, 1999. – ***N. Bobbio,*** Democracy in the International System, in D. Archibugi/D. Held, Cosmopolitan Democracy. An Agenda for a New World Order, 1995. – ***Th. Blanke,*** Antidemokratische Effekte der verfassungsgerichtlichen Demokratietheorie, KJ 1998, 452. – ***E.-W. Böckenförde,*** Demokratie als Verfassungsprinzip, in HdbStR II § 24. – ***E.-W. Böckenförde,*** Demokratische Willensbildung und Repräsentation, in HdbStR II, 1. Aufl. 1987, § 30. – ***E.-W. Böckenförde,*** Mittelbare/repräsentative Demokratie als eigentliche Form der Demokratie, FS f. Eichenberger, 1982, 301. – ***A. v. Bogdandy,*** Parlamentarismus in Europa: eine Verfalls- oder Erfolgsgeschichte?, AöR 130 (2005), 445. – ***G. Britz,*** Die Mitwirkung Privater an der Wahrnehmung öffentlicher Aufgaben durch Einrichtungen des öffentlichen Rechts, VerwArch 91 (2000), 418. – ***F. Brosius-Gers-***

dorf, Deutsche Bundesbank und Demokratieprinzip, 1997. – ***D. Brühl-Moser,*** Recht auf Demokratie im Völkerrecht, Liber Amicorum f. Wildhaber, 2007, 969 – ***H. Brunkhorst,*** Demokratie in der globalen Rechtsgenossenschaft. Einige Überlegungen zur poststaatlichen Verfassung der Weltgemeinschaft, Zeitschrift für Soziologie, Sonderheft „Weltgesellschaft", 2005, 330. – ***R. Burchill,*** (Hrsg.), Democracy and International Law, 2006. – ***B.-O. Bryde,*** Die bundesrepublikanische Volksdemokratie als Irrweg der Demokratietheorie, StWissStPr 5 (1994), 305. – ***K. Bugiel,*** Volkswille und repräsentative Entscheidung, 1991. – ***Ch. Calliess,*** Rechtsstaat und Umweltstaat. Zugleich ein Beitrag zur Grundrechtsdogmatik im Rahmen mehrpoliger Verfassungsrechtsverhältnisse, 2001. – ***P. Cancik,*** Wahlrecht und Parlamentsrecht als Gelingensbedingungen repräsentativer Demokratie, VVDStRL 72 (2013), 268 – ***P. Cancik,*** Parlamentarische Opposition in den Landesverfassungen, 2000. – ***J. Crawford,*** Democracy and International Law, in BYIL 64 (1993), 113.– ***H.-J. Cremer,*** Das Demokratieprinzip auf nationaler und europäischer Ebene im Lichte des Maastricht-Urteils des Bundesverfassungsgerichts, EuR 1995, 21. – ***C. Crouch,*** Postdemokratie, 2008. – ***D. Czybulka,*** Die Legitimation der öffentlichen Verwaltung unter besonderer Berücksichtigung ihrer Organisation sowie der Entstehungsgeschichte zum Grundgesetz, 1989. – ***Ph. Dann,*** Parlamente im Exekutivföderalismus. Eine Studie zum Verhältnis von föderaler Ordnung und parlamentarischer Demokratie in der Europäischen Union, 2004. – ***Ch. Degenhart,*** Direkte Demokratie in den Ländern – Impulse für das Grundgesetz?, Der Staat 31 (1992), 77. – ***H. Dreier,*** Hierarchische Verwaltung im demokratischen Staat, 1991. – ***H. Dreier,*** Das Demokratieprinzip des Grundgesetzes, Jura 1997, 249. – ***F. Ehm,*** Das völkerrechtliche Demokratiegebot, 2013. – ***E. Th. Emde,*** Die demokratische Legitimation der funktionalen Selbstverwaltung, 1991. – ***D. Estlund,*** Beyond Fairness and Deliberation: The Epistemic Dimension of Democratic Authority?, in J. Bohman/ W. Rehg, Deliberative Democracy, 1997, 173. – ***C. Franzius,*** Demokratisierung der Europäischen Union, EuR 2013, 655. – ***E. Fraenkel,*** Die repräsentative und die plebiszitäre Komponente im demokratischen Verfassungsstaat, 1958. – ***J. Frowein,*** Demokratie und Völkerrecht in Europa, in K. Ginther ua, Völkerrecht zwischen normativem Anspruch und politischer Realität, 1994. – ***F. K. Fromme,*** Der Demokratiebegriff des Grundgesetzes, DÖV 1970, 518. – ***Th. Groß,*** Gremienwesen und demokratische Legitimation, in K.-P. Sommermann, Gremienwesen und staatliche Gemeinwohlverantwortung, 2001, 17. – ***J. Habermas,*** Strukturwandel der Öffentlichkeit, 1962. – ***P. Häberle,*** Das Mehrheitsprinzip als Strukturelement der freiheitlich-demokratischen Grundordnung, JZ 1977, 241. – ***P. Häberle,*** Struktur und Funktion der Öffentlichkeit im demokratischen Staat, in P. Häberle, Die Verfassung des Pluralismus, 1980, 326. – ***P. Häberle,*** Freiheit, Gleichheit und Öffentlichkeit des Abgeordnetenstatus, NJW 1976, 537.– ***L. Helms,*** Die Institutionalisierung der liberalen Demokratie. Deutschland im internationalen Vergleich, 2007. – ***M. Herdegen,*** Informalisierung und Entpolitisierung politischer Entscheidungen als Gefährdungen der Verfassung, VVDStRL 62 (2003), 7. – ***M. Hernani,*** Liquid Democracy – Zwischen repräsentativer und direkter Demokratie, in Sociology in Switzerland: Democracy in Politics and Social Life (Online Publikationen Zürich), 2011. – ***W. Heun,*** Das Mehrheitsprinzip in der Demokratie, 1983. – ***E. Hien,*** Verbindlichkeit von Entscheidungen bei Infrastrukturvorhaben in Zeiten von liquid democracy, DVBl. 2015, 1. – ***H. Hofmann,*** Menschenrechte und Demokratie, JZ 2001, 1. – ***H. Hofmann,*** Repräsentation. Studien zur Worts- und Begriffsgeschichte von der Antike bis zum 19. Jahrhundert, 2003. – ***P. M. Huber/W. Mößle/M. Stock,*** Zur Lage der parlamentarischen Demokratie, 1995. – ***J. Isensee,*** Grundrechte und Demokratie, Der Staat 20 (1981), 161. – ***J. Isensee,*** Volksgesetzgebung – Vitalisierung oder Störung der parlamentarischen Demokratie, DVBl. 2001, 1161.– ***M. Jestaedt,*** Demokratieprinzip und Kondominialverwaltung, 1993. – ***M. Kaufmann,*** Europäische Integration und Demokratieprinzip, 1997. – ***H. Kelsen,*** Vom Wesen und Wert der Demokratie (1929), 1963.– ***W. Kluth,*** Die demokratische Legitimation der Europäischen Union, 1995. – ***W. Kluth,*** Funktionale Selbstverwaltung, 1997. – ***M. Kotzur,*** Die Demokratiedebatte in der deutschen Verfassungslehre, in P. Huber/K.-P. Sommermann/H. Bauer, Demokratie in Europa, 2005, 351.– ***P. Krause,*** Verfassungsrechtliche Möglichkeiten unmittelbarer Demokratie, in HdbStR II § 39. – ***G. Lehmbruch,*** Parteienwettbewerb im Bundesstaat, 2000. – ***G. Leibholz,*** Das Wesen der Repräsentation und der Gestaltwandel der Demokratie im 20. Jh. (1929), 1966 – ***G. Leibholz,*** Strukturprobleme der modernen Demokratie, 1967. – ***N. Magsaam,*** Mehrheit entscheidet. Ausgestaltung und Anwendung des Majoritätsprinzips im Verfassungsrecht des Bundes und der Länder, 2014. – ***J. Martí,*** The Epistemic Conception of Deliberative Democracy Defended?, in S. Besson/J. Martí, Democracy and its Discontents: National and Post-National Challenges, 2006, 27. – ***H. Maurer,*** Plebiszitäre Elemente in der repräsentativen Demokratie, 1997. – ***V. Mehde,*** Neues Steuerungsmodell und Demokratieprinzip, 2000. – **H. Meyer,** Demokratische Wahl und Wahlsystem, in HdbStR III § 45. – ***M. Morlok,*** Informalisierung und Entpolitisierung politischer Entscheidungen als Gefährdungen der Verfassung?, VVDStRL 62 (2003), 37. – ***M. Möstl,*** Elemente direkter Demokratie als Entwicklungsperspektive, VVDStRL 72 (2013).– ***J. Oebbecke,*** Demokratische Legitimation nicht-kommunaler Selbstverwaltung, VerwArch 81 (1990), 349. – ***I. Pernice,*** E-Democracy, the Global Citizen, and Multilevel Constitutionalism, in C. Prins ua, Digital Democracy in a Globalized World, 2017, 27. – ***I. Pernice,*** Maastricht, Staat und Demokratie, DV 26 (1993), 449. – ***Ch. Pestalozza,*** Der Popularvorbehalt. Direkte Demokratie in Deutschland, 1981. – ***Th. Puhl,*** Entparlamentarisierung und Auslagerung staatlicher Entscheidungsverantwortung, in HdbStR III, § 48. – ***H. Pünder,*** Wahlrecht und Parlamentsrecht als Gelingensbedingungen repräsentativer Demokratie, VVDStRL 72 (2012), 190. – ***A. Rinken,*** Demokratie und Hierarchie. Zum Demokratieverständnis des Zweiten Senats des Bundesverfassungsgerichts, KritVj. 79 (1996), 282. –***J. Rux,*** Direkte Demokratie in Deutschland, 2008. – ***U. Scheuner,*** Das repräsentative Prinzip in der modernen Demokratie, 1961. – ***E. Schmidt-Aßmann,*** Verwaltungslegitimation als Rechtsbegriff, AöR 116 (1991), 329. – ***F. E. Schnapp,*** Friedenswahlen in der Sozialversicherung – vordemokratisches Relikt oder scheindemokratisches Etikett?, FS f. Ipsen, 2000, 807. – ***H. Schulze-Fielitz,*** Theorie und Praxis der parlamentarischen Gesetzgebung, 1988. – ***W. v. Simson/M. Kriele,*** Das demokratische Prinzip im Grundgesetz, VVDStRL 29 (1971), 3, 46. – ***V. Slupik,*** Formen und Recht der Demokratie im Verfassungsstaat, 2006. – ***Ch. Starck,*** Grundrechtliche und demokratische Freiheitsidee, in HdbStR III § 33. – ***A. Tschentscher,*** Demokratische Legitimation der Dritten Gewalt, 2006. – ***K. Waechter,*** Geminderte demokratische Legitimation staatlicher Institutionen im parlamentarischen Regierungssystem, 1994. – ***M. Wild,*** Die Gleichheit der Wahl, 2003.

Sozialstaat

W. Abendroth, Zum Begriff des demokratischen und sozialen Rechtsstaates im Grundgesetz der Bundesrepublik Deutschland, FS f. Bergstraesser, 1954, 279. – ***P. Badura,*** Der Sozialstaat, DÖV 1989, 491. – ***E. Benda,*** Der soziale Rechtsstaat, in BMV VerfassungsR-HdB, § 17. – ***K.-J. Bieback,*** Sozialstaatsprinzip und Grundrechte, EuGRZ 1985, 657. – ***R. Breuer,*** Grundlagen des Sozialstaates, GS f. Heinze, 81. – ***B.-O. Bryde,*** Das Sozialstaatsprinzip als Programm, Deskription und Norm, in A. Evers, Sozialstaat, 1998, 34. – ***H. Butzer,*** Fremdlasten in der Sozialversicherung, 2001. – ***H. Butzer,*** Die Sozialstaatsentwicklung unter dem Grundgesetz. Verfassungsgebotene Entfaltung oder exzessive Expansion?, 2006. – ***Ch. Degenhart,*** Rechtsstaat – Sozialstaat. Anmerkungen zum aktuellen Problemstand, FS f. Scupin, 1983, 537. – ***O. Depenheuer,*** Das soziale Staatsziel und die Angleichung der Lebensverhältnisse in Ost und West, in HdbStR IX § 204. – ***Ch. Enders/E. Wiederin,*** Sozialstaatlichkeit im Spannungsfeld von Eigenverantwortung und Fürsorge, VVDStRL 64 (2005), 7, 53. – ***E. Forsthoff*** (Hrsg.), Rechtsstaatlichkeit und Sozialstaatlichkeit, 1968. – ***E. Forsthoff/O. Bachof,*** Begriff und Wesen des sozialen Rechtsstaates, VVDStRL 12 (1954), 8, 37. – ***H. Gerber,*** Die Sozialstaatsklausel des Grundgesetzes, AöR 81 (1956), 1. – ***H. H. Hartwich,*** Sozialstaatspostulat und gesellschaftlicher status quo, 1970. – ***H. M. Heinig,*** Paternalismus im Sozialstaat, in M. Anderheiden ua, Paternalismus und Recht, 2006, 157. – ***H. M. Heinig,*** Der Sozialstaat im Dienst der Freiheit, 2008. – ***E. R. Huber,*** Rechtsstaat und Sozialstaat in der modernen Industriegesellschaft, 1962. – ***Y. Huh,*** Rechtsstaatliche Grenzen der Sozialstaatlichkeit?, Der Staat 18 (1979), 183. – ***J. Isensee,*** Verfassung ohne soziale Grundrechte, Der Staat 19 (1980), 367. – ***J. Isen-***

see, Der Sozialstaat in der Wirtschaftskrise, FS f. Broermann, 1982, 365. – ***F.-X. Kaufmann,*** Varianten des Wohlfahrtsstaats. Der deutsche Sozialstaat im internationalen Vergleich, 2003. – ***Th. Kingreen,*** Das Sozialstaatsprinzip im europäischen Verfassungsverbund, 2003. – ***Ch.-F. Menger,*** Der Begriff des sozialen Rechtsstaats im Bonner Grundgesetz, 1953. – ***G. Metzler,*** Der deutsche Sozialstaat. Vom bismarckschen Erfolgsmodell zum Pflegefall, 2003. – ***V. Neumann,*** Sozialstaatsprinzip und Grundrechtsdogmatik, DVBl 1997, 92. – ***J. Neuner,*** Privatrecht und Sozialstaat, 1999. – ***R. Pitschas,*** Der „neue" soziale Rechtsstaat, FS f. Zacher, 1998, 755. – ***R. Pitschas/ H. Sodan,*** Die Zukunft der sozialen Sicherungssysteme, VVDStRL 64 (2005), 109, 144. – ***H. Reiter,*** Das Sozialstaatsgebot in der Rechtsprechung des Bundessozialgerichts, FS f. Zacher, 1998, 777. – ***H. Ridder,*** Zur verfassungsrechtlichen Stellung der Gewerkschaften im Sozialstaat nach dem Grundgesetz für die Bundesrepublik Deutschland, 1960. – ***F. E. Schnapp,*** Die Sozialstaatsklausel – Beschwörungsformel oder Rechtsprinzip?, SGb 2000, 341. – ***F. E. Schnapp,*** Was können wir über das Sozialstaatsprinzip wissen?, JuS 1998, 873. – ***F. E. Schnapp,*** Sozialstaatlichkeit im Spannungsfeld von Eigenverantwortung und Fürsorge, DVBl 2004, 1053. – ***M. Stolleis,*** Geschichte des Sozialrechts in Deutschland, 2003. – ***P. J. Tettinger/J.-P. Schneider,*** Verwaltungsrechtliche Instrumente des Sozialstaates, VVDStRL 64 (2005), 199, 238. – ***M. Wallerath,*** Der Sozialstaat in der Krise, JZ 2004, 949. – ***A. Wallrabenstein,*** Versicherung im Sozialstaat, 2008. – ***W. Weber,*** Die verfassungsrechtlichen Grenzen sozialstaatlicher Forderungen, Der Staat 4 (1965), 409. – ***W. Wertenbruch,*** Sozialhilfeanspruch und Sozialstaatlichkeit, FG f. Küchenhoff, 1967, 343. – ***H. F. Zacher,*** Soziale Gleichheit. Zur Rechtsprechung des Bundesverfassungsgerichts zu Gleichheitssatz und Sozialstaatsprinzip, AöR 93 (1968), 341. – ***H. F. Zacher,*** Was können wir über das Sozialstaatsprinzip wissen?, FS f. Ipsen, 1977, 207. – ***H. F. Zacher,*** Das soziale Staatsziel, in HdbStR II § 28. – ***H. F. Zacher,*** Die Herausforderung des Sozialstaats und die Interpretation des sozialen Staatsziels, FS f. v. Maydell, 2002, 827.

Rechtsstaat

A. Bleckmann, Vom subjektiven zum objektiven Rechtsstaatsprinzip, JöR 36 (1987), 1. – ***E.-W. Böckenförde,*** Entstehung und Wandel des Rechtsstaatsbegriffes, FS f. Arndt, 1969, 53. – ***Ch. Degenhart,*** Gesetzgebung im Rechtsstaat, DÖV 1981, 477. – ***E. Denninger,*** Grenzen und Gefährdungen des Rechtsstaates, Rechtstheorie 1993, 7. – ***R. Dreier,*** Der Rechtsstaat im Spannungsverhältnis zwischen Gesetz und Recht, JZ 1985, 353. – ***W. Erbguth,*** Rechtsstaatsprinzip und kommunales Selbstverwaltungsrecht – Aktuelle Problemlage, Jura 1988, 561. – ***E. Forsthoff,*** Rechtsstaat im Wandel, 1976. – ***Th. Görisch,*** Die Inhalte des Rechtsstaatsprinzips, JuS 1997, 988. – ***W. Heintschel von Heinegg,*** Rechtsstaatlichkeit in Deutschland, in R. Hofmann ua, Rechtsstaatlichkeit in Europa, 1996. – ***K. Hesse,*** Der Rechtsstaat im Verfassungssystem des Grundgesetzes, FG f. Smend, 1962, 71. – ***Ph. Kunig,*** Das Rechtsstaatsprinzip, 1986. – ***Ph. Kunig,*** Der Rechtsstaat, FS 50 Jahre Bundesverfassungsgericht, Bd. 2, 2001, 421. – ***W. Leisner,*** Rechtsstaat – ein Widerspruch in sich?, JZ 1977, 537. – ***D. Merten,*** Rechtsstaat und Gewaltmonopol, 1975. – ***B. Pieroth,*** Rückwirkung und Übergangsrecht, 1981. – ***E. Sarcevic,*** Der Rechtsstaat, 1996. – ***U. Scheuner,*** Die neue Entwicklung des Rechtsstaates in Deutschland, FS 100-jähriges Bestehen des DJT, Bd. 2, 1960, 229. – ***E. Schmidt-Aßmann,*** Der Rechtsstaat, in HdbStR I § 26. – ***H. Schulze-Fielitz,*** Rationalität als rechtsstaatliches Prinzip für den Organisationsgesetzgeber, FS f. Vogel, 2000, 311. – ***K. Sobota,*** Das Prinzip Rechtsstaat, 1997. – ***Ch. Starck,*** Theorie des Rechtsstaates, 1970. – ***D. Suhr,*** Rechtsstaatlichkeit und Sozialstaatlichkeit, Der Staat 9 (1970), 67. – ***G.-Ch. v. Unruh,*** Der Rechtsstaat nach dem Grundgesetz der Bundesrepublik Deutschland, in E. L. Behrendt, Rechtsstaat und Christentum, Bd. I, 1982, 19. – Vgl. auch die Lit. zum Sozialstaat.

Gewaltenteilung

N. Achterberg, Probleme der Funktionenlehre, 1970. – ***A. v. Arnauld,*** Gewaltenteilung jenseits der Gewaltentrennung, ZParl 2001, 678. – ***J. Becker,*** Gewaltenteilung im Gruppenstaat, 1986. – ***K. H. Böckstiegel,*** Neue Aspekte der Gewaltenteilung seit Inkrafttreten des Grundgesetzes, NJW 1970, 1712. – ***U. Di Fabio,*** Gewaltenteilung, in

HdbStR II § 27. – ***E. Friesenhahn/K. Partsch,*** Parlament und Regierung im modernen Staat, VVDStRL 16 (1958), 9, 74. – ***N. Gehrig,*** Gewaltenteilung zwischen Regierung und parlamentarischer Opposition, DVBl 1971, 633. – ***E. v. Hippel,*** Gewaltenteilung im modernen Staate, 1950. – ***M. Imboden,*** Montesquieu und die Lehre von der Gewaltenteilung, FS f. Huber, 1961, 164. – ***H. D. Jarass,*** Politik und Bürokratie als Elemente der Gewaltenteilung, 1975. – ***W. Leisner,*** Die quantitative Gewaltenteilung, DÖV 1969, 405. – ***D. Merten*** (Hrsg.), Gewaltentrennung im Rechtsstaat, 1989. – ***Ch. Möllers,*** Gewaltengliederung. Legitimation und Dogmatik im nationalen und internationalen Rechtsvergleich, 2005. – ***H. Peters,*** Die Gewaltentrennung in moderner Sicht, 1954. – ***P. Schneider,*** Zur Problematik der Gewaltenteilung im Rechtsstaat der Gegenwart, AöR 82 (1957), 1. – ***B. Sinemus,*** Der Grundsatz der Gewaltenteilung in der Rechtsprechung des Bundesverfassungsgerichts, 1982. – ***R. Stettner,*** Not und Chance der grundgesetzlichen Gewaltenteilung, JöR 35 (1986), 57. – ***D. Th. Tsatsos,*** Zur Geschichte und Kritik der Lehre von der Gewaltenteilung, 1968. – ***H. J. Vogel,*** Gewaltenvermischung statt Gewaltenteilung?, NJW 1996, 1505. – ***R. Wahl,*** Der Vorrang der Verfassung, Der Staat 20 (1981), 485. – ***R. Wank,*** Gewaltenteilung, Jura 1991, 622. – ***W. Weber,*** Die Teilung der Gewalten als Gegenwartsproblem, FS f. Schmitt, 1959, 253. – ***G. Zimmer,*** Funktion – Kompetenz – Legitimation: Gewaltenteilung in der Ordnung des Grundgesetzes, 1979.

Gesetzmäßigkeitsprinzip

– ***N. Achterberg,*** Kriterien des Gesetzesbegriffs unter dem Grundgesetz, DÖV 1973, 289. – ***H. H. v. Arnim,*** Zur „Wesentlichkeitstheorie" des Bundesverfassungsgerichts, DVBl. 1987, 1241. – ***H. Bethge,*** Parlamentsvorbehalt und Rechtsatzvorbehalt für die Kommunalverwaltung, NVwZ 1983, 577. – ***A. Bleckmann,*** Inhalt und Umfang des Gesetzesvorbehalts bei Gemeindesatzungen, DVBl. 1987, 1085. – ***G. C. Burmeister,*** Herkunft, Inhalt und Stellung des institutionellen Gesetzesvorbehalts, 1991. – ***B. Busch,*** Das Verhältnis des Art. 80 Abs. 1 S. 2 GG zum Gesetzes- und Parlamentsvorbehalt, 1992. – ***St. Detterbeck,*** Vorrang und Vorbehalt des Gesetzes, Jura 2002, 235. – ***H.-U. Erichsen,*** Vorrang und Vorbehalt des Gesetzes, Jura 1995, 550. – ***E. Forsthoff,*** Die Bindung an Gesetz und Recht (Art. 20 Abs. 3 GG), DÖV 1959, 41. – ***U. Gassner,*** Parlamentsvorbehalt und Bestimmtheitsgrundsatz, DÖV 1996, 18. – ***V. Götz/H. H. Klein/Ch. Starck*** (Hrsg.), Die öffentliche Verwaltung zwischen Gesetzgebung und richterlicher Kontrolle, 1985. – ***Ch. Gusy,*** Der Vorrang des Gesetzes, JuS 1983, 189. – ***G. Haverkate,*** Gesetzesgestaltung und Rechtsanwendung im Leistungsrecht, NVwZ 1988, 769. – ***P. Häberle,*** Öffentliches Interesse als juristisches Problem, 2006.– ***B. Hoffmann,*** Das Verhältnis von Gesetz und Recht. Eine verfassungsrechtliche und verfassungstheoretische Untersuchung zu Art. 20 Abs. 3 GG, 2003. – ***W. Hoffmann-Riem,*** Gesetz und Gesetzesvorbehalt im Umbruch. Zur Qualitäts-Gewährleistung durch Normen, AöR 130 (2005), 5. – ***M. Imboden,*** Das Gesetz als Garantie rechtsstaatlicher Verwaltung, 1962. – ***H. D. Jarass,*** Der Vorbehalt des Gesetzes bei Subventionen, NVwZ 1984, 473. – ***G. Kisker,*** Neue Aspekte im Streit um den Vorbehalt des Gesetzes, NJW 1977, 1313. – ***M. Kloepfer,*** Der Vorbehalt des Gesetzes im Wandel, JZ 1984, 685. – ***W. Krebs,*** Vorbehalt des Gesetzes und Grundrechte, 1975. – ***W. Krebs,*** Zum aktuellen Stand der Lehre vom Vorbehalt des Gesetzes, Jura 1979, 304. – ***W. Loschelder,*** Vom besonderen Gewaltverhältnis zur öffentlich-rechtlichen Sonderbindung, 1982. – ***M. Nierhaus,*** Bestimmtheitsgebot und Delegationsverbot des Art. 80 Abs. 1 S. 2 GG und der Gesetzesvorbehalt der Wesentlichkeitstheorie, FS f. Stern, 1997, 717. – ***F. Ossenbühl,*** Verwaltungsvorschriften und Grundgesetz, 1968. – ***H.-J. Papier,*** Der Vorbehalt des Gesetzes und seine Grenzen, in V. Götz/H. Klein/C. Starck, Die öffentliche Verwaltung zwischen Gesetzgebung und richterlicher Kontrolle, 1985, 36. – ***H. Peters,*** Verwaltung ohne gesetzliche Ermächtigung?, FS f. Huber, 1961, 206. – ***J. Pietzcker,*** Vorrang und Vorbehalt des Gesetzes, JuS 1979, 710. – ***W. R. Schenke,*** Probleme der modernen Leistungsverwaltung, DÖV 1989, 365. – ***F. E. Schnapp,*** Praktische Konkordanz von Grundrechten und Sonderstatusverhältnis des Beamten, ZBR 1977, 208. – ***F. E. Schnapp/M. Kaltenborn,*** Grundrechtsbindung nichtstaatlicher Institutionen, JuS 2000, 937. – ***P. Selmer,*** Der Vorbehalt des Gesetzes, JuS 1968, 489. – ***K. P. Sommermann,*** Taugt die Gerechtigkeit als Maßstab der Rechtsstaatlichkeit?, Jura 1999, 337. – ***K. Vogel,*** Gesetzgeber und Verwaltung, VVDStRL 24 (1966), 125.

Widerstandsrecht

Umfangreiche bibliographische Nachw. bei ***L. E. Backmann,*** in A. Kaufmann/ L. E. Backmann, Widerstandsrecht, 1972, 561. – ***Ch. Böckenförde,*** Die Kodifizierung des Widerstandsrechts im Grundgesetz, JZ 1970, 168. – ***K. Doehring,*** Das Widerstandsrecht des Grundgesetzes und das überpositive Recht, Der Staat 8 (1969), 429. – ***R. Dolzer,*** Der Widerstandsfall, in HdbStR VII § 171. – ***R. Dreier,*** Widerstandsrecht im Rechtsstaat? Bemerkungen zum zivilen Ungehorsam, FS Scupin, 1983, 573. – ***Ch. Enders,*** Bürgerrecht auf Ungehorsam? Von den Grundlagen und Grenzen bürgerlicher Freiheit, Der Staat 25 (1986), 351. – ***G. Frankenberg,*** Ziviler Ungehorsam und Rechtsstaatliche Demokratie, JZ 1984, 266. – ***R. Herzog,*** Das positivierte Widerstandsrecht, FS f. Merkl, 1970, 99. – ***C. Heyland,*** Das Widerstandsrecht des Volkes gegen verfassungswidrige Ausübung der Staatsgewalt im neuen deutschen Verfassungsrecht, 1950. – ***J. Isensee,*** Das legalisierte Widerstandsrecht, 1969. – ***J. Isensee,*** Widerstand gegen den technischen Fortschritt, DÖV 1983, 565. – ***U. Karpen,*** „Ziviler Ungehorsam" im demokratischen Rechtsstaat, JZ 1984, 249. – ***H. H. Klein,*** Der Gesetzgeber und das Widerstandsrecht, DÖV 1968, 865. – ***H. H. Klein,*** Ziviler Ungehorsam im demokratischen Rechtsstaat, FG 10-jähriges Jubiläum der Gesellschaft für Rechtspolitik, 1984, 177. – ***M. Krenzler,*** An den Grenzen der Notstandsverfassung, 1974. – ***K. Kröger,*** Widerstandsrecht und demokratische Verfassung, 1971. – ***T. Laker,*** Ziviler Ungehorsam, 1986. – ***F. v. Peter,*** Bemerkungen zum Widerstandsrecht des Art. 20 Abs. 4 GG, DÖV 1968, 719. – ***U. K. Preuß,*** Politische Verantwortung und Bürgerloyalität, 1984. – ***R. Rhinow,*** Widerstandsrecht im Rechtsstaat?, 1984. – ***G. Scheidle,*** Das Widerstandsrecht, 1969. – ***H. Schneider,*** Widerstand im Rechtsstaat, 1969. – ***H. Scholler,*** Widerstand und Verfassung, Der Staat 8 (1969), 19. – ***W. Wertenbruch,*** Zur Rechtfertigung des Widerstandes, FG f. v. Hippel, 1965, 318.

Art. 20a [Schutz der natürlichen Lebensgrundlagen]

Der Staat schützt auch in Verantwortung für die künftigen Generationen die natürlichen Lebensgrundlagen und die Tiere im Rahmen der verfassungsmäßigen Ordnung durch die Gesetzgebung und nach Maßgabe von Gesetz und Recht durch die vollziehende Gewalt und die Rechtsprechung.

Weimarer Reichsverfassung von 1919

Art. 150. Die Denkmäler der Kunst, der Geschichte und der Natur sowie die Landschaft genießen den Schutz und die Pflege des Staates.

[Abs. 2]

Übersicht

A. Allgemeine Bedeutung

I. Genese

Spätestens seit den 1970er Jahren werden der Schutz und die Erhaltung der natürlichen Lebensgrundlagen des Menschen als unabdingbare Aufgabe des Staates wahrgenommen,[1] zugleich auch als Aufgabe der „Völkergemeinschaft"[2], wie in der Abschlusserklärung der im Jahr 1972 in Stockholm abgehaltenen Umweltkonferenz der Vereinten Nationen[3] nachdrücklich zum Ausdruck kam. Angesichts der Ausbeutung selbst nicht erneuerbarer Ressourcen, der Verschmutzung der Böden, der Gewässer und der Atmosphäre, mit tiefgreifenden Auswirkungen auf das Klima, sowie der Zerstörung von Lebensräumen der Pflanzen und Tiere bleibt der Schutz der Umwelt auf 1

[1] Dazu *Dietrich Murswiek,* Umweltschutz als Staatszweck. Die ökologischen Legitimitätsgrundlagen des Staates, 1995, 45 ff.; *Sommermann,* Staatsziele und Staatszielbestimmungen, 1997, 182 ff.; *Calliess,* Rechtsstaat und Umweltstaat, 2001, 100 ff.

[2] *Peter Saladin,* Zu den Funktionen eines modernen demokratischen Rechtsstaats in einer zunehmend überstaatlichen Welt, 1995, 136 ff. (139).

[3] Declaration oft he United Nations Conference in the Human Environment v. 16.6.1972, A/CONF.48/14/Rev.1, 3–5.

unabsehbare Zeit ein nicht hinwegzudenkendes Ziel eines jeden Staates, der die Sicherung der Existenz und die Förderung der Entfaltungsmöglichkeiten seiner Bürger für sich in Anspruch nimmt.

2 Vor diesem Hintergrund wurde durch G zur Änderung des GG v. 27.10.1994[4] Art. 20a in das GG eingefügt, zunächst ohne die Klausel „und die Tiere".[5] Dadurch verankerte der verfassungsändernde Gesetzgeber auf der Grundlage der Empfehlung der Gemeinsamen Verfassungskommission von Bundestag und Bundesrat[6] den Umweltschutz in Form einer Staatszielbestimmung; der (individuelle) Tierschutz blieb seinerzeit ausgeklammert.

3 Die bereits früher geführte Debatte über eine Konstitutionalisierung auch des Tierschutzes ging nach 1994 weiter.[7] Im April 2002 einigten sich die Bundestagsfraktionen von SPD, CDU/CSU, Bündnis 90/Die Grünen und FDP auf einen gemeinsamen Gesetzentwurf, durch den Art. 20a nach dem Wort „Lebensgrundlagen" durch die Worte „und die Tiere" ergänzt werden sollte.[8] Zur Begründung wurde ausgeführt, die Verankerung des Tierschutzes im GG solle „dem Gebot eines sittlich verantworteten Umgangs des Menschen mit den Tieren Rechnung" tragen.[9] Dafür reiche die einfachgesetzliche Regelung des Tierschutzes nicht aus. In der Problembeschreibung heißt es: „Für die gebotene Abwägung zwischen den Interessen der Tiernutzung und dem Anspruch der Tiere auf Schutz vor Leiden, Schäden oder Schmerzen ist es notwendig, die Rechtsebenen anzugleichen, d. h. dem Tierschutz Verfassungsrang zu geben." Mit der Integration der Tierschutzklausel in die Bestimmung des Art. 20a entschieden sich die Fraktionen auch gegen frühere Vorschläge, welche für ein Staatsziel „Tierschutz" einen eigenständigen Art. 20b vorsahen.[10] Die schließlich gewählte „kleine Lösung"[11] wurde mit 542 Stimmen bei 19 Gegenstimmen und 15 Enthaltungen verabschiedet. Das G zur Änderung des GG v. 26.7.2002 (Einfügung des Staatsziels Tierschutz)[12] trat am 1.8.2002 in Kraft.

II. Inhaltliche und rechtsvergleichende Einordnung

4 Seit der Aufnahme und späteren Ergänzung des Art. 20a in das GG gehören der Umweltschutz und der Tierschutz zu den verfassungsrechtlichen Verpflichtungen des Staates. Die verfassungsrechtsdogmatische Einordnung von Art. 20a als **Staatszielbestimmung** bedeutet, dass alle Staatsgewalt – Legislative, Exekutive und Judikative – auf Umwelt- und Tierschutz hinzuwirken hat, ohne dass daraus für die Bürger oder andere Personen unmittelbar subjektive Rechte entstehen (→ Rn. 20). Die Einräumung subjektiver Rechtspositionen bleibt Sache des Gesetzgebers. Allerdings kann die Interpretation

[4] BGBl. 1994 I 3146.
[5] Zur Vorgeschichte *Kloepfer* in BK Rn. 1 ff.
[6] S. den Bericht der GemVerfKom., BT-Drs. 12/6000, 65.
[7] Vgl. den Entwurf des BR, BT-Drs. 14/758, und die Beschlussempfehlung des Rechtsausschusses, BT-Drs. 14/3165; aus dem Schrifttum befürwortend *v. Loeper* ZRP 1996, 143 ff.; *Caspar* ZUR 1998, 177 ff.; *Hobe* WissR 31 (1998), 310 ff.; *Schelling* NuR 2000, 188 (193); abl. zB *Kloepfer/Rossi* JZ 1998, 369 ff.; *Rupp* WissR 32 (1999), 177 ff.; *Ziekow,* Tierschutz im Schnittfeld von nationalem und internationalem Recht, 1999, 23 f.
[8] BT-Drs. 14/8860.
[9] BT-Drs. 14/8860, 3.
[10] So zB der Gesetzentwurf des BR, BT-Drs. 14/758: „Tiere werden als Mitgeschöpfe geachtet. Sie werden im Rahmen der Gesetze vor vermeidbaren Leiden und Schäden geschützt.".
[11] *Caspar/Geissen* NVwZ 2002, 913.
[12] BGBl. 2002 I 2862.

subjektiver Rechte im Lichte des Art. 20a zu einer Erweiterung des Schutzbereichs führen (→ Rn. 51).

Mit der Einfügung einer Staatszielbestimmung „Umweltschutz" ist der deutsche verfassungsändernde Gesetzgeber seinerzeit der **Entwicklung zahlreicher europäischer und außereuropäischer Staaten** gefolgt.[13] Die umfangreichste und ehrgeizigste Ergänzung um Prinzipien des Umweltschutzes hat das französische Verfassungsrecht durch die zehn Artikel umfassende Umweltcharta (Charte de l'environnement) erfahren, die durch Verfassungsgesetz Nr. 2005-205 v. 1.3.2005 angenommen wurde.[14] Die ursprünglich noch für 2019 vorgesehene Ergänzung des Art. 1 der französischen Verfassung um eine Handlungsverpflichtung der Republik für den Schutz der Umwelt und der Biodiversität sowie gegen den Klimawandel[15] wird derzeit nicht weiterverfolgt. 5

In das **Verfassungsrecht** mehrerer **deutscher Länder** hatte das Staatsziel „Umweltschutz" bereits vor der Grundgesetzänderung von 1994 Eingang gefunden. Namentlich die bayerische Verfassung, welche bereits in ihrer ursprünglichen Fassung in Anlehnung an Art. 150 Abs. 1 der WRV den Naturschutz verankert hatte, enthält seit 1984[16] eine für den Text des Art. 20a teilweise als Vorbild dienende Formulierung.[17] Art. 10 Abs. 1 S. 1 Sächs. Verf. von 1992 und Art. 39 Abs. 1 Bbg. Verf. von 1992 weisen ähnliche Formulierungen auf. Mittlerweile wurden die Verfassungen sämtlicher deutscher Länder mit einem Staatsziel „Umweltschutz" versehen. Eine mit Art. 20a wortgleiche Regelung findet sich seit 1995 in Art. 3a BW-Verf. Durch Art. 20a und die entsprechenden Vorschriften der Landesverfassungen wird das seit den siebziger Jahren des 20. Jahrhunderts rasch expandierende Umweltrecht in seinem Kerngehalt verfassungsrechtlich abgesichert und der tagespolitischen Diskussion entzogen. 6

Das Staatsziel „Tierschutz" hat die **Bundesrepublik Deutschland** im Jahr 2002 **als erster Mitgliedstaat der Europäischen Union** auf gesamtstaatlicher Ebene verankert. Auch hier waren zuvor bereits auf Länderebene Verfassungsbestimmungen über den Tierschutz eingeführt worden.[18] Im Kreis der nicht der Europäischen Union angehörigen Europaratsstaaten hatte die Schweiz bereits im Jahr 1992 eine Schutzbestimmung zur Gentechnik in die Bundesverfassung aufgenommen,[19] in der die „Würde der Kreatur" als 7

[13] Vgl. nur Art. 24 Abs. 1 der griechischen Verfassung von 1975, Art. 9 lit. e und Art. 66 der portugiesischen Verfassung von 1976, Art. 45 der spanischen Verfassung von 1978, Art. 21 der niederländischen Verfassung von 1983, Art. 72 der slowenischen Verfassung von 1991 und Art. 23 der belgischen Verfassung von 1994. Vgl. später etwa Art. 5 u. 74 der polnischen Verfassung von 1997 und Kap. 1 Art. 2 Abs. 3 der schwedischen Verfassung 1974 i. d. F. v. 2011; zum Umweltverfassungsrecht der EU-Mitgliedstaaten näher *Thym* NuR 2000, 557 ff.

[14] Zum Verfassungsrang der Charte vgl. Conseil Constitutionnel, Entscheidung Nr. 2008-564 DC v. 19.6.2008; sowie *Aguila,* La valeur constitutionnelle de la Charte de l'environnement, RFDA 2008, 1147 ff.

[15] Vgl. nur *Roger/ Lemarié,* Les députés inscrivent climat et biodiversité à l'article 1 de la Constitution, Le Monde v. 28.6.2018; *Roger,* Révision constitutionnelle: des nouveautés, des inchangés et des retraits, Le Monde v. 31.5.2019.

[16] BayGVBl. 1984, 223.

[17] Art. 141 Abs. 1 Bay. Verf.: „Der Schutz der natürlichen Lebensgrundlagen ist, auch eingedenk der Verantwortung für die kommenden Generationen, der besonderen Fürsorge jedes einzelnen und der staatlichen Gemeinschaft anvertraut …".

[18] Vgl. Art. 39 Abs. 3 Bbg. Verf., Art. 32 Thür. Verf.; Art. 6b Nds. Verf., Art. 31 Abs. 2 Bln. Verf., Art. 141 Abs. 1 S. 2 Bay. Verf. und Art. 70 RhPf. Verf.

[19] Heute Art. 120 Abs. 2 S. 2 der Bundesverfassung von 1999; vgl. bereits § 14 Verf. Kanton Aargau von 1980.

Schranke genannt ist.[20] Als Rechtsetzungsauftrag ist der Tierschutz in Art. 80 der Schweizer Bundesverfassung niedergelegt.

III. Überstaatliche Bezüge

8 Unabhängig von der Verankerung des Umweltschutzes im GG wäre der deutsche Gesetzgeber aufgrund vielfältiger aus dem europäischen Unionsrecht sowie dem Völkerrecht erwachsender Bindungen heute nicht mehr in der Lage, hinter bestimmte Mindestanforderungen des Umweltschutzes zurückzugehen. **Systembestimmende Impulse** hat die Entwicklung des deutschen Umweltrechts insbes. hinsichtlich der Ausgestaltung der Umweltverträglichkeitsprüfung, des Zugangs zu Umweltinformationen, der Umweltverbandsklage und des Emissionshandels erhalten. Zunehmend wirken die Zielbestimmungen des Primärrechts sowie das sekundäre Unionsrecht auch als Interpretationskriterien auf das nationale Recht einschließlich der Verfassungsebene ein (Prinzip der **unionsrechtskonformen Interpretation**).[21]

9 Im europäischen Gemeinschaftsrecht wurde die **Umweltpolitik** mit der Einheitlichen Europäischen Akte von 1986 Gegenstand eines besonderen Titels des EWG-Vertrags, durch den Maastrichter Vertrag von 1992 der Umweltschutz und die Umweltverträglichkeit in die Grundziele der Union/Gemeinschaft aufgenommen[22] und durch den Amsterdamer Vertrag von 1997 das Umweltschutzziel nochmals verstärkt,[23] um mit dem Vertrag von Lissabon v. 13.12.2007,[24] der die Charta der Grundrechte der Europäischen Union v. 7.12.2000 (idF v. 13.12.2007) in den Rang von Primärrecht erhebt (Art. 6 Abs. 1 EUV), zugleich **im Grundrechtsteil des Primärrechts verankert** zu werden. Dabei hebt Art. 37 GRCh auf die Sicherstellung eines „hohen Umweltschutzniveaus" ab.[25] Die GRCh verpflichtet neben den Organen der EU die Mitgliedstaaten, soweit sie Unionsrecht durchführen (Art. 51 Abs. 1 der Charta), und erlangt damit auch als Interpretationskriterium bei der Anwendung von EU-Sekundärrecht Bedeutung. Die den Umweltschutz betreffenden Zielbestimmungen finden sich seit dem Lissabonner Vertrag in Abs. 9 der Präambel und Art. 3 Abs. 3 EUV, die Bestimmungen über die Umweltpolitik in Art. 191–193 des Vertrags über die Arbeitsweise der Europäischen Union (AEUV).

10 Der Verwirklichung des Umweltschutzziels des EU-Primärrechts dienen zahlreiche **Sekundärrechtsakte der Union,**[26] von denen exemplarisch die Richtlinie 2011/92/EU v. 13.12.2011 über die Umweltverträglichkeits-

---

[20] Dazu *Prätorius/Saladin,* Die Würde der Kreatur (Art. 24novies Abs. 3 BV), 1996.

[21] Allg. zum Grundsatz der unionsrechtskonformen Auslegung *Calliees/Kahl/Puttler* in Calliess/Ruffert EUV/AEUV, Art. 4 EUV Rn. 96 ff. mwN; *Voßkuhle* NVwZ 2013, 1, 2; speziell zur richtlinienkonformen Auslegung *v. Danwitz,* Europäisches Verwaltungsrecht, 2008, 188 f.; *Roth/Jopen,* in: Riesenhuber (Hrsg.), Europäische Methodenlehre, 3. Aufl. 2015, 263 ff.

[22] Präambel EUV; Art. 2 EGV.

[23] Art. 2 EGV: Aufgabe, „ein hohes Maß an Umweltschutz und Verbesserung der Umweltqualität" zu fördern; zugleich wird die Aufgabe einer „nachhaltigen Entwicklung des Wirtschaftslebens" verankert.

[24] BGBl. 2008 II 1038.

[25] Dazu die Komm. von *Rudolf* in Meyer Charta der Grundrechte der Europäischen Union, 558–564, und von *Winkler* in Stern/Sachs Europäische Grundrechte-Charta, 2016, 569–576; sa *Meßerschmidt,* Europäisches Umweltrecht, 2011, § 2 Rn. 39 ff.

[26] Überblick bei *Oppermann/Classen/Nettesheim,* Europarecht, 8. Aufl. 2018, 550 ff.; eing. *Epiney,* Umweltrecht der Europäischen Union, 4. Aufl. 2019; *Meßerschmidt,* Europäisches Umweltrecht, 2011, 519–992; *Liu,* Europäisierung des deutschen Umweltrechts, 2008.

prüfung bei bestimmten öffentlichen und privaten Projekten[27] (löste die Richtlinie 85/337/EWG v. 27.6.1985 ab),[28] die Richtlinie 2010/75/EU v. 24.11.2010 über Industrieemissionen[29] (ersetzte die Richtlie 2008/1/EG v. 15.1.2008 über die integrierte Vermeidung und Verminderung der Umweltverschmutzung)[30] und die Richtlinie 2009/28/EG zur Förderung der Nutzung von Energie aus erneuerbaren Quellen v. 23.4.2009[31] genannt seien. Wichtige Impulse gingen von dem im Rahmen der Wirtschaftskommission der Vereinten Nationen für Europa erarbeiteten und von 47 Staaten sowie der Europäischen Union ratifizierten Übereinkommen über den Zugang zu Informationen, die Öffentlichkeitsbeteiligung an Entscheidungsverfahren und den Zugang zu Gerichten in Umweltangelegenheiten v. 25.6.1998 (sog. Aarhus-Konvention)[32] aus.[33] Den Verpflichtungen aus der Konvention und aus der zu ihrer Umsetzung ergangenen Richtlinien der EU[34] kam der deutsche Gesetzgeber hinsichtlich der sog. „dritten Säule" (Gerichtszugang) nur zögerlich nach. Das Umwelt-Rechtsbehelfsgesetz v. 7.12.2006[35] beschränkte die geforderte Öffnung der Klagebefugnis für Verbände zunächst auf die Geltendmachung von Verstößen gegen individualschützende Normen,[36] was der EuGH in seinem Trianel-Urteil vom 12.5.2011 als nicht mit dem Ziel der Konvention und der Umsetzungsrichtlinie vereinbar hielt, „einen weiten Zugang zu Gerichten" zu gewähren.[37] Auch hielt der EuGH Vorschriften zur materiellen Präklusion, durch die die gerichtliche Überprüfung auf Einwendungen beschränkt werden sollte, die bereits innerhalb der Einwendungsfrist im Verwaltungsverfahren vorgebracht wurden, für europarechtswidrig.[38] Das Umwelt-Rechtsbehelfsgesetz wurde mittlerweile mehrfach geändert.[39]

Was den **Tierschutz** anbetrifft, so war dieser im Primärrecht lange nur als möglich Rechtfertigung von Beschränkungen der Warenverkehrsfreiheit angesprochen (Art. 36 EWGV, später Art. 30 bzw. Art. 36 EGV). Dem Amsterdamer Vertrag von 1997 wurde ein Protokoll über den Tierschutz und das Wohlergehen der Tiere[40] beigefügt, das freilich lediglich einen bereichsspezi- **11**

---

[27] Sog. „UVP-Richtlinie", ABl. 2012 L 26, 1.

[28] ABl. 1985 L 175, 40.

[29] ABl. 2010 L 334, 17.

[30] ABl. 2008 L 24, 8, kodifizierte Fassung der mehrfach geänderten „IVU-Richtlinie" v. 24.9.1996, RL 96/61/EG, ABl. 1996 L 257, 26.

[31] ABl. 2009 L 140, 16.

[32] BGBl. 2006 I 1252.

[33] *v. Danwitz* NVwZ 2004, 272 ff.; *Sommermann* ZaöRV 77 (2017), 321 ff.

[34] RL 2003/4/EG v. 28.1.2003 über den Zugang der Öffentlichkeit zu Umweltinformationen, ABl. 2003 L 41, 26 (ersetzte die Umweltinformations-Richtlinie v. 7.6.1990, RL 90/313/EWG, ABl. 1990 L 158, 56) und RL 2003/35/EG v. 26.5.2003 über die Beteiligung der Öffentlichkeit bei der Ausarbeitung bestimmter umweltbezogener Pläne und Programme und zur Änderung der RL 85/337/EWG und RL 96/61/EG des Rates in Bezug auf die Öffentlichkeitsbeteiligung und den Zugang zu Gerichten, ABl. 2003 L 156, 17.

[35] BGBl. 2006 I 2816.

[36] Zum Umwelt–Rechtsbehelfsgesetz in der ursprünglichen Fassung näher *Ziekow* NVwZ 2007, 259 ff.; *Koch* NVwZ 2007, 369 ff.

[37] EuGH C-115/09, Slg. 2011, I-3701, ECLI:EU:C:2011:289 Rn. 37 ff. – BUND NRW.

[38] EuGH C-137/14, ECLI:EU:C:2015:683 Rn. 75 ff. – Kommission/Deutschland.

[39] Vgl. insbesondere das G zur Anpassung des Umwelt-Rechtsbehelfsgesetzes und anderer Vorschriften an europa- und völkerrechtliche Vorgaben v. 29.5.2017 (BGBl. 2017 I 1298); dazu *Schlacke* NVwZ 2017, 905 ff.; *Franzius* NVwZ 2018, 219 ff. Derzeit geltende Fassung: Umwelt-Rechtsbehelfsgesetz i. d. F. v. 23.8.2017 (BGBl. 2017 I S. 3290), zuletzt geändert durch G v. 17.12.2018 (BGBl. 2018 I S. 2549).

[40] ABl. 1997 C 340, 110.

fischen Tierschutz forderte. Der EuGH stellte in seinem Urteil v. 12.7.2001 fest, dass die Gewährleistung des Wohlergehens der Tiere bislang nicht zu den Vertragszielen gehöre und auch keinen allgemeinen Grundsatz des Gemeinschaftsrechts darstelle.[41] Dies hat sich mit dem Vertrag von Lissabon geändert, der den **Tierschutz im Primärrecht der Europäischen Union verankert** (Art. 13 AEUV), wenn auch in relativierter Form (Berücksichtigung der „Gepflogenheiten der Mitgliedstaaten insbes. in Bezug auf religiöse Riten, kulturelle Traditionen und das regionale Erbe"). Der EuGH hat Art. 13 AEUV bereits bei der Auslegung von Sekundärrecht herangezogen.[42] Nach ersten Ansätzen noch in den siebziger Jahren des 20. Jahrhunderts hatte es seit den neunziger Jahren eine Zunahme der den Tierschutz betreffenden Initiativen und Rechtsakte gegeben.[43] Die wachsende Dynamik spiegelte sich auch in den von der Kommission dem Europäischen Parlament und dem Rat vorgelegten Aktionsplänen[44] und Tierschutzstrategien[45] wider. In jüngerer Zeit ist freilich insoweit keine Priorität zu erkennen.[46]

12 Im Vergleich zum Umweltgemeinschaftsrecht erfassen die von der Bundesrepublik Deutschland ratifizierten **völkerrechtlichen Verträge** weitergehende Schutzbedarfe vor allem insoweit, als sie den sektoralen oder regionalen Schutz bestimmter Umweltmedien oder Naturgüter zum Gegenstand haben. Von den multilateralen Verträgen seien beispielhaft das Übereinkommen über die biologische Vielfalt v. 5.6.1992,[47] das Übereinkommen zum Schutz der Meeresumwelt des Nordatlantiks v. 22.9.1992[48] und das aus dem Kyoto-Prozess hervorgegangene Pariser Übereinkommen zum Klimaschutz v. 12.12.2015[49] genannt, das der Durchführung des Rahmenübereinkommens der Vereinten Nationen über Klimaänderungen v. 9.5.1992[50] dient, von den bilateralen Verträgen das deutsch-polnische Abkommen v. 7.4.1994 über die Zusammenarbeit auf dem Gebiet des Umweltschutzes[51] und das deutsch-tschechische Abkommen v. 8.12.1999 über die gemeinsame Durchführung von Umweltschutzpilotprojekten in der Tschechischen Republik mit dem Ziel der Reduzierung von grenzüberschreitenden Umweltbelastungen.[52] Der **Ausbau des Umweltvölkerrechts** trägt dem grenzüberschreitenden, zuneh-

---

[41] EuGH C-189/01, Slg. 2001, I-5689, ECLI:EU:C:2001:420 Rn. 71 ff. – Jippes.

[42] Siehe insbes. EuGH C-497/17, ECLI:EU:C:2019:137 Rn. 35 ff. – Oeuvre d'assistance aux bêtes d'abattoirs.

[43] *Caspar,* Zur Stellung des Tieres im Gemeinschaftsrecht, 2001, 41 ff.; *Glock,* Das deutsche Tierschutzrecht und das Staatsziel „Tierschutz" im Lichte des Völkerrechts und des Europarechts, 2004, 132 ff. Aus dem Sekundärrecht vgl. etwa die Verordnung 834/2007 des Rates vom 28.6.2007 über die ökologische/biologische Produktion und die Kennzeichnung von ökologischen/biologischen Erzeugnisse, ABl. 2007 L 189, 1, und die Verordnung 1099/2009 des Rates v. 24.9.2009 über den Schutz von Tieren zum Zeitpunkt der Tötung, ABl. 2009 L 303, 1.

[44] Aktionsplan der Gemeinschaft für den Schutz und das Wohlbefinden von Tieren 2006–2010, KOM 2006 13; ABl. 2006 C 49.

[45] Strategie der Europäischen Union für den Schutz und das Wohlergehen von Tieren 2012–2015, COM(2012) 6 final/2.

[46] Entgegen der Aufforderung des Europäischen Parlaments (vgl. nur die Entschließung vom 26.11.2015 zu einer neuen Tierschutzstrategie für den Zeitraum 2016–2020 (2015/2957(RSP)) hat die Kommission bislang keine Anschlussstrategie vorgelegt.

[47] BGBl. 1993 II 1741.

[48] BGBl. 1994 II 1360.

[49] BGBl. 2016 II 1083.

[50] BGBl. 1993 II 1784.

[51] BGBl. 1998 II 282.

[52] BGBl. 2000 II 162.

mend globalen Charakter der Umweltgefährdung und -zerstörung Rechnung.[53] Die Debatte über einen globalen Tierschutz hat indes erst begonnen.[54]

Während das unionale Umweltrecht kraft des Vorrangs des Unionsrechts sogar dem nationalen Verfassungsrecht vorgeht,[55] entfaltet das Umweltvölkerrecht primär durch Einbeziehung nach Art. 59 Abs. 2 Wirkung im innerstaatlichen Bereich, und zwar auf einfachgesetzlicher Rangstufe, soweit es sich nicht (zugleich) um Völkergewohnheitsrecht und damit um allgemeine Regeln des Völkerrechts iSd Art. 25 handelt.[56] Daneben tritt seine begrenzte **Wirkung als Auslegungskriterium des innerstaatlichen Rechts** einschließlich des Verfassungsrechts. Der Grundsatz völkerrechtskonformer Auslegung kann sich zwar – anders als der Grundsatz unionsrechtskonformer Auslegung – nicht auf einen Vorrang des Völkerrechts stützen; er folgt indes zum einen aus der Völkerrechtsfreundlichkeit des GG, wie sie sich insbes. aus den Art. 25 und 59 ergibt,[57] zum anderen – soweit die Völkerrechtsgemeinschaft unter Beteiligung der Bundesrepublik dem Umweltschutz menschenrechtlichen Gehalt zuerkennt – aus Art. 1 Abs. 2.[58] Das BVerfG zieht die im Wesentlichen auf Freiheitsrechte beschränkte Europäische Menschenrechtskonvention (EMRK),[59] die trotz einer Konzentration auf Freiheitsrechte auch staatliche Schutzpflichten statuiert,[60] als „Auslegungshilfe" bei der Auslegung der Grundrechte und rechtsstaatlichen Grundsätze heran.[61] Es hat jedoch angedeutet, dass auch andere Menschenrechtsabkommen, wie etwa die Europäische Sozialcharta, als Auslegungshilfe in Betracht kommen.[62] 13

In dem Maße, in dem eine gesunde Umwelt zum unverzichtbaren Rahmen der Entfaltung des Einzelnen gerechnet wird, muss auch der **Schutz der natürlichen Lebensgrundlagen** jedenfalls als **ein zum Grundrechts- und Menschenrechtsschutz akzessorisches Prinzip** anerkannt werden.[63] Der Grundsatz völkerrechtskonformer Auslegung kann daher insoweit auch auf die 14

---

[53] Überblick bei *Dederer,* Internationales Umweltrecht, 2011; *Birkner* in Ipsen Völkerrecht 1069–1130; *Schmidt/Kahl/Gärditz,* Umweltrecht, 10. Aufl. 2017, § 1 Rn. 1; *Koch/Mielke* ZUR 2009, 403 ff.; *Bodansky/Brunnée/Hey,* The Oxford Handbook of International Environmental Law, 2007; *Sands/Peel,* Principles of International Environmental Law, 4. Aufl. 2018.

[54] Vgl. *Peters* Rechtswissenschaft 2016, 363; *Brels/Goetschel/Oertly,* Zeit für einen globalen Tierschutz, in Vereinte Nationen 2020, 26.

[55] Einschr. BVerfGE 89, 155 (174 f.); 123, 267 (354).

[56] Näher *Streinz,* Vorgaben des Völkerrechts für das deutsche Umweltrecht, in Jahrbuch des Umwelt- und Technikrechts 1999, 317 (339 f.).

[57] Vgl. *Bleckmann* DÖV 1979, 309 (312); *Bleckmann* DÖV 1996, 137 (140 f.); → Art. 24 Rn. 3 f.

[58] Zum Grundsatz menschenrechtskonformer Auslegung vgl. *Sommermann* AöR 114 (1989), 391 (414 ff.); *Sommermann,* Offene Staatlichkeit, IPE Bd. 2, 2007, 3 (31 ff.).

[59] BGBl. 1952 II 686; Neufassung durch das 11. Zusatzprotokoll v. 11.5.1994, BGBl. 1995 II 579; Neubekanntmachung in BGBl. 2002 II 1055.

[60] Vgl. *Grabenwarter,* Europäische Menschenrechtskonvention, 6. Aufl. 2016, 157 ff.; *Iliopoulos-Strangas* in Iliopoulos-Strangas Soziale Grundrechte in Europa nach Lissabon, 824 ff.

[61] BVerfGE 74, 358 (370); 82, 106 (120); 83, 119 (128); 111, 307 (329); 128, 326 (366 ff.); 137, 273 (320 ff.); 143, 161 (180); aus dem Schrifttum insbes. *Uerpmann,* Die Europäische Menschenrechtskonvention und die deutsche Rechtsprechung, 1993; *Hoffmeister* Der Staat 40 (2001), 349 ff.; *Rensmann,* Wertordnung und Verfassung, 2007, 207 ff.; *Knop,* Völker- und Europarechtsfreundlichkeit als Verfassungsgrundsätze, 2013, 139 ff.; krit. *Schilling,* Deutscher Grundrechtsschutz zwischen staatlicher Souveränität und menschenrechtlicher Europäisierung, 2010, 213 ff.

[62] BVerfGE 58, 233 (254 f.); 88, 103 (112).

[63] Zur „ökologischen Menschenrechtsinterpretation" auf völkerrechtlicher Ebene, insbes. der EMRK, vgl. *Schmidt-Radefeldt,* Ökologische Menschenrechte, 2000.

in Art. 1 Abs. 2 zum Ausdruck kommende Menschenrechtsfreundlichkeit des GG gestützt werden. Bei der Interpretation des Art. 20a im Lichte des Völkerrechts ist freilich zu beachten, dass der verfassungsändernde Gesetzgeber den Umweltschutz als rein objektives Prinzip verankert und damit seine Auslegung erkennbar nicht für eine subjektiv-rechtliche Dimension geöffnet hat (→ Rn. 20). Eine völkerrechts- bzw. gemeinschaftsrechtskonforme Interpretation könnte daher nicht als Vehikel für eine subjektiv-rechtliche Anreicherung des Art. 20a dienen. Ein Recht auf eine gesunde Umwelt, welches bereits in universellen Deklarationen proklamiert wird,[64] sich bisher allerdings noch nicht zu verbindlichem Völkerrecht verfestigt hat, würde sich als notwendig kollektiv zu verwirklichendes Recht überdies nicht in die individualrechtliche Grundrechtskonzeption des GG fügen. Sollen die materiellen Bestimmungen des Verfassungsrechts nicht zu einem offenen Gefäß spontaner Völkerrechtsentwicklung mutieren, können im Übrigen nicht alle umweltvölkerrechtlichen Standards mittelbar Verfassungsrang erlangen. Als Auslegungskriterium des Verfassungsrechts sind sie im Ergebnis dann heranzuziehen, wenn es sich um grundlegende Standards oder Prinzipien handelt, die sich in die Verfassungstradition der Bundesrepublik Deutschland fügen und denen sie, insbes. durch Ratifikation entsprechender Verträge, zugestimmt hat.

IV. Systematischer Zusammenhang

15 Der systematische Zusammenhang mit der Staatsfundamentalnorm des Art. 20 unterstreicht die Bedeutung des Art. 20a als grundlegendes Prinzip für alle Staatsgewalt. Im Unterschied zu dem in Art. 20 Abs. 1 niedergelegten sozialen Staatsziel hat Art. 20a indes nicht an der Verfassungsänderungssperre des Art. 79 Abs. 3 teil.

16 Durch Art. 20a wird die Grundausrichtung des Staates vom sozialen Rechtsstaat zum **sozialen und ökologischen Rechtsstaat** erweitert. Dabei bleibt die im GG am nachdrücklichsten verankerte Rechtsstaatlichkeit die primäre Größe. Der Verwirklichung ihrer durch den Grundrechtskatalog konkretisierten materiellen Seite, dem Ziel des Schutzes der Menschenwürde und der Förderung der individuellen Freiheit,[65] dienen die Elemente der formellen Rechtsstaatlichkeit, zu denen insbes. die Gewaltenteilung und der Grundsatz der Gesetzmäßigkeit der Verwaltung zählen (Art. 20 Abs. 2 u. 3). Der soziale und ökologische Rechtsstaat kann in diesem Sinne als **Staat** bezeichnet werden, **der durch sozialen Ausgleich und Erhaltung der natürlichen Lebensgrundlagen die freie Entfaltung seiner Bürger fördert.**

B. Einzelfragen

I. Der Staat

17 Die Verpflichtung, die natürlichen Lebensgrundlagen zu schützen, trifft den Staat, dh die **gesamte Staatsgewalt in Bund und Ländern.** Wenn-

[64] Vgl. zuerst das Prinzip 1 der Erklärung der Konferenz der Vereinten Nationen v. 16.6.1972 über die Umwelt des Menschen – Stockholmer Erklärung –, Yearbook of the United Nations Bd. 26 (1972), 319, sowie daran anknüpfend Prinzip 1 der Erklärung der Konferenz für Umwelt und Entwicklung der Vereinten Nationen v. 14.6.1992 in Rio de Janeiro, A/CONF.151/26 (Vol. I); ILM Bd. 31 (1992), 876.

[65] *Sommermann* in MKS Art. 20 Rn. 231 ff.; ebenso *Calliess,* Rechtsstaat und Umweltstaat, 2001, 70.

gleich dem Gesetzgeber eine Konkretisierungsprärogative zukommt (→ Rn. 41 ff.), erstreckt sich die Bindungswirkung somit auch auf die vollziehende und die rechtsprechende Gewalt. Diese haben freilich den Vorrang und Vorbehalt des Gesetzes zu beachten (→ Rn. 46 ff.).

Von dem Begriff „Staat" sind sämtliche Träger hoheitlicher Gewalt und ihre Organe umfasst, im Bereich der Exekutive mithin die unmittelbare und die mittelbare Staatsverwaltung, also auch Privatrechtssubjekte, soweit sie kraft Beleihung hoheitliche Funktionen wahrnehmen. Im Übrigen erstreckt sich die Verpflichtung aus Art. 20a auf **sämtliche Erscheinungsformen des Staatshandelns,** dh alle Handlungsformen (von der Rechtsetzung über den Verwaltungsakt und Verwaltungsvertrag bis hin zu Realakten) und alle Rechtsformen (Handeln in öffentlich-rechtlichen oder privatrechtlichen Formen). Erfasst wird somit auch die erwerbswirtschaftliche Tätigkeit des Staates, bei der Beteiligung an Unternehmen in dem Umfang, in dem Einflussmöglichkeiten bestehen.[66] **18**

Nicht verpflichtet werden durch Art. 20a **natürliche oder juristische Personen** des Privatrechts, soweit sich nicht der Staat dieser Rechtsform bedient. Somit entfaltet Art. 20a keine Drittwirkung.[67] Der Gesetzgeber kann aber in Wahrnehmung seines Schutzauftrags Rechtspflichten für Private begründen, wie dies im Umweltrecht in vielfältiger Weise geschieht, und die Zielverwirklichung im Rahmen einer entsprechenden Kontextsteuerung teilweise der Gesellschaft überantworten (→ Rn. 25). Für die Einschränkung von Grundrechten spielt Art. 20a bei der Beurteilung der Verhältnismäßigkeit einer einschränkenden Regelung oder Maßnahme im Rahmen der Abwägung als Rechtswert mit Verfassungsrang eine Rolle (→ Rn. 50 ff.). Der Umweltschutz kann nicht mehr nur mediatisiert durch Grundrechte, insbes. aus Art. 2 Abs. 2, als ein mit Verfassungsrang ausgestatteter Rechtswert zur Geltung gebracht, sondern unmittelbar auf Art. 20a gestützt werden. Dies entbindet nicht von den Erfordernissen des Vorbehalts des Gesetzes; den Einzelnen belastende Maßnahmen bedürfen nach wie vor einer gesetzlichen Grundlage (→ Rn. 40). **19**

Der Verpflichtung des Staates hat rein objektiv-rechtlichen Charakter; ihr korrespondieren **keine subjektiven Rechte.**[68] Rechte Einzelner spricht Art. 20a nicht an. Die „natürlichen Lebensgrundlagen" beziehen sich auf die Allgemeinheit, nicht auf einen abgrenzbaren Personenkreis.[69] Mit Art. 20a hat der verfassungsändernde Gesetzgeber vielmehr einem von ihm für wesentlich erachteten Gemeinwohlaspekt Verfassungsrang verliehen. Art. 20a gehört damit verfassungsnormtheoretisch zu den **Staatszielbestimmungen.**[70] Diese sind als Verfassungssätze zu definieren, welche die Staatsgewalt auf die Verfolgung eines bestimmten Ziels rechtsverbindlich verpflichten, ohne dem Bürger subjektive Rechte zu gewähren.[71] **20**

---

[66] Entspr. für Art. 1 Abs. 3 etwa *Dreier* in Dreier Art. 1 III Rn. 66 ff.; allg. zur Bindung an die Verfassung auch bei Handeln in privatrechtlichen Formen *Ehlers* in Erichsen/Ehlers Allgemeines Verwaltungsrecht § 3 Rn. 86 ff.

[67] *Kloepfer* in BK Rn. 29; *Scholz* in Maunz/Dürig Rn. 45; *Schulze-Fielitz* in Dreier Rn. 66.

[68] BFHE 181, 243 (250 f.); BVerwG UPR 1995, 309 (310); NVwZ 1998, 1080 (1081); 2007, 833 (837); *Kloepfer* in BK Rn. 23; *Murswiek* in Sachs Rn. 12; *Waechter* NuR 1996, 321.

[69] Vgl. *Müller-Bromley,* Staatszielbestimmung Umweltschutz im Grundgesetz?, 1990, 107.

[70] BVerfGE 127, 293 (328); 134, 242 (339).

[71] Vgl. *Sommermann,* Staatsziele und Staatszielbestimmungen, 1997, 5, 326 und passim.

II. Schützt

21 Durch die Aussage, er schütze die natürlichen Lebensgrundlagen, wird dem Staat ein weit reichender **Auftrag** erteilt. Der Staat soll sich nicht nur selbst umweltschädigender Maßnahmen enthalten, sondern auch positive Maßnahmen zum Schutz ergreifen. „Schutz" zielt dabei erheblich weiter als Abwehr von Gefahren. Soll ein **effektiver Schutz der natürlichen Lebensgrundlagen** gewährleistet werden, reicht der durch Kontrollerlaubnisse und konkrete Maßnahmen der Gefahrenabwehr geprägte klassische ordnungsrechtliche Ansatz nicht aus. Um schleichenden Prozessen einer Umweltbeeinträchtigung oder -zerstörung entgegenzuwirken und künftigen Gefahrenlagen so früh wie möglich zu begegnen, muss die präventive Tätigkeit des Staates erheblich früher einsetzen.[72] Dem Umweltschutzziel des Art. 20a ist daher das **Vorsorgeprinzip** immanent,[73] welches eine antizipierende Risikoeinschätzung und -verminderung erfordert. Diese ist nach den Grundsätzen praktischer Vernunft zu treffen.[74] § 5 Abs. 1 des seinerzeit von der Unabhängigen Sachverständigenkommission beim Bundesministerium für Umwelt, Naturschutz und Reaktorsicherheit vorgelegten Entwurfes eines Umweltgesetzbuchs umschreibt das Vorsorgeprinzip wie folgt: „Risiken für die Umwelt oder den Menschen sollen insbesondere durch eine vorausschauende Planung und geeignete technische Vorkehrungen möglichst ausgeschlossen oder vermindert werden…".[75] Im gleichen Sinne statuiert Art. 191 Abs. 2 AEUV, dass die Umweltpolitik der Union ua „auf den Grundsätzen der Vorsorge und Vorbeugung" beruhten. Das Verb „schützen" in Art. 20a weist in diesem Sinne eine prospektive Dimension auf, die in ihrer Verknüpfung mit der „Verantwortung für die künftigen Generationen" das Nachhaltigkeitsprinzip konstitutionalisiert (→ Rn. 20 ff.).

22 Bereits das geltende Umweltrecht und die darauf beruhende Praxis zeigen ein **reiches Instrumentarium zur Verwirklichung des Umweltschutzzieles.** Ausgehend von bestimmten Grundprinzipien, zu denen neben dem erwähnten Vorsorgeprinzip namentlich das Verursacherprinzip und das Kooperationsprinzip gehören,[76] werden eine Vielzahl von Steuerungsinstrumenten eingesetzt. Neben Formen direkter Verhaltenssteuerung wie Verboten und Geboten steuert der Staat das Umweltverhalten der Bürger und Wirtschaftssubjekte auch indirekt, etwa durch Öffentlichkeitsarbeit, Subventionen, Umweltabgaben oder Zertifizierungen.[77] Hinzu treten verschiedene

---

[72] BVerwG NVwZ 1998, 952 (953): „… wenn Umweltschäden plausibel zu befürchten, und nicht erst dann, wenn Umweltschäden bereits eingetreten sind".

[73] BVerfGE 128, 1, 39 f.; BVerwG v. 20.12.2011 – 7 B 43.11 – Rn. 9; *Silvia Delgado del Saz,* Vorsorge als Verfassungsprinzip im europäischen Umweltverbund. Rechtsvergleichende Überlegungen am Beispiel der Risiken der Mobilfunkstrahlung, Tübingen 2017, 60 m. w. N.

[74] BVerfGE 49, 89 (143); *Breuer* in Schmidt-Aßmann/Schoch Besonderes Verwaltungsrecht Kap. 5 Rn. 599 f.; krit. zur Handhabung des Vorsorgeprinzips *Schmidt* DÖV 1994, 749 (752 ff.).

[75] Bundesministerium für Umwelt, Naturschutz und Reaktorsicherheit, Umweltgesetzbuch (UGB-KomE), Berlin 1998, 111, mit Erläuterungen auf S. 454 f.; zum Vorsorgeprinzip im Umweltrecht vgl. iÜ *Kloepfer,* Umweltrecht, 4. Aufl. 2016, § 4 Rn. 22 ff.; *Calliess,* Rechtsstaat und Umweltstaat, 2001, 153 ff.; *Arndt,* Das Vorsorgeprinzip im EU-Recht, 2009, 26 ff.

[76] Vgl. auch §§ 5–7 UGB-KomE; zu den Grundprinzipien des Umweltrechts näher *Kloepfer,* Umweltrecht, 3. Aufl. 2004, Rn. 210–424; *Sparwasser/Engel/Voßkuhle,* Umweltrecht, 5. Aufl. 2003, Rn. 67–84.

[77] Zu ökonomischen Instrumenten im Umweltrecht näher *Sacksofsky* in Hoffmann-Riem/Schmidt-Aßmann/Voßkuhle, Grundlagen des Verwaltungsrechts, Bd. II, § 40 Rn. 52 ff.

Formen der Planung, welche von gesamtplanerischen, rechtlich nicht verbindlichen Umweltprogrammen bis zur Fach- und Vorhabensplanung reicht, die sich, soweit sie Voraussetzung oder Verfahrensart der Zulassung ist, mit den Instrumenten direkter Verhaltenssteuerung trifft.[78] Im weiteren Sinne zählt etwa auch die Umweltforschung, zB die Erforschung der Ursachen von Umweltschäden, zum Schutzinstrumentarium, soweit ihre Ergebnisse Grundlage für Entscheidungen oder Maßnahmen zum Schutz der Umwelt sein können.[79]

Durch Art. 20a wurden mit Ausnahme des **Vorsorgeprinzips** (→ Rn. 21) und des **Nachhaltigkeitsprinzips** (→ Rn. 20 ff.) **die bisherigen Grundsätze des Umweltrechts** und die umweltrechtlichen Instrumente **nicht ohne Weiteres verfassungsrechtlich festgeschrieben.** Der verfassungsändernde Gesetzgeber hat nur das Ziel des Umweltschutzes verbindlich vorgegeben, die Wahl der Mittel indes grundsätzlich – wie dies für Staatszielbestimmungen kennzeichnend ist[80] – dem einfachen Gesetzgeber vorbehalten.[81] Daher ist bei der Beantwortung der Frage, welche Grundprinzipien und Instrumente für die wirksame Verfolgung des Umweltschutzzieles unverzichtbar und daher „verfassungsfest" sind, Zurückhaltung geboten. Während das Vorsorgeprinzip im Hinblick auf die zeitliche Dimension umweltverändernder bzw. -zerstörender Prozesse als notwendiges Leitprinzip betrachtet werden muss, erscheint dies beim **Verursacherprinzip**[82] zwar naheliegend, indes nicht zwingend[83]; bereits wegen der häufig nicht eindeutig zu treffenden Zurechnung der Verursachung wird im Übrigen stets auch das Gemeinlastprinzip eine erhebliche Rolle spielen. Ebenso wenig kann das **Kooperationsprinzip** im Hinblick auf Art. 20a als verfassungsfest bezeichnet werden.[84] Das kooperationsrechtliche Verständnis des Immissionsschutzrechts, wie es auch in der Rspr. des BVerfG angesprochen wird,[85] kann daher nicht als Ergebnis einer speziellen verfassungskonformen Auslegung gedeutet werden. Dass von Art. 20a „Impulse zu staatlichem Handeln […] auch in Form der Kooperation" ausgehen können,[86] ist indes nicht zu bestreiten. 23

Da Umweltveränderungen und –zerstörungen nicht an den staatlichen Grenzen haltmachen, die natürlichen Lebensgrundlagen vielmehr teilweise durch globale Prozesse gefährdet sind (Beispiele: Verschmutzung der Meere und der Atmosphäre, Klimaveränderung, Zerstörung der Ozonschicht), schließt Art. 20a notwendig eine **Verpflichtung des Staates zur interna-** 24

[78] Wegen einer Systematisierung der Instrumente des Umweltrechts vgl. *Kloepfer,* Umweltrecht, 4. Aufl. 2016, 208–544; *Sparwasser/Engel/Voßkuhle,* Umweltrecht, 5. Aufl. 2003, Rn. 85–140.

[79] OVG Münster BeckRS 2000, 22799.

[80] Für das soziale Staatsziel BVerfGE 22, 180 (204); 59, 231 (263); 100, 271 (284); die Gestaltungsfreiheit des Gesetzgebers betonend, sie aber zugleich einschr. indes BVerfGE 125, 175 (222 ff.); allg. *Merten* DÖV 1993, 368 (371); *Sommermann,* Staatsziele und Staatszielbestimmungen, 1997, 377 ff., 383 f., 427 ff.

[81] BVerwG BeckRS 1999, 31353025; iÜ → Rn. 39 ff.

[82] Für die Umweltpolitik der EU in Art. 191 Abs. 2 S. 2 AEUV verankert.

[83] Ähnlich *Schulze-Fielitz* in Dreier Rn. 51; *Bernsdorff* NuR 1997, 328 (333); aA *Jarass* in Jarass/Pieroth Rn. 9; *Murswiek* in Sachs Rn. 35; *Epiney* in MKS Rn. 74.

[84] *Kloepfer* DVBl. 1996, 73 (74); *Waechter* NuR 1996, 321 (322); *Murswiek* ZUR 2001, 7 (12); zum Kooperationsprinzip als allgemeinem Rechtsprinzip vgl. aber *Westphal* DÖV 2000, 996 ff.

[85] BVerfGE 98, 83 (100 ff.); dazu krit. *Jarass* UPR 2001, 5 ff.

[86] So bereits *Rengeling,* Das Kooperationsprinzip im Umweltrecht, 1988, 81, im Hinblick auf ein künftiges Staatsziel „Umweltschutz".

tionalen Zusammenarbeit auf dem Gebiet des Umweltschutzes ein. Diese Verpflichtung fügt sich in den durch andere Verfassungsbestimmungen, namentlich Art. 1 Abs. 2, 23–25, vorgezeichneten Rahmen einer internationalen Offenheit der Verfassungsordnung.[87]

25 Die maßgeblichen Umweltstandards sind durch geeignete **Organisation und Verfahren** sicherzustellen.[88] Unverzichtbar ist im Rahmen der (vorsorgenden) Verfahren, welche die Zulassung umweltrelevanter Vorhaben betreffen, eine **Umweltverträglichkeitsprüfung.** Auf der Ebene der (nachsorgenden) Kontrolle können sich zwar Formen gesellschaftlicher Selbstregulierung durchaus anbieten;[89] jedoch muss der Staat jedenfalls seine **Gewährleistungsverantwortung** wirksam wahrnehmen. Er darf mithin einer hoheitlichen Regulierung gesellschaftlicher Selbstregulierung nicht ausweichen.[90] In organisatorischer Hinsicht müssen insbes. die für die verschiedenen Steuerungsformen fachlich kompetenten Behörden eingerichtet werden.[91] Der Zivilgesellschaft misst die Aarhus-Konvention (→ Rn. 10) besondere Bedeutung zu. Indem sie bei umweltrelevanten Entscheidungsverfahren eine Öffentlichkeitsbeteiligung und im Übrigen eine Ausdehnung der **Umwelt-Verbandsklage** vorschreibt, stärkt sie die Naturschutzverbände in ihrer Funtion als „Wächter des Umweltschutzes"[92]. Damit spielen die Verbände sowohl in dem zur Entscheidung führenden Verwaltungsverfahren als auch bei der Einleitung und als Beteilgte einer verwaltungsgerichtlichen Kontrolle eine wichtige Rolle.

26 Im Übrigen ist die Auswechselung, Ergänzung oder Weiterentwicklung der **Instrumente des Umweltschutzes in vielfältigen Kombinationsmöglichkeiten denkbar.** Bereits der von der Unabhängigen Sachverständigenkommission beim Bundesministerium für Umwelt, Naturschutz und Reaktorsicherheit verfasste Entwurf eines Umweltgesetzbuches sah eine Reihe von Weiterentwicklungen vor. Neben einem Ausbau der Planungsinstrumente namentlich durch eine Umweltgrundlagenplanung sollen auch die institutionellen Absicherungen verstärkt werden. Waren in der Vergangenheit die Errichtung von Bundesoberbehörden, welche spezifische Aufgaben des Umweltschutzes wahrnehmen, sowie die Bildung eines selbständigen Umweltministeriums wichtige Schritte, so empfahl der Entwurf bspw. die Einrichtung eines permanenten Rates von Sachverständigen für Umweltfragen als ein die staatliche Entscheidungsfindung begleitendes Organ (vgl. § 63 UGB-KomE). Die Vorschläge der Unabhängigen Sachverständigenkommission enthielten ein entwickeltes Konzept medienübergreifenden, integrierten Umweltschut-

---

[87] Dazu *Tomuschat* in HdbStR XI § 226Rn. 3 (10 ff.); *Sommermann,* Offene Staatlichkeit, IPE Bd. 2, 2007, § 14, 1 (11 ff.).

[88] *Steinberg* NJW 1996, 1985 (1992); *Schulze-Fielitz* in Dreier Rn. 84; *Epiney* in MKS Rn. 79 ff.

[89] Vgl. *Schmidt-Preuß* VVDStRL 56 (1997), 160 (185 ff.); *Di Fabio* VVDStRL 56 (1997), 235 (242 ff.); die Grenzen betonend *Di Fabio* VVDStRL 56 (1997), 235 (252 ff.); krit. *Huber* DVBl. 1999, 489 (491 ff.).

[90] *Hoffmann-Riem* DV 29 (1995), 425 (430 ff.); *Voßkuhle* VVDStRL 62 (2003), 266 (304 ff.).

[91] Zu den „Folgen eines Staatszieles Umweltschutz für die Organisation der öffentlichen Verwaltung" *Becker* ZfG 7 (1992), 225 (230 ff.); zur Sicherung einer übergreifenden Nachhaltigkeit vgl. *Kahl,* Nachhaltigkeit durch Organisation und Verfahren, 2016. Dieses Wächteramt können indes nur die nach § 3 Umwelt-Rechtsbehelfsgesetz anerkannten Umwelt- und Naturschutzvereinigungen wahrnehmen; zur Anerkennungspraxis näher *Lamfried* DVBl. 2020, 609 ff.

[92] BVerwG v. 6.11.2013 – 9 A 9.12 – Rn. 29 mwN.

zes, welches dem Gesetzgeber jedenfalls Optionen der Fortentwicklung des Umweltrechts nach dem aktuellen Erkenntnisstand vermittelt und daher nach wie vor Orientierung bieten kann.

Im Bereich des Tierschutzes wird vor allem in der **Tierschutz-Verbandsklage** ein wirksames Instrument gesehen, die Einhaltung der Schutzstandards zu verbessern.[93] Nachdem Bremen bereits im Jahr 2007 ein Gesetz zum Verbandsklagerecht verabschiedet hatte,[94] folgten ab 2013 weitere Bundesländer.[95] Allerdings wurde in Nordrhein-Westfalen, das zu den ersten Ländern zählt, die die Verbandsklage eingeführt haben, die Geltungsdauer nicht über den 31.12.2018 hinaus verlängert. 27

III. Auch in Verantwortung für die künftigen Generationen

Im Kontinuum einer sich ständig erneuernden Gesellschaft kann Umweltschutz nicht die künftige Entwicklung ausblenden. Er muss daher zugleich die später in die Gesellschaft eintretenden Mitglieder im Auge haben. Durch die Formel „auch in Verantwortung für die künftigen Generationen" wird ausdrücklich das bereits in der Aufklärungsphilosophie postulierte, in jüngerer Zeit nachdrücklich etwa von Hans Jonas[96] vertretene ethische Prinzip der **Nachwelt- oder Zukunftsverantwortung**[97] zum Verfassungsprinzip erhoben. Die Frage nach intergenerationeller Gerechtigkeit[98] oder – ökonomisch gewendet – nach optimaler intertemporaler Ressourcenallokation ist damit im Sinne des **Nachhaltigkeitsprinzips** beantwortet.[99] Da Art. 20a zwar die ökologische, hingegen nicht, die fiananzwirtschaftliche und soziale Nachhaltigkeit zum Verfassungsprinzip erklärt, wird teilweise die Verankerung eines allgemeinen Nachhaltigkeitsziels in das GG gefordert.[100] 28

[93] Vgl. *Ley,* Das Instrument der Tierschutz-Verbandsklage, 2018; *Groß,* Die Rechtsdurchsetzung von Tierbelangen insbersondere durch tierschutzrechtliche Verbandsklagen, 2018.

[94] Gesetz über das Verbandsklagerecht für Tierschutzvereine v. 5.10.2007, Brem.GBl. 2007, 455.

[95] *Hamburg:* Hamburgisches Gesetz über das Verbandsklagerecht für Tierschutzvereine (HmbTierSchVKG) v. 21.5.2013, HmbGVBl. 2013, 247; *Nordrhein-Westfalen:* Gesetz über das Verbandsklagerecht und Mitwirkungsrechte für Tierschutzvereine (TierschutzVMG NRW) v. 25.6.2013, GVBl. NRW. 2013, 416; *Saarland:* Gesetz über das Verbandsklagerecht für anerkannte Tierschutzverbände (TSVKG) v. 26.6.2013, Amtsbl. 2013 I, 268; *Rheinland-Pfalz:* Landesgesetz über Mitwirkungsrechte und das Verbandsklagerecht für anerkannte Tierschutzvereine (TierSchLMVG) v. 3.4.2014, GVBl. 2014, 44; *Schleswig-Holstein:* Gesetz zum Tierschutz-Verbandsklagerecht (SchlHTierSVbKlG) v. 22.1.2015, GVOBl. Schl.-H. 2015, 44; *Baden-Württemberg:* Gesetz über Mitwirkungsrechte und das Verbandsklagerecht für anerkannte Tierschutzorganisationen (TierSchMVG) v. 12.5.2015, GBl. BW 2015, 317; *Niedersachsen:* Gesetz über Mitwirkungs- und Klagerechte von Tierschutzorganisationen (TSchKG ND) v. 21.4.2017, Nds. GVBl. 2017, 108. Die Einführung entsprechender Gesetze wird in weiteren Ländern, z. B. Berlin und Sachsen, in den Landtagen beraten.

[96] *Jonas,* Das Prinzip Verantwortung. Versuch einer Ethik für die technologische Zivilisation, 1979.

[97] Näher *Sommermann,* Staatsziele und Staatszielbestimmungen, 1997, 186 ff.

[98] Vgl. *Buchholz,* Intergenerationelle Gerechtigkeit und erschöpfbare Ressourcen, 1984; *Brown Weiss,* In Fairness to Future Generations: International Law, Common Patrimony, and Intergenerational Equity, 1989.

[99] BVerfGE 118, 79 (110 f.); *Jarras* in Jarass/Pieroth Rn. 6, 10; *Schulze-Fielitz* in Dreier Rn. 35 ff.; *Glaser,* Nachhaltige Entwicklung und Demokratie, 2006, 230; *Berg* in Kahl Nachhaltigkeit als Verbundbegriff 425 (432 ff.); sa *Kahl* DÖV 2009, 2 ff., der im Hinblick auf die Gewährleistung lediglich des „ökologischen Nachhaltigkeitsprinzips" in Art. 20a die Initiative einer Verankerung der mit einem allgemeinen Nachhaltigkeitsgebot verbundenen „Generationengerechtigkeit" im Grundgesetz befürwortet.

[100] Vgl. nur *Kahl* DÖV 2009, 2 ff.; *Kahl,* Nachhaltigkeitsverfassung, 2018; *Wieland* ZUR 2016, 473 ff.

29 Ökologische Nachhaltigkeit, wie sie 1992 auch auf der Konferenz der Vereinten Nationen über Umwelt und Entwicklung in Rio de Janeiro gefordert und zu einem Leitprinzip der UN-Politik erhoben wurde („sustainable development")[101], bedeutet, dass der Umweltschutz so ausgerichtet sein muss, dass die natürlichen Lebensgrundlagen dauerhaft erhalten und gesichert werden. Art. 73 der schweizerischen Bundesverfassung von 1999 konkretisiert das Nachhaltigkeitsprinzip dahin, dass der Staat verpflichtet sei, „ein auf Dauer ausgewogenes Verhältnis zwischen der Natur und ihrer Erneuerungsfähigkeit einerseits und ihrer Beanspruchung durch den Menschen andererseits" anzustreben.[102] Eine weitergehende Konkretisierung findet sich in § 4 UGB-KomE. Anhaltspunkte liefert auch das Völkerrecht, wo der Begriff bereits Anfang der 80er Jahre – zunächst in der Verbindung „nachhaltige Entwicklung" (sustainable development) – gebraucht wurde.[103]

30 Nachhaltigkeit umfasst namentlich das **Gebot der Ressourcenschonung,** welches sparsamen Umgang mit nicht erneuerbaren und bestandserhaltendes Wirtschaften mit nachwachsenden Rohstoffen fordert.[104] Auf der Ebene des Landesverfassungsrechts verankern zB Art. 141 Abs. 1 S. 3 Bay. Verf., Art. 10 Abs. 1 S. 3 Sächs. Verf. und Art. 39 Abs. 4 Bbg. Verf. das **Sparsamkeitsgebot** ausdrücklich.

31 Nach Satzbau und Entstehungsgeschichte **bezieht sich die Nachhaltigkeitsklausel** nicht nur auf den Schutz der natürlichen Lebensgrundlagen, sondern **auch auf den Tierschutz.** Was den Schutz der Tiere als Einzelwesen anbetrifft, so kann freilich aus dem Wohl künftiger Generationen kein Maßstab für den aktuell aufgegebenen Tierschutz hergeleitet werden. Dass praktizierter Tierschutz letztlich auch ethikbildend in die Zukunft wirkt, ist lediglich eine mögliche Folgewirkung, nicht hingegen ein schutzbestimmendes Kriterium. Der Begründung des Gesetzentwurfs[105] ist in diesem Sinne einschränkend zu entnehmen, dass sich die Nachhaltigkeitsklausel auf den Schutz der „Tiere als Gattung" beziehe. Allerdings war der im Interesse der Entfaltungsmöglichkeiten künftiger Generationen zu gewährende Artenschutz vor der Grundgesetzänderung von 2002 bereits von den „natürlichen Lebensgrundlagen" umfasst (→ Rn. 32 ff.). Soll die Nachhaltigkeitsklausel in Bezug auf den Satzteil „und die Tiere" nicht leer laufen, so muss der die Fauna betreffende Artenschutz nunmehr vorrangig in ihm und nur subsidiär in den „natürlichen Lebensgrundlagen" verortet werden.[106]

IV. Die natürlichen Lebensgrundlagen

32 Mit den natürlichen Lebensgrundlagen ist **die natürliche Umwelt** des Menschen gemeint.[107] Dabei erscheint der Streit, ob die natürliche Umwelt um ihrer selbst willen zu schützen ist (sogenannter ökozentrischer Ansatz) oder nur in ihrer Funktion für den Menschen (sogenannter anthropozen-

---

[101] Vgl. die Grundsätze der Rio-Erklärung v. 14.6.1992 (oben Fn. 66). Näher dazu *Katja Gehne,* Nachhaltige Entwicklung als Rechtsprinzip, 2011, 12 ff., 122 ff.

[102] *Glaser,* Nachhaltige Entwicklung und Demokratie, 2006, 91 ff.

[103] Vgl. *Schröder* AVR 34 (1996), 251 ff.; *Beyerlin* in Wolfrum Enforcing Environmental Standards 95 ff.; *Epiney/Scheyli,* Strukturprinzipien des Umweltvölkerrechts, 1998, 36 ff.; *Katsos,* Nachhaltiger Schutz des kulturellen Erbes, 2011, 42 ff.

[104] *Murswiek* in Sachs Rn. 37 f.; *Schulze-Fielitz* in Dreier Rn. 39 f.

[105] BT-Drs. 14/8860, 3.

[106] Bei gleichem Ausgangspunkt aA *Faller,* Staatsziel „Tierschutz", 2005, 147 f.

[107] *Scholz* in Maunz/Dürig Rn. 36; *Jarras* in Jarass/Pieroth Rn. 3; *Schulze-Fielitz* in Dreier Rn. 32 ff.

trischer Ansatz), müßig.[108] Insbesondere dadurch, dass der Schutz der natürlichen Lebensgrundlagen ausdrücklich auf künftige Generationen erstreckt wird, können auch aus anthropozentrischer Sicht von dem Schutzbereich des Art. 20a nicht von vornherein solche Tier- oder Pflanzenarten bzw. deren natürliche Lebensgrundlagen ausgenommen werden, deren Bedeutung als Lebensgrundlage des Menschen derzeit nicht ohne weiteres erkennbar ist. Denn zum einen kann der Schutz der natürlichen Lebensgrundlagen nicht allein auf die schlichte Subsistenz des Menschen abzielen, sondern muss im Kontext des GG auch in seiner Bedeutung für die Entfaltung des Menschen als geistig-sittliches Wesen betrachtet werden, welches die Vielfalt der natürlichen Umwelt in immer neuen Formen und Beziehungen in seine Lebensgestaltung einbezieht; zum anderen decken die Lebens- und Umweltwissenschaften immer neue Interdependenzen zwischen den verschiedenen Lebewesen, Pflanzen und ihren Lebensräumen auf, so dass die natürlichen Lebensgrundlagen das Ökosystem insgesamt umfassen.

Die natürliche Umwelt umfasst somit die Medien **Boden, Wasser und** 33 **Atmosphäre** (Luft und Ozonschicht), einschließlich des **Klimas,**[109] sowie alle **Tiere, Pflanzen und Mikroorganismen,** gleich ob es sich um aus der Evolution hervorgegangenes Leben oder um Züchtungen durch den Menschen handelt. Geschützt wird zugleich das **Wirkungsgefüge zwischen den genannten Naturgütern,**[110] insbes. auch die Biotope als Lebensräume für Tiere und Pflanzen sowie die Landschaft, in der sie sich befinden und die die Lebenswirklichkeit des Menschen maßgeblich prägt.[111] Indem der verfassungsändernde Gesetzgeber auf die natürlichen Lebensgrundlagen abgestellt hat, verschließt er nicht die Augen vor der Tatsache, dass der Mensch notwendig immer auch die natürliche Umwelt verändert.[112] Auch das Ergebnis dieser Veränderung ist geschützt,[113] soweit dadurch Leben gefördert wird. Umweltschutz und Kulturgüterschutz besitzen eine gemeinsame Schnittmenge.[114] Aus Art. 20a kann daher nicht ohne weiteres ein Auftrag zur Durchführung von Renaturierungsmaßnahmen hergeleitet werden, welche auf eine Annäherung an den natürlichen Zustand gerichtet sind, der ohne die Kultivierung durch den Menschen bestehen würde. Leitend muss das Prinzip der Funktionsfähigkeit des Naturhaushaltes sein. Dabei kommt dem Gesetzgeber ein weiter Einschätzungsspielraum zu.

Die natürlichen Lebensgrundlagen erfassen die **Fauna und Flora in ihrer** 34 **kollektiven Dimension.** Geschützt werden mithin die Arten, nicht das einzelne Individuum. Diese sich bereits aus dem Wortlaut („Grundlagen")

---

[108] Zur Unterscheidung der Ansätze vgl. *Bock,* Umweltschutz im Spiegel von Verfassungsrecht und Verfassungspolitik, 1990, 211 ff.; *Sommermann,* Staatsziele und Staatszielbestimmungen, 1997, 192 ff.; eine ökozentrische Ausrichtung des Art. 20a nimmt an: *Murswiek* in Sachs Rn. 22 ff.; für ein anthropozentrisches Verständnis *Scholz* in Maunz/Dürig Rn. 38 ff.; *Kloepfer* DVBl. 1996, 73 (77); *Schulze-Fielitz* in Dreier Rn. 29 ff.; *Epiney* in MKS Rn. 24 ff.

[109] BVerwGE 125, 68 (71, 73); BVerwG v. 27.11.2018 – 9 A 10.17 – Rn. 45; BVerwG v. 13.12.2018 – 3 B 37.17 – Rn. 7; BGHZ 134, 1 (28 f.); 155, 141 (150); *Gärditz* DVBl. 2010, 214 (219); *Attendorn* NVwZ 2012, 1569 (1570); zum Klima als „globalem Schutzgut" und entsprechenden aus Art. 20a GG abzuleitenden Schutzpflichten *Groß* ZUR 2009, 364 (367). Vgl. auch oben Rn. 9.

[110] Zur Terminologie vgl. auch § 2 Ziff. 2 UGB-KomE.

[111] Zum Schutz des Landschaftsbildes BVerwG NVwZ 1998, 852 (853).

[112] Zur stetigen Veränderung der Natur selbst BVerwG NVwZ 2005, 589.

[113] *Epiney* in MKS Rn. 17 f.; *Scholz* in Maunz/Dürig Rn. 36; *Henneke* NuR 1995, 325 (329); *Wolf* KritV 80 (1997), 280 (289).

[114] Vgl. *Katsos,* Nachhaltiger Schutz des kulturellen Erbes, 2011, 288 ff.

ergebende Interpretation wird durch die Entstehungsgeschichte bestätigt; seinerzeit sollte demgemäß der individuelle Tierschutz ausgeklammert werden.[115] Zu den „von Art. 20a GG geschützten Umweltgütern gehören auch die Erhaltung der biologischen Vielfalt und die Sicherung eines artgerechten Lebens bedrohter Tier- und Pflanzenarten".[116] Seit der Einfügung der Klausel „und die Tiere" in Art. 20a GG im Jahre 2002 ist freilich nicht nur der individuelle Tierschutz dort verankert, sondern auch der Tierartenschutz. Die Klausel der „natürlichen Lebensgrundlagen" kommt insoweit nur subsidiär zur Anwendung (→ Rn. 31, → Rn. 39).

35 Art. 20a kann **nicht eine Verankerung von „Eigenrechten" der Natur** entnommen werden, deren Anerkennung mehrere einen ökozentrischen Ansatz vertretende Autoren fordern.[117] Abgesehen davon, dass es für ein solches Konzept im Normtext des Art. 20a keinen Anhaltspunkt gibt, begegnet der Eigenrechte-Ansatz auch grundsätzlichen Bedenken: Er verschleiert, dass Rechte der Natur nicht von dieser, sondern nur vom Menschen definiert werden können[118] und diejenigen, welche die Rechte treuhänderisch wahrnehmen sollen, nur über menschliches Erkenntnisvermögen verfügen, mithin die „Interessen" der Natur letztlich nur aus anthropozentrischer Perspektive wahrnehmen können.

36 Im Übrigen wird durch Art. 20a nicht die außerhalb der genannten Umweltmedien und Naturgüter liegende Umwelt im weiteren Sinne geschützt. **Nicht erfasst** wird die soziale, politische, ökonomische und kulturelle Sphäre,[119] wobei insbes. die beiden letztgenannten Bereiche, etwa soweit es um bestimmte Formen der Landwirtschaft oder um Kulturdenkmäler geht, enge Verknüpfungen zur natürlichen Umwelt aufweisen können (→ Rn. 36). Notwendige Abgrenzungen müssen dem Gesetzgeber vorbehalten bleiben.

V. Und die Tiere

37 Mit der Einfügung der Klausel „und die Tiere" in das GG hat der Tierschutz ebenfalls Verfassungsrang gewonnen[120] und kann somit auch gegenüber vorbehaltlos gewährten Grundrechten einschränkende Wirkung entfalten (→ Rn. 45, → Rn. 53). Die damit vollzogene **Anerkennung eines Eigenwertes der Tiere** kann man als pathozentrischen (dh an das Leiden und folglich Mitgefühl anknüpfenden) ethischen Ansatz deuten.[121] Dies **ändert** indes **nichts an der prinzipiell anthropozentrischen Ausrichtung des GG** (→ Rn. 32), die in der Struktur des Grundrechtskatalogs mit der Menschenwürde als höchstem Gut (Art. 1) zum Ausdruck kommt. Als Ziel-

---

[115] Vgl. BT-Drs. 12/6000, 68 ff.

[116] BVerfGE 128, 1 (37) = NVwZ 2011, 94 Rn. 137.

[117] Vgl. *Bossmann* KJ 1986, 1 ff.; *Erbel* DVBl. 1986, 1235 ff.; *Leimbacher,* Die Rechte der Natur, 1988; *Weber,* Die Erde ist nicht Untertan: Grundrechte für Tiere und Umwelt, 1990.

[118] Vgl. *v. Lersner* NVwZ 1988, 988 (990); *Sommermann,* Staatsziele und Staatszielbestimmungen, 1997, 194 f.; *Epiney* in MKS Rn. 26; *Faller,* Staatsziel „Tierschutz", 2005, 112 f.

[119] Vgl. *Schulze-Fielitz* in Dreier Rn. 33; Epiney in MKS Rn. 18.

[120] Zu früheren Ansätzen, den Verfassungsrang des Tierschutzes zu begründen, *Fielenbach,* Die Notwendigkeit der Aufnahme des Tierschutzes in das Grundgesetz, 2005, 145 ff.

[121] So namentlich *Caspar/Geissen* NVwZ 2002, 913; zum Begriff näher *Caspar,* Tierschutz im Recht der modernen Industriegesellschaft, 1999, 51, 109 ff. Vgl. auch BVerfGE 127, 293 (328): Durch die Aufnahme des Tierschutzes in Art. 20a GG „sollte der ethisch begründete Schutz des Tieres, wie er bereits Gegenstand des Tierschutzgesetzes war, gestärkt werden".

bestimmung für das Handeln des Staates können Art. 20a **keine Eigenrechte der Tiere** entnommen werden.[122]

Der Tierschutz findet nicht nur in seiner individuellen Dimension, sondern **auch in seiner kollektiven Dimension** in der neu eingefügten Klausel seine normative Grundlage (→ Rn. 34).[123] **Erfasst werden Tiere aller Arten.**[124] Schutz hat der Gesetzgeber auch gegen nicht durch andere Verfassungswerte zu rechtfertigende „biologische Erfindungen" zu gewähren, so z. B. Qualzüchtungen.[125] Gemäß der Zielsetzung des verfassungsändernden Gesetzgebers, die „ethisch-sittliche Verantwortung des Menschen insbes. gegenüber höher entwickelten, leidens- und empfindungsfähigen Tieren im Verfassungsrecht stärker zu akzentuieren",[126] richtet sich freilich die **Reichweite der Unterlassungs- und Schutzpflichten** des Staates gegenüber den einzelnen Tieren **nach deren Leidens- und Empfindungsfähigkeit.**[127] Eine entsprechende Stufung liegt dem geltenden Tierschutzrecht zugrunde, wenngleich die Wahrung entsprechender Standards namentlich hinsichtlich der Nutztiere zweifelhaft ist.[128] 38

Eine trennscharfe **Abgrenzung** zwischen dem Tierschutz einerseits und dem Schutz der natürlichen Lebensgrundlagen andererseits wird häufig nicht möglich sein. Wenn es, wie im Regelfall, um Artenschutz durch Erhaltung der natürlichen Lebensräume der Tiere geht, dürften beide Aspekte betroffen sein. Auch beim Tierschutz können im Übrigen der individuelle und der kollektive (artenbezogene) Schutz Hand in Hand gehen, wie etwa die Verordnung (EG) Nr. 1185/2003 des Rates v. 26.6.2003 über das Abtrennen von Haifischflossen an Bord von Schiffen (sog. „Finning") zeigt.[129] 39

VI. Im Rahmen der verfassungsmäßigen Ordnung

Die verfassungsmäßige Ordnung wird durch **die Normen des GG** gebildet.[130] Durch die Bezugnahme wollte der verfassungsändernde Gesetzgeber „die prinzipielle Gleichordnung des Umweltschutzes und des Tierschutzes mit anderen Verfassungsprinzipien und Verfassungsrechtsgütern" sicherstellen.[131] 40

---

[122] Vgl. *Schulze-Fielitz* in Dreier Rn. 56; → Rn. 32. – Für einen „Paradigmenwechsels vom objektivrechtlichen zu einem subjektivrechtlichen Tierschutz" tritt z. B. *Stucki,* Grundrechte für Tiere: Eine Kritik des geltenden Tierschutzrechts und rechtstheoretische Grundlegung von Tierrechten im Rahmen einer Neupositionierung des Tieres als Rechtssubjekt, 2016, ein.

[123] AA *Schulze-Fielitz* in Dreier Rn. 55; *Jarass* in Jarass/Pieroth Rn. 12; *Murswiek* in Sachs Rn. 31b.

[124] Vgl. entspr. zum Tierschutzgesetz *Lorz/Metzger,* Tierschutzgesetz, 7. Aufl. 2019, § 1 Rn. 6; *Hirt/Maisack/Moritz,* Tierschutzgesetz, 3. Aufl. 2016, § 1 Rn. 11.

[125] *Isabel Westermayer,* Die Patentierung gentechnisch veränderter Tiere im Hinblick auf die Schranke der öffentlichen Ordnung und der guten Sitten, 2013, 156 ff. Zum Verbot der Qualzüchtung oder entsprechender gentechnischer Veränderungen vgl. § 11b Tierschutzgesetz.

[126] Rechtsausschuss, BT-Drs. 14/9090, 4.

[127] Vgl. *Kloepfer* in BK Rn. 66; *Murswiek* in Sachs Rn. 51a; *Schulze-Fielitz* in Dreier Rn. 62.

[128] Zu den Unzulänglichkeiten der Tierschutz-Nutztierhaltungsverordnung eingehend *Felde,* Verhaltensgerecht: Tierschutzrelevantes Wissen in Gesetzgebung, Verwaltungsverfahren und Verwaltungsprozess, 2019, 180 ff.

[129] ABl. 2003 L 167, 1, geändert durch Verordnung (EU) Nr. 605/2013 des Europäischen Parlaments und des Rates v. 12.6.2013, ABl. 2013 L 181, 1.

[130] Entspr. zu Art. 20 *Schnapp* → Art. 20 Rn. 42; *Sommermann* in MKS Rn. 250 ff.

[131] BT-Drs. 12/6000, 65, 67; BVerfGE 102, 1 (18). „Niederrangigkeit gegenüber den Grundsätzen der Art. 1 und 20 GG" nimmt *Faller,* Staatsziel „Tierschutz", 2005, 105 f., an.

Dass weder Umwelt- noch Tierschutz durch Art. 20a prinzipiell den anderen Verfassungsprinzipien übergeordnet werden, ergibt sich freilich bereits aus den allgemeinen Grundsätzen der Verfassungsrechtsdogmatik, insbes. der in Art. 20 Abs. 3 niedergelegten Bindung des Gesetzgebers an die Verfassung in ihrer Gesamtheit. **Im Falle des Konfliktes** mit anderen Verfassungsprinzipien ist, wie sonst auch, ein „angemessener Ausgleich"[132] herzustellen,[133] wobei insbes. der jeweilige Grad der Zielbetroffenheit eine Rolle spielt.[134] Bei der Konfliktlösung bzw. der grundsätzlichen Zuordnung der verschiedenen Staatsziele kommt dem Gesetzgeber eine Einschätzungsprärogative zu.[135] Die vollziehende Gewalt kann den Bürger belastende Umweltschutzmaßnahmen ohnehin nicht unmittelbar auf Art. 20a stützen, sondern bedarf dazu einer gesetzlichen Ermächtigungsgrundlage (→ Rn. 48). Die Klausel „im Rahmen der verfassungsmäßigen Ordnung" verweist somit auf eine Selbstverständlichkeit. Ihr kommt allenfalls eine Warnfunktion zu.[136]

VII. Durch die Gesetzgebung

41 Die **Hervorhebung der Rolle des Gesetzgebers** bei der Ausgestaltung des Schutzes der natürlichen Lebensgrundlagen entspricht der allgemeinen Dogmatik der Staatszielbestimmungen. Als offen formulierte Staatszielbestimmung weist Art. 20a dem unmittelbar demokratisch legitimierten Gesetzgeber nicht nur die **Konkretisierung der Zielverwirklichung,** dh die Wahl des Weges und der Mittel zu (→ Rn. 23), sondern weitgehend **auch die Konkretisierung des Zielbereiches.**[137] Dies bedeutet, dass dem Gesetzgeber sowohl bei der Definition des Umwelt- und Tierschutzzieles als auch bei seiner Verwirklichung eine Einschätzungsprärogative, ein „weiter Gestaltungsspielraum"[138] zukommt.[139] Hinsichtlich des Tierschutzgebots hat der Gesetzgeber auf einer ersten Konkretisierungsstufe in § 1 Tierschutzgesetz[140] erstens als Zweck des Gesetzes bestimmt, aus der Verantwortung des Menschen für das Tier als Mitgeschöpf dessen Leben und Wohlbefinden zu schützen, und zweitens das staatliche Stellen wie Bürger bindende Verbot

---

Zutr. ist zwar, dass die Grundsätze der Art. 1 u. 20 GG im Unterschied zu denen des Art. 20a GG gem. Art. 79 Abs. 3 GG änderungsfest sind; daraus folgt indes keine automatische Hierarchisierung im Verhältnis zu den unter Wahrung des Art. 79 Abs. 3 GG durch Verfassungsänderung zustande gekommenen Verfassungsprinzipien. Eine andere Frage ist, ob die Menschenwürde nach dem Normgehalt des Art. 1 GG einen besonderen Schutz genießt und ob bei der Verwirklichung von Staatszielen nicht stets die Staatsstrukturprinzipien des Art. 20 GG zu beachten sind (→ Rn. 46). Durch Abwägung zu lösende Zielkonflikte zwischen Art. 20 u. 20a GG sind letztlich nur im Hinblick auf das Sozialstaatsprinzip denkbar.

[132] *Lerche* in HdbStR V, 1. Aufl. 1992, § 122 Rn. 3 ff., eine „praktische Konkordanz" (*Hesse* Verfassungsrecht Rn. 317 ff.).

[133] Vgl. *Wolf* KritVj. 80 (1997), 280 (303).

[134] *Sommermann,* Staatsziele und Staatszielbestimmungen, 1997, 413 ff.

[135] Vgl. BVerwG 13.6.2019 – 3 C 28.16 – Rn. 20: „Es ist vorrangig Aufgabe des Gesetzgebers, den Tierschutz zu einem gerechten Ausgleich mit widerstreitenden Grundrechten zu bringen …".

[136] Vgl. *Henneke* NuR 1995, 325 (330): „deklaratorische und symbolische Bedeutung".

[137] Näher *Sommermann,* Staatsziele und Staatszielbestimmungen, 1997, 377 ff., 427 ff.

[138] Zum Umweltschutz: BVerfGE 118, 79 (110); zum Tierschutz: BVerfGE 127, 293 (328).

[139] Vgl. auch BVerwG 23.2.2011 – 8 C 50.09 – Rn. 48, BeckRS 2011, 50593; vgl. auch BVerwG 13.6.2019 – 3 C 28.16 – Rn. 20.

[140] IdF v. 18.5.2006, BGBl. 2006 I 1206, zuletzt geändert durch G v. 20.11.2019 (BGBl. I S. 1626).

statuiert, einem Tier ohne vernünftigen Grund Schmerzen, Leiden oder Schäden zuzufügen. Dieses Konzept stand auch dem verfassungsändernden Gesetzgeber vor Augen.

Wie jedes abstrakte Staatsziel enthält auch Art. 20a neben dem vom Gesetzgeber zu konkretisierenden Zielhof einen justiziablen Zielkern,[141] der die Schaffung von Mindestvoraussetzungen für einen wirksamen Umwelt- bzw. Tierschutz durch den Gesetzgeber zwingend vorschreibt.[142] Im Sinne einer funktionsgerechten Kompetenzverteilung, insbes. im Hinblick auf die Aufrechterhaltung eines zukunftsoffenen demokratischen Willensbildungsprozesses, muss eine verfassungsgerichtliche Überprüfung allerdings auf eine **Evidenzkontrolle** beschränkt bleiben.[143] **42**

Der **Zielkern** dürfte im Hinblick auf das Umweltschutzziel zum einen **dann verletzt** sein, wenn der Gesetzgeber angesichts erheblicher neuer Umweltgefahren untätig bleibt, obwohl geeignete gesetzliche Grundlagen zur Bekämpfung der Gefahr fehlen, zum anderen dann, wenn er bei der Regelung (auch) umweltrelevanter Materien wesentliche Aspekte des Umweltschutzes offenkundig außer Acht lässt. Hinsichtlich des Tierschutzziels ist an eine Verletzung insbes. dann zu denken, wenn die vom Gesetzgeber vorgesehenen Schutzinstrumente offensichtlich ineffektiv bleiben. Im Falle gesetzgeberischen Unterlassens kann, da bisher spezielle Verfahren zur Feststellung einer Verfassungswidrigkeit durch Unterlassung fehlen (anders etwa in Portugal, vgl. dort Art. 283 der Verfassung von 1976 idF von 2005, oder – bis 2010 – in Ungarn, vgl. § 49 des damaligen ungarischen Verfassungsgerichtsgesetzes), eine verfassungsgerichtliche Kontrolle in der Regel allenfalls auf indirektem Wege, insbes. wenn an eine Grundrechtsverletzung angeknüpft werden kann, erfolgen.[144] **43**

Der Schutzauftrag an den Gesetzgeber reicht indes weiter als der durch den Zielkern gekennzeichnete (justiziable) Kontrollbezirk des Art. 20a. Aufgabe des Gesetzgebers ist es, das Ziel des Umweltschutzes mit den anderen Verfassungszielen in Einklang zu bringen. Im Sinne eines **Optimierungsgebotes**[145] ist ein möglichst hohes Maß an Zielverwirklichung nur insoweit anzustreben, als dies ohne unverhältnismäßige Beeinträchtigung anderer Verfassungswerte geschehen kann.[146] Dabei ist neben dem abstrakten Rang der konfligierenden Verfassungswerte der Grad ihrer Betroffenheit durch die konkrete Regelung zu berücksichtigen. Der stetige Wandel der Wirklichkeit, insbes. der Umweltbedingungen und der wirtschaftlichen Verhältnisse, stellt zudem die Zielverwirklichungsfrage immer wieder neu. Der nach eingehender Abwägung[147] gefundene Ausgleich zwischen verschiedenen Zielen und Verfassungsgütern kann sich rasch als nur vorübergehende Lösung er- **44**

---

141 Vgl. *Sommermann,* Staatsziele und Staatszielbestimmungen, 1997, 384, 402 f.

142 Von veränderbaren „umweltrechtlichen Kerngehalten" spricht *Kloepfer* in BK Rn. 35.

143 Entsprechend zu energiepolitischen Grundentscheidungen BVerfGE 134, 242, 339; vgl. im Übrigen *Müller-Bromley,* Staatszielbestimmung Umweltschutz im Grundgesetz?, 1990, 134; *Uhle* DÖV 1993, 947 (952); *Henneke* NuR 1995, 325 (331); näher *Sommermann,* Staatsziele und Staatszielbestimmungen, 1997, 437 ff.

144 Zur verfassungsgerichtlichen Kontrolle der Verfassungswidrigkeit durch Unterlassen *Schlaich/Korioth,* Das Bundesverfassungsgericht, 11. Aufl. 2018, 229, 408 ff.

145 So auch BVerwG NVwZ 2006, 690 Rn. 19 (Rn. 19 in BVerwGE 125, 68 ff., nicht abgedr.); *Schulze-Fielitz* in Dreier Rn. 23; *Murswiek* in Sachs Rn. 53.

146 Vgl. *Sommermann,* Staatsziele und Staatszielbestimmungen, 1997, 360 f., 411 ff.; sa *Behrends* KJ 33 (2000), 376 (378).

147 Vgl. *Frenz,* Nachhaltige Entwicklung nach dem Grundgesetz, in Jahrbuch des Umwelt- und Technikrechts 1999, 37 (46 ff.).

weisen, so etwa, wenn diese einer neu eintretenden besonderen Gefährdung eines der Ziele nicht gerecht wird. Da Umwelt- und Tierschutzziel in das verfassungsrechtliche Zielgefüge einzuordnen sind, kann Art. 20a auch **kein ausnahmsloses Verschlechterungsverbot,** dh kein Verbot eines Zurückgehens des Gesetzgebers hinter den einmal erreichten Status quo des Umweltschutzes entnommen werden.[148] Eine Entfernung von dem Umweltschutz- und dem Tierschutzziel ist allerdings nur dann gerechtfertigt, wenn die Gefährdung eines konfligierenden Staatszieles schwerer wiegt und nicht anders abgewendet werden kann, dem Gesetzgeber also andere, die bestehenden Umwelt- und Tierschutzstandards nicht beeinträchtigende Wege nicht zur Verfügung stehen. Ein Überwiegen konfligierender Ziele wird dabei kaum in Betracht kommen, wenn die Absenkung des Schutzstandards irreparable Verluste von Naturgütern bzw. unmittelbar (nicht zB erst ein durch Veränderung des Lebensraums eintretendes mögliches) Leiden von Tieren zur Folge hätte. Im Zweifel kommt insoweit wiederum die Einschätzungsprärogative des Gesetzgebers zum Tragen.[149]

45 Dadurch, dass Art. 20a dem Umweltschutz und dem Tierschutz Verfassungsrang verleiht, hat sich der **Spielraum des Gesetzgebers bei der Einschränkung von Grundrechten zum Schutz der Umwelt und der Tiere erweitert.** Soweit es zugleich um den Schutz der Gesundheit der Bevölkerung ging, konnte freilich bereits bisher ein mit Verfassungsrang ausgestatteter Rechtswert, nämlich die Schutzpflicht aus Art. 2 Abs. 2, im Rahmen der Verhältnismäßigkeitsprüfung in Ansatz gebracht werden (→ Rn. 50). Zusätzliche Spielräume bestehen nunmehr vor allem im Bereich von Schutzmaßnahmen, die nicht unmittelbar die körperliche Integrität einzelner berühren. Als mit Verfassungsrang ausgestatteter Rechtswert kann auch der Tierschutz vorbehaltlos gewährte Grundrechte einschränken. Dies gilt für die Kunstfreiheit ebenso wie für die Religionsausübungsfreiheit und die Wissenschaftsfreiheit (→ Rn. 51). Aus einer sorgfältigen Verhältnismäßigkeitsprüfung ist der Gesetzgeber damit freilich nicht entlassen. Er hat den hohen Stellenwert zu berücksichtigen, den der Grundgesetzgeber den an die Spitze des Verfassungstextes gestellten Grundrechten eingeräumt hat.

VIII. Und nach Maßgabe von Gesetz und Recht durch die vollziehende Gewalt und die Rechtsprechung

46 Auch die Klausel, dass vollziehende Gewalt und Rspr. den Umweltschutzauftrag „nach Maßgabe von Gesetz und Recht" wahrnehmen, bringt **eine Selbstverständlichkeit** zum Ausdruck.[150] Die Bindung dieser beiden Gewalten an Gesetz und Recht ist allgemein in Art. 20 Abs. 3 verankert. Eigenständige Bedeutung käme der Klausel nur zu, wenn man sie so auslegen wollte, dass weder die vollziehende Gewalt noch die Rspr. den Schutzauftrag des Art. 20a bei ihrer Ermessensausübung bzw. Gesetzesinterpretation heranziehen dürften, somit gleichsam hinsichtlich Art. 20a verfassungsblind bleiben müssten. Es wäre indes systemwidrig, wollte man Art. 20a in diesem Sinne als

[148] *Kloepfer* DVBl. 1996, 73 (80); wohl auch *Kloepfer* in BK Rn. 47; *Schink* DÖV 1997, 221 (226 f.); aA, allerdings Kompensationsmaßnahmen zulassend *Murswiek* in Sachs Rn. 44; *Schulze-Fielitz* in Dreier Rn. 44, 71; *Epiney* in MKS Rn. 65 ff.; *Jarass* in Jarass/Pieroth Rn. 11; *Waechter* NuR 1996, 321 (326); *Ekardt* SächsVBl. 1998, 49 (55).

[149] Vgl. *Schulze-Fielitz* in Dreier Rn. 45, 71.

[150] Vgl. *Sommermann* DVBl. 1991, 34 (35 f.).

reinen Gesetzgebungsauftrag deuten.[151] Der Formel „Recht und Gesetz" in Art. 20 Abs. 3 wird zu Recht eine unmittelbare Bindung der Exekutive und der Judikative auch an das Verfassungsrecht entnommen.[152] Andernfalls ließe sich überdies nicht erklären, warum die Gerichte ein Gesetz, welches sie für verfassungswidrig halten, dem BVerfG vorzulegen haben (Art. 100 Abs. 1). Dass dies im Falle des Umweltschutzzieles nicht anders sein kann, ergibt sich auch daraus, dass Art. 20a den Schutzauftrag dem Staat insgesamt erteilt. Im Übrigen bestätigt die Entstehungsgeschichte, dass eine Staatszielbestimmung und nicht ein isolierter Gesetzgebungsauftrag geschaffen werden sollte.[153]

Vollziehende Gewalt und Rspr. haben demgemäß den Umwelt- und Tier- **47** schutzauftrag des Art. 20a **im Rahmen der Auslegung der Gesetze,** namentlich bei der Interpretation unbestimmter Rechtsbegriffe, **zu berücksichtigen.**[154] Im Zweifel haben sie davon auszugehen, dass der Gesetzgeber eine umwelt- bzw. tierschützende oder -schonende Lösung ermöglichen wollte. Im Hinblick auf die Konkretisierungsprärogative des Gesetzgebers darf die Auslegung im Lichte des Art. 20a jedoch nicht dazu führen, den klar erkennbaren Willen des Gesetzgebers, anderen Zielen in der spezifischen Konfliktlage ein höheres Gewicht beizumessen, zu konterkarieren.[155]

Zu berücksichtigen sind das Umweltschutzziel und das Tierschutzziel auch **48** **bei Ermessens- und Planungsentscheidungen.**[156] Für die betreffende Behörde wirkt das Ziel des Art. 20a als „innere Ermessensschranke";[157] bei notwendigen Abwägungen hat sie den Verfassungsrang des Umweltschutzes zu berücksichtigen.[158] Sowohl bei der Auslegung der Gesetze als auch im Rahmen von Ermessensbetätigung oder Abwägungen müssen die Gerichte bzw. Behörden jedoch immer das Gesamtzielgefüge der Verfassung im Auge behalten und dürfen bei gleicher Zielbetroffenheit nicht einseitig dem Umwelt- oder Tierschutz den Vorrang geben.

Als Staatszielbestimmung kann Art. 20a für die Exekutive **nicht eigen- 49** **ständige Ermächtigungsgrundlage für Grundrechtseingriffe** sein.[159] Dies ergibt sich bereits aus den speziellen Grundrechtsvorbehalten sowie dem allgemeinen Vorbehalt des Gesetzes. Die Klausel in Art. 20a „nach Maßgabe von Gesetz und Recht" weist darauf nochmals hin. Für das Polizei- und Ordnungsrecht der Länder bedeutet dies, dass – soweit nicht ohnehin sondergesetzliche Vorschriften bestehen – Maßnahmen zur Abwehr von Gefahren für die Umwelt bzw. zur Sicherstellung des Tierschutzes grundsätzlich nur bei der Verletzung umwelt- bzw. tierschützender gesetzlicher oder auf deren Grundlage erlassener Verordnungs- oder Satzungsnormen getroffen werden dürfen. Liegen derartige Normen nicht vor, so kann eine eingriffsrechtfertigende Gefährdung der öffentlichen Sicherheit jedoch dann angenommen werden, wenn der justiziable Zielkern des Art. 20a (→ Rn. 41 f.) betroffen

[151] In diese Richtung aber BVerwG Buchholz 406.11 § 1 BauGB Nr. 113 Rn. 3.
[152] BVerfGE 78, 214 (227).
[153] Vgl. den Bericht der GemVerfKom., BT-Drs. 12/6000, 65 ff.
[154] BVerwG NVwZ 1998, 1080 (1081); 2006, 595 (597).
[155] BFH NuR 1998, 621 (622); *Scholz* in Maunz/Dürig Rn. 57 f.; *Becker* DVBl. 1995, 713 (718); *Westphal* JuS 2000, 339 (343).
[156] BVerwG NVwZ 2006, 595 ff.; OVG Schleswig-Holstein NordÖR 2010, 79 (80).
[157] *Leisner,* Fünfzig Jahre freiheitlich-demokratischer Rechtsstaat, 1999, 65 (78).
[158] Zur entsprechenden Gewichtung im Bauplanungs- und Naturschutzrecht OVG Münster NWVBl. 1998, 405.
[159] *Klein* DVBl. 1991, 729 (733); *Jarass* in Jarass/Pieroth Rn. 15; *Scholz* in Maunz/Dürig Rn. 57; *Schulze-Fielitz* in Dreier Rn. 75.

ist.[160] Dieser Fall dürfte indes nicht praktisch werden, solange die Mindestvoraussetzungen für einen wirksamen Umwelt- und Tierschutz durch den Gesetzgeber gewährleistet werden.

C. Verhältnis zu anderen Bestimmungen des Grundgesetzes

50 Art. 20a ist Teil des Zielgefüges des GG (→ Rn. 52), zu dem namentlich die in Art. 1 und den nachfolgenden Grundrechten konkretisierte (materielle) Rechtsstaatlichkeit, dh die Verpflichtung des Staates auf den Schutz der Menschenwürde und der individuellen Freiheit, sowie die in Art. 20 Abs. 1 verankerte Sozialstaatlichkeit gehört. Durch den Schritt vom sozialen Rechtsstaat zum sozialen und ökologischen Rechtsstaat wird die freiheitliche Orientierung nicht aufgegeben. Insbesondere dürfen die formell-rechtsstaatlichen Schranken (Gesetzmäßigkeit der Verwaltung, Rechtssicherheit, Verhältnismäßigkeit staatlichen Handelns usw) auch unter Berufung auf das ökologische Staatsziel oder den Tierschutz nicht durchbrochen werden.[161]

51 **Im Verhältnis zu den Grundrechten** entfalten die Ziele des Art. 20a GG teils eine verstärkende, teils eine einschränkende Wirkung. **Verstärkend** wirkt sich das Umweltschutzziel in erster Linie dort aus, wo bereits zuvor aus Grundrechten, insbes. Art. 2 Abs. 2, Schutzpflichten des Staates abgeleitet wurden, welche auf Risikovorsorge oder Schutz vor konkreten schädlichen Umwelteinwirkungen gerichtet sind.[162] Die Reichweite der grundrechtlichen Schutzpflichten ist insofern enger, als sie nur bei Betroffenheit von Grundrechtsträgern Schutzwirkung zugunsten von Umweltgütern entfaltet; sie ist größer insofern, als sie im Interesse des Grundrechtsschutzes auch punktuelle Umweltbeeinträchtigungen erfasst, die nicht an die Schwelle einer Gefährdung der natürlichen Lebensgrundlagen heranreichen. Jedenfalls soweit eine korrespondierende subjektive Rechtsposition nicht anerkannt wird (was zunehmend der Fall ist), stimmen die grundrechtlichen Schutzpflichten strukturell mit der Zielbestimmung des Art. 20a in der Hinsicht überein, dass sie den staatlichen Organen zwar ein Schutzziel vorgeben, ihnen jedoch einen weiten Einschätzungs- und Wertungsbereich einräumen;[163] man kann insoweit auch von einer Staatszieldimension der Grundrechte sprechen.[164] Im Überschneidungsbereich der grundrechtlichen Schutzpflichten und des

---

[160] Vgl. *Bock,* Umweltschutz im Spiegel von Verfassungsrecht und Verfassungspolitik, 1990, 298 f.

[161] Vgl. entspr. für das soziale Staatsziel BVerfGE 88, 203 (319); allg. *H. H. Klein* DVBl. 1991, 729 (733); *Sommermann* in MKS Art. 20 Rn. 126.

[162] BVerfGE 49, 89 (140 ff.); 53, 30 (57 ff.); 56, 54 (73 ff.); 77, 381 (402 f.); 79, 174 (201 f.); vgl. etwa auch BVerfGE 121, 317 (356 f.); zu den „grundrechtlichen Umweltschutzgewährleistungen" s. iE *Bock,* Umweltschutz im Spiegel von Verfassungsrecht und Verfassungspolitik, 1990, 125 ff.; *Tzung-Jen Tsai,* Die verfassungsrechtliche Umweltschutzpflicht des Staates, 1996, 182 ff.; *Murswiek* DV 17 (2000), 241 ff.; zur grundrechtsverstärkenden Wirkung bereits *Michel,* Staatszwecke, Staatsziele und Grundrechtsinterpretation unter besonderer Berücksichtigung der Positivierung des Umweltschutzes im Grundgesetz, 1986, 289 ff.

[163] Vgl. aus der Schutzpflichtenrechtsprechung des BVerfG auch BVerfGE 46, 160 (164 f.); 77, 170 (214 f.); 77, 381 (405); 85, 191 (212); 88, 203 (262 f.); 96, 56 (64); 115, 118 (160); 121, 317 (356 f.); aus der Litertur *E. Klein* NJW 1989, 1683 ff.; *Dietlein,* Die Lehre von den grundrechtlichen Schutzpflichten, 1992; *H. H. Klein* DVBl. 1994, 489 ff.; *Stern* DÖV 2010, 241 (248 f.); *Isensee* in HdbStR V § 191 Rn. 77 ff.; *Classen,* Staatsrecht II – Grundrechte, 2018, 92 ff.

[164] *Sommermann,* Staatsziele und Staatszielbestimmungen, 1997, 419 ff.

Schutzauftrags aus Art. 20a kann es zur Verdichtung einer Handlungspflicht des Gesetzgebers kommen.

Grundrechtseinschränkend kann die Staatszielbestimmung des Art. 20a insofern wirken, als dem Umweltschutz und dem Tierschutz dienende belastende Maßnahmen unter dem Gesichtspunkt der Verhältnismäßigkeit leichter zu rechtfertigen sind. Bei der Inhaltsbestimmung des Eigentums gem. Art. 14 Abs. 1 S. 2 können der Umweltschutz und der Tierschutz demgemäß als Rechtswerte mit Verfassungsrang zur Geltung gebracht werden.[165] Das in Art. 14 Abs. 2 u. 3 angesprochene Wohl der Allgemeinheit dehnt zugleich die Sozialpflichtigkeit des Eigentums auf eine Umwelt- oder Ökologiepflichtigkeit aus, die freilich gegenüber dem Eigentümer nicht unmittelbare Wirkung entfaltet, sondern vom Gesetzgeber konkretisiert werden muss.[166] **52**

Was die **vorbehaltlos gewährten Grundrechte** anbetrifft, so kann der **Umweltschutz** – in Übereinstimmung mit der Rspr. des BVerfG zu den verfassungsimmanenten Grenzen dieser Grundrechte[167] – vom Gesetzgeber als kollidierender Verfassungswert einschränkend zur Geltung gebracht werden.[168] Zu beachten ist allerdings, dass der Grundgesetzgeber bei der Errichtung der Grundrechtsordnung durch eine differenzierte Schrankensystematik zugleich eine unterschiedliche Abwehrkraft der Grundrechte normiert hat. Grundrechte, denen kein ausdrücklicher Vorbehalt beigefügt wurde, unterliegen strengeren Einschränkungskriterien als Grundrechte, die unter einem einfachen Gesetzesvorbehalt stehen. Dies ist auch bei der Frage der Einschränkbarkeit der Grundrechte durch Gemeinwohlelemente, die in Staatszielbestimmungen wurzeln, zu berücksichtigen. **53**

Entsprechendes gilt für den **Tierschutz** (→ Rn. 36). Ebenso wenig wie der Umweltschutz genießt er einen prinzipiellen Vorrang.[169] Bei Einschränkungen ist im Einzelnen zu prüfen, in welchem Umfang und mit welcher Intensität die jeweilige Verfassungsposition betroffen ist. Damit sind von Verfassungs wegen Ausnahmen vom Verbot des **Schächtens** im Hinblick auf die **Religionsausübungsfreiheit** zulässig und ggf. geboten, wenn zwingende religiöse Vorschriften, die in einer entsprechend konsequenten Lebenspraxis einer religiösen Gemeinschaft oder Gruppierung derselben Ausdruck finden, es gebieten und bei ihrer Befolgung ein Höchstmaß der in diesem Rahmen möglichen Schonung der Tiere gewährleistet ist.[170] Je nach Fallgestaltung kann hingegen trotz der vorbehaltlosen Statuierung der **Kunstfreiheit** in Art. 5 Abs. 3 bspw. das Töten eines Tieres im Rahmen einer künstlerischen Darbietung verboten sein.[171] Was die Zulässigkeit von **Tierversuchen** zu **54**

---

165 Vgl. zum Umweltschutz BVerfG NJW 1998, 367 (368); BVerwG NVwZ 2009, 719 Rn. 36; zum Tierschutz BVerwGE 132, 224 (231 f.); BVerwG NVwZ 2009, 1441 Rn. 36, 43.

166 So auch *Wolf* KritV 80 (1997), 280 (300); für eine von gesetzlicher Konkretisierung unabhängige Ökologiepflichtigkeit des Eigentums: *Bosselmann,* Ökologische Grundrechte, 1998, 124.

167 BVerfGE 28, 243 (261); 81, 278 (292 f.); 107, 104, 118; 128, 1, 41; 139, 19, 49 f.

168 Im Verhältnis zu Art. 5 Abs. 3, Kunstfreiheit, BVerwG UPR 1995, 309 (310); UPR 1996, 29 (30), im Verhältnis zu Art. 4 vgl. BVerwG NVwZ 1998, 852 f.

169 Vgl. BVerfGE 127, 293, 328; BVerwG 13.6.2019 – 3 C 28.16 – Rn. 20.

170 Vgl. zur Rechtslage vor Einfügung des Staatsziels „Tierschutz" das „Schächt-Urteil" des Bundesverfassungsgerichts v. 15.1.2002, BVerfGE 104, 337 ff.; dazu *Hain/Unruh* DÖV 2003, 147 (154 f.). Vgl. im Übrigen *Ungern-Sternberg,* Religionsfreiheit in Europa, 2008, 262 f.; undeutlich BVerwGE 127, 183 (186 f.).

171 Vgl. KG NStZ 2010, 175 f.

Zwecken der **Wissenschaft** anbetrifft, so sind sie umso schwerer zu rechtfertigen, je größeres Leiden sie den Versuchstieren zufügen und umso geringer der zu erwartende Erkenntnisgewinn ist. Im Übrigen müssen immer dann, wenn denselben Zweck erfüllende weniger belastende Versuchsmethoden zur Verfügung stehen, diese gewählt werden. In der Abwägung geringer zu gewichten sein werden im Hinblick auf die in der Schrankendivergenz von Art. 2 Abs. 1 u. Abs. 2 zum Ausdruck kommende Werthierarchie die Erkenntnisgewinne aus Tierversuchen, die sich auf die Entwicklung von Produkten beziehen, die nicht für die Gesundheit des Menschen wesentlich sind, sondern lediglich Annehmlichkeiten dienen. Für die vollziehende Gewalt gilt, dass sie bei der Berücksichtigung von Umwelt- und Tierschutzbelangen die Wertung des Gesetzgebers zugrunde legen muss, die gesetzlichen Bestimmungen freilich im Lichte der Grundentscheidung der Verfassung zugunsten eines Schutzes der natürlichen Lebensgrundlagen und des Tierschutzes auszulegen hat.

55 **Im Verhältnis zum Landesverfassungsrecht** könnte Art. 20a nach der Regel des Art. 31 Staatszielbestimmungen der Länder nur derogieren, wenn diese im Kompetenzbereich der Länder zwingend ein niedrigeres Schutzniveau vorschrieben und es daher zu einem Normwiderspruch käme. Dies ist indes nicht der Fall. Abgesehen davon, dass die Landesstaatsziele wie Art. 20a eine offene Zielfunktion aufweisen, gehen sie teilweise, was den Konkretionsgrad des Umwelt- und Tierschutzzieles anbetrifft, teilweise aber auch inhaltlich über die bundesrechtliche Gewährleistung hinaus.[172] Hier ist umgekehrt darauf zu achten, dass der Landesgesetzgeber sie nicht zur Rechtfertigung von Grundrechtseinschränkungen heranzieht, die nicht dem durch die Bundesgrundrechte garantierten Standard genügen.

D. Kritische Würdigung

56 Mit der Einfügung des Art. 20a in das GG im Jahre 1994 hat der verfassungsändernde Gesetzgeber dem Umstand Rechnung getragen, dass der **Umweltschutz ein nicht mehr wegzudenkendes Ziel staatlichen Handelns** ist. In seiner Bedeutung und Abstraktionshöhe liegt das ökologische Ziel auf der Ebene des sozialen Staatsziels.[173] Die im Rahmen der Diskussion über die Einfügung des Staatsziels Umweltschutz geäußerte Kritik, dass mit gleichem Recht auch die Einfügung einer Reihe anderer Staatsziele gefordert werden könne,[174] geht fehl. Hier werden die Konkretisierungsstufen der Staatsziele verkannt. Die Beschränkung des GG auf die Statuierung grundlegender Staatsziele wird durch Art. 20a nicht aufgegeben. Dies wäre hingegen wohl der Fall, wenn die meisten der sonst exemplarisch in der Debatte genannten Staatsziele in das GG eingefügt würden. Ein Staatsziel Vollbeschäftigung bspw. wird vom sozialen Staatsziel umfasst; wollte man es dennoch ausdrücklich im Verfassungsrecht verankern, müssten ihm konsequenterweise, um die Zielsymmetrie nicht zu gefährden, eine Reihe weiterer Unterziele beigesellt werden, etwa die Sozialhilfe oder die Gesundheitsvorsorge. Ein Staatsziel Sport liegt ebenfalls nicht auf der Abstraktionshöhe des sozialen

---

[172] Vgl. nur Art. 39 Bbg. Verf.

[173] Zur Parallelität beider Staatsziele *Uhle* JuS 1996, 96 ff.; *Papier* NJW 1997, 2841 (2843).

[174] Vgl. etwa *Christian Dreher,* Staatsziele im Bundesstaat am Beispiel des Sports, 2005, insbes. 248, 251: Staatsziel Sport als „Konternorm" zum Staatsziel Umweltschutz.

oder des ökologischen Staatsziels. Es stellt sich vielmehr, soweit die Ausbildung der Persönlichkeit im Vordergrund steht, neben seiner grundrechtlichen Dimension als Unterziel der Kulturstaatlichkeit,[175] und zugleich, soweit es um Gesundheitsvorsorge geht, als Unterziel der Sozialstaatlichkeit dar. Desgleichen ist in der **Debatte über eine Aufnahme eines Staatsziels „Klimaschutz" in das GG**[176] zu beachten, dass das Ziel bereits im Schutz der natürlichen Lebensgrundlagen enthalten ist (→ Rn. 33).

Ist damit die Einfügung des Staatsziels Umweltschutz in der gewählten Abstraktionshöhe zu begrüßen,[177] so ist andererseits **die Redaktion des Textes zu beanstanden,** die „Ergebnis eines mühsamen Kompromisses"[178] war. Vor dem Hintergrund der in Art. 20 Abs. 3 verankerten Grundsätze und einer darauf beruhenden gesicherten Dogmatik, die im Bereich der Staatszielbestimmungen insbes. im Hinblick auf das soziale Staatsziel immer wieder bestätigt wurde, enthält Art. 20a eine Reihe überflüssiger Klauseln. Die Vorschrift wäre nicht anders auszulegen, wenn sie schlicht wie folgt lautete: „Der Staat schützt auch in Verantwortung für die künftigen Generationen die natürlichen Lebensgrundlagen und die Tiere." Die weiteren Klauseln sind im Übrigen nicht nur überflüssig, sondern könnten in der Zukunft bei anderen Staatszielen zu unerwünschten Gegenschlüssen führen. Kann etwa das soziale Staatsziel künftig als Eingriffsgrundlage für die Exekutive dienen, da es nicht mit dem Zusatz versehen ist, dass es im Rahmen der verfassungsmäßigen Ordnung durch Gesetzgebung und nach Maßgabe von Gesetz und Recht durch die vollziehende Gewalt und die Rspr. verwirklicht werde? **57**

Die bisherige Rspr. zeigt, dass das Staatsziel Umweltschutz besonnen angewandt wird und die Befürchtung, dass es zu einer Einbruchstelle für ökologischen Fundamentalismus werden könnte, sich bisher nicht realisiert hat. Angesichts der das GG prägenden Freiheitlichkeit, die durch entsprechende rechtsstaatliche Sicherungen gewährleistet wird, könnte eine derartige Gefahr wohl auch nur dann eintreten, wenn ein gewandelter gesellschaftlicher Grundkonsens die Fundamente des GG in Frage stellte. **58**

Diejenigen, die einen ökologischen Umbau des Rechtsstaats anstreben,[179] werden Art. 20a allein wegen der Gleichordnung des Umweltschutzes im Verhältnis zu anderen Staatszielen für unzureichend halten. Es ist indes der Vorzug dieser Vorschrift, **dass sie eine organische und zukunftsoffene Entwicklung des Umweltschutzes erlaubt** und dabei vor allem dem demokratischen Gesetzgeber die nötigen Spielräume belässt. **59**

Was die **Verankerung des Tierschutzes** anbetrifft, so kann zwar seine im Verhältnis zum Sozialstaats- und Umweltschutzprinzip niedrigere Abstraktionshöhe kritisiert werden. Da jedoch Versuche, den individuellen Tierschutz aus anderen Verfassungsbestimmungen herzuleiten, im Wesentlichen geschei- **60**

---

[175] Insoweit vor allem Gegenstand des Landesverfassungsrechts; zur Debatte über eine Ergänzung des Grundgesetzes um ein Staatsziel „Kultur" *Sommermann* VVDStRL 65 (2006), 7 (40 ff.); *Katsos,* Nachhaltiger Schutz des kulturellen Erbes, 2011, 253 ff., beide mwN.

[176] Vgl. nur den Entwurf eines Gesetzes zur Änderung des Grundgesetzes der Fraktion Bündnis 90/Die Grünen, BT-Drs. 19/4522 v. 29.9.2018, 1 ff., sowie *Cremer,* ZUR 2019, 278 ff.

[177] Die Landesverfassungen und zahlreiche ausländische Verfassungen haben das Umweltschutzziel weiter ausdifferenziert, s. *Sommermann,* Staatsziele und Staatszielbestimmungen, 1997, 249 ff.

[178] *Murswiek* in Sachs Rn. 10.

[179] So namentlich *Bosselmann,* Im Namen der Natur, 1992, 351 ff.

tert sind,[180] blieb für die rechtspolitisch gewünschte Stärkung des Tierschutzes, die auch die Rechtfertigung in Eingriffe vorbehaltlos gewährter Grundrechte erlaubt, nur der Weg einer ausdrücklichen Verankerung im GG. Dadurch hat sich das GG zugleich für eine Fortentwicklung des Tierschutzes im Recht der Europäischen Union weiter geöffnet. Im Hinblick auf die spezifisch ethische, pathozentrische Ausrichtung des Tierschutzes wäre es legistisch freilich überzeugender gewesen, ihn in einer gesonderten Bestimmung niederzulegen.

Literatur

Zum Staatsziel „Umweltschutz"

B. Arndt, Das Vorsorgeprinzip im EU-Recht, 2009. – ***B. Becker,*** Staatsziel Umweltschutz und öffentliche Verwaltung, ZfG 7 (1992), 225. – ***U. Becker,*** Die Berücksichtigung des Staatsziels Umweltschutz beim Gesetzesvollzug, DVBl. 1995, 713. – ***A. Behrends,*** Schutz der Umwelt (Art. 20a GG) und gesetzgeberische Behandlung der regenerativen Energieerzeugung, KJ 33 (2000), 376. – ***W. Berg,*** Nachhaltigkeit und Umweltstaat, in W. Kahl (Hrsg.), Nachhaltigkeit als Verbundbegriff, 2008, 425. – ***N. Bernsdorff,*** Positivierung des Umweltschutzes im Grundgesetz (Art. 20a GG), NuR 1997, 328. – ***B. Bock,*** Umweltschutz im Spiegel im Verfassungsrecht und Verfassungspolitik, 1990. – ***K. Bosselmann,*** Ökologische Grundrechte, 1998. – ***C. Calliess,*** Rechtsstaat und Umweltstaat, 2001. – ***W. Cremer,*** Verfassungskräftiger Klimaschutz nach Maßgabe völkerrechtlich verbindlicher Verpflichtungen und Ziele, ZUR 2019, 278. – ***S. Delgado del Saz,*** Vorsorge als Verfassungsprinzip im europäischen Umweltverbund, 2017. – ***F. Ekardt,*** Praktische Probleme des Art. 20a GG in Verwaltung, Rechtsprechung und Gesetzgebung, SächsVBl. 1998, 49. – ***A. Epiney,*** Umweltrecht in der Europäischen Union, 4. Aufl. 2019. – ***A. Epiney/M. Scheyli,*** Strukturprinzipien des Umweltvölkerrechts, 1998. – ***W. Frenz,*** Nachhaltige Entwicklung nach dem Grundgesetz, in Jahrbuch des Umwelt- und Technikrechts 1999, 37. – ***A. Glaser,*** Nachhaltige Entwicklung und Demokratie, 2006. – ***T. Groß,*** Welche Klimaschutzpflichten ergeben sich aus Art. 20a GG?, ZUR 2009, 364. – ***H.-G. Henneke,*** Der Schutz der natürlichen Lebensgrundlagen in Art. 20a GG, NuR 1995, 325. – ***W. Hoffmann-Riem,*** Vom Staatsziel Umweltschutz zum Gesellschaftsziel Umweltschutz, DV 29 (1995), 425. – ***P. M. Huber,*** Weniger Staat im Umweltschutz. Verfassungs- und unionsrechtliche Determinanten, DVBl. 1999, 489. – ***W. Kahl,*** Nachhaltigkeit durch Organisation und Verfahren, 2016. –***W. Kahl,*** Nachhaltigkeitsverfassung, 2018. – ***W. Kahl,*** Staatsziel Nachhaltigkeit und Generationengerechtigkeit, DÖV 2009, 2. – ***C. Katsos,*** Nachhaltiger Schutz des kulturellen Erbes, 2011. – ***H. H. Klein,*** Staatsziele im Verfassungsgesetz – Empfiehlt es sich, ein Staatsziel Umweltschutz in das Grundgesetz aufzunehmen?, DVBl. 1991, 729. – ***M. Kloepfer,*** Umweltrecht, 4. Aufl. 2016. – ***M. Kloepfer,*** Umweltschutz als Verfassungsrecht. Zum neuen Art. 20a GG, DVBl. 1996, 73. – ***H. Kuhlmann,*** Der Mitweltschutz im gesamtdeutschen Grundgesetz, NuR 1995, 1. – ***W. Leisner,*** Grundgesetzliche Staatszielbestimmungen – Wege aus der normativen Verfassung?, in Fünfzig Jahre freiheitlich-demokratischer Rechtsstaat, 1999, 65. – ***D. Merten,*** Über Staatsziele, DÖV 1993, 368. – ***K. Messerschmidt,*** Europäisches Umweltrecht, 2011. – ***L. H. Michel,*** Staatszwecke, Staatsziele und Grundrechtsinterpretation unter besonderer Berücksichtigung der Positivierung des Umweltschutzes im Grundgesetz, 1986. – ***N. Müller-Bromley,*** Staatszielbestimmung Umweltschutz im Grundgesetz?, 1990. – ***D. Murswiek,*** Umweltschutz als Staatszweck. Die ökologischen Legitimitätsgrundlagen des Staates, 1995. – ***D. Murswiek,*** Staatsziel Umweltschutz (Art. 20a GG), NVwZ 1996, 222. – ***H.-W. Rengeling,*** (Hrsg.), Handbuch zum europäischen und deutschen Umweltrecht, 2 Bde., 1998. – ***A. Schink,*** Umweltschutz als Staatsziel, DÖV 1997, 221. – ***R. Schmidt,*** Der Staat der Umweltvorsorge, DÖV 1994, 749. – ***M. Schmidt-Preuß,*** Die Entwicklung des deutschen

[180] Dazu bilanzierend *Fielenbach,* Die Notwendigkeit der Aufnahme des Tierschutzes in das Grundgesetz, 2005, 145 ff.

Umweltrechts als verfassungsgeleitete Umsetzung der Maßgaben supra- und internationaler Umweltpolitik, JZ 2000, 581. – ***R. Schmidt-Radefeldt,*** Ökologische Menschenrechte, 2000. – ***K.-P. Sommermann,*** Staatsziele und Staatszielbestimmungen, 1997. – ***K.-P. Sommermann,*** Staatsziel „Umweltschutz" mit Gesetzesvorbehalt?, DVBl. 1991, 34. – ***K.-P. Sommermann,*** Transformative Effects of the Aarhus Convention in Europe, ZaöRV 77 (2017), 321. – ***R. Sparwasser/R. Engel/A. Voßkuhle,*** Umweltrecht, 5. Aufl. 2003. – ***R. Steinberg,*** Verfassungsrechtlicher Umweltschutz durch Grundrechte und Staatszielbestimmungen, NJW 1996, 1985. – ***Tzung-Jen Tsai,*** Die verfassungsrechtliche Umweltschutzpflicht des Staates, 1996. – ***A. Uhle,*** Das Staatsziel „Umweltschutz" und das Sozialstaatsprinzip im verfassungsrechtlichen Vergleich, JuS 1996, 96. – ***A. Uhle,*** Das Staatsziel „Umweltschutz" im System der grundgesetzlichen Ordnung, DÖV 1993, 947. – ***A. Voßkuhle,*** Umweltschutz und Grundgesetz, NVwZ 2013, 1. – ***K. Waechter,*** Umweltschutz als Staatsziel, NuR 1996, 321. – ***S. Westphal,*** Art. 20a GG – Staatsziel „Umweltschutz", JuS 2000, 339. – ***J. Wieland,*** Verfassungsrang für Nachhaltigkeit, ZUR 2016, 473. – ***R. Wolf,*** Gehalt und Perspektiven des Art. 20a GG, KritV 80 (1997), 280.

Zum Staatsziel „Tierschutz"

S. Brels/A. F. Goetschel/D. Oertly, Zeit für einen globalen Tierschutz, Vereinte Nationen 2020, 26. – ***J. Caspar,*** Tierschutz im Recht der Industriegesellschaft, 1999. – ***J. Caspar,*** Zur Stellung des Tieres im Gemeinschaftsrecht, 2001. – ***J. Caspar/M. Geissen,*** Das neue Staatsziel „Tierschutz" in Art. 20a GG, NVwZ 2002, 913. – ***R. Faller,*** Staatsziel „Tierschutz": Vom parlamentarischen Gesetzgebungsstaat zum verfassungsgerichtlichen Jurisdiktionsstaat?, 2005. – ***B. Felde,*** Verhaltensgerecht: Tierschutzrelevantes Wissen in Gesetzgebung, Verwaltungsverfahren und Verwaltungsprozess, 2019. – ***M. Fielenbach,*** Die Notwendigkeit der Aufnahme des Tierschutzes in das Grundgesetz, 2005. – ***J. Glock,*** Das deutsche Tierschutzrecht und das Staatsziel „Tierschutz" im Lichte des Völkerrechts und des Europarechts, 2004. – ***Y. Groß,*** Die Rechtsdurchsetzung von Tierbelangen insbersondere durch tierschutzrechtliche Verbandsklagen, 2018. – ***K.-E. Hain/P. Unruh,*** Neue Wege in der Grundrechtsdogmatik? – Anmerkungen zum Schächt-Urteil des Bundesverfassungsgerichts nach der Änderung des Art. 20a GG, DÖV 2003, 147. – ***C. C. Hillmer,*** Auswirkungen einer Staatszielbestimmung „Tierschutz" im Grundgesetz, insbesondere auf die Forschungsfreiheit, 2000. – ***H. S. Ley,*** Das Instrument der Tierschutz-Verbandsklage, 2018. – ***E. I. Obergfell,*** Ethischer Tierschutz mit Verfassungsrang, NJW 2002, 2296. – ***A. Peters,*** Tierwohl als globales Gut: Regulierungsbedarf und Chancen, Rechtswissenschaft 2016, 363. – ***S. Stucki,*** Grundrechte für Tiere: Eine Kritik des geltenden Tierschutzrechts und rechtstheoretische Grundlegung von Tierrechten im Rahmen einer Neupositionierung des Tieres als Rechtssubjekt, 2016. – ***J. Ziekow,*** Tierschutz im Schnittfeld von nationalem und internationalem Recht, 1999.

Art. 21 [Parteien]

(1) [1]Die Parteien wirken bei der politischen Willensbildung des Volkes mit. [2]Ihre Gründung ist frei. [3]Ihre innere Ordnung muß demokratischen Grundsätzen entsprechen. [4]Sie müssen über die Herkunft und Verwendung ihrer Mittel sowie über ihr Vermögen öffentlich Rechenschaft geben.

(2) Parteien, die nach ihren Zielen oder nach dem Verhalten ihrer Anhänger darauf ausgehen, die freiheitliche demokratische Grundordnung zu beeinträchtigen oder zu beseitigen oder den Bestand der Bundesrepublik Deutschland zu gefährden, sind verfassungswidrig.

(3) [1]Parteien, die nach ihren Zielen oder dem Verhalten ihrer Anhänger darauf ausgerichtet sind, die freiheitliche demokratische Grundordnung zu beeinträchtigen oder zu beseitigen oder den Bestand der Bundesrepublik Deutschland zu gefährden, sind von staatlicher Finanzierung ausgeschlossen. [2]Wird der Ausschluss festgestellt, so entfällt auch eine steuerliche Begünstigung dieser Parteien und von Zuwendungen an diese Parteien.

(4) Über die Frage der Verfassungswidrigkeit nach Absatz 2 sowie über den Ausschluss von staatlicher Finanzierung nach Absatz 3 entscheidet das Bundesverfassungsgericht.

(5) Das Nähere regeln Bundesgesetze.

Übersicht

A. Allgemeine Bedeutung

1 Politische Parteien sind für **parlamentarische Demokratien** unverzichtbar.[1] Sie sind das Bindeglied zwischen Staat und Gesellschaft (näher dazu → Rn. 15). Die Parteien bündeln gesellschaftliche Interessen, organisieren und gestalten den politischen Diskurs und sorgen für die personelle Auswahl der Volksvertretungsorgane.[2] Dabei sind sie nicht nur passives Hör- und Sprachrohr der Gesellschaft,[3] sondern bringen – zusammen mit anderen Akteuren – die in der Gesellschaft vorhandenen politischen Auffassungen und Streitfragen aktiv hervor.[4] Der von ihnen beförderte ständige Konflikt erzeugt das Demokratien innewohnende besondere Innovationspotenzial. Das Gemeinwohl ist dabei keine *apriorische* Konstante, sondern wird im steten Ringen pluraler gesellschaftlicher Interessengemeinschaften prozesshaft kon-

[1] So auch schon StGH 6/27, RGZ 188, Anh. 22 (28 f.); BVerfGE 1, 208 (204). S. auf europ. Ebene EGMR NVwZ 2003, 1489 (1491) – Refah Partisi. Zur Unverzichtbarkeit der Parteien auch schon *Kelsen,* Vom Wesen und Wert der Demokratie, 1929, 19 f.; *Thoma,* HdbStR I, 1930, § 16, S. 190; *Radbruch,* HdbStR I, 1930, § 25, S. 288; *Hesse* VVDStRL 17 (1959), 11 (16 ff, 46). Rechtsvergl. Hinweise, die belegen, dass Parteien in allen Massendemokratien Hauptakteure des politischen Geschehens sind, finden sich bei *Parteienrechtskommission,* Rechtliche Ordnung des Parteiwesens, 2. Aufl. 1958, S. 87 ff.; *Tsatsos/Elzinga/Hesse,* Parteienrecht im europäischen Vergleich, 1990.

[2] Näher zu Parteifunktionen *Merten* JÖR 67 (2019), 107 (109 f.) mwN.

[3] In diese Richtung etwa BVerfGE 1, 208 (224).

[4] *Hesse* VVDStRL 17 (1959), 11 (21); *Grimm* in HdbVerfR, § 14 Rn. 16 f.; *St. Augsberg* in Heinig/Terhechte Postnationale Demokratie, 2013, 27 (45 ff.); *Morlok* in Dreier Rn. 21; *Streinz* in MKS Rn. 18.

struiert.[5] Politischen Parteien kommt freilich **kein Repräsentationsmonopol** zu.[6] Daher steht bei Parlamentswahlen nicht nur ihnen, sondern sämtlichen Wahlberechtigten das Nominationsrecht zu.[7] In Zeiten rückläufiger Mitgliederzahlen,[8] wachsender Flexibilität des Wählerverhaltens[9] und Entgrenzung der medialen Öffentlichkeit durch das Internet[10] gewinnen andere Formen politischer Einflussnahme durch Verbände[11], spontane Interessenvereinigung und Individuen[12] an Bedeutung.[13] Auch das überstaatliche Recht befördert die bürgerliche Emanzipation, indem es zivilbürgerliche Akzeptanz zum Maßstab hoheitlichen Handelns erhebt.[14]

2 Die systematische Stellung des Art. 21 gleich nach den Staatsstrukturprinzipien belegt die Schlüsselrolle der politischen Parteien für das Demokratiemodell des GG.[15] Durch ihren verfassungsrechtlichen Auftrag zur politischen Willensbildung (→ Rn. 31 ff.), ihre wahlrechtlich exponierte Stellung und ihren realpolitischen Einfluss sind Parteien in besonderer Weise in den demokratischen Willensbildungsprozess einbezogen. Ohne Parteien ist die von Art. 20 Abs. 2 S. 1 garantierte **Volkssouveränität** nicht zu realisieren.[16] Das politische System der Bundesrepublik Deutschland lässt sich daher als **Parteiendemokratie** verstehen.[17] In Art. 21 wird der verfassungsrechtliche Status der Parteien niedergelegt und ausgeformt. Mit der ausschließlichen Verwendung des Plurals grenzt sich der Wortlaut der Verfassungsbestimmung strikt vom Einheitsparteiensystem des „Dritten Reiches" ab und bekennt sich zum **Mehrparteienprinzip**[18] und zur **Wettbewerbsdemokratie**[19].

---

[5] Statt vieler *Stolleis* VVDStRL 44 (1986), 7 (24 f.); *Pünder* VVDStRL 72 (2013), 191 (199); *Kotzur* VVDStRL 69 (2010), 173 (178); *Hatje* VVDStRL 69 (2010), 135 (146). Vgl. auch schon *Kelsen,* Vom Wesen und Wert der Demokratie, 1929, 23.

[6] Statt vieler *Pünder* VVDStRL 72 (2013), 191 (204, 235 ff.); *Kotzur* VVDStRL 69 (2010), 173 (179 ff.) jew. mwN. S. auch BVerfGE 20, 56 (114).

[7] § 18 Abs. 1 Var. 2 BWahlG. S. auch BVerfGE 41, 399 (417); 47, 253 (282 f.).

[8] Statt vieler *Poguntke,* Parteiorganisation im Wandel, 2000, 61 ff., 214 ff.

[9] Näher dazu *Shirvani,* Das Parteienrecht und der Strukturwandel im Parteiensystem, 2010, 112 ff.

[10] S. zu den daraus resultierenden Gefahren *Levitsky/Ziblatt,* How Democracies Die, 2018, 56 ff.

[11] S. zu Lobbyisten *Pünder* VVDStRL 72 (2013), 191 (204 ff.).

[12] Zu besonderer Prominenz brachte es etwa der YouTube-Star „Rezo", dessen Video „Die Zerstörung der CDU" (https://www.youtube.com/watch?v=4Y1lZQsyuSQ 11/2019>) über 15 Mio. Mal aufgerufen wurde.

[13] Krit. zur daraus folgenden sinkenden Vermittlungsfunktion der Parteien *Stolleis* VVDStRL 44 (1986), 7 (22).

[14] Näher zur Akzeptanz als Rechtskonzept *Würtenberger,* Die Akzeptanz von Verwaltungsentscheidungen, 1996, 61 ff.; *Pitschas* in Hoffmann-Riem/Schmidt-Aßmann/Voßkuhle, Grundlagen des Verwaltungsrechts II, 2. Aufl. 2012, § 42 Rn. 201 ff. Zu überstaatlich beförderten Legitimationskonzepten *Klafki* Der Staat 58 (2019), 367 ff.

[15] *Grimm* in HdbVerfR, § 14 Rn. 15; *Hillgruber* in HdbGR V, § 118 Rn. 10; *Schröder* in HdbGR V, § 119 Rn. 16.

[16] StGH 6/27, RGZ 118 Anh. 22 (29) „Die Volksvertretungen der neuzeitlichen Verfassungen setzen aber das Vorhandensein von Parteien voraus, die Durchführung von Wahlen für die Volksvertretungen ist ohne sie nicht denkbar.". S. auch BVerfGE 44, 125 (145); 73, 40 (85); 91, 262 (267). AA *v. Towfigh,* Das Parteien-Paradox, 2015, 187 ff.

[17] *Haungs,* Parteiendemokratie in der Bundesrepublik Deutschland, 1980, 11 ff.; *Shirvani,* Das Parteienrecht und der Strukturwandel im Parteiensystem, 2010, 55 ff.; *Ipsen* in Sachs Rn. 14; *Kunig* in HdbStR III, § 40 Rn. 123 ff.; zur Begrifflichkeit auch *v. Arnim* DVBl. 2016, 1213 ff.

[18] So schon *Parteienrechtskommission,* Rechtliche Ordnung des Parteiwesens, 2. Aufl. 1958, 125 f.; *Kunig* in HbdStR III, § 40 Rn. 20.

[19] Zum Konzept der Wettbewerbsdemokratie *Grimm* in HdbVerfR, § 14 Rn. 6 ff., 42 ff.; *Kotzur* VVDStRL 69 (2010), 173 (179 ff.); *Hatje* VVDStRL 69 (2010), 135 (143 ff.).

I. Genese

Den politischen Parteien eine Verfassungsbestimmung zu widmen, ist eine **Errungenschaft des Bonner GG,** die in vorherigen bundesdeutschen Verfassungstexten keine Entsprechung findet.[20] Die Weimarer Reichsverfassung (WRV) billigte Parteien keinen konstitutionellen Status zu.[21] Gleichwohl bestimmten Parteien auch damals das politische System.[22] Das Zurückbleiben des Verfassungstextes hinter der Wirklichkeit wurde in der zeitgenössischen Literatur scharf kritisiert.[23] Im GG wurde dieses Versäumnis mit der Einführung des Art. 21 behoben. 3

1. Entstehung des Parteienartikels im Verfassungskonvent von Herrenchiemsee und im Parlamentarischen Rat. Im Verfassungskonvent von Herrenchiemsee setzte sich vor allem der Zentrumspolitiker *Carl Spiecker* dafür ein, Parteien einen eigenen Artikel zu widmen,[24] um ein arbeitsfähiges Parlament zu gewährleisten.[25] Im **Herrenchiemseer Grundgesetzentwurf** finden sich in Art. 47, im Abschnitt über den Bundestag, Regelungen zu politischen Parteien.[26] Das Thema wurde im Parlamentarischen Rat dem Organisationsausschuss zugewiesen.[27] Die Gestalt, die Art. 21 schließlich fand, geht jedoch maßgeblich auf die Empfehlungen des Allgemeinen Redaktionsausschusses und die Beratungen im Hauptausschuss zurück. Dort wurde der Parteienartikel wegen seiner generellen Bedeutung unmittelbar hinter die staatsrechtliche Grundsatznorm des Art. 20 verschoben.[28] Auch die Formulierung des Art. 21 Abs. 1 S. 3 zur inneren demokratischen Ordnung basiert auf den Empfehlungen des Allgemeinen Redaktionsausschusses.[29] Im Zuge der Beratungen des Hauptausschusses wurde schließlich die Rechenschaftspflicht des Art. 21 Abs. 1 S. 4 aufgenommen.[30] Auch die Bestimmungen über das Parteiverbotsverfahren fanden erst dort ihre endgültige Gestalt.[31] 4

---

[20] Lediglich die Verfassung des Landes Baden vom 22.5.1947 (Reg.Bl. 1947, S. 129) sah in Art. 118–121 Regelungen zu Parteien vor. Ausf. zur Entstehungsgeschichte *Klein* in Maunz/Dürig Rn. 108 ff.; *Matz* JöR N. F. 1 (1951), 202 ff.; *Gusy* Der Staat 57 (1993), 57 ff. Eine prägnante Übersicht findet sich bei *Morlock* in Dreier Rn. 8 f. und *Ipsen* in Sachs Rn. 1 ff.

[21] Lediglich in Art. 130 WRV taucht der Parteienbegriff auf. Darin heißt es: „Die Beamten sind Diener der Gesamtheit, nicht einer Partei."

[22] Zur Geschichte des Parteiwesens in Deutschland ausf. *Parteienrechtskommission,* Rechtliche Ordnung des Parteiwesens, 2. Aufl. 1958, 1 ff.; *Klein* in Maunz/Dürig Rn. 24 ff.; zusf. *Morlok* in Dreier Rn. 2 ff.

[23] *Kelsen,* Vom Wesen und Wert der Demokratie, 1929, 20. S. auch *Triepel,* Die Staatsverfassung und die politischen Parteien, 2. Aufl. 1930, S. 31 ff., der den Parteienstaat jedoch zu überwinden suchte.

[24] *Spiecker,* Richtlinien für eine künftige deutsche Verfassung v. 12.8.1947, Nr. 30, abgedruckt bei *Benz,* Bewegt von der Hoffnung aller Deutschen, Dokumente, 1979, S. 424–429.

[25] *Verfassungsausschuss der Ministerpräsidenten-Konferenz der Westlichen Besatzungszonen,* Bericht über den Verfassungskonvent auf Herrenchiemsee vom 10.–23.8.1948, 1948, 35.

[26] S. zu den Verfassungskonzepten von SPD, der Deutschen Partei und der bayerischen Delegation zusammenfassend *Morlok* in Dreier Rn. 8.

[27] Dort wurde immer wieder darüber diskutiert, ob die Vorschrift auch Parteien auf Landes- und Gemeindeebene erfassen solle, was schließlich bejaht wurde, s. *Matz* JöR N. F. 1 (1951), 202 (204, 206 f.).

[28] *Matz* JöR N. F. 1 (1951), 202 (205).

[29] *Matz* JöR N. F. 1 (1951), 202 (206).

[30] *Matz* JöR N. F. 1 (1951), 202 (207).

[31] *Matz* JöR N. F. 1 (1951), 202 (209 f.).

5 **2. Erweiterung der Rechenschaftspflicht und Einführung des Parteienfinanzierungsausschlusses.** Während die Parteien laut der Ursprungsfassung des Art. 21 Abs. 1 S. 4 nur über die Herkunft ihrer Mittel öffentlich Rechenschaft geben mussten, wurde die Rechenschaftspflicht 1983 angesichts intransparenter Umwegfinanzierungen auf die „Verwendung der Mittel" und das „Vermögen" erweitert.[32] Die Verfassungsänderung ging mit einer grundlegenden Reform der Parteienfinanzierung (→ Rn. 76) einher.[33]

6 In Reaktion auf das NPD II-Urteil des BVerfG wurde 2017 der Ausschluss verfassungsfeindlicher Parteien von der staatlichen Parteienfinanzierung in Art. 21 Abs. 3 GG aufgenommen (→ Rn. 118 ff.) und die Zuständigkeit des BVerfG für die Feststellung der Verfassungswidrigkeit und des Finanzierungsausschlusses zusammenfassend in Abs. 4 geregelt.

II. Überstaatliche Bezüge

7 **1. Internationale Menschenrechtsdokumente.** In internationalen Menschenrechtsdokumenten werden politische Parteien nicht gesondert geregelt. Sie sind von der **Vereinigungsfreiheit,** die in Art. 20 AEMR, Art. 22 Abs. 1 IPbpR und **Art. 11 EMRK** verbürgt ist, umfasst. Insbesondere die in Art. 11 Abs. 2 S. 1 EMRK niedergelegten Rechtfertigungsmaßstäbe und die Rspr. des EGMR[34] finden in der Judikatur des BVerfG zu **Parteienverboten** Berücksichtigung (→ Rn. 111). Die 1957 noch bestehende Europäische Kommission für Menschenrechte[35] stellte auf Antrag der vom BVerfG verbotenen KPD (→ Rn. 97) ausdrücklich fest, dass Art. 21 Abs. 2 GG mit der EMRK vereinbar ist.[36]

8 Der **EGMR** hat die Anforderungen an Parteiverbote – insbes. in Auseinandersetzung mit türkischen Sachverhalten – inzwischen beträchtlich erhöht.[37] Angesichts der essenziellen Bedeutung der Parteien für die Demokratie verlangt die Rspr. mittlerweile **„überzeugende und zwingende Gründe"** und ein **„dringendes soziales Bedürfnis"** für Parteiverbote.[38]

---

[32] 35. G zur Änderung des Grundgesetzes (Art. 21 Abs. 1) vom 21.12.1983, BGBl. 1983 I 1481.

[33] BT-Drs. 10/183, 9.

[34] EGMR 30.1.1998 – 19392/92 u. a., ECHR 1998-I, 2 ff. – Vereinigte Kommunistische Partei der Türkei u. a./Türkei; EGMR 25.5.1998 – 21237/93 u. a., ECHR 1998-III, 1234 ff. – Sozialistische Partei u. a./Türkei; EGMR 8.12.1999 – 23885/94, ECHR 1999-VIII, 295 ff. – Partei der Freiheit und Demokratie (ÖZDEP)/Türkei; EGMR 9.4.2002 – 22723/93 u. a., ECHR 2002-II, 397 ff. – Yazar u. a./Türkei; EGMR 11.6.2002 – 25144/94, ECHR 2002-IV, 295 ff. – Sendak u. a./Türkei (Nr. 2); EGMR 13.2.2003 – 41340/98 u. a., ECHR 2003-II, 296 ff = NVwZ 2003, 1489 ff. – Refah Partei (Wohlfahrtspartei) u. a./Türkei; EGMR 12.4.2011 – 12976/07, OstEuR 2011, 224 ff. – Republikanische Partei Russland/Russland; EGMR 12.1.2016 – 3840/10 u. a., NVwZ-RR 2017, 473 ff. – Partei der demokratischen Gesellschaft (DTP) u. a./Türkei; EGMR 4.10.2016 – 55977/13, EuGRZ 2016, 608 ff. – NPD/Deutschland. Näher dazu *Hillgruber* in HdbGR V, § 113 Rn. 105 ff. mwN.

[35] Durch das am 1.11.1998 in Kraft getretene 11. Protokoll zur EMRK wurde die Europäische Kommission für Menschenrechte (EKMR) abgeschafft und der früher nur bei Bedarf tagende Gerichtshof durch den ständigen EGMR ersetzt (Art. 19 S. 2 EMRK).

[36] EKMR, 20.7.1957, EA 1957, 10127. Dabei erfolgte eine Überprüfung anhand des Missbrauchsverbots nach Art. 17 EMRK, worauf der EGMR jedoch in seiner folgenden Judikatur zu Parteiverboten nicht mehr einging. Näher dazu *Wolter* EuGRZ 2016, 92 (93 f.).

[37] S. im Überblick dazu *Shirvani* JZ 2014, 1074 (1076 f.); *Wolter* EuGRZ 2016, 92 ff.

[38] S. etwa EGMR 7.12.1976, EuGRZ 1977, 38 (41) – Handyside/UK; EGMR 30.1.1998, ECHR 1998-I, 2 ff., Rn. 46, 49 – Vereinigte Kommunistische Partei der Türkei u. a./Türkei; S. dazu *Kontopodi,* Die Rechtsprechung des Europäischen Gerichtshofs für Menschenrechte zum Verbot politischer Parteien, 2007, 47 ff.

Maßgeblich sind die verfolgten Ziele und die dafür eingesetzten Mittel der Partei.[39] Insbes. der Aufruf zur Gewalt indiziert die Zulässigkeit eines Parteiverbots.[40] Ein weiterer Gesichtspunkt ist, ob von der Partei eine **reale Gefährdung** für die Demokratie ausgeht.[41] Besteht ein dringendes soziales Bedürfnis prüft der Gerichtshof schließlich die **Verhältnismäßigkeit** des Parteiverbots.[42] Bevor ein Verbot ausgesprochen wird, sollen zunächst mildere Mittel – wie etwa ein Finanzierungsausschluss – ausgeschöpft werden.[43] Das BVerfG fordert eingedenk dieser Maßstäbe nunmehr die **Potenzialität** verfassungsfeindlicher Parteien (→ Rn. 109).

2. Europäisches Unionsrecht. Im Primärrecht der EU finden Parteien gleich dreifach Erwähnung. In **Art. 12 Abs. 2 GR-Charta** heißt es: „Politische Parteien auf der Ebene der Union tragen dazu bei, den politischen Willen der Unionsbürgerinnen und Unionsbürger zum Ausdruck zu bringen." Ähnlich formuliert **Art. 10 Abs. 4 EUV:** „Politische Parteien auf europäischer Ebene tragen zur Herausbildung eines europäischen politischen Bewusstseins und zum Ausdruck des Willens der Bürgerinnen und Bürger der Union bei." Schließlich enthält **Art. 224 AEUV** eine Verordnungsermächtigung, um Regelungen für politische Parteien auf europäischer Ebene und insbes. über ihre Finanzierung zu treffen. Die entsprechenden Vorschriften finden sich in der 2014 umfassend novellierten **EU-Parteienstatut-VO.**[44] Ziel der Neuordnung des europäischen Parteienrechts war es „wahrlich transnational angelegte europäische politische Parteien" zu schaffen und sie zu „sichtbareren und effizienteren Akteuren" zu machen.[45] 9

Mit der EU-Parteienstatut-VO wird **europäischen Parteien** erstmals eigene Rechtspersönlichkeit zuerkannt.[46] Fortan bedarf es einer konstitutiven Eintragung bei der Behörde für europäische politische Parteien und Stiftungen in ein öffentliches Parteienregister, um an der europäischen Parteienfinanzierung[47] 10

---

[39] *Eiffler* KJ 2003, 218 (223 ff.); *Hillgruber* in HdbGR V, § 113 Rn. 110.

[40] *Daiber* in Meyer-Ladewig/Nettesheim/v. Raumer EMRK, 4. Aufl. 2017, Art. 11 Rn. 49. Vgl. EGMR 13.2.2003, NVwZ 2003, 1489 ff. Rn. 98 – Refah Partei (Wohlfahrtspartei) u. a./Türkei – Refah Partisi (Wohlfahrtspartei)/Türkei. Die *Venice Commission,* 15.3.2016, CDL-PL(2016)003, 55 macht den Aufruf zur Gewalt sogar zur Voraussetzung von Parteiverboten.

[41] EGMR 13.2.2003, NVwZ 2003, 1489 ff. Rn. 102 – Refah Partei (Wohlfahrtspartei) u. a./Türkei; EGMR 20.1.2006 – 59489/00, Rn. 61 – Pirin a. o. v. Bulgaria; dazu auch *Koch* DVBl. 2002, 1388 (1391 ff); *Kumpf* DVBl. 2012, 1344 (1345); *Känner* KritV 2019, 57 (65 f.).

[42] EGMR 13.2.2003, NVwZ 2003, 1489 ff. Rn. 133 – Refah Partei (Wohlfahrtspartei) u. a./Türkei.

[43] Vgl. EGMR 12.1.2016 – 3840/10 u. a., § 104 f. – DTP/Türkei („[…] la Cour observe que la Cour constitutionnelle a ordonné la plus lourde des mesures prévues dans la Constitution […] au lieu d'imposer une mesure plus légère consistant à priver partiellement ou intégralement ce parti politique de l'aide financière de l'État.").

[44] VO (EU, EURATOM) Nr. 1141/2014 über das Statut und die Finanzierung europäischer politischer Parteien und europäischer politischer Stiftungen, Abl. L 317 v. 4.11.2014, 1. Erstmals wurde von der Ermächtigung 2003 mit der VO (EG) Nr. 2004/2003 v. 4.11.2003 über die Regelungen für die politischen Parteien auf europäischer Ebene und ihre Finanzierung, Abl. L 297 v. 15.11.2003, 1 ff. Gebrauch gemacht, die mit VO (EG) Nr. 1524/2007, ABl. EU Nr. L 343 vom 27.12.2007, S. 5 ff. um Regelungen zur Finanzierung politischer Stiftungen auf europäischer Ebene ergänzt wurde.

[45] Erwägungsgründe 4, 6 EU-Parteienstatut-VO. Zum Erfordernis größerer Unabhängigkeit vom nationalen Handlungsrahmen *Stentzel,* Integrationsziel Parteiendemokratie, 2002, 353 ff.

[46] Art. 12 EU-Parteienstatut-VO.

[47] Noch zur alten EU-Parteienfinanzierung ausf. *Schweitzer,* Die europäischen Parteien und ihre Finanzierung durch die europäische Union, 2014, 232 ff.

teilhaben zu können.[48] Weiterhin werden Regelungen zu den Mindestinhalten der Satzung und Organisation europäischer Parteien getroffen.[49]

11 Eine **„echte europäische Parteienlandschaft"** mit transnational ausgerichteten Parteien[50] ist gleichwohl auch in Zukunft nicht zu erwarten. Vielmehr befördert das geltende Recht weiterhin europäische Bünde nationaler Parteien.[51] Ein Hindernis für eine originär europäische Parteienlandschaft stellen – neben dem viel beschrieben Demokratiedefizit der EU – die in der EU-Parteienstatut-VO normierten Eintragungsvoraussetzungen dar. Als europäische Parteien können nämlich nur solche politischen Bündnisse eingetragen werden, die selbst oder deren Mitgliedsparteien in mindestens einem Viertel der Mitgliedsstaaten in einem Parlament vertreten sind, oder mindestens in einem Viertel der Mitgliedsstaaten bei der letzten Wahl zum EU-Parlament jeweils mindestens drei Prozent erhalten haben.[52] Damit wird die Konstituierung eng an die nationalstaatlichen Wahlerfolge geknüpft. Besser wäre es, die gesellschaftliche Verwurzelung neben den Wahlerfolgen auch an Hand der Mitgliederzahlen in verschiedenen EU-Staaten zu messen.[53]

12 Ferner fehlt es an einem einheitlichen europäischen Wahlrecht, so dass die Aufstellung der Wahllisten von nationalen Parteien bestimmt wird.[54] Mangels einer europäischen Öffentlichkeit orientiert sich die Wahlentscheidung nach wie vor an der nationalen Politik.[55] Die EU-Parteienstatut-VO konzipiert europäische Parteien zudem zuvörderst als **Dachverbände nationaler Parteien.**[56] Transnational ausgerichtete Vereinigungen europäischer Bürger haben es schwer, sich daneben zu etablieren.[57] Zuletzt wurde versucht, ein **Spitzenkandidatenprinzip** einzuführen, um der europäischen Parlamentswahl einen stärkeren Unionsbezug zu verleihen. Mit der Europawahl 2019 dürfte die Idee jedoch als gescheitert gelten. Sie ist von einer integrativen Erwartung an das europäische Parteienwesen getragen, die es vor der Folie der primärrechtlich verankerten dualen Legitimationsstruktur der Union kaum erfüllen kann.[58]

---

[48] Art. 3 ff., Art. 7 EU-Parteienstatut-VO. Gem. Art. 16, 27 EU-Parteienstatut-VO kann die europäische Parteienbehörde Parteien auch wieder aus dem Register löschen.

[49] Art. 4 EU-Parteienstatut-VO.

[50] Erste transnationale Parteien existieren, sind aber bislang wenig erfolgreich. Näher dazu *Schweitzer,* Die europäischen Parteien und ihre Finanzierung durch die europäische Union, 2014, 31 f. Zur demokratietheoretischen Bedeutung und Gelingensbedingungen einer funktionierenden europäischen Parteienlandschaft *Stentzel,* Integrationsziel Parteiendemokratie, 2002, 303 ff.

[51] *Schweitzer,* Die europäischen Parteien und ihre Finanzierung durch die europäische Union, 2014, 153 ff.

[52] Art. 3 EU-Parteienstatut-VO. Krit. zu Quantitätskriterien *Papadopoulou,* Politische Parteien auf europäischer Ebene, 1999, 187 ff.; *Stentzel,* Integrationsziel Parteiendemokratie, 2001, 363 f.

[53] Hierfür etwa *Stentzel,* Integrationsziel Parteiendemokratie, 2001, 364.

[54] Krit. dazu *Mittag/Steuwer,* Politische Parteien in der EU, 2010, 111; *Huber* EuR 1999, 579 (592 ff.). Ideen für ein transnationales EU-Wahlrecht finden sich bei *Schleicher* Harvard International Law Journal 52 (2011), 109 (138 ff.).

[55] Zur Defizitanalyse *Schleicher* Harvard International Law Journal 52 (2011), 109 (124 ff.).

[56] S. zu den Organisationformen der europ. Parteizusammenschlüsse *Deinzer,* Europäische Parteien, 1999, 109 ff.

[57] Krit. dazu auch *Schweitzer,* Die europäischen Parteien und ihre Finanzierung durch die europäische Union, 2014, 174 f.; *Leinen/Pescher* integration 3/2014, 228 (237, 242); *Klein* in Maunz/Dürig Rn. 107.

[58] Weniger krit. *Lehner* VerfBlog 3.7.2019, https://verfassungsblog.de/ende-der-demokratie-in-europa/ 09/2019>.

Schließlich enthält das europäische Parteienstatut nur lückenhafte Regelungen, so dass die europäischen Parteien vom Recht des Mitgliedsstaates abhängig sind, in denen sie ihren Sitz haben.[59] Gerade das deutsche Parteienrecht ist sehr auf nationale Parlamentswahlen fokussiert. Immerhin ermöglicht Art. 23 Abs. 1 GG eine **Öffnung des deutschen Parteienrechts** für die unionalen Bedürfnisse (→ Rn. 27). 13

III. Systematischer Zusammenhang

Art. 21 ist *lex specialis* zur **Vereinigungsfreiheit.** Insbes. der Verbotstatbestand des Art. 9 Abs. 2 wird vom Parteienprivileg verdrängt (→ Rn. 98). Art. 21 steht zudem sowohl teleologisch als auch systematisch in untrennbarem Zusammenhang mit dem in Art. 20 Abs. 1 und 2 verbürgten **Demokratieprinzip.**[60] Das Mehrparteiensystem ist Voraussetzung der über Art. 79 Abs. 3 besonders geschützten Volkssouveränität, so dass auch das Institut der politischen Parteien sowie die Parteienfreiheit und -gleichheit in den Schutzbereich der **Ewigkeitsgarantie** einbezogen sind.[61] Wegen **Art. 28 Abs. 1** entfaltet Art. 21 auch Wirkungen für die verfassungsgemäße Ordnung in den Ländern (→ Rn. 121).[62] Ferner sind die Vorgaben des **Art. 38** für ein umfassendes Verständnis der Rolle von Parteien bedeutsam.[63] 14

B. Einzelfragen

I. Parteien in ihrem Verhältnis zu Staat und Gesellschaft

Politische Parteien lassen sich nicht in das nach gesellschaftlichem und staatlichem Bereich trennende **Dualverfassungsmodell** des GG[64] einfügen.[65] Die für Parteidemokratien typische Personenidentität zwischen Parteieliten und politischen Staatsämtern steht in einem Spannungsfeld zur wettbewerbsdemokratisch gebotenen Abstraktion beider Ebenen.[66] *Leibholz* suchte das Problem in seiner **Parteienstaatstheorie** zu lösen, indem er die Parteien den – durch das Verfassungsrecht eng umzäunten – Staatsorganen zurechnete.[67] Die frühe bundesverfassungsgerichtliche Rspr. machte sich 15

---

[59] *Leinen/Pescher* integration 3/2014, 228 (241).

[60] S. statt vieler BVerfGE 91, 262 (267); *Hesse* VVDStRL 17 (1959), 11 (17); *Grimm* in HdbVerfR, § 14 Rn. 5 ff.

[61] *Hesse* VVDStRL 17 (1959), 11 (46); *Morlok* in Dreier Rn. 19; *Streinz* in MKS Rn. 7 f. AA aber *Pestalozza* VVDStRl 44 (1986), 122 f.

[62] S. dazu schon BVerfGE 1, 208 (227); 4, 375 (378).

[63] *Ipsen* in Sachs Rn. 12 f.

[64] *Böckenförde,* Die verfassungstheoretische Unterscheidung von Staat und Gesellschaft als Bedingung der individuellen Freiheit, 1973, 34 ff.; in soziologischer Hinsicht *Luhmann,* Soziologische Aufklärung 4, 3. Aufl. 2005, 67 ff.

[65] S. schon *Triepel,* Die Staatsverfassung und die politischen Parteien, 2. Aufl. 1930, 29 ff. S. auch *Stolleis* VVDStRL 44 (1986), 7 (11); *Volkmann,* Politische Parteien und öffentliche Leistungen, 1993, 102 ff.; *Grimm* in HdbVerfR, § 14 Rn. 18 ff.; *Augsberg* Jura 2018, 1110 (1117 f.). Krit. zur Trennung beider Bereiche *Lipphardt,* Die Gleichheit der politischen Parteien vor der öffentlichen Gewalt, 1975, 530 ff.; *Payandeh* Der Staat 55 (2016), 519 (529 f.); *Schönberger* JZ 2017, 701 (702 ff.); *Morlok* in Dreier Rn. 23.

[66] Ausf. *Henke* Das Recht der politischen Parteien, 2. Aufl. 1972, 110 ff.; *Henke* NVwZ 1985, 616 (618 f.); *Grimm* in HdbVerfR, § 14 Rn. 21 ff.; *Ossege,* Das Parteienrechtsverhältnis, 2012, 33 ff.; *Kuch* AöR 142 (2017), 491 (502 ff.; 517 f.).

[67] Der Begriff taucht erstmals bei *Koellreutter,* Der deutsche Staat als Bundesstaat und als Parteienstaat, 1927, 23 auf und wurde auch vom BVerfG aufgegriffen (BVerfGE 1, 208 (224); 11, 266 (269); 13, 1 (16)). Besonders geprägt wurde der Parteienstaatsbegriff von

diese Idee zu Eigen und bezog politische Parteien in das Organstreitverfahren ein (→ Rn. 52). Gegen die Parteienstaatslehre wurde jedoch zu Recht der gesellschaftliche **Pluralismus** als Ausgangspunkt und maßgeblicher Antrieb parteipolitischer Betätigung hervorgehoben.[68] Das BVerfG hat sich dieser Ansicht angeschlossen und bezeichnet Parteien nunmehr in stRspr als „im gesellschaftlich-politischen Bereich wurzelnde Gruppen, die in den Bereich der institutionalisierten Staatlichkeit hineinwirken, ohne diesem anzugehören".[69] Die **Janusköpfigkeit** der Parteien macht sie in der Verfassungswirklichkeit zu Mittlern zwischen den Ebenen.[70] Normativ führt ihre Zweifaltigkeit indes zu zahlreichen verfassungsdogmatischen Streitständen, die das gesamte Parteienrecht durchziehen.

II. Statut politischer Parteien (Abs. 1)

16 Parteien werden von Art. 21 in den Rang einer **verfassungsrechtlichen Institution** erhoben.[71] Abs. 1 begründet das **Statut politischer Parteien.**[72] Darin wird ihre Aufgabe umrissen (S. 1), ihre Gründungsfreiheit garantiert (S. 2), ihre innere Ordnung vorgeschrieben (S. 3) und eine öffentliche Rechenschaftspflicht begründet (S. 4). *Hesse* leitet daraus den dreigliedrigen Status der Freiheit, Gleichheit und Öffentlichkeit ab.[73] *Morlok* erklärt die innerparteiliche Demokratie zum vierten Element des Parteienstatus.[74]

17 **1. Die Parteien….** Ausgangspunkt des Parteiverfassungsrechts ist der von Art. 21 nicht näher bestimmte **Parteienbegriff.** Er umgrenzt die für Parteien geltenden besonderen Rechte und Pflichten in personeller und sachlicher Hinsicht.[75] Eine **Registrierung** von Parteien ist nicht vorgese-

---

Leibholz, Strukturprobleme der modernen Demokratie, 1958, 71 ff., 78 ff.; *Leibholz,* Das Wesen der Repräsentation und der Gestaltwandel der Demokratie im 20. Jahrhundert, 3. Aufl. 1966, 118 ff.; *Leibholz* 38. DJT, Teil C, 9 ff.; zust. *Badura,* Die parteienstaatliche Demokratie und die Gesetzgebung, 1986, 19; *v. Weizsäcker,* Richard von Weizäcker im Gespräch, 1992, 142; *Huber* in FS BVerfG, Bd. II, 2001, 609 ff. Ausf. zur Genese der Parteienstaatsdoktrin *Gusy* Der Staat 32 (1993), 57 ff. S. auch die Beiträge in *Kaiser,* Der Parteienstaat, 2013.

[68] *Seifert* DÖV 1956, 1 ff.; *Forsthoff* DÖV 1956, 513; *Scheuner* DÖV 1958, 641 (643 f.); *Hesse* VVDStRL 17 (1959), 11 (17 ff.); *Lipphardt,* Die Gleichheit der politischen Parteien vor der öffentlichen Gewalt, 1975, 530 ff.; *Haungs,* Parteiendemokratie in der Bundesrepublik Deutschland, 1980, 12 ff.; *Henke* NVwZ 1985, 616 ff.; *Volkmann,* Politische Parteien und öffentliche Leistungen, 1993, 102 ff.; *Grimm* in HdbVerfR, § 14 Rn. 26 ff.

[69] BVerfGE 20, 56 (101); 73,40 (85); 121, 30 (53); 148, 11 (24); *Hesse* VVDStRL 17 (1959), 11 (34).

[70] *Volkmann,* Politische Parteien und öffentliche Leistungen, 1993, 103; *Huber,* in FS BVerfG, Bd. II, 2001, 609 (612). Gesprochen wird auch von „Bindegliedern", „Integrationsorganen", „Zwischenkörpern" oder „Transmissionsriemen", *Stolleis* VVDStRL 44 (1986), 7 (8). In der Politikwissenschaft wird auch von „Linkage" gesprochen, s. *Poguntke,* Parteiorganisation im Wandel, 2000, 17 ff.

[71] BVerfGE 11, 266 (273); 20, 56 (100), 24, 260 (264); 73 (85), 107 (358); *Sasse* AöR 85 (1960), 423 (448); *Mauersberger,* Die Freiheit der Parteien, 1994, 52; *Klein* in Maunz/Dürig Rn. 177; *Morlok* in Dreier Rn. 28. AA *Mager,* Einrichtungsgarantien, 2003, 376 ff. (stattdessen „korporative Garantie des […] status activus"); diff. *Shirvani,* Das Parteienrecht und der Strukturwandel im Parteiensystem, 2010, 143 ff.

[72] *Matz* JöR 1 N. F. (1951), 202.

[73] *Hesse* VVDStRL 17 (1959), 11 (27 ff.).

[74] *Morlok* in Dreier Rn. 46 f. Ein zusf. Überblick zu den Parteienlehren findet sich bei *Shirvani,* Das Parteienrecht und der Strukturwandel im Parteiensystem, 2010, 55 ff.

[75] Ein Überbl. der an den Parteistatus anknüpfenden Privilegien findet sich bei *Prommer* MIP 2014, 16 ff.

hen.[76] Vielmehr obliegt es den Behörden – wie etwa dem Bundeswahlausschuss oder dem zuständigen Finanzamt – in ihrem jeweiligen Tätigkeitsbereich, die Parteieigenschaft zu prüfen.[77] Praktisch relevant wird der Parteistatus insbes. bei der Einreichung von Wahlvorschlägen.[78] Vereinigungen, die vom Bundeswahlausschuss nicht als Parteien anerkannt werden, können gegen die Versagung der Wahlzulassung gem. § 18 Abs. 4a BWahlG iVm Art. 93 Abs. 1 Nr. 4c GG **Beschwerde beim BVerfG** einlegen (→ Art. 93 Rn. 129).[79]

a) Der Parteienbegriff nach dem PartG. Eine einfachgesetzliche Definition der Partei findet sich im Parteiengesetz (im Folgenden: PartG). Der Parteienbegriff des § 2 PartG ist abschließend, so dass die Landesgesetzgeber daran gehindert sind – etwa für die Kommunalwahlen – einen anderen Parteienbegriff zu formulieren.[80] Die Begriffsbestimmung in § 2 PartG geht maßgeblich auf die Empfehlungen des Berichts der Parteienrechtskommission zurück, die 1955 vom Bundesminister des Inneren eingesetzt wurde.[81] In § 2 Abs. 1 PartG heißt es: „Parteien sind **Vereinigungen von Bürgern,** die **dauernd** oder für längere Zeit für den Bereich des Bundes oder eines Landes auf die politische Willensbildung Einfluß nehmen und an der **Vertretung des Volkes** im Deutschen Bundestag oder einem Landtag mitwirken wollen, wenn sie nach dem Gesamtbild der tatsächlichen Verhältnisse, insbesondere nach Umfang und Festigkeit ihrer Organisation, nach der Zahl ihrer Mitglieder und nach ihrem Hervortreten in der Öffentlichkeit eine ausreichende Gewähr für die **Ernsthaftigkeit** dieser Zielsetzung bieten. Mitglieder einer Partei können nur natürliche Personen sein." Daraus lassen sich folgende drei Merkmale ableiten: die Vereinigung von Bürgern als Strukturelement (→ Rn. 21 ff.), die Beteiligung an Parlamentswahlen als Zielelement (→ Rn. 25 ff.) sowie das Erfordernis der Ernsthaftigkeit (→ Rn. 28 ff.).[82] **Ausschlussgründe** finden sich in den folgenden Absätzen. Nach Abs. 2 verlieren Vereinigungen ihren Status als Partei, wenn sie sechs Jahre lang nicht an Parlamentswahlen teilgenommen oder ihrer Rechenschaftspflicht nicht nachgekommen sind (→ Rn. 30).[83] Dadurch wird das 18

[76] Die *Parteienrechtskommission,* Rechtliche Ordnung des Parteiwesens, 2. Aufl. 1958, 140 ff. hatte sich intensiv mit der Registrierung von Parteien befasst, sich aber wegen verfassungsrechtl. Bedenken und Missbrauchsgefahren dagegen ausgesprochen. Für eine deklaratorische Parteienregistrierung *de lege ferenda* aber *Wietschel,* Der Parteibegriff, 1996, 195 ff.; *Morlok/Bäcker* NVwZ 2011, 1153 (1157 ff.); *Prommer,* Novellierungsbedarf im Parteienrecht, 2014, 142 ff.

[77] *Risse/Witt* in Hömig/Wolff Rn. 4. Eine Auflistung der Rechtsbereiche, in denen die Parteieneigenschaft relevant wird, findet sich bei *Henke* in BK Rn. 54. Zur Entscheidungspraxis des Bundeswahlausschusses s. *Hellmann* RuP 2020, 176 ff.

[78] Krit. dazu *Morlok/Bäcker* NVwZ 2011, 1153 ff.

[79] Ansonsten sind Anträge auf Feststellung der Parteieigenschaft unstatthaft, BVerfGE 141, 182 (185).

[80] BVerwGE 6, 96.

[81] *Parteienrechtskommission,* Rechtliche Ordnung des Parteiwesens, 2. Aufl. 1958. Mitglieder der Kommission waren u. A. *Scheuner, Forsthoff, Hesse, Leibholz* und *Maunz.* Der erste Gesetzesentwurf zum PartG bezieht sich ausdrückl. auf das Gutachten (BT-Drs. 3/1509, S. 13); der später angenommene Gesetzesentwurf (BT-Drs. V/1339), der die vorherige Parteiendefinition aufgreift, enthält keine gesonderte Begr. Ausf. zur Entstehungsgeschichte des PartG *Klein* in Maunz/Dürig Rn. 127 ff.

[82] *Morlok,* Parteiengesetz, 2. Aufl. 2013, § 2 Rn. 1 ff.; *Merten* JÖR 67 (2019), 107 (112). Das entspricht auch der völkerrechtl. Parteiendefinition, *Venice Commission,* 15.3.2016, CDL-PL(2016)003, 7.

[83] Näher dazu BVerfGE 24, 260 (263 ff.); 89, 266 (271).

Ernsthaftigkeitserfordernis bestärkt. Ferner klammert Abs. 3 zur Absicherung des Strukturelements **Ausländer- und Exterritorialparteien** aus (→ Rn. 23 f.).[84]

19 **b) Eigenständiger verfassungsrechtlicher Parteienbegriff?** Trotz des durch § 2 PartG bewirkten Ausschlusses kommunaler Wählervereinigungen (→ Rn. 26) und Konflikten mit dem Unionsrecht (→ Rn. 25) begreift das BVerfG den einfachgesetzlichen Parteienbegriff in stRspr als **verfassungsgemäße Konkretisierung** des Art. 21.[85] Angesichts der anhaltenden Kritik ist vielfach artikuliert worden, der verfassungsrechtliche Parteienbegriff könne nicht durch einfaches Gesetz bestimmt werden.[86] Stattdessen wird ein eigenständiger **verfassungsrechtlicher Parteienbegriff** postuliert.[87]

20 Richtig ist, dass der Gesetzgeber das GG nicht durch einfaches Recht ändern kann. Das gilt in besonderer Weise für das Parteienrecht, das eingedenk der Personenidentität von Parteieliten und Parlamentsangehörigen (→ Rn. 37) die Gefahren der **„Entscheidung in eigener Sache"** mit sich bringt.[88] So darf das PartG nicht dazu missbraucht werden, das Mehrparteiensystem durch einen verengten Parteienbegriff zu untergraben.[89] Der Verfassungsgeber hat den Gesetzgeber jedoch ausdrücklich dazu aufgerufen, das Parteienrecht auszugestalten.[90] Einen voll ausdifferenzierten grundgesetzlichen Parteienbegriff zu formulieren, schwächt nicht nur den demokratischen Gestaltungsprozess; er steht auch im Widerspruch zur Entwicklungsoffenheit der Verfassung.[91] Auch werden dadurch die Verantwortungsbereiche von gestaltender Legislative und kontrollierender Verfassungsgerichtsbarkeit verwischt.[92] Der Parteienbegriff des PartG ist daher nur insofern zu modifizieren, soweit er einen Verfassungsverstoß begründet.[93]

21 **c) Parteienbegriff des PartG und seine verfassungsrechtlichen Grenzen. aa) Strukturelement.** In struktureller Hinsicht setzt § 2 Abs. 1 S. 1, Abs. 3 PartG eine **dauerhafte Vereinigung** mehrheitlich deutscher natürlicher Personen voraus. Hinsichtlich des Vereinigungsbegriffs kann auf

[84] Krit. dazu im Hinbl. auf Art. 23, 28 GG sowie auf Art. 10 Abs. 4 EUV und Art. 224 AEUV zu Recht *Morlok* PartG, 2. Aufl. 2013, § 2 Rn. 9, 13.

[85] BVerfGE 24, 260 (263 f., 266); 47, 198 (222); 79, 379 (384); 89, 266 (269 ff.); 91, 262 (266 f.); 91, 276 (284).

[86] So schon *Breithaupt* JZ 1967, 561. S. auch *Klein* in Maunz/Dürig Rn. 222; *Ipsen* in Ipsen PartG, 2008, § 2 Rn. 2 mwN. Die *Parteienrechtskommission* sprach davon, dass eine gesetzliche Begriffsbestimmung prinzipiell „nur klarstellende (deklaratorische) Bedeutung" habe und „keine authentische Interpretation des Grundgesetzes" sei, *Parteienrechtskommission,* Rechtliche Ordnung des Parteienwesens, 2. Aufl. 1958, 123 f.

[87] *Kunig* in HdbStR III, § 40 Rn. 15 ff.; *Ipsen* in Sachs Rn. 15 f.; *Morlok* in Dreier Rn. 34 ff.; *Streinz* in MKS Rn. 48.

[88] *Morlok* NVwZ 2005, 157; *v. Arnim,* Der Staat als Beute, 1993, 342 ff.; *Hofmann/Perger,* Richard von Weizäcker im Gespräch, 1992, 141; *v. Arnim* DÖV 2007, 221 (223 ff.) („Odysseus-Problem"); *Prommer,* Novellierungsbedarf im Parteienrecht, 2014, 50 ff.

[89] *Streinz* in MKS Rn. 47.

[90] Zur Ausgestaltungsverantwortung des Gesetzgebers *Schuppert/Bumke,* Die Konstitutionalisierung der Rechtsordnung, 2000, 76 f.

[91] Allgemein zu den Gefahren einer Überforderung der Verfassung *Schuppert/Bumke,* Die Konstitutionalisierung der Rechtsordnung, 2000, 77 ff. S. im konkr. Zusammenhang auch *Seifert,* Die politischen Parteien im Recht der Bundesrepublik Deutschland, 1975, 159 ff.; *Kotzur* in HdbStR XII § 260, Rn. 5 ff. AA aber *Gusy* in AK Rn. 54.

[92] AA *Streinz* in MKS Rn. 49 der meint, das „in besonderer Weise durch Eigeninteressen des Gesetzgebers" geleitete Parteienrecht müsse von Rspr. und Verfassungswissenschaft entfaltet werden.

[93] Wie hier *Henke* in BK Rn. 9.

Art. 9 Abs. 1 (→ Art. 9 Rn. 25 ff.) zurückgegriffen werden.[94] Insbesondere muss der Zusammenschluss **freiwillig** erfolgen. Das PartG schreibt keine bestimmte Organisationsform vor; es müssen jedoch ein Mindestmaß an **Eigenständigkeit** und Strukturen zur Willensbildung vorhanden sein.[95] Rechtstatsächlich sind Parteien regelmäßig als **Vereine** organisiert.[96] Anders als bei Vereinigungen dürfen laut § 2 Abs. 1 S. 2 PartG nur **natürliche Personen** Mitglieder von Parteien sein. Die Mitgliedschaft juristischer Personen widerspräche mit Blick auf die dahinter stehenden natürlichen Personen dem Grundsatz demokratischer Gleichheit.[97] Die europäischen Parteienbündnisse (→ Rn. 10 f.) erfüllen schon aus diesem Grund nicht den deutschen Parteibegriff.[98]

Die **organisatorischen Untergliederungen,** wie etwa die Landes- und Ortsverbände (→ Rn. 59), sind den Parteien zuzurechnen.[99] Umstr. ist aber, wie in die Partei integrierte **Teil-** und außerhalb der Partei stehende **Nebenorganisationen** voneinander zu unterscheiden sind.[100] Die Frage ist insbes. für parteinahe Jugendorganisationen relevant. Nach traditioneller Auffassung wird auf den Grad der organisatorischen Verselbstständigung – etwa durch eigenen Mitgliederbestand – abgestellt.[101] Neuere Literaturstimmen halten dagegen zu Recht die Funktion sowie das Selbstverständnis der Organisation für entscheidend.[102] Sofern ihr satzungsmäßiger Zweck darin besteht, eine Partei zu unterstützen und der Partei die Kompetenz eingeräumt wird, die politische Richtung vorzugeben, so sollte die Organisation in den Schutz von Art. 21 einbezogen werden. **Politische Stiftungen** sind hingegen wegen ihrer eigenständigen Zielsetzungen insbes. in der Entwicklungszusammenarbeit und im Bereich der Bildungs- und Wissenschaftsförderung als bloße Nebenorganisationen anzusehen.[103] Auch die **Fraktionen** gehören als ständige Gliederungen des Parlaments nicht zu den Parteien.[104] 22

Um die deutsche Volkssouveränität gem. Art. 20 Abs. 2 S. 2 zu verwirklichen, werden **Ausländer-** und **Exterritorialparteien** gem. § 2 Abs. 3 23

[94] BVerfGE 2, 1 (13); 17, 155 (164); 74, 44 (50); *Wietschel,* Der Parteibegriff, 1996, 146.

[95] BVerwGE 74, 176 (180); *Lenski* PartG, 2011, § 2 Rn. 4; *Pieroth* in Jarass/Pieroth Rn. 7. *Seifert,* Die politischen Parteien im Recht der Bundesrepublik Deutschland, 1975, 160 fordert eine körperschaftl. Struktur.

[96] *Risse/Witt* in Hömig/Wolff Rn. 4. Die Haftung der Mitglieder nicht rechtsfähiger Vereine nach § 54 S. 2 BGB wird von § 37 PartG aufgehoben.

[97] *Pieroth* in Jarass/Pieroth Rn. 7.

[98] *Streinz* in v. MKS Rn. 54.

[99] *Klein* in Maunz/Dürig Rn. 225.

[100] Die Begriffe Sonder-, Teil- und Unterorganisation werden synonym verwendet. Sonder- und Nebenorganisationen wurden in §§ 5, 6 des nicht in Kraft getretenen PartG-Entwurfes aus dem Jahr 1959 legaldefiniert, BT-Drs. 3/1509, S. 2 f., 16 f.

[101] So etwa *Seifert,* Die politischen Parteien im Recht der Bundesrepublik Deutschland, 1975, S. 331 ff.; *Seifert* DÖV 1956, 1 (5); *Klein* in Maunz/Dürig Rn. 235. Vgl. auch BT-Drs. 3/1509, S. 2 f., 16 f.

[102] *Westerwelle,* Das Parteienrecht und die politischen Jugendorganisationen, 1994, 86 ff.; *Morlok* in Dreier Rn. 42 f.; *Streinz* in MKS Art. 21 Rn. 71; *Volkmann* in von Alemann/Morlok/Godewerth, Jugend und Politik, 2006, 111 (118 ff.).

[103] So auch BVerfGE 73, 1 (31); 140, 1 (38). Dementsprechend ordnet auch § 11 Abs. 2 S. 2 PartG an, dass Vorsitzender und Schatzmeister einer Partei nicht in einer der Partei nahestehenden politischen Stiftung vergleichbare Funktionen ausüben dürfen. Für eine Unterstellung unter das Parteienrecht aber *Merten,* Parteinahe Stiftungen im Parteienrecht, 1999, 126 ff.; *Hug* MIP 2017, 37 (43 f.). Krit. zur Finanzierung *Streinz* in MKS Art. 21 Rn. 72. Das BVerfGE 73, 1, 37 ff.; 140, 1, 38 ff. billigt die Stiftungsfinanzierung indes.

[104] BVerfGE 70, 324 (350 f.); 80, 188 (231).

PartG vom Parteienbegriff ausgeschlossen.[105] Danach dürfen Ausländer nicht mehrheitlich Mitglieder der Partei oder des Vorstands sein. Als Ausländer gilt entsprechend § 2 Abs. 1 AufenthG, jeder, der nicht Deutscher i. S. d. Art. 116 Abs. 1 ist (auch staatenlose Personen).[106] Ferner muss der Sitz der Partei im Bundesgebiet liegen.

24 Für Parteien, die neben den formalen Parlamentswahlen in Deutschland auch an **Europawahlen** oder **Kommunalwahlen** teilnehmen, ist diese Beschränkung angesichts des aktiven und passiven Wahlrechts von EU-Bürgern nicht mehr zeitgemäß.[107] Aus Art. 23 Abs. 1, S. 3 GG iVm Art. 10 Abs. 4 EUV folgt, dass Zusammenschlüsse von Unionsbürgern bei der Teilnahme an Europawahlen nicht ggü. deutschen Parteien benachteiligt werden dürfen. In Bezug auf Kommunalwahlen ergibt sich das aus Art. 28 Abs. 1 S. 3 GG und Art. 22 Abs. 1 AEUV. Das Problem lässt sich entweder durch eine teleologische Reduktion oder die Nichtanwendung des § 2 Abs. 3 PartG wegen des Anwendungsvorrangs des Unionsrechts lösen.[108]

25 **bb) Zielelement.** Parteien müssen gem. § 2 Abs. 1 S. 1 PartG das Ziel haben, an der **Vertretung des Volkes** im Deutschen Bundestag oder in einem Landtag mitzuwirken. Es genügt, dass die Vereinigung plant, eigene Wahlvorschläge aufzustellen.[109] Auf den Wahlerfolg kommt es nicht an.[110] Gruppen, die lediglich Wahlempfehlungen abgeben, ohne selbst Kandidaten aufzustellen, sind keine Parteien. Auch reicht es wegen des Ausnahmecharakters von „Abstimmungen" (→ Art. 20 Rn. 123 f.) nicht aus, wenn eine Vereinigung auf direkt-demokratische Entscheidungsverfahren ausgerichtet ist.[111] Inhaltliche Vorgaben ergeben sich aus § 2 Abs. 1 S. 1 PartG nicht; insbesondere kann daraus keine Gemeinwohlverpflichtung abgeleitet werden.[112]

26 Ausgeschlossen werden durch die auf Parlamentswahlen beschränkte Definition Vereinigungen, die lediglich an Kommunalwahlen teilnehmen (sog. **Rathausparteien**).[113] Das BVerfG führte dazu – noch vor Erlass des PartG – aus, dass in Kommunalvertretungsorganen **keine politische Willensbildung** erfolge, sondern bloß Verwaltungsaufgaben zu erledigen seien.[114] Das Argument knüpft an die gewaltenteilungsrechtliche Zurechnung der Kommunalvertretung zur Exekutive an (→ Art. 28 Rn. 38). Völlig zu

---

[105] *Hillgruber* in HdbGR, § 118 Rn. 29 f.; *Morlok,* PartG, 2. Aufl. 2013, § 2 Rn. 13; *Streinz* in MKS Rn. 55. Der Parteibegriff wurde zudem wegen des systematischen Zusammenhangs zum Deutschengrundrecht Art. 9 Abs. 1 auf zuvörderst deutsche Zusammenschlüsse begrenzt, BT-Drs. 3/1509, S. 13.

[106] *Lenski,* PartG, 2011, § 2 Rn. 41.

[107] *Hillgruber* in HdbGR, § 118 Rn. 31; *Kunig* in HbdStR III, § 40 Rn. 28; *Klein* in Maunz/Dürig Rn. 245; *Morlok,* PartG, 2. Aufl. 2013, § 2 Rn. 13; *Streinz* in MKS Rn. 55.

[108] *Hillgruber* in HdbGR, § 118 Rn. 31; *Klein* in Maunz/Dürig Rn. 245; *Morlok,* PartG, 2. Aufl. 2013, § 2 Rn. 13; *Prommer,* Novellierungsbedarf im Parteienrecht, 2014, 120. AA *Wißmann* in Kersten/Rixen PartG, 2009, § 2 Rn. 51.

[109] *Lenski,* PartG, 2011, § 2 Rn. 16. Ob eine dauerhafte Wahlbeteiligung angestrebt werden muss, ist umstritten. Dafür *Henke* in BK Rn. 43; *Wißmann* in Kersten/Rixen, PartG, 2009, § 2 Rn. 32. AA *Streinz* in MKS Rn. 62.

[110] *Henke* in BK Rn. 36; *Kunig* in HdbStR III, § 40 Rn. 8; *Streinz* in MKS Rn. 64.

[111] *Parteienrechtskommission,* Rechtliche Ordnung des Parteiwesens, 2. Aufl. 1958, 127 ff.

[112] Wie hier *Klein* in Maunz/Dürig Rn. 232; *Morlok* in Dreier Rn. 32, 38; *Streinz* in MKS Rn. 65 jew. mwN. AA aber *Henke* in BK Rn. 27 ff.; *Grewe* in FS Kaufmann, 1950, 65 (78 ff.).

[113] Das BVerfG billigt diesen Ausschluss. S. nur BVerfGE 79, 379 (384 f.).

[114] BVerfGE 2, 1 (76); dem folgend *Parteienrechtskommission,* Rechtliche Ordnung des Parteiwesens, 2. Aufl. 1958, 135 f.

Recht wird kritisiert, dass dieser Politikbegriff an den Realitäten vorbei geht.[115] Legitimationsquelle und -vorgang bei Kommunalwahlen sind strukturgleich zu Parlamentswahlen, so dass sich die Kommunalvertretungsorgane als unterste Politikebene des Staates darstellen.[116] Gleichwohl hält sich der an einem formalen Parlamentsbegriff gebundene einfachgesetzliche Parteienbegriff im Rahmen des verfassungsrechtlich Zulässigen.[117] Wie eingangs gezeigt (→ Rn. 20), ist nicht alles, was rechtspolitisch wünschenswert ist, auch verfassungsrechtlich zwingend. Geschützt werden die Rathausparteien immerhin durch Art. 28 Abs. 1 S. 2, der die **Wahlrechtsgrundsätze** auf Kommunalwahlen erstreckt.[118] Benachteiligungen von Kommunalparteien – etwa bei der Einreichung von Wahlvorschlägen oder der steuerlichen Behandlung von Spenden (→ Rn. 87) – sind nur zulässig, wenn sie die Chancengleichheit im politischen Wettbewerb nicht erheblich beeinträchtigen.

Ferner schließt § 2 Abs. 1 PartG politische Vereinigungen aus, die ausschließlich die Teilnahme an **Europawahlen** bezwecken. Teilweise wird darin ein Verstoß gegen Art. 10 Abs. 4 EUV gesehen.[119] Allerdings können Vereinigungen auch ohne Parteienstatus nach § 8 Abs. 1 EuWG Wahlvorschläge einreichen. Auch statuiert Art. 10 Abs. 4 EUV kein Gleichbehandlungsgebot.[120] Vereinigungen, die auf die Teilnahme an Europawahlen gerichtet sind, in den Parteienbegriff einzubeziehen, ist jedoch nach **Art. 23 Abs. 1 S. 1** verfassungsrechtlich geboten.[121] Gem. dieser im Jahr 1992 eingefügten Verfassungsbestimmung besteht die Pflicht zur Mitwirkung an einer demokratischen Europäischen Union. Das setzt eine europäische Parteienlandschaft voraus. Es bedarf daher einer **erweiternden Auslegung** des § 2 Abs. 1 S. 1 und Abs. 2 PartG.[122] § 18 Abs. 4 PartG zur Bemessung der Parteienfinanzierung (→ Rn. 80) wurde bereits entsprechend angepasst. 27

cc) Erfordernis der Ernsthaftigkeit. Die Privilegien, die sich an den Parteienstatus knüpfen, sollen nur denjenigen Vereinigungen zu Gute kommen, die auch tatsächlich die Funktion von Parteien erfüllen. Das subjektive 28

---

[115] *Morlok* in Dreier Rn. 27; *Streinz* in MKS Rn. 59; *Pieroth* in Jarass/Pieroth Rn. 10; *Lenski* PartG, 2011, § 2 Rn. 14; *Shirvani,* Das Parteienrecht und der Strukturwandel im Parteiensystem, 2010, 175 ff.; *Merten* JÖR 67 (2019), 107, 112 f.

[116] S. zur Einbeziehung von Kommunalvertretungen in den politikwissenschaftlichen Parlamentsbegriff schon *Benz,* Parlamentarische Formen in der Regionalplanung, 1983, 6 ff.

[117] Für die Zulässigkeit *Seifert,* Die politischen Parteien im Recht der Bundesrepublik Deutschland, 1975, 164 f.; *Hillgruber* in HdbGR, § 118 Rn. 17; *Klein* in Maunz/Dürig Rn. 239; *Wißmann* in Kersten/Rixen PartG, 2009, § 2 Rn. 37 f.; *Henke* in BK Rn. 37 ff. Für die Verfassungswidrigkeit aber *Kunig* in HbdStR III, § 40 Rn. 80 f.; *Morlok* in Dreier Rn. 37; *Streinz* in MKS Rn. 59; *Pieroth* in Jarass/Pieroth Rn. 10; *Lenski* PartG, 2011, § 2 Rn. 14; *Prommer,* Novellierungsbedarf im Parteienrecht, 2014, 106 ff.

[118] Näher dazu *Shirvani,* Das Parteienrecht und der Strukturwandel im Parteiensystem, 2010, 177 ff. mwN.

[119] *Pieroth* in Jarass/Pieroth Rn. 10; *Ipsen* in Sachs Rn. 20; *Morlok* in Dreier Rn. 14.

[120] Sofern eine auf europäische Wahlen gerichtete Vereinigung überwiegend von Deutschen gegründet wird, handelt es sich auch nicht um eine Diskriminierung nach Art. 18 AEUV, *Hillgruber* in HdbGRV, § 118 Rn. 19.

[121] *Hillgruber* in HdbGRV, § 118 Rn. 16.

[122] Wie hier *Kunig* in HbdStR III, § 40 Rn. 82; *Morlok* PartG, 2. Aufl. 2013, § 2 Rn. 9; *Prommer,* Novellierungsbedarf im Parteienrecht, 2014, 118 f. Andere halten die Bestimmung hingegen wegen des eindeutigen Wortlauts für verfassungswidrig; so etwa *Ipsen* in Sachs Rn. 20; *Streinz* in MKS Rn. 59. Angesichts der Dominanz nationalstaatlicher Politik in Wahlen zum Europäischen Parlament bestand bislang kein Anlass für das BVerfG, sich mit der Frage zu befassen. Selbst die 2017 gegründete „paneuropäische" Partei „Volt", nennt als satzungsmäßigen Zweck die Teilnahme an Bundestags- und Landtagswahlen. S. http://bit.ly/Satzung_Volt 07/2019>.

Zielelement wird daher durch das auf Tatsachen bezogene Erfordernis der Ernsthaftigkeit ergänzt.[123] § 2 Abs. 1 S. 1 PartG fordert eine gewisse organisatorische Verfestigung und ein ernsthaftes Bemühen um Anhängerschaft, was über die Mitgliederzahl und das Hervortreten in der Öffentlichkeit gemessen wird. Im Gründungsstadium ist mit Blick auf die Parteigründungsfreiheit ein großzügiger Maßstab angebracht.[124]

29 Die hinreichende **organisatorische Verfestigung** setzt voraus, dass politische Vereinigungen überhaupt eine rechtlich anerkannte Struktur haben (z. B. rechtsfähiger oder nicht-rechtsfähiger Verein) und die entsprechenden Organe personell besetzt sind. Die Rspr. hat die Abwicklung über ein Postfach oder Privatanschriften von Mitgliedern[125] und fehlende finanzielle Mittel[126] als Indizien gegen die Ernsthaftigkeit gewertet. Aus § 6 Abs. 1 PartG ergibt sich zudem, dass Parteien eine **Satzung** mit bestimmten Mindestinhalten und ein Programm aufstellen müssen. Für die **Mitgliederzahl** fehlt es an festen Richtgrößen. Das BVerwG hält 150 Mitglieder für eine auf Bundestagswahlen[127] und 60 Mitglieder für eine auf Landtags- bzw. Bürgerschaftswahlen[128] ausgerichtete Vereinigung für eine zu geringe Größe.[129] Das Kriterium des Hervortretens in der **Öffentlichkeit** steht in engem Zusammenhang mit der verfassungsrechtlichen Aufgabe, an der politischen Willensbildung des Volkes mitzuwirken (→ Rn. 33 ff.). Sämtliche Aktivitäten der Partei, die hierauf gerichtet und öffentlich wahrnehmbar sind, werden erfasst.[130] Die Aufzählung der Indizien in § 2 Abs. 1 PartG ist nicht abschließend.[131] Inhaltliche Kriterien dürfen jedoch angesichts des Parteienprivilegs (→ Rn. 98) nicht herangezogen werden.[132] Das BVerfG hat anhaltenden **fehlenden Wahlerfolg** negativ berücksichtigt;[133] dies ist jedoch wegen der Neutralität des Parteienstatuts und des Minderheitenschutzes abzulehnen.[134]

30 Als **negative Tatbestandsmerkmale** nennt § 2 Abs. 2 PartG die Nichtteilnahme an Parlamentswahlen (S. 1) und – seit 2015[135] – die Nichtabgabe des Rechenschaftsberichts (S. 2) in einem durchgängigen Zeitraum von sechs Jahren.[136] Dadurch wird das Ernsthaftigkeitserfordernis bestärkt. Die Nichtberücksichtigung von Europawahlen ist wiederum durch verfassungskonforme Auslegung zu überwinden (→ Rn. 27).

---

[123] Krit. zur Unbestimmtheit des Kriteriums *Wietschel*, Der Parteibegriff, 1996, 176 ff.; *Ipsen* in Sachs Rn. 21. AA aber *Klein* in Maunz/Dürig Rn. 229. *Lenski* PartG, 2011, § 2 Rn. 21 ff. Näher zur Ernsthaftigkeitsklausel BVerfGE 91, 262 (269 ff.).

[124] Vgl. BVerfGE 134, 131 (134 f.); *Konow* DÖV 1968, 73 (74 f.). Für eine zeitlich gestaffelte Anforderungsdichte auch *Lenski* PartG 2011, § 2 Rn. 33.

[125] BVerfGE 91, 262 (273 f.); 91, 276 (291).

[126] BVerwG NVwZ 1997, 66 (67).

[127] BVerwG NJW 1993, 3213 (3214).

[128] BVerwG NVwZ 1997, 66 (67).

[129] Krit. zu diesem Kriterium *Kunig* in HbdStR III, § 40 Rn. 79.

[130] Anders aber bei bloßer Unterstützung von Dritten durchgeführter Veranstaltungen BVerfGE 91, 262 (274).

[131] BVerfGE 89, 266 (270); 89, 291 (306).

[132] Wie hier *Lenski* PartG, § 2 Rn. 28. AA aber im Hinblick auf Scherzparteien *Kunig* in HdbStR, § 40 Rn. 10; *Wißmann* in Kersten/Rixen PartG, 2009, § 2 Rn. 46.

[133] BVerfGE 89, 266 (272); 91, 262 (274 f.).

[134] *Ipsen* in Sachs Rn. 21; *Leisner* in Sodan Rn. 12 f.; *Streinz* in MKS Rn. 68. AA aber *Klein* in Maunz/Dürig Rn. 229.

[135] Näher dazu BT-Drs. 18/6879, 5.

[136] *Streinz* in MKS Rn. 60. Näher dazu BVerfGE 24, 260 (263 ff.); 89, 266 (271).

2. …wirken bei der politischen Willensbildung des Volkes mit. (Abs. 1 S. 1). Funktion und Aufgabe der Parteien ist nach Art. 21 Abs. 1 S. 1 die Mitwirkung an der politischen Willensbildung.[137] Kernaufgabe ist – das zeigt schon das Zielelement des Parteienbegriffs (→ Rn. 25 ff.) – die Teilnahme an Parlamentswahlen (a). Darüber hinaus umfasst der Mitwirkungsauftrag den gesamten Prozess gesellschaftlicher politischer Auseinandersetzung (b). Schließlich geht es um die Einwirkung auf die Staatswillensbildung (c). 31

a) Teilnahme an Wahlen als Kernaufgabe politischer Parteien. Parlamentswahlen dienen dazu, die Gesellschaft in die Staatswillenbildung zu integrieren.[138] Politische Parteien sind zentrale Akteure dieser demokratischen Inputstruktur.[139] Sie machen in der gesellschaftlichen Sphäre bestehende Anliegen für den Staat wahrnehmbar und für den Bürger im Wege der Wahlentscheidung prämier- und sanktionierbar.[140] Auch die Entstehungsgeschichte zeigt, dass der Mitwirkungsauftrag der Parteien stets im Zusammenhang mit parlamentarischen Wahlen gedacht wurde (→ Rn. 4). Dementsprechend wird Parteien von den Wahlgesetzen eine zentrale Stellung bei der Einreichung von Wahlvorschlägen eingeräumt.[141] Im **Wahlkampf** werden Parteien zudem verwaltungsrechtliche Privilegien wie etwa straßenrechtliche Sondernutzungserlaubnisse zuerkannt.[142] 32

b) Gestaltung der gesellschaftlichen politischen Auseinandersetzung. Der Mitwirkungsauftrag des Art. 21 Abs. 1 S. 1 geht jedoch weit über die Wahlteilnahme hinaus. Der gesamte Prozess öffentlicher politsicher Auseinandersetzung wird umfasst.[143] Der Begriff des Politischen ist thematisch nicht umgrenzt.[144] In **§ 1 Abs. 2 PartG** werden einige Teilaspekte der politischen Willensbildung erläuternd aufgefächert: „Die Parteien wirken an der Bildung des politischen Willens des Volkes auf allen Gebieten des öffentlichen Lebens mit, indem sie insbesondere auf die Gestaltung der öffentlichen Meinung Einfluß nehmen, die politische Bildung anregen und vertiefen, die aktive Teilnahme der Bürger am politischen Leben fördern, zur Übernahme öffentlicher Verantwortung befähigte Bürger heranbilden, sich durch Aufstellung von Bewerbern an den Wahlen in Bund, Ländern und Gemeinden beteiligen, auf die politische Entwicklung in Parlament und Regierung Einfluß nehmen, die von ihnen erarbeiteten politischen Ziele in den Prozeß der staatlichen Willensbildung einführen und für eine ständige lebendige Verbindung zwischen dem Volk und den Staatsorganen sorgen."[145] Zum ver- 33

---

[137] Die Rechtsnatur der Norm ist umstr. Manche sehen darin eine bloße Funktionszuschreibung (*Ipsen* in Sachs Rn. 22), andere ein subj. Recht (*Henke* in BK Rn. 61). Teilw. wird der Mitwirkungsauftrag über Art. 21 Abs. 1 S. 2 subjektiv-rechtl. unterfüttert (*Shirvani* AöR 134 (2009), 527), teilweise werden subj. Rechtspositionen nur aus Art. 9 GG abgeleitet (*Klein* in Maunz/Dürig Rn. 262, 272). Näher dazu → Rn. 41.

[138] *Grimm* in HdbVerfR, § 14 Rn. 13; *Hillgruber* in HdbGR, § 118 Rn. 28; *Merten* JÖR 67 (2019), 107 (110).

[139] *Grimm* in HdbVerfR, § 14 Rn. 78; *Morlok* in Dreier Rn. 19. Vgl. auch BVerfGE 8, 51 (63); 20, 56 (113) („Wahlvorbereitungsorganisationen").

[140] BVerfGE 20, 56 (113 f.); *Gusy* in AK Rn. 43.

[141] S. etwa § 18 Abs. 1, § 27 Abs. 1 S. 1 BWahlG.

[142] BVerwGE 47, 280 (283 ff.); 56, 56 (58 ff.). Näher dazu *Walther,* Wahlkampfrecht, 102 ff.; *Henke* in BK Rn. 231 ff.; *Friehe* NVwZ 2016, 887 ff.; *Morlok* in Dreier Rn. 62.

[143] BVerfGE 8, 51 (68); 85, 264 (284); 91 262 (268 f.); 85, 264 (286).

[144] Zutreffend *Streinz* in MKS Rn. 77.

[145] Die Vorschrift ist in der zeitgen. Lit. angesichts ihres umgreifenden Detaillierungsgrades und präambelhaftem Charakters kritisiert worden. S. etwa *Breithaupt* JZ 1967, 561;

fassungsrechtlichen Auftrag gehören also insbes. die öffentliche Meinungsbildung und -artikulation, politische Bildungsarbeit und die Einbeziehung der Bürger in die Politik.[146] Damit wird Parteien ein besonderer **Integrationsauftrag** zuerkannt.

34 Gleichwohl folgt aus Art. 21 Abs. 1 kein verfassungsrechtlicher Zugangsanspruch der Parteien gegenüber **Medienanstalten.**[147] Er kann sich allenfalls aus dem Grundsatz der Parteiengleichheit (→ Rn. 47 ff.) ergeben. Ferner sehen manche Landesrundfunkgesetze für die Landesmedienanstalten[148] und § 42 Abs. 2 des Rundfunkstaatsvertrages für bundesweit verbreiteten privaten Rundfunk einen Anspruch auf Sendezeit für **Wahlwerbung** vor.[149] Angesichts der Diversifizierung des Informationsangebots durch das Internet verlieren Forderungen nach Teilhabeansprüchen gegenüber privaten Printmedien an Relevanz.[150] Auf den Inhalt der Wahlwerbung darf wegen des Parteienprivilegs (→ Rn. 99) kein Einfluss genommen werden. Wahlwerbespots dürfen daher nur dann redaktionell beanstandet werden, wenn sie in evidenter und ins Gewicht fallender Weise gegen Strafgesetze verstoßen.[151]

35 Um einen zu einseitigen medialen Einfluss zu verhindern, haben die Länder den Parteien die **Beteiligung an privaten Rundfunkunternehmen** untersagt, soweit ihnen dadurch bestimmender Programmeinfluss zukommt.[152] Ein absolutes Verbot, sich an privaten Medien zu beteiligen, verstieße jedoch gegen die Kommunikationsgrundrechte (→ Rn. 43).[153] Für die **öffentlich-rechtlichen Medienanstalten** gilt wegen des Grundsatzes der Staatsfreiheit, dass der Anteil der Staats- und Parteienvertreter in den Aufsichtsgremien unter 50 % liegen muss.[154]

36 **c) Einwirkung auf die Staatsorgane.** Politische Einflussnahme setzt die Einwirkung auf die Staatsorgane voraus.[155] Die Reichweite legitimer parteipolitischer Beeinflussung der organisierten Staatlichkeit ist angesichts der Janusköpfigkeit der Parteien seit jeher umstritten (→ Rn. 15). Einerseits knüpft sich an den Status formaler Staatsämter die Forderung nach überparteilicher **Neutralität,** um das System für demokratische Machtwechsel offen zu halten.[156] Andererseits basiert Demokratie gerade auf der Erkenntnis, dass

---

Groß DÖV 1968, 80 f.; *Konow* DÖV 1968, 73 f. Zusf. *Shirvani,* Das Parteienrecht und der Strukturwandel im Parteiensystem, 2010, 187 ff.

146 Näher dazu *Lenski* PartG, 2011, § 1 Rn. 5 ff.

147 BVerfGE 47, 198 (237); BVerfG NJW 1994, 40; BVerwGE 87, 270 (272 ff.).

148 S. etwa § 36 Abs. 2 LMG NRW. Anders aber § 37 Abs. 9 S. 4 RundfG M-V.

149 Krit. dazu *Volkmann,* Politische Parteien und öffentliche Leistungen, 1993, 67 ff., 293 ff.

150 Gegen grundrechtl. Teilhabeansprüche auch BVerfGE 42, 53 (62); 52, 283 (296 f.).

151 BVerfGE 47, 198 (228 f., 230 f.); BVerfG NVwZ 2019, 963.

152 S. Art. 20a Abs. 3 Rundfunkstaatsvertrag.

153 BVerfGE 121, 30 (50 ff.). Speziell zur Medienbeteiligungsgesellschaft der SPD *Schuler-Harms* in Morlok/von Alemann/Streit, Medienbeteiligungen politischer Parteien, 2004, 35 ff.

154 Näher dazu *Schuler-Harms* in Morlok/von Alemann/Streit, Medienbeteiligungen politischer Parteien, 2004, 34.

155 Vgl. auch BVerfGE 13, 54 (81 f.); 20, 56 (101) („In der modernen Massendemokratie üben die politischen Parteien entscheidenden Einfluß auf die Besetzung der obersten Staatsämter aus […]. Sie beeinflussen die Bildung des Staatswillens, indem sie in das System der staatlichen Institutionen und Ämter hineinwirken, und zwar insbesondere durch Einflußnahme auf die Beschlüsse und Maßnahmen von Parlament und Regierung."); BVerfGE 85, 264 (286).

156 Vgl. *Kuch* AöR 142 (2017), 491 (522 ff.).

das **Gemeinwohl** im politischen Wettbewerb zu konstruieren ist, so dass ein darauf bezogener Neutralitätsbegriff seine Konturen verliert. Die Frage nach den richtigen Lösungen wird durch periodische Wahlen immer wieder in den politischen Wettbewerb überführt. Parteipolitische Einflussnahme ist daher nicht nur verfassungsrechtlich zulässig; sie ist zur Realisierung der Volkssouveränität in einer Massendemokratie zwingend erforderlich.[157]

aa) Einwirkung auf die Legislative. Besonders eng ist die Verflechtung 37 von Parteien und Amtsträgern in der **Legislative** ausgeprägt. Gegen die parteipolitische Beeinflussung der Parlamentarier wird regelmäßig das freie Mandat der Abgeordneten nach Art. 38 Abs. 1 S. 2 in Stellung gebracht.[158] Dadurch wird die **rechtliche Unabhängigkeit** des Abgeordneten von Partei und Fraktion gewährleistet.[159] **Politische Einflussnahme** ist dagegen nicht nur legitim, sondern zur Effektuierung des Wählervotums demokratisch notwendig.[160] Über die parteipolitische Programmatik wird überhaupt erst eine informierte Wahlentscheidung ermöglicht, die das legitimatorische Band zwischen Wählenden und Gewählten knüpft.[161] Parteien nehmen daher – etwa über rechtlich unverbindliche **Koalitionsvereinbarungen**[162] und parteiinterne Kommunikationswege – zu Recht Einfluss auf die parlamentarische Arbeit der Fraktionen.[163] Daher ist auch ein parteiinternes **Mitgliedervotum** zur Vorbereitung parlamentarischer Entscheidungen zulässig.[164]

bb) Einwirkung auf die Exekutive. Im Hinblick auf die Exekutive ist 38 zwischen zeitlich befristeten politischen Staatsämtern und unbefristeten Verwaltungsämtern zu unterscheiden.[165] Der Einfluss der Parteien auf die personelle Besetzung **politischer Staatsämter** entspricht der Funktionslogik des parlamentarischen Verfassungssystems.[166] Legislative und Gubernative sind durch die parlamentarische Wahl des Bundeskanzlers nach Art. 63 Abs. 1 und seine in Art. 67 niedergelegte parlamentarische Verantwortlichkeit eng miteinander verflochten.[167] Das Regierungspersonal rekrutiert sich daher

---

[157] *Grimm* in HdbVerfR, § 14 Rn. 14. Vgl. auch *Leibholz,* Der Strukturwandel der modernen Demokratie, 1958, 121; *Henke,* Das Recht der politischen Parteien, 2. Aufl. 1972, 119.

[158] So schon *Koellreuther,* Der deutsche Staat als Bundesstaat und als Parteienstaat, 1927, 27; *Schachtschneider,* Res publica, res populi, 1994, 710 ff. („Bollwerk der Freiheit gegen die Parteienherrschaft") *Degenhart,* DRiZ 2014, 13; vgl. auch *Kunig* in HbdStR III, § 40 Rn. 86; *Hatje,* VVDStRL 69 (2010), 135 (157 f.).

[159] Statt vieler *Henke* in BK Rn. 92 ff.; *Streinz* in MKS Rn. 86 f.

[160] *Volkmann,* Politische Parteien und öffentliche Leistungen, 1993, 105; *Grimm* in HdbVerfR, § 14 Rn. 56; vgl. auch *Kunig* Jura 1991, 247 (254).

[161] Dazu schon *Kelsen,* Vom Wesen und Wert der Demokratie, 1929, 42 f. S. auch *Volkmann,* Politische Parteien und öffentliche Leistungen, 1993, 105; *Huber,* JZ 1994, 689 (690). S. auch BVerfG, VR 2014, 71 f. zum SPD-Mitgliederentscheid über den Koalitionsvertrag.

[162] Näher dazu *Kloepfer* NJW 2018, 1799 ff. S. auch *Henke* in BK Rn. 150 ff.

[163] BVerfGE 20, 56 (104 f.); 70, 324 (350), 80, 188 (219 ff.), 112, 118 (135); 118, 277 (329); 140, 1 (33). S. auch *Pünder* VVDStRL 72 (2013), 191 (257 ff.); *Kotzur* VVDStRL 69 (2010), 173 (210).

[164] BVerfG VR 2014, 71 f. Dem folgend *Etzig/Müller* NVwZ 2018, 549 ff. AA *Pagenkopf* ZRP 2018, 37 (38 ff.), zweifelnd auch *Degehart* DRiZ 2014, 13.

[165] *Schröder* in HdbStR V, § 106 Rn. 37 ff.

[166] Vgl. auch *Payandeh* Der Staat 55 (2016), 519 (532). S. speziell zur parteipolitisch beeinflussten Besetzung des Bundespräsidenten *Huber* JZ 1994, 689 (691). S. zum Verhältnis von Parteien und Bundesrat *Henke* in BK Rn. 159 f.

[167] *Meinel,* Vertrauensfrage, 2019, 18. Zur Sonderstellung des Bundespräsidenten *Streinz* in MKS Rn. 96 f.

natürlicher Weise aus den Eliten derjenigen Parteien, deren Abgeordnete die Regierungsfraktion bzw. -koalition bilden.[168] Die für ein funktionierendes parlamentarisches System erforderliche Rückkopplung der Regierung an das Parlament gelingt in der Verfassungsrealität nur über Parteistrukturen.[169] Die wesentliche Demarkationslinie im Machtgefüge des deutschen Verfassungssystems verläuft daher bekanntlich nicht zwischen Parlament und Regierung, sondern zwischen dem durch Parteien verklammerten Konglomerat von Regierungsfraktion(en) und Regierung einerseits und Opposition andererseits.[170] Gleichwohl sind auch die politischen Staatsämter **statusrechtlich** vom Parteiamt zu unterscheiden, um die durch periodische Wahlen offen gestaltete Herrschaftsbeziehung zwischen Staat und Gesellschaft zu erhalten.[171] Daher ist es Politikern in ihrer Funktion als Amtsträger verwehrt, Wahlwerbung zu betreiben oder Abgeordnetenmitarbeiter dafür einzusetzen (→ Rn. 50).

39 Für **Verwaltungsämter** sichert Art. 33 Abs. 2, 5 die parteipolitisch neutrale Besetzung ab.[172] Sowohl die Ernennung als auch der Gesetzesvollzug muss unparteilich erfolgen, ansonsten handelt es sich um verfassungswidrige **Ämterpatronage.**[173] Die im Beamtenrecht geltende Ernennung auf Lebenszeit und die auf Seniorität gestützte Beförderungskultur wahrt die Neutralität und Beständigkeit der Bürokratie und macht sie zum Bollwerk gegen politische Eskalationen. Die Verwaltung als programmausführende Instanz bleibt dadurch zugleich für wechselnde politische Zielvorgaben offen.[174] Die zeitlich befristet ernannten **„politischen Beamten"**[175] verbinden die politische Gubernative mit dem bürokratischen Verwaltungsapparat zur einheitlichen Staatsgewalt der Exekutive.[176]

40 **cc) Einwirkung auf die Judikative.** Eng begrenzt sind die parteipolitischen Einflussmöglichkeiten auf die **Judikative.**[177] Über die besonderen Wahlverfahren in Art. 94 Abs. 1 S. 2 und 95 Abs. 2 wird zwar die Rückbindung an das Volk realisiert, über die sich die Mittlerfunktion der Parteien entfaltet.[178] Hinsichtlich ihrer **Entscheidungspraxis** garantiert Art. 97 Abs. 1 hingegen strikte **Unabhängigkeit.** Die richterliche Unabhängigkeit

---

[168] So auch schon *Scheuner* DÖV 1958, 641 (644); *Hesse* VVDStRL 17 (1959), 11 (24 ff.). AA *Kunig* in Vorauflage Rn. 42 f.

[169] *Meinel,* Vertrauensfrage, 2019, 92. Vgl. auch BVerfGE 20, 56 (101). Krit. zu dieser „Schwächung der Gewaltenteilung" hingegen *v. Arnim* DVBl. 2016, 1213 (1215).

[170] *Scheuner* DÖV 1958, 641 (643); *Stolleis* VVDStRL 44 (1986), 7 (11); *Herzog,* Verfassungsrechtliche Grundlagen des Parteienstaates, 1993, 11; *Huber* JZ 1994, 689 (691); *Pünder* VVDStRL 72 (2013), 191 (225); *Kotzur* VVDStRL 69 (2010), 173 (211).

[171] Vgl. schon den Amtseid nach Art. 64 Abs. 2 iVm Art. 56 GG. S. dazu auch *Grimm* in HdbVerfR, § 14 Rn. 60 ff. *Kuch* AöR 142 (2017), 491 (522 ff.), vgl. auch *Barczak* NVwZ 2015, 1014 (1018 f.). AA *Payandeh* Der Staat 55 (2016), 519 (532).

[172] Vgl. auch § 9 BBG; § 9 BStG.

[173] *v. Arnim,* Ämterpatronage durch politische Parteien, 1980, 18 ff.; *v. Arnim,* Staat ohne Diener, 1993, 136 ff.; *Fricke,* Problem der Ämterpatronage, 2007.

[174] *Scheuner* DÖV 1958, 641 (644 f.); *Grimm* in HdbVerfR, § 14 Rn. 67.

[175] Näher dazu *Schröder* in HdbStRV, § 106 Rn. 37 ff.

[176] Vgl. *Henke,* Das Recht der politischen Parteien, 2. Aufl. 1972, 171 f.; *Herzog,* Verfassungsrechtliche Grundlagen des Parteienstaates, 1993, 32 f. Dazu gehören auch die Minister und Mitglieder kommunaler Vertretungskörperschaften, BVerfGE 6, 376 (384 f.). S. zu den parl. Staatssekretären BVerfGE 76, 256 (344 f.). Krit. dazu *Hesse* VVDStRL 17 (1959), 11 (27).

[177] Ausf. *Henke* in BK Rn. 181 ff.; *Streinz* in MKS Rn. 94 f.

[178] Ausf. zu Einflussmöglichkeiten der Parteien *Machura* FS f. Voigt, 2006, 263 (271 ff.). S. auch *Huber* JZ 1994, 689 (692).

wird für die **Bundesverfassungsrichter** durch den Ausschluss der Wiederwahl (Art. 94) und für die sonstigen Bundesrichter durch die Ernennung auf Lebenszeit (Art. 97 Abs. 2) abgesichert.[179]

3. Parteienfreiheit, Parteiengleichheit und verfassungsprozessuale Durchsetzung. a) Gewährleistung subjektiv-öffentlicher Rechtspositionen. Umstritten ist, ob Art. 21 subjektiv-öffentliche Rechte vermittelt. Dagegen spricht in systematischer Hinsicht, dass Art. 21 im staatsorganisationsrechtlichen Teil der Verfassung verortet ist und Art. 93 Abs. 1 Nr. 4a die Bestimmung nicht als beschwerdefähiges Recht auflistet.[180] Für subjektivrechtliche Gehalte der Norm spricht jedoch, dass sich ihre spezifischen Gewährleistungen nur dann voll entfalten, wenn sie gerichtlich geltend gemacht werden können.[181] Im Ergebnis zeitigt der rechtsdogmatische Streit keine praktischen Wirkungen, da die subjektiven Gewährleistungen des Art. 21 jedenfalls iVm Art. 9 Abs. 1 und Art. 19 Abs. 3 allgemein anerkannt werden.[182] 41

Weitgehende Einigkeit besteht zudem dahingehend, dass sich Parteien neben Art. 21 auch auf alle **Grundrechte** berufen können, die nach **Art. 19 Abs. 3** dem Wesen nach auf sie anwendbar sind.[183] Die Reichweite der einzelnen Gewährleistungen ist an Hand der Funktion von Parteien zu bestimmen.[184] Sofern eine Betätigung dem **Mitwirkungsauftrag** nach Art. 21 Abs. 1 S. 1 dient, ist der Partei auch entsprechender Grundrechtsschutz (etwa über Art. 5, 8, 10–12, 13, 14) zuzubilligen.[185] Berufen sich Parteien im Rahmen ihres Mitwirkungsauftrages auf politische Grundrechte – wie etwa Art. 5 Abs. 1 S. 1 und Art. 8 –, so kommt ihnen in der Abwägung mit konfligierenden Verfassungsbelangen besonderes Gewicht zu.[186] **Parteien** sind hingegen selbst **nicht grundrechtsgebunden.**[187] Das folgt bereits aus ihrer 42

---

[179] Zur Verfassungsmäßigkeit von § 17 Nr. 3, § 18 VwGO über Richter auf Zeit bei Ausschluss der Wiederernennung BVerfGE 148, 69 (81 f., 127), dazu *Ferlemann* in Müldner et al, Richterliche Abhängigkeit – Rechtsfindung im Öffentlichen Recht, 2018, 35 (42 ff.).

[180] *Mauersberger,* Die Freiheit der Parteien, 1994, 26 ff.

[181] *Ipsen* in Sachs Rn. 29 ff.; *Henke* in BK Rn. 216. Vgl. auch *Schwartmann,* Verfassungsfragen der Allgemeinfinanzierung politischer Parteien, 1994, 178 f.; *Schneider,* Vermögen und erwerbswirtschaftliche Betätigung politischer Parteien, 2003, 125; *Augsberg* Jura 2018, 1110 (1111).

[182] Hierfür etwa *Henke,* Das Recht der politischen Parteien, 2. Aufl. 1972, 229 ff.; *Mauersberger,* Die Freiheit der Parteien,1994, 26 ff.; *Klein* in Maunz/Dürig Rn. 262, 272; *Streinz* in MKS Rn. 99. Vermittelnd *Morlok* in Dreier Rn. 29 ff. (mit subjektiv-rechtlichen Elementen angereicherte Einrichtungsgarantie); *Kersten* in Kersten/Rixen PartG, 2009, § 1 Rn. 25 (verfassungsunmittelbares subj. Recht). Mangels Ergebnisrelevanz hat sich das BVerfG bislang nicht positioniert.

[183] *Mauersberger,* Die Freiheit der Parteien, 1994, 129 ff.; *Schindler,* Die Partei als Unternehmer, 2006, 91 ff.; *Henke* in BK Rn. 218 ff.; *Ipsen* in Sachs Rn. 45 ff.; *Streinz* in MKS Rn. 55, 144. AA jedoch *Huber* in FS BVerfG, Bd. II, 2001, 609 (619 ff.); *Huber* in Morlok/v. Alemann/Streit Medienbeteiligungen politischer Parteien, 2004, 113 (119 ff.), der Art. 21 als abschließend betrachtet.

[184] Insbes. die Geltung des Art. 12 ist umstr. Für die – durch Art. 21 Abs. 1 S. 1 begrenzte – Anwendbarkeit *Wieland* in Morlok/von Alemann/Streit, Medienbeteiligungen politischer Parteien, 2004, 103 (109 f.); *Klein* in Maunz/Dürig Rn. 283; *Streinz* in MKS Rn. 57. Dagegen *Ipsen* in Sachs Rn. 46; *Henke* in BK Rn. 218; *Morlok* in Dreier Rn. 56. Diff. *Schindler,* Die Partei als Unternehmer, 2006, 192. Zu den Grenzen erwerbswirtschaftl. Betätigung *Schneider,* Vermögen und erwerbswirtschaftliche Betätigung politischer Parteien, 2003, 157 ff.

[185] Für eine großzügige Handhabe auch *Morlok* in Dreier Rn. 55 ff.; *Kunig* in HdbStR III, § 40 Rn. 90 ff.

[186] BVerfGE 121, 30 (50 ff.); *Mauersberger,* Die Freiheit der Parteien, 1994, 122. S. zur besonderen Bedeutung des Art. 5 im Wahlkampf *Walther,* Wahlkampfrecht, 1989, 65 ff.

[187] *Hillgruber* HdbGR, § 118 Rn. 36. AA *Kunig,* HStR III, § 40 Rn. 119 ff.

Eigenschaft als gesellschaftliche Organisationen (→ Rn. 15). Aus der Pflicht zur demokratischen Binnengliederung (→ Rn. 54 ff.) ergeben sich jedoch besondere Privilegien von Mitgliedern, die Minderheitspositionen vertreten.[188]

43 **b) Ihre Gründung ist frei (Abs. 1 S. 2).** Art. 21 Abs. 1 S. 2 gewährleistet die freie Gründung von Parteien. Daraus ergeben sich (je nach vertretener Ansicht iVm Art. 9 Abs. 1 und Art. 19 Abs. 3, → Rn. 41) individuelle und kollektive Rechte.[189] Entsprechend der Vereinigungsfreiheit vermittelt die Parteigründungsfreiheit positiv die **individuelle Freiheit** von Bürgern, sich politisch zu organisieren und Parteien beizutreten (wobei kein Anspruch auf Aufnahme besteht → Rn. 56). Spiegelbildlich gewährleistet das subjektive Freiheitsrecht aus Art. 21 Abs. 1 S. 2 die **negative Parteienfreiheit;** also das Recht, Parteien fernzubleiben und aus ihnen auszutreten.[190] Da Parteien die passive Wahlteilnahme bezwecken müssen, spricht viel dafür, die Parteigründung nur Volljährigen zuzubilligen.[191] Die Berechtigung, sich auf die **Beitrittsfreiheit** zu berufen, richtet sich dagegen nach der Grundrechtsmündigkeit. In Anlehnung an die Religionsmündigkeit ist ab dem vollendeten 14. Lebensjahr von der Beitrittsmündigkeit auszugehen.[192] Freilich können Parteien im Rahmen ihrer Satzungsautonomie auch ein höheres Eintrittsalter vorsehen.

44 Jede Hürde für die Gründung einer Partei – wie etwa eine Registrierungspflicht, steuerliche Belastungen oder ein Rechtsformzwang – stellt einen rechtfertigungsbedürftigen Eingriff dar.[193] Die **Rechtsvorschriften über Vereine** beeinträchtigen die Gründungsfreiheit jedoch nicht.[194] Sie gestalten die Vereinigungsfreiheit lediglich aus, indem sie die rechtliche Grundlage für körperschaftliche Zusammenschlüsse schaffen (→ Art. 9 Rn. 64). Neben der Gründungsfreiheit umfasst die Parteienfreiheit zudem das **kollektive Recht** der Parteien, ihre Organisation, ihr Programm und ihre konkrete Betätigung frei und ohne staatliche Einwirkung zu bestimmen.[195] Parteien genießen daher **Satzungsautonomie** und **Tendenzfreiheit.** Über die Parteienfreiheit wird ihr politischer Mitwirkungsauftrag (→ Rn. 31 ff.) subjektiv-rechtlich abgesichert. Sie haben zudem das Recht, sich jederzeit selbst aufzulösen.[196]

45 **Grenzen der Parteienfreiheit** ergeben sich aus kollidierendem Verfassungsrecht.[197] Beschränkend wirken insbes. das Gebot innerparteilicher Demokratie (→ Rn. 54 ff.) und die öffentliche Rechenschaftspflicht (→ Rn. 89 ff.). Auch aus sonstigen Verfassungsbestimmungen – wie etwa Art. 3 Abs. 2 S. 2 – können sich Schranken ergeben. Besondere Beachtung verdient insoweit die gesetzliche geschlechtsspezifische **Quotierung von Wahllisten.**[198] Brandenburg und Thüringen haben 2019 **Parité-Gesetze**

---

188 Wie hier *Streinz* in MKS Rn. 162; *Morlok* in Dreier Rn. 133.

189 *Morlok* in Dreier Rn. 51; *Streinz* in MKS Rn. 101; AA *Klein* in Maunz/Dürig Rn. 264.

190 Vgl. § 10 Abs. 1 S. 3 PartG.

191 *Klein* in Maunz/Dürig Rn. 265.

192 Wie hier *Morlok* in Dreier Rn. 53. Für eine Altersgrenze von 16 Jahren *Klein* in Maunz/Dürig Rn. 267; *Streinz* in MKS Rn. 101.

193 *Pieroth* in Jarass/Pieroth Rn. 25.

194 Vgl. *Morlok* in Dreier Rn. 59; *Kunig* in HbdStR III, § 40 Rn. 24 ff.

195 *Grimm* HdbVerfR, § 14 Rn. 32 f.; *Morlok* in Dreier Rn. 59; *Streinz* in MKS Rn. 99 ff.

196 Vgl. § 6 Abs. 2 Nr. 11, § 9 Abs. 3 PartG.

197 *Streinz* in MKS Rn. 117 f.

198 In 25 Ländern gibt es feste Frauenquoten für Parlamentssitze, in 57 weiteren Nationen existieren wahlrechtliche Quoten. Von den 27 EU-Staaten verfügen 11 über wahlrechtliche

verabschiedet, die Parteien zur alternierenden Wahllistenaufstellung zwingen.[199] Der ThürVerfGH hat die dortige Regelung für nichtig erklärt, obwohl die einzigen beiden Richter*innen* des Gerichts in zwei Sondervoten gute Argumente für die verfassungsrechtliche Zulässigkeit des Paritätsgesetzes vorbrachten.[200] Kritische Stimmen sehen in den wahlrechtlichen Quoten einen Verstoß gegen die Wahlrechtsgrundsätze des Art. 38 Abs. 1 S. 1 sowie einen unverhältnismäßigen Eingriff in die Organisations- und Programmfreiheit der Parteien nach Art. 21 Abs. 1.[201] Die Gegenansicht verweist zur Rechtfertigung auf den aus Art. 20 Abs. 2 fließenden Grundsatz gleichberechtigter politischer Teilhabe[202] und das in Art. 3 Abs. 2 S. 2 verankerte **Gleichstellungsgebot** von Frauen und Männern.[203] Freilich gibt es ernst zu nehmende rechtspolitische Bedenken. So können Quotierungen geschlechtliche Differenzierungen langfristig verfestigen.[204] Die Entscheidung, mit welchen Mitteln Gleichberechtigung gefördert wird, ist jedoch dem demokratischen Gesetzgeber vorbehalten, dem die Verfassung eine **weite Einschätzungsprärogative** (→ Rn. 20) gewährt.[205] Die Parteienfreiheit muss in der legislativen Entscheidung Berücksichtigung finden, ein generelles Verbot gesetzlicher Quotierung ergibt sich daraus jedoch nicht.[206] Normen zur alternierenden Wahllistenaufstellung, die die Besetzung des ersten Platzes offenlassen und Ausnahmen für Tendenzschutzbelange vorsehen, lassen sich durch das Gleichberechtigungsgebot des Art. 3 Abs. 2 S. 2 rechtfertigen.[207]

c) Parteiengleichheit. Aus der Gründungsfreiheit, der Garantie des Mehrparteiensystems, den Wahlrechtsgrundsätzen (Art. 38 Abs. 1 S. 1) und **46**

Quotenregelungen, IDEA-Datenbank, https://www.idea.int/data-tools/data/gender-quotas/reserved-overview 08.2020. S. rechtsvergl. *Ruiz/Rubio-Marín* I-CON 6 (2008), 287 ff. *Möschel* German Law Journal 19 (2018), 1489 ff.; *Klafki* DÖV 2020 i. E.

[199] GVBl. BB 2019 I, Nr. 1, S. 1 f.; GVBl TH 19.8.2019, Nr. 6/9, 322. Die Gesetzesbegr. finden sich in der LT BB-Drs. 6/8210 und 6/10466 sowie LT TH-Drs. 6/6964. Auf Ebene der Kommunalwahl wurden in § 9 Abs. 6 KommWahlG BW und § 15 Abs. 4 KommWahlG RP erste Soll-Regelungen zur geschlechtsparitätisch alternierenden Wahllistenaufstellung eingeführt. S. zu sonstigen Gesetzgebungsvorhaben *Geppert* djbZ 2019, 119 ff.

[200] ThürVerfGH Urt. v. 15.7.2020 – 2/20. Krit. dazu *Gersdorf* DÖV 2020, 779 ff. Auch in Brandenburg wird 2020 eine Entscheidung des Landesverfassungsgerichts (Az.: VfGBbg 9/19, 55/19) zur Verfassungsmäßigkeit des dortigen Paritätsgesetzes erwartet.

[201] *Morlok/Hobusch* DÖV 2019, 14 (16).

[202] *Laskowski* RuP 2018, 391 (397 ff.); *Weinrich* djbZ 2018, 147 (149); vgl. auch → Art. 38 Rn. 80. A. A. BayVerfGH NVwZ-RR 2018, 457 (466 f.); *Ebsen* JZ 1989, 553; *Butzer* NdsVBl. 2019, 10 (15 f.).

[203] *Laskowski* RuP 2018, 391 (400 ff.); *Fontana* DVBl 2019, 1153 (1157); *Schreiber* djbZ 2019, 121 (122 f.); *Völzmann* djbZ 2019, 130 ff.; *Wersig* RuP 2019, 60 ff. Ob Art. 3 Abs. 2 S. 2 GG zur Rechtfertigung herangezogen werden kann, hängt davon ab, welchen Gehalt man der Verfassungsbestimmung zuweist (s. zur Diskussion → Art. 3 Rn. 165 ff. mwN.).

[204] *v. Ungern-Sternberg* JZ 2019, 525 (533 f.); *Wapler* JöR 2019, 427 (437); *Burmeister/Greve* ZG 2019, 154 (162 ff.). Vgl. auch schon *Oebbecke* JZ 1988, 176 (177).

[205] So ausdrückl. BayVerfGH NVwZ-RR 2018, 457 (467). Daher besteht auch kein verfassungsrechtlicher Anspruch auf landeswahlgesetzliche Quotierungen. AA *Laskowski* RuP 2018, 391 (397 ff.).

[206] Wie hier *Meyer* NVwZ 2019, 1245 (1249). AA aber *Henke* in BK Rn. 289; *Klein* in Maunz/Dürig Rn. 353 iVm. Fn. 219; *Morlok/Hobusch* DÖV 2019, 14 (19); *Burmeister/Greve* ZG 2019, 154 (156 ff.).

[207] Ausf. dazu *Klafki* DÖV 2020 i. E. mwN. Siehe auch → Art. 3 Rn. 172; Art. 38 Rn. 80. Zur völkerrechtl. Zulässigkeit s. EGMR 4.10.2011, 35473/08 – Méndez Pérez et Autres v. Espagne; EGMR 12.11.2019, 54893/18 – Metka Zevnik and others against Slovenia; *Venice Commission,* 15.3.2016, CDL-PL(2016)003, S. 24 („apppropriate and legitimate measure").

dem allgemeinen Gleichheitssatz (Art. 3 Abs. 1) wird das Gebot der **Chancengleichheit** der Parteien abgeleitet.[208] Dadurch wird die Wettbewerbsdemokratie effektuiert.[209] Die Parteiengleichheit schützt sowohl einzelne Bürger bei ihren parteipolitischen Aktivitäten, als auch die Parteien als Organisationen.[210] Grundsätzlich gilt ein striktes **formales Gleichbehandlungsgebot.** Für Ungleichbehandlungen bedarf es **zwingender Gründe,** die nicht an die inhaltliche Programmatik der Partei anknüpfen dürfen.[211] Dementsprechend verpflichtet § 5 Abs. 1 S. 1 PartG Träger öffentlicher Gewalt, die politischen Parteien Einrichtungen zur Verfügung stellen oder öffentliche Leistungen gewähren, alle gleich zu behandeln.

47 Indes ist eine strikte Gleichbehandlung bei Teilhaberechten an begrenzten Ressourcen wie Sendezeiten, öffentlichen Einrichtungen oder Plakatflächen[212] angesichts der breit gefächerten Parteienlandschaft kaum sinnvoll möglich.[213] **§ 5 Abs. 1 S. 2 und 3 PartG** erlaubt daher mit Billigung des BVerfG,[214] die – insbesondere durch Wahlerfolge zu ermittelnde[215] – Bedeutung der Parteien zu berücksichtigen. Das Differenzierungskriterium des Wahlerfolgs knüpft in zulässiger Weise an die von Demokratieprinzip und Parteienfreiheit bezweckte bürgerliche politische Teilhabe an.[216] Die Chancengleichheit der Parteien stellt sich daher im Hinblick auf knappe Güter als **abgestufte Gleichheit** auf Grundlage der vorgefundenen Wettbewerbslage um die Wählergunst dar.[217] Geht es um wahlkampfbezogene Teilhabeansprüche, ist die Bedeutung der politischen Parteien auf Grundlage der letzten Wahlergebnisse zu demjenigen Parlament zu bestimmen, auf das sich der Wahlkampf bezieht.[218] Auch § 5 Abs. 1 S. 4 PartG ist entsprechend auszulegen.[219]

48 Rechtspolitisch unbefriedigend ist freilich, dass etablierte Parteien dadurch bevorzugt werden und § 5 PartG neu gegründeten Parteien keine Mindestteilhabe an staatlichen Leistungen garantiert.[220] Die Rspr. hat dies nachgeholt

---

[208] S. statt vieler BVerfGE 1, 208 (242 ff.); 104, 14 (19 ff.); 114, 107 (115), 120, 82 (104 f.); BVerfG NJW 2020, 2096. Zu den unterschiedlichen normativen Herleitungen der Parteiengleichheit ausführl. *Lipphardt,* Die Gleichheit politischer Parteien vor der öffentlichen Gewalt, 1975, 163 ff., 690 ff.; *Kißlinger,* Das Recht auf politische Chancengleichheit, 1998, 17 ff.; zusf. *Streinz* in MKS Rn. 119 ff.

[209] *Morlok* in Dreier Rn. 77.

[210] *Morlok* in Dreier Rn. 79 f.

[211] BVerfGE 6, 273 (280); 8, 51 (64 ff.); 14, 121 (132 ff.); 44, 125 (146); 73, 40 (88 f.); 111, 382 (398 ff.). *Morlok* in Dreier Rn. 82.

[212] S. dazu OVG MV NordÖR 2012, 34 (36 ff.).

[213] Vgl. *Kunig* in HbdStR III, § 40 Rn. 97.

[214] BVerfGE 24, 300 (354 f.); zust. *Kißlinger,* Das Recht auf politische Chancengleichheit, 1998, 76 ff., 136 ff., 151 ff. Krit. zum Konzept der abgestuften Gleichheit aber *Lipphardt,* Die Gleichheit der politischen Parteien vor der öffentlichen Gewalt, 1975, 701; *Kunig* in HdbStR III, § 40 Rn. 99; *Ipsen* in Sachs Rn. 41 f.

[215] Krit. zu sonstigen Kriterien *Morlok* in Dreier Rn. 89.

[216] Vgl. BVerfGE 14, 121 (136 f.) Wie hier *v. Arnim* DÖV 1984, 85 (87 f.) *Streinz* in MKS Rn. 127 ff.; *Morlok* in Dreier Rn. 80, 85. AA aber *Weber* DÖV 1962, 254 (244 f.); *Volkmann,* Politische Parteien und öffentliche Leistungen, 1993, 224 ff., 235 ff.; *Ipsen* in Sachs Rn. 41 f. Krit. auch *Kunig* in HbdStR III, § 40 Rn. 98 f.

[217] StRspr BVerfGE 20, 56 (116 ff.); 41, 399 (414); 42, 53 (59); 111, 382 (398); vgl. auch *Hesse* VVDStRL 17 (1959), 11 (38).

[218] So zu Recht OVG Koblenz NVwZ 2006, 109. AA aber VGH BW VBlBW 2011, 227 (Rn. 11), wonach sämtliche vergangenen Wahlen einzubeziehen sind.

[219] Dafür OVG SN v. 1.3.2011, 5 B 43/11; *Klein* in Maunz/Dürig Rn. 315; *Morlok* in Dreier Rn. 90.

[220] Hierfür insbes. *Morlok* in Dreier Rn. 91.

und gewisse **Mindestansprüche kleinerer** und **neu gegründeter Parteien** postuliert.[221] Das Gleichbehandlungsgebot ist in einer Vielzahl von Entscheidungen näher ausdifferenziert worden. Dabei geht es etwa um gleichberechtigte Nutzungsansprüche öffentlicher Einrichtungen,[222] Sendezeiten bei öffentlich-rechtlichen Rundfunkanstalten[223] und die Parteienfinanzierung (ausf. dazu → Rn. 72 ff.).

Über das Institut der mittelbaren Drittwirkung entfaltet der Grundsatz der Chancengleichheit auch **Wirkungen im Privatrecht.**[224] Insbes. können Kündigungen wegen der Mitgliedschaft in einer politischen Partei arbeitsrechtlich unzulässig sein.[225] Neue Herausforderungen, die rechtlicher Einhegung bedürfen, bestehen im Hinblick auf die Manipulationsgefahren im digitalen Wahlkampf[226] wie etwa dem Einsatz von Social Bots.[227] 49

Mit dem Gebot der Chancengleichheit korrespondiert ein **staatliches Neutralitätsgebot** gegenüber politischen Parteien. Der Neutralitätsmaßstab ist dabei nicht am wandelbaren Gemeinwohlbegriff (→ Rn. 1), sondern am Identifikationsverbot, Minderheitenschutz und Parteienprivileg (→ Rn. 98) auszurichten.[228] Zulässige **Informations- und Öffentlichkeitsarbeit** politischer Amtsträger ist von unzulässiger parteipolitischer Einflussnahme abzugrenzen.[229] Parteipolitischer Meinungskampf ist nur außerhalb der Amtsführung gestattet.[230] Die Neutralitätsverpflichtung gilt nicht nur gegenüber politischen Parteien, sondern auch in Auseinandersetzung mit Initiativen der Aktivbürgerschaft wie etwa „Pegida" oder „Fridays for Future".[231] Obwohl die Personenidentität von Amtsinhabern und Parteieliten eine strikte Trennung der Sphären faktisch unmöglich macht (→ Rn. 15), dürfen staatlich bereitgestellte Finanzmittel,[232] Kommunikationsmedien,[233] amtsbezogene 50

---

[221] Für Wahlwerbung im Rundfunk noch BVerfGE 47, 198 (225); für den Zugang zu öffentlichen Einrichtungen BVerwGE, Buchholz Ziff. 150 Nr. 3 zu § 5 PartG. Im Hinblick auf Plakatflächen BVerwGE 45, 280 (291 ff.). *Volkmann,* Politische Parteien und öffentliche Leistungen, 1993, 215 spricht daher von „abgeflachter Proportionalität".

[222] S. jüngst BVerfG NVwZ 2018, 819 zum Zulassungsanspruch der NPD trotz ihrer verfassungsfeindlichen Zielsetzung. S. zur unzul. Begrenzung des Wahl-O-Mats auf 8 Parteien VG Köln CR 2019, 533 ff. Zu den Einzelheiten *Henke* in BK Rn. 236 ff.; *Streinz* in MKS Rn. 141 mwN.

[223] BVerfGE 7, 99 (107 ff.); 14, 121 (132 ff.); 47, 198 (226 ff.). S dazu die Beiträge in *Becker* Wahlwerbung politischer Parteien im Rundfunk, 1990. Speziell zu internetbasierten Medienangeboten *Holznagel* JZ 2012, 165 (170 f.).

[224] Näher dazu *Morlok* in Dreier Rn. 67. Für eine unmittelbare Wirkung sogar *Preuß* in AK, 2. Aufl. 1989, Art. 21 Abs. 1 Rn. 40.

[225] Dazu schon LAG NRW DB 1974, 732.

[226] S. dazu *Holznagel* JZ 2012, 165 (166, 170 f.).

[227] Näher dazu *Löber/Roßnagel* MMR 2019, 493 ff.; *Paal/Hennemann* JZ 2017, 641 (644 ff.); *Milker* ZUM 2017, 216 ff.; *Steinbach* ZRP 2017, 101 ff.; *Schröder* DVBl. 2018, 465 ff. *Steinbach* ZRP 2017, 101 ff.

[228] Vgl. *Häberle* JZ 1977, 361 (364 ff.); *Kuch* AöR 142 (2017), 491 (514 ff.). AA *Huber* FS BVerfG, Bd. II, 2001, 609 (625).

[229] *Häberle* JZ 1977, 361 ff.; *Lenski* DÖV 2014, 585 (586 f.); *Friehe* in Uhle, Information und Einflussnahme, 2018, 81 (88 ff.). Ausf. *Prommer,* Novellierungsbedarf im Parteienrecht, 2014, 206 ff.

[230] BVerfGE 138, 102 (117 ff.); 148, 11 (32); BVerfG NJW 2020, 2096 (2099). So auch *Morlok* in Dreier Rn. 84. Anders aber VerfGH BE DVBl. 1996, 560 ff.

[231] *Barzcak* NVwZ 2015, 1014 (1019); *Morlok* in Dreier Rn. 84. Anders aber VerfGH BE DVBl. 1996, 560 ff.

[232] Wahlwerbung darf daher nicht aus Fraktionszuschüssen finanziert werden, BVerfG NVwZ 1982, 613.

[233] BVerfG NJW 2020, 2096 (2102 f.). Siehe insbes. zu digitalen Medien *Friehe* in Uhle, Information und Einflussnahme, 2018, 81 (88 ff.).

Anlässe ebenso wie die Autorität des Amtes zum Schutz der Wettbewerbsdemokratie nicht für parteipolitische Betätigungen genutzt werden.[234] Insbesondere in Wahlkampfzeiten gelten besondere Sachlichkeitsanforderungen, die von der Rpsr. für Regierungsmitglieder besonders ausgeformt worden sind.[235] Dass dem Bundespräsidenten weitergehende Äußerungsbefugnisse zukommen sollen, überzeugt nicht.[236]

51 **d) Verfassungsprozessuale Rechtsdurchsetzung.** Politische Parteien können Verletzungen von Grundrechten, die ihnen unabhängig von Art. 21 wie jedermann zustehen, mit der **Verfassungsbeschwerde** abwehren.[237] Das ist der Fall, wenn Ansprüche gegenüber Hoheitsträgern geltend gemacht werden, die keine Verfassungsorgane sind. So geht das BVerfG etwa beim Streit um den Zugang zu öffentlichen Einrichtungen von der Statthaftigkeit der Verfassungsbeschwerde aus.[238] Daneben eröffnet das Gericht Parteien, in Anknüpfung an die Rspr. des Weimarer Staatsgerichtshofes,[239] den Rechtsweg über das **Organstreitverfahren,** wenn sie durch oberste Bundes- oder Landesorgane in ihrem verfassungsrechtlichen Status nach Art. 21 – also insbes. der Parteienfreiheit oder -gleichheit – betroffen werden.[240] Von Art. 21 unabhängige Grundrechte der Partei können im Wege des Organstreits nicht selbstständig geltend gemacht werden.[241]

52 Die Einbeziehung der Parteien in das **Organstreitverfahren** durch das BVerfG war stark von der **Parteienstaatslehre** des BVerfG-Richters *Leibholz* geprägt.[242] Angesichts der heute vorherrschenden richtigen Auffassung, dass Parteien als gesellschaftliche Zusammenschlüsse zu begreifen sind (→ Rn. 15), lässt sich die künstliche Zweiteilung der Rechtsschutzposition politischer Parteien nur noch mit **Pfadabhängigkeiten** erklären.[243] Rechts-

---

[234] Eingehend dazu *Kuch* AöR 142 (2017), 491 (508 ff.); s. auch *Grimm* in HdbVerfR, § 14 Rn. 28; *Kotzur* VVDStRL 69 (2010), 173 (205). Zu den Abgrenzungskriterien *Barczak* NVwZ 2015, 1014 (1016). AA *Payandeh* Der Staat 55 (2016), 519 (535 ff.). Allgem. zur notw. Unterscheidung zw. Amt und Partei *Henke* in BK Rn. 73 f.

[235] Für die Bundesebene: BVerfGE 44, 125 (147 ff.); 63, 230 (243 ff.); 136, 323; 148, 11; BVerfG NJW 2020, 2096. S. für die Landesebene VerfGH RP NVwZ-RR 2014, 665; VerfGH SL 8.7.2014, NVwZ-RR 2014, 905.; VerfGH TH NVwZ 2016, 1408; großzügiger zu den Äußerungsbefugnissen außerhalb des Wahlkampfes aber VerfGH SL LVerfGE 25, 457. Zur kommunalen Ebene OVG NW DVBl. 2015, 309; OVG NW NVwZ 2017, 1316. Eine Rspr.-Übersicht liefert *Bäcker* MIP 2015, 154 ff. Zur Öffentlichkeitsarbeit der Fraktionen *Lenski* DÖV 2014, 585 (587 f.). Speziell zur kommunalen Ebene *Oebbecke* NVwZ 2007, 30 ff.

[236] Solange seine Aussagen einem Gemeinwohlziel verpflichtet und nicht auf die Ausgrenzung oder Begünstigung einer Partei um ihrer selbst willen angelegt sind, sollen sie auch im Rahmen seiner Amtsführung zulässig sein, BVerfGE 136, 323 (335 f.); bestätigt in BVerfGE 138, 102 (112 f); dem folgend *Barczak* NVwZ 2015, 1014 (1020). Zu Recht krit. aber *Putzer* DÖV 2015, 417 (421, 423 f.); *Eder* Rote Karte gegen Spinner?, 2017, 164 ff., 115 f.

[237] BVerfGE 84, 290 (299); 111, 54 (81); 121, 30 (56).

[238] BVerfGE 7, 99 (103) (Sendezeiten), 47, 198 (223) (Wahlwerbespots).

[239] StGH 21/29, RGZ 130 Anh. 11 (15 ff., insbes. 17).

[240] BVerfGE 1, 208 (223 ff.); 4, 27 (30 ff.); 4, 375 (378); 13, 54 (81 f.); 20, 119 (129); 84, 290 (298 ff.); 121, 30 (57); 148, 11 (20).

[241] BVerfGE 84, 290 (299); 148, 11 (20).

[242] BVerfGE 1, 208 (226): „Angesichts der durch Art. 21 GG vollzogenen Legalisierung des Parteienstaates würde es auch einen schwer verständlichen Rückschritt bedeuten, wenn heute die politischen Parteien von der Anrufung des Verfassungsgerichts in Verfassungsstreitigkeiten ausgeschlossen wären." Krit. dazu schon *Forsthoff* DÖV 1956, 513. S. auch *Dißmann,* Rechtsschutz für politische Parteien, 1992, 199 ff.

[243] Zur Kritik s. statt vieler *Henke* NVwZ 1985, 616 (619); *Henke* in BK Rn. 254; *Kunig,* HStR III, § 40 Rn. 127; *Klein* in Maunz/Dürig Rn. 401; *Streinz* in MKS Rn. 147 jew. mwN. Für die organschaftliche Stellung der Parteien aber *Huber* JZ 1994, 689 (690).

praktisch bietet das Organstreitverfahren immerhin den Vorteil, dass Parteien darüber deutlich schneller Rechtsschutz erreichen können als mittels der Verfassungsbeschwerde.[244]

Weiterhin sieht Art. 93 Abs. 1 Nr. 4c seit 2012[245] eine besondere **Nichtanerkennungsbeschwerde** vor, wenn Vereinigungen für die Wahl zum Bundestag gem. § 18 BWahlG nicht als Partei anerkannt werden.[246] Geht es indes um wahlrechtsbezogene Streitigkeiten im Zuge von Landtags- oder Kommunalwahlen, so ist allein die Landesverfassungsgerichtsbarkeit zuständig.[247] Gem. § 3 S. 1 PartG sind Parteien – unabhängig von ihrer Rechtsform – auch im **Zivilprozess** parteifähig.[248] 53

4. Ihre innere Ordnung muß demokratischen Grundsätzen entsprechen. (Abs. 1 S. 3). Laut Art. 21 Abs. 1 S. 3 muss die innere Ordnung der Parteien demokratischen Grundsätzen entsprechen. Dadurch wird einerseits die Organisationsfreiheit begrenzt und andererseits ihr politischer Mitwirkungsauftrag innerparteilich effektuiert.[249] Erst die demokratische Teilhabe der Mitglieder gewährleistet die den Parteien zugedachte Mittlerfunktion zwischen Volk und Staat und macht sie zu sprachfähigen Akteuren der pluralen Gesellschaft.[250] 54

Der Begriff der **demokratischen Grundsätze** knüpft an das Demokratieprinzip (Art. 20 Abs. 2) an. Aus dem Wortlaut „entsprechen" ergibt sich jedoch, dass – wie bei Art. 28 Abs. 1 S. 1 – keine Identität, sondern **Homogenität** gefordert ist.[251] Die demokratische Binnenstruktur stellt besondere Anforderungen an die Mitgliederverwaltung (a), erfordert – je nach Größe – eine vertikale Gliederung der Parteien, um jedem Mitglied eine reale Partizipationschance einzuräumen (b), und demokratisch strukturierte Willensbildungsprozesse in Wahlen und Abstimmungen (c).[252] Einfachgesetzlich wird die Binnenorganisation in §§ 6–17 PartG fragmentarisch geregelt.[253] Im Übrigen genießen die Parteien Satzungsautonomie. 55

a) Parteimitgliedschaft. Die Parteien müssen die Modalitäten der Aufnahme, des Austritts und den Ausschluss von Mitgliedern im Rahmen des § 6 Abs. 2 Nr. 2–4 PartG aus Gründen demokratischer Publizität und Rechtssicherheit in ihrer **Satzung** regeln.[254] Der Gesetzgeber hat sich dazu entschieden, es den Parteien freizustellen, ob sie Mitglieder aufnehmen (§ 10 Abs. 1 S. 1, 2 PartG).[255] Eine ablehnende Entscheidung bedarf keiner Be- 56

---

[244] *Morlok* NVwZ 2005, 157 (160).

[245] Gesetz zur Verbesserung des Rechtsschutzes in Wahlsachen, BGBl. 2012 I, 1501; Gesetz zur Änderung des Grundgesetzes, BGBl. 2012 I, 1478.

[246] Näher dazu *Klein* DÖV 2013, 584 ff.; *Bechler/Neidhardt* NVwZ 2013, 1438 ff.; *Frau* DÖV 2013, 421.

[247] BVerfGE 99, 1 (7 ff.); BVerfG, 18.7.2019, 2 BvR 1301/19.

[248] Ausf. zum Rechtsschutz politischer Parteien in der ordentlichen Gerichtsbarkeit *Dißmann,* Rechtsschutz für politische Parteien, 1992, 4 ff. S. auch *Klein* in Maunz/Dürig Rn. 392 f.

[249] S. satt vieler *Streinz* in MKS Rn. 148.

[250] *Hesse* VVDStRL 17 (1959), 11 (30); *Grimm* in HdbVerfR, § 14 Rn. 36.

[251] *Ipsen* in Sachs Rn. 61.

[252] *Ipsen* in Sachs Rn. 56 ff.; *Streinz* in MKS Rn. 151 ff.

[253] *Ossege,* Das Parteienrechtsverhältnis, 2012, 56 ff.

[254] *Parteienrechtskommission,* Rechtliche Ordnung des Parteiwesens, 2. Aufl. 1958, 162; BVerfGE 5, 77 (84).

[255] Auch in anderen EU-Staaten besteht kein rechtlicher Anspruch auf Parteimitgliedschaft, s. dazu *Stoklossa,* Der Zugang zu den politischen Parteien, 1989, 20 ff.

gründung.[256] Lediglich **allgemeine Aufnahmesperren** sind nach § 10 Abs. 1 S. 2 PartG untersagt. Dadurch werden der gesellschaftliche Status und die Verbandsautonomie politischer Parteien betont. Angesichts der den Parteien zugewiesenen Integrationsfunktion (→ Rn. 33) hätte man auch strengere Anforderungen an die Ablehnung von Aufnahmeanträgen stellen können.[257] In der Literatur wird bisweilen sogar ein unmittelbar aus der Verfassung resultierender **Aufnahmeanspruch** statuiert.[258] Die Rspr. ist dem aber – in Anbetracht der legislativen Gestaltungsfreiheit (→ Rn. 20) – zu Recht nicht gefolgt.[259] Während für das Verhältnis der Partei zu ihren Mitgliedern das Gebot der demokratischen Binnenorganisation nach Art. 21 Abs. 1 S. 3 streng zu beachten ist, trifft es für das Verhältnis der Partei zu Außenstehenden keine Aussagen.[260] Das **Prinzip der freien Kooptation** wird wegen des **Tendenzschutzes** auch nicht durch Art. 3 Abs. 3 begrenzt.[261] Das Mehrparteiensystem und die Wettbewerbsdemokratie setzen ausreichend starke Anreize für eine liberale Aufnahmepolitik. Die Gründungsfreiheit ermöglicht es zudem jedem Bürger, aktiv an der Parteiendemokratie teilzuhaben.[262]

57 Aus der negativen Vereinigungsfreiheit ergibt sich das in § 10 Abs. 2 S. 3 PartG einfachgesetzlich verbriefte Recht jedes Mitglieds, mit sofortiger Wirkung aus Parteien **auszutreten.**[263] Der unfreiwillige **Parteiausschluss** wird in § 10 Abs. 4, 5 PartG hingegen eng umgrenzt. Es handelt sich um zwingendes Recht.[264] Die strengen Anforderungen, die an den Parteiausschluss gestellt werden, schützen den freien Meinungsaustausch innerhalb der Partei.[265] Gem. § 10 Abs. 4 PartG muss das auszuschließende Mitglied erstens vorsätzlich gegen die Satzung oder erheblich gegen die Grundsätze oder Ordnung der Partei verstoßen haben.[266] Zu den **Grundsätzen der Partei** gehören inhaltliche Positionen, die die programmatische Identität der Partei

---

256 Näher dazu *Stoklossa,* Der Zugang zu den politischen Parteien, 1989, 69 ff.

257 Hierfür *Grimm* in HdbVerfR, § 14 Rn. 40. AA *Parteienrechtskommission,* Rechtliche Ordnung des Parteiwesens, 2. Aufl. 1958, 164.

258 So etwa *Gusy* in AK Rn. 75; *Morlok* in Dreier Rn. 135; *Pieroth* in Jarass/Pieroth Rn. 36; *Roßner,* Parteiausschluss, Parteiordnungsmaßnahmen und innerparteiliche Demokratie, 2014, 75 ff.; vgl. auch *Kunig* in HbdStR III, § 40 Rn. 19. *Trautmann,* Innerparteiliche Demokratie im Parteienstaat, 1975, 200 fordert zumindest umfassende verfahrensrechtliche Absicherungen.

259 BGHZ 101, 193 (201 ff.), BVerfG 29.5.2020 – 2 BvR 121/14, Rn. 38; dem folgend *Kunig* Jura 1991, 247 (254). Gegen einen Aufnahmeanspruch auch schon *Parteienrechtskommission,* Rechtliche Ordnung des Parteiwesens, 2. Aufl. 1958, 158 f. Ausf. *Ossege,* Das Parteienrechtsverhältnis, 2012, 111 ff.

260 *Henke,* Das Recht politischer Parteien, 2. Aufl. 1972, 90; *Henke* in BK Rn. 271 f. AA *Trautmann,* Innerparteiliche Demokratie im Parteienstaat, 1975, 198 ff.

261 *Ortmann,* Verfassungsrechtliche Probleme von Parteizugang und Parteiausschluss, 2001, 54 f.; *Henke,* Das Recht politischer Parteien, 2. Aufl. 1972, 92; *Streinz* in MKS Rn. 110. AA *Stoklossa,* Der Zugang zu den politischen Parteien, 1989, 121, der meint, die Aufnahme dürfe nicht willkürlich versagt werden. Ebenso wenig findet das Allgemeine Gleichbehandlungsgesetz auf das Parteienrecht Anwendung, da § 10 PartG insoweit *lex specialis* ist, *von Steinau-Steinrück/Schneider,* in Boecken/Düwell/Diller/Hanau, Gesamtes Arbeitsrecht, 2016, § 18 AGG Rn. 3.

262 *Henke,* Das Recht politischer Parteien, 2. Aufl. 1972, 90.

263 Näher dazu *Morlok,* PartG, 2. Aufl. 2013, § 10 Rn. 10.

264 Offengelassen von BGHZ 73, 275 (280). Wie hier *Ullrich* JZ 2014, 1084 (1085).

265 *Henke,* Das Recht politischer Parteien, 2. Aufl. 1972, 94; *Morlok* in Dreier Rn. 132, 136.

266 Zu den Einzelheiten s. *Ossege,* Das Parteienrechtsverhältnis, 2012, 253 ff.; *Roßner,* Parteiausschluss, 2014, 141 ff.

bestimmen.[267] Insoweit ist die aus der Parteienfreiheit fließende Tendenzreinheit mit dem demokratischen Belang des Minderheitenschutzes in Einklang zu bringen.[268] Zur **Ordnung der Partei** gehören ungeschriebene Solidaritäts- und Rücksichtnahmepflichten.[269] Insbes. die Mitgliedschaft in einer anderen Partei kann einen Ausschluss rechtfertigen.[270] Die **Erheblichkeit** ist unter anderem von der Funktion und Öffentlichkeitswirksamkeit des jeweiligen Mitgliedes abhängig.[271] Der Verstoß muss überdies einen **schweren Schaden** für die Partei verursachen, was anhand der politischen Mitwirkungsfunktion zu bestimmen ist.[272] Ansehens- und Glaubwürdigkeitsverluste wiegen schwerer als materielle Schäden, so dass die Nichtzahlung von Mitgliedsbeiträgen nur bei Vorsatz und dauerhafter Weigerung Parteiausschlüsse rechtfertigen kann.[273]

Grundsätzlich entscheidet ein nach § 14 PartG zu bildendes **parteiinternes Schiedsgericht** über den Ausschluss. Die Entscheidung ist schriftlich zu begründen.[274] Gegen den Parteiausschluss steht den Betroffenen – ggf. nach Ausschöpfung der innerparteilichen Rechtsmittel[275] – der Rechtsweg zu den **ordentlichen Gerichten** offen.[276] Wegen der aus Art. 21 Abs. 1 S. 2 folgenden Tendenzfreiheit kommt der Justiz jedoch nur eine **eingeschränkte Kontrollbefugnis** zu.[277] Zu begrüßen ist daher die Entscheidung des BVerfG, mit der das Urteil des KG Berlin[278] zur Unzulässigkeit des Parteiausschluss des SPD-Politikers *Bülent Çiftlik* aufgehoben wurde.[279] Das Berliner Gericht nahm eine strenge Verhältnismäßigkeitsprüfung vor, was das BVerfG als übermäßigen Eingriff in die Parteienfreiheit und Verstoß gegen das Willkürverbot brandmarkte.[280] 58

b) Vertikale Binnengliederung & Organe der Willensbildung. Das Erfordernis der demokratischen Binnengliederung verbietet sowohl ein autoritäres Führerprinzip als auch den Zentralismus kommunistischer Parteien.[281] Es bedarf vielmehr einer **Willensbildung,** die von der **Mitgliederbasis** 59

---

[267] *Risse,* Der Parteiausschluss, 1985, 46 f.; *Ulrich* JZ 2014, 1084 (1085).

[268] Näher dazu *Streinz* in MKS Rn. 167 mwN.

[269] *Risse,* Der Parteiausschluss, 1985, 47; *Lenski* PartG, 2011, § 10 Rn. 61.

[270] *Morlok* in Dreier Rn. 136.

[271] *Trautmann,* Innerparteiliche Demokratie im Parteienstaat, 1975, 210 f.

[272] Krit. zur Berücksichtigungsfähigkeit von Straftaten im Bereich der privaten Lebensführung *Lenski* NVwZ 2015, 1730 ff.

[273] Wie hier *Lenski* PartG, 2011, § 10 Rn. 68. AA *Morlok* PartG, 2. Aufl. 2013, § 10 Rn. 14.

[274] Ausf. zu Parteischiedsgerichtsverfahren *Graf Kerssenbrock,* Der Rechtsschutz des Parteimitgliedes vor Parteischiedsgerichten, 1994. Die Schiedsgerichtsurteile der jeweils höchsten Parteischiedsgerichte sind über http://www.pruf.de/sammlung-partei-schiedsgerichtsurteile.html abrufbar. Zur Bedeutung der Öffentlichkeit der Beschlüsse der Parteigerichte *Henke* NVwZ 1982, 84 ff.

[275] BVerfG NVwZ 2007, 326 f.

[276] *Streinz* in MKS Rn. 157 f.

[277] Grundl. dazu BGHZ 75, 158 (159 f.); BVerfG Urt. v. 27.5.2020 – 2 BvR 121/14, Rn. 39 ff. Zust. *Risse,* Der Parteiausschluß, 1985, 233 ff. Die Einzelheiten sind str. S. *Ortmann,* Verfassungsrechtliche Probleme von Parteizugang und Parteiausschluss, 2001, 71 ff.; *Ossege,* Das Parteienrechtsverhältnis, 2012, 306 ff.; *Roßner,* Parteiausschluss, 2014, 187 ff. Für einen strengeren Kontrollmaßstab *Kressel,* Parteigerichtsbarkeit und Staatsgerichtsbarkeit, 1998, 66 ff.

[278] KG Berlin DVBl 2014, 259 ff.; dazu *Ullrich* JZ 2014, 1084 (1086)

[279] BVerfG Urt. v. 27.5.2020 – 2 BvR 121/14, Rn. 39 ff.

[280] Krit. zur Berliner Entscheidung auch schon *Bull* DVBl. 2014, 262, 264; *Jürgensen* MIP 2015, 13 (16 ff.).

[281] *Risse/Witt* in Hömig/Wolf Rn. 13.

ausgeht. Um eine angemessene Mitwirkung aller Mitglieder sicherzustellen, sieht § 7 PartG – in Umsetzung der bundesverfassungsgerichtlichen Rspr.[282] – vor, dass Parteien sich in **Gebietsverbände** zu untergliedern haben.[283] Dadurch werden vielfältige Zentren des Meinungsaustausches und der Mitbestimmung geschaffen.[284] Die Gebietsgrenzen werden von den Parteien im Rahmen ihrer Satzungsautonomie festgelegt, ohne dass sie dabei an Wahlkreiszuschnitte gebunden sind.[285]

60 Notwendige Organe für die demokratische Willensbildung auf allen Ebenen der Parteigliederung sind gem. § 8 PartG die **Mitgliederversammlung** und der **Vorstand.** Um die Arbeitsfähigkeit der Organe in mitgliederstarken Parteien zu gewährleisten, kann in der Satzung bestimmt werden, dass bei überörtlichen Verbänden **Vertreterversammlungen** an die Stelle von Mitgliederversammlungen treten. Die Mitglieder- oder Vertreterversammlungen, die auf höherer Stufe als **Parteitag** und auf unterer Stufe als **Hauptversammlung** bezeichnet werden, stellen gem. § 9 PartG das oberste Organ des jeweiligen Gebietsverbandes dar. Diesen Versammlungen obliegt der Beschluss über das Parteiprogramm, organisationsrechtliche Grundentscheidungen (Satzung, Beitragsordnung, Schiedsgerichtsordnung, Auflösung und Verschmelzung mit anderen Parteien) und die Wahl des Vorstandes,[286] der ihnen gegenüber rechenschaftspflichtig ist.[287]

61 Je mehr mittelbar legitimierte Vertreterversammlungen in der vertikalen Parteistruktur hintereinandergeschaltet werden, desto schwächer wird das legitimatorische Band zwischen dem einzelnen Mitglied und der Parteispitze. Zunehmend werden daher **Mitgliederbefragungen und -voten** für grundlegende Parteientscheidungen durchgeführt (zur Zulässigkeit von Mitgliederentscheiden über Koalitionsvereinbarung schon oben → Rn. 37). Verbindlichkeit können Mitgliederentscheide nur entfalten, wenn das in der Satzung vorgesehen ist[288] und der Gegenstand der Abstimmung nicht gesetzlich der Mitglieder- bzw. Vertreterversammlung zugewiesen ist.[289]

62 **c) Innerparteiliche Willensbildung in Wahl- und Abstimmungsverfahren.** Schließlich erfordert die demokratische Binnenlegitimation, dass personelle Auswahlentscheidungen durch periodische Wahlen[290] und inhaltliche Beschlüsse im Wege demokratisch strukturierter Abstimmungen des zuständigen Organs getroffen werden. Dabei müssen sowohl das **Mehrheits-**

---

[282] BVerfGE 2, 1 (40).

[283] Parteien, deren Organisation sich nur auf das Gebiet eines Stadtstaats beschränkt, werden von dieser Anforderung nach § 7 Abs. 1 S. 3 PartG befreit. S. zum Erfordernis der räumlichen Gliederung schon *Parteienrechtskommission,* Rechtliche Ordnung des Parteiwesens, 2. Auf. 1958, 166. *Trautmann,* Innerparteiliche Demokratie im Parteienstaat, 1975, 232 leitet das Erfordernis einer „Synchronisation von Partei- und Staatsaufbau" aus Art. 20, 28 ab.

[284] *Morlok* in Dreier Rn. 128.

[285] BVerfGE 104, 14 (22).

[286] § 9 Abs. 3, 4 PartG.

[287] § 9 Abs. 5 PartG.

[288] Alle derzeit im Bundestag vertretenen Parteien haben Regelungen dazu erlassen; §§ 13, 14 Organisationsstatut der SPD, 9.12.2017 (Mitgliederentscheid); § 20 Bundessatzung AfD 1.9.2018 (Mitgliederentscheid und Mitgliederbefragung); §§ 21–21b Bundessatzung der FDP, 26.4.2019 (Mitgliederentscheid, -befragung, -begehren); § 8 Bundessatzung DIE LINKE, 22.2.2019 (Mitgliederentscheide); § 25 Satzung Bündnis 90 DIE GRÜNEN (Urabstimmung). Die CDU schließt verbindliche Mitgliedervoten ausdrückl. aus, § 6a Statut der CDU Deutschland, 25.2.2019.

[289] *Morlok* RuP 2012, 65 (67 f.).

[290] *Ipsen* in Sachs Rn. 58.

prinzip als auch der **Minderheitenschutz** verwirklicht werden.[291] Bei Personalwahlen ist zwischen den von der Satzung frei regelbaren Wahlverfahren für Parteiämter und den von Bundes- und Landeswahlgesetzen geregelten Kandidatenaufstellungsverfahren für öffentliche Wahlen zu unterscheiden.

aa) Beschlussverfahren. Die inhaltliche Willensbildung in den Parteiorganen vollzieht sich durch Beschluss. Grundsätzlich genügt gem. § 15 Abs. 1 PartG die **einfache Stimmenmehrheit,** sofern die Satzung oder das Gesetz (etwa § 33 Abs. 1 S. 2, § 41 S. 1 BGB) nichts anderes vorsehen.[292] Dies gilt auch für Wahlverfahren (→ Rn. 64 ff.). Abgesichert wird die demokratische Beschlussfassung durch die in der Satzung vorzusehenden Bestimmungen über Voraussetzung, Form und Frist der Einberufung der Mitglieder- und Vertreterversammlungen sowie die Beurkundung der Beschlüsse nach § 6 Abs. 2 Nr. 9 PartG. Das in § 15 Abs. 3 PartG niedergelegte **Antragsrecht** gewährleistet, dass auch Minderheiten auf die parteiinterne Willensbildung Einfluss nehmen können. Um die Arbeitsfähigkeit der Parteigremien zu erhalten, kann ein **Unterstützerquorum** für Anträge vorgesehen werden, das jedoch 5 % der Mitglieder der jew. Gliederung nicht überschreiten darf.[293] 63

bb) Wahlverfahren für innerparteiliche Funktionen. Die Wahl zu Parteiämtern richtet sich nach der Satzung in den von Art. 21 Abs. 1 S. 3 und dem PartG gezogenen Grenzen. Aus Art. 21 Abs. 1 S. 3 folgt, dass in allen Gremien, die an der innerparteilichen Willensbildung teilhaben, die Grundsätze der **periodischen Wählbarkeit,** das **Mehrheitsprinzip** und der **Minderheitenschutz** gewährleistet werden müssen.[294] Die §§ 10 ff. PartG enthalten besondere Regelungen, die die **Chancengleichheit** und den innerparteilichen demokratischen **Wettbewerb** zusätzlich absichern.[295] 64

Grundsätzlich hat jedes Parteimitglied gem. § 10 Abs. 2 PartG **gleiches Stimmrecht.** Die Satzung kann jedoch Mitgliedern, die ihre Beitragspflicht nicht erfüllen, das Stimmrecht entziehen.[296] Für die Wahlen der Vorstandsmitglieder und der Vertreter zu Vertreterversammlungen und zu Organen höherer Gebietsverbände schreibt § 15 Abs. 2 PartG eine **geheime Wahl** vor.[297] Das setzt ein schriftliches Wahlverfahren voraus, bei dem die vor fremder Einsichtnahme geschützte Stimmabgabe möglich ist.[298] Ansonsten sind auch Wahlen per **Akklamation** erlaubt, sofern die Satzung nichts anderes vorsieht und kein Widerspruch erhoben wird.[299] 65

Auch **Listen- und Blockwahlen** als System der verbundenen Einzelwahl sind grundsätzlich zulässig.[300] Dabei eine Mindestzahl abzugebender Stim- 66

---

[291] *Ipsen* in Sachs Rn. 59.

[292] Beschlüsse iSd. § 15 Abs. 1 PartG sind alle Abstimmungen über Sach- und Personalfragen, *Morlok* PartG, 2. Aufl. 2013, Rn. 2.

[293] Für die 5 %-Grenze auch *Ipsen* in Ipsen PartG, 2008, § 15 Rn. 20; *Wißmann* in Kersten/Rixen PartG, 2009, § 15 Rn. 34; *Lenski* ParteiG, 2011, § 15 Rn. 19.

[294] *Ipsen* in Sachs Rn. 58 f.

[295] *Morlok* in Dreier Rn. 137 f.

[296] *Morlok* PartG, 2. Aufl. 2013, § 10 Rn. 9 verlangt insoweit verfahrensrechtliche Absicherungen wie das Erfordernis einer Mahnung und Fristsetzung.

[297] Zur Diskussion zur Beschränkung der geheimen Wahl auf Vorstandswahlen höherer Parteigliederungen *Trautmann,* Innerparteiliche Demokratie im Parteienstaat, 1975, 269 ff.

[298] *Lenski* PartG, 2011, § 15 Rn. 13.

[299] Näher dazu *Lenski* PartG, 2011, § 15 Rn. 16.

[300] *Gusy* in AK Rn. 70. AA *Trautmann,* Innerparteiliche Demokratie im Parteienstaat, 1975, 272 ff.; *Preuß* in AK, 1989, Art. 21 Abs. 1 Rn. 66.

men festzulegen, stellt indes eine Beeinträchtigung der Freiheit der Wahl dar, die besonderer Rechtfertigung bedarf. Solche Bestimmungen bezwecken eine hohe Beteiligung und klare Wahlentscheidungen. Die Rspr. billigt die Vorgabe einer Mindestzahl von Stimmen, wenn sie satzungsmäßig verankert und in einem angemessenen Verhältnis zur Zahl der wählbaren Personen steht.[301] Weiterhin kann die Satzung vorsehen, dass man qua Amt Mitglied bestimmter Parteigremien wird (sog. **Kooptationsrechte**).[302] Nach § 11 Abs. 2 S. 2 PartG ist der Anteil der nicht gewählten Mitglieder im Vorstand eines Gebietsverbandes jedoch auf ein Fünftel der Sitze beschränkt.

67 Der **Delegiertenschlüssel** für die Vertreterversammlungen ist in der Satzung zu bestimmen. Einschränkend gibt § 13 S. 2 PartG vor, dass die Zahl der Vertreter eines Gebietsverbandes – entsprechend des **Repräsentationsprinzips** – zuvörderst an Hand seiner Mitgliederzahl zu bemessen ist. Darüber hinaus erlaubt § 13 S. 3 PartG in der Satzung zu regeln, dass die Hälfte der Delegiertensitze nach dem Verhältnis der bei vorausgegangenen Wahlen zu Volksvertretungen erzielten Wählerstimmen auf die Gebietsverbände verteilt werden.[303] Dadurch erhalten Verbände, die überdurchschnittlich erfolgreich an der politischen Willensbildung in Parlamenten teilhaben, besonderes Gewicht.[304] Gebietsverbände, die ihre **Beitragspflicht** verletzen, dürfen gem. § 13 S. 4 PartG von der Stimmabgabe ausgeschlossen werden. Unzulässig ist hingegen, den Delegiertenschüssel nach der Höhe der geleisteten Beiträge zu bemessen.[305] Delegierte, die in parteiinternen Vertreterversammlungen einen Gebietsverband repräsentieren, dürfen durch Satzung an dessen Weisungen gebunden werden **(imperatives Mandat).**[306]

68 **cc) Kandidatenaufstellung für öffentliche Wahlen.** Die parteiinterne Kandidatenaufstellung für Parlamentswahlen bestimmt, welches personelle Tableau den Wählern präsentiert wird.[307] Die Bewerberauswahl ist daher sowohl für den demokratischen Gesamtcharakter der Wahlen als auch für die Legitimationswirkung der daraus hervorgehenden Parlamente von entscheidender Bedeutung.[308] Die Kandidatenaufstellung betrifft folglich nicht nur die innere Ordnung der Parteien, sondern auch das allgemeine staatsbürgerliche Wahlrecht.[309] Die **Wahlrechtsgrundsätze** des **Art. 38 Abs. 1 S. 1** – insbesondere die Gebote der Freiheit und Gleichheit – wirken daher in

---

[301] BGH, NJW 1974, 183 (184 f.).

[302] Vgl. § 9 Abs. 2, § 11 Abs. 2 S. 1 PartG.

[303] S. etwa § 28 Statut der CDU, 7.12.2018, zur Besetzung des Bundesparteitages.

[304] Teilw. wird § 13 S. 3 PartG für verfassungswidrig gehalten. So etwa *Ipsen* in Ipsen PartG, 2008, § 13 Rn. 4 ff.; *Morlok* PartG, 2. Aufl. 2013, § 13 Rn. 4. Für die verfassungsrechtliche Unbedenklichkeit aber zu Recht *Wißmann* in Kersten/Rixen PartG, 2009, § 13 Rn. 9; *Lenski* PartG, 2011, § 13 Rn. 12.

[305] So aber etwa § 20 S. 2 Organisationsstatut der SPD Hamburg, 30.3.2019 zur Besetzung des Landesparteitages: „Die Ermittlung der Mitgliederzahl je Kreis erfolgt anhand der Anzahl der in dem der Wahl des Landesvorstandes vorhergehenden Jahr abgerechneten Monatsbeiträge geteilt durch 12."

[306] Wie hier *Streinz* in MKS Rn. 169; *Morlok* in Dreier Rn. 140; *Klein* in Maunz/Dürig Rn. 343. AA *Augsberg* in Kersten/Rixen PartG, 2009, § 8 Rn. 13 f.; diff. *Ipsen* in Ipsen PartG, 2008, § 8 Rn. 9 ff.

[307] VerfGH SN NVwZ-RR 2019, 1 (3 f.). Vgl. auch BVerfGE 89, 243 (252 f.); *Morlok* NVwZ 2012, 913 (914).

[308] VerfGH SL NVwZ-RR 2012, 169 (172).

[309] BVerfGE 89, 243 (252); VerfGH SL NVwZ-RR 2012, 169 (173); VerfGH SN 16.8.2019, Vf. 76-IV-19 (HS), Vf. 81-IV-19 (HS), juris, Rn. 94.

ihren Kerngehalten auf das Aufstellungsverfahren ein,[310] wobei den Parteien angesichts ihrer Organisationsfreiheit ein Bereich autonomer Gestaltung verbleibt (zu den Parité-Regelungen → Rn. 45).[311]

Gem. § 17 S. 1 PartG muss die Aufstellung von Wahlbewerbern zu Volksvertretungen in **geheimer Abstimmung** erfolgen. Das setzt eine schriftliche Wahl voraus, bei der andere von der Einsichtnahme ausgeschlossen werden können. Wahlkabinen sind jedoch nicht erforderlich.[312] Weitere Vorgaben für die innerparteiliche Kandidatenaufstellung finden sich in den **Wahlgesetzen.**[313] Grundsätzlich gilt, dass die Bewerber, die in einem Wahlvorschlag benannt werden, in einer **Mitglieder- oder Vertreterversammlung** gewählt werden müssen.[314] Dabei haben die Parteien durch angemessene organisatorische Maßnahmen[315] sicherzustellen, dass nur die zur jeweiligen Volksvertretung wahlberechtigten Parteimitglieder oder deren Delegierte stimmberechtigt sind.[316] Grdsl. sind gem. §§ 21 Abs. 3 S. 2 BWahlG, 10 Abs. 3 S. 2 EuWG alle stimmberechtigten Teilnehmer **wahlvorschlagsberechtigt.**[317] Den Kandidierenden ist im Zuge der Versammlung **Gelegenheit zur persönlichen Vorstellung** zu geben, sofern hierauf nicht einhellig verzichtet wird (§ 21 Abs. 3 S. 3 BWahlG).[318] Angesichts der Größe der Versammlungen ist die Sorge artikuliert worden, das individuelle Vorschlags- und Vorstellungsrecht könne die Kandidatenaufstellung lähmen.[319] Eine Verkürzung der demokratischen Rechte Kandidierender ist jedoch – in Anbetracht der oligarchischen Parteistrukturen in der Verfassungsrealität – abzulehnen.[320] 69

Die durch innerparteiliches demokratisches Votum zustande gekommene Wahlvorschlagsliste darf grdsl. weder vom Parteivorstand noch von sonstigen Personen nachträglich geändert werden.[321]Wahlvorschläge von Parteien dürfen nur dann wegen **Fehlern im Kandidatenaufstellungsverfahren** zurückgewiesen werden, wenn demokratische Kernanforderungen missachtet 70

---

[310] BVerfGE 89, 243 (251 f.); VerfG HH NVwZ 1993, 1083 (1084).

[311] Vgl. §§ 21 Abs. 5 BWahlG, § 10 Abs. 5 BWahlG. S. auch VerfGH SL NVwZ-RR 2012, 169 (173); VerfGH SN NVwZ-RR 2019, 1 (4); VerfGH SN 16.8.2019, Vf. 76-IV-19 (HS), Vf. 81-IV-19 (HS), juris, Rn. 95. Vgl. auch VerfG HH NVwZ 1993, 1083.

[312] VerfGH SL NVwZ-RR 2012, 169 (175).

[313] *Lenski* PartG, 2011, Einl. zum Recht der Kandidatenaufstellung, Rn. 2.

[314] § 21 Abs. 1 BWahlG; § 10 Abs. 1 EuWG; Art. 28 Abs. 1, Art. 29 LWG BY; § 24 Abs. 1 LWG BW; §§ 12, 23 Abs. 2 LWahlG BE, § 25 LWahlG BB; § 19 WahlG HB; § 24 BüWG HH; § 22 LWG HE; § 15 Abs. 4 LWG MV; § 18 LWG NI; § 18 LWG NW; § 37 LWG RP; § 21 WahlG SN; § 19 LWG ST; § 23 LWG SH; § 23 LWG TH.

[315] Zu den Anforderungen VerfGH SL NVwZ-RR 2012, 169 (173).

[316] Für die Bundestagswahl ist der gemeldete Wohnsitz entscheidend und nicht, in welchem Ortsverband der Partei die Mitgliedschaft geführt wird, BVerfGE 89, 243 (255 f.) unter Verweis auf BT-Drs. 7/2873, 38 f. Auf Landesebene kann anderes gelten, vgl. VerfG HH NVwZ 1993, 1083 (1085). S. zur Zulässigkeit der Teilnahme bezirksfremder Parteimitglieder in Berlin VerfGH BE NVwZ-RR 2003, 397 (400).

[317] *Ipsen* in Sachs Rn. 57.

[318] BVerfGE 89, 243 (259 f.).

[319] *Ipsen* DVBl. 2004, 532 (534).

[320] Vgl. BVerfGE 89, 243 (263 f.); VerfG HH NVwZ 1993, 1083 (1085). Während die Parteienoligarchie in Deutschland überwiegend krit. beurteilt wird (*Hatje* VVDStRL 69 (2010), 135 (157 f.) mwN.), sehen *Levitsky/Ziblatt,* How Democracies Die, 2018, 33 ff. darin eine für die Bewahrung der Demokratie wichtige „Torwächterfunktion", um politischen Eskalationen vorzubeugen.

[321] VerfGH SN NVwZ-RR 2019, 1 (4 ff.); so auch schon *Ipsen* RuP 2016, 214 ff. Zur Entscheidung auch *v. Notz* JZ 2018, 777 ff.

wurden.[322] Insoweit ist eine zulassungsfreundliche Betrachtung geboten.[323] Rein satzungsrechtliche Verstöße, die nicht zugleich wahlrechtliche Bestimmungen oder demokratische Kernanforderungen verletzen, sind unbeachtlich.[324] Eine Unterbrechung des einheitlichen Aufstellungsverfahrens mit mehreren separaten Wahlverfahren stellt daher keinen schwerwiegenden Fehler dar, solange der erkennbare Wille der Partei, eine einheitliche Liste aufzustellen, das Verfahren bestimmt.[325] Demgegenüber rechtfertigen Fehler, die die **Chancengleichheit** der Bewerber auch nur abstrakt beeinträchtigen, eine Zurückweisung des Wahlvorschlages.[326] Weist der Wahlausschuss eine Wahlliste unberechtigter Weise zurück, verletzt er sowohl die Wahlbewerber in ihren aus Art. 38 Abs. 1 S. 1 folgenden grundrechtsgleichen Rechten (→ Art. 38 Rn. 30) als auch die aufstellende Partei in ihrem Recht auf chancengleiche Wahlteilnahme aus Art. 21 Abs. 1 iVm Art. 38 Abs. 1 S. 1.[327]

71 **5. Parteienfinanzierung und öffentliche Rechenschaftspflicht (Abs. 1 S. 4).** Nach Art. 21 Abs. 1 S. 4 müssen Parteien über die Herkunft und Verwendung ihrer Mittel sowie über ihr Vermögen öffentlich Rechenschaft ablegen. Darin spiegelt sich die Zwitterstellung der Parteien als **gesellschaftliche Vereinigungen** einerseits und **Mittler zur institutionalisierten Staatlichkeit** andererseits (→ Rn. 15). Im Grundsatz geht die Verfassung von einer **selbstständigen Finanzierung** der Parteien als gesellschaftliche Vereinigungen aus.[328] Gleichzeitig wird mit der öffentlichen Rechenschaftspflicht eine besondere **Transparenz** ihrer **Finanzquellen** angeordnet, die ihrem Einfluss auf die staatliche Willensbildung geschuldet ist.

72 **a) Parteienfinanzierung.** Das BVerfG verneint eine Finanzierungspflicht des Staates, hält staatliche finanzielle Zuwendungen an Parteien jedoch für zulässig.[329] Seit dem Haushaltsjahr 1959 hat sich eine **staatliche Teilfinanzierung** entwickelt,[330] die nunmehr in Art. 21 Abs. 3 auch ihren Niederschlag im Wortlaut der Verfassung gefunden hat.[331] Parteien finanzieren sich aus den Beiträgen, Mandatsträgerabgaben[332] und Parteispenden als **Eigenfinanzierung** sowie durch unmittelbare und – im Wege steuerlicher Begünstigungen – mittelbare Zuwendungen aus staatlichen Mitteln **(Staatsfinanzierung).** Nicht zur Parteienfinanzierung gehören Zuwendungen an

---

[322] Grundlegend dazu VGH Sachsen 16.8.2019, Vf. 76-IV-19 (HS), Vf. 81-IV-19 (HS), juris, Rn. 79.

[323] VerfGH Sachsen 16.8.2019, Vf. 76-IV-19 (HS), Vf. 81-IV-19 (HS), juris, Rn. 82.

[324] BVerfGE 89, 243 (252–255); VerfGH BE NVwZ-RR 2003, 397 (399); VerfGH SL NVwZ-RR 2012, 169 (173).

[325] VerfGH Sachsen 16.8.2019, Vf. 76-IV-19 (HS), Vf. 81-IV-19 (HS), juris, Rn. 80 ff.

[326] VerfGH Sachsen 16.8.2019, Vf. 76-IV-19 (HS), Vf. 81-IV-19 (HS), juris, Rn. 103 ff.

[327] VerfGH Sachsen 16.8.2019, Vf. 76-IV-19 (HS), Vf. 81-IV-19 (HS), juris, Rn. 126.

[328] *Kunig* in HbdStR III, § 40 Rn. 39.

[329] Zur grdsl. Zulässigkeit der unmittelbaren Teilfinanzierung BVerfGE 20, 56 (100 ff.); 24, 300 (334 ff.); E 41, 399 (419); 42, 53, (59); 52, 63 (84 f.); 111, 54 (98 f., 211 ff.). Für eine Finanzierungspflicht hingegen *Morlok* in Dreier Rn. 45; *Kunig* in HdbStR III, § 40 Rn. 115 f. Ausf. zu dem Streit *Stricker,* Parteienfinanzierungsstaat, 1998, 93 ff.

[330] Auf Betreiben des Haushaltsausschusses wurden den politischen Parteien in Einzelplan 06 des Haushaltsplans 1959 zum Geschäftsbereich des Bundesministers des Innern 5.000.000 DM „zur Förderung der Bildungsarbeit" zuerkannt, BT-Drs. 3/1055, 4.

[331] *Nikkho* DVBl 2018, 337 (338 ff.).

[332] Ihre Verfassungsmäßigkeit ist str. Dafür *Henke* in BK Rn. 315; *Schwarz* in Kersten/Rixen PartG, 2009, § 18 Rn. 26. Dagegen *Huber* JZ 1994, 689 (695); *v. Towfigh,* Das Parteien-Paradox, 2015, 143 f.; *Streinz* in MKS Rn. 194, 210. Diff. *Kühr* MIP 2012, 99 ff.

Fraktionen und Abgeordnete sowie an politische Jugendorganisationen und Stiftungen.[333] Teilweise wird gefordert, auch diese Formen staatlicher **„Politikfinanzierung"** in die Bemessung der Obergrenzen (→ Rn. 84) und die Rechenschaftspflicht (→ Rn. 89 ff.) einzubeziehen.[334] Die Finanzierung politischer Parteien auf **europäischer Ebene** aus dem EU-Haushalt ist in Art. 17 ff. EU-Parteienstatut-VO (→ Rn. 9 f.) geregelt.

73 Die Eigenfinanzierung und mittelbare Staatsfinanzierung wahrt das aus der Parteienfreiheit fließende **Gebot der Staatsfreiheit.** Die Tendenzfreiheit und die gesellschaftliche Verwurzelung der Parteien bleibt unberührt.[335] Finanzzuwendungen im Wege der unmittelbaren Staatsfinanzierung stehen hingegen im Verdacht, die **Responsivität** der Parteien gegenüber der Bevölkerung herabzusetzen.[336] Sie leisten jedoch einen wichtigen Beitrag zur **Parteiengleichheit,** indem sie die Auswirkungen der ungleichen Vermögensverhältnisse der Anhänger der verschiedenen Parteien abmildern.[337] Das unterschiedliche Spendenaufkommen beeinträchtigt nicht nur die Chancengleichheit der Parteien. Auch die **staatsbürgerliche Gleichheit** ist betroffen, wenn sich das politische System durch finanzielle Zuwendungen beeinflussen lässt.[338] Die *Venedig-Kommission* des Europarats empfiehlt daher ausdrücklich, politischen Parteien staatsunmittelbare Zuwendungen zu gewähren.[339] Das Gebot der Staatsfreiheit verbietet jedoch eine **Vollalimentierung.**[340] Die staatlichen Zuschüsse müssen so bemessen werden, dass die gesellschaftliche Verwurzelung von Parteien erhalten bleibt (→ Rn. 77).

74 **aa) Geschichte der staatlichen Parteienfinanzierung im Spiegel der Rspr.** Die heutige Gestalt der staatlichen Parteienfinanzierung ist maßgeblich durch die Rspr. des BVerfG geprägt.[341] Die Entwicklungen sind ein **unrühmliches Beispiel** dafür, wie das Gericht die Legislative wegen interner Meinungsverschiedenheiten jahrelang vor sich her trieb, sich mit *obiter dicta* zum Ersatzgesetzgeber aufschwang und mit vielfachen Kehrtwenden große Unruhe in das Rechtsgebiet brachte.[342] Der juristische Eifer war nicht zuletzt

---

[333] BVerfGE 140, 1 (25 ff.).

[334] *Breitling* PVS 9 (1968), 223 (225 ff.); *Volkmann,* Politische Parteien und öffentliche Leistungen, 1993, 35 ff.; *Morlok* in Tsatsos Politikfinanzierung, 1997, 77 ff.; *Drysch* NVwZ 1994, 218 (220); *Streinz* in MKS Rn. 193; *Koß* Der Staat 57 (2018), 387 (401 f.).

[335] S. etwa BVerfGE 20, 56 (97 ff.); 85, 264 (290). Näher dazu *Streinz* in MKS Rn. 184. Skeptisch zur indikativen Kraft finanzieller Zuwendungen für die gesellschaftl. Verwurzelung *Kunig* in HbdStR III, § 40 Rn. 112.

[336] *Katz/Mair* Party Politics 1 (1995), 5 (22 f.); *Hatje* VVDStRL 69 (2010), 135 (154); *v. Arnim,* Die neue Parteienfinanzierung, 1989; *v. Arnim,* Der Staat als Beute, 1993, 345. Dagegen aber *Koß* Der Staat 57 (2018), 387 (384).

[337] Hierfür *Kunig* in HbdStR III, § 40 Rn. 115; *Koß* Der Staat 57 (2018), 387 (392).

[338] BVerfGE 8, 51 (66 ff.); 73, 40 (82). Teilw. wird daraus eine verfassungsrechtliche Pflicht zur staatl. Parteienfinanzierung abgeleitet. Hierfür etwa *Stricker,* Der Parteienfinanzierungsstaat, 1998, 93 ff. Dagegen *Volkmann,* Politische Parteien und öffentliche Leistungen, 1993, 113 f.

[339] *Venice Commission,* 15.3.2016, CDL-PL(2016)003, 35.

[340] BVerfGE 20, 56 (102); 52, 63 (85, 92); E 73, 40 (66); 85, 264 (292 ff.).

[341] Einen Überbl. bieten *Klein* in Maunz/Dürig Rn. 436 ff.; *Bundespräsidialamt* Bericht der Kommission unabhängiger Sachverständiger zu Fragen der Parteienfinanzierung, 2001, 36 ff. Ausführl. zur Geschichte der Parteienfinanzierung *Boyken,* Die neue Parteienfinanzierung, 1998, 38 ff.

[342] *Shirvani,* Das Parteienrecht und der Strukturwandel im Parteiensystem, 2010, 483 f.; *Henke* in BK Rn. 321 ff.; *Ipsen* in Sachs Rn. 133 ff. Krit. zur mangelnden normativen Anknüpfung auch *Schwartmann,* Verfassungsfragen der Allgemeinfinanzierung politischer Parteien, 1994, 94 ff., 146 ff.; *Kunig* in HbdStR III, § 40 Rn. 111.

von der Angst getrieben, die Parteien könnten sich über ihre Abgeordneten allzu frei am Staatshaushalt bedienen.[343]

75 Ausgangspunkt der Entwicklung war eine Gesetzesänderung im Jahr 1954, wonach **Parteispenden** – ebenso wie Ausgaben zu mildtätigen, kirchlichen oder wissenschaftlichen Zwecken – steuerlich abgesetzt werden konnten. Die Höhe des absetzbaren Betrages sollte prozentual von den Gesamteinkünften bzw. körperschaftssteuerlichen Umsätzen der Spender abhängig sein.[344] Das BVerfG sah in der **prozentualen Abzugsgrenze** einen **Verstoß** gegen die **Chancengleichheit,** da sie finanzkräftige Personen übermäßig begünstige.[345] Es erklärte die Bestimmungen für nichtig und postulierte stattdessen, dass es zulässig sei, politischen Parteien **staatsunmittelbare finanzielle Mittel** zur Verfügung zu stellen.[346] In der Folge wurden staatliche Zuschüsse an politische Parteien im jährlichen Haushaltsplan festgelegt, die von 5 Mio. DM im Jahr 1959 auf 38 Mio. DM im Jahr 1965 anwuchsen.[347] Das BVerfG erklärte daraufhin die Haushaltsbewilligung für nichtig. Der Staat dürfe über die unmittelbare Parteienfinanzierung nicht auf die Meinungs- und Willensbildung des Volkes einwirken. Dies wiederspreche dem Grundsatz der **Staatsfreiheit** politischer Parteien.[348] Erstattungsfähig seien lediglich die **Kosten** eines angemessenen **Wahlkampfes.**[349]

76 Das 1967 erlassene PartG sah dementsprechend sowohl Bestimmungen über die **Wahlkampfkostenerstattung** für Parteien mit einem Mindeststimmenanteil von 2,5 % als auch über die **steuerliche Abzugsfähigkeit** von Parteispenden i. H. v. 600 DM (bzw. 1.200 DM bei zusammenveranlagenden Ehegatten) vor.[350] Die starre Abzugsgrenze wurde vom BVerfG gebilligt,[351] allerdings verlangte das Gericht im Hinblick auf die Parteiengleichheit eine Absenkung des Mindeststimmenanteils für die staatsunmittelbare Wahlkampfkostenerstattung.[352] Um den Trend zu intransparenten **Umwegfinanzierungen** von Parteien über parteinahe gemeinnützige Vereinigungen in der Verfassungsrealität zu stoppen,[353] wurde 1983 wieder eine steuerrechtliche Parteispendenregelung mit prozentualen Abzugsgrenzen in § 10b Abs. 2 EStG und ein hälftiger Abzug von der Steuerschuld bis zu einem Höchstbetrag von 600 DM (bzw. 1.200 bei zusammenveranlagenden Ehegatten) in § 34g EStG eingeführt.[354] Durch einen in § 22a PartG vor-

---

[343] Vgl. BVerfGE 85, 264 (292). S. auch *v. Arnim,* Staat ohne Diener, 1993, 177 ff.; *v. Arnim,* Der Staat als Beute, 246 ff.; *Ipsen* JZ 1992, 753 (756). Krit. zu dieser Rechtfertigung der verfassungsgerichtlichen Übergriffe *Schwartmann,* Verfassungsfragen der Allgemeinfinanzierung politischer Parteien, 1994, 190 ff.

[344] § 10b EStG i. d. F. v. 21.12.1954 (BGBl. 1954 I 441) und § 11 Nr. 5 KStG i. d. F. v. 21.12.1954 (BGBl. 1954 I 467); § 49 EStDV 21.12.1955 (BGBl. 1955 I 756). S. dazu *Klein* in Maunz/Dürig Rn. 438 f.; *Ipsen* in Sachs Rn. 115 f.

[345] BVerfGE 8, 51 (66, 69).

[346] BVerfGE 8, 51 (63); 12, 267 (280).

[347] BT-Drs. IV/2500. 52.

[348] BVerfGE 20, 56 (101 ff.).

[349] BVerfGE 20, 56 (113 ff.).

[350] PartG v. 24.7.1967 (BGBl. I, 773); *Klein* in Maunz/Dürig Rn. 442.

[351] BVerfGE 24, 300 (358 ff.); BVerfGE 52, 63 (81 ff.).

[352] BVerfGE 24, 300 (342); *Ipsen* in Sachs Rn. 130.

[353] Näher dazu *Koß* Der Staat 57 (2018), 387 (389 f.); *Landfried,* Parteifinanzen und politische Macht, 2. Aufl. 1994, 173 ff.

[354] Gesetz zur Änderung des Parteiengesetzes und anderer Gesetze v. 22.12.1983 (BGBl. 1983 I 1577). Das Gesetz beruht ausweislich seiner Begr. (BT-Drs. 10/183, S. 9) auf dem Gutachten zur Neuordnung der Parteienfinanzierung der Sachverständigen-Kommission des Bundespräsidenten.

gesehen **„Chancenausgleich"** sollten die durch Steuerbegünstigungen verursachten „Staatsanteile" der Spenden entsprechend dem Wahlergebnis der letzten Bundestagswahl auf die Parteien verteilt werden.[355] Abermals erklärte das BVerfG 1986 die **prozentualen Abzugsgrenzen** für **verfassungswidrig** und postulierte – mit abweichendem Sondervotum von *Böckenförde*[356] – einen allgemeingültigen absoluten als Spende abzugsfähigen **Höchstbetrag** von **100.000 DM.** Gleichzeitig billigte das Gericht die Regelung zum Chancenausgleich.[357] Demensprechend wurde in der fünften Änderung des PartG[358] unter anderem ein steuerlich abzugsfähiger Spendenbetrag von 60.000 DM (bzw. 120.000 DM für zusammenveranlagende Ehegatten) und ein **erfolgsunabhängiger Sockelbetrag** für die Wahlkampfkostenerstattung zuzüglich zu der Wahlkampfkostenpauschale festgelegt.

Dieses Gesetz war Gegenstand des **Grundsatzurteils** des **BVerfG** vom **9.4.1992.**[359] Darin revidierte das Gericht wieder weite Teile seiner bisherigen Rspr. zur unmittelbaren Parteienfinanzierung und gestattete nunmehr eine **allgemeine Parteienfinanzierung,** statt einer bloßen Wahlkampfkostenerstattung.[360] Ausgehend vom Grundsatz der Staatsfreiheit betonte das Gericht jedoch, dass Parteien wirtschaftlich auf die Unterstützung von Bürgern angewiesen bleiben müssen. Es komme daher nur eine betragsmäßig begrenzte **staatliche Teilfinanzierung** in Betracht.[361] Eine **relative Obergrenze** staatlicher Zuwendungen ergebe sich aus der Summe der von einer Partei selbst erwirtschafteten Einnahmen.[362] Zugleich statuierte das Gericht, dass der Mittelwert, der in den Jahren 1989 bis 1992 geleisteten staatlichen Zuwendungen – zuzüglich eines Inflationsausgleichs – eine **absolute Obergrenze** bildet.[363] Schließlich präzisierte das Gericht den Grundsatz der Chancengleichheit dahingehend, dass die Verteilung staatlicher Mittel den **Erfolg der Parteien** beim Wähler berücksichtigen muss, um die wettbewerbliche Ausgangslage nicht zu verfälschen.[364] Die Regelung zum **Chancenausgleich** der steuerlich begünstigten Spendeneinnahmen wurde daher für **nichtig** erklärt. **77**

Auch hinsichtlich der **mittelbaren Parteienfinanzierung** gab das Gericht seine bisherige Rspr. auf. In Anknüpfung an das frühere Sondervotum von *Böckenförde* (→ Rn. 76) geht das BVerfG nunmehr davon aus, dass die steuerliche **Abzugsgrenze** so bemessen sein muss, dass sie „von der Mehrzahl der Steuerpflichtigen in gleicher Weise genutzt" werden kann.[365] Die Abzugsfähigkeit von 60.000 DM wurde als Verstoß gegen die Chancengleichheit gebrandmarkt, da diese Größenordnung außerhalb des **vom durchschnittlichen Einkommensempfänger Erreichbaren** liegt.[366] Weiterhin wurde die steuerliche Begünstigung von **juristischen Personen** wegen der dadurch eintretenden Gleichheitsverschiebungen zugunsten der da- **78**

---

[355] S. dazu *Ipsen* JZ 1984, 1060 (1061).
[356] BVerfGE 73, 40 (103 ff.) Dem Sondervotum schloss sich *Mahrenholz* an.
[357] BVerfGE 73, 40 (71 ff.).
[358] BGBl. 1988 I 2615; *Klein* in Maunz/Dürig Rn. 450.
[359] BVerfGE 85, 264. Ausf. dazu *Schwartmann,* Verfassungsfragen der Allgemeinfinanzierung politischer Parteien, 1995, 27 ff.
[360] BVerfGE 85, 264 (286).
[361] BVerfGE 85, 264 (287 f.).
[362] BVerfGE 85, 264 (289 f.).
[363] BVerfGE 85, 264 (291).
[364] BVerfGE 85, 264 (296 ff.).
[365] BVerfGE 85, 264 (313).
[366] BVerfGE 85, 264 (316).

hinter stehenden natürlichen Personen für verfassungswidrig erklärt.[367] Die hälftige Abzugsfähigkeit der Parteispenden von der Steuerschuld nach § 34g EStG für natürliche Personen wurde vom Gericht hingegen gebilligt.[368]

79 **bb) Gegenwärtiges System der Parteienfinanzierung.** Dieses Grundsatzurteil (→ Rn. 77 f.) führte 1994 zu einem neuen System der Parteienfinanzierung,[369] auf dem auch die heute noch geltenden Regelungen in §§ 18–22 PartG und §§ 10b Abs. 2, 34g Nr. 1 EStG im Wesentlichen beruhen.[370]

80 **(1) Unmittelbare staatliche Teilfinanzierung der Parteien.** Nach § 18 PartG erhalten Parteien eine unmittelbare staatliche Teilfinanzierung, deren Verteilung sich nach dem Erfolg bei Parlamentswahlen einschließlich der Europawahl **(Wählerstimmenanteil)** und der Summe ihrer Eigenfinanzierung durch Mitgliedsbeiträge, Mandatsträgerabgaben[371] und Spenden **(Zuwendungsanteil)** bemisst. Diese Faktoren sollen die „gesellschaftliche Verwurzelung" der Parteien widerspiegeln.[372] Die Höhe der staatlichen Mittel für jede anspruchsberechtigte Partei wird gem. § 19a Abs. 1 PartG für das vorangegangene Jahr am 15. Februar vom Präsidenten des Deutschen Bundestages festgelegt.[373] Aktuell umfasst die staatliche Teilfinanzierung – entsprechend der in § 18 Abs. 2 PartG festgesetzten absoluten Obergrenze – **über 190 Mio. €.**[374]

81 Für den **Wählerstimmenanteil** ist die jeweils letzte Europa-, Bundestags- und Landtagswahl maßgeblich (§ 19a Abs. 2 PartG). Grundsätzlich erhalten die Parteien 0,83 € für jede abgegebene Stimme (§ 18 Abs. 3 S. 1 Nr. 1, 2 PartG). Für die jeweils ersten bis zu vier Mio. gültigen Stimmen erhalten die Parteien abweichend hiervon eine degressive Bezuschussung von einem Euro je Stimme (§ 18 Abs. 3 S. 2 PartG).[375] Die Vorschrift soll den erhöhten Finanzbedarf kleinerer Parteien ohne Parlamentssitz für ihre Öffentlichkeitsarbeit ausgleichen.[376] Da die Erhöhung jedoch auch denjenigen Parteien

---

[367] BVerfGE 85, 264 (315, 318 f.). Anders noch BVerfGE 24, 300 (357), wo Differenzierungen zwischen natürlichen und juristischen Personen als gleichheitswidrig erachtet wurden. Zur korrumpierenden Wirkung von Großspenden durch Unternehmen *Koß* Der Staat 57 (2018), 387 (388 ff.).

[368] BVerfGE 85, 264 (317).

[369] Sechstes Gesetz zur Änderung des Parteiengesetzes und anderer Gesetze v. 28.1.1994 (BGBl. 1994 I 142). S. dazu *Hofmann* NJW 1994, 691 ff.

[370] S. zu den zwischenzeitlichen Änderungsgesetzen *Klein* in Maunz/Dürig Rn. 478.

[371] Dagegen *Morlok* in Dreier Rn. 104, da hierdurch nicht im Parlament vertretene Parteien benachteiligt werden.

[372] BVerfGE 85, 264 (287).

[373] Die Festsetzungen werden unter https://www.bundestag.de/parlament/praesidium/parteienfinanzierung/festsetz_staatl_mittel 09/2019> veröffentlicht.

[374] BT, Festsetzung der staatlichen Mittel für das Jahr 2019, https://www.bundestag.de/resource/blob/694474/b12215becf05c5eac13772a0377f10ce/finanz_19-data.pdf 09/2020. Gleichwohl bewegt sich die relative Höhe der staatlichen Zuwendungen im Verhältnis zu den Eigenmitteln in Deutschland im europäischen Vergleich im unteren Mittelfeld. S. dazu *Koß* Der Staat 57 (2018), 387 (397 ff.).

[375] Ursprünglich galt die Regelung für die „ersten jeweils erzielten gültigen bis zu 5 Mio. gültigen Stimmen". S. § 18 Abs. 3 S. 2 PartG i. F. v. 28.1.1994 (BGBl. 1994 I 142). Die Vorschrift wurde dann auf 4 Mio. begrenzt (§ 18 Abs. 3 S. 2 PartG i. F. v. 28.6.2002, BGBl. 2002 I 2268), wobei – im Zuge eines Redaktionsversehens – die Beschränkung der degressiven Erhöhung auf die „ersten" 4 Mio. Stimmen im Wortlaut wegfiel. Die Regelung wird aber weiterhin nur auf die ersten 4 Mio. angewandt.

[376] BT-Drs. 14/8778, 15.

zugutekommt, die schon im Parlament vertreten sind, ist die Zweckmäßigkeit der Regelung zweifelhaft.[377]

Der **Zuwendungsanteil** macht die staatliche Parteienfinanzierung von der ordnungsgemäßen Rechenschaftslegung abhängig (§ 19a Abs. 2 PartG). Gem. § 18 Abs. 3 Nr. 3 PartG erhalten die Parteien 0,45 € für jeden Euro, den sie als Zuwendung im Rechenschaftsbericht dokumentiert haben, wobei je natürlicher Person nur **Zuwendungen bis zu 3.300 €** berücksichtigt werden. Der Betrag entspricht der in der mittelbaren Parteifinanzierung geltenden Grenze für die steuerliche Berücksichtigungsfähigkeit (→ Rn. 85). Die Begrenzung der begünstigungsfähigen Zuwendungen verhindert, dass Spenden überdurchschnittlich leistungsfähiger Gesellschaftsmitglieder staatlich subventioniert werden.[378] Körperschaftliche Spenden haben bei der Berechnung des Zuwendungsanteils außer Betracht zu bleiben (→ Rn. 78).[379] **82**

Um Missbräuche zu verhindern, kommt die staatliche Teilfinanzierung nur Parteien mit **bundespolitischer Bedeutung** zu Gute, die bei der letzten Europa- oder Bundestagswahl mindestens 0,5 % oder bei einer Landtagswahl 1,0 % der abgegebenen gültigen Stimmen erreicht haben. Im 8. Gesetz zur Änderung des PartG war stattdessen noch vorgesehen, dass Parteien mindestens bei drei Landtagswahlen 1,0 % der abgegebenen gültigen Stimmen erreicht haben müssen.[380] Das BVerfG sah darin jedoch eine übermäßige Benachteiligung kleinerer und neu entstehender Parteien.[381] Das **Drei-Landtags-Quorum** wurde daher aufgegeben. Gleichwohl erschwert auch das jetzt geltende Quorum die Gründung neuer Parteien, da sie vor der ersten Wahlteilnahme keine staatlichen Zuschüsse erhalten.[382] **83**

Die **absolute Obergrenze** der staatsunmittelbaren Parteienfinanzierung beträgt gem. § 18 Abs. 2 PartG jährlich **190 Mio €** zuzüglich eines anhand des Verbraucherindexes und eines speziellen Preisindexes für typische Parteiausgaben jährlich vom Bundestagspräsidenten auf Grundlage eines Berichts des Präsidenten des Statistischen Bundesamtes festgelegten Betrages.[383] Die vom BVerfG postulierte **relative Obergrenze,** die sich aus der Summe der Einnahmen der jeweiligen Partei ergibt (→ Rn. 77), ist in § 18 Abs. 5 PartG niedergelegt.[384] **84**

---

377 Krit. auch *Drysch* NVwZ 1994, 218 (221), *Sendler* NJW 1994, 365 (366). AA aber *Ipsen* in Sachs Rn. 142.

378 Krit. dazu *Ipsen* in Sachs Rn. 144.

379 *Lenski* PartG, 2011, § 18 Rn. 56 mwN.

380 § 18 Abs. 4 PartG i. F. v. 28.6.2002 (BGBl. 2002 I 2268).

381 BVerfGE 111, 382 (398 ff.). S. zu den strengen Anforderungen an Mindeststimmenanteile auch schon BVerfGE 24, 300 (341 ff.).

382 Krit. dazu *Preuß* in AK, 1989, Art. 21 Abs. 1 Rn. 79.

383 Im Hinblick auf die durch das Gesetz zur Änderung des Parteiengesetzes und anderer Gesetze vom 10.7.2018, BGBl. 2018 I 1116 erfolgte Erhöhung der absoluten Obergrenze ist eine Normenkontrollantrag („ BvF 2/18) beim BVerfG anhängig. Ein Antrag auf Außervollzugsetzung im Wege der einstweiligen Anordnung wurde verworfen, BVerfG NVwZ-RR 2019, 665.

384 Entgegen der Empfehlung der von Bundespräsidenten eingesetzen Sachverständigenkommission (*Bundespräsidialamt,* Bericht der Kommission unabhängiger Sachverständiger zu Fragen der Parteienfinanzierung, 2001, 56 f.), werden dabei neben Mitgliedsbeiträgen und Spenden auch Mandatsträgerbeiträge und Einnahmen aus unternehmerischen Tätigkeiten berücksichtigt. S. § 18 Abs. 5 i. V. m. § 24 Abs. 4 Nr. 1–7; BVerwG Urt. v. 13.5.2020 – 6 C 16/18.

85 **(2) Mittelbare Parteifinanzierung.** Die mittelbare Parteienfinanzierung durch steuerliche Begünstigungen von Parteispenden ist im EStG geregelt. Nach § 34g EStG sind Spenden an Parteien von bis zu 1.650 € (bzw. 3.300 € bei zusammenveranlagenden Ehegatten) zu 50 % von der Einkommensteuer abzugsfähig.[385] Zusätzlich erlaubt § 10b Abs. 2 EStG für darüberhinausgehende Zuwendungen an Parteien einen Abzug vom steuerpflichtigen Einkommen als Sonderausgabe von bis zu 1.650 € (bzw. 3.300 € bei zusammenveranlagenden Ehegatten) im Kalenderjahr. Im Wege der kumulativen Inanspruchnahme dieser Begünstigungen können also jährlich Spenden im Umfang von bis zu **3.300 €** (bzw. 6.600 € bei zusammenveranlagenden Ehegatten) steuerlich geltend gemacht werden.[386] Ob dies angesichts des durchschnittlichen Bruttomonatslohns von 2.948 €[387] noch im Bereich des für den durchschnittlichen Einkommensempfänger Erreichbaren liegt, erscheint zweifelhaft.[388] Spenden von **juristischen Personen** sind gem. § 9 KStG **steuerlich nicht abzugsfähig.** Zudem bestimmt § 5 Abs. 1 Nr. 5 KStG, dass Berufsverbände ihre Steuerbefreiung einbüßen, wenn sie mehr als 10 % ihrer Einnahmen für die Unterstützung politischer Parteien verwenden.

86 **(3) Sanktionsbewehrtes Spendenannahmeverbot.** Um staatliche Umwegfinanzierungen zu vermeiden und die Transparenz der Eigenfinanzierung sicherzustellen, enthält § 25 Abs. 2 PartG einen Katalog von Spendenannahmeverboten.[389] Spenden privater juristischer Personen sind – anders als etwa in Frankreich – grdsl. erlaubt.[390] Zuwendungen gemeinnütziger juristischer Personen oder öffentlich-rechtlicher Körperschaften sowie anonyme Spenden in nennenswerter Höhe sind aber untersagt. Verstoßen Parteien gegen ein Spendenannahmeverbot, entsteht gegen sie gem. § 31c S. 1 PartG ein Anspruch in Höhe des Dreifachen des rechtswidrig erlangten Betrages. Diese Beschränkung der Parteienfreiheit ist durch den verfassungsrechtlichen Belang, die Funktionsfähigkeit des Parteienwettbewerbs zu wahren, gerechtfertigt.[391]

87 **cc) Finanzierung sonstiger Wählervereinigungen und Wahlbewerber.** Eine unterschiedliche Behandlung von Parteien und **kommunalen Wählervereinigungen** hält die Rspr. angesichts der zwischen ihnen bestehenden Unterschiede grundsätzlich für zulässig, solange der politische Wettbewerb nicht in erheblicher Weise beeinträchtigt wird.[392] Wegen des Grund-

---

[385] *Brandl* in Blümich EStG, 147 EL 2019, § 34g Rn. 23. Gegen die Zulässigkeit des Steuerabzugs wegen Verstoßes der Steuerprogressionswirkung gegen den formalen Gleichheitssatz *Ipsen* JZ 1984, 1060 (1062).

[386] *Hofmann* NJW 1994, 691 (692); *Brandl* in Blümich EStG, 147 EL 2019, § 10b Rn. 104. AA aber *P. Kirchhof* in P. Kirchhof EStG, 18. Aufl. 2019, § 10b Rn. 54.

[387] *Statistisches Bundesamt,* Höhe des durchschnittlichen Bruttolohns/ Bruttogehalts im Monat je Arbeitnehmer in Deutschland von 1991 bis 2018, 2019, Statista, https://de.statista.com/statistik/daten/studie/161355/umfrage/monatliche-bruttoloehne-und-bruttogehaelter-pro-kopf-in-deutschland/ 11/2019>.

[388] Krit. auch *Ipsen* in Sachs Rn. 137. Großzügiger *Morlok* in Dreier Rn. 101.

[389] Näher dazu *Helmes,* Spenden an politische Parteien und Abgeordnete des Deutschen Bundestages, 2014, 144 ff., 161 ff. Zu Sanktionslücken bei Spenden an Regierungs- oder Fraktionsmitglieder *Lenski* DÖV 2014, 585 (590 ff.).

[390] Näher dazu *Bundespräsidialamt,* Bericht der Kommission unabhängiger Sachverständiger zu Fragen der Parteienfinanzierung, 2001, 65 ff.

[391] *Morlok* in Dreier Rn. 68.

[392] BVerfGE 11, 266 (276); 69, 92 (109); 78, 350 (358 f.); 85, 264 (328); 87, 394 (398); 99, 84 (87). Für eine Einbeziehung kommunaler Wählergemeinschaften in die staatl. Teilfinanzierung hingegen *Drysch* NVwZ 1994, 218 (223).

satzes des Wahlrechtsgleichheit finden sich in § 49b Abs. 1 BWahlG, § 28 Abs. 1 EuWG und den Landeswahlgesetzen der unmittelbaren staatlichen Parteienfinanzierung angenäherte Zahlungsverpflichtungen an parteiunabhängige Wahlbewerber.[393]

Auch im Hinblick auf die mittelbare Parteifinanzierung gibt es einfachge- **88**
setzliche Annäherungen: Zuwendungen von bis zu 1.650 € pro Person (bzw. 3.300 € bei zusammenveranlagenden Ehegatten) an kommunale Wählervereinigungen verringern gem. § 34g S. 1 Nr. 2 EStG – ebenso wie bei Parteien – die Steuerlast um 50 %. Allerdings können darüber hinausgehende Zuwendungen – anders als bei Parteien – nicht als Sonderabgaben nach § 10b Abs. 2 EStG geltend gemacht werden. Der BFH hat diese Benachteiligung angesichts der **unterschiedlichen Aufgabenbreite** von Parteien und kommunalen Wählervereinigungen gebilligt.[394]

b) Sie müssen über die Herkunft und Verwendung ihrer Mittel **89**
sowie über ihr Vermögen öffentlich Rechenschaft geben. Die Rechenschaftspflicht des Art. 21 Abs. 1 S. 4 geht auf einen Antrag des Zentrumspolitikers *Brockmann* zurück, der den Parteienartikel wie folgt ergänzen wollte: „Ihre **innere Ordnung** muß demokratischen Grundsätzen entsprechen und durch Offenlegung der Finanzquellen gegen **undemokratische Einflüsse** gesichert sein."[395] Das Öffentlichkeitsgebot dient also einerseits der inneren demokratischen Ordnung, andererseits erlaubt es den Wählern eine äußeren Einflüssen geschuldete Klientelpolitik zu sanktionieren.[396] Die Erweiterung auf **„Verwendung der Mittel"** sowie auf das **„Vermögen"** hat 1983 Eingang in das GG gefunden.[397] Die Grundgesetzänderung stand in engem im Zusammenhang mit dem damaligen Parteienfinanzierungsgesetz, das intransparente Umwegfinanzierungen (→ Rn. 76) bekämpfen sollte.[398] Über den Wortlaut der Norm hinaus wird aus der Pflicht zur öffentlichen Rechenschaftslegung ein **allgemeines Publizitätsgebot** abgeleitet, wonach auch Satzung, Programm und periodische Tätigkeitsberichte (§ 9 Abs. 5 PartG) zu veröffentlichen sind.[399]

aa) Rechenschaftsbericht der Parteien. Obwohl die Publizitäts- und **90**
Transparenzpflicht von Anfang an in der Verfassung verankert war, wurde sie erst mit Einführung des PartG 1967 einfachgesetzlich umgesetzt.[400] Im 5. Abschnitt des PartG werden die verfassungsrechtlichen Pflichten konkretisiert.

---

393 S. dazu BVerfGE 41, 399 (413 ff.). Gegen die Einbeziehung der kommunalen Ebene aber *Bundespräsidialamt,* Bericht der Kommission unabhängiger Sachverständiger zu Fragen der Parteienfinanzierung, 2001, 60.

394 BFH NVwZ-RR 2018, 241 (244).

395 *Matz* JöR 1 N. F. (1951), 202 (207).

396 BVerfGE 24, 300 (356); *Kunig* in HbdStR III, § 40 Rn. 38. Ausf. zur Schutzrichtung der Publizitätspflicht *Rübenkönig,* Die Rechenschaftspflicht der politischen Parteien, 2003, 72 ff. *Shirvani* NVwZ 2017, 1321 (1323) spricht insofern von einer parteiinternen und parteiexternen Zielrichtung des Art. 21 Abs. 1 S. 4.

397 35. Gesetz zur Änderung des Grundgesetzes (Art. 21 Abs. 1), 21.12.1983, BGBl. 1983 I 1481.

398 Das Gesetz war zunächst Teil des Gesetzesentwurfes des Parteienfinanzierungsgesetzes (BT-Drs. 10/183) wurde dann aber abgetrennt (BT-Drs. 10/684). Näher dazu *v. Arnim* ZRP 1982, 294 (296 f.).

399 Der „Status der Öffentlichkeit" wurde erstmals von *Hesse* VVDStRL 17 (1959), 11 (27 ff., 44 ff.) proklamiert. Ausf. dazu *Klein* in Maunz/Dürig Rn. 316 ff. Zusf. *Streinz* in MKS Rn. 178.

400 Krit. dazu *Ipsen* in Sachs Rn. 108. S. zur zeitgenössischen Debatte *Roesch* DVBl. 1958, 598 ff.; *Hoffmann* DVBl. 1958, 856 ff.

Die von einem Wirtschaftsprüfer geprüften Rechenschaftsberichte werden gem. § 23 Abs. 1 S. 2 PartG an den **Präsidenten des Deutschen Bundestages** geleitet, der sie gem. § 23 Abs. 2 S. 3 PartG als **Bundestagsdrucksache** verteilt, nach § 23 Abs. 4 PartG vergleichende jährliche Kurzübersichten veröffentlicht und dem Bundestag alle zwei Jahre über die Parteifinanzen und die Rechenschaftsberichte der Parteien berichtet.[401]

91 Gem. § 24 PartG besteht der **Rechenschaftsbericht** aus einer Ergebnisrechnung auf der Grundlage einer Einnahmen- und Ausgabenrechnung, einer damit verbundenen Vermögensbilanz sowie einem Erläuterungsteil.[402] In §§ 26 f. PartG finden sich Legaldefinitionen zu den Begriffen „Einnahme" und „Ausgabe". Bei der Rechnungslegung gelten die handelsrechtlichen Vorschriften für Kaufleute entsprechend. Laut § 24 Abs. 3 S. 2, 3 PartG haben die Landes- und nachgeordneten Gebietsverbände ihren Rechenschaftsberichten eine lückenlose **Aufstellung aller Zuwendungen** je Zuwender mit Namen und Anschrift in einem gesonderten Dokument beizufügen, damit der Bundesverband der Partei die Gesamthöhe der Zuwendungen je Zuwender ermitteln kann. Teil des zu veröffentlichenden Rechenschaftsberichts werden diese Listen jedoch nicht;[403] vielmehr gilt eine Publizitätsgrenze (→ Rn. 92 f.).

92 **bb) Behandlung von Parteispenden.** In Anbetracht der Zielsetzung der Rechenschaftspflicht, hinter der Partei stehende Geldgeber zu offenbaren, sind die Regelungen zu **Parteispenden** von besonderer Relevanz.[404] Schon wegen ihrer Bedeutung für die Parteienfinanzierung (→ Rn. 82) sind Spenden, die 3.300 € übersteigen, gem. § 24 Abs. 8 PartG im Rechenschaftsbericht gesondert auszuweisen. Der Name und die Anschrift des Zuwendenden ist hingegen gem. § 25 Abs. 3 PartG nur dann im öffentlichen Rechenschaftsbericht zu verzeichnen, wenn die Zuwendungen die sog. **Publizitätsgrenze** von **10.000 €** pro Kalenderjahr übersteigt. Spenden, die höher als **50.000 €** sind, müssen dem Präsidenten des Deutschen Bundestages besonders angezeigt werden. Solche Großspenden werden unter Angabe des Zuwenders als gesonderte Bundestagsdrucksache veröffentlicht **(ad-hoc Publizität).**

93 In Anbetracht der strikten Publizitätspflicht des Art. 21 Abs. 1 S. 4 ist die Regelung des § 25 Abs. 3 PartG kritikwürdig. Richtmaß für die Publizitätsgrenze ist in teleologischer Hinsicht die **Einflussmöglichkeit auf die politische Willensbildung.**[405] Die Annahme, dass Beträge, die 10.000 € nicht übersteigen, unschädlich seien,[406] geht an den Realitäten der untersten Parteigliederungen vorbei.[407] *De lege ferenda* könnte das Problem durch eine

[401] Näher dazu *Kunig* in HbdStR III, § 40 Rn. 44. Zu der Frage, ob aus Art. 21 Abs. 1 S. 4 zudem unmittelbar ein subj.-öffentliches Recht auf Einsichtnahme in die Rechenschaftsberichte folgt *Morlok/Lehmann* NVwZ 2015, 470 ff.

[402] Ausf. dazu *Rübenkönig,* Die Rechenschaftspflicht der politischen Parteien, 2003, 116 ff.; *Helmes,* Spenden an politische Parteien und Abgeordnete des Deutschen Bundestages, 2014, 134 ff.

[403] *Helmes,* Spenden an politische Parteien und Abgeordnete des Deutschen Bundestages, 2014, 130.

[404] *Volkmann* JZ 2000, 539 (540 ff.).

[405] BVerfGE 85, 264 (322 f.) S. zu dieser Erwägung schon *Parteienrechtskommission,* Rechtliche Ordnung des Parteiwesens, 2. Aufl. 1958, 181 ff. Vgl. auch BVerfGE 85, 264 (319).

[406] BVerfGE 24, 300 (356); 85, 264 (323 f.).

[407] Krit. auch *Landfried,* Parteifinanzen und politische Macht, 2. Aufl. 1994, 305 f. (mit rechtsvergl. Hinweisen); *Helmes,* Spenden an politische Parteien und Abgeordnete des Deut-

Veröffentlichungspflicht der nach § 24 Abs. 3 PartG zu erstellenden Listen über die Zuwendungsgeber der untersten Gebietsverbände gelöst werden. Juristische Personen haben schon kein berechtigtes Geheimhaltungsinteresse an ihrer Spendentätigkeit.[408] Allenfalls natürliche Personen können in Bezug auf einflusslose Spenden ihr mit Art. 21 Abs. 1 S. 4 konfligierendes Recht auf informationelle Selbstbestimmung gegen die Veröffentlichung ihrer Daten geltend machen.[409] Noch größere **Transparenzlücken** bestehen hinsichtlich des Parteisponsorings,[410] an Parteien gewährte Darlehen[411] und bei der erwerbswirtschaftlichen Betätigung von Parteien mittels selbstständiger juristischer Personen.[412] Auch hier besteht legislativer Handlungsbedarf.

cc) Sanktionen für Verstöße gegen die Rechenschaftspflicht. Verstöße gegen die Rechenschaftspflicht werden nach §§ 31a-31d PartG hart bestraft.[413] In §§ 31a-31c PartG finden sich **Rückforderungsansprüche** und **Sanktionszahlungspflichten** für Parteien, die im Rechenschaftsbericht falsche Angaben machen.[414] Auf ein Verschulden kommt es nicht an. Das BVerfG hat die Verhältnismäßigkeit der Vorschriften bejaht.[415] Absichtsvoll falsche Angaben im Rechenschafts- oder Prüfungsbericht sind nach § 31d PartG mit **Freiheits- oder Geldstrafe** bewehrt.[416] 94

Ferner verlieren Vereinigungen ihre **Parteieigenschaft** gem. § 2 Abs. 2 PartG, wenn sie sechs Jahre lang gar keinen Rechenschaftsbericht einreichen. Dadurch wird die im Parteienstatut verankerte Transparenzpflicht in den einfachgesetzlichen Parteienbegriff (→ Rn. 30) integriert.[417] 95

III. Verbot verfassungswidriger Parteien (Abs. 2, 4)

Das Parteiverbotsverfahren ist Ausdruck der **wehrhaften Demokratie.**[418] Art. 21 Abs. 2 wirft ein Grenzproblem der freiheitlich-demokratischen Staatsordnung auf, die einerseits das plurale Parteiensystem vor staatlichen Übergriffen schützt, andererseits aber selbst vor Angriffen geschützt werden 96

---

schen Bundestages, 2014, 132; *Henke* in BK Rn. 324; *Ipsen* in Sachs Rn. 135. Für die Verfassungsmäßigkeit dagegen *Bundespräsidialamt,* Bericht der Kommission unabhängiger Sachverständiger zu Fragen der Parteienfinanzierung, 2001, 15; *Morlok* in Dreier Rn. 117.

[408] Vgl. schon *Konow* DÖV 1968, 73 (79).

[409] Vgl. *Roesch* DVBl. 1958, 598 (600 f.). Die pauschale Aussage Art. 21 Abs. 1 S. 4 verdränge das Recht auf informationelle Selbstbestimmung, überzeugt nicht. In diese Richtung etwa *Ipsen* in Sachs Rn. 112; *Streinz* in MKS Rn. 206. Es handelt sich um konfligierende Verfassungsgüter, die im Wege der Abwägung zu einem schonenden Ausgleich zu bringen sind. Dem Transparenzgebot kommt indes hohes Gewicht in der Abwägung zu.

[410] Näher dazu *Boehme-Neßler* NVwZ 2017, 528 ff.; *Koß* Der Staat 57 (2018), 387 (402 f.).

[411] Für ihre Ausweisung in Rechenschaftsberichten *v. Arnim* ZRP 1982, 294 (297); *v. Arnim,* Die Partei, der Abgeordnete und das Geld, 25 f.; *Morlok* in Dreier Rn. 117; ausf. dazu *Prommer,* Novellierungsbedarf im Parteienrecht, 2014, 152 ff. AA *Kunig* in Vorauflage Rn. 65.

[412] S. dazu BT-Drs. 18/10710, 47 ff. Ausf. dazu *Helmes,* Spenden an politische Parteien und Abgeordnete des Deutschen Bundestages, 2014, 82 ff.

[413] Ein knapper Überblick zur Geschichte der parteiengesetzlichen Sanktionsnormen findet sich bei *Ipsen* in Sachs Rn. 114.

[414] Näher dazu *Lenz* NVwZ 2002, 769 (776 ff.).

[415] BVerfG v. 9.7.2019, 2 BvR 547/13, Rn. 33 ff.

[416] Näher dazu *Saliger,* Parteiengesetz und Strafrecht, 2005, 605 ff.

[417] Krit. *Shirvani* NVwZ 2017, 1321 (1324 f.).

[418] *Thiel* in Thiel, Wehrhafte Demokratie, 2003, 173 (174 ff.); *Papier/Durner* AöR 128 (2003), 340 ff.; *Volp* NJW 2016, 459 (460 f.). Aus rechtsvergl. Perspektive *Klamt,* Die Europäische Union als Streitbare Demokratie, 2012.

soll.[419] Das BVerfG beschreibt das Parteiverbot daher als „**schärfste** und überdies **zweischneidige Waffe** des demokratischen Rechtsstaats gegen seine organisierten Feinde".[420] Verfassungspolitisch ist der Nutzen des Parteiverbotsverfahrens seit jeher umstritten.[421] Kritische Stimmen mahnen an, im Hinblick auf schwache Parteien sei ein Verbot unnötig, hinsichtlich starker politischer Strömungen realpolitisch ineffektiv.[422]

97 Insbesondere in den 1950er Jahren bestand ein starkes Bedürfnis, sich nach allen Seiten hin gegen totalitäre Staatsmodelle abzugrenzen.[423] Zunächst wurde 1952 die rechtsextreme **Sozialistische Reichspartei**[424] und 1956 die linksextreme **Kommunistische Partei Deutschlands**[425] verboten. Dass seitdem keine politische Partei mehr verboten wurde,[426] kann einerseits als Zeichen für die Reife der Demokratie gesehen werden.[427] Offenbar ist das Verfassungssystem so gefestigt, dass man auf die demokratische Auslese an der Wahlurne vertrauen kann. Andererseits zeigen Maßnahmen wie der neu eingeführte Parteienfinanzierungsausschluss (→ Rn. 118 ff.), dass nach wie vor der Drang besteht, verfassungsfeindlichen Kräften entschlossen entgegenzutreten.[428]

98 **1. Parteienprivileg.** Gem. Art. 21 Abs. 2 sind Parteien, die nach ihren Zielen oder nach dem Verhalten ihrer Anhänger darauf ausgehen, die freiheitliche demokratische Grundordnung zu beeinträchtigen oder zu beseitigen oder den Bestand der Bundesrepublik Deutschland zu gefährden, verfassungswidrig.[429] Die Verfassungswidrigkeit festzustellen, obliegt gem. Art. 21 Abs. 4 allein dem **BVerfG.** Bis zur konstitutiven Feststellung der Verfassungswidrigkeit ist jede administrative Einwirkung oder Schlechterstellung untersagt.[430] Parteien werden dadurch im Vergleich zu sonstigen Vereinigungen nach Art. 9 Abs. 2 privilegiert (sog. **Parteienprivileg**).[431]

99 Beschränkungen erfährt das Parteienprivileg jedoch durch den Umstand, dass noch nicht verbotene Parteien (und Abgeordnete solcher Parteien) un-

---

[419] BVerfGE 144, 20 (196). S. auch *Volkmann* DÖV 2007, 577 (578 f.).

[420] BVerfGE 107, 339 (369); 144, 20 (159).

[421] S. statt vieler *Preuß* KJ 1999, 263 (269 ff.); *Morlok* NJW 2001, 2931 (2932 ff.). Ein prägnanter Überblick zur Diskussion findet sich bei *Henkel/Lembcke* KJ 2001, 14 (24 ff.).

[422] *Möllers,* Demokratie – Zumutungen und Versprechen, 2009, Rn. 160.

[423] *Kingreen* Jura 2017, 499 f.

[424] BVerfGE 2, 1.

[425] BVerfGE 5, 85.

[426] Die Verbotsverfahren BVerfGE 91, 262 (Nationale Liste) und BVerfGE 91, 276 (FAP) scheiterten an der Parteieigenschaft der Vereinigungen. Im Überblick dazu *Morlok/Merten,* Parteienrecht, 2018, 161. Das NPD I-Verfahren (BVerfGE 107, 339) scheiterte an schwerwiegenden Verfahrensmängeln. Im zweiten NPD-Verbotsverfahren (BVerfGE 144, 20) wurde zwar die verfassungswidrige Zielsetzung festgestellt, der Antrag aber wegen mangelnder Potenzialität (→ Rn. 109) als unbegründet zurückgewiesen.

[427] *Shirvani* NVwZ 2017, 1321 (1322). *Volkmann* DÖV 2007, 577 (583 f.) folgert daraus sogar, dass es sich beim Parteiverbotsverfahren um ein „Relikt aus einer anderen Zeit" handele.

[428] Ausf. zum Bedürfnis nach Abwehrmechanismen gegen verfassungsfeindl. Parteien *Volp* NJW 2016, 459 (463 ff.).

[429] Rechtvergl. Hinweise zu Parteiverbotsverfahren in anderen Mitgliedsstaaten der EU finden sich bei *Hillgruber* in HdbGR V, § 118 Rn. 115. *Morlok/Merten,* Parteienrecht, 2018, 158 sehen Parteiverbotsnormen als Merkmale „post-diktatorischer Rechtsordnungen".

[430] BVerfGE 40, 287 (291); BVerwGE 162, 284 (292 ff.). Näher dazu *Siegel/Hartwig* NVwZ 2017, 590 ff. Für die Einführung der Kategorie einer „unerwünschten Partei" *Kloepfer,* NJW 2016, 3003 ff. Mit guten Argumenten dagegen *Kluth* ZParl 2017, 676 (684).

[431] S. zu den Unterschieden der beiden Verbotsnormen BVerfGE 144, 20 (228 f.). Zur Bedeutung der Norm im historischen Kontext s. überblicksartig *Kluth* ZParl 2017, 676 f.

abhängig von einem konkreten Parteiverbotsverfahren vom **Verfassungsschutz** überwacht und im Verfassungsschutzbericht genannt werden dürfen, solange die Verhältnismäßigkeit gewahrt wird.[432] Weiterhin gibt es in verschiedenen verwaltungsrechtlichen Bereichen **Extremismusvorbehalte.**[433] Dies gilt etwa für den Zugang zum öffentlichen Dienst[434] (Art. 33 Rn. 71, 137), bei der Vergabe öffentlicher Fördermittel[435] sowie im Waffenrecht[436]. Um das Parteienprivileg nicht auszuhöhlen, ist in diesen Bereichen immer eine einzelfallbezogene Gesamtabwägung zu fordern. Die Parteimitgliedschaft darf als Indiz Berücksichtigung finden, kann aber für sich genommen keine Schlechterstellung rechtfertigen.[437]

2. Tatbestandsvoraussetzungen. Das Parteienverbot hat strikten Ausnahmecharakter.[438] Die Tatbestandsvoraussetzungen des Art. 21 Abs. 2 sind dementsprechend **restriktiv auszulegen.**[439] Anders als in der Dogmatik des EGMR wird das deutsche Parteiverbotsverfahren nicht durch das Verhältnismäßigkeitsprinzip begrenzt.[440] Die Verfassung ordnet vielmehr in Abwägung der sich gegenüberstehenden Belange selbst an, unter welchen Voraussetzungen eine Partei verfassungswidrig ist. Dem BVerfG kommt insoweit kein Beurteilungsspielraum zu, ihm obliegt lediglich die Feststellung der Verfassungswidrigkeit.[441] 100

a) Verfassungsfeindliche Zielsetzung. Anknüpfungspunkt für das Parteienverbot ist zunächst die verfassungsfeindliche Zielsetzung der Partei. Art. 21 Abs. 2 hält dabei zwei Alternativen bereit: Einerseits die Beeinträchtigung oder Beseitigung der freiheitlich demokratischen Grundordnung (aa), andererseits die in der Praxis wenig bedeutsame Gefährdung des Bestandes Bundesrepublik (bb). 101

---

432 BVerfGE 40, 287 (293); 107, 339 (365 ff.); 134, 141 (171 ff.); BVerwGE 110, 126 (130 ff.); zust. *Kunig* in HbdStR III, § 40 Rn. 63; *Epping,* Eine Alternative zum Parteiverbot, 2013, 24 ff.; *Maaßen* in Kluth Staatliche Organe und die Pflicht zur Neutralität, 2015, 51 ff.; einschränkend *Michaelis,* Politische Parteien unter der Beobachtung des Verfassungsschutzes, 2000, 172 f. Ausf. dazu *Murswiek,* Verfassungsschutz und Demokratie, 2020, 26 ff. Krit. *Shirvani* AöR 134 (2009), 572 (585 ff.). Ganz ablehnend *Preuß* in AK, 1989, Art. 21 Abs. 1 Rn. 38.

433 Ausf. dazu *Hettich,* Zulässigkein verschiedener Handlungsalternativen, 2016, 161 ff.

434 BVerfGE 39, 334 (358 ff.) (Extremistenbeschluss); vgl. auch BVerwGE 114, 258 (263 ff.).; VGH Mannheim NVwZ-RR 2008, 149 ff. Krit. dazu *Preuß* in AK, 1989, Art. 21 Abs. 1 Rn. 36.

435 Näher dazu *Ingold* DÖV 2015, 13 ff.

436 BVerwG NVwZ-RR 2010, 225 (226 f.); VGH HE NVwZ 2018, 1813.

437 Wie hier *Gusy* in AK Rn. 142; *Kortz/Lubig* ZBR 2006, 397 ff.; *Henke* in BK Rn. 374; *Streinz* in MKS; *Ipsen* in Sachs Rn. 206 f. jew. mwN. In diese Richtung auch EGMR NJW 1996, 375 (378) zur Entlassung einer Lehrerin wegen Mitgliedschaft in einer verfassungsfeindl. Partei; dem folgend VGH Mannheim NVwZ-RR 2008, 149 (150 f.) Anders aber noch BVerfGE 39, 334 (358 ff.); BVerwGE 73, 263 (271 ff.).

438 BVerfGE 144, 20 (200, 205); *Volkmann* DÖV 2007, 577 (579). Vgl. auch *Meier,* Parteiverbote und demokratische Republik, 1993, 168 („notständischer Fremdkörper").

439 Eine erweiternde Auslegung ist unzulässig. Daher genügt etwa die Wesensverwandschaft mit dem Nationalsozialismus für sich alleine nicht, um ein Parteienverbot zu rechtfertigen, BVerfGE 144, 20 (227).

440 BVerfGE 144, 20 (231 f.); so auch schon *Schmidt,* Die Freiheit verfassungswidriger Parteien und Vereinigungen, 1983, 163 ff. Für eine Verhältnismäßigkeitsprüfung aber *Shirvani* JZ 2014, 1074 (1078 ff.); *Kloepfer* NVwZ 2017, 913 (914, 919).

441 Dies ergibt sich auch aus der Entstehungsgeschichte, *Matz* JöR 1 n. F. (1951), 207 ff. Vgl. auch *Seifert,* Die politischen Parteien im Recht der Bundesrepublik Deutschland, 1975, 470 f.

102 **aa) Beeinträchtigung oder Beseitigung der freiheitlich demokratischen Grundordnung.** Das Schutzgut der freiheitlichen demokratischen Grundordnung umfasst den **unantastbaren Kernbestand** der freiheitlichen Demokratie.[442] Umfasst sind laut dem BVerfG nur jene zentralen Grundprinzipien, die für den freiheitlichen Verfassungsstaat schlechthin unentbehrlich sind.[443] Während Teile der Literatur im Vertrauen auf den politischen Diskurs einen auf formell-prozedurale Aspekte bezogenen Begriff, der die Funktionsfähigkeit des demokratischen Prozesses schützt, vertreten,[444] verfolgt das BVerfG einen materiell-wertegebundenen Ansatz.[445] Das Gericht hatte seit der SRP-Entscheidung einen immer weiterreichenden Katalog an Prinzipien formuliert, die für die freiheitliche demokratische Grundordnung unerlässlich sind.[446] Im NPD II-Urteil werden **drei Kernelemente** hervorgehoben: die **Menschenwürdegarantie,** das **Demokratie**- und das **Rechtsstaatsprinzip.**[447]

103 Die Garantie der **Menschenwürde** umfasst die Wahrung personaler Individualität, Identität und Integrität sowie das Prinzip staatsbürgerlicher Egalität.[448] Auch die grundrechtlichen Kerngehalte der Religionsfreiheit,[449] der Meinungs-[450], Rundfunk-, Presse- und Informationsfreiheit[451] sowie der Vereinigungsfreiheit[452] werden darüber in die freiheitliche demokratische Grundordnung einbezogen.[453] Das **Demokratieprinzip** gewährleistet die gleichberechtigte Teilnahmemöglichkeit aller Bürger am Prozess der politischen Willensbildung und die Rückbindung der Ausübung der Staatsgewalt an das Volk.[454] Über das Demokratieprinzip sind auch das Mehrparteienprinzip, die Chancengleichheit der Parteien, der Parlamentarismus und das Erfordernis periodischer freier Wahlen einbezogen.[455] Auch das **Rechtsstaatsprinzip** umfasst eine Vielzahl einzelner Elemente wie die Rechtsbindung der öffentlichen Gewalt, ihre Kontrolle durch unabhängige Gerichte und das staatliche Gewaltmonopol.[456] In der Literatur wird die zweite NPD-Entscheidung bisweilen als „radikale Kehrtwende", „reduzierter Ansatz" und „Rückbesinnung auf den Kerngehalt" gedeutet.[457] Die schillernden Topoi Menschenwürde, Demokratie- und Rechtsstaatsprinzip sind in ihren Ge-

---

442 Krit. zur Weite des Begriffs *Gusy* AöR 105 (1980), 279 (310).

443 Vgl. auch BVerfGE 2, 1 (12 f.).

444 Hierfür insbes. *Grimm* HdbVerfR, § 14 Rn. 34; *Dreier* JZ 1994, 741 (751); *Morlok* in Dreier Rn. 148.

445 Näher zu diesen zwei Grundströmungen *Linke* DÖV 2017, 483 (484 ff.) mwN.

446 Krit. im Hinblick auf die Beliebigkeit der durch die bundesverfassungsgerichtliche Rspr. einbezogenen Elemente *Ridder,* KPD-Verbot, 1966, 28; *Stollberg,* Die verfassungsrechtlichen Grundlagen des Parteienrechts, 1976, 33; *Gusy* AöR 105 (1980), 279 (285 ff.); *Meier,* Parteiverbote und demokratische Republik, 1993, 291 ff.; *Morlok* NJW 2001, 2931 (2940); *Morlok* Jura 2013, 317 (321). Zust. aber *Thiel* in Thiel, Wehrhafte Demokratie, 2003, 173 (198 f.).

447 BVerfGE 144, 20 (203 ff.).

448 BVerfGE 2, 1 (13); 144, 20 (207 f.).

449 BVerfGE 137, 273 (303).

450 BVerfGE 7, 198 (208); 44, 125 (139).

451 BVerfGE 77, 65 (74).

452 BVerfGE 5, 85 (199).

453 AA *Linke* DÖV 2017, 483 (488), der das NPD-II-Urteil als stillschweigende Abkehr von diesen materiell-rechtlichen Gehalten deutet.

454 BVerfGE 144, 20 (208 ff.).

455 BVerfGE 5, 85 (199, 230, 236); 44, 125 (145); 144, 20 (204 ff.).

456 BVerfGE 2, 1 (13); 144, 20 (210 f.).

457 S. etwa *Warg* NVwZ-Beil. 2017, 42 (43 ff.); *Kluth* ZParl 2017, 676 (680); *Uhle* NVwZ 2017, 583 (587); *Känner* KritV 2019, 57 (60); vgl. auch *Shirvani* DÖV 2017, 477 (479). *Linke*

währleistungsgehalten jedoch so wenig umgrenzt, dass weiterhin erheblicher Interpretationsspielraum verbleibt.[458] Immerhin hat das Gericht die in Art. 79 Abs. 3 verankerten Prinzipien der Republik und des föderalen Bundesstaates explizit ausgeklammert.[459]

Die Partei muss zudem die Beseitigung oder Beeinträchtigung des Schutzgutes bezwecken. Die **Beseitigung** der freiheitlichen demokratischen Grundordnung bezweckt, wer sie oder eines ihrer Wesenselemente abschaffen oder durch eine anderes Staats- bzw. Verfassungssystem ersetzen will.[460] Auch eine **Beeinträchtigung** des Schutzgutes reicht nach dem Wortlaut aus. Insoweit ist jedoch eine enge Auslegung geboten.[461] Die Partei muss dazu mit **hinreichender Intensität** auf eine **spürbare Gefährdung** der freiheitlichen demokratischen Grundordnung oder eines ihrer Wesenselemente zielen, auch wenn noch nicht erkennbar ist, welche Staatsform die Partei letztlich anstrebt.[462] 104

bb) Gefährdung des Bestandes der Bundesrepublik. Die Tatbestandsalternative der Gefährdung des Bestandes der Bundesrepublik schützt die **territoriale Integrität** und **Souveränität** des Staates.[463] Insbes. separatistische Bewegungen sollen dadurch abgewehrt werden. Angesichts der unitarischen Grundtendenz der deutschen Verfassungsordnung[464] hat die Tatbestandsalternative bislang keine praktische Relevanz entfaltet. Eine auf einen europäischen Bundesstaat gerichtete Bewegung wäre nicht als verfassungsfeindlich anzusehen, da die Staatsqualität dadurch nicht beseitigt würde und die Verfassung den europäischen Integrationsprozess nach Art. 23 ausdrücklich fördert.[465] 105

cc) Zurechenbarkeit. Die verfassungswidrige Ausrichtung muss der Partei zurechenbar sein. Das ist nur dann der Fall, wenn sich die Verfassungsfeindlichkeit aus den **Zielen der Partei** oder dem **Verhalten ihrer Anhänger** ergibt.[466] **Ziele** sind die tatsächlichen politischen Bestrebungen der Partei, wie sie sich aus ihrer Programmatik sowie Reden und Schriften ihrer Organe und Funktionäre ergeben.[467] Ein offenes Bekenntnis zu verfassungsfeindlichen Zielen ist nicht erforderlich, auch inoffizielle Erklärungen können berücksichtigt werden.[468] 106

DÖV 2017, 483 (487 f.) sieht darin gar einen demokratietheoretischen Wandel unter Preisgabe materieller Werte.

458 So auch *Ebert/Karaosmanoglu* DVBl. 2017, 374 (376).

459 BVerfGE 144, 20 (206). Hierfür auch schon *Maurer* AöR 96 (1971), 203 (211 f.); *Papier/Durner* AöR 128 (2003), 340 (357); *Volp* NJW 2016, 459 (461).

460 BVerfGE 144, 20 (211); *Sichert* DÖV 2001, 671 (675); *Gelberg,* Das Parteiverbotsverfahren nach Art. 21 Abs. 2 GG, 2009, 202.

461 *Ipsen* in Sachs Rn. 162; *Morlok* in Dreier Rn. 153; *Streinz* in MKS Rn. 228. Vgl. auch *Georg,* Politik durch Recht – Recht durch Politik, 2013, 91.

462 BVerfGE 144, 20 (213). Zust. *Ebert/Karaosmanoglu* DVBl. 2017, 374 (376). Krit. zum Kriterium der „spürbaren Gefährdung" hingegen *Shirvani* DÖV 2017, 475 (480).

463 *Kunig* in HbdStR III, § 40 Rn. 58; *Georg,* Politik durch Recht – Recht durch Politik, 2013, 92; *Morlok/Merten,* Parteienrecht, 2018, 166; *Seifert,* Die politischen Parteien im Recht der Bundesrepublik Deutschland, 1975, 459 f.

464 Näher dazu *Klafki* VerwArch 2018, 96 ff.

465 *Ipsen* in Sachs Rn. 167.

466 BVerfGE 144, 20 (214 ff.).

467 *Henke* in BK Rn. 357; *Gelberg,* Das Parteiverbotsverfahren nach Art. 21 Abs. 2 GG, 2009, 267 ff.

468 BVerfGE 144, 20 (215); *Shirvani* JZ 2014, 1074 (1075). Strenger *Meier,* Parteiverbote und demokratische Republik, 275 ff.

107 Die **Zurechnung** des Verhaltens der Anhänger setzt voraus, dass sich darin eine in der Partei vorhandene Grundtendenz widerspiegelt oder sich die Partei das Verhalten zu eigen macht.[469] Anhänger einer Partei sind nicht nur ihre Mitglieder, sondern alle Personen, die sich für die Partei einsetzen und sich zu ihr bekennen.[470] Um die Äußerung Einzelner der Partei zuschreiben zu können, bedarf eines konkreten Zurechnungszusammenhangs. Äußerungen oder Handlungen von einfachen Mitgliedern oder der Partei nicht angehörigen Personen können nur dann Auskunft über die Ziele der Partei geben, wenn sie im politischen Kontext – wie etwa offiziellen Parteiveranstaltungen – erfolgen und die Partei sie billigt oder duldet.[471]

108 **b) Darauf ausgehen.** In Anbetracht der besonderen Zielsetzung des Art. 21 Abs. 2, die Demokratie zu schützen, reicht die bloße verfassungsfeindliche Gesinnung der Partei nicht aus. Der Wortlaut „darauf ausgehen" verlangt, dass die Partei ihre verfassungsfeindlichen Ziele auch aktiv und planvoll in der Verfassungswirklichkeit verfolgt.[472]

aa) Aktives Bekämpfen. Die Schwelle des „Bekämpfens" muss überschritten sein.[473] Dazu muss die Partei bereits **qualifizierte Vorbereitungshandlungen** unternommen haben. Nicht erforderlich ist, dass das Verhalten der Parteianhänger verboten oder strafrechtlich sanktioniert ist;[474] denn das Verbotsverfahren soll ja gerade der Gefahr begegnen, dass die verfassungsrechtlich verbürgten Freiheiten selbst als Schwert gegen die Demokratie geführt werden.[475]

109 **bb) Potenzialität.** Als weitere Voraussetzung leitet das BVerfG seit dem NPD II-Urteil – in Abkehr vom KPD-Urteil[476] – aus dem Wortlaut „darauf ausgehen" ab, dass es aufgrund konkreter Anhaltspunkte von Gewicht zumindest möglich erscheinen muss, dass die Partei mit ihren verfassungsfeindlichen Bestrebungen Erfolg haben könnte (sog. Potenzialität).[477] Eine konkrete Gefahr ist wegen des präventiven Charakters des Parteiverbotsverfahrens nicht erforderlich,[478] ein bloßes „Risiko"[479] jedoch zu wenig. Die Aktivitäten der Partei müssen die Schutzgüter auf Grundlage **tatsächlicher Anhaltspunkte** zumindest **„potenziell gefährden"**.[480]

---

[469] *Streinz* in MKS Rn. 228. S. dazu aus völkerrechtl. Perspektive auch *Venice Commission,* 15.3.2016, CDL-PL(2016)003, 56.

[470] BVerfGE 2, 1 (22); 47, 130 (139); 144, 20 (215).

[471] BVerfGE 144, 20 (216).

[472] So schon BVerfGE 5, 85 (141 ff.) („aktiv-kämpferische, aggressive Haltung"); *Maurer* AöR 96 (1971), 203 (216 f.); *Morlok* NJW 2001, 2931; *Kunig* in HdbStR III, § 40 Rn. 53. Krit. aber *Koch* DVBl. 2002, 1388 (1389 f.).

[473] BVerfGE 144, 20 (220).

[474] BVerfGE 144, 20 (226).

[475] BVerfGE 144, 20 (222); zust. *Alter* AöR 140 (2015), 571 (577 f.). Strenger aber *Maurer* AöR 96 (1971), 203 (216 f.); *Meier,* Parteiverbote und demokratische Republik, 1993, 271 ff.

[476] BVerfGE 5, 85 (142 f.): „Eine Partei kann nach dem Gesagten auch dann verfassungswidrig im Sinne des Art. 21 Abs. 2 GG sein, wenn nach menschlichem Ermessen keine Aussicht darauf besteht, daß sie ihre verfassungswidrige Absicht in absehbarer Zukunft werde verwirklichen können."

[477] BVerfGE 144, 20 (219 ff., 225). In diese Richtung auch schon *Maurer* AöR 96 (1971), 203 (229 f.) („potentielle Gefährlichkeit"); *Henke* in BK Rn. 356. Krit. zum Erfordernis der Potenzialität *Hillgruber* JA 2017, 398 (400); *Kloepfer* NVwZ 2017, 913; *Kluth* ZParl 2017, 676 (686); *Linke* DÖV 2017, 483 (490).

[478] BVerfGE 144, 20 (223 f.). AA *Kluth* ZParl 2017, 676 (686).

[479] Zum unsicherheitszentrierten Risikobegriff *Klafki,* Risiko und Recht, 2017, 8 ff.

[480] Zum daraus entstehenden „Korridor" *Kingreen* Jura 2017, 499 (506).

Dazu muss die Partei über hinreichende **Wirkungsmöglichkeiten in der Gesellschaft** verfügen,[481] die sich einerseits aus ihrem Einfluss auf Staatsorgane (etwa durch Abgeordnete), andererseits aus außerparlamentarischen Zusammenhängen ergeben können.[482] Ein Parteiverbotsverfahren gegen eine wirkmächtige Oppositionspartei durchzuführen, dürfte realpolitisch kein gangbarer Weg sein.[483] Praktisch bedeutsam sind daher vor allem Anhaltspunkte in außerparlamentarischen Zusammenhängen. Für die Potentialität spricht, wenn die Partei Teile der Bevölkerung einschüchtert und unterdrückt. Üben etwa die Anhänger der Partei in einer ihr zurechenbaren Art **Gewalt** aus, so stellt das ein wichtiges Indiz dar.[484] Gleiches gilt, wenn eine Partei auch nur in regional begrenzten Räumen eine **„Atmosphäre der Angst"** herbeiführt, die geeignet ist, die freie und gleichberechtigte politische Willensbildung nachhaltig zu beeinträchtigen.[485] Ausmaß, Intensität und Dichte der Einschüchterungsmomente muss so groß sein, dass die Mittel des Ordnungs- und Strafrechts nicht mehr ausreichen, um die freiheitliche demokratische Grundordnung bzw. den Bestand der Bundesrepublik zu schützen.[486] **110**

Mit dem neu eingeführten Kriterium der Potentialität nähert sich das Gericht an die **EGMR-Rspr.** (→ Rn. 8) an.[487] Anstatt der vom EGMR in stRspr durchgeführten Verhältnismäßigkeitsprüfung inkorporiert das BVerfG die „wertende Gesamtbetrachtung"[488] in den Tatbestand.[489] Es bleibt mithin bei einer **grundgesetzautonomen Interpretation** des Art. 21 Abs. 2, in den die überstaatlichen Maßgaben lediglich mittelbar einbezogen werden.[490] **111**

3. Verbotsverfahren. Strenge verfassungsrechtliche Maßgaben gelten auch für das Parteiverbots*verfahren.* Es wird in §§ 43 BVerfGG näher ausgestaltet. Festgestellt werden kann danach nur die Verfassungswidrigkeit, nicht jedoch die Verfassungsmäßigkeit einer Partei.[491] Nach § 43 BVerfGG sind der Bundestag, der Bundesrat oder die Bundesregierung **antragsberechtigt;** Landesregierungen können nur Anträge gegen Parteien einreichen, deren Organisation sich auf das entsprechende Landesgebiet beschränkt. Teilweise wird aus dem Wortlaut des Art. 21 Abs. 2, wonach eine Partei, die die Tatbestandsvoraussetzungen erfüllt, verfassungswidrig *ist,* abgeleitet, dass die Antragsstellung dem **Legalitätsprinzip** unterstehe.[492] Allerdings wird **112**

---

[481] BVerfGE 144, 20 (225).

[482] *Gusy* NJW 2017, 601 (602).

[483] *Maurer* AöR 96 (1971), 203 (229 f.).

[484] BVerfGE 144, 20 (223).

[485] BVerfGE 144, 20 (226).

[486] Vgl. BVerfGE 144, 20 (368).

[487] Die EGMR-Rspr. wird vom BVerfG ausführlich rezipiert, BVerfGE 144, 20 (234–243). Das Kriterium des „sufficiently immient risk of democracy" wird auch von der *Venice Commission,* 15.3.2016, CDL-PL(2016)003, 65 ausdrücklich artikuliert. Näher zu den Konsequenzen eines EGMR-Urteils gegen die BRD *Schwander* ZJS 2017, 285 (286 ff.).

[488] BVerfGE 144, 20 (225).

[489] Zust. *Ebert/Karaosmanoglu* DVBl. 2017, 374 (377); *Känner* KritV 2019, 57 (63). Krit. aber *Uhle* NVwZ 2017, 583 (589); *Shirvani* DÖV 2017, 477 (482).

[490] Krit. dazu *Kingreen* Jura 2017, 499 (505 f.).

[491] BVerfGE 133, 100 (106 ff.); E 141, 182 (185). Ausf. dazu *Hettich,* Zulässigkeit verschiedener Handlungsalternativen, 2016, 80 ff.

[492] *Seifert,* Die politischen Parteien im Recht der Bundesrepublik Deutschland, 1975, 490 ff.; *Michaelis,* Politische Parteien unter der Beobachtung des Verfassungsschutzes, 2000, 172; *Gelberg,* Das Parteiverbotsverfahren nach Art. 21 Abs. 2 GG, 2009, 34 f.; *Ipsen* in Sachs Rn. 176 ff.; *Streinz* in MKS Rn. 244.

dadurch nur das BVerfG zur Verbotsfeststellung verpflichtet. Wird die Demokratie angegriffen, bedarf es einer sorgsamen Abwägung, ob die Verfassung besser mit rechtlichen oder politischen Mitteln zu verteidigen ist. Die Antragssteller verfügen daher über ein **„politisches Ermessen“.**[493]

113 Bevor über den Parteiverbotsantrag im Hauptverfahren (§§ 25 f. BVerfG) verhandelt wird, erhält die betroffene Partei im Rahmen eines **Vorverfahrens** (§ 45 BVerfG) Gelegenheit, sich zu äußern.[494] Dadurch wird dem Umstand Rechnung getragen, dass die öffentliche Verhandlung über die Verfassungswidrigkeit einer Partei sie bereits empfindlich in ihren Rechten beeinträchtigt.[495] Für die **Eröffnung des Hauptverfahrens** bedarf es gem. § 15 Abs. 4 S. 1 BVerfGG einer qualifizierten Mehrheit von zwei Dritteln der Senatsmitglieder.[496]

114 Angesichts der Eingriffsintensität eines Parteiverbots werden höchste Anforderungen an die Rechtssicherheit, Transparenz, Berechenbarkeit und Verlässlichkeit des Verfahrens gestellt.[497] Gleichwohl führt nicht jeder verfahrensrechtliche Verstoß zu einem **Verfahrenshindernis.** Ob ein Verfahrensmangel zur Verfahrenseinstellung führt, ist unter Abwägung des Rechtsstaatsprinzips mit dem Schutzbedürfnis des Staates zu treffen.[498]

115 Insbesondere die Grundsätze des fairen Verfahrens und der Staatsfreiheit politischer Parteien sind im Parteiverbotsverfahren strikt zu beachten.[499] Der **Grundsatz des fairen Verfahrens** gebietet, der betroffenen Partei eine sachangemessene Verteidigung zu ermöglichen. Der Verfassungsschutz darf daher weder die Prozessstrategie der Partei, noch den Kontakt zu ihren Prozessbevollmächtigten ausspähen. Werden darauf bezogene Informationen zufällig erlangt, dürfen sie nicht zulasten der Partei verwendet werden.[500] Aus dem **Grundsatz der Staatsfreiheit** folgt zudem, dass während eines laufenden Verbotsverfahrens keine V-Leute und verdeckten Ermittler auf den Führungsebenen der Partei tätig sein dürfen.[501] Dazu gehören etwa Vorstandposten auf Bundes- und Landesebene sowie in Teilorganisationen der Partei. Im Übrigen ist jedoch eine fortdauernde nachrichtendienstliche Überwachung zulässig.[502] Auch dürfen die eingebrachten **Beweismittel** nicht auf die Betätigung von V-Leuten oder verdeckten Ermittlern zurückzuführen sein (sog. **Gebot der Quellenfreiheit**).[503] Die Darlegungslast liegt beim Antragssteller. Zweifel daran, ob das Beweismaterial quellenfrei ist, führen zu einem auf das infizierte Beweismittel beschränkten **Verwertungsverbot.**[504]

---

[493] BVerfGE 5, 85 (129); 40, 287 (291 f.). Für ein politisches Ermessen auch *Maurer* AöR 96 (1971), 203 (225 ff.); *Gusy* in AK Art. 21 Rn. 128; *Henke* in BK Rn. 348, 359; *Grimm* in HdbVerfR, § 14 Rn. 35; *Kunig* in HbdStR III, § 40 Rn. 60; *Thiel* in Thiel Wehrhafte Demokratie, 2003, 173 (189 ff.); *Morlok/Merten,* Parteienrecht, 2018, 164. Ausf. zu dem Streit *Schmidt,* Die Freiheit verfassungswidriger Parteien und Vereinigungen, 1983, 138 ff.

[494] Zur Vorbereitung der mündlichen Verhandlung kann das Gericht eine Voruntersuchung anordnen, in der strafprozessuale Maßnahmen verfügt werden können. Im Überblick dazu *Ipsen* in Sachs Rn. 186 ff.

[495] BVerfGE 144, 20 (166).

[496] Auch dieses Quorum stellt eine verfahrensrechtliche Missbrauchssicherung dar, *Morlok/Merten,* Parteienrecht, 2018, 164.

[497] BVerfGE 107, 339 (369); 144, 20 (159).

[498] BVerfGE 107, 339 (371 f); 144, 20 (167). Zustimmend *Uhle* NVwZ 2017, 583 (585).

[499] BVerfGE 107, 339 (369); 144, 20 (160).

[500] BVerfGE 144, 20 (163 f.).

[501] BVerfGE 107, 339 (367 f., 370); 144, 20 (160 f).

[502] *Uhle* NVwZ 2017, 583 (584).

[503] BVerfGE 107, 339 (370), 144, 20 (162).

[504] BVerfGE 107, 339 (371 f., 378); 144, 20 (162 f.).

4. Verfassungswidrigkeit und Rechtsfolgen. Liegen die Tatbestandsvoraussetzungen des Art. 21 Abs. 2 vor, ist die Partei *ipso iure* verfassungswidrig.[505] Die **konstitutive Feststellung** dieser Tatsache durch das BVerfG wirkt *ex nunc*.[506] Sofern die Voraussetzungen nur im Hinblick auf einen rechtlich oder organisatorisch selbständigen Teil einer Partei dargelegt werden, kann die Feststellung der Verfassungswidrigkeit auch auf diesen Teil beschränkt werden (§ 46 Abs. 2 BVerfGG). In der Folge verliert die Vereinigung ihren Parteistatus, wird **aufgelöst** und die Bildung von **Ersatzorganisationen** wird **verboten** (§ 46 Abs. 1, 3 S. 1 BVerfGG).[507] Ihre Fortführung steht gem. §§ 86 f. StGB unter Strafe. Das Gericht kann außerdem das **Vermögen** der Partei zu gemeinnützigen Zwecken einziehen (§ 46 Abs. 3 S. 2 BVerfGG). Die Vollstreckung der Entscheidung richtet sich nach §§ 32 f. PartG. 116

Aus § 46 Abs. 1 Nr. 5 BWahlG, § 22 Abs. 2 Nr. 5 EuWG, den Landeswahlgesetzen und der Mehrzahl der Kommunalwahlgesetze[508] folgt, dass Abgeordnete einer für verfassungswidrig erklärten Partei oder Teilorganisation ihr parlamentarisches Mandat verlieren.[509] Teilweise wird gegen die Bestimmungen die unabhängige Stellung des Abgeordneten nach Art. 38 Abs. 1 S. 2 und die ausschließliche Bundeskompetenz für das Parteienrecht angeführt.[510] Indes ist die Regelung des Mandatsverlusts als Materie des Parlamentsrechts zu begreifen.[511] Zwar schützt Art. 38 Abs. 1 S. 2 den Abgeordneten vor rechtlichen Übergriffen, negiert aber nicht die politischer Einflussmöglichkeiten seiner Partei (→ Rn. 37). Der Schutzzweck des Art. 21 Abs. 2 rechtfertigt daher, Mitglieder verbotener Parteien aus den Parlamenten auszuschließen.[512] In Anlehnung an die **EGMR**-Rspr. zur **Unzulässigkeit des automatischen Mandatsverlusts**[513] sollte den betroffenen Abgeordneten jedoch ermöglicht werden, die Vermutung ihrer verfassungsfeindlichen Gesinnung zu widerlegen.[514] Weiterhin muss den betroffenen Abgeordneten ein Rechtsbehelf zu dem für das jeweilige Parlamentsrecht zuständigen Verfassungsgericht eröffnet werden.[515] 117

IV. Ausschluss von staatlicher Finanzierung (Abs. 3, 4)

Mit dem NPD-II-Urteil hat das BVerfG die formale Kategorie der **nicht verbotenen, aber verfassungsfeindlichen Partei** geschaffen.[516] Das Ge- 118

---

505 *Ipsen* in Sachs Rn. 169; *Streinz* in MKS Rn. 239.

506 *Kunig* in HbdStR III, § 40 Rn. 59; *Streinz* in MKS Rn. 247.

507 Näher dazu *Stein* in Ipsen PartG, 2008, § 32 Rn. 7 ff.; *Rixen* in Kersten/Rixen PartG, 2009, § 33 Rn. 5 ff. Krit. zum Verbot, Ersatzorganisationen zu schaffen *Ridder* in AK, 1989, Art. 21 Abs. 2 Rn. 21.

508 Nachweise dazu bei *Ipsen* in Sachs, Fn. 378, 380.

509 Urspr. folgerte das BVerfGE 2, 1 (73 ff.) den Mandatsverlust unmittelbar aus Art. 21 Abs. 2 GG, was auf harsche Kritik in der Literatur und der Landesverfassungsgerichtsbarkeit stieß. Zust. aber *Kunig* in HbdStR III, § 40 Rn. 71. Näher zur Kritik *Streinz* in MKS Rn. 249.

510 *Ridder* in AK, 1989, Art. 21 Abs. 2 Rn. 22; *Morlok* in Dreier Rn. 156.

511 Wie hier *Gusy* in AK, 2001, Art. 21 Rn. 129; *Ipsen* in Sachs Rn. 201; *Klein* in Maunz/Dürig Rn. 569.

512 *Henke* in BK Rn. 108; *Ipsen* in Sachs Rn. 199 f.; *Gelberg*, Das Parteiverbotsverfahren nach Art. 21 Abs. 2 GG, 2009, 228 f.

513 EGMR, Nr. 3840/10 u. a., NVwZ-RR 2017, 474 (478).

514 Vgl. *Klein* in Maunz/Dürig Rn. 570a.

515 Vgl. EGMR, Nr. 41683/06, §§ 67 ff.

516 *Gusy* NJW 2017, 601 (692); *Kloepfer* NVwZ 2017, 913 (914); *Uhle* NVwZ 2017, 583 (584). S. zu dieser Kategorie auch schon *Henke* in BK Rn. 366.

richt war sich der Widersprüchlichkeit dieses Status und den aus dem Parteienprivileg erwachsenden Problemlagen bewusst. Daher verwies es in einem *obiter dictum* auf die Freiheit des verfassungsändernden Gesetzgebers, verfassungsfeindliche Parteien, die mangels Potenzialität nicht verboten werden können, von staatlichen Leistungen auszuschließen.[517] Auf dieser Grundlage ist Art. 21 Abs. 3 entstanden, der den Wortlaut des Art. 21 Abs. 2 übernimmt und im Tatbestand lediglich die Voraussetzung „darauf ausgehen" durch „darauf ausgerichtet sind" ersetzt.[518] Nach der Gesetzesbegründung soll bloße **Finalität** für den Finanzierungsausschluss ausreichend sein.[519] In Anbetracht der schwerwiegenden Diskriminierungswirkung spricht jedoch viel dafür, auch im Rahmen des Art. 21 Abs. 3 konkrete Bekämpfungsmaßnahmen (→ Rn. 108) zu fordern und lediglich auf die Potenzialität zu verzichten.[520] Die Entscheidung über den Ausschluss von staatlicher Finanzierung ist gem. Art. 21 Abs. 4 dem **BVerfG** zugewiesen.[521]

119 Als **Rechtsfolge** ordnet Abs. 3 S. 1 den **Ausschluss** von der **staatlichen Teilfinanzierung** an. Laut S. 2 entfallen damit zugleich **steuerliche Begünstigungen.**[522] Nicht betroffen sind sonstige Formen der Politikfinanzierung (→ Rn. 72).[523] In § 46a Abs. 1 BVerfGG wird die Wirkung des Ausschlusses von der staatlichen Finanzierung auf **sechs Jahre** befristet.[524] Anschließend kann – bei fortdauernder Verfassungsfeindlichkeit – eine **Verlängerung** beim BVerfG beantragt werden.[525] Abgesehen davon gilt das **Parteienprivileg** für verfassungsfeindliche Parteien weiter fort.[526] So müssen nicht verbotene verfassungsfeindliche Parteien bei der Gewährung sonstiger staatlicher Leistungen weiterhin nach§ 5 PartG (→ Rn. 46 f.) berücksichtigt werden.[527] Auch bleiben bestehende Mandate erhalten.[528]

120 Rechtspolitisch mag man kritisieren, dass der Parteienfinanzierungsausschluss als **„Parteiverbotsverfahren light"**[529] erheblich in die Parteien-

---

[517] BVerfGE 144, 20 (202). S. auch *Kloepfer* NVwZ 2017, 913 (916).

[518] Gesetz zur Änderung des Grundgesetzes (Artikel 21) vom 13. Juli 2017, BGBl. 2017 I 2346; Gesetz zum Ausschluss verfassungsfeindlicher Parteien von der Parteienfinanzierung v. 18.7.2017, BGBl. 2017 I 2730.

[519] BT-Drs. 18/12357, S. 1, 4: „In diesem Sinne soll eine gegen die freiheitliche demokratische Grundordnung oder den Bestand der Bundesrepublik Deutschland gerichtete Zielsetzung zukünftig alleinige Tatbestandsvoraussetzung für einen Ausschluss politischer Parteien von der staatlichen Parteienfinanzierung sein, ohne dass es auf die Wahrscheinlichkeit eines Erfolgs ankommen würde."

[520] Wie hier *Shirvani* DÖV 2018, 921 (925); *Müller* DVBl. 2018, 1035 (1038).

[521] Krit. dazu *Epping,* Eine Alternative zum Parteiverbot, 2013, 64 ff., der für die Zuständigkeit des Bundestagspräsidenten plädiert. Für die Zuständigkeit des BVerfG aber *Laubinger* ZRP 2015, 55 (57); *Ferreau* DÖV 2017, 494 (499); *Morlok* ZRP 2017, 66 (67).

[522] Vgl. § 18 Abs. 7 PartG, § 10b Abs. 2 S. 1, § 34g S. 1 Nr. 1 EStG. Krit. zur Regelungstechnik *Kloepfer* NVwZ 2017, 913 (918).

[523] *Nikkho* DVBl 2018, 337 (338).

[524] Hierfür *Morlok* ZRP 2017, 66 (67), der hierdurch einen Anreiz begründen will, zur Verfassungsmäßigkeit zurückzukehren. Dafür auch *Kingreen* Jura 2017, 499 (510), der die zeitl. Befristung aus Verhältnismäßigkeitsgesichtspunkten für nötig hält. Krit. aber *Ipsen* JZ 2017, 933 (935 f.).

[525] Krit. dazu *Ipsen* JZ 2017, 933 (935 f.).

[526] Wie hier *Shirvani* DÖV 2018, 921 (925); *Streinz* in MKS Rn. 252d. Dafür spricht auch die Entstehungsgeschichte. SL und RP hatten in einem gemeinsamen Antrag (BR-Drs. 95/1/17) einen umf. Ausschluss staatl. Leistungen gefordert, der jedoch scheiterte. Für weitergehende Sanktionsmöglichkeiten auch *Ebert/Karaosmanoglu* DVBl. 2017, 374 (377 f.).

[527] Vgl. VGH Kassel NVwZ 2017, 886, (888); zustimmend *Meyer* NVwZ 2017, 888 (889).

[528] Krit. dazu *Ipsen* JZ 2017, 933 (935).

[529] *Kingreen* Jura 2017, 499 (509); *Kloepfer* NVwZ 2017, 913 (919).

gleichheit eingreift und sogar existenzbedrohend sein kann.[530] Die Bestimmung trägt jedoch dem in Deutschland historisch besonders ausgeprägten Bedürfnis Rechnung, Widersachern der Demokratie keine staatlichen Finanzmittel angedeihen zu lassen.[531] Die zeitliche Begrenzung des § 46a BVerfGG und der Fortbestand weiter Teile des Parteienprivilegs schaffen eine klare Abstufung hinsichtlich der Eingriffswirkung.[532] Gleichwohl bringt die neue Kategorie der verfassungsfeindlichen Partei, für die das Parteienprivileg jenseits der Finanzierung fortgilt, unübersehbare Paradoxien hervor.[533] Dem BVerfG wird durch das neue Verfahren und die in § 43 Abs. 1 S. 2 BVerfGG vorgesehene Möglichkeit, Verbotsantrag und Antrag auf Finanzierungsausschluss miteinander zu verbinden, letztlich ein **Rechtsfolgeermessen** gewährt, was ihm vom Parlamentarischen Rat nicht zugedacht war.[534]

V. Das Nähere regeln Bundesgesetze (Abs. 5)

Art. 21 Abs. 5 enthält einen **Ausgestaltungsauftrag.**[535] Laut BVerfG umfasst die Gesetzgebungsbefugnis „insbesondere die Befugnis zur Konkretisierung des Parteibegriffs und zur Regelung der Rechtsstellung der Parteien im Rechtsverkehr und im gerichtlichen Verfahren; ferner die innere Ordnung und die Rechnungslegungspflicht, das Verfahren und den Vollzug des Parteiverbots […]; ferner Bestimmungen, mit denen die Rolle der Parteien in ihrer Vermittlungsfunktion zwischen Volk und Staatsorganen ausgestaltet wird.“[536] Der Gesetzgeber muss sich bei der Ausgestaltung des Parteienrechts im Rahmen der verfassungsrechtlichen Vorgaben halten (→ Rn. 20).[537] Um ein einheitliches Parteienrecht zu gewährleisten, wurde der Regelungsauftrag auch auf reine **Landesparteien** erstreckt.[538] Es handelt sich mithin um eine **ausschließliche Bundeskompetenz.** Lediglich für die vom Parteienbegriff nicht erfassten kommunalen Wählervereinigungen dürfen die Landesgesetzgeber eigene Regelungen treffen. Kompetenzielle Abgrenzungsfragen können sich im Bereich des Wahl- und Parlamentsrechts ergeben, die nach dem Schwerpunkt der Regelungsmaterie zu beurteilen sind.[539] 121

---

[530] Krit. *Kingreen* Jura 2017, 499 (508 ff.); *Känner* KritV 2019, 57 (76). Skeptisch auch *Morlok* ZRP 2017, 67 (68 f.) („Gefahr der Selbstverletzung der Demokratie“). AA *Shirvani* DÖV 2018, 921 (923 f.). Gegen die Verfassungsänderung ist derzeit ein Organstreitverfahren (Az.: 2 BvE 1/17) anhängig. Weiterhin ist ein Antrag zum Ausschluss der NPD von der staatl. Finanzierung beim BVerfG (Az.: 2 BvB 1/19) anhängig.

[531] *Epping,* Eine Alternative zum Parteiverbot, 2013, 80 f.; *Ipsen* JZ 2017, 933 (935); *Kluth* ZParl 2017, 676 (690); *Morlok* NJW 2017, 3036 f.; *Schwarz* NVwZ-Beil. 2017, 39 (41).

[532] *Müller* DVBl. 2018, 1035 (1039).

[533] Gegen den Finanzierungsausschluss daher mit guten Argumenten *Linke* DÖV 2017, 483 (492).

[534] *Matz* JöR 1 n. F. (1951), 207 ff.

[535] S. statt vieler *Henke* in BK Rn. 376; *Morlok* in Dreier Rn. 162; *Pieroth* in Jarass/Pieroth Rn. 2.

[536] BVerfGE 121, 20 (47).

[537] Es handelt sich folglich nicht um eine Schrankenbestimmung, *Streinz* in MKS Rn. 253.

[538] Vgl. *Matz* JöR 1 N. F. (1951), 202, 206; *Forsthoff* in Forsthoff/Loewenstein/Matz Die politischen Parteien im Verfassungsrecht, 5 (11); BVerfGE 1, 208 (227); 66, 107 (114).

[539] *Morlok* in Dreier Rn. 165.

C. Kritische Würdigung

122 Trotz ihrer großen Bedeutung für die Demokratie sind Parteien seit jeher **wenig beliebt.**[540] Ihnen wird vorgeworfen, dass sie im Kampf um die Macht das „Gemeinwohl" aus den Augen verlören.[541] Das politische Geschehen wird als sonderinteressengeleitet, selbstreferenziell und irrational beschrieben, was den Wunsch nach überparteilicher Sachlichkeit weckt.[542] Gegen Parteien wird das politische Potenzial der Aktivbürgerschaft in Stellung gebracht, ohne daraus jedoch ein auf den Gesamtstaat bezogenes Alternativmodell zu entwickeln.[543] Der Parteiendemokratie werden zudem beständig schwere **Krisen** attestiert.[544] Nach einer kurzen Welle der Parteieneuphorie in der Gründungsphase der Bundesrepublik, wird mit großer Skepsis auf die Entwicklung der Parteienlandschaft geschaut. Mal stützt sich die Sorge auf sinkende Mitglieder- und Wählerzahlen,[545] Politikverdrossenheit und die mangelnde Integrationskraft der Volksparteien.[546] Mal ist die übermäßige Polarisierung, die Spaltung der Gesellschaft und die Zersplitterung der Parteienlandschaft[547] Anlass des um sich greifenden Kulturpessimismus.

123 In einer auf Harmonie und Beständigkeit bedachten Gesellschaft hat die Parteiendemokratie einen schweren Stand. Nicht die Zustimmung ist ihr Motor; sondern der Widerspruch.[548] Der stetige Wettbewerb um politischen Einfluss bedeutet permanente Evolution. Das Verfassungs- und Parteienrecht gewährleistet hierfür eine **angemessene Wettbewerbsordnung.** Unzufriedenheit mit Regierenden ist daher kein Grund zur Besorgnis, sondern Ausdruck demokratischer Vitalität.[549] Sie bringt neue Akteure auf den Plan und kann bürgerliches Engagement innerhalb und außerhalb der Parteien aktivieren, was wiederum zu Veränderungen des Parteiensystems selbst führt. Dass damit auch **Gefahren** für die Demokratie verbunden sind, ist kaum zu übersehen.[550] Das ist der Preis der in der Demokratie verbürgten Freiheit.[551]

---

[540] *Luhmann* in Unseld Politik ohne Projekt?, 1993, 43 ff.; *Rüttgers,* Dinosaurier der Demokratie, 1993, 11 ff.

[541] S. etwa *v. Towfigh,* Das Parteien-Paradox, 2015, 105 ff.; *Weil,* Anmerkungen zur generellen Abschaffung der politischen Parteien, 2009, 14 ff.; *v. Arnim* DÖV 2007, 221 ff.

[542] S. etwa *v. Arnim* Der Staat als Beute: Wie Politiker in eigener Sache Gesetze machen, 1993, 323 f., 336 f.; *v. Towfigh,* Das Parteien-Paradox, 2015, 105 ff., 184 f.

[543] *Keane,* Democracy and Civil Society, 1988; *Barber,* Strong Democracy. Participatory Politics for a New Age, 2004. S. aus der dt. rechtswissenschaftl. Lit. *v. Arnim,* Der Staat als Beute, 1993, 356 ff.; *v. Arnim* DÖV 2007, 221 (229); *v. Arnim* DVBl. 2016, 1213 (1218); *v. Towfigh,* Das Parteien-Paradox, 2015, 105 ff.; *Hatje* VVDStRL 69 (2010), 135 (160 ff.).

[544] S. etwa *v. Beyme* in Raschke Bürger und Parteien, 1982, 87 ff.; *Feist* in Starzacher Protestwähler und Wahlverweigerer, 1992, 40 ff.; *Hofmannn/Perger,* Richard von Weizsäcker im Gespräch, 1992, S. 147 ff.; *Herzog,* Verfassungsrechtliche Grundlagen des Parteienstaates, 1993, 18 ff.; *v. Beyme,* in Unseld Politik ohne Projekt?, 1993, S. 23 ff.; *Huber* JZ 1994, 689 (692 ff.); *Bull,* Die Krise der politischen Parteien, 2020, 96 f.

[545] *v. Towfigh,* Das Parteien-Paradox, 2015, 2 ff. Vgl. auch *Hatje* VVDStRL 69 (2010), 135 (138).

[546] S. dazu etwa *Katz/Mair* Party Politics 1 (1995), 5 ff.

[547] S. etwa *Korte* APuZ 38/2009, 3; *Jun* APuZ 28/2009, 28 (29 ff.).

[548] *Möllers,* Demokratie – Zumutungen und Versprechen, 2009, Rn. 37. Vgl. auch *Derrida,* Die vertagte Demokratie, in Derrida Das andere Kap, 1993, 81 ff.

[549] Vgl. *Möllers,* Demokratie – Zumutungen und Versprechen, 2009, Rn. 9.

[550] Zu der Bedrohung durch populistische Parteien etwa *Müller,* What is Populism?, 2016; *Mounk,* The People vs. Democracy, 2018; *Norris/Inglehart,* Cultural Backlash, 2019.

[551] Vgl. *Böckenförde* in Böckenförde, Recht, Staat, Freiheit, 1991, 92 (112) (Böckenförde-Diktum).

Literatur

Allgemein

H. H. von Arnim, Parteienstaat oder Parteiendemokratie?, DVBl. 2016, 1213. – ***St. Augsberg,*** Die politischen Parteien als zentrale Akteure des demokratischen Wettbewerbs, Jura 2018, 1110. – ***P. Badura,*** Die parteienstaatliche Demokratie und die Gesetzgebung, 1986. – ***H. P. Bull,*** Die Krise der politischen Parteien. – ***E. Forsthoff,*** Zur verfassungsrechtlichen Stellung und inneren Ordnung der Parteien, in: E. Forsthoff/K. Loewenstein/ W. Matz, Die politischen Parteien im Verfassungsrecht, 1950, S. 5. – ***Ch. Gusy,*** Die Lehre vom Parteienstaat in der Weimarer Republik, Der Staat 57 (1993), 57. – ***P. Haungs,*** Parteiendemokratie in der Bundesrepublik Deutschland, 1980. – ***W. Henke,*** Das Recht der politischen Parteien, 2. Aufl. 1972. – ***R. Herzog,*** Verfassungsrechtliche Grundlagen des Parteienstaates, 1993. – ***K. Hesse*** Die verfassungsrechtliche Stellung der politischen Parteien im modernen Staat, VVDStRL 17 (1959), 11. – ***P. M. Huber,*** Der Parteienstaat als Kern des politischen Systems, JZ 1994, 689. – ***A.-B. Kaiser,*** (Hrsg.), Der Parteienstaat, 2013. – ***R. S. Katz/P. Mair,*** Changing Models of Party Organization and Party Democracy, Party Politics 1 (1995), 5. – ***O. Koellreuther,*** Der deutsche Staat als Bundesstaat und als Parteienstaat, 1927. – ***Ph. Kunig,*** Politische Parteien im Grundgesetz, Jura 1991, 247. – ***G. Leibholz,*** Strukturprobleme der modernen Demokratie, 1958. – ***G. Leibholz,*** Das Wesen der Repräsentation und der Gestaltwandel der Demokratie im 20. Jahrhundert, 3. Aufl. 1966. – ***M. Morlok/H. Merten*** Parteienrecht, 2018. – ***Th. Poguntke,*** Parteiorganisation im Wandel, 2000. – ***J. Prommer,*** Novellierungsbedarf im Parteienrecht, 2014 – ***K. H. Seifert,*** Die politischen Parteien im Recht der Bundesrepublik Deutschland, 1975. – ***F. Shirvani,*** Das Parteienrecht und der Strukturwandel im Parteiensystem, 2010. – ***M. Stolleis,*** Parteienstaatlichkeit – Krisensymptome des demokratischen Verfassungsstaates?, VVDStRL 44 (1986). – ***H. Triepel,*** Die Staatsverfassung und die politischen Parteien, 2. Aufl. 1930. – ***E. v. Towfigh,*** Das Parteien-Paradox, 2015. – ***D. Th. Tsatsos*** (Hrsg.), 30 Jahre Parteiengesetz in Deutschland – Die Parteiinstitution im internationalen Vergleich, 2002. – ***W. Wietschel,*** Der Parteibegriff. Zur verfassungsrechtlichen und verfassungspolitischen Funktion des Parteibegriffs unter besonderer Berücksichtigung der Verbotsproblematik, 1996.

Überstaatliche Bezüge

S. Eiffler, Die „wehrhafte Demokratie" in der Rechtsprechung des Europäischen Gerichtshofs für Menschenrechte, KJ 2003, 218. – ***G. Deinzer,*** Europäische Parteien, 1999. – ***P. M. Huber,*** Die politischen Parteien als Partizipationsinstrument auf Unionsebene, EuR 1999, 579. – ***Th. Koch,*** Parteiverbote, Verhältnismäßigkeitsprinzip und EMRK, DVBl. 2002, 1388. – ***T. Kumpf,*** Verbot politischer Parteien und Europäische Menschenrechtskonvention, DVBl. 2012, 1344. – ***J. Leinen/F. Pescher,*** Von Parteienbündnissen zu „echten Parteien" auf europäischer Ebene?, integration 37 (2014), 228. – ***J. Mittag/J. Steuwer,*** Politische Parteien in der EU, 2010. –***T. Papadopoulou,*** Politische Parteien auf europäischer Ebene, 1999. – ***D. Schleicher,*** What if Europe Held an Election and No One Cared, Harvard International Law Journal 52 (2011), 109. – ***T. Schweitzer,*** Die europäischen Parteien und ihre Finanzierung durch die Europäische Union, 2014. – ***R. Stentzel,*** Integrationsziel Parteiendemokratie, 2002. – ***D. Th. Tsatsos/D. Elzinga/K. Hesse,*** (Hrsg.), Parteienrecht im Europäischen Vergleich, 1990 – ***K. M. Wolter,*** Parteiverbote in der Rechtsprechung des Europäischen Gerichtshofs für Menschenrechte, EuGRZ 2016, 92.

Parteibegriff & Mitwirkungsauftrag

v. Arnim, Ämterpatronage durch politische Parteien, 1980. – ***M. Friehe,*** Straßenrechtliche Wahlkampflenkung?, NVwZ 2016, 887. – ***W. Grewe,*** Zum Begriff der politischen Partei, in FS Kaufmann, 1950, 65. – ***A. Hatje,*** Demokratie als Wettbewerbsordnung, VVDStRL 69 (2010), 135. – ***W. Henke,*** Die Parteien und der Ämterstaat, NVwZ 1985, 616. – ***M. Kotzur,*** Demokratie als Wettbewerbsordnung, VVDStRL 69 (2010), 173. – ***St. Machura,*** Der Einfluss der Parteien auf die dritte Gewalt, in FS Voigt, 2006, 263. – ***H. Merten,*** Nach der Wahl ist vor der Wahl. Funktionen der Parteien bei der Wahlvorbereitung und deren Kontrolle, JöR 67 (2019), 107. – ***M. Pagenkopf,*** Verbindliches Mitgliedervotum einer Partei. Angriff auf das Grundprinzip der demokratischen Repräsentation nach Art. 38 I GG, ZRP 2018, 37. – ***U. Scheuner,*** Die Parteien und die Auswahl der politischen Leitung im demokratischen Staat, DÖV 1958, 641. – ***U. Volkmann,*** Die Jugendorganisationen der Parteien – Struktur, rechtliche Stellung, Finanzierung, in U. von Alemann/M. Morlok/T. Godewerth (Hrsg.), Jugend und Politik, 2006, 111. – ***S.-C. Lenski,*** Regierungs- und Fraktionsarbeit als Parteiarbeit, DÖV 2014, 585. – ***H. Pünder,*** Wahlrecht und Parlamentsrecht als Gelingensbedingungen repräsentativer Demokratie, VVDStRL 72 (2013), 191.

Parteienfreiheit, Parteiengleichheit und verfassungsprozessuale Durchsetzung

H. H. v. Arnim, Der strenge und der formale Gleichheitssatz, DÖV 1984, 85. – ***T. Barczak,*** Die parteipolitische Äußerungsbefugnis von Amtsträgern, NVwZ 2015, 1014. – ***K. Dißmann,*** Rechtsschutz der politischen Parteien, 1992. – ***Ch. Eder,*** Rote Karte gegen Spinner? Bedeutung und Reichweite staatlicher Neutralitätspflichten in der politischen Auseinandersetzung, 2017. – ***R. Frau,*** Nichtanerkennungsbeschwerden bei der Bundestagswahl 2017, DÖV 2018, 152. –***P. Häberle,*** Öffentlichkeitsarbeit der Regierung zwischen Parteien- und Bürgerdemokratie, JZ 1977, 361. – ***A. Kißlinger,*** Das Recht auf politische Chancengleichheit, 1998. – ***P. Klein,*** Rechtsschutz gegen die Nichtankerkennung als Partei bei Bundestagswahlen, DÖV 2013, 584. – ***D. Kuch,*** Politische Neutralität in der Parteiendemokratie, AöR 142 (2017), 491. – ***H.-R. Lipphardt,*** Die Gleichheit der politischen Parteien vor der öffentlichen Gewalt, 1975. – ***A. Mauersberger,*** Die Freiheit der Parteien, 1994. – ***M. Morlok,*** Das BVerfG als Hüter des Parteienwettbewerbs, NVwZ 2005, 157. – ***M. Morlok/v. Alemann/T. Streit,*** (Hrsg.), Medienbeteiligungen politischer Parteien, 2004. – ***J. Oebbecke,*** Amtliche Äußerungen im Bürgermeisterwahlkampf, NVwZ 2007, 30. – ***M. Payandeh,*** Die Neutralitätspflicht staatlicher Amtsträger im öffentlichen Meinungskampf, Der Staat 55 (2016), 519. – ***J. Prommer,*** Zu den Privilegien politischer Parteien, MIP 2014, 16. – ***M. Putzer,*** Verfassungsrechtliche Grenzen der Äußerungsbefugnisse staatlicher Organe und Amtsträger, DÖV 2015, 417. – ***A. Schindler,*** Die Partei als Unternehmer, 2006. – ***W. Weber,*** Sendezeiten für Wahlpropaganda der politischen Parteien im Rundfunk, DÖV 1962, 241. – ***Ch. J. Walther,*** Wahlkampfrecht, 1989.

Innere Ordnung der Parteien

J. Burmeister/H. Greve, Parité-Gesetz und Demokratieprinzip: Verfassungsauftrag oder Identitätsverstoß?, ZG 2019, 154. – ***H. Butzer,*** Diskussionsstand und Verfassungsfragen einer Paritégesetzgebung auf Bundes- und Landesebene, NdsVBl. 2019, 10. – ***I. Ebsen,*** Quotierung politischer Entscheidungsgremien durch Gesetz?, JZ 1989, 553. – ***S. Fontana,*** Parität als verfassungsrechtlicher Diskurs, DVBl 2019, 1153. – ***H. Gersdorf,*** Das Paritätsurteil des Thüringer Verfassungsgerichtshofes springt doppelt zu kurz, DÖV 2020, 779. – ***W. Henke,*** Parteigerichte und Öffentlichkeit, NVwZ 1982, 84. – ***J. Ipsen,*** Gesetzesrecht und Satzungsrecht bei der Kandidatenaufstellung politischer Parteien, DVBl 2004, 532. – ***S. Jürgensen,*** Die Nachprüfbarkeit von Parteiausschlussentscheidungen in Verfahren vor staatlichen Gerichten, MIP 2015, 13. – ***T. Graf Kerssenbrock,*** Der Rechtsschutz des Parteimitgliedes vor Parteischiedsgerichten, 1994. – ***A. Klafki,*** Parität – Der deutsche Diskurs im globalen Kontext, DÖV 2020, i. E. – ***D. Kressel,*** Parteigerichtsbarkeit und Staatsgerichtsbarkeit, 1998. – ***S. Laskowski,*** Zeit für Veränderungen: Ein paritätisches Wahlrecht jetzt!, RuP 2018, 391. – ***A. Ortmann,*** Verfassungsrechtliche Probleme von Parteizugang und Parteiausschluß, 2001. – ***H. Meyer*** ,Verbietet das Grundgesetz eine paritätische Frauenquote bei Listenwahlen zu Parlamenten? NVwZ 2019, 1245. – ***M. Möschel,*** „Gender Quotas" in French and Italian Public Law: A Tale of Two Overlapping and Then Diverging Trajectories, German Law Journal 19 (2018), 1489. – ***M Morlok,*** Mehr innerparteiliche Demokratie wagen?, RuP 2012, 65. – ***M. Morlok/ A. Hobusch,*** Ade parité?, DÖV 2019, 14. – ***St. Ossege,*** Das Parteienrechtsverhältnis. Das Rechtsverhältnis zwischen politischer Partei und Parteimitglied, 2012. – ***J. Risse,*** Der Parteiausschluß, 1985. – ***B. Rodriguez Ruiz/ R. Rubio-Marin,*** The gender of representation: On democracy, equality, and parity, I-CON 6 (2008), 287. –***.S. Roßner,*** Parteiausschluss, Parteiordnungsmaßnahmen und innerparteiliche Demokratie, 2014. – ***W. Schreiber,*** Wer wagt, gewinnt! …oder nicht?, djbZ 2019, 121. – ***U. Stoklossa,*** Der Zugang zu politischen Parteien im Spannungsfeld zwischen Vereinsautonomie und Parteienstaat, 1989. – ***H. Trautmann,*** Innerparteiliche Demokratie im Parteienstaat, 1975. – ***A. von Ungern-Sternberg,*** Parité-Gesetzgebung auf dem Prüfstand des Verfassungsrechts, JZ 2019, 525 – ***B. Völzmann,*** Je freier desto besser? Parteienfreiheit und Parität, djbZ 2019, 130. – ***F. Wapler,*** Politische Gleichheit: demokratietheoretische Überlegungen, JöR 2019, 427. – ***M. Wersig,*** Mehr Frauen in die Parlamente, RuP 2019, 60. – ***G. Westerwelle,*** Das Parteienrecht und die politischen Jugendorganisationen, 1994.

Parteienfinanzierung und öffentliche Rechenschaftspflicht

H. H. v. Arnim, Verfassungsfragen der Parteienfinanzierung, ZRP 1982, 294. – ***H. H. v. Arnim,*** Die neue Parteienfinanzierung, 1989. – ***H. H. v. Arnim,*** Die Partei, der Abgeordnete und das Geld, 1996. – ***H. H. v. Arnim,*** Der Staat als Beute, 1993. – ***H. H. v. Arnim,*** Staat ohne Diener, 1993. – ***F. Boyken,*** Die neue Parteienfinanzierung, 1998. – ***Bundespräsidialamt,*** (Hrsg.), Bericht der Kommission unabhängiger Sachverständiger zu Fragen der Parteienfinanzierung, 2001. – ***S. Helmes,*** Spenden an politische Parteien und an Abgeordnete des Deutschen Bundestages, 2014. – ***M. Koß,*** Die beste aller schlechten Lösungen. Plädoyer für eine Ausweitung der staatlichen Parteienfinanzierung, Der Staat 57 (2018), 387. –***Ch. Landfried,*** Parteienfinanzen und politische Macht, 2. Aufl. 1994. – ***H. Merten,*** Parteinahe Stiftungen im Parteienrecht, 1999. – ***M. Morlok/S. Lehmann,*** Der Anspruch auf Bekanntgabe von Rechenschaftsberichten politischer Parteien, NVwZ 2015, 470. – ***R. Nikkho,*** Staatliche Parteienfinanzierung als verfassungsrechtliches Institut, DVBl. 2018, 337. – ***H.-E. Roesch,*** Die Öffentliche Rechenschaftspflicht der politischen Parteien, DVBl. 1958, 599; ***J. Rübenkönig,*** Die Rechenschaftspflicht der politischen Parteien nach Art. 21 Absatz 1 Satz 4 Grundgesetz, 2003. – ***T. Schneider,*** Vermögen und erwerbswirtschaftliche Betätigung politischer Parteien, 2008. – ***R. Schwartmann,*** Verfassungsfragen der Allgemeinfinanzierung politischer Parteien, 1995. – ***H. Sendler,*** Verfassungsgemäße Parteienfinanzierung?, NJW 1994, 365. – ***F. Shirvani,*** Das „scharfe Schwert" des parteienrechtlichen Transparenzgebots, NVwZ 2017, 1321. –***G. Stricker,*** Der Parteienfinanzierungsstaat, 1998. – ***D. Tsatsos,*** (Hrsg.), Politikfinanzierung in Deutschland und in Europa, 1997. – ***U. Volkmann,*** Politische Parteien und öffentliche Leistungen, 1993. – ***U. Volkmann,*** Parteispenden als Verfassungsproblem, JZ 2000, 539.

Parteiverbot & Ausschluss von der Parteienfinanzierung,

V. Epping, Eine Alternative zum Parteiverbot. Der Ausschluss von der staatlichen Parteienfinanzierung, 2013. – ***B. Ebert/C. Karaosmanoglu,*** Kein Verbot der NPD, DVBl. 2017, 374. – ***F. Ferreau,*** Die Sanktionierung von Parteien und das Recht auf Chancengleichheit im politischen Wettbewerb, DÖV 2017, 494. – ***Th. A. Gelberg,*** Das Parteiverbotsverfahren nach Art. 21 Abs. 2 GG am Beispiel des NPD-Verbotsverfahrens, 2009. – ***Ch. Gusy,*** Die „freiheitliche demokratische Grundordnung" in der Rechtsprechung des Bundesverfassungsgerichts, AöR 105 (1980), 279. – ***J. Hettich,*** Die Zulässigkeit verschiedener Handlungsalternativen des Staates im Vorgehen gegen extremistische Parteien unter Berücksichtigung des Parteienprivilegs, 2015. – ***Ch. Hillgruber,*** NPD – verfassungsfeindlich, aber nicht verfassungswidrig, JA 2017, 398 – ***J. Ipsen,*** Das Ausschlussverfahren nach Art. 21 Abs. 3 GG, JZ 2017, 933. – ***L. Känner,*** Das BVerfG zwischen Verfassungsinterpretation, europäischer Integration und politischer Positionierung, KritV 2019, 57. – ***Th. Kingreen,*** Auf halbem Weg von Weimar nach Straßburg, Jura 2017, 499. – ***M. Kloepfer,*** Parteienfinanzierung und NPD-Urteil. Zum Ausschluss der staatlichen Teilfinanzierung für verfassungsfeindliche Parteien, NVwZ 2017, 913. – ***W. Kluth,*** Die erzwungene Verfassungsänderung: Das NPD-Urteil des Bundesverfassungsgerichts vom 17. Januar 2017 und die Reaktion des verfassungsändernden Gesetzgebers, ZParl 2017, 676. – ***B. Kortz/S. Lubig,*** Parteienprivileg und öffentlicher Dienst, ZBR 2006, 397. – ***H.-W. Laubinger,*** Verfassungswidrigkeit politischer Parteien: Entscheidung durch den Bundestagspräsidenten?, ZRP 2017, 55. – ***T. Linke,*** Verbotsunwürdige Verfassungsfeinde, streitbare, aber wertarme Demokratie und problematische Sanktionsalternativen, DÖV 2017, 483. – ***H. Maurer,*** Das Verbot politischer Parteien, AöR 96 (1971), 203. – ***H. Meier,*** Parteiverbote und demokratische Republik, 1993. – ***M. Morlok,*** Parteiverbot als Verfassungsschutz – Ein unauflösbarer Widerspruch?, NJW 2001, 2931. – ***M. Morlok,*** Kein Geld für verfassungsfeindliche Parteien, ZRP 2017, 66. – ***M. W. Müller,*** Der Ausschluss von der staatlichen Finanzierung, DVBl. 2018, 1035. – ***D. Murswiek,*** Verfassungsschutz und Demokratie, 2020. – ***H.-J. Papier/W. Durner,*** Streitbare Demokratie, AöR 128 (2003), 340. – ***Th. Schmidt,*** Die Freiheit verfassungswidriger Parteien und Vereinigungen, 1983. – ***T. Schwander,*** Parteienverbote zwischen Karlsruhe und Straßburg, ZJS 2017, 285. – ***F. Shirvani,*** Parteienfreiheit, Parteienöffentlichkeit und die Instrumente des Verfassungsschutzes, AöR 134 (2009), 572. – ***F. Shirvani,*** Parteiverbot und Verhältnismäßigkeitsgrundsatz, JZ 2014, 1074. – ***F. Shirvani,*** Die Crux des Parteiverbots, DÖV 2017, 477. – ***F. Shirvani,*** Parteienfinanzierungsausschluss als verfassungsrechtliche Ausprägung streitbarer Demokratie, DÖV 2018, 921. – ***M. Sichert,*** Das Parteiverbot in der wehrhaften Demokratie, DÖV 2001, 671. – ***Th. Siegel/S. Hartwig,*** Die zweite Stufe des Parteiverbotsverfahrens. Zur Reichweite des so genannten Anknüpfungsverbots in den Materien des Besonderen Verwaltungsrechts, NVwZ 2017, 590. – ***F. Stollberg,*** Die verfassungsrechtlichen Grundlagen des Parteiverbots, 1976. – ***A. Uhle,*** Das Parteiverbot gem. Art. 21 II GG, NVwZ 2017, 583. – ***U. Volkmann,*** Dilemmata des Parteiverbots, DÖV 2007, 577. – ***D. Volp,*** Parteiverbot und wehrhafte Demokratie, NJW 2016, 459.

Art. 22 [Bundeshauptstadt; Bundesflagge]

(1) [1]Die Hauptstadt der Bundesrepublik Deutschland ist Berlin. [2]Die Repräsentation des Gesamtstaates in der Hauptstadt ist Aufgabe des Bundes. [3]Das Nähere wird durch Bundesgesetz geregelt.

(2) Die Bundesflagge ist schwarz-rot-gold.

Reichsverfassung von 1871

Art. 55. Die Flagge der Kriegs- und Handelsmarine ist schwarz-weiß-roth.

Weimarer Reichsverfassung von 1919

Art. 3. Die Reichsfarben sind schwarz-rot-gold. Die Handelsflagge ist schwarz-weiß-rot mit den Reichsfarben in der oberen inneren Ecke.

Übersicht

A. Allgemeine Bedeutung

I. Genese

Verfassungsrechtliche Festlegungen einer Hauptstadt hat es in Deutschland 1
auf Bundesebene bis zur Einfügung des Art. 22 Abs. 1 durch die sog. Föderalismusreform I des Jahres 2006[1] nicht gegeben,[2] wohl aber vereinzelte Vorschriften betreffend ihre Funktionen: So bestimmte Art. 24 Abs. 1 WRV, dass der Reichstag am **Sitz der Reichsregierung** zusammentritt, und Art. 71 WRV erwähnte die Ausgabe des Reichsgesetzblatts „in der Reichshauptstadt". Dass letztere in Berlin sein sollte, stand auch ohne gesetzliche Regelung außer Zweifel,[3] auch wenn eine Verlegung verfassungsrechtlich nicht ausgeschlossen war. Als maßgeblich für die Begründung der Haupt-

[1] G zur Änderung des GG v. 28.8.2006, BGBl. I 2034.

[2] *Klein* in Isensee/Kirchhof HStR, Bd. VI, § 131 Rn. 6 ff.; nach Art. 2 Abs. 2 der Verf. der DDR von 1949 (GBl. 5) und Art. 1 Abs. 2 der Verf. der DDR von 1968 (GBl. I 199) war Berlin – dem Gedanken des Viermächte-Status widersprechend – die „Hauptstadt der [1968: Deutschen Demokratischen] Republik"; *Seiferth,* Die Rechtsstellung der Bundeshauptstadt Berlin, 2008, 61 f.

[3] *Poetzsch-Heffter,* Handkommentar der Reichsverfassung, 3. Aufl. 1928, Art. 71 Anm. 6; sa *Jellinek* in Pauly/Anschütz/Thoma Deutsches Staatsrecht II § 72, S. 180; *Anschütz,* Die Verfassung des Deutschen Reichs, 14. Aufl. 1933, Art. 71 Anm. 1.

stadteigenschaft wurde der dauernde Sitz der Reichsregierung angesehen; vorübergehende Verlegungen sollten dabei auf den Hauptstadtstatus Berlins keinen Einfluss haben.[4]

2 Nachdem im geteilten Deutschland der zunächst als provisorisch bezeichnete Regierungssitz Bonn spätestens in den 1970er Jahren durch verschiedene Vereinbarungen und Erklärungen auch formal als Hauptstadt der Bundesrepublik anerkannt worden war,[5] bestimmte der **Einigungsvertrag** im Zuge der Wiedervereinigung schlicht: „Hauptstadt Deutschlands ist Berlin" (Art. 2 Abs. 1 S. 1 EVertr.); im nächsten Satz folgte die gewichtige Einschränkung: „Die Frage des Sitzes von Parlament und Regierung wird nach der Herstellung der Einheit Deutschlands entschieden." Im Laufe der 1990er Jahre haben **alle Verfassungsorgane** mit Ausnahme des in deutscher Tradition als oberstes Gericht nicht am Sitz der Regierung befindlichen Bundesverfassungsgerichts[6] ihren **Sitz in der Hauptstadt Berlin** genommen, wenngleich einige Funktionen weiterhin in Bonn angesiedelt sind.[7] Dieser Zustand, durch den die Hauptstadtfunktion Berlins in institutioneller Hinsicht realisiert war,[8] konnte durch Art. 22 Abs. 1 S. 1 schließlich auch verfassungsrechtlich festgeschrieben werden.[9]

3 Die Frage der **Flagge des Deutschen Reiches** war vor allem in der Weimarer Republik heftig umstritten.[10] Art. 3 WRV, der zwar „schwarz-rot-gold"[11] als die Reichsfarben bestimmte,[12] dabei aber auch die schwarz-weiß-rote Gestaltung der Handelsflagge regelte, ist Ausdruck einer versuchten und letztlich gescheiterten Kompromisslösung des damaligen Flaggenstreits zwischen den maßgeblichen politischen Kräften einerseits liberal-demokratischer und andererseits restaurativ-monarchischer Überzeugung.[13] Auch vor diesem Hintergrund wurde im Parlamentarischen Rat Wert darauf gelegt, im GG eine eindeutige Regelung über die Bundesflagge zu treffen, wie im ursprünglich einzigen Satz von Art. 22, dem heutigen Abs. 2, geschehen.[14]

II. Inhaltsübersicht

4 Art. 22 trifft im ersten Absatz Regelungen über Berlin als Bundeshauptstadt sowie die Repräsentation des Gesamtstaates durch den Bund und ordnet im zweiten Absatz an, dass die Bundesflagge schwarz-rot-gold zu sein habe. Die Norm enthält damit an hervorgehobener Stelle die wesentlichen und einzigen

[4] *Anschütz,* Die Verfassung des Deutschen Reichs, 14. Aufl. 1933, Art. 71 Anm. 1; *Giese,* Verfassung des Deutschen Reiches, 7. Aufl. 1926, Art. 71 Anm. 2; zudem *Poetzsch-Heffter,* Handkommentar der Reichsverfassung, 3. Aufl. 1928, Art. 71 Anm. 6 einerseits und Art. 24 Anm. 3 andererseits.

[5] *Klein* in Isensee/Kirchhof HStR, Bd. II, § 19 Rn. 16; zu früheren feierlichen Erklärungen, die den Hauptstadtstatus Berlins bekräftigen sollten, s. *Wieland* in Dreier Rn. 5.

[6] *Meinel* AöR 138 (2013), 584 (593).

[7] S. iE *Klein* in Isensee/Kirchhof HStR, Bd. VI, § 131 Rn. 19 ff.; *Busse* DÖV 2006, 631.

[8] *Kunig* LKV 1999, 337 (338).

[9] Nach *Wiegand* Der Staat 45 (2006), 599 (602) ist durch Art. 22 Abs. 1 „die Referenz des Begriffs ‚Hauptstadt' auf Regierungsfunktionen und den Sitz von Verfassungsorganen wiederhergestellt".

[10] *Gusy,* Die Weimarer Reichsverfassung, 1997, 87 ff.

[11] Zur Herkunft der Farbkombination → Rn. 18.

[12] Zum symbolischen Gehalt dieser Bestimmung *Smend,* Verfassung und Verfassungsrecht, 1928, 158 ff. (Staatsrechtliche Abhandlungen, 3. Aufl. 1994, 260 ff.).

[13] *Wieland* in Dreier Rn. 14; *Klein* in BK Rn. 116 ff.

[14] S. JöR nF 1 (1951), 211; → Rn. 18; zu Regelungen in den deutschen Länderverfassungen s. *Häberle,* Nationalflaggen, 2008, 20 ff.

Aussagen des GG zur **Staatssymbolik.** Staatssymbole dienen zum einen der Sichtbarmachung des Staates,[15] können und sollen daneben aber auch eine integrierende Wirkung entfalten[16] und die **Identifikation** der Bürger mit dem sich der Symbole bedienenden Staat ermöglichen.[17] Gelingt die Symbolik, versinnbildlicht insbes. die Flagge eines Staates nicht nur diesen, sondern auch grundlegende Werte und Eigenheiten, für die er – nach innen wie nach außen – steht.[18] Die **Integrationswirkung** der Symbole hängt ebenso wie das Gelingen der Selbstdarstellung nach außen davon ab, welche Wirkung von dem Staat selbst ausgeht, von seiner Verfassungsordnung und seinem politischen Auftreten.[19] Art. 22 trägt mithin auf verfassungsrechtlicher Ebene zur **Selbstdarstellung der Bundesrepublik** bei, indem er (ausschnittsweise) festschreibt, welche Symbole diese zur Versinnbildlichung ihrer selbst wählt. Dies gilt vornehmlich für die Bundesflagge. Aber auch die (nachträglich in die Verfassung eingefügte) Hauptstadt, zumal das ungeteilte Berlin, hat einen gewissen symbolischen Charakter[20] und leistet einen Beitrag zur staatlichen Selbstdarstellung.[21]

Dass die Bundesflagge als solche neben ihrer Funktion als Symbol zugleich ein Rechtsgut von Verfassungsrang sei, dessen Schutz **Grundrechtseinschränkungen** zu rechtfertigen vermöge,[22] lässt sich weder aus Art. 22 Abs. 2[23] noch im Übrigen aus dem GG ableiten. Wenn das Bundesverfassungsgericht mit Blick auf die Bundesflagge ausführt, dass „staatliche Symbole nur insoweit verfassungsrechtlichen Schutz genießen, als sie versinnbildlichen, was die Bundesrepublik Deutschland grundlegend prägt“,[24] ist dem insbes. dahingehend zuzustimmen, dass **andere Rechtsgüter von Verfassungsrang,** die durch eine verunglimpfende Verwendung der Bundesflagge beeinträchtigt werden, theoretisch als verfassungsrechtlicher Abwägungsbelang mit der Kunst- bzw. Meinungsfreiheit in Widerstreit treten können.[25] Für die Bundesflagge selbst gilt dies nicht. Auch nach der Normierung der Hauptstadtfunktion Berlins und der Aufgabe gesamtstaatlicher Repräsentation enthält Art. 22 keine Rechtsgüter von Verfassungsrang, die sich zur Rechtfertigung von Grundrechtseinschränkungen heranziehen ließen.[26] 5

III. Überstaatliche Bezüge

Die regelmäßige verfassungstextliche Festschreibung der Nationalflagge und oftmals auch der Hauptstadt in **anderen Staaten** wird in ihrer konkreten 6

[15] *Gusy* JZ 1990, 640.

[16] Grdl. *Smend,* Verfassung und Verfassungsrecht, 1928, 47 ff. (Staatsrechtliche Abhandlungen, 3. Aufl. 1994, 162 ff.).

[17] *Wiegand* Der Staat 45 (2006), 599 (613 f.).

[18] Vgl. *Heusch* in Kluth, Föderalismusreformgesetz, 2007, Rn. 1.

[19] Vgl. *Herzog* in Maunz/Dürig, 33. EL 1997, Rn. 2.

[20] Zurückhaltend auch *Heusch* in Kluth, Föderalismusreformgesetz, 2007, Rn. 2; den symbolischen Charakter der Hauptstadt eher gänzlich verneinend *Zippelius/Würtenberger,* Deutsches Staatsrecht, 33. Aufl. 2018, § 8 Rn. 15.

[21] *Klein* in Isensee/Kirchhof HStR, Bd. VI, § 131 Rn. 3; *Wieland* in Dreier Rn. 33.

[22] *Höfling/Burkiczak* in BerlKomm GG Rn. 61, 68, 79.

[23] So (zu Art. 22 GG aF) auch BVerfGE 81, 278 (293).

[24] BVerfGE 81, 278 (294), diese durch die Bundesflagge vermittelte grundlegende Prägung in der freiheitlichen demokratischen Grundordnung sehend (293); → Rn. 19.

[25] Vgl. *Mahrenholz* in Benda/Maihofer/Vogel (Hrsg.), VerfassungsR-HdB § 26 Rn. 110.

[26] Zum Verhältnis des Schutzes der Bundesflagge und der Aufgabe gesamtstaatlicher Repräsentation zu einzelnen Grundrechten → Rn. 25 f.

Gestaltung unterschiedlich gehandhabt;[27] insbes. lässt sich kein einheitliches Vorgehen mit Blick auf die Bestimmung des Sitzes von Verfassungsorganen feststellen, wenn diese auch üblicherweise in der Hauptstadt angesiedelt sind.[28] Jenseits dessen fällt bspw. auf, dass die französische Verfassung, die Flagge, Hymne und Leitspruch festlegt (Art. 2), auf die Normierung der gleichermaßen selbstverständlichen Hauptstadt Paris verzichtet. Bemerkenswert ist im hiesigen Zusammenhang weitreichenderen Flaggenschutzes[29] darüber hinaus die – auch gesellschaftliche – Kontroverse über die Strafbarkeit der **„flag desecration"** in den Vereinigten Staaten von Amerika. Nach zwei Entscheidungen des Supreme Court ist selbst die Verbrennung der US-amerikanischen Flagge als Zeichen politischen Protests von der Meinungsfreiheit geschützt, darauf bezogene Strafverfolgung verstößt mithin gegen das *First Amendment.*[30]

7 Die bekannte **europäische Flagge**[31] mit zwölf gelben Sternen auf blauem Hintergrund, ursprünglich ein Symbol des Europarats, verdeutlicht die Vereinigung europäischer Staaten in der Europäischen Union und findet mit diesem Gehalt auch breite Verwendung in den einzelnen Mitgliedstaaten, wenn auch eher durch politische Institutionen als in der Bevölkerung. Eine ausdrückliche Regelung über die Symbole der Union (Flagge, Hymne, Leitspruch, Währung, Europatag)[32] sollte Art. I-8 des Vertrags über eine Verfassung für Europa enthalten. Im Zuge der um die Vermeidung aller Anklänge einer (staatlichen) Verfassung bemühten Reformen, die schließlich zum Vertrag von Lissabon führten, wurde dieser Artikel indes gestrichen.[33] Die Flagge der Europäischen Union bleibt – wie die anderen Symbole – gleichwohl als „gelebtes Verfassungsrecht"[34] erhalten. Eine Hauptstadt hat die Europäische Union als supranationale Gemeinschaft dagegen nicht.[35] Vertraglich geregelt ist lediglich, dass der Sitz der Unionsorgane im Einvernehmen zwischen den Regierungen der Mitgliedstaaten bestimmt wird (Art. 341 AEUV).[36] Allein das Europäische Parlament hat bspw. Dienstorte in Straßburg, Brüssel und Luxemburg.

8 **Völkerrechtliche Bedeutung** kommt der Bestimmung einer Hauptstadt – sofern damit nicht Probleme des Grenzübertritts verbunden sind –[37] allenfalls hinsichtlich der Auswirkungen auf den Sitz der diplomatischen Missionen anderer Staaten zu, die sich jedoch im Fall der räumlichen Trennung regelmäßig am Regierungssitz niederlassen.[38] Auch die verfassungsrechtliche

---

[27] S. ausf. zu Flaggen *Häberle,* Nationalflaggen, 2008, 36 ff.; zu Hauptstädten *Häberle* DÖV 1990, 989; *Meinel* AöR 138 (2013), 584 (598 ff.).

[28] *Pagenkopf,* Die Hauptstadt in der deutschen Rechtsgeschichte, 2003, 155; Bsp. für Sitze außerhalb der Hauptstadt bei *Höfling/Burkiczak* in BerlKomm GG Rn. 39.

[29] → Rn. 23, 25; sowie, Flaggenschutz in Deutschland und den USA vergleichend, *Quint,* 15 Hastings Int'l & Comp. L. Rev. 613 (1992).

[30] *Texas v. Johnson,* 491 U. S. 397 (1989); *United States v. Eichman,* 496 U. S. 310 (1990); seitdem sind bereits einige legislative Versuche gescheitert, die Verfassung um eine Ermächtigung für eine Flaggenverbrennungen verbietende Strafnorm zu ergänzen.

[31] Zu dieser ausf. *Bieber* GS Geck, 1989, 59.

[32] Krit. zur Anlehnung der Ikonographie der EU an diejenige der „alten Nationalstaaten" *Haltern* in v. Bogdandy/Bast, Europäisches Verfassungsrecht, 2. Aufl. 2009, 317 f.

[33] S. *Calliess,* Die neue EU nach dem Vertrag von Lissabon, 2010, 41.

[34] *Häberle,* Nationalflaggen, 2008, 208.

[35] *Meinel* AöR 138 (2013), 584 (606 ff.).

[36] Geschehen durch das Prot. (Nr. 6) über die Festlegung der Sitze der Organe und bestimmter Einrichtungen, sonstiger Stellen und Dienststellen der EU, ABl. 2012 C 326, 1.

[37] S. zum Status Jerusalems *Seidel* AVR 44 (2006), 121 (124, 127 f.).

[38] S. *Kau* in Graf Vitzthum/Proelß, Völkerrecht, 7. Aufl. 2016, Abschn. 3, Rn. 54; so bspw. in den Niederlanden am Regierungssitz Den Haag, nicht am Sitz des Staatsoberhaupts, der Hauptstadt Amsterdam.

Festlegung der Bundesflagge wirkt zunächst rein innerstaatlich,[39] erlangt aber international mittelbar praktische Bedeutung, vor allem durch die Verwendung der Flagge im Bereich der Seeschifffahrt. Hier gilt der die staatliche Souveränität widerspiegelnde Grundsatz der Flaggenhoheit,[40] der Anknüpfungspunkt zahlreicher völkerrechtlicher Pflichten ist, vgl. etwa Art. 90 ff., 211 SRÜ.[41] Gegenüber der internationalen Gemeinschaft wird die Nationalflagge regelmäßig durch Notifikation bekannt gemacht und genießt danach bzw. nach tatsächlicher regelmäßiger Inanspruchnahme völkerrechtlichen Ehren- und Markenschutz.[42]

B. Einzelfragen

I. Bundeshauptstadt Berlin (Abs. 1)

1. Die Hauptstadt der Bundesrepublik Deutschland ist Berlin (S. 1). 9
Als **Hauptstadt** wird gemeinhin eine Stadt verstanden, die den Mittelpunkt insbes. des politischen – außerdem möglicherweise des kulturellen, gesellschaftlichen, geistigen und wirtschaftlichen – Lebens eines Staates bildet.[43] Besondere Bedeutung für das Verfassungsleben hat dabei, dass sich in ihr **wichtige staatliche Institutionen** versammeln.[44] Auch in der deutschen vorgrundgesetzlichen Verfassungstradition wurde die Hauptstadteigenschaft an den (ständigen) Sitz des Staatsoberhaupts bzw. später der Reichsregierung geknüpft.[45]

Der Begriff der Bundeshauptstadt im GG ist gleichwohl **auslegungs-** 10
bedürftig, zumal angesichts der differenzierten Regelung im Einigungsvertrag und der jahrzehntelangen Trennung von Hauptstadt und Regierungssitz.[46] Von verfassungsrechtlicher Bedeutung ist dabei vor allem die Frage des Sitzes der Verfassungsorgane. Bereits Art. 2 Abs. 1 S. 2 EVertr., der von künftigem Entscheidungsbedarf hinsichtlich der „Frage des Sitzes von Parlament und Regierung" ausgeht, kann – auch ausweislich der amtlichen Überschrift, die dort für Abs. 1 allein „Hauptstadt" lautet – als regelungsbedürftige Einschränkung eines üblicherweise den Sitz von Parlament und Regierung umfassenden Hauptstadtbegriffs verstanden werden.[47] Allein die unterbliebene Hervorhebung des **Sitzes der Verfassungsorgane** in Art. 22 Abs. 1 vermag den verfassungsrechtlichen Hauptstadtbegriff überdies nicht einzuschränken, zumal bei dessen Einfügung im Jahr 2006 aufgrund der institutionellen Festigung der Hauptstadt Berlin für eine Bekräftigung dieser Hauptstadtfunktion kein Anlass bestand. Zwar hatte das Land Berlin in den Beratungen der Föderalismuskommission einen Vorschlag mit ausdrücklicher

---

[39] *Hoog* in v. Münch/Kunig, 5. Aufl. 2001, Rn. 3.

[40] Dazu *Proelß* in Graf Vitzthum/Proelß, Völkerrecht, 7. Aufl. 2016, Abschn. 5, Rn. 64; *Wolfrum* BDGVR 31 (1990), 121.

[41] Seerechtsübereinkommen der VN v. 10.12.1982, BGBl. 1994 II 1799.

[42] *Klein* in BK Rn. 18 f.

[43] *Classen* in MKS Rn. 4 mwN.

[44] Vgl. *Kunig* LKV 1999, 337 (338); *Heintzen* ZfP 37 (1990), 134 (138 f., 144); *Busse* DÖV 2006, 631 (639).

[45] S. *Pagenkopf,* Die Hauptstadt in der deutschen Rechtsgeschichte, 2003, 157 f.; *Klein* in BK Rn. 52 ff.; zur Weimarer Republik → Rn. 1.

[46] → Rn. 2.

[47] Die rein formelle Qualifizierung Berlins als Hauptstadt im EVertr. kritisieren insbes. *Häberle* DÖV 1990, 989 (999); *Stern* StaatsR V § 135 Kap. III 7 i.

Regelung über den „Sitz des Bundespräsidenten, des Bundestages, der Bundesregierung und des Bundesrates" eingebracht, in den Materialien ist jedoch nicht zu erkennen, dass dieser aus anderen als sprachlichen Gründen gescheitert ist.[48] Auch im Übrigen ist nichts dafür ersichtlich, dass sich der verfassungsändernde Gesetzgeber im Zuge der Neuregelung an einem bloß formellen Hauptstadtbegriff[49] orientieren und dadurch gar den Verfassungsorganen eine Veränderung ihres Sitzes erleichtern wollte. Nicht allein vor dem Hintergrund des höchst aufwändigen Umzugs nach Berlin wäre dies auch ein zweifelhaftes Signal gewesen. Schließlich lässt sich mit Blick auf die diesbezügliche institutionelle Entwicklung der letzten Jahrzehnte – und nun auch anhand des Art. 22 Abs. 1 – feststellen, dass „Deutschland nach wechselvoller Geschichte zur politischen und verfassungsrechtlichen Normalität zurückgekehrt"[50] ist. Soweit über die Anerkennung des Sitzes des Bundesverfassungsgerichts in Karlsruhe hinaus angenommen wird, nur einzelne Verfassungsorgane müssten ihren Sitz in der Hauptstadt haben,[51] lassen sich dem GG für eine solche Differenzierung erst recht keine Anhaltspunkte entnehmen.

11 Für das Land Berlin bringt die Hauptstadtfunktion – dies unabhängig von ihrer verfassungsrechtlichen Verankerung – neben der erheblichen Aufwertung der politischen, aber auch gesellschaftlichen und kulturellen Bedeutung große **finanzielle Belastungen** mit sich, die es nicht alleine zu tragen imstande ist, zumal die Stadt in wirtschaftlicher Hinsicht nicht unbedingt eine Metropole ist.[52] Primär fiskalische Motive[53] waren es denn auch, die zur Diskussion über die Einfügung einer Hauptstadtklausel in das GG bewogen haben und denen insbes. die weiteren Regelungen des Art. 22 Abs. 1 geschuldet sind.

12 **2. Die Repräsentation des Gesamtstaates in der Hauptstadt ist Aufgabe des Bundes (S. 2).** Art. 22 Abs. 1 S. 2 erklärt die Repräsentation des Gesamtstaates in der Hauptstadt zur Aufgabe des Bundes und löst damit die Zuweisung der **Ausgabenverantwortung** gem. Art. 104a Abs. 1 zum Bund aus.[54] Die Kompetenz[55] zur Repräsentation des Bundes – der Begriff des Gesamtstaates meint nichts anderes – ergibt sich unabhängig von der expliziten Normierung in anerkannter Abweichung vom Grundsatz des Art. 30 bereits aus der **Natur der Sache** und ist im Übrigen territorial keineswegs auf die Hauptstadt beschränkt.[56] Auch außerhalb Berlins besteht die Ver-

---

[48] S. die Dokumentation der Kommission von BT und BR zur Modernisierung der bundesstaatlichen Ordnung, Zur Sache 1/2005, 947 ff.

[49] Dafür aber *Klein* in Isensee/Kirchhof HStR, Bd. VI, § 131 Rn. 4; *Klein* in BK Rn. 45, 67; für einen materiellen Hauptstadtbegriff *Scholz* in Maunz/Dürig Rn. 16 ff. mwN.

[50] *Wieland* in Dreier Rn. 31; *Heintzen* LKV 2007, 49 (50).

[51] *Jarass* in Jarass/Pieroth Rn. 1, Sitz des Bundespräsidenten „dürfte notwendig in Berlin sein"; *Classen* in MKS Rn. 7; BPräs. muss *einen* Sitz in Berlin haben; sa *Höfling/Burkiczak* in BerlKomm GG Rn. 44; *Sannwald* in SHH Rn. 14.

[52] *Heintzen* FS Raue, 2006, 83 ff.; *Halsch* in Baßeler/Heintzen/Kruschwitz, Berlin – Finanzierung und Organisation einer Metropole, 2006, 81.

[53] *Klein* in Isensee/Kirchhof HStR, Bd. VI, § 131 Rn. 3; *Wiegand* Der Staat 45 (2006), 599 (615 f.).

[54] → Rn. 15.

[55] Zur Bezugnahme des Art. 104a Abs. 1 auf die grundgesetzliche Kompetenzverteilung → Art. 104a Rn. 11.

[56] *Wieland* in Dreier Rn. 32; *Huber* in Sachs Rn. 2; *Sannwald* in SHH Rn. 19; *Domgörgen* in Hömig Rn. 3, 6; *Klein* in Isensee/Kirchhof HStR, Bd. VI, § 131 Rn. 37 f.; *Murswiek* FS Quaritsch, 2000, 324; aA *Classen* in MKS Rn. 13, wohl mit Blick auf entsprechende Äußerungen in den Beratungen.

waltungskompetenz für die Repräsentation des Bundes kraft Natur der Sache, weil diese Repräsentation begriffsnotwendig[57] durch den Bund wahrgenommen werden muss.[58] Es handelt sich somit zugleich um eine **ausschließliche Kompetenz des Bundes.**[59]

Gesamtstaatliche Repräsentation meint, wie sich (erst) aus dem systematischen Zusammenhang ergibt, nicht eine Vertretung in juristischer Hinsicht (vgl. Art. 59 Abs. 1), sondern die **Darstellung** der Bundesrepublik **nach innen und außen,** dies bezogen auf das **gesellschaftliche Leben.** Bei der Ausfüllung dieses weiten Begriffsfelds und der Auswahl zu fördernder Einrichtungen und Veranstaltungen kommt dem Bund ein weiter Gestaltungsspielraum zu.[60] Nachdem die maßgeblichen politischen Organe ihren Sitz in der Hauptstadt genommen haben und das Regierungsviertel fertiggestellt ist,[61] bezieht sich weiterer Handlungsbedarf zuvorderst auf die fortwährende Darstellung (in sich vielfältiger) kultureller Identität, die gerade in Berlin auch die Auseinandersetzung mit der deutschen Geschichte umfasst.[62] **13**

Einzelne vom Bund getragene **kulturelle Institutionen** in Berlin sind etwa das Deutsche Historische Museum, das Jüdische Museum und die Akademie der Künste.[63] Neben der Finanzierung des Denkmals für die ermordeten Juden Europas[64] beteiligt sich der Bund zudem an der Finanzierung von Einrichtungen des Landes Berlin, bspw. der Gedenkstätte Deutscher Widerstand und dem Dokumentationszentrum Topographie des Terrors.[65] Zu nennen ist in diesem Zusammenhang außerdem die Errichtung der Stiftung „Preußischer Kulturbesitz" durch den Bund auf der Grundlage des Art. 135.[66] **14**

Die Bedeutung des Art. 22 Abs. 1 S. 2 für die **Finanzierung der Hauptstadtförderung** ist zweifelhaft, zumal dem Bund keine neue Aufgabe auferlegt, sondern lediglich seine Zuständigkeit für die gesamtstaatliche Repräsentation klargestellt wird.[67] Jedenfalls sind hiernach Kofinanzierungen des Bundes und des Landes Berlin angesichts der eindeutigen Zuweisung der Aufgabe gesamtstaatlicher Repräsentation zum Bund nicht mehr vorgesehen.[68] Soweit der Bund eine Einrichtung in Erfüllung dieser Aufgabe übernimmt, trägt er die **ausschließliche Ausgabenlast** gem. Art. 104a Abs. 1. Daneben bleiben Finanzierungshilfen für das Land Berlin aufgrund besonderer Belastungen gem. Art. 106 Abs. 8[69] nach wie vor möglich. Umstritten ist allerdings, ob Art. 106 Abs. 8 weiterhin zur Finanzierung *hauptstadtspezifischer* Belastungen herangezogen werden kann und muss.[70] **15**

---

57 BVerfGE 11, 89 (98 f.); 12, 205 (251); 22, 180 (217), stRspr.

58 *Sannwald* in SHH Art. 30 Rn. 4, 35.

59 *Huber* in Sachs Rn. 3.

60 *Wieland* in Dreier Rn. 33; *Huber* in Sachs Rn. 4a.

61 Zum Symbolgehalt des Regierungsviertels s. *Klein* in BK Rn. 189.

62 Sa *Höfling/Burkiczak* in BerlKomm GG Rn. 47; zudem *Heusch* in Kluth, Föderalismusreformgesetz, 2007, Rn. 10.

63 *Domgörgen* in Hömig Rn. 4.

64 *Huber* in Sachs Rn. 3.

65 *Domgörgen* in Hömig Rn. 4.

66 → Art. 135 Rn. 14 ff.

67 → Rn. 12.

68 *Huber* in Sachs Rn. 2 f.; *Heintschel v. Heinegg* in BeckOK GG Rn. 2; aA *Wieland* in Dreier Rn. 34; *Scholz* in Maunz/Dürig Rn. 29.

69 → Art. 106 Rn. 62, 68; sowie *Heintzen* FS Raue, 2006, 92, auch zu weiteren Finanzierungsmöglichkeiten.

70 Dezidiert dagegen *Meinel* AöR 138 (2013), 584 (622 ff.); sa *Classen* in MKS Rn. 16 („nicht mehr erforderlich"); dafür ua *Höfling/Burkiczak* in BerlKomm GG Rn. 46; *Klein* in BK Rn. 85; *Huber* in Sachs Rn. 6; *Scholz* in Maunz/Dürig Rn. 27.

16 **3. Das Nähere wird durch Bundesgesetz geregelt (S. 3).** Auch wenn Art. 22 Abs. 1 S. 2 eine bereits bestehende Bundeskompetenz kodifiziert, ist mit dem Regelungsvorbehalt des Art. 22 Abs. 1 S. 3 doch die neue Erwartung an den Gesetzgeber verbunden, **„das Nähere"** – ausweislich der Begründung des verfassungsändernden Gesetzgebers: „in einem oder mehreren Bundesgesetzen"[71] – **zu regeln.** Die Vorschrift beinhaltet auch einen entsprechenden **Auftrag an den Gesetzgeber,** zumindest im Hinblick auf die wesentlichen Gesichtspunkte der Repräsentation des Bundes in der Hauptstadt.[72] Das bereits seit 1994 in Kraft befindliche Berlin/Bonn-Gesetz,[73] das vor allem die Funktionsfähigkeit der Hauptstadt Berlin (und einen Ausgleich für Bonn) betrifft, leistet hierzu nur einen eingeschränkten Beitrag.

17 In der **Staatspraxis** werden die maßgeblichen Regelungen, insbes. über den aus der Hauptstadtfunktion Berlins folgenden Finanzierungsanspruch gegen den Bund, in **Vereinbarungen** zwischen dem Bund und dem Land Berlin getroffen.[74] Seit 2018 gilt diesbezüglich der „Vertrag über die aus der Hauptstadtfunktion Berlins abgeleitete Kulturfinanzierung und die Abgeltung von Sonderbelastungen der Bundeshauptstadt – Hauptstadtfinanzierungsvertrag 2017". Diese Vorgehensweise ist – auf Grundlage eines Bundesgesetzes – grundsätzlich weiterhin zulässig; sie entbindet den Gesetzgeber aber nicht von seinem vorrangigen Regelungsauftrag.[75]

II. Die Bundesflagge ist schwarz-rot-gold (Abs. 2)

18 Die Bundesflagge geht in ihrer Farbkombination zurück auf die unter dem Eindruck der Freiheitskriege gegründeten, damals progressiven Burschenschaften und wurde in der heutigen Gestaltung mit den drei horizontalen Streifen zuerst auf dem Hambacher Fest im Jahre 1832 als **Symbol der national-liberalen Bewegung** einer breiteren Masse zugänglich.[76] Nachdem die in einigen deutschen Staaten zwischenzeitlich verbotene Flagge auch der Frankfurter Nationalversammlung von 1848/1849 sich im Deutschen Reich nicht endgültig hatte durchsetzen können,[77] war man sich im Parlamentarischen Rat von Beginn an darüber einig, dass die Bundesflagge schwarz, rot und golden sein sollte. Unter Ablehnung der von Unionsabgeordneten bis zuletzt befürworteten Gestaltung in Kreuzform sowie der technischen Anweisung[78] „in horizontaler Anordnung" wurde der durch die Bindestrichverbindung auch die Reihenfolge der Farbstreifen regelnde

[71] BT-Drs. 16/813, 10.

[72] *Scholz* in Maunz/Dürig Rn. 39; sa *Classen* in MKS Rn. 18; *Wieland* in Dreier Rn. 36; für eine umfassende gesetzliche Regelung *Beilke* NJ 2007, 297 (298 f.); *Meinel* AöR 138 (2013), 584 (624 ff.).

[73] G zur Umsetzung des Beschlusses des Deutschen BT v. 20.6.1991 zur Vollendung der Einheit Deutschlands v. 26.4.1994, BGBl. I 918, zuletzt geändert am 12.12.2019, BGBl. I 2652.

[74] Hierzu *Meinel* AöR 138 (2013), 584 (618 ff.).

[75] *Scholz* in Maunz/Dürig Rn. 39; vgl. auch *Wieland* in Dreier Rn. 36.

[76] *Hoog,* Deutsches Flaggenrecht, 1982, 88 ff.; *Sannwald* in SHH Rn. 11; *Wieland* in Dreier Rn. 9 ff.; ausf. *Wieland* FS f. Hollerbach, 2001, 82 ff. (92 ff.); *Hattenhauer,* Deutsche Nationalsymbole, 3. Aufl. 1998, 10 ff.; *Friedel,* Deutsche Staatssymbole, 1968, 25; sowie *Klein* in BK Rn. 112 weisen darüber hinaus auf damalige gesamteuropäische Bestrebungen hin.

[77] → Rn. 3; *Wieland* in Dreier Rn. 12 ff.; *Klein* in BK Rn. 113 ff.

[78] Auf eine solche verzichtet auch die französische Verfassung von 1958, nachdem Art. 2 Abs. 1 der Verfassung von 1946 noch gelautet hatte: „L'emblème national est le drapeau tricolore, bleu, blanc, rouge, à trois bandes verticales d'égales dimensions."

Art. 22 GG aF beschlossen.[79] Bei aller Kürze der Vorschrift bestehen folglich keine Zweifel über die verfassungsrechtlich verbindliche Gestaltung der Bundesflagge[80] und erst recht keine Abgrenzungsschwierigkeiten zu den (heraldisch) gleichfarbigen Flaggen Angolas oder Belgiens.[81]

Die Bundesflagge **symbolisiert** zuallererst die Bundesrepublik Deutschland.[82] Darüber hinaus kommt der Bundesflagge jedoch insofern zusätzliche Bedeutung als Symbol zu, als sie auf den erwähnten historischen Hintergrund zurückgeht, dessen erhaltenswürdige Tradition der SPD-Abgeordnete *Ludwig Bergsträßer* treffend als **„Einheit in der Freiheit“**[83] umschrieb, die man heute wiederum als „Verbindung von nationaler Einheit und freiheitlich-rechtsstaatlicher Demokratie“[84] bezeichnen könnte. Die Flagge erlangt durchaus weitere symbolische Bedeutung durch ihre Verwendung in spezifischen Kontexten, seien es historisch bedeutsame und langfristig prägende wie die Wiedervereinigung[85] oder vergleichsweise profane, jedoch in ihrer integrativen Symbolkraft nicht zu unterschätzende wie eine Fußballweltmeisterschaft.[86] Diese vielgestaltigen Interpretationsmöglichkeiten ergeben sich jedoch aus der gesellschaftlichen Aufnahme der hierdurch an Bedeutung gewinnenden Bundesflagge. Sie bestehen jenseits des erwähnten Bedeutungskerns, der in Art. 22 rechtliche Verankerung gefunden hat. Nähere verfassungsrechtliche Vorgaben, was die schwarz-rot-goldene Trikolore, zumal für die Bürger, symbolisieren soll, sind dem GG mithin nicht zu entnehmen; insbes. steht die Bundesflagge nicht juristisch-abstrakt für die freiheitliche demokratische Grundordnung.[87] **19**

Allein die Bundesflagge, die sich durch die fehlende Stange begrifflich von einer Fahne unterscheidet,[88] ist in Art. 22 Abs. 2 angesprochen. Ausweislich der Beratungen im Parlamentarischen Rat erfolgte die Regelung der Flagge jedoch als Ausdruck der allgemeinen Entscheidung für die **Bundesfarben** Schwarz, Rot und Gold. Daraus folgt, dass auch in besonderen Flaggen wie etwa der Bundesdienstflagge (mit „Bundesschild“), der entsprechenden Truppenfahne der Bundeswehr oder der Standarte des BPräs. diese Farben zumindest ihren Niederschlag finden sollten.[89] **20**

Die genannten und weitere Flaggen sind durch drei **Anordnungen des BPräs.** festgelegt worden.[90] Die entsprechende Kompetenz bzw. deren genaue Begründung sind indes umstritten.[91] Es liegt nahe, die Verbandskompetenz des Bundes zur Ausgestaltung der Flaggen aus der Natur der Sache herzuleiten[92] **21**

---

79 S. JöR nF 1 (1951), 211.

80 Sa *Wieland* in Dreier Rn. 35; *Höfling/Burkiczak* in BerlKomm GG Rn. 53; *Burkiczak* Jura 2003, 806 (808).

81 Vgl. *Hoog* in v. Münch/Kunig, 5. Aufl. 2001, Rn. 3.

82 Vgl. insoweit auch *Hoog* in v. Münch/Kunig, 5. Aufl. 2001, Rn. 11; sowie zudem *Gusy* JZ 1990, 640; *Classen* in MKS Rn. 21 kritisiert daran zu Unrecht, dass damit noch keine „inhaltliche Aussage“ getroffen sei.

83 JöR nF 1 (1951), 211 (216).

84 *Classen* in MKS Rn. 21.

85 Vgl. *Klein* in BK Rn. 126.

86 *Heusch* in Kluth, Föderalismusreformgesetz, 2007, Rn. 1.

87 So aber BVerfGE 81, 278 (293) sogar für die „Staatsfarben“; ebenso *Jarass* in Jarass/Pieroth Rn. 4.

88 *Hoog* in v. Münch/Kunig, 5. Aufl. 2001, Rn. 6.

89 *Huber* in Sachs Rn. 10a „inhaltliche Leitfunktion“; *Klein* in BK Rn. 100.

90 S. näher *Hoog* in v. Münch/Kunig, 5. Aufl. 2001, Rn. 13.

91 S. ausf. *Klein* in BK Rn. 22 ff.

92 So bspw. *Bothe* in AK-GG Rn. 6.

und die Organkompetenz des BPräs. auf dessen repräsentative Funktion und die bisherige Staatspraxis zu stützen.[93] Dabei bleibt es dem vornehmlich zuständigen Gesetzgeber stets unbenommen, seinerseits eine gesetzliche Regelung mit Außenwirkung zu schaffen.[94]

22 Gesetzliche **Verpflichtungen zur Flaggenführung** enthält für Seeschiffe das Flaggenrechtsgesetz;[95] im Übrigen bestehen lediglich verschiedene verwaltungsinterne Weisungen und sind Private frei in der (Nicht-)Verwendung der Bundesflagge.[96] Dies gilt selbstverständlich ebenso für andere Staatsangehörige wie – außerhalb des Seerechts –[97] für Flaggen fremder Staaten. Einzig für den Fall des bewaffneten Konflikts normiert Art. 39 ZP I[98] völkerrechtliche Ausnahmen von diesem Grundsatz.[99] Nach nationalem Recht sanktionsbewehrt (§ 124 OWiG) ist zudem die – sowohl in Schrebergärten als auch bei Sportereignissen verbreitete – private Verwendung der Dienstflagge des Bundes; dies allerdings nur, sofern der Anschein der amtlichen Nutzung entstehen kann.[100]

23 Besonderen **Schutz gegen Verunglimpfung** genießt die Bundesflagge durch § 90a StGB. Auch wenn das Bundesverfassungsgericht mit Blick auf die Kunstfreiheit aus Art. 5 Abs. 3 S. 1 die Notwendigkeit einer stets werkgerechten Interpretation[101] betont,[102] die oftmals angesichts des nicht-verunglimpfenden Aussagekerns eine Strafbarkeit verhindern wird, scheint dieser normative Schutz der Bundesflagge als Symbol deutlich übertrieben und insgesamt entbehrlich.[103] Für eine Verunglimpfung der Bundesflagge durch Meinungsäußerungen gilt dies umso mehr, zumal hier auch rein verbale „Angriffe" in Rede stehen.[104] Im Allgemeinen wird man es gerade als **Ausdruck demokratischen Selbstbewusstseins** ansehen können, kritische Auseinandersetzung mit dem Staat und dem Verhalten seiner Organe, transportiert über das Mittel auch der Verächtlichmachung seiner Symbole, hinzunehmen und ihr gleichermaßen kommunikativ zu begegnen, anstatt sie strafrechtlich zu sanktionieren.[105] Markenrechtlicher Schutz kommt der Bundesflagge schließlich gem. § 145 Abs. 1 Nr. 1 iVm § 8 Abs. 2 Nr. 6 MarkenG[106] zu.[107]

---

[93] Vgl. *Huber* in Sachs Rn. 19; krit. *Wieland* in Dreier Rn. 38.

[94] Auch → Art. 54 Rn. 6; iE ähnlich *Classen* in MKS Rn. 23 f.

[95] G über das Flaggenrecht der Seeschiffe und die Flaggenführung der Binnenschiffe idF der Bek. v. 26.10.1994, BGBl. I 3140, zuletzt geändert am 19.6.2020, BGBl. I 1328.

[96] *Höfling/Burkiczak* in BerlKomm GG Rn. 58; *Sannwald* in SHH Rn. 30 f.; *Huber* in Sachs Rn. 21.

[97] Dazu *Hoog,* Deutsches Flaggenrecht, 1982, 231 ff.

[98] Zusatzprotokoll v. 8.6.1977 zu den Genfer Abkommen v. 12.8.1949 über den Schutz der Opfer internationaler bewaffneter Konflikte, BGBl. 1990 II 1551.

[99] *Bothe* in AK-GG Rn. 16.

[100] *Kurz* in Senge, Karlsruher Kommentar zum Gesetz über Ordnungswidrigkeiten, 5. Aufl. 2018, OWiG § 124 Rn. 9 mwN; *Klein* in BK Rn. 128.

[101] → Art. 5 Rn. 152.

[102] Zu vermeintlichen Verunglimpfungen der Bundesflagge BVerfGE 81, 278; LG Aachen NJW 1995, 894.

[103] Dezidiert aA *Höfling/Burkiczak* in BerlKomm GG Rn. 67, 69; *Burkiczak* JR 2005, 50 (51).

[104] BVerfG NJW 2009, 908, die Notwendigkeit sorgfältiger Abgrenzung einer vermeintlichen Verächtlichmachung von zulässiger Polemik betonend; bestätigt durch BVerfG NJW 2012, 1273.

[105] Sa *Sonnen* in Albrecht ua, Alternativkommentar zum StGB, 1986, StGB § 90a Rn. 26; sowie *Lippold* KritV 1992, 38 (49 f.); *Mori* JöR nF 48 (2000), 117 (135 f.).

[106] G über den Schutz von Marken und sonstigen Kennzeichen v. 25.10.1994, BGBl. I 3082, zuletzt geändert durch G v. 11.12.2018, BGBl. I 2357.

[107] *Burkiczak* JR 2005, 50 (52); die Bundesfarben als solche sind dagegen kein Hoheitszeichen iSd Vorschriften, BPatG GRUR 2005, 679.

C. Verhältnis zu anderen Bestimmungen des Grundgesetzes

Das Verhältnis zu anderen Bestimmungen des GG betreffend ist zunächst festzustellen, dass Art. 22 Abs. 1 S. 2 eine **Ausnahme vom Grundsatz des Art. 30** statuiert, nämlich die Aufgabe der gesamtstaatlichen Repräsentation in der Hauptstadt dem Bund zuschreibt, der folglich gem. Art. 104a Abs. 1 die Ausgabenlast trägt. Die so explizit festgeschriebene Verwaltungskompetenz ergänzend verleiht Art. 22 Abs. 1 S. 3 dem Bund darüber hinaus gem. Art. 70 Abs. 1 die entsprechende **Gesetzgebungskompetenz,** die sich als ausschließliche des Bundes ebenfalls bereits aus der Natur der Sache ergibt.[108] 24

Grundrechtseinschränkungen im Zusammenhang mit der Verwendung der Bundesflagge sind nur insoweit zulässig, als dadurch die Verletzung der vom symbolischen Gehalt der Flagge umfassten und durch diese wahrnehmbar transportierten Verfassungsgüter verhindert wird.[109] Fälle, in denen die Schutzbedürftigkeit dieser Verfassungsgüter gegenüber der Freiheit künstlerischer Darstellung oder der Einbeziehung in Meinungsäußerungen mit Bezug auf die Bundesflagge überwiegt, sind jedoch bei werkgerechter Interpretation und sorgfältiger Identifikation des Aussagekerns kaum vorstellbar,[110] so dass die (auch überzogen) **kritische Verwendung der Bundesflagge durch Art. 5 Abs. 1 S. 1 und Abs. 3 S. 1 weitreichenden Schutz** genießt. 25

Ebenso wenig kann Art. 22 Abs. 1 mit Blick auf die Hauptstadtfunktion Berlins oder die Aufgabe gesamtstaatlicher Repräsentation eine Rechtfertigung für Eingriffe in die Versammlungsfreiheit aus **Art. 8 Abs. 1** entnommen werden, auch nicht bei im Zusammenhang mit dem Besuch ausländischer Staatsoberhäupter stehenden Demonstrationen.[111] Wiederum mag im Einzelfall zwar – wenn auch bei nicht die Schwelle des Strafrechts überschreitender Kritik zweifelhaft –[112] ein von § 15 VersG in Bezug genommenes Schutzgut beeinträchtigt sein; die (bloße) Aufgabenzuweisung des Art. 22 Abs. 1 S. 2 hat darauf und auf die Gewichtung eines solchen Belangs in der Abwägung mit der Versammlungsfreiheit jedoch keinen Einfluss. 26

D. Kritische Würdigung

Der Regelungsgehalt und die verfassungsrechtliche Wirkung des Art. 22 sind insgesamt eher gering. Die Ergänzung der ursprünglichen Anordnung allein zur Bundesflagge um die Regelung der Bundeshauptstadt[113] ist insoweit nachvollziehbar, als dadurch vor dem Hintergrund der wechselhaften historischen Entwicklung und der teils provisorischen Regelung des Einigungsvertrags der Hauptstadtstatus Berlins auch verfassungsrechtlich abgesichert wird. 27

---

[108] *Wieland* in Dreier Rn. 36; die Begründung entspricht derjenigen der Verwaltungskompetenz, → Rn. 12.

[109] → Rn. 5.

[110] *Mahrenholz* in Benda/Maihofer/Vogel (Hrsg.), VerfassungsR-HdB § 26 Rn. 111, 113 verneint mit guten Gründen jegliche Beeinträchtigung des durch das GG verfassten Staates; vgl. außerdem *Hoven* JZ 2020, 835 (838).

[111] In diese Richtung aber *Bolewki* DVBl 2007, 789 (796).

[112] BVerfG NJW 2007, 2168 (2169); *Kunig* in v. Münch/Kunig, 6. Aufl. 2012, Rn. 33; → Art. 8 Rn. 131.

[113] Dazu insgesamt krit. *Heintzen* FS Raue, 2006, 90 f.; demgegenüber für eine Normierung der Hauptstadt im GG *Häberle* DÖV 1990, 989.

Die Normierung der Aufgabe gesamtstaatlicher Repräsentation als Bekräftigung einer unbestrittenen Kompetenz ist demgegenüber weder sprachlich gelungen[114] noch inhaltlich sonderlich hilfreich. Der nachfolgende, unscheinbare Regelungsvorbehalt ist im Hinblick auf seine Zielrichtung unklar[115] und harrt sicher auch deshalb weiterhin der Umsetzung. Als geradezu vorbildlich ist im Vergleich die Methodik des äußerst knappen und dennoch unmissverständlichen heutigen Abs. 2 zu bezeichnen, der zudem ein Schulbeispiel für die Verkleidung eines Imperativs durch eine Indikativformulierung in einer Verfassungsnorm darstellt.[116] Inhaltlich erschöpfen sich beide Absätze nahezu in der **symbolischen Wirkung** der durch sie in den Text des GG aufgenommenen Bundeshauptstadt und Bundesflagge. Art. 22 steuert dadurch in angemessenem Maße, ohne pathetische Überhöhung, ein Grundelement der Verfassung bei. Abgesehen von der funktionalen, nicht symbolischen Festlegung des Sitzes der Verfassungsorgane als Bestandteil der Hauptstadtklausel[117] und dem Regelungsauftrag an den Gesetzgeber sollte man Art. 22 über derartige Staatssymbolik im weiteren Sinne hinausgehende Bedeutung etwa als Abwägungsbelang nicht zu entnehmen versuchen. (Verfassungstextlicher) Ergänzungsbedarf der Vorschrift mit Blick auf andere Staatssymbole oder gar die deutsche Sprache besteht im Übrigen nicht.[118]

Literatur

R. Bieber, Die Flagge der EG, GS Geck, 1989, 59. – ***Ch. Burkiczak,*** Der straf- und ordnungswidrigkeitsrechtliche Schutz der deutschen Staatssymbole, JR 2005, 50. – ***P. Häberle,*** Die Hauptstadtfrage als Verfassungsproblem, DÖV 1990, 989. – ***P. Häberle,*** Nationalflaggen, 2008. – ***M. Heintzen,*** Der Bund und die Finanzen seiner neuen Hauptstadt, FS Raue, 2006, 83. – ***M. Heintzen,*** Die Hauptstadt Berlin im Bonner Grundgesetz, LKV 2007, 49. – ***G. Hoog,*** Deutsches Flaggenrecht, 1982. – ***E. Klein,*** Bundeshauptstadt, in Isensee/Kirchhof HStR, Bd. VI, § 131. – ***Ph. Kunig,*** Berlin, Hauptstadt, LKV 1999, 337. – ***F. Meinel,*** Berlin ist nicht Bonn, AöR 138 (2013), 584. – ***O. Pagenkopf,*** Die Hauptstadt in der deutschen Rechtsgeschichte, Diss. Bonn, 2003. – ***P. E. Quint,*** The Comparative Law of Flag Desecration: The United States and the Federal Republic of Germany, 15 Hastings Int'l & Comp. L. Rev. 613 (1992). – ***C. Seiferth,*** Die Rechtsstellung der Bundeshauptstadt Berlin, 2008. – ***Stiftung Haus der Geschichte der BRD*** (Hrsg.), Flagge zeigen? Die Deutschen und ihre Nationalsymbole, 2008. – ***M.-A. Wiegand,*** Symbolik und Repräsentation im Verfassungsstaat, Der Staat 45 (2006), 599. – ***J. Wieland,*** Die Entstehung der deutschen Nationalsymbole, FS Hollerbach, 2001, 81. – ***D. Wilke,*** Von der geteilten Stadt zur Bundeshauptstadt Berlin, DVBl 2000, 1407.

---

[114] *Meinel* AöR 138 (2013), 584 (591 ff.): „kitschig“ (631).

[115] → Rn. 16.

[116] *Kunig* in v. Münch/Kunig, 6. Aufl. 2012, Art. 1 Rn. 1.

[117] Vgl. *Wiegand* Der Staat 45 (2006), 599 (602, 610, 616).

[118] S. aber *Höfling/Burkiczak* in BerlKomm GG Rn. 33. *Herzog* FS Redeker, 1993, 149 f. bemängelt den (durch die Entstehungsgeschichte erklärlichen) Verzicht auf die ausdrückliche Regelung der Bundesfarben und stellt zudem fest, dass die Formulierung hinsichtlich der Bundesflagge „schwarz-rot-golden“ heißen müsse.

Art. 23 [Europäische Integration]

(1) [1] Zur Verwirklichung eines vereinten Europas wirkt die Bundesrepublik Deutschland bei der Entwicklung der Europäischen Union mit, die demokratischen, rechtsstaatlichen, sozialen und föderativen Grundsätzen und dem Grundsatz der Subsidiarität verpflichtet ist und einen diesem Grundgesetz im wesentlichen vergleichbaren Grundrechtsschutz gewährleistet. [2] Der Bund kann hierzu durch Gesetz mit Zustimmung des Bundesrates Hoheitsrechte übertragen. [3] Für die Begründung der Europäischen Union sowie für Änderungen ihrer vertraglichen Grundlagen und vergleichbare Regelungen, durch die dieses Grundgesetz seinem Inhalt nach geändert oder ergänzt wird oder solche Änderungen oder Ergänzungen ermöglicht werden, gilt Artikel 79 Abs. 2 und 3.

(1a) [1] Der Bundestag und der Bundesrat haben das Recht, wegen Verstoßes eines Gesetzgebungsakts der Europäischen Union gegen das Subsidiaritätsprinzip vor dem Gerichtshof der Europäischen Union Klage zu erheben. [2] Der Bundestag ist hierzu auf Antrag eines Viertels seiner Mitglieder verpflichtet. [3] Durch Gesetz, das der Zustimmung des Bundesrates bedarf, können für die Wahrnehmung der Rechte, die dem Bundestag und dem Bundesrat in den vertraglichen Grundlagen der Europäischen Union eingeräumt sind, Ausnahmen von Artikel 42 Abs. 2 Satz 1 und Artikel 52 Abs. 3 Satz 1 zugelassen werden.

(2) [1] In Angelegenheiten der Europäischen Union wirken der Bundestag und durch den Bundesrat die Länder mit. [2] Die Bundesregierung hat den Bundestag und den Bundesrat umfassend und zum frühestmöglichen Zeitpunkt zu unterrichten.

(3) [1] Die Bundesregierung gibt dem Bundestag Gelegenheit zur Stellungnahme vor ihrer Mitwirkung an Rechtsetzungsakten der Europäischen Union. [2] Die Bundesregierung berücksichtigt die Stellungnahmen des Bundestages bei den Verhandlungen. [3] Das Nähere regelt ein Gesetz.

(4) Der Bundesrat ist an der Willensbildung des Bundes zu beteiligen, soweit er an einer entsprechenden innerstaatlichen Maßnahme mitzuwirken hätte oder soweit die Länder innerstaatlich zuständig wären.

(5) [1] Soweit in einem Bereich ausschließlicher Zuständigkeiten des Bundes Interessen der Länder berührt sind oder soweit im übrigen der Bund das Recht zur Gesetzgebung hat, berücksichtigt die Bundesregierung die Stellungnahme des Bundesrates. [2] Wenn im Schwerpunkt Gesetzgebungsbefugnisse der Länder, die Einrichtung ihrer Behörden oder ihre Verwaltungsverfahren betroffen sind, ist bei der Willensbildung des Bundes insoweit die Auffassung des Bundesrates maßgeblich zu berücksichtigen; dabei ist die gesamtstaatliche Verantwortung des Bundes zu wahren. [3] In Angelegenheiten, die zu Ausgabenerhöhungen oder Einnahmeminderungen für den Bund führen können, ist die Zustimmung der Bundesregierung erforderlich.

(6) [1] Wenn im Schwerpunkt ausschließliche Gesetzgebungsbefugnisse der Länder auf den Gebieten der schulischen Bildung, der Kultur oder des Rundfunks betroffen sind, wird die Wahrnehmung der Rechte, die der Bundesrepublik Deutschland als Mitgliedstaat der Europäischen Union zustehen, vom Bund auf einen vom Bundesrat benannten Vertreter der Länder übertragen. [2] Die Wahrnehmung der Rechte erfolgt unter Beteiligung und in Abstimmung mit der Bundesregierung; dabei ist die gesamtstaatliche Verantwortung des Bundes zu wahren.

(7) Das Nähere zu den Absätzen 4 bis 6 regelt ein Gesetz, das der Zustimmung des Bundesrates bedarf.

Hinweis: Art. 23 hat keinen Vorläufer in den deutschen Reichsverfassungen.

Übersicht

A. Allgemeine Bedeutung

I. Genese

Der heutige Art. 23 wurde mit G v. 21.12.1992[1] in Hinblick auf die Reform der Europäischen Gemeinschaften und die **Gründung der Europäischen Union** durch den Vertrag von Maastricht in das GG eingefügt.[2] Er 1

[1] BGBl. I 2086.

[2] Ausf. zur Entstehungsgeschichte *König,* Die Übertragung von Hoheitsrechten im Rahmen des europäischen Integrationsprozesses, 2000, 138 ff.

bildet die Grundlage für das deutsche Zustimmungsgesetz zum Vertrag vom Maastricht, das zeitgleich beschlossen wurde.[3] Die GG-Änderung wurde durch die Gemeinsame Verfassungskommission vorbereitet[4] und reiht sich damit in die Verfassungsänderungen im Zuge der **deutschen Wiedervereinigung** ein. Als die Ratifizierung des Vertrages von Maastricht anstand, wurde Art. 23 vorab von der Gemeinsamen Verfassungskommission beraten und knapp zwei Jahre vor der eigentlichen vereinigungsbedingten Reform des GG in Kraft gesetzt.

2 Vor 1992 stützte sich die Mitgliedschaft Deutschlands in den Europäischen Gemeinschaften auf Art. 24 Abs. 1, der ebenfalls die Übertragung von Hoheitsrechten auf zwischenstaatliche Einrichtungen gestattet. Mit der Gründung der Europäischen Union gewann die europäische Integration eine solche Qualität, dass man Art. 24 Abs. 1 politisch nicht mehr als ausreichende Grundlage ansah.[5] Daher wurde Art. 23 geschaffen, dessen Abs. 1 S. 2 die Formulierung des Art. 24 Abs. 1 teilweise aufgreift. In Hinblick auf die Europäische Union ist Art. 23 nun *lex specialis* zu Art. 24. Auf Art. 24 Abs. 1 lassen sich nur noch **andere zwischenstaatliche Einrichtungen** stützen (→ Art. 24 Rn. 57). Der prominente Platz für den neuen Europaartikel am Beginn des Staatsorganisationsrechts und unmittelbar vor Art. 24 war mit der Wiedervereinigung frei geworden. In seiner ursprünglichen Fassung listete Art. 23 S. 1 die Länder der Bundesrepublik Deutschland bei ihrer Gründung im Jahr 1949 auf und bestimmte in seinem S. 2, dass das GG in anderen Teilen Deutschlands nach ihrem Beitritt in Kraft zu setzen sei.[6] Es handelte sich gleichsam um eine „offene Tür", die die verfassungsrechtliche Grundlage für die Integration des Saarlandes und der DDR bildete.[7] Nach dem Beitritt der DDR wurde die Norm gestrichen, um klarzustellen, dass die Einheit Deutschlands vollendet ist und dass es keine weiteren deutschen Gebiete gibt, die der Bundesrepublik Deutschland beitreten könnten.[8]

3 In der 2003 eingesetzten **Föderalismuskommission** von BT und BR wurde Art. 23 in Hinblick auf die Mitwirkung der Länder über den BR gem. Abs. 2, 4–7 kontrovers diskutiert.[9] Während auf der einen Seite gefordert wurde, die Abs. 4–7 zu streichen und insbes. die Außenvertretung gegenüber der EU allein der BReg. zuzuweisen, verlangten die Länder eine Stärkung ihrer Mitwirkung und namentlich eine ausschließliche Außenvertretung durch die Länder im Bereich ihrer ausschließlichen Gesetzgebungskompetenzen. Am Ende blieb Art. 23 weitgehend unverändert. Es wurde lediglich präzisiert, wann die Vertretung nach Abs. 6 S. 1 auf einen Landesvertreter zu übertragen ist.[10]

---

[3] BGBl. 1992 II 1251.

[4] S. Bericht der Gemeinsamen Verfassungskommission v. 5.11.1993, BT-Drs. 12/6000, 19 ff.; ausf. *Schmalenbach,* Der neue Europaartikel 23 des Grundgesetzes im Lichte der Arbeit der Gemeinsamen Verfassungskommission, 1996.

[5] S. Bericht der Gemeinsamen Verfassungskommission v. 5.11.1993, BT-Drs. 12/6000, 19; *Scholz* NJW 1992, 2593 (2594).

[6] BGBl. 1949, 1.

[7] Dazu *Lerche* in HdbStR VIII, 1. Aufl. 1995, § 194 Rn. 6 f.

[8] Sa die entsprechende völkerrechtliche Verpflichtung in Art. 1 Abs. 4 des Vertrages über die abschließende Regelung in Bezug auf Deutschland (sog. Zwei-plus-Vier-Vertrag) v. 12.9.1990, BGBl. 1990 II 1318; → Präambel Rn. 29.

[9] S. die Dokumentation in Deutscher BT/BR Öffentlichkeitsarbeit, Dokumentation der Kommission von BT und BR zur Modernisierung der bundesstaatlichen Ordnung, Zur Sache 1/2005, 153 ff.; sowie *Eppler* in Borchard/Margedant Föderalismusreform: Vor der Reform ist nach der Reform?, 57 (65 ff.).

[10] Art. 1 Nr. 2 des 52. GG-ÄndG v. 28.8.2006, BGBl. 2006 I 2034; → Rn. 156, 161.

Art. 23 Abs. 1a wurde im Zuge der Ratifikation des am 13.12.2007 in **Lissabon** unterzeichneten **Reformvertrages**[11] durch G v. 8.10.2008[12] eingefügt. Er gestaltet insbes. das Klagerecht vor dem EuGH aus, das Art. 8 UAbs. 1 des Protokolls über die Anwendung der Grundsätze der Subsidiarität und der Verhältnismäßigkeit[13] den nationalen Parlamenten gewährt. Die neue Vorschrift trat nach Art. 2 des Änderungsgesetzes zeitgleich mit dem Vertrag von Lissabon am 1.12.2009 in Kraft. 4

II. Verfassungsvergleich

Im **Verfassungsvergleich** wählt das GG ein Trennsystem, das Unionsrecht vom allgemeinen Völkerrecht unterscheidet. Diese Trennung ist notwendig, weil Art. 59 Abs. 2 völkerrechtliche Verträge mit dem Rang eines einfachen Bundesgesetzes vergleichsweise schlecht integriert (→ Art. 59 Rn. 100). Der Anwendungsvorrang des Europarechts als konstitutives Element des Unionsrechts lässt sich nur mit einer verfassungsrechtlichen Spezialnorm begründen. Dies war zunächst Art. 24 Abs. 1 und ist nun Art. 23 Abs. 1 (→ Rn. 2). Der Vorwurf, Art. 23 enthalte erhebliches Blockadepotential,[14] ist dahin zu relativieren, dass andere europäische Verfassungsordnungen ähnliche Vorbehalte kennen.[15] Während bspw. in Frankreich nahezu für jede vertragliche Fortentwicklung der Europäischen Union die Verfassung geändert wird,[16] gestattet Art. 23 Abs. 1 weitreichende Integrationsschritte ohne förmliche **Verfassungsänderung.** Freilich verlangt Art. 23 Abs. 3 S. 3 iVm Art. 79 Abs. 2 dafür anders als Art. 24 Abs. 1 verfassungsändernde Mehrheiten, so dass man auch aus diesem Grund von einer Verfassungsänderung im materiellen Sinn sprechen kann (→ Rn. 86 ff.). Jenseits der Integrationsermächtigung des Art. 23 Abs. 1 besteht hingegen auch für den verfassungsändernden Gesetzgeber kaum Spielraum für eine weitergehende Integration, wie Art. 23 Abs. 1 S. 3 mit seiner Verweisung auf die „Ewigkeitsklausel" des Art. 79 Abs. 3 deutlich macht. Im Übrigen steht Art. 23 in der plebiszitskeptischen Tradition des GG, indem er Änderungen des europäischen Primärrechts ausschließlich der parlamentarischen Zustimmung unterwirft und im Gegensatz zu vielen anderen europäischen Verfassungen keine Referenden zulässt (→ Rn. 91). 5

Auch andere **nationale Verfassungsgerichte**[17] formulieren Vorbehalte gegenüber dem unionalen Einigungsprozess. Dabei kommt dem BVerfG mit seiner Rechtsprechung durchaus eine Vorbildfunktion zu.[18] Während aber die Solange-Rechtsprechung (→ Rn. 50) die Integration eher gefördert hat, 6

[11] ABl. 2007 C 306, 1 = BGBl. 2008 II 1038.

[12] BGBl. 2008 I 1926.

[13] ABl. 2007 C 306, 150 = BGBl. 2008 II 1094.

[14] So *Schwarze* JZ 1993, 585 (590).

[15] *Huber* in HdbGR VI/2 § 172 Rn. 53; ausf. *Grabenwarter* in v. Bogdandy/Bast Europäisches Verfassungsrecht, 121 ff.

[16] *Capitant* in Kluth Europäische Integration und nationales Verfassungsrecht, 141 (154 f.).

[17] Zum französischen Verfassungsrat *Walter* ZaöRV 72 (2012), 177 (184 ff.); zum italienischen VerfGH rechtsvergleichend *Mannefeld,* Verfassungsrechtliche Vorgaben für die europäische Integration, 2017; zum polnischen VerfGH *Bainczyk* EuR 2017, 306 ff.; *Granat* EuR 2013, 205 ff.; zum tschechischen VerfG *Vincze* EuR 2013, 194 ff.; zum ungarischen VerfGH *Bakó* ZaöRV 78 (2017), 863 ff.; *Drinóczi* GLJ 21 (2020), 105 (109 f.); *Mohay/Tóth* AJIL 111 (2017), 468 ff.; sa die Aufstellung in BVerfGE 142, 123, Rn. 142 – OMT; s. aber auch *van der Schyff* ZaöRV 76 (2016), 167 (176 ff.) zur Offenheit der niederländischen Verfassungsordnung; allg. *Weber* JZ 2010, 157 ff.

[18] S. namentlich *Bakó* ZaöRV 78 (2018), 863 ff. zu Ungarn.

indem sie die Schaffung eines unionalen Grundrechtsschutzes angeregt hat, wirken neuere Entscheidungen namentlich mitteleuropäischer Verfassungsgerichte in ihrer Betonung der nationalen Souveränität tendenziell desintegrierend.[19]

III. Systematischer Zusammenhang

7 Im Vergleich zum früher einschlägigen Art. 24 Abs. 1 stellt Art. 23 Abs. 1 für die europäische Integration vor allem zusätzliche Anforderungen materieller und formeller Art auf. In seinen Abs. 2–7 regelt Art. 23 nun detailliert die **Beteiligung von BT und BR** in Angelegenheiten der Europäischen Union. Damit trägt Art. 23 dem Umstand Rechnung, dass die europäische Integration tendenziell den Bund und dort die Regierung stärkt.[20] Mitglied der Europäischen Union ist die Bundesrepublik Deutschland als Gesamtstaat. Grundsätzlich liegt die Verbandskompetenz für die Vertretung Deutschlands in der Europäischen Union beim Bund, die **Organkompetenz bei der BReg.**[21] Dies wird in Art. 23 vorausgesetzt und entspricht den klassischen Regeln der Außenvertretung, wie sie das GG in Art. 32 Abs. 1 hinsichtlich der Verbandskompetenz und in Art. 59 Abs. 1 hinsichtlich der Organkompetenz der Exekutive festschreibt.[22] Art. 23 Abs. 2–7 soll dem damit einhergehenden Machtverlust von BT[23] und Ländern[24] entgegenwirken, indem BT und BR Beteiligungsrechte eingeräumt werden. BT und BR besaßen zunächst nur ein Informationsrecht gem. Art. 2 ZustimmungsG EWG/EAG[25], das Art. 2 EEA-G[26] 1986 zu einem Mitwirkungsverfahren des BR ausbaute.[27] Die Initiative für eine verfassungsrechtliche Verankerung der Beteiligungsrechte ging von den Ländern aus, während aus dem Kreis des BT erst spät der Ruf nach besserer Beteiligung laut wurde.[28]

8 Art. 23 ist *lex specialis* im Verhältnis zur allgemeinen Regelung der **auswärtigen Gewalt** in Art. 32 (→ Art. 32 Rn. 95). Art. 23 ordnet die Integrationsgewalt ausschließlich dem Bund zu. Die Mitwirkung der Länder bestimmt sich in Angelegenheiten der Europäischen Union abschließend nach Art. 23, so dass Art. 32 ebenso verdrängt wird wie die sog. Lindauer Absprache (→ Art. 32 Rn. 85 ff.). Das gilt auch für völkerrechtliche Abkommen der EU, während Art. 23 beim Abschluss von sog. gemischten Abkommen durch Deutschland solche Teile des Abkommens, die nicht durch eine Unionskompetenz gedeckt sind, nicht erfasst (→ Rn. 14). Insoweit bleibt Raum für Art. 32 und die Lindauer Absprache, wenn ausschließliche Kompetenzen der Länder berührt sind.[29]

---

[19] Zu Ungarn *Drinóczi* GLJ 21 (2020), 105 (109 f., 124 ff.).
[20] S. exemplarisch *Mager* VVDStRL 65 (2006), 274 (303–309) zum Bildungsrecht.
[21] *Classen* in MKS Rn. 64; *Scholz* in Maunz/Dürig Rn. 132 f.
[22] S. *Puttler* in HdbStR VI § 142 Rn. 3.
[23] Dazu *Mayer* in Gosewinkel/Schuppert Politische Kultur im Wandel von Staatlichkeit, 121 (128 ff., 133 f.).
[24] Dazu *Calliess* in Hrbek Europapolitik und Bundesstaatsprinzip, 13; *Holtschneider* DÖV 2008, 1018 (1020); *Puttler* in HdbStR VI § 142 Rn. 2.
[25] BGBl. 1957 II 753.
[26] BGBl. 1986 II 1102; aufgehoben durch § 15 EUZBLG.
[27] *Oberländer,* Aufgabenwahrnehmung im Rahmen der EU durch Vertreter der Länder, 2000, 22 ff.
[28] Zur Entstehungsgeschichte *Fischer* ZParl 1993, 32 (36 f.).
[29] *Abt,* Die Mitwirkung der deutschen Bundesländer bei völkervertraglichen Handlungen im Rahmen der Europäischen Union, 2003, 111 ff.; *Oberländer,* Aufgabenwahrnehmung im

B. Einzelfragen

I. Integration als Verfassungsauftrag (Art. 23 Abs. 1 S. 1)

1. Zur Verwirklichung eines vereinten Europas. Art. 23 Abs. 1 S. 1 **9**
knüpft an die Präambel an. Dort wird Deutschland auf das Ziel festgelegt, „als gleichberechtigtes Glied in einem vereinten Europa dem Frieden in der Welt zu dienen". Das GG erteilt damit Vorstellungen ungebundener nationalstaatlicher Souveränität, wie sie Ende des 19. Jahrhunderts vorherrschten, eine klare Absage. Stattdessen sieht es Deutschland als Teil einer größeren, überstaatlichen Ordnung. Als Weg zur Verwirklichung des angestrebten vereinten Europas gibt Art. 23 Abs. 1 S. 1 die Entwicklung der Europäischen Union (→ Rn. 12) vor. Aus Präambel und Art. 23 Abs. 1 S. 1 ergibt sich damit ein **Integrationsauftrag,** der auch als Staatsziel bezeichnet wird.[30] Art. 23 konkretisiert so den Verfassungsgrundsatz der offenen Staatlichkeit.[31] Wie der Endzustand der Integration aussehen könnte, bleibt weitgehend offen.[32] Allerdings bietet das GG keine Grundlage, im Zuge des Integrationsprozesses die **deutsche Staatlichkeit** aufzugeben. Das Bild des gleichberechtigten Gliedes, das die Präambel verwendet, impliziert ein Fortbestehen Deutschlands als staatliche Einheit. Die Festlegung auf unveränderliche Verfassungselemente in Art. 23 Abs. 1 S. 3, Art. 79 Abs. 3 bestätigt dies (→ Rn. 105).

Tatsächlich erscheint ein europäischer Zentralstaat, der die bisherigen **10**
Nationalstaaten ersetzt, ohnehin nicht realistisch. Sinnvollerweise lässt sich **Europa** nur **als Mehrebenensystem**[33] denken, in dem verschiedene Entscheidungsebenen in komplizierter Weise miteinander verflochten sind. Die Verfassung eines solchen Gebildes kann nicht aus einem einzigen Dokument bestehen, sondern nur aus einer Vielzahl von Verfassungstexten, die aufeinander bezogen sind. Dementsprechend lässt sich von einem **Verfassungsverbund** sprechen.[34] Darin haben die nationalen Verfassungen wie das GG ebenso Platz wie die Gründungsverträge der EU. Die Mitgliedstaaten bleiben jedenfalls beim gegenwärtigen Integrationsstand insoweit souverän, als sie weiterhin unmittelbar dem Völkerrecht unterworfen sind. Sie behalten auch die Kompetenz-Kompetenz insoweit, als weitere Integrationsschritte ohne ihre Zustimmung nicht möglich sind. Insofern bleiben die immer wieder betonten Essentialia der Staatlichkeit gewahrt. Das ändert allerdings nichts daran, dass die Mitgliedstaaten zu „Gliedern" einer überwölbenden europäischen Ordnung werden, wie es die Präambel treffend zum Ausdruck bringt.

Rahmen der EU durch Vertreter der Länder, 2000, 177–179; *Winkelmann* DVBl 1993, 1128 (1135).

[30] S. nur *Mayer* EuGRZ 2002, 111 (117); *Classen* in MKS Rn. 8; *Giegerich,* Europäische Verfassung und Deutsche Verfassung im transnationalen Konstitutionalisierungsprozeß, 2003, 1198; *Streinz* in Sachs Rn. 10.

[31] Grdl. *Vogel,* Die Verfassungsentscheidung des Grundgesetzes für eine internationale Zusammenarbeit, 1964, 33 ff.; → Art. 24 Rn. 91.

[32] *Wollenschläger* in Dreier Rn. 37; → Präambel Rn. 22.

[33] Dazu *Mayer,* Kompetenzüberschreitung und Letztentscheidung, 2000, 35 ff.; *Möllers,* Gewaltengliederung, 2005, 210 ff.; dagegen aus staatszentrierter Perspektive *Badura* AöR 131 (2006), 423 (436); gegen hierarchische Implikationen *Häberle* ZÖR 62 (2007), 39 (55); sehr krit. *Jestaedt* GS f. Blomeyer, 2004, 637 ff.

[34] So *Pernice* JZ 2000, 866 (869 ff.); *Pernice* VVDStRL 60 (2001), 148 (173); dies aufgreifend *Huber* VVDStRL 60 (2001), 194 (208).

Dieser Aspekt kommt zu kurz, wenn das BVerfG in nationalstaatlicher Perspektive die „in ihren Staaten demokratisch verfassten Völker Europas" als alleinige Quelle der Unionsgewalt bezeichnet und letztere mit Formen der Selbstverwaltung auf eine Stufe stellt.[35] Im Übrigen spricht viel dafür, dass auch ein europäischer Bundesstaat, in dem die Staatlichkeit Deutschlands dauerhaft gewahrt ist, von der Integrationsermächtigung des GG gedeckt wäre (→ Rn. 105).

11 Ziel ist die **regionale Integration.** Während das schon in der Präambel verankerte Ziel des vereinten Europas tendenziell den ganzen Kontinent umfasst,[36] räumt Art. 23 Abs. 1 S. 1 einen weiten Einschätzungsspielraum ein, aus politischen Gründen dahinter zurückzubleiben. Ansätze einer darüber hinausgehenden, weltweiten Integration lassen sich nur iRd Art. 24 u. 59 verwirklichen. Die Europäische Union darf aber auch Mitgliedstaaten mit außereuropäischen Gebieten umfassen, wie es bei einem Beitritt der **Türkei** oder Russlands der Fall wäre und wie es schon heute mit den überseeischen Gebieten einzelner Mitglieder der Fall ist. Schon gar nicht gibt das GG einen Anhalt, um den Europabegriff kulturell oder religiös aufzuladen. Vielmehr spricht Art. 3 Abs. 3 S. 1 für die religiöse Neutralität des verfassungsrechtlichen Europabegriffs.

12 **2. Wirkt die Bundesrepublik Deutschland bei der Entwicklung der Europäischen Union mit.** Der historische Entstehungszusammenhang (→ Rn. 1) macht deutlich, dass es sich bei der **Europäischen Union,** die Art. 23 Abs. 1 S. 1 namentlich bezeichnet, zunächst um die Union handelt, die durch den Vertrag von Maastricht gegründet wurde. Allerdings ist der Begriff unscharf. Nach dem Vertrag von Maastricht war die Union zunächst mit der Gemeinsamen Außen- und Sicherheitspolitik (GASP) sowie der damaligen Polizeilichen und Justiziellen Zusammenarbeit in Strafsachen vorrangig ein Forum intergouvernementaler Zusammenarbeit, das zugleich als Dach für die EG und die Europäische Atomgemeinschaft (EAG) fungierte. Letztere waren hingegen als sog. supranationale Organisationen rechtlich stark verselbständigt und in der Lage, mit ihren Rechtsakten und Entscheidungen in den innerstaatlichen Rechtsraum hineinzuwirken. Mit dem Vertrag von Lissabon wurde die EG in die EU eingegliedert, die nun selbst zur **supranationalen Organisation** geworden ist. Daneben besteht de EAG fort. Art. 23 Abs. 1 erfasst mit seinem Sonderregime, das von Art. 24 u. 59 Abs. 2 abweicht, vor allem supranationale ehemalige EG sowie die EAG. Zur Europäischen Union, die der verfassungsändernde Gesetzgeber 1992 vor Augen hatte, gehört aber gerade auch die **GASP,** die ebenfalls zur Union iSv Art. 23 Abs. 1 S. 1 zählt. Das gilt auch für die Gemeinsame Sicherheits- und Verteidigungspolitik (GSVP), die Art. 42 Abs. 1 S. 1 EUV als integralen Bestandteil der GASP bezeichnet. Dies ändert freilich nichts daran, dass im Rahmen von GASP und GSVP bislang keine Hoheitsrechte iSv Art. 23 Abs. 1 S. 2 (→ Rn. 63) übertragen worden sind, hier also eine **intergouvernementale** und keine supranationale Form der **Zusammenarbeit** vorliegt. Art. 23 Abs. 1 legt das europäische Integrationsprojekt im Übrigen nicht auf einen bestimmten Namen fest. Er erfasst jede europäische Integrati-

[35] So BVerfGE 123, 267 (348 f.) – Lissabon; zu den demokratietheoretischen Implikationen → Rn. 26, 32.

[36] *Classen* in MKS Rn. 1; zur Weite des Begriffs auch *Schorkopf* in BK Rn. 31.

onsgemeinschaft und schließt eine Namensänderung ebenso wenig aus wie ggf. eine Neugründung.[37]

Art. 23 verwendet einen **funktionalen Begriff** der EU, der sich weder auf supranationale Unionselemente noch auf Unionsrecht im technischen Sinn beschränkt. Vielmehr werden auch andere intergouvernementalen Kooperationsformen erfasst, „wenn sie in einem Ergänzungs- oder sonstigen besonderen Näheverhältnis" zum Unionsrecht stehen.[38] Erforderlich ist ein **qualifizierter inhaltlicher Zusammenhang.** Dies hat das BVerfG zunächst in Hinblick auf den Begriff der „Angelegenheiten der Europäischen Union" iSv Art. 23 Abs. 2 herausgearbeitet, um parlamentarische Mitwirkungsrechte zu sichern (→ Rn. 117) und dann folgerichtig auf Art. 23 Abs. 1 übertragen.[39] Ein qualifizierter funktionaler Zusammenhang liegt insb. dann vor, wenn ein Instrument im Primärrecht vorgesehen oder unter Beteiligung von Unionsorganen errichtet wird. Damit gehört nicht nur das geplante Einheitliche Patentgericht[40] zur Europäischen Union iSv Art. 23, sondern auch der sog. Fiskalpakt[41], der die **Währungsunion** absichern soll, sowie der Europäische Stabilitätsmechanismus (ESM), der durch Art. 136 Abs. 3 AEUV abgesichert ist und in dessen Rahmen die Europäische Kommission im Wege der Organleihe tätig wird.[42] Dementsprechend hat das BVerfG seine zum Unionsrecht entwickelte Rechtsprechung zur parlamentarischen Haushaltsverantwortung auf die Europäische Finanzstabilisierung[43] und auf den nachfolgenden ESM[44] übertragen, ohne sich freilich ausdrücklich auf Art. 23 Abs. 1 zu stützen. **13**

Bei sog. **gemischten Abkommen,**[45] also Abkommen, die sowohl von der EU als auch von ihren Mitgliedstaaten abgeschlossen werden, ist zu differenzieren. Soweit der Vertragsgegenstand in die Kompetenz der EU fällt und die EU daher selbst Vertragspartei wird, handelt es sich um eine Angelegenheit der Europäischen Union, so dass sich die deutsche Mitwirkung im Rahmen der EU nach Art. 23 bemisst. Soweit Deutschland hingegen selbst Vertragspartei wird, weil die EU für bestimmte Teile des Übereinkommens keine EU-Kompetenz besitzt, fehlt es gerade an dem qualifizierten inhaltlichen Zusammenhang, so dass sich der Abschluss allein nach Art. 59 richtet.[46] **14**

Mitwirkung bei der Entwicklung der Europäischen Union meint zweierlei: zum einen den Abschluss der Gründungsverträge und ihre Fortentwicklung, zum anderen die Mitwirkung deutscher Vertreter in den Organen der Union.[47] Art. 23 Abs. 1 S. 1 ermächtigt Deutschland nicht nur zur Mitwirkung in der EU, sondern legt die deutsche Staatsgewalt darauf fest.[48] Das ergibt sich sowohl aus dem Indikativ „wirkt […] mit", der als Sollensaussage zu verstehen **15**

---

[37] *Kunig* FS f. Heymanns-Verlag, 1995, 591 (594); *Schorkopf,* Staatsrecht der internationalen Beziehungen, 2017, § 2 Rn. 156, 163; grds. ebenso *Groß* EuR 2018, 387 (403 f.).

[38] BVerfGE 131, 152 (199); BVerfG EuZW 2020, 324, Rn. 119–125 – Patentgericht.

[39] BVerfG EuZW 2020, 324, Rn. 122 – Patentgericht.

[40] BVerfG EuZW 2020, 324, Rn. 144–151 – Patentgericht.

[41] Vertrag über Stabilität, Koordinierung und Steuerung v. 2.3.2012, BGBl. 2012 II, 1006.

[42] Plastisch *Lorz/Sauer* DÖV 2012, 573 (575): „Ersatzunionsrecht".

[43] BVerfGE 129, 124 (166 ff.).

[44] BVerfGE 135, 317, Rn. 159 ff.

[45] Dazu *Schorkopf,* Staatsrecht der internationalen Beziehungen, 2017, § 3 Rn. 191 ff.

[46] *Grzeszick/Hettche* AöR 141 (2016), 225 (242–248); *Holterhus* EuR 2017, 234 (239); aA für die Unterrichtungspflicht nach Art. 23 Abs. 2 S. 2 *von Arnauld* AöR 141 (2016), 268 (272).

[47] Sa *Classen* in MKS Rn. 8.

[48] BVerfGE 123, 267 (346 f.) – Lissabon; *Giegerich,* Europäische Verfassung und Deutsche Verfassung im transnationalen Konstitutionalisierungsprozeß, 2003, 1223 f.

ist, als auch aus dem dahinterstehenden **Integrationsauftrag** der Verfassung (→ Rn. 9). Dementsprechend ist auch das „kann" hinsichtlich der Übertragung von Hoheitsrechten in S. 2 (→ Rn. 66) nicht als bloße Option zu lesen. Vielmehr muss Deutschland Hoheitsrechte übertragen, soweit dies zur Verwirklichung des Integrationsauftrages erforderlich ist. Damit ist auch eine einvernehmliche Auflösung oder ein **Austritt** Deutschlands aus der Europäischen Union, den Art. 50 EUV nunmehr ausdrücklich ermöglicht, verfassungsrechtlich **grundsätzlich unzulässig.**[49] Freilich formuliert Art. 23 Abs. 1 S. 1 eine Reihe von inhaltlichen Anforderungen an die Ausgestaltung der EU (→ Rn. 17 ff.). Es wäre aber falsch, diese Anforderungen als „auflösende Bedingung" für die deutsche Mitwirkung zu verstehen.[50] Vielmehr gibt Art. 23 Abs. 1 S. 1 allen deutschen Staatsorganen den Auftrag darauf hinzuwirken, dass die aufgeführten Grundsätze in der EU verwirklicht werden. Art. 23 Abs. 1 S. 1 gebietet nicht etwa den Rückzug bei Fehlentwicklungen, sondern i. S. einer Integrationsverantwortung (→ Rn. 23) den nachhaltigen Einsatz für eine positive Entwicklung.[51] Das BVerfG leitet aus dieser Zielbestimmung den Grundsatz der **Europarechtsfreundlichkeit** ab.[52]

16 Art. 23 Abs. 1 S. 1 beantwortet auch die Frage nach einer Grundrechtsbindung deutscher Vertreter im Rat und in anderen Organen der Union. Art. 1 Abs. 3 spräche an sich für eine Bindung deutscher Vertreter an die Grundrechte des GG (→ Art. 1 Rn. 74). Allerdings ist die Doppelstellung des Vertreters zu berücksichtigen, der nicht nur für den Bund sondern zugleich für die EU handelt. Der Rat und die übrigen Organe der Union sind ausschließlich an Unionsgrundrechte gebunden, nicht aber an nationale Grundrechte.[53] Art. 23 Abs. 1 akzeptiert dies im Interesse einer reibungslosen Integration, soweit seine Anforderungen erfüllt sind, der unionale Grundrechtsschutz dem deutschen also im Wesentlichen vergleichbar ist (→ Rn. 48, 50). Damit sind auch die **deutschen Vertreter** bei ihrem Handeln in den Organen der Union **von der Grundrechtsbindung** nach Art. 1 Abs. 3 **freigestellt,** soweit das Handeln dieser Organe einer hinreichenden unionalen Grundrechtsbindung unterliegt.[54] Soweit Unionshandeln einer hinreichenden europäischen Grundrechtskontrolle unterliegt, besteht kein Anlass, die fehlende Bindung der europäischen Organe an deutsche Grundrechte durch eine entsprechende Bindung der deutschen Vertreter in den Unionsorganen zu kompensieren.[55] Die deutschen Vertreter unterliegen damit nur den verfassungsrechtlichen Bindungen, die das BVerfG unter dem Gesichts-

---

[49] *Groß* EuR 2018, 387 (403 f.); *Schorkopf,* Staatsrecht der internationalen Beziehungen, 2017, § 2 Rn. 156; die Freiheit des Austritts im Rahmen verfassungsrechtlicher Grenzen betont BVerfGE 123, 267 (395 f.) – Lissabon; zur Notwendigkeit einer legislativen Entscheidung nach Art. 23 Abs. 1 S. 2, 3 *Schiffbauer* AöR 141 (2016), 551 (574 f.); ähnlich *Hölscheidt* DÖV 2020, 69 (71 f.); *Michl* NVwZ 2016, 1365 (1366).

[50] So aber *Hillgruber* in HdbStR II § 32 Rn. 104; von einer „Bedingung" spricht auch BVerfGE 123, 267 (347) – Lissabon.

[51] Sa *Mayer* EuGRZ 2002, 111 (118 f.); ferner BVerfGE 123, 267 (365) – Lissabon.

[52] BVerfGE 123, 267 (347) – Lissabon; BVerfGE 126, 286 (303) – Honeywell; BVerfGE 142, 123, Rn. 141 – OMT; *Voßkuhle* JZ 2016, 161 (165).

[53] *Cornils* AöR 129 (2004), 336 (346 f.).

[54] Grdl. *Cornils* AöR 129 (2004), 336 (341, 350 ff.); iErg ähnlich *Heintzen* Der Staat 31 (1992), 367 (386 f.); für eine stärkere Grundrechtskontrolle *Cremer* EuR 2014, 195 ff.; sa BVerfGK NVwZ 2004, 209 – Energiesteuerrichtlinie mit einer rein verfassungsprozessrechtlichen Begründung.

[55] So aber vor Schaffung von Art. 23 *Friauf* in Friauf/Scholz Europarecht und Grundgesetz, 29 ff.; *Scholz* in Friauf/Scholz Europarecht und Grundgesetz, 89 f.

punkt der *Ultra-vires*-Kontrolle (→ Rn. 71 ff.)[56] und der Identitätskontrolle (→ Rn. 95 ff.) aus ihrer **Integrationsverantwortung** ableitet (→ Rn. 23).

17 **3. Die … Grundsätzen verpflichtet ist.** Die sog. **Struktursicherungsklausel**[57] fordert eine gewisse Homogenität zwischen der deutschen und der europäischen Rechtsordnung.[58] Das GG öffnet sich für eine europäische Ordnung, ist aber nicht bereit, dabei auf grundlegende Ordnungsprinzipien der deutschen Verfassungsordnung zu verzichten. Auf diese Weise sollen Spannungen zwischen den Rechtsordnungen klein gehalten und Brüche verhindert werden. Bei der Auslegung der Grundsätze, die Art. 23 Abs. 1 S. 1 aufzählt, ist zunächst an die Ausprägung zu denken, die sie im GG gefunden haben. Würde allerdings jeder Mitgliedstaat die exakte Übertragung seiner eigenen Strukturprinzipien fordern, wäre eine Einigung auf eine gemeinsame Union ausgeschlossen. *Classen* betont daher die Bedeutung einer gemeineuropäischen Begriffsbildung.[59] Zudem unterscheidet sich eine supranationale Union, die auf souveränen Staaten aufbaut, soweit von einem Staat, dass die **nationalen Verfassungsprinzipien** den **Funktionsbedingungen der Union** angepasst werden müssen.[60]

18 Das bedeutet, dass der Gehalt der aufgeführten Grundsätze gegenüber der Ausprägung, die sie im innerstaatlichen Verfassungsrecht gefunden haben, modifiziert und ggf. abgeschwächt werden muss.[61] Besonders deutlich zeigt sich dies beim Grundsatz der **Gewaltenteilung** als Teil des Rechtsstaatsprinzips (→ Rn. 36 ff.). Eine kategorische institutionelle Trennung zwischen Legislative und Exekutive ist der Europäischen Union fremd und ließe sich in einer supranationalen Union auch kaum verwirklichen. Das schließt es aber nicht aus, auch von der Union Formen der Gewaltenteilung einzufordern.

19 Eine ähnliche Festlegung der europäischen Integration auf bestimmte verfassungsrechtliche Grundstrukturen war früher schon aus **Art. 79 Abs. 3** abgeleitet worden.[62] Mit der Schaffung von Art. 23 Abs. 1 S. 1 wäre es sachgerecht, Art. 79 Abs. 3 zurücktreten zu lassen (→ Rn. 93 ff.).

20 Spiegelbild der verfassungsrechtlichen Struktursicherungsklausel ist **Art. 2 EUV,** der weitgehend dieselben Prinzipien aufgreift und zur Grundlage der Europäischen Union macht.[63] Damit löst das Unionsrecht den Anspruch des GG grundsätzlich ein. Die nähere Ausgestaltung erfolgt in den einzelnen Vorschriften des europäischen Primärrechts.

21 Die Struktursicherungsklausel hat eine doppelte Zielsetzung. Zum einen stellt sie **Anforderungen an die Gründungsverträge** der Europäischen Union auf. Deutschland muss bei Verhandlungen über die Fortentwicklung der vertraglichen Grundlagen der Europäischen Union auf die Einhaltung der

---

[56] Dies betont *Cremer* EuR 2014, 195 (228).

[57] So schon der Bericht der Gemeinsamen Verfassungskommission v. 5.11.1993, BT-Drs. 12/6000, 20.

[58] Sa *Schorkopf* in BK Rn. 39: Homogenitätsklausel; zurückhaltender *Streinz* in Sachs Rn. 21.

[59] *Classen* in MKS Rn. 16.

[60] *König,* Die Übertragung von Hoheitsrechten im Rahmen des europäischen Integrationsprozesses, 2000, 282; sa *Wollenschläger* in Dreier Rn. 63; zur Vorsicht mahnend *Lübbe-Wolff* VVDStRL 60 (2001), 246 (247 f., 262).

[61] *Isensee* FS f. Stern, 1997, 1239 (1250); *Uhrig,* Die Schranken des Grundgesetzes für die europäische Integration, 2000, 108; sa BVerfGE 89, 155 (182 f.) – Maastricht, zum Erfordernis demokratischer Legitimation.

[62] → Art. 24 Rn. 47 f.

[63] Dazu *Schorkopf,* Homogenität in der EU, 2000, 69 ff.

Strukturvorgaben achten. Sollten die Verträge die Strukturvorgaben des Art. 23 Abs. 1 S. 1 missachten, wäre eine deutsche Zustimmung zu diesen Verträgen verfassungswidrig.[64]

22 Zum anderen bindet die Struktursicherungsklausel deutsche Organe bei ihrer **Mitwirkung in den Organen** der Europäischen Union.[65] Deutsche Vertreter im Rat und in anderen Organen der Union sind zwar durch Art. 23 Abs. 1 S. 1 von der regulären Verfassungsbindung und namentlich von der Bindung an den Grundrechtskatalog des GG freigestellt (→ Rn. 16), bleiben aber den dort aufgelisteten Strukturprinzipien verpflichtet. Häufig wird die negative Funktion der Struktursicherungsklausel betont, Grenzen für die Mitwirkung Deutschlands und seiner Organe in der Europäischen Union aufzuzeigen (→ Rn. 15). Die Vorschrift hat aber auch eine positive Funktion, indem sie aufzeigt, in welche Richtung deutsche Organe die Entwicklung der Europäischen Union voranbringen sollen.[66] Als Vorgaben, die im Integrationsprozess zu verwirklichen sind, lassen sich die Grundsätze des Art. 23 Abs. 1 S. 1 als **Optimierungsgebote** verstehen.[67] Gefordert ist weder eine unbedingte Verwirklichung noch ein bloßes Minimum, sondern eine sachgerechte Abwägung widerstreitender Interessen und Belange im Rahmen des tatsächlich und rechtlich Möglichen.

23 Die Verpflichtungen, die Art. 23 Abs. 1 S. 1 deutschen Staatsorgangen auferlegt, lassen sich als **Integrationsverantwortung** bezeichnen. Der Begriff geht auf das Lissabon-Urteil zurück.[68] In neueren Entscheidungen betont das BVerfG die Parallele zu grundrechtlichen Schutzpflichten.[69] Adressaten der Integrationsverantwortung sind für das BVerfG vor allem BReg. und BT. Das greift insofern zu kurz, als Art. 23 auch dem BR starke Mitwirkungsbefugnisse in Angelegenheiten der Europäischen Union zuspricht.[70] Die Integrationsverantwortung soll sich aber jedenfalls auf Verfassungsorgane beschränken.[71] Mit der Integrationsverantwortung verknüpft das BVerfG **Aufsichtspflichten** gegenüber unionalen Vorgängen.[72] Kommen die Adressaten diesen Handlungspflichten nicht nach, kann dies mit der Identitäts- oder *Ultra-vires*-Rüge gestützt auf Art. 38 Abs. 1 S. 1 vor dem BVerfG angegriffen werden (→ Rn. 74, 103 f.). Dies ermöglicht dem BVerfG die mittelbare Kontrolle der entsprechenden Unionsakte. Freilich postuliert das BVerfG Handlungspflichten auch dort, wo BReg. und BT kaum Interventionsmöglichkeiten haben. Es entsteht der Eindruck, dass die Konstruktion vor allem dazu dient, dem BVerfG einen Kontrollzugriff zu eröffnen.

24 Eine eigene Integrationsverantwortung des BVerfG postuliert der Erste Senat in der Sache Recht auf Vergessen II, wo es um die Kontrolle unionsrechtlich vollständig determinierter deutscher Rechtsakte am Maßstab der

[64] Vgl. *König,* Die Übertragung von Hoheitsrechten im Rahmen des europäischen Integrationsprozesses, 2000, 291; *Pieper* Rechtstheorie-Beih. 20/2002, 445 (454).

[65] Sa BVerfGE 89, 155 (211) – Maastricht.

[66] *Streinz* in Sachs Rn. 16.

[67] So *Isensee* FS f. Stern, 1997, 1239 (1248) zu Art. 79 Abs. 3; zu Optimierungsgeboten grdl. aus der Perspektive der Grundrechtsdogmatik *Alexy,* Theorie der Grundrechte, 2. Aufl. 1994, 75 ff.

[68] BVerfGE 123, 267 (351–353) – Lissabon.

[69] BVerfGE 142, 123, Rn. 166 – OMT; BVerfGE 151, 202, Rn. 142 – Bankenunion.

[70] Sa *Sauer* EuR 2017 186 (201) sowie die Erwähnung von BR und BPräs, in BVerfG BeckRS 2020, 7327, Rn. 107 – Anleihekäufe.

[71] BVerfG BeckRS 2020, 7327, Rn. 95 – Anleihekäufe.

[72] BVerfGE 151, 202, Rn. 143–148 – Bankenunion; BVerfG BeckRS 2020, 7327, Rn. 106–109, 229–233 – Anleihekäufe; krit. *Calliess* NVwZ 2019, 684 (689).

GRC geht.[73] Hier dient der Rückgriff auf die Integrationsverantwortung unmittelbar dazu, den eigenen **Kontrollzugriff** zu legitimieren. Während die Aufsicht gegenüber unionalen Vorgängen zurücktritt, geht es vor allem um den effektiven Schutz der Grundrechte in Deutschland (→ Rn. 46 ff.) sowie um die Rolle des BVerfG im gemeineuropäischen Grundrechtdiskurs (→ Rn. 61).

a) Demokratische Grundsätze. Das Demokratieprinzip erfordert eine Legitimation von Herrschaft durch Entscheidungen, die auf freie, gleiche und allgemeine Wahlen zurückgehen.[74] Auf diese Weise muss auch europäische Hoheitsgewalt legitimiert werden. Die Ausübung europäischer Hoheitsgewalt ist zunächst dadurch institutionell legitimiert, dass der BT den Gründungsverträgen zugestimmt hat.[75] Diese Form der demokratischen Legitimation ergibt sich allerdings bereits aus Art. 23 Abs. 1 S. 2, 3 (→ Rn. 75). Demgegenüber verlangt Art. 23 Abs. 1 S. 1 eine weitergehende personelle und inhaltliche demokratische Legitimation europäischer Hoheitsgewalt. Diese wird einerseits über direkte Wahlen zum Europäischen Parlament verwirklicht und andererseits über die nationalen Parlamente, die die im Rat vertretenen Regierungen wählen und kontrollieren (sog. **duale Legitimation,** Art. 10 Abs. 2 EUV).[76] **25**

Es ist eingewandt worden, dass das **Europäische Parlament** keine demokratische Legitimation vermitteln könne, weil es an einem europäischen Volk fehle.[77] Tatsächlich ging Art. 189 UAbs. 1 EG davon aus, dass die Europaabgeordneten von den Völkern der Mitgliedstaaten gewählt werden. Dementsprechend ist die Zahl der in jedem Mitgliedstaat gewählten Abg. nach Art. 14 Abs. 2 EUV proportional-degressiv zur Größe der einzelnen Staaten. Es wird also das demokratische Prinzip der Stimmrechtsgleichheit mit dem föderalen Prinzip des gleichen Gewichts aller Mitgliedstaaten kombiniert. In einer Union, die nicht nur demokratischen, sondern zugleich auch föderativen Grundsätzen (→ Rn. 40 ff.) entsprechen soll, erscheint dies angemessen.[78] **26**

---

[73] BVerfG NJW 2020, 314 (318 f.), Rn. 53–56, 67; dazu *Kämmerer/Kotzur* NVwZ 2020, 177 (179); krit. *Michl* Jura 2020, 479 (484 f.); → Rn. 54.

[74] Zu den Anforderungen aus rechtsvergleichender Sicht *Classen* in MKS Rn. 20; zu verschiedenen Konkretisierungsansätzen *Kirsch,* Demokratie und Legitimation in der Europäischen Union, 2008, 58 ff.; Freiheit und Gleichheit betont auch BVerfGE 123, 267 (340 ff.; 366 f.) – Lissabon.

[75] BVerfGE 89, 155 (184) – Maastricht.

[76] *Mellein,* Subsidiaritätskontrolle durch nationale Parlamente, 2007, 79 ff., 83; *Röben,* Außenverfassungsrecht, 2007, 331 f.; allg. *Heinig* VVDStRL 75 (2016), 65 (81 ff.); *Pieroth* EuGRZ 2006, 330 ff.; zum zugrunde liegenden Verfassungspluralismus *Mayer* VVDStRL 75 (2016), 7 (28 ff.); zur Mitwirkung nationaler Parlamente im Rechtsvergleich *Calliess/Beichelt,* Die Europäisierung des Parlaments, 2015, 345 ff.

[77] *Di Fabio* Der Staat 32 (1993), 191 (202 ff.); *Grimm* JZ 1995, 581 (587–590); skeptisch auch *Huber* VVDStRL 60 (2001), 194 (236 f.); dagegen *König,* Die Übertragung von Hoheitsrechten im Rahmen des europäischen Integrationsprozesses, 2000, 600 ff.; *Lübbe-Wolff* VVDStRL 60 (2001), 246 (263 f.); *Oeter* in v. Bogdandy/Bast Europäisches Verfassungsrecht, 73 (94); *Weiler* JöR nF 44 (1996), 91 (96 ff.); für einen stark volksbezogenen Demokratiebegriff *Böckenförde* in HdbStR II § 24 Rn. 26 ff.; dagegen *Bryde* Staatswissenschaft und Staatspraxis 5 (1994), 305 ff.; *Dann,* Parlamente im Exekutivföderalismus, 2004, 152; *Nettesheim* in Bauer/Huber/Sommermann Demokratie in Europa, 143 (175 ff.); zu einem Konzept der Völkersouveränität *Schröder* in Jochum/Petersson/Schröder/Ullrich Legitimationsgrundlagen einer europäischen Verfassung, 17 (92 ff.); zum Lissabon-Urteil des BVerfG → Rn. 32.

[78] Ebenso ohne Rückgriff auf die Föderativklausel des Art. 23 Abs. 1 S. 1 *Bryde* FS f. Zuleeg, 2005, 131 (133 f.); *Classen* in MKS Rn. 24; *Mellein,* Subsidiaritätskontrolle durch nationale Parlamente, 2007, 72; im Ansatz auch *Oeter* in v. Bogdandy/Bast Europäisches

Ebenso ist das Fehlen eines einheitlichen Wahlrechts gerechtfertigt, auch wenn eine Vereinheitlichung des Wahlrechts auf der Grundlage von Art. 223 Abs. 1 AEUV die demokratische Legitimation stärkt. Dem Ziel des Art. 10 Abs. 4 EUV, durch politische Parteien auf europäischer Ebene zur Herausbildung eines europäischen politischen Bewusstseins beizutragen, entspräche es, die Mitglieder des Europaparlaments auf der Grundlage transnationaler, europaweiter Listen zu wählen.[79] Die Verpflichtung auf demokratische Grundsätze bedeutet aber nicht, dass die Wahlrechtsgrundsätze des Art. 38 Abs. 1 S. 1 vollständig verwirklicht werden müssten. Die Wahlen zum Europäischen Parlament sind damit Ausdruck der Demokratie und Tragen zur Legitimation der Europäischen Hoheitsgewalt bei. Zutreffend wird das Europäische Parlament vom BVerfG im Urteil zum Europäischen Haftbefehl als „eigenständige Legitimationsquelle des europäischen Rechts" bezeichnet.[80] Dem steht freilich der Legitimationsmonismus des Lissabon-Urteils gegenüber (→ Rn. 32).

27 Soweit das Europäische Parlament nach nationalen Regeln gewählt wird, misst das BVerfG das EuropawahlG zutreffend am Grundsatz der Wahlrechtsgleichheit, der über Art. 3 Abs. 1 subjektiviert wird. Damit ist eine **Sperrklausel** von 5 oder 3 % als Einschränkung der Erfolgswertgleichheit rechtfertigungsbedürftig. Wenn das BVerfG jedoch meint, dass eine Sperrklausel – anders als beim BT (→ Art. 38 Rn. 73 f.) – für die Funktionsfähigkeit des Europäischen Parlaments nicht erforderlich sei,[81] unterschätzt es dessen Bedeutung im Institutionengefüge der EU. Zwar kann die deutsche Gesetzgebung, die nur über die Wahl der deutschen Vertreter zu befinden hat, eine Zersplitterung allein nicht verhindern. Das hindert sie aber nicht daran, mit einer Sperrklausel einen Beitrag gegen eine Zersplitterung zu leisten.[82] Soweit eine Sperrklausel nun unionsrechtlich vorgegeben wird,[83] ist sie der Kontrolle des BVerfG grundsätzlich entzogen; das BVerfG bleibt dann auf eine bloße *Ultra-vires-* (→ Rn. 71 ff.) und Identitätskontrolle (→ Rn. 95 ff.) beschränkt; danach erscheint eine unionsrechtliche Sperrklausel verfassungsrechtlich grds. unproblematisch.[84] Verfassungsrecht kann es jedoch gebieten, innerhalb eines unionsrechtlich eingeräumten Spielraums von 2 bis 5 % an der unteren Grenze zu bleiben.[85]

28 Als zweiter Strang tritt die demokratische Legitimation hinzu, die über die Mitwirkung der **nationalen Regierungen** im Rat vermittelt wird. Diese Form der Legitimation hat das BVerfG schon in der Maastricht-Entscheidung in den Vordergrund gestellt.[86] Allerdings ist diese Legitimation bei Mehr-

---

Verfassungsrecht, 108; *Oppermann* FS f. Meyer, 2006, 281 (294); diff. *Ohler* AöR 135 (2010), 153 (178 f.).

[79] Sa *Hillgruber* in HdbGR V § 118 Rn. 25.

[80] BVerfGE 113, 273 (301); sa *Kadelbach* VVDStRL 66 (2007), 7 (29).

[81] BVerfGE 129, 300 (320 ff.); 135, 259, Rn. 52 ff.; zust. *Kahl/Bews* DVBl. 2014, 737 (740 ff.); krit. *Grzeszick* NVwZ 2014, 537 ff.; *Gundel* BayVBl. 2014, 586 (587); *Haratsch* EuGRZ 2019, 177 ff.; *Kotzur/Heidrich* ZEuS 2014, 259 (270 f.).

[82] Sa *Gundel* BayVBl. 2014, 586 (587 f.); *Haratsch* EuGRZ 2019, 177 (182 f.).

[83] Beschl. (EU, Euratom) 2018/994, ABl. L EU 178/1.

[84] *Giegerich* ZEuS 21 (2018), 145 (160 f.); *Haratsch* EuGRZ 2019, 177 (184 f.); *Heinig* DVBl. 2016 1141 (1145 ff.).

[85] *Giegerich* ZEuS 21 (2018), 145 (161–163); so auch BVerfGE 129, 300 (317); 135, 259, Rn. 41–43 zur Ausfüllung des bislang unionsrechtlich vorgegebenen Rahmens.

[86] BVerfGE 89, 155 (185); ebenso *Badura* AöR 131 (2006), 423 (438 f.); *Streinz* in Sachs Rn. 25 f.; zum Lissabon-Urteil des BVerfG → Rn. 32.

heitsentscheidungen, bei denen eine Regierung überstimmt werden kann, so dass sich die konkrete Entscheidung nicht mehr auf den Willen des von der betreffenden Regierung vertretenen Staatsvolkes zurückführen lässt, eingeschränkt. Zudem ist die Legitimationskette problematisch lang. Hier sucht Art. 23 Abs. 2 u. 3 Abhilfe zu schaffen, indem er die Willensbildung der BReg. im Rat stärker an den **BT** rückbindet.[87] Diese Rückbindung wird jedoch dadurch relativiert, dass gleichzeitig dem BR Mitwirkungsrechte gem. Art. 23 Abs. 2, 4–7 eingeräumt werden.[88] Der **BR** ist zwar über die Landesregierungen und -parlamente gleichfalls demokratisch legitimiert. Die Legitimationskette wird aber bei der Mitwirkung des BR in Angelegenheiten der Europäischen Union unüberschaubar lang. Damit erscheint eine demokratische Legitimation europäischer Hoheitsgewalt allein über den Rat beim derzeitigen Stand der Integration unzureichend. Hinzutreten muss die Legitimation über das Europäische Parlament. Dementsprechend ist die demokratische Legitimation im Bereich der GASP, wo das Europäische Parlament lediglich gem. Art. 36 EUV anzuhören ist, problematisch schwach ausgeprägt.

Unterstützt wird die demokratische Legitimation durch eine **unmittelbare** 29
Beteiligung der nationalen Parlamente auf der europäischen Ebene. Diese Beteiligung war bereits im Protokoll über die Rolle der einzelstaatlichen Parlamente in der Europäischen Union von 1997[89] angelegt und wurde durch den Vertrag von Lissabon verstärkt. Dabei ist neben dem neuen Protokoll über die Rolle der nationalen Parlamente (→ Rn. 131) insbes. das sog. Frühwarnsystem nach dem Subsidiaritätsprotokoll zu nennen.[90] Die Beteiligungsrechte bestätigen, dass auch das Unionsrecht von einer doppelten Legitimation über das Europäische Parlament einerseits und über die nationalen Parlamente andererseits ausgeht.[91]

Demokratische Kontrolle setzt voraus, dass einzelne Entscheidungen klar 30
bestimmten Institutionen und Organen zuzurechnen sind. Erforderlich sind eindeutige Kompetenzzuweisungen und **transparente Entscheidungsstrukturen.**[92] Das gilt nicht nur für die Rechtssetzung,[93] sondern auch für die Verwaltung. Insofern ist es problematisch, wenn eine Vielzahl nationaler und europäischer Stellen im Europäischen **Verwaltungsverbund** in einer Weise zusammenarbeitet, dass die Verantwortlichkeit der einzelnen Stellen verschwimmt.[94] Es ist daher eine **bedenkliche Tendenz,** wenn versucht wird, supranationale Strukturen zu vermeiden und den unbestreitbaren europäischen Koordinierungsbedarf eher im Rahmen intergouvernementaler Zu-

---

[87] *Möller/Limpert* ZParl 1993, 21 (24).

[88] Krit. *Huber* ZG 2006, 354 (367).

[89] BGBl. 1998 II 437.

[90] Dazu *Uerpmann-Wittzack* EuGRZ 2009, 461 ff.; zu Recht zurückhaltend zur legitimierenden Wirkung *Dann* in v. Bogdandy/Bast Europäisches Verfassungsrecht, 335 (381); *Mellein,* Subsidiaritätskontrolle durch nationale Parlamente, 2007, 242; etwas positiver *Mager* ZEuS 6 (2003), 471 (480 ff.); erste Subsidiaritätsrügen BR-Drs. 347/10 (B) sowie BT-Drs. 17/3239, beschlossen am 7.10.2010, BT-Prot. 17/65, 6871 D.

[91] Sa *Lais* ZEuS 2003, 189 f.; zu weitergehenden Vorschlägen der Einbindung nationaler Parlamente im Verfassungskonvent *Lais* ZEuS 2003, 200 ff.

[92] *Lübbe-Wolff* VVDStRL 60 (2001), 246 (276–278); *Pache* VVDStRL 66 (2007), 106 (140); *Schmidt-Aßmann* EuR 1996, 270 (296 f.); *Sydow,* Verwaltungskooperation in der Europäischen Union, 2004, 241 f.

[93] Dazu *Lübbe-Wolff* VVDStRL 60 (2001), 246 (256 f.).

[94] Sa *Frenz* DÖV 2010, 66; BVerfGE 119, 331 (365 f.); sowie *Schulz* DÖV 2008, 1028 (1030) zum entsprechenden Verbot der Mischverwaltung im Verhältnis von Bund und Ländern.

sammenarbeit zu befriedigen. Für eine **intergouvernementale Lösung** mögen zwar föderative Grundsätze (→ Rn. 40 ff.) sowie das Subsidiaritätsprinzip sprechen (→ Rn. 44 f.). Eine supranationale Lösung kann aber zur Wahrung des Demokratieprinzips und rechtsstaatlicher Grundsätze (→ Rn. 34 f.) vorzugswürdig sein. Bei der Wahl der geeigneten Organisationsform sind die widerstreitenden Prinzipien zum Ausgleich zu bringen, wobei auch die Effizienz der Aufgabenerledigung zu berücksichtigen ist.[95] Der Legislative kommt insoweit ein Einschätzungsspielraum zu.

31 Unter demokratischen Gesichtspunkten ist es problematisch, wenn Entscheidungsbefugnisse **weisungsfreien Fachbeamten** anvertraut und auf diese Weise der politischen Kontrolle entzogen werden. Das gilt sowohl für die Verwaltung durch unabhängige Unionsorgane oder -agenturen[96] als auch für Fälle, in denen das Unionsrecht nationale Regulierungsbehörden von Weisungen freistellt. Dafür bedarf es einer besonderen Rechtfertigung. Außerdem muss der Verlust an demokratischer Steuerungsmöglichkeit durch eine Bindung an hinreichend bestimmte legislative Vorgaben und deren gerichtliche Kontrolle oder auf andere Weise kompensiert werden.[97]

32 Demokratische Grundsätze hat das BVerfG auch ins Zentrum seines **Lissabon-Urteils** gestellt.[98] Dabei wählt es jedoch einen Ansatz, der von dem hier vertretenen grundlegend abweicht. An die Stelle der hier vertretenen dualen Legitimation setzt das BVerfG einen **Monismus des Legitimationssubjekts:** Legitimationssubjekt seien entweder die Völker der Mitgliedstaaten oder ein europäisches Volk.[99] Eine Legitimationstheorie, die das Individuum in den Vordergrund stellt und es gleichzeitig unterschiedlichen Gruppen zuordnet, ist dem BVerfG fremd (→ Rn. 26). Das BVerfG unterscheidet zwischen den demokratischen Grundsätzen iSv Art. 23 Abs. 1 S. 1 und dem änderungsfesten Demokratieprinzip nach Art. 20 Abs. 1 und 2, Art. 38 Abs. 1, Art. 79 Abs. 3. Zwar sei der beschriebene Ausgleich (→ Rn. 26) zwischen verschiedenen Prinzipien bei der Organisation europäischer Organe iRd Art. 23 Abs. 1 S. 1 durchaus möglich.[100] Dementsprechend sei die Föderalisierung des Europäischen Parlaments nicht zu beanstanden.[101] Das Parlament repräsentiere nicht ein europäisches Volk, sondern „die in ihren Staaten organisierten Völker Europas mit ihren jeweiligen durch demokratische gleichheitsgerechte Wahl zustande gekommenen parteipolitisch präformierten Kräfteverhältnissen".[102] Das nach Art. 79 Abs. 3 **änderungsfeste Demokratieprinzip** sei aber keiner Abwägung zugänglich.[103] Die Volks-

[95] Zur Legitimation durch Effizienz *Pache* VVDStRL 66 (2007), 106 (141).

[96] Dazu *Klein* AöR 139 (2014), 165 (190 f.).

[97] EuGH C-518/07, Slg. 2010, I-01885, ECLI:EU:C:2010:125 Rn. 42 – Kommission/Deutschland zum Datenschutzbeauftragten; EuGH C 270/12, ECLI:EU:C:2014:18 Rn. 41–53 – Vereinigtes Königreich/Parlament und Rat zur Europäischen zur Europäischen Wertpapier- und Marktaufsichtsbehörde; BVerfGE 151, 202, Rn. 130, 133 f. – Bankenunion.

[98] BVerfGE 123, 267 (340 ff.) – Lissabon; bestätigend BVerfGE 151, 202, Rn. 125 f. – Bankenunion; zust. *Schorkopf* GLJ 10 (2009), 1219 ff.

[99] BVerfGE 123, 267 (398, 404 f.) – Lissabon zum „Wechsel des demokratischen Legitimationssubjekts"; ähnlich *Haack,* Verlust der Staatlichkeit, 2007, 287 f., 389, 431; sehr krit. dagegen *van Ooyen,* Die Staatstheorie des Bundesverfassungsgerichts und Europa, 7. Aufl. 2018, 97 ff.; zu einer pluralistischen Sicht auch *Mayer* VVDStRL 75 (2016), 7 (49–51).

[100] BVerfGE 123, 267 (347) – Lissabon.

[101] BVerfGE 123, 267 (368 f.) – Lissabon.

[102] BVerfGE 123, 267 (375) – Lissabon; ähnlich *Haack,* Verlust der Staatlichkeit, 2007, 390 ff.

[103] BVerfGE 123, 267 (343 f.) – Lissabon.

vertretung auf europäischer Ebene genüge damit nicht dem Prinzip staatsbürgerlicher Gleichheit, wie es Art. 79 Abs. 3 für die Ausübung staatlicher Gewalt festschreibe. Gemessen am Grundsatz der repräsentativen Demokratie sei die Union, wie das BVerfG formuliert, „erheblich überföderalisiert."[104] Folgerichtig verschiebt das BVerfG das duale Legitimationsmodell der Europäischen Union stark zu Lasten des Europäischen Parlaments, dem es lediglich eine ergänzende und abstützende Legitimationsfunktion zuspricht.[105] Im Zentrum stehen die nationalen Parlamente und namentlich der BT, ohne dass in den Blick käme, ob nationale Parlamente je in der Lage sein können, den politischen Prozess auf europäischer Ebene effektiv zu kontrollieren oder gar mit zu gestalten.[106] Gleichzeitig überdehnt das BVerfG den änderungsfesten Verfassungskern und vernachlässigt das in Art. 23 positivierte Verfassungsrecht (→ Rn. 93 ff., 102).

Die These von der Abwägungsfestigkeit des Demokratieprinzips kann schon deshalb nicht überzeugen, weil dieses Prinzip in Art. 79 Abs. 3 mit anderen Prinzipien auf eine Stufe gestellt wird. So besteht ein **Spannungsverhältnis** zwischen der strengen Demokratietheorie des BVerfG und der ebenfalls änderungsfesten bundesstaatlichen Ordnung.[107] Ebenso muss es möglich sein, Demokratie auf den verschiedenen Ebenen der Europäischen Union zu verwirklichen. Der **verengte Blick** führt auch dazu, dass die in → Rn. 30 angesprochenen Legitimationsprobleme nicht in den Blick kommen.[108] Entgegen der Auffassung des BVerfG lässt sich aus dem Demokratieprinzip weder eine absolute Festlegung auf das Prinzip der begrenzten Einzelermächtigungen (→ Rn. 76) noch eine absolute Schranke für die Supranationalisierung bestimmter Aspekte der Staatsgewalt (→ Rn. 41, 96) ableiten. 33

b) Rechtsstaatliche Grundsätze. Die Festlegung auf rechtsstaatliche Grundsätze ist insofern problematisch, als die Europäische Union kein Staat ist und nach überwiegender Auffassung auch keiner werden soll.[109] Besser geeignet erscheint daher auf europäischer Ebene der Begriff der **Herrschaft des Rechts** *(rule of law)*.[110] Das ändert allerdings nichts daran, dass sich die rechtsstaatlichen Grundsätze des GG (→ Art. 20 Rn. 140–142, 191) der Sache nach grundsätzlich auf die Union anwenden lassen. Vorrang und Vorbehalt des Gesetzes sind mit der Maßgabe verwirklicht, dass die europäischen „Gesetze" neben den Gründungsverträgen insbes. Verordnungen sind.[111] Dem entspricht Art. 289 Abs. 3 AEUV, der bestimmte Verordnungen und Richtlinien mittlerweile als „Gesetzgebungsakte" qualifiziert. 34

---

[104] BVerfGE 123, 267 (376) – Lissabon; sehr krit. dagegen *Halberstam/Möllers* GLJ 10 (2009), 1241 (1247 ff.).

[105] BVerfGE 123, 267 (364) – Lissabon; BVerfGE 151, 202, Rn. 125 – Bankenunion.

[106] Dagegen grdl. *Dann,* Parlamente im Exekutivföderalismus, 2004, 210 ff., 269 ff.; sa *Giegerich* ZEuS 21 (2018), 145 (163 f.); *Schmahl* DÖV 2014, 501 ff.; *Uerpmann-Wittzack* AVR 49 (2011), 103 ff.; *Uerpmann-Wittzack* EuR Beiheft 2/2013, 49 (58–60); auf die Asymmetrie einer nationalstaatlichen Perspektive verweist angesichts der Maßnahmen in der Euro-Krise *Triantafyllou* EuR 2014, 458 ff.

[107] Sa *Halberstam/Möllers* GLJ 10 (2009), 1241 (1248); *Schönberger* GLJ 10 (2009), 1201 (1211 ff.).

[108] S. etwa BVerfGE 123, 267 (360, 390 f.) – Lissabon mit einer unkritischen Präferenz für Formen der intergouvernementalen Zusammenarbeit.

[109] S. BVerfGE 75, 223 (242); 89, 155 (188 f.); *Pache* EuGRZ 2009, 285 (298); *Schönberger* GLJ 10 (2009), 1201 (1217); *Zuleeg* NJW 2000, 2846 (2851).

[110] *v. Bogdandy* in v. Bogdandy/Bast Europäisches Verfassungsrecht, 13 (36).

[111] *Pernice* VVDStRL 60 (2001), 148 (180).

35 Das Bestimmtheitsgebot, das Gebot der Rechtssicherheit und des Vertrauensschutzes sowie der Grundsatz der Verhältnismäßigkeit sind auch im Unionsrecht bekannt.[112] Dasselbe gilt für die **Rechtsschutzgarantie,** wobei der Rechtsschutz teils durch nationale, teils durch europäische Gerichte verwirklicht wird. Lücken im unionalen Rechtsschutz sind damit unproblematisch, soweit sie sich durch Rechtsschutz auf nationaler Ebene schließen lassen.[113] Problematisch blieben freilich die eingeschränkten Zuständigkeiten des EuGH im Rahmen der GASP, die jedoch durch die Rechtsprechung des EuGH[114] und durch den Vertrag von Lissabon reduziert wurden.[115] Rechtsschutzdefizite drohen zudem, wenn in der Zusammenarbeit von nationalen und europäischen Instanzen die Verantwortungsteile der einzelnen Stellen nicht mehr erkennbar sind.[116] Das Gebot der Transparenz und Verantwortungsklarheit im Europäischen Verwaltungsverbund ergibt sich damit nicht nur aus dem Demokratieprinzip (→ Rn. 30), sondern auch aus rechtsstaatlichen Grundsätzen. Es ist an sich durchaus möglich, den gesamten Grundrechtsschutz dem Rechtsstaatsprinzip zuzuweisen, doch führt Art. 23 Abs. 1 S. 1 diesen Bereich gesondert auf (→ Rn. 46 ff.).

36 Zu den rechtsstaatlichen Grundsätzen, an denen sich auch die Union messen lassen muss, gehört insbes. das Prinzip der **Gewaltenteilung.** Insoweit lässt sich das staatliche Modell der drei Gewalten allerdings nicht unmittelbar auf die Union übertragen. Vielmehr sind die Grundgedanken der Gewaltenteilung so auszuformen, dass sie dem System der europäischen Rechtsordnung gerecht werden.[117] Entscheidend ist damit der Gedanke der Kontrolle und der Machtmäßigung durch eine Verteilung der Kompetenzen auf unterschiedliche Organe.[118] Auch Aspekte der funktionalen Gewaltenteilung, wonach Aufgaben dem Organ zugewiesen werden sollten, das für seine Wahrnehmung besonders geeignet ist,[119] kommen zum Tragen.

37 Der EuGH hat den Grundgedanken der Gewaltenteilung im Konzept des **institutionellen Gleichgewichts** ausgeformt.[120] Es ist daher unter rechtsstaatlichen Grundsätzen grundsätzlich unbedenklich, wenn der Rat als Organ aus Exekutivvertretern wesentliche Legislativfunktionen wahrnimmt.[121] Bedenklich wäre eher ein Gewaltenmonismus, der einen Großteil der Exekutiv- und Legislativfunktionen zu Lasten von Parlament und Kommission beim Rat vereint. Eine solche Umgestaltung der EU würde dem unionsrechtlichen Prinzip des institutionellen Gleichgewichts widersprechen und wäre auch mit den rechtsstaatlichen Mindestanforderungen des GG kaum zu vereinbaren.

38 Neben der horizontalen Gewaltenteilung, die durch das Prinzip des institutionellen Gleichgewichts gesichert wird, kennt das Unionsrecht, ähnlich dem deutschen Verfassungsrecht, eine **vertikale Gewaltenteilung.** Sie äußert

---

112 *Haratsch* EuR 2008, 81 (84).

113 Zu dieser lückenschließenden Komplementarität *Haratsch* EuR 2008, 81 (93 ff.).

114 EuGH C-354/04 P, Slg. 2007, I-1579, ECLI:EU:C:2007:115 Rn. 53 f. – Gestoras Pro Amnistía ua; *Haltern* JZ 2007, 772 ff.

115 S. Art. 19 Abs. 2 UAbs. 2 EUV, Art. 275 f. AEUV sowie die Denkschrift der BReg., BT-Drs. 16/8300, 133 (136); *Kottmann* ZaöRV 70 (2010), 547 (565 f.).

116 *Pache* VVDStRL 66 (2007), 106 (141–143).

117 *Di Fabio* in HdbStR I § 27 Rn. 80, 84.

118 BVerfGE 3, 225 (247); 95, 1 (15).

119 BVerfGE 68, 1 (86); 95, 1 (15).

120 EuGH C-70/88, Slg. 1990, I-2041, ECLI:EU:C:1990:217 Rn. 21 f. – Parlament/Rat; *Goeters,* Das institutionelle Gleichgewicht, 2008, 205 ff.; *Möllers,* Gewaltengliederung, 2005, 258 ff.; sa *Di Fabio* in HdbStR II § 27 Rn. 86.

121 Sa BVerfGE 89, 155 (186 f.) – Maastricht.

sich darin, dass der überwiegende Teil der EU-Rechtsakte auf nationaler Ebene umgesetzt und ausgeführt wird, während eine echte Unionsexekutive nur in wenigen Teilbereichen wie dem Kartell- und Beihilfenrecht besteht.[122] Unter diesem Aspekt ist es problematisch, wenn die nationalen Regierungen, die im Rat wesentliche Legislativfunktionen wahrnehmen, zugleich innerstaatlich für die Ausführung dieser Rechtsakte verantwortlich sind. Dieser Gefahr wird auf europäischer Ebene dadurch entgegengewirkt, dass die Macht des Rates durch Parlament und Kommission beschränkt wird. Auf nationaler Ebene erfüllt die Rückbindung der Regierung an BT und BR gem. Art. 23 Abs. 2–7 dieselbe Funktion.[123] Es kommt hinzu, dass Unionsrecht in Deutschland überwiegend durch Gesetzgebung und Landesverwaltung durchgeführt wird. Schließlich verwirklicht der Subsidiaritätsgrundsatz (→ Rn. 44) ein Element der funktionalen vertikalen Gewaltenteilung.

c) Soziale Grundsätze. Die Festlegung der Union auf soziale Grundsätze steht einer einseitigen Ausrichtung an wirtschaftlichen Interessen entgegen. Die Festlegung ist umso wichtiger, als **nationale Sozialsysteme** in einem integrierten Wirtschaftsraum erheblich **unter Druck** geraten.[124] Die Festlegung auf soziale Grundsätze kann **keine Bestandsgarantie** für soziale Standards bedeuten, die in einzelnen Mitgliedstaaten bestehen, zumal sich Wohlstand und soziale Sicherung innerhalb der Europäischen Union erheblich unterscheiden. Mit der Festlegung auf soziale Grundsätze spiegelt Art. 23 Abs. 1 S. 1 die Staatszielbestimmung des Art. 20 Abs. 1. Trotz seiner eminenten politischen Bedeutung ist das Sozialstaatsprinzip allerdings verfassungsrechtlich blass geblieben; seine Verwirklichung bleibt vorrangig der Legislative überlassen (→ Art. 20 Rn. 79). Ähnlich verhält es sich in der Europäischen Union. Der EU-Vertrag zählt zwar soziale Ziele nicht zu den Werten des Art. 2 S. 1 EUV, nennt sie aber unter den Zielen der Union in Art. 3 Abs. 3 EUV in einem Atemzug mit den wirtschaftlichen Zielen. Art. 2 S. 2 EUV betont zudem den Wert der Solidarität. Europäische Rechtsakte wie die Entsenderichtlinie[125] stellen den Versuch dar, einen angemessenen Kompromiss zwischen den sozialen Interessen wohlhabender Empfangsstaaten und den wirtschaftlichen Interessen schwächer entwickelter Entsendestaaten zu finden. Die sozialstaatliche Rspr. des BVerfG stützt sich weniger auf das Sozialstaatsprinzip als vielmehr auf Grundrechte. Für die juristische Durchsetzung sozialer Grundsätze dürfte dementsprechend auch auf europäischer Ebene und aus der Perspektive des Art. 23 Abs. 1 S. 1 die Festlegung auf einen vergleichbaren **Grundrechtsschutz** (→ Rn. 46 ff.) wichtiger sein als die Festlegung auf soziale Grundsätze. Zum vergleichbaren Grundrechtsschutz gehört auch die Schutzpflichtdimension, die BVerfG und EGMR in zahlreiche Grund- und Menschenrechte hineingelesen haben. Geht es bspw. um den sozialen Schutz der Familien, kommen auf deutscher Ebene Art. 6[126] und auf europäischer Ebene Art. 8 Abs. 1 EMRK[127] zum 39

---

[122] Sa *Hobe* in BerlKomm Rn. 25; sowie *Kirchhof* FS f. Oppermann, 2001, 201 (216).

[123] So für den BT *Möller/Limpert* ZParl 1993, 21 (23 f.).

[124] *Kingreen,* Das Sozialstaatsprinzip im europäischen Verfassungsverbund, 2003, 378–380; *Lenze* FS f. Zuleeg, 2005, 240 (241 ff.).

[125] RL 96/71/EG v. 16.12.1996, ABl. 1996 L 18, 1; *Klumpp* NJW 2008, 3473 ff.

[126] → Art. 6 Rn. 37 ff.

[127] S. zB EuGH C-540/03, Slg. 2006, I-5809, ECLI:EU:C:2006:429 Rn. 52 ff. – Parlament/Rat zur Familienzusammenführung; sa auch *Uerpmann-Wittzack* in Grabenwarter Europäischer Grundrechteschutz, § 11 Rn. 62 zur Zurückhaltung des EGMR bei Sozialleistungen ieS.

Tragen. Mit Art. 27 ff. GRC verfügt die EU nunmehr über geschriebene soziale Verbürgungen, die weit über das deutsche Verfassungsrecht hinausgehen.

40 **d) Föderative Grundsätze.** Das GG legt die Union auf den Charakter einer **Föderation** fest.[128] Der Begriff ist wesentlich weiter als der in Art. 20 Abs. 1 verwandte Bundesstaatsbegriff. Indem das GG von föderativen Grundsätzen spricht, betont es die Offenheit.[129] Eine Staatsqualität der Union wird nicht vorausgesetzt. Es erscheint zweifelhaft, ob das GG sie überhaupt zuließe (→ Rn. 105). Die Festlegung auf föderative Grundsätze schließt es jedenfalls aus, die Europäische Union zu einem Einheitsstaat zu entwickeln.[130] Die Union muss, wenn sie nicht Bundesstaat ist, eine Form von Staatenbund oder auch Staatenverbund[131] bilden. Damit wird die **Eigenstaatlichkeit der Mitgliedstaaten** abgesichert.[132] Ihnen müssen eigene Kompetenzen von hinreichendem Gewicht verbleiben.[133]

41 Das bedeutet allerdings **nicht,** das **bestimmte Kompetenzen** etwa im Bereich des Strafrechts, des Gewaltmonopols, der Budgethoheit, des Sozialrechts oder der Kultur zwingend auf der nationalen Ebene verbleiben müssten. Wenn das BVerfG entsprechende Schranken aus Art. 79 Abs. 3 und namentlich aus dem Demokratieprinzip ableitet,[134] überdehnt es den änderungsfesten Verfassungskern (→ Rn. 102) und unterschätzt die Möglichkeiten demokratischer Legitimation auf europäischer Ebene (→ Rn. 32). Aus dem Demokratieprinzip ergibt sich keine Wesentlichkeitstheorie dergestalt, dass „wesentliche Entscheidungen in eigener Verantwortung der deutschen Gesetzgebungsorgane" getroffen werden müssten.[135]

42 Im deutschen Bundesstaat ist im Übrigen auf die Kompetenzen zu schauen, über die **Bund und Länder** insgesamt verfügen. Wie diese Kompetenzen zwischen Bund und Ländern verteilt werden, berührt die Europäische Union nicht. Art. 23 Abs. 1 S. 1 betrifft das Verhältnis zwischen Union und Mitgliedstaaten, enthält aber keine Aussage über föderative Strukturen innerhalb der Mitgliedstaaten und über eine unmittelbare Beteiligung regionaler und lokaler Hoheitsträger auf europäischer Ebene.[136]

43 Zur Eigenstaatlichkeit der Mitgliedstaaten gehört es vielmehr, dass die Union gem. Art. 4 Abs. 2 EUV deren **nationale Identität** achtet.[137] In

---

[128] *Zuleeg* NJW 2000, 2846 (2851).

[129] Sa *Hobe* in BerlKomm Rn. 30; *Scholz* in Maunz/Dürig Rn. 95; *Streinz* in Sachs Rn. 35.

[130] AA *Classen* in MKS Rn. 37, der dies aus dem Subsidiaritätsprinzip ableiten will; → Rn. 105.

[131] So die Charakterisierung der EU durch BVerfGE 89, 155 (181, 185 f.) – Maastricht; BVerfGE 123, 267 (348) – Lissabon.

[132] *Zuleeg* NJW 2000, 2846; weitergehend *Puttler* in HdbStR VI § 142 Rn. 40, Souveränität.

[133] So auch BVerfGE 89, 155 (186) – Maastricht; BVerfGE 123, 267 (356) – Lissabon, für die Stellung des BT unter dem Gesichtspunkt des Art. 79 Abs. 3.

[134] BVerfGE 123, 267 (357 ff.) – Lissabon; sa BVerfGE 123, 267 (359 ff.) zu wesentlichen Elementen der Staatlichkeit; sehr krit. dagegen *Halberstam/Möllers* GLJ 10 (2009), 1241 (1249 ff.); *Schönberger* GLJ 10 (2009), 1201 (1209); zurückhaltend *Grzeszick* in Axer/Grzeszick/Kahl/Mager/Reimer Das Europäische Verwaltungsrecht in der Konsolidierungsphase, 95 (107 ff.).

[135] So aber BVerfGE 123, 267 (362 f.) – Lissabon, zur Sozialpolitik.

[136] *Streinz* in Sachs Rn. 33 f., 36; *Zuleeg* NJW 2000, 2846; aA *Classen* in MKS Rn. 37; *Dietz* AöR 142 (2017), 78 (105).

[137] Sa *Puttler* in HdbStR VI § 142 Rn. 25 f., 40; zum Schutz der kommunalen Selbstverwaltung *Steiner* DVP 2010, 2 (4 f.).

Deutschland gehört dazu insbes. die Wahrung der in Art. 79 Abs. 3 aufgezählten Strukturprinzipien. Art. 23 Abs. 1 S. 3 betont das Fortgelten dieser Strukturprinzipien auch im Angesicht der europäischen Integration (→ Rn. 55 ff.). Man wird zudem davon ausgehen können, dass zu den föderativen Grundsätzen ein Zusammenwirken von Mitgliedstaaten und Union sowie eine Beteiligung der Mitgliedstaaten an der Entscheidungsfindung in der Union gehört. Beides ist beim bisherigen Stand der Integration eine Selbstverständlichkeit. Es ist kaum vorstellbar, dass sich die Festlegung auf föderative Grundsätze als Schranke für eine Fortentwicklung der Union erweist. Dass die Union unter der Geltung des GG nicht zum Einheitsstaat entwickelt werden kann, versteht sich von selbst.

e) Grundsatz der Subsidiarität. Der Grundsatz der Subsidiarität hat **44** seine Wurzeln in der katholischen Soziallehre und besagt, dass Aufgaben möglichst auf einer niedrigen Ebene wahrgenommen werden sollen. Eine Übertragung auf die höhere Ebene soll nur statthaft sein, wenn die Aufgabe auf der niedrigeren Ebene nicht hinreichend erfüllt werden kann.[138] Bezogen auf die EU begrenzt dies sowohl die **Zuweisung von Kompetenzen** an die Union als auch die Wahrnehmung zugewiesener Kompetenzen.[139] Kompetenzen dürfen der Union nur zugewiesen werden, soweit ein Bedürfnis nach einer unionsweit einheitlichen Regelung besteht. Dementsprechend gilt nach Art. 5 Abs. 1, 2 EUV das Prinzip der begrenzten Einzelermächtigungen. Darüber hinaus beschränkt das Subsidiaritätsprinzip nach Art. 5 Abs. 3 EUV die Ausübung nicht-ausschließlicher Kompetenzen auf Fälle, in denen die Mitgliedstaaten ein Ziel nicht ausreichend erreichen können, während das Ziel auf Unionsebene besser erreicht werden kann.[140] Auch die **Begrenzung der Kompetenzausübung** durch den Grundsatz der Verhältnismäßigkeit gem. Art. 5 Abs. 4 EUV sichert das Subsidiaritätsprinzip. Prozedural wird es durch das Protokoll über die Anwendung der Grundsätze der Subsidiarität und der Verhältnismäßigkeit abgesichert (→ Rn. 4).

Der verfassungsrechtliche Subsidiaritätsbegriff ist weitgehend unter Rück- **45** griff auf seine unionsrechtliche Ausformung gebildet worden. Art. 23 Abs. 1 S. 1 knüpft an das europäische Subsidiaritätsprinzip an, so wie es der verfassungsändernde Gesetzgeber im Zuge der Ratifikation des Vertrages von Maastricht vorfand.[141] Man wird Art. 23 Abs. 1 S. 1 freilich nicht als statische Verweisung auf den damaligen *acquis communautaire* verstehen können.[142] Der **verfassungsrechtliche Subsidiaritätsbegriff** ist vielmehr **entwicklungsoffen** und kann mit fortschreitender Integration zusätzliche Anforderungen in sich aufnehmen. Andererseits wird man Art. 23 Abs. 1 S. 1 auch nicht als verfassungsrechtliche Festschreibung der jeweils erreichten Ausformung des Subsidiaritätsprinzips auf Unionsebene verstehen können mit der Folge, dass jeder Rückschritt ausgeschlossen wäre. Außerdem gilt das verfassungsrechtliche Subsidiaritätsprinzip, anders als Art. 5 EUV, auch für die Übertragung

---

[138] *Häberle* AöR 119 (1994), 169 (190 ff.); *Isensee,* Subsidiaritätsprinzip und Verfassung, 2001, 18 ff.; *Isensee* in HdbStR VI § 126 Rn. 262; *König,* Die Übertragung von Hoheitsrechten im Rahmen des europäischen Integrationsprozesses, 2000, 284.

[139] *Classen* in MKS Rn. 40.

[140] Zur Tragweite der Vorschrift und Defiziten in ihrer Durchsetzung *Calliess* EuGRZ 2003, 181 ff.

[141] Zur europarechtlichen Entwicklung ausf. *Calliess,* Subsidiaritäts- und Solidaritätsprinzip in der Europäischen Union, 1999, 35 ff.; ferner *Altmaier* FS f. Meyer, 2006, 301 (302 ff.).

[142] *Pieper,* Rechtstheorie-Beih. 20/2002, 445 (454).

zusätzlicher Kompetenzen.[143] Verfassungsrechtlich notwendig aber auch ausreichend ist ein hinreichender Subsidiaritätsschutz, für den die unionsrechtliche Ausformung zwar Anhaltspunkte liefert, der aber letztlich verfassungsrechtlich zu bestimmen ist. Insbesondere schließt Art. 23 Abs. 1 S. 1 eine Abkehr vom Prinzip der begrenzten Einzelermächtigungen nicht aus, soweit die Rechtsetzung auf europäischer Ebene hinreichend demokratisch legitimiert ist (→ Rn. 76).

46 **4. Die … einen diesem Grundgesetz im Wesentlichen vergleichbaren Grundrechtsschutz gewährleistet.** Europäische Hoheitsgewalt ist nicht dem GG unterworfen (→ Rn. 67). Sie unterliegt damit auch **keiner Bindung an deutsche Grundrechte** nach Art. 1 Abs. 3 und kann nicht unmittelbar zum Gegenstand eines Verfahrens vor dem BVerfG gemacht werden.[144] In seiner Maastricht-Entscheidung hat das BVerfG allerdings betont, dass es den „Grundrechtsschutz in Deutschland" und nicht nur gegenüber deutschen Staatsorganen zu gewährleisten habe.[145] Tatsächlich beschränken sich Grundrechte nicht auf die Funktion, staatliche Eingriffe abzuwehren. Der Staat hat vielmehr eine umfassende Verantwortung für Vorgänge auf seinem Staatsgebiet.[146] Dementsprechend verpflichten Grundrechte den Staat in ihrer Eigenschaft als Schutzpflichten auch, Gefahren abzuwehren, die grundrechtlichen Schutzgütern von anderer Seite drohen. Das gilt für Schutzgutbeeinträchtigungen durch Private[147] ebenso wie für Gefährdungen, die von fremder Hoheitsgewalt ausgehen.[148] Der deutsche Staat darf solche Hoheitsgewalt nicht bedingungslos und unkontrolliert in seinen territorialen Herrschaftsbereich hineinlassen. Vielmehr muss er auch bei der Öffnung für europäische Hoheitsgewalt einen **ausreichenden Grundrechtsstandard gewährleisten.** Dies schreibt nun Art. 23 Abs. 1 S. 1 fest.

47 Der deutsche Grundrechtsschutz wird auch im Rahmen der **GASP** zurückgenommen. Hier handelt es sich zwar nicht um Akte einer autonomen, supranationalen Hoheitsgewalt, die nach dem in → Rn. 67 Gesagten nicht dem GG unterworfen ist. Wirkt deutsche Staatsgewalt an intergouvernementalen Akten mit, unterliegt sie grundsätzlich der Grundrechtsbindung nach Art. 1 Abs. 3. Das BVerfG hat allerdings schon im sog. Spanier-Beschluss festgestellt, dass die deutschen Grundrechte ihren Geltungsanspruch bei Sachverhalten mit Auslandsbeziehung bis zu einem gewissen Grad zurücknehmen.[149] Art. 23 Abs. 1 S. 1 ordnet diese Einschränkung im Interesse der Integrationsfähigkeit eigens an, wenn der Verlust an deutschem Grundrechtsschutz durch einen vergleichbaren europäischen Schutz kompensiert wird.

48 Der Grundrechtsschutz auf europäischer Ebene muss „im wesentlichen vergleichbar" sein. Erforderlich ist ein Maß an Grundrechtsschutz, „das nach Konzeption, Inhalt und Wirkungsweise dem Grundrechtsstandard des

---

[143] *Wollenschläger* in Dreier Rn. 77.

[144] S. BVerfGE 142, 123, Rn. 96 f. – OMT; zur mittelbaren Kontrolle BVerfG BeckRS 2020, 7327, Rn. 89 – Anleihekäufe.

[145] BVerfGE 89, 155 (175); bestätigend BVerfGE 142, 123, Rn. 98 – OMT.

[146] Ebenso aus der Perspektive des völkerrechtlichen Menschenrechtsschutzes *Jankowska-Gilberg,* Extraterritorialität der Menschenrechte, 2007, 173 ff. (188).

[147] BVerfGE 88, 203 (251); 121, 317 (356).

[148] Ähnlich *Isensee* FS f. Stern, 1997, 1239 (1259 f.); sa *Walter* AöR 128 (2004), 39 ff., der allerdings die Schutzpflicht weiter zieht als die Pflicht zum Grundrechtsschutz in Deutschland.

[149] BVerfGE 31, 58 (76 f.).

Grundgesetzes im wesentlichen gleichzuachten ist".[150] Dies hat eine **materiell-rechtliche und** eine **prozessuale Komponente.** In materieller Hinsicht muss das Unionsrecht ausreichend Grundrechte verbürgen. Mittlerweile existiert mit der Europäischen Grundrechtecharta, die über Art. 6 Abs. 1 EUV rechtsverbindlich ist, ein geschriebener Grundrechtskatalog, der diesen Anforderungen genügt. Freilich kommt es nicht nur auf ausreichende grundrechtliche Schutzbereiche an. Vielmehr muss **auch** auf der **Schrankenebene** ausreichend Schutz gewährt werden. In prozessualer Hinsicht müssen die Grundrechte effektiv durchsetzbar sein. Dabei ist es aus grundgesetzlicher Perspektive prinzipiell gleichgültig, ob das Unionsrecht Grundrechtsschutz durch den EuGH verwirklicht oder diese Aufgabe nationalen Gerichten überlässt, solange nur die Effektivität des Rechtsschutzes gewahrt bleibt.

Die **Problemlagen** im Grundrechtsschutz haben sich seit den 1970er **49** Jahren fundamental gewandelt. Während es für das BVerfG zunächst darum ging, einen defizitären Grundrechtsschutz auf europäischer Ebene durch die Anwendung nationaler Grundrechte zu kompensieren, greift der unionale Grundrechtsschutz mittlerweile so stark aus, dass er in weiten Bereichen die Relevanz des deutschen Grundrechtsschutzes in Frage stellt.[151]

Beginnend mit der Solange I-Entscheidung sah sich das BVerfG in einer **50** **Reserve-rolle,** europäische Akte am Maßstab des Grundgesetzes zu messen, solange auf europäischer Ebene kein ausreichender Grundrechtsschutz vorhanden war.[152] Nachdem der EuGH unter Rückgriff auf allgemeine Rechtsgrundsätze und namentlich die EMRK einen eigenen Grundrechtsschutz entwickelt hatte, nahm das BVerfG seine Kontrolle 1986 mit dem Solange II-Beschluss zurück.[153] Der Beschluss zur Bananenmarktordnung drehte die Darlegungslast um, indem er Verfassungsbeschwerden und Vorlagebeschlüsse von der Darlegung abhängig machte, dass der europäische Grundrechtsschutz generell unter den geforderten Standard abgesunken sei.[154] Dieser Nachweis dürfte heute kaum noch zu führen sein. Formal hält das BVerfG an seinem „Reservevorbehalt" fest.[155] Er wird nun jedoch durch die Identitätskontrolle (→ Rn. 95 ff.) überlagert. Diese beschränkt sich zwar im Grundrechtsbereich auf die Wahrung der Menschenwürde nach Art. 1 Abs. 1 GG, im Rahmen der **Identitätskontrolle** kann aber jeder einzelne Verstoß geltend gemacht werden, ohne dass ein struktureller Mangel nachgewiesen werden müsste (→ Rn. 99).

Mittlerweile binden Unionsgrundrechte nach Art. 51 Abs. 1 S. 1 GRC **51** nicht nur die Unionsorgane, sondern auch nationale Stellen, soweit diese Unionsrecht durchführen. Dabei geht der EuGH von einem weiten Durchführungsbegriff aus mit der Folge, dass nationale Hoheitsakte in großem Umfang in den Anwendungsbereich der Unionsgrundrechte fallen.[156] Wäh-

---

[150] So BVerfGE 73, 339 (378); bestätigend BVerfGE 102, 147 (162–164); 118, 79 (95).

[151] Dazu grundlegend *Edenharter,* Grundrechtsschutz in föderalen Mehrebenensystemen, 2018, 676–746.

[152] Grundlegend BVerfGE 37, 271 (279 ff.); zur Rechtsentwicklung im Überblick *Schorkopf,* Staatsrecht der internationalen Beziehungen, 2017, § 2 Rn. 199 ff.

[153] BVerfGE 73, 339 (378–387).

[154] BVerfGE 102, 147 (161–164), Bananenmarktordnung; bestätigend BVerfGE 123, 267 (335) – Lissabon; zur Notwendigkeit einer strukturellen Unterschreitung auch *Huber* in Merten/Papier Grundrechts-HdB VI/2, § 172 Rn. 67.

[155] BVerfG NJW 2020, 314 (316 f.), Rn. 42, 47 f. – Recht auf Vergessen II; zu einer möglichen Neujustierung *Wendel* JZ 2020, 157 (167); zur Frage nach der insoweit einschlägigen Verfahrensart *Uerpmann-Wittzack* in v. Münch/Kunig, 6. Aufl. 2012, Rn. 33.

[156] EuGH C- 617/10, ECLI:EU:C:2013:105 Rn. 17–21 – Åkerberg Fransson.

rend das BVerfG zunächst im Sinne einer sog. **Trennungsthese** davon ausging, dass nationales Handeln nur entweder unionalen oder nationalen Grundrechten unterworfen sei,[157] hält der EuGH eine parallele Anwendung für möglich. Allerdings führt der Vorrang des Unionsrechts aus unionaler Sicht dazu, dass die Anwendung nationaler Grundrechte nicht zu Ergebnissen führen darf, die dem Unionsrecht und namentlich der GRC widersprechen (→ Rn. 70).[158] Damit wird die Eigenständigkeit des deutschen Grundrechtsschutzes im Anwendungsbereich der Unionsgrundrechte erheblich relativiert, was auch die starke Position des BVerfG als Hüter der deutschen Grundrechte in Frage stellt.[159]

52 Ende 2019 hat der Erste Senat des BVerfG auf diese **Verschiebungen im Grundrechtsschutz** reagiert, in dem er seine Rolle in zwei Beschlüssen zum Recht auf Vergessen neu konzipiert hat.[160] Er hat die Trennungsthese (→ Rn. 51) aufgegeben und prüft deutsche Grundrechte nun auch dort, wo nach Art. 51 Abs. 1 GRC parallel Unionsgrundrechte Anwendung finden. Dabei versucht er, zwischen Bereichen zu unterscheiden, in denen den nationalen Stellen Umsetzungsspielräume verbleiben und solchen, in denen die nationalen Entscheidungen vollständig unionsrechtlich determiniert sind.

53 Bleiben den nationalen Stellen **Umsetzungsspielräume** misst das BVerfG die nationalen Hoheitsakte nach dem Beschluss in der Sache Recht auf Vergessen I wie bisher[161] am Maßstab der Grundrechte des GG.[162] Dabei geht es von der Vermutung aus, dass das Unionsrecht den Mitgliedstaaten innerhalb eines gewissen Rahmens Grundrechtsvielfalt gewährt, so dass das unionsrechtliche gebotene Schutzniveau durch die nationalen Grundrechte grundsätzlich mitgewährleistet wird.[163] Das BVerfG ist freilich bereit, die deutschen Grundrechte im Lichte der GRC auszulegen.[164] Liegen „konkrete und hinreichende Anhaltspunkte" vor, dass die GRC im konkreten Fall einen weitergehenden Schutz vermittelt, ist das BVerfG bereit, diese direkt anzuwenden[165] und im Zweifelsfall eine Vorabentscheidung des EuGH nach Art. 267 AEUV einzuholen.[166] Damit gewährleistet das BVerfG umfassenden Grundrechtsschutz und schließt zugleich einen Verstoß gegen Unionsrecht sowie einen Konflikt mit dem EuGH grundsätzlich aus.

54 Spektakulärer ist der Beschluss in der Sache Recht auf Vergessen II. Danach will das BVerfG nationale Hoheitsakte in Bereichen, die vollständig **unionsrechtlich determiniert** sind, nunmehr selbst an der GRC messen,[167]

---

[157] BVerfGE 118, 79 (95 ff.), Emissionshandel; BVerfGE 125, 260 (307), Vorratsdatenspeicherung; grds. befürwortend *Britz* EuGRZ 2015, 275 ff.; *Masing* JZ 2015 477 (480, 485); dagegen *Franzius* EuGRZ 2015, 139 (149 f.); *Kingreen* JZ 2013, 801 ff.; *Thym* JZ 2015, 53 ff.

[158] EuGH C-399/11, ECLI:EU:C:2013:107 Rn. 60; EuGH C-617/10, ECLI:EU:C:2013:105 Rn. 29 – Åkerberg Fransson; EuGH C-476/17, ECLI:EU:C:2019:624 Rn. 80 f. – Pelham ua.

[159] *Edenharter,* Grundrechtsschutz in föderalen Mehrebenensystemen, 2018, 746.

[160] BVerfG NJW 2020, 300; BVerfG NJW 2020, 314.

[161] BVerfGE 118, 79 (95–97) – Emissionshandel; BVerfGE 125, 260 (307) –, Vorratsdatenspeicherung.

[162] BVerfG NJW 2020, 300 (301 ff.), Rn. 45 ff.

[163] BVerfG NJW 2020, 300 (302–303), Rn. 49–59.

[164] BVerfG NJW 2020, 300 (303), Rn. 60 f.

[165] BVerfG NJW 2020, 300 (304–305), Rn. 63–71.

[166] BVerfG NJW 2020, 300 (305), Rn. 72.

[167] BVerfG NJW 2020, 314 (316 ff.), Rn. 42 ff.; dahin gehend auch schon *Bäcker* EuR 2015, 389 (410 ff.); zur Erstreckung auch auf solche Grundrechte der GRC, die keine Entsprechung im GG finden, *Wendel* JZ 2020, 157 (166 f.).

wobei es bei Zweifeln auch hier zur Vorlage an den EuGH nach Art. 267 AEUV kommen soll.[168] Dies ist unionsrechtskonform und stärkt potenziell die GRC. Die Grundrechte des GG treten insoweit zurück, doch behält das BVerfG seine Stimme im gemeineuropäischen Grundrechtsdiskurs. Das erscheint grundsätzlich positiv. Man kann dies als positive Ausprägung des Kooperationsverhältnisses zwischen BVerfG und EuGH begreifen (→ Rn. 61). Der österreichische VerfGH hat die GRC in ähnlicher Weise zum Prüfungsmaßstab erhoben.[169]

Alternativ wäre es möglich, auch im Bereich des vollständig harmonisierten Unionsrechts deutsche Grundrechte anzuwenden soweit diese unionsrechtskonform ausgelegt werden und damit der Vorrang des Unionsrechts gewahrt wird.[170] Allerdings wäre damit eine eigenständige Entfaltung deutscher Grundrechte versperrt, während die deutsche Perspektive gleichzeitig den Blick auf die abweichenden Strukturen der GRC verstellen könnte.[171] Daher scheint der unmittelbare Rückgriff auf die GRC vorzugswürdig. **55**

Allerdings ist die Ausweitung des Prüfungsmaßstabes auf Unionsrecht verfassungsrechtlich nur schwer zu begründen.[172] Art. 93 Abs. 1 Nr. 4a GG erklärt zwar pauschal die „Grundrechte" zum Prüfungsmaßstab, macht aber durch die gesonderte Nennung weiterer Rechte deutlich, dass damit nur die Rechte des entsprechend überschriebenen ersten Abschnitts des Grundgesetzes gemeint sein können. Es handelt sich um eine **Rechtsfortbildung,** mit denen das BVerfG der zunehmenden Überlagerung deutscher Grundrechte durch Unionsrecht Rechnung trägt. Das BVerfG weist auf die Rechtsschutzlücke hin, die anderenfalls entstünde.[173] Zwar haben deutsche Fachgerichte die GRC ebenso anzuwenden wie der EuGH. Missachten aber deutsche Fachgerichte in letzter Instanz die GRC, steht den Betroffenen dagegen kein Rechtsbehelf zum EuGH zur Verfügung, sondern nur die Verfassungsbeschwerde zum BVerfG. **56**

Im Rahmen der Verfassungsbeschwerde prüfte das BVerfG schon bisher, ob das letztinstanzliche Fachgericht seine Vorlagepflicht nach Art. 267 Abs. 3 AEUV missachtet und dadurch das Gebot des **gesetzlichen Richters** aus Art. 101 Abs. 1 Satz 2 verletzt hatte.[174] Es beschränkt sich dabei aber auf eine Willkürkontrolle (→ Art. 101 Rn. 38–42). Bei Verstößen gegen sonstiges Unionsrecht bleibt es dabei.[175] Im Grundrechtsbereich kann es nun jedoch in vollem Umfang prüfen, ob die nationalen Fachgerichte die GRC beachtet haben, wobei es von dieser Möglichkeit anscheinend nur Gebrauch machen will, wenn die fachgerichtliche Entscheidung nicht wegen eines Verstoßes **57**

---

168 BVerfG NJW 2020, 314 (320), Rn. 69 f.

169 Österreichischer VerfGH EuGRZ 2012, 331; sa *Wendel* JZ 2020, 157 (163) zum italienischen VerfGH.

170 Dazu auch schon *Bäcker* EuR 2015, 389 (408 f.).

171 S. auch BVerfG NJW 2020, 314 (317), Rn. 45.

172 Krit. *Edenharter* DÖV 2020, 349 (353 f.); *Michl* Jura 2020, 479 (483–485); zu Begründungsmöglichkeiten schon *Bäcker* EuR 2015, 389 (411 f.).

173 BVerfG NJW 2020, 314 (319), Rn. 60–66.

174 Grundlegend BVerfGE 82, 159 (192–196); bestätigend BVerfGE 147, 364, Rn. 37, 39 –43, m. Anm. *Edenharter* JZ 2018, 313 (314 f.); BVerfG NJW 2020, 314 (320), Rn. 74; dazu grdl. *Proelß,* Bundesverfassungsgericht und überstaatliche Gerichtsbarkeit, 2014, 226–239; zur parallelen Kontrolle der Vorlageverpflichtung am Maßstab von Art. 6 Abs. 1 EMRK s. EGMR 13.2.2020 – 25137/16, ECLI:CE:ECHR:2020:0213JUD002513716 – Sanofi Pasteur/Frankreich, Rn. 68 ff.; *Krommendijk* E. L. Rev. 42 (2017), 46 ff.

175 BVerfG NJW 2020, 314 (320), Rn. 75.

gegen Art. 101 Abs. 1 S. 2 aufzuheben ist.[176] Auch wenn die Erweiterung des Prüfungsmaßstabes die Grenzen zulässiger Verfassungsauslegung überschreiten dürfte, wird man sie als **Analogie**[177] zur Schließung einer unbeabsichtigten Regelungslücke, die durch die fortschreitende europäische Integration entstanden ist, rechtfertigen können.[178]

58 Darf und muss das BVerfG nationale Hoheitsakte, die vollständig unionsrechtlich determiniert sind, am Maßstab der GRC messen, wird es damit selbst zum **letztinstanzlichen Gericht** i. S. v. Art. 267 Abs. 3 AEUV.[179] Die weitergehende Frage, ob damit die **Vorlagepflicht** der letztinstanzlichen Fachgerichte entfällt, hat das BVerfG[180] zu Recht weitgehend offen gelassen, weil es sich letztlich um eine unionsrechtliche Frage handelt. Die Subsidiarität der Verfassungsbeschwerde (→ Art. 94 Rn. 48 f.) spricht dafür, dass die Fachgerichte in letzter Instanz vorlageverpflichtet bleiben. Zudem käme es anderenfalls zu einer Spaltung der Vorlagepflicht: Während die Vorlagepflicht hinsichtlich der GRC das BVerfG träfe, bliebe es hinsichtlich sonstiger Fragen des primären und des sekundären Unionsrechts bei der fachgerichtlichen Vorlagepflicht. Das erscheint impraktikabel.[181]

59 Nach alledem ist die Neujustierung des Grundrechtsschutzes durch den Ersten Senat positiv zu beurteilen, auch wenn **Fragen offen**bleiben. Insbesondere erscheint zweifelhaft, ob sich mit der nötigen Klarheit zwischen vollständig und nicht vollständig unionsrechtlich determinierten Bereichen unterscheiden lässt.[182] Ggf. wird man den Schwerpunkt der Überprüfung je nach Grad der unionsrechtlichen Determinierung mehr bei der GRC oder bei deutschen Grundrechten setzen müssen. Offenbleibt bislang auch, ob der Zweite Senat sich der Rechtsprechung des Ersten Senats anschließen wird, ob er die Frage nach § 16 Abs. 1 BVerfGG dem Plenum vorlegen oder ohne förmlichen Dissens andere Akzente setzen wird.[183]

60 In prozessualer Hinsicht ist eine Vorlage im Wege der **konkreten Normenkontrolle** nach Art. 100 Abs. 1 auch dann zulässig, wenn die vorgelegte Norm u. U. wegen eines Unionsrechtsverstoßes ohnehin unanwendbar ist. Das entspricht der bisherigen Rechtsprechung des BVerfG[184] und gilt erst recht, wenn das BVerfG nun selbst die GRC zum Prüfungsmaßstab erhebt.

61 Im Maastricht-Urteil hat das BVerfG sein Verhältnis zum EuGH im Bereich des Grundrechtsschutzes mit dem Begriff des **Kooperationsverhältnisses** beschrieben.[185] Damit ist das BVerfG zunächst zum Teil auf Ableh-

---

[176] BVerfG NJW 2020, 314 (320), Rn. 74; zweifelnd zum Vorrang der Aufhebung und Rückverweisung wegen eines Verstoßes gegen Art. 101 Abs. 1 S. 2 *Wendel* JZ 2020, 157 (167 f.).

[177] S. auch *Kühling* NJW 2020, 275 (277).

[178] Krit. aus einer unionsrechtlichen Perspektive dagegen *Kämmerer/Kotzur* NVwZ 2020, 177 (180 f.).

[179] BVerfG NJW 2020, 314 (320), Rn. 69; zu einem möglichen Verkennen der Vorlagepflicht *Wendel* JZ 2020, 157 (165).

[180] BVerfG NJW 2020, 314 (320), Rn. 72–75.

[181] Sa *Karpenstein/Kottmann* EuZW 2020, 185 (188).

[182] *Wendel* JZ 2020, 157 (164).

[183] Abwartend auch *Kämmerer/Kotzur* NVwZ 2020, 177 (184); *Kühling* NJW 2020, 275 (277 f., 280).

[184] BVerfGE 148, 40, Rn. 22 mwN; *Wollenschläger* EuZW 2018, 657 f.

[185] BVerfGE 89, 155 (175, 178); s. zuvor schon *Kirchhof* JZ 1989, 453 (454) „kooperationsbereite[s] Vertrauen" des BVerfG; *Kirchhof* EuR-Beih. 1991, 11 (24) „Kooperationsangebot"; zust. *Huber* VVDStRL 60 (2001), 194 (228, 231 f.); *Huber* in Merten/Papier Grundrechts-HdB VI/2, § 172 Rn. 10; ausf. *Funk-Rüffert,* Kooperation von Europäischem

nung gestoßen.[186] Richtig ist an dem Begriff jedoch, dass zwischen EuGH und BVerfG ein Dialog stattfindet und beide sich in ihrer Rspr. beeinflussen.[187] Die europäische Integration lebt von diesem Dialog zwischen nationalen Gerichten und dem EuGH.[188] Gerade weil man im Mehrebenensystem der Europäischen Union von einem absoluten Vorrang des Unionsrechts ebenso wenig ausgehen kann wie von einem Vorrang des nationalen Rechts, müssen die europäische und die nationalen Ordnungen miteinander kooperieren (→ Rn. 68). In diese Kooperation sind auch die Gerichte eingebunden. Beim Grundrechtschutz kommt die spezifische dogmatische Kompetenz der nationalen Verfassungsgerichte hinzu, die bei der Durchdringung der GRC durch den EuGH ebenso helfen kann wie die Grundrechtsjudikatur des EGMR.[189] Daher erscheint es sinnvoll, dass sich das BVerfG durch die Überprüfung nationaler Rechtsakte am Maßstab der GRC im vollständig unionsrechtlich determinierten Bereich (→ Rn. 54 f.) eine Stimme im **gemeineuropäischen Grundrechtsdiskurs** sichert.

II. Form und Grenzen der Mitgliedschaft (Art. 23 Abs. 1 S. 2, 3)

1. Der Bund kann hierzu … Hoheitsrechte übertragen. a) Allgemeines. Die Formulierung des Art. 23 Abs. 1 S. 2 ist aus Art. 24 Abs. 1 übernommen und ebenso zu verstehen (→ Art. 24 Rn. 34 ff.). Mit **Hoheitsrechten** ist die Befugnis zur Ausübung öffentlicher Gewalt gemeint. Die Vorschrift erfasst **alle drei Gewalten,** also Legislative, Exekutive und Rspr.[190] Die europäische Gesetzgebung ist ebenso umfasst wie der Erlass von Einzelentscheidungen durch die Europäische Kommission und der Erlass von Urteilen durch den Europäischen Gerichtshof. Ob das GG die entsprechenden Kompetenzen an sich dem Bund oder den Ländern zuweist, ist irrelevant.[191] 62

Es geht um die dem Staat und anderen öffentlichen Stellen vorbehaltene Befugnis, Individuen außerhalb einer Sonderbeziehung auch ohne deren Zustimmung durch einseitigen Akt zu verpflichten. Diese **Durchgriffswirkung**[192] auf den Einzelnen kommt einer EU-Verordnung nach Art. 288 Abs. 2 S. 2 AEUV ebenso zu wie bspw. einem kartellrechtlichen Bußgeldbeschluss der Kommission nach Art. 288 Abs. 4 AEUV. Soweit Hoheitsrechte übertragen werden, kann die EU mit unmittelbarer innerstaatlicher Wirkung Recht setzen oder Anordnungen treffen wie der Staat oder unterstaatliche Hoheitsträger.[193] Diese Durchgriffswirkung wird vielfach mit dem Begriff der **Supranationalität** beschrieben.[194] 63

Gerichtshof und Bundesverfassungsgericht im Bereich des Grundrechtsschutzes, 1999, 36 ff.; *Gersdorf* DVBl 1994, 674 ff.

[186] *Everling* GS f. Grabitz, 1995, 57 (62 ff.); *Lindner* BayVBl. 2000, 758 (759); *Nicolaysen/Nowak* NJW 2001, 1233 (1234); *Selmayr/Prowald* DVBl 1999, 269; *Zuck* NJW 1994, 978 f.; *Zuleeg* JZ 1994, 1 (4 f.).

[187] *Limbach* NJW 2001, 2913 (2916); *Schwarze* FS f. BVerfG I, 2001, 223 ff.

[188] *Limbach* EuGRZ 2000, 417 (418–420); sa *Oeter* VVDStRL 66 (2007), 361 (387 f.); *Merli* VVDStRL 66 (2007), 392 (397 ff.).

[189] *Masing* JZ 2015, 477 ff.; *Thym* JZ 2015, 53 ff.

[190] *Schiffbauer* AöR 141 (2016), 551 (554 f.); speziell zur Judikative BVerfG EuZW 2020, 324, Rn. 143 – Patentgericht.

[191] *Puttler* in HdbStR VI § 142 Rn. 39; *Streinz* in Sachs Rn. 57.

[192] S. nur *Streinz* in Sachs Rn. 56.

[193] Sa *Jarass* in Jarass/Pieroth Rn. 23; *Kadelbach* in Geiger, Neuere Probleme der parlamentarischen Legitimation im Bereich der auswärtigen Gewalt, 2003, 41 (49).

[194] S. nur *Schorkopf,* Grundgesetz und Überstaatlichkeit, 2007, 147 f.

64 Dagegen stellt privatrechtliches Handeln **keine Ausübung von Hoheitsrechten** dar, selbst wenn die EU mit privatrechtlichen Mitteln öffentliche Aufgaben wahrnimmt.[195] Auch dort, wo Beschlüsse lediglich die Mitgliedstaaten als solche verpflichten, übt die EU keine Hoheitsrechte iSv Art. 23 Abs. 1 S. 2 aus.

65 Im Bild des Durchgriffs schwingt vor allem die unmittelbare Verpflichtung des Einzelnen durch europäisches Recht mit. Damit ist der supranationale Charakter der Europäischen Union nur unvollständig wiedergegeben. Unionsrecht führt zugleich zu einer unmittelbaren Berechtigung des Einzelnen auch gegenüber seinem eigenen Staat und bezieht ihn damit als Rechtssubjekt ein.[196] Diese Kehrseite der Übertragung von Hoheitsrechten kommt in der **Unionsbürgerschaft** gem. Art. 9 EUV, Art. 20 ff. AEUV und in der unmittelbaren Legitimation des Europäischen Parlaments durch die in den Völkern der Mitgliedstaaten vereinten Unionsbürger (→ Rn. 26) besonders deutlich zum Ausdruck. Der Begriff des Staatenverbundes, den das BVerfG verwendet,[197] gibt dies nur unzureichend wieder.

66 Das Wort „kann" drückt die Befugnis des Bundes aus, stellt die Übertragung von Hoheitsrechten aber nicht ins Belieben des Bundesgesetzgebers. Vielmehr ist der Bund im Rahmen des verfassungsrechtlichen **Integrationsauftrages** (→ Rn. 15) verpflichtet, die Europäische Union mit den erforderlichen Hoheitsbefugnissen auszustatten. Dabei besitzt die Gesetzgebung einen weiten **Einschätzungsspielraum,** der allerdings durch die Strukturvorgaben des Abs. 1 S. 1 begrenzt wird. So können es Rechtsstaats- und Demokratieprinzip gebieten, eine europäische Institution mit Hoheitsbefugnissen auszustatten anstatt auf eine intransparente intergouvernementale Zusammenarbeit auszuweichen (→ Rn. 30). Art. 23 Abs. 1 S. 2 beschränkt Deutschland nicht auf die Übertragung „einzelner" Hoheitsrechte.[198] Freilich ergibt sich aus der Festlegung auf föderative Grundsätze in Art. 23 Abs. 1 S. 1 (→ Rn. 40–43) sowie aus der Verweisung auf Art. 79 Abs. 3 in Art. 23 Abs. 1 S. 3 (→ Rn. 105), dass die Eigenstaatlichkeit Deutschlands gewahrt werden und Deutschland substanzielle Hoheitsrechte verbleiben müssen.

67 **b) Autonomie des Unionsrechts.** Das **Bild der Übertragung** von Hoheitsrechten ist **missverständlich.**[199] Nähme man es ernst, würden die Unionsorgane deutsche Hoheitsgewalt bzw. ein Bündel nationaler Hoheitsgewalt ausüben. Eine übertragene deutsche Hoheitsgewalt bliebe verfassungsgebunden.[200] Ihre Ausübung wäre namentlich in vollem Umfang an den Grundrechten des GG zu messen. Dies wäre mit der Autonomie und der Einheit des Unionsrechts, die der EuGH seit der Grundsatzentscheidung Costa/E. N. E. L.[201] im Jahr 1964 betont, nicht zu vereinbaren. Unionsrecht ist vielmehr ein **Recht aus eigener Quelle,** das seinen Geltungsgrund außerhalb des GG findet und diesem nicht unterworfen ist.[202] Art. 23 Abs. 1

---

[195] AA *Wollenschläger* in Dreier Rn. 43.
[196] *Classen* in MKS Rn. 6; noch prononcierter *Pernice* AöR 136 (2011), 185 (207).
[197] BVerfGE 89, 155 (181, 185 f.) – Maastricht; BVerfGE 123, 267 (348) – Lissabon.
[198] So aber *Classen* in MKS Rn. 10; *Schorkopf* in BK Rn. 65, 69; *Wollenschläger* in Dreier Rn. 39.
[199] *Schiffbauer* AöR 141 (2016), 551 (559 ff.); *Streinz* in Sachs Rn. 54, 59.
[200] Diese für überholt gehaltene Position vertritt nun wieder *Pfeffer,* Das Verhältnis von Völkerrecht und Landesrecht, 2009, 208.
[201] EuGH C-6/64, Slg. 1964, I-1251, ECLI:EU:C:1964:66 S. 1270 – Costa/E. N. E. L.
[202] *Isensee* FS f. Stern, 1997, 1239 (1244 f.).

S. 2 gestattet es, wie das BVerfG 1974 zu Art. 24 Abs. 1 festgestellt hat, den ausschließlichen territorialen Herrschaftsanspruch der Bundesrepublik Deutschland dergestalt zurückzunehmen, dass einer unmittelbaren Geltung und Anwendung europäischer Normen innerhalb Deutschlands Raum gegeben wird.[203] Dementsprechend sind Gesetze nach Art. 23 Abs. 1 S. 2 keine Übertragungsgesetze, sondern Zustimmungsgesetze zu den Gründungsverträgen der Europäischen Union. Sie enthalten den impliziten Befehl, Unionsrecht unmittelbar innerhalb Deutschlands anzuwenden, soweit es dies verlangt (sog. **Rechtsanwendungsbefehl**).[204] Der „Panzer einzelstaatlicher Souveränität"[205] wird damit durchbrochen.

Paul Kirchhof hat einen solchen Mechanismus als **Brücke** bezeichnet, über 68 den das Unionsrecht in den deutschen Rechtsraum Eingang findet.[206] Dieses Bild ist kritisiert worden, weil damit die Funktion deutscher Staatsorgane und namentlich des BVerfG als „Brückenwächter" assoziiert wird.[207] Das Bild deckt sich jedoch mit der eben entwickelten Konzeption. Das Unionsrecht ist als autonome Rechtsordnung nicht dem GG unterworfen. Die unmittelbare Wirkung im nationalen Bereich, die es beansprucht, kann sich aber nur entfalten, wenn sich die nationale Rechtsordnung entsprechend öffnet. Das Verhältnis zwischen Unionsrecht und nationalem Recht darf also nicht im Sinne einer monistischen Hierarchie[208] gedacht werden.[209] Im Mehrebenensystem der Europäischen Union (→ Rn. 10) bedarf es vielmehr einer **Kooperation der unterschiedlichen Rechtsordnungen,** in der die nationale Rechtsordnung den Vorrang gewährt, den die europäische beansprucht.[210]

Es ist auffällig, dass der **Vertrag von Lissabon** von 2007 rhetorisch 69 einen Schritt hinter diesen Stand der Rechtsentwicklung zurückzugehen scheint. Er fügt Art. 1 Abs. 1 EUV einen Halbsatz an, demzufolge die Mitgliedstaaten der Union „Zuständigkeiten zur Verwirklichung ihrer gemeinsamen Ziele übertragen." Die Formulierung wird im weiteren Vertragstext mehrfach aufgegriffen.[211] Damit wird das Bild der Übertragung erstmals ins primäre Unionsrecht eingeführt, obwohl es der Rechtsentwicklung seit 1964 widerspricht. Man wird davon ausgehen dürfen, dass mit dieser Wortwahl die Stellung der Mitgliedstaaten als souveräne Gründer der Union, als Herren der Verträge[212] und als Inhaber der Kompetenz-

---

[203] BVerfGE 37, 271 (280); ebenso BVerfGE 58, 1 (28); sa BVerfG EuZW 2020, 324, Rn. 143 – Patentgericht: *Mayer* VVDStRL 75 (2016), 7 (39 f.); aA aber *Flint,* Die Übertragung von Hoheitsrechten, 1998, 112 ff.

[204] BVerfGE 123, 267 (400, 402) – Lissabon; BVerfGE 142, 123, Rn. 120 – OMT; *Huber* VVDStRL 60 (2001), 194 (214); *Schiffbauer* AöR 141 (2016), 551 (564); aA *Pernice* JZ 2000, 866 (870); *Pernice* VVDStRL 60 (2001), 148 (183) auf der Grundlage eines Konzepts originärer supranationaler Verfassungsgebung; krit. auch *Classen* in MKS Rn. 13.

[205] *Bleckmann* ZaöRV 35 (1975), 79 (81 f.); *Zuleeg* in AK Rn. 45: „Souveränitätspanzer".

[206] *Kirchhof* JZ 1998, 965 (966); *Kirchhof* in v. Bogdandy/Bast Europäisches Verfassungsrecht, 1009 (1017); ebenso *Dietz* AöR 142 (2017), 78 (89); *Voßkuhle* NVwZ 2010, 1 (6).

[207] Deutlich *Rupp* JZ 1998, 213 (214), das BVerfG wache im „Brückenhaus"; ähnlich *Lhotta* in v. Arnauld/Hufeld Systematischer Kommentar zu den Lissabon-Begleitgesetzen, § 5 Rn. 36; krit. *Hirsch* NJW 1996, 2457 (2460, 2461).

[208] *Isensee* FS f. Stern, 1997, 1239 (1262 f.).

[209] *Tietje* VVDStRL 66 (2007), 45 (67–69, 77); im Ansatz ebenso BVerfGE 123, 267 (401) – Lissabon.

[210] Sa *Mayer* VVDStRL 75 (2016), 7 (42 f.).

[211] S. zB Art. 2 Abs. 6, Art. 4 Abs. 1, Art. 5 Abs. 2 EUV.

[212] BVerfGE 75, 223 (242); 89, 155 (190, 198 f.); 123, 267 (350, 381) – Lissabon; *Everling* FS f. Bernhardt, 1995, 1161 ff.; *Jarass* in Jarass/Pieroth Rn. 2a.

Kompetenz[213] betont werden soll, ohne dass das Verhältnis von Unionsrecht und nationalem Recht revidiert werden sollte.[214]

70 Aus dem Konzept autonomer Rechtsordnungen erklärt sich, dass keiner der beiden Rechtsordnungen ein Geltungsvorrang vor der anderen zukommen kann. Die Gültigkeit europäischen Rechts bestimmt sich allein nach dem EU-Primärrecht, während die Gültigkeit nationaler Normen allein nach den Maßstäben des GG zu bestimmen ist. Koordiniert werden die beiden Rechtsordnungen vor allem über den **Anwendungsvorrang des Unionsrechts.** Dieser Anwendungsvorrang, der implizit im EU-Primärrecht niedergelegt ist, wurde durch den EuGH herausgearbeitet[215] und 2007 durch die Erklärung Nr. 17 zum Vertrag von Lissabon von den Mitgliedstaaten bestätigt.[216] Der innerstaatliche Anwendungsbefehl (→ Rn. 67) schließt diesen Anwendungsvorrang grundsätzlich mit ein.[217] Auch dies gestattet Art. 23 Abs. 1 S. 2,[218] wobei das BVerfG ausdrücklich auch den Vorrang vor nationalem Verfassungsrecht anerkennt.[219] Während das Unionsrecht allerdings einen unbedingten Anwendungsvorrang vor allen nationalen Normen beansprucht,[220] akzeptiert das GG den Anwendungsvorrang nur in den von ihm gezogenen Grenzen. So erklärt sich namentlich die sog. Identitätskontrolle (→ Rn. 95 ff.).

71 **c) Ultra-vires-Kontrolle.** Einen Grenzfall stellen sog. „ausbrechende Rechtsakte" dar. Dabei handelt es sich um Rechtsakte, die sich nicht auf eine vertragliche Ermächtigung stützen lassen, mit denen also die EU ihre Kompetenzen überschreitet. Der Anwendungsbefehl nach Art. 23 Abs. 1 S. 2 bezieht sich naturgemäß nur auf die Gründungsverträge selbst und auf solche Akte, die von ihnen gedeckt sind. Sog. ***Ultra-vires***-Handeln wird also vom Anwendungsbefehl nicht erfasst und ist innerstaatlich nicht verbindlich.[221]

72 Das Problem wird allerdings durch die Frage nach der Entscheidungszuständigkeit überlagert.[222] Über die Rechtmäßigkeit des sekundären Unionsrechts urteilt nach dem System des EUV und des AEUV allein der EuGH.[223] Hält ein nationales Gericht einen europäischen Rechtsakt für kompetenzwidrig, muss es die Sache im Wege der Vorabentscheidung gem. Art. 267 AEUV dem EuGH vorlegen, bevor es die Norm außer Anwendung

---

[213] Zu dieser Stellung BVerfGE 89, 155 (194 ff.); BVerfGE 123, 267 (349 f.) – Lissabon; BVerfGE 151, 202, Rn. 121 – Bankenunion; BVerfG BeckRS 2020, 7327, Rn. 111 – Anleihekäufe; *Hillgruber* in HdbStR II § 32 Rn. 79 f.

[214] *Niedobitek* in Niedobitek/Zemánek, Continuing the European Constitutional Debate, 2008, 63 (102 ff.).

[215] Grdl. EuGH C-6/64, Slg. 1964, I-1251, ECLI:EU:C:1964:66 S. 1270 – Costa/E. N. E. L.

[216] ABl. 2007 C 306, 256; BVerfGE 123, 267 (396 f., 401 f.) – Lissabon; *Mayer* VVDStRL 75 (2016), 7 (41 f.).

[217] *Huber* VVDStRL 60 (2001), 194 (216 f.).

[218] BVerfGE 123, 267 (398, 400) – Lissabon; zu Art. 24 Abs. 1 zuvor schon BVerfGE 73, 339 (374 f.); 75, 223 (244 f.).

[219] BVerfGE 140, 317, Rn. 38; BVerfG NJW 2020, 314 (317), Rn. 44.

[220] EuGH C-11/70, Slg. 1970, I-1125, ECLI:EU:C:1970:114 Rn. 3 – Internationale Handelsgesellschaft.

[221] BVerfGE 89, 155 (188) – Maastricht; BVerfGE 142, 123, Rn. 162 – OMT; BVerfG BeckRS 2020, 7327, Rn. 234 – Anleihekäufe; sa *Sauer* EuR 2017, 186 (195).

[222] Grdl. *Mayer,* Kompetenzüberschreitung und Letztentscheidung, 2000, 67 ff.

[223] *Dörr* DVBl 2006, 1088 (1095 f.); *Gersdorf* DVBl 1994, 674 (684); *Hirsch* NJW 1996, 2457 (2462 ff.); *Oeter* VVDStRL 66 (2007), 361 (373).

lassen darf.[224] Bei seiner Auslegung darf der EuGH zwar nicht die Grenze zur Vertragsänderung überschreiten,[225] doch besitzt er wie jedes Gericht durchaus eine Kompetenz zur Rechtsfortbildung.[226] Das **Urteil des EuGH** ist unionsrechtlich verbindlich. Auch auf diese Verteilung der Entscheidungskompetenzen erstreckt sich der Anwendungsbefehl nach Art. 23 Abs. 1 S. 2.[227] Erklärt der EuGH einen *Ultra-vires*-Akt für nichtig, wird das Problem unionsrechtsintern gelöst und es entstehen keine Spannungen zwischen europäischem und nationalem Recht. Erklärt der EuGH einen Rechtsakt für unionsrechtskonform, ist damit an sich **letztverbindlich** geklärt, dass es sich nicht um einen ausbrechenden Rechtsakt handelt.

Nationale Gerichte dürften nur dort korrigierend eingreifen, wo ein Urteil **73** des EuGH selbst zum *Ultra-vires*-Rechtsentscheid wird, wo es also auch unter Berücksichtigung zulässiger Rechtsfortbildung unter keinem erdenklichen Gesichtspunkt mehr als zulässige Auslegung und Anwendung der zugrunde liegenden Kompetenznormen angesehen werden kann.[228] Das Urteil muss unter einem so schweren und offensichtlichen Fehler leiden, dass es als nichtig erscheint.[229] Dem wird das Urteil zu den EZB-Anleihekäufen, in dem der 2. Senat Entscheidungen der EZB und des EuGH erstmals als *ultra-vires*-Akte qualifiziert hat,[230] nicht gerecht. „[S]chlechterdings nicht mehr vertretbar"[231] ist die dort kritisierte Argumentation des EuGH allenfalls innerhalb des komplexen Gedankengebäudes, das der 2. Senat zur demokratischen Legitimation entwickelt hat und dessen Prämissen nicht einmal innerhalb Deutschlands unumstritten sind. Im Honeywell-Beschluss hat das BVerfG zudem einen „hinreichend qualifizierten" Kompetenzverstoß verlangt: Die Kompetenzwidrigkeit müsse nicht nur offensichtlich sein, sondern die Kompetenzverschiebung zwischen Mitgliedstaat und Union müsse in Hinblick auf das Prinzip der begrenzten Einzelermächtigungen und die rechtsstaatliche Gesetzesbindung erheblich ins Gewicht fallen.[232] In späteren Entscheidungen hat es die bereits im Honeywell-Beschluss angelegte[233] Formel der **offensichtlichen und strukturell bedeutsamen Kompetenzüberschreitung** geprägt,[234] wobei es das Urteil zu den EZB-Anleihekäufen den Anschein

---

[224] EuGH C-314/85, Slg. 1987, I-4199, ECLI:EU:C:1987:452 Rn. 15–18 – Foto-Frost; speziell zur *ultra-vires*-Kontrolle des BVerfG: BVerfGE 126, 286 (304) – Honeywell; BVerfGE 142, 123, Rn. 156 – OMT; *Pache* EuGRZ 2009, 285 (298).

[225] BVerfGE 89, 155 (210).

[226] BVerfGE 75, 223 (242–244); BAG NZA 2006, 1162 (1165); *Steiner* NZA 2008, 73 (76); sa *Oeter* VVDStRL 66 (2007), 361 (377 f.); tendenziell enger BVerfGE 123, 267 (351) – Lissabon, eine „Tendenz […] zur wirksamen Kompetenzauslegung" sei hinzunehmen; s. nun auch BVerfGE 126, 286 (305 f.) – Honeywell.

[227] *Dörr,* Der europäisierte Rechtsschutzauftrag deutscher Gerichte, 2003, 130 f., 255 f.; *Haratsch* EuR 2008, 81 (99).

[228] BVerfGE 142, 123, Rn. 161 – OMT; jede Kontrolle abl. *Classen* in MKS Rn. 57; *Sauer,* Jurisdiktionskonflikte in Mehrebenensystemen, 2008, 463 f.

[229] Entsprechend zur Bindung von Unionsrechtsakten EuGH C-502/13, ECLI:EU:C:2015:143 Rn. 56 – Kommission/Luxemburg.

[230] BVerfG BeckRS 2020, 7327, Rn. 166 ff. – Anleihekäufe.

[231] So BVerfG BeckRS 2020, 7327, Rn. 117 – Anleihekäufe.

[232] BVerfGE 126, 286 (304) – Honeywell; gegen das Erfordernis einer erheblichen Kompetenzverschiebung abw.M. *Landau,* BVerfGE 126, 318, (322 f.); zum Ganzen *Classen* JZ 2010, 1186 ff.; *Mahlmann* GLJ 11 (2010), 1407 ff.; *Sauer* EuZW 2011, 94 ff.

[233] BVerfGE 126, 318 (286, 306, 309).

[234] BVerfGE 142, 123, Rn. 115, 121, 151 157, 167, 170 – OMT; BVerfGE 151, 202, Rn. 145, 147, 153 – Bankenunion; BVerfG BeckRS 2020, 7327, Rn. 107, 109 f. – Anleihekäufe.

erwecken könnte, als werde jede Kompetenzverschiebung zu Lasten der Mitgliedstaaten als strukturell bedeutsam angesehen.[235]

74 Das BVerfG beansprucht sowohl die ***Ultra-vires*-Kontrolle** am Maßstab des Zustimmungsgesetzes als auch eine „Identitätskontrolle" am Maßstab von Art. 79 Abs. 3 (→ Rn. 95 ff.).[236] In jedem Fall ist die Entscheidung, ob ein europäischer Rechtsakt entgegen der Entscheidung des EuGH aus Kompetenz- oder anderen verfassungsrechtlichen Gründen unanwendbar ist, entsprechend Art. 100 Abs. 1 **dem BVerfG vorbehalten.**[237] Gemäß Art. 38 Abs. 1 S. 1 können nach Ansicht des BVerfG zudem alle Wahlberechtigten die *Ultra-vires*-Rüge ebenso wie die Identitätsrüge (→ Rn. 103) mit der Verfassungsbeschwerde geltend machen.[238] Soweit ein deutscher Umsetzungsakt, der in Art. 2 Abs. 1 oder ein anderes Grundrecht eingreift, auf vermeintlich kompetenzwidrigen Unionsakten beruht, muss es daneben auch möglich sein, die Verfassungsbeschwerde auf diese Grundrechte zu stützen und den Kompetenzverstoß inzident geltend zu machen.[239] Erforderlich ist freilich, der substanziierte Vortrag eines nach → Rn. 73 erheblichen *Ultra-vires*-Handelns.[240]

75 **2. Durch Gesetz mit Zustimmung des Bundesrates.** Die Festlegung auf die Handlungsform des Gesetzes entspricht dem von Art. 59 Abs. 2 S. 1 Bekannten. Das Übertragungsgesetz nach Art. 23 Abs. 1 übernimmt zugleich die Funktion des **Vertragsgesetzes** nach Art. 59 Abs. 2 S. 1 (→ Art. 24 Rn. 39). Art. 23 Abs. 1 S. 2 scheint sich mit einer einfachen Mehrheit zu begnügen, wird aber durch Art. 23 Abs. 1 S. 3 iVm Art. 79 Abs. 2 überlagert. Da jede Übertragung von Hoheitsrechten materiell verfassungsändernde Wirkung hat, bedarf das Übertragungsgesetz nach Art. 23 Abs. 1 S. 2 **verfassungsändernder Mehrheiten** (→ Rn. 86 f.). Damit steht auch fest, dass das Übertragungsgesetz der Zustimmung des BR iSv Art. 77, 78 bedarf. Das Zustimmungserfordernis hätte deshalb in Art. 23 Abs. 1 S. 2 nicht gesondert aufgeführt werden müssen. Die schlechte Abstimmung von Art. 23 Abs. 1 S. 2 u. 3 lässt sich nur entstehungsgeschichtlich erklären.[241]

76 Die **Bestimmtheitsanforderungen** an das Übertragungsgesetz und damit an den Gründungsvertrag sind vor allem unter dem Gesichtspunkt der demokratischen Legitimation zu beurteilen.[242] Soweit europäische Hoheitsgewalt durch die nationalen Parlamente legitimiert wird, müssen die Befugnisse, die der Union zugewiesen werden, im Gründungsvertrag, der dem BT zur Zustimmung vorliegt, hinreichend genau bestimmt sein.[243] Daraus folgt das **Prinzip der begrenzten Einzelermächtigungen.**[244] Soweit Unionshan-

---

[235] BVerfG BeckRS 2020, 7327, Rn. 110 – Anleihekäufe; zurückhaltender ebenda Rn. 157.

[236] BVerfGE 123, 267 (353 f.; 398 ff.) – Lissabon.

[237] BVerfGE 123, 267 (354) – Lissabon; BVerfGE 142, 123, Rn. 155 – OMT; *Haratsch* EuR 2008, 81 (89 f., 102); *Hirsch* NJW 1996, 2457 (2462); *Huber* in Merten/Papier Grundrechts-HdB VI/2, § 172 Rn. 78; aA noch BVerfGE 89, 155 (188, 195) – Maastricht; *Dörr,* Der europäisierte Rechtsschutzauftrag deutscher Gerichte, 2003, 256 f.

[238] BVerfGE 151, 202, Rn. 92 – Bankenunion.

[239] Dahingehend BVerfGE 126, 286 (300 ff.) – Honeywell; *Schneider* AöR 139 (2014), 196 (253 f.); aA *Pieroth/Barczak* NJOZ 2019, 1649 (1650); tendenziell aA für eine Schutzpflichtkonstellation auch BVerfGE 151, 202, Rn. 97 – Bankenunion.

[240] S. BVerfGE 126, 286 (299 f.) – Honeywell.

[241] *Fischer* ZParl 1993, 32 (39 f.); krit. *Kunig* FS f. Heymanns-Verlag, 1995, 591 (596 f.).

[242] → Rn. 25; strenger *Classen* in MKS Rn. 10; dagegen → Rn. 66.

[243] BVerfGE 89, 155 (187 f.) – Maastricht; *Schorkopf,* Staatsrecht der internationalen Beziehungen, 2017, § 2 Rn. 164 f.

[244] Vgl. Art. 5 Abs. 1 EUV.

deln auf der europäischen Ebene und namentlich über das Europäische Parlament demokratisch legitimiert wird (→ Rn. 25 f.), können die Bestimmtheitsanforderungen an das Gesetz nach Art. 23 Abs. 1 zurückgeschraubt werden. Beispielhaft zeigt das die Vertragsabrundungskompetenz gem. Art. 352 AEUV, die nur mit Zustimmung des Europäischen Parlaments ausgeübt werden kann. Da das BVerfG eine unmittelbare Legitimation auf europäischer Ebene allenfalls eingeschränkt akzeptiert (→ Rn. 32), begreift es das Prinzip der begrenzten Einzelermächtigungen folgerichtig als „Fundamentalprinzip", dem „entscheidende Bedeutung für die Gewährleistung des demokratischen Prinzips" zukomme.[245] Dementsprechend sieht es die Vertragsabrundung gem. Art. 352 AEUV als materielle Vertragsänderung an, die es ausnahmslos Art. 23 Abs. 1 S. 2, 3 unterwirft.[246] Es spricht viel dafür, dass es wenigstens im Bereich des Binnenmarktes iSv Art. 3 Abs. 3 EUV, Art. 26 AEUV entsprechend der bisherigen Rechtslage keiner parlamentarischen Zustimmung bedarf, um eine Lähmung der Europäischen Union zu verhindern.

Werden die EU-Gründungsverträge geändert, ohne dass zusätzliche Kompetenzen übertragen werden, greift Art. 23 Abs. 1 S. 2 nicht.[247] Solche Änderungen bedürfen lediglich der parlamentarischen Zustimmung nach Art. 59 Abs. 2 S. 1. Es genügt ein einfaches Bundesgesetz, das grundsätzlich nicht der Zustimmung des BR unterliegt. Einer analogen Anwendung von Art. 23 Abs. 1 S. 2 bedarf es nicht.[248] In diesem Sinne wurde ein Änderungsprotokoll mit Übergangsbestimmungen zur Zusammensetzung des Europäischen Parlaments[249] 2011 entgegen der Stellungnahme des BR[250] als Einspruchsgesetz behandelt.[251] Ebenso hat das BVerfG die deutsche Zustimmung zur Bündnisklausel des Art. 42 Abs. 7 EUV, mit der keine Hoheitsrechte übertragen werden, 2019 an Art. 24 Abs. 2 iVm Art. 59 Abs. 2 S. 1 GG gemessen.[252] Die Auffassung des BVerfG im Lissabon-Urteil, Art. 23 Abs. 1 S. 2 erfasse jede textliche Änderung des europäischen Primärrechts,[253] findet im Verfassungswortlaut keinen Rückhalt und ist auch aus systematisch-teleologischen Gründen nicht geboten. Das gilt auch für sonstige völkerrechtliche Verträge zwischen den Mitgliedstaaten, die in einem qualifizierten inhaltlichen Zusammenhang mit der EU stehen (→ Rn. 13). Sie sind nach Art. 59 Abs. 2 S. 1 abzuschließen und unterliegen ggf. Art. 23 Abs. 1 S. 3 (→ Rn. 88), nicht aber Art. 23 Abs. 1 S. 2. 77

[245] BVerfG BeckRS 2020, 7327, Rn. 158 – Anleihekäufe; s. auch schon BVerfGE 123, 267 (347 ff.) – Lissabon.

[246] BVerfGE 123, 267 (393 ff., 436) – Lissabon; ähnlich BVerfGE 123, 267 (413 f., 436) zur Erweiterung des Kataloges besonders schwerer grenzüberschreitender Straftaten, für die die Union nach Art. 83 Abs. 1 AEUV Mindestvorschriften erlassen kann; eine Differenzierung andeutend BVerfG EuZW 2020, 324, Rn. 129 – Patentgericht; sehr krit. *Halberstam/Möllers* GLJ 10 (2009), 1241 (1254 f.); krit. *Winkler* EuR 2011, 384.

[247] *Classen* DÖV 2018, 253 (256 f.).

[248] AA *Puttler* in HdbStR VI, § 142 Rn. 46.

[249] BGBl. 2011 II, 442.

[250] BT-Drs. 17/3357, 10; bestätigend BR-Drs. 13/11 (Beschluss).

[251] Gegenäußerung der BReg., BT-Drs. 17/3357, 11; *Schorkopf,* Staatsrecht der internationalen Beziehungen, 2017, § 3 Rn. 188.

[252] BVerfG, NVwZ 2019, 1669, Rn. 53, Anti-IS-Einsatz.

[253] BVerfGE 123, 267 (355, 434) – Lissabon; zust. *Jarass* in Jarass/Pieroth Rn. 25; *Lorz/Sauer* DÖV 2012, 573 (577 f.); *Ohler* AöR 135 (2010), 153 (158); *Wernsmann/Sandberg* DÖV 2014, 49 (51); *Wollenschläger* in Dreier Rn. 43–50; dahin gehend auch *Schorkopf,* Staatsrecht der internationalen Beziehungen, 2017, § 3 Rn. 189.

78 Die **Aufnahme neuer Mitglieder** nach Art. 49 Abs. 2 S. 2 EUV[254] bemisst sich daher nach Art. 59 Abs. 2 S. 1. Dasselbe gilt für die **vereinfachte Vertragsänderung** nach Art. 48 Abs. 6 EUV.[255] Sie steht einer förmlichen Vertragsänderung gleich (→ Rn. 80), darf aber ausweislich UAbs. 3 keine Unionskompetenzen ausdehnen und wird damit von Art. 23 Abs. 1 S. 2 nicht erfasst. Nur dann, wenn die Vertragsänderung, auch ohne zusätzliche Kompetenzen zu übertragen, ausnahmsweise materiell verfassungsändernden Gehalt hat, bedarf es nach Art. 23 Abs. 1 S. 3 iVm Art. 79 Abs. 2 einer qualifizierten Mehrheit in BT und BR (→ Rn. 88).

79 **3. Für die Begründung der Europäischen Union sowie für Änderungen ihrer vertraglichen Grundlagen und vergleichbare Regelungen.** Nach Art. 23 Abs. 1 S. 3 unterliegt die Gründung der Europäischen Union den formellen Anforderungen und materiellen **Schranken der förmlichen Verfassungsänderung** nach Art. 79 Abs. 2 u. 3. Damit bedurfte das Zustimmungsgesetz zum Vertrag von Maastricht (→ Rn. 1) einer Zweidrittelmehrheit in BT und BR. Ob der Vertrag von Lissabon das Unionsgefüge so stark verändert, dass er einer Neugründung gleichkommt, kann dahinstehen, weil es sich jedenfalls um eine Änderung der vertraglichen Grundlagen handelt, die ebenso unter Art. 23 Abs. 1 S. 3 fällt.

80 Einer Vertragsänderung **„vergleichbar"** sind solche Regelungen, die in den Gründungsverträgen vorgesehen sind, aber die Zustimmung der Mitgliedstaaten voraussetzen und damit ebenfalls dem Primärrecht zuzuordnen sind. Ein Beispiel ist die **vereinfachte Vertragsänderung** nach Art. 48 Abs. 6 UAbs. 2 S. 3 EUV. Sie ist inhaltlich so wenig determiniert, dass sie einer förmlichen Vertragsänderung vergleichbar ist.[256] Vergleichbar sind auch solche völkerrechtlichen Verträge zwischen den Mitgliedstaaten, die, ohne formal dem Primärrecht zuzurechnen zu sein, mit diesem in einem **qualifizierten inhaltlichen Zusammenhang** stehen wie bspw. der Fiskalpakt (→ Rn. 13).[257]

81 Dagegen werden **kompetenzerweiternde Organbeschlüsse** nicht von Art. 23 Abs. 1 S. 3 erfasst, wenn sie in den Gründungsverträgen hinreichend vorgezeichnet sind.[258] Das gilt bspw. entgegen der Ansicht des BVerfG (→ Rn. 76) für die Vertragsabrundungskompetenz des Art. 352 AEUV. Auch wenn die Vorschrift Einstimmigkeit im Rat voraussetzt, handelt es sich um Maßnahmen im Rahmen der Verträge. Art. 23 Abs. 1 S. 3 ist durch die parlamentarische Zustimmung zu den jeweiligen Vertragsbestimmungen genüge getan.

82 Wieder anders verhält es sich mit dem Übergang zur qualifizierten Mehrheit im Rahmen der **Brückenklausel** des Art. 48 Abs. 7 EUV. Dieser Übergang unterliegt zwar einem Veto der nationalen Parlamente nach Art. 48 Abs. 7 UAbs. 3 EUV, fällt aber nicht unter Art. 23 Abs. 1 S. 3. Die Ausübung des Vetos durch BT und BR ist vielmehr auf der Grundlage von Art. 23 Abs. 1a S. 3 zu regeln (→ Rn. 113). Wenn das BVerfG die Zustimmung des deutschen Regierungsvertreters davon abhängig macht, dass BT und BR „ein Gesetz nach Art. 23 Abs. 1 GG" erlassen haben,[259] überdehnt

254 *Hölscheidt/Schotten* DÖV 1995, 187 ff.; aA *Geiger* ZG 2003, 193 (205 ff.).
255 BVerfGE 123, 267 (387) – Lissabon.
256 Ähnlich *Puttler* in HdbStR VI § 142 Rn. 46.
257 BVerfG EuZW 2020, 324, Rn. 126, 153 – Patentgericht.
258 BVerfG EuZW 2020, 324, Rn. 129 – Patentgericht.
259 BVerfGE 123, 267 (390 f., 434 f.) – Lissabon; zur Grundsatzkritik → Rn. 32.

es den änderungsfesten Kern des Demokratiegebots ebenso wie die Regelungen des Art. 23 Abs. 1 und missachtet die Entscheidung des verfassungsändernden Gesetzgebers in Art. 23 Abs. 1a S. 3.

Noch weniger Rückhalt findet im GG der schlichte Parlamentsvorbehalt, **83**
den das BVerfG für **spezielle Brückenklauseln** konstruiert.[260] In diesen Fällen richtet sich die parlamentarische Mitwirkung allein nach Art. 23 Abs. 2–7. Erst Recht gibt es keinen Anlass, den Parlamentsvorbehalt über die vom BVerfG genannten Fälle hinaus zu erweitern, wie es namentlich bei der Begründung der Bankenunion geschehen[261] und für den Abschluss von Freihandelsabkommen mit eigenen Entscheidungsgremien vertreten worden ist.[262] Den demokratischen Legitimationsproblemen, die solche Abkommen aufwerfen, lässt sich nicht über eine Beteiligung des deutschen Parlaments beikommen.

Die Bundesgesetzgebung ist den Vorgaben des BVerfG gefolgt und hat die **84**
deutsche Zustimmung in den zuvor genannten Fällen in §§ 4–8 IntVG unter Gesetzesvorbehalt gestellt. Auch wenn man dies für verfassungsrechtlich nicht geboten hält, ist dies grds. zulässig. Die ausdrücklich formulierten Gesetzesvorbehalte lassen sich als **Einschränkung des** mit dem Zustimmungsgesetz erteilten **Rechtsanwendungsbefehls** (→ Rn. 67) zum Vertrag von Lissabon verstehen: Der Bundesgesetzgeber verweigert mit §§ 4–8 IntVG den sonst im Zustimmungsgesetz enthaltenen, antizipierten Anwendungsbefehl für entsprechende Unionsakte und behält sich vor, diesen später im Einzelfall zu erteilen. Allerdings kann der einfache Gesetzgeber diese Zustimmung weder von einer nach Art. 59 Abs. 2 nicht erforderlichen Zustimmung des BR noch von verfassungsändernden Mehrheiten abhängig machen. Die Verweisung auf fachrechtliche Verweisung auf Art. 23 Abs. 1 geht daher bei sachgerechter Verfassungsinterpretation ins Leere.

4. Durch die dieses Grundgesetz seinem Inhalt nach geändert oder **85**
ergänzt wird oder solche Änderungen oder Ergänzungen ermöglicht werden. Die Regelung muss das GG inhaltlich ändern oder ergänzen. Vom Satzbau her ist offen, ob diese zusätzliche Voraussetzung nur für „vergleichbare" Regelungen gilt oder **auch** für die **förmliche Vertragsänderung.** Der Entwurf der Gemeinsamen Verfassungskommission, der die Worte „und vergleichbare Regelungen" bei ansonsten gleichem Wortlaut noch nicht enthielt,[263] macht aber deutlich, dass sich der Zusatz auch auf die förmliche Vertragsänderung beziehen soll.[264]

Zu einer inhaltlichen Ergänzung des GG kommt es insbes., wenn der EU **86**
zusätzliche **supranationale Kompetenzen** zugewiesen werden. Diese Kompetenzzuweisung lässt zwar die grundgesetzliche Abgrenzung der Kompetenzen von Bund und Ländern formal unangetastet. Sie ergänzt die **grundgesetzliche Kompetenzordnung** aber um einen dritten Hoheitsträger, der Bund und Länder ggf. in der Kompetenzausübung verdrängt. Das BVerfG hat die Übertragung von Hoheitsrechten deshalb schon im EUROCON-

[260] BVerfGE 123, 267 (391 f.) – Lissabon.

[261] Durch G v. 25.7.2013, BGBl. 2013 I, 1050; zust. *Wernsmann/Sandberg* DÖV 2014, 49 (54–56).

[262] S. etwa *Holterhus* EuR 2017, 234 (254–258); *Weiß* EuZW 2016, 286 (288 ff.).

[263] S. zur Einfügung der Worte durch den Sonderausschuss Europäische Union den Bericht der Gemeinsamen Verfassungskommission v. 5.11.1993, BT-Drs. 12/6000, 28.

[264] *König,* Die Übertragung von Hoheitsrechten im Rahmen des europäischen Integrationsprozesses, 2000, 297 f.; *Streinz* in Sachs Rn. 79.

TROL-Beschluss materiell als Verfassungsänderung angesehen.[265] Das spricht dafür, dass jede Übertragung zusätzlicher Kompetenzen auf die Union die qualifizierten Anforderungen des Art. 23 Abs. 1 S. 3 auslöst.[266]

87 Im Schrifttum finden sich verschiedene Versuche, den Anwendungsbereich des Art. 23 Abs. 1 S. 3 einzuschränken.[267] Aus systematischer Sicht spricht dafür das Bestreben, Art. 23 Abs. 1 S. 2 ein eigenständiges Anwendungsfeld zu erhalten. Diese Versuche widersprechen allerdings der klaren Rspr. des BVerfG (→ Rn. 86), die der verfassungsändernde Gesetzgeber vorgefunden hat. Außerdem bleiben sie vielfach unbestimmt. Daher ist daran festzuhalten, dass **jede Hoheitsrechtsübertragung** das Verfahren nach Art. 23 Abs. 1 S. 3 auslöst.[268] Dabei greift Art. 23 Abs. 1 S. 3 schon dann ein, wenn die Vertragsänderung die Kompetenzübertragung lediglich ermöglicht, indem sie den Rat zu einem entsprechenden Organbeschluss ermächtigt; der nachfolgende Ratsbeschluss berührt Art. 23 Abs. 1 S. 3 dann nicht mehr (→ Rn. 81). Art. 23 Abs. 1 S. 2 geht in Art. 23 Abs. 1 S. 3 auf, doch beschränkt sich der Anwendungsbereich von Art. 23 Abs. 1 S. 3 nicht auf die Übertragung von Hoheitsrechten.

88 Materiell verfassungsändernde Wirkung iSv Art. 23 Abs. 1 S. 3 hat darüber hinaus jede **Schaffung von supranationalem Recht,** das Bestimmungen des GG im deutschen Rechtsraum mit seinem Anwendungsvorrang verdrängt. Es erscheint sachgerecht völkerrechtlichen Verträgen, die in einem qualifizierten inhaltlichen Zusammenhang zum Primärrecht stehen, ohne selbst am Anwendungsvorrang teilzuhaben, eine materiell verfassungsändernde Wirkung auch dann zuzusprechen, wenn sie die Vertragsstaaten verpflichten, bestimmte Inhalte verfassungsrechtlich abzusichern. Daher wurde der **Fiskalpakt** (→ Rn. 13), dessen Art. 3 Abs. 2 die Vertragsstaaten verpflichtet, die sog. Schuldenbremse grundsätzlich verfassungsrechtlich abzusichern, als Vertrag iSv Art. 23 Abs. 1 S. 3 behandelt.[269]

89 Manche nehmen eine inhaltliche Änderung auch dann an, wenn die **Stellung Deutschlands in der Union** grundsätzlich verändert werde, was etwa bei institutionellen Reformen mit einer Veränderung des Stimmengewichts der Fall sei.[270] Am Verfassungswortlaut lässt sich diese Ausdehnung nicht festmachen. Eine solche Änderung wird regelmäßig die politischen Beziehungen des Bundes iSv Art. 59 Abs. 2 S. 1 regeln (→ Art. 59 Rn. 82). Das GG legt aber das Gewicht Deutschlands in der EU selbst nicht fest und wird daher durch eine institutionelle Reform auch nicht berührt. Materiell verfassungsändernde Wirkung hätte die Reform erst, wenn sie den Strukturvorgaben des Art. 23 Abs. 1 S. 1 widerspricht. Auch eine Aufnahme neuer Mitglieder hat danach keine verfassungsändernde Wirkung.[271]

---

[265] BVerfGE 58, 1 (36); dagegen *Dörr,* Der europäisierte Rechtsschutzauftrag deutscher Gerichte, 2003, 96 ff.

[266] So auch BVerfG EuZW 2020, 324, Rn. 130 – Patentgericht.

[267] *Dörr,* Der europäisierte Rechtsschutzauftrag deutscher Gerichte, 2003, 102; *Jarass* in Jarass/Pieroth Rn. 31, 33; *Wollenschläger* in Dreier Rn. 56 f.

[268] So auch *Geiger* ZG 2003, 193 (201 f.); *Streinz* in Sachs Rn. 72, 82; *Uhrig,* Die Schranken des Grundgesetzes für die europäische Integration, 2000, 99 ff.

[269] Gesetzesentwurf BT-Drs. 17/9046, 4; *Schorkopf,* Staatsrecht der internationalen Beziehungen, 2017, § 3 Rn. 188; zust. auch *Wollenschläger* in Dreier Rn. 58.

[270] *Streinz* in Sachs Rn. 87; *Wollenschläger* in Dreier Rn. 57 f.; vorsichtig zust. *Jarass* in Jarass/Pieroth Rn. 33; ähnlich *Geiger* ZG 2003, 193 (202); zur Einordnung des Direktwahlakts *Haratsch* EuGRZ 2019, 177 (184).

[271] *Classen* in MKS Rn. 14; ebenso die Äußerung der BReg., BT-Drs. 16/2293, 301 f., gegen die Stellungnahme des BR, BT-Drs. 16/2293, 299 f., anlässlich der zweiten Oster-

Ordentliche Vertragsänderungen iSd Art. 48 Abs. 2–5 EUV enthalten regelmäßig zusätzliche Kompetenzübertragungen und werden schon deshalb von Art. 23 Abs. 1 S. 3 erfasst.[272] Dagegen darf die vereinfachte Vertragsänderung nach Art. 48 Abs. 6 EUV ausweislich UAbs. 3 keine Unionskompetenzen ausdehnen. Sie hat damit grundsätzlich keine materiell verfassungsändernde Wirkung. Auch ein Übergang von der Einstimmigkeit zu Mehrheitsentscheidungen im Rat verändert die deutsche Kompetenzordnung nicht und stellt keine materielle Verfassungsänderung dar.[273] Selbst wenn man dafür mit dem Lissabon-Urteil (→ Rn. 77) ein Gesetz nach Art. 23 Abs. 1 S. 2 verlangt, wie es nun § 3 IntVG[274] festschreibt, bedarf dieses also jedenfalls keiner verfassungsändernden Mehrheiten. 90

5. Gilt Art. 79 Abs. 2 u. 3. a) Allgemeines. Mit der Verweisung auf Art. 79 Abs. 2 unterwirft Art. 23 Abs. 1 Zustimmungsgesetze zum Primärrecht der Union dem Erfordernis **verfassungsändernder Mehrheiten** (→ Rn. 75, 86 f.), dh der Zustimmung von zwei Dritteln der Mitglieder des BT und von zwei Dritteln der Stimmen des BR. Ein Referendum oder andere Formen der unmittelbaren Beteiligung des Volkes sieht Art. 23 Abs. 1 S. 3 nicht vor. Da das Verfahren in Art. 23 Abs. 1 S. 2 u. 3 einerseits sowie Art. 76 ff. andererseits abschließend geregelt ist, besteht *de constitutione lata* keine Möglichkeit, ein Referendum durchzuführen.[275] 91

Art. 23 Abs. 1 S. 3 verweist nicht auf Art. 79 Abs. 1. Damit ist klargestellt, dass Bestimmungen des GG **ohne** eine zusätzliche **Änderung des Verfassungstextes** durch Unionsrecht überlagert und verdrängt werden können.[276] 92

Geht man vom verfassungsändernden Charakter der Vertragsgesetze nach Art. 23 Abs. 1 aus,[277] ließe sich folgern, dass Primärrecht, dem die deutsche Legislative im Verfahren nach Art. 23 Abs. 1 zugestimmt hat, formell den gleichen Rang wie die Vorschriften des GG hat.[278] Nach dieser Logik wäre Unionsprimärrecht nur noch am änderungsfesten Kern des GG zu messen, wie ihn Art. 79 Abs. 3 umschreibt. Dieses Verständnis erscheint allerdings der Konzeption von Art. 23 Abs. 1 nicht angemessen. Es würde dazu führen, dass die Leitlinien, die Art. 23 Abs. 1 S. 1 aufstellt, keine Bedeutung hätten, weil sie durch die Zustimmung zu gleichrangigem Unionsrecht abbedungen werden könnten. Die eigentlichen verfassungsrechtlichen Vorgaben für die deutsche Mitgliedschaft in der EU würden sich dann aus Art. 79 Abs. 3 ergeben.[279] Damit würden aber zum einen die ausdrücklichen Vorgaben des Art. 23 Abs. 1 S. 1 ihres Sinnes beraubt, und es besteht zum anderen Gefahr, dass der Kerngehalt der Verfassung, der jeder Verfassungsänderung entzogen 93

weiterung; zur vorangehenden Staatspraxis *Schladebach* LKV 2004, 10 (14); aA *Hillgruber* in SHH Rn. 37; zum Rückgriff auf Art. 59 Abs. 2 → Rn. 77.

[272] Zur Ausweitung von Kompetenzen im Bereich der PJZS *Geiger* ZG 2003, 193 (203).

[273] Zur abweichenden Ansicht → Rn. 89.

[274] Zur Interpretation des Gesetzesvorbehalts als Einschränkung des mit dem Zustimmungsgesetz erteilten Rechtsanwendungsbefehls → Rn. 84.

[275] Zu einer Einführung *de constitutione ferenda* skeptisch *Röper* APuZ 23–24 (2009), 24 ff.

[276] *Hufeld,* Die Verfassungsdurchbrechung, 1997, 132 ff.; sa *Wollenschläger* in Dreier Rn. 61.

[277] So auch BVerfGE 123, 267 (348) – Lissabon.

[278] So *Selmayr/Prowald* DVBl 1999, 269 (271).

[279] Dahingehend *Dietz* AöR 142 (2017), 78 (106), die Art. 23 Abs. 1 S. 1 für weitgehend deklaratorisch hält.

ist, problematisch weit gezogen wird.[280] Man wird vielmehr davon ausgehen müssen, dass die Verabschiedung eines Zustimmungsgesetzes mit verfassungsändernder Mehrheit nach Art. 23 Abs. 1 S. 3 **nicht** dazu führt, dass dieses Zustimmungsgesetz **selbst Verfassungsrang** hätte.[281] Es steht vielmehr unter der Verfassung und ist in vollem Umfang an den Vorgaben des Art. 23 Abs. 1 S. 1 zu messen.

94 Damit spricht an sich alles dafür, die verfassungsrechtlichen Anforderungen an die europäische Integration vorrangig aus Art. 23 Abs. 1 S. 1 abzuleiten. Die Verweisung auf Art. 79 Abs. 3, die zudem weitgehend deklaratorisch ist,[282] würde daneben kaum eine Rolle spielen. Sie zeigt zwar eine **absolute** grundgesetzliche **Integrationsgrenze** auf, die sich nur noch durch eine Verfassungsneuschöpfung nach Art. 146 überwinden ließe.[283] Insgesamt ist aber davon auszugehen, dass eine EU, die den Anforderungen des Art. 23 Abs. 1 S. 1 genügt, auch und erst recht mit dem unantastbaren Kerngehalt des GG nach Art. 79 Abs. 3 vereinbar ist.[284] Angesichts der Funktion als letzte Schranke lassen sich die Grundsätze des Art. 79 Abs. 3 auch nicht als Optimierungsgebote verstehen.[285] Optimierungsgebote, die den Integrationsprozess positiv beeinflussen sollen, enthält vielmehr Art. 23 Abs. 1 S. 1 (→ Rn. 22).

95 **b) Identitätskontrolle des BVerfG.** Demgegenüber verankert das BVerfG seinen Kontrollzugriff auf das Unionsrecht in großen Teilen in Art. 79 Abs. 3. Auf diese Vorschrift stützt es seine sog. **Identitätskontrolle.**[286] Durch die Anknüpfung an die Ewigkeitsklausel des Art. 79 Abs. 3 ist die verfassungsrechtlich unantastbare Verfassungsidentität enger als die gemäß Art. 4 Abs. 2 EUV unionsrechtlich geschützte nationale Identität der Mitgliedstaaten.[287]

96 Zum geschützten Identitätskern zählen die Staatsstrukturprinzipien des Art. 20 und namentlich das **Demokratieprinzip.** Daraus leitet das BVerfG ab, dass dem BT „eigene Aufgaben und Befugnisse von substanziellem politischen Gewicht verbleiben" müssen.[288] Dazu gehören namentlich das Budgetrecht und die haushaltspolitische Gesamtverantwortung des BT, was dem BVerfG den Kontrollzugriff auf die unionalen Mechanismen der Finanzmarktstabilisierung[289] und der Bankenunion[290] eröffnet (→ Rn. 83).[291] Als weitere Gebiete, die „besonders sensibel für die demokratische Selbstgestaltungsfähigkeit eines Verfassungsstaates" seien, hat das BVerfG im Lissabon-Urteil das Strafrecht, das staatliche Gewaltmonopol im Bereich mit Polizei

---

280 Zum Gebot enger Auslegung von Art. 79 Abs. 3 → Art. 79 Rn. 32.

281 *Seiler,* Der souveräne Verfassungsstaat zwischen demokratischer Rückbindung und überstaatlicher Einbindung, 2005, 263; *Wollenschläger* in Dreier Rn. 59.

282 *Scholz* NVwZ 1993, 817 (821).

283 Skeptisch *Herbst* ZRP 2012, 33 ff.

284 AA *Thiele* EuR 2017, 367 (375 f.), der von zwei parallelen, voneinander unabhängigen Schranken ausgeht.

285 So aber *Isensee* FS f. Stern, 1997, 1248.

286 Zur Entwicklung *Dietz* AöR 142 (2017), 78 (83 ff.).

287 BVerfGE 134, 366, Rn. 29 – OMT.

288 BVerfGE 123, 267 (356) – Lissabon; BVerfGE 151, 202, Rn. 122 – Bankenunion, in Anknüpfung an BVerfGE 89, 155 (186, 207) – Maastricht; zust. *Schorkopf,* Staatsrecht der internationalen Beziehungen, 2017, § 2 Rn. 176–178.

289 BVerfGE 142, 123, Rn. 211–214 – OMT; sa BVerfG BeckRS 2020, 7327, Rn. 104 – Anleihekäufe.

290 BVerfGE 151, 202, Rn. 123 – Bankenunion.

291 Zustimmend *Calliess* NVwZ 2019, 684 (688).

und Militär, die Sozialpolitik und die Kulturpolitik mit Grundentscheidungen im Familien- und Schulrecht sowie im Religionsverfassungsrecht genannt.[292] Dass diese Bereiche zwingend dem Bundestag vorbehalten bleiben müssten, lässt sich allerdings schon deshalb nicht annehmen, weil Art. 70 GG Polizei und Kulturpolitik weitgehend den Ländern zugewiesen sind. Werden entsprechende Kompetenzen auf die EU übertragen, gebietet das Demokratieprinzip lediglich, den Übertragungsakt und die Ausübung der Kompetenzen auf Unionsebene hinreichend demokratisch zu legitimieren.[293]

Was den Einsatz der **Bundeswehr** angeht, hat das BVerfG 2019 klargestellt, dass es jedenfalls möglich erscheint, die EU aufgrund der Beistandsklausel des Art. 42 Abs. 7 EUV als System kollektiver Sicherheit i. S. v. Art. 24 Abs. 2 GG einzuordnen (→ Art. 24 Rn. 82), solange der konkrete Einsatz der Bundeswehr der Zustimmung des BT unterliegt.[294] **97**

Auch das **Religionsverfassungsrecht** mit dem Selbstbestimmungsrecht der Religionsgemeinschaften nach Art. 140 GG iVm Art. 137 Abs. 3 WRV (→ Art. 140 Rn. 29 ff.) ist unionalen Einschränkungen zugänglich, solange diese hinreichend demokratisch legitimiert sind. Das kirchliche Selbstbestimmungsrecht zählt im Übrigen nicht zum Identitätskern, der durch die in Art. 79 Abs. 3 genannten Staatsstrukturprinzipien oder durch die Menschenwürde geschützt würde.[295] **98**

Zum Identitätskern, der durch Art. 79 Abs. 3 geschützt wird, gehört auch die Garantie der **Menschenwürde** nach Art. 1 Abs. 1.[296] Das BVerfG kann also auch im Einzelfall überprüfen, ob Unionsakte gegen die Menschenwürde oder den Menschenwürdekern anderer Grundrechte verstoßen, ohne dass es sich um eine strukturelle Schutzunterschreitung handeln müsste.[297] Indem die menschenwürdegestützte Identitätskontrolle im Einzelfall aktiviert werden kann, geht sie über die **Solange-Rechtsprechung** (→ Rn. 50) hinaus.[298] Andererseits bleibt sie hinter der Solange-Rechtsprechung zurück, weil sie nur ein Mindestmaß an Grundrechtschutz garantiert. Ob die Identitätskontrolle die Solange-Rechtsprechung verdrängt oder vielmehr die beiden Kontrollmaßstäbe parallel anzuwenden sind, erscheint unklar.[299] Der Erste Senat hält eine Aktivierung des Reservevorbehalts der Solange-Rechtsprechung zumindest theoretisch noch immer für möglich.[300] **99**

Versteht man den Menschenwürdekern eng, drohen angesichts des umfassenden Grundrechtsschutzes, den das Unionsrecht mittlerweile gewährleistet, kaum Konflikte, zumal auch Art. 1 GRC die Menschenwürde verbürgt. Problematisch würde es hingegen, wenn man der Identitätskontrolle ein **spezifisch deutsches Konzept** der Menschenwürde zugrunde legen wollte.[301] **100**

[292] BVerfGE 123, 267 (359) – Lissabon.

[293] Sa BVerfGE 143, 65, Rn. 59–65 – CETA, zu den Grenzen einer Übertragung von Rechtssetzungsbefugnissen auf einen völkerrechtlichen Vertragsausschuss im Rahmen eines Freihandelsabkommens; zur Vereinbarkeit des völkerrechtlichen Investitionsschutzes mit dem Demokratieprinzip am Beispiel von CETA grds. *Schill,* ZaöRV 78 (2018), 33 ff.

[294] BVerfG NVwZ 2019, 1669, Rn. 52 – Anti-IS-Einsatz; weniger weitgehend noch BVerfGE 123, 267 (360 f., 425) – Lissabon.

[295] *Pieroth/Barczak,* NJOZ 2019, 1649 (1651, 1654); sa *Franzius* EuR 2019, 365 (375 f.).

[296] BVerfGE 140, 317, Rn. 48 – Haftbefehl.

[297] BVerfGE 140, 317, Rn. 49 – Haftbefehl.

[298] *Ludwigs/Sikora* JuS 2017, 385 (389); *Sauer* EuR 2017, 186 (190 f.).

[299] Dazu *Sauer* EuR 2017, 186 (203).

[300] BVerfG NJW 2020, 314 (317), Rn. 47 f.

[301] Dazu *Schwarz* Der Staat 50 (2011) 533 ff.

Zum Identitätskern rechnet das BVerfG bspw. das Verbot einer anlasslosen Totalüberwachung der Bürger.[302]

101 Art. 79 Abs. 3 schützt zunächst die Grenzen des Übertragbaren, während sich die Grenzen des Übertragenen aus dem Zustimmungsgesetz nach Art. 23 Abs. 1 S. 2 ergeben (→ Rn. 71). Damit findet die ***Ultra-vires***-Kontrolle ihre Grundlage grundsätzlich in Art. 23 Abs. 1 S. 2. Identitäts- und *Ultra-vires*-Kontrolle stehen nebeneinander.[303] Der Versuch des Zweiten Senats im OMT-Urteil die *Ultra-vires*-Kontrolle als Unterfall der Identitätskontrolle zu verstehen,[304] löst sich zu sehr vom konkreten Regelungsgehalt des Art. 79 Abs. 3 GG.[305]

102 Mit seiner Identitätskontrolle **überdehnt das BVerfG** insg. den unantastbaren Kern des auch durch Verfassungsänderung nicht Übertragbaren[306] und vernachlässigt zugleich den positivierten Gestaltungsauftrag des Art. 23 Abs. 1 S. 1.[307] Damit schreibt es nicht nur den Ansatz fort, den es vor der Schaffung des heutigen Art. 23 geschaffen hat, um die vom Wortlaut her unbegrenzte Integrationsermächtigung des Art. 24 Abs. 1 mit Schranken zu versehen. Der Fokus auf Art. 79 Abs. 3 hat vor allem auch **prozessuale Gründe.**

103 Prozessual hat das BVerfG seine Identitäts- und *Ultra-vires*-Kontrolle über Art. 38 Abs. 1 S. 1 subjektiviert, so dass Verletzungen von jedem wahlberechtigten Deutschen mit der **Verfassungsbeschwerde** geltend gemacht werden können.[308] Erforderlich ist nur, dass der Verstoß hinreichend substanziiert vorgetragen wird.[309] Damit hat das BVerfG systemwidrig eine *De-facto*-**Popularklage** eingeführt, um den Fortgang der europäischen Integration kontrollieren zu können.[310] Der Rückgriff auf Art. 38 Abs. 1 S. 1 kann auch deshalb nicht überzeugen, weil diese Vorschrift nicht umfassend die durch Art. 20 Abs. 2 gewährleistete demokratische Mitwirkung subjektiviert, sondern nur das Wahlrecht zum BT. Die durch Art. 28 Abs. 1 garantierte demokratische Mitwirkung auf Landesebene vollzieht sich ebenso außerhalb von Art. 38 Abs. 1 wie die durch Art. 23 Abs. 1 S. 1 abgesicherte demokratische Mitwirkung auf Unionsebene. Wird substanziiert eine Identitätsverletzung im Bereich der **Menschenwürde** geltend gemacht, eröffnet dagegen Art. 1 Abs. 1 die Verfassungsbeschwerde.[311]

104 Die Loslösung der BVerfG-Rechtsprechung von den konkreten Normierungen des GG kann nicht überzeugen. De lege ferenda könnte möglicher-

---

[302] BVerfGE 125, 260 (323 f.), Vorratsdatenspeicherung.

[303] BVerfGE 123, 267 (353 f.) – Lissabon; BVerfGE 151, 202, Rn. 94 – Bankenunion.

[304] BVerfGE 142, 123, Rn. 153 – OMT; zust. *Dietz* AöR 142 (2017), 78 (123–127); *Hillgruber* in SHH Rn. 55a; noch weitergehend *Dederer* JZ 2014, 313 (315 ff.); krit. dagegen *Sauer* EuR 2017, 186 (203–205); weniger deutlich BVerfGE 151, 202, Rn. 92–94 – Bankenunion.

[305] Für eine Begrenzung der Kontrolle auf die Grenzen des Übertragbaren dagegen *Calliess* NVwZ 2019, 684 (691).

[306] *Möllers/Redcay*, EuR 2013, 409 (426); *Schönberger* JöR nF 63 (2015), 41 (59 f.).

[307] Sa *Sauer* EuR 2017, 186 (197).

[308] BVerfGE 142, 123, Rn. 19 ff., OTM; BVerfGE 151, 202, Rn. 119 ff., 142 – Bankenunion; dies auf Verfahrensfehler bei der Übertragung von Hoheitsrechten übertragend BVerfG EuZW 2020, 324, Rn. 98 – Patentgericht, m. abw. M. *König/Langenfeld/Maidowski;* zum Ganzen *Sauer* EuR 2017, 186 (191); für eine Subjektivierung über Art. 2 Abs. 1 GG dagegen *Thiele* EuR 2017, 367 (380).

[309] BVerfGE 151, 202, Rn. 204 – Bankenunion.

[310] Krit. auch *Calliess* NVwZ 2019, 684 (689); *Heun* JZ 2014, 331 (332); *Sauer* EuR 2017, 186 (202); *Sauer* Der Staat 58 (2019), 7 ff.; *Wendel* ZaöRV 74 (2014), 615 (634 ff.).

[311] BVerfGE 140, 317, Rn. 34, 50, Haftbefehl; *Dietz* AöR 142 (2017), 78 (110 f.); *Ludwigs/Sikora* JuS 2017, 385 (389).

weise ein **neues Verfahren** nach Art. 93 Abs. 2 Abhilfe schaffen, das dem BVerfG eine umfassende Kontrolle am Maßstab des Art. 23 eröffnen würde.[312] Im Übrigen bleibt die Entscheidung über Identitäts- wie *Ultra-vires*-Verstöße dem BVerfG vorbehalten (→ Rn. 74).

c) Gründung eines europäischen Staates. Ob das GG die Gründung eines europäischen Staates erlaubt, hat das BVerfG im Lissabon-Urteil verneint.[313] Danach wäre der Übergang zur deutschen Staatlichkeit nur aufgrund einer Volksabstimmung, also im Wege der Verfassungsneuschöpfung nach Art. 146 möglich (→ Art. 146 Rn. 13 ff.). Man wird in der Tat davon ausgehen müssen, dass eine Aufgabe der deutschen Staatlichkeit gegen Art. 79 Abs. 3 verstieße (→ Rn. 9). Die – ohnehin vollkommen hypothetische – Gründung eines europäischen Staates unter Aufgabe der deutschen Staatlichkeit wäre nicht auf der Grundlage des GG möglich, sondern nur durch Verfassungsneuschöpfung. Damit ist allerdings noch nichts über die Gründung eines **europäischen Bundesstaates** gesagt, in dem Deutschland seine Staatsqualität behalten würde. Die Souveränität, die sich in der unmittelbaren Unterordnung unter das Völkerrecht ausdrückt, thematisiert Art. 79 Abs. 3 nicht. Das in der Präambel formulierte Ziel, Deutschland als gleichberechtigtes Glied in ein vereintes Europa einzugliedern (→ Rn. 9), zeigt, dass auch ein europäischer Bundesstaat vom GG gedeckt wäre.[314] Die strenge Demokratietheorie des BVerfG, die eine solche gestufte Staatlichkeit ausschließt, ist zu eng (→ Rn. 26, 32). Allerdings müsste die Verfassung eines europäischen Bundesstaates dauerhaft sicherstellen, dass Deutschland zumindest als Gliedstaat mit substanziellen Befugnissen bestehen bleibt. 105

III. Mitwirkung von Bundestag und Bundesrat auf europäischer Ebene (Art. 23 Abs. 1a)

1. Klagerecht von Bundestag und Bundesrat. Das Unionsrecht behandelt den Mitgliedstaat traditionell als Einheit, der durch seine Exekutivspitze vertreten wird. Dieses Konzept liegt zB auch Art. 16 Abs. 2 EUV zugrunde, der es zwar zulässt, dass Deutschland im Rat durch einen Landesminister vertreten wird (→ Rn. 156 ff.), der aber gleichwohl fordert, dass dieser Minister befugt ist, verbindlich für die BReg. zu handeln. Auch Klagen vor dem EuGH sind bisher den Regierungen als Vertretern ihrer Mitgliedstaaten vorbehalten. Allenfalls können die Länder wie Individuen nach Art. 263 Abs. 4 oder Art. 265 Abs. 3 AEUV Klage erheben.[315] Dieser Mediatisierung der Parlamente durch die Exekutive trägt § 7 Abs. 1 EUZBLG (→ Rn. 168) dadurch Rechnung, dass die BReg. verpflichtet wird, auf Verlangen des BR 106

---

[312] Sa den Hinweis in BVerfGE 123, 267 (355) – Lissabon; *Daiber* DÖV 2010, 293; *Wolff* DÖV 2010, 49 ff.

[313] BVerfGE 123, 267 (347 f.) – Lissabon; offen noch BVerfGE 89, 155 (188) – Maastricht; zust. *Schorkopf,* Staatsrecht der internationalen Beziehungen, 2017, § 2 Rn. 181; *Wollenschläger* in Dreier Rn. 89.

[314] So auch *Pernice* AöR 136 (2011) 185 (219); *Zuleeg* in AK Rn. 53; iE ebenso *Hobe,* Der offene Verfassungsstaat, 1998, 155 ff.; aA *Di Fabio* Der Staat 32 (1993), 191 (206 f.); *Isensee* FS f. Stern, 1997, 1249; *Kirchhof* in HdbStR I § 21 Rn. 55; *Streinz* in Sachs Rn. 75, 93; sa *Sommermann* in Handbuch Ius Publicum Europaeum, Bd. II, 2008, § 14 Rn. 35 f., der dafür eine Verfassungsänderung fordert; → Art. 79 Rn. 64.

[315] EuGH C-95/97, Slg. 1997, I-1787 ECLI:EU:C:1997:184 Rn. 6 f. – Wallonische Region/Kommission; EuG T-609/97, Slg. 1998, II-4051, ECLI:EU:T:1998:249 Rn. 16 – Regione Puglia/Kommission für Gebietskörperschaften; allg. *Calliess* in Hrbek Europapolitik und Bundesstaatsprinzip, 13 (20).

Nichtigkeits- oder Untätigkeitsklage beim EuGH zu erheben, soweit ausschließliche Gesetzgebungskompetenzen der Länder betroffen sind.[316] Das **Protokoll zum Vertrag von Lissabon** von 2007 über die Anwendung der Grundsätze der Subsidiarität und der Verhältnismäßigkeit (→ Rn. 4) **durchbricht** die **Mediatisierung,** indem es das Recht zur Erhebung einer Nichtigkeitsklage iSv Art. 263 AEUV wegen Verstoßes gegen das Subsidiaritätsprinzip auf die nationalen Parlamente ausdehnt. Nach Art. 8 UAbs. 1 des Protokolls können solche Klagen auch „entsprechend der jeweiligen innerstaatlichen Rechtsordnung von einem Mitgliedstaat im Namen seines nationalen Parlaments oder einer Kammer dieses Parlaments übermittelt werden". Dabei verweist die Vorschrift auf das nationale Recht.[317] Diese Verweisung füllt Art. 23 Abs. 1a aus. Eine **verfassungsrechtliche Regelung des Klagerechts** erscheint an sich nicht zwingend. Einer verfassungsrechtlichen Absicherung bedarf aber die in Art. 23 Abs. 1a S. 2 u. 3 niedergelegte Abweichung vom Mehrheitsprinzip (→ Rn. 111). Ausführungsregelungen enthält § 12 IntVG.

107 Art. 23 Abs. 1a S. 1 stellt klar, dass sowohl der BT als auch der BR als „Kammern" des Parlaments iSv Art. 8 UAbs. 1 des Subsidiaritätsprotokolls klageberechtigt sind. Unionsrechtlich ist diese Einordnung des BR nicht zu beanstanden. Verfassungsrechtliche Zweifel, ob der BR als „zweite Kammer" anzusehen ist,[318] räumt die Vorschrift für das Klagerecht nach dem Subsidiaritätsprotokoll aus. Ansonsten sind die Formulierungen von Art. 23 Abs. 1a S. 1 weitgehend wortgleich aus Art. 8 UAbs. 1 des Subsidiaritätsprotokolls übernommen. Es handelt sich damit um eine **reine Ausführungsvorschrift zum Subsidiaritätsprotokoll.** Sollten die Klagemöglichkeiten der nationalen Parlamente bei einer künftigen Reform erweitert werden, müsste Art. 23 Abs. 1a S. 1 angepasst oder einfachrechtlich ergänzt werden, soweit sich nicht ausnahmsweise ein Gleichlauf im Wege der erweiternden Auslegung erzielen lässt.

108 **2. Der Bundestag ist hierzu auf Antrag eines Viertels seiner Mitglieder verpflichtet.** Art. 23 Abs. 1a S. 2 gestaltet die Klage des BT vor dem EuGH als **parlamentarisches Minderheitsrecht** aus.[319] Die Vorschrift ist dem Anspruch auf Einsetzung eines Untersuchungsausschusses auf Antrag eines Viertels der Mitglieder des BT nach Art. 44 Abs. 1 S. 1 nachgebildet (→ Art. 44 Rn. 9). Ein ähnliches Minderheitsrecht findet sich auch bei der abstrakten Normenkontrolle nach Art. 93 Abs. 1 Nr. 2. Art. 23 Abs. 1a S. 2 ist nicht nur verfassungspolitisch, sondern auch **unionsrechtlich fragwürdig.**[320] Ein Minderheitsrecht ist als Mittel der parlamentarischen Kontrolle beim parlamentarischen Untersuchungsrecht sinnvoll, weil die BT-Mehrheit, die die Regierung stützt, tendenziell kein Interesse an der Untersuchung von Missständen im Bereich der Exekutive hat. Ebenso sinnvoll ist das Minderheitsrecht bei der abstrakten Normenkontrolle nach Art. 93 Abs. 1 Nr. 2, wo

---

[316] Zum verfassungsrechtlichen Hintergrund der Regelung *Calliess* in Hrbek Europapolitik und Bundesstaatsprinzip, 13 (20 f.).

[317] *Mellein,* Subsidiaritätskontrolle durch nationale Parlamente, 2007, 257 ff.; *Uerpmann-Wittzack* EuGRZ 2009, 461 (462).

[318] Dagegen BVerfGE 37, 363 (380); → Art. 50 Rn. 13.

[319] Ähnlich Art. 88-3 Abs. 3 der französischen Verfassung.

[320] *Uerpmann-Wittzack/Edenharter* EuR 2008, 313 ff.; aA *Altmaier* FS f. Meyer, 2006, 301 (318); *Frenz* Jura 2010, 641 (645); *Melin* EuR 2011, 655 (675); sa *Shirvani* JZ 2010, 753 (755).

es gerade darum geht, die Parlamentsmehrheit, die ein Gesetz beschlossen hat, zu kontrollieren. An einer strukturellen Interessenidentität zwischen der Europäischen Legislative und der BT-Mehrheit, die die Einräumung eines Minderheitsrechts rechtfertigen würde, fehlt es jedoch.[321] Im Gegenteil zeigt sich zwischen den europäischen Legislativorganen und dem BT ein struktureller Interessengegensatz, was das Subsidiaritätsprinzip angeht.[322] Dementsprechend weist Art. 8 UAbs. 1 des Subsidiaritätsprotokolls das Klagerecht dem Parlament bzw. dem BT als solchem als „Kammer" des Parlaments zu. Wenn das Klagerecht demgegenüber einer Parlamentsminderheit eingeräumt wird, ist mit einer erheblich höheren Anzahl an Klagen und möglicherweise sogar mit missbräuchlichen Klagen zu rechnen. So könnte die Klage vor dem EuGH zum Mittel der innerparlamentarischen Auseinandersetzung zwischen Opposition und Mehrheit werden. Die Gefahren eines Missbrauchs dürften zwar in einzelnen anderen Unionsstaaten größer sein als in Deutschland. Ein Abweichen vom Mehrheitsprinzip muss sich aber über den einzelnen Mitgliedstaat hinaus verallgemeinern lassen, um unionsrechtlich Bestand zu haben. Für die Zulässigkeit der Abweichung spricht, dass Art. 8 UAbs. 1 des Subsidiaritätsprotokolls ausdrücklich auf die innerstaatliche Rechtsordnung verweist. Damit ist aber zunächst die Regelung gemeint, ob ein Organ wie der BR als Parlamentskammer klageberechtigt ist. Ferner muss das nationale Recht die Art der Übermittlung der Klage regeln, wie es § 12 Abs. 3 IntVG tut, wonach die BReg. die Klage übermittelt. Auch Verfahrensregelungen wie die Einführung einer qualifizierten Mehrheit dürften nicht zu beanstanden sein. Demgegenüber erscheint eine Herabsetzung des Zustimmungserfordernisses unter 50 %, die dazu führt, dass sich der Wille zur Klageerhebung dem Parlament nicht mehr materiell zurechnen lässt, unionsrechtswidrig.

Verfahrensrechtlich ersetzt der Antrag nach Art. 23 Abs. 1a S. 2 nicht den an sich erforderlichen Mehrheitsbeschluss, sondern gibt der Minderheit lediglich einen Anspruch auf Beschlussfassung (sog. **Pflichtbeschluss**).[323] Es gilt dasselbe wie bei Art. 44 Abs. 1 S. 1, wo mittlerweile geklärt scheint, dass ein Beschluss des BT nicht entbehrlich ist.[324] Art. 23 Abs. 1a S. 2 betrifft nur die Subsidiaritätsklage durch den BT; zur Möglichkeit eines Landes, eine Subsidiaritätsklage des BR herbeizuführen, (→ Rn. 112). **109**

3. Für die Wahrnehmung der Rechte, die dem Bundestag und dem Bundesrat in den vertraglichen Grundlagen der Europäischen Union eingeräumt sind. Die Mitwirkungsrechte, die der Vertrag von Lissabon den nationalen Parlamenten einräumt, beschränken sich nicht auf das Klagerecht nach dem Subsidiaritätsprotokoll. Art. 6 des Subsidiaritätsprotokolls gibt den Parlamenten im Rahmen des Frühwarnsystems (→ Rn. 29) vielmehr ein Recht, im Gesetzgebungsverfahren Stellungnahmen abzugeben, denen nach Maßgabe von Art. 7 des Protokolls mehr oder minder starkes Gewicht im weiteren Verfahren zukommt. Außerdem wirken die nationalen Parlamente nach Maßgabe von Art. 48 EUV bei der Änderung der Gründungsverträge **110**

[321] Dies lässt außer Acht BVerfGE 123, 267 (431) – Lissabon.

[322] Sa *Mellein,* Subsidiaritätskontrolle durch nationale Parlamente, 2007, 229 „ureigenes Interesse" der nationalen Parlamente an einer strengen Subsidiaritätskontrolle, mit einer gleichwohl positiven Bewertung des Minderheitsrechts *Mellein,* Subsidiaritätskontrolle durch nationale Parlamente, 2007, 385 f.

[323] *Mellein,* Subsidiaritätskontrolle durch nationale Parlamente, 2007, 386 f.

[324] *Magiera* in Sachs Art. 44 Rn. 14; *Morlok* in Dreier Art. 44 Rn. 36; → Art. 44 Rn. 9 ff.

mit.[325] Für solche Mitwirkungsrechte, die im primären Unionsrecht verankert sind, gilt Art. 23 Abs. 1a S. 3. Hingegen gilt die Vorschrift nach ihrem Wortlaut und ihrer Stellung innerhalb von Art. 23 nicht für sonstige Angelegenheiten der Europäischen Union und namentlich nicht für Mitwirkungsrechte von BT und BR nach Art. 23 Abs. 2–7.[326]

111 **4. Können … Ausnahmen von Art. 42 Abs. 2 S. 1 und Art. 52 Abs. 3 S. 1 zugelassen werden.** Nach Art. 42 Abs. 1 S. 1 bedarf ein BT-Beschluss grundsätzlich der Mehrheit der abgegebenen Stimmen. Ausnahmen müssen im GG selbst verankert sein. Eine solche Ausnahmebestimmung stellt Art. 23 Abs. 1a S. 3 dar. Die Vorschrift gestattet es, eine Mehrheit der Mitglieder des BT iSv Art. 121 zu verlangen oder eine **qualifizierte Mehrheit** vorzuschreiben, wie es Art. 77 Abs. 4 S. 2 und Art. 79 Abs. 2 tun. Für den BR gilt das eben Gesagte entsprechend. Art. 52 Abs. 3 S. 1 ist zwar vom Wortlaut her weniger deutlich als Art. 42 Abs. 1 S. 1, weil er für einen Beschluss lediglich „mindestens" die Mehrheit der Stimmen verlangt. Auch diese Vorschrift ist jedoch dergestalt abschließend, dass sich Ausnahmen aus dem GG selbst ergeben müssen (→ Art. 52 Rn. 13, 27).

112 Art. 23 Abs. 1a regelt nicht ausdrücklich, ob der BR verpflichtet werden könnte, auf **Antrag eines Landes** die Erhebung einer Subsidiaritätsklage zu beschließen.[327] Eine solche Möglichkeit wurde diskutiert, als das Subsidiaritätsprotokoll mit Frühwarnsystem und Subsidiaritätsklage im Verfassungskonvent[328] erarbeitet wurde.[329] Unionsrechtlich ist sie weniger problematisch als das Recht nach Art. 23 Abs. 1a S. 2 (→ Rn. 108), weil nicht die parlamentarische Opposition und damit eine Minderheit berechtigt wird, sondern eine Gebietskörperschaft, der durch die Union eigene Gesetzgebungskompetenzen entzogen werden.[330] Art. 23 Abs. 1a S. 3 erfasst eine solche Ausgestaltung vom Wortlaut her an sich nicht, weil die erforderlichen Mehrheiten für die Beschlussfassung im BR nicht verändert würden. Eine Verpflichtung des BR zur Klageerhebung hat aber eine vergleichbare Tragweite, die es rechtfertigt, Art. 23 Abs. 1a S. 3 auch auf diese Fallgestaltung anzuwenden.[331] Der BR kann also von Verfassungs wegen durch Gesetz nach Art. 23 Abs. 1a S. 3 verpflichtet werden, auf Antrag eines Landes eine Subsidiaritätsklage zu erheben.[332] § 12 Abs. 2 IntVG macht von dieser Möglich-

[325] Sa die Auflistung der Beteiligungsrechte in Art. 12 EUV.

[326] Vgl. die Begründung des interfraktionellen Gesetzesentwurfs, BT-Drs. 16/8488, 4.

[327] Das „bloße Weiterreichen" der Klage eines Landes ohne Beschlussfassung im BR, wie es *Kirchhof* DÖV 2004, 893 (895), vorschlägt, würde nicht ausreichen, weil die Klage aus europarechtlichen Gründen dem BR zugerechnet werden muss und eine Zurechnungsregel, die vom Mehrheitsbeschluss im Plenum nach Art. 52 Abs. 3 S. 1 abweicht, im GG verankert sein müsste.

[328] Vgl. insbes. dessen Entwurf CONV 724/03 v. 24.5.2003, 142 ff.

[329] *Kirchhof* DÖV 2004, 893 ff.

[330] Für die europarechtliche Zulässigkeit *F. Kirchhof* DÖV 2004, 893 f., der sich maßgeblich auf den Bericht CONV 286/02 der Gruppe „Subsidiaritätsprinzip" im Verfassungskonvent v. 23.9.2002 stützt. Dieser Bericht betont allerdings auch, dass die „Einleitung eines Gerichtsverfahrens […] nur in wenigen Fällen, die voraussichtlich Ausnahmen darstellen werden, zulässig sein" dürfe (S. 7), und lässt sich damit ebenso gegen die Einführung einer Pflicht zur Klageerhebung auf Antrag eines einzelnen Landes verwenden; gegen die Zulässigkeit *Gas* DÖV 2010, 313 (318 f.).

[331] Dementsprechend bezeichnet BVerfGE 123, 267 (432) – Lissabon – das parallele Minderheitsrecht im BT als Abweichung vom Mehrheitsprinzip.

[332] *Uerpmann-Wittzack* EuGRZ 2009, 461 (467); ebenso *Schorkopf,* Staatsrecht der internationalen Beziehungen, 2017, § 5 Rn. 133; *Shirvani* JZ 2010, 753 (757); zweifelnd *Gas* DÖV 2010, 313 (317 f.).

keit allerdings keinen Gebrauch; eine Regelung in der GO BR würde dem Gesetzesvorbehalt nicht gerecht.[333] Hinsichtlich einer Pflicht des BT zur Klageerhebung ist Art. 23 Abs. 1a S. 2 abschließend. Bei der Subsidiaritätsrüge ist die Einräumung eines Minderheitsrechts unionsrechtlich und verfassungspolitisch noch problematischer als bei der Subsidiaritätsklage (→ Rn. 108). Verfassungsrechtlich wäre eine solche Ausgestaltung aber durch Art. 23 Abs. 1a S. 3 gedeckt.[334]

5. Durch Gesetz, das der Zustimmung des Bundesrates bedarf. 113
Art. 23 Abs. 1a S. 3 stellt Modifikationen der Mehrheitsregel unter Gesetzesvorbehalt. Eine Regelung in der Geschäftsordnung reicht also nicht aus. Von der verfassungsrechtlichen Ermächtigung sollte § 4 Abs. 3 des nicht verkündeten Gesetzes über die Ausübung der Rechte des BT und des BR aus dem Vertrag von Lissabon[335] für den Fall der vereinfachten Vertragsänderung nach Art. 48 Abs. 7 EUV Gebrauch machen. Art. 48 Abs. 7 EUV, der auch als **Brückenklausel** bezeichnet wird, gestattet es, durch Beschluss des Europäischen Rats für Entscheidungen des Rates in bestimmten Bereichen anstelle der Einstimmigkeit die qualifizierte Mehrheit vorzusehen.[336] Ein solcher Beschluss über den Übergang zur qualifizierten Mehrheit kann jedoch nach Art. 48 Abs. 7 UAbs. 3 S. 2 EUV von jedem nationalen Parlament durch sein Veto blockiert werden. Das deutsche Recht muss regeln, wie das **Vetorecht,** das nur dem Parlament als Ganzem zusteht, im Verhältnis von BT und BR ausgeübt wird.[337] Dabei eröffnet Art. 23 Abs. 1a S. 3 einen weiten Spielraum. Denkbar wäre es auch, das Veto zu fingieren, sofern BT und/oder BR keinen Beschluss fassen. Überzogen ist aber die Ansicht des BVerfG, aus dem Demokratiegebot folge, dass von der Brückenklausel nur aufgrund eines Gesetzes Gebrauch gemacht werden dürfe (→ Rn. 82). Freilich schreibt § 4 IntVG nun die Vorgaben des BVerfG fest; die ursprünglich beschlossene Regelung wurde aufgegeben.[338]

Das Gesetz nach Art. 23 Abs. 1a S. 3 bedarf der **Zustimmung des BR.** 114
Dies ist ohne weiteres stimmig, soweit die Abstimmungsmehrheiten des BR geregelt werden. Soweit es um die Mehrheiten im BT geht, könnte das qualifizierte Mitwirkungsrecht des BR hingegen verwundern. Allerdings war bei der Schaffung von Art. 23 Abs. 1a S. 3 an eine Regelung zur Zusammenwirkung von BT und BR bei der Ausübung der Brückenklausel gedacht.[339] Werden die Einflussmöglichkeiten von BT und BR gegeneinander austariert, ist ein Zustimmungsvorbehalt für den BR konsequent.

---

[333] *Melin* EuR 2011, 655 (673).

[334] *Huber* DVBl 2009, 574 (580).

[335] Art. 1 des G über die Ausweitung und Stärkung der Rechte des BT und des BR in Angelegenheiten der Europäischen Union, Gesetzesentwurf BT-Drs. 16/8489, Gesetzesbeschluss des BT v. 24.4.2008, BR-Drs. 277/08, Zustimmungsbeschluss des BR v. 23.5.2008, BR-Drs. 277/08 (Beschluss).

[336] *Puttler* in HdbStR VI § 142 Rn. 29–32.

[337] *Mellein,* Subsidiaritätskontrolle durch nationale Parlamente, 2007, 214; *Puttler* DÖV 2005, 401 (409).

[338] So ausdrücklich das Vorblatt zum neuen BegleitG mit dem IntVG, BT-Drs. 16/13 923, 1.

[339] S. die Begründung der BReg., BT-Drs. 16/8488, 4, wo auf das parallel beratene Begleitgesetz verwiesen wird.

IV. Grundsatz der internen Mitwirkung von Bundestag und Bundesrat; Informationsrecht (Art. 23 Abs. 2)

115 **1. In Angelegenheiten der Europäischen Union.** In seinen Abs. 2–7 regelt Art. 23 die Beteiligung von BT und BR „in Angelegenheiten der Europäischen Union".[340] Auch hier besteht kein Grund, die Beteiligungsrechte auf den supranationalen Bereich zu beschränken.[341] Maßgeblich ist, ob innerhalb des institutionellen Rahmens der Europäischen Union gehandelt wird.[342] Das gilt auch für den Abschluss völkerrechtlicher Abkommen durch die Europäische Union.[343] Insofern kann es lediglich bei gemischten Abkommen sowie bei Abkommen im Rahmen der GASP zur Anwendung der sog. Lindauer Absprache kommen (→ Rn. 8).

116 Zu den **Angelegenheiten der Europäischen Union** gehörten neben der europäischen Rechtssetzung jede Mitwirkung des Bundes in Gremien der Europäischen Union ebenso wie alle Aktivitäten des Bundes gegenüber der Europäischen Union[344] bis hin zur Beteiligung an Verfahren vor dem EuGH.[345] Auch Aktivitäten im Rahmen der GASP und GSVP werden erfasst.[346] Ob eine Maßnahme rechtsverbindlich werden kann, ist unerheblich.[347] Der Begriff ist damit weiter als der des Rechtsetzungsaktes in Art. 23 Abs. 3 S. 1 (→ Rn. 134). Art. 23 Abs. 2 erfasst auch die primärrechtliche Fortentwicklung der Europäischen Union durch Änderung der Gründungsverträge.[348] Es gibt keinen hinreichenden Grund, insoweit die Beteiligung am Ratifikationsverfahren nach Art. 23 Abs. 1 S. 2 u. 3 als ausreichend zu betrachten.[349] Vielmehr sind BT und BR nicht nur bei der Beschlussfassung im Rat nach Art. 48 EUV zu beteiligen, sondern auch im Rahmen der Regierungskonferenz nach Art. 48 Abs. 4 EUV. Entsprechendes gilt für Verhandlungen über den Beitritt neuer Mitglieder nach Art. 49 EUV.

117 Um eine Angelegenheit der Europäischen Union handelt es sich auch dann, wenn die Mitgliedstaaten außerhalb des primärrechtlichen Rahmens handeln, soweit ein **qualifizierter inhaltlicher Zusammenhang** mit den primärrechtlich geregelten Politikbereichen besteht.[350] Das BVerfG spricht von „einem Ergänzungs- oder sonstigen besonderen Näheverhältnis".[351] Die Parlamentsbeteiligung lässt sich also nicht dadurch umgehen, dass die Mit-

---

[340] Zum Begriff der Europäischen Union schon → Rn. 12.

[341] Ausf. *Abt,* Die Mitwirkung der deutschen Bundesländer bei völkervertraglichen Handlungen im Rahmen der Europäischen Union, 2003, 87 ff.; ebenso *Hauck,* Mitwirkungsrechte des Bundestages in Angelegenheiten der europäischen Union, 1999, 135 f.

[342] *Abt,* Die Mitwirkung der deutschen Bundesländer bei völkervertraglichen Handlungen im Rahmen der Europäischen Union, 2003, 82.

[343] *Hölscheidt* APuZ 28 (2000), 31 (32).

[344] S. etwa *Heimlich* BayVBl. 2000, 231 (233) am Beispiel der deutschen Anschlusserklärung gegenüber der Kommission zur Anwendung eines vereinfachten Genehmigungsverfahrens im Gentechnikrecht.

[345] Sa *Oberländer,* Aufgabenwahrnehmung im Rahmen der EU durch Vertreter der Länder, 2000, 86; *Puttler* in HdbStR VI § 142 Rn. 50.

[346] *Rathke/Vollrath* DÖV 2017, 565 (566–568); dahin gehend auch ohne abschließende Festlegung BVerfGE 131, 152 (201 f.).

[347] *Stoiber* FS f. Scholz, 2007, 747 (751).

[348] BVerfGE 131, 152 (199); *Kunig* FS f. Heymanns-Verlag, 1995, 591 (594).

[349] AA *Abt,* Die Mitwirkung der deutschen Bundesländer bei völkervertraglichen Handlungen im Rahmen der Europäischen Union, 2003, 137 ff. in Hinblick auf die Entstehungsgeschichte und die Staatspraxis.

[350] BVerfGE 131, 152 (199 f.); *Wollenschläger* in Dreier Rn. 116–118.

[351] BVerfGE 131, 152 (199).

gliedstaaten auf intergouvernementale Handlungsformen ausweichen.[352] Für einen solchen qualifizierten Zusammenhang spricht namentlich die Beteiligung von Unionsorganen.

2. Wirken der Bundestag … mit. Mit der Regelung von Mitwirkungsrechten will Art. 23 Abs. 2 einer Machtverlagerung vom Parlament auf die Exekutive entgegenwirken (→ Rn. 7). Teilweise wird parlamentarische Gesetzgebung durch europäische Verordnungen verdrängt. In anderen Bereichen wird sie durch europäische Richtlinien in wesentlichen Teilen determiniert. Dieser **Verlust an Entscheidungsbefugnissen** soll durch einen Einfluss auf die europäischen Entscheidungsprozessen **kompensiert** werden.[353] Von den deutschen Staatsorganen ist nur die BReg. über ihre Mitwirkung im Rat substanziell an der europäischen Rechtssetzung beteiligt, so dass das GG dem BT Rechte gegenüber der BReg. einräumt. Die Beteiligungsrechte des BT sind dahin interpretiert worden, dass die Staatsleitung insoweit BReg. und BT „zur gesamten Hand" zustehe.[354] Diese Beschreibung ändert allerdings nichts daran, dass die Beteiligungsrechte des BT nach Art. 23 Abs. 2 u. 3 beschränkt sind. Außerdem müsste in Hinblick auf die entsprechenden, zum Teil weitergehenden Rechte des BR dann die Staatsleitung eher diesen drei Organen zur gesamten Hand zugewiesen sein. Unionsrecht steht einer innerstaatlichen Bindung der BReg. an Beschlüsse von BT und BR grundsätzlich nicht entgegen.[355] **118**

Art. 23 Abs. 2 S. 1 ist ein Programmsatz, der für den BT durch das Informationsrecht nach S. 2 sowie durch das Recht zur Stellungnahme nach Art. 23 Abs. 3 näher ausgestaltet wird. Das GG regelt damit nur Formen der Mitwirkung über die BReg. **Daneben** setzt Art. 12 EUV verschiedene Formen der **direkten Beteiligung des BT** in der Europäischen Union. Dazu gehört insbes. das sog. Frühwarnsystem, das es den nationalen Parlamenten erlaubt, während des europäischen Gesetzgebungsverfahrens einen möglichen Verstoß gegen das Subsidiaritätsprinzip geltend zu machen (→ Rn. 110). Das **Brüsseler Büro,** das der BT 2007 eröffnet hat, findet in Art. 23 Abs. 2 keine Grundlage, erscheint aber als zusätzliche Informationsquelle ähnlich wie die Länderbüros (→ Rn. 123) verfassungsgemäß (→ Rn. 132). **119**

3. Und durch den Bundesrat die Länder. Art. 23 berechtigt in seinen Abs. 2, 4–7 zunächst den BR als Bundesorgan. Ihm weist das GG die Aufgabe zu, Interessen der Länder in die Willensbildung des Bundes einzubringen. Die **Länder** werden insofern **mediatisiert.**[356] Wenn § 14 Abs. 2 EUZBLG den Ländern das Recht einräumt, Mitglieder für den Ausschuss der Regionen der EU zu benennen, ist dies daher verfassungskonform dahin zu verstehen, dass die **120**

---

[352] Dazu *Uerpmann-Wittzack* EuR Beiheft 2/2013, 49 (57 f.); aus italienischer Sicht ebenso *Guastaferro* in Lupo/Piccirilli The Italian Parliament in the European Union, 247 (264).

[353] BVerfGE 131, 152 (197, 201).

[354] *Fuchs* DÖV 2001, 233 (235); dies aufgreifend *Nettesheim* Europarecht-Beih. 1/2004, 7 (92 f.); aA *Scholz* in Maunz/Dürig Rn. 133; von einer gemeinsamen „Integrationsverantwortung" geht aus BVerfGE 123, 267 (351) – Lissabon.

[355] *Streinz* in Sachs Rn. 126; aA *Everling* DVBl 1993, 936 (946).

[356] *Calliess* in Hrbek Europapolitik und Bundesstaatsprinzip, 13 (26); zur Beteiligung der Länder an den vorbereitenden Beratungen der BReg. nach § 4 EUZBLG s. *Oberländer,* Aufgabenwahrnehmung im Rahmen der EU durch Vertreter der Länder, 2000, 100; zur untergeordneten Stellung der Europaministerkonferenz der Länder *Schöne,* Die Europaministerkonferenz der Länder, 2017, 184.

Länder im Rahmen des BR handeln müssen.[357] Dasselbe gilt für die Beteiligung der Länder an der Prozessführung vor dem EuGH nach Abschn. VI 2 der Anlage zu § 9 EUZBLG. Der BR kann seine Beteiligungsrechte ggf. im Wege des **Organstreit**s nach Art. 93 Abs. 1 Nr. 1 geltend machen.[358]

121 Zweifelhaft ist, wieweit auch die Länder eigene, durchsetzungsfähige Rechte aus Art. 23 ableiten können.[359] Der Wortlaut des Art. 23, der die entsprechenden Verfahrensrechte beim BR ansiedelt, spricht dagegen. Dafür spricht, dass es sich um Verfahrensrechte handelt, die zumindest teilweise einen faktischen Verlust von Gesetzgebungskompetenzen der Länder kompensieren sollen. Auch hat das BVerfG für die Zeit vor Inkrafttreten des neuen Art. 23 eigene Mitwirkungsrechte der Länder angenommen.[360] Aus dem Bundesstaatsprinzip lässt sich insofern allerdings allenfalls folgern, dass es überhaupt Rechtsschutz zugunsten der Länder geben muss. Es erscheint auch vor dem Hintergrund des änderungsfesten Verfassungskerns unproblematisch, wenn Art. 23 die wehrfähigen Rechte nicht den einzelnen Ländern zuweist, sondern dem BR. Sollte die Bundesratsinitiative eines Landes, Rechtsschutz zu suchen, im BR keine Mehrheit finden, wäre zudem daran zu denken, ob die Bundesratsmitglieder eines Landes als sonstige Beteiligte Rechte des BR im Wege der **Prozessstandschaft** geltend machen können (→ Art. 93 Rn. 27). Daneben besteht kein Anlass, eigene Rechte des Landes zu konstruieren, die dieses im Bund-Länder-Streit durchsetzen könnte.

122 Die Mitwirkung der Bundesländer über den BR führt zudem zu einer **Machtverlagerung zu Lasten der Landesparlamente** auf die Landesregierungen.[361] Dies durch Informations- und Mitwirkungsrechte zu kompensieren, ist jedoch Sache des Landesrechts,[362] wobei dessen Gestaltungsfreiheit durch die grundsätzliche Weisungsfreiheit der Mitglieder der Landesregierung im BR beschränkt wird (→ Art. 51 Rn. 22 f.).[363]

123 Neben den Mitwirkungsrechten des Art. 23 stehen dem BR ebenso wie dem BT nach dem Vertrag von Lissabon die (→ Rn. 119) bezeichneten **Mitwirkungsrechte auf der europäischen Ebene** zu. Zum Parlament iSv Art. 12 EUV gehört neben dem BT auch der BR.[364] Ebenso wenig schließt es Art. 23 aus, dass die Länder unmittelbar auf der Europäischen Ebene tätig werden. Das gilt zunächst für Rechte, die Gebietskörperschaften kraft Unionsrechts genießen[365] und namentlich für die Vertretung im Aus-

---

[357] Sa *Classen* in MKS Rn. 72: § 14 Abs. 2 EUZBLG verfassungswidrig.

[358] *Classen* in MKS Rn. 73; *Oberländer,* Aufgabenwahrnehmung im Rahmen der EU durch Vertreter der Länder, 2000, 192.

[359] Dafür *Halfmann,* Entwicklungen des deutschen Staatsrechts im Kraftfeld der europäischen Integration, 2000, 304 ff.; *Lang,* Die Mitwirkungsrechte des Bundesrates und des Bundestages in Angelegenheiten der Europäischen Union gemäß Art. 23 Abs. 2 bis 7 GG, 1997, 266 f.; *Müller-Terpitz,* Die Beteiligung des Bundesrates am Willensbildungsprozess der Europäischen Union, 1999, 126 f.; *Oberländer,* Aufgabenwahrnehmung im Rahmen der EU durch Vertreter der Länder, 2000, 193 f.; *Sauer* NVwZ 2008, 52 (53) sowie in Anknüpfung an die Rechtslage vor Schaffung des heutigen Art. 23 *Streinz* in Sachs Rn. 140; dagegen *Classen* in MKS Rn. 73 Fn. 30.

[360] BVerfGE 92, 203 (230 ff.).

[361] Dazu *Schorkopf,* Staatsrecht der internationalen Beziehungen, 2017, § 4 Rn. 78, 93 ff.

[362] Dazu *Schwanengel* DÖV 2014, 93 ff.; am Beispiel Bayerns *Meindl,* Die Kompetenzen der Länder im Bereich der auswärtigen Gewalt und im EU-Entscheidungsprozess, 2014, 480 ff.; sa BayVerfGH BayVBl. 2017, 407 ff.

[363] Die letztlich offen lassend BayVerfGH BayVBl. 2017, 407, Rn. 53–57.

[364] Denkschrift der BReg., BT-Drs. 16/8300, 133 (140); *Meindl,* Die Kompetenzen der Länder im Bereich der auswärtigen Gewalt und im EU-Entscheidungsprozess, 2014, 419 ff.

[365] → Rn. 106 zum Klagerecht vor dem EuGH.

schuss der Regionen nach Art. 305 AEUV.[366] Auch informelle Kontakte zu Europäischen Organen sind den Ländern grundsätzlich nicht verwehrt.[367] Dazu gehören die **Länderbüros** bei der Europäischen Union, deren Zulässigkeit § 8 EUZBLG bekräftigt.[368] Die engen Grenzen des Art. 32 Abs. 3 finden keine Anwendung, weil die Unionspolitik mit Art. 23 nun auch verfassungsrechtlich von der Außenpolitik abgehoben worden ist (→ Art. 32 Rn. 62).

4. Die BReg. hat den BT und den BR umfassend und zum frühestmöglichen Zeitpunkt zu unterrichten. Art. 23 Abs. 2 S. 2 verpflichtet die BReg. zur **„umfassenden" Unterrichtung.** Es muss also „wahrheitsgemäß und vollständig"[369] informiert werden. Über welche Gegenstände unterrichtet werden muss, ist damit noch nicht gesagt. Aus dem vorangehenden S. 1 ergibt sich, dass es sich um alle „Angelegenheiten der Europäischen Union" handelt, die für BT und BR in irgendeiner Weise relevant sein können. Die Pflicht zur Unterrichtung steht in Zusammenhang mit den Beteiligungsrechten nach Art. 23 Abs. 3–6. Informiert werden muss über alles, was für eine substanziierte Ausübung des Rechts zur Stellungnahme nach Art. 23 Abs. 3 u. 5 sowie zur Wahrnehmung der Rechte nach Art. 23 Abs. 6 von Interesse sein kann. Auf eine konkrete Betroffenheit kommt es an dieser Stelle nicht an. Die Unterrichtungspflicht ist damit tendenziell weiter gefasst als die nachfolgenden Mitwirkungsbefugnisse.[370] Diese Weite bringt die Gefahr einer Informationsflut mit sich, die das Parlament überfordert.[371] Jede Filterung durch die BReg. birgt jedoch die Gefahr einer Vorsteuerung, die der Intention der Mitwirkungsrechte widerspricht. Die Auswahl ist daher Sache des BT und BR, die auch gegenüber der BReg. eingrenzen können, welche Informationen sie benötigen,[372] und die sich durch organisatorische Maßnahmen in die Lage versetzen müssen, der Informationsflut selbst Herr zu werden.[373] 124

Die Pflicht zur Unterrichtung des BT ist weiter als die in Art. 23 Abs. 3 geregelte Pflicht, dem BT Gelegenheit zur Stellungnahme zu geben. Letztere bezieht sich nur auf die Mitwirkung an Rechtsetzungsakten der EU (→ Rn. 134), während die Pflicht zur Unterrichtung grundsätzlich alle Angelegenheiten der EU erfasst. Die Pflicht zur Unterrichtung soll den BT auch über den Bereich der Rechtsetzung hinaus in die Lage versetzen, das Handeln der BReg. effektiv zu kontrollieren, und sichert damit die **parlamentarische Verantwortlichkeit** der BReg. gegenüber dem BT ab.[374] 125

Die Pflicht zur umfassenden Unterrichtung hat auch eine zeitliche Komponente. Über wichtige Vorgänge und Entwicklungen muss **fortlaufend** unterrichtet werden.[375] Was die Form angeht, verlangt Art. 23 Abs. 2 S. 2 126

[366] *Holtschneider* DVBl 2008, 1018 (1022 f.).
[367] *Classen* in MKS Rn. 71; sa *Borchmann* NVwZ 1988, 218 (219 f.).
[368] *Puttler* in HdbStR VI § 142 Rn. 56; *Wollenschläger* in Dreier Rn. 157.
[369] So *Fuchs* DÖV 2001, 233 (237).
[370] Sa *Oberländer,* Aufgabenwahrnehmung im Rahmen der EU durch Vertreter der Länder, 2000, 97 f.
[371] Dies betont *Classen* in MKS Rn. 75; sa die Zahlen bei *Freundorfer,* Die Beteiligung des Deutschen Bundestages an der Sekundärrechtsetzung der Europäischen Union, 2008, 78.
[372] Zur Möglichkeit eines Verzichts auf bestimmte Informationen *Mellein,* Subsidiaritätskontrolle durch nationale Parlamente, 2007, 372.
[373] BVerfGE 131, 152 (208).
[374] *Classen* in MKS Rn. 76.
[375] BVerfGE 131, 152 (209).

nach Ansicht des BVerfG[376] grds. eine schriftliche Unterrichtung, wie es nun in § 3 Abs. 1 S. 2 u. 3 EUZBBG niedergelegt ist. Sinnvollerweise muss eine elektronische Unterrichtung ausreichen.[377]

127 Der Umfang der Verpflichtung wird für den **BT** nach Art. 23 Abs. 3 S. 3 durch §§ 3 ff. EUZBBG konkretisiert (→ Rn. 141). § 4 EUZBBG führt zutreffend nicht nur Unionsdokumente auf, sondern auch Berichte der deutschen Ständigen Vertretung sowie Dokumente und Informationen über förmliche Initiativen der BReg. und anderer Regierungen. Angesichts der großen Unbestimmtheit von Art. 23 Abs. 2 S. 2 hinsichtlich der im Einzelnen zu übermittelnden Informationen ist die **Konkretisierung durch das EUZBBG** als rechtsverbindlich anzusehen, soweit sie die verfassungsrechtlichen Vorgaben nicht offenkundig verfehlt. Es begegnet auch keinen Bedenken, dass der BT gem. § 3 Abs. 5 EUZBBG auf einzelne Unterrichtungen verzichten kann, soweit nicht eine Fraktion oder Abgeordnete in Fraktionsstärke widersprechen. Der **Verzicht** gestattet es dem BT, die Informationsflut im Rahmen seines Selbstorganisationsrechts zu beschränken (→ Rn. 124).[378] Aus verfassungsrechtlichen Gründen kann der BT seinen Verzicht jederzeit widerrufen. Die Möglichkeit, weitere Einzelheiten der Unterrichtungspflicht in einer **Interorganvereinbarung** zwischen BT und BReg. niederzulegen,[379] wurde bei der Neufassung des EUZBBG 2013 gestrichen, obwohl das BVerfG solche Vereinbarungen, die die Selbstorganisation des BT stärken würden, ausdrücklich erwähnt.[380]

128 Die Berichterstattung beschränkt sich nicht auf solche Informationen, die die BReg. ihrerseits offiziell erfahren hat.[381] Über **geplante Maßnahmen** muss ggf. schon berichtet werden, bevor ein förmlicher Vorschlag vorliegt.[382] Auch hier muss aber der Kernbereich exekutiver Eigenverantwortung gewahrt bleiben.[383] Die BReg. ist demgemäß nicht verpflichtet, ihre interne Willensbildung offen zu legen.[384] Überwiegend wird angenommen, dass die BReg. ggf. erforderliche **Informationen einholen** müsse, um ihrer Unterrichtungspflicht nachzukommen.[385] Eine Pflicht, auf Nachfrage des BT bestimmte Informationen zu beschaffen, lässt sich aus Art. 23 Abs. 2 S. 2 nicht ableiten. Man wird aber von einer generellen Pflicht der BReg. ausgehen können, über wichtige Vorgänge informiert zu sein und sich entsprechend auf dem Laufenden zu halten.

129 Für den **BR** werden die Pflichten der BReg. durch § 2 EUZBLG sowie durch Abschnitt II der Anlage zu § 9 EUZBLG konkretisiert. Es gilt grundsätzlich dasselbe wie für den BT. Die unterschiedlichen Kompetenzbereiche des BT einerseits und der Länder andererseits führen allerdings dazu, dass nicht immer dieselben Unterlagen relevant sind. Über Vorgänge, die Länderbelange unter keinem Gesichtspunkt berühren können, muss nicht unter-

---

[376] BVerfGE 131, 152 (214).
[377] *Classen* in MKS Rn. 74.
[378] S. auch BVerfGE 131, 152 (208).
[379] So § 12 EUZBBG idF des G v. 22.9.2009, BGBl. 2009 I 3026.
[380] BVerfGE 131, 152 (213–215).
[381] *Hölscheidt* APuZ 28 (2000), 31 (32 f.); *Wollenschläger* in Dreier Rn. 121.
[382] *Möller/Limpert* ZParl 1993, 21 (26); *Streinz* in Sachs Rn. 109; zum richtigen Informationszeitpunkt → Rn. 130.
[383] Grdl. BVerfGE 67, 100 (139); → Art. 20 Rn. 135; → Art. 44 Rn. 38 ff.
[384] BVerfGE 131, 152 (206); tendenziell parlamentsfreundlicher zuvor *Hölscheidt* APuZ 28 (2000), 31 (33); *Möller/Limpert* ZParl 1993, 21 (26).
[385] Dafür *Streinz* in Sachs Rn. 106; grds. auch *Wollenschläger* in Dreier Rn. 123.

richtet werden.[386] Folgerichtig schließt § 11 EUZBLG den BR von der Mitwirkung im Bereich der GASP aus.[387] Ebenso ist es verfassungsgemäß, dass § 3 EUZBLG die Unterrichtung auf solche Vorhaben beschränkt, „die für die Länder von Interesse sein könnten." Dabei dürfen Länderinteressen allerdings nicht vorschnell verneint werden; im Zweifel ist die Unterrichtung geboten. Einer Einschätzungsprärogative der BReg.[388] sind im Interesse einer effektiven Mitwirkung des BR enge Grenzen gesetzt.

Die Unterrichtung muss „frühestmöglich" erfolgen. § 3 Abs. 1 S. 1 EUZBBG übernimmt den Begriff ohne weitere Konkretisierung.[389] Die BReg. muss also grundsätzlich informieren, sobald sie von einem Vorgang Kenntnis erhält. Problematisch ist die **Wahl des richtigen Zeitpunkts** vor allem bei Initiativen, die von der BReg. ausgehen oder mit vorbereitet werden. Da die BReg. über ihre interne Willensbildung nicht informieren muss (→ Rn. 128), setzt die Informationspflicht grds. erst ein, wenn der Willensbildungsprozess abgeschlossen ist, spätestens allerdings dann, wenn eine Initiative offiziell mit anderen Regierungen erörtert oder in europäische Gremien eingebracht wird.[390] Bei der Bestimmung des richtigen Termins ist auch zu berücksichtigen, dass BT und BR **hinreichend Zeit zur Stellungnahme** und der BReg. zeitlich die Möglichkeit verbleiben muss, eine Stellungnahme bei ihren Verhandlungen zu berücksichtigen. Es muss also eine effektive Mitwirkung gewährleistet sein.[391] Eine spätere Unterrichtung ist nur dann mit Art. 23 Abs. 2 S. 2 vereinbar, wenn die BReg. selbst erst so spät Kenntnis erlangt oder ihre interne Willensbildung abgeschlossen hat und die Sache so eilig ist, dass die BReg. keinen längeren Vorlauf bewirken kann. **130**

Seit Inkrafttreten des Vertrags von Lissabon lassen die Unionsorgane BT und BR Informationen über Rechtssetzungsvorhaben nach dem **Protokoll über die Rolle der nationalen Parlamente** in der Europäischen Union[392] direkt zukommen. Solche Dokumente müssen nicht zusätzlich durch die BReg. übermittelt werden.[393] Soweit die BReg. jedoch über relevante Informationen verfügt, die nicht oder noch nicht nach dem Protokoll über die Rolle der nationalen Parlamente zugeleitet wurden, bleibt die BReg. nach Art. 23 Abs. 2 S. 2 in der Pflicht. Das gilt namentlich für Initiativen aus Regierungskreisen sowie für Informationen, die zur Bewertung der von der Union zugeleiteten Dokumente wichtig sind. **131**

Es steht BT und BR frei, sich daneben aus **weiteren Quellen** zu unterrichten.[394] Dazu gehören Gespräche mit Europaabgeordneten[395] und Kommissaren ebenso wie die Informationsbeschaffung durch Brüsseler Büros wie sie die Länder und mittlerweile auch der BT unterhalten. Schon nach Nr. 1 des Protokolls über die Rolle der einzelstaatlichen Parlamente in der Europäischen Union von 1997[396] leitete die Kommission Konsultationsdokumente **132**

[386] Sa *Classen* in MKS Rn. 76; aA *Heimlich* BayVBl. 2000, 231 (234).
[387] Für eine restriktive Auslegung dieser Vorschrift *Classen* in MKS Rn. 87.
[388] *Kunig* FS f. Heymanns-Verlag, 1995, 591 (598).
[389] Ebenso für den BR § 2 EUZBLG sowie Abschn. I 2 der Anlage zu § 9 EUZBLG.
[390] Tendenziell noch strenger BVerfGE 131, 152 (210).
[391] BVerfGE 131, 152 (202).
[392] ABl. 2007 C 306, 148 = BGBl. 2008 II 1093.
[393] *Classen* in MKS Rn. 75.
[394] Vgl. für den BT *Fuchs* DÖV 2001, 233 (236 f.).
[395] Zur Institutionalisierung der interparlamentarischen Zusammenarbeit s. *Lais* ZEuS 2003, 187 (194 ff.).
[396] BGBl. 1998 II 437.

wie Grün- und Weißbücher den nationalen Parlamenten zu. Alternative Quellen erlauben es BT und BR, die Informationstätigkeit der BReg. zu überprüfen und beugen damit einer Abhängigkeit von der Informationspolitik der BReg. vor. Andererseits verschärfen sie das insbes. für den BT ohnehin bestehende Problem, eine Flut von Informationen sinnvoll zu verarbeiten.[397]

V. Stellungnahmen des Bundestages (Art. 23 Abs. 3)

133 **1. Die BReg. gibt dem BT Gelegenheit zur Stellungnahme.** Die Gelegenheit zur Stellungnahme setzt voraus, dass die BReg. den BT hinreichend informiert und ihm eine ausreichende **Frist zur Stellungnahme** einräumt.[398] Dies bewirkt Art. 23 Abs. 1 S. 2 mit dem Gebot einer umfassenden und frühestmöglichen Unterrichtung (→ Rn. 124 ff.). Im Interesse einer effektiven Mitwirkung muss die BReg. dem BT grundsätzlich auch mitteilen, bis wann eine Stellungnahme vorliegen muss, damit sie noch berücksichtigt werden kann.[399] Das schließt nicht aus, die Frist im Notfall extrem knapp zu bemessen, wenn auf europäischer Ebene ausnahmsweise innerhalb kürzester Zeit eine Regelung getroffen werden muss.

134 **2. Vor ihrer Mitwirkung an Rechtsetzungsakten der Europäischen Union.** Der Begriff des **Rechtsetzungsaktes** ist weit zu verstehen. Er erfasst nicht nur Verordnungen und Richtlinien, sondern auch andere Beschlüsse, die **materiell legislativen Gehalt** haben.[400] Dazu gehört auch die Zustimmung zu völkerrechtlichen Verträgen und andere Beschlüsse, die die nationale Gesetzgebung in der einen oder anderen Form verdrängen oder determinieren können. So sind bspw. Beschlüsse im Rahmen der GASP mitwirkungsbedürftig, wenn sie den Rat zum Verhängen von Wirtschaftssanktionen nach Art. 215 AEUV verpflichten.[401] Auch Beschlüsse iSv Art. 288 Abs. 4 AEUV können uU materiell rechtsetzenden Charakter haben.[402] Dasselbe gilt für Vertragsänderungen, die auf Regierungskonferenzen beraten werden.[403] Nicht erfasst werden politische Beschlüsse, die rechtlich unverbindlich sind. Dasselbe gilt für rechtserhebliche Beschlüsse, die keine Gegenstände der Gesetzgebung betreffen. So bedarf bspw. die Ernennung von EuGH-Richtern durch die Mitgliedstaaten nach Art. 253 Abs. 1 AEUV keiner parlamentarischen Mitwirkung.

135 Art. 23 Abs. 3 schränkt die Mitwirkung des BT nicht auf den Bereich der Rechtsetzung ein (→ Rn. 125). Es steht dem BT frei, aus eigenem Antrieb auch zu anderen Fragen Stellung zu nehmen. **Außerhalb** des Bereichs der **Rechtsetzung** muss die BReg. dem BT jedoch nicht eigens Gelegenheit zur Stellungnahme geben, und sie muss die Stellungnahme nicht iSv Art. 23 Abs. 3 S. 2 berücksichtigen. Einem solchen schlichten Parlamentsbeschluss außerhalb von Art. 23 Abs. 3 kommt nur politische Bedeutung zu.

---

[397] *Fuchs* DÖV 2001, 233 (237).

[398] Zur Notwendigkeit, überhaupt eine Frist zu nennen, s. *Möller/Limpert* ZParl 1993, 21 (27).

[399] *Classen* in MKS Rn. 80.

[400] *Möller/Limpert* ZParl 1993, 21 (27).

[401] Zum Rechtssatzcharakter von Maßnahmen der GASP/GSVP *Rathke/Vollrath* DÖV 2017, 565 (569–571); enger *Classen* in MKS Rn. 78.

[402] Vgl. *Heimlich* BayVBl. 2000, 231 (233) am Beispiel einer Kommissionentscheidung zur Anwendung eines vereinfachten Genehmigungsverfahrens im Gentechnikrecht.

[403] AA *Classen* in MKS Rn. 78.

Art. 23 Abs. 3 S. 1 präzisiert, dass die Gelegenheit zur Stellungnahme vor der **„Mitwirkung" an** einem **Rechtsetzungsakt** zu geben ist. Neben der abschließenden Zustimmung zu einem Rechtsakt werden ggf. auch vorbereitende Maßnahmen erfasst.[404] Ebenso unterliegen ablehnende Entscheidungen oder eine deutsche Stimmenthaltung der Mitwirkung des BT nach Art. 23 Abs. 1 S. 3. Verändert sich die Verhandlungslage im Laufe des Rechtssetzungsverfahrens erheblich, ist dem BT im Rahmen des zeitlich Möglichen erneut Gelegenheit zur Stellungnahme zu geben.[405] Das Recht zur Stellungnahme besteht auch, wenn Deutschland nach Art. 23 Abs. 6 durch einen Vertreter der Länder vertreten wird.[406] Das Handeln dieses Vertreters ist der BReg. zuzurechnen; Art. 23 Abs. 6 modifiziert die Regeln über die Mitwirkung von BT und BR nicht (→ Rn. 162). 136

3. Die BReg. berücksichtigt die Stellungnahmen des BT bei den Verhandlungen. Zu berücksichtigen sind nur Stellungnahmen, die vom BT-Plenum oder gem. Art. 45 S. 2 vom Europaausschuss[407] förmlich beschlossen wurden. Durch die Teilnahme von Regierungsvertretern an Sitzungen des Plenums, des Europaausschusses und anderer Fachausschüsse wird sich für die BReg. darüber hinaus ein informelles Meinungsbild ergeben.[408] Die BReg. wird sich aus politischen Gründen auch von diesem Meinungsbild beeinflussen lassen. Die Rechtsfolgen einer **förmlichen Stellungnahme** löst es jedoch nicht aus. 137

„Berücksichtigen" bedeutet, dass die BReg. die Stellungnahme des BT zumindest zur Kenntnis zu nehmen und in ihre Überlegungen einzubeziehen hat. Andererseits zeigt der Vergleich mit Art. 23 Abs. 5, wo zwischen dem einfachen und dem „maßgeblichen" Berücksichtigen von BR-Stellungnahmen unterschieden wird, dass Stellungnahmen des BT jedenfalls **nicht rechtsverbindlich** sind.[409] Ein Vorschlag, wonach die Stellungnahme von der BReg. ihren Verhandlungen zugrunde zu legen sei, wurde von der Gemeinsamen Verfassungskommission abgelehnt.[410] Aus der Systematik des Art. 23 ergibt sich, dass der BT die BReg. weniger stark festlegen kann als der BR nach Art. 23 Abs. 5 S. 2 im Bereich der Landesgesetzgebung.[411] Das ist durchaus sachgerecht, weil die BReg. dem BT, anders als dem BR, parlamentarisch verantwortlich ist. Das hindert sie zwar nicht, **in begründeten Einzelfällen** von einer Stellungnahme des BT **abzuweichen.** Es verhindert aber, dass sich die BReg. grundsätzlich vom Willen des BT löst.[412] 138

Der BT hat es in der Hand, sich von der grundsätzlichen Befolgung seiner Stellungnahmen zu überzeugen, indem er von der BReg. entsprechende 139

---

404 *Classen* in MKS Rn. 79.

405 *Classen* in MKS Rn. 80.

406 AA *Classen* in MKS Rn. 79, 103.

407 → Art. 45 Rn. 10 ff.

408 *Hölscheidt* APuZ 28 (2000), 31 (37); für einen Ausbau dieser informellen Rückkoppelung *Martini* in v. Arnauld/Hufeld Systematischer Kommentar zu den Lissabon-Begleitgesetzen, § 4 Rn. 101.

409 *Wollenschläger* in Dreier Rn. 132; sa *Hölscheidt* APuZ 28 (2000), 31 (37), der von einer politischen Bindung spricht.

410 S. den Bericht der Gemeinsamen Verfassungskommission v. 5.11.1993, BT-Drs. 12/6000, 22.

411 Krit. *Huber* ZG 2006, 354 (367 f.); *Martini* in v. Arnauld/Hufeld, Systematischer Kommentar zu den Lissabon-Begleitgesetzen, 2. Aufl. 2018, § 4 Rn. 99; sogar einen Verstoß gegen Art. 79 Abs. 3 nimmt an *Di Fabio* Der Staat 32 (1993), 191 (210 f.).

412 Sa *Wilhelm* BayVBl. 1992, 705 (708).

Rechenschaft verlangt. Aus der Pflicht zur Berücksichtigung folgt als Annex auch die Pflicht, eine etwaige Abweichung zu begründen.[413] Der BT kann zudem nach allgemeinen Regeln **Rechenschaft** fordern.[414] Im Europaausschuss hat sich eine entsprechende *Ex-post*-Kontrolle etabliert.[415] Damit gelingt Art. 23 Abs. 3 S. 2 ein guter Kompromiss zwischen dem Bedürfnis nach flexibler Verhandlungsführung durch die BReg. einerseits und grundsätzlicher Bindung an den Willen des Parlaments andererseits. Dieser Kompromiss spiegelt sich auch in § 8 Abs. 4 S. 4 EUZBBG, wonach sich die BReg. bei der europäischen Rechtssetzung vor einer abschließenden Entscheidung im Rat „bemüht", ein Einvernehmen mit dem BT herzustellen.[416] Allerdings verpflichtet § 8 Abs. 4 S. 1 EUZBBG die BReg., im Rat einen Parlamentsvorbehalt einzulegen, wenn eine Stellungnahme des BT nicht durchsetzbar ist. Diese Bindung der BReg. geht über das nach Art. 23 Abs. 3 Zulässige hinaus.[417] Überlegungen, die BReg. bei ihrem Handeln auf europäischer Ebene im Sinne eines imperativen Mandats an Beschlüsse des BT zu binden, sind *de constitutione lata* nicht mit Art. 23 Abs. 3 vereinbar,[418] zumal eine solche Bindung mit den Mitwirkungsrechten des BR nach Art. 23 Abs. 5 kollidieren würde. Das gilt grundsätzlich auch für den Versuch des BVerfG, eine entsprechende Bindung in sensiblen Politikbereichen wie dem Straf- und Sozialrecht unmittelbar aus dem Demokratieprinzip abzuleiten.[419]

140 **Kollidiert** eine Stellungnahme des BT inhaltlich mit einer Stellungnahme des BR, ist zu differenzieren.[420] Handelt es sich um eine einfache **Stellungnahme des BR** nach Art. 23 Abs. 5 S. 1, sind beide formal gleichrangig. Die BReg. kann sich mit entsprechenden Gründen für die eine oder andere Position entscheiden oder auch aus wichtigem Grund eine dritte Auffassung vertreten.[421] Angesichts der parlamentarischen Verantwortung gegenüber dem BT als Hauptrechtsetzungsorgan ist es nicht zu beanstanden, wenn die BReg. bei sich widersprechenden Stellungnahmen regelmäßig denen des BT den Vorzug gibt. Ein Versuch, diese Vorrangregelung 1992/1993 im EUZBBG zu verankern, ist allerdings am Widerstand des BR gescheitert.[422] Anders verhält es sich, wenn die Stellungnahme des BR nach Art. 23 Abs. 5 S. 2 maßgeblich zu berücksichtigen ist. Dann hat die Stellungnahme des BR

---

[413] *Hölscheidt* APuZ 28 (2000), 31 (33); *Möller/Limpert* ZParl 1993, 21 (28); *Schorkopf*, Staatsrecht der internationalen Beziehungen, 2017, § 5 Rn. 88; *Streinz* in Sachs Rn. 114; auf die Verfassungsorgantreue stellt insoweit *Scholz* in Maunz/Dürig Rn. 159, ab.

[414] *Scholz* in Maunz/Dürig Rn. 159; auf Art. 43 Abs. 1 verweist insoweit *Classen* in MKS Rn. 71, 81.

[415] *Hölscheidt* APuZ 28(2000), 31 (37 f.); *Fuchs* DÖV 2001, 233 (240).

[416] Dazu *Hoppe* DVBl 2007, 1540 (1542).

[417] AA *Wollenschläger* in Dreier Rn. 133 unter Hinweis auf das verbleibende Letztentscheidungsrechte der BReg.

[418] *Dann,* Parlamente im Exekutivföderalismus, 2004, 261; zum Blockadepotenzial einer entsprechenden Regelung *Dann,* Parlamente im Exekutivföderalismus, 2004, 254 ff., 261 ff.; aA *Rath,* Entscheidungspotenziale des Deutschen Bundestages in EU-Angelegenheiten, 2001, 117 ff., der eine Bindung durch sog. Mandatsgesetze für möglich hält.

[419] BVerfGE 123, 267 (413 f., 430 f., 436) – Lissabon, zum sog. Notbremse-Verfahren; umgesetzt in § 9 IntVG; zur Kritik → Rn. 32.

[420] So auch *Wollenschläger* in Dreier Rn. 150.

[421] *Hansmeyer,* Die Mitwirkung des Deutschen Bundestages an der europäischen Rechtsetzung, 2001, 233 f.

[422] S. die Beschlussbegründung des BR, BR-Drs. 853/92, 2; sowie die Beschlussempfehlung des Vermittlungsausschusses, BT-Drs. 12/4247; *Möller/Limpert* ZParl 1993, 21 (29); *Scholz* NVwZ 1993, 817 (823).

Vorrang.[423] Das ist gerechtfertigt, weil die Bundesgesetzgebung in diesen Fällen allenfalls nachrangig betroffen ist.

4. Das Nähere regelt ein Gesetz. Der **Konkretisierungsauftrag** des Art. 23 Abs. 3 S. 3 bezieht sich trotz seiner systematisch etwas undeutlichen Stellung im Gesetz nicht nur auf das Recht zur Stellungnahme nach Art. 23 Abs. 3, sondern **auch** auf das **Informationsrecht** des BT nach Art. 23 Abs. 2 S. 2. Aus dem Zusammenhang ergibt sich, dass es sich nur um ein Bundesgesetz handeln kann. Dieses bedarf nicht der Zustimmung des BR. Nach Art. 23 Abs. 3 S. 3 wurde das Gesetz über die Zusammenarbeit von BReg. und Deutschem BT in Angelegenheiten der Europäischen Union erlassen **(EUZBBG)** erlassen, das 2013 auf der Grundlage einer Evaluierung durch den BT[424] novelliert wurde.[425] Die frühere Interorganvereinbarung zwischen BT und BReg. über die Zusammenarbeit in Angelegenheiten der Europäischen Union v. 26.9.2006,[426] die Einzelheiten der Unterrichtung regelte, hielt das BVerfG für unzureichend.[427] Da auch der **ESM** zu den Angelegenheiten der Europäischen Union zählt (→ Rn. 13), ist § 7 ESMFinG[428], der das EUZBBG gemäß § 5 Abs 3 Nr. 1 EUZBBG ergänzt, ebenfalls ein Gesetz iSv Art. 23 Abs. 3 S. 3. 141

VI. Stellungnahmen des Bundesrates (Art. 23 Abs. 4, 5)

1. Grundsatz der Beteiligung (Art. 23 Abs. 4). Art. 23 Abs. 4 hat den Charakter einer **Grundsatznorm** für die folgenden Abs. 5 und 6.[429] Er bestimmt deren Anwendungsbereich, regelt aber keine zusätzlichen Beteiligungsrechte.[430] Der BR ist zum einen zu beteiligen, soweit er an einer entsprechenden innerstaatlichen Maßnahme mitzuwirken hätte. Damit hat er insbes. mitzuwirken, wenn Bereiche der **Bundesgesetzgebung** betroffen sind, da er dort stets nach Art. 77 mitwirkt.[431] Dies steht in einem Spannungsverhältnis zu Art. 23 Abs. 5 S. 1, wonach Stellungnahmen des BR im Bereich der ausschließlichen Bundeszuständigkeiten nur zu berücksichtigen sind, wenn Interessen der Länder berührt sind. Dieses Spannungsverhältnis dahin aufzulösen, dass dem BR nach Art. 23 Abs. 4 im Bereich der ausschließlichen Gesetzgebung des Bundes auch dann Gelegenheit zur Stellungnahme zu geben ist, wenn keine Länderinteressen berührt sind, dass diese Stellungnahme aber nicht nach Art. 23 Abs. 5 S. 1 zu berücksichtigen ist, erscheint widersinnig. Näher liegt, Art. 23 Abs. 5 als *lex specialis* zu Art. 23 Abs. 4 den Vorrang zu geben.[432] Zu beteiligen ist der BR nach Art. 23 142

[423] *Müller-Terpitz,* Die Beteiligung des Bundesrates am Willensbildungsprozess der Europäischen Union, 1999, 243; tendenziell aA *Schorkopf* in BK Rn. 190.

[424] BT-Drs. 17/14601.

[425] BGBl. 2013 I 2170.

[426] BGBl. 2006 I 2177; *Hoppe* DVBl 2007, 1540 ff.

[427] BVerfGE 123, 267 (433 f.) Rn. 410 – Lissabon.

[428] BGBl. 2012 I 1918 idF des G v. 29.11.2014, BGBl. 2014 I 1821, 2193; entsprechend § 5 Stabilisierungsmechanismusgesetz, BGBl. 2010 I 627 idF des G v. 23.5.2012, BGBl. 2012 I 1166.

[429] Sa *Fischer* ZParl 1993, 32 (42) „Leitsatz".

[430] Sa *Kunig* FS f. Heymanns-Verlag, 1995, 591 (599), kein eigenständiger Regelungsgehalt.

[431] *Streinz* in Sachs Rn. 117.

[432] So auch *Classen* in MKS Rn. 85; ähnlich *Müller-Terpitz,* Die Beteiligung des Bundesrates am Willensbildungsprozess der Europäischen Union, 1999, 151; aA *Wollenschläger* in Dreier Rn. 140.

Abs. 4 auch dann, wenn innerstaatlich die Länder zuständig wären, also namentlich im Bereich der Landesgesetzgebung. Dem tragen Art. 23 Abs. 5 S. 2 und Abs. 6 Rechnung. Freilich beschränkt sich die Mitwirkung nicht auf die europäische Gesetzgebung.[433] Der BR ist iRd Art. 23 Abs. 4 auch dort zu beteiligen, wo die Mitgliedstaaten auf europäischer Ebene an **Verwaltungsentscheidungen** mitwirken, wie es namentlich im Bereich der sog. Komitologie der Fall ist.[434] Ebenso erfasst Art. 23 Abs. 4 unverbindliche Maßnahmen sowie **Klagen vor dem EuGH** gegen Maßnahmen, für die innerstaatlich die Länder zuständig wären.[435]

143 **2. Berücksichtigung der Stellungnahme des Bundesrates (Art. 23 Abs. 5 S. 1).** Art. 23 Abs. 5 regelt spiegelbildlich zu Art. 23 Abs. 3 S. 2 eine Pflicht zur Berücksichtigung von Stellungnahmen des BR. Eine Pflicht, dem BR die **Gelegenheit zur Stellungnahme** einzuräumen, normiert Art. 23 Abs. 5, anders als Art. 23 Abs. 3 S. 2 für den BT, nicht. Diese Pflicht, den BR in die Lage zu versetzen, eine Stellungnahme abzugeben, folgt allerdings schon aus der Unterrichtungspflicht gem. Art. 23 Abs. 2 S. 2 (→ Rn. 124 ff.). Man könnte sie auch in Art. 23 Abs. 4 hineinlesen oder als notwendige Voraussetzung aus Art. 23 Abs. 5 ableiten.

144 Im Bereich der **ausschließlichen Zuständigkeiten des Bundes** gewährt Art. 23 Abs. 5 die Gelegenheit zur Stellungnahme nur, soweit **Interessen der Länder** berührt sind. Das ist enger als Art. 23 Abs. 4, der auch die ausschließliche Bundesgesetzgebung vollständig erfasst (→ Rn. 142), aber konsequent, weil kein sachlicher Grund für eine Beteiligung des BR besteht, wenn keine Interessen der Länder berührt sind. Interessen der Länder sind immer dann berührt, wenn sie die entsprechenden Regelungen ausführen müssen oder wenn ein Bundesgesetz der Zustimmung des BR unterläge.[436] Auch sonst mögen Vorhaben, die in die ausschließliche Bundesgesetzgebung fallen, vielfach in der einen oder anderen Weise Interessen der Länder berühren. Da die Stellungnahme nach Art. 23 Abs. 5 S. 1 die BReg. nicht bindet (→ Rn. 145), besteht kein Grund, den Interessenbegriff eng auszulegen.[437] Insbesondere ist nicht erforderlich, dass Interessen beeinträchtigt werden.[438] Berührtsein meint auch weniger als die in Abs. 5 S. 2 und Abs. 6 S. 1 verlangte Betroffenheit (→ Rn. 150, 157). Art. 23 Abs. 5 S. 1 erfasst darüber hinaus alle anderen Fälle, in denen der Bund ein Recht zur Gesetzgebung hat. Damit ist insbes. der Bereich der **konkurrierenden Gesetzgebung** gemeint. Hier ist der BR auf jeden Fall berechtigt, eine Stellungnahme abzugeben, die die BReg. zumindest berücksichtigen muss. Die Frage, ob die Stellungnahme im Bereich der konkurrierenden Gesetzgebung ggf. sogar maßgeblich zu berücksichtigen ist, beantwortet Abs. 5 S. 2 (→ Rn. 146).

145 Für die **Berücksichtigung** der Stellungnahmen des BR gilt das in → Rn. 138 zu den Stellungnahmen des BT Gesagte entsprechend. Die Be-

---

[433] *Classen* in MKS Rn. 84.

[434] *Füßer* BayVBl. 2003, 513 (516); *Schorkopf* in BK Rn. 155.

[435] *Jarass* in Jarass/Pieroth Rn. 60; sa *Wollenschläger* in Dreier Rn. 141.

[436] Ähnlich *Füßer* BayVBl. 2003, 513 (517); sa *Classen* in MKS Rn. 86.

[437] *Oberländer,* Aufgabenwahrnehmung im Rahmen der EU durch Vertreter der Länder, 2000, 104.

[438] *Classen* in MKS Rn. 87; ähnlich *Lang,* Die Mitwirkungsrechte des Bundesrates und des Bundestages in Angelegenheiten der Europäischen Union gemäß Art. 23 Abs. 2 bis 7 GG, 1997, 158.

rücksichtigungspflicht wurde in beiden Fällen bewusst parallel ausgestaltet.[439] Die BReg. muss also die Stellungnahme des BR zur Kenntnis nehmen und in ihre Überlegungen mit einbeziehen. Sie bleibt aber frei, in begründeten Fällen eine andere Position zu vertreten. Das gilt insbes. bei sich widersprechenden Stellungnahmen von BT und BR, wo die BReg. regelmäßig der Position des BT den Vorzug geben darf (→ Rn. 140).

3. Maßgebliche Berücksichtigung der Stellungnahme des Bundesrates (Art. 23 Abs. 5 S. 2). a) Wenn … Gesetzgebungsbefugnisse der Länder. Mit „Gesetzgebungsbefugnisse[n] der Länder" ist vor allem der Bereich der **ausschließlichen Landesgesetzgebung** erfasst, doch ist Art. 23 Abs. 5 S. 2 weiter als Abs. 6 S. 1, der sich ausdrücklich auf bestimmte ausschließliche Gesetzgebungsbefugnisse der Länder beschränkt. Es wird vertreten, dass auch der Bereich der **konkurrierenden Gesetzgebung** unter Art. 23 Abs. 5 S. 2 fällt, soweit der Bund kein gesamtstaatliches Regelungserfordernis nach Art. 72 Abs. 2 geltend machen kann.[440] Dementsprechend stellt § 5 Abs. 2 S. 1 EUZBLG darauf ab, dass der Bund kein Recht zur Gesetzgebung hat. Allerdings erscheint es kaum vorstellbar, dass zwar ein Bedürfnis nach einem europaweiten Tätigwerden besteht, das die Kompetenz der EU begründet, nicht aber ein Bedürfnis nach bundeseinheitlicher Regelung bestünde.[441] Auch das Interesse an einer klaren Abgrenzung der verschiedenen Mitwirkungsformen im Rahmen europäischer Rechtssetzung gebietet es, das Gewicht der Stellungnahme des BR nicht von einer möglicherweise sehr komplizierten und streitanfälligen Bedürfnisprüfung abhängig zu machen. Das Problem wurde im Übrigen durch die Einschränkung von Art. 72 Abs. 2 im Zuge der Föderalismusreform entschärft. 146

Art. 23 Abs. 5 ist nicht an die Änderung der Gesetzgebungszuständigkeiten im Rahmen der Föderalismusreform angepasst worden (→ Rn. 3). Damit fragt sich, ob die Fälle der **konkurrierenden Gesetzgebung,** in denen die Länder nach Art. 72 Abs. 3 eine **Abweichungsmöglichkeit** haben, von Art. 23 Abs. 5 S. 2 oder lediglich von S. 1 erfasst werden. Das volle Gesetzgebungsrecht des Bundes könnte dafür sprechen, dass nicht im Schwerpunkt Kompetenzen der Länder betroffen sind. Andererseits hat der Bund hier der Sache nach eine Auffangzuständigkeit für den Fall, dass Länder nicht tätig werden wollen.[442] Daher erscheint es sachgerecht, in den Fällen des Art. 72 Abs. 3 im Schwerpunkt Gesetzgebungsbefugnisse der Länder betroffen zu sehen, so dass eine Stellungnahme des BR maßgeblich zu berücksichtigen ist.[443] Die Interessenlage ähnelt derjenigen bei der früheren Rahmengesetzgebung.[444] 147

Dass Art. 23 Abs. 5 S. 2 anders als Abs. 5 S. 1 an Gesetzgebungszuständigkeiten anknüpft, könnte dafür sprechen, dass es nur bei Legislativakten der 148

[439] S. den Bericht der Gemeinsamen Verfassungskommission v. 5.11.1993, BT-Drs. 12/6000, 22.

[440] *Classen* in MKS Rn. 89; *Füßer* BayVBl. 2003, 513 (517); *Oberländer,* Aufgabenwahrnehmung im Rahmen der EU durch Vertreter der Länder, 2000, 105 ff., 122; *Scholz* NVwZ 1993, 817 (823); noch weitergehend *Arnold* in Männle, Föderalismus zwischen Konsens und Konkurrenz, 1998, 131 (135 f.): Art. 23 Abs. 5 S. 2 greife schon ein, wenn der Bund von seinem Recht zur konkurrierenden Gesetzgebung noch kein Gebrauch gemacht habe; dagegen *Fischer* ZParl 1993, 32 (42 f.); *Kunig* FS f. Heymanns-Verlag, 1995, 591 (601).

[441] Etwas vorsichtiger *Streinz* in Sachs Rn. 119.

[442] *Köck/Wolf* NVwZ 2008, 353 (355).

[443] Zurückhaltender *Schorkopf* in BK Rn. 193.

[444] *Füßer* BayVBl. 2003, 513 (518).

Union zu einer qualifizierten Mitwirkung des BR kommen kann.[445] Dass Stellungnahmen des BR bei Verwaltungsentscheidungen oder bei der Entscheidung über eine Klage vor dem EuGH nie maßgeblich zu berücksichtigen sein sollen, erscheint aber weder sachgerecht noch vom Wortlaut geboten. Vielmehr ist für die Beteiligung im Bereich der **Verwaltung** und des **Rechtsschutzes** auf die Verteilung der zugrunde liegenden Gesetzgebungskompetenzen abzustellen. Führen die Länder Bundesgesetze als eigene Angelegenheiten aus, ist Abs. 5 S. 2 demnach nur einschlägig, soweit das Verwaltungsverfahren der Länder betroffen ist (→ Rn. 149). Verlangt der BR hingegen eine Klage gegen eine EU-Richtlinie, die im Schwerpunkt die Rundfunkhoheit der Länder betrifft, ist dieses Verlangen maßgeblich zu berücksichtigen.

149 **b) Die Einrichtung ihrer Behörden oder ihre Verwaltungsverfahren.** Die verstärkte Berücksichtigungspflicht knüpft nicht allein an die Gesetzgebungsbefugnis der Länder an. Erfasst werden auch Eingriffe in die **Landesverwaltung.** Unter Art. 23 Abs. 5 S. 2 fallen zudem Entscheidungen über die Zusammensetzung und Besetzung des Ausschusses der Regionen. Dieser besteht nach Art. 300 Abs. 3 AEUV aus Vertretern der „regionalen und lokalen Gebietskörperschaften". Damit ist die Organisationshoheit der Länder betroffen. § 14 Abs. 2 EUZBLG trägt dem Rechnung, vernachlässigt aber die Mediatisierung der Länder durch den BR (→ Rn. 120).

150 **c) Im Schwerpunkt … betroffen sind.** Abs. 5 S. 2 fordert **Betroffenheit** und damit mehr als das bloße Berührtsein, das die einfache Berücksichtigungspflicht nach Abs. 5 S. 1 auslöst. Notwendig ist eine besondere Eingriffsintensität.[446] Das Merkmal der Betroffenheit wird durch das des Schwerpunkts ergänzt. Der EU-Rechtsetzungsakt muss im Kern Regelungen enthalten, die an sich in den Zuständigkeitsbereich der Länder fallen. Es reicht nicht aus, dass sich der Rechtssetzungsakt auch auf Länderkompetenzen auswirkt. Für die **Schwerpunktbetrachtung** ist allerdings nicht notwendig auf das gesamte Vorhaben im verfahrensrechtlichen Sinn abzustellen.[447] Ein einheitliches Vorhaben im verfahrensrechtlichen Sinn kann bei materieller Betrachtung durchaus unterschiedliche Teile mit verschiedenen Schwerpunkten aufweisen. Anders als bei der Frage der Außenvertretung nach Art. 23 Abs. 6 (→ Rn. 157) ist es beim Grad der Berücksichtigungspflicht nach Art. 23 Abs. 5 durchaus möglich, ein und denselben Beratungsvorgang in Teile mit unterschiedlichen Mitwirkungsrechten zu zerlegen.[448] Das zeigt auch das einschränkende „insoweit" (→ Rn. 153), das nur in Abs. 5 S. 2 enthalten ist, nicht aber in Abs. 6. Ändern sich die Schwerpunkte im Laufe eines EU-Rechtssetzungsverfahrens, ist der Umfang der Bundesratsbeteiligung entsprechend anzupassen, soweit es der Fortgang des europäischen Verfahrens gestattet.[449] Auch wenn sich der Schwerpunkt im Einzelfall schwer bestimmen lässt, erscheint es nicht möglich, der BReg. eine Einschätzungsprärogative zu Lasten des BR zuzubilligen.[450] Dagegen können die

---

[445] Dahin gehend *Kunig* FS f. Heymanns-Verlag, 1995, 591 (599).

[446] *Classen* in MKS Rn. 89.

[447] *Stoiber* FS f. Scholz, 2007, 747 (752 f.); aA *Schnapauff* ZG 1997, 188 (192).

[448] *Oberländer,* Aufgabenwahrnehmung im Rahmen der EU durch Vertreter der Länder, 2000, 124 f.

[449] Dahin gehend auch *Oberländer,* Aufgabenwahrnehmung im Rahmen der EU durch Vertreter der Länder, 2000, 73 f.

[450] So aber *Oberländer,* Aufgabenwahrnehmung im Rahmen der EU durch Vertreter der Länder, 2000, 52, 125.

beteiligten Verfassungsorgane den Begriff einvernehmlich konkretisieren, sei es durch das Ausführungsgesetz nach Abs. 7 (→ Rn. 168) oder durch eine übereinstimmende Verfassungspraxis.

d) Ist … insoweit die Auffassung des Bundesrates maßgeblich zu berücksichtigen; dabei ist die gesamtstaatliche Verantwortung des Bundes zu wahren. In diesem Bereich ist die Stellungnahme des BR **„maßgeblich"** zu berücksichtigen. Das bedeutet, dass die BReg. die Position des BR aktiv vertreten und ggf. gegen eine europäische Beschlussvorlage stimmen muss. Die BReg. wird ihrer Pflicht zum maßgeblichen Berücksichtigen nicht gerecht, wenn sie sich der Stimme enthält mit der Folge, dass ohne ihr Zutun ein Beschluss zu Stande kommt, der der Position des BR widerspricht.[451] Meint die BReg., einer Stellungnahme aus übergeordneten Gründen nicht folgen zu können, versucht § 5 Abs. 2 EUZBLG, diesen Konflikt in seinen S. 3–5 prozedural aufzulösen. Danach ist bei Meinungsverschiedenheiten in erneuten Verhandlungen ein Einvernehmen anzustreben. Scheitert das Einvernehmen und bestätigt der BR in einem sog. **Beharrungsbeschluss** mit 2/3-Mehrheit seine Position, ist letztere „maßgeblich", also für die BReg. verbindlich. Dieser Versuch einer prozeduralen Lösung ist an sich positiv zu bewerten.[452] Soweit § 5 Abs. 2 S. 5 EUZBLG für den Beharrungsbeschluss eine qualifizierte Mehrheit verlangt, scheitert er allerdings an Art. 50 Abs. 3 S. 1, demzufolge Beschlüsse des BR mit der einfachen, absoluten Mehrheit der Stimmen gefasst werden. Für Abweichungen bedarf es einer verfassungsrechtlichen Grundlage,[453] die hier fehlt.[454] Nachdem der neu eingefügte Art. 23 Abs. 1a S. 3 ausdrücklich ein Abweichen von Art. 52 Abs. 3 S. 1 gestattet (→ Rn. 110 f.), wird noch deutlicher, dass Art. 23 Abs. 7 derartige Abweichungen nicht zulässt. 151

Verfassungsrechtlich steht die Bindung an die Auffassung des BR nach Art. 23 Abs. 5 S. 2 zudem unter dem Gebot der Wahrung der **gesamtstaatlichen Verantwortung** des Bundes. Nach der beispielhaften Aufzählung des § 5 Abs. 2 S. 2 EUZBLG rechnen dazu insbes. Aspekte der Außen-, der Vereidigungs- und der Integrationspolitik. Man könnte dies dahin interpretieren, dass die BReg. aus gesamtstaatlichen Gründen von einer an sich verbindlichen Stellungnahme des BR abweichen darf.[455] Das würde der BReg. insbes. auch Flexibilität in ihrer Verhandlungsführung zum Schnüren von Kompromisspaketen geben. Art. 23 Abs. 5 S. 2 lässt sich allerdings auch so lesen, dass der BR gesamtstaatliche Aspekte bei seiner Entscheidungsfindung zu berücksichtigen hat; dann würde es im Konfliktfall bei seinem Letztentscheidungsrecht bleiben.[456] § 5 Abs. 2 EUZBLG klärt das Verhältnis insoweit, als es die Pflicht zur Wahrung der gesamtstaatlichen Verantwortung 152

---

451 *Oberländer,* Aufgabenwahrnehmung im Rahmen der EU durch Vertreter der Länder, 2000, 139 ff., 149 f.; grds. ebenso *Calliess* in Hrbek Europapolitik und Bundesstaatsprinzip, 13 (19).

452 So auch *Calliess* in Hrbek Europapolitik und Bundesstaatsprinzip, 16.

453 → Art. 52 Rn. 13, 27.

454 Sa *Oberländer,* Aufgabenwahrnehmung im Rahmen der EU durch Vertreter der Länder, 2000, 129 ff. mit der Folgerung, dass die einfache Mehrheit für einen Beharrungsbeschluss ausreiche; aA *Müller-Terpitz,* Die Beteiligung des Bundesrates am Willensbildungsprozess der Europäischen Union, 1999, 215 ff.

455 Ähnlich *Classen* in MKS Rn. 94; *Zuleeg* in AK Rn. 59.

456 So *Calliess* in HdbStR IV § 83 Rn. 64; *Calliess* in Hrbek Europapolitik und Bundesstaatsprinzip, 16 f.; dahingehend auch *Jarass* in Jarass/Pieroth Rn. 64.

vor das Verfahren zur Herbeiführung eines Einvernehmens stellt. Das bedeutet, dass ein Dissens über gesamtstaatliche Bedürfnisse vorrangig in Verhandlungen ausgeräumt werden muss.[457] Scheitern diese, hat es nach § 5 Abs. 2 S. 5 den Anschein, als könne sich der BR gegenüber gesamtstaatlich begründeten Bedenken der BReg. durchsetzen.[458] Eine solches integrationsunfreundliches, weil die Verhandlungsfähigkeit Deutschlands potenziell lähmendes Ergebnis kann aber nicht als zutreffende Interpretation von Art. 23 angesehen werden, der die Wahrung der gesamtstaatlichen Interessen in Abs. 5 S. 2 als Schlusspunkt setzt und das Ziel einer wirkungsvollen Mitgestaltung der europäischen Integration in Abs. 1 S. 1 in den Vordergrund stellt. Lassen sich Dissense nicht ausräumen, **kann die BReg.** demnach aus gesamtstaatlichen Gründen **als *ultima ratio*** von einer Stellungnahme des BR **abweichen.**[459] Gegen eine starre Bindung der BReg. an Beharrungsbeschlüsse des BR spricht auch die Pflicht zu unionsfreundlichem Verhalten, die Deutschland zu einer konstruktiven Mitwirkung bei der Kompromissfindung im Rat anhält. Diese Pflicht folgt nicht nur unionsrechtlich aus Art. 4 Abs. 3 EUV,[460] sondern auch verfassungsrechtlich aus dem Integrationsauftrag des Art. 23 Abs. 1.[461]

153 Das einschränkende **„insoweit“** stellt klar, dass die Auffassung des BR nur in dem Umfang maßgeblich ist, wie sie tatsächlich Gesetzgebungsbefugnisse, die Verwaltungsorganisation oder das Verwaltungsverfahren der Länder betrifft. Betrifft das Vorhaben auch andere Bereiche und bezieht sich die Stellungnahme darauf, ist sie lediglich nach Maßgabe von Abs. 5 S. 1 zu berücksichtigen. Das gilt insbes. dann, wenn ein Vorhaben unterschiedliche Schwerpunkte aufweist, die nur zum Teil unter Art. 23 Abs. 5 S. 2 fallen (→ Rn. 150).

154 **4. Haushaltsverantwortung der BReg. (Art. 23 Abs. 5 S. 3).** Art. 23 Abs. 5 S. 3 macht Entscheidungen, die finanzielle Auswirkungen auf den Bundeshaushalt haben können, von der „Zustimmung“ der BReg. abhängig. Der Zustimmungsvorbehalt ist nicht nur Ausdruck der getrennten **Haushaltsverantwortung** von Bund und Ländern nach Art. 109 Abs. 1,[462] sondern er überträgt die innerstaatlich in Art. 113 verankerte Verantwortung der BReg. für den Bundeshaushalt auf die Mitwirkung in Angelegenheiten der Europäischen Union.[463] Vom weiten Wortlaut her könnte der Zustimmungsvorbehalt schon eingreifen, wenn ein europäisches Vorhaben mittelbar und langfristig dazu führen kann, dass die deutschen Beitragszahlungen zur EU erhöht werden oder dass Steuereinnahmen des Bundes zurückgehen. Soll das Mitwirkungsrecht des BR nicht ausgehöhlt werden, ist zu verlangen, dass die

---

[457] So schon BVerfGE 92, 203 (236 f.) zur Rechtslage vor Inkrafttreten des heutigen Art. 23.

[458] So grds. *Wollenschläger* in Dreier Rn. 147.

[459] Ähnlich *Puttler* in HdbStR VI § 142 Rn. 52; *Oberländer,* Aufgabenwahrnehmung im Rahmen der EU durch Vertreter der Länder, 2000, 139; *Streinz* in Sachs Rn. 124, 113; enger *Füßer* BayVBl. 2003, 513 (518): nur bei einer eindeutigen Verletzung unionsrechtlicher Pflichten, die grds. vom EuGH festgestellt worden sein muss.

[460] *Everling* DVBl 1993, 936 (946).

[461] *Bartelt* DÖV 2005, 894 (898); allg. *Classen* in MKS Rn. 8; zum Integrationsauftrag → Rn. 9, 15.

[462] So *Puttler* in HdbStR VI § 142 Rn. 51.

[463] *Oberländer,* Aufgabenwahrnehmung im Rahmen der EU durch Vertreter der Länder, 2000, 134; sa *Wilhelm* BayVBl. 1992, 705 (709); krit. *Halfmann,* Entwicklungen des deutschen Staatsrechts im Kraftfeld der europäischen Integration, 2000, 121 ff.

Angelegenheit in absehbarer Zeit konkret zu Ausgabenerhöhungen oder Einnahmeminderungen führen kann.[464]

Formal bezieht sich der Zustimmungsvorbehalt sowohl auf Art. 23 Abs. 5 S. 1 als auch auf S. 2. Allerdings kann die BReg. in den Fällen des Art. 23 Abs. 5 S. 1 ohnehin mit entsprechender Begründung von Stellungnahmen des BR abweichen (→ Rn. 145). S. 3 stellt insoweit nur klar, dass finanzielle Interessen des Bundes ein Abweichen rechtfertigen können. Größere Bedeutung gewinnt der Zustimmungsvorbehalt, wenn die BReg. die Stellungnahme des BR nach S. 2 maßgeblich zu berücksichtigen hat. Art. 23 Abs. 5 bestimmt nicht eindeutig, was geschieht, wenn die BReg. die Zustimmung verweigert. Man könnte S. 3 so lesen, dass die BReg. die **Stellungnahme des BR nicht befolgen** muss, wenn sie ihre Zustimmung verweigert, dass sie aber auch nicht gegen die Stellungnahme handeln darf.[465] Der Zustimmungsvorbehalt würde dann einen starken Druck zur Einigung auslösen und könnte die BReg. handlungsunfähig machen. Geht man davon aus, dass das GG eine effektive Mitwirkung Deutschlands in der EU ermöglichen soll, ist daher davon auszugehen, dass eine Stellungnahme des BR bei verweigerter Zustimmung nicht maßgeblich ist mit der Folge, dass sich die BReg. mit entsprechender Begründung darüber hinwegsetzen kann.[466] 155

VII. Außenvertretung durch Vertreter der Länder (Art. 23 Abs. 6)

1. Wenn im Schwerpunkt ausschließliche Gesetzgebungsbefugnisse der Länder auf den Gebieten der schulischen Bildung, der Kultur oder des Rundfunks betroffen sind. Eine Außenvertretung durch einen Vertreter der Länder kommt nur im Bereich der ausschließlichen Gesetzgebungskompetenzen der Länder in Betracht. Der Begriff warf zunächst gewisse Auslegungsprobleme auf, weil das GG im Übrigen nicht von „ausschließlichen" Kompetenzen der Länder spricht.[467] Im Zuge der Föderalismusreform (→ Rn. 3) wurde der Bereich präzisiert und auf Kompetenzen in den Bereichen Schule, Kultur und Rundfunk begrenzt. Die rechtliche Eingrenzung entspricht der früheren Praxis.[468] Damit steht fest, dass **ausschließliche Kompetenzen der Länder** nur solche sind, die weder in den Kompetenzkatalogen der Art. 73 f. aufgeführt noch an anderer Stelle dem Bund zugewiesen sind. Die Aufzählung bestimmter Bereiche in Art. 23 Abs. 6 grenzt das Anwendungsfeld zusätzlich ein. Sollte ein Rechtssetzungsvorhaben der EU bspw. das Polizeirecht der Länder oder das Bauordnungsrecht berühren, findet Art. 23 Abs. 6 nun keine Anwendung mehr.[469] Auch der Hochschulbereich, in dem der BR zuvor mehrfach vergeblich eine Übertragung 156

[464] Dahin gehend auch *Oberländer,* Aufgabenwahrnehmung im Rahmen der EU durch Vertreter der Länder, 2000, 135; ähnlich *Halfmann,* Entwicklungen des deutschen Staatsrechts im Kraftfeld der europäischen Integration, 2000, 125 f.; „unmittelbare" Auswirkungen verlangt *Wilhelm* BayVBl. 1992, 705 (709); dagegen *Müller-Terpitz,* Die Beteiligung des Bundesrates am Willensbildungsprozess der Europäischen Union, 1999, 224 f.

[465] Dahin gehend *Wilhelm* BayVBl. 1992, 705 (709).

[466] Ähnlich *Classen* in MKS Rn. 92; *Müller-Terpitz,* Die Beteiligung des Bundesrates am Willensbildungsprozess der Europäischen Union, 1999, 229.

[467] *Oberländer,* Aufgabenwahrnehmung im Rahmen der EU durch Vertreter der Länder, 2000, 44 ff.

[468] *Holtschneider* DÖV 2008, 1018 (1019).

[469] Sa *Hillgruber* in SHH Rn. 81.

der Verhandlungsführung verlangt hatte,[470] ist nun ausgeklammert.[471] Der Begriff der **schulischen Bildung** knüpft an den Schulbegriff des Art. 7 Abs. 1[472] an.[473] Erfasst werden nur Grund- und weiterführende Schulen, weder die Berufsausbildung noch die berufliche Weiterbildung.[474] Der im GG nicht definierte Begriff der **Kultur** ist weit zu verstehen und umfasst namentlich die Bereiche Kunst, Sprache und Religion.[475] Ausgeklammert bleibt das Bildungswesen, das Art. 23 Abs. 6 S. 1 mit der „schulischen Bildung" nur partiell erfasst. Mit dem **Rundfunk** knüpft Art. 23 Abs. 6 an den entsprechenden Begriff des Art. 5 Abs. 1 S. 2 an.[476] Art. 23 Abs. 6 erfasst damit insbes. die Richtlinie über audiovisuelle Mediendienste, die aus der Europäischen Fernsehrichtlinie hervorgegangen ist.[477]

157 Die ausschließlichen Gesetzgebungskompetenzen der Länder müssen im Schwerpunkt betroffen sein. Die Merkmale der **Betroffenheit** und des Schwerpunkts sind im Grundsatz ebenso zu verstehen wie in Abs. 5 S. 2 (→ Rn. 150). Bezugspunkt für die Schwerpunktprüfung ist allerdings das jeweilige Vorhaben im verfahrensrechtlichen Sinn bzw. der jeweilige Tagesordnungspunkt.[478] Durch diese Form der **Schwerpunktbetrachtung** wird vermieden, dass ein und derselbe Beratungsvorgang in Teile mit unterschiedlicher Außenvertretung zerlegt werden muss, was nicht praktikabel wäre.[479] Ändert sich der Schwerpunkt eines EU-Vorhabens im Laufe des Verfahrens, ist ein Wechsel in der Vertretungsbefugnis nur anzunehmen, wenn dadurch eine einheitliche Außenvertretung nicht in Frage gestellt wird.[480]

Insgesamt ist das Recht zur Entsendung eines Ländervertreters deutlich enger als der Bereich, in dem eine Stellungnahme des BR nach Art. 23 Abs. 5 S. 2 maßgeblich zu berücksichtigen ist. Art. 23 Abs. 6 schließt es freilich nicht aus, auch in anderen Fällen **Vertreter der Länder** zu Beratungen auf europäischer Ebene **ohne Stimmrecht** hinzuzuziehen (→ Rn. 164).

158 **2. Die Wahrnehmung der Rechte, die der Bundesrepublik Deutschland als Mitgliedstaat der Europäischen Union zustehen.** Art. 23 Abs. 6 erfasst alle Rechte, die das Unionsrecht Deutschland als Mitgliedstaat oder deutschen Regierungsvertretern zuweist. Dazu gehört nicht nur die **Mitwirkung im Rat,** sondern auch die Mitwirkung **in anderen Gremien,** wie etwa Ausschüssen im Rahmen der Komitologie.[481] Die Mitwirkung beschränkt sich zudem nicht auf die Rechtsetzung. Beschlüsse der im Rat vereinigten Vertreter der Mitgliedstaaten (sog. uneigentliche Ratsbeschlüsse) fallen ggf. ebenso unter Art. 23 Abs. 6. § 6 Abs. 3 EUZBLG bestimmt, dass

---

[470] *Oberländer,* Aufgabenwahrnehmung im Rahmen der EU durch Vertreter der Länder, 2000, 66–68.

[471] *Wollenschläger* in Dreier Rn. 153; implizit ebenso *Müller-Graff* FS f. Scholz, 2007, 705 (718).

[472] → Art. 7 Rn. 59 ff.

[473] *Jarass* in Jarass/Pieroth Rn. 67.

[474] *Wollenschläger* in Dreier Rn. 153.

[475] Ähnlich *Wollenschläger* in Dreier Rn. 153.

[476] *Wollenschläger* in Dreier Rn. 153.

[477] RL 2010/13/EU, ABl. 2010 L 95, 1 idF der RL (EU) 2018/1808, ABl. 2018 L 303, 69.

[478] *Classen* in MKS Rn. 98.

[479] *Oberländer,* Aufgabenwahrnehmung im Rahmen der EU durch Vertreter der Länder, 2000, 53.

[480] Dagegen betont *Oberländer,* Aufgabenwahrnehmung im Rahmen der EU durch Vertreter der Länder, 2000, 73, noch stärker die Kontinuität der Vertretungsbefugnis.

[481] *Schorkopf,* Staatsrecht der internationalen Beziehungen, 2017, § 4 Rn. 88.

dem Ländervertreter keine Rechte übertragen werden können, die Deutschland als **Vorsitz im Rat** zustehen. Der Ratsvorsitz gehört nämlich zu den originären Außenkompetenzen des Bundes (→ Rn. 7). Insoweit sind nicht mehr „im Schwerpunkt" Landeskompetenzen iSv → Rn. 156 betroffen. Eine Übertragung auf einen Vertreter der Länder scheidet auch dann aus, wenn sie aus unionsrechtlichen Gründen unmöglich ist.[482] Das gilt namentlich für den Europäischen Rat, in dem Deutschland nach Art. 15 Abs. 2 EUV nur durch Staats- und Regierungschef vertreten sein kann, und auch für den Ausschuss der Ständigen Vertreter nach Art. 240 AEUV.[483] Art. 23 Abs. 6 erfasst mit seinem weiten Wortlaut auch das **Klagerecht vor dem EuGH.**[484] Soll sich bspw. eine Nichtigkeitsklage gegen europäische Fernsehregelungen richten, ist sie also von einem Vertreter der Länder zu erheben und vor dem EuGH zu vertreten. Art. 19 Abs. 1 des Protokolls über die Satzung des EuGH, wonach die Mitgliedstaaten durch einen „Bevollmächtigten" vertreten werden, der für jede Sache bestellt wird, lässt diese Ausgestaltung zu. Für die Sachfrage, ob Klage erhoben und wie die Klage begründet wird, gilt Art. 23 Abs. 6 S. 2 iVm Abs. 5. Soweit § 7 EUZBLG davon abweichend eine Prozesserhebung und -führung durch die BReg. vorsieht, widerspricht dies Art. 23 Abs. 6.

Art. 23 Abs. 6 passt weder vom Wortlaut noch von seinem Sinn und Zweck her dort, wo das Unionsrecht Gremien bildet, die mit **Vertretern der nationalen Fachbehörden** besetzt sind. Besondere Probleme ergeben sich beim Europäischen Datenschutzausschuss, weil Deutschland Datenschutzbeauftragte des Bundes und der Länder besitzt. Hier ist ein gemeinsamer Vertreter zu benennen, wofür Art. 68 Abs. 4 DS-GVO auf das deutsche Recht verweist. § 17 Abs. 1 S. 1 BDSG benennt die Bundesbeauftragte als gemeinsame Vertreterin. Das entspricht der grundsätzlichen Verbandskompetenz des Bundes zur Außenvertretung (→ Rn. 7), die Art. 23 Abs. 6 nur punktuell modifiziert.[485] Stattdessen eine Regelung durch Bund-Länder-Staatsvertrag zu fordern,[486] würde das ohnehin hohe Blockadepotenzial im deutschen Unionsverfassungsrecht weiter erhöhen. 159

3. Wird … auf einen vom Bundesrat benannten Vertreter der Länder übertragen. Sind im Schwerpunkt Gesetzgebungsbefugnisse der Länder iSv Abs. 5 betroffen, ist die Vertretung insgesamt auf einen Vertreter der Länder zu übertragen, auch wenn das Vorhaben daneben andere Gesetzgebungsbefugnisse betrifft.[487] Der Vertreter der Länder kann damit ausnahmsweise und punktuell sogar im Bereich der ausschließlichen Bundeskompetenzen vertretungsberechtigt sein. Dahinter steht die Überlegung, dass sich die **Außenvertretung** für ein und dasselbe Vorhaben **nicht aufspalten** lässt. Daher findet sich das einschränkende „soweit" aus Abs. 5 (→ Rn. 153) in Abs. 6 nicht wieder. Vertreter der Länder kann der Regierungschef, ein Minister oder ein Beamter eines deutschen Landes sein. Bei Ratstagungen muss es sich nach Art. 16 Abs. 2 EUV um einen **Landes-** 160

[482] *Classen* in MKS Rn. 98, 104.

[483] *Melin* EuR 2011, 655 (661); *Oberländer,* Aufgabenwahrnehmung im Rahmen der EU durch Vertreter der Länder, 2000, 65.

[484] *Classen* in MKS Rn. 104; *Puttler* in HdbStR VI § 142 Rn. 53.

[485] Sa *Kühling/Martini/Heberlein/Kühl/Nink/Weinzierl/Wenzel,* Die Datenschutz-Grundverordnung und das nationale Recht, 2016, 139 f.; *Kühling/Martini* EuZW 2016, 448 (453).

[486] Dahin gehend *Dix* in Kühling/Buchner DS-GVO BDSG, § 17 Rn. 3.

[487] *Oberländer,* Aufgabenwahrnehmung im Rahmen der EU durch Vertreter der Länder, 2000, 52 f., 70.

minister handeln.[488] Damit sind auch die Regierungschefs der Länder erfasst.

161 Der BR hat das **Benennungsrecht.** Für die Vertretung im Ministerrat hat der BR eine generelle Regelung getroffen, die an Vorsitz und Vertretung in der jeweiligen Fachministerkonferenz anknüpft.[489] Art. 23 Abs. 6 S. 1 lässt die Organkompetenz für den Übertragungsakt selbst offen. Es kann sich nur um die BReg., den innerhalb der BReg. zuständigen Minister oder, bei anderen Organen als dem Rat, um das zuständige Ressort handeln. § 6 Abs. 2 S. 1 EUZBLG weist die **Organkompetenz der BReg.** zu. Benennt der BR keinen Vertreter oder erscheint der Vertreter der Länder nicht, begegnet es keinen Bedenken, wenn ein Vertreter der BReg. die deutschen Mitwirkungsrechte wahrnimmt.[490] Rechte des BR oder der Länder werden durch diese Reservezuständigkeit nicht berührt. Hinsichtlich der Übertragung wurden mit der Föderalismusreform (→ Rn. 3) die Worte „soll […] übertragen werden" 2006 durch die Worte „wird […] übertragen" ersetzt. Damit ist der **Vorschlag des BR bindend.** Erwägungen, wieweit der BReg. ein Ermessen zusteht, sind hinfällig. Dennoch hat der Übertragungsakt der BReg. konstitutive Wirkung.[491] Es gilt Ähnliches wie für Pflichtbeschlüsse des BT nach Art. 23 Abs. 1a S. 2, 44 Abs. 1 S. 1 (→ Rn. 108).

162 Nach unionsrechtlicher Konzeption tritt der Ländervertreter für die BReg. auf. Dementsprechend verlangt Art. 16 Abs. 2 EUV für Ratstagungen einen „Vertreter auf Ministerebene, der befugt ist, für die Regierung des Mitgliedstaats verbindlich zu handeln." Parallel dazu spricht Art. 23 Abs. 6 S. 1 von Rechten der Bundesrepublik Deutschland. Nicht die Rechte selbst werden auf den Ländervertreter übertragen, sondern nur deren Wahrnehmung. Damit ist das Verhalten des Ländervertreters verfassungsrechtlich der BReg. zuzurechnen, die die Übertragung vornimmt. Es handelt sich um eine **Organleihe.** Der „Vertreter der Länder" ist insofern ein Vertreter des Bundes.[492] Die Organleihe führt dazu, dass der Ländervertreter keinen Weisungen seiner Landesregierung unterliegt.[493] Die interne Willensbildung wird vielmehr durch Art. 23 Abs. 4, Abs. 5 sowie Abs. 6 S. 2 abschließend determiniert. Auch für ein Weisungsrecht des BR, wie es § 45l GO BR vorsieht, ist nur Raum, soweit der BR nach den eben genannten Bestimmungen Einfluss auf die interne Willensbildung des Bundes nehmen kann (→ Rn. 166).

163 Parallel dazu ist die Frage nach der parlamentarischen Verantwortlichkeit des Ländervertreters zu beantworten. Die Organleihe führt dazu, dass die **parlamentarische Kontrolle im Bund** zu erfolgen hat und nicht im jeweiligen Landesparlament.[494] Erwägen ließe sich eine mittelbare parlamen-

[488] *Kleffner-Riedel* BayVBl. 1995, 104 (106).

[489] BR-Drs. 1095/94, 9; zur sonstigen Benennungspraxis im Überblick *Oberländer,* Aufgabenwahrnehmung im Rahmen der EU durch Vertreter der Länder, 2000, 55–57.

[490] Sa *Oberländer,* Aufgabenwahrnehmung im Rahmen der EU durch Vertreter der Länder, 2000, 54 sowie Abschn. IV 5 S. 3 der Bund-Länder-Vereinbarung (Fn. 506).

[491] *Classen* in MKS Rn. 97; zur Rechtslage vor der Föderalismusreform *Oberländer,* Aufgabenwahrnehmung im Rahmen der EU durch Vertreter der Länder, 2000, 59 f.

[492] *Classen* in MKS Rn. 97; *Müller-Terpitz,* Die Beteiligung des Bundesrates am Willensbildungsprozess der Europäischen Union, 1999, 284; *Puttler* in HdbStR VI § 142 Rn. 35; aA *Oberländer,* Aufgabenwahrnehmung im Rahmen der EU durch Vertreter der Länder, 2000, 184 f.: Vertreter sämtlicher Bundesländer; ebenso *Jarass* in Jarass/Pieroth Rn. 68.

[493] *Classen* in MKS Rn. 102.

[494] So aber *Oberländer,* Aufgabenwahrnehmung im Rahmen der EU durch Vertreter der Länder, 2000, 186, 188: parlamentarische Verantwortlichkeit sowohl gegenüber dem jeweili-

tarische Kontrolle über den BR.[495] Auch eine mittelbare parlamentarische Verantwortlichkeit gegenüber dem BT, die durch die BReg. vermittelt wird, lässt sich erwägen.[496] Insbesondere lässt sich daran denken, Art. 43 Abs. 1 erweiternd dahin auszulegen, dass ein Landesminister, der aufgrund der Organleihe funktional Teil der BReg. ist, vor den BT zitiert werden kann und dort Rede und Antwort stehen muss.[497] Das Legitimationsproblem wird zudem dadurch gemildert, dass die deutsche Verhandlungsposition im Verfahren nach Art. 23 Abs. 5 bestimmt wird. Überzogen ist damit die Ansicht, Art. 23 Abs. 6 verletze das Demokratieprinzip.[498] Die Organleihe führt im Übrigen dazu, dass der Ländervertreter bei seiner Tätigkeit nach Art. 23 Abs. 6 **nicht** der **Bindung an die Grundrechte** seines Landes unterliegt. Art. 23 Abs. 1 S. 1 stellt den Ländervertreter auch von einer Bindung an die Grundrechte des GG frei (→ Rn. 16).

Art. 23 Abs. 6 regelt nur die förmliche Außenvertretung Deutschlands durch einen Vertreter der Länder, nicht aber die Aufnahme von **Ländervertretern in deutsche Verhandlungsdelegationen.** Eine solche Aufnahme ist verfassungsrechtlich grundsätzlich zulässig und einfachgesetzlich in § 6 Abs. 1 EUZBLG geregelt.[499] **164**

4. Zusammenwirken mit der BReg. Art. 23 Abs. 6 S. 2 regelt die Ausführung übertragener Befugnisse durch den Vertreter der Länder. Ob es zu einer Übertragung kommt, richtet sich allein nach Abs. 6 S. 1. Die **Beteiligung der BReg.** bedeutet, dass die deutsche Verhandlungsdelegation immer auch mindestens einen nicht stimmberechtigten Vertreter der BReg. umfasst, wie es § 6 Abs. 2 S. 3 EUZBLG vorsieht. Die Zusammensetzung der Verhandlungsdelegation bestimmt insoweit die BReg. Die in Abs. 6 S. 2 normierte Pflicht zur Abstimmung hat vorrangig verfahrensrechtliche Bedeutung. Sie verpflichtet BReg. und Ländervertreter auf ein konsensorientiertes Verhalten. Es heißt, dass Abstimmung mehr sei als bloßes Benehmen und weniger als Einvernehmen.[500] „Abstimmung" impliziert ein grundsätzliches Einigungserfordernis, schließt aber ein Letztentscheidungsrecht bei unüberbrückbaren Meinungsverschiedenheiten nicht aus. **165**

---

gen Landesparlament als auch gegenüber dem BT; *Schorkopf,* Staatsrecht der internationalen Beziehungen, 2017, § 4 Rn. 90: Verantwortlichkeit gegenüber Landesparlament und BR; sa *Streinz* in Sachs Rn. 133; dagegen *Jarass* in Jarass/Pieroth Rn. 68.

[495] Dahin gehend *Classen* in MKS Rn. 103; *Jarass* in Jarass/Pieroth Rn. 68; *Schorkopf,* Staatsrecht der internationalen Beziehungen, 2017, § 4 Rn. 90; *Wollenschläger* in Dreier Rn. 153; aA *Oberländer,* Aufgabenwahrnehmung im Rahmen der EU durch Vertreter der Länder, 2000, 186.

[496] So *Mellein,* Subsidiaritätskontrolle durch nationale Parlamente, 2007, 320; *Oberländer,* Aufgabenwahrnehmung im Rahmen der EU durch Vertreter der Länder, 2000, 186–188; *Scholz* in Maunz/Dürig Rn. 178; aA *Müller-Terpitz,* Die Beteiligung des Bundesrates am Willensbildungsprozess der Europäischen Union, 1999, 313 f.; *Pröpper,* Die Mitwirkung des Bundesrates an der europapolitischen Willensbildung, 1997, 321 f.

[497] So *Tüller,* Die Rechtsstellung der Länder und des Bundesrates im Prozess der politischen Willensbildung in Angelegenheiten der Europäischen Union (Art. 23 GG nF), 1999, 190–192.

[498] So *Breuer* NVwZ 1994, 417 (428); zur Zurückhaltung mahnt *Kunig* FS f. Heymanns-Verlag, 1995, 591 (604 f.).

[499] Dazu *Oberländer,* Aufgabenwahrnehmung im Rahmen der EU durch Vertreter der Länder, 2000, 36 ff.

[500] Bericht der Gemeinsamen Verfassungskommission v. 5.11.1993, BT-Drs. 12/6000, 24; *Oberländer,* Aufgabenwahrnehmung im Rahmen der EU durch Vertreter der Länder, 2000, 155 f.

166 Wer die Verhandlungsposition des Bundes inhaltlich festlegen darf, bemisst sich nach Abs. 4 und 5.[501] Soweit die ausschließlichen Kompetenzen der Länder reichen, die die Übertragung nach Abs. 6 S. 1 rechtfertigen, ist die Position des BR nach Abs. 5 S. 2 maßgebend (→ Rn. 146). Betrifft das jeweilige Vorhaben außerhalb dieses Schwerpunkts Zuständigkeiten des Bundes, gibt die Position der BReg. den Ausschlag mit der Maßgabe, dass die Auffassung des BR nach Abs. 5 S. 1 zu berücksichtigen ist. Soweit ausnahmsweise ausschließliche Bundeskompetenzen betroffen sind (→ Rn. 160), ist für den Vertreter inhaltlich allein die Position der BReg. maßgeblich, die ihrerseits nach Abs. 3 S. 2 die Position des BT zu berücksichtigen hat. Die Abstimmungspflicht nach Abs. 6 S. 2 betrifft vor allem Fragen der Verhandlungsführung. Sie greift auch dann ein, wenn die deutsche Position dem Verhandlungsverlauf angepasst werden muss, ohne dass der BR eingeschaltet werden kann.[502] § 45l GO BR bindet den Vertreter der Länder an Beschlüsse des BR, doch wird diese Bindung durch das eben zu Art. 23 Abs. 4–6 Gesagte **relativiert.** Die **Bindung an Beschlüsse des BR** findet ihre Grenze einerseits in der Befugnis der BReg., die deutsche Position mitzubestimmen,[503] und andererseits in der Notwendigkeit, *ad hoc* auf neue Verhandlungssituationen zu reagieren.

167 Der Begriff der **gesamtstaatlichen Verantwortung** ist ebenso zu verstehen wie in Abs. 5 S. 2 (→ Rn. 151). Die Wahrung der gesamtstaatlichen Verantwortung ist von der natürlichen Interessenstruktur her vor allem Aufgabe der BReg. Abs. 6 S. 2 verpflichtet aber ebenso den Vertreter der Länder auf die Wahrung der gesamtstaatlichen Verantwortung. Aus der Verpflichtung zur Abstimmung folgt, dass ein Dissens darüber, was zur Wahrung der gesamtstaatlichen Verantwortung erforderlich ist, vorrangig im **Verhandlungsweg** zu lösen ist. Insoweit gilt Ähnliches wie bei Abs. 5 S. 2 (→ Rn. 151). Aus der Übertragung der Außenvertretung folgt jedoch, dass das Letztentscheidungsrecht hier beim Vertreter der Länder liegt, wenn sich ein Dissens nicht ausräumen lässt.

VIII. Ausführungsgesetz zur Beteiligung des Bundesrates (Art. 23 Abs. 7)

168 Der **Konkretisierungsauftrag** des Art. 23 Abs. 7 bezieht sich über den Wortlaut hinaus nicht nur auf die Mitwirkungsrechte nach Art. 23 Abs. 4–6, sondern **auch** auf das **Informationsrecht** des BR nach Art. 23 Abs. 2 S. 2, das den BR erst in die Lage versetzen soll, die Mitwirkungsrechte nach Art. 23 Abs. 4–6 wahrzunehmen. Aus dem Zusammenhang ergibt sich, dass es sich nur um ein Bundesgesetz handeln kann. Dieses bedarf der Zustimmung des BR. Dabei muss es sich nicht um ein einzelnes Gesetz handeln. Ausführungsbestimmungen nach Art. 23 Abs. 7 können auch in unterschiedliche Gesetze aufgenommen werden. Nach Art. 23 Abs. 7 wurde das Gesetz über die Zusammenarbeit von Bund und Ländern in Angelegenheiten der

[501] AA *Greulich,* Der Landesminister als Vertreter der Bundesrepublik Deutschland, 1997, 139 f., der zufolge bei Art. 23 Abs. 6 ein stärkerer Ländereinfluss bestehen müsse als bei Abs. 5; im Grundsatz wie hier *Classen* in MKS Rn. 102; dahin gehend auch § 6 Abs. 2 S. 4 EUZBLG.

[502] Sa *Oberländer,* Aufgabenwahrnehmung im Rahmen der EU durch Vertreter der Länder, 2000, 84, 153.

[503] *Wollenschläger* in Dreier Rn. 155.

Europäischen Union erlassen (EUZBLG).[504] Ausführungsgesetze nach Art. 23 Abs. 7 dürfen die Regelungen des Art. 23 konkretisieren, aber **keine Veränderungen der verfassungsrechtlichen Zuständigkeitsordnung** vornehmen, die in Art. 23 nicht bereits angelegt sind.[505] So wäre es namentlich unzulässig, im EUZBLG die Übertragung der Außenvertretung auf einen Vertreter der Länder über Art. 23 Abs. 6 hinaus auf andere Bereiche zu erstrecken.[506] Jenseits des in Art. 23 Abs. 1a S. 3 Geregelten (→ Rn. 110) kann das EUZBLG auch nicht die verfassungsrechtlichen Regeln über die Beschlussfassung des BR modifizieren (→ Rn. 151).

Die **Bund-Länder-Vereinbarung,** die das EUZBLG ursprünglich kon- **169** kretisierte,[507] wurde in Umsetzung des Lissabon-Urteils des BVerfG[508] 2009 durch § 9 S. 1 EUZBLG in einer überarbeiteten Fassung als Anlage in das EUZBLG integriert. Für eine systematische Einarbeitung der Ausführungsbestimmungen in das EUZBLG fehlte dem Gesetzgeber bisher die Kraft. Darüber hinaus behält § 9 S. 2 EUZBLG weitere Einzelheiten einer „Vereinbarung zwischen Bund und Ländern" vor, die am 10.6.2010 zwischen der BReg. und den Regierungen der Länder geschlossen wurde. Art. 23 Abs. 7 sieht eine solche Delegation des Konkretisierungsauftrags nicht vor. Die direkte Beteiligung der Länder an der Vereinbarung widerspricht Art. 23 Abs. 2 S. 1, wonach die Länder durch den BR mitwirken.[509] Im Übrigen schweigt § 9 S. 2 EUZBLG zur Organzuständigkeit für den Abschluss der Vereinbarung. Ein Abschluss allein durch di BReg. birgt die Gefahr, dass diese den Ländern bzw. dem BR ohne oder sogar gegen den Willen des BT Mitwirkungsrechte zugesteht. Zwar könnte die Bundesgesetzgebung der Bund-Länder-Vereinbarung jederzeit durch eine Änderung des EUZBLG die Grundlage entziehen. Ein entsprechender Wille des BT könnte aber an einer fehlenden Zustimmung des BR scheitern. Man wird daher davon ausgehen müssen, dass der Abschluss der Bund-Länder-Vereinbarung, soweit er nicht ohnehin gegen Art. 23 Abs. 2 S. 1 verstößt, jedenfalls der Zustimmung des BT in Form eines Gesetzes nach Art. 23 Abs. 7 bedarf. Da die Vereinbarung von 2010 diesen Anforderungen nicht genügt, kann sie allenfalls als Praxisleitfaden angesehen werden.

C. Verhältnis zu anderen Bestimmungen des Grundgesetzes

Art. 23 ist ***lex specialis*** zu Art. 24, 32, 59. Wird die Europäische Union, **170** die durch den Vertrag von Maastricht gegründet wurde, fortentwickelt, ergänzt oder ggf. durch eine andere europäische Integrationsgemeinschaft ersetzt (→ Rn. 12), findet allein Art. 23 Anwendung, so dass für Art. 24

---

[504] G v. 12.3.1993, BGBl. 1993 I 313 idF des G v. 22.9.2009, BGBl. 2009 I 3031.

[505] Sa *Streinz* in Sachs Rn. 111.

[506] AA *Füßer* BayVBl. 2003, 513 (520).

[507] Vereinbarungen zwischen der BReg. und den Regierungen der Länder über die Zusammenarbeit in Angelegenheiten der Europäischen Union in Ausführung von § 9 des G über die Zusammenarbeit von Bund und Ländern in Angelegenheiten der Europäischen Union (Bund-Länder-Vereinbarung) v. 29.10.1993, BAnz. 1993 Nr. 226, 10 425, ergänzt durch Vereinbarung v. 8.6.1998, BAnz. 1998 Nr. 123, 9433.

[508] Vgl. die Begründung zum EUZBLG-ÄndG, BT-Drs. 16/13 926, 1, 7 mit Hinweis auf BVerfGE 123, 267 (433 f.) – Lissabon.

[509] *Classen* in MKS Rn. 72, 105.

Abs. 1 kein Raum ist. Man mag zweifeln, ob die Angelegenheiten der Europäischen Union überhaupt noch zu den **auswärtigen Beziehungen** iSv Art. 32 gehören (→ Art. 32 Rn. 33, 95). Jedenfalls ist Art. 23 vorrangig anzuwenden, so dass Art. 32 nur bei auswärtigen Beziehungen jenseits des Art. 23 anwendbar ist (→ Rn. 8). Art. 59 bleibt anwendbar, soweit Art. 23 Lücken lässt. Aus Art. 59 Abs. 1 S. 2 ergibt sich, dass die **Außenvertretung** beim Abschluss der Gründungsverträge beim BPräs. liegt. Art. 59 Abs. 2 greift ein, soweit Abkommen unter den EU-Mitgliedstaaten keine Hoheitsrechte iSv Art. 23 Abs. 1 S. 2 übertragen (→ Rn. 77).[510]

171 Eine Reihe von GG-Bestimmungen ergänzt Art. 23, indem **Einzelaspekte der deutschen Mitgliedschaft** in der EU geregelt werden. Art. 50 integriert die Mitwirkung in Angelegenheiten der Europäischen Union in die Aufgabenbeschreibung des BR und verweist damit implizit auf Art. 23 Abs. 2, 4–7 (→ Art. 50 Rn. 12). Art. 45 sowie Art. 52 Abs. 3a sollen den BT und den BR in die Lage versetzen, ihre Mitwirkungsrechte nach Art. 23 Abs. 2 ff. effektiv wahrzunehmen und sehen dazu einen Europaausschuss bzw. eine Europakammer mit besonderen Kompetenzen vor. Weitere Sonderregelungen enthalten Art. 16 Abs. 2 S. 2 zur Auslieferung Deutscher im Rahmen der EU, Art. 16a Abs. 5 zur Harmonisierung des Asylrechts, Art. 28 Abs. 1 S. 3 zum Kommunalwahlrecht für Unionsbürger, Art. 76 Abs. 2 S. 5 zum Gesetzgebungsverfahren bei der Übertragung weiterer Hoheitsrechte sowie Art. 88 S. 2 zur Europäischen Zentralbank.

D. Kritische Würdigung

172 Art. 23 ist nach seiner Schaffung in der ersten Hälfte der 90er Jahre als Sackgasse[511] bezeichnet worden. Das hat sich nicht bewahrheitet. So hat er die deutsche Ratspräsidentschaft im ersten Halbjahr 2007 nicht gehindert, die Verfassungskrise zu beenden und den Weg für den Vertrag von Lissabon zu bereiten. Möglicherweise liegt sein Wert gerade darin, dass er bestehende Vorbehalte gegenüber einer unkritischen europäischen Integration offenlegt und die BReg. an integrationspolitischen Alleingängen hindert. Die **Struktursicherungsklausel** des Art. 23 Abs. 1 S. 1 scheint **angemessen.** Die Verfassungen anderer Mitgliedstaaten besitzen ähnliche Vorschriften.[512] Wie wichtig eine gewisse strukturelle Homogenität für die europäische Integration ist, zeigt auch Art. 2 EUV. Art. 23 Abs. 1 S. 2 übernimmt den bewährten Mechanismus des Art. 24 Abs. 1 und zeigt damit **Kontinuität.** Man kann allenfalls bedauern, dass die Gelegenheit nicht genutzt wurde, den Wortlaut an das mittlerweile entwickelte Konzept des Anwendungsbefehls für ein Recht aus anderer Quelle (→ Rn. 67) anzupassen.

173 Die vertragliche Fortentwicklung der Europäischen Union hat auch für Deutschland als Mitgliedstaat so grundlegenden Charakter, dass es grundsätzlich angemessen ist, verfassungsändernde Mehrheiten zu fordern. Das Urteil zum einheitlichen Patentgericht zeigt freilich, wie sehr damit selbst vergleichsweise kleine Veränderungen des unionsrechtlichen Gefüges er-

---

[510] Zur Anwendbarkeit im Rahmen der GASP und der früheren PJZS s. *Kokott* DVBl 1996, 935 (940 ff.).

[511] So *Breuer* NVwZ 1994, 417 (428).

[512] *Huber* in Merten/Papier Grundrechts-HdB VI/2, § 172 Rn. 53; ausf. *Grabenwarter* in v. Bogdandy/Bast Europäisches Verfassungsrecht, 121 ff.

schwert werden.[513] Keine Plebiszite vorzusehen, entspricht der Tradition und dem Gesamtkonzept des GG. Sehr problematisch erscheint es dagegen, dass das BVerfG die konkreten Regelungen des Art. 23 weitgehend außer Acht lässt und stattdessen weitgehende Folgerungen unmittelbar aus dem Demokratieprinzip ableitet (→ Rn. 32, 96, 103). Mit seinem *Judicial Activism*[514] fesselt es die politischen Organe bis hin zum verfassungsändernden Gesetzgeber, so dass eine Fortentwicklung der Europäischen Union eine Verfassungsneuschöpfung auf der Grundlage von Art. 146 erforderlich machen könnte.[515]

Versteht man die Europäische Union als Mehrebenensystem, verliert die Frage nach einem Vorrang des Unionsrechts einerseits oder einem Vorrang des Verfassungsrechts andererseits an Bedeutung (→ Rn. 10, 61, 67). Tatsächlich sind Unionsrecht und nationales Recht zwei **selbständige Rechtsordnungen,** die gut koordiniert werden müssen, damit sie möglichst reibungslos ineinandergreifen. Dabei leben die Rechtsordnungen von **wechselseitigen Impulsen.** So ist es positiv zu bewerten, dass sich das deutsche Recht dem Unionsrecht nicht vorbehaltlos öffnet. Das gilt für die Anforderungen, die Art. 23 Abs. 1 aufstellt, ebenso wie für gewisse Vorbehalte, die das BVerfG im Laufe der Zeit formuliert hat.[516] So ist es ein großes Verdienst nationaler Instanzen und namentlich des BVerfG, die Entwicklung eines europäischen Grundrechtsschutzes durch den EuGH maßgeblich mit angestoßen zu haben.[517] Derartige Vorbehalte dürfen aber nicht den juristischen Alltag bestimmen. Anderenfalls würde die europäische Integration gelähmt. Zutreffend spricht das BVerfG im Lissabon-Urteil von einer „Reservekompetenz", die nur „ausnahmsweise, unter besonderen und engen Voraussetzungen" in Anspruch genommen werden dürfe.[518] Vor diesem Hintergrund ist die neuere Rechtsprechung des 2. Senats vor allem mit dem Urteil zu den EZB-Anleihekäufen (→ Rn. 73) frustrierend, weil sie sich auf die Formulierung von Vorbehalten beschränkt, ohne dass erkennbar würde, wie das vereinte Europa, das die Präambel voraussetzt und das nach Art. 23 Abs. 1 Satz 1 verwirklicht werden soll, gelingen könnte. 174

Besonders **bedenklich** ist, wie sehr dabei dem pluralistischen Konzept des Mehrebenensystems durch einen verstärkten Rückgriff auf **nationalstaatliche Legitimationsmodelle** der Boden entzogen wird.[519] Diese Tendenz verstärkt sich seit dem Lissabon-Urteil mit seinem monistischen Rekurs auf das Staatsvolk als alleiniges Legitimationssubjekt (→ Rn. 32). Das unbedingte Festhalten am souveränen Nationalstaat widerspricht dem Bestreben der Präambel, das Potenzial für zwischenstaatliche Konflikte durch eine internationale Friedensordnung einzudämmen.[520] Geht man zudem davon aus, dass 175

---

513 BVerfG EuZW 2020, 324 – Patentgericht; dementsprechend krit. die abw. M. *König/Langenfeld/Maidowski,* Rn. 20f.

514 Dazu *T. Möllers/Redcay* EuR 2013, 409 (420f., 429f.).

515 Sa *Schorkopf* GLJ 10 (2009), 1219 (1238).

516 Differenzierend *T. Möllers/Redcay* EuR 2013, 409 (424–426).

517 *Mayer* in v. Bogdandy/Bast Europäisches Verfassungsrecht, 559 (598f.); *Voßkuhle* JZ 2016, 161 (163).

518 BVerfGE 123, 267 (400f.) – Lissabon; *Voßkuhle* NVwZ 2010, 1 (7); *Terhechte* EuZW 2011, 81.

519 Extrem ist der Versuch von *Pfeffer,* Das Verhältnis von Völkerrecht und Landesrecht, 2009, 144, einen Monismus mit einem Primat des Staatsrechts vor dem Völkerrecht zu begründen; zum abgeleiteten Charakter des Unionsrechts *Pfeffer,* Das Verhältnis von Völkerrecht und Landesrecht, 2009, 120.

520 Sehr krit. *Oppermann* EuZW 2009, 473.

sich eine hochintegrierte EU nicht über nationale Parlamente steuern lässt (→ Rn. 32 f.), wäre es dringend angezeigt, über eine verbesserte demokratische Legitimation auf Unionsebene nachzudenken.[521] Es erscheint beunruhigend, dass dies nicht mehr auf der politischen Agenda steht.

176 Die **Mitwirkungsrechte** des BT sind gut gemeint, scheinen das Parlament aber tendenziell zu **überfordern.**[522] Hier steht die Parlamentspraxis in einem krassen Missverhältnis zur Integrationsverantwortung, die das BVerfG einfordert (→ Rn. 23). Ein Problem ist insbes. die Informationsflut, die nicht sinnvoll verarbeitet werden kann.[523] Abhilfe versprechen hier vor allem organisatorisch-personelle Veränderungen.[524] Demgegenüber bergen die komplizierten und weit reichenden Mitwirkungsrechte des BR, wenn man sie wortgetreu anwenden will, ein erhebliches Konflikt- und **Blockadepotenzial.** Es besteht die ernste Gefahr, dass Deutschland die Fähigkeit zu einer flexiblen Verhandlungsführung und zum Schnüren von Kompromissen verliert.[525] Die Gefahr scheint in der Praxis bis zu einem gewissen Grad durch ein pragmatisches Herangehen von BReg. und BR gebannt zu werden.[526] Das spricht *de constitutione ferrenda* dafür, die Mitwirkungsrechte des BR zu vereinfachen und zurückzufahren.[527] Freilich ist die erforderliche verfassungsändernde Mehrheit im BR nicht in Sicht.[528]

Literatur

Allgemeines

A. v. Bogdandy/J. Bast (Hrsg.), Europäisches Verfassungsrecht, 2. Aufl. 2009. – ***M. Bäcker,*** Das Grundgesetz als Implementationsgarant der Unionsgrundrechte, EuR 2015, 389. – ***B.-O. Bryde,*** Demokratisches Europa und Europäische Demokratie, FS f. Zuleeg, 2005, 131. –***Ch. Calliess,*** Subsidiaritäts- und Solidaritätsprinzip in der Europäischen Union, 2. Aufl. 1999. – ***Ch. Calliess,*** 70 Jahre Grundgesetz und europäische Integration: „Take back control" oder „Mehr Demokratie wagen"?, NVwZ 2019, 684. – ***M. Cornils,*** Art. 23 Abs. 1 GG: Abwägungsposten oder Kollisionsregel?, AöR 129 (2004), 336. – ***W. Cremer,*** Grundgesetzliche Bindungen des deutschen Vertreters bei Abstimmungen im Rat der Europäischen Union und ihre prozessuale Durchsetzbarkeit EuR 2014, 195. – ***U. Di Fabio,*** Der neue Art. 23 des Grundgesetzes, Der Staat 32 (1993), 191. – ***S. Dietz,*** Die europarechtsfreundliche Verfassungsidentität in der Kontrolltrias des Bundesverfassungsgerichts, AöR 142 (2017), 78. – ***O. Dörr,*** Der europäisierte Rechtsschutzauftrag deutscher Gerichte, 2003. – ***A. Edenharter,*** Grundrechts-

---

[521] Skeptisch zu diesbezüglichen Ansätzen *Schorkopf,* Staatsrecht der internationalen Beziehungen, 2017, § 9 Rn. 21 ff.

[522] *Huber* ZG 2006, 354 (357 f.); *Bollmohr,* Das Demokratiedefizit der EU nach dem Vertrag von Lissabon, 2018, 133–158; sehr krit. *Brosius-Linke* DÖV 2008, 997 (999 ff.); positive Bewertung hingegen bei *Poscher* VVDStRL 67 (2008), 160 (185 f.); dagegen *Mayer* VVDStRL 67 (2008), 210 f.; *Masing* VVDStRL 67 (2008), 218 (219); sa die durchwachsene gesamteuropäische Bilanz von *Buzogány* ZSE 2016, 192 (200 ff.).

[523] *Hölscheidt* in Maurer/Wessels National Parliaments on their Way to Europe: Losers or Latecomers? 117 (146).

[524] → Art. 45 Rn. 8, 18; ferner *Huber* ZG 2006, 354 (366 ff.); DVBl 2009, 574 (581).

[525] *Baier,* Bundesstaat und Europäische Integration, 2006, 114 ff.; *Huber* ZG 2006, 354 (359, 373); *Tischendorf,* Theorie und Wirklichkeit der Integrationsverantwortung deutscher Verfassungsorgane, 2017; *Calliess/Beichelt,* Die Europäisierung des Parlaments, 2015, 311–315; allg. *Auel* ELJ 13 (2007), 487 (492 f.); aA *Stoiber* FS f. Scholz, 2007, 747 (758 ff.).

[526] *Bartelt* DÖV 2005, 894 (897 f.).

[527] *Baier,* Bundesstaat und Europäische Integration, 2006, 180 ff., 192; *Huber* ZG 2006, 354 (369 f.); DVBl 2009, 574 (581 f.) insbes. zur Abschaffung des Ländervertreters nach Art. 23 Abs. 6; aA *Mellein,* Subsidiaritätskontrolle durch nationale Parlamente, 2007, 348 f.

[528] → Rn. 3 zur Pattsituation in der Föderalismuskommission; skeptisch auch *Melin* EuR 2011, 655 (681 f.).

schutz in föderalen Mehrebenensystemen, 2018. – ***C. Franzius,*** 70 Jahre Grundgesetz und Europa: Passt das zusammen?, EuR 2019, 365. – ***J. A. Frowein,*** Die Europäisierung des Verfassungsrechts, FS f. BVerfG, Bd. 1, 2001, 209. – ***Th. Giegerich,*** Europäische Verfassung und Deutsche Verfassung im transnationalen Konstitutionalisierungsprozeß, 2003. – ***Th. Giegerich,*** Die Verflechtungsfalle des Europawahlrechts: Nationale Ratifikationen des geänderten EU-Direktwahlakts mit obligatorischer Sperrklausel und ihre rechtlichen Hürden, ZEuS 21 (2018), 145. – ***B. Grzeszick,*** Die Europäisierung des Rechts und die Demokratisierung Europas, in P. Axer/B. Grzeszick/W. Kahl/U. Mager/E. Reimer, Das Europäische Verwaltungsrecht in der Konsolidierungsphase, 2010, 95. – ***S. Haack,*** Verlust der Staatlichkeit, 2007. – ***D. Halberstam/Ch. Möllers,*** The German Constitutional Court says „Ja zu Deutschland!", GLJ 10 (2009), 1241. – ***R. Halfmann,*** Entwicklungen des deutschen Staatsorganisationsrechts im Kraftfeld der europäischen Integration, 2000. – ***S. Hölscheidt,*** Europatauglichkeit des Grundgesetzes, FS f. J. Meyer, 2006, 205. – ***P. M. Huber,*** Das europäisierte Grundgesetz, DVBl 2009, 574. – ***P. M. Huber,*** Europäisches und nationales Verfassungsrecht, VVDStRL 60 (2001), 194. –***S. Kadelbach/Ch. Tietje ua,*** Bundesstaat und Europäische Union zwischen Konflikt und Kooperation, VVDStRL 66 (2007). – ***P. Kirchhof,*** Die Gewaltenbalance zwischen staatlichen und europäischen Organen, JZ 1998, 965. – ***W. Kluth*** (Hrsg.), Europäische Integration und nationales Verfassungsrecht, 2007. – ***D. König,*** Die Übertragung von Hoheitsrechten im Rahmen des europäischen Integrationsprozesses – Anwendungsbereich und Schranken des Art. 23 des Grundgesetzes, 2000. – ***G. Lübbe-Wolff,*** Europäisches und nationales Verfassungsrecht, VVDStRL 60 (2001), 246. – ***M. Ludwigs/P. Sikora,*** Grundrechtsschutz im Spannungsfeld von Grundgesetz, EMRK und Grundrechtecharta, JuS 2017, 385. – ***F. C. Mayer,*** Kompetenzüberschreitung und Letztentscheidung, 2000. – ***F. C. Mayer,*** Verfassung im Nationalstaat: Von der Gesamtordnung zur europäischen Teilordnung?, VVDStRL 75 (2016), 7. – ***T. M. J. Möllers/K. Redcay,*** Das Bundesverfassungsgericht als europäischer Gesetzgeber oder als Motor der Union?, EuR 2013, 409. – ***M. Nettesheim,*** EU-Recht und nationales Verfassungsrecht, in J. Schwarze/P.-Ch. Müller-Graff (Hrsg.), XX. FIDE-Kongress, Europarecht, Beiheft 1/2004, 7. – ***M. Niedobitek,*** The Lisbon Case of 30 June 2009 – A Comment from the European Law Perspective, GLJ 10 (2009), 1267. – ***Ch. Ohler,*** Herrschaft, Legitimation und Recht in der Europäischen Union, AöR 135 (2010), 153. – ***R. Ch. van Ooyen,*** Die Staatstheorie des Bundesverfassungsgerichts und Europa, 7. Aufl. 2018. – ***I. Pernice,*** Europäisches und nationales Verfassungsrecht, VVDStRL 60 (2001), 148. – ***I. Pernice,*** Der Schutz nationaler Identität in der Europäischen Union, AöR 136 (2011) 185. – ***V. Röben,*** Außenverfassungsrecht, 2007. – ***H. Sauer,*** Der novellierte Kontrollzugriff des Bundesverfassungsgerichts auf das Unionsrecht, EuR 2017, 186. – ***B. Schiffbauer,*** Über Hoheitsrechte und deren Übertragbarkeit, AöR 141 (2016), 551. – ***S. Schmahl,*** Singuläre Integrationsverantwortung des Parlaments – oder kumulative Integrationsverantwortung der Parlamente?, DÖV 2014, 501. – ***R. Scholz,*** Grundgesetz und europäische Einigung – Zu den reformpolitischen Empfehlungen der Gemeinsamen Verfassungskommission, NJW 1992, 2593. – ***Ch. Seiler,*** Der souveräne Verfassungsstaat zwischen demokratischer Rückbindung und überstaatlicher Einbindung, 2005. – ***K.-P. Sommermann,*** Offene Staatlichkeit: Deutschland, in A. v. Bogdandy/P. Cruz Villalón/P. M. Huber (Hrsg.), Handbuch Ius Publicum Europaeum, Bd. 2, 2008, § 14. – ***S. Uhrig,*** Die Schranken des Grundgesetzes für die europäische Integration, 2000. – ***A. Voßkuhle,*** Der europäische Verfassungsgerichtsverbund, NVwZ 2010, 1. – ***A. Voßkuhle,*** Die Integrationsverantwortung des Bundesverfassungsgerichts, in P. Axer/B. Grzeszick/W. Kahl/U. Mager/E. Reimer, Das Europäische Verwaltungsrecht in der Konsolidierungsphase, 2010, 229. – ***A. Voßkuhle,*** „Integration durch Recht" – Der Beitrag des Bundesverfassungsgerichts, JZ 2016, 161 – ***J. H. H. Weiler,*** Der Staat „über alles", JöR NF 44 (1996), 91. – ***M. Zuleeg,*** Die föderativen Grundsätze der Europäischen Union, NJW 2000, 2846.

Beteiligung des Bundestags

A. v. Arnauld/U. Hufeld (Hrsg.), Systematischer Kommentar zu den Lissabon-Begleitgesetzen, 2. Aufl. 2018. – ***Ch. Calliess/T. Beichelt,*** Die Europäisierung des Parlaments, 2015. – ***Ph. Dann,*** Parlamente im Exekutivföderalismus, 2004. – ***C. Freundorfer,*** Die Beteiligung des Deutschen Bundestages an der Sekundärrechtssetzung der Europäischen Union, 2008. – ***M. Fuchs,*** Art. 23 GG in der Bewährung, DÖV 2001, 233. – ***S. Hansmeyer,*** Die Mitwirkung des Deutschen Bundestages an der europäischen Rechtssetzung, 2001. – ***F. Hauck,*** Mitwirkungsrechte des Bundestages in Angelegenheiten der europäischen Union, 1999. – ***S. Hölscheidt,*** Mitwirkungsrechte des Deutschen Bundestags in Angelegenheiten der Europäischen Union, APuZ Heft 28/2000, 31. – ***T. Hoppe,*** Drum prüfe, wer sich niemals bindet, DVBl 2007, 1540. – ***M. Lais,*** Die Rolle der nationalen Parlamente in einer künftigen europäischen Verfassung, ZEuS 2003, 187. – ***R. Lang,*** Die Mitwirkungsrechte des Bundesrates und des Bundestages in Angelegenheiten der Europäischen Union gemäß Art. 23 Abs. 2 bis 7 GG, 1997. – ***Ch. Mellein,*** Subsidiaritätskontrolle durch nationale Parlamente, 2007. – ***Ch. Mellein,*** Die Rolle von Bundestag und Bundesrat in der Europäischen Union, in J. Schwarze/P.-C. Müller-Graff (Hrsg.), XXIV. FIDE-Kongress, Europarecht, Beiheft 1/2011, 13. – ***F. Möller/M. Limpert,*** Informations- und Mitwirkungsrechte des Bundestages in Angelegenheiten der Europäischen Union, ZParl 1993, 21. – ***Ch. Rath,*** Entscheidungspotenziale des Bundestages in EU-Angelegenheiten, 2001. – ***H. Rathke/S. Vollrath,*** Beteiligungsrechte des Deutschen Bundestages im Rahmen der Gemeinsamen Außen- und Sicherheitspolitik der EU, DÖV 2017, 565. – ***F. Shirvani,*** Die europäische Subsidiaritätsklage und ihre Umsetzung ins deutsche Recht, JZ 2010, 753. – ***M. Tischendorf,*** Theorie und Wirklichkeit der Integrationsverantwortung deutscher Verfassungsorgane, 2017. – ***R. Uerpmann-Wittzack,*** Frühwarnsystem und Subsidiaritätsklage im deutschen Verfassungssystem, EuGRZ 2009, 461. – ***M. Wissmann,*** Perspektiven für die Europapolitik des Bundestages, FS f. J. Meyer, 2006, 233.

Beteiligung des Bundesrats

Ch. Baier, Bundesstaat und Europäische Integration, 2006. – ***S. Bartelt,*** Die Europafähigkeit des Grundgesetzes und die Föderalismuskommission, DÖV 2005, 894. – ***Ch. Calliess,*** Innerstaatliche Mitwirkungsrechte der deutschen Bundesländer nach Art. 23 GG und ihre Sicherung auf europäischer Ebene, in Hrbek (Hrsg.), Europapolitik und Bundesstaatsprinzip, 2000, 13. – ***K. Füßer,*** Die Mitwirkung der Länder nach Art. 23 GG bei „komitologisierten" Rechtsakten der EU – Am Beispiel der FFH-RL, BayVBl. 2003, 513. – ***A. Greulich,*** Der Landesminister als Vertreter der Bundesrepublik Deutschland im Rat der Europäischen Union, 1997. – ***R. Holtschneider,*** Ist das Ende des Föderalismus im Europäischen Staatenbund erreicht?, DVBl 2008, 1018. – ***P. M. Huber,*** Der Beitrag der Föderalismusreform zur Europatauglichkeit des Grundgesetzes, ZG 2006, 354. – ***A. Kleffner-Riedel,*** Die Mitwirkung der Länder und Regionen im EU-Ministerrat, BayVBl. 1995, 104. – ***Ph. Kunig,*** Mitwirkung der Länder bei der europäischen Integration: Art. 23 des Grundgesetzes im Zwielicht, FS f. Heymanns-Verlag, 1995, 591. ***E. Meindl,*** Die Kompetenzen der Länder im Bereich der auswärtigen Gewalt und im EU-Entscheidungsprozess, 2014. – ***P. Melin,*** Die Rolle der deutschen Bundesländer im Eruopäischen Rechtssetzungsverfahren nach Lissabon, EuR 2011, 655. – ***P.-Ch. Müller-Graff,*** Die Europatauglichkeit der grundgesetzlichen Föderalismusreform, FS R. Scholz, 2007, 705. – ***R. Müller-Terpitz,*** Die Beteiligung des Bundesrates am Willensbildungsprozess der Europäischen Union, 1999. – ***S. Oberländer,*** Aufgabenwahrnehmung im Rahmen der EU durch Vertreter der Länder, 2000. – ***A. Puttler,*** Die deutschen Länder in der Europäischen Union, in HdbStR VI § 142. – ***W. Schwanengel,*** Integrationsverantwortung im Bundesstaat, DÖV 2014, S. 93. – ***R. Scholz,*** Europäische Union und deutscher Bundesstaat, NVwZ 1993, 817. – ***T. Stein,*** Europäische Union – Gefahr und Chance für den Föderalismus in Deutschland, Österreich und der Schweiz, VVDStRL 53 (1994), 26. – ***E. Stoiber,*** Die Mitwirkungsrechte der Länder in EU-Angelegenheiten gem. Art. 23 GG unter Berücksichtigung der Debatte in der Föderalismuskommission, FS f. R. Scholz, 2007, 747. – sa die Nachw. zum Stichwort „Beteiligung des Bundestags".

Art. 24 [Übertragung von Hoheitsrechten und Einordnung in Systeme gegenseitiger kollektiver Sicherheit; Schiedsgerichtsbarkeit]

(1) Der Bund kann durch Gesetz Hoheitsrechte auf zwischenstaatliche Einrichtungen übertragen.

(1a) Soweit die Länder für die Ausübung der staatlichen Befugnisse und die Erfüllung der staatlichen Aufgaben zuständig sind, können sie mit Zustimmung der Bundesregierung Hoheitsrechte auf grenznachbarschaftliche Einrichtungen übertragen.

(2) Der Bund kann sich zur Wahrung des Friedens einem System gegenseitiger kollektiver Sicherheit einordnen; er wird hierbei in die Beschränkungen seiner Hoheitsrechte einwilligen, die eine friedliche und dauerhafte Ordnung in Europa und zwischen den Völkern der Welt herbeiführen und sichern.

(3) Zur Regelung zwischenstaatlicher Streitigkeiten wird der Bund Vereinbarungen über eine allgemeine, umfassende, obligatorische, internationale Schiedsgerichtsbarkeit beitreten.

Hinweis: Keine Vorgängervorschriften in der Paulskirchenverfassung, der Verfassung des Deutschen Reiches von 1871 und der Weimarer Reichsverfassung.

Übersicht

A. Allgemeine Bedeutung

I. Genese

1 Die Vorschrift des Art. 24 ist in der deutschen Verfassungsgeschichte ohne Vorläufer.[1] Schon im Entwurf des Verfassungskonvents von **Herrenchiemsee** fand sich eine Bestimmung, die sich mit der Übertragung von Hoheitsrechten auf zwischenstaatliche Einrichtungen (Art. 24 Abs. 1 des Entwurfs) und der Einordnung des Bundesgebietes in ein System kollektiver Sicherheit beschäftigte (Abs. 2). Dieser Entwurf fasste die Einordnung in ein System kollektiver Sicherheit als Spezialfall der Übertragung von Hoheitsrechten und sah zudem vor, dass ein solches Gesetz im „Bundestag und Bundesrat (Senat) eine Mehrheit der gesetzlichen Mitglieder" erfordern sollte (Abs. 3).[2]

2 Im **Parlamentarischen Rat** wurde dieser Entwurf ausführlich diskutiert und mit gewissen Änderungen in das GG übernommen. Auf Vorschlag des Abgeordneten *Fritz Eberhard* (SPD) wurde die Bestimmung zunächst in zwei Komplexe zerlegt, wobei eine Klausel zum Beitritt zu einer allgemeinen, umfassenden und obligatorischen Schiedsgerichtsbarkeit als dritter Bestandteil hinzutrat, die zudem klarstellte, dass Fragen der „Ehre und der Lebensinteressen" davon nicht ausgenommen sein sollten.[3] Diese Anregung wird vor dem Hintergrund der damaligen völkerrechtlichen Diskussion verständlich, die sich insbesondere in der Zwischenkriegszeit ausführlich mit den Grenzen der internationalen Gerichtsbarkeit auseinandergesetzt hatte.[4] Dieser Zusatz verschwand aber ebenso wieder aus dem Text von Art. 24 wie ein späterer Vorschlag von *Carlo Schmid* (SPD) nicht aufgegriffen wurde, Abs. 3 um den Zusatz zu ergänzen „Die in der Schiedsgerichtsbarkeit gefällten Entscheidungen binden unmittelbar."[5] Hierzu hieß es im Allgemeinen Redaktionsausschuss, dass die Entscheidungen nach Maßgabe der jeweiligen Vereinbarung

[1] *Mosler* in HdbStR VII § 175 Rn. 13.
[2] JöR nF 1 (1951), 222.
[3] JöR nF 1 (1951), 223.
[4] Siehe dazu einerseits *Morgenthau,* Die internationale Rechtspflege, ihr Wesen und ihre Grenzen, 1929; andererseits *Lauterpacht,* The Function of Law in the International Community, 2011 [1933]; zu beiden Werken und ihrem Zusammenhang *Koskenniemi* in Lauterpacht The Function of Law in the International Community, xxix ff.
[5] JöR nF 1 (1951), 225.

binden werden, die vom Bund abzuschließen sei. Eine darüber hinausgehende Bindung könne verfassungsrechtlich nicht vorgesehen werden.[6]

Ansonsten standen Aspekte der Gegenseitigkeit der Hoheitsrechtsübertragung ebenso im Mittelpunkt der Diskussionen wie die Frage, ob eine Übertragung von Hoheitsrechten nur mit qualifizierter Mehrheit zulässig sein solle. Auch über den **Begriff der „kollektiven Sicherheit"** wurde diskutiert, da dieser für einige Mitglieder des Parlamentarischen Rats einen schlechten Beiklang hatte. Dem hielt insbesondere *Schmid* entgegen, es handele sich um einen „festen juristischen Begriff", der „als etwas ganz Präzises zu verstehen" sei und „eine Institution aus dem großen Gebiete des Kriegsverhütungsrechts" darstelle.[7] Richtig daran war, dass der Begriff der kollektiven Sicherheit in der Zwischenkriegszeit in den völkerrechtlichen Diskussionen eine hervorgehobene Rolle spielte.[8] Weniger eindeutig war gleichwohl sein konkreter Gehalt.[9] **3**

Insgesamt waren die Diskussionen im Parlamentarischen Rat durch vielfache **Betonungen der Friedensorientierung** gekennzeichnet. Exemplarisch hierfür kann diese Ausführung von *Eberhard* angesehen werden, die im Kontext der Diskussionen zum Abs. 1 fiel: „Wir haben uns entschlossen, im GG zu sagen, dass durch einfaches Gesetz Hoheitsrechte übertragen werden können, um unsere Bereitschaft eindeutig festzulegen, in der europäischen Ordnung und in der friedlichen Ordnung der Welt unsere Rolle dadurch zu spielen, dass wir es leicht machen, Hoheitsrechte auf zwischenstaatliche Einrichtungen zu übertragen."[10] Wie *Klaus Vogel* 1964 prägnant formulierte, war Art. 24 eine Reaktion auf die Zeit des Nationalsozialismus, die sich spezifisch gegen eine „Politik der politischen, kulturellen und wirtschaftlichen *Abkapselung* und (…) der fast ausschließlichen Wahrung der Eigeninteressen" richtete.[11] **4**

Durch das **38. Gesetz zur Änderung des GG**[12] wurde die Bestimmung 1992 geändert. Zum einen wurde der Wortlaut des Art. 24 um Abs. 1a ergänzt, um es den Ländern zu ermöglichen, im Rahmen der grenznachbarschaftlichen Zusammenarbeit Hoheitsrechte zu übertragen. Zum anderen wurde mit Art. 23 nF eine neue GG-Norm zur europäischen Integration geschaffen, die zwar den Wortlaut und Inhalt von Art. 24 nicht direkt veränderte, der Bestimmung aber ihren praktisch wichtigsten Anwendungsfall in Bezug auf die Übertragung von Hoheitsrechten entzog. **5**

II. Inhaltsübersicht

Art. 24 umfasst in seiner heutigen Form vier Regelungskomplexe. *Erstens* ermöglicht Art. 24 Abs. 1 die **Übertragung von Hoheitsrechten** auf zwischenstaatliche Einrichtungen. Auch nach der Schaffung der spezielleren und auf die EU bezogenen Bestimmung des Art. 23 (→ Rn. 5) gibt es **6**

[6] JöR nF 1 (1951), 229.
[7] JöR nF 1 (1951), 222 (225, 227).
[8] Siehe einerseits *McNair* BYIL 17 (1936), 150; und andererseits *Schmitt,* Die Wendung zum diskriminierenden Kriegsbegriff, 1938, 32 ff.
[9] *Hillgruber* in SHH Rn. 46; dazu auch *Schmidt-Radefeldt* in Kielmansegg/Krieger/Sohm Multinationalität und Integration, 83 (87).
[10] JöR nF 1 (1951), 228.
[11] *Vogel,* Die Verfassungsentscheidung für eine internationale Zusammenarbeit, 1964, 10 (Hervorhebung im Original).
[12] BGBl. 1992 I 2086.

weitere Fälle der deutschen Staatspraxis, in denen Hoheitsrechte auf dieser Grundlage auf solche Einrichtungen übertragen worden sind. Darüber hinaus bleibt Art. 24 Abs. 1 auch für die Entwicklung der europäischen Integration im deutschen Kontext von großer Bedeutung, da die Bestimmung die Grundlage für die Entfaltung der europäischen Integration von ihren Anfängen der EGKS bis zum Inkrafttreten des Vertrags von Maastricht darstellt. Art. 24 Abs. 1 stellte hier den sog. „Integrationshebel" zur Verfügung.[13] Art. 24 Abs. 1 erfüllt dabei drei Funktionen: Er ist Ermächtigungsgrundlage für eine besonders weitreichende Form der internationalen Kooperation, stellt einen Gesetzesvorbehalt auf und ist zudem als Staatszielbestimmung zu verstehen.[14] Umstritten ist dabei der Begriff der Hoheitsrechte. Nach der hier vertretenen Auffassung liegt eine Ausübung von Hoheitsrechten durch zwischenstaatliche Einrichtungen dann vor, wenn diese mit **Durchgriffswirkung** Entscheidungen gegenüber dem Einzelnen treffen. Nach teilweise in der Literatur vertretener Auffassung ist dies nicht notwendig und die Übertragung von Hoheitsrechten kann sich auch aus anderen Merkmalen der Ausübung von Hoheitsgewalt durch zwischenstaatliche Einrichtungen ergeben (→ Rn. 35 ff.).

7 *Zweitens* erlaubt es seit 1992 Art. 24 Abs. 1a auch den Ländern, **Hoheitsrechte auf grenznachbarschaftliche Einrichtungen** zu übertragen. Diese Bestimmung sollte auf ein praktisches Bedürfnis reagieren, da der Kooperation zwischen Gebietskörperschaften dies- und jenseits der deutschen Staatsgrenzen auf der Grundlage des damaligen völkerrechtlichen Regelwerks (wie dem Rahmenabkommen des Europarates von 1980[15]) enge Grenzen gesetzt waren.[16] Seit Aufnahme der Bestimmung in das GG ist es aber zu keiner praktischen Anwendung dieses Absatzes gekommen.

8 *Drittens* sieht Art. 24 Abs. 2 die Einordnung in ein **System gegenseitiger kollektiver Sicherheit** vor und erlaubt zu diesem Zweck die Beschränkung von Hoheitsrechten. Diese Bestimmung wurde zum Zeitpunkt der Ausarbeitung des GG als Lebensversicherung des zukünftigen demilitarisierten westdeutschen Staates wahrgenommen.[17] Sie entfaltet heute eine unvermindert große praktische Bedeutung, da sie seit der Grundlagenentscheidung des BVerfG zu den Auslandseinsätzen der Bundeswehr im Jahr 1994 die Möglichkeit der Beteiligung deutscher Soldaten an Einsätzen von UN und NATO eröffnet.[18]

9 Schließlich und *viertens* erteilt Art. 24 Abs. 3 einen **Verfassungsauftrag,** sich einem **System der Schiedsgerichtbarkeit** anzuschließen. Dieses muss allgemeiner, umfassender und obligatorischer Natur sein. Hier ist es umstritten, ob der Internationale Gerichtshof (IGH) die Voraussetzungen für ein solches System darstellt (im Einzelnen → Rn. 94 ff.). Die Bundesrepublik hat sich im Jahr 2008 jedenfalls der Gerichtsbarkeit des IGH mittels einer Erklärung nach der sog. „Fakultativklausel" des Art. 36 Abs. 2 IGH-Statut unterworfen.

---

[13] *Ipsen,* Aktuelle Fragen des europäischen Gemeinschaftsrechts, 1965, 1 (26).

[14] *Calliess* in Maunz/Dürig Art. 24 Abs. 1 Rn. 21.

[15] Europäisches Rahmenabkommen zur grenzüberschreitenden Zusammenarbeit zwischen Gebietskörperschaften vom 21.5.1980, BGBl. 1981 II 966.

[16] *Kotzur,* Grenznachbarschaftliche Zusammenarbeit in Europa, 2004, 461.

[17] Vgl. *Tomuschat* VVDStRL 36 (1978), 7 (16).

[18] BVerfGE 90, 286 (345).

In der Summe ist Art. 24 ein **gewichtiger Baustein für den ungeschriebenen Verfassungsgrundsatz der Völkerrechtsfreundlichkeit,** der aus einer Gesamtschau der Bestimmungen des GG abgeleitet wird, die für eine „offene Staatlichkeit" und das Bekenntnis zur internationalen Zusammenarbeit stehen (im Einzelnen → Art. 25 Rn. 7).[19] 10

III. Überstaatliche und rechtsvergleichende Bezüge

1. Völkerrecht. Art. 24 weist vielfältige völkerrechtliche Bezüge auf. Der Adressat einer Übertragung von Hoheitsrechten nach Abs. 1 kann nur eine auf völkerrechtlicher Grundlage errichtete **internationale Organisation** (IO) sein.[20] Im Unterschied zum Verfassungsrecht anderer Staaten lässt das GG keine Übertragung von Hoheitsrechten auf andere Staaten zu (→ Rn. 30).[21] Die Entwicklung internationaler Organisationen ist dem Völkerrecht wenigstens seit der Mitte des 19. Jahrhunderts bekannt, als sich Verwaltungsunionen und Flusskommissionen als neue Form der internationalen Kooperation etablierten.[22] Auch wenn das Agieren mit Durchgriffswirkung bis heute nicht zu den notwendigen Wesensmerkmalen internationaler Organisationen gehört,[23] stand diese Befugnis doch bereits einigen der Flusskommissionen des 19. Jahrhunderts zu.[24] 11

Es gibt keine autoritative Definition der internationalen Organisation im Völkerrecht.[25] Die Völkerrechtskommission der Vereinten Nationen (ILC) hat in ihrem 2011 abgeschlossenen Projekt zur Verantwortlichkeit internationaler Organisationen („IO") in Art. 2 lit. a die folgende Definition vorgeschlagen: der Begriff der internationalen Organisation „*means an organization established by a treaty or other instrument governed by international law and possessing its own international legal personality. International organizations may include as members, in addition to States, other entities;* (…)."[26] Eine IO muss sodann wenigstens ein eigenständiges Organ haben, wobei nicht wenige Organisationen über eine differenziertere Organstruktur verfügen und ein allgemeines Organ, in dem alle Mitgliedstaaten repräsentiert sind (wie etwa die UN-Generalversammlung) ebenso kennen wie ein Exekutivorgan mit einer begrenzten Mitgliederzahl (wie etwa der UN-Sicherheitsrat). Daneben weist eine internationale Organisation typischerweise ein Sekretariat auf, in Einzelfällen auch ein eigenes gerichtliches Organ. 12

Internationale Organisationen verfügen im Regelfall über eigene Aufgaben, die ihnen von den Mitgliedstaaten zur Ausführung übertragen werden. In **kompetenzieller Hinsicht** basiert ihre Arbeit auf dem sog. **„Spezialitätsprinzip",** wonach sie nur für solche Aufgaben über Befugnisse verfügen, die 13

---

[19] Siehe *Grewe* VVDStRL 12 (1953), 129 (147); *Vogel,* Die Verfassungsentscheidung, 1964, 36; *Calliess* in Maunz/Dürig Art. 24 Abs. 1 Rn. 16 („paradigmatisch" für den offenen Verfassungsstaat).

[20] *Hillgruber* in SHH Rn. 12; siehe auch BVerfGE 2, 347 (377 f.).

[21] BVerfGE 142, 34 – abwM. Huber (Rn. 15, 20); *Hillgruber* in SHH Rn. 13.

[22] Instruktiv zu den Wurzeln des Rechts der internationalen Organisationen *Vogel,* Die Verfassungsentscheidung, 1964, 12 f.; *Klabbers* EJIL 2014, 645 (650); aus geschichtswissenschaftlicher Perspektive *Mazower,* Governing the World, 2012, 94 ff.

[23] *Ruffert/Walter,* Institutionalisiertes Völkerrecht, 2015, Rn. 10 ff.

[24] Siehe mwN *Tiroch* in Wolfrum MPEPIL, Rhine River, 2011, Rn. 12–14.

[25] Zur Definition und den Merkmalen siehe mwN *Epping* in Ipsen Völkerrecht, § 8 Rn. 2.

[26] ILC Draft Articles on the Responsibility of International Organizations, UN Doc. A/66/10 Rn. 87 (2011).

ihnen im Wege des Gründungsvertrags zur eigenen Wahrnehmung übertragen worden sind. Eine nicht unwichtige Rolle spielt gleichwohl der „implied powers"-Gedanke, mit dem eine Kompetenz auch dann begründet werden kann, wenn sie zwar nicht ausdrücklich übertragen wurde, zur Erfüllung einer Aufgabe der internationalen Organisation aber zwingend erforderlich ist.[27]

14 Seit Ende des Zweiten Weltkriegs hat sich ein dichtes Feld internationaler Organisationen herausgebildet. Diese Entwicklung hat insgesamt zu einer **„Institutionalisierung"** des Völkerrechts beigetragen, welches klassischerweise als dezentrale Rechtsordnung konzipiert und vom Konsens der Staaten getragen wurde.[28] Internationale Organisationen können sich nicht vollumfänglich von ihren Mitgliedstaaten loslösen. Die Autonomie des Unionsrechts und das vom EuGH vertretene Verständnis einer autonomen Rechtsordnung, die in ihrem Geltungsanspruch vom Recht der Mitgliedstaaten unabhängig ist,[29] stellen hier einen Ausnahmekonstellation dar.[30] Die Vielfalt der internationalen Organisationen hat aber dazu beigetragen, dass das Völkerrecht sich gegenüber der Zeit vor 1945 wesentlich weiter entwickelt hat und nicht mehr nur als zwischenstaatliches Rechtssystem verstanden werden kann.[31] Die Institutionalisierung der Völkerrechtsordnung ist dabei auf das engste mit den einzelnen Sachmaterien des internationalen Rechts verbunden.[32] Die Einrichtung von internationalen Organisationen ist kein Selbstzweck, sondern dient der Verwirklichung von bestimmten Gemeinschaftsgütern in Bereichen wie dem Menschenrechtsschutz, dem Schutz der Umwelt und des Weltklimas oder der wirtschaftlichen Kooperation.[33]

15 Die zunehmende Schaffung von internationalen Institutionen ist dabei keine linear verlaufende Erfolgsgeschichte. Nicht alle internationalen Organisationen können die Erwartungen erfüllen, die in sie gesetzt werden. Die Schwierigkeiten der Vereinten Nationen, den Weltfrieden zu sichern, sind hier nur ein besonders deutliches Beispiel. Allerdings gilt hier, wie in vielen anderen Fällen wahrgenommener Dysfunktionalität von internationalen Organisationen, dass diese nur so gut sein können, wie es die in ihren Organen repräsentierten und handelnden Mitgliedstaaten zulassen. Eine Herausforderung für die Institutionalisierung der Völkerrechtsordnung ist zudem in einem ungebrochenen Trend der **Informalisierung** von Global Governance-Prozessen zu erblicken.[34]

16 Eine besondere Kategorie der internationalen Organisationen sind **Systeme kollektiver Sicherheit.** An einer feststehenden völkerrechtlichen Definition dieses Begriffs fehlt es immer noch.[35] Auf der universellen Ebene wird

---

[27] IGH, Reparation for Injuries suffered in the Service of the United Nations, Advisory Opinion of 11 April 1949, ICJ Rep. 1949, 174 (179); *Akande* in Evans International Law, 227 (239); *Calliess,* Staatsrecht III, 2018, 23; krit. *Guzman* EJIL 2013, 999 (1006).

[28] Zur anhaltenden Bedeutung des Konsensprinzips *Krisch* AJIL 2014, 1.

[29] EuGH C-26/62, Slg. 1963, ECLI:EU:C:1963:1 Rn. 25 f. – *Van Gend En Loos*; dazu *Mayer/Wendel* in EnzEuR I § 4 Rn. 175 ff.

[30] Dazu *Wendel,* Permeabilität im europäischen Verfassungsrecht, 2011, 380 ff.

[31] Grundlegend dazu bereits *Friedmann,* The Changing Structure of International Law, 1964, 60 ff. (zum Übergang von einem Völkerrecht der Koexistenz zu einem der Kooperation); *Krieger* AöR 133 (2008), 315 (316).

[32] So auch *Friedmann,* The Changing Structure of International Law, 1964, 62.

[33] Siehe die Beiträge in *Benvenisti/Nolte,* Community Interests Across International Law, 2018.

[34] Zu diesen Prozessen instruktiv *Rodiles,* Coalitions of the Willing and International Law, 2018; *d'Aspremont* GoJIL 3 (2011), 503.

[35] *Nolte* ZaöRV 54 (1994), 95 (111).

der Begriff der kollektiven Sicherheit für das **UN-System** verwandt. Die maßgeblichen Befugnisse für die Aufrechterhaltung des Weltfriedens und der internationalen Sicherheit sind dabei dem UN-Sicherheitsrat zugewiesen, der über die in den Kapiteln VI und VII der UN-Charta vorgesehenen Befugnisse verfügt. Kapitel VI beinhaltet überwiegend Bestimmungen, die unter Mitwirkung der Streitparteien zur friedlichen Beilegung von Streitigkeiten dienen können.[36] Kapitel VII eröffnet dem Sicherheitsrat dagegen die Möglichkeit, Zwangsmaßnahmen auch gegen den Willen betroffener Staaten zu beschließen.[37] Voraussetzung ist dafür die Feststellung einer Bedrohung oder eines Bruchs des internationalen Friedens oder das Vorliegen einer Angriffshandlung (Art. 39 UN-Charta). Dem Sicherheitsrat stehen sodann nichtmilitärische ebenso wie bewaffnete Zwangsmaßnahmen zur Verfügung (Art. 41, 42 UN-Charta), die von den Mitgliedstaaten umzusetzen sind (Art. 48, 25, 2 Abs. 5 UN-Charta).

Seit Ende des Kalten Krieges hat der Sicherheitsrat zunehmend Gebrauch **17**
von diesen Möglichkeiten gemacht und sich dabei sowohl bei der Bestimmung der Schwellenklausel des Art. 39 UN-Charta (Begriff des internationalen Friedens) als auch bei der Anordnung von konkreten Maßnahmen erfinderisch gezeigt.[38] Die **Praxis des Sicherheitsrats** ist vielschichtig. So wird für eine Bedrohung des internationalen Friedens nicht mehr zwingend ein grenzüberschreitendes Moment gefordert.[39] Die Entwicklung des Arsenals von nicht-bewaffneten Zwangsmaßnahmen reicht weit über die illustrative Liste des Art. 41 UN-Charta hinaus.[40]

Aus dieser Praxis stechen die Einrichtung von ad hoc-Strafgerichtshöfen für **18**
die Verfolgung von internationalen Kernverbrechen (Völkermord, Verbrechen gegen die Menschlichkeit, Kriegsverbrechen) für das ehemalige Jugoslawien[41] und Ruanda[42] ebenso heraus wie die Entwicklung der Sanktionspraxis hin zu sog. „gezielten Sanktionen", die nicht mehr auf eine wirtschaftliche Blockade eines ganzen Staates („Unterbrechung der Wirtschaftsbeziehungen") abzielen, sondern die Verantwortlichen für Bedrohungen des internationalen Friedens möglichst direkt adressieren sollen und zu diesem Zweck das Einfrieren von Vermögen anordnen und Reiseverbote aussprechen.[43] Diese Individualisierung der Sanktionspraxis stellt einerseits einen menschenrechtlichen Fortschritt dar, da die Auswirkungen von Sanktionen gezielter eintreten. Andererseits haben sich in der Folge dadurch vor Gerichten der EU,[44] vor dem Europäi-

---

[36] *Tomuschat* in Simma/Khan/Nolte/Paulus The Charter of the United Nations, Art. 33 Rn. 2.

[37] *Krisch* in Simma/Khan/Nolte/Paulus The Charter of the United Nations, Introduction to Chapter VII – General Framework Rn. 12.

[38] *Bothe* in Graf Vitzthum/Proelß Völkerrecht, 755 (Rn. 35 ff.); *Stein/von Buttlar/Kotzur,* Völkerrecht, 2017, Rn. 858 ff.; *Nolte* in Byers The Role of Law in International Politics, 315 (316); aus einer verfassungsrechtlichen Perspektive *Hobe,* Der offene Verfassungsstaat zwischen Souveränität und Interdependenz, 1998, 185 ff.; *Roeben,* Außenverfassungsrecht, 2007, 233–238; *Fassbender* AöR 132 (2007), 257 (269).

[39] *Krisch* in Simma/Khan/Nolte/Paulus The Charter of the United Nations, Art. 39 Rn. 12–39.

[40] *Krisch* in Simma/Khan/Nolte/Paulus The Charter of the United Nations, Art. 41 Rn. 12–18, 26–29.

[41] UN Doc. S/RES/827 (1993).

[42] UN Doc. S/RES/955 (1994).

[43] Eingeleitet von UN Doc. S/RES/1267 (1999).

[44] EuGH C-402/05 P und C-415/05 P, Slg. 2008, I-06351, ECLI:EU:C:2008:461 – *Kadi;* einen anderen Akzent setzte vorher das EuG T-306/01 ECLI:EU:T:2005:331, – *Yusuf und al-Barakaat Foundation;* umfassend zu diesen Fällen *Yang,* Die Leitentscheidung, 2018.

schen Gerichtshof für Menschenrechte[45] und vor nationalen Gerichten[46] neue Konstellationen von Grund- und Menschenrechtsverletzungen ergeben, deren Beantwortung insbesondere im Rahmen der sog. „Kadi"-Saga auch auf UN-Ebene zu Reformbemühungen hin zu einem vermehrten Schutz von Verfahrensrechten geführt hat.[47]

19 In den **gezielten Sanktionen** des UN-Sicherheitsrates sind **keine Maßnahmen mit unmittelbarer Durchgriffswirkung** auf den Einzelnen zu erblicken.[48] Vielmehr erfordern gezielte Sanktionen, die diese Wirkung entfalten sollen, Umsetzungsakte der Mitgliedstaaten (bzw. der EU) und fallen demnach nicht als solches in den Anwendungsbereich des Art. 24 Abs. 1.[49] **Anders** ist dies für die früheren **ad hoc-Tribunale** zu beurteilen. Sie übten unmittelbare Hoheitsgewalt gegenüber den Angeklagten aus und agierten insofern auf der Grundlage einer Übertragung von Hoheitsrechten.[50] Da diese Entwicklung zum Zeitpunkt des deutschen UN-Beitritts im Jahr 1973 noch nicht abzusehen war und Uneinigkeit darüber bestand, ob das Zustimmungsgesetz zur UN-Charta eine solche Form des supranationalen Handelns deckt,[51] schuf die Gesetzgebung im Hinblick auf die Tätigkeit dieser beiden Strafgerichtshöfe eine separate Grundlage für die Übertragung von Hoheitsrechten.[52]

20 Im Hinblick auf **bewaffnete Zwangsmaßnahmen** hat sich die Praxis des Sicherheitsrates seit Ende des Kalten Krieges ebenfalls erheblich entwickelt. Das von der UN-Charta ursprünglich vorgesehene Modell eines Abschlusses von Sonderabkommen mit den Mitgliedstaaten, mittels derer den UN Streitkräfte zur Verfügung gestellt werden sollten (Art. 43 Abs. 1 UN-Charta), ist nie verwirklicht worden.[53] Seit der Aggression Iraks gegenüber Kuwait im Jahre 1990 entspricht es demgegenüber der Praxis des Sicherheitsrates, Mitgliedstaaten zur Gewaltanwendung zu autorisieren, was typischerweise mit der Formulierung *„use all necessary means"* erfolgt.[54] Die Ermächtigungen sind dabei unterschiedlich detailliert und werden zudem in der Praxis der Umsetzung teilweise weit ausgelegt, wie geschehen im Fall der Resolution 1973, die im Jahr 2011 für Libyen eine Flugverbotszone einsetzte und zugleich Maßnahmen zum Schutz der Zivilbevölkerung erlaubte.[55] Von den eingreifenden NATO-Staaten wurde die Resolution aber praktisch als Ermächtigung zum *„regime change"* herangezogen.[56]

---

[45] EGMR 12.9.2012 – 10593/08, HRRS 2013 Nr. 224 – *Nada;* EGMR 21.6.2016 – 5809/08, – *Al-Dulimi.*

[46] *HM Treasury v Ahmed* [2010] UKSC 2 (27.1.2010).

[47] *Tünde Huber/Rodiles,* Anuario Mexicano de Derecho Internacional Décimo Aniversario, 2012, 107.

[48] Dass sie gleichwohl Gefährdungen für den Einzelnen begründen können ist unbestritten, siehe nur *Krieger* AöR 133 (2008), 315 (328 f.).

[49] *Fassbender* AöR 132 (2007), 257 (265); *Schmahl* in Sodan Rn. 4; differenzierend *Krieger* AöR 133 (2008), 315 (332) für den Fall eines fehlenden Umsetzungsspielraums der UN-Mitgliedstaaten.

[50] So auch *Classen* in MKS Art. 24 Rn. 62.

[51] *Schomburg* NStZ 1995, 428 (429); *Trautwein* NJW 1995, 1628 (1629); *Kreß* NStZ 2000, 617 (619).

[52] BGBl. 1995 I 485 und BGBl. 1998 I 843.

[53] *Heintschel von Heinegg* in Ipsen Völkerrecht, § 57 Rn. 20 f.

[54] UN Doc. S/RES/678 (1990).

[55] UN Doc. S/RES/1973 (2011).

[56] Siehe *Tomuschat* ZaöRV 72 (2012), 447 (461).

Für die **Auslegung des GG** ist die weite und flexible Auslegung von Sicherheitsratsermächtigungen insofern von Bedeutung, als die Rechtsprechung des BVerfG regelmäßig darauf verweist, dass **Einsätze der Bundeswehr „im Rahmen und nach den Regeln" eines Systems gegenseitiger kollektiver Sicherheit** nach Art. 24 Abs. 2 zulässig sein sollen.[57] Unter diese Einsätze fallen unstreitig auch solche auf Grundlage einer Ermächtigung des Sicherheitsrates nach Kapitel VII. Die flexible Praxis des Sicherheitsrates verdeutlicht dabei, dass „im Rahmen und nach den Regeln" ebenfalls als **flexibles verfassungsrechtliches Konzept** zu verstehen sein muss, wenn es maßgeblich durch das Leitbild des UN-Systems kollektiver Sicherheit geprägt sein soll. **21**

Kollektive Sicherheit kann völkerrechtlich auch auf **regionaler Ebene** verwirklicht werden, was schon die Bestimmungen des Kapitels VIII der UN-Charta verdeutlichen.[58] Die Aufnahme dieses Kapitels in die UN-Charta stellt dabei einen Kompromiss zwischen Befürwortern eines zentralisierten Systems kollektiver Sicherheit und denjenigen dar, die in der Charta eine dezidierte Legalisierung regionaler Bündnisse verankert sehen wollten.[59] Die Bundesrepublik Deutschland ist Mitglied in der **NATO,** die nach heute ganz überwiegender Auffassung ein System der kollektiven Sicherheit darstellt.[60] Zentraler Baustein für die Qualifizierung als ein solches System ist Art. 5 NATO-Vertrag, der eine Beistandsverpflichtung im Fall des bewaffneten Angriffs gegen ein NATO-Mitglied vorsieht.[61] Die Ausübung von Verteidigungshandlungen ist dabei an das Vorliegen der Voraussetzungen des Art. 51 UN-Charta geknüpft. Außerdem bleibt es rechtlich dem Ermessen der NATO-Mitglieder überlassen, welche Maßnahmen sie nach Art. 5 für erforderlich erachten. Nach Ende des Kalten Krieges hat die NATO ihr Augenmerk zunächst vermehrt auf Sicherheitsbedrohungen gelenkt, die ihren Ausgangspunkt außerhalb Europas nehmen.[62] Spätestens mit den Angriffen des 11.9.2001 wurde die Terrorismusbekämpfung zum beherrschenden Thema des Nordatlantikbündnisses.[63] Seit der völkerrechtswidrigen Annexion der Krim durch Russland im Jahr 2014[64] und dem seitdem anhaltenden Konflikt in der Ostukraine[65] sind Aufgaben der Verteidigung des NATO-Territoriums wieder stärker in den Mittelpunkt der Aufmerksamkeit gerückt.[66] Wachsende Meinungsverschiedenheiten gibt es im nordatlantischen Bündnis über die Lastenverteilung zwischen den Mitgliedstaaten. Auch aus diesem Grund rückt zunehmend die **EU** als mögliche Alternative zur NATO **22**

---

[57] BVerfGE 90, 286 (345).

[58] Grundlegend *Walter,* Vereinte Nationen und Regionalorganisationen – Eine Untersuchung zu Kapitel VIII der Satzung der Vereinten Nationen, 1996.

[59] *Nolte* ZaöRV 54 (1994), 95 (97); *Walter* in Simma/Khan/Nolte/Paulus The Charter of the United Nations, Introduction to Chapter VIII, Rn. 1.

[60] BVerfGE 90, 286 (351); *Sauer* in Rensen/Brink Linien der Rechtsprechung, 585 (588); krit. aber etwa *Bothe* in Graf Vitzthum/Proelß Völkerrecht, 755 (Rn. 51) zum Charakter der NATO als regionale Vereinbarung im Rahmen der Kap. VIII der Charta; die NATO sei vielmehr ein Verteidigungsbündnis.

[61] *Stein/von Buttlar/Kotzur,* Völkerrecht, 2017, Rn. 463 f.

[62] Zu den „neuen Aufgaben" der frühen 1990er Jahre *Nolte* ZaöRV 54 (1994), 95; *Stein/von Buttlar/Kotzur,* Völkerrecht, 2017, Rn. 469.

[63] *Stein/von Buttlar/Kotzur,* Völkerrecht, 2017, Rn. 464; siehe auch *Wiefelspütz* ZaöRV 65 (2005), 819.

[64] *Bílková* ZaöRV 75 (2015), 27 (49 f.).

[65] Siehe instruktiv dazu *Marxsen* GYIL 58 (2015), 12 ff.

[66] BMVg, Weißbuch zur Sicherheitspolitik und zur Zukunft der Bundeswehr, 2016.

in den Fokus.[67] Art. 42 Abs. 7 EUV enthält eine Art. 5 NATO-Vertrag ähnliche Beistandsklausel, die jedenfalls nicht über die nach dem NATO-Vertrag geschuldeten Verpflichtungen hinausgeht.[68] In einem *obiter dictum* hat das BVerfG im Lissabon-Urteil die Eigenschaft der EU als System der gegenseitigen kollektiven Sicherheit verneint, sich in der Entscheidung zum Anti-IS-Einsatz 2019 aber vorsichtig von dieser Position abgesetzt und die Einordnung der EU als System gegenseitiger kollektiver Sicherheit als „zumindest vertretbar" eingeordnet (→ Rn. 89).[69]

23 Schließlich nimmt Art. 24 Abs. 3 auf Formen der **friedlichen Streitbeilegung** Bezug. Die friedliche Streitbeilegung hat eine lange, bis ins 19. Jahrhundert zurückreichende Geschichte, als erste Schiedsverfahren zwischen Staaten stattfanden[70] und auf den Haager Friedenskonferenzen die Idee einer Institutionalisierung von Formen der Streitbeilegung diskutiert wurde.[71] Kannte das Völkerrecht bis zum Ende des Ersten Weltkriegs nur Instrumente der Schiedsgerichtsbarkeit, wurde der 1920 gegründete Ständige Internationale Gerichtshof zum ersten internationalen Gericht im Wortsinn.[72] Der 1945 gegründete IGH, das Hauptrechtsprechungsorgan der UN (Art. 92 UN-Charta), sieht sich in einer Kontinuitätslinie zu diesem Gericht.[73]

24 Neben dem IGH gibt es heute eine **Vielzahl weiterer Gerichte,** die sich teils durch spezifische Sachzuständigkeiten (wie der Internationale Seegerichtshof) oder eine regionale Verankerung (insbesondere im Menschenrechtsbereich) auszeichnen.[74] Darüber hinaus sind Formen der **Schiedsgerichtsbarkeit** im Völkerrecht von ungeminderter Bedeutung, sowohl im Hinblick auf zwischenstaatliche Verfahren (etwa nach dem UN-Seerechtsübereinkommen) als auch im Bereich des Investitionsschutzrechts. Sowohl dessen enorme Expansion in den zurückliegenden dreißig Jahren als auch die generell zugenommene Verbreitung von Formen der internationalen Gerichtsbarkeit haben zu neuen Legitimationsfragen geführt.[75]

25 Die (schieds-)gerichtliche Beilegung von Streitigkeiten basiert im Völkerrecht auf dem Konsensprinzip.[76] Danach verfügen internationale (Schieds-) Gerichte nur insoweit über eine Zuständigkeit, wie es sich aus dem Willen der Staaten ergibt. Eine Zustimmung zur Ausübung der Gerichtsbarkeit kann dabei sowohl generell erteilt werden, wie es Art. 36 Abs. 2 IGH-Statut für den IGH ermöglicht, als auch ad hoc in einem konkreten Einzelfall oder auf der Grundlage einer spezifischen Vertragsbestimmung (sog. „kompromissarische Klausel"), vgl. Art. 36 Abs. 1 IGH-Statut.[77]

---

[67] Zu den Entwicklungsperspektiven *Kielmansegg* in Kielmansegg/Krieger/Sohm Integration und Multinationalität, 65 (68).

[68] Vgl. BVerfGE 123, 267 (424).

[69] BVerfGE 123, 267 (425); 152, 8 (33 f., Rn. 52).

[70] *Neff,* Justice Among Nations, 2014, 298–300.

[71] Dazu *Dülffer,* Regeln gegen den Krieg?, 1981.

[72] *Spiermann,* International Legal Argument in the Permanent Court of Justice, 2005, 13; zu den Verbindungslinien zwischen Schiedsgerichtsbarkeit und vollwertiger Gerichtsbarkeit *Scobbie* in Tams/Fitzmaurice Legacies of the Permanent Court of International Justice, 203.

[73] Siehe auch *Oellers-Frahm* in Simma/Khan/Nolte/Paulus The Charter of the United Nations, Art. 92 Rn. 1.

[74] *Alter,* The New Terrain of International Law, 2014.

[75] *von Bogdandy/Venzke,* In wessen Namen?, 2014.

[76] *Merrils,* International Dispute Settlement, 2018, 125 f.

[77] Dazu ausführlich mwN *Tomuschat* in Zimmermann/Tams The Statute of the International Court of Justice, Art. 36 Rn. 70 ff.

2. Unionsrecht. Art. 24 Abs. 1 war bis zur Einführung des Art. 23 nF die zentrale Norm zur verfassungsrechtlichen Ermöglichung der europäischen Integration.[78] Dementsprechend war die Entwicklung der Europäischen Gemeinschaften lange Zeit der Bezugspunkt für die meisten Diskussionen um Art. 24 Abs. 1. Dies galt sowohl für die Voraussetzungen der Übertragung von Hoheitsrechten als auch für die Entwicklung einer Dogmatik verfassungsrechtlicher Grenzen der europäischen Integration.[79] Auch nach Einfügung des Art. 23 nF bleibt Art. 24 Abs. 1 für Teilbereiche der europäischen Integration relevant, soweit diese in einem Näheverhältnis zur EU durchgeführt werden, ohne vollkommen in diese integriert zu sein. Beispiele hierfür sind Eurocontrol und die Europäische Patentorganisation.[80] 26

Die Entwicklung der europäischen Integration ist dabei seit der Gründung der EGKS im Jahre 1953 von einer starken Dynamik geprägt gewesen. Die ursprüngliche Zielsetzung der Errichtung eines Gemeinsamen Marktes (bzw. Binnenmarktes) steht immer noch im Zentrum der Unionsrechtsordnung (vgl. Art. 3 Abs. 3 EUV), ist aber heute ergänzt durch eine Vielzahl anderer Politikbereiche, in denen die Union supranational handelt.[81] Daneben gibt es Politikbereiche wie die Gemeinsame Außen- und Sicherheitspolitik, in denen die Merkmale der Supranationalität (insb. „Durchgriffswirkung" und Anwendungsvorrang vor entgegenstehendem nationalem Recht → Rn. 35) weniger stark bis gar nicht ausgeprägt sind.[82] Insgesamt markiert die Europäische Union einen Typus einer besonders stark integrierten internationalen Organisation, die vom EuGH zunächst als „neue Rechtsordnung des Völkerrechts"[83], später als eigenständige bzw. autonome Rechtsordnung definiert wurde.[84] Insofern beansprucht ihre Rechtsordnung auch, von den Rechtsordnungen der Mitgliedstaaten unabhängig zu sein. Schon in der frühen EuGH-Rechtsprechung spielte zur Begründung des eigenständigen Charakters der Gemeinschaftsrechtsordnung die „Übertragung" von Hoheitsrechten eine entscheidende Rolle.[85] Aus einer verfassungsrechtlichen Perspektive ergibt sich die Besonderheit der Unionsrechtsordnung dabei weniger aus qualitativen Gesichtspunkten denn aus der schieren Menge der auf die europäische Ebene übertragenen Zuständigkeiten.[86] Nicht zuletzt diese Entwicklung hat auf der nationalen Ebene Gegenbewegungen ausgelöst, zu denen auch die Rechtsprechung des BVerfG zu den Grenzen der europäischen Integration zu zählen ist.[87] 27

Das BVerfG formulierte zunächst im Grundrechtsbereich Bedingungen für eine Beteiligung der Bundesrepublik am weiteren Fortgang der europäischen Integration.[88] In seiner **„Solange I"**-Entscheidung beanspruchte es eine Prüfungskompetenz für die Einhaltung von Grundrechten des GG durch 28

---

[78] *Calliess* in Maunz/Dürig Art. 24 Abs. 1 Rn. 25.

[79] Siehe dazu mwN *König,* Die Übertragung von Hoheitsrechten im Rahmen des europäischen Integrationsprozesses, 2000, 34 ff.

[80] *Wollenschläger* in Dreier Rn. 19; siehe auch *Calliess,* Staatsrecht III, 2018, 131.

[81] Prägnant *Stein/von Buttlar/Kotzur,* Völkerrecht, 2017, Rn. 436.

[82] Siehe *von Arnauld* in EnzEuR X § 1 Rn. 29, 35 ff.

[83] EuGH C-26/62, Slg. 1963, ECLI:EU:C:1963:1 Rn. 25 f. – *Van Gend En Loos.*

[84] Dazu mwN *Nettesheim* in Grabitz/Hilf/Nettesheim EUV/AEUV, Art. 1 AEUV Rn. 60 ff.; lesenswerte Kritik an der gängigen Lesart bei *de Witte* in de Búrca/Weiler The Worlds of European Constitutionalism, 19 (38 ff.).

[85] *Ipsen,* Aktuelle Fragen des europäischen Gemeinschaftsrechts, 1965, 1 (8 f., 14, 26); *Steiger,* Staatlichkeit und Überstaatlichkeit, 1966, 80 ff.

[86] Vgl. auch *Polzin,* Verfassungsidentität, 2018, 208.

[87] BVerfGE 22, 293; 37, 271; 58, 1; 73, 339.

[88] Instruktiv dazu *Haltern,* Europarecht II, 2017, Rn. 1092 ff.

Sekundärrechtsakte der Europäischen Gemeinschaften, solange der Integrationsprozess noch nicht so weit fortgeschritten sei, dass das Gemeinschaftsrecht „einen von einem Parlament beschlossenen und in Geltung stehenden formulierten Katalog von Grundrechten enthält, der dem Grundrechtskatalog des Grundgesetzes adäquat ist".[89] Auch wenn es zu dieser Ausformulierung zunächst nicht kam, zeigte sich das BVerfG mit der durch den EuGH vorgenommenen prätorischen Entwicklung eines Grundrechtsschutzes zufrieden und nahm in seiner **„Solange II"**-Entscheidung die eigene Prüfungskompetenz wieder ein Stück weit zurück.[90] Mit den Beschlüssen zum „Recht auf Vergessen" hat der Erste Senat zuletzt eine Neustrukturierung in diesem Bereich vorgenommen.[91]

29 Die weitere Entwicklung zu den verfassungsrechtlichen Grenzen der europäischen Integration fand sodann bereits auf Grundlage des neuen Europaartikels (Art. 23 nF) statt (→ Art. 23 Rn. 62 ff.).[92] Die frühere Rechtsprechung, die noch auf Art. 24 Abs. 1 bezogen war, bleibt aber ein wesentlicher konzeptioneller Bezugspunkt. Heute wird zunehmend thematisiert, inwiefern die vom BVerfG entwickelten und in der Literatur systematisierten Grenzen der europäischen Integration auch auf andere Kooperationsformen auf der Grundlage von Art. 24 Abs. 1 zu beziehen sind.[93] Die Entwicklung der weiteren Europarechtsprechung des BVerfG unter dem neuen Art. 23 ist durch ein Oszillieren zwischen integrationsfreundlichen und eher integrationsskeptischen Linien gekennzeichnet.[94] Zu der ersten Kategorie gehört sicherlich die Entwicklung eines eigenständigen Grundsatzes der „Europarechtsfreundlichkeit" des GG, welcher in Anlehnung an die Völkerrechtsfreundlichkeit in der Lissabon-Entscheidung des BVerfG aus dem GG herausgelesen wurde.[95] Auch die vorsichtige Zurücknahme des Prüfungsumfangs im Rahmen der *„ultra vires"*-Kontrolle im Honeywell-Urteil kann hier erwähnt werden.[96] In anderen Entscheidungen hat das Gericht dagegen in durchaus robuster Manier Grenzen der europäischen Integration markiert, so vor allem im OMT-Vorlagebeschluss[97] und der Entscheidung zum Europäischen Haftbefehl II,[98] die beide für die Ausweitung des umstrittenen Konzepts der Verfassungsidentität stehen.[99] Zum ersten Mal aktiviert hier der Zweite Senat die „ultra vier" Kontrolle nunmehr im PSPP-Urteil.[100]

---

[89] BVerfGE 37, 271 – Leitsatz.

[90] BVerfGE 73, 339, 340 – Leitsatz Nr. 2.

[91] BVerfGE 152, 152, 152, 216 dazu *Aust,* EuGRZ 2020, 410 ff.

[92] BVerfGE 89, 155; 102, 147; 113, 273; 123, 267; 126, 286; 129, 124; 134, 366; 140, 317; dazu *Calliess* in Maunz/Dürig Art. 24 Abs. 1 Rn. 76 ff.; *Schorkopf,* Staatsrecht der internationalen Beziehungen, 2017, § 2 Rn. 195 ff.; *Polzin,* Verfassungsidentität, 2018, 42 ff.

[93] Vgl. *Paulus/Hinselmann* in Bradley Oxford Handbook of Comparative Foreign Relations Law, 413 (421).

[94] Für einen instruktiven Überblick *Calliess* NVwZ 2019, 684 (689 ff.); kritische Bestandsaufnahme bei *Fastenrath* in Giegerich Der „offene Verfassungsstaat" des Grundgesetzes nach 60 Jahren, 295.

[95] BVerfGE 123, 267 (347).

[96] BVerfGE 126, 286 (303 ff.).

[97] BVerfGE 134, 366.

[98] BVerfGE 140, 317.

[99] Dazu *Polzin,* Verfassungsidentität, 2018, 52 ff.

[100] BVerfG NJW 2020, 1647.

3. Rechtsvergleichende Bezüge. Art. 24 Abs. 1 war durch Vorläufer in den Verfassungen Frankreichs und Italiens inspiriert.[101] So bestimmt die auch heute noch zum sog. *„bloc de constitutionalité“*[102] gehörende **Präambel der französischen Verfassung von 1946** *„(s)ous réserve de réciprocité, la France consent aux limitations de souveraineté nécessaires à l'organisation et à la défense de la paix.“* **Art. 11 der italienischen Verfassung** von 1947 enthält eine ähnlich lautende Bestimmung. Während letztere Vorschrift bis heute die verfassungsrechtliche Grundlage für die Beteiligung Italiens an der europäischen Integration darstellt, wurde in Frankreich ähnlich wie in Deutschland anlässlich der Gründung der Europäischen Union im Jahr 1992 die Verfassung geändert und mit den Art. 88-1 ff. frz. Verfassung eine gesonderte Grundlage für die Mitwirkung an der europäischen Integration geschaffen. In der Zwischenzeit haben auch andere Mitgliedstaaten der EU verfassungsrechtliche Regelungen für die Übertragung geschaffen und dabei auch teilweise diesbezügliche Grenzen normiert (vgl. zB Art. 28 Abs. 2, 3 der griechischen Verfassung und Kap. 10 Art. 7 der Verfassung Schwedens). Die **österreichische Verfassung** kennt anders als das GG auch die Möglichkeit der **Übertragung von „einzelnen“ Hoheitsrechten auf andere Staaten** (Art. 9 Abs. 2), was auf eine Verfassungsänderung aus dem Jahr 1981 zurückgeht. Zunächst erlaubte diese neu in die Verfassung aufgenommene Bestimmung nur die Übertragung von Hoheitsrechten des Bundes, nicht aber von solchen der Länder. Dies wurde durch eine Novelle im Jahr 2008 korrigiert, um der insofern schon vorher abweichenden Verfassungspraxis Rechnung zu tragen.[103] Die Bestimmung des Art. 9 Abs. 2 stellt dabei nicht die Grundlage für den Beitritt Österreichs zur EU dar, der vielmehr auf einem gesonderten Verfassungsgesetz, dem EU-BeitrittsBVG beruht.[104] Auch innerhalb der EU gibt es unterschiedliche Modelle, die Übertragung von Hoheitsrechten verfassungsrechtlich zu ermöglichen. Im strikt dualistischen **Vereinigten Königreich** etwa basierten bis zum „Brexit“ der Anwendungsvorrang und die Durchgriffswirkung des Unionsrechts auf dem *European Communities Act* von 1973.[105] 30

Jenseits des europäischen Kontexts kennen die meisten Verfassungen der Welt keine gesonderten Normen zur Übertragung von Hoheitsrechten, sondern „verarbeiten“ etwaige Übertragungen im Rahmen der allgemeinen Regeln über Rang und Wirkung völkerrechtlicher Verpflichtungen.[106] In 31

---

[101] Siehe auch *Wollenschläger* in Dreier Rn. 14; *Wendel,* Permeabilität im europäischen Verfassungsrecht, 2011, 164; *Wendel* in Marsch/Vilain/Wendel Französisches und deutsches Verfassungsrecht, § 8 Rn. 34.

[102] *Wendel,* Permeabilität im europäischen Verfassungsrecht, 2011, 148.

[103] Siehe *Öhlinger/Müller* in Korinek/Holoubek/Bezemek/Fuchs/Martin/Zellenberg Österreichisches Bundesverfassungsrecht, Stand 2018, Art. 9 Rn. 1, 6.

[104] *Öhlinger/Müller* in Korinek/Holoubek/Bezemek/Fuchs/Martin/Zellenberg Österreichisches Bundesverfassungsrecht, Stand 2018, Art. 9 Rn. 10.

[105] Vgl. *Hobe,* Der offene Verfassungsstaat zwischen Souveränität und Interdependenz, 1998, 167.

[106] Für einen rechtsvergleichenden Überblick siehe mwN zu ausgewählten Jurisdiktionen *Hobe,* Der offene Verfassungsstaat zwischen Souveränität und Interdependenz, 1998, 164 ff.; *Hobe* in BerlKomm Rn. 80 ff.; *Wendel,* Permeabilität im europäischen Verfassungsrecht, 2011, passim. Bezeichnenderweise wird die Übertragung von „sovereign powers“ in den Beiträgen in Bradley Oxford Handbook of Comparative Foreign Relations Law, 2019, nur in den Beiträgen zur Rechtslage in Deutschland diskutiert: *Paulus/Hinselmann* in Bradley Oxford Handbook of Comparative Foreign Relations Law, 413 (416, 424); *Peters* in Bradley Oxford Handbook of Comparative Foreign Relations Law, 791 (792).

vielen Staaten stellt sich die Problematik der Übertragung von Hoheitsrechten nicht oder wird nicht als solche wahrgenommen. So formulierte *Louis Henkin* in Bezug auf die **Vereinigten Staaten von Amerika:** „*Constitutional limitations on U. S. participation even worth discussing arise only if an international organization begins to acquire attributes of government and to impinge directly on the lives and inhabitants of the United States, or on governmental activities of states.*"[107] Auch unabhängig von der Übertragung von Hoheitsrechten konnte *Henkin* keine verfassungsrechtlichen Probleme erkennen. Dort, wo internationale Organisationen für die Staaten bindende Resolutionen annehmen könnten, verfügten die Vereinigten Staaten entweder über das Privileg des Vetos oder seien durch „*weighted voting*" faktisch gegen sie nachteilig beeinflussende Resolutionen geschützt.[108] Auch das Erfordernis von „*political branch implementation*", so *Curtis Bradley,* schütze US-amerikanische Souveränität, in dem es auch ggf. völkerrechtlich verbindliche Verpflichtungen nicht für unmittelbar anwendbar erkläre: „*By requiring political branch implementation, this non-self-execution approach subjects international orders and decisions to the filter of the U. S. democratic process while preserving the traditional role of the U. S. judiciary to interpret and apply existing domestic law.*"[109]

32 Die Sondervorschrift des Art. 24 Abs. 1a ist im internationalen Vergleich ein Solitär, jedenfalls was die Normierung dieser Fragen auf Ebene der Verfassung anbelangt. Auch die Ermöglichung zur Einordnung in ein System gegenseitiger kollektiver Sicherheit nach Art. 24 Abs. 2 ist im internationalen Vergleich eher eine Ausnahmeerscheinung, insbesondere im Zusammenhang mit der zum Ausdruck gebrachten Bereitschaft zur Beschränkung von Hoheitsrechten.[110] Ähnliches gilt für den Verfassungsauftrag des Art. 24 Abs. 3, sich einem System der friedlichen Streitbeilegung anzuschließen,[111] wobei einige Verfassungen durchaus Bestimmungen zur Anerkennung internationaler Gerichte kennen (siehe etwa Art. 53-2 der französischen Verfassung zum IStGH).

33 **4. Landesverfassungsrechtliche Bezüge.** Die von Art. 24 Abs. 1a grundsätzlich eröffnete Möglichkeit der Übertragung von Hoheitsrechten durch die Länder auf grenznachbarschaftliche Einrichtungen hat bisher noch keinen Widerhall in der Praxis gefunden. Keine Landesverfassung hat hier entsprechende Regelungen getroffen.[112] Gleichwohl gibt es einige Landesverfassungen, die sich zum Wert grenzüberschreitender bzw. grenznachbarschaftlicher Kooperation bekennen. Dies sind Art. 3a S. 2 der Bayerischen Verfassung, Art. 2 Abs. 1 der Brandenburgischen Verfassung, Art. 65 Abs. 2 der Bremischen Verfassung, Art. 11 der Verfassung Mecklenburg-Vorpommerns, Art. 74a S. 3 der Verfassung von Rheinland-Pfalz, Art. 60 Abs. 2 S. 2 der Saarländischen Verfassung sowie Art. 12 der Sächsischen Verfassung.

---

[107] *Henkin,* Foreign Affairs and the U. S. Constitution, 1996, 247.

[108] *Henkin,* Foreign Affairs and the U. S. Constitution, 1996, 263.

[109] *Bradley,* International Law in the U. S. Legal System, 2015, 135; zur Rolle des „American exceptionalism" zur Sicherung demokratischer Selbstbestimmung siehe auch instruktiv *Krieger* AöR 133 (2008), 315 (320 ff.).

[110] So auch *Wollenschläger* in Dreier Rn. 16.

[111] *Classen* in MKS Rn. 2b.

[112] Umstritten ist es allerdings, ob es für die Ausfüllung des Art. 24 Abs. 1a gesonderter landesverfassungsrechtlicher Regeln bedarf, siehe mwN *Kotzur,* Grenznachbarschaftliche Zusammenarbeit, 2004, 492 f., der aus Gründen der Rechtsklarheit solche Regelungen jedenfalls rechtspolitisch für sinnvoll erachtet.

B. Einzelfragen

I. Abs. 1 – Übertragung von Hoheitsrechten

1. Hoheitsrechte. Art. 24 Abs. 1 ermöglicht die Übertragung von **Hoheitsrechten.** Unter diesem Begriff ist die Befugnis zur Ausübung öffentlicher Gewalt zu verstehen, worunter Handlungen aller drei staatlichen Gewalten fallen.[113] Voraussetzung für das Vorliegen eines Hoheitsrechts ist es, dass dieses zu einseitig-verbindlichen Regelungen ermächtigt.[114] Im Kern handelt es sich um einen anderen Begriff für Kompetenzen und Befugnisse staatlicher Organe.[115] Dieses Verständnis spiegelt sich etwa in der Kompetenzordnung der Europäischen Union, die vom Grundsatz einer Übertragung einzelner mitgliedstaatlicher Befugnisse getragen wird.[116] Damit verbunden sind Vorstellungen von originärer und abgeleiteter öffentlicher Gewalt: Genauso wie der Europäischen Union in der Rechtsprechung des BVerfG und in weiten Teilen der Literatur kategorisch die sog. „Kompetenz-Kompetenz" abgesprochen wird,[117] wird davon ausgegangen, dass die Integrationsklausel des Art. 24 Abs. 1 nur zur Übertragung einzelner Hoheitsrechte ermächtigt und nicht etwa dazu, die gesamte deutsche Staatsgewalt auf eine zwischenstaatliche Einrichtung zu transferieren.[118] So verstanden stehen Grund und Grenze der Übertragung von Hoheitsrechten in einem engen Zusammenhang mit dem Begriff der staatlichen Souveränität.[119] Auch wenn dieser in der Rechtsprechung des BVerfG durchaus Verwendung findet (in der Formulierung, das GG verzichte nicht auf „das letzte Wort der Souveränität"[120]), handelt es sich bei der Souveränität nicht um einen Begriff des GG. Dieser prägt vielmehr je nach staatstheoretischer Präferenz das Grundverständnis von Staat und Verfassung. 34

Entscheidendes Merkmal der Hoheitsrechtsübertragung ist die **„Durchgriffswirkung".**[121] Damit ist gemeint, dass zwischenstaatliche Einrichtungen iSv Art. 24 Abs. 1 Regelungen treffen können, die unmittelbar auf den Einzelnen einwirken. Die Durchgriffswirkung unterscheidet eine zwischenstaatliche Einrichtung iSv Art. 24 Abs. 1 von anderen Formen der Rechtssetzung durch internationale Organisationen. Diese können teilweise für ihre 35

---

[113] *Classen* in MKS Rn 5; *Schmahl* in Sodan Rn. 3.

[114] *Wollenschläger* in Dreier Rn. 25.

[115] Siehe auch BVerfGE 58, 1 (31).

[116] *Wendel*, Permeabilität im europäischen Verfassungsrecht, 2011, 170.

[117] Vgl. BVerfGE 89, 155 (195); 123, 267 (349); eher krit. zu dieser Rspr. *König*, Die Übertragung von Hoheitsrechten im Rahmen des europäischen Integrationsprozesses, 2000, 678, 682; dem BVerfG zustimmend *Schorkopf*, Staatsrecht der internationalen Beziehungen, 2017, § 2 Rn. 165; *Calliess*, Staatsrecht III, 2018, 273.

[118] *Wollenschläger* in Dreier Rn. 27; *Mosler* in HdbStR VII § 175 Rn. 28.

[119] *Badura* VVDStRL 23 (1966), 34 (56); *Mosler* in HdbStR VII, 1992, § 175 Rn. 29; *Schmitz*, Integration in der supranationalen Union, 2001, 238–243; *Schiffbauer* AöR 141 (2016), 551 (554) spricht von staatlicher Souveränität als „Substrat der Hoheitsrechte".

[120] BVerfGE 111, 307 (319); 141, 1 (28).

[121] So die hM, siehe *Calliess* in Maunz/Dürig Art. 24 Abs. 1 Rn. 45; *Streinz* in Sachs Rn. 13; *Classen* in MKS Rn. 6; *Stern*, StaatsR I, 1984, 524; *Badura* VVDStRL 23 (1966), 34 (54 f.); *Mosler* in HdbStR VII, 1992, § 175 Rn. 17; *König* Die Übertragung von Hoheitsrechten im Rahmen des europäischen Integrationsprozesses, 2000, 51 ff.; *Payandeh* JöR nF 57 (2009), 457 (476); *Sauer* in Rensen/Brink Linien der Rechtsprechung, 585 (594); *Funke*, Umsetzungsrecht, 2010, 44; *Kment*, Grenzüberschreitendes Verwaltungshandeln, 2010, 194; aA *Wollenschläger* in Dreier Rn. 28 ff.

Mitglieder verbindliche Beschlüsse treffen, die aber nicht unmittelbar gegenüber dem Einzelnen wirken,[122] sondern nur gegenüber der Bundesrepublik als Mitgliedstaat verbindlich sind. In seiner Eurocontrol-Entscheidung hat das BVerfG die Übertragung von Hoheitsrechten deshalb bejaht, weil der Organisation die „Befugnis, Gebühren im Einzelfall festzusetzen und einzuziehen und das Einziehungsverfahren normativ zu regeln", eingeräumt wurde.[123] Allgemein gesprochen können die fraglichen Regelungen dabei rechtssetzender, vollziehender und rechtssprechender Natur sein. Auf weitere Wesensmerkmale der internationalen Organisation, etwa ihre Organstruktur oder ihre Entscheidungsverfahren, kommt es für Art. 24 Abs. 1 nicht an. Die Durchgriffswirkung bedeutet insofern, dass der „staatliche Souveränitätspanzer"[124] durchbrochen wird: Art. 24 Abs. 1 „ist auf den besonderen Fall zugeschnitten, dass die schützende Decke der nationalen Souveränität weggezogen wird, so dass eine von der Bundesrepublik lediglich mitgetragene Organisation im direkten Zugriff rechtliche Verpflichtungen" zu erzeugen vermag.[125]

36 Vom Erfordernis der Durchgriffswirkung sehen einige Stimmen in der Literatur ab.[126] In der Rechtsprechung fand sich eine entsprechende Tendenz bisher am deutlichsten in der **Nachrüstungsentscheidung** des BVerfG. Hier wurde die Entscheidung über den Einsatz von auf deutschem Staatsgebiet stationierten Atomwaffen der Vereinigten Staaten durch den Präsidenten der Vereinigten Staaten als Fall der Übertragung von Hoheitsrechten eingeordnet.[127] Nach diesem Urteil ist der US-Präsident in einem solchen Zusammenhang „mit einer besonderen Bündnisfunktion" betraut und kann als „besonderes Organ des Bündnisses" NATO betrachtet werden.[128] Diese Konstruktion wurde in der Literatur ganz überwiegend zurückgewiesen.[129] Auch wenn die faktischen Konsequenzen eines Einsatzes von Atomwaffen

---

[122] Instruktiv und sehr klarsichtig dazu *König,* Die Übertragung von Hoheitsrechten im Rahmen des europäischen Integrationsprozesses, 2000, 51 f.

[123] BVerfGE 58, 1 (35); siehe auch BVerfGK NJW 2006, 2908 (2909); NVwZ 2010, 641 (642); GRUR 2010, 1031 (1032); in diese Richtung auch BVerfGK NJW 2001, 2705 (2706).

[124] Begriffsprägend *Bleckmann* ZaöRV 35 (1975), 79 (81); *Bleckmann* AVR 18 (1979), 253 (267); vgl. weiter *Sommermann* in HIPE II § 14 Rn. 11; *Wendel,* Permeabilität im europäischen Verfassungsrecht, 2011, 98; *Calliess,* StaatsR III, 2018, Rn. 62.

[125] *Tomuschat* in BK (Zweitbearbeitung) Rn. 10 (dessen Positionierung für die Durchgriffswirkung allerdings hier insofern undeutlich bleibt, da er Durchgriffswirkung sodann so definiert, dass rechtliche Verpflichtungen unmittelbar für den Bürger und für Staatsorgane begründet werden. Die unmittelbare Verpflichtung letzterer kann sich auch ohne Durchgriffswirkung ergeben, da völkerrechtlich betrachtet alle Staatsorgane an die völkerrechtlichen Verpflichtungen ihres Staates gebunden sind und durch ihr Fehlverhalten die völkerrechtliche Verantwortlichkeit ihres Staates auslösen können, vgl. Art. 4 der ILC-Artikel zur Staatenverantwortlichkeit von 2001; siehe auch *Scheuner* in Institut für Staatslehre und Politik e. V. Der Kampf um den Wehrbeitrag II, 94 (139).

[126] Aus der Literatur: *Rauser,* Die Übertragung von Hoheitsrechten auf ausländische Staaten, 1991, 108 f.; *Hillgruber* in SHH Rn. 7; *Schorkopf,* Staatsrecht der internationalen Beziehungen, 2017, § 2 Rn. 140; *Wollenschläger* in Dreier Rn. 29; in diese Richtung auch *Tietje,* Internationalisiertes Verwaltungshandeln, 2001, 503 ff.; wohl auch *Schmahl* in Sodan Rn. 4; die Rspr. des BVerfG konzise zusammenfassend *Grzeszick* NVwZ 2016, 1753 (1755).

[127] BVerfGE 68, 1 (91 f.).

[128] BVerfGE 68, 1 (92).

[129] Krit. etwa *Eckertz* EuGRZ 1985, 165; *Rauschning* JuS 1985, 863; *Bryde* Jura 1986, 363; *König,* Die Übertragung von Hoheitsrechten im Rahmen des europäischen Integrationsprozesses, 2000, 54; *Sauer* in Rensen/Brink Linien der Rechtsprechung, 2009, 585 (594); *Calliess,* Staatsrecht III, 2018, 127; tendenziell zustimmend aber *Nolte* ZaöRV 54 (1994), 652 (663).

ganz erheblich sein können, fehlt es für die Annahme einer Übertragung von Hoheitsrechten an der Durchgriffswirkung in einem rechtlichen Sinn.

In der jüngeren Vergangenheit wurde insbesondere im Hinblick auf das **Freihandelsabkommen** zwischen der EU und ihren Mitgliedstaaten auf der einen Seite und Kanada andererseits **(„CETA")** diskutiert, ob am Erfordernis der Durchgriffswirkung festzuhalten ist. In seiner Entscheidung im Verfahren des § 32 BVerfGG (Erlass einer einstweiligen Anordnung) hat sich das BVerfG zumindest so positioniert, dass Regeln zur Beilegung von Streitigkeiten und zur Rolle der gemischten Ausschüsse mit einer Übertragung von Hoheitsrechten verbunden sein könnten.[130] Die Ausführungen stehen dabei im Kontext des Art. 23 n. F., da es hier auch um eine mögliche „Weiterübertragung" von an die EU übertragenen Kompetenzen geht.[131] Grundsätzlich kommt Bestimmungen des CETA-Abkommens keine unmittelbare Anwendbarkeit zu, was in Art. 30.6 Abs. 1 CETA-Abkommen ausdrücklich unterstrichen wird.[132] Für das Streitbeilegungssystem kann sich eine Durchgriffswirkung auf den Einzelnen allerdings mittelbar dadurch ergeben, dass Schiedssprüche nach dem ICSID-Abkommen durchsetzbar sein können, was zum Vorliegen eines unmittelbar wirksamen Vollstreckungstitels führen kann (→ Rn. 61).[133] Allerdings erstreckt sich die vorläufige Anwendung von CETA, um die es in der Eilentscheidung ging, nicht auf die Aspekte des Investitionsschutzes. Die Überlegungen des Gerichts deuten jedenfalls in eine Richtung, die für das Übertragen von Hoheitsrechten nicht mehr am formalen Kriterium der Durchgriffswirkung orientiert ist, sondern materielle Kriterien der Erheblichkeit von Entscheidungen für das Verfassungsgefüge des GG zugrunde legt.[134] **37**

Eine solche Entwicklung der Rechtsprechung hätte den Vorteil, die Vielgestaltigkeit öffentlichen Handelns ähnlich nachzuvollziehen, wie dies für die allgemeinen Grundrechtslehren der Übergang vom klassischen zum modernen Eingriffsbegriff geleistet hat.[135] Die Nachteile einer Aufgabe des formalen Kriteriums der Durchgriffswirkung wiegen gleichwohl schwer: Insbesondere würde es dazu kommen, dass man anhand unbestimmter Kriterien der Wesentlichkeitslehre im Hinblick auf die Tätigkeit jeglicher internationaler Organisation fortlaufend zu bestimmen hätte, ob nunmehr eine Schwelle erreicht ist, die nicht mehr „nur" ein Zustimmungsgesetz nach Art. 59 Abs. 2 erfordert, sondern daneben auch eine Übertragung von Hoheitsrechten darstellt, was dann die Tore zum Art. 24 Abs. 1 öffnen würde.[136] Dies mag praktisch in vielen Fällen keinen Unterschied machen, da in der Regel das Gesetz zur Übertragung von Hoheitsrechten auf eine zwischenstaatliche **38**

---

[130] BVerfGE 143, 65 (95, Rn. 58).

[131] Zu dieser Problematik *Schiffbauer* AöR 141 (2016), 551 (581 ff.).

[132] *Nowrot/Tietje* EuR 2017, 137 (149).

[133] *Stoll/Holterhus/Gött,* Investitionsschutz und Verfassungsrecht, 2017, 51 f.; insofern unterscheiden sich Schiedssprüche auf der Grundlage des ICSID-Abkommens von den allgemeinen Regeln der New Yorker Convention on the Recognition and Enforcement of Foreign Arbitral Awards vom 10.6.1958 in diesem Zusammenhang: *Reinisch* JIEL 2016, 761 (780); grundsätzlich kommt Entscheidungen von Investor-Staat-Schiedsverfahren keine unmittelbare Wirkung zu, siehe *Ohler* JZ 2015, 337 (342).

[134] In diese Richtung etwa *Schorkopf* in BK Art. 23 Rn. 65; *Wollenschläger* in Dreier Rn. 29.

[135] *Schorkopf,* Staatsrecht der internationalen Beziehungen, 2017, § 2 Rn. 140.

[136] Kritisch im Hinblick auf die Unbestimmtheit der Abgrenzungsstandards auch *König,* Die Übertragung von Hoheitsrechten im Rahmen des europäischen Integrationsprozesses, 2000, 58.

Einrichtung nach Art. 24 Abs. 1 zugleich auch Zustimmungsgesetz nach Art. 59 Abs. 2 ist.[137] Umgekehrt gilt dies jedoch nicht und einem einmal beschlossenen Zustimmungsgesetz nach Art. 59 Abs. 2 kann nicht nachträglich der gesetzgeberische Wille zur Übertragung von Hoheitsrechten nach Art. 24 Abs. 1 untergeschoben werden. Erforderlich wäre dann ein ggf. nachholendes Gesetz zur Übertragung von Hoheitsrechten, was Zweifel im Hinblick auf die zwischenzeitlich entwickelte Praxis der Organisation nicht restlos beseitigen dürfte. Es müsste dann praktisch jedes Zustimmungsgesetz zu einem völkerrechtlichen Vertrag, der auch eine institutionelle Komponente aufweist, als Gesetz zur Übertragung von Hoheitsrechten nach Art. 24 Abs. 1 gefasst werden, was Fragen hinsichtlich des dann noch verbleibenden Anwendungsbereichs von Art. 59 Abs. 2 wecken würde.[138] Ein weiterhin formal gedachter Begriff der Übertragung von Hoheitsrechten weist demgegenüber den Vorteil größerer Rechtsklarheit auf, die der Ermöglichung internationaler Zusammenarbeit nach dem Grundanliegen der Ausrichtung des GG als offene Verfassungsordnung am ehesten gerecht wird.[139]

39 **2. Der Bund kann durch Gesetz … übertragen.** Der Begriff der **„Übertragung"** ist irreführend.[140] Nach der ständigen Rechtsprechung des BVerfG ist im Akt der Übertragung von Hoheitsrechten ein Vorgang zu sehen, der die deutsche Rechtsordnung derart öffnet, „dass der ausschließliche Herrschaftsanspruch der Bundesrepublik Deutschland im Geltungsbereich des Grundgesetzes zurückgenommen und der unmittelbaren Geltung und Anwendbarkeit eines Rechts aus anderer Quelle innerhalb des staatlichen Herrschaftsbereichs Raum gelassen wird."[141] Der Übertragung kommt mithin keine dingliche Wirkung zu, die unwiderruflich wäre.[142] Irritierend sind Formulierungen in der jüngeren Rspr. des BVerfG, wonach „Kompetenzen, die einem anderen Völkerrechtssubjekt übertragen werden, in aller Regel ‚verloren'" seien und „aus eigener Kraft nicht ohne Weiteres ‚zurückgeholt' werden" könnten.[143] Es liegt vielmehr eine Rücknahme staatlicher Hoheitsgewalt vor, wobei die derart aufgetretene Lücke durch Entscheidungen der zwischenstaatlichen Einrichtung ausgefüllt wird.[144] Statt von *„transferre"* sollte deshalb von *„conferre"* gesprochen werden,[145] was sich auch in der Terminologie der Kompetenzordnung der Unionsrechtsordnung spiegelt.[146] Zugleich spricht gegen das Bild einer dinglichen Übertragung iS einer Abtretung auch die Tatsache, dass dann der Adressat der Hoheitsrechtsübertragung über ein Bündel isolierter Kompetenzen verfügen würde, die aufgrund ihrer ursprüng-

[137] *Hillgruber* in SHH Rn. 5.

[138] *Classen* DÖV 2018, 253 (258); in diese Richtung auch die Überlegungen bei *Calliess* in Maunz/Dürig Art. 24 Abs. 1 Rn. 51.

[139] Mit dieser Stoßrichtung auch *Classen* DÖV 2018, 253 (258).

[140] *Kaufmann* in Institut für Staatslehre und Politik e. V. Der Kampf um den Wehrbeitrag II, 42 (54); *Vogel,* Die Verfassungsentscheidung für eine internationale Zusammenarbeit, 1964, 3.

[141] BVerfGE 37, 271 (280), 58, 1 (28); 149, 346 (361, Rn. 29).

[142] *Hillgruber* in SHH Rn. 5; *Kment,* Grenzüberschreitendes Verwaltungshandeln, 2010, 194 f.

[143] BVerfG BeckRS 2020, 4002, Rn. 137; aA in abw. Meinung *König/Langenfeld/Maidowski* BeckRS 2020, 4002, Rn. 18.

[144] *Tomuschat* in BK (Zweitbearbeitung) Rn. 19.

[145] So prägend *Kaufmann* in Institut für Staatslehre und Politik e. V. Der Kampf um den Wehrbeitrag II, 42 (55); zustimmend *Mosler* in HdbStR VII, 1992, § 175 Rn. 41; *Tomuschat* in BK (Zweitbearbeitung) Rn. 15.

[146] *Wendel,* Permeabilität im europäischen Verfassungsrecht, 2011, 170.

lich unterschiedlichen Grundierung im nationalen Recht kein stimmiges Ganzes ergeben können.[147] Mit der Ausübung von Kompetenzen auf der Ebene einer zwischenstaatlichen Einrichtung, die schon denklogisch nur dort wahrgenommen werden können (wie etwa Befugnisse, die sich auf den Binnenmarkt der Union beziehen), ist das Bild einer Öffnung der staatlichen Rechtsordnung mitsamt Rücknahme der eigenen Hoheitsgewalt insofern besser vereinbar. Damit verbunden konstituiert sich eine neue Hoheitsgewalt auf der supranationalen Ebene.

Art. 24 Abs. 1 ermächtigt **den Bund** zur Übertragung von Hoheitsrechten. Damit ist nach ganz einhelliger Meinung klargestellt, dass die Länder ein solches Recht – vom Sonderfall des Abs. 1a abgesehen – nicht haben.[148] Die hier dem Bund eingeräumte Befugnis ist vor dem Hintergrund der allerdings ohnehin umstrittenen und durch das „Lindauer Abkommen" nur bedingt geklärten allgemeinen Abgrenzung der Kompetenzen von Bund und Ländern im Bereich der auswärtigen Gewalt nach Art. 32 Abs. 1 zu beurteilen.[149] Auch die **Beteiligung des Bundesrates** bemisst sich nach den im Rahmen von Art. 59 Abs. 2 einschlägigen Regeln, da das Gesetz nach Art. 24 Abs. 1 regelmäßig auch Zustimmungsgesetz nach Art. 59 Abs. 2 ist.[150] 40

Die Übertragung erfolgt **durch Gesetz,** womit nach ganz hM ein Parlamentsgesetz gemeint ist.[151] Dabei handelt es sich um ein im Vergleich zu Art. 59 Abs. 2 qualifiziertes Zustimmungsgesetz.[152] Art. 24 Abs. 1 stellt einerseits im Hinblick auf die horizontale innerstaatliche Gewaltenteilung insofern strengere Voraussetzungen als Art. 59 Abs. 2 auf, als eine Übertragung von Hoheitsrechten durch ein rein materielles Gesetz (etwa eine Rechtsverordnung) verfassungsrechtlich unzulässig ist.[153] Andererseits gibt es für die Übertragung von Hoheitsrechten nach Art. 24 Abs. 1 kein Erfordernis einer gesonderten Zustimmung des Bundesrates. Theoretisch denkbar ist insofern die Übertragung von Hoheitsrechten der Länder ohne eine Beteiligung des Bundesrates.[154] Rein praktisch gesehen kommt es aber dazu nicht, da ein Zustimmungsgesetz nach Art. 24 Abs. 1 in fast allen denkbaren Konstellationen in Verbindung mit Art. 59 Abs. 2 erlassen wird, womit das allgemeine Erfordernis der Beteiligung der für die Bundesgesetzgebung zuständigen Körperschaften in der Sache doch durchgreift. Eine strikte Trennung dieser beiden Vorgänge erscheint im Lichte der Völkerrechts- wie Staatspraxis lebensfremd. Es ist kaum eine Konstellation denkbar, in der ein Vertrag nur Hoheitsrechte überträgt, ohne dass auch die zugrunde liegende Sachmaterie geregelt oder aus anderen Gründen die Zustimmungsbedürftigkeit nach Art. 59 Abs. 2 ausgelöst wird.[155] Insofern besteht kein Bedarf nach einer analogen Anwendung des Zustimmungserfordernisses des Bundesrates aus Art. 23 Abs. 1 S. 1 oder für eine Ergänzung des Art. 24 Abs. 1 in dieser Hinsicht. Der Entstehungsgeschichte kann zudem entnommen werden, dass 41

---

[147] Prägnant dazu *Wendel,* Permeabilität im europäischen Verfassungsrecht, 2011, 168 f.

[148] *Schmahl* in Sodan Rn. 7; *Hillgruber* in SHH Rn. 8.

[149] *Wollenschläger* in Dreier Rn. 22; zum Lindauer Abkommen *Fassbender,* Der offene Bundesstaat, 2007, 331 ff.

[150] Siehe auch *Mosler* in HdbStR VII, 1992, § 175 Rn. 56.

[151] BVerfGE 58, 1 (35 f.); *Tomuschat* in BK (Zweitbearbeitung) Rn. 32; *Schmahl* in Sodan Rn. 7.

[152] *Sauer* in BK Rn. 74.

[153] *Wollenschläger* in Dreier Rn. 35.

[154] *Hillgruber* in SHH Rn. 8.

[155] *Tomuschat* in BK (Zweitbearbeitung) Rn. 28 f.

sich der Parlamentarische Rat dezidiert gegen ein separates Erfordernis der Zustimmung des Bundesrates ausgesprochen hat (→ Rn. 1 f.).

42 Bei dem Gesetz des Art. 24 Abs. 1 handelt es sich um ein **einfaches formelles Gesetz** und nicht um einen Anwendungsfall von Art. 79 Abs. 2.[156] Der Sache nach handelt es sich bei jeder Übertragung von Hoheitsrechten zwar um eine **Verfassungsänderung,** weil durch die der zwischenstaatlichen Einrichtung eingeräumten Befugnisse die Kompetenzordnung des GG geändert wird und zudem einer nicht-deutschen Einrichtung die Ausübung von Hoheitsgewalt mit Wirkung für das deutsche Territorium und seine Bewohner gestattet wird.[157] Es handelt sich aber nicht um eine „Verfassungsdurchbrechung".[158] Schon den Diskussionen im Parlamentarischen Rat lässt sich klar entnehmen, dass es gerade die Pointe des Art. 24 Abs. 1 darstellt, die materielle Verfassungsordnung unter den Vorbehalt internationaler Kooperation zu stellen.[159] Ein Antrag der Deutschen Partei, die Übertragung an das Vorliegen der Mehrheiten des Art. 79 Abs. 2 GG zu knüpfen, fand keine Zustimmung.[160]

43 Aus dem Gesetz muss sich **hinreichend bestimmt** ergeben, welcher **Integrationsprozess** durch die Übertragung von Hoheitsrechten in Gang gesetzt werden soll.[161] Nicht ausgeschlossen ist dabei, dass sich eine Organisation durch eine Weiterentwicklung ihrer Praxis nach dem „implied powers"-Gedanken (→ Rn. 13) neue Formen der Aufgabenwahrnehmung erschließt, solange diese in einem engen Zusammenhang mit dem ursprünglichen Übertragungsakt stehen.[162] Das BVerfG hat diesen Gedanken bereits in seinem Eurocontrol-Urteil zum Ausdruck gebracht: Danach ist ein weiteres Gesetz für „neue Aufgaben" dort entbehrlich, „wo bereits der Gründungsvertrag, dem durch Gesetz zugestimmt worden ist, diesen künftigen Vollzugsverlauf hinreichend bestimmbar normiert hat. Allerdings muss ein derartiger Vollzugsschritt im Gründungsvertragswerk oder in dem dazu ergangenen Gesetz hinreichend bestimmbar angelegt sein; wesentliche Änderungen des dort angelegten Integrationsprogramms und seiner Vollzüge etwa sind nicht mehr von dem ursprünglichen Zustimmungsgesetz nach Art. 24 Abs. 1 GG gedeckt."[163]

44 **3. Rechtsfolgen.** Der Bestimmung des Art. 24 Abs. 1 lässt sich nicht unmittelbar entnehmen, welchen Rang Sekundärrecht der zwischenstaatlichen Einrichtung im deutschen Rechtssystem haben soll. Diskutiert wurde diese Frage insbesondere im Zuge des fortschreitenden europäischen Inte-

[156] Siehe auch BVerfG BeckRS 2020, 4002, Rn. 119.

[157] BVerfGE 58, 1 (36); *Forsthoff* in Institut für Staatslehre und Politik e. V. Der Kampf um den Wehrbeitrag II, 312 (330); *Badura* VVDStRL 23 (1964), 34 (64 f.); *Tomuschat* in BK (Zweitbearbeitung) Rn. 34; *Hillgruber* in SHH Rn. 18; *Wollenschläger* in Dreier Rn. 49; *Kotzur,* Grenznachbarschaftliche Zusammenarbeit in Europa, 2004, 121; *Polzin,* Verfassungsidentität, 2018, 206; siehe auch schon *Vogel,* Die Verfassungsentscheidung, 1964, 5 (Beeinflussung der „materiellen Verfassungsordnung"); aA *Sauer* in BK Rn. 170 f.

[158] *Erler* VVDStRL 18 (1959), 7 (19); *Tomuschat* in BK (Zweitbearbeitung) Rn. 34; krit. allerdings zur Verfassungspraxis *Schorkopf,* Staatsrecht der internationalen Beziehungen, 2017, § 2 Rn. 148.

[159] *Vogel,* Die Verfassungsentscheidung für eine internationale Zusammenarbeit, 1964, 6 f. (Hervorhebung im Original); siehe auch *Tomuschat* VVDStRL 36 (1978), 7 (18).

[160] JöR nF 1 (1951), 222 (226).

[161] *Hillgruber* in SHH Rn. 19.

[162] Tendenziell krit. *Schorkopf,* Staatsrecht der internationalen Beziehungen, 2017, § 2 Rn. 140 („Dynamik überstaatlicher Gestaltung").

[163] BVerfGE 58, 1 (37).

grationsprozesses, der sich bis zur Aufnahme des neuen Art. 23 in das GG über Art. 24 als „Integrationshebel“[164] vollzog. Dabei hat sich in der Literatur die heute ganz überwiegende Auffassung herausgebildet, dass durch Art. 24 Abs. 1 übertragene Hoheitsrechte sich so auswirken können, dass Rechtsakten der zwischenstaatlichen Einrichtung **Anwendungsvorrang** vor entgegenstehendem deutschen Recht, bis zu einem gewissen Grad auch gegenüber dem GG, zukommen *kann*.[165] Der Anwendungsvorrang reicht dabei jedoch nur soweit, wie es der entsprechende Gründungsvertrag der zwischenstaatlichen Einrichtung erfordert.[166] Denkbar ist auch die Begründung eines Anwendungsvorrangs aus ungeschriebenen allgemeinen Grundsätzen, wie es zur Herleitung des unionsrechtlichen Anwendungsvorrangs der Fall gewesen ist.[167] Eine Durchgriffswirkung der Rechtsakte der zwischenstaatlichen Einrichtung ist auch ohne Anwendungsvorrang denkbar.[168] In diesem Fall würde sich die Rangwirkung etwaiger für den Einzelnen unmittelbar geltender und anwendbarer Rechtsakte aus dem Rang des formellen Integrationsgesetzes nach Art. 24 Abs. 1 (ggf. iVm Art. 59 Abs. 2) ergeben.

4. Rückübertragung. Aus einer verfassungsrechtlichen Perspektive ist auch eine Rückübertragung von Hoheitsrechten möglich. Dies folgt daraus, dass der Übertragung von Hoheitsrechten nach ganz überwiegender Meinung zwar ein dauerhafter, aber nicht notwendigerweise endgültiger Charakter zukommt.[169] Zu berücksichtigen ist aber gleichwohl, dass die zwischenstaatliche Einrichtung, auf die die Hoheitsrechte übertragen worden sind, auf eigenen (völkerrechtlichen) Regeln basieren kann, die die Rückübertragung von Hoheitsrechten einschränken bzw. bestimmten Grenzen unterwerfen. Plastisches Beispiel hierfür ist im nunmehr dem Art. 23 unterfallenden Unionsrecht die Regelung des Art. 50 EUV. Bevor diese in das Primärrecht aufgenommen wurde, war es Gegenstand einer lebhaften Diskussion im Schrifttum, ob und unter welchen Voraussetzungen ein Austritt aus der Europäischen Union auch nach allgemeinen völkerrechtlichen Regeln, etwa auf der Grundlage der *„clausula rebus sic stantibus“* (Art. 62 WVK) möglich sei.[170] 45

5. Verfassungsrechtliche Grenzen. Die Übertragung von Hoheitsrechten auf zwischenstaatliche Einrichtungen ist nur im Rahmen gewisser **verfassungsrechtlicher Grenzen** zulässig. Die Rechtsprechung des BVerfG hat sich in diesem Zusammenhang besonders stark auf die europäische Integration konzentriert, wobei Grundlinien der Entscheidungen auch nach dem „Abwandern“ der die EU betreffenden Fragen in den Art. 23 nF weiterhin 46

[164] *Ipsen,* Aktuelle Fragen des europäischen Gemeinschaftsrechts, 1965, 1 (26).

[165] *Sauer* in BK Rn. 75; *Schmahl* in Sodan Rn. 6; *Hillgruber* in SHH Rn. 9.

[166] Siehe auch *Sauer* in BK Rn. 77; *Wollenschläger* in Dreier Rn. 48.

[167] Dazu *Wollenschläger* in Dreier Art. 23 Rn. 14 ff.

[168] So auch schon *Erler* VVDStRL 18 (1959), 7 (22).

[169] *Hillgruber* in SHH Rn. 5; *Streinz* in Sachs Rn. 18; *Schmahl* in Sodan Rn. 5; *Schorkopf,* Staatsrecht der internationalen Beziehungen, 2017, § 2 Rn. 129; aA anscheinend BVerfG BeckRS 2020, 4002, Rn. 137.

[170] Siehe etwa *Mosler* in HdbStR VII, 1992, § 175 Rn. 51; *Hatje/Kindt* NJW 2008, 1761 (1763); *Bruha/Nowak* AVR 42 (2004), 1 (8 ff.); *Calliess* in Calliess/Ruffert EUV/AEUV, Art. 50 EUV Rn. 2; *Schwerdtfeger* AVR 56 (2018), 96 (112 f.); allgemein zu unilateraler Beendigung von völkerrechtlichen Verträgen *Lekkas/Tzanakopoulos* in Tams/Tzanakopoulos/Zimmermann Research Handbook on the Law of Treaties, 312 (316); *Helfer* in Hollis The Oxford Guide to Treaties, 634 (637 ff.).

Gültigkeit im Rahmen von Art. 24 Abs. 1 behalten.[171] Systematisch sind hier **zwei Stufen** zu unterscheiden: Die Übertragung von Hoheitsrechten und die Ausübung der übertragenen Hoheitsrechte.

47 **a) Grenzen der Übertragung von Hoheitsrechten.** Auf der **ersten Stufe** kann eine **Übertragung** von Hoheitsrechten an sich verfassungswidrig sein. Gegenstand verfassungsgerichtlicher Überprüfung ist dabei dann das Gesetz nach Art. 24 Abs. 1, welches als einfaches formelles Gesetz naturgemäß unter dem Vorbehalt steht, dass es mit dem GG an und für sich im Einklang stehen muss.[172] Zu berücksichtigen ist aber bei der Bestimmung des Prüfungsmaßstabs, dass es sich bei der Übertragung von Hoheitsrechten der Sache nach um eine materielle Verfassungsänderung handelt.[173] Insofern spricht viel dafür, im Ergebnis den Prüfungsmaßstab des BVerfG für ein Integrationsgesetz nach Art. 24 Abs. 1 darauf zu beschränken, dass kein Verstoß gegen die von Art. 79 Abs. 3 geschützten Verfassungsinhalte vorliegt.[174] Durch die Einbeziehung der Grundsätze der Art. 1 und 20 ist so gewährleistet, dass die Bundesrepublik nicht Hoheitsrechte auf eine Organisation überträgt, die keinerlei Grundrechtsschutz gegen die Ausübung ihrer Hoheitsgewalt gewährt.[175] Auch die Einhaltung der anderen Staatsstrukturmerkmale des Art. 20 kann so gewährleistet werden. Die genaue Reichweite der verfassungsrechtlichen Grenzen der Hoheitsrechtsübertragung ist dabei im Einzelnen umstritten. Die Diskussion zu Art. 24 Abs. 1 leidet dabei darunter, dass sich die Aufmerksamkeit zu einem gewissen Grad auf den benachbarten Art. 23 verlagert hat.[176] Es ist jedoch nicht selbstverständlich, dass sich die inzwischen stark ausdifferenzierte und zu Art. 23 entwickelte Dogmatik ohne Weiteres auf Art. 24 Abs. 1 übertragen lässt.

48 Der weiterhin gültige **Grundgedanke** der bundesverfassungsgerichtlichen Rechtsprechung ist im Eurocontrol-Beschluss auf den Punkt gebracht: „Art. 24 Abs. 1 GG muß wie jede Verfassungsbestimmung ähnlich grundsätzlicher Art im Zusammenhang der Gesamtverfassung verstanden und ausgelegt werden. Er eröffnet nicht den Weg, das Grundgefüge der Verfassung anzutasten. Ein unaufgebbarer Bestandteil des Verfassungsgefüges sind die fundamentalen Rechtsgrundsätze, die in den Grundrechten des Grundgesetzes anerkannt und verbürgt sind. Deshalb gestattet Art. 24 Abs. 1 GG nicht, den Grundrechtsteil des Grundgesetzes vorbehaltlos zu relativieren (…).“[177]

49 In diesen Formulierungen ist der Kern der späteren Entwicklung der sog. **„Verfassungsidentität“** bereits begründet. Es gibt „unaufgebbare“ Kernbestandteile der Verfassung, die auch durch eine Übertragung von Hoheits-

---

[171] Für eine umfassende Würdigung der Rechtsprechung zur europäischen Integration und ihrer anhaltenden Bedeutung für Art. 24 Abs. 1 siehe nur *Calliess* in Maunz/Dürig Art. 24 Abs. 1 Rn. 76 ff.

[172] BVerfGE 149, 346 (361 f., Rn. 30).

[173] *Schweitzer/Dederer,* Staatsrecht III, 2016, Rn. 113, siehe außerdem die Verweise in Fn. 154.

[174] Insoweit herrscht Einigkeit, dass jedenfalls Art. 79 Abs. 3 der Übertragung von Hoheitsrechten eine Grenze setzt: *Streinz* in Sachs Rn. 28; *Wollenschläger* in Dreier Rn. 40; *Schmahl* in Sodan Rn. 12; *Hillgruber* in SHH Rn. 23.

[175] Weitergehend (Art. 79 Abs. 3 plus Grundrechtskatalog des GG) *Scheuner* in Institut für Staatslehre und Politik e. V. Der Kampf um den Wehrbeitrag II, 94 (143).

[176] Vgl. *Calliess* in Maunz/Dürig Art. 24 Abs. 1 Rn. 174.

[177] BVerfGE 58, 1 (40).

rechten nicht angetastet werden dürfen.[178] Dies ist dogmatisch in sich stimmig, begreift man das Gesetz nach Art. 24 Abs. 1 als Ermächtigung zu einer materiellen Verfassungsänderung. Erfolgt diese zwar nicht unter den formellen Voraussetzungen des Art. 79, darf sie sich doch zugleich und erst recht nicht über die Grenzen hinwegsetzen, die selbst dem verfassungsändernden Gesetzgeber nach Art. 79 Abs. 3 gezogen sind. Die **Eurocontrol**-Entscheidung ist hier im Hinblick auf den zu wahrenden verfassungsrechtlichen Kernbestand noch vage, spricht sie doch eine vorbehaltlose Relativierung des Grundrechtsteils des Grundgesetzes an, was immerhin so verstanden werden kann, dass hier über Art. 79 Abs. 3 noch hinausgehende Inhalte geschützt werden. Das BVerfG hat dies in der Zwischenzeit in seiner Entscheidung zu den **Europäischen Schulen** für den Art. 24 Abs. 1 – im Wege umfangreicher *obiter dicta*[179] – dahingehend präzisiert, dass Integrationsgesetze, mit denen Hoheitsrechte auf zwischenstaatliche Einrichtungen übertragen werden, „einen Grundrechtsschutz gewährleisten müssen, der den vom GG geforderten Mindeststandard umfasst, insbesondere den Wesensgehalt der Grundrechte garantiert."[180]

In systematischer Hinsicht überzeugend ist es, die verfassungsrechtlichen **50**
Grenzen für die Übertragung von Hoheitsrechten nicht über das Maß auszudehnen, welches von Art. 79 Abs. 3 geschützt wird. Über die dort angesprochenen Schutzgüter, insbesondere die Grundsätze der Art. 1 und 20, wird auch erfasst, dass sich das deutsche Volk zu den „unverletzlichen und unveräußerlichen Menschenrechten als Grundlage jeder menschlichen Gemeinschaft" bekannt hat (Art. 1 Abs. 2). Schon auf dieser Basis stünde eine vollständige Preisgabe des Grundrechtsschutzes gegenüber den Hoheitsakten einer zwischenstaatlichen Einrichtung im Widerspruch zum „Grundgefüge" der Verfassungsordnung. Zugleich erlaubt die Formulierung des Art. 1 Abs. 2 auch die Berücksichtigung völkerrechtlicher Schutzstandards, was für die Ermittlung eines gemeinsamen Schutzniveaus gegenüber dem Handeln internationaler Organisationen von großer praktischer Bedeutung ist.[181] Die Handlungsfähigkeit einer internationalen Organisation würde darunter leiden, wenn ihre Beschlüsse mittelbar an den unterschiedlichen verfassungsrechtlichen Standards ihrer Mitgliedstaaten zu messen wären.[182] Aus verfassungsrechtlicher Perspektive trifft den Integrationsgesetzgeber mithin eine Pflicht, „die Gewährleistung des vom Grundgesetz geforderten Minimums an Grundrechtsschutz sicherzustellen."[183] Dies erfordert konkret von der zwischenstaatlichen Einrichtung, dass sie über rechtsstaatliche und einen adäquaten Grundrechtsschutz verbürgende Garantien verfügt.[184]

[178] Insgesamt krit. zur Übertragbarkeit der EU-Rspr. auf Art. 24 Abs. 1 *Sauer* in BK Rn. 168 ff.

[179] So auch *Gärditz* EuGRZ 2018, 530 (531), der zurecht darauf hinweist, dass es ein Spannungsverhältnis zwischen der nach dem Beschluss unzureichend substantiierten Beschwerdebegründung und der Ausführlichkeit der Ausführungen des Gerichts gibt und dies als „beinahe schlitzohrig" einordnet, *Gärditz* EuGRZ 2018, 530 (541).

[180] BVerfGE 149, 346 (360 f., Rn. 38).

[181] In diese Richtung gehen auch Überlegungen in BVerfGE 149, 346 (364 f., Rn. 38) zum Gehalt von Art. 6 Abs. 1 EMRK.

[182] Dieser Gedanke klingt auch an in BVerfGE 58, 1 (41); siehe auch *Nolte* VVDStRL 67 (2008), 129 (137).

[183] BVerfGE 149, 346 (362, Rn. 31).

[184] BVerfGE 149, 346 (362, Rn. 31).

51 Kritikwürdig an der Entwicklung der verfassungsgerichtlichen Rechtsprechung ist denn auch weniger die dogmatische Herleitung als die Tendenz, den **Inhalt der Verfassungsidentität** zu überdehnen.[185] Dies hat bisher vor allem im Kontext der Rechtsprechung zur europäischen Integration im Rahmen von Art. 23 nF Bedeutung gewonnen.[186] Schon lange vor der Entwicklung der Rechtsprechung zur Verfassungsidentität wurde in der Kommentarliteratur davor gewarnt, „eine Übersteigerung zum Verfassungspurismus" dergestalt vorzunehmen, dass „man Lösungen, die der Bundesrepublik an freiheitlicher Verfassungssubstanz gewiss nicht unterlegenen westeuropäischen Partnerländern als durchaus akzeptabel erscheinen, wegen angeblicher Beeinträchtigung des Art. 79 Abs. 3 (…) verwerfen wollte."[187] Jedenfalls gilt es, bei der Bestimmung der verfassungsrechtlichen Grenzen für die Übertragung von Hoheitsrechten ein „grundgesetz-introvertiertes Denken" zu vermeiden.[188]

52 **b) Grenzen des Vollzugs des Integrationsprogramms.** Auf einer **zweiten Stufe** ist zu fragen, ob die **Praxis** der zwischenstaatlichen Einrichtung mit dem GG im Einklang steht, was vom BVerfG als „Vollzug des Integrationsprogramms" bezeichnet wird.[189] Hier ist zu berücksichtigen, dass die Rechtsakte der Einrichtung nicht Akte (deutscher) öffentlicher Gewalt und insofern nicht als solche am Maßstab des GG zu überprüfen sind.[190] Eine Prüfungskompetenz kann sich aber insoweit ergeben, als ein Rechtsakt mit Durchgriffswirkung Grundlage von Handlungen deutscher Staatsorgane wird, die dann als solches am Maßstab des GG überprüft werden können.[191]

53 Die Rechtsprechung des BVerfG geht davon aus, dass sich die Akte einer internationalen bzw. supranationalen Organisation im **Rahmen des jeweiligen Integrationsprogramms** zu halten haben. Überschreitet eine Organisation in ganz erheblicher und offenkundiger Manier die ihr gesetzten kompetenziellen Grenzen oder verstößt sie gegen die vom BVerfG definierte und im Kern den Garantien des Art. 79 Abs. 3 entsprechende Verfassungsidentität, so hat dies Auswirkungen auf den vom Gesetz nach Art. 24 Abs. 1 erteilten Rechtsanwendungsbefehl. Aus dieser dogmatischen Konstruktion spricht die Vorstellung des Gerichts, dass eine Übertragung von Hoheitsrechten nur im Rahmen und nach den Vorgaben des GG denkbar ist. Das BVerfG behalte auch nach dem Übertragungsakt eine Wächterrolle darüber, ob sich die Entwicklung der jeweiligen zwischenstaatlichen Einrichtung im Rahmen der so gesetzten verfassungsrechtlichen Leitplanken hält. Das BVerfG geht dabei davon aus, dass durch „eine verfassungswidrige Anwendungspraxis" das ursprüngliche Integrationsgesetz **nachträglich verfas-**

---

[185] Krit. allgemein zur Rspr. des BVerfG zur Verfassungsidentität *Schönberger* JöR nF 63 (2015), 41; einordnend *Ingold* AöR 140 (2015), 1; *Wischmeyer* AöR 140 (2015), 415; *Calliess* NVwZ 2019, 684 (689 ff.); monographisch und ebenfalls mit erheblicher Kritik an der Rechtsfigur und ihrer inhaltlichen Ausweitung *Polzin,* Verfassungsidentität, 2018.

[186] Siehe etwa BVerfGE 123, 267 (361) zum integrationsfesten wehrverfassungsrechtlichen Parlamentsvorbehalt; BVerfGE 129, 124 (180, Rn. 127 f.) mit sehr weitreichenden Ausführungen zum Grundsatz der Budgethoheit in intergouvernementalen Kooperationszusammenhängen.

[187] *Tomuschat* in BK (Zweitbearbeitung) Rn. 7.

[188] *Tomuschat* in BK (Zweitbearbeitung) Rn. 55.

[189] BVerfGE 149, 346 (362, Rn. 32).

[190] *Schorkopf,* Staatsrecht der internationalen Beziehungen, 2017, § 2 Rn. 195; differenzierend *Fassbender* AöR 132 (2007), 257 (266 f.).

[191] So dogmatisch überzeugend *Huber* in MKS Art. 19 Rn. 423.

sungswidrig werden kann, wenn diese Praxis auf das Gesetz zurückzuführen ist und darin „ein strukturbedingtes normatives Regelungsdefizit" zum Ausdruck kommt.[192] Diese Auffassung ist abzulehnen.[193] Richtigerweise war im Falle eines strukturbedingten normativen Regelungsdefizits das ursprüngliche Integrationsgesetz als solches und von Anfang an verfassungswidrig, da es an der notwendigen Bestimmtheit im Hinblick auf das Ausmaß der Übertragung der Hoheitsrechte gefehlt hat. War dies nicht der Fall, mag es Grenzen für die Anwendung eines „ausbrechenden Rechtsakts" geben. Es ist dann aber auch verfassungsrechtlich ausreichend, diesem die Anwendung zu verweigern, ohne die gesamte Beteiligung der Bundesrepublik an der zwischenstaatlichen Einrichtung dem Verdikt der Verfassungswidrigkeit zu unterstellen. Die verfassungsgerichtliche Kontrolle ist hier *mutatis mutandis* nach den Standards des Honeywell-Beschlusses des BVerfG auszuüben, was eine völkerrechtsfreundliche Handhabung der *ultra vires*-Kontrolle impliziert.[194]

6. Rechtsschutz. Rechtsschutz gegen Maßnahmen zwischenstaatlicher Einrichtungen, denen Hoheitsrechte übertragen worden sind, ist grundsätzlich auf Ebene dieser Organisationen zu suchen. Das BVerfG hat insofern unterstrichen, dass weder aus Art. 24 Abs. 1 noch aus Art. 19 Abs. 4 ein verfassungsunmittelbarer Anspruch auf Zugang zu deutschen Gerichten folge.[195] Dies ist Konsequenz davon, dass Art. 19 Abs. 4 grundsätzlich nur Rechtsschutz gegenüber Akten deutscher öffentlicher Gewalt gewährt.[196] Dies gilt allerdings nach der Karlsruher Rechtsprechung nur insoweit, als die zwischenstaatliche Einrichtung einen Grundrechtsschutz gewährleistet, der den vom GG geforderten Mindeststandard umfasst und insbesondere den Wesensgehalt der Grundrechte garantiert.[197] Hier nimmt das BVerfG eine **„Reservekompetenz"** an, um zu überprüfen, ob sich die Anwendungspraxis der zwischenstaatlichen Einrichtung im Rahmen des vom Integrationsgesetz konditionierten hält.[198] 54

Nach bisher überwiegender Auffassung betrifft dies nur **Rechtsakte mit Außenwirkung.**[199] Binnenorganisatorische Maßnahmen, etwa im Bereich des Personalwesens, sind dagegen von dieser Reservekompetenz nicht umfasst.[200] Dies wird funktional mit der den Organisationen eingeräumten Immunität gerechtfertigt.[201] Aus einer völkerrechtlichen Perspektive ist dies einleuchtend. Im Hinblick auf die Vergleichbarkeit mit „außenwirksamen" Maßnahmen ist die Begründung jedoch zumindest dahingehend unbefriedigend, als sich hier Formen eines „besonderen Gewaltverhältnisses" auf der internationalen Ebene fortschreiben, von denen sich die Rechtsprechung des BVerfG in anderen Zusammenhängen längst abgewandt hat.[202] Will man die Besonderheiten hier durch völkerrechtliche Gesichtspunkte rechtfertigen, wäre es umgekehrt angezeigt, die Reservekompetenz gegenüber außenwirk- 55

[192] BVerfGE 149, 346 (362, Rn. 32).
[193] Dem Gericht hier tendenziell zustimmend *Gärditz* EuGRZ 2018, 530 (538 f.).
[194] BVerfGE 126, 286 (303 ff.); vgl. auch *Hillgruber* in SHH Rn. 27.
[195] BVerfGE 149, 346 (366, Rn. 43).
[196] BVerfGE 58, 1 (26 ff.); *Fassbender* AöR 132 (2007), 257 (261 ff.); *Huber* in MKS Art. 19 Rn. 421.
[197] BVerfGE 149, 346 (360 f., Rn. 27).
[198] *Wollenschläger* in Dreier Rn. 52.
[199] *Wollenschläger* in Dreier Rn. 53.
[200] BVerfGE 149, 346 (360 f., Rn. 27).
[201] *Wollenschläger* in Dreier Rn. 53.
[202] Siehe hier nur *Dreier* in Dreier Art. 1 Abs. 3 Rn. 65.

samen Maßnahmen ebenfalls zurückzunehmen, da diese durchaus auch von der den zwischenstaatlichen Einrichtungen eingeräumten Immunität gedeckt sein können.

56 Eine vollständige Rücknahme der eigenen Prüfungskompetenz kommt allerdings schon deswegen nicht in Frage, weil auch das Völkerrecht die Übertragung von Hoheitsrechten auf internationale Organisationen nicht frei von jeglichen menschenrechtlichen Bindungen erlaubt. Der Rechtsprechung des EGMR ist insofern zu entnehmen, dass sich die Vertragsparteien der EMRK durch den Beitritt zu internationalen Organisationen nicht ihrer menschenrechtlichen Bindungen entledigen können.[203] In seiner Entscheidung im Srebrenica-Fall hat der Gerichtshof den allgemeinen Grundsatz seiner Rechtsprechung dahingehend zusammenfasst, dass eine Übertragung von Hoheitsrechten ohne jede Grundrechtsbindung mit Ziel und Zweck der EMRK unvereinbar wäre.[204] Zugleich hat der EGMR jedoch in diesem Fall auch die besondere Rolle der Vereinten Nationen, insbesondere beim Handeln auf der Grundlage von Kapitel VII der Charta anerkannt und diesen Fall von anderen Entscheidungen abgegrenzt, in denen es vorwiegend um die Ausübung von internem Dienstrecht der Organisationen ging.[205] Insofern ist die subsidiäre Gewährung verfassungsgerichtlichen Rechtsschutzes gegen Akte zwischenstaatlicher Einrichtungen auch völkerrechtlich gefordert.

57 **7. Beispielsfälle.** Der Anwendungsbereich von Art. 24 Abs. 1 hat sich durch die Schaffung des neuen Europaartikels (Art. 23 nF) erheblich verändert. Die **Europäische Union** unterfällt mithin heute nicht mehr den Vorgaben des Art. 24 Abs. 1. Zu berücksichtigen ist jedoch, dass die ersten Schritte der europäischen Integration von der Gründung der EGKS im Jahre 1952 über die Römischen Verträge im Jahr 1957 bis hin zur EEA im Jahr 1986 innerstaatlich auf der Grundlage des Art. 24 Abs. 1 vollzogen wurden.

58 Dessen ungeachtet gibt es weiterhin eine ganze Reihe von zwischenstaatlichen Einrichtungen, denen nach Art. 24 Abs. 1 Hoheitsrechte übertragen worden sind. Dazu gehören **Eurocontrol**[206] und die **Europäische Patentorganisation.**[207] Die **Mosel**- und **Rheinschifffahrtskommissionen** verfügen über Rechtsprechungsbefugnisse, die als Ausübung von Hoheitsrechten einzuordnen sind.[208]

59 Zwischenstaatliche Einrichtungen iSv Art. 24 Abs. 1 sind im Übrigen nur solche, die auch mit Durchgriffswirkung gegenüber Einzelpersonen handeln, die an und für sich der deutschen Hoheitsgewalt unterworfen sind. Insofern unterfallen eine Reihe von internationalen Organisationen mit entsprechenden Befugnissen nicht dem Art. 24 Abs. 1, da es an einer Auswirkung ihrer Handlungen auf dem deutschen Staatsgebiet fehlt.[209] So verfügt die **Interna-**

---

[203] Grundlegend EGMR 18.2.1999 – 26083/94, NJW 1999, 1173 (1175) – *Waite and Kennedy;* zu den Implikationen für die Ausübung der Rechtsprechung des BVerfG *Walter* AöR 129 (2004), 39 (66 ff.).

[204] EGMR, 11.6.2013 – 65542/12, NJW 2010, 3008 – *Stichting Mothers of Srebrenica and Others.*

[205] EGMR, 11.6.2013 – 65542/12, NJW 2010, 3008 – *Stichting Mothers of Srebrenica and Others;* zur besonderen Rolle der UN siehe auch *Nolte* VVDStRL 67 (2008), 129 (136 f.).

[206] BVerfGE 58, 1 (31).

[207] BVerfGK NJW 2001, 2705; NVwZ 2006, 1403 (1404); NVwZ 2010, 641 (642); GRUR 2010, 1031 (1032).

[208] *Sauer* in BK Rn. 131.

[209] Siehe auch *Krieger* AöR 133 (2008), 315 (331).

tionale Zivilluftfahrtorganisation (ICAO) über bestimmte Befugnisse, um mit Durchgriffswirkung auf den Einzelnen zu handeln.[210] Im Hinblick auf das **UN-Seerechtsübereinkommen** kommt der Meeresbodenbehörde das Recht zu, Unternehmen die Genehmigung zum Abbau von Bodenschätzen im Bereich des Tiefseebodens zu erteilen, was ebenfalls eine Übertragung von Hoheitsrechten darstellt.[211] Auch in den Fällen der **UN-Übergangsverwaltung** von Gebieten wie Ost-Timor und Kosovo handeln die UN zwar mit unmittelbarer Durchgriffswirkung gegenüber dem Einzelnen,[212] aber ohne Bezug zur Bundesrepublik.

In einem Graubereich bewegen sich dagegen die vom UN-Sicherheitsrat eingerichteten **ad hoc-Strafgerichtshöfe** für das frühere Jugoslawien und Ruanda (→ Rn. 18), deren Rechtsprechungstätigkeit wegen möglicher Kooperationspflichten Deutschlands uU als Ausübung von Hoheitsgewalt angesehen werden kann.[213] Entsprechendes gilt für den auf Grundlage des Römischen Statuts von 1998 geschaffenen und seit dem Jahr 2002 tätigen **Internationalen Strafgerichtshof.** Dieser übt ebenfalls Hoheitsrechte aus, da seine Ermittlungsmaßnahmen ebenso wie die Durchführung des Strafverfahrens und etwaige Urteilsaussprüche unmittelbar gegenüber dem Einzelnen wirken.[214] 60

Umstritten ist die Behandlung von Entscheidungen von **Schiedsgerichten im Investitionsschutzbereich.**[215] Hier können Schiedssprüche nach Art. 54 Abs. 1 ICSID-Konvention unmittelbare Rechtskraft im innerstaatlichen Recht entfalten. Sie sind insofern unmittelbar vollstreckbare Titel, die vom jeweiligen Gaststaat ohne weitere Möglichkeit der Überprüfung anerkannt werden müssen. Liegt insofern eine Zustimmung eines Gaststaates im Rahmen eines Investitionsschutzvertrages zur Ausübung von Schiedsgerichtsbarkeit nach der ICSID-Konvention vor, so ist hierin eine Übertragung von Hoheitsrechten zu erblicken.[216] 61

Nach der hier vertretenen Auffassung, die am Merkmal der Durchgriffswirkung für das Vorliegen einer Übertragung von Hoheitsrechten festhält, unterfallen dagegen unbestritten praktisch höchst bedeutsame Formen des Handelns internationaler Organisationen wie die sog. gezielten Sanktionen des UN-Sicherheitsrates **nicht** dem Art. 24 Abs. 1.[217] Dasselbe gilt auch im Hinblick auf die Rechtsprechungstätigkeit des EGMR, der nach Art. 46 62

---

[210] Hierbei handelt es sich um die Befugnis gem. Art. 12 S. 3 der ICAO-Satzung, Rechtsregeln zum Überflug über die Hohe See anzuordnen, denen auch von Einzelpersonen unmittelbar Folge zu leisten ist, vgl. *Hobe* in BerlKomm Rn. 28; ebenso *Classen* in MKS Rn. 63; *Wollenschläger* in Dreier Rn. 34.

[211] *Classen* in MKS Rn. 63.

[212] UN Doc. S/RES/1244 (1999); S/RES/1272 (1999); vgl. UNMIK Regulation 1/1999 vom 25.7.1999 und UNTAET Regulation 1/1999 vom 27.11.1999; dazu *Stahn,* The Law and Practice of International Territorial Administration, 2008, 323; siehe auch *Krieger* AöR 133 (2008), 315 (330).

[213] *Schomburg* NStZ 1995, 428 (429); *Trautwein* NJW 1995, 1628 (1629); *Kreß* NStZ 2000, 617 (619).

[214] Vgl. zur Zusammenarbeit deutscher Behörden mit dem IStGH BVerfGK NStZ-RR 2015, 357; aus der Literatur *Schmahl* in Sodan Rn. 2; *Kreß* NStZ 2000, 617 (619); vgl. auch die Begründung des Gesetzes zur Ausführung des Römischen Statuts des Internationalen Strafgerichtshofs, BT-Drs. 14/8527 v. 13.2.2002.

[215] Siehe dazu auch *Grzeszick/Hettche* AöR 141 (2016), 225 (258 ff.).

[216] In diese Richtung auch *Stoll/Holterhus/Gött,* Investitionsschutz und Verfassung, 2017, 51 f.; *Holterhus* EuR 2017, 234 (247 f.).

[217] *Nolte* VVDStRL 67 (2008), 129 (136); vgl. auch *Fassbender* AöR 132 (2007), 257 (272); *Hobe* in BerlKomm Rn. 33.

Abs. 1 EMRK Feststellungsurteile trifft, denen es an einer unmittelbaren Wirkung im innerstaatlichen Bereich fehlt.[218]

II. Abs. 1a – Übertragung von Hoheitsrechten auf grenznachbarschaftliche Einrichtungen

63 **1. Allgemeine Bedeutung.** Nach Art. 24 Abs. 1a können die Länder auf grenznachbarschaftliche Einrichtungen Hoheitsrechte übertragen. Die Einfügung des Art. 24 Abs. 1a im Zuge der Verfassungsreform von 1992 wurde mit der praktischen Notwendigkeit begründet, die Übertragung von Hoheitsrechten auch für die Kooperation zwischen Hoheitsträgern unterhalb der bundesstaatlichen Ebene zu ermöglichen. Die Gemeinsame Verfassungskommission von Bund und Ländern wollte dem praktischen Bedürfnis „für die Schaffung dauerhafter und fachübergreifender Verwaltungsstrukturen über die Grenzen von Nationalstaaten hinweg" Rechnung tragen.[219] Trotz dieses Rekurses auf die praktische Notwendigkeit ist die Vorschrift bisher ohne Anwendungsfall geblieben. Gleichwohl ist die Vorschrift nicht unbedeutend. Sie signalisiert die Offenheit des Grundgesetzes für Formen der internationalen Kooperation, die nicht die Schwelle der Zusammenarbeit von Staaten in zwischenstaatlichen Einrichtungen erreicht, aber in die Übertragung von Hoheitsrechten münden soll und kann der Ermöglichung eines „Europa(s) von unten" dienen.[220] Zugleich bringt die Norm zum Ausdruck, dass andere Formen der grenzüberschreitenden Kooperation – etwa zwischen benachbarten Gemeinden und Gemeindeverbänden aus unterschiedlichen Staaten – verfassungsrechtlich zulässig sind, solange diese Kooperationsformen keine Möglichkeit der Durchgriffswirkung auf den Einzelnen haben und mithin unterhalb der Schwelle des Art. 24 Abs. 1a bleiben.[221]

64 Zu beachten sind hier aber auch mögliche Modifikationen auf unionsrechtlicher Grundlage. So erlaubt der sog. **„Europäische Verbund territorialer Zusammenarbeit"** (EVTZ) zumindest in gewissen Grenzen die Ausübung von Hoheitsgewalt (vgl. Art. 7 Abs. 4 UAbs. 2 EVTZ-VO).[222] Umstritten ist, ob es deutschen Bundesländern und Gemeinden wie Gemeindeverbänden auf Grundlage dieses unionsrechtlichen Sekundärrechtsakts auch jenseits der Voraussetzungen des Art. 24 Abs. 1a möglich ist, Hoheitsrechte auf einen solchen EVTZ zu übertragen.[223] Da das Unionsrecht keine Gründung eines EVTZ erzwingt, sondern dies an die Zustimmung der jeweiligen Mitgliedstaaten knüpft, können deutsche Bundesländer und Kommunen diese Frage jedoch umgehen, insofern sie sich nicht an Verbünden beteiligen, denen eine Befugnis zur Durchgriffswirkung auf den Einzelnen zustehen.[224] Verfassungs-

---

[218] *Hillgruber* in SHH Rn. 29; *Schmahl* in Sodan Rn. 2.

[219] Bericht der Gemeinsamen Verfassungskommission gemäß Beschluß des Deutschen Bundestages – Drs. 12/1590, 12/1670 – und Beschluß des Bundesrates – Drs. 741/91 (Beschluß) – vom 5.11.1993, BT-Drs. 12/6000, 25; aus der Lit. siehe *Stein* VVDStRL 53 (1994), 26 (43).

[220] *Calliess* in Maunz/Dürig Art. 24 Abs. 1a Rn. 5.

[221] *Heberlein* DÖV 1996, 100 (104); siehe auch *Calliess* in Maunz/Dürig Art. 24 Abs. 1a Rn. 22.

[222] VO (EG) Nr. 1082/2006, Abl. 2006 L 210/19; VO (EU) Nr. 1302/2013, Abl. 2013 L 347/303; kritisch zur Unionskompetenz *Martinez Soria* ZUR 2005, 337 (341); *Gärditz,* Europäisches Planungsrecht, 2009, 119 f.; *Kment* DV 45 (2012), 155 (162, 164).

[223] *Krzymuski/Kubicki* NVwZ 2014, 1338 (1340).

[224] So auch *Pechstein/Deja* EuR 2011, 357 (369); *Aust,* Das Recht der globalen Stadt, 2017, 245.

rechtlich ist es gefordert, einer Situation vorzubeugen, in der die EVTZ-VO in einen den Anwendungsvorrang auslösenden Konflikt mit dem GG gelangt. Sollen einem EVTZ Hoheitsrechte übertragen werden, so ist aus der Perspektive des deutschen Verfassungsrechts ein vorhergehender Übertragungsakt durch das jeweilige Bundesland im Wege des Art. 24 Abs. 1a zu fordern.

2. Soweit die Länder zuständig sind. Die Länder können nur insoweit Hoheitsrechte auf grenznachbarschaftliche Einrichtungen übertragen, soweit sie für die Ausübung der staatlichen Befugnisse und die Erfüllung der staatlichen Aufgaben zuständig sind. Hiermit wird auf die Bestimmungen der Art. 30 und 32 rekurriert und unterstrichen, dass eine Übertragung einzelner Hoheitsrechte für die gesamte Bandbreite der Länderkompetenzen in Frage kommt.[225] Dies ist eine im Grunde genommen überflüssige Klarstellung, versteht es sich doch von selbst, dass die Länder Hoheitsrechte nur im Rahmen der bundesstaatlichen Kompetenzordnung übertragen können.[226] Umfasst sind jedenfalls auch Kompetenzen der kommunalen Ebene, die staatsorganisationsrechtlich Teil der Bundesländer sind.[227] 65

Vergleichsweise unstrittig ist es, dass nur die Länder, nicht aber die Kommunen selbst zur Übertragung von Hoheitsrechten befugt sind.[228] Die Länder dürfen ihre Befugnis nach Art. 24 Abs. 1a auch nicht auf die Kommunen delegieren.[229] Dies folgt schon aus dem Grundsatz, dass die Kompetenzordnung des GG nicht zur Disposition staatlicher Hoheitsträger steht.[230] 66

3. Hoheitsrechte übertragen. Art. 24 Abs. 1a erlaubt wie Abs. 1 die Übertragung von Hoheitsrechten. Aus systematischen Gründen ist hier die gleiche Bedeutung zugrunde zu legen und auf das Erfordernis einer **Durchgriffswirkung** auf den Einzelnen als entscheidendes Kriterium abzustellen (→ Rn. 35).[231] 67

Der Übertragungsakt muss – auch wenn Art. 24 Abs. 1a dies nicht direkt erfordert – ein **Parlamentsgesetz** des jeweiligen Landes sein. Die ursprüngliche Bundesratsinitiative hatte dies vorgesehen. Wohl aus Rücksicht gegenüber der Verfassungsautonomie der Länder wurde diese Voraussetzung aber nicht in die letztendliche Fassung mit aufgenommen.[232] Das Erfordernis einer gesetzlichen Grundlage ergibt sich aber aus der allgemeinen Lehre vom Vorbehalt des Gesetzes, der als Teil des Rechtsstaatsprinzips vermittelt über das Homogenitätsgebot des Art. 28 Abs. 1 S. 1 auch für die Verfassungsordnungen der Länder verpflichtend gilt.[233] Wird mit Durchgriffswirkung gegenüber dem Einzelnen gehandelt, so ist dies nur auf Grundlage 68

[225] *Hillgruber* in SHH Rn. 32; *Kotzur,* Grenznachbarschaftliche Zusammenarbeit, 2004, 501.

[226] *Fassbender,* Der offene Bundesstaat, 2007, 407; *Hobe,* Der offene Verfassungsstaat zwischen Souveränität und Interdependenz, 1998, 145.

[227] Siehe *Kment,* Grenzüberschreitendes Verwaltungshandeln, 2010, 191; *Aust,* Das Recht der globalen Stadt, 2017, 133.

[228] *Calliess* in Maunz/Dürig Art. 24 Abs. 1a Rn. 17; *Streinz* in Sachs Rn. 40; aA allerdings *Classen* in MKS Rn. 73 mit Verweis auf die Verfassungsautonomie der Länder.

[229] *Rennert* FS f. Böckenförde, 1995, 199 (204); *Kotzur,* Grenznachbarschaftliche Zusammenarbeit, 2004, 500.

[230] *Isensee* in HdbStR VI § 133 Rn. 48.

[231] *Calliess* in Maunz/Dürig Art. 24 Abs. 1a Rn. 22; *Classen* in MKS Rn. 70; *Streinz* in Sachs Rn. 38.

[232] *Kotzur,* Grenznachbarschaftliche Zusammenarbeit, 2004, 493; *Geiger* FS f. SächsOVG, 2002, 435 (448).

[233] In diese Richtung auch *Streinz* in Sachs Rn. 46; aA *Hillgruber* in SHH Rn. 39.

eines vom jeweiligen Landesparlament beschlossenen Integrationsgesetzes möglich.[234]

69 **4. Auf grenznachbarschaftliche Einrichtungen.** Der **Begriff der grenznachbarschaftlichen Einrichtung** wird in Art. 24 Abs. 1a nicht näher definiert. Überwiegend werden darunter Einrichtungen verstanden, die Hoheitsrechte ausüben können, eine nachbarschaftliche Prägung aufweisen (dh ihre Legitimation nicht nur aus Deutschland beziehen) und der Bewältigung von Problemen gewidmet sind, die sich aus einer gemeinsamen Grenze ergeben.[235] Anders als im Rahmen von Abs. 1 ist es nicht erforderlich, dass die grenznachbarschaftliche Einrichtung auf einem völkerrechtlichen Vertrag basiert. Da vom Telos der Norm vielfach Formen der grenzüberschreitenden Kooperation zwischen unterstaatlichen Hoheitsträgern in Frage kommen werden, würde eine solche Voraussetzung die praktische Anwendbarkeit der Norm ganz erheblich erschweren.[236]

70 Nicht gefordert wird von den überwiegenden Stimmen in der Literatur eine unmittelbare Grenzlage der an der Kooperation beteiligten Hoheitsträger.[237] Gleichwohl wird eine gewisse **Grenznähe** zu fordern sein, um den Wortlaut der Bestimmung nicht zu überdehnen. Insofern „profitieren" nicht alle Bundesländer von dieser Bestimmung.[238]

71 Umstritten ist in der Literatur, auf welcher **rechtlichen Grundlage** die grenznachbarschaftliche Einrichtung zu operieren hat.[239] Hier gibt es grundsätzlich drei denkbare Modelle. Die grenznachbarschaftliche Einrichtung könnte als „internationale Organisation im Kleinen"[240] vergleichbar zu einer zwischenstaatlichen Einrichtung ihr eigenes Sekundärrecht setzen. Denkbar wäre auch die Arbeit auf der Grundlage der Rechtsordnung einer der beiden beteiligten Staaten, was für ein deutsches Bundesland auch die Unterwerfung unter eine fremde Rechtsordnung bedeuten könnte.[241] Schließlich wäre es denkbar, dass die grenznachbarschaftliche Einrichtung keine eigene, „autonome" Gewalt, sondern deutsche Hoheitsgewalt in einem Kondominium gemeinsam mit den ausländischen Partnern ausübt.[242] Mangels Aktivierung gibt es hier bisher keine Präferenz der Praxis. Verfassungsrechtlich denkbar erscheinen alle drei Modelle. Auch die Unterstellung unter ausländisches Recht wird von Art. 24 Abs. 1a nicht ausgeschlossen, fehlt doch der Hinweis auf den zwischenstaatlichen Charakter, der im Rahmen von Abs. 1 eine Hoheitsrechtsübertragung auf ausländische Staaten ausschließt.[243] Jedenfalls lassen es Art. 24 Abs. 1 wie Abs. 1a zu, den „ausschließlichen Herrschaftsanspruch der Bundesrepublik Deutschland zurückzunehmen" und der „un-

---

[234] *Schröder* ThürVBl. 1998, 97 (99); aA *Kotzur,* Grenznachbarschaftliche Zusammenarbeit, 2004, 495; *Classen* in MKS Rn. 73.

[235] *Classen* in MKS Rn. 71.

[236] *Kotzur,* Grenznachbarschaftliche Zusammenarbeit, 2004, 486.

[237] *Calliess* in Maunz/Dürig Art. 24 Abs. 1a Rn. 19; *Wollenschläger* in Dreier Rn. 61.

[238] Krit. *Stein* VVDStRL 53 (1994), 26 (42); *Schröder* ThürVBl. 1998, 97.

[239] Eingehende Diskussion bei *Kotzur,* Grenznachbarschaftliche Zusammenarbeit, 2004, 509 ff.

[240] *Beyerlin* ZaöRV 54 (1994), 587 (606); ablehnend zu diesem Begriff *Stein* VVDStRL 53 (1994), 26 (44).

[241] *Wollenschläger* in Dreier Rn. 60; *Niedobitek,* Das Recht der grenzüberschreitenden Verträge, 2001, 445 f.; auch *Ruffert* DV 2001, 453 (479) hält dies für denkbar; gegen eine Anwendbarkeit ausländischen Rechts *Kment,* Grenzüberschreitendes Verwaltungshandeln, 2010, 197.

[242] *Rennert* FS f. Böckenförde, 1995, 199 (213).

[243] *Calliess* in Maunz/Dürig Art. 24 Abs. 1a Rn. 21; *Hillgruber* in SHH Rn. 34.

mittelbaren Geltung und Anwendung eines Rechts aus einer anderen Quelle innerhalb des staatlichen Herrschaftsbereichs“ Raum zu lassen.[244]

5. Mit Zustimmung der Bundesregierung. Die Voraussetzung einer Zustimmung der Bundesregierung zur Übertragung von Hoheitsrechten auf grenznachbarschaftliche Einrichtungen deckt sich insoweit mit dem Zustimmungserfordernis zum Abschluss völkerrechtlicher Verträge nach Art. 32 Abs. 3 und dient auch hier der Sicherung einer grundsätzlichen Kohärenz der Außenpolitik.[245] Das Erfordernis stellt eine Form der **präventiven Aufsicht** dar. Der Bund ist allerdings gehalten, diese Zustimmung nicht ohne Grund, sondern nur aus schwerwiegenden rechtlichen oder politischen Gründen verweigern.[246] 72

III. Abs. 2 – Einordnung in ein System gegenseitiger kollektiver Sicherheit

1. System gegenseitiger kollektiver Sicherheit. Der verfassungsrechtliche **Begriff** des Systems gegenseitiger kollektiver Sicherheit ist lange Zeit umstritten gewesen.[247] Im Völkerrecht herrscht ebenso wenig Einigkeit über den genauen Inhalt des Konzepts.[248] Vor dem Hintergrund völkerrechtlicher Diskussionen wurde ua vertreten, dass ein System der gegenseitigen kollektiven Sicherheit sich dadurch auszeichne, dass es auch den potentiellen Aggressor mit einschließe und nicht nur ein reines Verteidigungsbündnis darstelle.[249] Diese Sichtweise ist insbesondere vom Bild des UN-Systems kollektiver Sicherheit geprägt. Die Debatten im Parlamentarischen Rat legten zunächst ein solch enges Verständnis des Art. 24 Abs. 2 GG nahe. Teilweise wurde eine Abgrenzung zu Verteidigungsbündnissen gesucht, die deswegen keine Systeme der kollektiven Sicherheit seien, weil sie nur auf eine Verteidigung „gegen außen“ gerichtet seien.[250] Diese Unterscheidung ist schon bei genauerer Betrachtung der völkerrechtlichen Organisationstypen nicht naheliegend.[251] Unstrittig ist, dass die Vereinten Nationen nach Ende des Zweiten Weltkriegs das Hauptbeispiel für ein System der kollektiven Sicherheit darstellen. Anfangs waren aber gerade die Staaten, gegen die die UN als Nachfolgeorganisation der Weltkriegsalliierten gerichtet war, aufgrund der sog. „Feindstaatenklausel“ nicht Mitglied der UN (Deutschland und Japan, Art. 53, 107 UN-Charta).[252] Deshalb die Eigenschaft der UN als System der kollektiven Sicherheit in Abrede zu stellen, wäre äußerst befremdlich gewesen. 73

Das BVerfG hat in seiner Grundlagenentscheidung aus dem Jahr 1994 pragmatisch und überzeugend entschieden, dass der Begriff des Systems der gegenseitigen kollektiven Sicherheit breit zu verstehen ist und sowohl uni- 74

---

244 *Trute* in Henneke Kommunen und Europa, 209 (224).

245 *Kotzur,* Grenznachbarschaftliche Zusammenarbeit, 2004, 505; *Heintschel von Heinegg/Frau* in BeckOK GG Rn. 27.

246 *Streinz* in Sachs Rn. 46; vgl. auch *Wollenschläger* in Dreier Rn. 62.

247 *Nolte* ZaöRV 54 (1994), 95 (110 ff.).

248 *Streinz* in Sachs Rn. 61; *de Wet/Wood* in Wolfrum MPEPIL, 2012, Collective Security Rn. 1.

249 Dazu *Wolfrum* in Simma/Khan/Nolte/Paulus The Charter of the United Nations, Art. 1 Rn. 15; siehe auch *Forsthoff* in Institut für Staatslehre und Politik e. V. Der Kampf um den Wehrbeitrag II, 312 (336).

250 *Oeter* in HdbStR XI § 243 Rn. 13; *Classen* in MKS Rn. 77.

251 So auch *Hillgruber* in SHH Rn. 46.

252 Siehe zur „Universalisierung“ der UN in diesem Zusammenhang auch *Wolfrum* in Simma/Khan/Nolte/Paulus The Charter of the United Nations, Art. 1 Rn. 15.

versell angelegte Organisationen wie die UN umfasst als auch auf die Verteidigung gegen einen Feind von außen angelegte Bündnisse wie die NATO: „Das System gegenseitiger kollektiver Sicherheit begründet durch ein friedenssicherndes Regelwerk und den Aufbau einer eigenen Organisation für jedes Mitglied einen Status völkerrechtlicher Gebundenheit, der wechselseitig zur Wahrung des Friedens verpflichtet und Sicherheit gewährt."[253] Unerheblich sei es dabei, ob das System ausschließlich oder vornehmlich den Mitgliedstaaten Frieden garantieren oder bei Angriffen von außen zum kollektiven Beistand verpflichten solle.[254]

75 **2. Einordnen und in die Beschränkung seiner Hoheitsrechte einwilligen.** Der Begriff der **„Einordnung"** in ein System der gegenseitigen kollektiven Sicherheit bringt zum Ausdruck, dass es sich um eine strukturierte Mitgliedschaft in einer internationalen Organisation handelt.[255] Die Bundesrepublik signalisiert durch den Beitritt, sich „im Rahmen und nach den Regeln" dieses Systems kollektiver Sicherheit zu verhalten.[256]

76 Eine Beschränkung der Hoheitsrechte ist ein Minus gegenüber der Hoheitsrechtsübertragung nach Art. 24 Abs. 1.[257] Die Beschränkung der Hoheitsrechte bringt zum Ausdruck, dass die Bundesrepublik bereit ist, ihre Hoheitsgewalt im Rahmen der Mitgliedschaft in einem System gegenseitiger kollektiver Sicherheit zu beschränken und etwa die Ausübung fremder Hoheitsgewalt auf dem eigenen Territorium, wie in der Form von Truppenstationierungen, zuzulassen.[258] Eine Öffnung des deutschen Rechtsraums mit der Möglichkeit, unmittelbar mit rechtlicher Durchgriffswirkung auf den Einzelnen zu handeln, ist mit der Beschränkung der Hoheitsrechte nicht verbunden.[259]

77 Die Einwilligung in die Beschränkung der Hoheitsrechte erfolgt dabei **durch Gesetz.** Durch diese Voraussetzung wird dem Bundestag ein Mitentscheidungsrecht im Bereich der auswärtigen Gewalt übertragen.[260] Teile der Literatur folgern aus dem Merkmal der Beschränkung der Hoheitsgewalt auch, dass der Gründungsvertrag eines solchen Systems ebenso wie die sich aus ihm ergebenden Verpflichtungen einen Rang über den Gesetzen einnehmen.[261] So hat *Christian Tomuschat* aus der besonderen Hervorhebung von zwischenstaatlichen Einrichtungen und Systemen gegenseitiger kollektiver Sicherheit gefolgert, dass „von Verfassungs wegen die Möglichkeit besteht, rechtliche Bindungen einzugehen, die jedenfalls durch einfaches Gesetz nicht beseitigt werden können."[262] Allerdings will er dies nur auf den Gründungsvertrag und etwaige weitere völkerrechtliche Verträge erstrecken, die im Rahmen des Systems der gegenseitigen kollektiven Sicherheit ausgearbeitet würden.[263] Gegen die Annahme eines erhöhten Rangs für den Gründungs-

---

[253] BVerfGE 90, 286 (349).
[254] BVerfGE 90, 286 (349).
[255] *Oeter* in HdbStR XI § 243 Rn. 19.
[256] Dies impliziert auch die Entwicklungsoffenheit der Organisation zu akzeptieren: *Hillgruber* in SHH Rn. 45.
[257] *Calliess* in Maunz/Dürig Art. 24 Abs. 2 Rn. 61; *Streinz* in Sachs Rn. 65; *Wollenschläger* in Dreier Rn. 71.
[258] *Wollenschläger* in Dreier Rn. 71.
[259] *Calliess* in Maunz/Dürig Art. 24 Abs. 2 Rn. 61.
[260] BVerfGE 90, 286 (351); 118, 244 (258).
[261] Siehe *Streinz* in Sachs Rn. 66; *Wollenschläger* in Dreier Rn. 71.
[262] *Tomuschat* in BK (Zweitbearbeitung) Rn. 169.
[263] *Tomuschat* in BK (Zweitbearbeitung) Rn. 169.

vertrag (bzw. das Zustimmungsgesetz dazu) spricht jedoch, dass sich in der Normenhierarchie des GG keine Anhaltspunkte hierfür finden. Einen Zwischenrang zwischen GG und einfachen Gesetzen kennt das GG nur für den Fall der allgemeinen Regeln des Völkerrechts nach Art. 25 (→ Art. 25 Rn. 47 ff.). Auch das Integrationsgesetz nach Art. 24 Abs. 1 ist gegenüber anderen Gesetzen nicht höherrangig. Ihm wird nur die Befugnis beigemessen, durch die Öffnung des deutschen Rechtsraums zu einer materiellen Verfassungsänderung zu führen. An einer vergleichbaren Wirkung fehlt es bei Art. 24 Abs. 2. Hier bleibt es bei der *Beschränkung* der Hoheitsrechte, die durch ein Zustimmungsgesetz bewirkt wird, welches auf der Ebene der einfachen formellen Gesetze steht. Wegen der hervorgehobenen Bedeutung von Systemen gegenseitiger kollektiver Sicherheit wird allerdings zu vermuten sein, dass der Gesetzgeber durch spätere Gesetze nicht von den eingegangenen völkerrechtlichen Verpflichtungen abweichen möchte.

3. Zur Wahrung des Friedens. Art. 24 Abs. 2 unterstreicht als Teil des verfassungsrechtlichen Friedensgebots (→ Art. 26 Rn. 5) die grundlegende **Zweckbindung** eines Systems gegenseitiger kollektiver Sicherheit, da eine Einordnung in ein solches System nur „zur Wahrung des Friedens" möglich ist. Dies gilt nach der Rechtsprechung des BVerfG auch für die nichtvertragliche Fortentwicklung eines solchen Systems, wie sie zB im Rahmen der NATO durch Gipfelerklärungen stattfindet.[264] Das BVerfG hat in seiner Rechtsprechung unterstrichen, dass die Herstellung kollektiver Sicherheit ein ganz entscheidendes **Mittel zur Wahrung des Friedens** ist.[265] So schließt denn auch schon die Formulierung des Art. 24 Abs. 2 GG aus, dass sich die Bundesrepublik in ein gegenseitiges kollektives System „militärischer Sicherheit" einordnet, welches nicht der Wahrung des Friedens dient.[266] Für die NATO hat das BVerfG den friedensbewahrenden Charakter mehrfach bejaht und insbesondere abgelehnt, dass sich die Nordatlantik-Organisation durch politische Dokumente wie das „Neue Strategische Konzept" aus dem Jahr 1999[267] oder die Teilnahme an Kampfhandlungen in Afghanistan in eine nicht mehr dem Frieden dienende Organisation gewandelt habe. Das BVerfG geht dabei allerdings davon aus, dass sich durch einzelne militärische Einsätze, etwa der NATO oder der Vereinten Nationen, ein Indiz für eine Entfernung der Organisation von ihrer verfassungsrechtlich zwingenden Ausrichtung auf die Friedenswahrung ergeben kann,[268] hat eine solche Entwicklung aber bisher noch nicht feststellen können.[269] 78

4. Handeln „im Rahmen und nach den Regeln eines Systems der gegenseitigen kollektiven Sicherheit". Art. 24 Abs. 2 stellt „die verfassungsrechtliche Grundlage für die Übernahme der mit der Zugehörigkeit zu einem solchen System typischerweise verbundenen Aufgaben und damit auch für eine Verwendung der Bundeswehr zu Einsätzen, die im Rahmen und 79

[264] BVerfGE 104, 151 (212).
[265] BVerfGE 90, 286 (349 ff.); 104, 151 (212).
[266] BVerfGE 104, 151 (213); 118, 244 (261); 152, 8 (22, Rn. 31, 25 f., Rn. 38); vgl. auch *Sauer* in BK Rn. 267 zu einer möglichen Pflicht zum Austritt aus einem nicht mehr friedenswahrenden System.
[267] BVerfGE 104, 151 (213).
[268] BVerfGE 118, 244 (271).
[269] Siehe zuletzt auch für die UN und die Vereinbarkeit von Maßnahmen der Bekämpfung des sog. „Islamischen Staates" mit dem Integrationsprogramm der Organisation BVerfGE 152, 8 (28 ff., Rn. 45 ff.).

nach den Regeln dieses Systems stattfinden" dar.[270] Unabhängig von dem umstrittenen Verhältnis der Bestimmung zu Art. 87a Abs. 2 (→ Art. 87a Rn. 43) hat das BVerfG in der Vorschrift des Art. 24 Abs. 2 die Grundlage für den Einsatz der Streitkräfte in Systemen gegenseitiger kollektiver Sicherheit erblickt. Damit ist die Vorschrift zentraler Baustein für die Wahrnehmung der sicherheitspolitischen Verantwortung der Bundesrepublik, die auch nach Ende des Kalten Krieges von der kollektiven Herstellung von Frieden und Sicherheit in Europa und der Welt abhängt.[271] Die Rechtsprechung des BVerfG bringt dabei eine klare Präferenz für ein in multilaterale Zusammenhänge eingebundenes militärisches Handeln der Bundesrepublik zum Ausdruck. Die **Einbindung in kollektive Entscheidungsprozesse** dient damit auch der Sicherung des grundgesetzlichen Friedensgebots. Damit sind die Risiken für Völkerrechtsverstöße durch den unzulässigen Einsatz der Streitkräfte im Ausland zwar nicht vollends gebannt, aber doch erheblich minimiert.[272]

80 In verfassungsrechtlicher Hinsicht hat das BVerfG den Einsatz der Streitkräfte im Ausland zudem dem Erfordernis eines vorhergehenden konstitutiven wehrverfassungsrechtlichen **Parlamentsvorbehalts** unterworfen (dazu ausführlich → Art. 87a Rn. 51 ff., 86).[273]

81 Im Hinblick auf konkrete **Mitgliederpflichten** in Systemen gegenseitiger kollektiver Sicherheit ermöglicht das GG das vom Völkerrecht Erlaubte, solange es im Rahmen und nach den Regeln des jeweiligen Systems gegenseitiger kollektiver Sicherheit vorgenommen wird.[274] Von der Zielrichtung des Art. 24 Abs. 2 gedeckt sind insofern insbesondere Maßnahmen der kollektiven Selbstverteidigung zugunsten von anderen Mitgliedstaaten des Systems, die Opfer eines bewaffneten Angriffs nach Art. 51 UN-Charta geworden sind[275], sowie die Beteiligung an vom UN-Sicherheitsrat autorisierten bewaffneten Zwangsmaßnahmen nach Art. 42 UN-Charta. Die nach der ursprünglichen Konzeption der Charta vorgesehenen Sonderabkommen zur Abstellung von Truppen an die Vereinten Nationen sind nie zustande gekommen (→ Rn. 20).

82 Die **Grenze zwischen Selbstverteidigung und Zwangsmaßnahmen** nach der UN-Charta ist dabei nicht immer trennscharf zu ziehen.[276] Dies verdeutlicht treffend die nicht eindeutige Resolutionspraxis des UN-Sicherheitsrats zur Bekämpfung des sog. „Islamischen Staates" in Syrien.[277] Für Fälle der kollektiven Selbstverteidigung liegt ein Fall des Art. 24 Abs. 2 allerdings nur dann vor, wenn einer Resolution des UN-Sicherheitsrats eine zumindest implizite Billigung der entsprechenden Selbstverteidigungsmaßnahme entnommen werden kann. Es kann durchaus im Interesse der im Sicherheitsrat

---

[270] BVerfGE 90, 286 (345); dieser Gedanke findet sich bereits bei *Kaufmann* in Institut für Staatslehre und Politik e. V. Der Kampf um den Wehrbeitrag II, 42 (55); siehe ferner *Nolte* ZaöRV 54 (1994), 652 (655).

[271] Siehe auch *Calliess* in Maunz/Dürig Art. 24 Abs. 2 Rn. 5.

[272] *Nolte* ZaöRV 54 (1994), 95 (106).

[273] Grundlegung in BVerfGE 90, 286 (381 ff.).

[274] Siehe auch *Fassbender* in HdbStR XI § 244 Rn. 49 (mit Plädoyer gegen eine Ausreizung des völkerrechtlich Zulässigen); anders akzentuiert *Schmidt-Radefeldt* in Kielmansegg/Krieger/Sohm Multinationalität und Integration, 83 (86), der eine Inkongruenz zwischen völkerrechtlichem Können und wehrverfassungsrechtlichem Dürfen konstatiert.

[275] Siehe auch *Sassenrath* NVwZ 2020, 442 (444).

[276] So auch *Calliess* in Maunz/Dürig Art. 24 Abs. 2 Rn. 29.

[277] UN Doc. S/RES/2249 (2015); dazu auch *Sassenrath* NVwZ 2020, 442 (444).

handelnden UN-Mitgliedstaaten liegen, die genaue Rechtsgrundlage für eine Gewaltanwendung nicht eindeutig zu artikulieren. Fehlt es selbst an einer impliziten Billigung, liegt kein Handeln „im Rahmen" des Systems gegenseitiger kollektiver Sicherheit vor. Auf der Grundlage der hier vertretenen Auffassung muss dies gleichwohl nicht zur verfassungsrechtlichen Unzulässigkeit von Verteidigungsmaßnahmen zugunsten von Drittstaaten führen. Solche Formen des Beistandes gegen einen Aggressor unterfallen vielmehr dem Begriff der Verteidigung nach Art. 87a Abs. 1, 2 (→ Art. 87a Rn. 35 f.).

Den Voraussetzungen des Art. 24 Abs. 2 entspricht es ebenfalls, auf der **83** Grundlage der Beistandsklauseln aus Art. 5 NATO-Vertrag und (nach hier vertretener Auffassung) Art. 42 Abs. 7 EUV zu handeln. Beide Normen nehmen auf die Voraussetzungen des Selbstverteidigungsrechts nach Art. 51 UN-Charta Bezug.[278] Durch den kollektiven Entscheidungsprozess in NATO und EU wird die Drittstaatennothilfe gewissermaßen institutionalisiert und unterfällt sodann verfassungsrechtlich der Ermöglichungsnorm des Art. 24 Abs. 2.

5. Rechtsschutz. Da Art. 24 Abs. 2 keine Übertragung von Hoheitsrech- **84** ten ermöglicht, sondern nur die Einwilligung in die Beschränkung von Hoheitsrechten vorsieht, gibt es hier keine zu Art. 24 Abs. 1 vergleichbare Diskussion um die Möglichkeit von Rechtsschutz unmittelbar gegenüber den Handlungen von Systemen gegenseitiger kollektiver Sicherheit. Vielmehr verbleibt es beim üblichen Paradigma der Umsetzung der Verpflichtungen aus einem solchen System durch seine Mitgliedstaaten, gegen die bei belastenden Maßnahmen dann unmittelbar Rechtsschutz vor ihren nationalen Gerichten zu suchen ist. Hieran können sich für die Bundesrepublik Deutschland Verfahren vor dem Europäischen Gerichtshof für Menschenrechte anschließen.

Sowohl für Verfahren vor den nationalen Gerichten als auch bei Indivi- **85** dualbeschwerden vor dem EGMR ist zu beachten, dass die **Grund- und Menschenrechte** grundsätzlich auch im **Auslandseinsatz** zum Einsatz kommen.[279] Für die Grundrechte des GG folgt dies aus der allgemeinen Bindung aller staatlichen Gewalten an die nachfolgenden Grundrechte aus Art. 1 Abs. 3.[280] Diese grundsätzliche Bindung schließt Modifikationen der Schutzreichweite im Einzelfall nicht aus, wie sie sich auch aus dem Gesichtspunkt der Völkerrechtsfreundlichkeit heraus ergeben können.[281] Für die Bindung an die Europäische Menschenrechtskonvention hat der EGMR aufbauend auf Art. 1 EMRK eine ausdifferenzierte, in sich aber nicht immer widerspruchsfreie Rechtsprechung zur Anwendbarkeit jenseits des jeweiligen Staatsgebiets entwickelt.[282] Grundgedanke ist hierbei, dass die Rechte der EMRK grundsätzlich territorialer Natur sind.[283] In Ausnahmefällen lässt der EGMR jedoch eine Anwendbarkeit im Ausland zu. Dies ist insbesondere bei effektiver Kontrolle über Gebiete (zB im Rahmen einer Besatzungs-

---

[278] Siehe nur *Calliess* in Maunz/Dürig Art. 24 Abs. 2 Rn. 38, 49.
[279] Nunmehr grundlegend BVerfG NJW 2020, 2235 (Rn. 87 ff.); dazu *Schmahl* NJW 2020, 2221; *Aust* DÖV 2020, 715; vgl. außerdem aus der früheren Lit. *Thym* DÖV 2010, 621 (628 ff.); *Sauer* DÖV 2019, 714.
[280] *Dreier* in Dreier Art. 1 Abs. 3 Rn. 44.
[281] Vgl. BVerfGE 92, 26 (41 ff.).
[282] Versuch einer Systematisierung bei *Besson* LJIL 2012, 857; siehe auch *Milanovic,* Extraterritorial Application of Human Rights Treaties, 2011.
[283] EGMR 12.12.2001 – 52207/99, NJW 2003, 413 (Rn. 59) – *Bankovic.*

situation) der Fall[284] und in den Fällen der sog. *„state agent authority and control"*[285], wenn sich ein Individuum unter der Kontrolle staatlicher Organe befindet. Dies kann zB im Kontext einer Entführung aus dem Hoheitsgebiet eines anderen Staates[286] oder des Aufgreifens auf Hoher See[287] gegeben sein.

86 In staatsorganisationsrechtlicher Hinsicht können Fragen der Mitgliedschaft in Systemen gegenseitiger kollektiver Sicherheit Gegenstand von **Organstreitverfahren** sein. Insbesondere ist es zu Verfahren gekommen, in denen Fraktionen des Deutschen Bundestages im Wege der Prozessstandschaft die Rechte des Bundestages gegenüber Prozessen der Fortentwicklung der Systeme kollektiver Sicherheit wahrnehmen wollten. Hier hat das BVerfG in ständiger Rechtsprechung entschieden, dass die Bundesregierung grundsätzlich dazu befugt ist, in den Formen des Völkerrechts an der Fortentwicklung solcher Systeme teilzunehmen. Die Herausbildung späterer Übereinkünfte und die Entwicklung späterer Praxis zu völkerrechtlichen Verträgen (Art. 31 Abs. 3 lit. a und b WVK) stellt mithin keine durch den Bundestag zustimmungspflichtige Vertragsänderung dar, solange das grundsätzliche „Integrationsprogramm" gewahrt wird.[288] Das BVerfG hat es zudem in engen Grenzen ermöglicht, die Einhaltung des friedenswahrenden Charakters eines Systems gegenseitiger kollektiver Sicherheit ebenfalls im Wege eines Organstreitverfahrens geltend zu machen, weil eine Überschreitung dieses Teils des Integrationsprogramms ebenfalls über die Reichweite des ursprünglichen Zustimmungsgesetzes hinausgehen würde. Allerdings sind einzelne Verstöße gegen völkerrechtliche Normen (wie zB das Gewaltverbot) nur insoweit im Verfahren des Organstreits überprüfbar, als sie Hinweise für eine Überschreitung des ursprünglichen Integrationsprogramms zu liefern vermögen.[289] Versuchen, das Prüfprogramm im Organstreitverfahren auch auf eine Rechtmäßigkeitskontrolle allgemeiner Natur hin auszudehnen, ist das BVerfG in seinem Beschluss zum Anti-IS-Einsatz entgegengetreten.[290]

87 **6. Beispielsfälle.** Unstrittig handelt es sich bei den **Vereinten Nationen** um ein System gegenseitiger kollektiver Sicherheit. Das BVerfG hat dies in seiner Grundlagen-Entscheidung aus dem Jahr 1994 hervorgehoben.[291] Die Vereinten Nationen stellen dabei das paradigmatische Beispiel für ein System gegenseitiger kollektiver Sicherheit dar.

88 Für die **NATO** hat das BVerfG dies ebenfalls 1994 festgestellt und zuletzt im Jahr 2007 in seiner Entscheidung zum Tornado-Einsatz in Afghanistan noch einmal unterstrichen.[292] In diesem von der damaligen PDS/Die Linke-Bundestagsfraktion angestrengten Organstreitverfahren brachten die Antragssteller vor, dass es sich bei der NATO durch die Veränderung des Aufgabenzuschnitts nach Ende des Kalten Krieges und die Verquickung mit nach Sicht der Antragssteller völkerrechtlich fragwürdigen US-amerikanischen Kriegseinsätzen in Afghanistan und Irak nicht mehr um ein dem Frieden dienendes

---

[284] EGMR 23.3.1995 – 15318/89, ÖJZ 1995, 625 (630) – *Loizidou.*

[285] EGMR 7.7.2011 – 55721/07, NJW 2012, 283 (Rn. 136 f.) – *al Skeini.*

[286] EGMR 12.5.2005 – 46221/99, NVwZ 2006, 1267 (Rn. 85) – *Öcalan.*

[287] EGMR 23.2.2012 – 27765/09, NVwZ 2012, 809 (Rn. 74) – *Hirsii Jama.*

[288] BVerfGE 104, 151 (210); 118, 244 (263).

[289] BVerfGE 118, 244 (271); krit. zu dieser Rspr. *Sauer* in Rensen/Brink Linien der Rechtsprechung, 585 (616).

[290] BVerfGE 152, 8 (27, Rn. 44).

[291] BVerfGE 90, 286 (349).

[292] BVerfGE 90, 286 (351); 118, 244 (261 f.).

System gegenseitiger kollektiver Sicherheit, sondern um einen „globalen Sicherheitsdienstleister" handele.[293] Dies hat das BVerfG eindeutig zurückgewiesen und betont, dass die NATO trotz der Ausweitung ihres geographischen Einsatzgebiets ein regionales Verteidigungsbündnis geblieben sei.[294] Anhaltspunkte für eine Überschreitung des Integrationsprogramms der NATO durch angeblich völkerrechtswidriges Verhalten konnte das BVerfG im streitgegenständlichen Afghanistan-Einsatz ebenfalls nicht erblicken, was im Lichte der Berufung der Vereinigten Staaten auf das Selbstverteidigungsrecht nach Art. 51 UN-Charta für die Operation „Enduring Freedom" ebenso überzeugt wie im Lichte der Mandatierung der NATO-Mission ISAF durch den UN-Sicherheitsrat.[295]

Im Lissabon-Urteil hat das BVerfG in einem *obiter dictum* der **Europäischen Union** den Charakter als System gegenseitiger kollektiver Sicherheit abgesprochen. Diese Aussage verband das Gericht mit dem Hinweis, dass jedenfalls in diesem Bereich wegen des Friedens- und Demokratiegebots eine Supranationalisierung mit Anwendungsvorrang im Hinblick auf den konkreten Einsatz deutscher Streitkräfte nicht zulässig sei. Der konstitutive Parlamentsvorbehalt für den Auslandseinsatz der Bundeswehr sei insofern integrationsfest (→ Art. 87a Rn. 63).[296] Von der spezifischen Frage der Integrationsfestigkeit abgesehen, vermag die Positionierung des BVerfG hier auch im Hinblick auf die Eigenschaft der EU als System der gegenseitigen kollektiven Sicherheit nicht zu überzeugen.[297] Das Gericht ist in seinem Beschluss zum Anti-IS-Einsatz dann auch von dieser Position abgerückt und hat es als „zumindest vertretbar" eingeschätzt, die EU als System gegenseitiger kollektiver Sicherheit einzuordnen.[298] **89**

IV. Abs. 3 – Internationale Schiedsgerichtsbarkeit

1. Allgemeine Bedeutung. Art. 24 Abs. 3 beabsichtigt einen Beitritt zu einer Schiedsgerichtsbarkeit „zur Regelung internationaler Streitigkeiten". Die Formulierung der Vorschrift („wird beitreten") unterstreicht dabei zunächst, dass es sich hier um einen **Verfassungsauftrag** handelt und ein solcher Beitritt nicht etwa in das Belieben der politischen Kräfte gestellt ist.[299] Ein Beitritt erfordert allerdings das Vorhandensein eines entsprechenden Instrumentariums auf der völkerrechtlichen Ebene. Zudem knüpft das GG eine Beitrittspflicht an das Vorhandensein bestimmter Merkmale eines solchen internationalen Mechanismus. **90**

2. Schiedsgerichtsbarkeit. Der **Begriff der Schiedsgerichtsbarkeit** umfasst dabei nach ganz überwiegender Auffassung auch die internationale **Gerichtsbarkeit.** Gemeinsam ist beiden Formen internationaler Streitbeilegung die Entscheidung über eine konkrete Streitigkeit zwischen Staaten auf **91**

[293] Vgl. die Zusammenfassung des Parteivortrags in BVerfGE 118, 244 (250); siehe außerdem *Fischer-Lescano* FS f. Bothe, 2008, 81.

[294] BVerfGE 118, 244 (264).

[295] Siehe dazu *Byers* in Ruys/Corten The Use of Force in International Law, 625 (626); allgemein zu den Weiterentwicklungsprozessen der NATO *Calliess* in Maunz/Dürig Art. 24 Abs. 2 Rn. 39; *Stein/von Buttlar/Kotzur,* Völkerrecht, 2017, Rn. 466 ff.

[296] BVerfGE 123, 267 (361).

[297] Krit. auch *Calliess* in Maunz/Dürig Art. 24 Abs. 2 Rn. 45–50; *Oeter* in HdbStR XI § 243 Rn. 28; *Sauer,* Staatsrecht III, 2018, § 5 Rn. 9.

[298] BVerfGE 152, 8 (33 f., Rn. 52).

[299] *Classen* in MKS Rn. 95; *Wolfrum* in HdbStR XI § 242 Rn. 1.

der Grundlage des Völkerrechts durch unabhängige Dritte.[300] Unterschiede bestehen hinsichtlich der institutionalisierten Verfestigung von Schiedsgerichten und Gerichten. Im Unterschied zu ad hoc gebildeten Schiedsgerichten sind internationale Gerichte stehende Institutionen mit einer fest gebildeten Richterbank, die auf der Grundlage einer im Vorhinein fixierten Verfahrensordnung urteilen.[301]

92 **3. Zur Regelung zwischenstaatlicher Streitigkeiten.** Die Formulierung des Art. 24 Abs. 3 klärt über den intendierten Zweck eines Beitritts zu einem System der Schiedsgerichtsbarkeit auf. Dieses soll „zur Regelung zwischenstaatlicher Streitigkeiten" erfolgen. Damit unterstreicht die Bestimmung, dass es hier um **Streitigkeiten zwischen Staaten** geht. **Nicht erfasst** werden Verfahren, die von **Einzelpersonen** gegen einen Staat angestrengt werden.[302] Umstritten ist, ob „zwischenstaatlich" insofern erweiternd auszulegen ist, als dass auch Streitigkeiten mit **internationalen Organisationen** unter die Bestimmung zu fassen sind. Hierfür könnte die von der Völkerrechtsfreundlichkeit des GG insgesamt intendierte Ausrichtung auf einen möglichen Gleichklang mit der fortschreitenden Institutionalisierung der Völkerrechtsordnung sprechen.[303] Letztlich überzeugt ein solches Argument aber nicht. Art. 24 Abs. 3 will vor allem der besonderen Eskalationsgefahr von zwischenstaatlichen Konflikten vorbeugen, die sich im Verhältnis zu internationalen Organisationen so nicht ergibt. Es ist mithin an einem zwischenstaatlichen Verständnis der Bestimmung festzuhalten.[304]

93 **4. Allgemeine, umfassende, obligatorische und internationale (Schieds-)Gerichtsbarkeit.** Damit ein Beitritt nach Art. 24 Abs. 3 verpflichtend ist, muss es sich um ein System der (Schieds-)Gerichtsbarkeit handeln, das allgemein, obligatorisch und umfassend ist. Die notwendige **Allgemeinheit** bezieht sich darauf, dass ein solches System allen Staaten zum Beitritt offensteht.[305] Sein **umfassender Charakter** ergibt sich daraus, dass ein solches Gremium der Sache nach für die Entscheidung aller denkbaren völkerrechtlichen Streitigkeiten zuständig ist und nicht nur für eine sachlich begrenzte Materie.[306]

94 Das **Merkmal des obligatorischen Charakters** ist in der Literatur **umstritten.**[307] Die überwiegend vertretene Auffassung versteht dieses Merkmal so, dass eine Gerichtsbarkeit dann obligatorisch ist, wenn ihre Zuständigkeit im Streitfall bereits durch die Anrufung durch eine Streitpartei und nicht erst durch eine separate Einigung zwischen den Streitparteien oder eine Unterwerfungserklärung begründet wird.[308] Es soll mithin nach dieser Auffassung

---

[300] *Wollenschläger* in Dreier Rn. 79.

[301] *Wolfrum* in HdbStR XI § 242 Rn. 17.

[302] *Calliess* in Maunz/Dürig Art. 24 Abs. 3 Rn. 14; *Ohler* JZ 2015, 337 (342).

[303] In diese Richtung *Calliess* in Maunz/Dürig Art. 24 Abs. 3 Rn. 16; *Wollenschläger* in Dreier Rn. 79.

[304] So auch *Heintschel von Heinegg/Frau* in BeckOK GG Rn. 48.

[305] *Wolfrum* in HdbStR XI § 242 Rn. 3.

[306] *Wolfrum* in HdbStR XI § 242 Rn. 4.

[307] *Sauer* in BK Rn. 348; *Zimmermann* ZRP 2006, 248 (250); so auch die Studienkommission der Deutschen Gesellschaft für Völkerrecht, die in dieser Frage uneins geblieben ist, siehe *Bothe/Klein* ZaöRV 67 (2007), 825 (827); für die 2008 erfolgte Unterwerfung unter die Gerichtsbarkeit des IGH nach Art. 36 Abs. 2 spielte Art. 24 jedenfalls politisch eine Rolle, siehe *Eick* ZaöRV 68 (2008), 763 (766).

[308] So etwa *Streinz* in Sachs Rn. 84; *Wollenschläger* in Dreier Rn. 79; *Hillgruber* in SHH Rn. 56.

eine Verpflichtung zur Unterwerfung geben, damit es sich um eine obligatorische (Schieds-)Gerichtsbarkeit handelt.[309] Eine andere Auffassung geht dagegen davon aus, „obligatorisch" sei so zu verstehen, dass das Gericht nach Anrufung durch einen Staat einen Fall entscheiden kann, ohne dass der beklagte Staat dem Verfahren noch einmal gesondert zustimmen muss.[310]

Praktische Relevanz erfährt dieser Streit dadurch, dass es zum derzeitigen Zeitpunkt im Völkerrecht kein System der (Schieds-)Gerichtsbarkeit gibt, das die Voraussetzungen der ersten, engeren Auffassung erfüllen würde. So verstanden würde es sich bei Art. 24 Abs. 3 also um eine rein in die Zukunft gedachte Verpflichtung handeln, deren praktische verfassungsrechtliche Bedeutung sich dann darin erschöpfen würde, dass die Bundesrepublik auf die Herausbildung eines solchen Systems hinzuwirken hätte.[311] Die weitere Auffassung, die einen obligatorischen Charakter auch dann bejaht, wenn einmal ein allgemeiner Unterwerfungsakt unter die Gerichtsbarkeit stattgefunden hat, kann demgegenüber den **Internationalen Gerichtshof** unter die Voraussetzungen des Art. 24 Abs. 3 subsumieren, dessen Gerichtsbarkeit sich die Bundesrepublik erst spät (im Jahr 2008) nach der sog. „Fakultativklausel" des Art. 36 Abs. 2 IGH-Statut unterworfen hat. Hierbei verweist diese Position auf die Entstehungsgeschichte, wonach der Art. 24 Abs. 3 gerade mit Hinblick auf den IGH in das GG aufgenommen worden sei, was auch durch den engen systematischen Zusammenhang zwischen Abs. 3 und Abs. 2 zum Ausdruck komme, bei dem schließlich auch die Vereinten Nationen das prägende Leitbild eines Systems gegenseitiger kollektiver Sicherheit gewesen sei.[312] 95

Die Entstehungsgeschichte des GG ist in dieser Frage gleichwohl nur bedingt weiterführend und lässt vor allem erkennen, dass über die Merkmale der Allgemeinheit und des umfassenden Charakters Einigkeit herrschte; über die Frage der obligatorischen Zuständigkeit wurde dagegen nicht ausführlich diskutiert.[313] Betrachtet man die Frage im Lichte der Ausgestaltung der Zuständigkeit des IGH, so ist zu konstatieren, dass dessen Gerichtsbarkeit in allen drei Fällen des Art. 36 IGH-Statut auf den Staatenkonsens zurückzuführen ist.[314] Dies ist jedoch kein Argument gegen den obligatorischen Charakter der Gerichtsbarkeit für jene Staaten, die eine Erklärung nach Art. 36 Abs. 2 abgegeben haben. Auf der Grundlage des völkerrechtlichen Konsensprinzips ist die Begründung der Gerichtsbarkeit eines internationalen Gerichts gar nicht anders denkbar. Art. 24 Abs. 3 sollte insofern nicht so verstanden werden, dass eine Pflicht zum Beitritt zu einem solchen System erst dann gegeben sein kann, wenn für alle anderen Staaten der Welt ebenfalls eine solche Pflicht besteht. An diesen Gedanken anknüpfend stellt sich die Frage, was für die Auslegung des Art. 24 Abs. 3 aus den unterschiedlichen Wegen der Begründung der Zuständigkeit des IGH folgt. Für diejenigen Staaten, die sich nach Art. 36 Abs. 2 IGH-Statut unterworfen haben, ändert sich in ihrem Binnenverhältnis nichts am obligatorischen Charakter dadurch, dass andere Staaten nur nach einer Unterwerfung ad hoc oder auf Grundlage einer kom- 96

[309] *Wolfrum* in HdbStR XI § 242 Rn. 5.
[310] *Classen* in MKS Rn. 99.
[311] So etwa *Wollenschläger* in Dreier Rn. 79; *von Baudissin/Platzöder* AöR 99 (1974), 32 (42).
[312] *Zimmermann* ZRP 2006, 248 (250); in diese Richtung auch *Stern,* StaatsR I, 1984, 508 bei gleichzeitiger Feststellung, dass es am Merkmal der obligatorischen Gerichtsbarkeit fehle.
[313] Vgl. JöR nF 1 (1951), 224.
[314] Vgl. *Wolfrum* in HdbStR XI § 242 Rn. 6.

promissarischen Klausel der Gerichtsbarkeit des IGH unterfallen. Verlangt man einen obligatorischen Charakter für alle potentiell der Gerichtsbarkeit des IGH unterfallenden Staaten, würde es sich bei Art. 24 Abs. 3 um eine in ihrem praktischen Gehalt rein hypothetische Norm handeln. Es ist aber nicht davon auszugehen, dass der Verfassungsgeber hier eine Bestimmung schaffen wollte, die sich in Symbolpolitik und einem vagen Verfassungsauftrag erschöpft, sondern praktische Bedeutung haben sollte. Insofern sprechen die besseren Gründe, auch im Lichte der allgemeinen Verfassungsentscheidung für internationale Kooperation und Integration dafür, das Merkmal des obligatorischen Charakters so zu verstehen, dass dieses dann erfüllt ist, wenn auf Grundlage der völkerrechtlichen Regeln über die Zuständigkeit eines Gerichts eine generelle Unterwerfung für die Zukunft erfolgen kann.

97 **5. Beispielsfälle.** Der **IGH** ist ein Gericht iSd Art. 24 Abs. 3. Die Bundesrepublik Deutschland hat sich im Jahr 2008 durch die Abgabe einer Erklärung der **Gerichtsbarkeit** des IGH nach Art. 36 Abs. 2 **unterworfen,** allerdings versehen mit einer Reihe von in diesem Zusammenhang nicht unüblichen Vorbehalten, die insbesondere die Gerichtsbarkeit für Handlungen der deutschen Streitkräfte im Ausland nicht akzeptieren und keine Klagen gegen die Bundesrepublik im Hinblick auf Fragen zulassen, die sich aus der Zurverfügungstellung deutschen Territoriums für andere Staaten ergeben. In zeitlicher Hinsicht erstreckt sich die Unterwerfung nur auf solche Streitigkeiten, die nach dem Datum der Erklärung entstehen und Bezug auf Situationen und Tatsachen nehmen, die diesem Datum folgen.[315]

98 Außer dem IGH kommen zum derzeitigen Zeitpunkt keine weiteren (Schieds-)Gerichte in Frage, die der Beitrittspflicht nach Art. 24 Abs. 3 unterfallen könnten. Der 1910 gegründete **Ständige Internationale Schiedshof** (PCA) ist entgegen seinem Namen kein völkerrechtliches Gericht, sondern nur eine organisatorische Hülle für die Durchführung von Schiedsverfahren.

99 Der **Europäische Gerichtshof für Menschenrechte** ist nicht nur für Individualbeschwerden nach Art. 34 EMRK zuständig, sondern kann auf der Grundlage des Art. 33 EMRK auch über Staatenbeschwerden urteilen, was in der Praxis vergleichsweise selten vorkommt. Hier fehlt es aber sowohl am Merkmal der Allgemeinheit als auch des umfassenden Charakters der Gerichtsbarkeit. Nur Mitglieder des Europarats unterfallen der Gerichtsbarkeit des Straßburger Gerichtshofs.

100 Ähnliches gilt für den **Internationalen Seegerichtshof.** Dessen Gerichtsbarkeit ist zwar allgemein, da die Mitgliedschaft allen Mitgliedstaaten der Vereinten Nationen offensteht. Aber auch hier ist die Gerichtsbarkeit in inhaltlicher Hinsicht beschränkt.[316] Der Gerichtshof ist nur für Fragen des Seevölkerrechts und nach Maßgabe des SRÜ zuständig (vgl. Art. 288 SRÜ).

101 Dem Streitbeilegungssystem des **Welthandelsrechts** fehlt es ebenfalls am allgemeinen und umfassenden Charakter.[317] Grundsätzlich steht die WTO dem Beitritt neuer Mitglieder offen. Ein Recht zum einfachen Beitritt ohne Zustimmung der bereits bestehenden Vertragsparteien gibt es jedoch nicht. Die Gerichtsbarkeit ist schließlich auf Fragen des WTO-Rechts beschränkt.

---

[315] *Eick* ZaöRV 68 (2008), 763; *Tams/Zimmermann* GYIL 51 (2008) 391; für den Text der Unterwerfungserklärung ZaöRV 68 (2008), 774 f.

[316] *Wolfrum* in HdbStR XI § 242 Rn. 6; *Calliess* in Maunz/Dürig Art. 24 Abs. 3 Rn. 46.

[317] *Wolfrum* in HdbStR XI § 242 Rn. 6; *Calliess* in Maunz/Dürig Art. 24 Abs. 3 Rn. 54.

C. Verhältnis zu anderen Bestimmungen des Grundgesetzes

Art. 24 steht in seiner Gesamtheit in einem allgemeinen Zusammenhang mit denjenigen Bestimmungen des GG, aus denen seine **Völkerrechtsfreundlichkeit** sowie die **Grundentscheidung für die internationale Zusammenarbeit** abgeleitet werden. Angesprochen sind insofern die **Präambel, Art. 1 Abs. 2** sowie die **Art. 23, 25 und 26 sowie 59 Abs. 2.** Die Möglichkeit, Hoheitsrechte auf zwischenstaatliche und grenznachbarschaftliche Einrichtungen zu übertragen sowie zur Wahrnehmung der Mitgliedschaft in einem System der gegenseitigen kollektiven Sicherheit in die Einschränkung der deutschen Hoheitsrechte einzuwilligen sind wichtige Bausteine dieser überwölbenden Verfassungsgrundsätze.[318] **102**

In einem spezifischen Verhältnis steht Art. 24 zum „neuen" **Europaartikel des Art. 23.** Durch die Aufnahme dieser Bestimmung in das GG sind dem Art. 24 Abs. 1 die aus der europäischen Integration resultierenden Anwendungsfälle entzogen. Zugleich hat Art. 23 Abs. 1 S. 1 mit seiner Bezugnahme auf eine auf den demokratischen, rechtstaatlichen, sozialen und föderalen Grundsätzen basierenden Union die im Kontext des Art. 24 Abs. 1 entstandene Rechtsprechung des BVerfG zu einem Teil in den Verfassungstext überführt. Im Kontext der Regelungen des Art. 23 nF hat das BVerfG die dogmatische Kategorie der sog. **„Integrationsverantwortung"** entwickelt, die bezeichnen soll, dass die Verfassungsorgane des GG die Verpflichtung trifft, ihre Befugnisse und Kompetenzen auch zur Erfüllung eines hinreichenden demokratischen Legitimationsniveaus der europäischen Integration wahrzunehmen.[319] Parallele Entwicklungen sind auch im Rahmen des Art. 24 Abs. 1 und 2 denkbar. Das BVerfG hat auch hier jenseits von Fällen der europäischen Integration von einem „Integrationsprogramm" (etwa der NATO) gesprochen.[320] **103**

Das Gesetz zur Übertragung von Hoheitsrechten nach Art. 24 Abs. 1 stellt grundsätzlich auch ein Zustimmungsgesetz im Sinne von **Art. 59 Abs. 2** dar, da im Regelfall nicht isoliert eine Institution geschaffen wird, die mit Durchgriffswirkung Entscheidungen treffen kann, sondern dieses Arrangement Teil eines breiteren völkerrechtlichen Vertrages ist, der sich auch auf Materien der Bundesgesetzgebung bezieht. Die Einordnung in ein System der gegenseitigen kollektiven Sicherheit stellt zudem ein Paradebeispiel für einen Vertrag dar, der die „politischen Beziehungen des Bundes" regelt.[321] **104**

Eine Sonderregel zur Übertragung von Hoheitsrechten stellt **Art. 88 S. 2** dar, wonach Aufgaben und Befugnisse der Bundesbank im Rahmen der EU auf die EZB übertragen werden können. Systematisch steht diese Bestimmung allerdings in einem engeren Zusammenhang mit Art. 23. **105**

Bei der Übertragung von Hoheitsrechten nach Art. 24 Abs. 1 ist die Grenze des **Art. 79 Abs. 3** zu wahren (→ Rn. 47 ff.). **106**

---

[318] Grundlegend *Vogel,* Die Verfassungsentscheidung für eine internationale Zusammenarbeit, 1964, 46.

[319] BVerfGE 123, 267 (351); eine andere Bedeutung wird dem Konzept in BVerfGE 152, 216 (238, Rn. 53) beigemessen; vgl. dazu *Aust* EuGRZ 2020, 410.

[320] BVerfGE 104, 151 (210); 118, 244 (263).

[321] *Wollenschläger* in Dreier Art. 59 Rn. 28.

D. Kritische Würdigung

107 Mit der Aufnahme eines separaten Europaartikels in das GG hat Art. 24 an Bedeutung für die allgemeine verfassungsrechtliche Diskussion verloren. Die Übertragung von Hoheitsrechten wird vornehmlich mit der EU assoziiert. Gleichwohl bleibt die Bestimmung ein wichtiger Baustein für die Begründung der offenen Staatlichkeit der Bundesrepublik. Für Abs. 1 gibt es weiterhin praktische Anwendungsfälle und aus Abs. 2 wird die Ermächtigung zur Beteiligung an Militäreinsätzen im Rahmen und nach den Regeln eines Systems gegenseitiger kollektiver Sicherheit hergeleitet. Abs. 3 scheint von randständiger Bedeutung zu sein, ist aber immerhin durch die Unterwerfung unter die Gerichtsbarkeit des IGH im Jahre 2008 nach Art. 36 Abs. 2 IGH-Statut mit Leben gefüllt worden.

108 Art. 24 war dabei immer von seiner Zeit geprägt. *Markus Kotzur* hat in diesem Zusammenhang eindrücklich formuliert: „Für die traditionelle, im klassischen Souveränitätsdenken verhaftete Staatslehre war die Übertragung von Hoheitsrechten ohne Zweifel ein kühner Schritt, vielleicht auch gerade deshalb erträglich, weil der neu zu konstituierenden Bundesrepublik die volle Souveränität ohnehin fehlen würde."[322] Art. 24 war insofern von Anfang an ein Stück weit als Eintrittskarte für die Rückkehr in die Welt der „zivilisierten Nationen" gedacht. Diese Funktion hat die Vorschrift eindrucksvoll erfüllt. Für die Zukunft stellt sich die Frage, welche Reservefunktion der Bestimmung des Art. 24 Abs. 1 noch einmal zukommen kann, wenn die derzeitige Form der europäischen Integration an ihr Ende kommen sollte. Mit einem Scheitern der EU ist bei allen Krisenphänomenen auf absehbare Zeit nicht zu rechnen. Aber wer hätte heute noch die Gewissheit, die *Hermann Mosler* 1992 an den Tag legte, als er im Handbuch des Staatsrechts Ausführungen zu Rechtsproblemen eines Austritts aus den Europäischen Gemeinschaften damit abschloss, dass er solche Erwägungen „in der gegenwärtigen Periode energisch betriebener wirtschaftlicher und politischer Vereinigung" als unrealistisch einschätzte?[323] Aus Deutschland werden Impulse für eine solche Entwicklung aller Voraussicht nach und hoffentlich nicht kommen. Nicht nur wegen des „Brexit", sondern auch wegen der vielfachen Rechtstaatlichkeits- und Demokratiekrisen in einer ganzen Reihe anderer Mitgliedstaaten der EU ist die auch früher schon kontrovers diskutierte Finalität der europäischen Integration offener denn je.

Literatur

H. P. Aust, Das Recht der globalen Stadt – Grenzüberschreitende Dimensionen kommunaler Selbstverwaltung, 2017. – ***G. Baudissin/R. Platzöder,*** Modalitäten für eine Unterwerfung der Bundesrepublik Deutschland unter die obligatorische Gerichtsbarkeit des Internationalen Gerichtshofs, AöR 99 (1974), 32. – ***M. Bothe/E. Klein,*** Bericht einer Studiengruppe zur Anerkennung der Gerichtsbarkeit des IGH, ZaöRV 67 (2007), 825. – ***C. Calliess,*** 70 Jahre Grundgesetz und europäische Integration: „Take back control" oder „Mehr Demokratie wagen"?, NVwZ 2019, 684. – ***C. D. Classen,*** Innere oder äußere Souveränität? Zum Verständnis der Übertragung von Hoheitsrechten, DÖV 2018, 253. – ***B. Fassbender,*** Art. 19 Abs. 4 GG als Garantie innerstaatlichen Rechtsschutzes gegen Individualsanktionen des UN-Sicherheitsrates,

[322] *Kotzur,* Grenznachbarschaftliche Zusammenarbeit in Europa, 2004, 120.
[323] *Mosler* in HdbStR VII, 1992, § 175 Rn. 51.

AöR 132 (2007), 257. – ***K. F. Gärditz,*** Völkerrechtliche Integration und kompensatorische Rechtsschutzgarantie, EuGRZ 2018, 530. – ***B. Grzeszick,*** Völkervertragsrecht in der parlamentarischen Demokratie, NVwZ 2016, 1753. – ***S. Hobe,*** Der offene Verfassungsstaat zwischen Souveränität und Interdependenz, 1998. – ***T. P. Holterhus,*** Die Rolle des Deutschen Bundestags in der auswärtigen Handelspolitik der Europäischen Union, EuR 52 (2017), 234. – ***S. Kielmansegg,*** Auf dem Weg zur Europäischen Armee? Ambitionen und Grenzen des Unionsrechts bei der Schaffung integrierter Streitkräfte, in Kielmansegg/Krieger/Sohm, Multinationalität und Integration im militärischen Bereich, 2018, 65. – ***M. Kment,*** Grenzüberschreitendes Verwaltungshandeln, 2010. – ***D. König,*** Die Übertragung von Hoheitsrechten im Rahmen des europäischen Integrationsprozesses – Anwendungsbereich und Schranken des Art. 23 Grundgesetz, 2000. – ***M. Kotzur,*** Grenznachbarschaftliche Zusammenarbeit in Europa – Der Beitrag von Art. 24 Abs. 1a GG zu einer Lehre vom kooperativen Verfassungs- und Verwaltungsstaat, 2004. – ***C. Kreß,*** Völkerstrafrecht in Deutschland, NStZ 2000, 617. – ***H. Krieger,*** Die Herrschaft der Fremden – Zur demokratietheoretischen Kritik des Völkerrechts, AöR 133 (2008), 315. – ***G. Nolte,*** Die „neuen Aufgaben" von NATO und WEU – Völkerrechtliche und verfassungsrechtliche Fragen, ZaöRV 54 (1994), 95. – ***G. Nolte,*** Bundeswehreinsätze in kollektiven Sicherheitssystemen, ZaöRV 54 (1994), 652. – ***G. Nolte,*** Das Verfassungsrecht vor den Herausforderungen der Globalisierung, VVDStRL 67 (2008), 129. – ***K. Nowrot/C. Tietje,*** CETA an der Leine des Bundesverfassungsgerichts: Zum schmalen Grat zwischen Ultra-vires-Kontrolle und Ultra-vires-Handeln, EuR 52 (2017) 149. – ***C. Ohler,*** Die Vereinbarkeit von Investor-Staat-Schiedsverfahren mit deutschem und europäischem Verfassungsrecht, JZ 2015, 337. – ***M. Polzin,*** Verfassungsidentität – Ein normatives Konzept des Grundgesetzes?, 2018. – ***K. Th. Rauser,*** Die Übertragung von Hoheitsrechten auf ausländische Staaten – Zugleich ein Beitrag zur Dogmatik des Art. 24 I GG, 1991. – ***V. Röben,*** Der Einsatz der Streitkräfte nach dem Grundgesetz, ZaöRV 63 (2003), 585. – ***H. Sauer,*** Das Verfassungsrecht der kollektiven Sicherheit – Materielle Grenzen und Organkompetenzverteilung beim Wandel von Bündnisverträgen und beim Auslandseinsatz der Bundeswehr, in Rensen/Brink, Leitlinien der Rechtsprechung des Bundesverfassungsgerichts, 2009, 585. – ***B. Schiffbauer,*** Über Hoheitsrechte und deren „Übertragbarkeit", AöR 141 (2016), 551. – ***R. Schmidt-Radefeldt,*** Auslandseinsätze der Bundeswehr im Spannungsfeld zwischen Völker- und Verfassungsrecht, in Kielmansegg/Krieger/Sohm, Multinationalität und Integration im militärischen Bereich, 2018, 83. – ***H. Steiger,*** Staatlichkeit und Überstaatlichkeit. Eine Untersuchung zur rechtlichen und politischen Stellung der Europäischen Gemeinschaften, 1966. – ***C. Tietje,*** Internationalisiertes Verwaltungshandeln, 2001. – ***C. Walter,*** Grundrechtsschutz gegen Hoheitsakte internationaler Organisationen, AöR 129 (2004), 39. – ***M. Wendel,*** Permeabilität im europäischen Verfassungsrecht, 2011. – ***A. Zimmermann,*** Deutschland und die obligatorische Gerichtsbarkeit des Internationalen Gerichtshofs, ZRP 2006, 248.

Art. 25 [Allgemeine Regeln des Völkerrechts]

Die allgemeinen Regeln des Völkerrechtes sind Bestandteil des Bundesrechtes. Sie gehen den Gesetzen vor und erzeugen Rechte und Pflichten unmittelbar für die Bewohner des Bundesgebietes.

Art. 4 WRV

Die allgemein anerkannten Regeln des Völkerrechts gelten als bindende Bestandteile des deutschen Reichsrechts.

Übersicht

A. Allgemeine Bedeutung

I. Genese

1 Art. 25 entstand als **bewusste Fortentwicklung der Bestimmung des Art. 4 WRV.** Dieser hatte angeordnet, dass die allgemein anerkannten Regeln des Völkerrechts als bindende Bestandteile des deutschen Reichsrechts gelten. Nach dem Ende des Ersten Weltkriegs war Art. 4 WRV als Signal der neuen demokratischen Verfassungsordnung an die Welt gedacht, um die Völkerrechtstreue Deutschlands auch in der Verfassung unter Beweis zu stellen.[1] Dies wurde in der Weimarer Staats- und Verfassungspraxis nicht nur positiv gesehen, sondern teils heftig als Unterwerfung unter US-amerikanische Vorstellungen der Wirkungen des Völkerrechts im innerstaatlichen Bereich kritisiert.[2] In der Rechtspraxis wurde die Bedeutung der Vorschrift zudem dadurch minimiert, dass sowohl die Rechtsprechung als auch die Literatur nur solche Regeln als allgemein anerkannt ansahen, die auch die **Zustimmung des Deutschen Reichs** gefunden hatten.[3] Außerdem entsprach es der herrschenden Auffassung, dass die allgemein anerkannten Regeln unter dem **Vorbehalt abweichender Reichsgesetzgebung** standen.[4] Insgesamt wurde die praktische Bedeutung der Vorschrift so erheblich gemindert.

2 Die Diskussionen auf Herrenchiemsee und im Parlamentarischen Rat nahmen vielfach auf die Weimarer Rechtslage Bezug. Bereits im **Entwurf von Herrenchiemsee** fand sich ein Art. 22, der bestimmte: „Die allgemeinen Regeln des Völkerrechts sind Bestandteil des Bundesrechts und erzeugen Rechte und Pflichten unmittelbar für alle Bewohner des Bundesgebiets."[5] Bis auf die später im GG in Teilen geregelte Rangfrage entspricht dieser Vorschlag dem heutigen Art. 25. In der Begründung des Herrenchiemsee-Entwurfs wurde unmittelbar zum Ausdruck gebracht, dass die vorgeschlagene Regelung einen Schritt weiter gehen sollte als die Verfassungslage unter der WRV: „Durch die gewählte, von Art. 4 der Weimarer Verfassung abweichende Fassung soll Streitfragen, die in der Weimarer Zeit eine verhängnis-

---

[1] In diese Richtung etwa die Stellungnahme von *Walther Schücking* in den Verhandlungen der Nationalversammlung, Protokoll der 19. Sitzung vom 3.3.1919, Sten. Ber., Bd. 326, 475 A (477 D); vgl. weiter *Huber,* Deutsche Verfassungsgeschichte seit 1789, VI, 1981, 469.

[2] *Fleischmann,* Die Einwirkung auswärtiger Gewalten auf die deutsche Reichsverfassung, 1925, 23 („Verbeugung vor dem Amerikanismus"); aus der Rückschau *Rudolf,* Völkerrecht und deutsches Recht, 1967, 242, 272; eingehend zur Entstehungsgeschichte *Schorkopf,* Grundgesetz und Überstaatlichkeit, 2007, 35–46.

[3] RFHE 7, 97 (102); RGSt 67, 130 (135); *Anschütz,* Die Verfassung des deutschen Reiches vom 11. August 1919, 1933, 33 f.

[4] *Anschütz,* Die Verfassung des deutschen Reiches vom 11. August 1919, 1933, 33 f.; vgl. zur Rezeption des Art. 4 WRV auch die konzise Darstellung bei *Schorkopf,* Staatsrecht der internationalen Beziehungen, 2017, § 10 Rn. 32–34.

[5] JöR nF 1 (1951), 229.

volle Rolle gespielt haben, der Boden entzogen werden. Weiter soll durch diese Fassung zum Ausdruck gebracht werden, daß das deutsche Volk gewillt ist, im Völkerrecht mehr zu sehen als nur eine Ordnung, deren Normen lediglich die Staaten als solche verpflichten."[6]

3 Im Parlamentarischen Rat wurde die Vorschrift ausführlich und auf der Grundlage von mehrfach überarbeiteten Entwürfen diskutiert. Teilweise wurde vorgeschlagen, zum Weimarer Modell zurückzukehren, wonach nur **„allgemein anerkannte"** Regeln vom Anwendungsbereich der Vorschrift erfasst werden sollten. Dazu führte etwa der Abgeordnete *Hermann von Mangoldt* (CDU) aus, dass die „allgemeinen Regeln" des Völkerrechts vielfach unbestimmt seien und sich eine nicht unerhebliche Rechtsunsicherheit aus einer unqualifizierten Übernahme dieser Regeln ergeben könne.[7] Weiter merkte *von Mangoldt* an: „Es sei zu fragen, ob die eigenen Bürger nicht an das deutsche Gesetz, sondern an die fremden Rechtsauffassungen gebunden sein sollten."[8] Dem hielt *Carlo Schmid* (SPD) entgegen, dass man sich auf Herrenchiemsee bewusst gewesen sei, mit dem Vorschlag einen „entscheidenden Bruch mit der Tradition" zu vollziehen: „Ein neues Rechtsdenken dringe durch und in den staatlichen Bereich hinein."[9] Gerade das Wort „Anerkennung" habe bewirkt, dass die „von Art. 4 erhoffte Befruchtung des deutschen Rechtsdenken[s] durch das Völkerrecht ausgeblieben" sei.[10]

4 Daneben wurde besonders ausführlich und mit einigen abweichenden Formulierungsvorschlägen über die **Rangfrage** diskutiert.[11] Ausgangspunkt dieser Diskussionen war ein Vorschlag des Abgeordneten *Georg August Zinn* (SPD), der zum Ausdruck brachte, dass man es nicht dem Gesetzgeber überlassen dürfe, von den allgemeinen Regeln des Völkerrechts abzuweichen: „Wenn man das verhüten will, muß man den allgemeinen Regeln des Völkerrechts den Rang des Verfassungsrechts geben."[12] Diesem Anliegen kam der Hauptausschuss in seiner Sitzung am 20.1.1949 nach und formulierte die Vorschrift folgendermaßen: „Die allgemeinen Regeln des Völkerrechts sind Bestandteil des Bundesverfassungsrechts und erzeugen Rechte und Pflichten unmittelbar für alle Bewohner des Bundesgebietes."[13] Gegen diese Formulierung wandte sich *Hermann von Mangoldt* (CDU), der anregte, zum einen Bundesverfassungsrecht durch Bundesrecht zu ersetzen und zum anderen aufzunehmen, dass die allgemeinen Regeln des Völkerrechts den Gesetzen vorgehen.[14] Dieser Vorschlag wurde kontrovers diskutiert. Die letztliche Einigung auf den heutigen Wortlaut geht auf einen Antrag zurück, der wiederum von *Herrmann von Mangoldt* eingebracht und von *Heinrich von Brentano* (CDU) damit begründet wurde, dass es ohne die Hervorhebung des Vorrangs vor den Gesetzen möglich sei, durch eine Änderung des GG „Völkerrecht abzuändern": „Das Völkerrecht gehe unter allen Umständen dem Bundesrecht, auch dem Bundesverfassungsrecht

---

[6] JöR nF 1 (1951), 229 f.
[7] JöR nF 1 (1951), 231 f.
[8] JöR nF 1 (1951), 232.
[9] JöR nF 1 (1951), 231.
[10] JöR nF 1 (1951), 232; siehe auch die Stellungnahme von *Zinn,* JöR nF 1 (1951), 234.
[11] Ausführliche Darstellung gerade zu dieser Frage bei *Pigorsch,* Die Einordnung völkerrechtlicher Normen in das Recht der Bundesrepublik Deutschland, 1959, 55 ff.
[12] JöR nF 1 (1951), 234.
[13] JöR nF 1 (1951), 234.
[14] JöR nF 1 (1951), 234.

vor."[15] Der so begründete Antrag wurde einstimmig angenommen. Bis heute erfuhr Art. 25 keine Änderung.

II. Inhaltsübersicht

Art. 25 beschäftigt sich mit einem Teilausschnitt des Regelungskomplexes 5
„Völkerrecht und Landesrecht". Für die „allgemeinen Regeln" des Völkerrechts ordnet er die **Geltung** im innerstaatlichen Recht an (S. 1), weist ihnen einen **Rang** vor den „Gesetzen" zu (S. 2 Hs. 1) und statuiert, dass diese unmittelbar **Rechte und Pflichten** für die Bewohner des Bundesgebietes schaffen (S. 2 Hs. 2). Weitgehende Einigkeit besteht dahingehend, dass unter den allgemeinen Regeln des Völkerrechts jedenfalls das (universelle) Völkergewohnheitsrecht und die allgemeinen Rechtsgrundsätze (Art. 38 Abs. 1b) und c) des IGH-Statuts) zu verstehen sind.[16] Diesen so in Bezug genommenen Normen kommt jedenfalls ein Anwendungsvorrang vor einfachen Parlamentsgesetzen zu.[17] Übereinstimmend gehen Rechtsprechung und Literatur auch davon aus, dass die Norm sich nicht nur an die „Bewohner" des Bundesgebietes im Sinne eines Wohnsitzkriteriums richtet, sondern an alle Personen, die der deutschen Hoheitsgewalt beim jedenfalls innerstaatlichen Handeln unterliegen (→ Rn. 59).

Umstritten ist demgegenüber vor allem das **Verhältnis zwischen den** 6
allgemeinen Regeln des Völkerrechts und dem GG. Während die Rechtsprechung und die herrschende Lehre in der Literatur von einem Zwischenrang zwischen GG und einfachen Gesetzen ausgehen[18], wird in der Literatur teilweise auch vertreten, dass die allgemeinen Regeln Überverfassungsrang haben[19] oder zumindest auf einer Stufe mit den Regeln des GG stehen.[20]

Der Vorschrift kommt eine übergeordnete Bedeutung als bedeutsamer 7
Baustein des allgemeinen Grundsatzes der **Völkerrechtsfreundlichkeit des GG** zu.[21] Dieser wird aus einer Gesamtschau derjenigen Bestimmungen des GG abgeleitet, die auf eine strukturelle Offenheit der Verfassung des GG für Formen der internationalen Kooperation hindeuten (Präambel, Art. 1 Abs. 2, 9 Abs. 2, 23–26, 59 Abs. 2).[22] Seine wichtigste Wirkung hat dieser Grundsatz als Konfliktvermeidungsregel, die insbesondere eine völkerrechtskonforme Auslegung des deutschen Rechts verlangt. Nach der ständigen Rechtsprechung des BVerfG sind so z. B. auch die Garantien der EMRK und anderer menschenrechtlicher Verträge bei der Auslegung der grundrechtlichen Garantien des GG zu berücksichtigen.[23]

---

[15] JöR nF 1 (1951), 235.

[16] *Wollenschläger* in Dreier Rn. 17.

[17] *Knop,* Völker- und Europarechtsfreundlichkeit als Verfassungsgrundsätze, 2013, 129.

[18] Siehe hier nur BVerfGE 111, 307 (318); *Koenig/König* in MKS Rn. 50.

[19] So jedenfalls für das zwingende Völkerrecht *Hobe* in BerlKomm Rn. 33.

[20] So etwa *Streinz* in Sachs Rn. 90.

[21] Erste Erwähnung der Völkerrechtsfreundlichkeit in der Rspr. in BVerfGE 6, 309 (362); grundlegend *Vogel,* Die Verfassungsentscheidung für eine internationale Zusammenarbeit, 1964, 46; *Engel,* Völkerrecht als Tatbestandsmerkmal deutscher Normen, 1989, 53 ff.; aus der neueren Literatur *Ruffert* JZ 2001, 633; *Payandeh* JöR nF 57 (2009), 457 (471); zum Verhältnis von Völkerrechtsfreundlichkeit und offener Staatlichkeit *Kment,* Grenzüberschreitendes Verwaltungshandeln, 2010, 165 f.; umfassend zur Entwicklung in der Rechtsprechung siehe *Knop,* Völker- und Europarechtsfreundlichkeit, 2013, 200 ff.

[22] *Proelß,* Bundesverfassungsgericht und überstaatliche Gerichtsbarkeit, 2014, 43.

[23] BVerfGE 111, 307 (316 ff.), 128, 326 (367 ff.).

III. Internationale und europäische Bezüge

8 **1. Völkerrecht. a) Das Verhältnis von Völkerrecht und nationalem Recht: Monismus, Dualismus, Pluralismus.** Art. 25 ist eine Zentralnorm für das Verhältnis von Völkerrecht und innerstaatlichem Recht (oder „Landesrecht“, wie es auch geläufig ist). Die Bestimmung dieses Verhältnisses ist Gegenstand theoretischer Debatten, die sich lange Zeit in den beiden scheinbar entgegengesetzten Polen von **Monismus** und **Dualismus** niedergeschlagen haben.[24] Monisten begreifen Völkerrecht und innerstaatliches Recht als einheitliches Ganzes. Aus einer monistischen Perspektive kann es einen Primat des Völkerrechts ebenso geben wie einen Primat des innerstaatlichen Rechts, was nach *Hans Kelsen,* einem der prononciertesten Vertreter eines monistischen Ansatzes, letztlich eine Frage der rechtspolitischen Präferenz darstellt (die für ihn eindeutig im ersten Sinn zu beantworten ist).[25] Strenge Dualisten betonen hingegen die wesensmäßige Unterschiedlichkeit von Völkerrecht und innerstaatlichem Recht. Nach der berühmten Formulierung *Heinrich Triepels* handelt es sich um zwei Rechtskreise, die sich höchstens berühren, aber niemals schneiden.[26] Für *Triepel* folgt diese kategorische Unterscheidung schon daraus, dass das Völkerrecht sich im Hinblick auf Verpflichtungsstruktur und Rechtssubjekte kategorial vom innerstaatlichen Recht unterscheide.

9 Die beiden theoretischen Grundpositionen haben an praktischer Bedeutung verloren.[27] Zunächst ist aus der Perspektive der Rechtspraxis zu konstatieren, dass es kaum ein nationales Rechtssystem gibt, das sein Verhältnis zum Völkerrecht in einer rein monistischen oder dualistischen Manier organisiert. Je nach Sichtweise herrscht ein gemäßigter Monismus oder ein moderater Dualismus vor, der Elemente beider Grundannahmen kombiniert.[28] Mit *James Crawford* kann hier von einem **Kontinuum unterschiedlicher Modelle** ausgegangen werden.[29] Art. 25 ist ein sprechendes Beispiel für die Austauschbarkeit der beiden Grundannahmen.[30] Mit seiner Öffnung gegenüber den Normen des allgemeinen Völkerrechts kann Art. 25 als (deklaratorische) Ausprägung einer monistischen Einstellung ebenso gelesen werden wie als solche des Dualismus, da es, wenn man Art. 25 konstitutiv versteht, letztlich eine Norm des nationalen Verfassungsrechts ist, die dem Völkerrecht innerstaatlich zur Geltung verhilft und ihm einen bestimmten Rang zuweist.[31] Das BVerfG geht in seiner Rechtsprechung von einer dualistischen Grundposition aus: „Dem Grundgesetz liegt deutlich die klassische Vorstellung zu Grunde, dass es sich bei dem Verhältnis des Völkerrechts zum nationalen Recht um ein Verhältnis zweier unterschiedlicher Rechtskreise handelt und dass die Natur dieses Verhältnisses aus der Sicht des nationalen Rechts nur durch das nationale Recht selbst bestimmt werden kann; dies

---

24 *Crawford,* Brownlie's Principles of Public International Law, 2019, 45–47.

25 *Kelsen,* Reine Rechtslehre, 1960, 328 ff. (= *Jestaedt,* Reine Rechtslehre – Studienausgabe, 2017, 566 ff.).

26 *Triepel,* Völkerrecht und Landesrecht, 1899, 111; dem unmittelbar folgend *Hillgruber* in SHH Rn. 2.

27 *Kunig* in Graf Vitzthum/Proelß Völkerrecht, 2016, Rn. 36; *Wollenschläger* in Dreier Rn. 2; *Koenig/König* in MKS Rn. 34.

28 *Hobe* in BerlKomm Rn. 9.

29 *Crawford,* Chance, Order, Change, 2014, 218.

30 Siehe auch *Calliess,* Staatsrecht III, 2018, 105.

31 *Hobe* in BerlKomm Rn. 15; *Tomuschat* in BK Rn. 66 f.

zeigen die Existenz und der Wortlaut von Art. 25 und Art. 59 Abs. 2 GG.“[32]

Neben dieser Relativierung durch die Rechtspraxis ist die Unterscheidung zwischen Monismus und Dualismus auch aus einer theoretischen Perspektive hinterfragt worden. Angesichts der Vielschichtigkeit von Rechtsbeziehungen in den heutigen Mehrebenensystemen, der wechselseitigen Verweisungen, dem Aufkommen informeller Rechtsregime und der Emergenz nicht-staatlicher Regime wie zB den *lex mercatoria* oder *lex sportiva,* wird von nicht wenigen Stimmen der **Rechtspluralismus** als überzeugendes Paradigma unserer heutigen Zeit identifiziert, wobei sich hinter diesem Begriff ganz unterschiedliche Vorstellungen des Pluralismus verbergen.[33] Für einige Stimmen handelt es sich bei Monismus und Dualismus um „intellektuelle Zombies“, also um Untote des rechtswissenschaftlichen Diskurses mit nur noch begrenzter Erklärungskraft.[34] Diese Position ist nicht nur auf Zustimmung gestoßen.[35] In der Tat müssen sich pluralistische Ansätze die Frage stellen lassen, ob die wechselseitige Rücksichtnahme und Koordinierung in einem nicht-hierarchisch geordneten System nicht nur eine soziologische Beschreibung des Normalfalls darstellt. Es ist zumindest nicht unplausibel, dass sich im Konfliktfall ein staatlicher Ordnungsanspruch durchsetzen bzw. zumindest normativ in Anspruch genommen werden wird. Das Paradigma eines postnationalen Rechts hat nach seinem scheinbaren Siegeszug in den späten 1990er und frühen 2000er Jahren zumindest einige Rückschläge erfahren[36], wobei die den rechtspluralistischen Diskurs stark prägenden Bereiche nichtstaatlichen Rechts wie die *lex mercatoria* und die *lex sportiva* in ihrer Bedeutung bisher nicht gemindert sind. Die wieder stärker in den Blick gerückte Zentralität des Staates lässt bis auf Weiteres erahnen, dass dualistische Ordnungsmodelle für das Verhältnis von Völkerrecht und nationalem Recht maßgeblich bleiben werden.[37] 10

b) Die „allgemeinen Regeln des Völkerrechts“ und die völkerrechtliche Rechtsquellenlehre. Mit der Formulierung **„allgemeine Regeln des Völkerrechts“** verwendet Art. 25 S. 1 kein Konzept des Völkerrechts.[38] Es handelt sich um einen verfassungsrechtlichen Begriff, der gleichwohl auf die Ebene des Völkerrechts verweist.[39] Auszufüllen ist er durch die **völkerrechtliche Rechtsquellenlehre,** die ihren Ausdruck nach der zwar heftig kritisierten, aber gegen diese Kritik weitgehend immunen, herrschenden 11

---

[32] BVerfGE 111, 307 (318); so in der Literatur bereits früh *Doehring,* Die allgemeinen Regeln des völkerrechtlichen Fremdenrechts, 1963, 35 ff.; *Rudolf,* Völkerrecht und deutsches Recht, 1967, 275; weiterhin *Engel,* Völkerrecht als Tatbestandsmerkmal deutscher Normen, 1989, 25; differenzierend *Funke* DÖV 2016, 833 (836).

[33] Siehe etwa *MacCormick* MLR 56 (1993), 1; *Peters,* Elemente einer Theorie der Verfassung Europas, 2001, 268 ff.; *Walker* MLR 65 (2002), 317; *Wendel,* Permeabilität im europäischen Verfassungsrecht, 2011, 14 ff.; *Halberstam* in de Búrca/Weiler The Worlds of European Constitutionalism, 152 (164).

[34] *von Bogdandy* ICON 6 (2008), 397 (400); für weitere Entwürfe des Rechtspluralismus unterschiedlicher Provenienz siehe hier nur *Krisch,* Beyond Constitutionalism, 2010; *Viellechner,* Transnationalisierung des Rechts, 2013.

[35] Kritisch etwa *Paulus* BDGVR 46 (2014), 7 (8); *Schorkopf,* Staatsrecht der internationalen Beziehungen, 2017, § 1 Rn. 41 ff.

[36] Siehe die Bestandsaufnahme in *Krieger/Nolte/Zimmermann,* The International Rule of Law – Rise or Decline?, 2019.

[37] *Fassbender* ICON 16 (2018), 1207 (1210); siehe auch *Herdegen* in Maunz/Dürig Rn. 4.

[38] *Kunig* in Graf Vitzthum/Proelß Völkerrecht, 2016, 61 (Rn. 137); *Koenig/König* in MKS Rn. 7; *Knop,* Völker- und Europarechtsfreundlichkeit als Verfassungsgrundsätze, 2013, 128.

[39] *Wollenschläger* in Dreier Rn. 17.

Auffassung in **Art. 38 des IGH-Statuts** findet.[40] Zurückgehend auf das 1920 ausgearbeitete Statut des Ständigen Internationalen Gerichtshofs werden hier – dies ist soweit unstrittig – zumindest die **drei Hauptquellen** des Völkerrechts aufgezählt: völkerrechtliche Verträge (lit. a), das Völkergewohnheitsrecht (lit. b) sowie die allgemeinen Rechtsgrundsätze (lit. c). Lit. d verweist auf Gerichtsentscheidungen und Lehrmeinungen als Rechtserkenntnisquellen. Uneinigkeit besteht im völkerrechtlichen Schrifttum bezüglich der Frage, ob die Aufzählung in Art. 38 IGH-Statut abschließend ist.[41] Die meisten Stimmen weisen diese Annahme heute zurück und erkennen etwa auch unilaterale Stellungnahmen von Staaten und Beschlüsse internationaler Organisationen als weitere Rechtsquellen an.[42] Beide Erscheinungsformen der völkerrechtlichen Praxis lassen sich konstruktiv aber auch in den etablierten Rechtsquellen des Art. 38 IGH-Statut verankern, sei es als Folge einer völkergewohnheitsrechtlichen Norm bezüglich der Bindungswirkung unilateraler Stellungnahmen, sei es als Konsequenz der vertraglichen Verpflichtungen aus dem Gründungsvertrag internationaler Organisationen.[43]

12 Nicht Bestandteil des Völkerrechts sind das sog. **„Soft Law"** und andere informelle Instrumente, die in den vielfältigen Foren heutiger Global Governance ausgearbeitet werden. Über die Sinnhaftigkeit des Begriffs des „Soft Law" wird lebhaft gestritten.[44] Richtig ist jedenfalls, dass auch nur politisch verbindliche Dokumente zu völkerrechtlich verbindlichen Verpflichtungen erstarken können.[45] Häufig diskutiert wurde dies etwa im Hinblick auf die an und für sich unverbindlichen Resolutionen der UN-Generalversammlung, die gleichwohl am Anfang eines Rechtssetzungsprozesses stehen können. Die „Friendly Relations Declaration" aus dem Jahre 1970[46] und die Aggressionsdefinition aus dem Jahre 1974[47] sind Beispiele für solche „law-making resolutions", die jedenfalls zur Herausbildung von Völkergewohnheitsrecht beigetragen haben.[48]

13 Kontrovers diskutiert wurde die Möglichkeit einer solchen Entwicklung 2018 im Hinblick auf den **„Globalen Pakt für sichere, geordnete und reguläre Migration"**, der am 10.12.2018 von 164 Mitgliedstaaten der Vereinten Nationen auf einem Gipfel in Marrakesch angenommen wurde.[49] Dieser Pakt ist ausdrücklich als nicht verbindliches Instrument geschlossen worden und spricht von Verpflichtungen nur in einem politi-

---

[40] Zur Kritik an der herrschenden Lehre siehe hier nur *d'Aspremont,* International Law as a Belief System, 2018, 87–92.

[41] Für einen abschließenden Charakter von Art. 38 IGH-Statut aber *Herdegen* in Maunz/Dürig Rn. 33; dagegen aber schon *Verdross/Simma,* Universelles Völkerrecht, 3. Aufl. 1984, § 518; *Stein/von Buttlar/Kotzur,* Völkerrecht, 2017, Rn. 24; *Paulus* BDGVR 46 (2014), 7 (17).

[42] Siehe etwa *Roberts/Sivakumaran* in Evans International Law, 89 (100 ff.).

[43] Vgl. *Herdegen* in Maunz/Dürig Rn. 33; *Stein/von Buttlar/Kotzur,* Völkerrecht, 2017, Rn. 24.

[44] Klassische Kritik bei *Klabbers* Nordic JIL 65 (1996), 167; bündige Einordnung in die Quellendiskussion bei *Paulus* BDGVR 46 (2014), 7 (23 f.); ausführliche Darstellung bei *Knauff,* Der Regelungsverbund, 2010, 213 ff.

[45] *von Arnauld,* Völkerrecht, 2019, Rn. 255, 278.

[46] UN Doc. A/RES/2625 (XXV) v. 24.10.1970.

[47] UN Doc. A/RES/3314 (XXIX) v. 14.12.1974.

[48] *Crawford,* Brownlie's Principles of Public International Law, 2019, 39 f.

[49] Siehe dazu einerseits *Bast* ZAR 2019, 96 ff. und andererseits *Schorkopf* ZAR 2019, 90 ff.; instruktiver Überblick über die Debatte bei *Birkenkoetter/Buszewski* VerfBlog v. 22.12.2018, abrufbar unter https://verfassungsblog.de/das-spiel-hat-gerade-erst-begonnen-zur-kritik-am-migrationspakt/ (27.6.2019).

schen Sinn.[50] Selbstredend kann eine Weiterentwicklung eines politischen Dokuments zu Gewohnheitsrecht nie kategorisch ausgeschlossen werden.[51] Äußerst unwahrscheinlich ist allerdings angesichts der Breite der darin behandelten Ziele und etlicher interner Widersprüche des Dokuments ein Erstarken des Pakts zum Völkergewohnheitsrecht als solchem.[52]

c) Insbesondere: Völkergewohnheitsrecht und zwingendes Völkerrecht. Einigkeit besteht jedenfalls darin, dass der Ausdruck der allgemeinen Regeln des Völkerrechts sich wenigstens auf die Rechtsquellen des Völkergewohnheitsrechts und der allgemeinen Rechtsgrundsätze bezieht. Das **Völkergewohnheitsrecht** ist als ungeschriebenes Recht besonders deutungsoffen, was bereits in den Diskussionen im Parlamentarischen Rat eine große Rolle spielte (→ Rn. 3).[53] Nach der Formulierung des Art. 38 IGH-Statut besteht es aus **zwei Elementen,** einer hinreichend ausgeprägten Staatenpraxis und der darauf bezogenen Rechtsüberzeugung *(opinio iuris).* Die grundlegenden Voraussetzungen der beiden Elemente und ihr Verhältnis haben eine klassische Definition im **Festlandsockel-Fall des IGH** gefunden: „(…) *State practice, including that of States whose interests are specially affected, should have been both extensive and virtually uniform in the sense of the provision invoked; and should moreover have occurred in such a way as to show a general recognition that a rule of law or legal obligation is involved.*“[54] Der IGH verlangt mithin eine weit verbreitete und quasi-einheitliche Praxis, die zudem von einer entsprechenden Überzeugung des Vorhandenseins einer rechtlichen Verpflichtung ausgeht. In seiner **Nicaragua-Entscheidung** hat sich der Gerichtshof aber zugleich auch dahingehend flexibel gezeigt, dass ein Weniger an Praxis durch ein Mehr an Rechtsüberzeugung ausgeglichen werden kann.[55] Trotz des weitreichenden Konsenses, dass es sich hierbei um den maßgeblichen Ausgangspunkt für die Bestimmung von Völkergewohnheitsrecht handelt, sind eine ganze Reihe von daran anknüpfenden Fragen höchst umstritten. Diesen kann hier nicht in aller Tiefe nachgegangen werden. Wie einheitlich die Praxis wirklich sein muss, unter welchen Voraussetzungen sich Staaten als sog. *„persistent objector“* von der Bindung durch eine neue, im Entstehen begriffene gewohnheitsrechtliche Norm freizeichnen können, wie das Verhältnis von Praxis und *opinio iuris* ausgestaltet ist, ob etwa ein Mehr an Rechtsüberzeugung ein Weniger an Praxis zu ersetzen vermag *(„new custom“)* – all diese Punkte sind Gegenstand lebhafter Diskussionen in der Völkerrechtslehre.[56] Seit 2018 können die ***„Draft Conclusions on the Identification of Customary Interna-*** 14

[50] Siehe auch den Beschluss über die Nichtannahme einer Verfassungsbeschwerde: BVerfG NVwZ 2019, 161; dazu *Hecker* NVwZ 2019, 290 ff.

[51] Vgl. *Thym* ZAR 2019, 131 (132); *Tomuschat* in BK Rn. 43.

[52] Überzeugend *Talmon* DIE ZEIT v. 5.12.2018, abrufbar unter https://www.zeit.de/2018/51/stefan-talmon-migrationspakt-einwanderung-vereinte-nationen-regelungen (27.6.2019); siehe auch *Schiedermair* ZRP 2019, 48 (51), die vor allem auf die Opposition von 28 UN-Mitgliedstaaten gegen den Pakt an sich verweist.

[53] Zur Methodik der Identifikation und Anwendung des Völkergewohnheitsrechts siehe *Staubach,* The Rule of Unwritten International Law, 2018, 75 ff.

[54] IGH, North Sea Continental Shelf Cases (Federal Republic of Germany v. Denmark; Federal Republic of Germany v. The Netherlands), Judgment of 20 February 1969, ICJ Rep. 1969, 3, Rn. 74; zur Methodik des IGH siehe *Talmon* EJIL 26 (2015), 417.

[55] IGH, Military Activities in and against Nicaragua (Nicaragua v. United States of America), Judgment of 27 June 1986, ICJ Rep. 1986, 14, Rn. 186, 188.

[56] Überblicksdarstellungen bei *Roberts* AJIL 95 (2001), 757; *Chimni* AJIL 112 (2018), 1; klassisch *Akehurst* BYIL 47 (1974/75), 1.

tional Law" der UN-Völkerrechtskommission (ILC) als Referenzpunkt für die weitere Diskussion herangezogen werden.[57]

15 Keine eigene Rechtsquelle, sondern eine besondere Form des Völkergewohnheitsrechts stellen die Normen des **zwingenden Völkerrechts** *(ius cogens)* dar.[58] Seine Positivierung hat dieses Konzept in den Art. 53 und 64 der Wiener Vertragsrechtskonvention (WVK) gefunden. Danach sind Normen des zwingenden Völkerrechts solche, die von der internationalen Staatengemeinschaft in ihrer Gesamtheit angenommen und als solche anerkannt werden, von denen nicht abgewichen werden darf. Die Rechtsfolge des Regimes der WVK ist die Nichtigkeit eines im Widerspruch dazu abgeschlossenen Vertrages. Anerkannte Normen des zwingenden Völkerrechts sind das Verbot des Völkermordes, des Angriffskrieges, der Folter, Sklaverei, Apartheid, der Verbrechen gegen die Menschlichkeit, die grundlegendsten Normen des humanitären Völkerrechts sowie das Recht auf Selbstbestimmung der Völker.[59] Über weitere Normen mit *ius cogens*-Charakter wird in der Literatur ebenso gestritten wie über Rechtsfolgen, die über die in der WVK niedergelegten Auswirkungen hinausgehen.[60] Vertreter weitreichender Rechtswirkungen des zwingenden Völkerrechts betonen insbesondere den Wertbezug der betreffenden Normen und erkennen in der Kategorie des *ius cogens* ein Element einer völkerrechtlichen Normenhierarchie.[61] Daran anknüpfend wird auch in der deutschen Verfassungsrechtslehre darüber gestritten, ob der Rang des Völkergewohnheitsrechts im innerstaatlichen Bereich variabel sein kann und Normen des zwingenden Völkerrechts etwa auf der Normenstufe des GG oder sogar darüber stehen könnten (→ Rn. 45).[62] Ein seltenes Beispiel für eine verfassungsrechtlich angeordnete besondere Stellung des zwingenden Völkerrechts ist die Verfassung der Schweiz aus dem Jahr 1999, die Normen des zwingenden Völkerrechts auch gegenüber einer Totalrevision der Verfassung immunisiert (vgl. Art. 139 Abs. 3 zur Teilrevision und Art. 193 Abs. 4 zur Totalrevision).

16 **d) Allgemeine Rechtsgrundsätze.** Ebenfalls unstrittig ist es, dass zu den allgemeinen Regeln des Völkerrechts auch die „von den Kulturvölkern anerkannten" allgemeinen Rechtsgrundsätze nach Art. 38 Abs. 1 lit. c IGH-Statut gehören. Hierunter werden nach heutigem Verständnis zwei Normgruppen gezählt: zum einen Rechtsgrundsätze, die der großen Mehrzahl der innerstaatlichen Rechtsordnungen gemein sind.[63] Hierzu zählen insbesondere aus dem Zivilrecht stammende Grundsätze wie *pacta sunt servanda* und der Schutz von Treu und Glauben. Auch haftungsrechtliche Grundregeln und Grundsätze des Bereicherungsrechts können hierunter fallen. Zum anderen ist es heute auch anerkannt, dass es eigene Strukturprinzipien der Völker-

---

[57] UN Doc. A/73/10; siehe für eine erste Einordnung *Nolte* Japanese YIL 2019, 251.

[58] Grundlegende Darstellung bei *Kadelbach,* Zwingendes Völkerrecht, 1992.

[59] Siehe ILC, Peremptory norms of general international law *(jus cogens),* Text of the Draft Conclusions and Draft Annex provisionally adopted by the Drafting Committee on first reading, UN Doc. A/CN.4/L.936, Annex.

[60] Umfassend *Orakhelashvili,* Peremptory Norms in International Law, 2006, 36 ff. und 133 ff.; *Kolb,* Peremptory Norms in International Law – Jus Cogens, 2015; bündig *Stein/von Buttlar/Kotzur,* Völkerrecht, 2017, Rn. 146 ff.

[61] Zu den Aspekten der Normenhierarchie siehe nur *Kleinlein,* Konstitutionalisierung im Völkerrecht, 2012, 315 ff.; *Weatherall,* Jus Cogens: International Law and Social Contract, 2015, 67 ff.

[62] Siehe etwa *Hobe* in BerlKomm Rn. 33.

[63] *Crawford,* Brownlie's Principles of Public International Law, 2019, 31 ff.

rechtsordnung gibt, die nicht in die Kategorie des Völkergewohnheitsrechts fallen, aber gleichwohl einen Charakter als allgemeinen Rechtsgrundsatz für die Völkerrechtsordnung entfalten.[64] Beispiele aus der Rechtsprechung des IGH gehen zurück bis zum Corfu Channel-Fall (*„elementary considerations of humanity"* als allgemeiner Rechtsgrundsatz)[65] und dem Gutachten zu Vorbehalten zur Völkermord-Konvention, wo der IGH von den „principles underlying the Convention" als *„principles which are recognized by civilized nations as binding on States"* gesprochen hat.[66] Auch der *„uti possidetis"*-Grundsatz wurde vom IGH als allgemeiner Rechtsgrundsatz bezeichnet, der logisch mit dem Vorgang der Unabhängigkeit verbunden sei.[67] Der Verweis auf die „Kulturvölker" in Art. 38 Abs. 1 lit. c IGH-Statut ist der Genese des Statuts im Jahr 1920 geschuldet und heute nach ganz überwiegender Auffassung ohne rechtlichen Gehalt.[68]

e) Wechselwirkungen zwischen den Quellen. Die heute bedeutsamste **17**
Quelle des Völkerrechts, das Vertragsrecht, fällt nach ganz hM nicht unter den Begriff der „allgemeinen Regeln" des Völkerrechts (→ Rn. 32 f.).[69] Gleichwohl kann es zwischen Vertragsrecht und Völkergewohnheitsrecht Wechselwirkungen geben, wie es insgesamt der völkerrechtlichen Rechtsquellenlehre nicht entspricht, von einer klaren und eindeutigen Trennung zwischen den einzelnen Quellen auszugehen. Der IGH bekräftigt in ständiger Rspr., dass eine Norm eine **parallele Existenz im Vertrags- und Gewohnheitsrecht** haben kann.[70] So ist es denkbar, dass ein Vertrag bereits existierendes Gewohnheitsrecht kodifiziert, wie dies etwa in weiten Teilen im Wiener Übereinkommen über das Recht der diplomatischen Beziehungen (WÜD) der Fall ist.[71] Umgekehrt können auch völkerrechtliche Verträge zur Herausbildung neuen Gewohnheitsrechts führen. Stark diskutiert wurde dies im Kontext der Dekolonisierung und den Kämpfen um eine *„New International Economic Order"* im Hinblick auf die Frage, ob bilaterale Investitionsschutzverträge zur Herausbildung einer völkergewohnheitsrechtlichen Norm des Eigentumsschutzes führen.[72] Für die verfassungsrechtliche Einordnung ist es bedeutsam, sich die Wechselbeziehungen dieser Quellen bewusst zu machen, da dies Auswirkungen auf die normhierarchische Einordnung einer völkerrechtlichen Regel haben kann.

---

[64] Siehe dazu ILC, First Report of the Special Rapporteur, Marcelo Vázquez-Bermúdez, UN Doc. A/CN.4/732 (2019), Rn. 253; *Crawford* Brownlie's Principles of Public International Law, 2019, 37; früh bereits *Mosler,* Das Völkerrecht in der Praxis deutscher Gerichte, 1957, 33 f.

[65] IGH, Corfu Channel Case (United Kingdom v. Albania), Judgment of 9 April 1949, ICJ Rep. 1949, 4 (22).

[66] IGH, Reservations to the Convention on Genocide, Advisory Opinion of 28 May 1951, ICJ Rep. 1951, 15 (23).

[67] IGH, Frontier Dispute (Burkina Faso v. Mali), Judgment of 22 December 1986, ICJ Rep. 1986, 554, Rn. 20; ebenso die sog. Badinter-Kommission: Conference of Yugoslavia Arbitration Commission, Opinion No. 3 of 11 January 1992, ILM 31 (1992), 1494 (1500).

[68] *Roberts/Sivakumaran* in Evans International Law, 89 (98); vgl. allerdings *Tomuschat* in BK Rn. 32.

[69] Vgl. hier nur BVerfGE 111, 307 (318); *Tomuschat* in BK Rn. 38.

[70] IGH, Military and Paramilitary Activities in and against Nicaragua (Nicaragua v. United States of America), Judgment of 27 June 1986, ICJ Rep. 1986, 14, Rn. 175.

[71] *Crawford,* Brownlie's Principles of Public International Law, 2019, 381.

[72] *Pahuja,* Decolonising International Law, 2011, 148–159.

18 **2. Unionsrecht.** Auch die Unionsrechtsordnung nimmt für sich in Anspruch, **„völkerrechtsfreundlich"** zu sein.[73] Gleichwohl gibt es ein nicht unerhebliches Spannungsverhältnis zum vom EuGH selbstbewusst formulierten Anspruch der Autonomie.[74] **Völkerrechtliche Verträge** sind nach der ständigen Rspr. des EuGH ein **integrierender Bestandteil** der Unionsrechtsordnung und gehen Sekundärrechtsakten, aber nicht dem Primärrecht, vor.[75] Die Auswirkungen solcher Verträge steuert der EuGH insbesondere über die Frage, ob es sich um Normen mit *„self-executing character"* handelt.[76] Ist dies nicht der Fall, scheidet nach umstrittener Rspr. des EuGH auch eine Kontrolle des Sekundärrechts am Maßstab solcher normhierarchisch gleichwohl höherrangiger Normen aus.[77]

19 Spezielle Regeln über den Rang des **Völkergewohnheitsrechts** und der (völkerrechtlichen) allgemeinen Rechtsgrundsätze gibt es im Unionsrecht nicht. Gleichwohl sind auch sie Bestandteil des Unionsrechts, ohne dass es einen gesonderten Inkorporationsakt braucht.[78] Normhierarchisch zählt der Gerichtshof sie sogar zu den allgemeinen Grundsätzen des Unionsrechts, was ihnen einen Verfassungsrang im Recht der EU einräumt. Gleichwohl ist der Gerichtshof auch hier restriktiv, was die Überprüfung von Sekundärrecht am Maßstab dieser Normen anbelangt und lässt dies insbesondere nur dann zu, wenn es „Art und Struktur" der Normen zulassen, dh im Wesentlichen sich der Einzelne auf sie berufen kann.[79]

IV. Rechtsvergleichende Bezüge

20 **1. Ausländische Rechtsordnungen.** Das **Völkerrecht** überlässt es grundsätzlich der Entscheidung der Staaten, wie sie ihre völkerrechtlichen Verpflichtungen erfüllen.[80] Es ist insofern **ergebnisorientiert** und lässt unterschiedliche Ausgestaltungen des Verhältnisses von Völkerrecht und nationalem Recht zu. Kategorisch besteht es darauf, dass das innerstaatliche Recht kein Grund für die Nichtbefolgung völkerrechtlicher Verpflichtungen ist (vgl. im Vertragsrecht Art. 27 und 46 WVK, im Recht der Staatenverantwortlichkeit Art. 3 S. 2 der ILC-Artikel zur Staatenverantwortlichkeit).[81] Dementsprechend unterschiedlich ist die Behandlung des allgemeinen Verhältnisses von Völkerrecht und Landesrecht in den nationalen Rechtsordnungen im Allgemeinen sowie die Positionierung zur Rechtswirkung des Völkergewohnheitsrechts und der allgemeinen Rechtsgrundsätze im Besonderen.

[73] *Hobe* in BerlKomm Rn. 60; *Wollenschläger* in Dreier Rn. 9; *von Arnauld* in EnzEuR X § 1 Rn. 104.

[74] Dazu *Aust* EuR 52 (2017), 106 ff.

[75] *Wollenschläger* in Dreier Rn. 8.

[76] Im Überblick *Eeckhout,* EU External Relations Law, 2011, 331 ff.; *von Arnauld* in EnzEuR X § 1 Rn. 103.

[77] Aus der Rspr. zum Welthandelsrecht EuGH C-21/72, Slg. 1972, 1219, ECLI:EU:C:1972:115 Rn. 19/20 ff. – *International Fruit Company;* EuGH C-120/06, Slg. 2008, I-6513, ECLI:EU:C:2008:476 – *FIAMM;* zum UN-Seerechtsübereinkommen EuGH C-306/08, Slg. 2011, I-4541, ECLI:EU:C:2011:347 Rn. 54 ff. – *Intertanko;* zum UN-Übereinkommen über die Rechte von Menschen mit Behinderungen EuGH C-363/12, ECLI:EU:C:2014:159 Rn. 85 ff. – *Z.*

[78] *von Arnauld* in EnzEuR X § 1 Rn. 107.

[79] Instruktiv dazu *von Arnauld* in EnzEuR X § 1 Rn. 108.

[80] *Tomuschat* in BK Rn. 1.

[81] Grundlegend die Alabama Arbitration (Great Britain v. United States), Schiedsspruch v. 14.9.1872, RIAA XXIX 125; dazu *Crawford,* State Responsibility – The General Part, 2013, 100–103; *Herdegen* in Maunz/Dürig Rn. 5.

Während fast alle Verfassungsordnungen der Welt Bestimmungen zu völkerrechtlichen Verträgen beinhalten, ist dies im Hinblick auf Völkergewohnheitsrecht laut einer aktuellen empirischen Untersuchung nur für 19% der Verfassungen der Fall.[82] Gleichwohl wenden die Gerichte der meisten Staaten der Welt völkergewohnheitsrechtliche Regeln mehr oder weniger selbstverständlich an[83], wie übrigens auch bereits das Reichsgericht im Kaiserreich, obwohl die Reichsverfassung von 1871 keine Bestimmung über das Völkergewohnheitsrecht enthielt.[84]

Für einen Rechtsvergleich ist dabei die Besonderheit der deutschen Rechtslage zu berücksichtigen, dass von einer im Völkerrecht so nicht bekannten Kategorie der „allgemeinen Regeln des Völkerrechts" ausgegangen wird, die sich in einer ähnlichen Form noch im Recht **Österreichs** findet (Art. 9 Abs. 1 des Bundes-Verfassungsgesetzes). Die Bestimmung übernimmt dabei die Formulierung des Art. 4 WRV, indem sie von „allgemein anerkannten Regeln des Völkerrechts" spricht und diese zum Bestandteil des Bundesrechtes macht. Die Norm wird insoweit ähnlich wie Art. 25 so verstanden, dass sie sich primär auf das Völkergewohnheitsrecht und die allgemeinen Rechtsgrundsätze bezieht.[85] Auch Art. 10 Abs. 1 der **italienischen Verfassung** nimmt auf die „allgemein anerkannten Regeln des Völkerrechts" Bezug, ordnet aber vergleichsweise unbestimmt an, dass die italienische Rechtsordnung sich an diesen „ausrichtet".[86] Die **russische Verfassung** von 1993 bestimmt in ihrem Art. 15 Abs. 4, dass die „allgemein anerkannten Prinzipien und Normen des Völkerrechts und die völkerrechtlichen Verträge der Russischen Föderation Bestandteil ihres Rechtssystems sind." Die konkrete Reichweite dieser Bestimmung ist aber auch in der russischen Völkerrechtslehre höchst umstritten[87] und durch Inhalte der Verfassungsreform von 2020 weiter in Frage gestellt. Im Hinblick auf den in Deutschland von der ganz hM angenommenen Zwischenrang des Völkergewohnheitsrechts zwischen GG und einfachen Gesetzen ist die Verfassungslage in **Japan** ähnlich.[88] 21

Andere Verfassungen der Mitgliedstaaten der EU beschränken sich auf Bestimmungen, die dem Völkergewohnheitsrecht gewidmet sind oder sich allgemein zur Befolgung des Völkerrechts (Präambel der **französischen Verfassung** von 1946, die immer noch zum sog. „*bloc de constitutionalité*„ gehört[89]; ebenso Art. 9 der Verfassung **Polens**) oder seiner Grundsätze bekennen. Es gibt auch Verfassungen von EU-Mitgliedstaaten, in denen sich keinerlei Bestimmung zum Völkergewohnheitsrecht findet, wie etwa in der **spanischen Verfassung.** 22

---

[82] *Ginsburg* in Bradley Oxford Handbook of Comparative Foreign Relations Law, 63 (71).

[83] *Verdier/Versteeg* AJIL 109 (2015), 514 (528 f.); *McLachlan* in Bradley Oxford Handbook of Comparative Foreign Relations Law, 21 (30).

[84] Vgl. *Herdegen* in Maunz/Dürig Rn. 14; siehe RGZ 62, 165.

[85] *Öhlinger/Müller* in Korinek/Holoubek/Bezemek/Fuchs/Martin/Zellenberg. Österreichisches Bundesverfassungsrecht, Loseblatt, Art. 9/1 Rn. 6.

[86] *Tomuschat* in BK Rn. 140.

[87] Siehe mwN *Mälksoo,* Russian Approaches to International Law, 2015, 111 ff.; außerdem *Kunig* in Graf Vitzthum/Proelß Völkerrecht, Rn. 56.

[88] *Matsuda* in Bradley Oxford Handbook of Comparative Foreign Relations Law, 539 (539 f.); siehe auch *Kunig* in Graf Vitzthum/Proelß Völkerrecht, Rn. 54.

[89] *Wendel,* Permeabilität im europäischen Verfassungsrecht, 2011, 148; siehe auch *Mosler,* Das Völkerrecht in der Praxis der deutschen Gerichte, 1957, 8.

23 Von ganz eigenen Traditionslinien gekennzeichnet ist der Umgang mit dem Völkergewohnheitsrecht in den Rechtsordnungen, die vom Common Law geprägt sind. Im Hinblick auf das dualistisch orientierte **Vereinigte Königreich** wird häufig relativ apodiktisch darauf verwiesen, dass das Völkergewohnheitsrecht *„part of the law of the land"* sei. Diese Einschätzung geht auf *Blackstones* „Commentaries on the Laws of England" aus dem Jahre 1765 zurück.[90] Auf sie wird bis in die jüngere Zeit zurückgegriffen, so etwa von Lord Denning im *Trendtex*-Fall: *„Seeing that the rules of international law have changed – and do change – and that the courts have given effect to the changes without any Act of Parliament, it follows (…) inexorably that the rules of international law, as existing from time to time, do form part of English law."*[91] Die Rechtslage ist gleichwohl komplexer.[92] Aus dieser Eigenschaft als *„part of English law"* folgt nicht automatisch die Möglichkeit, dass Individuen sich auf Regeln des Völkergewohnheitsrechts berufen können.[93] Hier folgt die britische Rechtspraxis in weiten Teilen auch für diese Rechtsquelle der Lehre einer notwendigen Inkorporation.[94] Zudem ist zu berücksichtigen, dass die Einbeziehung des Völkergewohnheitsrechts unter dem Vorbehalt der Parlamentssouveränität als wichtigstem Grundsatz der ungeschriebenen britischen Verfassung steht.[95] Stark von der britischen Verfassungstradition geprägt ist die Verfassungslage in **Südafrika,** wo Sec. 232 der Verfassung bestimmt, dass das Völkergewohnheitsrecht Teil des südafrikanischen Rechts ist, soweit es sich nicht im Widerspruch zur Verfassung oder zu einem Parlamentsgesetz befindet.[96] In ähnlicher Weise folgt auch die Rechtslage in **Israel** dem britischen Vorbild.[97]

24 Ganz eigene Wege ist die Entwicklung in den **Vereinigten Staaten** gegangen.[98] In der US-amerikanischen Verfassung gibt es keine Norm, die etwas über die innerstaatliche Bedeutung des Völkergewohnheitsrechts aussagen würde – anders als im Hinblick auf Verträge, die nach Art. VI, Abs. 2 der Verfassung Teil des *„supreme Law of the Land"* sind.[99] Dass Völkergewohnheitsrecht gleichwohl Teil des US-amerikanischen Rechts ist, wurde 1900 im Fall der *Paquete Habana* vom US-Supreme Court entschieden: *„International law is part of our law (…) where there is no treaty and no controlling executive or legislative act or judicial decision, resort must be had to the customs and usages of civilized nations."*[100] In diesem Ausspruch scheint die Offenheit der US-amerikanischen Verfassungsordnung für das Völkerrecht ebenso auf wie ihre

[90] Dazu mwN *Lauterpacht,* International Law – Collected Papers II, 1975, 537 (538) [1939]; s. außerdem *McLachlan,* Foreign Relations Law, 2014, 77 ff.

[91] [1977] QB 529, 554.

[92] *Fatima* in Bradley Oxford Handbook of Comparative Foreign Relations Law, 487 (499).

[93] *Crawford,* Brownlie's Principles of Public International Law, 2019, 64.

[94] *Herdegen* in Maunz/Dürig Rn. 23.

[95] *Crawford,* Brownlie's Principles of Public International Law, 2019, 66; *Talmon* JZ 2013, 12.

[96] Dazu *Tladi* in Aust/Nolte The Interpretation of International Law by Domestic Courts, 135 (139); *Dugard/Coutsidis* in Dugard/du Plessis/Maluwa/Tladi Dugard's International Law – A South African Perspective, 67.

[97] *Cohen* in Bradley Oxford Handbook of Comparative Foreign Relations Law, 521.

[98] Siehe im Überblick *Bungert* DÖV 1994, 797 (800); ferner *Schorkopf,* Grundgesetz und Überstaatlichkeit, 2007, 46, der darauf verweist, dass die gegenwärtige US-Diskussion in Teilen wie eine Neuauflage der deutschen Debatte der 1920er Jahre wirke.

[99] *Henkin,* Foreign Affairs and the US Constitution, 1996, 237.

[100] 175 U. S. 677, 700 (1900); dazu *Bederman* in Sloss/Ramsey/Dodge International Law in the U. S. Supreme Court, 103–113.

inhärenten Grenzen. Zwar wird das Völkergewohnheitsrecht zum Teil des amerikanischen Rechts, aber eben nur dort, wo es kein maßgebliches innerstaatliches Recht gibt. Schon sehr früh hatte der US-Supreme Court aber auch den bis heute geltenden und in vielen anderen Staaten rezipierten **Grundsatz der völkerrechtsfreundlichen Auslegung** konzipiert, indem er im Fall *Murray v. The Schooner Charming Betsy* etablierte, dass ein Gesetz nicht so ausgelegt werden dürfe, dass es gegen bestehende völkerrechtliche Verpflichtungen verstößt.[101] Über das Ausmaß der innerstaatlichen Wirkungen des Völkergewohnheitsrechts wurde gleichwohl weiter diskutiert. Das vom American Law Institute herausgegebene und maßgeblich von *Louis Henkin* ausgearbeitete *Restatement (Third) Foreign Relations Law* aus dem Jahr 1987[102] verstand das Völkergewohnheitsrecht als Teil eines *„federal common law"*.[103] Gegen diese Annahme regte sich seit den 1990er Jahren zunehmend Kritik. Insbesondere *Curtis Bradley* und *Jack Goldsmith* verfolgten einen „revisionistischen" Ansatz und argumentierten für ein stärker von den demokratischen Institutionen kontrolliertes und steuerbares Verhältnis zum Völkergewohnheitsrecht.[104] Diese Position scheint im US-amerikanischen Verfassungsrechtsdiskurs inzwischen die Überhand gewonnen zu haben. Zugleich wurde für die Rechtsprechung des US-Supreme Court diagnostiziert, dass es hier in der zweiten Hälfte des 20. Jahrhunderts eher eine Rückkehr des Völkergewohnheitsrechts gegeben habe, die zumindest ausdrücklich nicht gestoppt wurde.[105]

In der Rechtsordnung **Chinas** gibt es auf verfassungsrechtlicher Ebene **25** keine Regeln über den Status des Völkerrechts.[106] Vielmehr wird von Fall zu Fall über die Anwendbarkeit internationalen Rechts entschieden, was zu einem „ambiguous and fragmented status of international law" in der chinesischen Rechtsordnung geführt hat.[107] Das Verhältnis Chinas zum Völkerrecht ist dabei bis heute stark durch die Erfahrungen der vielfältigen imperialen Praktiken europäischer Mächte geprägt, zu denen u. a. das Aushandeln ungleicher Verträge gehörte.[108]

2. Landesverfassungsrechtliche Bezüge. Einzelne Landesverfassungen **26** weisen dem Art. 25 vergleichbare Bestimmungen auf. So finden sich – insoweit dem Art. 4 WRV ähnlich – Verweise auf die „allgemein anerkannten" Regeln des Völkerrechts in Art. 84 BayVerf. und Art. 122 S. 1 BremVerf. Die hessische Verfassung bestimmt in Art. 67 S. 1 weitergehend: „Die Regeln des Völkerrechts sind bindende Bestandteile des Landesrechts, ohne daß es ihrer ausdrücklichen Umformung in Landesrecht bedarf. Kein Gesetz ist gültig, das mit solchen Regeln oder mit einem Staatsvertrag in Wider-

[101] 6 U. S. 64 (118) (1804); dazu *Hee/Sloss* in Sloss/Ramsey/Dodge International Law in the U. S. Supreme Court, 129–141.

[102] Restatement (Third) of the Foreign Relations Law of the United States, 1987 die Neuauflage dieses Projekts ist bisher nur in Teilen publiziert, s. Restatement (Fourth) of the Foreign Relations Law of the United States, 2018.

[103] Siehe dazu *Jackson* in Tushnet/Graber/Levinson Oxford Handbook of the U. S. Constitution, 921 (933 f.).

[104] *Bradley,* International Law in the U. S. Legal System, 2015, 141; *Bradley/Goldsmith* Harvard LR 110 (1997), 815.

[105] Siehe dazu *Sloss/Ramsey/Dodge* in Sloss/Ramsey/Dodge International Law in the U. S. Supreme Court, 589 (598 f.).

[106] *Kunig* in Graf Vitzthum/Proelß Völkerrecht, Rn. 57.

[107] *Cai* in Bradley Oxford Handbook of Comparative Foreign Relations Law, 549 (551).

[108] *Xue,* Chinese Contemporary Perspectives on International Law, 2012, 23 ff.

spruch steht." Damit nimmt die Bestimmung auch auf völkerrechtliche Verträge Bezug und ordnet allen völkerrechtlichen Normen einen Rang oberhalb der Landesgesetze zu.[109] Zu berücksichtigen ist indes, dass ein Vorrang der völkerrechtlichen Verträge des Bundes sich ohnehin bereits aus Art. 31 ergibt.[110] Auch das BVerfG hat in seiner Rechtsprechung festgehalten, dass „der Primat des Völkerrechts vor dem innerstaatlichen Recht (Art. 25)" auch gegenüber den Verfassungsordnungen der Länder wirke.[111]

B. Einzelfragen

I. Allgemeine anerkannte Regeln des Völkerrechts

27 **1. Völkergewohnheitsrecht. a) Universelles Völkergewohnheitsrecht.** Nach der ganz überwiegenden Auffassung gehören das **Völkergewohnheitsrecht** und die **allgemeinen Rechtsgrundsätze** zu den allgemeinen Regeln des Völkerrechts iSv Art. 25 S. 1.[112] Gemeinsamer Nenner der Entscheidungen des BVerfG ist es, dass es sich um Normen handelt, die unabhängig von vertraglichen Bindungen existieren.[113] Das BVerfG formuliert in ständiger Rechtsprechung, dass solche Normen dann allgemein sind, „wenn sie von der überwiegenden Mehrheit der Staaten – nicht notwendigerweise auch von der Bundesrepublik Deutschland – anerkannt werden."[114] Damit bringt das Gericht zugleich eine Abkehr von der herrschenden Auslegung des Art. 4 WRV zum Ausdruck und betont trotzdem weiterhin den Staatenkonsens als Geltungsgrund des Völkerrechts. Auf eine ausdrückliche Zustimmung der Bundesrepublik kommt es aber nicht an. Gleichwohl ist zu berücksichtigen, dass sich die Bundesrepublik zumindest der überwiegenden Auffassung nach als ***„persistent objector"*** der Bindung an eine neue, sich herausbildende völkergewohnheitsrechtliche Norm entziehen kann.[115] Erfolgt dies auf der völkerrechtlichen Ebene – durch das Einlegen entsprechender und rechtzeitiger Proteste – so ist die Bundesrepublik völkerrechtlich an diese Norm nicht gebunden, was dann auch die Anwendbarkeit des Art. 25 S. 1 ausschließt.[116]

---

[109] Siehe auch *Wollenschläger* in Dreier Rn. 12.

[110] *Hobe* in BerlKomm Rn. 35; *Koenig/König* in MKS Rn. 45.

[111] BVerfGE 1, 208 (232); siehe auch *Rudolf,* Völkerrecht und deutsches Recht, 1967, 262 ff.; *Schorkopf,* Staatsrecht der internationalen Beziehungen, 2017, § 3 Rn. 41 ff.

[112] *Engel,* Völkerrecht als Tatbestandsmerkmal deutscher Normen, 1989, 176; wobei in der frühen Rspr. des BVerfG nur das Völkergewohnheitsrecht genannt wurde: BVerfGE 15, 25 (33); 16, 27 (33); eine Erweiterung auch auf die allgemeinen Rechtsgrundsätze findet sich ab BVerfGE 23, 288 (317); in der Literatur wurden die allgemeinen Rechtsgrundsätze auch zunächst nicht unter Art. 25 S. 1 gefasst, vgl. *Rudolf,* Völkerrecht und deutsches Recht, 1967, 255; keine Zustimmung fand – soweit ersichtlich – die Position von *Silagi* EuGRZ 1980, 632, der nur das zwingende Völkerrecht als allgemeine Regel iSd Art. 25 anerkennen wollte; so auch *Tomuschat* in BK Rn. 51.

[113] *Koenig/König* in MKS Rn. 17; siehe auch *Doehring,* Die allgemeinen Regeln des völkerrechtlichen Fremdenrechts, 1963, 137.

[114] BVerfGE 15, 25 (34); 117, 141 (149).

[115] *Engel,* Völkerrecht als Tatbestandsmerkmal deutscher Normen, 1989, 177 ff.; *Talmon* JZ 2013, 12 (14); dagegen allerdings *Tomuschat* in BK Rn. 55 ff.

[116] Vgl. auch *Rudolf,* Völkerrecht und deutsches Recht, 1967, 249; *Kunig* in Graf Vitzthum/Proelß Völkerrecht, Rn. 146; *Schweitzer/Dederer,* Staatsrecht III, 2016, Rn. 867; *Hillgruber* in SHH Rn. 9; *Talmon* JZ 2013, 12 (14).

b) Regionales und bilaterales Völkergewohnheitsrecht. Umstritten ist es, ob auch regionales oder unter Umständen sogar bilaterales Völkergewohnheitsrecht zu den allgemeinen Regeln iSv Art. 25 S. 1 zählt.[117] Dies wird von Teilen der Literatur mit Verweis auf das Merkmal der Allgemeinheit zurückgewiesen.[118] Hier ist richtigerweise zu differenzieren. Bildet sich **regionales Völkergewohnheitsrecht** heraus – etwa im Rechtsraum der EMRK im Hinblick auf ein Verbot der Todesstrafe oder den Schutz des Eigentums – so handelt es sich durchaus um „allgemeines" Völkerrecht in dem Sinne, dass seine Existenz vom Vorliegen einer vertraglichen Vereinbarung unabhängig ist. Es spricht viel dafür, solche Normen nicht aus dem Anwendungsbereich des Art. 25 S. 1 herausfallen zu lassen. Schon der Wortlaut der Vorschrift gibt keinen eindeutigen Hinweis in diese Richtung.[119] In systematischer Hinsicht ist zu berücksichtigen, dass solche Normen des Völkergewohnheitsrechts dann keinen Anknüpfungspunkt im GG fänden und ihr Status in der innerstaatlichen Rechtsordnung damit merkwürdig unbestimmt bliebe.[120] Schließlich kann vom Ziel und Zweck des Art. 25 S. 1 – Herstellung eines möglichst weitreichenden Gleichklangs zwischen Völkerrechtsordnung und innerstaatlichem Recht sowie Einordnung der Bundesrepublik in die internationale Gemeinschaft[121] – geschlossen werden, dass regionales Völkergewohnheitsrecht von Art. 25 S. 1 umfasst sein soll.[122] 28

Anders ist dies im Hinblick auf **bilaterales Gewohnheitsrecht** zu beurteilen.[123] Dieses wird vom IGH in eng umgrenzten Fällen anerkannt, die durch eine besondere bilaterale Interessenslage gekennzeichnet sind, wie etwa die Herleitung eines Wegerechts zu einer vollständig umschlossenen Enklave des Staatsgebiets auf dem Territorium eines anderen Staates.[124] In einem solchen Fall der Herausbildung bilateralen Gewohnheitsrechts fehlt es an jeglichem Merkmal der „Allgemeinheit", welches so verstanden werden sollte, dass es die Vereinbarung konkreter Rechte und Pflichten in einem vertraglichen Austauschverhältnis übersteigt.[125] Insofern sind diese Fälle nicht unter Art. 25 S. 1 zu fassen. Gut vertretbar erscheint es, in einem solchen Fall einen konkludenten Vertragsschluss anzunehmen, der für ein solches – dann nicht schriftlich geschlossenes – Abkommen die Anwendbarkeit der allgemei- 29

[117] *Wollenschläger* in Dreier Rn. 24; *Knop,* Völker- und Europarechtsfreundlichkeit als Verfassungsgrundsätze, 2013, 128.

[118] Vgl. *Hofmann* ZaöRV 49 (1989), 41 (47); *Kunig* in Graf Vitzthum/Proelß Völkerrecht, Rn. 144; *Schorkopf,* Staatsrecht der internationalen Beziehungen, 2017, § 3 Rn. 10, der dies als „Maximierungsthese" ablehnt; *Heintschel von Heinegg/Frau* in BeckOK GG Rn. 20; aus der älteren Literatur auch *Rudolf,* Völkerrecht und deutsches Recht, 1967, 275 ff.; siehe auch *Herdegen* in Maunz/Dürig Rn. 35, 39 ff., der aber sodann eine analoge Anwendung des Art. 25 für diese völkerrechtlichen Normen befürwortet.

[119] *Streinz* in Sachs Rn. 26.

[120] Dies lassen *Heintschel von Heinegg/Frau* in BeckOK GG Rn. 20 nicht gelten, da sich das GG nicht dem Gewohnheitsrecht als solches habe öffnen wollen; ebenso *Kunig* in Graf Vitzthum/Proelß Völkerrecht, Rn. 147.

[121] Vgl. BVerfGE 112, 1 (25) unter Berufung auf *Tomuschat* VVDStRL 36 (1978), 7 (50 f.); siehe auch *Bleckmann* DÖV 1979, 309 (312).

[122] So auch *Bleckmann* DÖV 1979, 309 (313); *Koenig/König* in MKS Rn. 31; *Streinz* in Sachs Rn. 27; *Cremer* in HdbStR XI § 235 Rn. 17; *Talmon* JZ 2013, 12 (14); *Schmahl* JuS 2013, 961 (963).

[123] Siehe auch *Tomuschat* in BK Rn. 22; *Schmahl* in Sodan Rn. 6; *Knop,* Völker- und Europarechtsfreundlichkeit als Verfassungsgrundsätze, 2013, 128.

[124] Vgl. IGH, Right of Passage over Indian Territory (Portugal v. India), Judgment of 12 April 1960, ICJ Rep. 1960, 6 (41).

[125] Siehe auch *Streinz* in Sachs Rn. 28.

nen Regeln im Hinblick auf völkerrechtliche Verträge nach Art. 59 Abs. 2 nach sich ziehen würde.[126]

30 **c) Methodik der Gewohnheitsrechtsermittlung.** In **methodischer Hinsicht** ermittelt das BVerfG für die Identifikation des Völkergewohnheitsrechts die einschlägige Staatenpraxis und die darauf bezogene Rechtsüberzeugung: „Um eine allgemeine Regel des Völkerrechts im Sinne des Art. 25 zu bekunden, müßte es sich bei der erwähnten Praxis zahlreicher Staaten (…) um eine gefestigte Praxis handeln, die von den Staaten allgemein in der Überzeugung geübt wird, dazu von Völkerrechts wegen verpflichtet zu sein."[127] Zu diesem Zweck stellt das Gericht insbesondere auf das Verhalten derjenigen Staatsorgane ab, die nach Völkerrecht oder nationalem Recht für den völkerrechtlichen Verkehr zuständig sind.[128] Damit wird vor allem auf die Praxis der Regierung oder des Staatsoberhaupts Bezug genommen, wobei es sowohl nach völkerrechtlichen Gesichtspunkten wie nach der Rechtsprechung des BVerfG ebenso in Betracht kommt, die Praxis der Legislative oder der Gerichte zu berücksichtigen, der zB gerade bei Fragen der völkerrechtlichen Immunitäten eine große Bedeutung zukommt. Im Regelfall sind es Gerichte, die hier über die Zuerkennung von Immunität zu entscheiden haben.[129] Das BVerfG hat ebenfalls unterstrichen, dass an die Feststellung einer allgemeinen Regel des Völkerrechts „wegen der darin zum Ausdruck kommenden grundsätzlichen Verpflichtung aller Staaten hohe Anforderungen zu stellen" sind.[130]

31 **2. Allgemeine Rechtsgrundsätze.** Im Hinblick auf die **allgemeinen Rechtsgrundsätze** nach Art. 38 Abs. 1 lit. c IGH-Statut vertritt das BVerfG die klassische Auffassung, wonach es sich nur um „aus den nationalen Rechtsordnungen tradierte Rechtsgrundsätze" handelt.[131] Diese Position bildet den Kern dieser völkerrechtlichen Rechtsquelle ab, übersieht aber, dass in der Völkerrechtslehre darüber hinaus auch genuin aus dem Völkerrecht erwachsende Rechtsprinzipien hier zugehörig sein können (→ Rn. 16).[132] Die praktische Bedeutung der allgemeinen Rechtsgrundsätze ist jedoch bisher sowohl auf der völkerrechtlichen wie auch auf der innerstaatlichen Ebene vergleichsweise gering geblieben.[133] Dies mag sich in der Zukunft ändern; eine entsprechende Erwartung kommt jedenfalls durch die Aufnahme eines Projekts zu den allgemeinen Rechtsgrundsätzen in das Arbeitsprogramm der ILC zum Ausdruck.[134] Verfehlt ist jedenfalls die früher in der Literatur vertretene Auffassung, eine Aufnahme der allgemeinen Rechtsgrundsätze in die Kategorie der allgemeinen Regeln des Völkerrechts sei schon deswegen entbehrlich,

---

[126] Ähnlich *Tomuschat* in BK Rn. 22.

[127] BVerfGE 46, 342 (367).

[128] BVerfGE 109, 13 (28).

[129] Vgl. BVerfGE 46, 324 (362 ff.).

[130] BVerfGE 118, 124 (135).

[131] BVerfGE 117, 141 (150); BVerfGK BeckRS 2010, 51385 (Rn. 20); dort auch zur Übernahme von Regeln des internationalen Privatrechts in allgemeine Rechtsgrundsätze (Rn. 22 f.); zustimmend zur Fokussierung auf die traditionelle Konzeption des BVerfG *Wollenschläger* in Dreier Rn. 25; vermittelnd *Koenig/König* in MKS Rn. 26, die diese allgemeinen Grundsätze des Völkerrechts dem Gewohnheitsrecht zuordnen möchten, was allerdings im Lichte der völkerrechtlichen Diskussion fragwürdig erscheint.

[132] So auch *Streinz* in Sachs Rn. 34; *Tomuschat* in BK Rn. 35.

[133] *Heintschel von Heinegg/Frau* in BeckOK GG Rn. 21.

[134] ILC, First Report of the Special Rapporteur, Marcelo Vázquez-Bermúdez, UN Doc. A/CN.4/732 (2019); siehe auch bereits *Paulus* BDGVR 46 (2014), 7 (21).

weil es sich bei der Bundesrepublik um einen zivilisierten Staat handele, in dem diese Rechtsgrundsätze ohnehin Beachtung fänden.[135]

3. Völkervertragsrecht. Das **Völkervertragsrecht** fällt nach praktisch einhelliger Auffassung nicht unter Art. 25 S. 1, sondern wird im Hinblick auf seine innerstaatliche Rechtswirkung und die Rangfrage nach Art. 59 Abs. 2 behandelt.[136] Im Hinblick auf die Entstehungsgeschichte von Art. 25 ist diese Zuordnung nicht zwingend.[137] So wurde in den Beratungen des Parlamentarischen Rats als Beispiele für die allgemeinen Normen etwa auf einen „Kriegsächtungspakt wie den Kellog-Pakt" [sic!] ebenso verwiesen wie auf die Haager Landkriegsordnung.[138] Dies mag dafür sprechen, dass den Müttern und Vätern des GG jedenfalls nicht eindeutig vor Augen stand, was unter allgemeinen Regeln des Völkerrechts zu verstehen ist.[139] Auch im Lichte des Verfassungstextes ist der kategorische Verweis auf Art. 59 Abs. 2 nicht restlos überzeugend.[140] Dass sich aus dieser Bestimmung für völkerrechtliche Verträge Rechtswirkungen und Rang im innerstaatlichen Recht ergeben, folgt jedenfalls nicht unmittelbar aus dem Wortlaut dieser Bestimmung.[141] Genauso gut ließe sich Art. 59 Abs. 2 dahingehend verstehen, dass hier nur ein Verfahren über die Erteilung der innerstaatlichen Ermächtigung zur Vornahme des Ratifikationsaktes auf der internationalen Ebene geregelt wird. Im Lichte der Entwicklung der Völkerrechtsordnung, die seit Ende des Zweiten Weltkriegs vom Abschluss einer Vielzahl von bedeutenden völkerrechtlichen Abkommen geprägt ist, die teilweise als „Weltordnungsverträge" bezeichnet werden,[142] wäre es auch nicht unplausibel, Verträge besonders bedeutsamer Natur unter den Art. 25 S. 1 zu fassen. Es entbehrt nicht einer gewissen Ironie, dass gerade diejenigen völkerrechtlichen Regeln, die unter Beteiligung der innerstaatlichen gesetzgebenden Körperschaften geschlossen werden, einen niedrigeren Rang haben als die sich als Resultat der Entwicklung der Staatenpraxis herausbildenden völkergewohnheitsrechtlichen Normen. Mit einem „Umzug" des Völkervertragsrechts in die Kategorie der allgemeinen Regeln des Völkerrechts ist bis auf Weiteres angesichts der festgefügten 32

[135] So aber *Rudolf,* Völkerrecht und deutsches Recht, 1967, 255 f.; dies noch diskutierend aber iErg ablehnend *Schweitzer/Dederer,* Staatsrecht III, 2016, Rn. 895 f.; anders schon vorher *Doehring,* Die allgemeinen Regeln des völkerrechtlichen Fremdenrechts, 1963, 125–129; aus der heutigen Literatur *Heintschel von Heinegg/Frau* in BeckOK GG Rn. 21.

[136] BVerfGE 111, 307 (318); 117, 141 (149); 141, 1 (18); *Herdegen* in Maunz/Dürig Rn. 43; *Hobe* in BerlKomm Rn. 26; *Koenig/König* in MKS Rn. 6; *Streinz* in Sachs Rn. 29; *Tomuschat* in BK Rn. 38; *Hillgruber* in SHH Rn. 4; *Jarass* in Jarass/Pieroth Rn. 10a; *Heintschel von Heinegg/Frau* in BeckOK GG Rn. 22; *Doehring,* Die allgemeinen Regeln des völkerrechtlichen Fremdenrechts, 1963, 135, 137; *Knop,* Völker- und Europarechtsfreundlichkeit als Verfassungsgrundsätze, 2013, 134; *Schmahl* JuS 2013, 961 (962); vgl. auch *Hofmann* ZaöRV 49 (1989), 41 (47), der diese Position grds. teilt, jedoch eine Ausnahme machen möchte, wenn die Vertragsnorm von allen Staaten der Welt als bindend anerkannt wird.

[137] Siehe auch *Geck* in FS f. BVerfG II, 1976, 125 (131).

[138] JöR nF 1 (1951), 230; darauf macht auch *Tomuschat* in BK Rn. 39 aufmerksam.

[139] In diese Richtung auch *Payandeh* NJW 2016, 1279 (1280).

[140] Siehe auch *Vogel,* Die Verfassungsentscheidung für eine internationale Zusammenarbeit, 1964, 37 mit Fn. 111, der sich dafür ausspricht „unter Umständen" auch völkerrechtliche Verträge dem Art. 25 zu unterstellen, wenn sie von der überwiegenden Mehrheit der Staaten abgeschlossen oder anerkannt worden sind. Vogel ordnete diese Auffassung zum damaligen Zeitpunkt als herrschend ein; aA dagegen bereits vorher *Kraus* in FS f. Laun, 1953, 224 (224, 227).

[141] So auch *Payandeh* NJW 2016, 1279 (1280).

[142] Siehe *Tomuschat* BDGVR 28 (1988), 9 (36 f.) spricht dort von „grundlegenden Ordnungsverträgen"; *Tomuschat* RdC 241 (1993-IV), 195 (269 ff.).

Rechtsprechung des BVerfG und der weithin unkritischen Übernahme dieser Position in der Literatur nicht zu rechnen. Es sollte jedoch Berücksichtigung finden, dass die aktuell herrschende Position insofern keineswegs das Resultat einer sich zwingend aus dem GG ergebenden Auslegung ist.

33 Auch auf Grundlage der aktuell herrschenden Position ist ferner zu berücksichtigen, dass völkerrechtliche Normen eine **Parallelexistenz** im Völkergewohnheitsrecht und im Völkervertragsrecht haben können (→ Rn. 17). Diese parallele Existenz wirkt sich auch auf die Normenhierarchie im innerstaatlichen Bereich aus. Eine Norm, die in beiden Rechtsquellen verankert ist, wie etwa das völkerrechtliche Gewaltverbot aus Art. 2 Nr. 4 UN-Charta, ist insofern als allgemeine Regel des Völkerrechts anzusehen, welches in einem Rang oberhalb der einfachen Gesetze steht. Durch die Kodifikation einer bestehenden Norm des Völkergewohnheitsrechts findet ebenso kein „Downgrading" statt, nach der diese Norm dann auf den Rang eines einfachen Gesetzes nach Art. 59 Abs. 2 zurückfallen würde.[143]

II. Bestandteil des Bundesrechtes

34 **1. Geltungsanordnung.** Art. 25 S. 1 erklärt, dass die allgemeinen Regeln des Völkerrechts Bestandteil des Bundesrechts sind. Hiermit äußert sich das GG nicht zur internationalen Wirksamkeit dieser Regeln, sondern ordnet ihre **Geltung im innerstaatlichen Recht** an. Im Hinblick auf die Vorgängervorschrift des Art. 4 WRV war es umstritten, ob der Verweis auf die allgemein anerkannten Regeln des Völkerrechts zum Ausdruck bringen sollte, dass die Weimarer Republik die völkerrechtliche Verbindlichkeit der Regeln anerkennen würde.[144] In diese Richtung ließ sich jedenfalls ein früherer Entwurf des Art. 4 WRV verstehen, der dann insbesondere durch den Einfluss von *Alfred Verdross* verhindert wurde.[145]

35 Im Hinblick auf die Modalität der Geltungsanordnung ist es umstritten, ob in Art. 25 S. 1 eine **Transformation,** eine **Adoption** oder eine **Vollzugsanordnung** zu erblicken ist. Die Transformationslehre verwandelt eine allgemeine Regel des Völkerrechts in eine innerstaatliche Norm. Damit existiert sie innerstaatlich gesehen nicht mehr als völkerrechtliche Norm, sondern wird zu einer Regel des innerstaatlichen Rechts. Dies mag gewisse Auswirkungen auf die Auslegung und Anwendung der Bestimmung haben, wobei es im Hinblick auf das Völkergewohnheitsrecht im Vergleich zum Vertragsrecht weniger fest gefügte Auslegungsregeln gibt, an denen sich Unterschiede in dieser Frage entzünden könnten.[146] Für eine klassische dualistische Sichtweise ist die Transformationslehre eine naheliegende Vorgehensweise, erlaubt sie es doch, dem Grunde nach *Heinrich Triepels* Diktum von der bloßen Berührung

---

[143] So auch *Tomuschat* in BK Rn. 39; *Kunig* in Graf Vitzthum/Proelß Völkerrecht, Rn. 137.

[144] *Huber,* Deutsche Verfassungsgeschichte seit 1789 VI, 1981, 469.

[145] Der erste Entwurf hatte gelautet: „Für die Beziehungen des Deutschen Reichs zu auswärtigen Staaten sind die Staatsverträge, die allgemein anerkannten Regeln des Völkerrechts und, wenn das Reich in den Völkerbund eintritt, dessen Bestimmungen maßgebend." Siehe mwN *Verdross* DJZ 1919, 291 ff.; *Seidl-Hohenveldern* Annales Universitatis Saraviensis 8 (1960), 52 (53).

[146] Zum Unterschied im vertragsrechtlichen Kontext *Paulus* in Sloss The Role of Domestic Courts in Treaty Enforcement, 209 (217 f.); *Aust* in Heupel/Reinold The Rule of Law in Global Governance, 59 (70 f.).

der beiden Rechtskreise[147] aufrecht zu erhalten.[148] Gleichwohl neigt die inzwischen wohl herrschende Auffassung dazu, Art. 25 S. 1 eher als Adoptionsnorm zu begreifen bzw. in der Bestimmung einen Ausdruck der Vollzugslehre zu erblicken.[149] Die Unterschiede zwischen Adoptions- und Vollzugslehre sind marginal.[150] Auch aus der Adoptionslehre spricht weiterhin die Vorstellung einer Aufnahme der Norm in das nationale Recht, während die Vollzugslehre sich damit begnügt, einen Rechtsanwendungsbefehl für die internationale Norm zu erteilen. Letztere Position ist konstruktiv am überzeugendsten: Die völkerrechtliche Norm bleibt als solche erkennbar und wechselt nicht ihren Charakter.[151] Auch das BVerfG scheint in seiner Rechtsprechung dieser Position zuzuneigen, nachdem sich in frühen Entscheidungen vereinzelte Bezugnahmen auf eine Transformation der allgemeinen Regeln gefunden hatten.[152]

Konsequenz dieser Öffnung mittels einer allgemeinen Vollzugsanordnung ist die **dynamische Verweisung** auf den jeweils geltenden Rechtsstand des Völkergewohnheitsrechts sowie der allgemeinen Rechtsgrundsätze.[153] Die derart in Bezug genommenen Normen sind **Bestandteil von Recht und Gesetz** iSv Art. 20 Abs. 3[154] und damit auch **Teil der verfassungsmäßigen Ordnung** iSv Art. 2 Abs. 1.[155] 36

2. Objektives Recht. Die Zugehörigkeit der allgemeinen Regeln zu Recht und Gesetz iSv Art. 20 Abs. 3 hat zunächst zur Konsequenz, dass es sich bei den entsprechenden völkerrechtlichen Regeln um **objektives Recht** handelt, das von allen staatlichen Gewalten ohne weiteres zu berücksichtigen ist.[156] Entgegenstehende einfache Gesetze sind nicht anzuwenden, bleiben aber gültig (Anwendungsvorrang).[157] Ermessensspielräume sind so zu nutzen, dass den Wertungen der allgemeinen Regeln des Völkerrechts möglichst weitgehend Rechnung getragen wird. 37

3. Pflicht zur Verhinderung von Völkerrechtsverstößen. Die Öffnung zum Völkerrecht verfolgt mithin den **Zweck,** Verstöße der Bundesrepublik Deutschland gegen ihre völkerrechtlichen Verpflichtungen zu ver- 38

---

147 *Triepel,* Völkerrecht und Landesrecht, 1899, 111.

148 Vgl. *Koenig/König* in MKS Rn. 35, 39.

149 *Jarass* in Jarass/Pieroth Rn. 2; *Roeben,* Außenverfassungsrecht, 2007, 69.

150 *Tomuschat* in BK Rn. 69.

151 So auch *Koenig/König* in MKS Rn. 43; *Tomuschat* in BK Rn. 69 f.; *Schorkopf,* Staatsrecht der internationalen Beziehungen, 2017, § 3 Rn. 26; ähnlich *Herdegen* in Maunz/Dürig Rn. 71 („methodische Vorzüge"); *Calliess,* Staatsrecht III, 2018, 108.

152 BVerfGE 1, 396 (410 f.); 6, 290 (294 f.); eine Rolle für die Veränderung der Rspr. spielte dabei eine Studienkommission der Deutschen Gesellschaft für Völkerrecht: *Partsch* BDGVR 6 (1964), 13 ff.; vgl. dazu *Tomuschat* in BK Rn. 70; *Lange,* Praxisorientierung und Gemeinschaftskonzeption, 2017, 198.

153 *Herdegen* in Maunz/Dürig Rn. 28; *Hobe* in BerlKomm Rn. 22; *Tomuschat* in BK Rn. 72; *Hillgruber* in SHH Rn. 2; *Wollenschläger* in Dreier Rn. 28; *Engel,* Völkerrecht als Tatbestandsmerkmal deutscher Normen, 1989, 176.

154 *Payandeh* JöR nF 57 (2009), 457 (472); *Frau,* Der Gesetzgeber zwischen Verfassungsrecht und völkerrechtlichem Vertrag, 2015, 25; *Schorkopf,* Staatsrecht der internationalen Beziehungen, 2017, § 3 Rn. 27; *Knop,* Völker- und Europarechtsfreundlichkeit als Verfassungsgrundsätze, 2013, 133.

155 BVerfGE 143, 1 (17); BVerfGK NJW 2018, 2312 (Rn. 33); *Hillgruber* in SHH Rn. 23; *Bungert* DÖV 1994, 797 (803); *Schmahl* JuS 2013, 961 (964).

156 BVerfGE 46, 342 (363); *Koenig/König* in MKS Rn. 3; *Schmahl* in Sodan Rn. 7.

157 *Doehring,* Die allgemeinen Regeln des völkerrechtlichen Fremdenrechts, 1963, 140; *Cremer* in HdbStR XI § 235 Rn. 29; für Nichtigkeit aber *Knauff,* Der Regelungsverbund, 2010, 171.

hindern.[158] Angestrebt wird ein **möglichst großer Gleichklang zwischen Völkerrecht und innerstaatlichem Recht:** „Mit der durch Art. 25 vollzogenen Eingliederung der allgemeinen Regeln des Völkerrechts in das Bundesrecht mit Vorrang vor den Gesetzen erzwingt die Verfassung eine dem allgemeinen Völkerrecht entsprechende Gestaltung des Bundesrechts."[159] Auch für die Rechtsanwendung und Auslegung ergeben sich daraus besondere Konsequenzen[160], die vom BVerfG so zusammengefasst werden: „Hieraus folgt insbesondere, daß die Behörden und Gerichte der Bundesrepublik Deutschland kraft Art. 25 grundsätzlich daran gehindert sind, innerstaatliches Recht in einer Weise auszulegen und anzuwenden, welche die allgemeinen Regeln des Völkerrechts verletzt. Sie sind auch verpflichtet, alles zu unterlassen, was einer unter Verstoß gegen allgemeine Regeln des Völkerrechts vorgenommenen Handlung nichtdeutscher Hoheitsträger im Geltungsbereich des Grundgesetzes Wirksamkeit verschafft, und gehindert, an einer gegen die allgemeinen Regeln des Völkerrechts verstoßenden Handlung nichtdeutscher Hoheitsträger bestimmend mitzuwirken."[161] Das GG stelle die deutschen Staatsorgane, so das BVerfG, „mittelbar in den Dienst der Durchsetzung des Völkerrechts" und vermindere dadurch das Risiko der Nichtbefolgung internationalen Rechts.[162]

39 In seiner Alteigentümer-Entscheidung hat das Gericht diese Pflicht zur Beachtung des Völkerrechts weiter systematisiert.[163] Sie weise **drei Elemente** auf: Erstens seien die deutschen Staatsorgane verpflichtet, die die Bundesrepublik Deutschland bindenden Völkerrechtsnormen zu befolgen und „Verletzungen nach Möglichkeit zu unterlassen".[164] Zweitens habe der Gesetzgeber dafür zu sorgen, dass von der Bundesrepublik Deutschland gleichwohl begangene Völkerrechtsverstöße korrigiert werden können. Drittens können die deutschen Staatsorgane auch verpflichtet sein, „das Völkerrecht im eigenen Verantwortungsbereich zur Geltung zu bringen, wenn andere Staaten es verletzen."[165]

40 Diese Verpflichtung ist dabei nicht so weit auszulegen, als dass die Bundesrepublik aus verfassungsrechtlichen Gründen verpflichtet wäre, stets auf **Völkerrechtsverstöße von Drittstaaten zu reagieren** und diese zur Einhaltung des Völkerrechts anzuhalten.[166] Das BVerfG hat in diesem Zusammenhang in der Alteigentümer-Entscheidung in Bezug auf die Pflicht, einem Völkerrechtsverstoß anderer Staaten keine Wirksamkeit zu verleihen, festgehalten: „Diese nach außen gerichtete Pflicht kann allerdings in ein Spannungsverhältnis zu der gleichfalls verfassungsrechtlich gewollten internationalen Zusammenarbeit zwischen den Staaten und anderen Völkerrechtssubjekten geraten, insbesondere wenn eine Rechtsverletzung nur auf dem Kooperationswege beendet werden kann. Dann kann sich diese Ausprägung der Respektierungspflicht nur im Zusammenspiel und Ausgleich mit den weiteren internationalen Verpflichtungen Deutschlands konkretisie-

[158] *Hofmann* ZaöRV 49 (1989), 41 (48); *Tomuschat* in BK Rn. 2; *Knop,* Völker- und Europarechtsfreundlichkeit als Verfassungsgrundsätze, 2013, 240.
[159] BVerfGE 23, 288 (316); zum „Gleichklang" ferner BVerfGE 112, 1 (25).
[160] Siehe auch bereits *Mosler,* Das Völkerrecht in der Praxis deutscher Gerichte, 1957, 11.
[161] BVerfGE 75, 1 (19); 109, 13 (26); 112, 1 (27).
[162] BVerfGE 112, 1 (25).
[163] BVerfGE 112, 1 (26 f.); aufgegriffen in BVerfGE 141, 1 (29).
[164] BVerfGE 112, 1 (26).
[165] BVerfGE 112, 1 (26).
[166] Zurückhaltend hier auch *Tomuschat* in BK Rn. 119.

ren."[167] Zu berücksichtigen ist aber, dass das Völkerrecht selbst Regeln kennt, die eine Unterstützung völkerrechtswidriger Handlungen verbieten und bei besonders schwerwiegenden Verstößen gegen Normen des zwingenden Völkerrechts auch gesonderte Pflichten zur Kooperation und Nichtanerkennung aufstellt (Art. 16, 41 Abs. 1 und 2 der ILC-Artikel zur Staatenverantwortlichkeit).[168]

Die praktische Reichweite dieser Pflichten, das Völkerrecht zur Geltung zu bringen, wenn andere Staaten es verletzen, ist noch nicht abschließend bestimmt. Schon fraglich ist es, was „Wirksamkeit verschaffen" in diesem Zusammenhang bedeutet.[169] Eine sehr weitreichende Auslegung hat das **OVG NRW** in seinen Entscheidungen vom 19.3.2019 zur Nutzung der **US-amerikanischen Militärbasis in Ramstein** für den Einsatz von bewaffneten Drohnen im Jemen und Somalia offenbart. Abgestützt auf die staatliche Schutzpflicht für das Leben nach Art. 2 Abs. 2 S. 1 hat es der Bundesregierung aufgegeben, sich „durch geeignete Maßnahmen zu vergewissern, dass eine Nutzung der Air Base Ramstein durch die Vereinigten Staaten (…) nur im Einklang mit dem Völkerrecht nach Maßgabe der Urteilsgründe stattfindet, sowie erforderlichenfalls auf dessen Einhaltung gegenüber den Vereinigten Staaten von Amerika hinzuwirken."[170] 41

In seiner **Treaty Override**-Entscheidung hat das BVerfG zudem – im Kontext des Abweichens von bestehenden völkervertragsrechtlichen Bindungen – unterstrichen, dass das GG auch keine verfassungsrechtliche Pflicht zur uneingeschränkten Befolgung aller völkerrechtlichen Verpflichtungen kenne.[171] Dies folge nicht aus dem Grundsatz der Völkerrechtsfreundlichkeit, dem das Gericht hier gleichwohl Verfassungsrang zubilligt.[172] 42

4. Individualschützender Charakter. Art. 25 S. 1 belässt es nicht bei der Aufnahme der allgemeinen Regeln des Völkerrechts als objektives Recht. Unabhängig von der gesonderten Bezugnahme auf die Rechte und Pflichten Einzelner nach S. 2 der Vorschrift werden **individualschützende Gehalte völkerrechtlicher Normen** schon nach Art. 25 S. 1 Bestandteil der deutschen Rechtsordnung.[173] Berechtigt eine Norm des Völkergewohnheitsrechts also den Einzelnen, so kann dieser sich unmittelbar auf Art. 25 S. 1 und die entsprechende Norm stützen (*„self-executing character"* der Norm). Dazu muss die Norm inhaltlich hinreichend präzise und bestimmt sein.[174] Zum Zeitpunkt der Entstehung des GG waren individualschützende Normen des Völkergewohnheitsrechts (wie auch solche, die eine Pflichtenstellung begründen) noch eine absolute Seltenheit.[175] Insofern lag in der Formulierung des Art. 25 ein nicht unerheblicher Beitrag zur Entwicklung des Völkerrechts, mit dem ein Signal zur Überwindung einer reinen Staatenorientierung dieses 43

167 BVerfGE 112, 1 (27).

168 Dazu *Aust,* Complicity and the Law of State Responsibility, 2011.

169 *Hofmann* ZaöRV 49 (1989), 41 (50).

170 OVG NRW BeckRS 2019, 5666 (Tenor) – noch nicht rechtskräftig (die Bundesregierung hat Revision eingelegt) s. dazu *Aust* JZ 2020, 303; vgl. außerdem die Entscheidung zum Fall in Somalia OVG NRW BeckRS 2019, 5665.

171 BVerfGE 141, 1 (28); krit. zu dieser Entscheidung *Payandeh* NJW 2016, 1279; differenzierend *Funke* DÖV 2016, 833.

172 BVerfGE 141, 1 (26 f.).

173 *Doehring,* Die allgemeinen Regeln des völkerrechtlichen Fremdenrechts, 1963, 153; aus der neueren Literatur etwa *Knauff,* Der Regelungsverbund, 2010, 172.

174 *Talmon* JZ 2013, 12 (13).

175 *Hillgruber* in SHH Rn. 20.

Rechtsgebiets ausgesandt werden sollte.[176] Selbst Normen, die zum damaligen Zeitpunkt den Schutz des Einzelnen intendierten, wie etwa die Regeln des völkerrechtlichen Fremdenrechts, waren stark von der sog. „Mediatisierung" des Individuums geprägt, nach der Interessen des Individuums nur stellvertretend von seinem Heimatstaat auf völkerrechtlicher Ebene geltend gemacht werden konnten.[177] Diese Lage hat sich seit 1949 tiefgreifend verändert.[178] Insbesondere im Bereich des völkerrechtlichen Menschenrechtsschutzes wird die Existenz von völkergewohnheitsrechtlichen Normen von der Mehrzahl der Stimmen im Schrifttum bejaht.[179] Auch im Wirtschaftsvölkerrecht wird über die Herausbildung individualschützender Gehalte auf gewohnheitsrechtlicher Grundlage diskutiert.[180] Individualrechte gibt es auch darüber hinaus „jenseits der Menschenrechte" *(Anne Peters)*.[181] Innerstaatlich hat dies Konsequenzen auch für die Möglichkeit, sich auf die Nichtbeachtung von allgemeinen Regeln des Völkerrechts zur Begründung einer Verfassungsbeschwerde nach Art. 2 Abs. 1 iVm Art. 25 zu stützen (→ Rn. 61).

44 **5. Geltungsanordnung und Vorbehalt des Gesetzes.** Die Begründung von Pflichten durch allgemeine Regeln des Völkerrechts steht in einem Spannungsverhältnis zur Lehre vom **Vorbehalt des Gesetzes** als Ausdruck des Rechtstaatsprinzips.[182] Dies gilt insbesondere bei Strafnormen, für die Art. 103 Abs. 2 strengere Voraussetzungen aufstellt, als dies ohnehin schon für belastendes staatliches Handeln gegenüber dem Einzelnen der Fall ist. Die unmittelbare Begründung von strafrechtlicher Verantwortung des Einzelnen durch eine Norm des Völkergewohnheitsrechts ist insofern nur schwer mit den Voraussetzungen des GG in Einklang zu bringen.[183] Auf völkergewohnheitsrechtlicher Ebene verankerte Bestrafungspflichten wie etwa im Fall der Piraterie bedürfen insofern noch gesonderter Ausführungsgesetzgebung.[184]

III. Rang der allgemeinen Regeln

45 Art. 25 S. 2, Hs. 1 bestimmt, dass die allgemeinen Regeln des Völkerrechts den Gesetzen vorgehen. Was dies bedeutet, ist **umstritten.** Nach der ständigen Rechtsprechung des BVerfG kommt den Regeln ein **Zwischenrang** zwischen GG und den einfachen Gesetzen zu.[185] Diese Position wird auch von der wohl herrschenden Auffassung in der Literatur geteilt.[186] Daneben

---

[176] Siehe auch *Payandeh* JöR nF 57 (2009), 457 (473).

[177] *Doehring,* Die allgemeinen Regeln des völkerrechtlichen Fremdenrechts, 1963, 9 ff.

[178] Zur schrittweisen Überwindung dieser Konzeption bereits *Verdross/Simma,* Universelles Völkerrecht, 3. Aufl. 1984, §§ 47 f.

[179] Siehe hier nur *Rodley* in Evans International Law, 774 (779 f.); krit. zur Anwendung des Gewohnheitsrechts in diesem Kontext und mit einem Plädoyer für eine Verortung ungeschriebener Menschenrechte in den allgemeinen Rechtsgrundsätzen *Simma/Alston* Australian YIL 12 (1988), 82.

[180] Vgl. *Stoll/Holterhus/Gött,* Investitionsschutz und Verfassung, 2017, 53.

[181] *Peters,* Jenseits der Menschenrechte, 2014.

[182] Siehe *Schorkopf,* Staatsrecht der internationalen Beziehungen, 2017, § 3 Rn. 50; anders dürfte dies bei hinreichend präzisen und bestimmten Normen des Völkervertragsrechts sein, wie zB der Befugnis, Seeräuber festzunehmen (Art. 105 SRÜ), dazu *Aust* DVBl 2012, 484 (485).

[183] *Talmon* JZ 2013, 12 (18).

[184] So auch *Tomuschat* in BK Rn. 110 ff.; *Talmon* JZ 2013, 12 (17 f.).

[185] BVerfGE 6, 309 (363); 111, 307 (318); 141, 1 (17).

[186] *Herdegen* in Maunz/Dürig Rn. 78; *Koenig/König* in MKS Rn. 55; *Heintschel von Heinegg/Frau* in BeckOK GG Rn. 27; *Schmahl* in Sodan Rn. 12; *Hillgruber* in SHH Rn. 11; *Sauer,* Staatsrecht III, 2018, § 6 Rn. 20; *Schorkopf,* Staatsrecht der internationalen Beziehungen,

finden sich unterschiedliche Positionen, die den allgemeinen Regeln **Verfassungsrang** oder einen **Überverfassungsrang** zuerkennen. Teilweise wird dabei zwischen unterschiedlichen Bestandteilen der allgemeinen Regeln differenziert, wobei hier insbesondere dem zwingenden Völkerrecht *(ius cogens)* von einigen Autoren eine besondere Bedeutung beigemessen wird. Es sind weitere Positionen denkbar, die insbesondere in der Frühphase der Bundesrepublik vertreten wurden.[187]

1. These eines Überverfassungsrangs. Die These eines **Überverfassungsrangs** wird vor allem von der Entstehungsgeschichte gestützt (→ Rn. 4) und wurde auch in den Anfangsjahren der Bundesrepublik in einigen Gerichtsentscheidungen wie auch Beiträgen der Literatur geteilt.[188] Gegen sie werden allerdings systematische Einwände erhoben.[189] Diese beziehen sich zum einen darauf, dass sich bei einem Überverfassungsrang der Inhalt des Verfassungsrechts an den Verfahrensregeln des Art. 79 Abs. 1 vorbei entwickeln könnte. Damit drohe eine völkerrechtlich induzierte Form der Verfassungsdurchbrechung.[190] Auch das Verfahren der Normverifikation nach Art. 100 Abs. 2 spreche dafür, dass die allgemeinen Regeln des Völkerrechts nicht einen Rang oberhalb des GG einnehmen könnten. Im Verfahren des Art. 100 Abs. 2 überprüft das BVerfG nicht, ob das Verfassungsrecht im Einklang mit den allgemeinen Regeln des Völkerrechts steht.[191] Schwierigkeiten für die These des Überverfassungsrangs begründet letztlich das normlogische Problem, dass der Verfassungsgeber nicht über das hinausgehen kann, was er durch die Verfassung begründet. Die höchste normlogische Ebene ist aus der Perspektive der Verfassung sie selbst. Die Einräumung eines Überverfassungsrangs würde mithin einer Selbstaufgabe der Verfassung gleichkommen.[192] 46

2. Verfassungsrang oder Zwischenrang? Insofern entwickelte sich die Diskussion relativ rasch in die Richtung einer Auseinandersetzung zwischen denjenigen Stimmen, die den allgemeinen Regeln des Völkerrechts Verfassungsrang einräumen wollten[193] und denjenigen, die – unterstützt durch die Rechtsprechung des BVerfG[194] – von einem Zwischenrang zwischen GG und formellen Gesetzen ausgingen.[195] Die Diskussionslage ist hier unüber- 47

2017, § 3 Rn. 30; *Stein/von Buttlar/Kotzur,* Völkerrecht, 2017, Rn. 201; *Mosler,* Das Völkerrecht in der Praxis deutscher Gerichte, 1957, 45; *Doehring,* Die allgemeinen Regeln des völkerrechtlichen Fremdenrechts, 1963, 181 ff.; *Papadimitriu,* Die Stellung der allgemeinen Regeln des Völkerrechts im innerstaatlichen Recht, 1972, 90 f.; *Roeben,* Außenverfassungsrecht, 2007, 70; *Knauff,* Der Regelungsverbund, 2010, 170; *Payandeh* JöR nF 57 (2009), 457 (472); *Knop,* Völker- und Europarechtsfreundlichkeit als Verfassungsgrundsätze, 2013, 129 ff.; *Schmahl* JuS 2013, 961 (964); *Talmon* JZ 2013, 12 (15); *Kees* Der Staat 54 (2015), 63 (88).

[187] Instruktiver Überblick im Bericht der 1. Studienkommission der Deutschen Gesellschaft für Völkerrecht: *Partsch* BDGVR 6 (1964), 13 (61).

[188] Siehe *Grewe* VVDStRL 12 (1954), 129 (148); *Curtius* DÖV 1955, 145; *Pigorsch,* Die Einordnung völkerrechtlicher Normen in das Recht der Bundesrepublik Deutschland, 1959, 55 ff; aus der Rspr. BGH NJW 1952, 111 (112); BVerwG NJW 1961, 2225 (2226).

[189] *Rudolf,* Völkerrecht und deutsches Recht, 1967, 264.

[190] *Talmon* JZ 2013, 12 (15).

[191] BVerfGE 141, 1 (17).

[192] *Rudolf,* Völkerrecht und deutsches Recht, 1967, 265 f.; *Talmon* JZ 2013, 12 (15).

[193] *Stödter* DÖV 1949, 266; *Seidl-Hohenveldern* Annales Universitatis Saraviensis 8 (1960), 52 (56); *Bleckmann* DÖV 1979, 309 (313); aus der heutigen Literatur *Streinz* in Sachs Rn. 90; *Calliess,* Staatsrecht III, 2018, 110; *Cremer* in HdbStR XI § 235 Rn. 27; in diese Richtung auch *Hobe* in BerlKomm Rn. 34.

[194] BVerfGE 6, 309 (362 f.).

[195] Siehe auch *Tomuschat* in BK Rn. 93 (einzige „ernsthafte" Alternative).

sichtlich und beide Auffassungen, die auch heute noch in der Literatur vertreten werden[196], können auf gute Argumente verweisen. Die Formulierung „gehen den Gesetzen vor" ist neutral. Im GG wird der Begriff des Gesetzes unterschiedlich gebraucht.[197] Je nach Kontext ist damit ein formelles Gesetz gemeint, an anderen Stellen wird aber Gesetz auch i. S. jeder Rechtsnorm gebraucht, womit auch das Verfassungsgesetz des GG darunter fallen würde.[198] Diese Einsicht könnte also dafür sprechen, dass die allgemeinen Regeln in der Tat Verfassungsrang haben. Gleichwohl muss diese Position sich die Frage gefallen lassen, wie sie sich zu den strikten Vorgaben für eine Verfassungsänderung nach Art. 79 Abs. 1 verhält.[199] Auch dies ist wiederum kein zwingendes Argument, ist es doch auch im Rahmen von Art. 24 Abs. 1 anerkannt, dass die Übertragung von Hoheitsrechten der Sache nach einer Verfassungsänderung gleichkommt, ohne dass diese im Verfahren nach Art. 79 Abs. 1 vollzogen wird.[200] *Walter Rudolf* ist insofern zuzustimmen, dass der Streit zwischen den beiden Positionen „logisch nicht zu entscheiden" ist.[201] Entsprechend gespalten war auch die 1. Studienkommission der Deutschen Gesellschaft für Völkerrecht in ihrem einflussreichen Bericht aus dem Jahr 1964.[202]

48 In der Rechtsprechung des BVerfG wird der Zwischenrang der allgemeinen Regeln des Völkerrechts letztlich daraus hergeleitet, dass die **Völkerrechtsfreundlichkeit des GG in den systematischen Gesamtkontext der Verfassung eingebettet** ist.[203] So hat das Gericht in seiner *Görgülü*-Entscheidung formuliert: „Das Grundgesetz ist jedoch nicht die weitesten Schritte der Öffnung für völkerrechtliche Bindungen gegangen. Das Völkervertragsrecht ist innerstaatlich nicht unmittelbar, das heißt ohne Zustimmungsgesetz nach Art. 59 Abs. 2, als geltendes Recht zu behandeln und – wie auch das Völkergewohnheitsrecht (vgl. Art. 25) – nicht mit dem Rang des Verfassungsrechts ausgestattet. Dem Grundgesetz liegt deutlich die klassische Vorstellung zu Grunde, dass es sich bei dem Verhältnis von Völkerrecht zum nationalen Recht um ein Verhältnis zweier unterschiedlicher Rechtskreise handelt und dass die Natur dieses Verhältnisses aus der Sicht des nationalen Rechts nur durch das nationale Recht selbst bestimmt werden kann; dies zeigen die Existenz und der Wortlaut von Art. 25 und 59 Abs. 2. Die Völkerrechtsfreundlichkeit entfaltet Wirkung nur im Rahmen des demokratischen und rechtstaatlichen Systems des Grundgesetzes."[204]

---

[196] Für Verfassungsrang: *Streinz* in Sachs Rn. 90; *Tietje,* Internationalisiertes Verwaltungshandeln, 2001, 218 f. („zumindest" Verfassungsrang); *Bleckmann* DÖV 1979, 309 (313); für Zwischenrang: *Tomuschat* in BK Rn. 93; *Koenig/König* in MKS Rn. 56; *Wollenschläger* in Dreier Rn. 30.

[197] *Pigorsch,* Die Einordnung völkerrechtlicher Normen in das Recht der Bundesrepublik Deutschland, 1959, 55.

[198] Vgl. *Rudolf,* Völkerrecht und deutsches Recht, 1967, 264; *Kunig* in Graf Vitzthum/Proelß Völkerrecht, Rn. 156; *Hillgruber* in SHH Rn. 12.

[199] *Tomuschat* in BK Rn. 93; *Kunig* in Graf Vitzthum/Proelß Völkerrecht, Rn. 156.

[200] Vgl. *Vogel,* Die Verfassungsentscheidung für eine internationale Zusammenarbeit, 1964, 5.

[201] *Rudolf,* Völkerrecht und deutsches Recht, 1967, 267; dem folgend *Tomuschat* in BK Rn. 93.

[202] Siehe *Partsch* BDGVR 6 (1964), 13 (61).

[203] Instruktiv dazu *Payandeh* JöR nF 57 (2009), 457 (471 f.); *Knop,* Völker- und Europarechtsfreundlichkeit als Verfassungsgrundsätze, 2013, 129 f.

[204] BVerfGE 111, 307 (318); siehe auch BVerfGE 112, 1 (25): keine „Unterwerfung" der deutschen Rechtsordnung unter die Völkerrechtsordnung.

Nach der hier vertretenen Position ist die Einräumung des **Zwischenrangs** durch BVerfG und die herrschende Auffassung der Literatur **überzeugend.**[205] Dafür spricht auch der rechtsvergleichende Befund (→ Rn. 20 ff.). Die Einräumung eines Verfassungsrangs für das Völkergewohnheitsrecht wäre im internationalen Vergleich eine Anomalie.[206] Gerade im Hinblick auf die auch schon im Parlamentarischen Rat betonten Unsicherheiten bei der Herausbildung und Identifizierung von Völkergewohnheitsrecht (→ Rn. 3) überzeugt es nicht, den Inhalt der Verfassung mittels einer dynamischen Verweisung auf diese in der Praxis nur schwer zu handhabende Kategorie des Völkerrechts zur Disposition zu stellen. Dies gilt umso mehr, als das Völkerrecht keine normative Präferenz für eine solche „Hochzonung" des Völkergewohnheitsrechts kennt, sondern sich mit seiner Ergebnisorientierung damit zufrieden gibt, dass seine normativen Gebote Befolgung finden. Praktische Konsequenz des Zwischenrangs ist ein **Anwendungsvorrang** im Kollisionsfall, dh dass die entgegenstehende Norm des deutschen Rechts zwar gültig, aber im konkreten Fall unangewendet bleibt.[207] 49

3. Keine Ausnahme für zwingendes Völkerrecht. Etwas anderes gilt entgegen einiger Stimmen in der Literatur auch nicht für die Regeln des **zwingenden Völkerrechts** *(ius cogens)*.[208] Es mag intuitiv plausibel sein, aus der Tatsache, dass die Staaten auf der Ebene des Völkerrechts nicht von den Inhalten dieser Normkategorie abweichen dürfen, auch verfassungsrechtliche Folgerungen zu ziehen. So wird teilweise vertreten, dass es aus dem Sinn und Zweck der zwingenden Normen des Völkerrechts folge, dass die Staaten unter keinen Umständen mehr von ihnen abweichen dürften und „von ihrem freien, auf Souveränität beruhenden Letztentscheidungsrecht Gebrauch machen können."[209] Entsprechend müsse sich dann auch die nationale Verfassungsordnung an diesen zwingenden Normen ausrichten.[210] Aus einer völkerrechtlichen Perspektive ist dies zutreffend. So hat es im Völkerrecht Tendenzen gegeben, unter Rekurs auf das *ius cogens* entgegenstehende innerstaatliche Regelungen, auch auf Verfassungsebene, als „null and void" anzusehen, wie der UN-Sicherheitsrat in Bezug auf die Südafrikanische Verfassung von 1984 formulierte.[211] Es fragt sich aber gleichwohl, ob sich dies auf die innerstaatliche Behandlung des zwingenden Völkerrechts auswirkt.[212] Schon völkerrechtlich waren diese und andere Entscheidungen nicht gut begründet.[213] Zu berücksichtigen ist hier, 50

[205] So auch *Tomuschat* in BK Rn. 93; siehe auch *Mosler,* Das Völkerrecht in der Praxis deutscher Gerichte, 1957, 45 („unausweichlich").

[206] Siehe auch *Payandeh* JöR nF 57 (2009), 457 (472), der schon die Einräumung des Zwischenrangs zurecht als ein deutliches Zeichen der Völkerrechtsfreundlichkeit würdigt.

[207] *Koenig/König* in MKS Rn. 50; *Wollenschläger* in Dreier Rn. 29; *Schorkopf,* Staatsrecht der internationalen Beziehungen, 2017, § 3 Rn. 29; *Streinz* in Sachs Rn. 93; *Tomuschat* in BK Rn. 95; *Heintschel von Heinegg/Frau* in BeckOK GG Rn. 25, 28; aA für zwingendes Völkerrecht (dann Nichtigkeit) bei *Hobe/Tietje* AVR 32 (1994), 130 (136 ff.), die sich auf *Mosler,* The International Society as a Legal Community, 1980, 18 beziehen; zu Moslers Konzeption der „international public order" *Lange,* Praxisorientierung und Gemeinschafskonzeption, 2017, 268–273.

[208] Ebenso *Hillgruber* in SHH Rn. 13.

[209] So *Hobe* in BerlKomm Rn. 33.

[210] *Hobe* in BerlKomm Rn. 33; ebenso *Ruffert* JZ 2001, 633 (636), der auch darauf verweist, dass diese Position besser mit der Entstehungsgeschichte zu vereinbaren ist.

[211] UN Doc. S/RES/554 (1984) Rn. 1; dazu *Kleinlein,* Konstitutionalisierung im Völkerrecht, 2012, 365 f.

[212] Dagegen auch *Tomuschat* in BK Rn. 94.

[213] *Kleinlein,* Konstitutionalisierung im Völkerrecht, 2012, 366.

dass es sich beim zwingenden Völkerrecht nicht um eine eigene Rechtsquelle handelt, sondern vielmehr bestimmte besondere Rechtswirkungen gewohnheitsrechtlicher Normen auf völkerrechtlicher Ebene bestimmt werden.[214] Die Rechtswirkungen des *ius cogens* sind schon im Völkerrecht umstritten, soweit es über den Kernbereich des Vertragsrechts und die vergleichsweise akzeptierten gesonderten Rechtsfolgen im Recht der Staatenverantwortlichkeit (Art. 40 f. der ILC-Artikel zur Staatenverantwortlichkeit) hinausgeht.[215] Völkerrechtlich ist es jedenfalls nicht geboten, das zwingende Völkerrecht innerstaatlich auf der Ebene des Verfassungsrechts anzusiedeln.[216] Den Staaten steht es selbstverständlich frei, besondere Rechtswirkungen des zwingenden Völkerrechts zu normieren, wie dies etwa die Schweizer Bundesverfassung von 1999 im Hinblick auf Teil- und Totalrevisionen vorgenommen hat (→ Rn. 15).

IV. Rechte und Pflichten des Einzelnen

51 **1. Aussagegehalt der Bestimmung.** Art. 25 S. 2, Hs. 2 bestimmt, dass die den Gesetzen vorgehenden allgemeinen Regeln des Völkerrechts Rechte und Pflichten unmittelbar für die Bewohner des Bundesgebietes erzeugen. In der Literatur ist es umstritten, ob es sich bei diesem Teil der Bestimmung um eine rein **deklaratorische Aussage** handelt, da etwaige individualschützende Normen (bzw. verpflichtende Gehalte) ja bereits durch die Vollzugsanordnung des S. 1 als solche zum Teil der innerstaatlichen Rechtsordnung werden (→ Rn. 43).[217] Diejenigen Stimmen, die hier nicht nur einen deklaratorischen Charakter annehmen, legen die Vorschrift so aus, dass das GG eine **Subjektivierung** von allgemeinen Regeln des Völkerrechts zulassen möchte, die über das hinausgeht, was völkerrechtlich geschuldet wird.[218] Systematisch ist diese Position überzeugend, wäre der Hs. 2 von S. 2 doch ansonsten ohne sinnvollen Anwendungsbereich.[219]

52 **2. Kriterien für eine Subjektivierung staatengerichteter Regeln.** Keine Einigkeit besteht aber auch unter den Stimmen, die sich für eine solche Subjektivierung völkerrechtlicher Normen auf Ebene des Verfassungsrechts aussprechen, über die **Kriterien** nach denen eine Norm, die auf völkerrechtlicher Ebene keine individuellen Rechte und Pflichten auslöst, durch Art. 25 S. 2, Hs. 2 subjektiviert wird. Gefordert wird, dass die staatengerichtete Norm Individualrechte oder -pflichten reflexhaft berührt.[220] Es handelt sich um Normen, die sich zwar vom Grundsatz her an Staaten richten, die „aber ohne Sinnveränderung der Inanspruchnahme durch das Individuum im innerstaatlichen Recht zugänglich" sind.[221]

---

[214] *Schorkopf,* Staatsrecht der internationalen Beziehungen, 2017, § 3 Rn. 32.

[215] Siehe insoweit die vorsichtig formulierten vorläufig angenommenen Schlussfolgerungen der ILC: Peremptoy Norms of International Law (jus cogens), Text of the draft conclusions and draft annex provisionally adopted by the Drafting Committee on first reading, UN Doc. A/CN.4/L.936 (2019), Draft Conclusions 13–20.

[216] Vgl. auch *Paulus* BDGVR 46 (2014), 7 (25).

[217] So *Rudolf,* Völkerrecht und deutsches Recht, 1967, 271; *Wollenschläger* in Dreier Rn. 34; *Heintschel von Heinegg/Frau* in BeckOK GG Rn. 33.

[218] *Doehring,* Die allgemeinen Regeln des völkerrechtlichen Fremdenrechts, 1963, 155; *Streinz* in Sachs Rn. 47; *Kunig* in Graf Vitzthum/Proelß Völkerrecht, Rn. 153 f.; *Fischer-Lescano/Hanschmann* in Becker/Braun/Deiseroth Frieden durch Recht?, 181 (188 f.).

[219] *Koenig/König* in MKS Rn. 62.

[220] *Wollenschläger* in Dreier Rn. 36; ähnlich auch *Herdegen* in Maunz/Dürig Rn. 89.

[221] Grundlegend *Doehring,* Die allgemeinen Regeln des völkerrechtlichen Fremdenrechts, 1963, 156; *Koenig/König* in MKS Rn. 61.

Eine Subjektivierung von an und für sich staatengerichteten Bestimmungen des Völkerrechts muss nicht zwangsläufig Ausdruck der Völkerrechtsfreundlichkeit des GG sein.[222] Es greift insofern zu kurz, in der subjektiv-rechtlichen Erweiterung und der sich damit ergebenden Möglichkeit der Einklagbarkeit „die bestmögliche Durchsetzung des allgemeinen Völkerrechts im staatlichen Rechtsraum" zu erblicken.[223] Durch die Staatengerichtetheit einer Norm kann zB gerade die Möglichkeit eines konstruktiven Austauschs auf der Regierungsebene, etwa zur Bewältigung von Kriegen und anderen Großkonflikten, geschaffen werden. Eine schematische Subjektivierung kann insofern übergeordneten Zielen der Völkerrechtsordnung genauso schaden wie sie in einzelnen Fällen völkerrechtspolitisch sinnvoll sein mag. Sie kommt mithin nur in Frage, insoweit Sinn und Zweck der Völkerrechtsnorm sie nicht ausschließen.[224] **53**

In seiner Rechtsprechung ist das **BVerfG** bisher in dieser Frage zurückhaltend geblieben. Es hat sich vor allem in der **Alteigentümer-Entscheidung** für die Möglichkeit einer solchen verfassungsrechtlichen Subjektivierung ausgesprochen, diese aber nur behutsam ins Auge gefasst: „In der vom Grundgesetz verfassten Ordnung kann es unabhängig davon, ob Ansprüche von Einzelpersonen schon kraft Völkerrechts bestehen, geboten sein, Völkerrechtsverstöße als subjektive Rechtsverletzungen geltend machen zu können. Dieser Grundsatz gilt jedenfalls für Konstellationen, in denen völkerrechtliche Regelungen einen engen Bezug zu individuellen hochrangigen Rechtsgütern aufweisen, wie das im völkerrechtlichen Enteignungsrecht der Fall ist."[225] **54**

Zurückhaltung hat das Gericht demgegenüber in dieser Frage hinsichtlich von **Entschädigungsansprüchen von Opfern bewaffneter Konflikte** walten lassen. In einer Nichtannahmeentscheidung im Hinblick auf die Beteiligung der Bundesrepublik an einem Luftangriff auf die Brücke von **Varvarin** im Rahmen des NATO-Einsatzes gegen die damalige Bundesrepublik Jugoslawien im Jahr 1999 verneinte eine Kammer des Gerichts die Existenz einer allgemeinen Regel des Völkerrechts, nach der Einzelpersonen einen Anspruch auf Entschädigung für Verletzungen des humanitären Völkerrechts hätten. Das Gericht beließ es bei dieser Prüfung, ohne die – hier naheliegende – Frage einer Subjektivierung der Entschädigungsregeln des humanitären Völkerrechts auch nur zu diskutieren.[226] Auch der BGH handhabte dies in seiner Entscheidung im Fall **Kundus** im Jahr 2017 nicht anders.[227] **55**

Ebenso hat eine **Kammer des BVerfG** es abgelehnt, aus dem auch im Völkergewohnheitsrecht verankerten **Gewaltverbot** individuelle Ansprüche herzuleiten. Hier hat die Kammer des Gerichts im Hinblick auf die **Stationierung US-amerikanischer Atomwaffen** auf dem Luftwaffenstützpunkt **56**

---

[222] Ähnlich insoweit *Schorkopf,* Staatsrecht der internationalen Beziehungen, 2017, § 3 Rn. 40; siehe auch *Kessler/Salomon* DÖV 2014, 283 (288 f.), die auf den Einklang zwischen GG und Völkerrecht als Telos der Völkerrechtsfreundlichkeit verweisen.

[223] So aber *Koenig/König* in MKS Rn. 62; vorsichtiger formuliert bei *Payandeh* JöR nF 57 (2009), 457 (473).

[224] *Wollenschläger* in Dreier Rn. 36; siehe auch *Doehring,* Die allgemeinen Regeln des völkerrechtlichen Fremdenrechts, 1963, 15 f., der auf Implikationen für die auch völkerrechtlich gewollten Handlungsspielräume der Staaten verweist.

[225] BVerfGE 112, 1 (22).

[226] BVerfGK LSK 2013, 410669 (Rn. 44); siehe auch bereits BVerfGK NJW 2006, 2542 zum Distomo-Massaker (in dieser Entscheidung spielt Art. 25 nur am Rande eine Rolle, insoweit die Kammer des Gerichts die Existenz einer allgemeinen Regel nach Art. 25 ablehnte, wonach Deutsche und Ausländer im Hinblick auf die Anwendbarkeit des Amtshaftungsrechts gleich zu behandeln wären, Rn. 25).

[227] BGH NVwZ 2017, 87 (Rn. 16).

Büchel entschieden, dass eine Subjektivierung nur in Frage kommt, um den von Art. 25 intendierten Gleichlauf zwischen Völkerrecht und Verfassungsrecht sicherzustellen: „Diese Zielsetzung würde unterlaufen, wenn ausschließlich an Staaten gerichtete Normen des Völkerrechts, die – wie das Gewaltverbot – nicht bereits von sich aus eine subjektive Schutzwirkung aufweisen, über Art. 25 Satz 2 Halbsatz 2 inhaltlich verändert, nämlich individualisiert, in das Bundesrecht übernommen würden und dadurch letztlich eine über die Intention des Völkerrechts hinausgehende innerstaatliche Rechtslage geschaffen würde."[228]

57 Dem Gericht ist hier im Ergebnis zuzustimmen, auch wenn das Argument des Gleichlaufs zwischen Völkerrechtsordnung und nationaler Rechtslage insofern dogmatisch nicht stimmig ist, als es gerade die Prämisse des Art. 25 S. 2, Hs. 2 ist, über die vom Völkerrecht gewährten Individualansprüche hinaus zu einer Subjektivierung beizutragen.[229] Auch die in dieser Entscheidung von der Kammer weiter formulierten **Voraussetzungen für eine Berufung auf den Art. 25 S. 2, Hs. 2** sind in sich widersprüchlich. So wird verlangt, dass der Betroffene „Träger der individuellen hochrangigen Rechtsgüter ist, zu denen die Norm einen engen Bezug hat" und dass er somit in den Schutzbereich der Norm einbezogen sei. Zudem müsse er geltend machen, gerade durch das mutmaßlich völkerrechtswidrige Verhalten deutscher Staatsorgane unmittelbar in diesem individuellen hochrangigen Rechtsgut betroffen zu sein.[230] Hier bleibt unklar, auf welcher Ebene das „individuelle hochrangige Rechtsgut" überhaupt geschützt wird. Ist dies auf der Ebene des Völkerrechts der Fall, unterfällt der Sachverhalt von vornherein nicht Art. 25 S. 2, sondern bereits Art. 25 S. 1. Handelt es sich nicht um eine völkerrechtliche Norm, müsste eine des nationalen Rechts vorliegen, womit die zusätzliche Berufung auf den Art. 25 S. 2, Hs. 2 ebenso überflüssig wäre.

58 Anders akzentuiert werden diese Fragen teilweise in der **Rechtsprechung der Verwaltungsgerichte.** So hat das BVerwG entschieden, dass Art. 25 Soldaten zur Nichtbefolgung eines Befehls berechtigt, dessen Ausführung gegen die allgemeinen Regeln des Völkerrechts verstößt.[231] Auch im Hinblick auf die Anwohner eines im Irak-Krieg 2003 von US-amerikanischen Truppen genutzten Flughafens hat das BVerwG die grundsätzliche Möglichkeit der Geltendmachung des Gewaltverbots als individualschützende Norm iSv Art. 25 S. 2, Hs. 2 zumindest angedeutet.[232] Zuletzt hat es in einem Verfahren, in dem ein **Anwohner der US-amerikanischen Basis in Ramstein** gegen US-Drohneneinsätze klagte zwar generell offengelassen, ob das Gewaltverbot im Rahmen von Art. 25 S. 2, Hs. 2 einer Subjektivierung zugänglich ist, jedoch nur, da der Kläger des Verfahrens „nicht unmittelbar Betroffener" war. Das Gericht ließ erkennen, dass dies für „potenzielle Opfer von Drohneneinsätzen" anders sein könnte.[233] Das **OVG NRW** hat diese Überlegungen in einer vielbeachteten Entscheidung aufgegriffen, in der Hin-

[228] BVerfGK NJW 2018, 2312 (Rn. 37); vgl. auch *Kunig* in Graf Vitzthum/Proelß Völkerrecht, Rn. 150 ff.

[229] Vgl. auch *Heintschel von Heinegg/Frau* in BeckOK GG Rn. 34.

[230] BVerfGK NJW 2018, 2312 (Rn. 40); vgl. auch bereits BVerfGE 112, 1 (22).

[231] BVerwGE 127, 302 (316 f.), wobei diese Ausführungen in einem Zusammenhang mit der Gewissensfreiheit nach Art. 4 Abs. 1 standen.

[232] Vgl. BVerwGE 131, 316 (338); dazu *Fischer-Lescano/Hanschmann* in Becker/Braun/Deiseroth Frieden durch Recht?, 181 (182 ff.); *Schmidt am Busch* in FS f. Simma, 2011, 1262 (1270 ff.).

[233] BVerwGE 154, 328 (347).

terbliebene und Opfer eines US-amerikanischen Drohnenangriffs im Jemen die Bundesrepublik Deutschland verklagten, die ihrer Auffassung nach völkerrechtswidrige Nutzung der Basis in Ramstein zu unterbinden. Das OVG NRW gab der Klage teilweise statt und begründete dies mit der auch extraterritorial wirkenden Schutzpflicht für das Leben und die körperliche Unversehrtheit der Kläger aus Art. 2 Abs. 2 S. 1.[234] Da die Drohneneinsätze allerdings mit Zustimmung der jemenitischen Regierung erfolgten, konnte auch das OVG NRW diese Frage letztlich dahinstehen lassen.[235]

3. Anwendungsbereich: Betroffenheit durch deutsche Hoheitsgewalt. Einigkeit besteht, dass die Formulierung **„Bewohner des Bundesgebietes"** missverständlich ist.[236] Sie ist nicht so zu verstehen, als dass sie sich auf die regelmäßig im deutschen Staatsgebiet ihren Wohnsitz innehabenden Personen beschränken würde. Vielmehr ist die Bestimmung so zu verstehen, dass zumindest alle Personen, die **im Bundesgebiet** der deutschen **Hoheitsgewalt** unterstehen, durch die allgemeinen Regeln des Völkerrechts berechtigt und verpflichtet werden.[237] **59**

Fraglich ist es hingegen, ob die Bestimmung auch für die **Ausübung von deutscher Hoheitsgewalt im Ausland** Anwendung findet.[238] Dafür spricht die Parallele zur Grundrechtsbindung aller staatlichen Gewalten nach Art. 1 Abs. 3, die unabhängig von einer territorialen Eingrenzung erfolgt.[239] Ebenfalls ist zu berücksichtigen, dass Handeln im Einklang mit den Normen des Völkergewohnheitsrechts und der allgemeinen Rechtsgrundsätze aus einer völkerrechtlichen Perspektive *gerade* beim Handeln jenseits des eigenen Staatsgebiets gefordert sein kann. Wie diese Frage letztlich zu beantworten ist, hängt allerdings nicht zuletzt davon ab, auf welche Berechtigung und Verpflichtung des Einzelnen Art. 25 S. 2, Hs. 2 Bezug nimmt. Der normative Gehalt dieses Teils der Bestimmung bezieht sich nicht auf das, was völkerrechtlich im Hinblick auf eine Berechtigung und Verpflichtung des Einzelnen geschuldet ist. Vielmehr geht es um eine über den Stand des Völkerrechts hinausgehende und nur verfassungsrechtlich induzierte Subjektivierung. Dies legt aber gerade nahe, mit der Zusprechung von individuellen Schutzansprüchen hier zurückhaltend umzugehen. Es gelten hier entsprechende Überlegungen wie bei der Frage der grundsätzlichen Subjektivierbarkeit staatengerichteter Normen (→ Rn. 53). **60**

V. Rechtsschutz

Allgemeine Regeln des Völkerrechts können nicht unmittelbar zum Gegenstand einer **Verfassungsbeschwerde** gemacht werden. Allerdings besteht diese Möglichkeit mittelbar doch über das Vehikel des Art. 2 Abs. 1, da eine staatliche Maßnahme, die gegen eine allgemeine Regel des Völkerrechts ver- **61**

234 OVG NRW, BeckRS 2019, 5666 (noch nicht rechtskräftig); dazu *Aust* JZ 2020, 303.

235 OVG NRW, BeckRS 2019, 5666 (Rn. 128).

236 Siehe nur *Mosler,* Das Völkerrecht in der Praxis deutscher Gerichte, 1957, 37 („Lapsus" des Verfassungsgebers).

237 *Hobe* in BerlKomm Rn. 29; *Streinz* in Sachs Rn. 50; *Wollenschläger* in Dreier Rn. 39.

238 Verneint in OVG NRW BeckRS 2019, 5666 (Rn. 307); ablehnend auch *Schorkopf,* Staatsrecht der internationalen Beziehungen, 2017, § 3 Rn. 33; befürwortend *Herdegen* in Maunz/Dürig Rn. 83 f.; *Heintschel von Heinegg/Frau* in BeckOK GG Rn. 32.

239 BVerfG NJW 2020, 2235 (Rn. 87 ff.); *Tomuschat* in BK Rn. 98; in diese Richtung auch *Koenig/König* in MKS Rn. 5 (alle natürlichen und juristischen Personen, auf die deutsches Recht anwendbar sei).

stößt, nicht im Rahmen der verfassungsmäßigen Ordnung gerechtfertigt werden kann.[240]

62 Ein eigenständiges **Normenverifikationsverfahren** sieht Art. 100 Abs. 2 vor.[241] Dieses kommt zum Tragen, wenn in einem Rechtsstreit zweifelhaft ist, ob eine Regel des Völkerrechts Bestandteil des Bundesrechts ist und ob sie unmittelbar Rechte und Pflichten für den Einzelnen erzeugt. Zweck dieses Verfahrens ist es, „die Gefahren, die sich aus der Eingliederung der allgemeinen Regeln des Völkerrechts in das Bundesrecht mit Rang über den Gesetzen für die Autorität des Gesetzgebers und für die Rechtssicherheit ergeben" möglichst zu minimieren.[242]

63 In diesem Fall hat das entscheidende Gericht das Verfahren auszusetzen und die Entscheidung des BVerfG einzuholen (→ Art. 100 Rn. 74 ff.). Es gibt **kein Völkerrechtsmonopol des BVerfG.** Bei eindeutiger Rechtslage kann ein einfaches Gericht auch ohne Entscheidung des BVerfG ein formelles Gesetz wegen Widerspruchs zu einer allgemeinen Regel des Völkerrechts unangewendet lassen.[243] Unterbleibt eine gebotene Vorlage an das BVerfG, so kann dies einen Verstoß gegen das Recht auf den gesetzlichen Richter nach Art. 101 Abs. 1 S. 2 darstellen.[244]

64 Im Verfahren nach **Art. 100 Abs. 2** entscheidet das BVerfG nicht darüber, ob ein Bundesgesetz mit einer allgemeinen Regel des Völkerrechts vereinbar ist, da es sich um ein **Verfahren der Normenverifikation und nicht der Normenkontrolle** handelt.[245] Ebenso wenig überprüft das Gericht, ob ein völkerrechtlicher Vertrag bzw. ein Zustimmungsgesetz zu diesem nach Art. 59 Abs. 2 im Einklang mit den allgemeinen Regeln des Völkerrechts steht.[246] Ein solches Vorgehen erscheint zwar aus dem Blickwinkel der innerstaatlichen Normenhierarchie nicht vollkommen fernliegend, würde aber übersehen, dass auf der völkerrechtlichen Ebene vom *ius cogens* abgesehen kein Hierarchieverhältnis zwischen Völkervertrags- und Völkergewohnheitsrecht besteht. Die nicht mit dem Rang des zwingenden Völkerrechts ausgestatteten gewohnheitsrechtlichen Normen sind insofern disponibel.[247] Schließlich überprüft das Gericht hier – der allgemeinen Positionierung für einen Zwischenrang der allgemeinen Regeln folgend – nicht, ob das GG im Einklang mit den allgemeinen Regeln des Völkerrechts steht.[248]

VI. Beispielsfälle

65 In der deutschen Rechtsprechung gibt es eine kaum überschaubare Zahl an Entscheidungen, die sich mit der Existenz allgemeiner Regeln des Völkerrechts beschäftigen.[249]

---

240 *Wollenschläger* in Dreier Rn. 53.

241 Zur Bedeutung grundlegend *Mosler,* Das Völkerrecht in der Praxis deutscher Gerichte, 1957, 45 ff.

242 BVerfGE 23, 288 (317).

243 *Wollenschläger* in Dreier Rn. 54.

244 *Hofmann* ZaöRV 49 (1989), 41 (48); *Streinz* in Sachs Rn. 96.

245 BVerfGE 23, 288 (318); BVerfGK NVwZ 2008, 878 (879).

246 *Sieckmann/Kessal-Wulf* in MKS Art. 100 Rn. 72; *Detterbeck* in Sachs Art. 100 Rn. 26.

247 *Koenig/König* in MKS Rn. 25; *Tomuschat* in BK Rn. 80 ff.; *Jarass* in Jarass/Pieroth Rn. 9.

248 BVerfGE 141, 1 (17).

249 Siehe für umfassende Überblicke *Wollenschläger* in Dreier Rn. 40 ff.; *Streinz* in Sachs Rn. 51 ff.; *Koenig/König* in MKS Rn. 64 ff.

1. Staatengerichtete Normen. Im Hinblick auf staatengerichtete Normen sind vom BVerfG eine ganze Reihe an allgemeinen Regeln des Völkerrechts anerkannt worden. Systematisierend geht es hier um die **Abgrenzung staatlicher Kompetenzansprüche.** Dementsprechend finden sich Entscheidungen zum Umfang und zu den Grenzen territorialer Souveränität ebenso wie zu Fragen der Personalhoheit. Auch die Ausübung staatlicher Hoheitsgewalt im Ausland ist Gegenstand allgemeiner Regeln. Hier gilt der Grundsatz, dass die extraterritoriale Ausübung von Hoheitsgewalt ohne Zustimmung des betreffenden Territorialstaates grundsätzlich verboten ist.[250] Abgesichert wird diese Regel durch das für den zwischenstaatlichen Bereich völkergewohnheitsrechtlich geltende **Interventionsverbot.**[251] **Abgelehnt** hat das BVerfG die Existenz einer allgemeinen Regel des Völkerrechts, die **ausländischen Staatsoberhäuptern und Mitgliedern ausländischer Regierungen** einen **Anspruch auf Einreise** in das Bundesgebiet und die Ausübung amtlicher Funktionen in Deutschland einräumen würde.[252] 66

Einen besonderen Schwerpunkt nehmen Entscheidungen zu **Immunitätsfragen** ein (vgl. insoweit § 20 Abs. 2 GVG mit dem Verweis auf das Völkergewohnheitsrecht). Hier ist zwischen drei Unterkategorien zu unterscheiden. Im Bereich der **Staatenimmunität** geht es, **erstens,** um die Immunität des ausländischen Staates vor innerstaatlichen Gerichten als solche. Sowohl im Hinblick auf das Erkenntnisverfahren wie auch auf das Vollstreckungsverfahren ist in der deutschen Rechtsprechung inzwischen anerkannt, dass Immunität nur für hoheitliches Handeln *(acta iure imperii)* gewährt wird. Privatwirtschaftlichen Zwecken dienendes Handeln *(acta iure gestionis)* unterfällt hingegen nicht einer allgemeinen Regel des Völkerrechts, welche den ausländischen Staat von der deutschen Gerichtsbarkeit befreien würde.[253] Bei Vollstreckungsmaßnahmen ist allerdings besonders zu beachten, dass solche Maßnahmen nicht die Funktionsfähigkeit einer diplomatischen Mission einschränken dürfen. Aus diesen Gründen wurde vom BVerfG die Zwangsvollstreckung in ein Botschaftskonto abgelehnt.[254] Auch ein pauschaler Verzicht auf die Staatenimmunität wurde als nicht ausreichend für die Aufhebung des Schutzes der Immunität für solches Vermögen angesehen, das dem Entsendestaat im Empfangsstaat zur Aufrechterhaltung der Funktionsfähigkeit seiner diplomatischen Mission dient.[255] 67

Zweitens schützt das Völkerrecht auch die **Immunität staatlicher Amtsträger.** Diese Immunität dient neben dem Schutz von besonders hochrangigen Vertretern des Staates (*„big three"*: Staatsoberhaupt, Regierungschef, Außenminister) auch dem Zweck, keine Umgehungen der Staatenimmunität dadurch zuzulassen, dass Amtsträger anstelle des Staates verklagt werden. Reguläre Amtsträger genießen Immunität *ratione materiae,* dh nur für Amtshandlungen. Die *„big three"* sollen demgegenüber auch über Immunität *ratione personae* verfügen, was auch mit der Repräsentationsfunktion dieser besonders 68

---

[250] BVerfGE 63, 343 (358).

[251] Im Hinblick auf das völkerrechtliche Interventionsverbot hat das Gericht festgehalten, dass es sich hierbei um keinen selbständigen Grundsatz handelt. Es sei vielmehr „eine unmittelbare Folge der völkergewohnheitsrechtlichen Abgrenzung der staatlichen Souveränitäts- und damit Kompetenzsphären.", BVerfGK NVwZ 2008, 878 (879).

[252] BVerfGK NJW 2017, 1166 (Rn. 3).

[253] BVerfGE 16, 27 (33); 46, 342 (364).

[254] BVerfGE 46, 342 (364).

[255] BVerfGE 117, 141 (148).

herausgehobenen Amtsträger begründet wird.[256] Auf der völkerrechtlichen Ebene umstritten ist die Frage, inwiefern es Ausnahmen von der Immunität für besonders schwerwiegende Völkerrechtsverbrechen (insbesondere Völkermord und Verbrechen gegen die Menschlichkeit) gibt. *De lege lata* ist eine solche Ausnahme wohl nicht anerkannt. Die ILC hat sich 2017 nach kontroversen Diskussionen hier anders positioniert, wobei eine ganze Reihe von Mitgliedern der Kommission ihren Widerspruch zu dem entsprechenden Artikelentwurf dokumentiert und aufrechterhalten haben.[257]

69 **Drittens** sind im Völkerrecht **Immunitäten im Recht der diplomatischen und konsularischen Beziehungen** verankert. Diese Immunitäten sind inzwischen überwiegend in den entsprechenden Wiener Übereinkommen kodifiziert. Da diese Regeln zugleich völkergewohnheitsrechtlichen Charakter haben, profitieren sie jedoch weiterhin vom durch Art. 25 S. 2, Hs. 1 angeordneten Zwischenrang für die allgemeinen Regeln des Völkerrechts. Immunitäten auf dieser Grundlage wirken nicht *erga omnes* gegenüber Drittstaaten und auch nicht im Wege der Staatensukzession (etwa im Kontext der Akkreditierung eines früheren Diplomaten in der DDR).[258]

70 Keine allgemeine Regel des Völkerrechts besteht dahingehend, dass sich **Spione** auf Immunitäten berufen könnten. Diesbezüglich nimmt das BVerfG eine allgemein anerkannte Ausnahme von der grundsätzlichen Immunität staatlicher Hoheitsträger an.[259] Auch darüber hinaus ist die im US-amerikanischen Recht geläufige „act of state Doktrin" keine allgemeine Regel des Völkerrechts.[260]

71 Schließlich nimmt das BVerfG auch für **bestimmte strukturelle Prinzipien** der Völkerrechtsordnung die Eigenschaft als allgemeine Regel des Völkerrechts an, ohne dabei immer eindeutig zwischen Völkergewohnheitsrecht und allgemeinen Rechtsgrundsätzen zu differenzieren. So hat das Gericht in seinem Treaty Override-Beschluss bestätigt, dass der Grundsatz ***pacta sunt servanda*** eine allgemeine Regel des Völkerrechts darstellt.[261] Dieser Grundsatz, der auch auf vertragsrechtlicher Ebene in Art. 26 WVK verankert ist, bewirkt jedoch nicht, dass er die in Bezug genommenen völkerrechtlichen Verpflichtungen auf die Ebene allgemeiner Regeln iSv Art. 25 hebt.[262]

---

[256] BGHSt 33, 97 (98); OLG Köln NStZ 2000, 667; siehe außerdem *Schmahl* in Sodan Rn. 17.

[257] ILC, Immunity of state officials from foreign criminal jurisdiction, Titles of parts two and three, and texts and titles of draft article 7 and annex provisionally adopted by the Drafting Committee, UN Doc. A/CN.4/L.893 (2017); krit. Stellungnahmen dazu dokumentiert im Bericht der Kommission zu ihrer 69. Sitzung: UN Doc. A/72/10 (2017) Rn. 74 f. sowie UN Doc. A/CN.4/SR.3378 (2017); für eine Analyse der Staatenreaktionen zu der Kontroverse siehe *Barkholdt/Kulaga,* KFG-Working Paper No. 14, 2017, abrufbar unter https://papers.ssrn.com/sol3/papers.cfm?abstract_id=3172104 (zuletzt aufgerufen am 12.3.2020).

[258] BVerfGE 96, 68 (86 ff.).

[259] BVerfGE 92, 277 (320); *Schmahl* in Sodan Rn. 15; siehe mwN *Aust* AVR 52 (2014), 375 (379 f.).

[260] BVerfGE 95, 96 (129).

[261] BVerfGE 141, 1 (20).

[262] BVerfGE 141, 1 (20); siehe auch bereits BVerfGE 6, 309 (344 ff.) zu den Möglichkeiten der Abweichung vom Reichskonkordat durch die Länder; aus der Literatur zur Wirkung des Grundsatzes von *pacta sunt servanda Doehring,* Die allgemeinen Regeln des völkerrechtlichen Fremdenrechts, 1963, 132 f.; *Rudolf,* Völkerrecht und deutsches Recht, 1967, 254 f.; *Hobe* in BerlKomm Rn. 26; *Koenig/König* in MKS Rn. 23; *Streinz* in Sachs Rn. 31; *Herdegen* in Maunz/Dürig Rn. 12; *Cremer* in HdbStR XI § 235 Rn. 22; *Frau,* Der

2. Individualschützende Normen. Das BVerfG hat auch für **individualschützende Normen** des Völkerrechts, insbesondere im Bereich des Menschenrechtsschutzes, die Eigenschaft als allgemeine Regel bejaht. In ständiger Rechtsprechung nimmt es an, dass es sich bei den vom sog. **„völkerrechtlichen Mindeststandard"** geschützten Verfahrensstandards vor Gericht um eine allgemeine Regel des Völkerrechts handelt.[263] Dieser Standard gewinnt insbesondere im Kontext von **Auslieferungs- und Rechtshilfeverfahren** große praktische Bedeutung und beschäftigt das BVerfG immer wieder.[264] Das Gericht hat hierbei unterstrichen, dass der Schutz eines „rechtsstaatlichen, von der Achtung der Würde des Menschen bestimmten Kernbereichs (…) im völkerrechtlichen Verkehr" nicht identisch mit den innerstaatlichen Rechtsauffassungen sein könne. Das GG gehe von der Eingliederung der Bundesrepublik in die Völkerrechtsordnung der Staatengemeinschaft aus. Dies gebiete, „insbesondere im Rechtshilfeverkehr Strukturen und Inhalte fremder Rechtsordnungen und –anschauungen grundsätzlich zu achten (…), auch wenn sie im Einzelnen nicht mit den deutschen innerstaatlichen Auffassungen übereinstimmen."[265] Aus dem universellen Völkerrecht ergibt sich keine allgemeine Regel, nach der im zwischenstaatlichen Verkehr der Grundsatz des **ne bis in idem** zu berücksichtigen wäre.[266] 72

3. Subjektivierung staatengerichteter Normen. Zurückhaltend ist das Gericht bisher mit der **Subjektivierung an und für sich staatengerichteter Normen** umgegangen. Vorsichtig bejaht hat es eine solche Möglichkeit für den Schutz vor völkerrechtswidrigen Enteignungen.[267] In Bezug auf das Gewaltverbot hat es diese Möglichkeit bisher zurückgewiesen (→ Rn. 56). Abgelehnt hat das Gericht die Existenz einer allgemeinen Regel, wonach sich ein Staat gegenüber Privatpersonen aus Gründen der Zahlungsunfähigkeit auf den völkerrechtlichen Rechtfertigungsgrund des Staatsnotstands berufen kann, was der Begründung einer Pflichtenstellung aufgrund einer allgemeinen Regel des Völkerrechts entsprochen hätte.[268] 73

C. Verhältnis zu anderen Bestimmungen des GG

Art. 25 ist eine Schlüsselbestimmung für die Herleitung der **„Verfassungsentscheidung für eine internationale Zusammenarbeit"** und den **Grundsatz der Völkerrechtsfreundlichkeit des GG.**[269] Diese Gedanken gehen maßgeblich auf *Klaus Vogels* einflussreiche Schrift zurück, in der er eine Lanze für eine „zusammenfassende Interpretation" der Art. 24 bis 26 brach; „für eine Verfassungsauslegung also, die, ohne den jeweiligen spezialgesetzlichen Regelungsgehalt dieser Bestimmungen zu verkennen, sich doch 74

Gesetzgeber zwischen Verfassung und völkerrechtlichem Vertrag, 2015, 68, 86; grundsätzlich *Schmitt,* Verfassungslehre, 1928, 69 f.

[263] BVerfGE 63, 332 (337 f.); 75, 1 (19); 108, 129 (136); 113, 154 (162).

[264] *Tomuschat* in BK Rn. 122.

[265] BVerfGK BeckRS 2010, 45668 (Rn. 20); BVerfGK BeckRS 2019, 32770 (Rn. 55); vgl. auch bereits BVerfGE 75, 1 (16 f.), wo diese Relativierung der Werte des GG allerdings nicht explizit auf die Menschenwürde bezogen wird.

[266] BVerfGE 75, 1 (23 f.); dazu *Nolte/Aust* in MKS Art. 103 Rn. 188 ff.

[267] BVerfGE 112, 1 (32 f.).

[268] BVerfGE 118, 124 (134).

[269] *Koenig/König* in MKS Rn. 1.

auf der anderen Seite auch von ihnen den Blick nicht verstellen läßt auf ihren gemeinsamen Grundgedanken", den er in der in ihnen zum Ausdruck kommenden „Verfassungsentscheidung" für eine „offene" Staatlichkeit erblickte.[270] Neben den hier von *Vogel* explizit in Bezug genommenen Normen ist für diese Verfassungsentscheidung außerdem auf die Präambel, Art. 1 Abs. 2, Art. 9 Abs. 2, den Art. 59 Abs. 2 und heute auch Art. 23 nF zu verweisen.

75 Für die Anwendbarkeit von **Völkervertragsrecht** und die Bestimmung seines Rangs ist nach der ganz überwiegenden Auffassung auf Art. 59 Abs. 2 zu rekurrieren.[271] Durch das Zustimmungsgesetz haben zustimmungspflichtige Verträge dann am Rang und an der Wirkung formeller Gesetze teil (→ Art. 59 Rn. 100 ff.).

76 Der Rechtssicherheit dient das **Normenverifikationsverfahren** des Art. 100 Abs. 2 (→ Art. 100 Rn. 74 ff.), der eine „prozessuale Konnexbestimmung" zu Art. 25 darstellt.[272]

D. Kritische Würdigung

77 Art. 25 ist eine der Schlüsselbestimmungen für die Herleitung des Grundsatzes der Völkerrechtsfreundlichkeit des GG. Die Bestimmung öffnet die deutsche Rechtsordnung für die allgemeinen Regeln des Völkerrechts und spielt mithin eine wichtige Rolle, um die Völkerrechtskonformität von Rechtsakten und sonstiger Staatspraxis abzusichern.

78 Angesichts dieser Zentralität ist es umso bemerkenswerter, wie umstritten einige Kernfragen der Bestimmung seit Inkrafttreten des GG gewesen sind und wie sich die Auslegung der Vorschrift im Laufe der Zeit wandelte. Insbesondere wurde bereits relativ rasch die vergleichsweise eindeutige Präferenz der Schöpfer des GG aufgegeben, bei den allgemeinen Regeln des Völkerrechts handele es sich um Normen mit Überverfassungsrang. Das BVerfG entschied schon in seiner Entscheidung zum Konkordatsurteil anders und trug damit entscheidend dazu bei, dass sich die These vom sog. Zwischenrang als herrschend herausentwickelt hat.[273]

79 Über die Gründe für diese rasche Abkehr vom klar dokumentierten Willen der Mütter und Väter des GG herrscht Unklarheit. Verschiedene Erklärungen sind denkbar.[274] So mag es eine Rolle gespielt haben, dass die Ausarbeitung des GG als Provisorium unter dem Eindruck klarer Vorgaben der Besatzungsmächte stand und gegenüber diesen in der Zukunft eine Berufung auf auch noch dem GG vorgehende allgemeine Regeln des Völkerrechts hilfreich erscheinen konnte.[275]

80 *Ignaz Seidl-Hohenveldern* hat in diesem Zusammenhang die starke Hinwendung zum Völkerrecht wie folgt begründet: „Das Motiv für diese Haltung ist in erster Linie wohl nicht in dem Streben zu suchen, als demokratischer

[270] *Vogel,* Die Verfassungsentscheidung für eine internationale Zusammenarbeit, 1964, 46.

[271] *Knop,* Völker- und Europarechtsfreundlichkeit als Verfassungsgrundsätze, 2013, 139.

[272] *Koenig/König* in MKS Rn. 14.

[273] BVerfGE 6, 309 (363); siehe auch *Schorkopf,* Staatsrecht der internationalen Beziehungen, 2017, § 3 Rn. 8 zur schrittweisen Wandlung der Rechtsprechung.

[274] Auf die Expansion der Normen des allgemeinen Völkerrechts im Unterschied zur Situation im Jahr 1949 verweist *Tomuschat* in BK Rn. 86; ähnlich auch bereits *Geiger* AöR 103 (1978), 382 (385).

[275] Instruktiv dazu *Rensmann* in Giegerich Der „offene Verfassungsstaat" des Grundgesetzes, 37 (40 ff.).

Vorzugsschüler dazustehen oder für eine unselige Vergangenheit Reue zu leisten. Es liegt wohl vielmehr in der Erkenntnis, daß der Schutz des Völkerrechts, so problematisch er Skeptikern auch erscheinen mag, für einen relativ schwachen Staat in exponiertester Lage immer noch besser als gar kein Schutz ist und daß somit die Verstärkung der Stellung des Völkerrechts im Grundgesetz letzten Endes einem wohlverstandenen Interesse der Bundesrepublik entspricht."[276] Hier wird dezent die besondere Lage Deutschlands nach Ende des Zweiten Weltkriegs angesprochen. Das Verhältnis zwischen besatzungsrechtlichen Maßnahmen und Art. 25 wurde dabei in der zeitgenössischen Literatur durchaus diskutiert. Art. 25 bot hier zwar nicht im engeren Sinn Schutz gegen solche Maßnahmen, da es sich bei Handlungen der Besatzungsmächte nicht um deutsches Recht handelte, welches am Maßstab des Art. 25 zu messen gewesen wäre.[277] Eine der frühen Gerichtsentscheidungen, die noch einen Überverfassungsrang völkerrechtlicher Regeln annahm, erging aber im Kontext einer Entführung aus dem Westsektor in den Ostsektor Berlins und charakterisierte diese als rechtswidrig, da sie im Widerspruch zu Grundsätzen des Völkerrechts stand, welche „über jedem innerstaatlichem Recht" stünden.[278]

War aber auch die Verfassungsordnung als solche nicht unwesentlich durch **81**
die Vorgaben der Westalliierten geprägt, so konnte Art. 25 immerhin als stille Note gelesen werden, wonach die so geschaffene Ordnung nicht ganz vorbehaltlos akzeptiert werden musste. Mit der Aufhebung des Besatzungsstatuts durch die Bonner Verträge vom 26.5.1952, die aufgrund des Scheiterns der Europäischen Verteidigungsgemeinschaft (EVG) am Widerstand der Französischen Nationalversammlung allerdings erst am 5.5.1955 wirksam wurde,[279] änderte sich die gesamte Verfassungslage in einem ganz maßgeblichen Sinn.

Das Konkordatsurteil, das die Weichen für die Zwischenrang-These legte, **82**
erging im Jahr 1957 und mithin zu einem Zeitpunkt, zu dem „die erneute Einordnung Deutschlands in die internationale Rechtsgemeinschaft"[280] bereits ein gutes Stück vorangeschritten war.[281] In der Literatur blieb die Überzeugung vom Überverfassungsrang der allgemeinen Regeln des Völkerrechts gleichwohl noch eine ganze Zeit bestehen.[282] In seiner 1964 erschienenen diskursprägenden Schrift über die Verfassungsentscheidung des GG für eine internationale Zusammenarbeit hielt *Klaus Vogel* in dieser Hinsicht fest, dass diese Meinung im Schrifttum verbreitet sei, um sich allerdings selbst der „vermittelnden Position" anzuschließen, wonach die allgemeinen Regeln auf der gleichen Stufe wie das GG stünden.[283] Damit, so *Vogel,* würden etwaige Konflikte zwischen GG und Völkerrecht zu nichts anderem „als sonstige[n] Wertkonflikte[n] innerhalb der Verfassung."[284] Zugleich wies er der weiteren Entwicklung (unfreiwillig?) den Weg, wenn er darauf aufbauend schrieb, dass

---

[276] *Seidl-Hohenveldern* Annales Universitatis Saraviensis 8 (1960), 52 (58).

[277] *Kraus* in FS f. Laun, 1953, 223 (235 ff.).

[278] BGH NJW 1952, 111 (112); insoweit Zustimmung in BVerwG NJW 1961, 2225 (2226).

[279] Siehe *von der Heydte* in Strupp/Schlochauer Wörterbuch des Völkerrechts I, 352 (356).

[280] *Stödter* DÖV 1949, 266 (267).

[281] BVerfGE 6, 309.

[282] 1976 wurde dann in einem einflussreichen Beitrag konstatiert, dass die These vom Zwischenrang die hM darstelle: *Geck* in FS f. BVerfG II, 1976, 125 (137).

[283] *Vogel,* Die Verfassungsentscheidung für die internationale Zusammenarbeit, 1964, 9 und 39.

[284] *Vogel,* Die Verfassungsentscheidung für die internationale Zusammenarbeit, 1964, 39 f.

im Fall des Widerspruchs zwischen einer völkerrechtlichen Regel und den „allgemeinen und grundlegenden Wertungen des innerstaatlichen Rechts", wie sie im GG verkörpert seien, die verfassungsrechtliche Wertung der völkerrechtlichen Norm notwendig vorgehen müsse.[285] Dies relativierte er aber wiederum dahingehend, dass Bestimmungen des GG „minderen Rang-[es]" durchaus auch einer Norm des allgemeinen Völkerrechts weichen müssten und insofern „eine (teilweise) Unterordnung der Bundesrepublik Deutschland unter den Rechtssetzungswillen der ‚internationalen Gemeinschaft' schon durch das Grundgesetz selbst vollzogen" sei.[286]

83 Betrachtet man die weitere Entwicklung der Rechtsprechung des BVerfG, so lässt sich der Schluss ziehen, dass das Gericht den ersten Teil der *Vogel*'schen Abwägungslösung mitgegangen ist und betont, dass die Öffnung des deutschen Staatswesens zwar weitreichend sei, aber nicht zulasten der tragenden Grundprinzipien des GG gehen dürfe. Das GG habe nicht auf das „letzte Wort der Souveränität" verzichtet. Damit hat das Gericht aber nur teilweise *Vogels* Konzeption rezipiert – von einer Relativierung von GG-Bestimmungen „minderen Rangs" findet sich in der Rechtsprechung des Gerichts keine Spur. Dies wäre dogmatisch auch schwierig umzusetzen. Die Verfestigung der verfassungsrechtlichen Dogmatik ging Hand in Hand mit einer Steigerung der normativen Kraft, die dem GG zugeschrieben wird. Diese gesteigerte Verfassungsintensität führte mehr oder weniger zwangsläufig zur Überwindung eines Kernelements der Völkerrechtsfreundlichkeit, die den Müttern und Vätern des GG vorschwebte.

84 Auch wenn sich die Bedingungen deutscher Außenpolitik über die Jahrzehnte ganz maßgeblich gewandelt haben, gehört ein Bekenntnis zum Völkerrecht weiterhin zur Staatsräson der Berliner Republik. Die geläufige Wendung, wonach Deutschland zu einer regelbasierten multilateralen Ordnung steht, kann letztlich genauso begründet werden, wie es *Seidl-Hohenveldern* in den 1960er Jahren für den „schwachen" Staat der Bundesrepublik tat.[287] Auch für eine Mittelmacht, wie sie die Bundesrepublik darstellt, ist das Völkerrecht ein wichtiges Mittel zur Sicherung der eigenen Existenz wie des eigenen Einflusses in den internationalen Beziehungen. Es liegt somit auch im ureigenen Interesse der Bundesrepublik, ihre Einflussnahme auf völkerrechtliche Rechtsetzungs- und Rechtsfortbildungsprozesse strategisch zu durchdenken.[288] Die Praxis deutscher Staatsorgane und die darauf bezogenen Stellungnahmen tragen zur Fortentwicklung des Völkergewohnheitsrechts bei.[289] Nicht immer erwecken Stellungnahmen der Bundesregierung hier den Eindruck, diese langfristige Perspektive hinreichend zu berücksichtigen. Dies wurde in den zurückliegenden Jahren besonders angesichts der Reaktionen der Bundesregierung auf den Einsatz militärischer Gewalt durch verbündete Staaten deutlich.[290] Die Bundesregierung hat hier auch deswegen bisher weitgehend freie Hand gehabt, weil es in weiten Kreisen am Bewusstsein für die politische Bedeutung solcher Stellungnahmen fehlt. Noch erschwert wird

---

[285] *Vogel,* Die Verfassungsentscheidung für die internationale Zusammenarbeit, 1964, 40.

[286] *Vogel,* Die Verfassungsentscheidung für die internationale Zusammenarbeit, 1964, 41.

[287] Mit deutlich anderer Akzentuierung *Schorkopf* in Duve/Ruppert Rechtswissenschaft in der Berliner Republik 2018, 327 (347 f.).

[288] Von einer Verfassungspflicht zur konstruktiven Weiterentwicklung des Völkerrechts spricht *Bleckmann* DÖV 1979, 309 (311).

[289] Dies gilt auch für die Gerichte, siehe *Ruffert* JZ 2001, 633 (635).

[290] Kritisch dazu *Aust/Payandeh* JZ 2018, 633 ff.

diese Situation durch die Notwendigkeit einer Koordinierung mit den europäischen Partnern, da auch die EU ein potentiell wichtiger Akteur zur Entwicklung einer europäischen Völkerrechtspolitik ist, die Aufmerksamkeit hier aber durch die diversen Großkrisen der letzten zehn Jahre größtenteils anderweitig konzentriert ist.

Literatur

A. Bleckmann, Die Völkerrechtsfreundlichkeit der deutschen Rechtsordnung, DÖV 1979, 309. – ***H. Bungert,*** Einwirkung und Rang von Völkerrecht im innerstaatlichen Recht, DÖV 1994, 797. – ***H.-J. Cremer,*** Allgemeine Regeln des Völkerrechts, in HdbStR XI § 235. – ***K. Doehring,*** Die allgemeinen Regeln des völkerrechtlichen Fremdenrechts und das deutsche Verfassungsrecht, 1963. – ***C. Engel,*** Völkerrecht als Tatbestandsmerkmal deutscher Normen, 1989. – ***A. Fischer-Lescano/F. Hanschmann,*** Subjektive Rechte und völkerrechtliches Gewaltverbot, in P. Becker/R. Braun/D. Deiseroth, Frieden durch Recht?, 2010, 180. – ***R. Frau,*** Der Gesetzgeber zwischen Verfassungsrecht und völkerrechtlichem Vertrag, 2015. – ***A. Funke,*** Keine Abwägung im Äußeren, DÖV 2016, 833. – ***W. K. Geck,*** Das Bundesverfassungsgericht und die allgemeinen Regeln des Völkerrechts, in C. Starck, Bundesverfassungsgericht und Grundgesetz. Festgabe aus Anlaß des 25jährigen Bestehens des Bundesverfassungsgerichts II, 1976, 125. – ***R. Geiger,*** Zur Lehre vom Völkergewohnheitsrecht in der Rechtsprechung des Bundesverfassungsgerichts, AöR 103 (1978), 382. – ***R. Hofmann,*** Art. 25 und die Anwendung völkerrechtswidrigen ausländischen Rechts, ZaöRV 49 (1989), 41. – ***A. Kees,*** Bricht Völkerrecht Landesrecht?, Der Staat 54 (2015), 63. – ***B. Kessler/T. Salomon,*** Die Klagebefugnis aufgrund Völkergewohnheitsrechts im Verwaltungsprozess am Beispiel des Gewaltverbots, DÖV 2014, 283. – ***D. Knop,*** Völker- und Europarechtsfreundlichkeit als Verfassungsgrundsätze, 2014. – ***P. Kunig,*** Völkerrecht und staatliches Recht, in W. Graf Vitzhum/A. Proelß, Völkerrecht, 7. Aufl. 2016, 61. – ***H. Mosler,*** Das Völkerrecht in der Praxis der deutschen Gerichte, 1957. – ***A. Paulus,*** Zusammenspiel der Rechtsquellen aus völkerrechtlicher Sicht, BDGVR 46 (2014), 7. – ***M. Payandeh,*** Völkerrechtsfreundlichkeit als Verfassungsprinzip, JöR nF 57 (2009), 465. – ***K. J. Partsch,*** Die Anwendung des Völkerrechts im innerstaatlichen Recht. Bericht über die Arbeiten der 1. Studienkommission der Deutschen Gesellschaft für Völkerrecht, BDGVR 6 (1964), 13. – ***T. Rensmann,*** Die Genese des „offenen Verfassungsstaats" 1948/49, in T. Giegerich, Der „offene Verfassungsstaat" des Grundgesetzes nach sechzig Jahren, 2010, 37. – ***W. Rudolf,*** Völkerrecht und deutsches Recht, 1967. – ***M. Ruffert,*** Der Entscheidungsmaßstab im Normverifikationsverfahren nach Art. 100 II GG, JZ 2001, 633. – ***S. Schmahl,*** Das Verhältnis der deutschen Rechtsordnung zu Regeln des Völkerrechts, JuS 2013, 961. – ***F. Schorkopf,*** Staatsrecht der internationalen Beziehungen, 2017. – ***I. Seidl-Hohenveldern,*** Grundgesetz und Völkerrecht, Annales Univeritatis Saraviensis 8 (1960), 51. – ***M. Silagi,*** Die allgemeinen Regeln des Völkerrechts als Bezugsgegenstand von Art. 25 GG und Art. 26 EMRK, EuGRZ 1980, 632. – ***S. Talmon,*** Die Grenzen der Anwendung des Völkerrechts im deutschen Recht, JZ 2013, 12. – ***K. Vogel,*** Die Verfassungsentscheidung für eine internationale Zusammenarbeit, 1964.

Art. 26 [Verbot friedensstörender Handlungen]

(1) [1]Handlungen, die geeignet sind und in der Absicht vorgenommen werden, das friedliche Zusammenleben der Völker zu stören, insbesondere die Führung eines Angriffskrieges vorzubereiten, sind verfassungswidrig. [2]Sie sind unter Strafe zu stellen.

(2) [1]Zur Kriegführung bestimmte Waffen dürfen nur mit Genehmigung der Bundesregierung hergestellt, befördert und in Verkehr gebracht werden. [2]Das Nähere regelt ein Bundesgesetz.

Hinweis: Keine Vorgängervorschriften in der Paulskirchenverfassung, der Verfassung des Deutschen Reiches von 1871 und der Weimarer Reichsverfassung.

Übersicht

A. Allgemeine Bedeutung

I. Genese

1 Die Vorschrift des Art. 26 wurde vor dem Hintergrund der Gewalterfahrung des Nationalsozialismus und der Verbrechen des Zweiten Weltkriegs in das GG aufgenommen. Einen direkten Vorläufer gibt es in der deutschen Verfassungsgeschichte nicht. Die Präambel der WRV hatte ein allgemeines Friedensbekenntnis enthalten.[1]

[1] Zu dieser Bestimmung und ihrer begrenzten Rezeption in der Weimarer Republik *Fink* in MKS Rn. 1.

In den Beratungen auf Herrenchiemsee und im Parlamentarischen Rat wurde die Vorschrift kontrovers diskutiert.[2] Umstritten war insbesondere, ob es im Hinblick auf die Friedensstörung vor allem auf die Eignung der Handlung oder die entsprechende Absicht ankomme. Letztlich durchgesetzt hat sich eine Kompromisslösung, die beide Elemente miteinander verbindet. Ebenfalls gerungen wurde um die Frage, ob jegliche Form des Krieges geächtet werden[3] oder die Vorschrift auf den Angriffskrieg bezogen sein sollte, um die Möglichkeit zur völkerrechtlich zulässigen Selbstverteidigung beizubehalten.[4] Für die letztlich angenommene Fassung sprach dabei auch, dass der Begriff des Angriffskrieges durch das Verfahren vor dem **Internationalen Militärtribunal in Nürnberg** bereits eine einigermaßen justiziable Konturierung erhalten hatte. Schließlich wurden auch die Rechtsfolgen des späteren Art. 26 Abs. 1 kontrovers diskutiert, insbesondere was das Verhältnis der Anordnung der Verfassungswidrigkeit zum Pönalisierungsgebot anbelangte. Für einige der Mitglieder des Parlamentarischen Rats war die Anordnung der Verfassungswidrigkeit eine „*lex imperfecta*“[5], während etwa Carlo Schmid in diesem Diktum die „stärkste rechtliche Verurteilung eines Tuns“ erblickte.[6] 2

Eine Art. 26 Abs. 2 entsprechende Vorschrift fand sich noch nicht im Entwurf von Herrenchiemsee, sondern wurde in den Beratungen des Parlamentarischen Rats auf Vorschlag des Abgeordneten Eberhard eingefügt, der vermerkte: „Aber wenn wir schon die Friedfertigkeit betonen, sollten wir auch darüber etwas sagen.“[7] Die Formulierung „zur Kriegführung bestimmte Waffen“ wurde schließlich gewählt, um nicht auch „Revolver zur Bewaffnung der Polizei“ oder „Drehbänke und ähnliche Gegenstände“ in den Anwendungsbereich der Vorschrift fallen zu lassen.[8] 3

Art. 26 erfuhr bis heute keine Änderung. 4

II. Inhaltsübersicht

Art. 26 ist der „augenfälligste Ausdruck“ des grundgesetzlichen Friedensgebots.[9] Die Vorschrift steht in einem engen systematischen Zusammenhang mit den anderen Normen, die zur Ableitung dieses Gebotes aus dem GG herangezogen werden. Insbesondere zu nennen sind hier die Präambel sowie die Bestimmungen in Art. 1 Abs. 2 (Bekenntnis zu unveräußerlichen Grund- und Menschenrechten), Art. 9 Abs. 2 (Verbot von die Völkerverständigung gefährdenden Vereinigungen) sowie die Bestimmungen der Art. 23–25. 5

Art. 26 Abs. 1 S. 1 stellt Handlungen, die geeignet sind und in der Absicht vorgenommen werden, das friedliche Zusammenleben der Völker zu stören, unter das Verdikt der Verfassungswidrigkeit. Die Vorbereitung der Führung eines Angriffskrieges wird hierbei besonders hervorgehoben, was für die Auslegung der Vorschrift Hinweise auf die Qualität der anderen von der 6

---

[2] Siehe JöR nF 1 (1951), 235 ff.

[3] So etwa die Stellungnahme von *Renner* JöR nF 1 (1951), 237; differenzierend *Schmid* JöR nF 1 (1951), 237.

[4] Siehe etwa die Äußerungen von *von Brentano* JöR nF 1 (1951), 237.

[5] So *von Brentano* JöR nF 1 (1951), 237.

[6] *Schmid* JöR nF 1 (1951), 237.

[7] JöR nF 1 (1951), 241.

[8] JöR nF 1 (1951), 242.

[9] *Proelß* in HdbStR XI § 227 Rn. 24; siehe auch *Herdegen* in Maunz/Dürig Rn. 2; *Frau* Der Staat 53 (2014), 533 (534).

Bestimmung inkriminierten Handlungen geben mag.[10] Art. 26 Abs. 1 ist dabei nicht „kategorischer Verzicht auf den Einsatz militärischer Gewalt im Rahmen völkerrechtlicher Handlungsspielräume."[11]

7 Zudem folgt aus Art. 26 Abs. 1 S. 2 ein Pönalisierungsgebot für die von S. 1 erfassten Handlungen. Diesem Gebot ist der einfache Gesetzgeber erst 1968 durch die Aufnahme der Bestimmungen der §§ 80 und 80a in das Strafgesetzbuch nachgekommen, was gelegentlich als unvollständige Umsetzung des verfassungsrechtlichen Pönalisierungsgebots kritisiert wird.[12] § 80 StGB wurde zum 1.1.2017 aufgehoben und durch die Vorschrift des § 13 VStGB ersetzt. Ferner ist zu berücksichtigen, dass es im deutschen Strafrecht eine Reihe anderer Bestimmungen gibt, die dem Verfassungsauftrag indirekt zur Wirksamkeit verhelfen (→ Rn. 44).

8 Art. 26 Abs. 2 schließlich kann als besondere Ausformung des Friedensgebots verstanden werden, welches die Herstellung, Beförderung und das Inverkehrbringen von Kriegswaffen beschränkt.

III. Überstaatliche und rechtsvergleichende Bezüge

9 **1. Völkerrecht.** Schon der Wortlaut von Art. 26 Abs. 1 S. 1 lässt keinen Zweifel aufkommen, dass die Bestimmung in einem engen Zusammenhang mit völkerrechtlichen Regeln steht.[13] Die Organisation des friedlichen Zusammenlebens der Völker ist ureigene Aufgabe des Völkerrechts.[14] Durch die Entwicklung insbesondere der Regeln des *„ius ad bellum"* hin zum allgemeinen Gewaltverbot hat das Völkerrecht im Laufe des 20. Jahrhunderts eine erhebliche Wandlung erfahren (→ Art. 87a Rn. 11). Das Führen eines Angriffskrieges kann dabei als qualifizierter Verstoß gegen das Gewaltverbot nach Art. 2 Nr. 4 UN-Charta verstanden werden.[15] Das Völkerrecht kennt unterschiedliche Gewaltbegriffe, die sich durch verschiedene Grade der Intensität und Schwere der Gewaltanwendung voneinander unterscheiden.[16] Während das auch völkergewohnheitsrechtlich geltende Gewaltverbot nach Art. 2 Nr. 4 UN-Charta jede Form der Anwendung und Androhung von Gewalt verbietet, löst nur ein bewaffneter Angriff das Selbstverteidigungsrecht aus (→ Art. 87a Rn. 12).[17] Der Angriffskrieg *(„act of aggression")* kann darüber hinausgehend als besonders schwere Form eines Verstoßes gegen das Gewaltverbot verstanden werden. Für die Bundesrepublik Deutschland ist die Verpflichtung, keinen Angriffskrieg zu führen, außerdem durch den Zwei-plus-Vier-Vertrag vom 12.9.1990 abgesichert.[18]

10 Präzisiert werden kann der Begriff des Angriffskrieges unter Rückgriff auf die **Aggressionsdefinition** der UN-Generalversammlung aus dem Jahre 1974.[19]

---

[10] *Hobe* in BerlKomm Rn. 2, 4.

[11] *Herdegen* in Maunz/Dürig Rn. 2.

[12] Siehe hier nur *Wollenschläger* in Dreier Rn. 41.

[13] *Herdegen* in Maunz/Dürig Rn. 4; *Hobe* in BerlKomm Rn. 4.

[14] Zu dieser grundlegenden Aufgabe des Völkerrechts *Kelsen,* Peace through Law, 1944; *O'Connell* in Fassbender/Peters Oxford Handbook on the History of International Law, 272; aus verfassungsrechtlicher Perspektive *Schiedermair,* Der internationale Frieden, 2006, 106.

[15] *Kreß* ZStW 115 (2003), 294 (301).

[16] *Heintschel von Heinegg* in Ipsen Völkerrecht, § 55 Rn. 18 ff.

[17] Siehe weiter *Randelzhofer/Nolte* in Simma/Khan/Nolte/Paulus The UN Charter, Art. 51 Rn. 6.

[18] Dazu *Blumenwitz* NJW 1990, 3041 (3045).

[19] UN Doc. A/RES/3314 (XXIX) v. 14.12.1974; siehe *Heintschel von Heinegg/Frau* in BeckOK GG Rn. 12.

Diese Definition sollte ursprünglich den Sicherheitsrat bei der Bestimmung des Begriffs der Angriffshandlung nach Art. 39 UN-Charta unterstützen.[20] In der Praxis des Sicherheitsrates hat diese Definition jedoch keinen Widerhall gefunden, auch da der Sicherheitsrat es beim Handeln nach Kapitel VII der Charta in aller Regel dabei bewenden lässt, eine Friedensbedrohung nach Art. 39 UN-Charta auszusprechen.[21] Die Regelbeispiele aus Art. 3 des Anhangs der Resolution bieten immerhin Anhaltspunkte für staatliches Verhalten, welches im Regelfall auch einen verbotenen Angriffskrieg darstellen wird.[22] Es darf jedoch nicht übersehen werden, dass die Definition als solche „ein Dokument von beträchtlicher konstruktiver Ambiguität" ist.[23] So ist es insbesondere umstritten, ob alle Beispielsfälle aus Art. 3 des Anhangs der Definition von 1974 auch zur Bestimmung der völkerstrafrechtlichen Verantwortlichkeit herangezogen werden können. Zweifel in dieser Hinsicht ergeben sich insbesondere aus Art. 5 Abs. 2 des Anhangs der Resolution, die eine Unterscheidung zwischen *„war of aggression"* und *„aggression"* nahelegt, was der Rechtsauffassung einer beachtlichen Zahl von Staaten im Jahr 1974 entsprach.[24]

Aufgegriffen wurde die Aggressionsdefinition gleichwohl in Art. 8bis des Statuts über den **Internationalen Strafgerichtshof.** Nachdem die Vertragsparteien anlässlich der Annahme des Statuts im Jahre 1998 zunächst keine Einigkeit über die Verfolgung des Angriffskrieges erzielen konnten, ist dies 2010 auf der Konferenz der Vertragsparteien in Kampala gelungen.[25] Zwischenzeitlich sind die dadurch bedingten Änderungen nach einem komplizierten Mechanismus in Kraft getreten, darunter auch für die Bundesrepublik Deutschland.[26] In materieller Hinsicht greift Art. 8bis IStGH-Statut in seinem Abs. 2 S. 2 die Aggressionsdefinition der Generalversammlung auf und klassifiziert die dort aufgeführten Handlungen als Angriffshandlung. Sehr umstritten ist bis heute allerdings eine zusätzliche Voraussetzung für eine Strafbarkeit nach Art. 8bis IStGH-Statut, die sich aus Abs. 1 der Bestimmung ergibt. Danach liegt ein Verbrechen der Aggression nur vor, wenn eine Angriffshandlung „ihrer Art, ihrer Schwere und ihrem Umfang nach eine offenkundige Verletzung der Charta der Vereinten Nationen darstellt". Kritik an dieser doppelten Einschränkung (quantitativ: *„by its gravity and scale"* und qualitativ: *„by its character"*)[27] wurde sowohl im Hinblick auf die völkerstrafrechtliche Frage als auch vor dem Hintergrund der Sorge geäußert, dass diese Formulierung zu einer engeren Auslegung des Gewaltverbots als solches 11

[20] *Kreß* ZStW 115 (2003), 294 (300); *Murphy* in Weller Oxford Handbook on the Use of Force, 533 (537); zum Entstehungsprozess statt aller *Bruha,* Die Definition der Aggression, 1980, 79 ff.

[21] *Heintschel von Heinegg* in Ipsen Völkerrecht, § 57 Rn. 9 f.; vgl. außerdem *Krisch* in Simma/Khan/Nolte/Paulus The UN-Charter, Art. 39 Rn. 43.

[22] Siehe auch *Fink* in MKS Rn. 34; *Heintschel von Heinegg/Frau* in BeckOK GG Rn. 12.

[23] *Kreß* AVR 56 (2018), 269 (272).

[24] Dazu *Bruha,* Die Definition der Aggression, 1980, 127 f.; *Kreß* ZStW 115 (2003), 294 (300); *Murphy* in Weller Oxford Handbook on the Use of Force, 533 (538).

[25] Kritisch zu diesem Vorhaben im Vorfeld *Paulus* EJIL 20 (2009), 1117; zustimmend *Kreß* EJIL 20 (2009), 1129; *Barriga/Grover* AJIL 105 (2011), 517.

[26] BGBl. 2013 II 1042; zur Aktivierung jeweils mwN *Zimmermann* JICJ 16 (2018), 19; *Kreß* AVR 56 (2018), 269 (276). Erforderlich war eine Ratifikation oder Annahme der Änderung des IStGH-Statut durch 30 Vertragsparteien und ein Beschluss zur Aktivierung der Gerichtsbarkeit des IStGH durch die Versammlung der Vertragsparteien, vgl. Art. 15bis Abs. 2, 3 IStGH-Statut.

[27] *Kreß* AVR 56 (2018), 269 (274).

führen könnte.[28] Die Vertragsparteien des Römischen Statuts haben auf der Konferenz in Kampala ausdrücklich unterstrichen, dass eine solche Auswirkung auf die allgemeinen Regeln des *„ius ad bellum"* nicht beabsichtigt sei und es sich nur um eine Präzisierung für die Ausübung der Gerichtsbarkeit durch den IStGH handelt.[29] Ob eine solche Beschränkung der Wirkungen der Bestimmung praktisch eingelöst werden kann, ist nur schwer zu prognostizieren. Angesichts der vielfachen Unklarheiten im Hinblick auf die Auslegung des völkerrechtlichen Gewaltverbots und seiner Ausnahmen stellt Art. 8bis Abs. 1 IStGH-Statut gleichwohl eine vor dem Hintergrund des auch völkerrechtlich verankerten Bestimmtheitsgrundsatzes[30] zu begrüßende Klarstellung dar, dass jedenfalls eine Strafbarkeit nur in evidenten Fällen eines Völkerrechtsverstoßes in Frage kommt, der zudem eine gewisse Schwere erreichen muss.[31]

12 Ferner muss die Tat nach Art. 8bis Abs. 1 IStGH-Statut durch eine Person begangen worden sein, die in der Lage dazu ist, „das politische oder militärische Handeln eines Staates zu kontrollieren oder zu lenken."[32] Diese Voraussetzung ist Ausdruck der besonderen Eigenschaft des Verbrechens der Aggression als ***„leadership crime"***[33] und stellt somit zugleich klar, dass das sog. „Kombattantenprivileg", dh die Berechtigung für Kombattanten in einem bewaffneten Konflikt Tötungshandlungen und andere Kriegshandlungen vorzunehmen,[34] nur für die Führungsschicht einer kriegsführenden Partei durchbrochen wird.[35]

13 Die Regelungen des Art. 26 Abs. 2 stehen in einem Zusammenhang mit völkerrechtlichen Regeln über die Herstellung, Beförderung, Verwendung und den Export von Kriegswaffen. Grundsätzlich erlaubt das Völkerrecht den Staaten als Ausdruck ihrer staatlichen Souveränität frei über Art und Ausmaß ihrer Rüstung zu entscheiden.[36] Dementsprechend besteht **grundsätzlich** auch eine **Freiheit zum zwischenstaatlichen Waffenhandel.**[37] Typischerweise handelt es sich dabei um Ausfuhren Privater, die aber in vielen Staaten Gegenstand eines gesonderten Genehmigungsregimes sind.[38]

14 Diese grundsätzliche Freiheit der Staaten auf diesem Gebiet ist jedoch nicht mehr unbeschränkt. Schon im klassischen Völkerrecht des 19. Jahrhunderts ergaben sich Einschränkungen aus dem **Neutralitätsrecht,** wobei dieses seinem Charakter nach keine Verbote für den Waffenexport an kriegsführen-

[28] Dazu krit. *Frau* in Ipsen Völkerrecht § 36 Rn. 48; *Carty* BYIL 87 (2017), iE, Abschnitt VI. („Conclusion").

[29] Resolution RC/Res. 6 adopted at the 13th Plenary Meeting on 11 June 2010, by consensus, Annex III Nr. 4.

[30] *Nolte/Aust* in MKS Art. 103 Rn. 114; eingehend zur Verankerung im Völkerrecht und rechtsvergleichend *Gallant,* The Principle of Legality, 2009.

[31] *Kreß* AVR 56 (2018), 269 (275).

[32] Siehe auch *Zimmermann/Henn* ZRP 2013, 240 (242).

[33] *Kreß* ZStW 115 (2003), 294 (334).

[34] Zum Begriff *Dörmann* in Clapham/Gaeta The Oxford Handbook of International Law in Armed Conflict, 605 (606).

[35] Dazu *Krieger* DÖV 2012, 449 (454).

[36] IGH, Case Concerning Military and Paramilitary Activities in and against Nicaragua (Nicaragua v. United States of America), Merits, Judgment of 27 June 1986, ICJ Rep. 1986, 14, Rn. 269.

[37] Siehe *Lauterpacht* ICLQ 7 (1958), 514 (551); *Brehm* JCSL 12 (2008), 359 (363); *Furger,* Völkerrechtliche Staatenverantwortlichkeit für grenzüberschreitende Waffentransfers, 2013, 423.

[38] Siehe mwN rechtsvergleichend *Aust,* Complicity and the Law of State Responsibility, 2011, 138–142.

de Staaten aufstellte, sondern vielmehr den Status der Neutralität an eine möglichst weitgehende Äquidistanz zu den kriegsführenden Parteien knüpfte.[39] In den letzten fünfzig Jahren haben sich Beschränkungen für Herstellung, Lagerung, Gebrauch und Weitergabe von spezifischen Waffentypen entwickelt. Zu nennen sind hier ua der **Nichtverbreitungsvertrag,**[40] der ein differenziertes Regime für Atomwaffenstaaten und Nicht-Atomwaffenstaaten vorhält. Ohne solche Differenzierungen verbieten die Verträge über **biologische**[41] **und chemische Waffen**[42] entsprechende Handlungen. Ein 2017 ausgehandelter Vertrag, der ein allgemeines Verbot der Entwicklung, Herstellung, Lagerung und Verwendung von **Atomwaffen** vorsieht,[43] ist bisher nicht in Kraft getreten und zudem auf dezidierten Widerstand der Atomwaffen besitzenden Staaten und ihrer Verbündeten gestoßen.[44]

Von der Beschränkung auf bestimmte Waffentypen verabschiedet sich der **Vertrag über den Waffenhandel** von 2013 *(„Arms Trade Treaty")*,[45] der in seinem Art. 6 ein Regime aufstellt, welches den Export von konventionellen Waffen für die Fälle einschränkt, in denen ein Export Resolutionen des UN-Sicherheitsrates zuwiderläuft (Art. 6 Abs. 1), gegen bestehende Verpflichtungen einer Vertragspartei verstoßen würde (Art. 6 Abs. 2) oder die Waffen zur Begehung von Völkermord, Verbrechen gegen die Menschlichkeit oder schweren Verstößen gegen die Genfer Konventionen beitragen würden und der exportierende Staat zum Zeitpunkt der Genehmigung Kenntnis von dieser Möglichkeit hat (Art. 6 Abs. 3). Daneben sieht Art. 7 des Vertrags auch in den Fällen, in denen ein Export nicht nach Art. 6 verboten ist, das Erfordernis eines vorgängigen Prüfverfahrens vor, mit dem sichergestellt werden soll, dass Waffenexporte nicht zu in dieser Vorschrift näher eingegrenzten Verstößen gegen das Völkerrecht beitragen.[46] **15**

In dieser Stoßrichtung verstärkt der Vertrag über den Waffenhandel die Regelung über die **Beihilfe im Recht der Staatenverantwortlichkeit.** Art. 16 der ILC-Artikel zur Staatenverantwortlichkeit aus dem Jahr 2001 sieht allgemein vor, dass sich ein Staat für die Unterstützung von rechtswidrigen Akten eines anderen Staates haftbar macht, wenn er Kenntnis von den Umständen des rechtswidrigen Aktes hat und der unterstützende Staat auch an die Norm gebunden ist, die vom unterstützten Staat verletzt worden ist.[47] Die Vorschrift ist Ausdruck des geltenden Völkergewohnheitsrechts,[48] auch **16**

---

[39] Grundlegend *Oeter,* Neutralität und Waffenhandel, 1992.

[40] Vertrag über die Nichtverbreitung von Kernwaffen vom 1.7.1968, BGBl. 1974 II 785.

[41] Übereinkommen vom 10.4.1972 über das Verbot der Entwicklung, Lager und Herstellung bakteriologischer (biologischer) Waffen und Toxinwaffen sowie über die Verbreitung solcher Waffen vom 10.4.1972, BGBl. 1983 II 133.

[42] Übereinkommen über das Verbot der Entwicklung, Herstellung, Lagerung und des Einsatzes chemischer Waffen und über die Vernichtung solcher Waffen vom 13.1.1993, BGBl. 1994 II 807.

[43] Treaty on the Prohibition of Nuclear Weapons vom 7.7.2017, noch nicht in Kraft, UN Doc. CN.476.2017.

[44] Siehe dazu *Fleck* in Black-Branch/Fleck Nuclear Non-Proliferation in International Law IV, 395 ff.; *Sossai* RDI 101 (2018), 185 ff.

[45] Vertrag über den Waffenhandel vom 2.4.2013, in Kraft getreten am 24.12.2014, BGBl. 2013 II 1427.

[46] Dazu *Jørgensen* AJIL 108 (2014), 722.

[47] Articles on the Responsibility of States for Internationally Wrongful Acts, abgedruckt im Anhang zu UN Doc. A/RES/56/83 v. 12.12.2001.

[48] IGH, Case Concerning Application of the Convention on the Prevention and Punishment of Genocide (Bosnia and Herzegovina v. Serbia and Montenegro), Judgment of 26 February 2007, Merits, ICJ Rep. 2007, 43, Rn. 420.

wenn die Konturen der Haftung nach Art. 16 ILC-Artikel weiterhin umstritten sind, insbesondere im Hinblick auf das subjektive Element.[49] Insbesondere bei Kenntnis von anhaltenden und offenkundigen Verletzungen des humanitären Völkerrechts spricht viel dafür, dass Waffenexporte völkerrechtliche Verantwortlichkeit nach dieser Bestimmung auslösen können.[50]

17 **2. Unionsrecht.** Auch im Unionsrecht ist die **Förderung des Friedens** in den internationalen Beziehungen ein verfassungsrechtlich etabliertes Prinzip.[51] Dies schlägt sich in Art. 3 Abs. 1, Abs. 5 S. 2, 8 Abs. 1, 21 Abs. 1, 2 und 42 Abs. 1 EUV nieder. Für eine weitere Intensivierung der **Gemeinsamen Sicherheits- und Verteidigungspolitik** hat dies große Bedeutung. In dem auf diesem Gebiet bereits bestehenden Normenbestand ist eine Ausrichtung der Politik der Union an den Vorgaben des Völkerrechts, insbesondere den Regeln der Charta der Vereinten Nationen, klar erkennbar. So ist zB die Beistandspflicht des Art. 42 Abs. 7 EUV auf das Vorliegen eines „bewaffneten Angriffs" bezogen, was einen Verweis auf Art. 51 UN-Charta darstellt.[52]

18 Daneben sind unionsrechtliche Vorgaben bei der Regulierung des Waffenhandels zu beachten.[53] Grundsätzlich fällt der Handel mit Waffen innerhalb der Union in den Anwendungsbereich der **Warenverkehrsfreiheit** und löst ein Verbot mengenmäßiger Ein- und Ausfuhrbeschränkungen sowie Maßnahmen gleicher Wirkung aus (Art. 34, 35 AEUV).[54] Beschränkungen können nach Art. 36 AEUV[55] sowie nach den ungeschriebenen Rechtfertigungsgründen der „*Cassis de Dijon*"-Formel gerechtfertigt werden.[56]

19 **Exporte** von Kriegswaffen in Drittstaaten sind demgegenüber vom Kompetenztitel der Union im Bereich der **gemeinsamen Handelspolitik** erfasst (Art. 206 ff. AEUV). Hierbei handelt es sich um eine ausschließliche Kompetenz der Union, womit zunächst ein eigener Regelungsspielraum der Mitgliedstaaten ausscheidet, vgl. Art. 3 Abs. 1 lit. e AEUV.[57] Nach der Rechtsprechung des EuGH sind Waren alle Erzeugnisse, die einen Geldwert haben und somit Gegenstand von Handelsgeschäften sein können.[58] Auch der besondere Charakter von Rüstungsgütern führt nicht dazu, dass diese nicht in den Anwendungsbereich der Regeln der gemeinsamen Handelspolitik fallen.[59] Allerdings eröffnen Bestimmungen auf Primär- und Sekundärrechtsebene im Wege von Rückausnahmen mitgliedstaatliche Handlungsspielräume.[60]

20 Zu nennen ist zunächst auf der Ebene des **Primärrechts** die Bestimmung des Art. 346 Abs. 1 lit. b AEUV, nach der jeder Mitgliedstaat die Maßnahmen ergreifen kann, die seines Erachtens für die **Wahrung seiner we-**

---

[49] Dazu mwN *Aust,* Complicity and the Law of State Responsibility, 2011, 230 ff.; *Jackson,* Complicity in International Law, 2015, 159 ff.; *Moynihan* ICLQ 67 (2018), 455.
[50] *Nolte/Aust* ICLQ 58 (2009), 1 (15).
[51] Siehe *Mayer* AVR 41 (2003), 394.
[52] *Cremer* in Calliess/Ruffert EUV/AEUV, Art. 42 EUV Rn. 16.
[53] Umfassend dazu *Eisenhut,* Europäische Rüstungskooperation, 2010.
[54] *Derksen* NVwZ 2019, 521 (522).
[55] Siehe auch *Kokott* in Streinz EUV/AEUV, 2018, Art. 346 AEUV Rn. 14.
[56] EuGH, Rs. 120/78, ECLI:EU:C:1979:42, Slg. 1979, 649, Rn. 31 – *Cassis de Dijon.*
[57] *Kirchner* DVBl 2012, 336; *Derksen* NVwZ 2019, 521 (522).
[58] EuGH C-2/90, ECLI:EU:C:1992:310 – *Müll als Ware.*
[59] *Kokott* in Streinz EUV/AEUV, Art. 346 AEUV Rn. 1; *Derksen* NVwZ 2019, 521 (522); aA *Nettesheim* in Streinz EUV/AEUV, Art. 207 AEUV Rn. 12.
[60] *Derksen* NVwZ 2019, 521 (524).

sentlichen Sicherheitsinteressen erforderlich sind, soweit sie die Erzeugung von Waffen, Munition und Kriegsmaterial sowie den Handel damit betreffen. Allerdings gilt diese Einschränkungsmöglichkeit der allgemeinen Regeln nach Art. 346 Abs. 2 AEUV nur für Rüstungsgüter, die sich auf einer vom Rat am 15.4.1958 festgelegten Liste befinden, die seitdem keine Änderung erfahren hat.[61]

Bedeutsamer ist insofern die Einräumung nationaler Handlungsspielräume 21
auf der **sekundärrechtlichen Ebene.** Art. 10 VO (EG) Nr. 1061/2009[62] ermöglicht den Mitgliedstaaten den Erlass von Ausfuhrbeschränkungen insbesondere aus Gründen der **öffentlichen Sicherheit,** was auch hier die äußere Sicherheit mit umfasst.[63] Für den Binnenmarkt gibt es eine gesonderte Richtlinie, die die Verbringung von Rüstungsgütern innerhalb der Union erleichtern soll.[64] *„Dual use"*-Güter unterliegen einer gesonderten Verordnung.[65]

Außerdem hat der Rat im Jahr 2008 einen **Gemeinsamen Standpunkt** 22
erlassen, der den Mitgliedstaaten gemeinsame Vorgaben für Rüstungsexportentscheidungen vorgeben soll.[66] Bei diesem gemeinsamen Standpunkt handelt es sich um einen Beschluss im Rahmen der GASP (Art. 25b) ii) EUV), der für die Mitgliedstaaten nach Art. 288 Abs. 4 AEUV verbindlich ist.[67]

Zusammengenommen stellt sich die unionsrechtliche Rechtslage hier als 23
Balance zwischen supranationalen Vorgaben und der Wahrung von erheblichen Spielräumen der Mitgliedstaaten in einem Bereich dar, der als besonders sensibel für nationale Sicherheitsinteressen wahrgenommen wird.[68] Im Hintergrund der gemeinsamen europäischen Regeln existieren **erhebliche Unterschiede im Hinblick auf die politische Kultur** des Umgangs mit Waffenexporten, was sich insbesondere für die Durchführung von gemeinsamen europäischen Rüstungsprojekten als hinderlich erweist.[69] Ohne hier verbindliche Vorgaben zu setzen – was auch aus Kompetenzgründen schwierig wäre[70] – kann dem Primärrecht immerhin eine Präferenz für eine gemeinsame Entwicklung und Produktion von Rüstungsgütern entnommen werden.[71] So bestimmt Art. 42 Abs. 3 UAbs. 2 S. 1 EUV, dass sich die Mitgliedstaaten verpflichten, ihre militärischen Fähigkeiten schrittweise zu verbessern, wozu nach S. 2 dieser Vorschrift auch eine „Europäische Verteidigungsagentur" (European Defence Agency, EDA) eingerichtet wurde. Es bleibt abzuwarten, ob die EDA aufgrund ihres umfangreichen Aufgabenbestandes

---

[61] *Wegener* in Calliess/Ruffert EUV/AEUV, Art. 346 Rn. 7.

[62] VO (EG) Nr. 1061/2009, Abl. 2009 L 291, 1; zuletzt geändert durch Art. 12 ÄndVO (EU) 2015/479, ABl. 2015 L 83, 34.

[63] *Wegener* in Calliess/Ruffert EUV/AEUV, Art. 346 Rn. 9.

[64] RL 2009/43/EG, ABl. 2009 L 146, 1, zuletzt geändert durch RL 2017/2054/EU, ABl. 2017 L 311, 1.

[65] VO (EG) Nr. 428/2009, ABl. 2009 L 134, 1, ber. ABl. 2009 L 224, 21, ABl. 2015 L 27, 46, zuletzt geändert durch VO (EU) 2018/1922, ABl. 2018 L 319, 1; dazu *Kokott* in Streinz EUV/AEUV, Art. 346 AEUV Rn. 9.

[66] Gemeinsamer Standpunkt 2008/944/GASP, ABl. 2008 L 335, 99.

[67] *Derksen* NVwZ 2019, 521 (523); zu den Rechtswirkungen von Beschlüssen im Rahmen der GASP siehe *Cremer* in Calliess/Ruffert EUV/AEUV, Art. 25 EUV Rn. 6.

[68] Ähnlich auch *Thym* in EnzEuR X § 16 Rn. 69; *Kokott* in Streinz EUV/AEUV, Art. 346 AEUV Rn. 27.

[69] Siehe auch bereits *Karpenstein,* Europäisches Exportkontrollrecht für Dual-use-Güter, 1998, 186 ff.

[70] *Thym* in EnzEuR X § 16 Rn. 66.

[71] *Cremer* in Calliess/Ruffert EUV/AEUV, Art. 42 EUV Rn. 25; zur historischen und aktuellen Entwicklung siehe auch *Scheffel* NVwZ 2018, 1347 (1348).

„mittelfristig zum Gravitationszentrum einer konsolidierten Rüstungszusammenarbeit innerhalb Europas“ wird.[72] Um entsprechende Schritte voranzutreiben, wurde 2017 ein „European Defence Fund“ eingerichtet, der helfen soll, die rüstungspolitische Entwicklung der Mitgliedstaaten besser zu koordinieren.[73]

24 **3. Rechtsvergleichende Bezüge. Art. 26** ist in rechtsvergleichender Hinsicht ein **Sonderfall,** zumindest insoweit es um die konkreten Rechtsfolgen von Verfassungswidrigkeit, Pönalisierung und der verfassungsrechtlich angeordneten Beschränkung des Exports von Kriegswaffen geht.[74] In der Verfassung Japans findet sich eine vergleichbare Norm, die ein Verbot der Kriegsführung statuiert und insofern noch weiter reicht als Art. 26 Abs. 1 (→ Art. 87a Rn. 26). Im europäischen Kontext ist auf Art. 11 der italienischen Verfassung zu verweisen, nach der „Italien (…) den Krieg als Mittel des Angriffes auf die Freiheit anderer Völker und als Mittel zur Lösung internationaler Streitigkeiten“ ablehnt.[75] Ansonsten enthalten eine Reihe von Verfassungen Vorschriften, die programmsatzartig die Förderung des Friedens einfordern, ohne allerdings vergleichbar weitreichende Rechtsfolgen wie Art. 26 vorzusehen.

25 Die insbesondere in Abs. 2 angesprochenen Fragen der Kriegswaffenkontrolle sind in den meisten Staaten der Welt Gegenstand des einfachen Rechts und dort im Hinblick auf Herstellung, Lagerung und Verbringung (inklusive Export) Beschränkungen unterworfen.[76]

26 Eine Besonderheit der deutschen Rechtslage ist insofern darin zu erkennen, dass Art. 26 eine ganze Reihe von zentralen Fragen für den Einsatz von militärischer Gewalt und die im Zusammenhang damit stehende Rüstungsproduktion einer Regelung auf der verfassungsrechtlichen Ebene unterwirft. Dass hier insbesondere Parallelen zur Rechtslage in Japan und Italien bestehen, mag verdeutlichen, dass Art. 26 eine spezifische Form der verfassungsrechtlichen Vergangenheitsbewältigung darstellt.

27 **4. Landesverfassungsrecht.** Im Landesverfassungsrecht finden sich aus naheliegenden Gründen der föderalen Kompetenzordnung keine vergleichbaren Bestimmungen. Diverse Landesverfassungen enthalten aber allgemeine Friedensbekenntnisse und Aufrufe, diesen Gesichtspunkt zB im Schulunterricht zu berücksichtigen.[77] Damit stehen diese Verfassungen in einer Traditionslinie mit der WRV, in der das Friedensbekenntnis in der Präambel aufgenommen war und zugleich in Art. 148 normiert war, dass in den Schulen auch die „Völkerversöhnung“ angestrebt werden sollte.

---

[72] *Thym* in EnzEuR X § 16 Rn. 67.

[73] Siehe dazu die Presseerklärung der EU-Kommission vom 7.6.2017, abrufbar unter http://europa.eu/rapid/press-release_IP-17-1508_en.htm (12.4.2019).

[74] So auch *Hobe* in BerlKomm Rn. 20; *Wollenschläger* in Dreier Rn. 14.

[75] Siehe dazu *Hobe* in BerlKomm Rn. 20.

[76] Siehe mwN *Aust,* Complicity and the Law of State Responsibility, 2011, 138–142.

[77] Vgl. die Präambeln der Hmb Verf und ThürVerf Art. 3 Abs. 1 NDSVerf; Art. 119, 131 Abs. 3 BV; Art. 69 der HessVerf; Art. 30 Abs. 1 BLNVerf; Art. 18a MVVerf; zum Zusammenhang mit Art. 26 siehe auch BVerwGE 127, 302 (336).

B. Einzelfragen

I. Abs. 1

1. Das friedliche Zusammenleben der Völker. Schutzgut von Art. 26 Abs. 1 ist das **friedliche Zusammenleben der Völker.** Dieser denkbar weite Begriff hat keine unmittelbare Entsprechung im Völkerrecht und muss insofern als verfassungsrechtlicher Begriff autonom ausgelegt werden[78], was eine starke Berücksichtigung völkerrechtlicher Normen aber nicht ausschließt.[79] Durch die hervorgehobene Bezugnahme auf die **Vorbereitung eines Angriffskriegs** wird zugleich verdeutlicht, dass die Rechtsfolge der Verfassungswidrigkeit erst bei einer gewissen Erheblichkeit der zu besorgenden Störung eintritt. Die Formulierung „der Völker" ist für die Auslegung der Vorschrift nur bedingt hilfreich. Dem Volksbegriff kommt hier ebenso wenig inhaltlich eine besondere Bedeutung zu wie der deutschen Redeweise vom „Völkerrecht" in Abgrenzung zu einem internationalen öffentlichen Recht *(„public international law")*, wie es sonst der Fachterminologie entspricht.[80] Bedeutung gewinnt der Volksbegriff hier allenfalls dahingehend, dass auch das Selbstbestimmungsrecht der Völker einen Bezugspunkt für friedensstörende Handlungen darstellen kann.[81] Zutreffend ist es allerdings, dass der Anwendungsbereich der Vorschrift nicht auf einen rein zwischenstaatlichen Bereich reduziert werden sollte und Störungen des internationalen Friedens auch aus innerstaatlichen Bedrohungs- und Gefährdungslagen resultieren können.[82] 28

Die Unterscheidung zwischen sog. negativen und positiven Friedensbegriffen des Völkerrechts ist dabei potentiell irreführend.[83] Während ein negativer Friedensbegriff nur die Abwesenheit zwischenstaatlicher Gewalt zum Inhalt habe, sei der positive Friedensbegriff durch weitergehende Inhalte gekennzeichnet, wie zB die Anerkennung von auch innerstaatlichen Faktoren wie der Menschenrechtslage.[84] Es ist jedoch fraglich, ob sich auf der völkerrechtlichen Ebene klar zwischen negativen und positiven Friedensbegriffen unterscheiden lässt. Zutreffend ist es jedenfalls, dass sich das Verständnis der Friedensbedrohung durch die Praxis des UN-Sicherheitsrats seit Anfang der 1990er Jahre erheblich gewandelt und erweitert hat.[85] Aus einer verfassungsrechtlichen Perspektive, die Art. 26 Abs. 1 als justiziable Vorschrift zu betrachten hat,[86] spricht jedenfalls viel dafür, die Bestimmung so auszulegen, dass sie das **Verbot des Angriffskrieges und Verletzun-** 29

[78] AA *Schiedermair,* Der internationale Frieden, 2006, 120; differenzierend *Fink* in MKS Rn. 17.

[79] *Hobe* in BerlKomm Rn. 4; *Frau* Der Staat 53 (2014), 533 (535).

[80] Instruktiv zur Geschichte des Begriffs des Völkerrechts *Djeffal* in Nikol/Bernhard/Schniederjahn Transnationale Unternehmen, 11 ff.

[81] Zu diesem siehe *Crawford,* Brownlie's Principles of Public International Law, 2019, 130, zur historischen Entwicklung grundlegend *Fisch,* Das Selbstbestimmungsrecht der Völker, 2010; außerdem *Moyn,* The Last Utopia, 2012, 84 ff.

[82] *Hobe* in BerlKomm Rn. 5; *Streinz* in Sachs Rn. 12.

[83] So auch *Herdegen* in Maunz/Dürig Rn. 16; vgl. allerdings *Frau* Der Staat 53 (2014), 533 (536).

[84] Siehe etwa *Kotzur* JZ 2008, 265 (267); *Fink* in MKS Rn. 10 f.

[85] Dazu *Krisch* in Simma/Khan/Nolte/Paulus The UN Charter, Introduction to Chapter VII Rn. 7–11; *Schiedermair,* Der internationale Frieden, 2006, 114 f.

[86] Siehe auch *Herdegen* in Maunz/Dürig Rn. 5.

gen vergleichbar gewichtiger völkerrechtlich geschützter Rechtsgüter erfasst.[87]

30 Damit unterfallen dem Verbot von Art. 26 Abs. 1 jedenfalls Handlungen, die geeignet sind, zur Verletzung der anderen völkerrechtlich anerkannten **Kernverbrechen** des Völkermords, der Verbrechen gegen die Menschlichkeit und Kriegsverbrechen beizutragen.[88] Vertretbar erscheint es zudem, die Vorschrift auf solche Verhaltensweisen auszudehnen, zu denen es eine konstante und in sich nicht widersprüchliche Resolutionspraxis des UN-Sicherheitsrates gibt, was seit den Anschlägen des 11. September 2001 insbesondere im Hinblick auf terroristische Bedrohungen zutrifft.[89] Darüber hinaus ist nicht jede Handlung, die zu einer Beeinträchtigung völkerrechtlicher Regeln führen kann, vom Anwendungsbereich des Art. 26 Abs. 1 S. 1 umfasst, weil die Vorschrift keinen so weitreichenden Gleichlauf von völkerrechtlicher und verfassungsrechtlicher Verbotslage intendiert.[90] Anhaltspunkte für die Beurteilung dieser Frage können sich zudem aus dem Bestand der Normen des sog. „zwingenden Völkerrechts" *(„ius cogens")* ergeben, von denen im Völkerrecht keine Derogation durch Abschluss neuer Verträge möglich ist und zu deren Inhalt auch ein Minimalbestand an unabdingbaren menschenrechtlichen Garantien wie das Folterverbot, das Verbot der Sklaverei und das Verbot jeder Form von rassistischer Diskriminierung und Apartheid gehören.[91]

31 **2. Zu stören.** Im Hinblick auf völkerrechtswidrige Angriffskriege erfasst der Wortlaut der Bestimmung nur deren Vorbereitung. Wenn schon **Vorbereitungshandlungen** verfassungswidrig sind, spricht dies dafür, dass erst recht das **Führen eines Angriffskrieges** gegen Art. 26 Abs. 1 S. 1 verstößt und von der Verfassung unmittelbar verboten wird.[92]

32 Die Vorschrift erfasst nicht nur Angriffskriege der Bundesrepublik, sondern auch die Unterstützung von **Angriffskriegen dritter Staaten** durch die Bundesrepublik Deutschland.[93] Eine solche Unterstützung kann nach den völkerrechtlichen Grundsätzen der Beihilfe (Art. 16 ILC-Artikel zur Staatenverantwortlichkeit) sowie Art. 3 f) des Anhangs zur Aggressionsdefinition sowohl durch die Bereitstellung deutschen Territoriums für verbotene Angriffshandlungen erfolgen als auch durch sonstige Unterstützungsleistungen wie die Gewährung von Überflugrechten[94] oder Formen der militärischen Kooperation. Erforderlich ist jedenfalls die Unterstützung eines völkerrechtswidrigen Angriffskrieges und die Kenntnis von den Umständen der rechtswidrigen Handlung. Die konkreten Haftungsvoraussetzungen für die Beihilfe sind im Völkerrecht umstritten, insbesondere im Hinblick auf das Element der Kenntnis, welches von einigen Stimmen in der Literatur dahingehend ausgelegt wird, dass ein Vorsatz des unterstützenden Staates vorliegen muss.[95]

---

[87] Ähnlich *Herdegen* in Maunz/Dürig Rn. 16 (Angriffskrieg „normprägender Leittypus").

[88] In diese Richtung auch *Streinz* in Sachs Rn. 11; siehe auch *Frau* Der Staat 53 (2014), 533 (538).

[89] So auch *Krieger* DÖV 2012, 449 (451 f.).

[90] Siehe auch *Proelß* in HdbStR XI § 227 Rn. 26.

[91] *Streinz* in Sachs Rn. 11; zum Normenbestand *Crawford,* Brownlie's Principles of Public International Law, 2019, 581 f.

[92] BVerwGE 127, 302 (315); *Herdegen* in Maunz/Dürig Rn. 38.

[93] *Hillgruber* in SHH Rn. 13; *Hobe* in BerlKomm Rn. 7; grundlegend *Doehring* in HdbStR VII, 1992, § 178 Rn. 34.

[94] Siehe dazu auch BVerwGE 131, 316 (340).

[95] Dazu mwN *Aust,* Complicity and the Law of State Responsibility, 2011, 230 ff.

Es spricht jedoch viel dafür, dass bei besonders wichtigen Rechtsgütern der Völkerrechtsordnung – zu denen das Gewaltverbot und das Verbot des Angriffskrieges zweifelsohne gehören – das Vorsatzelement zu einem Wissenselement reduziert wird und insbesondere bei vorhandenen Anzeichen für die Begehung völkerrechtswidriger Handlungen in einem existierenden Kooperationsverhältnis ein Berufen auf Nichtwissen nicht plausibel ist.[96] Ob sich insofern bereits eine völkerrechtliche „due diligence"-Pflicht herausgebildet hat, ist umstritten.[97]

In der **verwaltungsgerichtlichen Rechtsprechung** fanden sich zuletzt Ansätze, die vor dem Hintergrund grundrechtlicher Schutzpflichten für das Recht auf Leben auch aktive Maßnahmen der Bundesregierung einforderten, **von deutschem Territorium ausgehende Völkerrechtsverstöße dritter Staaten zu unterbinden.**[98] Auf Art. 26 Abs. 1 S. 1 ist diese Argumentation nicht ohne weiteres übertragbar, weil die Norm keine subjektiven Rechte vermittelt.[99] Aus einer völkerrechtlichen Perspektive gelten jedoch in der Sache ähnliche Erwägungen wie sie das OVG NRW in seiner Entscheidung zur Koordinierung von Drohneneinsätzen über die US-amerikanische Basis Ramstein angestellt hat, da andernfalls der Eintritt völkerrechtlicher Staatenverantwortlichkeit droht. Der Bundesregierung kommt allerdings ein erheblicher Beurteilungsspielraum zu, wie sie die Einhaltung völkerrechtlicher Verpflichtungen durch verbündete Staaten überwachen möchte. 33

Im Hinblick auf eine mögliche strafrechtliche Verantwortlichkeit deutscher Regierungsmitglieder nach § 80 StGB aF ist vom Generalbundesanwalt (GBA) eine restriktive Position vertreten worden, welche insbesondere voraussetzt, dass eine Strafbarkeit nur im Fall eines **evidenten Verstoßes gegen das Gewaltverbot** in Frage kommt.[100] Bezogen auf die deutsche Mitwirkung am Einsatz der von den Vereinigten Staaten und dem Vereinigten Königreich 2003 angeführten Militärkoalition gegen den **Irak** ließ der GBA in seiner Stellungnahme offen, ob die Gewaltanwendung völkerrechtswidrig war.[101] Gegen eine Anklageerhebung entschied sich der GBA aus drei Gründen: die Bundesrepublik Deutschland sei jedenfalls an einem etwaigen Angriffskrieg nicht „als Krieg führende Macht unter Einsatz ihrer Streitkräfte oder in vergleichbar massiver Weise" beteiligt gewesen, die Mitwirkung deutscher Soldaten an AWACS-Überwachungsflügen über dem Luftraum der Türkei habe rein defensiven Charakter gehabt und die von § 80 StGB aF vorausgesetzte Kriegsgefahr für die Bundesrepublik sei durch den Einsatz jedenfalls nicht herbeigeführt worden.[102] Für die Auslegung von Art. 26 Abs. 1 S. 1 können diese Erwägungen jedoch nur bedingt herangezogen werden. Es sprechen gute Gründe dafür, die Strafnormen, die in Ausfüllung des Pönalisierungsgebots aus Art. 26 Abs. 1 S. 2 erlassen worden sind (→ Rn. 38), enger auszulegen als die verfassungsrechtliche Norm. Das strafrechtliche Bestimmtheitsgebot 34

---

[96] *Nolte/Aust* ICLQ 58 (2009), 1 (15); *Aust,* Complicity and the Law of State Responsibility, 2011, 341 f.

[97] Siehe dazu *Lanovoy,* Complicity and its Limits in the Law of International Responsibility, 2016, 210 ff.

[98] OVG NRW, Entscheidung v. 19.3.2019 – Az. 4 A 1361/15, Rn. 182 ff. – Juris; dazu *Aust* JZ 2020, 303.

[99] *Hillgruber* in SHH Rn. 19.

[100] GBA JZ 2003, 908 (911).

[101] GBA JZ 2003, 908 (911).

[102] GBA JZ 2003, 908 (911); krit. dazu *Clemens,* Der Begriff des Angriffskrieges, 2005, 91.

aus Art. 103 Abs. 2[103] verbietet eine Auslegung der strafrechtlichen Normen, die alle Unklarheiten hinsichtlich der völkerrechtlichen Zulässigkeit der Gewaltanwendung in die strafrechtliche Anwendung überführt.[104]

35 **3. Geeignet und in der Absicht.** Art. 26 Abs. 1 S. 1 inkriminiert Handlungen, die „geeignet sind und in der Absicht vorgenommen werden", das friedliche Zusammenleben der Völker zu stören. Damit liegt hier eine **Kombination aus objektiven und subjektiven Merkmalen** vor. Im Hinblick auf die Eignung reicht es aus, dass eine betreffende Handlung als solche geeignet ist, das friedliche Zusammenleben der Völker zu stören. Angesichts des besonderen Unwerturteils, welches sich aus Art. 26 Abs. 1 S. 1 ergibt, wird man allerdings eine gewisse **Erheblichkeit** der Handlung fordern müssen, gerade auch im Hinblick auf die Funktion des Art. 26 Abs. 1 S. 1 als kollidierendes Verfassungsrecht die Einschränkung von Grundrechten wie der Meinungsfreiheit zu ermöglichen.

36 Das Erfordernis der **„Absicht"** aus Art. 26 Abs. 1 S. 1 bedeutet jedenfalls, dass *„dolus eventualis"* nicht ausreichend ist, sondern die Störung des friedlichen Zusammenlebens der Völker Ziel der betreffenden Handlung sein muss. Andernfalls bestünde das Risiko, dass etwa Maßnahmen zur Wiederherstellung des internationalen Friedens in den Anwendungsbereich der Vorschrift fallen könnte, da auch zB die Gewaltanwendung auf Grundlage einer UN-Sicherheitsratsresolution durchaus geeignet sein kann, zumindest vorübergehend das friedliche Zusammenleben der Völker zu stören und eine solche Nebenfolge des autorisierten Handelns wohl wenigstens mit in Kauf genommen wird.[105]

37 Die Vorschrift erfasst dabei nur **evident** gegen das friedliche Zusammenleben der Völker verstoßende Handlungen.[106] Dies ist insbesondere im Hinblick auf die erheblichen Grauzonen des völkerrechtlichen Gewaltverbots nicht anders handhabbar.[107] Eine solche restriktive Auslegung des Art. 26 Abs. 1 S. 1 ist dabei keine *„carte blanche"* zur Begehung von Völkerrechtsverstößen. Neben Art. 26 Abs. 1 S. 1 bleiben alle öffentlichen Gewalten qua Art. 20 Abs. 3 an völkerrechtliche Vorgaben gebunden – sei es im Falle der allgemeinen Regeln über Art. 25 S. 1 oder im Hinblick auf völkervertragliche Normen über Art. 59 Abs. 2. Für den Einsatz der Bundeswehr gelten ohnehin besonders strenge Regeln auf der Grundlage von Art. 87a Abs. 2. Die Existenz dieser vielfachen Quellen für eine Ausrichtung deutscher Politik auf die Beachtung des Völkerrechts unterstreicht zudem, dass Art. 26 Abs. 1 S. 1 eine vor allem symbolische Bedeutung zukommt.[108]

38 **4. Verpflichtete Personen.** Art. 26 Abs. 1 S. 1 richtet sich nicht nur an **staatliche Stellen,** sondern wie der allgemeine Wortlaut zeigt auch an **Private,**[109] wobei zu berücksichtigen ist, dass die Führung eines Angriffskrieges

[103] Zu diesem *Nolte/Aust* in MKS Art. 103 Rn. 138 ff.

[104] So auch Erwägungen in der Entstehungsgeschichte, siehe BT-Drs. V/2860, 2.

[105] So auch überzeugend *Hobe* in BerlKomm Rn. 10; aA die ganz hM *Fink* in MKS Rn. 30; *Streinz* in Sachs Rn. 28; *Wollenschläger* in Dreier Rn. 28.

[106] GBA JZ 2003, 908 (911); zustimmend *Kreß* JZ 2003, 911 (915); *Wollenschläger* in Dreier Rn. 20.

[107] Siehe auch *Kreß* ZStW 115 (2003), 294 (302).

[108] Ähnlich *Hillgruber* in SHH Rn. 4; *Clemens,* Der Begriff des Angriffskrieges, 2005, 134 ff.

[109] *Herdegen* in Maunz/Dürig Rn. 49; *Hobe* in BerlKomm Rn. 3; *Zimmermann/Henn* ZRP 2013, 240 (243).

im völkerrechtlichen Sinn nicht von nicht-staatlichen Akteuren ausgehen kann. Sehr wohl aber können sich Individuen strafrechtlich für ihre Rolle bei der Führung eines solchen Angriffskrieges verantwortlich machen.[110] Für nicht dem staatlichen Bereich zugeordnete Individuen hat die Bestimmung insbesondere im Hinblick auf terroristische Aktivitäten eine große praktische Bedeutung, wurde aber in der Rechtsprechung auch schon im Zusammenhang mit laufenden Asylverfahren berücksichtigt, um etwa Personen den Schutz des Asylgrundrechts (und dieses überlagernde unionsrechtliche Bestimmungen) zu versagen, wenn der Antragssteller in die Begehung von Kriegsverbrechen verwickelt war.[111] Für deutsche Staatsbürger gilt das Verbot aus Art. 26 Abs. 1 S. 1 unabhängig von ihrem regulären Aufenthaltsort auch im Ausland.[112] Auch **ausländische Staaten** und **ihre Amtsträger** können an Art. 26 Abs. 1 S. 1 gebunden sein, wenn sie auf Grundlage des NATO-Truppenstatuts in Deutschland Streitkräfte stationiert haben. Art. II S. 1 des NATO-Truppenstatuts verpflichtet ausländische Staaten in einem solchen Fall, die deutsche Rechtsordnung zu beachten,[113] wozu auch die Vorschrift des Art. 26 gehört.[114]

5. Rechtsfolge der Verfassungswidrigkeit. Die angeordnete **Rechtsfolge** des Art. 26 Abs. 1 S. 1 ist die **Verfassungswidrigkeit.** Damit war in den Beratungen des Parlamentarischen Rats beabsichtigt, ein besonders starkes Signal auszusenden und die betreffenden Handlungen gleichsam *„hors la loi"* zu stellen.[115] Die Konsequenzen der Verfassungswidrigkeit beziehen sich vor allem auf die Nichtigkeit von Rechtsakten, die im Widerspruch zu Art. 26 Abs. 1 stehen – was allerdings auch ohne gesonderte Anweisung der Rechtsfolge der Verfassungswidrigkeit aus Gesichtspunkten des Vorrangs der Verfassung folgen würde – und die Nichtigkeit von Befehlen, die im Widerspruch zu Art. 26 Abs. 1 S. 1 stehen.[116] 39

6. Pönalisierungsgebot. Das Pönalisierungsgebot aus Art. 26 Abs. 1 S. 2 ist erst 1968 durch die Einführung der §§ 80, 80a in das StGB umgesetzt worden. Die strafrechtlichen Normen decken dabei nur einen Teilaspekt des Art. 26 Abs. 1 S. 1 ab. Unter Strafe gestellt wurde durch den zum 1.1.2017 aufgehobenen § 80 StGB die Vorbereitung eines Angriffskriegs, an dem die Bundesrepublik beteiligt sein sollte und durch den die Gefahr eines Krieges für die Bundesrepublik herbeigeführt werde. 40

Im Schriftlichen Bericht des Sonderausschusses zur Strafrechtsreform hieß es dazu: „Mit Rücksicht auf den Bestimmtheitsgrundsatz wurde jedoch nicht unmittelbar an den Tatbestand des Art. 26 Abs. 1 S. 1 angeknüpft. Vielmehr machte dieses Prinzip zumindest nach der Ansicht der Mehrheit der Ausschußmitglieder Einschränkungen notwendig. In den beiden vom Ausschuß beschlossenen Vorschriften wird deshalb nur auf das Verbot des Angriffskrieges abgestellt. Da es nicht Aufgabe deutscher Strafgerichte sein kann, eine Art internationaler Gerichtsbarkeit auszuüben, wird ferner lediglich derjenige 41

[110] Instruktiv dazu *Spranger* NZWehrR 2005, 68 (70 ff.).
[111] BVerwGE 139, 273 (293); siehe auch *Krieger* DÖV 2012, 449 (451 f.).
[112] *Herdegen* in Maunz/Dürig Rn. 51; *Schmahl* in Sodan Rn. 9.
[113] *Aust* AVR 52 (2014), 375 (384 f.).
[114] So explizit BVerwGE 154, 328 (335, Rn. 20); OVG NRW, Entscheidung v. 19.3.2019 – Az. 4 A 1361/15, Rn. 154 – Juris.
[115] Vgl. JöR nF 1 (1949), 237; BVerwGE 127, 302 (315).
[116] BVerwGE 127, 302 (316); *Herdegen* in Maunz/Dürig Rn. 7.

Angriffskrieg erfaßt, an dem die Bundesrepublik Deutschland nach der Vorstellung des Täters ‚beteiligt sein soll'. (…) Dem Ziel der Tatbestandspräzisierung dient das weitere Erfordernis, daß durch die Vorbereitung eines solchen Angriffskrieges bewußt und gewollt die (konkrete) Gefahr eines Krieges für die Bundesrepublik Deutschland herbeigeführt wird."[117]

42 Diese Engführungen wurden in der Literatur überwiegend kritisiert.[118] Die **Nachfolgevorschrift des § 13 VStGB** verzichtet auf die Einschränkung auf Angriffskriege, an denen die Bundesrepublik beteiligt ist und durch welche sich eine Kriegsgefahr für die Bundesrepublik ergibt. Die Vorschrift ist insofern weiter und im Hinblick auf eine getreue Umsetzung des verfassungsrechtlichen Pönalisierungsgebots ein Fortschritt gegenüber der Vorgängervorschrift.[119] Sie pönalisiert auch die Führung eines Angriffskrieges und schließt damit eine zuvor vorhandene Strafbarkeitslücke.[120] Nicht übersehen werden sollte, dass damit nicht zwangsläufig ein Schritt zur universellen Durchsetzung des Gewaltverbots vor deutschen Gerichten gegangen wird. Dies ergibt sich bereits aus § 1 S. 2 VStGB, wonach das Verbrechen der Aggression in Deutschland nur insoweit verfolgt wird, als der Täter Deutscher ist oder sich die Aggression gegen die Bundesrepublik richtet. Die strafrechtliche Verfolgung von Angriffskriegen gegen die Bundesrepublik ist dabei verfassungsrechtlich nicht Ausdruck des Pönalisierungsgebots von Art. 26 Abs. 1 S. 2, da dieses zum Ziel und Zweck hat, Gewalthandlungen zu unterbinden, die von Deutschland ausgehen.

43 Hindernisse für eine weitere Universalisierung der deutschen Strafverfolgung von Angriffskriegen ergeben sich aus den Grenzen der völkerrechtlichen **Jurisdiktionsregeln** sowie den Bestimmungen über die **Immunität** von staatlichen Amtsträgern. Zunächst unterfällt das Verbot des Angriffskrieges anders als die Verbote von Völkermord, Verbrechen gegen die Menschlichkeit und Kriegsverbrechen nicht dem sog. Weltrechtsprinzip, welches ein Tätigwerden staatlicher Gerichte unabhängig von weiteren Anknüpfungspunkten erlaubt.[121] Hieran ändert auch die Aufnahme des Verbrechens des Angriffskrieges in das Römische Statut nichts, da der IStGH ebenfalls nicht auf der Grundlage des Universalitätsprinzips arbeitet, sondern nach den Grundsätzen von Territorialität und aktivem Personalitätsprinzip zuständig ist.[122] Für das Verbrechen des Angriffskrieges sind weitere Einschränkungen im Hinblick auf solche Vertragsparteien notwendig, die der Aktivierung der Gerichtsbarkeit des IStGH in dieser Hinsicht nicht zugestimmt haben (vgl. Art. 15bis IStGH-Statut).[123] Selbst wenn eine Ausübung der deutschen Ge-

---

[117] BT-Drs. V/2860, 2.

[118] Siehe *Classen* in Müko-StGB § 80 Rn. 7 mwN; *Fink* in MKS Rn. 57; vgl. auch *Krieger* DÖV 2012, 449 (453 f.); *Zimmermann/Henn* ZRP 2013, 240 (243); *Frau* Der Staat 53 (2014), 533; für einen instruktiven Überblick über den Meinungsstand im Einzelnen siehe auch *Clemens,* Der Begriff des Angriffskrieges, 2005, 62 ff.

[119] Vgl. vor Änderung des VStGB *Zimmermann/Henn* ZRP 2013, 240 (243).

[120] *Herdegen* in Maunz/Dürig Rn. 55.

[121] *Krieger* DÖV 2012, 449 (455); *Zimmermann/Henn* ZRP 2013, 240 (243); aA *Herdegen* in Maunz/Dürig Rn. 54; *Kreß* ZStW 115 (2003) 294 (298); siehe auch aus der Lehrbuchliteratur Erörterungen des Weltrechtsprinzips ohne Nennung des Verbots des Angriffskrieges: *Klabbers,* International Law, 2017, 105; *Staker* in Evans International Law, 302 f.

[122] Siehe *Klabbers,* International Law, 2017, 105; *Frau* in Ipsen Völkerrecht, § 37 Rn. 33 ff. Darüber hinaus kann der UN-Sicherheitsrat eine Situation an den Gerichtshof überweisen und so unabhängig von diesen Jurisdiktionsgrundlagen die Zuständigkeit des Gerichtshofs begründen; siehe *Frau* in Ipsen Völkerrecht, § 37 Rn. 38 ff.

[123] *Kreß* AVR 56 (2018), 269 (275).

richtsbarkeit nicht an einer fehlenden Jurisdiktionsgrundlage scheitern sollte, sind die Regeln über die Immunität staatlicher Amtsträger zu beachten.[124] Ob es für die Begehung von Kernverbrechen eine diesbezügliche Ausnahme gibt, ist weiterhin hochgradig umstritten.[125] Schließlich ist darauf hinzuweisen, dass für die Ausübung der deutschen Gerichtsbarkeit in Fällen des Völkerstrafgesetzbuchs das Legalitätsprinzip nur eingeschränkt gilt (vgl. § 153 f StPO).[126]

Auch wenn § 13 VStGB und § 80a StGB aktuell die einzigen Normen sind, die das Pönalisierungsgebot unmittelbar umsetzen, ist auf eine Vielzahl weiterer Straftatbestände zu verweisen, die ebenso der Umsetzung dieser verfassungsrechtlichen Vorgabe dienen. Zu nennen sind hier insb. §§ 89a (Vorbereitung einer schweren staatsgefährdenden Gewalttat), 89b (Aufnahme von Beziehungen zur Begehung einer schweren staatsgefährdenden Gewalttat), 89c (Terrorismusfinanzierung), 130 (Volksverhetzung, was im Rahmen der Aufstachelung zu rassistischer Diskriminierung eine Rolle spielen kann) und 220a StGB (Völkermord) sowie die Regelungen des VStGB und Spezialnormen in den §§ 19 ff. KrWaffKontrG und §§ 17 ff. AWG. Die Schaffung einzelner Straftatbestände ist schon aus Gründen des strafrechtlichen Bestimmtheitsgebots aus Art. 103 Abs. 2 gegenüber einem notwendigerweise weiten Generaltatbestand vorzugswürdig.[127] 44

7. Rechtsschutz. In seiner bisherigen Rechtsprechung hat das BVerfG offen gelassen, ob sich für den Bundestag aus Art. 26 Abs. 1 eigene Rechte ergeben, die vom Bundestag oder im Wege der Prozessstandschaft etwa von Fraktionen geltend gemacht werden können.[128] Individualrechte vermittelt Art. 26 Abs. 1 S. 1 nach überwiegender Auffassung nicht.[129] Allerdings kann die Bestimmung im Rahmen von Verfassungsbeschwerden Bedeutung gewinnen, da das BVerfG in der Prüfung der Begründetheit regelmäßig auch die Übereinstimmung mit objektivem Verfassungsrecht überprüft.[130] 45

II. Abs. 2

1. Zur Kriegsführung bestimmte Waffen (Art. 26 Abs. 2 S. 1). 46
Art. 26 Abs. 2 S. 1 betrifft die Herstellung, die Beförderung und das Inverkehrbringen von zur **Kriegsführung bestimmten Waffen.** Die Vorschrift steht zwar nicht in einem expliziten Spezialitätsverhältnis zu Abs. 1,[131] flankiert und ergänzt aber diese Regelung.[132] Welche Waffen davon erfasst sind, ergibt sich aus der sog. „Kriegswaffenliste", die als Anhang dem KrWaff-

[124] *Krieger* DÖV 2012, 449 (456).

[125] Siehe nur ILC, Report on the work of its sixty-ninth session (2017), UN Doc. A/72/10, Rn. 68 ff.

[126] Vgl. auch *Krieger* DÖV 2012, 449 (456 f.); *Zimmermann/Henn* ZRP 2013, 240 (243).

[127] *Wollenschläger* in Dreier Rn. 42.

[128] BVerfGE 100, 266, 269 f.; ablehnend auch *Streinz* in Sachs Rn. 31; *Schmahl* in Sodan Rn. 11.

[129] *Hillgruber* in SHH Rn. 19; *Schmahl* in Sodan Rn. 11; OVG NRW NWVBl. 2013, 500; in der gegen diese Entscheidung erhobenen Verfassungsbeschwerde wurde Art. 26 Abs. 1 S. 1 zwar von den Antragsstellern gerügt, in der Entscheidung des BVerfG aber nicht näher gewürdigt, siehe BVerfG NJW 2018, 2312 und – soweit in NJW nicht abgedruckt – Rn. 5 der Entscheidung, 2 BvR 1371/13 – juris.

[130] Vgl. auch *Fink* in MKS Rn. 54; *Wollenschläger* in Dreier Rn. 40.

[131] *Wollenschläger* in Dreier Rn. 43; aA *Holthausen* JZ 1990, 284 (286); *Fink* in MKS Rn. 58.

[132] *Herdegen* in Maunz/Dürig Rn. 60.

KontrG beigegeben ist, welches auf der Grundlage von Art. 26 Abs. 2 S. 2 erlassen wurde. Gemäß § 1 Abs. 2 KrWaffKontrG ist diese Liste von der Bundesregierung mit Zustimmung des Bundesrats zu ändern und zu ergänzen, um den Verfassungsauftrag des Art. 26 Abs. 2 S. 1 zu erfüllen.[133]

47 **Kriegsführung** iS dieser Vorschrift umfasst dabei jegliche Verwendung von Waffen in einem internationalen oder nicht-internationalen bewaffneten Konflikt.[134] Die Regelung greift dabei unabhängig davon, ob Gewalt zur Verteidigung oder im Fall eines Angriffskrieges eingesetzt wird, wobei diese Unterscheidung aufgrund der völkerrechtlichen Vorgaben (→ Rn. 14 ff.) bei der Entscheidung der Bundesregierung über den Export zu beachten ist. Die Bestimmung zur Kriegsführung ist nach objektiven Kriterien zu beurteilen.[135] Die Kriegswaffenliste hat insofern solche Waffen aufzunehmen, welche typischerweise in bewaffneten Konflikten eingesetzt werden. Dies bedingt zwangsläufig, dass sich eine erhebliche Überschneidung mit Waffen ergeben wird, die auch von Ordnungskräften eingesetzt werden (dürfen).[136]

48 **2. Erfasste Handlungen.** Art. 26 Abs. 2 S. 2 unterstellt die Modalitäten der Herstellung, Beförderung und des Inverkehrbringens von Kriegswaffen dem Erfordernis einer Genehmigung durch die Bundesregierung. Damit sind **alle Stadien des Produktionsprozesses** erfasst, von der Entwicklung über Tests von Waffensystemen bis hin zur Verbringung ins In- oder Ausland.[137] Die Modalitäten sind dabei im Interesse der Friedenssicherung weit auszulegen. Damit erfasst ist mithin jeder Transport einer Kriegswaffe außerhalb der Produktionsstätte und jedes zur Verfügung stellen der fraglichen Waffe an Dritte. Die Vorschrift findet Anwendung im Inland sowie auch auf die Handlungen Deutscher im Ausland. Die Verlagerung von Produktionsstätten deutscher Waffenhersteller ins Ausland entbindet also nicht vom Genehmigungserfordernis. Grundlagenforschung, die auch zur Herstellung von Kriegswaffen relevante Ergebnisse liefern kann, fällt allerdings aus Gründen der Forschungsfreiheit nach Art. 5 Abs. 3 nicht in den Anwendungsbereich der Bestimmung.[138]

49 Insbesondere erfasst die Bestimmung des Art. 26 Abs. 2 S. 1 auch den **Export von Kriegswaffen ins Ausland.** Dies ist in der Literatur mit Verweis auf die Grenzen, die sich aus den völkerrechtlichen Jurisdiktionsregeln ergeben, in Zweifel gezogen worden.[139] Anknüpfend an das Territorialitätsprinzip geht insbesondere *Epping* davon aus, dass die Modalität des Beförderns hier nur eine Verbringung der Kriegswaffen im Inland meine. Im Falle des Exports liege dagegen eine Beförderung im Ausland vor, die vom deutschen Recht nicht ohne weiteres erfasst werden könne.[140] Dieser Auffassung ist nicht zuzustimmen. Es ist zwar zutreffend, dass das Territorialitätsprinzip der wichtigste Grundsatz der völkerrechtlichen Jurisdiktionsregeln ist.[141] Allerdings sind im Völkerrecht auch andere Jurisdiktionsgrundlagen anerkannt, so

---

133 *Streinz* in Sachs Rn. 36.
134 *Streinz* in Sachs Rn. 37.
135 So auch *Epping,* Grundgesetz und Kriegswaffenkontrolle, 1993, 78 f.
136 Für einen weiten Kriegswaffenbegriff auch *Fink* in MKS Rn. 60; zu „ambivalenten" Waffen siehe auch *Epping,* Grundgesetz und Kriegswaffenkontrolle, 1993, 79 ff.
137 *Streinz* in Sachs Rn. 43.
138 Ähnlich *Fink* in MKS Rn. 65.
139 *Epping,* Grundgesetz und Kriegswaffenkontrolle, 1993, 175 ff.
140 *Epping,* Grundgesetz und Kriegswaffenkontrolle, 1993, 175; in diese Richtung auch *Pottmeyer,* KrWaffKontrG, 1994, § 3 Rn. 165.
141 Siehe nur *Crawford,* Brownlie's Principles of Public International Law, 2019, 442 f.

insbesondere das aktive Personalitätsprinzip, an das eine Regelung zur Ausfuhr von Kriegswaffen aus dem deutschen Staatsgebiet anknüpfen kann.[142] Außerdem findet die Entscheidung über eine Ausfuhr von Kriegswaffen aus dem deutschen Staatsgebiet regelmäßig in Deutschland statt, wird insofern in Deutschland „programmiert" und durch die dann beginnende Lieferung auch auf deutschem Territorium ins Werk gesetzt. All dies erlaubt eine Anknüpfung auch über den Territorialitätsgrundsatz.[143] Diese Wertung wird von § 4 Abs. 1 KrWaffKontrG bestätigt, der auch die Beförderung außerhalb des Bundesgebietes einem Genehmigungserfordernis unterstellt.

3. Dürfen nur mit Genehmigung der Bundesregierung. Art. 26 **50**
Abs. 2 S. 1 stellt ein **Genehmigungserfordernis** auf. Die Bundesregierung hat über die Erteilung der Genehmigung zu entscheiden. Die in § 11 Abs. 2 KrWaffKontrG vorgesehene Möglichkeit der **Delegation** der Entscheidung über die Genehmigung auf einzelne Bundesminister, die durch § 1 Abs. 1 Nr. 4 der 1. DVO[144] auch für den **Bundeswirtschaftsminister** wahrgenommen wurde, ist verfassungswidrig,[145] da das KrWaffKontrG in Ausführung des Art. 26 Abs. 2 erlassen wurde und das GG eindeutig eine Entscheidung der Bundesregierung als Kollegialorgan einfordert.

Ebenso bestehen erhebliche verfassungsrechtliche Bedenken im Hinblick **51**
auf die Praxis, den geheim tagenden **Bundessicherheitsrat,** einen Kabinettsausschuss, über den Export von Kriegswaffen entscheiden zu lassen.[146] Dies gilt jedenfalls insoweit, als sich das Bundeskabinett nicht die Entscheidungen des Ausschusses zu eigen macht.[147]

Die Genehmigung ist nach überwiegender Auffassung als **repressives** **52**
Verbot mit Befreiungsvorbehalt ausgestaltet und muss im Vorfeld der von Art. 26 Abs. 2 S. 1 erfassten Handlungen ergehen.[148] Diese dogmatische Figur bringt zum Ausdruck, dass es sich bei den von Art. 26 Abs. 2 erfassten Handlungen um grundsätzlich unerwünschte Formen der wirtschaftlichen Betätigung handelt, die nicht als solche als zulässig erachtet werden und nur einem Kontrollvorbehalt unterworfen werden.[149] Der Intention einer möglichst weitreichenden Friedensorientierung entspricht es, dass nicht nur formal eine Genehmigung ergeht, sondern auch die Kriterien für die Entscheidung sich am grundgesetzlichen Ziel der Friedenswahrung orientieren.

Für die Entscheidung über Genehmigungen nach Art. 26 Abs. 2 S. 1 hat **53**
sich die Bundesregierung **Rüstungsexportrichtlinien** gegeben, die sich im

---

[142] So auch *Hobe* in BerlKomm Rn. 18.

[143] *Holthausen* JZ 1990, 284 (286); *Fink* in MKS Rn. 69 ff.

[144] BGBl. 1961 I 649.

[145] *Kirchner* DVBl 2012, 336 (338); *Streinz* in Sachs Rn. 46; *Wollenschläger* in Dreier Rn. 51.

[146] *Epping,* Grundgesetz und Kriegswaffenkontrolle, 1993, 230; *Hillgruber* in SHH Rn. 22a; *Streinz* in Sachs Rn. 46; *Herdegen* in Maunz/Dürig Rn. 74; *Schmahl* in Sodan Rn. 13; aA *Hernekamp* in von Münch/Kunig, 6. Aufl. 2012, Rn. 29; offen gelassen in BVerfGE 137, 185 (238 f., Rn. 147).

[147] *Wollenschläger* in Dreier Rn. 52; *Glawe* NVwZ 2014, 1632 (1635 f.); differenzierend auch *Meinel* DÖV 2015, 717 (721); vgl. auch BVerfGE 137, 185 (238 f., Rn. 147), wonach Entscheidungen des Bundessicherheitsrates im Verhältnis zum Bundestag jedenfalls Entscheidungen der Bundesregierung sind.

[148] *Hobe* in BerlKomm Rn. 18; *Streinz* in Sachs Rn. 45; *Fink* in MKS Rn. 74 f. mwN; aA *Heintschel von Heinegg/Frau* in BeckOK GG Rn. 33; *Epping,* Grundgesetz und Kriegswaffenkontrolle, 1993, 120.

[149] *Kirchner* DVBl 2012, 336 (340).

Wesentlichen an den Gemeinsamen Standpunkt der EU anlehnen.[150] Diese politischen Leitlinien differenzieren im Wesentlichen zwischen dem Export in NATO- und EU-Staaten sowie in Drittstaaten. Im Hinblick auf letztere Kategorie wird festgelegt, dass Ausfuhren bei bewaffneten internen Auseinandersetzungen und einem hinreichenden Verdacht des Missbrauchs von Waffen zu Zwecken der Repression ebenso wenig in Frage kommen wie bei der Verstrickung des Ziellandes in äußere Konflikte.[151]

54 Entscheidungen der Bundesregierung über die Genehmigung von Waffenexporten, die dem Bundestag seit dem Jahr 2014 im Nachhinein mitgeteilt werden, sorgen vielfach für **politische Kontroversen.**[152] Schwierig zu beurteilen ist es, ob ein konkreter Waffenexport im Fall einer erteilten Genehmigung gegen das GG verstoßen kann. Zu berücksichtigen bleibt hier der notwendige außenpolitische Spielraum der Bundesregierung, der insbesondere eine Privilegierung von Partnern erlauben kann, denen die Bundesrepublik in einem System gegenseitiger kollektiver Sicherheit wie der NATO nach Art. 24 Abs. 2 verbunden ist.[153] Auch das auf Primärrechtsebene aufgenommene Ziel, eine Stärkung der militärischen Fähigkeiten der EU-Mitgliedstaaten durch Kooperation im Rüstungsbereich zu verwirklichen, ist hier zu berücksichtigen. Ein evidenter Verstoß gegen völkerrechtliche Verpflichtungen der Bundesrepublik, etwa gegen die Art. 6, 7 des Vertrags über den Waffenhandel, mag aber im Einzelfall gleichwohl Anhaltspunkte dafür liefern, dass die Genehmigung eines Waffenexports auch materiell gegen das GG verstößt. Sofern eine Waffenlieferung eine Verantwortlichkeit Deutschlands für die Unterstützung von Völkerrechtsverstößen nach den Grundsätzen der Staatenverantwortlichkeit begründet (Art. 16 ILC-Artikel), ist diese Genehmigung schon aufgrund des Vorrangs der allgemeinen Regeln des Völkerrechts über einfach-gesetzliche Normen des KrWaffKontrG rechtswidrig. Es kann dabei nicht verkannt werden, dass das deutsche Recht hier für Unternehmen der Rüstungsindustrie strengere Standards aufstellt, als dies in anderen, auch westlichen Rechtsordnungen der Fall ist.

55 **4. Regelung durch Bundesgesetz.** Neben dem KrWaffKontrG wurden zur Ausfüllung des Gesetzesvorbehalts aus Art. 26 Abs. 2 S. 2 auch Bestimmungen des AWG erlassen. Die Regeln des AWG gewinnen Bedeutung insbesondere für sog. ***„Dual use"***-Güter, die sich nicht auf der Kriegswaffenliste befinden. Ihr Export kann zB aber durchaus zu einer friedensstörenden Handlung im Sinne von Art. 26 Abs. 1 S. 1 beitragen und auf der völkerrechtlichen Ebene auch eine Unterstützungshandlung für die Begehung völkerrechtswidriger Akte darstellen. „Dual use"-Güter betreffen auf der einfachrechtlichen Ebene mithin den Anwendungsbereich der generellen Bestimmungen des **AWG.** Für diesen Bereich gilt der Grundsatz der Freiheit im Außenwirtschaftsverkehr, wenn nicht Spezialtatbestände Möglichkeiten zum Eingriff und zur Beschränkung eröffnen.[154] Zu nennen ist hier insbesondere die Generalklausel des § 4 AWG, wonach Beschränkungen im Außenwirt-

---

[150] *Derksen* NVwZ 2019, 521 (526).

[151] *Kirchner* DVBl 2012, 336 (342).

[152] Für rechtspolitische Stellungnahmen zur Notwendigkeit eines Rüstungsexportkontrollgesetzes siehe *Keul ZRP* 2018, 155 einerseits und *Wolffgang* ZRP 2018, 155 andererseits.

[153] Siehe auch *Herdegen* in Maunz/Dürig Rn. 73.

[154] *Kirchner* DVBl 2012, 336 (339); *Jipp,* Der Technologietransfer konventioneller Rüstungsgüter, 2018, 42 f.; *Karpenstein,* Europäisches Exportkontrollrecht für Dual-use-Güter, 1998, 199 ff.

schaftsverkehr ua angeordnet werden können, um die „wesentlichen Sicherheitsinteressen der Bundesrepublik" zu wahren (Abs. 1 Nr. 1), eine Störung des friedlichen Zusammenlebens der Völker zu verhüten (Abs. 1 Nr. 2) und eine erhebliche Störung der auswärtigen Beziehungen der Bundesrepublik zu verhindern (Abs. 1 Nr. 3). § 5 AWG geht zudem ausdrücklich auf die Möglichkeit der Beschränkung der Ausfuhr von Waffen, Munition und Rüstungsgütern ein.[155] Im Verhältnis von KrWaffKontrG und AWG ist darauf zu achten, dass im Fall einer parallelen Anwendbarkeit der beiden Genehmigungsregime keiner der beiden Genehmigungen Konzentrationswirkung zukommt, sondern vielmehr beide Genehmigungen für den Export von Rüstungsgütern erforderlich werden.[156]

C. Verhältnis zu anderen Bestimmungen des Grundgesetzes

Die Bestimmung des Art. 26 steht in einem engen systematischen Zusammenhang mit den übrigen Normen des GG, die einer Einordnung Deutschlands in ein vereintes Europa und der Sicherung des Friedens in der Welt dienen (Präambel, Art. 1 Abs. 2, 9 Abs. 2, 23–25, 59). 56

Daneben gewinnt die Bestimmung insbesondere Bedeutung durch die Möglichkeit, sie als **kollidierendes Verfassungsrecht** zur verfassungsrechtlichen Rechtfertigung von Grundrechtseingriffen heranzuziehen. Dies kann insbesondere die **Meinungsfreiheit** aus Art. 5 Abs. 1 betreffen.[157] Da die Unterbindung von Handlungen, die das friedliche Zusammenleben der Völker gefährden, unmittelbar auf Verfassungsebene vorgesehen ist, liegt hier keine unzulässige Form von Sonderrecht vor, die mit dem Erfordernis der allgemeinen Gesetze nach Art. 5 Abs. 2 nicht vereinbar wäre. Weitergehende Einschränkungen als Art. 26 Abs. 1 S. 1 erlaubt der Verweis auf den **Grundsatz der Völkerverständigung in Art. 9 Abs. 2.**[158] Art. 26 Abs. 1 S. 1 kann sich auf die Schutzgewährung nach Art. 16a auswirken, indem einem Antragssteller die Gewährung von Asyl verweigert wird, wenn ihm die Begehung von Kriegsverbrechen zur Last gelegt wird.[159] 57

Art. 26 Abs. 2 beschränkt den Umfang der **wirtschaftlichen Grundrechte** aus Art. 12 und 14 und verdeutlicht insofern, dass die Verhinderung von Störungen des friedlichen Zusammenlebens der Völker einen gegenüber diesen Grundrechten gleichrangigen verfassungsrechtlichen Wert darstellt. 58

D. Kritische Würdigung

Art. 26 ist in seiner Gesamtheit ein **Symbol für die völkerrechtsfreundliche Ausrichtung des GG.**[160] Die Bestimmung trägt zur Effektuierung des völkerrechtlichen Gewaltverbots bei, indem sie besonders schwerwiegende Verstöße gegen diese Norm unmittelbar als verfassungswidrig einordnet und zudem eine Strafandrohung einfordert. Die praktische Bedeutung von 59

155 Siehe dazu *Derksen* NVwZ 2019, 521 (526).
156 *Kirchner* DVBl 2012, 336 (339).
157 *Hobe* in BerlKomm Rn. 2; *Streinz* in Sachs Rn. 31.
158 BVerwGE 153, 211 (216).
159 BVerwGE 139, 273 (293).
160 Siehe auch BVerwGE 127, 302 (336); aus der Literatur *Clemens,* Der Begriff des Angriffskrieges, 2005, 134 ff.

Art. 26 Abs. 1 ist dennoch vergleichsweise gering. Die Einhaltung zentraler völkerrechtlicher Normen wird bereits von Art. 25 eingefordert.

60 Die Regelungen zur Genehmigung der Herstellung und des Inverkehrbringens von **Kriegswaffen** nach Art. 26 Abs. 2 sind demgegenüber von **größerer praktischer Bedeutung.** Auch durch diese Vorschrift wird der Politikbereich der Rüstungsexporte aber nicht vollständig konstitutionalisiert. Vielmehr verbleibt der Bundesregierung hier in verfassungsrechtlicher Hinsicht ein erheblicher Spielraum, den betreffenden Entscheidungen außenpolitische Präferenzen zugrunde zu legen.

61 Die vorherrschende politische Kultur ist in Deutschland aber auch hier – bis auf weiteres – von einer tiefen Skepsis und Zurückhaltung gegenüber militärischem Engagement geprägt, welches auch auf die Entscheidung über Rüstungsexporte durchschlägt.[161] Dies gilt zumindest für die öffentliche Diskussion über diese Fragen, was in einem eigentümlichen Kontrast zur starken Rolle von deutschen Unternehmen auf dem Weltmarkt für Rüstungsgüter steht. So zählt die **Bundesrepublik** regelmäßig zu den fünf **führenden Exportnationen** auf diesem Bereich.[162] Wenn auch die Wertorientierung des GG grundsätzlich zu begrüßen ist, muss die kritische Frage erlaubt sein, wie eine kognitive Dissonanz zwischen der wahrgenommenen Friedensorientierung und der anscheinend rüstungsindustriefreundlichen Handhabe der Genehmigungspraxis erklärt werden kann. Zugleich sollten auch die Diskussionen um die Zukunft der Europäischen Sicherheits- und Verteidigungspolitik hier offener geführt werden: Eine weitere Bündelung europäischer Fähigkeiten auch durch die gemeinsame Entwicklung und Herstellung von Rüstungsgütern wird nicht ohne politische Folgekosten im Hinblick auf die Handhabung des Art. 26 Abs. 2 zu haben sein, da kaum damit zu rechnen ist, dass etwa die französische Regierung ihre Praxis zur Genehmigung von Rüstungsexporten der nach der Verfassungslage restriktiveren deutschen Position anpassen wird.

Literatur

H. P. Aust, Complicity and the Law of State Responsibility, 2011 – ***B. Clemens,*** Der Begriff des Angriffskrieges und die Funktion seiner Strafbarkeit, 2005. – ***R. Derksen,*** Der Export von Rüstungstechnologie in Drittstaaten außerhalb der Europäischen Union, NVwZ 2019, 521. – ***V. Epping,*** Grundgesetz und Kriegswaffenkontrolle – Erfüllung des Verfassungsauftrags durch den einfachen Gesetzgeber? Verfassungsanspruch und Rechtswirklichkeit, 1993. – ***R. Frau,*** Völkerrechtlich determiniertes deutsches Strafrecht, Der Staat 53 (2014), 533. – ***U. Karpenstein,*** Europäisches Exportkontrollrecht und Dual-use-Güter, 1998. – ***P. Kirchner,*** Das System der Rüstungsexportkontrolle, DVBl 2012, 336. – ***C. Kreß,*** Strafrecht und Angriffskrieg im Lichte des „Falles Irak", ZStW 115 (2003), 294. – ***C. Kreß,*** Die Aktivierung der Zuständigkeit des Internationalen Strafgerichtshofs für das Verbrechen der Aggression, AVR 56 (2018), 269. – ***H. Krieger,*** Die Umsetzung des völkerrechtlichen Aggressionsverbrechens in das deutsche Recht im Lichte von Art. 26 Abs. 1 GG, DÖV 2012, 449. – ***F. Meinel,*** Organisation und Kontrolle im Bereich der Regierung – Zur verfassungsrechtlichen Stellung von Kabinettsausschüssen, insbesondere des Bundessicherheitsrats, im parlamentarischen Regierungssystem, DÖV 2015, 717. – ***S. Schiedermair,*** Der internationale Frieden und das Grundgesetz, 2006. – ***T. M. Spranger,*** Angriffskrieg durch Private? Zur Anwendbarkeit von Art. 26 Abs. 1 GG auf Individuen, NZWehrR 2005, 68.

---

[161] So auch *Karpenstein,* Europäisches Exportkontrollrecht für Dual-use-Güter, 1998, 207 f.

[162] Siehe die entsprechende Statistik des Stockholm Institute for Peace Research (SIPRI) vom 11.3.2019, abrufbar unter https://www.sipri.org/media/press-release/2019/global-arms-trade-usa-increases-dominance-arms-flows-middle-east-surge-says-sipri (17.4.2019).

Art. 27 [Handelsflotte]

Alle deutschen Kauffahrteischiffe bilden eine einheitliche Handelsflotte.

Hinweis: Die Paulskirchenverfassung von 1849 enthielt keine direkt entsprechende Bestimmung.

Reichsverfassung von 1871

Art. 54. Die Kauffahrteischiffe aller Bundesstaaten bilden eine einheitliche Handelsmarine.

[Abs. 2–5]

Weimarer Reichsverfassung von 1919

Art. 81. Alle deutschen Kauffahrteischiffe bilden eine einheitliche Handelsflotte.

Übersicht

A. Allgemeine Bedeutung

I. Genese

Art. 27 knüpft an **verfassungsrechtliche Tradition** an,[1] ohne dabei selbst rechtsgestaltende Wirkung zu zeitigen. Bereits bei Gründung des Norddeutschen Bundes bzw. des Deutschen Reiches war durch Verschmelzung der landeseigenen Flotten eine einheitliche Handelsflotte unter gemeinsamer Flagge (Art. 55 RV v. 1871) geschaffen worden.[2] Der mit Art. 27 wortidentische Art. 81 WRV bekräftigte die einheitliche Flottenzugehörigkeit, neben der für gliedstaatliche Handelsflotten kein Raum mehr sein sollte (→ Rn. 6).[3] Die Einheitlichkeit der Flotte wurde als „Ausdruck und Folge der staatlichen Einheit“ aufgefasst.[4] Art. 27 hält nurmehr das Ergebnis dieser grundlegenden Ordnungsentscheidungen der Vorgängerverfassungen fest. 1

II. Inhaltsübersicht

Gelegentlich wird Art. 27 als grundsätzliche „Entscheidung Deutschlands für die Existenz als ‚Seefahrernation'“ wahrgenommen.[5] Sowohl gegen die 2

[1] Umf. *Dörr,* Die deutsche Handelsflotte und das Grundgesetz, 1988, 23 ff.; *Herdegen* in Maunz/Dürig Rn. 2, 7; *Vöneky* in BK Rn. 14 f.

[2] *Abraham,* Das Deutsche Seerecht I, 1959, § 1 Anm. 2.

[3] *Koenig/König* in MKS Rn. 2; *Wollenschläger* in Dreier Rn. 1.

[4] *Anschütz,* Die Verfassung des Deutschen Reiches v. 11.8.1919, 14. Aufl. 1933, Erl. zu Art. 81.

[5] *Hillgruber* in SHH Rn. 2.

verfassungsrechtliche Notwendigkeit des Art. 27[6] als auch gegen die Grundgesetzwürdigkeit seines Inhalts[7] sind Vorbehalte laut geworden. Die rechtspraktische Bedeutung der Vorschrift ist jedenfalls gering;[8] Einzelne sprechen ihr gar jeglichen normativen Aussagewert ab.[9] Rechte und Pflichten Einzelner vermag Art. 27 nicht zu begründen (→ Rn. 7), indes kann dieser Verfassungsbestimmung in beschränktem Umfang eine objektiv-rechtliche Dimension entnommen werden **(Einrichtungsgarantie)** (→ Rn. 21). Art. 27 verankert die gesamtstaatliche Verantwortung der Bundesrepublik für Schiffe, die ihrer **Flaggenhoheit** unterstehen (→ Rn. 3). Im Übrigen baut Art. 27 auf völkerrechtlichen Regeln zur **Flaggenhoheit** auf und vollzieht diese nach (→ Rn. 3, 10 f.).

III. Überstaatliche Bezüge

3 Art. 27 nimmt funktional **zwischen Staats- und Völkerrecht** eine **Brückenfunktion** ein. Diese Eigenschaft teilt die Bestimmung mit allen verfassungsrechtlichen Vorschriften betreffend die Staatsangehörigkeit,[10] da diese auf der Personalhoheit[11] als einer im zwischenstaatlichen Rechtsverkehr maßgeblichen Emanation staatlicher Souveränität fußen.[12] Indes erscheint es angemessen, in der Flaggenhoheit – trotz dogmatischer Verflechtungen der verschiedenen Hoheitsformen – eine dritte, eigenständige, von der Territorial- und Personalhoheit eines Staates zu unterscheidende Ausprägung der Staatsgewalt zu sehen.[13] Weder stellt das Schiff einen schwimmenden Ausschnitt staatlichen Territoriums dar (→ Rn. 15), noch knüpft die Staatszugehörigkeit von Schiffen (allein) an die Staatsangehörigkeit der Eigner. Das Schiff selbst ist auch keine „Person“, zu der Bande der Staatszugehörigkeit im Sinne der Personalhoheit bestünden. Die (deutsche) Staatszugehörigkeit (vgl. Art. 91 Abs. 1 S. 2 VN-Seerechtsübereinkommens von 1982/1994[14] [VN-SRÜ]) von Schiffen – ausgedrückt durch die „Flagge“ – wird durch Art. 27 allerdings nicht einmal geregelt. Die Vorschrift bezieht sich nur auf Kauffahrteischiffe; eine Staatszugehörigkeit ist jedoch auch solchen Seeschiffen zugewiesen, die unter keinen Umständen als „Kauffahrteischiff“ (zur Auslegung → Rn. 8) eingeordnet werden können, wie zB Kriegsschiffen. Zudem wird das Bestehen einer Staatszugehörigkeit von der Norm über den Passus „alle deutschen Kauffahrteischiffe“ tatbestandlich bereits vorausgesetzt. Art. 27 erschöpft sich im Wesentlichen darin, die Rechtsfolge ihrer Zugehörigkeit zu einer einheitlichen Handelsflotte anzuordnen. Aus Sicht des Ver-

---

[6] *Model/Müller,* Grundgesetz für die Bundesrepublik Deutschland, 11. Aufl. 1996, Art. 27; *Koenig/König* in MKS Rn. 3 ff.

[7] *Herzog* FS f. Redeker, 1993, 149 (154).

[8] So die hM, siehe nur *Koenig/König* in MKS Rn. 3 f.; *Jarass* in Jarass/Pieroth Rn. 1; *Wollenschläger* in Dreier Rn. 14. Differenzierend *Vöneky* in BK Rn. 20.

[9] So *Bothe* in AK Rn. 1 ff.; aA *Vöneky* in BK Rn. 17.

[10] Zum Problem der Staatszugehörigkeit von Schiffen als Sachen im Gegensatz zu natürlichen Personen *Gauci/Aquiliana* ICLR 17 (2017), 167 ff.

[11] Siehe nur *v. Liszt* (Bearbeiter Fleischmann), Völkerrecht, 1925, 127.

[12] Ähnlich *Stoerk* in v. Holtzendorff Hdb des VölkerR II, 1887, 483 ff.; aA wohl *Satow,* Alle deutschen Kauffahrteischiffe bilden eine einheitliche Handelsflotte, 1957, 32; *Dörr,* Die deutsche Handelsflotte und das Grundgesetz, 1988, 51; für die Flaggenhoheit *Mankowski* RabelsZ 1989, 487 (500 f.). Vgl. aber *Basedow* in Drobnig Recht der Flagge, 1990, 75 (76), welcher als dogmatischen Ausgangspunkt der Entwicklung der Flaggenhoheit die Personalhoheit ansieht.

[13] Vgl. *Vöneky* in BK Rn. 3; *Koenig/König* in MKS Rn. 1.

[14] BGBl. 1994 II 1798.

fassungsgebers war insoweit Zweck der Bestimmung, „den deutschen Kauffahrteischiffen die Rechte zu sichern, die nach den allgemeinen Regeln des Völkerrechts oder nach bestehenden Völkerrechtsverträgen eine nationale Handelsflotte besitzt".[15] Art. 27 ist nicht geeignet, diese Zielvorgabe zu erfüllen.[16] Zum einen werden die allgemeinen Regeln des Völkerrechts bereits durch Art. 25 S. 1 zum Bestandteil des Bundesrechts erhoben (→ Art. 25 Rn. 34 ff.), so dass es insofern keiner weitergehenden verfassungsrechtlichen Verankerung bedarf. Zum anderen genießen Schiffe völkerrechtlichen Schutz tatsächlich nicht wegen ihrer Zugehörigkeit zu einer Handelsflotte (der Begriff selbst scheint in völkerrechtlichen Übereinkommen nicht auf), sondern wegen ihrer durch das Führen der Flagge ausgedrückten Zugehörigkeit zu einem souveränen Staat. Die Einheitlichkeit der Handelsflotte ist insoweit kein Regelungsgegenstand des Völkerrechts, sondern resultiert aus dem Bestehen eines Bundesstaats mit eigener Flaggenhoheit.[17] Die Vorgabe des Art. 92 Abs. 1 VN-SRÜ, wonach Schiffe unter der Flagge eines einzigen Staates fahren, bringt allerdings etwas anderes zum Ausdruck: das Verbot der Doppelbeflaggung[18] (Mehrstaatigkeit; vgl. auch § 6 Flaggenrechtsgesetz von 1951 [FlRG][19]). Einzelheiten zur Staatszugehörigkeit von Schiffen sind in Art. 4 ff. des Genfer Übereinkommens über die Hohe See v. 1958[20] und Art. 90 ff. VN-SRÜ niedergelegt. Sonderregeln für Handelsschiffe gelten nach Maßgabe der Art. 27 f. VN-SRÜ lediglich für das Küstenmeer. Letztlich unterstreicht Art. 27 die gesamtstaatliche Verantwortung des Bundes für Schiffe, welche die deutsche Flagge führen.[21]

Art. 27 ist teilweise europarechtlich überwölbt. Die Staatszugehörigkeit von Schiffen verliert im Hinblick auf die Grundfreiheiten des **Unionsrechts** (für die Eintragung in nationale Register vor allem die Niederlassungsfreiheit, Art. 49, 54 AEUV[22]) und das Diskriminierungsverbot des Art. 18 AEUV an Relevanz. Für den Seeverkehr hat die „Vergemeinschaftung" in Sekundärrechtsnormen[23] Niederschlag gefunden. Zur Einführung einer einheitlichen EU-Flaggenhoheit im Zuge des geplanten „European Register of Shipping" ist es nicht gekommen 4

---

[15] Anm. zum Vorschlag des Allg. Redaktionsausschusses (Drs. 370), wiedergegeben bei JöR nF 1 (1951), 243 f.

[16] Wie hier auch *Herdegen* in Maunz/Dürig Rn. 7; *Koenig/König* in MKS Rn. 4; *Dörr,* Die deutsche Handelsflotte und das Grundgesetz, 1988, 145 f.; *Schiedermair/Dörr,* Der Schutz der deutschen Handelsflotte, 1984, 30.

[17] *Herdegen* in Maunz/Dürig Rn. 4; *Koenig/König* in MKS Rn. 1.

[18] *Guilfoyle* in Proelß United Nations Convention on the Law of the Sea, 2017, Art. 92 Rn. 6 f.

[19] BGBl. 1951 I 79, zuletzt geändert durch Art. 4 Abs. 134 des Gesetzes v. 18.7.2016, BGBl. I 1666.

[20] BGBl. 1972 II 1089.

[21] Ähnlich *Herdegen* in Maunz/Dürig Rn. 12, 22; *Koenig/König* in MKS Rn. 7; die gesamtstaatliche Verantwortung der BRD betont *Satow,* Alle deutschen Kauffahrteischiffe bilden eine einheitliche Handelsflotte, 1957, 94 f.

[22] EuGH C-246/89, Slg. 1991, I-4585 Rn. 19 ff.; vgl. auch EuGH C-299/02, Slg. 2004 S. I-09761.

[23] VO (EWG) Nr. 4055/86 des Rates v. 22.12.1986 zur Anwendung des Grundsatzes des freien Dienstleistungsverkehrs auf die Schifffahrt zwischen Mitgliedstaaten und Drittländern, ABl. 1986 L 378, 1 und VO (EWG) Nr. 3577/92 des Rates v. 7.12.1992 zur Anwendung des Grundsatzes des freien Dienstleistungsverkehr auf den Seeverkehr in den Mitgliedstaaten (Seekabotage), ABl. 1992 L 364, 7. Unter Seekabotage (dazu *Milbradt,* Liberalisierung der Seekabotage unter völkerrechtlichen und europarechtlichen Aspekten, 1999) ist die Frachtfahrt unter Benutzung des Seewegs zwischen zwei Seehäfen des gleichen Staates zu verstehen. Siehe zur europarechtlichen Überwölbung EuGH C-83/13, ECLI:EU:C:2014:2053 – Fonship A/S/Svenska.

(→ Rn. 16), auch wenn in Teilen des Schrifttums und in Dokumenten der EG bereits vorher von einer „Gemeinschaftsflagge" die Rede gewesen war.[24] Das FlRG, welches insbesondere Flaggenführungspflichten und -rechte näher einfachgesetzlich ausführt, ist im Dezember 2012 vor dem Hintergrund europarechtlicher Anforderungen angepasst worden (→ Rn. 11).[25]

IV. Systematischer Zusammenhang

5 **Art. 27 und Art. 25** ergänzen einander. Die heutigen völkerrechtlichen Bestimmungen über die Flaggenhoheit geben im Kern Völkergewohnheitsrecht wieder,[26] das bereits 1949 Bestand hatte. Art. 25 S. 1 überführt diese Grundsätze unabhängig von den Verbürgungen des Art. 27 in Bundesrecht (vgl. → Art. 25 Rn. 34 ff.). Nicht von Art. 27 selbst umfasst ist insbes., auf welcher Grundlage Deutschland Schiffen seine Staatszugehörigkeit (und damit das Recht, seine Flagge zu führen) verleihen darf. So scheint das Völkerrecht hierfür eine hinreichende tatsächliche Anknüpfung („genuine link", „genuine connection") zu erfordern, siehe Art. 91 Abs. 1 S. 3 VN-SRÜ („echte Verbindung") (→ Rn. 10).[27] Abweichend von den für natürliche Personen und deren Staatsangehörigkeit geltenden Prinzipien ist Mehrstaatigkeit verboten.[28] Ein unter mehreren Flaggen fahrendes Schiff kann keine dieser Staatszugehörigkeiten einem dritten Staat gegenüber geltend machen (Art. 92 Abs. 2 VN-SRÜ). Auf dieser – allerdings nicht verfassungsrechtlichen – Verpflichtung Deutschlands, die Verleihung seiner Staatszugehörigkeit an (Kauffahrtei-)Schiffe im Einklang mit dem Völkerrecht zu regeln, baut Art. 27 auf.[29]

6 Für das **Bund-Länder-Verhältnis** folgt aus Art. 27 die Unzulässigkeit der Errichtung von Handelsflotten der Länder.[30] Eine andere Anknüpfung als diejenige an die „deutsche" Staatszugehörigkeit bzw. Flagge ist unter dem GG ausgeschlossen. Auch insoweit gibt Art. 27 nur völkerrechtliche Grundsätze wieder: Da die Länder keine souveränen Staaten sind (→ Art. 32 Rn. 10),[31] räumt das Völkerrecht ihnen auch keine Befugnis ein, Schiffe unter einer Flagge fahren zu lassen.[32] Hieran ändert ihre partielle Völkerrechtssubjektivität (→ Art. 32 Rn. 10 f.) nichts.[33] Auch wenn Art. 27 ent-

---

[24] *Tostmann* AVR 32 (1994), 342 (342); KOM(89) 266 endg. v. 3.8.1989, ABl. 1989 C 263, 17.

[25] *Berger/Zink* NordÖR 2013, 192 ff.

[26] *Guilfoyle* in Proelß United Nations Convention on the Law of the Sea, 2017, Art. 92 Rn. 4.

[27] Zur Diskussion *Guilfoyle* in Proelß United Nations Convention on the Law of the Sea, 2017, Art. 92 Rn. 4 ff.; *Vöneky* in BK Rn. 6 f.

[28] Vgl. zum völkerrechtlichen Verbot mehrfacher Staatszugehörigkeit von Schiffen *Meyers,* The Nationality of Ships, Den Haag 1967, 171 ff.; *Núñez-Müller,* Die Staatszugehörigkeit von Handelsschiffen im Völkerrecht, 1994, 116 f.; *Kolb/Neumann/Salomon* ZaöRV 71 (2011), 191 (206). Allg. zur Frage der Nationalität von Schiffen *Mertus* Denver Journal of International Law and Policy 17 (1988), 207 (212 ff.); *Casas* New York University Journal of International Law and Politics 49 (2016), 63 (68 ff.).

[29] Vgl. *Herdegen* in Maunz/Dürig Rn. 10.

[30] Siehe nur *Koenig/König* in MKS Rn. 10.

[31] Zur Emanzipation des Staats- vom Souveränitätsbegriff *Haenel,* Deutsches Staatsrecht I, 1892, 205 f.; ferner *Starski,* Der Interföderale Verwaltungsakt, 2014, 18 ff. mwN.

[32] *Herdegen* in Maunz/Dürig Rn. 10, ferner Rn. 3 f.; *Jarass* in Jarass/Pieroth Rn. 2; *Heintschel v. Heinegg/Frau* in BeckOK GG Rn. 3; *Koenig/König* in MKS Rn. 2; *Erbguth/Schubert* in Sachs Rn. 3; *Satow,* Alle deutschen Kauffahrteischiffe bilden eine einheitliche Handelsflotte, 1957, 98; *Bothe* in AK Rn. 2.

[33] So auch *Vöneky* in BK Rn. 11, 17.

gegen einer von manchen vertretenen Auffassung[34] nicht als spezieller Gleichheitssatz verstanden werden kann, wird durch die bundeseinheitliche Regelung der Staatszugehörigkeit unterstrichen, dass nach der landesspezifischen Herkunft eines Schiffes differenzierende Regelungen unzulässig sind (Verstoß gegen Art. 3 Abs. 1, Abs. 3).[35]

Zuständigkeiten werden durch Art. 27 nicht begründet, weder für die Gesetzgebung noch für die Gesetzesausführung.[36] Die Zugehörigkeit von Schiffen unter deutscher Flagge zur einheitlichen Handelsflotte wird durch Art. 27 unmittelbar festgeschrieben, ohne dass es einer Ausführungsregelung bedarf. Gesetzgebungszuständigkeit bzw. Gesetzgebungsauftrag zur (völkerrechtlich notwendigen) Regelung des Flaggenrechts werden von Art. 27 logisch bereits vorausgesetzt; sie ergeben sich kraft Sachzusammenhangs aus Art. 73 Abs. 1 Nr. 2 und, sofern spezifisch seehandelsbezogene Regelungen in Rede stehen, aus Art. 74 Abs. 1 Nr. 21. Auch Rechte und Pflichten Einzelner sind in Art. 27 nicht angelegt.[37] Detailbestimmungen betreffend die Staatszugehörigkeit von Schiffen und die Flaggenführung finden sich im FlRG, dessen Geltung jedoch nicht auf Kauffahrteischiffe beschränkt ist (vgl. § 1 Abs. 1 FlRG) (→ Rn. 11). 7

B. Einzelfragen

I. Alle deutschen Kauffahrteischiffe

Was unter einem **Schiff** zu verstehen ist, richtet sich nach der Verkehrsauffassung. Danach sind Schiffe alle schwimmfähigen Hohlkörper von nicht ganz unbedeutender Größe, die fähig und dazu bestimmt sind, sich auf dem oder im Wasser fortzubewegen und Personen oder Sachen zu tragen.[38] Nach hM werden von Art. 27 nur Seeschiffe erfasst, während Binnenschiffe nicht in den Anwendungsbereich der Vorschrift fallen.[39] Uneinigkeit besteht über die Voraussetzungen, unter denen ein Schiff als **Kauffahrteischiff** zu gelten hat. Der – veraltete – Begriff entstammt dem Niederländischen („koopvaardij") und ist seit dem 17. Jahrhundert im deutschen Sprachraum nachweisbar.[40] Er bezeichnete Schiffe, mit denen Kaufleute eigene Waren transportierten, was jedoch seit der Trennung von Güterim- und -export und Reederei im 18./19. Jahrhundert, von wenigen Branchen (Mineralöl) abgesehen, nicht 8

[34] *Umbach* in Umbach/Clemens Rn. 22; eine gleichheitsrechtliche Komponente verneinend *Durner* in BerlKomm Rn. 7; *Herdegen* in Maunz/Dürig Rn. 25, *Koenig/König* in MKS Rn. 9; *Wollenschläger* in Dreier Rn. 13.

[35] IE ebenso *Brockmeyer* in SHH, 10. Aufl. 2004, Rn. 1, der jedoch das Differenzierungsverbot unmittelbar auf Art. 27 zu stützen scheint.

[36] *Herdegen* in Maunz/Dürig Rn. 4; *Vöneky* in BK Rn. 19; *Erbguth/Schubert* in Sachs Rn. 3; *Koenig/König* in MKS Rn. 3; anders noch Art. 54 Abs. 2 RV v. 1871.

[37] So auch *Herdegen* in Maunz/Dürig Rn. 6; *Durner* in BerlKomm Rn. 7; *Koenig/König* in MKS Rn. 11.

[38] *Herber,* Seehandelsrecht, 1999, 52; BGH NJW 1952, 1135 f.; umfassende Nachw. zu den teilweise erheblich abweichenden Schiffsdefinitionen unterschiedlicher Rechtsordnungen vgl. *Engert-Schüler,* Völkerrechtliche Fragen des Eigentums an Wracks auf dem Hohen Meer, 1979, 31 ff.; *Krüger* in Strupp/Schlochauer Wörterbuch des Völkerrechts, 1961, 759. Vgl. zum völkerrechtlichen Schiffsbegriff *Núñez-Müller,* Die Staatszugehörigkeit von Handelsschiffen im Völkerrecht, 1994, 68 f.

[39] Siehe nur *Wollenschläger* in Dreier Rn. 7.

[40] *Satow,* Alle deutschen Kauffahrteischiffe bilden eine einheitliche Handelsflotte, 1957, 42; *Schiedermair/Dörr,* Der Schutz der deutschen Handelsflotte, 1984, 30; *Umbach* in Umbach/Clemens Rn. 6.

mehr der Praxis entspricht. Teilweise wurde der Begriff des Kauffahrteischiffs jedoch weiterhin auch für Schiffe verwendet, die Güter fremder Kaufleute transportierten.[41] Angesichts des weit gespannten Regelungszieles des Verfassungsgesetzgebers (→ Rn. 3), dem dieser Umstand bekannt war, kann „Kauffahrteischiff" iSd Art. 27 nicht im ursprünglichen Wortsinne zu verstehen sein, da ihm sonst fast jeglicher Anwendungsbereich entzogen wäre.[42] Die im Schrifttum nachweisbaren Deutungen des Begriffs unterscheiden sich trotz gegensätzlicher Ausgangspunkte im Ergebnis nur in Einzelheiten. Nach einer Auffassung ist „Kauffahrteischiff" im Wesentlichen mit „Seeschiff" gleichzusetzen. Nicht erfasst werden danach Binnenschiffe (dh regelmäßig zur Binnenschifffahrt eingesetzte Schiffe)[43]; außerdem sollen Kriegsschiffe[44] und hoheitlichen Zwecken dienende Schiffe ausgenommen bleiben. Nach anderer Ansicht erfasst der Begriff lediglich (See-)Handelsschiffe.[45] Zur Auslegung dieses Terminus wiederum wird auf ein Bündel vorkonstitutioneller Gesetze[46] abgestellt, die unter „Kauffahrteischiffen" alle zum „Erwerb durch Seefahrt bestimmten" Schiffe fassten.[47]

9 Für das Abstellen auf vorkonstitutionelle Gesetze kann in Anspruch genommen werden, dass Art. 27 mit seiner Terminologie selbst an die WRV anknüpft, bei deren Erlass die besagten Gesetze bereits vorlagen, bzw. die kaiserliche Verfassung, unter der die Regelungen erlassen wurden. Ihre Aufhebung durch das erst zwei Jahre nach dem GG erlassene FlRG lässt nicht den Schluss zu, dass das GG sich damit von der möglichen Deutung „Kauffahrteischiff = See-Handelsschiff" explizit distanzieren wollte.[48] Die weitgehende Gleichsetzung von Kauffahrteischiff und Seeschiff wiederum (Kriegs- und staatlichen Zwecken dienende Schiffe ausgenommen) scheint besser mit § 1 FlRG zu harmonieren. Darin werden zwar Kauffahrteischiffe als Subkategorie der Seeschiffe definiert, die außerdem die „sonstigen zur Seefahrt bestimmten Schiffe" einschließt; über die sonstigen Zwecke lässt sich das Gesetz jedoch nicht aus (was eine enge Deutung zulässt), wie überhaupt der Unterschied für die Anwendung der gesetzlichen Regeln ohne Bedeutung bleibt. Vorzug verdient gleichwohl eine enger am Wortlaut orientierte handelsbezogene Deutung. Die Interpretation „zum Erwerb durch Seefahrt betrieben" (vgl. § 476 HGB mit Bezug auf den Reeder) im Sinne einer dahingehenden Bestimmung lässt ausreichend Raum für die sinnvolle Einbeziehung auch solcher Schiffe, die nicht unmittelbar dem Gütertransport gewidmet sind. Um eine systemwidrige Normlücke auszuschließen, muss nicht nur der unmittelbare Erwerb durch Seefahrt (Fischereischiffe,[49] Passagierschiffe), sondern auch eine lediglich mittelbare Bestimmung des Schiffes für den handelsbezogenen

---

[41] Nachw. bei *Dörr,* Die deutsche Handelsflotte und das Grundgesetz, 1988, 40, Fn. 12.

[42] *Koenig/König* in MKS Rn. 6; so auch *Umbach* in Umbach/Clemens Rn. 7.

[43] Vgl. *Schaps/Abraham,* Das deutsche Seerecht I, 3. Aufl. 1959, Teil 3, Anm. 11, 227; sowie *argumentum e contrario* aus der Legaldefinition des Seeschiffs in § 1 Abs. 1 FlRG. Siehe *Wollenschläger* in Dreier Rn. 7.

[44] *Satow,* Alle deutschen Kauffahrteischiffe bilden eine einheitliche Handelsflotte, 1957, 60; *Herdegen* in Maunz/Dürig Rn. 18; *Wollenschläger* in Dreier Rn. 7.

[45] So *Dennewitz* in BK, Erstbearb., Anm. II.

[46] § 1 des G betr. die Nationalität der Kauffahrteischiffe und ihre Befugnis zur Führung der Bundesflagge des Norddeutschen Bundes v. 25.10.1867 (RGBl. 35); § 1 des G betr. das Flaggenrecht der Kauffahrteischiffe v. 22.6.1899 (RGBl. 315).

[47] *Herdegen* in Maunz/Dürig Rn. 18; *Herber,* Seehandelsrecht, 1999, 86; *Dennewitz* in BK Erstbearb. Anm. II.

[48] *Dörr,* Die deutsche Handelsflotte und das Grundgesetz, 1988, 41.

[49] Zum Erwerb durch Fischfang RGZ 32, 106.

Erwerb – insbes. durch Hilfsdienste für die Handelsschifffahrt (gewerbliche Lotsen, Schleppdienste, gewerbliche Bergungsdienste) – für Art. 27 genügen.[50] Nicht erforderlich ist, dass die „Bestimmung" des Schiffes zum Erwerb eine dauerhafte ist; vielmehr reicht aus, dass es im Einzelfall für solche Zwecke zum Einsatz kommt.[51] Außerhalb des Anwendungsbereichs der Vorschrift befinden sich lediglich Kriegsschiffe, Schiffe im Staatseigentum, die hoheitlichen Zwecken dienen, aber auch Schiffe Privater ohne jeden Handelsbezug, zB Vergnügungsyachten; sie alle stellen lediglich sonstige Seeschiffe iSd § 1 Abs. 1 FlRG dar.[52] Maßgeblich ist nicht, ob sich ein Schiff im privaten oder staatlichen Eigentum befindet, sondern ob es Erwerbszwecken dient.[53] Der Begriff „Kauffahrteischiffe" ist im Lichte des umfassenden, unionsrechtlich geprägten Verständnisses der wirtschaftlichen Tätigkeit weit auszulegen. Unter Art. 27 fallen damit Schiffe, die für eine erwerbswirtschaftliche Tätigkeit des Staates (sei es Warenhandel, sei es Reederei) zum Einsatz kommen,[54] auch wenn es sich dabei um sog. Leistungen der Daseinsvorsorge handelt. Dem entsprechen die völkerrechtlichen Grundentscheidungen: Selbst sog. Staatshandelsschiffe (dh solche, die im Staatsdienst für Handelszwecke eingesetzt werden) genießen auf Hoher See keine vollständige Immunität gegenüber fremden Staaten (vgl. Art. 96 VN-SRÜ).

Welche Schiffe **„deutsch"** im Sinne ihrer Staatszugehörigkeit sind, regelt **10**
Art. 27 nicht, sondern setzt dies für die Zugehörigkeit zur deutschen Handelsflotte vielmehr voraus.[55] Die Verleihung der deutschen Staatszugehörigkeit an ein Schiff geht mit dem Recht einher, die deutsche Flagge zu führen (Flaggenrecht, **materielles Flaggenführungsrecht;** vgl. Art. 91 Abs. 1 VN-SRÜ). Obschon die deutsche Staatszugehörigkeit eines Schiffes gemeinsam mit der Handelsflotte selbst Gegenstand einer verfassungsrechtlichen Einrichtungsgarantie ist (→ Rn. 21), sind ihre Voraussetzungen nicht verfassungsrechtlich, sondern einfachgesetzlich geregelt, dabei allerdings völkerrechtlich umhegt. Danach darf ein Staat die Bedingungen, unter denen er seine Staatszugehörigkeit verleiht,[56] selbst festlegen (Art. 91 Abs. 1 VN-SRÜ) **(Flaggenstaatsprinzip),**[57] ist jedoch durch völkerrechtliche Grundsätze – die völkergewohnheitsrechtlich verfestigt sind und über Art. 25 daher auch in das Bundesrecht hineinwirken (→ Art. 25 Rn. 34 ff.) – beschränkt: Ein Schiff darf nur eine einzige Staatszugehörigkeit haben;

---

[50] *Murphy,* Das Recht der Schiffsbesetzung für Kauffahrteischiffe (Handelsschiffe) unter deutscher Flagge, 1998, 35; *Herber,* Seehandelsrecht, 1999, 65; *Abraham,* Das Seerecht, 4. Aufl. 1974, 43. Siehe auch VG Schleswig-Holstein, Beschl. v. 14.11.2013, Az. 4 B 58/13 Seeschiff, das zu unmittelbare oder mittelbarem Erwerb durch Seefahrt bestimmt ist.

[51] *Dörr,* Die deutsche Handelsflotte und das Grundgesetz, 1988, 42 f.; *Abraham,* Das Seerecht, 1974, 43.

[52] *Dörr,* Die deutsche Handelsflotte und das Grundgesetz, 1988, 43 f.; *Durner* in BerlKomm Rn. 10; *Koenig/König* in MKS Rn. 6; *Vöneky* in BK Rn. 24.

[53] *Núñez-Müller,* Die Staatszugehörigkeit von Handelsschiffen im Völkerrecht, 1994, 70; *Skourtos,* Billig-Flaggen-Praxis und staatliche Verleihungsfreiheit, 1990, 22 f.

[54] *Dörr,* Die deutsche Handelsflotte und das Grundgesetz, 1988, 43; *Herber,* Seehandelsrecht, 1999, 86.

[55] *Satow,* Alle deutschen Kauffahrteischiffe bilden eine einheitliche Handelsflotte, 1957, 60; *Herdegen* in Maunz/Dürig Rn. 19.

[56] *Ready* in Attard/Fitzmaurice/Arroyo/Martinez The IMLI Manual on International Maritime Law: Vol. II, 2016, 19 ff.; *Tanaka,* The International Law of the Sea, 2019, 160 f.

[57] U. S. Supreme Court, *Lauritzen v. Larsen* (1953), 345 U. S. 571 (584) = AJIL 47 (1953), 711; vgl. ferner *McDougal/Burke/Vlasic* AJIL 54 (1960), 25 (27); *Colombos,* The International Law of the Sea, 1972, 289 f. Siehe ITLOS, Case No. 2, The M/V Saiga, Separate Opinion *Wolfrum* Rn. 18.

ihre Verleihung an ein bereits unter anderer Flagge fahrendes Schiff ist nicht zulässig (Art. 92 Abs. 1 S. 1, Abs. 2 VN-SRÜ; § 6 Abs. 1 FlRG).[58] Art. 91 Abs. 1 S. 3 VN-SRÜ verlangt zudem, dass die Staatszugehörigkeit nicht willkürlich begründet werden darf, sondern setzt eine „echte Verbindung" zwischen Staat und Schiff (die dem „genuine link" bzw. „genuine connection" bei natürlichen und juristischen Personen[59] ähnlich ist) voraus.[60] Indes geht der Internationale Seegerichtshof [ITLOS] davon aus, dass das Nichtbestehen eines „genuine link" kein Moment ist, auf dessen Basis andere Staaten die Gültigkeit einer Schiffsregistrierung in Frage stellen dürfen.[61] Hält man an dem Erfordernis einer „genuine connection"-fest,[62] so sind die Voraussetzungen hierfür im Lichte der Staatenpraxis jedenfalls sehr niedrig anzusetzen,[63] wie die Vielzahl sog. „Billigflaggen" ***(flags of convenience)***[64] zeigt. Dieser Begriff erfasst Flaggen, deren Führung die entsprechenden Länder jedem interessierten Schiff gestatten ***(open registry states),*** wobei die gesetzlichen Standards dieser Flaggenstaaten für den Betrieb ihrer Schiffe (einschließlich der Sicherheit) in der Regel bescheiden sind und die Flaggenführung daher als „billig" gilt.[65] Insbesondere ist völkerrechtlich nicht gefordert, dass der Schiffseigentümer die Staatsangehörigkeit des Flaggenstaates hat;[66] dies ist nur eine der für die Herstellung der erforderlichen „echten Verbindung" denkbaren Optionen. Auch Art. 27 setzt die deutsche Staatsangehörigkeit des Schiffseigners nicht vo-

[58] Dieser Grundsatz ist in Völkergewohnheitsrecht erstarkt; vgl. Lotus-Fall, Judgment No. 9, *The Case of the S. S. „Lotus"*, PCIJ Series A No. 10, 1927. Zu dem gleichen Ergebnis gelangen die anglo-amerikanische Claims Commission (Anglo-American Claims Commission, Award, The Jessie, The Thomas F. Bayard and The Pescawha, Nielsen's Report (1926), 479 ff.) und das neuseeländische Berufungsgericht im Nimbus-Fall (New Zealand, Court of Appeal [Sellers v. Maritime Safety Inspector], 5.11.1998, ILR 120 (2002), 585 ff. (588)); *Mueller,* Das Flaggenrecht von Schiffen und Luftfahrzeugen nach Völkerrecht und Landesrecht, 1926, 22; *Breuer* FS f. Schlochauer, 1981, 215 (217); *Núñez-Müller,* Die Staatszugehörigkeit von Handelsschiffen im Völkerrecht, 1994, 116 ff.

[59] Vgl. das *Nottebohm*-Urteil des IGH, Nottebohm Case, Second Phase (Liechtenstein v. Guatemala), Judgment of 6 April 1955, ICJ Rep 1955, 4 ff. Zur Übertragung der völkerrechtlichen Grundsätze zur Staatsangehörigkeit von Personen auf die Staatszugehörigkeit von Schiffen, *Núñez-Müller,* Die Staatszugehörigkeit von Handelsschiffen im Völkerrecht, 1994, 159 ff.; *Meyers,* The Nationality of Ships, 1967, 269 ff.; besonders krit. bereits *McDougal/Burke/Vlasic* AJIL 54 (1960), 25 (36 ff.).

[60] Vgl. *König* in Wolfrum MPEPIL, Stand April 2009, Flags of ships, Rn. 6 ff.; *Böhmert* JIR 3 (1954), 152 (159); *Breuer* FS f. Schlochauer, 1981, 215 (217); *Wolfrum* BerDGVR 31 (1990), 121 (123); ferner die noch nicht in Kraft getretene „United Nations Convention for Registration of Ships" v. 7.2.1986, ILM 1987, 1236.

[61] ITLOS, Case No. 2, The M/V Saiga (Saint Vincent and the Grenadines v. Guinea), Judgment of 1 July 1999, Rn. 75 ff., 83 bestätigt in ITLOS, The M/V 'Virginia G' Case (Panama v. Guinea-Bissau), Judgment of 14 April 2014, Rn. 112 f. Dies betonen auch *Vöneky* in BK Rn. 6 und *Guilfoyle* in Proelß United Nations Convention on the Law of the Sea, 2017, Art. 91 Rn. 5 f.

[62] Dies ablehnend *Vöneky* in BK Rn. 6 f.

[63] Vgl. IGH Constitution of the Maritime Safety Committee of the Inter-Governmental Maritime Consultative Organization, Advisory Opinion of 8 June 1960 IGH, ICJ Rep. 150; zum Inhalt des „genuine link" vgl. *Núñez-Müller,* Die Staatszugehörigkeit von Handelsschiffen im Völkerrecht, 1994, 179 ff. (bezogen auf das Genfer Übereinkommen über die Hohe See, BGBl. 1972 II 1089), 267 ff. (bezogen auf das VN-SRÜ); ferner *Graf Vitzthum* FS f. Schröder, 2003, 135 (149 ff.).

[64] *König* in Wolfrum MPEPIL, April 2009, Flags of ships, Rn. 6; *König* in Wolfrum MPEPIL, November 2008, Flags of Convenience, Rn. 1 ff.; *Damar* in Basedow/Rühl/Ferrari/de Miguel Asensio Encyclopedia of Public International Law, 2017, 756 (756).

[65] *Breuer* FS f. Schlochauer, 1981, 215 (216).

[66] *McDougal/Burke/Vlasic* AJIL 54 (1960), 25 (111).

raus,[67] lässt allerdings eine primäre Anknüpfung an die Eigentumsverhältnisse – wie sie das FlRG vornimmt – durchaus zu. Aus gegenwärtiger völkerrechtlicher Perspektive dürfte bereits die innerstaatliche ordnungsgemäße Registrierung eines Schiffes selbst eine hinreichende „genuine connection" etablieren.[68] In substantieller Hinsicht bleibt dann indes von dem Erfordernis des Art. 91 Abs. 1 S. 3 VN-SRÜ sehr wenig übrig.

Art. 27 statuiert **kein Verbot des Flaggenwechsels** (Ausflaggen),[69] und ordnet auch **keine Flaggenführungspflicht** für Schiffe im Eigentum oder unter der Kontrolle von Deutschen an. Das Führen der deutschen Flagge ist Tatbestandsvoraussetzung und nicht Rechtsfolge des Art. 27. Auch die völkerrechtlichen Grundsätze für die Flaggenführung, die nach Art. 25 ihrerseits verfassungsrechtliche Anerkennung finden, knüpfen nicht an die sachenrechtliche Zuordnung des Schiffes an (→ Rn. 10).[70] Wer die Bundesflagge (Art. 22 Abs. 1) führen darf oder muss und damit die deutsche Staatszugehörigkeit nach Maßgabe des Art. 91 Abs. 1 VN-SRÜ innehat, ist lediglich – auf der Basis von Praktikabilitätserwägungen und im Rahmen des völkerrechtlich Zulässigen – einfachgesetzlich geregelt. **Pflicht** ist das **Führen der Bundesflagge** für alle Kauffahrteischiffe und sonstigen zur Seefahrt bestimmten Schiffe, deren Eigentümer Deutsche sind und ihren Wohnsitz im Geltungsbereich des GG haben (§ 1 Abs. 1). Gleiches gilt für von Deutschen beherrschte juristische Personen, OHG und KG (Näheres dazu verfügt § 1 Abs. 2). Praktisch kann die Pflicht, etwa durch Gründung einer ausländischen (Tochter-)Gesellschaft, leicht umgangen werden.[71] Erhebliche praktische Bedeutung hat die unter den Voraussetzungen des § 7 FlRG zulässige zeitweilige Überlassung eines Schiffes durch den deutschen Eigentümer an einen ausländischen oder im Ausland ansässigen Ausrüster zur Bereederung („Bareboat Charter"),[72] für die das Führen einer anderen als der deutschen Flagge gestattet werden kann (vgl. statistischer Anhang). § 7 Abs. 1 S. 2 FlRG knüpft die Ausflaggungsgenehmigung an den Nachweis, dass die durch den Flaggenwechsel bedingten Nachteile für den Schifffahrtsstandort Deutschland ausgeglichen werden. Ein Ausgleich hat primär über die Erhaltung seefahrtsbezogener Ausbildungsplätze (§ 7 Abs. 2 FlRG) und subsidiär auf Antrag in den Fällen von Unvermögen über die Zahlung von Ablösebeträgen zu erfolgen (§ 7 Abs. 3 FlRG).[73] 11

Diese „Auflaggungsschranke" scheinen im Einklang mit unionsrechtlichen Anforderungen zu stehen.[74] – Zur **Führung der Bundesflagge berechtigt** sind die in § 2 (iVm § 1) FlRG aufgeführten Gruppen: ua (a) Erbengemeinschaften,[75] die aus deutschen und ausländischen Eigentümern bestehen, unter 12

[67] *Koenig/König* in MKS Rn. 7; *Wollenschläger* in Dreier Rn. 8; *Herdegen* in Maunz/Dürig Rn. 19.

[68] *Koenig/König* in MKS Rn. 7.

[69] *Heintschel v. Heinegg/Frau* in BeckOK GG Rn. 2; *Herdegen* in Maunz/Dürig Rn. 21. Differenzierend *Vöneky* in BK Rn. 21.

[70] Vgl. *Vöneky* in BK Rn. 26; *Bothe* in AK Rn. 3; für eine Flaggenführungspflicht hingegen *Herdegen* in Maunz/Dürig Rn. 22; ähnlich *Durner* in BerlKomm Rn. 11.

[71] *Basedow* in Drobnig, Recht der Flagge, 1990, 75 (78 f.); *Herdegen* in Maunz/Dürig Rn. 22.

[72] *Mukherjee* in Mukherjee/Mejia/Xu Maritime Law in Motion, 2020, 581 ff. (588 f.).

[73] Näheres regelt die Flaggenrechtsverordnung (BGBl. I S. 1389), zuletzt geändert durch Art. 178 des Gesetzes v. 29.3.2017 (BGBl. I 626) – siehe § 22 Abs. 1 lit. b FlRG.

[74] *Berger/Zink,* NordÖR 2013, 192 (196).

[75] § 2 FlRG nimmt nicht mehr auf „Partenreedereien" Bezug, die als eine besondere seehandelsrechtliche Gesellschaftsform aufgrund geringer wirtschaftlicher Bedeutung und

der Voraussetzung, dass „Deutsche zu mehr als der Hälfte am Nachlass beteiligt sind und zur Vertretung ausschließlich Deutsche bevollmächtigt sind, die ihren Wohnsitz oder Sitz im Inland haben" (§ 2 Abs. 1 Nr. 1), (b) wobei § 2 Abs. 1 Nr. 2 FlRG anordnet, dass deutschen Staatsangehörigen Staatsangehörige von EU-Mitgliedstaaten gleichstehen; (c) Schiffe im Eigentum von Staatsangehörigen von EU-Mitgliedstaaten, die ihren Wohnsitz in Deutschland haben (§ 2 Abs. 1 Nr. 2 iVm § 1 Abs. 1) sowie (d) Schiffe von Gesellschaften, die nach den Rechtsvorschriften eines EU-Mitgliedstaates gegründet worden sind, mit satzungsmäßigem Sitz, Hauptverwaltung oder Hauptniederlassung in einem (nicht zwingend dem gleichen) Mitgliedstaat, sofern diese „eine oder mehrere verantwortliche Personen mit Wohnsitz oder Sitz im Inland ständig beauftragt haben, zu gewährleisten", dass deutsche Rechtsvorschriften für Seeschiffe eingehalten werden, und sofern – in den Fällen von Fischereifahrzeugen – die betreffenden Gesellschaften Personen, die die oben genannten Qualifikationen erfüllen, beauftragt haben, den Einsatz zum Fischfang zu leiten, durchzuführen und zu überwachen (§ 2 Abs. 1 Nr. 3 FlRG).[76] Insbesondere mit § 2 Abs. 1 Nr. 2 und 3 FlRG wird dem Diskriminierungsverbot des Art. 18 AEUV bzw. der Niederlassungsfreiheit, Art. 49, 54 AEUV, Rechnung getragen.[77] Drittstaatenangehörige, die basierend auf völkerrechtlichen Verträgen in den Genuss der Niederlassungsfreiheit kommen, werden deutschen Staatsangehörigen gleichgestellt, so denn Reziprozität gewahrt ist (§ 2 Abs. 2 FlRG). Begründet weder § 1 noch § 2 eine Berechtigung, die Bundesflagge zu führen, kann die **Befugnis** dazu unter den Voraussetzungen des § 11 kraft Verwaltungsakts **verliehen** werden, wenn eine internationale Vereinbarung dies vorsieht (§ 11 Abs. 1 S. 1) oder die in § 11 Abs. 1 S. 2 lit. a–e aufgelisteten Voraussetzungen gegeben sind. Für die erste Überführungsreise kommt eine Verleihung nach § 10 FlRG in Betracht.

13 Die Folgen der Zuweisung bzw. Verleihung der deutschen Flaggenhoheit an ein Schiff bestimmen sich nach dem Völkerrecht: Nach Art. 87 Abs. 1 lit. a und Art. 90 VN-SRÜ hat Deutschland das Recht, Schiffe, die seine Flagge führen, auf der Hohen See fahren zu lassen. Ferner kann Deutschland für solche Schiffe die Freiheit der Fischerei in Anspruch nehmen (Art. 87 Abs. 1 lit. d VN-SRÜ). Dabei handelt es sich nicht um Individualrechte (zum Verhältnis zu Art. 3 Abs. 1 → Rn. 22), sondern um Rechtspositionen, die dem Mitgliedstaat zustehen; die individuelle Begünstigung ist lediglich Rechtsreflex.[78] Auf Hoher See unterliegt ein unter deutscher Flagge fahrendes Schiff der alleinigen Hoheitsgewalt der Bundesrepublik Deutschland (Art. 92 Abs. 1 S. 1 VN-SRÜ).[79] Verbunden ist hiermit auch die Verpflichtung Deutschlands als Flaggenstaat, die ihm zukommende Hoheitsgewalt effektiv auszuüben (vgl. Art. 94 Abs. 1 lit. a VN-SRÜ). Es ist nach Art. 92

---

rechtspolitischer Berechtigung aus dem HGB gestrichen wurden, siehe *Berger/Zink* NordÖR 2013, 192 (192).

[76] Siehe EuGH C-299/02, Slg. 2004, S. I-09761.

[77] Hierzu *Berger/Zink* NordÖR 2013, 192 (193 ff.). Vgl. EuGH C-221/89, Rn. 32 – Factortame Ltd.

[78] Eine individualrechtliche Ausrichtung des Art. 27 verneinen ebenfalls *Herdegen* in Maunz/Dürig Rn. 25; *Dörr,* Die deutsche Handelsflotte und das Grundgesetz, 1988, 178; *Durner* in BerlKomm Rn. 7; *Koenig/König* in MKS Rn. 11.

[79] Kritisch zum Konzept der *„ship nationality" Mukherjee* in Mukherjee/Mejia/Xu Maritime Law in Motion, 2020, 581 ff.

Abs. 2 lit. a VN-SRÜ insbes. zur Führung eines Schiffsregisters verpflichtet. Die Flaggenhoheit **(Flaggenstaatsprinzip)** ist insofern ein völkergewohnheitsrechtlich verankertes Instrument der Jurisdiktionszuweisung,[80] die ein notwendiges Gegengewicht zu der Freiheit der Hohen See (Art. 87 VN-SRÜ)[81] setzt. [82] Mit der Flaggenhoheit eines Staates über ein Schiff geht grundsätzlich die Ausübung von Regelungsgewalt über dieses einher.[83] Emanation dieser Regelungsgewalt ist, dass ua Steuerrecht, Arbeitsrecht etc. des Flaggenstaats auf dem Schiff Geltung beanspruchen (zu Einschränkungen für sog. Zweitregisterschiffe → Rn. 19). Insofern hat die Flaggenhoheit auch erhebliche ökonomische Bedeutung.[84]

Auf Wahrung des Flottenbestandes zielt Art. 27 nicht ab. Insbesondere ist dem Eigentümer eines Handelsschiffes von Verfassung wegen nicht verwehrt, sein Schiff aus der deutschen Handelsflotte herauszulösen[85] – ein Vorgang, der als **Ausflaggen** bezeichnet wird – und der Flaggenhoheit eines anderen Staates zu unterstellen (zu einfachgesetzlichen Schranken → Rn. 11). [86] Das BVerfG hat die Rechtswahlklausel des § 21 Abs. 4 FlRG für verfassungsrechtlich zulässig erklärt, obwohl sie praktisch zu einer starken Einschränkung der Freiheit der Koalitionsbetätigung (Art. 9 Abs. 3) führt. Dem Allgemeininteresse an der Sicherheit des Schiffsverkehrs und damit an Maßnahmen, mit denen dem Trend zum Ausflaggen entgegengewirkt werden kann, maß das Gericht dabei erhebliche Bedeutung bei.[87] Die Verteilung der Fischerei-Fangquoten im EU-Binnenmarkt[88] hat ebenfalls zu Ausflaggungstendenzen beigetragen, denn um in den Genuss der Fangquote eines bestimmten Mitgliedstaates zu kommen, bietet sich die Registrierung des Schiffes unter dessen Flagge an (sog. „quota hopping")[89]. Grenzen werden dem „quota hopping" durch das Erfordernis einer wirtschaftlichen Beziehung zwischen Schiff und Flaggenstaat gesetzt.[90] 14

„Alle" bringt nichts weiter zum Ausdruck, als dass die Zugehörigkeit zur einheitlichen Handelsflotte ohne Unterschied für die Wasserfahrzeuge gilt, 15

---

[80] *Shaw,* International Law, 8. Aufl. 2018, 455; *Westlake,* International Law, Vol. I, 2. Aufl. 1910, 179. Zur Differenzierung zwischen einer *„jurisdiction to prescribe"* and *„jurisdiction to enforce"* und sich überlappenden Jurisdiktionssphären *Dahm/Delbrück/Wolfrum,* Völkerrecht I/ 1, 2. Aufl. 1989, 319.

[81] Siehe bereits *Grotius,* Mare Librum, 1609.

[82] *Le Louis* [1817] 165 ER 1464, 1475; *Guilfoyle* in Proelß United Nations Convention on the Law of the Sea, 2017, Art. 92 Rn. 4. Vgl. *Vöneky* in BK Rn. 2.

[83] Vgl. StIGH, Lotus-Fall, PCIJ Reports, Series A, No. 10 (1927) 4 (25, 26); ferner *Núñez-Müller,* Die Staatszugehörigkeit von Handelsschiffen im Völkerrecht, 1994, 87 ff.; *Wolfrum* BerDGVR 31 (1990), 121 (126 f.); *Kolb/Neumann/Salomon* ZaöRV 71 (2011), 191 (198 f.).

[84] S. *Basedow* BerDGVR 31 (1990), 75 (76 ff.); *Drobnig* BerDGVR 31 (1990), 31 (33 ff.); *Wolfrum* BerDGVR 31 (1990), 121 (131); *Bunde,* Ursachen und Konsequenzen der Ausflaggung der deutschen Handelsflotte, 1991, 44 ff.

[85] *Erbguth/Schubert* in Sachs Rn. 4, 7; *Umbach* in Umbach/Clemens Rn. 17; *Reich* in Reich, Magdeburger Kommentar zum Grundgesetz, 1998, Rn. 1; so auch *Wollenschläger* in Dreier Rn. 6, 12.

[86] BVerfGE 92, 26 (42).

[87] BVerfGE 92, 26 (43). Zur Problematik *Scholz* in Maunz/Dürig Art. 9 Rn. 176.

[88] Grundlage für die Zuteilung einzelner Fangmengen stellt Art. 161 der Beitrittsakte von 1985 (ABl. 1985 L 302, 23 ff.) dar.

[89] Zum Begriff des „quota hopping" vgl. *Hoefnageln/de Vos/Buisman* Marine Policy 57 (2015), 111 (112); *Lequesne,* The politics of fisheries in the European Union, 2004, 110 ff.; *Steiling,* Das Seefischereirecht der Europäischen Gemeinschaften, 1989, 225 ff.; *Schneider,* Die gemeinsame Fischereipolitik der Europäischen Gemeinschaften, 1988, 96 f.

[90] EuGH C-216/87, Slg. 1989, 4509 Rn. 21 ff. – Jaderow.

auf die das Tatbestandsmerkmal „Kauffahrteischiff" zutrifft. Eine eigenständige Bedeutung kommt dem Wort insofern nicht zu.[91]

II. Bilden eine einheitliche Handelsflotte

16 Die Handelsflotte ist „Inbegriff" aller deutschen Kauffahrteischiffe.[92] Ein über die Staatszugehörigkeit hinausgehender rechtlicher Zuweisungsgehalt ist mit der Zugehörigkeit zur Handelsflotte also nicht verbunden. Insoweit ist der Normbefehl des Art. 27 vornehmlich (zu Ausnahmen → Rn. 21) symbolischer und definitorischer Art: Art. 27 verfügt, dass die Gesamtheit der unter deutscher Flagge fahrenden Schiffe als Handelsflotte bezeichnet wird. Dies gilt umso mehr, als die Handelsflotte als solche keine Einrichtung ist (weder eine staatliche noch eine private), die Zuordnungssubjekt von Rechten und Pflichten sein könnte, und keine organisatorischen Strukturen aufweist.[93] Der völkerrechtliche (diplomatische) Schutz kann nicht „der Handelsflotte" zuteilwerden, auch weil diese anders als Kriegsschiffe nicht im Verbund ausläuft, sondern immer nur dem einzelnen Schiff kraft der von ihm geführten Flagge.

17 Das aus den Verfassungen von 1871 und 1919 übernommene Attribut **„einheitlich"** war seinerzeit mit dem Rechtsbefehl der Vereinheitlichung im Sinne der Zuweisung einer einheitlichen deutschen Staatszugehörigkeit verknüpft. (→ Rn. 1). Das Merkmal spiegelt insofern lediglich wider, dass jenseits der „einheitlichen Handelsflotte" des Gesamtstaates in Deutschland keinerlei andere (gliedstaatliche) Handelsflotten bestehen (→ Rn. 6). Darüber hinaus bedeutet „Einheitlichkeit" der Handelsflotte, dass in Deutschland – anders als in manchen Nachbarstaaten (Dänemark; Frankreich für die überseeischen Gebiete) – **keine sog. Zweitregister** begründet werden können: Das Seeschiffregister als Ausweis der Flottenzugehörigkeiten (→ Rn. 19) hat einheitlich zu sein. Mitunter wird vertreten, dass „einheitlich" auch einen Gleichheitsaspekt des Inhalts verkörpert, dass allen der Handelsflotte zugehörigen Schiffen der Schutz der Bundesrepublik und etwaige innerstaatliche Privilegien (Nutzung von Hafenanlagen etc.) zuteilwerden.[94] Aus dem Wortlaut ist nicht ableitbar, dass Art. 27 als Gleichheitsrecht angelegt wäre (der Begriff „einheitlich" ist nur auf die Handelsflotte, nicht auf die Schiffe an sich bezogen). Wenn Kauffahrteischiffen Gleichbehandlung zuteil wird, ist dies Folge des Umstandes, dass sie ein rechtserhebliches Merkmal – die deutsche Staatszugehörigkeit – gemein haben. Der Schutz der Handelsflotte erfolgt hauptsächlich auf diplomatischem Wege.[95] Träger des völkerrechtlichen Rechts auf Gewährung diplomatischen

---

[91] Ebenso *Hoog* in v. Münch/Kunig, 5. Aufl. 2001, Rn. 6; eine gewisse Bedeutung wird dem Begriff „alle" von Umbach zugesprochen, vgl. *Umbach* in Umbach/Clemens Rn. 17.

[92] *Durner* in BerlKomm Rn. 12 („Gesamtheit der im Seehandel eingesetzten Schiffe, die in das deutsche Schiffsregister eingetragen sind"); *Satow,* Alle deutschen Kauffahrteischiffe bilden eine einheitliche Handelsflotte, 1957, 90.

[93] *Satow,* Alle deutschen Kauffahrteischiffe bilden eine einheitliche Handelsflotte, 1957, 94.

[94] *Koenig/König* in MKS Rn. 8; *Satow,* Alle deutschen Kauffahrteischiffe bilden eine einheitliche Handelsflotte, 1957, 96 ff.

[95] Vgl. allg. *v. Münch* FS f. Stödter, 1979, 231 ff.; *Dahm/Delbrück/Wolfrum,* Völkerrecht I/2, 2. Aufl. 2002, 354 f.; ILC, Draft Articles on Diplomatic Protection (UN Doc. A/61/10), YBILC-II 2006 (with commentaries). Vgl. zu neueren Entwicklungen *Denza* Netherlands International Law Review 65 (2018), 463 ff.; *Crawford* in Maluwa/du Plessis/Tladi The Pursuit of a Brave New World in International Law, 2017, 135 ff.; *Casas* New York University Journal of International Law and Politics 49 (2016), 63 (100 ff.).

Schutzes ist der Staat.[96] Nach hM vermittelt das Völkerrecht dem Individuum keinen Anspruch auf die Ausübung **diplomatischen Schutzes** gegenüber seinem Heimatstaat.[97] Verfassungsrechtlich besteht indes ein individueller Anspruch auf ermessensfehlerfreie Entscheidung über seine Gewährung.[98]

18 Da Handelsschiffe nicht deutsches Staatsgebiet, sondern nur „rechtlich geschützte Außenpositionen" darstellen,[99] ist umstritten, ob die Bundesmarine gegen den Angreifer auf ein deutsches Kauffahrteischiff gem. Art. 87a Abs. 2 zum Einsatz gebracht werden kann (→ Art. 87a Rn. 45).[100] In der völkerrechtlichen Literatur wird die Frage, ob ein Angriff auf ein Handelsschiff einen „bewaffneten Angriff" iSd Art. 51 UN-Charta[101] darstellen kann, durchaus kontrovers diskutiert.[102] Der IGH hat hierzu noch nicht eindeutig judiziert.[103] Einige Autoren gehen von der Einschlägigkeit des Art. 51 UN-Charta jedenfalls dann aus, wenn die gesamte Handelsflotte attackiert wird.[104] In der Tat scheint dies Art. 3 lit. d der Aggressionsdefinition[105] zu indizieren, der auf die See- und Luftflotte eines Staates Bezug nimmt. Gleiches müsse – wie einige argumentieren – für wiederholte Angriffe auf einen wesentlichen Teil der Flotte gelten.[106] Mit der Renaissance der Piraterie hat diese Frage an Aktualität gewonnen.[107] In diesem Kontext erweitert sich das Problem jedoch insoweit um eine weitere Ebene, als im Falle der Piraterie die Ausübung des Selbstverteidigungsrechts gegen nichtstaatliche Akteure in Frage steht.[108] Besonderheiten gelten wiederum, wenn die Gegenwehr auf Hoher See, also jenseits einer staatlichen Territorialsphäre, erfolgt. Geht man davon aus, dass Waffeneinsatz zur Abwehr von Piraten nicht als Verteidigung (des Bundesgebiets) qualifiziert werden kann,[109] kommt ein Einsatz der Bundeswehr nur iRd

---

[96] StIGH PCIJ Series A, No 2, 12 – Mavrommatis-Konzessionen; IGH, Nottebohm Case, Second Phase (Liechtenstein v. Guatemala), Judgment of 6 April 1955, ICJ Rep 1955, 4 ff.

[97] Siehe auch *Becker* in MKS Art. 16 Rn. 14.

[98] Vgl. zu dem Anspruch des Einzelnen auf fehlerfreie Ermessensausübung der deutschen Staatsgewalt im Hinblick auf die Gewährung diplomatischen Schutzes, BVerfGE 6, 290 (299); 55, 349 (364 f.); *Kokott* in Sachs Art. 16 Rn. 14; *Becker* in MKS Art. 16 Rn. 23; *Kimminich* DÖV 1971, 577 (582); *Kolb/Neumann/Salomon* ZaöRV 71 (2011), 196 (244); zum Inhalt des diplomatischen Schutzes *v. Münch,* Internationales Seerecht, 1985, 69 ff.; *Kind,* Der diplomatische Schutz, 2014. Umf. zu den einzelnen Ansätzen, *Blumenwitz* FS f. Ferid, 1978, 439 (445 ff.).

[99] *Stein* FS f. Rauschning, 2001, 487 (495); *Stern,* StaatsR II, 1980, Rn. 1399; *Hillgruber* in SHH Rn. 10; aA *Umbach* in Umbach/Clemens Rn. 19, demzufolge alle Schiffe deutscher Staatszugehörigkeit auf Hoher See zu deutschem Staatsgebiet zählen; so noch *Brockmeyer* in SHH, 10. Aufl. 2004, Rn. 2.

[100] Hierzu *Waak,* Pirateriebekämpfung durch deutsche staatliche Stellen, 2018, 127 ff.; *Fournier,* Der Einsatz der Streitkräfte gegen Piraterie auf See, 2014.

[101] 1 UNTS 16.

[102] Siehe *Randelzhofer/Nolte* in Simma/Khan/Nolte/Paulus/Wessendorf The Charter of the United Nations, 3. Aufl. 2012, Art. 51 Rn. 27; *Ruys,* „Armed Attack" and Article 51 of the UN Charter, 2010, 207 ff. Siehe *Lerche,* Militärische Abwehrbefugnisse bei Angriffen auf Handelsschiffe, 1993, 103 ff.

[103] Oil Platforms (Islamic Republic of Iran v United States of America) [2003] ICJ Rep 161, Rn. 50 ff.

[104] *Herdegen* in Maunz/Dürig Rn. 28; *Randelzhofer/Nolte* in Simma/Khan/Nolte/Paulus/Wessendorf The Charter of the United Nations, 3. Aufl. 2012, Art. 51 Rn. 27.

[105] Resolution der UN-Generalversammlung 3314 (XXIX).

[106] So *Randelzhofer/Nolte* in Simma/Khan/Nolte/Paulus/Wessendorf The Charter of the United Nations, 3. Aufl. 2012, Art. 51 Rn. 27.

[107] Zur Piraterie *König/Salomon* in Koutrakos/Skordas The Law and Practice of Piracy at Sea, 2014, 225 ff.; *van Hespen* Int'l J. Marine & Coastal L. 31 (2016), 279 ff.

[108] Hierzu *Starski,* ZaöRV 75 (2015), 455 ff.

[109] *Waak,* Pirateriebekämpfung durch deutsche staatliche Stellen, 2018, 143; *Pross,* Die deutschen Streitkräfte im Einsatz gegen Seeräuber, 2018, 163. AA *Herdegen* in Maunz/Dürig Rn. 29.

Art. 24 Abs. 2 (iVm mit Resolutionen des UN-Sicherheitsrates) in Betracht (→ Art. 24 Rn. 21).[110] Das dafür einzuhaltende Verfahren (parlamentarische Ermächtigung) ist auf solche Abwehrmaßnahmen, die eher polizeirechtlichen als militärischen Charakter aufweisen, nicht primär zugeschnitten.[111] Völkerrechtlich und auch staatsrechtlich zulässig wäre es, Schiffen unter deutscher Flagge zu ihrem eigenen Schutz die Bewaffnung zu gestatten.[112]

19 Die Zugehörigkeit zur deutschen Handelsflotte wird durch Registereintragung dokumentiert. Von den für die Heimathäfen örtlich zuständigen Amtsgerichten wird ein **Seeschiffregister** geführt, in das die Kauffahrteischiffe und andere zur Seefahrt bestimmte Schiffe (Seeschiffe) eingetragen werden, die nach §§ 1, 2 FlRG die Bundesflagge zu führen haben oder führen dürfen.[113] Ihm ist seit 1989 durch § 12 FlRG ein **Internationales Seeschifffahrtsregister** als Zusatzregister an die Seite gestellt. Die Eintragung in dieses ist nicht obligatorisch, sondern erfolgt nur auf Antrag des Eigentümers. Dessen Einführung widerstreitet der Einheitlichkeit der deutschen Handelsflotte nicht: Die Eintragung in das einheitliche deutsche Seeschifffahrtsregister bleibt auch bei Eintragung in das Internationale Seeschifffahrtsregister bestehen.[114] Weder handelt es sich um ein Zweitregister im engeren Sinne, das alternativ zum Hauptregister eines Staates gewählt werden kann,[115] noch überhaupt um ein deutsches Register. Die Eintragung hat vor allem kollisionsrechtliche Bedeutung: Unter den in § 21 Abs. 4 FlRG näher genannten Voraussetzungen können mit ausländischen Gewerkschaften (für das häufig ausländische Schiffspersonal) geschlossene Tarifverträge (unter partieller Abweichung von Art. 30 EGBGB) Vorrang vor Tarifverträgen mit deutschen Gewerkschaften haben. Ausländische Seeleute können also unter den arbeitsrechtlichen Bedingungen angeheuert werden, die in ihren Heimatstaaten gelten („Heimatheuern").[116] Das BVerfG hat dies trotz Bedenken im Kern gebilligt:[117] Müsste schon kraft der deutschen Staatszugehörigkeit des Schiffes stets deutsches Arbeitsrecht zur Anwendung gelangen, wären weitere Ausflaggungsbestrebungen die Folge. Dies liege nicht im öffentlichen Interesse an der Sicherheit des Schiffsverkehrs. Ob auch ein die Beschränkungen

---

110 *Waak,* Pirateriebekämpfung durch deutsche staatliche Stellen, 2018, 203. Davon ausgehend, dass dies eine weitere normative verfassungsrechtliche Grundlage ist *Herdegen* in Maunz/Dürig Rn. 29. In diesem Kontext stellt sich dann insbesondere die Frage, ob die EU als ein „System kollektiver Sicherheit" iSd Art. 24 Abs. 2 eingeordnet werden kann; vgl. → Art. 24 Rn. 22; BVerfGE 123, 267 (424); BVerfG NVwZ 2019, 1669 (1674).

111 *Fischer-Lescano* NordÖR 2009, 49 (52 f.); *Jenisch* NordÖR 2009, 385 (390 f.).

112 Vgl. *Stein* FS f. Rauschning, 2001, 487 (488).

113 § 3 Abs. 2 Schiffsregisterordnung v. 19.12.1940 idF in der Fassung der Bekanntmachung vom 26.5.1994 (BGBl. I 1133), die zuletzt durch Art. 17 des Gesetzes vom 20.11.2019 (BGBl. I 1724) geändert worden ist.

114 *Herdegen* in Maunz/Dürig Rn. 24; *Erbguth/Schubert* in Sachs Rn. 7; aA *Däubler,* Das zweite Schiffsregister, 1988, 33; *Geffken* NZA 1989, 88 (89); krit. *Wollenschläger* in Dreier Rn. 10.

115 *Vöneky* in BK Rn. 29.

116 Dazu *Kühl* TranspR 1989, 89 (90 ff.); unberührt bleiben die Vorschriften des deutschen Sozialversicherungsrechts, vgl. § 21 Abs. 4 S. 4 FlRG.

117 Als nicht mehr mit Art. 9 Abs. 3 vereinbar erachtete das BVerfG jedoch § 21 Abs. 4 S. 3 FlRG, der in Bezug auf deutsche Tarifverträge anordnete, dass diese sich auf die Arbeitsverhältnisse von Besatzungsmitgliedern, die im Inland keinen Wohnsitz oder ständigen Aufenthalt haben, also von ausländischen Mitgliedern der deutschen Gewerkschaft, im Zweifel nur beziehen, wenn sie dies ausdrücklich vorsehen. Das Erfordernis einer solchen Erstreckungsklausel sei den deutschen Gewerkschaften nicht zumutbar, BVerfGE 92, 26 (44 f.). Hierzu *Vöneky* in BK Rn. 36.

rechtfertigendes Interesse am Bestand der deutschen Handelsflotte aus Art. 27 ableitbar sei, ließ das Gericht ausdrücklich offen.[118] § 21 Abs. 4 FlRG bewirkt keine Aufspaltung der Flotte,[119] wohl aber eine Diversifizierung beim anwendbaren Recht.

Dem – erfolglosen– Versuch, ein **„European Register of Shipping“** (EUROS) zu schaffen[120] und dabei die Flaggenhoheit der EG zuzuweisen[121] lagen die Bemühungen um eine Harmonisierung des Sozial- und Steuerrechts zugrunde. Das geplante europäische Gesamtregister sollte auf Grundlage des Art. 84 Abs. 2 EG errichtet werden.[122] An die Registereintragung (für Schiffe ab 500 Bruttoregistertonnen, die jünger als 20 Jahre sind) sollte die Verpflichtung geknüpft sein, alle Offiziere und 50 % der sonstigen Besatzung aus Unionsbürgern zu rekrutieren. Da dieses Konzept „Niedrigheuern“ kaum noch erlaubte, stieß es auf Ablehnung; es wurde später in der Weise abgeschwächt, dass für die Registereintragung die europäische Staatsangehörigkeit allein des Kapitäns genügen sollte (wobei die Mitgliedstaaten strengere Regeln statuieren und im Gegenzug Beihilfen hätten gewähren dürfen).[123] Seit dem Lissabon-Gipfel der EU (2007) ist das Konzept eines einheitlichen Schiffsregisters endgültig gescheitert.[124] 20

Art. 27 ist als objektiv-rechtliche **Einrichtungsgarantie** für die deutsche Handelsflotte zu verstehen,[125] jedoch nur in dem Sinne, dass der Staat die deutsche Staatszugehörigkeit von Kauffahrteischiffen, nach der sich ihre Zugehörigkeit zur Handelsflotte richtet, weiterhin rechtlich ermöglichen muss.[126] Eine Bestandsgarantie oder eine Förderpflicht gehen damit grundsätzlich nicht einher.[127] Im Normalfall ist der Staat auch nicht verpflichtet, Ausflaggungstendenzen durch Erhöhung der internationalen „Wettbewerbsfähigkeit“ der deutschen Flagge entgegenzuwirken.[128] Eine Ausnahme hier- 21

---

[118] BVerfGE 92, 26 (43); hierzu *Lagoni* JZ 1995, 499; *Erbguth* JuS 1996, 18; krit. insoweit *Höfft* NJW 1995, 2329 (2330); *Geffken* NZA 1995, 504 (505); *Wimmer* NZA 1995, 250.

[119] So iE aber *Wollenschläger* in Dreier Rn. 10.

[120] Europäische Kommission, Vorschlag für eine Verordnung (EWG) des Rates zur Einrichtung eines Gemeinschafts-Schiffregisters und über das Führen der Gemeinschaftsflagge durch Seeschiffe, KOM(89) 266 endg. v. 3.9.1989; dazu *Werbke* TranspR 1990, 317 (324 f.).

[121] *Umbach* in Umbach/Clemens Rn. 27; *Erbguth* JuS 1996, 18 (23).

[122] Zu den wenig ausgeprägten Kompetenzen der EG vgl. insgesamt *Nöll* AVR 32 (1994), 369.

[123] *Nöll* AVR 32 (1994), 369.

[124] Mitteilung der Europäischen Kommission, Eine integrierte Meerespolitik für die Europäische Union, KOM(2007) 575 v. 10.10.2007, in welcher der EUROS-Vorschlag keine Erwähnung mehr findet. Vgl. *Roe,* Governance, Policy and Juxtaposition: A Maritime Perspective, 2020, 311 f.

[125] Von einer objektivrechtlichen Einrichtungsgarantie gehen aus *Mager,* Einrichtungsgarantien, 2003, 386 f. mwN; wie hier *Stern,* StaatsR III/1, 1988, Rn. 376; *Durner* in BerlKomm Rn. 8 (im Hinblick auf das Flaggenrecht); *Heintschel v. Heinegg/Frau* in BeckOK GG vor Rn. 1, 5; aA *Herdegen* in Maunz/Dürig Rn. 31; *Koenig/König* in MKS Rn. 16 f.; zweifelnd *Schmidt-Jortzig,* Die Einrichtungsgarantien der Verfassung, 1979, 26; *Umbach* in Umbach/Clemens Rn. 20, 25; offen gelassen von BVerfGE 92, 26 (42 f.); *Hillgruber* in SHH Rn. 12.

[126] Ähnlich *Durner* in BerlKomm Rn. 8, welcher Art. 27 am ehesten als Institutsgarantie des Flaggenrechts einordnet. Ferner *Vöneky* in BK Rn. 22, 30.

[127] *Durner* in BerlKomm Rn. 8; *Erbguth/Schubert* in Sachs Rn. 8; *Umbach* in Umbach/Clemens Rn. 20; iE auch *Basedow* in Drobnig Recht der Flagge, 1990, 75 (106 f.), der allerdings auch eine Einrichtungsgarantie ablehnt (107 f.); aA *Dörr,* Die deutsche Handelsflotte und das Grundgesetz, 1988, 163 ff.; offengelassen in BVerfGE 92, 26 (43).

[128] So aber *Dörr,* Die deutsche Handelsflotte und das Grundgesetz, 1988, 177 ff., 195 f.; gegen eine Subventionierungspflicht *Durner* in BerlKomm Rn. 8.

von wird lediglich gemacht werden müssen, wenn die Beibehaltung der deutschen Flagge auch für die in § 1 aufgeführten Schiffsbetreiber (welche zu ihrer Führung verpflichtet sind) existenzbedrohend ist, weil sie im globalen Wettbewerb wegen der verbundenen Rechtsvorgaben nicht bestehen können: Der Bund muss Gewähr dafür tragen, dass eine wirtschaftliche Basis für das Führen der deutschen Flagge vorhanden ist. Insbesondere ist die Anwendung (im internationalen Vergleich strenger) deutscher Regeln über die Sicherheit der Seeschifffahrt nicht selbst Ziel und Zweck der Handelsflotte, sondern bereits Folge der deutschen Staatszugehörigkeit, ohne mit ihr in logisch-funktionalem Zusammenhang zu stehen. Dementsprechend kann auch die Durchsetzung solcher Regeln kein von Art. 27 geschützter Belang sein. Die „Funktionsfähigkeit" der Flotte als solcher braucht der Staat nicht zu gewährleisten, schon weil ihr Art. 27 keine spezifische Funktion zuweist.[129] Ebenso wenig kann aus Art. 27 ein Auftrag zur Herstellung und Sicherung der Infrastruktur, zu deren Nutzung die der Handelsflotte zugehörigen Schiffe berechtigt sind,[130] oder eine Verfassungsentscheidung für eine privatwirtschaftliche Seefahrt abzulesen sein.[131] Dies schließt, soweit europa- und völkerrechtliche Vorgaben nicht entgegenstehen, die rechtliche Begünstigung der deutschen Handelsflotte gegenüber ausländischen Schiffen nicht aus.

C. Verhältnis zu anderen Bestimmungen des GG

22 Die Pflicht zur Gleichbehandlung deutscher Kauffahrteischiffe ist weder im Wortlaut noch im Telos des Art. 27 angelegt, sondern folgt unmittelbar aus Art. 3 Abs. 1. Für die Deutung des Art. 27 als *lex specialis*[132] besteht insofern auch keine funktionale Notwendigkeit.[133] Diese Feststellung wird untermauert durch den Verzicht des GG auf eine Art. 54 Abs. 3 S. 1 der RV von 1871 entsprechende Bestimmung;[134] die erwähnte Vorschrift sah, wenn auch bezogen auf die Bundesstaaten, ausdrücklich die Gleichbehandlung von Kauffahrteischiffen in deutschen Seehäfen und auf Wasserstraßen vor.[135] Gesetzgebungskompetenzen des Bundes mit Bezug zu Art. 27 sind im Bereich der ausschließlichen Gesetzgebungshoheit Art. 73 Abs. 1 Nr. 1 (Auswärtige Angelegenheiten) und Art. 73 Abs. 1 Nr. 5 (Handels- und Schifffahrtsverträge), im Bereich der konkurrierenden Gesetzgebung Art. 74 Abs. 1 Nr. 11 (Recht der Wirtschaft), Art. 74 Abs. 1 Nr. 17 (Hochsee- und Küstenfischerei) und Art. 74 Abs. 1 Nr. 21 (Hochsee- und Küstenschifffahrt). Eine besondere Verwaltungskompetenz des Bundes ist in Art. 89

---

[129] IE ebenso *Erbguth/Schubert* in Sachs Rn. 8; *Herdegen* in Maunz/Dürig Rn. 31 f.; aA *Schiedermair/Dörr,* Der Schutz der deutschen Handelsflotte, 1984, 30; *Heintschel v. Heinegg/Frau* in BeckOK GG Rn. 5.

[130] So aber *Koenig/König* in MKS Rn. 17.

[131] AA wohl *Erbguth/Schubert* in Sachs Rn. 8; *Erbguth* JuS 1996, 18 (22).

[132] Art. 27 wird als Gleichheitssatz begriffen von *Umbach* in Umbach/Clemens Rn. 22; *Hoog* in v. Münch/Kunig, 5. Aufl. 2001, Rn. 13; offengelassen von *Jarass* in Jarass/Pieroth Rn. 2; abl. *Durner* in BerlKomm Rn. 7; *Herdegen* in Maunz/Dürig Rn. 25; *Wollenschläger* in Dreier Rn. 13.

[133] *Herdegen* in Maunz/Dürig Rn. 25.

[134] *Durner* in BerlKomm Rn. 7; *Herdegen* in Maunz/Dürig Rn. 25.

[135] „In den Seehäfen und auf allen natürlichen und künstlichen Wasserstraßen der einzelnen Bundesstaaten werden die Kauffahrteischiffe sämtlicher Bundesstaaten gleichmäßig zugelassen und behandelt."

Abs. 2 niedergelegt,[136] auf dem auch die Errichtung des Bundesamtes für Seeschifffahrt gründet. Überdies knüpfen Kompetenzen des Bundes für die auswärtige Gewalt (Art. 32 Abs. 1 → Art. 32 Rn. 1 ff.) im Bereich der Seeschifffahrt an Art. 27 an.

D. Kritische Würdigung

Art. 27 ist als Verfassungsvorschrift entbehrlich.[137] Die Bestimmung trifft keine Regelungen, die normativ von Gewicht sind, sondern setzt solche Regelungen (in Gestalt der Zuweisung deutscher Staatszugehörigkeit an Schiffe) lediglich voraus. Die Zugehörigkeit deutscher Kauffahrteischiffe zur deutschen Handelsflotte ist eine Selbstverständlichkeit. Dass sie keiner normativen Festschreibung (mehr) bedarf, belegt auch die Tatsache, dass das einfache Gesetzesrecht nicht mit dem Begriff der Handelsflotte operiert, sondern mit der Berechtigung einzelner Schiffe, die Bundesflagge zu führen. Auch die Funktion des Art. 27 als Einrichtungsgarantie ist nicht so markant und wirkungsvoll (→ Rn. 21), dass eine verfassungsrechtliche Verankerung unabdingbar wäre. Will man gleichwohl an ihr festhalten, sollte wenigstens der Begriff „Kauffahrteischiff" durch einen zeitgemäßen Topos ersetzt werden, ebenso das Attribut „einheitlich", das zu Missdeutungen verleiten kann. Spätestens wenn einmal die Pläne für eine europäische Handelsflotte wiederbelebt werden, wofür gegenwärtig keine Anzeichen bestehen, sollte Art. 27 aber ersatzlos gestrichen werden.[138] 23

Literatur

J. Basedow, Billigflaggen, Zweitregister und Kollisionsrecht in der deutschen Schifffahrtspolitik, BerDGVR 31 (1990), 75. – ***G. Breuer,*** Flaggenmißbrauch, Flaggenrecht, internationales, Flaggenwechsel, in Strupp/Schlochauer, Wörterbuch des Völkerrechts I, 2. Aufl. 1960, 531. – ***G. Breuer,*** Gegenwartsfragen des Verhältnisses Reeder – Staat – Flagge, in FS f. Schlochauer, 1981, 215. – ***R. Bunde,*** Ursachen und Konsequenzen der Ausflaggung der deutschen Handelsflotte, 1991. – ***D. Damar,*** Flag in Basedow/Rühl/Ferrari/de Miguel Asensio, Encyclopedia of Public International Law, 2017, 756. – ***W. Däubler,*** Das zweite Schiffsregister, 1988. – ***D. Dörr,*** Die deutsche Handelsflotte und das Grundgesetz, 1988. – ***D. Dörr,*** Das Zweitregistergesetz, AVR 26 (1988), 366. – ***U. Drobnig,*** Billige Flaggen im Internationalen Privatrecht, BerDGVR 31 (1990), 31. – ***H. Engert-Schüler,*** Völkerrechtliche Fragen des Eigentums an Wracks auf dem Hohen Meer, 1971. – ***W. Erbguth,*** Die Zweitregisterentscheidung des BVerfG, JuS 1996, 18. – ***A. Fischer-Lescano,*** Bundesmarine als Polizei der Weltmeere? Völker-, europa- und verfassungsrechtliche Grenzen der Pirateriebekämpfung, NordÖR 2009, 49. – ***R. Geffken,*** Internationales Schiffsregister, 1989. – ***R. Geffken,*** Das Internationale Seeschifffahrtsregister verstößt gegen geltendes Recht, NZA 1989, 88. – ***W. Höfft,*** Zweitregister oder Ausflaggen, NJW 1995, 2329. – ***U. Jenisch,*** Pirateriebekämpfung vor Somalia auf dem Prüfstand, NordÖR 2009, 385. – ***A. Kolb/T. Neumann/T. R. Salomon,*** Die Entführung deutscher Seeschiffe: Flaggenrecht, Strafanwendungsrecht und diplomatischer Schutz, ZaöRV 71 (2011), 191. – ***D. König,*** Flags of Convenience, in R. Wolfrum, The Max Planck Encyclopedia of Public International

[136] S. das Seeaufgabengesetz in der Fassung der Bekanntmachung v. 17.6.2016 (BGBl. I 1489), das zuletzt durch Artikel 4 der Verordnung vom 3.3.2020 (BGBl. I 412) geändert worden ist.

[137] AA *Vöneky* in BK Rn. 18.

[138] Nach *Koenig/König* in MKS Rn. 2 ist Art. 27 jetzt bereits aus der Perspektive des Gemeinschaftsrechts als weitestgehend überholt zu bezeichnen. Vgl. auch *Durner* in BerlKomm Rn. 13.

Law (Stand: November 2008) (www.mpepil.com). – ***D. König,*** Flags of Ships, in R. Wolfrum, The Max Planck Encyclopedia of Public International Law (MPEPIL), April 2009, (www.mpepil.com). – ***L. Koops,*** Seeräubereibekämpfung durch die Bundeswehr im Einklang mit dem Grundgesetz, 2013 – ***S. Kühl,*** Das Gesetz zum deutschen „Internationalen Schiffsregister“, TranspR 1989, 89. – ***H. Krüger,*** Handelsschiffe, in Strupp/Schlochauer, Wörterbuch des Völkerrechts I, 2. Aufl. 1961, 759. – ***R. Lagoni,*** Koalitionsfreiheit und Arbeitsverträge auf Seeschiffen, JZ 1995, 499. – ***F. Leffler,*** Das Heuerverhältnis auf ausgeflaggten deutschen Schiffen, 1978. – ***C. Lequesne,*** Quota Hopping: The Common Fisheries Policy Between States and Markets, Journal of Common Market Studies 38 (2002), 779. – ***P. Mankowski,*** Arbeitsverträge von Seeleuten im Internationalen Privatrecht, RabelsZ 1989, 487. – ***M. S. McDougal/ W. T. Burke/I. A. Vlasic,*** The Maintenance of Public Order at Sea and the Nationality of Ships, American Journal of International Law 54 (1960), 25. – ***H. Meyers,*** The Nationality of Ships, 1967. – ***C. Milbrandt,*** Liberalisierung der Seekabotage unter völkerrechtlichen und europarechtlichen Aspekten, 1999. – ***R. Mueller,*** Das Flaggenrecht von Schiffen und Luftfahrzeugen nach Völkerrecht und Landesrecht, 1926. – ***I. von Münch,*** Der diplomatische Schutz für Schiffe, FS f. Stödter, 1979, 231. – ***R. Murphy,*** Das Recht der Schiffsbesetzung für Kauffahrteischiffe (Handelsschiffe) unter deutscher Flagge, 1998. – ***H. H. Nöll,*** Harmonisierungserfordernisse der Seeschifffahrt, AVR 32 (1994), 369. – ***M. Núñez-Müller,*** Die Staatszugehörigkeit von Handelsschiffen im Völkerrecht, 1994. – ***A. Proelß,*** United Nations Convention on the Law of the Sea: A Commentary 2017 – ***N. Ready,*** Nationality, Registration, and Ownership of Ships, in Attard/Fitzmaurice/Arroyo/Martinez, The IMLI Manual on International Maritime Law: Volume II: Shipping Law, Vol. II, 2016, 19. – ***M. Satow,*** Alle deutschen Kauffahrteischiffe bilden eine einheitliche Handelsflotte, 1957. – ***F. Sax,*** Soldaten gegen Piraten, 2018. – ***H. Schiedermair/D. Dörr,*** Der Schutz der deutschen Handelsflotte, 1984. – ***N. Skourtos,*** Billig-Flaggen-Praxis und staatliche Verleihungsfreiheit, 1990. – ***T. Stein,*** Völkerrechtliche und verfassungsrechtliche Fragen des Schutzes der deutschen Handelsflotte durch die Bundesmarine, FS f. Rauschning, 2001, 487. – ***S. Tostmann,*** Unterstützung der Gemeinschaftsflotte und Durchsetzung internationaler Standards: Harmonisierungsansätze der Europäischen Gemeinschaft im Bereich der internationalen Seeschifffahrt, AVR 32 (1994), 342. – ***J. Waak,*** Piraterriebekämpfung durch deutsche staatliche Stellen, 2018. – ***N. Wimmer,*** Minderer Grundrechtsschutz bei internationalen Arbeitssachverhalten? Das Urteil des Bundesverfassungsgerichts zum Internationalen Seeschiffahrtsregister, NZA 1995, 250. – ***R. Wolfrum,*** Recht der Flagge und „Billige Flaggen“, BDGVR 31 (1990), 121.

Bestand der nach § 7 FlRG („Bareboat Charter") ausgeflaggten deutschen Schiffe

(Stand 31.5.2018, Rangfolge nach BRZ)

Rang	Flagge	BRZ	Anzahl der Schiffe
1	Liberia	20.920.850	562
2	Portugal	9.825.630	278
3	Antigua und Barbuda	5.091.029	604
4	Malta	4.913.904	140
5	Marshallinseln	2.421.478	63
6	Zypern	1.122.353	113
7	Bahamas	683.532	9
8	Bermuda	536.801	12
9	Großbritannien (Gibraltar)	485.183	56
10	Vereinigtes Königreich	402.226	18
11	Luxemburg	310.031	9
12	Isle of Man	250.776	15
13	Singapur	159.730	1
14	Jamaika	65.822	8
15	Niederlande	54.836	13
16	Sri Lanka	54.724	5
17	Panama	18.824	2
18	Belize	16.861	2
19	Lettland	15.594	7
20	St. Vincent und die Grenadinen	931	1
Summe		**47.351.115**	**1918**

Quelle: Bundesamt für Seeschifffahrt und Hydrographie, Hamburg

Weltweit führende Flaggenstaaten

(Stand 31.12.2018)

Rang	Flagge	BRZ (in Millionen)
1	Panama	214,9
2	Liberia	155,1
3	Marshallinseln	151,2
4	Hong Kong	124,5
5	Singapur	85,2
6	Malta	75,4
7	Bahamas	60,5

Rang	Flagge	BRZ (in Millionen)
8	China	54,6
9	Griechenland	39,8
10	Japan	28,1
11	Zypern	22,9
12	Dänemark	20,3
13	Indonesien	17,9
14	Isle of Man	16,4
15	Vereinigtes Königreich	15,4
16	Norgwegen	15,4
17	Italien	14,7
18	Portugal	14,7
19	USA	11,9
20	Bermuda	10,6

Quelle: IHS Markit (World Fleet Statistics 2018)

Art. 28 [Verfassungsmäßige Ordnung in den Ländern, kommunale Selbstverwaltung, Gewährleistung durch den Bund]

(1) [1]Die verfassungsmäßige Ordnung in den Ländern muß den Grundsätzen des republikanischen, demokratischen und sozialen Rechtsstaates im Sinne dieses Grundgesetzes entsprechen. [2]In den Ländern, Kreisen und Gemeinden muß das Volk eine Vertretung haben, die aus allgemeinen, unmittelbaren, freien, gleichen und geheimen Wahlen hervorgegangen ist. [3]Bei Wahlen in Kreisen und Gemeinden sind auch Personen, die die Staatsangehörigkeit eines Mitgliedstaates der Europäischen Gemeinschaft besitzen, nach Maßgabe von Recht der Europäischen Gemeinschaft wahlberechtigt und wählbar. [4]In Gemeinden kann an die Stelle einer gewählten Körperschaft die Gemeindeversammlung treten.

(2) [1]Den Gemeinden muß das Recht gewährleistet sein, alle Angelegenheiten der örtlichen Gemeinschaft im Rahmen der Gesetze in eigener Verantwortung zu regeln. [2]Auch die Gemeindeverbände haben im Rahmen ihres gesetzlichen Aufgabenbereiches nach Maßgabe der Gesetze das Recht der Selbstverwaltung. [3]Die Gewährleistung der Selbstverwaltung umfaßt auch die Grundlagen der finanziellen Eigenverantwortung; zu diesen Grundlagen gehört eine den Gemeinden mit Hebesatzrecht zustehende wirtschaftskraftbezogene Steuerquelle.

(3) Der Bund gewährleistet, daß die verfassungsmäßige Ordnung der Länder den Grundrechten und den Bestimmungen der Absätze 1 und 2 entspricht.

Paulskirchenverfassung von 1849

Abschnitt VI. Art. XI

§ 184. Jede Gemeinde hat als Grundrechte ihrer Verfassung:

a) die Wahl ihrer Vorsteher und Vertreter;
b) die selbstständige Verwaltung ihrer Gemeindeangelegenheiten mit Einschluß der Ortspolizei, unter gesetzlich geordneter Oberaufsicht des Staates;
c) die Veröffentlichung ihres Gemeindehaushaltes;
d) Öffentlichkeit der Verhandlungen als Regel.

Abschnitt VI. Art. XII

§ 186. Jeder deutsche Staat soll eine Verfassung mit Volksvertretung haben. Die Minister sind der Volksvertretung verantwortlich.

Abschnitt VII. Art. II

§ 194. Keine Bestimmung in der Verfassung oder in den Gesetzen eines Einzelstaates darf mit der Reichsverfassung in Widerspruch stehen.

§ 195. Eine Änderung der Regierungsform in einem Einzelstaate kann nur mit Zustimmung der Reichsgewalt erfolgen. Diese Zustimmung muß in den für Änderungen der Reichsverfassung vorgeschriebenen Formen gegeben werden.

Weimarer Reichsverfassung von 1919

Art. 17. Jedes Land muß eine freistaatliche Verfassung haben. Die Volksvertretung muß in allgemeiner, gleicher, unmittelbarer und geheimer Wahl von allen reichsdeutschen Männern und Frauen nach den Grundsätzen der Verhältniswahl gewählt werden. Die Landesregierung bedarf des Vertrauens der Volksvertretung.

Die Grundsätze für die Wahlen zur Volksvertretung gelten auch für die Gemeindewahlen. Jedoch kann durch Landesgesetz die Wahlberechtigung von der Dauer des Aufenthalts in der Gemeinde bis zu einem Jahr abhängig gemacht werden.

Art. 127. Gemeinden und Gemeindeverbände haben das Recht der Selbstverwaltung innerhalb der Schranken der Gesetze.

Übersicht

A. Allgemeine Bedeutung

I. Genese

1 Das deutsche Staatswesen ist traditionell durch föderale Zusammenschlüsse von Einzelstaaten geprägt und Homogenitätsvorgaben, die ein Mindestmaß an Gleichheit der verschiedenen miteinander in Verbindung stehenden Verfassungen verlangen, haben seit langer Zeit eine große Bedeutung.[1] Eine erste

[1] *Mehde* in Maunz/Dürig Rn. 8; *Hestermeyer* Jahrbuch des Föderalismus 2011, 127 (129 f.).

Ausprägung fand sich in **Art. 13 der Deutschen Bundesakte von 1815,** wonach landesständische Verfassungen in allen Bundesstaaten zu erlassen waren.[2] Die Art. 54 bis 62 der **Wiener Schlussakte von 1820** enthielten zwar vereinzelte inhaltliche Vorgaben, doch sollten diese lediglich die Souveränität des Fürsten sicherstellen.[3] In der erfolglosen **Paulskirchenverfassung** fanden sich dann weitergehende Homogenitätsvorgaben (§§ 130, 186 f., 195), etwa zur Stellung der Volksvertretung oder der Geltung der Grundrechte.[4] Die Verfassungen des Norddeutschen Bundes von 1867 und des Deutschen Reichs von 1871 griffen diesen Ansatz nicht auf und verzichteten auf ausdrückliche Homogenitätsanforderungen; die beteiligten Staaten konnten hinreichende tatsächliche Strukturen vorweisen.[5]

2 **Art. 17 der Weimarer Reichsverfassung** von 1919 enthielt Vorgaben für die Landesverfassungen, die deutliche Ähnlichkeit mit der heutigen Fassung des Art. 28 Abs. 1 haben. Die Länder mussten danach eine freistaatliche Verfassung aufweisen, die ua vorsah, dass die Wahl zu den Volksvertretungen einschließlich den Gemeindewahlen in allgemeiner, gleicher, unmittelbarer und geheimer Wahl stattfand und die Regierung vom Vertrauen des Parlaments abhing.[6] Bei der **Ausarbeitung des GG** wurden die Homogenitätsvorgaben auf die staatlichen Grundprinzipien beschränkt, um den Landesverfassungen ausreichende Eigenständigkeit zu lassen; zur effektiven Absicherung wurde in Abs. 3 die Gewährleistung des Bundes für einen homogenen Mindestbestand aufgenommen.[7] Die kommunale Selbstverwaltungsgarantie wirkt zwischen diesen beiden Regelungen auf den ersten Blick wie ein Fremdkörper, doch lässt sich allen Elementen das **Motiv der Dezentralisierung** entnehmen.[8]

II. Inhaltsübersicht

3 Art. 28 Abs. 1 prägt wie wenig andere Vorschriften das Verhältnis von Bund und Ländern. Abs. 1 S. 1 fordert die Einhaltung der Grundsätze des republikanischen, demokratischen und sozialen Rechtsstaates durch die verfassungsmäßige Ordnung der Länder. Abs. 1 S. 2 stellt sicher, dass auf Landes-, Kreis- und Gemeindeebene eine Volksvertretung bestehen muss, die unter Beachtung der Wahlrechtsgrundsätze, wie sie auch in Art. 38 Abs. 1 S. 1 enthalten sind, zustande gekommen ist. Das aktive und passive Wahlrecht von EU-Ausländern auf Kommunalebene ist in Abs. 1 S. 3 geregelt und in S. 4 findet sich eine klarstellende Regelung zu Gemeindeversammlungen. Abs. 2 enthält die Garantie kommunaler Selbstverwaltung (umfassend zur allgemeinen Bedeutung → Rn. 65 ff.). Durch Art. 28 Abs. 3 wird der Bund verpflichtet, zu gewährleisten, dass die verfassungsmäßige Ordnung in den Ländern den Abs. 1 und 2 entspricht.

---

[2] *Mann* in BK Rn. 14; vgl. *Grzeszick,* Vom Reich zur Bundesstaatsidee, 1996, 231.

[3] *Gross* DVBl. 1950, 5 (5); *Grzeszick,* Vom Reich zur Bundesstaatsidee, 1996, 243; *Dreier* in Dreier Rn. 3; *Mehde* in Maunz/Dürig Rn. 8.

[4] *Kühne,* Die Reichsverfassung der Paulskirche, 1998, 446 ff.; *Menzel,* Landesverfassungsrecht, 2002, 21 ff.; *Mann* in BK Rn. 14.

[5] *Gross* DVBl. 1950, 5 (5); *Dreier* in Dreier Rn. 4; *Mehde* in Maunz/Dürig Rn. 9; *Mann* in BK Rn. 14.

[6] *Mehde* in Maunz/Dürig Rn. 10; *Dreier* in Dreier Rn. 5 jeweils mwN.

[7] *Dreier* in Dreier Rn. 16, 19.

[8] *Dreier* in Dreier Rn. 15; vgl. *Dittmann* in HdbStR VI § 127 Rn. 30.

III. Überstaatliche Bezüge

Das internationale Recht sieht als Vorstufe von Vereinheitlichungen häufig das Bekenntnis zu gemeinsamen Werten vor,[9] wobei regelmäßig die entscheidende Frage ist, inwieweit solche Bekenntnisse von den Vertragspartnern auch geltend gemacht werden können. Die **Satzung des Europarats** bestimmt etwa in Art. 3 mit dem Grundsatz des Vorrangs des Rechts und der Geltung von Menschenrechten und Grundfreiheiten solche Werte, die jedes Mitglied anzuerkennen hat; Art. 8 Satzung Europarat enthält einen Sanktionsmechanismus bei Verstößen.[10] 4

Auch die **Europäische Union,** die sich zwar nicht als Bundesstaat einordnen lässt, benennt in Art. 2 EUV gemeinsame Werte, die von den Mitgliedstaaten zu wahren sind.[11] Dazu gehören wie bei Art. 28 Abs. 1 Demokratie und Rechtsstaatlichkeit, aber weiter unter anderem auch Achtung der Menschenwürde, Freiheit und Gleichheit. Neben der Verpflichtung, diese Grundwerte einzuhalten,[12] fehlt es in Art. 2 EUV aber an konkreten Vorgaben zur Ausgestaltung der mitgliedstaatlichen Verfassungen. Im Falle einer Verletzung dieser Grundwerte ermöglicht Art. 7 EUV ein dreistufiges Sanktionsverfahren, das zu einer Aussetzung von Mitgliedsrechten führen kann.[13] Dem kommunalen Ausländerwahlrecht des Art. 28 Abs. 1 S. 3 liegen Art. 8b Abs. 1 aF EGV und Art. 22 Abs. 1 S. 1 AEUV zugrunde.[14] Das Unionsrecht wahrt damit grundsätzlich die Eigenständigkeit der Mitgliedstaaten und zieht das Konzept einer verpflichtenden Homogenität dem der Uniformität vor.[15] 5

IV. Systematischer Zusammenhang, Bedeutung und Funktion

Im Bundesstaat des GG weist nicht nur der Staatenverbund Staatsqualität auf, auch die **einzelnen Gliedstaaten besitzen Staatsqualität,** ohne dass letztere vom Bund abgeleitet wäre.[16] Die Möglichkeit der Länder zur Verfassungsgebung ist deshalb Ausdruck ihrer Staatlichkeit.[17] Diese **„konstitutionelle Eigenständigkeit"**[18] ist durch den Bund zu gewährleisten und als Grundelement der Länderstaatlichkeit über Art. 79 Abs. 3 geschützt.[19] 6

---

[9] *Mehde* in Maunz/Dürig Rn. 11.

[10] *Burchill* EPL 7 (2001), 79 (90 ff.); *Schorkopf,* Homogenität in der Europäischen Union, 2000, 128 f.; *Hau,* Sanktionen und Vorfeldmaßnahmen zur Absicherung der europäischen Grundwerte, 2002, 91 f.

[11] Vgl. *Calliess* in Calliess/Ruffert EUV/AEUV Art. 2 EUV Rn. 3; *Hilf/Schorkopf* in Grabitz/Hilf/Nettesheim Recht der EU, Art. 2 EUV Rn. 8.

[12] Zum verbindlichen Charakter des Art. 2 EUV für die Mitgliedstaaten *Hilf/Schorkopf* in Grabitz/Hilf/Nettesheim Recht der EU, Art. 2 EUV Rn. 40.

[13] Vgl. *Brauneck* NVwZ 2018, 1423 (1426 ff.); *Franzius* DÖV 2018, 381 (382); *Hummer* EuR 2018, 653 (655 ff.).

[14] Vgl. *Meyer-Teschendorff/Hofmann* ZRP 1995, 290 (291 f.); *Klein/Haratsch* DÖV 1993, 785 (788); *Dreier* in Dreier Rn. 27.

[15] *Mehde* in Maunz/Dürig Rn. 15.

[16] BVerfGE 1, 14 (34); 36, 342 (360 f.); 60, 175 (207); 64, 301 (317); 96, 345 (368 f.); *Stern,* StaatsR I, 1984, 668 f.; *Nierhaus/Engels* in Sachs Rn. 1; *Vogelgesang* in BerlKomm Rn. 11; *Schwarz* in MKS Rn. 18; *Graf Vitzthum* VVDStRL 46 (1988), 7 (23 ff.); *Hestermeyer* Jahrbuch des Föderalismus 2011, 127 (131 ff.).

[17] BVerfGE 36, 342 (360 f.); *Mehde* in Maunz/Dürig Rn. 27; *Dreier* in Dreier Rn. 42; *Schwarz* in MKS Rn. 3; *Graf Vitzthum* VVDStRL 46 (1988), 7 (23).

[18] BVerfGE 9, 268 (279); 24, 367 (390), keine Konformität oder Uniformität; BVerfGE 27, 44 (56); *Graf Vitzthum* VVDStRL 46 (1988), 7 (28) Fn. 80; *Sachs* DVBl. 1987, 857 (864).

[19] BVerfGE 34, 9 (20); *Dreier* in Dreier Rn. 46; *Hellermann* in BeckOK GG Rn. 2; *Stern,* StaatsR I, 1984, 667 f. mwN; vgl. *Isensee* in HdbStR VI § 126 Rn. 298.

7 Die sich so ergebenden **Verfassungsräume des Bundes und der Länder** stehen nach der Konzeption des BVerfG selbständig und unabhängig nebeneinander.[20] Dies sollte aber nicht iS einer isolierten Parallelität verstanden werden, vielmehr sind beide Ebenen auf vielfältige Weise verbunden und das GG entfaltet unterschiedliche Formen von Beschränkungen (→ Rn. 8 ff.).[21] Aufgrund der Staatsqualität der Länder ist diese Form der verfassungsrechtliche Regelung und Fundierung von Beschränkungen stets erforderlich.[22] Zum Teil wird dieser Befund durch die Bezeichnung „Verfassungsautonomie" abgebildet, andere betonen mit dem Begriff „Verfassungshoheit" die Eigenstaatlichkeit der Länder, wobei mit diesem terminologischen Unterschied keine unmittelbaren rechtlichen Konsequenzen verbunden sind.[23] Entscheidend ist, dass die Verfassungsgebung der Länder bundesstaatlich beschränkt ist. Abs. 1 setzt damit einerseits eine **eigenständige Verfassungsgebung der Länder** voraus, beschränkt diese andererseits aber auch.[24] Die Regelung dient damit der Funktionsfähigkeit des Bundesstaates, indem Konflikte von vornherein vermieden werden und die bundesstaatliche Einheit gewahrt wird.[25]

8 Die Verfassungsordnung des GG bietet verschiedene Ausprägungen zur Bindung der Länder und Absicherung von Homogenität. Art. 28 Abs. 1 wird allgemein als **Normativbestimmung** eingeordnet, die dadurch gekennzeichnet ist, dass sie verpflichtende normative Anforderungen für die Landesverfassung und das sonstige Landesrecht enthält und damit ebenso wenig bloß empfehlenden Charakter aufweist wie sie unmittelbarer Bestandteil des Landesverfassungsrechts wird oder in den Ländern verbindliches Recht setzt.[26] Das BVerfG umschreibt das typischerweise mit der Formulierung, die Vorschrift „gelte nicht in den Ländern, sondern nur für die Länder".[27] Dabei belässt die Vorschrift den Ländern einen erheblichen Gestaltungsspielraum (→ Rn. 15).

9 Weitere Beschränkungen für die Verfassungsgebung der Länder können sich aufgrund von **Durchgriffsnormen** ergeben. Dabei handelt es sich um Bestimmungen des GG, die nicht nur den Bund, sondern unmittelbar alle staatliche Gewalt binden.[28] Von besonderer Bedeutung sind etwa Art. 1

---

[20] BVerfGE 4, 178 (189); 6, 376 (381 f.); 22, 267 (270); 36, 342 (357); 60, 175 (209); 64, 301 (317); 96, 345 (368 f.); 98, 145 (157); 99, 1 (11); 103, 332 (350 f.); dem folgend *Stern,* StaatsR I, 1984, 707; *Dittmann* in HdbStR VI § 127 Rn. 10; *Möstl* AöR 130 (2005), 350 (367); *Grawert* NJW 1987, 2329 (2330). Zu einer Betrachtung als „Wesensart des grundgesetzlichen Föderalismus", *Mann* in BK Rn. 24.

[21] *Dreier* in Dreier Rn. 44; *Mehde* in Maunz/Dürig Rn. 3; *Dietlein* FS f. VerfGH NRW, 2002, 203 (207 f.); *Möstl* AöR 130 (2005), 350 (367); vgl. *Vogelgesang* in BerlKomm Rn. 11.

[22] BVerfGE 11, 77 (85).

[23] *Mann* in BK Rn. 22; *Dreier* in Dreier Rn. 44, Fn. 205.

[24] *Mann* in BK Rn. 10 f.; *Nierhaus/Engels* in Sachs Rn. 7; *Hellermann* in BeckOK GG Rn. 2; *Mehde* in Maunz/Dürig Rn. 4; *Pieroth* in Jarass/Pieroth Rn. 1; *Dittmann* in HdbStR VI § 127 Rn. 11.

[25] *Huber* AöR 126 (2001), 165 (172).

[26] BVerfGE 4, 178 (189); 6, 104 (111); 47, 253 (272); 96, 345 (369); *Dreier* in Dreier Rn. 50; *Mann* in BK Rn. 28; *Mehde* in Maunz/Dürig Rn. 30; *Hellermann* in BeckOK GG Rn. 3.

[27] BVerfGE 6, 104 (111); vgl. BVerfGE 1, 208 (236).

[28] *Mehde* in Maunz/Dürig Rn. 19 ff.; *Mann* in BK Rn. 30; *Dreier* in Dreier Rn. 44; *Schwarz* in MKS Rn. 30; *Möstl* AöR 130 (2005), 350 (360); *Grawert* NJW 1987, 2329 (2331); *Kersten* DÖV 1993, 896 (897); nach *Sachs* ThürVBl. 1993, 121 (121) kann bei Durchgriffsnormen zwischen drei Varianten unterschieden werden: einheitliche Regelungen, parallele

Abs. 3 (iVm mit den Grundrechten und grundrechtsgleichen Rechten), der für alle Ebenen staatlicher Gewaltausübung gilt, oder Art. 28 Abs. 2, der unmittelbar in den Ländern zur Anwendung kommt (→ Rn. 79; zum Demokratie- und Rechtsstaatsprinzip des Art. 20 Abs. 2, 3 → Rn. 17).[29] Auch wenn sie die Länder binden, werden sie dadurch nicht zu Elementen des Landesverfassungsrechts, sondern behalten ihren bundesrechtlichen Charakter.[30] Durchgriffsnormen dienen einer einheitlichen Ausübung von Staatsgewalt und entfalten deshalb unmittelbare Rechtswirkungen und Bindungen für die Staatsgewalt der Länder in Bezug auf konkrete materielle Rechtswirkungen – Normativbestimmungen hingegen enthalten Richtlinien und Grundsätze, die vom Landesgesetzgeber mit einem gewissen Entscheidungsspielraum umgesetzt werden müssen (und entfalten insoweit bei genauer Betrachtung ebenfalls ein unmittelbares Gebot).[31]

Das BVerfG hat im GG außerdem sog **Bestandteilsnormen** identifiziert. 10
Diese wirken in die Landesverfassungen hinein und sollen im Unterschied zu Durchgriffsnormen auch ungeschriebener Bestandteil des Landesverfassungsrechts sein.[32] Dies wurde va für Art. 21 angenommen, um sicherzustellen, dass die Bedeutung der Parteien und Ansprüche auf Gleichbehandlung auch auf Ebene des Landesverfassungsrechts angewendet werden.[33] Insofern wirkt sich die Anerkennung einer Bestandteilsnorm unmittelbar auf den Prüfungsmaßstab der Landesverfassungsgerichte aus (→ Rn. 12). Überzeugen kann diese Rspr. nicht.[34] Das BVerfG widerspricht damit schon seiner Annahme getrennter Verfassungsräume zwischen Bund und Ländern.[35] In der Sache relativieren Bestandteilsnormen auch das föderale Prinzip des Art. 20 Abs. 1, weil damit die Staatlichkeit der Länder in Frage gestellt wird.[36] Zugleich würden Bestandteilsnormen dazu führen, dass ein vom Bundesvolk legiti-

---

Erweiterungen und Regelungen für besondere landesinterne Verhältnisse; vgl. auch *Lindner* AöR 143 (2018), 437 (452 ff.).

[29] In der Literatur werden daneben mit unterschiedlichen Akzenten und Ausprägungen Art. 25, Art. 26, Art. 29, Art. 31, Art. 33, Art. 34, Art. 48 Abs. 3, Art. 92 Hs. 2, Art. 93 Abs. 1 Nr. 4 Var. 3, Nr. 4a, 4b, Art. 97, Art. 100 Abs. 1 S. 2 Var. 1, Art. 101–104, Art. 106 Abs. 5–7, Art. 109 Abs. 2, 3, Art. 137, Art. 138, Art. 142 genannt, vgl. insgesamt *Mehde* in Maunz/Dürig Rn. 19 ff.; *Schwarz* in MKS Rn. 30; die Einordnung von Art. 80 Abs. 1 S. 1, 3, 4, Art. 83 ff. und insbesondere der Gesetzgebungskompetenzen der Art. 70 ff. ist umstritten, für eine Einordnung letzterer als Durchgriffsnorm, die von den Landesverfassungsgerichten zu berücksichtigen sind BVerfGE 60, 175 (206); VerfGH NRW NVwZ 1993, 57 (59); VerfGH RhPf NVwZ 2001, 553 (553 f.); anders BVerfGE 103, 332 (357 f.), wonach es an einer ausdrücklichen Bezugnahme auf die grundgesetzliche Kompetenzordnung in der Landesverfassung fehlt; ablehnend auch *Dreier* in Dreier Rn. 44.

[30] *Mann* in BK Rn. 30; *Mehde* in Maunz/Dürig Rn. 20; vgl. *Dreier* in Dreier Rn. 44, 48.

[31] *Schwarz* in MKS Rn. 30; *Nierhaus/Engels* in Sachs Rn. 4; *Mann* in BK Rn. 30; die Gemeinsamkeiten beider Institute bzw. Begriffe betont auch *Hestermeyer* Jahrbuch des Föderalismus 2011, 127 (134).

[32] BVerfGE 1, 208 (233); 6, 367 (375); 27, 44 (55 f.); 60, 53 (61); 66, 107 (114); 85, 353 (359); 120, 82 (104); zurückhaltender BVerfGE 103, 332 (352 f., 357).

[33] BVerfGE 1, 208 (227); 6, 367 (375); 23, 33 (39); 60, 53 (61); 66, 107 (114); 120, 82 (104); HmbVerfG DVBl. 2013, 304 (305); VerfGH NRW NVwZ-RR 2003, 83 (84); NVwZ 2009, 1096 (1097); *Mehde* in Maunz/Dürig Rn. 18; *Mann* in BK Rn. 36; *Dreier* in Dreier Rn. 45.

[34] *Mann* in BK Rn. 38; *Mehde* in Maunz/Dürig Rn. 17; *Dreier* in Dreier Rn. 45; *Schwarz* in MKS Rn. 32; *Hellermann* in BeckOK GG Rn. 4; *Schwarz* in MKS Rn. 32; *Pieroth* in Jarass/Pieroth Rn. 1; *Lindner* AöR 143 (2018), 437 (464 ff.); *Möstl* AöR 130 (2005), 350 (360, 378); *Grawert* FS f. VerfGH NRW, 2002, 153 (168 ff.); *Maurer* JuS 1992, 296 (297 f.).

[35] *Mann* in BK Rn. 38; *Schwarz* in MKS Rn. 32; *Hellermann* in BeckOK GG Rn. 4.

[36] So auch BVerfGE 103, 332 (357).

mierter Verfassungsgeber Regelungen des Landesverfassungsrechts normiert.[37]

11 Als Konsequenz der Staatlichkeit der Länder und ihrer Möglichkeit zur Verfassungsgebung haben alle Länder, wie von Art. 100 Abs. 3 vorausgesetzt, eine **eigene Landesverfassungsgerichtsbarkeit** eingerichtet, die ebenfalls grundsätzlich selbständig neben der Verfassungsgerichtsbarkeit des Bundes steht.[38] In Bereichen, in denen der Landesverfassungsgeber von seinem Gestaltungsspielraum Gebrauch gemacht hat, können die Landesverfassungsgerichte eigene Akzente setzen.[39] In der Praxis haben die Landesverfassungsgerichte auch aus diesem Grund insbesondere ab den 2000er Jahren erheblich an Bedeutung gewonnen.[40]

12 Prüfungsmaßstab für die Landesverfassungsgerichte ist grundsätzlich das Landesverfassungsrecht,[41] doch stellt sich die Frage, wie mit Durchgriffsnormen (und Bestandteilnormen, sofern diese anerkannt werden) umzugehen ist, da diese ebenfalls die Landesorgane verpflichten. Das BVerfG zeigt sich prinzipiell offen für eine **Erweiterung der landesverfassungsgerichtlichen Prüfungskompetenz** unter Bezugnahme auf das Hineinwirken grundgesetzlicher Vorschriften in die Landesverfassung (→ Rn. 10), auch wenn es hiervon zurückhaltend Gebrauch macht.[42] Mittelbar ergeben sich verschiedene Möglichkeiten, auf grundgesetzliche Strukturen und Wertungen zurückzugreifen, wie zB bei inhaltsgleichen oder vergleichbaren Vorschriften im GG und in der Landesverfassung oder bei der Ausfüllung abstrakter Grundsätze des Landesverfassungsrechts, was insbesondere bei den Homogenitätsanforderungen des Art. 28 Abs. 1 und landesverfassungsrechtlichen Strukturprinzipien in Betracht kommen kann.[43] Eine darüber hinausgehende unmittelbare Berücksichtigung grundgesetzlicher Bestimmungen – und damit auch des Art. 28 Abs. 1 – durch die Landesverfassungsgerichte ist hingegen in systematisch stringenter Weise nicht möglich, so dass die Landesverfassungsgerichte auf eine Vorlage nach Art. 100 Abs. 1 verwiesen sind.[44]

---

[37] *Menzel,* Landesverfassungsrecht, 2002, 170; *Mann* in BK Rn. 38.

[38] BVerfGE 4, 178 (189); 6, 376 (381 f.); 22, 267 (270); 41, 88 (118); 60, 175 (209); 96, 345 (368 f.); 103, 332 (350); *Mann* in BK Rn. 25; *Dreier* in Dreier Rn. 47; *Hellermann* in BeckOK GG Rn. 3.2; *Dittmann* in HdbStR VI § 127 Rn. 10; *Möstl* AöR 130 (2005), 350 (376); vgl. *Groß* FS f. v. Zezschwitz, 2005, 16 (18).

[39] *Dreier* in Dreier Rn. 47 mit Beispielen.

[40] *Huber* ThürVBl. 2003, 73 (73); *Kirchhof* VBlBW 2003, 137 (138 f.); *Mehde* in Maunz/Dürig Rn. 35; *Mann* in BK Rn. 25; *Dreier* in Dreier Rn. 47 Fn. 221 mwN; vgl. *Bertrams* NWVBl. 2012, 81 (81 f.).

[41] BVerfGE 36, 342 (368); 103, 332 (351); *Dreier* in Dreier Rn. 48; *Mehde* in Maunz/Dürig Rn. 33 f.

[42] BVerfGE 120, 82 (101). Nach BVerfGE 103, 332 (353 ff.) wirken die Art. 30, 70 ff. nicht in die Landesverfassung hinein und können deshalb vom Landesverfassungsgericht nicht geprüft werden. Für eine Erweiterung auch *Stern* in BK (Zweitbearbeitung) Art. 100 Rn. 271; *Burmeister* in Starck/Stern Landesverfassungsgerichtsbarkeit Bd. II, 1983, 399 (452 ff.); aA *Rozek,* Das Grundgesetz als Prüfungs- und Entscheidungsmaßstab der Landesverfassungsgerichte, 1993, 119 ff.; *Mann* in BK Rn. 26; *Dreier* in Dreier Rn. 48, Fn. 224 mwN; *Hellermann* in BeckOK GG Rn. 4.1; vgl. *Nierhaus/Engels* in Sachs Rn. 6.

[43] BVerfGE 103, 332 (357 f.); vgl. umfassend *Mehde* in Maunz/Dürig Rn. 35 ff.

[44] *Dreier* in Dreier Rn. 48.

B. Einzelfragen

I. Homogenitätsanforderungen für Staatsstrukturprinzipien (Abs. 1 S. 1)

1. Gegenstand der Homogenität – „Die verfassungsmäßige Ordnung in den Ländern". Die Länder sind aufgrund ihrer Eigenstaatlichkeit frei darin, ihre innere Staatsorganisation selbständig zu regeln und sich **eine Verfassung zu geben** (→ Rn. 7). Dabei können sie selbständig entscheiden, ob sie sich eine Vollverfassung geben oder auf organisatorische Regelungen beschränken und Grundrechte nicht aufnehmen.[45] Denkbar erscheint auch der Verzicht auf eine geschriebene Verfassung, sofern materielles Verfassungsrecht die Homogenitätsvorgaben erfüllt.[46] Anders als bei Inkrafttreten des GG verfügen allerdings mittlerweile alle Länder über eine geschriebene Verfassung. 13

Der Begriff der **„verfassungsmäßigen Ordnung"** findet sich an verschiedenen Stellen im GG, doch wird dieser entgegen eines intuitiven ersten Zugriffs abhängig vom jeweiligen Kontext ausgelegt.[47] Da die Länder schon nicht verpflichtet sind, eine geschriebene Verfassung zu erlassen, kann im Rahmen von Art. 28 Abs. 1 nicht eine formelle Deutung vorgenommen werden, die wie in Art. 20 Abs. 3 (→ Art. 20 Rn. 137)[48] alleine auf die in der Verfassungsurkunde enthaltenen Regelungen abstellt.[49] Um den Homogenitätsanforderungen effektiv Geltung zu verschaffen, ist die **gesamte Rechtsordnung der Länder** erfasst, weil ansonsten etwa die Länder homogenitätswidrige Regelungen durch das einfache Recht erlassen könnten.[50] Darüber hinaus ist auch die tatsächliche Verfassungsrealität abgedeckt, also die **tatsächlich gelebte Rechtspraxis** in den Ländern.[51] Dies ist notwendig, um auch Homogenitätsverletzungen, die durch mangel- oder fehlerhaften Vollzug des Rechts erfolgen und den textlichen Befund unverändert lassen, zu erfassen.[52] Im Einklang damit knüpft Art. 28 Abs. 1 an die verfassungsmäßige Ordnung „in den Ländern" und nicht „der Länder" an, wie noch in einer früheren Entwurfsfassung.[53] 14

[45] BVerfGE 103, 332 (349); *Isensee* in HdbStR VI § 126 Rn. 298; *Storr,* Verfassunggebung in den Ländern, 1995, 178 ff.; *Mann* in BK Rn. 22; *Dreier* in Dreier Rn. 43; vgl. BVerfGE 36, 342 (361).

[46] *Mehde* in Maunz/Dürig Rn. 32; *Dreier* in Dreier Rn. 43; *Schwarz* in MKS Rn. 22; *Bartlsperger* in HdbStR VI § 128 Rn. 52; aA *Dittmann* in HdbStR VI § 127 Rn. 28; *Menzel,* Landesverfassungsrecht, 2002, 178; *Dietlein* FS f. VerfGH NRW, 2002, 203 (206 f.).

[47] *Mann* in BK Rn. 39; *Mehde* in Maunz/Dürig Rn. 46; *Dreier* in Dreier Rn. 51; vgl. BVerfGE 6, 32 (38).

[48] Vgl. zum formellen Verständnis des Art. 20 Abs. 3 BVerfGE 34, 269 (286 f.); 95, 96 (134 f.).

[49] *Mann* in BK Rn. 39; *Dreier* in Dreier Rn. 51; *Dittmann* in HdbStR VI § 127 Rn. 11, 28.

[50] BVerfGE 9, 268 (281 f.); 83, 37 (50); 83, 60 (76); 93, 37 (66); *Dreier* in Dreier Rn. 51; *Mann* in BK Rn. 41; *Vogelgesang* in BerlKomm Rn. 20; *Hellermann* in BeckOK GG Rn. 5; *Pieroth* in Jarass/Pieroth Rn. 3; *Lenz* ZG 2013, 167 (186); *Huber* AöR 126 (2001), 165 (170).

[51] *Mehde* in Maunz/Dürig Rn. 46; *Nierhaus/Engels* in Sachs Rn. 8; *Hellermann* in BeckOK GG Rn. 5.

[52] *Mann* in BK Rn. 42; *Dreier* in Dreier Rn. 51.

[53] Vgl. die Änderung durch den Allgemeinen Redaktionsausschuss des Parlamentarischen Rates vom 13.12.1948, JöR nF 1 (1951), 1 (252).

15 **2. Umfang der Homogenität – „muss den Grundsätzen [...] im Sinne dieses Grundgesetzes entsprechen".** Art. 28 Abs. 1 versucht gleichermaßen den Bestand und die Funktionsfähigkeit eines Bundesstaates auf der einen Seite und die Eigenstaatlichkeit der Länder auf der anderen Seite auszugleichen. Dies folgt schon aus seinem Wortlaut, der sich lediglich auf die „Grundsätze" des republikanischen, demokratischen und sozialen Rechtsstaats bezieht.[54] Daher ist eine restriktive Interpretation des Art. 28 Abs. 1 S. 1 geboten.[55] Die Vorschrift verlangt **keine Uniformität, sondern ein „Mindestmaß an Homogenität"**,[56] das für die Belange der föderalen Staatspraxis zwingend notwendig ist.[57] Abseits der Anforderungen, die Art. 28 Abs. 1 S. 1 vorgibt, können die Länder ihre Verfassungen selbständig ausgestalten (→ Rn. 7). Die Vorgaben für die verfassungsmäßige Ordnung der Länder sind mit Art. 28 Abs. 1 abschließend im GG bestimmt; weitergehende Befugnisse des Bundes bestehen nicht.[58]

16 Homogenität ist die **Übereinstimmung wesentlicher Merkmale zweier Vergleichsobjekte;** im Kontext des Art. 28 Abs. 1 S. 1 setzt dies eine Übereinstimmung im Staatsfundamentalen voraus.[59] Die Grenze des Zulässigen ist überschritten, wenn es zu einem grundlegenden Widerspruch von verfassungsmäßiger Ordnung im Land und GG kommt.[60] Die Grundsätze, die Art. 28 Abs. 1 S. 1 aufgreift, können in vergleichbarer Weise bestimmt werden wie die über Art. 79 Abs. 3 gesicherten Grundsätze.[61] Zwar haben die Vorschriften verschiedene Adressaten und weisen einen unterschiedlichen Regelungszusammenhang auf, doch stellen die durch Art. 79 Abs. 3 geschützten Grundsätze unabdingbare Elemente des Verfassungsstaates auf Bundesebene dar, die Art. 28 Abs. 1 S. 1 auf die Länder übertragen will, um die Homogenität der bundesstaatlichen Strukturen herzustellen.[62] Auch wenn die Homogenitätsregelung auf die Grundsätze „im Sinne dieses Grundgesetzes" abstellt, sind diese nicht in allen Einzelheiten und unter Beachtung ihrer vollumfänglichen inhaltlichen Identität, sondern lediglich in ihren Grundzügen für die Länder

---

[54] *Vogelgesang* in BerlKomm Rn. 22; *Mehde* in Maunz/Dürig Rn. 47; *Mann* in BK Rn. 43; vgl. BVerfGE 90, 60 (85); 103, 332 (349); VerfGH Bln NVwZ 2002, 594 (596); NVwZ-RR 2010, 169 (171).

[55] BVerfGE 90, 60 (84 f.); 103, 111 (141); VerfGH Bln NVwZ 2002, 594 (596); NVwZ-RR 2010, 169 (171); *Schwarz* in MKS Rn. 12, 29; *Nierhaus/Engels* in Sachs Rn. 1; *Mann* in BK Rn. 44. Zu strengen Vorgaben für die Länder, insbesondere im Hinblick auf das Demokratieprinzip *Dreier* in Dreier Rn. 60.

[56] BVerfGE 24, 367 (390); 36, 342 (361); 90, 60, (85); VerfGH Bln NVwZ 2002, 594 (596); NVwZ-RR 2010, 169 (171); etwas unbestimmter (auf ein „gewisses Maß", eine „gewisse Homogenität" bzw. eine „gewisse Übereinstimmung") BVerfGE 9, 268 (279); 27, 44 (51); 41, 88 (119); 60, 175 (207 f.); 103, 332 (349 f.). Zu den gleichwertigen Lebensverhältnissen und einer „Grundhomogenität" *Waldhoff* ZG 2019, 97 (99 ff.).

[57] *v. Mutius/Friedrich* StWiss 2 (1991), 243 (248); *Mehde* in Maunz/Dürig Rn. 2, 4; *Mann* in BK Rn. 12; *Hellermann* in BeckOK GG Rn. 2; *Schwarz* in MKS Rn. 4 f.

[58] *Vogelgesang* in BerlKomm Rn. 15; *Schwarz* in MKS Rn. 15.

[59] *Löwer* in v. Münch/Kunig, 6. Aufl. 2012, Rn. 6.

[60] *Vogelgesang* in BerlKomm Rn. 26 (Übereinstimmung in den „entscheidenden und grundsätzlichen Fragen"); *Rühmann* in Umbach/Clemens Rn. 27 („unausräumbaren rechtlichen Widerspruch").

[61] VerfGH NRW DÖV 2009, 676 (676); NVwZ 2009, 1096 (1097); *Dreier* in Dreier Rn. 53; *Mehde* in Maunz/Dürig Rn. 48; *Mann* in BK Rn. 44; *Dittmann* in HdbStR VI § 127 Rn. 11; *Huber* AöR 126 (2001), 165 (173); *Schneider* DÖV 1987, 749 (751); *Menzel*, Landesverfassungsrecht, 2002, 250 ff.

[62] *Huber* NdsVBl. 2011, 233 (234); *Huber* AöR 126 (2001), 165 (173); *Mehde* in Maunz/Dürig Rn. 48; *Mann* in BK Rn. 44; vgl. BayVerfGH NVwZ-RR 2000, 65 (70); VerfGH Bln NVwZ 2002, 594 (596); kritischer *Graf Vitzthum* VVDStRL 46 (1988), 7 (30).

verbindlich, unerheblich ob das GG selbst an anderer Stelle diese Grundsätze ausdrücklich näher ausgestaltet.[63] Insofern gilt auch für die Vorgaben des Art. 28 Abs. 1 S. 1 das Gebot des geringstmöglichen Eingriffs.[64]

Unklar ist aus Sicht des Art. 28 Abs. 1 das **Verhältnis zu Art. 20 Abs. 2,** **17**
3. Wenn es sich bei Art. 20 Abs. 2, 3 selbst um Durchgriffsnormen handeln würde, könnte sich der Gestaltungsspielraum für die Länder erheblich verengen. Für die Länder wären dann nicht lediglich die Grundsätze des Demokratie- und Rechtsstaatsprinzips iSd Art. 28 Abs. 1 zu berücksichtigen, sondern beide Prinzipien vielmehr in ihrer konkreten Ausgestaltung, wie sie sich auf Grundlage des Art. 20 Abs. 2, 3 ergeben. Das BVerfG hat vereinzelt im Hinblick auf das Demokratieprinzip zur Maßstabsbildung für die verfassungsmäßige Ordnung der Länder direkt auf Art. 20 Abs. 2 abgestellt.[65] Für das Rechtsstaatsprinzip gemäß Art. 20 Abs. 3 hat das BVerfG dies ausdrücklich offen gelassen.[66] Auch wenn Art. 20 Abs. 2, wie auch Art. 1 Abs. 3, „alle Staatsgewalt" anspricht und Art. 28 Abs. 1 auf die Grundsätze „im Sinne dieses Grundgesetzes" Bezug nimmt,[67] spricht vor allem die **Systematik** für Art. 28 Abs. 1 als maßgebliche Spezialregelung. Art. 28 Abs. 1 ist nicht nur spezieller, auch würde der Vorschrift ansonsten nur noch eine deklaratorische Bedeutung zukommen,[68] insbesondere wenn berücksichtigt wird, dass die verbleibenden Prinzipien der Republik und des Sozialstaats nur geringe praktische Auswirkungen haben (→ Rn. 21, 27). Die Entscheidung für die Sicherung eines „Mindestmaßes an Homogenität" (→ Rn. 15) und die Eigenstaatlichkeit der Länder müssen respektiert werden, so dass es sich bei **Art. 20 Abs. 2, 3 nicht um Durchgriffsnormen** handelt. Art. 28 mit allen Absätzen, die sonstigen Durchgriffsnormen und die individuellen Vorgaben der Landesverfassungen bieten hinreichende Sicherungsmaßnahmen, auch für solch elementare Werte wie Demokratie und Rechtsstaat.

Eine explizite **Rechtsfolge im Falle des Verstoßes** gegen die Homoge- **18**
nitätsanforderungen findet sich in Art. 28 Abs. 1 nicht.[69] Zum Teil wird

---

[63] BVerfGE 90, 60 (84 f.); *Mann* in BK Rn. 44; *Mehde* in Maunz/Dürig Rn. 47; *Nierhaus/Engels* in Sachs Rn. 10–12; *Schwarz* in MKS Rn. 38; *Kersten* DÖV 1993, 896 (899); *Grawert* NJW 1987, 2329 (2330).

[64] BVerfGE 103, 111 (141).

[65] BVerfGE 107, 59 (86 f.). Wenn in der Literatur des Weiteren auf BVerfGE 83, 60 (71); 93, 37 (66) hingewiesen wird, so stellt sich bei den Entscheidungen eher die Frage, wie eigenständig die Auseinandersetzung mit den Vorgaben des Art. 28 Abs. 1 sein muss. In den Entscheidungen stellt das Gericht klar, dass „gemäß Art. 28 Abs. 1 Satz 1 GG […] die Grundentscheidung des Art. 20 Abs. 2 GG für die Volkssouveränität und die daraus folgenden Grundsätze der demokratischen Organisation und Legitimation von Staatsgewalt auch für die verfassungsmäßige Ordnung in den Ländern verbindlich [sind]", dazu *Mann* in BK Rn. 33; vgl. auch *Mehde* in Maunz/Dürig Rn. 21. In dem Fall bezieht sich das Gericht also direkt auf Art. 28 Abs. 1 S. 1 und konkretisiert die dortigen Grundsätze, indem es auf eine Grundentscheidung des Art. 20 Abs. 2 und daraus wiederum folgende Grundsätze hinweist. Dies ist in der Sache grundsätzliches ein probates Vorgehen, um die Homogenitätsanforderungen zu konkretisieren; kritisch dazu *Mehde* in Maunz/Dürig Rn. 21; *Dreier* in Dreier Rn. 60.

[66] BVerfGE 90, 60 (86); tendenziell verneinend (unter Hinweis auf eine gleichlautende Verpflichtung der Landesverfassung) aber BVerfGE 103, 332 (353).

[67] Darauf weisen *Mann* in BK Rn. 33; *Mehde* in Maunz/Dürig Rn. 21; *Menzel,* Landesverfassungsrecht, 2002, 251.

[68] *Dreier* in Dreier Rn. 44; *Mann* in BK Rn. 34; *Dittmann* in HdbStR VI § 127 Rn. 33; *Kersten* DÖV 1993, 896 (901 f.); in diese Richtung auch *Mehde* in Maunz/Dürig Rn. 22 f.

[69] Insgesamt dazu *Schmitt,* Der bundesstaatliche Rahmen für Landesverfassungen, 2009, 81 ff.; *Mann* in BK Rn. 58 ff.

vorgeschlagen, die fraglichen Bestimmungen des Landesverfassungsrechts für unanwendbar zu erklären und eine Pflicht des Landes zur Neuregelung anzunehmen.[70] Dies würde zwar die Eigenständigkeit der Länder umfangreich wahren,[71] doch würde es – kaum vereinbar mit bundes- und rechtsstaatlichen Strukturen – dem Grundsatz der Nichtigkeit verfassungswidriger Vorschriften entgegenstehen.[72] Auch eine Anwendung des Art. 31[73] kann dieses Ergebnis nicht überzeugend begründen, denn in diesen Konstellationen kommt es nicht zu einer Kollision von Bundes- und Landesrecht, die denselben Sachverhalt regeln. Da Art. 28 Abs. 1 den Ländern ausdrücklich eine eigenständige Verfassungsgebung ermöglicht, die auch vom GG abweichen kann, ist Art. 31 nicht in der Lage, solche Vorschriften zu „brechen"; Art. 31 kann nicht auf solche Probleme angewendet werden, die durch Art. 28 Abs. 1 schon gelöst werden.[74]

19 Aufgrund des zwingenden Wortlauts („muss […] entsprechen") und zur Wahrung von Rechtssicherheit ergibt sich deshalb für homogenitätswidriges Landesrecht die **Nichtigkeit direkt aus Art. 28 Abs. 1,** der damit Vorrang gegenüber Art. 31 genießt.[75] Sollte es ein Land **unterlassen,** seine verfassungsmäßige Ordnung den Homogenitätsvorgaben entsprechend auszugestalten, wird dennoch regelmäßig keine echte Lücke bestehen, weil sich in der Gesamtheit des Landesrechts (→ Rn. 14) eine Regelung finden lassen wird, die Ausdruck einer möglichen Kollision ist.[76] Ist dies ausnahmsweise nicht der Fall, greift Art. 28 Abs. 3 ein.[77]

20 **3. Inhalt der Homogenitätsanforderungen – „republikanischen, demokratischen und sozialen Rechtsstaates".** Art. 28 Abs. 1 S. 1 verweist auf den republikanischen, demokratischen und sozialen Rechtsstaat, wie er auch Art. 20 zugrunde liegt (hier wird im Folgenden vorrangig auf Besonderheiten im Zusammenhang mit dem **Gestaltungsspielraum der Länder** abgestellt, vgl. aber insgesamt → Art. 20 Rn. 38 ff., 43 ff., 74 ff.). Im Hinblick auf den Inhalt der Homogenitätsvorgaben lässt sich feststellen, dass das BVerfG im konkreten Fall dazu neigt, trotz des verfassungsrechtlichen Rückzugs auf bloße Grundsätze in Art. 28 Abs. 1 S. 1 gleichwohl umfangreiche und ausdifferenzierte Vorgaben für die Länder aufzustellen, insbesondere im Zusammenhang mit dem Demokratieprinzip.[78] Der Übergang zu einem Verständnis des Art. 20 Abs. 2 als eigenständige Durchgriffsnorm ist an dieser Stelle fließend (→ Rn. 17). Darüber hinaus werden dem Art. 28 Abs. 1 zum Teil weitere konkrete Vorgaben entnommen, die sich aber nur bedingt, einem der dort genannten Grundsätze klar zuordnen

---

[70] *v. Mangoldt* DÖV 1950, 569 (573 f.); *Böckenförde/Grawert* DÖV 1971, 119 (126).

[71] *Mann* in BK Rn. 59.

[72] *Bothe* in AK Rn. 16; *Nierhaus/Engels* in Sachs Rn. 30; *Mehde* in Maunz/Dürig Rn. 44; *Werner,* Wesensmerkmale des Homogenitätsprinzips, 1967, 76.

[73] *Sacksofsky* NVwZ 1993, 235 (239); *Jutzi,* Landesverfassungsrecht und Bundesrecht, 1982, 34.

[74] BVerfGE 36, 342 (362); *Schwarz* in MKS Rn. 20, 66. Zum Verhältnis beider Regelungen *Schmitt,* Der bundesstaatliche Rahmen für Landesverfassungen, 2009, 138 ff.

[75] BVerfGE 3, 45 (49); 6, 104 (111); 83, 37 (59); 83, 60 (61); 103, 332 (349 f.); *Mehde* in Maunz/Dürig Rn. 44; *Mann* in BK Rn. 61; *Dittmann* in HdbStR VI § 127 Rn. 27; *Schwarz* in MKS Rn. 66; *Dreier* in Dreier Rn. 73; *Huber* AöR 126 (2001), 165 (171); *Möstl* AöR 130 (2005), 350 (378).

[76] *Dreier* in Dreier Rn. 74; *Mann* in BK Rn. 62; vgl. *Mehde* in Maunz/Dürig Rn. 45.

[77] *Mann* in BK Rn. 62; mit Verweis auf *Stern* in BK (Zweitbearbeitung) Rn. 16.

[78] Vgl. BVerfGE 47, 46 (81); 47, 253 (272); 93, 37 (66); 96, 231 (239); hierzu *Mann* in BK Rn. 45.

lassen,[79] oder als Sammelbegriff eine Vielzahl einzelner Elemente der dortigen Grundsätze verbinden wie die freiheitlich-demokratische Grundordnung.[80] Art. 28 Abs. 1 S. 1 fordert nicht, dass die Länder in ihren Verfassungen ausdrücklich die einzelnen Anforderungen wiederholen (→ Rn. 13).[81]

a) Republik. Das Republikprinzip verlangt in den Ländern eine Herrschaftsstruktur, die **zeitlich begrenzt** ist, die wiederkehrend mittels Wahlen durch die Beherrschten legitimiert wird, dem **Volk gegenüber verantwortlich** ist und nicht persönlich geprägt ist, wie in der Monarchie.[82] Im Ergebnis sind die Gestaltungsmöglichkeiten für die Länder im Hinblick auf das Republikprinzip äußerst begrenzt.[83] 21

b) Demokratie. Die Anforderungen an die demokratische Ordnung in den Ländern werden **durch Art. 28 Abs. 1 S. 2–4 näher konkretisiert** (umfangreich → Rn. 29 ff.) und die dortigen Regelungen genießen Vorrang im Wege einer *lex specialis* gegenüber den allgemeinen Anforderungen des S. 1; soweit die S. 2–4 eine Konstellation nicht erfassen, kann auf S. 1 zurückgegriffen werden.[84] Der Verweis des S. 1 auf die allgemeinen Strukturen des Demokratieprinzips kann auch für die Konkretisierungen in den S. 2–4 berücksichtigt werden.[85] 22

Die zentrale Grundstruktur der demokratischen Ordnung in den Ländern muss die demokratische Legitimation der **Ausübung staatlicher Gewalt auf Grundlage des Mehrheitsprinzips** sein.[86] Dies betrifft in erster Linie die unmittelbare demokratische Legitimation der Abgeordneten in den Landesparlamenten. Im Übrigen müssen organisatorisch-personelle, sachlich-inhaltliche und funktionell-institutionelle Legitimation[87] in hinreichendem Maße und angemessenem Verhältnis zueinander vorhanden sein. Unvereinbar mit der Grundstruktur der Volksouveränität ist daher die Einrichtung (regierungs-)unabhängiger Gremien, die zumindest teilweise mit nichtstaatlichen Funktionsträgern besetzt und mit der Entscheidung von Angelegenheiten von einigem politischen Gewicht betraut sind.[88] 23

---

[79] Vgl. zur Verpflichtung der Länder (unter Verweis auf den Öffentlichkeitsbezug der demokratischen Ordnung), eine Rundfunkordnung auszugestalten, die den Anforderungen des Art. 5 Abs. 1 genügt, ThürVerfGH LVerfGE 8, 337 (349); VerfGH NRW NVwZ-RR 2003, 83 (84). Insgesamt hierzu *Mehde* in Maunz/Dürig Rn. 39 mwN.

[80] VerfGH NRW DÖV 2009, 676 (677); NVwZ 2009, 1096 (1097); *Dittmann* in HdbStR VI § 127 Rn. 11; *Mehde* in Maunz/Dürig Rn. 48. Zur näheren Bestimmung der freiheitlich-demokratischen Grundordnung BVerfGE 144, 20 Rn. 529 ff.

[81] *Menzel,* Landesverfassungsrecht, 2002, 244; *Mann* in BK Rn. 49.

[82] *Gröschner* in HdbStR II § 23 Rn. 39; *Dittmann* in HdbStR VI § 127 Rn. 16; *Dreier* in Dreier Rn. 54; *Mehde* in Maunz/Dürig Rn. 50. Dabei wird schon durch die Bezeichnung als „Freistaat" die Ablehnung der Monarchie hinreichend zum Ausdruck gebracht, ThürVerfGH LKV 2002, 83 (86); *Storr,* Verfassungsgebung in den Ländern, 1995, 252.

[83] *Kersten* DÖV 1993, 896 (899); vgl. *Menzel,* Landesverfassungsrecht, 2002, 254 f.; *Mehde* in Maunz/Dürig Rn. 50; *Mann* in BK Rn. 46.

[84] BVerfGE 83, 37 (58 f.); *Mann* in BK Rn. 54; *Mehde* in Maunz/Dürig Rn. 52.

[85] VerfGH NRW NVwZ 2009, 1096 (1097); *Mehde* in Maunz/Dürig Rn. 52.

[86] BVerfGE 83, 60 (71); 93, 37 (66); VerfGH NRW NVwZ 2009, 1096 (1097); StGH Brem NVwZ-RR 1992, 149 (149 f.); *Dreier* in Dreier Rn. 55; *Schwarz* in MKS Rn. 41; *Mehde* in Maunz/Dürig Rn. 53. Vgl. BVerfGE 1, 299 (315); 29, 154 (165); 44, 125 (141).

[87] Dazu *Böckenförde* in HdbStR II § 24 Rn. 16 ff.; *Jestaedt,* Demokratieprinzip und Kondominialverwaltung, 1993, 270 ff.; *Schmidt-Aßmann* AöR 116 (1991), 329 (357 ff.).

[88] BVerfGE 9, 268 (282 ff.); 22, 106 (113); *Rühmann* in Umbach/Clemens Rn. 20; *Henneke* in SHH Rn. 20.

24 Im Hinblick auf das **konkrete Wahlverfahren** kann sich ein selbständiger Entscheidungsspielraum der Länder auf die Dauer der Legislaturperiode,[89] das Wahlalter (→ Rn. 42) und das mathematische Umrechnungsverfahren zur Berechnung des Wahlergebnisses im Rahmen der Verhältniswahl (→ Rn. 50) erstrecken. Auch ein **eigenständiges Wahlsystem** ist möglich, sofern die Voraussetzungen des Abs. 1 S. 2 gewahrt bleiben (→ Rn. 40), das Wahlsystem widerspruchsfrei und systemgerecht ausgestaltet ist und die einzelnen Elemente sachgerecht zusammenwirken.[90] Verfassungsrechtlich umstritten ist, ob sich eine paritätische **Frauenquote** bei Listenwahlen mit Art. 28 Abs. 1 vereinbaren lässt.[91] Eine solche Regelung wirft eine Vielzahl von Fragen auf, insbesondere zur Vereinbarkeit mit den Wahlrechtsgrundsätzen der Freiheit und Gleichheit sowie zum Anknüpfungspunkt für eine Benachteiligung.[92] Zumindest der verbreitete Einwand, mit dieser Struktur einer Art von unzulässiger Gruppendemokratie den Weg zu ebnen, dürfte aber nicht verfangen, sondern in dieser Konstellation mit Art. 3 Abs. 2 legitimiert werden können.[93] Für die politischen Kräfte, die an den Wahlen teilnehmen und im Parlament vertreten sind, muss das Gebot der Chancengleichheit und der Minderheitenschutz gewahrt bleiben (zur Notwendigkeit eines Wahlprüfungsverfahrens → Rn. 53).[94]

25 Die Bindung an die Grundsätze des demokratischen Verständnisses des GG steht der **Einführung plebiszitärer Instrumente** (Volksinitiative, -begehren und -entscheide) nicht entgegen und die Länder sind frei darin, weiter als der Bund Strukturen direkter Demokratie aufzunehmen.[95] Aus der faktischen Fokussierung des GG auf die repräsentative Demokratie lässt sich zwar kein hierauf gerichtetes umfassendes normatives Gebot ableiten,[96] zumal Art. 20 Abs. 2 gleichberechtigt von „Wahlen und Abstimmungen" spricht, doch dem Parlament kommt eine zentrale Rolle bei der Ausübung demokratischer Gewalt zu, aus der es nicht verdrängt werden darf.[97] Plebisziten kann deshalb kein prinzipieller struktureller Vorrang

[89] BVerfGE 1, 14 (34); *Hellermann* in BeckOK GG Rn. 10.1; *Nierhaus/Engels* in Sachs Rn. 15; *Mehde* in Maunz/Dürig Rn. 61.

[90] BVerfGE 11, 351 (362); 120, 82 (103 f.); VerfGH NRW NVwZ 2009, 1096 (1099); SchlHLVerfG NordÖR 2010, 389 (392); *Vogelgesang* in BerlKomm Rn. 31; *Mann* in BK Rn. 47.

[91] Vgl. § 25 Abs. 2 BbgLWahlG. § 29 Abs. 5 ThürLWG ist nach ThürVerfGH Urt. v. 15.7.2020 – VerfGH 2/20 wegen Verstoßes gegen den Wahlrechtsgrundsatz der freien und gleichen Wahl sowie dem Recht der politischen Parteien auf Betätigungs- und Programmfreiheit sowie Chancengleichheit verfassungswidrig.

[92] Zum empirischen Befund bei der Bundestagswahl 2017 *Morlok/Hobusch* NVwZ 2019, 1734 (1737 f.).

[93] Die Zulässigkeit annehmend *Meyer* NVwZ 2019, 1245; die Unzulässigkeit annehmend *Morlok/Hobusch* DÖV 2019, 14; *Morlok/Hobusch* NVwZ 2019, 1734; *Burmeister/Greve* ZG 2019, 154 (160 ff.).

[94] BVerfGE 44, 125 (138 f.); 70, 324 (363); *Mehde* in Maunz/Dürig Rn. 54; *Vogelgesang* in BerlKomm Rn. 29; *Mann* in BK Rn. 49.

[95] BVerfGE 60, 175 (208); BVerfG NVwZ-RR 2016, 521 (524); BayVerfGH DVBl. 1990, 692 (692 f.); *Mann* in BK Rn. 50; *Schwarz* in MKS Rn. 24; *Dreier* in Dreier Rn. 58; *Hellermann* in BeckOK GG Rn. 10; zum landesverfassungsgerichtlichen Prüfungsmaßstab *Kaiser* NVwZ 2020, 207.

[96] Anders die wohl frühere hM, vgl. dazu *Bugiel,* Volkswille und repräsentative Entscheidungen, 1991, 79 ff.; *Jürgens,* Direkte Demokratie in den Bundesländern – Gemeinsamkeiten – Unterschiede – Erfahrungen – Vorbildfunktion für den Bund?, 1993, 263 ff.

[97] HmbVerfG NordÖR 2005, 109 (112); StGH Brem NVwZ-RR 2001, 1 (4); *Bovenschulte/Fisahn* RuP 2000, 48 (55 ff.); *Mann* in BK Rn. 50; *Nierhaus/Engels* in Sachs Rn. 15; *Pieroth* in Jarass/Pieroth Rn. 4; *Herdegen* in HdbStR VI § 129 Rn. 15; für eine „Ergänzung

gegenüber parlamentarischen Gesetzen zukommen.[98] Es ist gerade Aufgabe des Parlaments, die unterschiedlichen Gemeinwohlinteressen zu einem Ausgleich zu bringen und vor diesem Hintergrund etwa den Haushalt aufzustellen und die Regierung zu kontrollieren und diese Aufgabe darf durch plebiszitäre Elemente nicht nachhaltig beeinträchtigt werden.[99] Zur Wahrung des Mehrheitsprinzips müssen die Länder die plebiszitären Quoren so gestalten, dass Minderheiten keinen übermäßigen Einfluss bekommen und die Funktion des Interessenausgleichs stören.[100] Bei Verfassungsänderungen durch Volksentscheid gelten dieselben (erhöhten) Anforderungen, die auch das Parlament treffen.[101] Plebiszitäre Instrumente wie Volksbefragungen, deren Gegenstand in die Kompetenz des Bundes fällt, sind unzulässig.[102]

Erheblichen Gestaltungsspielraum haben die Länder weiter bei der **Bildung und Ausgestaltung ihrer Verfassungsorgane** und der Zuweisung von Kompetenzen an diese.[103] Sie können eine zweite (nachgeordnete) Parlamentskammer[104] oder Teilzeitparlamente[105] vorsehen. Auch kann im Landesverfassungsrecht ein parlamentarisches Selbstauflösungsrecht bestimmt werden.[106] Vom Gestaltungsspielraum der Länder ist es auch umfasst, eine Direktwahl für den Posten des Ministerpräsidenten[107] oder eine Ministeranklage[108] vorzusehen, ein präsidiales Regierungssystem[109] oder einen repräsentierenden Landespräsidenten vergleichbar dem Bundespräsidenten[110] ein- **26**

---

des repräsentativen Systems" *Mehde* in Maunz/Dürig Rn. 65; für einen „Vorrang der repräsentativen Demokratie" *Huber* AöR 126 (2001), 165 (183 f.); mit leichten Abweichungen *Lenz* ZG 2013, 167 (178 f.).

[98] *Oldiges* NdsVBl. 2010, 144 (148); *Zöllner* BayVBl. 2013, 129 (130); *Mehde* in Maunz/Dürig Rn. 67; *Nierhaus/Engels* in Sachs Rn. 15.

[99] ThürVerfGH LKV 2002, 83 (90 ff.); *Mehde* in Maunz/Dürig Rn. 72 f.; *Nierhaus/Engels* in Sachs Rn. 15; vgl. BVerfGE 102, 176 (190 f.).

[100] StGH Brem NVwZ-RR 2001, 1 (4); *Mehde* in Maunz/Dürig Rn. 67; ThürVerfGH LKV 2002, 83 (89); BayVerfGH BayVBl. 2000, 460 (462); im Rahmen eines Plebiszits vgl. HmbVerfG HmbJVBl. 2012, 26 (42 f.).

[101] *Mehde* in Maunz/Dürig Rn. 70 f.; *Mann* in BK Rn. 50.

[102] BVerfGE 8, 104 (117 f.); *Nierhaus/Engels* in Sachs Rn. 15; *Schwarz* in MKS Rn. 47.

[103] *Menzel,* Landesverfassungsrecht, 2002, 172; *Dreier* in Dreier Rn. 58; *Schwarz* in MKS Rn. 23 ff.

[104] *Mehde* in Maunz/Dürig Rn. 58; *Vogelgesang* in BerlKomm Rn. 31; *Henneke* in SHH Rn. 13; *Hellermann* in BeckOK GG Rn. 10.1; vgl. zu dem früheren Bayerischen Senat BayVerfGH NVwZ-RR 2000, 65 (66 ff.).

[105] StGH Brem NVwZ 2005, 929 (931); *Mehde* in Maunz/Dürig Rn. 59; vgl. BVerfGE 102, 224 (240). Zu der Höhe der Entschädigung und besonderen Funktionszulagen BVerfGE 102, 224 (235 ff.); SchlHLVerfG NVwZ-RR 2014, 3 (4).

[106] VerfGH Bln NVwZ 2002, 594 (596); *Mehde* in Maunz/Dürig Rn. 62; *Schwarz* in MKS Rn. 48; vgl. BVerfGE 36, 342 (361).

[107] *Mehde* in Maunz/Dürig Rn. 57; *Dreier* in Dreier Rn. 58; *Henneke* in SHH Rn. 13; *Pieroth* in Jarass/Pieroth Rn. 7; *Dittmann* in HdbStR VI § 127 Rn. 19; ausführlich *Backmann,* Direktwahl der Ministerpräsidenten, 2006; zur Begrenzung der Amtszeit der Ministerpräsidenten *Gorskiy* DÖV 2019, 21 (24 ff.).

[108] *Nierhaus/Engels* in Sachs Rn. 15; *Schwarz* in MKS Rn. 48; *Vogelgesang* in BerlKomm Rn. 31.

[109] *Mann* in BK Rn. 50; *Dreier* in Dreier Rn. 58; *Rennert* in Umbach/Clemens Rn. 30, 51; *Pieroth* in Jarass/Pieroth Rn. 7; *Herdegen* in HdbStR VI § 129 Rn. 34; vgl. *v. Mutius/Friedrich* StWiss 2 (1991), 243 (258); kritisch *Löwer* in v. Münch/Kunig, 6. Aufl. 2012, Rn. 15; vgl. *Dreier* in Dreier Art. 79 III Rn. 42.

[110] *Dreier* in Dreier Rn. 58; *Dreier* in Schmidt Vielfalt des Rechts, 113 (123); *Herdegen* in HdbStR VI § 129 Rn. 34; *Mehde* in Maunz/Dürig Rn. 50; *Pieroth* in Jarass/Pieroth Rn. 7.

zuführen, ebenso wie die Vereinigung der Ämter von Regierungschef und Landesoberhaupt[111]. Regelungen, die sich auf den Status von Abgeordneten auswirken, können in engen Grenzen eigenständig durch das Land gesetzt werden, zB im Zusammenhang mit der Aberkennung des Mandats.[112] Die Länder müssen hinreichende parlamentarische Minderheitsrechte und die Möglichkeit zur effektiven Opposition wahren.[113]

27 **c) Sozialstaat.** Das inhaltlich wenig bestimmte Sozialstaatsprinzip enthält grundsätzlich keine organisationsrechtlichen Vorgaben und wirkt sich deshalb weniger als die anderen Homogenitätsanforderungen auf die staatlichen Strukturen der Länder aus.[114] Vielmehr sind diese in der Sache verpflichtet, für einen Ausgleich sozialer Gegensätze zu sorgen[115] und die Mindestvoraussetzungen eines menschenwürdigen Daseins zu gewährleisten.[116] Da die Gesetzgebungsbefugnisse im Bereich des Sozialstaatsprinzips ganz überwiegend beim Bund angesiedelt sind, entfaltet dieses für die Länder nur eine **geringe praktische Relevanz.**[117] Viele Länder haben in ihren Verfassungen jedoch soziale Staatsziele normiert und gehen damit regelmäßig über die Gewährleistungen des GG hinaus.[118]

28 **d) Rechtsstaat.** Bedeutende Elemente einer rechtsstaatlichen Ordnung gelten für die Länder schon deshalb, weil diese über die Durchgriffsnorm des **Art. 1 Abs. 3** (→ Rn. 9) an die Grundrechte gebunden sind und in diesem Rahmen Art. 19 Abs. 4 einen effektiven Rechtsschutz fordert.[119] Unabdingbar für den Rechtsstaat iSd Art. 28 Abs. 1 ist daneben der Grundsatz der **Gewaltenteilung.**[120] Damit ist keine strikte Trennung der Teilgewalten gefordert, sondern vielmehr ein Prinzip der gegenseitigen Kontrolle und Restriktion, so dass zB die Möglichkeit einer parlamentarischen Kontrolle der Regierung durch Untersuchungsausschüsse bestehen muss.[121] Dies setzt zugleich eine funktionsfähige Regierung voraus, die eigenverantwortlich ihre Aufgaben gegenüber Volk und Parlament wahrnehmen kann, allerdings wäre ein weitreichendes Notverordnungsrecht der Exekutive in Anlehnung an

---

[111] *Dreier* in Dreier Rn. 58; *Schwarz* in MKS Rn. 46; *Herdegen* in HdbStR VI § 129 Rn. 47 ff.

[112] BVerfGE 98, 145 (159 f.); ThürVerfGH LKV 2000, 441 (445); *Pieroth* in Jarass/Pieroth Rn. 6.

[113] *Vogelgesang* in BerlKomm Rn. 29; *Nierhaus/Engels* in Sachs Rn. 15; vgl. BVerfGE 44, 308 (321), 70, 324 (363).

[114] *Menzel,* Landesverfassungsrecht, 2002, 258; *Mehde* in Maunz/Dürig Rn. 76; *Mann* in BK Rn. 56.

[115] BVerfGE 5, 185 (198); 22, 180 (204); 35, 348 (355); 81, 242 (255); *Mehde* in Maunz/Dürig Rn. 76; *Vogelgesang* in BerlKomm Rn. 33; *Henneke* in SHH Rn. 17.

[116] BVerfGE 40, 121 (133), 44, 353 (375); 82, 60 (80); 103, 197 (221); 125, 175 (222 ff.); *Schwarz* in MKS Rn. 65; *Hellermann* in BeckOK GG Rn. 12.

[117] *Mann* in BK Rn. 56; *Dreier* in Dreier Rn. 54; *Nierhaus/Engels* in Sachs Rn. 16.

[118] *Rühmann* in Umbach/Clemens Rn. 25; *Dumke* VR 2010, 299 (301); zu der Signalwirkung des Bezugs von Art. 28 Abs. 1 auf den Sozialstaat *Sacksofsky* NVwZ 1993, 235 (240); vgl. *Schwarz* NdsVBl. 1998, 225 (226). Vgl. für einen Überblick *Wittreck* in Dreier Art. 20 (Sozialstaat) Rn. 21 ff.

[119] Das Gebot eines effektiven Rechtsschutzes lässt sich auch selbständig über Art. 28 Abs. 1 ableiten, vgl. *Hellermann* in BeckOK GG Rn. 7.1; *Henneke* in SHH Rn. 19; *Vogelgesang* in BerlKomm Rn. 34.

[120] BVerfGE 2, 307 (319), 34, 52 (58); StGH BW NJW 1970, 892 (892); VerfGH RhPf NVwZ-RR 2004, 233 (235); *Mehde* in Maunz/Dürig Rn. 81; *Mann* in BK Rn. 53; *Dreier* in Dreier Rn. 56; *Nierhaus/Engels* in Sachs Rn. 17; *Schwarz* in MKS Rn. 55.

[121] BVerwGE 79, 339 (345), 109, 258 (268); *Hellermann* in BeckOK GG Rn. 7.1; *Pieroth* in Jarass/Pieroth Rn. 5.

Art. 48 Abs. 2 WRV mit dem Gewaltenteilungsprinzip unvereinbar.[122] Weitere Bestandteile des Rechtsstaatsprinzips, die von den Ländern beachtet werden müssen, sind der Vorrang der Verfassung,[123] das Prinzip der Gesetzmäßigkeit der Verwaltung mit Vorrang und Vorbehalt des Gesetzes sowie die Wesentlichkeitslehre (teilweise auch auf das Demokratieprinzip zurückgeführt),[124] die Unabhängigkeit des Richters, wie sie auch in Art. 97 Abs. 1 vorgesehen ist,[125] das Gebot des Vertrauensschutzes,[126] das Bestimmtheitsgebot[127] und die Transparenz staatlichen Handelns, insbesondere was die Publikation von Rechtsvorschriften anbelangt[128].

II. Volksvertretung in den Ländern, Kreisen und Gemeinden (Abs. 1 S. 2)

Art. 28 Abs. 1 S. 1 engt den durch die Homogenitätsanforderungen des S. 1 beschränkten, aber noch relativ weiten Gestaltungsspielraum (→ Rn. 15) für den Teilbereich der Wahlen in Ländern zusätzlich, jedoch keineswegs vollständig ein.[129] Die Länder haben nach wie vor die Befugnis zu eigenständigen Regelungen und der Maßstab für die Homogenität ergibt sich nur aus den verfassungsrechtlichen Anforderungen des GG, nicht aber aus der konkreten einfachgesetzlichen Ausgestaltung des Wahlrechts auf Bundesebene (→ Rn. 16).[130] Für den Fall, dass aber das Landeswahlrecht Anleihen beim Bundeswahlrecht nimmt, sind Rechtsbegriffe, die durch das BVerfG näher ausgestaltet worden sind, grundsätzlich einheitlich anzuwenden.[131] 29

1. Anwendungsbereich – „In den Ländern, Kreisen und Gemeinden". Die Regelung betrifft die Wahlen zu Volksvertretungen in den Ländern, Kreisen und Gemeinden, so dass der Anwendungsbereich eindeutig und abschließend bestimmt ist. Wollte man die Regelung entsprechend auf weitere (Selbst-)Verwaltungseinheiten anwenden, müssten diese, um vergleichbar zu sein, zumindest rechtsfähig sein und eine Form von Allzuständigkeit aufweisen (→ Rn. 81, 180).[132] Das bedeutet, dass eine **entsprechende** 30

[122] BVerfGE 9, 268 (279), 34, 52 (59); *Schwarz* in MKS Rn. 43, 49; *Mann* in BK Rn. 53; *Mehde* in Maunz/Dürig Rn. 81; *Pieroth* in Jarass/Pieroth Rn. 5; das Verbot eines ausgedehnten Notverordnungsrechts (auch) dem Demokratieprinzip zuordnend *Vogelgesang* in BerlKomm Rn. 30; *Nierhaus/Engels* in Sachs Rn. 15.

[123] *Dreier* in Dreier Rn. 56; *Schwarz* in MKS Rn. 55; *Hellermann* in BeckOK GG Rn. 7.1.

[124] BVerfGE 41, 251 (266); 90, 60 (85); VerfGH NRW NJW 1999, 1243 (1245); *Mehde* in Maunz/Dürig Rn. 80; *Mann* in BK Rn. 54; *Dreier* in Dreier Rn. 56; *Vogelgesang* in BerlKomm Rn. 34.

[125] BVerfGE 96, 231 (244); *Mehde* in Maunz/Dürig Rn. 82; *Mann* in BK Rn. 54.

[126] *Vogelgesang* in BerlKomm Rn. 34; vgl. BVerfGE 30, 392 (403); 59, 128 (164).

[127] BVerfGE 90, 60 (84 f.); 103, 111 (135); SchlHLVerfG NordÖR 2010, 401 (406); *Dreier* in Dreier Rn. 56; *Pieroth* in Jarass/Pieroth Rn. 5.

[128] BVerfGE 90, 60 (85); *Mehde* in Maunz/Dürig Rn. 80; *Nierhaus/Engels* in Sachs Rn. 17; *Schwarz* in MKS Rn. 58.

[129] BVerfGE 83, 37 (58); 99, 1 (11 f.); *Mehde* in Maunz/Dürig Rn. 84; *Dittmann* in HdbStR VI § 127 Rn. 20; das Verhältnis von S. 2 zu S. 1 entspricht demjenigen des Art. 38 Abs. 1 zu Art. 20 Abs. 2 S. 1 GG auf Bundesebene, *Mehde* in Maunz/Dürig Rn. 83.

[130] *Pieroth* in Jarass/Pieroth Rn. 11; vgl. BVerfGE 99, 1 (11 f.); BVerfG DVBl. 2008, 236 (238); aA noch BVerfGE 4, 31 (45); BVerwGE 94, 288 (290).

[131] BVerwGE 118, 345 (348). Weitergehend VerfG Bbg DVBl. 2001, 67 (68): Bei mit Bundesrecht vergleichbaren Regelungen sei die „hierzu ergangene Rechtsprechung des Bundesverfassungsgerichts einschlägig"; dies ablehnend *Mehde* in Maunz/Dürig Rn. 96.

[132] BVerfGE 83, 60 (76); *Mehde* in Maunz/Dürig Rn. 93; vgl. auch BVerfGE 52, 95 (120).

Anwendung auf unselbständige Untergliederungen der genannten Gebietskörperschaften wie Gemeindebezirke oder die Bezirke in den Stadtstaaten **nicht möglich** ist.[133] Auch Zweckverbände sind nicht einbezogen,[134] wobei eine andere Situation angezeigt sein kann, wenn sich diese bei zunehmender Aufgabenübertragung zu einem Gemeindeverband entwickeln (→ Rn. 181).

31 **2. Legitimationssubjekt – „muss das Volk".** Art. 28 Abs. 1 S. 2 bezweckt – unter Einbeziehung von Kreisen und Gemeinden – die „Gewährleistung einer **einheitlichen Legitimationsgrundlage im Staatsaufbau**"[135] und einer gegliederten Demokratie, die auf einzelnen Selbstverwaltungskörperschaften „von unten nach oben" aufgebaut ist (→ Rn. 67).[136] Der Begriff des Volkes, auf den sich Art. 28 Abs. 1 S. 2 in diesem Zusammenhang bezieht, wird nicht näher bestimmt, so dass man sich auf den Standpunkt stellen könnte, damit solle lediglich abstrakt die Mitwirkung der jeweils von der Staatsgewalt Betroffenen bei der Ausübung von Staatsgewalt betont werden, wie es prägend für die Selbstverwaltung ist (→ Rn. 70).[137] In dem Fall könnte der Volksbegriff des Art. 28 Abs. 1 abweichend von anderen Verfassungsbestimmungen ausgelegt werden und wäre lediglich durch den allgemeinen Demokratiebegriff des Abs. 1 S. 1 (→ Rn. 23) vorgezeichnet. Es ist Element dieses demokratischen Verständnisses, dass Identität zwischen denjenigen, die staatlicher Herrschaft unterworfen sind, und den Inhabern demokratischer Rechte besteht,[138] so dass sich das Legitimationssubjekt durch den Wohnsitz in der jeweiligen Gebietskörperschaft konstituieren würde. Dies würde dafürsprechen, auch Ausländern das Wahlrecht einzuräumen, sofern sie hinreichend im jeweiligen Gebiet verwurzelt sind (zu den europarechtlich begründeten Änderungen → Rn. 54).[139]

32 Gegen dieses Verständnis des Volksbegriffs hat das BVerfG die systematische Stellung eingewendet, weil sich die Regelung in Abs. 1 und gerade nicht in Abs. 2 befinde und auch nicht einsichtig sei, warum die Verfassung für die Wahlrechtsgrundsätze strenge Homogenitätsanforderungen formuliere und gleichzeitig diejenigen für die Legitimationsgrundlage weit dahinter zurückbleiben würden.[140] Das BVerfG legt deshalb den **Volksbegriff einheitlich und wie bei Art. 20 Abs. 2** aus, also bezogen ausschließlich auf das **deutsche Volk.**[141] Dieses besteht aus deutschen Staatsangehörigen und ihnen nach Art. 116 gleichgestellten Personen.[142] Ein allgemeines Ausländer-

---

[133] Für Berlin VerfGH Bln DVBl. 2013, 848 (850 f.); für Hamburg BVerfGE 83, 60, 76; HmbVerfG NVwZ-RR 1998, 697 (698); NordÖR 2013, 156 (157, 163); vgl. BVerfGE 52, 95 (120); insgesamt dazu *Mehde* in Maunz/Dürig Abs. 1 Rn. 93; *Mann* in BK Rn. 73.

[134] StGH BW DÖV 1976, 595 (598); *Mehde* in Maunz/Dürig Rn. 94.

[135] BVerfGE 83, 37 (55).

[136] Vgl. BVerfGE 52, 95 (111 f.); 79, 127 (149); *v. Unruh* DVBl. 1975, 1 (2); vgl. auch BVerfGE 83, 37 (54).

[137] Vgl. die Argumentation der Landesregierung Schleswig-Holsteins iRd abstrakten Normenkontrolle des schleswig-holsteinischen Kommunalwahlgesetzes, BVerfGE 83, 37 (46); vgl. *Mann* in BK Rn. 69.

[138] BVerfGE 83, 37 (52).

[139] Vgl. BVerfGE 83, 37 (42 ff.).

[140] BVerfGE 83, 37 (55 f.); *Mann* in BK Rn. 69.

[141] BVerfGE 83, 37 (51); *Schwarz* in MKS Rn. 75; *Mann* in BK Rn. 68.

[142] BVerfGE 83, 37 (51); 83, 60 (71); *Dreier* in Dreier Rn. 61; *Mann* in BK Rn. 68; *Mehde* in Maunz/Dürig Rn. 88; *Henneke* in SHH Rn. 73; *Pieroth* in Jarass/Pieroth Rn. 10; *Jestaedt*, Demokratieprinzip und Kondominalverwaltung, 1993, 207 ff.; kritisch *Rux* ZAR 2000, 177 (180).

wahlrecht lässt sich unter diesen Bedingungen nicht realisieren,[143] was auf Basis der Rspr. des BVerfG durch die Verschränkung mit Art. 20 Abs. 2 überwiegend auch als änderungsfest iSd Art. 79 Abs. 3 angesehen wird.[144] Die politische Inklusion von Ausländern ergibt sich deshalb nicht über das Wahl-, sondern Staatsangehörigkeitsrecht.[145]

3. Legitimationsobjekt – „eine Vertretung haben". a) Allgemeines. 33
Der Begriff der Vertretung, und damit die Verpflichtung des Art. 28 Abs. 1 S. 2, bezieht sich auf **Kollegialorgane** wie Räte oder Gremien, nicht aber Einzelorgane wie Hauptverwaltungsbeamte (Landräte oder Bürgermeister),[146] obwohl auch diese die Bürger vertreten.[147] Das Erfordernis einer demokratischen Ordnung nach S. 1, das durch S. 2 konkretisiert wird, verlangt gerade nach einem Interessenausgleich unterschiedlicher Gemeinwohlaspekte (→ Rn. 25), der sachgerecht nur in einem Kollegialorgan erfolgen kann. Bei der Ausgestaltung dieser Vertretungsorgane kommt dem Landesgesetzgeber ein Gestaltungsspielraum zu, der aber in vielerlei Hinsicht begrenzt ist (→ Rn. 125).[148]

Die Verpflichtung, eine Vertretung vorzusehen, beschränkt sich nicht auf deren bloße Existenz, sondern verlangt auch ihre **Zuständigkeit für grundlegende und wesentliche Entscheidungen** im Rahmen der Verbandskompetenz.[149] Ein bloßes Mitspracherecht reicht nicht aus.[150] Die Verfassung betont auch in diesem Zusammenhang die zentrale Rolle der repräsentativen Demokratie auch auf Landes- und Kommunalebene,[151] ohne aber damit Elemente der direkten Demokratie auszuschließen (→ Rn. 25).[152] 34

Angesichts der formulierten Verpflichtung, „eine" Vertretung zu haben, ist unklar, ob damit zugleich eine **quantitative Beschränkung** verbunden ist oder ob daneben weitere Vertretungen bestehen dürfen, die möglicherweise 35

---

[143] BVerfGE 83, 37 (58f.); 83, 60 (76f.); StGH Brem NVwZ-RR 2014, 497 (498ff.); *Mehde* in Maunz/Dürig Rn. 124.

[144] *Schwarz* in MKS Rn. 125; *Mann* in BK Rn. 108; *Mehde* in Maunz/Dürig Rn. 108; *Nierhaus/Engels* in Sachs Rn. 26; *Thieme* DÖV 1998, 751 (754); umfassend *Herdegen* in Maunz/Dürig Art. 79 Rn. 136; zweifelnd *Hanschmann* ZParl 2009, 74 (76ff.).

[145] BVerfGE 83, 37 (52); StGH Brem NVwZ-RR 2014, 497 (499, 501).

[146] BVerfGE 47, 253 (272, 275); *Dreier* in Dreier Rn. 65; vgl. BVerfGE 120, 82 (112); *Mehde* in Maunz/Dürig Abs. 1 Rn. 57, 95; *Vogelgesang* in BerlKomm Rn. 41; zum Bürgermeister SächsVerfGH NVwZ-RR 1998, 124 (125).

[147] *Dreier* in Dreier Rn. 65; *Vogelgesang* in BerlKomm Rn. 42.

[148] *Mehde* in Maunz/Dürig Rn. 95.

[149] Für die gemeindliche Ebene StGH BW NJW 1976, 2205 (2208); vgl. BVerfGE 47, 253 (275); *Grawert,* VVDStRL 36 (1978), 277 (327); *Huber,* AöR 126 (2001), 165 (188f.).

[150] *Dreier* in Dreier Rn. 65.

[151] So *Huber,* AöR 126 (2001), 165 (184). HmbVerfG NordÖR 2005, 109 (112) spricht unter Verweis auf *Herzog* in Maunz/Dürig Art. 20 Abs. 2 Rn. 97 von einem „vorausgesetzte(n) Übergewicht des parlamentarischen Gesetzgebers", *Herdegen* in HdbStR VI § 129 Rn. 15 von einem „Leitprinzip einer parlamentarischen Demokratie". Vgl. auch *Dittmann* in HdbStR VI § 127 Rn. 18; *Kersten* DÖV 1993, 896 (900); *Rennert* in Umbach/Clemens Rn. 42, 50.

[152] HmbVerfG NordÖR 2005, 109 (112); *Herdegen* in HdbStR VI § 129 Rn. 15; *Hellermann* in BeckOK GG Rn. 13.3; *Mehde* in Maunz/Dürig Abs. 1 Rn. 65. Auch Art. 28 Abs. 1 S. 4 kann eine beschränkte Offenheit für unmittelbare Bürgerentscheidungen entnommen werden, vgl. *Dreier* in Dreier Rn. 75, der darin ein „Indiz für die grundsätzliche Vereinbarkeit von Elementen unmittelbarer Bürgerentscheidung mit dem Selbstverwaltungsmodell des Grundgesetzes" sieht; vgl. auch *Wessels,* Rechtliche Beurteilung der Ausnahmetatbestände und deren Umgehungsgefahr bei Bürgerbegehren und Bürgerentscheid, 2013, 210f.

nach anderen Grundsätzen gebildet worden sind.[153] Tatsächlich geht die Rspr. aufgrund von Legitimationserwägungen und Repräsentativfunktionen davon aus, dass eine Überschneidung von Wahlperioden möglichst gering ausfallen muss, damit ein Nebeneinander von Mandatsträgern ein und desselben Organs vermieden wird.[154] Davon zu unterscheiden ist jedoch das strukturelle Nebeneinander von Vertretungsorganen. Sofern deren Zuständigkeitsbereiche und Funktionen klar voneinander abgegrenzt sind, widerspricht es Art. 28 Abs. 1 S. 2 nicht, wenn mehrere Vertretungen in einer Gebietskörperschaft bestehen. Bei der Formulierung „eine" handelt es sich nicht um ein Zahlwort.[155] Sofern die Befugnisse einer solchen weiteren Vertretung nicht über bloße Initiativen oder Konsultationen hinausgehen und keine unmittelbaren Mitentscheidungsrechte beinhalten, ist eine Wahl nach Art. 28 Abs. 1 S. 2 nicht notwendig und den Erfordernissen einer hinreichenden demokratischen Legitimation kann auf anderem Weg gerecht werden.[156]

36 Eine **zusätzliche Direktwahl von (Einzel-)Organen,** die keinen Vertretungscharakter haben, wird von Art. 28 Abs. 1 S. 2 nicht geregelt und ist damit nach der Vorschrift ebenso wenig untersagt wie geboten.[157] Auch diese Organe bedürfen, wenn sie Staatsgewalt ausüben, einer demokratischen Legitimation, aber nach dem Demokratieprinzip iSd S. 1 reicht grundsätzlich eine mittelbare Legitimation (→ Rn. 23).[158] Ein Übergriff dieser Organe in die Kernfunktionen eines Vertretungsorgans iSd Art. 28 Abs. 1 S. 2 ist jedoch nicht zulässig.[159] Entscheidet sich der Landesgesetzgeber für eine Direktwahl, gelten die Wahlrechtsgrundsätze der Art. 28 Abs. 1 S. 2, Art. 38 Abs. 1 S. 1 als allgemeine Rechtsprinzipien.[160] Diese haben auch Bedeutung für Abstimmungen[161] sowie für Wahlen, die anderen Formen der Ausübung von Staatsgewalt zugrunde liegen,[162] wobei sachliche Besonderheiten dort Modifikationen eher rechtfertigen oder sogar notwendig machen können.[163]

---

[153] Für die Zulässigkeit weiterer Vertretungen *Rennert* in Umbach/Clemens Rn. 49; *Vogelgesang* in BerlKomm Rn. 40; dagegen, allerdings bezogen auf zeitliche Überschneidungen *Löwer* in v. Münch/Kunig, 6. Aufl. 2012, Rn. 25; *Schwarz* in MKS Rn. 82.

[154] BayVerfGH VerwRspr. 26 (1975), 129 (139 f.); zur zulässigen Höchstfrist zwischen Wahl und Konstituierung der neuen Vertretung VerfGH NRW DÖV 2009, 676 (677 f.).

[155] *Rennert* in Umbach/Clemens Rn. 49.

[156] *Rennert* in Umbach/Clemens Rn. 49 mwN, auch zur Frage, ob es sich beim Bayerischen Senat um eine Vertretung iSv Art. 28 Abs. 1 S. 2 GG handelte.

[157] BVerfGE 47, 253 (272); *Mehde* in Maunz/Dürig Rn. 95; *Dreier* in Dreier Rn. 65; vgl. zum Gestaltungsspielraum des Gesetzgebers bei der Wahl kommunaler Hauptverwaltungsbeamte und der Einteilung von Wahlbezirken VerfGH NRW BeckRS 2019, 32591.

[158] BVerfGE 47, 253 (275); 83, 60 (72 ff.); 93, 37 (67).

[159] *Rennert* in Umbach/Clemens Rn. 51.

[160] BVerfGE 47, 253 (276 f.); LVerfG LSA LKV 2001, 363 (363, 365); *Oebbecke* NWVBl. 2010, 333 (334); *Mehde* in Maunz/Dürig Rn. 87; aA mit Betonung des Zwecks der Sicherung von Mindesthomogenität *Schwarz* in MKS Rn. 81; zulässig ist die (in der Praxis derzeit übliche) Direktwahl eines Hauptverwaltungsbeamten, *Dreier* in Dreier Rn. 65; *Rennert* in Umbach/Clemens Rn. 51; ausführliche Darstellung der tatsächlichen Entwicklung bei *Bovenschulte/Buß,* Plebiszitäre Bürgermeisterverfassungen, 1996, 76 ff. Auch wäre die Direktwahl des Ministerpräsidenten oder des (bislang in keinem Land vorgesehenen) Landespräsidenten zulässig → Rn. 26.

[161] BVerfGE 28, 220 (224); 13, 54 (91 f.).

[162] Für die Wahl zum Europaparlament BVerfGE 51, 222 (234 f.); für die Wahl der Personalvertretung BVerfGE 60, 162 (167); 67, 369 (377); für den Bereich der Sozialversicherung BVerfGE 30, 227 (246); für Handwerkskammern VGH Mannheim NVwZ-RR 1998, 366 (369 f.).

[163] Für Wahlen zu Hochschulgremien BVerfGE 39, 247 (254); für Richterwahlen BVerfGE 41, 1 (11 f.); allgemein dazu *Kluth,* Funktionale Selbstverwaltung, 1997, 458 ff., 461 f.; *Rennert* in Umbach/Clemens Rn. 59.

b) Bestehende konkrete Ausprägungen auf Landes- und Kommunalebene. Auf **Landesebene** sind die Volksvertretungen die **Landesparlamente.**[164] Diese sind der Legislative zuzuordnen und ihnen dürfen (unter Berücksichtigung der allgemeinen Vorgaben für eine demokratische Grundordnung → Rn. 23) die **legislativen Kernkompetenzen** nicht entzogen werden, namentlich das Gesetzgebungs- und Budgetrecht sowie die Rechte zur Kontrolle der Exekutive.[165] Diese Form der **Parlamentsqualität** ist aufgrund der Geltung des Demokratieprinzips und der Eigenstaatlichkeit der Länder geboten.[166] 37

Bei den Volksvertretungen auf **Kommunalebene** handelt es sich um die **Gemeinderäte und Kreistage,**[167] nicht aber kommunale Bezirksvertretungen (→ Rn. 30).[168] Die Gemeinderäte und Kreistage übernehmen trotz einer gewissen Rechtsetzungsbefugnis (→ Rn. 139) nur Verwaltungsaufgaben und sind deshalb **nach hA Teil der Exekutive,** nicht aber ein Parlament iSd Staatsorganisationsrechts, das Legislativfunktionen ausübt.[169] Die rechtspraktischen **Konsequenzen dieser Einordnung** sind jedoch **begrenzt,**[170] denn nicht zuletzt durch die Homogenitätsanforderungen sind die Vertretungen auf Kommunalebene den Parlamenten weitgehend angenähert und auf einfachgesetzlicher Ebene im Landesrecht mit entsprechenden Befugnissen ausgestattet. Auch auf kommunaler Ebene kommen den Vertretungen eine Rechtsetzungsbefugnis, das Haushaltsrecht sowie das Recht zur Bestellung der wichtigsten Organe zu, sofern diese nicht direkt gewählt werden.[171] Im Einklang mit der Repräsentativfunktion, die auch für kommunale Vertretungen besteht, üben die gewählten Vertreter ihr Amt eigenverantwortlich aus und können sich auf das freie Mandat berufen,[172] einschließlich typischer Minderheitenrechte wie 38

---

[164] In den Flächenländern jeweils unter der Bezeichnung „Landtag", in Bremen und Hamburg „Bürgerschaft", in Berlin „Abgeordnetenhaus", vgl. *Hellermann* in BeckOK GG Rn. 13.

[165] *Rennert* in Umbach/Clemens Rn. 47; vgl. zur Bundesebene, aber verallgemeinerbar *Grzeszick* in Maunz/Dürig Art. 20 V Rn. 97 ff.; speziell zum Budgetrecht als „Grundlage der demokratischen Selbstgestaltungsfähigkeit im Verfassungsstaat" BVerfGE 130, 318 (343). Vgl. auch BVerfGE 9, 268 (279); 22, 106 (111); 34, 52 (59), wonach keine Gewalt der für die Erfüllung ihrer verfassungsmäßigen Aufgaben erforderlichen Zuständigkeiten beraubt werden darf.

[166] Der Parlamentsqualität lässt sich weiter das Erfordernis der Diskontinuität, der Indemnität und Immunität der Abgeordneten, Recht des freien Mandats und Recht zur Einsetzung von Enquetekommissionen und Untersuchungsausschüssen zuordnen, *Rennert* in Umbach/Clemens Rn. 45.

[167] *Dreier* in Dreier Rn. 65; *Hellermann* in BeckOK GG Rn. 13; zu den unterschiedlichen Bezeichnungen auf Gemeindeebene *Lange,* Kommunalrecht, 2019, Kap. 4 Rn. 2.

[168] BVerfGE 47, 253 (275).

[169] BVerfGE 78, 344 (348); BVerwGE 90, 104 (105); *Wurzel,* Gemeinderat als Parlament?, 1975, 117 f., 170 ff.; *Mann* in BK Rn. 74; *Rennert* in Umbach/Clemens Rn. 46; *Hellermann* in BeckOK GG Rn. 13.2; *Mehde* in Maunz/Dürig Rn. 95; aA BVerfGE 21, 54 (62 f.), 32, 346 (361); ebenfalls dagegen *Faber* in AK Rn. 28; *Ott,* Der Parlamentscharakter der Gemeindevertretung, 1994, 86 ff., 138, 214 mwN. Die herrschende Ansicht führt dazu, dass auf Kommunalebene zwar keine der staatlichen Ebene äquivalente Gewaltenteilung, vgl. *Mann* in BK Rn. 74 mwN, und kein Parlamentsvorbehalt bestehen, VerfG Bbg. DVBl. 2000, 981 (985). Kompensiert werden kann dies aber durch eine doppelte demokratische Legitimation des Vertretungsorgans, nämlich neben dieser unmittelbaren demokratischen Legitimation auch die der Gesetzesbindung gem. Art. 20 Abs. 3 GG, *Schmidt-Aßmann* FS 50 Jahre BVerfG II, 2001, 803 (811 f.).

[170] *Dreier* in Dreier Rn. 67: „Streit um eine pauschale Etikettierung unfruchtbar".

[171] *Rennert* in Umbach/Clemens Rn. 47; vgl. BVerfGE 6, 104 (115 ff.); 51, 222 (236 f.).

[172] BVerwGE 90, 104 (105); 119, 305 (311); BVerwG NVwZ-RR 1991, 157 (158); ebenso *Lissack,* Bayerisches Kommunalrecht, 2019, § 4 Rn. 79; ausführlich *Ott,* Der Parlamentscharakter der Gemeindevertretung, 1994, 233 ff.; zum historischen Hintergrund, insbesondere den negativen Erfahrungen mit dem imperativen Mandat, *Winkler,* Johann Gott-

einem Informations- und Fragerecht.[173] Aus dem Grundsatz der Wahlgleichheit (→ Rn. 46) folgt ein Gleichbehandlungsanspruch im Hinblick auf Annahme und Ausübung des Mandats.[174] Innerhalb der Vertretungen gilt das Spiegelbildlichkeitsprinzip für die Besetzung von Ausschüssen.[175]

39 Die Vertretungen auf Kommunalebene unterfallen als Teil der Exekutive nicht dem **Diskontinuitätsgrundsatz.**[176] Aus demselben Grund können die Mitglieder kommunaler Vertretungen weitergehender als Parlamentsabgeordnete Verschwiegenheits- und Treuepflichten sowie Mitwirkungsverboten unterworfen werden,[177] auch genießen sie keine verfassungsrechtlich abgesicherte Indemnität und Immunität.[178] Verfassungsrechtlich kommt ihnen kein Enquete- oder Untersuchungsrecht zu.[179]

40 **4. Wahlrechtsgrundsätze – „die aus allgemeinen, unmittelbaren, freien, gleichen und geheimen Wahlen hervorgegangen ist".** Art. 28 Abs. 1 S. 2 verpflichtet den Landesgesetzgeber zur Einhaltung der Wahlrechtsgrundsätze (hier wird im Folgenden vorrangig auf Besonderheiten im Zusammenhang mit dem Gestaltungsspielraum der Länder abgestellt, vgl. aber insgesamt → Art. 38 Rn. 26 ff.). Ein **bestimmtes Wahlsystem oder -verfahren wird nicht verlangt.**[180] Auch insoweit ist dem Landesgesetzgeber ein Gestaltungsspielraum belassen.[181] Zulässig ist ein reines oder kombiniertes Verhältnis- bzw. Mehrheitswahlrecht,[182] das Kumulieren und Panaschieren[183] sowie die Entscheidung für ein bestimmtes mathematisches Umrechnungsverfahren (d'Hondt, Hare/Niemeyer, Saint-Laguë/Schepers) bei der Verhältniswahl (→ Rn. 50).

41 **a) Allgemeinheit der Wahl.** Die Allgemeinheit der Wahl ermöglicht als Ausprägung des allgemeinen Gleichheitssatzes, dass jedermann das Wahlrecht formal möglichst gleichermaßen zusteht (→ Art. 38 Rn. 33 ff.).[184] Eine trennscharfe Abgrenzung des Grundsatzes der Allgemeinheit zu dem der Gleichheit ist deshalb in vielen Konstellationen kaum möglich.[185]

---

fried Frey und die Entstehung der Preußischen Selbstverwaltung, 1936, Neuaufl. 1957, 113. Vgl. auch BVerwGE 85, 283 (286 f.).

[173] Vgl. VGH Kassel NVwZ 2001, 345 (346); OVG Weimar ThürVBl. 2015, 166 (167 f.).

[174] BVerfGE 93, 373 (377) mwN.

[175] BVerwGE 90, 104 (109); 119, 305 (307 ff.); BVerwG NVwZ 2010, 834 Rn. 18 ff.; vgl. zur Herleitung des Spiegelbildlichkeitsprinzips BVerfGE 80, 188 (221 ff.).

[176] *Rennert* in Umbach/Clemens Rn. 45 f.; vgl. OVG Münster OVGE 26, 225 (231 f.).

[177] *Dreier* in Dreier Rn. 67.

[178] Zur Indemnität siehe OVG Koblenz NVwZ 1996, 1133 (1134); allgemein *Rennert* in Umbach/Clemens Rn. 46; *Mann* in BK Rn. 75; *Dreier* in Dreier Rn. 67.

[179] OVG Lüneburg OVGE 23, 403 (408); VG Würzburg BayVBl. 1996, 377 (379); *Dreier* in Dreier Rn. 67; aA unter Berücksichtigung des hessischen Kommunalrechts *Hoppe/Kleindiek* VR 1992, 82 (86 f.). Nach *Rennert* in Umbach/Clemens Rn. 46, sollen die Kommunalvertretungen auch nicht mit Untersuchungsbefugnissen ausgestattet werden können, die zu Eingriffen in Rechte Dritter berechtigen.

[180] *Dreier* in Dreier Rn. 61; *Mann* in BK Rn. 78.

[181] BVerfGE 99, 1 (11 f.); BVerwGE 94, 288 (290 f.); *Schwarz* in MKS Rn. 85; *Nierhaus/Engels* in Sachs Rn. 18.

[182] BVerfGE 1, 208 (246); 6, 84 (90); 6, 104 (111); 95, 335 (354); BVerwGE 132, 166 Rn. 25; *Dreier* in Dreier Rn. 63; *Mann* in BK Rn. 47, 78; *Dittmann* in HdbStR VI § 127 Rn. 20; ausführlich *Menzel,* Landesverfassungsrecht, 2002, 260 f. mwN, auch zur Gegenansicht.

[183] *Nierhaus/Engels* in Sachs Rn. 19; *Dreier* in Dreier Rn. 63; *Pieroth* in Jarass/Pieroth Rn. 11.

[184] BVerfGE 28, 220 (225); 99, 69 (77 f.); 120, 82 (105); 121, 108 (122); 132, 39 (47).

[185] BVerfGE 48, 64 (82); *Mehde* in Maunz/Dürig Rn. 98.

Der Spielraum der Länder erstreckt sich nicht darauf, den zwingenden Zusammenhang von wahlberechtigtem Volk und Staatsangehörigkeit zu modifizieren (→ Rn. 32), doch können die Länder davon abgesehen das **Wahl- und Wählbarkeitsalter** bestimmen und auf diese Weise die notwendigen individuellen Eigenschaften des einzelnen Legitimationssubjekts bestimmen.[186] Zum Teil haben die Länder das Wahlalter abgesenkt sowie passives und aktives Wahlalter voneinander abweichend geregelt.[187] Die Voraussetzung eines festen Wohnsitzes in der Gebietskörperschaft ist zulässig.[188] Eine Briefwahl ist verfassungsrechtlich nicht zwingend vorgesehen, aber auch nicht verboten.[189] Bei **(kommunalen) Neugliederungsmaßnahmen** (→ Rn. 83) kann es unvermeidlich und daher bei einer Gesamtbetrachtung der Umstände zulässig sein, dass für eine Übergangsphase keine dem Grundsatz der Allgemeinheit entsprechende Vertretung besteht.[190] Zum Teil ermöglicht das Landesrecht, dass bei der Eingliederung einer Gemeinde durch Vereinbarung einige Ratsmitglieder der eingegliederten Gemeinde für die Zeit bis zur nächsten regelmäßigen Wahl in den Gemeinderat der aufnehmenden Gemeinde entsendet werden.[191] 42

b) Unmittelbarkeit der Wahl. Die Unmittelbarkeit der Wahl ist gewährleistet, wenn zwischen Wahlabgabe durch den Wähler und Bestimmung der gewählten Abgeordneten keine weitere Instanz oder weitere Willensentscheidung Dritter treten (→ Art. 38 Rn. 41 ff.).[192] **Parteilisten** müssen deshalb bereits beim Wahlakt abschließend feststehen und das Zurückgreifen auf eine Reserveliste nach dem Wahlakt rechtfertigt keine nachträgliche Auswahl.[193] Soweit eine Landesverfassung **ruhende Mandate von Regierungsmitgliedern,** für die ein nachrückender Abgeordneter bestimmt wird, vorsieht,[194] wird überwiegend davon ausgegangen, dass sich dies mit dem Erfordernis der Unmittelbarkeit (und der Gleichheit) nicht vereinbaren lässt, weil der Bestand des Nachrückermandats (bzw. eines anderen Mandats) davon abhängt, dass das Regierungsmitglied nicht entlassen wird oder zurücktritt und keinen Verzicht erklärt.[195] 43

---

[186] BVerwGE 162, 244 Rn. 12 ff.; *Mann* in BK Rn. 72; *Mehde* in Maunz/Dürig Rn. 90; zu den Landtagswahlen *Schwarz* in MKS Rn. 93.

[187] *Rennert* in Umbach/Clemens Rn. 54; *Mehde* in Maunz/Dürig Rn. 90 mwN.

[188] Vgl. BVerfGE 28, 220 (225 f.); BVerfG NVwZ 1993, 55 (56); offengelassen in VerfGH NRW NVwZ-RR 1996, 679 (679).

[189] BVerfGE 12, 139 (142 f.); 15, 165 (167); *Butzer* in BeckOK GG Art. 38 Rn. 62.

[190] BVerwG DVBl. 1973, 890 (891).

[191] BVerwG DVBl. 1973, 890 (890 f.); vgl. § 9 Abs. 1 S. 3 GemO BW.

[192] BVerfGE 7, 63 (68 f.); 47, 253 (279 f.).

[193] BVerfGE 3, 45 (50 f.); 7, 75 (84 f.); *Mann* in BK Rn. 84; vgl. auch BVerfGE 47, 253 (281).

[194] Vgl. Art. 39 Abs. 2 HmbVerf; Art. 108 Abs. 2 BremVerf.

[195] Allgemein *Rosenau,* ZParl 19 (1988), 35 (38 ff.); *Dreier* in Schmidt Vielfalt des Rechts, 1994 113 (124 f.); *Schwarz* in MKS Rn. 89; *Mehde* in Maunz/Dürig Rn. 120; zur HessVerf StGH Hess NJW 1977, 2065, (2066 f.). AA *David,* Verfassung der Freien und Hansestadt Hamburg, 2. Aufl. 2004, Art. 38 Rn. 20 ff. Bei der Bewertung solcher Regelungen könnte auch die Rspr. des BVerfwG berücksichtigt werden, wonach ein Mandatsverlust, der an wahlfremde Umstände anknüpft und das Gewähltsein als solches nicht infrage stellt, nicht die Unmittelbarkeit der Wahl beeinträchtigt, BVerwGE 151, 179 Rn. 27. Das BVerfG geht außerdem davon aus, dass die Abhängigkeit vom Verhalten eines vorrangig Gewählten, der das Mandat annimmt, ausschlägt oder niederlegt, unerheblich ist, BVerfGE 3, 45 (50); vgl. BVerfGE 47, 253 (281); NdsStGH NJW 1985, 2319 (2320); *Mehde* in Maunz/Dürig Rn. 119; vgl. zur Bedingungsfeindlichkeit der Niederlegung des Bundestagsmandats BVerfGE 44, 245 (248 f.); *Müller* in MKS Art. 38 Rn. 62 mwN.

44 Auch ein **Rotationsprinzip** iS eines verabredeten Rücktritts zu einem bestimmten Zeitpunkt der Wahlperiode wird unter dem Gesichtspunkt der Unmittelbarkeit mehrheitlich für unzulässig gehalten.[196] Zum Teil wird darauf abgestellt, ob die Rotation für den Wähler zum Zeitpunkt der Wahl ersichtlich war.[197] Die Unmittelbarkeit ist nicht mehr bei sog **Friedenswahlen** gegeben, bei denen regelmäßig ein bestimmtes Ergebnis von vornherein feststeht und es nicht mehr Wahlvorschläge als zu vergebende Mandate gibt; die hypothetische Möglichkeit, durch weitere Vorschläge eine Wahl im eigentlichen Sinne zu erzwingen, reicht nicht aus.[198]

45 **c) Freiheit der Wahl.** Eine freie Wahl setzt voraus, dass der Wahlentscheidung des Wählers ein freier und offener Willensbildungsprozess ohne unzulässige Beeinflussung und Zwang zugrunde liegen kann (→ Art. 38 Rn. 50 ff.).[199] Dies setzt voraus, dass (kommunale) Amtsträger bei Äußerungen im Zusammenhang mit Wahlen ein **Neutralitätsgebot** beachten (→ Rn. 107).[200] Auch die Gestaltung des Stimmzettels darf keinen „appellativen“ Charakter haben.[201] Der Staat muss außerdem effektiv sicherstellen, dass nicht allein die Parteiführung über die Kandidatenaufstellung entscheidet.[202]

46 **d) Gleichheit der Wahl.** Die Gleichheit der Wahl ist gewahrt, wenn „alle Staatsbürger das aktive und passive Wahlrecht in formal möglichst gleicher Weise ausüben können“ (→ Art. 38 Rn. 64 ff.).[203] Beeinträchtigungen dieses Grundsatzes sind nur in engen Grenzen möglich und müssen durch zwingende Gründe gerechtfertigt sein.[204] Über den eigentlichen Wahlakt schützt dieser Grundsatz auch das Erlangen und das Fortbestehen des Mandats und im Vorfeld von Wahlen die Chancengleichheit.[205]

47 Der Grundsatz der Wahlgleichheit wird im Hinblick auf den Erfolgswert (→ Art. 38 Rn. 66) in besonderem Maße durch **wahlrechtliche Sperrklauseln** beeinträchtigt. Für die Wahl zu den **Landesparlamenten** werden Sperrklauseln in Höhe von 5 % von der Verfassungsrechtsprechung als (noch)[206] gerechtfertigt angesehen, um einer **Zersplitterung des Parlaments** vorzubeugen und damit dessen **Funktionsfähigkeit** sowie die Regierungsbildung zu sichern.[207] Die Befreiung bestimmter Minderheitenparteien von der

---

[196] *Butzer* in BeckOK GG Art. 38 Rn. 106.1; *Müller* in MKS Art. 38 Rn. 63; *Dicke/Stoll*, ZParl 16 (1985), 451 (453 ff.); *Rebe* ZParl 16 (1985) 468 (470); *Versteyl* ZParl 16 (1985), 465 (468); aA NdsStGH NJW 1985, 2319 (2320), wo aber ein Verfassungsverstoß wegen faktisch verkürzter Wahlperiode gesehen wird.

[197] *Morlok* in Dreier Art. 38 Rn. 82; *Mann* in BK Rn. 84; aA NdsStGH NJW 1985, 2319 (2320); → Art. 38 Rn. 47, 117.

[198] BVerfGE 13, 1 (17 f.); *Vogelgesang* in BerlKomm Rn. 53.

[199] BVerfGE 44, 125 (139); 47, 253 (282); 79, 161 (165 f.).

[200] Zum Kommunalwahlkampf BVerwGE 104, 323 (326 f.); BVerwG NVwZ 2001, 928 (929); BayVGH NVwZ-RR 1996, 680 (680).

[201] VerfGH RhPf NVwZ 2014, 1089 (1090 ff.); *Mehde* in Maunz/Dürig Rn. 97; *Mann* in BK Rn. 85; *Laubinger* NVwZ 2014, 121 (125).

[202] BVerfGE 47, 253 (282 f.).

[203] BVerfGE 79, 169 (170); 85, 148 (157), vgl. auch BVerfGE 120, 82 (102); 121, 266 (295); 123, 267 (373), wonach die „Egalität der Staatsbürger“ gesichert wird.

[204] BVerfGE 93, 373 (376 f.); 95, 408 (418); 120, 82 (107); 121, 266 (297).

[205] BVerwGE 151, 179 (184 ff.); *Mehde* in Maunz/Dürig Rn. 101.

[206] Zu einer Evaluierungs- und Kontrollpflicht des Gesetzgebers BVerfGE 120, 82 (113); VerfGH Saarl NVwZ-RR 2012, 169 (181 ff.); LVerfG MV LKV 2001, 270 (274); VerfGH NRW NVwZ 1995, 579 (581); vgl. BVerfGE 1, 208 (259); 82, 322 (338).

[207] BVerfGE 1, 208 (247 ff.); 4, 31 (39 f.); 4, 375 (381); 34, 81 (99 f.); BayVerfGH NVwZ-RR 2007, 73 (74); BayVBl. 2010, 531 (533 f.); VerfGH Bln LVerfGE 6, 28 (31);

Sperrklausel (zB der dänischen Minderheit nach § 3 Abs. 1 S. 2 WahlG SchlH oder der sorbischen Minderheit nach § 3 Abs. 1 S. 2 BbgLWahlG) wurden durch die Verfassungsrechtsprechung nicht in Frage gestellt.[208]

Auf **Kommunalebene** lässt sich eine Beeinträchtigung der Wahlgleichheit **48** durch Sperrklauseln, die auf diese Gründe gestützt wird, ungleich schwerer rechtfertigen.[209] Das BVerfG verwies ursprünglich auch für die kommunale Ebene auf die (mögliche) Gefahr einer Funktionsstörung und hielt Sperrklauseln bei Kommunalwahlen für zulässig,[210] stellt mittlerweile aber höhere Anforderungen an den zwingenden Grund für die Beeinträchtigung der Wahlgleichheit und verlangt eine Beeinträchtigung der Funktionsfähigkeit, die mit einiger Wahrscheinlichkeit zu erwarten ist.[211] Insgesamt ist diese **Gefahr geringer ausgeprägt,** insbesondere wenn der Hauptverwaltungsbeamte direkt gewählt wird (→ Rn. 36) und deshalb keiner Mehrheit in der Vertretung bedarf, die ihn stützt.[212] Hinzu kommt, dass die Vertretung Teil der Exekutive ist, keine Gesetze erlässt, stattdessen aber selbst einer weitergehenden Gesetzesbindung unterfällt, so dass das Potenzial für eine Funktionsstörung geringer als bei Parlamenten ist; tritt diese gleichwohl ein, kann die Kommunalaufsicht eingreifen.[213] Dies hat dazu geführt, dass für Kommunalwahlen in den Flächenländern keine Sperrklauseln mehr bestehen.[214] Anders ist dies bei der Wahl zu kommunalen Bezirksvertretungen in den Stadtstaaten, die aber keine Vertretung iSd Art. 28 Abs. 1 S. 2 sind (→ Rn. 30) und für die etwa noch Sperrklauseln in Höhe von 3 % vorgesehen sind (womit jedoch eine Annäherung an natürliche Sperrklauseln entsteht, die sich schon rechnerisch ergeben).[215]

NdsStGH NdsVBl. 2011, 77 (77); vgl. SchlHLVerfG NordÖR 2010, 389 Rn. 106; zur Bundestagswahl BVerfGE 6, 84, (92 f.); 24, 300 (341); 82, 322 (347); 95, 408 (418 ff.); zur Wahl Europaparlament BVerfGE 51, 222 (236); zu Kommunalwahlen BVerfGE 120, 82 (111).

[208] BVerfGE 1, 208 (253 f.); 5, 77 (83); 6, 84 (97 f.); BVerfG NVwZ 2005, 205 (206 f.); SchlHLVerfG NordÖR 2013, 461 (466 ff.); vgl. *Röper* NordÖR 2003, 391 (391 ff.); kritisch OVG Schleswig NVwZ-RR 2003, 161 (163 ff.); *Hösch* ThürVBl. 1996, 265 (269); *Kerssenbrock* NordÖR 2015, 8 (10 ff.); dazu auch *Mann* in BK Rn. 90.

[209] *Dreier* in Dreier Rn. 66; *Pieroth* in Jarass/Pieroth Rn. 12; *Hellermann* in BeckOK GG Rn. 15.5.

[210] BVerfGE 6, 104 (111 ff.); 11, 266 (277); 13, 243 (247 f.).

[211] BVerfGE 120, 82 (114); ThürVerfGH NVwZ-RR 2009, 1 (3); VerfGH NRW NVwZ 2000, 666 (668); StGH Brem NordÖR 2009, 251 (254 f.); vgl. LVerfG MV LKV 2001, 270 (274 ff.); vgl. zu Prognoseentscheidungen des Gesetzgebers BVerfGE 73, 40 (94); 120, 82 (106). Vgl. VerfGH NRW NVwZ 2018, 159 Rn. 88 ff., wo eine (sogar landesverfassungsrechtlich normierte) 2,5 %-Sperrklausel für Wahlen der Gemeinderäte und Kreistage für verfassungswidrig erklärt wurde. Dazu auch *Mehde* VerwArch 109 (2018), 336 (350 f.).

[212] BVerfGE 120, 82 (116): „das zentrale Element weggefallen, das bislang die Rechtfertigung (…) gestützt hat". Ebenso ThürVerfGH NVwZ-RR 2009, 1 (3); *Kramer/Bahr/Hinrichsen/Voß* DÖV 2017, 353 (354 f.); vgl. VerfGH NRW NVwZ 1995, 579 (581).

[213] Vgl. BVerfGE 120, 82 (112); *Mehde* in Maunz/Dürig Rn. 105.

[214] Vgl. die Aufstellung bei StGH Brem NordÖR 2009, 251 (251 f.); vgl. *Mehde* in Maunz/Dürig Rn. 105; *Henneke* in SHH Rn. 37. Eine Besonderheit besteht in Bremen, wo für die Wahl zur Bremischen Bürgerschaft eine 5 %-Sperrklausel besteht und die unter dieser Maßgabe im Wahlbereich Bremen gewählten Abgeordneten zugleich die Stadtbürgerschaft bilden, dh die kommunale Volksvertretung der Stadtgemeinde Bremen, Art. 148 Abs. 1 BremVerf.

[215] Vgl. HmbVerfG NordÖR 2013, 156 (162 ff.); NVwZ 2016, 381 (386 f.); VerfGH Bln DVBl. 2013, 848 (850 f.); StGH Brem NJOZ 2009, 4325 (4330 ff.); *Wolf* LKV 2013, 300 (302 ff.); *Röper* VR 2009, 380 (381); dazu auch *Mann* in BK Rn. 93.

49 Die Bestimmung von **Unterschriftenquoren für Wahlvorschläge,** die grundsätzlich vom Gestaltungsspielraum der Länder abgedeckt ist,[216] kann sich auf die Gleichheit der Wahl auswirken. Die Anzahl der erforderlichen Unterschriften kann relativ oder absolut, durch eine Kombination[217] oder gestaffelt nach der Wahlkreisgröße[218] festgelegt werden. Die Verfassungsmäßigkeit von Vorgaben hängt von der Anzahl der Wahlberechtigten pro Wahlkreis (Durchschnitt[219] und Varianz[220]) sowie vom Gewicht der Rechtfertigungsgründe ab. Als solche kommen die Ernsthaftigkeit eines Wahlvorschlags[221] und die Verhinderung einer Stimmenzersplitterung[222] in Betracht. Im **Verhältnis von Unterschriftenquoren und Sperrklauseln,** die beide einer Zersplitterung entgegenwirken sollen,[223] besteht kein Exklusivitätsverhältnis, vielmehr ergänzt das Unterschriftenquorum die Sperrklausel, indem es deren Belastungen kompensiert und einen Stimmungstest vor der Wahl bietet.[224] Zulässig ist es, solche Parteien vom Erfordernis eines Unterschriftenquorums auszunehmen, die schon in der vorhergehenden Wahlperiode im jeweiligen[225] Organ vertreten gewesen sind, weil ihre Ernsthaftigkeit und Integrationsleitung (zumindest bei Bestehen einer Sperrklausel) dadurch hinreichend indiziert sind.[226]

---

[216] Für Quoren auf Landesebene BVerfGE 3, 383 (394 ff.); 4, 375 (381 ff.); für die Kommunalebene BVerfGE 6, 121 (130 f.).

[217] Vgl. § 21 Abs. 9 KWG LSA; dazu LVerfG LSA LKV 2001, 363 (366 f.).

[218] Vgl. § 28a Abs. 1, 2 BbgKWahlG.

[219] Vgl. BVerfGE 3, 383 (395), wo für die Kreiswahl ein Quorum von 100 Unterschriften bei durchschnittlich 60.000 Wahlberechtigten pro Wahlkreis als zulässig erachtet wurde, was einer Quote von rund 0,17 % entspricht. In BVerfGE 4, 375 (386) wurde eine Quote von (großzügig aufgerundeten) 0,25 % für die Zulassung zur Landtagswahl als „äußerste Grenze" angesehen. Bei kleinen Gemeinden ist die Rspr. tendenziell weniger streng, vgl. LVerfG LSA LKV 2001, 363 (366 f.) und die Rechtsprechungsübersicht bei *Lege,* Unterschriftenquoren zwischen Parteienstaat und Selbstverwaltung, 1996, 43.

[220] Vgl. die Forderung nach besonderen Unterschriftenquoren bei vom Durchschnitt abweichenden Wahlkreisen des Staatsgerichtshofs für das Deutsche Reich, RGZ 118, Anh. 22. Eine Abweichung der Wahlkreisgröße ist verfassungsrechtlich ohnehin nur in engem Maße möglich → Rn. 50.

[221] BVerfGE 4, 375 (381 ff.).

[222] BVerfGE 1, 208 (249); 3, 19 (26 f.).

[223] Dabei ist zu beachten, dass eine Zersplitterung bei manchen Wahlsystemen stärker droht als bei anderen, BVerfGE 3, 383 (395); vgl. zum BWahlG BVerfGE 3, 19 (27 f.). Vgl. auch LVerfG LSA LKV 2001, 363 (366): „Erscheint das Unterschriftenquorum als Mittel der Wahlvorbereitung für die Verhältniswahl zu Volksvertretungen zulässig, dann können allein aus dem Mehrheitswahlprinzip keine Gründe für seine Unzulässigkeit hergeleitet werden".

[224] Vgl. BVerfGE 3, 383 (393 f.); 4, 375 (381); 6, 84 (98 f.); 12, 10 (27); *Morlok* in Dreier Art. 21 Rn. 86; kritisch mit Blick auf die Zulässigkeit eines Mehrheitswahlsystems LVerfG LSA LKV 2001, 363 (366); aA *Jülich,* Chancengleichheit der Parteien, 1967, 115; *Streinz* in MKS Art. 21 Rn. 133, die darauf verweisen, dass Sperrklauseln gegenüber Unterschriftenquoren bei gleicher Eignung einen milderen Eingriff darstellen würden. Das mag zwar für die Kandidaten und Parteien zutreffen, die zur Wahl stehen, weil sich ihre Nichtberücksichtigung erst durch das urdemokratische Instrument der eigentlichen Wahl ergibt, vgl. BVerfGE 3, 19 (26): „Ursprünglichste und wichtigste Äußerungsform der repräsentativen Demokratie überhaupt". Dies würde aber dazu führen, dass die Stimmen, die auf Kandidaten und Parteien entfallen, die die Sperrklausel nicht überwinden, ihren Erfolgswert vollständig einbüßen und so das Wahlergebnis verzerrt wird. Überdies ist das Ziel, eine Zersplitterung zu verhindern, auf Kommunalebene ohnehin weniger stark ausgeprägt → Rn. 48.

[225] Der Erfolg auf anderer Wahlebene, zB von Parteien, die im Landtag vertreten sind, rechtfertigt nur dann eine Indizwirkung für die Teilnahme an einer Kommunalwahl, wenn diese Erleichterung zugleich auch für Parteien und Wählergruppen gilt, die zuvor im kommunalen Repräsentativorgan vertreten waren, BVerfGE 12, 10 (28); BayVerfGHE nF 6 65 (74 f.); 13 1 (5 ff.); *Streinz* in MKS Art. 21 Rn. 133.

[226] BVerfGE 3, 19 (27); *Jülich,* Chancengleichheit der Parteien, 1967, 117; *Streinz* in MKS Art. 21 Rn. 133.

Vereinigungen, die wegen fehlender Überörtlichkeit keine Partei bilden, wie **kommunale Wählervereinigungen und Rathausparteien,** muss wegen ihres örtlichen Bezugs eine chancengleiche Teilnahme möglich sein.[227]

Die **einzelnen Wahlkreise** müssen bei der Kommunalwahl eine möglichst gleiche Größe aufweisen[228] und Abweichungen müssen auf einer nachvollziehbaren Begründung mit detaillierter Darlegung der konkreten örtlichen Verhältnisse beruhen.[229] Abweichungen von mehr als 25 % lassen sich nicht rechtfertigen.[230] Die verfassungsgerichtlichen Vorgaben für Überhangmandate finden auch für das Wahlrecht in den Ländern Anwendung (→ Art. 38 Rn. 77).[231] Für die **Berechnung der Sitzverteilung** im Rahmen einer Verhältniswahl kann der Landesgesetzgeber das d'Hondtsches Höchstzahlverfahren, das Hare-Niemeyer-Proportionalverfahren oder das Divisorverfahren nach Saint-Laguë/Schepers bestimmen.[232] 50

Für die **Beschränkung eines errungenen Mandats** (bzgl. Annahme, Ausübung und Bestand) muss ein zwingender Grund bestehen (zu einem „ruhenden" Mandat → Rn. 43).[233] Das Verbot der gleichzeitigen Mitgliedschaft geschiedener Ehegatten in einem Gemeinderat ist nicht zulässig.[234] Der Ausschluss eines Gemeinderatsmitglieds bei Verurteilung wegen einer Straftat ist nur gerechtfertigt, wenn die Straftat einen konkreten, hinreichenden politischen Bezug aufweist und eine negative Prognose für die Arbeit im Rat begründet.[235] Für Wählbarkeitsbeschränkungen, die an ein öffentliches Dienstverhältnis anknüpfen, ist Art. 137 Abs. 1 vorrangig und abschließend.[236] 51

e) Geheimheit der Wahl. Der Grundsatz der geheimen Wahl verlangt, dass nur der Wähler vom Inhalt seiner Wahlentscheidung Kenntnis hat.[237] Das Erfordernis, für die Zulassung zur Wahl eine bestimmte Anzahl von Unterschriften vorzuweisen, lässt zwar auch Schlüsse auf die Wahlabsichten zu, doch können die Gründe für solche Unterschriftenquoren auch die Beeinträchtigung der geheimen Wahl rechtfertigen (→ Rn. 49). Dabei darf diese Beeinträchtigung aber nicht über das Maß hinausgehen, das zur Prüfung von 52

---

[227] BVerfGE 11, 266 (276); 11, 351 (361); 12, 10 (25); 13, 1 (15 f.); 69, 92 (107 f.); 78, 350 (358); 99, 69 (78); 120, 82 (110).

[228] BVerfGE 95, 335 (363 ff.); NdsStGH NVwZ 2000, 670 (671); BayVerfGH NVwZ-RR 2002, 473 (474 ff.); StGH Hess NVwZ 2007, 328 (330); BVerwGE 132, 166 Rn. 28.

[229] BVerwGE 132, 166 Rn. 28 ff. zu § 7 KommWahlG LSA.

[230] StGH BW VBlBW 2012, 462 (464); *Mann* in BK Rn. 86; *Mehde* in Maunz/Dürig Rn. 102.

[231] Vgl. dazu BVerfGE 7, 63 (74 f.); 79, 169 (171 f.); 95, 335 (357 ff.); 97, 317 (328); 131, 316 (362).

[232] *Dreier* in Dreier Rn. 63; *Mann* in BK Rn. 47, 78. Zur Zulässigkeit von Höchstzahl- und Proportionalverfahren BVerfG NVwZ-RR 1995, 213 (214); VerfGH RhPf NVwZ 1988, 819 (820); BayVerfGH NVwZ-RR 2010, 257 (259 f.); VerfGH Bln NVwZ-RR 2017, 633 (634 f.); BVerwG NVwZ-RR 1994, 109 (109). Zur Zulässigkeit des Divisorverfahrens siehe VerfGH NRW NVwZ 2009, 449 (450 ff.). Zu den Grenzen siehe etwa BayVerfGH BayVBl. 1992, 397 (398 ff.). Für eine Übersicht über die Verfahren siehe *Meyer* in HdbStR III § 46 Rn. 54 ff.

[233] BVerfGE 93, 373 (377).

[234] BVerfGE 93, 373 (377 ff.).

[235] BVerwGE 151, 179 Rn. 39 f.

[236] BVerfGE 38, 326 (336); 48, 64 (82); 58, 177 (191); 98, 145 (160); *Butzer* in BeckOK GG Art. 137 Rn. 3; *Klein* in Maunz/Dürig Art. 137 Rn. 32.

[237] BVerfGE 123, 39 (76); 124, 1 (25).

Echtheit und Berechtigung erforderlich ist.[238] Eine Beeinträchtigung des Wahlgeheimnisses durch die Briefwahl ist nach denselben Erwägungen zulässig wie bei der Bundestagswahl (→ Art. 38 Rn. 90).

53 **5. Rechtsschutz.** Bei Art. 28 Abs. 1 S. 2 handelt es sich um ein **rein objektiv-rechtliches Verfassungsgebot,** dessen Verletzung weder für aktiv noch passiv Wahlberechtigte mit der Verfassungsbeschwerde rügefähig ist (vgl. Art. 93 Abs. 1 Nr. 4a, der zwar auf Art. 38, nicht aber Art. 28 verweist).[239] Die Wahlrechtsgrundsätze können auch nicht über die in Art. 2 Abs. 1 geschützte persönliche Freiheitssphäre als subjektives Recht geltend gemacht werden.[240] Nach der Rspr. des BVerfG ist mittlerweile auch ein Rückgriff auf den allgemeinen Gleichheitssatz des Art. 3 Abs. 1 im Anwendungsbereich der speziellen wahlrechtlichen Gleichheitssätze aus Art. 28 Abs. 1 S. 1, Art. 38 Abs. 1 S. 1 aufgrund eines Spezialitätsverhältnisses versperrt.[241] Das BVerfG verweist den Bürger auf die **landesrechtlichen Rechtsbehelfe,** insbesondere (ein auch verfassungsrechtlich gebotenes)[242] Wahlprüfungsverfahren und Landesverfassungsbeschwerde,[243] und betont dabei die Verfassungsautonomie der Länder.[244] Die Zuständigkeit des BVerfG kann sich über Normenkontrollverfahren ergeben.[245]

III. Kommunalwahlrecht von EU-Bürgern (Abs. 1 S. 3)

54 **1. Genese – „nach Maßgabe von Recht der Europäischen Gemeinschaft".** Das Wahlrecht knüpft nach deutschem Verfassungsverständnis traditionell an die Staatsangehörigkeit an (→ Rn. 32). Die Europäische Integration führte aber insbesondere zum Ende des 20. Jahrhunderts durch den Abbau von Beschränkungen der Personenverkehrsfreiheiten zu einer verstärkten Mobilität der Bürger in der EU einschließlich der Wohnsitznahme in anderen Mitgliedstaaten.[246] Diese wirtschaftliche Integration sollte durch eine **Förderung der politischen Integration** im Wohnsitzmitgliedstaat begleitet werden, indem dort die politische Partizipation ermöglicht und so der Verlust des Kommunalwahlrechts, der am bisherigen Wohnsitz regelmäßig eintrat, kompensiert wird.[247] Der Vertrag von Maastricht führte zu diesem Zweck 1992 die Unionsbürgerschaft mit dem aktiven und passiven Wahlrecht auf Kommunalebene ein (Art. 8b Abs. 1 EGV, jetzt Art. 22 Abs. 1 AEUV und

---

[238] BVerfGE 12, 33 (36); vgl. BVerfGE 3, 19 (31 f.); 6, 121 (131); 12, 135 (139).

[239] BVerfGE 99, 1 (7 f.); BVerfG NVwZ 2009, 776 (777); NVwZ-RR 2012, 2 (2 f.); NVwZ 2013, 1540 Rn. 19; aA BVerwGE 151, 179 Rn. 19 unter unzutreffendem Verweis auf BVerfGE 93, 373 (376).

[240] BVerfGE 99, 1 (8); BVerfG NVwZ 2009, 776 (777); NVwZ 2013, 1540 Rn. 19; zuvor bereits *Roth* DVBl. 1998, 214 (216).

[241] BVerfGE 99, 1 (13) mwN zur vorherigen, entgegengerichteten Rspr.; BVerfG NVwZ 2009, 776 (777); NVwZ 2013, 1540 Rn. 19; zustimmend *Dreier* in Dreier Rn. 64.

[242] BVerfGE 85, 148 (158 f.); vgl. BVerfGE 99, 1 (17 f.); vgl. auch *Schenke* NJW 2020, 122.

[243] BVerfGE 99, 1 (17 f.).

[244] BVerfGE 99, 1 (12). Dabei dürfte jedoch auch die Entlastung des Gerichts eine Rolle gespielt haben, *Dreier* in Dreier Rn. 60, 64.

[245] BVerfGE 99, 1 (11 f.).

[246] *Hasselbach* ZG 1997, 49 (49 f.); *Barley,* Das Wahlrecht für Ausländer nach der Neuordnung des Art. 28 Abs. 1 S. 3 GG, 1997, 46; *Degen* DÖV 1993, 749 (753); *Mann* in BK Art. 28 Rn. 98.

[247] BayVerfGH BayVBl. 2014, 17 (19); *Nettesheim* in Grabitz/Hilf/Nettesheim Recht der EU, Art. 22 AEUV Rn. 2 f., 9; *Kluth* in Calliess/Ruffert Art. 22 AEUV Rn. 1 ff.; *Magiera* in Magiera Das Europa der Bürger in einer Gemeinschaft ohne Binnengrenzen, 1990, 13 (24).

Art. 40 GRCh); dies wurde durch die Kommunalwahlrichtlinie 94/80/EG[248] konkretisiert.

55 Zuvor hatte es bereits eine nationale Debatte um die einfachgesetzliche Einführung eines (nicht auf Unionsbürger beschränkten) Ausländerwahlrechts auf kommunaler Ebene gegeben. Das BVerfG erklärte jedoch die darauf gerichteten gesetzlichen Vorstöße Hamburgs und Schleswig-Holsteins als unvereinbar mit dem Grundsatz der Souveränität des deutschen Volkes aus Art. 20 Abs. 2, auf den auch Art. 28 Abs. 1 S. 2 Bezug nehme, und deshalb für nichtig (→ Rn. 32).[249] Mit Gesetz vom 21.12.1992[250] wurde **Art. 28 Abs. 1 S. 3 in das GG eingefügt,** um eine verfassungskonforme Ratifizierung des Vertrags von Maastricht zu ermöglichen.[251] Bei der Regelung handelt es sich **nicht** um eine **konstitutive Rechtsgrundlage, sondern** um eine **Öffnungsklausel,** die bewirkt dass Normen des Unionsrechts im Wege einer dynamischen Verweisung Anwendung finden können.[252] Für die Auslegung der Vorschrift sind daher primär Art. 22 Abs. 1 AEUV, Art. 40 GRCh und die Kommunalwahlrichtlinie maßgeblich. Letztere wurde in den Kommunalwahlgesetzen der Länder umgesetzt.[253]

56 Aufgrund der Ewigkeitsgarantie des **Art. 79 Abs. 3 iVm dem Demokratieprinzip** des Art. 20 Abs. 1, 2 stellt sich trotz der Verfassungsänderung die Frage nach der **Vereinbarkeit** des Kommunalwahlrechts von EU-Bürgern **mit dem Grundsatz der Souveränität des (deutschen) Volkes.** Art. 79 Abs. 3 schützt die Substanz der Verfassungsordnung, steht aber nicht zwingend einzelnen sachgerechten Modifikationen der Grundsätze entgegen.[254] Hierfür spricht nicht nur das Staatsziel der europäischen Integration nach Art. 23 Abs. 1 S. 1,[255] sondern auch die fehlende Staats- und Parlamentsqualität (→ Rn. 38) auf kommunaler Ebene.[256] Die Erweiterung der Legitimationsgrundlage durch Art. 28 Abs. 1 S. 3 stellt deshalb nicht das Demokratieprinzip als solches in Frage, sondern betrifft nur in zulässiger Weise dessen Ausgestaltung.[257] Eine Öffnung der Landtags- oder Bundestagswahl für Unionsbürger[258] oder die Erweiterung des Kommunalwahlrechts auf

---

[248] Richtlinie 94/80/EG des Rates vom 19.12.1994 über die Einzelheiten der Ausübung des aktiven und passiven Wahlrechts bei den Kommunalwahlen für Unionsbürger mit Wohnsitz in einem Mitgliedstaat, dessen Staatsangehörigkeit sie nicht besitzen, ABl. 1994 L 368, 38.

[249] BVerfGE 83, 37 (50 ff.); 83, 60 (70 ff.). Vgl. *Dreier* in Dreier Rn. 78; *Karpen* NJW 1989, 1012 (1016); *Quaritsch* DÖV 1983, 1 (2 f.); *Schunda,* Das Wahlrecht von Unionsbürgern bei Kommunalwahlen in Deutschland, 2003, 110 ff. mwN.

[250] BGBl. I 2086.

[251] Vgl. Bericht der Gemeinsamen Verfassungskommission, BT-Drs. 12/6000, 25; Gesetzentwurf der BReg, BT-Drs. 12/3338, 10 f.

[252] HmbVerfG NVwZ-RR 2010, 129 (130); *Schunda,* Das Wahlrecht von Unionsbürgern bei Kommunalwahlen in Deutschland, 2003, 119 mwN; *Mehde* in Maunz/Dürig Rn. 123; *Mann* in BK Art. 28 Rn. 100; *Rennert* in Umbach/Clemens Rn. 34; aA *Barley,* Das Wahlrecht für Ausländer nach der Neuordnung des Art. 28 Abs. 1 S. 3 GG, 1997, 53 ff.

[253] Vgl. zu Unterschieden *Pieroth/Schmülling* DVBl. 1998, 365 (368 ff.).

[254] BVerfGE 30, 1 (24); darauf Bezug nehmend HmbVerfG NVwZ-RR 2010, 129 (131).

[255] HmbVerfG NVwZ-RR 2010, 129 (131); *Mehde* in Maunz/Dürig Abs. 1 Rn. 126; *Barley,* Das Wahlrecht für Ausländer nach der Neuordnung des Art. 28 Abs. 1 S. 3 GG, 1997, 103; *Hobe* Der Staat 32 (1993), 245 (262); *Kaufmann* ZG 1998, 25 (43).

[256] *Schwarz* in MKS Rn. 124; *Henneke* in SHH Rn. 29; *Grzeszick* in Maunz/Dürig Art. 20 II Rn. 84 ff.

[257] HmbVerfG NVwZ-RR 2010, 129 (131); offen gelassen noch in BVerfGE 83, 37 (59).

[258] *Rennert* in Umbach/Clemens Rn. 41; *Henneke* in SHH Rn. 29; aA *Sieveking* DÖV 1993, 449 (457 f.).

Drittstaatsangehörige (→ Rn. 31) lassen sich mit dieser Begründung vor Art. 79 Abs. 3 nicht rechtfertigen.

57 **2. Sachlicher und räumlicher Anwendungsbereich – „Bei Wahlen in Kreisen und Gemeinden".** Art. 22 AEUV, Art. 40 GRCh erlauben die Teilnahme an **„Kommunalwahlen".** Nach Art. 2 Abs. 1 lit. b RL 94/80/EG handelt es sich bei Kommunalwahlen um die allgemeinen, unmittelbaren Wahlen, die darauf abzielen, die Mitglieder der Vertretungskörperschaft und gegebenenfalls gemäß den Rechtsvorschriften jedes Mitgliedstaats den Leiter und die Mitglieder des Exekutivorgans einer lokalen Gebietskörperschaft der Grundstufe zu bestimmen. Im Ausgangspunkt bezieht sich die Vorschrift damit auf die Wahlen zu den Vertretungen in Kreisen und Gemeinden, wie sie auch von Art. 28 Abs. 1 S. 2 erfasst werden (→ Rn. 30).

58 Der Wortlaut des Art. 28 Abs. 1 S. 2 lässt eine Anwendung auf die **Bezirke in den Stadtstaaten** nicht zu, doch damit erweist sich die Regelung als zu eng.[259] Die „lokale Gebietskörperschaft der Grundstufe" iSd RL 94/80/EG, auf die sich europarechtlich der Anwendungsbereich des Wahlrechts erstreckt, erfasst nach dem Anhang der Richtlinie auch die Bezirke in den deutschen Stadtstaaten.[260] Aufgrund der Entstehungsgeschichte der grundgesetzlichen Bestimmung und ihres Verweises auf das Unionsrecht ist anerkannt, dass der verfassungsändernde Gesetzgeber das Wahlrecht der Unionsbürger auch in den Stadtstaaten öffnen wollte und deshalb die **Norm weit auszulegen** ist.[261] Nicht bezweckt (und nach Unionsrecht auch nicht notwendig) war aber eine Anwendung auf die Wahl zu den Landesparlamenten der Stadtstaaten,[262] was für Bremen eine komplizierte Umsetzung erforderlich machte (→ Fn. 214).[263]

59 Auch wenn der Wortlaut des Unionsrechts eine Anwendung auf **kommunale Organisationseinheiten,** die aus einem **Zusammenschluss von Gemeinden** bestehen, wie zB Samt- oder Verbandsgemeinden, nicht fordert, sprechen das Ziel des Unionsrechts und die ansonsten bestehende Möglichkeit, durch einen (freiwilligen) Zusammenschluss und die Übertragung von Aufgaben auf diese Organisationseinheiten Unionsbürger von der Mitwirkung an der Wahrnehmung dieser Aufgaben auszuschließen, gleichwohl für eine Einbeziehung.[264] Nicht erfasst sind **höhere Kommunalverbände** wie zB Bezirke in Bayern oder Landschaftsverbände in Nordrhein-Westfalen.[265]

---

[259] HmbVerfG NVwZ-RR 2010, 129 (130).

[260] In Deutschland sind danach erfasst: „kreisfreie Stadt bzw. Stadtkreis; Kreis; Gemeinde, Bezirk in der Freien und Hansestadt Hamburg und im Land Berlin; Stadtgemeinde Bremen in der Freien Hansestadt Bremen, Stadt-, Gemeinde- oder Ortsbezirke bzw. Ortschaften".

[261] StGH Brem NordÖR 2000, 450 (450 f.); HmbVerfG NVwZ-RR 2010, 129 (130 f.); *Mann* in BK Rn. 102; *Pieroth* in Jarass/Pieroth Rn. 14; *Hellermann* in BeckOK GG Rn. 17.1; *Rennert* in Umbach/Clemens Rn. 39.

[262] Bericht der Gemeinsamen Verfassungskommission, BT-Drs. 12/6000, 26; Gesetzentwurf der BReg, BT-Drs. 12/3338, 11; HmbVerfG NVwZ-RR 2010, 129 (130).

[263] *Mann* in BK Rn. 102.

[264] *Mehde* in Maunz/Dürig Rn. 125; *Mann* in BK Rn. 104; iErg auch *Barley,* Das Wahlrecht für Ausländer nach der Neuordnung des Art. 28 Abs. 1 S. 3 GG, 1997, 80.

[265] VG Ansbach BayVBl. 2001, 26 (26 ff.); *Wollenschläger/Schraml* BayVBl. 1995, 385 (386); *Thum* BayVBl. 2013, 231 (233); *Mann* in BK Rn. 104; *Mehde* in Maunz/Dürig Rn. 125; *Schunda,* Das Wahlrecht von Unionsbürgern bei Kommunalwahlen in Deutschland, 2003, 237 f.; *Barley,* Das Wahlrecht für Ausländer nach der Neuordnung des Art. 28 Abs. 1 S. 3 GG, 1997, 80 f.; aA *Schmidt am Busch* BayVBl. 2013, 225 (225 ff.).

Unklar ist, ob die Vorgaben des Art. 28 Abs. 1 S. 3 auch auf **Instrumente der sachunmittelbaren Demokratie wie Bürgerentscheide oder Bürgerbegehren** anzuwenden sind. Der Umkehrschluss, den Art. 20 Abs. 2 S. 2 („Wahlen und Abstimmungen") nahelegt, spricht dagegen[266] und auch eine ausdrückliche Einbeziehung im Gesetzgebungsverfahren war gescheitert.[267] Bei Berücksichtigung des Zwecks des Kommunalwahlrechts für EU-Bürger lässt sich aber kein sachlicher Grund erkennen, warum die Legitimationsgrundlage nur für Wahlen, nicht aber für Abstimmungen eingreifen sollte.[268] Wenn EU-Ausländer über die unmittelbare Wahl von Amtsträgern sogar Einfluss auf die Wahrnehmung von staatlichen Aufgaben bekommen, kann dies erst recht im Bereich von Selbstverwaltungsaufgaben, die Gegenstand von Bürgerentscheiden und Bürgerbegehren sind, geschehen.[269] In der Praxis haben mittlerweile alle Länder die Beteiligung von Unionsbürgern an Formen der sachunmittelbaren Demokratie vorgesehen.[270] 60

3. Gewährleistungsgehalt – „sind auch Personen, die die Staatsangehörigkeit eines Mitgliedstaates der Europäischen Gemeinschaft besitzen, […] wahlberechtigt und wählbar". Art. 28 Abs. 1 S. 3 gewährleistet das aktive und passive Wahlrecht, das als Ausdruck eines besonderen Diskriminierungsverbots[271] grundsätzlich dem der Staatsangehörigen des Wohnsitzstaates entspricht. Das **aktive Wahlrecht** kann nach Art. 7 Abs. 1, 3 RL 94/80/EG insofern eingeschränkt werden, als bei Unionsbürgern die Eintragung ins Wählerverzeichnis von der Abgabe einer Willenserklärung abhängig gemacht werden darf, während für Staatsangehörige die Eintragung von Amts wegen erfolgt.[272] Mittlerweile werden aber in allen Bundesländern auch die Unionsbürger von Amts wegen eingetragen.[273] 61

Das **passive Wahlrecht** kann nach Art. 5 Abs. 3 UAbs. 1 RL 94/80/EG eingeschränkt werden, indem bestimmt wird, dass das Amt des „Leiters des Exekutivorgans, seines Vertreters oder eines Mitglieds des leitenden kollegialen Exekutivorgans", also insbesondere das Amt des kommunalen Hauptverwaltungsbeamten, nur von eigenen Staatsangehörigen ausgeübt wird.[274] Hierbei handelt es sich um eine besondere Ausprägung der Bereichsausnahme für die Arbeitnehmerfreizügigkeit gemäß Art. 45 Abs. 4 AEUV.[275] Bayern hat als derzeit einziges Bundesland von der Möglichkeit eines solchen Vorbehalts Gebrauch gemacht.[276] Eine weitere Einschränkungsmöglichkeit ergibt sich 62

---

[266] *Maunz/Scholz* in Maunz/Dürig, 32. EL 1996, Art. 28 Rn. 41 f.

[267] Dazu *Engelken* DÖV 1996, 737 (740); vgl. *Burkholz* DÖV 1995, 816 (818).

[268] BayVerfGH BayVBl. 2014, 17 (21 f.); *Mehde* in Maunz/Dürig Rn. 124; *Barley,* Das Wahlrecht für Ausländer nach der Neuordnung des Art. 28 Abs. 1 S. 3 GG, 1997, 76, hält diese Ausdehnung sogar für „verfassungsmäßig geboten"; *Remmert* VBlBW 2017, 415 (416 ff., 419); aA *Vogelgesang* in BerlKomm Rn. 75, der eine Teilnahme für nicht zulässig hält.

[269] *Engelken* NVwZ 1995, 432 (435); *Kremer* VR 1996, 145 (146 f.); *Dreier* in Dreier Rn. 72; *Henneke* in SHH Rn. 28.

[270] *Mann* in BK, Art. 28 Rn. 107.

[271] Vgl. Erwägungsgrund Nr. 3 RL 94/80/EG.

[272] Kritisch im Hinblick auf eine Diskriminierungsgefahr *Hasselbach* ZG 1997, 49 (54); *Pieroth/Schmülling* DVBl. 1998, 365 (369 f.); *Barley,* Das Wahlrecht für Ausländer nach der Neuordnung des Art. 28 Abs. 1 S. 3 GG, 1997, 64 f.; *Wollenschläger/Schraml* BayVBl. 1995, 385 (388).

[273] *Mann* in BK Rn. 105.

[274] Vgl. *Vogelgesang* in BerlKomm Rn. 73; *Mann* in BK Rn. 106; *Dreier* in Dreier Rn. 71.

[275] *Mann* in BK Rn. 106.

[276] Art. 39 Abs. 1 Nr. 1 GLKrWG; vgl. dazu *Gundel* DÖV 1999, 353 (353).

über Art. 22 Abs. 1 S. 2 Hs. 2 AEUV, wonach Ausnahmeregelungen aufgrund besonderer Probleme eines Mitgliedstaates gerechtfertigt sein können. Art. 12 Abs. 1 RL 94/80/EG billigt dies bei Gebieten mit einem EU-Ausländeranteil von mehr als 20% wegen der Gefahr einer politischen Polarisierung.[277]

IV. Gemeindeversammlung (Abs. 1 S. 4)

63 Art. 28 Abs. 1 S. 4 bestimmt, dass in Gemeinden an die Stelle einer gewählten Körperschaft die Gemeindeversammlung treten kann. Eine Gemeindeversammlung bezeichnet die **räumlich-zeitliche Zusammenkunft der Bürger** einer Gemeinde zur Erörterung von Gemeindeangelegenheiten.[278] Die Regelung ermöglicht, Strukturen der repräsentativen Demokratie aufgrund landesgesetzlicher Regelung durch solche der direkten Demokratie zu ersetzen,[279] und beinhaltet damit eines der wenigen direktdemokratischen Instrumente des GG.[280] Konstitutives Merkmal der Gemeindeversammlung ist deshalb die Ausstattung mit Beschlussmacht; sonstige Formen von Einwohner- oder Bürgerversammlungen verfügen allenfalls über Mitberatungsrechte.[281]

64 Ab einer gewissen Gemeindegröße ist ein konstruktiver Austausch der Bürger unmöglich und die repräsentative Demokratie unabdingbar, so dass sich **praktisch eine Beschränkung auf Kleinstgemeinden** ergibt.[282] Durch die Gemeindegebietsreformen der letzten Jahrzehnte ist der faktische Anwendungsbereich der Regelung erheblich kleiner geworden.[283] Alleine das schleswig-holsteinische Kommunalrecht sieht in § 54 GO noch eine Gemeindeversammlung für Gemeinden mit höchstens 70 Einwohnern vor.[284]

V. Garantie der kommunalen Selbstverwaltung (Abs. 2)

65 **1. Allgemeine Bedeutung. a) Genese.** Erste Anzeichen kommunaler Selbstverwaltung gehen auf die Phase des **Hochmittelalters** zurück, in der Städte zunehmend besondere Stadt- und Marktrechte erhielten und die Stadteinwohner den weltlichen Herrschern Freiheiten und Privilegien abtrotzen konnten.[285] Im ländlichen Raum entstand in dieser Zeit die Allmende, bei der ein bestimmtes Gebiet im Eigentum einer Körperschaft und den

---

[277] Vgl. Erwägungsgrund Nr. 12 ff. RL 94/80/EG; *Haag* in von der Groeben/Schwarze/Hatje Europäisches Unionsrecht, Art. 22 AEUV Rn. 13.

[278] Vgl. *Hellermann* in BeckOK GG Rn. 19, der aber (nicht systemkonform) auf die erwachsenen „Einwohner" abstellt.

[279] *Schwarz* in MKS Rn. 117.

[280] *Dreier* in Dreier Rn. 75; *Mann* in BK Rn. 110; *Pieroth* in Jarass/Pieroth Rn. 16; *Nierhaus/Engels* in Sachs Rn. 23; vgl. *Mehde* in Maunz/Dürig Rn. 127.

[281] Vgl. *Dehner* BayVBl. 1991, 713 (713 f.); *Mann* in BK Rn. 110.

[282] *Mann* in BK Rn. 110; vgl. *Hellermann* in BeckOK GG Rn. 19; *Rennert* in Umbach/Clemens Rn. 43 geht sogar von einem normativ beschränkten Anwendungsbereich aus, obwohl der Wortbestandteil „Kleinst-" bei den Beratungen des Parlamentarischen Rates gestrichen worden ist.

[283] *Menzel,* Landesverfassungsrecht, 2002, 263; *Henneke* in SHH Rn. 39; *Mehde* in Maunz/Dürig Rn. 127; *Nierhaus/Engels* in Sachs Rn. 23.

[284] Zum Zeitpunkt der Kommunalwahl 2018 gab es in Schleswig-Holstein 28 solcher Kleinstgemeinden.

[285] *Schwarz* in MKS Rn. 126 unter Bezugnahme auf den Kölner Verbundbrief von 1396 sowie *Mehde* in Maunz/Dürig Rn. 2, der das Jahr 1100 nennt; allgemein hierzu *Geis,* Kommunalrecht, 2020, § 2 Rn. 8 ff.; *Dreier* in Dreier Rn. 6 mwN.

Mitgliedern zur gemeinsamen Nutzung zur Verfügung stand.[286] Nachdem solche Formen von Selbstverwaltung im absolutistischen Staat verblassten, entwickelte sich die moderne kommunale Selbstverwaltung verstärkt zu **Beginn des 19. Jahrhunderts** im Zuge der Preußischen Reformen.[287] Die damit einhergehende Verwaltung der eigenen Angelegenheiten[288] durch das lokale Bürgertum sollte die bürgerschaftliche Staatsfrustration abbauen und durch eine Erweiterung der Gemeindefreiheiten die staatlichen Strukturen stärken (→ Rn. 71 f.).[289] Eine Demokratisierung und Dezentralisierung staatlicher Gewalt war damit aber nicht bezweckt.[290]

Nach der **Paulskirchenverfassung** von 1849 sollte den Gemeinden in § 184 unter anderem die selbständige Verwaltung ihrer Gemeindeangelegenheiten (unter Aufsicht des Staates) und die Wahl ihrer Vertretungs- und Verwaltungsorgane als Grundrechte ihrer Verfassung eingeräumt werden. Die Reichsverfassung von 1871 griff solche Gewährleistungen für Kommunen zwar nicht auf, doch setzen sich in der Praxis gleichwohl diese Gemeindestrukturen durch.[291] In der **Weimarer Republik** erhielt die kommunale Selbstverwaltungsgarantie erstmals ein verfassungsrechtliches Fundament, indem **Art. 127 WRV** den Gemeinden und Gemeindeverbänden das Recht der Selbstverwaltung innerhalb der Schranken der Gesetze garantierte. Die Regelung befand sich zwar im Grundrechteteil, wurde aber von der hM als **institutionelle Garantie der Selbstverwaltung** verstanden.[292] Art. 17 Abs. 2 WRV bestimmte zugleich eine allgemeine, gleiche, unmittelbare und geheime Wahl der Gemeindevertretung. Der Nationalsozialismus beseitigte diese Strukturen der Selbstverwaltung und ersetzte sie durch das Führerprinzip, in Folge dessen ein von der Partei bestimmter Bürgermeister zum Gemeindeleiter gemacht wurde.[293] 66

Nach dem Zweiten Weltkrieg hatten die Siegermächte einen Aufbau des deutschen Staates vor Augen, der an der lokalen Ebene ansetzt und „von unten nach oben" erfolgt.[294] Gleichwohl fand eine Gewährleistung der kommunalen Selbstverwaltung auf Wunsch der Länder zunächst keinen Eingang in den Entwurf des Herrenchiemseer Verfassungskonvents und wurde erst 67

---

[286] *Dreier* in Dreier Rn. 6; *Ernst* FS f. Schmidt-Jortzig, 2011, 79 (86), *Röhl* in Schoch, Besonderes Verwaltungsrecht, 2018, Kap. 2 Rn. 14.

[287] *Gern/Brüning,* Deutsches Kommunalrecht, 2019, Rn. 7 ff.; *Mann* in BK Rn. 120 ff.; *Schwarz* in MKS Rn. 128; *Dreier* in Dreier Rn. 8.

[288] Zur Entwicklung des Prinzips der Allzuständigkeit in diesem Zusammenhang *Mann* in BK Rn. 121.

[289] *Burg* VerwArch 86 (1995), 495 (503 f.); *v. Unruh* DÖV 1972, 16 (17); *Henneke/Ritgen* DVBl. 2007, 1253 (1255 f.); vgl. *Meyer* NVwZ 2008, 24 (26); speziell zu Kreisen *Schmidt-Aßmann* DVBl. 2016, 1001 (1002 f.).

[290] *Mehde* in Maunz/Dürig Rn. 2; *Dreier* in Dreier Rn. 8. Nach *Seibel,* Verwaltung verstehen, 2016, 177, handelt es sich bei der kommunalen Selbstverwaltung um einen Kompensationsmechanismus für die verzögerte Demokratisierung.

[291] *Geis,* Kommunalrecht, 2020, § 2 Rn. 23.

[292] RGZ 126, Anh., 14 (22 f.); *Anschütz,* Die Verfassung des Deutschen Reichs vom 11. August 1919, 1933, Art. 127 Anm. 1; vgl. *Schmidt-Jortzig,* Die Einrichtungsgarantien der Verfassung, 1979, 13 ff.; *Schwarz* in MKS Rn. 130; *Dreier* in Dreier Rn. 11; vgl. auch *Herzfeld,* Demokratie und Selbstverwaltung in der Weimarer Epoche, 1957, 32 ff.

[293] *Matzerath,* Nationalsozialismus und kommunale Selbstverwaltung, 1971, 75 ff., 229 ff., 260 ff., 433 ff.; *Mann* in BK Rn. 128; *Dreier* in Dreier Rn. 12; *Voßkuhle/Kaufhold* JuS 2017, 728 (728).

[294] *Frotscher/Pieroth,* Verfassungsgeschichte, 2019, Rn. 736; *Maurer* DVBl. 1995, 1037 (1037); *Mann* in BK Rn. 129; *Röhl* in Schoch, Besonderes Verwaltungsrecht, 2018, Kap. 2 Rn. 22 f.; *Geis,* Kommunalrecht, 2020, § 5 Rn. 3.

nach den Ausschussberatungen zum Homogenitätsgebot als institutionelle Garantie für Gemeinden und Gemeindeverbänden in unterschiedlicher Ausgestaltung aufgenommen.[295] Das BVerfG deutete die so verabschiedete Selbstverwaltungsgarantie später als dezentrale Sicherung gegen zentralistische Bestrebungen und erkannte die Kommunen als **Keimzelle der Demokratie.**[296] Die Regelung zur gemeindlichen Finanzausstattung wurde erst 1994 als S. 3 hinzugefügt, dessen zweiter Halbsatz folgte 1997 (→ Rn. 188).

68 **b) Inhaltsübersicht, Bedeutung und Funktion.** S. 1 enthält als Kernstück die Garantie der kommunalen Selbstverwaltung, in der „Demokratie und Verwaltung eine spezifische und eigenständige Verbindung eingegangen sind".[297] S. 2 bezieht auch Gemeindeverbände in den Schutz ein, wenngleich deren verfassungsrechtlicher Schutz stärker einfachgesetzlich beeinflusst ist (→ Rn. 183). S. 3 erweitert die Gewährleistung auf die finanzielle Eigenverantwortung einschließlich einer wirtschaftskraftbezogenen Steuerquelle mit Hebesatzrecht.

69 Nach dem BVerfG bedeutet „kommunale Selbstverwaltung […] ihrem Wesen und ihrer Intention nach Aktivierung der Beteiligten für ihre eigenen Angelegenheiten, die die in der örtlichen Gemeinschaft lebendigen Kräfte des Volkes zur eigenverantwortlichen Erfüllung öffentlicher Aufgaben der engeren Heimat zusammenschließt mit dem Ziel, das Wohl der Einwohner zu fördern und die geschichtliche und heimatliche Eigenart zu wahren".[298] Dieses **Element der Autonomie** ist ein wesentliches Prinzip des modernen Staates, in dem die Wahrnehmung bestimmter Aufgaben organisationsrechtlich verselbständigten Einheiten überlassen ist, um auf diesem Wege eine **Dezentralisation der Exekutive** sicherzustellen und einen Beitrag zu einem demokratisch gestuften Gemeinwesen zu leisten.[299]

70 Das so verstandene Institut der Selbstverwaltung kann durch vier Merkmale charakterisiert werden, die sich nicht nur bei der kommunalen Selbstverwaltung, sondern auch bei anderen Ausprägungen finden lassen.[300] Aufgrund des **Prinzips der Selbstbetroffenheit** sind es die der Selbstverwaltung Unterworfenen, die diese auch selbst ausüben, wobei aufgrund des zwangsläufigen Repräsentationsmodells eine möglichst dichte Legitimationskette zwischen Betroffenen und Repräsentanten zu fordern ist.[301] Zweites Wesensmerkmal ist die **Weisungsfreiheit,** die Voraussetzung für eigenverantwortliches Handeln ist. Ohne Weisungsfreiheit wäre eine eigenständige Legitimation der autonomen Verwaltungstätigkeit unnötig. Als drittes bedarf es einer **eigenständigen Rechtspersönlichkeit,** damit die weisungsfreie Tätigkeit rechtsverbindlich ausgeübt werden kann. Schließlich kompensiert das vierte Merkmal des **begrenzten Wirkungskreises** das Mehr, das der autonomen Verwaltungseinheit an Entscheidungsfreiheit eingeräumt ist, durch die Beschränkung auf einen bestimmten gesellschaftlichen bzw. örtlichen Bereich.

---

[295] *Dreier* in Dreier Rn. 17.

[296] BVerfGE 79, 127 (149); *Mann* in BK Rn. 130.

[297] *Schmidt-Aßmann* FS 50 Jahre BVerfG II, 2001, 803 (806).

[298] BVerfGE 11, 266 (275 f.). Zur kommunalen Selbstverwaltung als Bewegungsbegriff und evolutionäres, anpassungsfähiges Programm *Waldhoff* DVBl. 2016, 1022 (1023).

[299] Vgl. *Groß* DVBl. 2002, 1182 (1191); *Burgi* VVDStRL 62 (2003), 405 (421).

[300] Bei *Groß* DVBl. 2002, 1182 (1191 f.) fehlt das vierte Merkmal. Vgl. die Aufzählung zu Formen der Selbstverwaltung bei *Hendler* in HdbKWP I § 1 Rn. 1.

[301] *Röhl* in Schoch, Besonderes Verwaltungsrecht, 2018, Kap. 2 Rn. 22 f.

Eine funktionelle Ausdifferenzierung führt zu einem Selbstverwaltungsbegriff in juristischer und politisch-demokratischer Hinsicht.[302] **Selbstverwaltung in juristischer Hinsicht** ist getragen von der Existenz eigener Angelegenheiten und deren eigenverantwortlicher Wahrnehmung durch eigene Organe unter staatlicher Rechtsaufsicht.[303] Dies bewirkt nicht nur eine vertikale Dezentralisation und Gewaltenteilung, sondern kann sich organisatorisch auch effizienzsteigernd auswirken.[304] 71

Selbstverwaltung in politisch-demokratischer Hinsicht ist geprägt durch die Aktivierung bürgerlicher Elemente.[305] Deren Einbindung in die Gemeindeverwaltung kann ein staatlich-bürokratisches Übergewicht zurückdrängen und eine gesteigerte Nähe zwischen Staat und Bürgern herstellen.[306] Die Mitwirkung an Verwaltungsentscheidungen verstärkt auf Seiten der Bürger die Akzeptanz der Entscheidung und auf Seiten der Verwaltung die Nähe zu den wirklichen Bedürfnissen der betroffenen Bürger.[307] Häufig kann durch die Mitwirkung eigentlich verwaltungsfremder Personen, insbesondere aus dem konkret betroffenen gesellschaftlichen Bereich, eine Sachkenntnis eingebracht und Sachnähe hergestellt werden, mit der Aufgaben effektiver erfüllt werden können.[308] Charakteristisch hierfür ist die ehrenamtliche Tätigkeit der Bürger. Diese politisch-demokratische Funktion der Selbstverwaltung kann in einem Spannungsverhältnis mit der Wirtschaftlichkeit der Verwaltung stehen.[309] Dabei fällt die verfassungsrechtliche Grundentscheidung zugunsten der bürgerschaftlichen Mitwirkung aus und kommunale Selbstverwaltung bezweckt auch, einen besonderen Prozess der bürgerschaftlich-demokratischen Entscheidungsfindung herzustellen.[310] 72

c) Überstaatliche Bezüge. Das **Völkerrecht** kennt traditionell lediglich den Nationalstaat als Zurechnungssubjekt, auch wenn internationale Vertragswerke zunehmend Vorgaben für die innere Ordnung der Vertragsstaaten beinhalten. Die **Europäische Charta der kommunalen Selbstverwaltung,**[311] die von den Mitgliedern des Europarates unterzeichnet und ratifiziert worden ist, enthält unter anderem das Ziel einer verfassungsrechtlichen Gewährleistung der kommunalen Selbstverwaltung (Art. 2), fordert ein Prinzip der Allzuständigkeit (→ Rn. 99 f.) und die Einhaltung eines Subsidiaritätsgrundsatzes im Hinblick auf die Aufgabenverteilung innerhalb der staatlichen Verwaltungsorganisation (Art. 4).[312] Außerdem wird auch ein kommunaler 73

---

302 *Gern/Brüning,* Deutsches Kommunalrecht, 2019, Rn. 67; *Vogelgesang/Lübking/Ulbrich,* Kommunale Selbstverwaltung, 2005, Rn. 22 ff.; *Mann* in BK Rn. 132 f.; *Schwarz* in MKS Rn. 132; *Püttner* in HdbStR VI § 144 Rn. 1, 9; kritisch zu dieser Zweiteilung *Hendler* in HdbKWP I § 1 Rn. 13.

303 Vgl. BVerfGE 107, 1 (12); *Hellermann* in BeckOK GG Rn. 30.

304 *Mann* in BK Rn. 132; *Nierhaus/Engels* in Sachs Rn. 34.

305 BVerfGE 33, 125 (156 ff.); *Mann* in BK Rn. 133 f.; *Hellermann* in BeckOK GG Rn. 31.

306 *Vogelgesang/Lübking/Ulbrich,* Kommunale Selbstverwaltung, 2005, Rn. 23.

307 *Schliesky,* Der Landkreis 2004, 422 (422 ff.); vgl. zur Ableitung der kommunalen Selbstverwaltung aus soziologischen Gegebenheiten *Reich* DÖV 2020, 437.

308 BVerfG NVwZ 2018, 140 Rn. 77; NVwZ 2003, 831 (832).

309 LVerfG MV NordÖR 2007, 353 (355); vgl. BVerfGE 79, 127 (153).

310 LVerfG MV NordÖR 2007, 353 (354 f.); LKV 2006, 461 (462).

311 Allgemein dazu *Knemeyer,* Die Europäische Charta der kommunalen Selbstverwaltung, 1989; *Schaffarzik,* Handbuch der Europäischen Charta der kommunalen Selbstverwaltung, 2002.

312 Insgesamt für ein Schutzniveau, das über dem des Art. 28 Abs. 2 liegt *Schaffarzik* in HdbKWP I § 14 Rn. 13; *Lange,* Kommunalrecht, 2019, Kap. 1 Rn. 163; *Dreier* in Dreier Rn. 24; aA *v. Unruh* BayVBl. 1993, 10 (11); *Heberlein* DVBl. 1994, 1213 (1218 f.).

Anspruch auf angemessene Eigenmittel (→ Rn. 189), über die frei verfügt werden kann, festgeschrieben (Art. 9).

74 Das **Recht der Europäischen Union** kennt zwar keine ausdrückliche Garantie der kommunalen Selbstverwaltung,[313] hat mit dem Vertrag von Lissabon aber mittlerweile Strukturen vorgesehen, die auch den mitgliedstaatlichen Kommunen zugutekommen.[314] Nach Art. 4 Abs. 2 EUV achtet die Union die **nationale Identität der Mitgliedstaaten** einschließlich der regionalen und lokalen Selbstverwaltung. Das **Subsidiaritätsprinzip** aus Art. 5 Abs. 3 EUV spricht ebenfalls ausdrücklich die regionale und lokale Ebene an, so dass die Strukturen kommunaler Selbstverwaltung auch auf Unionsebene anerkannt werden, auch wenn dies weit hinter der Garantie des Art. 28 Abs. 2 zurückbleibt.[315] Der **Ausschuss der Regionen,** der mit Vertretern der regionalen und lokalen Gebietskörperschaften besetzt ist und in bestimmten Fällen von Rat, Kommission und Parlament nach Art. 307 Abs. 1 AEUV anzuhören ist, hat zwar nur eine beratende Funktion, ist mittlerweile aber mit einem eigenen Recht zur Nichtigkeitsklage nach Art. 263 AEUV ausgestattet.[316]

75 Die kommunale Selbstverwaltungsgarantie des Art. 28 Abs. 2 ist nicht europafest iSd Art. 23 Abs. 1, 79 Abs. 3,[317] von manchen werden aber Elemente kommunaler Selbstverwaltung, wie der Aufbau der Demokratie „von unten nach oben", als Grundsätze des Demokratieprinzips eingeordnet.[318] Eine Vielzahl von Mitgliedstaaten der EU kennt zwar Gewährleistungen kommunaler Selbstverwaltung, doch Unterschiede in Art und Umfang stehen einer Einordnung als gemeinsame Verfassungsüberlieferung entgegen.[319]

76 **d) Systematischer Zusammenhang.** Anders als die Weimarer Reichsverfassung macht das GG mit seiner Einordnung der kommunalen Selbstverwaltungsgarantie in den Abschnitt „Der Bund und die Länder" schon systematisch deutlich, dass damit **kein Grundrecht der Gemeinde** bezweckt ist. Das BVerfG bewegt sich damit in der Sache auf einer Linie mit dem Staatsgerichtshof für das Deutsche Reich.[320] Art. 28 Abs. 2 bezweckt nicht, wie Grundrechte, den Schutz individueller Freiheitssphären, sondern die Absicherung autonomer Handlungsbefugnisse im Aufbau der öffentlichen Verwaltung aufgrund bestimmter staats- und demokratietheoretischer Erwägungen (→ Rn. 70 ff.).[321] Garantiert werden sollen bestimmte autonome Staatsstrukturen und **Art. 28 Abs. 2 als institutionelle Garantie** entzieht deshalb das Prinzip kommunale Selbstverwaltung als solches dem Zugriff des einfachen Gesetzgebers.[322] Dessen ungeachtet weist die kommunale Selbstverwaltungsgarantie aber strukturelle Parallelen zu den Grundrechten auf (→ Rn. 150 ff.).

---

[313] Teilweise wird deshalb von „Kommunalblindheit" gesprochen, *Faber* DVBl. 1991, 1126 (1127); *Schmahl* DÖV 1999, 852 (858); *Schwarz* in MKS Rn. 147; *Nierhaus/Engels* in Sachs Rn. 37. Vgl. insgesamt *Aust,* Das Recht der globalen Stadt, 2017, 195 ff.

[314] *Mehde* in Maunz/Dürig Rn. 9; *Dreier* in Dreier Rn. 26.

[315] *Schwind* FS f. Schmidt-Jortzig, 2011, 133 (134 ff.); *Nierhaus/Engels* in Sachs Rn. 38a; *Hellermann* in BeckOK GG Rn. 26.

[316] *Schwarz* in MKS Rn. 151; *Mehde* in Maunz/Dürig Rn. 9.

[317] *Hellermann* in BeckOK GG Rn. 25, 29; *Hobe/Biehl/Schroeter* DÖV 2003, 803 (808).

[318] *Nierhaus/Engels* in Sachs Rn. 37; vorsichtig *Meyer* NVwZ 2007, 20 (24); aA *Vogelgesang* in BerlKomm Rn. 187.

[319] *Vogelgesang* in BerlKomm Rn. 188; *Schwarz* in MKS Rn. 148. Vgl. *Stirn,* Lokale und regionale Selbstverwaltung in Europa, 2013, 120 ff.

[320] RGZ 126, Anhang 14 (22); ausdrücklich BVerfGE 1, 167 (174 f.).

[321] Vgl. *Hellermann* in BeckOK GG Rn. 32.

[322] Zur Einordnung als institutionelle Garantie BVerfGE 50, 50 (50); 86, 90 (107); BVerfG NVwZ 2001, 66 (67); *Stern* in BK (Zweitbearbeitung) Rn. 62 ff.; *Mehde* in Maunz/Dürig

Das BVerfG hat auch im Übrigen einer **Grundrechtsfähigkeit** von Kommunen als Träger staatlicher Gewalt eine Absage erteilt.[323] Bei Gemeinden fehlt es vor allem an einer grundrechtstypischen Gefährdungslage, weil der grundrechtsgebundene Staat und grundrechtsberechtigte Private wesensverschieden sind (→ Art. 19 Rn. 76, 83).[324] Anders ist die Situation bei grundrechtsähnlichen Verfahrensrechten; auf sie kann sich die Gemeinde berufen, weil für diese der Charakter als objektive Verfahrensgrundsätze im Vordergrund steht (→ Art. 19 Rn. 97).[325] 77

Die kommunale Selbstverwaltung wird verfassungsrechtlich nicht alleine durch Art. 28 Abs. 2 abgesichert, sondern wird auch von weiteren Regelungen geschützt. So enthalten etwa die Art. 84 Abs. 1 S. 7 und Art. 85 Abs. 1 S. 2 ein Aufgabenübertragungsverbot zugunsten der Kommunen (→ Rn. 158). Den Art. 105 ff. lassen sich in finanzverfassungsrechtlicher Hinsicht verschiedene Schutzgehalte entnehmen, vor allem den Bestimmungen eines gemeindlichen Anteils an bestimmten Steuern nach Art. 105 Abs. 5–8[326] und auch auf die Gesetzgebungskompetenzen der Länder nach Art. 70 ff. können sich die Kommunen berufen (→ Rn. 159).[327] 78

Ein Schutz der kommunalen Selbstverwaltung findet sich auch in den **Landesverfassungen.** Die Kommunen sind als mittelbare Staatsverwaltung den Ländern eingegliedert und ihnen kommt nicht die Qualität einer dritten eigenständigen Ebene neben Bund und Ländern zu.[328] Zwar bindet Art. 28 Abs. 2 als Durchgriffsnorm unmittelbar auch die Staatsgewalt der Länder (→ Rn. 9),[329] doch ist damit inhaltlich nur eine Mindestgarantie vorgesehen, die durch die Regelungen aus den Landesverfassungen erweitert werden kann.[330] Beide Regelungsbereiche stehen selbständig nebeneinander; das BVerfG zieht dafür die Strukturen heran, die hinter Art. 142 stehen.[331] Für die Landesverfassungsgerichte ergibt sich der Prüfungsmaßstab aus der landesverfassungsrechtlichen Gewährleistung, auch wenn sich diese bei ihrer Rspr. maßgeblich an der bundesverfassungsrechtlichen Situation orientieren.[332] 79

Rn. 40; *Mann* in BK Rn. 149; *Schwarz* in MKS Rn. 155; *Lange,* Kommunalrecht, 2019, Kap. 1 Rn. 3; *Hellermann* in BeckOK GG Rn. 33; kritisch *Ehlers* DVBl. 2000, 1301 (1304); *Engels,* Die Verfassungsgarantie kommunaler Selbstverwaltung, 2014, 53 ff.

[323] BVerfGE 23, 353 (372); 45, 63 (78 f.); 61, 82 (103 ff.); BVerfGK 4, 223 (223 f.); 16, 396 (404); allgemein BVerfGE 15, 256 (262); 21, 362 (372 f.); 39, 302 (312 ff.); 68, 193 (206). Zu einem Schutz von Grundrechtspositionen im Rahmen des Art. 28 Abs. 2 BVerwG NVwZ 2006, 1055 Rn. 225, 228.

[324] BVerfGE 61, 82 (105); vgl. BVerfGK 4, 223 (223 f.); 16, 396 (404); *Mehde* in Maunz/Dürig Rn. 16 ff.; *Mann* in BK Rn. 139 ff.; *Nierhaus/Engels* in Sachs Rn. 40.

[325] BVerfGE 61, 82 (103); *Mehde* in Maunz/Dürig Rn. 19; *Mann* in BK Rn. 140.

[326] Vgl. *Mann* in BK Rn. 272 ff.

[327] BVerfGE 56, 298 (310); 112, 216 (221).

[328] BVerfGE 39, 96 (109); 86, 148 (215); 119, 331 (364); 137, 108 (147); 150, 1 Rn. 148; *Hellermann* in BeckOK GG Rn. 21 ff.; *Mann* in BK Rn. 137 f.; *Nierhaus/Engels* in Sachs Rn. 34.

[329] BVerfGE 1, 167 (173 ff.); 147, 185 Rn. 49; *Nierhaus/Engels* in Sachs Rn. 2, 4, 39; *Ritgen* NVwZ 2018, 114 (116); *Stern,* StaatsR I, 1984, 704; *Rozek,* Das Grundgesetz als Prüfungs- und Entscheidungsmaßstab der Landesverfassungsgerichte, 1993, 41; *Graf Vitzthum* VVDStRL 46 (1988), 7 (11); *Nierhaus* in Knippel Verfassungsgerichtsbarkeit im Land Brandenburg, 2003, 75 (76 ff.).

[330] *Schwarz* in MKS Rn. 136, 143; *Dreier* in Dreier Rn. 83 f. Näher zu den unterschiedlichen landesverfassungsrechtlichen Ausgestaltungen *Püttner* in HdbStR VI § 144 Rn. 22 f.; *Mehde* in Maunz/Dürig Rn. 20 ff.; *Dreier* in Dreier Rn. 85.

[331] BVerfGE 147, 185 Rn. 53 ff.; *Lindner* DÖV 2018, 235 (237 ff.); *Brüning* NVwZ 2018, 155 (156).

[332] Umfangreich zum Nebeneinander von Bundes- und Landesverfassungsgerichten *Mehde* in Maunz/Dürig Rn. 25 ff.; vgl. *Ritgen* NVwZ 2018, 114.

80 **2. Einzelfragen. a) Gewährleistungsebenen – „Den Gemeinden muss das Recht gewährleistet sein".** Der Selbstverwaltungsgarantie in ihrer grundsätzlichen Eigenheit als institutionelle Garantie werden, zurückgehend auf die Arbeiten von *Stern,* gemeinhin drei Gewährleistungsebenen zugemessen: eine institutionelle Rechtssubjektsgarantie, die die Institution „Gemeinde" als solche garantiert, eine objektive Rechtsinstitutionsgarantie, welche die kommunale Selbstverwaltung als bestimmte Art und Weise der Aufgabenerledigung schützt, und schließlich eine subjektive Rechtsstellungsgarantie, die den Gemeinden gewährleistet, durch Art. 28 Abs. 2 garantierte Rechte auch vor Gerichten geltend zu machen.[333]

81 **aa) Institutionelle Rechtssubjektsgarantie.** Die institutionelle Rechtssubjektsgarantie garantiert, dass Gemeinden als Elemente der Verwaltungsorganisation überhaupt bestehen und damit **das „Ob" ihrer Existenz.**[334] Für die Frage, welche **Wesensmerkmale eine Gemeinde** iSd Art. 28 Abs. 2 S. 1 aufweist, legt eine systematische Betrachtung unter Berücksichtigung der geschichtlichen Entwicklung und der Bedeutung kommunaler Selbstverwaltung einen Rahmen frei.[335] Bei Gemeinden handelt es sich um öffentlich-rechtliche Verwaltungseinheiten auf lokaler Ebene, die Rechtsfähigkeit (zur *ultra-vires*-Lehre → Rn. 144 Fn. 645) und eine dezentrale demokratische Legitimation aufweisen (Art. 28 Abs. 1 S. 2; → Rn. 33 f.), als mitgliedschaftliche Gebietskörperschaften (und nicht mitgliederlose Anstalten) ausgestaltet sind, denen als Folge dessen Gebietshoheit zukommt und die daran anknüpfend bestimmte Aufgaben selbständig und eigenverantwortlich wahrnehmen.[336] Teilweise werden in der institutionellen Rechtssubjektsgarantie auch darüber hinausgehend ein Mindestmaß an garantierter Eigenorganschaftsbildung, eine hinreichende Geschlossenheit der Siedlungsstruktur oder das Namensrecht[337] (→ Rn. 145) verankert.[338]

82 Der Schutz der institutionellen Rechtssubjektsgarantie garantiert damit die Gemeinde **nur institutionell, nicht jedoch individuell.**[339] Ein umfassender individueller Bestandsschutz ergibt sich also nicht, so dass etwa auch Änderungen in der Organisationsstruktur von Gemeinden (→ Rn. 125) mit der institutionellen Rechtssubjektsgarantie vereinbar sind.[340] Das Fehlen eines individuellen Bestandsschutzes wird aber vor allem in Fällen von Gemeinde-

[333] *Stern* in BK (Zweitbearbeitung) Rn. 66; *Stern,* StaatsR I, 1984, 409; *Mann* in BK Rn. 149; *Dreier* in Dreier Rn. 90; *Mehde* in Maunz/Dürig Rn. 39; *Pieroth* in Jarass/Pieroth Rn. 19 f.; kritisch *Engels,* Die Verfassungsgarantie kommunaler Selbstverwaltung, 2014, 53 ff.

[334] *Dreier* in Dreier Rn. 91; *Hellermann* in BeckOK GG Rn. 35.

[335] *Dreier* in Dreier Rn. 91.

[336] *Mehde* in Maunz/Dürig Rn. 40; *Dreier* in Dreier Rn. 91 mwN; *Lange,* Kommunalrecht, 2019, Kap. 1 Rn. 8; vgl. auch *Schwarz* in MKS Rn. 156; *Hellermann* in BeckOK GG Rn. 35; *Pieroth* in Jarass/Pieroth Rn. 19. Vgl. BVerfGE 147, 185 Rn. 59.

[337] *Henneke* in SHH Rn. 54; umfangreich *Winkelmann,* Das Recht der öffentlich-rechtlichen Namen und Bezeichnungen, 1984, 17 ff., 37 ff., 47 ff., 222 ff., 253 ff.; vgl. auch *Mehde* in Maunz/Dürig Rn. 96, der das Namensrecht als eigenständige Gemeindehoheit auffasst; *Mann* in BK Rn. 155, der das Namensrecht als Teil der subjektiven Rechtsstellungsgarantie einordnet; *Pappermann* DÖV 1980, 353 (353 ff.), sieht das Namensrecht als öffentlich-rechtliches Persönlichkeitsrecht der Gebietskörperschaft an.

[338] *Lange,* Kommunalrecht, 2019, Kap. 1 Rn. 9; vgl. *Schwarz* in MKS Rn. 156; *Hellermann* in BeckOK GG Rn. 35.1; vgl. auch BVerfGE 59, 216 (226 ff.).

[339] BVerfGE 50, 50 (50); 86, 90 (107); 103, 332 (366); BayVerfGH NVwZ 1997, 481 (484); VerfGH NRW NVwZ-RR 1998, 473 (475); offen gelassen von VerfGH NRW NVwZ 2003, 202 (204); *Dreier* in Dreier Rn. 92; *Mehde* in Maunz/Dürig Rn. 41; *Mann* in BK Rn. 150; anders *Ehlers* DVBl. 2000, 1301 (1305).

[340] Vgl. zur staatlichen Ausgestaltungsbefugnis *Ehlers* DVBl. 2000, 1301 (1302).

zusammenschlüssen, Eingemeindungen und Änderungen der Gemeindegrenzen auf die Probe gestellt.

Zu **Bestands- und Gebietsänderungen** haben sich, vor allem in der Rspr. des Bundes- und der Landesverfassungsgerichte, einheitliche Maßstäbe ausgebildet. Solche Maßnahmen sind demnach nur zulässig aus Gründen des öffentlichen Wohls, nach Anhörung der betroffenen Gemeinde, auf Grundlage einer vollständigen und fehlerfreien Sachverhaltsermittlung, unter Einhaltung von Sach- und Systemgerechtigkeit und mittels einer Abwägung, die alle Vor- und Nachteile in nachvollziehbarer Weise berücksichtigt und letztlich in einer verhältnismäßigen gesetzlichen Regelung mündet.[341] Als Instrument zur Aktivierung bürgerlicher Elemente und politisch-demokratisch verfasster Mitwirkung muss die selbstverwaltete Gemeinde ein derart überschaubares Gebiet aufweisen, dass tatsächlich eine hinreichende Verbundenheit der Bürger zu ihrem Gemeinwesen entstehen kann und öffentliche Ämter auch tatsächlich effektiv wahrgenommen werden können.[342] Eine Gemeinde darf vom Gesetzgeber nicht als eine nur noch „an Effektivitätsgesichtspunkten ausgerichtete Verwaltungsorganisation" angesehen werden.[343] Auf diese Maßstäbe können sich auch Gemeinden im Rahmen einer „beschränkt individuellen" Rechtssubjektsgarantie berufen.[344] Eine solche individuelle Betroffenheit kommt insbesondere dann in Betracht, wenn einzelnen Gemeinden ein Sonderopfer auferlegt wird.[345] Ein Recht zur **Selbstauflösung** wird jedoch nicht gewährleistet.[346] 83

Angesichts dieser Möglichkeiten, eine umfangreiche gerichtliche Überprüfung von Bestands- und Gebietsmaßnahmen herbeizuführen,[347] ist es 84

[341] BVerfGE 50, 50 (55 f.); 50, 195 (202 f.); vgl. auch BVerfGE 107, 1 (24); VerfGH Sachs LKV 2006, 169 (169 f.); LVerfG MV NordÖR 2007, 353 (355 ff.); NordÖR 2011, 537 (538 ff.); VerfGH RhPf DVBl. 2015, 1057 (1058 ff.); DVBl. 2016, 574 (574 ff.); *Stern,* StaatsR I, 1984, 410 f. mwN; *Meyer* NVwZ 2013, 1177 (1177 f.); *Dombert* NordÖR 2004, 6 (7 ff.); *Perne* LKRZ 2014, 276 (278 ff.). Zu den verschiedenen Voraussetzungen im Einzelnen *Mehde* in Maunz/Dürig Rn. 151 ff.; *Mann* in BK Rn. 201 ff.; *Stüer* DVBl. 2007, 1267 (1268 ff.); *Mehde* NdsVBl. 2014, 66 (66 ff.); *Gebhardt,* Das kommunale Selbstverwaltungsrecht, 2007, 55 ff.; zu Effizienzerwägungen *Katz/Ritgen* DVBl. 2008, 1525 (1527 ff.). Bei mehrfachen Bestands- und Gebietsänderungen oder Änderungen (sog. Rück-Neugliederungen) ist auch das Kontinuitätsinteresse der betroffenen Gemeinden zu berücksichtigen, BVerfGE 82, 310 (313); 86, 90 (109 ff.); 91, 70 (77 ff.); *Knemeyer* LKV 1992, 313 (314); vgl. *Ipsen* ZG 9 (1994), 194 (198 ff.); *Starck* FS f. Thieme, 1993, 845 (849, 854 f.). Zu diesen Voraussetzungen iR gesetzlicher Planungsentscheidungen BVerfGE 95, 1 (26 f.).

[342] Vgl. LVerfG MV NordöR 2007, 353 (360); LVerfG LSA NVwZ-RR 2014, 289 (291); *Mann* in BK Rn. 203; *Meyer* NVwZ 2013, 1177 (1180); *Waldhoff* JuS 2014, 862 (864); Meyer DVBl. 2007, 78 (81).

[343] *Stüer* LKV 2004, 6 (9); vgl. auch *Mann* in BK Rn. 150, der davon spricht, dass Gemeinden nicht „zum bloßen Objekt staatlichen Handelns" gemacht werden dürfen. Bei Bestands- oder Gebietsänderungen kann ein Zusammenhang mit möglichen (parallelen) Funktionalreformen, die zu einer Verlagerung von Aufgaben auf die örtliche Ebene oder einer Verschiebung von Weisungs- zu Selbstverwaltungsaufgaben (→ Rn. 110 ff., 154) führen, bestehen, vgl. *Schmidt* LKV 2017, 487 (488 f.); *Ziekow* VerwArch 110 (2019), 68 (70); *Wallerath* DÖV 2011, 289 (297 f.); *Meyer* DVBl. 2007, 78 (82); *Köstering* DÖV 1994, 238 (242).

[344] *Röhl* in Schoch, Besonderes Verwaltungsrecht, 2018, Kap. 2 Rn. 21 ff., 47 ff.; *Mann* in BK Rn. 150; *Dreier* in Dreier Rn. 92; *Nierhaus/Engels* in Sachs Rn. 42; vgl. *Lange,* Kommunalrecht, 2019, Kap. 1 Rn. 12.

[345] *Magen* JuS 2006, 404 (409) mit Verweis auf BVerfGE 56, 298 (313, 319 ff.).

[346] *Dreier* in Dreier Rn. 92; *Mann* in BK Rn. 150; *Pieroth* in Jarass/Pieroth Rn. 20.

[347] Methodenkritisch zu der Höhe dieser Anforderungen und für eine Reduzierung der verfassungsgerichtlichen Kontrolldichte sowie einen genauen „ideologiekritischen", „pragmatischen" Blick für die tatsächlichen Verhältnisse, *Bull* DVBl. 2008, 1, (6 f., 8 f.).

nicht von der Hand zu weisen, wenn die Absage an eine umfassende individuelle Bestandsgarantie vor allem als theoretischer bzw. programmatischer Satz verstanden wird.[348] Gleichwohl lassen sich der institutionellen Rechtssubjektsgarantie nur in begrenztem Maße konkrete Wirkungen entnehmen.[349] Der Bestand von Gemeinden hängt praktisch etwa mehr und mehr von (finanziellen) Leistungen durch die Bundesländer ab (→ Rn. 189), was aber durch die institutionelle Rechtssubjektsgarantie kaum abgebildet werden kann.

85 **bb) Objektive Rechtsinstitutionsgarantie.** Die objektive Rechtsinstitutionsgarantie gewährleistet – über den Gehalt der institutionellen Rechtssubjektsgarantie hinaus – die **„Einrichtung kommunale Selbstverwaltung"**[350], d. h. eine Institution „mit den ihr typischerweise zugehörenden, sie essentiell prägenden, weitgehend historisch überlieferten, funktionalen und institutionellen rechtlichen und politisch-soziologischen Gehalten".[351] Im Text des Art. 28 Abs. 2 spiegelt sich dies in zwei Elementen wider: zum einen in der Aufgabenzuweisung, die zugleich sachlich-funktionell umfangreich („alle Aufgaben"), in örtlicher Hinsicht aber begrenzt ist („der örtlichen Gemeinschaft"), und zum anderen durch den Modus eigenverantwortlicher Wahrnehmung („in eigener Verantwortung"), also eine bestimmte Art und Weise der Aufgabenwahrnehmung. Diese beiden Elemente der **gemeindlichen Allzuständigkeit** (umfangreich → Rn. 93 ff.) und der **Eigenverantwortlichkeit** (umfangreich → Rn. 117 ff.) stellen sicher, dass die Einrichtung Gemeinde nicht nur lediglich in formeller Hinsicht bestehen bleibt, dabei aber inhaltlich ausgehöhlt oder entleert wird.[352] Wenn die institutionelle Rechtssubjektsgarantie das „Ob" kommunaler Selbstverwaltung schützt, gewährleistet die objektive Rechtsinstitutionsgarantie das „Was" und „Wie" kommunaler Selbstverwaltung.[353]

86 Der objektiven Rechtsinstitutionsgarantie kommt insbesondere in der Praxis die **größte Bedeutung** für den Gehalt kommunaler Selbstverwaltung zu.[354] Staatliche Maßnahmen sind unter dem Vorbehalt einer gesetzlichen Ermächtigung möglich (umfangreich → Rn. 150 ff.) und geraten am häufigsten mit den beiden Ausprägungen der gemeindlichen Allzuständigkeit und der Eigenverantwortlichkeit in Konflikt. Diese örtliche und sachliche Konkretisierung bildet zugleich die äußerste Grenze des Schutzes kommunaler Selbstverwaltung. Ein darüberhinausgehender **Reserveschutz für jegliche Maßnahmen belastender Natur,** wie er für Grundrechtsträger durch Art. 2 Abs. 1 besteht, kommt Gemeinden nicht zu.[355] Der Übertragung staatlicher Auftragsangelegenheiten bzw. Aufgaben zur Erfüllung nach Weisung steht die objektive Rechtsinstitutionsgarantie deshalb nicht grundsätzlich entgegen (→ Rn. 113 f.).[356]

---

348 *Nierhaus/Engels* in Sachs Rn. 42; *Mehde* in Maunz/Dürig Rn. 41.
349 *Mehde* in Maunz/Dürig Rn. 40; *Kühne* FS f. Faber, 2007, 35 (37 f.).
350 BVerfGE 76, 107 (119).
351 *Stern* in BK (Zweitbearbeitung) Rn. 64. Ebenso *Mann* in BK Rn. 152; *Schwarz* in MKS Rn. 157.
352 *Dreier* in Dreier Rn. 93; *Mann* in BK Rn. 152; *Henneke* in SHH Rn. 55.
353 *Dreier* in Dreier Rn. 93; *Mann* in BK Rn. 152; *Hellermann* in BeckOK GG Rn. 36.
354 *Mehde* in Maunz/Dürig Rn. 43; *Dreier* in Dreier Rn. 93.
355 *Mehde* in Maunz/Dürig Rn. 44.
356 *Mehde* in Maunz/Dürig Rn. 44; *Mann* in BK Rn. 153.

cc) Subjektive Rechtsstellungsgarantie. Die subjektive Rechtsstellungsgarantie sichert vor allem die objektive Rechtsinstitutionsgarantie, aber auch die (beschränkt individuelle) Rechtssubjektsgarantie ab, indem sie einzelnen Gemeinden (und Gemeindeverbänden) einen subjektiven Schutzanspruch zubilligt, der unmittelbar aus Art. 28 Abs. 2 S. 1 folgt.[357] Dies folgt vor allem aus dem Wortlaut des Art. 28 Abs. 2 S. 2 („das Recht der Selbstverwaltung") und der verfassungsrechtlichen Systematik (Art. 93 Abs. 1 Nr. 4b).[358] Der Charakter als institutionelle Garantie steht dieser **subjektivrechtlichen Ausprägung** nicht entgegen.[359] Die prozessualen Rechte bestehen akzessorisch zu materiellen Rechten.[360] Die kommunale Selbstverwaltungsgarantie kann daher als Abwehrrecht, aber auch als Schutz- oder Leistungsanspruch geltend gemacht werden.[361] Eine eigenständige Befugnis zu Eingriffen in bürgerliche Grundrechte folgt daraus aber nicht.[362] Aus Art. 28 Abs. 2 lässt sich zwar ein Grundsatz gemeindefreundlichen Verhaltens ableiten, der vom Staat zu beachten ist, allerdings besteht dieser nur akzessorisch zu anderen gemeindeschützenden Vorschriften und begründet selbst keine unmittelbaren und eigenständigen Ansprüche.[363] 87

Aus der Selbstverwaltungsgarantie können **verfahrensmäßige Rechte** auf Anhörung, transparente und nachvollziehbare Verfahren, Mitwirkung bei staatlichen Planungsprozessen oder Berücksichtigung gemeindlicher Positionen in Planungs-, Abwägungs- und Ermessensentscheidungen folgen.[364] Kommt es zu einem Aufgabenentzug, kann sich ein Mitwirkungs- und Beteiligungsrecht bei der Wahrnehmung durch den neuen Aufgabenträger ergeben, das zugleich die Rechtsbeeinträchtigung der Gemeinde teilweise kompensieren kann (womit sich Elemente eines funktionalen Selbstverwaltungsverständnisses andeuten → Rn. 183).[365] 88

Aus der subjektiven Rechtsstellungsgarantie folgt ein **Grundsatz effektiven Rechtsschutzes.**[366] Dieser realisiert sich in erster Linie über die verfassungs- und verwaltungsprozessual vorgesehenen Rechtsbehelfe. Zur Wahrung der kommunalen Selbstverwaltung steht den Gemeinden die Möglichkeit einer **Kommunalverfassungsbeschwerde** zur Seite, die im GG und in 89

---

[357] BVerfGE 137, 108 (155); 147, 185 Rn. 54; 150, 1 Rn. 217; BVerwGE 31, 263 (264); BVerwG NJW 1976, 2175 (2175); *Mann* in BK Rn. 154.

[358] BVerfGE 147, 185 Rn. 54; vgl. *Lange,* Kommunalrecht, 2019, Kap. 1 Rn. 126 ff.

[359] *Mehde* in Maunz/Dürig Rn. 45; *Dreier* in Dreier Rn. 94; *Bethge* FS f. von Unruh, 1983, 149 (164 f.); *Schmidt-Aßmann* FS 50 Jahre BVerfG II, 2001, 803 (807 f.).

[360] *Mehde* in Maunz/Dürig Rn. 45.

[361] *Dreier* in Dreier Rn. 96; *Mehde* in Maunz/Dürig Rn. 45.

[362] *Schmidt-Aßmann* FS f. Sendler, 1991, 121 (131 f.); *Stern* in BK (Zweitbearbeitung) Rn. 72; *Dreier* in Dreier, Rn. 98; *Ossenbühl* DÖV 1992, 1 (7 f.).

[363] VerfGH NRW NVwZ-RR 2001, 617 (620); *Lange,* Kommunalrecht, 2019, Kap. 1 Rn. 92 ff.

[364] *Dreier* in Dreier Rn. 96; *Mann* in BK Rn. 154; *Pieroth* in Jarass/Pieroth Rn. 36. Zur Transparenz und Nachvollziehbarkeit von Verfahren BVerfGE 137, 108 Rn. 112. Zur verfahrensrechtlichen Mitwirkung bei staatlichen Planungsprozessen *Stern,* StaatsR I, 1984, 418 f.; *Maurer* DVBl. 1995, 1037 (1043); *Steinberg* JuS 1982, 578 (581 ff.); *Brohm* DÖV 1989, 429 (436). Zur materiellrechtlichen Berücksichtigung bei staatlichen Planungsentscheidungen BVerwGE 77, 128 (132 ff.); 77, 134 (138 f.); 118, 181 (185); BVerwG DVBl. 1996, 914 (914 f.). Zum Verhältnis von Gebietsentwicklungsplänen zur Planungshoheit OVG Münster NVwZ-RR 2007, 442 (443 f.); VGH Mannheim NVwZ-RR 2006, 232 (234).

[365] BVerfGE 138, 1 Rn. 60; *Nierhaus/Engels* in Sachs Rn. 73a; *Lange,* Kommunalrecht, 2019, Kap. 1 Rn. 76, 106;

[366] BVerwG NVwZ 1995, 700 (701); OVG Schleswig BeckRS 2015, 51459 Rn. 12; *Mann* in BK Rn. 143.

den Landesverfassungen vorgesehen ist.[367] Taugliche Beschwerdegegenstände sind dabei nur Gesetze, nicht aber Einzelakte der Verwaltung oder Gerichtsentscheidungen.[368] Mit der Kommunalverfassungsbeschwerde kann in erster Linie eine Verletzung des Art. 28 Abs. 2 geltend gemacht werden, daneben aber auch solcher Normen, die ihrem Inhalt nach das verfassungsrechtliche Bild der Selbstverwaltung mitzubestimmen geeignet sind (→ Rn. 78).[369] Weitere Rechtspositionen, insbesondere solche der Bürger, kann eine Gemeinde nicht geltend machen; dasselbe gilt für den Verwaltungsprozess.[370] Die Kommunalverfassungsbeschwerde zum BVerfG ist nach Art. 93 Abs. 1 Nr. 4b GG, § 91 S. 2 BVerfGG subsidiär gegenüber denen nach Landesverfassungsrecht.[371] Dieser Grundsatz der Subsidiarität greift jedoch nicht ein, wenn die landesverfassungsrechtliche Garantie der kommunalen Selbstverwaltung hinter dem Gewährleistungsniveau des Art. 28 Abs. 2 zurückbleibt.[372]

90 Die Gewährleistungen der kommunalen Selbstverwaltungsgarantie bilden daneben subjektive Rechte iSd § 42 Abs. 2 VwGO und eröffnen **verwaltungsgerichtlichen Rechtsschutz.**[373] Dies gilt auch für weitere Rechtspositionen, die Gemeinden einfachgesetzlich eingeräumt sind und unter Berücksichtigung des Art. 28 Abs. 2 auszulegen und anzuwenden sind.[374] Auch wenn es sich bei Art. 28 Abs. 2 nicht um ein Grundrecht handelt (→ Rn. 76), gebietet die subjektive Rechtsstellungsgarantie die Gewährung effektiven Rechtsschutzes. Ob daneben auch Art. 19 Abs. 4 den Gemeinden einen eigenständigen Schutz vermittelt, wird nicht einhellig beurteilt (→ Art. 19 Rn. 97).[375] In der Sache relativiert sich diese Frage jedoch, weil die Art und Weise des Rechtsschutzes, der durch Art. 28 Abs. 2 vermittelt wird, dem einer grundrechtlichen Gewährleistung zumindest erheblich nahekommt.[376] Aus diesem Grund gelten Gemeinden, die etwa im Rahmen einer Gebietsreform aufgelöst worden sind, für die Dauer eines gerichtlichen Verfahrens gegen die Auflösung weiterhin als fortbestehend.[377]

---

[367] Vgl. die Zusammenstellung der landesverfassungsrechtlichen Regelungen bei *Gern/Brüning,* Deutsches Kommunalrecht, 2019, Rn. 366 ff. Zum Verhältnis auch *Ritgen* NVwZ 2018, 114. Vgl. auch *Lück,* Der Beitrag der Kommunalverfassungsbeschwerde nach Art. 93 Abs. 1 Nr. 4b GG, § 91 BVerfGG zum Schutz der kommunalen Selbstverwaltung, 2014.

[368] BVerfG NVwZ 2016, 1630 Ls. 1; *Lange,* Kommunalrecht, 2019, Kap. 1 Rn. 137 ff.;

[369] BVerfGE 1, 167 (181); 56, 298 (310); 71, 25 (37); 91, 228 (242); 119, 331 (357); vgl. insgesamt *Bauer,* Der Prüfungsmaßstab im Kommunalverfassungsbeschwerdeverfahren, 2013, 259 ff.; zu den Grenzen des zulässigen Zusammenwirkens von Bundes- und Landesbehörden in diesem Zusammenhang BVerfGE 119, 331 (363 ff.); *Korioth* DVBl. 2008, 812 (813 f.).

[370] BVerfGE 61, 82 (102); BVerfG NVwZ 2010, 895 Rn. 108; BVerwGE 84, 209 (213); BVerwG DVBl. 2003, 211 (213); *Lange,* Kommunalrecht, 2019, Kap. 1 Rn. 135; *Henneke* in SHH Rn. 56; *v. Schwanenflug* NVwZ 2007, 1351 (1353).

[371] Für Fallgruppen *Ritgen* NVwZ 2018, 114 (118).

[372] BVerfGE 107, 1 (9); 147, 185 (212 ff.); *Lange,* Kommunalrecht, 2019, Kap. 1 Rn. 145 ff.; *Lindner* DÖV 2018, 235 (237). Zur Subsidiarität im Falle eines Antrags auf Erlass einer einstweiligen Anordnung BVerfG NVwZ-RR 2014, 369 Ls. 2. Eine Zusammenstellung der kommunalen Selbstverwaltungsgarantie in den einzelnen Landesverfassungen bei *Lange,* Kommunalrecht, 2019, Kap. 1 Rn. 153 ff.; *Gern/Brüning,* Deutsches Kommunalrecht, 2019, Rn. 128 ff.

[373] BVerwGE 31, 263 (264); 31, 345 (349 f.); *Mann* in BK Rn. 154; *Mehde* in Maunz/Dürig Rn. 46; *Dreier* in Dreier Rn. 100; *Nierhaus/Engels* in Sachs Rn. 45.

[374] *Mehde* in Maunz/Dürig Rn. 46; *Mann* in BK Rn. 155.

[375] Dafür BVerwG NVwZ 1995, 700 (701); ablehnend *Schmidt-Aßmann* in Maunz/Dürig Art. 19 Abs. 4 Rn. 43; umfangreich zum Streitstand *Dreier* in Dreier Rn. 94 Fn. 449; vgl. auch BVerfGE 61, 82 (110); BVerfG NVwZ-RR 2012, 2 Rn. 12.

[376] OVG Schleswig BeckRS 2015, 51459 Rn. 12; vgl. *Huber* MKS Art. 19 Rn. 387.

[377] VerfGH NRW OVGE 31, 309 (310); VerfGH Saarl NVwZ 1994, 481 (481); OVG Koblenz BeckRS 2015, 48128 Rn. 66; vgl. BVerfGK 19, 227 (228); vgl. auch schon RGZ

dd) Berechtigte und Bindung. Inhaber der Selbstverwaltungsgarantie sind die Gemeinden und Gemeindeverbände (→ Rn. 179). Angesprochen sind damit die jeweiligen juristischen Personen als Träger von Rechten und Pflichten. Einzelnen Organen oder Organteilen steht die Selbstverwaltungsgarantie nicht zu; diese können sie allenfalls im Wege der Prozessstandschaft geltend machen, nicht aber als eigenes Recht.[378] Auch Bürger können sich nicht auf Art. 28 Abs. 2 berufen.[379] Obwohl es sich bei der Selbstverwaltungsgarantie nicht um ein Grundrecht handelt, sind an die Selbstverwaltungsgarantie die Träger staatlicher Gewalt iSd Art. 1 Abs. 3 gebunden.[380] Dies bedeutet, dass auch Gemeinden und vor allem Gemeindeverbände selbst an die Selbstverwaltungsgarantie anderer kommunaler Selbstverwaltungskörperschaften gebunden sein können, relevant ist dies vor allem im Bereich der Planungshoheit (→ Rn. 137).[381] 91

b) Örtlicher Gewährleistungsumfang – „alle Angelegenheiten der örtlichen Gemeinschaft“. Art. 28 Abs. 2 knüpft die Selbstverwaltungsgarantie einerseits räumlich an die örtliche Gemeinschaft und andererseits sachlich-funktionell umfangreich an alle ihre Angelegenheiten. Der Bezug der Selbstverwaltungsgarantie auf die Angelegenheiten der örtlichen Gemeinschaften verdeutlicht für Gemeinden schon (anders als für Gemeindeverbände) die Eigenschaft als Gebietskörperschaft.[382] Für die Mitgliedschaft ist bei natürlichen Personen der Wohnsitz und bei juristischen Personen deren Sitz entscheidend.[383] 92

aa) Prinzip der Allzuständigkeit (Universalität). Die Allzuständigkeit bildet als identitätsbestimmendes Merkmal gemeindlicher Selbstverwaltung den Ausgangspunkt für die örtliche Bestimmung des Gewährleistungsumfangs.[384] 93

(1) Begriff der Angelegenheiten der örtlichen Gemeinschaft. Die Formulierung „Angelegenheiten der örtlichen Gemeinschaft“ steht in der Tradition der politisch-demokratischen Funktion der Selbstverwaltung, bürgerliche Elemente für die Tätigkeit der staatlichen Verwaltung zu aktivieren 94

126, Anh. 14 (21); 134, Anh. 12 (19 f.); BVerfGE 3, 267 (279 f.). Ebenso kann eine Gemeinde die kommunale Selbstverwaltungsgarantie etwaiger Rechtsvorgängerinnen geltend machen, BVerfGE 42, 345 (355 f.); BVerwG BeckRS 2004, 25291.

[378] BVerfG NVwZ-RR 2012, 2 Rn. 12; BVerfGE 78, 344 (347); OVG Lüneburg NVwZ 2018, 1236 Rn. 10; OVG Weimar ThürVBl. 2014, 250 (250 f.).

[379] VG Aachen BeckRS 2014, 50537.

[380] *Mehde* in Maunz/Dürig Rn. 48.

[381] *Dreier* in Dreier Rn. 97; *Mehde* in Maunz/Dürig Rn. 48. Nach BVerwGE 127, 155 Rn. 23 soll Art. 28 Abs. 2, jedenfalls im Hinblick auf die Aufgabenübertragung, nicht zwischen Samtgemeinde und einer freiwillig beigetretenen Mitgliedsgemeinde zur Anwendung kommen.

[382] *Schwarz* in MKS Rn. 168; allgemein zur Gebietskörperschaft *Wolff/Bachof/Stober/Kluth,* Verwaltungsrecht II, 2010, § 85 Rn. 31. Zur Frage, ob die Universalität, die sich aus der Formulierung aller Angelegenheiten der örtlichen Gemeinschaft ergibt, ein konstituierendes Merkmal von Gebietskörperschaften ist, BVerfGE 52, 95 (117 f.) mwN; *Röhl* in Schoch, Besonderes Verwaltungsrecht, 2018, Kap. 2 Rn. 11; vgl. *Schliesky/Ernst/Schulz,* Aufgabenbestand, Legitimationsbedarf und Entwicklungspotential der Ämter in Schleswig-Holstein, 2009, 31 ff.

[383] *Röhl* in Schoch, Besonderes Verwaltungsrecht, Kap 2 Rn. 11.

[384] BVerfGE 1, 167 (175); 21, 117 (128); 50, 195 (201); 79, 127 (146 f.); *Mehde* in Maunz/Dürig Rn. 50; *Dreier* in Dreier Rn. 93; *Mann* in BK Rn. 172; *Schwarz* in MKS Rn. 168; *Nierhaus/Engels* in Sachs Rn. 48; *Lange,* Kommunalrecht, 2019, Kap. 1 Rn. 18.

(→ Rn. 72), und ist in diesem Lichte zu verstehen.[385] Ebenso wie aber diese grundsätzliche Funktion der Selbstverwaltung nicht abschließend und von vornherein auf bestimmte Sachfragen konkretisiert werden kann, ist auch eine konkrete Bestimmung, welche Angelegenheiten von Art. 28 Abs. 2 erfasst sind, nicht möglich. Ein **positiver gegenständlicher Katalog** von Sachfragen **existiert nicht;** gerade dies ist ein wesentliches Element gemeindlicher Universalität.[386]

95 Erschwert wird die Bestimmung der örtlichen Angelegenheiten durch die Überlegung, dass ein erheblicher Anteil möglicher Selbstverwaltungstätigkeiten, etwa aufgrund ihrer tatsächlichen Auswirkungen, nicht frei von überörtlichen Bezügen ist, was ursprünglich dazu geführt hatte, dass vor allem die Bestimmung der Örtlichkeit unklar war.[387] Mit der Rastede-Entscheidung des BVerfG[388] hat sich jedoch ein weitgehend **konsentiertes Grundverständnis** herausgebildet. Angelegenheiten der örtlichen Gemeinschaft sind danach „diejenigen Interessen und Bedürfnisse, die in der örtlichen Gemeinschaft wurzeln oder auf sie einen spezifischen Bezug haben, die also den Gemeindeeinwohnern gerade als solchen gemeinsam sind, indem sie das Zusammenleben und -wohnen der Menschen in der (politischen) Gemeinde betreffen".[389] Mit dieser Vorgehensweise werden die gemeindlichen Aufgaben auf ihren örtlichen Ursprung zurückgeführt und das soziologische Element der Gemeinschaft betont.[390]

96 Ursprünglich war auch gefordert worden, dass die fraglichen Aufgaben von der örtlichen Gemeinschaft eigenverantwortlich und selbständig bewältigt werden können.[391] Mit der Rastede-Entscheidung hat das BVerfG aber klargestellt, dass für die Qualifikation als Angelegenheit der örtlichen Gemeinschaft die **individuelle Verwaltungs- oder Finanzkraft unerheblich** ist.[392] Mangelnde Verwaltungskraft soll jedoch nicht mit mangelnder Größe oder Ausdehnung gleichgesetzt werden, weil letzteres durchaus Einfluss auf die Bestimmung von Angelegenheiten der örtlichen Gemeinschaft haben kann.[393] Angesichts der teilweise zwangsläufigen Abhängigkeit beider Elemente voneinander wird die ihnen zugrunde liegende Unterscheidung der

---

[385] *Nierhaus/Engels* in Sachs Rn. 46 f.

[386] *Mann* in BK Rn. 177; *Dreier* in Dreier Rn. 103. Vgl. aber exemplarisch die Beispiele in Art. 83 Abs. 1 BayVerf.

[387] *Mann* in BK Rn. 173 mwN.

[388] BVerfGE 79, 127.

[389] BVerfGE 79, 127 (151 f.); vgl. BVerfGE 83, 363 (384); 86, 148 (220 f.); 110, 370 (400); 137, 108 Rn. 164 f.; 138, 1 Rn. 45; BVerfG NVwZ 2018, 140 Rn. 70; BVerwGE 92, 56 (62); 125, 68 Rn. 17; 148, 133 Rn. 16; BVerwG NVwZ 2006, 595 Rn. 17; NVwZ 2009, 1305 Rn. 27; *Mehde* in Maunz/Dürig Rn. 50; *Mann* in BK Rn. 173; *Dreier* in Dreier Rn. 101; *Schwarz* in MKS Rn. 168; *Hellermann* in BeckOK GG Rn. 41; *Pieroth* in Jarass/Pieroth Rn. 23; umfangreich *Lange,* Kommunalrecht, 2019, Kap. 1 Rn. 19 ff.; vgl. auch schon BVerfGE 8, 122 (134); 50, 195 (201); 52, 95 (120). Zu einem Abstellen auf den eigenen Wirkungskreis BayVerfGH NVwZ 1989, 551 (553); NVwZ-RR 2005, 757 (759); ThürVerfGH DVBl. 2005, 443 (447).

[390] *Engels,* Die Verfassungsgarantie kommunaler Selbstverwaltung, 2014, 462 ff. mwN; *Mann* in BK Rn. 174. *Gern* NJW 2002, 2593 (2594); *Jarass* DVBl. 2006, 1 (5) sprechen insofern von „örtlicher Radizierung".

[391] BVerfGE 8, 122 (134); 50, 195 (201); 52, 95 (120).

[392] BVerfGE 79, 127 (151 f.); 110, 370 (400); 138, 1 Rn. 53, 57; 147, 185 Rn. 78; BVerwG NVwZ 1998, 63 (64); *Lange,* Kommunalrecht, 2019, Kap. 1 Rn. 46 f.; aA *Schink* VerwArch 81 (1990), 385 (404 ff.); vgl. auch *Engels,* Die Verfassungsgarantie kommunaler Selbstverwaltung, 2014, 470 f.

[393] BVerfGE 79, 127 (152); 83, 363 (384); 110, 370 (401); *Mehde* in Maunz/Dürig Rn. 52.

Bedeutung der kommunalen Selbstverwaltung nur dann gerecht, wenn man zwar die räumlichen Ausmaße und Strukturen einer Gemeinde als beeinflussbare Größe auffasst, hingegen für die Verwaltungs- und Finanzkraft die Unbeeinflussbarkeit betont, so dass es insbesondere der Landespolitik nicht möglich ist, durch die (finanzielle) Ausstattung der Gemeinden unmittelbar den Kreis örtlicher Angelegenheiten zu definieren.[394]

Für die Bestimmung örtlicher Angelegenheiten sind daneben der **traditionell gewachsene Bestand** an gemeindlichen Aufgaben und die historischen Erscheinungsformen der Selbstverwaltung zu berücksichtigen.[395] Gleichzeitig sind örtliche Angelegenheiten aber auch erheblichen **Entwicklungsprozessen** in soziologischer, wirtschaftlicher oder technischer Hinsicht ausgesetzt.[396] Strukturveränderungen und -unterschiede in Ballungsräumen und ländlichen Räumen, ökologische Herausforderungen, sich wandelnde Konzepte von Mobilität oder die Bereitstellung von digitalen Infrastrukturen wirken sich als „Wanderungsprozesse" und „Gemengelagen" auch in erheblichem Maße auf den Kreis örtlicher Angelegenheiten aus.[397] 97

Örtliche Angelegenheiten können deshalb **nicht für alle Gemeinden übereinstimmend** und **nicht für alle Zeit** festgelegt werden.[398] Auch kann kein einmal erreichter Aufgabenbestand im Sinne eines *status quo* garantiert werden.[399] Es kommt vielmehr darauf an, ob bei einer **typisierenden Betrachtung** die Aufgabe gerade durch die Gemeinde „eine sachangemessene, für die spezifischen Interessen der Einwohner und die Wahrnehmung anderer Gemeindeaufgaben förderliche Erledigung finden kann".[400] Dabei kann es für den Schutz des Art. 28 Abs. 2 schon ausreichen, wenn eine Aufgabe nur teilweise eine Angelegenheit der örtlichen Gemeinschaft ist.[401] Auch in solchen Fällen muss der Gesetzgeber die einzelnen örtlichen Bezüge der Aufgabe im Rahmen seiner gesetzlicher Regelungen berücksichtigen (→ Rn. 157).[402] Dabei kommt ihm eine Typisierungsbefugnis zu (→ Rn. 177). 98

(2) Reichweite der Allzuständigkeit. (a) Grundlagen. Die gemeindliche Allzuständigkeit ist kein Ergebnis einfachgesetzlicher Zuweisung, sondern unmittelbarer Ausfluss der verfassungsrechtlichen Selbstverwaltungsgarantie, anders als für die Gemeindeverbände nach Art. 28 Abs. 2 S. 2.[403] Dies bestimmt maßgeblich das Verhältnis zu anderen Verwaltungsträgern, namentlich 99

---

394 Vgl. BVerfGE 147, 185 Rn. 78.

395 BVerfGE 59, 216 (226); 91, 228 (238); 125, 141 (167); 138, 1 Rn. 46; BVerfG NVwZ 2018, 140 Rn. 71;
Mann in BK Rn. 175; *Mehde* in Maunz/Dürig Rn. 51; skeptisch *Stober,* Kommunalrecht in der Bundesrepublik Deutschland, 1996, 68 ff.

396 Zu den Herausforderungen des demographischen Wandels *Kersten* Die Verwaltung 40 (2007), 309; *Brosius-Gersdorf* VerwArch 98 (2007), 317 (318 ff.); *Ziekow* VVDStRL 74 (2014), 245 (251 ff.).

397 *Schwarz* in MKS Rn. 168; *Schmidt-Jortzig* DÖV 1993, 973 (980 f.); *Mann* in BK Rn. 175; *Dreier* in Dreier Rn. 104; *Mehde* in Maunz/Dürig Rn. 51; *Nierhaus/Engels* in Sachs Rn. 47; *Hellermann* in BeckOK GG Rn. 41; *Schliesky* in Schliesky Selbstverwaltung im Staat der Informationsgesellschaft, 2010, 67.

398 BVerfGE 79, 127 (153 f.); 110, 370 (401); 138, 1 Rn. 47; BVerfG NVwZ 2018, 140 Rn. 72; BVerwG NVwZ 2006, 595 (596); *Nierhaus/Engels* in Sachs Rn. 47.

399 BVerfGE 78, 331 (340); 138, 1 Rn. 47; 147, 185 Rn. 72.

400 BVerfGE 138, 1 Rn. 53; 147, 185 Rn. 78.

401 BVerfGE 138, 1 Rn. 48; 147, 185 Rn. 73; *Nierhaus/Engels* in Sachs Rn. 47; *Hellermann* in BeckOK GG Rn. 41.

402 BVerfGE 138, 1 Rn. 48; 147, 185 Rn. 73.

403 BVerfGE 21, 117 (128 ff.); *Maurer* DVBl. 1995, 1037 (1046); vgl. *Mann* in BK Rn. 177.

dem Land und Gemeindeverbänden. Trotz der **unmittelbaren verfassungsrechtlichen Gewährleistung** bewirkt Art. 28 Abs. 2 keine Totalität, dh keine Konzentration öffentlicher Verwaltungstätigkeit zugunsten der Gemeinden in ihrem Gebiet.[404] Stattdessen ergibt sich für die Aufgabenträgerschaft ein **Regel-Ausnahme-Verhältnis zugunsten der Gemeinden.**[405] Dadurch entsteht eine verfassungsrechtlich vermittelte Vermutung für die Zuständigkeit der Gemeinden.[406] Dies gilt auch gerade im Verhältnis von kreisangehörigen Gemeinden zum Kreis als Gemeindeverband iSd Art. 28 Abs. 2 S. 2.[407] Im Ergebnis muss die Aufgabenverteilung zugunsten von Gemeinden in zwei Konstellationen zurücktreten: bei einer ausdrücklichen gesetzlichen Regelung und bei einem überörtlichen Charakter einer Angelegenheit.[408]

100 Solange eine Angelegenheit der örtlichen Gemeinschaft nicht durch Gesetz einer anderen Stelle zugewiesen ist, können Gemeinden als Ausdruck des **verfassungsrechtlichen Aufgabenverteilungsprinzips** diese Angelegenheiten an sich ziehen, ohne hierfür eine spezifische Kompetenz zu benötigen.[409] In dieser Systematik realisiert sich ein **materielles Prinzip dezentraler Aufgabenverteilung,** das den Wert mitbestimmter Verwaltungstätigkeit auf lokaler Ebene anerkennt.[410] Dies schließt das Recht ein, **neue Aufgaben oder Funktionen** zu erfinden und für die Gemeinde (auch spontan) zu erschließen.[411] Dabei wirken aber die örtliche und sachlich-funktionelle Anbindung der Selbstverwaltungsgarantie auch kompetenzbegrenzend, denn ein Zugriff auf örtliche Angelegenheiten anderer Gemeinden ist ebenso wenig zulässig wie die eigenmächtige Wahrnehmung solcher Angelegenheiten, die sich zwar faktisch auch auf das Gemeindegebiet beziehen, gleichwohl aber in der Sache als überörtliche Angelegenheiten zu qualifizieren sind.[412] Das Aufgabenverteilungsprinzip zugunsten der Gemeinden erstreckt sich nicht auf den Finanzbedarf; insofern sind alle Verwaltungsträger gleichrangig zu behandeln.[413]

101 **(b) Wirtschaftliche Betätigung.** Einen Sonderfall der kommunalen Selbstverwaltung bildet die wirtschaftliche Betätigung der Gemeinden. Als Ausdruck dieser Tätigkeit nehmen Gemeinden seit jeher Aufgaben der **Daseinsvorsorge** wahr, also Leistungen, die typischerweise als solche „zur Befriedigung der Bedürfnisse für eine dem jeweiligen Lebensstandard ent-

---

[404] *Hellermann* in BeckOK GG Rn. 41.1; vgl. BVerfGE 79, 127 (147). Vgl. abweichend Art. 87 Abs. 2 LVerf NrW.

[405] BVerfGE 138, 1 Rn. 58 147, 185 Ls. 4, Rn. 84.

[406] *Dreier* in Dreier Rn. 103.

[407] BVerfGE 79, 127 (150 f.); 83, 363 (382 f.); 107, 1 (13); 147, 185 Rn. 84 f.; BVerwGE 98, 273 (276 f.); 101, 99 (103); 145, 378 Rn. 36 f.; BVerwG NVwZ 1998, 63 (65); VerfG Bbg LKV 1997, 449 (451); zum Verhältnis zu Orts- und Verbandsgemeinden OVG Koblenz DÖV 2008, 691 (692).

[408] *Dreier* in Dreier Rn. 102.

[409] BVerfGE 79, 127 (146);.83, 363 (382); 107, 1 (13); 147, 185 Rn. 97; BVerwGE 98, 273 (276 f.); 101, 99 (103); *Mann* in BK Rn. 178; *Nierhaus/Engels* in Sachs Rn. 68; *Mehde* in Maunz/Dürig Rn. 117.

[410] Vgl. *Nierhaus/Engels* in Sachs Rn. 68; vgl. auch BVerfGE 79, 127 (152); 110, 370 (400); OVG Lüneburg DÖV 1980, 417 (418); VerfGH NRW DÖV 1980, 691 (692); *Schmidt-Jortzig,* Subsidiaritätsprinzip und Kommunalordnung, 1982, S. 1 ff., 18.

[411] *Schmidt-Jortzig,* Kommunalrecht, 1982, Rn. 496; *Dreier* in Dreier Rn. 103; *Hellermann* in BeckOK GG Rn. 41, 41.4; *Nierhaus/Engels* in Sachs Rn. 48.

[412] BVerfGE 8, 122 (134); *Pieroth* in Jarass/Pieroth Rn. 18; *Hellermann* in BeckOK GG Rn. 41.

[413] BVerwGE 145, 378 Rn. 13.

sprechende Lebensführung" bezeichnet werden können.[414] Während der praktische Rahmen dieses Begriffs im einfachen Landesrecht zur kommunalen Wirtschaftsbetätigung relativ konkret vorgezeichnet wird,[415] ist er hingegen aus einer grundsätzlichen, verfassungsrechtlichen Warte traditionell unklar und scheint sich immer weiter aufzulösen.[416]

In verfassungsrechtlicher Hinsicht stellt sich die Frage, inwieweit die wirtschaftliche Betätigung am **Schutz der Selbstverwaltungsgarantie** partizipiert. Ein Bezug zu den Angelegenheiten der örtlichen Gemeinschaft ist jedenfalls dann gegeben, wenn die wirtschaftliche Tätigkeit der Versorgung der Gemeindeeinwohner im Gemeindegebiet dient, also die Produkte oder Dienstleistungen im Schwerpunkt von Gemeindeeinwohnern bezogen oder im Gemeindegebiet vermarktet und erbracht werden, wobei dies im Einzelfall anhand der konkreten Umstände betrachtet werden muss.[417] Zumindest für Tätigkeiten der Daseinsvorsorge kann dies grundsätzlich bejaht werden, weil diese traditionell ein typusprägendes Element kommunaler Selbstverwaltung sind.[418] Da dieser Bereich aber schwierig zu bestimmen ist,[419] kann zielführender darauf abgestellt werden, ob die wirtschaftliche Betätigung einen **öffentlichen Zweck** verfolgt, was im Falle einer rein erwerbswirtschaftlichen Tätigkeit mit dem Ziel der Gewinnerzielung auszuschließen **102**

---

[414] *Burgi,* Kommunalrecht, 2019, § 17 Rn. 11; zum Begriff und Kategorie der Daseinsvorsorge *Forsthoff,* Verwaltungsrecht I, 1973, 370; *Ossenbühl* DÖV 1971, 513 (516 f.); *Hellermann,* Örtliche Daseinsvorsorge und gemeindliche Selbstverwaltung, 2000, 1; *Krajewski* VerwArch 99 (2008), 174; *Doerfert* JA 2006, 316; *Knauff* WiVerw 2011, 79. Zur Wahrnehmung von Aufgaben der Daseinsvorsorge mit Mitteln der wirtschaftlichen Betätigung vgl. BVerfGE 38, 258 (270 f.); 45, 63 (78 f.); 58, 45 (62 f.); 66, 248 (258); BVerwGE 97, 240 (243 f.); VerfGH RhPf NVwZ 2000, 801 (801); *Mehde* in Maunz/Dürig Rn. 92; *Dreier* in Dreier Rn. 137.

[415] *Nierhaus/Engels* in Sachs Rn. 49.

[416] *Krajewski* VerwArch 99 (2008), 174 (194 f.); *Mehde* in Maunz/Dürig Rn. 92. Ebenfalls nicht eindeutig ist die Abgrenzung von wirtschaftlicher und nichtwirtschaftlicher Tätigkeit. Auch wenn beide Kategorien von der kommunalen Selbstverwaltungsgarantie abgedeckt sind (siehe sogleich), kommt der Einordnung konkreter Konstellationen erhebliche praktische Relevanz zu, weil einfachgesetzlich typischerweise besondere Voraussetzungen an wirtschaftliche Tätigkeiten gestellt werden, vgl. *Papier/Schröder* DVBl. 2017, 1 (3); zu den jeweiligen Landesregelungen *Gern/Brüning,* Deutsches Kommunalrecht, 2019, Rn. 984 ff.; *Schink* NVwZ 2002, 129 (130 f.); zu den einzelnen Definitionsversuchen *Schmidt-Jortzig* in HdbKWP V, 1984, 50 (54 ff.). Üblicherweise wird hierzu auf die sog. Popitz'sche Formel abgestellt, nach der es sich um eine wirtschaftliche Betätigung bei solchen Veranstaltungen der Gemeinde handelt, „die gegen Entgelt Leistungen zur Verfügung stellen, die ihrer Art nach auch durch Privatunternehmer mit der Absicht der Gewinnerzielung in den allgemeinen Verkehr gebracht zu werden pflegen", *Popitz,* Der künftige Finanzausgleich zwischen Reich, Ländern und Gemeinden, 1932, 46 ff.; dazu BVerwGE 39, 329 (333 f.); BVerwG NVwZ 2009, 1305 Rn. 30; OVG Schleswig NordÖR 2013, 528 (531); VGH Kassel LKRZ 2009, 337 (339). Mancherorts bestehen im Landesrecht ausdrückliche Negativkataloge, die nichtwirtschaftliche Betätigungen enthalten, vgl. § 107 Abs. 2 GO NRW.

[417] *Jarass* DVBl. 2006, 1 (2, 5); *Jarass* DÖV 2002, 489 (497 f.); *Brosius-Gersdorf* AöR 130 (2005), 392 (404 f.). Andere Stimmen betonen entweder in erster Linie die Bezugnahme auf das Gemeindegebiet, *Ehlers* Gutachten E 64. DJT I, 2002, 94 ff. bzw. die Gemeindeeinwohner *Oebbecke* ZHR 164 (2000), 375 (386); *Uhlenhut,* Wirtschaftliche Betätigung der Gemeinden außerhalb ihres Gebietes, 2003, 141 ff. Bei einer Verflechtung örtlicher und überörtlicher Zwecke kann auf den Schwerpunkt der Tätigkeit abgestellt werden und bei einem Zusammenschluss mehrerer Gemeinden kann ein überwiegender Zusammenhang mit dem Gemeindegebiet ausreichen, *Jarass* DVBl. 2006, 1 (5). Zu den sonstigen einfachgesetzlichen Voraussetzungen einer wirtschaftlichen Betätigung im Falle einer Beteiligung an einem „Bürgerwindpark", OVG Schleswig NordÖR 2013, 528 (530 ff.).

[418] VerfGH RhPf NVwZ 2000, 801 (801).

[419] *Schink* NVwZ 2002, 129 (132).

ist.[420] Wenn Gewinne lediglich „mitgenommen" werden, ist dies zulässig,[421] ebenso wie sog Randnutzungen.[422] Dieser Gedanke wird gestützt durch das Wesen kommunaler Selbstverwaltung, das darauf ausgerichtet ist, das wirtschaftliche, soziale und kulturelle Wohl der Einwohner zu fördern.[423] Dieses Ziel wird zumindest nicht unmittelbar im Falle der rein erwerbswirtschaftlichen Betätigung verfolgt.[424] Ob dies hingegen durch eine private Rechtsform geschieht, ist unerheblich (→ Rn. 127).[425]

103 Daneben stellt sich die Frage, ob das Wesen kommunaler Selbstverwaltung noch gewahrt und damit ein Schutz des Art. 28 Abs. 2 noch gegeben ist, wenn die gemeindliche **wirtschaftliche Tätigkeit außerhalb des eigenen Gemeindegebiets** stattfindet *(extra muros)*. Die praktische Überlegung, dass eine solche örtliche Grenze einen erheblichen Wettbewerbsnachteil darstellt,[426] kann nicht maßgeblich sein, sondern hat vor allem rechtspolitische Bedeutung. Auch der Hinweis, dass der Wortlaut des Art. 28 Abs. 2 allenfalls auf eine sachliche, nicht aber örtliche Grenze Bezug nehme und nur einen Gewährleistungsbereich garantiere, nicht aber eine Betätigungsgrenze,[427] ist zu formalistisch. Gemeinden handeln bei der wirtschaftlichen Betätigung nicht privatautonom, sondern agieren nach wie vor als Träger staatlicher Gewalt.[428] Diese staatlichen Verwaltungseinheit, ist – wie auch andere (konkurrierende) Gemeinden – nur für ein bestimmtes Gebiet demokratisch legitimiert und mit dem verfassungsrechtlichen Recht zur Selbstverwaltung ausgestattet; außerhalb dessen fehlt der Bezug zur örtlichen Gemeinschaft und damit die Verbandskompetenz (Örtlichkeitsprinzip).[429] Wirtschaftliche Tätigkeit außerhalb des eigenen Hoheitsgebietes droht das Selbstverwaltungsrecht anderer Gemeinden zu beeinträchtigen.[430] Bei Art. 28 Abs. 2 handelt es sich

---

[420] BVerfGE 61, 82 (106 f.); *Hellermann* in BeckOK GG Rn. 41.5; *Nierhaus/Engels* in Sachs Rn. 49; *Gern/Brüning,* Deutsches Kommunalrecht, 2019, Rn. 983; *Burmeister/Staebe* EuR 2004, 810 (811); *Schink* NVwZ 2002, 129 (133 f.); aA *Otting* DVBl. 1997, 1258 (1261 f.), der wegen der Finanzkrise der kommunalen Ebene auf die Notwendigkeit, zusätzliche Einnahmen zu erzielen, abstellt; *Wolff* DÖV 2011, 721 (725); skeptisch auch *Britz* NVwZ 2001, 380 (382). Zum Bedürfnis eines öffentlichen Zwecks bei außerhalb der pflichtigen kommunalen Aufgaben liegender nichtwirtschaftlicher Betätigung, *Lange* LKRZ 2007, 289 (293).

[421] *Ehlers* DVBl. 1998, 497 (500); *Nierhaus/Engels* in Sachs Rn. 49.

[422] Vgl. OVG Münster NVwZ 2003, 1520 (1522 f.); VerfGH RhPf NVwZ 2000, 801 (803).

[423] *Röhl* in Schoch, Besonderes Verwaltungsrecht, 2018, Kap. 2 Rn. 160.

[424] BVerfGE 61, 82 (107); BVerwGE 39, 329 (334); VerfGH RhPf NVwZ 2000, 801 (801); *Mehde* in Maunz/Dürig Rn. 94; *Lange,* Kommunalrecht, 2019, Kap. 14 Rn. 75; *Schink* NVwZ 2002, 129 (133 f.); *Badura* DÖV 1998, 818 (821); *Ehlers* Jura 1999, 212 (214). Gegen einen mittelbaren Gemeinwohlnutzen *Rennert* JZ 2003, 385 (390 Fn. 38); aA *Cremer* DÖV 2003, 921 (922).

[425] *Jarass* DÖV 2002, 489 (497); *Mehde* in Maunz/Dürig Rn. 93.

[426] *Reck* DVBl. 2009, 1546 (1551), fordert daher ein „marktkompatibles Gemeindewirtschaftsrecht".

[427] *Wolff* DÖV 2011, 721 (723 f.).

[428] VerfGH RhPf NVwZ 2000, 801 (801); *Mann* in BK Rn. 180; vgl. VerfG Sachs NVwZ 2005, 1057 (1058).

[429] *Mehde* in Maunz/Dürig Rn. 95; *Mann* in BK Rn. 180; *Nierhaus/Engels* in Sachs Rn. 49; *Brosius-Gersdorf* AöR 130 (2005), 392 (405, 422 ff.); *Ruffert* VerwArch 92 (2001), 27 (34); *Heilshorn* VerwArch 96 (2005), 88 (93 ff.); *Heintzen* NVwZ 2000, 743 (743); *Oebbecke* ZHR 164 (2000), 375 (387) *Rennert* JZ 2003, 385 (390 f.); *Brenner* LKV 2002, 7 (8); aA *Wieland/Hellermann* DVBl. 1996, 401 (407 f.); *Hellermann,* Örtliche Daseinsvorsorge und gemeindliche Selbstverwaltung, 2000, 209 ff. Zu einer bloßen „Ausstrahlungswirkung" *Gern* NJW 2002, 2593 (2595); *Burmeister/Staebe* EuR 2004, 810 (812).

[430] *Brosius-Gersdorf* AöR 130 (2005), 392 (407 ff.); *Schink* NVwZ 2002, 129 (136).

nicht um eine Betätigungsgrenze, sondern eine von vornherein **begrenzte Betätigungsgewährleistung.** Eine andere Situation kann sich nur durch abweichende einfachgesetzliche Regelungen,[431] die durch Art. 28 Abs. 2 nicht grundsätzlich gesperrt werden,[432] oder individuellen Vereinbarungen bzw. die Zusammenarbeit mit anderen betroffenen Gemeinden ergeben.[433] Praktisch sinnvoll ist dies vor allem im Bereich der Netzwirtschaften.[434]

Inwiefern die **Grundfreiheiten des Unionsrechts** die Reichweite ge- **104**
meindlicher Allzuständigkeit bei wirtschaftlicher Betätigung – mit grenzüberschreitendem Bezug – beeinflussen, wird nicht einhellig beurteilt.[435] In dieser Hinsicht muss unterschieden werden zwischen der Gemeinde, ihrer rechtlich unselbständigen kommunalen Unternehmen einerseits und rechtlich selbständigen Unternehmen, die lediglich von der Gemeinde getragen werden (zB eine GmbH), andererseits. Letztere können grundsätzlich, wie Art. 54 Abs. 2 AEUV deutlich macht, Berechtigte der Grundfreiheiten sein,[436] sie sind aber nicht Träger der kommunalen Selbstverwaltungsgarantie.[437] Hingegen ist die Gemeinde selbst primär eine staatliche Verwaltungseinheit und kann sich als solche nicht auf die Grundfreiheiten berufen.[438] Ihr Wirkungskreis bestimmt sich anhand von Art. 28 Abs. 2. Sie ist Teil der mitgliedstaatlichen Verwaltungsorganisation und die Grundfreiheiten führen nicht dazu, dass sich ihre staatlichen Befugnisse und Zuständigkeiten erweitern.[439] Hingegen kommen kommunale Einheiten, die nach der nationalen Verwaltungsorganisation rechtlich unselbständig sind (zB Eigen- oder Regiebetrieb, Sondervermögen), trotz dieser Qualifizierung bei der maßgeblichen funktionalen Betrachtung als Unternehmen, die den Anwendungsbereich der Grundfreiheiten eröffnen, in Betracht.[440] Das Unionsrecht kollidiert dabei mit den verfassungsrechtlichen Wertungen des Art. 28 Abs. 2 (→ Rn. 103).[441] Für einfachgesetzliche Regelungen zur Konkretisierung der örtlichen Begrenzungen aus Art. 28 Abs. 2 ist umstritten, ob sie sich unter Verweis auf Art. 345 AEUV oder aus

---

[431] Vgl. Art. 87 Abs. 2 GO Bay, § 102 Abs. 7 GO BW, § 121 Abs. 5 GO Hess, § 136 Abs. 1 NdsKomVG, §§ 107 Abs. 3, 107a Abs. 2 GO NRW, § 85 Abs. 2 GO RhPf, § 108 Abs. 4 Saarl KSVG, § 128 Abs. 3, 4 KVG LSA, § 101 Abs. 2, 3 GO SchlH, § 71 Abs. 5 KO Thür.

[432] *Papier* DVBl. 2003, 686 (688); *Brosius-Gersdorf* AöR 130 (2005), 392 (412 ff.); *Heintzen* NVwZ 2000, 743 (744); *Jarass* DÖV 2002, 489 (499); *Krausnick* VerwArch 102 (2011), 359 (371 ff.); *Burgi* Kommunalrecht, 2019, § 17 Rn. 49 f.; *Mehde* in Maunz/Dürig Rn. 95; kritischer *Ehlers* DVBl. 1998, 497 (504).

[433] *Brosius-Gersdorf* AöR 130 (2005), 392 (438 ff.); vgl. auch *Jarass* DVBl. 2006, 1 (3); *Lange* DÖV 2007, 820 (821).

[434] *Dreier* in Dreier Rn. 127; *Burgi,* Kommunalrecht, 2019, § 17 Rn. 49.

[435] Dazu *Burmeister/Staebe* EuR 2004, 810 (812 ff.); *Scharpf* NVwZ 2005, 148 (152 f.); *Krausnick* VerwArch 102 (2011), 359 (361 ff.); *Wolff* DÖV 2011, 721 (726 ff.).

[436] *Burmeister/Staebe* EuR 2004, 810 (812 f.); *Krausnick* VerwArch 102 (2011), 359 (361 ff.).

[437] Zu einem unzulässigen „Gebietskartell" aus dem Örtlichkeitsprinzip des kommunalen Wirtschaftsrechts *Burmeister/Staebe* EuR 2004, 810 (814 ff.).

[438] *Forsthoff* in Grabitz/Hilf/Nettesheim Recht der EU, Art. 54 AEUV Rn. 12; vgl. *Müller-Graff* in Streinz EUV/AEUV, Art. 54 AEUV Rn. 5.

[439] *Burgi,* Neuer Ordnungsrahmen für die energiewirtschaftliche Betätigung der Kommunen, 2010, 38; *Ehlers* in Henneke, Öffentlicher Auftrag bei sich wandelnden Marktbedingungen, 2007, S 83 (102 f.).

[440] *Schröter* in v. der Groeben/Schwarze/Hatje Europäisches Unionsrecht, Vorb. Art. 101–105 AEUV Rn. 47; *Stockenhuber* in Grabitz/Hilf/Nettesheim Recht der EU, Art. 101 AEUV Rn. 68, der zugleich darauf hinweist, dass in einem solchen Fall rechtlich der Staat selbst Zurechnungssubjekt der Grundfreiheiten ist.

[441] *Dreier* in Dreier Art. 19 Abs. 3 Rn. 17.

zwingenden Gründen des Allgemeininteresses rechtfertigen lassen.[442] Art. 106 Abs. 1 AEUV greift nicht ein, weil sich die Regelung gerade gegen eine mögliche staatliche Bevorteilung öffentlicher Unternehmen wendet und damit nicht an Beschränkungen im Rahmen der staatlichen Verwaltungsorganisation iSd Art. 28 Abs. 2 anknüpft.[443]

105 **(c) Allgemeinpolitisches Mandat.** Die örtliche Radizierung der Selbstverwaltungsgarantie begrenzt alle Formen gemeindlicher Tätigkeit. Das bedeutet, dass die Tätigkeit einer lokalen Verwaltungseinheit wie der Gemeinde von allgemeinen politischen Aufgaben zu unterscheiden und abzugrenzen ist.[444] Art. 28 Abs. 2 gewährt deshalb **kein allgemeinpolitisches, sondern nur ein kommunalpolitisches Mandat.**[445] Gemeinden steht keine allgemeinpolitische Handlungsfreiheit zu.[446] Dies gilt aufgrund der staatlichen Zuständigkeitsordnung sowie dem Vorrang und Vorbehalt des Gesetzes in erster Linie für gemeindliche **Entscheidungskompetenzen.** Gemeindliche Entscheidungen dürfen nicht direkt bundes- oder landesrechtlichen Entscheidungen widersprechen, aber weitergehend auch nicht die Wertungen, Zwecke und Systematiken des zuständigen Gesetzgebers in Frage stellen, sofern dessen Gesetze abschließend sind.[447]

106 Neben dieser Entscheidungskompetenz wird auch die gemeindliche **Befassungskompetenz** beschränkt, dh die Kompetenz, sich mit Sachfragen abseits von Angelegenheiten der örtlichen Gemeinschaft zu befassen und sich zu ihnen mit appellativer oder symbolischer Wirkung öffentlich zu äußern.[448] Eine Befassungskompetenz besteht noch, wenn die Gemeinde in der Sache sogar klagebefugt wäre. Ansonsten kommt Gemeinden eine Befassungskompetenz zu, wenn eine Sachfrage über ein allgemeinpolitisches Mandat hinausgehend **spezifisch örtliche Bezüge** aufweist, so dass die Gemeinde ein besonderes Interesse besitzt, was sie gerade aus der Allgemeinheit heraushebt und als individuelle Gemeinde sachlich konkret besonders betrifft.[449] Hierfür ist es ausreichend, wenn das gemeindliche Interesse lediglich abstrakt und potenziell besteht, so dass auch ortsbezogene Vorratsbeschlüsse möglich sind.[450]

107 Bei der Ausübung ihres kommunalpolitischen Mandats sind **kommunale Amtsträger zu Sachlichkeit und Objektivität verpflichtet.**[451] Relevant wird dies zB im Umgang mit Versammlungen. Zwar dürfen sich Amtsträger

---

[442] *Kahl/Hilbert* in BK Art. 19 Abs. 3 Abs. 102 f. mwN; vgl. *Scharpf* NVwZ 2005, 148 (152 f.).

[443] *Scharpf* NVwZ 2005, 148 (152 f.).

[444] *Nierhaus/Engels* in Sachs Rn. 46.

[445] BVerfGE 8, 122 (134); 79, 127 (147); BVerwGE 87, 228 (231); BVerwG NVwZ 2006, 595 (596); *Mehde* in Maunz/Dürig Rn. 54; *Nierhaus/Engels* in Sachs Rn. 46; *Mann* in BK Rn. 179; *Schwarz* in MKS Rn. 172; *Röhl* in Schoch, Besonderes Verwaltungsrecht, Kap. 2 Rn. 40.

[446] *Mehde* in Maunz/Dürig Rn. 54.

[447] BVerfGE 98, 106 (122 ff.); BVerwGE 77, 308 (312); VGH Mannheim NVwZ 1993, 903 (905); OVG Münster NVwZ 1995, 718 (719 f.); *Mann* in BK Rn. 179; *Schwarz* in MKS Rn. 172; *Burgi*, Kommunalrecht, 2019, § 6 Rn. 17 f.

[448] Vgl. BVerfGE 110, 370 (400); BVerwGE 92, 56 (62 ff.); OVG Koblenz NVwZ-RR 2013, 853 (855); *Gröttrup* DÖV 1987, 714 (716).

[449] BVerfGE 8, 122 (134); BVerwGE 87, 228 (230); 87, 237 (239); *Mann* in BK Rn. 179; *Gern/Brüning*, Deutsches Kommunalrecht, 2019, Rn. 88; *Stober*, Kommunalrecht der Bundesrepublik Deutschland, 1996, 75. Zu Äußerungen zu Freihandelsabkommen *Faber* DVBl. 2016, 885 (891 f.).

[450] BVerfGE 87, 228 (233 ff.).

[451] VGH München BayVBl. 1996, 597 (597); OVG Münster NWVBl. 2004, 151 (152 f.); *Mann* in BK Rn. 179; *Schwarz* in MKS Rn. 171.

zu politischen Themen mit örtlichem Bezug öffentlich äußern.[452] Im Rahmen des politischen Diskurses, der zunehmend intensiver geführt wird, greifen auch sie aber häufiger zu meinungsstarken Äußerungen[453] und provozieren damit Konflikte mit dem Neutralitäts- und Sachlichkeitsgebot.[454] Dabei ist zu berücksichtigen, dass dem Amt eines kommunalen Wahlbeamten, insbesondere dem Bürgermeister als „Stadtoberhaupt", zwar vielfältige Befugnisse zu öffentlichen Äußerungen zustehen und dies unerlässlich für die Aufrechterhaltung des demokratischen Gemeinwesens ist.[455] Werturteile oder sonstige Handlungen sind jedoch im Lichte des Rechtsstaats- und Demokratieprinzips nur dann zulässig, wenn sie sachlich und rational sind, auf einem wahren Tatsachenkern beruhen und nicht lenkend oder steuernd auf den Meinungsbildungsprozess Einfluss nehmen.[456] Das Neutralitätsgebot als Ausdruck des Rechts auf Chancengleichheit der Parteien findet keine Anwendung bei Äußerungen in Bezug auf politische Gruppierungen, die nicht am politischen Wahl- oder Abstimmungswettbewerb teilnehmen.[457]

Mittlerweile rufen immer mehr Gemeinden einen **Klimanotstand** aus, auf 108
dessen Grundlage Maßnahmen zur schnelleren Erreichung von Klimaschutzzielen ergriffen werden sollen. Unmittelbare Rechtsfolgen mit Außenwirkung gehen mit dem Beschluss selbst regelmäßig nicht einher, weil dieser lediglich eine intensivere Berücksichtigung klimarelevanter Umstände bei zukünftigen Entscheidungen verlangt und im Übrigen symbolische Wirkung aufweist.[458] Die ortsspezifische Betroffenheit ergibt sich dabei, weil der Klimanotstand in selbstverpflichtender Art und Weise die eigenen zukünftigen Entscheidungen der Gemeinde betrifft.[459] Bei gemeindlichen Klimaschutzmaßnahmen reicht es für den örtlichen Bezug aus, wenn auch die Regelung eines kommunalen Belangs bezweckt ist.[460] Hierfür kann auch das „öffentliche Bedürfnis" als Rechtsgrund für einen kommunalen Anschluss- und Benutzungszwang in Betracht kommen.[461] Bei sonstigen **Maßnahmen zur Sicherstellung nachhaltigen Handelns,** insbesondere wenn diese zugleich Private verpflichten, wie zB die Verwendung der Kriterien „Ökologie" und „Umweltfreundlichkeit" bei der Vergabe von Plätzen auf kommunalen Märkten,[462] das Verbot von Grabmalen, die durch ausbeuterische Kinderarbeit hergestellt wurden, auf einem kommunalen Friedhof[463] oder der Zulassung von Zirkusveranstaltungen auf kommunalen Flächen, wenn dabei Wildtiere zum Einsatz kommen sol-

[452] BVerwGE 87, 228 (230 ff.); 159, 327 Rn. 16 ff.; *Barczak* NVwZ 2015, 1014 (1017).

[453] Vgl. *Putzer* DÖV 2015, 417; *Waldhoff* JuS 2018, 406 (408).

[454] *Putzer* DÖV 2015, 417 (425). Für einen darüber hinausgehenden Maßstab in Form eines „Zurückhaltungsgebots" *Ferreau* JZ 2018, 360 (361). Zur Neutralitätspflicht *Suslin* KommJur 2020, 5.

[455] BVerwGE 159, 327 Rn. 18.

[456] BVerwGE 159, 327 Rn. 27 f.; *Stuttmann* NVwZ 2018, 436 (437).

[457] BVerwGE 159, 327 Rn. 24 f.

[458] LT NRW-Drs. 17/6763, 2. Vgl. *Mertins* Der Landkreis 2017, 330.

[459] Vgl. BT-Drs. 19/15963, 4.

[460] Vgl. BVerwG ZUR 2006, 364 (365). Nach *Manten/Ebel* LKV 2009, 1 (5) reicht es aus, wenn eine Maßnahme, die auf die örtliche Lage abgestimmt ist, einen unverzichtbaren bzw. erheblichen Beitrag für einen insgesamt effektiven globalen Klimaschutz leistet.

[461] BVerwGE 125, 68 Rn. 15; BVerwG NVwZ 2017, 61 Rn. 15 ff.; NVwZ 2006, 595 Rn. 18; vgl. *Glaser* Die Verwaltung 41 (2008), 483 (491 ff.); *Böhm/Schwarz* DVBl. 2012, 540.

[462] VGH München NVwZ-RR 2019, 411 Rn. 35 f.; vgl. VG München WuW 2016, 546 (546 f.).

[463] BVerwGE 148, 133 Rn. 16 ff.

len,[464] kann die Allzuständigkeit der Gemeinden durch die Sperrwirkung von Landes- und Bundesrecht begrenzt werden (→ Rn. 105).[465]

109 **Publikationen** wie kommunale Amtsblätter können auch bei pressemäßiger, redaktioneller Aufbereitung noch von einem kommunalpolitischen Mandat abgedeckt sein, sofern ein Ortsbezugs der Adressaten und des Inhalts gegeben ist.[466] Eine Einschränkung solcher Tätigkeiten kann sich jedoch aus der Garantie des Instituts der freien Presse und dem Gebot der Staatsferne unter Berücksichtigung der Abgrenzung von amtlicher und nichtamtlicher Berichterstattung ergeben.[467]

110 **bb) System kommunaler Aufgaben.** Die Einordnung von Angelegenheiten der örtlichen Gemeinschaft und anderer Angelegenheiten bzw. Aufgaben in ein System kommunaler Aufgaben orientiert sich traditionell an **zwei unterschiedlichen Modellen.** Eine **dualistische Aufgabenstruktur,** die schon in § 2 Abs. 3 DGO 1935 einfachgesetzlich vorgesehen war, unterscheidet zwischen einem eigenen Wirkungskreis und einem fremden bzw. übertragenen Wirkungskreis.[468] Während der eigene Wirkungskreis gemeindliche Aufgaben abdeckt, umfasst der fremde Wirkungskreis staatliche Aufgaben, die den Gemeinden zwar zur Wahrnehmung gesetzlich übertragen werden, die aber weiterhin dem Staat zugeordnet werden und aufgrund ihres Charakters als staatliche Aufgaben mit besonderen Aufsichts- und Einflussrechten des Staates einhergehen.[469] Im Ursprung steht dahinter ein naturrechtliches Verständnis, das die Gemeinden auf einer Linie mit Familien und der Gesellschaft sieht und damit in einem Gegensatz zum Staat.[470] Auch wenn Art. 28 Abs. 2 S. 1 und Art. 85 mit ihrer Systematik auf diese Aufgabenstruktur hinweisen mögen, ist dieser Aufgabendualismus nicht verfassungsrechtlich vorgegeben, weil Art. 28 Abs. 2 S. 1 lediglich als Mindestgewährleistung verstanden und der eigene Wirkungskreis einer Gemeinde erweitert werden kann.[471] Das BVerfG und das BVerwG gehen für den Wirkungsbereich des Art. 28 Abs. 2 gleichwohl regelmäßig von einem dualistischen Modell aus.[472]

111 Im Unterschied dazu beruht die **monistische Aufgabenstruktur** auf einem einheitlichen Verständnis von Verwaltungsaufgaben auf kommunaler Ebene und trennt nicht zwischen staatlichen und gemeindeeigenen Auf-

[464] OVG Lüneburg NVwZ 2017, 728 Ls. 2; VG Ansbach BeckRS 2019, 2866 Rn. 27; München BeckRS 2014, 56385.

[465] Allgemein dazu *Aust,* Das Recht der globalen Stadt, 2017, 275 ff., 382 ff.; *Gottschalk* NVwZ 2019, 1728. Zu kommunalen Solarsatzungen *Kahl* EurUP 2010, 114 (119 ff.); zu baurechtlichen Maßnahmen des Klimaschutzes *Reidt* BauR 2010, 2025 (2030); *Battis/Kersten/Mitschang* ZG 2010, 246 (249 f.); *Longo* DÖV 2018, 107 (109 f.).

[466] *Papier/Schröder* DVBl. 2017, 1 (2); vgl. *Katz* DÖV 2019, 261 (263 f., 268 f.).

[467] BGH NJW 2019, 763 Rn. 30 ff.; kritisch dazu *Katz* DÖV 2019, 261 (268).

[468] Zu dem folgenden Komplex insgesamt *Gern/Brüning,* Deutsches Kommunalrecht, 2019, Rn. 265 ff.; *Lange,* Kommunalrecht, 2019, Kap. 11 Rn. 2 ff.; *Burgi,* Kommunalrecht, 2019, § 8 Rn. 4; *Röhl* in Schoch, Besonderes Verwaltungsrecht, 2018, Kap. 2 Rn. 68 ff.; *Mann* in BK Rn. 193 ff.

[469] Vgl. einfachgesetzlich Art. 7, 8 GO Bay, § 2 Abs. 1, 3 KVerf Bbg, §§ 2, 3 KV MV, §§ 5, 6 NdsKomVG, § 2 Abs. 2 GemO RhPf, § 6 Abs. 1 KVSG Saarl, §§ 5, 6 KVG LSA, §§ 2, 3 KO Thür.

[470] *Gern/Brüning,* Deutsches Kommunalrecht, 2019, Rn. 266.

[471] *Gern/Brüning,* Deutsches Kommunalrecht, 2019, Rn. 268; *Burgi,* Kommunalrecht, 2019, § 8 Rn. 4.

[472] BVerfGE 83, 363 (383); 91, 228 (241); 119, 331 (353); BVerwGE 6, 101 (102 f.); 19, 121 (123); 45, 207 (210 f.); 95, 333 (335 f.); BVerwG DVBl. 1970, 580 (581); NVwZ 1983, 610 (611); NVwZ 1995, 910 (910).

gaben, so dass die Gemeinde nicht nur Träger der örtlichen Aufgaben ist, sondern ihr auch die Erfüllung übertragener staatlicher Aufgaben als kommunale Angelegenheit in eigener Verantwortung obliegt.[473] Grundlage dessen ist der Weinheimer Entwurf von 1948[474], mit dem die demokratische Legitimation der Gemeinden als Träger öffentlicher Gewalt und ihre Einbindung in die staatliche Verwaltung gewürdigt und der Aufgabendualismus obsolet werden sollte.[475]

Das Recht zur Selbstverwaltung kommt Gemeinden (und Gemeindeverbänden) für die Angelegenheiten der örtlichen Gemeinschaft zu. Hierbei handelt es sich um Selbstverwaltungsaufgaben, wobei zwischen **freiwilligen und pflichtigen Selbstverwaltungsaufgaben** unterschieden werden kann. Diese Unterscheidung wirkt sich auf das Ausmaß der gemeindlichen Entschließungsfreiheit aus. Bei freiwilligen Selbstverwaltungsaufgaben kann die Gemeinde über das „Ob" und „Wie" entscheiden, während bei pflichtigen Selbstverwaltungsaufgaben[476] der Gesetzgeber das „Ob" vorbestimmt und die Gemeinde lediglich über das „Wie" entscheiden kann.[477] Bei beiden Varianten von Selbstverwaltungsaufgaben handelt es sich um den Idealtyp gemeindlicher Aufgaben, dh auf Grundlage einer dualistischen Aufgabenstruktur um Elemente des eigenen Wirkungskreises. **112**

Zusätzlich zu den Selbstverwaltungsaufgaben nehmen die Gemeinden auch weitere Aufgaben wahr, die von staatlicher Seite erheblich intensiver geprägt und beeinflusst werden. Im dualistischen Aufgabenmodell spricht man insofern von **Auftragsangelegenheiten,** die in den übertragenen Wirkungskreis fallen.[478] Es handelt sich nicht um eigene Aufgaben der Gemeinden, sondern um solche, die ihnen lediglich zur Wahrnehmung zugewiesen sind. Durch die Auferlegung dieser Auftragsangelegenheiten wird die kommunale Selbstverwaltungsgarantie zwar nicht unmittelbar berührt, jedoch kann auch eine verpflichtende Tätigkeit im übertragenen Wirkungskreis den Selbstverwaltungsbereich beeinträchtigen (→ Rn. 156). **113**

Im monistischen Aufgabenmodell treten an die Stelle dieser Auftragsangelegenheiten grundsätzlich die **Pflichtaufgaben zur Erfüllung nach Weisung** (bzw. Weisungsaufgaben).[479] Angesichts der Grundstruktur handelt es **114**

---

473 Vgl. einfachgesetzlich § 2 Abs. 1 GO BW, § 2 S. 1 HessGO, § 2 GO NRW, § 2 Abs. 1 SächsGO.

474 Dazu *Lange,* Kommunalrecht, 2019, Kap. 11 Rn. 10 ff.

475 *Gern/Brüning,* Deutsches Kommunalrecht, 2019, Rn. 266 f.; *Burgi,* Kommunalrecht, 2019, § 8 Rn. 4.

476 Auf Grundlage eines monistischen Modells findet sich auch die Bezeichnung „weisungsfreie Pflichtaufgaben" oder „Pflichtaufgaben ohne Weisung", *Gern/Brüning,* Deutsches Kommunalrecht, 2019, Rn. 270, 273.

477 *Mann* in BK Rn. 186 ff.; *Gern/Brüning,* Deutsches Kommunalrecht, 2019, Rn. 270 ff. Mitunter wird ergänzend auch noch das „Wann" betrachtet, das bei freiwilligen Selbstverwaltungsaufgaben von der Gemeinde bestimmt werden kann, bei pflichtigen Selbstverwaltungsaufgaben hingegen teilweise ebenfalls gesetzlich vorgegeben ist, *Henneke* in SHH Rn. 91.

478 *Mann* in BK Rn. 193; *Burgi,* Kommunalrecht, 2019, § 8 Rn. 16; *Röhl* in Schoch, Besonderes Verwaltungsrecht, 2018, Kap. 2 Rn. 70.

479 Neben den Pflichtaufgaben zur Erfüllung nach Weisung können je nach Landessituation weiterhin Auftragsangelegenheiten bestehen und zwar Auftragsangelegenheiten des Bundes. Bis zur Föderalismusreform I 2006 wurde die „Einrichtung der Behörden und die Regelung des Verwaltungsverfahrens", die dem Bundesgesetzgeber nach Art. 84 Abs. 1 aF zustand, von der hM weit ausgelegt, so dass auch solche Regelungen möglich waren, die die Zuständigkeit direkt an einen kommunalen Rechtsträger delegierten, → Art. 84 Rn. 35. Nunmehr hat der Gesetzgeber in Art. 84 Abs. 1 S. 7 zwar ein ausdrückliches Verbot der

sich ebenso wie bei den Selbstverwaltungsaufgaben um gemeindliche Aufgaben, bei denen allerdings die Aufsichts- und Einflussrechte erheblich ausgeprägter sind. Das Meinungsbild zur **rechtlichen Einordnung dieses Aufgabentyps** ist vielfach zersplittert. Zum Teil werden sie als Selbstverwaltungsangelegenheiten angesehen,[480] zum Teil lediglich als unechte[481] oder „abgeschwächte“[482] Selbstverwaltungsaufgaben. Wiederum andere ordnen sie als übertragene staatliche Aufgaben ein[483] und schließlich wird auch vertreten, diese Aufgaben seien auf einer Zwischenstufe zwischen Selbstverwaltungsangelegenheiten und übertragenen Angelegenheiten[484] oder als Aufgabe *sui generis*[485] einzuordnen. Bei der Annäherung an diese Frage kommt dem Blickwinkel eine bedeutende Rolle zu. Auf Grundlage einer monistischen Struktur, die sich aus einfachem Recht und möglicherweise sogar Verfassungsrecht des Landes ergibt, muss das Ziel einer einheitlichen Aufgabenkategorie unter umfassender Trägerschaft der Gemeinde berücksichtigt werden.[486] Pflichtaufgaben zur Erfüllung nach Weisung ließen sich aus dieser Warte zwar als Selbstverwaltungsaufgaben betrachten, doch wäre dann das Niveau der Selbstverwaltung, wie es sich bei einer grundgesetzlichen Betrachtung des Art. 28 Abs. 2 ergibt (und das idS nicht nur durch Sachmaterien, sondern auch Eigenverantwortlichkeit geprägt wird)[487], so weit zurückgefahren, dass es schwerfallen würde, von Selbstverwaltungsaufgaben zu sprechen, auch wenn das (einfache) Landesrecht von einer einheitlichen Aufgabenkategorie ausgeht.[488]

115 Im Umgang mit Auftragsangelegenheiten und Pflichtaufgaben zur Erfüllung nach Weisung sind **Unterschiede** zu beachten. So kann sich im monistischen Modell die Frage stellen, ob die Wahrnehmung der Aufgaben, die umfänglich als Aufgaben der Gemeinde gelten, auf einer hinreichenden demokratischen Legitimation fußt, wenn dies überörtliche Auswirkungen zeitigt.[489] Bei einer monistischen Aufgabenstruktur bedarf es keines speziellen Übertragungsaktes, weil die Entscheidung für die Zuordnung zur Gemeinde bereits der monistischen Struktur innewohnt.[490] In dieser Konstellation muss auch jede Form von staatlichen Weisungsbefugnissen auf einer gesetzlichen Grundlage beruhen,

---

Aufgabenübertragung an Gemeinden und Gemeindeverbände festgeschrieben, vgl. dazu BVerfGE 119, 331 (359). Bestehende Aufgabenzuweisung des Bundesgesetzgebers werden von der Übergangsvorschrift des Art. 125a Abs. 1 erfasst. Außerdem sehen manche Landesgesetze neben den Pflichtaufgaben zur Weisung weiterhin die Aufgabenkategorie der Auftragsangelegenheiten vor, vgl. zB § 4 Abs. 2, 3 HessGO. Insgesamt hierzu *Lange,* Kommunalrecht, 2019, Kap. 11 Rn. 64 ff. Vgl. auch *Henkel,* Die Kommunalisierung von Staatsaufgaben, 2010.

[480] VerfGH NRW DVBl. 1985, 685 (687); OVG Münster NWVBl. 1995, 300 (301); *Henneke* in SHH Rn. 88; *Rietdorf* DÖV 1957, 7 (10); *Jesch* DÖV 1960, 739 (741); *Ehlers* NWVBl. 1990, 44 (48); *Riotte/Waldecker* NWVBl. 1995, 401 (401 ff.); *Vietmeier* DVBl. 1992, 413 (420).

[481] *Maurer/Waldhoff,* Allgemeines Verwaltungsrecht, 2017, § 23 Rn. 21.

[482] VerfG Bbg NVwZ-RR 1997, 352 (353); *Nierhaus/Engels* in Sachs Rn. 52.

[483] BVerfGE 6, 104 (116); VGH Kassel ESVGH 41, 100 (104 f.); *Geis,* Kommunalrecht, 2020, § 7 Rn. 13; *Scheerbarth* DVBl. 1953, 261 (262 f.); *Schweer* DVBl. 1956, 703 (706 ff.); *Brohm* DÖV 1986, 397 (398); *Schmitt-Kammler* FS f. Stern, 1997, 763 (763 ff.).

[484] OVG Münster OVGE 13, 356 (359).

[485] *Schmidt,* Kommunalrecht, 2014, § 7 Rn. 236.

[486] Vgl. *Lange,* Kommunalrecht, 2019, Kap. 11 Rn. 48.

[487] Dies betonend *Maurer/Waldhoff,* Allgemeines Verwaltungsrecht, 2017, § 23 Rn. 21.

[488] Vgl. *Burgi,* Kommunalrecht, 2019, § 8 Rn. 24.

[489] *Gern/Brüning,* Deutsches Kommunalrecht, 2019, Rn. 268.

[490] *Lange,* Kommunalrecht, 2019, Kap. 11 Rn. 4.

während diese dem dualistischem Modell immanent sind.[491] Dies kann praktisch zu unterschiedlichen Intensitäten an staatlichem Einfluss führen.[492]

cc) Exemplarische Einzelfälle. Um Angelegenheiten der örtlichen Gemeinschaft (einschließlich Tätigkeiten aus dem Bereich wirtschaftlicher Betätigung), die freiwillig wahrgenommen werden können, handelt es sich etwa beim Betreiben kultureller Einrichtungen wie Büchereien, Museen, Theatern oder Volkshochschulen,[493] bei der Energie- und Wasserversorgung (→ Rn. 128),[494] der Abfallentsorgung,[495] bei der Trägerschaft für Breitbandnetze und andere Telekommunikationsdienstleistungen,[496] beim Betreiben sozialer Einrichtungen wie Jugendhaus, Altenheim, Kinderbetreuung oder Sozialstation[497] (nicht aber der Grundsicherung für Arbeitssuchende)[498], der Förderung einer flächendeckenden ärztlichen Versorgung,[499] der Schaffung und Erhaltung örtlicher Verkehrseinrichtungen wie Buslinien, Straßenbahnen, Häfen oder Flughäfen[500] (nicht aber Straßenverkehrsregelungen)[501], bei der kommunalen Wirtschafts- und Umweltförderung[502] oder beim Schaffen öffentlicher Einrichtungen wie öffentlicher Toiletten[503] oder eines öffentlich zugänglichen WLAN-Netzes[504]. Um pflichtige Selbstverwaltungsaufgaben handelt es sich, je nach Landesrecht, typischerweise bei der Schulträgerschaft für öffentliche Schulen, der kommunalen Bauleitplanung, dem Brandschutz, dem Friedhofswesen und der Totenbestattung, der Unterbringung von Obdachlosen,[505] der Straßenreinigung oder der Aufnahme und Unterbringung von Asylbewerbern.[506] 116

c) Eigenverantwortlichkeit – „in eigener Verantwortung zu regeln". Die Angelegenheiten der örtlichen Gemeinschaft dürfen Gemeinden in eigener Verantwortung regeln. Die Selbstverwaltungsgarantie gewährleistet damit auch eine bestimmte Art und Weise der Aufgabenwahrnehmung, die sich vor allem über das Verhältnis zu anderen Trägern hoheitlicher Gewalt definiert.[507] Dieses ist – ebenso wie die Aufgabenverteilung in inhaltlicher Hinsicht – geprägt von einem prinzipiellen **Primat der gemeindlichen,** 117

---

[491] *Lange,* Kommunalrecht, 2019, Kap. 11 Rn. 45; *Burgi,* Kommunalrecht, 2019, § 8 Rn. 21.
[492] *Burgi,* Kommunalrecht, 2019, § 8 Rn. 21.
[493] Umfangreich *Scheytt,* Kommunales Kulturrecht, 2005, 183 ff.
[494] BVerfGE 38, 258 (270 f.); 45, 63 (78); 58, 45 (62); BVerfG NJW 1990, 1783 (1783); BVerwGE 98, 273 (275 f.); 122, 157 (162 f.); 122, 350 (354); vgl. *Dreier* in Dreier Rn. 137 ff.; *Schmidt* LKV 2008, 193.
[495] BVerfGE 110, 370 (401); vgl. *Dreier* in Dreier Rn. 140.
[496] BVerfG NVwZ 1999, 520 (521); *Ritgen* NdsVBl. 2011, 97 (101 f.); *Lück/Dombert* KommJur 2019, 201.
[497] BVerfGE 147, 185 Rn. 90; *Gern/Brüning,* Deutsches Kommunalrecht, 2019, Rn. 272.
[498] BVerfGE 137, 108 Rn. 165.
[499] VGH Kassel ESVGH 38, 250 (252).
[500] *Hellermann* in BeckOK GG Rn. 41.3; *Gern/Brüning,* Deutsches Kommunalrecht, 2019, Rn. 272.
[501] BVerwGE 95, 333 (335).
[502] BVerwGE 84, 236 (239 f.).
[503] VG Gelsenkirchen BeckRS 2017, 148528 Rn. 6.
[504] *Haack* VerwArch 99 (2008), 197, (202 f.); vgl. *Bullinger* FS f. Zacher, 1998, 85 (92 f.).
[505] VGH Mannheim DVBl. 1996, 569 (569 f.).
[506] Insgesamt anschaulich zu diesem Aufgabenbereich *Gern/Brüning,* Deutsches Kommunalrecht, 2019, Rn. 274; *Mann* in BK Rn. 192 jeweils mwN.
[507] *Mann* in BK Rn. 184.

dezentralen Gestaltung der Verwaltungstätigkeit gegenüber zentraler, staatlich bestimmter Durchführungsmodalitäten.[508]

118 **aa) Weisungsfreiheit.** Eigenverantwortlichkeit setzt „Weisungsfreiheit gegenüber staatlichen Institutionen, [eigene] organisatorische Ausgestaltungsmöglichkeiten und freie Alternativenwahl im Rahmen der Rechtsordnung, also Aufgabenerfüllung `ohne Weisung und Vormundschaft des Staates´„ voraus.[509] Dies ist prägend für das Verständnis kommunaler Selbstverwaltung. Die Gemeinde kann, wenngleich abhängig vom spezifischen Aufgabentyp (→ Rn. 110 ff.), grundsätzlich nach **eigenem Ermessen** über das Ob, Wann und Wie, auch im Verhältnis zu anderen Aufgaben, befinden.[510] In der Rspr. des BVerfG werden zur Konkretisierung insbesondere die Art und Weise der Aufgabenerledigung, die innere Struktur der Gemeindeverwaltung, die Aufstellung des Gemeindehaushalts und Personalfragen betont (→ Rn. 126).[511] Die Formulierung „zu regeln" ist dabei nicht als Beschränkung auf kommunale Normsetzungsbefugnisse zu verstehen, vielmehr können Gemeinden im Gewährleistungsbereich des Art. 28 Abs. 2 unter Berücksichtigung allgemeiner Schranken umfassend Handlungs- und Rechtsformen sowohl öffentlich-rechtlicher wie privatrechtlicher Herkunft verwenden.[512]

119 Die Weisungsfreiheit suspendiert nicht die **allgemeine Gesetzesbindung,** wie es auch Art. 28 Abs. 2 S. 1 deutlich macht.[513] Um dies sicherzustellen, unterliegen Gemeinden (und Gemeindeverbände) einfachgesetzlich der **Kommunalaufsicht.**[514] Hierbei handelt es sich um ein verfassungsrechtlich notwendiges Korrelat der Weisungsfreiheit.[515] Die Kommunalaufsicht dient der Kontrolle der Rechtmäßigkeit und dem Schutz der Kommunen,[516] bewirkt aber auch eine homogene Wirksamkeit der verwaltenden Institutionen.[517] Angesichts dieser Ziele, der Ausrichtung an Gemeinwohlzwecken und der besonderen Effektivität der Kommunalaufsicht, die sich vor allem durch die Vielfalt der möglichen Maßnahmen ergibt,[518] lässt sie sich nicht

---

[508] *Schwarz* in MKS Rn. 178; vgl. BVerfGE 83, 363 (383).

[509] *Dreier* in Dreier Rn. 105 mit Verweis auf *Becker* in Bettermann, Die Grundrechte IV/2, 718; ebenso *Hellermann* in BeckOK GG Rn. 42; *Nierhaus/Engels* in Sachs Rn. 52; vgl. *Pieroth* in Jarass/Pieroth Rn. 32.

[510] *Schwarz* in MKS Rn. 178; *Nierhaus/Engels* in Sachs Rn. 52; *Pieroth* in Jarass/Pieroth Rn. 32.

[511] BVerfGE 83, 363 (382); 91, 228 (245); 107, 1 (14); 119, 331 (362); 137, 108 Rn. 116 f.; 147, 185 Rn. 74.

[512] *Dreier* in Dreier Rn. 108; *Mann* in BK Rn. 196.

[513] *Dreier* in Dreier Rn. 107.

[514] Zu einer parallelen Polizeipflichtigkeit gegenüber Ordnungsbehörden *Schoch* Jura 2005, 324 (328).

[515] BVerfGE 6, 104 (118); 78, 331 (341); BVerwGE 138, 89 Rn. 22; VGH Mannheim NJW 1990, 136 (138); *Kahl,* Die Staatsaufsicht, 2000, 499; *Mehde* in Maunz/Dürig Rn. 108; *Dreier* in Dreier Rn. 107; *Hellermann* in BeckOK GG Rn. 42.2; *Maurer/Waldhoff,* Allgemeines Verwaltungsrecht, 2017, § 23 Rn. 23 ff.; *Gern/Brüning,* Deutsches Kommunalrecht, 2019, Rn. 302; *Oebbecke* DÖV 2001, 406 (407 f.); *Brüning* DÖV 2010, 553 (554); *Mayen* DÖV 2004, 45 (55); *Oebbecke,* Weisungs- und unterrichtungsfreie Räume in der Verwaltung, 1986, 157 ff. mwN; umfangreich *Lübking/Vogelsang,* Die Kommunalaufsicht, 1998.

[516] *Lange,* Kommunalrecht, 2019, Kap. 17 Rn. 2 ff.; vgl. exemplarisch § 11 GO NRW.

[517] *Krebs* in HdbStR V § 108 Rn. 46; *Schröder* JuS 1986, 371 (372); vgl. BVerfGE 78, 331 (341).

[518] Zum Opportunitätsprinzip und der Berücksichtigung des Gebots gemeindefreundlichen Verhaltens in diesem Kontext *Franz* JuS 2004, 937 (938); *Schoch* Jura 2006, 188 (195).

durch eine Erweiterung individualrechtlicher Rechtsschutzmöglichkeiten gleichwertig ersetzen.[519]

120 Die Aufsicht über Gemeinden ist im Selbstverwaltungsbereich auf eine **Rechtsaufsicht** beschränkt,[520] dh ausgerichtet auf die Rechtmäßigkeit des Verwaltungshandelns, nicht aber dessen Zweckmäßigkeit, wie es bei der **Fachaufsicht** und damit üblicherweise im Rahmen von Pflichtaufgaben zur Erfüllung nach Weisung der Fall ist.[521] Als Eingriffe in die Selbstverwaltungsgarantie können Maßnahmen der Kommunalaufsicht – anders als grundsätzlich Maßnahmen im Rahmen der Fachaufsicht[522] – durch die Gemeinden gerichtlich überprüft werden.[523] Subjektive Rechte der Bürger auf Einschreiten lassen sich mit den Zwecken der Kommunalaufsicht jedoch nicht vereinbaren.[524] Da die Kommunalaufsicht gerade dem Schutz der Gemeinde dient, geht die Rspr. davon aus, dass die Wahrnehmung aufsichtsrechtlicher Mittel einen Drittbezug aufweisen und amtshaftungsrechtliche Ansprüche der Kommune gegen die Aufsichtsbehörde begründen kann.[525] Es ist aber nicht von der Hand zu weisen, dass dies der Realisierung einer verfassungsrechtlich vorgesehenen Eigenverantwortlichkeit entgegenstehen und auch praktische Konsequenzen entwickeln kann, die sich zu Lasten der Gemeinden entwickeln, weil etwa Aufsichtsbehörden Genehmigungen zurückhaltender ausüben, um sich keinen Schadensersatzansprüchen auszusetzen.[526]

121 Im Hinblick auf den **inhaltlichen Maßstab** wird zu Recht betont, dass sich die Kommunalaufsicht nicht zu einer „Einmischungsaufsicht" entwickeln oder Strukturen einer Fachaufsicht ausprägen darf.[527] Da die Rechtsaufsicht auch ohne Erreichen solcher Schwellen einen Übergriff in den Bereich gemeindlicher Selbstverwaltung darstellt, bedarf es einer gesetzlichen Grundlage im Landesrecht.[528] Dabei wird die Aufsichtsbefugnis nicht durch die Gesetzgebungskompetenz des Landes begrenzt, weil die Gemeinde auch bundesrechtlichen Verpflichtungen unterliegt.[529] Als Ausdruck des Verhält-

---

[519] *Franzius* Jura 2009, 677 (684); aA *Franz* JuS 2004, 937 (937); vgl. *Knemeyer* JuS 2000, 521 (525). Die Kommunalaufsicht ist auch nicht subsidiär gegenüber individuellem Rechtsschutz der Bürger bei rechtswidrigem kommunalem Handeln, *Brüning* DÖV 2010, 553 (554).

[520] BVerfGE 6, 104 (118); 78, 331 (341); *Stern* in HdbKWP I, 204 (215).

[521] *Schoch* Jura 2006, 188 (189 f.); *Maurer/Waldhoff,* Allgemeines Verwaltungsrecht, 2017, § 23 Rn. 29; umfangreich *Mann* in BK Rn. 185 ff.

[522] BVerwG NVwZ 1983, 610 (611); NVwZ 1995, 910 (910); vgl. aber zu möglichen Ausnahmen *Schmidt-Jortzig* JuS 1979, 488 (491); *Röhl* in Schoch, Besonderes Verwaltungsrecht, 2018, Kap. 2 Rn. 78; *Lange,* Kommunalrecht, 2019, Kap. 11 Rn. 56 ff.; *Franz* JuS 2004, 937 (942).

[523] *v. Komorowski* VerwArch 93 (2002), 62 (78); *Schoch* Jura 2006, 188 (196); *Dreier* in Dreier Rn. 107.

[524] *Gern/Brüning,* Deutsches Kommunalrecht, 2019, Rn. 329; vgl. *Schoch* Jura 2006, 188 (189); zur fehlenden Befugnis der Kommunalaufsicht, die Eingehung und Durchführung von Privatrechtsgeschäften zugunsten privater Interessen zum Gegenstand ihres Handelns zu machen, *Brüning* DÖV 2010, 553 (554).

[525] BGH 153, 198 (201 ff.); vgl. BGHZ 170, 356 Rn. 22.

[526] Kritisch auch *v. Mutius/Groth* NJW 2003, 1278 (1282); *Meyer* NVwZ 2003, 818 (819); *Teichmann* JZ 2003, 960 (961); *Mehde* in Maunz/Dürig Rn. 110.

[527] BVerfGE 78, 331 (341); BVerfG NVwZ 1989, 45 (45); BVerwGE 152, 188 Rn. 34 [197]; VerfGH NRW NVwZ-RR 1997, 249 (249 f.); *Weber* BayVBl. 1998, 327 (332); *Mehde* in Maunz/Dürig Rn. 108. Zur spiegelbildlichen Gefahr eines „Rückzug[s] aus der aufsichtlichen Zuständigkeit" und der Entwicklung „zu einer zwar noch kontrollierenden, aber mehr kooperierenden, fachlich beratenden Hilfsfunktion" *Brüning* DÖV 2010, 553 (559).

[528] *Mehde* in Maunz/Dürig Rn. 108.

[529] *Spiecker gen. Döhmann* NVwZ 2005, 1276 (1277).

nismäßigkeitsgrundsatzes (→ Rn. 167) steht vor dem aufsichtsrechtlichen Einschreiten eine Beratung der Kommunen, um dem Schutzzweck gerecht zu werden.[530] Maßnahmen der Kommunalaufsicht stehen im Ermessen und bei dessen Ausübung sind das Gewicht und die Auswirkungen des rechtswidrigen Handelns zu berücksichtigen.[531]

122 Davon zu unterscheiden ist die sog **Kondominialverwaltung,** bei der nicht von einer staatlichen Aufsicht, sondern geteilter Entscheidungsverantwortung und staatlicher Mitgestaltung gesprochen werden kann, so dass im Ergebnis örtliche und überörtliche Aspekte berücksichtigt werden.[532] Wegen des damit verbundenen Eingriffs in die Selbstverwaltung ist eine ausdrückliche gesetzliche Ermächtigung notwendig.[533] Darüber hinaus muss auch bezweifelt werden, ob solche Bereiche einer Kondominialverwaltung, die einer staatlichen Behörde ein eigenes Ermessen einräumen, überhaupt noch mit den Strukturen einer kommunalen Selbstverwaltung vereinbar sind.[534]

123 **bb) Gemeindehoheiten.** Als Ausprägung der Eigenverantwortlichkeit kommen der Gemeinde verschiedene Hoheiten zu, die bestimmte **Modalitäten der Aufgabenerledigung** gewährleisten.[535] Diese Gemeindehoheiten zielen auf die institutionellen Voraussetzungen für ein eigenverantwortliches Wirken ab.[536] Das BVerfG erkennt dabei an, dass Gemeindehoheiten unabhängig vom Anknüpfen an eine Selbstverwaltungsaufgabe der eigentlichen Aufgabenwahrnehmung vorgelagert sein und die gesamte Verwaltungstätigkeit der Gemeinde betreffen können, was insbesondere die Bereiche Organisation, Finanzen und Personal betrifft.[537]

124 **(1) Gebietshoheit.** Aus der Eigenschaft als Gebietskörperschaft folgt die Gebietshoheit. Sie erlaubt Gemeinden, **innerhalb der Gemeindegrenzen**

---

[530] *Hassel* DVBl. 1985, 697 (702); *Mehde* in Maunz/Dürig Rn. 108. Für die Zulässigkeit nicht nur repressiver, sondern auch präventiver Maßnahmen im Wege der Rechtsaufsicht, *Franz* JuS 2004, 937 (938); aA *Brüning* DÖV 2010, 553 (554). Zur Durchsetzung von Unionsrecht durch Kommunalaufsichtsbehörden, *Lohse* NVwZ 2016, 102.

[531] *Brüning* DÖV 2010, 553 (554).

[532] *Lange,* Kommunalrecht, 2019, Kap. 1 Rn. 168 ff.; *Röhl* in Schoch, Besonderes Verwaltungsrecht, 2018, Kap. 2 Rn. 83; *Franz* JuS 2004, 937 (939).

[533] *Günther* in HdbKWP VI, 366 (380); *Lange,* Kommunalrecht, 2019, Kap. 1 Rn. 170; *Röhl* in Schoch, Besonderes Verwaltungsrecht, 2018, Kap. 2 Rn. 83.

[534] *Schrapper,* Kommunale Selbstverwaltungsgarantie und staatliches Genehmigungsrecht, 1992, 120 ff., 145; *Schoch,* Die aufsichtsbehördliche Genehmigung der Kreisumlage, 1995, 70 ff.; *Kluth* in Wolff/Bachof/Stober, Verwaltungsrecht Bd. 3, 2004, § 94 Rn. 139; *Kahl,* Die Staatsaufsicht, 2000, 557 ff. mwN. Zum Streitstand allgemein *Humpert,* Genehmigungsvorbehalte im Kommunalverfassungsrecht, 1990, 65 ff. Von manchen wurde zur Begründung einer Kondominialverwaltung auf sachstrukturelle Gründe abgestellt, weil etwa Entscheidungswirkungen über einen örtlichen Bereich hinausgehen, so dass eine alleinige Legitimationswirkung der örtlichen Eigenverantwortlichkeit in Frage gestellt wäre, *Löwer* in v. Münch/Kunig, 6. Aufl. 2012, Rn. 71; vgl. OVG Münster DÖV 1990, 616 (617 f.); vgl. auch zum Selbstverwaltungsrecht der Hochschule BVerwG NVwZ-RR 1990, 79 (80); in diese Richtung auch *Hill* Gutachten 58. DJT I, 1990, 34 ff.; *Stober,* Kommunalrecht in der Bundesrepublik Deutschland, 1996, 160 f.

[535] *Mann* in BK Rn. 196; *Mehde* in Maunz/Dürig Rn. 57; *Nierhaus/Engels* in Sachs Rn. 53; *Lange,* Kommunalrecht, 2019, Kap. 1 Rn. 55; *Pieroth* in Jarass/Pieroth Rn. 25 ff. ordnet die Gemeindehoheiten den „Angelegenheiten der örtlichen Gemeinschaft" zu.

[536] *Knemeyer* FG f. v. Unruh, 1983, 209 (223).

[537] BVerfGE 83, 363 (382); 107, 1 (14); 119, 331 (362); BVerfG NVwZ 1999, 520 (521); *Dreier* in Dreier Rn. 106; *Knemeyer/Wehr* VerwArch 92 (2001), 317 (336 f.); *Burgi* Die Verwaltung 42 (2009), 155 (172).

staatliche Befugnisse auszuüben und steht so für das Territorialprinzip.[538] Die Gebietshoheit gibt damit den Umfang der örtlichen Zuständigkeit vor und begrenzt gleichzeitig die Reichweite der Selbstverwaltung (→ Rn. 103).[539] Die Gebietshoheit erstreckt sich auf Personen, die sich im Gemeindegebiet aufhalten, dort ein (stehendes) Gewerbe betreiben oder Eigentümer eines im Gemeindegebiet belegenen Grundstücks sind sowie Sachen, die sich im Gemeindegebiet befinden.[540] Ob die betroffenen Personen zugleich Einwohner der Gemeinde sind, ist unerheblich.[541] Da nur die Institution „Gemeinde" garantiert ist, nicht aber deren konkreter Bestand, sind Änderungen des Gemeindegebietes durch den Gesetzgeber möglich, allerdings nur unter bestimmten Voraussetzungen, deren Beachtung auch von betroffenen Gemeinden gerichtlich geltend gemacht werden kann, wie unter anderem überwiegende Gründe des öffentlichen Wohls oder eine Anhörung (→ Rn. 83).

(2) Organisationshoheit. Eine wesentliche Voraussetzung für die Befugnis, die gemeindlichen Geschäfte und die Modalitäten der Aufgabenwahrnehmung eigenverantwortlich zu führen, ist die Organisationshoheit. Diese erlaubt Gemeinden, „das Zusammenwirken ihrer Beschluss- und Vollzugsorgane sowie gemeindeinterner räumlicher Untergliederungen, gemeindeeigener Einrichtungen und Betriebe zu regeln".[542] Dabei ist diese Befugnis nicht auf die Organisationsstrukturen im Zusammenhang mit der Wahrnehmung von Selbstverwaltungsaufgaben begrenzt, sondern besteht auch im übertragenen Wirkungskreis.[543] Zugleich ist die Ausübung der Organisationshoheit aber von vornherein und traditionell in erheblichem Maße rechtlich ausgestaltet und deshalb vorgezeichnet, weil die **äußere Gemeindestruktur,** wie sie sich maßgeblich durch die kommunalverfassungsrechtlichen Landesregelungen zu den Gemeindeorganen wie Gemeinderat oder Bürgermeister und die Abgrenzung ihrer Kompetenzen zueinander ergibt,[544] nicht erfasst ist.[545] Der Grundsatz der Allzuständigkeit gilt insofern nicht.[546] Die Organisationshoheit beschränkt sich deshalb auf die **innere Gemeindestruktur.**[547] 125

---

[538] BVerfGE 52, 95 (118); *Nierhaus/Engels* in Sachs Rn. 53; *Mehde* in Maunz/Dürig Rn. 58; *Henneke* in SHH Rn. 101; *Hellermann* in BeckOK GG Rn. 40.1; *Schuppert* FG f. v. Unruh, 1983, 183 (204).

[539] *Waechter,* Kommunalrecht, 1997, Rn. 90; *Hellermann* in BeckOK GG Rn. 41.6.

[540] BVerfGE 52, 95 (117 f.); *Stober,* Kommunalrecht n der Bundesrepublik Deutschland, 1996, 76; *Reich* DÖV 2020, 437 (438 f.).

[541] *Mann* in BK Rn. 199.

[542] *Dreier* in Dreier Rn. 123; *Hellermann* in BeckOK GG Rn. 40.2; umfassend *Schmidt-Jortzig,* Kommunale Organisationshoheit, 1979, 26 ff., 161 ff., 219 ff., 285 ff.; *Schliesky* Die Verwaltung 38 (2005), 339 (340 ff.); dazu auch BVerfGE 8, 256 (258); 83, 363 (382); 91, 228 (245); 107, 1 (14); 119, 331 (362); BVerfG LKV 2015, 23 (24); *Henneke* in SHH Rn. 103; *Mann* in BK Rn. 216; *Pieroth* in Jarass/Pieroth Rn. 25.

[543] BVerfGE 83, 363 (382); 91, 228 (236, 241); 137, 108 Rn. 118; *Mehde* in Maunz/Dürig Rn. 69; *Dreier* in Dreier Rn. 123; *Hellermann* in BeckOK GG Rn. 40.2; *Schmidt-Jortzig,* Kommunale Organisationshoheit, 1979, 187 ff.; *Schmidt-Jortzig,* Kommunalrecht, 1982, Rn. 554; aA *Vietmeier,* Die staatlichen Aufgaben der Kommunen und ihrer Organe, 1992, 246 f.

[544] Vgl. *Schliesky/Schulz/Tischer* NordÖR 2015, 461.

[545] BVerfGE 91, 228 (238 ff.); 107, 1 (13); VerfG Bbg LKV 2011, 411 (412); *Mann* in BK Rn. 216; *Dreier* in Dreier Rn. 124; *Mehde* in Maunz/Dürig Rn. 67; *Nierhaus/Engels* in Sachs Rn. 54; zur Unterscheidung zwischen innerer und äußerer Kommunalverfassung *Waechter* AöR 135 (2010), 327 (348 ff.).

[546] BVerfGE 91, 228 (240).

[547] *Mehde* in Maunz/Dürig Rn. 65.

126 Die Organisationshoheit gewährleistet, dass den Gemeinden ein **hinreichend bedeutsamer organisatorischer Spielraum** verbleibt.[548] Dies setzt voraus, dass Behörden, Einrichtungen und Dienststellen einschließlich ihrer sachlichen und personellen Ausstattung, Kompetenzen und inneren Ordnungen ebenso wie Verfahren und Entscheidungsabläufe eigenverantwortlich gestaltet werden können,[549] etwa durch Hauptsatzung, Verwaltungsvorschriften, Geschäftsverteilungspläne, oder Einzelweisungen. Die Gemeindeorgane müssen strukturell in der Lage sein, eigenständig und selbstverantwortlich handeln zu können.[550] Dies gilt auch gegenüber den Bürgern, zB im Verhältnis zu etwaigen Sperrwirkungen von Bürgerentscheiden,[551] und kann etwa auch Audioaufnahmen während den Gemeinderatssitzungen entgegenstehen.[552] Der Organisationshoheit unterfällt auch die Einrichtung und Ausgestaltung freiwilliger Ausschüsse,[553] die Bestellung kommunaler Gleichstellungsbeauftragten,[554] die Entscheidung über eine sparkassenwirtschaftliche Betätigung,[555] die Einführung von Qualitätsmanagementsystemen[556] oder der Erwerb der Eigenschaft als gesetzlich anerkannter Erholungsort.[557]

127 Die Organisationshoheit erlaubt den Gemeinden insbesondere für ihre Aufgabenwahrnehmung zwischen **verschiedenen Organisationsformen** (selbständiger oder unselbständiger Ausgestaltung) zu wählen.[558] Dies schließt auch privatrechtliche Rechtsformen ein.[559] Hingegen erlaubt es die Organisationshoheit nicht, die Ausübung öffentlicher Gewalt ohne gesetzliche Grundlage auf Private zu übertragen.[560]

128 Bestrebungen zur **Rekommunalisierung,**[561] die sich in den letzten Jahren verstärkt bei der Neuvergabe auslaufender Konzessionsverträge im Bereich

---

548 *Nierhaus/Engels* in Sachs Rn. 54.

549 *Henneke* in SHH Rn. 103; *Mann* in BK Rn. 216; *Hellermann* in BeckOK GG Rn. 40.2.

550 *Mehde* in Maunz/Dürig Rn. 68; *Nierhaus/Engels* in Sachs Rn. 54.

551 BayVerfGH NVwZ-RR 2000, 238 (239); *Mehde* in Maunz/Dürig Rn. 68.

552 BVerwGE 85, 283 (287 f.).

553 OVG Berlin-Brandenburg, Beschl. v. 23.3.2006 – OVG 7 N 111.05 – juris, Rn. 5.

554 BVerfGE 91, 228 (244); NdsStGH NdsVBl. 1996, 87 (88); *Mann* in BK Rn. 208; *Dreier* in Dreier Rn. 124; *Böhm* NVwZ 1999, 721 (723); *Mayer* NVwZ 1995, 663 (664); *Niebaum* DÖV 1996, 900 (904); *Berlit* DVBl. 1995, 293 (294 ff.).

555 BVerfG NVwZ 1995, 370 (371); *Dreier* in Dreier Rn. 141; *Oebbecke* LKV 2006, 145 (147 f.); vgl. BVerfGE 75, 192 (197 ff.). Für eine eigenständige „Sparkassenhoheit", *Hoppe* DVBl. 1982, 45 (51); *Nierhaus/Stern,* Regionalprinzip und Sparkassenhoheit im europäischen Bankenbinnenmarkt, 1992, 219 ff.; *Nierhaus/Engels* in Sachs Rn. 53.

556 Vgl. *Schwind* NdsVBl. 2009, 277 (279).

557 BVerwGE 147, 184 Rn. 61.

558 BVerfGE 137, 108 Rn. 117.

559 BVerfGE 137, 108 Rn. 117 ff., 125; *Krebs* in HdbStR V § 108 Rn. 7; *Mann* in BK Rn. 219; *Dreier* in Dreier Rn. 125; *Stober,* Kommunalrecht in der Bundesrepublik Deutschland, 1996, 15, 343 ff.; *Mann,* Die öffentlich-rechtliche Gesellschaft, 2002, 42 ff.; *Burgi* in Ruffert Recht und Organisation, 55 (68); *Pitschas/Schoppa* DÖV 2009, 469 (469); *Graf Vitzthum* AöR 104 (1979), 580 (581); aA *Ehlers* DVBl. 1997, 137 (141); vgl. auch *Koch,* Der rechtliche Status kommunaler Unternehmen in Privatrechtsform, 1994, 24 ff., 92 f. Zu vielfältigen Folgeanforderungen und Modifikationen der Rechtmäßigkeitsvoraussetzungen *Mann* in BK Rn. 219; zu einem Anschluss- und Benutzungszwang zugunsten eines privaten Unternehmens BVerwGE 123, 159 (161 ff.). Zur Privatisierung des Forderungsmanagements *Gern* DÖV 2009, 269.

560 BVerwGE 140, 245 Rn. 14. Im Bereich der Leistungserbringung ist es jedoch Ausdruck der Organisationshoheit, zwischen Modellen der Eigenleitung und Leistungsgewährleistung zu entscheiden, *Knauff* WiVerw 2011, 79 (88 ff.).

561 Zu Anlass und Gründen der Rekommunalisierung *Schmidt* DÖV 2014, 357 (358); zu Chancen und Risiken der Rekommunalisierung *Marnich* EnWZ 2015, 62.

der Strom- und Gasnetze fanden,[562] sind von der Organisationshoheit aus Art. 28 Abs. 2 abgedeckt und Kommunen können grundsätzlich entscheiden, ob sie die Versorgung selbst leisten oder deren Wahrnehmung durch Private[563] gewährleisten.[564] Bei diesen Rekommunalisierungsprozessen sind aber einerseits allgemeine Grenzen des Vergabe- und Beihilfenrechts,[565] Kartell-[566] und Gemeindewirtschaftsrechts[567] und andererseits bereichsspezifische Begrenzungen wie § 46 EnWG zu beachten.[568]

Als spezielle Ausprägung[569] der Organisationshoheit erlaubt die **Kooperationshoheit** frei darüber zu entscheiden, Aufgaben selbst oder **gemeinsam mit anderen Trägern öffentlicher Verwaltung** wahrzunehmen und zu diesem Zweck gemeinsame Institutionen zu errichten und Handlungsinstrumente zu schaffen.[570] Dabei ist auch das Verbot der Mischverwaltung zu berücksichtigen, das grundsätzlich einem Zusammenwirken von Bundes- und Landesebene, zu der auch die Kommunen zählen, entgegensteht.[571] Die Kooperationshoheit stellt in der Praxis sicher, dass Gemeinden Handlungsmittel zur Verfügung stehen, um Aufgaben wirtschaftlicher wahrzunehmen oder, im Falle von kleinen Gemeinden, Aufgaben überhaupt erst erfüllen zu können.[572] Wie die Organisationshoheit erstreckt sich auch die Kooperationshoheit ebenfalls auf den übertragenen Wirkungskreis.[573] Sie gewährleistet aber nicht die Aufrechterhaltung durch Hoheitsakt gebildeter, übergeordneter Strukturen, denen eine Gemeinde angehören kann, zB Ämter oder Kreise.[574] 129

[562] *Marnich* EnWZ 2015, 62 (62 f.); *Knauff* EnWZ 2015, 51; *Leisner-Egensperger* NVwZ 2013, 1110 (1110 f.).

[563] Mit der Rekommunalisierung ist nicht alleine das Zurückholen einer privatisierten Aufgabe gemeint, die Gemeinde kann auch erstmalig bestimmte Aufgaben wahrnehmen, *Bauer* DÖV 2012, 329 (329 Fn. 1). Zur Unterscheidung zwischen materieller, formeller und funktionaler Rekommunalisierung *Schmidt* DÖV 2014, 357 (358 f.); *Kleve/Gayger* NVwZ 2018, 273 (273).

[564] *Knauff* EnWZ 2015, 51 (53); *Guckelberger* VerwArch 104 (2013), 161 (168); *Burgi* in Ipsen Rekommunalisierung von Versorgungsleistungen?, 13 (22 f.); *Burgi* NdsVBl. 2012, 225 (227); *Bauer* in Bauer/Büchner/Hajasch Rekommunalisierung öffentlicher Daseinsvorsorge, 2012, 11 (26); *Schmidt* DÖV 2014, 357 (359); *Brüning* VerwArch 100 (2009), 453 (457 ff.). Vgl. VerfGH RhPf NVwZ 200, 801 (804). Zur verfassungsrechtlichen Legitimation *Leisner-Egensperger* NVwZ 2013, 1110 (1113 ff.).

[565] *Marnich* EnWZ 2015, 62 (64); zu beihilferechtlichen Problemen ausführlich *Kleve/Gayger* NVwZ 2018, 273; *Guilliard* GRUR 2018, 791; zu den Vorgaben für Inhouse-Vergaben BGH NVwZ 2014, 817 Rn. 39 ff.; NVwZ 2014, 807 Rn. 17 ff.; kritisch *Wolters/Frey* KommJur 2017, 285 (289 f.). Zu den Anforderungen an die Neutralität bzw. die Kriterien einer möglichen Diskriminierung BGH NZBau 2017, 236 (238 f.); OLG Brandenburg EnWZ 2017, 457 Rn. 74 ff.; OLG Celle KommJur 2017, 181 (182 f.); OLG Stuttgart NZBau 2017, 435 Rn. 120 f.; *Meyer-Hetling/Schneider* EnWZ 2017, 387 (390).

[566] *Podszun/Palzer* NJW 2015, 1496; *Mundt* EWeRK 2016, 149 (150 f.).

[567] *Schmidt* DÖV 2014, 357 (361 f.); *Bauer* DÖV 2012, 329 (335 f.); *Guckelberger* VerwArch 104 (2013), 161 (169 ff.).

[568] Dazu *Wieland* DÖV 2015, 169; *Weiß* EnWZ 2014, 435; *Richter/Brahms* KommJur 2014, 6 (7).

[569] BVerfG NVwZ 1987, 123 (124); BVerwGE 140, 245 Rn. 14; VerfG Bbg LKV 2000, 199 (200); *Mehde* in Maunz/Dürig Rn. 72; *Mann* in BK Rn. 218; *Dreier* in Dreier Rn. 128; *Pieroth* in Jarass/Pieroth Rn. 25; aA für eine eigenständige Gemeindehoheit *Nierhaus/Engels* in Sachs Rn. 53; *Burgi,* Kommunalrecht, 2019, § 6 Rn. 33.

[570] BVerfGE 119, 331 (362); 138, 1 Rn. 49; BVerfG NVwZ 1987, 123 (124); *Mann* in BK Rn. 218; grundlegend *Schmidt-Jortzig* FG f. v. Unruh, 1983, 525 (527 ff.).

[571] BVerfGE 119, 331 (364 ff.); 137, 108 Rn. 81, 87; *Huber* DÖV 2008, 844 (848 ff.).

[572] Vgl. *Mehde* in Maunz/Dürig Rn. 72.

[573] *Schmidt-Jortzig* FG f. v. Unruh, 1983, 525 (531); *Dreier* in Dreier Rn. 128; *Mehde* in Maunz/Dürig Rn. 72.

[574] VerfG Bbg LKV 2002, 573 (574); LKV 2004, 313 (313); *Mehde* in Maunz/Dürig Rn. 71.

130 Die Kooperationshoheit realisiert sich praktisch vor allem über die Gründung von **Zweckverbänden.**[575] Möglich ist aber auch eine Zusammenarbeit in Form privatrechtlicher oder gemischtöffentlicher Gesellschaften.[576] Da Formen der gemeinschaftlichen Aufgabenwahrnehmung in aller Regel auf rechtlichen Kooperationsverhältnissen beruhen, steht die Kooperationshoheit unter dem Vorbehalt, dass der Gesetzgeber passende Rechtsformen vorsieht und wie er diese ausgestaltet.[577] Die Frage, ob das **Vergaberecht** auf solche Formen interkommunaler Kooperation Anwendung findet, ist mittlerweile durch die Rspr. des EuGH[578] und deren Umsetzung in Art. 12 Vergaberichtlinie RL 2014/24/EU[579] sowie § 108 GWB geklärt. Gewährleistet ist auch der Zusammenschluss zu kommunalen Spitzenverbänden und die Mitgliedschaft in diesen.[580] Während das Eingehen von Städtepartnerschaften durch die Kooperationshoheit erfasst ist,[581] gilt dies für Formen kommunaler Entwicklungshilfe nur, wenn ein spezifisch örtlicher Bezug vorliegt, diese also etwa auch gerade den Bürgern der handelnden Gemeinde zugutekommt (→ Rn. 108).[582]

131 Als **negative Kooperationshoheit** sind Gemeinden gegen die zwangsweise Zusammenarbeit mit anderen Trägern öffentlicher Aufgaben geschützt.[583] Denkbar ist dies allenfalls dann, wenn die betroffenen Kommunen vorher angehört worden sind, die Zusammenarbeit aus Gründen des öffentlichen Interesses zwingend notwendig ist und eine freiwillige Zusammenarbeit nicht tauglich ist.[584] Ohne eine ausdrückliche Ermächtigung sind Pflichtverbände auf die Wahrnehmung von Pflichtaufgaben begrenzt.[585]

132 **(3) Personalhoheit.** Die Personalhoheit steht in einem engen Verhältnis zur Organisationshoheit, sollte aber aufgrund unterschiedlicher Ziele und Bezugspunkte nicht mit ihr gleichgesetzt werden.[586] Sie umfasst die Befugnis, die für den Gemeindebetrieb erforderlichen Beamten und Angestellten auszuwählen, anzustellen, zu befördern und zu entlassen.[587] Die Personalhoheit deckt **allgemeine Maßnahmen des Personalwesens** ab, wie zB die Stel-

575 Vgl. *Mehde* in Maunz/Dürig Rn. 72.
576 *Hellermann* in BeckOK GG Rn. 40.3.
577 Vgl. *Mehde* in Maunz/Dürig Rn. 73.
578 EuGH Rs. C-480/06, Slg. I 2009 I-04747; EuGH NZBau 2009, 54 (57); NZBau 2009, 527 (527); vgl. *Schliesky* Die Verwaltung 38 (2005), 339 (353 ff.).
579 Ebenso Art. 17 Konzessionsrichtlinie RL 2014/23/EU und Art. 28 Sektorenrichtlinie RL 2014/25/EU.
580 *Heberlein* LKV 1996, 6 (9); *Mehde* in Maunz/Dürig Rn. 75.
581 BVerwGE 87, 237 (238); *Heberlein* NVwZ 1995, 1052 (1055); *Mehde* in Maunz/Dürig Rn. 74; *Mann* in BK Rn. 218.
582 *Schmidt-Jortzig* DÖV 1989, 142 (148 f.); *Heberlein* LKV 1996, 6 (8); *Mehde* in Maunz/Dürig Rn. 74. Vgl. zur Bildung eines regionalen gemeindlichen Zusammenschlusses zur Kulturförderung einen sog. „Kulturraum", *Karpen* DÖV 2017, 286 (290 ff.).
583 BVerfGE 26, 228 (239 ff.); 107, 1 (18 ff.); *Mehde* in Maunz/Dürig Rn. 73; *Schmidt-Jortzig* FG f. v. Unruh, 1983, 525 (535 ff.); *Schmidt*, Kommunale Kooperation, 2005, 59 ff.
584 BVerfGE 107, 1 (11 ff.); VerfGH NRW DVBl. 1979, 668 (668 f.); *Dreier* in Dreier Rn. 128.
585 Vgl. *Schmidt-Jortzig,* Kommunalrecht, 1982, Rn. 395.
586 BVerfGE 91, 228 (245); *Wolff* VerwArch 100 (2009), 280 (283 f.); *Mehde* in Maunz/Dürig Rn. 90; aA LVerfG LSA LKV 2000, 32 (33); vgl. *Pappermann* DVBl. 1981, 1040 (1042). Zur Abgrenzung beider Gemeindehoheiten *Mann* in BK Rn. 217.
587 BVerfGE 1, 167 (175 ff.); 9, 268 (289 f.); 17, 172 (182); 91, 228 (245); 119, 331 (362); VerfGH NRW NVwZ-RR 2010, 705 (706); NdsStGH DÖV 1996, 657 (659); VerfGH Sachs SächsVBl. 1994, 280 (282 f.); VGH München NJW 1989, 790 (790); BVerwG NVwZ 1985, 415 (415 f.); *Mann* in BK Rn. 205; *Mehde* in Maunz/Dürig Rn. 90; vgl. *Lecheler* FS f. v. Unruh, 1983, 541 (542).

lenplanung oder Einstellungs- und Beförderungsmaßnahmen.[588] Dazu gehören auch die eigenständige Bedarfsprüfung und die danach ausgerichtete Besetzung des Gemeindepersonals.[589] Den Gemeinden ist weiter die Stellenbewertung und die Zuordnung zu den Ämtern iSd § 18 BBesG überlassen.[590]

Die Personalhoheit besteht **unabhängig von der konkreten Art des Dienstverhältnisses,** entscheidender Anknüpfungspunkt ist lediglich das Bestehen eines personalrechtlichen Rechtsverhältnisses zur Gemeinde.[591] Dies schließt grundsätzlich eine ungewollte Zuordnung von Personal, das in einem Dienstverhältnis zu anderen Trägern öffentlicher Gewalt steht, aus.[592] Mit der Personalhoheit geht die **Dienstherrenfähigkeit** einher.[593] Der Gemeinde kommt deshalb auch die Disziplinargewalt zu.[594] **133**

Die Personalhoheit ist – wie auch die Organisationshoheit – dem vorgelagerten, gemeindeinternen Bereich zuzuordnen (→ Rn. 123) und gilt deshalb auch im übertragenen Wirkungskreis.[595] Ebenfalls vergleichbar der Organisationshoheit ist die Personalhoheit durch eine Vielzahl von gesetzlichen Bestimmungen geprägt, die zwar ihrerseits an der kommunalen Selbstverwaltung zu messen sind, die konkrete Ausübung der Personalhoheit aber erheblich eingrenzen.[596] Dies betrifft vor allem die Vorgaben des Art. 33, aber auch Vorschriften des Bundes und der Länder aus den Bereichen des Beamtenrechts, Besoldungsrechts,[597] Kommunalverfassungsrechts, privaten Arbeitsrechts, Tarifrechts, Antidiskriminierungsrechts und nicht zuletzt des Unionsrechts[598]. **134**

(4) Planungshoheit. Die Planungshoheit erlaubt es Gemeinden, Entwicklungen zu analysieren, ihre Auswirkungen zu prognostizieren, auf der Grundlage Konzepte zu entwickeln und so Vorgaben und Ziele für die Verwaltungstätigkeit im eigenen Wirkungskreis zu bestimmen.[599] Darin kommt ein allgemeines gemeindliches Selbstbestimmungsrecht zum Ausdruck, das an den Bereich kommunaler Selbstverwaltung angebunden ist.[600] Der bedeutendste Anwendungsbereich der Planungshoheit liegt in der **gemeindlichen** **135**

---

[588] *Röhl* in Schoch, Besonderes Verwaltungsrecht, 2018, Kap. 2 Rn. 45.

[589] *Mann* in BK Rn. 205.

[590] *Löwer* in v. Münch/Kunig, 6. Aufl. 2012, Rn. 77. Zu den teilweise noch vorhandenen Stellenobergrenzenregelungen für den kommunalen Bereich, etwa Art. 18 BayBesG, § 4 StellobVO Saar, vgl. BVerwG NVwZ 1985, 415 (415); VGH München BayVBl. 1992, 661 (662).

[591] *Wolff* VerwArch 100 (2009), 280 (286); *Mehde* in Maunz/Dürig Rn. 90.

[592] *Mehde* in Maunz/Dürig Rn. 90; *Mann* in BK Rn. 205. Im konkreten Fall aber mit einem anderen Ergebnis BVerfGE 17, 172 (181 ff.).

[593] BVerfGE 119, 331 (362); *Henneke* in SHH Rn. 102; *Lange,* Kommunalrecht, 2019, Kap. 1 Rn. 73.

[594] *Seewald* in Steiner, Besonderes Verwaltungsrecht, 8. Aufl. 2006, Kap. 1 Rn. 64.

[595] BVerfGE 83, 363 (382 f.); *Wolff* VerwArch 100 (2009), 280 (285 f.); *Mehde* in Maunz/Dürig Rn. 90; vgl. *Mann* in BK Rn. 207.

[596] BVerfGE 91, 228 (245); 119, 331 (362); *Mann* in BK Rn. 206 f.; *Mehde* in Maunz/Dürig Rn. 91; *Hellermann* in BeckOK GG Rn. 40.4; *Wolff* VerwArch 100 (2009), 280 (289 f.).

[597] Zur Gewährung von Jubiläumszahlungen an Beamte *Schneider/Gern* VBlBW 1998, 164 (164 f.).

[598] Zur Bereichsausnahme des Art. 45 Abs. 4 AEUV *Brechmann* in Calliess/Ruffert EUV/AEUV, Art. 45 AEUV Rn. 107 ff.

[599] *Dreier* in Dreier Rn. 130; *Mann* in BK Rn. 209; *Henneke* in SHH Rn. 110; *Pieroth* in Jarass/Pieroth Rn. 26; *Kersten* in Schoch, Besonderes Verwaltungsrecht, 2018, Kap. 3 Rn. 17 ff.

[600] BVerwG NVwZ-RR 1999, 554 (555); *Lange,* Kommunalrecht, 2019, Kap. 1 Rn. 69.

Raumplanung, also dem Recht der Gemeinde, die Entwicklung und bauliche Nutzung des Gemeindegebiets nach eigenen Vorstellungen zu gestalten und zu bestimmen.[601] Insofern besteht ein enger Zusammenhang zur Gemeindehoheit.[602]

136 Innerhalb dieses Bereichs räumlicher Planung kommt der gemeindlichen **Bauleitplanung** die zentrale Bedeutung zu. Als Ausdruck ihrer Planungshoheit sind die Gemeinden nicht nur nach §§ 1 Abs. 3, 2 Abs. 1, 10 Abs. 1 BauGB für die Aufstellung von Bebauungsplänen zuständig, sondern auch für Flächennutzungspläne, bei deren Gestaltung nach § 5 Abs. 1 S. 1 BauGB die voraussehbaren Bedürfnisse der Gemeinde zu berücksichtigen sind.[603] Auch das Instrument der Landschaftsplanung, das von manchen Kommunen wahrgenommen wird, unterfällt der Planungshoheit.[604] Die Ausübung der Planungshoheit muss, wie auch andere Gemeindehoheiten, eine Vielzahl von gesetzlichen Determinanten berücksichtigen. Spezifische Bestimmungen des Baugesetzbuches treten neben Regelungen des Immissionsschutzrechts, Wasserrechts oder Naturschutzrechts.

137 Der Schutz der Planungshoheit wirkt gerade **auch gegenüber anderen Kommunen.** Einfachgesetzlich verdeutlicht dies das **interkommunale Abwägungs- und Abstimmungsgebot** des § 2 Abs. 2 BauGB,[605] das sowohl für die Bauleitplanung wie auch die Zulässigkeitsprüfung konkreter Vorhaben gilt.[606] Betroffenen Gemeinden wird durch die Planungshoheit in diesem Rahmen auch eine „wehrfähige Rechtsposition" zur Abwehr von Beeinträchtigungen vermittelt.[607] Insbesondere das Abstimmungsgebot des § 2 Abs. 2 BauGB, aber auch das gemeindliche Einvernehmen nach § 36 Abs. 1 S. 1 BauGB verdeutlichen, dass die Planungshoheit Vorwirkungen entfaltet und schon eine Beteiligung im Vorfeld verlangen kann.[608] Die Planungshoheit ist durch Maßnahmen außerhalb des Gemeindegebiets betroffen, die das Ortsbild maßgeblich prägen und sich so nachhaltig auf Gemeindegebiet und Entwick-

[601] BVerwGE 81, 95 (106); 84, 209 (214 f.); 112, 274 (291); VerfGH NRW NVwZ 2009, 1287 (1287 f.); NVwZ-RR 1998, 473 (474); VerfGH RhPf ZUR 2006, 30 (31); VerfG Bbg DVBl. 2000, 1440 (1441); *Mann* in BK Rn. 209 f.; *Mehde* in Maunz/Dürig Rn. 59; *Schwarz* in MKS Rn. 181. Zur Planung im Straßen- bzw. Straßenverkehrsrecht, *Hillgruber* VerwArch 89 (1998), 93, (96 f.).

[602] Ob es sich um „ein Element der Gebietshoheit" handelt, erscheint jedoch zweifelhaft, vgl. *Mehde* in Maunz/Dürig Rn. 59. Mit dieser sog. Raumplanungshoheit werden zwar die wesentlichen Inhalte der Planungshoheit benannt, gleichwohl würde es der Selbstverwaltungsgarantie nicht gerecht werden, die Planungshoheit auf diese räumlich-örtlichen Aspekte zu reduzieren, vgl. *Hellermann* in BeckOK GG Rn. 40.5.

[603] *Mann* in BK Rn. 210; *Mehde* in Maunz/Dürig Rn. 59; *Hoppe* FG f. v. Unruh, 1983, 555 (567 f.).

[604] VerfGH NRW NVwZ-RR 1998, 473 (474); *Mehde* in Maunz/Dürig Rn. 59.

[605] BVerwGE 84, 209 (214 ff.); 119, 25 (35); *Mehde* in Maunz/Dürig Rn. 61; *Dreier* in Dreier Rn. 131; *Hellermann* in BeckOK GG Rn. 40.5; unklarer zur Ableitung BVerwGE 127, 155 Rn. 22 f. Nach *Zierau* DVBl. 2009, 693 (697) handelt es sich sowohl um eine Ausprägung des baurechtlichen Abwägungsgebots als auch der kommunalen Selbstverwaltung.

[606] *Zierau* DVBl. 2009, 693 (694).

[607] BVerwGE 40, 323 (324 ff.); 81, 95 (106); 84, 209 (214 ff.); 117, 25 (31 ff.); 127, 155 Rn. 22 f.; *Dreier* in Dreier Rn. 131; *Mann* in BK Rn. 211; *Schwarz* in MKS Rn. 181; *Hellermann* in BeckOK GG Rn. 40.5; *Lange* LKRZ 2007, 289 (289 f.). Zu einem Abwehrrecht aus einem rechtskräftigen Bebauungsplan *v. Schwanenflug* NVwZ 2007, 1351 (1352). Vgl. zu sog. Factory-Outlet-Centern BVerwGE 117, 25; VerfGH NRW NVwZ 2009, 1287; OVG Koblenz ZfBR 2011, 374; *Mann* in BK Rn. 211 Fn. 954 mwN. Zur Verteidigung eines Bebauungsplans gegen Fachplanung BVerwGE 123, 152 (157).

[608] *Mehde* in Maunz/Dürig Rn. 62.

lung der Gemeinde auswirken oder eine konkurrierende Planung der Gemeinde schon hinreichend konkret und verfestigt ist.[609] Darüber hinaus räumt die Planungshoheit den Gemeinden zwar kein umfassendes Wächteramt ein, das es erlauben würde, sämtliche Verstöße gegen planungsrechtlich relevante Vorschriften, die Rechte Dritter oder das Gemeinwohl beeinträchtigen, geltend zu machen (→ Rn. 159),[610] doch mehren sich Stimmen, die dieses Prinzip zumindest im Hinblick auf umweltrechtliche Vorschriften hinterfragen.[611]

(5) Rechtsetzungshoheit (bzw. Satzungshoheit). Die Rechtsetzungshoheit versetzt die Gemeinde in die Lage, wie es auch schon Art. 28 Abs. 2 S. 1 hervorhebt, die eigenen Angelegenheiten „zu regeln". Auf diesem Wege können die Bürger der Gemeinde und ihre Sachkenntnis ebenso wie örtliche Besonderheiten beim Erlass von ortsspezifischen, dezentralen Rechtsakten und rechtlich relevanten Handlungen unmittelbar berücksichtigt werden, um so die politisch-demokratische Funktion der Selbstverwaltung (→ Rn. 72) zu realisieren.[612] Die Befugnis „zu regeln" ist weit zu verstehen und erlaubt der Gemeinde die Verwendung der **ganzen Bandbreite verwaltungsrechtlicher Handlungsformen,** etwa Verwaltungsakt, öffentlich-rechtlichen Vertrag, aber auch Realhandeln oder verwaltungsinterne Mittel.[613] Die Rechtsetzungshoheit erstreckt sich nicht auf den Erlass von Verordnungen, weil diese ein Instrument des übertragenen Wirkungskreises darstellen und stets einer ausdrücklichen Ermächtigung bedürfen.[614] **138**

Das zentrale Instrument der kommunalen Selbstorganisation bildet die **Satzung** als Instrument einer autonomen juristischen Person des öffentlichen Rechts zur Regelung der eigenen Angelegenheiten.[615] Auch wenn diese typischerweise (aber nicht zwingend)[616] generell-abstrakte Rechtsnormen enthält und damit Parallelen zu formellen Gesetzen aufweist, handelt es sich um Verwaltungshandeln.[617] Als solches unterliegt der Erlass von Satzungen dem Vorrang des Gesetzes und diese stehen im Rang unter Bundes- und Landesgesetzen.[618] Dies kann zu erheblichen Einschränkungen der inhaltlich-materiellen Entscheidungsspielräume führen.[619] Der Vorbehalt des Gesetzes ist dann nicht berührt, wenn eine gemeindliche Satzung nicht zu Grundrechtseingrif- **139**

---

[609] BVerwGE 81, 95 (106); 84, 209 (214 f.); 90, 96 (100), 100, 388 (394); 157, 73 Rn. 58; 159, 1 Rn. 17; BVerwG NVwZ-RR 1997, 339 (339); NVwZ-RR 1999, 554 (555); KommJur 2016, 397 Rn. 14. Vgl. *Burgi,* Kommunalrecht, 2019, § 17 Rn. 33 mwN.

[610] BVerwGE 100, 388 (391); BVerwG NVwZ 1999, 67 (68 f.); NVwZ-RR 1997, 339 (339); NVwZ 2006, 1055 Rn. 193; NVwZ 2019, 1594 Rn. 11; KommJur 2016, 397 Rn. 14.

[611] BVerwG NVwZ 2006, 1055 Rn. 494 ff. (nicht abgedruckt); VGH Kassel NVwZ 2010, 1165 (1167 f.); *v. Schwanenflug* NVwZ 2007, 1351 (1354). Vgl. *Lange,* Kommunalrecht, 2019, Kap. 1 Rn. 120 ff.

[612] Vgl. *Mann* in BK Rn. 224.

[613] BVerwGE 6, 247 (252); *Faber* in AK Rn. 44; *Mann* in BK Rn. 196, 225; *Nierhaus/Engels* in Sachs Rn. 58; *Schwarz* in MKS Rn. 182; *Pieroth* in Jarass/Pieroth Rn. 32.

[614] *Dreier* in Dreier Rn. 133; *Mehde* in Maunz/Dürig Rn. 63; *Hellermann* in BeckOK GG Rn. 40.7.

[615] *Mann* in BK Rn. 224 f.; *Henneke* in SHH Rn. 115.

[616] *Dreier* in Dreier Rn. 133.

[617] BVerfGE 65, 283 (289); 78, 344 (348); 120, 82 (112); BVerwGE 90, 359 (361 f.); *Mann* in BK Rn. 226; *Dreier* in Dreier Rn. 133; *Burgi,* Kommunalrecht, 2019, § 15 Rn. 7; anders *Dolderer* DÖV 2009, 146 (148).

[618] *Mann* in BK Rn. 226; *Dreier* in Dreier Rn. 134.

[619] Vgl. *Mehde* in Maunz/Dürig Rn. 64, der exemplarisch auf VG Gießen ZUR 2010, 375 verweist. Zugleich kann der Gemeinde aber ein erheblicher Einschätzungs- und Prognosespielraum zukommen, vgl. BVerwGE 116, 188 (193 f.).

fen führt und lediglich etwa den gemeindeinternen Bereich zum Gegenstand hat. Für solche Fälle findet sich in Art. 28 Abs. 2 S. 1 die unmittelbare Ermächtigung; den in den Gemeindeordnungen bestehenden Generalklauseln zum Satzungserlass kommt daneben nur deklaratorische Wirkung zu.[620]

140 Führen Satzungen zu **Grundrechtseingriffen,** bedarf es einer hinreichend spezifischen gesetzlichen Ermächtigung.[621] Je intensiver die Grundrechtsbeeinträchtigung ist, desto höher sind die Anforderungen an die Bestimmtheit der gesetzlichen Grundlage.[622] Art. 80 findet keine (auch nicht analoge) Anwendung.[623] Die Satzungsbefugnis ist jedoch begrenzt durch die gemeindliche Verbandskompetenz und damit das Gemeindegebiet.[624] Eine faktische Bindungswirkung können Mustersatzungen entwickeln, doch sind diese zulässiger Ausdruck einer Förderung und Unterstützung der Gemeinde (→ Rn. 184).[625] Die Rechtsetzungshoheit steht nicht (in negativer Form) einer gesetzlichen Verpflichtung zum Erlass bestimmter Satzungen entgegen, zB der Hauptsatzung.[626]

141 **(6) Finanzhoheit.** Im Ausgangspunkt gewährleistet die Finanzhoheit der Gemeinde ein **eigenverantwortliches Wirtschaften** mit Einnahmen und Ausgaben auf Grundlage eines gesetzlich geregelten Haushaltswesens.[627] Die Finanzhoheit steht damit seit jeher für eine Vielzahl vor allem praktisch erheblich relevanter Facetten gemeindlichen Handelns. Die zwei mittlerweile eingefügten Halbsätze des S. 3 haben die Bandbreite der Ausprägungen nun auch in textlicher Hinsicht noch weiter konkretisiert. Dessen ungeachtet erscheint es aber aufgrund der gesetzgeberischen Zielsetzung, die bloß eine Klarstellung, Betonung und Ergänzung der verfassungsrechtlichen Eigenverantwortlichkeit verfolgte (→ Rn. 188), sachgerecht, die Finanzhoheit nach wie vor in S. 1, 2 zu verorten und lediglich die ausdrücklich jetzt dort genannten Elemente der angemessenen Finanzausstattung und wirtschaftskraftbezogenen Steuerquelle auf S. 3 zu stützen.[628]

---

[620] *Mann* in BK Rn. 226; *Mehde* in Maunz/Dürig Rn. 63; *Badura* DÖV 1963, 561 (562); vgl. *Maurer/Waldhoff,* Allgemeines Verwaltungsrecht, 2017, § 4 Rn. 26 f.

[621] BVerwGE 90, 359 (363); 125, 68 Rn. 12 ff.; 148, 133 Rn. 24 ff.; *Mann* in BK Rn. 231; *Henneke* in SHH Rn. 116; *Hellermann* in BeckOK GG Rn. 40.7; zweifelnd *Engel-Boland,* Gemeindliches Satzungsrecht und Gesetzesvorbehalt, 1999, 34 ff., 95 ff.; *Bussalb,* Gilt der Vorbehalt des Gesetzes auch für die Rechtsetzungsbefugnis der Gemeinden?, 2002, 196. Zu einer „Tendenz zur Absenkung der Bestimmtheitsanforderungen", *Burgi* in Dietlein/Burgi/Hellermann, Öffentliches Recht in NRW, 2009, § 2 Rn. 314 f.; vgl. *Kaltenborn/Reit* NVwZ 2012, 925 (928). Für eine „kommunalspezifische Fassung der Gesetzesvorbehaltslehre", *Ehlers* in Ehlers/Pünder, Allgemeines Verwaltungsrecht, 2016, § 2 Rn. 59; *Röhl* in Schoch, Besonderes Verwaltungsrecht, 2018, Kap. 2 Rn. 144. Zu einer selbstverwaltungsfreundlichen Auslegung von Satzungsermächtigungen, *Kaltenborn/Reit* NVwZ 2012, 925 (926 f.).

[622] BVerfGE 71, 162 (172); BVerwGE 90, 359 (363); *Mann* in BK Rn. 231.

[623] *Ipsen* JZ 1990, 789 (791); *Mehde* in Maunz/Dürig Rn. 63.

[624] BVerwGE 130, 52 Rn. 27; *Mann* in BK Rn. 227.

[625] *Mehde* in Maunz/Dürig Rn. 64; *Mann* in BK Rn. 234, betonen die fehlende rechtliche Verbindlichkeit. Kritisch *Koch/Steinmetz* JA 1983, 64 (67).

[626] *Dreier* in Dreier Rn. 135.

[627] BVerfGE 23, 353 (367 f.); 26, 228 (244); 52, 95 (117); 71, 25 (36); 125, 141 (159); BVerfG NVwZ 1987, 123 (123); 1999, 520 (521); VerfGH Saarl NVwZ-RR 1995, 153 (153 f.); BayVerfGH NVwZ-RR 1998, 601 (601 f.); VerfG Bbg NVwZ-RR 2000, 129 (130); ThürVerfGH DVBl. 2005, 443 (446); NdsStGH NdsVBl. 2008, 152 (154); VerfGH NRW NVwZ-RR 2010, 705 (706); LVerfG MV NVwZ-RR 2012, 377 (378); BVerwGE 145, 378 Rn. 16 f.; *Mehde* in Maunz/Dürig Rn. 76; *Mann* in BK Rn. 235; *Dreier* in Dreier Rn. 132; *Henneke* in SHH Rn. 117.

[628] *Frenz* Die Verwaltung 28 (1995), 33 (53); *Mehde* in Maunz/Dürig Rn. 146; *Henneke* in SHH Rn. 117; aA *Hellermann* in BeckOK GG Rn. 40.6; unklar BVerwGE 140, 34 Rn. 21.

Ein Bestandteil der Finanzhoheit ist die **Ertrags- und Einnahmehoheit.** Die Gemeinde muss sich für ihre Einnahmen nicht auf eine Gewährleistung durch das Land (→ Rn. 191) verweisen lassen, sondern muss Erträge auch durch eigene Entscheidungen und im Rahmen eigener Gestaltungsmöglichkeiten erzielen können.[629] Zur Wahrnehmung eigener Angelegenheiten gehört es auch, dass die eigenen Einwohner für die Lasten herangezogen werden können[630] und eine „finanzwirtschaftliche Aufgabensteuerung durch den Staat" verhindert wird.[631] Im Einklang damit erwächst den Gemeinden eine **Steuer- und Abgabenhoheit,** die aber nicht ein allgemeines, originär kommunales Steuererfindungsrecht nach sich zieht, weil ein solches in der finanzverfassungsrechtlichen Systematik des Art. 105 nicht vorgesehen ist.[632] Notwendig ist vielmehr eine gesetzliche Grundlage,[633] so dass sich eine erhebliche Abhängigkeit vom Landes- bzw. Bundesgesetzgeber ergibt.[634] Eine Möglichkeit für kommunale Steuern in diesem Rahmen eröffnet Art. 105 Abs. 2a für die örtlichen Verbrauch- und Aufwandsteuern (zur Gewerbesteuer → Rn. 198).[635] Ein soweit inhaltlich begrenztes Recht auf Einführung benannter Steuern[636] führt zwangsläufig 142

[629] BVerfGE 125, 141 (159); VerfGH NRW NVwZ-RR 1997, 249 (249); VerfG Bbg LVerfGE 19, 103 (121); *Mehde* in Maunz/Dürig Rn. 77; *Waldhoff* in HdbStR V § 116 Rn. 22; vgl. *Schmidt-Jortzig,* DVBl. 2007, 96.

[630] *Mehde* in Maunz/Dürig Rn. 77; *Henneke* in SHH Rn. 119. Zur Befugnis, Gemeindebürger zu bevorzugen, BVerwGE 104, 60 (65 ff.). Zu Spenden *Werner* NVwZ 2016, 1448 (1450); zu Bürgerdarlehen *Prehn* DÖV 2011, 174.

[631] *Grawert* VVDStRL 36 (1978), 277 (299 f., Fn. 76); vgl. auch BayVerfGH BayVBl. 1959, 251 (252 f.).

[632] BayVerfGH NVwZ 1993, 163 (165); NdsStGH NdsVBl. 2007, 239 (244); BVerwGE 96, 272 (280); *Henneke* in SHH Rn. 121; *Mehde* in Maunz/Dürig Rn. 77; *Mann* in BK Rn. 239; vgl. auch BayVerfGH BayVBl. 1992, 365 (367). Etwas anderes ergibt sich auch nicht unter Einbeziehung des Art. 28 Abs. 2 S. 3 Hs. 2, *Hellermann* in BeckOK GG Rn. 55; aus diesem Grund sind die Länder verfassungsrechtlich auch nicht verpflichtet, in ihren Kommunalabgabengesetzen eine gemeindliche Steuererfindung vorzusehen, BVerwG NVwZ 1995, 59 (61).

[633] *Henneke* in SHH Rn. 120; *Mann* in BK Rn. 239.

[634] *Henneke* DÖV 2013, 825 (833 f.). Vgl. *Spiecker gen. Döhmann* NVwZ 2005, 1276 (1277 f.).

[635] Vgl. insgesamt *Mohl,* Die Einführung und Erhebung neuer Steuern aufgrund des kommunalen Steuerfindungsrechts, 1992, 75 f.; zur Zweitwohnungsteuer BVerfGE 65, 325 (345); 114, 316 (334); 135, 126 Rn. 44; BVerfG NVwZ 1990, 356 (356); BVerwGE 58, 230 (234 f.); BVerwG NVwZ 1990, 568 (568); 2005, 598 (598); 2009, 532 (532 f.); OVG Schleswig NVwZ 1991, 909 (909); zu einer Übernachtungssteuer BVerwGE 143, 301 Rn. 11 ff.; OVG Greifswald NordÖR 2019, 64 (65); OVG Münster NWVBl. 2014, 158 (159); OVG Schleswig NVwZ-RR 2013, 816 Rn. 86 ff.; zu einer Verpackungssteuer BVerfGE 98, 106 (125); BVerwGE 96, 272 (277 ff.); zu einer Vergnügungssteuer VGH Mannheim KommJur 2016, 185 (186); zu einer Spielautomatensteuer BVerfG NVwZ 1997, 573 (574 f.); BVerwGE 110, 237 (240); 153, 116 Rn. 11; NVwZ 2000, 933 (934); 2006, 461 Rn. 23; 2008, 88 Rn. 5; BFHE 160, 61 (64); 180, 497 (500 ff.); OVG Lüneburg NVwZ 2006, 1316 (1317); zu einer Steuer auf sog. „Killerautomaten" BVerwG NVwZ 1994, 902 (902 f.); zu einer Steuer auf Porno- und Sexdarbietungen VGH Kassel NVwZ-RR 1997, 116 (117); VG Köln NWVBl. 2007, 491 (492 f.); zu einer Getränkesteuer BVerfGE 69, 174 (183 f.); BVerwGE 45, 264 (265 f.); zu einer Speiseeissteuer BVerfGE 16, 306 (316 f.); zu einer Jagdsteuer BVerfG NVwZ 1989, 1152 (1152 f.); BVerwG NVwZ-RR 1991, 423 (423); zu einer (Kampf-)Hundesteuer BVerwGE 110, 265 (268); 150, 225 Rn. 18; BVerwG NVwZ 2005, 1325 (1325); zu einer Pferdesteuer BVerwG NVwZ 2016, 620 Rn. 6 ff.; VGH Kassel BeckRS 2015, 48295.

[636] *Lammers* DVBl. 2013, 348 (348 f.), dort auch näher zur dogmatischen Herleitung und inhaltlichen Begrenzung. Zur Frage, ob eine vorhandene Lenkungskomponente auf einer entsprechenden Sachgesetzgebungskompetenz beruhen muss, verneinend BVerfGE 98, 106 (118); BVerwGE 96, 272 (276 f.); vgl. *Heun* in Dreier Art. 105 Rn. 16.

zu Überschneidungen mit der Rechtsetzungshoheit und der Befugnis, die gesetzten Regelungen auch zu vollziehen.[637]

143 Die Finanzhoheit beinhaltet auch eine **Ausgabehoheit,** so dass eigenverantwortlich über die Verwendung vorhandener Mittel ohne Beteiligung Dritter entschieden werden kann.[638] Dies hat im Rahmen einer geordneten Haushaltswirtschaft zu erfolgen. Die Gemeinde hat die Befugnis, eine eigenverantwortliche Haushaltsaufstellung und -ausführung vorzunehmen.[639] Eine so verstandene Haushaltshoheit als Element der Finanzhoheit gestaltet die Struktur für die kommunale Ein- und Ausgabenwirtschaft, berührt die Organisationshoheit und hat bestehende gesetzlichen Rahmenbedingungen zu beachten.[640] Besondere Relevanz kommt dabei den Grundsätzen der Wirtschaftlichkeit und Sparsamkeit zu.[641] Die Finanzhoheit steht einer Änderung des Haushaltsrechts durch den Gesetzgeber aus Gründen einer zweckmäßigen Steuerung, auch wenn sich dieser dafür an privatem Handeln orientiert, nicht entgegen.[642]

144 Die Gemeinde ist aufgrund der Finanzhoheit auch berechtigt, **eigenverantwortlich eigenes Vermögen zu verwalten.**[643] Einzelne vermögenswerte Positionen sind allerdings nicht geschützt.[644] Auch erlaubt dies grundsätzlich nicht spekulative Geschäfte, bei denen im Einzelfall die Chance des Gewinns deutlich hinter dem Risiko des Kapitalverlusts zurückbleibt.[645] Im Falle eines unausgeglichenen Haushalts kann sich aus dem einfachen Landesrecht die Verpflichtung ergeben, ein sog Haushaltssicherungskonzept zu entwickeln.[646] Bei einem unausgeglichenen Haushalt kann zwar die Kommunalaufsicht reagieren, dies aber grundsätzlich nur, indem sie eine Reduzierung der Ausgaben bzw. eine Erhöhung der Einnahmen anmahnt, nicht aber indem sie alternativlose Vorgaben macht.[647] Ausnahmsweise sollen nach der Rspr. auch konkrete Anordnungen zulässig sein, wenn etwa im Rahmen des aufsichtsbehördlichen Ermessens nur eine Maßnahme in Betracht kommt, mit der einer dramatischen Haushaltslage begegnet werden kann.[648] Die

---

[637] *Henneke* in SHH Rn. 118; *Mann* in BK Rn. 238.
[638] *Dreier* in Dreier Rn. 132; vgl. BVerfGE 119, 331 (382).
[639] *Mann* in BK Rn. 240.
[640] BVerwGE 138, 89 Rn. 23 ff.; *Mehde* in Maunz/Dürig Rn. 78.
[641] *Mann* in BK Rn. 240.
[642] *Mehde* in Maunz/Dürig Rn. 79.
[643] BVerfGE 125, 141 (159); BVerfG NVwZ 1999, 520 (521); BGHZ 205, 117 Rn. 61.
[644] BVerfG NVwZ 1999, 520 (521).
[645] Zum US-Cross-Border-Leasing VG Gera LKV 2005, 517 (518 f.); *Böhm/Steppputat* DÖV 2009, 984 (988); *Rahm* NVwZ 2010, 288 (289). Zu sog. Zinssatz-Swap-Verträgen BGHZ 205, 117 Rn. 62 ff.; *Morlin* NVwZ 2007, 1159 (1159); *Lammers* NVwZ 2012, 12 (15); *Weck/Schick* NVwZ 2012, 18 (21). Die Rspr. hat im Rahmen solcher privatrechtlichen Rechtsgeschäfte früh eine Anwendung der *ultra-vires*-Lehre angenommen, BGHZ 20, 119 (123); vgl. *Forsthoff,* Verwaltungsrecht I, 1973, 482 f.; *Pagenkopf,* Kommunalrecht I, 1975, 34; *v. Mutius,* Kommunalrecht, 1996, Rn. 86 f.; *Burgi,* Kommunalrecht, 2019, § 5 Rn. 7. Dieses Vorgehen dürfte allerdings zu erheblicher Rechtsunsicherheit für den Rechtsverkehr führen und beschränkt nicht nur die Rechte von Gemeinden, sondern gerade auch ihre Pflichten, die wiederum Grundlage der Verantwortung für die Folgen staatlichen Handelns sind, vgl. umfassend *Ehlers,* Die Lehre von der Teilrechtsfähigkeit juristischer Personen des öffentlichen Rechts und die Ultra-vires-Doktrin des öffentlichen Rechts, 2000, 68 ff.; *Wolff* VerwArch 105 (2014), 1 (31).
[646] *Faber* in Henneke/Pünder/Waldhoff Recht der Kommunalfinanzen, 2006, § 34 Rn. 37 ff.
[647] BVerwGE 138, 89 (98 f.); *Mehde* in Maunz/Dürig Rn. 80.
[648] OVG Schleswig NordÖR 2011, 448 (449); zur Rechtmäßigkeit der kommunalaufsichtlichen Anweisung der konkreten Erhöhung der Kreisumlage, VGH Kassel KommJur

Finanzhoheit steht einer Aufsicht durch eine außenstehende Stelle wie den Bundesrechnungshof, die sich im (verfassungs-)rechtlichen Rahmen bewegt, nicht entgegen.[649]

(7) Weitere Bereiche eigenverantwortlicher Befugnisse. Die kommunale Selbstverwaltungsgarantie erfasst auch das eigenverantwortliche **Recht zur Führung eines bestimmten Namens.**[650] Der Schutz des Namens vermittelt einer Gemeinde auch in rechtlicher Sicht eine spezifische Identität und Individualität.[651] Das Recht gewährleistet die eigenverantwortliche Bestimmung, das Führen und das Ändern des Namens.[652] Bei staatlichen Änderungen des Namens, zu denen es regelmäßig im Zuge von Gebietsreformen kommen kann, bedarf es Gründe des Gemeinwohls und einer Anhörung.[653] Das Namensrecht kann auch bei Beeinträchtigungen durch private Dritte auf Grundlage des § 12 BGB geltend gemacht werden, etwa bei der ungewollten fremden Nutzung des Gemeindenamens.[654] **145**

Als **Informationshoheit** kann die Befugnis verstanden werden, eigenverantwortlich im Rahmen der Gesetze zu entscheiden, welche Informationen (und Daten) für eine funktionsgerechte Aufgabenwahrnehmung notwendig sind, diese zu erheben und zu verwenden, ein Informationsmanagementsystem zu betreiben und zu entscheiden, ob Informationen (und Daten) Dritten zugänglich gemacht werden, wobei sich dies praktisch auf anonyme statistische Informationen (und Daten) konzentriert.[655] Die Bedeutung von Informationen und Daten für die Wahrnehmung von Verwaltungsaufgaben übersteigt mittlerweile erheblich das Maß, das von klassisch unterstützenden Funktion ausgeht, so dass es konsequent ist, dies mit einer gesonderten Ausprägung abzusichern. **146**

cc) Pflicht zur Selbstverwaltung. Umstritten ist, ob aus Art. 28 Abs. 2 auch eine Pflicht zur Selbstverwaltung folgt. Das **BVerwG** hält dies bei **Tätigkeiten von besonderer kultureller, sozialer und traditionsmäßiger Bedeutung** für möglich, spielt dies am Beispiel eines Weihnachtsmarktes **147**

2013, 191 (193 f.). Zu einer aufsichtlichen Weisung, die im Falle einer Haushaltsnotlage Vorgaben für den Realsteuerhebesatz macht, BVerwGE 138, 89; 152, 188.

[649] BVerfGE 127, 165 (208 ff., 223).

[650] BVerfGE 50, 195 (201); 59, 216 (226); BVerfG NVwZ 2001, 317 (317); BVerwG DÖV 1993, 826 (827); BGH NJW-RR 2002, 1401 (1402 f.); *Mehde* in Maunz/Dürig Rn. 96; *Nierhaus/Engels* in Sachs Rn. 53; *Pappermann* DÖV 1980, 353 (353 ff.); *Winkelmann*, Das Recht der öffentlich-rechtlichen Namen und Bezeichnungen, 1984, 39, 49 ff. Für eine Zuordnung zur institutionellen Rechtssubjektsgarantie *Henneke* in SHH Rn. 54; für eine Zuordnung zur subjektiven Rechtsstellungsgarantie *Mann* in BK Rn. 155; für eine Verortung im Rahmen der Gebietshoheit *Dreier* in Dreier Rn. 122.

[651] BVerfGE 59, 216 (226); *Mann* in BK Rn. 155; zum Gemeindewappen BVerfG NVwZ 2001, 317 (317).

[652] *Gern/Brüning,* Deutsches Kommunalrecht, 2019, Rn. 153 ff. Wenn andere Hoheitsträger den Gemeindenamen verwenden, muss dieser vollständig und korrekt verwendet werden, BVerwG DÖV 1980, 97 (98), es besteht bei hoheitlicher Kennzeichnung jedoch kein Anspruch darauf, dass gerade der Gemeindename verwendet wird, OVG Koblenz NVwZ 1986, 1033 (1033) für Autobahnausfahrten; VGH Kassel ESVGH 32, 124 (124 ff.) für Buchstabenfolgen von Autokennzeichen; vgl. *Löwer* in v. Münch/Kunig, 6. Aufl. 2012, Rn. 48.

[653] BVerfGE 59, 216 (227 ff.); *Dreier* in Dreier Rn. 122; *Mehde* in Maunz/Dürig Rn. 96.

[654] BVerwGE 44, 351 (353 f.); BGH NJW 2007, 682 Rn. 14; OLG Düsseldorf MMR 2003, 748 (748) mwN; *Henneke* in SHH Rn. 54.

[655] *Ziekow* VerwArch 104 (2013), 529 (541 f.). Zum Informationsfreiheitsrecht vgl. VGH Mannheim BeckRS 2020, 2372.

durch[656] und hat damit auf breiter Front Kritik erfahren.[657] Das Gericht geht davon aus, dass eine Gemeinde sich bei solchen Aufgaben, insbesondere wenn diese auf einer langen Historie gemeindlicher Wahrnehmung beruhen, zur Sicherung des Gemeinwohls hinreichende **Einwirkungs- und Steuerungsmöglichkeiten** vorbehalten muss, die es notwendig machen können, diese Aufgaben zwingend selbst wahrzunehmen, und verortet seine Argumentation damit in den Bereich von Privatisierung und Gewährleistungsverantwortung.[658] Zu Recht zeigt sich das BVerwG privatisierungskritisch.[659] Allerdings sind der konkrete Anwendungsfall und die dogmatische Vorgehensweise kaum geeignet, dieses Ziel überzeugend zu erreichen.

148 Zwar ist es wünschenswert, wenn eine Gemeinde ihrer demokratisch-politischen Funktion nachkommt, doch diese Form der **Verrechtlichung ihrer sozialen Wirkung** findet keinen ausreichenden Widerhall in Art. 28 Abs. 2. Dabei geht es auch nicht lediglich um Konstellationen, in denen sich eine Gemeinde aus bislang wahrgenommenen Aufgaben zurückzieht und deshalb durch die Rspr. des BVerwG die Gefahr einer „Zementierung" des Aufgabenbestands besteht.[660] Ein solcher Rückzug von vorher wahrgenommenen Aufgaben könnte noch einen zusätzlichen Anknüpfungspunkt für rechtliche Grenzen bieten. Doch das BVerwG stellt ausdrücklich die Aufgabenübernahme gleichrangig neben die Aufgabenentledigung und die Nichtwahrnehmung neben das Abstoßen.[661] Auf dieser Basis kann von freiwilligen Selbstverwaltungsaufgaben, bei denen die Gemeinde über das „Ob" entscheiden kann, nicht mehr gesprochen werden.[662]

149 Art. 28 Abs. 2 garantiert ein Recht auf Selbstverwaltung, nicht jedoch eine Pflicht,[663] und unterscheidet sich damit von einzelnen landesverfassungsrechtlichen oder einfachgesetzlichen Gewährleistungen.[664] Dass diese Verpflichtung außerdem maßgeblich von einer Zeitkomponente abhängen soll, stellt

[656] BVerwG NVwZ 2009, 1305 Rn. 29. In diese Richtung auch *Schönleiter* GewArch 2009, 486 (487); *Tomerius/Breitkreutz* DVBl. 2003, 426 (428 ff.). Nach *Gern/Brüning,* Deutsches Kommunalrecht, 2019, Rn. 128, ist ein freiwilliger Verzicht auf die Selbstverwaltungsgarantie als solche oder Ausschnitte aus ihr wegen der objektiv-kompetenzrechtlichen Struktur des Art. 28 Abs. 2 S. 1 grundsätzlich unzulässig. Vgl. OVG Saarlouis KommJur 2019, 27 (28).

[657] *Schoch* DVBl. 2009, 1533 (1535 f.); *Ehlers* DVBl. 2009, 1456 (1456); *Winkler* JZ 2009, 1169 (1170 f.); *Burgi,* Kommunalrecht, 2019, § 17 Rn. 85; *Mehde* in Maunz/Dürig Rn. 56; *Mann* in BK Rn. 190; *Pieroth* in Jarass/Pieroth Rn. 22.

[658] Vgl. *Katz* NVWZ 2010, 405 (408). Zu den Widersprüchlichkeiten zur gängigen Privatisierungsdogmatik in der Rspr. *Burgi,* Kommunalrecht, 2019, § 17 Rn. 85; *Winkler* JZ 2009, 1169 (1171). Davon zu unterscheiden ist als Ausprägung des Grundsatzes der Eigenverantwortlichkeit die Verpflichtung der Gemeinde, eine eigene Aufgabe grundsätzlich durch eigene Verwaltungseinrichtungen, dh solche mit eigenem Personal, eigenen Sachmitteln und eigener Organisation wahrzunehmen, BVerfGE 119, 331 (367, 372 f.); BVerwGE 140, 245 Rn. 14.

[659] Ebenso *Katz* NVwZ 2010, 405 (406); vgl. auch *Winkler* JZ 2009, 1169 (1170); *Niedzwicki* KommJur 2011, 450 (453 ff.); *Engels,* Die Verfassungsgarantie kommunaler Selbstverwaltung, 2014, 483 ff.

[660] Vgl. *Stein* DVBl. 2010, 563 (569); *Kahl/Weißenberger* LKRZ 2010, 81 (83).

[661] BVerwG NVwZ 2009, 1305 Rn. 29. Vgl. *Mehde* in Maunz/Dürig Rn. 55, der von vornherein deutlich macht, dass es nur um die Aufrechterhaltung einer bereits erfolgten Aufgabenerfüllung gehen könne.

[662] Nach BVerwG NVwZ 2009, 1305 Rn. 29, soll es „nicht im freien Ermessen einer Gemeinde [stehen], ‚freie Selbstverwaltungsangelegenheiten' zu übernehmen oder sich auch jeder Zeit wieder dieser Aufgaben zu entledigen".

[663] *Ehlers* DVBl. 2009, 1456 (1456); *Mehde* in Maunz/Dürig Rn. 56.

[664] Vgl. Art. 72 Abs. 1 Verf MV; Art. 54 Abs. 1 Verf SchlH, nach denen die Gemeinden im Rahmen ihrer Leistungsfähigkeit zur Selbstverwaltung verpflichtet sind.

das System gemeindlicher Aufgaben in Frage.[665] Dem Bereich freiwilliger Selbstverwaltungsaufgaben liegt gerade **kein fester Aufgabenbestand** zugrunde, was sich jedoch mit einer Verpflichtung zur Selbstverwaltung aus Art. 28 Abs. 2, zumindest für die individuelle Gemeinde, andeuten würde.[666] Etwas anderes könnte sich allenfalls bei pflichtigen Selbstverwaltungsaufgaben unter Berücksichtigung des Untermaßverbots und eines **weiten gemeindlichen Entscheidungsspielraums** im Falle einer gänzlichen Untätigkeit oder unterhalb des Verfassungsrechts durch selbstbindende Mechanismen oder konkrete gesetzliche Vorgaben ergeben.[667]

d) Eingriffe und Rechtfertigung – „im Rahmen der Gesetze". Art. 28 Abs. 2 S. 1 garantiert die kommunale Selbstverwaltung im Rahmen der Gesetze. Auch wenn diese Gewährleistung nicht mit einem Grundrecht gleichzusetzen ist, wird unter Anlehnung an die herkömmliche Grundrechtsdogmatik von Eingriff, Gesetzesvorbehalt und Schranken gesprochen (→ Rn. 76).[668] 150

aa) Eingriffe. (1) Allgemeine Dogmatik. Jede **unmittelbar rechtlich wirkende Beschränkung** der eigenverantwortlichen Wahrnehmung einer Angelegenheit der örtlichen Gemeinschaft stellt einen rechtfertigungsbedürftigen Eingriff dar.[669] Dies gilt nicht nur für staatliche Maßnahmen, die das Institut der Selbstverwaltung an sich in Frage stellen, sondern auch schon bei punktuellen Eingriffen.[670] Bei **mittelbaren oder faktischen Beeinträchtigungen** handelt es sich – parallel zur Grundrechtsdogmatik –[671] nur dann um einen rechtfertigungsbedürftigen Eingriff, wenn sich entweder die Maßnahme nach Bedeutung und Zielrichtung auch an die Gemeinde richtet[672] oder besonders schwerwiegende Auswirkungen entfaltet, insbesondere wenn die kommunale Selbstverwaltung ausgehöhlt zu werden droht.[673] 151

Als Eingriffe kommen **Maßnahmen anderer Träger staatlicher Gewalt** in Betracht, auch anderer Gemeinden oder Kreise (→ Rn. 91).[674] Dabei kann sich ein Eingriff sowohl auf die gemeindliche Allzuständigkeit als auch die Eigenverantwortlichkeit des Handelns beziehen, auch wenn die Formulierung „im Rahmen der Gesetze" im Text zwischen beiden Elementen verortet ist.[675] **Alle drei Gewährleistungsebenen** des Art. 28 Abs. 2 (→ Rn. 80) 152

[665] Vgl. *Kahl/Weißenberger* LKRZ 2010, 81 (84).

[666] *Winkler* JZ 2009, 1169 (1170); *Kahl/Weißenberger* LKRZ 2010, 81 (84); *Mann* in BK Rn. 190.

[667] Vgl. *Kahl/Weißenberger* LKRZ 2010, 81 (84); *Ehlers* DVBl. 2009, 1456 (1456); *Schoch* DVBl. 2009, 1533 (1537); *Stepanek,* Verfassungsunmittelbare Pflichtaufgaben der Gemeinden, 2014, 111 f.; *Mehde* in Maunz/Dürig Rn. 56; *Mann* in BK Rn. 190. Zum Bestehen eines subjektiven öffentlichen Rechts, *Niedzwicki* KommJur 2011, 450 (453 ff.).

[668] Vgl. mit Unterschieden im Einzelnen BVerfGE 79, 127 (143); *Mehde* in Maunz/Dürig Rn. 97 ff., 112 ff.; *Dreier* in Dreier Rn. 124; *Mann* in BK Rn. 246.

[669] *Mehde* in Maunz/Dürig Rn. 97; *Mann* in BK Rn. 246; *Pieroth* in Jarass/Pieroth Rn. 34; vgl. *Gern/Brüning,* Deutsches Kommunalrecht, 2019, Rn. 118.

[670] *Schwarz* NVwZ 1997, 237 (242); *Mehde* in Maunz/Dürig Rn. 45; *Mann* in BK Rn. 154.

[671] *Mann* in BK Rn. 246 weist auf die Ähnlichkeiten zur berufsregelnden Tendenz hin.

[672] VerfGH NRW NVwZ-RR 1998, 473 (474).

[673] BayVerfGH NVwZ 1997, 481 (483).

[674] *Pieroth* in Jarass/Pieroth Rn. 34. Zu Eingriffen durch den Bundesgesetzgeber, *Dreier* in Dreier Rn. 112.

[675] *Lange,* Kommunalrecht, 2019, Kap. 1 Rn. 81; *Nierhaus/Engels* in Sachs Rn. 59; *Mann* in BK Rn. 248.

sind **taugliche Eingriffsobjekte**[676] einschließlich der individuellen Existenz einer Gemeinde.[677] Typischerweise sind von Eingriffen jedoch der gemeindliche Aufgabenbestand und die Eigenverantwortlichkeit der Aufgabenwahrnehmung betroffen.

153 Art. 28 Abs. 2 S. 1 enthält nicht nur eine Ermächtigung für Eingriffe, sondern ist auch Ausdruck einer gesetzlichen Ausgestaltungsbedürftigkeit.[678] Obwohl die Selbstverwaltungskompetenz der Gemeinden, anders als die der Gemeindeverbände (→ Rn. 183), vollständig verfassungsunmittelbar gewährleistet ist, unterliegt die gemeindliche Selbstverwaltung dennoch in erheblichem Maße einer **Ausgestaltung durch Gesetz.**[679] Als juristische Person, die überwiegend mit Rechtswirkungen handelt, ist die Gemeinde für ihr Wirken auf einen rechtlichen Rahmen angewiesen. Diese gesetzliche Ausformung der Selbstverwaltungseinrichtung erfolgt in eingriffsneutraler Weise.[680] Dies betrifft vor allem den Bereich der Organisations- und Personalhoheit (→ Rn. 125, 132), kann aber auch die Rechtsetzungshoheit berühren, wenn es um den Zuschnitt von Rechtsinstrumenten geht, die der Gemeinde zur Verfügung stehen (→ Rn. 138).[681] Der Gesetzgeber bewegt sich damit seit jeher (→ Rn. 162) im Spannungsfeld zwischen teilweise notwendiger Ausgestaltung, um einheitliche und rechtsstaatliche Handlungsfähigkeit herzustellen, und der Gefahr einer Aushöhlung der kommunalen Selbstverwaltung.[682] Eine Dogmatik zur Vereinbarkeit und Abgrenzung von Eingriff und Ausgestaltung, wozu eine Orientierung an der Dogmatik der Eigentumsgarantie in Betracht gezogen wird,[683] hat sich bislang nicht ergeben und stattdessen wird überwiegend die Eingriffsstruktur herangezogen.[684]

154 **(2) Eingriffe und gemeindlicher Aufgabenbestand.** Das **Entziehen von Angelegenheiten der örtlichen Gemeinschaft** stellt einen Eingriff in die gemeindliche Selbstverwaltungsgarantie dar (zur Situation bei Gemeindeverbänden → Rn. 186).[685] Dies gilt auch, wenn nur eine einzelne Aufgabe entzogen wird, da jeder Aufgabenentzug geeignet ist, das verfassungsrechtlich geschützte Prinzip der Allzuständigkeit (→ Rn. 93 ff.) zu relativieren.[686] Dies betrifft regelmäßig Fälle der **Hochzonung,** bei denen der Gesetzgeber die Wahrnehmung einer bestimmten Aufgabe einer höheren Verwaltungsebene zuweist, oder der Querzonung, bei denen Aufgaben anderen (Nachbar-) Gemeinden zugewiesen werden.[687] Einem rechtfertigungsbedürftigen Eingriff steht es nicht entgegen, wenn die entzogene Aufgabe einem Verwaltungsträger zur Wahrnehmung zugewiesen wird, bei dem es sich ebenfalls um eine

---

[676] *Mehde* in Maunz/Dürig Rn. 97.

[677] *Mann* in BK Rn. 248.

[678] Vgl. *Mehde* in Maunz/Dürig Rn. 99; *Nierhaus/Engels* in Sachs Rn. 61; *Henneke* in SHH Rn. 64; *Schmidt-Aßmann* FS 50 Jahre BVerfG II, 2001, 803 (818); *Schmidt-Jortzig* DÖV 1993, 973 (975); umfangreich *Engels,* Die Verfassungsgarantie kommunaler Selbstverwaltung, 2014, 147 ff., 525 ff.

[679] *Mehde* in Maunz/Dürig Rn. 104; *Nierhaus/Engels* in Sachs Rn. 59.

[680] *Löwer* in v. Münch/Kunig, 6. Aufl. 2012, Rn. 67.

[681] *Mehde* in Maunz/Dürig Rn. 104; *Nierhaus/Engels* in Sachs Rn. 59.

[682] *Mehde* in Maunz/Dürig Rn. 104; vgl. BVerfGE 91, 228 (238).

[683] *Schoch* VerwArch 81 (1990), 18 (26 f.); *Schink* VerwArch 81 (1990), 385 (402).

[684] *Mehde* in Maunz/Dürig Rn. 99; *Dreier* in Dreier Rn. 109; *Henneke* in SHH Rn. 64; *Nierhaus/Engels* in Sachs Rn. 61.

[685] BVerfGE 79, 127 (153); *Mann* in BK Rn. 249; *Nierhaus/Engels* in Sachs Rn. 68.

[686] *Mann* in BK Rn. 249.

[687] *Gern/Brüning,* Deutsches Kommunalrecht, 2019, Rn. 123.

Selbstverwaltungskörperschaft handelt, wie etwa dem Kreis (→ Rn. 181).[688] Für solche Konstellationen folgt jedoch aus Art. 28 Abs. 2, dass einerseits der interkommunalen Zusammenarbeit grundsätzlich der Vorrang einzuräumen ist[689] und andererseits, wenn es gleichwohl zum Aufgabenentzug kommt, ein fortwährendes Mitwirkungsrecht der Gemeinde (→ Rn. 88) entstehen kann.[690] Der Entzug von **Aufgaben des übertragenen Wirkungskreises** betrifft das gemeindliche Selbstverwaltungsrecht von vornherein nicht.[691]

Kommt es zu einer **freiwilligen Aufgabenübertragung** durch eine Gemeinde an einen anderen Träger öffentlicher Gewalt, fehlt es an einem Eingriff.[692] Von einer freiwilligen Übertragung kann jedoch nicht gesprochen werden, wenn eine Aufgabe durch gesetzliche Regelung einer Samtgemeinde übertragen wird und die betroffene Gemeinde sich zuvor freiwillig der Samtgemeinde angeschlossen hatte. Mit dem freiwilligen Beitritt zum neuen Aufgabenträger ist nicht eine Generalermächtigung für zukünftige Aufgabenübertragungen verbunden.[693] Auch die Einführung einer Einvernehmenspflicht, nach der die Aufgabenwahrnehmung durch den neuen Träger nur im Einvernehmen mit der betroffenen Gemeinde erfolgen darf, ist nicht gleichzusetzen mit einer freiwilligen Aufgabenübertragung und steht der Annahme eines Eingriffs nicht entgegen.[694] **155**

Auch die **Zuweisung von Aufgaben** kann in die gemeindliche Selbstverwaltungsgarantie eingreifen.[695] Denn mit solchen Vorgängen ist nicht per se eine Stärkung der gemeindlichen Position verbunden,[696] vielmehr kann mit der verpflichtend wirkenden Zuweisung von Aufgaben – staatlicher oder kommunaler Natur – auch eine Belastung verbunden sein, weil die Möglichkeiten, weitere selbst gewählte Aufgaben wahrzunehmen, schrumpfen können.[697] In finanzieller Hinsicht wird dies zwar durch das Konnexitätsprinzip abgemildert, aber auch die tatsächlichen Verwaltungsressourcen können in einer Art und Weise belastet werden, die nicht unmittelbar durch Finanzzuweisungen aufgefangen werden können.[698] Dieser Gedanke kann jedoch zu einer erheblichen Ausweitung von Eingriffskonstellationen führen, so dass für einen rechtfertigungsbedürftigen Eingriff zu fordern ist, dass die Gemeinde aufgrund der Aufgabenzuweisung auch in erheblicher Art und Weise in ihrer Organisations- oder Personalhoheit betroffen ist.[699] **156**

---

[688] *Mehde* in Maunz/Dürig Rn. 98; aA für die Übertragung einer gemeindlichen Aufgabe auf eine Samtgemeinde, der sich die betroffene Gemeinde freiwillig angeschlossen hat, BVerwGE 127, 155 Rn. 23.

[689] BVerfGE 147, 185 Rn. 86; *Ziekow* VerwArch 110 (2019), 68 (89).

[690] BVerfGE 138, 1 Rn. 60.

[691] Vgl. BVerfGE 107, 1 (18).

[692] BVerwGE 130, 52 Rn. 31; BVerwG NVwZ 2007, 584 (585); *Mehde* in Maunz/Dürig Rn. 98.

[693] *Mehde* in Maunz/Dürig Rn. 98; aA BVerwGE 127, 155 Rn. 23.

[694] *Ziekow* VerwArch 110 (2019), 68 (83).

[695] BVerfGE 119, 331 (353 f.); VerfGH NRW NVwZ 1996, 1100 (1100); VerfGH RhPf NVwZ 2001, 912 (914); LVerfG LSA NVwZ-RR 1999, 393 (396); BVerwGE 125, 68 Rn. 17; *Dreier* in Dreier Rn. 111; *Mann* in BK Rn. 250; *Mehde* in Maunz/Dürig Rn. 100; *Vogelgesang* in BerlKomm Rn. 151; *Henneke* in SHH Rn. 65; unklarer VerfGH Saarl NVwZ-RR 1995, 153 (153 f.).

[696] Vgl. *Meyer* DVBl. 2007, 78 (79).

[697] *Mehde* in Maunz/Dürig Rn. 100; *Mann* in BK Rn. 250; *Nierhaus/Engels* in Sachs Rn. 71.

[698] Vgl. *Mehde* in Maunz/Dürig Rn. 101; *Henneke* in SHH Rn. 66; *Mann* in BK Rn. 250.

[699] Vgl. *Mehde* in Maunz/Dürig Rn. 101.

157 **bb) Gesetzesvorbehalt.** Die Formulierung „im Rahmen der Gesetze" wird allgemein als **Ausdruck eines Gesetzesvorbehalts** verstanden,[700] macht aber zugleich auch die **Gesetzesbindung** deutlich, der Gemeinden als Träger öffentlicher Gewalt unterliegen.[701] Dieser Gesetzesvorbehalt erstreckt sich, trotz der textlichen Verortung, sowohl auf die Aufgaben der örtlichen Gemeinschaft als auch die Eigenverantwortlichkeit.[702] Die Regelung ermöglicht auch gesetzliche Ausgestaltungen (→ Rn. 153).

158 Grundsätzlich sind die **Länder** mit dem Gesetzesvorbehalt angesprochen.[703] Daneben ist es aber auch nicht gänzlich ausgeschlossen, dass auch der **Bund** trotz der Aufgabenübertragungsverbote des Art. 84 Abs. 1 S. 7, 85 Abs. 1 S. 2 und außerhalb des Rahmens des Art. 125a Abs. 1 S. 1 (→ Rn. 114 Fn. 479) nach wie vor auf den kommunalen Selbstverwaltungsbereich einwirkt; praktisch sind damit etwa Regelungen angesprochen, mit denen Aufgaben, die von vornherein Selbstverwaltungsangelegenheiten zum Gegenstand haben, zugleich aber in die Gesetzgebungszuständigkeit des Bundes fallen, deklaratorisch im Zuständigkeitsbereich der Kommunen geregelt werden (→ Art. 84 Rn. 32).[704] Maßgeblich könnte etwa sein, dass es sich hierbei um eine punktuelle Annexregelung zu einer Sachfrage handelt, für die der Bundesgesetzgeber zuständig ist, und diese Annexregelung für den wirksamen Gesetzesvollzug notwendig ist, zB Regelungen im Bereich der Bauleitplanung.[705] Das Durchgriffsverbot des Art. 84 Abs. 1 S. 7, das weit zu verstehen ist, erfasst hingegen die erstmalige Übertragung einer bestimmten Aufgabe sowie die funktionale äquivalente Erweiterung einer schon zuvor zugewiesenen Aufgabe.[706]

159 Dabei ist unklar, ob der Gesetzesvorbehalt des Art. 28 Abs. 2 auch verlangt, dass ein **eingreifendes Gesetz in jeglicher Hinsicht verfassungskonform** ist oder ob zB Verstöße gegen verfassungsrechtliche Kompetenzregelungen für den Gesetzgeber, aber auch Grundrechte oder grundrechtsgleiche Rechte nicht von einer Gemeinde geltend gemacht werden können.[707] Von manchen wird davon ausgegangen, dass Eingriffe in die kommunale Selbstverwaltung ähnlich wie Art. 2 Abs. 1 (→ Art. 2 Rn. 44) nur durch vollumfänglich verfassungskonforme Gesetze möglich sind.[708] Das BVerfG lehnt dies jedoch unter Verweis auf den **beschränkten Gewährleistungsbereich des Art. 28 Abs. 2** sowie die darauf bezogenen prozessualen Antragsrechte ab und verlangt ein Hineinwirken der geltend gemachten Rechtsposition in den Gewährleistungsbereich des Art. 28 Abs. 2.[709] Im Hinblick auf verfassungsrechtliche

[700] BVerfGE 79, 127 (143); 107, 1 (12); 110, 370 (402); 138, 1 Rn. 56; 147, 185 Rn. 81; *Dreier* in Dreier Rn. 109; *Mehde* in Maunz/Dürig Rn. 100.

[701] *Pieroth* in Jarass/Pieroth Rn. 38; für weitere Deutungsmöglichkeiten *Löwer* in v. Münch/Kunig, 6. Aufl. 2012, Rn. 67.

[702] BVerfGE 56, 298 (312); 79, 127 (143 ff.); 107, 1 (12); *Mann* in BK Rn. 248; *Dreier* in Dreier Rn. 109; *Nierhaus/Engels* in Sachs Rn. 59; *Lange,* Kommunalrecht, 2019, Kap. 1 Rn. 79 ff.

[703] *Dreier* in Dreier Rn. 110; *Nierhaus/Engels* in Sachs Rn. 62.

[704] *Ingold* DÖV 2010, 134 (137 f.); *Ingold* DÖV 2010, 732 (732 f.); *Dreier* in Dreier Rn. 112; *Löwer* in v. Münch/Kunig, 6. Aufl. 2012, Rn. 62; aA *Meßmann* DÖV 2010, 726 (729 ff.); *Schoch* in Henneke Kommunale Selbstverwaltung in der Bewährung, 2013, 17 f. Vgl. *Henneke* in SHH Rn. 72 ff.

[705] BVerfGE 77, 288 (299); *Dreier* in Dreier Rn. 112.

[706] Umfangreich BVerfG Beschl. v. 7.7.2020 – 2 BvR 696/12, Rn. 59 ff., 83 ff.

[707] *Mehde* in Maunz/Dürig Rn. 106; *Henneke* in SHH Rn. 75 f.

[708] *Hoppe* DVBl. 1995, 179 (185 f.); *Stern,* StaatsR I, 1984, 415.

[709] BVerfGE 91, 228 (245); 119, 331 (357); BVerfG NVwZ 1995, 370 (371); BVerwGE 100, 388 (391 f.); VGH Mannheim DVBl. 2016, 583 (583).

Kompetenzvorschriften hat das BVerfG zwar eine Rügefähigkeit der Art. 70 ff. sowie Art. 84 Abs. 1 S. 7 angenommen,[710] dies jedoch im Allgemeinen für Art. 84 Abs. 1 aF abgelehnt, weil diese Vorschrift primär die Zuständigkeiten von Bund und Ländern abgrenzt.[711] Eine grundsätzliche Beschränkung auf solche Normen, die das verfassungsrechtliche Bild der Selbstverwaltung mitbestimmen (→ Rn. 78), entspricht der Stellung der Kommunen im Verwaltungsaufbau des Staates. Im Falle von Kompetenzbestimmungen wie Art. 84 Abs. 1 aF, deren Anwendung auch erhebliche Auswirkungen auf die kommunale Selbstverwaltung haben kann, lässt sich dies aber nicht überzeugend verneinen, wie ein Vergleich mit den Art. 70 ff. zeigt.[712]

Der **Gesetzesbegriff** des Art. 28 Abs. 2 S. 1 erfasst **jede staatliche 160**
Rechtsnorm mit Außenwirkung,[713] also neben formellen Landes- oder Bundesgesetzen[714] auch Rechtsverordnungen[715], Satzungen anderer Träger öffentlicher Gewalt[716] und sonstige untergesetzliche Vorschriften wie Raumordnungsprogramme[717] oder Gebietsentwicklungspläne[718], außerdem auch Gewohnheitsrecht[719]. Kollidierendes Verfassungsrecht kann ebenfalls Grundlage von Beeinträchtigungen sein.[720] Im Falle wesentlicher Regelungen muss der Eingriff stets nach allgemeinen Grundsätzen auf ein formelles Gesetz zurückführbar sein.[721] Eingriffe und Ausgestaltungen sind auch durch primäres und sekundäres Unionsrecht möglich.[722]

cc) Schranken des Gesetzesvorbehalts. Der Wortlaut des Art. 28 Abs. 2 161
enthält zwar keinen ausdrücklichen Hinweis auf etwaige Schranken des Gesetzesvorbehalts, doch sind diese notwendig, damit die kommunale Selbstverwaltungsgarantie unter der freien Verfügungsmacht des Gesetzgebers nicht leer läuft.[723] Zu diesem Zweck kann auf Strukturen zurückgegriffen werden, die sich in vergleichbarer Weise auch bei Grundrechten finden (→ Rn. 76).[724]

---

[710] BVerfGE 137, 108 Rn. 127, 136.

[711] BVerfGE 119, 331 (358); BVerfG Beschl. v. 7.7.2020 – 2 BvR 696/12, Rn. 32 ff.; vgl. *Henneke* in SHH Rn. 75 f.

[712] *Schoch* DVBl. 2008, 937 (941 f.); *Korioth* DVBl. 2008, 812 (813 f.); *Henneke* in SHH Rn. 76. Vgl. VerfGH NRW BeckRS 2010, 47748 Ls. 2. Für eine Prüfung des Art. 80 Abs. 1 bei Eingriffen in Art. 28 Abs. 2, vgl. BVerfGE 26, 228 (237); 56, 298 (309); 76, 107 (117 f.); 107, 1 (15).

[713] *Lange,* Kommunalrecht, 2019, Kap. 1 Rn. 82 ff.; für einen weitergehenden Gesetzesbegriff *Schmidt-Aßmann* FS 50 Jahre BVerfG II, 2001, 804 (818).

[714] BVerwGE 138, 89 Rn. 22.

[715] BVerfGE 26, 228 (237); 56, 298 (309); 71, 25 (34); 76, 107 (117 f.); 107, 1 (15).

[716] BVerwGE 101, 99 (110 f.); vgl. BVerwGE 145, 378 Rn. 10; aA *Heintzen* Die Verwaltung 29 (1996), 17 (33).

[717] BVerfGE 76, 107 (114); skeptisch *Rennert* in Umbach/Clemens Rn. 81.

[718] VerfGH NRW NVwZ 1990, 456 (456); NVwZ-RR 1993, 542 (542 f.); NVwZ 2003, 202 (203 f.).

[719] VerfGH NRW NVwZ 1982, 431 (431); *Dreier* in Dreier Rn. 109; zweifelnd *Mann* in BK Rn. 245; *Schwarz* in MKS Rn. 186.

[720] BVerwG DVBl. 1979, 116 (117); *Mehde* in Maunz/Dürig Rn. 107; *Pieroth* in Jarass/Pieroth Rn. 38.

[721] *Dreier* in Dreier Rn. 109; *Mann* in BK Rn. 245; vgl. *Mehde* in Maunz/Dürig Rn. 105; *Ehlers* DVBl. 2000, 1301 (1306).

[722] *Mann* in BK Rn. 245; *Nierhaus/Engels* in Sachs Rn. 36; *Hellermann* in BeckOK GG Rn. 24; *Lohse* NVwZ 2016, 102 (105 f.); vgl. EuGH NVwZ 1990, 649 (650). Nach *Hellermann,* Örtliche Daseinsvorsorge und gemeindliche Selbstverwaltung, 2000, 66 ff. beschränkt Unionsrecht die kommunale Selbstverwaltungsgarantie nicht auf Grundlage des Art. 28 Abs. 2, sondern des Anwendungsvorrangs vor dem nationalen Recht.

[723] *Vogelgesang* in BerlKomm Rn. 135.

[724] *Mehde* in Maunz/Dürig Rn. 112.

162 **(1) Differenzierung zwischen Kern- und Randbereich.** Den bedeutendsten Schutz erfährt die kommunale Selbstverwaltung durch eine Differenzierung zwischen ihrem Kern- und Randbereich. Diesem Ansatz liegt die Rspr. des Staatsgerichtshofs für das Deutsche Reich zugrunde, der schon betonte, dass die Garantie kommunaler Selbstverwaltung durch den Gesetzgeber nicht ausgehöhlt werden und zu einem Scheindasein verkommen dürfe, sondern den Kommunen als kraftvolle Betätigungsmöglichkeit verbleiben müsse.[725] Das BVerfG hat diesen Gedanken frühzeitig bestätigt und in ständiger Rspr. dahingehend konkretisiert, dass der Selbstverwaltungsgarantie ein **Kernbereich** (bzw. Wesensgehalt) innewohne, der unangetastet bleiben muss und für den einfachen Gesetzgeber eine unüberwindbare Schranke darstellt.[726] Der **Randbereich** ist hingegen durch eine relative Einschränkbarkeit gekennzeichnet, so dass Eingriffe auf Grundlage des Gesetzesvorbehalts unter Berücksichtigung allgemeiner verfassungsrechtlicher Schranken gerechtfertigt werden können (→ Rn. 167 ff.). Der kommunalen Selbstverwaltung liegt damit eine Struktur zugrunde, die der grundrechtlichen Wesensgehaltsgarantie vergleichbar ist.[727]

163 Die **inhaltliche Bestimmung des Kernbereichs** kämpft seit jeher mit einer gewissen **Unschärfe.**[728] Das BVerwG versuchte anfänglich mit einer **Subtraktionsmethode** vorzugehen, indem es betrachtete, ob einer Kommune nach einem Eingriff noch ausreichende Handlungsspielräume verbleiben würden.[729] Dies erwies sich aber als unpraktikabel; der Minimalstandard konnte damit allenfalls verteidigt, nicht aber verhindert werden.[730] Auch eine abschließende quantitative Bestimmung des Kernbereichs durch einen gegenständlich bestimmten bzw. nach feststehenden Merkmalen bestimmbaren **Aufgabenkatalog** oder über verbindlich definierte Modalitäten der Eigenverantwortlichkeit lässt sich kaum erreichen.[731]

164 Der Kerngehalt der Selbstbestimmung wird mittlerweile über eine **qualitativ-materiell geprägte Herangehensweise** bestimmt. Das BVerfG stellt hierzu zum einen auf das **herkömmliche Bild der Selbstverwaltung** ab, wie es durch die historischen und regionalen Entwicklungen und Erscheinungsformen, aber auch das aktuelle Erscheinungsbild geprägt wird,[732] auch

---

[725] RGZ 126, Anh. 14 (22 f.); vgl. *Mann* in BK Rn. 245; *Schwarz* in MKS Rn. 190.

[726] BVerfGE 1, 167 (175); 7, 358 (364); 17, 172 (182); 23, 353 (365); 26, 172 (180); 59, 216 (226); 79, 127 (146); 83, 363 (381); 91, 228 (238); 107, 1 (12); 125, 141 (167); 138, 1 (21 f.); *Dreier* in Dreier Rn. 115; *Mehde* in Maunz/Dürig Rn. 113; *Mann* in BK Rn. 252; *Nierhaus/Engels* in Sachs Rn. 64; *Henneke* in SHH Rn. 77; *Lange,* Kommunalrecht, 2019, Kap. 1 Rn. 92; *Schmidt-Jortzig,* Kommunalrecht, 1982, Rn. 516 ff.; *Maurer* DVBl. 1995, 1037 (1044).

[727] *Mann* in BK Rn. 252, 259; *Dreier* in Dreier Rn. 115; *Schwarz* in MKS Rn. 191; *Pieroth* in Jarass/Pieroth Rn. 41.

[728] Vgl. zusammenfassend zur Bestimmung des Kernbereichs *Kühne* FS f. Faber, 2007, 35 (35 ff.); *Wolff* VerwArch 100 (2009), 280 (297 f.).

[729] BVerwGE 6, 19 (25); 6, 342 (345); 67, 321 (322); dazu *Stern,* StaatsR I, 1984, 416 f.; *Schoch* VerwArch 81 (1990), 18 (30 f.).

[730] BVerfGE 79, 127 (148); 119, 331 (363).

[731] BVerfGE 79, 127 (146); *Mann* in BK Rn. 253; *Nierhaus/Engels* in Sachs Rn. 64; *Dreier* in Dreier Rn. 115. Zu einer relativen und quantitativ geprägten Betrachtung eines kommunalen Aufgabenbestands *Schliesky/Ernst/Schulz,* Aufgabenbestand, Legitimationsbedarf und Entwicklungspotential der Ämter in Schleswig-Holstein, 2009, 44 ff.

[732] BVerfGE 17, 172 (182); 23, 353 (366); 59, 216 (226); 76, 107 (117 f.); 79, 127 (146); 83, 363 (381); 91, 228 (238); 125, 141 (167); 138, 1 Rn. 46 f.; VerfGH RhPf NVwZ 1993, 159 (160); NVwZ 2000, 801 (802); *Schwarz* in MKS Rn. 200; *Nierhaus/Engels* in Sachs Rn. 64.

wenn mitunter unklar bleibt, ob der Befund, der sich dabei ergibt, zur Bestimmung eines Kerngehalts ausreicht und ausreichend Kontinuität aufweist.[733] Zum anderen kann an die **identitätsbestimmenden Merkmale kommunaler Selbstverwaltung** angeknüpft werden, die einer Gemeinde nicht rechtlich oder faktisch entzogen werden dürfen, um sicherzustellen, dass die Garantie kommunaler Selbstverwaltung **nicht ausgehöhlt** und beseitigt wird oder die eigenverantwortliche Gestaltungsfähigkeit erstickt wird.[734] Die Selbstverwaltungsgarantie darf kein bloßes Scheindasein führen.[735] Der so bestimmte Kernbereich wird institutionell, nicht aber im Hinblick auf die einzelne Gemeinde geschützt.[736] Räumlich abgegrenzte Eingriffe zu Lasten einzelner Gemeinden berühren grundsätzlich nicht den Kernbereich, aber auch gesetzliche Beeinträchtigungen aller Gemeinden führen nicht schon aufgrund ihrer generellen Wirkung zu einem Eingriff in den Kernbereich.[737]

Dem **Kernbereich zugeordnet** werden kann im Einzelnen das **Prinzip der Universalität** als allgemeine Struktur (→ Rn. 93 ff.).[738] Auch die Funktionsfähigkeit der gewählten Kommunalorgane wird dem Kernbereich zugerechnet.[739] Die einzelnen Gemeindehoheiten als solche unterfallen in ihrem Grundbestand zwar dem Kernbereichsschutz,[740] doch ist ihre Beseitigung auch kaum denkbar. Dessen ungeachtet können aber auch **grundlegende Bestandteile und Erscheinungsformen der Gemeindehoheiten** als Element des Kernbereichs absoluten Schutz genießen, wobei das BVerfG dies bislang nur vereinzelt und in Ansätzen skizziert hat.[741] Ein Ersticken der Organisationshoheit ist dem Gericht nach anzunehmen, wenn die Gemeindeorganisation der freien Gestaltung staatlicher Behörden ausgesetzt wäre oder Gemeinden die Fähigkeit verlieren, eine Hauptsatzung zu erlassen bzw. ihr dafür kein eigenverantwortlicher Gestaltungsspielraum verbleibt.[742] Im Hinblick auf die Gebietshoheit umfasst der Kernbereich nach der Verfassungsrechtsprechung das gemeindliche Recht, das Bestands- und Gebietsänderungen nur nach Anhörung und aus Gründen des öffentlichen Wohls zulässig sind (→ Rn. 83).[743] Inwiefern auch die Planungs- 165

---

[733] *Mann* in BK Rn. 255; *Hufen* FS f. Maurer, 2001, 1177 (1177 f.); *Blümel* VerwArch 73 (1982), 329 (342 f.); *Mehde* in Maunz/Dürig Rn. 114.

[734] BVerfGE 56, 298 (312); 79, 127 (146); 91, 228 (239); 103, 332 (366); 107, 1 (12 f.); 125, 141 (168); VerfGH NRW NVwZ 1996, 1100 (1100); VerfGH RhPf NVwZ 1993, 159 (160); BVerwG NVwZ 2006, 1404 Rn. 7; *Stern* in BK (Zweitbearbeitung) Rn. 123; *Mann* in BK Rn. 256; *Mehde* in Maunz/Dürig Rn. 115; *Pieroth* in Jarass/Pieroth Rn. 41.

[735] BVerfGE 103, 332 (366); vgl. *Nierhaus/Engels* in Sachs Rn. 64.

[736] BVerfGE 56, 298 (312 f.); 76, 107 (119); 103, 332 (366); *Mehde* in Maunz/Dürig Rn. 115.

[737] BVerfGE 103, 332 (366).

[738] *Mehde* in Maunz/Dürig Rn. 116; *Nierhaus/Engels* in Sachs Rn. 64; *Henneke* in SHH Rn. 78.

[739] BayVerfGH NVwZ-RR 1998, 82 (85 f.).

[740] BVerfGE 138, 1 Rn. 59; vgl. BVerfGE 52, 95 (117); 103, 332 (366); 125, 141 (168); *Dreier* in Dreier Rn. 116; *Ziekow* VerwArch 110 (2019), 68 (78); weitreichender VerfGH NRW NVwZ-RR 1998, 473 (475).

[741] *Nierhaus/Engels* in Sachs Rn. 64.

[742] BVerfGE 91, 228 (239); 107, 1 (13); 137, 108 Rn. 117; BVerwGE 123, 159 (163).

[743] BVerfGE 86, 90 (107); *Henneke* in SHH Rn. 78; kritisch *Waechter* AöR 135 (2010), 327 (347). Nach *Mann* in BK Rn. 200 soll zum Kernbereich auch die Existenz eines wie auch immer beschaffenen Gemeindegebiets gehören, allerdings könnte dies, wenn man es nicht als Synonym der institutionellen Rechtssubjektsgarantie verstehen würde, der Auflösung einzelner Gemeinden entgegenstehen.

hoheit dem Kernbereich unterfällt, hat das BVerfG bislang offen gelassen.[744] Aufgrund des unmittelbaren Örtlichkeitsbezugs und der Relevanz wird man die Befugnis zur Bebauungsplanung dem Kernbereich der Planungshoheit zuordnen müssen, nicht aber die Flächennutzungsplanung.[745] Die Möglichkeit, eigenes Personal auszuwählen, gehört mit der Dienstherrenfähigkeit zum Kernbereich der Personalhoheit.[746] Der Kernbereich der Rechtsetzungshoheit deckt zumindest die Befugnis ab, überhaupt abstrakt-generelle Regelungen zu erlassen,[747] wobei mit einem solch engen Verständnis faktisch der Grundbestand der Gemeindehoheit angesprochen ist. Der Kernbereich der Finanzhoheit umfasst eine finanzielle Mindestausstattung (→ Rn. 189).[748] Das Namensrecht ist nicht vom Kernbereich umfasst.[749]

166 Die **Kernbereichslehre** wird in Teilen der Literatur immer wieder **in Frage gestellt.** Dies beruht nicht nur auf der fehlenden Verankerung im Wortlaut,[750] sondern vor allem auf Abgrenzungsproblemen zum Randbereich[751] und den überschaubaren praktischen Auswirkungen.[752] Anstelle eines Kernbereichs wird vorgeschlagen, den Verhältnismäßigkeitsgrundsatz heranzuziehen.[753] Ein solcher Strukturwechsel dürfte indes allenfalls einen geringen Rationalitätsgewinn erbringen.[754] Faktisch haben sich beide Modelle ohnehin schon angenähert. Mit dem Institut des Kernbereichs ist zumindest eine eindeutige Signalfunktion für den Gesetzgeber verbunden.[755]

167 **(2) Verhältnismäßigkeitsgrundsatz.** Eingriffe in den Randbereich der kommunalen Selbstverwaltungsgarantie müssen verhältnismäßig sein.[756] Die **Anwendung des Verhältnismäßigkeitsgrundsatzes** im Rahmen des Art. 28 Abs. 2 ist jedoch **nicht unumstritten;** insbesondere das BVerfG ließ phasenweise den Eindruck aufkommen, es würde sich vom Verhältnismäßigkeitsgrundsatz als Schranke des Gesetzesvorbehalts abwenden.[757]

---

[744] BVerfGE 56, 298 (313); 76, 107 (118 f.); 103, 332 (365 f.).

[745] *Dreier* in Dreier Rn. 130; *Nierhaus/Engels* in Sachs Rn. 56; zu einem Handelssystem für Flächenausweisungsrechte *Senftleben* ZUR 2008, 64 (67).

[746] *Wolff* VerwArch 100 (2009), 280 (297); *Mehde* in Maunz/Dürig Rn. 116.

[747] *Geis,* Kommunalrecht, 2020, § 8 Rn. 2; *Mann* in BK Rn. 230.

[748] Vgl. dazu *Schoch* ZG 2019, 114.

[749] BVerfGE 59, 216 (226); *Mann* in BK Rn. 155.

[750] *Mann* in BK Rn. 258.

[751] SchlHLVerfG NordÖR 2010, 155 Rn. 81; BayVerfGH BayVBl. 1976, 622 (623); NdsStGH NVwZ 1997, 58 (59); *Nierhaus/Engels* in Sachs Rn. 66; *Mehde* in Maunz/Dürig Rn. 113.

[752] *Schoch* VerwArch 81 (1990), 18 (31 f.); *Nierhaus/Engels* in Sachs Rn. 67; *Mehde* in Maunz/Dürig Rn. 113. *Lange,* Kommunalrecht, 2019, Kap. 1 Rn. 92, weist darauf hin, dass das BVerfG bislang lediglich in einem Fall einen Eingriff in den unantastbaren Kernbereich angenommen hat, vgl. dazu BVerfGE 86, 90 (107 ff.).

[753] *Ehlers* in Ehlers/Krebs Grundfragen des Verwaltungsrechts und Kommunalrechts, 2015, 59 (81 f.); *Ehlers* DVBl. 2000, 1301 (1307 f.); *Ipsen* ZG 1994, 194 (208 ff.); *Stern,* StaatsR I, 1984, 415.

[754] *Mann* in BK Rn. 260.

[755] *Schwarz* in MKS Rn. 191.

[756] BVerfGE 125, 141 (167 ff.); 138, 1 Rn. 54 ff.; SchlHLVerfG NVwZ-RR 2012, 913 (914); VerfGH NRW NVwZ 2003, 202 (203); BVerwGE 138, 89 Rn. 21; *Mehde* in Maunz/Dürig Rn. 118; *Mann* in BK Rn. 257; *Pieroth* in Jarass/Pieroth Rn. 43. Ablehnend für Eingriffe in die Finanzhoheit *Waechter* AöR 135 (2010), 327 (334 f.).

[757] Der Verhältnismäßigkeitsgrundsatz wird herangezogen in BVerfGE 26, 228 (241); 56, 298 (313); dann in BVerfGE 79, 127 (143 ff.) erkennbar vermieden, vgl. auch BVerfGE 83, 363 (381 ff.), und in BVerfGE 125, 141 (167 ff.); 138, 1 Rn. 54 ff. wieder verwendet; relativierend *Nierhaus/Engels* in Sachs Rn. 73; dazu *Dreier* in Dreier Rn. 114, 118.

Die Skepsis gegenüber dem Verhältnismäßigkeitsgrundsatz wird damit begründet, dass Art. 28 Abs. 2 eine staatsorganisationsrechtliche institutionelle Kompetenzgarantie[758] enthalte, hingegen der Verhältnismäßigkeitsgrundsatz Ausdruck grundrechtlichen Schutzes sei.[759] Doch selbst das BVerfG hat den Verhältnismäßigkeitsgrundsatz als übergreifende Leitregel zumindest auch im objektiven Rechtsstaatsprinzip verortet.[760] Der Verhältnismäßigkeitsgrundsatz sichert nicht nur die Ausübung von Freiheiten, sondern bindet auch staatliches Handeln und dient damit dem Gewaltenteilungsprinzip, das auch gerade durch das System der kommunalen Selbstverwaltung verwirklicht wird (→ Rn. 71). Als **allgemeines Prinzip zur Begrenzung staatlichen Handelns** kann der Verhältnismäßigkeitsgrundsatz deshalb auch im Verhältnis von kommunalen Selbstverwaltungskörperschaften und staatlichen Eingriffen eine rationale Lösung unter Berücksichtigung spezifischer Gemeinwohlziele herbeiführen.[761]

Der **gerichtliche Kontrollmaßstab** bei der Anwendung des Verhältnis- **168**
mäßigkeitsgrundsatzes ist variabel und umso intensiver, je belastender die Folgen der staatlichen Maßnahme für die kommunale Selbstverwaltung sind.[762] Zu seiner Bestimmung im Einzelfall können **verschiedene Kriterien** betrachtet werden: die Eingriffsintensität, die Bedeutung des mit der Maßnahme verfolgten Zwecks, die Bedeutung des betroffenen Sachbereichs oder die Strukturen der staatlichen Maßnahme.[763] Bei der Betrachtung der Struktur staatlicher Maßnahmen ist zu berücksichtigen, dass dem Gesetzgeber insbesondere bei der Bestimmung der verfolgten Gemeinwohlziele und kommunalen Aufgaben ein **weiter Einschätzungs- und Beurteilungsspielraum** zukommt.[764] Dieser kann im Hinblick auf den Zuschnitt einer Aufgabe, auf die Bestimmung ihres örtlichen Bezugs und bei der Abwägungsentscheidung in der Sache zum Tragen kommen.[765]

Im Ergebnis kann der gerichtliche Kontrollmaßstab von einer bloßen **169**
Evidenzkontrolle über eine Vertretbarkeitskontrolle bis hin zu einer umfangreichen Inhaltskontrolle reichen.[766] Zur Beachtung der **gesetzgeberischen Einschätzungsprärogative** gehen Rspr. und Literatur, insbesondere bei einem Aufgabenentzug (→ Rn. 154), überwiegend von einer Absenkung des

---

[758] Dazu *Schoch* VerwArch 81 (1990), 18 (32 ff.); *Clemens* NVwZ 1990, 834 (835); im Hinblick auf Gebietsreformen *Bull* DVBl. 2008, 1 (9 f.).

[759] *Rennert* in Umbach/Clemens Rn. 76, 141; ablehnend zu einer Anwendung des Verhältnismäßigkeitsgrundsatzes im Staatsorganisationsrecht BVerfGE 81, 310 (338). Zur stärkeren Differenzierung zwischen individueller Freiheitssphäre und staatlichem Organisationsgefüge *Kenntner* DÖV 1998, 701 (708 ff.); *Ehlers* DVBl. 2000, 1301 (1303); *Lusche,* Die Selbstverwaltungsaufgaben der Landkreise, 1998, 28 ff. jeweils mwN.

[760] BVerfGE 19, 342 (348 f.); 23, 127 (133); 58, 283 (290); vgl. *Henneke* in SHH Rn. 83; ausdrücklich für Art. 28 Abs. 2 *Lange,* Kommunalrecht, 2019, Kap. 1 Rn. 105.

[761] Vgl. *Mehde* in Maunz/Dürig Rn. 119.

[762] BVerfGE 79, 127 (154); 83, 363 (382 f.); 110, 370 (401); *Hoppe* DVBl. 1995, 179 (186 f.); *Pieroth* in Jarass/Pieroth Rn. 43.

[763] *Hoppe* DVBl. 1995, 179 (187) weist etwa auf den Unterschied zwischen wirtschaftslenkenden Gesetzen und Gebietsentwicklungsplänen oder zwischen der Auflösung einer Gemeinde und einer Freiraumfläche im Gebietsentwicklungsplan hin. Nach *Schwarz* in MKS Rn. 207 ist der Bereich der Daseinsvorsorge von besonderer Bedeutung.

[764] BVerfGE 59, 216 (229); 79, 127 (153); 83, 363 (382 f.); 107, 1 (14); 119, 331 (363); *Mann* in BK Rn. 257; *Mehde* in Maunz/Dürig Rn. 121; *Lange,* Kommunalrecht, 2019, Kap. 1 Rn. 102.

[765] *Rennert* in Umbach/Clemens Rn. 128; *Lange,* Kommunalrecht, 2019, Kap. 1 Rn. 102 f.

[766] *Hoppe* DVBl. 1995, 179 (186).

Kontrollmaßstabs auf die Vertretbarkeit einer Entscheidung aus, was die Freiheit von sachfremden Erwägungen einschließt.[767] Im Übrigen können Anleihen bei der verwaltungsrechtlichen Abwägungsfehlerlehre genommen werden, zB ob der zugrunde liegende Sachverhalt vollständig ermittelt wurde,[768] doch ist jeweils im konkreten Fall zu prüfen, ob solche Parallelen tatsächlich bestehen. In diesem Zusammenhang sind dem Gesetzgeber auch Typisierungen erlaubt (→ Rn. 177). Erscheint im Einzelfall eine weitergehende Absenkung des Kontrollmaßstabs geboten, führt dies im Ergebnis dazu, dass danach zu fragen ist, ob evident besser geeignete Mittel vorhanden gewesen sind.[769]

170 Zwar lässt sich eine eindeutige **Abgrenzung zwischen Ausgestaltung und Eingriff** nicht ausmachen (→ Rn. 153), doch kann dieser Mechanismus eines eingeschränkten Kontrollmaßstabs auch den gemeindeinternen Bereich, der der kommunalen Aufgabenwahrnehmung vorgelagert ist und sich vor allem in der Organisations- und Personalhoheit ausdrückt (→ Rn. 123), sachgerecht erfassen.[770] Dabei geht es um die gesetzgeberische Ausgestaltung derjenigen Strukturen und Voraussetzungen (→ Rn. 81), die notwendig sind, um die eigentlichen gemeindlichen Aufgaben wahrnehmen zu können.

171 Eingriffe in die kommunale Selbstverwaltung müssen **Gründen des allgemeinen Wohls** dienen.[771] Überdies müssen staatliche Maßnahmen nach allgemeinen Grundsätzen **geeignet und erforderlich** sein. Eingriffe sind deshalb auf das in sachlicher und zeitlicher Hinsicht erforderliche Maß zu beschränken.[772] Im Rahmen der Erforderlichkeit kommt dem Einschätzungs- und Beurteilungsspielraum des Gesetzgebers besondere Bedeutung zu.[773]

172 Die **Angemessenheit** einer Maßnahme verlangt eine **umfassende Güterabwägung.** Dabei können sich faktisch unterschiedliche Auswirkungen ergeben, je nachdem ob die fragliche Maßnahme die Eigenverantwortlichkeit mit Gemeindehoheiten (→ Rn. 117 ff.) oder den örtlichen Gewährleistungsbereich mit gemeindlichen Aufgabenverteilungsprinzip und Prinzip der Allzuständigkeit (→ Rn. 92 ff.) betrifft. Bei Eingriffen in die Art und Weise der eigenverantwortlichen Aufgabenerledigung ist das überörtliche Interesse mit der örtlichen Rechtsposition der Gemeinde abzuwägen.[774] Bei Eingriffen in die gemeindliche Aufgabenzuständigkeit kommt es verstärkt darauf an, ob der Zweck der Maßnahme mit dem verfassungsrechtlichen Aufgabenverteilungsprinzip in einem angemessenen Verhältnis steht.[775] Nach dem BVerfG gehen mit dieser Unterscheidung sogar auf einer normativen Ebene strenge Anforderungen für Eingriffe in den Aufgabenbereich einher,[776] wobei dabei unausgesprochen davon ausgegangen wird, dass beim Aufgabenentzug der

---

767 BVerfGE 79, 127 (154); *Clemens* NVwZ 1990, 834 (836); *Rennert* in Umbach/Clemens Rn. 129; *Gern/Brüning,* Deutsches Kommunalrecht, 2019, Rn. 127; *Dreier* in Dreier Rn. 114; *Nierhaus/Engels* in Sachs Rn. 70; *Henneke* in SHH Rn. 82.

768 *Hoppe* DVBl. 1995, 179 (186); *Schwarz* in MKS Rn. 205.

769 VerfG Bbg LKV 2000, 199 (202); *Mehde* in Maunz/Dürig Rn. 121.

770 Vgl. *Schwarz* in MKS Rn. 188; *Hellermann* in BeckOK GG Rn. 48, 48.4.

771 BVerwGE 156, 102 (110); *Gern/Brüning,* Deutsches Kommunalrecht, 2019, Rn. 123 ff.; *Hellermann* in BeckOK GG Rn. 48.2; *Pieroth* in Jarass/Pieroth Rn. 42.

772 *Gern/Brüning,* Deutsches Kommunalrecht, 2019, Rn. 125.

773 *Mehde* in Maunz/Dürig Rn. 121.

774 BVerfGE 56, 298 (313 f.); 76, 107 (119 f.); 103, 332 (366 f.); BayVerfGH NVwZ 1989, 551 (552); NVwZ 1993, 163 (165); NVwZ 1997, 481 (482); *Mehde* in Maunz/Dürig Rn. 122; *Pieroth* in Jarass/Pieroth Rn. 45; vgl. auch *Rennert* in Umbach/Clemens Rn. 141.

775 *Nierhaus/Engels* in Sachs Rn. 68; *Schwarz* in MKS Rn. 203.

776 BVerfGE 103, 332 (366 f.); *Lange,* Kommunalrecht, 2019, Kap. 1 Rn. 101.

Verhältnismäßigkeitsgrundsatz nicht zur Anwendung kommt und durch eine Prüfung eigener Art am Maßstab des Aufgabenverteilungsprinzips ersetzt wird (→ Rn. 100).[777]

Das **überörtliche Interesse,** das hinter einem Eingriff steht, konzentriert sich in erster Linie auf die Sicherstellung einer ordnungsgemäßen Aufgabenwahrnehmung.[778] Dabei ist es nicht notwendig, einen konkreten Mangel zu identifizieren, solange insgesamt eine Verbesserung bezweckt wird.[779] Dies kann auch in Gestalt einer sachgerechten Weiterentwicklung der kommunalen Rechtsstrukturen erfolgen unter Berücksichtigung der historischen Entwicklung.[780] Dabei müssen die Beurteilungsspielräume der Kommune berücksichtigt und gewahrt werden.[781] Die Beteiligung der Bürger und sonstiger Betroffener in diesem Zusammenhang ist ein bedeutendes Element kommunaler Selbstverwaltung (→ Rn. 72), das aber keinen generellen Vorrang gegenüber den gesamtstaatlichen Interessen genießt.[782] Der Gesetzgeber kann auch den Zweck verfolgen, das Interesse Privater zu schützen, wie etwa beim Ziehen von Grenzen kommunalwirtschaftlicher Betätigung.[783] 173

Insbesondere im Hinblick auf einen **Aufgabenentzug** ergibt sich daraus ein **Spannungsverhältnis von Verwaltungseffizienz und Bürgernähe.**[784] Bloße Zwecke der Verwaltungsvereinfachung, Zuständigkeitskonzentration oder Effizienzsteigerung reichen nicht aus.[785] Wesensmerkmal der kommunalen Selbstverwaltungsgarantie ist gerade eine dezentrale und eigenverantwortliche Aufgabenerledigung.[786] Deshalb reichen auch bloße Erwägungen zur Wirtschaftlichkeit und Sparsamkeit nicht aus, um die Funktionen der Selbstverwaltung zurücktreten zu lassen.[787] Notwendig sind vielmehr unverhältnismäßige Kostensteigerungen, die mit der weiteren Aufgabenerledigung durch die Gemeinde verbunden sind.[788] 174

Insgesamt bietet der Verhältnismäßigkeitsgrundsatz die Möglichkeit, auf vielfältige Weise die spezifische Weite eines gesetzgeberischen Einschätzungs- und Beurteilungsspielraums zu kompensieren.[789] So ist es auch nicht ausgeschlossen, dass Beeinträchtigungen der kommunalen Selbstverwaltungsgarantie im Bereich der Eigenverantwortlichkeit mit Ausgleichsregelungen verbunden sind.[790] Bei der Entziehung von Aufgaben können Mitwirkungs- 175

[777] Vgl. BVerfGE 79, 127 (153).

[778] Für den Bereich der Eigenverantwortlichkeit BVerfGE 107, 1 (14); *Mehde* in Maunz/Dürig Rn. 120; zu diesem Zweck im Zusammenhang mit einem Aufgabenentzug *Dreier* in Dreier Rn. 117; *Schwarz* in MKS Rn. 203; *Ziekow* VerwArch 110 (2019), 68 (81).

[779] *Mehde* in Maunz/Dürig Rn. 120.

[780] *Nierhaus/Engels* in Sachs Rn. 64; *Mehde* in Maunz/Dürig Rn. 122.

[781] BVerfGE 83, 363 (387); 91, 228 (241); *Henneke* in SHH Rn. 81; *Lange,* Kommunalrecht, 2019, Kap. 1 Rn. 115.

[782] *Mehde* in Maunz/Dürig Rn. 117.

[783] VerfGH RhPf NVwZ 2000, 801 (804).

[784] *Mehde* in Maunz/Dürig Rn. 124.

[785] BVerfGE 79, 127 (153); 138, 1 Rn. 58; *Ziekow* VerwArch 110 (2019), 68 (80 f.); *Dreier* in Dreier Rn. 117; *Nierhaus/Engels* in Sachs Rn. 69; *Mehde* in Maunz/Dürig Rn. 120; *Henneke* in SHH Rn. 80; *Hellermann* in BeckOK GG Rn. 48; zu diesen Überlegungen im Rahmen einer Kreisgebietsreform LVerfG MV NordÖR 2007, 353 (355 f.).

[786] *Gern/Brüning,* Deutsches Kommunalrecht, 2019, Rn. 123.

[787] BVerfGE 79, 127 (153); 138, 1 Rn. 58; *Dreier* in Dreier Rn. 117; *Henneke* in SHH Rn. 80; *Hellermann* in BeckOK GG Rn. 48.

[788] *Nierhaus/Engels* in Sachs Rn. 69; *Dreier* in Dreier Rn. 117; vgl. *Mehde* in Maunz/Dürig Rn. 120.

[789] *Mehde* in Maunz/Dürig Rn. 123.

[790] *Lange,* Kommunalrecht, 2019, Kap. 1 Rn. 116.

rechte, die der betroffenen Gemeinde eingeräumt werden (→ Rn. 88), die Intensität der Beeinträchtigung verringern.[791]

176 **(3) Sonstige Grenzen.** Neben die Einschränkungen, die sich aus der Kernbereichslehre und dem Verhältnismäßigkeitsgrundsatz ergeben, treten weitere Grenzen für das staatliche Handeln, die ebenfalls Parallelen zur Grundrechtslehre aufweisen. Gemeinden können ein **kommunales Gleichbehandlungsgebot** geltend machen,[792] dass es verbietet, einzelne Gemeinden zu benachteiligen oder zu bevorzugen, ohne dass dem eine sachlich vertretbare Differenzierung zugrunde läge.[793] Dieses Gleichbehandlungsgebot folgt zwar nicht aus Art. 3, ergibt sich aber als objektiver Rechtsgrundsatz aus Art. 28 Abs. 2, Art. 20 Abs. 1, 3.[794] Daraus folgt auch ein **Willkürverbot.**[795] Praktische Relevanz kommt dem Gleichbehandlungsgebot insbesondere bei der konkreten Ausgestaltung des kommunalen Finanzausgleichs zu (→ Rn. 194).[796]

177 Im Rahmen des Gleichbehandlungsgebots und Willkürverbots kommt es maßgeblich darauf an, dass eine differenzierende Maßnahme von Sachgerechtigkeit sowie vertretbaren und objektiv bestehenden Gründen getragen wird, mit einem stringenten Gesamtkonzept vereinbar ist und auf einer vollständigen Sachverhaltsermittlung beruht (→ Rn. 168 f.).[797] Bei der Mittel- oder Güterallokation muss ein transparentes Verteilungsverfahren zur Anwendung kommen.[798] Angesichts der tatsächlichen Unterschiede zwischen Gemeinden sind **Typisierungen und Pauschalierungen** durch den Gesetzgeber zulässig und praktisch notwendig.[799] Dabei müssen nicht die Gegebenheiten jeder einzelnen Gemeinde oder jeder denkbaren Gruppe von Gemeinden berücksichtigt werden.[800]

178 Auch für Gesetze, die sich auf die kommunale Selbstverwaltung von Gemeinden auswirken, sind das **Rückwirkungsverbot** und schutzwürdige Vertrauenspositionen zu beachten. Es gilt der **Bestimmtheitsgrundsatz.**[801] Im Übrigen gilt ein **Grundsatz kommunalfreundlichen Verhaltens.**[802]

179 **e) Selbstverwaltungsrecht der Gemeindeverbände (Abs. 2 S. 2).** Art. 28 Abs. 2 S. 2 bestimmt, dass auch die Gemeindeverbände im Rahmen ihres gesetzlichen Aufgabenbereiches nach Maßgabe der Gesetze das Recht der Selbstverwaltung haben. Im Grundsatz entspricht dieses Selbstverwal-

---

791 *Lange,* Kommunalrecht, 2019, Kap. 1 Rn. 106.

792 Für eine grundsätzlich auch anspruchsbegründende Wirkung *Mehde* in Maunz/Dürig Rn. 173; aA *Mann* in BK Rn. 261.

793 BVerfGE 150, 1 Rn. 213; VG Regensburg BeckRS 2016, 42715; *Mehde* in Maunz/Dürig Rn. 173 ff.; *Mann* in BK Rn. 261 als Schranken-Schranke; *Nierhaus/Engels* in Sachs Rn. 75c als sog. Ergänzungsgarantie; vgl. zur Maßstabsbildung BVerfGE 137, 108 (154 ff.).

794 *Hellermann* in BeckOK GG Rn. 49.

795 VerfG Bbg LKV 2002, 573 (576); VerfGH NRW DVBl. 2011, 1155 (1156); *Mehde* in Maunz/Dürig Rn. 126; *Dreier* in Dreier Rn. 119; *Mann* in BK Rn. 261.

796 *Mann* in BK Rn. 261.

797 *Mehde* in Maunz/Dürig Rn. 126.

798 BVerfGE 137, 108 Rn. 110 ff.; 150, 1 Rn. 213; *Hellermann* in BeckOK GG Rn. 49.

799 *Mehde* in Maunz/Dürig Rn. 126; *Mann* in BK Rn. 257; *Hellermann* in BeckOK GG Rn. 48.3; *Lange,* Kommunalrecht, 2019, Kap. 1 Rn. 102.

800 BVerfGE 79, 127 (153); 83, 363 (382 f.); 107, 1 (14); 119, 331 (363).

801 VerfGH RhPf NVwZ 2000, 801 (804 f.); *Mehde* in Maunz/Dürig Rn. 128; *Nierhaus/Engels* in Sachs Rn. 73a.

802 *Mehde* in Maunz/Dürig Rn. 176 f.

tungsrecht demjenigen der Gemeinden und nur im Einzelnen bestehen Abweichungen.[803]

aa) Begriff des Gemeindeverbands. Ein Gemeindeverband ist nach verbreitetem Verständnis eine Gebietskörperschaft, die zur Erfüllung von Selbstverwaltungsaufgaben gebildet ist (formeller Gemeindeverband) oder ein diesen nach Umfang und Gewicht der von ihnen wahrzunehmenden Selbstverwaltungsaufgaben vergleichbarer kommunaler Zusammenschluss (materieller Gemeindeverband).[804] In der Literatur wird teilweise verlangt, dass, abgeleitet von einer Gebietshoheit, wenigstens subsidiär eine gebietsbezogene universale Aufgabenzuweisung besteht.[805] Eine andere Lesart ordnet als Gemeindeverbände alle Gebietskörperschaften zwischen Gemeinde und Land, womit zugleich das Gebot kommunaler Mehrstufigkeit zum Ausdruck gebracht ist.[806] **180**

Der **Verbandscharakter** suggeriert zwar, dass es sich um einen Zusammenschluss von Körperschaften handelt, doch kommt dem keine konstituierende Wirkung zu.[807] Praktisch kommt der Verbandscharakter mitunter nur rudimentär zum Ausdruck. Der **Kreis**[808] gilt zwar als Paradebeispiel eines Gemeindeverbands iSd S. 2,[809] ungeachtet des Umstands, dass seine Mitglieder nicht die Gemeinden sind und sich auch nicht alle Kreisaufgaben zwingend von den Gemeinden ableiten lassen. Für diese Einordnung spricht aber die ausdrückliche Benennung in Abs. 1 S. 2[810] und in der Sache die typische Ausgestaltung der Kreisumlage (→ Rn. 195).[811] Gemeindeverbände sind (nach Landesverfassungsrecht) auch die rheinland-pfälzischen Verbandsgemeinden[812], niedersächsischen Samtgemeinden[813] und Landschaftsverbände.[814] Die schleswig-holsteinischen Ämter besaßen das Potenzial, sich durch **181**

---

[803] Vgl. *Henneke* in SHH Rn. 144; *Schwarz* in MKS Rn. 236.

[804] BVerfGE 52, 95 (109); SchlHLVerfG NordÖR 2010, 155 Rn. 38; BVerwGE 140, 245 Rn. 13; *Mehde* in Maunz/Dürig Rn. 130; *Dreier* in Dreier Rn. 153. Umfangreich *Schliesky/Ernst/Schulz*, Aufgabenbestand, Legitimationsbedarf und Entwicklungspotential der Ämter in Schleswig-Holstein, 2009, 15 ff. Zu den Gefahren die durch neue Gebietskörperschaften aufgrund einer „Verschiebung des interkommunalen Gleichgewichts" entstehen können, *Krausnick* VerwArch 102 (2011), 359 (374).

[805] *Erichsen* NWVBl. 1995, 1 (3). Zu einer gebietsbezogenen und nicht gegenstandsbezogenen Bestimmung des Aufgabenfeldes eines Gemeindeverbands, OVG Koblenz NVwZ 1988, 1145 (1145).

[806] *Stern* in BK (Zweitbearbeitung) Rn. 80, nach dem die Körperschaft außerdem „kommunaler Art" sein muss und deren Wirkungskreis nicht durch eine Zwecksetzung ad hoc begrenzt sein darf.

[807] *Mehde* in Maunz/Dürig Rn. 131; *Dreier* in Dreier Rn. 154. *Forsthoff*, Verwaltungsrecht I, 1973, 580, spricht davon, dass die Bezeichnung Gemeindeverband nur „auf dem Papier steht". Vgl. aber die Diskussion um die Einordnung der schleswig-holsteinischen Ämter, deren Mitglieder Gemeinden sind, als Gemeindeverbände, SchlHLVerfG NordÖR 2010, 155 Rn. 31.

[808] Art. 28 Abs. 1 S. 2 spricht vom „Kreis", was im Kontext mit der (historischen) Unterscheidung von „Landkreisen" und „Stadtkreisen" gesehen werden kann. In den meisten Bundesländern wird aber der Begriff „Landkreis" verwendet. Zum Stadtkreis vgl. *Jochum* DÖV 2005, 632 (633 f.).

[809] BVerfGE 52, 95 (112); 83, 363 (383); SchlHLVerfG NordÖR 2010, 155 Rn. 39; *Dreier* in Dreier Rn. 154; *Mehde* in Maunz/Dürig Rn. 130; *Schmidt-Aßmann* DVBl. 2016, 1001 (1004); *Brüning* Jura 2015, 592 (602).

[810] Vgl. *Schmidt-Jortzig* DÖV 1984, 821 (827).

[811] Vgl. *Schmidt-Aßmann* DVBl. 1996, 533 (535).

[812] VerfGH RhPf DÖV 1970, 603 (603); *Zsinka* DÖV 2013, 61 (63).

[813] NdsStGH NdsVBl. 2008, 37 (38).

[814] *Dreier* in Dreier Rn. 155; *Pieroth* in Jarass/Pieroth Rn. 51; aA *Bethge* in Maunz/Schmidt-Bleibtreu/Klein/Bethge, BVerfGG, § 91 Rn. 29.

einen Aufgabenzuwachs zu Gemeindeverbänden zu entwickeln; mittlerweile ist die Möglichkeit der Aufgabenübernahme einfachgesetzlich begrenzt.[815] Zweckverbände sind keine Gemeindeverbände iSd Art. 28 Abs. 2 S. 2.[816]

182 **bb) Gewährleistungsebenen.** Die **institutionelle Rechtssubjektsgarantie** gilt grundsätzlich auch für die Ebene der Gemeindeverbände, wobei dies nach überwiegender Ansicht zwar die Existenz des Kreises oder kreisgebietsähnlicher Strukturen verlangt,[817] ansonsten aber nicht bestimmte Gemeindeverbandstypen fordert, sondern dem Landesgesetzgeber einen organisatorischen Spielraum belässt.[818] In jüngerer Vergangenheit wurde diskutiert, ob Art. 28 Abs. 2 S. 2 eine Maximalgröße vorgibt oder ob die Kreise herkömmlichen Zuschnitts durch erheblich größere Regionalgröße oder gar Regionen ersetzt werden können (zu den Maßstäben einer Gebietsreform → Rn. 83).[819] Zu Recht ist mittlerweile aber die **Überschaubarkeit des Kreisgebiets** als Wesensmerkmal der Selbstverwaltungskörperschaft betont worden, weil ansonsten die besonderen Funktionen der kommunalen Selbstverwaltung leerlaufen würden.[820] Im Bereich der **objektiven Rechtsinstitutionsgarantie** wird den Gemeindeverbänden zwar verfassungsrechtlich Eigenverantwortlichkeit garantiert (→ Rn. 117 ff.), nicht aber aufgabenbezogene Allzuständigkeit (→ Rn. 93 ff.).[821] Die **subjektive Rechtsstellungsgarantie** der Gemeindeverbände entspricht derjenigen der Gemeinden (→ Rn. 87 ff.).

183 **cc) Aufgabenbestand.** Im Hinblick auf den Aufgabenbestand ergibt sich aus dem Verfassungstext der Unterschied, dass Gemeinden zwar die eigenverantwortliche Regelung aller Angelegenheiten der örtlichen Gemeinschaft garantiert ist, Gemeindeverbänden die Selbstverwaltung hingegen **nur im Rahmen des gesetzlichen Aufgabenbereichs** zugesprochen wird. Eine verfassungsrechtliche Garantie der Allzuständigkeit, wie sie für Gemeinden besteht, lässt sich deshalb für Gemeindeverbände nicht annehmen.[822] Ursprünglich wurde für das Verhältnis der Selbstverwaltungsbereiche von Gemeinden und Kreis noch von einem **funktionalen Selbstverwaltungsverständnis** oder Verwaltungsverbund ausgegangen.[823] Das BVerfG machte aber in seinem Rastede-Beschluss unter Verweis auf die verfassungsrechtliche Systematik deutlich, dass ein **verfassungsrechtliches Aufgabenverteilungsprinzip zugunsten der Gemeinde** besteht, das auch gerade

---

[815] SchlHLVerfG NordÖR 2010, 155 Rn. 59 ff.; *Ernst* NVwZ 2010, 816 (817 f.).

[816] BVerwGE 140, 245 (249); SchlHLVerfG NordÖR 2010, 155 Rn. 96; *Mehde* in Maunz/Dürig Rn. 130;

[817] *Schwarz* in MKS Rn. 241; *Nierhaus/Engels* in Sachs Rn. 80; *Hellermann* in BeckOK GG Rn. 51; *Pieroth* in Jarass/Pieroth Rn. 53; *Stern,* StaatsR I, 1984, 410; *Mehde* in Maunz/Dürig Rn. 134.

[818] *Dreier* in Dreier Rn. 160.

[819] Vgl. *Schmidt-Aßmann* DVBl. 1996, 533 (540 f.); *Lange* DÖV 1996, 684; *Mehde* NordÖR 2007, 331 (334); *Mehde* in Maunz/Dürig Rn. 132 f.; *Henneke* in SHH Rn. 145. Vgl. auch *Schnur,* Regionalkreise?, 1971.

[820] LVerfG MV NordÖR 2007, 353 (361); *Schmidt-Aßmann* DVBl. 1996, 533 (534); *v. Unruh* DVBl. 1975, 1 (3); *Mehde* in Maunz/Dürig Rn. 133; *Nierhaus/Engels* in Sachs Rn. 80.

[821] *Mann* in BK Rn. 262; *Nierhaus/Engels* in Sachs Rn. 81; *Hellermann* in BeckOK GG Rn. 52.

[822] BVerfGE 83, 37 (54); *Mehde* in Maunz/Dürig Rn. 133; *Dreier* in Dreier Rn. 161.

[823] BVerwGE 67, 321 (324); *Pappermann/Roters/Vesper,* Maßstäbe für die Funktionalreform im Kreis, 1976, 18 ff. Vgl. *Lange,* Kommunalrecht, 2019, Kap. 1 Rn. 76, 106; *Rennert* in Umbach/Clemens Rn. 125 f.

gegenüber dem Kreis zur Anwendung kommt (→ Rn. 99), und kein inhaltlich vorab bestimmter Selbstverwaltungsbereich des Kreises besteht, sondern dieser auf eine einfachgesetzliche Zuweisung angewiesen ist.[824]

Als Folge dessen sind Gemeindeverbände iSd Art. 28 Abs. 2 S. 2 aber auf einen **Mindestbestand an Selbstverwaltungsaufgaben** angewiesen, der nicht ausgehöhlt werden darf. Die Garantie der Institution Gemeindeverband und die gleichzeitige Gewährung von Selbstverwaltungskompetenzen setzen zwangsläufig das Bestehen eines gewissen Aufgabenbestandes voraus.[825] Diese Aufgaben des eigenen Wirkungskreises müssen bei isolierter Betrachtung und in Relation zu dem Aufgabenbestand im übertragenen Wirkungskreis eine derartige Bedeutung aufweisen, die der institutionellen Garantie des Gemeindeverbands gerecht wird.[826] Inhaltliche Vorgaben für diesen Mindestbestand an Aufgaben lassen sich kaum formulieren, im Fall des Kreises kommen vor allem typische traditionelle Kreisaufgaben in Betracht.[827] Für den Kreis lassen sich **verschiedene Arten von Selbstverwaltungsaufgaben** unterscheiden: übergemeindliche Aufgaben, die sich auf das Verwaltungsgebiet des Kreises und die gemeinsamen Interessen aller Kreiseinwohner beziehen (in Form sog Existenzaufgaben oder kreisintegraler Aufgaben), Ergänzungsaufgaben, die Gemeinden mangels Finanz- oder Verwaltungskraft nicht wahrnehmen, und Ausgleichs-/Förderaufgaben.[828] Letzteres ist Ausdruck der Ausgleichs- und Ergänzungsfunktion, die Kreisen im Hinblick auf die kreisangehörigen Gemeinden zukommt.[829] 184

dd) Hoheiten bzw. Eigenverantwortlichkeit. ‚Gemeindeverbände iSd Art. 28 Abs. 2 S. 2 und damit va die Kreise verfügen aus Ausdruck der Eigenverantwortlichkeit über dieselben Hoheiten, die auch den Gemeinden zukommen (→ Rn. 123 ff.).[830] Für die Grundlagen der finanziellen Eigenverantwortung ergibt sich dies schon aus S. 3 Hs. 1.[831] Auch wenn für Gemeindeverbände direkt aus der Verfassung kein eigener Aufgabenbestand folgt, sondern es einer gesetzlichen Zuweisung bedarf, sind beide Arten der Aufgabenwahrnehmung (durch Gemeinden und Gemeindeverbände) aber gleichermaßen verfassungsunmittelbar eigenverantwortlich und damit funktionell gleichwertig.[832] Für den Kreis von besonderer Bedeutung ist die Finanzhoheit und die damit im Zusammenhang stehende Kreisumlage (→ Rn. 141 ff., 195), da der Kreis kaum über ein eigenes Steueraufkommen verfügt.[833] Dabei 185

[824] BVerfGE 79, 127 (147 ff.); 83, 37 (54); 83, 363 (383); 119, 331 (352 f.); 137, 108 Rn. 164; *Mann* in BK Rn. 263, 266; *Dreier* in Dreier Rn. 161; *Schwarz* in MKS Rn. 237; *Nierhaus/Engels* in Sachs Rn. 79; vgl. teilweise kritisch *Schoch* DVBl. 2008, 937 (939 f.).

[825] BVerfGE 79, 127 (150); 83, 363 (383); 119, 331 (353); BVerwGE 6, 19 (23); *Mann* in BK Rn. 264; *Mehde* in Maunz/Dürig Rn. 136; *Hellermann* in BeckOK GG Rn. 52; *Clemens* NVwZ 1990, 834 (842).

[826] BVerfGE 119, 331 (353); 137, 108 Rn. 114; kritisch *Schoch* DVBl. 2008, 937 (938 ff.).

[827] BVerfGE 119, 331 (356) nennt die Trägerschaft für weiterführende Schulen, die Nahverkehrsträgerschaft, die Abfallentsorgung oder Krankenhausversorgung als Beispiele.

[828] *Dreier* in Dreier Rn. 158; *Hellermann* in BeckOK GG Rn. 52.4; *Nierhaus/Engels* in Sachs Rn. 82; *Wolff/Bachof/Stober/Kluth,* Verwaltungsrecht II, 2010, § 96 Rn. 87 f.

[829] *Schmidt-Jortzig,* Kommunalrecht, 1982, Rn. 596; *Beckmann* DVBl. 1990, 1193 (1196); vgl. BVerfGE 58, 177(196); 79, 127 (152).

[830] *Mehde* in Maunz/Dürig Rn. 139; *Hellermann* in BeckOK GG Rn. 52; anders *Pieroth* in Jarass/Pieroth Rn. 52 („keine feststehenden Gemeindeverbandshoheiten").

[831] BT-Drs. 12/6000, 48.

[832] BVerfGE 83, 363 (383); LVerfG MV NordÖR 2007, 353 (355); *Schmidt-Jortzig* DÖV 1984, 821 (827).

[833] Vgl. zur finanziellen Situation der Kreise *Henneke* in SHH Rn. 146 ff.

besteht aber kein Vorrang der Kreisebene gegenüber dem Finanzbedarf des Landes oder demjenigen der kreisangehörigen Gemeinden.[834]

186 **ee) Eingriffe und Rechtfertigung.** Die **Behandlung staatlicher Begrenzungen** der kommunalen Selbstverwaltung der Gemeindeverbände ist jedenfalls dann, wenn sie deren Aufgabenzuständigkeit betrifft, erheblich **unklarer und widersprüchlicher** als bei Gemeinden. Der Aufgabenbestand der Gemeindeverbände ist auf die Ausgestaltung durch den einfachen Gesetzgeber zwingend angewiesen, gleichzeitig bezweckt die Selbstverwaltungsgarantie das Handeln des Gesetzgebers zum Schutz der Gemeindeverbände zu begrenzen.[835] Eine **Aufgabenzuweisung** ist deshalb regelmäßig kein Eingriff, sondern lediglich als **gesetzliche Neufassung des Aufgabenbereichs** anzusehen.[836] Anders ist dies zu beurteilen, wenn der Gemeindeverband dadurch die Kapazitäten verliert, einen Mindestbestand an Aufgaben im eigenen Wirkungskreis, der der institutionellen Garantie als Selbstverwaltungskörperschaft gerecht wird (→ Rn. 184), wahrzunehmen.[837] Die Selbstverwaltungsgarantie darf auf diesem Wege nicht entwertet oder entleert werden.[838] Ein **Aufgabenentzug** muss ebenfalls den Mindestbestand an Aufgaben unberührt lassen.[839]

187 Im Verhältnis von Kreis und kreisangehörigen Gemeinden erfolgt die **Aufgabenzuweisung** von ursprünglich gemeindlichen Selbstverwaltungsaufgaben an den Kreis typischerweise durch **einfachgesetzliche Generalklauseln** (oder ausnahmsweise durch eine einfachgesetzliche Kompetenz-Kompetenz).[840] Dabei schafft die Regelungstechnik der Generalklausel die Möglichkeit zu sachnahen, flexiblen und differenzierenden Entscheidungen, die kaum in gleichem Maße durch speziellere und gleichzeitig schonendere Regelungen zu treffen sein dürften.[841] Diese Generalklauseln erheben grundsätzlich die **mangelnde Finanz- und Verwaltungskraft der kreisangehörigen Gemeinden** zur Voraussetzung des Aufgabenübergangs, womit jedoch zugleich die Verhältnismäßigkeit dieser Regelungen in Frage gestellt ist (→ Rn. 174). Relativ unproblematisch ist die Situation bei übergemeindlichen Aufgaben, weil mit deren Übergang auf den Kreis im Ergebnis ohnehin kein Aufgabenentzug für die kreisangehörigen Gemeinden verbunden ist.[842] Bei Ergänzungsaufgaben (und ebenso bei Ausgleichs- und Förderaufgaben) wird die gemeindliche Zuständigkeit nach der Rspr. durch einen Aufgabenübergang auf den Kreis nicht verdrängt, weil der Kreis nur subsidiär tätig wird, seine Aufgabenwahrnehmung nur eine unmittelbare oder mittelbare „Mitleistung" darstellt, ohne gleichzeitig die Kompetenz der Gemeinden zu

---

[834] BVerwGE 145, 378 Rn. 13.

[835] *Mehde* in Maunz/Dürig Rn. 129, 141; *Dreier* in Dreier Rn. 156.

[836] BVerfGE 119, 331 (354). Zu einem größeren Gestaltungsspielraum des Gesetzgebers *Mann* in BK Rn. 265; vgl. *Henneke* in SHH Rn. 68.

[837] BVerfGE 119, 331 (354 f.); *Mehde* in Maunz/Dürig Rn. 143.

[838] BVerfGE 119, 331 (353); 137, 176 (179); *Mann* in BK Rn. 265.

[839] BVerfGK 10, 365 (372); *Mehde* in Maunz/Dürig Rn. 142.

[840] Dazu *Mann* in BK Rn. 267; *Mehde* in Maunz/Dürig Rn. 138; *Nierhaus/Engels* in Sachs Rn. 82 f.; *Schmidt* DÖV 2013, 509 (513).

[841] Vgl. *Mehde* in Maunz/Dürig Rn. 138; *Nierhaus/Engels* in Sachs Rn. 82. Kritisch zur Bestimmtheit solcher Generalklauseln *Wimmer* NVwZ 1998, 28 (29 f.) und zur Einhaltung des Parlamentsvorbehalts *Lusche* Die Selbstverwaltungsaufgaben der Landkreise, 1998, 142 ff.

[842] *Henneke* Der Landkreis 2004, 244 (247); *Lusche,* Die Selbstverwaltungsaufgaben der Landkreise, 1998, 124, *Schink* in Schmidt-Jortzig/Schink Subsidiaritätsprinzip und Kommunalordnung, 1982, 36.

beeinträchtigen, und es deshalb nicht zu einem Aufgabenentzug iSd Rastede-Beschlusses des BVerfG kommen soll.[843] Zwar mag diese Struktur auf den ersten Blick mit dem dortigen Aufgabenverteilungsprinzip zugunsten der Gemeinde kollidieren,[844] doch bleiben die Aufgaben trotz Übergangs auf den Kreis gemeindliche Aufgaben und die Zuständigkeit des Kreises wird nur für die Zeit einer mangelnde Finanz- und Verwaltungskraft aktualisiert, so dass Gemeinden ein (Rück-)Übernahme- bzw. Unterlassungsanspruch entstehen kann.[845]

f) Grundlagen der finanziellen Eigenverantwortung (Abs. 2 S. 3). 188
Abs. 2 S. 3 ist erst seit den 1990er Jahren Bestandteil des GG. Der erste Halbsatz wurde 1994 als Ergebnis der Verfassungsreformkommission im Zuge der Wiedervereinigung eingeführt.[846] Ziel dieser Verfassungsänderung war es, die finanzielle Eigenverantwortung der Gemeinden und Gemeindeverbände, die zwar seit jeher durch die Finanzhoheit garantiert war (→ Rn. 141), noch stärker zum Ausdruck zu bringen, weil die stetige Ausweitung des übertragenen Wirkungskreises dazu geführt hatte, dass die finanziellen Mittel zur Wahrnehmung von Selbstverwaltungsaufgaben zurückgingen; eine **„konstitutive Neuerung"** war damit **nicht bezweckt.**[847] Praktische Konsequenzen entwickelten sich deshalb weniger durch Abs. 2 S. 3 Hs. 1, sondern erst durch die Einführung von Konnexitätsklauseln oder die Aufgabenübertragungsverbote des Art. 84 Abs. 1 S. 7, Art. 85 Abs. 1 S. 2 (→ Rn. 158).[848] Der zweite Halbsatz wurde 1997 angefügt,[849] um den Gemeinden und Gemeindeverbänden einen Ausgleich für die Abschaffung der Gewerbekapitalsteuer zu gewähren.[850]

aa) Finanzielle Mindestausstattung. Die effektive Wahrnehmung örtlicher Angelegenheiten in eigener Verantwortung setzt zwangsläufig eigene Finanzmittel voraus,[851] allerdings werden in der Praxis häufig die Erträge kommunaler Einnahmemöglichkeiten strukturbedingt diesen Anforderungen nicht gerecht.[852] Das BVerfG hat – auch unter Berücksichtigung des S. 3 – das Bestehen eines kommunalen Anspruchs auf finanzielle Mindestausstattung stets offen gelassen.[853] Auf der Ebene des Landesverfassungsrechts ist dies 189

---

[843] BVerwGE 101, 99 (105); BVerwG NVwZ 1998, 63 (64); OVG Schleswig DVBl. 1995, 469 (473); *Henneke* NVwZ 1996, 1181 (1181 f.).

[844] Kritisch insofern *Wimmer* NVwZ 1998, 28 (28 f.); *Lusche,* Die Selbstverwaltungsaufgaben der Landkreise, 1998, 136 ff.; *Schwarz* NVwZ 1996, 1182 (1184 f.).

[845] *Dreier* in Dreier Rn. 162; *Beutling,* Die Ergänzungs- und Ausgleichsaufgaben der Kreise, 2002, 117; aA BVerwG BeckRS 2008, 39569 Rn. 4.

[846] Gesetz zur Änderung des Grundgesetzes vom 27.10.1994, BGBl. 1994 I 3146; vgl. BT-Drs. 12/6000, 46 ff.; BT-Drs. 12/6633, 7 f.

[847] BT-Drs. 12/6000, 46; BT-Drs. 12/6633, 7; vgl. auch NdsStGH NVwZ 1996, 585 (586);

[848] *Mann* in BK Rn. 268.

[849] Gesetz zur Änderung des Grundgesetzes vom 20.10.1997, BGBl. 1997 I 2470.

[850] Vgl. BVerfGE 125, 141 (161); vgl. auch *Hidien* DVBl. 1998, 617 (618). Zu einer Systematik kommunaler Einnahmen *Mann* in BK Rn. 271 ff.; *Dreier* in Dreier Rn. 132 ff.

[851] BVerwGE 145, 378 Rn. 11; *Schwarz* in MKS Rn. 244; *Mann* in BK Rn. 236; *Henneke* in SHH Rn. 123.

[852] *Meyer* LKV 1997, 390 (391); *Mehde* in Maunz/Dürig Rn. 82.

[853] BVerfGE 26, 172 (181); 71, 25 (36 f.); 103, 332 (360 f.); 119, 331 (361); BVerfG NVwZ-RR 2007, 435 (436); vgl. aber auch BVerfGE 138, 1 Rn. 53; 147, 185 Rn. 78. Zur Ableitung des Anspruchs aus Art. 28 Abs. 2 *Petit,* Der kommunale Mindestausstattungsanspruch im Verfassungsrecht von Bund und Ländern, 2020, 41 ff.

mittlerweile jedoch **anerkannt**[854] und wird auch vom BVerwG [855] und der Literatur[856] getragen.

190 Trotz dieser grundsätzlichen Einigkeit bestehen erhebliche Schwierigkeiten, den Umfang eines solchen Anspruchs[857] konkret zu beziffern.[858] Selbst wenn dieser Anspruch auf die Wahrnehmung der Aufgaben im Kernbereich erstreckt wird, steht dem die Schwierigkeit entgegen, einen einheitlichen Bestand solcher Aufgaben zu bestimmen (→ Rn. 163),[859] insbesondere wenn dabei der Gesamthaushalt der Kommune berücksichtigt wird, in dem sich auch Tätigkeiten im übertragenen Wirkungskreis niederschlagen.[860] Verbreitet wird zur Bestimmung der finanziellen Mindestausstattung auf die Mittel abgestellt, die notwendig sind, um alle Aufgaben mit verpflichtendem Charakter sowie ein **Mindestmaß an freiwilligen Aufgaben** wahrzunehmen.[861] Für letzteres wird vermehrt eine **„freie Spitze"** in Höhe von 5–10 % der insgesamt für freiwillige Aufgaben verfügbaren Mittel gefordert.[862]

191 Der Grundsatz finanzieller Mindestausstattung wirkt nicht nur auf einer institutionellen Ebene, sondern steht insbesondere auch **jeder einzelnen Gemeinde** zu,[863] wenngleich es auch für seine Voraussetzungen regelmäßig auf die generellen institutionellen Strukturen der Einnahme- und

[854] StGH BW DÖV 1994, 297 (299 f.); DÖV 1999, 687 (690); BayVerfGH NVwZ-RR 1998, 601 (602); BayVerfGH 60, 184 (216); VerfG Bbg NVwZ-RR 2000, 129 (130, 134); LVerfG MV LKV 2006, 461 (462); NordÖR 2011, 391 (392); NVwZ-RR 2012, 377 (378); NdsStGH NVwZ 1996, 585 (586); NVwZ-RR 1998, 529 (529 f.); NdsVBl. 2007, 239 (241 f.); 2008, 152 (154 f.); VerfG NRW NVwZ 1994, 68 (69); NVwZ-RR 1999, 81 (82); NWVBl. 2011, 424 (426); VerfGH RhPf NVwZ 1993, 159 (160); 2006, 1050 (1051); NVwZ 2012, 1034 (1035); VerfGH Saarl NVwZ-RR 1995, 153 (154); VerfGH Sachs LKV 2001, 223 (224); LVerfG LSA NVwZ-RR 1999, 393 (397); ThürVerfGH NVwZ-RR 2005, 665 (667).

[855] BVerwGE 106, 280 (287); 127, 155 Rn. 19 ff.; 140, 34 Rn. 22 f. (39); 145, 378 Rn. 11.

[856] *Mehde* in Maunz/Dürig Rn. 82; *Mann* in BK Rn. 236; *Henneke* in SHH Rn. 123; *Schwarz* in MKS Rn. 244 ff.; *Dreier* in Dreier Rn. 146; *Grawert* VVDStRL 36 (1978), 299 ff.; *Henneke* in Henneke/Maurer/Schoch Die Kreise im Bundesstaat, 1994, 61 (80 ff.); *Schoch* in Ehlers/Krebs, Grundfragen des Verwaltungsrechts und des Kommunalrechts, 2000, 93 (102).

[857] Zur Überlegung, ob aus Art. 28 Abs. 2 S. 3 tatsächlich ein Leistungsanspruch folgt oder bloß ein Abwehrrecht gegen die vollständige Mittelentziehung, *Volkmann* DÖV 2001, 497 (498). Zur Geltendmachung als Abwehrrecht OVG Weimar KommJur 2017, 188 (190).

[858] BVerfGE 86, 143 (233); VerfG Bbg NVwZ-RR 2000, 129 (132); VerfGH NRW NVwZ-RR 1999, 81 (85); *Mehde* in Maunz/Dürig Rn. 83; vgl. OVG Lüneburg NordÖR 2002, 476 (476 ff.); *Boettcher* DÖV 2013, 460 (463 f.).

[859] BVerfGE 79, 127 (146); *Volkmann* DÖV 2001, 497 (503); vgl. auch zur einfachgesetzlichen Regelung in Hessen *Duve/Neumeister* DÖV 2016, 848 (851 ff.).

[860] Vgl. *Oebbecke* Die Verwaltung 29 (1996), 323 (327); *Volkmann* DÖV 2001, 497 (500); *Laier/Zimmermann* NordÖR 2007, 232 (233); *Laier* NdsVBl. 2009, 217 (218 f.); *Mehde* in Maunz/Dürig Rn. 83; *Mann* in BK Rn. 237.

[861] BayVerfGH BayVBl. 1997, 303 (304); VerfG Bbg DVBl. 2013, 1180 (1181); StGH Hess NVwZ 2013, 1151 (1152); VerfGH RhPf NVwZ 2012, 1034 (1035); ThürVerfGH NVwZ-RR 2005, 665 (668); BVerwGE 145, 378 Rn. 17; *Mann* in BK Rn. 237; *Dreier* in Dreier Rn. 146; *Henneke* in SHH Rn. 128; *Hellermann* in BeckOK GG Rn. 54.1; *Schoch* ZG 1994, 246 (254). Zur Akzessorietät des Anspruchs mit dem Aufgabenbestand, BVerwGE 145, 378 Rn. 13.

[862] BVerwGE 140, 34 Rn. 22 f.; 145, 378 Rn. 19 ff.; *Hellermann* in BeckOK GG Rn. 54.1; *Dreier* in Dreier Rn. 146; *Henneke* in SHH Rn. 126; *Hufen* DÖV 1998, 276 (280); *Schoch/Wieland,* Finanzierungsverantwortung für gesetzgeberisch veranlasste kommunale Aufgaben, 1995, 205; *Wendt* FS f. Stern, 1997, 603 (625).

[863] VerfG Bbg NVwZ-RR 2000, 129 (134 f.); NdsStGH NVwZ-RR 2001, 553 (558); NdsVBl. 2008, 152 (154 f.); VerfGH RhPf DVBl. 1993, 894 (896 f.); *Nierhaus/Engels* in Sachs Rn. 84; *Schwarz* in MKS Rn. 247.

Aufgabensituation ankommt.[864] Bei der Ausgestaltung kommunaler Einnahmequellen kommt dem Gesetzgeber ein weiter Einschätzungsspielraum zu.[865] Wenn dieser Anspruch mit einer Kommunalverfassungsbeschwerde geltend gemacht wird, muss die beschwerdeführende Gemeinde ihre Haushaltslage und Belastungen durch verpflichtende Aufgaben konkret darlegen.[866] Da die Gemeinden Teil der Länder sind,[867] richtet sich der Anspruch gegen die Länder.[868] Die **Insolvenzfähigkeit** von Kommunen ist nach § 12 Abs. 1 Nr. 2 InsO iVm dem jeweiligen Landesrecht nicht vorgesehen.[869]

Neben einem Anspruch auf finanzielle Mindestausstattung wird auch ein **192**
Anspruch auf **angemessene Finanzausstattung** diskutiert,[870] wobei schon das begriffliche und systematische Zueinander beider Institute nicht einheitlich verstanden wird.[871] Vermehrt wird die finanzielle Mindestausstattung selbst dem unantastbaren Kernbereich (→ Rn. 162) zugeordnet,[872] insbesondere aber von den Landesverfassungsgerichten unter Berücksichtigung der konkreten verfassungsrechtlichen Regelungen unter den Vorbehalt der Leistungsfähigkeit

---

[864] Vgl. VerfGH NRW DVBl. 1999, 391 (393); NVwZ-RR 2001, 617 (618 f.); DVBl. 2011, 1155 (1157); vgl. auch BayVerfGH NVwZ-RR 1998, 601 (602 f.), allerdings im Rahmen einer Popularklage.

[865] BayVerfGH BayVBl. 1997, 303 (305); NVwZ-RR 1998, 601 (602 ff.); VerfGH NRW DVBl. 1999, 391 (392 f.); *Mehde* in Maunz/Dürig Rn. 84. *Volkmann* DÖV 2001, 497 (503) weist darauf hin, dass, je umfangreicher und detaillierter der Gesetzgeber den Bedarf der Kommunen bestimmt, desto stärker zugleich sein Einfluss auf die Art und Weise der Aufgabenerfüllung ist.

[866] BVerfG NVwZ-RR 2007, 435 (436); ThürVerfGH LKV 2010, 220 (222); dazu *Leisner-Egensperger* DÖV 2010, 705 (708 f.).

[867] Art. 106 Abs. 9 macht deutlich, dass auch finanzverfassungsrechtlich nicht von einem Drei-Ebenen-Modell (→ Rn. 79) ausgegangen werden kann, BVerfGE 39, 96 (122); 86, 148 (215); *Stern* StaatsR II, 1980, 1053; *Henneke* in Henneke/Maurer/Schoch Die Kreise im Bundesstaat, 1994, 61 (84); *Pünder/Waldhoff* in Henneke/Pünder/Waldhoff Recht der Kommunalfinanzen, 2006, § 1 Rn. 4; vgl. *Schoch* in Ehlers/Krebs Grundfragen des Verwaltungsrechts und des Kommunalrechts, 2000, 103; aA *Schmidt-Eichstaedt,* Bundesgesetze und Gemeinden, 1981, 124 ff. (126); teilweise abw. BVerfGE 101, 158 (230) iS einer Modifizierung der bisherigen Zweistufigkeit der Finanzverfassung durch Art. 28 Abs. 2 S. 3.

[868] Vgl. BVerfGE 26, 172 (181); 86, 148 (218 f.); StGH BW DVBl. 1994, 206 (207); *Mehde* in Maunz/Dürig Rn. 85; *Schoch* in Ehlers/Krebs Grundfragen des Verwaltungsrechts und des Kommunalrechts, 2000, 102 mwN. Den Bund kann allenfalls eine Auffangverantwortung treffen, die dieser aber durch die ausgestaltete Finanzverfassung wahrnimmt, ThürVerfGH NVwZ-RR 2005, 665 (666); *Dreier* in Dreier Rn. 147; *Henneke* in SHH Rn. 138; *Löwer* in v. Münch/Kunig, 6. Aufl. 2012, Rn. 103; *Meis,* Verfassungsrechtliche Bindungen zwischen Bund und Gemeinden, 1989, 29; *von Mutius/Henneke,* Kommunale Finanzausstattung und Verfassungsrecht, 1985, 38. Zur Möglichkeit, die Garantie finanzieller Mindestausstattung als Abwehrrecht gegen den Kreis geltend zu machen, OVG Weimar KommJur 2017, 188 (190).

[869] Zum rechtspolitischen Für und Wider *Paulus* NordÖR 2010, 338; *Bull* NordÖR 2010, 343; *Niederste Frielinghaus* DÖV 2008, 991; *Korioth/Müller* VerwArch 107 (2016), 380 (416); vgl. allgemein *Naguschewski,* Kommunale Insolvenz, 2011, 85 ff.; *Hoffmann,* Die geordnete gebietskörperschaftliche Insolvenz am Beispiel deutscher Kommunen, 2012, 171 ff. Zu den Kriterien und der Bestimmung einer Haushaltsnotlage *Duve* DÖV 2008, 22.

[870] BVerfGE 26, 172 (181); 71, 25 (36); 83, 363 (386); BVerfG NVwZ-RR 2007, 435 (436); *Henneke* in SHH Rn. 128 f.; *Mann* in BK Rn. 237; *Mehde* in Maunz/Dürig Rn. 82; *Nierhaus/Engels* in Sachs Rn. 65.

[871] Vgl. *Bayer* DVBl. 1993, 1287 (1289); *Volkmann* DÖV 2001, 497 (497); *Lange* DVBl. 2015, 457 (459 ff.).

[872] OVG Weimar KommJur 2017, 188 (190); *Schwarz* in MKS Rn. 247 ff.; *Henneke* in SHH Rn. 128 f.; *Mann* in BK Rn. 237; *Nierhaus/Engels* in Sachs Rn. 65; in diese Richtung auch BVerwGE 145, 378 Rn. 19 ff.; umfangreich für eine Abwägungslösung *Engels,* Die Verfassungsgarantie kommunaler Selbstverwaltung, 2014, 294 ff.

des Landes gestellt.[873] Demgegenüber wird die angemessene Finanzausstattung dem Randbereich (→ Rn. 162) zugeordnet,[874] und geht auf dieser Basis in einfachgesetzlich ausgestalteten Instrumenten wie dem kommunalen Finanzausgleich (→ Rn. 193) oder dem Konnexitätsprinzip (→ Rn. 196) auf.[875]

193 **bb) Kommunaler Finanzausgleich.** Die finanzielle Ausstattung der Kommunen erfolgt zu einem Großteil durch den kommunalen Finanzausgleich. Dieses Instrumentarium weist in der Praxis eine erhebliche Komplexität auf.[876] Dabei lässt sich zwischen dem **vertikalen Finanzausgleich** zwischen Land und Kommunen auf Grundlage des Art. 106 Abs. 7 und einem ebenfalls verfassungsrechtlich anerkannten[877] **horizontalen Finanzausgleich,** der die Finanzkraft der einzelnen Kommunen berücksichtigt, unterscheiden.[878] Bei der Ausgestaltung der konkreten Ausgleichsmechanismen kommt dem Gesetzgeber ein weiter Spielraum zu.[879] Entscheidend ist, dass die finanzielle Mindestausstattung der Kommunen (→ Rn. 189) gewährleistet wird.[880]

194 Bei der Ausgestaltung des kommunalen Finanzausgleichs hat der Gesetzgeber das Gebot kommunaler Gleichbehandlung zu wahren.[881] Daneben ist aber auch die Eigenverantwortlichkeit der Kommunen zu respektieren, so dass der Finanzausgleich nicht auf eine vollständige Gleichstellung gerichtet ist, sondern lediglich eine **Angleichung der Unterschiede** bezweckt („Nivellierungsverbot" und „Harmonisierungsgebot"[882]).[883] In diesem Rahmen

---

[873] VerfG Bbg NVwZ-RR 2000, 129 (130); LVerfG MV LKV 2006, 461 (462); StGH BW DÖV 1999, 687 (690); BayVerfGH BayVBl. 2007, 364 (366 f.); NVwZ-RR 1997, 301 (303); NdsStGH NVwZ-RR 1998, 529 (531); VerfGH NRW NVwZ 1985, 820 (821); NVwZ 1994, 68 (68); NVwZ-RR 1999, 81 Ls. 3; DVBl. 2011, 1155 (1155); VerfGH RhPf NVwZ 2006, 1050 (1051); VerfGH Saarl NVwZ-RR 1995, 153 (154); VerfGH Sachs LKV 2001, 223 (227); LVerfG LSA 2000, 1 (6). Zur Bestimmung der Grenze der finanziellen Leistungsfähigkeit unter Berücksichtigung der verschiedenen Verwaltungsebenen mit ihrer jeweiligen Finanzkraft und Aufgabenbelastung *Boettcher* DÖV 2013, 460 (462).

[874] *Schwarz* in MKS Rn. 247 ff.; *Henneke* in SHH Rn. 128 f.; *Mann* in BK Rn. 237; *Nierhaus/Engels* in Sachs Rn. 65.

[875] Vgl. *Nierhaus* LKV 2005, 1 (2).

[876] Allgemein dazu *Henneke* in Henneke/Pünder/Waldhoff Recht der Kommunalfinanzen, 2006, § 25; *Schmidt* DÖV 2012, 8.

[877] Vgl. BVerfGE 83, 363 (389 ff.), wo darauf abgestellt wird, dass das Aufkommen der Umlage im kommunalen Raum verbleibt oder in diesen zurückfließt. Nach *v. Mutius,* Gutachten E 53. DJT, 1980, 51, findet die horizontale Kreisumlage ihre verfassungsrechtliche Grundlage nicht nur in Art. 28 Abs. 2, sondern auch Art. 106 Abs. 6 S. 6.

[878] *Mann* in BK Rn. 277; *Nierhaus/Engels* in Sachs Rn. 94; *Hellermann* in BeckOK GG Rn. 54.7.

[879] VerfG Bbg NVwZ-RR 2000, 129 (131); LVerfG MV NordÖR 2011, 391 (392); NVwZ-RR 2012, 377 (379); NdsStGH NdsVBl. 2008, 152 (156); VerfGH NRW NVwZ-RR 1999, 81 (82); VerfGH RhPf NVwZ 2012, 1034 (1037); *Nierhaus/Engels* in Sachs Rn. 90. Zur Unterscheidung zwischen einem Kernbereichs-/Randbereichsmodell und einem Leistungsfähigkeitsvorbehaltsmodell, *Henneke* DÖV 2008, 857 (858 ff.). Zu den Auswirkungen der Schuldenbremse *Groh* LKV 2010, 1 (4 ff.). Zur Notwendigkeit einer Verbundquote *Leisner-Egensperger* DÖV 2010, 705 (709).

[880] VerfG Bbg NVwZ-RR 2000, 129 (134); BVerwG NVwZ 2013, 1078 Rn. 18; *Dreier* in Dreier Rn. 151; *Nierhaus/Engels* in Sachs Rn. 89 mwN. Zur Ermittlung des Finanzbedarfs in diesem Rahmen *Duve/Neumeister* DÖV 2016, 848 (851 ff.).

[881] NdsStGH NdsVBl. 2010, 236 (241 f.); BVerwG NVwZ 2013, 1078 Rn. 14; *Mehde* in Maunz/Dürig Rn. 87.

[882] *Dreier* in Dreier Rn. 150.

[883] VerfG Bbg NVwZ-RR 2000, 129 (133); NdsStGH NVwZ 1996, 585 (589); VerfGH NRW NVwZ-RR 1999, 81 (82); VerfGH RhPf NVwZ-RR 1998, 607 (607); LVerfG LSA NVwZ 2007, 78 (79). Allgemein zu den Funktionen des Finanzausgleichs StGH Hess

muss der Gesetzgeber ein gleichmäßiges Verhältnis von der Entwicklung der kommunalen Einnahmen und den Landeseinnahmen aufrechthalten und darf es dabei nicht zu einer offensichtlichen Disproportionalität von wahrzunehmenden Aufgaben und Mittelzuweisungen kommen lassen.[884] Eine Ausgleichspflicht des Landes für gemeindliche Mindereinnahmen aufgrund der Nichtinanspruchnahme eigener Einnahmequellen besteht nicht.[885] Insgesamt ist das Gebot der Verteilungssymmetrie zu beachten, nach dem die verfügbaren Finanzmittel zwischen Land und Kommunen gleichermaßen aufgabengerecht verteilt werden müssen.[886]

Der horizontale Finanzausgleich in Form der **Kreisumlage** als Hauptfinanzierungsinstrument[887] des Kreises und Eingriff in die Selbstverwaltungsgarantie kreisangehöriger Gemeinden ist gerechtfertigt, wenn diese aus Gründen des Gemeinwohls erfolgt, nicht willkürlich und verhältnismäßig ist.[888] Dabei kann auch die Situation besonders finanzkräftiger Gemeinden berücksichtigt werden.[889] Angesichts der Bedeutung des kommunalen Finanzausgleichs für das praktische Wirken der beteiligten Kommunen erscheint eine Überprüfung der Ausgleichsmechanismen in regelmäßigen Abständen sachgerecht.[890] 195

cc) Aufgabenübertragungen und Konnexitätsprinzip. Die Finanzhoheit schützt Gemeinden und Gemeindeverbände nicht gegen die Übertragung weiterer Aufgaben (→ Rn. 156).[891] Auch besteht kein Schutz gegen das Auferlegen einzelner, konkreter Ausgabeverpflichtungen.[892] Dennoch mindert jede neue Aufgabe und Ausgabeverpflichtung potenziell die Möglichkeit, freiwillige Selbstverwaltungsaufgaben wahrzunehmen. Um dieser Gefahr zu begegnen, hat sich im Zuge der Diskussion um eine finanzielle Mindestausstattung der Schutz der kommunalen Selbstverwaltung auf eine **sekundäre Ebene der Kostentragungsregelungen** verlagert und in den Verfassungen der Flächenländer wurde das Konnexitätsprinzip normiert.[893] Dieses bestimmt, dass die Länder, wenn sie Aufgaben auf die Gemeinden und Gemeindeverbände übertragen, für den Ausgleich der daraus entstehenden Mehrkosten verantwortlich sind.[894] Dem GG fehlt eine vergleichbare Rege- 196

NVwZ 2013, 1151 (1152); *Henneke* in Henneke/Pünder/Waldhoff Recht der Kommunalfinanzen, 2006, § 25 Rn. 4 ff.; *Pechstein* LKV 1991, 289 (290); *Mann* in BK Rn. 278. Zum verfassungsrechtlichen Maßstab des kommunalen Finanzausgleichs *Gebhardt,* Das kommunale Selbstverwaltungsrecht, 2007, 166 ff.

[884] VerfG Bbg NVwZ-RR 2000, 129 (131).

[885] BVerwG NVwZ 1989, 469 (469).

[886] NdsStGH NVwZ-RR 1998, 529 (531); 2001, 553 (556 f.).

[887] *Gern/Brüning,* Deutsches Kommunalrecht, 2019, Rn. 1522.

[888] BVerwG NVwZ 1998, 66 (66); vgl. VerfG Bbg NVwZ-RR 1999, 90 (90 f.); VerfGH NRW NVwZ-RR 1997, 249 (251); *Meyer* NVwZ 2019, 1254.

[889] LVerfG MV NordÖR 2012, 229 (230 f.); NVwZ-RR 2012, 377 (379).

[890] VerfG Bbg NVwZ-RR 2000, 129 (131); in diese Richtung auch VerfGH NRW NVwZ-RR 1999, 81 (82); VerfGH RhPf NVwZ 2012, 1034 (1037); ThürVerfGH NVwZ-RR 2005, 665 (676).

[891] *Mehde* in Maunz/Dürig Rn. 81; *Mann* in BK Rn. 243.

[892] BVerfGE 71, 25 (36 f.); 83, 363 (386); BVerwG NVwZ-RR 1995, 214 (214).

[893] Art. 71 Abs. 3 Verf BW; Art. 83 Abs. 3 BayVerf; Art. 97 Abs. 3 Verf Bbg; Art. 137 Abs. 6 Verf Hess; Art. 72 Abs. 3 Verf MV; Art. 57 Abs. 4 NdsVerf; Art. 78 Abs. 3 Verf NRW; Art. 49 Abs. 4, 5 RhPfVerf; Art. 120 SaarlVerf; Art. 85 Abs. 1, 2 SächsVerf; Art. 87 Abs. 3 Verf LSA; Art. 46, 49 Verf SH; Art. 93 Abs. 3 ThürVerf. Vgl. allgemein *Engelken,* Das Konnexitätsprinzip im Landesverfassungsrecht, 2. Aufl. 2012.

[894] *Mückl* in Henneke/Pünder/Waldhoff Recht der Kommunalfinanzen, 2006, § 3 Rn. 1 ff.; *Mann* in BK Rn. 243. Unterschieden werden kann dabei weiter zwischen dem strikten und relativen Konnexitätsprinzip, wobei die nähere Bestimmung nicht einheitlich

lung,[895] aber diese Lücke wird durch die Aufgabenübertragungsverbote der Art. 84 Abs. 1 S. 7, Art. 85 Abs. 1 S. 2 geschlossen.[896]

197 Die bestehenden Konnexitätsklauseln auf Landesebene sind zwar geprägt von föderalen Unterschieden, doch hat sich mittlerweile das sog **dualistische Modell** durchgesetzt, dass das Konnexitätsprinzip als **zweite Säule neben staatlichen Finanzzuweisungen** einordnet.[897] Während das Konnexitätsprinzip an die Übertragung konkreter Aufgaben anknüpft, hängen staatliche Finanzzuweisungen, vor allem in Gestalt des kommunalen Finanzausgleichs, allenfalls vom Gesamtbestand der kommunalen Aufgaben ab.[898] Fehlt es im Falle einer Aufgabenübertragung an einer hinreichenden Regelung zum Kostenausgleich,[899] kann dies zwar im Wege der Kommunalverfassungsbeschwerde geltend gemacht werden, die Aufgabenübertragung macht dies aber nicht verfassungswidrig.[900] Vorbehaltlich der landesrechtlichen Ausgestaltung besteht kein formelles Junktim zwischen Aufgabenübertragung und Finanzierungspflicht und der Kostenausgleich muss nicht im Aufgabenübertragungsgesetz geregelt werden.[901] Zwar kann auf Grund der Konnexitätsregelung kein Zahlungsanspruch geltend gemacht werden,[902] aber das Fehlen der Ausgleichsregelung verletzt die Garantie kommunaler Selbstverwaltung und der Gesetzgeber ist verpflichtet, eine Ausgleichsregelung zu treffen.[903] Nach dem BVerfG ist der notwendige zeitliche Zusammenhang dabei grundsätzlich gewahrt, wenn der finanzielle Ausgleich im selben Haushaltsjahr erfolgt.[904]

198 **dd) Wirtschaftskraftbezogene Steuerquelle und Hebesatzhoheit.** Art. 28 Abs. 3 S. 3 Hs. 2 gewährleistet den Gemeinden – und ausdrücklich nicht den Gemeindeverbänden[905] – eine wirtschaftskraftbezogene Steuerquelle einschließlich Hebesatzrecht. Damit wird nicht eine bestimmte Ausgestal-

---

erfolgt. Von einem relativen Konnexitätsprinzip wird ausgegangen, wenn entweder der Gesetzgeber nur zu einer Kostenregelung verpflichtet ist, ihn aber keine ausdrückliche Ausgleichspflicht trifft, so *Mückl* in Henneke/Pünder/Waldhoff Recht der Kommunalfinanzen, 2006, § 3 Rn. 64, bzw. wenn zwar eine Ausgleichsverpflichtung besteht, jedoch lediglich ein angemessener Ausgleich zu gewähren ist, so *Nierhaus/Engels* in Sachs Rn. 88, vgl. Art. 87 Abs. 3 Verf LSA, Art. 93 Abs. 3 ThürVerf. Demgegenüber verpflichtet das strikte Konnexitätsprinzip zu einem vollständigen Ausgleich. Eine grundsätzliche Verpflichtung zum Ausgleich besteht mittlerweile in den Verfassungen aller Flächenländer.

[895] Vgl. zu Art. 104a Abs. 1, der im Verhältnis zu Kommunen keine Anwendung findet, *Mückl* in Henneke/Pünder/Waldhoff Recht der Kommunalfinanzen, 2006, § 3 Rn. 19 ff., 39 ff.

[896] Vgl. *Mehde* in Maunz/Dürig Rn. 24.

[897] *Mückl* in Henneke/Pünder/Waldhoff Recht der Kommunalfinanzen, 2006, § 3 Rn. 66; *Dreier* in Dreier Rn. 148; *Schnelle* DVBl. 2015, 1141 (1142); vgl. *Nierhaus* LKV 2005, 1 (2).

[898] Dem Vorbehalt der Leistungsfähigkeit des Landes kommt im Rahmen des Konnexitätsprinzips keine Bedeutung zu, so dass die Regelungen des Konnexitätsprinzips *lex specialis* gegenüber der allgemeinen Finanzausstattungsverpflichtung des Landes sind, *Mückl* in Henneke/Pünder/Waldhoff Recht der Kommunalfinanzen, 2006, § 3 Rn. 66.

[899] Näher zu den Voraussetzungen *Mückl* in Henneke/Pünder/Waldhoff Recht der Kommunalfinanzen, 2006, § 3 Rn. 67 ff.; *Nierhaus/Engels* in Sachs Rn. 88a f. mwN.

[900] Vgl. BVerfGE 103, 332 (361 f.).

[901] BVerfGE 103, 332 (362 ff.).

[902] OVG Lüneburg KommJur 2013, 254 (255 f.); VG Schleswig NordÖR 2010, 306 (307).

[903] VerfGH NRW NVwZ-RR 2011, 41 (42).

[904] BVerfGE 103, 332 (365).

[905] Vgl. BT-Drs. 13/1685, 4, zur (nicht erfüllten) Forderung nach Beteiligung der Kreise.

tung des kommunalen Einnahmesystems,[906] eine bestimmte Steuerart oder gar ein bestimmtes Steueraufkommen garantiert.[907] Es wird auch keine neue finanzverfassungsrechtliche Abgabenkompetenz für die Gemeinden begründet.[908] Gewährleistet wird lediglich der **Bestand** einer wirtschaftskraftbezogenen Steuerquelle mit Hebesatzrecht, nicht jedoch zwingend der Gewerbesteuer in ihrer derzeitigen Ausgestaltung. Für den Fall, dass diese abgeschafft oder geändert wird, muss den Gemeinden eine andere an der Wirtschaftskraft ausgerichtete Steuer zugesprochen werden,[909] wofür sich angesichts der Art. 106 Abs. 5, 6 aber ohnehin nur Gewerbeertrag- und Einkommensteuer anbieten.[910] Diese Verpflichtung trifft die Länder, wobei auch der Bund mittelbar Einfluss auf das kommunale Einnahmesystem hat (→ Rn. 158).[911] Art. 28 Abs. 3 S. 3 Hs. 2 ergänzt Art. 106 Abs. 2 S. 2, weil dort den Gemeinden zwar das Hebesatzrecht zugewiesen ist, nicht aber die zugrunde liegende Steuer gewährleistet wird.[912]

Das Tatbestandselement **„Wirtschaftskraft“** bezieht sich nicht auf den **199** einzelnen Steuerschuldner, sondern die **Produktivität des gemeindlichen Wirtschaftsraums.**[913] Mit der Möglichkeit der einzelnen Gemeinde, den Hebesatz festzusetzen, entsteht die Möglichkeit, in einen interkommunalen Wettbewerb einzutreten.[914] Den Gemeinden kommt hierbei ein weiter Einschätzungsspielraum zu, in dessen Rahmen etwa konkrete finanzielle Bedürfnisse oder wirtschaftspolitische Erwägungen berücksichtigt werden können. Die Festsetzung des Hebesatzes steht allerdings nach allgemeinen Grundsätzen (→ Rn. 157) und gemäß Art. 106 Abs. 6 S. 2 unter einem Gesetzesvorbehalt. Es handelt sich hierbei nicht um den Kernbereich der Finanzhoheit.[915] Gesetzliche Regelungen, welche die gemeindliche Festsetzung des Hebesatzes beschränken, sind zur Verhinderung schädlicher Folgen eines interkommunalen Steuerwettbewerbs, die durch wirtschaftlich unsinnige, rein steuermotivierte Wanderungsbewegungen und damit Ausfälle bei Steuereinkommen sowie der Gewerbesteuerumlage verursacht werden, zulässig.[916]

VI. Gewährleistung der Homogenität (Abs. 3)

1. Gewährleistungsgehalt. Durch Art. 28 Abs. 3 wird der Bund ver- **200** pflichtet, die Vereinbarkeit der verfassungsmäßigen Ordnung (→ Rn. 14) in den Ländern mit Art. 28 Abs. 1, 2 und den Grundrechten zu überwachen und sicherzustellen.[917] Mit dieser verfassungsrechtlichen Garantie, die eine

---

[906] Dazu *Mann* in BK Rn. 271 ff.; *Dreier* in Dreier Rn. 142 ff.

[907] BVerfGE 125, 141 (161, 167). Ob der Gemeinde insoweit die Ertragshoheit garantiert ist, wird nicht einheitlich beantwortet, dafür *Nierhaus/Engels* in Sachs Rn. 87a; dagegen *Schwarz* in MKS Rn. 258.

[908] *Mehde* in Maunz/Dürig Rn. 88; *Mann* in BK Rn. 282; *Schwarz* in MKS Rn. 257; vgl. BT-Drs. 13/1685, 5.

[909] BVerfGE 125, 141 (161); *Nierhaus/Engels* in Sachs Rn. 87a.

[910] *Schwarz* in MKS Rn. 257.

[911] *Mehde* in Maunz/Dürig Rn. 148.

[912] *Mann* in BK Rn. 269.

[913] *Mann* in BK Rn. 282; *Schwarz* in MKS Rn. 257; *Mehde* in Maunz/Dürig Rn. 147.

[914] *Spieker gen. Döhmann* NVwZ 2005, 1276 (1278); *Mann* in BK Rn. 281.

[915] BVerfGE 125, 141 (162 ff.).

[916] BVerfGE 125, 141 (167 ff.); *Mann* in BK Rn. 283. Zu aufsichtlichen Weisungen zur Höhe des Hebesatzes → Rn. 144 Fn. 648.

[917] *Vogelgesang* in BerlKomm Rn. 196; *Mehde* in Maunz/Dürig Rn. 8; *Schwarz* in MKS Rn. 266, *Dreier* in Dreier Rn. 167.

Verpflichtung für den Bund darstellt, wird den Homogenitätsanforderungen möglichst effektiv Geltung verschafft.[918] Aus diesem Grund ist die verfassungsmäßige Ordnung der Länder umfassend wie iSd Abs. 1 (→ Rn. 14) zu verstehen und erfasst insbesondere nicht nur den Verfassungstext, sondern deckt auch die Verfassungspraxis bzw. Rechtswirklichkeit ab.[919] Zugleich wird die Eigenstaatlichkeit der Länder und ihr Recht zur Verfassungsgebung nicht unverhältnismäßig eingeschränkt, wie es etwa durch einen Genehmigungsvorbehalt der Fall wäre.[920]

201 **2. Voraussetzungen der Gewährleistungspflicht.** Die Verpflichtung des Art. 28 Abs. 3 erstreckt sich auf alle Organe des Bundes einschließlich des Bundesrates.[921] Zu den **formellen Voraussetzungen** schweigt das GG, so dass sich die Zuständigkeit im Einzelnen nach den allgemeinen Regeln richtet.[922] Aus dem Grundsatz bundesfreundlichen Verhaltens folgt das verfahrensrechtliche Gebot, vor Maßnahmen iSd Art. 28 Abs. 3 dem betroffenen Land Gelegenheit zur Stellungnahme zu geben.

202 In **materieller Hinsicht** stellt sich die Frage, ob bei Verstößen der Länder, die nicht im Erlass homogenitätswidrigen Verfassungs- oder Gesetzesrechts liegen, sondern vielmehr in **Einzelakten** wie etwa der Missachtung rechtskräftiger Gerichtsurteile oder einstweiligen Anordnungen,[923] dies als Beeinträchtigung der Verfassungswirklichkeit zu qualifizieren ist. Dies muss unter Abwägung der Eigenstaatlichkeit der Länder mit der Schwere und systemischen Kontinuität des Verstoßes ermittelt werden.[924] Werden gerichtliche Vorgaben wiederholt bzw. dauerhaft und mit schwerwiegenden Konsequenzen missachtet, kommt das Bestehen einer den Gewährleistungsfall auslösenden homogenitätswidrigen Verfassungswirklichkeit in Gestalt des Verstoßes gegen die Grundsätze des Rechtstaatsprinzips in Betracht. Die Wahrung der Grundrechte ist bereits durch Art. 31, 142 gesichert, so dass Art. 28 Abs. 3 insofern keinen weitergehenden Effekt zeigt.[925] Aus Art. 28 Abs. 3 folgt auch keine Pflicht zur Gewährleistung von Grundrechten in den Landesverfassungen (→ Rn. 13).[926]

203 **3. Folgen und Umsetzung der Gewährleistungspflicht.** Um die Einhaltung der Homogenitätsvorgaben zu gewährleisten, ist der Bund verpflichtet, alle geeigneten und notwendigen Maßnahmen zu ergreifen.[927] Da es sich bei Art. 28 Abs. 3 um eine verbindliche Rechtsgarantie handelt, die vom

[918] JöR 1 nF (1951), 257 f.; *Stern* in BK (Zweitbearbeitung) Rn. 182; *Mehde* in Maunz/Dürig Rn. 4.

[919] *Dreier* in Dreier Rn. 168; *Mann* in BK Rn. 286; *Rühmann* in Umbach/Clemens Rn. 198; *Vogelgesang* in BerlKomm Rn. 197; *Mehde* in Maunz/Dürig Rn. 6; *Bethge* AöR 110 (1985), 169 (174 f.).

[920] *Mehde* in Maunz/Dürig Rn. 4.

[921] *Mehde* in Maunz/Dürig Rn. 5.

[922] *Mehde* in Maunz/Dürig Rn. 5; vgl. *Mann* in BK Rn. 287.

[923] Vgl. exemplarisch das Geschehen um die Entscheidungen BVerfG NVwZ 2018, 819; VGH München ZUR 2018, 691; ZUR 2019, 108.

[924] Vgl. *Menzel,* Landesverfassungsrecht, 2002, 313, der auf die Kontinuität homogenitätswidriger Staatspraxis abstellt, ebenso *Mehde* in Maunz/Dürig Rn. 6; vgl. auch *Mann* in BK Rn. 42, der generell für ein „behutsames" Vorgehen plädiert.

[925] *Henneke* in SHH Rn. 155; *Hellermann* in BeckOK GG Rn. 60; *Dreier* in Dreier Rn. 169; *Mann* in BK Rn. 285; anders *Mehde* in Maunz/Dürig Rn. 7, der darauf hinweist, dass dadurch die homogenitätswidrige Regelung nicht formal und damit auch ihr „böser Schein" nicht beseitigt werde; ebenso *Rühmann* in Umbach/Clemens Rn. 197.

[926] *Dreier* in Dreier Rn. 169; vgl. BVerfGE 103, 332 (349).

[927] *Mann* in BK Rn. 285.

Bund zu erfüllen ist, kommt ihm in diesem Rahmen **kein Entschließungsermessen** zu.[928] Zu den konkreten Mitteln, mit denen der Bund seiner Verpflichtung nachzukommen hat, trifft die Bestimmung keine Aussage. Schon aus Gründen der fehlenden Bestimmtheit, aber auch zur Wahrung der Eigenstaatlichkeit der Länder kommt **Art. 28 Abs. 3 selbst nicht als Rechtsgrundlage** für Maßnahmen in Betracht und sei es auch nur für eine selbständige Bundesaufsicht.[929] Bei der Regelung handelt es sich um eine Aufgaben-, nicht aber Befugnisnorm.[930]

Zur Erfüllung seiner Gewährleistungspflicht stehen dem Bund **verschiedene Maßnahmen** zur Verfügung. Vor allem kann er Mittel des Bundeszwangs nach Art. 37[931] ergreifen, aber auch die Zustimmung gemäß Art. 32 Abs. 3[932] verweigern und eine Bundesintervention nach Art. 35 Abs. 3, Art. 87a Abs. 4, Art. 91 Abs. 2[933] vornehmen. Darüber hinaus stehen dem Bund die verfassungsprozessualen Mittel der abstrakten Normenkontrolle, des Bund-Länder-Streits sowie anderer föderaler Streitigkeiten nach Art. 93 Abs. 1 Nr. 2–4 zur Verfügung.[934] Das Ergreifen von Maßnahmen der Bundesaufsicht nach Art. 84 Abs. 3, 4, Art. 85 Abs. 4, Art. 108 Abs. 3 würde voraussetzen, dass es sich bei den Vorgaben des Art. 28 Abs. 1 um ein Bundesgesetz handelt, das von den Ländern auszuführen ist.[935] Ausgeschlossen ist es, dass der Bund die Gesetzgebungsbefugnisse der Länder selbst ausübt[936] und auch ein direktes Durchgriffsrecht gegenüber den Gemeinden als Teil der Landesverwaltung besteht nicht.[937] Innerhalb der zulässigen Maßnahmen kommt dem Bund ein **Auswahlermessen** zu,[938] doch regelmäßig wird die Anrufung des BVerfG den geringsten Eingriff in die Eigenstaatlichkeit der Länder darstellen.[939] 204

4. Individueller Anspruch auf Einschreiten. Nach hM weist Art. 28 Abs. 3 einen rein objektiv-rechtlichen Charakter auf und Einzelne, die durch ein homogenitätswidriges Landesverhalten betroffen sind, haben gegenüber 205

---

928 BVerfGE 1, 14 (33); *Schwarz* in MKS Rn. 267; *Mann* in BK Rn. 285; *Nierhaus/Engels* in Sachs Rn. 98; *Mehde* in Maunz/Dürig Rn. 8; *Rühmann* in Umbach/Clemens Rn. 201; *Bethge* AöR 110 (1985), 169 (176, 181).

929 BVerfGE 8, 122 (131 f.); *Dreier* in Dreier Rn. 170; *Mehde* in Maunz/Dürig Rn. 9; *Schwarz* in MKS Rn. 269; *Nierhaus/Engels* in Sachs Rn. 100; aA *Frowein,* Die selbständige Bundesaufsicht nach dem Grundgesetz, 1961, 65 ff.; *Zinn* DÖV 1950, 522 (524); differenzierender *Mann* in BK Rn. 285 und 288.

930 *Mehde* in Maunz/Dürig Rn. 9.

931 *Dreier* in Dreier Rn. 170; *Mann* in BK Rn. 288; *Mehde* in Maunz/Dürig Rn. 9; *Vogelgesang* in BerlKomm Rn. 198; *Rühmann* in Umbach/Clemens Rn. 202; *Pieroth* in Jarass/Pieroth Rn. 55.

932 *Nierhaus/Engels* in Sachs Rn. 100; *Mann* in BK Rn. 288; *Schwarz* in MKS Rn. 270.

933 *Dreier* in Dreier Rn. 170; *Mann* in BK Rn. 288; *Hellermann* in BeckOK GG Rn. 61; *Pieroth* in Jarass/Pieroth Rn. 55.

934 *Mann* in BK Rn. 288; *Schwarz* in MKS Rn. 269 f.; *Hellermann* in BeckOK GG Rn. 61; *Pieroth* in Jarass/Pieroth Rn. 55. Angesichts dieser grundsätzlich bestehenden Möglichkeiten wird Art. 28 Abs. 3 eine „Reservefunktion" zugewiesen, *Mann* in BK Rn. 285; *Dreier* in Dreier Rn. 166; *Hellermann* in BeckOK GG Rn. 59.

935 BVerfGE 6, 309 (329); 8, 122 (130 ff.); *Mehde* in Maunz/Dürig Rn. 9; *Dreier* in Dreier Rn. 170; *Nierhaus/Engels* in Sachs Rn. 100; *Menzel,* Landesverfassungsrecht, 2002, 315.

936 *Dreier* in Dreier Rn. 170; *Graf Vitzthum* VVDStRL 46 (1988), 7 (11).

937 BVerfGE 8, 122 (137); *Mann* in BK Rn. 287; *Mehde* in Maunz/Dürig Rn. 6; *Schwarz* in MKS Rn. 266; *Rühmann* in Umbach/Clemens Rn. 200.

938 BVerfGE 7, 367 (372); *Mehde* in Maunz/Dürig Rn. 8; *Rühmann* in Umbach/Clemens Rn. 202.

939 *Dreier* in Dreier Rn. 171; *Hellermann* in BeckOK GG Rn. 61; *Dittmann* in HdbStR VI § 127 Rn. 40; *Mann* in BK Rn. 289; *Pieroth* in Jarass/Pieroth Rn. 55.

dem Bund keinen Anspruch auf Einschreiten.[940] Tatsächlich stehen potenziell Betroffenen – anderen Länder, Gemeinden und Gemeindeverbänden, einzelnen Bürgern – neben Art. 28 Abs. 3 alternative Möglichkeiten zur Verfügung, Homogenitätsverstöße geltend zu machen.[941] Ein genereller Ausschluss eines individuellen Anspruchs auf Einschreitens erscheint aber angesichts der Bedeutung der in Frage stehenden Rechtsgüter und Verfassungsprinzipien trotzdem nicht angezeigt.[942] Stattdessen sollte stärker berücksichtigt werden, ob der in Frage stehende Homogenitätsverstoß sich gerade auf individualschützende Rechtspositionen bezieht und damit ein Einschreiten des Bundes im Einzelfall auch unmittelbar dem Betroffenen zu Gute kommen würde.[943]

C. Verhältnis zu anderen Bestimmungen des GG

206 Für die Grundsätze iSd Art. 28 Abs. 1 sind insbesondere die Vorschriften des Art. 20 von Relevanz (→ Rn. 20). Dabei ist es nicht ausgeschlossen, dass, insbesondere von Seiten des BVerfG, weitere Vorschriften des GG berücksichtigt werden (→ Rn. 20). Die Gewährleistungsverpflichtung des Abs. 3 stellt selbst keine Rechtsgrundlage dar, sondern leitet zu eigenständigen Befugnissen des Bundes (→ Rn. 204). Die Garantie der kommunalen Selbstverwaltung enthält zwar die maßgebliche Vorschrift zum Schutz kommunaler Eigenständigkeit, doch darüber hinaus wird das Bild der kommunalen Selbstverwaltung durch eine Vielzahl weiterer verfassungsrechtlichen Vorschriften geprägt (→ Rn. 78, 159). Diese Gewährleistungen können mittels der Kommunalverfassungsbeschwerde nach Art. 93 Abs. 1 Nr. 4b geltend gemacht werden (→ Rn. 89).

D. Kritische Würdigung

207 Homogenitätsanforderungen, wie sie in Abs. 1 normiert werden, sind unabdingbare Voraussetzung für das Bestehen eines bundesstaatlichen Gefüges. Die Regelung des GG belässt den Ländern dabei einen ausreichenden Spielraum, um ein **eigenes Profil zu realisieren,** insbesondere im Hinblick auf das staatsorganisationsrechtliche Gefüge. Es ist zu begrüßen, dass in diesem Zusammenhang auch der Landesverfassungsgerichtsbarkeit eine größere Bedeutung zukommt. Die Vereinheitlichungstendenzen, die von der Europäischen Union ausgehen, erweisen sich dabei weniger als ein Problem für die staatsrechtliche Homogenität, sondern eher als Verlagerung von Befugnissen auf höherstufige Ebenen und damit Frage der Subsidiarität. Die Gleichartigkeit der (sozialen) Lebensverhältnisse in den einzelnen Ländern ist zwar praktisch von erheblicher Bedeutung, aber nicht primärer Gegenstand der

[940] *Dreier* in Dreier Rn. 172; *Mann* in BK Rn. 291; *Mehde* in Maunz/Dürig Rn. 13; *Hellermann* in BeckOK GG Rn. 62; zurückhaltend auch *Schwarz* in MKS Rn. 268; aA *Stern* in BK (Zweitbearbeitung) Rn. 187 ff.; *Pieroth* in Jarass/Pieroth Rn. 54; differenzierend *Rühmann* in Umbach/Clemens Rn. 205 f.; *Vogelgesang* in BerlKomm Rn. 199.

[941] Vgl. dazu *Mann* in BK Rn. 291; *Mehde* in Maunz/Dürig Rn. 12; *Dreier* in Dreier Rn. 172; *Henneke* in SHH Rn. 157, *Vogelgesang* in BerlKomm Rn. 199.

[942] *Stern,* StaatsR I, 1984, 712; dagegen *Mehde* in Maunz/Dürig Rn. 13.

[943] Vgl. *Pieroth* in Jarass/Pieroth Rn. 54.

Homogenitätsanforderungen des Art. 28 Abs. 1, sondern Gegenstand des Finanzausgleichsrechts.[944]

Bislang gab es in der bundesdeutschen Geschichte kein Bedürfnis für Maßnahmen iSd Abs. 3. Die Kompetenzen der Länder lassen aber durchaus Raum, um mit den Grundsätzen des Abs. 1 in Konflikt geraten zu können, nicht allein im Bereich der Gesetzgebung, sondern insbesondere hinsichtlich der tatsächlich gelebten Rechtspraxis in den Ländern (→ Rn. 14). Es ist keinesfalls gesagt, dass der Deutsche Bundesstaat auf Dauer gefeit wäre gegen ein Auseinanderdriften von Werten und Überzeugungen, wie es dieser Tage in der Europäischen Union zu beobachten ist. Aus strukturellen Gründen ist dies jedenfalls nicht ausgeschlossen und um solchen Entwicklungen entgegenzuwirken, ist es sinnvoll, sich rechtzeitig dem Gehalt und der Durchsetzung der Homogenitätsanforderungen zu vergewissern. **208**

Die kommunale Selbstverwaltung ist kontinuierlich mit einer zunehmenden rechtlichen Normierung ihrer Handlungsspielräume konfrontiert und dabei typischerweise einem erheblichen finanziellen Druck ausgesetzt wie auch Forderungen nach Effizienzsteigerungen. Die in regelmäßigen zeitlichen Abständen realisierten oder in Erwägung gezogenen Gebiets- und Funktionalreformen zeugen davon. Die tatsächlich verbleibenden Spielräume, um die kommunale Selbstverwaltung vor Ort auszufüllen, werden deshalb stetig bedroht. Umso misslicher ist es, dass die verfassungsrechtliche Dogmatik der kommunalen Selbstverwaltung primär auf eine abwehrrechtliche Situation zugeschnitten ist, die notwendige **gesetzliche Ausgestaltung** der kommunalen Strukturen aber ebenso wie die **Behandlung von Leistungs- und Anspruchssituation unterentwickelt** sind und bislang kaum sinnvoll in die Dogmatik aufgenommen werden konnten. Das Einfügen der Regelung zur Garantie der finanziellen Eigenverantwortung in den Verfassungstext wirkt sich dabei nur selten konkret aus, weil auch sie für die meisten Fragen lediglich eine programmatische Aussage enthalten, die auch schon dem bisherigen Bestand der verfassungsrechtlichen Garantie entnommen werden konnte. **209**

Literatur

Zu Abs. 1

K. Barley, Das Kommunalwahlrecht für Ausländer nach der Neuordnung des Art. 28 I S. 3 GG, 1999. – ***H. Bethge,*** Die Grundrechtssicherung im föderativen Bereich, AöR 110 (1985), 169. – ***H.J. Boehl,*** Verfassungsgebung im Bundesstaat, 1997. – ***K. Bugiel,*** Volkswille und repräsentative Entscheidungen, 1991. – ***J. Dietlein,*** Die Grundrechte in der Verfassung der neuen Bundesländer, 1993. – ***H. Dreier,*** Grundrechtsschutz durch Landesverfassungsgerichte, 2000. – ***M. Jestaedt,*** Demokratieprinzip und Kondominialverwaltung, 1993. – ***G. Jürgens,*** Direkte Demokratie in den Bundesländern – Gemeinsamkeiten – Unterschiede – Erfahrungen – Vorbildfunktion für den Bund?, 1993. – ***J. Menzel,*** Landesverfassungsrecht, 2002. – ***A. v. Mutius/T. Friedrich,*** Verfassungsentwicklung in den neuen Bundesländern – zwischen Eigenstaatlichkeit und notwendiger Homogenität, StWissStPr 2 (1991), 243. – ***P. Neumann,*** Sachunmittelbare Demokratie im Bundes- und Landesverfassungsrecht unter besonderer Berücksichtigung der neuen Länder, 2009. – ***J. Rozek,*** Das Grundgesetz als Prüfungs- und Entscheidungsmaßstab der Landesverfassungsgerichte, 1993. – ***U. Sacksofsky,*** Landesverfassungen und Grundgesetz, NVwZ 1993, 239. – ***A. Schmitt,*** Der bundesstaatliche Rahmen für Landesverfassungen, 2009 – ***A. Stiens,*** Chancen und Grenzen der Landesverfassungen im deutschen Bundesstaat der Gegenwart, 1997. – ***S. Storr,*** Verfassungsgebung in den Ländern, 1995. – ***W. Graf Vitzthum,*** Die Bedeu-

[944] Vgl. BVerfGE 72, 330; 86, 148; 101, 158; 116, 327; vgl. *Waldhoff* ZG 2019, 97.

tung des gliedstaatlichen Verfassungsrechts in der Gegenwart, VVDStRL 46 (1988), 7. – ***B. Wermeckes,*** Der erweiterte Grundrechtsschutz in den Landesverfassungen, 2000. – ***P. Werner,*** Wesensmerkmale des Homogenitätsprinzips und ihrer Ausgestaltung im Bonner Grundgesetz, 1967.

Zu Abs. 2

T. Ammermann, Das Konnexitätsprinzip im kommunalen Finanzverfassungsrecht, 2007. – ***H. P. Aust,*** Das Recht der globalen Stadt, 2017. – ***S. Bauer,*** Der Prüfungsmaßstab im Kommunalverfassungsbeschwerdeverfahren, 2013. – ***M. Burgi,*** Kommunalrecht, 6. Aufl. 2019. – ***J. Burmeister,*** Verfassungstheoretische Neukonzeption der kommunalen Selbstverwaltungsgarantie, 1977. – ***J. Dieckemann,*** Kommunale Selbstverwaltung, in E. Schmidt-Aßmann ua (Hrsg.), FG 50 Jahre Bundesverwaltungsgericht, 2003, 815. – ***D. Ehlers,*** Empfiehlt es sich das Recht der Unternehmen im Spannungsfeld von öffentlichem Auftrag und Wettbewerb national und gemeinschaftlich neu zu regeln?, Gutachten E für den 64. DJT, Bd. I, Gutachten, 2002, E 1. – ***K. Engelken,*** Das Konnexitätsprinzip im Landesverfassungsrecht, 2. Aufl. 2012. – ***A. Engels,*** Die Verfassungsgarantie kommunaler Selbstverwaltung, 2014. – ***M. Falk,*** Die kommunalen Aufgaben unter dem Grundgesetz, 2006. – ***I. Gebhardt,*** Das kommunale Selbstverwaltungsrecht, 2007. – ***M. E. Geis,*** Kommunalrecht, 5. Aufl. 2020. – ***A. Gern/C. Brüning,*** Deutsches Kommunalrecht, 4. Aufl. 2019. – ***O. Gönnenwein,*** Gemeinderecht, 1963. – ***J. Hellermann,*** Örtliche Daseinsvorsorge und gemeindliche Selbstverwaltung, 2000. – ***J. Henkel,*** Die Kommunalisierung von Staatsaufgaben, 2010. – ***H.-G. Henneke,*** Die vorgebliche „Stärkung der kommunalen Selbstverwaltung" durch die Empfehlungen der gemeinsamen Verfassungskommission aus der Sicht der Kreise – Kritische Anmerkungen und rechtspolitische Vorschläge, in Henneke/Maurer/Schoch, Die Kreise im Bundesstaat, 1994, 61. – ***H.-G. Henneke/Pünder/Waldhoff,*** Recht der Kommunalfinanzen, 2006. – ***H.-G. Henneke/Maurer/Schoch,*** Die Kreise im Bundesstaat, 1994. – ***H. Hill,*** Soll das kommunale Satzungsrecht gegenüber staatlicher und gerichtlicher Kontrolle gestärkt werden?, Gutachten D für den 58. DJT, 1990. – ***W. Kahl,*** Die Staatsaufsicht, 2000. – ***J. Kühne,*** Zur Kernbereichsermittlung bei der kommunalen Selbstverwaltungsgarantie, in G. Frank/H.-W. Langenrehr, Die Gemeinde. FS f. H. Faber, 2007, 35 ff. – ***J. Kronisch,*** Aufgabenverlagerung und gemeindliche Aufgabengarantie, 1993. – ***U. Lusche,*** Die Selbstverwaltungsaufgaben der Landkreise, 1998. – ***A. Martini,*** Gemeinden in Europa, 1992. – ***T. Mann/G. Püttner,*** Handbuch der kommunalen Wissenschaft und Praxis. Bd 1: Grundlagen und Kommunalverfassung, 3. Aufl. 2007. – ***Ch. Meis,*** Verfassungsrechtliche Bindungen zwischen Bund und Gemeinden, 1989. – ***H. Mohl,*** Die Einführung und Erhebung neuer Steuern aufgrund des kommunalen Steuerfindungsrechts, 1992. – ***W. Müller,*** Die Entscheidung des Grundgesetzes für die gemeindliche Selbstverwaltung im Rahmen der europäischen Integration, 1992. – ***M. Petit,*** Der kommunale Mindestausstattungsanspruch im Verfassungsrecht von Bund und Ländern, 2020. – ***H. C. Röhl,*** Kommunalrecht, in F. Schoch, Besonderes Verwaltungsrecht, 2018. – ***E. Schmidt-Aßmann,*** Die Garantie der kommunalen Selbstverwaltung, in P. Badura/H. Dreier (Hrsg.), FS f. 50 Jahre BVerfG, Zweiter Band, 2001, 802. – ***E. Schmidt-Aßmann,*** Kommunale Selbstverwaltung „nach Rastede" – Funktion und Dogmatik des Art. 28 Abs. 2 GG in der neueren Rechtsprechung, FS f. H. Sendler, 1991, 121. – ***E. Schmidt-Jortzig,*** Kommunalrecht, 1992. – ***F. Schoch,*** Die Kreise zwischen örtlicher Verwaltung und Regionalisierungstendenzen, in Henneke/Maurer/Schoch, Die Kreise im Bundesstaat, 1994, 9. – ***L. Schrapper,*** Kommunale Selbstverwaltungsgarantie und staatl. Genehmigungsrecht, 1992. – ***I. Stirn,*** Lokale und regionale Selbstverwaltung in Europa, 2013. – ***B. Stepanek,*** Verfassungsunmittelbare Pflichtaufgaben der Gemeinden, 2014. – ***K. Stern,*** Europäische Union und kommunale Selbstverwaltung, in M. Nierhaus, Kommunale Selbstverwaltung, 1996, 21. – ***R. Stober,*** Kommunalrecht in der Bundesrepublik Deutschland, 3. Aufl. 1996. – ***J. Suerbaum,*** Die Wirkmächtigkeit der grundgesetzlichen Bestimmungen zum Schutz der kommunalen Selbstverwaltung, in H. Dreier (Hrsg.), Macht und Ohnmacht des Grundgesetzes, 2009, 75.

Zu Abs. 3

J. A. Frowein, Die selbständige Bundesaufsicht nach dem Grundgesetz, 1961.

Art. 29 [Neugliederung des Bundesgebietes]

(1) [1]Das Bundesgebiet kann neu gegliedert werden, um zu gewährleisten, daß die Länder nach Größe und Leistungsfähigkeit die ihnen obliegenden Aufgaben wirksam erfüllen können. [2]Dabei sind die landsmannschaftliche Verbundenheit, die geschichtlichen und kulturellen Zusammenhänge, die wirtschaftliche Zweckmäßigkeit sowie die Erfordernisse der Raumordnung und der Landesplanung zu berücksichtigen.

(2) [1]Maßnahmen zur Neugliederung des Bundesgebietes ergehen durch Bundesgesetz, das der Bestätigung durch Volksentscheid bedarf. [2]Die betroffenen Länder sind zu hören.

(3) [1]Der Volksentscheid findet in den Ländern statt, aus deren Gebieten oder Gebietsteilen ein neues oder neu umgrenztes Land gebildet werden soll (betroffene Länder). [2]Abzustimmen ist über die Frage, ob die betroffenen Länder wie bisher bestehenbleiben sollen oder ob das neue oder neu umgrenzte Land gebildet werden soll. [3]Der Volksentscheid für die Bildung eines neuen oder neu umgrenzten Landes kommt zustande, wenn in dessen künftigem Gebiet und insgesamt in den Gebieten oder Gebietsteilen eines betroffenen Landes, deren Landeszugehörigkeit im gleichen Sinne geändert werden soll, jeweils eine Mehrheit der Änderung zustimmt. [4]Er kommt nicht zustande, wenn im Gebiet eines der betroffenen Länder eine Mehrheit die Änderung ablehnt; die Ablehnung ist jedoch unbeachtlich, wenn in einem Gebietsteil, dessen Zugehörigkeit zu dem betroffenen Land geändert werden soll, eine Mehrheit von zwei Dritteln der Änderung zustimmt, es sei denn, daß im Gesamtgebiet des betroffenen Landes eine Mehrheit von zwei Dritteln die Änderung ablehnt.

(4) Wird in einem zusammenhängenden, abgegrenzten Siedlungs- und Wirtschaftsraum, dessen Teile in mehreren Ländern liegen und der mindestens eine Million Einwohner hat, von einem Zehntel der in ihm zum Bundestag Wahlberechtigten durch Volksbegehren gefordert, daß für diesen Raum eine einheitliche Landeszugehörigkeit herbeigeführt werde, so ist durch Bundesgesetz innerhalb von zwei Jahren entweder zu bestimmen, ob die Landeszugehörigkeit gemäß Absatz 2 geändert wird, oder daß in den betroffenen Ländern eine Volksbefragung stattfindet.

(5) [1]Die Volksbefragung ist darauf gerichtet festzustellen, ob eine in dem Gesetz vorzuschlagende Änderung der Landeszugehörigkeit Zustimmung findet. [2]Das Gesetz kann verschiedene, jedoch nicht mehr als zwei Vorschläge der Volksbefragung vorlegen. [3]Stimmt eine Mehrheit einer vorgeschlagenen Änderung der Landeszugehörigkeit zu, so ist durch Bundesgesetz innerhalb von zwei Jahren zu bestimmen, ob die Landeszugehörigkeit gemäß Absatz 2 geändert wird. [4]Findet ein der Volksbefragung vorgelegter Vorschlag eine den Maßgaben des Absatzes 3 Satz 3 und 4 entsprechende Zustimmung, so ist innerhalb von zwei Jahren nach der Durchführung der Volksbefragung ein Bundesgesetz zur Bildung des vorgeschlagenen Landes zu erlassen, das der Bestätigung durch Volksentscheid nicht mehr bedarf.

(6) [1]Mehrheit im Volksentscheid und in der Volksbefragung ist die Mehrheit der abgegebenen Stimmen, wenn sie mindestens ein Viertel der zum Bundestag Wahlberechtigten umfaßt. [2]Im übrigen wird das Nähere über Volksentscheid, Volksbegehren und Volksbefragung durch ein Bundesgesetz geregelt; dieses kann auch vorsehen, daß Volksbegehren innerhalb eines Zeitraumes von fünf Jahren nicht wiederholt werden können.

(7) [1]Sonstige Änderungen des Gebietsbestandes der Länder können durch Staatsverträge der beteiligten Länder oder durch Bundesgesetz mit Zustimmung des Bundesrates erfolgen, wenn das Gebiet, dessen Landeszugehörigkeit geändert werden soll, nicht mehr als 50 000 Einwohner hat. [2]Das Nähere regelt ein Bundesgesetz, das der Zustimmung des Bundesrates und der Mehrheit der Mitglieder des Bundestages bedarf. [3]Es muß die Anhörung der betroffenen Gemeinden und Kreise vorsehen.

(8) [1]Die Länder können eine Neugliederung für das jeweils von ihnen umfaßte Gebiet oder für Teilgebiete abweichend von den Vorschriften der Absätze 2 bis 7 durch Staatsvertrag regeln. [2]Die betroffenen Gemeinden und Kreise sind zu hören. [3]Der Staatsvertrag bedarf der Bestätigung durch Volksentscheid in jedem beteiligten Land. [4]Betrifft der Staatsvertrag Teilgebiete der Länder, kann die Bestätigung auf Volksentscheide in diesen Teilgebieten beschränkt werden; Satz 5 zweiter Halbsatz findet keine Anwendung. [5]Bei einem Volksentscheid entscheidet die Mehrheit der abgegebenen Stimmen, wenn sie mindestens ein Viertel der zum Bundestag Wahlberechtigten umfaßt; das Nähere regelt ein Bundesgesetz. [6]Der Staatsvertrag bedarf der Zustimmung des Bundestages.

Weimarer Reichsverfassung von 1919

Art. 18.

(1) Die Gliederung des Reichs in Länder soll unter möglichster Berücksichtigung des Willens der beteiligten Bevölkerung der wirtschaftlichen und kulturellen Höchstleistung des Volkes dienen. Die Änderung des Gebiets von Ländern und die Neubildung von Ländern innerhalb des Reichs erfolgen durch verfassungsänderndes Reichsgesetz.

(2) Stimmen die unmittelbar beteiligten Länder zu, so bedarf es nur eines einfachen Reichsgesetzes.

(3) Ein einfaches Reichsgesetz genügt ferner, wenn eines der beteiligten Länder nicht zustimmt, die Gebietsänderung oder -neubildung aber durch den Willen der Bevölkerung gefordert wird und ein überwiegendes Reichsinteresse sie erheischt.

(4) Der Wille der Bevölkerung ist durch Abstimmung festzustellen. Die Reichsregierung ordnet die Abstimmung an, wenn ein Drittel der zum Reichstag wahlberechtigten Einwohner des abzutrennenden Gebiets es verlangt.

(5) Zum Beschluß einer Gebietsänderung oder -neubildung sind drei Fünftel der abgegebenen Stimmen, mindestens aber die Stimmenmehrheit der Wahlberechtigten erforderlich. Auch wenn es sich nur um Abtrennung eines Teiles eines preußischen Regierungsbezirkes, eines bayerischen Kreises oder in anderen Ländern eines entsprechenden Verwaltungsbezirkes handelt, ist der Wille der Bevölkerung des ganzen in Betracht kommenden Bezirkes festzustellen. Wenn ein räumlicher Zusammenhang des abzutrennenden Gebietes mit dem Gesamtbezirke nicht besteht, kann auf Grund eines besonderen Reichsgesetzes der Wille der Bevölkerung des abzutrennenden Gebiets als ausreichend erklärt werden.

(6) Nach Feststellung der Zustimmung der Bevölkerung hat die Reichsregierung dem Reichstag ein entsprechendes Gesetz zur Beschlußfassung vorzulegen.

(7) Entsteht bei der Vereinigung oder Abtrennung Streit über die Vermögensauseinandersetzung, so entscheidet hierüber auf Antrag einer Partei der Staatsgerichtshof für das Deutsche Reich.

Übersicht

A. Allgemeine Bedeutung

I. Genese, Funktion und Bedeutung

Eine Regelung zur Neugliederung des Bundesgebiets wurde im Jahre 1949 **1** in das GG[1] aufgenommen und geriet damit in den verfassungsrechtlichen Fokus,[2] weil die meisten **Länder der Bundesrepublik keine historisch gewachsenen Staaten,** sondern eher Zufallsprodukte der Kriegsfolgezeit waren.[3] Bereits Art. 18 WRV hatte einen Neuzuschnitt der Länder angeregt mit dem Ziel, einerseits zur Beseitigung der „Kleinstaaterei" beizutragen, andererseits eine Aufteilung Preußens nahezulegen – ersteres wurde bedingt erreicht (die Anzahl der Länder verringerte sich von 26 auf 17)[4], letzteres nicht. Angesichts dieser Entwicklungslage bestand nach Ende des Zweiten Weltkriegs Anlass, eine Option für eine Veränderung des Gebietsbestandes

[1] International wohl einzigartig, für rechtsvergleichende Hinweise vgl. *Leonardy* ZParl 2013, 329; *Wollenschläger* in Dreier Rn. 9; umfangreich *Häberle* FS f. Gitter, 1995, 315 (327) Fn. 47; zur Rechtslage unter der WRV vgl. *Meyer-Teschendorf* in MKS Rn. 2, 3; näher *Apelt,* Geschichte der Weimarer Verfassung, 1946, 386 ff.

[2] Vgl. *Lenz* in Hamann/Lenz Anm. A 7.

[3] Vgl. *Reschke* DVBl. 1972, 728; vgl. auch die Äußerung des BT-Abg. *Schmidt,* BT-Prot. 5/11079 B, wonach „Willkür, Zufall und Chaos zu Ländern und Ländergrenzen geführt [haben], die weder von der Geschichte noch von der Funktion und Leistungsfähigkeit her optimale Lösungen darstellen"; zur Inhomogenität der Länder aus heutiger Sicht *Sanden,* Die Weiterentwicklung der föderalen Strukturen der Bundesrepublik Deutschland, 2005, 223 ff.

[4] *Schöbener* in BerlKomm Rn. 3.

der Länder vorzusehen und ein darauf gerichtetes Verfahren einzurichten, das die Rationalität solcher Änderungen zu sichern suchte. Insbesondere waren Vorkehrungen vor „unbedachten" kurzfristigen Änderungen zu treffen. Da der territoriale Zuschnitt der Länder als Staaten direkt deren Existenz und Identität berührt, war es naheliegend, deren Volk (als Element im Sinne der sog Drei-Elementen-Lehre: Staatsvolk, Staatsgebiet, Staatsgewalt) unmittelbar und ausschlaggebend an derartigen Entscheidungen zu beteiligen.

2 Schon die Militärgouverneure der drei Westmächte hatten die Ministerpräsidenten der Länder zur Überprüfung der Ländergrenzen aufgefordert.[5] In den sog **Koblenzer Beschlüssen v. 10.7.1948** stimmte man dann überein, dass eine Überprüfung der Grenzen der deutschen Länder zweckmäßig sei, diese Frage jedoch einer sorgfältigen Untersuchung bedürfe.[6] Da es zu dieser Untersuchung vor der Verkündung des GG nicht mehr gekommen war, die Westmächte aber Auswirkungen einer Neugliederung auf die Grenzen ihrer Besatzungsgebiete befürchteten, suspendierten die Militärgouverneure in ihrem Genehmigungsschreiben zum GG v. 12.5.1949 die Geltung von Art. 29 (und Art. 118), ausgenommen wurden nur die Länder Hohenzollern und Wuerttemberg-Baden.[7] Diese besatzungsrechtlich wirksame Sperre wurde mit Inkrafttreten des Vertrages über die Beziehungen zwischen der Bundesrepublik Deutschland und den Drei Mächten (Deutschlandvertrag, auch „Generalvertrag")[8] aufgehoben.

3 In seiner **ursprünglichen Fassung** sah Art. 29 eine **verfassungsrechtliche Verpflichtung** zur Vornahme einer Neugliederung des Bundesgebiets vor, verbunden mit einer Fristsetzung.[9] Dennoch blieben wiederholte Bemühungen, den Auftrag des Art. 29 zu erfüllen, ohne Erfolg. Zu nennen sind insbesondere der 1952 eingesetzte Sachverständigenausschuss unter dem Vorsitz des ehemaligen Reichskanzlers **Luther** (sog Luther-Gutachten)[10] sowie die Sachverständigenkommission für die Neugliederung des Bundesgebietes unter dem Vorsitz des ehemaligen Staatssekretärs **Ernst** (Ernst-Kommission).[11]

4 Durch das 33. Gesetz zur Änderung des GG v. 23.8.1976[12] verlor der Neugliederungsartikel seinen Charakter als Verfassungsauftrag und wurde in eine **Kann-Bestimmung** umgewandelt. Zuvor war im politischen Raum mehrfach seine Streichung angeregt worden, ohne dass aber diejenigen verstummt waren, die die Durchführung der Neugliederung forderten und sie zur Voraussetzung eines funktionierenden Föderalismus erklärten.[13] Doch

---

[5] Vgl. zu dem sog Frankfurter Dokument Nr. 2 v. 1.7.1948, JöR nF 1 (1951), 263; *Dietlein* in BK Rn. 8 ff.

[6] JöR nF 1 (1951), 263 (264).

[7] Vgl. *Münch,* Dokumente des geteilten Deutschland I, 1968, 130.

[8] V. 26.5.1952 idF v. 23.10.1954 am 5.5.1955, BGBl. 1955 II 305.

[9] Als „Sollvorschrift", Art. 29 Abs. 6 GG aF; drei Jahre nach Verkündung des GG, also 1952, im Fall eines Beitritts anderer Teile Deutschlands zwei Jahre danach; Analyse des ursprünglichen Art. 29 bei *Greulich,* Länderneugliederung und Grundgesetz, 1995, 34 ff.

[10] Die Neugliederung des Bundesgebietes. Gutachten des von der BReg eingesetzten Sachverständigenausschusses. Hrsg. v. Bundesminister des Innern, 1955; Ergebnis: keine umfassende Neugliederung notwendig, Alternativvorschläge für den mittelwestdeutschen Raum; näher *Greulich,* Länderneugliederung und Grundgesetz, 1995, 54 ff.

[11] Sachverständigenkommission für die Neugliederung des Bundesgebiets. Vorschläge zur Neugliederung des Bundesgebiets. Hrsg. v. Bundesminister des Innern, 1973; Ergebnis: Gliederung in 5 oder 6 Länder; dazu im Rückblick *Greulich,* Länderneugliederung und Grundgesetz, 1995, 100 ff.; in zeitlicher Nähe: *Schäfer* DVBl. 1973, 732 ff.; *Weber* DÖV 1974, 14 ff.

[12] BGBl. 1976 I 2381.

[13] Vgl. zB *Rudolf* DÖV 1971, 28 ff.; *Grezer* BayVBl. 1974, 90 ff.

zunehmend hatte sich seinerzeit schon gezeigt, dass auch in denjenigen Ländern, deren Bestand nicht direkt auf historische Entwicklungslinien zurückgeführt werden konnte, sich eine **ideelle Landesidentität** herausgebildet hatte und sich administrative Strukturen (und ein damit verbundenes Beharrungsinteresse)[14] verfestigt hatten.[15] Noch mehr lässt sich heute sicher in den west- aber auch ostdeutschen Ländern[16] davon sprechen, dass die Länder nach dem Selbstverständnis ihrer Repräsentanten, aber auch im Bewusstsein von Teilen der Bevölkerung Eigenständigkeit gewonnen haben, was Zurückhaltung gegenüber Neugliederungsbemühungen nahe legt[17] oder diese sogar gänzlich ausschließt. Dass dies in relativ kurzen Zeiträumen erreicht wurde, hat auch damit zu tun, dass ungeachtet aller territorialen Andersartigkeit vielfach historisch-kulturelle Anknüpfungspunkte bestehen. Veränderungen im territorialen Bestand, Zugehörigkeitswechsel und auch eine Schnelllebigkeit etlicher staatlicher Gebilde waren für die deutsche Geschichte jahrhundertelang prägend, so dass umgekehrt die Bildung und Pflege aktueller Landesidentität nicht notwendig voraussetzt, dass ein Land in der jetzt bestehenden Form einen Vorläufer gleichen Gebietszustandes gehabt haben musste.

Art. 5 EVertr.[18] empfahl den gesetzgebenden Körperschaften des verein- 5
ten Deutschlands, sich im Rahmen der Bemühung um eine Änderung oder Ergänzung des Grundgesetzes auch mit den Möglichkeiten einer Neugliederung zu befassen, bezeichnenderweise aber ausschließlich bezogen auf den Raum **Berlin/Brandenburg,** mit der Maßgabe, dies außerhalb der Vorschriften des Art. 29 anzusiedeln und durch Vereinbarung der beteiligten Länder zu bewirken (→ Rn. 66). Das Ergebnis war die Einführung des Art. 118a durch die Verfassungsänderung im Jahr 1994.[19] Auf Betreiben der GemVerfKom. wurde Art. 29 mit demselben Gesetz um **Abs. 8** erweitert, der – in Alternative zu dem Verfahren nach Abs. 2–6 – die Neugliederung durch Staatsvertrag der Länder unter Beteiligung des Bundes und mit Bestätigung durch Volksentscheid vorsieht. Obwohl die Verfassungsänderung noch im selben Jahr in Kraft trat, wurde die „Alternative Neugliederung"[20] aber erneut nicht nachhaltig angegangen.

Im Ergebnis erweist sich Art. 29 daher in doppeltem Sinne als eine **un-** 6
erfüllt[21] **gebliebene Verheißung:** Weder kam es zu der ursprünglich für zwingend geboten gehaltenen gründlichen Modifizierung der bundesstaat-

---

[14] Vgl. *Bilfinger,* Der Einfluß der Einzelstaaten auf die Bildung des Reichswillens, 1923, 82 „herrschaftspolitisches Beharrungsvermögen".

[15] Vgl. *Isensee* in HdbStR VI § 126 Rn. 26: „Akzeptanz kraft Gewöhnung"; freundlicher *Weber,* Die Gegenwartslage des deutschen Föderalismus, 1966, 14 „in Landsmannschaft und Landeseigenart ein kräftiges Profil", bezogen – außer auf Bayern – auf Niedersachsen und Hessen.

[16] Die durch das LänderEG/DDR – LEG – v. 22.7.1990, GBl. 1990 I 955, zuletzt geändert durch Gesetz v. 13.9.1990, GBl. 1990 I 1567, gebildet worden waren; vgl. hierzu *Bernet* LKV 1991, 2 ff.

[17] Allerdings forderte Sachsen vor der GemVerfKom. 1993 die Umwandlung des Art. 29 Abs. 1 in eine Soll-Vorschrift; Kom.-Drs. Nr. 53 in BT-Drs. 12/6000, 151.

[18] Einigungsvertrag v. 31.8.1990 (BGBl. 1990 II 889), der zuletzt durch Art. 32 Abs. 3 des Gesetzes v. 27.6.2017 (BGBl. 2016 I 1966) geändert worden ist.

[19] Durch G v. 27.10.1994, BGBl. 1994 I 3146.

[20] Vgl. eindringlich dafür *Ernst* DVBl. 1991, 1024 ff.; historisch-geographische Fakten bei *Rutz/Scharf/Strenz,* Die fünf neuen Bundesländer, 1993; vgl. auch *Kaufmann,* Bundesstaat und Deutsche Einheit, 1992, 168 ff.; *Heintzen* Die Neue Ordnung 44 (1990), 276 ff.

[21] „Platonisch", so *Häberle* FS f. Gitter, 1995, 315 (327).

lichen Territorialgliederung noch auch zu diesbezüglicher Aktivierung des Volkswillens. Die Gliederung des Bundesgebiets, wie sie 1949 vorgenommen wurde, ist weitgehend unverändert geblieben, sieht man von den außerhalb des Art. 29 über Art. 23 S. 2 GG aF erfolgten Beitritten ab: zunächst des Saarlandes zum 1.1.1957,[22] sodann der Deutschen Demokratischen Republik (zum 3.10.1990). Darüber hinaus bieten lediglich die Vereinigung der Länder Baden, Württemberg-Baden und Württemberg-Hohenzollern zum Land Baden-Württemberg am 24.5.1952, für die aber Art. 118 eine – mittlerweile obsolete (→ Art. 118 Rn. 2) – Spezialregelung darstellt,[23] sowie verschiedene Veränderungen iRd Art. 29 Abs. 7[24] Beispiele für Gebietsveränderungen. Die 1995 durch Staatsvertrag zwischen Berlin und Brandenburg auf Grundlage des Art. 118a[25] angestrebte Fusion der beiden Bundesländer scheiterte am Veto der brandenburgischen Bevölkerung (→ Art. 118a Rn. 7). Volksbegehren und Volksbefragungen nach Art. 29 wurden nach der Verfassungsänderung von 1976 nicht durchgeführt.[26] Zuletzt scheiterten Anträge nach Art. 29 Abs. 4[27] auf Durchführung eines Volksbegehrens zur Bildung eines Landes Franken aus Teilen Baden-Württembergs, Bayerns und Thüringens[28] (→ Rn. 48) sowie eines Volksbegehrens zur Bildung eines gemeinsamen Landes aus Sachsen, Sachsen-Anhalt und Thüringen[29]. Im Übrigen blieben die Länder unangetastet.

II. Inhaltsübersicht

7 Art. 29 aktueller Fassung sieht **drei verschiedene Wege** vor mittels derer eine Neugliederung des Bundesgebiets initiiert werden kann: **1.** Der **Bundesgesetzgeber** kann eine Neugliederung des Bundesgebiets – dh eine Veränderung der Ländergrenzen oder Neuschaffung eines neuen Landes (→ Rn. 18) – selbst initiieren, indem er ein entsprechendes Bundesgesetz erlässt. Neben einer Anhörung der Länder bedarf dieses Bundesgesetz der Bestätigung durch einen Volksentscheid der betroffenen Bevölkerung (Art. 29 Abs. 2). **2.** Nach Art. 29 Abs. 4 kann die betroffene Bevölkerung **per Volksinitiative** selbst eine Neugliederung anstoßen. Voraussetzung ist, dass ein Volksbegehren für ein bestimmten Anforderungen entsprechendes Ballungsgebiet mit mind. 1 Million Einwohner die Einführung einer einheitlichen Landeszugehörigkeit fordert und dabei das erforderliche Antragsquorum erreicht (Art. 29 Abs. 4). Der Bundesgesetzgeber ist in diesem Fall verpflichtet, innerhalb einer zwei-Jahres-Frist mit einem Bundesgesetz auf das Begehr zu reagieren. Entscheidet er sich für eine Änderung der Landeszugehörigkeit, erfolgt die Neugliederung durch Gesetz nach dem Verfahren des

[22] Vgl. *H. P. Schwarz,* Die Ära Adenauer 1957–1963, 1981, 282 ff.

[23] Eingeführt durch das 2. G über die Neugliederung in den Ländern Baden, Württemberg-Baden und Württemberg-Hohenzollern v. 4.5.1951, BGBl. 1951 I 284, dazu BVerfGE 1, 14, Südwest-Staat; eing. *Glaser,* Die rechtlichen Probleme im Zusammenhang mit der Entstehung des Landes Baden-Württemberg, 1976.

[24] Durch Staatsvertrag, also ohne das Verfahren unmittelbarer Demokratie; vgl. Übersicht der Änderungen bei *Dietlein* in BK Rn. 94.

[25] Eingeführt durch Verfassungsänderung von 1994 → Rn. 5 mit Fn. 19.

[26] Zu früheren Volksbegehren und Volksentscheiden *v. Münch* in v. Münch/Kunig, 1. Aufl. 1975, Rn. 240 f.; *Rüfner* Der Staat 14 (1975), 305 ff.

[27] In Verbindung mit §§ 18 bis 20 des G über das Verfahren bei Volksentscheid, Volksbegehren und Volksbefragung nach Art. 29 Abs. 6 (G Art. 29 Abs. 6) → Rn. 8.

[28] BVerfGE 96, 139.

[29] „Volksinitiative Mitteldeutschland", BVerfGE 151, 98.

Abs. 2. Alternativ kann er die Forderung des Begehrs ablehnen oder zunächst nach Art. 29 Abs. 5 die Zustimmung zu der angestrebten Änderung in einer Volksbefragung ertesten. **3.** Zuletzt ermächtigt Art. 29 Abs. 8 die Länder dazu, eine Neugliederung **durch Staatsvertrag** herbeizuführen. Der Staatsvertrag bedarf der Bestätigung durch Volksentscheid in jedem beteiligten Land sowie der Zustimmung des Bundestages (Art. 29 Abs. 8).

Für alle Neugliederungsmaßnahmen legt Art. 29 Abs. 1 verbindliche **Zielvorgaben** (S. 1 → Rn. 23 ff.) sowie **Ausgestaltungskriterien** fest (S. 2 → Rn. 28 ff.). Die Abs. 3, 5 und 6 sowie das am 30.7.1979 erlassene G Art. 29 Abs. 6[30] enthalten **Verfahrensvorgaben** für die verschiedenen Formen der Volksbeteiligung. 8

Nicht unter den Begriff der „Neugliederung" und daher auch außerhalb der Vorgaben der Abs. 1 bis 6 fallen „sonstige Änderungen des Gebietsstandes der Länder" nach Art. 29 Abs. 7. Derartige **geringfügige Änderungen** können durch Staatsverträge der beteiligten Länder oder durch Bundesgesetz mit Zustimmung des Bundesrats erfolgen und unterliegen nicht dem Veto durch Volksentscheid. Dieses vereinfachte Verfahren ist seit 1994 auf Gebiete mit bis zu 50.000 Einwohnern anwendbar. Auch hierzu wurde am 30.7.1979 ein Ausführungsgesetz erlassen (G Art. 29 Abs. 7).[31] 9

III. Überstaatliche Bezüge

Über Art. 25 ist das **Selbstbestimmungsrecht der Völker** ein unmittelbar geltender Grundsatz des deutschen Rechts. Als Staatsvolk ist die Bevölkerung eines Bundeslandes auch Trägerin dieses Selbstbestimmungsrechts.[32] Dem hieraus erwachsenden Recht auf faire politische Teilhabe ist durch die bestehenden Vetoreche der betroffenen Bevölkerung allerdings bereits Genüge getan.[33] Weitergehende Autonomierechte eines Volkes oder einer Minderheit, wie etwa einen Anspruch auf Erhalt, Wiederherstellung oder Gründung eines eigenen Staates (bzw. eines Landes innerhalb eines Föderalstaates) erkennt das Völkerrecht allenfalls in Fällen extremer Diskriminierung und des Ausschlusses vom politischen Willensbildungsprozess an.[34] 10

Das Recht der EU stellt keine direkten Anforderungen an die Ausgestaltung oder Neugliederung der Länder. Aus der Rolle, welche den Ländern bei der weiteren Gestaltung der **europäischen Integration** zukommt, ergibt sich jedoch ein mittelbarer Einfluss auf die politische wie administrative Leistungsfähigkeit der Länder[35] (→ Rn. 68; → Art. 23 Rn. 8, 156 ff.; → Art. 50 Rn. 24 ff.). 11

---

[30] Gesetz über das Verfahren bei Volksentscheid, Volksbegehren und Volksbefragung nach Art. 29 Abs. 6 des Grundgesetzes (G Artikel 29 Abs. 6) v. 30.7.1979, BGBl. 1979 I 1317.

[31] Gesetz über das Verfahren bei sonstigen Änderungen des Gebietsbestandes der Länder nach Art. 29 Abs. 7 des Grundgesetzes (G Art. 29 Abs. 7) v. 30.7.1979, BGBl. 1979 I 1325.

[32] BVerfGE 1, 14 (50); aA *Dietlein* in BK Rn. 23; *Leibholz/Rinck* Rn. 1, welche den Wechsel der Landeszugehörigkeit ohne Anhörung der Bevölkerung als Eingriff in das Demokratieprinzip werten, den Art. 29 durch den Vorbehalt des Volksentscheids auszugleichen suche; vgl. auch BVerfGE 13, 54 (93 f.).

[33] *Wollenschläger* in Dreier Rn. 7; vgl. auch *Scholz* in Maunz/Dürig Rn. 18.

[34] Vgl. *Langenfeld* in HdbGR VI/2 § 183 Rn. 54; *Doehring* in Simma, Charta der Vereinten Nationen, 1991, nach Art. 1 Rn. 34 ff.

[35] *Wollenschläger* in Dreier Rn. 8.

IV. Systematischer Zusammenhang

12 Die Vorschrift hat Bedeutung für den territorialen Zuschnitt der Länder der Bundesrepublik bzw. dessen Veränderbarkeit und konkretisiert im Blick hierauf das **bundesstaatliche Verhältnis.** Soweit sie Fragen der Neugliederung materiell regelt, nimmt sie damit allgemeinen Grundsätzen über das „Treueverhältnis" im Bundesstaat Anwendungsraum,[36] öffnet sich ihnen aber, soweit es um das Verfahren, die „Kooperation und Koordination"[37] geht (→ Rn. 39).[38] Art. 29 gibt weiterhin Aufschluss über das **Demokratiekonzept** des GG, denn er eröffnet die Möglichkeit der unmittelbaren Entscheidung einer Sachfrage durch das Volk.[39] Auf bundesverfassungsrechtlicher Ebene steht die Vorschrift damit einzig da. Zwar spricht Art. 20 Abs. 2 S. 2 davon, dass die gem. Art. 20 Abs. 2 S. 1 vom Volk ausgehende Staatsgewalt von diesem „in Wahlen und Abstimmungen" ausgeübt werde; doch ist die Ausübung durch Wahlen im Sinne des Gedankens der repräsentativen Demokratie (vgl. insbes. Art. 38 Abs. 1 S. 2) im Übrigen dominant. Allein Art. 29 Abs. 2–8 sehen „Abstimmungen" des Volkes vor. In der Staatspraxis hat diese Möglichkeit, wie gesehen, kaum Bedeutung gewonnen[40].

13 Als **einziges Beispiel unmittelbarer Demokratie** auf der Ebene des Bundesverfassungsrechts gilt die Vorschrift – als Ausnahme von einer Regel – als Beleg für die „Plebiszitfeindlichkeit" des GG, die im Allgemeinen anhand von Erfahrungen der Weimarer Zeit zu erklären versucht wird. Jedenfalls nachdem die Bundesrepublik früheren Zuschnitts eine gewisse politische Stabilität erreicht hatte, häuften sich aber die Stimmen, die rechtspolitisch für eine Ausweitung der Schaffung von Formen direkter Demokratie plädierten.[41] Dass Art. 29 in heutiger Gestalt (entgegen der ursprünglichen Fassung) über die Formen des Volksentscheides und des Volksbegehrens hinaus auch die Volksbefragung kennt, ist zunächst als ein Ausweitungstrend verstanden worden.[42] Dieser „Trend" hat jedoch keinesfalls die – relative – Dichte direktdemokratischer Verfahrensangebote erreicht, die auf Landesebene teilweise vorgesehen ist.[43] In diesem Zusammenhang ist hervorzuheben,

---

[36] BVerfGE 13, 54 (76).

[37] *Rudolf* in HdbStR VI § 141 Rn. 21, 23.

[38] *Erbguth/Schubert* in Sachs Rn. 8.

[39] BVerfGE 49, 15 (21); zum Nebeneinander von repräsentativer und plebiszitärer Demokratie *Rossi/Lenski* DVBl. 2008, 416 ff. mwN; eing. *Estel,* Bundesstaatsprinzip und direkte Demokratie im GG, 2005.

[40] Vgl. *Neumann,* Sachunmittelbare Demokratie im Bundes- und Landesverfassungsrecht unter besonderer Berücksichtigung der neuen Länder, 2009, 53 ff. zur Entwicklung der Debatte um plebiszitäre Elemente seit Bestehen der BRD sowie 255 ff. zur Bedeutung unmittelbarer Demokratie im Verfassungsrecht der DDR.

[41] Etwa *Pestalozza,* Der Popularvorbehalt, 1981, 9 ff.; *Meyer* VVDStRL 33 (1975), 69 (115) Ls. 28; umfangr. *Rux,* Direkte Demokratie in Deutschland, 2008 sowie mit Verweisen auf die westeuropäische Praxis *Hornig* ZParl 2011, 475; ablehnend *Henneke* DVBl. 2012, 1072 (1073); vor dem Hintergrund der Konflikte rund um den Bau eines neuen Tiefbahnhof in Stuttgart („Stuttgart 21") zu Möglichkeiten direktdemokratischer Abstimmungen iRd Planungsverfahrens für Infrastrukturprojekte auf Bundes- und Landesebene, *Groß* DÖV 2011, 510; zu den Chancen und Risiken der Digitalisierung für direktdemokratische Verfahren, vgl. *Martini* DÖV 2015, 981 (989 ff.); *Buchholtz* DÖV 2017, 1009.

[42] *v. Münch* in v. Münch/Kunig, 2. Aufl. 1983, Rn. 4a.

[43] Vgl. Art. 71 ff. BayVerf.; Art. 76 ff. BWVerf; Art. 71 ff. SaVerf; eing. *Degenhart* Der Staat 31 (1992), 77 ff.; im Blick auf die Verfassungsdiskussion anlässlich der Einheit *Pestalozza* Jura 1994, 561 ff.; mit eingehender Würdigung der Staatspraxis *Hufschlag,* Einfügung plebiszitärer Komponenten in das Grundgesetz?, 1999, 203 ff.; perspektivisch am Beispiel

dass Volksentscheide, Volksbegehren und Volksbefragungen auf der Ebene des Bundesverfassungsrechts nicht wegen Art. 29 uneinführbar sind, weil sie für den Bereich der Neugliederung des Bundesgebiets reserviert wären. Die diesbezügliche Zurückhaltung des GG lässt **keinen Umkehrschluss** zu, der eine Sperre gegenüber der Modifizierung des grundsätzlich auf Repräsentation ausgerichteten demokratischen Systems der Bundesrepublik bedeuten würde.[44] Einem anderen Verständnis steht das systematische Miteinander von Art. 20 Abs. 2 S. 2 und Art. 29 entgegen. Soweit die erstgenannte Vorschrift von „Abstimmungen" spricht, findet sie nicht schon in Art. 29 eine Erfüllung mit verfassungskräftiger Ausschlusswirkung für andere Sachbereiche.[45]

Die drei in Art. 29 angesprochenen Formen direkter Demokratie sind definitorisch voneinander zu trennen.[46] **Volksentscheid** iSd Art. 29 Abs. 2, 3 meint die Abstimmung des Volkes über ein Sachproblem oder auch einen Gesetzentwurf (Gesetzesreferendum).[47] Dem Volk wird hier eine Frage zur Entscheidung vorgelegt. Beim **Volksbegehren** wurzelt die politische Bestrebung dagegen im Volk selbst.[48] Soweit es wie in Art. 29 Abs. 4 um das Begehren auf Gesetzeserlass geht, handelt es sich also um eine Gesetzesinitiative.[49] **Volksbefragungen** (Art. 29 Abs. 4, 5) dienen der Feststellung des Volkswillens im Vorfelde, also der „Vorklärung der öffentlichen Meinung" (hier) zu dem Zweck, „dem Bundesgesetzgeber eine politische Entscheidungshilfe" zu liefern.[50] **14**

B. Einzelfragen

I. Möglichkeit, Ziele und Kriterien einer Neugliederung (Abs. 1)

1. Bundesgebiet. Der **Begriff „Bundesgebiet"**[51] bezieht sich auf das Territorium der Bundesrepublik, wie es früher von Art. 23 S. 1 GG aF umschrieben wurde und sich heute aus der additiven Wendung des 2. Satzes der Präambel erschließt. Zum Bundesgebiet in diesem Sinne gehören die territoriale Landmasse und die Küstengewässer (Niedersachsens, Hamburgs, Schleswig-Holsteins, Mecklenburg-Vorpommerns), welche kraft allgemeinen Völkerrechts und seinen völkervertraglichen Konkretisierungen zum Hoheitsgebiet der Bundesrepublik zählen, nicht aber solche Seegebiete, für die der Küstenstaat Bundesrepublik gesteigerte Zugriffs- und Hoheitsausübungsrech- **15**

Berlins *Kloepfer/Schärdel* DVBl. 2008, 1333 ff.; vgl. allg. dazu *Dittloff,* Kommunale Bürger- und Einwohnerbefragungen, 2016.

[44] *Bugiel,* Volkswille und repräsentative Entscheidung, 1991, 117 ff. (126); aA *Stern,* StaatsR I, 1984, § 18 Kap. II 5a; in Gesamtwürdigung des GG für weitgehende Unzulässigkeit direkter Demokratie etwa *Krause* in HdbStR III § 35 Rn. 17 ff.; diff. *Ebsen* AöR 110 (1985), 2 ff.; zutr. weist *Erbguth/Schubert* in Sachs Rn. 10, in diesem Zusammenhang auf eine „zwischenzeitliche" – verglichen mit „Weimar" – „Konsolidierung des demokratischen Systems" hin. Eingehende Untersuchung der „Weimarer Erfahrungen" bei *Schwieger,* Volksgesetzgebung in Deutschland, 2005.

[45] Nach *Engelken* DÖV 2013, 301 (304) besteht gar kein systematischer Zusammenhang zwischen den speziellen Fällen territorialer Plebiszite der Art. 29, 118, 118a GG und „Abstimmungen" iSd Art. 20 GG.

[46] Eing. *Stern,* StaatsR II, 1980, § 25 Kap. II 1b.

[47] Vgl. *Kämmerer/Ernst/Winter* ZG 2015, 349.

[48] Plastisch BayVerfGH BayVBl. 1978, 336 „Antrag aus dem Volk an das Volk".

[49] *Erbguth/Schubert* in Sachs Rn. 9.

[50] So die Begründung der BReg, BT-Drs. 7/4958, 8.

[51] Allg. *Vitzthum* in HdbStR II § 18 Rn. 16 ff.

te hat, ohne dass diese Bestandteil des Staatsgebiets wären (zB Fischereizonen, Festlandsockel). Diese unterliegen daher nicht dem Bereich der Neugliederung, sind aber für die Definition der Neugliederungsziele im Einzelfall und für die Kriterien der Neugliederung (Leistungsfähigkeit, wirtschaftliche Zweckmäßigkeit) nicht bedeutungslos, soweit Ressourcen aus derartigen Gebieten den Küstenländern zufließen.[52]

16 Zur Disposition steht iRd Art. 29 das **gesamte Bundesgebiet,** also jedes Land. Dass bei Konstituierung der Bundesrepublik jedenfalls ein Land bereits eine Gestalt hatte, die von landsmannschaftlicher Verbundenheit und geschichtlich-kultureller Identität geprägt war, sich darüber hinaus auch als administrativ zweckmäßig darstellte (nämlich Bayern) und dass anderswo ein ähnlicher Zuschnitt alsbald hergestellt werden konnte (wie im Fall Baden-Württembergs), steht einer neuerlichen Einbeziehung solcher Länder in ein Neugliederungsbemühen nicht kategorisch entgegen, weil Art. 29 für eine entsprechende Differenzierung keinen Anhaltspunkt bietet. Das gilt auch speziell in Ansehung des (vollzogenen) Art. 118 betreffend die Neugliederung des Südwestraums oder eines denkbaren Zusammenschlusses von Berlin und Brandenburg.[53]

17 **2. Begriff der Neugliederung und legislatives Ermessen.** Seit der Verfassungsänderung von 1976 (→ Rn. 4) ist der Gesetzgeber **nicht** mehr **verpflichtet,** sondern lediglich berechtigt, eine Neugliederung vorzunehmen. Die Änderung hatte „die Bundesorgane von dem Verdikt verfassungswidrigen Unterlassens befreit".[54] Nunmehr besteht **legislatives Ermessen.** Denknotwendig impliziert die Rechtsfigur des Ermessens nicht nur die rechtliche Gleichwertigkeit innerhalb des Ermessensraums getroffener unterschiedlicher Entscheidungen, sondern auch die Möglichkeit, diesen Spielraum rechtswidrig zu unterschreiten oder zu überschreiten. Auch legislatives Ermessen kennt solche Grenzen, wie die Diskussion über Schutzpflichten der Gesetzgeber aus Grundrechtsgründen erwiesen hat (→ Art. 2 Rn. 102). Vorliegend gilt das ebenfalls, soweit die **Nichtinanspruchnahme des Handlungsspielraums** in Rede steht. Sollte auch künftig eine Neugliederung des Bundesgebietes unterbleiben, so ist es nicht ausgeschlossen, dass dies (angesichts des gesetzgeberischen Entscheidungsspielraums ausnahmsweise) ein verfassungswidriges Unterlassen darstellt. In Betracht kommen könnte dies, wenn die Kriterien für eine Neugliederung in erheblichem Maße gegeben sind und andere Möglichkeiten als eine Neugliederung nicht zielführend wären. Eine Pflicht des Gesetzgebers, nach Art. 29 Abs. 1 tätig zu werden, könnte dann angenommen werden, wenn sich in mehreren Bundesländern dauerhaft eine auf einer strukturellen Haushaltsnotlage beruhende Handlungsunfähigkeit einstellen würde.[55] Ob der notwendige Volksentscheid eine Zustimmung zur Folge hätte, ist für die Frage eines Unterlassens nicht entscheidend. Der Gesetzgeber des Bundes wäre rechtlich nur gehalten, eine solche Zustimmung zu erproben. Auch bliebe ihm hinsichtlich der Ausgestaltung der Neugliederung ein weiter Spielraum, welcher durch die in Art. 29

[52] Ebenso *Erbguth/Schubert* in Sachs Rn. 12.

[53] BVerfGE 5, 34 (45); *Meyer-Teschendorf* in MKS Rn. 21; aA *Held* DÖV 1954, 737; vgl. auch *Schäfer* DÖV 1955, 111.

[54] So *Evers* in BK, Drittbearb., 1980, Rn. 26; vgl. *Isensee* in HdbStR IV, 2. Aufl. 1999, § 98 Rn. 25 „unrealisiert und unrealisierbar".

[55] *Erbguth/Schubert* in Sachs Rn. 13; *Wollenschläger* in Dreier Rn. 17; ablehnend *Hellermann* in BeckOK GG Rn. 10 ff.; ebenfalls skeptisch *Sannwald* in SHH Rn. 72.

Abs. 1 S. 1 und S. 2 genannten Ziele und Kriterien konkretisiert wird (→ Rn. 23 ff., 28 ff.).

Neugliederung bedeutet „die räumliche (territoriale, innerbundesrepublikanische) Umgestaltung des Bundesgebietes in der Weise […], daß die Einteilung in Länder oder ihr Gebietsumfang anders wird, als sie gegenwärtig sind".[56] Schon begrifflich unterfallen kleinere Korrekturen, wie Grenzberichtigungen und Grenzbegradigungen nicht der Neugliederung. Solche Änderungen im Gebietsbestand der Länder, die ein Gebiet betreffen, das (jetzt) nicht mehr als 50.000 (früher: nicht mehr als 10.000) Einwohner hat, sind in Art. 29 Abs. 7 gesondert geregelt, wobei es für dessen Anwendbarkeit nicht darauf ankommt, ob die Korrektur „ganz" geringfügig ist oder nicht.[57] Die Neugliederung ist **in unterschiedlichen Varianten** denkbar, so durch Zusammenschluss mehrerer Länder in einem schon bestehenden Land, durch die Vergrößerung des Gebietsbestandes eines Landes oder mehrerer Länder und durch den Übergang von Gebietsteilen, durch Neuschaffung, Auslöschung oder Teilung von Ländern.[58] 18

Zu beachten ist in diesem Zusammenhang, dass Art. 79 Abs. 3 **„die Gliederung des Bundes in Länder"** vor einer Verfassungsänderung in Schutz nimmt. Auch daran wird deutlich, dass mit dem Begriff der Neugliederung nur eine Gebietsneuordnung gemeint sein kann, keine Einwirkung auf die inneren Strukturen der Länder. Die Neugliederung dürfte auch nicht zum Ziel haben, das verfassungsrechtliche und das aus ihm erwachsende politische Gewicht der Länder dahingehend zu mindern, dass der Sache nach das Bild eines dezentralisierten Einheitsstaates herbeigeführt würde.[59] 19

Im Übrigen bietet Art. 29 Abs. 1 S. 1 **keinerlei Existenzgarantie für bestehende Länder.** Eine Neugliederung „kann […] auch zur Beseitigung bestehender Länder oder zu einer solchen territorialen Umgestaltung führen, daß die umgestalteten Länder nicht mehr identisch sind mit den Ländern in ihrer gegenwärtigen Gestalt".[60] Angesichts dessen war in der Vergangenheit vielfach vom „labilen Bundesstaat" die Rede.[61] Dieser Begriff ist jedoch irreführend, da sich die Labilität zum einen gerade nicht auf den Bundesstaat, sondern allenfalls auf die konkreten Gestalt der ihn derzeit konstituierenden Länder bezieht.[62] Zum anderen hat sich aber auch die Gestalt der Bundesländer als äußerst stabil erwiesen, wozu, wie gesehen, auch Art. 29 beigetragen hat. 20

Würde ein Land durch Neugliederung aufgelöst, so wäre es selbst – bzw. eine Nachfolgeorganisation[63] – in einem hiergegen gerichteten Verfassungsrechtsstreit prozessfähig[64] und könnte insbesondere einen Verstoß gegen sein Anhörungsrecht aus Art. 29 Abs. 2 S. 2 geltend machen.[65] Ein subjektives 21

---

[56] *Scholz* in Maunz/Dürig Rn. 20.

[57] Zutr. *Hoppe/Schulte* DVBl. 1991, 1941 (1043).

[58] Vgl. insgesamt zu den denkbaren Möglichkeiten *Dietlein* in BK Rn. 31.

[59] BVerfGE 5, 34 (38): „[…] ist es von Rechts wegen ausgeschlossen, die bundesstaatliche Struktur zu beseitigen und an ihre Stelle irgendeine Form des Einheitsstaates zu setzen".

[60] BVerfGE 13, 54 (74).

[61] BVerfGE 5, 34 (38); *Heintzen,* Die Neue Ordnung, 1990, 276 ff.; *Hofmann* in HdbStR I § 9 Rn. 87; zur „Geschichte" dieses Schlagworts im vorliegenden Zusammenhang *Meyer-Teschendorf* in MKS Rn. 2.

[62] Vgl. *Wollenschläger* in Dreier Rn. 11 mit Fn. 42.

[63] Vgl. *Scholz* in Maunz/Dürig Rn. 18.

[64] Vgl. *Evers* in BK, Drittbearb., 1980, Rn. 29; sa BVerfGE 3, 267 (279); 4, 250 (267).

[65] Vgl. *Jarass* in Jarass/Pieroth Rn. 5.

Recht der Länder, vor Neugliederung verschont zu bleiben, besteht dabei aber auch nicht im Sinne eines Rechts auf fehlerfreie Ermessensausübung im Blick auf die Ziele und Kriterien der Neugliederung.[66] Denn die Ermächtigung zur Neugliederung ist dem Bund **nicht zur Wahrung von Länderbelangen,** sondern „ausschließlich im Interesse und zum Wohl des Ganzen" aufgegeben.[67] Diese Rechtslage dauert auch nach den verschiedenen Änderungen des Art. 29 fort.[68] Mit dem Begriff Neugliederung ist schließlich nicht vorgegeben, dass alle Länder in ihrem Gebietsbestand betroffen werden müssten, dies womöglich mit vergleichbarem Gewicht. Auch dafür gibt Art. 29 Abs. 1 keinen Anhalt, ebenso wenig ließe es sich aus dem allgemeinen Grundsatz der Bundestreue herleiten.[69]

22 Jede Neugliederung kann nur den Gebietsstand der Länder in ihren Verhältnissen zueinander betreffen, nicht dürfte sie zur Schaffung **bundesunmittelbarer Territorien** führen, die der bundesstaatlichen Ordnung nach dem GG fremd sind.[70] Art. 79 Abs. 3 schreibt die Gliederung des (gesamten) Bundes „in" Länder fest. Keine Bedeutung hat Art. 29 für die Außengrenzen der Bundesrepublik als Völkerrechtssubjekt,[71] allerdings wird verschiedentlich für den Fall der Gebietsabtretung die analoge Anwendung der Abs. 2 u. 3 befürwortet.[72]

23 **3. Ziele der Neugliederung.** S. 1 enthält konkrete **Zielvorgaben**[73] für eine Neugliederung.[74] Die Länder müssen nach Größe und Leistungsfähigkeit die ihnen obliegenden Auflagen wirksam erfüllen können. Die Verwendung des Plurals („Länder") erweist erneut, dass Ergebnis der Neugliederung eine Struktur mit **mehreren** Ländern sein muss, nicht also ein Einheitsstaat sein darf (→ Rn. 19).

24 Die **Landesgröße** ist für sich genommen kein Neugliederungskriterium, sondern in Beziehung zu den den Ländern obliegenden Aufgaben zu sehen.[75] Sie bezieht sich weder ausschließlich auf die Ausdehnung des Gebiets noch auf die Zahl der Einwohner, sondern auf das Zusammenspiel beider Elemente. Gleichheit oder annähernde Gleichheit der Größe sind jedenfalls solange nicht gefordert, als insgesamt Anzahl und relatives Gewicht der Länder eine föderale Gesamtbalance bewirken.[76]

25 Der Begriff **Leistungsfähigkeit** umfasst die wirtschaftliche, finanzielle, politische und administrative Leistungsfähigkeit. Die wirtschaftliche Leis-

[66] Vgl. *Dietlein* in BK Rn. 43.

[67] BVerfGE 49, 10 (13); krit. *Knemeyer* DÖV 1978, 884 f.; unter Berufung auf BVerfGE 13, 54 (74, 76, 84); vgl. *v. Mangoldt/Klein,* Das Bonner Grundgesetz, 2. Aufl. 1966, Anm. III 2a; wohl relativierend *Stern,* StaatsR I, 1984, § 7 Kap. III 5.

[68] Anders anscheinend *Arndt* JuS 1993, 360 (364).

[69] BVerfGE 13, 54 (76).

[70] *v. Münch* in v. Münch/Kunig, 2. Aufl. 1983, GG aF Art. 23 Rn. 12 mwN; *Vitzthum* in HdbStR II § 18 Rn. 34; *Fitzke* VR 1991, 281 ff.; *Erbguth/Schubert* in Sachs Rn. 11; *Wollenschläger* in Dreier Rn. 16; anders *Meyer-Teschendorf* in MKS Rn. 22.

[71] Zu Gebietsveränderungen im Völkerrecht s. *Kunig* Jura 1996, 160 ff.

[72] Vgl. *Bernhardt,* Der Abschluss völkerrechtlicher Verträge im Bundesstaat, 1957, 196; *Isensee* in HdbStR VI § 126 Rn. 30 Fn. 77; aA *Soell* AöR 95 (1970), 423 (425 ff.).

[73] Nach *Erbguth/Schubert* in Sachs Rn. 15 „Planungsziele".

[74] Nach *Isensee* in HdbStR VI § 126 Rn. 37, eine „Teleologie des Föderalismus", s. dort auch Rn. 349; BVerfGE 1, 117 (134).

[75] Von „Wechselwirkung" spricht *Meyer-Teschendorf* in MKS Rn. 27.

[76] Deutlich engere verfassungsrechtliche Grenzen sucht *Isensee* in HdbStR VI § 126 Rn. 148, im Blick auf das „historische Trauma" preußischer Hegemonie in Art. 29 Abs. 1 auszumachen.

tungsfähigkeit ist nicht nur im Blick auf ein aktuell bestehendes Aufgabenniveau zu ermitteln, sondern hat künftige Entwicklungen prognostisch einzubeziehen. Sie bestimmt auch die Leistungsfähigkeit im Übrigen mit und hat demzufolge letztlich ausschlaggebende Bedeutung. Im Hinblick auf die finanzielle Leistungsfähigkeit macht die Möglichkeit des **Länderfinanzausgleichs** (Art. 107 Abs. 2) Neugliederungsmaßnahmen nicht überflüssig. Zugleich ist es aber auch nicht Ziel einer Neugliederung, Länder mit identischer finanzieller Leistungsfähigkeit zu schaffen, auch wenn eine zukünftige Beschränkung des Finanzausgleichs bei der Neugliederung berücksichtigt werden kann. Art. 29 zielt insofern auf einen Abbau der Ursachen im Finanzkraftgefälle, Art. 107 auf den Ausgleich der Folgen eines fortbestehenden Gefälles, hat also in verfassungspolitischer Hinsicht den Nachrang, ohne dass sich hieraus in verfassungsrechtlicher Hinsicht ein Vorrang des Art. 29 ergäbe.[77]

Politische Leistungsfähigkeit eines Landes wird als „Kraft zur politischen 26
Gestaltung“[78] umschrieben, auch als „Fähigkeit der Landespolitik, auf reale Bedürfnisse und Probleme sensibel zu reagieren, sie in politische Programme umzusetzen, politische Konflikte im Land auszutragen, aufzuarbeiten und auszugleichen und dabei politische Energien sowohl zu aktivieren als auch in demokratischen Prozessen zu kanalisieren und in verfassungsmäßigen Institutionen zu binden“.[79] Dazu gehört (landesbezogen) die Fähigkeit zur Integration und (landes- wie bundespolitisch) die Handlungsfähigkeit, auch bezogen auf die Mitwirkungsbefugnis im BR (Art. 50). In schönen Worten meint *Evers,*[80] es gehöre zum politischen Gewicht eines Landes, „daß die Dimension des Landes und der zu bewältigenden Aufgaben vor Provinzialismus bewahrt, zu einer gewissen Weite des Blickes nötigt und befähigte Politiker anzuziehen vermag“.

Bei der **administrativen Leistungsfähigkeit** geht es um die bedarfs- 27
gerechte Erfüllung öffentlicher Aufgaben, also den Vollzug der Landesaufgaben durch gesetzesakzessorische und gesetzesfreie Verwaltung in allen Formen, die die kompetenzielle Ordnung insbes. in den Art. 83 ff. vorsieht, dies in Unabhängigkeit von der Rechtsform, also unter Einbeziehung der Aufgabenwahrnehmung durch Körperschaften. Welche Aufgaben den Ländern obliegen, ergibt sich zunächst aus der bundesstaatlichen Zuständigkeitsverteilung, die nicht ein für alle Mal feststeht. Inhaltlich ergibt sich das Aufgabenprogramm (nicht abschließend) aus Staatszielbestimmungen wie sie vor allem in den Art. 20, 20a, 28 zum Ausdruck kommen.

4. Neugliederungskriterien. Als Kriterien, die bei der Neugliederung zu 28
berücksichtigen sind, nennt Art. 29 Abs. 1 S. 2 die „landsmannschaftliche Verbundenheit“, „geschichtliche und kulturelle Zusammenhänge“, „wirtschaftliche Zweckmäßigkeit“ sowie „Erfordernisse der Raumordnung und der Landesplanung“. Es handelt sich um (unbestimmte) Rechtsbegriffe.[81]

---

[77] Vgl. zum Zusammenhang von Finanzausgleich und Neugliederung *Isensee* in HdbStR VI § 126 Rn. 134; vgl. auch *Wick* DÖV 1971, 109; *Bull/Welti* NVwZ 1996, 838 (840); BVerfGE 86, 148 (270) „Schließlich ist auf die Möglichkeit hinzuweisen, das Bundesgebiet neu zu gliedern […]“; im Finanzausgleichsurteil v. 11.11.1999, BVerfGE 101, 158, wird ein Zusammenhang mit der Länderneugliederung nicht hergestellt.

[78] So das Luther-Gutachten (→ Fn. 10) Fn. 21, 43.

[79] Ernst-Kommission, Fn. 22, Tz. 168.

[80] *Evers* in BK, Drittbearb., 1980, Rn. 41.

[81] *Bothe* in AK Rn. 11 f.; *Maunz/Herzog* in Maunz/Dürig Rn. 23; *Meyer-Teschendorf* in MKS Rn. 30; aA anscheinend *Maunz* in HdbStR IV, 2. Aufl. 1999, § 95 Rn. 12 „unverbindliches Programm“; treffend dagegen *Evers* in BK, Drittbearb., 1980, Rn. 36 „verbindli-

Diese **Zielbegriffe**[82] belassen eine Entscheidungsoffenheit und geben nur Richtungen vor ohne Einzelentscheidungen konkret vorzuzeichnen. Die Anforderung der Berücksichtigung verwendet das GG auch an anderer Stelle, etwa Art. 33 Abs. 5. Verlangt ist damit eine weniger strikte Orientierung an den in Bezug genommenen Kriterien als beim Begriff der „Beachtung" (→ Art. 33 Rn. 116). Im vorliegenden Zusammenhang gebietet „Berücksichtigung" nicht die bedingungslose und gleich intensive Einbeziehung aller genannten Kriterien.[83]

29 Der Begriff der **„landsmannschaftlichen Verbundenheit"** ist – wie die Ernst-Kommission nahezu resignativ formuliert hat – „kaum objektivierbar und nicht quantifizierbar".[84] Mit paralleler Begrifflichkeit (und gleichen Schwierigkeiten) wird in der Völkerrechtslehre das Element des Selbstverständnisses bei der Konstruktion des Begriffs des Staatsvolks diskutiert.[85] Dort wie auch hier geht es um subjektive Empfindungen, die ihre Wurzeln in objektiven Fakten finden. Es geht um den Befund subjektiver Wahrnehmung vergangener und gegenwärtiger Umstände, auf die sich **Zusammengehörigkeit** gründen kann. Das bezieht sich etwa auf Sprache und Dialekt, auf Gebräuche, auf Geographie. Insofern besteht ein enger Bezug zwischen der landsmannschaftlichen Verbundenheit und den in der Norm ebenso angesprochenen geschichtlichen und kulturellen Zusammenhängen. „Landsmannschaftliche Verbundenheit" entsteht über Zeiträume hin, wirkt weiter, kann sich auch verflüchtigen. Die These, dass die „Bedeutung (gerade auch des Begriffs der landsmannschaftlichen Verbundenheit) immer mehr schwindet, wenn sie auch derzeit (1980) noch nicht erloschen ist", [86] hat sich wohl nicht bewahrheitet.[87] Im Gegenteil scheint jedenfalls in Teilen der Bevölkerung das Land als Identifikationsebene stärker angenommen zu werden als es früher schien. Der Einigungsprozess mag das gefördert haben (→ Rn. 4). „Landsmannschaftlich" bezieht sich allerdings nicht sogleich auf das jeweilige Land, sondern kann sowohl eine Personengruppe innerhalb eines Landes (zB Ostfriesen) wie eine über den Bereich eines oder mehrerer Bundesländer hinausgreifende Gruppe umfassen (zB Schwaben, Pfälzer).

30 Sucht man, wie es die Gesetzessystematik nahelegt, den Begriff der **„geschichtlichen und kulturellen Zusammenhänge"** demjenigen der

ches Leitbild"; vgl. auch *Hennings,* Der unerfüllte Verfassungsauftrag. Die Neugliederung des Bundesgebietes im Spannungsfeld politischer Interessengegensätze, 1983, 147; sowie – mit Brückenschlag zur Dogmatik des Rechts der Bauleit- und sonstiger Planung – *Erbguth/Schubert* in Sachs Rn. 14–16.

[82] Das Luther-Gutachten (→ Fn. 10) prägte die Bezeichnung „Richtbegriff", die seither vielfach verwendet wird, vgl. nur *Wollenschläger* in Dreier Rn. 19 f.; von „Abwägungsleitlinien" spricht *Erbguth* in Sachs Rn. 22; von „Berücksichtigungsbegriffen" spricht *Würtenberger* in HdbStR VI § 132 Rn. 60.

[83] *Jarass* in Jarass/Pieroth Rn. 4 „größerer Entscheidungsspielraum".

[84] Ernst-Kommission, Fn. 22, Tz. 198.

[85] Vgl. aus staatsrechtlicher Sicht *Stern,* StaatsR II, 1980, § 25 Kap. I; aus völkerrechtlicher Sicht *Verdross/Simma,* Universelles Völkerrecht, 3. Aufl. 1984, § 512; im Blick auf das Sezessionsrecht *Murswiek* AVR 31 (1993), 307.

[86] *Evers* in BK, Drittbearb., 1980, Rn. 45.

[87] Dezidiert andere Wahrnehmung bei *Pernice* in Dreier, 2. Auflage 2006, Rn. 30 „zunehmend verblassend"; die Erforschung von „Regionalbewußtsein" ist seit längerem Gegenstand der modernen Humangeographie, doch wohl für eine Maßstabsebene wie diejenige der Länder empirisch bisher nicht weit vorangetrieben worden, vgl. *Blotevogel/Heinritz/Popp* Berichte zur deutschen Landeskunde 60 (1986), 103 (107 f.); *Rutz,* Die Gliederung der Bundesrepublik Deutschland in Länder, 1995, 12.

„landsmannschaftlichen Verbundenheit" gegenüberzustellen, so richtet sich der Blick für die „geschichtliche" Seite zunächst auf Phänomene organisatorischer Zusammengehörigkeit. Dabei können abgeschlossene Vorgänge – untergegangene Staaten und aufgelöste Organisationsformen – für sich genommen nicht relevant sein, doch ist für eine Neugliederung auch zu berücksichtigen, inwieweit sie zu einer aktuellen Identitätsfindung beitragen.[88] Das einschlägige Schrifttum setzt hier unterschiedliche Akzente.[89]

Über den Begriff der **„kulturellen Zusammenhänge"** sagt das Luther- 31
Gutachten, er sei „als konventionell geläufig hinzunehmen", seine Inhalte seien „vielfältiger Art und besitzen jeweils verschiedene Reichweite und Kraft der Zusammenfassung", und die kulturellen Zusammenhänge erwiesen sich „nicht so sehr als abgegrenzte, erfüllte Räume, denn als Ausstrahlungsgebiete beherrschender Punkte".[90] Den Begriff der „Kultur" verwendet das GG[91] nicht, kann auf ihn insbes. auch deshalb verzichten, weil Kulturpflege in erster Linie Landessache und damit nach der Systematik der Art. 70 ff. nicht gesondert in der Kompetenzordnung aufzuführen ist. Der Begriff ist jedenfalls in Art. 29 Abs. 1 S. 2 weit und entwicklungsoffen zu verstehen, so wie ihn auch Art. 35 EVertr. verwendet, bezieht sich auf Schulen und Wissenschaft, Kunst, Religion und Brauchtum. Auf Zusammengehörigkeit iSd Art. 29 Abs. 1 S. 2 deuten hier etwa Einzugsgebiete von Hochschulen, Museen und Sammlungen, Bibliotheken und Theatern, Sportstätten oder territoriale Gliederungen der Kirchen hin. Kultur ist dabei nicht (allein) „Hoch"- oder „Staats"-Kultur.[92]

Das Kultur-Kriterium bietet ein wichtiges Gegengewicht gegenüber einer 32
strikt auf Effizienz und Ökonomie („Standort") ausgerichteten Gliederungsperspektive,[93] angesichts des Textbefundes allerdings auch nicht „mehr" als ein Gegengewicht. Für das Gebäude einer Kulturstaatstheorie bietet Art. 29 Abs. 1 S. 2 allenfalls ein schwaches Fundament.[94]

„Wirtschaftliche Zweckmäßigkeit" in Art. 29 Abs. 1 S. 2 bedeutet 33
„gesamtwirtschaftliche Zweckmäßigkeit in gebietlicher Bezogenheit".[95] Es geht nicht allein um die Interessen „der Wirtschaft",[96] sondern um das Zusammenspiel der Vorgänge des privaten und öffentlichen Wirtschaftsbereichs in ihrem größeren Zusammenhang, man mag sagen: insofern auch um das „gesamtwirtschaftliche Gleichgewicht", wie es Art. 109 Abs. 2 anspricht. Größere Konkretheit gewinnt dies erst im Zusammenhang mit dem weiteren Neugliederungskriterium der **Erfordernisse der Raumordnung**

---

[88] Vgl. *v. Münch* in v. Münch/Kunig, 2. Aufl. 1983, Rn. 26 „Art. 29 I 2 rettet bewußt ein Stück Museum und bewahrt vor einem unüberlegten, völligen Aussteigen aus der Geschichte".

[89] Vgl. *Maunz/Herzog* in Maunz/Dürig Rn. 30: Berücksichtigung nur, wenn sich ein Zusammengehörigkeitsgefühl ergeben habe, „das heute noch Staatenbildungen tragen" kann; dagegen krit. *Erbguth/Schubert* in Sachs Rn. 25.

[90] Luther-Gutachten (→ Fn. 10) Fn. 21, S. 31.

[91] Abgesehen von Art. 23 Abs. 6 S. 1 sowie Art. 73 Abs. 1 Nr. 5a (entspricht dem alten Art. 75 Abs. 1 Nr. 6) seit der Föderalismusreform 2006; früher bereits im 1994 aufgehobenen Art. 74 Nr. 5 GG aF: Schutz deutschen Kulturgutes.

[92] *Häberle* FS f. Gitter, 1995, 315 (320 ff.).

[93] Vgl. *Häberle,* Kulturverfassungsrecht im Bundesstaat, 1980, 64 „Kultur" sei „aus ihrer textlich bloß nebensätzlichen (und scheinbar nebensächlichen) Bedeutung ins Zentrum des Art. 29 GG zu rücken".

[94] Viel optimistischer *Häberle* FS f. Gitter, 1995, 315 (317).

[95] Ernst-Kommission (→ Fn. 11) Fn. 22, Tz. 86.

[96] Verstanden iSd in Art. 74 Abs. 1 Nr. 11 aufgezählten Wirtschaftszweige.

und Landesplanung.[97] Der Begriff der Raumordnung ist in Anlehnung an das bundesrechtlich geordnete Raumordnungsrecht[98] zu verstehen, wie es im ROG seinen Ausdruck findet. Ihm liegt ein Raumplanungskonzept zugrunde, bei dem die flächendeckende Planerarbeitung auf der Landesebene liegt. Es enthält Vorgaben für raumbedeutsame Planungen und Maßnahmen des Bundes und rahmenrechtliche Vorgaben für die Landesplanung. „Erfordernisse" der Raumordnung und Landesplanung sind, wie es auch dem Begriffsverständnis des § 3 ROG entspricht, „Grundsätze" (welche zu „berücksichtigen" sind), „Ziele" (dh verbindliche Vorgaben) und „sonstige Erfordernisse" (zB „in Aufstellung" befindliche Ziele; sie unterliegen ebenfalls einer Berücksichtigungspflicht).[99] Spätestens durch dieses weitere Neugliederungskriterium, das Gesichtspunkte beinhaltet, welche auch durch die bereits o. behandelten Kriterien ins Spiel gebracht werden,[100] zeigt sich deutlich, dass Art. 29 Abs. 1 S. 2 nicht durch einfache Subsumtion in Entscheidungen umsetzbar ist, sondern für Planungsalternativen lediglich eine grobe Richtung weist.[101]

II. Erfordernis eines Bundesgesetzes (Abs. 2)

34 **1. Neugliederung auf Grundlage eines Bundesgesetzes.** Die Vorschrift stellt zunächst klar, dass eine Neugliederung **keine Verfassungsänderung** voraussetzt, was früher im Blick auf den Art. 23 aF thematisiert wurde.[102] Ferner ist deutlich, dass eine Neugliederung nach Art. 29 Abs. 1 nur durch ein Bundes*gesetz* erfolgen kann („Gesetzesvorbehalt"), nicht also etwa durch Verträge des Bundes mit den Ländern.[103] Nur ein **Gesetz im formellen Sinne,** also ein Parlamentsgesetz ist ein Bundesgesetz iSd Art. 29 Abs. 1 S. 1. Des Weiteren macht die Norm deutlich, dass die Neugliederung eine **Bundesaufgabe** ist (→ Rn. 20 f.). Sie ist „nicht im Interesse der bestehenden Länder vorgesehen, sondern nur im Interesse des Ganzen, und sie erfolgt auch nur nach den übergeordneten Gesichtspunkten des Ganzen".[104] Ein Neugliederungsgesetz bedarf nicht notwendigerweise der Zustimmung des Bundesrates,[105] sondern nur, soweit es nach den allgemeinen Grundsätzen die Zustimmungsbedürftigkeit bewirkende Regelungen enthalten sollte.

35 Der von Art. 29 Abs. 2 S. 1 verwendete Plural („Maßnahmen") lässt keinen Zweifel übrig, dass eine Neugliederung nicht durch ein einzelnes Gesetz bewirkt werden muss, sondern auch – in Phasen – durch aufeinander folgende Gesetze herbeigeführt werden darf.[106] Die Ermöglichung einer Neugliederung „durch Einzelschritte eines längeren Gesamtprozesses" war bei der

---

[97] Eingefügt bei der Änderung des Art. 29 im Jahre 1976, unter gleichzeitiger Streichung des früher in der Vorschrift enthaltenen Leitbegriffs des „sozialen Gefüges", der für „zu unbestimmt" gehalten wurde, so die Begründung der BReg, BT-Drs. 7/4958, 7; vgl. auch *v. Münch* in v. Münch/Kunig, 1. Aufl. 1975, Rn. 22.

[98] Vgl. Art. 74 Abs. 1 Nr. 31 sowie Art. 72 Abs. 3 Nr. 4.

[99] Vgl. *Kersten* in Schoch, Besonderes Verwaltungsrecht, 2018, Kap. 3 Rn. 41 ff. mwN.

[100] *Vitzthum* in HdbStR II § 18 Rn. 37 „dehnbar und untereinander austauschbar"; mit anderer Tendenz etwa *Feuchte* FS f. Müller, 1970, 59 (75).

[101] Etwas sarkastisch *Bothe* in AK Rn. 12 „Über die Bedeutung dieser Begriffe und ihr Verhältnis zueinander ist wohl mehr nachgedacht worden als das Problem eigentlich wert ist."; *Meyer-Teschendorf* in MKS Rn. 30, 31.

[102] Vgl. *v. Münch* in v. Münch/Kunig, 2. Aufl. 1983, Art. 23 Rn. 5, Art. 29 Rn. 30.

[103] Zur „staatsvertraglichen Option", bezogen auf Verträge der Länder miteinander, vgl. Abs. 8 und → Rn. 64 f.

[104] BVerfGE 13, 54 (74).

[105] BVerfGE 13, 54 (73).

[106] So schon für Art. 29 Abs. 1 GG aF BVerfGE 5, 34 (40).

Begründung der BReg zur Neufassung des Art. 29[107] besonders betont worden. Durch die Neufassung[108] sollte danach ua erreicht werden, dass eine Neugliederung auch ohne eine bereits feststehende einheitliche und umfassende **Gesamtkonzeption** zulässig werde. Es ist jedoch zu bezweifeln, ob auf dieses Erfordernis nunmehr gänzlich verzichtet werden kann.[109] Wenn die rechtliche Programmierung der Neugliederung insgesamt wenig intensiv vorgegeben und ihrem Zuschnitt alternativenreiche Spielräume belassen sind, liegt es nahe, dass der Neugliederungsgesetzgeber jedenfalls gehalten ist, innerhalb dieser Spielräume konzeptionell Farbe zu bekennen. Der Umfang der zu fordernden Konzeption muss wenigstens am Umfang der Neugliederung ausgerichtet sein.

Das **Verfahren für den Erlass** eines Neugliederungsgesetzes folgt den allgemeinen Regeln der Art. 76 ff., abgesehen vom Erfordernis der Bestätigung durch Volksentscheid (→ Rn. 37) und der Pflicht zur Anhörung der betroffenen Länder (→ Rn. 38 ff.). Daher sind alle zu Gesetzesinitiativen berechtigten Verfassungsorgane befugt, Entwürfe für Neugliederungsgesetze einzubringen.[110] 36

2. Erfordernis der Bestätigung durch Volksentscheid. Die Bestätigung eines Neugliederungsgesetzes durch Volksentscheid betrifft dessen **Zustandekommen** (nicht erst sein Inkrafttreten). Folglich kann das Gesetz vor der Bestätigung nicht ausgefertigt und nicht verkündet werden.[111] Im Fall eines negativen Ergebnisses des Volksentscheides ist das Gesetz gescheitert, es bedarf also keiner Aufhebung durch den Bundestag. Der Volksentscheid muss das gesamte Gesetz betreffen. 37

3. Anhörung der betroffenen Länder. Auch die Notwendigkeit einer Anhörung der betroffenen Länder wurde im Zuge der Verfassungsänderung von 1976 in Art. 29 eingefügt. Sie beruht auf der Erwägung, dass „auch den Ländern als Gliedstaaten im Bundesstaat das Recht garantiert werden soll, in Fragen, die ihre Existenz berühren, ihre Auffassung zum Ausdruck zu bringen".[112] **Betroffene Länder** sind nur solche Länder, die unmittelbar von einer Neugliederungsmaßnahme berührt werden, dh diejenigen, „aus deren Gebieten oder Gebietsteilen ein neues oder neu umgrenztes Land gebildet werden soll" (Art. 29 Abs. 3 S. 1). Bundesverfassungsrecht gibt nicht vor, welches Verfassungsorgan eines betroffenen Landes im Verfahren der Anhörung zu beteiligen ist.[113] Zwar dürfte das GG als Verfassung des Bundes eine entsprechende Regelung treffen können, doch kann angesichts des eindeutigen Wortlautes Art. 29 Abs. 2 S. 2 eine diesbezügliche Anordnung nicht entnommen werden. 38

---

[107] BT-Drs. 7/4958, 7.

[108] Zur früheren Rechtslage insoweit BVerfGE 5, 34 (39); *v. Münch* in v. Münch/Kunig, 1. Aufl. 1975, Rn. 10.

[109] Ähnlich *Erbguth/Schubert* in Sachs Rn. 35, anders *Dietlein* in BK Rn. 45.

[110] BVerfGE 5, 34 (41); 13, 54 (77).

[111] Anders bei der 2019 in Sachsen diskutierten Idee eines „Volkseinwands", wonach den Bürgern nach Zustandekommen einfacher Landesgesetze ein generelles Vetorecht in Form eines Volksentscheids gegen das Inkrafttreten des Gesetzes eingeräumt werden sollte; vgl. *Schmidt* NVwZ 2020, 771; *Heußner/Pautsch* NJ 2020, 89.

[112] So der Rechtsausschuss des BT, BT-Drs. 7/5491, 4.

[113] AA *Scholz* in Maunz/Dürig Rn. 53, Landesparlament, wegen der (sonstigen) Staatspraxis und weil etwas anderes „merkwürdig" wäre. Wie hier *Jarass* in Jarass/Pieroth Rn. 5; *Erbguth/Schubert* in Sachs Rn. 38; *Wollenschläger* in Dreier Rn. 21.

39 Inhaltlich ist die **Pflicht zur Anhörung** so zu verstehen wie in Art. 32 Abs. 2 (→ Art. 32 Rn. 54 f.). Es bedarf der umfassenden Information der Länder über Neugliederungsmaßnahmen, dies nicht nur hinsichtlich des Ergebnisses, sondern unter Einschluss der Erwägungen, die dem an Art. 29 Abs. 1 S. 2 zu orientierenden Neugliederungskonzept zugrunde liegen. Das GG nennt keinen konkreten Zeitpunkt für die Anhörung,[114] ihrem Telos entsprechend muss diese aber so rechtzeitig erfolgen, dass das betroffene Land nicht vor vollendete Tatsachen gestellt wird.[115] Dafür lässt sich ein exakter Zeitpunkt im Rahmen der Gesetzesvorbereitung nicht fixieren. Die Verpflichtung zur rechtzeitigen Anhörung nach Art. 29 Abs. 2 S. 2 stellt ein Einzelbeispiel dafür dar, dass das GG Bund und Länder in bestimmten Konstellationen in einem Treueverhältnis miteinander verbunden sieht, auch unabhängig von der Frage nach der Existenz eines allgemeinen Grundsatzes der Bundestreue (→ Rn. 12).

40 Die Anhörungspflicht des Bundes korrespondiert mit einem **Anhörungsrecht** der betroffenen Länder. Es erschöpft sich darin, die eigene Interessenlage, den eigenen politischen Gestaltungswillen und die eigenen Rechtsauffassungen im Dialog mit dem Bund zu artikulieren. Des Einvernehmens bzw. der Zustimmung eines Landes – als Gebietskörperschaft – bedarf es nicht (wohl aber derjenigen des Landesvolkes durch Volksentscheid → Rn. 10, Rn. 37).

III. Durchführung des Volksentscheids (Abs. 3)

41 **1. Abstimmungsgebiet.** Den Begriff des **Abstimmungsgebiets** verwendet § 2 G Art. 29 Abs. 6 und bezieht ihn auf die „betroffenen Länder“ (→ Rn. 38), also im Einklang mit Art. 29 Abs. 3 S. 1. Danach findet der Volksentscheid nicht im ganzen Bundesgebiet statt.[116] § 2 G Art. 29 Abs. 6 sieht ferner verschiedene Abstimmungsbereiche vor (1. jeder Gebietsteil, der eine neue Landeszugehörigkeit erhalten soll, 2. der übrige Teil jedes betroffenen Landes). Sinn dieser Verfahrensbestimmung ist „die Ermittlung der Mehrheitsverhältnisse in denjenigen territorialen Einheiten, die bei der Ermittlung des Ergebnisses eines Volksentscheides maßgeblich sind“.[117]

42 **2. Abstimmungsfrage.** Während der Abstimmungsgegenstand das gem. Art. 29 Abs. 2 beschlossene (Bundes-)Neugliederungsgesetz ist, welches die jeweilige Maßnahme konkret regelt, lautet die **Abstimmungsfrage** dahingehend, „ob die betroffenen Länder wie bisher bestehen bleiben sollen oder ob das neue oder neu umgrenzte Land gebildet werden soll“ (Art. 29 Abs. 3 S. 2, ebenso § 1 S. 2 G Art. 29 Abs. 6). Durch diese Formulierung wollte der Verfassungsgeber Bewahrungstendenzen gegenüber Veränderungstendenzen bewusst begünstigen und dem Umstand Rechnung tragen, dass seit Ende des 2. Weltkriegs auch die Länder der Bundesrepublik, die nicht auf eine lange geschichtliche Tradition zurückblicken, eine gefestigte und von

[114] Nach *Scholz* in Maunz/Dürig Rn. 54, soll dies bereits „vor der Herstellung der endgültigen Kabinettsvorlage“ erfolgen.

[115] Zust. *Meyer-Teschendorf* in MKS Rn. 37; *v. Münch* in v. Münch/Kunig, 2. Aufl. 1983, Rn. 37, der Eindruck sei zu vermeiden, es handele sich bei der Anhörung nur um „eine lästige Pflichtübung des Bundes“.

[116] Sofern nicht alle Bundesländer von einer beabsichtigten Neugliederungsmaßnahme betroffen sind.

[117] *Evers* in BK, Drittbearb., 1980, Rn. 52.

ihrer Bevölkerung anerkannte Staatlichkeit entwickelt hatten.[118] Dieser Befund war zum Zeitpunkt der entsprechenden Neufassung des Art. 29 (1976) richtig gesehen (→ Rn. 4). Freilich könnte man vor dem Hintergrund der erst mit der Wiedervereinigung (allerdings: wieder-)erstandenen neuen Bundesländer die Frage aufwerfen, ob diese Vorgabe ihren Sinn verfehlt, soweit es um eine Neugliederung im Bereich der ehemaligen DDR geht. Es ist jedoch davon auszugehen, dass Art. 29 Abs. 3 S. 2 auch bei Volksentscheiden über eine Neugliederung im hinzugetretenen Gebiet Anwendung finden muss.[119]

§ 10 Abs. 1 S. 2 G Art. 29 Abs. 6 sieht vor, dass der Bundesminister des Innern durch Rechtsverordnung das **Muster des Stimmzettels** für den Volksentscheid vorgibt. Dieser darf nicht lediglich die verfassungsrechtlich verlangte Fragestellung wiederholen, sondern muss sie wenigstens kurz veranschaulichen und die territorialen Konsequenzen der Entscheidung aufzeigen. Für die Abstimmung gelten die **Wahlrechtsgrundsätze des Art. 38 Abs. 1 S. 1**[120] entsprechend.[121] 43

3. Zustandekommen des Volksentscheids. Der Volksentscheid für die Bildung eines neuen oder neu umgrenzten Landes kommt gem. Art. 29 Abs. 3 S. 3 zustande, „wenn in dessen künftigem Gebiet und insgesamt in den Gebieten oder Gebietsteilen eines betroffenen Landes, deren Landeszugehörigkeit im gleichen Sinne geändert werden soll, jeweils eine Mehrheit der Änderung zustimmt". Sprachlich ist diese Wendung wenig eingängig. Sie erklärt sich aus der Zielsetzung der Neufassung des Art. 29, „Neugliederungsmaßnahmen möglichst nicht gegen den Willen betroffener Bevölkerungsgruppen zu ermöglichen".[122] Erforderlich ist danach die **Mehrheit der Stimmberechtigten im künftigen Gebiet des neuen oder neu zugeschnittenen Landes,** darüber hinaus aber noch **zusätzlich** die Mehrheit der Stimmberechtigten in den ihre Landeszugehörigkeit entsprechend[123] ändernden Gebieten oder Gebietsteilen desjenigen Landes, welches von seinem Territorium abgibt (sog **Umgliederungsmasse**). Jede dieser gesonderten Abstimmungen muss also eine Mehrheit finden. Wenn die Vorschrift die Wendung „insgesamt" enthält, so eröffnet dies die Möglichkeit, die Stimmen der Stimmberechtigten aus der eben bezeichneten Umgliederungsmasse gemeinsam zu zählen, sofern diese mehrere Gebiete oder Gebietsteile – auch solche, die sich nicht im räumlichen Zusammenhang befinden – umfasst (s. § 14 Abs. 1 S. 8 G Art. 29 Abs. 6).[124] 44

118 Vgl. den Bericht des Rechtsausschusses des BT, BT-Drs. 7/5491, 415.

119 Nicht indessen, soweit Art. 118a als Sonderregelung anwendbar ist; BbgVerfG LKV 1996, 203 (204); offen gelassen in VerfGH Bln LKV 1996, 334 (335), wo gleichfalls offenbleibt, ob hinsichtlich der Reihenfolge der Fragen ein grundrechtsgleiches Recht bestehe – was zu verneinen ist.

120 BVerfGE 42, 53 (60); sie werden in BVerfGE 49, 15 (19) als „ungeschriebenes demokratisches Verfassungsrecht" bezeichnet; zu diesen Grundsätzen → Art. 38 Rn. 26 ff.; *Kunig* Jura 1994, 554 (555 f.).

121 Zur Frage der Kostenerstattung für eine an der diesbezüglichen Willensbildung im Vorfelde beteiligte Vereinigung s. BVerfGE 42, 53 (59).

122 Bericht des Rechtsausschusses BT, BT-Drs. 7/5491, 5.

123 Dies meint die Wendung „im gleichen Sinne".

124 Sollen zB durch Neugliederung drei Gebietsteile eines Landes einem anderen Land zugeschlagen werden, so ist die erforderliche Mehrheit auch dann erreicht, wenn in zweien dieser Teile die Mehrheit sich gegen die Neugliederungsmaßnahme ausgesprochen hat, aber die Gesamtzahl der abgegebenen Stimmen in allen drei Teilen zusammen eine Mehrheit für die Neugliederungsmaßnahme ergibt.

45 Die Mehrheiten nach Abs. 3 S. 3 müssen alleine in den Gebieten zustande kommen, die von der Änderung tatsächlich betroffen sind. Weitere Voraussetzung für eine Neugliederung ist aber, dass sich nach Abs. 3 S. 4 Hs. 1 nicht zugleich eine **Mehrheit in den betroffenen Ländern** gegen die Änderung ausspricht („wenn im Gebiet eines der betroffenen Länder eine Mehrheit die Änderung ablehnt"). Den jeweiligen Gesamtbevölkerungen der von der Änderung betroffenen Länder kommt also ein **Vetorecht** zu. Entscheidend ist dabei die Mehrheit der Bevölkerung im gesamten bisherigen Landesgebiet und nicht nur im restlichen Gebiet, das von der Änderung unberührt bleiben würde. Das Grundgesetz stellt hier den Willen der Bevölkerung in den Gebieten, die tatsächlich durch die Änderung betroffen wären, dem Willen der Gesamtbevölkerung des Landes gegenüber.

46 Ein so zustande gekommenes Veto der Gesamtbevölkerung kann aber nach Abs. 3 S. 4 Hs. 2 durch eine **Zwei-Drittel-Mehrheit der tatsächlich betroffenen Bevölkerung zurückgewiesen** werden, wobei auch diese Zurückweisung wiederum durch **Zwei-Drittel-Mehrheit innerhalb der Gesamtbevölkerung zurückgewiesen** werden kann. Das Letztentscheidungsrecht liegt damit bei der gesamten Landesbevölkerung, was Ausdruck des bewahrenden Charakters ist, den Art. 29 aufweist. Die Möglichkeit der **Zurückweisung eines Vetos** sowie einer darauf gerichteten **Rück-Zurückweisung** besteht ausweislich des Wortlauts aber nur für das Gebiet, das sich von seinem bisherigen Land loslöst bzw. das Land, von dem sich ein Gebiet loslösen möchte.[125]

IV. Initiativrecht der Bevölkerung (Abs. 4)

47 **1. Raum eines Volksbegehrens.** Auch Art. 29 Abs. 4 ist im Jahre 1976 in Art. 29 eingefügt worden. Er eröffnet die Möglichkeit einer **Neugliederungsinitiative durch Volksbegehren.** Offensichtlich ist, dass die Abgrenzung des Gebiets, für das eine Neugliederung begehrt wird, von weichenstellender Bedeutung für Erfolg oder Misserfolg einer derartigen Initiative sein wird.[126] Daher beschränkt Abs. 4 S. 1 das Initiativrecht der Bevölkerung auf den dort näher umschriebenen Raum. Es betrifft einen „zusammenhängenden, abgegrenzten Siedlungs- und Wirtschaftsraum, dessen Teile in mehreren Ländern liegen und der mindestens 1 Mio. Einwohner hat" (sog. **Neugliederungsraum,** s. § 18 G Art. 29 Abs. 6). Hier geht es also nicht um historische Zusammengehörigkeit und kulturelle Verbundenheit als die Leitmotive der in Art. 29 bestehenden verfassungsrechtlichen Reaktion auf die den Ländern durch die unmittelbare Nachkriegsentwicklung gegebenen Zuschnitte. Stattdessen wird abgestellt auf Siedlungs- und Wirtschaftsräume, dh auf **soziale und ökonomische Befunde.** Wie bei anderen in Art. 29 verwendeten Begriffen bemerkbar, weist auch dieser eine beträchtliche Unschärfe auf. Der Begriff kann auch nicht auf eine verfassungsrechtliche Tradition verweisen. Er muss unter Rückgriff auf Ergebnisse und Erkenntnisse der Raumforschung und Raumplanung zu bestimmen versucht werden.[127] Vom erforderlichen „Zusammenhang" und der Abgrenzbarkeit eines Gebiets wird man in erster Linie in Bezug auf städtische und industrielle

125 Ebenso *Erbguth/Schubert* in Sachs Rn. 46.
126 Vgl. die Begründung der BReg, BT-Drs. 7/4958, 8.
127 BVerfGE 96, 139 (149); eingehende und differenzierende Überlegungen bei *Meyer-Teschendorf* in MKS Rn. 45–47.

Ballungsgebiete sprechen können, doch kommen angesichts des offenen Wortlauts auch vorwiegend agrarisch genutzte Flächen in Betracht, die andererseits auch als sog Umland von Ballungsgebieten in einen zusammengehörigen Siedlungsraum einzubeziehen sein können.[128] Die Teile eines solchen Raumes müssen, um das Initiativrecht hervorzubringen, in zwei oder mehr Ländern liegen.[129] Ein Ballungsraum auf dem Gebiet allein eines Landes (Beispiel: Ruhrgebiet in NRW) kommt als Neugliederungsraum nicht in Betracht. Eine nur „geringfügige Grenzüberschreitung innerhalb eines Verflechtungsbereiches“[130] dürfte nicht ausreichen. Bei Berechnung der Einwohnerzahl (mindestens 1 Mio.) ist nicht nur auf die Wahlberechtigten abzustellen.

Derzeit dürften die Stadtstaaten Berlin, Bremen und Hamburg sowie ihr 48
jeweiliges Umland, dazu die Verdichtungsräume um Mainz/Wiesbaden, Mannheim/Ludwigshafen, Karlsruhe, Leipzig/Halle[131] und in der Lausitz zusammenhängende Siedlungs- und Wirtschaftsräume darstellen, die Landesgrenzen überschreiten. Für ein begehrtes „Land Franken“ aus Bezirken Bayerns, Teilen Thüringens sowie dem baden-württembergischen Main-Tauber-Kreis hat das BVerfG die „Abgegrenztheit nach außen“ im Jahre 1997 verneint.[132]

2. Form der Initiative. Das Initiativrecht in dem zusammenhängenden, 49
abgegrenzten Siedlungs- und Wirtschaftsraum wird gem. Art. 29 Abs. 4 dadurch realisiert, dass „von einem Zehntel der in ihm zum Bundestag Wahlberechtigten durch Volksbegehren gefordert wird, daß für diesen Raum eine einheitliche Landeszugehörigkeit herbeigeführt werde.“ Die Wahlberechtigung ergibt sich auf der Grundlage des Art. 38 aus den §§ 12, 13 BWG. Nach § 36 Abs. 3 S. 2 G Art. 29 Abs. 6 ist bei der Errechnung der „zum Bundestag Wahlberechtigten“ nach Art. 29 Abs. 4 die Zahl der Wahlberechtigten im Raum des zugelassenen Volksbegehrens „zum Zeitpunkt des Endes der Eintragungsfrist“ maßgebend. Der **Antrag** auf Zulassung zur Durchführung eines solchen Volksbegehrens erfordert die persönliche und handschriftliche Unterzeichnung „von mindestens eins vom Hundert der bei der letzten Wahl zum Bundestag wahlberechtigten Einwohner des Raumes, für den das Volksbegehren beantragt wird, jedoch nicht mehr als 7000 Einwohner“ (§ 19 Abs. 1 S. 2 G Art. 29 Abs. 6); weitere Einzelheiten zum Zulassungsantrag sind in den §§ 19 ff. des G geregelt. Erfüllt der Antrag die gesetzlichen Voraussetzungen, so findet die Teilnahme am Volksbegehren durch Eintragung in Listen statt (§§ 27 ff. G Art. 29 Abs. 6). Gegen die Ablehnung eines Antrags können die Antragsteller Beschwerde zum BVerfG erheben;[133] den betroffenen Landes-

[128] Vgl. *Erbguth/Schubert* in Sachs Rn. 50, unter Hinweis auf die demographische Entwicklung hin zu „Städtelandschaften“; *Dietlein* in BK Rn. 63; enger wohl *Engelken* BayVBl. 1995, 556 (559).

[129] *Scholz* in Maunz/Dürig Rn. 76, halten mindestens drei für naheliegend; im Wortlaut findet dies keinen Anhalt.

[130] Vgl. *Evers* in BK, Drittbearb., 1980, Rn. 62.

[131] Eine Beschwerde der „Volksinitiative Mitteldeutschland“ gegen die Nichtzulassung eines Volksbegehrens über die Zusammenlegung ua der Landkreise Halle und Leipzig scheiterte kürzlich vor dem Bundesverfassungsgericht (BVerfGE 151, 98). Ob es sich bei dem Gebiet um einen zusammenhängenden Siedlungs- und Wirtschaftsraum iSd. Art. 29 Abs. 4 handelt, wurde jedoch nicht erörtert.

[132] BVerfGE 96, 139 (148 ff.).

[133] Zum fehlenden Antragsrecht einer juristischen Person sowie zur Antragsberechtigung eines Unterzeichners des Zulassungsantrags als Vertrauensmann für die Gesamtheit der Unterzeichner s. BVerfGE 96, 139 (148).

regierungen kommt ein Beschwerderecht gegen die Zulassung eines Antrags zu (§ 24 Abs. 3 S. 3, Abs. 4 S. 4 G Art. 29 Abs. 6).

50 **Gegenstand des Volksbegehrens** kann nur die Forderung sein, „daß für diesen Raum eine einheitliche Landeszugehörigkeit herbeigeführt werde." Der Begriff der „einheitlichen Landeszugehörigkeit" ist in § 20 Nr. 2 G Art. 29 Abs. 6 konkretisiert: Im Zulassungsantrag muss „die für den Raum begehrte Landeszugehörigkeit" angegeben werden.

51 **3. Rechtsfolgen.** Sofern das erforderliche Quorum durch die Eintragungen erreicht und damit das Volksbegehren zustande gekommen ist, **muss** der Bundesgesetzgeber **innerhalb von zwei Jahren ein Bundesgesetz** erlassen. Die Frist beginnt mit der Veröffentlichung der Feststellung über das Zustandekommen des Volksbegehrens (s. § 37 G Art. 29 Abs. 6). Eine Fristverlängerung ist nicht vorgesehen, doch wäre ein verspätet ergangenes Gesetz nicht wegen Fristüberschreitung verfassungswidrig.[134] Bleibt der Bundesgesetzgeber untätig, stellt sich die Frage nach der verfassungsprozessualen Durchsetzbarkeit des durch das Volksbegehren begründeten legislativen Anspruchs. Art. 29 Abs. 4 selbst gibt dafür nichts her. Da der Einzelne im Organstreitverfahren nicht parteifähig ist,[135] könnte eine Verfassungsbeschwerde gem. Art. 93 Abs. 1 Nr. 4a in Betracht kommen, doch steht das Enumerationsprinzip dem entgegen: Art. 29 Abs. 4 vermittelt keine mit der Verfassungsbeschwerde rügefähige Individualrechtsposition.[136]

52 Das aufgrund des Volksbegehrens zu erlassende Gesetz hat „entweder zu bestimmen, ob die Landeszugehörigkeit gem. Abs. 2 geändert wird oder daß in den betroffenen Ländern eine Volksbefragung stattfindet". Damit eröffnen sich dem Bundesgesetzgeber **drei Möglichkeiten** („Regelungsoptionen"):[137] Er kann es bei der bestehenden Lage belassen, er kann die Landeszugehörigkeit ändern oder aber eine Volksbefragung durchführen lassen. Bei der Auswahl zwischen diesen Alternativen ist der Bundesgesetzgeber durch das Ergebnis des Volksbegehrens rechtlich nicht gebunden. Das Volksbegehren ist lediglich ein – kräftiger – „Anstoß". Die Verpflichtung beschränkt sich darauf, überhaupt legislativ tätig werden zu müssen; eine weitergehende Bindung an das Volksbegehren wäre mit dem Neugliederungsprogramm des Art. 29 Abs. 1 unvereinbar, das seinerseits „geradezu verbieten"[138] kann, dem Volksbegehren Folge zu leisten. Sofern sich der Bundesgesetzgeber dafür entscheidet, die Landeszugehörigkeit nicht zu ändern, ist das Verfahren mit dem Erlass des diese Aussage treffenden Gesetzes beendet. Ein Volksentscheid ist nicht vorgesehen, seine Durchführung unzulässig. Zur Möglichkeit, ein neues Verfahren in Gang zu setzen, s. Abs. 6 S. 2 Hs. 2 (→ Rn. 59). Ergeht die gesetzliche Entscheidung über eine Änderung der Landeszugehörigkeit, so ist dies ein Anwendungsfall des Art. 29 Abs. 2 (also: Erforderlichkeit des Volksentscheides gem. Abs. 3). Alternativ dazu kann gem. Abs. 5 zunächst eine Volksbefragung durchgeführt werden.

---

[134] *Scholz* in Maunz/Dürig Rn. 85; *Jarass* in Jarass/Pieroth Rn. 9.
[135] Vgl. § 63 BVerfGG; auch nicht „das Volk", BVerfGE 13, 54 (84 f.); 60, 175 (201 f.).
[136] Vgl. *Jarass* in Jarass/Pieroth Rn. 1; *Erbguth/Schubert* in Sachs Rn. 54, nicht „verfassungsgerichtlich sanktionierbar".
[137] *Meyer-Teschendorf* in MKS Rn. 51, 52.
[138] *Scholz* in Maunz/Dürig Rn. 88.

V. Volksbefragung (Abs. 5)

1. Befragungsgegenstand. Den **Gegenstand der Volksbefragung** legt Art. 29 Abs. 5 S. 1 fest: Die Befragung „ist darauf gerichtet festzustellen, ob eine in dem Gesetz vorzuschlagende Änderung der Landeszugehörigkeit Zustimmung findet." Diese Formulierung stellt klar, dass eine Volksbefragung in Reaktion auf ein erfolgreiches Volksbegehren nach Abs. 4 nur dann stattfinden kann, wenn es um eine Änderung der Landeszugehörigkeit geht, weiterhin, dass die Änderung der Landeszugehörigkeit in dem zur Volksbefragung aufrufenden Gesetz selbst vorgeschlagen werden muss. Deutlicher wird dies in § 38 Abs. 1 S. 1 G Art. 29 Abs. 6 zum Ausdruck gebracht: „Gegenstand der Volksbefragung ist das gem. Art. 29 Abs. 4 und 5 des Grundgesetzes beschlossene Gesetz, mit dem eine Änderung der Landeszugehörigkeit vorgeschlagen wird". Dieses Gesetz kann gem. Abs. 5 S. 2 „verschiedene, jedoch nicht mehr als zwei Vorschläge der Volksbefragung vorlegen". Art. 38 Abs. 1 S. 2, 3 G Art. 29 Abs. 6 bestimmt dazu: „Die Frage ist so zu formulieren, daß der Befragte eindeutig zum Ausdruck bringen kann, ob er der vorgeschlagenen Änderung der Landeszugehörigkeit zustimmen oder ob er den bisherigen Zustand beibehalten wissen möchte. Stellt das Gesetz zwei Änderungsvorschläge zur Wahl, so ist die Frage so zu formulieren, daß der Befragte eindeutig zum Ausdruck bringen kann, welcher der beiden vorgeschlagenen Änderungen der Landeszugehörigkeit er zustimmen oder ob er den bisherigen Zustand beibehalten wissen möchte". Damit findet sich für die Reihenfolge der Fragestellungen eine andere Regelung als in Art. 29 Abs. 3 S. 2[139] (→ Rn. 42). 53

2. Rechtsfolgen. Ergibt die Volksbefragung **keine Mehrheit,** so muss der Gesetzgeber nicht tätig werden. Es ist ihm allerdings die Feststellung unbenommen, dass es bei der bisherigen Landeszugehörigkeit bleibt.[140] Zur Karenzzeit für die Zulassung eines erneuten Volksbegehrens s. Abs. 6 S. 2 Hs. 2 (→ Rn. 59). Im Übrigen ergeben sich **unterschiedliche Rechtsfolgen** je nach der Qualität der erreichten Mehrheit. Bei „qualifizierter" Mehrheit besteht eine Neugliederungspflicht entsprechend dem Gegenstand der Volksbefragung. Bei „einfacher" Mehrheit kann der Gesetzgeber feststellen, dass es bei der bisherigen Landeszugehörigkeit bleibt, oder einen Volksentscheid veranlassen. 54

Die **Qualifizierung der Mehrheit** ergibt sich aus Art. 29 Abs. 5 S. 4 iVm Abs. 3 S. 3, 4, dh: Spricht sich bei der Volksbefragung eine Mehrheit für die in Rede stehende Neugliederung aus, die im Fall eines Volksentscheides genügen würde, dann muss diese binnen zwei Jahren umgesetzt werden. Der Bundesgesetzgeber ist strikt an die votierte Neugliederungskonzeption gebunden, er kann diese auch nicht etwa modifizieren. Eines weiteren Volksentscheides bedarf es dann nicht. 55

Spricht sich „lediglich" eine Mehrheit für die Änderung aus, die im Falle eines Volksentscheides nicht genügen würde, so muss der Gesetzgeber gem. Art. 29 Abs. 5 S. 3 zwar tätig werden, kann sich aber zwischen der Beibehaltung des Status quo und einer Neugliederung frei entscheiden. Umstritten ist, 56

[139] Verfassungsrechtliche Bedenken hiergegen und Plädoyer für die analoge Anwendung bei *Scholz* in Maunz/Dürig Rn. 92; dem folgend auch *Meyer-Teschendorf* in MKS Rn. 54; dagegen zutr. *Erbguth/Schubert* in Sachs Rn. 56 in Fn. 172.

[140] Vgl. Begründung der BReg, BT-Drs. 7/4958, 8.

ob er eine von der im Volksbefragungsgesetz enthaltenen Neugliederungskonzeption abweichende Neugliederung vornehmen darf. Die Frage ist zu bejahen,[141] denn Abs. 5 S. 3 bezieht sich auf Abs. 2, spricht nicht etwa von der Alternative zu bestimmen, ob die Landeszugehörigkeit gerade „gemäß dem Ergebnis der Volksbefragung" geändert werde. Entscheidet sich der Gesetzgeber für eine Neugliederung, ist wiederum nach Anhörung der Länder ein Volksentscheid notwendig (Abs. 2, 3).

VI. Mehrheiten und Verfahren (Abs. 6)

57 Für den Volksentscheid und die Volksbefragung ist ein **Quorum von einem Viertel** der zum Bundestag[142] wahlberechtigten Bürger erforderlich. Dieser Bezug auf die Wahl zum Bundestag lässt sich damit rechtfertigen, dass die Neugliederung eine Bundesaufgabe ist (→ Rn. 21, 33), ferner auch damit, dass potentiell unterschiedliche Voraussetzungen für die Wahlberechtigung[143] (→ Art. 28 Rn. 42) in den Ländern nicht zu einer unterschiedlichen Abstimmungsberechtigung beim Volksentscheid und bei der Volksbefragung führen sollen. Die Wahlberechtigung für Volksentscheid und Volksbefragung setzt ferner die Sesshaftigkeit im Abstimmungsgebiet voraus.[144]

58 Nach Art. 29 Abs. 6 S. 2 Hs. 1 wird „im übrigen […] das Nähere über Volksentscheid, Volksbegehren und Volksbefragung durch ein Bundesgesetz geregelt." Nur **Verfahrensfragen** können Gegenstand des Ausführungsgesetzes sein, nicht also solche über eine Ausführung der Leitbegriffe des Abs. 1 oder gar ein konkretes Neugliederungsvorhaben. Das Ausführungsgesetz muss ein Bundesgesetz sein.[145] Es kann ohne Zustimmung des BR ergehen.[146] Art. 29 Abs. 6 S. 2 Hs. 1 ist durch das G Art. 29 Abs. 6 (→ Rn. 8) umgesetzt worden.[147]

59 Art. 29 Abs. 6 S. 2 Hs. 2 eröffnet dem Bundesgesetzgeber die Möglichkeit vorzusehen, „daß Volksbegehren innerhalb eines Zeitraumes von fünf Jahren nicht wiederholt werden können." Damit soll verhindert werden, dass der territoriale Zuschnitt der Länder „fortwährenden Beunruhigungen"[148] ausgesetzt (und damit auch die kommunale Funktionsfähigkeit gestört) würde. Die Ermächtigung ist durch die **Karenzregelung** des § 21 Abs. 1 G Art. 29 Abs. 6 umgesetzt worden. Die Frist beginnt mit der amtlichen Feststellung des Ergebnisses der Volksbefragung (vgl. §§ 39, 17 G Art. 29 Abs. 6).

VII. Sonstige Gebietsänderungen (Abs. 7)

60 Die Vorschrift betrifft Änderungen des Gebietsbestandes der Länder in Ansehung von Gebieten, welche **nicht mehr als 50.000 Einwohner** haben.

---

[141] Ebenso *Meyer-Teschendorf* in MKS Rn. 55; anders *Scholz* in Maunz/Dürig Rn. 96.

[142] Nicht etwa: zum jeweiligen Landtag; so aber Art. 29 in ursprünglicher Fassung.

[143] Die von Art. 28 Abs. 1 S. 1 in Grenzen hingenommen werden, BVerfGE 36, 342 (361).

[144] Vgl. § 4 Abs. 1 G Art. 29 Abs. 6 „wer am Abstimmungstage zum Bundestag wahlberechtigt ist und seit mindestens drei Monaten im Abstimmungsgebiet eine Wohnung, bei mehreren Wohnungen seine Hauptwohnung, innehat oder sich sonst gewöhnlich aufhält".

[145] Gesetzgebungskompetenz des Bundes kraft Sonderzuweisung → Art. 70 Rn. 26.

[146] Ebenso *Evers* in BK, Drittbearb., 1980, Rn. 77; *Scholz* in Maunz/Dürig Rn. 103; aA BR, BT-Drs. 8/1646, 20.

[147] Gesetzesbegründung der BReg, BT-Drs. 8/1646; krit. rechtspolitische Würdigung bei *Hernekamp* ZRP 1978, 232; s. die VO zur Durchführung des G Art. 29 Abs. 6 (NeugliederungsdurchführungsVO) v. 12.11.1984, BGBl. 1984 I 1342 ff.

[148] So *Evers* in BK, Drittbearb., 1980, Rn. 68.

Sie werden als geringfügig eingestuft und sollen außerhalb des aufwendigen Neugliederungsverfahrens, wie es im Übrigen besteht, durchgeführt werden können, nämlich durch den Abschluss von Staatsverträgen der beteiligten Länder oder durch Bundesgesetz mit Zustimmung des Bundesrates. Bis zu der im Jahre 1994 vorgenommenen Verfassungsänderung war die Geringfügigkeitsschwelle zuletzt bei 10.000 Einwohnern angesetzt.[149] Die Erhöhung wurde von der GemVerfKom. damit begründet, dass „die praktische Handhabbarkeit" der Vorschrift „vergrößert" werden solle.[150] Im Ergebnis bedeutet dies einen Abbau direkter Demokratie, der aber den insoweit von Art. 79 Abs. 3 umrissenen Spielraum des verfassungsändernden Gesetzgebers nicht überschritten haben dürfte,[151] dies auch deshalb, weil wegen Art. 29 Abs. 7 S. 3 das gem. S. 2 zur Ausführung des Abs. 7 zu erlassende Bundesgesetz die Anhörung der betroffenen Gemeinden und Kreise vorsehen muss, was deren Repräsentanten eine Artikulationschance sichert.

Art. 29 Abs. 7 betrifft nur Änderungen des **Gebietsbestandes der Länder** 61
untereinander.[152] Damit ist die Vorschrift unanwendbar auf Änderungen der Außengrenzen der Länder, welche zugleich die Staatsgrenze der Bundesrepublik bilden.[153] Hiervon abgesehen umfasst Abs. 7 iRd in seinem letzten Halbsatz angegebene Maße alle Gebietsänderungen der Länder. Auf die Form (Abtretung, Austausch) kommt es nicht an. Zu beachten ist, dass Abs. 7 **nur eine Obergrenze** (50.000 Einwohner), aber keine Untergrenze kennt. Demzufolge bedarf jede Grenzveränderung zwischen den Ländern der Befolgung des Abs. 7.[154] Hiergegen gerichtete Praktikabilitätsbedenken überzeugen nicht, da Art. 29 Abs. 7 den Ländern die flexible Vertragslösung einräumt. Allerdings sind bloße Markierungsberichtigungen, die die faktische Lage mit der Rechtslage in Einklang bringen, keine „Veränderungen" und bedürfen daher keiner vertraglichen (oder gar bundesgesetzlichen) Regelung. Auch für Streitigkeiten betreffend einen Grenzverlauf ist Art. 29 Abs. 7 unergiebig.[155]

Die in Abs. 7 S. 1 erwähnten Änderungen des Gebietsbestandes der Län- 62
der „können durch **Staatsverträge** der beteiligten Länder oder durch Bundesgesetz mit Zustimmung des Bundesrates erfolgen". Diese Reihenfolge beruht auf einer bewussten Entscheidung des Verfassungsgebers.[156] Angesichts dessen wird im Schrifttum eine **Subsidiarität** des Bundesgesetzes[157]

---

[149] Art. 29 Abs. 7 in der Ursprungsfassung enthielt keine numerische Fixierung; das G Art. 29 Abs. 7 1965 sah 2.000 Einwohner und 1.000 ha Gesamtfläche vor.

[150] BT-Drs. 12/6000, 44; vgl. auch *Scholz* in Maunz/Dürig Rn. 106.

[151] So *Meyer-Teschendorf* DÖV 1993, 889 (895).

[152] Vgl. § 1 Abs. 1 S. 1 G Art. 29 Abs. 7 „Grenzen zwischen Ländern".

[153] Zur Änderung solcher Grenzen → Rn. 22.

[154] Ebenso *Evers* in BK, Drittbearb., 1980, Rn. 80; aber *Scholz* Rn. 107, 20 bei einer „ganz verschwindend geringen Anzahl von Einwohnern" → Rn. 18.

[155] Zust. *Erbguth/Schubert* in Sachs Rn. 63; zum nach der Wiedervereinigung bis zum 31.12.1995 geltenden Sonderrecht für das Gebiet der neuen Länder (erweiterte Möglichkeit regionaler Grenzkorrektur gem. § 2 LEG/DDR – → Rn. 4 mit Fn. 16 –, Art. 9 Abs. 2 EVertr.) *Hoppe/Schulte* DVBl. 1991, 1041 sowie im Rückblick *Meyer-Teschendorf* in MKS Rn. 60 mwN zur diesbzgl. Praxis.

[156] Sie soll nach dem Rechtsausschuss des BT, BT-Drs. 7/5491, 5 „zum Ausdruck bringen, daß kleinere Gebietsänderungen in erster Linie durch Staatsverträge der betroffenen Länder bewirkt werden sollten und daß die Herbeiführung solcher Gebietsänderungen durch Bundesgesetz mit Zustimmung des Bundesrates nur dann in Betracht gezogen werden sollte, wenn als notwendig erkannte Änderungen ausnahmsweise nicht durch Vereinbarungen der beteiligten Länder untereinander erreicht werden können".

[157] *Scholz* in Maunz/Dürig Rn. 109 „stillschweigend in den Verfassungsinhalt übergegangen".

angenommen, wogegen jedoch spricht, dass die Vorschrift nicht vom „Vorrang" einer der beiden Gestaltungsalternativen spricht; die bloße Reihenfolge gibt das nicht her, so dass der subjektive Regelungswille des Verfassungsgebers hier keinen hinreichenden Ausdruck im Verfassungstext gefunden hat.[158]

63 Das von Abs. 7 S. 2 vorgesehene **Ausführungsgesetz** (G Art. 29 Abs. 7)[159] bedarf im Unterschied zu dem Ausführungsgesetz nach Abs. 6 S. 2 der Zustimmung des Bundesrates und der Mehrheit der Mitglieder des Bundestages. Letzteres ist die Mehrheit der gesetzlichen Mitglieder (Art. 121).

VIII. Neugliederung durch Staatsvertrag (Abs. 8)

64 Das komplizierte Gefüge, das Art. 29 Abs. 2–7 vorsieht, ist durch Verfassungsänderung 1994 (→ Rn. 5) um eine sog **staatsvertragliche Option** erweitert worden. Bestand sie bisher lediglich für „sonstige Änderungen" des Gebietsbestandes außerhalb der eigentlichen Neugliederung, so ist den Ländern[160] das Instrument des Staatsvertrages grundsätzlich für jede ihr Gebiet betreffende Neugliederung an die Hand gegeben.[161] Dabei wurde versucht, die plebiszitäre Komponente, wie sie den Art. 29 seit jeher geprägt hat, beizubehalten und auch dem Umstand Rechnung zu tragen, dass die Interessenlage des Bundes bei von den Ländern zwischen sich beabsichtigten Gebietsänderungen seine Beteiligung erfordert. Die Vorschrift ist letztlich aus einem **Kompromiss** zwischen Bestrebungen zur Rückkehr zum verbindlichen Neugliederungsauftrag[162] und neugliederungsunwilligen Kräften hervorgegangen.[163] Ein Vorschlag, die Beteiligung des Bundes davon abhängig zu machen, dass sich durch eine staatsvertraglich vereinbarte Neugliederung die Zahl der Länder um mehr als ein Land verringere, fand keine Mehrheit, ebenso wenig ein solcher, der die Wirksamkeit entsprechender Verträge von einem Zustimmungsgesetz des Bundes[164] abhängig machen wollte.

65 Die Länder sind bei einer Entscheidung für die Regelungsform des Staatsvertrages rechtlich durch Abs. 8 S. 1 nicht gebunden. Sie haben gem. S. 2 der Vorschrift die betroffenen Gemeinden und Kreise **zu hören.**[165] Ein nach ordnungsgemäßer Anhörung abgeschlossener Staatsvertrag bedarf in jedem beteiligten Land der Bestätigung durch **Volksentscheid** (zum Begriff → Rn. 14), wobei bei Neugliederung in Teilgebieten die Bestätigung auf Volksentscheide in diesen Teilgebieten beschränkt werden kann (und also nicht muss), Abs. 8 S. 4. Entscheidend ist die Mehrheit der abgegebenen Stimmen mit dem Quorum des Viertels der zum Bundestag Wahlberechtigten. Das gilt auch bei einer Beschränkung des Volksentscheids auf zur

---

[158] Für nicht unmittelbar verfassungsrechtlichen, aber doch verfassungspolitischen Vorrang vertraglicher Regelungen *Meyer-Teschendorf* in MKS Rn. 62; *Hellermann* in BeckOK GG Rn. 26 „keine rechtlich verbindliche Subsidiarität".

[159] Vgl. Fn. 31; Gesetzesbegründung der BReg BT-Drs. 8/1647.

[160] Als „den unmittelbar Betroffenen", so GemVerfKom. BT-Drs. 12/6000, 44.

[161] Womit eine Annäherung an die Rechtslage für Berlin/Bbg. stattfindet, vgl. *Hellermann* in BeckOK GG Rn. 25.1; im weiteren Zusammenhang zur – auch durch unterbliebene Neugliederung veranlassten – Kooperation zwischen den Ländern *Benz* DÖV 1993, 85.

[162] IdS der Antrag des Sächsischen Staatsministeriums der Justiz, Kom.-Drs. Nr. 53.

[163] Vgl. iE *Meyer-Teschendorf* DÖV 1993, 889 (892 ff.).

[164] Statt nunmehr: Zustimmung durch Parlamentsbeschluss, Art. 29 Abs. 8 S. 6.

[165] Vgl. zum Gehalt der Mitwirkungsbefugnis „Anhörung" → Rn. 38.

Neugliederung anstehende Teilgebiete.[166] Nähere Regelungen sind einem **Bundesgesetz zur Ausführung** des Art. 29 Abs. 8 S. 5 überlassen.[167] Der Staatsvertrag bedarf zu seiner Wirksamkeit eines zustimmenden (schlichten) Beschlusses des BT (vgl. Art. 42 Abs. 2), also keines Gesetzes.[168]

C. Verhältnis zu anderen Vorschriften des Grundgesetzes

Art. 29 steht seinem Gegenstand nach in Zusammenhang mit den **Art. 118** 66
u. **118a,** seiner Konzeption nach im Zusammenhang mit **Art. 20 Abs. 2** (→ Rn. 12). Art. 118 ist obsolet (→ Rn. 6; Art. 118 Rn. 2). Art. 118a ist indessen durch das Scheitern des Fusionsversuchs von 1996 nicht „verbraucht" (→ Art. 118a Rn. 8).[169] Einer Neugliederung setzt **Art. 79 Abs. 3** verfassungsunmittelbare Schranken, indem er eine Gliederung in Länder verlangt, indes keine Bestandsgarantie für einzelne Länder gibt.[170]

D. Kritische Würdigung

Den Art. 29 begleitet seit Beginn und auch bezogen auf die jeweiligen 67
Änderungen Kritik, welche ihm missglückte Formulierungen bescheinigt.[171] Dass sie seit ihrer Reform von 1976 die Beteiligung der Bevölkerung in den von einer Neugliederung betroffenen Gebieten vorsieht, ist als Ausdruck des Selbstbestimmungsrechts der Landesbevölkerung grundsätzlich **zu begrüßen.** Auch stellen gerade Gebietsveränderungen einen „geeigneten Einzelgegenstand für die Abstimmungsdemokratie" dar.[172] Allerdings erhebt Art. 29 die Zustimmung der Bevölkerung mit dem Erfordernis doppelter Mehrheiten nicht nur in den betroffenen Teilgebieten, sondern auch in den Ländern zu einer kaum überwindbaren und weltweit wohl einzigartigen Hürde.[173] Daher ist eine Neugliederung des Bundesgebiets auch nach der Stärkung der „staatsvertraglichen Option" (→ Rn. 64 f.) durch die Verfassungsänderung von 1994, bislang ein **bloß theoretisches Mittel** geblieben, um die zunehmende Diskrepanz zwischen den wirtschaftlich und politisch leistungsfähigsten und schwächsten Ländern zu verringern. Vor diesem Hintergrund wäre eine **Reform des Art. 29** mit dem Ziel einer Abschwächung – nicht Abschaffung – seines plebiszitären Elements sinnvoll. Denkbar wäre es etwa, die bislang notwendige Zwei-Drittel-Mehrheit abzusenken (→ Art. 118a Rn. 6) und die einbezogenen Bevölkerungsgruppen zu reduzieren und auf diesem Wege von

---

[166] Überzeugend *Meyer-Teschendorf* in MKS Rn. 70; vgl. auch *Jarass* in Jarass/Pieroth Rn. 11; *Scholz* in Maunz/Dürig Rn. 116, 117; *Jutzi* BayVBl. 1997, 97 (99); anders *Erbguth/Schubert* in Sachs Rn. 69.

[167] Näher *Meyer-Teschendorf* in MKS Rn. 71.

[168] Das bestätigt auch die Entstehungsgeschichte, vgl. *Meyer-Teschendorf* in MKS Rn. 72–74; diff. *Erbguth/Schubert* in Sachs Rn. 68.

[169] Ebenso *Scholz* in Maunz/Dürig Art. 118a Rn. 11; zusammenfassende Darstellung jenes „Scheiterns" bei *Klett* ZBR 1997, 137 (144 ff.); sa BbgVerfG LKV 1996, 203 ff.; dazu *Dietlein* Der Staat 38 (1999), 547; sowie VerfGH Bln LKV 1996, 334 f.

[170] Vgl. *Würtenberger* in HdbStR VI § 132 Rn. 26 ff., daher „eine sehr theoretische Frage" (Rn. 27); *Seidel* RuP 2004, 86 ff.

[171] Vgl. *v. Münch* in v. Münch/Kunig, 1. Aufl. 1975, Rn. 49, 2. Aufl. 1983, Rn. 76.

[172] So *Greifeld,* Volksentscheid durch Parlamente. Wahlen und Abstimmungen vor dem Grundgesetz der Demokratie, 1983, 62.

[173] *Leonardy* ZParl 2013, 329 (341).

dem Erfordernis doppelter Mehrheiten (im tatsächlich betroffenen Gebiet und im betroffenen Land) Abstand zu nehmen.[174]

68 Während die immanent und tendenziell permanent geführte Föderalismusdiskussion das Thema der Neugliederung bisher, insbesondere seit den 2000ern, erfolgreich ausgeblendet hat[175], könnte es ein anderes Bezugsfeld deutscher Politik sein, aus dem sich künftig die Angemessenheit oder gar Notwendigkeit[176] zu einer territorialen Neuordnung des Bundesgebiets und damit verbunden eine Reform des Art. 29 ergeben: der **europäische Integrationsprozess.** Sollen im Rahmen der europäischen Integration „Länder und Regionen" eine tragende, den Subsidiaritätsgedanken mit Leben füllende Rolle spielen,[177] so setzt das föderale Akteure voraus, deren politisches Gewicht, Verhältnis zueinander und rechtliche Ausstattung im Blick auf ihr Verhältnis zum Bund sie nicht von vornherein derart marginalisiert, dass sie die ihnen von der Integrationsordnung zugedachte Rolle nicht übernehmen können. Mit ebensolcher Gewichtigkeit drängen sich Neugliederungsambitionen allerdings weiterhin auf, wenn die Zukunft erweisen sollte, dass der **Finanzausgleich** (→ Rn. 25; → Art. 107 Rn. 5 f.)[178] nicht in angemessenen Zeiträumen zu einer Angleichung der Lebensverhältnisse in Deutschland führt. Solange der verfassungsrechtlich eröffnete Weg einer Neugliederung des Bundesgebiets nicht beschritten worden ist, ist es ein bundesstaatliches Gebot, die Handlungsfähigkeit eines Not leidenden Bundeslandes auch finanziell zu gewährleisten, damit verfassungsrechtliche Pflichten und Aufgaben erfüllt werden können.[179] So wird sich insgesamt sagen lassen, dass die Neugliederungsdiskussion die deutsche Verfassungspolitik und Verfassungspraxis der nächsten Zeit weiterhin begleiten wird – mit nach wie vor ungewissem Ausgang.

Literatur

1. Zur Fassung des Art. 29 bis 1976

G. Bovermann, Bundesländer oder Provinzen? Neugliederung als Angelpunkt, DÖV 1974, 6. – ***W. Ernst,*** Wozu Neugliederung?, DÖV 1974, 12. – ***Ernst-Kommission,*** s. unten „Sachverständigen-Kommission …". – ***H. U. Evers,*** Oldenburg und Schaumburg-Lippe nach den Volksentscheiden auf Wiederherstellung als Länder vom 19.1.1975, 1975. – ***P. Feuchte,*** Die Neugliederung im Rahmen der bundesstaatlichen Probleme, DÖV 1974, 9. – ***G. Glaser,*** Die rechtlichen Probleme im Zusammenhang mit der Entstehung des Landes Baden-Württemberg, 1976. – ***W. Henn,*** Fragen einer Neugliederung des Saarlandes nach Art. 29 GG, DÖV 1959, 127. – ***R. Jäger,*** Die Neugliederung des Bundesgebietes nach Art. 29 des Grundgesetzes, FS f. Nawiasky, 1956, 359. – ***Luther-Gutachten,*** s. unten „Die Neugliederung …". – ***K. Meyer-Schwi-***

[174] Vgl. *Leonardy* ZParl 2013, 329 (341 ff.); weiterführend zur legitimatorischen Bedeutung von Quoren bei Volksbegehren vgl. *Schwerdtfeger,* Legitimation von Quoren in der direkten Demokratie, 2018, insbes. 220 ff.

[175] Zur Ausblendung des Neugliederungsthemas in der sog Föderalismusreformkommission (Reform I, zu dieser → Art. 30 Rn. 6, 11 f.) vgl. *Kirchhof* ZG 2004, 209 (213); *Würtenberger* in HdbStR VI § 132 Rn. 48 mwN; *Leonardy* ZParl 2013, 329 (343 ff.).

[176] Für „Unausweichlichkeit" bereits heute etwa *Erbguth/Schubert* in Sachs Rn. 75.

[177] Vgl. *Hrbek/Weyand,* Das Europa der Regionen, 1994; *Zuleeg* DVBl. 1992, 1329; eing. die Beiträge in *Graf Vitzthum,* Europäischer Föderalismus – Supranationaler, subnationaler und multiethnischer Föderalismus in Europa, 2000; *Hinsch,* Neugliederung des Bundesgebiets und europäische Regionalisierung, 2002; vgl. auch *Erbguth/Schubert* in Sachs Rn. 7.

[178] Für den vorliegenden Zusammenhang vgl. *Scharpf* StWissStPr. 1 (1990), 579 (582); *Schuppert,* Die Neue Ungleichheit – der deutsche Föderalismus vor neuen Herausforderungen, in Becker, Wiedervereinigung in Mitteleuropa, 1992, 219 (237 f.).

[179] BVerfGE 116, 327 (386 f.); *Rossi* JZ 2007, 394 ff.

ckerath, Länderneugliederung und europäischer Regionalismus, FG Hefermehl, 1972, 159. – ***E. Müller,*** Der Stand der Neugliederungsdiskussion, DÖV 1974, 1. – ***W. Münchheimer,*** Die Neugliederung Deutschlands. Grundlagen – Kritik – Ziele und die Pläne zur „Reichsreform" von 1919–1945, Frankfurter geographische Hefte, 23. Jahrgang, 1949, Heft 1. – ***G. Püttner,*** Die Länderneugliederung als Problem der politischen Machtverteilung, DÖV 1970, 540. – ***F. Rietdorf,*** Die Neuordnung des Bundesgebietes – eine Existenzfrage des föderativen Systems, DÖV 1974, 2. – ***W. Rudolf,*** Föderalismus und Neugliederung, DÖV 1971, 28. – ***H. Schäfer,*** Die bundesstaatliche Ordnung – Ein immerwährendes Problem Weimars und eine noch offene Frage Bonns, DVBl. 1969, 420. – ***U. Scheuner,*** Eine zweckrationale Gestaltung der föderalen Ordnung. Zum Sachverständigenbericht zur Neugliederung des Bundesgebiets, DÖV 1974, 16. – ***H.-P. Schneider ua*** (Hrsg.), Das Grundgesetz, Dokumentation seiner Entstehung, Bd. 9, 1995. – ***F. Wagener,*** Neugliederung des Bundesgebiets und Bundesrat, in Der Bundesrat als Verfassungsorgan und politische Kraft (hrsg. vom Bundesrat), 1974, 423. – ***H. Wick,*** Der Finanzausgleich und die Neugliederung des Bundesgebietes, DÖV 1971, 109. – Die Neugliederung des Bundesgebietes. Gutachten des von der Bundesregierung eingesetzten Sachverständigenausschusses. Hrsg. v. Bundesminister des Innern, 1955. – Sachverständigenkommission für die Neugliederung des Bundesgebiets. Vorschläge zur Neugliederung des Bundesgebiets. Hrsg. v. Bundesminister des Innern, 1973.

2. Nach der Neufassung des Art. 29 im Jahre 1976

A. Greifeld, Volksentscheid durch Parlamente. Wahlen und Abstimmungen vor dem Grundgesetz der Demokratie, 1983. – ***A. Hennings,*** Der unerfüllte Verfassungsauftrag. Die Neugliederung des Bundesgebietes im Spannungsfeld politischer Interessengegensätze, 1983. – ***K. Hernekamp,*** Formen und Verfahren direkter Demokratie. Dargestellt anhand ihrer Rechtsgrundlagen in der Schweiz und in Deutschland, 1979. – ***K. Hernekamp,*** Mehr direkte Demokratie?, ZRP 1978, 232. – ***R. Timmer,*** Neugliederung des Bundesgebiets und künftige Entwicklung des föderativen Systems, FS f. W. Ernst, 1980, 463.

3. Nach Herstellung der deutschen Einheit

H.-W. Arndt, Zur verfassungsrechtlichen Problematik der Herstellung einheitlicher Lebensverhältnisse in der Bundesrepublik Deutschland, JuS 1993, 360. – ***D. Bayer,*** Die Konstituierung der Bundesländer Brandenburg, Mecklenburg-Vorpommern, Sachsen, Sachsen-Anhalt und Thüringen, DVBl. 1991, 1014. – ***W. Bernet,*** Aspekte zur Wiedereinführung der Länder, LKV 1991, 2. – ***S. Büsching,*** Angst vor dem Volk!, Die Diskussion um die Einführung plebiszitärer Elemente in das GG, 2004. – ***K. Bugiel,*** Volkswille und repräsentative Entscheidung. Zulässigkeit und Zweckmäßigkeit von Volksabstimmungen nach dem Grundgesetz, 1991. – ***H. P. Bull,*** Über den Gebietszuschnitt von Ländern und Verwaltungsbezirken, NordÖR 2003, 438. – ***D. Buscher,*** Der Bundesstaat in Zeiten der Finanzkrise, 2010. – ***J. Dietlein,*** Länderfusion und verfassungsgebende Gewalt „in statu nascendi", Der Staat 38 (1999), 547. – ***C. Doerfert,*** Sezession im Bundesstaat – Neun Fragen an das Grundgesetz, ZJS 2016, 711 – ***W. Erbguth,*** Die Neugliederung des Bundesgebiets: eine Standortbestimmung, JZ 2011, 433 – ***W. Erbguth/ F. Gebert,*** Kooperationen der Bundesländer im Lichte des Art. 29 GG: Ein Überblick, NordÖR 2012, 1 – ***W. Ernst,*** Die Alternative: Neugliederung des Bundesgebietes, DVBl. 1991, 1024. – ***W. Ernst,*** Gedanken zur Neugliederung des Bundesgebietes als Planungsaufgabe des Bundes, FS f. Hoppe, 2000, 255. – ***D. Estel,*** Bundesstaatsprinzip und direkte Demokratie im GG, 2006. – ***S. Fritzke,*** Zur Zulässigkeit bundesunmittelbarer Gebiete nach der Aufhebung des Art. 23 S. 1 GG durch Art. 4 Nr. 2 EVertr., VR 1991, 281. – ***S. Greulich,*** Länderneugliederung und Grundgesetz. Entwicklungsgeschichte und Diskussion der Neugliederungsoption nach dem Grundgesetz, 1995. – ***P. Häberle,*** Ein Zwischenruf zur föderalen Neugliederungsdiskussion in Deutschland – Gegen die Entleerung von Art. 29 Abs. 1 GG, FS f. Gitter, 1995, 315. – ***M. Heintzen,*** Der labile Bundesstaat, in Die Neue Ordnung 44 (1990), 276. – ***H. Hohmann,*** Der Verfassungsgrundsatz der Herstellung einheitlicher Lebensverhältnisse im Bundesgebiet – erläutert anhand der fünf neuen Bundesländer, DÖV 1991, 191. – ***R. Holtschneider/W. Schön,*** Die Reform des Bundesstaates, 2007.

– ***W. Hoppe/R. Schulte,*** Rechtliche Grundlagen für Staatsgebietsveränderungen von neuen Bundesländern, DVBl. 1991, 1041. – ***S. Jutzi,*** Demokratische und bundesstaatliche Probleme kleinerer Gebietsänderungen, BayVBl. 1997, 97. – ***R. Kaufmann,*** Bundesstaat und Deutsche Einheit. Die historischen, politischen und rechtlichen Voraussetzungen der Föderalisierung der ehemaligen DDR und die Auswirkungen ihres Beitritts auf den Bundesstaat unter dem Grundgesetz, 1992. – ***H. Klatt,*** Länder-Neugliederung: Eine staatspolitische Notwendigkeit, ZBR 1997, 137. – ***E. Klein,*** Bundesstaatlichkeit im vereinten Deutschland, in P. Kirchhof/E. Klein/H. Raeschke-Kessler, Die Wiedervereinigung und damit zusammenhängende Rechtsprobleme, 1991, 23. – ***M. Kloepfer/F. Schärdel,*** Die Perspektiven der Volksgesetzgebung. Rechtsprobleme der künftigen Gestaltung von Volksentscheiden insb. am Beispiel Berlins, DVBl. 2008, 1333. – ***J.-D. Kühne,*** Niedersachsen als Neugliederungsgegenstand und -leistung, NdsVBl. 2006, 289. – ***U. Leonardy,*** Die Rollen des Ganzen und der Teile in bundesstaatlichen Territorialreformen: Ein Verfassungsvergleich zur Länderneugliederung, ZParl 2013, 329 – ***K. G. Meyer-Teschendorf,*** Territoriale Neugliederung nicht nur durch Bundesgesetz, sondern auch durch Staatsvertrag, DÖV 1993, 889. – ***B. Müllenbach,*** Föderalismus – Finanzausgleich – Neugliederung: Überlegungen in geschichtlicher und aktueller Beleuchtung, JöR 2015, 251 – ***K. Rennert,*** Der deutsche Föderalismus in der gegenwärtigen Debatte um eine Verfassungsreform, Der Staat 32 (1993), 269. – ***W. Rutz,*** Die Gliederung der Bundesrepublik Deutschland in Länder, 1995. – ***W. Rutz/K. Scherf/W. Strenz,*** Die fünf neuen Bundesländer. Historisch begründet, politisch gewollt und künftig vernünftig?, 1993. – ***J. Sanden,*** Die Weiterentwicklung der föderalen Strukturen der Bundesrepublik Deutschland, 2005. – ***D. Schimanke,*** Verwaltung und Raum. Zur Diskussion um Leistungsfähigkeit und Integrationsfunktion von Verwaltungseinheiten, 2010. – ***E. Schmidt-Jortzig,*** Neugliederung des Bundesgebietes, FS R. Scholz, 2007, 729. – ***G. F. Schuppert,*** Die Neue Ungleichheit – der deutsche Föderalismus vor neuen Herausforderungen, in J. Becker, Wiedervereinigung in Mitteleuropa, 1992, 219. – ***G. Seidel,*** Bundesstaat auf ewig?, RuP 2004, 86.

Art. 30 [Kompetenzverteilung zwischen Bund und Ländern]

Die Ausübung der staatlichen Befugnisse und die Erfüllung der staatlichen Aufgaben ist Sache der Länder, soweit dieses Grundgesetz keine andere Regelung trifft oder zuläßt.

Paulskirchenverfassung von 1849

Abschnitt I. Art. I

§ 5. Die einzelnen deutschen Staaten behalten ihre Selbstständigkeit, soweit dieselbe nicht durch die Reichsverfassung beschränkt ist; sie haben alle staatlichen Hoheiten und Rechte, soweit diese nicht der Reichsgewalt ausdrücklich übertragen sind.

Weimarer Reichsverfassung von 1919

Art. 5. Die Staatsgewalt wird in Reichsangelegenheiten durch die Organe des Reichs auf Grund der Reichsverfassung, in Landesangelegenheiten durch die Organe der Länder auf Grund der Länderverfassungen ausgeübt.

Art. 14. Die Reichsgesetze werden durch die Landesbehörden ausgeführt, soweit nicht die Reichsgesetze etwas anderes bestimmen.

Übersicht

A. Allgemeine Bedeutung

I. Inhaltsübersicht

Art. 30 stellt eine der grundlegenden Vorschriften für das bundesstaatliche System (Art. 20 Abs. 1) dar, indem er die Kompetenzen zwischen Bund und Ländern vom Grundsatz her klärt. Danach besitzt der Bund „nur" die ihm zugewiesenen Kompetenzen, während alle sonstigen Materien in der Zuständigkeit der Länder liegen (sog. Residual-Kompetenz).[1] In diesem Sinne kann die Vorschrift auch als materielle Kompetenzzuordnungsnorm bezeichnet 1

[1] So *Pietzcker* in HdbStR VI § 134 Rn. 8; *Hillgruber* in BK Rn. 46 ff.; *Pieroth* in Jarass/Pieroth Rn. 1; *Bothe* in AK Rn. 10; *März* in MKS Rn. 21; *Hellermann* in BeckOK GG Rn. 2; *Wittreck* in Dreier Rn. 19; *Jaeckel* in SHH Rn. 2; *Wittreck* in Dreier Rn. 19; iE *Ruppelt* in Umbach/Clemens Rn. 5; aA *Korioth* in Maunz/Dürig Rn. 1; krit. zur Residual-Kompetenz *Heintzen* DVBl. 1997, 689; *Erbguth/Schubert* in Sachs Rn. 10; grundsätzlich zum Enumerationsprinzip und den Residualkompetenzen sowie zur „Tendenz zur föderalen Machtakkumulation" *Hanschel,* Konfliktlösung im Bundesstaat, 2012, 558, 565.

werden.[2] Das GG enthält zwar für einzelne Zuständigkeiten besondere Vorschriften, aber Art. 30 soll sicherstellen, dass die Länder im Verhältnis zum Bund hinreichend bedeutsame Aufgabenfelder behalten. Dabei kommt es auf die „Gewichtsverteilung" aller staatlichen Aufgaben an.

2 Aus der Formulierung in Art. 30 folgt, dass eine **„widerlegbare Vermutung"** für die Zuständigkeit der Länder spricht,[3] zwar nicht im Sinne einer prozessualen Tatsachen- oder Rechtsvermutung, aber mit dem Inhalt, dass der Bund im Streitfall gewissermaßen den „Nachweis" für eine in Anspruch genommene Kompetenz führen muss,[4] und es im Falle des Nichtgelingens eines solchen Nachweises bei der Zuständigkeit der Länder verbleibt. Bleiben Unklarheiten bestehen, geht dies zu Lasten des Bundes.

3 Grundlage für die Festlegung in Art. 30 ist die Erkenntnis der allgemeinen Staatslehre, dass die Länder als Gliedstaaten eigene, ursprüngliche Staatsgewalt haben, die nicht vom Bund als Gesamtstaat hergeleitet ist,[5] auch wenn die Souveränität auf den letzteren übergegangen ist.[6]

4 Art. 30 erweckt durch die Formulierung des Regel-Ausnahme-Verhältnisses den Eindruck, als würde der größte Teil der Staatsgewalt von den Ländern ausgeübt. Das ist jedoch weitgehend unzutreffend. Trotz erfolgter Reformen liegt das Schwergewicht der Gesetzgebung nach wie vor beim Bund, während die Länder in erster Linie für die Verwaltung zuständig sind,[7] weshalb auch vom **Exekutivföderalismus** die Rede ist.[8] Insgesamt lassen sich über die Jahrzehnte hinweg deutliche Tendenzen der Zentralisierung erkennen, die durch Beteiligungsrechte der Länder sowie die gelegentliche Rückübertragung einzelner Kompetenzen nur zum Teil erfolgreich kompensiert wurden, aber dem Wunsch nach einem stark zentralisierten und unitarisierten Regieren entsprechen.[9]

5 Für die Rspr. steht dem Bund zwar nur die Kompetenz zur Errichtung von Bundesgerichten zu (Art. 92), er hat aber die Gerichtsverfassung und das gerichtliche Verfahren kraft Art. 74 Abs. 1 Nr. 1 auch für die Gerichte der Länder umfassend durch einfaches Gesetz normiert. Eine Ausnahme bilden die Verfassungsgerichtshöfe der Länder. Insgesamt artikuliert sich der Födera-

[2] Vgl. *Hillgruber* in BK Rn. 67 ff.; *Ruppelt* in Umbach/Clemens Rn. 7 „materielle Zuständigkeitsnorm"; aA *März* in MKS Rn. 17; *Korioth* in Maunz/Dürig Rn. 1.

[3] BVerfGE 11, 6 (15); 42, 20 (28); 108, 169 (179); BVerwGE 85, 332 (342); 129, 318 Rn. 12; *Maunz* in Maunz/Dürig, 1982, Rn. 2, 3; *Jaeckel* in SHH Rn. 6; *Stern,* StaatsR I, 1984, § 19 Kap. III 3a; nach aA wird Art. 30 als Auslegungsrichtlinie interpretiert, vgl. *Bothe* in AK Rn. 11; *März* in MKS Rn. 23; *Erbguth/Schubert* in Sachs Rn. 7 ff.; *Hellermann* in BackOK GG Rn. 11; *Pietzcker* in HdbStR VI § 134 Rn. 16 interpretiert Art. 30 lediglich als Auffangklausel.

[4] Zutr. *Hillgruber* in BK Rn. 52.

[5] BVerfGE 1, 14 (34); *Erbguth/Schubert* in Sachs Rn. 3; *Stern,* StaatsR I, 1984, § 19 Kap. III 2a; aus der neueren Rspr. des BVerfG vgl. BVerfGE 108, 169 (178 f., 181 f.), Telekommunikationswege; zur historischen Entwicklung der Gliederung Deutschlands vgl. *Ernst* DVBl. 1991, 1024 (1025); sowie die Nachw. bei → Art. 29 Rn. 1 ff.; *Bauer* in Dreier Art. 20 Rn. 41; *Bothe,* Die Kompetenzstruktur des modernen Bundesstaates in rechtsvergleichender Sicht, 1977; zur Frage der Souveränitätsübertragung auf den Gesamtstaat siehe *Bauer* in Dreier Art. 20 Rn. 42; *Wittreck* in Dreier Rn. 28; *Erbguth/Schubert* in Sachs Rn. 11; *Pieroth* in Jarass/Pieroth Rn. 8 f.

[6] Vgl. *Hanschel,* Konfliktlösung im Bundesstaat, 2012, 82 ff.; *Isensee* in HdbStR VI § 126 Rn. 200.

[7] So *Thieme* DÖV 1989, 499 (501); *März* in MKS Rn. 19 f.; *Hellermann* in BeckOK GG Rn. 2.2; zur Verwaltung → Rn. 43.

[8] *Sommermann* in MKS Art. 20 Rn. 31; *Wittreck* in Dreier Rn. 7.

[9] Vgl. hierzu auch *Hanschel,* Konfliktlösung im Bundesstaat, 2012, 87 ff., 593, 626; für einen ähnlichen Befund siehe auch *Schwarz* in Willoweit Föderalismus in Deutschland, 387.

lismus im Bereich der Rspr. in erster Linie durch die Aufteilung in Landes- und Bundesgerichte und damit letztlich durch den Instanzenzug.[10]

Das GG enthält in Art. 70 ff., 83 ff. u. 92 ff. **Sondervorschriften,** in denen die Kompetenzen für die drei Gewalten Gesetzgebung, vollziehende Gewalt und Rspr. speziell geregelt sind.[11] Danach stehen dem Bund im Wesentlichen zu: Auswärtige Angelegenheiten, bürgerliches Recht, Strafrecht, große Teile des Wirtschafts-, Umwelt-, Sozial- und Finanzrechts sowie seit der **Föderalismusreform I im Jahre 2006**[12] das Recht zur Bekämpfung des internationalen Terrorismus. Demgegenüber bleiben den Ländern vor allem die Bereiche des Kommunalrechts, des Kulturrechts einschließlich des Schul- und Hochschulwesens, des Rundfunkrechts, des Beamtenrechts, des Polizei- und Ordnungsrechts[13] sowie die Bereiche der Planung und Organisation ihrer eigenen Aufgaben.[14] Durch die Föderalismusreform I 2006 haben die Länder insbes. die Kompetenz für den Strafvollzug, das Versammlungsrecht, das Ladenschlussrecht, das Gaststättenrecht und das Presserecht erhalten. – Für weite Gebiete des Finanzwesens finden sich Sonderregelungen in Art. 104a, 104b, 104c, 104d, 105 u. 108.[15] 6

Bis Ende der 80er Jahre war eine **Tendenz zum „unitarischen Bundesstaat“**[16] **mit kooperativen Handlungsformen** unverkennbar:[17] Die Gesetzgebungskompetenz des Bundes wurde seit 1949 durch zahlreiche Grundgesetzänderungen erheblich erweitert,[18] und der Bund nutzte die Kataloge der konkurrierenden Gesetzgebung und der inzwischen abgeschafften Rahmengesetzgebung (zB durch das BRRG und das HRG) für sich aus.[19] Ferner fand durch den schrittweisen Ausbau der Zusammenarbeit von Bund und Ländern im Rahmen der Art. 91a – e eine gewisse Überlagerung der separaten Aufgabenzuweisung statt. Hinzu kam die weitgehende Koordinierung und Harmonisierung landesrechtlicher Regelungen, oft durch länderübergreifende Konferenzen.[20] Insofern zeigt sich, dass die Länder auch erheblich selbst zur Unitarisierung beigetragen haben.[21] Das Phänomen hat seine Ursache nicht nur in der regen Aktivität der BReg., sondern auch in der begrenzten Akzeptanz der Bevölkerung gegenüber länderunterschiedlichen Regelungen, sofern diese sie in ihrer persönlichen Lebenführung betreffen 7

---

[10] Vgl. *Korioth* BayVBl 2017, 469 (470).

[11] *Korioth* in Maunz/Dürig Rn. 22; *Pieroth* in Jarass/Pieroth Rn. 2; *März* in MKS Rn. 37 mwN.

[12] 52. G zur Änderung des GG v. 28.8.2006, BGBl. 2006 I 2034; → Rn. 11.

[13] Zur polizeilichen Aufgabenverteilung zwischen Bund und Ländern s. *Papier* DVBl. 1992, 1.

[14] Zu Einzelfällen der Gesetzgebungsbefugnis der Länder vgl. → Art. 70 Rn. 8 (6. Aufl.).

[15] Zur sog. Fondswirtschaft bzw. Finanzhilfen des Bundes → Rn. 30; zu den jüngsten Grundgesetzänderungen mit Blick auf die Finanzverfassung siehe *Battis/Eder* NVwZ 2019, 592 (595).

[16] *Hesse,* Der unitarische Bundesstaat, 1962; *Hillgruber* in BK Rn. 27; *Hellermann* in BeckOK GG Rn. 2.2.

[17] Näheres bei *Ossenbühl* DVBl. 1989, 1230 (1233 ff.); iE *Schneider* NJW 1991, 2448 (2449); *Ipsen* NJW 2006, 2801 (2802); ferner *Kadelbach* VVDStRL 66 (2006), 7 (14 f.) mwN; *Erbguth/Schubert* in Sachs Rn. 29; zum kooperativen Föderalismus → Rn. 64.

[18] Vgl. die Tabelle bei *Edling* DÖV 1987, 579 (583).

[19] Siehe auch → Art. 72 Rn. 1.

[20] Derzeit bestehen bundesweit 19 Fachministerkonferenzen. Fachministerkonferenzen mit besonders weit zurückreichender Tradition sind die Kultusministerkonferenz, die Bauministerkonferenz (beide 1948), die Gesundheitsministerkonferenz (1949), die Ministerpräsidentenkonferenz und die Innenministerkonferenz (beide 1954).

[21] *Schwarz* in Willoweit Föderalismus in Deutschland, 2019, 405.

(etwa divergierende Lehrpläne in Schulen).[22] Einerseits ist der Föderalismus als solcher in der öffentlichen Wahrnehmung recht fest verankert; andererseits begegnen ihm zugeschriebene Effektivitätsverluste im politischen Handeln häufig substantieller Kritik.[23]

8 Die Entwicklung zu Lasten der Länder wurde in den 80er und 90er Jahren verstärkt durch die Europäische Integration, was gem. Art. 23 durch Beteiligungsrechte nur teilweise kompensiert wurde.[24]

9 Hatte Art. 30 früher kaum praktische **Bedeutung,** so trat eine grundlegende Änderung mit dem **Beitritt der fünf neuen Bundesländer** und der Eingliederung Ost-Berlins ein.[25] Damit entstand ein erhebliches wirtschaftliches und soziales Ungleichgewicht, was letztlich zu einer schrittweisen Angleichung bzw. Annäherung der Finanzlage führte.[26] Im Zuge der **Verfassungsreform von 1994**[27] wurde vor allem eine deutliche Verschärfung der Voraussetzungen für das Gesetzgebungsrecht des Bundes in den Bereichen der konkurrierenden Gesetzgebung (Art. 72) und der damals bestehenden Rahmengesetzgebung (Art. 75) vorgenommen.[28]

10 **Ende der 90er Jahre** wurde eine **weitere Fortentwicklung des Föderalismus** mit einer deutlich stärkeren Positionierung der Länder gefordert, und zwar sowohl im Verhältnis zum Bund als Gesamtstaat als auch im Verhältnis der Länder untereinander. Das Stichwort lautete **„Wettbewerbsföderalismus".**[29] Zwei Ziele wurden angestrebt: Erstens sollten die Handlungs- und Entscheidungsfähigkeiten beider Ebenen durch klarere Kompetenzabgrenzungen verbessert und die jeweilige politische Verantwortlichkeit mit Stärkung der Rolle der Länder[30] deutlicher zugeordnet werden. Dies war Teil einer Reaktion auf die grassierende Politikverflechtung, die in einer stetigen Zunahme der Bundesgesetzgebung bei gleichzeitiger Zustimmungsbedürftigkeit im Bundesrat bestand.[31] Zweitens sollte die Finanzverfassung dahingehend umgestaltet werden, dass diejenige Ebene, bei der die Aufgabenzuständigkeit liegt, auch die Ausgabenlast zu tragen hat (sog. Konnexität), und es sollte der Finanzausgleich materiell neu geregelt werden, wobei der Begrenzung der Staatsverschuldung und der Vermeidung von Haushaltskrisen im Bundesstaat unter Beachtung des Europäischen Stabilitäts- und Wachstumspaktes besondere Bedeutung zukommt.

11 Das erste Ziel wurde weitgehend durch die **Föderalismusreform I im Jahre 2006**[32] erreicht. Sie hat zu umfassenden Änderungen im Bereich der Verteilung der Gesetzgebungszuständigkeiten zwischen Bund und Ländern

---

[22] Zum Bildungsföderalismus vgl. *Lindner* ZRP 2018, 94.

[23] Vgl. *Lindner* ZRP 2018, 94 (94); zu Unitorisierungstendenzen in Reaktion auf die Corona-Krise vgl. etwa *Kersten/Rixen* Der Verfassungsstaat in der Corona-Krise, 2020, S. 113.

[24] → Rn. 22.

[25] *Selmer* JuS 2006, 1052 (1053).

[26] Vgl. *Hanschel,* Konfliktlösung im Bundesstaat, 2012, 231 mwN.

[27] ÄndG v. 27.10.1994 (BGBl. 1994 I 3146).

[28] → Art. 72 Rn. 3; *Hillgruber* in BK Rn. 27.

[29] Zum Wettbewerbsföderalismus siehe auch *Hanschel* in Konfliktlösung im Bundesstaat, 2012, 230 ff.; *Wittreck* in Dreier, Vorb. Zu Art. 70 – 74 Rn. 15; *Kadelbach* VVDStRL 66 (2006), 7 (23) spricht von „Konkurrenzföderalismus".

[30] Siehe *Rengeling* DVBl. 2006, 1537 (1540 f.).

[31] Vgl. hierzu *Scharpf,* Föderalismusreform – Kein Ausweg aus der Politikverflechtungsfalle?, 2009.

[32] 52. G zur Änderung des GG v. 28.8.2006, BGBl. 2006 I 2034; sa *Hillgruber* in BK Rn. 29 f.

zu deren Gunsten geführt sowie zur Reduzierung der Zustimmungsrechte des Bundesrates nach Art. 84 Abs. 1. Demgegenüber ist die Erreichung des zweiten Zieles insbes. bzgl. materiell-rechtlicher Änderungen beim Finanzausgleich der **Föderalismusreform II**[33] vorbehalten worden, die durch das G zur Änderung des GG v. 29.7.2009 umgesetzt worden ist.[34] Weitere Änderungen in nachfolgenden Jahren führten insbes. zu einer weiteren Stärkung der Gemeinschaftsaufgaben und einer Neustrukturierung des Finanzausgleichs, der seither vor allem vertikaler Natur ist und sich am Umsatzsteueranteil der Länder orientiert.[35]

Die **Föderalismusreform I 2006**[36] stärkte die Bedeutung der Länder wesentlich. Durch die Aufhebung der Rahmengesetzgebungskompetenz des Bundes (Art. 75 aF) und durch Herausnahme von einzelnen Gegenständen aus der konkurrierenden Gesetzgebungskompetenz des Bundes entstanden insbes. folgende **neue (ausschließliche) Gesetzgebungskompetenzen der Länder:**[37] 12

- Strafvollzug und Untersuchungshaftvollzug,
- Versammlungsrecht,
- Heimrecht,
- Ladenschluss,[38] Gaststätten, Spielhallen, Personenschaustellung, Messen, Ausstellungen und Märkte,
- Recht der Flurbereinigung,
- landwirtschaftlicher Grundstücksverkehr und landwirtschaftliches Pachtwesen,
- Teile des Wohnungswesens (soziale Wohnraumförderung),
- Besoldung und Versorgung sowie das Laufbahnrecht der Landesbeamten und -richter,[39]
- Allgemeine Grundsätze des Hochschulwesens mit Ausnahme der Hochschulzulassung und der Hochschulabschlüsse, die noch in der konkurrierenden Gesetzgebungskompetenz des Bundes stehen (Art. 74 Abs. 1 Nr. 33),
- Presserecht.

---

[33] Vgl. die Entschließung des Bundesrates v. 7.7.2006, BR-Drs. 464/06 und die Anlage zu dieser Entschließung. Am 8.3.2007 ist eine „gemeinsame Kommission zur Modernisierung der Bund-Länder-Finanzbeziehungen" eingesetzt worden (BT-Drs. 16/3885, BR-Drs. 913/06); sa *Selmer* NVwZ 2007, 872; zu den Reformüberlegungen vgl. *Höfling* Der Staat 46 (2007), 163 (172 ff.).

[34] BGBl. 2009 I 2248; zu Inhalt und Bedeutung der Neuregelung vgl. ua *Seiler* JZ 2009, 721; *Korioth* JZ 2009, 729; *Lenz/Burgbacher* NJW 2009, 2561; *Ohler* DVBl. 2009, 1265; *Schmidt* DVBl. 2009, 1274; *Siegel* NVwZ 2009, 1128; *Kemmler* DÖV 2009, 549; *Seckelmann* DÖV 2009, 747; weitere Nachw. zu den rechtspolitischen Optionen, die den Verfassungsänderungen zugrunde gelegen haben, bei *Reimer* in BackOK GG Art. 109 Rn. 4.1.

[35] Föderalismusreform III (G zur Änderung des GG v. 13.7.2017, BGBl. 2017 I 2347); *Schenke* in Sodan, Vorb. zu Art. 104a Rn. 4; *Battis/Eder* NVwZ 2019, 592; *Hellermann,* Eine stille Föderalismusreform III, die Ausweitung der Bundeskompetenzen für Investitionshilfen, VerfBlog v. 24.10.2018.

[36] Eing. *Starck,* Föderalismusreform, 2007, 1; *Ipsen* NJW 2006, 2801 (2805); *Degenhart* NVwZ 2006, 1209; *Rengeling* DVBl. 2006, 1537; *Häde* JZ 2006, 930; *Knopp* NVwZ 2006, 1216; krit. *Selmer* JuS 2006, 1052 (1058 f.).

[37] Sa *Erbguth/Schubert* in Sachs Rn. 10, 29; *Hillgruber* in BK Rn. 29–33; *Degenhart* NVwZ 2006, 1209 (1213 f.).

[38] Zu den verfassungsrechtlichen Grenzen einer Aufhebung der Ladenschlusszeiten vgl. *Kingreen/Pieroth* NVwZ 2006, 1221.

[39] Krit. wegen der Gefahr einer zunehmenden Rechtszersplitterung insbes. bei der Besoldung *Knopp* NVwZ 2006, 1216 (1220).

13 Dagegen erhielt der **Bund** als echte neue (ausschließliche) Kompetenz lediglich das Recht zur Abwehr von Gefahren des internationalen Terrorismus durch das Bundeskriminalamt in Fällen, in denen eine länderübergreifende Gefahr vorliegt, die Zuständigkeit einer Landespolizeibehörde nicht erkennbar ist oder die oberste Landesbehörde um eine Übernahme ersucht (Art. 73 Abs. 1 Nr. 9a).[40] Entsprechende Gesetze bedürfen allerdings der Zustimmung des Bundesrates (Art. 73 Abs. 2). Daneben wurde er ausschließlich zuständig vor allem für das Waffen- und Sprengstoffrecht, das Kernenergierecht und das Melde- und Ausweiswesen. Dem Ziel der klareren Kompetenzabgrenzung diente die Reduzierung der Zustimmungsrechte des Bundesrates[41] sowie derjenigen Materien, die der Erforderlichkeitsklausel des Art. 72 Abs. 2 unterliegen. Insgesamt führte dies zu einer erheblichen Entflechtung der Kompetenzen.

14 Die wichtige konkurrierende Gesetzgebungskompetenz wurde in mehrere Unterarten aufgeteilt, für die unterschiedliche Voraussetzungen und Rechtsfolgen gelten: Kernkompetenz (auch Vorrangkompetenz genannt), Erforderlichkeitskompetenz (auch als Bedarfskompetenz bezeichnet) und Abweichungskompetenz (s. Art. 72 Abs. 3).[42]

15 Die verfassungsrechtliche Stellung der Länder wurde zusätzlich grundsätzlich dadurch gestärkt, dass der **Bundesrat, die Landesregierungen und die Landesparlamente** nach dem im Jahr 1994 eingefügten Art. 93 Abs. 1 Nr. 2a die Möglichkeit erhielten, die **Entscheidung des BVerfG** zu der Frage einzuholen, ob der Erlass eines Bundesgesetzes mit der Erforderlichkeitsklausel des Art. 72 Abs. 2 vereinbar ist.[43] Vor der Verfassungsreform von 1994 hatte das BVerfG die damalige Bedürfnisklausel grundsätzlich für nicht justiziabel erklärt und in keinem einzigen Fall zugunsten der Länder entschieden.[44] Nach der Umwandlung in einer strengere Erforderlichkeitsklausel sowie der Anerkennung ihrer Justitiabilität durch Einführung von Art. 93 Abs. 1 Nr. 2a kam es in der Rspr. zu einer deutlichen Gewichtsverschiebung zugunsten der Länder im Bereich der konkurrierenden Gesetzgebung, wie nachfolgende Fälle (Altenpflege, Juniorprofessur, etc.) zeigten.[45] Indes ist bemerkenswert, dass diese Verfahren, soweit ersichtlich, in keinem einzigen Fall auf Nr. 2a gestützt wurden, was an der Überlagerung durch die allgemeine abstrakte Normenkontrolle gemäß Nr. 2 liegen mag.[46] Durch die Föderalismusreform I 2006 wurde dieses Antragsrecht um das verfassungs-

[40] Näheres bei *Rengeling* DVBl. 2006, 1537 (1541).

[41] *Häde* JZ 2006, 930 (934); *Ipsen* NJW 2006, 2801 (2805).

[42] Vgl. *Pieroth* in Jarass/Pieroth Art. 72 Rn. 1, Art. 74 Rn. 2; *Degenhart* NVwZ 2006, 1209; *Ipsen* NJW 2006, 2801 (2802 f.); *Klein/Schneider* DVBl. 2006, 1549 (1551 ff.); positiv zu der neu eingeführten Abweichungskompetenz *Oeter* in Starck Föderalismusreform, 2007, 15 ff.; krit. wegen ihrer Unübersichtlichkeit *Häde* JZ 2006, 930 (933); für einen gemischten Befund vgl. *Hanschel,* Konfliktlösung im Bundesstaat, 2012, 574 f.; zur Bedeutung der Abweichungskompetenz für Art. 31 → Art. 31 Rn. 3.

[43] → Art. 93 Rn. 76.

[44] *Walter* in Maunz/Dürig Art. 93 Rn. 259; Bericht der Gemeinsamen Verfassungskommission von Bundestag und Bundesrat, BT-Drs. 12/6000, 33; zur Genese der Norm vgl. *Hanschel,* Konfliktlösung im Bundesstaat, 2012, 196 f., mit Wiedergabe des Befunds, dass die Intention der Allierten zur Verankerung einer starken Subsidarität zentralen Handelns an dieser Stelle weitgehend leerlief. Laut *Walter* in Maunz/Dürig Art. 93 Rn. 262, hat das Verfahren nach Art. 93 I Nr. 2a für sich betrachtet indes nur eine begrenzte Bedeutung.

[45] BVerfGE 106, 62/142, Altenpflege; BVerfGE 111, 226, Juniorprofessur; hierzu vgl. ausführlich *Uhle* in Maunz/Dürig Art. 72 Rn. 179 ff., sowie *Hanschel,* Konfliktlösung im Bundesstaat, 2012, 196 ff.

[46] *Walter* in Maunz/Dürig Art. 93 Rn. 262.

gerichtliche Kompetenzfreigabeverfahren gem. Art. 93 Abs. 2 erweitert, wenn die Erforderlichkeit für eine bundesgesetzliche Regelung nicht mehr besteht.[47]

Die **Föderalismusreform II 2009,** die zum 1.8.2009 in Kraft getreten ist (allerdings mit wichtigen Übergangsregelungen gem. Art. 143d) enthielt als zentrales Element die Verbesserung der verfassungsrechtlichen **Regelungen für eine Begrenzung der staatlichen Kreditaufnahme in Bund und Ländern (sog. Schuldenbremse, Art. 109 Abs. 3, 115 Abs. 2).** Als **finanzverfassungsrechtliche Gemeinschaftsaufgabe** zwischen Bund und Ländern lieferte der neu eingefügte Art. 109a den Rahmen für das **Verfahren zur Vermeidung von Haushaltsnotlagen, ua durch die Gründung eines gemeinsamen Stabilitätsrates.** In Abschnitt VIII a des GG wurden darüber hinaus **zwei neue Gemeinschaftsaufgaben zur Modernisierung der öffentlichen Verwaltung** aufgenommen: Art. 91c beinhaltet die verfassungsrechtliche Grundlage für die **Zusammenarbeit von Bund und Ländern in der Informationstechnik.** Art. 91d lässt die **Durchführung von Leistungsvergleichen** (sog. Benchmarking) der Verwaltungen zwecks Effektivitäts- und Effizienzsteigerung zu.[48] **16**

Nachfolgende Reformen betrafen vor allem die Gemeinschaftsaufgaben sowie den Finanzausgleich.[49] 2010 wurde Art. 91e eingefügt, der die Zusammenarbeit von Bund und Ländern „auf dem Gebiet der **Grundsicherung für Arbeitslose**" vorsieht.[50] 2015 wurde die Zusammenarbeit im Wissenschaftsbereich ausgeweitet. 2017 wurde Art. 91c durch eine Gesetzgebungskompetenz zum **„übergreifende[n] informationstechnische[n] Zugang zu den Verwaltungsleistungen von Bund und Ländern"** (Abs. 5) ergänzt. Vor allem aber wurde der Finanzausgleich neu geregelt. Der horizontale Finanzausgleich entfällt im Wesentlichen zu Gunsten einer **Stärkung des vertikalen Finanzausgleichs,** der sich am Länderanteil an der Umsatzsteuer bemisst. Daneben werden den Ländern Bremen und Saarland aufgrund ihrer defizitären Haushaltslage in Ergänzung des Art. 143d **„Sanierungshilfen"** zur Einhaltung der Schuldenbremse gewährt.[51] **17**

Als **Ausübungsschranke** der im GG abschließend geregelten Kompetenzen hat das **Verfassungsgebot der Bundestreue** oder des bundesfreundlichen Verhaltens besondere Bedeutung.[52] Dieses Gebot, das die Zuständigkeiten selbst unberührt lässt, gilt sowohl für den Bund gegenüber den Ländern als auch für die Länder gegenüber dem Bund und für die Länder untereinander.[53] Gesamtstaat und Gliedstaaten haben die Pflicht zu gegen- **18**

[47] Zum Kompetenzfreigabeverfahren: *Detterbeck* in Sachs Art. 93 Rn. 106 ff.; *Sachs/Jasper* NVwZ 2015, 465.

[48] Vgl. hierzu BT-Drs. 16/12410, 8.

[49] Vgl. hierzu *Siekmann* in Sachs vor Art. 104a Rn. 43; *Battis/Eder* NVwZ 2019, 592; speziell zum Bildungsföderalismus siehe *Lindner* ZRP 2018, 94.

[50] Kritisch hierzu *Siekmann* in Sachs vor Art. 104a Rn. 43.

[51] Siehe auch zum Erfordernis der „Sanierungshilfen" die Begründung des entsprechenden Gesetzesentwurfes der Bundesregierung BT-Drs. 18/11131, 2.

[52] So auch *Pieroth* in Jarass/Pieroth Rn. 2, der das „Verfassungsgebot des bundesfreundlichen Verhaltens" als Kompetenzausübungsschranke benennt; vgl. auch *Pernice* in Dreier Rn. 24; *Hillgruber* in BK Rn. 222; *Stettner,* Grundfragen einer Kompetenzlehre, 1983, 405 f.; *Ossenbühl* DVBl. 1989, 1230 (1232); grdl. BVerfGE 4, 115 (141); 14, 197 (215); 92, 203 (234 ff.); *Smend* FG f. Mayer, 1916, 247 ff.; *Bayer,* Die Bundestreue, 1961; *Bauer,* Die Bundestreue, 1992; *Stern,* StaatsR I, 1984, § 19 Kap. III 4e; → Art. 20 Rn. 101 mwN.

[53] *Faller* FS f. Maunz, 1981, 53 (56).

seitiger Rücksichtnahme und Verständnisbereitschaft,[54] damit kein Teil dadurch Schaden nimmt, dass der andere seine Maßnahmen ausschließlich nach seinen Interessen trifft. Im Bereich der Rechtssetzung haben die Organe des Bundes und der Länder die Regelungen jeweils so aufeinander abzustimmen, dass für die Normadressaten nicht widersprüchliche Vorschriften zur Anwendung kommen.[55] Besteht bei konkurrierender Gesetzgebung für den Bund die Kompetenz für eine Sachregelung – hier Bundes-ImmissionsschutzG – darf der Landesgesetzgeber aufgrund seiner Abgabenkompetenz – hier Abfallabgabe – nur insoweit lenkend in den Zuständigkeitsbereich des Bundes übergreifen, als die Lenkung nicht Sinn und Zweck der Sachregelung zuwiderläuft.[56] Ein markantes Beispiel für ein Überschreiten der aus dem Verfassungsgebot des bundesfreundlichen Verhaltens folgenden Schranke behandelt das wichtige Urteil des BVerfG v. 19.10.1982[57] zum StaatsHaftG v. 26.6.1981 (BGBl. 1981 I 553): Das BVerfG hat das G mit der Begründung für nichtig erklärt, der Bund habe seine Kompetenzen zu Lasten der Länder überschritten. Im Zusammenhang mit der Prüfung, ob der Bund berechtigt wäre, durch eine Änderung der die Beamtenhaftung regelnden Vorschrift des § 839 BGB, für die er nach Art. 74 Abs. 1 Nr. 1 zuständig ist, über Art. 34 in das ihm sonst grundsätzlich verschlossene Gebiet des Staatshaftungsrechts der Länder hineinzuwirken, führt das BVerfG[58] aus: „Der das gesamte verfassungsrechtliche Verhältnis zwischen Bund und Ländern beherrschende Grundsatz der wechselseitigen Pflicht des Bundes und der Länder zu bundesfreundlichem Verhalten verlangt gegenseitige Rücksichtnahme und schließt eine missbräuchliche Interessenwahrnehmung aus (BVerfGE 43, 291 (348) mwN). Diese dem Bund verfassungsrechtlich abverlangte Rücksichtnahme auf die Rechte der Länder verwehrt es ihm deshalb, jedenfalls an der Leine des § 839 BGB über Art. 34 in Wahrheit umfassend *die* Staatshaftung zu regeln."

19 Im Hinblick auf das Urteil des BVerfG ist das **Staatshaftungsrecht** mit der GG-Änderung v. 27.10.1994 (BGBl. 1994 I 3146) als Gebiet für die konkurrierende Gesetzgebung in Art. 74 Abs. 1 Nr. 25 aufgenommen worden, wobei diesbezügliche Bundesgesetze gem. Art. 72 Abs. 2 erforderlich sein müssen und nach dem ausdrücklichen Wortlaut des Art. 74 Abs. 2 der Zustimmung des Bundesrats bedürfen.[59]

20 Des Weiteren hat das BVerfG anlässlich der Prüfung der Zustimmungsrechte für die Benutzung von Verkehrswegen durch Telekommunikationslinien unter Hinweis auf die wichtige bundesstaatliche Bedeutung der Kompetenzverteilung nach **Art. 30 und Art. 83 als „Element zusätzlicher funktionaler Gewaltenteilung"** hervorgehoben, dass der Gesetzgeber auch bei der Bestimmung von Verwaltungszuständigkeiten die **rechtsstaatlichen Grundsätze der Normenklarheit und Widerspruchsfreiheit** zu beachten hat, „um die Länder vor dem Eindringen des Bundes in den ihnen vorbehaltenen Bereich der Verwaltung zu schützen und eine Aushöhlung des Grund-

[54] BVerfGE 1, 117 (131); 41, 291 (308); 98, 106 (118 f.); *Erbguth/Schubert* in Sachs Rn. 16; *Bothe* in AK Rn. 28.

[55] BVerfGE 98, 83 (97 f.); 98, 106 (118 f.), Verhältnis von Steuer- zu Sachkompetenz; BVerfGE 98, 265 (301), BaySchwHEG; jeweils auch unter Bezug auf das Rechtsstaatsprinzip; *Erbguth/Schubert* in Sachs Rn. 28.

[56] BVerfGE 98, 83 (98).

[57] BVerfGE 61, 149.

[58] BVerfGE 61, 149 (205).

[59] Dazu → Art. 74 Rn. 91.

satzes des Art. 30 GG zu verhindern."[60] Nachfolgende Urteile des BVerfG haben die Grundsätze der Normenklarheit und Widerspruchsfreiheit der Rechtsordnung bestätigt. So betont das Gericht die Rolle des **Rechtsstaatsprinzips:** „Die Verpflichtung zur Beachtung der bundesstaatlichen Kompetenzgrenzen und zur Ausübung der Kompetenz in wechselseitiger bundesstaatlicher Rücksichtnahme […] wird durch das Rechtsstaatsprinzip in ihrem Inhalt verdeutlicht und in ihrem Anwendungsbereich erweitert."[61] Dieses verpflichte „alle rechtsetzenden Organe des Bundes und der Länder, die Regelungen jeweils so aufeinander abzustimmen, daß den Normadressaten nicht gegenläufige Regelungen erreichen, die die Rechtsordnung widersprüchlich machen. Welche der einen Widerspruch begründenden Regelungen zu weichen hat, bestimmt sich grundsätzlich nach dem Rang, der Zeitenfolge und der Spezialität der Regelungen."[62]

II. Überstaatliche Bezüge

Die Verteilung von Kompetenzen ist eine Hauptaufgabe jeder bundesstaatlichen Verfassung. Dabei finden sich unterschiedliche Modelle.[63] Häufig wird – wie im deutschen Bundesstaat – ein **Grundsatz-Ausnahme-Verhältnis** dahingehend normiert, dass den Gliedstaaten sämtliche Kompetenzen zustehen, die nicht im Wege eines Kompetenzkatalogs dem Bund zugeordnet werden.[64] Teilweise wird auch die umgekehrte Lösung gewählt (so etwa in Belgien).[65] In der kanadischen Verfassung schließlich finden sich zwei Listen, eine zugunsten des Bundes und eine zugunsten der Gliedstaaten, wobei indes erstere als deklaratorisch und letztere als konstitutiv erachtet wird.[66] 21

Eine Kompetenzordnung besteht daneben auch im **Unionsrecht.**[67] Zu nennen sind der Grundsatz der begrenzten Einzelermächtigung (Art. 5 Abs. 1 S. 1, Abs. 2 S. 1 EUV), die grundsätzliche Zuständigkeitsvermutung zugunsten der Mitgliedstaaten (Art. 4 Abs. 1 EUV, Art. 5 Abs. 2. S. 2 EUV), die Achtung der nationalen Identität (Art. 4 Abs. 2 EUV), die Aufgliederung in ausschließliche, geteilte und sonstige Zuständigkeiten (Art. 2 ff. AEUV) sowie mit Blick auf die Kompetenzausübung die Grundsätze der Subsidiarität und Verhältnismäßigkeit (Art. 5 Abs. 1 S. 2, Abs. 3, 4 EUV). Die Verlagerung von Kompetenzen auf die Europäische Union hat einen erheblichen **Kompetenzverlust** der deutschen Bundesländer bewirkt, was zum Teil durch die Beteiligungsformen des Art. 23 kompensiert wird.[68] Auf der europäischen Ebene wird einer Aushöhlung regionaler Kompetenzen auch durch den Ausschuss der Regionen begegnet, der auch das Prinzip der Bürgernähe 22

[60] BVerfGE 78, 214 (226); 98, 106 (119); 108, 169 (181 f.); 119, 331 (366), Hartz IV-Arbeitsgemeinschaften mAnm *Meyer* NVwZ 2008, 275; *Huber* DÖV 2008, 844; *Pieroth* in Jarass/Pieroth Rn. 2.

[61] BVerfGE 98, 106 (118).

[62] BVerfGE 98, 106 (118 f.).

[63] Zum internationalen Verfassungsvergleich vgl. Beiträge in Härtel, Hdb Föderalismus IV, 2012 und *Hanschel* Public Law Review 2008, 131.; *Pietzcker* in HdbStR VI § 134 Rn. 3.

[64] Vgl. etwa zum US-amerikanischen sowie zum schweizerischen Bundesstaat *Hanschel,* Konfliktlösung im Bundesstaat, 2012, 344, 471; zu den USA vgl. auch *Wittreck* in Dreier Rn. 12.

[65] *Kohler/Petersohn* in Föderale Kompetenzverteilung in Europa, 2016, 201 f.

[66] *Brühl-Moser* in Härtel Hdb Föderalismus IV, § 97 Rn. 30 ff.

[67] Vgl. *Wittreck* in Dreier Rn. 9 mwN Rn. 11.

[68] *Hanschel,* Konfliktlösung im Bundesstaat, 2012, 94 ff.; zu Beziehungen zwischen Bundesländern und EU vgl. *Korioth* BayVBl 2017, 469.

verwirklichen soll und ein gewisses Gegengewicht zum Zentralismus etabliert.[69] Seine Kompetenzen sind jedoch recht beschränkt und erscheinen daher deutlich ausbaubedürftig.

23 Das Unionsrecht ist mit der Einführung des Subsidiaritätsprinzips (Art. 5 Abs. 1, 3 EUV) und dem Grundsatz der Bürgernähe (Präambel Abs. 13 und Art. 1 Abs. 2 EUV) den aktuellen Forderungen nach „Dezentralisierung", „Subsidiarität" und „Föderalismus"[70] weitgehend nachgekommen. Weitverbreitet ist die Meinung in der Bevölkerung, nicht zu viel Macht auf Zentralbehörden jenseits des Staates zu übertragen. Die Verheißung eines **„Europas der Regionen" mit eigenen Kompetenzen** soll die Stimmung gegen eine politische Union verändern. So sehen Art. 300, 305–307 des Vertrages über die Arbeitsweise der EU (AEUV) die Bildung des benannten Ausschusses der Regionen vor, in dem neben Vertretern der regionalen auch solche der lokalen Gebietskörperschaften sitzen.[71] In dieser Bewegung liegt eine gewisse Zukunftschance für einen „neuen" Föderalismus mit dezentralen Kompetenzen, die sich indes bislang kaum realisiert hat. Immerhin stehen den Ländern bzw. dem Bundesrat verschiedene Mittel zur Mitwirkung auf der Europaebene zur Verfügung. Dazu gehört neben den abgestuften Beteiligungsrechten in Art. 23 und ihrer gesetzlichen Ausgestaltung die unionsrechtlich gewährleistete sog. Subsidiaritätsrüge, die für den Bundesrat bundesgesetzlich durch § 2 EUZBBRAG ausgestaltet ist.

24 Die Übertragung von Hoheitsrechten auf die Europäische Union – auch solcher, die der ausschließlichen Länderkompetenz unterliegen – erfolgte bis zum Inkrafttreten des Art. 23[72] durch einfaches Bundesgesetz gem. Art. 24 Abs. 1. Der Bundesrat war nicht zustimmungsberechtigt, er hatte lediglich Gelegenheit zur Stellungnahme.[73]

25 Auf Vorschlag der **GemVerfKom.**[74] ist Art. 23 im Jahre 1992 neu in das GG aufgenommen worden, der die verfassungsrechtlichen Voraussetzungen für das Hineinwachsen der Bundesrepublik Deutschland in eine **Europäische Union** schafft, und zwar im Nachgang zu dem Vertrag von Maastricht v. 7.2.1992 – Unionsvertrag (EU).[75] Neben den Beteiligungsrechten des Bundestages sind auf vehementes Drängen der Länder **umfassende Mitwirkungsrechte des Bundesrates** geschaffen worden: Sie reichen vom Zustimmungsrecht des Bundesrates bei Gesetzen, die Hoheitsrechte auf die Europäische Union übertragen (Art. 23 Abs. 1), über die Generalnorm für die Mitwirkung des Bundesrates in den Angelegenheiten der Europäischen Union (Art. 23 Abs. 2) bis hin zu speziellen Mitwirkungsrechten, die sich

---

[69] Vgl. zur Thematik allgemein *Thiele* in Härtel Hdb Föderalismus III, § 93; *Hrbek* in Hdb zur deutschen Europapolitik, 2016, 131 ff.

[70] *Knemeyer* DVBl. 1990, 449; *Leidinger* NWVBl. 1991, 325.

[71] Dazu *Pernice* DVBl. 1993, 909 (917 ff.); *Kalbfleisch-Kottsieper* DÖV 1993, 541 (547 ff.); zur Größe europäischer Regionen s. einerseits *Thieme* DÖV 1989, 499 (508), andererseits *Leidinger* NWVBl. 1991, 325 (326) aus Sicht der kommunalen Selbstverwaltung und *Millgramm* DVBl. 1990, 740 (743); auf die Schwierigkeiten bei der Bestimmung des Begriffs „Region" weist insbes. *Rengeling* FS f. Thieme, 1993, 445 (448, 455 ff.) hin.

[72] G zur Änderung des GG v. 21.12.1992, BGBl. 1992 I 2086.

[73] Krit. *Klein* VVDStRL 50 (1991), 56 (91) mwN; *Ossenbühl* DVBl. 1989, 1230 (1237), Der „Kompetenzföderalismus" werde „unabwendbar einem Beteiligungsföderalismus weichen müssen"; zum Kompetenzverlust für die Kommunen vgl. *v. Ameln* DVBl. 1992, 477 (479); allg. zur Kompetenzverteilung zwischen der Europäischen Gemeinschaft und ihren Mitgliedsstaaten s. *Jarass* AöR 121 (1996), 173 ff.

[74] Schlussbericht BT-Drs. 12/6000, 15, 19 ff.

[75] Grdl. BVerfGE 89, 155; *Klein/Haratsch* DÖV 1993, 785.

gem. Art. 23 Abs. 4–Abs. 6 nach den jeweiligen innerstaatlichen Kompetenzverteilungen zwischen Bund und Ländern gliedern.[76] Einzelheiten sind in dem Gesetz über die Zusammenarbeit von Bund und Ländern in Angelegenheiten der Europäischen Union v. 12.3.1993 (BGBl. 1993 I 313) geregelt. – Mit Art. 23 nF konnten die Länder nicht nur einen „großen politischen Erfolg"[77] verbuchen, sondern auch eine deutliche Fortentwicklung des Föderalismus in Europa erreichen.[78]

Wichtig ist die Feststellung, dass die Länder und kommunalen Gebiets- **26**
körperschaften auch von der **unmittelbaren Wirkung von EU-Recht** erfasst werden. Der EuGH hat (mit Blick auf Richtlinien) ausdrücklich festgestellt, dass sich diese Wirkung auf „alle Träger der Verwaltung einschließlich der Gemeinden und der sonstigen Gebietskörperschaften" erstreckt.[79] Die Bedeutung des Art. 30 liegt auch hier bei der innerstaatlichen Kompetenzverteilung für die Ausführung von Unionsrecht.[80] So führen europarechtlich begründete Anforderungen nicht ohne weiteres zu einer Zuständigkeit des Bundes. Dies gilt ua für wettbewerbssichernde Maßnahmen, welche nicht durch eine Bundesbehörde getroffen werden müssen, sondern auch auf Landesebene umgesetzt werden können.[81]

Einem völligen Kompetenzverlust der Länder stünde allerdings die **Ge-** **27**
währleistungsgarantie des Art. 79 Abs. 3 entgegen,[82] da Art. 30 für das Bundesstaatsprinzip essentiell ist.[83] Zu Recht weist das BVerfG[84] darauf hin, dass die Öffnung des nationalen Rechts für die Anwendung des Europarechts ihre Grenze an dem „Grundgefüge der geltenden Verfassung" findet.[85] Inzwischen hat sich zwischen BVerfG und EuGH indes ein Kooperationverhältnis etabliert, das von einem wechselseitigen Respekt gekennzeichnet ist und den Vorrang des Unionsrechts vielfältig absichert, ohne die Mitwirkung des BVerfG zu negieren.[86]

B. Einzelfragen

I. Die Ausübung der staatlichen Befugnisse und die Erfüllung der staatlichen Aufgaben ist Sache der Länder

Der Verfassungsgeber wollte mit den Begriffen **„Befugnisse"** und **„Auf-** **28**
gaben" keine besondere Unterscheidung der Staatsgewalt vornehmen.[87]

[76] Vgl. *Scholz* NJW 1992, 2593 (2599 f.); *Scholz* NVwZ 1993, 817 (822 ff.); krit. *Everling* DVBl. 1993, 936 (945 f.); *Breuer* NVwZ 1994, 417 (426 ff.); grundsätzlich zu der Thematik sa *Hrbek* in Handbuch zur deutschen Europapolitik, 2016.

[77] *Wilhelm* BayVBl. 1992, 705 (706).

[78] Zutr. *Kalbfleisch-Kottensieper* DÖV 1993, 541 (550); sa *Pernice* DVBl. 1993, 909 (918).

[79] EuGH C-103/88, ECLI:EU:C:1989:256 = NVwZ 1990, 649 – Fratelli Costanzo; *Jarass* NJW 1991, 2665; *Winter* DVBl. 1991, 657 (660); *Fischer* NVwZ 1992, 635 (636).

[80] *Jaeckel* in SHH Rn. 10; *Pieroth* in Jarass/Pieroth Rn. 3; *Wittreck* in Dreier Rn. 18; *Streinz* in HdbStR X § 218 Rn. 70.

[81] BVerfGE 12, 205 (244); 108, 169 (178 f., 185); *Jaeckel* in SHH Rn. 13.

[82] *Jaeckel* in SHH Rn. 8; *Hillgruber* in BK Fn. 68; *Eiselstein* NVwZ 1989, 323; *Pernice* DVBl. 1993, 909 (910); *Battis/Eder* NVwZ 2019, 592 (596); sa Art. 23 Abs. 1 S. 3, → Rn. 10.

[83] → Rn. 1.

[84] BVerfGE 73, 339 (375 f.).

[85] Zum Unionsvertrag und den Länderkompetenzen vgl. *Pernice* DVBl. 1993, 909 (910 ff.).

[86] Vgl. hierzu zuletzt BVerfG, Beschl. des Ersten Senats v. 6.11.2019 – 1 BvR 276/17 – Recht auf Vergessen II, Rn. 44 ff.

[87] Vgl. JöR nF 1 (1951), 295 ff.; *Hellermann* in BeckOK GG Rn. 7; *März* in MKS Rn. 40.

Nach dem üblichen Sprachgebrauch sind mit „Befugnisse“ die staatlichen Funktionen gemeint, die die Staatsorgane zu Eingriffen berechtigen (zB Polizei, Steuerwesen), während sich die Bezeichnung „Aufgaben“ auf Tätigkeitsbereiche erstreckt, zu deren Wahrnehmung der Staat teilweise verpflichtet (zB auf Grund des Sozialstaatsprinzips), teilweise aber auch nur berechtigt ist, ua bei sog. gesetzesfreien Aufgaben.[88]

29 Von der weiten Fassung des Art. 30 wird die **Gesamtheit der staatlichen Tätigkeit** erfasst, gleichgültig ob sie in einem Vollzug von Gesetzen besteht, somit **gesetzesakzessorisch** ist, oder ob sie **gesetzesfrei** ist.[89] Die gesetzesakzessorische Verwaltung kann im Vollzug von Bundesgesetzen, von Landesgesetzen oder von Rechtsvorschriften der Europäischen Union bestehen.

30 Auch die Wahrnehmung von staatlichen Förderungsmaßnahmen, die früher sog. **Fondswirtschaft bzw. heute treffender die Gewährung von Finanzhilfen des Bundes,** fällt unter Art. 30.[90] Wichtige Änderungen in diesem früher gesetzlich nicht geregelten und deshalb umstrittenen Bereich haben das FinanzreformG v. 12.5.1969 (BGBl. 1969 I 359) und die Föderalismusreform I 2006 gebracht. Sie haben die unbefriedigende Entwicklung der Bezuschussung von Landesaufgaben durch den Bund, die die Länder in eine mit der bundesstaatlichen Ordnung unvereinbare politische Abhängigkeit brachte (auch als „goldener Zügel“ bezeichnet)[91], in Art. 91a, 91b und 104b (Art. 104a Abs. 4 aF) verfassungsrechtlich institutionalisiert und damit rechtlich kontrollierbar gemacht. Die Bundesfondswirtschaft alter Prägung ist damit abgelöst.[92] Die genannten Vorschriften können auch Grundlage für nach dem bundesstaatlichen Prinzip gebotene Hilfen an einzelne Länder sein, die sich in einer extremen Haushaltsnotlage befinden.[93] Diese Finanzleistungen des Bundes bleiben beim Länderfinanzausgleich und bei den Bundesergänzungszuweisungen (Art. 107 Abs. 2) unberücksichtigt.[94] Der 1. Hs. des Art. 91a Abs. 1 stellt klar, dass die Gemeinschaftsaufgaben „Sache der Länder“ sind, auch wenn eine Mitwirkung des Bundes durch eine gemeinsame Rahmenplanung und Finanzierung stattfindet.[95] In jüngerer Zeit zeichnet

---

[88] Der hier vorgenommenen Auslegung folgt inzwischen die ganz überwiegende Meinung, vgl. *Erbguth/Schubert* in Sachs Rn. 31; *Pieroth* in Jarass/Pieroth Rn. 3; *Jaeckel* in SHH Rn. 12; *Hillgruber* in BK Rn. 146, 147; *Hellermann* in BeckOK GG Rn. 7.1; abw. *Korioth* in Maunz/Dürig Rn. 7 f.

[89] BVerfGE 12, 205 (244, 246); 39, 96 (109); BVerwGE 75, 292 (298); *Jaeckel* in SHH Rn. 13; *Wittreck* in Dreier Rn. 18 f.; *Vogel* in BMV VerfassungsR-HdB § 22 Rn. 38; *Kölble* DÖV 1963, 660 f.

[90] BVerfGE 22, 180 (216 f.); *Pieroth* in Jarass/Pieroth Rn. 3; *Kölble* DÖV 1963, 660 (662); *Stadler* DÖV 1961, 454; zur Fondswirtschaft eing. *Köttgen,* Fondsverwaltung in der Bundesrepublik, 1965; *Müller-Volbehr,* Fonds- und Investitionshilfekompetenz des Bundes, 1975; *Pappermann* DVBl. 1983, 521, der vor allem auf die Gefahren für die Kommunen als Zuschussempfänger hinweist; eing. zur Förderpraxis des Bundes *Wolff* in Hömig/Wolff Rn. 5.

[91] Vgl. hierzu etwa *Schwarz* in Maunz/Dürig Art. 104b Rn. 1 ff.

[92] Vgl. hierzu und zur Auslegung des Art. 104a Abs. 4 aF (jetzt Art. 104b) das grundlegende Urteil des BVerfG v. 4.3.1975, BVerfGE 39, 96 mAnm *Müller-Volbehr* NJW 1975, 1115; BVerfGE 41, 21 mAnm *Püttner* DÖV 1976, 527 f.

[93] BVerfGE 86, 148 (263 ff.); *Häde* DÖV 1993, 461 (467); zum Vorliegen einer extremen Haushaltsnotlage für die Gewährung von Bundesergänzungszuweisungen gem. Art. 107 Abs. 2 S. 3 noch genauer BVerfGE 116, 327 (386 ff.), Haushaltsnotlage in Berlin; *Geske* Der Staat 46 (2007), 203 (214 ff.); Vgl. *Kempny/Reimer* NJW-Beil. 2014, 39 (40); allg. *Höfling* Der Staat 46 (2007), 163.

[94] BVerfGE 101, 158 (226).

[95] Zu näheren Einzelheiten s. → Art. 91a Rn. 12.

sich dabei wieder stärker eine Finanzierung durch den Bund aus, etwa im Bereich der Hochschulfinanzierung. So wurde 2014 durch Änderung von Art. 91b Abs. 1 die Möglichkeit der finanziellen Förderung auch der Hochschullehre geschaffen.[96] Hinzu treten die neu definierten Gemeinschaftsaufgaben der Art. 91c und d, welche die Aufgabentrennung weiter aufweichen.[97] Parallel kam es durch Ergänzung von Art. 104b sowie Hinzufügung von Art. 104c und d zu einem weiteren Ausbau von Finanzhilfen des Bundes.[98] Letztlich ist damit eine Ausweitung der Zentralisierung von Aufgabenzuweisung und ihrer Finanzierung zu konstatieren, die den Föderalismus einerseits verschlankt, andererseits aber auch schwächt, da der Raum der Länder für eigenständiges Handeln zunehmend verengt wird.[99]

Hinsichtlich des **informellen Staatshandelns,** das in der heutigen Me- **31** diengesellschaft eine große Bedeutung erlangt hat, wird überwiegend die Ansicht vertreten, dass auch hier Art. 30 umfassend gilt.[100] Als „informelle" Tätigkeiten werden solche Handlungen bezeichnet, die sich nur im Vorfeld von Festlegungen rechtlicher oder faktischer Art bewegen.[101]

Soweit es sich um die **Informationstätigkeit der BReg.** handelt, hat **32** das BVerfG schon früh zu Recht ausgesprochen, dass die **normale Öffentlichkeitsarbeit,** die sich insbes. auf die Darstellung von Maßnahmen und Vorhaben der Regierung sowie die Werbung um Unterstützung bezieht, nur zulässig ist, soweit sie sich im Rahmen des vom GG der BReg. zugewiesenen Aufgaben- und Zuständigkeitsbereiches hält.[102] Angesichts der schnell wachsenden Rolle der Massenmedien und der Informationstechnologie hat das **BVerfG seine Rspr. zutreffend weiterentwickelt und auf die (stillschweigend mitgeschriebene[103]) Regierungskompetenz zur Staatsleitung der BReg. abgestellt, die auch die Informationskompetenz beinhaltet.**[104] Der Bund ist vor allem zur Staatsleitung berechtigt, „wenn Vorgänge wegen ihres Auslandsbezugs oder ihrer länderübergreifenden Bedeutung überregionalen Charakter haben und eine bundesweite Informationsarbeit der Regierung die Effektivität der Problembewältigung fördert."[105] Seine Rechtfertigung findet diese Rspr. des BVerfG

[96] Vgl. BT-Drs. 18/2710, 6: „Gegenwärtig können Bund und Länder gemeinsam nur außeruniversitäre Forschungseinrichtungen institutionell fördern, während Hochschulen lediglich in Form von thematisch und zeitlich begrenzten Projekten durch den Bund unterstützt werden können. Mit der Grundgesetzänderung wird zusätzlich eine langfristige Förderung von Hochschulen, einzelnen Instituten oder Institutsverbünden ermöglicht."

[97] → Art. 91c und d.

[98] → Art. 104b, c und d.

[99] Vgl. hierzu auch *Hellermann,* Eine stille Föderalismusreform III, die Ausweitung der Bundeskompetenzen für Investitionshilfen, VerfBlog vom 24.10.2018, der insofern von „konzeptionell bedeutsame[n] Verschiebungen im Bund-Länder-Verhältnis" spricht.

[100] *Hillgruber* in BK Rn. 160 ff.; *Erbguth/Schubert* in Sachs Rn. 33; *Korioth* in Maunz/Dürig Rn. 19; *Pieroth* in Jarass/Pieroth Rn. 3.

[101] *Pieroth* in Jarass/Pieroth Rn. 3; *Hillgruber* in BK Rn. 160.

[102] BVerfGE 44, 125 (149); 63, 230 (243 f.); *Bleckmann* DVBl. 1985, 832 (833); *Gusy* NJW 2000, 977 (980 f.); sa *März* in MKS Rn. 46 ff.

[103] Vgl. etwa die Normen über die Bildung und Aufgaben der BReg. (Art. 62 ff.) sowie über die Pflicht der BReg., den Bundestag und seine Ausschüsse zu unterrichten (Art. 43 Abs. 1); allg. zu stillschweigend (mitgeschriebenen) Kompetenzen → Rn. 50.

[104] BVerfGE 105, 252 (270 f.), Glykol; BVerfGE 105, 279 (306 f.), Osho-Bewegung; zust. *Jaeckel* in SHH Rn. 15; krit. *Huber* JZ 2003, 290; *Murswiek* NVwZ 2003, 1; *Bethge* Jura 2003, 327; *Hellmann* NVwZ 2005, 163 (166); vgl. inzwischen auch BVerfGE 138, 102 Rn. 39 f., Organklage der NPD gegen Ministerin.

[105] BVerfGE 105, 252 (271); 105, 279 (306); aA *Hillgruber* in BK Rn. 175.

ua darin, dass es der BReg. unter Kompetenzgesichtspunkten nicht verwehrt sein darf, durch eine gute Informationspolitik den Erlass neuer Gesetze zu vermeiden. Dies gilt deshalb auch für **Empfehlungen und Warnungen.**[106] Die Kompetenzregelungen gelten ebenso für **Regierungsberichte und Berichte von Beauftragten (zB Ausländer-, Datenschutzbeauftragte).**[107]

33 Allgemeine verfassungsrechtliche Voraussetzungen sind das Vorliegen einer staatlichen Aufgabe und die Einhaltung der Zuständigkeitsordnung (für die BReg. wie vorstehend geschildert) sowie die Beachtung der Anforderungen an die Richtigkeit und die Sachlichkeit von Informationen.[108] Die Informationskompetenz der BReg. soll sogar in die Zuständigkeiten anderer Staatsorgane, also auch der Länder eingreifen („übergreifen"[109]) können, so dass hier ausnahmsweise Doppelkompetenzen möglich sind.[110]

34 **Nicht von der Kompetenzordnung erfasst werden das informelle Handeln durch Meinungsäußerungen** in politischen Reden (zB von Abgeordneten oder Ministern[111]) oder **bloß „anregende" Tätigkeiten,**[112] soweit sie im Vorfeld von Festlegungen rechtlicher oder tatsächlicher Art bleiben.[113]

35 Es muss sich um **staatliche** Befugnisse oder Aufgaben handeln. Das bedeutet, dass es Funktionen sein müssen, die von der **Gesetzgebung, vollziehenden Gewalt oder Rspr.** wahrgenommen werden. Unbeachtlich ist es, ob der Staat **in öffentlich-rechtlichen oder privatrechtlichen Formen** tätig wird.[114] Beim Verwaltungshandeln ist fraglich, welche Arten Art. 30 erfasst. Es werden folgende Ansichten vertreten: Art. 30 beschränke sich auf die obrigkeitliche Verwaltung – Handeln vor allem durch Befehle und Gebote mittels Verwaltungsakten;[115] er betreffe die gesamte hoheitliche Verwaltung, soweit sie **öffentliche Aufgaben** wahrnimmt, also sowohl die obrigkeitliche als auch die schlicht-hoheitliche (Bau von Straßen, von Jugend- und Altersheimen, aber auch Lastenausgleich, Sozialversicherung usw);[116] und schließlich, er umfasse auch die fiskalische Verwaltung[117], ggf.

---

[106] Zu staatlichen Warnungen sa BVerwGE 82, 76 (82) betr. Jugendsekten mAnm *Gusy* JZ 1989, 1003; *Heintzen* NJW 1990, 1448; BVerwGE 87, 37 (51); krit. *Schoch* DVBl. 1991, 667 (673); eing. – auch zu Kompetenzfragen – *Leidinger* DÖV 1993, 925 (933 f.); *Gusy* NJW 2000, 977 ff.

[107] *Tettinger* in HdbStR V § 111 Rn. 51, auch generell zu Beauftragten; für einen Überblick über das Meinungsspektrum s. insgesamt *März* in MKS Rn. 47.

[108] BVerfGE 105, 252 Ls. 1; 105, 279 (306).

[109] BVerfGE 105, 252 (272).

[110] Zum grundsätzlichen Verbot von Doppelkompetenzen → Rn. 59.

[111] So *Isensee* in HdbStR VI, § 133 Rn. 112; enger *Pietzcker* in HdbStR VI § 134 Rn. 26 ff.

[112] BVerfGE 22, 180 (216).

[113] *Hellermann* in BeckOK GG Rn. 9.1; *Heintzen* NJW 1990, 1448 f.; iE *Jaeckel* in SHH Rn. 15; aA *Hillgruber* in BK Rn. 162 f.; *Erbguth/Schubert* in Sachs Rn. 33; *Korioth* in Maunz/Dürig Rn. 19; *Wittreck* in Dreier Rn. 18.

[114] BVerfGE 12, 205 (244); *Ruppelt* in Umbach/Clemens Rn. 16; Stern StaatsR II, 1980, § 41 Kap. IV 4b.

[115] So *Peters* FS f. Kaufmann, 1950, 281 (294).

[116] Vgl. *Ruppelt* in Umbach/Clemens Rn. 13, 17; *Hellermann* in BackOK GG Rn. 9.2; *Maunz* in Maunz/Dürig, 1982, Rn. 4; *Stern,* StaatsR II, 1980, § 41 Kap. IV 4b; → Art. 83 Rn. 6; ähnlich *Pietzcker* in HdbStR VI § 134 Rn. 17; *Kölble* DÖV 1963, 660 f.

[117] *Pieroth* in Jarass/Pieroth Rn. 3; *Jaeckel* in SHH Rn. 16; *Bothe* in AK Rn. 17; *Erbguth/Schubert* in Sachs Rn. 33; *Wittreck* in Dreier Rn. 18; *März* in MKS Rn. 42 ff.; *Hillgruber* in BK Rn. 157–159; *Mallmann* VVDStRL 19 (1961), 200; iE *Bleckmann* DVBl. 1985, 832 (837); aA noch *Gubelt* in v. Münch/Kunig, 6. Aufl. 2012.

auch bei Dienstleistungen öffentlicher Unternehmen auf ausländischen Märkten.[118]

Richtigerweise ist (jenseits des rein informativen Bereichs) von einer umfassenden Bindung staatlicher Tätigkeit an die Kompetenzverteilung des Grundgesetzes auszugehen. Staatliche Aufgaben und Befugnisse werden in einer globalisierten Welt vielfältig im Innern und nach außen wahrgenommen. Sofern man den föderalen Gedanken ernst nimmt, ist nicht nachvollziehbar, warum die Kompetenzordnung in bestimmten Bereichen nicht gelten soll. Art. 30 ist die einzige grundlegende Kompetenznorm, die das Grundgesetz aufweist. Es ist nicht ersichtlich, nach welchem Grundsatz die Aufgaben stattdessen zuzuordnen wären. **36**

Die Formulierungen **„Ausübung"** und **„Erfüllung"** sollen nicht darauf hindeuten, dass etwa eine über Bund und Ländern stehende Institution (zB nach der vereinzelt vertretenen Lehre vom „dreigliedrigen" Bundesstaat) die Befugnisse und Aufgaben zuteilt. Vielmehr erfolgt dies durch Art. 30 unmittelbar.[119] Die Begriffe „Ausübung" und „Erfüllung" meinen das Handeln des Staates schlechthin. **37**

Mit der Wendung **„ist Sache der Länder"** wird keine Kompetenz der Länder neu begründet, sondern diese steht ihnen kraft eigenen Rechts zu.[120] Nach der allgemeinen Staatslehre haben im Bundesstaat sowohl die Gliedstaaten als auch der Gesamtstaat eigene Staatsgewalt, wenngleich die Souveränität insgesamt auf den Gesamtstaat übergegangen ist.[121] Welches Organ des Landes zuständig ist, richtet sich nach dem jeweiligen Landesverfassungsrecht. Der Bund darf nicht die Ausübung einer dem Landesgesetzgeber zustehenden Kompetenz der Landesregierung zuweisen.[122] **38**

Die **Gemeinden und Gemeindeverbände** sind nach dem GG ausschließlich dem Verfassungsbereich der Länder zugeordnet.[123] Diese haben im Wege der Aufsicht die Kompetenz und die Pflicht sicherzustellen, dass jene Verwaltungsträger ihnen durch Bundesgesetze übertragene Aufgaben rechtmäßig ausführen. Es bestehen verfassungsrechtliche Bedenken gegen zu weitgehende Vorgaben des Bundes für die Körperschaften der kommunalen Selbstverwaltung, weil deren Ausformung in den Befugnissen und Aufgaben der Länder mit enthalten ist. So hat auch das BVerfG[124] unter Bezug auf Art. 30, 70 ff. für die Zuweisung von Aufgaben der Bauleitplanung durch den Bundesgesetzgeber gem. Art. 84 Abs. 1 an die Gemeinden als Selbstverwaltungsaufgaben entschieden, dass eine derartige Einschaltung der Gemeinden nur dann zulässig ist, „wenn es sich um eine punktuelle Annexregelung zu einer zur Zuständigkeit des Bundesgesetzgebers gehörenden materiellen Regelung handelt und wenn diese Annexregelung für den wirksamen Vollzug der materiellen Bestimmungen des Gesetzes notwendig ist (BVerfGE 22, 180 (210))." **39**

---

[118] *Wittreck* in Dreier Rn. 18; *Pieroth* in Jarass/Pieroth Rn. 3; *März* in MKS Rn. 45; *Pfahl,* Staatliche Wirtschaftsteilnahme und Art. 30 GG, 2016, 184 f., 187 f.; aA *Hellermann* FS f. Böckenförde, 1995, 277 (285 f.), ebenso *Gubelt* in v. Münch/Kunig, 6. Aufl. 2012.

[119] So zutr. *Maunz* in Maunz/Dürig, 1982, Rn. 6.

[120] → Rn. 1; *Bleckmann* DVBl. 1985, 832 (834).

[121] *Jellinek,* Allgemeine Staatslehre, 1976, 489 ff. (Unabgeleitetheit der Hoheitsgewalt); *Kelsen/Jestaedt,* Allgemeine Staatslehre, 2019, 284 ff.

[122] BVerfGE 78, 249 (273); *Pieroth* in Jarass/Pieroth Rn. 6.

[123] BVerfGE 22, 180 (210); 39, 96 (109); 86, 148 (215); BSGE 34, 177 (179 f.); *Jaeckel* in SHH Rn. 37; *Korioth* in Maunz/Dürig Rn. 19; *Stern* DÖV 1975, 515 ff.; → Art. 28 Rn. 79.

[124] BVerfGE 77, 288 (299).

40 Das Recht der Europäischen Union wirkt allerdings auch unmittelbar auf die kommunalen Gebietskörperschaften und schränkt deren Selbstverwaltungsrecht nach Art. 28 Abs. 2 ein.[125]

41 Art. 30 verbietet im Zusammenhang mit Art. 79 Abs. 3 nicht nur eine rechtliche, sondern auch eine **faktische Aufhebung** sowie eine **Aushöhlung**[126] **der Länderkompetenzen.**[127]

II. Soweit dieses Grundgesetz

42 Ausnahmen von der Zuständigkeitsvermutung zugunsten der Länder[128] müssen im **Text des GG** enthalten sein. **Gewohnheitsrecht** reicht **nicht** aus.[129] Soweit in verschiedenen Grundrechtsartikeln Einschränkungen durch „Gesetze" zulässig sind (ua Art. 2 Abs. 2 S. 3, Art. 5 Abs. 2, Art. 8 Abs. 2, Art. 10 Abs. 2, Art. 12 Abs. 1 S. 2), handelt es sich nicht um Zuständigkeitsregelungen zwischen Bund und Ländern. Staatszielbestimmungen stellen ebenso keine Kompetenzbegründungen für den Bund dar.[130] Wichtige Ausnahmen von Art. 30 regeln Art. 70 ff. für die Gesetzgebung, Art. 83 ff. für die Verwaltung, Art. 92 ff. für die Rspr. und Art. 104a–108 für das Finanzwesen.

43 Für die Verwaltungskompetenz des Bundes gilt die generelle Aussage, dass ihre äußerste Grenze nach der Systematik des GG durch die Bundesgesetzgebungskompetenz gezogen wird.[131] In der Praxis ist der Umfang natürlich meist weitaus geringer, weil gemäß dem Prinzip des Exekutivföderalismus vielfach die Länder für die Umsetzung der Bundesgesetze zuständig sind. Anlässlich der Überprüfung der Verfassungsmäßigkeit der Hartz IV-Arbeitsgemeinschaften hat das BVerfG nochmals klargestellt, dass die Kompetenzaufteilung nach Art. 83 eine wichtige Ausformung des bundesstaatlichen Prinzips darstellt und dazu dient, „die Länder vor dem Eindringen des Bundes in den ihnen vorbehaltenen Bereich der Verwaltung zu schützen."[132]

III. Keine andere Regelung trifft

44 „Treffen" heißt **ausdrücklich** eine andere Regelung bestimmen, wie zB in Art. 4 Abs. 3, Art. 21 Abs. 3, Art. 23 Abs. 1 S. 2, Art. 24 Abs. 1, Art. 38 Abs. 3, Art. 59 Abs. 2.[133] Die andere Regelung muss nicht unbedingt so

---

[125] → Rn. 8; *v. Ameln* DVBl. 1992, 477 (479); *Reiners,* Kommunen im europäischen Mehrebenensystem –Spannungsfeld zwischen kommunaler Selbstverwaltung und mangelnder Handlungsautonomie, 2019.

[126] BVerfGE 61, 149 (205); *Maunz* in Maunz/Dürig Art. 74 Rn. 16; → Rn. 20.

[127] *Pieroth* in Jarass/Pieroth Rn. 6; *Heintzen* DVBl. 1997, 689 (692); zur Unabdingbarkeit der Regelung in Art. 30 und zu verfassungsrechtlich zulässigen Formen der Zusammenarbeit → Rn. 60 ff.

[128] → Rn. 1.

[129] *Erbguth/Schubert* in Sachs Rn. 35; *Bothe* in AK Rn. 13; *Hillgruber* in BK Rn. 184; *Ruppelt* in Umbach/Clemens Rn. 19; iE *Pieroth* in Jarass/Pieroth Rn. 5; BVerfGE 61, 149 (203 f.); → Rn. 49.

[130] *Pietzcker* in HdbStR VI § 134 Rn. 12; *Hellermann* in BeckOK GG Rn. 14.4; *Erbguth/Schubert* in Sachs Rn. 35, auch zu aA.

[131] BVerfGE 12, 205 (229); 15, 1 (16); *Stern,* StaatsR II, 1980, § 41 Kap. IV 5a; *Stettner,* Grundfragen einer Kompetenzlehre, 1983, 393 f.; *Hellermann* in BackOK GG Rn. 14.2; → Art. 83 Rn. 10 ff. mwN.

[132] BVerfGE 119, 331 (364), Hartz IV-Arbeitsgemeinschaften mAnm *Meyer* NVwZ 2008, 275; *Huber* DÖV 2008, 844.

[133] So *März* in MKS Rn. 50 f.; *Jaeckel* in SHH Rn. 18; *Korioth* in Maunz/Dürig Rn. 22; *Achterberg* AöR 86 (1961), 63 (86); *Kölble* DÖV 1963, 660 (663).

lauten: „Das Nähere regelt ein Bundesgesetz" oder „Aufgabe des Bundes ist es". Vielmehr reicht es aus, wenn sich die Bundeszuständigkeit zwingend aus einer anderen Formulierung ergibt, zB wie in Art. 95 Abs. 1: „Für die Gebiete der ordentlichen, der Verwaltungs-, der Finanz-, der Arbeits- und der Sozialgerichtsbarkeit errichtet der Bund als oberste Gerichtshöfe […]".[134] Dagegen lässt der allgemeine Verweis auf ein Gesetz iSd Gesetzesvorbehaltes (zB in Art. 2 Abs. 2 S. 3, Art. 5 Abs. 2, Art. 8 Abs. 2, Art. 10 Abs. 2, Art. 12 Abs. 1 S. 2, Art. 14 Abs. 1 S. 2) die Verbandskompetenz offen. Die Zuständigkeit für die Gesetzgebung muss sich in diesem Fall aus einer sonstigen Bestimmung des GG ergeben.

Die wichtigsten ausschließlichen Bundeskompetenzen werden in den Kompetenzkatalogen der Art. 73 ff. (Gesetzgebung), Art. 87 ff. (Verwaltung) und Art. 92 ff. (Rspr.) festgelegt. Für die Finanzverfassung finden sich Sonderregelungen in Art. 104a–108 und für die auswärtige Gewalt in Art. 32 und 59. **45**

Für die gesetzesfreie Verwaltung gilt die Schranke des Art. 87 Abs. 3. Der Bund ist zu unmittelbaren Maßnahmen gegenüber natürlichen und juristischen Personen öffentlichen oder privaten Rechts nur für solche Angelegenheiten befugt, für die ihm nach Art. 70 ff. die Gesetzgebungskompetenz zusteht. Sondervorschriften für Finanzhilfen des Bundes an die Länder enthält Art. 104b (Konkretisierung des Art. 104a Abs. 4 aF[135]).[136] Hinzu treten seit 2017 bzw. 2019 Art. 104c und d, auf deren Grundlage der Bund einerseits kommunale Bildungsinfrastruktur und andererseits den kommunalen Wohnungsbau bezuschussen kann.[137] **46**

IV. Oder zulässt

An dieser Formulierung hat sich ein bis heute bestehender Meinungsstreit entzündet, der in erster Linie dogmatischer Natur ist. Praktische Bedeutung kann ihm jedoch bei Beantwortung der Frage zukommen, ob sich das Zulassen einer anderen Regelung aus (ungeschriebenem) Verfassungsgewohnheitsrecht und aus überpositivem Verfassungsrecht ergeben kann. Unstreitig ist es, dass ein „Zulassen" nicht ein „Dulden" oder „Gewährenlassen" in dem Sinne bedeutet, dass im GG die Zuständigkeit des Bundes ausdrücklich ausgeschlossen sein muss; denn sonst würde Art. 30 in sein Gegenteil verkehrt: Nicht der Bund müsste eine enumerative Kompetenz dartun, sondern die Länder wären nur durch den ausdrücklichen Ausschluss einer Bundeskompetenz geschützt.[138] **47**

Nach einer im Schrifttum vertretenen Auffassung soll es **stillschweigende oder auch ungeschriebene Bundeszuständigkeiten** geben, die eine „andere Regelung" iSd Art. 30 darstellen.[139] Sie ergäben sich vor allem aus dem **48**

---

[134] Sa *Hillgruber* in BK Rn. 182; Aufzählung bei *Erbguth/Schubert* in Sachs Rn. 37; *März* in MKS Rn. 51 ff.

[135] BVerfGE 39, 96 (106 ff.); → Rn. 30.

[136] Zu den Grenzen der organisatorischen Ausgestaltung der Verwaltungseinrichtungen und zum Verbot der Mischverwaltung → Rn. 66.

[137] Zu Art. 104c und Art. 104d vgl. *Leisner-Egensperger* DVBl. 2019, 1589.

[138] So *Hillgruber* in BK Rn. 184; *Pietzcker* in HdbStR VI § 134 Rn. 13.

[139] *Achterberg* AöR 86 (1961), 63 (88); *Kölble* DÖV 1963, 660 (663); *Voigt* VVDStRL 10 (1957), 41 ff.; *Dennewitz* in BK Erstbearb. Erl. II 2; *Giese/Schunck*, GG, 9. Aufl. 1976, Anm. II 2; *v. Mangoldt/Klein*, Das Bonner Grundgesetz, 2. Aufl. 1966, Anm. III 2c, 753 f.; *Jaeckel* in SHH Rn. 30 f., will auf die Unterscheidung zwischen stillschweigend zugelassenen (mitgeschriebenen) und ungeschriebenen Bundeskompetenzen verzichten.

Gesichtspunkt der „Natur der Sache" und des „Sachzusammenhangs". Die Vertreter dieser Ansicht meinen, das GG **treffe** eine andere Regelung nur dann, wenn es sie **ausdrücklich** vorsehe, während es eine andere Regelung **zulasse,** wenn aus besonderen Gründen auf die **stillschweigende** Anerkennung einer Bundeszuständigkeit geschlossen werden könne. Demgegenüber lehnt eine andere Auffassung ungeschriebene Bundeszuständigkeiten ab.[140] Nach verschiedentlich vertretener Meinung ist die Formulierung „eine andere Regelung zulässt" so zu verstehen, dass das GG ausdrücklich die **Ermächtigung** für ein Tätigwerden des Bundes schafft, ohne jedoch – wie in Art. 73 oder 87 – eine ausschließliche Bundeskompetenz anzuordnen. Als Beispiele werden die Vorschriften über die konkurrierende Gesetzgebungs- (Art. 72, 74, 105 Abs. 2), die fakultative Verwaltungs- (Art. 87 Abs. 3, Art. 90 Abs. 3) oder Rechtsprechungskompetenz (Art. 99) genannt.[141]

49 Es ist der Verdienst von *Erich Küchenhoff,*[142] in dem Meinungsstreit eine klare **Abgrenzung der Begriffe ausdrückliche, stillschweigende und ungeschriebene Bundeskompetenz** erreicht zu haben.[143] **Ungeschriebene** Bundeszuständigkeiten sind danach solche, die aus ungeschriebenen Rechtsquellen (insbes. Gewohnheitsrecht, überpositivem Recht) abgeleitet werden. Richtiger Ansicht nach sind sie keine zugelassenen anderen Regelungen iSd Art. 30. Das folgt bereits aus dem Wortlaut des Art. 30, wonach „dieses Grundgesetz", und nicht etwa Gewohnheitsrecht die andere Regelung zulassen muss.[144] Aber auch Art. 70 zeigt für den Bereich der Gesetzgebung, dass sich die Abgrenzung der Zuständigkeit zwischen Bund und Ländern ausschließlich nach dem GG richten soll.[145] Wegen der fundamentalen Bedeutung der Kompetenzverteilung für das durch Art. 79 Abs. 3 gesicherte bundesstaatliche Prinzip würde die Einbeziehung von gewohnheitsrechtlichen Regelungen oder von überpositivem Verfassungsrecht gegen das GG verstoßen.[146] Soweit daher angenommen wird,[147] es könnten keine Bundeszuständigkeiten aus dem Gesichtspunkt der „Natur der Sache" und des „Sachzusammenhangs" als selbständige Kompetenzregelung (gemeint sind Gewohnheitsrecht oder sonstiges ungeschriebenes Recht) begründet werden, ist dem zuzustimmen.[148] Vereinzelt werden ungeschriebene Bundeskompetenzen zumindest für den Bereich der Verwaltung generell abgelehnt und auf die Wahrnehmung der Aufsichtsbefugnisse des Bundes gegenüber den Ländern verwiesen.[149]

50 Mit *Küchenhoff*[150] sind von den ungeschriebenen Bundeszuständigkeiten die ausdrücklichen und stillschweigenden zu unterscheiden. Während die **aus-**

---

140 *Erbguth/Schubert* in Sachs Rn. 38 f.; *Pieroth* in Jarass/Pieroth Rn. 5; *Bothe* in AK Rn. 12, 13; *Maunz* DÖV 1950, 643 ff.; wohl auch *Pfeiffer* DÖV 1949, 263 (264); *v. Stralenheim* DÖV 1965, 73 (74); am weitgehendsten → Art. 83 Rn. 10 f. betr. Verwaltungszuständigkeiten.

141 Zu Recht krit. *März* in MKS Rn. 57 ff. mit eingehender Darstellung des Meinungsstandes.

142 *Küchenhoff* AöR 82 (1957), 413; zust. *Ruppelt* in Umbach/Clemens Rn. 19.

143 Abl. *Stettner,* Grundfragen einer Kompetenzlehre, 1983, 425.

144 → Rn. 42.

145 → Art. 70 Rn. 8 ff.

146 Sa BVerfGE 61, 149 (203 f.); *Ruppelt* in Umbach/Clemens Rn. 19; *Erbguth/Schubert* in Sachs Rn. 38; *Hillgruber* in BK Rn. 184.

147 *Bullinger* AöR 96 (1971), 237 (247, 270); *Wipfelder* DVBl. 1982, 477 (480, 485); *Harms* Der Staat 33 (1994), 409 (412).

148 Vgl. hierzu etwa *Erbguth/Schubert* in Sachs Art. 30 Rn. 39.

149 Vgl. → Art. 83 Rn. 10 f.; krit. *Hillgruber* in BK Rn. 212.

150 *Küchenhoff* AöR 82 (1957), 413.

drücklichen Zuständigkeiten in dem jeweiligen Rechtssatz **niedergeschrieben** sind, umfassen die **stillschweigenden** diejenigen Kompetenzen, die aus dem geschriebenen Recht **mit Hilfe der Auslegungsmittel der allgemeinen Rechtslehre** abgeleitet werden.[151] In diesem Sinne sind **stillschweigend mitgeschriebene Bundeskompetenzen** anzuerkennen, weil eine Umgehung des GG nicht erfolgt. Vielmehr sind die Vorschriften des GG selbst Gegenstand der Auslegung. Dabei ist der maßgebliche Bezug zur Grundgesetznorm jeweils im einzelnen Fall zu begründen.[152]

Allgemein wird die Möglichkeit von stillschweigenden Bundes-, aber auch 51
Landeszuständigkeiten[153] im obigen Sinne unter dem Gesichtspunkt der „Natur der Sache" und des „Sachzusammenhangs" befürwortet.[154] Beispiele für stillschweigend zugelassene Bundeskompetenzen im Bereich der Finanzierung enthält der Entwurf eines Abkommens zwischen Bund und Ländern aus dem Jahre 1971 (sog. Flurbereinigungsabkommen, → Rn. 64).

Bei der **Auslegung des GG** kann aus der **„Natur der Sache"** gefolgert 52
werden, dass der Bund eine bestimmte Kompetenz in Anspruch nehmen darf, weil eine Frage **für das ganze Bundesgebiet nur einheitlich** vom Bund entschieden werden kann.[155] Nach einer Formulierung von *Anschütz*[156] ist es erforderlich, dass es sich um „eigenste, der partikularen Zuständigkeit *a priori* entrückte Angelegenheiten" des (seinerzeitigen) Reichs handelt, die vom Reich „und nur von ihm geregelt werden können". Die Folgerung aus der „Natur der Sache" muss **begriffsnotwendig** sein und eine bestimmte Lösung unter Ausschluss anderer Möglichkeiten sachgerechter Lösung **zwingend fordern.**[157] Beispiele: Bestimmung der Bundeshauptstadt,[158] Festlegung von Wappen, Siegel und Hymne des Bundes, Ausgestaltung der Bundesflagge[159] sowie Kulturförderung von national oder international bedeutsamen Einrichtungen.[160] Im Zusammenhang mit der Wiedervereinigung hat sich das BVerfG bzgl. der Regelungen des Einigungsvertrages über das Ruhen bzw. die Beendigung von Arbeitsverhältnissen früherer Beschäftigter im öffentlichen Dienst der DDR auf eine Bundeskompetenz aus der Natur der Sache berufen, dabei aber auch auf Art. 23 S. 2 aF Bezug genommen,[161] also vielleicht eher eine „Annexkompetenz"[162] oder eine Kompetenz „kraft Sachzusammenhangs"[163] gemeint.

---

[151] So *Pietzcker* in HdbStR VI § 134 Rn. 4, der von „stillschweigend mitgeschriebenen" Bundeskompetenzen spricht; ebenso *März* in MKS Rn. 63; *Bothe* in AK Rn. 13; eing. und iE zust. *Hillgruber* in BK Rn. 188 ff.; *Hellermann* in BeckOK GG Rn. 15.

[152] Vgl. *März* in MKS Art. 30 Rn. 65; *Stern,* StaatsR II, 1980, 612 f.

[153] *März* in MKS Rn. 63; *Wipfelder* DVBl. 1982, 477 (483).

[154] Grdl. *Bullinger* AöR 96 (1971), 237 (248, 270 f.); *März* in MKS Rn. 64, 66; *Jaeckel* in SHH Rn. 32; *Hillgruber* in BK Rn. 192; *Stettner,* Grundfragen einer Kompetenzlehre, 1983, 425 f.; abw. von der hier vertretenen Ansicht sieht *Korioth* in Maunz/Dürig Rn. 23, in den Fällen der Kompetenz „kraft Natur der Sache" keine Anhaltspunkte in geschriebenen Kompetenznormen.

[155] Zust. *März* in MKS Rn. 64; *Bothe* in AK Rn. 15.

[156] *Anschütz* in Pauly/Anschütz/Thoma DtStaatsR I, 1998, Rn. 367.

[157] So zutr. BVerfGE 11, 89 (98 f.); 22, 180 (217); 26, 246 (257); *Wittreck* in Dreier Vorb. zu Art. 70–74 Rn. 45; *Sannwald* in SHH Rn. 35; *Kunig* Jura 1996, 254 (257).

[158] *Kunig* Jura 1996, 254 (257).

[159] → Art. 22 Rn. 24; *Wittreck* in Dreier Vorb. zu Art. 70–74 Rn. 46.

[160] *Mahrenholz* DVBl. 2002, 857 (862, 867).

[161] BVerfGE 84, 133 (148); 85, 360 (374).

[162] Entsprechendes lässt sich aus BVerfGE 85, 360 (374) ableiten.

[163] So *Harms* Der Staat 33 (1994), 409 (424).

53 Demgegenüber können natürliche Bundeskompetenzen nicht aus der „Notwendigkeit nationaler Repräsentation nach innen“ oder aus dem Gebot der „kontinuitätsbewahrenden Traditionspflege“ hergeleitet werden.[164] Ebenso wenig rechtfertigt eine **finanziell bedingte oder tatsächliche Überregionalität** eines Verwaltungshandelns für sich allein genommen die Annahme, nach der „Natur der Sache“ sei der Bund zuständig.[165] So steht dem Bund auch keine eigenständige, also von der Gesetzgebungs- oder Verwaltungskompetenz unabhängige Zuständigkeit zur überregionalen Planung und Koordinierung staatlicher Maßnahmen zu.[166] Entsprechend begründet die „Tatsache der gemeinsamen oder koordinierten Erfüllung einer Aufgabe durch die Länder, gleichgültig welcher Art die Motive für die Zusammenarbeit sein mögen“, keine Bundeszuständigkeit.[167] Folgerichtig hat das BVerfG auch in dem öffentlich stark diskutierten Fall der Rechtschreibreform die Kompetenz der Länder wegen ihrer Verantwortung für das Schulwesen nicht beanstandet, obwohl ein hohes Maß an Einheitlichkeit notwendig war und sogar Vereinbarungen mit auswärtigen (deutschsprachigen) Staaten getroffen werden mussten.[168]

54 Der Gesichtspunkt des **„Sachzusammenhangs“** kann bei der Auslegung der Vorschriften des GG dann eine Bundeskompetenz (aber auch Landeskompetenz!) zulassen, wenn eine dem Bund (Land) ausdrücklich zugewiesene Materie **nicht** anders geregelt werden kann, als dass er (es) eine andere ihm nicht ausdrücklich zugewiesene Materie mitregelt, wenn also das Übergreifen in den Kompetenzbereich der Länder (des Bundes) für die Regelung der zugewiesenen Materie unerlässlich ist.[169] So folgt nach Meinung des BVerfG aus dem Recht des Bundes zu nationaler Selbstdarstellung gegenüber dem Ausland die Befugnis des Bundes, diese Repräsentation auch durch Rundfunksendungen (Deutschlandfunk, Deutsche Welle) wahrzunehmen.[170] In Grenzfällen gibt die von *Bullinger*[171] entwickelte Lehre vom **„überwiegenden“ Sachzusammenhang** Anhaltspunkte für die Entscheidung, ob eine Zuordnung zu einer ausdrücklichen Landes- oder Bundeskompetenz erfolgen kann. So darf aus der Zuständigkeit des Bundes für den Wasserstraßenverkehr nicht unter dem Gesichtspunkt des Sachzusammenhangs die Zuständigkeit zur Gewässerreinhaltung gefolgert werden.[172] Schranke für einen zu großen Expansionsdrang ist das Merkmal der **unerlässlichen** Voraussetzung, das

---

[164] BVerfGE 12, 205 (252); *Schnoor* DÖV 1979, 355 (357); krit. *Kölble* DÖV 1963, 660 (668).

[165] *März* in MKS Rn. 65; *Maunz* in Maunz/Dürig, 1982, Rn. 12; *Wipfelder* DVBl. 1982, 477 (484); aA *Achterberg* AöR 86 (1961), 63 (70).

[166] *v. Stralenheim* DÖV 1965, 75; aA *Kölble* DÖV 1965, 78.

[167] BVerfGE 12, 205 (251); *Kölble* DÖV 1963, 660 (668).

[168] BVerfGE 98, 218 (249); zu weiteren Einzelfällen vgl. → Art. 70 Rn. 30; krit. Analyse der Rspr. und Lit. bei *Harms* Der Staat 33 (1994), 409 ff., die die Rechtsfigur „Natur der Sache“ aus dogmatischen Gründen durch das Kriterium der „Evidenz“ ersetzen will (*Harms* Der Staat 33 (1994), 419 ff., 426 f.).

[169] BVerfGE 3, 407 (421); 12, 205 (238); 26, 281 (300); 98, 265 (299), BaySchwHEG; 110, 33 (48); *Jaeckel* in SHH Rn. 33; *März* in MKS Rn. 66; *Kunig* Jura 1996, 254 (257); eing. *Bullinger* AöR 96 (1971), 237 (241 ff.); *Wipfelder* DVBl. 1982, 477 (478 ff.); abl. *Stettner,* Grundfragen einer Kompetenzlehre, 1983, 429 f., der den „Sachzusammenhang“ als Mittel der Auslegung für „überflüssig und unnütz“ hält; krit. zur Rspr. des BVerfG *Hillgruber* in BK Rn. 199 ff. unter Bezug auf das Sondervotum der Richter Papier, Graßhof und Haas in BVerfGE 98, 265 (329, 346 ff.).

[170] BVerfGE 12, 205 ff.

[171] AöR 96 (1971), 237 (249 ff., 283).

[172] BVerfGE 15, 1 (20).

vom BVerfG besonders unterstrichen wird.[173] Bloße Zweckmäßigkeitserwägungen reichen daher nicht aus.[174]

In seinem Urteil zum Bayerischen Schwangerenhilfeergänzungsgesetz, das ua ein Verbot mit Erlaubnisvorbehalt, einen Facharztvorbehalt und Einnahmequotierungen zur Einschränkung von spezialisierten Abtreibungskliniken vorsah, hat das BVerfG im Bereich der konkurrierenden Gesetzgebung eine **Erweiterung der Kompetenz kraft Sachzusammenhangs** vorgenommen: Es erkennt dem Bund das Recht zu, dass er von der Ausnahmekompetenz auch durch einen **„absichtsvollen Regelungsverzicht"**, der in dem Gesetzestext selbst keinen unmittelbaren Ausdruck findet, mit Sperrwirkung gegenüber den Ländern Gebrauch machen kann, wenn der Regelungsverzicht hinreichend erkennbar ist.[175] Demgegenüber wird in einem Minderheitsvotum zu dem Urteil die Meinung vertreten, das Merkmal der Notwendigkeit (Unerlässlichkeit) zur Rechtfertigung eines Hineinwirkens in einen fremden Kompetenzbereich verlange, dass dies nur durch **positive** Teilregelungen erfolgen dürfe.[176] **55**

Wenn auch die Besorgnis der Mindermeinung, dass Ausnahmeregelungen ausufern könnten, verständlich ist, wird hier gleichwohl der Auffassung der Senatsmehrheit des BVerfG gefolgt. Wie dargelegt,[177] begründet der Gesichtspunkt des Sachzusammenhangs keine selbständige neue Kompetenz, vielmehr ist diese „stillschweigend mitgeschrieben". Die Formen des gesetzgeberischen Handelns richten sich daher nach den Maßgaben der im GG ausdrücklich geregelten Kompetenzen. Im Bereich der konkurrierenden Gesetzgebung liegt aber eine abschließende Regelung auch vor, wenn der Sache nach ergänzende Vorschriften möglich, nach dem erkennbaren Regelungswillen jedoch ausgeschlossen sein sollen.[178] Aus dem Merkmal der Unerlässlichkeit lässt sich dogmatisch nicht der Schluss ziehen, der Gesetzgeber des Bundes dürfe nur durch eine positive Regelung von einer Ausnahmekompetenz Gebrauch machen. Vielmehr ist maßgebend, ob eine ihm ausdrücklich zugewiesene Materie nicht anders geregelt werden kann, als dass er eine andere ihm nicht ausdrücklich zugewiesene Materie mitregelt. Im konkreten Fall hat das BVerfG eine Bundeskompetenz kraft Sachzusammenhangs bejaht, weil der Bundesgesetzgeber den strafrechtlichen Schutz des ungeborenen Lebens nur dann partiell zurücknehmen durfte, wenn er an dessen Stelle ein anderes wirksames Schutzkonzept setzte, das punktuell Regelungen erforderte, für die grundsätzlich der Landesgesetzgeber zuständig wäre.[179] **56**

Als Sonderfall des „Sachzusammenhangs" gilt die sog. **Annexkompetenz,** die das BVerfG anerkannt hat, wenn eine bestimmte Aufgabe untrennbar in einem dem Bund oder Land zugewiesenen Bereich liegt und eine Loslösung von ihm nicht denkbar wäre, so dass sie als Annex betrachtet werden muss,[180] zB Bahnpolizei im Rahmen der Bundesbahn, Nachrichtenschule im Rahmen **57**

[173] BVerfGE 26, 246 (256); 98, 265 (299).
[174] → Art. 70 Rn. 28; *März* in MKS Rn. 67; *Ruppelt* in Umbach/Clemens Rn. 22.
[175] BVerfGE 98, 265 (300 f.).
[176] Abw. Meinung BVerfGE 98, 265 (352).
[177] → Rn. 49.
[178] BVerfGE 32, 319 (327); → Art. 72 Rn. 19.
[179] Zu weiteren Einzelfällen vgl. → Art. 70 Rn. 8 ff.
[180] BVerfGE 8, 104 (118); 8, 143 (149 f.); 106, 62 (115 ff.); 125, 260 (314 ff.); 130, 151 (185 f.); 132, 1 (6 f.); → Art. 70 Rn. 29; *März* in MKS Rn. 68; *Achterberg* DÖV 1966, 695; *Kölble* DÖV 1963, 660 (669); *Kunig* Jura 1996, 254 (257).

der Bundeswehr, Schutz von Zeugen in Strafverfahren durch das Bundeskriminalamt.[181] Meistens handelt es sich um **Maßnahmen zur Vorbereitung und Durchführung** bestimmter Materien, wie das Sammeln von Daten und Fakten und das Zurverfügungstellen von sachlichen, persönlichen und finanziellen Mitteln.[182] Das OLG Frankfurt a. M.[183] hat zutreffend eine Annexkompetenz des Bundesgrenzschutzes für die Unterbringung Asyl begehrender Ausländer auf Flughäfen und die daraus folgende Pflicht zur Kostentragung durch den Bund angenommen, weil die Unterbringung zwingend mit der Einreisekontrolle verbunden ist und von den dem Bundesgrenzschutz obliegenden Aufgaben nicht getrennt werden kann.

58 Eine Annexkompetenz kann sich auch unter dem Gesichtspunkt der Verwirklichung eines vom Bundesgesetzgeber **für erforderlich gehaltenen organisatorischen Folgekonzepts** ergeben,[184] zB wenn die Annexregelung für den wirksamen Vollzug der materiellen Bestimmungen eines Bundesgesetzes notwendig ist.[185]

59 Bestehen für einen zu regelnden Gegenstand Sachbezüge zu Kompetenzvorschriften sowohl des Bundes als auch der Länder, ist dennoch **grundsätzlich keine „Doppelzuständigkeit"** anzuerkennen.[186] Eine solche wäre dem System der verfassungsrechtlichen Kompetenznormen fremd und mit ihrer Abgrenzungsfunktion (vgl. Art. 70 Abs. 2) auch nicht vereinbar.[187] Die Materie muss deshalb je nach Sachbezug entweder dem einen oder dem anderen Kompetenzbereich zugeordnet werden. *Stern*[188] unterscheidet hierbei zwischen „konsequenten" und „kohärenten" Zugehörigkeiten. Ausnahmsweise ist vom BVerfG eine Doppelkompetenz bei der Informationstätigkeit von BReg. und Landesregierungen anerkannt worden.[189] Als weitere Ausnahme kann auch die kumulativ-konkurrierende Zuständigkeit zwischen Bundes- und Landesgesetzgeber im Bereich der Regelung des Verwaltungsverfahrens bei der Auftragsverwaltung nach Art. 85 erwähnt werden.[190]

60 Art. 30 enthält **kein dispositives Recht,**[191] wie sich aus dem Vorrang des Verfassungsrechts, aber auch aus dem Anspruch des betroffenen Bürgers ergibt, nicht durch kompetenzwidriges Handeln beeinträchtigt zu werden. Kompetenzübertragungen und Kompetenzverzichte sind daher unzulässig.[192] Das gilt nicht nur im Verhältnis der Länder zum Bund, sondern auch im Verhältnis der Länder untereinander.

61 Aus diesem Grunde sind auch sog. **dynamische Verweisungen,** in denen ein Landesgesetz die Anwendung eines Bundesgesetzes in seiner jeweils

---

[181] Zu dem zuletzt genannten Beispiel s. *Schreiber* NJW 1997, 2137 (2140).
[182] *Bleckmann* DVBl. 1985, 832 (837).
[183] DVBl. 1998, 352 (354 f.).
[184] BVerfGE 88, 203 (331).
[185] BVerfGE 22, 180 (210).
[186] BVerfGE 36, 193 (202 f.); 61, 149 (204); 104, 249 (267); 106, 62 (114); BVerwGE 146, 56 Rn. 20; *Hellermann* in BackOK GG Rn. 22; *Erbguth/Schubert* in Sachs Rn. 17; *Pieroth* in Jarass/Pieroth Rn. 7; *Stern,* StaatsR I, 1984, § 19 Kap. III 3a; anders *Pestalozza* DÖV 1972, 181 (189 ff.); *Bleckmann* NWVBl. 1990, 109 (114).
[187] BVerfGE 61, 149 (204); 67, 299 (321); 106, 62 (114).
[188] *Stern,* Staats I, 1984, § 19 Kap. III 3a.
[189] BVerfGE 105, 252 (272); → Rn. 32.
[190] Vgl. *März* in MKS Rn. 68; weitere Beispiele zu Konfliktfeldern zwischen Bundes- und Landeskompetenzen bei *Dreier* in Dreier Rn. 60–62.
[191] BVerfGE 4, 115 (139); 63, 1 (39); 119, 331 (364); 139, 194 Rn. 109; *Pieroth* in Jarass/Pieroth Rn. 8; *Erbguth/Schubert* in Sachs Rn. 11; *Pietzcker* in HdbStR VI § 134 Rn. 34.
[192] BVerfGE 26, 281 (296); 63, 1 (39); 108, 169 (182); *Erbguth/Schubert* in Sachs Rn. 11.

gültigen Fassung vorsieht, verfassungsrechtlich nicht zulässig.[193] Im Gegensatz zu einer „statischen Verweisung" hat hier der zuständige Gesetzgeber keine Kontrolle über den jeweiligen Inhalt der Norm[194] und nimmt seine demokratische und föderale Verantwortung nicht wahr.[195] Beispiele fanden sich nach der Wiedervereinigung vor allem im Verwaltungsverfahrensrecht und im Beamtenrecht.[196]

Das GG verbietet allerdings nicht die **Koordination der Länder untereinander** (sog. **„dritte Ebene"** neben der Ebene der Länder und der des Bundes).[197] Die deutsche Wiedervereinigung und die europäische Integration[198] haben besondere Anstöße für eine erweiterte Länderzusammenarbeit gegeben. Es wurden Länderpartnerschaften zur Unterstützung der neuen Bundesländer gegründet, aber auch länderübergreifende Entwicklungsregionen (Region Berlin-Brandenburg, Raum Leipzig/Halle (Sachsen/Sachsen-Anhalt)) ins Auge gefasst.[199] 62

Die Formen der Koordination zwischen den Bundesländern sind vielfältig: Sie reichen von der informellen Zusammenarbeit der Exekutivinstanzen (ua Ministerpräsidentenkonferenz und Fachministerkonferenzen, von denen die Kultusministerkonferenz die bekannteste ist[200]) über Institutionen des Rundfunkwesens (die Arbeitsgemeinschaft der Rundfunkanstalten Deutschlands, ARD, und das Zweite Deutsche Fernsehen, ZDF) bis hin zum Abschluss von Staatsverträgen (ua Staatsvertrag über die Vergabe von Studienplätzen).[201] Die umfangreiche Kooperation zwischen den Ländern trägt erheblich zur Unitarisierung des deutschen Bundesstaats bei; selbst dort, wo die Länder über eigene Kompetenzen verfügen, sorgen sie häufig für eine einheitliche Ausübung.[202] Indes kann die Kooperation auch zur faktischen Dezentralisierung beitragen, wo die Länder eigene Gestaltungsmacht dem Bund entgegensetzen.[203] Die Grenze zulässiger Selbstkoordinierung wäre jedoch überschritten, wenn die Länder zB ein oberstes Gremium mit Entscheidungsbefugnis einsetzen würden.[204] 63

---

[193] *Wittreck* in Dreier Rn. 28; *März* in MKS Rn. 29; *Hillgruber* in BK Rn. 62; *Pieroth* in Jarass/Pieroth Rn. 9; Bedenken äußert *Erbguth/Schubert* in Sachs Rn. 12; nach *Pietzcker* (in HdbStR VI § 136 Rn. 36) betrifft die dynamische Verweisung in erster Linie Anforderungen der Rechtssicherheit und des Demokratiegebots. Zulässig sei sie nur, „soweit die Dynamik hinreichend eingegrenzt und der mögliche Inhalt des Verweisungsobjekts hinreichend bestimmbar ist."

[194] BVerfGE 47, 285 (312 ff., 315 f.).

[195] BVerfGE 67, 348 (363 f.); *März* in MKS Rn. 29.

[196] *Jaeckel* in SHH Rn. 44.

[197] BVerfGE 98, 218 (249), Rechtschreibreform; *Hellermann* in BeckOK GG Rn. 24.2; *Wittreck* in Dreier Rn. 28; *Pieroth* in Jarass/Pieroth Rn. 8; *März* in MKS Rn. 34; *Isensee* in HdbStR VI § 126 Rn. 184 ff., der jedoch eine eigenständige „dritte Ebene" ablehnt; ausf. *Pietzcker* in Starck, Zusammenarbeit der Gliedstaaten im Bundesstaat, 1988, 17 (21 f.); *Scharpf* in Bundesrat, Vierzig Jahre Bundesrat, 1989, 121 ff.

[198] → Rn. 8 ff.

[199] Dazu *Benz* DÖV 1993, 85 (86).

[200] *Thieme* DÖV 1989, 499 (506) mwN.

[201] Zum Problem, welche zwischenländerrechtliche Wirkungen landesverfassungswidrige Staatsverträge haben, *Walter* NJW 1975, 1857; zur Frage, ob die Geltungsgrundlage für Staatsverträge zwischen den Ländern dem Völkerrecht, dem Bundes- oder Landesrecht zu entnehmen ist, *Kopp* JZ 1970, 278 ff. mwN.

[202] *Hanschel,* Konfliktlösung im Bundesstaat, 2012, 125 mwN.

[203] Vgl. *Hanschel,* Konfliktlösung im Bundesstaat, 2012, 125 mwN.

[204] So *Hillgruber* in BK Rn. 63; *Pieroth* in Jarass/Pieroth Rn. 8 mwN; aA *Ruppelt* in Umbach/Clemens Rn. 24; zu weiteren Einzelheiten *Patzig* DVBl. 1966, 389 (392).

64 **Vereinbarungen und Abstimmungen zwischen Bund und Ländern,** die begrifflich mit dem Wort vom **„kooperativen Föderalismus"** erfasst werden,[205] sind nur insoweit zulässig, als sie nicht zu einer Änderung der im GG abschließend getroffenen Kompetenzverteilung führen, weil diese nicht auf dispositivem Recht beruht.[206] Eine etwaige Zustimmung des Bundesrates zu einem Bundesgesetz, das gegen Art. 30 verstößt, ist ebenfalls ohne rechtliche Bedeutung. Vereinbarungen lässt Art. 91b jedoch für ein Zusammenwirken bei der Förderung von Wissenschaft, Forschung und Lehre zu. Art. 91c wiederum ermöglicht die Zusammenarbeit im Bereich informationstechnische Systeme. Für Teilbereiche der gesetzesfreien Tätigkeit, insbes. zur Festlegung der Finanzierungskompetenz des Bundes, ist bereits im Jahre 1971 der Entwurf eines Abkommens zwischen Bund und Ländern (sog. Flurbereinigungsabkommen[207]) ausgearbeitet worden; es ist aber mangels Übereinstimmung der Partner nicht zu einem Vertragsabschluss gekommen. Gleichwohl kann der Inhalt vom Bund nach wie vor als interne Richtschnur genutzt werden (ua für gesamtstaatliche Repräsentation wie Filmförderung, Bau einer Bundeskunsthalle, Wiederaufbau von Baudenkmälern[208], für Förderung der Beziehungen zu nichtstaatlichen ausländischen Institutionen und für Förderung der Wirtschaft[209], zB des Steinkohlebergbaus und der Werftindustrie).[210] Die bisherige Aufgabe der Bildungsplanung wurde infolge des Wegfalls der entsprechenden Gemeinschaftsaufgabe mittlerweile durch die Gemeinsame Wissenschaftskonferenz (GWK) ersetzt.[211] Sie basiert auf dem Verwaltungsabkommen zwischen Bund und Ländern über die Errichtung einer gemeinsamen Wissenschaftskonferenz (GWK-Abkommen) v. 11.9.2007, das mit Wirkung zum 1.1.2008 in Kraft trat.[212]

65 Art. 30 iVm Art. 20 Abs. 1 verbietet auch die Durchführung von Landesgesetzen durch Bundesbehörden.[213] Denn es gehört zu den Befugnissen der Länder, den Anwendungsbereich eines Landesgesetzes zu bestimmen.[214]

66 Eine sog. **Mischverwaltung,** bei der dem Bund oder einem Land Mitplanungs-, Mitverwaltungs- und Mitentscheidungsrechte im Aufgabenbereich des anderen eingeräumt werden, ist unzulässig, soweit sie das GG

---

[205] Vgl. krit. *Ossenbühl* DVBl. 1989, 1230 (1234), der von „vierter Ebene" spricht; *Schneider* NJW 1991, 2448 (2449 f.); eing. *Rudolf* in HdbStR VI § 141; *Kisker,* Kooperation im Bundesstaat, 1971; vgl. auch *Hanschel,* Konfliktlösung im Bundesstaat, 2012, 122 ff., 213 f., mit rechtsvergleichenden Ausführungen und wN 417 f., 508 f., 590 ff.

[206] BVerfGE 32, 145 (156); 39, 96 (108, 121); 119, 331 (364 f.), Hartz IV-Arbeitsgemeinschaften mAnm *Meyer* NVwZ 2008, 275; *Huber* DÖV 2008, 844; *Grawert,* Verwaltungsabkommen zwischen Bund und Ländern in der Bundesrepublik Deutschland, 1967, 164 ff.; *Pieroth* in Jarass/Pieroth Rn. 8. → Rn. 60.

[207] *Wolff* in Hömig/Wolff Rn. 5; Ausgangspunkt war das FinanzreformG, BT-Drs. V/2861, Tz. 73 ff. betr. ungeschriebene Förderkompetenz des Bundes.

[208] Krit. *Eiselstein* NVwZ 1989, 323 (326 f.).

[209] S. *Bleckmann* NWVBl.. 1990, 109 (114 ff.); vgl. ferner *Wolff* in Hömig/Wolff Rn. 5.

[210] Eing. *Wolff* in Hömig/Wolff Rn. 5; *Brockmeyer* in Schmidt-Bleibtreu/Klein, 9. Aufl. 1999, Rn. 8, 9.

[211] Vgl. *Siekmann* in Sachs Art. 91b Rn. 27.

[212] Vgl. *Suerbaum* in BeckOK GG Art. 91b Rn. 7 mwN.

[213] BVerfGE 12, 205 (221); 21, 312 (325 f.); *Erbguth/Schubert* in Sachs Rn. 10; *Pieroth* in Jarass/Pieroth Rn. 10; → Art. 83 Rn. 8.

[214] Zu den verfassungsrechtlichen Fragen bei bundesgesetzlich geregelten Planfeststellungsverfahren (zB § 17 FernstraßenG, § 18 Allg. EisenbahnG, § 14 WasserstraßenG), die eine Zusammenfassung der Entscheidungskompetenzen sowohl bundes- als auch landesrechtlich notwendiger Erlaubnisse, Genehmigungen usw vorsehen, vgl. *Kopp* BayVBl. 1973, 85 ff.

nicht ausnahmsweise zugelassen hat.[215] In seinem Beschluss v. 12.1.1983 konkretisiert das BVerfG[216] seine bisherige Aussage wie folgt: Eine verwaltungsorganisatorische Erscheinungsform sei nicht deshalb verfassungswidrig, weil sie als „Mischverwaltung" einzuordnen sei, sondern nur, wenn ihr zwingende Kompetenz- und Organisationsnormen oder sonstige Verfassungsvorschriften entgegenstünden.[217]

Beispiele für verfassungsrechtlich zulässige Mischverwaltungen sind: Die **67**
Bundesaufsicht bei der Ausführung von Bundesgesetzen durch die Länder (Art. 84 Abs. 3), die Einwirkungsmöglichkeiten des Bundes bei der Auftragsverwaltung gem. Art. 85, die Gemeinschaftsaufgaben nach Art. 91a ff., das Zusammenwirken von Bundes- und Landesfinanzbehörden gem. Art. 108 Abs. 4 S. 1, die Bestellung des Oberfinanzpräsidenten im Einvernehmen von Land und Bund (Art. 108 Abs. 2 S. 3)[218] oder die Rechts- und Amtshilfe nach Art. 35 Abs. 1. Die Durchbrechung des „Grundsatzes eigenverantwortlicher Aufgabenwahrnehmung",[219] wie die Organleihe („Betrauung" des Organs eines Rechtsträgers zur Wahrnehmung von Aufgaben eines anderen Rechtsträgers), bedarf der Rechtfertigung durch einen besonderen sachlichen Grund.[220] Ferner ist dann die Zustimmung des betroffenen Landes erforderlich. Nicht zulässig waren die ab dem 1.1.2004 gesetzlich eingeführten Hartz IV-Arbeitsgemeinschaften zwischen den Kreisen/Landkreisen und der Bundesagentur für Arbeit für die Gewährung der Grundsicherung für Arbeitssuchende,[221] weil besondere sachliche Gründe für eine gemeinschaftliche Wahrnehmung fehlten.[222]

Über **Kompetenzstreitigkeiten zwischen Bund und Ländern** ent- **68**
scheidet das BVerfG, da es sich um Verfassungsfragen der bundesstaatlichen Ordnung handelt.[223] Die Zuständigkeit des BVerfG ergibt sich aus Art. 93 Abs. 1 Nr. 3.[224] Außerdem sind auch abstrakte Normenkontrollverfahren nach Art. 93 Abs. 1 Nr. 2 denkbar,[225] falls es sich um die Kompetenz zur Gesetzgebung handelt, oder nach Art. 93 Abs. 1 Nr. 2a bzgl. der Vereinbarkeit des Erlasses eines Bundesgesetzes mit der Erforderlichkeitsklausel des Art. 72 Abs. 2.[226] Durch die Föderalismusreform I 2006 ist der verfassungs-

---

[215] BVerfGE 32, 145 (156); 39, 96 (120); 108, 169 (182); 119, 331 (365), Hartz IV-Arbeitsgemeinschaften mAnm *Meyer* NVwZ 2008, 275; *Huber* DÖV 2008, 844; *Pieroth* in Jarass/Pieroth Rn. 10; *Erbguth/Schubert* in Sachs Rn. 13; *März* in MKS Rn. 30; *Stern,* StaatsR I, 1984, § 19 Kap. III 3c; ausf. *Ronellenfitsch,* Die Mischverwaltung im Bundesstaat, 1975; zum Begriff der Mischverwaltung und zur Rspr. des BVerfG vgl. → Art. 83 Rn. 15 ff.; Vgl. *Hanschel,* Konfliktlösung im Bundesstaat, 2012, 194 ff.

[216] BVerfGE 63, 1 (38 ff.); bestätigt von BVerfGE 119, 331 (365), Hartz IV-Arbeitsgemeinschaften mAnm *Meyer* NVwZ 2008, 275; *Huber* DÖV 2008, 844.

[217] *Isensee* in HdbStR VI § 126 Rn. 192 ff.

[218] IE *Isensee* in HdbStR VI § 126 Rn. 188, 193.

[219] *Grawert,* Verwaltungsabkommen zwischen Bund und Ländern in der Bundesrepublik Deutschland, 1967, 195.

[220] BVerfGE 63, 1 (41); 119, 331 (367), Hartz IV-Arbeitsgemeinschaften mAnm *Meyer* NVwZ 2008, 275; *Huber* DÖV 2008, 844; zust. *Pieroth* in Jarass/Pieroth Rn. 11; *Isensee* in HdbStR VI § 126 Rn. 193.

[221] § 44b SGB II idF des 4. G für moderne Dienstleistungen am Arbeitsmarkt v. 29.12.2003 (BGBl. 2003 I 2954).

[222] BVerfGE 119, 331 (371 f.), Hartz IV-Arbeitsgemeinschaften mAnm *Meyer* NVwZ 2008, 275; *Huber* DÖV 2008, 844.

[223] Grundsätzlich zur Lösung föderaler Kompetenzkonflikte durch das BVerfG *Hanschel,* Konfliktlösung im Bundesstaat, 2012, 169 ff.

[224] → Art. 93 Rn. 83 ff.

[225] BVerfGE 1, 14 (30).

[226] So *Erbguth/Schubert* in Sachs Rn. 40; *Hellermann* in BeckOK GG Rn. 5.

gerichtliche Rechtsschutz um das Kompetenzfreigabeverfahren gem. Art. 93 Abs. 2 erweitert worden, wenn die Erforderlichkeit für eine bundesgesetzliche Regelung nicht mehr besteht.[227] Im Übrigen ist die Gesetzgebungszuständigkeit als Gültigkeitsvoraussetzung einer Rechtsnorm bei jeder Art von Normenkontrolle zu prüfen.[228] Bei der verfassungsgerichtlichen Kontrolle der verletzten Vorschriften sind zunächst die speziellen Verteilungs- und Zuordnungsregeln zu beachten, bevor die Generalklausel des Art. 30 zur Anwendung kommt.[229] Dies gilt insbes. für die Verteilung der Gesetzgebungszuständigkeiten. Kompetenzkonflikte werden im deutschen Bundesstaat indes nicht nur über die Verfassungsgerichtsbarkeit, sondern auch vielfältig auf andere Art und Weise gelöst.[230]

C. Verhältnis zu anderen Bestimmungen des Grundgesetzes

69 Spezialgesetze zu Art. 30 sind alle Vorschriften des GG, die Kompetenzen an Bund und Länder zuweisen, insbes. Art. 70 ff. (allgemeine Zuständigkeit für die Gesetzgebung), Art. 83 ff. (allgemeine Zuständigkeit für die Ausführung von Bundesgesetzen), Art. 91a (Gemeinschaftsaufgaben),[231] Art. 92 ff. (Aufzählung für die Zuständigkeit in der Rspr.) und Art. 104a ff. (Zuständigkeit für weite Gebiete des Finanzwesens).[232] Allerdings wird vom BVerfG auch innerhalb der Anwendungsbereiche der Art. 70 Abs. 1 und Art. 83 regelmäßig Art. 30 zitiert.[233] Soweit die Sondervorschriften keine abweichenden oder ergänzenden Regelungen enthalten, greift wieder Art. 30 ein; er gilt auch für die Ausführung von Landesgesetzen durch die Länder.[234]

D. Kritische Würdigung

70 Die größere Mobilität der Bevölkerung sowie die durch den technischen Fortschritt enorm erweiterten Kommunikations- und Informationsmittel haben die Forderung nach einer Einheit in der Wirtschafts-, Sozial- und Kulturpolitik sowie in Fragen der öffentlichen Sicherheit und Ordnung lauter werden lassen. Vor diesem Hintergrund waren die unitarischen Tendenzen verständlich, die auch in den Art. 91a-e sichtbar geworden sind. Die Entwicklung zu Lasten der Länder wurde in den 90er Jahren beschleunigt durch die Europäische Integration mit der Übertragung von Hoheitsrechten auf die Europäische Union, und zwar auch solcher, die der ausschließlichen Länderkompetenz unterliegen. Häufig wird hier gewissermaßen „über Bande gespielt", indem der Bund über den Rat Regelungen mitgestaltet, die innerstaatlich den Ländern obliegen würden. Die komplizierte und nicht konfliktfreie Regelung der Mitwirkungsrechte der Länder in Angelegenheiten der Europäischen Union nach Art. 23,[235] die anfänglich kritisch beurteilt wur-

[227] → Rn. 15.
[228] *Maunz* in Maunz/Dürig, 1982, Rn. 18; *Erbguth/Schubert* in Sachs Rn. 40.
[229] *Hillgruber* in BK Rn. 229.
[230] Im Einzelnen siehe *Hanschel*, Konfliktlösung im Bundesstaat, 2012, 71 ff.
[231] Vgl. *Pieroth* in Jarass/Pieroth Art. 91a Rn. 1.
[232] Vgl. *März* in MKS Rn. 37; *Erbguth/Schubert* in Sachs Rn. 6; *Pieroth* in Jarass/Pieroth Rn. 2; *Hillgruber* in BK Rn. 79; *Hellermann* in BeckOK GG Rn. 14; → Rn. 30.
[233] BVerfGE 55, 274 (318); 67, 299 (315).
[234] BVerfGE 21, 312 (325, 328); 63, 1 (40); *Pieroth* in Jarass/Pieroth Rn. 2.
[235] → Rn. 23.

de,[236] hat in der Praxis ihre Bewährungsprobe weitgehend bestanden. Länderkompetenzen werden hier im Wesentlichen in Beteiligungsrechte umgewandelt, was keinen gleichwertigen Ersatz darstellt, aber im Sinne einer Fortentwicklung der Europäischen Integration nötig sein dürfte. Als „Ausgleich" zur Zentralisierung ist eine langfristige Stärkung der „Regionen Europas" mit eigenen Zuständigkeiten zu fordern, die eventuell auch ein gewisses Gegengewicht gegenüber den jüngsten Fliehkräften innerhalb der Union, wie sie im Vereinigten Königreich sichtbar werden, bilden könnten.

In der Bundesrepublik hat der Föderalismus durch den Beitritt der fünf neuen Bundesländer starken Auftrieb bekommen.[237] Dieser Entwicklung hat die Föderalismusreform I des Jahres 2006 Rechnung getragen. Mit ihrem Grundanliegen, das in einer Reduzierung der Kompetenzverflechtungen bei gleichzeitiger Stärkung der Eigenstaatlichkeit der Länder durch Verlagerung von Gesetzgebungszuständigkeiten auf die gliedstaatliche Ebene besteht, gewinnt die in Art. 30 bestimmte Regelzuständigkeit der Länder inhaltlich an Substanz.[238] Allerdings dürfte die ebenfalls eingeführte Abweichungskompetenz der Länder im Bereich der konkurrierenden Gesetzgebung (Art. 72 Abs. 3) das Bestreben, eine Kompetenzentflechtung zwecks Regelungs- und Verantwortungsklarheit herbeizuführen, eher konterkarieren.[239] Zwar trägt sie zu einer Entflechtung bei, die aber den Preis eines möglichen Flickenteppichs mit sich bringt. Zudem stellt sich die Frage, inwieweit das Versprechen einheitlicher bzw. gleichwertiger Lebensverhältnisse dauerhaft erfüllbar ist bzw. bleibt. **71**

Rechtlich lässt sich eine Aushöhlung der Aufgaben der Länder durch eine enge Interpretation bei der Auslegung von Zuständigkeitsvorschriften verhindern. Deshalb sind ungeschriebene Bundeskompetenzen nicht anzuerkennen, stillschweigende nur in Ausnahmefällen.[240] Auf dem Gebiet der insbes. früher sog. Bundesfondswirtschaft,[241] das zur Einflussnahme auf die Länder kräftig genutzt wurde, hat der Verfassungsgeber die Entscheidungsbefugnisse der Länder durch das Zustimmungserfordernis des Bundesrates in Art. 104b Abs. 2 gesichert. Diese Vorschrift wird indes mittlerweile durch die Spezialnorm des Art. 104c überlagert, die Finanzhilfen erlaubt, ohne dass eine Gesetzgebungskompetenz des Bundes vorliegen muss.[242] Hinzu tritt der 2019 eingefügte Art. 104d. Auch wenn es sich insoweit nur um Hilfen handelt, die der Sache nach durchaus gerechtfertigt sein mögen, lässt sich die Gefahr eines goldenen Zügels und einer Aufweichung der Konnexität durch Finanzhilfen des Bundes nicht ganz bestreiten.[243] Trotz dieser weiteren Zentralisierungsschübe verbleiben den Ländern zumindest gegenwärtig noch Aufgaben von substantiellem Gewicht. **72**

Literatur

N. Achterberg, Zulässigkeit und Schranken stillschweigender Bundeszuständigkeiten im gegenwärtigen deutschen Verfassungsrecht, AöR 86 (1961), 63. – ***N. Achterberg,***

[236] Vgl. *Scholz* NJW 1992, 2593 (2600); *Everling* DVBl. 1993, 936 (946).
[237] → Rn. 9 f.
[238] Zutr. *Hillgruber* in BK Rn. 33, 71.
[239] *Erbguth/Schubert* in Sachs Rn. 29 aE; krit. *Degenhart* NVwZ 2006, 1209 (1215).
[240] → Rn. 50–54.
[241] → Rn. 30.
[242] *Pieroth* in Jarass/Pieroth Art. 104c Rn. 1, demzufolge es sich auch um eine Ausnahme zur Konnexität handelt.
[243] Zum Begriff → Rn. 30.

Die Annexkompetenz, DÖV 1966, 695. – ***A. Benz,*** Neue Formen der Zusammenarbeit zwischen den Ländern, DÖV 1993, 85. – ***A. Bleckmann,*** Zur Zuständigkeitsverteilung zwischen Bund und Ländern: Bezieht sich Art. 30 GG auf die gesamte staatliche Tätigkeit?, DVBl 1985, 832. – ***A. Bleckmann,*** Zu den ungeschriebenen Bundeskompetenzen aus der Natur der Sache, NWVBl. 1990, 109. – ***M. Bothe,*** Die Kompetenzstruktur des modernen Bundesstaates in rechtsvergleichender Sicht, 1977. – ***B. Braams,*** Koordinierung als Kompetenzkategorie, 2013. – ***M. Bullinger,*** Ungeschriebene Kompetenzen im Bundesstaat. Die Rechtsprechung des Bundesverfassungsgerichts zur Zuständigkeit von Bund und Ländern kraft Sachzusammenhangs und kraft Natur der Sache, AöR 96 (1971), 237. – ***A. Debus,*** Verweisungen in deutschen Rechtsnormen, 2008. – ***Ch. Degenhart,*** Die Neuordnung der Gesetzgebungskompetenzen durch die Föderalismusreform, NVwZ 2006, 1209. – ***C. Eiselstein,*** Verlust der Bundesstaatlichkeit?, NVwZ 1989, 323. – ***H.J. Faller,*** Das Prinzip der Bundestreue in der Rechtsprechung des Bundesverfassungsgerichts, FS f. Maunz, 1981, 53. – ***G. Färber,*** Das förderative System in Deutschland, 2005. – ***A. Gamber et al,*** Föderale Kompetenzverteilung in Europa, 2016. – ***K. Gerstenberg,*** Zu den Gesetzgebungs- und Verwaltungskompetenzen nach der Föderalismusreform, 2009. – ***R. Grawert,*** Verwaltungsabkommen zwischen Bund und Ländern in der Bundesrepublik Deutschland, 1967. – ***U. Häde,*** Zur Föderalismusreform in Deutschland, JZ 2006, 930. – ***D. Hanschel,*** Konfliktlösung im Bundesstaat, 2012. – ***K. Harms,*** Kompetenzen des Bundes aus der „Natur der Sache"?, Der Staat 33 (1994), 409. – ***M. Heintzen,*** Die Beidseitigkeit der Kompetenzverteilung im Bundesstaat, DVBl 1997, 689. – ***C. Heitsch,*** Die Ausführung der Bundesgesetze durch die Länder, 2001. – ***T. Herbst,*** Gesetzgebungskompetenzen im Bundesstaat – Eine Rekonstruktion der Rechtsprechung des Bundesverfassungsgerichts, 2014. – ***K. Hesse,*** Der unitarische Bundesstaat, 1962. – ***H. Hestermeyer,*** Eigenständigkeit und Homogenität in föderalen Systemen. 2020. – ***E. v. Hippel,*** Ungeschriebenes Verfassungsrecht, VVDStRL 10 (1952), 1. – ***R. Holtschneider/ W. Schön,*** Die Reform des Bundesstaates, 2006. – ***P. M. Huber,*** Das Verbot der Mischverwaltung – de constitutione lata et ferenda, Zum Bundesverfassungsgerichtsurteil vom 20. Dezember 2007, DÖV 2008, 844. – ***J. Ipsen,*** Die Kompetenzverteilung zwischen Bund und Ländern nach der Föderalismusnovelle, NJW 2006, 2801. – ***J. Isensee,*** Idee und Gestalt des Föderalismus im Grundgesetz, in HdbStR VI § 126. – ***G. Kisker,*** Kooperation im Bundesstaat, 1971. – ***M. Klatt,*** Die praktische Konkordanz von Kompetenzen, 2014. – ***L. Knopp,*** Föderalismusreform – zurück zur Kleinstaaterei, NVwZ 2006, 1216. – ***J. Kölble,*** Zur Lehre von den – stillschweigend – zugelassenen Verwaltungszuständigkeiten des Bundes, DÖV 1963, 660. – ***F. O. Kopp,*** Zur Geltungsgrundlage der Staatsverträge zwischen den Ländern, JZ 1970, 278. – ***F. O. Kopp,*** Der Vollzug von Landesrecht in bundesgesetzlich geregelten Verfahren, BayVBl. 1973, 85. – ***B. Küchenhoff,*** Die verfassungsrechtlichen Grenzen der Mischverwaltung, 2010. – ***E. Küchenhoff,*** Ausdrückliches, stillschweigendes und ungeschriebenes Recht in der bundesstaatlichen Kompetenzverteilung, AöR 82 (1957), 413. – ***E. Küchenhoff,*** Ungeschriebene Bundeszuständigkeiten und Verfassungsauslegung, DVBl 1951, 585, 617. – ***Ph. Kunig,*** Gesetzgebungsbefugnis von Bund und Ländern, Jura 1996, 254. – ***V. Kurz,*** Die Stellung der deutschen Länder und der spanischen autonomen Gemeinschaften im Gesamtstaat, 2010. – ***W. G. Leisner,*** Föderalismus – Begründung – Bedeutung – Wirkung, 2018 – ***J. Lücke,*** Bundesfreundliches und bürgerfreundliches Verhalten, Der Staat 17 (1978), 341. – ***E. G. Mahrenholz,*** Die Kultur und der Bund, DVBl 2002, 857. – ***Th. Maunz,*** Ungeschriebene Bundeszuständigkeit, DÖV 1950, 643. – ***S. Mende,*** Kompentenzverlust der Landesparlamente im Bereich der Gesetzgebung – Eine empirische Analyse am Beispiel des Sächsischen Landtages, 2010. – ***H. Meyer,*** Die Föderalismusreform 2006 – Konzeption, Kommentar, Kritik, 2008. – ***L. Michael,*** Der experimentelle Bundesstaat, JZ 2006, 884. – ***F. Ossenbühl,*** Föderalismus nach 40 Jahren Grundgesetz, DVBl 1989, 1230. – ***W. Patzig,*** Der kooperative Föderalismus, DVBl 1966, 389. – ***S. Pfahl,*** Staatliche Wirtschaftsteilnahme und Art. 30 GG, 2016. – ***J. Pietzcker,*** Zuständigkeitsordnung und Kollisionsrecht im Bundesstaat, in HdbStR VI § 134 Rn. 8–37. – ***H.-W. Rengeling,*** Föderalismusreform und Gesetzgebungskompetenzen, DVBl 2006, 1537. – ***M. Ronellenfitsch,*** Die Mischverwaltung im Bundesstaat, 1975. – ***J. Sanden,*** Die Weiterentwicklung der föderalen Strukturen der Bundesrepublik Deutschland 2005. – ***U. Scheuner,*** Wandlungen im Föderalismus der Bundesrepublik, DÖV 1966, 513. – ***M. Schewerda,*** Die Verteilung der föderalen Strukturen der Bundesrepublik Deutschland, 2005. – ***H. Schneider,*** Verträge zwischen Gliedstaaten im Bundesstaat, VVDStRL 19 (1961), 1. – ***H.-P. Schneider,*** Die bundesstaatliche Ordnung im vereinigten Deutschland, NJW 1991, 2448. – ***H. U. Scupin,*** Verfassungswandel im föderativen Bereich des Grundgesetzes durch Zusammenwirken von Bund und Ländern, FS f. Maunz, 1981, 261. – ***P. Selmer,*** Die Föderalismusreform – Eine Modernisierung der bundesstaatlichen Ordnung, JuS 2006, 1052. – ***Ch. Starck*** (Hrsg.), Föderalismusreform, 2007. – ***R. Stettner,*** Grundfragen einer Kompetenzlehre, 1983. – ***W. Thieme,*** Vierzig Jahre Bundesstaat, DÖV 1989, 499. – ***Ch. Tomuschat,*** Verfassungsgewohnheitsrecht?, 1972. – ***H.-J. Vogel,*** Die bundesstaatliche Ordnung des Grundgesetzes, in BMV VerfassungsR-HdB § 22. – ***A. Voigt,*** Ungeschriebenes Verfassungsrecht, VVDStRL 10 (1952), 34.- ***H.-J. Wipfelder,*** Die Theoreme „Natur der Sache" und „Sachzusammenhang" als verfassungsrechtliche Zuordnungsbegriffe, DVBl 1982, 477. – ***H. A. Wolff,*** Ungeschriebenes Verfassungsrecht unter dem Grundgesetz, 2000.

Art. 31 [Vorrang des Bundesrechts]

Bundesrecht bricht Landesrecht.

Paulskirchenverfassung von 1849

Abschnitt II. Art. XIII

§ 66. Reichsgesetze gehen den Gesetzen der Einzelstaaten vor, insofern ihnen nicht ausdrücklich eine nur subsidiäre Geltung beigelegt ist.

Weimarer Reichsverfassung von 1919

Art. 13. Reichsrecht bricht Landrecht.

Bestehen Zweifel oder Meinungsverschiedenheiten darüber, ob eine landesrechtliche Vorschrift mit dem Reichsrecht vereinbar ist, so kann die zuständige Reichs- oder Landeszentralbehörde nach näherer Vorschrift eines Reichsgesetzes die Entscheidung eines obersten Gerichtshofs des Reichs anrufen.

Übersicht

A. Allgemeine Bedeutung

I. Inhaltsübersicht

1 Ebenso wie Art. 30 ist Art. 31 eine **Grundsatznorm im bundesstaatlichen System**[1], die wesentlich für die bundesstaatliche Struktur ist. Während Art. 30 jedoch eine grundsätzliche Verteilung der Kompetenzen zwischen Bund und Ländern regelt, soll Art. 31 Kollisionen von Bundesrecht und Landesrecht lösen; er ist daher eine **Kollisionsnorm und keine Kompetenznorm.**[2] Die Notwendigkeit, Normenkollisionen zu lösen, ergibt sich daraus, dass im Bundesstaat sowohl der Gesamtstaat als auch die Gliedstaaten eigene Staatsgewalt besitzen, so dass beide Recht setzen können, das miteinander unvereinbar ist. Durch die Anordnung „Bundesrecht bricht Landesrecht" sichert Art. 31 ein bestimmtes Maß an gliedstaatlicher Homogenität und löst Geltungskonflikte grundsätzlich zugunsten des Bundes. Damit stellt der deutsche Bundesstaat seine Handlungsfähigkeit sicher und verdeutlicht, dass die Souveränität auf den Gesamtstaat übergegangen

[1] BVerfGE 36, 342 (362, 365 f.); 96, 345 (364); *Pieroth* in Jarass/Pieroth Rn. 1; *Sannwald* in SHH Rn. 3; *Dreier* in Dreier Rn. 18; krit. *Wiederin,* Bundesrecht und Landesrecht, 1995, 300 ff. (307 ff.).

[2] AllgM; BVerfGE 26, 116 (135); 36, 342 (363); 96, 345 (364); 98, 145 (159); *Bernhardt/Sacksofsky* in BK Rn. 28; *Korioth* in Maunz/Dürig Rn. 1; *Huber* in Sachs Rn. 2; *März* in MKS Rn. 21; *Hellermann* in BeckOK GG Rn. 1; *v. Mutius* VerwArch 66 (1975), 161 (164); *Schubert* Jura 2003, 607 (609).

ist. *Graf Vitzthum* spricht in diesem Zusammenhang von „föderaler Selbstverständlichkeit".[3]

Nach richtiger Ansicht des BVerfG[4] regelt Art. 31 das Verhältnis von Bundesrecht zu Landesrecht „nur" **vom Grundsatz her** (ähnlich wie Art. 30 für die Kompetenzverteilung); er ist also im Verhältnis zu anderen Kollisionsregeln des GG eine ***lex generalis.***[5] Das GG enthält an anderen Stellen Sondervorschriften, die den in Art. 31 ausgesprochenen Grundsatz konkretisieren und deshalb als leges speciales vorrangig zu prüfen sind. So finden auf die Verfassungen der Länder Art. 28 Abs. 1,[6] auf die (einfachen) Ländergesetze die Kompetenzvorschriften der Art. 70 ff., insbes. Art. 71 u. 72 Abs. 1,[7] auf das Verhältnis der allgemeinen Regeln des Völkerrechts zu den Gesetzen Art. 25[8] und auf das Verhältnis der Grundrechte in den Landesverfassungen zu den Grundrechten im GG Art. 142 Anwendung.[9] Normwidersprüche sind unter Heranziehung der vorgenannten Verfassungsvorschriften zu lösen und nicht unter Berufung auf den aus dem Rechtsstaatsprinzip hergeleiteten Grundsatz der Widerspruchsfreiheit der Rechtsordnung.[10] Soweit indes etwa Landesgesetze kompetenzgemäß zustande gekommen sind, aber nachfolgenden, ebenfalls kompetenzgemäß erzeugten Bundesgesetzen widersprechen (etwa bei zwischenzeitlichen Änderungen der Kompetenzordnung oder bei Gesetzgebung im Rahmen von Art. 72 Abs. 2), werden sie durch Art. 31 gebrochen. Insoweit kommt der Norm auch in diesem Bereich eine wichtige Rolle zu. 2

Eine **bedeutsame Ausnahme von der Regelung in Art. 31,** die ohne Vorbild im GG ist, hat die **Föderalismusreform I im Jahre 2006**[11] gebracht: Zur Stärkung der Rolle der Länder[12] ist eine sog. **Abweichungskompetenz** für enumerativ aufgezählte Gegenstände der konkurrierenden Gesetzgebung in Art. 72 Abs. 3 und für bundesgesetzliche Regelungen über die Einrichtung der Behörden und das Verwaltungsverfahren in Art. 84 Abs. 1 geschaffen worden. Danach ist es den **Ländern erlaubt, von gültigem Bundesrecht abweichende Regelungen zu treffen.**[13] Gem. Art. 72 Abs. 3 S. 3 gilt **im Verhältnis von Bundes- und Landesrecht** 3

[3] *Graf Vitzthum* VVDStRL 46 (1988), 7 (30). Allerdings zeigt die Rechtsvergleichung, dass es durchaus auch Bundesstaaten gibt, bei denen ein solcher Vorrang nicht automatisch gegeben ist und sich der Geltungsbereich zentraler und regionaler Normen vielmehr allein über den Zuschnitt der materiellen Kompetenzbereiche bestimmt. Dies gilt etwa für Belgien, vgl. *Kohler/Petersohn,* Belgien: Vorzeigemodell eines dualen Föderalismus oder konföderales Gebilde sui generis?, 188; ebenso für Österreich, *Dreier* in Dreier Rn. 15. Zur geschichtlichen Entwicklung eing. *März,* Bundesrecht bricht Landesrecht, 1989, 5 ff. *März* in MKS Rn. 4 ff.; *Dreier* in Dreier Rn. 1 ff.; *Korioth* in Maunz/Dürig Rn. 3 ff.

[4] BVerfGE 36, 342 (365 f.).

[5] So *Stern,* StaatsR I, 1984, § 19 Kap. III 7c; *Sannwald* in SHH Rn. 3.

[6] → Rn 47.

[7] → Rn 34 f.

[8] → Art. 25 Rn. 45 ff.

[9] Vgl. → 142 Rn. 7 ff.

[10] Zutr. *Brüning* NVwZ 2002, 33 (35) gegen BVerfGE 98, 83; 98, 106 betr. parallel bestehender Sach- und Steuergesetzgebungskompetenz.

[11] 52. G zur Änderung des GG v. 28.8.2006, BGBl. 2006 I 2034; → Art. 30 Rn. 9.

[12] → Art. 30 Rn. 9.

[13] Zur Abweichungskompetenz vgl. *Huber* in Sachs Rn. 6; *Korioth* in Maunz/Dürig Rn. 26; *Pietzcker* in HbdStR VI § 134 Rn. 43; *Degenhart* NVwZ 2006, 1209 (1212 f.); *Ipsen* NJW 2006, 2801 (2804); *Rengeling* DVBl. 2006, 1537 (1542 f.); *Häde* JZ 2006, 930 (932); *Haug* DÖV 2008, 851; *Hanschel,* Konfliktlösung im Bundesstaat, 2012, 73 f.; zur Konsequenz eines möglichen „Ping-Pong-Spiels" siehe *Oeter* in MKS Art. 72 Rn. 127; als Übergangsregelung ist Art. 125b Abs. 1 S. 3, Abs. 2 zu beachten.

das jeweils spätere Gesetz (lex posterior-Regel), so dass Art. 72 Abs. 3 S. 3 eine Spezialvorschrift zu Art. 31 ist.[14] Dieser wird in zweifacher Hinsicht modifiziert: Zum einen wird anstelle der bundesstaatlichen Normenhierarchie der lex posterior-Grundsatz für maßgeblich erklärt mit der Folge eines möglichen Vorrangs von Landesrecht, zum anderen bedeutet die Verwendung des Wortes „vorgehen" statt „brechen" einen **Anwendungsvorrang für das spätere Gesetz und keinen Geltungsvorrang wie bei Art. 31,**[15] so dass das jeweils frühere Gesetz nicht nichtig ist, sondern nicht angewendet werden darf. Bei Wegfall des späteren Rechts lebt das frühere wieder auf.[16] – Festgehalten werden kann, dass für die in Art. 72 Abs. 3 S. 1 genannten Gegenstände sowohl dem Bund als auch den Ländern die Gesetzgebungskompetenz zusteht. Es kann daher von einer „doppelten Vollkompetenz" gesprochen werden.[17] Daraus folgt, dass in den in Art. 72 Abs. 3 S. 1 genannten Bereichen in einigen Ländern Bundesrecht und in anderen Ländern abweichendes Landesrecht gelten kann.[18] Das Prinzip des lex superior wird hier durch eine lex-posterior-Regelung ersetzt, die eine schwer auflösbare Spannung erzeugt und im Ergebnis zu einer Art Ping-Pong-Gesetzgebung führen kann.[19]

4 Trotz der Ausnahme in Art. 72 Abs. 3 S. 3 behält **Art. 31** seine **besondere Bedeutung im bundesstaatlichen System,** indem er die **grundsätzliche** Unterordnung des Landesrechts unter das Bundesrecht ausspricht.

5 So wichtig die Aussage des Art. 31 ist, so **selten** ist er selbst **unmittelbar anwendbar,** weil für (einfache) Gesetze, die mit Abstand häufigsten Rechtsnormen, zunächst die Sondervorschriften der Art. 70 ff. gelten.[20] Sie verhinden mögliche Normenkollisionen vielfach bereits im Vorfeld, soweit sie die Kompetenzen zwischen Bund und Ländern jeweils eindeutig zuordnen. Unabhängig von dieser Feststellung kann Art. 31 Geltung haben ua im Verhältnis von:[21]

– Bundesverfassungsrecht zu Landesverfassungsrecht, soweit nicht Art. 142 Anwendung findet;[22]
– einfachem Bundesrecht zu Landesverfassungsrecht;[23]

---

[14] *Pieroth* in Jarass/Pieroth Art. 72 Rn. 32; *Hellermann* in BeckOK GG Rn. 7.
[15] → Rn 41.
[16] BVerwGE 150, 129 (147); vgl. Begründung, BT-Drs. 16/813, 11; *Huber* in Sachs Rn. 6; *Pieroth* in Jarass/Pieroth Art. 72 Rn. 32.
[17] *Pieroth* in Jarass/Pieroth Art. 72 Rn. 29; *Ipsen* NJW 2006, 2801 (2804); verschiedentlich wird im Anschluss an die Stellungnahme des Sachverständigen *Grimm* vor der Föderalismuskommission von „Ping-Pong"-Gesetzgebung gesprochen (*Klein/Schneider* DVBl. 2006, 1549 (1552); *Knopp* NVwZ 2006, 1216 (1217)); s. ferner *Schulze-Fielitz* NVwZ 2007, 249 (255), der im Falle einer häufiger wechselnden Bundes- und Ländergesetzgebung ein Indiz für eine fundamentale Krise des kooperativen Bundesstaats sieht. *Korioth* in Maunz/Dürig Rn. 26 hat solche Befürchtungen nicht, weil er davon ausgeht, dass sich Bund und Länder im Rahmen von (informellen) Absprachen auf angemessene gesetzliche Regelungen einigen werden.
[18] Zutr. *Häde* JZ 2006, 930 (932); *Dreier* in Dreier Art. 31 Rn. 26; *Sannwald* in SHH Art. 72 Rn. 118.
[19] *Uhle* in Maunz/Dürig Art. 72 Rn. 304; *Degenhart in* Sachs Art. 72 Rn. 40.
[20] So *Hellermann* in BeckOK GG Rn. 3 ff.; zum Verhältnis zu Art. 70 ff. → Rn 36 f.
[21] → Rn 37 ff.
[22] So *Clemens* in Umbach/Clemens Rn. 12; → Art. 28 Rn. 12; *März* in MKS Rn. 88 aE; *Dreier* in Dreier Rn. 30, 50 ff.; aA *Bernhardt/Sacksofsky* in BK Rn. 15; *Hellermann* in BeckOK GG Rn. 9.1, 14.1.
[23] Vgl. *Bernhardt/Sacksofsky* in BK Rn. 16 ff.; *Huber* in Sachs Rn. 32; *Hellermann* in BeckOK GG Rn. 14.2.

– einfachem Bundesrecht aufgrund der subsidiären konkurrierenden Kompetenz gemäß Art. 72 Abs. 2 zu einfachem Landesrecht[24]
– einfachem Bundesrecht aus der konkurrierenden Gesetzgebung zu einfachem Landesrecht, wenn der Bund nur inhaltliche Vorgaben für die Länder getroffen hat;[25]
– einfachem Bundesrecht zu einfachem Landesrecht, wenn letzteres aufgrund inzwischen weggefallener Kompetenztitel ergangen ist (sofern keine Spezialvorschriften eingreifen)
– allgemein einfachem Bundesrecht zu einfachem Landesrecht bei in Ausnahmefällen sich überschneidenden Bundes- und Länderkompetenzen;[26]
– im Rang von Bundesrecht stehendem sonstigen Recht (zB EMRK) zu Landesrecht.[27]

Nach zutreffender Auffassung[28] ist Art. 31 ganz allgemein auf das Verhältnis von früher erlassenem (kompetenzgemäßem) Landesrecht zu später erlassenem Bundesrecht anzuwenden. 6

Verschiedentlich wird der Geltungsbereich enger gesehen. So soll nach Auffassung von *Bernhardt/Sacksofsky*[29] Art. 31 nur im Verhältnis von einfachem Bundesrecht zu Landesverfassungsrecht anwendbar sein.[30] Eine solche Einschränkung lässt sich indes jedenfalls dem Wortlaut der Norm nicht entnehmen. Richtigerweise ist der Vorrang umfassend zu verstehen. 7

Bedeutung in jüngerer Zeit hat Art. 31 (iVm Art. 142) bei der Formulierung der Landesverfassungen in den neuen Bundesländern gewonnen, die sowohl weitergehende als auch engere Normen als das GG enthalten.[31] Das BVerfG hat auf eine Vorlage des VerfGH Sachsen entschieden, dass ein nach Art. 142 prinzipiell geltendes Landesgrundrecht gem. Art. 31 von einfachem Bundesrecht jedenfalls insoweit nicht verdrängt wird, „als Bundes- und Landesgrundrecht einen bestimmten Gegenstand in gleichem Sinn und mit gleichem Inhalt regeln und in diesem Sinne inhaltsgleich sind".[32] Bezüglich des Kräfteverhältnisses zwischen Bund und Ländern vertritt *Bleckmann*[33] die abzulehnende Auffassung, die Länder müssten durch eine **Neuinterpretation** ua des Art. 31 auch an die **Ziele der Bundespolitik** gebunden werden, 8

[24] *Ipsen,* Staatsrecht I, 2019, Rn. 726; *Clemens* in Umbach/Clemens Rn. 11; *Böckenförde/Grawert* DÖV 1971, 119 (123); *Bickel* NVwZ 2000, 1133; a. A. *Dreier* in Dreier Rn. 25 mwN.

[25] → Rn 34.

[26] *Bothe* in AK Rn. 14; Beispiele stellen die Informationskompetenzen von BReg. und Landesregierungen dar (BVerfGE 105, 252 (272); → Art. 30 Rn. 29) sowie die kumulativ-konkurrierende Zuständigkeit zwischen Bundes- und Landesgesetzgeber im Bereich der Regelung des Verwaltungsverfahrens bei der Auftragsverwaltung nach Art. 85 (*März* in MKS Rn. 64, 69 f.); weitere Beispiele zu Konfliktfeldern zwischen Bundes- und Landeskompetenzen bei *Dreier* in Dreier Rn. 58.

[27] *Clemens* in Umbach/Clemens Rn. 18.

[28] *Clemens* in Umbach/Clemens Rn. 15 ff.; BVerwG NVwZ 1993, 1197; *Böckenförde/Grawert* DÖV 1971, 119 (123); *Uerpmann* Der Staat 35 (1996), 428 (436); *Schubert* Jura 2003, 607 (609); aA → Art. 72 Rn. 56; *März* in MKS Rn. 57; *Bernhardt/Sacksofsky* in BK Rn. 104; *Dreier* in Dreier Rn. 25, 28 aE.

[29] *Bernhardt/Sacksofsky* in BK Rn. 16, 29.

[30] Zum Meinungsstand vgl. *Pietzcker* in HdbStR VI § 134 Rn. 48 ff.; zu Anwendungsfällen des Art. 31 s. ferner *Bothe* in AK Rn. 14 ff.

[31] *Sacksofsky* NVwZ 1993, 235 (237 ff.); *Erbguth/Wiegand* DÖV 1992, 770 (777 f.); *Wittreck* DVBl. 2000, 1492 (1493 f.); → Rn. 44.

[32] BVerfGE 96, 345 Ls. 1; → Rn. 55 mwN.

[33] *Bleckmann* DÖV 1986, 125 (130); abl. *Haack,* Widersprüchliche Regelungskonzeptionen im Bundesstaat, 2002, 88.

die zB in Globalmaßnahmen und Verwaltungsakten des Bundes ihren Ausdruck fänden. Demgegenüber wird die Position der Länder gestärkt, wenn man der zutreffenden Meinung von *Erbguth/Wiegand*[34] folgt, nach der die Landesverfassungen beim Vollzug von Ermessensnormen des Bundesrechts (nach Art. 83 als eigene Angelegenheit der Länder) auch mit heranzuziehen sind. Dabei darf indes der Vorrang des Bundesrechts nicht überspielt werden.

9 **Voraussetzung für die Anwendung** des Art. 31 ist, dass zwei Rechtsvorschriften verschiedener Rechtsetzungsorgane (des Bundes und eines Landes) miteinander **kollidieren,** dh beide Normen müssen **auf denselben Sachverhalt, auf dieselbe Materie anwendbar** sein **und** bei ihrer Anwendung **zu verschiedenen Ergebnissen führen können.**[35] Klarstellend lässt sich ergänzen, dass die beiden Normen auch denselben Adressaten haben müssen.[36] Ist das gegeben, tritt die Rechtsfolge ein, dass Bundesrecht Landesrecht „bricht",[37] **Bundesrecht** also **höherrangig** ist. Insofern kann Art. 31 zusätzlich als **Rangordnungsnorm** bezeichnet werden.[38]

II. Überstaatliche Bezüge

10 Art. 31 ist im Kontext des europäischen Mehrebenensystems zu betrachten. Hier genießt das **Unionsrecht** einen Vorrang vor dem innerstaatlichen Recht (einschließlich des Landesverfasungsrechts)[39], der anders als bei Art. 31 als Anwendungs- und nicht als Geltungsvorrang konzipiert ist.[40] Diese souveränitätsschonendere Auflösung von Normkonflikten bietet sich innerstaatlich nicht an, weil hier die Souveränität beim Gesamtstaat liegt, der sich durch eine klare Geltungsregelung behaupten und eine lückenlose, einheitliche Rechtsordnung sicherstellen kann und muss. Aus der Perspektive des EuGH stellt das Unionsrecht eine autonome Rechtsordnung dar, zugunsten derer die Mitgliedstaaten ihre Souveränität, wenn auch in einem funktionell begrenzten Bereich, beschränkt haben (Van Gend & Loos[41], Costa/Enel[42]).[43] Zur Gewährleistung der Effektivität des Unionsrechts (*effet utile*[44]) muss dieser Vorrang gegenüber jeglichem innerstaatlichen Recht sowie unter bestimmten Voraussetzungen unmittelbare Wirkung haben. Insofern löst sich das Unionsrecht von seiner völkerrechtlichen Entstehungsgrundlage und verkörpert eine eigene Rechtsmaterie, die sich über dem nationalen Recht aufspannt.

11 Dies stellt insbesondere für Verfassungsgerichte eine gewisse Herausforderung dar. Solange die Europäische Union keinen Bundesstaat verkörpert, in dem die Mitgliedstaaten aufgehen (eine entsprechende Entwicklung erscheint

[34] *Erbguth/Wiegand* DÖV 1992, 770 (777).

[35] BVerfGE 36, 342 (363); 96, 345 (364); *März* in MKS Rn. 40; *Sannwald* in SHH Rn. 22; *Korioth* in Maunz/Dürig Rn. 14; *Pietzcker* in HdbStR VI, § 134 Rn. 55 f.; *Clemens* in Umbach/Clemens Rn. 47.

[36] *Bothe* in AK Rn. 17; *Dreier* in Dreier Rn. 38; *Sannwald* in SHH Rn. 33; *Sachs* DVBl. 1987, 857 (862).

[37] IE → Rn 30 ff.

[38] So *Huber* in Sachs Rn. 7; *Clemens* in Umbach/Clemens Rn. 11 spricht von einer „Paradenorm für das System einer Normenhierarchie"; krit. *März* in MKS Rn. 17 f.

[39] Vgl. *Korioth* in Maunz/Dürig Rn. 2.

[40] *Haltern,* Europarecht II, 2017, Rn. 994 ff.; *Streinz,* Europarecht, 2019, Rn. 201 f.

[41] EuGH C-26/62, ECLI:EU:C:1963:1 – Van Gend en Loos.

[42] EuGH C-6/64, ECLI:EU:C:1964:66 – Costa / ENEL.

[43] *Streinz,* Europarecht, 2019, Rn. 218 ff.

[44] *Haltern,* Europarecht II, 2017, Rn. 995; *Mayer* in Grabitz/Hilf/Nettesheim Das Recht der Europäischen Union Art. 19 EUV Rn. 58.

derzeit nicht sonderlich realistisch oder wünschenswert[45]), lässt sich die Frage der Rangordnung stets auch aus der separaten Perspektive des nationalen Rechts beurteilen, die sich am jeweiligen Verfasungsrecht auszurichten hat und insofern durchaus von der völker- bzw. unionsrechtlichen Sichtweise abweichen kann.[46] Innerstaatlich gewendet stellt sich das Unionsrecht als Bundesrecht dar, das aufgrund der entsprechenden Übertragung von Souveränitätsrechten über die Brücke des Art. 24 bzw. mittlerweile Art. 23 innerhalb der Grenzen des Art. 79 Abs. 3 Vorrang vor sämtlichem Bundesrecht, einschließlich der Grundrechte, genießt.[47] Im Einzelfall zieht das BVerfG aber durchaus Grenzen, die mit den Begriffen der Identitätskontrolle, *ultra-vires* Kontrolle und der Gleichwertigkeit des Grundrechtsschutzes skizziert werden können, aber einer dynamischen Entwicklung unterworfen sind. Mit dieser Grenzziehung unterscheidet sich das Gericht von der Sichtweise des EuGH, die von einem grundsätzlich vollumfänglichen Vorrang des EU-Rechts ausgeht.

Die sog. Vorrang-Rechtsprechung des BVerfG ging einher mit einer „Vorrangbegrenzung"[48], die sich beginnend mit dem Solange-Urteil von 1974[49] in verschiedenen Schritten entwickelt hat. Wegmarken stellen dabei das Lissabon-Urteil von 2009,[50] der Honeywell-Beschluss von 2010,[51] der Beschluss über den europäischen Haftbefehl von 2015[52] sowie das OMT-Urteil von 2016[53] dar.[54] Hinzu treten jüngst die sog. Entscheidungen „Recht auf Vergessen 1" und „Recht auf Vergessen 2".[55] Danach treten die Grundrechte des Grundgesetzes zwar weiterhin zurück, sofern die Bundesrepublik Unionsrecht ausführt (Art. 51 Abs. 1 S. 1 EU-GR-Charta). Indes bleibt Raum für die Grundrechte des GG, soweit der maßgebliche EU-Rechtsakt Umsetzungsspielräume belässt. Soweit diese nicht bestehen, wendet das BVerfG nach den genannten neuen Entscheidungen nun unmittelbar die Grundrechte der Charta als funktionales Äquivalent an, um einen effektiven Grundrechtsschutz zu gewährleisten. 12

Im Übrigen genießen **völkerrechtliche Normen,** die über Art. 59 Abs. 2 in das deutsche Recht überführt werden, den Rang von Bundesgesetzen und unterliegen als Bundesrecht im innerstaatlichen Kompetenzverhältnis insoweit der Regelung des Art. 31. Gegenüber anderen Normen des Bundesrechts sind sie gleichrangig. Insoweit ist auf die allgemeinen Grundsätze hinsichtlich der Kollision gleichrangiger Normen zurückzugreifen, insbesondere also die Regeln der *lex specialis* und *lex posterior.* Dem Landesrecht gehen solche Normen vor, etwa auch die Regeln der EMRK dem Grundrechtskatalog der Landesverfassungen, nicht aber gleichlautenden Grundrechten des GG.[56] Im Übrigen ergibt sich aus dem Grundsatz der völkerrechtsfreundlichen Auslegung insbesondere mit Blick auf die **EMRK,** dass sämtliche 13

[45] Vgl. etwa *Calliess* Staatsrecht III, 2018, 3. Teil A Rn. 1 ff.
[46] Vgl. *Streinz,* Europarecht, 2019, Rn. 202 ff.; *Calliess,* Staatsrecht III, 2018, 3. Teil A Rn. 1 ff.
[47] *Hellermann* in BeckOK GG Rn. 4; *Hufeld* in HdbStR X § 215 Rn. 6; *Sauer,* Staatsrecht III, 2018, § 4 Rn. 7 ff.
[48] *Sauer,* Staatsrecht III, 2018, 178 ff.
[49] BVerfGE 37, 271.
[50] BVerfGE 123, 267.
[51] BVerfGE 126, 286.
[52] BVerfGE 140, 317.
[53] BVerfGE 142, 123.
[54] *Sauer,* Staatsrecht III, 2018, 178.
[55] 1 BvR 16/13 sowie 276/17.
[56] Vgl. *Dreier* in Dreier Rn. 12.

Normen, auch die des Verfassungsrechts im Lichte der Konvention sowie der Urteile des EGMR auszulegen sind (Görgülü[57]). Der Vollständigkeit halber seien daneben die über Art. 25 inkorporierten allgemeinen Regeln des Völkerrechts genannt, die nach richtiger Auffassung als Bundesrecht einem Rang zwischen den Bundesgesetzen und dem GG beanspruchen.

B. Einzelfragen

I. Bundesrecht

14 Es muss sich um **„Recht"**, also um staatliche **Rechtssätze jeder Art und Form** handeln. Ohne auf die Einzelheiten des Begriffs des Rechtssatzes einzugehen, ist festzustellen: Zu den staatlichen Rechtssätzen gehören das Verfassungsrecht, die einfachen Gesetze und Rechtsverordnungen sowie Satzungen, aber auch Gewohnheitsrecht und sonstiges ungeschriebenes Recht.[58] Das nach Art. 123–125 fortgeltende vorkonstitutionelle Recht fällt ebenfalls unter Art. 31 (allgM). Demgegenüber reichen Verwaltungsvorschriften (Runderlasse, Richtlinien, Weisungen usw) nicht aus, weil sie keine Rechtssatzqualität haben;[59] Entsprechendes gilt für Einzelfallentscheidungen der Exekutive und Judikative.[60] Zu Satzungen → Rn. 27, zu Tarifverträgen → Rn. 25. Eine „ständige Rechtsprechung" kann bei der Auslegung von Bundesrecht bedeutsam sein, stellt aber selbst kein Recht iSd Art. 31 dar.[61] Art. 31 ist **keine Kollisionsnorm für die Rspr.**, regelt also nicht das Verhältnis der Normanwender zueinander.[62] Anders verhält es sich jedoch dann, wenn sog. Richterrecht[63] entstanden ist, das durch Auslegung die Tragweite bestimmter Normen festlegt und dadurch auch den Bereich möglicher Kolisionen prägt.[64]

15 **Abzulehnen** ist die Ansicht von *Bleckmann,*[65] die Länder müssten durch eine Neuinterpretation ua des Art. 31 auch an die **Ziele der Bundespolitik** gebunden werden, die zB in Globalmaßnahmen und Verwaltungsakten des Bundes ihren Ausdruck fänden.[66]

16 Das Recht muss **gültig** sein.[67] Gesetze müssen daher formell und materiell verfassungsgemäß sein, Rechtsverordnungen den Voraussetzungen des

[57] EGMR 24.5.2005 – 74969/01 – Görgülü.

[58] *Sannwald* in SHH Rn. 13 ff.; *Bernhardt/Sacksofsky* in BK Rn. 37 ff.; *Pieroth* in Jarass/Pieroth Rn. 2.

[59] *Dreier* in Dreier Rn. 33; *Korioth* in Maunz/Dürig Rn. 16; *Bernhardt/Sacksofsky* in BK Rn. 34; *Pieroth* in Jarass/Pieroth Rn. 2; *Hellermann* in BeckOK GG Rn. 9.3; aA *Bothe* in AK Rn. 18 f.; *März* in MKS Rn. 32; für normkonkretisierende Verwaltungsvorschriften *Huber* in Sachs Rn. 10; zur Abgrenzung s. BVerfGE 1, 82 (83 f.).

[60] BVerfGE 96, 345 (364); *Pietzcker* in HdbStR VI § 134 Rn. 44.

[61] *Reimann* DVBl. 1969, 951 (952 f.); eing. VerfGH Bln NJW 1994, 436 (437) – Mielke mwN.

[62] BVerfGE 96, 345 (364); VerfGH Bln NJW 1994, 436 (437); *März* in MKS Rn. 36; *Rippberger,* Zur Frage der Kompetenz der Landesverfassungsgerichte zur Überprüfung formellen und materiellen Bundesrechts, 2006, 133 ff.

[63] Bsp. bei → Art. 2 Rn. 51; *Huber* in Sachs Rn. 10.

[64] *Sannwald* in SHH Rn. 15; *Huber* in Sachs Rn. 10; *Dreier* in Dreier Rn. 34 mwN; aA *Korioth* in Maunz/Dürig Rn. 17.

[65] *Bleckmann* DÖV 1986, 125 (130); abl. *Haack,* Widersprüchliche Regelungskonzeptionen im Bundesstaat, 2002, 88.

[66] → Rn 5.

[67] *Pieroth* in Jarass/Pieroth Rn. 3; *Bernhardt/Sacksofsky* in BK Rn. 36; *Hellermann* in BeckOK GG Rn. 10; iE *März,* Bundesrecht bricht Landesrecht, 1989, 110; aA *Wiederin,* Bundesrecht und Landesrecht, 1995, 393.

Art. 80 genügen. Ist ein Rechtssatz nicht gültig, ist eine Kollision mit einer anderen Norm nicht möglich, so dass Art. 31 nicht anwendbar ist.

Recht des **Bundes** liegt vor, wenn es von einem Bundesorgan erlassen **17** worden ist.[68] Ebenso wie bei der Bestimmung des Landesrechts ist entscheidend, **wem das Organ zuzurechnen ist,** das den Rechtssatz **erlassen** hat.[69] Deshalb ist eine von einer LReg. erlassene VO auch dann kein Bundesrecht, wenn sie vom Bund zum Erlass ermächtigt worden ist.[70] – Die Beurteilungskriterien sind dieselben wie bei der Entscheidung über die Revisibilität wegen möglicher Verletzung von Bundesrecht.[71]

Bei **Gewohnheitsrecht** und sonstigem ungeschriebenen Recht ist darauf **18** abzustellen, ob es bundesweit gilt und sich im Bereich der Gesetzgebungskompetenz des Bundes hält, oder ob es auf ein oder mehrere Länder beschränkt ist.[72]

Für **vorkonstitutionelles Recht** bestimmen Art. 124 u. 125, welche **19** Rechtssätze Bundes- oder Landesrecht geworden sind.

Im Rahmen der **länderfreundlichen Änderungen des GG durch die** **20** **Novelle v. 15.11.1994**[73] **und durch die Föderalismusreform I im Jahre 2006**[74] wurden **Art. 125a–125c** neu in das GG aufgenommen, wobei Art. 125c in den Jahren 2017 und 2019 mit Blick auf die Finanzhilfen des Bundes gemäß Art. 104a Abs. 4 geändert wurde.[75] Weitere Übergangsvorschriften im Finanzbereich finden sich in Art. 143d – g.[76] Art. 125a Abs. 1 besagt, dass Recht, das ursprünglich als Bundesrecht erlassen worden ist, aber wegen Änderung des Art. 74 Abs. 1, der Einfügung des Art. 84 Abs. 1 S. 7, des Art. 85 Abs. 1 S. 2 oder des Art. 105 Abs. 2a S. 2 oder wegen Aufhebung der Art. 74a, 75 oder Art. 98 Abs. 3 S. 2 nicht mehr als Bundesrecht erlassen werden könnte, als Bundesrecht so lange fortbesteht, bis es durch Landesrecht ersetzt worden ist. Macht ein Land von der Ersetzungsbefugnis Gebrauch, gilt das bisherige Bundesrecht in den anderen Ländern als partikulares Bundesrecht fort.[77] Hierfür sprechen der eindeutige Wortlaut des Art. 125a Abs. 1 und die Tatsache, dass das Recht von einem Bundesorgan erlassen wurde.[78] Ferner lässt sich das Argument anführen, dass die Beobachtungs- und Nachbesserungspflichten für die Gesetze beim Bund liegen müssen, solange die Länder nicht tätig geworden sind.

In Art. 125a Abs. 2 ist eine relativ neue Rechtsfigur, die „Freigabekom- **21** petenz“[79] des Bundes gegenüber dem Landesgesetzgeber geregelt. Sie gilt für

---

68 *Dreier* in Dreier Rn. 32; *Bernhardt/Sacksofsky* in BK Rn. 35; *März* in MKS Rn. 30.

69 BVerfGE 18, 407 (414).

70 So zu Recht BVerfGE 18, 407; *Bernhardt/Sacksofsky* in BK Rn. 39.

71 BVerwG NVwZ 1986, 739, Verweisung von Landesrecht auf Bundesrecht.

72 So *Stern,* StaatsR I, 1984, § 19 Kap. III 7 f; *Hellermann* in BeckOK GG Rn. 12; krit. *Bothe* in AK Rn. 6.

73 BGBl. I 3146.

74 52. G zur Änderung des GG v. 28.8.2006, BGBl. 2006 I 2034; → Art. 30 Rn. 9 (6. Aufl.).

75 BGBl. 2019 I 2019, 404 f.

76 BGBl. 2017 I 2347 ff.

77 Str., wie hier *Dreier* in Dreier Rn. 25; *Jarass* in Jarass/Pieroth Art. 125a Rn. 10; *Degenhart* in Sachs Art. 125a Rn. 5; eing. *Heckmann,* Geltungskraft und Geltungsverlust von Rechtsnormen, 1997, 284 ff.; *Rengeling* DVBl. 2006, 1537 (1547); aA noch in der Vorauflage→ Art. 125a Rn. 3a, der trotz des klaren Verfassungswortlautes übereinstimmendes Landesrecht annimmt.

78 → Rn 17.

79 BVerfGE 111, 10; 112, 226; → Art. 125a Rn. 12.

Bereiche, bei denen die Erforderlichkeit iSd insofern geänderten Art. 72 Abs. 2 nicht mehr besteht. Mit der Freigabe entsteht allerdings auch kein übereinstimmendes Landesrecht, sondern es verbleibt bei der regionalen Fortgeltung als Bundesrecht.[80] Wenn auch die Formulierung in Abs. 2 nicht so präzise ist wie die in Abs. 1, sprechen doch systematische Gründe für eine gleiche Lösung. Die im Jahr 2006 neu eingefügten Art. 125a Abs. 3, Art. 125b u. 125c beziehen sich auf die Fortgeltung von Landesrecht, das wegen Änderung des Art. 73 nicht mehr erlassen werden könnte, auf Übergangsregelungen zu früheren Vorschriften der Rahmengesetzgebung sowie des Organisations- und Verfahrensrechts und auf Übergangsregelungen zu Gemeinschaftsaufgaben und Finanzhilfen.

22 Ähnlich wie die Regelungen in Art. 123 ff. ordnet **Art. 9 Abs. 1–5 EVertr.** an, ob und inwieweit das Recht der DDR überhaupt fort gilt und ob es als Bundes- soder Landesrecht Geltung beansprucht. Während Art. 9 Abs. 1 EVertr. Bereiche aufführt, die als Landesrecht weiter gelten, bestimmt Art. 9 Abs. 4 EVertr., unter welchen Voraussetzungen Recht der ehemaligen DDR als Bundesrecht fort gilt.[81] Dieses kann dann grundsätzlich ebenso wie anderes Bundesrecht Landesrecht brechen.

23 Wo der Bund vor allem nach Art. 87 Abs. 2 u. 3 berechtigt ist, Körperschaften und Anstalten des öffentlichen Rechts zu schaffen, ist das von ihnen gesetzte Recht, soweit Rechtssetzungsbefugnisse des Staates auf sie delegiert sind, Bundesrecht iSv Art. 31.[82] Bei **juristischen Personen des öffentlichen Rechts** ist somit maßgebend, ob sie organisatorisch dem Bund oder einem Land zugehören.[83] Grundsätzlich kann auch autonomes Bundesrecht Landesrecht brechen. Indes ist jeweils sorgfältig zu prüfen, ob tatsächlich eine Kollision vorliegt, weil die geregelten Sachverhalte häufig nicht identisch sind.[84] Es würden also nicht zwei Normen vorhanden sein, die auf denselben Sachverhalt zutreffen könnten.[85] Unbeschadet davon gilt sowohl auf Bundes- als auch auf Landesebene der Grundsatz der Normenhierarchie, wonach autonomes Recht höherrangigem Recht untergeordnet ist.[86]

24 Der Anwendbarkeit des Art. 31 steht eine **räumlich begrenzte Geltung des Bundesrechts** nicht entgegen.[87] Während Bundesrecht, das für das ganze Bundesgebiet einheitlich gilt, alles damit unvereinbare Landesrecht verdrängt, hat regional beschränktes Bundesrecht diese Wirkung nur in seinem räumlichen Geltungsbereich.

25 Umstritten ist, ob auch ein für das ganze Bundesgebiet geltender **Tarifvertrag** Bundesrecht iSd Art. 31 ist.[88] Die Frage ist zu verneinen. Zwar kann ein Tarifvertrag „Recht" sein; aber eine Zuordnung zu einem Bundes- oder Landesorgan ist nicht möglich, weil kein staatliches Organ, sondern die Tarifvertragsparteien das Recht setzen. Allein aus der Geltung eines Tarifvertrages für das ganze Bundesgebiet oder für ein bestimmtes Land lässt sich keine

---

[80] Zutr. *Bernhardt/Sacksofsky* in BK Rn. 47.
[81] Vgl. *Kloepfer/Kröger* DVBl. 1991, 1031 (1036, 1038).
[82] Kritisch zur Frage der Kollisionsmöglichkeit *Dreier* in Dreier Rn. 32.
[83] *Bernhardt/Sacksofsky* in BK Rn. 41.
[84] *Dreier* in Dreier Rn. 32.
[85] → Rn 9; sa *Dreier* in Dreier Rn. 32, 35 ff.
[86] *Stern,* StaatsR I, 1984, § 19 Kap. III 7 f.
[87] *Bernhardt/Sacksofsky* in BK Rn. 43.
[88] Bejahend *Heimann* RdA 1955, 422; RdA 1957, 341 ff.; verneinend die ganz hM, BayVerfGHE 24, 72 (78); *Bernhardt/Sacksofsky* in BK Rn. 42; *Korioth* in Maunz/Dürig Rn. 18 mwN; *Huber* in Sachs Rn. 10; *März* in MKS Rn. 28.

Qualifizierung als Bundes- oder Landesrecht vornehmen. Ansonsten könnten die gleichen Tarifvertragsparteien bestimmen, ob Bundes- oder Landesrecht gesetzt werden soll.

Bei **Organisationsvorschriften** des Bundes oder des Landes ist eine Normenkollision nicht denkbar, weil eine Regelung desselben Gegenstandes[89] ausgeschlossen ist: Gegenstand von Bundesorganisationsvorschriften ist die Bundesorganisation, Gegenstand von Landesorganisationsvorschriften die Landesorganisation.[90] Eine gewisse Bindung der Länder schafft in diesem Bereich Art. 28. 26

II. Landesrecht

Zu der Voraussetzung **„Recht"** → Rn. 4, 5. Zur Frage, ob es sich um Recht **des Landes** handelt, gelten die Ausführungen → Rn. 6–10 entsprechend. Ergänzend ist zu bemerken, dass zum Landesrecht **auch das Kommunalrecht** (etwa Satzungen der kommunalen Selbstverwaltungskörperschaften) gehört.[91] Soweit es sich hierbei um Binnenrecht handelt, gelten die Ausführungen oben unter Rn. 7 entsprechend. Art. 31 galt bis zur Aufhebung der alliierten Vorbehaltsrechte im Zuge der Wiedervereinigung nicht im Verhältnis von Bundesrecht und Berliner Landesrecht. 27

Soweit Länder auf der Grundlage von Art. 32 Abs. 3 Verträge mit auswärtigen Staaten schließen, können sie sich innerstaatlich dem Vorrang des Bundesrechts nicht entziehen; es handelt sich insoweit um Landesrecht im Sinne des Art. 31.[92] Die jeweiligen Zustimmungsgesetze unterfallen ebenso Art. 31 wie andere Gesetze auch.[93] Als Landesrecht sind auch Verträge der Länder untereinander zu qualifizieren.[94] 28

Landesrecht kann auch bei der **Anwendung von Ermessensnormen des Bundesrechts** Bedeutung gewinnen, da der Vollzug des Bundesrechts nach Art. 83 eine Aufgabe des Landes als „eigene Angelegenheit" ist.[95] 29

III. Bricht

Mit dem Begriff „bricht" ist die Rechtsfolge angesprochen, die eintritt, wenn der Tatbestand erfüllt ist, dass zwei Normen kollidieren.[96] Es ist zweifelhaft, welche Bedeutung dem Begriff zukommt. 30

Anschütz[97] hat zu derselben Formulierung des Art. 13 WRV den bekannten Satz geprägt, dass Art. 13 WRV „nach rückwärts als Aufhebung, nach vorwärts als Sperre" wirke. Gemeint war damit, dass erstens bestehendes Recht aufgehoben und zweitens die Entstehung neuen Rechts verhindert werde (**Derogation** und nicht lediglich Suspendierung).[98] Diese Auslegung ent- 31

[89] → Rn 9.

[90] Ähnlich *März* in MKS Rn. 90; *v. Mutius* VerwArch 66 (1975), 161 (166).

[91] BVerfGE 39, 96 (109); 119, 331 (364), Hartz IV-Arbeitsgemeinschaften mAnm *Meyer* NVwZ 2008, 275; *Dreier* in Dreier Rn. 35; *Wiederin,* Bundesrecht und Landesrecht, 1995, 394.

[92] Vgl. *Bernhardt/Sacksofsky* in BK Rn. 50.

[93] Vgl. zum Ganzen *Bernhardt/Sacksofsky* in BK Rn. 50.

[94] *Bernhardt/Sacksofsky* in BK Rn. 50; *Pieroth* in Jarass/Pieroth Rn. 2.

[95] So zutr. *Erbguth/Wiegand* DÖV 1992, 770 (777); *Clemens* in Umbach/Clemens Rn. 35; s. *Graf Vitzthum* VVDStRL 46 (1988), 7 (34).

[96] → Rn 9.

[97] Art. 13 WRV Anm. 3.

[98] Vgl. zu diesen Begriffen *Wiederin,* Bundesrecht und Landesrecht, 1995, 51 ff.; es handelt sich um einen „Geltungsvorrang" im Gegensatz zu einem „Anwendungsvorrang", *Korioth* in

spricht der heute hM zu Art. 31 GG.[99] Dabei ist indes zu beachten, dass aufgrund der Spezialnormen der Art. 70 ff. eine solche Derogation nur relativ selten unmittelbar aufgrund von Art. 31 erfolgen wird. So ordnet im Bereich der konkurrierenden Gesetzgebung Art. 72 Abs. 1 ausdrücklich die Sperrwirkung für späteres Landesrecht an, wobei die Einschränkungen der Abweichungsgesetzgebung gemäß Abs. 3 gelten. Im Bereich der ausschließlichen Kompetenz fehlt es hingegen bereits an einem einschlägigen Titel der Länder. Verschiebungen der ausschließlichen Gesetzgebungskompetenz können indes dazu führen, dass Länderrecht kompetenzgemäß zustande gekommen ist und durch nachfolgendes Bundesrecht ersetzt wird (vgl. insoweit die Spezialregelung des Art. 125a Abs. 3).

32 Das BVerfG vertritt in seiner grundlegenden Entscheidung zu Art. 31 v. 29.1.1974[100] die Ansicht, das Wort **„brechen"** könne **je nach dem Einzelfall etwas Verschiedenes bedeuten.** Man dürfe das Wort **nicht sprachlich isoliert** sehen, **sondern** müsse von dem **Sinn des Art. 31** ausgehen, **Normenkollisionen zu lösen.**[101] Die Möglichkeiten hierzu wolle Art. 31 nicht auf eine einzige beschränken. Als Kollisionsregeln, die Art. 31 bei Bestand lasse, kämen zB in Betracht: Der kompetenzwidrige Erlass von Landesrecht führe zur Nichtigkeit des Landesgesetzes; Art. 25 besage demgegenüber nicht, dass nationale Gesetze, die allgemeinen Regeln des Völkerrechts widersprächen, nichtig seien, sondern gebiete ihren Nachrang; die lex specialis, die Bundesrecht sein könne, gehe der lex generalis, die Landesrecht sein könne, vor, aber letztere bliebe gleichwohl in Geltung.

33 Diese Auslegung des Begriffs „bricht" wird verständlich, wenn man mit dem BVerfG Art. 31 als eine Bestimmung ansieht, die einen **Grundsatz** enthält, der die verschiedenartigsten Konkretisierungen zur Behebung von Normenkollisionen zulässt.[102] Bei dieser Ausgangsbasis ist die dargestellte Auslegung durch das BVerfG auch zwingend. Eine Grundsatznorm kann nicht nur in einem Sinne interpretiert werden, wenn für die Lösung der Frage mehrere rechtliche Möglichkeiten zulässig sind, und in demselben Gesetz – hier dem GG – sogar gewisse Lösungen enthalten sind. Anders wäre die Lage, falls Art. 31 keine grundsätzliche Bedeutung hätte, sondern eine einzelne Frage abschließend regeln würde.

34 Für den in der Praxis häufig vorkommenden Fall des **Verhältnisses zwischen einfachen Bundesgesetzen und einfachen Landesgesetzen** wird ein Kollisionsfall nach heute ganz überwiegender Meinung[103] **unmittelbar**

Maunz/Dürig Rn. 20 mit Erläuterung dieser Begriffe; → Rn 40; *Pieroth* in Jarass/Pieroth Rn. 5.

[99] S. *Bothe* in AK Rn. 20; *Dreier* in Dreier Rn. 43; *Huber* in Sachs Rn. 23; *März* in MKS Rn. 43 ff.; *Wittreck* DVBl. 2000, 1492 (1495 f.); abw. *Bernhardt/Sacksofsky* in BK Rn. 60 ff. und *Clemens* in Umbach/Clemens Rn. 44, die einen bloßen Anwendungsvorrang von Bundesrecht ggü. Landesverfassungsrecht annehmen; ebenso *Poscher* NJ 1996, 351 (352 f.); diff. *Korioth* in Maunz/Dürig Rn. 20 ff.; *Heckmann,* Geltungskraft und Geltungsverlust von Rechtsnormen, 1997, 296, 299 will das Landesrecht gelten lassen bis seine Anwendung autoritativ zB durch Gerichtsentscheidungen beendet wird.

[100] BVerfGE 36, 342 (365).

[101] → Rn 1.

[102] → Rn 1.

[103] BVerfGE 36, 342 (364 f.); *Bothe* in AK Rn. 10; *Dreier* in Dreier Rn. 23; *März* in MKS Rn. 21 ff., 62; *Bernhardt/Sacksofsky* in BK Rn. 91 ff. mit ausführlicher Stellungnahme; *Korioth* in Maunz/Dürig Rn. 10; *Sannwald* in SHH Rn. 5 ff.; *Clemens* in Umbach/Clemens Rn. 22; *Pieroth* in Jarass/Pieroth Rn. 3 f.; *Haack,* Widersprüchliche Regelungskonzeptionen im Bundesstaat, 2002, 81 f.; *Jarass* NVwZ 1996, 1041 (1042 f.); *Brüning* NVwZ 2002, 33 (34);

durch die Kompetenzvorschriften der Art. 70 ff. gelöst:[104] Die Rechtsfolge der Nichtigkeit rechtswidriger Normen ergibt sich bereits aus allg. Grundsätzen und ist nicht auf den Verstoß von Landesrecht gegen Bundesrecht beschränkt.[105] Die im GG erfolgte Verteilung der Gesetzgebungszuständigkeiten auf Bund und Länder ist abschließend und hat eine **Sperrwirkung** zur Folge. Daher ist kompetenzwidrig erlassenes Landesrecht unwirksam, ohne dass es eines Rückgriffs auf Art. 31 bedarf.[106] Die Rspr. nimmt gleichwohl verschiedentlich auf Art. 31 Bezug.[107] In der Lit.[108] wird vereinzelt die Auffassung vertreten, dass die Nichtigkeit des Landesrechts nicht bereits aus den Art. 70 ff. sondern unmittelbar aus Art. 31 folge, wenn das Landesrecht kompetenzgemäß zeitlich vor dem Bundesrecht erlassen worden ist, die Kompetenzregelungen der Art. 70 ff. also später zu Gunsten des Bundes geändert werden oder dieser erst nach bereits erlassenem Landesrecht von seiner subsidiären Kompetenz bei der konkurrierenden Gesetzgebung nach Art. 72 iVm Art. 74 Gebrauch macht. Dies überzeugt insofern, als hier jeweils zum Zeitpunkt des Normerlasses die Art. 70 ff nicht entgegenstanden, so dass es des Rückgriffs auf die allgemeine Bruchregelung des Art. 31 bedarf, sofern nicht Art. 125a als speziellere Regelung einschlägig ist.[109]

Nach hier vertretener Ansicht **bilden die Art. 70 ff. mit Blick auf die Gültigkeit von Landesrecht gegenüber Art. 31 vorrangig zu beachtende Regeln).**[110] Zu beachten ist aber, dass die Zuständigkeitsfrage, logisch gesehen, eine Stufe vor Art. 31 liegt. Mit anderen Worten: Art. 31 greift erst ein, wenn das Bundesrecht im Übrigen gültig ist.[111] Dazu gehört auch das kompetenzgemäße Zustandekommen. Insofern stellen die Art. 70 ff, soweit sie eine Sperrwirkung entfalten, anders als Art. 31 gerade keine Kollisionsnormen dar. 35

Sind bei der Anwendung der Kompetenzvorschriften zum Zeitpunkt des Normerlasses die Voraussetzungen für eine Sperrwirkung erfüllt, so ist **auch inhaltsgleiches Recht eines Landes nichtig.**[112] Demgegenüber lässt Art. 31 inhaltsgleiches Landesrecht bestehen.[113] Mithin sind die **Rechtsfolgen unterschiedlich,** je nachdem, ob ein Verstoß gegen die spezielleren 36

Uerpmann Der Staat 35 (1996), 428 (434 f.); überholt ist die Ansicht von *Maunz* (in Maunz/Dürig, 1960, Rn. 22; iE *Bernhardt* in BK, Zweitbearb. 1964, Rn. 5; *Böckenförde/Grawert* DÖV 1971, 119 (123); *Reimann* DVBl. 1969, 951 (952); *v. Olshausen,* Landesverfassungsbeschwerde und Bundesrecht, 1980, 48 Fn. 33, bei Verletzung der Kompetenzvorschriften der Art. 70 ff. sei die Rechtsfolge der Nichtigkeit aus Art. 31 herzuleiten, der die bloße Kompetenzverteilung der Art. 70 ff. um die Anordnung der Nichtigkeit bei Kompetenzverstoß ergänze; Art. 31 stelle auch in diesen Fällen die maßgebende Sanktionsnorm dar; eing. *Gubelt* in v. Münch/Kunig, 5. Aufl. 2001, Rn. 8 f. mwN.

[104] *März* (in MKS Rn. 21) bezeichnet deshalb diese Vorschriften als „Kollisionsvermeidungsnormen"; sa *Haack,* Widersprüchliche Regelungskonzeptionen im Bundesstaat, 2002, 81.

[105] Zutr. *Pietzcker* in HdbStR VI § 134 Rn. 49; → Art. 70 Rn. 8 f.

[106] BVerfGE 36, 342 (365); → Art. 70 Rn. 8 f.

[107] BVerfGE 29, 11 (17); 61, 149 (204); BVerwGE 65, 174 (178); 68, 143 (146 f.); VerfGH Saarl NVwZ 1983, 605.

[108] *Clemens* in Umbach/Clemens Rn. 15 ff.; aA die hM, vgl. *März* in MKS Rn. 53, 55 f., 58; *Bernhardt/Sacksofsky* in BK Rn. 104.

[109] Für die vorrangige Anwendung des Art. 125a *Dreier* in Dreier Rn. 25.

[110] So *Pieroth* in Jarass/Pieroth Rn. 3; Stern, StaatsR I, 1984, § 19 Kap. III 7c; *Jarass* NVwZ 1996, 1041 (1043); *Brüning* NVwZ 2002, 33 (34).

[111] BVerfGE 147, 253 (356); *Pieroth* in Jarass/Pieroth Rn. 3.

[112] *Pieroth* in Jarass/Pieroth Art. 71 Rn. 2, Art. 72 Rn. 11.

[113] → Rn 46.

Regeln der Art. 70 ff. oder gegen Art. 31 vorliegt.[114] Insofern kann sich ein Unterschied ergeben, je nachdem ob ein gleichlautendes Landesgesetz von vornherein kompetenzwidrig zustande gekommen ist oder nur im Nachhinein durch ein Bundesgesetz überlagert wurde.

37 Nur bei der Annahme, bei Art. 70 ff. u. 31 handle es sich jeweils um Kollisionsnormen, ist der Satz berechtigt, Art. 31 habe für einfaches Gesetzesrecht keine Bedeutung, weil Art. 70 ff. in der Tat für jede Materie endgültig entscheiden, ob der Bund oder die Länder zur Gesetzgebung befugt sind. Eine **Doppelzuständigkeit gibt es dann grundsätzlich nicht.**[115] Bei der **ausschließlichen Gesetzgebung** des Bundes (Art. 71, 73) ist das ohne Weiteres einsichtig. Es gilt aber im Regelfall auch für die konkurrierende Gesetzgebung (Art. 72, 74).[116] Bei der **konkurrierenden Gesetzgebung** sind die Länder nur zuständig, „solange und soweit der Bund von seiner Gesetzgebungszuständigkeit nicht durch Gesetz Gebrauch gemacht hat" (Art. 72 Abs. 1). Eine Kollision, wie sie in → Rn. 9 beschrieben ist, kann also nach dieser Sichtweise allenfalls ausnahmsweise eintreten, zB wenn der Bund die betreffende Materie nicht **„erschöpfend"** geregelt,[117] sondern nur inhaltliche Vorgaben für die Länder getroffen hat. Deren Einhaltung gewährleistet Art. 31, weil eine Sperrwirkung nicht eingetreten ist.[118] In Wirklichkeit handelt es sich um eine Scheinkollision, weil der Bund gerade Raum für Ländergesetze gelassen hat. Im Bereich der früheren Rahmengesetzgebung wurde eine an sich mögliche Kollision idR ohne Heranziehung des Art. 31 aus dem Gesichtspunkt gelöst, dass die Landesgesetze die von den Bundesgesetzen nach der Verfassung zulässig gesetzten Grenzen nicht überschreiten durften.[119] Ausf. zu den einzelnen Gesetzgebungskompetenzen und den Möglichkeiten einer Kollision *März* in MKS Rn. 50 ff.

38 Richtigerweise ist demgegenüber zu betonen, dass die Kompetenzfrage, die sich aus Art. 70 ff. ergibt, der Frage einer Brechung gemäß Art. 31 vorgelagert ist. Nur kompetenzgemäß zustande gekommenes Landesrecht kann überhaupt von höherrangigem Recht gebrochen werden. Art. 70 ff. sind, wie sich aus der systematischen Stellung ergibt, keine Kollisionsnormen, sondern Kompetenznormen.[120] Die formelle Verfassungsmäßigkeit bestimmt das ordnungsgemäße Zustandekommen eines Gesetzes. Ob ein Gesetz ordnungsgemäß zustande gekommen ist, kann aber nicht im Nachhinein anders bewertet werden. Dies gilt für die Kompetenzen ebenso wenig für das Gesetzgebungsverfahren, wo eine verfassungsrechtliche Anordnung von Auswirkungen einer nachträglichen Verfassungsänderung auf die Verfassungskonformität eines Gesetzes besonders seltsam anmuten würde. Ebenso betreffen auch Kompetenzen die Frage, ob ein gesetzgeberisches Handeln auto-

---

[114] IE wie hier *Pieroth* in Jarass/Pieroth Rn. 3, 4; *Jarass* NVwZ 1996, 1041 (1042 f.); *Brüning* NVwZ 2002, 33 (34).

[115] → Art. 30 Rn. 59; eing. *Wiederin,* Bundesrecht und Landesrecht, 1995, 334 ff.; zu Ausnahmefällen s. Fn. 27.

[116] So iE *Graf Vitzthum* VVDStRL 46 (1988), 7 (31).

[117] → Art. 72 Rn. 17; *März* in MKS Rn. 64 ff., 69 f. betr. Art. 85.

[118] Vgl. *Huber* in Sachs Rn. 30; *Bothe* in AK Rn. 14; *Jarass* NVwZ 1996, 1041 (1043); aA *Pietzcker* in HdbStR VI § 134 Rn. 50; *Wiederin,* Bundesrecht und Landesrecht, 1995, 320.

[119] BVerfGE 87, 68 (69); *Kunig* in v. Münch/Kunig, 5. Aufl. 2003, Art. 75 Rn. 12; *Bernhardt/Sacksofsky* in BK Rn. 105 f.; *März* in MKS Rn. 71 ff.; *Wiederin,* Bundesrecht und Landesrecht, 1995, 321 ff. (328); aA unter Rückgriff auf Art. 31: BVerfGE 66, 291 (310); BVerwGE 67, 93 (94); diff. *Jarass* NVwZ 1996, 1041 (1047).

[120] Vgl. auch *Hanschel,* Konfliktlösung im Bundesstaat, 2012, 72 ff.

risiert ist, nicht ob ein solches Gesetz später auch noch hätte erlassen werden dürfen.

39 **Nicht beantwortet** ist die Frage, was der Begriff **„bricht"** in den Fällen bedeutet, in denen **Art. 31 selbst anwendbar** ist. **Es handelt sich insbes. um die in → Rn. 5 genannten Kollisionen.**

40 Erörtert werden soll zunächst der Fall, dass das **Landesrecht mit dem Bundesrecht inhaltlich unvereinbar** ist.[121] Die Geltung des Art. 31 steht hier außer Frage.

41 Für die Rechtsanwendung kann es keine Zweifel geben: Es gilt das Bundesrecht. Denkbar wäre dennoch, dass das mit dem Bundesrecht unvereinbare Landesrecht nicht nichtig ist, sondern nur suspendiert wird (Fall des **Anwendungsvorrangs**). Das hätte zur Folge, dass bei einem späteren Wegfall des Bundesrechts das Landesrecht anzuwenden wäre.[122] Um dem Grundsatz der Rechtssicherheit Rechnung zu tragen, muss man annehmen, dass nach Art. 31 **Landesrecht,** das dem Bundesrecht widerspricht, **nichtig** ist, also ein **Geltungsvorrang besteht.**[123] Für die Bürgerinnen und Bürger die nicht alle Bundes- und Landesrechtsvorschriften kennen können, bedeutete es eine unzumutbare Rechtsunsicherheit, würde das Landesrecht in diesem Fall gültig bleiben. „Brechen" heißt dann: Mit dem Bundesrecht unvereinbares Landesrecht (auch Landesverfassungsrecht)[124] kommt bei einem Verstoß gegen schon bestehendes Bundesrecht gar nicht erst zur Entstehung oder es fällt bei dem späteren Erlass entgegenstehenden Bundesrechts ersatzlos und endgültig fort. Nach einer Aufhebung des Bundesrechts lebt somit das Landesrecht nicht wieder auf. Anders gestaltet es sich im Verhältnis zwischen **Unionsrecht** und deutschem Recht, wo die souveränitätsschonendere Variante des **Anwendungsvorrangs** überzeugt.[125] Der Aspekt der Rechtssicherheit spielt auch hier eine wichtige Rolle, wird indes durch die Tatsache überlagert, dass es sich bei der Union nicht um einen Staat handelt, sondern ein Zusammenwirken im Rahmen eines Mehrebenensystems stattfindet, das die mitgliedstaatliche Autorität nicht unnötig beschränken darf.[126]

42 **In welchem Umfang** die Nichtigkeit eintritt, richtet sich nach der **Auslegung des Bundesrechts.** Es ist unter Anwendung der allgemeinen Auslegungsregeln jeweils im Einzelfall zu ermitteln, wie weit das Bundesrecht reicht und insoweit das mit ihm unvereinbare Landesrecht „bricht".[127] So kann uU eine allgemeine Norm (lex generalis) des Bundes spezielle Regelun-

---

[121] Zum Problem des gleichlautenden oder inhaltsgleichen Landesrechts → Rn 46.

[122] In diesem Sinne *v. Olshausen,* Landesverfassungsbeschwerde und Bundesrecht, 1980, 133; bezogen auf Landesverfassungsrecht: *Bernhardt/Sacksofsky* in BK Rn. 60 ff.; *Sacksofsky* NVwZ 1993, 235 (239); *Poscher* NJW 1996, 351 (352 f.); für das einfache Recht in den von ihm angenommenen Fällen der Doppelzuständigkeit: *Pestalozza* DÖV 1972, 181 (190).

[123] So die hM, vgl. die Nachw. in Fn. 99.

[124] Nach einer Mindermeinung soll Landesverfassungsrecht aus „Respekt ggü. der Selbständigkeit der Verfassungsräume der Länder" nicht vernichtet, sondern nur während der Geltung der Bundesnorm verdrängt werden (*Clemens* in Umbach/Clemens Rn. 44; *Bernhardt/Sacksofsky* in BK Rn. 60 ff.; *v. Coelln,* Anwendung von Bundesrecht nach Maßgabe der Landesgrundrechte, 2001, 192 ff.).

[125] *Streinz,* Europarecht, 2019, Rn. 201 f.

[126] Vgl. → Rn. 10.

[127] BVerfGE 69, 112 (117); 96, 345 (374 f.); *Bernhardt/Sacksofsky* in BK Rn. 48; *Dreier* in Dreier Rn. 37; *Clemens* in Umbach/Clemens Rn. 48; vgl. hierzu beispielsweise die Diskussion um die Reichweite des Infektionsschutzgesetzes des Bundes mit Blick auf die Corona-Krise, WD Bundestag, Gesetzgebungskompetenz für den Infektonsschutz, WD 3-3000-081/20.

gen (leges speciales) der Länder zulassen;[128] aber es ist auch denkbar, dass die lex specialis im Bundesrecht und die lex generalis im Landesrecht enthalten ist, Letztere gleichwohl in Geltung bleibt.[129] Ferner kann zB das Bundesrecht staatliche Leistungen zwingend abschließend regeln, aber auch nur Mindestanforderungen normieren. Möglich ist weiterhin, dass Landesrecht **nur in einem Teil** seines Anwendungsbereiches gebrochen wird. Beispiel: Die Bestimmung des Art. 59 Abs. 2 HessVerf. lässt sich mit Art. 12 Abs. 1 nicht vereinbaren und ist nach Art. 31 nichtig, soweit sie in absolut zulassungsbeschränkten Studiengängen Ausländern das gleiche Recht auf Zugang zu den Hochschulen einräumt wie deutschen Studienbewerbern.[130] Ansonsten würde die Geltung eines jedermann zustehenden landesverfassungsrechtlichen Grundrechts auf freie Wahl der Ausbildungsstätte die Zahl der Teilhabeberechtigten nach Art. 12 Abs. 1, der nur für Deutsche gilt, vergrößern und damit die Zulassungsaussichten des Einzelnen verringern. Indes sind im Bereich des EU-Rechts die Überlagerungen durch die entsprechenden unionsrechtlichen Diskriminierungsverbote zu beachten (Art. 18 AEUV).

43 Ein Bundesgesetz kann auch mit Bezug auf **günstigeres Landesrecht** die Geltung des Grundsatzes aus Art. 31 im Einzelfall beschränken.[131]

44 Für den Bereich der Grundrechte hat das BVerfG zutreffend festgestellt: Einfaches Bundesrecht kann solchen Landesgrundrechten widersprechen, die mehr oder weniger Schutz als das Bundesgrundrecht verbürgen. Das ist etwa der Fall, wenn das Bundesrecht zwar dem engeren Gewährleistungsbereich eines Bundesgrundrechts, nicht aber dem weiteren eines Landesgrundrechts genügt. Gem. Art. 31 gilt in diesem Fall nur Bundesrecht (BVerfGE 1, 264 (281)). Ein Landesgrundrecht, das mehr Schutz als das Grundgesetz gewährt, kollidiert allerdings nicht mit einer **bundesrechtlichen Regelung, die Spielräume für die Berücksichtigung von weitergehendem Landesrecht lässt.**[132]

45 **Keine Rolle spielt der Rang des jeweiligen** Bundes- oder Landesrechts. Es ist daher denkbar, dass eine Bundesrechtsverordnung eine Vorschrift der Landesverfassung „bricht".[133]

46 Umstritten ist die Frage, ob auch **mit Bundesrecht gleich lautendes oder inhaltsgleiches Landesrecht** (außer Bestimmungen über Grundrechte, für die Art. 142 eine Sonderregelung trifft)[134] mit der Folge gebrochen wird, dass es nichtig ist, und zwar in den Fällen, in denen die Sperrwirkung der Gesetzgebungskompetenzen nicht eingreift.[135] Die diese Streitfrage beja-

---

[128] BayObLG DÖV 1961, 832; *Maunz* in Maunz/Dürig, 1960, Rn. 13.

[129] BVerfGE 36, 342 (365).

[130] HessVGH DVBl. 1988, 407, NVwZ 1989, 387; abw. *März* in MKS Rn. 102, der die Nichtigkeit ausschließlich aus Art. 12 Abs. 1 iVm Art. 1 Abs. 3 herleitet.

[131] Vgl. *Sannwald* in SHH Rn. 36 ff. mit Beispielen.

[132] BVerfGE 96, 345 (365 f.); *Hellermann* in BeckOK GG Rn. 16.1; → Art. 142 Rn. 12.

[133] BVerfGE 26, 116 (135); 36, 342 (363); 96, 345 (364); *Sannwald* in SHH Rn. 14; *Dreier* in Dreier Rn. 32; *Schubert* Jura 2003, 607 (609).

[134] Vgl. hierzu → Art 142.

[135] Bejahend *Huber* in Sachs Rn. 19 ff.; *Pietzcker* in HdbStR VI § 134 Rn. 60 „als verdrängt anzusehen"; *Wiederin,* Bundesrecht und Landesrecht, 1995, 368 ff. (387 f.); *verneinend* die hM, BayVerfGHE 23, 155 (164); VerfGH Saarl NVwZ 1983, 606; OVG Münster NVwZ 1996, 913 (914); *Bernhardt/Sacksofsky* in BK Rn. 64 ff. mwN aus der älteren Lit.; *Korioth* in Maunz/Dürig Rn. 14 f.; *Pieroth* in Jarass/Pieroth Rn. 6; *Sannwald* in SHH Rn. 26 ff.; *Clemens* in Umbach/Clemens Rn. 46; *Dreier* in Dreier Rn. 36 ff.; *März* in MKS Rn. 42; *März,* Bundesrecht bricht Landesrecht, 1989, 195; *Stern,* StaatsR I, 1984, § 19 Kap. III 7e; *Sachs* DVBl. 1987, 857 (862); *Jarass* NVwZ 1996, 1041 (1042 f.).

hende Meinung beruft sich vor allem auf die Entstehungsgeschichte[136] und auf Art. 142.[137] Sie zieht aus der Formulierung des Art. 142 den Umkehrschluss, dass in allen anderen Fällen gleich lautendes Landesrecht außer Kraft treten solle.[138] Die Wahl des Wortes „bricht" (statt „geht vor") zeige, dass das Bundesrecht eine umfassende Geltung beanspruche.

Das BVerfG hat die Streitfrage für das Verhältnis von einfachem Bundesrecht zu einfachem Landesrecht bisher ausdrücklich offen gelassen.[139] Für das Verfassungsrecht hat es jedoch entschieden, dass **Bundesverfassungsrecht inhaltsgleiches Verfassungsrecht der Länder nicht bricht.**[140] Zu Recht weist das BVerfG darauf hin, dass **Art. 28 Abs. 1 eine Sondervorschrift für das Verfassungsrecht der Länder** darstellt; Art. 142 regelt nur einen Teilbereich der Verfassungen und ist deshalb unvollständig.[141] 47

Inhaltsgleiches **einfaches (Gesetzes- und Verordnungs-)Recht der Länder** bleibt ebenfalls gültig. Dafür spricht zunächst der Sinn des Art. 31, Kollisionen zu lösen. Solche liegen aber nur vor, wenn die Anwendung zweier verschiedener Normen zu unterschiedlichen Ergebnissen führt.[142] Das ist bei gleich lautendem Landesrecht nicht der Fall.[143] Außerdem lässt sich für die hier vertretene Ansicht der föderalistische und länderfreundliche Grundton des GG anführen. 48

Bei dieser Auslegung führen Art. 71 u. 72 Abs. 1 als Spezialnormen zu einer abweichenden Rechtsfolge: Ein gegen die Kompetenzvorschriften verstoßendes Landesgesetz ist nichtig, gleichgültig, ob es mit dem Bundesgesetz inhaltlich vereinbar ist oder nicht.[144] 49

Inhaltsgleich ist eine Norm des Landesrechts nur dann, **wenn sie in dem zu entscheidenden Fall zu demselben Ergebnis wie die entsprechende Norm des Bundesrechts führt.**[145] Der Begriff „inhaltsgleich" entspricht dem Merkmal „in Übereinstimmung" aus Art. 142. Hierzu ist im ParlRat für die Grundrechte formuliert worden, Übereinstimmung bestehe, „soweit die Landesverfassung **den gleichen Gegenstand in gleichem Sinne, mit gleichem Inhalt und in gleichem Umfang**" regelt.[146] 50

Bei Meinungsverschiedenheiten oder Zweifeln über die Vereinbarkeit von Landesrecht mit dem Bundesrecht kann das **Verfahren vor dem BVerfG** nach Art. 93 Abs. 1 Nr. 2 (abstrakte Normenkontrolle) eingeleitet werden.[147] Ggf. ist auch die konkrete Normenkontrolle nach Art. 100 Abs. 1 S. 2 durchzuführen.[148] Ist diese nicht zulässig, erfolgt eine Inzidentprüfung 51

---

136 *Matz* JöR nF 1 (1951), 298 ff.

137 Zur Kollision von Grundrechten vgl. *Sachs* DÖV 1985, 469 (474 ff.); → Art. 142 Rn. 13; zur Bedeutung der Grundrechte der Landesverfassungen bei der Ausführung von Bundesrecht s. *Jutzi* DÖV 1983, 836.

138 Auf diesen Umkehrschluss weisen *Bernhardt/Sacksofsky* in BK Rn. 66 hin.

139 BVerfGE 36, 342 (367); 40, 296 (327).

140 BVerfGE 36, 342 (366); eing. *v. Mutius* VerwArch 66 (1975), 161 ff.; BVerfGE 96, 345 (364); zust. *Schneider* DÖV 1987, 749 (752) und die ganz hM.

141 *Kunig/Hanschel* Art. 142 Rn. 7 mwN in Fn. 22.

142 → Rn 9.

143 So *Bernhardt/Sacksofsky* in BK Rn. 66; *Pieroth* in Jarass/Pieroth Rn. 6; *Sannwald* in SHH Rn. 28; *Stern,* StaatsR I, 1984, § 19 Kap. III 7e.

144 *Bothe* in AK Rn. 23; *Pieroth* in Jarass/Pieroth Rn. 5; → Rn. 36.

145 So für Landesgrundrechte BVerfGE 96, 345 Ls. 4a.

146 *Matz* JöR nF 1 (1951), 910; übernommen von BVerfGE 96, 345 (365); weitere Einzelheiten dazu bei → Art. 142 Rn. 9 ff.

147 *Dreier* in Dreier Rn. 45; *Sannwald* in SHH Rn. 43; *Bothe* in AK Rn. 24, 25.

148 *Huber* in Sachs Rn. 26; → Art. 100 Rn. 105 f.

durch die Gerichte.[149] Zu denken ist ferner an das landesrechtliche Normenkontrollverfahren nach § 47 VwGO.

52 Es ist umstritten, in welchem Umfange Art. 31 zu einer Einschränkung der Prüfungsgegenstände in **Verfahren vor den Landesverfassungsgerichten** führt.[150] Dies gilt insbes. in Fällen, in denen inhaltsgleiche Bundes- und Landesgrundrechte zur Anwendung kommen und (landesverfassungsrechtliche) Grundrechtsklagen gegen Entscheidungen von Gerichten erhoben werden, deren Verfahren auf Bundesrecht beruhen. Bedeutung hat dieser Fall durch Entscheidungen des VerfGH Bln[151] erlangt.

53 Der VerfGH Bln, dem der VerfGH Sachsen gefolgt ist,[152] vertritt die Auffassung, dass die Gerichte eines Landes **bei der Anwendung von einfachem Bundesrecht** (zB der StPO) auch dessen – sowohl verfahrens- als auch materiell-rechtliche – **Vereinbarkeit mit** solchen **Landesgrundrechten prüfen** könnten, die den gleichen Inhalt wie die entsprechenden Grundrechte des GG hätten.[153]

54 Demgegenüber sind der StGH Hessen[154] und der BayVerfGH[155] der Meinung, Art. 31 stehe einer Überprüfung der Vereinbarkeit von auf Bundesrecht basierenden Entscheidungen auf der Landesebene mit Landesgrundrechten entgegen, es sei denn, das Gericht habe sich von willkürlichen Erwägungen leiten lassen. In der Lit. wird die Ansicht des VerfGH Bln mit der Begründung kritisiert, sie verstoße gegen Art. 31 als Rangordnungsnorm und das bundesrechtliche Kodifikationssystem sowie gegen den Grundsatz der Rechtseinheit.[156]

55 Das BVerfG hat im Wesentlichen die Rechtsauffassung des VerfGH Bln und des VerfGH Sachsen bestätigt. Es hat entschieden, dass Art. 31 u. 142 die Gerichte eines Landes nicht daran hindern, die **Anwendung von Verfahrensrecht des Bundes** an den Grundrechten und grundrechtsgleichen Gewährleistungen des Landes zu messen, soweit sie **„einen bestimmten Gegenstand in gleichem Sinne und mit gleichem Inhalt“** wie entsprechende Rechte des GG regeln und in diesem Sinne inhalts-

---

[149] Dazu *Wiederin,* Bundesrecht und Landesrecht, 1995, 394.

[150] Ausf. mit Auswertung der Rspr. der Landesverfassungsgerichte *Clemens* in Umbach/Clemens Rn. 49 ff.; *v. Coelln,* Anwendung von Bundesrecht nach Maßgabe der Landesgrundrechte, 2001, 77 ff.; *Rippberger,* Zur Frage der Kompetenz der Landesverfassungsgerichte zur Überprüfung formellen und materiellen Bundesrechts, 2006, 30 ff.; vgl. auch *Kunig/Hanschel* Art. 142 Rn. 18 ff.

[151] LVerfGE 1, 56 = NJW 1993, 513 (515) – Honecker; VerfGH Bln 1, 169 = NJW 1994, 436 – Mielke; später VerfGH Bln 3, 104 – Absenkung Rechtsanwalt-Honorare für früheren DDR-Bereich; weitere Nachw. bei *Clemens* in Umbach/Clemens Rn. 57.

[152] VerfGH Sachs NJW 1996, 1736 f., Vorlagebeschluss.

[153] Zust. *Bernhardt/Sacksofsky* in BK Rn. 82 ff.; → Art. 142 Rn. 20; *Kunig* NJW 1994, 687 (689); VVDStRL 61 (2001), 34 (41 f.); *Sobota* DVBl. 1994, 793 (796); *Endter* EuGRZ 1995, 227 (231); *Franke* FS f. Mahrenholz, 1994, 923 (934 ff.); VerfGH Bln NJW 1999, 47; für eine Prüfungskompetenz auch bzgl. des materiellen Rechts ausdrücklich *v. Coelln,* Anwendung von Bundesrecht nach Maßgabe der Landesgrundrechte, 2001, 326 ff., 338; *Rippberger,* Zur Frage der Kompetenz der Landesverfassungsgerichte zur Überprüfung formellen und materiellen Bundesrechts, 2006, 233 ff., 272.

[154] ESVGH 20, 5 (7 f.); 40, 1 (3); NVwZ 1994, 64; weitere Nachw. bei *Clemens* in Umbach/Clemens Rn. 54.

[155] BayVerfGHE 43, 12 (17 f.); 49, 67 (70 f.).

[156] Vgl. ua *Sannwald* in SHH Rn. 44; *Huber* in Sachs Rn. 8a; *Starck* JZ 1993, 231; *Bartlsperger* DVBl. 1993, 333; *Wilke* NJW 1993, 888; *Sachs* ZfP 1993, 121; JuS 1994, 520; *Berkemann* NVwZ 1993, 409; *Gehb* DÖV 1993, 470; *Dietlein* NVwZ 1994, 6; *Lemhöfer* NJW 1996, 1714; umfassende Darstellung bei *Rozek* AöR 119 (1994), 450 (464 ff.).

gleich sind.[157] Urteile der Landesfachgerichte unterliegen der Überprüfung und Kassation durch das Landesverfassungsgericht, soweit erstens die Beschwer des Beschwerdeführers nicht auf einer Entscheidung eines Bundesgerichts beruht und zweitens der Vorbehalt der Subsidiarität auch für die Landesverfassungsbeschwerde gewahrt bleibt.[158] In der Lit.[159] wird verschiedentlich zu Recht darauf hingewiesen, dass das einfache Bundesrecht entsprechende Spielräume für eine Prüfung an der Landesverfassung lassen muss, weil ansonsten die Rangordnungsnorm des Art. 31 unterlaufen werden könnte.

Wie bereits in den Vorauflagen dargestellt, sprechen folgende Argumente für die erweiterte Prüfungsbefugnis der Landesverfassungsgerichte: Art. 31 betrifft das Verhältnis von kollidierenden Normen zueinander, sagt aber nichts über die Anwendung von Normen durch die Rspr. aus.[160] Er ist daher keine Kollisionsvorschrift für die Rspr.[161] In dem föderativen Bundesstaat des GG stehen die Verfassungsräume des Bundes und der Länder selbständig nebeneinander.[162] Soweit das GG – wie hier – keine Vorgaben macht, können die Länder über ihre Verfassung und ihre Verfassungsgerichtsbarkeit selbst bestimmen.[163] **56**

Eine Einschränkung der Prüfungsgegenstände bei Verfahren vor den Landesverfassungsgerichten in den oa Fällen ist auch nicht mit Rücksicht auf das Bundesstaatsprinzip geboten: zum einen regelt das GG in Art. 100 Abs. 3 selbst das Verfahren bei Divergenzentscheidungen von Verfassungsgerichten,[164] zum anderen kann der Grundsatz der Bundestreue nicht so extensiv angewendet werden, dass eine divergierende Auslegung von Bundesrecht durch Verfassungsgerichte völlig ausgeschlossen wird.[165] **57**

In der bundesweiten Rspr. der Verfassungsgerichte bestehen inzwischen für die Praxis keine größeren Unterschiede mehr, weil sie im Wesentlichen dem Urteil des BVerfG gefolgt ist.[166] **58**

Seine Aussagen beziehen sich zwar in dem entschiedenen Fall nur auf die Anwendung von Bundesrecht durch Gerichte des Landes und nicht auf das **59**

---

[157] BVerfGE 96, 345 Ls. 1 (346, 365); vgl. auch *Dreier* in Dreier Rn. 54; *Klein/Haratsch* JuS 2000, 209; *Enders* JuS 2001, 462; *Lange* NJW 1998, 1278 (1280 f.); *Hain* JZ 1998, 620 (621); aA *Uerpmann* Der Staat 35 (1996), 428 (440); *Enders* JuS 2001, 462 (466), der die Ansicht vertritt, dass „die Landesgrundrechte als Maßstabsnormen […] nach ihrem Adressaten (dem Grundrechtsverpflichteten) nicht auf die einschlägige bundesrechtliche Sachregelung anzuwenden" seien. Der StGH Hess hat sich dem BVerfG angeschlossen, NJW 1999, 49 (50); *v. Zezschwitz* NJW 1999, 17; *Tiedemann* DÖV 1999, 200 (203 f.); zur Inhaltsgleichheit → Rn 50.

[158] BVerfGE 96, 345 (363) mit Prüfungsschema (371 ff.).

[159] Insbesondere *Huber* in Sachs Rn. 8a mwN.

[160] → Rn 14.

[161] So zutr. BVerfGE 96, 345 (364); VerfGH Bln NJW 1994, 436 (437); *März* in MKS Rn. 36; iE ferner *Kunig* NJW 1994, 687 (689 f.); *Pestalozza* NVwZ 1993, 340 (344 f.); *v. Coelln,* Anwendung von Bundesrecht nach Maßgabe der Landesgrundrechte, 2001, 277 f.; *Rippberger,* Zur Frage der Kompetenz der Landesverfassungsgerichte zur Überprüfung formellen und materiellen Bundesrechts, 2006, 133 ff.

[162] BVerfGE 60, 175 (209); 64, 301 (317); → Art. 28 Rn. 7.

[163] BVerfGE 96, 345 (368 f.); → Art. 28 Rn. 7 f.

[164] → Art. 100 Rn. 116 f., *Clemens* in Umbach/Clemens Rn. 79; *v. Coelln,* Anwendung von Bundesrecht nach Maßgabe der Landesgrundrechte, 2001, 314 ff.

[165] *Kunig* NJW 1994, 687 (690).

[166] *Kunig* VVDStRL 61 (2001), 34 (41 f.); iE *Rippberger,* Zur Frage der Kompetenz der Landesverfassungsgerichte zur Überprüfung formellen und materiellen Bundesrechts, 2006, 30 ff., 47 f.

Handeln von Verwaltungsbehörden auf der Grundlage von Bundesrecht. Aber es kann insoweit nichts anderes gelten.[167]

C. Verhältnis zu anderen Bestimmungen des Grundgesetzes

60 Nach hier vertretener Auffassung[168] ist Art. 31 – ähnlich wie Art. 30 – eine Grundsatznorm. Sondervorschriften, die ebenfalls Kollisionsregeln enthalten, sind Art. 25 u. 70 ff., insbes. Art. 71 u. 72 Abs. 1.[169]

61 Art. 28 Abs. 1 ist Spezialnorm zu Art. 31 für das Verhältnis von Landesverfassungen zur Bundesverfassung.[170] Art. 142 berührt dieses Verhältnis nur für einen Teilbereich (für die Grundrechte), ohne dass daraus gefolgert werden kann, andere mit dem GG übereinstimmende Landesverfassungsnormen träten außer Kraft.[171]

62 Die lex posterior-Regel, die mit der Abweichungskompetenz in Art. 72 Abs. 3 S. 3 im Jahre 2006 neu eingeführt worden ist, stellt eine Spezialregelung zu Art. 31 dar.[172]

D. Kritische Würdigung

63 Art. 31 ist eine fundamentale Vorschrift im bundesstaatlichen Gefüge, um eine klare Normenhierarchie zu gewährleisten und eine gewisse Homogenität der Gliedstaaten zu erreichen. Zugleich ist sie Ausweis der Tatsache, dass die Souveränität beim Gesamtstaat liegt, der sich gegenüber den Ländern durchsetzt, wobei ein substantieller Bereich eigener Aufgabenwahrnehmung bei diesen verbleibt. Konflikte konkurrierender staatlicher Aufgabenwahrnehmung werden grundsätzlich zugunsten des Bundes gelöst. Aufgrund zahlreicher Spezialvorschriften, insbesondere der Art. 70 ff. und 83 ff., ist der Anwendungsbereich der Norm indes beschränkt. Hinzu tritt die Spezialnorm des Art. 28. Inwieweit alternative Formulierungen den Regelungsgehalt der Norm besser zu erfassen vermögen, sei an dieser Stelle dahingestellt. Die Komplexität und Vielfalt der zu regelnden Sachverhalte ergibt sich jedenfalls aus der föderalen Aufgabenverteilung selbst. Insofern stellt Art. 31 eine zentrale und wirkungsvolle Konfliktlösungsnorm dar.[173]

Literatur

G. Anschütz, Die Verfassung des Deutschen Reiches, 14. Aufl. 1933, Art. 13 Anm. 1–3. – ***G. Barbey,*** Bundesrecht bricht Landesrecht, DÖV 1960, 566. – ***A. Bleckmann,*** Zur Bindung der Länder an die Ziele der Bundespolitik, DÖV 1986, 125. – ***E.-W. Böckenförde/R. Grawert,*** Kollisionsfälle und Geltungsprobleme im Verhältnis von Bundesrecht und Landesverfassung, DÖV 1971, 119. – ***Ch. Brüning,*** Widerspruchsfreiheit der Rechtsordnung – Ein Topos mit verfassungsrechtlichen Konsequenzen?, NVwZ 2002, 33. – ***Ch. v. Coelln,*** Anwendung von Bundesrecht nach

[167] Zutr. *Tiedemann* DÖV 1999, 200.

[168] → Rn. 1.

[169] *Pieroth* in Jarass/Pieroth Rn. 1; *Brüning* NVwZ 2002, 33 (34); → Rn 1, 33, 36 f.

[170] → Rn. 47; *Sannwald* in SHH Rn. 3; zu Einzelheiten s. *Jutzi,* Landesverfassungsrecht und Bundesrecht, 1982, 33 ff.

[171] BVerfGE 36, 342 (362 f.); iE → Rn. 46; *Jutzi,* Landesverfassungsrecht und Bundesrecht, 1982, 35 ff.

[172] → Rn. 1; → Art. 72 Rn. 50 ff.

[173] Vgl. insoweit auch *Hanschel,* Konfliktlösung im Bundesstaat, 2012, 72 ff.

Maßgabe der Landesgrundrechte, 2001. – ***J. Dietlein,*** Die Grundrechte in den Verfassungen der neuen Bundesländer – zugleich ein Beitrag zur Auslegung der Art. 31 und 142, 1993. – ***J. Dietlein,*** Landesverfassungsbeschwerde und Einheit des Bundesrechts, NVwZ 1994, 6. – ***H. Dreier,*** Grundrechtsschutz durch Verfassungsgerichte, 2000. – ***K. Engelbrecht,*** Die Kollisionsregel im föderalen Ordnungsverbund, 2010. – ***D. Franke,*** Verfassungsgerichtsbarkeit der Länder – Grenzen und Möglichkeiten, FS Mahrenholz, 1994, 923. – ***G. Groß,*** Verfassungshoheit und Homogenität im Bundesstaat, DVBl 1950, 5. – ***S. Haack,*** Widersprüchliche Regelungskonzeptionen im Bundesrecht, 2002. – ***D. Haas,*** Landesverordnungen auf Grund bundesgesetzlicher Ermächtigung, DVBl 1954, 241. – ***D. Hanschel,*** Konfliktlösung im Bundesstaat, 2012.– ***D. Heckmann,*** Geltungskraft und Geltungsverlust von Rechtsnormen, 1997. – ***T. Herbst,*** Gesetzgebungskompetenzen im Bundesstaat – Eine Rekonstruktion der Rechtsprechung des Bundesverfassungsgerichts, 2014. – ***S. Jutzi,*** Landesverfassungsrecht und Bundesrecht, 1982. – ***S. Jutzi,*** Grundrechte der Landesverfassungen und Ausführung von Bundesrecht, DÖV 1983, 836. – **I. Krapp,** Die Abweichungskompetenzen der Länder im Verhältnis zum Vorrang des Bundesrechts gem. Art. 31 GG, 2015. – ***Ph. Kunig,*** Die rechtsprechende Gewalt in den Ländern und die Grundrechte des Landesverfassungsrechts, NJW 1994, 687. – ***B. Lemhöfer,*** Landesverfassungsgerichte als kleine Bundesverfassungsgerichte?, NJW 1996, 1714. – ***J. Lindner,*** Landesgrundrechte, JuS 2018, 233. – ***W. März,*** Bundesrecht bricht Landesrecht, 1989. – ***C.-F. Menger,*** Zum Verhältnis von Landesrecht zu inhaltsgleichem Bundesrecht, VerwArch 62 (1971), 75. – ***J. Menzel,*** Landesverfassungsrecht, 2002. – ***A. v. Mutius,*** Zum Verhältnis von gleichlautendem Bundes- und Landesverfassungsrecht, VerwArch 66 (1975), 161. – ***W. Nitsche,*** Zur Auslegung des Art. 31 des Grundgesetzes, BayVBl. 1956, 71. – ***H. v. Olshausen,*** Landesverfassungsbeschwerde und Bundesrecht, 1980. – **A. Petschulat,** Die Regelungskompetenzen der Länder für die Raumordnung nach der Föderalismusreform – Probleme der Abweichungsgesetzgebung, 2015. – ***J. Pietzcker,*** Zuständigkeitsordnung und Kollisionsrecht im Bundesstaat, in HdbStR VI § 134 Rn. 38–65. – ***R. Poscher,*** Landesgrundrechte und Bundesrecht, NJ 1996, 351. – ***W. Reimann,*** Zur Bedeutung des Gerichtsgebrauchs im Rahmen von Art. 31 GG, DVBl 1969, 951. – ***T. Rippberger,*** Zur Frage der Kompetenz der Landesverfassungsgerichte zur Überprüfung formellen und materiellen Bundesrechts, 2006. – ***J. Rozek,*** Das Grundgesetz als Prüfungs- und Entscheidungsmaßstab der Landesverfassungsgerichte, 1993. – ***W. Rudolf,*** Zum System der staatlichen Rechtsordnungen in der Bundesrepublik Deutschland, DÖV 1966, 73. – ***M. Sachs,*** Die Grundrechte im Grundgesetz und in den Landesverfassungen, DÖV 1985, 469. – ***M. Sachs,*** Die Bedeutung gliedstaatlichen Verfassungsrechts in der Gegenwart, DVBl. 1987, 857. – ***U. Sacksofsky,*** Landesverfassungen und Grundgesetz – am Beispiel der Verfassungen der neuen Bundesländer, NVwZ 1993, 235. – ***A. Schmitt,*** Der Bundesstaatliche Rahmen für die Landesverfassungen – Die Reichweite des Art. 28 GG, insb. im Verhältnis zu Art. 31 GG, zu den Durchgriffs- und Bestandteilsnormen, 2009. – ***B. G. Schubert,*** Normative und strukturelle Grundlagen des Bundesstaatsprinzips, Jura 2003, 607. – ***K. Schweiger,*** Sind Verordnungen einer Landesregierung gem. Art. 80 Abs. 1 GG Bundesrecht oder Landesrecht?, DÖV 1954, 481. – ***P. Tiedemann,*** Landesverfassung und Bundesrecht, DÖV 1999, 200. – ***R. Uerpmann,*** Landesrechtlicher Grundrechtsschutz und Kompetenzordnung, Der Staat 35 (1996), 428. – ***W. Graf Vitzthum,*** Die Bedeutung gliedstaatlichen Verfassungsrechts in der Gegenwart, VVDStRL 46 (1988), 7. – ***R. Wagner,*** Die Konkurrenz der Gesetzgebungskompetenzen von bund und Ländern, 2011. – ***B. Wermeckes,*** Der erweiterte Grundrechtsschutz in den Landesverfassungen. Zu Erscheinungsformen, Wirksamkeit und Bestand weitergehender Landesgrundrechte im Bundesstaat des Grundgesetzes – Zugleich ein Beitrag zur Verfassungsrechtsvergleichung im bundesstaat, 2000. – ***E. Wiederin,*** Bundesrecht und Landesrecht, 1995. – ***F. Wittreck,*** Nachrangklauseln und „normative Selbstbescheidung" der Landesverfassung: Konsequenz oder Umgehung des Art. 31 GG?, DVBl. 2000, 1492. – ***G. Wolf,*** Zur Auslegung des Art. 31 Grundgesetz, BayVBl. 1956, 238.

Art. 32 [Auswärtige Beziehungen von Bund und Ländern]

(1) Die Pflege der Beziehungen zu auswärtigen Staaten ist Sache des Bundes.

(2) Vor dem Abschluss eines Vertrages, der die besonderen Verhältnisse eines Landes berührt, ist das Land rechtzeitig zu hören.

(3) Soweit die Länder für die Gesetzgebung zuständig sind, können sie mit Zustimmung der Bundesregierung mit auswärtigen Staaten Verträge abschließen.

Paulskirchenverfassung von 1849

Abschnitt II. Art. I

§ 6. Die Reichsgewalt ausschließlich übt dem Auslande gegenüber die völkerrechtliche Vertretung Deutschlands und der einzelnen deutschen Staaten aus.

Die Reichsgewalt stellt die Reichsgesandten und die Consuln an. Sie führt den diplomatischen Verkehr, schließt die Bündnisse und Verträge mit dem Auslande, namentlich auch die Handels- und Schifffahrtsverträge, so wie die Auslieferungsverträge ab. Sie ordnet alle völkerrechtlichen Maaßregeln an.

§ 8. Die einzelnen deutschen Regierungen sind befugt, Verträge mit anderen deutschen Regierungen abzuschließen.

Ihre Befugniß zu Verträgen mit nichtdeutschen Regierungen beschränkt sich auf Gegenstände des Privatrechts, des nachbarlichen Verkehrs und der Polizei.

§ 9. Alle Verträge nicht rein privatrechtlichen Inhalts, welche eine deutsche Regierung mit einer andern deutschen oder nichtdeutschen abschließt, sind der Reichsgewalt zur Kenntnißnahme und, insofern das Reichsinteresse dabei betheiligt ist, zur Bestätigung vorzulegen.

Hinweis: Die Verfassung des Deutschen Reiches von 1871 enthielt keine ausdrückliche, dem Art. 32 GG entsprechende Regelung.

Weimarer Reichsverfassung von 1919

Art. 78. Die Pflege der Beziehungen zu den auswärtigen Staaten ist ausschließlich Sache des Reichs.

In Angelegenheiten, deren Regelung der Landesgesetzgebung zusteht, können die Länder mit auswärtigen Staaten Verträge schließen; die Verträge bedürfen der Zustimmung des Reichs.

Vereinbarungen mit freien Staaten über Veränderung der Reichsgrenzen werden nach Zustimmung des beteiligten Landes durch das Reich abgeschlossen. Die Grenzveränderungen dürfen nur auf Grund eines Reichsgesetzes erfolgen, soweit es sich nicht um bloße Berichtigung der Grenzen unbewohnter Gebietsteile handelt.

Um die Vertretung der Interessen zu gewährleisten, die sich für einzelne Länder aus ihren besonderen wirtschaftlichen Beziehungen oder ihrer benachbarten Lage zu auswärtigen Staaten ergeben, trifft das Reich im Einvernehmen mit den beteiligten Ländern die erforderlichen Einrichtungen und Maßnahmen.

Übersicht

A. Allgemeine Bedeutung

I. Genese

Art. 32 ist in der Tradition insbesondere von **Art. 45** und **78 WRV** zu lesen.[1] Diese schrieben die in der Paulskirchenverfassung (1849) (§§ 6, 8, 9 und § 78) und Reichsverfassung (1871) (§ 11 Abs. 1 S. 3, Abs. 2) angelegte **föderale Zentralisierungstendenz**[2] fort. Die Pflege der Beziehungen zu auswärtigen Staaten wies Art. 78 Abs. 1 WRV „ausschließlich" dem Reich zu. Art. 78 Abs. 2 WRV sprach den Ländern die Zuständigkeit zu, im Rahmen ihrer Gesetzgebungskompetenzen Verträge mit anderen Staaten abzuschließen, wobei er einen Zustimmungsvorbehalt der Exekutive installierte,[3] – was Art. 32 Abs. 3 aufgreift (→ Rn. 60 ff.).[4] Mit der WRV fiel das Gesandtschaftsrecht in den Bereich exklusiver Reichskompetenz,[5] woran Art. 59 Abs. 1 S. 3 (→ Art. 59 Rn. 36 ff.) und Art. 32 Abs. 1 anknüpfen. Die Weimarer Lehre nahm eine beschränkte Vertragsschlusskompetenz 1

[1] *Kempen* in MKS Rn. 4; *Starck* FS f. Lerche, 1993, 561 (562). Vgl. *Fassbender* JöR nF 53 (2005), 207 (insb. 277 ff.).

[2] Eine solche ist nicht eine zwingende Notwendigkeit, vgl. *Weiler,* The Constitution of Europe, 1999, 134.

[3] Jedenfalls in der Reichsregierungspraxis *Wollenschläger* in Dreier Rn. 2. Vgl. zu dieser Frage *Heckel* 7 AöR nF (1924), 209 (217 f.); *Fassbender* in BK Rn. 45.

[4] *Fassbender* in BK Rn. 45.

[5] *v. Liszt/Fleischmann,* Das Völkerrecht, 1925, 192; *Rudolf* AöR 13 (1966), 53.

der Länder im Bereich ausschließlicher Länderkompetenzen an und verstand Art. 78 Abs. 2 WRV als eine Bestätigung der *ex ante* bestehenden **„vorkonstitutionellen" Staatsqualität** der Länder (→ Rn. 10).[6] Mit dem Übergang der Hoheitsrechte der Länder auf das Reich während des nationalsozialistischen Terrorregimes wurde ihnen das Vertragsschlussrecht entzogen,[7] was das Grundgesetz revidierte. Unter der Reichsverfassung von 1871 und auch im Hinblick auf Art. 78 WRV[8] war eine Parallelität von inneren und äußeren Kompetenzen von Reich und Ländern (→ Rn. 20 f.) herrschend anerkannt.[9] Die Debatten im Parlamentarischen Rat verliefen wechselhaft:[10] Art. 41 Abs. 1 Herrenchiemseer Entwurf [HE] statuierte einen **Gleichlauf der inneren und äußeren Kompetenzen.**[11] Bei Bedenken des Bundes im Hinblick auf den Abschluss eines völkerrechtlichen Vertrages durch ein Land sollte dieses von dem Vertragsschluss Abstand nehmen (Art. 41 Abs. 2 S. 2 HE). Die final angenommene Version des Art. 32 wich von dem ursprünglichen Entwurf ab (und näherte sich Art. 78 Abs. 2 WRV an), stimmte mit ihm jedoch insofern überein, als explizit die Vertragsschlusskompetenz der Länder aufgenommen wurde.[12] Anders als Art. 78 Abs. 1 WRV spricht Art. 32 Abs. 1 nicht von einer „ausschließlichen" Zuständigkeit des Bundes für die Pflege der Beziehungen zu auswärtigen Staaten (→ Rn. 19). Auch ist nunmehr ein Anhörungsrecht betroffener Länder explizit verankert (Art. 32 Abs. 2) (→ Rn. 52 ff.).[13] Mehrere Vorschläge, Art. 32 zu reformieren, wurden diskutiert, sind jedoch auch aufgrund unverrückbarer Standpunkte nicht umgesetzt worden.[14]

II. Inhaltsübersicht

2 Art. 32 markiert – insbesondere im Zusammenspiel mit Art. 59 – einen Teil der Konturen der **„auswärtigen Gewalt"** (→ Art. 59 Rn. 1),[15] namentlich ihrer **„bundesstaatliche Dimension"**.[16] *Weber* ordnet Art. 32 in diesem Sinne als „‚materielle Grundnorm' der auswärtigen Gewalt" ein,[17] *Rojahn* sprach von einer „verfassungsorganisatorischen Grundentscheidung".[18] Dabei bezeichnet der Begriff der auswärtigen Gewalt nicht eine

[6] *Anschütz,* Die Verfassung des Deutschen Reiches vom 11. August 1919, Nachdruck der 14. Aufl. 1933, 1987, Art. 78 Rn. 3. Vgl. StGH, RGZ 116 Anhang 18 (Donauversinkung). Zur tatsächl. Staatspraxis *Fassbender* in BK Rn. 44, 50.

[7] Art. 1, 2 des Gesetzes über den Neuaufbau des Reiches v. 30.1.1934, RGBl. 1934 I 75. Vgl. *Rudolf* AöR 13 (1966), 53 (53 f.).

[8] Gleichlauf bejahend *Wolgast* AöR 44 (1923), 1 (24); *Rudolf* AöR 13 (1966), 53 (56). Zur Parallelität *Bleckmann* NVwZ 1989, 311 ff. Differenziert *Papier* DÖV 2003, 265 (266).

[9] *Heckel* AöR 46 (1924), 209 (212). Siehe *Rudolf* AöR 13 (1966), 53 (56); *Grewe* in HdbStR III, 2. Aufl. 1996, § 77 Rn. 84.

[10] Detailliert *Fassbender* in BK Rn. 52 ff.; *Weber* in Umbach/Clemens Rn. 4, 7.

[11] *Fassbender* in BK Rn. 56 ff.; *Rudolf* AöR 13 (1966), 53 (56 f.); *Kaiser,* Gemischte Abkommen im Lichte bundesstaatlicher Erfahrungen, 2009, 136 f.

[12] *Fassbender* in BK Rn. 64.

[13] *Streinz* in Sachs Rn. 1.

[14] *Wollenschläger* in Dreier Rn. 5.

[15] *Calliess* in HdbStR IV, § 83 Rn. 1 ff. Krit. *Fastenrath/Groh* in BerlKomm Rn. 12; BVerfGE 143, 101 (142).

[16] *Stern,* FS f. Carl Heymanns Verlag, 1995, 251 (252); *Wollenschläger* in Dreier Überschrift vor Rn. 15 („föderale Dimension"). Vgl. *Calliess* in HdbStR IV, § 83 Rn. 52 („föderale Komponente"); *Fassbender* in BK Rn. 1.

[17] *Weber* in Umbach/Clemens, Art. 59 Rn. 34. Ferner *Streinz* in Sachs Rn. 2 („Grundnorm"). Krit. *Zuleeg* in AK Rn. 1.

[18] *Rojahn* in v. Münch/Kunig, 6. Aufl. 2012, Rn. 1.

„vierte Gewalt“ neben der Trias von Legislative, Judikative und Exekutive (→ Art. 59 Rn. 1).[19] Vielmehr umfasst dieser im verfassungsrechtlichen Diskurs weitläufig rezipierte Terminus,[20] der sich erstmalig[21] wohl in den Schriften *Haenels* nachweisen lässt,[22] die Summe der verfassungsrechtlich distribuierten Kompetenzen, die einen auswärtigen Bezug aufweisen[23] und sich insofern auf die Regelung der Beziehung der Bundesrepublik zu anderen Völkerrechtssubjekten beziehen,[24] sowie deren Ausübung.[25] Kritik wurde an dem Begriff auswärtiger Gewalt aus vielfacher Richtung geübt, gerade auch, weil er absolutistische Konnotationen weckt, auf Prärogativen der Exekutive (zum **„exekutiven Primat“** → Art. 59 Rn. 4 f., 43) hindeutet und letztlich den Pluralismus verschleiert, der Staaten in ihrem Wirken nach innen und außen kennzeichnet (→ Art. 59 Rn. 3 f.).[26] Es erweist sich allerdings nicht als zwingend notwendig, diesen Begriff aus dem verfassungsrechtlichen Vokabular zu verbannen oder durch alternative Begriffsschöpfungen[27] zu ersetzen. Befreit man sich von „hypostatisierenden“ Vorverständnissen, so ist die auswärtige Gewalt als systematisierender **Strukturbegriff** aufzufassen, der eine **„Ordnungsaufgabe“** erfüllt.[28] Verfehlt wäre es indes, aus ihm bestimmte Rechtsfolgen deduzieren zu wollen.[29]

In concreto bestimmt Art. 32 die den Bundesstaat nach dem Modell des Grundgesetzes prägende Zuordnung der **Verbandskompetenz**[30] (→ Art. 59 Rn. 13) für auswärtige Gewalt. Dabei müht sich Art. 32 um die Etablierung eines Ausgleichs zwischen dem Pluralismus, der Bundesstaatlichkeit nach innen kennzeichnet,[31] und der Einheit, die die Bundesrepublik nach außen – 3

[19] *Röben,* Außenverfassungsrecht, 2007, 1; *Steinberger* in Mußgnug Rechtsentwicklung unter dem Bonner Grundgesetz, 101 (104); *Streinz* in Sachs Rn. 3; *Maunz* in Maunz/Dürig, 22. EL 1983, Rn. 1. Siehe aber Tendenzen bei *Locke,* Two Treatises of Government, Second Treatise (II), § 147.

[20] *Grewe* VVDStRL 12 (1954), 129 ff.; *Mosler* FS f. Bilfinger, 1954, 243 ff.; *Biehler,* Auswärtige Gewalt, 2005; *Reichel,* Die auswärtige Gewalt nach dem Grundgesetz für die Bundesrepublik Deutschland vom 23. Mai 1949, 1967, 21 ff.; *Bleckmann,* Grundgesetz und Völkerrecht, 1975, 201 ff.; *Wolgast* AöR 44 (1923), 1 ff.; *Schorkopf,* Staatsrecht der Internationalen Beziehungen, 2017, § 4 Rn. 3 Fn. 3; *Seidel,* Der Bundespräsident als Träger der auswärtigen Gewalt, 1972, 20 ff.

[21] *Seidel,* Der Bundespräsident als Träger der auswärtigen Gewalt, 1972, 20.

[22] *Haenel,* Deutsches Staatsrecht I, 1892, 531.

[23] *Wolfrum* VVDStRL 56 (1997), 38 (39); *Fassbender* in BK Rn. 15 (den Begriff der auswärtigen Gewalt als verzichtbar erachtend – Rn. 16).

[24] *Jarass* in Jarass/Pieroth Rn. 3; *Schmahl* in Sodan Rn. 4; *Rojahn* in v. Münch/Kunig, 6. Aufl. 2012, Rn. 2; *Wolff* in Hömig/Wolff Rn. 1.

[25] *Bleckmann,* Grundgesetz und Völkerrecht, 1975, 202. Vgl. *Stock,* Verfassungswandel in der Außenverfassung, 2017, 145.

[26] *Schorkopf,* Staatsrecht der Internationalen Beziehungen, 2017, § 4 Rn. 3, 12; *Fastenrath/Groh* in BerlKomm Rn. 12.

[27] Alternative Begriffe sind zB „äußeres Staatsrecht“ (*Zoepfl,* Grundsaetze des Allgemeinen und des Constitutionell-Monarchischen Staatsrechts, 1846, 7), „Verwaltung der auswärtigen Angelegenheiten“ (*Laband,* Das Staatrecht des Deutschen Reiches II, 1877, § 70; *de Grais,* Handbuch der Verfassung und Verwaltung in Preußen und dem Deutschen Reich, 1882, 102; *Behr,* Die Verfassung und Verwaltung des Staats I, 1811, 137; *Ullmann,* Völkerrecht III, 1908, 161) oder „Außenverfassungsrecht“, *Röben,* Außenverfassungsrecht, 2007. Rechtsvergl. *Aust* in Grote/Lachenmann Max Planck Encyclopedia of Comparative Constitutional Law, August 2017, Rn. 13 f. („Foreign Affairs“).

[28] *Bleckmann,* Grundgesetz und Völkerrecht, 1975, 202.

[29] *Rojahn* in v. Münch/Kunig, 6. Aufl. 2012, Rn. 2.

[30] Zur Verbandskompetenz *Huber,* Wirtschaftsverwaltungsrecht II, 1954, 716 f.; *Oldiges* DÖV 1989, 873 ff.

[31] Hierzu *Häberle,* Die Verfassung des Pluralismus, 1980.

aus klassisch völkerrechtlicher Perspektive betrachtet – verkörpert **(„unity of the State")** (→ Rn. 4).[32] Diese beiden Pole bedingen Spannungslagen, die an zahlreichen Einzelfragen an die Oberfläche treten und einer Auflösung bedürfen. Die Art. 32 zugrundeliegende Differenzierung zwischen einer **inneren** und **äußeren Sphäre** des Staates[33] ist eng mit der Idee der **Territorialität** – „Modern states are territorial"[34] – verbunden. Diese Dichotomie hat im Zuge von Internationalisierungs-, Transnationalisierungs- und Globalisierungsprozessen eine erhebliche Relativierung erfahren,[35] ist jedoch (noch) nicht obsolet geworden. Ein Blick in andere föderativ organisierte Rechtsordnungen verdeutlicht,[36] dass für das durch Art. 32 geregelte Kernproblem – vertikale Aufteilung von Kompetenzen nach innen und deren Auswirkungen auf das Handeln nach außen – unterschiedliche Lösungsmechanismen vorstellbar erscheinen: **Geschlossene Bundesstaaten**[37] kennzeichnet eine Konzentration auswärtiger Kompetenzen beim Gesamtstaat, die sich auch historisch durch das Aufkommen souveräner Nationalstaatlichkeit und der hiermit einhergehenden Gewaltmonopolisierung erklären lässt.[38] Beispielhaft werden hier – neben dem Paradebeispiel Brasilien[39] – regelmäßig die USA angeführt (Art. I Section 10 Clause 1 US Constitution).[40] Den US-amerikanischen Bundesstaaten ermangelt es aufgrund ihres verfassungsrechtlichen Status nach etablierter Lesart an Völkerrechtssubjektivität (→ Rn. 11).[41] In der Tradition der *Federalist Papers* stehend fungieren Präsident[42] und Senat auf Ebene des Bundes – er ist der zuständige Verband – als die organschaftlichen Träger auswärtiger Gewalt.[43] Indes lassen sich auch Relativierungstendenzen im Hinblick auf die angenommene Geschlossenheit der US-amerikanischen Verfassungsordnung in Judikatur und Literatur ausmachen.[44] **Offene Bundesstaaten** hingegen prägt eine Konkurrenz zwischen den auswärtigen Kompetenzen der Gliedstaaten und den Kompetenzen

---

[32] ILC, Draft Articles on Responsibility of States for Internationally Wrongful Acts (UN Doc. A/56/10), YBILC II (2001), Art. 4 Rn. 5.

[33] *Biehler,* Auswärtige Gewalt, 2005, 8 ff.; *Aust* in Grote/Lachenmann Max Planck Encyclopedia of Comparative Constitutional Law, August 2017, Rn. 12 („Foreign Affairs").

[34] *Brierly,* The Law of Nations, 1949, 111.

[35] *Calliess* in HdbStR IV, § 83, Rn. 3 ff.; *Nolte* VVdStRL 67 (2008), 129 ff. Rechtsvergl. *Young* in Bradley Oxford Handbook of Comparative Foreign Relations Law, 259 (273 ff.).

[36] Vergleichbare Kompetenzprobleme stellen sich auch innerhalb der EU *Nettesheim* in Maunz/Dürig Rn. 7; *Lorz/Meurers* in v. Arnauld Europäische Außenbeziehungen, 103 ff. (§ 2).

[37] Zur Differenzierung geschlossen/offen *Fassbender* JZ 2016, 280 ff.; *Menzel* VVDStRL 12 (1954), 179 (200). Zur völkerrechtl. Perspektive *Opeskin* Netherlands International Law Review 43 (1996) 353 ff.; *Hernández* in French Statehood and Self-Determination, 491 ff. Rechtsvergl. *Wildhaber,* Treaty-Making Power and Constitution, 1971.

[38] *Steinberger* in Mußgnug Rechtsentwicklung unter dem Bonner Grundgesetz, 101 (107).

[39] Art. 21 Abs. 1 Constituição da República Federativa do Brasil. Vgl. *Ceia* Panorama of Brazilian Law 1 (2013), 399 ff.

[40] *Dahm/Delbrück/Wolfrum,* Völkerrecht I/1, 1989, 227; *Fassbender* JöR nF 53 (2005), 207 (210). Krit. *Young* in Bradley Oxford Handbook of Comparative Foreign Relations Law, 259 ff. Vgl. *United States v. Belmont,* 301 U. S. 324, 331 (1937); *Holmes v. Jennison,* 39 U. S. 540, 572 (1840).

[41] Vgl. *Fassbender* JZ 2016, 280. Ferner *Pritchett,* American Constitutional Issues, 1962, 177 ff.; *Willoughby,* Constitutional Law of the United States, 1910, 450 ff.

[42] *Zschernig v. Miller,* 389 U. S. 429, 432 (1968); *First Nat. City Bank v. Banco Nacional de Cuba,* 406 U. S. 759, 765, 767 (1972).

[43] *Nettesheim* in Maunz/Dürig Rn. 7.

[44] *American Insurance Ass'n v. Garamendi,* 539 U. S. 396 (2003); *Medellín v. Texas,* 552 U. S. 491 (2008). Vgl. *Beiter* Notre Dame Law Review 85 (2010), 1163; *Strauss* Fordham

des Gesamtstaates.[45] Als Beispiele lassen sich Belgien[46] (Art. 167 Abs. 1 S. 1 der Verfassung des Königreichs Belgien)[47] und die Schweiz (Art. 56 der Bundesverfassung [BV][48]) anführen. Art. 56 BV trifft insofern eine weitreichende Regelung, als Kantonen[49] zunächst lediglich die Pflicht auferlegt wird, den Bund über in ihrem Zuständigkeitsbereich liegende völkerrechtliche Verträge zu informieren. Dem Bundesrat (Art. 186 Abs. 3 BV) und anderen Kantonen steht jedoch ein Einspruchsrecht zu, das gegenüber der Bundesversammlung geltend zu machen ist. Nach erfolglosem Vermittlungsverfahren muss die Bundesversammlung den Vertrag genehmigen (Art. 172 Abs. 3 BV).[50]

Dass das Völkerrecht Staaten prinzipiell als Einheiten, als **monolithische Strukturen,** auffasst (→ Rn. 3; Art. 59 Rn. 3),[51] macht sich sowohl auf Ebene der Normbindung als auch im Recht der Staatenverantwortlichkeit bemerkbar.[52] Eng verbunden mit diesem „von Außen sehen",[53] in dessen Kontext Art. 32 einzuordnen ist, ist die dem Völkerrecht immanente Konzeption von Staaten als abstrakten Rechtspersonen.[54] Einerseits wäre es mit der Idee des Bundesstaates, der ein souveräner Nationalstaat ist, schwer vereinbar, wenn dessen Glieder sich außenpolitisch in Widerspruch zum Gesamtstaat setzen könnten.[55] In diesem Sinne will Art. 32 sicherstellen, dass der seitens der Bundesrepublik verfolgte außenpolitische Kurs kohärent ist.[56] Ferner ist zu beobachten, dass ein heterogenes Auftreten von Staaten, diese völkerrechtlich normativer Gestaltungsmacht[57] und politischen Gewichts beraubt.[58] Das Sicherstellen des **„Sprechen[s]" mit einer Stimme**[59] steht insofern im Dienst der Erhaltung der völkerrechtlichen Hand- 4

Law Review 83 (2014), 417 ff.; *Young* in Bradley Oxford Handbook of Comparative Foreign Relations Law, 259 ff.

[45] Vgl. *Wollenschläger* in Dreier Rn. 10 f. Rechtsvergl. *Hopkins* in Grote/Lachenmann Max Planck Encyclopedia of Comparative Constitutional Law, Januar 2018 („Powers of Foreign Policy and National Defence in Federal Systems").

[46] *Fassbender* in BK Rn. 220 ff.; *Rudolf* in Wolfrum MPEPIL, Mai 2011, Federal States, Rn. 12.

[47] Überblick über die belg. Rechtslage bzgl. CETA *Omiunu* Global Journal of Comperative Law 6 (2017), 105 (125 ff.).

[48] Zu kantonalen völkerrechtl. Verträgen *Fassbender/Gübeli* Schweizerisches Zentralblatt für Staats- und Verwaltungsrecht 3 (2018), 107 ff.; *Wildhaber* in Riklin/Hang/Probst Neues Handbuch der schweizerischen Außenpolitik, 121 (124 f.).

[49] Zur schweiz. Rechtslage *Ehrenzeller* FS f. Steinberger, 2000, 703 (721 ff.); *Fassbender* FS f. Thürer, 2015, 149 (152 f.).

[50] *Portmann* in Bradley Oxford Handbook of Comparative Foreign Relations Law, 297 (307 f.).

[51] Vgl. aber *Anderson* Harvard Law Review 118 (2005), 1255 (1284 ff.); *Hernández* in French *Statehood and Self-Determination*, 491 ff.

[52] Zur int. Verantwortlichkeit *Verdross/Simma,* Universelles Völkerrecht, 1984, 855 ff. (§§ 1270 ff.); *Polak* Österreichische Zeitschrift für öffentliches Recht 1 (1948), 382 (386 f.).

[53] Vgl. *Menzel* VVDStRL 12 (1954), 179 (209).

[54] *Häfelin,* Die Rechtspersönlichkeit des Staates, 1959; *Johns,* International Legal Personality, 2010.

[55] BVerfGE 2, 347 (379); *Hillgruber* in SHH Rn. 4.

[56] BVerfGE 2, 347 (378); *Bleckmann* NVwZ 1989, 311 (314); *Calliess,* Staatsrecht III, 87 Rn. 49; *Rojahn* in v. Münch/Kunig, 6. Aufl. 2012, Rn. 2.

[57] Concl. 7 Abs. 2 der ILC Draft Conclusions on Identification of Customary International Law (UN Doc. A/73/10), YBILC-II 2018, 134.

[58] *Calliess* in HdbStR IV, § 83 Rn. 52.

[59] *Schorkopf,* Staatsrecht der Internationalen Beziehungen, 2017, § 4 Rn. 2. Vgl. BVerfGE 2, 347 (378); 55, 349 (368) (Sprechen mit „einheitliche[r] Stimme"). Vgl. ferner *Blackstone,* Commentaries on the Laws of England, Book 1, Chapter 7 (1765–1769). Zu diesem Topos

lungsfähigkeit der Bundesrepublik.[60] Dennoch regen sich angesichts unterschiedlicher **grenzüberschreitender Kooperationsformen** unterstaatlicher Handlungseinheiten (→ Rn. 30, 48 ff.) und dem Phänomen der **Transnationalität**[61] (→ Rn. 29) Zweifel am „Idealbild der Einheitlichkeit staatlicher Aussenpolitik".[62] Unlängst sprachen einige Stimmen im völkerrechtlichen Diskurs von einer **„[d]isaggregation of the state"**[63] und der Etablierung transnationaler Behördennetzwerke.[64] Hinterfragt wird zudem, ob das Völkerrecht nach gegenwärtigem Stand tatsächlich in adäquater Weise auf staatliche und föderale Vielstimmigkeit reagiert. Es wäre jedenfalls verfehlt anzunehmen, der „Föderalismus [gelte] nicht für die Auswärtige Gewalt" und es existierte lediglich ein Dezentralismus.[65] Vielmehr lässt die grundgesetzliche Ordnung auch im Handeln nach außen in gewissen Grenzen einen **föderalen Pluralismus** zu,[66] auch wenn Kohärenz und Einheitlichkeit im Auftritt nach außen als Bestreben normativ verankert sind.

5 Die Gesamtarchitektur des Art. 32 gestaltet sich wie folgt: Art. 32 Abs. 1 stellt mit der Zuweisung der (nicht ausschließlichen) **Außenkompetenz** an den Bund eine allgemeine Regel auf, während Art. 32 Abs. 2 und 3 **Spezialregelungen** für völkerrechtliche Verträge treffen.[67] Dabei umfasst Art. 32 indes nur einen Ausschnitt auswärtiger Gewalt iwS (→ Rn. 48 ff.). Art. 32 Abs. 2 ist als Verkörperung des Grundsatzes der Bundestreue[68] zu sehen und dient einer effektiven Berücksichtigung von Länderinteressen (→ Rn. 52 ff.).[69] Die **partielle Völkerrechtssubjektivität der Länder,** für die Art. 32 Abs. 3 die notwendigen Voraussetzungen schafft, bestätigt die ihnen zugesprochene **Eigenstaatlichkeit** (→ Rn. 10, 12).[70] Über die Auslegung und Implikationen des Art. 32 herrscht seit jeher Streit, der nur bedingt einer Auflösung zugeführt wurde. Er bildet den Ausgangspunkt eines **„agreement to disagree"** und eröffnet einen **„diskursiven Raum"** (→ Rn. 77 ff.), im Rahmen dessen die Bundesstaatlichkeit nach grundgesetzlichem Gepräge kontinuierlich de- und rekonstruiert sowie weiterentwickelt wird.

---

im Kontext der EU *Starski* in Pechstein/Nowak/Häde Frankfurter Kommentar, Art. 138 Rn. 4. Zur Vielstimmigkeit *Fastenrath/Groh* in BerlKomm Rn. 5.

[60] *Wollenschläger* in Dreier Rn. 28.

[61] *Peters* FS f. Vagts, 2010, 154 ff.; *Koh* Penn State International Law Review 24 (2006), 745 ff.; *Calliess* Zeitschrift für Rechtssoziologie 23 (2002), 185 ff.

[62] *Aust* in Heschl/Juri/Neubauer/Pirker/Scharfe/Wagner/Willgruber L'État, c'est quoi?, 215 (236).

[63] *Herdegen,* The Dynamics of International Law in a Globalised World, 2016, 75. Vgl. *Anderson* Harvard Law Review 118 (2005), 1255 (1284 ff.).

[64] *Slaughter,* A New World Order, 2004; *Slaughter* Michigan Journal of International Law (2003), 1041 ff.

[65] *Menzel* VVDStRL 12 (1954), 179 (209); *Nettesheim* in Maunz/Dürig Rn. 6.

[66] Vgl. *Schorkopf,* Staatsrecht der Internationalen Beziehungen, 2017, § 4 Rn. 6.

[67] *Jarass* in Jarass/Pieroth Rn. 1.

[68] *Smend,* Staatsrechtliche Abhandlungen, 1968, 39. Allg. *Bauer,* Die Bundestreue, 1992; *Vogel* in Benda/Maihofer/Vogel HdbVerfR, § 22, Rn. 45 ff.; *Bleckmann* JZ 1991, 900 ff.

[69] Vgl. *Nettesheim* in Maunz/Dürig Rn. 1; *Weber* in Umbach/Clemens Rn. 19; *Wollenschläger* in Dreier Rn. 45.

[70] *Nawiasky* VVDStRL 12 (1954), 235 (237) (Aussprache); *Wollenschläger* in Dreier Rn. 17.

III. Überstaatliche Bezüge

In mehrfacher Hinsicht steht Art. 32 repräsentativ für die **„überstaatliche Bedingtheit"**[71] des Grundgesetzes: Zunächst ist Art. 32 – auch durch das Konzept des „Staates"[72] – an der Schnittstelle zwischen Verfassungs- und Völkerrecht zu verorten. Er ist in den Kontext der **„offene[n]" Staatlichkeit,**[73] die das Grundgesetz etabliert, zu stellen (→ Art. 59 Rn. 12),[74] und erweist sich neben Art. 59 sowie Art. 23 bis 25 als **„Öffnungsklausel[n]"** in Richtung des überstaatlichen Rechts (→ Art. 59 Rn. 11).[75] Im Rahmen dieses **offenen Verfassungsstaates** spielen Länder – was Art. 32 Abs. 3 bestätigt – eine wesentliche Rolle und partizipieren über ihre **limitierte Völkerrechtssubjektivität** (→ Rn. 12) an einer weitergehenden Verschränkung der innerstaatlichen Rechtsordnung mit der völkerrechtlichen. 6

IV. Systematischer Zusammenhang

Art. 59 regelt die **Organkompetenz** auf Bundesebene im Bereich der auswärtigen Gewalt (→ Art. 59 Rn. 2),[76] Art. 32 die **Verbandskompetenz.**[77] Regelungen zu Fragen der Organkompetenz auf Ebene der Länder im Bereich der von ihnen ausübbaren auswärtigen Gewalt finden sich in den jeweiligen Landesverfassungen.[78] 7

Umstritten ist das Verhältnis zwischen Art. 30 und Art. 32. Unklarheiten bestehen auch im Hinblick auf die normativen Konsequenzen, die eine Einordnung des Art. 32 als „andere Regelung" iSd Art. 30 nach sich zieht sowie den normativen Gehalt von Art. 30 selbst. Nach einer Ansicht ist Art. 32 als eine Ausnahmebestimmung zu Art. 30 zu verstehen („andere Regelung" iSv Art. 30),[79] die nicht abschließender Natur ist, so dass Art. 30 subsidiär zur Anwendung kommen könne **(These nicht-exklusiver Spezialität).**[80] Die gegenteilige[81] – wohl herrschende – Ansicht betrachtet Art. 32 als eine Ausnahmebestimmung, die exklusiver und abschließender Natur ist, und Art. 30 vollends verdrängt (**These exklusiver, gleichrangiger Eigenständigkeit**).[82] Einige wollen in Art. 32 gar eine Art **Bereichsausnahme** zu Art. 30 8

[71] *v. Simson,* Die Souveränität im rechtlichen Verständnis der Gegenwart, 1965, 186 ff.

[72] Vgl. *Loughlin* International Journal of Constitutional Law 16 (2018), 1156 ff.; *Kriele,* Einführung in die Staatslehre, 1994, §§ 15 ff.

[73] *Vogel,* Die Verfassungsentscheidung des Grundgesetzes für eine internationale Zusammenarbeit, 1964, 42. Siehe *Fassbender,* Der offene Bundesstaat, 2007, 8 ff.; *Di Fabio,* Das Recht offener Staaten, 1998; *Hobe,* Der offene Verfassungsstaat zwischen Souveränität und Interdependenz, 1998; *Sommermann* in Handbuch Ius Publicum Europaeum II, 2008, § 14. Aus rechtsvergl. Sicht *Huber* in Handbuch Ius Publicum Europaeum II, 2008, § 26.

[74] *Fassbender,* Der offene Bundesstaat, 2007, 264; *Niedobitek,* Das Recht der grenzüberschreitenden Verträge, 2001, 396; *Rojahn* in v. Münch/Kunig, 6. Aufl. 2012, Rn. 5.

[75] BVerfGE 143, 101 (135 f.).

[76] *Nettesheim* in Maunz/Dürig Rn. 24; *Wollenschläger* in Dreier Rn. 26.

[77] *Hillgruber* in SHH Rn. 2; *Heintschel von Heinegg/Frau* in BeckOK GG Rn. 1; *Kempen* in MKS Rn. 11.

[78] *Nettesheim* in Maunz/Dürig Rn. 1.

[79] *Aust,* Das Recht der globalen Stadt, 2017, 70; *Wollenschläger* in Dreier Rn. 16; *Fassbender* in BK Rn. 1.

[80] Tendenziell *Nettesheim* in Maunz/Dürig Rn. 23; *Magiera* FS f. Hochschule Speyer, 1997, 97 (110); *Hellermann* in BeckOK GG Art. 30 Rn. 10. Ablehnend *Streinz* in Sachs Rn. 8, 9.

[81] *Wolff* in Hömig/Wolff Rn. 1.

[82] *Hillgruber* in SHH Rn. 4; *Schmahl* in Sodan Rn. 2. Vgl. *Kempen* in MKS Rn. 12, 51; *Rojahn* in v. Münch/Kunig, 6. Aufl. 2012, Rn. 8. AA *Fassbender* in BK Rn. 2.

erblicken.[83] Virulent werden diese Auffassungen bei Zweifeln ob der Auslegung des Art. 32: Als eine Ausnahme von der Grundregel des Art. 30, der auch prinzipiell die auswärtige Gewalt erfasste, verlangte Art. 32 nach einer restriktiven Auslegung.[84] Auf Art. 30 wäre zurückzugreifen, wo Art. 32 keine Regelung träfe[85] – ein Weg, der – folgte man der These exklusiver Eigenständigkeit – versperrt wäre.[86]

9 Für die **These exklusiver Spezialität** werden insbesondere die Spezifika auswärtiger Gewalt angeführt: *Streinz* verweist auf deren **„völkerrechtliche Gebundenheit"** sowie die völkerrechtliche Perzeption des Staates als eines Einheitsstaates. Die Systematik indiziere, dass Art. 32 eine Art. 30 gleichrangige Grundentscheidung zur Kompetenzdistribution in äußeren Angelegenheiten statuiere.[87] Es erscheint jedoch – auch angesichts der zwangsläufigen Rückwirkungen einer Hoheitsausübung nach außen auf die innerstaatliche Kompetenzordnung – bedenklich, ein Aliudverhältnis zwischen nach innen und nach außen geübter Staatsgewalt anzunehmen.[88] Zudem regelt Art. 73 Abs. 1 Nr. 1 auswärtige Gesetzgebungskompetenzen. Letztere werden im Rahmen eines Kompetenzkatalogs zugeordnet, der als integrales Element der Kompetenzdistribution nach Art. 70 ff. die Substanz des Art. 30 prägt.[89] Ferner verweist Art. 32 Abs. 3 selbst auf die nach innen gerichtete Kompetenzordnung.[90] Nicht überzeugend ist es jedenfalls anzunehmen, dass Art. 32 generell eine (umgekehrte) Kompetenzvermutung zugunsten des Bundes für sämtliches staatliche Handeln nach außen etabliert.[91] Einer unbeschränkten Vermutung für eine **ausschließliche Zuständigkeit** des Bundes in auswärtigen Angelegenheiten steht **Art. 32 Abs. 3** entgegen.[92] Gleichzeitig wird teleologisch und systematisch wiederum davon ausgegangen werden müssen, dass die Vermutungsregelung des Art. 30 im Rahmen des Art. 32, so denn dieser einschlägig ist, im Ausgangspunkt nicht greift.[93] Dies verhindert indes nicht den Rückgriff auf Art. 30 in Fällen, in denen Art. 32 nicht anwendbar ist.

---

[83] *Hillgruber* in SHH Rn. 5. AA *Fassbender* in BK Rn. 2, 3 ff.

[84] *Hillgruber* in SHH Rn. 3.

[85] *Magiera* FS f. Hochschule Speyer, 1997, 97 (110); *Fassbender* in BK Rn. 9.

[86] *v. Coelln* in Gröpl/Windhorst/von Coelln Rn. 2.

[87] Hier und vorhergehend *Streinz* in Sachs Rn. 9. Vgl. *Rojahn* in v. Münch/Kunig, 6. Aufl. 2012, Rn. 8.

[88] Vgl. *Nettesheim* in Maunz/Dürig Art. 23.

[89] *Nettesheim* in Maunz/Dürig Rn. 23.

[90] *Nettesheim* in Maunz/Dürig Art. 23; *Storbeck,* Grenzüberschreitende Kommunale Zusammenarbeit, 2016, 107.

[91] So *Fassbender* in BK Rn. 2; *Calliess* in HdbStR IV, § 83 Rn. 53 (jedenfalls keine Vermutung ausschließlicher Zuständigkeit); *Calliess,* Staatsrecht III, 87 Rn. 49. Nicht eindeutig *Nettesheim* in Maunz/Dürig – Rn. 2 einerseits und Rn. 23 andererseits. Von einer Umkehrung der Kompetenzvermutung ausgehend *Soell* AöR 95 (1970) 423 (434); *Magiera* FS f. Hochschule Speyer, 1997, 97 (110); *Hillgruber* in SHH Rn. 4; *Mosler* FS f. Bilfinger, 1954, 243 (257); *Weber* in Umbach/Clemens Rn. 10; *Steinberger* in Mußgnug Rechtsentwicklung unter dem Bonner Grundgesetz, 101 (105); *Rojahn* in v. Münch/Kunig, 6. Aufl. 2012, Rn. 8; *Weißauer* FS f. Bengl, 1984, 149 (151). Siehe auch *Maunz* in Maunz/Dürig, 22. EL 1983, Art. 32 Rn. 16. Vgl. BVerfGE 6, 309 (362).

[92] *Rojahn* in v. Münch/Kunig, 6. Aufl. 2012, Rn. 8; *Calliess* in HdbStR IV, § 83 Rn. 53.

[93] *Kempen* in MKS Rn. 12.

B. Einzelfragen

I. Länder als Subjekte nach außen und innen – Völkerrechtssubjektivität der Länder und (inter)föderales Vertragsrecht

1. Völkerrechtssubjektivität der Länder. Länder weisen verfassungsrechtlich **Staatsqualität** auf,[94] auch wenn dieser im Vergleich zum völkerrechtlichen Staatskonzept ein besonderes Gepräge zukommt.[95] Mitunter wird die **Eigenstaatlichkeit der Länder** gar als „historische Voraussetzung des deutschen Bundesstaats" betrachtet,[96] als ein **„prae esse"** der verfassungsrechtlichen Ordnung.[97] Länder üben nach überwiegender Auffassung **originäre**[98] bzw. **unabgeleitete**[99] **Staatsgewalt** aus[100] – eine dogmatische Konstruktion, die auch vor dem Hintergrund der historischen Besonderheiten der Bundesstaatswerdung zu betrachten ist. Für einige sind Länder je nach ihren *in concreto* einschlägigen Kompetenzen – vergleichbar einer verfassungsrechtlichen „Unschärferelation" – sowohl Staaten als auch Nichtstaaten.[101] Trotz ihrer verfassungsrechtlichen Staatseigenschaft verfügen Länder jedenfalls nicht über Souveränität iSe ***suprema potestas.***[102] Wie sich dies zu ihrer **Völkerrechtssubjektivität** verhält, wird kontrovers diskutiert. 10

Unter **Völkerrechtssubjektivität** ist dabei die Fähigkeit einer Entität, Trägerin von völkerrechtlichen Rechten und Pflichten zu sein, zu verstehen.[103] Dieses Konzept ist essentiell mit der Idee einer Völkerrechtsordnung verbunden: Wie jede *Rechts*ordnung bedarf die Völkerrechtsordnung der Identifikation von Referenzpunkten, die als Träger von Rechten und Pflichten fungieren.[104] Mit der Eigenschaft eines Staates (im völkerrechtlichen Sinn), Völkerrechtssubjekt zu sein, geht die Fähigkeit einher, Völkerrecht zu erzeugen.[105] Dabei ist Völkerrechtssubjektivität eine Kategorie des Völker- 11

[94] *Vogel* in Benda/Maihofer/Vogel HdbVerfR, § 22, Rn. 27 ff.; *Kersten* DÖV 1993, 896 (896). Hierzu *Starski,* Der interföderale Verwaltungsakt, 2014, 21 f. Umfassend *Baumbach,* Die unmittelbare völkerrechtliche Handlungsfähigkeit der deutschen Einzelstaaten in Vergangenheit und Gegenwart, 1928, 60 ff.

[95] BVerwGE 22, 299 (306).

[96] *Hufen* BayVBl. 1987, 513 (513).

[97] *Vitzthum* VVDStRL 46 (1988), 7 (20). Vgl. *Hanebeck,* Der demokratische Bundesstaat, 2004, 216.

[98] *Vitzthum* VVDStRL 46 (1988), 7 (14).

[99] BVerfGE 1, 14 (34).

[100] BVerfGE 1, 14 (34); *Anschütz,* Die Verfassung des Deutschen Reiches vom 11. August 1919, Neudruck der 14. Aufl. 1933, 1987, Art. 1 Rn. 4; *Stern,* Staatsrecht I, 1980 650 ff., 667; *Kisker,* Kooperation im Bundesstaat, 1971, 56 ff.

[101] *Nawiasky,* Bundesstaat als Rechtsbegriff, 1920, 66 f.

[102] Zur Emanzipation des Staatsbegriffs vom Souveränitätsbegriff im föderalen Kontext, *Starski,* Der Interföderale Verwaltungsakt, 2014, 18 ff. mwN. Insb. *Jellinek,* Die Lehre von den Staatenverbindungen, 1882, 36 ff., 276 ff.

[103] *Dahm/Delbrück/Wolfrum,* Völkerrecht Bd. I/2, 2002, 267; *Mosler* ZaöRV 22 (1962), 1 (45). Umfassend *Portmann,* Legal Personality in International Law, 2010; *Peters,* Jenseits der Menschenrechte, 2014; *Brölmann/Nijman* in d'Aspremont/Singh Concepts for International Law: Contributions to Disciplinary Thought, 678 ff.

[104] *Husserl* AcP 127 (1927), 129 ff.; *Altwicker* in Gröschner/Kirste/Lembcke Person und Rechtsperson, 225 ff.; *Kelsen,* Reine Rechtslehre, 2. Aufl. 1960, 162.

[105] Zur „staatszentristischen" Rechtserzeugung Conclusion 4 der ILC Draft Conclusions on Identification of Customary International Law (UN Doc. A/73/10), YBILC 2018-II.

rechts,[106] die nicht nur an souveräne Staatlichkeit anknüpft (→ Rn. 23 f.).[107]

12 Art. 32 Abs. 3 gestattet es Ländern, unter bestimmten Voraussetzungen völkerrechtliche Verträge abzuschließen und bestätigt, dass Länder Zuordnungssubjekte völkerrechtlicher Rechte und Pflichten sein können. Es wäre indes verfehlt anzunehmen, Art. 32 Abs. 3 räume den Ländern im Wege der Zuweisung von Vertragsgewalt Völkerrechtssubjektivität ein. Völkerrechtsubjektivität wird nicht verfassungsrechtlich gewährt, sondern völkerrechtlich zugeordnet. Das Verfassungsrecht schafft lediglich die notwendigen Voraussetzungen[108] für eine **partielle Völkerrechtssubjektivität**[109] der Länder,[110] ihre Teilnahme am völkerrechtlichen Verkehr[111] und ihre **völkerrechtliche Handlungsfähigkeit.**[112] *Fassbender* zufolge habe Art. 32 Abs. 3, da die Vertragsschlusskompetenz letztendlich aus der Staatsqualität der Länder folge, dennoch nur eine deklaratorische und keine konstitutive Bedeutung.[113] Dies bedarf der Relativierung: Auch wenn historisch betrachtet der deutsche Bundesstaat auf der Staatsqualität der Länder fußt, so ist diese unter Geltung des Grundgesetzes zu einem verfassungsrechtlichen Status erstarkt. Auch die Voraussetzungen für eine partielle Völkerrechtssubjektivität der Länder werden trotz der Wechselbezüglichkeit zu ihrer Staatlichkeit[114] verfassungsrechtlich kreiert. Vor diesem Hintergrund kann von einer **derivativen Völkerrechtssubjektivität**[115] der Länder gesprochen werden,[116] die den Ländern nicht gegen den Willen des Bundes zukommen kann.[117] Da Art. 32 einer Änderung auf Bundesebene zugänglich ist, stehen die verfassungsrechtlich geschaffenen Voraussetzungen für eine Völkerrechtssubjektivität der Länder in den Grenzen des Art. 79 Abs. 3 „zur Verfügung des Bundes".[118]

13 Umstritten ist, ob das Völkerrecht Ländern partielle Völkerrechtssubjektivität automatisch in Responsivität auf die verfassungsrechtliche Kompetenzdistribution zuordnet[119] oder ob ein Land partielle Völkerrechtssubjektivität einzelfallspezifisch im Wege einer (auch konkludenten) **Anerkennung** sei-

[106] *Rudolf* AVR 13 (1966), 53 (54). Vgl. *Gebauer,* Zuständigkeitsgrenzen und Völkerrechtserheblichkeit beim Abschluss von „national-internen" Verträgen und Verwaltungsabkommen, 1969, 117.

[107] *Kokott* ZaöRV 64 (2004), 517 (524).

[108] *Seidel,* Die Zustimmung der Bundesregierung zu Verträgen der Bundesländer mit auswärtigen Staaten gem. Art. 32 III GG, 1975, 19 f.

[109] Vgl. nur *Kotzur,* Grenznachbarschaftliche Zusammenarbeit in Europa, 2004, 468 f. Zum Konzept partieller Völkerrechtssubjektivität IGH, *Reparation for Injuries Suffered in the Service of the United Nation,* Advisory Opinion of 11 April 1949, ICJ Rep. 1949, 178.

[110] BVerfGE 2, 347 (374); *Mosler* FS f. Thoma, 1950, 129 (161); *Nettesheim* in Maunz/Dürig Rn. 26, 94; *Wollenschläger* in Dreier Rn. 17, 48; *Rojahn* in v. Münch/Kunig, 6. Aufl. 2012, Rn. 1. Wohl *Streinz* in Sachs Rn. 6. Etwas ungenau *Heintschel von Heinegg/Frau* in BeckOK GG Rn. 19.

[111] *Kempen* in MKS Rn. 10. Vgl. *Doehring,* Allgemeine Staatslehre, 2004, Rn. 168 (Gliedstaaten als „quasi-Völkerrechtssubjekte"); *Rudolf* AVR 27 (1989), 1 (7).

[112] *Jarass* in Jarass/Pieroth Rn. 14; *Nettesheim* in Maunz/Dürig Rn. 94. Bereits *v. Liszt,* Das Völkerrecht, 1898, 24.

[113] *Fassbender* in BK Rn. 9; *Nawiasky* VVDStRL 12 (1954), 235 (237) (Aussprache).

[114] Vgl. *Wollenschläger* in Dreier Rn. 48. Weitgehender *Fassbender* in BK Rn. 5, 17.

[115] Vgl. *Rudolf* in HdbStR VI, § 141, Rn. 4.

[116] *Schneider* NJW 1991, 2448 (2450 f.). Vgl. *Stern* FS f. Carl Heymanns Verlag, 1995, 251 (254).

[117] *Rudolf* AVR 27 (1989), 1 (7). Vgl. *Rudolf* in Wolfrum MPEPIL, Mai 2011, Federal States, Rn. 11.

[118] *Dahm/Delbrück/Wolfrum,* Völkerrecht I/1, 1989, 227.

[119] Vgl. *Mosler* FS f. Thoma, 1950, 129 (163).

tens anderer Staaten erlangt.[120] Nach *Mosler* ist die Anerkennung der Völkerrechtssubjektivität der Gliedstaaten „implicite" in der Anerkennung des Gesamtstaats enthalten.[121] Letztendlich lebt hier die Frage nach der konstitutiven und deklaratorischen Wirkung einer Anerkennung auf völkerrechtlicher Ebene auf, die bereits hinsichtlich des Gesamtstaates umstritten ist.[122] Jedenfalls bestätigt der Abschluss eines völkerrechtlichen Vertrags zwischen einem Völkerrechtssubjekt und einem Gliedstaat dessen partielle Völkerrechtssubjektivität.[123]

2. (Inter)föderales Vertragsrecht? Das Grundgesetz erlaubt es, dass Länder untereinander Staatsverträge abschließen, was in der staatsrechtlichen Wirklichkeit der Bundesrepublik eine Regularität darstellt.[124] Länderstaatsverträge stellen Ausprägungen des **kooperativen Föderalismus**[125] in seiner **horizontalen Manifestation** dar. Dabei wird die **interföderale Vertragsschlusskompetenz** der Länder aus ihrer Staatsqualität abgeleitet[126] und als eine „föderalistische Selbstverständlichkeit" betrachtet: Wenn Länder nach Art. 32 Abs. 3 Verträge mit anderen Staaten schließen könnten, so müsste es ihnen *argumentum maiore ad minus* möglich sein, gleiches untereinander zu tun.[127] Die zu Recht angenommene **interföderale Ländervertragsgewalt** bestätigen auch Art. 130 Abs. 1, 29 Abs. 7, 118 und 135 Abs. 5.[128] Relevante Bestimmungen in den Länderverfassungen differenzieren mitunter nicht zwischen völkerrechtlichen und interföderalen (Staats-) Verträgen (zB Art. 43 S. 2, 3 HamVerf,[129] Art. 66 S. 2 VerfNRW[130]). Dennoch unterfällt der Abschluss von Länderstaatsverträgen nicht dem Anwendungsbereich von Art. 32,[131] der sich auf „auswärtige" Rechtssubjekte beschränkt (→ Rn. 22 ff.). 14

Umstritten ist die Frage, welchem Regelungsregime horizontale interföderale Rechtsbeziehungen der Länder unterliegen. Das Völkerrecht selbst findet nach herrschender Auffassung innerhalb des Bundesstaats keine Anwendung.[132] Dies würde die Dichotomie zwischen innerstaatlichem Recht und Völkerrecht einebnen. Es gilt vielmehr Verfassungsrecht in der Ausprägung eines speziellen **Interföderationsrechts** bzw. **Rechts des Interländerverkehrs.**[133] Parallelen zwischen der interföderalen und der internationalen Rechtssphäre rechtfertigen es jedoch, das Rechtsregime der Länderstaatsver- 15

[120] So wohl *Streinz* in Sachs Rn. 6; *Heintschel von Heinegg/Frau* in BeckOK GG Rn. 19. Vgl. *Wollenschläger* in Dreier Rn. 7. Anders wohl *Nettesheim* in Maunz/Dürig Rn. 94.

[121] *Mosler* FS f. Thoma, 1950, 129 (163).

[122] *Kelsen* AJIL 35 (1941), 605 (konstitutive Theorie). AA *Doehring,* Völkerrecht, 2004, 416; *Berber,* Lehrbuch des Völkerrechts I, 1960, 230. Vgl. *Oeter* ZaöRV 52 (1992), 741 (770) (fakt. konstitutiv). Allg. *Lauterpacht,* Recognition in International Law, 1947, 38 ff.

[123] Die Anzahl der völkerrechtl. Länderverträge ist überschaubar *Fassbender,* Der offene Bundesstaat, 2007, 384 ff.

[124] *Schneider* VVDStRL 19 (1961), 1 (2); *Bortnikov* JuS 2017, 27 ff.

[125] Zum Begriff *Groß* DVBl. 1969, 93 ff. und 241 ff.; *Kewenig* AöR 93 (1968), 433 ff.

[126] *Schorkopf,* Staatsrecht der Internationalen Beziehungen, 2017, § 3 Rn. 65.

[127] Krit. *Klatt* VerwArch 78 (1987), 186 (194). Vgl. *Starski,* Der interföderale Verwaltungsakt, 2014, 34.

[128] *Grzeszick* in Maunz/Dürig Art. 20 B. Rn. 153.

[129] HmbBl I 100–a, S.

[130] v. 11.5.1954 (GV. NW. 131).

[131] *Jarass* in Jarass/Pieroth Rn. 6; *Rojahn* in v. Münch/Kunig, 6. Aufl. 2012, Rn. 32.

[132] Vgl. *Starski,* Der interföderale Verwaltungsakt, 2014, 31 mwN. Siehe BVerfGE 34, 216 (231); *Rill,* Gliedstaatsverträge, 1972, 150. Diff. *Krüger* FS f. Kaufmann, 1950, 239 (240, 242).

[133] *Starski,* Der interföderale Verwaltungsakt, 2014, 35; *Vedder,* Intraföderale Staatsverträge, 1996, 270.

träge **analog**[134] zu völkerrechtlichen Regeln zu entfalten,[135] die bundesstaatlich umzudenken und einzupassen sind. Es bleibt bei dem **Totalitätsanspruch des Verfassungsrechts.**[136] Analogien zu völkerrechtlichen Prinzipien und Normen müssen insofern die Besonderheiten der verfassungsrechtlich begründeten bundesstaatlichen Ordnung berücksichtigen. Zu den Fundamentalia des Rechts des Interländerverkehrs zählt das Prinzip des ***pacta sunt servanda,*** das auf völkerrechtlicher Ebene als allgemeiner Rechtsgrundsatz anerkannt[137] (→ Art. 59 Rn. 104) und zudem noch völkervertraglich (Art. 26 Wiener Vertragsrechtskonvention – WVK[138]) verankert ist.

16 Bund und Länder können ebenfalls miteinander Verträge schließen.[139] Diese Ausprägungen eines **vertikalen kooperativen Föderalismus** werden ebenfalls nicht von Art. 32 erfasst.[140] Dies wäre nach *Nettesheim* sogar dann der Fall, wenn sie als völkerrechtlich einzuordnen wären.[141] Auch hier gilt jedenfalls der bereits erwähnte **„Totalitätsanspruch“** des Verfassungsrechts (→ Rn. 15).

II. Art. 32 Abs. 1

17 Die „Pflege der Beziehungen zu auswärtigen Staaten“ ist nach Art. 32 Abs. 1 Sache des Bundes. Er verankert insofern die Idee der **Konzentration** der auswärtigen Gewalt in vertikaler Hinsicht zugunsten des Bundes zur Sicherstellung einer **kohärenten Außenpolitik** (→ Rn. 4),[142] welche jedoch nicht absolut ist und Relativierungen unterliegt. Das Telos des Art. 32 wird dennoch gemeinhin darin gesehen, eine (gesamtstaatlich unkontrollierte) **„Nebenaußenpolitik“** der Länder (weitestgehend)[143] zu verhindern.[144]

18 **1. Natur der Außenkompetenz des Bundes und ihr Verhältnis zur innerstaatlichen Kompetenzordnung.** Der Annahme folgend, dass es jedenfalls außerhalb des spezifischen Anwendungsbereichs des Art. 32 bei der Grundregel des Art. 30 verbleibt (→ Rn. 8 f.), wird die Sphäre von Länderkompetenzen im Bereich des auswärtigen Handelns maßgeblich durch die

[134] Für eine unmittelbare Anwendbarkeit völkerrechtl. Regeln aber RGZ 116, Anhang 2, 18 (29) – Donauversinkung; BVerfGE 1, 14 (51); 36, 1 (24). Ferner *Rudolf/Jutzi* ZRP 1987, 2 (4).

[135] *Stern,* Staatsrecht I, 1984, 652; *Grassl,* Staatsverträge und Verwaltungsabkommen, 1969, 73; *Isensee* in HdbStR VI, § 126, Rn. 34. Krit. *Bothe* FS f. Mosler, 1983, 111 (117 ff.); *Starski,* Der interföderale Verwaltungsakt, 2014, 31 mwN.

[136] *Starski,* Der interföderale Verwaltungsakt, 2014, 33 mit Verweis auf *Imboden,* Bundesrecht bricht kantonales Recht, 1940, 26.

[137] *Aust* in Wolfrum MPEPIL, Februar 2007, pacta sunt servanda, Rn. 1; *Wehberg* AJIL 53 (1959), 775 ff.; *Lukashuk* AJIL 83 (1989), 513 ff.

[138] BGBl. 1985 II 927.

[139] *Knöpfle* Der Staat 8 (1969), 79 ff.; *Wollenschläger* in Dreier Rn. 60. Allg. *Grawert,* Verwaltungsabkommen zwischen Bund und Ländern in der Bundesrepublik Deutschland, 1967; *Bauer,* Bestandskraft von Verträgen zwischen Bund und Ländern, 1971.

[140] *Wollenschläger* in Dreier Rn. 60.

[141] *Nettesheim* in Maunz/Dürig Rn. 43.

[142] *Calliess* in HdbStR IV, § 83 Rn. 53. Vgl. *Fischer,* Bürger im Staat, 1999, 133 ff.

[143] *Grewe* in HdbStR III, 2. Aufl. 1996, § 77 Rn. 83.

[144] BVerfGE 2, 347 (379); *Calliess* in HdbStR IV, § 83 Rn. 56, 59; *Steinberger* in Mußgnug Rechtsentwicklung unter dem Bonner Grundgesetz, 101 (108); *Heintschel von Heinegg/Frau* in BeckOK GG Rn. 23a; *Wollenschläger* in Dreier Rn. 29. Relativierend *Fassbender* in BK Rn. 85. Aus politikwissenschaftl. Perspektive *Fischer* in Schmidt/Hellmann/Wolf Hdb zur deutschen Außenpolitik, 192 ff.

betreffende Auslegung des Art. 32 Abs. 1 determiniert, wenn dieser iSe im Grundsatz exklusiven,[145] umfassenden und abschließenden Zuordnung von Kompetenzen zum Bund zu verstehen wäre: Je breiter der Anwendungsbereich des Art. 32 Abs. 1 unter Zugrundelegung dieser Lesart wäre, desto limitierter wäre der den Ländern zur Verfügung stehende kompetenzielle Aktionsradius im Bereich des Außenhandelns. Dieser würde sich wiederum erweitern, je breiter der Anwendungsbereich des Art. 32 Abs. 3 zu fassen wäre[146] – allerdings stets bedingt durch das dort verankerte Zustimmungserfordernis des Bundes (→ Rn. 71 ff.). Alternative Modelle, die Ländern entsprechend den bundesstaatlichen Realitäten einen umfangreicheren kompetenziellen Radius bei auswärtigem Handeln einzuräumen bemüht sind, operieren mit **Delegationskonstruktionen, ungeschriebenen Außenkompetenzen** oder **Analogien** zu Art. 32 Abs. 3 (→ Rn. 40 ff., 46 f.).

Die Annahme einer **ausschließlichen Zuständigkeit** des Bundes im Bereich des Art. 32 Abs. 1,[147] die letzterer – anders als Art. 78 Abs. 1 WRV – bereits seinem Wortlaut nach nicht indiziert,[148] kann nach der hier vertretenen Auffassung keinen Bestand haben:[149] Die Bundeskompetenz zum Handeln nach außen wird beschränkt durch die unter **Zustimmungsvorbehalt** der Bundesregierung stehende **Vertragsschlusskompetenz** der Länder,[150] die in Art. 32 Abs. 3 verankert ist und sich auch auf informelles Handeln erstreckt, sowie durch in engen Grenzen **existente Länderkompetenzen kraft Natur der Sache** (→ Rn. 46 f.). Ein absolutes „außenpolitische[s] *ius eminens*" des Bundes,[151] besteht nicht. **19**

Eine weitere, im Hinblick auf Art. 32 kontrovers diskutierte[152] Frage ist, ob die Kompetenzen des Bundes in auswärtigen Angelegenheiten seinen Gesetzgebungs- und Verwaltungskompetenzen entsprechen **(Parallelität)**[153] oder über diese hinausgehen **(Disparität):**[154] Kann der Bund nach außen mehr als er nach innen darf? **20**

Unstreitig ist der Bund in Materien nach außen handlungsbefugt, für die ihm die ausschließliche oder konkurrierende Gesetzgebungskompetenz zukommt. Zu den Kompetenztiteln, die regelmäßig die internationale Sphäre tangieren, zählen Art. 73 Abs. 1 Nr. 1, 3, 5, 10 (→ Art. 73 Rn. 3 f., 10 ff., 19 ff., 46 ff.). Im Bereich konkurrierender Bundeskompetenzen ist nicht entscheidend, ob der Bund bereits vor dem betreffenden Außenhandeln von diesen Gebrauch gemacht hat.[155] Mit dem Gebrauchmachen von einer konkurrierenden Kompetenz durch Abschluss eines völkerrechtlichen Vertrages **21**

---

[145] Vgl. zB *Zinn* AöR 75 (1949), 291 (306).

[146] Hier und vorhergehend *Nettesheim* in Maunz/Dürig Rn. 97.

[147] Vgl. BVerfGE 96, 100 (117); 113, 273 (311 f.); BVerfG Beschl. v. 9.5.2015 – 2 BvR 965/15 Rn. 19 deutet in Richtung ausschließlicher Bundeszuständigkeit.

[148] Vgl. *Jarass* in Jarass/Pieroth Rn. 18.

[149] Wohl auch *Hillgruber* in SHH Rn. 12.

[150] *Nettesheim* in Maunz/Dürig Rn. 52 („Parallelkompetenz").

[151] *Kaiser* ZaöRV 18 (1957/58), 526 (549).

[152] Allg. *Magiera* FS f. Hochschule Speyer, 1997, 97 ff.

[153] Allg. *Fassbender,* Der offene Bundesstaat, 2007, 318 ff. Tendenziell *Bothe* AöR 102 (1977), 68 (72).

[154] *Kempen* in MKS Rn. 36; *Hillgruber* in SHH Rn. 25; *Nettesheim* in Maunz/Dürig Rn. 114 ff.; *Bleckmann* NVwZ 1989, 311 ff.; *Schorkopf,* Staatsrecht der Internationalen Beziehungen, 2017, § 4 Rn. 26 ff.; *Weiß,* Auswärtige Gewalt und Gewaltenteilung, 1971, 149 f. Vgl. zur kanadischen Rechtslage *Morris* Canadian Bar Review 45 (1967), 478 ff.

[155] *Rojahn* in v. Münch/Kunig, 6. Aufl. 2012, Rn. 15. AA *Fassbender,* Der offene Bundesstaat, 2007, 351 f.

werden die Länder der betreffenden Kompetenz verlustig. Umstritten ist, ob in dieser Hinsicht die Erforderlichkeitsklausel des Art. 72 Abs. 2 Anwendung findet. Viele sprechen ihr Relevanz allein für die innerstaatliche Kompetenzdistribution zu,[156] was nicht vollends überzeugend ist.[157] Art. 32 Abs. 3 knüpft an Gesetzgebungskompetenzen der Länder an und diese werden gerade auch durch Art. 72 Abs. 2 determiniert.[158] Allerdings wird die Virulenz dieses Punktes – die Perspektive des Bundes einnehmend – etwas abgeschwächt, wenn der hiesigen Auffassung im Hinblick auf die Frage, ob Kompetenzen des Bundes zu auswärtigem Handeln in Bereichen ausschließlicher Länderzuständigkeiten bestehen, gefolgt wird (→ Rn. 78 ff.): So ist vor dem Hintergrund des Telos des Art. 32 davon auszugehen, dass die Außenkompetenzen des Bundes über seine Kompetenzen nach innen hinausgehen und auch Bereiche umfassen, die in ausschließlicher Gesetzgebungskompetenz der Länder stehen. Diese Wertungen müssen auch auf die Ebene konkurrierender Kompetenzen übertragen werden. So kann der Bund nach außen auch dann handeln, wenn er dies innerstaatlich nach Art. 72 Abs. 2 nicht dürfte. Wenn die Voraussetzungen des Art. 72 Abs. 2 nicht gegeben sind, steht jedoch außer Frage, dass Länder gesetzgebungsbefugt und somit nach Art. 32 Abs. 3 – eingeschränkt durch den Zustimmungsvorbehalt des Bundes – vertragsschlussbefugt sind. Art. 32 Abs. 1 vermittelt dem Bund eine umfassende, aber keine abschließende Außenkompetenz. Abgeschwächt werden die Konsequenzen dieser **Disparität** durch das Gebot der Bundestreue, dessen Ausprägung im Bereich völkerrechtlicher Verträge das **Lindauer Abkommen** darstellt (→ Rn. 85 ff.).

22 **2. Anwendungsbereich. a) „Auswärtige Staaten“.** Der von Art. 32 Abs. 1 gewählte, Art. 78 Abs. 1 WRV entsprechende Wortlaut („auswärtigen Staaten“) ist der im klassischen Völkerrecht verhafteten Vorstellung geschuldet, dass Völkerrechtssubjektivität (→ Rn. 11) primär den Staaten zuzuordnen ist.[159] Zwar sind souveräne Staaten als geborene Völkerrechtssubjekte auf völkerrechtlicher Ebene nach wie vor bestimmend, der Kreis etablierter Völkerrechtssubjekte hat sich jedoch erweitert.[160] Insofern ist die in Art. 32 Abs. 1 gemachte Referenz aus teleologischen[161] sowie historischen[162] Erwägungen als **(dynamische)**[163] **Verweisung** auf die jeweiligen Völkerrechtssubjekte der internationalen Ordnung zu verstehen.[164] Eine systematische Betrachtung des Art. 32 Abs. 1 in Gesamtschau mit Art. 23, 24 und Art. 87 Abs. 1[165] stützt dieses Ergebnis. Der Grundsatz der **Völkerrechts-**

---

156 *Schmahl* in Sodan Rn. 6; *Streinz* in Sachs Rn. 27; *Hillgruber* in SHH Rn. 22.

157 AA insofern *Rojahn* in v. Münch/Kunig, 6. Aufl. 2012, Rn. 15; *Maunz* in Maunz/Dürig, 22. EL 1983, Rn. 28.

158 *Rojahn* in v. Münch/Kunig, 6. Aufl. 2012, Rn. 15.

159 Krit. *Portmann,* Legal Personality in International Law, 2010, 42 ff. Vgl. *Nicholson,* Statehood and the State-Like in International Law, 2019, 1 ff.

160 *Crawford,* Brownlie's Principles of Public International Law, 2019, 105 ff. Zu akteursbezogenen Ansätzen *Higgins,* Problems and Process, 1994, 50.

161 *Wollenschläger* in Dreier Rn. 20.

162 *Fassbender* in BK Rn. 68.

163 Vgl. im Ergebnis *Nettesheim* in Maunz/Dürig Rn. 31. Bereits *Mosler* FS f. Bilfinger, 1954, 243 (259).

164 *Kempen* in MKS Rn. 24; *Wolff* in Hömig/Wolff Rn. 1; *Rojahn* in v. Münch/Kunig, 6. Aufl. 2012, Rn. 11. IE *Schmahl* in Sodan Rn. 4.

165 *Calliess* in HdbStR IV, § 83 Rn. 54.

freundlichkeit des Grundgesetzes[166] (→ Art. 59 Rn. 11), der neben der Präambel, Art. 1 Abs. 2, Art. 9 Abs. 2, Art. 24 bis Art. 26 und Art. 59 zu entnehmen ist,[167] spricht ebenfalls für eine **dynamische Lesart** des Art. 32 Abs. 1.[168] Gleichwohl lässt sich nur schwerlich in Abrede stellen, dass das hier favorisierte Verständnis den Wortlaut als äußerste Limitierung der Auslegung überschreitet. Methodisch wäre insofern an eine **Analogie**[169] als Instrument zur Sicherstellung normativ-dynamischer Responsivität des Art. 32 auf den Wandel der Völkerrechtsordnung[170] zu denken (→ Art. 59 Rn. 27).

Das entscheidende Kriterium für die Anwendbarkeit des Art. 32 Abs. 1 ist die **Völkerrechtssubjektivität** der betreffenden Entitäten – mag sie universell, partikular, absolut oder partiell sein.[171] Eine Staatsähnlichkeit der Entitäten ist nicht zu fordern.[172] Dies ergibt sich aus einer teleologischen Betrachtungsweise: Die politische Realität internationaler Beziehungen wird durch **nichtstaatliche Völkerrechtssubjekte** geprägt[173] und in Verhältnis zu diesen besteht das Bedürfnis nach einem einheitlichen Auftritt der Bundesrepublik. Erfasst sind dementsprechend zuvörderst neben Staaten auch **internationale Organisationen.**[174] In den Anwendungsbereich des Art. 32 Abs. 1 fallen ebenfalls *de facto* Regime,[175] als Kriegführende anerkannte Aufständische[176] und potentiell auch nichtstaatliche Organisationen (NGOs).[177] Auch letztere verfügen, da ihnen insbesondere im Rahmen von internationalen Organisationen Rechte (Konsultationsrechte, Beobachterrechte) eingeräumt werden, im beschränkten Umfang über eine völkerrechtlich determinierte Rechtsstellung. Die Annahme ihrer partiellen Völkerrechtssubjektivität[178] erscheint nicht fernliegend und der Verweis darauf, ihnen käme lediglich ein völkerrechtlicher „Status" zu,[179] ist nicht zwingend überzeugend. Indes stellen sich zahlreiche Fragen ob des Gepräges und Umfangs ihrer Rechtsträgerschaft und ob der Einordnung von Beziehungen zwischen Staat und NGO als „völkerrechtlich" (→ Rn. 23). Das Völkerrecht ordnet mittlerweile auch **Völkern**[180] – nach 23

[166] *Payandeh* NJW 2016, 1279 ff.; *Bleckmann* DÖV 1996, 137 ff.; *Voßkuhle* ZaöRV 79 (2019), 481 (483 f.). Umfassend *Abend,* Grenzen der Völkerrechtsfreundlichkeit, 2019; *Knop,* Völker- und Europarechtsfreundlichkeit als Verfassungsgrundsätze, 2013.

[167] *Payandeh* JöR nF 57 (2009), 465 ff.; *Tomuschat* in HdbStR XI, § 226 Rn. 9.

[168] *Nettesheim* in Maunz/Dürig Rn. 33. Zu Reformerwägungen BT-Drs. 7/5924, 231.

[169] Siehe *Schmidt* VerwArch 97 (2006), 139 ff.

[170] Zu verfassungsrechtlicher Dynamik *Badura* in HdbStR VII, 1992, § 160 insb. Rn. 13 ff.

[171] Vgl. *Winkler,* Die Vereinten Nationen im Gefüge der internationalen Organisationen, 2018, 56 ff.

[172] *Mosler* FS f. Bilfinger, 1954, 243 (259); *Fastenrath/Groh* in BerlKomm Rn. 37; *Wollenschläger* in Dreier Rn. 20. Staatsähnlichkeit verlangend jedoch BVerfGE 2, 347 (374).

[173] Zur Relevanz nichtstaatl. Akteure *Noortmann/Reinisch/Ryngaert,* Non-State Actors in International Law, 2015.

[174] *Nettesheim* in Maunz/Dürig Rn. 34; *Klabbers* in Orford/Hoffmann Oxford Handbook of the Theory of International Law, 618 ff.; *Rensmann* in Wolfrum MPEPIL, März 2009, International Organizations or Institutions, External Relations and Co-operation, Rn. 1 ff.

[175] Allg. *Frowein,* Das de facto-Regime im Völkerrecht, 1968.

[176] Siehe *Verdross/Simma,* Universelles Völkerrecht, 1984, 20; *Sassòli* in Matz-Lück Der Status von Gruppen im Völkerrecht, 119 ff.

[177] AA hinsichtl. NGOs *Wollenschläger* in Dreier Rn. 20; *Hobe* in Wolfrum MPEPIL, Juni 2019, Non-Governmental Organizations, Rn. 25.

[178] Tendenziell *Nettesheim* in Maunz/Dürig Rn. 39. AA *Rojahn* in v. Münch/Kunig, 6. Aufl. 2012, Rn. 11.

[179] Vgl. *Noortmann* in Davies Routledge Handbook of NGOs and International Relations, 179 ff.

[180] *Nettesheim* in Maunz/Dürig Rn. 37; *Alfredsson* in Wolfrum MPEPIL, August 2007, Peoples, Rn. 27.

einer Auffassung erst dann, wenn sie über Repräsentationsstrukturen[181] – sowie dem **Individuum partielle Völkerrechtssubjektivität** zu.[182] So werden Individuen unmittelbar – ohne Mediatisierung seitens eines Staates – durch Menschenrechte sowie das humanitäre Völkerrecht berechtigt, das Völkerstrafrecht weist ihnen eine Pflichtenstellung zu.

24 Die Subjektstellung des Individuums bedingt Abgrenzungsschwierigkeiten zwischen dem, was als **völkerrechtliche Rechtsbeziehung** einzuordnen, und dem, was als in der innerstaatlichen Rechtssphäre verbleibendes **privatrechtliches** und oder ggf. **transnationales Rechtsverhältnis**[183] zu qualifizieren wäre (→ Art. 59 Rn. 29). Den Problemkern bildet neben der **Binarität staatliches/überstaatliches Recht** die **Dichotomie zwischen Privatrecht** und **(internationalem) öffentlichen Recht,**[184] die nur unvollkommen auf internationaler Ebene funktioniert (→ Art. 59 Rn. 29, 133). Entscheidend soll für die Einschlägigkeit des Art. 32 nach vertretener Auffassung kumulativ – iSe notwendigen und hinreichenden Bedingung – die Völkerrechtssubjektivität der beteiligten Akteure und die völkerrechtliche Natur ihres Handelns sein („Handeln im Bereich der Völkerrechtsordnung"[185]). Beide Bedingungen können im Falle von Individuen erfüllt sein: Dass Individuen mit Staaten nicht „rechtsgestaltend in völkerrechtliche Beziehungen"[186] treten könnten, ist in zunehmendem Maße zweifelhaft. Art. 32 Abs. 1 findet jedenfalls dann Anwendung, wenn die Bundesregierung rechtliche Beziehungen zu Individuen in ihrer Eigenschaft als Subjekte des Völkerrechts etabliert.[187]

25 Die völkerrechtliche Qualität grenzüberschreitender Aktivitäten kann auch problematisch sein, wenn Völkerrechtsubjekte handeln und auf **privatrechtliche Rechtsformen** zurückgreifen (→ vgl. Art. 59 Rn. 29)[188]

26 Abweichend von den oben skizzierten Bedingungen für eine Einschlägigkeit des Art. 32 wird vertreten, dieser greife auch bei nichtvölkerrechtlichem Handeln von Völkerrechtssubjekten.[189] *Schorkopf* rekurriert auf die „(außen)-politische Dimension" von Aktivitäten;[190] für andere sollen Aktivitäten, die privatrechtlich eingekleidet sind, dann am Maßstab des Art. 32 zu messen sein, wenn sie nach Vertragszweck und Gegenstand der **Erfüllung öffentlicher Aufgaben** dienen und nicht bloß fiskalischer Natur sind.[191] Bei dieser

---

[181] *Crawford,* Brownlie's Principles of Public International Law, 2019, 113 f. Zur Differenzierung „non-self governing peoples"/„indigenuous peoples", *Walter* in Wolfrum MPEPIL, Mai 2007, Subjects of International Law, Rn. 8 f. und 12.

[182] Allg. *Peters,* Jenseits der Menschenrechte, 2014 29 ff.; *Kjeldgaard-Pedersen,* The International Legal Personality of the Individual, 2018.

[183] Vgl. *Jessup,* Transnational Law, 1956, 1.

[184] Zur Dichotomie Privatrecht/Öffentliches Recht *Stolleis* in Hoffmann-Riem/Schmidt-Aßmann Öffentliches Recht und Privatrecht als wechselseitige Auffangordnungen, 41 ff.; *Kämmerer,* Privatisierung, 2001, 12 ff.

[185] *Mosler* FS f. Bilfinger, 1954, 243 (259).

[186] *Fastenrath/Groh* in BerlKomm Rn. 39.

[187] Vgl. *Nettesheim* in Maunz/Dürig Rn. 38 („schwer vorstellbar"); *Fastenrath/Groh* in BerlKomm Rn. 39 (es sei nicht auszuschließen, dass sich solche Konstellationen zukünftig manifestieren könnten). Siehe aber *Hillgruber* in SHH Rn. 17.

[188] Vgl. *Wiedmann* AöR 117 (1992), 46 (64 f., Fn. 87.).

[189] *Schorkopf,* Staatsrecht der Internationalen Beziehungen, 2017, § 4 Rn. 17. Tendenziell *Nettesheim* in Maunz/Dürig Rn. 48 f. AA *Kotzur,* Grenznachbarschaftliche Zusammenarbeit in Europa, 2004, 483.

[190] *Schorkopf,* Staatsrecht der Internationalen Beziehungen, 2017, § 4 Rn. 17.

[191] *Wollenschläger* in Dreier Rn. 24. Zum Ausweichen auf das Privatrecht *Wiedmann* AöR 117 (1992), 46 (64 f., Fn. 87.).

überzeugenden Lesart, die sich einer „Flucht" aus dem Anwendungsbereich des Art. 32 „ins Privatrecht"[192] in den Weg stellt, wäre Art. 32 Abs. 1 eine Differenzierung zwischen *acta iure imperii* und *acta iure gestionis* immanent,[193] die aus dem Kontext völkerrechtlicher Immunitätsregeln bekannt ist[194] und Abgrenzungsprobleme aufwirft,[195] gleichzeitig jedoch im Zuge der Transnationalisierung und Hybridisierung von Rechtsbeziehungen an Relevanz gewinnt. In jedem Falle verbietet es Art. 32 Bund und Ländern nicht, zu Rechtsinstrumenten zu greifen, die sich weder eindeutig dem nationalen Recht noch dem Völkerrecht zuordnen lassen.[196]

Transnationalen Unternehmen (sog. ***multinational enterprises*** – MNE) **27** kommt nach dem gegenwärtigen Stand des Völkerrechts keine Völkerrechtssubjektivität zu.[197] Sie vermögen zwar kraft ihrer tatsächlichen Stellung prägend auf die internationale Ebene einzuwirken, hieraus allein erwächst jedoch noch keine Völkerrechtssubjektivität iSe „normativen Kraft des Faktischen".[198] Schließt ein Staat mit einem transnationalen Unternehmen einen Vertrag, so ist hierin nicht die Übertragung partieller Völkerrechtssubjektivität zu sehen.[199] Letzteres wird jedoch von der **„international agreement doctrine"** vertreten.[200] Dieser Ansatz zieht eine Parallele zu der derivativen Völkerrechtssubjektivität von internationalen Organisationen und konstruiert die Völkerrechtssubjektivität multinationaler Unternehmen ebenfalls als eine derart abgeleitete. Multinationalen Unternehmen würden „Aufgaben funktioneller Staatlichkeit" übertragen.[201] Indes trägt diese Analogie nicht. So ist Quell der Völkerrechtssubjektivität einer internationalen Organisation das von den Mitgliedstaaten als Vertrag abgeschlossene Gründungsstatut und nicht ein unilateraler Staatsakt. Ferner fehlt es an einer dahingehenden Staatenpraxis.[202] Jedoch steht es (je nach nationalem Recht) den Parteien frei zu vereinbaren, dass der von ihnen geschlossene Vertrag Völkerrecht unterstehen soll bzw. das Unternehmen bestimmten völkerrechtlichen Pflichten entsprechend zu handeln hat **(Selbstverpflichtung).** Mitunter folgt der Vertragsschluss kraft Vereinbarung dem völkerrechtlichen Regelwerk über den Abschluss von Verträgen.[203] Diese (parteiautonomen) Entscheidungen zur

---

[192] Vgl. *Leisner,* Privatisierung des Öffentlichen Rechts, 2007, 33, 72.

[193] *Streinz* in Sachs Rn. 11; *Wollenschläger* in Dreier Rn. 24.

[194] IGH, *Jurisdictional Immunities of the State (Germany v. Italy Greece intervening),* Judgment of 3 February 2012, ICJ Rep. 99, 125 (Rn. 60). Allg. *Sun/Llamzon* in Grote/Lachenmann Max Planck Encyclopedia of Comparative Constitutional Law, Juni 2018, Acta iure gestionis and acta iure imperii.

[195] Krit. insofern *Nettesheim* in Maunz/Dürig Rn. 42.

[196] Vgl. *Nettesheim* in Maunz/Dürig Rn. 105.

[197] Wie hier *Wollenschläger* in Dreier Rn. 20. Zur Debatte *Pentikäinen* Utrecht Law Review 8 (2012), 145; *Kuntz,* Conceptualising Transnational Corporate Groups for International Criminal Law, 2017, 52 ff. Von einer „beschränkten Völkerrechtssubjektivität" ausgehend *Dahm/Delbrück/Wolfrum,* Völkerrecht I/1, 1989, 26.

[198] *Jellinek,* Allgemeine Staatslehre. 1929, 337 ff.

[199] So aber *Böckstiegel,* Der Staat als Vertragspartner ausländischer Privatunternehmen, 1971, 303 ff. Siehe *Nettesheim* in Maunz/Dürig Rn. 40.

[200] Vgl. *Böckstiegel,* Der Staat als Vertragspartner ausländischer Privatunternehmen, 1971, 303 ff.; *Rojahn* in v. Münch/Kunig, 6. Aufl. 2012, Rn. 13; *Nettesheim* in Maunz/Dürig Rn. 40.

[201] *Haider,* Haftung von transnationalen Unternehmen und Staaten für Menschenrechtsverletzungen, 2019, 210.

[202] Hier und vorhergehend *Malanczuk* in Gowlland-Debbas Multilateral Treaty-Making, 45 (60).

[203] Vgl. *Rojahn* in v. Münch/Kunig, 6. Aufl. 2012, Rn. 13.

„Quasi-Völkerverrechtlichung" eines Vertrags(schlusses) vermögen mangels Einräumung von Völkerrechtssubjektivität[204] nicht die Einschlägigkeit des Art. 32 zu bedingen. Kompetenzfragen im Hinblick auf den Abschluss von Verträgen seitens des Bundes oder der Länder mit einem multinationalen Unternehmen richten sich diesbezüglich nach Art. 30 (→ Rn. 8 f.).[205] Indes gilt es hier relativierend zu berücksichtigen, dass sich das Völkerrecht im Fluss befindet. So hat eine weiche völkerrechtliche **Pflichtenstellung von transnationalen Unternehmen** in ***soft law*** Verankerung gefunden (zum *soft law* → Art. 59 Rn. 30, 78).[206]

28 **Grenzüberschreitendes Handeln Privater** untereinander wird nicht von Art. 32 erfasst,[207] auch wenn diese quasiregulativ in das internationale Geschehen eingreifen[208] und (internationale) öffentliche Gewalt ausüben,[209] die der Steuerung und Limitierung bedarf.

29 Die Vielfalt **hybrider, transnationaler (Rechts-)Beziehungen**[210] – *Nettesheim* spricht von der Herausbildung einer ***lex contractus,***[211] in welche diese gebettet seien – steht weder in Widerspruch zu Art. 32 noch macht sie diesen obsolet. Sie wird aber die Auslegung des Art. 32, der in den Realitäten internationaler Beziehungen nicht zur irrelevanten Norm verkommen darf, beeinflussen müssen.[212] Die Virulenz dieses Problems wird jedoch insofern entschärft, als keine kompetenzielle *Lacuna* besteht: Transnationale Rechtsbeziehungen werden, so sie denn Art. 32 nicht unterfallen, von der regulären Kompetenzordnung erfasst (→ Rn. 8.).[213]

30 Beziehungen zu Gliedstaaten bzw. Untereinheiten anderer Staaten unterfallen Art. 32 Abs. 1, sofern diesen (partielle) Völkerrechtssubjektivität zukommt[214] (zur interföderalen Ebene → Rn. 14 ff.) und sie mithin nicht ausschließlich innerstaatlichem Recht unterstehen.[215] Ist dies nicht der Fall, begründet auch die Tatsache, dass Relationen zu diesen Entitäten der Erfüllung hoheitlicher Aufgaben dienen, nicht die Einschlägigkeit des Art. 32.[216] Hier kommen die allgemeinen Kompetenzvorschriften zur Anwendung,[217] deren Ausübung durch das **Gebot bundesfreundlichen Verhaltens**[218] beschränkt wird.

---

[204] Anders *Haider,* Haftung von transnationalen Unternehmen und Staaten für Menschenrechtsverletzungen, 2019, 210.

[205] *Rojahn* in v. Münch/Kunig, 6. Aufl. 2012, Rn. 13.

[206] Vgl. UN Guiding Principles on Business and Human Rights (UN Doc. A/HRC/17/31) (2011).

[207] *Fassbender* in BK Rn. 93.

[208] *Teubner* in Teubner Global Law Without a State, 3 ff., auf den *Goldmann* verweist, *Goldmann* Internationale Öffentliche Gewalt, 2015, 86 f.

[209] *v. Bogdandy/Goldmann/Venzke* EJIL 28 (2017), 115 ff.; *Goldmann,* Internationale Öffentliche Gewalt, 2015, 86 f.

[210] *Calliess/Maurer* in Calliess Transnationales Recht, 1 ff.; *Cotterrell* in Harste Law and Intersystemic Communication, 31 ff. Ferner bereits *Jessup,* Transnational Law, 1956. Siehe *Calliess/Zumbansen,* Rough Consensus and Running Code, 2009.

[211] *Nettesheim* in Maunz/Dürig Rn. 104; *Kotzur,* Grenznachbarschaftliche Zusammenarbeit in Europa, 2004, 476.

[212] Vgl. auch *Streinz* in Sachs Rn. 21 f.

[213] *Zuleeg* in AK Rn. 9.

[214] *Hillgruber* in SHH Rn. 16; *Wollenschläger* in Dreier Rn. 20; *Rojahn* in v. Münch/Kunig, 6. Aufl. 2012, Rn. 11; *Streinz* in Sachs Rn. 14.

[215] BVerfGE 2, 347 (374 f.); *Hillgruber* in SHH Rn. 19; *Kempen* in MKS Rn. 28; *Schmahl* in Sodan Rn. 5; *Streinz* in Sachs Rn. 18 f.

[216] *Rojahn* in v. Münch/Kunig, 6. Aufl. 2012, Rn. 11.

[217] *Jarass* in Jarass/Pieroth Rn. 19; *Hillgruber* in SHH Rn. 19.

[218] *Bauer,* Die Bundestreue, 1992.

Ferner werden – in der Tradition der herrschenden Auffassung zu Art. 45 und 78 WRV stehend – Beziehungen zum **Heiligen Stuhl,** welcher ein historisch gewachsenes Völkerrechtssubjekt darstellt,[219] nicht erfasst (→ Art. 59 Rn. 28).[220] Zum Teil wird dies auch mit dem Argument begründet, der von Art. 32 Abs. 1 gewählte Begriff „Staaten" indiziere, dass die betreffenden Subjekte der weltlichen Sphäre zuzuordnen wären.[221] Jedenfalls bestätigt die Historie, dass im Hinblick auf Beziehungen zum **Heiligen Stuhl** die **reguläre Kompetenzordnung** greift,[222] wobei insb. die Regelungen des Staatskirchenrechts (Art. 30, 70 ff. iVm Art. 140 iVm Art. 136 ff. WRV) virulent werden.[223] Der Abschluss von **Konkordaten,** deren Qualifikation als völkerrechtliche Verträge seit jeher umstritten war,[224] herrschend aber wohl anerkannt ist,[225] ist regelmäßig Ländersache[226] und liegt außerhalb des Zustimmungserfordernisses des Art. 32 Abs. 3.[227] Dem Bund kommen nur vereinzelt Kompetenzen zu (Art. 140 iVm Art. 138 Abs. 1 S. 2, Art. 141 WRV),[228] zB im Bereich der Bundeswehrseelsorge (Art. 73 Abs. 1 Nr. 1).[229] 31

Umstritten ist, ob das **Internationale Komitee vom Roten Kreuz** (IKRK)[230] und der **Malteser Orden**[231] – beides ebenfalls historisch gewachsene, **atypische Völkerrechtssubjekte**[232] – von Art. 32 Abs. 1 erfasst werden.[233] Dies wird anzunehmen sein,[234] da die Staatsähnlichkeit einer Entität kein entscheidendes Kriterium für eine Subsumtion unter Art. 32 Abs. 1 darstellt, so denn der betreffenden Entität Völkerrechtssubjektivität zukommt (→ Rn. 23).[235] 32

Im Hinblick auf das Völkerrechtssubjekt **EU** (Art. 47 EUV)[236] ist Art. 23 vorrangig (→ Rn. 95).[237] 33

b) „Pflege der Beziehungen". Der Terminus **„Pflege"** deutet auf ein weites Arsenal an erfassten Handlungsformen hin, wobei begrifflich die **Ge-** 34

---

219 Siehe *Germelmann* AvR 47 (2009), 147 (150 ff.).

220 BVerfGE 6, 309 (362). Krit. *Weber* in Umbach/Clemens Rn. 15. Abl. *Zuleeg* in AK Rn. 8.

221 *Schweitzer/Dederer,* Staatsrecht III, 2020, Rn. 305. Vgl. *Rojahn* in v. Münch/Kunig, 6. Aufl. 2012, Rn. 12.

222 *Fastenrath/Groh* in BerlKomm Rn. 38; *Fassbender* in BK Rn. 75. Vgl. *Hillgruber* in SHH Rn. 18.

223 BVerfGE 6, 309 (362); *Nettesheim* in Maunz/Dürig Rn. 35.

224 *Wißmann* in Härtel, Handbuch Föderalismus, 2012, 183 (199). Zur Qualifikation *Ferrari* in Wolfrum MPEPIL, Juli 2006, concordats, Rn. 4 ff.; *Quaritsch* Der Staat 5 (1966), 451 (460); *Köck,* Rechtliche und politische Aspekte von Konkordaten, 1983, 19 ff.; *Liermann* AöR nF 13 (1927), 380 (390).

225 Vgl. *Renck* LKV 2004, 250 (251) (iE AA vertretend).

226 Vgl. BVerfGE 6, 309 (362).

227 *Jarass* in Jarass/Pieroth Rn. 3; *Wolff* in Hömig/Wolff Rn. 1; *Rojahn* in v. Münch/Kunig, 6. Aufl. 2012, Rn. 12.

228 *Rojahn* in v. Münch/Kunig, 6. Aufl. 2012, Rn. 12.

229 *Schweitzer/Dederer,* Staatsrecht III, 2020, Rn. 306. Zu Art. 87 Abs. 1 S. 1 u. Ländervertretungen beim Hl. Stuhl *Fassbender* in BK Rn. 76.

230 *Forsythe/Rieffer-Flanagan,* The International Committee of the Red Cross, 2016.

231 *Prantner,* Malteserorden und Völkergemeinschaft, 1974.

232 *Gasser* in Wolfrum MPEPIL, Juni 2016, ICRC, Rn. 43 ff.; *Gazzoni* in Wolfrum MPEPIL, Januar 2009, Malta, Order of, Rn. 12 ff.

233 *Nettesheim* in Maunz/Dürig Rn. 36.

234 So *Fastenrath/Groh* in BerlKomm Rn. 37.

235 AA *Pernice* in Dreier, 2. Aufl. 2006, Rn. 23.

236 Hierzu *Busse,* Die völkerrechtliche Einordnung der Europäischen Union, 1999; *Schroeder* EuR, Beiheft 2 (2012), 9 ff.

237 *Wollenschläger* in Dreier Rn. 21; *Jarass* in Jarass/Pieroth Rn. 3.

staltung, Prägung und **Aufnahme** von Beziehungen indiziert werden.[238] Die „Pflege der Beziehungen zu auswärtigen Staaten" ist jedenfalls weiter als der Begriff „auswärtige Angelegenheiten" iSd Art. 73 Abs. 1 Nr. 1,[239] welcher zB auf den konsularischen und diplomatischen Verkehr[240] und insofern auf den auswärtigen Verkehr ieS zielt (→ Rn. 84).[241] Im Einzelnen:

35 Art. 32 Abs. 1 erfasst jedenfalls **völkervertragliches Außenhandeln** (→ Art. 59 Rn. 27 ff., 45 ff.). Unerheblich sind dabei der spezielle Vertragstypus sowie die Qualifikation der Verträge nach Logik des Art. 59 Abs. 2.[242]

36 **Einseitige, rechtsgestaltende Akte** unterfallen ebenfalls Art. 32 Abs. 1 (vgl. → Art. 59 Rn. 51 ff.). Dies gilt sowohl für **unselbständige gestaltende einseitige Akte**[243] (zB die Erklärung von Vorbehalten, Anfechtung/Kündigung/Suspendierung von Verträgen) als auch **selbständige einseitige Akte,** die losgelöst von völkerrechtlichen Verträgen stehen (zB Akkreditierung/Entsendung von Diplomaten,[244] die Anerkennung von Staaten, Protest) (→ Art. 59 Rn. 55, 83 f.).[245] In den Bereich von Bundeskompetenzen fällt die **Gewährung diplomatischen Schutzes zugunsten deutscher Staatsangehöriger,**[246] bezüglich derer ein Anspruch auf ermessensfehlerfreie Entscheidung besteht,[247] die Entscheidung, Individuen auszuliefern,[248] sowie Rechtshilfeersuchen an andere Staaten weiterzuleiten.[249] Auch Maßnahmen, die als **Retorsion**[250] oder **Gegenmaßnahme** iSd Art. 49 ff. der ILC Draft Articles on the Responsibility of States for Internationally Wrongful Acts[251] zu qualifizieren sind, sind unter Art. 32 Abs. 1 zu subsumieren.[252] Diesbezügliche **Umsetzungsmaßnahmen** richten sich nach den allgemeinen Kompetenzregeln (Art. 30, 70 ff.).[253] Die Nichtbewilligung von Auftritten der Regierungsmitglieder anderer Staaten wird als Akt mit außenpolitischer Relevanz[254] dem Regelungsbereich des Art. 32 zugeordnet.[255] Handelt es sich bei den Betreffenden um bloße Wahlkandidaten ohne

---

[238] *Rojahn* in v. Münch/Kunig, 6. Aufl. 2012, Rn. 10. Vgl. *Heintschel von Heinegg/Frau* in BeckOK GG Rn. 5.

[239] Vgl. *Heintzen* in MKS Art. 73 Rn. 10.

[240] *Steinberger* in Mußgnug Rechtsentwicklung unter dem Bonner Grundgesetz, 1990, 101 (105); *Wittreck* in Dreier Art. 73 Rn. 12 f.; *Weber* in Umbach/Clemens Rn. 16.

[241] *v. Coelln* in Windthorst/Gröpl/v. Coelln Rn. 7; *Rojahn* in v. Münch/Kunig, 6. Aufl. 2012, Rn. 16. Weitgehender *Uhle* in Maunz/Dürig Art. 73 Rn. 40.

[242] *Rojahn* in v. Münch/Kunig, 6. Aufl. 2012, Rn. 14.

[243] Zu dieser Kategorisierung *Fastenrath/Groh* in BerlKomm Art. 59 Rn. 77 ff.

[244] *Jarass* in Jarass/Pieroth Rn. 11.

[245] *Hillgruber* in SHH Rn. 11; *Rojahn* in v. Münch/Kunig, 6. Aufl. 2012, Rn. 19.

[246] BVerwGE NJW 1989, 2208 (2208 f.); *Wollenschläger* in Dreier Rn. 23; *Rojahn* in v. Münch/Kunig, 6. Aufl. 2012, Rn. 20. Zum diplomatischen Schutz *Hailbronner* in Hailbronner/Maaßen/Hecker/Kau Staatsangehörigkeitsrecht, 2017, Rn. 93 ff.; ILC Draft Articles on Diplomatic Protection 2006 (UN Doc. A/61/10).

[247] BVerfGE 6, 290 (299); 55, 349 (364 f.); *Kokott* in Sachs Art. 16 Rn. 14; *Becker* in MKS Art. 16 Rn. 23.

[248] BVerfGE 113, 273 (311 f.).

[249] BGH NJW 1983, 2769 (2770). Siehe *Wollenschläger* in Dreier Rn. 23.

[250] *Crawford,* Brownlie's Principles of Public International Law, 2019, 574 f.

[251] UN Doc. A/56/10, YBILC II (2001).

[252] *Kempen* in MKS Rn. 68; *Wollenschläger* in Dreier Rn. 23.

[253] Hier und vorhergehend *Rojahn* in v. Münch/Kunig, 6. Aufl. 2012, Rn. 22.

[254] BVerfG NJW 2017, 1166. Zu diesem Themenkomplex und seinen grundrechtlichen Implikationen jüngst *Preuß,* Wahlkampfauftritte ausländischer Staatsoberhäupter und Regierungsmitglieder in Deutschland im Spannungsfeld zwischen Versammlungsfreiheit und Außenpolitik, 2020.

[255] *Jarass* in Jarass/Pieroth Rn. 12.

öffentliches Amt, greift die Nichtbewilligung potentiell in deren Grundrechte ein (Art. 5 Abs. 1 S. 1 1. Alt.).[256] Auch kann ein Eingriff in die Versammlungsfreiheit des Veranstalters einer Wahlkampfveranstaltung gegeben sein (vgl. zum Problemkreis → Art. 8 Rn. 30, 67). Im Ergebnis wird sich hieraus jedoch kein Anspruch auf Einreise herleiten lassen.[257]

Die Mitwirkung an der Entstehung von **sekundärem Völkerrecht** (→ Art. 59 Rn. 79 f.) im Rahmen internationaler Organisationen richtet sich ebenfalls nach Art. 32, so denn nicht der Anwendungsbereich von Art. 23, 24 eröffnet ist (→ Rn. 95).[258] **37**

Umstritten ist, inwiefern auch **informelles Handeln** – Staatsbesuche, Reden und Korrespondenz – Art. 32 Abs. 1 unterfällt.[259] Dies kann je nach Lesart des Art. 32 Abs. 1, 3 und Art. 30 entscheidend für die Bestimmung der Länderkompetenzen in diesem Bereich sein (→ Rn. 18). In der Realität der deutschen Bundesstaatlichkeit entfalten Länder erhebliche grenzüberschreitende Aktivitäten auf nichtförmlicher Ebene,[260] die sich kaum Kritik ausgesetzt sehen. **38**

Ausgehend von seinem Wortlaut ist auch informelles Handeln von Art. 32 Abs. 1 gedeckt: Beziehungen zwischen Staaten und anderen Völkerrechtssubjekten werden gerade auch auf nichtförmlichem Wege gepflegt. Dabei weist informelles Handeln auf dem internationalen Parkett regelmäßig eine politisch-gestalterische Dimension auf und zeitigt bisweilen auch – für die völkerrechtliche Rechtsquellenlehre typisch – **(quasi)normative Wirkungen.**[261] Teleologisch ließe sich bei klassischer Betrachtung insofern anführen, dass ein wesentliches Interesse an einem einheitlichen Auftritt auch in der Sphäre der Nichtförmlichkeit besteht, welcher für die Sicherstellung der Position der Bundesrepublik innerhalb des internationalen Beziehungsgeflechts von zentraler Bedeutung ist. Ferner fällt auf, dass der Wortlaut des Art. 32 Abs. 1 weiter gefasst ist als der des Art. 59 Abs. 1 S. 1, der von der völkerrechtlichen Vertretung („vertritt") durch den Bundespräsidenten spricht und sich nach der hier vertretenen Auffassung auf völkerrechtsgeschäftliches Handeln beschränkt (→ Art. 59 Rn. 15, 17). **39**

Vor diesem Hintergrund wird überwiegend argumentiert, Art. 32 regle die internationale **„gesamtstaatliche Repräsentation"** der Bundesrepublik auch außerhalb der Sphäre der Rechtsförmlichkeit,[262] jedenfalls bei „Akten **40**

---

[256] Zu Grundrechtsgeltung bei Sachverhalten mit Auslandsbezug *Fassbender* in HdbStR XI, § 244, Rn. 148 ff.; *Becker* in HdbStR XI, § 240, Rn. 1 ff.

[257] Umfassend *Preuß,* Wahlkampfauftritte ausländischer Staatsoberhäupter und Regierungsmitglieder in Deutschland im Spannungsfeld zwischen Versammlungsfreiheit und Außenpolitik, 2020.

[258] *Wollenschläger* in Dreier Rn. 23; *Rojahn* in v. Münch/Kunig, 6. Aufl. 2012, Rn. 14.

[259] Anwendung von Art. 32 bejahend *Hillgruber* in SHH Rn. 12; *Nettesheim* in Maunz/Dürig Rn. 52; *Schmahl* in *Sodan* Rn. 4; *Rojahn* in v. Münch/Kunig, 6. Aufl. 2012, Rn. 3; *Heintschel von Heinegg/Frau* in BeckOK GG Rn. 5. Art. 32 auf rechtsförml. Handeln beschränkend *Fassbender,* Der offene Bundesstaat, 2007, 14.

[260] Zu vergleichbaren Tendenzen in Kanada *Côté* in Bradley Oxford Handbook of Comparative Foreign Relations Law, 277 ff. Allg. *Lequesne/Paquin* International Negotiation 22 (2017), 183 ff.; *Opeskin* Netherlands International Law Review 43 (1996) 353 (362 f.). Vgl. *Paquette,* Cultural Policy and Federalism, 2019, 153 ff.

[261] *Aust* ICLQ 35 (1986), 787 ff.; *Chinkin* Leiden Journal of International Law 10 (1997), 223 ff.; *Pauwelyn/Wessel/Wouters* FS f. Klabbers, 2013, 75 ff. Zu Formen völkerrechtl. Normativität *Fastenrath* EJIL (1993), 305 ff.; *Weil* AJIL 77 (1983) 413 ff.

[262] *Streinz* in Sachs Rn. 12 f.; *Kempen* in MKS Rn. 33 ff.; *Jarass* in Jarass/Pieroth Rn. 12; *Nettesheim* in Maunz/Dürig Rn. 52; *Wollenschläger* in Dreier Rn. 15, 23; *Hillgruber* in SHH

reiner Außenpolitik".[263] *Fassbender* will Art. 32 von seinem Anwendungsbereich hingegen in erster Linie auf den Kernbereich diplomatischer Beziehungen beschränken,[264] jedenfalls – ähnlich wie *Fastenrath*[265] – auf rechtsförmliches Handeln.[266] Ein weiterer Ansatz interpretiert Art. 32 Abs. 1 als bloße Ermächtigung: Art. 32 Abs. 3 signalisiere dann, dass lediglich völkervertragliches Handeln der Länder einem Zustimmungsvorbehalt der Bundesregierung unterstellt sei, nicht jedoch Handeln in der Sphäre der Nichtförmlichkeit, wo es bei den allgemeinen Regelungen bleibe.[267] Diese Auffassungen sehen sich mit der Aussage des BVerfG konfrontiert, dass Ländern „außerhalb des Vertragsrechts kein[en] Anteil an der auswärtigen Gewalt" zukäme.[268] So denn Art. 32 Abs. 1 nicht einschränkend ausgelegt wird, werden auswärtige Aktivitäten der Länder auf alternative Kompetenzgrundlagen gestützt. Einige nehmen – zT von der gewohnheitsrechtlichen Dimension der Staatspraxis ausgehend – eine implizite **Delegation von Kompetenzen des Bundes**[269] bzw. jedenfalls **stillschweigende Duldung seitens des Bundes**[270] oder **Ermächtigung**[271] an.[272] Diese Lösungen erscheinen verfassungsrechtlich kaum haltbar, da sie implizit von der Zulässigkeit einer Rekonfiguration der Kompetenzordnung seitens des Bundes/der Bundesregierung jenseits einer Verfassungsänderung ausgehen[273] (vgl. → Art. 59 Rn. 20).

41 Es erscheint empfehlenswert, zunächst klarzustellen, welche Handlungen nicht von Art. 32 Abs. 1 erfasst sind[274] und Art. 30 (→ Rn. 8 f.) unterliegen.[275]

42 Die „Pflege der Beziehungen" umfasst **grenzüberschreitende Aktivitäten privater Akteure,** auch wenn diese durchaus diplomatischen Beziehungen vergleichbar wären (zB Beziehungen zwischen Sportverbänden oder Gewerkschaften), nicht.[276] Im Übrigen gelten im Hinblick auf privatrechtliches Handeln von Völkerrechtssubjekten und grenzüberschreitendes Handeln unterstaatlicher Hoheitsträger die oben skizzierten Grundsätze (→ Rn. 24 ff.).

Rn. 12; *Rojahn* in v. Münch/Kunig, 6. Aufl. 2012, Rn. 3, 23. AA *Weber* in Umbach/Clemens Rn. 17.

263 *Kempen* in MKS Rn. 68; *Wollenschläger* in Dreier Rn. 22; *Rojahn* in v. Münch/Kunig, 6. Aufl. 2012, Rn. 23.

264 *Fassbender* DÖV 2011, 714 (716).

265 *Fastenrath,* Kompetenzverteilung im Bereich der auswärtigen Gewalt, 1986, 83 ff., 98 f.; *Fastenrath* DÖV 1990, 125 (130 ff.). Ferner *Fastenrath/Groh* in BerlKomm Rn. 50 ff.

266 *Fassbender,* Der offene Bundesstaat, 2007, 14. Tendenziell *Borchmann* NVwZ 1988, 218 (220). Vgl. *Beck* DÖV 1966, 20 ff. Zur Kompensation einer engen Auslegung des Art. 32 Abs. 1 durch Annexkompetenzen des Bundes *Weber* in Umbach/Clemens Rn. 17.

267 Hier und vorhergehend vgl. *Jarass* in Jarass/Pieroth Rn. 18.

268 BVerfGE 2, 347 (379).

269 *Grewe* in HdbStR III, 2. Aufl. 1996, § 77 Rn. 83. Ablehnend *Magiera* FS f. Hochschule Speyer, 1997, 97 (113).

270 *Calliess,* Staatsrecht III, 93 Rn. 63; *Calliess* in HdbStR IV, § 83 Rn. 60. Die faktische Duldung seitens des Bundes betont *Wolff* in Hömig/Wolff Rn. 7.

271 *Reichel,* Die auswärtige Gewalt nach dem Grundgesetz für die Bundesrepublik Deutschland vom 23. Mai 1949, 1967, 178 (Einwilligung). Vgl. *Kölble* DÖV 1965, 145 (150 f.).

272 Zur „Bedienstetenleihe" *Rojahn* in v. Münch/Kunig, 6. Aufl. 2012, Rn. 63; *Kölble* DÖV 1965, 145 (151).

273 Krit. insofern *Nettesheim* in Maunz/Dürig Rn. 108.

274 Diesen Ansatz verfolgt *Rojahn* in v. Münch/Kunig, 6. Aufl. 2012, Rn. 59 ff.

275 Vgl. *Jarass* in Jarass/Pieroth Rn. 19.

276 *Rojahn* in v. Münch/Kunig, 6. Aufl. 2012, Rn. 27.

Die Einordnung **legislativer, judikativer und exekutiver Akte der Länder,** die rechtlich allein innerstaatlich wirken, jedoch faktische, nichtförmliche Effekte in der Außensphäre des Staates zeitigen, ist umstritten. Im Grundsatz liegen solche Akte außerhalb des Anwendungsbereichs des Art. 32. Nach vertretener Auffassung sollen diese nur dann von Art. 32 Abs. 1 erfasst sein, wenn sie gravierend sind und zwischen grenzüberschreitender Auswirkung und innerstaatlicher Maßnahme ein Unmittelbarkeits-[277] bzw. Finalitätszusammenhang besteht,[278] der über einen Reflex hinausgeht.[279] Unter diesen Voraussetzungen sei regelmäßig von einer gewichtigen außenpolitischen Relevanz der Maßnahmen auszugehen.[280] Jedenfalls wird man hier die Wertungen des Art. 32 Abs. 1 und 3 sowie das **Gebot bundesfreundlichen Verhaltens** zu berücksichtigen haben, das Ländern in der Ausübung ihrer Kompetenzen Grenzen setzt (→ Rn. 30). **43**

Ausgehend davon, dass sich Art. 32 Abs. 1 auch auf nichtförmliches Handeln erstreckt (wofür gute Gründe streiten), bietet es sich im Übrigen an, das Problem des **„informellen Außenhandelns" der Länder** im Verhältnis zu anderen Völkerrechtssubjekten mittels eines **Kombinationsansatzes** zu lösen: **44**

Zunächst ist der Begriff des **„Vertrags"** iSd Art. 32 Abs. 3 weit auszulegen (→ Rn. 35, vgl. Art. 59 Rn. 27 ff., 45 ff.).[281] **45**

Darüber hinaus spricht viel für eine **analoge Anwendung** des Art. 32 Abs. 3 in der Sphäre der Nichtförmlichkeit,[282] da von einer planwidrigen Regelungslücke samt vergleichbarer Interessenslage auszugehen ist. Da Art. 32 Abs. 3 den Ländern in beschränktem Umfang Vertragsgewalt zuordnet und völkervertragliches Handeln gestattet, erschiene es wertungswidersprüchlich, informelles Wirken der Länder in Gänze auszuschließen.[283] Sofern Ländern Binnenkompetenzen zustehen, dürfen sie auf nichtförmlicher Ebene konkurrierend zum Bund nach außen wirken, wobei das **Zustimmungserfordernis** des Art. 32 Abs. 3 greift. Sinnvoll erscheint es hier auch, die Wertungen des Lindauer Abkommens (→ Rn. 85 ff.) der Sache nach zu berücksichtigen. *Nettesheim* will in diesem Zusammenhang dem Bund die Möglichkeit einräumen, eine generelle Zustimmung zu informellem Außenwirken zu erteilen, die jederzeit widerrufbar ist.[284] Da die Zustimmung als Aufsichtsinstrument (→ Rn. 71 ff.) Gewähr dafür bietet, dass Länder Bundesinteressen nicht zuwiderhandeln, erscheint es nicht geboten, etwaige Außenkompetenzen der Länder, die einer rechtsfortbildenden Auslegung des Art. 32 Abs. 3 entnommen werden, auf den Kernbereich hoheitlicher Aufgaben zu beschränken.[285] **46**

Vielmehr liegt in Bereichen, die auf das Engste mit der auf verfassungsrechtlichem Fundament ruhenden **Eigenstaatlichkeit der Länder** – dem oftmals apostrophierten kompetenziellen „Hausgut"[286] der Länder – verbun- **47**

---

[277] *Wollenschläger* in Dreier Rn. 25.

[278] *Rojahn* in v. Münch/Kunig, 6. Aufl. 2012, Rn. 22.

[279] Vgl. *Kempen* in MKS Rn. 68; *Wollenschläger* in Dreier Rn. 25.

[280] Vgl. *Nettesheim* in Maunz/Dürig Rn. 6.

[281] *Streinz* in Sachs Rn. 49; *Zuleeg* in AK Rn. 16; *Rojahn* in v. Münch/Kunig, 6. Aufl. 2012, Rn. 58 ff.; *Nass* DÖV 1996, 274 (281).

[282] *Nettesheim* in Maunz/Dürig Rn. 110, 113. Vgl. *Wollenschläger* in Dreier Rn. 49. AA *Püttner* KritV 74 (1991), 63 (72). Wohl auch *Streinz* in Sachs Rn. 51.

[283] *Heintschel von Heinegg/Frau* in BeckOK GG Rn. 23.

[284] *Nettesheim* in Maunz/Dürig Rn. 110, 113.

[285] So aber *Heintschel von Heinegg/Frau* in BeckOK GG Rn. 23a.

[286] BVerfGE 34, 9 (20); *Zuleeg* in AK Rn. 23; *Magiera* FS f. Hochschule Speyer, 1997, 97 (114).

den sind, darüber hinausgehend bezüglich informeller Akte die Annahme von **Kompetenzen kraft Natur der Sache**[287] nahe,[288] die in Konkurrenz zu der Kompetenz des Bundes treten.[289] Für diese greift das **Zustimmungserfordernis** des Art. 32 Abs. 3 nicht.[290] Das Problem der **kompetenziellen Konkurrenz** und der nicht bestehenden Eingriffsmöglichkeit des Bundes ist im konkreten Einzelfall unter Berücksichtigung des Gebots bundesfreundlichen Verhaltens aufzulösen. Jenes Gebot kann sich – je nach Einzelfall – zu **engmaschigen Abstimmungspflichten,** die die Länder im Verhältnis zum Bund treffen, konkretisieren. Diese können – die Wertungen des Art. 32 Abs. 3 berücksichtigend[291] – in besonderen Situationen (zB Quasinormativität von Länderaktivitäten) zu einem **Zustimmungsvorbehalt** erstarken.[292]

48 **3. „Unterstaatliche Außenpolitik" und Akteure auswärtigen Handelns neben Bund und Ländern.** Die Verbindung zwischen der Innensphäre des Staates und seiner Außensphäre wird nicht nur durch Bund und Länder,[293] sondern auch über ein grenzüberschreitendes **„Interaktionssystem"** hergestellt,[294] das durch private Akteure aufrechterhalten wird, deren Aktivitäten Art. 32 zumeist nicht unterfallen (→ Rn. 23 ff.). Dies verdeutlicht den **fragmentarischen Regelungscharakter** des Art. 32 im Hinblick auf das Wirken nach außen, dem sich im Wege einer Auslegung, die methodische Grenzen wahrt, nur bedingt abhelfen lässt.

49 Richtet man den Blick nun näher auf die **kommunalen Gebietskörperschaften,** die grenzüberschreitend aktiv sind und zB Entwicklungshilfe[295] betreiben oder Städtepartnerschaften begründen,[296] ist festzustellen, dass das Grundgesetz ihnen keine Vertragsschlusskompetenz einräumt und mithin nicht die notwendigen Voraussetzungen für ihre Völkerrechtssubjektivität schafft.[297] Allerdings lassen sich in der Literatur einige Ansätze identifizieren,

---

[287] Zu dieser Kompetenzkategorie allg. *Anschütz* in HdbStR I, 1. Aufl. 1930, 363 (367) (§ 32); *Harms* Der Staat 33 (1994), 409 ff.

[288] *Kempen* in MKS Rn. 34, 89; *Zuleeg* in AK Rn. 23; *Streinz* in Sachs Rn. 53. Vgl. *Calliess* in HdbStR IV, § 83 Rn. 59 f.; *Magiera* FS f. Hochschule Speyer, 1997, 97 (110, 113 f.); *Heintschel von Heinegg/Frau* in BeckOK GG Rn. 23a. Krit. *Rojahn* in v. Münch/Kunig, 6. Aufl. 2012, Rn. 58.

[289] Zum Grundgedanken vgl. § 8 EUZBLG, s. *Streinz* in Sachs Rn. 53. Zu den Länderbüros bei der EU siehe *Magiera* FS f. Hochschule Speyer, 1997, 97 (114). *Wollenschläger* rekurriert diesbezüglich auf Art. 23 Abs. 2 S. 1 *Wollenschläger* in Dreier Rn. 28.

[290] Außenkompetenzen kraft Natur der Sache nicht ausschließend *Nettesheim* in Maunz/Dürig Rn. 118.

[291] Für ein Zustimmungserfordernis analog Art. 32 Abs. 3 *Streinz* in Sachs Rn. 53.

[292] Vgl. *Streinz* in Sachs Rn. 53.

[293] *Schorkopf,* Staatsrecht der Internationalen Beziehungen, 2017, § 4 Rn. 73 ff.; *Faber* DVBl. 2016, 885 ff. Siehe *Wiater* AöR 139 (2014), 497 ff.; *Beyerlin* ZaöRV 40 (1980), 573 ff.; *Geiger* FS f. 100 Jahre Sächsisches Oberverwaltungsgericht, 2002, 435 ff. Allg. *Kotzur,* Grenznachbarschaftliche Zusammenarbeit in Europa, 2004.

[294] *Tomuschat* VVDStRL 36 (1978), 7 (21); *Rojahn* in v. Münch/Kunig, 6. Aufl. 2012, Rn. 4.

[295] *Heberlein* DÖV 1990, 374 ff.; *Nass* DÖV 1996, 274 (275 ff.); *Schwanenflügel,* Kommunale Entwicklungszusammenarbeit als Aufgabe der Gemeinden und Kreisen, 1993.

[296] Allg. *Aust,* Das Recht der globalen Stadt, 2017; *Pfundheller,* Städtepartnerschaften, 2014. Siehe *Dreier* in Dreier Art. 28 Rn. 136; *Nettesheim* in Maunz/Dürig Rn. 125; *Kempen* in MKS Rn. 18. Krit. zur Städtepartnerschaft als örtlicher Angelegenheit *Gern* NVwZ 1991, 1147 (1148). Zur Innenperspektive *Henrich-Franke/Hiepel/Thiemeyer/Türk,* Grenzüberschreitende institutionalisierte Zusammenarbeit von der Antike bis zur Gegenwart, 2019.

[297] *Kotzur,* Grenznachbarschaftliche Zusammenarbeit in Europa, 2004, 160 f.; *Niedobitek,* Das Recht der grenzüberschreitenden Verträge, 2001, 198 f. Zu „internationalisierten Städ-

die eine direkte[298] oder jedenfalls eine analoge Anwendung[299] des Art. 32 Abs. 3 auf Kommunen als Teile der Länder favorisieren. Letztere konnten sich jedoch nicht durchsetzen, da sie dogmatisch auf einem brüchigen Fundament stehen:[300] Dass mit dem Begriff der „Länder" iSv Art. 32 Abs. 3 auch ihre Untergliederungen gemeint sein könnten, schließt dieser selbst aus. So bilden den Bezugspunkt des Art. 32 Abs. 3 Körperschaften, denen *Gesetzgebungs*zuständigkeiten zustehen. An eine bloße Rechtsetzungszuständigkeit, von der begrifflich auch das Satzungsrecht umfasst wäre, wird nicht angeknüpft.[301] Einer analogen Anwendung steht das Nichtvorliegen einer planwidrigen Regelungslücke im Wege. Völkerrechtliche Vertragsgewalt ist ausschließlich Bund und Ländern zugeordnet, obwohl das Grundgesetz an anderer Stelle durchaus substantielle Aussagen zu Kreisen und Gemeinden trifft und deren Bedeutung verfassungsrechtlich anerkennt (Art. 28 Abs. 1 S. 2). Als problematisch erweist sich ferner die Annahme, Länder könnten ihre beschränkten Vertragsschlusskompetenzen auf Kommunen delegieren. Eine derartige Delegationskompetenz bedürfte, da sie letztendlich eine Rekonfiguration der Kompetenzarchitektur bedingte (→ Art. 59 Rn. 20), grundgesetzlicher Verankerung.[302]

Dennoch haben zahlreiche Stimmen zu Recht unlängst von dem Phäno- **50**
men einer **„kommunalen Außenpolitik"** gesprochen.[303] Aus deutscher verfassungsrechtlicher Perspektive betrachtet fußt diese auf Art. 28 Abs. 2 S. 1 (vgl. → Art. 28 Rn. 93 ff.)[304] und nicht Art. 32.[305] Grenzüberschreitende Aktivitäten von Kommunen erscheinen verfassungsrechtlich dann als unproblematisch, wenn ein Bezug zu **örtlichen Aufgaben** erhalten bleibt.[306] Dies ist insbesondere der Fall, wenn transnationales Handeln auf ein Engagement der Gemeindebürger zurückzuführen ist.[307] Kommunale Aktivitäten haben ferner im Einklang mit dem Gebot der Bundesfreundlichkeit zu stehen,[308] wobei letzteres sich lediglich mittelbar auf Kommunen als integrale Elemente der Länder erstreckt.[309] Betont wird zudem, das Recht auf kommunale

ten" *Aust,* Das Recht der globalen Stadt, 2017, 142 Fn. 3; *Hattenhauer* in Wolfrum MPEPIL, März 2009, Danzig, Free City of, Rn. 1 ff.; *Hattenhauer* in Wolfrum MPEPIL, Dezember 2007, Free Cities, Rn. 1 ff.

[298] *Reichel,* Die auswärtige Gewalt nach dem Grundgesetz für die Bundesrepublik Deutschland vom 23. Mai 1949, 1967, 155. Hierzu *Storbeck,* Grenzüberschreitende Kommunale Zusammenarbeit, 2016, 115 ff.

[299] *Menzel* AöR 79 (1953/54), 326 (333 f.).

[300] *Niedobitek,* Das Recht der grenzüberschreitenden Verträge, 2001, 198 f.

[301] *Niedobitek,* Das Recht der grenzüberschreitenden Verträge, 2001, 198.

[302] Vgl. *Storbeck,* Grenzüberschreitende Kommunale Zusammenarbeit, 2016, 118.

[303] *Heberlein,* Kommunale Außenpolitik als Rechtsproblem, 1988; *Messerschmidt* Die Verwaltung 1990, 425 ff.; *Aust* in Heschl/Juri/Neubauer/Pirker/Scharfe/Wagner/Willgruber L'État, c'est quoi?, 215 (221). Vgl. *Graf Vitzthum* in Randelzhofer/Süß/Konsens und Konflikt, 75 ff.

[304] *Rojahn* in v. Münch/Kunig, 6. Aufl. 2012, Rn. 68.

[305] *Zuleeg* in AK Rn. 26; *Schmahl* in Sodan Rn. 5; *Kempen* in MKS Rn. 22; *Bothe* AöR 102 (1977), 68 (72); *Geiger* FS f. 100 Jahre Sächsisches Oberverwaltungsgericht, 2002, 435 (438).

[306] *Grewe* in HdbStR III, 2. Aufl. 1996, § 77 Rn. 83; *Dreier* in *Dreier* Art. 28 Rn. 136. Vgl. *v. Coelln* in Gröpl/Windhorst/v. Coelln Rn. 18.

[307] *Dreier* in Dreier Art. 28 Rn. 136 verweisend auf BVerfGE 11, 266 (275 f.).

[308] *Geiger* FS f. 100 Jahre Sächsisches Oberverwaltungsgericht, 2002, 435 (439); *Zuleeg* in AK Rn. 26.

[309] Vgl. *Aust,* Das Recht der globalen Stadt, 2017, 124 ff.; *Messerschmidt* Die Verwaltung 23 (1990), 425 (440).

Selbstverwaltung bedürfe einer **völkerrechtsfreundlichen Auslegung.**[310] Zu berücksichtigen ist in diesem Zusammenhang auch, dass nach Art. 10 Abs. 3 der **Europäischen Charta der kommunalen Selbstverwaltung**[311] kommunale Gebietskörperschaften „berechtigt [sind], im Rahmen der vom Gesetz vorgegebenen Bedingungen mit den kommunalen Gebietskörperschaften anderer Staaten zusammenzuarbeiten." Die Länder sind indes gehalten, im Hinblick auf diese Aktivitäten Aufsichtsrechte auszuüben,[312] auch wenn *Tomuschat* den Gemeinden im Hinblick auf ihr Außenwirken ein „Höchstmaß an unbevormundeter Freiheit" attestierte.[313]

51 Trotz des multidimensionalen grenzüberschreitenden Handelns kommunaler Gebietskörperschaften werden diese „Außenaktivitäten" einer konservativen Betrachtungsweise folgend nicht als Element auswärtiger Gewalt, die allein zwischen Bund und Ländern distribuiert sei, betrachtet. Hiergegen werden jedoch in zunehmendem Maße Bedenken angeführt. So will *Fastenrath* vor dem Hintergrund des skizzierten, verfassungsrechtlichen Rückhalt findenden **Netzwerks**[314] unterstaatlichen transnationalen Handelns zwischen **auswärtiger Gewalt im engeren**[315] und **im weiteren Sinne** differenzieren.[316] Letztere erfasse all die grenzüberschreitenden Aktivitäten von Körperschaften, die nicht Art. 32 unterfielen. Diese konzeptionelle Feinjustierung ist zu begrüßen, da sie eine verfassungsdogmatische Reflexion internationaler Realitäten darstellt.

III. Art. 32 Abs. 2

52 Art. 32 Abs. 2 verankert eine **Rechtspflicht** des Bundes und ist als eine Konkretisierung des **Prinzips der Bundestreue** aufzufassen.[317] So denn die „besonderen Verhältnisse" eines Landes durch den Abschluss eines völkerrechtlichen Vertrages berührt werden, ist das betreffende Land zwingend seitens des Bundes anzuhören. Das Organ, das zur Anhörung verpflichtet ist, ist nicht der Bundespräsident, sondern die Bundesregierung, der auf Seite der Exekutive im Wesentlichen die materielle Sachherrschaft über das Vertragsabschlussverfahren zukommt (→ Art. 59 Rn. 19 f., 31).[318]

53 Eine Berührung **„besonderer Verhältnisse"** ist gegeben, wenn ein Vertragswerk in erster Linie **Angelegenheiten von regionaler** und **örtlicher Dimension** regelt,[319] wobei auch wirtschaftliche, rechtliche und kulturelle Faktoren zu berücksichtigen sind.[320] Zu verneinen ist sie, wenn alle Länder **gleichmäßig** betroffen sind.[321] In diesem Fall wird die Anhörung/Berück-

---

[310] *Lorenzmeier* BayVBl. 2011, 485 (489); *Aust* in Heschl/Juri/Neubauer/Pirker/Scharfe/Wagner/Willgruber ua L'État, c'est quoi?, 215 (228).

[311] BGBl. 1987 II 65.

[312] *Nettesheim* in Maunz/Dürig Rn. 129.

[313] *Tomuschat* VVDStRL 36 (1978), 7 (24).

[314] *Kempen* in MKS Rn. 22.

[315] Beispielhaft für enges Konzept *Starck* FS f. Lerche, 1993, 561 (563).

[316] *Fastenrath,* Kompetenzverteilung im Bereich der auswärtigen Gewalt, 1986, 70. Diese Differenzierung befürwortend *Aust,* Das Recht der globalen Stadt, 2017, 74.

[317] *Fastenrath/Groh* in BerlKomm Rn. 73; *Fassbender* in BK Rn. 153; *Weber* in Umbach/Clemens Rn. 19; *Streinz* in Sachs Rn. 44; *Wollenschläger* in Dreier Rn. 45.

[318] *Kempen* in MKS Rn. 76; *Nettesheim* in Maunz/Dürig Rn. 91.

[319] *Jarass* in Jarass/Pieroth Rn. 9; *Wolff* in Hömig/Wolff Rn. 2. Vgl. *Heintschel von Heinegg/Frau* in BeckOK GG Rn. 13.

[320] *Fassbender* in BK Rn. 157; *Wollenschläger* in Dreier Rn. 46.

[321] *Hillgruber* in SHH Rn. 34; *Weber* in Umbach/Clemens Rn. 20; *Jarass* in Jarass/Pieroth Rn. 9.

sichtigung der Länderbelange nur in **„mediatisierter"** Form im Rahmen der Beteiligung des Bundesrates an der Vertragsgesetzgebung iSd Art. 59 Abs. 2 S. 1 erfolgen (→ Art. 59 Rn. 93). Die entscheidenden Determinanten einer Berührung der „besonderen Verhältnisse" sind die **Individualisierung** und die **Intensität der Auswirkungen** eines anvisierten völkerrechtlichen Vertrages auf ein bestimmtes Land.[322] Die Bestimmung der „Berührung" der „besonderen Verhältnisse" obliegt dem Bund, dem hierbei kein Einschätzungsspielraum einzuräumen ist.[323] Sie unterliegt verfassungsrechtlicher Kontrolle (→ Rn. 93).[324]

Nach Art. 32 Abs. 2 hat die zu erfolgende Anhörung **„rechtzeitig"** stattzufinden. Erforderlich ist demnach eine Anhörung zu einem Zeitpunkt, der es erlaubt, dass die seitens des betroffenen Landes getätigte Stellungnahme im Rahmen der Entscheidungsprozesse effektiv Berücksichtigung finden kann.[325] Regelmäßig wird dies nach erfolgter Paraphierung,[326] die durch die Festlegung des authentischen Vertragstextes faktische Vorwirkungen zeitigt, jedenfalls nach der Unterzeichnung iSd Art. 10 WVK, die rechtliche Bindungswirkung iSe Frustrationsverbots entfaltet (Art. 18 lit. a 1. Var. WVK) (→ Art. 59 Rn. 33),[327] nicht mehr der Fall sein. Nicht überzeugend ist es, auf den Zeitpunkt der Ratifikation abzustellen.[328] Insofern sollte eine Anhörung noch während der Vertragsverhandlungen erfolgen.[329] **54**

Die Anhörung muss zudem **förmlicher Natur** sein.[330] Dem Land ist eine Gelegenheit zur Stellungnahme zu geben, die Stellungnahme ist zur Kenntnis zu nehmen und innerhalb des Entscheidungsprozesses zu berücksichtigen. Notwendigerweise gehen mit dem Anhörungsrecht Informationspflichten seitens des Bundes einher.[331] Strittig ist, ob ein Land Anspruch auf Mitteilung seitens des Bundes hat, wie er die Erwägungen des Landes in seine Entscheidungsfindung einbezogen hat, und ob der Bund ggf. die Nichtberücksichtigung von landesseits angebrachten Bedenken zu begründen verpflichtet ist.[332] Zumindest erscheint dies als **Gebot interföderaler Etikette.** **55**

Die Anhörungspflicht und das hiermit korrespondierende Anhörungsrecht vermitteln kein **Mitgestaltungsrecht** und auch keinen Anspruch, dass der Bund dem geltend gemachten Begehren des Landes Folge leistet.[333] Art. 32 Abs. 2 ist insofern nicht iSe Zustimmungserfordernisses zu interpretieren. Die **56**

---

[322] *Wollenschläger* in Dreier Rn. 46.

[323] Vgl. *Heintschel von Heinegg/Frau* in BeckOK GG Rn. 14; *Hillgruber* in SHH Rn. 36.

[324] *Hillgruber* in SHH Rn. 36.

[325] *Jarass* in Jarass/Pieroth Rn. 9; *Heintschel von Heinegg/Frau* in BeckOK GG Rn. 15; *Fassbender* in BK Rn. 160; *Hillgruber* in SHH Rn. 37; *Wolff* in Hömig/Wolff Rn. 2.

[326] Eine Anhörung vor dem Zeitpunkt der Paraphierung fordernd *Streinz* in Sachs Rn. 45; *Nettesheim* in Maunz/Dürig Rn. 92; *Hillgruber* in SHH Rn. 37; *Wollenschläger* in Dreier Rn. 47. Differenzierter *Kempen* in MKS Rn. 77.

[327] *Dörr* in Dörr/Schmalenbach Vienna Convention on the Law of Treaties, Art. 18 Rn. 30.

[328] *Rojahn* in v. Münch/Kunig, 6. Aufl. 2012, Rn. 29. So aber *Weber* in Umbach/Clemens Rn. 20.

[329] *Nettesheim* in Maunz/Dürig Rn. 92.

[330] *Fassbender* in BK Rn. 158; *Hillgruber* in SHH Rn. 38.

[331] *Fassbender* in BK Rn. 159; *Kempen* in MKS Rn. 78; *Nettesheim* in Maunz/Dürig Rn. 92.

[332] Von einer Begründungspflicht ausgehend aber *Fassbender* in BK Rn. 161. Tendenziell *Wollenschläger* in Dreier Rn. 47. AA *Nettesheim* in Maunz/Dürig Rn. 91; *Kempen* in MKS Rn. 78.

[333] *Streinz* in Sachs Rn. 44; *Rojahn* in v. Münch/Kunig, 6. Aufl. 2012, Rn. 29; *Fassbender* in BK Rn. 161; *Hillgruber* in SHH Rn. 39, 41; *Wollenschläger* in Dreier Rn. 47.

Berücksichtigung der Stellungnahme des Landes obliegt dem Ermessen des Bundes, wobei ihm Grenzen durch das Willkürverbot gesetzt werden.[334] Die Beteiligung des Bundesrates nach Art. 59 Abs. 2 S. 1 (→ Art. 59 Rn. 93) als gesetzgebender Körperschaft macht eine Anhörung nach Art. 32 Abs. 2 nicht entbehrlich,[335] was den durch Art. 32 Abs. 1 und 3 bedingten Kompetenzverlust ein Stück weit kompensiert.[336] So erstreckt sich die Anhörung auch auf Verwaltungsabkommen, bei deren Abschluss ggf. keine Partizipation des Bundesrates nach Art. 59 Abs. 2 S. 2 stattfindet (→ Art. 59 Rn. 115).

57 Das **Unterlassen einer (rechtzeitigen)** Anhörung tangiert weder die Wirksamkeit des betreffenden völkerrechtlichen Vertrages[337] – siehe Art. 27, 46 WVK (→ Art. 59 Rn. 35) – noch die Wirksamkeit des betreffenden Vertragsgesetzes iSd Art. 59 Abs. 2 S. 1.[338] Wohl aber konstituiert ihr Unterbleiben einen verfassungsrechtlichen Verstoß, welcher im Rahmen eines Bund-Länder-Verfahrens gemäß Art. 93 Abs. 1 Nr. 3 gerügt werden kann (→ Rn. 93).[339]

58 Art. 32 Abs. 2 knüpft an den Abschluss völkerrechtlicher Verträge an. Einige wollen ihn jedoch auch **analog** für vertragsbezogene Akte (sog. **unselbständige einseitige Akte,** vgl. → Art. 59 Rn. 53), die Rechtwirkungen auslösen – zB eine Vertragskündigung – heranziehen.[340] Hierfür spricht in der Tat die vergleichbare Interessenslage.[341] Zu berücksichtigen sind hierbei auch die potentiell erheblichen Auswirkungen der Kündigung eines völkerrechtlichen Vertrages auf die innerstaatliche Rechtsordnung. Oftmals stellen sie sich – in Anlehnung an *Fastenrath* – als **„negative internationalisierte Gesetzgebung"**[342] dar (→ Art. 59 Rn. 68). Auch bei nicht vertragsbezogenen einseitigen Rechtsakten (sog. **selbständige einseitige Akte,** vgl. → Art. 59 Rn. 55), die in ihren Wirkungen einer vertraglichen Verpflichtung oder ihrer Auflösung gleichen, ist für eine **analoge Anwendung** Raum.

59 Einige Stimmen erachten – über Art. 32 Abs. 2 hinausgehend – im Fall von **gebietsändernden Verträgen** die Zustimmung des betroffenen Landes angesichts seiner Staatsqualität (→ Rn. 10) als zwingend.[343] Dieses Argument erscheint insofern problematisch, als Art. 29 territoriale Neuordnungen auch ohne einen dahingehenden Willen der Länder nach deren Anhörung[344] (Art. 29 Abs. 2 S. 2) gestattet.[345] Hiermit wäre nur schwerlich in Einklang zu bringen, wenn man in Gebietsverfügungen des Bundes eine Verletzung der Gebietshoheit der Länder erblickte.[346] Allerdings bezieht sich Art. 29 auf eine

---

[334] *Heintschel von Heinegg/Frau* in BeckOK GG Rn. 16. Vgl. *Kempen* in MKS Rn. 78 (fordert eine Prüfung, die „sachangemessen" ist).

[335] *Rojahn* in v. Münch/Kunig, 6. Aufl. 2012, Rn. 29.

[336] *Fastenrath/Groh* in BerlKomm Rn. 73.

[337] *Jarass* in Jarass/Pieroth Rn. 9; *Wollenschläger* in Dreier Rn. 47.

[338] *Heintschel von Heinegg/Frau* in BeckOK GG Rn. 17.

[339] *Hillgruber* in SHH Rn. 40.

[340] *Wollenschläger* in Dreier Rn. 46.

[341] *Fassbender* in BK Rn. 152.

[342] Siehe *Fastenrath,* Kompetenzverteilung im Bereich der auswärtigen Gewalt, 1986, 238.

[343] *Reichel,* Die auswärtige Gewalt nach dem Grundgesetz für die Bundesrepublik Deutschland vom 23. Mai 1949, 1967, 266 ff.; *Soell* AVR 95 (1997), 423 (440); *Nettesheim* in Maunz/Dürig Rn. 90; *Wolff* in Hömig/Wolff Rn. 2; *Beck* DÖV 1966, 20 (22 f.). AA *Schmahl* in Sodan Rn. 9; *Streinz* in Sachs Rn. 46; *Rudolf* AVR 27 (1989), 1 (14).

[344] *Heintschel von Heinegg/Frau* in BeckOK GG Rn. 18.

[345] *Hillgruber* in SHH Rn. 42; *Weber* in Umbach/Clemens Rn. 21; *Rojahn* in v. Münch/Kunig, 6. Aufl. 2012, Rn. 31.

[346] *Heintschel von Heinegg/Frau* in BeckOK GG Rn. 18; *Rojahn* in v. Münch/Kunig, 6. Aufl. 2012, Rn. 31.

Neugliederung im Inneren und nicht im Verhältnis zu Drittstaaten.[347] Wesentlich erscheint, dass Art. 78 Abs. 3 WRV den Abschluss von Grenzverträgen unter einen Zustimmungsvorbehalt der Länder stellte.[348] Die Tatsache, dass eine vergleichbare Bestimmung keinen Eingang in das Grundgesetz fand, signalisiert *argumentum e contrario,* dass ein Zustimmungsvorbehalt dem Grundgesetz gerade nicht zu entnehmen ist,[349] was die Staatspraxis bestätigt.[350]

IV. Art. 32 Abs. 3

60 Art. 32 Abs. 3 erfüllt zwei Funktionen: Er ermächtigt die Länder zum Außenhandeln und schafft dadurch die Voraussetzung für die **partielle Völkerrechtssubjektivität der Länder** (→ Rn. 12; zu möglichen ungeschriebenen Länderkompetenzen → Rn. 19, 47).[351] Dabei wirft er in Gesamtschau mit Art. 32 Abs. 1 etwaige Auslegungsschwierigkeiten auf.

61 **1. Anwendungsbereich.** Entsprechend der zu Art. 32 Abs. 1 angestellten Erwägungen (→ Rn. 22 ff.) erstreckt sich Art. 32 Abs. 3 auf den Abschluss völkerrechtlicher Verträge mit allen Entitäten, denen Völkerrechtssubjektivität zukommt.[352] Im Rahmen solcher Verträge wird das Land als **Verband** und **Gebietskörperschaft** berechtigt.[353] Ihre Rechtswirkungen erstrecken sich nicht auf den Bund.[354] Verträge, die Länder mit Entitäten schließen, die über keine Völkerrechtssubjektivität verfügen, werden von Art. 32 Abs. 3 nicht erfasst (→ Rn. 30).[355] Außerhalb des Anwendungsbereichs des Art. 32 findet Art. 30 Anwendung (→ Rn. 8 f.).

62 Art. 32 Abs. 3 erfasst auch den Abschluss von **Verwaltungsabkommen.**[356] So zielt der Begriff der Gesetzgebung iSd Art. 32 Abs. 3 nicht auf die Abgrenzung zwischen Verträgen, die Regelungen beinhalten, welche innerstaatlich nur im Wege eines Parlamentsgesetzes ergehen dürften iSd Art. 59 Abs. 2 S. 1 2. Alt., und solchen, deren Rechtsgrundlage nicht parlamentsgesetzlicher Natur iSd Art. 59 Abs. 2 S. 2 (→ Art. 59 Rn. 81 ff.) zu sein braucht, sondern auf die **Distribution von Kompetenzen** zwischen Land und Bund.[357]

63 Erfasst von der durch Art. 32 Abs. 3 vermittelten Länderkompetenz sind in jedem Falle Aktivitäten, die mit einem Vertragsschluss in Zusammenhang stehen und in unterschiedlichen Phasen rund um den Abschluss eines völker-

---

[347] *Beck* DÖV 1966, 20 (22 f.).
[348] *Soell* AVR 95 (1997), 423 (426), Vgl. *Weber* in Umbach/Clemens Rn. 21.
[349] *Heintschel von Heinegg/Frau* in BeckOK GG Rn. 18. AA *Nettesheim* in Maunz/Dürig Rn. 90.
[350] *Streinz* in Sachs Rn. 46.
[351] *Heintschel von Heinegg/Frau* in BeckOK GG Rn. 19.
[352] *Wollenschläger* in Dreier Rn. 49; *Rojahn* in v. Münch/Kunig, 6. Aufl. 2012, Rn. 32.
[353] *Wollenschläger* in Dreier Rn. 49.
[354] *Wolff* in Hömig/Wolff Rn. 3.
[355] *Kotzur,* Grenznachbarschaftliche Zusammenarbeit in Europa, 2004, 470; *Heintschel von Heinegg/Frau* in BeckOK GG Rn. 20; *Wollenschläger* in Dreier Rn. 49.
[356] *Kraus* AVR 3 (1951/52), 414 (423); *Zuleeg* in AK Rn. 14; *Jarass* in Jarass/Pieroth Rn. 15; *Streinz* in Sachs Rn. 50; *Calliess* in HdbStR IV, § 83 Rn. 55; *Wollenschläger* in Dreier Rn. 50; *Nettesheim* in Maunz/Dürig Rn. 100; *Weber* in Umbach/Clemens Rn. 22; *Fastenrath/Groh* in BerlKomm Rn. 80; *Weiß,* Auswärtige Gewalt und Gewaltenteilung, 1971, 150; *Stern* FS f. Carl Heymanns Verlag, 1995, 251 (256).
[357] BVerfGE 2, 347 (369 f.); *Heintschel von Heinegg/Frau* in BeckOK GG Rn. 20.1; *Graßhof,* Nachschlagewerk der Rechtsprechung des BVerfG, Art. 32 Nr. 11; *Fassbender* JöR nF 53 (2005), 207 (212); *Rojahn* in v. Münch/Kunig, 6. Aufl. 2012, Rn. 34. Vgl. im Hinblick auf Art. 78 Abs. 2 WRV *Heckel* AöR 46 (1924), 209 (212).

rechtlichen Vertrags und dessen Fortbestand virulent werden (zB Vertragsanbahnung, Vertragsverhandlungen, Kündigung und Suspendierung, auch das Ergreifen von Gegenmaßnahmen/Repressalien und Maßnahmen der Retorsion[358]) (sog. **unselbständige, vertragsbezogene Akte**) (→ Art. 59 Rn. 53).[359] Bezugspunkt der Zustimmung ist indes der Vertragsschluss selbst und nicht jeder einzelne vertragsbezogene Akt. Die Zustimmung der Bundesregierung zum Vertragsschluss aktiviert die Vertragsschlusskompetenz des Landes, von der alle weiteren vertragsbezogenen Akte umfasst sind. So hat das BVerfG bestätigt, dass sich ein Land, soweit ihm Vertragsabschlussgewalt zukommt, einem Schiedsgericht unterwerfen darf.[360] Bei **außervertraglichen Akten** besteht nach dem Wortlaut des Art. 32 Abs. 3 kein Zustimmungserfordernis.[361]

64 Nach hier vertretener Auffassung spricht zudem viel dafür, **Art. 32 Abs. 3 analog** auch auf **informelle Länderaktivitäten** im Bereich des Auswärtigen anzuwenden (→ Rn. 46).

65 Überzeugend erscheint es, von einer Einschlägigkeit des Art. 32 Abs. 3 auszugehen, wenn die Länder zwar vermittels **privatrechtlicher Handlungsformen** grenzüberschreitend handeln (→ Rn. 25, Art. 59 Rn. 29), die von ihnen abgeschlossenen Verträge jedoch letztendlich der Erfüllung öffentlicher Aufgaben dienen.[362] In diesem Sinne würde sich eine Anwendung des Art. 32 Abs. 3 einer „Flucht in das Privatrecht"[363] unter Außerachtlassung des in dieser Norm verankerten Zustimmungserfordernisses in den Weg stellen (→ Art. 59 Rn. 29).[364] Hoheitliche Pflichten können jedenfalls privatrechtlich nicht begründet werden (→ Art. 59 Rn. 29).

66 Das Vertragsschlussrecht der Länder knüpft an das Bestehen von Länderkompetenzen – nicht Verwaltungskompetenzen – im Bereich der Gesetzgebung an.[365] Anders als im Falle des Bundes sind etwaige Länderaußenkompetenzen beschränkt durch **Binnenkompetenzen** (→ vgl. Rn. 20 f.).[366] Länderzuständigkeiten bestehen in folgenden Konstellationen:[367]

– der Bund ermächtigt Länder nach Art. 71 im Bereich ausschließlicher Bundeskompetenzen legislativ tätig zu werden;
– es ist eine konkurrierende Kompetenz gegeben, von der der Bund noch nicht oder noch nicht umfassend Gebrauch gemacht hat, oder von der er aufgrund des Art. 72 Abs. 2 nicht Gebrauch machen darf;
– Länder verfügen über das Recht zur Abweichungsgesetzgebung;
– es ist eine ausschließliche Länderkompetenz gegeben;
– Länder betätigen sich in der delegierten Gesetzgebung nach Art. 80 Abs. 1 S. 1 bzw. Art. 80 Abs. 4.

67 Fällt ein Vertrag in die Sphäre ausschließlicher Bundeskompetenzen, so begründet die Zustimmung des Bundes zum Vertragsschluss allein noch nicht

---

358 *Nettesheim* in Maunz/Dürig Rn. 102; *Tomuschat* ZaöRV 33 (1973), 179 ff.
359 *Nettesheim* in Maunz/Dürig Rn. 102.
360 BVerfGE 2, 347 (377).
361 *Kempen* in MKS Rn. 90a.
362 Vgl. *Wollenschläger* in Dreier Rn. 24.
363 *Leisner,* Privatisierung des Öffentlichen Rechts, 2007, 72.
364 *Rojahn* in v. Münch/Kunig, 6. Aufl. 2012, Rn. 17.
365 *Nettesheim* in Maunz/Dürig Rn. 114.
366 *Calliess,* Staatsrecht III, 2018, 88 Rn. 52.
367 *Wollenschläger* in Dreier Rn. 52; *Rojahn* in v. Münch/Kunig, 6. Aufl. 2012, Rn. 32. Vgl. auch *Calliess* in HdbStR IV, § 83 Rn. 56; *Heintschel von Heinegg/Frau* in BeckOK GG Rn. 24; *Bernhardt,* Der Abschluss völkerrechtlicher Verträge im Bundesstaat, 1957, 50; 168 ff.

die Vertragsschlusskompetenz des Landes. Eine Landeskompetenz muss vorhergehend im Wege der Ermächtigung eingeräumt werden (Art. 71).[368]

Hinsichtlich der Abweichungsgesetzgebung stellt sich das Problem, inwiefern Länder durch Landesgesetze von völkerrechtlichen Verträgen des Bundes abweichen dürfen.[369] Art. 72 Abs. 3 etabliert einen Anwendungsvorrang des jeweils späteren Gesetzes (→ Art. 72 Rn. 56). In dem Vertragsschluss und dem betreffenden Vertragsgesetz ist durchaus eine Derogation von Bundesrecht iSd Art. 72 Abs. 3 zu sehen.[370] Allerdings bleibt fraglich, ob die Bundesregierung in diesen Fällen die erforderliche Zustimmung erteilen wird. **68**

Zieht der Bund eine konkurrierende Kompetenz an sich, in deren Bereich der Abschluss eines völkerrechtlichen Vertrags seitens eines Landes fiel, so werde der Vertrag hierdurch – nach einer Lesart – auf völkerrechtlicher Ebene nicht ungültig.[371] Verfassungsrechtlich und innerstaatlich betrachtet büße er jedoch seine Wirksamkeit ein, da das Vertragsgesetz, das ihn in die Landesrechtsordnung überführt, gem. **Art. 31** nichtig wird (→ Art. 31 Rn. 2, 39 ff.).[372] Der Bund sei indes kraft des **Gebots bundesfreundlichen Verhaltens** (→ Rn. 30) verpflichtet, die seitens eines Landes eingegangene Verpflichtung bei der Ausübung seiner Kompetenzen zu berücksichtigen.[373] Dies wird von einigen Stimmen berechtigterweise mit dem Argument in Zweifel gezogen, dass die Völkerrechtssubjektivität des Landes gegenständlich auf seine innerstaatlichen Kompetenzen beschränkt ist (→ Rn. 66). Verfügte das Land *in concreto* über keine Kompetenzen mehr, so handelte es nicht als Völkerrechtssubjekt. Folge wäre dann die *ex nunc* Unwirksamkeit eines völkerrechtlichen Vertrages.[374] Doch auch bei dieser Lesart wird man vor dem Hintergrund der Völkerrechtsfreundlichkeit des Grundgesetzes (→ Rn. 22), den Bund als verpflichtet erachten müssen, die völkerrechtlichen Konsequenzen seiner Kompetenzausübung und die damit verbundene Enttäuschung der Vertragspartner bei seiner Entscheidungsfindung wesentlich zu berücksichtigen. **69**

2. Grenzen der Ausübung. Umstritten ist, ob Art. 32 Abs. 3 den Ländern bei der Ausübung der Vertragsschlusskompetenz materielle Grenzen setzt. *Nettesheim* will eine Grenze dort erreicht sehen, wo ein Vertragsschluss mit den außenpolitischen Zielen, die auf Bundesebene verfolgt werden, erheblich in Widerspruch steht und so das einheitliche Auftreten der Bundesrepublik in extensiver Weise gefährdet.[375] Für andere markiert das die Länder verpflichtende Verbot, eine **„Nebenaußenpolitik"** (→ Rn. 17) zu betreiben, die entscheidende Grenze einer Ausübung von Vertragsschlusskompetenzen.[376] Letztendlich relativiert das Art. 32 Abs. 3 inhärente Erfordernis einer Zustimmung des Bundes, deren Verweigerung nur in den seltensten **70**

---

368 *Rojahn* in v. Münch/Kunig, 6. Aufl. 2012, Rn. 32.

369 *Streinz* in Sachs Rn. 56; *Nettesheim* in Maunz/Dürig Rn. 116; *Rojahn* in v. Münch/Kunig, 6. Aufl. 2012, Rn. 15.

370 *Hillgruber* in SHH Rn. 51; *Nettesheim* in Maunz/Dürig Rn. 116.

371 *Zuleeg* in AK Rn. 13; *Wollenschläger* in Dreier Rn. 52; *Nettesheim* in Maunz/Dürig Rn. 115.

372 *Fastenrath/Groh* in BerlKomm Rn. 84; *Heintschel von Heinegg/Frau* in BeckOK GG Rn. 25; *Rojahn* in v. Münch/Kunig, 6. Aufl. 2012, Rn. 33.

373 *Fastenrath/Groh* in BerlKomm Rn. 84; *Nettesheim* in Maunz/Dürig Rn. 115.

374 *Rojahn* in v. Münch/Kunig, 6. Aufl. 2012, Rn. 33. Vgl. *Jarass* in Jarass/Pieroth Rn. 16. AA *Fastenrath/Groh* in BerlKomm Rn. 84; *Wollenschläger* in Dreier Rn. 52.

375 *Nettesheim* in Maunz/Dürig Rn. 95.

376 Vgl. *Pernice* in Dreier, 2. Aufl. 2006, Rn. 38 f.

Konstellationen rechtsmissbräuchlich sein wird (→ Rn. 74), die Virulenz dieser Fragestellung. So ist dieser prozedurale Sicherungsmechanismus in Zusammenhang mit etwaigen materiellen Schranken einer Ausübung von Länderkompetenzen iSd Art. 32 Abs. 3 zu sehen.[377]

71 **3. Zustimmung der Bundesregierung.** Der Sinn und Zweck des Zustimmungserfordernisses, das ein **Vetorecht** des Bundes implementiert[378] und auch im Falle von Verwaltungsabkommen greift,[379] ist in der Wahrung **gesamtstaatlicher Interessen** zu sehen.[380] Die Zustimmung seitens der Bundesregierung unterliegt nicht der Mitwirkung des Bundestages.[381] Sie ist ein organschaftlicher Akt,[382] den die Bundesregierung als Kollegium trifft[383] und stellt sich als Regierungsakt gegenüber dem Land dar.[384] Der betreffende Beschluss des Kabinetts wird dem Land, das um eine Zustimmung ersucht hat, förmlich übermittelt.[385] Dabei transformiert die Zustimmung den Vertrag nicht zu einem Vertrag des Bundes.[386]

72 Einige unterstellen bereits die **Vertragsanbahnung** und **Vertragsaushandlung** der Zustimmungspflicht,[387] andere setzen Länderaktivitäten in diesen Phasen durch das Prinzip der **Bundestreue** (→ Rn. 30) Grenzen.[388] Als entscheidend muss der Eintritt der **völkerrechtlichen Bindungswirkung** erachtet werden. Da wesentliche (Vor-)wirkungen bereits mit der **Unterzeichnung** eines Vertrages einhergehen (→ Art. 59 Rn. 32 f.), könnte man insofern auf diese abstellen.[389] Für *Nettesheim* ist der Zeitpunkt endgültiger Verbindlichkeit des Vertrages entscheidend. Dies wäre beim mehrphasigen Vertragsabschlussverfahren der Zeitpunkt der Ratifikation (→ Art. 59 Rn. 32).[390] Zwar ist die Interessenslage hier in der Tat anders als bei der Anhörung iSd Art. 32 Abs. 2: So vermag der Bund durch die **Verweigerung der Zustimmung** den Eintritt der innerstaatlichen und auch völkerrechtlichen Wirksamkeit eines Vertrags zu verhindern. Es ist aber im Interesse von Ländern und Bund, andere Völkerrechtssubjekte nicht zu enttäuschen, wenn ein Vertragswerk bereits derart gediehen ist, dass es unterzeichnet wurde. Ein frühzeitiges Ersuchen, dessen Gebotenheit auch Erwägungen der Bundestreue suggerieren,[391] erlaubt es den Ländern, ggf. beste-

[377] Vgl. *Nettesheim* in Maunz/Dürig Rn. 96.
[378] *Magiera* FS f. Hochschule Speyer, 1997, 97 (114).
[379] *Jarass* in Jarass/Pieroth Rn. 16.
[380] *Vöneky* in HdbStR XI, § 236 Rn. 6; *Hillgruber* in SHH Rn. 60.
[381] BVerfGE 2, 347 (370); *Schmahl* in Sodan Rn. 13; *Rojahn* in v. Münch/Kunig, 6. Aufl. 2012, Rn. 38.
[382] *Weber* in Umbach/Clemens Rn. 24.
[383] *Seidel,* Die Zustimmung der Bundesregierung zu Verträgen der Bundesländer mit auswärtigen Staaten gem. Art. 32 III GG, 1975, 90 ff.; *Zuleeg* in AK Rn. 16; *Heintschel von Heinegg/Frau* in BeckOK GG Rn. 29.
[384] BVerfGE 2, 347 (370); *Hillgruber* in SHH Rn. 61.
[385] *Rojahn* in v. Münch/Kunig, 6. Aufl. 2012, Rn. 38.
[386] *Zuleeg* in AK Rn. 17; *Fastenrath/Groh* in BerlKomm Rn. 90; *Nettesheim* in Maunz/Dürig Rn. 132; *Jarass* in Jarass/Pieroth Rn. 16.
[387] *Kölble* DÖV 1965, 145 (153). Vgl. *Weiß,* Auswärtige Gewalt und Gewaltenteilung, 1971, 150 f. (Zustimmung zur Vertragsanbahnung unter Auflagen). AA *Zuleeg* in AK Rn. 17; *Fastenrath/Groh* in BerlKomm Rn. 89; *Streinz* in Sachs Rn. 62; *Beck* DÖV 1966, 20 (23); *Magiera* FS f. Hochschule Speyer, 1997, 97 (102).
[388] Vgl. *Wollenschläger* in Dreier Rn. 50.
[389] Vgl. *Weiß,* Auswärtige Gewalt und Gewaltenteilung, 1971, 150.
[390] *Nettesheim* in Maunz/Dürig Rn. 131; *Hillgruber* in SHH Rn. 60. Auch *Heintschel von Heinegg/Frau* in BeckOK GG Rn. 30.
[391] *Zuleeg* in AK Rn. 17.

hende Bedenken des Bundes, die letzteren zu einer Verweigerung der Zustimmung bewegen könnten, auszuräumen.[392] In diesem Sinne kann das Gebot frühzeitigen Ersuchens zumindest als eine **Obliegenheit**[393] eingeordnet werden, deren Verletzung mit nachteiligen Konsequenzen für die Länder selbst verbunden ist.[394]

Der Bezugspunkt der Zustimmung ist ein konkreter völkerrechtlicher Vertrag. Eine **generelle Zustimmung** wäre verfassungsrechtlich nicht hinnehmbar.[395] Gleiches gilt für eine **generalisierte Verweigerung.**[396] So stellt das Zustimmungserfordernis eine Form einer antizipierten und **präventiven Bundesaufsicht** dar,[397] deren Effektivität eines gegenständlichen, konkretisierten Bezugs bedarf. Adressat der Zustimmungserklärung ist das vertragsschließende Land.[398] Partizipieren mehrere Länder an einem Vertrag, so muss der Bund in jedem Einzelfall dem Vertragsabschluss zustimmen **(Relativität der Zustimmung).** Hieran ändert die Tatsache, dass der Bund selbst Vertragspartei wird, nichts.[399] Die Zustimmung der Bundesregierung zu einem völkerrechtlichen Vertrag, der der Sache nach in die Sphäre konkurrierender Gesetzgebungskompetenzen fällt, beraubt den Bund nicht der Möglichkeit, selbst zu der betreffenden Sachmaterie völkerrechtliche Verträge abzuschließen und dergestalt die Kompetenz an sich zu ziehen.[400] Grenzen werden ihm jedoch durch das Gebot völkerrechtsfreundlichen Verhaltens gesetzt (→ Rn. 30). **73**

Nach vertretener Auffassung steht die Zustimmung seitens der Bundesregierung in deren **politischem Ermessen.**[401] Ermessen ist jedoch nicht mit verfassungsrechtlicher Ungebundenheit gleichzusetzen: Entscheidungsdeterminante muss für die Bundesregierung sein, inwiefern die Ausübung der Vertragsschlusskompetenz der Länder den „wohlerwogenen Interessen des Bundes"[402] an einer **einheitlichen Außenpolitik** (→ Rn. 17) zuwiderliefe.[403] Ein weiteres Erwägungskriterium ist die **Verfassungs- und** (in gewissen Grenzen) **Völkerrechtskonformität** des Vertrages (→ Art. 59 Rn. 26).[404] Grenzen werden der Bundesregierung jedenfalls durch das Verbot des **Rechtsmissbrauchs**[405] gesetzt,[406] der bei **länderunfreundlichem Verhal-** **74**

---

[392] *Nettesheim* in Maunz/Dürig Rn. 131.

[393] Zum Begriff der Obliegenheit umfassend *Schmidt,* Die Obliegenheiten, 1953.

[394] *Heintschel von Heinegg/Frau* in BeckOK GG Rn. 30.

[395] AA *Nettesheim* in Maunz/Dürig Rn. 113.

[396] *Rojahn* in v. Münch/Kunig, 6. Aufl. 2012, Rn. 39.

[397] BVerfGE 2, 347 (370); *Magiera* FS f. Hochschule Speyer, 1997, 97 (101); *Fastenrath/Groh* in BerlKomm Rn. 88; *Zuleeg* in AK Rn. 16; *Kempen* in MKS Rn. 90; *Weber* in Umbach/Clemens Rn. 24; *Streinz* in Sachs Rn. 61; *Weiß,* Auswärtige Gewalt und Gewaltenteilung, 1971, 151.

[398] *Nettesheim* in Maunz/Dürig Rn. 132.

[399] Hier und vorhergehend *Nettesheim* in Maunz/Dürig Rn. 134.

[400] *Rojahn* in v. Münch/Kunig, 6. Aufl. 2012, Rn. 40.

[401] *Nettesheim* in Maunz/Dürig Rn. 130; *Hillgruber* in SHH Rn. 60; *Streinz* in Sachs Rn. 61; *Wolff* in Hömig/Wolff Rn. 4; *Rojahn* in v. Münch/Kunig, 6. Aufl. 2012, Rn. 39. Vgl. Zuleeg in AK Rn. 16; *v. Coelln* in Gröpl/Windhorst/v. Coelln Rn. 17. S. *Wollenschläger* in Dreier Rn. 57 („Beurteilungsspielraum").

[402] BVerfGE 2, 347 (370).

[403] *Wollenschläger* in Dreier Rn. 57; *Weißauer* FS f. Bengl, 1984, 149 (155).

[404] *Weißauer* FS f. Bengl, 1984, 149 (156) (nicht jedoch die Konformität mit Landesverfassungsrecht); *Wollenschläger* in Dreier Rn. 57.

[405] Zu diesem allgemeinen Rechtsgrundsatz *Ellis* EJIL 33 (2011) 949 (954).

[406] *Grewe* VVDStRL 12 (1954), 129 (177); *Hillgruber* in SHH Rn. 60; *Nettesheim* in Maunz/Dürig Rn. 130; *Kempen* in MKS Rn. 90.

ten gegeben wäre.[407] Rechtsmissbräuchlich würde die Bundesregierung zB handeln, wenn die Verweigerung der Zustimmung nur bezweckte, die Ländern von völkerrechtlichen Vertragsschlüssen abzuhalten.[408] Ihre Entscheidung hat die Bundesregierung substantiiert zu begründen.[409] Sie ist auf eine **fehlerhafte Ermessensausübung** überprüfbar (→ Rn. 93).[410] Die Zustimmung bzw. Verweigerung der Zustimmung kann nur *en bloc* erfolgen. Eine bedingte Zustimmung, mittels derer spezifischer Einfluss auf das Vertragswerk ausgeübt werden könnte, ist verfassungsrechtlich nicht gestattet.[411]

75 Weitestgehend unstreitig ist, dass das Fehlen einer Zustimmung seitens der Bundesregierung die Unwirksamkeit des völkerrechtlichen Vertrages nach innerstaatlichem Recht bedingt.[412] Unwirksam ist ferner der den völkerrechtlichen Vertrag umsetzende Transformationsakt.[413] Umstritten ist, ob ein Vertragsschluss ohne die erforderliche Zustimmung der Bundesregierung auf die völkerrechtliche Ebene durchschlägt. **Art. 46 WVK,** welcher im Wesentlichen Völkergewohnheitsrecht reflektiert,[414] verlangt – hierbei von der Grundregel des **Art. 27 WVK,** der Staaten die Berufung auf innerstaatliche Rechtsverstöße zur Rechtfertigung der Nichterfüllung eines Vertrages verwehrt, abweichend – für die Ungültigkeit eines völkerrechtlichen Vertrages die offenkundige Verletzung einer Bestimmung des innerstaatlichen Rechts betreffend die Zuständigkeit (**Evidenztheorie,** vgl. → Art. 59 Rn. 56). Ferner muss die in Frage stehende Vorschrift von grundlegender Bedeutung sein (Art. 46 Abs. 1 WVK). Offenkundig ist die Verletzung, wenn „sie für jeden Staat, der sich hierbei im Einklang mit der allgemeinen Übung und nach Treu und Glauben verhält, objektiv erkennbar ist" (Art. 46 Abs. 2 WVK). Handeln Staaten Verträge mit unterstaatlichen Einheiten aus, so wird man weitergehende Erkundigungspflichten seitens des vertragsschließenden Völkerrechtssubjekts im Hinblick auf die Kompetenz der handelnden Subeinheit annehmen können. *Nettesheim* ist zuzustimmen, wenn er das von Art. 32 Abs. 3 getroffene Reglement als für Vertragspartner leicht nachvollziehbar einordnet.[415] Eine Vermutung für eine **unbeschränkte Vertragsschlusskompetenz von Gliedstaaten** im völkerrechtlichen Verkehr besteht gerade nicht.[416] Ein generelles Recht des Vertragspartners, die Verhältnisse zwischen Zentralgewalt und föderaler Subeinheit zu ignorieren, ist ebenfalls nicht existent.[417] Indes ist diese Diskussion obsolet: Überzeugender erscheint es davon auszugehen, dass es Ländern ohne Zustimmung des Bundes an der **partiellen Völkerrechtssubjektivität** ermangelt,[418] da sie *ultra vires* handeln

---

[407] Vgl. *Weiß,* Auswärtige Gewalt und Gewaltenteilung, 1971, 151.
[408] *Weißauer* FS f. Bengl, 1984, 149 (155 f.); *Kempen* in MKS Rn. 90.
[409] *Rojahn* in v. Münch/Kunig, 6. Aufl. 2012, Rn. 39.
[410] *Wollenschläger* in Dreier Rn. 57.
[411] *Heintschel von Heinegg/Frau* in BeckOK GG Rn. 31.
[412] BVerfGE 2, 347 (371); *Nettesheim* in Maunz/Dürig Rn. 133; *Heintschel von Heinegg/Frau* in BeckOK GG Rn. 32; *Jarass* in Jarass/Pieroth Rn. 16.
[413] *Kempen* in MKS Rn. 91; *Rojahn* in v. Münch/Kunig, 6. Aufl. 2012, Rn. 40.
[414] Vgl. *Wildhaber,* Treaty-Making Power and Constitution, 1971, 172 ff.; *Rensmann* in Dörr/Schmalenbach, Vienna Convention on the Law of Treaties Art. 46 Rn. 12 (Fn. 19), Rn. 28 (Fn. 69).
[415] *Nettesheim* in Maunz/Dürig Rn. 133; *Kempen* in MKS Rn. 91. AA *Heintschel von Heinegg/Frau* in BeckOK GG Rn. 32.1.
[416] Vgl. *Geiger,* Grundgesetz und Völkerrecht, 2013, 120.
[417] *Kempen* in MKS Rn. 91.
[418] Tendenziell *Vöneky* in HdbStR XI, § 236 Rn. 6.

(→ Rn. 69).[419] Die Zustimmung operiert dann gleichsam als eine Bedingung völkerrechtlicher Wirksamkeit eines Vertrages.[420] Zwar entscheidet das Völkerrecht, welchen Entitäten völkerrechtliche Rechte und Pflichten zugeordnet werden,[421] allerdings erkennt es die Völkerrechtssubjektivität unterstaatlicher Einheiten nur insofern an, als sie verfassungsrechtlich-kompetenziell mit den hierzu notwendigen Voraussetzungen *in concreto* ausgestattet sind (→ Rn. 12 f.).[422]

Von der heilenden Wirkung einer **nachträglichen Zustimmung** auszugehen,[423] erachten einige als bedenklich. Mit ihr ginge die Vorstellung einer **schwebenden Unwirksamkeit** des Vertrages einher,[424] was Rechtsunsicherheit auf völkerrechtlicher und innerstaatlicher Ebene bedingte.[425] In der Tat widerstrebt eine solche Konstruktion dem Sinn und Zweck einer **präventiven Bundesaufsicht,** die das Fundament des Zustimmungserfordernis bildet (→ Rn. 73). Gerade die unheilbare Unwirksamkeit eines Vertrages im Falle des Fehlens einer Zustimmung kann eine disziplinierende Wirkung auf Länderhandeln zeitigen und der präventiven Bundesaufsicht Effektivität verleihen. 76

4. Vertragsschlusskompetenz im Bereich ausschließlicher Länderkompetenzen und das sog. Lindauer Abkommen. Art. 32 Abs. 3 wirft in Zusammenhang mit Art. 32 Abs. 1 Auslegungsfragen auf, die in der Praxis dank des sog. **Lindauer Abkommens** an Virulenz eingebüßt haben. 77

a) Zentralismus v. Föderalismus – Die klassischen Ansichten. Die Frage, ob der Bund im Rahmen ausschließlicher Gesetzgebungskompetenzen der Länder vertragsschlussbefugt, die Vertragsschlusskompetenz der Länder in Art. 32 Abs. 3 somit „nicht exklusiver" Natur ist, wird unterschiedlich beantwortet. Zudem ist fraglich, wie sich Vertragsgewalt des Bundes und Transformationskompetenz zueinander verhalten. Diesbezüglich haben sich drei Auffassungen – die **süddeutsche,** die **norddeutsche** und die **Berliner Lösung** – formiert. Diese Ansätze werden seit den 1950er Jahren intensiv diskutiert,[426] wobei die Nomenklatur auf die Stellungnahmen der betreffenden Länder im Unterausschuss des Bundesrates zu „Verwaltungsabkommen" zurückgeht.[427] Der Kategorisierung *Grewes,* die dieser in seinem Bericht bei der Staatsrechtlehrertagung 1953 entfaltete, folgend, lässt sich das Meinungsspektrum wie folgt systematisieren:[428] 78

Nach der sog. **„süddeutschen", föderalistischen Ansicht** steht dem Bund keine Vertragsschlusskompetenz zu, so denn der in Frage stehende 79

[419] *Streinz* in Sachs Rn. 63; *Wollenschläger* in Dreier Rn. 59; *Reichel,* Die auswärtige Gewalt nach dem Grundgesetz für die Bundesrepublik Deutschland vom 23. Mai 1949, 1967, 168 ff.

[420] *Nettesheim* in Maunz/Dürig Rn. 133. Vgl. *Zuleeg* in AK Rn. 18.

[421] *Rudolf* AVR 13 (1966), 53 (54).

[422] *Nettesheim* in Maunz/Dürig Rn. 94. Anders *Hillgruber* in SHH Rn. 64; *Maunz,* in Maunz/Dürig, 22. EL 1983, Rn. 56.

[423] So aber *Rojahn* in v. Münch/Kunig, 6. Aufl. 2012, Rn. 38; *Nettesheim* in Maunz/Dürig Rn. 134; *Wollenschläger* in Dreier Rn. 59.

[424] *Rojahn* in v. Münch/Kunig, 6. Aufl. 2012, Rn. 38; *Kempen* in MKS Rn. 91; *Stern* FS f. Carl Heymanns Verlag, 1995, 251 (256).

[425] So *Kempen* in MKS Rn. 91. AA *Hillgruber* in SHH Rn. 64.

[426] *Calliess* in HdbStR IV, § 83 Rn. 57; *Fastenrath/Groh* in BerlKomm Rn. 62 ff.; *Papier* DÖV 2003, 265 (267 ff.). Allg. zB *Hartung,* Die Praxis des Lindauer Abkommens, 1984.

[427] *Fassbender,* Der offene Bundesstaat, 2007, 290 ff.

[428] *Grewe* VVDStRL 12 (1954), 129 (165 f.); *Fassbender* in BK Rn. 99; *Stern* FS f. Carl Heymanns Verlag, 1995, 251 (257 ff.).

Vertrag eine Materie regelt, die in den Bereich **ausschließlicher Länderkompetenzen** fällt.[429]

80 Eine zentralistische Betrachtungsweise legt die **Berliner Ansicht** an den Tag: Dem Bund komme auch in Bereichen ausschließlicher Gesetzgebungskompetenzen der Länder eine konkurrierende Vertragsschlusskompetenz zu. In einer weitreichenden Variante dieser Meinungsströmung verfüge der Bund sodann auch über eine umfassende **Transformationskompetenz** bezüglich des abgeschlossenen Vertrages.[430] Letztere folge nach einem Argumentationsstrang aus **Art. 73 Abs. 1 Nr. 1.**[431] So werde jede Materie zu einer „auswärtigen Angelegenheit", wenn sie den Gegenstand eines völkerrechtlichen Vertrages bilde.[432] Andere führen an, dass die Transformation sich nicht von der Zustimmung der gesetzgebenden Körperschaften trennen lasse,[433] oder betonen, auch die Transformation eines Vertrages stelle ein Element der „Pflege der Beziehungen zu auswärtigen Staaten" dar.[434] Diese Meinungsströmung ist gegenwärtig merklich ausgedünnt. In systematischer Hinsicht lässt sie sich mit Art. 73 Abs. 1 Nr. 5 nicht vereinbaren. So wäre die explizite Statuierung einer Kompetenz für Handels- und Schifffahrtsverträge obsolet, wenn bereits die Regelung in einem völkerrechtlichen Vertrag ausreichte, dem Bund die umfassende Transformationskompetenz für die betreffende Materie einzuräumen.[435] Als weitere Ausgangspunkte einer umfassenden Transformationskompetenz des Bundes wurden, Art. 59, insbesondere **Art. 59 Abs. 2 S. 1** und das dortige Verständnis des Begriffs „Bundesgesetzgebung" (→ Art. 59 Rn. 85 ff.)[436] sowie **Annexkompetenzen** des Bundes zu Art. 32[437] diskutiert. Gegen den Verweis auf Art. 59 Abs. 2 S. 1 lässt sich dessen regulativer Fokus – er betrifft allein den Aspekt der **„Parlamentarisierung"** der Vertragsgewalt (→ Art. 59 Rn. 41 ff.) – einwenden.[438] Die Konstruktion einer Annexkompetenz aus Art. 32 steht in einem Spannungsverhältnis zu Art. 30[439] und der Kompetenzordnung. Auch aus dem **Gebot bundesfreundlichen Verhaltens** (→ Rn. 30) lässt sich keine Transformationskompetenz des Bundes herleiten. Dieses Prinzip setzt der Ausübung von Kompetenzen Grenzen, aus ihm lassen sich jedoch keine Kompetenzen deduzieren. Ferner ist der weiten zentralistischen Auffassung generell entgegenzuhalten, dass sie es dem Bund im Wege völkerrechtlicher Vertragsschlüsse erlaubte, die grundgesetzliche Kompetenzordnung aus-

---

[429] *Kraus* AVR 3 (1951/52), 414 (420 ff.). Vgl. *Fassbender* in BK Rn. 104; *Kempen* in MKS Rn. 48. Für eine Beschränkung der Vertragsschlusskompetenz durch die Transformationskompetenz *Weißauer* FS f. Bengl, 1984, 149 (153).

[430] Vertreten insb. v. Auswärtigen Amt 1955/1956, *Fassbender* in BK Rn. 100.

[431] Zur AA vgl. *Maunz* in Maunz/Dürig, 22. EL 1983, Rn. 33.

[432] *Kaufmann,* Rechtsgutachten zum Vertrag über die Gründung der Europäischen Verteidigungsgemeinschaft und zum Deutschlandvertrag in Kaufmann, Gesammelte Schriften I, 1960, 529 (552). Ablehnend *Dreher,* Kompetenzverteilung zwischen Bund und Ländern, 1970, 60 ff. Tendenziell *Menzel* VVDStRL 12 (1954), 179 (257). Vgl. *Grewe* VVDStRL 12 (1954), 129 (177).

[433] *Bernhardt* in HdbStR VII, 2. Aufl.1992, § 174 Rn. 17 (im Hinblick auf unmittelbar anwendbare Bestimmungen).

[434] Vgl. *Nettesheim* in Maunz/Dürig Rn. 63.

[435] *Kempen* in MKS Rn. 52.

[436] Vgl. *Kempen* in MKS Rn. 53. Vgl. *Maunz* in Maunz/Dürig, 22. EL 1983, Rn. 37.

[437] Vgl. *Dreher,* Kompetenzverteilung zwischen Bund und Ländern, 1970, 97 ff.; *Kaiser* ZaöRV 18 (1957/58), 526 (549). Vgl. *Mosler* ZaöRV 16 (1955/56), 1 (28 f.).

[438] *Maunz* in Maunz/Dürig, 22. EL 1983, Rn. 37.

[439] Vgl. *Starck* FS f. Lerche, 1993, 561 (565).

zuhebeln.[440] Eine solche Betrachtung wäre letztendlich eine „verfassungsrechtliche Schleuse zum Einheitsstaat".[441] Insofern widerspricht ihr das Telos sämtlicher Normen, die Gesetzgebungskompetenzen verankern. Der Abschluss völkerrechtlicher Verträge und die Besonderheiten der Ausübung auswärtiger Gewalt erteilen keinen Dispens von der verfassungsrechtlich etablierten Zuständigkeitsordnung.

Die **norddeutsche Ansicht**[442] mäßigt die Berliner Auffassung und billigt dem Bund zwar eine unbeschränkte Vertragsschlusskompetenz zu, will für die Transformation aber die allgemeinen Vorschriften zur Anwendung bringen. Letzteres erscheint insofern problematisch, als es durch die Inkongruenz von Vertragsabschlusskompetenz- und Transformationskompetenz dazu kommen kann, dass die Bundesrepublik völkerrechtlich vertragsbrüchig wird, was ihre **völkerrechtliche Verantwortlichkeit** zur Folge hat (siehe Art. 2 ILC Articles on the Responsibility of States for Internationally Wrongful Acts),[443] wenn die Länder sich der notwendigen transformatorischen Akte enthalten (sog. **hinkende Verträge**).[444] Als (verfassungsrechtlich nicht hinnehmbare) Alternative zur Sicherstellung der Erfüllung eines völkerrechtlichen Vertrages kämen ansonsten kompetenzwidrige Maßnahmen des Bundes in Frage. Einige Spielarten dieses norddeutschen Ansatzes versuchen die hiermit verbundenen Gefahren einzudämmen und leiten weitgehende Rücksichtnahmepflichten des Bundes[445] bzw. Zustimmungsrechte der Länder[446] her oder erachten die Länder zur Transformation betreffender Verträge verpflichtet (→ Rn. 84).[447] *Rojahn* will das Problem über die Invasivität der durch einen Vertrag vorgesehenen Regelung im Hinblick auf die Kompetenzsphäre der Länder lösen: Wenn der Vertrag Umsetzungsakte erfordert, die in den Bereich ausschließlicher Länderkompetenzen fallen, sei der Bund an einem Vertragsschluss gehindert.[448] 81

Dem Grundgesetz liegt kein Prinzip einer **parallelen Ausgestaltung von Innen- und Außenkompetenzen** zugrunde (vgl. → Rn. 20 f.),[449] auch wenn Art. 32 Abs. 3 in gewissen Umfang für die Länder eine Parallelisierung von Innen- und Außenkompetenzen bewerkstelligt.[450] Weder aus der Perspektive des Völker- noch des Verfassungsrechts erscheint eine Parallelität geboten.[451] Auch in Fällen, in denen dem Bund Vertragsabschluss- und Transformationskompetenz zukommt, besteht immer die Möglichkeit, dass die gesetzgebenden Körperschaften sich der Verabschiedung notwendiger Umsetzungsakte nach erfolgtem Vertragsschluss verweigern.[452] Ein Verweis 82

---

440 *Weißauer* FS f. Bengl, 1984, 149 (152); *Hillgruber* in SHH Rn. 27; *Kempen* in MKS Rn. 54.

441 *Mosler* ZaöRV 16 (1955/56), 1 (33); *Rojahn* in v. Münch/Kunig, 6. Aufl. 2012, Rn. 44; *Zuleeg* in AK Rn. 21.

442 *Bleckmann,* Grundgesetz und Völkerrecht, 1975, 204 ff., 209.

443 UN Doc. A/56/10, YBILC II (2001).

444 *Nettesheim* in Maunz/Dürig Rn. 71; *Rojahn* in v. Münch/Kunig, 6. Aufl. 2012, Rn. 46.

445 *Kaiser* ZaöRV 18 (1957/58), 526 (542 ff.).

446 Vgl. *Fastenrath/Groh* in BerlKomm Rn. 65.

447 *Kaiser* ZaöRV 18 (1957/58), 526 (544 f.). Siehe zu diesen Varianten *Wollenschläger* in Dreier Rn. 35.

448 *Rojahn* in v. Münch/Kunig, 6. Aufl. 2012, Rn. 42.

449 *Kempen* in MKS Rn. 55. AA *Bleckmann* NVwZ 1989, 311 ff.

450 *Graf Vitzthum* AöR 115 (1990), 281 (297).

451 *Hillgruber* in SHH Rn. 25.

452 Vgl. *Kempen* in MKS Rn. 55.

auf diese Tatsache erscheint nicht zwingend methodisch fragwürdig,[453] sondern zeigt, dass die Gefahr der Nichterfüllung völkerrechtlicher Verpflichtungen letztendlich Konsequenz der Differenzierung zwischen der staatlichen Binnen- und Außensphäre (→ Rn. 3) sowie vertikaler und horizontaler Gewaltenteilung ist. Im Falle von Verfassungsordnungen, die in horizontaler und vertikaler Hinsicht durch kompetenzielle und regulative Vielfalt geprägt sind, kann nie absolut sichergestellt werden, dass der betreffende Staat völkerrechtlich nicht vertragsbrüchig wird. Wohl können jedoch in der Praxis **Usancen** innerhalb des bestehenden verfassungsrechtlichen Rahmens installiert werden, die eine Vertragsbrüchigkeit zu verhindern helfen. Die **Inkongruenz von Vertragsschluss- und Transformationskompetenz** setzt Anreize für den Bund im Hinblick auf eine frühzeitige Abstimmung mit den Ländern. Sie bewahrt letztendlich einen weitreichenden Spielraum des Bundes in der Außenpolitik und bringt zugleich die innerstaatliche Kompetenzordnung zur Entfaltung.[454] Auch auf völkerrechtlicher Ebene lässt sich die **Disparität von Innen- und Außenkompetenzen** abmildern:[455] Virulent werden hier insbesondere **Bundesstaatsklauseln,**[456] die eine Verpflichtung unter den Vorbehalt landesgesetzlichen Vollzugs stellen. Alternativ kommen **Bemühensverpflichtungen**[457] in Frage, die die Vertragspflichten eines Staates dahingehend relativieren, dass er auf das Ergreifen bestimmter Maßnahmen seitens der Gliedstaaten hinzuwirken hat (zB Art. 34 lit. b Weltkulturerbekonvention).[458]

83 Die besseren Argumente lassen sich demnach für die gemäßigt-zentralistische, norddeutsche Auffassung anführen.[459] Die Transformationskompetenz wird von Art. 32 schlechthin nicht geregelt. Viel spricht jedoch für die Annahme einer mit der Bundestreue einhergehenden Pflicht des Bundes, in der Regel das Einverständnis der Länder einzuholen, so denn ihre ausschließlichen Gesetzgebungskompetenzen berührt werden[460] – eine Wertung, die sich auch im **Lindauer Abkommen** (→ Rn. 85 ff.) widerspiegelt.

84 Verfehlt wäre es indes, dem Grundsatz der Bundestreue eine Pflicht der Länder zu entnehmen, Verträge, die der Bund kraft seiner Vertragsschlusskompetenz geschlossen hat, zu transformieren.[461] Dem steht die Systematik des Grundgesetzes entgegen, das zwischen Außenkompetenzen (Art. 32 GG) und Innenkompetenzen (Art. 70 ff., 83 ff.) differenziert (siehe aber zur Frage eines Aliudverhältnisses zwischen nach innen und außen ausgeübter Staatsgewalt → Rn. 9).[462] Auch operiert der Grundsatz der Bundestreue nicht nur zugunsten des Bundes, sondern auch der Länder.[463] Anderes dürfte jedoch dann gelten, wenn ein Land einem Vertragsschluss seitens des Bundes zustimmt bzw. sein Einverständnis hiermit erklärt. Zwar ist die **Zustimmung eines Landes** als Instrument nicht in Art. 32 verankert, doch erschiene eine

---

453 So aber *Rojahn* in v. Münch/Kunig, 6. Aufl. 2012, Rn. 46.
454 *Calliess* in HdbStR IV, § 83 Rn. 57.
455 *Wollenschläger* in Dreier Rn. 35.
456 *Kaiser,* Gemischte Abkommen im Lichte bundesstaatlicher Erfahrungen, 2009, 141 ff.; *Rudolf* AVR 13 (1966), 53 (60).
457 *Grewe* in HdbStR III, 2. Aufl. 1996, § 77 Rn. 85.
458 BGBl. 1977 II 215.
459 *Zuleeg* in AK Rn. 20 f.; *Papier* DÖV 2003, 265 (268 f.).
460 *Wollenschläger* in Dreier Rn. 37.
461 *Kempen* in MKS Rn. 56.
462 So auch *Wollenschläger* in Dreier Rn. 36.
463 *Starck* FS f. Lerche, 1993, 561 (566).

Transformationsverweigerung in dieser Konstellation, in der ein Vertrauenstatbestand geschaffen wurde, rechtsmissbräuchlich[464] und es läge ein Verstoß gegen den Grundsatz des ***venire contra factum proprium*** vor,[465] der auch im (inter)föderalen Kontext Anwendung findet.[466] *Nettesheim* spricht hier von einer Obliegenheit der Länder zur Durchführung,[467] wobei fraglich ist, ob dieser Begriff tatsächlich passend gewählt ist.[468] Die Verankerung einer Transformationsverpflichtung im Falle einer erfolgten Zustimmung der Länder in Art. 32 wurde von der Enquete-Kommission Verfassungsreform in der Tat im Jahre 1976 vorgeschlagen.[469] Zwar wurde dieser Vorschlag nicht implementiert, im Ergebnis lassen sich die angedachten Rechtsfolgen jedoch je nach Einzelfall auch aus allgemeinen Erwägungen herleiten. Letztendlich wird dieser Effekt in der Verfassungswirklichkeit durch Ziffer 3 des Lindauer Abkommens herbeigeführt (→ Rn. 85 ff.).

b) Das Lindauer Abkommen. Ein die skizzierten **kompetenziellen** 85
Spannungslagen und **offenen Auslegungsfragen** im Hinblick auf Art. 32 relativierendes Arrangement stellt die Verständigung zwischen der Bundesregierung und den Staatskanzleien der Länder über das Vertragsschließungsrecht des Bundes vom 14.11.1957 **(Lindauer Abkommen)** dar.[470] Die **Rechtsnatur** dieses Abkommens, das oftmals auch als „Absprache" bezeichnet wird,[471] sowie seine **Verfassungskonformität** sind umstritten.[472] Es etabliert einen **pragmatischen-kooperativen**[473] ***modus vivendi***[474]***/modus procedendi,***[475] **„Verfahrenskompromiß"**[476] oder auch **„verfassungsrechtlichen Vergleich",**[477] der das Zusammenwirken von Bund und Ländern im Bereich der auswärtigen Gewalt auf effektive Weise weitestgehend konfliktfrei gestaltet und die Gefahren, die von der Disparität zwischen Innen- und Außenkompetenzen ausgehen, eindämmt. Gleichzeitig konserviert es divergierende Auffassungen zu der föderalen Kompetenzverteilung im Bereich der auswärtigen Gewalt **(„agreement to disagree").**[478] In seinem Anwendungsbereich erfasst es jedoch nur völkerrechtliche Verträge.[479] Die Frage der Kompetenzabgrenzung stellt sich insofern bei nichtvertraglichem Handeln nach wie vor, wobei nach der hier

[464] *Bauer,* Die Bundestreue, 1992, 329 f., 358. In diese Richtung *Jarass* in Jarass/Pieroth Rn. 10; *Hillgruber* in SHH Rn. 33. Vgl. *Calliess* in HdbStR IV, § 83 Rn. 58.

[465] Vgl. *Singer,* Das Verbot widersprüchlichen Verhaltens, 1993; *MacGibbon* ICLQ 7 (1958), 468 (470).

[466] Vgl. *Bauer,* Die Bundestreue, 1992, 243 ff.

[467] *Nettesheim* in Maunz/Dürig Rn. 71.

[468] Vgl. *Schmidt,* Die Obliegenheiten, 1953.

[469] BT-Drs. 7/5924, 231 ff., 256. Hierzu *Wollenschläger* in Dreier Rn. 5.

[470] BT-Drs. 7/5924, 236. Hierzu *Stern* FS f. Carl Heymanns Verlag, 1995, 251 (256 ff.).

[471] *Kempen* in MKS Rn. 58.

[472] Für eine Zulässigkeit v. Vereinbarungen bei umstrittener Kompetenzlage *Hellermann* in BeckOK GG Art. 30 Rn. 24.1.

[473] *Stern* FS f. Carl Heymanns Verlag, 1995, 251 (256).

[474] *Steinberger* in Mußgnug Rechtsentwicklung unter dem Bonner Grundgesetz, 101 (110); *Rudolf* FS f. Armbruster, 1976, 59 (67); *Calliess* in HdbStR IV, § 83 Rn. 58; *Rojahn* in v. Münch/Kunig, 6. Aufl. 2012, Rn. 49; *Kempen* in MKS Rn. 58; *Nettesheim* in Maunz/Dürig Rn. 72; *Weber* in Umbach/Clemens Rn. 25. Zum Begriff siehe *Burek* in Wolfrum MPEPIL, September 2019, Modus Vivendi, Rn. 1 ff.

[475] *Fassbender* in BK Rn. 122.

[476] *Fassbender* in BK Rn. 96; *Tomuschat* VVDStRL 36 (1978), 7 (37).

[477] *Clostermeyer/Lehr* DÖV 1998, 148 (149).

[478] *Wollenschläger* in Dreier Rn. 38.

[479] *Rojahn* in v. Münch/Kunig, 6. Aufl. 2012, Rn. 49.

vertretenen Ansicht auch diesbezüglich die Wertungen des Lindauer Abkommens je nach Konstellation herangezogen werden können (→ Rn. 46). Auch wenn das Lindauer Abkommen nicht-verbindlicher Natur ist,[480] ist es von hoher staatspraktischer und auch verfassungsrechtlicher Relevanz.[481]

86 Ziffer 1 des Abkommens bestätigt, dass Bund und Ländern an ihren Auffassungen zu der Frage der Vertragsschlusskompetenzen im Bereich ausschließlicher Länderkompetenzen festhalten. Telos des Abkommens ist mithin nicht die Klärung des Meinungsstreits, sondern vielmehr seine Nichtklärung bei gleichzeitiger Implementierung eines pragmatischen Umgangs mit der **faktisch konservierten Unklarheit.**

87 In seiner Ziffer 2 bezieht sich das Lindauer Abkommen auf Fragen der Kompetenzabgrenzung im Bereich ausschließlicher und konkurrierender Kompetenzen des Bundes. Bei bestimmten Typen völkerrechtlicher Verträge erklären die Länder die Bereitschaft, die Zuständigkeit des Bundes anzuerkennen.

88 Ziffer 3 wendet sich völkerrechtlichen Verträgen zu, die in die **ausschließliche Kompetenzsphäre der Länder** fallen, und verankert eine **„Verfahrensabrede“:**[482] So denn Verträge, deren Gegenstand in die Sphäre ausschließlicher Länderkompetenzen fällt, Verpflichtungen von Bund und Ländern begründen sollen, soll das Einverständnis der Länder herbeigeführt werden. Hierdurch wird eine Art „Kondominium von Bund und Ländern“ im Bereich der Vertragsgewalt begründet.[483] Dieses Einverständnis soll vorliegen, bevor ein Vertrag für die Bundesrepublik verbindlich wird. Das Abkommen trifft keine Aussage dazu, welches Landesorgan das Einverständnis zu erklären hat. Hier stellen sich landesverfassungsrechtliche Fragen im Hinblick auf eine Beteiligung der Länderparlamente (zu Parlamentarisierungstendenzen im Bereich der auswärtigen Gewalt allgemein → Art. 59 Rn. 4 ff.).[484] Das Ersuchen des Bundes um eine Erklärung des Einverständnisses soll gem. Ziffer 3 zeitgleich mit der Zuleitung eines Vertragsgesetzes iSd Art. 59 Abs. 2 S. 1 an den Bundesrat erfolgen. Der Sache eröffnet das Einverständnis dem Bund den Einwand des ***venire contra factum proprium,*** sollte sich ein Land entgegen seiner Bekundung einer Transformation des Vertrages widersetzen (→ vgl. Rn. 84).[485] Ob eine rechtsmissbräuchliche Verweigerung als *ultima ratio* die Anwendung des **Bundeszwangs gem. Art. 37** gestattet, ist umstritten. Ultimativ erlaubte dieser die Verabschiedung notwendiger Akte seitens des Bundes im Wege der **Ersatzvornahme** (→ Art. 37 Rn. 23).[486]

89 Das **Lindauer Abkommen** verfügt auch über eine institutionelle Dimension: Auf dessen Grundlage – Ziffer 4b – wurde die **„Ständige Vertragskommission der Länder“** eingerichtet.[487] Diese konstituierte sich am

---

480 *Schmahl* in Sodan Rn. 7.

481 Vgl. *Betghe* in MSKB BVerfGG, Vorbemerkung, A. Grundlagen und Grundfragen der Verfassungsgerichtsbarkeit Rn. 116.

482 *Rojahn* in v. Münch/Kunig, 6. Aufl. 2012, Rn. 49.

483 *Starck* FS f. Lerche, 1993, 561 (568).

484 *Rudolf* FS f. Armbruster, 1976, 59 (67 ff.).

485 *Fastenrath/Groh* in BerlKomm Rn. 63; *Huster/Rux* in BeckOK GG Art. 20 Rn. 37; *Magiera* FS f. Hochschule Speyer, 1997, 97 (103); *Rojahn* in v. Münch/Kunig, 6. Aufl. 2012, Rn. 55.

486 *Kaiser* ZaöRV 18 (1957/58), 526 (550). Vgl. *Klein* in HdbStR XII, § 279, Rn. 54.

487 *Rudolf* FS f. Armbruster, 1976, 59 (65); *Calliess* in HdbStR IV, § 83 Rn. 58; *Papier* DÖV 2003, 265 (265 f.); *Bücker/Köster* JuS 2005, 976 ff.

16.7.1958 in Bonn. Die Landesvertreter in der Kommission werden seitens der Landesregierungen bestellt und unterstehen ihren Weisungen.[488] In ihrem Rahmen erfolgt die Information, Diskussion und Beratung von Vertragsvorhaben mit den Ländern mit dem Ziel ein Einvernehmen zwischen Bund und Ländern zu erreichen.[489] Das Einverständnis mit dem Vertragsschluss und der Ratifikation erklären die Landesregierungen schriftlich gegenüber dem federführenden Ressort.[490]

Die im Lindauer Abkommen gefundene Verständigung scheint in der in **90**
Ziffer 3 gewählten Formulierung zu indizieren, dass die Länder ihnen exklusiv zustehende Vertragsabschlusskompetenzen auf den Bund übertragen. Eine derartige Übertragung könnte vor dem Hintergrund des **Prinzips der Unverfügbarkeit von Kompetenzen** verfassungsrechtlich keinen Bestand haben.[491] Insofern erweist sich das Lindauer Abkommen insbesondere vor dem Hintergrund der föderalistischen Auffassung als problematisch. Die Ansicht, dass die Länder dem Bund die Befugnis erteilt haben, sie bei Vertragsschlüssen im Bereich ausschließlicher Länderkompetenzen zu vertreten, überzeugt nicht.[492] Der Bund schließt die betreffenden Verträge im eigenen Namen ab. Eine verdeckte Stellvertretung würde – wie auch das BVerfG betonte[493] – Fragen im Hinblick auf Art. 7 WVK aufwerfen.[494] Eine vorgeschlagene Lösungsmöglichkeit, um die Verfassungskompatibilität des Lindauer Abkommens aufrechtzuerhalten, ist „können" iSd Art 32 Abs. 3 als Kompetenz der Länder zu verstehen, die Ausübung ihrer Kompetenzen auf den Bund zu übertragen.[495] Dies erscheint indes recht konstruiert und nur schwer im Wege der Auslegung herleitbar.

Problematisch bleibt ferner die Rechtsnatur des Abkommens: Es lässt sich **91**
nicht als ein **rechtsverbindlicher interföderaler Vertrag** (→ Rn. 16) qualifizieren.[496] Eine Unterzeichnung des Abkommens ist nicht erfolgt. Das BVerfG bezeichnete das Abkommen im Rahmen eines *obiter dictum* als eine **Vereinbarung „verfassungsrechtlicher Art",**[497] wobei dieser Klassifikation durch den besonderen Kontext der betreffenden Entscheidung – Abgrenzung eines verfassungsrechtlichen von einem verwaltungsrechtlichen Vertrag – die Schärfe genommen wird. Die verfassungsrechtlichen Vorgaben vermag das Abkommen jedenfalls nicht zu modifizieren (→ Rn. 90).[498] Hierzu bedürfte es einer Verfassungsänderung (→ Art. 79 Rn. 6). Auch **Verfassungsgewohnheitsrecht**[499] – eine an sich verfassungsrechtlich bedenkliche Figur[500] – entbehrt eines das explizite Verfassungsrecht derogierenden Ef-

---

[488] Vgl. *Fassbender* in BK Rn. 131.
[489] *Rudolf* FS f. Armbruster, 1976, 59 (66 f.).
[490] § 26 Abs. 1 lit. b Nr. 4 der Richtlinien für die Behandlung völkerrechtlicher Verträge (RvV) nach § 72 Abs. 6 GGO.
[491] *Hillgruber* in SHH Rn. 30. Vgl. *Calliess* in HdbStR IV, § 83 Rn. 58.
[492] Zu dieser Diskussion vgl. *Hartung,* Die Praxis des Lindauer Abkommens, 1984, 60.
[493] BVerfGE 2, 347 (374).
[494] Hier und vorhergehend *Rojahn* in v. Münch/Kunig, 6. Aufl. 2012, Rn. 54.
[495] *Blumenwitz,* Der Schutz innerstaatlicher Rechtsgemeinschaften beim Abschluss völkerrechtlicher Verträge, 1972, 95 ff.
[496] *Kempen* in MKS Rn. 60.
[497] BVerfGE 42, 103 (113).
[498] *Starck* FS f. Lerche, 1993, 561 (566); *Jarass* in Jarass/Pieroth Rn. 7.
[499] Siehe *Fassbender* in BK Rn. 139.
[500] *Badura* in HdbStR VII, 1. Aufl. 1992, § 160 Rn. 10. Allg. *Wolff,* Ungeschriebenes Verfassungsrecht unter dem Grundgesetz, 2000, 431 ff., 445 f. Qualität als Verfassungs-

fekts.[501] Dies folgt aus dem Verbot der Verfassungsdurchbrechung, das Art. 79 Abs. 1 S. 1 verankert (→ Art. 79 Rn. 6).

92 Letztendlich ist in dem Lindauer Abkommen keine Übertragung von Kompetenzen der Länder auf den Bund zu erblicken. Vielmehr verfügt der Bund über **konkurrierende Vertragsschlusskompetenzen** im Bereich der ausschließlichen Gesetzgebungskompetenzen der Länder kraft Art. 32 Abs. 1 (wovon auch die Berliner und auch norddeutsche Ansicht ausgehen → Rn. 80 f.), deren Ausübung aber durch das **Gebot länderfreundlichen Verhaltens** begrenzt wird. Dementsprechend ist es überzeugend, das Lindauer Abkommen als eine **nicht rechtsverbindliche**[502] **Absprache politischer Natur** einzuordnen.[503] Es rein in der Sphäre politischer Pragmatik zu verorten, wird ihm jedoch nicht gerecht. Nicht nur steht das Lindauer Abkommen im Einklang mit verfassungsrechtlichen Vorgaben,[504] es stellt gar einen **„Fall konkretisierter Bundestreue"** dar,[505] die widerstreitende Kompetenzpole einem schonenden Ausgleich zuführt.

V. Verfassungsrechtliche Kontrolle

93 Verfassungsrechtlicher Kontrolle (vgl. zur verfassungsrechtlichen Kontrolle von Außenhandeln allgemein → Art. 59 Rn. 117ff.) unterliegt sowohl die Weigerung der Bundesregierung eine Zustimmung zum Vertragsschluss iSd Art. 32 Abs. 3 zu erteilen als auch die Erteilung derselbigen (→ Rn. 71 ff.).[506] Die Ermessensentscheidung der Bundesregierung ist auf Fehler überprüfbar.[507] Judikativer Kontrolle zugänglich ist ferner die Entscheidung, ein Land nicht anzuhören, sowie die Nichtberücksichtigung der Stellungnahme eines iSd Art. 32 Abs. 2 berührten Landes (→ Rn. 55 ff.). Grenzen werden dem Ermessen des Bundes materiell durch das Willkürverbot gesetzt (→ Rn. 56).[508] Auch etwaige Verletzungen des Gebots bundesfreundlichen Verhaltens seitens der Länder – zB durch Nichttransformation eines seitens des Bundes mit ihrem Einverständnis abgeschlossenen völkerrechtlichen Vertrages – sind justiziabel. Prozessual wäre der Bund-Länder-Streit gem. Art. 93 Abs. 1 Nr. 3 einschlägig.

C. Verhältnis zu anderen Bestimmungen des Grundgesetzes

94 Art. 32 ist von Art. 73 Abs. 1 Nr. 1 abzugrenzen, welcher den Begriff der „auswärtigen Angelegenheiten" verwendet und eine Zuordnung von Gesetzgebungskompetenzen zum Bund beinhaltet. Art. 73 Abs. 1 Nr. 1 soll dem BVerfG zufolge solche Fragen umfassen „die für das Verhältnis der Bundes-

---

gewohnheitsrecht verneinend *Fassbender* in BK Rn. 144. So auch *Rojahn* in v. Münch/Kunig, 6. Aufl. 2012, Rn. 54.

[501] *Hillgruber* in SHH Rn. 31.

[502] *Nettesheim* in Maunz/Dürig Rn. 73.

[503] *Wollenschläger* in Dreier Rn. 42. *Rojahn* qualifiziert sie als bloße „politische Absichtserklärung", *Rojahn* in v. Münch/Kunig, 6. Aufl. 2012, Rn. 53.

[504] *Wollenschläger* in Dreier Rn. 43.

[505] *Steinberger* in Mußgnug Rechtsentwicklung unter dem Bonner Grundgesetz, 101 (110); *Rojahn* in v. Münch/Kunig, 6. Aufl. 2012, Rn. 54.

[506] Vgl. *Nettesheim* in Maunz/Dürig Rn. 96. AA *Kempen* in MKS Rn. 90 (nur Verweigerung sei judikativ überprüfbar).

[507] *Magiera* FS f. Hochschule Speyer, 1997, 97 (102).

[508] *Heintschel von Heinegg/Frau* in BeckOK GG Rn. 16.

republik Deutschland zu anderen Staaten oder zwischenstaatlichen Einrichtungen, insbesondere für die Gestaltung der Außenpolitik, Bedeutung haben" (→ Art. 73 Rn. 3).[509] Die bloße Tatsache, dass Deutschland eine bestimmte Materie völkervertraglich regeln möchte, macht den gesamten Regelungsgegenstand nicht zu einer „auswärtigen Angelegenheit" iSd Art. 73 Abs. 1 Nr. 1. Jede andere Lesart würde die Aushebelung der Kompetenzordnung im Wege des Völkerrechtsverkehrs gestatten (→ Rn. 80).[510]

Art. 23 und Art. 24 kommt Vorrang vor Art. 32, welcher als ***lex generalis*** zurückweicht, zu (→ Art. 23 Rn. 8).[511] Art. 24 Abs. 1 erklärt die Übertragung von Hoheitsrechten auf zwischenstaatliche Einrichtungen zur Sache des Bundes. Gleiches gilt für die Einordnung in Systeme gegenseitiger kollektiver Sicherheit (Art. 24 Abs. 2) sowie den Beitritt zur internationalen Schiedsgerichtsbarkeit. Art. 24 Abs. 1a (→ Art. 24 Rn. 63 ff.) räumt den Ländern die Kompetenz ein, Hoheitsbefugnisse auf grenznachbarschaftliche Einrichtungen zu übertragen. Die **Übertragung von Hoheitsrechten auf zwischenstaatliche Einrichtungen** im Übrigen ist allein dem Bund gestattet.[512] Art. 24 Abs. 1a reicht dabei weiter als Art. 32 Abs. 3: Letzterer knüpft an die Gesetzgebungskompetenz zur Delimitierung der Vertragsschlusskompetenz der Länder an, Art. 24 Abs. 1a erlaubt den Transfer von Hoheitsbefugnissen der Länder aus Art. 70 ff., 83 ff. **(„integrationsspezifische lex specialis").**[513] Auch hier besteht in Parallele zu Art. 32 Abs. 3 ein Zustimmungserfordernis seitens der Bundesregierung zur Verhinderung einer **„Nebenaußenpolitik"** der Länder (→ Rn. 17).[514] Art. 23 sieht Partizipationsbefugnisse der Länder in EU-Angelegenheiten (siehe Art. 23 Abs. 2, 4 bis 5) vor, wobei er ebenfalls die Außenkompetenz des Bundes verankert. Die besonderen Beteiligungsrechte der Länder haben eine einfachgesetzliche Regelung im **EUZBLG** gefunden.[515] Anders als im Falle des Art. 32 und des im **Lindauer Abkommen** gefundenen Arrangements (→ Rn. 85 ff.) erfolgt die Beteiligung der Länder im Anwendungsbereich des Art. 23 nicht unmittelbar, sondern nur vermittelt durch den Bundesrat („Mediatisierung"[516] der Länderpartizipation). Dem einzelnen Land kommt insofern potentiell geringeres Gewicht zu als dies nach Gestalt des im Lindauer Abkommen gefundenen **(unverbindlichen) *modus vivendi*** (→ Rn. 85) der Fall wäre,[517] der zurückweicht (→ Art. 23 Rn. 8).[518] Dies bedeutet, dass die Beteiligung des Bundesrates nach Art. 23 Abs. 4 bis 6 das Einholen einer Zustimmung seitens der 95

[509] BVerfGE 100, 313 (368 f.). Vgl. BVerfGE 33, 52 (60).

[510] Vgl. *v. Coelln* in Windthorst/Gröpl/v. Coelln Rn. 7.

[511] *Stern* FS f. Carl Heymanns Verlag, 1995, 251 (267); *Wollenschläger* in Dreier Rn. 8; *Hillgruber* in SHH Rn. 6; *Jarass* in Jarass/Pieroth Rn. 2; *Kempen* in MKS Rn. 14; *Wolff* in Hömig/Wolff Rn. 1. Allg. *Schütz* Der Staat 28 (1989), 201 (214 f.). Zu Art. 23 *Papier* DÖV 2003, 265 (270). Krit. *Clostermeyer/Lehr* DÖV 1998, 148 (150).

[512] *Classen* in MKS Art. 24 Rn. 70.

[513] *Calliess* in Maunz/Dürig Art. 24 Rn. 23; *Kotzur,* Grenznachbarschaftliche Zusammenarbeit in Europa, 2004, 473.

[514] *Heintschel von Heinegg/Frau* in BeckOK GG Art. 24 Rn. 27. Vgl. *Schorkopf,* Staatsrecht der Internationalen Beziehungen, 2017, § 4 Rn. 37 ff.

[515] Gesetz über die Zusammenarbeit von Bund und Ländern in Angelegenheiten der Europäischen Union v. 12.1993 (BGBl. I 313) geändert durch G v. 22.9.2009 (BGBl. I 3031).

[516] Vgl. *Wiater* AöR 139, 497 (526).

[517] *Papier* DÖV 2003, 265 (270).

[518] Vgl. *Scholz* in Maunz/Dürig Art. 23 Rn. 183. Zum Spezialitätsverhältnis *Rojahn* in v. Münch/Kunig, 6. Aufl. 2012, Rn. 9.

Länder, wie sie durch Ziffer 3 des Lindauer Abkommens vorgesehen ist, entbehrlich macht.[519] Diese Lesart findet Bestätigung in der Praxis.

96 Sofern die EU Verträge mit Drittstaaten schließt, die in den Bereich exklusiver Kompetenzen der EU fallen, bleibt es bei den Vorgaben des Art. 23 Abs. 4 ff. Anderes gilt im Falle von sog. **gemischten Abkommen,**[520] die den Kompetenzbereich der Union überschreiten[521] und an deren Abschluss insofern die Mitgliedstaaten zu beteiligen sind (→ Art. 59 Rn. 84).[522] Dabei ist von einem gemischten Abkommen bereits dann auszugehen, wenn ein nichtwesentlicher Teil der Vertragsmaterie in den Bereich mitgliedstaatlicher Kompetenzen fällt.[523] Für die Teile des Abkommens, die in die Unionszuständigkeit fallen, findet jedenfalls Art. 23 Anwendung und es greift die **„mediatisierte"**[524] **Mitwirkung der Länder durch den Bundesrat.**[525] Umstritten ist die Behandlung der Teile des Abkommens, die in die mitgliedstaatliche Kompetenzsphäre fallen,[526] wie auch jüngst die Diskussionen um das „Comprehensive Economic and Trade Agreement" (CETA-Abkommen)[527] unter Beweis stellten (→ Art. 59 Rn. 84).[528] Häufig wird – mit Nuancen in den Details – im Hinblick auf „gemischte Abkommen" eine gespaltene Betrachtungsweise an den Tag gelegt:[529] So unterlägen die Teile eines Abkommens, die außerhalb supranationaler Kompetenzen zu verorten sind, der Regelung des Art. 32 (zur parallelen Problematik bei Art. 59 → Art. 59 Rn. 84).[530] Nach *Clostermeyer/Lehr* sei Art. 32 bei allen „völkervertragsrechtlich gebundene[n] Kooperationen", auch wenn diese unionsrechtlich determiniert werden, anwendbar.[531] Nach anderer Auffassung ist auch der Teil der Übereinkunft, der in die Kompetenz der Mitgliedstaaten fällt (bei dem also die Mitgliedstaaten die Vertragspartner sind), als „Angelegenheit [en] der Europäischen Union" iSd Art. 23 Abs. 2 einzuordnen.[532] So diene das völkervertragliche Zusammenwirken von Mitgliedstaaten und Union im Falle gemischter Abkommen der Verwirklichung eines vereinigten Europa.[533] Dies

---

[519] *Rojahn* in v. Münch/Kunig, 6. Aufl. 2012, Rn. 9.

[520] Hierzu *Schmalenbach* in Calliess/Ruffert EUV/AEUV, Art. 216 Rn. 5 ff.; *Mögele* in Streinz EUV/AEUV, Art. 216 Rn. 42 ff.; *Kaiser,* Gemischte Abkommen im Lichte bundesstaatlicher Erfahrungen, 2009, 35 ff.

[521] Zu diesem Problemkreis *Grzeszick/Hettche* AöR 141 (2016), 225 (229 ff.).

[522] Zur kompetenzrechtlichen Problematik *Nettesheim* in Maunz/Dürig Rn. 77.

[523] *Jaag* EuR 2012, 309 (317 f.); *Holterhus* EuR 2017, 234 (240 ff.).

[524] *Wiater* AöR 139 (2014), 497 (526).

[525] Zum Streitstand *Winkelmann* DVBl. 1993, 1128 (1135).

[526] Vgl. auch Anm. 9 der Vereinbarung zwischen der Bundesregierung und den Regierungen über die Zusammenarbeit in Angelegenheiten der Europäischen Union v. 29.10.1993 (Bundesanzeiger Nr. 226 v. 2.12.1993, 10425) ergänzt durch Vereinbarung v. 8.6.1998 (Bundesanzeiger Nr. 226 v. 2.12.1993, 10425).

[527] ABl. EU 2017 L 11/23. Einschlägigkeit des Art. 23 bejahend *Pautsch* NVwZ 2016, 1294 (1295).

[528] *v. Arnauld* AöR 141 (2016), 268 (272); *Weiß* EuZW 2016, 286 (290).

[529] AA *Classen* in MKS Art. 23 Rn. 6 (im Regelfall sei Art. 23 einschlägig). Zur Diskussion *Scholz* in Maunz/Dürig Art. 23 Rn. 183.

[530] *Streinz* in Sachs Rn. 9a; *Wollenschläger* in Dreier Rn. 51; *Fastenrath/Groh* in BerlKomm Rn. 26; *Rojahn* in v. Münch/Kunig, 6. Aufl. 2012, Rn. 9. Davon ausgehend, dass „gemischte Abkommen" Art. 32 unterfallen *Heintschel von Heinegg/Frau* in BeckOK GG Rn. 2.3.

[531] *Clostermeyer/Lehr* DÖV 1998, 148 (153). AA *Kempen* in MKS Rn. 14; *Fastenrath/Groh* in BerlKomm Rn. 26; *Rojahn* in v. Münch/Kunig, 6. Aufl. 2012, Rn. 9.

[532] *v. Arnauld* AöR 141 (2016), 268 (272 f.) (differenzierend); *Frenz* DVBl. 1999, 945 ff. Anders *Grzeszick/Hettche* AöR 141 (2016), 225 (244 ff.).

[533] *Frenz* DVBl. 1999, 945 (951). Siehe *Frenz,* Die Außenkompetenzen der Europäischen Gemeinschaften und der Mitgliedstaaten im Umweltbereich, 2001, 191 ff.

gelte einer Unteransicht zufolge jedenfalls bei Materien, die als „Angelegenheiten von gemeinsamen Interesse“ im EUV bezeichnet werden.[534] *Kaiser* will zwischen Materien in konkurrierender und ausschließlicher mitgliedschaftlicher Kompetenz differenzieren. Für letztere greife Art. 32.[535] Das BVerfG[536] scheint – so jedenfalls in seiner Rechtsprechung zum Euro-Plus-Pakt[537] und ESM-Pakt[538] – von einem weiten Begriff der „Angelegenheiten der Europäischen Union“ auszugehen. So fallen dem BVerfG zufolge Verträge in den Anwendungsbereich des Art. 23 Abs. 2, wenn sie in einem „Ergänzungs- oder sonstigen besonderen Näheverhältnis zum Recht der Europäischen Union stehen“.[539] Es erscheint allerdings richtig, nicht vorschnell von einer vollständigen Verdrängung des Art. 32 auszugehen,[540] was für eine gespaltene Betrachtung spricht. Verträge mit anderen Mitgliedstaaten, die außerhalb des Gefüges der EU geschlossen werden, unterfallen jedenfalls Art. 32.[541]

D. Kritische Würdigung

Art. 32 ist eine Bestimmung, welche den Ausgleich zwischen kompetenziellen Zentrifugalkräften zu erreichen sucht, die durch die konzeptionelle Differenzierung zwischen einer Innen- und Außensphäre der Handlungseinheit „Staat“ bedingt werden. Er steht in besonderer Repräsentativität für die Einsicht, dass die „Einheit des Staates […] in seiner gewaltenteilenden Vielfalt“ besteht.[542] Vorschläge Art. 32 zu modifizieren und offen gebliebene Kompetenzfragen zu klären, die zumeist auf eine verfassungsrechtliche Verankerung des im Lindauer Abkommen angelegten *modus vivendi* (→ Rn. 85) hinausliefen, sind in der Vergangenheit wiederholt gescheitert. Auch die gut funktionierende Praxis, für die das Lindauer Abkommen den Rahmen legt, hat an der Unverrückbarkeit unterschiedlicher Positionen zur Auslegung des Art. 32 nichts geändert. Obschon eine verfassungsrechtliche Klarstellung vor dem Hintergrund des Aspekts der Rechtssicherheit wünschenswert erschiene, stellt der *status quo* unter Beweis, dass **Sphären kompetenzieller Unklarheiten** auch Kooperation und pragmatische Arrangements zwischen Bund und Ländern befördern können. Dass die verfassungsrechtliche Rahmenordnung dem Raum einräumt, ist ihre Stärke und auch Grundbedingung der durch sie vermittelten Stabilität. **97**

Nicht zuletzt vor dem Hintergrund von Phänomenen wie Globalisierung, Transnationalität und der hiermit einhergehenden Erweiterung des Kreises **98**

---

534 *Scholz* in Maunz/Dürig Art. 23 Rn. 183 (der dennoch von der Anwendung von Art. 59 Abs. 2 S. 1 auf den Vertrag ausgeht).

535 Hier und vorgehend *Kaiser,* Gemischte Abkommen im Lichte bundesstaatlicher Erfahrungen, 2009, 159 ff.

536 BVerfGE 131, 152 (199 f.).

537 Anlage I EUCO/10/1/11. Vgl. *Häde* in Calliess/Ruffert EUV/AEUV Art. 121 Rn. 27.

538 Siehe Gesetz v. 13.9.2012 (BGBl. II 981). Vgl. *Hattenberger* in Schwarze/Becker/Hatje/Schoo EU-Kommentar Art. 127 Rn. 73.

539 BVerfGE 131, 152 (199). Hierzu *Grzeszick/Hettche* AöR 141 (2016), 225 (243 ff.).

540 Vgl. *Nettesheim,* Umfassende Freihandelsabkommen und Grundgesetz-Verfassungsrechtliche Grundlagen der Zustimmung zu CETA (Gutachten) (25.6.2017).

541 *Streinz* in Sachs Rn. 9a.

542 *Tomuschat* VVDStRL 36 (1978), 7 (25).

international relevanter Akteure sowie angesichts des Aufkommens hybrider rechtlicher Handlungsformen wird mehr denn deutlich, dass Art. 32 nur ein Fragment des internationalen Geschehens[543] und nur einen Ausschnitt der auswärtigen Gewalt, so denn man diese in weiterem Sinne versteht, umfasst. Dabei verbleiben durchaus Räume für seine dynamische Interpretation und insofern die Fortentwicklung seiner konkreten Regelungssubstanz.

Literatur

H. P. Aust, Foreign Affairs, in: Grote/Lachenmann (Hrsg.), Max Planck Encyclopedia of Comparative Constitutional Law, August 2017. – ***H. P. Aust,*** Das Recht der globalen Stadt, 2017.– ***R. Bernhardt,*** Der Abschluß völkerrechtlicher Verträge im Bundesstaat, 1957.– ***G. Biehler,*** Auswärtige Gewalt, Auswirkungen auswärtiger Interessen im innerstaatlichen Recht, 2005.– ***A. Bleckmann,*** Grundgesetz und Völkerrecht, 1975.– ***M. Bothe,*** Völkerrecht und Bundesstaat, FS f. Mosler, 1983, 111.– ***V. Bortnikov,*** Staatsverträge der Länder, JuS 2017, 27.– ***C. Bradley,*** The Oxford Handbook of Comparative Foreign Relations Law, 2019.–***C. Calliess,*** Auswärtige Gewalt, in HdbStR IV, 3. Aufl. 2006.– ***B. Fassbender,*** Der offene Bundesstaat, 2007.– ***U. Fastenrath,*** Kompetenzverteilung im Bereich der auswärtigen Gewalt, 1986.– ***W. Grewe,*** Auswärtige Gewalt, in HdbStR III, 2. Aufl. 1996, § 77.– ***H. Heberlein,*** Kommunale Außenpolitik als Rechtsproblem, 1989.– ***G. Hernández,*** Federated entities in international law: Disaggregating the federal State?, in French, Statehood and Self-Determination: Reconciling Tradition and Modernity in International Law, 2013, 491.– ***M. Kotzur,*** Grenznachbarschaftliche Zusammenarbeit in Europa, 2004.– ***E. Menzel,*** Die auswärtige Gewalt der Bundesrepublik, VVDStRL 12 (1954), 179. – ***J. Menzel,*** Internationales öffentliches Recht, 2011.– ***H. Mosler,*** Die auswärtige Gewalt im Verfassungssystem der Bundesrepublik Deutschland, FS f. Bilfinger, 1954, 243.– ***M. Niedobitek,*** Das Recht der grenzüberschreitenden Verträge, 2001.– ***J. Paquette,*** Cultural Policy and Federalism, 2019.– ***G. H. Reichel,*** Die auswärtige Gewalt nach dem Grundgesetz für die Bundesrepublik Deutschland vom 23. Mai 1949, 1967.– ***W. Rudolf,*** Internationale Beziehungen der deutschen Länder, AVR 13 (1966/67), 53.– ***W. Rudolf,*** Bundesstaat und Völkerrecht, AVR 27 (1989), 1.– ***P. Seidel,*** Die Zustimmung der Bundesregierung zu Verträgen der Bundesländer mit auswärtigen Staaten gem. Art. 32 III GG, 1975.– ***C. Starck,*** Die deutschen Länder und die auswärtige Gewalt, FS f. Lerche, 1993, 561.– ***H. Steinberger,*** Auswärtige Gewalt unter dem Grundgesetz, in R. Mußgnug, Rechtsentwicklung unter dem Bonner Grundgesetz, 1990, 101.– ***K. Stern,*** Auswärtige Gewalt und Lindauer Abkommen, in Verfassungsrecht im Wandel, FS f. Carl Heymanns Verlag, 1995, 251. – ***S. Weiß,*** Auswärtige Gewalt und Gewaltenteilung, 1971.– ***W. Weißauer,*** Völkerrechtliche Verträge – Zusammenwirken von Bund und Ländern, FS f. Bengl, 1984, 148.– ***L. Wildhaber,*** Treaty-Making Power and Constitution, 1971.

Lindauer Absprache (23./25.10./14.11.1957)

1. Der Bund und die Länder halten an ihren bekannten Rechtsauffassungen über die Abschluß- und Transformationskompetenz bei völkerrechtlichen Verträgen, die ausschließliche Kompetenzen der Länder berühren, fest.
2. Die Länder halten ein Entgegenkommen bei der Anwendung der Art. 73 Ziff. 1 und 5 und 74 Ziff. 4 des Grundgesetzes für möglich:
   Eine Zuständigkeit des Bundes könnte danach zB für

A. Konsularverträge,
B. Handels- und Schiffahrtsverträge, Niederlassungsverträge sowie Verträge über den Waren- und Zahlungsverkehr
C. Verträge über den Beitritt zu oder die Gründung von internationalen Organisationen auch insoweit anerkannt werden, als diese Verträge Bestimmungen enthalten, bei denen es zweifelhaft sein könnte, ob sie im Rahmen eines internationalen Vertrages unter die ausschließliche Landesgesetzgebung fallen, wenn diese Bestimmungen

[543] *Aust,* Das Recht der globalen Stadt, 2017, 74.

a) für solche Verträge typisch und in diesen Verträgen üblicherweise enthalten sind oder
b) einen untergeordneten Bestandteil des Vertrages bilden, dessen Schwerpunkt im übrigen zweifelsfrei im Bereich der Zuständigkeit des Bundes liegt.

Hierzu gehören Bestimmungen über Privilegien bei auswärtigen Staaten und internationalen Einrichtungen hinsichtlich des Steuer-, Polizei- und Enteignungsrechts (Immunitäten) sowie über die nähere Ausgestaltung der Rechte von Ausländern in Handels-, Schiffahrts- und Niederlassungsverträgen.

3. Beim Abschluß von Staatsverträgen, die nach Auffassung der Länder deren ausschließliche Kompetenzen berühren und nicht nach Ziff. 2 durch die Bundeskompetenz gedeckt sind, insbes. also bei Kulturabkommen, wird wie folgt verfahren:

Soweit völkerrechtliche Verträge auf Gebieten der ausschließlichen Zuständigkeit der Länder eine Verpflichtung des Bundes oder der Länder begründen sollen, soll das Einverständnis der Länder herbeigeführt werden. Dieses Einverständnis soll vorliegen, bevor die Verpflichtung völkerrechtlich verbindlich wird. Falls die BReg. einen solchen Vertrag dem Bundesrat gem. Art. 59 Abs. 2 GG zuleitet, wird sie die Länder spätestens zum gleichen Zeitpunkt um die Erteilung des Einverständnisses bitten.

Bei den in Abs. 1 Satz 2 genannten Verträgen sollen die Länder an den Vorbereitungen für den Abschluß möglichst frühzeitig, in jedem Fall rechtzeitig vor der endgültigen Festlegung des Vertragstextes beteiligt werden.

4. Es wird weiter vereinbart, daß bei Verträgen, welche wesentliche Interessen der Länder berühren, gleichgültig, ob sie die ausschließliche Kompetenz der Länder betreffen oder nicht,
a) die Länder möglichst frühzeitig über den beabsichtigten Abschluß derartiger Verträge unterrichtet werden, damit sie rechtzeitig ihre Wünsche geltend machen können,
b) ein ständiges Gremium aus Vertretern der Länder gebildet wird, das als Gesprächspartner für das Auswärtige Amt oder die sonst zuständigen Fachressorts des Bundes im Zeitpunkt der Aushandlung internationaler Verträge zur Verfügung steht,
c) durch die Information dieses Gremiums und die von ihm abgegebenen Erklärungen die Vereinbarung nach Ziff. 3 nicht berührt wird.

5. Der Sonderfall des Art. 32 Abs. 2 GG wird durch Ziff. 4 nicht erfaßt.

Lindauer Absprache = Verständigung zwischen der BReg. und den Staatskanzleien der Länder über das Vertragsschließungsrecht des Bundes. Quellen: Bulletin 1957, 1966; BT-Drs. 7/5924, 236.

Art. 33 [Staatsbürgerliche Stellung, öffentlicher Dienst]

(1) Jeder Deutsche hat in jedem Lande die gleichen staatsbürgerlichen Rechte und Pflichten.

(2) Jeder Deutsche hat nach seiner Eignung, Befähigung und fachlichen Leistung gleichen Zugang zu jedem öffentlichen Amte.

(3) [1]Der Genuß bürgerlicher und staatsbürgerlicher Rechte, die Zulassung zu öffentlichen Ämtern sowie die im öffentlichen Dienste erworbenen Rechte sind unabhängig von dem religiösen Bekenntnis. [2]Niemandem darf aus seiner Zugehörigkeit oder Nichtzugehörigkeit zu einem Bekenntnisse oder einer Weltanschauung ein Nachteil erwachsen.

(4) Die Ausübung hoheitsrechtlicher Befugnisse ist als ständige Aufgabe in der Regel Angehörigen des öffentlichen Dienstes zu übertragen, die in einem öffentlich-rechtlichen Dienst- und Treueverhältnis stehen.

(5) Das Recht des öffentlichen Dienstes ist unter Berücksichtigung der hergebrachten Grundsätze des Berufsbeamtentums zu regeln und fortzuentwickeln.

Paulskirchenverfassung von 1849

Abschnitt VI. Art. I

§ 132. Jeder Deutsche hat das deutsche Reichsbürgerrecht. Die ihm kraft dessen zustehenden Rechte kann er in jedem deutschen Lande ausüben. Ueber das Recht, zur deutschen Reichsversammlung zu wählen, verfügt das Reichswahlgesetz.

§ 134. Kein deutscher Staat darf zwischen seinen Angehörigen und anderen Deutschen einen Unterschied im bürgerlichen, peinlichen und Prozeß-Rechte machen, welcher die letzteren als Ausländer zurücksetzt.

Abschnitt VI. Art. II

§ 137. Vor dem Gesetze gilt kein Unterschied der Stände. Der Adel als Stand ist aufgehoben.

Alle Standesvorrechte sind abgeschafft.

Die Deutschen sind vor dem Gesetze gleich.

Alle Titel, insoweit sie nicht mit einem Amte verbunden sind, sind aufgehoben und dürfen nie wieder eingeführt werden.

Kein Staatsangehöriger darf von einem auswärtigen Staate einen Orden annehmen.

Die öffentlichen Aemter sind für alle Befähigten gleich zugänglich.

Die Wehrpflicht ist für Alle gleich; Stellvertretung bei derselben findet nicht Statt.

Abschnitt VI. Art. V

§ 146. Durch das religiöse Bekenntniß wird der Genuß der bürgerlichen und staatsbürgerlichen Rechte weder bedingt noch beschränkt. Den staatsbürgerlichen Pflichten darf dasselbe keinen Abbruch thun.

Reichsverfassung von 1871

Art. 3. Für ganz Deutschland besteht ein gemeinsames Indigenat mit der Wirkung, daß der Angehörige (Unterthan, Staatsbürger) eines jeden Bundesstaates in jedem anderen Bundesstaate als Inländer zu behandeln und demgemäß zum festen Wohnsitz, zum Gewerbebetriebe, zu öffentlichen Aemtern, zur Erwerbung von Grundstücken, zur Erlangung des Staatsbürgerrechtes und zum Genusse aller sonstigen bürgerlichen Rechte unter denselben Voraussetzungen wie der Einheimische zuzulassen, auch in Betreff der Rechtsverfolgung und des Rechtsschutzes demselben gleich zu behandeln ist.

Kein Deutscher darf in der Ausübung dieser Befugniß durch die Obrigkeit seiner Heimath, oder durch die Obrigkeit eines anderen Bundesstaates beschränkt werden.

(…)

Weimarer Reichsverfassung von 1919

Art. 110. (…)

Jeder Deutsche hat in jedem Lande des Reichs die gleichen Rechte und Pflichten wie die Angehörigen des Landes selbst.

Art. 128. Alle Staatsbürger ohne Unterschied sind nach Maßgabe der Gesetze und entsprechend ihrer Befähigung und ihren Leistungen zu den öffentlichen Ämtern zuzulassen.

(…)

Art. 136. (…)

Der Genuß bürgerlicher und staatsbürgerlicher Rechte sowie die Zulassung zu öffentlichen Ämtern sind unabhängig von dem religiösen Bekenntnis.

(…)

Art. 129. Die Anstellung der Beamten erfolgt auf Lebenszeit, soweit nicht durch Gesetz etwas anderes bestimmt ist. Ruhegehalt und Hinterbliebenenversorgung werden gesetzlich geregelt. Die wohlerworbenen Rechte der Beamten sind unverletzlich. Für die vermögensrechtlichen Ansprüche der Beamten steht der Rechtsweg offen.

Die Beamten können nur unter den gesetzlich bestimmten Voraussetzungen und Formen vorläufig ihres Amtes enthoben, einstweilen oder endgültig in den Ruhestand oder in ein anderes Amt mit geringerem Gehalt versetzt werden.

Gegen jede dienstliche Straferkenntnis muß ein Beschwerdeweg und die Möglichkeit eines Wiederaufnahmeverfahrens eröffnet sein. In die Nachweise über die Person des Beamten sind Eintragungen von ihm ungünstigen Tatsachen erst vorzunehmen, wenn dem Beamten Gelegenheit gegeben war, sich über sie zu äußern. Dem Beamten ist Einsicht in seine Personalnachweise zu gewähren.

Die Unverletzlichkeit der wohlerworbenen Rechte und die Offenhaltung des Rechtswegs für die vermögensrechtlichen Ansprüche werden besonders auch den Berufssoldaten gewährleistet. Im übrigen wird ihre Stellung durch Reichsgesetz geregelt.

Art. 130. Die Beamten sind Diener der Gesamtheit, nicht einer Partei.

Allen Beamten wird die Freiheit ihrer politischen Gesinnung und die Vereinigungsfreiheit gewährleistet.

Die Beamten erhalten nach näherer reichsgesetzlicher Bestimmung besondere Beamtenvertretungen.

Übersicht

A. Allgemeine Bedeutung

1 Art. 33 verbindet den **Staat** mit der **Gesellschaft,** indem er sie jeweils doppelt anspricht, den Staat als demokratisch legitimierte Herrschaftsordnung und föderal gegliedertes Gemeinwesen, die Gesellschaft als Sphäre individueller Autonomie und bürgerlicher Gleichheit.[1] Die Norm setzt in den Abs. 1 bis 3 Freiheit rechtlich voraus, um staatsbürgerliche **Gleichheit** in den Mittelpunkt stellen zu können. Die Maximen der Egalité lauten: gleiche Rechte, gleiche Pflichten, gleicher Zugang zu allen öffentlichen Ämtern nach Eignung, Befähigung sowie fachlicher Leistung und Verbot der Ungleichbehandlung aus religiösen Gründen. Ist der Bürger in seinem Staat angekommen,[2] dürfen nach den Abs. 4 und 5 bestimmte Befugnisse nur Personen mit einem besonderen Status übertragen werden. Diesen darf der **Gesetzgeber** fortentwickeln, aber nicht frei gestalten, sondern ist an tradierte rechtliche Strukturprinzipien **gebunden,** die in ihrer Gesamtheit eine institutionelle Garantie bilden.[3]

2 Art. 33 lädt nicht nur zu verfassungstheoretischem Pathos ein, sondern ist auch Kristallisationspunkt für Glanz und Elend der **Bundesstaatlichkeit.** Durch die Aufhebung der Art. 74a und 75 2006 im Zuge der Föderalismusreform I hat der Bund viele Gesetzgebungskompetenzen für das Beamtenrecht verloren. Neben dem auf Art. 74 Abs. 1 Nr. 27[4] beruhenden BeamtStG ist dadurch Art. 33 Abs. 5 noch mehr zum strukturierenden Element geworden, das sowohl die Revision zum BVerwG als auch Verfassungsbeschwerden zum BVerfG erlaubt. Zugleich sind die Gesetzgebungskompetenzen der Länder für das Besoldungs-, Versorgungs- und Laufbahnrecht

[1] Sa *Hense* in BeckOK GG Einl.

[2] Dazu, dass der Staat als Gemeinschaft der Citoyen zu denken ist, *Rupp* in HdbStR II § 31 Rn. 18.

[3] Zur Verbindung aller Absätze durch das republikanische Amt *Battis* in Sachs Rn. 8; *Pieper* in SHH Rn. 1; allg. u ausf. *Isensee* ZBR 2004, 3.

[4] Die Gesetzgebungskompetenz des Bundes für das Recht der Angestellten und Arbeiter des öffentlichen Dienstes beruht auf Art. 74 Abs. 1 Nr. 1 und Nr. 12.

ein Kennzeichen ihrer Staatlichkeit. Die Regelung durch den Bund war ein Fremdkörper im föderalen Gefüge. Wenn die **Länder** ihrem Anspruch auf **Staatlichkeit** gerecht werden wollen, müssen sie die Verantwortung für ihre Beamten tragen. Die Neuordnung der Gesetzgebungskompetenzen erschwert jedoch die wissenschaftliche Durchdringung und führt zu Unterschieden in der Besoldung, Versorgung und im Laufbahnrecht.

Die unübersichtliche Rechtslage, die wegen der Abstraktheit und des partiellen Vergangenheitsbezugs des Art. 33 konkretisierungsbedürftig ist, weist der Rechtswissenschaft, vor allem jedoch dem **BVerwG** und dem **BVerfG Schlüsselrollen** bei der Ordnung des Beamtenrechts und seiner Anwendung zu. Dies gilt speziell für das BVerfG, das mittels Art. 93 Abs. 1 Nr. 4a bzw. § 90 Abs. 1 BVerfGG sowohl die besonderen Gleichheitsrechte als auch die institutionelle Garantie des Berufsbeamtentums vor übermäßigen Eingriffen des Gesetzgebers schützt. 3

I. Genese

Art. 33 verweist vornehmlich auf die politische Situation der Deutschen Nation im 19. Jh. und die föderale Struktur des Deutschen Reiches nach 1871 und 1919.[5] Daher ist er **verfassungsgeschichtlich interessant,** steht aber im Schatten der GG-Normen, die als Antworten auf das Scheitern der Weimarer Republik gelten. Hinzu kommt, dass Abs. 1 und Abs. 3 wegen der weitgehenden rechtlichen Unitarisierung der Bundesrepublik[6] und der erst in jüngerer Zeit wieder zunehmenden religiösen Herausforderungen weithin aus dem Blickfeld geraten sind. 4

Ausgehend vom Deutschen Bund stellte die Paulskirchenverfassung den ersten Versuch dar, einen Bundesstaat auf der Basis bis dahin souveräner Staaten mit eigenen Staatsangehörigkeiten zu errichten. § 132 sah zu diesem Zweck – in heutiger Terminologie – eine Reichsstaatsangehörigkeit vor. Die damit verbundenen Rechte durfte jeder Deutsche in jedem deutschen Lande ausüben. § 134 verbot es den Ländern, auf den Gebieten des bürgerlichen Rechts, des Strafrechts und des Prozessrechts zwischen seinen Staatsangehörigen und anderen Deutschen zu unterscheiden. Die Pflicht zur **Inländergleichbehandlung** ist als unionsrechtliches Gebot bekannt,[7] rechtlich aber weit älter. Noch deutlicher drückte diese Pflicht Art. 3 der Reichsverfassung von 1871 aus, auch wenn die Bezeichnung einer Staatsangehörigkeit als Indigenat sprachlich veraltet ist. Art. 110 Abs. 2 WRV kam **Art. 33 Abs. 1** dann in Duktus und Inhalt bereits nahe. 5

Der durch **Art. 33 Abs. 2** geschützte gleiche Zugang zu öffentlichen Ämtern ist Ausdruck einer **Elitenrekrutierung,** die weiter in die Geschichte zurückverweist als Abs. 1. Die Herausbildung einer bürgerlichen Gesellschaft in der zweiten Hälfte des 18. Jh. war neben dem Streben nach Freiheit von landesherrschaftlichen Beschränkungen vom Verlangen nach Rechtsgleichheit getragen, das sich gegen die auf Geburt beruhenden Standesprivilegien des Adels richtete.[8] Öffentliche Ämter sollten nicht mehr nach sozialer 6

---

[5] Art. 33 „weist zurück in die Staatsrechtsgeschichte", *Lecheler* in BerlKomm Rn. 8.

[6] Zur sachlichen Unitarisierung *Hesse,* Grundzüge des Verfassungsrechts der Bundesrepublik Deutschland, 1995, Rn. 221.

[7] EuGH 20.9.2001 –C-184/99, Slg. 2001, I-6193 ECLI:EU:C:2001:458 Rn. 34 ff.; EuGH – C-456/02, Slg. 2004, I-7573 ECLI:EU:C:2004:488 Rn. 39 ff.

[8] *Hufen,* Staatsrecht II, 2020, § 36 Rn. 6; *Böckenförde,* Recht, Staat, Freiheit, 1991, 209 (216).

Herkunft vergeben werden,[9] sondern grundsätzlich jedem nach Leistung offen stehen. Auch sollten sie nicht mehr durch Kauf erlangt werden können bzw. ein Freikauf von Pflichten untersagt sein.[10] § 137 der Paulskirchenverfassung nahm viele dieser Forderungen auf. In der Reichsverfassung von 1871, ihrer Präambel nach ein ewiger Fürstenbund, fand sich dergleichen naturgemäß nicht. Art. 128 Abs. 1 WRV war dann die Vorläuferregelung zu Art. 33 Abs. 2, betonte jedoch noch das Verbot, nach Herkunft zu unterscheiden („ohne Unterschied").

7 **Art. 33 Abs. 3** geht auf noch ältere Schichten der Verfassungsgeschichte zurück. Die Vorschrift bringt in Erinnerung, dass vor der Säkularisierung des Staates seine durch den Augsburger Religionsfrieden und den Westfälischen Frieden sanktionierte **Konfessionalisierung** stand.[11] Der auf dem Grundsatz „cuius regio, eius religio" beruhende Zwang, zwischen konfessioneller Homogenität und Abzug wählen zu müssen, bestand zwar im 19. Jh. nicht mehr ausnahmslos.[12] Die Duldung einer anderen Konfession war aber nicht gleichbedeutend mit diskriminierungsfreier religiöser Toleranz. Dies galt nicht nur für Staaten, deren Obrigkeit katholisch war, sondern auch für protestantische Landesherrn, die teilweise bis 1918 zugleich Oberhaupt der Landeskirche *(summus episcopus)* waren.[13] Da das monarchische Prinzip auf dem Gottesgnadentum beruhte, lag es nahe, von den mit der Ausübung der Herrschaft betrauten Bediensteten religiöse Identifikation zu verlangen und sie aus diesem Grund zu bevorzugen bzw. zu benachteiligen.[14] § 146 der Paulskirchenverfassung untersagte rechtliche Exklusionen und Beschränkungen aus religiösen Gründen. Art. 136 Abs. 2 WRV baute hierauf auf, indem er ausdrücklich auch verbot, die Zulassung zu den öffentlichen Ämtern vom religiösen Bekenntnis abhängig zu machen. Über Art. 140 ist Art. 136 Abs. 2 WRV weiterhin in Geltung, sein Inhalt überschneidet sich mit Art. 33 Abs. 3.

8 Anders als **Art. 33 Abs. 4,** für den es kein historisches Vorbild gibt,[15] knüpft **Art. 33 Abs. 5** an das PrALR, an Landesgesetze, speziell aber an Art. 129 und Art. 130 WRV an. Das PrALR verlangte von den Dienern des Staates besondere Treue und Gehorsam.[16] In der Bayerischen Hauptlandespragmatik fanden sich ua Regelungen zur Versorgung und Besoldung.[17] Die WRV schließlich normierte erstmals auf Verfassungsebene eine Reihe von Prinzipien, die bis heute das Beamtenrecht prägen, zB das Lebenszeitprinzip, Ausprägungen der Fürsorgepflicht des Dienstherrn (Ruhegehalt, Hinterbliebenenversorgung), die Formenstrenge, den Gesetzesvorbehalt und die Pflicht,

[9] *Brosius-Gersdorf* in Dreier Rn. 2, die auf das im Teil II Titel 9 § 35 PrALR vorgesehene Privileg verweist; sa *Reinhard,* Geschichte der Staatsgewalt, 1999, 184 f.

[10] Zum Ämterkauf *Reinhard,* Geschichte der Staatsgewalt, 1999, 189 ff.

[11] *Heckel* JZ 2005, 961 (969 f.); allg. *Dreier* JZ 2002, 1 (6 ff.).

[12] *Reinhard,* Geschichte der Staatsgewalt, 1999, 276 f., 279 f.

[13] *Dreier* JZ 2002, 1 (7 f.), landesherrliches Kirchenregiment; sa *Smend,* Protestantismus und Demokratie, in Staatsrechtliche Abhandlungen, 4. Aufl. 2010, 297.

[14] *Dreier* JZ 2002, 1 (10), Glaube als „Auslese und Kontrollkriterium"; *Reinhard,* Geschichte der Staatsgewalt, 1999, 268 f.; *Hense* in BeckOK GG Rn. 25, „Verhinderung konfessioneller Patronage".

[15] *Brosius-Gersdorf* in Dreier Rn. 4; zur Bedeutung des Beamtentums für die moderne Staatlichkeit *Kimminich* in Leisner, Das Berufsbeamtentum im demokratischen Staat, 1975, 47; *Thiele,* Die Entwicklung des deutschen Berufsbeamtentums, 1981, 26 ff.; *Strauß,* Funktionsvorbehalt und Berufsbeamtentum, 2000, 25 ff.

[16] Teil II Titel 10 § 2, „Sie sind, außer den allgemeinen Unterthanenpflichten, dem Oberhaupte des Staats besondre Treue und Gehorsam schuldig."

[17] *Schmidt,* Beamtenrecht 2017, Rn. 12.

der Allgemeinheit, nicht einer Partei zu dienen. Die Regelungen sollten die Beamten sowohl vor politischer Abhängigkeit bewahren als auch die Wahrnehmung der staatlichen Funktionen sichern.[18]

Nachdem es bereits vor der sog. Machtergreifung im Januar 1933 zu massiven Einschüchterungen insbesondere durch die SA gekommen war, begannen die **Nationalsozialisten** unmittelbar danach, entgegen den Garantien der WRV, (tatsächliche oder vermeintliche) politische Gegner sowie Juden rechtswidrig aus ihren Ämtern zu drängen bzw. zu entfernen.[19] Grundlage hierfür war das zynisch betitelte G zur Wiederherstellung des Berufsbeamtentums v. 7.4.1933.[20] Ab 1937 standen die Beamten in einem persönlichen Dienst- und Treueverhältnis auch zum Führer. Sie mussten ihm die Treue schwören und jederzeit rückhaltlos für den nationalsozialistischen Staat eintreten.[21] Diese politische Belastung führte dazu, dass alle Beamtenverhältnisse am 8.5.1945 erloschen sind (→ Art. 131 Rn. 2).[22] **9**

Der Herrenchiemseeentwurf enthielt noch keine mit Art. 33 vergleichbare Norm, sondern nur in Art. 13 eine Vorläuferregelung zu Abs. 2. Erst in den Beratungen des **Parlamentarischen Rates** entstanden die Entwürfe zu den anderen Abs.[23] Zusammengeführt wurden sie Anfang Mai 1949. Hervorzuheben ist die Genese des Abs. 4.[24] Ziel der Vorschrift sollte sein, die Gesetzmäßigkeit und Funktionsfähigkeit der Verwaltung zu gewährleisten, indem bestimmte Aufgaben von möglichst loyalen fachlich qualifizierten Berufsbeamten wahrgenommen werden, nicht etwa durch Volksräte etc.[25] Der Fortbestand des Berufsbeamtentums war wegen der Vorbehalte, die viele Beamte gegenüber der Weimarer Republik gezeigt hatten,[26] und der politischen Belastung nach 1933 nicht unumstritten.[27] In der SBZ wurde das Berufsbeamtentum abgeschafft.[28] **10**

Art. 33 blieb unverändert, bis 2006 durch die Föderalismusreform I Art. 33 Abs. 5 um die Worte „und fortzuentwickeln" ergänzt wurde (→ Rn. 157).[29] Der Zusatz stützt Veränderungen im Beamtenrecht, wie zB Zuweisungen oder leistungsbezogene Zulagen.[30] Wesentlich bedeutsamer war jedoch die Neuordnung der Gesetzgebungskompetenzen (→ Rn. 131). **11**

II. Inhaltsübersicht

Die zu **Art. 33** zusammengefassten Regelungen sind nicht nur bezüglich ihrer Genese, sondern auch hinsichtlich ihres Inhalts, ihres Rechtscharakters **12**

[18] *Lecheler* FS 50 Jahre BVerfG Bd. II, 2001, 359 (361).

[19] Hierzu *Frotscher/Pieroth,* Verfassungsgeschichte, 2019 Rn. 673 f.; *Lecheler* FS 50 Jahre BVerfG Bd. II, 2001, 359 (361 f.).

[20] RGBl. I, 175.

[21] Deutsches Beamtengesetz vom 26.1.1937, RGBl. I, 39, ber. 186.

[22] BVerfGE 3, 58; BVerfGE 6, 132; BVerfGE 15, 105 (112).

[23] Ausf. zur Entstehungsgeschichte und den Beratungen *Brosius-Gersdorf* in Dreier Rn. 7 ff.; sa *Battis* in Sachs Rn. 1 ff.

[24] Hierzu *Hattenhauer* in Wiese, Geschichte des deutschen Beamtentums, 1993, 502 ff.; *Lehnguth* ZBR 1991, 266 (267 f.); *Grotkopp,* Beamtentum und Staatsformwechsel, 1992, 222 ff.

[25] *Brosius-Gersdorf* in Dreier Rn. 26 ff.; *Battis* in Sachs Rn. 5.

[26] S *Frotscher/Pieroth,* Verfassungsgeschichte, 2019, Rn. 580 ff.

[27] Zur Haltung der Siegermächte *Morsey* DÖV 1993, 1061.

[28] *Unverhau* ZBR 1987, 33.

[29] G zur Änderung des GG vom 28.8.2006, BGBl. I, 2034.

[30] *Schmidt* Beamtenrecht, 2017 Rn. 27.

und ihrer Bedeutung **heterogen.**[31] Ein Umstand, der das Verständnis und die Würdigung der Norm erschwert. Hierzu kommt, dass der Vorschrift kein einheitlicher Begriff des öffentlichen Dienstes zu Grunde liegt. Vielmehr ist sie durch einen doppelten Dualismus geprägt: Einerseits hebt sie auf die Funktion und den Status der Beschäftigten ab, andererseits auf den zivil- oder öffentlich-rechtlichen Charakter des Beschäftigungsverhältnisses.

13 Auf Grund der weitgehenden rechtlichen Einheitlichkeit der Bundesrepublik und durch die Systematik des GG ist **Art. 33 Abs. 1** (→ Rn. 31 ff.) ein in der Praxis nahezu **bedeutungsloses** spezielles Gleichheitsrecht. Die (staats-)bürgerliche Gleichheit in den Ländern ist durch Art. 3 iVm Art. 142 garantiert und wird durch das Homogenitätsgebot in Art. 28 Abs. 1 abgesichert.

14 Ganz anders verhält es sich mit der **speziellen Gleichheitsnorm** in **Art. 33 Abs. 2** (→ Rn. 43 ff.). Sie hat iVm den Beamtengesetzen und Tarifverträgen große praktische Bedeutung für Einstellungen, Beförderungen und Eingruppierungen. Außerdem steht die Vorschrift im Mittelpunkt jeder Diskussion über Bevorzugungen auf Grund bestimmter Merkmale wie Geschlecht, Behinderung oder Herkunft.

15 **Art. 33 Abs. 3** (→ Rn. 88 ff.) baut auf Abs. 1 und Abs. 2 auf. In einer religiös befriedeten bzw. desinteressierten Gesellschaft führte die Vorschrift ein Schattendasein, zumal Ungleichbehandlungen aus religiösen oder politischen Gründen auch durch Art. 3 Abs. 3 S. 1 untersagt sind. Sie erlangte jedoch wieder Aufmerksamkeit durch **Verbote** des religiös motivierten Tragens **von Kleidungsstücken.**[32] Weltanschauungen, die sich gegen die freiheitlich-demokratische Grundordnung richten, unterfallen der Norm nicht, weil der öffentliche Dienst Dienst an dieser Grundordnung ist.

16 Der Dualismus von Funktion und Status ist in **Art. 33 Abs. 4** (→ Rn. 95 ff.) angelegt. Welche hoheitsrechtlichen Befugnisse der Vorschrift unterfallen, ihre Ausübung also Personen mit Beamtenstatus vorbehalten sind **(„Funktionsvorbehalt"),** ist umstritten.[33] Gleiches gilt für die Frage, ob sie materielle Privatisierungen begrenzt oder die Entscheidung darüber der Norm vorausliegt.[34] In Zusammenschau mit Abs. 5 folgt jedoch aus dem Funktionsvorbehalt, dass der Beamtenstatus als Institution zum Schutz der (Rechts-)Staatlichkeit nicht abgeschafft werden darf.

17 Neben Abs. 2 ist **Art. 33 Abs. 5** (→ Rn. 114 ff.) besonders wichtig. Die Norm ist rechtspolitisch und wegen ihres Vergangenheitsbezugs inhaltlich umstritten. Sie schränkt den gesetzgeberischen Gestaltungsspielraum ein, weil die hergebrachten Grundsätze verbindliche Strukturprinzipien sind. Das **Berufsbeamtentum** ist eine **institutionelle Garantie,** seine Abschaffung daher untersagt. Insbesondere das BVerfG hat Art. 33 Abs. 5 zur *Magna Charta* des Beamtenrechts gemacht.[35] Das Berufsbeamtentum gilt ihm als funktionale und institutionelle Sicherung der freiheitlich-demokratischen Grundordnung der Bundesrepublik Deutschland.[36]

---

[31] *Hense* in BeckOK GG Einl.
[32] BVerfGE 138, 296 (347).
[33] *Schwarz* JZ 2019, 276 (282 ff.).
[34] *Brosius-Gersdorf* in Dreier Rn. 151.
[35] Die Bezeichnung als Magna Charta findet sich bei *Schmidt* ZBR 2018, 218, dort auf den ganzen Art. 33 bezogen; s bereits *v. Münch* ZBR 1981, 157, für Art. 33 Abs. 5.
[36] BVerfGE 119, 247 (260 f.); BVerfGE 39, 334 (349); sa *Nokiel* DÖD 2017, 57.

Art. 33 enthält Bezüge zur Bundesstaatlichkeit, zur Rechtsstaatlichkeit, zum Demokratieprinzip, zum republikanischen Prinzip und der Sache nach auch zum Sozialstaatsprinzip, weil zu den hergebrachten Grundsätzen des Berufsbeamtentums auch Fürsorge und Versorgung durch den Dienstherrn zählen. Krisen eines oder mehrerer **Staatsgrundsätze** sind daher zugleich Krisen des öffentlichen Dienstes und umgekehrt. 18

III. Überstaatliche Bezüge

Unionsrecht und **EMRK** beeinflussen seit langem das öffentliche Dienstrecht[37] der Bundesrepublik und ihrer Länder.[38] Die verfassungsrechtlichen Grundlagen sind hiervon nicht ausgenommen. Das Unionsrecht beansprucht grundsätzlich Anwendungsvorrang auch vor dem GG.[39] Die EMRK steht wegen Art. 59 Abs. 2 S. 1 im Rang eines einfachen Bundesgesetzes. An ihrer Bindungswirkung ändert dies jedoch nichts.[40] Die Grundfreiheiten im AEUV sind gegen Diskriminierungen und Beschränkungen gerichtet. Diskriminierungsverbote sind strukturell verwandt mit dem Ziellandprinzip (Gebot der Inländergleichbehandlung), Beschränkungsverbote hingegen mit dem Herkunftslandprinzip.[41] Die EMRK hingegen enthält Grundrechte. 19

Unionsrecht und EMRK kennzeichnet der fehlende Konnex zwischen **Funktion** und **Status.** Während Art. 33 Abs. 4 die Ausübung hoheitlicher Befugnisse grundsätzlich Personen vorbehält, die ihrem Status nach Beamte sind, machen sowohl das Unionsrecht als auch die EMRK die Zulässigkeit nationaler Sonderregelungen regelmäßig von der Funktion abhängig, die eine Person wahrnimmt.[42] Auf die Art des Beschäftigungsverhältnisses, öffentlich-rechtliches Dienst- und Treueverhältnis oder Arbeitsvertrag, kommt es nicht an. Entscheidend ist vielmehr, welche Funktionen so essentiell sind, dass sie nationale Vorbehalte erlauben.[43] Umgekehrt geben beide Rechtsquellen die rechtliche Ausgestaltung des Arbeitsverhältnisses nicht vor.[44] Art. 33 Abs. 4 ist daher unionsrechtskonform.[45] 20

Art. 41 GrCh schützt iVm Art. 51 Abs. 1 GrCh ein „Recht auf gute Verwaltung."[46] Die Europäische Union ist jedoch nicht zuständig für das Recht des öffentlichen Dienstes der Mitgliedstaaten (Prinzip der begrenzten Einzelermächtigung, Art. 5 Abs. 1, 2 EUV).[47] Die **Europäisierung** vollzieht sich – ähnlich wie im Fall der VwVfGe und der VwGO – über unmittelbar wirkendes Primärrecht, zB die Grundfreiheiten, und über sekundärrechtliche Normen, insbesondere solche mit Bezug zum Binnenmarkt bzw. allg. arbeits- 21

---

[37] Zum Begriff *Schmidt* ZBR 2018, 218.

[38] Allg. *Klaß,* Die Fortentwicklung des deutschen Beamtenrechts durch das europäische Recht, 2014, passim; *Wolff* ZBR 2014, 1; *Kämmerer* DV 37 (2004), 353; *Alber* ZBR 2002, 225.

[39] EuGH C-285/98, Slg. 2000, I-69, ECLI:EU:C:2000:2 Rn. 31 – Kreil.

[40] BVerfGE 111, 307 (317); *Walter* in Ehlers EuGR, 2015, § 1 Rn. 14; *Werres* DÖV 2011, 873 (874); anders *Daiber* DÖV 2018, 957 (960, 963), de facto Prüfungsmaßstab.

[41] *Haratsch/Koenig/Pechstein,* Europarecht, 2020, Rn. 854.

[42] EGMR Urt. v. 19.4.2007 – 63235/00, NJOZ 2008, 1188 (1195) – Eskelinen; dazu *Werres* DÖV 2011, 873 (875).

[43] EuGH C-270/13, ECLI:EU:C:2014:2185 Rn. 44; EuGH C-54/08, ECLI:EU:C:2011:339 Rn. 84 ff.

[44] *Badura* in Maunz/Dürig Rn. 75.

[45] *Schwarz* JZ 2019, 276 (280); *Summer* ZBR 1993, 97.

[46] EuGH C-277/11, ECLI:EU:C:2000:2 Rn. 81 ff. – M.; zum persönlichen Schutzbereich auch *Kadelbach* in Ehlers EuGR, 2015, § 26 Rn. 74.

[47] *Brosius-Gersdorf* in Dreier Rn. 49.

rechtliche Regelungen. Legislative, Exekutive und Judikative werden hierdurch nicht nur verpflichtet, sondern regelmäßig enthält das Unionsrecht subjektive Rechte, die der Einzelne einklagen kann.[48]

22 Die für Art. 33 wichtigste primärrechtliche Regelung ist die durch Art. 45 AEUV garantierte **Arbeitnehmerfreizügigkeit.** Arbeitnehmer ist, wer weisungsgebunden für eine gewisse Zeit Leistungen für einen anderen erbringt und hierfür eine Vergütung erhält.[49] Dies trifft auch auf Beamte zu.[50] Art. 45 Abs. 2 AEUV verbietet auf der Staatsangehörigkeit („Jeder Deutsche") beruhende unterschiedliche Behandlungen in Bezug auf Beschäftigung, Entlohnung und sonstige Arbeitsbedingungen, ist damit *lex specialis* zu Art. 18 Abs. 1 AEUV, der auf der Grundlage der Unionsbürgerschaft (Art. 20 Abs. 1 AEUV) ein allg. Diskriminierungsverbot statuiert. § 7 Abs. 1 Nr. 1 lit a) BeamtStG und § 7 Abs. 1 Nr. 1 lit a) BBG tragen diesem Verbot für die Berufung in das Beamtenverhältnis Rechnung.[51]

23 Die auf das Verfassungsrecht durchschlagende Wirkung beruht auf der engen Auslegung des Art. 45 Abs. 4 AEUV, wonach der Artikel keine Anwendung findet auf die Beschäftigung in der **öffentlichen Verwaltung.** Der EuGH versteht in stRspr unter öffentlicher Verwaltung nur Tätigkeiten, „die eine unmittelbare oder mittelbare Teilnahme an der Ausübung hoheitlicher Befugnisse und an der Wahrnehmung solcher Aufgaben mit sich bringen, die auf die Wahrung der allgemeinen Belange des Staates oder anderer öffentlicher Körperschaften gerichtet sind und die deshalb ein Verhältnis besonderer Verbundenheit des jeweiligen Stelleninhabers zum Staat sowie die Gegenseitigkeit von Rechten und Pflichten voraussetzen, die dem Staatsangehörigkeitsband zugrunde liegen."[52] Hierunter fallen der diplomatische Dienst, Finanz- und Zollverwaltung, Polizei und Armee, die Rechtsprechung, Nachrichtendienste sowie Leitungspositionen in Bundes- und Landesbehörden, nicht jedoch zB Lehrer und Hochschullehrer.[53] Sie fallen daher trotz Verbeamtung unter Art. 45 AEUV.[54]

24 Art. 45 AEUV schützt in **Zuzugsfällen** nicht nur vor offenen Diskriminierungen, sondern erfasst auch versteckte (mittelbare, indirekte), etwa durch die Nichtanerkennung von Dienstzeiten, die nicht im Zielland erworben wurden.[55] Zudem schützt die Arbeitnehmerfreizügigkeit vor Beschränkungen des **Wegzugs.** Sie steht Regelungen entgegen, nach denen Beamte, die wunschgemäß aus dem Beamtenverhältnis ausscheiden, um in einem anderen Mitgliedstaat zu arbeiten, ihre Ansprüche auf Ruhegehalt aus der Beamtenversorgung verlieren und gesetzlich nachversichert werden, wobei die daraus folgenden Altersrentenansprüche niedriger als die Ruhegehaltsansprüche sind.[56]

---

48 EuGH C-46/93, ECLI:EU:C:1996:79, Slg. 1996, I-1028 Rn. 20; so bereits EuGH 26/62, Slg. 1963, S. 25.

49 EuGH C-270/13, ECLI:EU:C:2014:2185 Rn. 28 – Haralambidis.

50 *Brosius-Gersdorf* in Dreier Rn. 49.

51 Beachte aber § 7 Abs. 2 BeamtStG und § 7 Abs. 2 BBG.

52 EuGH 66/85, ECLI:EU:C:1986:284, Slg. 1986, 2121 Rn. 26 f.; dazu eing. *Lecheler,* Die Interpretation des Art. 48 IV EWGV und ihre Konsequenzen für die Beschäftigung im (nationalen) öffentlichen Dienst, 1990; *Everling* DVBl. 1990, 225; *Ziekow* DÖD 1991, 11; *Schotten,* Die Auswirkungen des Europäischen Gemeinschaftsrechts, 1994, 72; *Strauß,* Funktionsvorbehalt und Berufsbeamtentum, 2000, 167; *Hailbronner* VBlBW 2000, 129.

53 EuGH 66/85, ECLI:EU:C:1986:284, Slg. 1986, 2121 Rn. 26 f.

54 *Badura* in Maunz/Dürig Rn. 75; *Schwarz* NVwZ 2019, 10 (13).

55 EuGH C-703/17, ECLI:EU:C:2019:850, Rn. 52.

56 EuGH C-187/15, ECLI:EU:C:2016:550 Rn. 40 – Pöpperl; dazu *Bokeloh* DÖV 2017, 378 ff.; *Titze,* LKV 2016, 498 ff.

Daneben beeinflussen auf der Grundlage der Art. 19 AEUV und Art. 157 AEUV erlassene **Sekundärrechtsakte** das öffentliche Dienstrecht stark.[57] Das gilt vor allem für die Gleichbehandlungsrahmenrichtlinie,[58] die ua auf das Alter abstellt, sowie die Gleichbehandlungsrichtlinie.[59] **Art. 21 Abs. 1 GrCh** verbietet ebenfalls Diskriminierungen ua wegen des Geschlechts oder wegen des Alters, gilt für die Mitgliedstaaten gem. Art. 51 Abs. 1 S. 1 GrCh aber ausschließlich bei der Durchführung des Rechts der Union. Ob und unter welchen Bedingungen hierunter Richtlinien gem. Art. 288 Abs. 3 AEUV fallen, ist umstritten.[60] Wenn das Verbot der Diskriminierung wegen des Alters ein allgemeiner Grundsatz des Unionsrechts gem. Art. 6 Abs. 3 EUV ist,[61] sind diesbezügliche Ungleichbehandlungen eine Durchführung iSv Art. 51 Abs. 1 S. 1 GrCh. 25

Höchstaltersgrenzen, deren Erreichen zum Eintritt in den **Ruhestand** führen, sind mit dem Ziel zulässig, eine ausgewogene Altersstruktur herzustellen, die Einstellung von jungen Bewerbern zu fördern bzw. Beförderungen zu ermöglichen und die Leistungsfähigkeit der Verwaltung zu erhalten. Die Regelungen müssen jedoch verhältnismäßig sein.[62] Unionsrechtskonform sind auch Höchstaltersgrenzen im Beamtenrecht bezüglich der **Einstellung,**[63] der Übernahme und des Laufbahnaufstiegs. Die Zeit im aktiven Dienst und im Ruhestand soll hinsichtlich der Arbeitsleistung und der Versorgungspflicht ausgewogen sein.[64] Auch mit einer Tätigkeit einhergehende körperliche Anforderungen können Altersgrenzen rechtfertigen.[65] Mit dem Unionsrecht unvereinbar sind hingegen Gehalts- bzw. Vergütungsstufen, die an das **Lebensalter** anknüpfen,[66] weil jüngere Beschäftigte hierdurch gegenüber älteren diskriminiert werden. Die Berufserfahrung zu berücksichtigen ist hingegen keine mittelbare Diskriminierung, sondern ein sachlicher Grund für bessere **Bezahlung.** Im Ausland erworbene Erfahrungen sind bei vergleichbarer Tätigkeit und Qualifikation anzuerkennen. 26

Das Unionsrecht verbietet trotz Art. 3 Abs. 3 UAbs. 2 EUV und Art. 157 Abs. 4 AEUV nationale Vorgaben, nach denen Stellen bei gleicher Qualifikation zwingend zu Gunsten des unterrepräsentierten Geschlechts erfolgen müssen (starre Quoten),[67] erlaubt jedoch Regelungen mit Öffnungsklauseln, 27

---

[57] Ausf. *Brosius-Gersdorf* in Dreier Rn. 49.

[58] RL 2000/78/EG des Rates vom 27.11.2008 zur Festlegung eines allgemeinen Rahmens für die Verwirklichung der Gleichbehandlung in Beschäftigung und Beruf, ABl. 2000 L 303, 16.

[59] RL 2006/54/EG des Europäischen Parlamentes und des Rates zur Verwirklichung des Grundsatzes der Chancengleichheit und Gleichbehandlung von Männern und Frauen in Arbeits- und Beschäftigungsfragen, ABl. 2006 L 204, 23.

[60] EuGH C-617/10, ECLI:EU:C:2013:280 Rn. 16 ff. – Åkerberg Fransson; BVerfGE 133, 277 (315 f.); für eine grundsätzliche Nichtanwendbarkeit auf das Beamtenrecht *Wolff* ZBR 2014, 1 (2); zu Alimentationsregelungen BVerwG Urt. v. 9.4.2013, 2 C 5/12 Rn. 16, juris.

[61] Hierfür EuGH C-144/04, Slg. 2005, I-9981, ECLI:EU:C:2005:709 Rn. 75 – Mangold.

[62] *Wolff* ZBR 2014, 1 (4); EuGH C-286/12, ECLI:EU:C:2012:687 Rn. 62 f. – Kommission / Ungarn; EuGH C-447/09, Slg. 2011, I-8003, ECLI:EU:C:2011:573 Rn. 81 – Prigge.

[63] BVerwG NVwZ 2019, 568 Rn. 45 ff.; BVerwGE 156, 180 (186 f.).

[64] *Wolff* ZBR 2014, 1 (4); *Kawik* ZBR 2016, 404 (410).

[65] *Kühling/Bertelsmann* NVwZ 2010, 87 (93).

[66] EuGH verb. Rs. C-297/10 und C-298/10, Slg. 2011, I-7965, ECLI:EU:C:2011:560 Rn. 78 – Hennigs und Mai; EuGH C-501/12 ua, ECLI:EU:C:2014:2005 – Specht; hierzu *Wonka* NVwZ 2015, 79.

[67] EuGH C-450/93, Slg. 1995, I-3069, ECLI:EU:C:1995:322 Rn. 16 – Kalanke; hierzu *Holznagel/Schlüter* Jura 1996, 519; *Wichmann/Langer,* Öffentliches Dienstrecht, 2017, Rn. 122.

dh, die bei gleicher Eignung, Befähigung und fachlicher Leistung das **Geschlecht** einzelfallbezogen als ein weiteres ausschlaggebendes Kriterium vorsehen.[68] Aus der Unzulässigkeit starrer Quoten folgt, dass erst recht Ausschreibungen, die an ein bestimmtes Geschlecht gebunden sind, eine unionsrechtswidrige Diskriminierung darstellen. Aus Gründen des effet utile gilt dies auch für versteckte/mittelbare Diskriminierungen, die zB durch Anreizprogramme entstehen können.[69]

28 Auf Grund der Stellung in der Rechtsquellenhierarchie und der Spielräume der nationalen Gesetzgeber ist der **Einfluss** der **EMRK** auf das öffentliche Dienstrecht umstrittener als der des Unionsrechts. Dies gilt zunächst für die Frage, ob ein Engagement für Parteien, die die freiheitlich demokratische Grundordnung ablehnen, mit einer Beschäftigung im öffentlichen Dienst unvereinbar ist. Während für deutsche Gerichte bereits die Mitgliedschaft gegen die notwendige **Verfassungstreue** verstieß (→ Rn. 71 ff., 135), sah der EGMR hierin keinen ausreichenden Entlassungsgrund, sondern einen Verstoß gegen die durch Art. 10 EMRK geschützte Meinungsfreiheit.[70] Diese Rspr. ist von Behörden und Gerichten im Rahmen methodisch vertretbarer Gesetzesauslegung zu berücksichtigen, nicht jedoch schematisch zu vollstrecken.[71] Das Urteil wird zudem dadurch relativiert, dass die Entlassung von Beamten, die zuvor Mitglied der SED waren, vom EGMR nicht beanstandet wurde.[72]

29 Konfliktpotential mit dem GG ergibt sich auch aus dem durch Art. 11 Abs. 1 EMRK geschützten **Streikrecht.**[73] Beamtenstreiks gelten seit jeher als unvereinbar mit Art. 33 Abs. 5. Der EGMR hat jedoch in Entscheidungen, die Fälle aus der Türkei betrafen, generelle Streikverbote für Beamte als konventionswidrig angesehen.[74] Das BVerfG hat als Reaktion darauf – überzeugend – in Disziplinarmaßnahmen als Folge von Verstößen gegen das Streikverbot weder einen Verstoß gegen Art. 9 Abs. 3 noch gegen Art. 11 Abs. 1 EMRK gesehen (→ Rn. 137). Hintergrund der divergierenden Rechtsprechung ist vor allem die Frage, ob das Streikverbot von der Funktion oder vom Status abhängt und ob die Rechtslage in der Türkei mit der in Deutschland vergleichbar ist.

30 Umgekehrt deutlich einsichtiger als die Position des BVerfG (→ Rn. 81) ist die Rechtsprechung des EGMR zum **Kopftuchverbot** für eine Lehrerin einer schweizerischen Grundschule. Ein solches Verbot greift nach Auffassung des Gerichtshofs zwar in die durch Art. 9 Abs. 1 EMRK geschützte Religionsfreiheit ein. Das Verbot sei aber zum Schutz der Kinder und der Geschlechtergleichheit verhältnismäßig, weil das Kopftuch ein sichtbares starkes Zeichen der Religionsausübung sei.[75]

---

[68] EuGH C-409/95, Slg. 1997, I-6363, ECLI:EU:C:1997:533 Rn. 33 – Marschall; hierzu *Starck* JZ 1998, 140; krit. *Laubinger* VerwArch. 87 (1996), 305, 473.

[69] Dass es zu derartigen Diskriminierungen kommt, belegt der Fall Aschenbrenner, s http://www.spiegel.de/lebenundlernen/job/verdacht-der-diskriminierung-frauen-an-der-hu-berlin-bevorzugt-a-972145.html (zuletzt aufgerufen am 25.8.2020).

[70] EGMR Urt. v. 26.9.1995 – 17851/91, NJW 1996, 375 (377), – Vogt; hierzu *Häde/Jachmann* ZBR 1997, 8; sa EGMR Urt. v. 21.7.2011 – 28274/08, NZA 2011, 1269 (1271) – Heinisch; hierzu und zu weiteren Entscheidungen *Werres* DÖV 2011, 873 (877 ff.).

[71] BVerfGE 111, 307 (323 f., 329.).

[72] *Wolff* ZBR 2014, 1 (6), unter Verweis auf EGMR Entsch. v. 22.11.2011 – 39799/98, NJW 2002, 3087.

[73] *Schwarz* JZ 2019, 276 (280); *Traulsen* JZ 2013, 65.

[74] EGMR Urt. v. 12.11.2008 – 34503/97, NZA 2010, 1425 – Demir und Baykara; EGMR Urt. v. 21.4.2009 – 68959/01, NZA 2010, 1423 – Enerji Yapi-Yol Sen.

[75] EGMR Entsch. v. 15.2.2001 – 42393/98, NJW 2001, 2871 – Dahlab; *Werres* DÖV 2011, 873 (877).

B. Einzelfragen

I. Gleiche staatsbürgerliche Rechte und Pflichten (Art. 33 Abs. 1)

1. Rechtscharakter, Bedeutung, Abgrenzung. Art. 33 Abs. 1 enthält ein **innerföderales Gleichheitsrecht,**[76] das als grundrechtsgleiches Recht mit der Verfassungsbeschwerde geltend gemacht werden kann, aber weitgehend bedeutungslos ist.[77] Grund hierfür ist erstens, dass die Bundesrepublik ein vollintegrierter unitarischer Bundesstaat ist, die Vorschrift jedoch, wie ihre Genese belegt (→ Rn. 5), auf teilintegrierte föderale Gemeinwesen zugeschnitten ist. Diskriminierungen aus Gründen der Staatsangehörigkeit sind typisch für Staaten(ver)bünde, wie ein Vergleich mit der Europäischen Union belegt (→ Rn. 21 ff.). Derartige offene Diskriminierungen sind in der Bundesrepublik mangels unterschiedlicher **Staatsangehörigkeiten** nicht möglich. Neben das Art. 116 Abs. 1 konkretisierende Staatsangehörigkeitsrecht des Bundes ist bisher kein Landesangehörigkeitsrecht getreten,[78] obwohl seit der Aufhebung des Art. 74 Abs. 1 Nr. 8 der Bund die Länder nicht mehr an der Einführung hindern könnte. Die staats(angehörigkeits)rechtlichen Rahmenbedingungen lassen Art. 33 Abs. 1 insoweit ins Leere laufen. 31

Die Vorschrift ist keine „Reserve-Norm,[79] weil Diskriminierungen zB wegen des Geburtsortes, des **Wohnsitzes,** der Wohnsitzdauer, der Abstammung von Landesangehörigen oder des Ortes des **(Hoch-)Schulabschlusses** möglich bleiben. Die deutsche Staatsangehörigkeit schließt dies nicht aus.[80] Hierfür bedarf es Differenzierungsverbote, die an die „materielle Landeszugehörigkeit" anknüpfen.[81] Damit ist der zweite Grund für die praktische Bedeutungslosigkeit angesprochen: die **mangelnde Spezialität** gegenüber Art. 3 Abs. 3 S. 1, Art. 33 Abs. 2 und Art. 3 Abs. 1 iVm Freiheitsgrundrechten (Art. 11 Abs. 1, Art. 12 Abs. 1).[82] Art. 3 Abs. 3 S. 1 verbietet ebenfalls Benachteiligungen und Bevorzugungen aus Gründen der Heimat, der Herkunft und der Abstammung. Auch Art. 33 Abs. 2 ist diskriminierungsfeindlich, weil er Hilfskriterien nur ausnahmsweise zulässt (→ Rn. 83 ff.). Gleiches gilt für Art. 12 Abs. 1 iVm Art. 3 Abs. 1 in Bezug auf Studienplätze. Sie sind grundsätzlich nach Eignung zu vergeben.[83] 32

2. Jeder Deutsche hat in jedem Lande. Auf Art. 33 Abs. 1 können sich alle Personen berufen, die die **deutsche Staatsangehörigkeit** haben.[84] Aus- 33

[76] *Hufen,* Staatsrecht II, 2020 § 40 Rn. 12; *Pieper* in SHH Rn. 3.

[77] *Battis* in Sachs Rn. 16; *Hense* in BeckOK GG Rn. 1.

[78] *Grawert* in HdbStR II § 16 Rn. 48; Art. 6 bis 8 BayVerf. haben mangels Umsetzung des Gesetzgebungsauftrags in Art. 6 Abs. 3 Bay. Verf. bisher keine Bedeutung erlangt.

[79] *Brosius-Gersdorf* in Dreier Rn. 66; aA *Höfling* in BK Rn. 36.

[80] *Bethge* AöR 110 (1985), 169 (210 f.); *Sachs* ZBR 1994, 133 (141) „Absage an Unterschiede, die an dauerhafte personale Bindungen der Menschen an ein bestimmtes Land anknüpfen"; für einen Erst-Recht-Schluss *Jarass* in Jarass/Pieroth Rn. 2.

[81] *Jachmann-Michel/Kaiser* in MKS Rn. 6; *Brosius-Gersdorf* in Dreier Rn. 65; *Hense* in BeckOK GG Rn. 2.

[82] Für eine parallele Anwendung im Verhältnis zu speziellen Gleichheitsrechten *Jarass* in Jarass/Pieroth Rn. 1; *Jachmann-Michel/Kaiser* in MKS Rn. 3; für eine Spezialität des Art. 33 Abs. 1 zu Art. 3 Abs. 1 S. 1 *Brosius-Gersdorf* in Dreier Rn. 68.

[83] BVerfGE 147, 253 (308).

[84] Zum Begriff und der Rechtsstellung der Deutschen *Grawert* in HdbStR II § 16 Rn. 35 ff.

länder und Staatenlose gehören nicht zum deutschen Volk.[85] Gleiches gilt für Unionsbürger aus anderen Mitgliedstaaten. Sie sind aber primär- (Art. 18 Abs. 1 AEUV, Art. 21 Abs. 2 GrCh) und sekundärrechtlich (→ Rn. 25) vor Diskriminierungen aus Gründen der Staatsangehörigkeit geschützt, dürfen somit nicht schlechter gestellt sein,[86] was für eine Anwendungserweiterung der Vorschrift spricht. Zudem können sie sich auf die durch die Unionsbürgerschaft gem. Art. 20 AEUV und die in Art. 39 ff. GrCh garantierten Bürgerrechte berufen. Inländische juristische Personen sind unter den Voraussetzungen des Art. 19 Abs. 3 geschützt. Gleiches gilt für juristische Personen aus Mitgliedstaaten der EU.[87]

34 **Adressat** des in Art. 33 Abs. 1 verankerten Erstreckungsgebots[88] sind alle deutschen Länder. Die Vorschrift bindet die Legislative, Judikative und Exekutive einschließlich der Selbstverwaltungsträger. Sie setzt das Bestehen staatsbürgerlicher Rechte und Pflichten voraus, gewährt jedoch keine Ansprüche auf staatsbürgerliche Rechte.[89] Art. 3 Abs. 1 schützt nicht vor unterschiedlichen Regelungen der Landesgesetzgeber innerhalb ihrer Kompetenzbereiche.[90] So verstoßen unterschiedliche Altersgrenzen für die Wahlberechtigung oder die Wählbarkeit nicht gegen Art. 33 Abs. 1.

35 Ungleichbehandlungen sind rechtfertigungsbedürftig, wenn der Lebenssachverhalt grenzüberschreitend ist.[91] Die Landesgesetzgeber dürfen dann grundsätzlich genauso wenig nach materieller Landeszugehörigkeit differenzieren wie die das Recht anwendenden Behörden und Gerichte. Ein solcher Lebenssachverhalt wäre zB die Nichtanerkennung landesfremder Schulabschlüsse. Hierdurch käme es zu Eingriffen in Art. 11 Abs. 1 und Art. 12 Abs. 1,[92] obwohl die Länder für das Schulwesen zuständig sind. Ob die Nichtanerkennung auch an Art. 33 Abs. 1 zu messen und unter welchen Bedingungen eine Ungleichbehandlung mangels Gleichwertigkeit der Abschlüsse gerechtfertigt wäre, ist nicht zuletzt wegen des ausgeprägten Kooperationsföderalismus offen. Die Beschlüsse der Kultusministerkonferenz sorgen für eine Harmonisierung, die eine Anwendung des Herkunftslandprinzips erlaubt.

36 **3. Die gleichen staatsbürgerlichen Rechte und Pflichten.** Die Vorschrift gilt für öffentlich-rechtliche und privatrechtliche **Rechtsbeziehungen** zwischen Staat und Bürger.[93] Der Wortlautvergleich mit Art. 33 Abs. 3 S. 1 steht dem nicht entgegen, weil Art. 1 Abs. 3 eine umfassende Grundrechtsbindung des Staates normiert.[94] Ob Art. 33 Abs. 1 alle öffentlich-rechtlichen Rechtsbeziehungen erfasst oder nur solche, die verfassungsrechtlicher oder politischer Natur sind, ist eine Auslegungsfrage.[95] Der Vergleich mit

---

[85] *Battis* in Sachs Rn. 14; zum Zusammenhang zwischen Staatsangehörigkeit und Volksbegriff BVerfGE 83, 37 (51); 83, 60 (71).

[86] *Brosius-Gersdorf* in Dreier Rn. 56; *Lecheler* in BerlKomm Rn. 11; *Höfling* in BK Rn. 53.

[87] BVerfGE 129, 78 (99 f.).

[88] *Battis* in Sachs Rn. 15.

[89] BVerfGE 13, 54 (91); *Bethge* AöR 110 (1985), 169 (211); *Pieper* in SHH Rn. 5.

[90] BVerfGE 134, 1 (21); BVerfGE 33, 303 (352); *Jarass* in Jarass/Pieroth Rn. 5.

[91] BVerfGE 134, 1 (21 f.).

[92] S BVerwGE 64, 142 (143), dort zu § 122 BRRG aF.

[93] *Brosius-Gersdorf* in Dreier Rn. 62; *Höfling* in BK Rn. 29; aA *Jarass* in Jarass/Pieroth Rn. 2; *Jachmann-Michel/Kaiser* in MKS Rn. 5; *Pieper* in SHH Rn. 6; *Battis* in Sachs Rn. 15; *Hense* in BeckOK GG Rn. 4.

[94] *Hesse,* Grundzüge des Verfassungsrechts der Bundesrepublik Deutschland, 1995, Rn. 347 f.; BVerfGE 128, 226 (244).

[95] Für ein weites Verständnis *Löwer* WissR 25 (1992), 17 (41); *Jachmann-Michel/Kaiser* in MKS Rn. 5; *Höfling* in BK Rn. 27.

Art. 110 Abs. 2 WRV, der den Begriff „staatsbürgerlich" nicht enthielt, ließe sich für ein engeres Verständnis anführen. Aus der Genese ist aber nicht ersichtlich, dass der Parlamentarische Rat dies beabsichtigte.[96]

Die Systematik des GG spricht gegen eine enge, auf den *status activus* beschränkte Interpretation. Zum einen wäre damit wenig gewonnen, weil der *status activus* kein klar umrissenes Bündel subjektiver Rechte ist.[97] Zum anderen würden Schutzlücken drohen. Historisch und ihrem Sinn nach zielt die Vorschrift auf das Verbot von Diskriminierungen jeglicher Art und den Schutz der innerföderalen Freizügigkeit. Art. 33 Abs. 1 ist daher **weit zu verstehen.**[98] Der Begriff „staatsbürgerlich" ist überflüssig. Art. 33 Abs. 1 ist nicht anders auszulegen als Art. 110 Abs. 2 WRV, dessen Ziel die Rechtsgleichheit und Rechtsanwendungsgleichheit in allen Ländern des Reichs war. **37**

Die Staatsrechtswissenschaft hat sich für Art. 33 Abs. 1 wenig interessiert,[99] obwohl ***„malus"*-Regelungen** oder an den Ort des Schulabschlusses (dh des Vorbildungsnachweises) und den Wohnsitz anknüpfende **Landeskinderklauseln** hierfür möglicherweise Anlass geboten hätten. Dies haben indessen die Heranziehung des allgemeinen Gleichheitssatzes iVm der Teilhabedimension des Art. 12 Abs. 1 als speziellerer Prüfungsmaßstab verhindert (→ Rn. 32). Das durch Art. 12 Abs. 1 geschützte Recht auf freie Wahl der Ausbildungsstätte gestattet Bevorzugungen zwar nur in engen Grenzen. *Numerus clausus*-Fälle können aber ohne Rückgriff auf Art. 33 Abs. 1 gelöst werden.[100] **38**

Unter welchen Voraussetzungen **Ungleichbehandlungen** zulässig sind, ist ungeklärt, weil der kooperative Föderalismus auf Gleichwertigkeit zielt (→ Rn. 31) und weil auch die (Verfassungs-)Gerichte, wie die Rechtsprechung zu den Landeskinderklauseln im Hochschul-[101] und im Schulrecht[102] belegt, Art. 33 Abs. 1 nicht anwenden. Aus diesem Grund ist auch unsicher, ob nur verfassungsimmanente Schranken Ungleichbehandlungen **rechtfertigen** können oder jeder vernünftige am Gemeinwohl orientierte Zweck.[103] Unabhängig davon ergibt sich das Erfordernis einer gesetzlichen Grundlage für Ungleichbehandlungen aus der allgemeinen Grundrechtsdogmatik. **39**

Wohnsitzregelungen in der **Wahlgesetzgebung** sind in einem Bundesstaat sachgerecht und systembedingt.[104] Die Berechtigung zur Teilnahme an Landtags- und Kommunalwahlen muss wegen Art. 28 Abs. 1 S. 2 an ein Merkmal materieller Landeszugehörigkeit anknüpfen dürfen.[105] Einzig die Zeitspanne zwischen Wohnsitznahme (Anmeldung) und Wahlberechtigung bzw. Wählbarkeit darf nicht unangemessen lang sein, dies würde dem Normzweck widersprechen.[106] Kritisch zu beurteilen sind Wohnsitzregelungen jedoch insoweit, als sie mittelbar die Wählbarkeit zu Richtern an Landesverfassungs- **40**

---

[96] *Brosius-Gersdorf* in Dreier Rn. 61.

[97] Hierzu *Hufen,* Staatsrecht II, 2020, § 5 Rn. 11 ff.

[98] *Pieper* in SHH Rn. 6.

[99] *Löwer* WissR 25 (1992), 17 (41); *Bethge* AöR 110 (1985), 169 (209).

[100] BVerfGE 147, 253 (307); BVerfGE 37, 104 (113); BVerfGE 33, 303 (352); sa *Bethge* AöR 110 (1985), 169 (209).

[101] BVerfGE 134, 1 (19 ff.).

[102] BVerfGE 112, 74 (86 ff.); *Brosius-Gersdorf* in Dreier Rn. 71 f, sieht keinen Verstoß gegen Art. 33 Abs. 1.

[103] *Brosius-Gersdorf* in Dreier Rn. 69; für eine Beschränkung auf das Verfassungsrecht wohl *Pieper* in SHH, Rn. 10; *Hense* in BeckOK GG, Rn. 6.

[104] Allg. *Höfling* in BK Rn. 39; *Pieper* in SHH Rn. 12.

[105] *Jachmann-Michel/Kaiser* in MKS Rn. 9.

[106] *Brosius-Gersdorf* in Dreier Rn. 68.

gerichten einschränken (wie zB in Rheinland-Pfalz, s. § 4 Abs. 1 VGHG iVm § 2 Abs. 1 Nr. 2 und § 32 Abs. 1 LWahlG). Zu rechtfertigen ist dies nur vor dem Hintergrund, dass Landesverfassungsgerichte wie Landtage Verfassungsorgane sind und ebenfalls nur mit Personen besetzt sein sollen, die eine materielle Zugehörigkeit zum Land aufweisen.[107]

41 Wohnsitz- bzw. belegenheitsbedingte unterschiedliche Belastungen durch **örtliche Verbrauch- und Aufwandsteuern** verstoßen nicht gegen Art. 33 Abs. 1. Art. 105 Abs. 2 gibt den Ländern hierfür die Gesetzgebungskompetenz. Unterschiedliche Steuern und Steuersätze sind im Rahmen der bundesstaatlichen Kompetenzordnung geradezu gewollt. Einen Wohnsitz bzw. die Ansässigkeit zur Voraussetzung für **wirtschaftliche Fördermaßnahmen** zu machen, ist ebenfalls mit Art. 33 Abs. 1 vereinbar.[108] Für den föderalen Wettbewerb gilt insoweit nichts anderes als für den kommunalen.

42 Umstritten ist, ob Regelungen, die Landesfremde verpflichten, vor parlamentarischen **Untersuchungssauschüssen** zu erscheinen, Art. 33 Abs. 1 unterfallen. Hierfür wird angeführt, Landesfremde würden nicht anders behandelt als Landesangehörige (gleiche Pflichten).[109] Voraussetzung für gleiche Pflichten ist aber die Kompetenz für ihre Anordnung. Hieran fehlt es. Die Gesetzgebungskompetenz eines Landes ist auf sein Gebiet begrenzt. Art. 33 Abs. 1 begründet keine Pflichten, sondern setzt sie voraus (→ Rn. 34).[110] Regelungen, die den **Zugang** zu den **Gerichten** eines Landes vom Wohnsitz abhängig machen wollten, würden hingegen (auch) gegen Art. 33 Abs. 1 verstoßen.[111] Die Rechtsschutzgarantie ist ein staatsbürgerliches Recht.

II. Gleicher Ämterzugang (Art. 33 Abs. 2)

43 **1. Rechtscharakter, Bedeutung, Abgrenzung.** Auch Art. 33 Abs. 2 enthält ein spezielles **Gleichheitsrecht,** das als vorbehaltslos gewährleistetes grundrechtsgleiches Recht mit der Verfassungsbeschwerde geltend gemacht werden kann.[112] Die Norm ergänzt und konturiert die durch Art. 12 Abs. 1 geschützte Berufsfreiheit.[113] Der gleiche Zugang zu öffentlichen Ämtern steht unter den Voraussetzungen der amtsbezogenen Eignung, Befähigung und fachlichen Leistung. Diese Trias, die das **Leistungsprinzip** mit dem Ziel der **Bestenauslese**[114] für Einstellungen einschließlich der erstmaligen Ernennung, Beförderungen und Eingruppierungen konkretisiert, soll die Personalauswahl im öffentlichen Dienst prägen und wirft immer wieder die Frage auf, ob weitere Kriterien, zB das Geschlecht oder die Herkunft, herangezogen

[107] Zum Wohnsitz als unzulässiges Kriterium für die Einstellung in den öffentlichen Dienst eines Landes *Brosius-Gersdorf* in Dreier Rn. 70; BVerwGE 68, 109 (111 ff.); BVerwGE 75, 133 (136), dort jeweils Art. 33 Abs. 2 als *lex specialis* zu Art. 33 Abs. 1.

[108] *Battis* in Sachs Rn. 18.

[109] BVerwGE 79, 339; zuvor VG Hannover NJW 1988, 1928; sa BVerfG NVwZ 1994, 54 (55); *Schenke* JZ 1988, 1125.

[110] *Isensee* in HdbStR VI § 126 Rn. 39; OVG Lüneburg DVBl. 1986, 476, dem zust. *Schröder* ZParl 17 (1986), 367 (378).

[111] Vgl. im Blick auf Art. 120 BayVerf. BayVerfGHE 9, 21 (23); schon zuvor für die Verf. Bayerns v. 1919 angesichts Art. 110 Abs. 2 WRV *Nawiasky,* Bayerisches Verfassungsrecht, 1923, 250; sa BayVerfGHE 35, 123 (124).

[112] Ähnl. *Pieper* in SHH Rn. 17; *Wichmann/Langer,* Öffentliches Dienstrecht, 2017, Rn. 17.

[113] BVerfGE 139, 19 (49).

[114] BVerfGE 56, 146 (163); BVerwGE 86, 244 (249); *Kümper* DÖV 2017, 414; *Neuhäuser* NVwZ 2013, 176.

werden dürfen.[115] Das Leistungsprinzip, das ein hergebrachter Grundsatz des Berufsbeamtentums ist[116] und der Sachangemessenheit verpflichtet ist, steht daher in einem Spannungsverhältnis zu Art. 3 Abs. 2 S. 2 (→ Rn. 86 f.) und Art. 3 Abs. 3 (→ Rn. 84 f.). Art. 3 Abs. 1 wird durch Art. 33 Abs. 2 unstr. verdrängt.

Die **Bedeutung** der durch Art. 33 Abs. 2 geschützten Zugangsgleichheit unter Leistungsvorbehalt ergibt sich aus der rechtlichen und funktionalen Bedeutung öffentlicher Ämter für die **Staatsstruktur** und **-funktionen.** Der dem Demokratieprinzip innewohnende Gleichheitsgedanke drückt sich auch darin aus, dass prinzipiell jeder Bürger die Chance hat, ein Amt auszuüben.[117] Es verbietet, öffentliche Ämter aus Tradition oder wegen der Abstammung zu vergeben oder zu beanspruchen. Zwischen der Gesamtheit der Citoyen und dem Ämterzugang soll ein Gleichmaß bestehen. Das Republikprinzip ergänzt das Demokratieprinzip. Das Amt als „kleinste Einheit der Staatsorganisation" ist für das Volk im Sinne des Gemeinwohls auszuüben.[118] Die Beachtung des rechtsstaatlichen Gesetzesvorbehalts als Grundlage der Gesetzmäßigkeit der Verwaltung und der Rechtsbindung der Justiz ist ohne einen leistungsstarken rechtstreuen öffentlichen Dienst nicht denkbar. 44

Der Einzelne hat ein doppeltes **subjektives Interesse** daran, dass die Verleihung öffentlicher Ämter leistungsbezogen und -gerecht erfolgt: als potentieller Bewerber um ein solches Amt und als potentieller Adressat staatlicher Maßnahmen. Hieraus folgt zugleich ein **objektives Interesse** der Allgemeinheit am Leistungsprinzip im öffentlichen Dienst.[119] Rechtmäßige und inhaltlich überzeugende staatliche Entscheidungen sind nur von fachlich kompetenten und persönlich geeigneten Amtsträgern zu erwarten. Die Bestenauslese ist daher ein objektiv-rechtliches Prinzip, das jedoch nicht nur im Interesse der Allgemeinheit besteht, sondern im Sinne der Chancengleichheit auch im Interesse der Bewerber ist. Hierauf beruht der Bewerbungsverfahrensanspruch (→ Rn. 52). 45

Das **Vertrauen** in die Qualität und Gesetzmäßigkeit trägt seinerseits wieder zur sachlichen und personellen Legitimation der öffentlichen Gewalt und ihrer Akzeptanz bei. Daher ist wenig schädlicher für ein Gemeinwesen als die begründete Annahme, dass Amtsträger ihr Amt nicht aus den in Art. 33 Abs. 2 genannten Gründen erhalten haben. Das vor allem durch die **Ämterpatronage politischer Parteien**[120] erzeugte **Misstrauen** in Qualität und Integrität wirkt destabilisierend.[121] Hierdurch werden nicht nur das Demokratie-, das Rechtsstaats- und das Republikprinzip untergraben, sondern auch die Leistungsfähigkeit des Staates geschwächt, weil der Leistungswille im öffentlichen Dienst erlahmt.[122] Mitgliedschaft in einer Partei oder Identifika- 46

[115] Eing. *Laubinger* VerwArch 83 (1992), 246.

[116] *Jarass* in Jarass/Pieroth Rn. 9, 63.

[117] *Hense* in BeckOK GG Rn. 8.

[118] *Isensee* ZBR 2004, 3, dort auch das Zitat.

[119] *Kümper* DÖV 2017, 414 (417); *Pieper* in SHH Rn. 17; *Höfling* in BK Rn. 67, spricht von einer staatsorganisationsrechtlichen Regelungsdimension; BVerwGE 138, 102 (106 f.).

[120] Realanalyse zB bei *Derlien* DÖV 1990, 311; in verwaltungswissenschaftlicher Würdigung *Wahl* in Jeserich/Pohl/v. Unruh, Deutsche Verwaltungsgeschichte, Bd. V, 1987, 1197 (1206 ff.); sa *Seemann* DV 13 (1980), 137; *Wichmann/Langer*, Öffentliches Dienstrecht, 2017, Rn. 18.

[121] *Lecheler* FS 50 Jahre BVerfG, Bd. II, 2001, 359 (372).

[122] Vgl. nur *Zippelius* ZRP 1993, 241 (242); *Hattenhauer* in Wiese, Handbuch des öffentlichen Dienstes, Bd. I, 1993, 539 (551) „schleichendes Gift"; eine frühe krit. Bestandsauf-

tion mit dem Programm sind weder sachangemessene Auswahlkriterien noch zulässige Hilfskriterien. Eine politisch motivierte Auswahl ist vielmehr rechts- und verfassungswidrig. Hierin liegt das Dilemma der politischen Beamten (vgl. § 30 Abs. 1 BeamtStG, §§ 36, 54 BBG) begründet (→ Rn. 78).[123]

47 **2. Jeder Deutsche hat gleichen Zugang zu öffentlichen Ämtern.** Art. 33 Abs. 2 erfasst nur Personen, die gem. Art. 116 die **deutsche Staatsangehörigkeit** haben.[124] Unionsbürger aus anderen Mitgliedstaaten sind primär- (Art. 18 Abs. 1 AEUV, Art. 21 Abs. 2 GrCh) und sekundärrechtlich (→ Rn. 25) vor Diskriminierungen aus Gründen der Staatsangehörigkeit geschützt, dürfen somit nicht schlechter gestellt werden.[125] Das BeamtStG und das BBG (jeweils in § 7 Abs. 1 Nr. 1 lit. a) tragen dem Rechnung.[126] Auf juristische Personen ist Art. 33 Abs. 2 wegen Art. 19 Abs. 3 nicht anwendbar.[127]

48 Nicht eindeutig geklärt ist, ob Art. 33 Abs. 2 im Rahmen der Bereichsausnahme gem. Art. 45 Abs. 4 AEUV bewirkt, dass öffentliche Ämter ausschließlich Deutschen vorzubehalten sind.[128] Der **Staatsangehörigkeitsvorbehalt** wäre dann kein rein beamtenrechtliches, sondern ein auch verfassungsrechtliches Erfordernis. Für einen solchen Vorbehalt sprechen gute Gründe, die jedoch in der Natur des öffentlich-rechtlichen Dienst- und Treueverhältnisses liegen und damit Art. 33 Abs. 4 und Abs. 5 zuzuordnen sind. Eine Ungleichbehandlung von Inländern und Nicht-EU-Ausländern verstößt nicht gegen Art. 3 Abs. 3 S. 1, weil Art. 33 Abs. 2 *lex specialis* ist.

49 Art. 33 Abs. 2 enthält trotz seines Wortlautes **(„hat Zugang")** kein originäres Leistungsrecht. Weder begründet die Vorschrift einen Anspruch auf Schaffung öffentlicher Ämter, denn das Recht der Planstellenbewilligung liegt als Teil des Haushaltsrechts beim Parlament,[129] noch führt ihre Verletzung grundsätzlich zu einem Ernennungs- bzw. Einstellungsanspruch (→ Rn. 52). Art. 33 Abs. 2 ist vielmehr eine Vorschrift, die auf gleiche Berücksichtigungschancen zielt und in vielfältiger Art und Weise den Entscheidungsprozess der Behörde beeinflusst. Es handelt sich um ein das Besetzungsverfahren prägendes **derivatives Teilhaberecht.**[130] Dem Charakter der Verfassungsnorm entspricht die einfachgesetzliche Rechtslage. Die Durchführung eines Besetzungsverfahrens ist eine Ermessensentscheidung. Daher darf die Behörde, wenn es sachliche Gründe dafür gibt, ein Verfahren auch abbrechen und ggf. neu beginnen.[131]

---

nahme bei *v. Arnim,* Ämterpatronage und politische Parteien, 1980; s. später *v. Arnim,* Fetter Bauch regiert nicht gern, 1997.

[123] Vgl. *Brosius-Gersdorf* in Dreier Rn. 102; *Jachmann-Michel/Kaiser* in MKS Rn. 19; *Steinbach* VerwArch. 109 (2018), 2.

[124] Zum Begriff und der Rechtsstellung der Deutschen *Grawert* in HdbStR II § 16 Rn. 35 ff.; zum Konnex zwischen Staatsangehörigkeit und Volksbegriff BVerfGE 83, 37 (51); 83, 60 (71).

[125] *Hufen,* Staatsrecht II, 2020 § 36 Rn. 9; *Brosius-Gersdorf* in Dreier Rn. 74; *Lecheler* in BerlKomm Rn. 11; *Höfling* in BK Rn. 53.

[126] Zu den statusrechtlichen Erwägungen *Schwarz* NVwZ 2019, 10 (11, 15), dort auch zu den Auswirkungen, wenn ein Staat die Europäische Union verlässt.

[127] *Höfling* in BK Rn. 277; *Jarass* in Jarass/Pieroth Rn. 15; *Pieper* in SHH Rn. 22.

[128] Hierfür *Jachmann-Michel/Kaiser* in MKS Rn. 14; *Huber* FS f. Leisner, 1999, 937 (947 f.).

[129] BVerwGE 101, 112 (114).

[130] Zum Charakter als Verfahrensgrundrecht *Höfling* ZBR 1999, 73.

[131] BVerfG NVwZ 2016, 237; BVerwGE 101, 112 (115); BVerwG ZTR 1999, 576.

Ob die konkrete Teilhabechance mit dem Verfahrensabschluss untergeht, ist umstritten (zum Grundsatz der Ämterstabilität → Rn. 53). Neben dem subjektiv-öffentlichen Recht auf Teilhabe besteht jedoch unstreitig ein subjektiv-öffentliches Recht auf Unterlassung bzw. Beseitigung von Beeinträchtigungen der Teilhabechance,[132] weshalb Art. 33 Abs. 2 auch eine **Abwehrdimension** hat, die den Bewerbungsverfahrensanspruch (→ Rn. 52) sichert.[133] So ist es möglich, nicht nur gegen die Nichtberücksichtigung der eigenen Bewerbung zu klagen, sondern auch gegen die Begünstigung des Konkurrenten (→ Rn. 55). **50**

Leistungsprinzip und chancengleicher Zugang verlangen grundsätzlich die **Ausschreibung** freier Stellen (für Einstellungen s. § 8 Abs. 1 S. 2 BBG, § 4 Abs. 1 S. 2 BLV; für Beförderungen s. §§ 8 Abs. 1 S. 1, 22 BBG, § 4 Abs. 1 S. 1 BLV; zur Geschlechtsneutralität zB § 6 Abs. 1 S. 1 BGleiG; §§ 11, 7, 1 iVm § 24 AGG).[134] Die Ausschreibung muss nicht öffentlich, sondern kann auch intern erfolgen und darf in bestimmten Fällen unterbleiben.[135] Je größer die Chance ist, im Kreis potentiell vieler Bewerber die für ein Amt besonders geeignete Person zu finden, desto angemessener erscheint eine an eine unbekannte Zahl von Personen gerichtete öffentliche Ausschreibung. Je kleiner diese Chance ist, weil geeignete Bewerber nur „in house" zu finden sein dürften, desto eher kann eine Ausschreibung auf einen bestimmten Kreis von Personen beschränkt bleiben. Ausnahmsweise ist es sogar sach- oder leistungsgerecht, auf eine Ausschreibung zu verzichten, etwa aus Gründen der Geheimhaltung (Nachrichtendienste) oder weil ein Professor einen Ruf an eine andere Hochschule auf eine höherwertige Professur erhalten hat. **51**

Das Recht auf chancengleichen Zugang gewährt einen Anspruch auf sachgerechte Beurteilung der Bewerbung, schützt damit zugleich auch das Recht auf Bewerbung. Als Teilhaberecht räumt Art. 33 Abs. 2 Bewerbern jedoch grundsätzlich keinen Anspruch auf eine Stelle ein, sondern nur einen **Anspruch** auf **beurteilungs- und ermessensfehlerfreie Entscheidung,**[136] dh auf Beachtung des Leistungsprinzips. Verpflichtungs- und Leistungsklagen haben daher regelmäßig nur als Bescheidungsklagen (vgl. § 113 Abs. 5 S. 2 VwGO) Aussicht auf Erfolg. Dies ist insbesondere für den vorläufigen Rechtsschutz wichtig. Nur wenn jede andere Entscheidung rechtswidrig ist, kann sich der Anspruch auf fehlerfreie Entscheidung ausnahmsweise zu einem Anspruch auf eine konkrete Stelle verdichten.[137] Der Anspruch umfasst auch die Einhaltung der für einen späteren Rechtsschutz wesentlichen Verfahrensanforderungen[138] und wird heute allg. als **Bewerbungsverfahrensanspruch** bezeichnet.[139] **52**

---

[132] Zum Anspruch auf Unterlassen der Nichterfüllung von Leistungsrechten allg. *Bickenbach,* Das Bescheidungsurteil als Ergebnis einer Verpflichtungsklage, 2006, 58 f.

[133] Dogmatisch *Kloepfer,* Gleichheit als Verfassungsfrage, 1980, 54 ff.; s. aber auch *Lübbe-Wolff,* Die Grundrechte als Eingriffsabwehrrechte, 1988, 258 ff.

[134] Allg. BVerfGE 73, 280 (297), dort für Notare in Art. 12 Abs. 1 verankert; zurückhaltend gegenüber einer Ausschreibungspflicht BVerwGE 56, 324 (327 f.).

[135] Zum Ausschreibungsverfahren im öffentlichen Dienst *Lorse* ZTR 2006, 14; *Ladeur* Jura 1992, 77.

[136] BVerwGE 122, 237 (239); BVerwGE 118, 370 (372); BVerwGE 101, 112 (114 f.).

[137] *Battis* in Sachs Rn. 22; *Jarass* in Jarass/Pieroth Rn. 24; *Brosius-Gersdorf* in Dreier Rn. 130; *Jachmann-Michel/Kaiser* in MKS Rn. 12; *Höfling* in BK Rn. 122; BVerwGE 147, 244 (245 f.); BVerwGE 138, 102 (107), sa BAGE 78, 244 (247); BAGE 53, 137 (152).

[138] BVerwG NVwZ 2018, 1866 (1867, 1870); *Hense* in BeckOK GG, Rn. 11.

[139] BVerfG NVwZ 2003, 200; BVerwGE 138, 102 (107); BVerwGE 122, 237 (239); BVerwGE 118, 370 (372); *Laubinger* ZBR 2010, 289 (290).

53 Die durch Art. 33 Abs. 2 geschützten subjektiv-öffentlichen Rechte auf rechtsfehlerfreie Entscheidung und auf Schutz vor Beeinträchtigungen des Teilhaberechts stehen in einem Spannungsverhältnis zum **Grundsatz der Ämterstabilität.** Die Existenz des Grundsatzes und seine verfassungsrechtliche Verortung sind umstritten. Seine Reichweite wurde durch das Bartz-Urteil eingeschränkt (→ Rn. 56).[140] Er besagt, dass die Wirksamkeit einer Ernennung – für einen abgeschlossenen Dienst- oder Arbeitsvertrag gilt der Sache nach nichts anderes[141] – ausschließlich nach den beamtenrechtlichen Vorschriften über die Nichtigkeit und Rücknahme (s zB §§ 13, 14 BBG) zu beurteilen ist. Eine im Übrigen rechtsfehlerhafte, zB gegen Art. 33 Abs. 2 verstoßende Ernennung sei hingegen wirksam und könne weder durch den Dienstherrn noch gerichtlich aufgehoben werden. Teilweise wird dieses Prinzip als hergebrachter Grundsatz des Berufsbeamtentums gem. Art. 33 Abs. 5 angesehen,[142] als Ausprägung des im Rechtsstaatsprinzip verankerten Grundsatzes des Vertrauensschutzes diskutiert[143] oder als für die Stabilität der Verwaltung zwingend notwendig betrachtet.[144]

54 Die verfassungsrechtliche Herleitung ist **unbefriedigend.**[145] Eine Verortung in Art. 33 Abs. 5 würde gegen eine Erstreckung auf Arbeiter und Angestellte sprechen. Unabhängig davon stellt sich jedoch die Frage, ob der Gesetzgeber weitere Nichtigkeits- und Rücknahmegründe schaffen dürfte oder ob die geltenden Regelungen eine abschließende Konkretisierung sind. Jedenfalls sind die beamtenrechtlichen Normen zur Rücknahme fehlerhafter Ernennungen an die Verwaltung adressiert, nicht jedoch an die Verwaltungsgerichte.[146] Außerdem stehen den verfassungsrechtlichen Gründen eben solche Einwände gegenüber. Der Grundsatz der Ämterstabilität hat zwar praktische Vorteile, weil Behörden sowie Gerichte sich auf Stellenbesetzungen verlassen können (müssen) und auf eine stabile Personalsituation angewiesen sind. Der Anspruch auf Rückgängigmachung rechtswidriger staatlicher Maßnahmen (Reaktionsanspruch) ergibt sich aber aus den Grundrechten und ist durch Art. 19 Abs. 4 S. 1 geschützt.[147] Daher ist es nur konsequent, dass der Grundsatz effektiven Rechtsschutzes das BVerwG veranlasst hat, die Reichweite des Grundsatzes der Ämterstabilität einzuschränken.[148] Zudem ließe sich dieser sonst leicht missbrauchen. Das Bartz-Urteil war auch ein Exempel gegenüber politisch-ministeriell gesteuerter Ämterpatronage.[149]

---

[140] BVerwGE 138, 102; dazu *Battis* DVBl. 2013, 673; *Schenke* NVwZ 2011, 321, „Paukenschlag".

[141] Zur Konkurrentenklage im Arbeitsrecht *Lansnicker/Schwirtzek* NJW 2003, 2481; *Laubinger* ZBR 2010, 332 (334 ff.).

[142] *Schmidt,* Beamtenrecht, 2017, Rn. 753; offen gelassen in BVerwGE 138, 102 (113). Ob es sich um einen eigenständigen Grundsatz oder eine Ausprägung des Lebenszeitprinzips handelt, ist unklar; ablehnend *Laubinger* ZBR 2010, 289 (295), „reine Zweckerfindung".

[143] Ablehnend BVerwGE 138, 102 (121); anders BVerwG NVwZ 2018, 1866 (1869 f.), dort jedoch in Bezug auf die Verwirkung eines Bewerbungsverfahrensanspruchs; ablehnend auch *Laubinger* ZBR 2010, 289 (295), unter Verweis auf § 50 VwVfG.

[144] So vor allem die ältere Literatur, exemplarisch *Scheerbarth/Höffken,* Beamtenrecht, 1985, § 6 V b); sa BAGE 101, 153 (158 f.).

[145] So insbes. *Schenke* DVBl. 2015, 137; *Schenke* NVwZ 2011, 321.

[146] *Laubinger* ZBR 2010, 289 (293 f.), unter Verweis auf § 113 Abs. 1 S. 1 VwGO.

[147] Grundlegend zum Reaktionsanspruch *Rupp,* Grundfragen der heutigen Verwaltungsrechtslehre, 1991, 153 ff., der ihn auf ein ungeschriebenes Grundrecht stützt, s *Rupp* JZ 2005, 157 (160); anders *Schenke,* Rechtsschutz bei normativem Unrecht, 1979, 62 ff, Herleitung aus den Grundrechten.

[148] BVerwGE 138, 102 (109 ff.).

[149] *Stuttmann* NVwZ 2018, 1870 (1871).

Der Rechtsschutz im öffentlichen Dienst, insbesondere beamtenrechtliche **Konkurrentenklagen,**[150] ist mit seinen Polen Leistungsprinzip und Ämterstabilität sowie dem zentralen Streitgegenstand, dem Bewerbungsverfahrensanspruch, im Verfassungsrecht verankert. In der Sache handelt es sich jedoch um eine beamten- bzw. arbeitsrechtliche Streitigkeit, deren Mittelpunkt eine belastende Entscheidung mit begünstigender Drittwirkung ist.[151] Der Grundsatz der Ämterstabilität führte lange Zeit dazu, dass im Verwaltungsprozess eine als verdrängende Konkurrentenklage („Mitbewerberklage") erhobene Verpflichtungsklage erfolglos war,[152] weil mit der Stellenvergabe der Bewerbungsverfahrensanspruch untergeht, sich das Klagebegehren also erledigt.[153] Die Folge war – und ist –, dass regelmäßig der vorläufige Rechtsschutz die Bedeutung und die Funktion eines Hauptsacheverfahrens übernehmen muss.[154] Der Mitbewerber muss gem. § 123 Abs. 1 VwGO den Erlass mindestens einer (Untersagung der Ernennung, S. 1), ggf. mehrerer (erneute rechtsfehlerfreie Entscheidung über die Bewerbung, S. 2) einstweiligen Anordnung(en) beantragen. 55

Der in der verwaltungs- und verfassungsgerichtlichen Rechtsprechung akzeptierte,[155] in der Literatur kritisierte[156] **Grundsatz der Ämterstabilität** ist durch das Bartz-Urteil des BVerwG **relativiert** worden. Danach ist eine Ernennung mit *ex nunc*-Wirkung aufzuheben, wenn dem Mitbewerber vorher nicht ausreichender vorläufiger Rechtsschutz gegen die drohende Ernennung des Konkurrenten gewährt worden war.[157] Einer nicht ausreichenden Rechtsschutzgewähr steht gleich, wenn eine Behörde eine gerichtliche Entscheidung missachtet oder während des gerichtlichen Verfahrens vornimmt.[158] Das BVerwG hat somit den Grundsatz der Ämterstabilität nicht aufgegeben, sondern den Grundsatz effektiven Rechtsschutzes „scharf gestellt", indem Mitbewerber nicht mehr nur auf den Sekundärrechtsschutz (Schadenersatz) verwiesen sind,[159] sondern Primärrechtsschutz erhalten können. 56

Erfährt ein unterlegener Bewerber erst nach der Stellenvergabe bzw. der Ernennung vom Ausgang des Besetzungsverfahrens, setzt sich der Grundsatz der Ämterstabilität ebenfalls nicht gegen Art. 19 Abs. 4 S. 1 durch, weil sonst der durch Art. 33 Abs. 2 geschützte Bewerbungsverfahrensanspruch ohne primärrechtlichen Schutz bliebe. Eine unterbliebene **Konkurrentenmitteilung** oder eine zu kurze Wartefrist für den Antrag auf Erlass einer einst- 57

[150] Zum verfassungsrechtlichen Hintergrund *Battis* in Sachs Rn. 41; zu den unterschiedlichen Konstellationen *Brinktrine* Jura 2015, 1192; *Laubinger* ZBR 2010, 289, 332; *v. Roettecken* DRiZ 2008, 294; zum Problem der Beförderungsdienstpostenkonkurrenz *Bergmann/Paehlke-Gärtner* NVwZ 2018, 110; *Herrmann* NVwZ 2017, 105.

[151] BVerwGE 138, 102 (105 f.); *Laubinger* ZBR 2010, 289 (293).

[152] Dazu, ob und ggf. wann neben der Verpflichtungsklage (Bescheidungsantrag) kumulativ eine Anfechtungsklage zu erheben ist *Hufen,* Verwaltungsprozessrecht, 2019, § 15 Rn. 7; *Schenke,* Verwaltungsprozessrecht, 2019 § 6 Rn. 276 ff.; exemplarisch für eine kumulative Klagehäufung BVerwGE 138, 102 (104 f.).

[153] BVerwGE 138, 102 (109).

[154] BVerwGE 138, 102 (110); BVerwGE 118, 370 (373).

[155] BVerwGE 80, 127 (129 f.); BVerfG NVwZ 2003, 200.

[156] *Jarass* in Jarass/Pieroth Rn. 25; *Höfling* in BK Rn. 364 ff.; *Günther* ZBR 2007, 145.

[157] BVerwGE 138, 102 (112/114); relativierend bereits BVerwGE 115, 89 (91 f.). Hierzu gehört auch die Möglichkeit eines Antrags nach § 32 BVerfGG.

[158] BVerwGE 138, 102 (112 f.); BVerwGE 118, 370 (374 f.); OVG Saarlouis NVwZ 2018, 759.

[159] BVerwGE 118, 370 (375); BVerwG NJW 1989, 583; BGHZ 129, 226; BAGE 107, 18 (26).

weiligen Anordnung sind daher auch Fälle der Rechtsschutzverhinderung.[160]

58 Art. 33 Abs. 2 gilt (nur) für **öffentliche Ämter,** nicht für Funktionen, die nach zivilrechtlichen Regeln auszuüben sind, zB Vorstände in Vereinen und Unternehmen. Dies gilt auch für privatrechtlich organisierte öffentliche Unternehmen, wenn sie rein wirtschaftlich, dh wettbewerbsorientiert tätig sind. Der Staat kann sich zwar wegen Art. 1 Abs. 3 durch formelle Privatisierungen nicht seiner Grundrechtsbindung entziehen. Art. 33 Abs. 2 ist aber im Lichte des Demokratie-, des Republik- und des Rechtsstaatsprinzips zu interpretieren (→ Rn. 44). Öffentliche Ämter sind daher mit **öffentlichen Funktionen** verbundene Ämter.[161] Aus diesem Grund gilt Art. 33 Abs. 2 für öffentliche Unternehmen, die Aufgaben der Daseinsvorsorge wahrnehmen,[162] und auch Beliehene können trotz fehlender öffentlich-rechtlicher Organisation von der Vorschrift erfasst sein.[163] Es kommt nicht darauf an, ob das Amt hauptberuflich wahrgenommen wird. Auch Neben- und Ehrenämter unterfallen Art. 33 Abs. 2.[164]

59 Das **Demokratieprinzip** iVm Art. 38, Art. 65 und Art. 21 gebieten weitere Ausnahmen, die wegen Art. 28 Abs. 1 auch für die Länder gelten.[165] Das allg. passive Wahlrecht sowie die Kandidatenaufstellung **politischer Parteien** sind nicht an Eignung, Befähigung und fachliche Leistung gebunden. Art. 33 Abs. 2 gilt daher nicht für die Organwalter der Organe der Legislative und der Vertretungsorgane der Kommunen. Aus dem gleichen Grund sind auch gubernative Ämter (Minister, Staatssekretäre), das Amt des Bundespräsidenten und kommunale Wahlämter (Bürgermeister, Beigeordnete) nicht erfasst.[166] Der dem Demokratieprinzip immanente Gedanke der freien und gleichen Wählbarkeit setzt sich gegen die staatsorganisationsrechtlich gebotene Bestenauslese durch, weil diese öffentlichen Ämter auf Zeit vergeben werden bzw. eine politische Verantwortlichkeit besteht. Ist allerdings der Aufgabenkreis gesetzlich näher bestimmt (wie bei Beauftragten oder Beratungsgremien), ist trotz Wahl Art. 33 Abs. 2 zu beachten.[167]

60 Art. 33 Abs. 2 gilt für die **Exekutive,** dh für Personen, die materiell verwaltend tätig werden. Dabei kommt es nicht darauf an, ob das öffentliche Amt durch Ernennung (Einstellung, Beförderung, Aufstieg), Verleihung oder Vertragsschluss vergeben wird. Die Vorschrift erfasst Beamte im statusrechtlichen Sinne, Arbeiter und Angestellte sowie Soldaten.[168] Für Versetzungen gilt die Vorschrift grundsätzlich nicht, weil sie den Status nicht verändern. Ausnahmsweise kommt jedoch Art. 33 Abs. 2 zur Anwendung, wenn um ein Amt Versetzungs- und Beförderungsbewerber konkurrieren.[169]

---

[160] BVerwGE 138, 102 (113); BVerwGE 118, 370 (374 f.); *Stuttmann* NVwZ 2018, 1870 (1871); zu den prozessualen Konsequenzen *Lindner* NVwZ 2013, 547.

[161] *Kümper,* DÖV 2017, 414 (416, 418), der auf Grund dieser binnenrechtlichen Perspektive nicht auf Art. 1 Abs. 3 abstellt.

[162] *Jarass* in Jarass/Pieroth Rn. 10, 12.

[163] *Jachmann-Michel/Kaiser* in MKS Rn. 15; *Höfling* in BK Rn. 104; *Jarass* in Jarass/Pieroth Rn. 13; *Battis* in Sachs Rn. 25; aA *Hense* in BeckOK GG Rn. 10; *Pieper* in SHH Rn. 33.

[164] BVerwG DÖV 1989, 545; *Pieper* in SHH Rn. 25; *Jarass* in Jarass/Pieroth Rn. 12 f., zB Lehrbeauftragte.

[165] *Höfling* in BK Rn. 109; *Lecheler* in BerlKomm Rn. 16.

[166] *Laubinger* ZBR 2010, 289 (290).

[167] *Pieper* in SHH Rn. 29, der als Beispiele Gleichstellungsbeauftragte und die Mitglieder des Nationalen Normenkontrollrates nennt.

[168] BVerwGE 61, 325 (330); *Kümper,* DÖV 2017, 414 (415); *Pieper* in SHH Rn. 26.

[169] BVerwGE 122, 237 (240); *Pieper* in SHH Rn. 63.

Art. 33 Abs. 2 gilt daneben für die **Judikative,** soweit sie Berufsrichtern anvertraut ist. Bedeutung und Funktionsfähigkeit der Verfassungsgerichte verbieten nicht die Ämtervergabe durch parlamentarischen Wahlakt, gebieten jedoch Richterstellen fachlich qualifiziert zu besetzen, wenn die Funktion hauptamtlich wahrgenommen wird. Auch die obersten Gerichtshöfe des Bundes sind nach dem Prinzip der Bestenauslese zu besetzen. Art. 95 Abs. 2 ändert daran nichts.[170] Gleiches gilt für die Gerichte der Länder (s Art. 98 Abs. 4). 61

Für die **Ausbildung** in **staatlichen Institutionen** ist zu differenzieren. Schüler und Studenten befinden sich in einem öffentlich-rechtlichen Verhältnis zum Staat, üben aber kein öffentliches Amt aus. Die Aufnahme richtet sich nach Art. 12 Abs. 1 und Art. 3. Art. 33 Abs. 2 ist anzuwenden, wenn die Ausbildung speziell der Vorbereitung auf öffentliche Ämter gilt, wie dies bei Polizei-, Verwaltungs- und Finanzhochschulen der Fall ist.[171] Für Vorbereitungsdienste wie das juristische Referendariat und das Referendariat für Lehrer, die den Zugang auch zu Berufen ermöglichen, die nicht mit einem öffentlichen Amt verbunden sind, soll nicht Art. 33 Abs. 2, sondern Art. 12 Abs. 1 gelten.[172] Dies ist einsichtig, weil sonst für die Ausbildung strengere Zulassungskriterien bestehen würden als für spätere Berufe. Unabhängig davon gewähren beide Vorschriften keinen Anspruch auf Schaffung von Ausbildungskapazitäten (→ Rn. 49), verpflichten den Staat aber eine ausreichende Anzahl von Plätzen vorzuhalten. Ist für die Ausbildung bzw. den Vorbereitungsdienst die Berufung in ein öffentlich-rechtliches Dienst- und Treueverhältnis vorgesehen, gebietet Art. 12 Abs. 1 im Fall von Ernennungshindernissen ein zivilrechtliches oder öffentlich-rechtliches Ausbildungsverhältnis vorzusehen.[173] 62

An die Vorschrift gebunden sind auch durch Rechtsakt errichtete **juristische Personen des öffentlichen Rechts,** dh funktionale Selbstverwaltungsträger (Kammern, Sozialversicherungsträger), staatliche Universitäten sowie öffentlich-rechtliche Rundfunkanstalten und Landesmedienanstalten, soweit sie verwaltend tätig werden. Die Rundfunkfreiheit steht jedoch der Bindung an Art. 33 Abs. 2 entgegen, wenn Staatsferne, Programmfreiheit und innerer Meinungspluralismus eine autonome Besetzung erfordern. Für **Landesmedienanstalten** gilt dies nicht gleichermaßen. Sie können Träger der Rundfunkfreiheit sein, haben aber als mittelbare Staatsverwaltung auch exekutive Aufgaben,[174] weil ihnen zB die Aufsicht über die privaten Rundfunkbetreiber übertragen wurde. Direktorenstellen sind aus diesem Grund auszuschreiben,[175] nicht zuletzt, um **Misstrauen** in Qualität und Integrität der Medienaufsicht entgegenzuwirken. 63

Rechtsanwälte und **Insolvenzverwalter** üben kein öffentliches Amt iSv Art. 33 Abs. 2 aus, sondern einen freien Beruf. Sie unterfallen Art. 12 Abs. 1.[176] **Notare** üben einen staatlich gebunden Beruf aus, haben daher eine Sonderstellung.[177] Sie sind gem. § 1 BNotO unabhängige Träger eines 64

---

[170] *Pieper* in SHH Rn. 32.

[171] *Pieper* in SHH Rn. 40.

[172] *Hense* in BeckOK GG Rn. 10; *Isensee,* FG BVerwG, 1978, 337 (348 f.).

[173] BVerfGE 39, 334 (374 f.).

[174] BVerwGE 159, 64 (70).

[175] Insoweit nicht überzeugend VG Neustadt (Weinstraße) K&R 2018, 354; OVG Koblenz DVBl. 2018, 1291.

[176] Für Insolvenzverwaltung s BVerfGE 116, 1 (13). Für Rechtsanwälte gilt dies trotz § 1 BRAO.

[177] BVerfGE 17, 371 (379); BVerfGE 73, 280 (292); BVerfG NJW 2006, 2395; *Jachmann-Michel/Kaiser* in MKS Rn. 15.

öffentlichen Amtes, werden aber nicht in dem Umfang hoheitlich tätig, den Art. 33 Abs. 2 und Art. 45 Abs. 4 AEUV voraussetzen.[178] Die hauptberufliche Ausübung des Amtes darf jedoch von einer besonderen persönlichen und fachlichen Eignung abhängig gemacht werden (§§ 6, 7 BNotO). Art. 12 Abs. 1 ist insoweit eingeschränkt.

65 **Kirchliche Ämter,** auch solche, die durch Religionsgesellschaften, die Körperschaften des öffentlichen Rechts sind, vergeben werden, sind keine öffentlichen Ämter iSd Art. 33 Abs. 2.[179] Bezüglich ihres öffentlich-rechtlichen Status können sie grundrechtsgebunden sein. Die durch Art. 4 Abs. 1, 2 geschützte kollektive Religionsfreiheit und das kirchliche Selbstbestimmungsrecht gem. Art. 137 Abs. 1–3 WRV iVm Art. 140 verbieten jedoch, Religionsgesellschaften der hoheitlichen Gewalt zuzuordnen. Ihre Personalentscheidungen unterliegen daher nicht Art. 33 Abs. 2.[180]

66 **3. Eignung, Befähigung und fachliche Leistung.** Der gleiche Zugang zu öffentlichen Ämtern ist an Eignung, Befähigung und fachliche Leistung gebunden.[181] Die Kriterien sollen eine **sachlich-rationale Auswahl** gewährleisten, dh Antipathie, (partei-)politische Präferenz, persönliche Bekanntschaft, Gegenleistungen, religiöse oder weltanschauliche Verbundenheit und ähnl. Motive dürfen bei der Auswahl keine Rolle spielen. Zudem sollen sie gewährleisten, dass möglichst die ein Amt am besten ausfüllende Person ausgewählt wird.

67 Während sich Befähigung und fachliche Leistung auf die Vergangenheit beziehen, also retrospektiv zu ermitteln sind,[182] erfordert die Beurteilung der Eignung eine Prognose.[183] Die **Befähigung** erfasst die schulische Vor- und Ausbildung einschließlich Allgemeinwissen sowie Begabung und Lebenserfahrung.[184] **Fachliche Leistung** fasst das fachliche Wissen und Können sowie die fachliche Bewährung zusammen. Sie baut auf der Befähigung auf und bezieht sich auch auf die Leistungen in Vorbereitungsdiensten.[185] **Eignung** meint die gesamte Persönlichkeit, charakterliche Eigenschaften sowie intellektuelle und körperliche Voraussetzungen.[186] Die Person muss dem Amt physisch und psychisch gewachsen sein.[187]

68 Maßgeblich für die Ermittlung der Eignung, Befähigung und fachlichen Leistung sind Ausbildungsnachweise und dienstliche Beurteilungen. Die Ermittlung ist Aufgabe der für die Einstellung oder Beförderung zuständigen Behörde, die sich dafür externer Sachverständiger (Mediziner, Psychologen) bedienen darf und ggf. muss.[188] Es handelt sich um **unbestimmte Rechts-**

---

[178] EuGH C-54/08, Slg. 2011, I-4355, ECLI:EU:C:2011:339 Rn. 84 ff. – Kommission / Deutschland.

[179] BVerfGE 18, 385 (386 f.); BVerfGE 30, 415 (427 f.); *Battis* in Sachs Rn. 25.

[180] *Höfling* in BK Rn. 113 f.; *Hense* in BeckOK GG Rn. 10.

[181] *Schmidt* Beamtenrecht, 2017, Rn. 148 ff.

[182] *Höfling* in BK Rn. 233 (nur bzgl. fachl. Leistung). Die Bewertung der Vergangenheit ist jedoch mit Erwartungen für die Zukunft verbunden, *Jachmann-Michel/Kaiser* in MKS Rn. 17.

[183] BVerfGE 108, 282 (296).

[184] BVerfGE 139, 19 (49); BVerfGE 110, 304 (322).

[185] BVerfGE 139, 19 (49); BVerfGE 110, 304 (322); allg. zu inhaltlichen Überschneidungen *Lecheler* in HdbStR V § 110 Rn. 8; *Stern* StaatsR I, § 11 Kap. III 4b „im Grunde" umfasse bereits der Begriff der Eignung die beiden weiteren.

[186] BVerfGE 139, 19 (49); BVerfGE 110, 304 (322).

[187] Zum Spannungsverhältnis mit dem Benachteiligungsverbot wegen Behinderung (Art. 3 Abs. 3 S. 2) s *Otte* ZBR 2007, 401.

[188] BVerwGE 147, 244 (246 f.).

begriffe. Ob ihre tatbestandlichen Voraussetzungen vorliegen, ist trotz Art. 19 Abs. 4 S. 1 und entgegen dem Grundsatz gerichtlicher Letztentscheidung nur eingeschränkt kontrollierbar. Der Behörde kommen Beurteilungsspielräume zu.[189] Hinsichtlich der Beurteilung der gesundheitlichen Eignung hat das BVerwG jedoch seine Rechtsprechung 2013 geändert. Seither unterliegt die Prognose über die Dienstfähigkeit bis zum Erreichen der gesetzlichen Altersgrenze keiner Einschränkung der gerichtlichen Kontrolldichte mehr.[190]

Maßstab für die Eignung, Befähigung und fachliche Leistung sind die **Anforderungen,** die die zu vergebende Stelle bzw. das Amt im konkret-funktionellen Sinne stellt.[191] Der **Aufgabenkreis** eines Polizisten erfordert andere körperliche Fähigkeiten und charakterliche Eigenschaften als derjenige eines Beschäftigten im nichttechnischen Verwaltungsdienst. Außerdem kann die einstellende Behörde die Anforderungen und deren Gewichtung durch die Ausschreibung mitbestimmen.[192] Sie darf auch berücksichtigen, ob und inwieweit ihre Fähigkeiten in bestimmten Bereichen defizitär sind, sie also ein besonderes Gewinnungsinteresse hat. 69

Die Kriterien sind gleichrangig, aber nicht absolut, sondern grundsätzlich relativ in Bezug auf das Amt zu verstehen.[193] Dies erfordert häufig **Abwägungsentscheidungen,** wenn Bewerber unterschiedliche Stärken und Schwächen haben, aber das Anforderungsprofil erfüllen. Das dabei zum Tragen kommende Ermessen ist ebenfalls nur eingeschränkt gerichtlich kontrollierbar. Die Relativität ist jedoch in zweierlei Hinsicht begrenzt. Eine hohe Wahrscheinlichkeit häufiger oder dauernder Dienstunfähigkeit steht der gesundheitlichen Eignung entgegen, weil die Allgemeinheit ein berechtigtes Interesse an einem funktionierenden und leistungsfähigen öffentlichen Dienst hat (→ Rn. 45). Ebenso wenig lässt sich die fehlende Verfassungstreue ausgleichen.[194] 70

Inhaber öffentlicher Ämter müssen verfassungstreu sein. Das folgt aus der Funktion des öffentlichen Dienstes. Der Staat könnte sonst seine Aufgaben und Befugnisse nicht verlässlich und rechtskonform erfüllen. Gefordert ist keine bedingungs- und kritiklose Identifikation, sondern Verfassungstreue meint die Identifikation und das Eintreten für die **freiheitlich-demokratische Grundordnung** im Sinne des GG.[195] In den Beamtengesetzen ist sie ein Merkmal persönlicher **Eignung** (vgl. § 7 Abs. 1 Nr. 2 BeamtStG, § 7 Abs. 1 Nr. 2 BBG), ohne das keine Einstellung erfolgen darf.[196] Daher ist die Verfassungstreue nicht nur im Kontext von Abs. 5 (→ Rn. 135), sondern auch von Abs. 2 zu behandeln. 71

Auf die Art des Dienstverhältnisses kommt es nicht an. Auch Angestellte und Arbeiter schulden ihrem Arbeitgeber Loyalität und dürfen nicht die staatliche 72

---

[189] BVerwGE 147, 244 (251 f.); BVerwGE 68, 109 (110); BVerwGE 80, 224 (225 f.); BVerfGE 108, 282 (296); sa BAGE 39, 180 (186); dagegen *Lecheler* in BerlKomm Rn. 20.

[190] BVerwGE 147, 244 (250); dazu *Rittig* DÖV 2014, 1054.

[191] BVerfGE 96, 205 (211); *Pieper* in SHH Rn. 50.

[192] *Hense* in BeckOK GG Rn. 14.

[193] *Jarass* in Jarass/Pieroth Rn. 19; *Hense* in BeckOK GG Rn. 14, „nicht gleichgewichtig".

[194] Weniger streng *Jarass* in Jarass/Pieroth Rn. 26.

[195] BVerfGE 39, 334 (348).

[196] Aus der Vergangenheit s den „Runderlass der Ministerpräsidenten und aller Länderminister zur Beschäftigung von rechts- und linksradikalen Personen im öffentlichen Dienst", Bull. BReg., Nr. 15 v. 3.2.1972, 142, bekannt als „Radikalenerlass"; auch abgedruckt in BVerfGE 39, 334 (366).

Verfassungsordnung angreifen.[197] Sie unterliegen aber keiner so strengen Treuepflicht wie Beamte, für die Art. 33 Abs. 4, 5 gilt. An diese Strenge ist in politisch unruhigen Zeiten zu erinnern. Die **politische Treupflicht** „fordert vom Beamten insbesondere, daß er sich eindeutig von Gruppen und Bestrebungen distanziert, die diesen Staat, seine verfassungsmäßigen Organe und die geltende Verfassungsordnung angreifen, bekämpfen und diffamieren."[198]

73 Die freiheitlich-demokratische Grundordnung im Sinne des GG hat ihren Ausgangspunkt im Prinzip der **Menschenwürde,** die ihrerseits durch das **Demokratie**- und das **Rechtsstaatsprinzip** ausgestaltet wird.[199] Diese für Parteiverbote vorgenommene Konkretisierung ist auch für das Recht des öffentlichen Dienstes maßgeblich, weil politische Betätigungen Rückschlüsse auf die Eignung erlauben.[200] Bereits die Zugehörigkeit zu einer verfassungsfeindlichen Partei bzw. verfassungsfeindlichen religiösen oder weltanschaulichen Vereinigung/Szene kann – abhängig von der Funktion – der Begründung eines Beamtenverhältnisses entgegenstehen, weil die Treuepflicht Distanz erfordert.[201] Gleiches gilt erst recht, wenn die Partei vom BVerfG auf der Grundlage von Art. 21 Abs. 2 für verfassungswidrig erklärt oder eine Feststellung gem. Art. 21 Abs. 3 getroffen wurde. Letzteres ist nicht milder als ein Parteiverbot zu beurteilen, weil der Finanzierungsausschluss ebenfalls Verfassungsfeindlichkeit voraussetzt. Das Verbot unterbleibt mangels des „Darauf Ausgehens", nicht mangels gegen die freiheitlich demokratische Grundordnung gerichteter Ziele.[202] Ein **Mittel zur Feststellung** mangelnder politischer Treue ist die Anfrage bei den Ämtern für Verfassungsschutz.

74 Schwierig und einzelfallabhängig zu beurteilen sind die Fälle, in denen eine Betätigung oder Mitgliedschaft **zeitlich zurückliegt.** Dieses Problem stellte sich im besonderen Maße nach der **Wiedervereinigung** zB bei der Frage, ob Tätigkeiten für die Behörde für Staatssicherheit oder Mitgliedschaften in den Parteien der DDR einer Übernahme in den öffentlichen Dienst bzw. einer Verbeamtung entgegenstanden.[203] Die Übernahme von Angehörigen des öffentlichen Dienstes der DDR erfolgte auf der Grundlage des Art. 20 EVertr. iVm Anlage I Kapitel XIX Abschnitt III. Fraglich war außerdem, in welchen Fällen mangels Eignung eine außerordentliche Kündigung gerechtfertigt war und wie mit der faktischen Chancenungleichheit (andere Ausbildung, andere persönliche Anforderungen) von Bewerbern aus der ehemaligen DDR auf Beamtenstellen umzugehen war.[204]

---

[197] BVerfGE 39, 334 (346 ff., 355 f.).

[198] BVerfGE 39, 334 (348).

[199] BVerfGE 144, 20 (203); weiter interpretiert noch durch BVerfGE 2, 1 (13), BVerfGE 5, 85 (112).

[200] BVerfGE 39, 334 (359 f.); BVerwGE 73, 263 (267).

[201] VGH Kassel NVwZ 2019, 248, Entlassung eines Beamten auf Probe; zur Reichweite der Treuepflicht sa BVerfGE 39, 334 (348, 355); BVerwGE 61, 176 (177 ff.); zurückhaltender *Hailbronner* ZaöRV 69 (2009), 267 (272).

[202] Hierzu BVerfGE 144, 20 (307); Art. 21 Abs. 3 war eine Reaktion des verfassungsändernden Gesetzgebers auf diese Rspr.

[203] Für die Parteimitgliedschaft verneint BVerfGE 92, 140 (157); anders für bestimmte Tätigkeiten für die Staatssicherheit BVerfG ZBR 1999, 379; zum Verschweigen lange zurückliegender Tätigkeiten als ein Kriterium, das gegen die Eignung spricht BVerfGE 96, 171 (188), dort für ein Angestelltenverhältnis verneint.

[204] Vgl. die VO v. 9.1.1991 über die Bewertungsanforderungen für die Einstellung von Bewerbern aus der öffentlichen Verwaltung im Beitrittsgebiet in ein Bundesbeamtenverhältnis, BGBl. I 123; ausf. dazu *Kunig* in v. Münch/Kunig, 6. Aufl. 2012, Rn. 31.

Der **Wandel gesellschaftlicher Anschauungen** kann die Beurteilung der Eignung beeinflussen. Das gilt zum einen für das **Erscheinungsbild.** So stehen Ohrringe, Piercings oder Tätowierungen nicht generell der Eignung selbst für den Dienst in der Polizei oder der Bundeswehr entgegen, weil daraus nicht mehr ohne weiteres auf eine Beeinträchtigung des Vertrauens der Bevölkerung in die Integrität und Neutralität des öffentlichen Dienstes geschlossen werden kann (§ 61 Abs. 1 S. 3 BBG; § 34 S. 3 BeamtStG).[205] Der Dienstherr darf jedoch verlangen, dass im Dienst und in Uniform das Tragen von Ohrringen bzw. Piercings unterbleibt bzw. Tätowierungen nicht sichtbar sind. Die Haartracht darf nicht das Vertrauen in die Integrität beeinträchtigen (Irokesenschnitt, auffällige Färbungen). Für Tätowierungen, die auf eine verfassungsfeindliche Einstellung schließen lassen, gilt das zur Treuepflicht Gesagte (→ Rn. 72). Der Wandel gesellschaftlicher Anschauungen betrifft zum anderen die **sexuelle Orientierung.** Homosexualität ist – zumal § 1353 Abs. 1 S. 1 BGB die Eheschließung erlaubt – kein Eignungsmangel.[206] **75**

Der Zugang zum öffentlichen Dienst richtet sich **ausschließlich** nach Eignung, Befähigung und fachlicher Leistung.[207] Bezüglich der Berücksichtigung **weiterer Kriterien** ist zu unterscheiden zwischen solchen, die die Eignung, Befähigung oder fachliche Leistung begründen, beeinträchtigen bzw. ausschließen (insbes. eignungsimmanent sind[208]) und solchen (insbes. eignungsfremden[209]), die hilfsweise zur Anwendung kommen dürfen, wenn mehrere Bewerber gleichermaßen geeignet, befähigt und fachlich ausgewiesen sind. Die Unterscheidung ist wichtig, weil sie darüber entscheidet, ob insbes. Art. 3 Abs. 2 S. 2 und Art. 3 Abs. 3 zum Tragen kommen. So steht Art. 3 Abs. 3 S. 1 nicht dem Berücksichtigen politischer Anschauungen entgegen, wenn sie verfassungsfeindlich sind. Gleiches gilt für das Berücksichtigen von Behinderungen und Krankheiten, wenn sie der körperlichen oder geistigen Eignung für ein Amt entgegenstehen. Hierin liegt dann kein Verstoß gegen Art. 3 Abs. 3 S. 2. Sind die Voraussetzungen von Art. 33 Abs. 2 nicht gegeben, liegt auch keine durch das AGG untersagte Benachteiligung vor, weil die Eignung der Auswahl vorausgeht. **76**

Für die Zulässigkeit von **Altersgrenzen** ist wegen des Anwendungsvorrangs zunächst auf das Unionsrecht zu verweisen (→ Rn. 26).[210] In den Fällen, in denen kein Verstoß vorliegt, ist auch das AGG nicht verletzt, soweit es ua die Gleichbehandlungsrahmenrichtlinie umsetzt. Verfassungsrechtlich handelt es sich nach hM um subjektive Berufswahlregelungen,[211] weil Art. 12 Abs. 1 als Freiheitsrecht neben Art. 33 Abs. 2 anwendbar ist. Altersgrenzen für die **Einstellung** in den öffentlichen Dienst sind unproblematisch, wenn das Alter spezifischen Ausbildungsanforderungen bzw. der Eignung für eine Tätigkeit entgegensteht (vgl. § 10 AGG; beachte für Beamte a § 24 AGG).[212] **77**

---

[205] Zum Gesichtsverhüllungsverbot *Greve/Kortländer/Schwarz* NVwZ 2017, 992 (994).

[206] *Jarass* in Jarass/Pieroth Rn. 30; *Brosius-Gersdorf* in Dreier Rn. 97; anders noch für das Soldatenverhältnis, OVG Lüneburg DVBl. 1999, 933; BVerwGE 86, 355 (356).

[207] *Pieper* in SHH, Rn. 46, 65; *Brosius-Gersdorf* in Dreier Rn. 89, 116.

[208] BVerfGE 139, 19 (56).

[209] BVerfGE 139, 19 (56).

[210] Allg zur Altersdiskriminierung durch Beamtenrecht *Kämmerer* ZBR 2008, 325; *Baßlsperger* ZBR 2008, 339.

[211] BVerfGE 139, 19 (55); BVerfGE 64, 72 (82); BVerfGE 9, 338 (345); aA *Hufen*, Staatsrecht II, 2020 § 35 Rn. 22, objektive Berufswahlregelung.

[212] BVerfGE 139, 19 (56); BVerwGE 142, 59 (70); *Brosius-Gersdorf* in Dreier Rn. 112; zum Leistungsprinzip *Mahlmann* in Däubler/Bertzbach, AGG, 2018, § 24 Rn. 6, 22, 41.

Für die Vereinbarkeit mit der Berufsfreiheit kommt es auf die Verhältnismäßigkeit iwS an. Höchstaltersgrenzen für die **Verbeamtung** sind zulässig, wenn sie ein angemessenes Verhältnis zwischen der Dienstzeit und der Ruhestandszeit gewährleisten.[213] Letztlich sind es das in Art. 33 Abs. 5 verankerte Lebenszeit- (→ Rn. 148 ff.) und das Alimentationsprinzip (→ Rn. 142 f.), die Einstellungshöchstaltersgrenzen rechtfertigen.[214] Altersgrenzen für den Eintritt in den Ruhestand sind ebenfalls zulässig, weil sie dazu dienen, eine ausgewogene Altersstruktur herzustellen, die Einstellung von jungen Bewerbern zu fördern bzw. Beförderungen zu ermöglichen und die Leistungsfähigkeit der Verwaltung zu erhalten.[215].

78 Die Existenz **politischer Beamter** gem. §§ 36, 54 BBG und § 30 BeamStG an sich stellt noch keine Durchbrechung des Leistungsprinzips dar.[216] Für ihre Ernennung kommt es neben der Eignung, Befähigung und fachlichen Leistung darauf an, dass sie mit den politischen Zielen und Grundsätzen der Regierung übereinstimmen und das Vertrauen des zuständigen Ministers genießen.[217] Dies ist wesentlich für ihre Eignung,[218] und rechtfertigt, dass sie jederzeit in den einstweiligen Ruhestand versetzt werden können. Soweit dadurch va hinsichtlich der fachlichen Leistung das Prinzip der Bestenauslese durch eine entsprechende Gewichtung bzw. Abwägung gelockert sein kann, ist dies eine Folge des Demokratieprinzips iVm dem Ressortprinzip (→ Rn. 59).[219]

79 Nicht zu übersehen ist, dass die Einordnung bestimmter Ämter als politisch, zB das des Generalbundesanwaltes, die persönliche und sachliche Abhängigkeit des Amtsinhabers verstärkt und mit dem Leistungsprinzip sowie mit dem Lebenszeitprinzip (→ Rn. 148 ff.) in Konflikt geraten kann. Verfassungsrechtlich unbedenklich ist daher die Einordnung nur solcher Ämter als politisch, die eine besondere Nähe zur Regierungspolitik (s § 54 Abs. 1 Nr. 1u Nr. 4 BBG) aufweisen.[220] Die derzeit deutlich weitergehende **Regelung,** insbes. § 54 Abs. 1 Nr. 2 u Nr. 3 BBG ist hingegen klar **abzulehnen,** weil sie Art. 33 Abs. 2 GG, der politische Patronage verhindern helfen soll (→ Rn. 46), unterläuft. Es darf sich „nur um den engsten Kreis unmittelbarer Berater der Träger politischer Ämter handeln."[221]

80 Nach wie vor umstritten ist, ob das religiös motivierte Tragen eines **Kopftuchs** oder anderen Kleidungsstücks einen Eignungsmangel begründet, der einer Einstellung in den öffentlichen Dienst entgegensteht. Kern des Streits ist dabei nicht, dass besonders in Kindergärten – in Gestalt von Erzieherinnen –, in Schulen – in Gestalt von Lehrerinnen– und vor Gericht – in Gestalt von Richterinnen – kein Schutz vor Konfrontation mit Religiösität und ihren Symbolen,[222] sondern nur vor Identifikation besteht.[223] Vielmehr

---

[213] OVG Koblenz ZBR 2011, 421; BVerwG NVwZ 2019, 568; *Kühling/Bertelsmann* NVwZ 2010, 87 (89).
[214] BVerfGE 139, 19 (58).
[215] BVerwG NVwZ 2012, 1052.
[216] *Battis* in Sachs Rn. 39; krit. *Lindner* ZBR 2011, 150.
[217] *Schmidt* Beamtenrecht, Rn. 46; ausf. *Steinbach* VerwArch. 109 (2018), 2.
[218] *Hufen,* Staatsrecht II, 2020 § 36 Rn. 12; *Lorse* JZ 2018, 643.
[219] Für eine strikte Beachtung *Pieper* in SHH, Rn. 30.
[220] Ähnl. *Jarass* in Jarass/Pieroth Rn. 27.
[221] BVerfGE 121, 205 (232).
[222] So aber BVerfGE 93, 1 (18); anders zB EGMR NVwZ 2011, 737; *Brosius-Gersdorf* in Dreier Rn. 99.
[223] BVerfGE 52, 223 (241).

geht es darum, ob der Dienstherr das Tragen als sichtbaren Ausdruck einer inneren Haltung werten oder in einer bestimmten Weise interpretieren darf (oder sich zurechnen lassen muss), zB als ein Zeichen der Ablehnung der Gleichberechtigung der Geschlechter, das wegen Art. 3 Abs. 2 S. 1 nicht mit dem GG zu vereinbaren ist und somit einen Eignungsmangel darstellt.[224]

Der Zweite Senat des BVerfG hat ein Verbot für **verfassungsgemäß** **81**
gehalten, wenn dafür eine hinreichend bestimmte Rechtsgrundlage besteht.[225] Das Tragen eines Kopftuchs ist dann ein Einstellungshindernis. Der Erste Senat hat hingegen eine generelle Untersagung als **verfassungswidrig** angesehen und die Möglichkeit eines Verbots an die konkrete Gefährdung des Schulfriedens im Einzelfall geknüpft[226] (zum Problem der Grundrechtsträgerschaft (→ Rn. 139 ff.). Ein Kopftuch ist dann kein Einstellungshindernis. Zuzustimmen ist im Ergebnis dem Zweiten Senat. In der Tat ist problematisch, ob der Dienstherr den maßgeblich vom Selbstverständnis einer Person beeinflussten Ausdruck der Glaubensfreiheit in dieser Weise objektivieren und interpretieren darf. Kindergärten und Schulen haben jedoch in einer pluralen offenen Gesellschaft, in der Religionen, Weltanschauungen und Werte sich vermehrt begegnen, zugleich aber auch verstärkt abgrenzen, einen unerlässlichen Integrationsauftrag. Verbote sind daher verhältnismäßig, weil sie den Zweck haben, die Grundlagen dieser Gesellschaft zu schützen und zu fördern.[227]

Ein noch strengerer Eignungsmaßstab als für Lehramtsanwärter und Lehrer **82**
ist an **Richter** (auch Schöffen) und Rechtsreferendare anzulegen.[228] Ein Verbot des sichtbaren Tragens religiös oder weltanschaulich geprägter Kleidungsstücke oder Symbole in mündlichen Verhandlungen und bei allen Amtshandlungen mit Außenkontakt ist verfassungsgemäß. Es dient dazu, Zweifel an der Unabhängigkeit und Neutralität der Justiz und ausschließlichen Bindung an Recht und Gesetz zu verhindern.[229]

Sind Bewerber gleichermaßen geeignet, befähigt und fachlich ausgewiesen, **83**
darf bzw. muss der Dienstherr bei der Auswahl **Hilfskriterien** heranziehen. Voraussetzung hierfür ist wegen der vorbehaltslosen Gewährleistung der Zugangsgleichheit, dass eine verfassungsrechtliche Rechtfertigung und eine hinreichend bestimmte gesetzliche Grundlage vorhanden sind. Sonst wären der sozialpolitischen Willkür Tür und Tor geöffnet. Das Sozialstaatsprinzip ist rechtlich konkretisierungsbedürftig. Daher ist es rechtswidrig, **soziale Gesichtspunkte,** für die keine gesetzliche Regelung besteht, als Hilfskriterien heranzuziehen.

---

[224] BVerfGE 108, 282 (305, 309); zum Verbot der Gesichtsverhüllung *Greve/Kortländer/Schwarz* NVwZ 2017, 992 (997).

[225] BVerfGE 108, 282 (303 ff.); eing. *Sicko,* Das Kopftuch-Urteil des Bundesverfassungsgerichts und seine Umsetzung durch die Landesgesetzgeber, 2008; *Wiese,* Lehrerinnen mit Kopftuch, 2008; *Kinzinger-Büchel,* Kopftuchstreit in der deutschen Rechtsprechung und Gesetzgebung, 2009; *Hofmann* NVwZ 2009, 74.

[226] BVerfGE 138, 296 (327); sa *Brosius-Gersdorf* in Dreier Rn. 100; krit. *Hufen,* Staatsrecht II, 2020 § 22 Rn. 44 mwN, dort a zu einem Kammerbeschl. (BVerfGE NVwZ 2017, 549), der die Rspr. auf Kindertagesstätten übertragen hat.

[227] BVerfGE 108, 282 (309 f.); *Wichmann/Langer,* Öffentliches Dienstrecht, 2017 Rn. 207; sa *Avenarius,* FS f. Hufen, 2015, 265 (267).

[228] BVerfG NVwZ 2017, 1128; VGH München BayVBl. 2018, 672; LG Dortmund NJW 2007, 3013; aA *Sinder* DS 57 (2018), 459.

[229] Für die Bayerische Verfassung BayVerfGH NVwZ 2019, 721, für das GG gilt nichts anderes, BVerfG NVwZ 2020, 461.

84 **Herkunft** ist mit Ausnahme der Regelung in Art. 36 kein zulässiges Hilfskriterium. Eine darüberhinausgehende „Ost-Quote" wäre, unabhängig von ihrer Reichweite, verfassungswidrig (→ Art. 36 Rn. 15). **Lebens-** und **Dienstalter** sind wegen des Verbots der Diskriminierung aus Gründen des Alters nur noch sehr begrenzt berücksichtigungsfähig (→ Rn. 77).[230] Berufliche Erfahrung darf bzw. muss der Dienstherr hingegen berücksichtigen. Auch das höhere Statusamt darf nicht pauschal als ausschlaggebend für eine Beförderung herangezogen werden.[231]

85 **Behinderte** dürfen wegen Art. 3 Abs. 3 S. 2 iVm S. 1 bevorzugt eingestellt werden.[232] Eine gesetzliche Konkretisierung ist aber auch hier geboten, weil das Sozialstaatsprinzip zu unbestimmt ist, um die Personalauswahl zu steuern und Art. 3 Abs. 3 S. 2 nur die Benachteiligung verbietet, nicht aber die Bevorzugung verlangt. Die Rechtsprechung lässt zu, dass die Anforderungen an die körperliche Eignung herabgesetzt werden dürfen.[233] Dies ist unproblematisch, solange es hierdurch nicht zu Benachteiligungen Dritter kommt, denn dies würde wiederum Art. 33 Abs. 2 verletzen.[234] Für das Verhältnis von Art. 3 Abs. 3 S. 2 zu Art. 33 Abs. 2 gilt insoweit nichts anderes als für das Verhältnis von Art. 33 Abs. 2 zu Art. 3 Abs. 2 S. 2 (hierzu → Rn. 87).

86 Rechtlich und politisch umstritten ist das Kriterium **Geschlecht** mit dem Ziel, eine bestimmte Beschäftigungsquote zu erreichen.[235] Auch hierzu ist zunächst auf die Ausführungen zum Unionsrecht zu verweisen (→ Rn. 27). Wegen des Anwendungsvorrangs dürfen nationale Regelungen einschließlich des Art. 3 Abs. 2 S. 2 keine weitergehenden unmittelbaren oder mittelbaren Diskriminierungen erlauben als sie unionsrechtlich zulässig sind. Erlaubt sind Regelungen mit Öffnungsklauseln, dh, die bei gleicher Eignung, Befähigung und fachlicher Leistung das Geschlecht einzelfallbezogen als ein weiteres ausschlaggebendes Kriterium vorsehen, nicht jedoch starre Quoten. Das BVerfG hat sich bisher insbes. zum Verhältnis von Art. 33 Abs. 2 GG, Art. 3 Abs. 2 S. 2 und Art. 3 Abs. 3 S. 1 nicht geäußert, weshalb vor allem die Rechtsprechung des EuGH die Auslegung des AGG, des BGleiG und vergleichbarer Gesetze maßgeblich beeinflusst. Was mit dem Unionsrecht vereinbar ist, wird regelmäßig auch als mit dem GG vereinbar angesehen.[236]

87 Art. 3 Abs. 2 S. 2 „überspielt" nicht Art. 33 Abs. 2 und Art. 3 Abs. 3 S. 1.[237] Art. 33 Abs. 2 ist für den Zugang zu öffentlichen Ämtern ein spezielles, dh abschließendes Gleichheitsrecht. Daher sind Durchbrechungen des Leistungsprinzips fragwürdig.[238] Die Regel, dass das GG an Hand der Gesamtheit seiner Vorschriften auszulegen ist,[239] kommt wegen der Spezialität erst zum Tragen, wenn Bewerber unterschiedlichen Geschlechts gleich ge-

[230] BVerwGE 122, 147 (151).

[231] BVerwGE 138, 102 – Bartz.

[232] *Schmidt* Beamtenrecht, 2017, Rn. 155.

[233] BVerwGE 148, 204 (210 f.); BVerwGE 147, 244 (248 f.).

[234] Krit. auch *Jarass* in Jarass/Pieroth Rn. 30; *Battis* in Sachs Rn. 38.

[235] Ausf. bereits *Laubinger* VerwArch. 87 (1996), 305 ff.; 473 ff.

[236] S nur *Schmidt* Beamtenrecht, 2017, Rn. 154; *Brosius-Gersdorf* in Dreier Rn. 119.

[237] OVG Münster NVwZ 2017, 807, keine Beschränkung des Qualifikationsvergleichs bei einer Beförderungskonkurrenz; sa *Froese/Kempny/Schiffbauer* DÖV 2017, 261.

[238] Für die Zulässigkeit der Durchbrechung des Leistungsprinzips aus Gründen der Frauenförderung *Sacksofsky,* Das Grundrecht auf Gleichberechtigung, 2. Aufl. 1996, 181 ff.; ablehnend *Wichmann/Langer,* Öffentliches Dienstrecht, 2017 Rn. 122.

[239] Zum Prinzip der Einheit der Verfassung *Hesse,* Grundzüge des Verfassungsrechts der Bundesrepublik Deutschland, 1995 Rn. 71.

eignet, befähigt und fachlich geeignet sind. Die auf Art. 3 Abs. 2 S. 2 beruhenden Gestaltungsmöglichkeiten des Gesetzgebers sind jedoch – wie im Unionsrecht (→ Rn. 27) – auch dann begrenzt. Eine geschlechtsbezogene **Bevorzugung** gerät in Konflikt mit Art. 3 Abs. 3 S. 1, wenn es dadurch zu einer **Benachteiligung** eines anderen Geschlechts kommt. Art. 3 Abs. 2 S. 2 ist eine Spezialvorschrift zu Art. 3 Abs. 2 S. 1, steht aber neben Art. 3 Abs. 3 S. 1, verdrängt diesen also nicht. Schwierig zu beurteilen bzw. nachzuweisen sind in diesem Kontext mittelbare Diskriminierungen, also Ungleichbehandlungen, die nicht unmittelbar am Geschlecht anknüpfen (zB die Körpergröße),[240] aus tatsächlichen Gründen aber entweder vor allem Männer oder Frauen treffen. Solche Diskriminierungen können auch durch Förderprogramme hervorgerufen werden (→ Rn. 27).

III. Unabhängigkeit der Rechte vom Bekenntnis und der Weltanschauung (Art. 33 Abs. 3)

1. Rechtscharakter, Bedeutung, Abgrenzung. Art. 33 Abs. 3 ist ebenfalls ein grundrechtgleiches Recht.[241] Die Norm enthält ein besonderes **Gleichheitsrecht,** hat aber wie Art. 33 Abs. 2 auch einen objektiv-rechtlichen Gehalt. Sie ist Ausdruck der religiös-weltanschaulichen Neutralität des Staates.[242] Trotz des Wortlautes gilt die Vorschrift daher auch für Weltanschauungen. Für die **Grundrechtsträgerschaft** kommt es nicht auf die Staatsangehörigkeit an.[243] Die Vorschrift ist ersichtlich auf natürliche Personen zugeschnitten. Ob daher im Bereich staatsbürgerlicher und bürgerlicher Rechte auch juristische Personen iSv Art. 19 Abs. 3 berechtigt sein können, ist zweifelhaft.[244] 88

Art. 33 Abs. 3 hat wie Art. 33 Abs. 1 **wenig Bedeutung** erlangt, weil er ebenfalls häufig durch andere Regelungen verdrängt wird.[245] Die Unabhängigkeit des Zugangs zu öffentlichen Ämtern von religiösen Bekenntnissen und Weltanschauungen ergibt sich bereits aus Art. 33 Abs. 2, das Verbot der Diskriminierung aus religiösen oder politischen Gründen aus Art. 3 Abs. 3 S 1.[246] Dass der Genuss bürgerlicher und staatbürgerlicher Rechte sowie die im öffentlichen Dienste erworbenen Rechte unabhängig vom religiösen Bekenntnis sind, folgt bereits aus Art. 4 Abs. 1, 2. Ansonsten lägen Eingriffe in die Glaubensfreiheit vor. Schließlich ist Art. 136 Abs. 2 WRV iVm Art. 140 überwiegend wortgleich mit Art. 33 Abs. 3 S. 1.[247] Art. 33 Abs. 3 S. 2 umfasst bzw. wiederholt den Inhalt von S. 1, soweit dieser Benachteiligungen aus religiösen Gründen verbietet. Mit dem Verbot weltanschaulich 89

[240] Zum Problem der Mindestgröße im Polizeidienst EuGH C-409/16, ECLI:EU:C:2017:767; OVG Münster ZBR 2019, 135; *Masuch* ZBR 2017, 81; *Spitzlei* NVwZ 2018, 614. Richtigerweise ist Körpergröße ein Eignungskriterium, das der Dienstherr bestimmen darf.

[241] BVerwGE 116, 359 (360).

[242] *Jarass* in Jarass/Pieroth Rn. 31; *Hense* in BeckOK GG Rn. 22.

[243] *Battis* in Sachs Rn. 43.

[244] Dafür *Jarass* in Jarass/Pieroth Rn. 34; *Brosius-Gersdorf* in Dreier Rn. 141; aA *Höfling* in BK Rn. 423.

[245] Vgl. *Brosius-Gersdorf* in Dreier Rn. 140; aA *Hense* in BeckOK GG Rn. 22; *Battis* in Sachs Rn. 42.

[246] Für einen Vorrang von Art. 33 Abs. 3 *Jarass* in Jarass/Pieroth Rn. 32.

[247] Lediglich die „im öffentlichen Dienst erworbenen Rechte" sind nicht erwähnt; BVerfGE 79, 69 (75) im Zusammenhang mit der Eidesleistung bzw. – ersatzweisen – Beteuerung als Voraussetzung für die Ausübung eines kommunalen Amtes.

motivierter Diskriminierungen ist S. 2 aber eine weitergehende Regelung. Trotzdem ist auch dieses Verbot bereits durch Art. 4 Abs. 1, 2 umfasst, der zudem nicht nur vor Nachteilen wegen der (Nicht-)Zugehörigkeit schützt, sondern auch vor Nachteilen, die aus der Ausübung des Glaubens oder aus einem weltanschaulich motivierten Verhalten erwachsen können.

90 Die Vorschrift ist **historisch** zu erklären (→ Rn. 7), damit – neben der mangelnden Spezialität – auch ihre geringe praktische Relevanz.[248] Die Gefahr der gänzlichen Rechtlosigkeit ist nicht mehr gegeben, die Gefahr der Benachteiligung aus religiösen Gründen va auf den Zugang zum und die Tätigkeit im öffentlichen Dienst begrenzt. Soweit der Zugang zu öffentlichen Ämtern mangels Eignung in Streit steht, ist Art. 33 Abs. 2 *lex specialis.*[249] Sind im Übrigen Eingriffe in die Glaubensfreiheit anlässlich der Tätigkeit verhältnismäßig, gilt dies regelmäßig auch für Benachteiligungen. Das Übermaßverbot sorgt für einen Gleichlauf der Rechtfertigung.

91 **2. Zulassung zu öffentlichen Ämtern. Unabhängigkeit der bürgerlichen Rechte vom religiösen Bekenntnis und der Weltanschauung.** Art. 33 Abs. 3 gilt wie Art. 33 Abs. 1 (→ Rn. 36) für alle öffentlich-rechtlichen und privatrechtlichen Rechtsbeziehungen, ohne auf dieser Unterscheidung aufzubauen. Art. 33 Abs. 3 erfasst schlicht **alle Rechtsbeziehungen zwischen Bürger und Staat.**[250] Die Unterscheidung zwischen bürgerlichen und staatsbürgerlichen Rechten ist überflüssig. Im Übrigen würde eine Unterscheidung wieder das Problem aufwerfen, ob „staatsbürgerlich" alle öffentlich-rechtlichen Rechtsbeziehungen meint oder nur verfassungsrechtliche/politische (→ Rn. 36). Als Grundrecht hat Art. 33 Abs. 3 keine unmittelbare Drittwirkung. Das Wort „Genuss" ist veraltet. Gemeint sind das Innehaben und die Ausübung.

92 Der **Amtsbegriff** (→ Rn. 58 ff.) entspricht dem in Art. 33 Abs. 2.[251] Richter und Soldaten sowie Arbeiter und Angestellte juristischer Personen des öffentlichen Rechts sind mithin erfasst, ebenso Verwaltungstätigkeiten in privatrechtlicher Form. Im öffentlichen Dienst **„erworbene Rechte"** sind alle Rechtspositionen einschließlich Anwartschaften, deren Be- und Entstehen auf dem jeweiligen Dienstverhältnis beruht.[252]

93 **„Unabhängig"** meint, dass der Staat nicht allein das Haben eines bestimmten Glaubens sanktionieren darf. Dies wäre gleichheitswidrig.[253] Nicht gemeint ist, dass alle Formen des Ausübens keine negativen Folgen haben dürfen. Anderenfalls wären zB Regelungen, die das religiös-weltanschaulich motivierte Tragen von Kleidungsstücken oder Symbolen sanktionieren, stets verfassungswidrig. Eine solches Verständnis von Art. 33 Abs. 3 ist jedoch unvereinbar mit zulässigen Eingriffen in Art. 4 Abs. 1, 2 auf der Basis verfassungsimmanenter Schranken.[254] Bedeutung hat das va für die Zulassung zu öffentlichen Ämtern.

---

[248] *Battis* in Sachs Rn. 42.
[249] AA BVerfGE 108, 282 (298).
[250] *Jarass* in Jarass/Pieroth Rn. 33; *Pieper* in SHH Rn. 92.
[251] BVerfGE 138, 296 (347).
[252] Für eine Erstreckung auch auf Pflichten *Jarass* in Jarass/Pieroth Rn. 33.
[253] BVerfGE 138, 296 (348).
[254] Der Schutz durch Art. 33 Abs. 3 reicht daher nicht weiter als der durch Art. 4 Abs. 1, 2 GG, s BVerfGE 108, 282 (298); BVerfGE 138, 296 (347 f.).

Für **Ämter** eine bestimmte **Konfession** zu fordern, ist grds. unzulässig. Ausnahmen sind für Bekenntnisschulen zulässig.[255] Für theologische Professuren an staatlichen Universitäten ist Art. 5 Abs. 3 S. 1 zu berücksichtigen,[256] jedoch darf wegen Art. 4 Abs. 1, 2 die Übereinstimmung mit einem bestimmten theologischen Fach selbst in nicht theologischen Studiengängen gefordert werden, wenn Dozenten dieses Fach lehren wollen.[257] Es handelt sich dann um ein zulässiges Eignungskriterium.[258] Gleiches gilt wegen Art. 7 Abs. 3 S. 2 für den Religionsunterricht und für Geistliche im Staatsdienst (zB Militär- oder Gefängnisseelsorge). **94**

IV. Garantie des Berufsbeamtentums, Funktionsvorbehalt (Art. 33 Abs. 4)

1. Rechtscharakter, Bedeutung. Art. 33 Abs. 4 **garantiert** iVm Abs. 5 **institutionell** das Berufsbeamtentum.[259] Dem objektiv-rechtlichen Inhalt korrespondiert nach ganz überwiegender Auffassung kein subjektiv-öffentliches Recht auf Verbeamtung.[260] Art. 93 Abs. 1 Nr. 4a ändert daran nichts, denn er setzt die subjektiv-rechtliche Dimension voraus. Eine solche könnte sich jedoch iVm Art. 3 Abs. 1 ergeben. Als institutionelle Garantie verbietet Art. 33 Abs. 4 dem Gesetzgeber, das Berufsbeamtentum abzuschaffen und gebietet, die Ausübung hoheitsrechtlicher Befugnisse in der Regel Berufsbeamten zu übertragen (**Funktionsvorbehalt** → Rn. 104 ff).[261] Die Norm sichert dem Berufsbeamtentum einen Mindesteinsatzbereich.[262] **95**

Trotz der mit der Auslegung verbundenen Unsicherheit, die mit einer häufigen Missachtung einhergeht (→ Rn. 110),[263] handelt es sich um keinen Programmsatz, sondern um eine konkretisierungsbedürftige, gleichwohl aber verbindliche Verfassungsnorm.[264] Eine Funktionssperre, die den Einsatz von Beamten außerhalb des Vorbehaltsbereichs verbietet, sondern Arbeitern und Angestellten vorbehält, statuiert Art. 33 Abs. 4 nicht.[265] Außerhalb des Vorbehaltsbereichs darf ein Dienstherr verbeamten, muss es aber nicht.[266] **96**

Art. 33 Abs. 4 gilt nicht für Arbeiter und Angestellte des öffentlichen Dienstes,[267] erfasst neben **Beamten** aber auch Soldaten und Richter.[268] Anders als in Art. 33 Abs. 5 oder Art. 113 ff. SaarlVerf. ist zwar nicht explizit **97**

---

[255] BVerfGE 39, 334 (368); weitergehend BVerfGE 41, 65 (87), für Bekenntnisklassen an Gemeinschaftsschulen; dagegen *Jarass* in Jarass/Pieroth Rn. 39; sa BVerwGE 81, 22 (24).

[256] BVerwGE 124, 310 (315 f.); BVerfGE 122, 89 (105 ff.).

[257] Umstr., s *Morlok* in Dreier, 136 WRV Rn. 17.

[258] *Pieper* in SHH Rn. 102.

[259] BVerfGE 62, 374 (382); BVerfGE 106, 225 (231 f.).

[260] BVerfGE 6, 376 (385); *Jarass* in Jarass/Pieroth Rn. 41; *Pieper* in SHH Rn. 104; *Battis* in Sachs, Rn. 45; *Jachmann-Michel/Kaiser* in MKS Rn. 29; aA *Günther* VerwArch 99 (2008), 538.

[261] *Schwarz* JZ 2019, 276; *Schulz* DVBl. 2018, 1599.

[262] BVerfGE 130, 76 (112); *Jarass* in Jarass/Pieroth Rn. 41; *Hense* in BeckOK GG Rn. 27.

[263] *Kämmerer* in Ehlers/Fehling/Pünder Besonderes Verwaltungsrecht Bd. 1, 2019, § 13 Rn. 55; ähnl. *Leppek,* Beamtenrecht, 2019 Rn. 27, „nicht immer beachtet."

[264] *Lecheler* in HdbStR V § 110 Rn. 12, 15; *Strauß,* Funktionsvorbehalt und Berufsbeamtentum, 2000, 57 ff. mwN; sa *Thiele* Der Staat 49 (2010), 274 (277 f.) mwN.

[265] *Lecheler* in HdbStR V § 110 Rn. 15; *Lecheler* in BerlKomm Rn. 52; *Jachmann-Michel/Kaiser* in MKS Rn. 29; aA *Dörr,* Die Abgrenzung von Beamten- und Angestelltenfunktionen im öffentlichen Dienst, 1990, 39 f.

[266] Zurückhaltender *Schwarz* JZ 2019, 276 (277), Notwendigkeit der Aktivierung der hergebrachten Grundsätze des Berufsbeamtentums iSv Art. 33 Abs. 5.

[267] BVerfGE 3, 162 (186); gleiches gilt für Mitglieder kommunaler Vertretungskörperschaften, BVerfGE 6, 376 (384 f.).

[268] *Jarass* in Jarass/Pieroth Rn. 44.

das Beamtentum erwähnt. Dass 1949 mit „Angehörigen des öffentlichen Dienstes“, „die in einem öffentlich-rechtlichen Dienst- und Treueverhältnis stehen“, statusmäßig Beamte iSd Beamtenrechts gemeint waren, ist aber unstreitig. Für diese Auslegung sprechen neben der Entstehungsgeschichte (→ Rn. 10) der systematische Konnex mit Abs. 5 (→ Rn. 114) und der Zweck, die Gesetzmäßigkeit der und die Aufgabenerfüllung durch die Verwaltung zu sichern.[269] Mittelbar dient Art. 33 Abs. 4 somit auch dem Schutz der Rechte des Bürgers.[270]

98 Neben die **rechtlich-funktionalen Aspekte** der Sachkunde und Rechtstreue tritt die **politisch-funktionale Erwartung,** dass Beamte „einen ausgleichenden Faktor gegenüber den das Staatsleben gestaltenden Kräften“ darstellen,[271] insbes. den Parteien.[272] Ob Art. 33 Abs. 4 diese demokratiestabilisierenden Wirkungen hat bzw. überhaupt haben kann, hängt nicht zuletzt davon ab, dass es effektiven Rechtsschutz gegen politisch motivierte Ernennungen und Beförderungen gibt (→ Rn. 55 ff.), dass das Kriterium der Verfassungstreue beim Zugang zu öffentlichen Ämtern (→ Rn. 72 f.) regelmäßig überprüft und Verstöße durch Beamte konsequent hart geahndet werden.

99 Wie alle institutionellen Garantien **schränkt** auch die des Berufsbeamtentums den **Gestaltungsspielraum** des **Gesetzgebers ein.** Art. 33 Abs. 4 perpetuiert den statusrechtlichen Dualismus im öffentlichen Dienst in Deutschland, der zugleich die Unterscheidung zwischen öffentlichem Recht und Zivilrecht einschließlich des Prozessrechts markiert. Seine eigentliche Bedeutung gewinnt der Dualismus durch die in Art. 33 Abs. 5 an den Gesetzgeber gerichtete Pflicht, das Recht dieses Teils des öffentlichen Dienstes unter Berücksichtigung der hergebrachten Grundsätze des Berufsbeamtentums zu regeln. Das hat erhebliche arbeitsrechtliche (Streikverbot → Rn. 137) und sozialversicherungsrechtliche (Versorgungspflicht statt Rentenversicherungspflicht → Rn. 145) Folgen.

100 Der eingeschränkte Gestaltungsspielraum zieht ebenso häufig den Vorwurf mangelnder Flexibilität wie das Lob des dadurch erreichten Schutzes vor dem Zugriff durch den Gesetzgeber auf sich. Der statusrechtliche Dualismus, der idR auf den **Fortbestand** des **Berufsbeamtentums** reduziert wird, ist eine (verfassungs-)politische Entscheidung.[273] Das Berufsbeamtentum abzuschaffen wäre wegen der institutionellen Garantie nur durch eine Verfassungsänderung möglich. Art. 79 Abs. 3 stünde nicht entgegen,[274] weil die Gesetzmäßigkeit und Funktionsfähigkeit der Verwaltung durch ein einheitliches Dienstrecht gewährleistet werden könnten. Allerdings müsste das bestehende Arbeits(kampf)recht modifiziert, va jedoch

---

[269] *Schwarz* JZ 2019, 276; BVerfGE 130, 76 (111 f.), Sicherung einer qualifizierten, loyalen und gesetzestreuen Aufgabenerfüllung.

[270] BVerfGE 130, 76 (109).

[271] BVerfGE 7, 155 (162); BVerfGE 119, 247 (260 f.); *Pieper* in SHH Rn. 119; *Rudolf* VVDStRL 37 (1979), 204; *Hesse,* Grundzüge des Verfassungsrechts der Bundesrepbulik Deutschland, 1995, Rn. 540; *Isensee* ZBR 1998, 295; *Jachmann* ZBR 2000, 181.

[272] *Forsthoff* DÖV 1951, 460.

[273] Aus der Vergangenheit s *Leisner,* Grundlagen des Berufsbeamtentums, 1971; zur Grundsatzdiskussion *Leisner,* Das Berufsbeamtentum im demokratischen Staat, 1975; rechtsvergleichend *Niedobitek* in Magiera/Siedentopf, Das Recht des öffentlichen Dienstes in den Mitgliedstaaten der Europäischen Gemeinschaft, 1994, 11 ff.

[274] *Lecheler* in BerlKomm Rn. 6; *Strauß,* Funktionsvorbehalt und Berufsbeamtentum, 2000, 237 f.

kodifiziert werden. Sonst würde sich zB das (Warn-)Streikproblem sehr deutlich zeigen.

Derzeit hat die Diskussion über den Fortbestand des Berufsbeamtentums **101** wenig Konjunktur.[275] Dies hat gesellschaftspolitische Gründe. Rechtlich ist hervorzuheben, dass der **Vorwurf mangelnder Flexibilität unzutreffend** ist. Erstens ist Art. 33 Abs. 4 mit dem Unionsrecht vereinbar (→ Rn. 23). Zweitens eröffnet die Vorschrift mit dem Begriff „hoheitsrechtlicher Befugnisse" einen großen Spielraum, der zusammen mit der Erlaubnis von Ausnahmen („in der Regel") ein Maß an Flexibilität zulässt, das in bestimmten Aufgabenbereichen des öffentlichen Dienstes geradezu zur Missachtung der Pflicht zur Verbeamtung einlädt (→ Rn. 110). Drittens ist der Staat nicht gehindert, Aufgaben, die Beamten vorbehalten sind, privatrechtlich zu organisieren oder sogar weitgehend abzugeben. Das belegen zB die Privatisierungen der Deutschen Bundesbahn und der Deutschen Post (Art. 87e, Art. 87f), in denen das Gros der Bundesbeamten beschäftigt war. Hierfür bedarf es jedoch idR einer Verfassungsänderung (sa Art. 87d).

Ob und inwieweit Art. 33 Abs. 4 ohne eine Verfassungsänderung **Privatisierungen** begrenzt, ist umstritten.[276] Als Privatisierungsschranke gilt die **102** Norm als „wenig ergiebig."[277] Dies hängt damit zusammen, dass trotz der idealtypischen Unterscheidung zwischen formellen, materiellen, funktionalen und Vermögensprivatisierungen[278] die Modalitäten staatlicher Aufgabenerfüllung und staatlicher Einflussnahme auf die Aufgabenwahrnehmung ebenso vielfältig wie unscharf sind. Die mit Öffentlich-Privaten-Partnerschaften einhergehenden Gestaltungsmöglichkeiten sind dafür exemplarisch. Daher lässt sich nur schwer sagen, ob ein unzulässiger Rückzug der öffentlichen Hand vorliegt oder nicht. Die häufig angeführte Gewährleistungsverantwortung des Staates dient in der Regel dazu, diese Unsicherheit zu überdecken.

Der Staat darf hoheitliche Aufgaben auf Private übertragen.[279] Art. 33 **103** Abs. 4 gilt aber auch für die Wahrnehmung in privatrechtlicher Organisationsform (→ Rn. 112 f.).[280] Sind hoheitsrechtliche Befugnisse in der Regel Beamten zu übertragen, darf aber nur der Staat Beamte haben, dürfen die Aufgaben, zu deren Erfüllung die Befugnisse dienen, nicht ohne Beachtung des Funktionsvorbehalts und grenzenlos formell privatisiert werden.[281] Andernfalls könnte der Zweck der institutionellen Garantie des Berufsbeamtentums ausgehöhlt werden. Ein Mindesteinsatzbereich wäre nicht mehr gewährleistet (→ Rn. 95). Jedoch stellt sich damit die **Frage,** was **hoheits-**

---

[275] Einen Überblick über die Diskussion gibt *Battis,* in Sachs Rn. 59 ff.

[276] *Hense* in BeckOK GG Rn. 31; *Idler* in Maunz/Dürig Art. 86 Rn. 121 ff.; *Thiele* Der Staat 49 (2010), 274 mwN; zur Aufgabe Gefahrenabwehr *Gramm* VerwArch 90 (1999), 329; sa *Schnekenburger,* Rechtsstellung und Aufgaben des Privaten Sicherheitsgewerbes, 1999, 181 ff.; zum Strafvollzug *Kruis* ZRP 2000, 1 ff.; *Wagner* ZRP 2000, 169; zum Maßregelvollzug *Willenbruch/Bischoff* NJW 2006, 1776; *Scherer* FS f. Frotscher, 2007, 617.

[277] *Bauer* VVDStRL 54 (1995), 243 (264); sa *Di Fabio* JZ 1999, 585 (590 f.); *Battis* in Sachs Rn. 58; *Kämmerer* in Ehlers/Fehling/Pünder Besonderes Verwaltungsrecht Bd. 1, 2019 § 13 Rn. 56 „wenig mehr als Evidenzkontrollen".

[278] Ausf. *Burgi,* Funktionale Privatisierung und Verwaltungshilfe, 1999; *Burgi* in HdbStR V § 75 Rn. 6 ff.; *Osterloh* VVDStRL 54 (1995), 204 bzw. *Bauer* VVDStRL 54 (1995), 243; *Kämmerer* DVBl. 2008, 1005.

[279] Allg. *Burgi* in HdbStR IV § 75; *Ronellenfitsch* in HdbStR V § 98 Rn. 43 ff.; *Haug* NVwZ 1999, 816 (817); für die Verwaltungshilfe *Peine* DÖV 1997, 353 (357 ff.).

[280] BVerfGE 130, 76 (111).

[281] *Di Fabio* JZ 1999, 585 (592); zum Funktionsvorbehalt als Grenze für Beleihungen *Burgi* in HdbStR IV § 75 Rn. 21.

rechtlich iSd Norm bedeutet und damit auf der abstrakten Aufgabenebene das gleiche (und mit der Auslegung des Art. 45 Abs. 4 AEUV vergleichbare) Problem, das sich dann auf der konkreten Wahrnehmungsebene statusmäßig fortsetzt.[282]

2. Die Ausübung hoheitsrechtlicher Befugnisse ist als ständige Aufgabe in der Regel Angehörigen des öffentlichen Dienstes zu übertragen, die in einem öffentlich-rechtlichen Dienst- und Treueverhält-
104 **nis stehen.** Welche Teile des öffentlichen Dienstes unter Beachtung der hergebrachten Grundsätze des Berufsbeamtentums zu regeln und fortzuentwickeln sind, hängt davon ab, welchen Umfang der **Funktionsvorbehalt** hat.[283] Funktion und Status sind aufeinander bezogen. Was unter „**Ausübung hoheitsrechtlicher Befugnisse**" zu verstehen ist, ist jedoch umstritten.[284]

105 Die **Auffassungen,** was zu den Staatsaufgaben gehört, unterliegen im gewissen Maße dem gesellschaftlich-politischen **Wandel.** Wie schnell sie wechseln, lässt sich gegenwärtig erkennen. Wurde vor 25 Jahren der „Schlanke Staat" propagiert,[285] ist es derzeit ein „Starker Staat".[286] Zudem präjudiziert die vorgreifliche Aussage über das „Ob" einer Staatsaufgabe nur bedingt das „Wie" der Wahrnehmung. Die Handlungs- und Organisationsformen der Verwaltung sind vielfältig. Sowohl das Öffentliche Recht als auch das Privatrecht stehen zur Verfügung (→ Rn. 102 f.).[287] Unstreitig ist nur, dass juristische Personen des Privatrechts nicht dienstherrnfähig sind, Beamte ihnen daher nur zugewiesen werden können[288] (vgl. Art. 143a Abs. 1 S. 3 und Art. 143b Abs. 3 iVm dem PostPersRG).

106 **Kaum geeignet** für die Bestimmung des Funktionsvorbehalts ist die **Unterscheidung** zwischen **Eingriffs**- und **Leistungsverwaltung.**[289] Sie diente ursprünglich dazu, die Reichweite des Gesetzesvorbehalts zu umreißen. In einer Gesellschaft, in der der Einzelne seine Existenz immer weniger selbst sichern kann, sondern auf Leistungen Dritter und des Staates angewiesen ist, ist diese Gegenüberstellung eher heuristisch. Die Entwicklung vom Rechtsstaat über den Sozialstaat zum Vorsorgestaat[290] hat in der Grundrechtsdogmatik zu einem weiten Eingriffsbegriff geführt und den parlamentarischen Gesetzesvorbehalt ausgedehnt, weil die Vorenthaltung einer Leistung den Einzelnen viel härter treffen kann als ein Verbot oder Gebot.[291] Auch die Differenzierung zwischen Innen- und Außenwirksamkeit ist nicht hilfreich,

---

[282] Gegen ein aufgabenbezogenes Verständnis *Kämmerer,* Privatisierung, 2001, 215.

[283] Ausf. *Schwarz* JZ 2019, 276; aus der älteren Literatur s nur *Peine* DV 17 (1984), 415.

[284] *Schwarz* JZ 2019, 276 (277 f.); *Pieper* in SHH Rn. 108 ff.; BVerfGE 130, 76 (113); vgl. a *Strauß,* Funktionsvorbehalt und Berufsbeamtentum, 2000, 61; *Manssen* ZBR 1999, 253: „Dauerproblem"; *Lecheler,* Die Verfassungspflicht der Dienstherren zum Einsatz von Beamten bei der Erfüllung staatlicher Daueraufgaben, 1989, 5 ff.; Überblick zur Rspr. bei *Lecheler* in BerlKomm Rn. 36 ff.

[285] Dazu *Battis,* in Sachs Rn. 61; *Rupp* in HdbStR II § 31 Rn. 57; *Butzer* in HdbStR IV § 74 Rn. 61.

[286] Zur Tendenz der Publizisierung *Bauer* JZ 2014, 1017; *Bauer* DÖV 2012, 329.

[287] *Jarass* in Jarass/Pieroth Rn. 42.

[288] Hierzu *Schmidt,* Beamtenrecht, Rn. 205 ff.

[289] So *Hill* DVBl. 1989, 321; wie hier *Schwarz* JZ 2019, 276 (277); *Thiele* Der Staat 49 (2010), 274 (285 ff.); *Lecheler* in BerlKomm Rn. 49 ff.; sa *Brosius-Gersdorf* in Dreier Rn. 154 ff.

[290] *Volkmann* JZ 2004, 696.

[291] Das BVerfG hat sich darauf beschränkt zu klären, dass mit Befehl und Zwang verbundene Grundrechtseingriffe unter Art. 33 Abs. 4 fallen, BVerfGE 130, 76 (113).

weil es häufig vom Zufall abhängig ist, welcher Bedienstete mit dem Bürger in Kontakt tritt.[292]

Die Zuordnung einer Tätigkeit zu **Aufgabenbereichen,** in denen traditionell Beamte beschäftigt sind, zB Polizei, Finanzverwaltung, diplomatischer Dienst oder die Gubernative, ist nur ein Anhaltspunkt dafür, ob damit hoheitsrechtliche Befugnisse verbunden sind. Für die umstrittenen Segmente des öffentlichen Dienstes, va Schuldienst sowie technischer und nichttechnischer Verwaltungsdienst, lässt sich auf dieser Basis keine Aussage treffen. Allein die Unterscheidungen zwischen einseitigen und kooperativen **Handlungsformen** sowie zwischen Verwaltungsakten und Realakten helfen als Definitionsmerkmale auch nicht weiter. **107**

Häufig wird in der Literatur darauf abgestellt, ob für die Wahrnehmung der mit einem **konkreten Dienstposten** verbundenen **Befugnisse** die Besonderheiten des Beamtenverhältnisses in besonderem Maße adäquat sind.[293] Bejaht wird dies idR für Dienstposten in der Eingriffsverwaltung und die Wahrnehmung der Disziplinargewalt, verneint hingegen für wirtschaftlich-fiskalische, technische, künstlerische Aufgaben, auch wenn sie in der Eingriffsverwaltung anfallen, für Hilfsdienste ohne eigene Entscheidungsbefugnis und für das Beschaffungswesen.[294] **108**

Entscheidend für die Antwort auf die Frage, ob hoheitsrechtliche Befugnisse ausgeübt werden, dürfte sein, ob Beschäftigte in einem bestimmten Bereich **typischerweise** über **Benennungsmacht** im Staat-Bürger-Verhältnis verfügen. Eine typisierende **Betrachtung** hat den Vorteil, dass sie für Homogenität und Gleichbehandlung sorgt. Abweichungen im Einzelfall lässt Art. 33 Abs. 4 zu (→ Rn. 112 f.). Benennungsmacht ist ein soziologischer Begriff und bezeichnet „die Fähigkeit, bestimmte Begriffe, Kategorien sowie Wahrnehmungs- und Repräsentationsschemata zu beeinflussen, zu autorisieren und ihnen quasioffiziellen Charakter zu verleihen."[295] Gemeint ist also nicht die Befugnis, subjektiv-öffentliche Rechte und Pflichten begründen zu können, sondern die der Subsumtion vorgelagerten Quantifizierungen, Skalierungen, Maßstäbe, Indikatoren, Status, Prognosen oder Messungen entweder selbst vorzunehmen oder als verbindlich erklären zu können. Benennungsmacht ist nicht zwingend auf Außenwirkung gerichtet, sondern gehört häufig zum internen Entscheidungsprozess. Sie ist auch nicht auf bestimmte Ämter im statusrechtlichen Sinn beschränkt, nicht hierarchieabhängig. **109**

Benennungsmacht ist sowohl **belastendenden** als auch **begünstigenden** Entscheidungen vorgelagert. Sie erklärt, warum die Beschränkung des Funktionsvorbehalts auf die Eingriffsverwaltung unrichtig ist, hingegen aber tatsächliche/manuelle Verwaltungstätigkeiten, wie sie für die Daseinsvorsorge typisch sind, betriebswirtschaftliche oder künstlerische Tätigkeiten keine Benennungsmacht erfordern. Der Begriff erklärt auch, warum das staatliche Bildungssystem auf Benennungsmacht beruht und folglich Lehrer und Professoren idR zu verbeamten sind. Schulen und Universitäten bestimmen qua ihrer Benen- **110**

---

[292] Zu Recht abl. BAG NVwZ 1999, 917 (918).

[293] Vgl. *Lecheler* in HdbStR V § 110 Rn. 16; *Lecheler* in BerlKomm Rn. 49; *Battis* in Sachs Rn. 57; *Strauß,* Funktionsvorbehalt und Berufsbeamtentum, 2000, 119, der zu dem Ergebnis gelangt, es komme entscheidend „auf die Intensität der Einwirkung auf den Rechtskreis des Bürgers an"; sa *Jachmann-Michel/Kaiser* in MKS Rn. 31; *Kämmerer* JZ 1996, 1042 (1047).

[294] *Lecheler* in HdbStR V § 110 Rn. 17 ff.

[295] *Mau,* Das metrische Wir, 2017, S. 185 ff., der den Begriff von *Bourdieu,* Sozialer Raum und „Klassen", 1985, übernimmt.

nungsmacht über Lebenschancen. Die Praxis, Lehrer nicht zu verbeamten,[296] ist daher verfassungswidrig.[297] Art. 7 Abs. 4, der (staatlich anerkannte) Ersatzschulen erlaubt, steht dieser Wertung nicht entgegen, weil der Funktionsvorbehalt insoweit verfassungsimmanent begrenzt ist. Die Benennungsmacht der Gerichtsvollzieher und der Behörden, die mit der Überwachung des Straßenverkehrs betraut sind, ist so beträchtlich, dass eine Privatisierung ausscheidet.

111 Wann eine „**ständige Aufgabe**" vorliegt, kann schwierig zu bestimmen sein, weil unklar ist, ob die Aufgabe beim Hoheitsträger ständig anfallen muss oder die Dauer der Übertragung maßgeblich sein soll. Hoheitliche Aufgaben, die nur zeitlich begrenzt anfallen, sollen nicht Art. 33 Abs. 4 unterfallen, selbst wenn die Zeitspanne lang ist.[298] Dies spricht für einen Aufgaben- und gegen einen Personenbezug. Jedoch soll Art. 33 Abs. 4 ebenfalls nicht anwendbar sein, wenn vom Staat ständig zu erfüllende Aufgaben nur zeitlich begrenzt wahrgenommen werden.[299] Nicht ständige Aufgaben sind daher zB Krankheits-, Elternzeit- oder Urlaubsvertretungen oder Übertragungen, die zur Vorbereitung einer ständigen Übertragung dienen (Erprobungen im Angestelltenverhältnis). Der Zeitraum einer solchen Übertragung darf jedoch nicht zu lang sein, weil sonst eine Umgehung des Funktionsvorbehalts droht bzw. der Zweck des Funktionsvorbehalts verfehlt wird (→ Rn. 95).[300]. Dies dürfte der Fall sein, sobald die Tätigkeit von einer unbefristet beschäftigten Person länger als drei Jahre ausgeübt werden soll. Dann ist nicht einzusehen, warum bei Beachtung der beamtenrechtlichen Probezeiten eine Lebenszeitverbeamtung unterbleiben soll.[301] Art. 33 Abs. 4 verhält sich hingegen neutral zur Häufigkeit und zur Dauer befristeter Arbeitsverträge, weil er keinen Anspruch auf Verbeamtung begründet (→ Rn. 95) und das Lebenszeitprinzip Verbeamtungen auf Zeit nur ausnahmsweise erlaubt (→ Rn. 150). Auf die Häufigkeit/ Frequenz der Nutzung von Eingriffsbefugnissen kommt es nicht an.[302]

112 Neben der temporär begründeten Ausnahme erlaubt Art. 33 Abs. 4 auch die sachlich begründete Ausnahme. Die Ausübung hoheitsrechtlicher Befugnisse ist **„in der Regel"** Beamten zu übertragen.[303] Der notwendige Sachgrund schließt eine quantitative Begründung aus, nach der zB ein bestimmter Anteil aller Bediensteten im öffentlichen Dienst eines Dienstherrn oder in einem bestimmten Verwaltungsbereich, zB dem Schuldienst oder der Polizei, nicht verbeamtet sein soll.[304] „Es darf sich […] nur um Ausnahmefälle handeln. Würde die ständige Ausübung hoheitlicher Befugnisse in größerem

---

[296] Hierzu *Schwarz* JZ 2019, 276.

[297] *Jachmann-Michel/Kaiser* in MKS Rn. 34; *Günther* ZBR 2014, 18 (28); *Hense* in Beck-OK GG Rn. 32; *Cremer/Wolf* RdJB 2014, 215 (228); krit. a *Schwarz* JZ 2019, 276 (282 f.); *Schulz* DVBl. 2018, 1599 (1601); *Lecheler* FS 50 Jahre BVerfG, Bd. II, 2001, 359 (371 f.); diff. *Badura* in Maunz/Dürig Rn. 57; aA BVerfGE 119, 247 (267), „nicht schwerpunktmäßig hoheitlich geprägte Aufgaben"; *Brosius-Gersdorf* in Dreier Rn. 159; *Jarass* in Jarass/Pieroth Rn. 43; *Battis* in Sachs Rn. 57; *Wichmann/Langer,* Öffentliches Dienstrecht, 2017 Rn. 19; beachte zu Art. 7 Abs. 1 aber BVerfGE 148, 296 (370 f.).

[298] *Jachmann-Michel/Kaiser* in MKS Rn. 37.

[299] BVerfGE 83, 130 (150).

[300] Zur Gefahr der Umgehung durch Befristung *Brosius-Gersdorf* in Dreier Rn. 164.

[301] Zum Lebenszeitprinzip als Auslegungsparameter *Schwarz* JZ 2019, 276 (278 f.).

[302] BVerfGE 130, 76 (113 f.).

[303] *Strauß,* Funktionsvorbehalt und Berufsbeamtentum, 2000, 144 ff., der den Grundsatz der Verhältnismäßigkeit heranzieht; zust. *Jachmann-Michel/Kaiser* in MKS Rn. 37; *Thiele* Der Staat 49 (2010), 274 (290 ff.); allg. *Werres* ZBR 2017, 109.

[304] Zust. *Burgi* in HdbStR IV § 75 Rn. 21; *Wiegand* DVBl. 2012, 1134 (1137); *Thiele* Der Staat 49 (2010), 274 (290 ff.).

Umfang auf Nichtbeamte übertragen, so wäre dies mit dem GG nicht vereinbar."[305] Unabhängig von der Frage, wann Quantität in Qualität umschlägt, ist jedenfalls die Grundrechtsrelevanz ein Gesichtspunkt, der für die Regel spricht.[306] Grundrechtsrelevant sind zB freiheitsentziehende Maßnahmen. Auch fiskalische Gründe allein reichen nicht aus, um von der Regel abzuweichen.[307] Wirtschaftlichkeitsgesichtspunkte dürfen nur dann eine Rolle spielen, wenn der Einsatz von Berufsbeamten wegen Besonderheiten der speziellen Tätigkeit deutlich ungünstiger wäre.[308] Eine sachlich begründete Ausnahme ist umso eher gerechtfertigt, je weniger die mit Art. 33 Abs. 4 verbundenen politischen und rechtlich-funktionalen Erwartungen (→ hierzu Rn. 98) im Vordergrund stehen.[309]

Der Funktionsvorbehalt enthält ein **Regel-Ausnahme-Prinzip,** das dem **113**
Dienstherrn ua die Begründungslast dafür auferlegt, warum Bedienstete, die in einem privatrechtlichen Arbeitsverhältnis zu ihm oder im Fall einer Beleihung zu Dritten stehen, hoheitsrechtliche Befugnisse wahrnehmen dürfen. Ob die formelle Privatisierung des hessischen Maßregelvollzugs dieses Prinzip in Gänze wahrt, ist fraglich.[310] Der Vollzug ist zwar organisatorisch in die allgemeine psychiatrische Behandlung und Betreuung eingebunden, was für die Patienten vorteilhaft ist.[311] Außerdem sollen die Rechtspflichten der privaten Einrichtungsträger durch den öffentlichen Aufgabenträger effektiv überwacht werden können.[312] Die Anordnung von Freiheitsentziehungen gehört jedoch zum Kernbereich hoheitlicher Tätigkeiten. Der Maßregelvollzug steht dem Strafvollzug in nichts nach.[313] Als Ausnahmegrund kommt in Betracht, dass die Voraussetzungen für eine Verbeamtung im Einzelfall nicht vorliegen. Des Weiteren können hierunter Hoheitsaufgaben fallen, die nur selten wahrgenommen werden, mithin das Gesamtbild der Tätigkeit quantitativ nicht bestimmen.[314] Qualitativ kann es sich nach Auffassung des BVerfG um Bereiche handeln, die jedenfalls nicht primär hoheitlich geprägt sind, zB wirtschaftliche Tätigkeiten der öffentlichen Hand sowie die Daseinsvorsorge und die Fürsorge.[315] Hierbei handelt es sich jedoch genau genommen nicht um Ausnahmen, sondern um eine Definition dessen, was „hoheitsrechtliche Befugnisse" bedeutet. Soweit das Gericht hierzu auch die Fürsorge zählt, ist dies fraglich, denn die Sozialverwaltung verfügt über Benennungsmacht (→ Rn. 109 f.). Gleiches – Definiton, nicht Ausnahme – gilt für materielle Privatisierungen. Wenn das Gemeinwohl durch die Gewinnerzielungsabsicht Privater in besonderem Maße gefährdet sein kann, spricht dies dafür, dass es sich um eine hoheitliche Aufgabe handelt.[316] Ist eine materielle Privatisierung dennoch gewollt, so bedarf es dann einer Verfassungsänderung (→ Rn. 101).

---

[305] BVerfGE 9, 268 (284); dem folgend BVerwGE 57, 55 (59); sa BVerfGE 83, 130 (150), zum Schutz der Presse- und Kunstfreiheit gebotene „Staatsferne" als Rechtfertigungsgrund.

[306] *Schwarz* JZ 2019, 276 (279).

[307] *Thiele* Der Staat 49 (2010), 274 (292); *Manssen* ZBR 1999, 253 (256); *Jachmann-Michel/Kaiser* in MKS Rn. 37.

[308] BVerfGE 130, 76 (116 f.); *Bonk* JZ 2000, 435 (439).

[309] Ähnl. *Schladebach/Schönrock* NVwZ 2012, 1011 (1012); BVerfGE 130, 76 (111 f.).

[310] Klar ablehnend *Wiegand* DVBl. 2012, 1134 (1138); aA *Schladebach/Schönrock* NVwZ 2012, 1011 (1014).

[311] BVerfGE 130, 76 (119).

[312] BVerfGE 130, 76 (122).

[313] Ablehend daher auch *Wiegand* DVBl. 2012, 1134 (1139).

[314] BVerfGE 130, 76 (114).

[315] BVerfGE 130, 76 (115).

[316] *Schwarz* JZ 2019, 276 (284).

V. Hergebrachte Grundsätze des Berufsbeamtentums (Art. 33 Abs. 5)

114 **1. Rechtscharakter.** Art. 33 Abs. 5 **garantiert** iVm Abs. 4 **institutionell** das Berufsbeamtentum (→ Rn. 95).[317] Anders als Art. 33 Abs. 4, der das „Ob" schützt, sichert Art. 33 Abs. 5 das „Wie". Die Norm verpflichtet den Gesetzgeber, das Recht des öffentlichen Dienstes unter Berücksichtigung der hergebrachten Grundsätze des Berufsbeamtentums zu regeln (→ Rn. 131 ff.) und fortzuentwickeln (→ Rn. 157). Art. 33 Abs. 5 gilt vor dem Hintergrund der Rechtsprechung des BVerfG als *Magna Charta* des Beamtenrechts.[318] Insbes. jüngere Entscheidungen haben dies bestätigt.[319] Die Statuspflichten und -rechte der Beamten werden – wie vielleicht sonst nur die Funktionsbedingungen des öffentlich-rechtlichen Rundfunks – von Karlsruhe aus bestimmt.

115 Im Unterschied zu Art. 33 Abs. 4 korrespondiert dem **objektiv-rechtlichen Inhalt** eine subjektiv-rechtliche Dimension, die sich jedoch nicht mit Art. 93 Abs. 1 Nr. 4a begründen lässt (→ Rn. 95) und weder dem Wortlaut noch der inneren Systematik des Art. 33 zu entnehmen ist. Auch der Zweck spricht scheinbar dagegen, denn die institutionelle Garantie des Berufsbeamtentums soll dazu beitragen, die Funktionsfähigkeit und Gesetzmäßigkeit der Verwaltung im **Interesse der Allgemeinheit** zu fördern bzw. zu sichern.[320] Einzelne Stimmen in der Literatur schließen daraus, dass die Vorschrift allein an den Gesetzgeber gerichtet sei. Verstoße dieser gegen seine Pflichten – Regelung, Fortentwicklung –, indem er nichts oder das Falsche tue, verhalte er sich verfassungswidrig, hieraus folge aber kein Reaktionsanspruch. Dass Art. 33 Abs. 5 auch die Interessen der Beamten schützt, sei der Norm nicht zu entnehmen. Daher ist der subjektiv-rechtliche Charakter immer wieder verneint worden.[321]

116 Art. 33 Abs. 5 enthält nicht nur Gesetzgebungsaufträge, sondern auch grundrechtsgleiche Individualrechte, die von Beamten mit der Verfassungsbeschwerde geltend gemacht werden können.[322] Der **subjektiv-rechtliche Charakter** ergibt sich nach Auffassung des BVerfG daraus, dass Art. 33 Abs. 5 den Gesetzgeber nicht nur zwinge, bestimmte Grundsätze zu berücksichtigen,[323] sondern einzelne zentrale **Grundsätze** zu **beachten** (→ Rn. 129). Warum der Gestaltungsspielraum in Einzelfällen kleiner ist, begründet das Gericht ebenfalls mit dem Zweck der institutionellen Garantie. „Das Berufsbeamtentum kann die ihm hier zufallende Funktion, eine stabile Verwaltung zu sichern und damit einen ausgleichenden Faktor gegenüber den das Staatsleben gestaltenden politischen Kräften zu bilden, nur erfüllen, wenn es rechtlich und wirtschaftlich gesichert ist. Deshalb ist die Folgerung

---

[317] *Lecheler* FS 50 Jahre BVerfG, Bd. II, 2001, 359 (363); *Hense* in BeckOK GG Rn. 34.

[318] So *v. Münch* ZBR 1981, 157.

[319] BVerfG 149, 1; BVerfGE 148, 296; BVerfGE 139, 64; BVerfGE 130, 263; allg. *Lecheler* FS 50 Jahre BVerfG, Bd. II, 2001, 359 (367).

[320] BVerfGE 3, 58 (137); BVerfGE 8, 1 (12); BVerfGE 11, 203 (215); BVerfGE 130, 76 (111 f.); *Schwarz* JZ 2019, 276; *Jarass* in Jarass/Pieroth Rn. 46.

[321] *Lecheler* in HdbStR V § 110 Rn. 56; *Lecheler* AöR 103 (1978), 349 (360 ff.); *Lecheler* in BerlKomm Rn. 91; *Kunig* in v. Münch/Kunig, 6. Aufl. 2012, Rn. 55.

[322] Noch offen gelassen in BVerfGE 3, 58 (136), aber st Rspr seit BVerfGE 8, 1 (11); Zustimmend *Battis* in Sachs Rn. 65; *Jachmann-Michel/Kaiser* in MKS Rn. 40; *Bäcker* AöR 135 (2010), 78 (111).

[323] So noch BVerfGE 7, 155 (162).

unabweisbar, daß die Sicherung eines angemessenen Lebensunterhalts als ein besonders wesentlicher ‚hergebrachter Grundsatz' anzusehen ist, zu dessen *Beachtung* der Gesetzgeber verpflichtet ist."[324] Vertrauen in den Gesetzgeber liest sich anders.

Mit der Pflicht zur Beachtung ist noch nicht gesagt, warum diese nicht nur im Interesse der Allgemeinheit, sondern auch des einzelnen Beamten besteht. Das BVerfG folgert dies aus der **Eigenart** des **beamtenrechtlichen Rechtsverhältnisses.** Der Dienstherr sei zugleich der Gesetzgeber. Der Beamte habe keine Möglichkeiten auf die Ausgestaltung des Rechtsverhältnisses einzuwirken. Auch kollektive Kampfmaßnahmen seien ihm untersagt. **117**

„Wenn daher das Grundgesetz in Art. 33 Abs. 5 GG *unmittelbar* die Gewähr dafür bieten will, daß die beamtenrechtliche Gesetzgebung bestimmten eng begrenzten verfassungsrechtlichen Mindestanforderungen entspricht, dann liegt die Annahme nahe, daß den hauptsächlich und unmittelbar Betroffenen ein entsprechendes Individualrecht eingeräumt werden soll, damit insoweit in Übereinstimmung mit den rechts- und sozialstaatlichen Grundprinzipien ihre verfassungsrechtliche Stellung auch rechtlich wahren können."[325] Letztlich ist somit das Misstrauen die Quelle des subjektiv-rechtlichen Gehalts. **118**

Die zu beachtenden Grundsätze des Berufsbeamtentums haben als **grundrechtsgleiche Rechte** auch an der unmittelbaren Bindungswirkung gem. Art. 1 Abs. 3 teil.[326] Ein ein subjektiv-öffentliches Recht begründender Verstoß gegen Art. 33 Abs. 5 liegt daher nicht nur vor, soweit der Gesetzgeber zu Unrecht untätig geblieben oder unzureichend tätig geworden ist,[327] sondern auch dann, wenn das zugrunde liegende Gesetz verfassungsgemäß ist, aber im Einzelfall von der vollziehenden Gewalt rechtsfehlerhaft angewandt wurde.[328] Art. 33 Abs. 5 ist auch an die Exekutive und Judikative adressiert. **119**

Die hergebrachten Grundsätze des Berufsbeamtentums begründen nicht nur subjektiv-öffentliche Rechte, sondern begrenzen sie auch. Beamte haben besondere Pflichten und unterliegen der Disziplinargewalt des Dienstherrn.[329] Art. 33 Abs. 5 ist insbes. eine **Grundrechtsschranke** und wirkt dabei insoweit verfassungsunmittelbar, als hieraus legitime Zwecke für Eingriffe erwachsen. Auf Grund des grundrechtlichen Gesetzesvorbehalts bedarf es zur Rechtfertigung jedoch einer parlamentsgesetzlichen Grundlage.[330] Von der Wirkung als Grundrechtsschranke zu unterscheiden ist die Vorfrage, ob und inwieweit Beamte grundrechtsberechtigt sind (→ Rn. 139 ff.). **120**

2. Geltungsbereich und Regelungsauftrag. Art. 33 Abs. 5 gilt wie Art. 33 Abs. 4 (→ Rn. 97) nicht für Arbeiter und Angestellte des öffentlichen Dienstes.[331] Hierfür spricht neben dem Wortlaut, der ausdrücklich auf die Grundsätze des Berufsbeamtentums rekurriert, der systematische Zusammenhang mit Abs. 4. Das **Recht** des **„öffentlichen Dienstes"** meint daher va das Beamtenrecht.[332] **121**

---

[324] BVerfGE 8, 1 (16), Hervorhebung im Original; sa BVerfGE 99, 300 (315); *Lecheler* in HdbStR V § 110 Rn. 55; krit. *Battis* in Sachs Rn. 67.

[325] BVerfGE 8, 1 (17), Hervorhebung im Original; sa BVerfGE 148, 296 (348 f.).

[326] BVerfGE 107, 218 (236).

[327] S nur BVerfGE 8, 1 (28); BVerfGE 71, 39 (62).

[328] BVerfGE 43, 154 (166 f., 170), ablehnend in ihrem Sondervotum die Richter *Niebler* und *Wand,* 177 ff.

[329] *Jarass* in Jarass/Pieroth Rn. 85.

[330] BVerfGE 108, 282 (294).

[331] *Jarass* in Jarass/Pieroth Rn. 51.

[332] BVerfGE 3, 162 (186); *Berger-Delthey* ZTR 1993, 3 (5).

122 Auf Grund des begrenzten Geltungsbereichs zwingt Art. 33 Abs. 5 **nicht** dazu, das **Arbeitsrecht** der Arbeiter und Angestellten soweit wie möglich an die hergebrachten Grundsätze des Berufsbeamtentums **anzupassen,** verbietet dies aber auch nicht. Wegen der inhaltlichen Unschärfe des Funktionsvorbehalts (→ Rn. 105) und der unterschiedlichen Verbeamtungspraktiken der Länder und Kommunen bieten sich vergleichbare Rechte und Pflichten an. So sehen die Tarifverträge regelmäßig die Weisungsgebundenheit, die Unparteilichkeit der Dienstwahrnehmung und auch die politische Treuepflicht vor.

123 Ob Art. 3 Abs. 1 eine partielle **Gleichbehandlung** gebietet, ist bei differenzierter Betrachtung zumindest diskussionswürdig. Der Gleichheitssatz verbietet, wesentliches Gleiches ungleich und wesentlich Ungleiches gleich zu behandeln.[333] Das Beamtenverhältnis unterscheidet sich in seinen Rechtsgrundlagen, seiner Begründung, Ausgestaltung und Beendigung stark von privatrechtlichen Arbeitsverhältnissen. Ein allg. statusübergreifendes Gleichbehandlungsgebot, zB hinsichtlich der Versorgung, besteht daher nicht.

124 Die Verschiedenheit als Rechtfertigungsgrund verliert in dem Maße an Gewicht, in dem **vergleichbare Aufgaben** und Befugnisse Personen mit **verschiedenem Status** übertragen werden. Dies spricht für die Verbeamtung als Regel in Verwaltungsbereichen mit Benennungsmacht (→ Rn. 109 f.). Homogenität ist dann ein Gebot des Funktionsvorbehalts. IVm Art. 3 Abs. 1 wäre auch ein Anspruch auf ermessensfehlerfreie Entscheidung über einen Antrag auf Umwandlung eines Arbeitsverhältnisses in ein Beamtenverhältnis denkbar, der wegen des Bezugs auf den gleichen Verwaltungsträger aber räumlich begrenzt und zudem haushaltsrechtlich problematisch wäre. Die schon in Art. 33 Abs. 2 zum Ausdruck kommende (derivative) Teilhabedimension ist auch hier eine Grenze.

125 Art. 33 Abs. 5 gilt, soweit die hergebrachten Grundsätze des Berufsbeamtentums wegen der Besonderheiten des Status (Art. 97, 98, Art. 5 Abs. 3) übertragbar sind, auch für **Richter**[334] und **Hochschullehrer.**[335] **Nicht** erfasst sind **Soldaten,**[336] obwohl ihnen mit der Pflicht, im Gefecht ihr Leben zu riskieren (§ 7 SG, § 6 WStG), der größte Einsatz abverlangt werden kann. Ihr Besoldungs- und Versorgungsanspruch ist durch Art. 14 Abs. 1 geschützt. Zugleich orientiert sich der Inhalt der Gewährleistung an den zu Art. 33 Abs. 5 entwickelten Grundsätzen.[337] Zu erklären ist dies historisch. Zwischen dem Berufssoldatentum und dem Berufsbeamtentum wurde insbes. während der Geltung der WRV unterschieden, so dass sich keine gemeinsamen hergebrachten Grundsätze entwickeln konnten. Art. 131 verpflichtete den Gesetzgeber aber, Beamte und Berufssoldaten nach einheitlichen Grundsätzen zu behandeln.[338] Art. 33 Abs. 5 findet keine Anwendung auf Notare oder Kassenärzte.[339] Sie unterliegen besonderen gesetzlichen Pflichten, stehen aber

---

333 *Hufen,* Staatsrecht II, 2020 § 39 Rn. 5.
334 BVerfGE 55, 372 (392); 56, 146 (165 f.); 107, 218 (238).
335 BVerfGE 64, 323 (351); *Hense* in BeckOK GG, Rn. 36.
336 BVerfGE 3, 288 (334 f.); BVerfGE 31, 212 (221); BVerwGE 66, 147 (149); *Brosius-Gersdorf* in Dreier Rn. 173.
337 *Badura* in Maunz/Dürig Rn. 54; BVerfGE 44, 249 (281); BVerfGE 107, 218 (238).
338 BVerfGE 3, 288 (289); BVerfGE 16, 94 (117).
339 BVerfGE 11, 30 (39); Ausnahme: Notare im Landesdienst, dazu *Jarass* in Jarass/Pieroth Rn. 51.

in keinem öffentlich-rechtlichen Dienst- und Treueverhältnis, sondern üben freie Berufe aus (für Notare sa → Rn. 64).

Art. 33 Abs. 5 ist kein Programmsatz, sondern eine konkretisierungsbedürftige, gleichwohl verbindliche Verfassungsnorm.[340] Für die durch ihn geschützten grundrechtsgleichen Rechte gilt Art. 1 Abs. 3.[341] Unmittelbare Bindung und Regelungsauftrag stehen daher in einem **Spannungsverhältnis.** Der Spielraum des Gesetzgebers ist begrenzt durch die hergebrachten Grundsätze des Berufsbeamtentums, die zu berücksichtigen, teilweise zu beachten sind (→ Rn. 116, 129). **126**

Der Gesetzgeber hat einen rechtlichen **Gestaltungsspielraum.** Zu seiner Ausfüllung ist der aus dem Planungsrecht bekannte Vierschritt auf die beamtenrechtliche Gesetzgebung übertragbar. Die an der Gesetzgebung beteiligten Organe müssen somit ua ermitteln, welche hergebrachten Grundsätze einschlägig sind, diese in ihre Überlegungen einstellen, gewichten und abwägen. Die institutionelle Garantie des Berufsbeamtentums verbietet dem Gesetzgeber, das Berufsbeamtentum abzuschaffen oder die hergebrachten Grundsätze auszuhöhlen (→ Rn. 95). Beamten muss ein angemessener Einsatzbereich verbleiben, der Funktionsvorbehalt würde sonst seinen Sinn verlieren. **127**

Art. 33 Abs. 5 ist so offen gefasst, dass er inhaltlich keine abgeschlossene Norm beinhaltet, sondern unter gleichzeitiger Berücksichtigung des Lebensbereichs, dh des Realbereichs, dem Gesetzgeber einen Spielraum für die Beurteilung der tatsächlichen Gegebenheiten eröffnet. Soweit Regelungen, was regelmäßig der Fall ist, auf Prognosen beruhen, kommt dem Gesetzgeber in einer solchen Situation der Unsicherheit ein (kognitiver) **Einschätzungsspielraum** zu. Rechtliche Determinierungswirkung und tatsächliche Wirkungserwartung beeinflussen sich somit gegenseitig.[342] Das gilt auch für andere Belange und Zwecke, die der Gesetzgeber im Kontext beamtenrechtlicher Regelungen verfolgt. **128**

Gestaltungs- und Einschätzungsspielraum sind deutlich kleiner, wenn nicht nur eine **Pflicht** zur Berücksichtigung, sondern zur **Beachtung** besteht (→ Rn. 116). Ist der rechtliche Gestaltungsspielraum kleiner, gilt gleiches für den tatsächlichen Einschätzungsspielraum. Zu beachten hat der Gesetzgeber zB die Pflicht zur amtsangemessenen Alimentation (→ Rn. 142), das Lebenszeitprinzip (→ Rn. 148) sowie die Verfassungstreue (→ Rn. 135) und die neutrale Amtsführung (→ Rn. 138), die eine politische Instrumentalisierung des Berufsbeamtentums ausschließen sollen. Er muss dabei auch beachten, dass die Pflichten aufeinander bezogen sind.[343] **129**

Das Besondere am Zusammenspiel von Freiheit und Bindung des Gesetzgebers ist im Gegensatz zu anderen Gesetzgebungsaufträgen, zB in Art. 6 Abs. 5, Art. 14 Abs. 1 S. 2, sein **Vergangenheitsbezug.** Das GG weist zwar auch an anderen Stellen solche Bezüge auf, s Art. 89 (→ Art. 89 Rn. 22), in Art. 33 Abs. 5 ist aber Adressat der Gesetzgeber. Diese Vorgabe im verfassungsrechtlichen Normprogramm führt dazu, dass Veränderungen des Lebensbereichs sich nur begrenzt im einfachgesetzlichen Normbereich niederschlagen dürfen. **130**

---

[340] BVerfGE 3, 162 (186).
[341] S nur *Pieper* in SHH Rn. 129 ff.; BVerfGE 9, 268 (286).
[342] Zu diesem Zusammenspiel *Bickenbach,* Die Einschätzungsprärogative des Gesetzgebers, 2014, 130 ff.
[343] BVerfGE 148, 296 (346 f.).

131 Der **Regelungsauftrag** richtet sich an die Gesetzgeber in **Bund** und **Ländern.**[344] Seit der Föderalismusreform I 2006 ist der Bund zuständig gem. Art. 73 Abs. 1 Nr. 8 für die Rechtsverhältnisse der im Dienste des Bundes und der bundesunmittelbaren Körperschaften des öffentlichen Rechts stehenden Personen und gem. Art. 74 Abs. 1 Nr. 27 für die Statusrechte und -pflichten der Beamten der Länder, Gemeinden und anderen Körperschaften des öffentlichen Rechts sowie der Richter in den Ländern mit Ausnahme der Laufbahnen, Besoldung und Versorgung.[345] Wegen des Vorrangs der Verfassung und der unmittelbaren Bindungswirkung muss das Beamtenrecht dauerhaft Art. 33 Abs. 5 entsprechen. Hieraus erwachsen nicht nur Unterlassungs- und Beseitigungspflichten, sondern auch Beobachtungs- und Nachbesserungspflichten.[346] Außerdem besteht seit 2006 auch die Pflicht, das Recht des öffentlichen Dienstes **fortzuentwickeln** (→ Rn. 157).[347]

132 „Mit **hergebrachten** Grundsätzen des Berufsbeamtentums im Sinne des Art. 33 Abs. 5 ist der Kernbestand von Strukturprinzipien gemeint, die allgemein oder doch ganz überwiegend während eines **längeren,** traditionsbildenden **Zeitraums,** mindestens unter der WRV, als verbindlich anerkannt worden sind."[348] Diese vom BVerfG in stRspr vertretene Auffassung lässt Spielraum für Interpretationen und Kritik, denn sie bezieht vordemokratische Verfassungen ein. Im Beamtentum selbst einen Fremdkörper („obrigkeitsstaatlicher Zopf") in einem der parlamentarischen Demokratie verpflichteten öffentlichen Dienst zu sehen, ist jedoch ein unbegründeter Affekt. Vielmehr meint Art. 33 Abs. 5 wegen des Grundsatzes der Einheit der Verfassung[349] nur Strukturprinzipien, die ihrerseits mit den Staatsprinzipien in Art. 20 und den Grundrechten vereinbar sind.[350] Das gilt insbes. für die Treuepflicht (→ Rn. 72, 135).

133 Neben das temporäre Kriterium tritt das Merkmal des **Charakteristischen.**[351] Nicht alle überkommenen Regelungen taugen zum hergebrachten Grundsatz, sondern nur solche, die den Beamtenstatus besonders geprägt haben („Strukturprinzip", „Kernbestand").[352] Neben dem Wortlaut ergibt sich dies auch daraus, dass Art. 33 Abs. 5 anders als Art. 129 Abs. 1 S. 2 WRV nicht „die wohlerworbenen Rechte der Beamten" für „unverletzlich" erklärt oder festgeschrieben hat.

134 Der Vergangenheitsbezug sowie der auf den Entstehungszeitpunkt bezogene Regelungsauftrag schließen die Herausbildung **neuer** hergebrachter

[344] BVerfGE 4, 116 (135) „Beamtenrecht gibt es als Bundesrecht und als Landesrecht, weil es Bundesbeamte und Landesbeamte gibt"; *Pieper* in SHH Rn. 123.

[345] BeamtStG v. 17.6.2008 (BGBl. I 1010), zuletzt geändert durch G v 20.11.2019 (BGBl. I 1626), krit. zur Kompetenzvorschrift *Battis/Grigoleit* ZBR 2008, 1; zum G *Peters* RiA 2008, 97; *Dillenburger* NJW 2009, 1115.

[346] Allg. BVerfGE 146, 71 (114); BVerfGE 143, 216 (245).

[347] *Höfling/Burkiczak* DÖV 2007, 328; *Summer* PersV 2007, 223; *Lecheler* ZBR 2007, 18.

[348] BVerfGE 107, 218 (237); sa BVerfGE 148, 296 (345).

[349] *Hesse,* Grundzüge des Verfassungsrechts der Bundesrepublik Deutschland, 1995 Rn. 71.

[350] BVerfGE 15, 167 (195) „nicht unter allen Umständen zu beachten …, sondern nur soweit [es] mit den Funktionen vereinbar [ist], wie es das GG dem öffentlichen Dienst in der freiheitlichen rechts- und sozialstaatlichen Demokratie zuschreibt"; sa BVerfGE 70, 69 (79); *Lecheler* FS 50 Jahre BVerfG, Bd. II, 2001, 359 (363 f.).

[351] BVerfGE 148, 296, Traditionalität und Substanzialität; sa *Hense* in BeckOK GG Rn. 37.

[352] BVerfGE 8, 332 (343); BVerfGE 58, 68 (76 f.); BVerfGE 62, 374 (382 f.).

Grundsätze unter der Geltung des GG aus.[353] Die daraus resultierende Starrheit entspricht dem institutionellen Charakter des Berufsbeamtentums. Durch die Möglichkeiten, die der Auftrag zur Fortentwicklung (→ Rn. 157) bietet, ist die Gefahr der Erstarrung weitgehend ausgeschlossen.[354]

3. Einzelne Grundsätze. a) Pflichten des Beamten. Beamte stehen in einem öffentlich-rechtlichen Dienst- und Treueverhältnis. Daher sind sie zu **Dienst** und **Treue** verpflichtet. Beamter werden und bleiben darf nur, wer die Gewähr dafür bietet, jederzeit für die freiheitlich-demokratische Grundordnung einzutreten: „Der Beamte kann nicht zugleich in der organisierten Staatlichkeit wirken und die damit verbundenen persönlichen Sicherungen und Vorteile in Anspruch nehmen und aus dieser Stellung heraus die Grundlage seines Handelns zerstören wollen. Der freiheitlich demokratische Rechtsstaat kann und darf sich nicht in die Hand seiner Zerstörer geben."[355] **Verfassungstreue** ist daher weit mehr als eine Voraussetzung für den Zugang zum öffentlichen Dienst (→ Rn. 71). Nach der Einstellung bzw. Ernennung ist sie **Dienstpflicht** (§ 33 Abs. 1 BeamtStG, § 60 Abs. 1 BBG), die im Dienst und außerhalb des Dienstes zu beachten ist. Sie endet auch nicht mit dem Eintritt in den Ruhestand, sondern wirkt nach. Fehlende Verfassungstreue führt zur Entlassung von Beamten auf Widerruf bzw. Probe und rechtfertigt die Entfernung von Lebenszeitbeamten und Richtern aus dem Dienst.[356] Gegen die freiheitlich demokratische Grundordnung verstoßen zB antisemitische oder rassistische Äußerungen, die Verächtlichmachung des Parlamentarismus bei gleichzeitigem Eintreten für einen ethnisch geschlossenen Volksbegriff oder das Infragestellen des staatlichen Gewaltmonopols.[357] Gleiches gilt für Sympathien für einen Gottesstaat. 135

Die Pflicht zur Verfassungstreue konfligiert mit gewünschter **politischer Auseinandersetzung.** „An einer‚unkritischen' Beamtenschaft können Staat und Gesellschaft kein Interesse haben."[358] Beamte dürfen grds. Mitglied einer Partei sein oder mit einer solchen sympathisieren. Unvereinbar mit jedem Beamtenstatus ist die Mitgliedschaft in einer Partei, die gem. Art. 21 Abs. 2 verboten oder gem. Art. 21 Abs. 3 von staatlicher Finanzierung ausgeschlossen wurde (→ Rn. 73). Die Pflicht zur Verfassungstreue wirkt jedoch va präventiv. Zweifel am jederzeitigen Eintreten für die freiheitlich-demokratische Grundordnung bestehen bereits, wenn eine Partei verfassungsfeindlich ist. Ein wesentliches Indiz hierfür ist, ob sie vom Bundesamt für Verfassungsschutz beobachtet wird.[359] Umstritten ist, ob schon die Mitgliedschaft in einer oder die Nähe zu einer verfassungsfeindlichen Partei – gleiches gilt für Bewegungen oder Vereine – derartige Zweifel begründen oder ob hierfür eine aktive Mitarbeit notwendig ist.[360] Geboten dürfte letztlich eine funk- 136

[353] BVerfGE 25, 142 (148); 58, 68 (77); *Edelmann* DÖD 1993, 56 (58 f.); aA *Merten* in Magiera/Siedentopf, Das Recht des öffentlichen Dienstes in den Mitgliedstaaten der EG, 1994, 181 (189); *Badura* ZBR 1996, 321 (325).

[354] Sa BVerfGE 148, 296 (346).

[355] BVerfGE 39, 334 (349).

[356] BVerwG ZBR 2019, 130; BVerwG NVwZ 2018, 1064; VGH Kassel NVwZ 2019, 248; VGH Kassel NVwZ 1999, 904; BVerwG, DVBl. 2001, 1683; BVerwGE 86, 99 (102).

[357] Beispiele auf der Grundlage von BVerfGE 144, 20 (208 ff.).

[358] BVerfGE 39, 334 (348).

[359] Zur Einstufung einer Partei als verfassungsfeindlich BVerwG NVwZ 1999, 299; VGH Mannheim VBlBW 2000, 162; VGH Kassel NVwZ 1999, 904 – Partei „Die Republikaner".

[360] Gegen eine schematische Anknüpfung allein an die Mitgliedschaft BVerwGE 114, 258 (267); *Jarass* in Jarass/Pieroth, Rn. 87; strenger *Pieper* in SHH Rn. 157.

tionsbezogene Differenzierung sein,[361] weil dies dem Prinzip der Verhältnismäßigkeit entspricht.

137 Kein Raum für Differenzierungen lässt das **Streikverbot,** das ein eigenständiger hergebrachter Grundsatz des Berufsbeamtentums ist.[362] Während Arbeitern und Angestellten des öffentlichen Dienstes der volle Schutz der Koalitionsfreiheit einschließlich des Arbeitskampfrechts zukommt,[363] ist es Beamten zwar nicht verboten, sich in Gewerkschaften zu betätigen, es besteht aber ein Streikverbot.[364] Dieser Eingriff in Art. 9 Abs. 3 ist auf der Grundlage des Art. 33 Abs. 5 gerechtfertigt, der Beamte verpflichtet, die volle Arbeitskraft lebenslang treu dem Dienstherrn zur Verfügung zu stellen. Umstritten ist, ob das beamtenrechtliche Streikverbot mit Art. 11 EMRK vereinbar ist (→ Rn. 29).[365] Während das BVerwG von einem Verstoß ausging, den der Gesetzgeber nach Maßgabe der Reichweite des Funktionsvorbehalts in Art. 33 Abs. 4 auflösen müsse,[366] blieb das BVerfG vollumfänglich bei seiner rein statusbezogenen Rspr. Das Streikverbot verstoße nicht gegen die EMRK. Eine Kollision lasse sich nicht feststellen, weil sich die Rspr. des EGMR zur Türkei wegen der unterschiedlichen Rechtsysteme und des jeweiligen Kontextes der Entscheidungen trotz begrifflicher Ähnlichkeiten nicht eins zu eins auf Deutschland übertragen lasse.[367] Im Übrigen deutet das Gericht an, dass es nicht gewillt ist, im Fall einer gegensätzlichen Entscheidung des EGMR seine Auslegung zu ändern.[368]

138 Im demokratisch-funktionalen Zusammenhang mit der Treuepflicht und dem Streikverbot steht die **Pflicht zur neutralen und zurückhaltenden Amtsführung.** Beamte haben ihr Amt unparteiisch und gerecht auszuüben (§ 60 Abs. 1 BBG; § 33 Abs. 1 BeamtStG). Die Pflicht zur parteipolitischen Neutralität soll sicherstellen, dass Beamte der vom Parlament gewählten Regierung dienen, unabhängig von den Parteien, die die Regierung stützen.[369] Sie ist jedoch das Gegenteil von Relativismus und Indifferenz (→ Rn. 73), was insbes. Lehrer sowohl verpflichtet als auch vor Angriffen schützt. Die Pflicht zur zurückhaltenden Amtsführung hat mehrere Ausprägungen und betrifft nicht nur das dienstliche, sondern auch das außerdienstliche Verhalten. Sie verlangt zum einen parteipolitische Mäßigung (§ 60 Abs. 2 BBG; § 33 Abs. 2 BeamtStG). Keinesfalls dürfen Beamte ihren Amtsbonus einsetzen. Sie verlangt zum anderen sich so zu verhalten, wie es die Achtung und das Vertrauen in den Beruf erfordern (§ 61 Abs. 3 S. 3 BBG; § 34 S. 3 BeamtStG). Auch hier sind die Anforderungen funktionsbezogen zu differenzieren.

---

[361] So auch BVerwGE 86, 99 (112 f.).

[362] BVerfGE 148, 296; *Lecheler* FS 50 Jahre BVerfG, Bd. II, 2001, 359 (370).

[363] Einschränkend *Lecheler* in HdbStR V § 110 Rn. 112; *Scholz* in Maunz/Dürig Art. 9 Rn. 316.

[364] BVerfGE 19, 303 (322); BVerfGE 8, 1, (17), BVerfGE 44, 249 (264); der Streikeinsatz von Beamten als Ersatz für streikende Arbeiter und Angestellte ist erlaubt, wenn hierfür eine gesetzliche Grundlage besteht, BVerfGE 88, 103; dazu *Jachmann* ZBR 1994, 1; *Isensee* DZWir 1994, 309; *Mühl* DVBl. 1994, 578 (579).

[365] Hierzu *Niedobitek* ZBR 2010, 361; *Laubinger,* FS f. E. Klein, 2013, 1141.

[366] BVerwGE 149, 117 (133 ff.).

[367] BVerfGE 148 296 (378 ff.); dazu *Kaiser* AöR 142 (2017), 417; *Hufen* JuS 2018, 1111; *Jäkel* ZJS 2018, 459; zur EMRK *Traulsen* JZ 2013, 65; gegen ein generelles Streikverbot *Neuhäuser/Otto* DVBl. 2016, 393; krit. a *Jacobs/Payandeh* JZ 2019, 19.

[368] BVerfGE 148, 296 (355, 379).

[369] *Schmidt,* Beamtenrecht, Rn. 323; sa *Pieper* in SHH Rn. 156.

Beide Pflichten können mit den **Grundrechten** in Konflikt geraten, zB mit der Meinungsfreiheit,[370] der Religionsfreiheit, der Koalitionsfreiheit oder dem allg. Persönlichkeitsrecht. Wenn sich Beamte nicht im Dienst befinden, ist die Grundrechtsgeltung, dh die Eröffnung der sachlichen Schutzbereiche, unstreitig. Die beamtenrechtlichen Vorschriften wirken dann als Schranken.[371] Umstritten ist hingegen, ob und inwieweit sich Beamte während ihres Dienstes auf Grundrechte berufen können und wie Fälle zu beurteilen sind, in denen die Grundrechtsausübung bei der Dienstausübung stattfinden soll. Die überwiegende Auffassung in Rspr. und Lit. sehen Beamten(anwärter) auch während und bei ihrer Dienstausübung als grundrechtsberechtigt an,[372] um nicht in den – regelmäßig unausgesprochenen – Verdacht zu geraten, die Lehre vom besonderen Gewaltverhältnis fortzuschreiben.[373] Folge ist, dass abstrakt-generell und konkret-individuell zwischen den Grundrechten und den beamtenrechtlichen Pflichten ein Ausgleich herzustellen ist. **139**

Richtig verstanden nimmt das GG den Ausgleich zwischen Person und Amt jedoch bereits grds. vorweg. Anders als Verwaltungsträger haben Amtsträger ein personales Substrat, befinden sich aber **nicht** in einer **vergleichbaren Gefährdungslage,** wenn sie amtlich/hoheitlich tätig werden bzw. wenn sie im Dienst sind. Das Problem der **Konfusion** von Grundrechtsberechtigung und Grundrechtsverpflichtung stellt sich vielmehr auch hier. Das BVerfG versucht die aus der „Eingliederungslage"[374] entstehenden Konflikte auf der Ebene der Grundrechtsschranken im Wege praktischer Konkordanz zu lösen.[375] Angesichts der Konsequenz, mit der das Gericht die Grundrechtsberechtigung juristischer Personen des öffentlichen Rechts und selbst gemischt-öffentlicher Unternehmen sowohl im Verhältnis zum Bürger als auch im Verhältnis zum Staat ablehnt,[376] erscheint dies inkonsequent. **140**

Die gegenüber dem Bürger auf gesetzlichen Befugnissen beruhende **Amtsausübung** ist grds. **nicht** gleichzeitig **Grundrechtsausübung.**[377] Die persönliche Rechtsstellung ändert daran nichts, weil Person und Amtswalter identisch sind.[378] Etwas anderes gilt nur, wenn Beamte einem grundrechtlich geschützten Lebensbereich zugeordnet sind (Universitätsprofessoren, akademische Räte). Einer Verneinung der Schutzbereichseröffnung haftet nicht der Hautgout des besonderen Gewaltverhältnisses an. Zum einen ist zwischen der Grundrechtsgeltung und dem aus dem Demokratieprinzip folgenden Gesetzesvorbehalt zu unterscheiden.[379] Zum anderen wird niemand gezwun- **141**

---

[370] *Herrmann* DV 51 (2018), 265; BVerwG NVwZ 2018, 1144; sa *Battis* in Sachs Rn. 75; *Pieper* in SHH Rn. 134; zum Probelm des Whistleblowing *Günther* NVwZ 2018, 1109.

[371] BVerfGE 148, 296 (366 f.); BVerfGE 139, 19 (48).

[372] Exemplarisch BVerfGE 148, 296 (299, 359), Streikmaßnahmen während der Dienstzeit; BVerfGE 108, 282 (298), Tragen eines Kopftuchs aus religiösen Gründen; *Greve/Kortländer/Schwarz* NVwZ 2017, 992 (997).

[373] *Mayer,* Deutsches Verwaltungsrecht Bd. I, 1924, S. 101 f.; *Fleiner,* Institutionen des Deutschen Verwaltungsrechts, 1928, S. 165 ff.; krit. *Forsthoff,* Lehrbuch des Verwaltungsrechts AT, 1966, § 7 A 1.; eing. *Loschelder,* Vom besonderen Gewaltverhältnis zur öffentlich-rechtlichen Sonderbindung, 1982.

[374] *Lecheler* in HdbStR V § 110 Rn. 57.

[375] BVerfGE 148, 296 (358, 367 ff.).

[376] BVerfGE 147, 50 (143 f.); BVerfGE 143, 246 (313 f.); BVerfGE 128, 226 (244, 246 f.).

[377] *Isensee* ZBR 2004, 1 (6).

[378] Für diese Unterscheidung *Battis* in Sachs Rn. 75.

[379] Für einen grundrechtlichen Gesetzesvorbehalt BVerfGE 108, 282 (306 ff.).

gen, Beamter zu werden.[380] Beamte müssen sich gefallen lassen, dass sie ihre Authentizität, Religiösität und Individualität nicht im Dienst ausleben dürfen. „Ein ‚Rosinenpicken' lässt das Beamtenverhältnis nicht zu."[381] Beamte sind Staatsdiener. Umso wichtiger ist aber, dass der Staat sich um seine Diener kümmert und sie nicht nur auf Regelungsmacht und Subordination verweist.[382]

142 **b) Pflichten des Dienstherrn und korrespondierende Rechte des Beamten.** Das Berufsbeamtentum ist ein „gegenseitiges Dienst- und Treueverhältnis."[383] Der Dienstherr ist daher zuvörderst verpflichtet, Beamte – einschließlich seiner Familie– lebenslang angemessen zu **alimentieren** „und ihm nach seinem Dienstrang, nach der mit seinem Amt verbundenen Verantwortung und nach der Bedeutung des Berufsbeamtentums für die Allgemeinheit entsprechend der Entwicklung der allgemeinen wirtschaftlichen und finanziellen Verhältnisse und des allgemeinen Lebensstandards einen angemessenen Lebensunterhalt zu gewähren."[384] Die Alimentationspflicht bedeutet daher einen Anspruch auf **angemessene Besoldung** und **Versorgung.**[385] Beamte erhalten für ihre Dienste keine konkrete Gegenleistung, sondern die Besoldung „bildet die Voraussetzung dafür, dass sich der Beamte ganz dem öffentlichen Dienst als Lebensberuf widmen und die ihm im Staatsleben zufallende Funktion, eine stabile Verwaltung zu sichern und damit einen ausgleichenden Faktor gegenüber den das Staatsleben gestaltenden politischen Kräften zu bilden, erfüllen kann."[386] Die Alimentation muss den Beamtenberuf attraktiv machen, dem gesellschaftlichen Ansehen eines Amtes und der geforderten Ausbildung entsprechen sowie die Beanspruchung berücksichtigen.[387] Ein höheres Amt muss daher besser besoldet sein.[388] Die Bedeutung des Alimentationsprinzips führt zu einem strikten **Gesetzesvorbehalt.**[389] Der Bezug zum Lebenszeitprinzip (→ Rn. 148) erklärt, warum Beamte auf Widerruf nicht erfasst sind.[390]

143 Die Kopplung der Alimentation an die Entwicklung der allgemeinen wirtschaftlichen und finanziellen Verhältnisse und des allgemeinen Lebensstandards führt dazu, dass bei einer negativen Entwicklung „Nullrunden" hinzunehmen und auch Kürzungen der Besoldung und Versorgung zulässig sind (→ Rn. 145). Aber auch dann muss der Dienstherr einen angemessenen Lebensunterhalt gewähren. Das BVerfG betont den besoldungsrechtlichen **Gestaltungsspielraum** des Gesetzgebers hinsichtlich der Besoldungsstruktur und der Höhe,[391] hat in jüngeren Entscheidungen jedoch deutlich mehr

---

[380] Ähnl. BVerfGE 108, 282 (314 ff.), Sondervotum der Richter *Di Fabio, Jentsch* und *Mellinghoff;* hierzu auch *Werres* ZBR 2006, 288.

[381] BVerfGE 148, 296 (368 f.); gleiches gilt im Übrigen für den Gesetzgeber, s BVerfGE 119, 247 (268).

[382] *Lecheler* FS 50 Jahre BVerfG, Bd. II, 2001, 359 (370).

[383] *Lecheler* FS 50 Jahre BVerfG, Bd. II, 2001, 359 (370), Hervorhebung im Original.

[384] BVerfGE 148, 296 (348); BVerfGE 140, 240 (278); sa *Böhm* ZBR 2018, 222 (223); *Bamberger* ZBR 2008, 361; *Günther,* Die Anpassung der Beamtenbesoldung an die allgemeinen wirtschaftlichen und finanziellen Verhältnisse, 1987; Maßstab für die amtsangemessene Besoldung und Versorgung ist das Nettoeinkommen, BVerfGE 44, 249 (266); BVerfGE 107, 218 (237).

[385] Zu den Bestandteilen *Jarass* in Jarass/Pieroth Rn. 61 ff.

[386] BVerfGE 148, 296 (348).

[387] BVerfGE 140, 240 (278).

[388] BVerfGE 11, 203 (215).

[389] BVerfGE 8, 1 (18); BVerfGE 8, 28 (35).

[390] BVerfGE 33, 44 (50).

[391] BVerfGE 140, 240 (278 f.); BVerfGE 139, 64 (112).

Vorgaben gemacht. Dem weiten Spielraum des Gesetzgebers entspreche „eine zurückhaltende, auf den Maßstab evidenter Sachwidrigkeit beschränkte verfassungsgerichtliche Kontrolle."[392] Die notwendige Gesamtschau soll aber am Maßstab von fünf Parametern (deutliche Differenz zwischen der Besoldungsentwicklung und der Entwicklung der Tarifentlohnung im öffentlichen Dienst, dem Nominallohnindex und dem Verbraucherpreisindex, systeminterner Besoldungsvergleich und Quervergleich mit der Besoldung des Bundes und der Länder) erfolgen, die die Grundlage von drei Prüfungsstufen bilden.[393] Im Ergebnis gibt das Gericht keine exakten Beträge vor, hat aber die prozeduralen Anforderungen an die Besoldungsgesetzgebung erheblich verschärft[394] und ist teilw. deutlich geworden. So war die W2-Besoldung in Hessen „evident unzureichend",[395] was auch die anderen Länder zu Anpassungen zwang.

Verletzt der Dienstherr das Alimentationsprinzip, sind die Fachgerichte wegen des strikten Gesetzesvorbehalts (→ Rn. 142) nicht berechtigt, Beamten im Wege der Einzelfallentscheidung eine höhere Besoldung oder Versorgung zuzusprechen. Das **Unterlassen** muss vielmehr vor dem BVerfG gerügt werden. Dieses ist grds. darauf beschränkt festzustellen, dass eine Verletzung von Art. 33 Abs. 5 vorliegt und der Gesetzgeber verpflichtet ist, den Verfassungsverstoß bis zu einem bestimmten Zeitpunkt zu beseitigen.[396] 144

Für Ruhestandsbeamte muss der Gesetzgeber die angemessene **Versorgung** am zuletzt bekleideten Amt ausrichten (eine zweijährige Wartefrist ist gerade noch zulässig).[397] Besoldung und Versorgung dürfen sich aber unterschiedlich entwickeln. Ebenso besteht kein hergebrachter Grundsatz, dass der Höchstversorgungssatz mindestens 75 vH der ruhegehaltfähigen Dienstbezüge betragen muss.[398] Allein das Ziel, Ausgaben zu sparen, legitimiert in aller Regel für sich genommen nicht eine Kürzung der Altersversorgung.[399] Gleiches gilt für Besoldungskürzungen.[400] Jedoch können Änderungen in der gesetzlichen Rentenversicherung herangezogen werden, um die Amtsangemessenheit der Versorgungsbezüge zu bestimmen und um eine Absenkung zu rechtfertigen. Voraussetzung ist, dass dies mit den strukturellen Unterschieden der Versorgungsysteme vereinbar ist.[401] Art. 33 Abs. 5 ist für vermögensrechtliche Ansprüche Spezialvorschrift zu Art. 14 Abs. 1.[402] 145

Neben die Alimentationspflicht tritt als zu beachtender hergebrachter Grundsatz des Berufsbeamtentums die **Fürsorgepflicht** des Dienstherrn. Sie „ist das Korrelat zum hergebrachten Grundsatz der Treuepflicht des Beamten. Der Grundsatz der Fürsorgepflicht verpflichtet den Dienstherrn, den Beamten gegen unberechtigte Anwürfe in Schutz zu nehmen, ihn entsprechend seiner Eignung und Leistung zu fördern, bei seinen Entscheidungen die wohlver- 146

---

[392] BVerfGE 140, 240 (279).
[393] BVerfGE 140, 240 (241, 280 ff.).
[394] *Böhm* ZBR 2018, 222 (227); allg. *Wieckhorst* DÖV 2018, 845; *Britz* DV 50 (2017), 421; *Merten* DÖV 2015, 349; *Sanders* DÖV 2015, 761.
[395] BVerfGE 130, 263 (303).
[396] BVerfGE 8, 1 (18 ff.); BVerfGE 8, 28 (35); BVerfGE 140, 240 (244).
[397] BVerfGE 61, 43 (58); BVerfGE 117, 372 (379); *Linke* NVwZ 2007, 902.
[398] BVerfGE 114, 258 (281 ff.).
[399] BVerfGE 114, 258 (291); BVerfGE 76, 256 (311); zur Kürzung bei mehreren Einkünften BVerfGE 46, 97 (107).
[400] BVerfG NVwZ 2019, 152; BVerfGE 140, 240 (296); BVerfGE 139, 64 (125).
[401] BVerfGE 114, 258 (291 ff.).
[402] BVerfGE 80, 297 (308); BVerfGE 76, 256 (294).

standenen Interessen des Beamten in gebührender Weise zu berücksichtigen."[403]

147 Inhalt und Umfang lassen sich nur schwer abstrakt fassen. Sie müssen vielmehr auf gesetzlicher Grundlage (§ 78 BBG; § 45 BeamtStG) konkret ermittelt werden, zB im Fall von Ver- oder Umsetzungen. Der Gesetzgeber hat zudem einen erheblichen Spielraum bei der Ausgestaltung, zB bei der Festsetzung der Arbeitszeit.[404] Auch besteht keine Pflicht des Dienstherrn, Beamten im Krankheitsfall Arzt- oder Krankenhauskosten vollständig zu erstatten. Die Gewährung entsprechender **Beihilfen** gehört zur Fürsorgepflicht, ist der Höhe nach aber nicht garantiert. Allerdings sind bei der Bewertung der Amtsangemessenheit der Alimentation die Kosten für eine Krankenversicherung zu berücksichtigen. Je niedriger der Beihilfesatz ist, desto strenger sind die Anforderungen an die Höhe der Alimentation.[405]

148 Die Treuepflicht und die Pflicht zur amtsangemessenen Alimentation stehen in Verbindung mit dem **Lebenszeitprinzip,** das Beamte im Interesse einer rechtsstaatlichen Verwaltung schützt.[406] Neben die wirtschaftliche Sicherheit tritt die rechtliche. Erst das Zusammenspiel dieser Prinzipien bietet „die Gewähr dafür, dass das Berufsbeamtentum zur Erfüllung der ihm vom GG zugewiesenen Aufgabe, im politischen Kräftespiel eine stabile, gesetzestreue Verwaltung zu sichern, beitragen kann. Dazu gehört auch und vor allem, dass der Beamte nicht willkürlich oder nach freiem Ermessen politischer Gremien aus seinem Amt entfernt werden kann."[407] Auch das Lebenszeitprinzip ist vom Gesetzgeber nicht nur zu berücksichtigen, sondern zu beachten.[408]

149 Die grundsätzliche **Unentziehbarkeit** des jeweils übertragenen statusrechtlichen Amtes sichert die Unabhängigkeit der Beamten und trägt zur Gesetzmäßigkeit der Verwaltung bei. Aufgabe des Beamten „war und ist es, Verfassung und Gesetz im Interesse des Bürger auch und gerade gegen die politische Führung zu behaupten."[409] Gem. § 4 Abs. 1 BeamtStG und § 6 Abs. 1 BBG bildet das Beamtenverhältnis auf Lebenszeit die Regel. Eine Ernennung darf nur unter engen Voraussetzungen zurückgenommen werden (§ 12 BeamtStG; § 14 BBG). Die Versetzung eines Beamten in den Ruhestand bei Erreichen einer Altersgrenze ist mit Unionsrecht (→ Rn. 26) und mit Art. 33 Abs. 5 vereinbar. Der Gesetzgeber darf dann den Eintritt der Dienstunfähigkeit (unwiderleglich) vermuten.[410]

150 Das **Beamtenverhältnis** auf Lebenszeit ist wegen der Funktion des Berufsbeamtentums, die Verwaltung sicherzustellen und gegenüber der Politik zu stabilisieren, die verfassungsrechtliche Regel. Daher ist die Übertragung eines statusrechtlichen Amtes **auf Zeit** eng begrenzt. „Ausnahmen sind nur in Bereichen zulässig, in denen (…) die besondere Sachgesetzlichkeit und die Natur der wahrgenommenen Aufgaben eine Begründung von Beamtenverhältnissen auf Zeit" erforderlich machen.[411] Sie müssen durch die besondere Funktion des Amtes gerechtfertigt und gesetzlich bestimmt sein (§ 4 Abs. 2

---

403 BVerfGE 43, 154 (165).
404 BVerfG NVwZ 2008, 668.
405 BVerfGE 140, 240 (291 f.).
406 BVerfGE 71, 255 (268).
407 BVerfGE 148, 296 (347).
408 BVerfGE 148, 296 (346); BVerfGE 121, 205 (219).
409 BVerfGE 121, 205 (219).
410 BVerfGE 71, 255 (268).
411 BVerfGE 121, 205 (223 f.); sa *Pieper* in SHH Rn. 147.

BeamtStG; § 6 Abs. 2 BBG). Die Hierarchieebene reicht hierzu nicht aus.[412] Traditionell anerkannte Ausnahmen sind kommunale Wahlbeamte, politische Beamte (→ Rn. 46, 78), Qualifikationsstellen an Hochschulen (akademische Räte, Juniorprofessoren) und hauptamtliche Leitungsfunktionen an Hochschulen. Für Hochschulkanzler gilt dies nicht, wenn und weil sie hochschulrechtlich keine eigene Entscheidungsdomäne haben, sondern als Mitarbeiter des Präsidenten die Hochschulverwaltung leiten.[413]

Die Übertragung von Ämtern mit **leitender Funktion** im Beamtenverhältnis **auf Zeit** ist ebenfalls mit Art. 33 Abs. 5 unvereinbar.[414] Das Beamtenverhältnis auf Lebenszeit wird hierdurch zwar nicht aufgelöst, sondern ruht während der Begründung des Beamtenverhältnisses auf Zeit. Hierauf kommt es aber nicht an. Entscheidend ist vielmehr, dass der Beamte auf Zeit in seinem Führungsamt keine gesicherte Rechtsstellung hat. Damit „fehlt ihm die erforderliche Sicherheit, die ihm die für seine Amtsausübung erforderliche Unabhängigkeit geben soll. (…) Der Beamte muss ständig befürchten, in sein vorheriges Amt (…) zurückgesetzt zu werden, mit allen damit verbundenen Nachteilen wie einer Gehaltseinbuße, versorgungsrechtlichen Nachteilen und einem Ansehensverlust bei Kollegen, Untergebenen und in der Öffentlichkeit."[415] Eine Rechtfertigung von der Abweichung vom Lebenszeitprinzip „findet sich weder im Leistungsprinzip oder in der Förderung der Mobilität und Flexibilität des Personaleinsatzes noch in Besonderheiten der betroffenen Führungsfunktionen."[416] Sowohl die Möglichkeit, nach Ablauf der Zeit das Amt dauerhaft zu übertragen, als auch die Möglichkeit der Neubesetzung bergen vielmehr die Gefahr der Ämterpatronage.[417] 151

Die einmalige Ernennung von Beamten auf Lebenszeit zu **Verwaltungsrichtern** auf **Zeit** (§ 17 Nr. 3, § 18 VwGO) ist mit Art. 101 Abs. 1 S. 2 und Art. 97 vereinbar und verstößt auch nicht gegen Art. 33 Abs. 5.[418] Das Lebenszeitprinzip bleibt gewahrt, weil das Beamtenverhältnis während der Tätigkeit als Richter weiter besteht und nur ruht. Die Regelung ist auch nicht mit dem Verbot der Übertragung von Ämtern mit leitender Funktion im Beamtenverhältnis auf Zeit vergleichbar, weil die Unabhängigkeit des Beamten durch den Status als Richter gesichert ist.[419] Verwaltungsrichter auf Zeit haben auch das erforderliche Maß an persönlicher und sachlicher Unabhängigkeit.[420] 152

Die Vergabe von **Leitungsämtern auf Probe** ist mit Art. 33 Abs. 5 vereinbar, wenn – wie der Beamte auf Probe – nach Ablauf einer angemessenen Probezeit im Fall der Bewährung auf der Position ein subjektiv-öffentliches Recht auf dauerhafte Übertragung des Leitungsamtes besteht. Der Beamte hat dann einen verwaltungsgerichtlich kontrollierbaren Anspruch, der seine Rechtsstellung ausreichend sichert. § 4 Abs. 3, § 22 Abs. 5 BeamtStG sowie § 6 Abs. 3 BBG, § 24 Abs. 4 BBG sind entsprechend verfassungskonform auszulegen. 153

---

[412] BVerfGE 121, 205 (231).
[413] BVerfGE 149, 1 (37 ff.); hierzu *Sandberger* DÖV 2018, 963; *Knopp* NVwZ 2018, 1029.
[414] BVerfGE 121, 205 (219); hierzu *Dorf* DÖV 2009, 14; *Wichmann* ZBR 2008, 289; *Grigoleit* ZBR 2008, 296; *Lorse* ZBR 2008, 300; *Hebeler* ZBR 2008, 304; krit. bereits *Lecheler* FS 50 Jahre BVerfG, Bd. II, 2001, 359 (376).
[415] BVerfGE 121, 205 (225).
[416] BVerfGE 121, 205 (225).
[417] BVerfGE 121, 205 (227).
[418] BVerfGE 148, 69 (102 ff.), sa auch das Sondervotum der Richterin *Hermanns,* 133 ff.
[419] BVerfGE 148, 69 (105).
[420] BVerfGE 148, 69 (108 ff.).

154 Eine weitere Ausprägung der für die Erfüllung hoheitlicher Aufgaben notwendigen wirtschaftlichen und rechtlichen Sicherheit ist das Verbot antragloser **Teilzeitbeschäftigung.** Das Lebenszeitprinzip und das damit korrespondierende Alimentationsprinzip würden ihre Schutzfunktion verlieren, wenn ein Beamter zu einer Teilzeitbeschäftigung gezwungen werden könnte. Hierdurch würde die Wahrscheinlichkeit steigen, dass die Alimentation für einen angemessenen Lebensunterhalt nicht ausreicht und der Beamte trotz seiner Ernennung auf Lebenszeit beim Dienstherrn um eine Vollzeitbeschäftigung buhlen muss. Dann jedoch besteht die Gefahr von Loyalitätskonflikten, weil „der Beamte‚zum Diener zweier Herren‘ wird“[421] oder sich in Wohlgefallen übt, um eine Vollzeitbeschäftigung zu erhalten. In beiden Fällen ist nicht zu erwarten, „dass ein Beamter auch dann auf rechtsstaatlicher Amtsführung beharrt, wenn sie (partei-)politisch unerwünscht sein sollte.“[422] Der Gesetzgeber hat daher auch den Grundsatz der **Hauptberuflichkeit** zu beachten.[423]

155 Teilzeitbeschäftigung verstößt nicht per se gegen Art. 33 Abs. 5.[424] So ermöglicht § 93 BBG auf **Antrag** eine Teilzeitbeschäftigung als Altersteilzeit. § 43 BeamtStG bestimmt schlicht, Teilzeitbeschäftigung ist zu ermöglichen. Wie im Fall der Altersteilzeit ist die allgemeine Teilzeit aber an einen freiwillig gestellten Antrag gebunden.[425] Allein arbeitsmarktpolitische oder familienpolitische Zwecke rechtfertigen eine antragslose (Einstellungs-)Teilzeit nicht.[426]

156 Als **weitere** hergebrachte **Grundsätze** des Berufsbeamtentums hat der Gesetzgeber den Laufbahngrundsatz, das Leistungsprinzip (Art. 33 Abs. 2, Prinzip der Bestenauslese → Rn. 43) und den Grundsatz der angemessenen Amtsbezeichnung zu beachten.[427]

157 **4. Fortentwicklungsauftrag.** Seit 2006 hat der Gesetzgeber auch die Pflicht, das Recht des öffentlichen Dienstes unter Berücksichtigung der hergebrachten Grundsätze des Berufsbeamtentums fortzuentwickeln. Die mit der Föderalismusreform I vorgenommene Ergänzung darf nicht zu Missverständnissen verleiten.[428] Der Gesetzgeber hatte bereits vorher das Recht und die Pflicht, „die Ausgestaltung des Dienstrechts den jeweiligen Entwicklungen der Staatlichkeit anzupassen und das Beamtenrecht damit in die Zeit zu stellen.“[429] Die Ergänzung hatte insofern nur klarstellende Wirkung.

158 Die Formulierung verbietet, die hergebrachten Grundsätze des Berufsbeamtentums fortzuentwickeln.[430] Sie stellt daher nicht die Unterscheidung zwischen zu „beachtenden“ und zu „berücksichtigenden“ Grundsätzen in Frage (→ Rn. 116, 129).[431] Vielmehr erlaubt sie keine Fortentwicklung, die

[421] BVerfGE 119, 247 (264); sa *Lecheler* FS 50 Jahre BVerfG, Bd. II, 2001, 359 (376 ff.).
[422] BVerfGE 119, 247 (261).
[423] BVerfGE 119, 247 (263).
[424] S bereits BVerfGE 71, 39 (57); allg. *Böhm* DÖV 1996, 403; *Lecheler* ThürVBl. 1998, 25; *Schnellenbach* ZBR 1998, 223 (225 f.); *Körting* LKV 1998, 41.
[425] Hierzu BVerwGE 82, 196 (202 ff.); allg. BVerfGE 119, 247 (270).
[426] BVerfGE 119, 247 (266 ff.).
[427] BVerfGE 71, 255 (268); BVerfGE 64, 323 (351); speziell zum Leistungsprinzip BVerfGE 121, 205 (226); sa *Jarass* in Jarass/Pieroth Rn. 9, 80.
[428] Allg. *Butzer* in Kluth, Föderalismusreformgesetz, 2007, Art. 33.
[429] BVerfGE 148, 296 (346); BVerfGE 119, 247 (262).
[430] BVerfGE 148, 296 (349); BVerfGE 121, 205 (232).
[431] AA *Osterloh/Gerhardt,* Sondervotum zu BVerfGE 117, 372 (395) und *Gerhardt,* Sondervotum zu BVerfGE 119, 247 (291).

nicht schon vor 2006 mit Art. 33 Abs. 5 vereinbar war. Hierfür sprechen die grammatikalische Auslegung und das systematische Zusammenspiel von Art. 33 Abs. 5 mit den Gesetzgebungskompetenzen.[432] Durch die Föderalismusreform I sind die Länder für große Teile des Beamtenrechts zuständig geworden. Wäre es insbes. den Landesgesetzgebern möglich, auch die hergebrachten Grundsätze des Berufsbeamten fortzuentwickeln, wäre Art. 33 Abs. 5 keine „bundesstaatliche Klammer"[433] mehr. Die Einheitlichkeit des Beamtenrechts würde in ernsthafte Gefahr geraten.

C. Verhältnis zu anderen Bestimmungen des Grundgesetzes

Art. 33 ist zusammen zu lesen ua mit Art. 3, Art. 4, Art. 11 und 12, **159**
Art. 14, Art. 34, Art. 36, Art. 73 Abs. 1 Nr. 8, Art. 74 Abs. 1 Nr. 27, Art. 87e und 87f, Art. 116, Art. 130 bis 132, Art. 137 sowie Art. 143a und 143b. Die große Anzahl ist Folge der inhaltlichen Heterogenität. Das Verhältnis der Absätze 1 bis 3 zu anderen Bestimmungen ist bereits in den jeweiligen Kommentierungen angesprochen worden (zu Abs. 1 → Rn. 32, 38; zu Abs. 2 → Rn. 43, 62, 73, 76 f. 84 bis 87; zu Abs. 3 → Rn. 89). Gleiches gilt für die Absätze 4 und 5. Einige Zusammenhänge sind trotzdem hervorzuheben: Art. 87e und 87f sowie Art. 143a und 143b stehen für Privatisierungsentscheidungen und deren Folgen, die die Regelungsreichweite von Art. 33 Abs. 4 betreffen (→ Rn. 101, 105). Mit dem Rekurs auf die hergebrachten Grundsätze des Berufsbeamtentums enthält Art. 33 Abs. 5 einen Vergangenheitsbezug, den der Gesetzgeber wegen der Lesart, die das BVerfG Art. 131 gegeben hat, für betroffene Personen durchtrennen durfte (→ Rn. 9). Die seit 2006 bestehende Kompetenz der Länder für das Laufbahn-, Besoldungs- und Versorgungsrecht der Beamten hat die Bedeutung von Art. 33 Abs. 5 für die Homogenität des Beamtenrechts deutlich vergrößert (→ Rn. 131, 158). Für vermögensrechtliche Ansprüche der Beamten ist Art. 33 Abs. 5 lex specialis zu Art. 14 Abs. 1. (→ Rn. 145). Schließlich sind va Art. 33 Abs. 4 und 5 im Kontext von Art. 21 und der Staatsstrukturprinzipien in Art. 20 zu lesen, die alle berührt sind. Art. 33 erhält seine Bedeutung durch die verfassungsrechtliche Grundentscheidung für eine freiheitlich-demokratische Ordnung (→ Rn. 1 f., 98, 116).

D. Kritische Würdigung

Art. 33 ist aus mehreren Gründen kritisch zu würdigen, zunächst hinsicht- **160**
lich der inneren Systematik, des Inhalts und des Verhältnisses zu anderen Normen des GG. Die Vorschrift weist keine geschlossene Systematik auf, dazu sind die Regelungsgegenstände zu unterschiedlich. Der Verfassungsgesetzgeber hat spezielle Gleichheitsrechte und Staatsfunktionsnormen miteinander verbunden. Inhaltlich ist unklar, ob der Begriff „staatsbürgerliche Rechte" eng oder weit zu verstehen ist, zumal Art. 33 Abs. 3 zwischen bürgerlichen und staatsbürgerlichen Rechten unterscheidet. Auch die Aus-

[432] BVerfGE 119, 247 (272 f.); *Pechstein* ZBR 2006, 285; *Höfling/Burkiczak* DÖV 2007, 328; aA *Gerhardt,* Sondervotum zu BVerfGE 119, 247 (290 ff.); sa *Nierhaus/Rademacher* LKV 2006, 385 (388); *Budjarek* ZBR 2010, 229.

[433] S. *Lecheler* ZBR 2007, 18 (22); sa RegBegr. BT-Drs. 16/4027, 20 f. u 39 f.

legung des Begriffs „hoheitliche Befugnisse" in Art. 33 Abs. 4 bereitet Probleme. Die vorliegende Kommentierung macht hierzu einen – soweit ersichtlich – neuen Vorschlag, wenn sie die Antwort auf die Frage, ob hoheitsrechtliche Befugnisse ausgeübt werden, an die „Benennungsmacht" im Staat-Bürger-Verhältnis knüpft (→ Rn. 109 f.). Damit ist die Fähigkeit gemeint, Quantifizierungen, Skalierungen, Maßstäbe, Indikatoren, Status, Prognosen oder Messungen, die der für die Begründung subjektiv-öffentlicher Rechte und Pflichten notwendigen Subsumtion vorgelagert sind, entweder selbst vorzunehmen oder als verbindlich erklären zu können. Die geringe praktische Bedeutung von Art. 33 Abs. 1 und Art. 33 Abs. 3 ist va eine Folge davon, dass die Bundesrepublik ein unitarischer Bundesstaat ist und dass Art. 3 und Art. 4 die Schutzfunktionen weitgehend übernommen haben.

161 Im Fokus öffentlicher und fachlicher Vorhaltungen steht regelmäßig die duale Beschäftigungsstruktur im öffentlichen Dienst. Die Kritik geht häufig zu Lasten des Berufsbeamtentums, das als „gestrig", „Überbleibsel der Monarchie" oder „spätabsolutistischer Fremdkörper" angesehen wird. Damit verbunden ist oft Kritik am BVerfG, das Art. 33 Abs. 5 als ein mit der Verfassungsbeschwerde rügefähiges grundrechtsgleiches Recht ansieht und den Gestaltungsspielraum des Gesetzgebers einschränkt, indem es zwischen zu „berücksichtigenden" und zu „beachtenden" hergebrachten Grundsätzen unterscheidet. Anders als die Vorauflage teilt die Neukommentierung diese Kritik nicht.[434] Weder der Prozess der Europäisierung noch Privatisierungsüberlegungen zwingen dazu, das Berufsbeamtentum in Frage zu stellen. Kritikwürdig sind vielmehr die Missachtung des Funktionsvorbehalts, va bei der Beschäftigung von Lehrern (→ Rn. 110), und die ungenierte Art. 33 Abs. 2 widersprechende Ämterpatronage aller politischen Parteien bei Einstellungen und Beförderungen. Soweit hieran Beamte beteiligt sind, ist die Kritik nicht an die Institution, sondern an die Amtswalter zu adressieren. Die Verwaltungsgerichtsbarkeit kann nur die gröbsten Verstöße verhindern. Eine fachlich qualifizierte, loyale und gesetzestreue Verwaltung und Richterschaft stellen einen Wert dar, der es wert ist, durch Gesetzgeber und Politik wertgeschätzt zu werden. Wenn das BVerfG die Gestaltungsspielräume verkleinert, zB im Besoldungsrecht, handelt es sich um eine Folge der Vernachlässigung des Berufsbeamtentums, die das Gericht entweder zwingt, seine Zurückhaltung aufzugeben oder zuzusehen, wie das personale Element des Rechtsstaats geschwächt wird. Letzteres ist vom BVerfG nicht zu erwarten.

Literatur

P. Badura, Die hoheitlichen Aufgaben des Staates und das Berufsbeamtentum, ZBR 1996, 321. – ***P. Badura/K. Stern,*** Die Rechtmäßigkeit des Beamteneinsatzes beim Streik der Tarifkräfte, 1983. – ***C. Bäcker,*** Wissenschaft als Amt – Das verfassungsrechtliche Hochschullehrerbeamtenrecht aus Art. 33 Abs. 5 GG i. V. m. Art. 5 Abs. 3 GG, AöR 135 (2010), 78. – ***U. Battis,*** Bundesbeamtengesetz, Kommentar, 5. Aufl. 2017. – ***U. Battis,*** Berufsbeamtentum und Leistungsprinzip, ZBR 1996, 193. – ***U. Battis,*** Neukonzeption des beamtenrechtlichen Konkurrentenstreits (BVerwGE 138, 102), DVBl. 2013, 673. – ***U. Battis/K.-J. Grigoleit,*** Zulässigkeit und Grenzen von Teilzeitbeamtenverhältnissen, in Verantwortung und Leistung, Heft 30, 1997. – ***H. B. Becker,*** Europäisches Gemeinschaftsrecht und deutsches Beamtentum, 1992. – ***H. Bethge,*** Die Grundrechtsbindung im föderalen Bereich, AöR 110 (1985), 169. – ***Th. Blanke/D. Sterzel,*** Privatisierungsrecht für Beamte, 1999. – ***G. Bochmann,*** Die verfassungs-

[434] *Kunig* in v. Münch/Kunig, 6. Aufl. 2012, Rn. 53, 59.

rechtlichen Grundlagen der Reföderalisierung des öffentlichen Dienstrechts und der Entwurf eines Gesetzes zur Regelung des Statusrechts der Beamtinnen und Beamten in den Ländern (Beamtenstatusgesetz – BeamtStG), ZBR 2007, 1. – ***E.-W. Böckenförde/ C. Tomuschat/D. C. Umbach*** (Hrsg.), Extremisten im öffentlichen Dienst, 1981. – ***M. Böhm,*** Lehrerstatus heute: Rahmenbedingungen und Reformperspektiven, DÖV 2006, 665. – ***M. Böhm,*** Die Rechtsprechung des Bundesverfassungsgerichts zur Beamtenbesoldung, ZBR 2018, 222. – ***E. Brandt*** (Hrsg.), Die politische Treuepflicht. Rechtsquellen zur Geschichte des deutschen Berufsbeamtentums, 1976. – ***F. Brosius-Gersdorf/H. Gersdorf,*** Zur Differenzierung zwischen dem Neutralitätsgebot für den Staat und dem Mäßigungsgebot für Amtsträger, NVwZ 2020, 428. – ***L. Budjarek,*** Das Recht des öffentlichen Dienstes und die Fortentwicklungsklausel des Art. 33 Abs. 5 GG nach der Föderalismusreform, 2009. – ***H. P. Bull,*** Vom Staatsdiener zum öffentlichen Dienstleister, 2006. – ***H. P. Bull,*** Die Zukunft des Beamtentums: Zwischen Recht und Politik, Staats- und Verwaltungslehre, DV 2009, 1. – ***Chr. v. Coelln/ Th. Horst,*** Grundgesetzliche Grenzen politischer Opportunitätserwägungen: Die verfassungsrechtlichen Vorgaben für den dienstrechtlichen Status der Lehrer, ZBR 2009, 109. – ***E. Denninger/G. Frankenberg,*** Grundsätze zur Reform des öffentlichen Dienstrechts, 1997. – ***E. Denninger/H. H. Klein,*** Verfassungstreue und Schutz der Verfassung, VVDStRL 37 (1978), 7, 53. – ***L. Determann,*** Müssen Professoren von Verfassungs wegen Beamte sein?, NVwZ 2000, 1346. – ***U. Di Fabio,*** Privatisierung und Staatsvorbehalt, JZ 1999, 585. – ***A. Dillenburger,*** Das Beamtenstatusgesetz als neues Beamtenbundesrecht für die Beamtinnen und Beamten der Länder, NJW 2009, 1115. – ***K. Doehring/A. Bleckmann/H. Schiedermair u. a.,*** Verfassungstreue im öffentlichen Dienst europäischer Staaten, 1980. – ***V. v. Doetinchem de Rande,*** Der dienstliche Einsatz von Beamten während eines Streiks von Tarifkräften im öffentlichen Dienst aus beamten- und arbeitsrechtlicher Sicht, Diss. Bonn 1986. – ***Th. Eschenburg,*** Ämterpatronage, 1961. – ***H. Fabis,*** Die Auswirkungen der Freizügigkeit gem. Art. 48 EG-Vertrag auf Beschäftigungsverhältnisse im nationalen Recht, 1995. – ***D. Felix,*** Das Remonstrationsrecht und seine Bedeutung für den Rechtsschutz des Beamten, 1993. – ***O. G. Fischbach,*** Die hergebrachten Grundsätze des Berufsbeamtentums, DVBl. 1951, 99. – ***E. Forsthoff,*** Das Bundesverfassungsgericht und das Berufsbeamtentum, DVBl. 1954, 69. – ***W. Fricke,*** Probleme der Ämterpatronage, 1973. – ***J. Grothkopp,*** Beamtentum und Staatsformwechsel, 1992. – ***K. Hailbronner,*** Öffentlicher Dienst und EG-Freizügigkeit, VBlBW 2000, 129. – ***K. Hailbronner,*** Der öffentliche Dienst als „pouvoir neutre", ZaöRV 69 (2009), 267. – ***U. Häde/M. Jachmann,*** Mitglieder extremistischer Parteien im Staatsdienst, ZBR 1997, 8. – ***H. Hattenhauer,*** Geschichte des deutschen Beamtentums, Handbuch des öffentlichen Dienstes, Bd. I, 2. Aufl. 1993. – ***J. Hartleb,*** Die Frage nach der Parteizugehörigkeit im öffentlichen Dienst, Diss. München, 1968. – ***V. Haug,*** Funktionsvorbehalt und Berufsbeamtentum als Privatisierungsschranken, NVwZ 1999, 816. – ***T. Hebeler,*** Zentrale Entwicklungen im Beamtenrecht, DV 47 (2014), 549. – ***K. Herrmann,*** Neue Ansätze bei der Dienstpostenkonkurrenz – und warum sie nicht funktionieren, NVwZ 2017, 105. – ***K. Herrmann,*** Äußerung von Beamten im Konflikt mit Dienstpflichten, DV 51 (2018), 265. – ***W. Höfling,*** Verfahrensrechtliche Garantien des Art. 33 II GG, ZBR 1999, 73. – ***W. Höfling/Ch. Burkiczak,*** Die Garantie der hergebrachten Grundsätze des Berufsbeamtentums unter Fortentwicklungsvorbehalt – Erste Überlegungen zur Änderung von Art. 33 Abs. 5 GG, DÖV 2007, 328. – ***H. Hofmann,*** Religiöse Symbole in Schule und Öffentlichkeit – Stand der Entwicklung der Landesgesetzgebung und Rechtsprechung nach der Richtungsentscheidung des BVerfG von 2003, NVwZ 2009, 74. – ***J. Isensee,*** Beamtenstreik. Zur rechtlichen Zulässigkeit des Dienstkampfes, 1971. – ***J. Isensee,*** Zugang zum öffentlichen Dienst, FG BVerwG, 1978, 337. – ***J. Isensee,*** Affekte gegen Institutionen – überlebt das Berufsbeamtentum? Die neue Legitimatonskrise, in Verantwortung und Leistung, Heft 34, 1998. – ***J. Isensee,*** Transformation von Macht in Recht – das Amt, ZBR 2004, 3. – ***M. Jachmann/Th. Strauß,*** Berufsbeamtentum, Funktionsvorbehalt und der „Kaperbrief für den Landeinsatz", ZBR 1999, 289. – ***M. Jacobs/M. Payandeh,*** Das beamtenrechtliche Streikverbot: Konventionsrechtliche Immunisierung durch verfassungsrechtliche Petrifizierung, JZ 2019, 19. –

J. A. Kämmerer, Privatisierung und Staatsaufgaben: Versuch einer Zwischenbilanz, DVBl. 2008, 1005. – ***L. Kathke,*** Wie weit geht die Öffnung des Berufsbeamtentums für EU-Bürger?, ZBR 1994, 233. – ***M. Kawik,*** Sind beamtenrechtliche Altersgrenzen rechtlich zulässig?, ZBR 2016, 404. – ***M. Kenntner,*** Sinn und Zweck der Garantie des hergebrachten Berufsbeamtentums,. DVBl. 2007, 1321. – ***K. König/H.-W. Laubinger/F. Wagener*** (Hrsg.), Öffentlicher Dienst, FS f. Ule, 1977. – ***Th. Kolmetz,*** Einsatz von Beamten bei Streik im öffentlichen Dienst aus verfassungsrechtlicher Sicht, 1989. – ***P. Kirchhof,*** Der Begriff der hoheitsrechtlichen Befugnisse in Art. 33 IV GG, 1968. – ***L. Knopp/W. Schröder,*** Beamtenrechtliche und -politische Auswirkungen der Föderalismusreform, NJ 2007, 97. – ***L. Knopp,*** Der lange Weg des brandenburgischen Hochschulkanzlers zur „verfassungsrechtlichen Gerechtigkeit" NVwZ 2018, 1029. – ***B. Kümper,*** Bestenauslese als Organisationsrinzip, DÖV 2017, 414. – ***Ph. Kunig,*** Zur Einstellung von Personen mit Migrationshintergrund im Polizeivollzugsdienst, FS f. Schnapp, 2008, 634. – ***H. Landau/M. Steinkühler,*** Zur Zukunft des Berufsbeamtentums in Deutschland, DVBl. 2007, 133. – ***H.-W. Laubinger,*** Gedanken zum Inhalt und zur Verwirklichung des Leistungsprinzips bei der Beförderung von Beamten, VerwArch. 83 (1992), 246. – ***H.-W. Laubinger,*** Die „Frauenquote" im öffentlichen Dienst, VerwArch. 87 (1996), 305, 473. – ***H.-W. Laubinger,*** Die Konkurrentenklage im öffentlichen Dienst – eine unendliche Geschichte, ZBR 2010, 289 u 332. – ***H. Lecheler,*** Die Fürsorgepflicht des Dienstherrn – Eigenständiges Rechtsinstitut oder Brücke zum Arbeitsrecht?, ZBR 1972, 129. – ***H. Lecheler,*** Die Personalgewalt öffentlicher Dienstherrn, 1977. – ***H. Lecheler,*** Vorgaben der Verfassung für die Übertragung von Leitungsfunktionen im Beamtenverhältnis, in Verantwortung und Leistung, Heft 33, 1997. – ***H. Lecheler,*** Das Berufsbeamtentum – Verfassungsrecht und Verfassungswirklichkeit, FS 50 Jahre BVerfG Bd. II, 359. – ***H. Lecheler,*** Der öffentliche Dienst, HStR V, § 110, 3. Aufl. 2007. – ***H. Lecheler,*** Die Auswirkungen der Föderalismusreform auf die Statusrechte der Beamten, ZBR 2007, 18. – ***W. Leisner,*** Grundlagen des Berufsbeamtentums. Mit einer Studie über das Leistungsprinzip, 1971. – ***W. Leisner*** (Hrsg.), Das Berufsbeamtentum im demokratischen Staat. Beiträge zum Dienstrecht und zur Dienstrechtsreform, 1975. – ***W. Leisner,*** Verfassungsreform des öffentlichen Dienstrechts, APuZ 1991, B 49, 29. – ***A. Leisner-Egensperger,*** Das Recht des öffentlichen Dienstes – Grundlagen und neuere Entwicklungen, DV 51 (2018), 1. – ***A. Leisner-Egensperger,*** Die normative Kraft des Alimentationsprinzips, DVBl. 2019, 729.– ***K. Leitges,*** Die Entwicklung des Hoheitsbegriffs in Art. 33 Abs. 4 des Grundgesetzes, 1998. – ***D. Leuze,*** Das allgemeine Persönlichkeitsrecht des Beamten, ZBR 1998, 187. – ***S. Leppek,*** Beamtenrecht, 13. Aufl. 2019. – ***P. Lerche,*** Verbeamtung als Verfassungsauftrag?, 1973. – ***P. Linde,*** Angestellte im öffentlichen Dienst, 1991. – ***F. Lindner,*** Parteipolitische Tätigkeit als Dienstaufgabe der Beamten?, ZBR 2010, 325. – ***W. Loschelder,*** Staatseingliederung als Institutionalisierungsproblem – Zur Entwicklung und Krise des besonderen Gewaltverhältnisses, 1982. – ***W. Loschelder,*** Vom besonderen Gewaltverhältnis zur öffentlich-rechtlichen Sonderbindung, 1982. – ***S. Magiera/H. Siedentopf*** (Hrsg.), Das Recht des öffentlichen Dienstes in den Mitgliedsstaaten der Europäischen Gemeinschaft, 1994. – ***V. Mehde,*** Landeskinderklauseln in der Rechtsprechung, DVBl. 2019, 1025. – ***D. Merten,*** Grundfragen des Einigungsvertrages unter Berücksichtigung beamtenrechtlicher Probleme, 1991. – ***D. Merten,*** Beamtenrecht und Beamtenverfassungsrecht, FS f. Blümel, 1999, 335. – ***H. Mommsen,*** Beamtentum im Dritten Reich, 1967. – ***R. Morsey,*** Zur Beamtenpolitik des Reiches von Bismarck bis Brüning, FS 25 J. Hochschule Speyer, 1972, 101. – ***I. v. Münch,*** Beamtenrecht und Beamtenpolitik im Wandel, ZBR 1981, 157. – ***M. Oberle-Kahn,*** Ursprünge des beamtenrechtlichen Lebenszeitprinzips, 1990. – ***W. Otto,*** Das Recht der Angestellten und Arbeiter im öffentlichen Dienst, 1973. – ***R. Pannhausen,*** Das Alimentationsprinzip im Beamtenrecht, 1978. – ***A. Patermann,*** Entlassung von Beamten wegen einer Tätigkeit für das MfS, DtZ 1997, 242. – ***H. Plander,*** Die beamtenrechtliche Vereinbarungsautonomie – Die Reform als Verfassungsproblem, 1991. – ***H.-J. Rejewski,*** Die Pflicht zur politischen Treue im preußischen Beamtenrecht (1850 –1918), 1973. – ***A. Reich,*** Beamtenstatusgesetz, Kommentar, 3. Aufl. 2018. – ***B. Remmert,*** Warum muss es Beamte geben?, JZ 2005, 53. – ***M. Ronellenfitsch,*** Der vorläufige

Rechtsschutz im beamtenrechtlichen Konkurrentenstreit, VerwArch 82 (1991), 121. – ***W. Rudolf/F. Wagener,*** Der öffentliche Dienst im Staat der Gegenwart, VVDStRL 37 (1978), 175, 215. – ***M. Sachs,*** Zur Bedeutung der grundgesetzlichen Gleichheitssätze für das Recht des öffentlichen Dienstes, ZBR 1994, 133. – ***F. J. Säcker/H. Oetker,*** Der Einsatz von Beamten auf bestreikten Arbeitsplätzen als Verfassungsproblem, AöR 112 (1987), 345. – ***A. Salfer,*** Die Konkurrentenklage im Beamtenrecht, 1984. – ***G. Sandberger,*** Der Funktionswandel des Kanzleramtes an Hochschulen, DÖV 2018, 963. – ***A. Sattler,*** Die rechtliche Bedeutung der Entscheidung für die streitbare Demokratie, 1982. – ***F. Schenck,*** Die Einstellung der deutschen Beamten zur Weimarer Republik, Diss. Mannheim, 1984. – ***W.-R. Schenke,*** Die Konkurrentenklage im Beamtenrecht, FS f. O. Mühl, 1981, 571. – ***W.-R. Schenke,*** Personalvertretungsrecht und Verfassung, JZ 1991, 582. – ***W.-R. Schenke,*** Neuestes zur Konkurrentenklage, NVwZ 2011, 321. – ***W.-R. Schenke,*** Rechtsschutz bei Auswahlenscheidungen – Konkurrentenklage, DVBl. 2015, 137. – ***B. Schlink,*** Zwischen Identifikation und Distanz. Zur Stellung des Beamten im Staat und zur Gestaltung des Beamtenrechts durch das Staatsrecht, Der Staat 15 (1976), 335. – ***H. Schmahl,*** Disziplinarrecht und politische Betätigung der Beamten in der Weimarer Republik, 1977. – ***E. Schmidt-Aßmann,*** Leistungsgrundsatz des Art. 33 II GG und soziale Gesichtspunkte bei der Regelung des Zugangs zum Beamtenverhältnis, NJW 1980, 16. – ***T. I. Schmidt,*** Beamtenrecht, 2017. – ***T. I. Schmidt,*** Europäisierung des öffentlichen Dienstrechts, ZBR 2018, 218. – ***F. E. Schnapp,*** Amtsrecht und Beamtenrecht, 1977. – ***H. Schnellenbach/J. Bodanowitz,*** Beamtenrecht in der Praxis, 10. Aufl. 2020. – ***R. Scholz,*** Verfassungstreue im öffentlichen Dienst – änderbares Verfassungsgebot?, FS f. J. Broermann, 1982, 409. – ***Th. Schotten,*** Die Auswirkungen des Europäischen Gemeinschaftsrechts auf den Zugang zum öffentlichen Dienst in der Bundesrepublik Deutschland, 1994. – ***H.-H. Schrader,*** Rechtsbegriff und Rechtsentwicklung der Verfassungstreue im öffentlichen Dienst, 1985. ***N. Schulz,*** Die „Demokratisierung" des beamtenrechtichen Funktionsvorbehalts, DVBl. 2019, 1599. – ***M. Schwarz,*** Brexit und Beamtenstatus – Aktuelle Gesetzesänderungen, NVwZ 2019, 10. – ***M. Schwarz,*** Wen verbeamten?, JZ 2019, 276. – ***R. Simianer,*** Gehorsam und Verantwortung im Beamtenverhältnis, ZBR 2004, 149. – ***K. Stern,*** Zur Verfassungstreue der Beamten, 1974. – ***R. Stober,*** Der Ehrenbeamte in Verfassung und Verwaltung, 1981. – ***R. Stober,*** Kommunale Ämterverfassung und Staatsverfassung am Beispiel der Abwahl kommunaler Wahlbeamten, 1982. – ***Th. Strauß,*** Funktionsvorbehalt und Berufsbeamtentum, 2000. – ***A. Thiele,*** Art. 33 Abs. 4 GG als Privatisierungsschranke, Der Staat 49 (2010), 274. – ***W. Thiele,*** Beamtenbesoldung – rechtspolitisch betrachtet, DÖD 1993, 271. – ***W. Thieme,*** Der öffentliche Dienst in der Verfassungsordnung des Grundgesetzes (Art. 33 GG), 1961. – ***H. Tilp,*** Beamtenrechtliche Auswirkungen der Regierungssitzverlegung, 1993. – ***C. H. Ule,*** Öffentlicher Dienst, in K. A. Bettermann/H. C. Nipperdey, Die Grundrechte, Band IV/2, 1962, 537. – ***A. Voßkuhle,*** Europäisierung des öffentlichen Dienstes, FS f. R. Scholz, 2007, 189. – ***A. Warbeck,*** Die hergebrachten Grundsätze des Berufsbeamtentums im Wandel der Zeit und ihre Bedeutung, RiA 1990, 292. – ***S. Werres,*** Beamtenverfassungsrecht, 2011. – ***S. Werres,*** Der Einfluss der Menschenrechtskonvention auf das Beamtenrecht, DÖV 2011, 873. – ***U. Westermann,*** Dogmatik und Bedeutung der allgemeinen Fürsorge- und Treuepflicht im Arbeits- und Beamtenrecht, Diss. Münster, 1982. – ***M. Wichmann,*** Parteipolitische Patronage – Vorschläge zu ihrer Beseitigung, 1986. – ***U. Widmaier,*** Das bundesverfassungsgerichtliche Beamtenstreikverbot – „Rechtfertigung" nach Art. 11 Abs. 2 EMRK?, DVBl. 2020, 229. – ***K. Wiese,*** Lehrerinnen mit Kopftuch, 2008. – ***H. A. Wolff,*** Die Unionalisierung des Beamtenrechts, ZBR 2014, 1. – ***E. Wyluda,*** Lehnrecht und Beamtentum. Studien zur Entstehung des preußischen Beamtentums, 1969. – ***R. Zippelius,*** Die Rolle des Berufsbeamten, in B. Rill (Hrsg.), Fünfzig Jahre freiheitlich-demokratischer Rechtsstaat, 1999, 97. – ***H. Zwirner,*** Politische Treupflicht des Beamten, 1956/1987.

Art. 34 [Haftung bei Amtspflichtverletzung]

[1] Verletzt jemand in Ausübung eines ihm anvertrauten öffentlichen Amtes die ihm einem Dritten gegenüber obliegende Amtspflicht, so trifft die Verantwortlichkeit grundsätzlich den Staat oder die Körperschaft, in deren Dienst er steht. [2] Bei Vorsatz oder grober Fahrlässigkeit bleibt der Rückgriff vorbehalten. [3] Für den Anspruch auf Schadensersatz und für den Rückgriff darf der ordentliche Rechtsweg nicht ausgeschlossen werden.

Weimarer Reichsverfassung von 1919

Art. 131. Verletzt ein Beamter in Ausübung der ihm anvertrauten öffentlichen Gewalt die ihm einem Dritten gegenüber obliegende Amtspflicht, so trifft die Verantwortlichkeit grundsätzlich den Staat oder die Körperschaft, in deren Dienste der Beamte steht. Der Rückgriff gegen den Beamten bleibt vorbehalten. Der ordentliche Rechtsweg darf nicht ausgeschlossen werden.

Die nähere Regelung liegt der zuständigen Gesetzgebung ob.

Übersicht

A. Allgemeine Bedeutung

I. Genese

Die Regelung der Staatshaftung in Art. 34 ist in besonderem Maße **dogmengeschichtlich geprägt.**[1] Die im absolutistischen Ständestaat herrschende Auffassung von der Unrechtsunfähigkeit des hoheitlich handelnden Staates brachte nicht nur die retrospektiv als Fiskus-Theorie bezeichnete Beschränkung auf den zivilistischen Rechtsschutz, sondern verwies den Geschädigten zudem auf den handelnden Beamten, dessen Verhältnis zum Landesherrn in Rezeption römischrechtlicher Lehren als privatrechtlicher Mandatskontrakt gedeutet wurde.[2] Die hieraus gezogene Folgerung, eine Überschreitung des Mandats begründe allein eine privatrechtliche Verantwortung des Beamten (s. nur §§ 88, 89 Abs. 2 Allgemeines Landrecht für die preußischen Staaten), wurde beibehalten, nachdem sich ein öffentlich-rechtliches Verständnis des Beamtenverhältnisses durchgesetzt hatte.[3] 1

Obwohl sich im zweiten Drittel des 19. Jahrhunderts erhebliche Teile der Wissenschaft für eine unmittelbare Staatshaftung für schädigendes Beamtenhandeln im hoheitlichen Bereich eingesetzt hatten,[4] wurde mit dem zum 1.1.1900 in Kraft getretenen **BGB** gleichwohl das **Modell der persönlichen Beamtenhaftung** verwirklicht und allein für privatrechtliches Handeln der Staatsdiener die Organhaftung nach §§ 89, 31 BGB normiert. Maßgeblich hierfür war weniger ein Fortwirken der Mandatstheorie, sondern die fehlende Gesetzgebungskompetenz des Reichs für die Haftung des Staates für die hoheitlich handelnden Beamten der Länder.[5] 2

In der Folge[6] führten das Reich mit dem Reichbeamtenhaftungsgesetz (RBHG)[7] und zahlreiche Länder auf der Grundlage von Art. 77 EGBGB[8] Gesetze ein, die eine **Haftungsüberleitung auf den Staat** für rechtswidriges Handeln im hoheitlichen Bereich vorsahen. Damit wurde ein Modell ins Werk gesetzt, das die Diskutanten des 19. Jahrhunderts nie ernsthaft erörtert hatten. Die zersplitterte Rechtslage wurde durch Art. 131 WRV vereinheitlicht. Nunmehr galt reichsweit das Modell einer mittelbaren Staats- 3

[1] Retrospektiv BVerfGE 61, 149 (177 ff.); *Gehre,* Die Entwicklung der Amtshaftung in Deutschland seit dem 19. Jahrhundert, 1958; *Heidenhain,* Amtshaftung und Entschädigung aus enteignungsgleichem Eingriff, 1965, 15 ff.

[2] Krit. Darstellung bei *Zoepfl,* Grundsätze des gemeinen deutschen Staatsrechts, Zweither Theil, 5. Aufl. 1863, § 520, 802; retrospektiv *Kohl,* Die Lehre von der Unrechtsunfähigkeit des Staates, 1976, 51 ff., 78 ff., 81 ff.

[3] *v. Stein,* Die Verwaltungslehre, Erster Theil, 2. Aufl. 1869, 369; *Loening* FS f. Bluntschli, 1879, 96.

[4] Etwa *Zachariä* ZStW 19 (1863), 582 (631 ff.) mit der Annahme einer öffentlich-rechtlichen Garantenstellung des Staates; später *v. Gierke,* Die Genossenschaftstheorie und die deutsche Rechtsprechung, 1887, 794 ff. mit der Konstruktion einer zivilrechtlichen Verbandshaftung.

[5] BVerfGE 61, 149 (180 ff.); andere Einschätzung bei *Kohl,* Die Lehre von der Unrechtsunfähigkeit des Staates, 1976, 93 ff.

[6] Die 1897 verabschiedete (RGBl. 139) und gleichzeitig mit dem BGB in Kraft getretene Reichsgrundbuchordnung sah in § 12 RGBO die Staatshaftung für das Handeln der Grundbuchbeamten vor.

[7] G v. 22.5.1910, RGBl. 798.

[8] S. das Preußische Gesetz über die Haftung des Staates und anderer Verbände für Amtspflichtverletzungen von Beamten bei Ausübung der öffentlichen Gewalt v. 1.8.1909, Gesetzessammlung, 691; Nachw. bei BVerfGE 61, 149 (187); *Heidenhain,* Amtshaftung und Entschädigung aus enteignungsgleichem Eingriff, 1965, 35 f.

haftung (Amtshaftung), das einerseits unmittelbar geltendes Recht war,[9] andererseits wegen der nur „grundsätzlichen" Gewährleistung Modifikationen durch das Reich und die Länder im Rahmen ihrer jeweiligen Regelungskompetenzen nicht ausschloss.[10]

4 An der Konstruktion der Überleitung der persönlichen Beamtenhaftung auf den Staat hat sich **unter der Geltung von Art. 34 GG nichts geändert.** Der ursprüngliche Vorschlag des Parlamentarischen Rates, die Fortgeltung der Grundsätze des Art. 131 WRV verfassungsrechtlich anzuordnen,[11] wurde zugunsten der Verfassungstext gewordener Fassung aufgegeben. Der in Art. 34 aufgenommene funktionelle Amtswalterbegriff kodifiziert die schon unter der WRV etablierte Rspr. des Reichsgerichts.[12]

II. Inhaltsübersicht

5 Unter der Geltung von § 839 BGB hat Art. 34 S. 1 die Funktion, im Wege einer **Haftungsüberleitung** die Haftung des Staates für schuldhafte Verletzungen von Amtspflichten durch seine Bediensteten und andere Amtswalter zu begründen. Die Vorschrift erschöpft sich aber nicht in einer Anknüpfung an das einfache Recht. Vielmehr ist Art. 34 eine **Mindestgarantie für die Staatshaftung,** die der Einführung einer unmittelbaren Staatshaftung nicht entgegensteht,[13] sie allerdings auch nicht fordert.[14] Ob man sie mit diesem Gehalt als institutionelle Garantie bezeichnen will, ist eine Frage der Terminologie.[15] Die nur „grundsätzliche" Gewährleistung der Staatshaftung gestattet jedenfalls Beschränkungen und Ausschlüsse der Haftungsübernahme (→ Rn. 68 ff.).

6 Art. 34 hat **keine kompetenzielle Funktion,** sondern setzt eine anderweitig begründete Regelungszuständigkeit voraus,[16] die sich nunmehr in Art. 74 Abs. 1 Nr. 25 und Abs. 2 findet. Auch ist Art. 34 nicht Legitimationsgrundlage für die Entwicklung weiterer richterrechtlicher Haftungsinstitute für staatliches Unrecht.[17] Art. 34 bindet den Gesetzgeber in Bund und Ländern als unmittelbar anwendbares objektives Verfassungsrecht. Die Norm ist aber **weder Grundrecht noch grundrechtsgleiches Recht**[18] ungeachtet des Umstands, dass die Grundrechte Anforderungen an die Gewährleistung eines sekundären Rechtsschutzes als Verletzungsreaktion stellen.[19]

7 Die grundsätzliche Übernahme eines Ausgleichs für rechtswidrige Schädigungen durch die öffentliche Hand ergänzt den durch Art. 19 Abs. 4 gewährleisteten primären Rechtsschutz und ist **Ausprägung des Rechtsstaats-**

[9] Klarstellend RGZ 102, 166 (168).

[10] BVerfGE 61, 149 (192 ff.); zur Entstehung von Art. 131 WRV *Pfab,* Staatshaftung in Deutschland, 1997, 11 ff.

[11] JöR nF 1 (1951), 324 (328); sa *Pfab,* Staatshaftung in Deutschland, 1997, 15 ff.

[12] RGZ 105, 334 (335); 165, 323 (332); 169, 312 (314).

[13] BVerfGE 61, 149 (198 f.); frühzeitig *Lerche* JuS 1961, 237 (240 f.); sa *Pfab,* Staatshaftung in Deutschland, 1997, 77, 84 ff.

[14] BVerfGK NVwZ 1998, 271 (272); *Wieland* in Dreier Rn. 33; aA *Höfling* VVDStRL 61 (2002), 260 (283).

[15] Dafür *Pfab,* Staatshaftung in Deutschland, 1997, 59 ff.; *Jarass* in Jarass/Pieroth Rn. 2; aA *Wieland* in Dreier Rn. 31.

[16] BVerfGE 61, 149 (174).

[17] Anderer Akzent bei *v. Danwitz* in MKS Rn. 44.

[18] BVerfGE 2, 336 (338 f.); *v. Danwitz* in MKS Rn. 39; *Pfab,* Staatshaftung in Deutschland, 1997, 52 ff.

[19] Insbes. *Grzeszick,* Rechte und Ansprüche, 2002, 186 ff.; *Höfling* VVDStRL 61 (2002), 260 (272 ff.).

prinzips, das eine staatliche Einstandspflicht für die Folgen rechtswidrigen Handelns verlangt.[20] Art. 34 S. 2 beschränkt nicht die Mindestgarantie gegenüber dem Geschädigten, schafft aber die verfassungsrechtliche Grundlage für den **Innenregress** gegenüber dem handelnden Amtswalter (→ Rn. 76). Art. 34 S. 3 gewährleistet in Anknüpfung an die Genese der Staatshaftung den **ordentlichen Rechtsweg** für die Geltendmachung von Amtshaftungsansprüchen (→ Rn. 77).

III. Überstaatliche Bezüge

1. Internationales Recht. Bislang gibt es **keine allgemeine Regel des Völkerrechts,** nach der dem Einzelnen bei Verstößen gegen das humanitäre Völkerrecht ein Anspruch auf Schadensersatz oder Entschädigung gegenüber dem schädigenden Staat zusteht.[21] Auch **völkerrechtliche Verträge** wie das Haager Abkommen von 1907 und Art. 91 des ersten Zusatzprotokolls zum Genfer Abkommen von 1949 etablieren allein ein haftungsrechtliches Regime zwischen den vertragsunterworfenen Staaten und begründen keine individuellen Ansprüche. Vielmehr erhalten die Einzelnen einen über ihren Heimatstaat mediatisierten Schutz.[22] Möglicherweise könnten aber die im Rahmen von Individualbeschwerdeverfahren nach Art. 34 EMRK festsetzbaren Entschädigungen (Art. 41 EMRK) zu einem Hebel für die Entwicklung individueller Ansprüche fortentwickelt werden.[23] 8

Davon ist die Frage zu unterscheiden, ob das **deutsche Amtshaftungsrecht** gegen Verletzungen des Völkerrechts durch die deutsche Staatsgewalt in Anschlag gebracht werden kann. Seine Anwendbarkeit wird durch das Völkerrecht jedenfalls nicht gesperrt.[24] Hatte der BGH zunächst diese Frage offen gelassen und im Varvarin-Fall eine Amtspflichtverletzung verneint,[25] so erklärte er im Kunduz-Urteil das Amtshaftungsrecht für grundsätzlich unanwendbar, da der Amtshaftungstatbestand für die Beurteilung militärischer Kampfhandlungen nicht „passe".[26] Das Gericht zog damit einen vorläufigen Schlussstrich unter eine im völkerrechtlichen Schrifttum kontrovers geführte Debatte.[27] Die für die Unanwendbarkeit des Amtshaftungsrechts angeführten Erwägungen, das Amtshaftungsrecht sei auf den „normalen Amtsbetrieb" zugeschnitten[28] und die richterrechtliche Zuerkennung von Schadensersatzansprüchen unterlaufe die Haushaltsprärogative des Parlaments,[29] vermögen allerdings nicht zu überzeugen.[30] Die Wahrung des außenpolitischen Gestal- 9

[20] *Detterbeck* in Sachs Rn. 5; *Wieland* in Dreier Rn. 33; *v. Danwitz* in MKS Rn 40.

[21] BVerfGK NJW 2006, 2542 (2543); BGHZ 169, 348; 212, 173 Rn. 16; *Jutzi* FS f. Schlick, 2015, 31 (33).

[22] BVerfG NJW 2004, 3257 (3258); BGHZ 155, 279 (291); 212, 173 Rn. 16; LG Bonn JZ 2014, 411 (412); *Schmahl* ZaöRV 66 (2006), 699 (711).

[23] EGMR 7.7.2011 – 55721/07, NJW 2012, 283 Rn. 149 f., 178 ff. – Al Skeini; *Schmahl* NJW 2017, 128 (1230).

[24] BVerfGE 94, 315 (328 ff.); BGHZ 212, 173 Rn. 21.

[25] BGHZ 169, 348 (349 ff.).

[26] BGHZ 212, 173 Rn. 33.

[27] Für eine Anwendung des Amtshaftungsrechts OLG Köln NJW 2005, 2860 (2862); LG Bonn JZ 2014, 411 (413 f.); *Dutta* AöR 133 (2008), 191 (210 ff.); *Schmahl* ZaöRV 66 (2006), 699 (612); *Wieland* in Dreier Rn. 14; abl. ua *Raap* NVwZ 2013, 552 (554 ff.); *Jutzi* FS f. Schlick, 2015, 31 (37 ff.).

[28] BGHZ 212, 173 Rn. 33.

[29] BGHZ 212, 173 Rn. 39.

[30] Zu Recht krit. *Schmahl* NJW 2017, 128 (131); *Ackermann* NVwZ 2017, 95; *Shirvani* DV 50 (2017), 571 (573 f.).

tungsspielraums, der sowohl wegen der Präventivwirkung einer Haftung als auch durch einen nachfolgenden Amtshaftungsprozess gefährdet sein könnte, ist jedoch ein Belang, der es rechtfertigt, Deutschland nicht zum weltweit ersten gegenüber Einzelnen haftenden Staat zu machen.[31]

10 **2. Unionsrecht. a) Haftung der Union.** Nach Art. 340 Abs. 2 AEUV ersetzt die Union im Rahmen außervertraglicher Haftung den durch ihre Organe oder Bediensteten in Ausübung ihrer Amtstätigkeit verursachten Schaden nach den allgemeinen Rechtsgrundsätzen, die den Rechtsordnungen der Mitgliedstaaten gemeinsam sind.[32] Nach Art. 340 Abs. 3 AEUV haftet die EZB für Fehlverhalten ihrer Bediensteten. Gem. Art. 340 Abs. 4 AEUV ist eine persönliche Haftung der Bediensteten gegenüber der Union nur nach Maßgabe des nach Art. 336 AEUV erlassenen Beamtenstatuts und der geltenden Beschäftigungsbedingungen zulässig. Nach Art. 22 der VO Nr. 31 (EWG) ist Voraussetzung für den Innenregress Vorsatz oder grobe Fahrlässigkeit.[33] Art. 340 Abs. 2 AEUV statuiert eine **unmittelbare Haftung der Union.**

11 Das dem Gerichtshof dort eingeräumte Mandat zur Rechtsfortbildung[34] hat er zur Entwicklung eines Haftungstatbestands genutzt. Handeln der Organe[35] und der Bediensteten in Ausübung ihrer Amtstätigkeit umfasst rechtswidriges[36] **administratives und normatives Handeln.**[37] Die Haftung für rechtswidrige Normsetzung setzt zudem eine **„hinreichend qualifizierte Verletzung einer höherrangigen, dem Schutz der einzelnen dienenden Rechtsvorschrift"** voraus, sofern Rechtsetzungsakte wirtschaftspolitische Entscheidungen betreffen.[38] Dies wird nur angenommen, wenn das Organ seine Befugnisgrenzen „offenkundig und erheblich überschritten" hat.[39] Mit diesen Maßgaben hat der EuGH die im Übrigen **verschuldensunabhängige Haftung** der Union[40] für die fehlerhafte Rechtsetzung erheblich beschränkt, da einerseits die Mehrheit der Rechtsetzungsakte wirtschaftspolitischer Natur ist und andererseits die (primär-)rechtlichen Vorgaben regelmäßig weite Ermessensspielräume einräumen.[41] Das Handeln

[31] BGHZ 212, 173 Rn. 38; *Raap* NVwZ 2013, 552 (554); *Jutzi* FS f. Schlick, 31 (44); *Shirvani* DV 50 (2017), 571 (574).

[32] *Czaja,* Die außervertragliche Haftung der EG für ihre Organe, 1996; *Capelli/Nehls* EuR 1997, 132; *Detterbeck* AöR 125 (2000), 202 (208 ff.); *Schmahl* ZEuS 1999, 415.

[33] Art. 22 der VO Nr. 31 (EWG), 11 (EAG) der Räte und zur Festlegung des Statuts der Beamten der Europäischen Gemeinschaft v. 18.12.1961, ABl. 1962, 1393 sieht den Regress bei „schwerwiegendem Verschulden" vor.

[34] *Ruffert* in Calliess/Ruffert EUV/AEUV, Art. 340 AEUV Rn. 5.

[35] Zum Organbegriff EuGH C-370/89, ECLI:EU:C:1992:482 – SGEEM und Elroy/EIB.

[36] Ansätze zur Einbeziehung rechtmäßigen Handelns: EuGH C-237/98, ECLI:EU:C:2000:321 Rn. 53 – Dorsch Consult.

[37] Grdl. EuGH 5/71, ECLI:EU:C:1971:116 Rn. 11 – Schöppenstedt zur Einbeziehung normativen Unrechts; *Herdegen,* Die Haftung der Europäischen Wirtschaftsgemeinschaft für fehlerhafte Rechtsetzungsakte, 1983; *Fetzer,* Die Haftung des Staates für legislatives Unrecht, 1993, 171 ff.

[38] EuGH 5/71, ECLI:EU:C:1971:116 Rn. 11 – Schöppenstedt; sa EuGH 83 und 94/76, 4, 15 und 40/77, ECLI:EU:C:1978:113 Rn. 4 – HNL; EuGH C-104/89 und C-37/90, ECLI:EU:C:1992:217 Rn. 12 – Mulder.

[39] EuGH 83 und 94/76, 4, 15 und 40/77, ECLI:EU:C:1978:113 Rn. 6 – HNL; EuGH 238/78, ECLI:EU:C:1979:226 Rn. 9 – Ireks-Arkady.

[40] Offen gelassen in EuGH 267/82, ECLI:EU:C:1986:253 Rn. 33 – Développement SA und Clemessy/Kommission; sa *Ruffert* in Calliess/Ruffert EUV/AEUV, Art. 340 AEUV Rn. 28.

[41] EuGH 83 und 94/76, 4, 15 und 40/77, ECLI:EU:C:1978:113 Rn. 6 – HNL; krit. zu den Kriterien *Herdegen,* Die Haftung der Europäischen Wirtschaftsgemeinschaft für fehlerhafte Rechtsetzungsakte, 1983, 128 ff.; *Grabitz* FS f. Kutscher, 1971, 215 (226).

der Organe muss für den eingetretenen Schaden **adäquat kausal** gewesen sein.[42] Der **Schadensersatz** ist auf Geld gerichtet,[43] seine Geltendmachung setzt eine vorherige Nichtigkeitsklage nach Art. 263 AEUV nicht voraus.

12 **b) Mitgliedstaatliche Haftung.** Art. 340 Abs. 2 AEUV bildet keine Haftungsgrundlage für selbständige rechtswidrige Handlungen der Mitgliedstaaten bei der Durchführung des Unionsrechts.[44] Mit dem grundlegenden Urteil in der Rechtssache *Francovich* hat aber der Gerichtshof im Jahr 1991 einen **Haftungsanspruch der Unionsbürger gegenüber den Mitgliedstaaten** für Verstöße gegen Gemeinschaftsrecht entwickelt.[45] Nach Auffassung des EuGH wäre die volle Wirksamkeit des Gemeinschaftsrechts (nunmehr: Unionsrechts) beeinträchtigt und der Schutz der durch sie begründeten Rechte gemindert, wenn der Einzelne bei einem dem Mitgliedstaat zuzurechnenden Verstoß gegen seine unionsrechtlich verliehenen Rechte keine Entschädigung erlangen könne. Neben dem Wesen des Vertrags bilden die Loyalitätspflichten der Mitgliedstaaten nach Art. 4 Abs. 3 EUV den normativen Anknüpfungspunkt für ein Gebot zur Sanktionierung der Folgen von Unionsrechtsverstößen.[46]

13 Die **Rechtsfortbildungskompetenz** des Gerichtshofs zur Schaffung eines unionsrechtlichen Staatshaftungsanspruchs, die dieser auf sein Mandat aus Art. 19 EUV stützt,[47] ist immer wieder bezweifelt worden.[48] Durch die Berücksichtigung der Wertungen des Art. 340 Abs. 2 AEUV und die dort vorgesehene Rückbindung an die Haftungstradition der Mitgliedstaaten hat sich aber der Gerichtshof mit einigem Erfolg bemüht, die Vergemeinschaftung der Haftung durch Kohärenzargumente zu unterfüttern.[49]

14 Der Anspruch setzt einen **mitgliedstaatlichen Verstoß gegen Unionsrecht** voraus. Standen zunächst die Konstellationen unterlassener, nicht fristgerechter oder fehlerhafter Richtlinienumsetzung und damit Fälle legislativen Unrechts im Vordergrund,[50] so ist nunmehr geklärt, dass das Haftungsinstitut auch bei administrativen Verstößen wie dem Unterlassen unmittelbarer Anwendung des Unionsrechts[51] und judikativen Verstößen durch Verkennen der Vorlagepflicht nach Art. 267 Abs. 3 AEUV Platz greift.[52] Die verletzte unionsrechtliche Norm muss darauf abzielen, dem **Geschädigten Rechte**

---

[42] EuGH 36/62, ECLI:EU:C:1963:57 – Société des aciéries du temple.

[43] Zum Umfang der Ersatzleistung *Ruffert* in Calliess/Ruffert EUV/AEUV, Art. 340 AEUV Rn. 29 ff.

[44] Zur haftungsrechtlichen Zurechnung EuGH C-146/91, ECLI:EU:C:1994:329 Rn. 19 – KYDEP; sa zur Abgrenzung der Haftungssphären *Beljin,* Staatshaftung im Europarecht, 2000, 158 ff.

[45] EuGH C-6/90, C-9/90, ECLI:EU:C:1991:428 – Francovich ua.

[46] EuGH C-6/90, C-9/90, ECLI:EU:C:1991:428 Rn. 33 ff. – Francovich ua.

[47] EuGH C-46/93, C-48/93, ECLI:EU:C:1996:79 Rn. 27 – Brasserie du Pêcheur und Factortame.

[48] *Cornils,* Der gemeinschaftsrechtliche Staatshaftungsanspruch, 1995, 267 ff. (319 ff.); sa *v. Danwitz* DVBl 1997, 1 (2 f.); *Ossenbühl* DVBl 1992, 993 (995 f.); *Neßler* RIW 1993, 206 (213).

[49] StRspr seit EuGH C-46/93, C-48/93, ECLI:EU:C:1996:79 Rn. 41 ff. – Brasserie du Pêcheur und Factortame; zu dieser Funktion des Verweises auf Art. 340 Abs. 2 *Streinz* EuZW 1996, 201 (202); *Böhm* JZ 1997, 53 (55); krit. *Schoch* FS f. Maurer, 2001, 759 (764).

[50] EuGH C-6/90, C-9/90, ECLI:EU:C:1991:428 – Francovich ua; EuGH C-178/94, ECLI:EU:C:1996:375 ua – Dillenkofer.

[51] EuGH C-5/94, ECLI:EU:C:1996:205 – Hedley Lomas; EuGH C-424/97, ECLI:EU:C:2000:357 – Haim II.

[52] EuGH C-224/01, ECLI:EU:C:2003:513 Rn. 33 – Köbler; sa EuGH C-173/03, ECLI:EU:C:2006:391 Rn. 30 f. – Traghetti del Mediterraneo.

zu verleihen. Judikative Verletzungen des Unionsrechts durch unterlassene Richtervorlage weisen nur dann den erforderlichen Drittbezug auf, wenn mit dem Verkennen der Verpflichtung nach Art. 267 Abs. 3 AEUV zugleich gegen Vorschriften verstoßen wird, die auf eine Begünstigung des Geschädigten abzielen.[53]

15 Der Haftungsanspruch ist **verschuldensunabhängig.** Der Gerichtshof verlangt aber in Anlehnung an Art. 340 Abs. 2 AEUV einen **hinreichend qualifizierten Verstoß,** für den ua die Klarheit der verletzten Vorschrift, der Umfang mitgliedstaatlicher Ermessensspielräume und die Entschuldbarkeit eines etwaigen Rechtsirrtums maßgeblich sind.[54] Dieses Erfordernis begrenzt vor allem die Haftung für fehlerhafte Richtlinienumsetzung. Ein judikativer Verstoß gegen Unionsrecht muss offenkundig sein, wie dies bei einer klaren Verkennung der EuGH-Judikatur anzunehmen ist.[55]

16 Zwischen dem mitgliedstaatlichen Unionsrechtsverstoß und dem entstandenen Schaden muss ein **unmittelbarer Kausalzusammenhang** bestehen.[56] Dem Geschädigten obliegt eine **Schadensminderungspflicht,** die auch im Ergreifen zumutbarer Primärrechtsbehelfe liegen kann.[57] Allerdings schließt die unmittelbare Anwendbarkeit einer Unionsrechtsnorm einen (Verzögerungs-)Schaden nicht aus, wenn der Unionsrechtsverstoß gerade im Unterlassen der Anwendung besteht.[58] Die **Passivlegitimation** der haftenden Körperschaft bestimmt sich nach nationalem Recht. Insbesondere erfordert das Gebot einer unmittelbaren Staatshaftung nicht, dass nur der Mitgliedstaat im Außenverhältnis haftet.[59] Ebenso ist für die **Verjährung** des Anspruchs grundsätzlich das mitgliedstaatliche Recht maßgeblich.[60]

17 **c) Einordnung des unionsrechtlichen Haftungsanspruchs.** Seit der *Francovich*-Entscheidung herrscht Streit um die Anspruchsgrundlage für den Haftungsanspruch. Der Gerichtshof betont in stRspr, der Mitgliedstaat habe einerseits die Schadensfolgen vorbehaltlich der unionsrechtlichen Kriterien „im Rahmen des nationalen Haftungsrechts" zu beheben, der Anspruch sei aber andererseits „unmittelbar im Gemeinschaftsrecht [Unionsrecht] begründet".[61] Die mit der Entscheidung *Brasserie du Pêcheur* vollzogene Anbindung der Haftungsvoraussetzungen an die Wertungen des Art. 340

[53] EuGH C-224/01, ECLI:EU:C:2003:513 Rn. 36, 102 – Köbler; *Wegener* EuR 2004, 84 (89 f.); *Unkrich,* Das Vorabentscheidungsverfahren nach Art. 234 EG und die Rechtsposition des Einzelnen, 2006, 166 ff.

[54] StRspr seit EuGH C-46/93, C-48/93, ECLI:EU:C:1996:79 Rn. 56, 77 ff. – Brasserie du Pêcheur und Factortame.

[55] EuGH C-224/01, ECLI:EU:C:2003:513 Rn. 53, 56 – Köbler; EuGH C-173/03, ECLI:EU:C:2006:391 Rn. 32 – Traghetti del Mediterraneo.

[56] EuGH C-46/93, C-48/93, ECLI:EU:C:1996:79 Rn. 65 – Brasserie du Pêcheur und Factortame; EuGH C-5/94, ECLI:EU:C:1996:205 Rn. 25 – Hedley Lomas; EuGH C-178/94, ECLI:EU:C:1996:375 ua Rn. 21 – Dillenkofer; EuGH C-140/97, ECLI:EU:C:1999:306 Rn. 67 ff. – Rechberger.

[57] EuGH C-46/93, C-48/93, ECLI:EU:C:1996:79 Rn. 84 – Brasserie du Pêcheur und Factortame; sa EuGH C-397/98, C-410/98, ECLI:EU:C:2001:134 Rn. 101 – Metallgesellschaft; EuGH C-445/06, ECLI:EU:C:2009:178 Rn. 61 – Danske Slagterier.

[58] *Bröhmer* JuS 1997, 117 (121); *Ehlers* JZ 1996, 776 (783); sa EuGH C-46/93, C-48/93, ECLI:EU:C:1996:79 Rn. 22 – Brasserie du Pêcheur und Factortame.

[59] EuGH C-302/97, ECLI:EU:C:1999:271 Rn. 62 f. – Konle; EuGH C-424/97, ECLI:EU:C:2000:357 Rn. 29 – Haim II; aA *Kling* Jura 2005, 298 (304).

[60] EuGH C-445/06, ECLI:EU:C:2009:178 Rn. 32 ff. – Danske Slagterier; BGH EuZW 2009, 865; sa *Armbrüster/Kämmerer* NJW 2009, 3601.

[61] So bereits EuGH C-6/90, C-9/90, ECLI:EU:C:1991:428 Rn. 41 f. – Francovich ua; EuGH C-470/03, ECLI:EU:C:2007:213 Rn. 89 – A. G. M.-COS.MET.

Abs. 2 AEUV[62] führte zudem zur stärkeren Ausdifferenzierung unionsrechtlicher Anspruchsvoraussetzungen. Der BGH und Teile des Schrifttums folgern hieraus, der Haftungsanspruch finde seine Grundlage allein im Unionsrecht.[63] Hiermit wird vor allem das Anliegen verbunden, den Amtshaftungsanspruch von der Konstellation des legislativen Unrechts durch fehlerhafte oder unterlassene Richtlinienumsetzung freizuhalten.

Indes sperrt die Einordnung der unionsrechtlichen Anforderungen als allgemeiner Rechtsgrundsatz nicht Art. 34 S. 1, § 839 BGB als innerstaatliches Instrument zur Durchsetzung des Haftungsanspruchs, das unter dem Vorbehalt des Äquivalenz- und des Effizienzgebots steht.[64] Für den Einbau in das Amtshaftungsrecht spricht, dass die unionsrechtlichen Anforderungen kein geschlossenes System, sondern nur Mindestvoraussetzungen bilden und sich insbes. zur Frage der Passivlegitimation verschweigen, wie auch der BGH anerkennen musste.[65] Wegen seiner Konkretisierungsbedürftigkeit bedarf der unionsrechtliche Haftungsanspruch einer nationalen Anknüpfungsnorm, die sich im Amtshaftungsrecht findet. Die integrative Konstruktion ist einem dualistischen Trennungsmodell vorzuziehen.[66] 18

Wird dieser Ansicht gefolgt, so sind § 839 BGB, Art. 34 im Anwendungsbereich des unionsrechtlichen Staatshaftungsanspruchs **unionsrechtskonform zu modifizieren.** Für die **Ausübung eines öffentlichen Amtes** ist bei administrativen Unionsrechtsverstößen nicht die Rechtsnatur des Verwaltungshandelns maßgeblich.[67] Der **Drittbezug** von Amtspflichten ist schon dann gegeben, wenn die verletzte Unionsrechtsnorm die Verleihung von Rechten bezweckt, und ist unter dieser Voraussetzung auch bei fehlerhafter oder unterlassener Richtlinienumsetzung zu bejahen. Eine übermäßige Einschränkung gesetzgeberischer Gestaltungsfreiheit ist hiermit nicht verbunden, weil das „Ob“ der Umsetzung und vielfach auch das „Wie“ nach Art. 288 Abs. 3 AEUV unionsrechtlich determiniert sind.[68] Bestehende Umsetzungsspielräume hindern nicht den Drittbezug, sondern führen ggf. zur Verneinung eines hinreichend qualifizierten Verstoßes, dessen Voraussetzungen das **Verschuldenserfordernis** modifizieren.[69] 19

Weitere Modifikationen folgen aus dem unionsrechtlichen Konzept einer **unmittelbaren Staatshaftung.** Zwar ist die Beschränkung der Haftung auf Geldersatz in Ansehung der Art der Eigenhaftung der Union unionsrechts- 20

---

[62] EuGH C-46/93, C-48/93, ECLI:EU:C:1996:79 Rn. 42 ff. – Brasserie du Pêcheur und Factortame.

[63] BGHZ 134, 30 (33 ff.); 205, 63 Rn. 23 ff.; *Ossenbühl/Cornils,* Staatshaftungsrecht, 2013, 628 f.; *Detterbeck* in Sachs Rn. 99; *Wieland* in Dreier Rn. 27; *Ruffert* in Calliess/Ruffert EUV/AEUV, Art. 340 AEUV Rn. 70; *Höfling* GVwR Bd. III, 2. Aufl. 2013, § 51 Rn. 53; *Kischel* EuR 2005, 441 (456 ff.); *Stelkens* DÖV 2005, 770 (777).

[64] EuGH C-6/90, C-9/90, ECLI:EU:C:1991:428 Rn. 43 – Francovich ua.

[65] Nach BGHZ 161, 224 (236) findet Art. 34 S. 1 Anwendung.

[66] So ua *Böhm* JZ 1997, 53 (59); *Ehlers* JZ 1996, 776 (777 f.); *Gundel* DVBl 2001, 95 (101); *Henrichs,* Haftung der EG-Mitgliedstaaten für Verletzung von Gemeinschaftsrecht, 1995, 135 ff.; *Herdegen/Rensmann* ZHR 161 (1997), 551; *Hermes* DV 31 (1998), 371 (399); *Kluth* DVBl 2004, 393 (402); *Papier* in Maunz/Dürig Rn. 81; *Pfab,* Staatshaftung in Deutschland, 1997, 125 ff.; *Schoch* FS f. Maurer, 2001, 759 (772).

[67] *Beljin,* Staatshaftung im Europarecht, 2000, 92; *Detterbeck* AöR 125 (2000), 202 (243); idS wohl auch EuGH C-470/03, ECLI:EU:C:2007:213 Rn. 92 ff. – A. G. M.-COS.MET.

[68] *Hermes* DV 31 (1998), 371 (395 ff.); *Nettesheim* DÖV 1992, 999 (1004); *Streinz* Jura 1995, 6 (11).

[69] *Ehlers* JZ 1996, 776 (778); *Hermes* DV 31 (1998), 371 (399); *Schoch* FS f. Maurer, 2001, 759 (773).

konform;[70] die **Subsidiaritätsklausel** des § 839 Abs. 1 S. 2 BGB als persönliches Beamtenprivileg kann aber nicht zur Anwendung kommen.[71] Das **Richterspruchprivileg** des § 839 Abs. 2 BGB bedarf einer beträchtlichen unionsrechtskonformen Reduktion, die im Kern auf eine Nichtanwendung hinausläuft.[72] Ungeminderte Geltung kann hingegen **§ 839 Abs. 3 BGB** beanspruchen.[73] Die **Passivlegitimation** bestimmt sich mangels unionsrechtlicher Vorgaben unmittelbar nach Art. 34 S. 1.[74] Insgesamt zeigt sich, dass wegen der erheblichen unionsrechtlichen Überlagerungen den unterschiedlichen Ausgangspunkten zur Zuordnung des Anspruchs nur geringe praktische Bedeutung zukommt.

IV. Systematischer Zusammenhang

21 Art. 34 ist verfassungsrechtlicher **Ausdruck einer Staatsunrechtshaftung** und kategorial von Instituten abzugrenzen, die einen Ausgleich für Folgen rechtmäßigen Handelns vorsehen. Ansprüche auf Entschädigung wegen Enteignung, Ausgleichsansprüche zur Rechtfertigung einer im Einzelfall unverhältnismäßigen Eigentumsbeschränkung (ausgleichspflichtige Inhaltsbestimmung) und die schmalen Restbestände der Entschädigungsansprüche wegen enteignenden Eingriffs und aus Aufopferung fehlen zwar in keiner Darstellung des Staatshaftungsrechts und mögen dem kompetenzrechtlichen Begriff des Staatshaftungsrechts iSv Art. 74 Abs. 1 Nr. 25 unterfallen,[75] erfüllen aber im System des Individualrechtsschutzes andere Funktionen.[76]

22 In Konkurrenz zum Amtshaftungsanspruch stehen Ansprüche wegen rechtswidrigen Hoheitshandelns. Die Begrenzung der Amtshaftung durch das Verschuldenserfordernis hat die Judikatur zur Entwicklung eines **Entschädigungsanspruchs wegen enteignungsgleichen Eingriffs** als Institut einer unmittelbaren Staatshaftung veranlasst,[77] den der BGH nach der Zäsur durch den Nassauskiesungsbeschluss des BVerfG[78] auf den allgemeinen Aufopferungsgedanken der §§ 74, 75 Einl. ALR stützt.[79] Nach § 40 Abs. 2 S. 1 VwGO konnte der BGH mit der Auswechslung der Rechtsgrundlage seine

[70] Der Ausschluss entgangenen Gewinns und die Begrenzung auf bestimmte Rechtsgüter sind aber nicht mit dem Unionsrecht vereinbar, EuGH C-46/93, C-48/93, ECLI:EU:C:1996:79 Rn. 87 – Brasserie du Pêcheur und Factortame; EuGH C-470/03, ECLI:EU:C:2007:213 Rn. 91 ff. – A. G. M.-COS.MET.

[71] *Ossenbühl/Cornils,* Staatshaftungsrecht, 2013, 621 f.; *v. Danwitz* in MKS Rn. 145; *Detterbeck* in Sachs Rn. 110; aA *Herdegen/Rensmann* ZHR 161 (1997), 522 (553); *Hermes* DV 31 (1998), 371 (399); *Pfab,* Staatshaftung in Deutschland, 1997, 148.

[72] *v. Danwitz* in MKS Rn. 144; *Gundel* EWS 2004, 8 (16); *Kluth* DVBl. 2004, 393 (402); *Kremer* NJW 2004, 480 (482); *Unkrich,* Das Vorabentscheidungsverfahren nach Art. 234 EG und die Rechtsposition des Einzelnen, 2006, 177 f.

[73] EuGH C-445/06, ECLI:EU:C:2009:178 Rn. 61 ff. – Danske Slagterier; BGH NVwZ 2007, 362 Rn. 49; BGHZ 156, 294.

[74] BGHZ 161, 224 (236); das Unionsrecht schließt eine daneben bestehende persönliche Haftung nicht aus, EuGH C-470/03, ECLI:EU:C:2007:213 Rn. 99 – A. G. M.-COS.MET; für die Anspruchsverjährung gelten §§ 195, 199 BGB, EuGH C-445/06, ECLI:EU:C:2009:178 Rn. 32 – Danske Slagterier.

[75] Dazu *Degenhart* in Sachs, Art. 74 Rn. 107; *Pieroth* in Jarass/Pieroth, Art. 74 Rn. 71.

[76] Nachdrücklich für eine am binären Ordnungsmodell orientierte Trennung *Höfling,* GVwR Bd. III, § 51 Rn. 82; *Schoch* DV 34 (2001), 261 (274); *Steinberg/Lubberger,* Aufopferung – Enteignung und Staatshaftung, 1991, 18 ff.; zur ideengeschichtlichen Genese der Staatsunrechtshaftung *Unterreitmeier* JZ 2009, 1102.

[77] StRspr seit BGHZ 6, 270 (290 f.).

[78] BVerfGE 58, 300 (320).

[79] BGHZ 90, 17 (29 f.); 170, 260 (272 ff.).

Jurisdiktion erhalten. Art. 34 in seiner Funktion als Mindestgarantie entfaltet zwar keine Sperrwirkung für dieses einfachrechtliche Institut;[80] soweit der Anspruch wegen enteignungsgleichen Eingriffs allerdings auch in Konstellationen rechtswidrig-schuldhaften Staatshandelns zum Tragen kommt,[81] erfüllt er keine rechtfertigende Lückenschließungsfunktion.[82] Er steht im Übrigen unter dem Vorbehalt **spezialgesetzlicher Normierung,** wie sie sich vor allem im Polizei- und Ordnungsrecht findet.[83]

Ein **Entschädigungsanspruch wegen aufopferungsgleichen Eingriffs in nicht vermögenswerte Rechte** besteht im Rahmen spezialgesetzlicher Regelung, ist aber nicht zu einer Haftung für rechtswidrige Grundrechtseingriffe entwickelt worden. Eine gewisse Bedeutung hat der **Schadensersatzanspruch nach § 1 Abs. 1 StaatshaftungsG der DDR (StHG-DDR).** Soweit dieses Gesetz in den neuen Ländern in der Fassung des Einigungsvertrages fortgilt, beansprucht es seinerseits Vorrang vor dem richterrechtlichen Institut der Entschädigung wegen enteignungsgleichen Eingriffs,[84] steht jedoch in Anspruchskonkurrenz zur Amtshaftung. Allerdings hat die Rspr. diesen Anspruch unter Anerkennung seiner Verschuldensunabhängigkeit[85] in seinen weiteren Voraussetzungen teilweise dem Amtshaftungsanspruch angeglichen.[86] 23

Im Unterschied zu den vorgenannten Ansprüchen setzt das richterrechtlich entwickelte Institut des **Folgenbeseitigungsanspruchs** mit dem Anspruch auf restitutorische Beseitigung eines durch rechtswidriges Handeln bewirkten Zustands an der Rechtsfolge an[87] und gewährt damit eine Rechtsverletzungsreaktion, die der Amtshaftungsanspruch nach überwiegender Auffassung mit seiner Beschränkung auf Geldersatz nicht umfasst (→ Rn. 67). Seine grundrechtliche Fundierung hat sich nach langen Sondierungsanstrengungen im Wesentlichen durchgesetzt,[88] die Zuordnung zum Primär- oder Sekundärrechtsschutz ist bis heute umstritten.[89] Dies bleibt jedenfalls für die Rechtswegfrage folgenlos, da Entscheidungen über den Folgenbeseitigungsanspruch nicht in die Zuständigkeit der Zivilgerichte abgedrängt werden. Der **sozialrechtliche Herstellungsanspruch** ist eine Schöpfung der Sozialgerichtsbarkeit, der als Sanktionsfolge für rechtswidriges Behördenhandeln auch einen 24

[80] Zuerst herausgearbeitet von *Lerche* JuS 1961, 237 (240 f.); sa *Grzeszick,* Rechte und Ansprüche, 2002, 414 ff.

[81] StRspr seit BGHZ 7, 296 (298); 13, 88 (92); 136, 182 (184).

[82] Frühzeitig *Scheuner* DÖV 1954, 591.

[83] Zu § 39 Abs. 1 lit. b OBG NRW BGHZ 86, 456 (362); 205, 63 Rn. 31 ff.; zu § 38 Abs. 1 lit. b Brandenburgisches OBG OLG Brandenburg LKV 2007, 573.

[84] BGH NVwZ-RR 1997, 204 (205); OLG Brandenburg LKV 2008, 190 (192); *Ossenbühl* NJW 1991, 1201 (1207); das StHG-DDR findet mit Modifikationen weiterhin Anwendung in Brandenburg, Mecklenburg-Vorpommern und Thüringen, sa *Gelen* LKV 2009, 15.

[85] BGHZ 166, 22 (26); BGH NVwZ 2019, 1696 Rn. 10.

[86] Dies gilt für die Haftungsbegrenzung durch den Schutzzweck der Amtspflicht, BGHZ 166, 22 (27) und für die Haftungsverlagerung bei rechtswidrigen Weisungen, BGH NVwZ-RR 2009, 363; ausf. *Ossenbühl/Cornils,* Staatshaftungsrecht, 2013, 574 ff.

[87] Grdl. BVerwG DVBl. 1971, 858; zur Erweiterung zu einem Folgenentschädigungsanspruch BVerwGE 94, 100 (117).

[88] BVerwGE 82, 76 (95); *Weyreuther,* 47. DJT, 1968, Gutachten B, 78 (85); *Schoch* VerwArch 79 (1988), 1 (34 f.); *Schoch* DV 44 (2011), 397, 398.

[89] Einordnung als Instrument des Primärrechtsschutzes bei *Axer* DVBl. 2001, 1322; *Roth,* Faktische Eingriffe in Freiheit und Eigentum, 1994, 86 f.; für sekundärrechtliche Qualifizierung *Weyreuther,* 47. DJT, 1968, Gutachten B, 78 (146); *Erbguth* VVDStRL 61 (2002), 221 (226); zur Zwitterstellung bereits der „Erfinder" des Folgenbeseitigungsanspruchs, *Bachof,* Die verwaltungsgerichtliche Klage auf Vornahme einer Amtshandlung, 1951, 132.

Anspruch auf Vornahme eines Verwaltungsaktes gewährt[90] und damit mehr als ein bloßer Unterfall des Folgenbeseitigungsanspruchs ist.

25 Einer Staatsunrechtshaftung rechnen schließlich **Ersatzansprüche des Bürgers aus der Verletzung öffentlich-rechtlicher Schuldverhältnisse** zu.[91] Bei Verträgen (§ 62 S. 2 VwVfG) und quasi-vertraglichen Näheverhältnissen finden die Grundsätze über die *culpa in contrahendo* (cic, § 311 Abs. 2 iVm § 241 Abs. 2, § 280 BGB) und die Forderungsverletzung (§ 280 Abs. 1; § 282 iVm § 280 Abs. 1 u. 3 BGB) analog bzw. rechtsgrundsätzlich neben dem Amtshaftungsanspruch Anwendung. Ein verdrängender Vorrang des Leistungsstörungsrechts[92] ist schon wegen der unterschiedlichen Haftungsvoraussetzungen abzulehnen.[93] Schadensersatzansprüche aus öffentlich-rechtlichen Verwaltungsverträgen fallen nach § 40 Abs. 1 S. 1 VwGO in die Zuständigkeit der Verwaltungsgerichte,[94] für Ansprüche aus quasi-vertraglichen Schuldverhältnissen sind hingegen nach § 40 Abs. 2 S. 1 Alt. 3 VwGO die ordentlichen Gerichte zuständig.[95]

26 Mit dem in Reaktion auf die Rspr. des EGMR[96] geschaffenen **Entschädigungsanspruch bei überlangen Gerichtsverfahren** nach § 198 GVG hat der Gesetzgeber einen verschuldensunabhängigen Anspruch der Verfahrensbeteiligten auf eine „angemessene" Entschädigung normiert, der auch Nichtvermögensnachteile für jedes Jahr der Verzögerung mit 1.200 EUR ausgleicht. Als Anspruch wegen rechtswidrigen Handelns[97] steht er in Anspruchskonkurrenz zur Amtshaftung nach § 839 Abs. 2 S. 2 BGB. Der Amtshaftung kommt freilich nur eine geringe praktische Bedeutung zu, da die Judikatur den Anwendungsbereich des Richterspruchprivilegs nach § 839 Abs. 2 S. 1 BGB weit zieht (→ Rn. 71) und dem Richter einen erheblichen Vertretbarkeitsspielraum für die Verfahrensgestaltung einräumt.[98] Diese Spielräume sollen nach Auffassung des BGH auch im Anwendungsbereich des Entschädigungsanspruchs nach § 198 GVG gelten.[99]

B. Einzelfragen

I. Verhältnis zu § 839 BGB

27 Art. 34 normiert als Grundsatz die Verantwortlichkeit des Staates für Amtspflichtverletzungen der Amtswalter. Mit der Verlagerung der Haftung vom

[90] BSGE 49, 30 (33 f.); 73, 19 (25); sa *Schmidt-De Caluwe,* Der sozialrechtliche Herstellungsanspruch, 1992; *Ossenbühl/Cornils,* Staatshaftungsrecht, 2013, 392 ff.

[91] Umfassend *Meysen,* Die Haftung aus Verwaltungsrechtsverhältnis, 2000, 55 ff.

[92] BGHZ 87, 9 (17 f.); 120, 184 (188).

[93] *Gurlit* in Ehlers/Pünder Allgemeines Verwaltungsrecht, § 33 Rn. 6; *Ossenbühl/Cornils,* Staatshaftungsrecht, 2013, 443.

[94] Ansprüche aus cic jedoch nur dann, wenn sie nicht in einem Sachzusammenhang mit Amtshaftungsansprüchen stehen, BGH NJW 1986, 1109; BVerwG DVBl. 2002, 1555; krit. *Gurlit* in Ehlers/Pünder Allgemeines Verwaltungsrecht, § 34 Rn. 4.

[95] BGHZ 59, 303 (305); *Schoch* FS f. Menger, 1985, 305.

[96] EGMR 8.6.2006 – 75529/01, NJW 2006, 2389 (2392) – Sürmeli; EGMR 2.9.2010 – 46344/06, NJW 2010, 3355 (3358) – Rumpf.

[97] *Ossenbühl/Cornils,* Staatshaftungsrecht, 2013, 460 ff.; BT-Drs. 17/3802, 19, 40; zweifelnd *Reiter* NJW 2015, 2554 (2556 ff.), der den Entschädigungsanspruch als Fall einer prozessrechtlich fundierten Risikohaftung einordnet.

[98] BGHZ 187, 286; grds. gebilligt von BVerfGK NJW 2013, 3630; krit. *Steinbeiß-Winkelmann* NJW 2014, 1276.

[99] BGH NJW 2014, 220 Rn. 33 ff.; NJW 2014, 789 Rn. 44 ff. mit krit. Anm. *Heinisch.*

Amtswalter auf den Staat wird der Schädiger von der persönlichen Haftung nach § 839 BGB frei. Damit bewirkt Art. 34 eine gesetzliche **Schuldübernahme mit befreiender Wirkung** für den handelnden Amtsträger, die im Haftungsprozess für die Passivlegitimation entscheidend ist: Anspruchsgegner ist wegen der Haftungsverlagerung nicht der handelnde Amtswalter, sondern die Körperschaft, die ihm das öffentliche Amt übertragen bzw. anvertraut hat.[100] Wegen der „Anseilung“[101] der staatlichen Haftung an die persönliche Beamtenhaftung haftet der Staat nur unter den Voraussetzungen, unter denen auch der Amtswalter nach § 839 BGB persönlich haftet. Hierfür stehen exemplarisch das Verschuldenserfordernis und das Verweisungsprivileg, die nicht verfassungskräftig abgesichert sind. Zudem zeitigt die nur mittelbare Staatshaftung Konsequenzen für den Inhalt des Amtshaftungsanspruchs. Diese Wirkung des Art. 34 GG ist allerdings allein Folge von § 839 BGB.

28 Während § 839 BGB die Haftung von Beamten im staatsrechtlichen Sinne begründet, knüpft Art. 34 an den „jemand“ an, der in Ausübung eines öffentlichen Amtes Amtspflichten verletzt. Art. 34 führt zu einer **Tatbestandserweiterung** der Amtshaftung auf alle Personen, denen ein öffentliches Amt übertragen bzw. anvertraut ist. Der Amtshaftung liegt ein **„haftungsrechtlicher Beamtenbegriff“** zugrunde, der nicht an den beamtenrechtlichen Status (§ 4 BBG; § 3 BeamtStG), sondern funktionell an die Ausübung eines öffentlichen Amtes anknüpft.[102] Da Art. 34 einerseits die persönliche Haftung verlagert, ohne deren Anspruchsvoraussetzungen vollumfänglich zu rezipieren, andererseits mit dem funktionellen Amtswalterbegriff eine eigenständige Tatbestandsmodifikation einführt, stehen die Vorschriften in einem komplexen Wechselwirkungsverhältnis. Dies spricht gegen die Annahme, Art. 34 sei die eigentliche Anspruchsgrundlage, die durch § 839 BGB nur konkretisiert werde.[103] Vielmehr bilden § 839 BGB und Art. 34 eine **einheitliche Anspruchsgrundlage.**[104]

II. Jemand in Ausübung eines öffentlichen Amtes

29 **1. „Jemand“.** Ungeachtet des funktionellen Verständnisses der Amtshaftung knüpft das geltende Modell der derivativen Staatshaftung an ein individuelles Fehlverhalten des Amtswalters an. „Jemand“ kann deshalb nur eine **natürliche Person** sein, nicht hingegen eine juristische Person oder ein Organ als solches.[105] Eine amtshaftungsrechtliche Sanktionierung institutionellen Fehlverhaltens ist *de lege et constitutione lata* nicht vorgesehen. Allerdings muss der Geschädigte nicht den konkret verantwortlichen Amtswalter identifizieren, sofern das Fehlverhalten jedenfalls irgendeinem Bediensteten eines Organs zuzurechnen ist.[106] Damit ist der Sache nach die Beachtlichkeit eines Organisationsverschuldens anerkannt.[107] Den Schritt zur Anerkennung eines echten Organverschuldens, das von der Tätigkeit eines individuellen Amts-

[100] BGHZ 99, 62 (63); 108, 230 (232); 121, 161 (163).
[101] Begriffsprägend *Jellinek* JZ 1955, 147 (149).
[102] Statt aller *Ossenbühl/Cornils,* Staatshaftungsrecht, 2013, 15 f.
[103] So aber *Jarass* in Jarass/Pieroth Rn. 1; zuvor *Bettermann* JZ 1961, 482.
[104] *v. Danwitz* in MKS Rn. 54; *Detterbeck* in Sachs Rn. 3.
[105] Nachdrücklich BGHZ 170, 260 (266 f.) gegen die missverständliche Formulierung in BGHZ 161, 6 (10); *Detterbeck* in Sachs Rn. 18; *v. Danwitz* in MKS Rn. 57; krit. *Ossenbühl* JZ 2007, 686 (690 f.).
[106] BGHZ 116, 312 (314 f.); 170, 260 (267); sa bereits RGZ 100, 102.
[107] *Ossenbühl/Cornils,* Staatshaftungsrecht, 2013, 79; sa *Wöstmann* in Staudinger BGB § 839 Rn. 220 f. mwN.

walters unabhängig ist, hat die Rspr. aber bislang auf dem Boden des Modells der abgeleiteten Staatshaftung nicht vollziehen mögen.

30 Inhaber eines öffentlichen Amtes sind Personen, die als Beamte im statusrechtlichen Sinne oder auf anderer Rechtsgrundlage in einem **öffentlich-rechtlichen Dienstverhältnis** stehen. Hierzu zählen neben den Beamten die Richter und Soldaten. Ein öffentliches Amt nehmen auch Angestellte und Arbeiter als **Angehörige des öffentlichen Dienstes** wahr ungeachtet des Umstands, dass ihr Anstellungsverhältnis privatrechtlicher Natur ist. Des Weiteren werden Personen erfasst, die in einem **besonderen öffentlich-rechtlichen Amtsverhältnis** stehen. Hierzu zählen Parlamentsabgeordnete und Minister.[108] Von besonderer Bedeutung ist die Einbeziehung von Bürgermeistern und Mitgliedern kommunaler Vertretungskörperschaften als Amtsträger.[109]

31 **Kirchenbeamte und kirchliche Angestellte** einer öffentlich-rechtlich korporierten Religionsgemeinschaft handeln zwar im Außenverhältnis hinsichtlich ihres kirchlichen Wirkens öffentlich-rechtlich,[110] üben aber insoweit keine staatliche Gewalt aus.[111] Der BGH nimmt gleichwohl eine (entsprechende) Anwendung von Art. 34 S. 1 an.[112] Indessen ist die Amtshaftung als Staatshaftung konzipiert. Eine Erstreckung auf das Handeln von kirchlichen Repräsentanten würde nicht nur den Beamtenbegriff, sondern auch den Haftungstatbestand erweitern. Deshalb wird durch kirchliche Mitarbeiter nur dann ein öffentliches Amt iSv Art. 34 S. 1 ausgeübt, sofern sie in Ausübung von Staatsgewalt wie etwa bei der Erteilung von staatlichem Religionsunterricht oder bei der Verwaltung von Kirchensteuern tätig werden.[113]

32 Soweit Private durch Gesetz oder aufgrund Gesetzes mit der selbständigen Wahrnehmung hoheitlicher Aufgaben im eigenen Namen betraut sind, gelten sie ebenfalls als Beamte im haftungsrechtlichen Sinne. Der **Beliehene** ist im Umfang der Aufgabenübertragung selbst Behörde und handelt bei der Erfüllung der ihm übertragenen Aufgaben in Ausübung eines öffentlichen Amtes. Beliehener kann zwar sowohl eine juristische Person des Privatrechts als auch eine natürliche Person sein; als Amtswalter kommt aber nur eine natürliche Person in Betracht.[114] Die funktionale Privatisierung öffentlicher Aufgaben mittels Beleihung umfasst seit geraumer Zeit nicht nur die klassischen Dienste im technischen Sicherheitsrecht wie den Bezirksschornsteinfegermeister oder

---

[108] Zu Abgeordneten noch offen gelassen in BGHZ 54, 40 (44); abl. *Luhmann,* Öffentlich-rechtliche Entschädigung, 1965, 127; nunmehr bejahend BGHZ 87, 321 (335); 102, 350 (367); ausf. *Fetzer,* Die Haftung des Staates für legislatives Unrecht, 1993, 51 ff.; zur Regierung BGH JZ 2004, 725.

[109] Zu Mitgliedern kommunaler Vertretungskörperschaften BGHZ 11, 192 (197); 109, 380 (388); 117, 363; 142, 259 (264); zu Bürgermeistern BGH NJW 2000, 2810; NVwZ 2002, 373.

[110] BVerwGE 68, 62 (64 f.), liturgisches Glockengeläut; BGHZ 148, 307 (308 ff.), Äußerungen eines kirchlichen Sektenbeauftragten; BayVGH NVwZ-RR 2004, 722 (723), Lärmimmissionen durch kirchlichen Spielplatz.

[111] BVerfGE 18, 385 (387 f.); BVerwGE 66, 241 (242); 117, 145 (147); sa BGHZ 22, 383 (389).

[112] BGH VersR 1961, 437; NJW-RR 1989, 921; BGHZ 154, 54; 22, 383 (388 f.) gehen offenbar von einer unmittelbaren Anwendung aus; für die Einbeziehung kirchlicher, nichtstaatlicher Gewalt *Jarass* in Jarass/Pieroth Rn. 9; *Wöstmann* in Staudinger BGB § 839 Rn. 751; *Wilms* NJW 2003, 2070.

[113] OLG Düsseldorf NVwZ 2001, 1449 (1450); *Shirvani* VerwArch 111 (2020), 201 (210 f.); *Ehlers* JZ 2004, 196 (197 f.); *Papier* in Maunz/Dürig Rn. 116 ff.; *Steinberg/Lubberger,* Aufopferung – Enteignung und Staatshaftung, 1991, 276 f.

[114] BGH NVwZ 2006, 966 klarstellend zu BGHZ 161, 6.

die Kfz-Sachverständigen der Technischen Überwachungsvereine, sondern ergreift zunehmend auch die Aufgaben der Daseinsvorsorge. Abzugrenzen bleibt jeweils die im Rahmen der Aufgabenübertragung erbrachte Tätigkeit von derjenigen, die von den Privaten in Wahrnehmung privatwirtschaftlicher Tätigkeit erbracht wird. Überdies ist zu berücksichtigen, dass die hoheitliche Tätigkeit durch Beliehene nicht zwingend die Befugnis zum Erlass von Verwaltungsakten voraussetzt, sondern auch in schlicht-hoheitlichem Handeln bestehen kann.[115] Und schließlich ist die Beleihung mit hoheitlichen Befugnissen von der materiellen Privatisierung öffentlicher Aufgaben zu unterscheiden, die zum Wegfall der Ausübung öffentlicher Ämter führt.

Im Unterschied zu den Beliehenen werden **Verwaltungshelfern** keine Hoheitsbefugnisse übertragen. Vielmehr leisten sie im Rahmen fortbestehender staatlicher Erfüllungsverantwortung abgrenzbare Teilbeiträge durchführenden oder vorbereitenden Charakters, die ihnen übertragen worden sind.[116] Als Lehrbuchfälle gelten die Schülerlotsen und die Aufsichtsschüler.[117] 33

Umstritten war und ist die haftungsrechtliche Einordnung von **selbständigen Privatunternehmern,** die auf vertraglicher Grundlage[118] für die hoheitliche Verwaltung tätig werden. Nach älterer Rspr. war in Anlehnung an § 831 BGB darauf abzustellen, ob der Private aufgrund der Möglichkeit staatlicher Weisungen so eng in die staatliche Aufgabenerfüllung eingebunden war, dass er als verlängerter Arm der Verwaltung erscheint **(Werkzeugtheorie).**[119] Dieser Auffassung ist zu Recht entgegen gehalten worden, nicht das Maß staatlicher Einflussnahme sei entscheidend, sondern die Art der vom Privaten wahrgenommenen Tätigkeit im Außenverhältnis.[120] Die funktionelle Sichtweise hat der BGH schrittweise übernommen. Danach wird ein Privater zum Beamten im haftungsrechtlichen Sinne, je stärker der hoheitliche Charakter der Aufgabe in den Vordergrund tritt, je enger die Verbindung zwischen der übertragenen Tätigkeit und der Aufgabe und je begrenzter der Entscheidungsspielraum des Unternehmers ist.[121] Dem letzten Kriterium, welches das semantische Band zur Werkzeugtheorie bildet, kommt dabei die geringste Bedeutung zu.[122] 34

Private sind deshalb **Verwaltungshelfer iwS** („selbständige Verwaltungshelfer“)[123] und ihr Handeln Gegenstand der Amtshaftung, wenn sie Aufgaben erfüllen, die bei Erledigung durch die Behörde selbst Aufgaben der **Eingriffsverwaltung** wären.[124] Allerdings ist mitnichten erforderlich, dass sich der Bürger in einem Zustand „unentrinnbarer Inferiorität“ gegenüber dem 35

[115] BGHZ 49, 108 (112); 147, 169 (172, 176); sa *Shirvani* DV 47 (2014), 57 (64).

[116] *Burgi* in Ehlers/Pünder Allgemeines Verwaltungsrecht, § 10 Rn. 30 f.

[117] OLG Köln NJW 1968, 655; LG Rottweil NJW 1970, 474 (475); zur Hilfestellung im Sportunterricht BGH VersR 1958, 705 (706); sa *Ossenbühl/Cornils,* Staatshaftungsrecht, 2013, 21; *Zuleeg* DÖV 1970, 627 (630 f.).

[118] Denkbar ist auch die Begründung eines Verwaltungshelferverhältnisses durch öffentlich-rechtlichen Vertrag, *Stelkens* JZ 2004, 656 (657).

[119] BGHZ 48, 98 (103); 70, 212 (216); BGH NJW 1971, 2220; NVwZ 1984, 677.

[120] *Ossenbühl/Cornils,* Staatshaftungsrecht, 2013, 23 ff.; *Papier* in Maunz/Dürig Rn. 113; *Steinberg/Lubberger,* Aufopferung – Enteignung und Staatshaftung, 1991, 269 f.; *Schimikowski* VersR 1984, 315 (317 f.); *Würtenberger* DAR 1983, 155 (160 f.); *Notthoff* NVwZ 1994, 771 (773).

[121] BGHZ 121, 161 (165 f.); 161, 6 (11).

[122] *Pietzcker* AöR 132 (2007), 393 (396); aA *Kreissl* NVwZ 1994, 349 (351).

[123] BGHZ 161, 6 (10); BGH NVwZ 2006, 966; krit. zur Figur des selbständigen Verwaltungshelfers *Shirvani* DV 47 (2014), 57 (69 ff.).

[124] BGHZ 121, 161 (*165 f.*), Vollziehung einer Ersatzvornahme; sa BGHZ 166, 268 (274).

Hoheitsträger befindet.[125] Entscheidend ist vielmehr, dass gegenüber dem Geschädigten ein Verwaltungsrechtsverhältnis durch das Handeln eines privaten „Erfüllungsgehilfen" vollzogen wird. Deshalb kann auch durch Beteiligung Privater an der **Leistungsverwaltung** ein öffentliches Amt ausgeübt werden.[126] Die Lockerung der Zurechnungskriterien ist wegen der fortbestehenden staatlichen Erfüllungsverantwortung im verantwortungsteiligen Gewährleistungsstaat sachlich gerechtfertigt.[127]

36 **2. Ausübung eines öffentlichen Amtes.** Ein öffentliches Amt wird ausgeübt, wenn öffentliche Aufgaben in den **Formen des öffentlichen Rechts** wahrgenommen werden. Nach überwiegender Ansicht ist die Amtshaftung auf das öffentlich-rechtliche Handeln des Amtswalters beschränkt.[128] Wird einem Dritten durch einen Amtswalter in privatrechtlicher Form ein deliktischer Schaden zugefügt, bestimmt sich die Haftung der Anstellungskörperschaft nach der Verrichtungsgehilfenhaftung des § 831 BGB, bei leitenden Beamten nach §§ 31, 89 BGB.[129] Den hiermit verbundenen Beschränkungen der Amtshaftung korrespondieren unterschiedliche Maßstäbe der persönlichen Haftung des Amtswalters. Während nämlich der Beamte im staatsrechtlichen Sinne bei der privatrechtsförmigen Verletzung von Amtspflichten nach § 839 BGB haftet und damit auch persönlich von der Haftungsprivilegierung des § 839 Abs. 1 S. 2 BGB profitiert, trifft sonstige Amtswalter die deliktische Haftung nach §§ 823 ff. BGB. Insoweit zeitigt der staatsrechtliche Beamtenbegriff auch heute noch haftungsrechtliche Konsequenzen.

37 Die Beschränkung der Amtshaftung auf das öffentlich-rechtliche Handeln des Amtswalters macht die **Abgrenzung** der Rechtsformen des Handelns erforderlich. Die Theorien zur Abgrenzung von öffentlichem Recht und Privatrecht können auch zur Bestimmung des öffentlichen Amtes herangezogen werden. Die Subordinationstheorie kann mit ihrem Blick auf die einseitige staatliche Regelungsmacht regelndes Verwaltungshandeln erfassen, versagt allerdings bereits bei schlicht-hoheitlichem Handeln. Nach der Sonderrechts- oder modifizierten Subjektstheorie[130] kann aber auch diese Handlungsform nach ihrer Rechtsnatur qualifiziert werden, sofern das Realhandeln wie zB die Ausübung polizeilicher Standardbefugnisse[131] durch Rechtsnormen vorgeordnet ist. Durch den Abschluss von Verwaltungsverträgen wird ein öffentliches Amt ausgeübt, wenn der Vertrag nach seinem Gegenstand dem öffentlichen Recht unterfällt.[132]

38 Eine ausufernde Rspr. rankte sich lange Zeit um die haftungsrechtliche Einordnung der **Straßenverkehrssicherungspflicht.** Die privatrechtliche Qualifizierung durch den BGH, die an die objektive Gefahrenlage anknüpfte

[125] So *Ossenbühl* DÖV 1971, 513 (522f); anders zu Recht BGHZ 118, 304 (310).

[126] BGH NJW 1996, 2431, Behandlung eines Soldaten durch hinzugezogenen zivilen Facharzt; zuvor BGHZ 108, 230; *Meysen* JuS 1998, 404 (407); *Stelkens* JZ 2004, 656 (658).

[127] So auch *Höfling* GVwR Bd. III, § 51 Rn. 81.

[128] BGHZ 110, 253 (255); BGH NJW 2000, 2810 (2811); BGHZ 158, 253 (258 f.); *Jarass* in Jarass/Pieroth Rn. 1; *Detterbeck* in Sachs Rn. 19 f.; *Papier* in Maunz/Dürig Rn. 102, 122.

[129] Zur Entwicklung der Organhaftung zu einer Repräsentantenhaftung BGHZ 49, 19 (21).

[130] *Wolff* AöR 76 (1950), 205; modifizierend *Ehlers* in Ehlers/Pünder Allgemeines Verwaltungsrecht, § 3 Rn. 28 ff.

[131] Die Zuordnung zum öffentlichen Recht ist selbstverständlich auch dann unstreitig, soweit die Ausübung polizeilicher Standardbefugnisse rechtsförmlich als Verwaltungsakt auf Duldung konstruiert wird.

[132] BGH NJW 2000, 2810 (2812).

und öffentlich-rechtliche Körperschaften haftungsrechtlich mit Privaten gleichstellte,[133] kann heute jedenfalls bei öffentlichen Straßen nicht mehr aufrechterhalten werden, da die Landesstraßengesetze die Verkehrssicherungspflicht fast durchweg als öffentliches Amt qualifizieren.[134] Bei der **Nutzung von Anstalten und öffentlichen Einrichtungen** entscheidet die Rechtsnatur des Nutzungsverhältnisses über das Haftungsregime gegenüber dem geschädigten Nutzer. Ist das Benutzungsverhältnis öffentlich-rechtlich durch Satzung ausgestaltet, so werden die Pflichten der Einrichtung als öffentliches Amt wahrgenommen.[135] Gegenüber unbeteiligten Dritten wird aber ein öffentliches Amt auch bei privatrechtlicher Ausgestaltung ausgeübt.[136]

Größere Probleme bereiten Handlungen, die nicht unmittelbar durch Rechtssätze vorgezeichnet sind. Dies gilt für zahlreiche **Realakte** und sonstiges Handeln, das nicht normvollziehend ist. Zuordnungsprobleme stellen sich vor allem auch dann, wenn die Tätigkeit von Personen wahrgenommen wird, die weder in einem öffentlich-rechtlichen Amtsverhältnis stehen noch mit hoheitlichen Befugnissen beliehen sind. Die Zuordnung einer Handlung zum öffentlichen Amt beurteilt sich dann danach, ob die eigentliche Zielsetzung der hoheitlichen Tätigkeit zuzurechnen ist und ob zwischen dem Handlungszweck und der schädigenden Handlung ein so enger Zusammenhang besteht, dass auch die Handlung dem Bereich hoheitlicher Tätigkeit zuzuordnen ist.[137] Diesen Kriterien liegt ein funktionelles Amtswalterverständnis zugrunde. **39**

Der von der Rechtsform des Handelns ausgelöste Dualismus von öffentlich-rechtlichem und privatrechtlichem Haftungsregime ist umstritten, soweit er die Amtshaftung für **verwaltungsprivatrechtliches Handeln** der Amtswalter ausschließt. Da bei rechtsförmlichem Handeln der Verwaltung die gewählte Rechtsform maßgeblich sein soll, sind insbes. Handlungen, die auf den Abschluss privatrechtlicher Verträge zielen, aus der Amtshaftung ausgeschlossen. Deshalb ist die Bürgschaftserklärung eines Bürgermeisters bei einer Zwangsversteigerung auch dann keine Amtshandlung, wenn sie der Sicherung einer ortsgerechten Bebauung dienen soll.[138] Diese Sichtweise hat zwar den Vorteil, an die für die Rechtswegbestimmung nach § 40 Abs. 1 S. 1 VwGO maßgeblichen Kriterien anzuknüpfen.[139] Für eine Anwendung des Amtshaftungsrechts spricht aber der funktionelle Amtswalterbegriff, der bei der haftungsrechtlichen Zuordnung von Verwaltungshelfern, Unternehmern und bei der Qualifizierung von behördlichen Realakten nicht auf die Rechtsform des eigenen Handelns, sondern auf den Zusammenhang mit der hoheitlichen Aufgabe abstellt.[140] Die Konsequenzen, die mit der umfänglichen Grundrechtsbindung der Exekutive für das verwaltungsprivatrechtliche Han- **40**

---

[133] BGHZ 9, 373 (387); 60, 54 (55).

[134] Anders nur § 10 Hess.StrG Hessen mit der Beschränkung auf gemeindliche Reinigungs- und Streupflichten.

[135] BGHZ 61, 7 (14).

[136] BGH NVwZ 1983, 763 (764).

[137] StRspr, BGHZ 42, 176 (179); 200, 253 (260); BGH NJW 2016, 2656 Rn 12; *Ossenbühl/Cornils,* Staatshaftungsrecht, 2013, 31.

[138] BGH NJW 2000, 2810 (2811); BGHZ 158, 253 (258 f.), Privatisierungsvertrag der Treuhandanstalt; BGH NVwZ 1987, 258 (259), grundstücksbezogene Auskunft ist öffentlich-rechtlich, wenn sie sich auf enteignungsbetroffenes Grundstück bezieht, hingegen privatrechtlich, wenn Verkaufsverhandlungen geführt werden.

[139] So pragmatisch *Pietzcker* AöR 132 (2007), 393 (407).

[140] *Ossenbühl/Cornils,* Staatshaftungsrecht, 2013, 31; *Petersen* Jura 2006, 411 (413).

deln gezogen wurden, lassen es zudem als schwer erträglich erscheinen, die dem öffentlichen Recht entfliehende Verwaltung aus der Amtshaftung entkommen zu lassen.[141] Zudem ist der unionsrechtlich begründete Staatshaftungsanspruch nicht am Dualismus der Rechtsformen orientiert (→ Rn. 19). Die durch Art. 34 gewährleistete Mindestgarantie gebietet zwar eine Einbeziehung verwaltungsprivatrechtlichen Handelns nicht, steht aber ihrer Berücksichtigung auch nicht im Wege.[142]

41 Nach einhelliger Auffassung wird mit dem **fiskalischen und erwerbswirtschaftlichen Handeln** des Staates kein öffentliches Amt ausgeübt.[143] Diese Auffassung ist zu modifizieren, soweit das Verwaltungshandeln in Gestalt der **öffentlichen Auftragsvergabe** in Frage steht. Sofern sich der Abschluss öffentlich-rechtlicher Verträge als vergaberechtspflichtiger Vorgang iSv §§ 97 ff. GWB erweist,[144] liegt im Vertragsschluss öffentlich-rechtliches Handeln und damit auch ohne weiteres Amtsausübung. Allerdings werden die klassischen bedarfsdeckenden Aufträge ungeachtet öffentlich-rechtlicher Bindungen des Auftraggebers in privatrechtlicher Form geschlossen, da sich die öffentliche Hand wie ein Jedermann auf den Markt begibt. Weder im Anwendungsbereich der §§ 97 ff. GWB noch unterhalb der unionsrechtlichen Schwellenwerte ist der Zuschlagserteilung eine öffentlich-rechtliche Stufe über das „Ob" der Vergabe vorgeschaltet.[145] Allerdings ist das Nachprüfungsverfahren vor den Vergabekammern nach §§ 155 ff. GWB als Verwaltungsverfahren iSv § 9 VwVfG ausgestaltet[146] und damit Bestandteil der Amtsausübung.

42 **3. „In" Ausübung.** Die schädigende Handlung wird „in Ausübung" eines öffentlichen Amtes vorgenommen, wenn die Zielrichtung der Handlung und die Schadenszufügung durch einen äußeren und inneren Zusammenhang verbunden sind, also nicht nur „bei Gelegenheit" der Wahrnehmung eines öffentlichen Amtes schädigend gehandelt wird.[147] Lehrbuchfälle nur angelegentlich der Amtsausübung herbeigeführter Schäden sind der **Gebrauch der Schusswaffe durch Soldaten und Polizisten** aus rein persönlichen Motiven[148] und **Schwarzfahrten** von Beamten.[149] Allerdings gilt anderes, wenn der Amtswalter gerade das tut, was er qua Amt verhindern soll.[150] Ein Dienstvorgesetzter, der seine hervorgehobene Amtsstellung dazu missbraucht, einen Untergebenen systematisch und fortgesetzt zu beleidigen, zu schikanieren und zu diskriminieren **(Mobbing),** handelt deshalb „in Ausübung" eines öffentlichen Amtes.[151] Der feinsinnig differenzierenden Rspr. zur Beurteilung dienstlicher Fahrten mit dem Pkw zu einem Einsatzort, der auch durch

---

[141] *Ossenbühl/Cornils,* Staatshaftungsrecht, 2013, 30 f.; *Wieland* in Dreier Rn. 39.

[142] *Pfab,* Staatshaftung in Deutschland, 1997, 70 ff.

[143] BGH NJW-RR 1989, 921; BGHZ 62, 372 (373); 147, 169 (176 f.); *Ossenbühl/Cornils,* Staatshaftungsrecht, 2013, 29 f.; *Jarass* in Jarass/Pieroth Rn. 11; *Detterbeck* in Sachs Rn. 20.

[144] EuGH C-399/98, ECLI:EU:C:2001:401 Rn. 73 – Teatro alla Bicocca.

[145] Klarstellend für den Unterschwellenrechtsschutz BVerwGE 129, 9.

[146] *Ziekow/Siegel* ZfBR 2004, 30.

[147] BGH NJW 1992, 1227 (1228); 2002, 3173 (3172).

[148] BGHZ 11, 181: Erschießung eines Offiziers durch einen Truppenangehörigen „aus Wut und Rache"; sa RGZ 104, 286 (288).

[149] BGH VersR 1969, 185; BGHZ 124, 15 (18).

[150] RGZ 104, 304 (306); BGHZ 124, 15 (18); BGH NJW 2002, 3172 (3173).

[151] BGH NJW 2002, 3172 (3173); OLG Stuttgart NVwZ-RR 2003, 715 (716); sa BGHZ 69, 128 (132), Schlechterfüllung des Amtes durch Fluglotsen (Bummelstreik) ist Ausübung des öffentlichen Amtes.

öffentliche Verkehrsmittel erreichbar ist,[152] bedarf es nicht, wenn die allgemeine Teilnahme am Straßenverkehr zutreffend nicht als Wahrnehmung eines öffentlichen Amtes angesehen wird (→ Rn. 43).

4. Einzelfälle.

Abfallentsorgung und Abwasserbeseitigung – Private, die auf vertraglicher Grundlage nach § 22 KrWG in der Form sog. Betreiber- oder Betriebsführungsmodelle in die öffentliche Aufgabe der Abfallentsorgung einbezogen sind, sind an der Wahrnehmung eines öffentlichen Amtes beteiligt, sofern das Benutzungsverhältnis zwischen Kommune und Gemeindeangehörigen öffentlich-rechtlich geregelt ist. Dasselbe gilt für die Verwaltungshilfe durch Private auf Grundlage von § 56 S. 3 WHG für die Abwasserbeseitigung. 43

Abschleppen von Kfz – Mitarbeiter privater Unternehmen, die im privatrechtlichen Auftrag der Polizei- und Ordnungsbehörden Fahrzeuge abschleppen, sind an der Ausübung eines öffentlichen Amtes beteiligt, wenn sich der Abschleppvorgang materiell als Ersatzvornahme, unmittelbare Ausführung oder Sicherstellung darstellt.[153] Dies schließt eine allfällige Verwahrung und die Geltendmachung der polizei- bzw. vollstreckungsrechtlichen Kosten ein.[154]

Ampelschaltungen – Die ordnungsgemäße Errichtung und Schaltung von Verkehrsampeln ist als Bestandteil der Straßenverkehrsregelungspflicht auch dann Ausübung eines öffentlichen Amtes, wenn die Ampelschaltung von einem Privatunternehmen auf der Grundlage eines privatrechtlichen Werkvertrages durchgeführt wird.[155]

Ärztliche Behandlung – Die ärztliche Heilbehandlung in Krankenhäusern in öffentlich-rechtlicher Trägerschaft wird nicht in Ausübung eines öffentlichen Amtes wahrgenommen, sondern beruht ungeachtet der öffentlich-rechtlichen Beziehung der Patienten zum Träger der Krankenversicherung auf einem privatrechtlichen Behandlungsvertrag.[156] Der beamtete Arzt haftet daneben bei Behandlungsfehlern persönlich nach § 839 BGB, sofern die Tätigkeit dem Hauptamt zurechnet.[157] Behandlungen im Rahmen des ärztlichen **Rettungsdienstes** sind Wahrnehmung eines öffentlichen Amtes, wenn der Rettungsdienst öffentlich-rechtlich organisiert ist. Ob in diesem Rahmen ein Rettungsdienst auf der Grundlage öffentlich-rechtlicher Verträge beteiligt wird[158] oder Notärzte bzw. Rettungsdienste auf zivilrechtlicher Grundlage hinzugezogen werden,[159] ist unerheblich. Auch die **ärztliche Versorgung von Soldaten** ist wegen des öffentlich-rechtlichen Heilfürsorgeauftrags Ausübung eines öffentlichen Amtes selbst dann, wenn sie durch einen hinzugezogenen zivilen Facharzt erbracht wird.[160] Dasselbe gilt für die **ärztliche Zwangsbehandlung** auf Grundlage der Unterbringungsgesetze.[161] Schließlich sind die Tätigkeiten der **Amtsärzte** der Gesundheitsämter wie insbes. die Durchführung freiwilliger Schutzimpfungen ungeachtet des Rechtsstatus des behandelnden Arztes Ausübung eines öffentlichen Amtes.[162]

Bezirksschornsteinfegermeister – Bezirksschornsteinfegermeister (Bezirksbevollmächtigte) üben ungeachtet der Liberalisierung des Schornsteinfegerwesens als Beliehene ein öffentliches Amt aus, sofern sie nach §§ 14 bis 16 SchfHwG Tätigkeiten im

---

[152] BGH VersR 1965, 1101 (1102) wollte eine Richterin für die Wahrnehmung eines Ortstermins auf öffentliche Verkehrsmittel verweisen und verneinte den gebotenen Zusammenhang von öffentlichem Amt und Schadenszufügung durch einen Unfall mit dem Pkw; BGH NJW 1992, 1227 (1228) verlangte bei einer genehmigten Dienstreise nicht mehr, dass die Pkw-Nutzung zur Zielerreichung zwingend erforderlich ist.

[153] BGHZ 121, 161 (166); 200, 188 (190 ff.).

[154] BGH NVwZ 2006, 964 (965).

[155] *Ossenbühl/Cornils,* Staatshaftungsrecht, 2013, 30; aA BGH NJW 1971, 2220; 1974, 453 (454).

[156] BGHZ 108, 230 (233); BGH VersR 1961, 225 (226).

[157] BGHZ 120, 376 (381, 385 f.).

[158] BGHZ 153, 268 (274); BGH NVwZ-RR 2017, 378.

[159] BGH NJW 1991, 2954; BGHZ 120, 184 (187 f.).

[160] BGH NJW 1996, 2431; BGHZ 108, 230 (234).

[161] BGH NVwZ 2013, 454 Rn 13.

[162] BGH NJW 1990, 2311; 1994, 2415 (2416).

Rahmen der Feuerstättenschau, der anlassbezogenen Kontrolle und bei der Bauabnahme erbringen.[163]

Dienstfahrten – Die Rspr. sieht die Teilnahme am allgemeinen Straßenverkehr als Ausübung eines öffentlichen Amtes an, wenn sie der Erledigung von hoheitlichen Dienstgeschäften dient.[164] Vorzugswürdig ist demgegenüber die Auffassung, die die allgemeine Teilnahme am Straßenverkehr in Gleichbehandlung mit privaten Verkehrsteilnehmern vom öffentlichen Amt ausnimmt. Ein öffentliches Amt wird nur wahrgenommen, wenn bei der Dienstfahrt staatliche Vorrechte nach § 35 StVO in Anspruch genommen werden, mithin eine besondere Verkehrsteilnahme gegeben ist.[165] Dem steht nicht entgegen, dass die Befugnisse nach § 35 Abs. 6 StVO uU auch Verkehrsteilnehmern zustehen können, die nicht hoheitlich handeln.[166] Im Ergebnis nähert sich die Rspr. diesem Ergebnis dadurch an, dass sie die Privilegierung nach § 839 Abs. 1 S. 2 BGB auf Fahrten unter Inanspruchnahme von § 35 StVO beschränkt.[167]

Fernsehsendungen öffentlich-rechtlicher Rundfunkanstalten – Sendungen öffentlich-rechtlicher Rundfunkanstalten sind wegen der gebotenen Staatsferne nicht Ausübung eines öffentlichen Amtes. Auch die Sendung „Aktenzeichen XY ungelöst" wird nicht schon deshalb in Ausübung eines öffentlichen Amtes ausgestrahlt, weil die Sendung den Zwecken der Fahndung und der Strafverfolgung dient.[168]

Immissionen – Bei Umweltbeeinträchtigungen durch Anlagen und Einrichtungen der öffentlichen Hand gilt die Vermutung für einen öffentlich-rechtlichen Betrieb und damit auch für öffentliches Amtshandeln, sofern nicht ein enger Zusammenhang mit privatrechtlichem Handeln besteht.[169]

Luftfahrttechnische Betriebe – Das Personal von luftfahrttechnischen Betrieben, die vom Luftfahrt-Bundesamt nach § 2 Abs. 2 VO zur Prüfung von Luftfahrtgerät genehmigt sind, übt ein öffentliches Amt bei der Überprüfung der nach § 2 Abs. 1 S. 2 LuftVG erforderlichen Lufttüchtigkeit von Fluggerät aus.[170]

Pflegeeltern – Personen, die nach § 42 SGB VIII die Bereitschaftspflege für ein vom Jugendamt in Obhut genommenes Kind übernehmen, üben mit der Versorgung und Betreuung des Kindes kein öffentliches Amt aus, da sich ihre Tätigkeit nicht von derjenigen unterscheidet, die sonst von den leiblichen Eltern ausgeübt wird.[171]

Prüfingenieure für Baustatik – Die auftragsweise von den Bauaufsichtsbehörden eingeschalteten Prüfingenieure nehmen wegen ihrer engen Einbindung in das bauaufsichtliche Prüfungsverfahren ein öffentliches Amt wahr.[172] Im Zuge der Deregulierung bauaufsichtlicher Verfahren werden die Prüfingenieure aber zunehmend im Auftrag des Bauherrn tätig. Ihre Einschaltung führt zu Nachweiserleichterungen für den Bauherrn und Prüfungsreduzierungen der Bauaufsichtsbehörde im vereinfachten Verfahren bzw. im Freistellungsverfahren.[173] Soweit entsprechende Prüfungspflichten nicht mehr der Bauaufsichtsbehörde obliegen, werden sie auch von den Prüfingenieuren nicht als öffentliches Amt wahrgenommen.[174]

Strafvollzug – Die Erfüllung von Strafvollzugsaufgaben durch Private ist, soweit sie innerhalb der Grenzen des Art. 33 Abs. 4, § 155 Abs. 1 S. 2 StVollzG einer Beleihung

---

163 BGH NVwZ 2018, 1333 Rn. 15.

164 BGH NJW 1992, 1227 (1228); VersR 1965, 1101 (1102); BGHZ 42, 176 (179); BGH VersR 1961, 437; 1961, 512.

165 *Ossenbühl/Cornils,* Staatshaftungsrecht, 2013, 36 ff., 38; *Papier* in Maunz/Dürig Rn 147; *v. Danwitz* in MKS Rn. 66.

166 BGHZ 113, 164 (168); 118, 304 (306).

167 BGHZ 68, 217; 85, 225; 113, 164.

168 OLG Frankfurt NJW 1971, 47 (48); *Ossenbühl/Cornils,* Staatshaftungsrecht, 2013, 42 f.; *v. Danwitz* in MKS Rn. 70; aA OLG München NJW 1970, 1745.

169 BGHZ 97, 97, kommunale Kläranlage; BVerwGE 68, 62, kirchliches Glockengeläut; BayVGH NVwZ-RR 2004, 722, Lärm von kirchlich betriebenem Spielplatz.

170 BGHZ 147, 169 (173 ff.).

171 BGHZ 166, 268 (275).

172 BGHZ 39, 358 (361 f.); 147, 169 (175).

173 § 66, § 67 Abs. 4 BauO RhPf; §§ 68 Abs. 2, 63 Abs. 3 BauO NRW.

174 BGH NJW 2016, 2656 Rn. 14 ff.

bzw. des Einsatzes von Verwaltungshelfern zugänglich ist, Ausübung eines öffentlichen Amtes.[175] Dies gilt für therapeutische oder pädagogische Tätigkeiten, die im Rahmen der Resozialisierungsaufgabe erbracht werden.[176]

Straßenbaumaßnahmen – Die Durchführung von Straßenbauarbeiten, die auf einem Planfeststellungsbeschluss oder einem Bebauungsplan beruhen oder der Herstellung einer Straße zum Zwecke der Widmung und Inbetriebnahme dienen, ist auch dann Ausübung eines öffentlichen Amtes, wenn sie auf werkvertraglicher Basis von einer privaten Baufirma wahrgenommen wird.[177]

TÜV-Sachverständige – Personen, die in einem Dienstverhältnis zu einem Technischen Überwachungsverein stehen, üben kraft staatlicher Sachverständigenanerkennung nach § 1 KfSachvG ein öffentliches Amt aus, sofern sie Aufgaben nach §§ 21 Abs. 1 S. 3, 22 Abs. 1 S. 4 StVZO wahrnehmen, da ihre Bescheinigungen maßgebliche Voraussetzung für die Zulassungserteilung sind.[178] Dies schließt wegen des engen Zusammenhangs die Aushändigung von Kfz-Briefen ein.[179] Die Erteilung von Prüfplaketten nach § 29 Abs. 2 S. 2 StVZO ist ebenfalls Ausübung eines öffentlichen Amtes.[180]

Vermessungsingenieure – Vermessungsingenieure, die auf Grundlage der Vermessungs- und Katastergesetze der Länder öffentlich bestellt wurden, üben mit der Katastervermessung und der Erstellung eines amtlichen Lageplans für die Bauvorlage ein öffentliches Amt aus.[181]

III. Verletzung einer drittgerichteten Amtspflicht

1. Amtspflichten. Wegen der Anbindung der Amtshaftung an die persönliche Beamtenhaftung sind Amtspflichten konstruktiv die in den Beamtengesetzen normierten **Dienstpflichten,** die dem Beamten gegenüber dem Dienstherrn obliegen. Gegenüber Dritten erlangen sie Wirkung, weil die Beachtung außenwirksamer öffentlich-rechtlicher Verhaltensgebote den Beamten als Dienstpflicht aufgegeben ist (§ 63 Abs. 1 BBG, § 36 Abs. 1 BeamtStG). Für eine Gleichsetzung von Amts- und Rechtspflichten besteht unter der Geltung eines Systems mittelbarer Staatsunrechtshaftung kein Anlass.[182] 44

Die Externalisierung von Amtspflichten als außengerichtete Rechtspflichten sorgt für Kongruenz, soweit die Amtspflicht zur Beachtung von Recht und Gesetz in Frage steht. Eine Divergenz von Amtspflichtverletzung und Rechtsverletzung Dritter ist allerdings zu besorgen, wenn innerdienstlich vom Amtswalter zu beachtende **Weisungen** und außenwirksame rechtliche Gebote auseinanderfallen. Nach stRspr des BGH begeht der Beamte wegen seiner Weisungsgebundenheit und Folgepflicht (§ 62 Abs. 1 S. 2 BBG, § 35 Abs. 1 S. 2 BeamtStG) keine Amtspflichtverletzung, wenn er in Befolgung einer dienstlichen Weisung gegenüber dem Bürger rechtswidrig handelt.[183] 45

---

[175] BVerfGE 130, 76 Rn. 142 ff. zum Maßregelvollzug.

[176] *Bonk* JZ 2000, 435; *Gramm* VerwArch 90 (1999), 329; *Gusy/Lührmann* StV 2001, 46; *Mösinger* BayVBl. 2007, 417; *Roth,* Privatisierungsmöglichkeiten im geschlossenen Strafvollzug, 2006; *Scherer* FS f. Frotscher, 2007, 617.

[177] *Pietzcker* AöR 132 (2007), 393 (403); aA BGHZ 48, 98 (103); BGH WM 1973, 390 (391); NJW 1980, 1679.

[178] BGHZ 49, 108 (113 f.); 122, 85 (87 f.); 147, 169 (171); BGH NVwZ-RR 2003, 543.

[179] BGH NVwZ-RR 2001, 147; NVwZ-RR 2003, 543.

[180] BGHZ 147, 169 (172); OLG Köln NJW 1989, 2065.

[181] BGH ZfBR 2018, 43 Rn. 9 ff.; OLG Dresden LKV 2007, 191.

[182] BGHZ 113, 17 (20 f.); *Ossenbühl/Cornils,* Staatshaftungsrecht, 2013, 44 f.; *v. Danwitz* in MKS Rn. 75; *Schoch* Jura 1988, 585 (589); aA *Pfab,* Staatshaftung in Deutschland, 1997, 76 f.; *Papier* in Maunz/Dürig Rn. 160; *Wieland* in Dreier Rn. 42.

[183] BGH NJW 1959, 1629; BGHZ 205, 63 Rn. 18; BGH NVwZ 2020, 90 Rn. 23.

Insoweit wird der dienstrechtlichen Folgepflicht Vorrang vor der Amtspflicht zum rechtmäßigen Handeln eingeräumt.[184] Da der weiteren Amtspflicht zur Remonstration (§ 63 Abs. 2 BBG, § 36 Abs. 2 BeamtStG) der Drittbezug abgesprochen wird (→ Rn. 49 ff.),[185] kommt allein die Verletzung einer drittgerichteten Amtspflicht durch die die rechtswidrige Weisung anordnenden Stelle in Betracht.[186] Handelt der Amtsträger hingegen im Innenverhältnis weisungswidrig, im Außenverhältnis aber rechtmäßig, fehlt es idR an einer extern wirkenden Amtspflichtverletzung gegenüber dem Geschädigten.[187]

46 Ausdifferenzierte Amtspflichten lassen sich aus der grundlegenden Amtspflicht zu **rechtmäßigem Handeln** ableiten.[188] Die Mitglieder der Gesetzgebungskörperschaften sind kraft Amtes – als Organwalter – an die verfassungsmäßige Ordnung, insbes. an die Grundrechte gebunden,[189] die exekutiven und judikativen Amtswalter in Bund, Ländern und Gemeinden zudem an Recht und Gesetz. Hierzu zählt auch das unmittelbar anwendbare Unionsrecht. Der Verstoß gegen den Anwendungsvorrang supranationaler Normen kann deshalb nicht nur einen unionsrechtlich begründeten Schadensersatzanspruch auslösen (→ Rn. 12 ff.), sondern auch den Amtshaftungsanspruch nach § 839 BGB, Art. 34.[190] Die Rechtsmaßstäbe werden zuvörderst durch das materielle Recht gebildet. Dies schließt die Wahrung der Ermessensgrenzen (§ 40 VwVfG) und die Beachtung des Verhältnismäßigkeitsgrundsatzes ein.[191] Zudem liegt auch die Beachtung der gesetzlichen Zuständigkeitsordnung dem Amtswalter als Amtspflicht ob,[192] desgleichen die Einhaltung der Verfahrensvorschriften unter Einschluss der Beteiligungsrechte Betroffener.[193] Zur Wahrung von Recht und Gesetz zählt schließlich nicht nur die Beachtung spezifisch öffentlich-rechtlicher Pflichten, sondern auch das Gebot, unerlaubte Handlungen iSv §§ 823 ff. BGB zu unterlassen,[194] insbes. auch, sich eines Amtsmissbrauchs zu enthalten.[195]

47 Quelle von Amtspflichten können insbes. **rechtliche Sonderverbindungen** sein. Sind Amtswalter an Verwaltungsakte gebunden, begründen auch deren Gebote Amtspflichten.[196] Dasselbe gilt entgegen der Auffassung des BGH[197] auch für verwaltungsvertragliche Pflichten. Wegen der unterschiedli-

---

[184] Für eine Anknüpfung an die Amtspflicht zu rechtmäßigem Handeln hingegen *Ossenbühl/ Cornils,* Staatshaftungsrecht, 2013, 59; *Detterbeck* in Sachs Rn. 35; *Baumeister/Ruthig* JZ 1999, 117 (120 f.).

[185] BGH NVwZ 2020, 90 Rn. 37 ff.; aA zuvor *Wöstmann* in Staudinger BGB § 839 Rn. 203.

[186] So die höchstrichterliche Konstruktion einer Haftungsverlagerung, BGH NVwZ-RR 2009, 363; NVwZ 2020, 90 Rn. 23.

[187] *Ossenbühl/Cornils,* Staatshaftungsrecht, 2013, 58; *Detterbeck* in Sachs Rn. 35.

[188] BGHZ 69, 128 (138); 122, 317 (321); 134, 268 (275); BGH NJW 2001, 3054.

[189] OLG Hamburg DÖV 1971, 238; ausf. *Fetzer,* Die Haftung des Staates für legislatives Unrecht, 1993, 57 ff.; sa *Schenke* DVBl. 1975, 121 (124).

[190] BGHZ 205, 63 Rn. 30 ff.; zur Anspruchskonkurrenz bei harmonisiertem Unionsrecht BGHZ 146, 153 (158); 161, 224 (234).

[191] Zum Ermessen BGHZ 74, 144 (156); 75, 120 (124); 118, 263 (271); zum Verhältnismäßigkeitsgrundsatz BGHZ 18, 366 (368); 55, 262 (266).

[192] BGHZ 81, 21 (27); 117, 240 (244 f.).

[193] BGHZ 134, 268 (275, 286); 129, 226 (232).

[194] BGHZ 69, 128 (138); 97, 97 (102); Verkehrsunfälle: BGHZ 16, 111 (114); BGH NJW 1992, 1227 (1229); Urheberrechtsverletzung: BGH NJW 2009, 3509.

[195] BGHZ 14, 319 (324); 49, 108 (115); 91, 243 (250 f.).

[196] BGHZ 97, 97 (103); sa *Blankenagel* DVBl. 1981, 15 (20 ff.).

[197] BGHZ 87, 9 (17 f.); 120, 184 (188).

chen Voraussetzungen und Folgen lässt sich ein das Amtshaftungsrecht ausschließender Vorrang des analog anwendbaren BGB-Leistungsstörungsrechts nicht behaupten.[198] Aus vorangegangenem Kontakt können unter dem Gesichtspunkt des Vertrauensschutzes Amtspflichten zu **konsequentem Verhalten**[199] und **Hinweis- und Belehrungspflichten** folgen.[200]

Vorbehaltlich spezialgesetzlicher Normierung lassen sich weitere Amtspflichten aus allgemeinen rechtsstaatlichen Grundsätzen deduzieren. Die Amtswalter haben die Pflicht zu einer umfassenden **Sachverhaltsermittlung.**[201] Des Weiteren obliegt ihnen die Pflicht, Anträge **zügig zu bearbeiten** und in angemessener Frist zu **bescheiden.**[202] Dem vorgelagert ist die Amtspflicht der zuständigen Amtswalter der Zentralbehörden, im Rahmen der ihnen zugewiesenen Haushaltsmittel für eine **angemessene Personalausstattung** von Gerichten und Behörden zu sorgen.[203] Umfassende Amtspflichten bestehen im Bereich informatorischen Behördenhandelns. **Auskünfte,** die dem Bürger erteilt werden, müssen sachlich richtig, vollständig und unmissverständlich sein.[204] Sofern sich die Verwaltung Privater bei der Erfüllung ihrer Aufgaben bedient, obliegen nicht nur diesen ggf. Amtspflichten; vielmehr bestehen auch behördliche Pflichten zur **Überwachung** der ordnungsgemäßen Durchführung der Aufgabe.[205] 48

2. Einem Dritten gegenüber. Das Erfordernis der **Drittbezogenheit** der verletzten Amtspflicht hat haftungsbegründende wie -begrenzende Funktion.[206] Gegenüber vielfach geäußerter Kritik an der fehlenden Systematisierung des Drittbezugs[207] ist in realistischer Sichtweise anzuerkennen, dass es sowohl in Bezug auf die Bestimmung des Dritten als auch hinsichtlich des ihm zu gewährenden Schutzes flexibler und entwicklungsoffener Kriterien bedarf, die dem Wandel sowohl der staatlichen Handlungsmodi als auch der Schutzerwartungen der Bürger gerecht werden.[208] Der Charakter von Art. 34 S. 1 als Mindestgarantie kann einen einfachgesetzlichen Verzicht auf das Kriterium des Drittbezugs nicht rechtfertigen, da eine derartige Haftungsverschärfung zugunsten des Geschädigten auf der Ebene der Haftungsübernahme wegen des Wortlauts von Art. 34 S. 1 nicht zum Tragen käme. 49

Nach stRspr obliegt dem Amtswalter eine Amtspflicht gegenüber einem Dritten, wenn diese neben der Erfüllung allgemeiner Interessen auch den Zweck verfolgt, Interessen **Einzelner zu schützen.** Des Weiteren muss der Geschädigte zu dem Personenkreis rechnen, der durch die Amtspflicht geschützt werden soll. Eine nur reflexhafte Beeinträchtigung erfüllt nicht den erforderlichen Drittbezug.[209] Allerdings muss der Kreis der geschützten Per- 50

[198] *Gurlit,* Verwaltungsvertrag und Gesetz, 2000, 566 f.; *Papier* in Maunz/Dürig Rn. 162; *Ossenbühl/Cornils,* Staatshaftungsrecht, 2013, 443.
[199] BGHZ 76, 343 (351); BGH NVwZ 2006, 1207 (1208).
[200] BGH NVwZ 1996, 512; NVwZ-RR 2006, 634; zum Sozialrecht BGH NJW 2019, 68 Rn. 14 ff.
[201] BGH NVwZ-RR 2000, 746.
[202] BGHZ 30, 19 (26); BGH NVwZ 2002, 124; BGHZ 170, 260 (266).
[203] BGHZ 170, 260 (268 f.); dazu *Shirvani* DV 50 (2017), 571 (585 f.).
[204] StRspr, BGHZ 30, 19 (27); 195, 276 Rn. 25; BGH NVwZ 2018, 1333 Rn. 21.
[205] BGH WM 1973, 390 (391); BGHZ 135, 354.
[206] StRspr, BGHZ 212, 303 Rn. 24; BGH NVwZ 2020, 90 Rn. 40.
[207] *Ossenbühl/Cornils,* Staatshaftungsrecht, 2013, 61 f.; *Blankenagel* DVBl. 1981, 15; *Wieland* in Dreier Rn. 46.
[208] *Wurm* JA 1992, 1 (2).
[209] BGHZ 39, 358 (362 f.); 211, 171 Rn. 15; 212, 303 Rn. 21; BGH NVwZ 2020, 90 Rn. 41.

sonen nicht zahlenmäßig klein sein.[210] Hiernach wird jedenfalls immer dann gegen drittgerichtete Amtspflichten verstoßen, wenn durch eine Maßnahme, Ablehnung oder Unterlassung zugleich ein subjektiv-öffentliches Recht des Geschädigten iSv § 42 Abs. 2 VwGO verletzt wird.[211] Die Amtspflichten zum Unterlassen einer unerlaubten Handlung und eines Amtsmissbrauchs bestehen als sog. absolute Amtspflichten gegenüber jedem Geschädigten insoweit, wie auch deliktsrechtlich nach §§ 823, 826 BGB Ersatz verlangt werden könnte.[212]

51 **Verwaltungsvorschriften,** die eine unbestimmte Vielzahl von Sachverhalten ordnen, begründen idR keine Amtspflichten gegenüber Dritten.[213] Wenn aber Verwaltungsvorschriften selbst unmittelbar auf den Schutz abgrenzbarer Dritter bezogen sind, haben sie insoweit unmittelbare Außenwirkung.[214] Die Wahrnehmung verwaltungsinterner Abstimmungsgebote begründet Amtspflichten gegenüber Dritten, sofern ihnen rechtliche Bindungswirkung für die Entscheidung im Außenverhältnis zukommt.[215] Unter Umständen schlagen auch interne Maßnahmen mit bloß faktischer Bindungswirkung auf Dritte durch.[216] Dies gilt maßgeblich für Handlungen Privater, die im Außenverhältnis nicht mit Hoheitsbefugnissen ausgestattet sind.[217]

52 Als Element des Drittbezugs behandelt die Judikatur die Differenzierung, der Geschädigte müsse nicht in jeder Hinsicht als Dritter anzusehen sein. Vielmehr sei maßgeblich, dass gerade das im Einzelfall berührte Interesse in den **Schutzzweck** der verletzten Amtspflicht falle.[218] Besteht die Amtspflichtverletzung im Erlass eines rechtswidrigen belastenden Verwaltungsakts, so besitzt der geschädigte Adressat der Sache nach einen schadensersatzbewehrten grundrechtlich fundierten (Art. 2 Abs. 1) und verwaltungsprozessual durchsetzbaren (§ 42 Abs. 2 VwGO) Gesetzesvollziehungsanspruch.[219] Dieser Gleichlauf versagt hingegen bei rechtswidrigem begünstigendem Handeln. Die Drittrichtung kann weder dem – erfüllten – Begünstigungsanspruch noch umstandslos dem Schutzzweck der verletzten Norm entnommen werden.[220] Deshalb soll die Haftung bei rechtswidrigen Genehmigungen und fehlerhaften Auskünften auf die Umstände begrenzt werden, auf die der Geschädigte vertrauen durfte („Verlässlichkeitsgrundlage"). Bei Auskünften, die erkennbar nur Wissenserklärungen und keine bindenden Willenserklärungen sind, werden allfällige vermögensrechtliche Dispositionen des Bürgers nicht geschützt.[221] Bei Gestattungen ist der sachliche Regelungsinhalt ent-

---

[210] BGH NVwZ 2018, 2264 Rn. 13.
[211] BGHZ 74, 144 (155); 125, 258 (268 ff.); frühzeitig *Buschlinger* DÖV 1964, 797 (799 f.).
[212] BGHZ 69, 128 (138); 91, 243 (251 f.); BGH NJW 2002, 3172 (3173 f.).
[213] BGHZ 205, 63 Rn. 19; BGH NVwZ 2020, 90 Rn. 24.
[214] BGH VersR 1961, 512 (513); NJW 2001, 3054; *Ossenbühl/Cornils,* Staatshaftungsrecht, 2013, 62.
[215] Für § 36 BauGB aF BGHZ 65, 182 (186 f.); 93, 87 (90 ff.); 118, 263 (265 f.).
[216] BGHZ 146, 365 (369); BGH NVwZ-RR 2003, 401 (402), Wertermittlung durch Gutachterausschüsse; BGH NVwZ 2006, 245 (247), interne Rechtsprüfung durch übergeordnete Behörde als Grundlage einer Auskunft; BGH NVwZ 2007, 487 (488), sozialmedizinische Stellungnahme zur Prüfung von Leistungsansprüchen.
[217] BGHZ 161, 6 (11); BGH NVwZ 2006, 966, BSE-Tests durch private Labors.
[218] Bedeutsam BGHZ 134, 268 (276), Mülheim-Kärlich; sa BGHZ 195, 276 Rn. 15 ff.; 212, 303 Rn. 34: Einbeziehung der Erwerbsinteressen der Eltern in die Amtspflicht zur Bereitstellung eines Kita-Platzes für Kleinkinder.
[219] BGHZ 166, 22 (27 f.); *Grzeszick* JZ 2006, 795 (798).
[220] *Kümper* VerwArch 104 (2013) 104 (115 f.) mwN.
[221] BGHZ 117, 83 (90); BGH DÖV 2008, 871 zu Empfehlungen.

scheidend. Dieser umfasst nicht zwingend den Schutz der wirtschaftlichen Interessen des Begünstigten.[222]

Nach jüngerer Judikatur wird der Schutzzweck zudem subjektiviert. Auch eine grob rechtswidrige Genehmigung soll gegenüber dem Antragsteller keine Verletzung drittbezogener Amtspflichten sein, wenn dieser den Fehler „ohne Mühe" hätte erkennen können.[223] Die Vorverlagerung subjektiver Merkmale des Vertrauensschutzes iSv § 48 Abs. 2 S. 3 VwVfG in den Tatbestand der verletzten Amtspflicht – und damit in das Vorfeld des Mitverschuldens iSv § 254 BGB[224] – führt ein Kriterium ein, das im Drittbezug der verletzten Amtspflicht nicht angelegt ist, und bewirkt im Ergebnis eine ausgesprochen problematische Risikoverteilung zu Lasten des Geschädigten.[225] Allerdings geht auch die Rspr. davon aus, dass das Risiko einer fehlerhaften Rechtsanwendung grundsätzlich bei der gesetzesgebundenen Verwaltung liegt.[226] 53

3. Problemfelder. Eine Systematisierung des Drittbezugs nach **Fallgruppen** ist der Rspr. nicht gelungen, und sie erscheint auch angesichts einer ausufernden Kasuistik aussichtslos. Insofern seien hier nur einige wesentliche, teils umstrittene Felder genannt.[227] Als ergiebige Materie gilt das **öffentliche Baurecht.** Die Bauaufsichtsbehörde verletzt eine ihr gegenüber dem Bauherrn obliegende Amtspflicht, wenn sie die Bauerlaubnis oder einen Bauvorbescheid trotz Vorliegens der Genehmigungsvoraussetzungen versagt oder verzögert.[228] Da die Baugenehmigung einen Vertrauenstatbestand für den Bauherrn schafft, liegt auch in der Erteilung einer rechtswidrigen Bauerlaubnis die Verletzung einer Amtspflicht gegenüber dem Bauherrn, sofern das verletzte Rechtsgut vom Schutzzweck der verletzten Rechtsvorschrift umfasst ist und der Rechtsfehler nicht wie etwa unbekannte Altlasten in die Risikosphäre des Bauherrn fällt.[229] Die Drittanfechtung der Genehmigung durch einen Nachbarn lässt die Schutzwürdigkeit nicht umstandslos entfallen, begründet vielmehr die weitere Amtspflicht der Behörde, den Bauherrn hierüber unverzüglich zu informieren.[230] Während durch eine rechtswidrige Verweigerung der Baugenehmigung nur Amtspflichten gegenüber dem Bauherrn verletzt werden, kann deren rechtswidrige Erteilung auch Amtspflichten im Verhältnis zum Nachbarn verletzen, sofern die Erlaubnis gegen Vorschriften verstößt, die auch seinen Interessen zu dienen bestimmt sind.[231] Die rechtswidrige Versagung des gemeindlichen Einvernehmens nach § 36 BauGB begründete wegen ihrer Bindungswirkung für die Bauaufsichtsbehörde eine Amtspflichtverletzung der Gemeinde gegenüber dem Bauherrn.[232] Weil aber 54

[222] BGHZ 39, 358 (364); 109, 380 (394); sa BGH NJW 1994, 2415; BauR 2009, 966.
[223] BGHZ 134, 268 (284).
[224] BGHZ 134, 268 (283, 295 f.).
[225] *v. Danwitz* in MKS Rn. 74; *Bömer* NVwZ 1996, 749 (752); aA *Papier* in Maunz/Dürig Rn. 194; *de Witt/Burmeister* NVwZ 1992, 1039 (1040 ff.); *Kümper* VerwArch 104 (2013) 104 (128 f.); *Kümper* DVBl. 2013, 1022 (1027 f.).
[226] BGHZ 149, 50 (54 f.); BGH BauR 2004, 817 (818 f.); 2008, 1577.
[227] Umfängliche Darstellung nach Sachmaterien bei *Wöstmann* in Staudinger BGB § 839 Rn. 549 ff.
[228] StRspr, BGHZ 39, 358 (364); 170, 99 (106); BGH NVwZ 2008, 815.
[229] BGHZ 60, 112 (116); 122, 317 (321 f.); 134, 268 (276 f.); 149, 50 (52); NJW 2008, 2502 (2503); zu Altlastenrisiken BGHZ 123, 191 (199 f.).
[230] BGHZ 149, 50 (55 f.); BGH BauR 2004, 817 (819 f.).
[231] BGHZ 86, 356 (361 f., 366 f.); zu weiteren Dritten *Seiters* NordÖR 2010, 477 (478).
[232] BGHZ 65, 182 (186 f.); 118, 263 (265 f.).

die Bundesländer nach § 36 Abs. 2 S. 3 BauGB in ihren Landesbauordnungen eine Ersetzungsbefugnis durch die Bauaufsichtsbehörden normiert haben, ist die Bindungswirkung der rechtswidrigen Einvernehmensverweigerung für das Baugenehmigungsverfahren und damit der Drittbezug des gemeindlichen Einvernehmens entfallen. Insoweit bestehen nunmehr entsprechende Prüfpflichten der Bauaufsichtsbehörden gegenüber dem Bauherrn.[233]

55 Im **Beamtenrecht** steht der Amtshaftungsanspruch neben einem aus dem Dienstverhältnis folgenden quasi-vertraglichen Schadensersatzanspruch, wenn das subjektive Recht des Bewerbers auf eine fehlerfreie Bestenauslese nach Art. 33 Abs. 2, § 9 BeamtStG, § 9 BBG verletzt wird.[234] Im Stellenbesetzungsverfahren folgt aus Art. 33 Abs. 2 iVm Art. 19 Abs. 4 die Amtspflicht, die unterlegenen Bewerber von der Auswahlentscheidung vor der Ernennung rechtzeitig in Kenntnis zu setzen, um ihnen die Inanspruchnahme von Primärrechtsschutz zu ermöglichen.[235]

56 Umstritten ist die Drittbezogenheit der **Finanzmarktaufsicht.** Die Bundesanstalt für Finanzdienstleistungsaufsicht (BaFin) nimmt gegenüber den beaufsichtigten Banken und Finanzdienstleistungsinstituten Amtspflichten wahr, die diese vor rechtswidrigen belastenden Maßnahmen wie zB einer Abwicklungsanordnung schützen.[236] Die Rspr. des BGH, derzufolge die Prüfungs- und Eingriffsbefugnisse der Bankenaufsicht nach dem KWG auch dem Schutz der Vermögensinteressen Einzelner dienen und Amtspflichten zum Einschreiten zugunsten der Einlagegläubiger begründen,[237] ist vom Gesetzgeber zunächst durch § 6 Abs. 3 KWG, später sektorenübergreifend durch § 4 Abs. 4 FinDAG korrigiert worden. Nach dieser Vorschrift wird die BaFin bei der Überwachung der Finanzmärkte ausschließlich im öffentlichen Interesse tätig. Der Ausschluss des Drittbezugs ist mit den maßgeblichen unionsrechtlichen Richtlinien vereinbar, weil und soweit der Gesetzgeber ein unionsrechtskonformes Einlagensicherungs- und Anlegerentschädigungssystem errichtet hat.[238] Er erweist sich aber als bedenklich im Hinblick auf die Eigentumsgarantie. Denn zur Sicherung der vermögenswerten Rechte von Anlegern und Versicherungsnehmern muss der Gesetzgeber Schutzmaßnahmen ergreifen, um das strukturelle Ungleichgewicht zwischen Finanzdienstleistungsunternehmen und ihren Kunden durch eine Finanzmarktaufsicht zu kompensieren, die auch die Stellung des Einzelnen berücksichtigt.[239] Dem wird entgegengehalten, die gesetzlichen Systeme der Einlagensicherung und

[233] BGHZ 187, 51 Rn. 14; BGH NVwZ 2013, 167 Rn. 17; *Bohnert* VBlBW 2015, 369 (372 ff.); *Desens* DÖV 2009, 197 (202 ff.); *Schlarmann/Krappel* NVwZ 2011, 215 (217 f.); zu verbleibenden Fällen einer Amtshaftung der Gemeinde *Tremml/Luber* UPR 2013, 81; krit. *Shirvani* DV 50 (2017), 571 (587 f.); *Singbartl/Wehowsky* NVwZ 2013, 1525 (1527 ff.); *Jäde* UPR 2011, 125 (126 ff.); *Wartha* VBlBW 2010, 219 (222 f.).

[234] BGHZ 21, 256 (260); OLG Saarbrücken NVwZ-RR 2003, 810 (811); zum beamtenrechtlichen Ersatzanspruch BVerwGE 80, 123 (124); 124, 99 (101 f.); 162, 253 Rn. 9.

[235] BGHZ 129, 226 (228 ff.); OLG Saarbrücken NVwZ-RR 2003, 810 (812); sa BVerfG NJW 1990, 501; zum Primärrechtsschutz bei Verletzung dieser Pflicht BVerwGE 138, 102 Rn. 31, 59.

[236] BGHZ 162, 49.

[237] BGHZ 74, 144 (148 ff.); 75, 120 (128 f.).

[238] EuGH C-222/02, ECLI:EU:C:2004:606 Rn. 25 ff., 33 ff. – Paul ua; s. aber EuGH C-571/16, ECLI:EU:C:2018:807 Rn. 70 ff. – Kantarev: Gebot der zügigen behördlichen Feststellung des Entschädigungsfalls ist drittschützend; dazu *Wojcik* WM 2019, 1046 (1054 f.).

[239] Für die Versicherungsaufsicht BVerfGE 114, 73 (100 ff.); 114, 1 (44 ff.); für amthaftungsrechtliche Konsequenzen zB *Ruffert* NJW 2009, 2093 (2095); *Höfling,* 67. DJT, 2010, Gutachten F, 42; *Calliess* VVDStRL 71 (2012), 113 (139 f.); frühzeitig *Schenke/Ruthig* NJW 1994, 2324 (2326 ff.).

Anlegerentschädigung umfassten in grundrechtskonformer Ausgestaltung auch die Konstellation, dass eine fehlerhafte Aufsicht zu einer Erhöhung des Insolvenzrisikos führe.[240]

Behördliche Warnungen beruhen inzwischen ganz überwiegend auf gesetzlichen, die Amtspflichten konkretisierenden Grundlagen. Die Amtspflichten bei Produktwarnungen bestimmen sich im Anwendungsbereich des Produktsicherheitsgesetzes (§ 1 ProdSG) nach § 26 Abs. 2 S. 2 ProdSG, bei Lebensmitteln und sonstigen vom LFGB erfassten Erzeugnissen nach § 40 Abs. 1 LFGB. Warnungen durch die zuständigen Marktüberwachungsbehörden der Länder müssen insbes. unter Verhältnismäßigkeitsgesichtspunkten den Vorrang der Eigenwarnung durch den Hersteller beachten (§ 26 Abs. 2 S. 1 Nr. 9 ProdSG, § 40 Abs. 2 LFGB).[241] Im Hinblick auf Art. 12 besteht die Amtspflicht, vor einer Warnung den Sachverhalt ggf. unter Hinzuziehung wissenschaftlichen Sachverstands und unter Anhörung der Betroffenen zu ermitteln. Die Verbreitung von Informationen muss auf das Erforderliche beschränkt werden, sachlich unrichtige Informationen dürfen nicht weiterverbreitet und müssen korrigiert werden.[242] In die Amtspflichten sind Konsumenten als Dritte regelmäßig nicht einbezogen.[243] 57

Die öffentliche Bekanntgabe unternehmerischer Rechtsverstöße (sog. **naming and shaming**), die als Sanktionsinstrument über das Unionsrecht insbes. Eingang in das Finanzmarktaufsichtsrecht gefunden hat (zB §§ 60b bis 60d KWG, §§ 123 bis 126 WpHG) und nunmehr ua auch bei der Lebensmittelüberwachung praktiziert wird (§ 40 Abs. 1a LFGB),[244] unterliegt wegen ihrer Prangerwirkung ggf. zusätzlichen Amtspflichten[245] wie zB einer Beschränkung auf die Bekanntgabe bestandskräftig festgestellter Rechtsverstöße (§ 60b KWG, § 123 WpHG)[246] oder einer Pflicht zur späteren Löschung der Informationen.[247] 58

Im **Strafvollzug** obliegen den Vollzugsbediensteten gegenüber den Straf- und Untersuchungsgefangenen Amtspflichten zum Schutz des Lebens und der körperlichen Unversehrtheit.[248] Die Pflicht zur menschenwürdigen Behandlung der Strafgefangenen gilt absolut und wird insbes. durch die gemeinsame Unterbringung in viel zu kleinen Hafträumen verletzt.[249] 59

---

240 *Sethe* FS f. Hopt, 2010, 2549 (2559 ff.); *Binder* WM 2005, 1781; *Mülbert* ZHR 177 (2013), 160 (176 f.); aA *Ruthig/Storr*, Öffentliches Wirtschaftsrecht, 2015, Rn. 602 f.: Entschädigung nach EinSiG und AnlEntG als anderweitige Ersatzmöglichkeit iSv § 839 Abs. 1 S. 2 BGB.

241 *Tremml/Luber* NJW 2013, 262 (1747 ff.).

242 BVerfGE 105, 252 (272 f.); 148, 40 Rn. 39 ff.; *Tremml/Luber* NJW 2005, 1745; *Ossenbühl* ZHR 155 (1991), 329 (332 ff.); für Informationsverfahren nach VIG BVerwG NVwZ 2020, 1155 Rn. 52.

243 *Tremml/Luber* NJW 2013, 262 (266).

244 Zur grds. Verfassungsmäßigkeit BVerfGE 148, 40.

245 Ein unternehmerisches Selbsteintrittsrecht wie vor behördlichen Warnungen ist hingegen nicht geboten, BVerfGE 148, 40 Rn. 47.

246 Zur grds. Zulässigkeit auch einer Verdachtsbekanntgabe BVerfGE 148, 40 Rn. 43; krit *Becker* NVwZ 2018, 1032 (1033 f.); *Hamm* NJW 2018, 2099 (2101 f.); zum VIG BVerwG NVwZ 2020, 1155 Rn. 32; OVG Lüneburg GewArch 2020, 157 Rn 9.

247 BVerfGE 148, 40 Rn. 56 ff. zur Verfassungswidrigkeit einer fehlenden Löschungspflicht in § 40 Abs. 1a LFGB aF; zuvor schon OVG Lüneburg NVwZ-RR 2013, 831.

248 BGHZ 21, 214 (219 f.); BVerfGK NJW 2016, 1081.

249 BGHZ 161, 33 (35); das Gebot der Trennung der Untersuchungshäftlinge von verurteilten Strafgefangenen nach § 119 Abs. 1 StPO ist Ausfluss der Unschuldsvermutung bzgl. ersterer, verfolgt hingegen nicht den Zweck, die Untersuchungshäftlinge vor Übergriffen der Strafgefangenen zu schützen, BGH DVBl. 2004, 515 (516).

60 **4. Haftung für legislatives und normatives Unrecht.** Die Amtspflicht der Mitglieder der gesetzgebenden Körperschaften zur Beachtung des höherrangigen Rechts soll nach stRspr des BGH nicht gegenüber den Normadressaten bestehen, da sowohl der parlamentarische Gesetzgeber als auch der untergesetzliche Normsetzer mit dem Erlass oder Nichterlass generell-abstrakter Regelungen nur Aufgaben **gegenüber der Allgemeinheit, nicht hingegen gegenüber Dritten** wahrnehmen. Nur ausnahmsweise könne anderes bei Maßnahme- oder Einzelfallgesetzen oder Verordnungen mit beschränktem Adressatenkreis gelten.[250] Dies wird mit der haftungsbegrenzenden Funktion des Drittbezugs begründet, der in Parallele zu §§ 823 ff. BGB ein Näheverhältnis von Schädiger und Geschädigtem voraussetze. Neben den finanziellen Konsequenzen für den Staatshaushalt wird zudem auf die fehlende Eignung eines Haftungssystems verwiesen, das auf der individuell-schuldhaften Fehlleistung eines Amtswalters aufbaut.[251]

61 Die Auffassung überzeugt nicht. Auch wenn die parlamentarische Normsetzung als solche ausschließlich eine im öffentlichen Interesse liegende Aufgabe ist, gilt dies nicht für die Bindungen, die der Legislative obliegen. Zwischen Allgemeinheit und Abstraktheit gesetzlicher Regelungen und den amtspflichtbegründenden Rechtsvorschriften ist zu unterscheiden. Die Haftung für **legislatives Unrecht** bestimmt sich nach dem Umfang der **Grundrechtsbindung** der gesetzgebenden Körperschaften. Nach Art. 1 Abs. 3 ist die Legislative zum Unterlassen rechtswidriger Grundrechtseingriffe gegenüber jedem Normadressaten verpflichtet. Die Natur der Grundrechte als subjektiv-öffentliche Rechte begründet den Drittbezug der parlamentarischen Gesetzgebung.[252] Dies schließt Differenzierungen nach Modus und Intensität der grundrechtlichen Beeinträchtigung nicht aus.[253] Kein Fall legislativen Unrechts ist hingegen der **Vollzug verfassungswidriger Normen** durch die Exekutive, deren Amtspflichtwidrigkeit sich nach anderen Grundsätzen bestimmt.[254] Sofern eine Amtspflichtverletzung durch **legislatives Unterlassen** in Frage steht, sind die Anforderungen der jeweiligen grundrechtlichen Schutzpflicht maßgeblich. Da dem Gesetzgeber für die Erfüllung von Schutzpflichten aus kompetenziellen wie strukturellen Gründen regelmäßig ein Entscheidungsspielraum zusteht, wird hier kaum einmal der Tatbestand einer Amtspflichtverletzung erfüllt sein. Ein Drittbezug ist darüber hinaus nur anzunehmen, wenn der Grundrechtsbetroffene geltend machen kann, dass eine konkrete Regelung gerade zur Wahrung seiner Grundrechte geboten

---

[250] BGHZ 56, 40 (44 ff.); 170, 260 (268); BGH EuZW 2013, 194 Rn 41; sa für den Haushaltsgesetzgeber BGHZ 134, 30 (32); 170, 260 (268); zust. *Boujong* FS f. Geiger, 1989, 430; *Menger* VerwArch 63 (1972), 81 (84 ff.); *Detterbeck* in Sachs Rn. 43; prägend *Dagtoglou,* Ersatzpflicht des Staates bei legislativem Unrecht, 1963, 39 ff.

[251] *Boujong* FS f. Geiger, 1989, 430 (434); *Steinberg/Lubberger,* Aufopferung – Enteignung und Staatshaftung, 1991, 302 f.

[252] *Wieland* in Dreier Rn. 50; *Haverkate* NJW 1973, 441 (442 f.); *Schenke* DVBl. 1975, 121 (125); *Oldiges* Der Staat 15 (1976), 381 (390); *Scheuing* FS f. Bachof, 1984, 343 (357); *Grzeszick,* Rechte und Ansprüche, 2002, 424 ff.; *Fetzer,* Die Haftung des Staates für legislatives Unrecht, 1993, 88 ff.; *Hartmann,* Öffentliches Haftungsrecht, 2013, 172 ff.; zu einer rechtsstaatlich begründeten Vertrauenshaftung BVerfG NVwZ 2010, 3422 (3426 f.).

[253] So bei mittelbaren Grundrechtseingriffen oder solchen in die allgemeine Handlungsfreiheit, BGH NJW 1989, 101; *Boujong* FS f. Geiger, 1989, 433; *Haverkate* NJW 1973, 441 (443 f.); aA *Fetzer,* Die Haftung des Staates für legislatives Unrecht, 1993, 94 ff.

[254] *Baumeister/Ruthig* JZ 1999, 117; sa § 5 Abs. 2 S. 2 des gescheiterten StHG; für eine Rubrizierung als Konstellation legislativen Unrechts hingegen BGHZ 100, 136 (145); 205, 63 Rn. 41 f. betr. das Unionsrecht; *Boujong* FS f. Geiger, 1989, 430 (443).

war.[255] Auch wenn nach diesen Maßgaben eine Haftung für legislatives Unrecht bereits *de lege lata* anzuerkennen ist, lassen Differenzierungsbedürfnisse hinsichtlich des Haftungstatbestands, aber auch die prozedurale Abstimmung mit dem Normverwerfungsmonopol des Bundesverfassungsgerichts eine **gesetzliche Grundlage** jedenfalls als sinnvoll erscheinen.[256] Besteht das legislative Unrecht in einer fehlerhaften oder unterlassenen Umsetzung unionsrechtlichen Sekundärrechts, kommt der **unionsrechtlich begründete Staatshaftungsanspruch** zum Tragen (→ Rn. 12 ff.).

Sofern bislang auch für den (Nicht-)Erlass von **Verordnungen** drittbezogene Amtspflichten abgelehnt werden,[257] steht die zivilgerichtliche Judikatur in einem schwer auflösbaren Wertungswiderspruch zu dem von ihr gewährten Entschädigungsanspruch wegen enteignungsgleichen Eingriffs durch fehlerhafte Verordnungsgebung,[258] zudem im Spannungsverhältnis zur Rspr. der Verwaltungsgerichte, die primäre subjektiv-öffentliche Ansprüche auf den Erlass untergesetzlicher Rechtsnormen anerkannt haben.[259] Für die kommunale Bauleitplanung durch **Satzung** wird indes wegen ihrer Kleinräumigkeit und ihres beschränkten Adressatenkreises konzediert, dass den Mitgliedern des Gemeinderats gegenüber den betroffenen Grundstückseigentümern und Bewohnern aus dem Gebot zur Berücksichtigung privater Belange nach § 1 Abs. 6 und 7 BauGB drittgerichtete Amtspflichten maßgeblich zur Sicherung gesunder Wohn- und Arbeitsverhältnisse erwachsen.[260] Aus der Amtspflicht zu konsequentem Verhalten folgt aber nicht das Gebot, eine begonnene Planung mit der Verabschiedung einer Satzung bestimmten Inhalts abzuschließen, denn hierdurch würde der Satzungsgeber seines planerischen Ermessens beraubt.[261] Der Erlass von **Rechtsnormen sui generis** durch Träger berufsständischer Selbstverwaltung begründet Amtspflichten gegenüber den durch diese Normen verpflichteten Verbandsmitgliedern.[262] Im Erlass von gesetzeskonkretisierenden **Verwaltungsvorschriften** kann jedenfalls dann, wenn der Adressatenkreis individualisierbar ist, eine Verletzung drittgerichteter Amtspflichten liegen.[263] 62

5. Juristische Personen des öffentlichen Rechts als Dritte. Die Rspr. hat ohne eine überzeugende dogmatische Fundierung und Systematisierung, aber mit großer Zustimmung in der Lit.[264] verschiedentlich Hoheitsträger als 63

[255] *Papier* in Maunz/Dürig Rn. 197; *Fetzer,* Die Haftung des Staates für legislatives Unrecht, 1993, 99 ff.; zum Anspruch auf Erlass formeller Gesetze *Eisele,* Subjektive öffentliche Rechte auf Normerlaß, 1999, 108 ff.

[256] *Schenke* DVBl. 1975, 121 (128); für eine Regelungspflicht *Wieland* in Dreier Rn. 50; sa BGH NJW 1989, 101 (102); BGHZ 100, 136 (145 ff.) für Entschädigungsansprüche wegen enteignungsgleichen Eingriffs; aA *Grzeszick,* Rechte und Ansprüche, 2002, 403 ff., 424 ff.

[257] BGHZ 56, 40 (46 f.); 102, 350 (367 f.); BGH NVwZ-RR 1993, 450.

[258] BGHZ 78, 41 (42 f.); 111, 349 (353); BGH NVwZ-RR 1993, 450 (451); zu den Ungereimtheiten *Schenke* NJW 1988, 857 (859 ff.); *Steinberg/Lubberger,* Aufopferung – Enteignung und Staatshaftung, 1991, 358 ff.

[259] BVerwGE 80, 355 (359 ff.); BVerwG NVwZ 2002, 1505; sa *Eisele,* Subjektive öffentliche Rechte auf Normerlaß, 1999, 128 ff., 200 ff.

[260] BGHZ 92, 34 (52 f.); 106, 323 (331); 108, 224 (227); 109, 380 (388 f.); 142, 259 (264, 268); für satzungsförmige Veränderungssperren BGHZ 170, 99.

[261] BGH NVwZ 2006, 1207 (1208) im Hinblick auf § 1 Abs. 3 S. 2 BauGB.

[262] BGHZ 81, 21 (27); sa BGHZ 150, 172 (177) zu normsetzenden Verträgen.

[263] BGHZ 91, 243 (249 f.); 63, 319 bejahend für den Fall einer ministeriellen Weisung; BGHZ 75, 120 (128) verneinend für Unterlassen des Erlasses einer gläubigerschützenden Verwaltungsvorschrift.

[264] *Ossenbühl/Cornils,* Staatshaftungsrecht, 2013, 72; *Detterbeck* in Sachs Rn. 41; *Papier* in Maunz/Dürig Rn. 208; *v. Danwitz* in MKS Rn. 89; *Steinberg/Lubberger,* Aufopferung – Ent-

Inhaber von Amtshaftungsansprüchen anerkannt. Juristische Personen des öffentlichen Rechts sind danach keine Dritten, weil und soweit sie mit dem haftenden Hoheitsträger bei der Erfüllung öffentlicher Aufgaben „verzahnt" sind und „gleichsinnig" zusammenwirken. Anderes soll gelten, wenn der geschädigte Hoheitsträger dem Amtswalter der handelnden Körperschaft in einer besonderen Rechtsstellung gegenübersteht, wie sie für das Bürger-Staat-Verhältnis charakteristisch ist, und die Amtspflichten gerade dem Schutz seiner Interessen dienen.[265] Die unscharfen Begriffe verdunkeln, dass das Verhältnis zwischen Hoheitsträgern zuvörderst verwaltungsorganisationsrechtlich bestimmt wird. Mit einem Verständnis, das die Staatshaftung vor allem aus den Grundrechten rekonstruiert, lässt sich die Anwendung von Art. 34 auf juristische Personen des öffentlichen Rechts kaum vereinbaren.[266] Von der verfassungskräftig gesicherten Mindestgarantie ist diese Haftungsbeziehung nicht erfasst.

64 Auf ein subjektivrechtliches Verständnis lässt sich immerhin die Annahme stützen, dass belastende **Maßnahmen der kommunalen Rechtsaufsicht** unter dem haftungsbewehrten Gebot rechtskonformer Ausübung gegenüber den Gemeinden stehen, da aufsichtliche Eingriffe das kommunale Selbstverwaltungsrecht nach Art. 28 Abs. 2 beeinträchtigen.[267] Nach Auffassung des BGH sollen aber auch begünstigende Maßnahmen der Rechtsaufsicht wie die Genehmigung kommunaler Rechtsgeschäfte drittgerichtete Amtspflichten gegenüber der Gemeinde auslösen.[268] Dem liegt ein bedenkliches paternalistisches Verständnis der Rechtsaufsicht zugrunde, das die Kommunen für den ureigenen Autonomiebereich von der Haftung freizeichnet und Folgewirkungen für die Wahrnehmung der kommunalen Rechtsaufsicht zeitigen wird.[269] Ebenso wenig überzeugt die Annahme, der Bund könne geschützter Dritter von den Ländern obliegenden Amtspflichten sein.[270]

IV. Verantwortlichkeit des Staates

65 Die Verantwortlichkeit des Staates oder der Körperschaft meint die Haftung iS einer Einstandspflicht für den durch eine Amtspflichtverletzung eingetretenen Schaden.[271] Art. 34 setzt damit einen Schaden voraus, der durch die Verletzung einer Amtspflicht gegenüber einem Dritten verursacht wurde. Die **Kausalität** zwischen Pflichtverletzung und eingetretenem Schaden (haftungsausfüllende Kausalität) wird – dem allgemeinen Schadensersatzrecht folgend – einerseits durch den hypothetischen Verlauf bei pflichtmäßi-

---

eignung und Staatshaftung, 1991, 304 f.; *Schoch* Jura 1988, 585 (592); *Heidelbach* DV 47 (2014), 493 (498 f.).

[265] BGHZ 26, 232 (236); 177, 37; 198, 374, 378.

[266] *Stelkens,* Verwaltungshaftungsrecht, 1998, 412 ff. (425 ff.); sa *v. Mutius/Groth* NJW 2003, 1278 (1279).

[267] BGHZ 153, 198 (203); beiläufig BGHZ 35, 44 (50); *v. Mutius/Groth* NJW 2003, 1278 (1280); *v. Komorowski* VerwArch 93 (2002), 62 (88); abl. für diesen Fall *Stelkens* DVBl. 2003, 22 (30).

[268] BGHZ 153, 198 (202 f.); allerdings abgelehnt in BGHZ 170, 356 (368) für aufsichtliche Genehmigungen nicht genehmigungsbedürftiger Geschäfte.

[269] BGHZ 153, 198 (204) „Schutz vor Selbstbeschädigungen"; krit. *Pietzcker* AöR 132 (2007), 393 (425); *Meyer* NVwZ 2003, 818 (820 f.); *v. Mutius/Groth* NJW 2003, 1278 (1282 ff.); zu gesetzlichen Haftungsausschlüssen *Voigt* LKV 2017, 398; nunmehr auch *Wieland* in Dreier Rn. 45.

[270] BGHZ 198, 374, 378: keine Sperrwirkung durch Art. 104a Abs. 5 S. 1 GG.

[271] *Wieland* in Dreier Rn. 52; *Detterbeck* in Sachs Rn. 45.

gem Verhalten und der daraus resultierenden Vermögenslage (Äquivalenz) ermittelt, andererseits durch das Zurechnungskriterium der Adäquanz begrenzt.[272]

Der **hypothetische Kausalverlauf** wirft vor allem bei fehlerhaften Ermessensentscheidungen Probleme auf. Wegen des behördlichen Entscheidungsspielraums ist zu prognostizieren, wie der Amtswalter bei fehlerfreier Ermessensausübung tatsächlich entschieden hätte. Dem beweispflichtigen Verletzten müssen insoweit die Erleichterungen des § 287 ZPO zugutekommen.[273] Eine darüber hinausgehende Beweislastumkehr zugunsten des Geschädigten wird bei einer grob fahrlässigen Verletzung von Berufs- und Organisationspflichten praktiziert.[274] Als Frage des Zurechnungszusammenhangs gilt hingegen der Einwand rechtmäßigen Alternativverhaltens,[275] der vor allem bei verfahrensfehlerhaften Amtshandlungen Bedeutung erlangt. Hier ist maßgeblich, ob die zur Verletzung führende Handlung auch bei Vermeidung des Fehlers hätte vorgenommen werden müssen.[276] **66**

Die Verantwortlichkeit des Staates gebietet für die Bestimmung des **Schadens** die Berücksichtigung aller materiellen wie immateriellen Schäden, die auf der Amtspflichtverletzung beruhen.[277] Eine **Beschränkung auf Schadensersatz in Geld** ist im Wortlaut von Art. 34 nicht angelegt, folgt aber nach stRspr aus der Konstruktion der Übernahme der persönlichen Haftung des Amtswalters, der als Privatperson eine Amtshandlung als Form der Naturalrestitution nicht erbringen könne.[278] Haftungslücken werden ggf. durch den Folgenbeseitigungsanspruch geschlossen. **67**

V. „Grundsätzlich": Haftungsbeschränkungen und -ausschlüsse

Art. 34 sieht die „grundsätzliche" Verantwortlichkeit des Staates vor. Die aus Art. 131 WRV übernommene Qualifizierung gestattet dem zuständigen Gesetzgeber Regelungen, die den Umfang der **Haftungsübernahme** erweitern oder einschränken.[279] Hiervon sind die Modifizierungen zu unterscheiden, die im **Haftungstatbestand** des § 839 BGB für die persönliche Beamtenhaftung enthalten sind. Da die Haftungsübernahme regelmäßig an die Haftung nach § 839 BGB anknüpft, müssen sich auch die dort normierten Haftungsqualifizierungen, -beschränkungen und -ausschlüsse an der verfassungsrechtlich gewährten Mindestgarantie messen lassen.[280] Im Vorfeld der institutionellen Gewährleistung liegt die Bestimmung drittgerichteter Amtspflichten. Da Art. 34 den Drittbezug von Amtspflichten voraussetzt, ist der Gesetzgeber – im Rahmen der verfassungsmäßigen Ordnung, maßgeblich der Grundrechte – frei, die Schutzzwecke von Rechtsvorschriften zu bestimmen. **68**

---

[272] Zur Äquivalenzformel BGHZ 96, 157 (171); 146, 122 (128); zur Adäquanztheorie BGH NJW 1986, 1329 (1331).

[273] BGHZ 129, 226 (233 f.) zur Konstellation eines amtspflichtwidrigen beamtenrechtlichen Auswahlverfahrens.

[274] BGHZ 215, 44 Rn. 24; 217, 50 Rn. 24; zur Begrenzung der Beweislastumkehr auf Hauptpflichten BGH NJW 2019, 1809 Rn. 21 ff. – Sportlehrer als Ersthelfer.

[275] BGHZ 96, 157 (172 ff.).

[276] BGHZ 36, 144 (154); BGH NJW 1983, 2241 (2242).

[277] *Detterbeck* in Sachs Rn. 54; *Wieland* in Dreier Rn. 52; *Ossenbühl/Cornils,* Staatshaftungsrecht, 2013, 73.

[278] BGHZ 34, 99 (105 f.); 121, 367 (374).

[279] BVerfGE 61, 149 (199).

[280] *Pfab,* Staatshaftung in Deutschland, 1997, 86 f.

Das gesetzgeberische Ziel, eine amtshaftungsfreundliche Judikatur zu korrigieren, ist kein Formenmissbrauch.[281]

69 Art. 34 S. 1 nimmt im Wortlaut das **Verschuldenserfordernis** des § 839 BGB nicht auf und auch Art. 34 S. 2 setzt dies nicht voraus. Dem einfachen Gesetzgeber stünde es frei, die Amtshaftung verschuldensunabhängig auszugestalten,[282] wie dies etwa für den infolge Geistesgestörtheit nicht verschuldensfähigen (Bundes-)Beamten (§ 827 BGB) in § 1 Abs. 2 RBHG normiert ist und im Anwendungsbereich des StHG-DDR gilt. Der Garantiegehalt von Art. 34 S. 1 gebietet allerdings nicht mehr als eine verschuldensabhängige Haftung.[283] Auch wenn die Gewährleistung des Art. 34 S. 1 GG umfassender verstanden werden sollte,[284] ist in Rechnung zu stellen, dass die zivilrechtliche Judikatur mit dem Sorgfaltsmaßstab des pflichtgetreuen Durchschnittsbeamten das Verschulden iSv § 276 Abs. 1 BGB objektiviert[285] und zudem mit dem Verzicht auf die Individualisierung des konkreten Amtswalters eine Berücksichtigung des Organisationsverschuldens anerkannt hat (→ Rn. 29). Zudem hat die Judikatur bislang der Übertragung von Haftungsbeschränkungen nach anderen Schuldverhältnissen widerstanden.[286] Die sog. Kollegialgerichtsrichtlinie, die vom Amtswalter kein höheres Maß an rechtlicher Klugheit als von einem rechtskundig besetzten Kollegialspruchkörper verlangt, kann den Schädiger nur entlasten, wenn die gerichtliche Entscheidung ihrerseits rechtlich vertretbar ist.[287]

70 Weitaus problematischer ist das **Verweisungsprivileg** nach § 839 Abs. 1 S. 2 BGB im Falle fahrlässiger Amtspflichtverletzung, das seine ursprüngliche *ratio* unter der Geltung von Art. 34 S. 1 weitgehend verloren hat. Aus Gründen haftungsrechtlicher Gleichbehandlung wird von der Rspr. die Anwendung der Subsidiaritätsklausel bei Dienstfahrten ohne die Inanspruchnahme von Sonderrechten und bei der Verletzung von Verkehrssicherungspflichten ausgeschlossen,[288] zudem der Verweisungskreislauf auf andere Hoheitsträger unterbunden.[289] Als anderweitige Ersatzmöglichkeit gelten zudem nicht Versicherungsansprüche, die auf eigener Leistung des Geschädigten beruhen und nicht dazu bestimmt sind, von einem Dritten begangene unerlaubte Handlungen auszugleichen.[290] Die sukzessiven Einschränkungen bleiben unsystematisches Stückwerk.[291] Eine am Mindestgarantiegehalt des Art. 34 S. 1 und den legitimen Schutzzwecken des Verweisungsprivilegs orientierte Auslegung muss den Anwendungsbereich auf die Konstellationen

---

[281] Zur Einführung von § 6 Abs. 3 KWG/§ 4 Abs. 4 FinDAG BGHZ 162, 49 (62 f.); *Schenke/Ruthig* NJW 1994, 2324 (2326); *v. Danwitz* in MKS Rn. 79; aA *Papier* in Maunz/Dürig Rn. 190.

[282] *Wieland* in Dreier Rn. 53; *Detterbeck* in Sachs Rn. 50; aA *v. Danwitz* in MKS Rn. 95.

[283] BVerfGK NVwZ 1998, 271 (272).

[284] Tendenziell *Wieland* in Dreier Rn. 53.

[285] BGHZ 117, 240 (250); 161, 305 (309); zu den Anforderungen an Fachbehörden BGHZ 134, 268 (274 f.); 150, 172 (181); an Gemeinderatsmitglieder sind keine minderen Sorgfaltsanforderungen zu stellen, BGHZ 106, 323 (330).

[286] Für professionelle Nothelfer wie Polizei und Feuerwehr gilt nicht in Analogie zu § 680 BGB eine Beschränkung auf Vorsatz und grobe Fahrlässigkeit, BGHZ 219, 77 Rn. 46 ff., ebenso wenig für Sportlehrer als Ersthelfer, BGH NJW 2019, 1809 Rn. 28 ff.

[287] BGHZ 117, 240 (250); BGH NJW 2019, 68 Rn. 24.

[288] Dienstfahrten: BGHZ 68, 217 (220 f.); 123, 102 (104); Verkehrssicherungspflichten BGHZ 75, 134; 118, 368 (371 ff.).

[289] BGHZ 13, 88 (101 ff.); 62, 394 (397 ff.); sa 152, 380 (387).

[290] Zusf. BGHZ 91, 48 (54), aus jüngerer Zeit BGH NVwZ 2018, 2256 Rn. 22.

[291] *Hartmann*, Öffentliches Haftungsrecht, 2013, 158 ff.

beschränken – aber dort auch erhalten –, in denen eine staatliche Haftungsübernahme ausscheidet.[292]

71 Das **Richterspruchprivileg** nach § 839 Abs. 2 S. 1 BGB dient der Wahrung des Rechtsfriedens und der Rechtssicherheit und ist insoweit durch Art. 20 gerechtfertigt.[293] Wenn die jüngere Rspr. das Privileg auf Entscheidungen und Maßnahmen ausdehnt, die materieller Rechtskraft nicht fähig sind,[294] und darüber hinaus auch für judizielle Handlungen jenseits von § 839 Abs. 2 S. 1 BGB die Haftung begrenzt,[295] entbehrt dies der inneren Rechtfertigung vor der Mindestgarantie des Art. 34 S. 1. Der Schutz der richterlichen Unabhängigkeit kann einen Haftungsausschluss jedenfalls nicht rechtfertigen.[296]

72 Der Haftungsausschluss wegen vorwerfbarer **Rechtsmittelversäumnis** nach § 839 Abs. 3 BGB ist einfachgesetzlicher Ausdruck des Vorrangs des Primärrechtsschutzes (Art. 19 Abs. 4) und mit dem durch Art. 34 etablierten System eines Sekundärrechtsschutzes vereinbar.[297] Nach der *ratio* können aber entgegen der höchstrichterlichen Rechtsprechung[298] nur förmliche Rechtsbehelfe als vorrangige Rechtsmittel angesehen werden.[299] Insbesondere grundrechtliche Erwägungen gebieten zudem, der Versäumung nur solcher Rechtsbehelfe haftungsausschließende Wirkung beizumessen, die für den Geschädigten zumutbar waren.[300] Grundrechtskonformer Auslegung bedarf ebenfalls die Schadensminderungspflicht unter dem Gesichtspunkt des **Mitverschuldens** nach § 254 BGB.[301]

73 Die nur „grundsätzliche" Haftungsübernahme des Staates gestattet Begrenzungen oder Ausschlüsse der Amtshaftung auf **formell-gesetzlicher Grundlage.** Regelungen durch Satzung werden dem Gesetzesvorbehalt nicht gerecht.[302] Materiell ist in Ansehung des Rechtsstaatsprinzips und in Anbetracht des Ausnahmecharakters eine sachliche Rechtfertigung und eine enge Auslegung geboten.[303] Denn die mit dem Ausschluss der Überleitung verbundene persönliche Haftung des Beamten darf einerseits nicht zu willkürlichen Differenzierungen innerhalb der Amtswalterschaft führen und andererseits nicht dem Geschädigten einen solventen Schuldner vorenthalten.

---

292 Ähnlich *Papier* in Maunz/Dürig Rn. 252; *Ossenbühl/Cornils,* Staatshaftungrecht, 2013, 88 ff.; *Steinberg/Lubberger,* Aufopferung – Enteignung und Staatshaftung, 1991, 312; frühzeitig *Bettermann* DÖV 1954, 299 (304).

293 BGHZ 50, 14 (19 f.); BGH NJW 2003, 3693 (3695 f.); *Merten* FS f. Wengler Bd. II, 1973, 519 (524 f.).

294 BGHZ 161, 298 (301 ff.) mit zust. Anm. *Schenke* JZ 2005, 681 ff.; *Meyer* NJW 2005, 864; BGHZ 187, 286 Rn. 11 ff. mit krit. Anm. *Zuck* JZ 2011, 476; *Shirvani* DV 50 (2017), 571 (595).

295 Nur Vertretbarkeitskontrolle: BGHZ 187, 286 Rn. 14; 213, 200 Rn. 14; BGH NJW 2019, 227 Rn. 17; krit. *Breuer,* Staatshaftung für juriskatives Unrecht, 2011, 243 ff.; *Ziehm* NJW 2017, 1276 (1277 f.).

296 *Ziehm* NJW 2017, 1276 (1278); aA BGHZ 187, 286 Rn. 11 ff.; offengelassen von BVerfGK NJW 2013, 3630 Rn. 35.

297 BGHZ 98, 85 (91); 113, 17 (22).

298 BGH NJW 1986, 1924; 197, 375 Rn. 18: Gegenvorstellungen, Beschwerden und Dienstaufsichtsbeschwerden als Rechtsmittel.

299 *Schoch* Jura 1988, 648 (650); *Axer* DVBl. 2001, 1322 (1331); *Jarass* in Jarass/Pieroth Rn. 24; *Papier* in Maunz/Dürig Rn. 270; *v. Danwitz* in MKS Rn. 104.

300 Zur Unzumutbarkeit bei Mobbing BGH NJW 2002, 3172 (3173); bei ehrverletzenden Sektenwarnungen BGH NJW 2003, 1308 (1312 f.).

301 BVerfGK NJW 2003, 125; BGH NJW 2007, 1063.

302 BVerfGE 61, 149 (199 f.); BGHZ 61, 7 (14 f.); 217, 51 Rn. 34; *Ossenbühl/Cornils,* Staatshaftungsrecht, 2013, 97.

303 BGHZ 162, 49 (62); 99, 62 (64); 62, 372 (377 f.).

Für **Gebührenbeamte** sehen das Bundesrecht (§ 5 Nr. 1 RBHG, § 19 Abs. 1 S. 4 BNotO, § 12a SchfHwG) und das Landesrecht[304] den Ausschluss der Haftungsüberleitung vor. Er ist sachlich gerechtfertigt, soweit wie etwa nach § 19a BNotO der Abschluss einer Haftpflichtversicherung Bestellungsvoraussetzung ist und dem Geschädigten dadurch ein solventer Schuldner erhalten bleibt.[305] Amtspflichtverletzungen von Bundesbeamten gegenüber **Ausländern** ohne ständigen Aufenthalt in Deutschland sind nach § 7 Abs. 1 RBHG nunmehr nur noch von der Staatshaftung ausgenommen, wenn dies im Falle fehlender Gegenseitigkeit durch Rechtsverordnung bestimmt ist. Da von dieser Ermächtigung kein Gebrauch gemacht wurde und auch landesrechtliche Ausschlussregelungen inzwischen aufgehoben wurden, haben sich allfällige verfassungsrechtliche Bedenken erledigt.[306]

VI. Haftende Körperschaft

74 Die Haftung wird auf die Stelle oder Körperschaft übergeleitet, in deren Diensten der handelnde Amtswalter steht. Das ist nach stRspr die Körperschaft, die dem Amtsträger das Amt anvertraut hat, die also dem Amtsträger die Aufgabe, bei deren Wahrnehmung die Amtspflichtverletzung geschah, übertragen hat.[307] Dies ist im Regelfall bei **Beamten** im statusrechtlichen Sinne und sonstigen **Angehörigen des öffentlichen Dienstes** die **Anstellungskörperschaft.** Allerdings trifft bei rechtswidrigen Weisungen die Haftung nicht die Körperschaft des die Weisung ausführenden Amtsträgers, sondern diejenige der anweisenden Stelle (→ Rn. 45).[308] Zudem sind im Kommunalrecht vielfach Haftungsverlagerungen auf das Land vorgesehen, wenn der kommunale Amtsträger (Landrat, Kreisverwaltung) als untere Behörde der Landesverwaltung Amtspflichten verletzt hat.[309]

75 Ist wie insbes. beim Handeln **Beliehener** oder von **Verwaltungshelfern** ein Dienstherr nicht vorhanden, so ist maßgeblich, welche Körperschaft dem Amtsträger die **konkrete Aufgabe anvertraut** hat.[310] Nicht erforderlich ist, dass die Körperschaft Dienstherrenfähigkeit iSv § 2 BBG, § 121 BRRG besitzt. Haftende Körperschaften können deshalb auch Architektenkammern oder kassenärztliche Vereinigungen sein.[311] Passivlegitimiert ist nur eine Körperschaft des öffentlichen Rechts. Deshalb haftet für die beliehenen Sach-

[304] § 1 Abs. 3 Preuß. Beamtenhaftungsgesetz v. 1.8.1909 gilt als Landesrecht in den ehemals preußischen Gebieten fort; zur analogen Anwendung auf Vermessungsingenieure im Freistaat Sachsen OLG Dresden LKV 2007, 191 (192).

[305] Zu diesem Zusammenhang auch OLG Dresden LKV 2007, 191 (192); problematisch deshalb der Überleitungsausschluss für Bezirksschornsteinfeger nach § 12a SchfHwG; dazu BT-Drucks. 18/12493, 44 ff.

[306] Das BVerfG hatte auch § 7 RBHG aF als verfassungskonform erachtet, BVerfG NVwZ 1983, 89; BVerfGK NVwZ 1991, 661; sa BVerfG NJW 2006, 2542 Rn. 24 – Distomo.

[307] BGHZ 99, 326 (330); 143, 18 (26); 150, 172 (179); 160, 216 (228).

[308] BGH NJW 1977, 713; BGHZ 205, 63 Rn. 18; NVwZ 2020, 90 Rn. 23; krit. *Ossenbühl/Cornils,* Staatshaftungsrecht, 2013, 59.

[309] § 111 Abs. 2 Thüringer Kommunalordnung (KO), dazu BGH LKV 2007, 288; § 55 Abs. 6 LKO RhPf., dazu BGHZ 170, 99; §§ 53 Abs. 2, 56 Abs. 2 BWKrO, s. BGH NVwZ-RR 2008, 672; Art. 35 Abs. 3 BayLKrO, s. BGH NVwZ 2013, 454; zur Maßgeblichkeit der Anstellungskörperschaft bei Handeln im staatlichen Wirkungskreis BGHZ 11, 192 (196); 99, 326 (332); krit. *v. Mutius/Groth* NJW 2003, 1278 (1283 f.).

[310] BGH NVwZ 1992, 298; NVwZ 2013, 454 Rn. 16; zur haftungsrechtlichen Zurechnung bei Organleihe BGHZ 161, 224 (231 f.); BGH NVwZ 2006, 1084.

[311] BGHZ 81, 21 (25); 150, 172 (179 f.): kassenärztliche Vereinigung; BGH NVwZ 1992, 298 (299): Architektenkammer; BGHZ 160, 216 (228 ff.): Rettungszweckverband.

verständigen des TÜV nicht dieser selbst, sondern das Land, das ihm die amtliche Anerkennung als Sachverständiger erteilt hat.[312] In den – seltenen – Fällen einer gemeinschaftlichen Verursachung ist eine **gesamtschuldnerische Haftung** der beteiligten Körperschaften möglich.[313]

VII. Rückgriff im Innenverhältnis (Art. 34 S. 2)

Der nur für vorsätzliche und grob fahrlässige Amtspflichtverletzungen „vorbehaltene" Innenregress bedarf normativer **Regelung,** die sich in § 48 BeamtStG, § 75 BBG und wortgleich in den Landesbeamtengesetzen findet, im Übrigen in Tarifverträgen, ggf. auch in Individualverträgen.[314] Die Beschränkung des Rückgriffs setzt die Außenhaftung der Körperschaft nach Art. 34 S. 1 voraus und ist deshalb bei privatrechtlichem Handeln des Amtswalters nicht verfassungsrechtlich geboten.[315] Soweit aber versicherungsvertraglich ein Regress des Haftpflichtversicherers nur bei vorsätzlichem Handeln Platz greift, kommt dies auch dem Amtswalter bei hoheitlichen Dienstfahrten mit Unfallfolgen im Umfang der Mindestversicherungssummen zugute.[316] Darüber hinaus kann die **Fürsorgepflicht** des Dienstherrn gebieten, in besonderen Härtefällen von einem Regress abzusehen.[317] Da Fürsorgepflichten gegenüber „selbständigen" Verwaltungshelfern wie insbes. beauftragten Unternehmen (→ Rn. 35) nicht bestehen, ist die Regressbeschränkung des Art. 34 S. 2 ihnen gegenüber nicht anzuwenden. Ihre Haftung gegenüber der Körperschaft ergibt sich vielmehr aus dem der Verwaltungshilfe zugrunde liegenden Vertrag.[318] 76

VIII. Rechtsweg (Art. 34 S. 3)

Für Amtshaftungsklagen und Innenregressansprüche darf nach Art. 34 S. 3 der Rechtsweg zu den ordentlichen Gerichten nicht ausgeschlossen werden. Die verfassungsrechtliche Gewährleistung wird durch § 40 Abs. 2 S. 1 VwGO umgesetzt. Die Landgerichte sind in erster Instanz sachlich zuständig (§ 71 Abs. 2 Nr. 2 GVG). Die nur entstehungsgeschichtlich erklärbare Zuweisung an die ordentlichen Gerichte ist nach nahezu einhelliger Auffassung **rechtspolitisch verfehlt,** da sie wegen des Vorrangs des Primärrechtsschutzes zu einem zweispurigen Rechtsschutz führt.[319] Die in § 40 Abs. 2 S. 1 VwGO getroffene Rechtswegabgrenzung hat überdies wegen § 17 Abs. 2 S. 2 GVG weitere Rechtswegspaltungen insbes. im Zusammenhang mit Amtspflichtverletzungen beim öffentlich-rechtlichen Vertragshandeln nicht verhindern können.[320] Die Zuweisung ist ferner fragwürdig, wenn – wie dies 77

---

[312] BGHZ 49, 108 (115); BGH NVwZ-RR 2003, 543 (544).

[313] BGHZ 118, 263 (267); 134, 316 (323).

[314] *Jarass* in Jarass/Pieroth Rn. 31; *Ossenbühl/Cornils,* Staatshaftungsrecht, 2013, 119 f.; Übersicht bei *Wöstmann* in Staudinger BGB § 839 Rn. 388.

[315] § 75 BBG erstreckt die Rückgriffsbeschränkung auf den privatrechtlichen Bereich.

[316] BGHZ 96, 50 (57 ff.); 124, 15 (19).

[317] BGHZ 124, 15 (23 ff.).

[318] *Stelkens* JZ 2004, 656 (660 f.); ihm folgend BGHZ 161, 6 (13 ff.); zum Regressanspruch gegenüber dem TÜV bei Fehlverhalten seiner Sachverständigen s. § 10 Abs. 4 KfSachvG; sa BGHZ 122, 85 (88 f.).

[319] *Wieland* in Dreier Rn. 63; *Jarass* in Jarass/Pieroth Rn. 30; *Höfling* VVDStRL 61 (2002), 260 (285 f.); *Schoch* DV 34 (2001), 261 (272 f.); *Hartmann,* Öffentliches Haftungsrecht, 2013, 178 ff.

[320] BVerwG DVBl. 2002, 1555; BGH NJW 1986, 1109: Ansprüche aus öffentlich-rechtlicher cic sind bei Sachzusammenhang mit Amtshaftungsansprüchen vor den Zivilgerichten

die Judikatur anerkennt (→ Rn. 63) – Amtshaftungsansprüche von öffentlich-rechtlichen Körperschaften geltend gemacht werden.

78 Die Doppelspurigkeit des Rechtsschutzes lässt die Frage der **Vorfragenkompetenz** und der **Bindung** der Zivilgerichte virulent werden. Die Zivilgerichte sind bei der Überprüfung einer Amtspflichtverletzung im Umfang des gerichtlichen Entscheidungstenors an eine rechtskräftige (verwaltungs-)gerichtliche Rechtswidrigkeitsfeststellung gebunden.[321] Keine Bindungswirkung entfalten Eilentscheidungen nach § 80 Abs. 5 VwGO, und zwar auch nicht hinsichtlich der Feststellung der Rechtswidrigkeit der behördlichen Anordnung sofortiger Vollziehung. Hiergegen spricht bereits ihre jederzeitige gerichtliche Abänderbarkeit (§ 80 Abs. 7 VwGO).[322] Sowohl die Unterschiedlichkeit gerichtlicher und behördlicher Verfahren als insbes. auch die Erhaltung eines eigenständigen Anwendungsspielraums für § 839 Abs. 3 BGB gebieten, bestandskräftigen Verwaltungsakten hinsichtlich der Feststellungen zur Rechtmäßigkeit keine Bindungswirkung beizulegen.[323]

C. Verhältnis zu anderen Bestimmungen des Grundgesetzes

79 Die staatliche Übernahme der Haftung für rechtswidrige Schädigungen durch Amtsträger ergänzt den durch Art. 19 Abs. 4 gewährleisteten primären Rechtsschutz und ist **Ausprägung des Rechtsstaatsprinzips,** das eine staatliche Einstandspflicht für die Folgen rechtswidrigen Handelns verlangt.[324] Sowohl Entstehungsgeschichte als auch Regelungssystematik erweisen, dass Art. 34 **weder Grundrecht noch grundrechtsgleiches Recht** ist.[325] Allerdings steht Art. 34 nicht unverbunden neben den Grundrechten, da diese Anforderungen an die Gewährleistung eines sekundären Rechtsschutzes als Verletzungsreaktion stellen.[326]

D. Kritische Würdigung

I. Reformbedarf

80 Das Staatshaftungsrecht gilt als Materie, in der „rechtsästhetische Schmerzgrenzen längst überschritten sind".[327] Die **Defizite** liegen im Geburtsfehler einer nur mittelbaren Staatshaftung begründet, die gleichsam als „Negativabdruck"[328] die richterrechtlich entwickelten Institute des Entschädigungsanspruchs wegen enteignungsgleichen Eingriffs und des Folgenbeseitigungs-

---

geltend zu machen; krit. *Gurlit* in Ehlers/Pünder Allgemeines Verwaltungsrecht, § 33 Rn. 4 mwN.

[321] BGHZ 9, 129 (132); 134, 268 (273); 161, 33.

[322] BGH NVwZ 2001, 352 (353 f.).

[323] BGHZ 90, 17 (23) für abgelehnte begünstigende, BGHZ 113, 17 (20 ff.) für belastende Verwaltungsakte; sa BGHZ 9, 129 (132); 127, 223 (225); 178, 50 (55); aA *Pietzcker* AöR 132 (2007), 393 (468 f.).

[324] *Detterbeck* in Sachs Rn. 5; *Wieland* in Dreier Rn. 30; *v. Danwitz* in MKS Rn. 40 ff.

[325] BVerfGE 2, 336 (338 f.); *Pfab,* Staatshaftung in Deutschland, 1997, 52 ff.

[326] Insbes. *Grzeszick,* Rechte und Ansprüche, 2002, 186 ff.; sa *Höfling* VVDStRL 61 (2002), 260 (272 ff.).

[327] So drastisch *Höfling* VVDStRL 61 (2002), 260 (264); umfassende Aufarbeitung der Defizite bei *Hartmann,* Öffentliches Haftungsrecht, 2013, 156 ff.

[328] *v. Danwitz* in MKS Rn. 28.

anspruchs hervorgebracht hat. Das Staatshaftungsrecht ist einerseits durch eine herausragende Bedeutung des Richterrechts gekennzeichnet,[329] andererseits durch fehlende Kohärenz. Die Unübersichtlichkeit hat sich durch die modifizierte Fortgeltung des StHG-DDR noch erhöht.

Die Fehlkonstruktion einer nur mittelbaren Staatsunrechtshaftung hat nicht 81
nur zur Entwicklung zahlreicher richterrechtlicher Institute geführt, sondern ist auch **Ursache dogmatischer Brüche** und **wenig überzeugender Behelfskonstruktionen.** Zu nennen sind ua das Ringen um den funktionalen Amtswalterbegriff (→ Rn. 32 ff.), der Ausschluss verwaltungsprivatrechtlichen Handelns (→ Rn. 40) und die Exemtion des legislativen Unrechts von der Amtshaftung (→ Rn. 60 ff.). Schließlich erzeugt der Staatshaftungsanspruch kraft Unionsrechts (→ Rn. 12 ff.) einen Veränderungsdruck auch außerhalb seines eigentlichen Anwendungsbereichs, da er die wesentlichen Restriktionen des Amtshaftungsrechts vermeidet.[330]

II. Reformoptionen

Wenn auch der Reformbedarf einhellig anerkannt ist, so scheiden sich die 82
Geister über die Wege zu seiner Befriedigung. Die maßgeblich auf Anstöße des 47. DJT im Jahr 1968 zurückgehenden Arbeiten an einem **Staatshaftungsgesetz** führten über den ambitionierten Entwurf einer unabhängigen Kommission aus dem Jahr 1973 und einen Regierungsentwurf von 1978 erst im Jahr 1981 zur Verabschiedung eines Staatshaftungsgesetzes ohne eine begleitende Grundgesetzänderung.[331] Das Gesetz normierte ua eine verschuldensunabhängige Haftung für rechtswidrige Grundrechtseingriffe (§ 2 Abs. 2 StHG), eine Haftung für das Versagen technischer Einrichtungen (§ 1 Abs. 2 StHG), den Folgenbeseitigungsanspruch (§ 3 StHG) und wollte die Haftung für legislatives Unrecht einer gesetzlichen Regelung vorbehalten (§ 5 Abs. 2 StHG). Das lang erwartete Gesetz löste ein reges, durchaus auch kritisches Echo aus.[332] Nachdem aber das BVerfG auf Antrag mehrerer Länder durch Urteil v. 19.10.1982 die Nichtigkeit des Gesetzes festgestellt hatte, da ein System unmittelbarer Staatshaftung nicht der konkurrierenden Kompetenz des Bundes für das Bürgerliche Recht iSv Art. 74 Nr. 1 GG aF unterfalle,[333] war der Reformeifer auf Bundesebene erlahmt.

Indes steht dem Bund seit 1994[334] mit Art. 74 Abs. 1 Nr. 25 und Abs. 2 83
eine klare Kompetenzgrundlage für die Regelung der Staatshaftung zur Verfügung. Allerdings hat auch das übergeleitete Staatshaftungsrecht der DDR, mit dem sich Hoffnungen auf eine Wiederbelebung reformerischer Anstrengungen verbanden,[335] den gewünschten Modernisierungsschub nicht auslösen

[329] *Ossenbühl* DVBl. 1994, 977; *v. Danwitz* in MKS Rn. 24 ff.

[330] Monographisch *Hartmann,* Öffentliches Haftungsrecht, 2013, 216 ff.; *Schoch* DV 34 (2001), 261 (275 ff.); *Pfab,* Staatshaftung in Deutschland, 1997, 151 ff.

[331] BGBl. I 553; s. zuvor Verhandlungen des 47. DJT, Bd. II, Sitzungsberichte, L 145; Bundesminister der Justiz und des Innern, Kommissionsbericht zur Reform des Staatshaftungsrechts, 1973; BT-Drs. 9/25; zur windungsreichen Gesetzgebungsgeschichte ausf. *Ossenbühl/Cornils,* Staatshaftungsrecht, 2013, 736 ff.

[332] Monographisch zB *Schäfer/Bonk,* Staatshaftungsgesetz, 1982; *Bender,* Staatshaftungsrecht, 3. Aufl. 1981; *Jacobs,* Staatshaftungsrecht, 1982; sa *Papier* NJW 1981, 2321; *Rüfner* AöR 106 (1981), 548.

[333] BVerfGE 61, 149.

[334] 42. G zur Änderung des GG v. 27.10.1994, BGBl. I 3146.

[335] BT-Drs. 11/7817; sa Bericht der Gemeinsamen Verfassungskommission, BT-Drs. 12/6000, 116.

können. Die anhaltende Untätigkeit des Gesetzgebers wird inzwischen vielfach als „Unfähigkeit" wahrgenommen, die ein umfassendes **richterliches Mandat zur Entwicklung eines gesetzesvertretenden Staatshaftungsrechts** begründe.[336] Integrierende Kraft wird dabei den Ansätzen zugeschrieben, die Voraussetzungen und Umfang der Staatshaftung aus dem abwehrrechtlichen Gehalt der Grundrechte (re-)konstruieren.[337] Indes ist die Herleitung umfassender Verletzungsreaktionsansprüche aus den Grundrechten voraussetzungsreich: Sie müsste etwa die „Dekonstitutionalisierung" des Entschädigungsanspruchs wegen enteignungsgleichen Eingriffs rückgängig machen.[338] Zudem ist umstritten, ob eine richterliche Kompetenz zur Schaffung einer Grundrechtshaftung unter Einschluss von Ersatz- und Entschädigungsansprüchen besteht.[339] Schließlich stimmen diese Überlegungen skeptisch, weil sie auf ein konstruktives Zusammenwirken von Zivil- und Verwaltungsgerichtsbarkeit setzen, das nicht vornehmlich an der Wahrung jurisdiktioneller Besitzstände orientiert ist.[340] Die Etablierung eines abgestimmten und konsistenten Staatshaftungsrechts bleibt deshalb vorrangige **Aufgabe des Gesetzgebers.**

Literatur

P. Baumeister/J. Ruthig, Staatshaftung wegen Vollzugs nichtiger Normen, JZ 1999, 117. – ***S. Beljin,*** Staatshaftung im Europarecht, 2000. – ***B. Bender,*** Staatshaftungsrecht, 1974. – ***M. Böhm,*** Voraussetzungen einer Staatshaftung bei Verstößen gegen primäres Gemeinschaftsrecht, JZ 1997, 53. – ***K. Boujong,*** Staatshaftung für legislatives und normatives Unrecht in der neueren Rechtsprechung des Bundesgerichtshofs, FS f. Geiger, 1989, 430. – ***M. Breuer,*** Staatshaftung für judikatives Unrecht, 2011. – ***M. Cornils,*** Der gemeinschaftsrechtliche Staatshaftungsanspruch, 1995. – ***S. Detterbeck,*** Haftung der Europäischen Gemeinschaft und gemeinschaftsrechtlicher Staatshaftungsanspruch, AöR 125 (2000), 202. – ***R. Fetzer,*** Die Haftung des Staates für legislatives Unrecht, 1993. – ***J. Geiger,*** Der gemeinschaftsrechtliche Grundsatz der Staatshaftung, 1997. – ***B. Grzeszick,*** Rechte und Ansprüche, 2002. – ***B. Hartmann,*** Öffentliches Haftungsrecht, 2013. – ***G. Haverkate,*** Amtshaftung bei legislativem Unrecht und die Grundrechtsbindung des Gesetzgebers, NJW 1973, 441. – ***M. Heidenhain,*** Amtshaftung und Entschädigung aus enteignungsgleichem Eingriff, 1965. – ***Ch. Henrichs,*** Haftung der EG-Mitgliedstaaten für Verletzung von Gemeinschaftsrecht, 1995. – ***G. Hermes,*** Der Grundsatz der Staatshaftung für Gemeinschaftsrechtsverletzungen, DV 31 (1998), 371. – ***W. Höfling,*** Primär- und Sekundärrechtsschutz im Öffentlichen Recht, VVDStRL 61 (2002), 260. – ***W. Höfling,*** Vom überkommenen Staatshaftungsrecht zum Recht der staatlichen Einstandspflichten, in Hoffmann-Riem/Schmidt-Aßmann/Voßkuhle (Hrsg.), Grundlagen des Verwaltungsrechts, Bd. III, 2. Aufl. 2013, § 51. – ***J. Kohl,*** Die Lehre von der Unrechtsunfähigkeit des Staates, 1977. – ***A. v. Komorowski,*** Amtshaftungsansprüche von Gemeinden gegen andere Verwaltungsträger, VerwArch 93 (2002), 62. – ***B. Kümper,*** Amtshaftungsrechtlicher Vertrauensschutz, VerwArch 104 (2013), 104. – ***N. Luhmann,*** Öffentlich-rechtliche

[336] *Schoch* DV 34 (2001), 261 (287); *Höfling* VVDStRL 61 (2002), 260 (281 f.); *Grzeszick,* Rechte und Ansprüche, 2002, 403 ff.; sa *Ossenbühl* DVBl. 1994, 977 (979).

[337] *Höfling* VVDStRL 61 (2002), 260 (269 ff.); *Höfling* GVwR Bd. III, 2013, § 51 Rn. 83 ff.; *Grzeszick,* Rechte und Ansprüche, 2002, 218 ff., 340 ff.; skeptisch *Gromitsaris* DÖV 2006, 288 (292 ff.).

[338] Dies konzedieren *Grzeszick,* Rechte und Ansprüche, 2002, 398 f. und *Höfling* VVDStRL 61 (2002), 260 (276).

[339] Verneinend BVerfGK NVwZ 1998, 271; modifizierend *v. Danwitz* in MKS Rn. 25 f.

[340] Instruktiv der Streit um die Zuständigkeit für Ausgleichsansprüche nach Art. 14 Abs. 1 S. 2, s. BVerwGE 94, 1 einerseits, BGHZ 128, 204 andererseits; nunmehr § 40 Abs. 2 S. 1 letzter Hs. VwGO; zur Zuordnung grundrechtlicher Haftungsansprüche an die Verwaltungsgerichte *Grzeszick,* Rechte und Ansprüche, 2002, 433 ff.

Entschädigung rechtspolitisch betrachtet, 1965. – ***M. Nettesheim,*** Gemeinschaftsrechtliche Vorgaben für das deutsche Staatshaftungsrecht, DÖV 1992, 999. – ***M. Oldiges,*** Die Staatshaftung bei legislativem Unrecht, Der Staat 15 (1976), 381. – ***F. Ossenbühl/M. Cornils,*** Staatshaftungsrecht, 6. Aufl. 2013. – ***S. Pfab,*** Staatshaftung in Deutschland, 1997. – ***J. Pietzcker,*** Rechtsprechungsbericht zur Staatshaftung, AöR 132 (2007), 393. – ***W.-R. Schenke,*** Die Haftung des Staates bei normativem Unrecht, DVBl. 1975, 121. – ***D. Scheuing,*** Haftung für Gesetze, FS f. Bachof, 1984, 343. – ***F. Schoch,*** Die Amtshaftung, Jura 1988, 585 (Teil I), Jura 1988, 648 (Teil II). – ***F. Schoch,*** Effektuierung des Sekundärrechtsschutzes, DV 34 (2001), 261. – ***F. Schoch,*** Europäisierung des Staatshaftungsrechts, FS f. Maurer, 2001, 759. – ***F. Shirvani,*** Amtshaftung und Wirtschaftsüberwachung durch Private, DV 47 (2014), 57. – ***F. Shirvani,*** Staatshaftungsrecht, Bericht über den Amtshaftungsanspruch in den Jahren 2007 bis 2017, DV 50 (2017), 571; – ***R. Steinberg/A. Lubberger,*** Aufopferung – Enteignung und Staatshaftung, 1991. – ***U. Stelkens,*** Amtshaftung und Regress bei Schädigungen durch Verwaltungshelfer, JZ 2004, 656. – ***U. Stelkens,*** Staatshaftung gegenüber juristischen Personen des öffentlichen Rechts, DVBl. 2003, 22. – ***H. Wöstmann,*** in J. von Staudingers Kommentar zum BGB, §§ 839, 839a, Neubearbeitung 2013.

Art. 35 [Rechts- und Amtshilfe; Katastrophenhilfe]

(1) Alle Behörden des Bundes und der Länder leisten sich gegenseitig Rechts- und Amtshilfe.

(2) [1] Zur Aufrechterhaltung oder Wiederherstellung der öffentlichen Sicherheit oder Ordnung kann ein Land in Fällen von besonderer Bedeutung Kräfte und Einrichtungen des Bundesgrenzschutzes zur Unterstützung seiner Polizei anfordern, wenn die Polizei ohne diese Unterstützung eine Aufgabe nicht oder nur unter erheblichen Schwierigkeiten erfüllen könnte. [2] Zur Hilfe bei einer Naturkatastrophe oder bei einem besonders schweren Unglücksfall kann ein Land Polizeikräfte anderer Länder, Kräfte und Einrichtungen anderer Verwaltungen sowie des Bundesgrenzschutzes und der Streitkräfte anfordern.

(3) [1] Gefährdet die Naturkatastrophe oder der Unglücksfall das Gebiet mehr als eines Landes, so kann die Bundesregierung, soweit es zur wirksamen Bekämpfung erforderlich ist, den Landesregierungen die Weisung erteilen, Polizeikräfte anderen Ländern zur Verfügung zu stellen, sowie Einheiten des Bundesgrenzschutzes und der Streitkräfte zur Unterstützung der Polizeikräfte einsetzen. [2] Maßnahmen der Bundesregierung nach Satz 1 sind jederzeit auf Verlangen des Bundesrates, im übrigen unverzüglich nach Beseitigung der Gefahr aufzuheben.

Weimarer Reichsverfassung von 1919

Art. 7. Das Reich hat die Gesetzgebung über:

[Nr. 1, 2]

3. das gerichtliche Verfahren einschließlich des Strafvollzugs sowie die Amtshilfe zwischen Behörden;

[Nr. 4–20]

Übersicht

A. Allgemeine Bedeutung

I. Genese

1 Während in der Weimarer Reichsverfassung von 1919 die Frage der Amtshilfe in Form einer Gesetzgebungskompetenz des Reichs gem. Art. 7 Nr. 3 WRV Erwähnung fand, konstitutionalisiert das Grundgesetz sie unmittelbar als materielle Pflicht der Behörden. Damit wurde insbesondere klargestellt, dass die **Amtshilfe im Bundesstaat** unter dem Grundgesetz nicht erst einer Vereinbarung der Länder bedarf, sondern schon unmittelbar konstitutionell gilt, dh in Abweichung von Art. 83 GG auch unmittelbar für Landesbehörden angeordnet ist.[1] Abs. 1 entspricht der Erstfassung, die Absätze zwei und drei verdanken sich späteren Verfassungsänderungen.

2 Mit Abs. 2 S. 1 (eingefügt durch ErgänzungsG v. 28.7.1972[2]) hat der Verfassungsgeber eine größere Einsatzmöglichkeit des (früheren) Bundesgrenzschutzes im Bereich der Polizei geschaffen. Art. 35 Abs. 2 S. 2 und Abs. 3 sind bereits durch das ErgänzungsG v. 24.6.1968[3] (Notstandsgesetzgebung) eingefügt worden und stehen im Zusammenhang mit Art. 91 und Art. 87a Abs. 4. Während sich Art. 91 und Art. 87a Abs. 4 auf die Abwehr einer von innen drohenden Gefahr für den Bestand oder die freiheitliche demokratische Grundordnung des Bundes oder eines Landes beziehen, erfassen Abs. 2 S. 2 und Abs. 3 des Art. 35 die Fälle einer **regionalen und überregionalen Naturkatastrophe** und eines **besonders schweren Unglücksfalles.**[4] Anlass für diese Regelungen waren die Erfahrungen der norddeutschen Flutkatastrophe von 1962.[5] Praktische Anwendung fand Art. 35 Abs. 2 etwa bei der Flut an der Oder im Jahre 1997, als zur Sicherung der Deiche in erheblichem Umfange Kräfte der Bundeswehr und des Bundesgrenzschutzes eingesetzt wurden.[6]

3 MWv 1.7.2005 wurde der **Bundesgrenzschutz umbenannt in Bundespolizei,**[7] ohne dass der Begriff in Art. 35 entsprechend geändert worden ist. Aufgabenerweiterungen oder Befugnisänderungen waren damit nicht verbunden. Das **frühere BGSG** idF v. 19.10.1994, BGBl. 1994 I 2978 (2979) lautet seither **„G über die Bundespolizei (BundespolizeiG – BPolG)“.** Durch das G zur Neuorganisation der Bundespolizei v. 29.2.2008[8] erfolgte eine Anpassung der Sicherheitsarchitektur an aktuelle Gefährdungslagen, bedingt ua durch zunehmende terroristische Bedrohungen, Bekämpfung der illegalen Migration und Probleme aus der Schengen-Erweiterung.

---

[1] Vgl. *Epping* BeckOK GG Einl; *Erbguth/Schubert* in Sachs Rn. 1.
[2] BGBl. 1972 I 1305.
[3] BGBl. 1968 I 709.
[4] Allg. zum Begriff des inneren Notstandes *Klein* in HdbStR VII § 169 Rn. 7.
[5] BT-Drs. V/1879, 23.
[6] *Ebel/Kunig* Jura 1998, 113 (116).
[7] G zur Umbenennung des BGS in Bundespolizei v. 21.6.2005 (BGBl. 2005 I 1818).
[8] BGBl. 2008 I 215.

4 Die praktische **Bedeutung des Art. 35** hat sich im Laufe der Zeit bei der Verbrechensbekämpfung vor allem solcher Gruppen gezeigt, deren Ergreifen – wie bei der Baader-Meinhof-Gruppe bzw. der Roten Armee Fraktion (RAF) oder auch bei islamistischen oder rechtsextremen Tätern – ein Zusammenspiel der verschiedensten Behörden von Bund und Ländern erfordert. Die **Informationserhebung und -übermittlung** durch die Behörden wird dabei zum zentralen Instrument und löst damit ua im Blick auf das Recht der informationellen Selbstbestimmung gem. Art. 2 Abs. 1 iVm Art. 1 Abs. 1 Fragen des Grundrechtsschutzes auch im zwischenbehördlichen Verfahren aus.[9] Die Fluidität der Informationen und die Leichtigkeit ihres Austauschs lassen die Amtshilfe hier als besonders eingriffsgeneigt erscheinen.[10] Entsprechend verlangt das BVerfG schon im Volkszählungsurteil **„amtshilfefeste"** Schutzmaßnahmen.[11]

5 Zuletzt stand die Norm zum einen deutlich im Zeichen der Amtshilfe zur Bewältigung von Migrationsströmen einerseits und des Einsatzes der Bundeswehr bei terroristischen Vorfällen andererseits. So hatte das BVerfG sich in einigen Entscheidungen mit Voraussetzungen und Grenzen des Einsatzes gem. **Art. 35 Abs. 2 S. 2 und Abs. 3 S. 1** zu befassen und vor allem die Frage der **Verwendung spezifisch militärischer Waffen zu klären.**[12] In diesem Kontext wurden verschiedene Vorschläge zur Reform des Art. 35 gemacht,[13] mit der Rechtsprechung können diese Fragen aber als konsolidiert bezeichnet werden.[14] Ganz aktuell beweist sich die Vielseitigkeit und Leistungsfähigkeit der Amtshilfe im Blick auf die massenhafte pandemische Verbreitung des sog. **Corona-Virus** (SARS-CoV-2).[15]

II. Inhaltsübersicht

6 Der Bedarf an Amtshilfe, dh ihre Rationalität im föderal und horizontal gewaltenteiligen Verfassungsstaat, ergibt sich aus unterschiedlich dringenden Erfordernissen der Zusammenarbeit bzw. der Intervention. Dies spiegelt sich in den verschiedenen Erscheinungsformen, die Art. 35 vorsieht. Mit Abs. 1 wird die grundsätzliche Regel der wechselseitigen Rechts- und Amtshilfe normiert. Sie versteht sich als **Rahmenvorschrift,**[16] die der Ausgestaltung durch den Gesetzgeber bedarf (→ Rn. 16). Die später eingefügten Abs. 2 und 3 reagieren auf intensivere Lagen der Angewiesenheit auf Hilfe, deren Logik sich im Kontext des Einsatzes der Streitkräfte gem. Art. 87a Abs. 2 und in Abgrenzung zum inneren Notstand gem. Art. 91 und Art. 87a Abs. 4 erschließt. Abs. 2 regelt regionale Notstandslagen im Blick auf die öffentliche

[9] Vgl. ua *Schlink,* Die Amtshilfe, 1982; *Schlink* NVwZ 1986, 249; *Goebel,* Amtshilfe durch Informationshilfe, 1981; *Wessel,* Verfassungs- und verfahrensrechtliche Probleme der Amtshilfe im Bundesstaat, 1983, 84 ff.; *Schnapp* DVBl. 1987, 561; NJW 1980, 2165; *Schnapp/Friehe* NJW 1982, 1422; *Martens* JR 1981, 353; *Meyer-Teschendorf* JuS 1981, 187; DÖV 1988, 901; *Simitis* NJW 1986, 2795; *Schmidt* ZRP 1979, 185; *Steinbömer* DVBl. 1981, 340.

[10] Vgl. dazu auch *Rusteberg* in Kulick/Goldhammer Der Terrorist als Feind?, 2020, 215 ff.

[11] BVerfGE 65, 1 (46).

[12] BVerfGE 115, 118, Verfassungswidrigkeit der Ermächtigung zum Abschuss eines Luftfahrzeuges nach § 14 Abs. 3 LuftSiG v. 11.1.2005 (BGBl. 2005 I 78).

[13] Vgl. *Pestalozza* NJW 2007, 492 (495); *Wiefelspütz* ZRP 2007, 17 (19); mAnm *Ladiges* ZRP 2007, 172 (tendenziell zust.); abl. jedoch zu Recht *Hümmer* ZRP 2007, 204; *Meyer* ZRP 2007, 274; *Poretschkin* ZRP 2007, 274.

[14] BVerfGE 132, 1; BVerfGE 133, 241.

[15] → vgl. Rn. 33, 51, 56, 58, 61.

[16] Vgl. OLG Düsseldorf NJW 1957, 1037.

Sicherheit und Ordnung (S. 1) bzw. in Form eines Katastrophennotstandes (S. 2). Abs. 3 adressiert den überregionalen Katastrophennotstand und damit die Bundesintervention.

III. Überstaatliche Bezüge

Im Gefolge verstärkter **supra- und internationaler Zusammenarbeit** ist der Bedarf an Formen der Zusammenarbeit der Behörden unterschiedlichster Ebenen deutlich gewachsen. Art. 35 GG adressiert freilich nur das Verhältnis zwischen deutschen Behörden. Auf europa- und völkerrechtlicher Ebene bestehen jedoch zumindest ähnliche, wenngleich eher fragmentarische Institute. 7

So hat das europäische Primärrecht die Amtshilfe zwar nicht als allgemeine Vorschrift, die mit Art. 35 vergleichbar wäre, geregelt, wohl aber kennt es – neben konkreten Verbunds- und Kooperationspflichten (dazu sogleich → Rn. 9) – den allgemeinen Grundsatz der Unionstreue gem. Art. 4 Abs. 3 EUV. Während das Verhältnis der **Unionsorgane untereinander** von Art. 13 Abs. 2 S. 2 EUV einer Pflicht zur **loyalen Zusammenarbeit** unterworfen wird, entnimmt der EuGH der **Unionstreue** eine die mitgliedstaatliche Verwaltung ebenso wie die Organe der Union adressierende Unterstützungspflicht.[17] Deren Gehalt erreicht nicht die Qualität und Verbindlichkeit von Art. 35, denn die Unionstreue enthält **keine eigenständige Pflicht** zur Unterstützung, der Gedanke weist aber in eine ähnliche Richtung. Im Grunde zeigt sich an dieser Fragestellung punktuell, aber sehr exemplarisch, der Unterschied von Bundesstaat und supranationaler Union.[18] Die Annahme nicht explizit normierter, eigenständiger Pflichten bzw. der ungeschriebenen Kompetenz, mitgliedstaatliche Behörden in die Pflicht nehmen zu können, entspräche noch nicht dem Stand der Integration.[19] 8

Konkrete Regelungen mit Amtshilfecharakter finden sich jedoch in Teilbereichen des Primär- und Sekundärrechts. Zu nennen ist Art. 105 Abs. 1 AEUV, der die Amtshilfe im Bereich der Wettbewerbsaufsicht explizit normiert, oder die **Koordinierungskompetenz** gem. Art. 6 S. 2 lit. g AEUV. Auf der Grundlage unterschiedlicher Kompetenztitel sind ferner Vorschriften zur Amtshilfe erlassen worden im Blick auf Steuersachen, Agrarpolitik, Datenschutz und weitere Materien.[20] 9

Auf völkerrechtlicher Ebene sind die **Grundsätze der Rücksichtnahme und Höflichkeit** („Courtoisie") zu nennen, die aber ebenfalls keine selbständige Pflichtigkeit begründen.[21] Ergiebiger sind dagegen konkrete Übereinkommen.[22] Hier ist das G v. 20.7.1981 zum „Europäischen Übereinkom- 10

[17] EuGH C-2/88 Imm., Slg. 1990, I-3365 (3372) – J.J. Zwartveld ua; EuGH C-182/15, ECLI:EU:C:2016:630 Rn. 42 – Aleksei Petruhhin; vgl. umfassend dazu *v. Danwitz* in MKS Rn. 50; *Epping* BeckOK GG Rn. 3.1.; *Ruthig* in Kopp/Schenke VwGO § 14 Rn. 7; *Bauer* in Dreier Rn. 8; *Meier* EuR 1989, 237.

[18] Vgl. *Goldhammer* in Baade/Ehricht ua Verhältnismäßigkeit im Völkerrecht, 2016 125–144.

[19] *v. Danwitz* in MKS Rn. 50.

[20] *Reimer* in BK Art. 35 Rn. 10.

[21] Vgl. dazu und mwN *Reimer* in BK Rn. 12 ff.; *Grzeszick* in BerlKomm Rn. 9; *Magen* in Umbach/Clemens Rn. 4; generell *v. Danwitz* in MKS Rn. 47 ff.; zu Problemen der Rechts- und Amtshilfe mit ausländischen Staaten vgl. *Schröder* FS f. Schlochauer, 1981, 137; *Nordmann,* Die Beschaffung von Beweismitteln aus dem Ausland durch staatliche Stellen, 1979; zum Rechtshilfeverkehr mit dem Ausland s. *Hunke* in Baumbach/Lauterbach/Hartmann/Anders/Gehle ZPO Anh. zu § 168 GVG; zur Amtshilfe im Verhältnis zum Ausland vgl. *Schmitz* in Stelkens/Bonk/Sachs VwVfG § 4 Rn. 23 f. mwN.

[22] *Reimer* in BK Art. 35 Rn. 12.

men v. 24.11.1977 über die Zustellung von Schriftstücken in Verwaltungssachen im Ausland" (BGBl. 1981 II 535) zu nennen; ferner das G zum „Europäischen Übereinkommen v. 15.3.1978 über die Erlangung von Auskünften und Beweisen in Verwaltungssachen im Ausland" (BGBl. 1981 II 533, 550).[23]

IV. Systematischer Zusammenhang

11 In der durch Art. 35 festgelegten Beistandspflicht liegt in erster Linie eine Reaktion auf die horizontale (Art. 20 Abs. 2)[24] und vertikale (Art. 20 Abs. 1)[25] Teilung der Gewalten unter dem Grundgesetz. Verschiedentlich wurde in der Amtshilfe früher ein Ausdruck für die Einheit des Staates gesehen.[26] Das ist abzulehnen, belegt die Norm und ihre Anwendung doch gerade das Gegenteil, dh die nach Trägern und Organen strikt geteilte Kompetenz als tragende Kategorie einerseits und der **Ausnahmecharakter der Amtshilfe** andererseits.[27] Art. 35 trägt dem kompetenziellen Grundcharakter öffentlicher Gewalt Rechnung. Die **Formalität der Kompetenz lässt prinzipiell keine Zweckmäßigkeits- oder Effizienzkalküle zu,** und das Argument einer sachlich besseren Aufgabenerfüllung durch eine andere, unzuständige Behörde zählt grundsätzlich nicht.[28] Das hat viele Gründe, die von den klassischen Lehren der Gewaltenteilung bei Montesquieu oder Locke hin zu aktuellen Fragen demokratischer Legitimation und Verantwortlichkeit reichen. Die so verstandene Kompetenzordnung schützt diese für den modernen Verfassungsstaat so essenziellen Funktionen.

12 In dieser Aufgabe liegt zwar eine wesentliche Erklärung bzw. Rechtfertigung der formalen Kompetenzordnung; nicht aber liegt in ihr die Staatsformel schlechthin. Die **mehrdimensionale Gliederung der Gewalten** hat daher zwar sehr gute Gründe, erzeugt aber natürlich auch Verluste – Verluste, die gerade aus der strikten Trennung resultieren und etwa dann entstehen, wenn die zuständige Stelle alleine ihre Aufgabe nicht oder nicht gut erfüllen kann. In solch einer Situation kommen zwangsläufig – und völlig zurecht – Gesichtspunkte **pragmatischer Problemlösungen und der Effizienz** ins Spiel, wenn auch nur auf sekundärer Ebene und ohne dass damit die Formalität der Kompetenzordnung in Frage gestellt wäre. Diese Ebene bildet die Rechts- und Amtshilfe. Sie gibt dem Konflikt einen Ort, steht als Korrektiv am Ende des zweiten Abschnitts des Grundgesetzes und reagiert damit auf die dort zentral geregelte Architektur der Kompetenz. Diesen mehrdimensionalen Charakter nimmt die Norm des Art. 35 auf.

---

[23] *Jellinek* NVwZ 1982, 535; *Lohse* VerwR 1982, 401; *Ruthig* in Kopp/Schenke VwGO § 14 Rn. 6; *Schmitz* in Stelkens/Bonk/Sachs VwVfG, § 4 Rn. 23, 48.

[24] BVerfGE 7, 183 (190); VerfGH NRW DÖV 1961, 183 (184); *Bull* in AK Rn. 3, 8.

[25] *Grzeszick* in BerlKomm Rn. 2; *Isensee* in HdbStR VI § 126 Rn. 228 f.; *Schlink,* Die Amtshilfe, 1982, 34 ff.; *Schlink* NVwZ 1986, 249 (250); *Meyer-Teschendorf* DÖV 1988, 901 (904 ff.).

[26] BVerfGE 7, 183 (190); HmbVerfG NVwZ 1996, 1201 (1204); *Magen* in Umbach/Clemens Rn. 5; *Wolff* in Hömig/Wolff Rn. 1; *Stern,* StaatsR II, 1980, § 41 IV 10a; *Badura,* StaatsR, 3. Aufl. 2003, Kap. D Rn. 83; *Wessel,* Verfassungs- und verfahrensrechtliche Probleme der Amtshilfe im Bundesstaat, 1983, 84 ff.; krit. *Bull* in AK Rn. 1; aA zurecht *Erbguth/Schubert* in Sachs Rn. 2 f., der allerdings auf die Zugehörigkeit der Amtshilferegelung zum Bundesstaatsprinzip hinweist; zur Einheit der Verwaltung und Art. 35 vgl. *Bryde* VVDStRL 46 (1988), 181 (191 f.); *Haverkate* VVDStRL 46 (1988), 217 (242 f.).

[27] BVerfGE 63, 1 (32, 41); sa *Magen* in Umbach/Clemens Rn. 17.

[28] Vgl. mwN *Goldhammer* in Baade/Ehricht/Fink Verhältnismäßigkeit im Völkerrecht, 2016, 125–144.

Sie kann und soll über Zuständigkeitsgrenzen hinweg das reibungslose und effektive Zusammenwirken **aller** staatlichen Behörden ermöglichen und zT sogar erzwingen, gleichgültig, ob es sich dabei um solche der vollziehenden Gewalt, der Rechtsprechung, der Gesetzgebung, solche des Bundes oder der Länder handelt. Die Amtshilfe ist ein **Kooperations- und Koordinationsinstrument für die Behörden und ihr Handeln,** das aus bestimmten guten Gründen Ausnahmen von der Regel zulässt.[29] Entsprechend thematisieren Dogmatik und Literatur vorwiegend die Frage der Begrenzung der Amtshilfe.[30] So gibt es zwar einen großen Bereich geräuschloser Amtshilfe im Alltagsgeschäft der Behörden, gleichwohl ist die Diskussion der Norm eng mit den existentiellen **Grenzfällen behördlicher Leistungsfähigkeit** verbunden. Die entsprechende Dogmatik liest sich wie eine Zeitgeschichte der Bundesrepublik und wird angetrieben von Ereignissen wie der erwähnten Hamburger Sturmflut, der Notstandsgesetzgebung, Volkszählung, Großdemonstrationen, Fragen um die Terrorabwehr und die Bewältigung von enormen Migrationsbewegungen sowie ganz aktuell die Maßnahmen zur Eindämmung der Corona-Virus-Pandemie (SARS-CoV-2) seit etwa Anfang 2020.[31] 13

Art. 35 Abs. 1 gilt nach herrschender, aber nicht zwingender Ansicht nicht nur im Verhältnis von Bundes- und Landesbehörden und von Behörden verschiedener Länder, sondern **auch zwischen Bundesbehörden oder zwischen Behörden desselben Landes.**[32] Zwar ist die Anwendbarkeit innerhalb eines Trägers der Gewalten nicht gleichermaßen dringlich. Und man muss für einen weiten Anwendungsbereich auch nicht etwa auf überkommene Vorstellungen einer „objektiven Richtigkeit" abstellen.[33] Gleichwohl spricht jedoch weder der Wortlaut noch das praktische Bedürfnis gegen eine weite Lesart.[34] 14

Die Bedeutung des Art. 35 liegt im Bereich des Staatlichen, aber auch nur hier. Art. 35 setzt im Verhältnis der Behörden zueinander unmittelbar geltendes Recht.[35] Soweit mit der Hilfeleistung Eingriffe in Rechte eines Bürgers verbunden sind, stellt **Art. 35 Abs. 1 keine Ermächtigungsgrundlage** dar, weil er nur eine **Verpflichtung zwischen staatlichen Behörden** normiert, insofern nur **formellen Charakters** ist.[36] Der **Bürger** hat daher **keinen originären Anspruch aus Art. 35** gegen eine staatliche Stelle, dass sie ein Amts- oder Rechtshilfeersuchen in Gang setzt, oder dass die ersuchte Stelle auch tatsächlich Hilfe leistet.[37] 15

[29] Vgl. ebenso zum Ausnahmecharakter der Norm *Epping* in BeckOK GG Einl.

[30] *Wendt* NWVBl. 1987, 33 (39); vgl. zur Förderung eines „schlanken Staates" *v. Danwitz* in MKS Rn. 3.

[31] → vgl. Rn. 33, 51, 56, 58, 61.

[32] So *Dederer* in Maunz/Dürig Rn. 29; *Magen* in Umbach/Clemens Rn. 10; *Erbguth/Schubert* in Sachs Rn. 5; *Münkler* in SHH Rn. 15; *Grzeszick* in BerlKomm Rn. 3; eing. *Isensee* in HdbStR VI § 126 Rn. 231 f.; aA *Bull* in AK Rn. 10; *Pieroth* in Jarass/Pieroth Rn. 1; *Bauer* in Dreier Rn. 12; *Schlink,* Die Amtshilfe, 1982, 34, 40.

[33] Vgl. *Gubelt* in v. Münch/Kunig, 6. Auflage 2012, Rn. 1.

[34] *Erbguth/Schubert* in Sachs Rn. 4 f.; zur Entstehungsgeschichte *Bauer* in Dreier Rn. 4 f.; *Meyer-Teschendorf* DÖV 1988, 901 (902 ff.).

[35] Abzulehnen ist die Auffassung von *Wessel,* der Art. 35 nur deklaratorische Bedeutung beimisst, vgl. *Wessel,* Verfassungs- und verfahrensrechtliche Probleme der Amtshilfe im Bundesstaat, 1983, 111; wie hier *Bull* in AK Rn. 9; *v. Danwitz* in MKS Rn. 5.

[36] BVerfGE 27, 344 (352); *Pieroth* in Jarass/Pieroth Rn. 2; *Erbguth/Schubert* in Sachs Rn. 27; *Epping* in BeckOK GG Rn. 9.

[37] *Dederer* in Maunz/Dürig Rn. 22, 79; *Erbguth/Schubert* in Sachs Rn. 26; *Bauer* in Dreier Rn. 17; *Epping* in BeckOK GG Rn. 12; *Münkler* in SHH Rn. 6; *Magen* in Umbach/Clemens Rn. 28; *v. Danwitz* in MKS Rn. 23.

16 Die Amtshilfe zwischen Verwaltungsbehörden ist in Ausfüllung des Rahmens des Art. 35 Abs. 1 detailliert in §§ 4 ff. VwVfG (Bund) und in den entsprechenden VwVfG der Länder geregelt. Weitere sondergesetzliche Normierungen befinden sich in §§ 3–7 SGB X und §§ 111–115 AO. Sie konkretisieren den allgemeinen Rahmen der Amtshilfevorschrift des Art. 35 Abs. 1.

B. Einzelfragen

I. Die allgemeine Rechts- und Amtshilfe (Art. 35 Abs. 1)

17 **1. Alle Behörden des Bundes und der Länder.** Mit dem Begriff **„Behörden"** sind alle Stellen gemeint, die unmittelbar staatliche Aufgaben wahrnehmen, also nicht nur **Verwaltungsbehörden,** sondern auch die **Gerichte** und die **Behörden der Gesetzgebung** (zB BT-Verwaltung);[38] der Behördenbegriff ist mithin weiter als der des § 1 Abs. 4 VwVfG. Da Art. 35 Abs. 1 das reibungslose Funktionieren des gesamten Staatsorganismus befördern soll, sind **auch** die Behörden der **Gemeinden und Gemeindeverbände** sowie der sonstigen **juristischen Personen des öffentlichen Rechts** zur Rechts- und Amtshilfe verpflichtet, obwohl sie nicht besonders erwähnt sind (vgl. §§ 1, 2 VwVfG).[39] Genauer hätte es in Art. 35 Abs. 1 heißen müssen: „Alle Behörden im Geltungsbereich des Grundgesetzes …"

18 **Juristische Personen des Privatrechts** werden **nicht** erfasst, selbst wenn sie – wie häufig der Fall bei Versorgungs- und Verkehrsbetrieben – als Eigengesellschaft eines Landes oder einer Gemeinde verfasst sind. Sie sind aufgrund ihrer Organisationsform bewusst aus dem Kreis der staatlichen Organe herausgenommen worden.[40] Darin realisiert sich die Wahlfreiheit der Verwaltung hinsichtlich der Frage der Organisationsform. Eine „Flucht ins Privatrecht" gibt es auf dem Felde der Amtshilfe nicht, handelt es sich doch um eine Frage in der rein staatlichen Sphäre, die – in Grenzen – die Wahl der Organisationsform zulässt und keine Probleme aufwirft, wie sie typischerweise mit dem Verwaltungsprivatrecht verbunden sind.[41]

19 Allerdings kann die staatliche Behörde, bzw. ihr Träger, die hinter **der juristischen Person des Privatrechts** steht, zu einer entsprechenden Einflussnahme verpflichtet sein.[42] Die Amtshilfe läge dann in der Einflussnahme. Freilich ergeben sich in diesem Fall Grenzen aus der widerstreitenden Entscheidung für die Privatrechtsform. In ihr liegt die Ausnahme von der „Behörde" als organisatorischer Regelform. Ist sie – die Ausnahme – zulässig, so ist dies im Stile einer praktischen Konkordanz auch im Blick auf Art. 35 Abs. 1 zu berücksichtigen. Amtshilfe ist nicht um jeden Preis zu gewähren.

---

[38] So *Bauer* in Dreier Rn. 15; *Epping* in BeckOK GG Rn. 1; *Münkler* in SHH Rn. 16; *Magen* in Umbach/Clemens Rn. 9; *Grzeszick* in BerlKomm Rn. 5; *Stern,* StaatsR II, 1980, § 41 IV 10 a.

[39] VG Berlin NJW 1947/48, 280; *Pieroth* in Jarass/Pieroth Rn. 3; *Erbguth/Schubert* in Sachs Rn. 6; *Dreher,* Die Amtshilfe, 1959, 47 (59 ff.); *Moll* DVBl. 1954, 697 f.

[40] Str., wie hier *Erbguth/Schubert* in Sachs Rn. 8; *Magen* in Umbach/Clemens Rn. 9; *Epping* in BeckOK GG Rn. 1; *Dreher,* Die Amtshilfe, 1959, 48 f. (88); *Schneider,* Die Pflicht der Behörden zur Aktenvorlage im Strafprozess, 1970, 59; aA *v. Danwitz* in MKS Rn. 13; *Grzeszick* in BerlKomm Rn. 7; *Pieroth* in Jarass/Pieroth Rn. 3; vgl. zu gemischtwirtschaftlichen Unternehmen *Goldhammer* JuS 2014, 891.

[41] Dazu *Goldhammer* DÖV 2013, 416.

[42] So zutr. *Magen* in Umbach/Clemens Rn. 9.

Ebenfalls gilt Art. 35 Abs. 1 **nicht** für die **Behörden der Kirchen.** Sie bzw. ihre Untergliederungen (vgl. für die katholische Kirche Art. 13 des Reichskonkordats von 1933) sind zwar Körperschaften des öffentlichen Rechts (Art. 137 Abs. 5 WRV) und technisch gesehen Bestandteil der mittelbaren Staatsverwaltung. Jedoch trennt das GG in Art. 140 iVm Art. 137 Abs. 3 WRV die Sphären von Staats- und Kirchenverwaltung, was das einfache Recht mit § 2 Abs. 1 VwVfG nachvollzogen hat.[43] Ebenso gilt die Norm nicht für **Parteien.**[44] Öffentlich-rechtliche **Rundfunk- und Fernsehanstalten** werden ebenfalls nicht von der Amtshilferegelung erfasst, weil sie sonst einerseits einen Vorsprung bei der Informationenbeschaffung[45] gegenüber der Presse hätten, andererseits als „ersuchte Behörden" von staatlichen Stellen „kontrolliert" werden könnten und damit in ihren Rechten aus Art. 5 Abs. 1 S. 2 verletzt werden könnten.[46] Die Pflicht zur Rechts- und Amtshilfe erstreckt sich auf die **Behörden im Geltungsbereich des GG** (also auch auf die deutschen diplomatischen Vertretungen im Ausland).[47] 20

2. Leisten sich gegenseitig. Durch diese Formulierung soll klargestellt werden, dass bei der Rechts- und Amtshilfe **kein Über- und Unterordnungsverhältnis** wie im Verhältnis hierarchisch gegliederter Behörden besteht. Es sind daher auch Ober- und Mittelbehörden verpflichtet, dem Ersuchen einer unteren staatlichen Behörde nachzukommen. Dass eine grundsätzliche **Pflicht zur Amtshilfe** besteht, ist heute unbestritten.[48] Diese ergibt sich bereits aus Art. 35 und nicht erst aus den Regelungen der §§ 4–8 VwVfG, §§ 3–7 SGB X oder §§ 111–115 AO. Aus den letztgenannten Vorschriften wird zu Recht darüber hinaus ein **Anspruch der ersuchenden Behörde auf Amtshilfeleistung** hergeleitet, falls die dort genannten Voraussetzungen erfüllt sind.[49] Die ganz hM leitet darüber hinaus zutr. bereits aus Art. 35 ein subjektives Recht der ersuchenden Behörde auf Amtshilfe her, auch wenn der Wortlaut diesen Schluss nicht unmittelbar stützt.[50] 21

3. Rechts- und Amtshilfe. a) Begriff und Abgrenzungen. Unter dem **Begriff der Rechts- und Amtshilfe** ist der ergänzende Beistand einer Behörde zu verstehen, den diese auf Ersuchen einer anderen Behörde gewährt, um die Durchführung öffentlicher Aufgaben der ersuchenden Behörde zu ermöglichen oder zu erleichtern.[51] Entsprechend sind die Handlungen der 22

---

[43] BVerwG DÖV 1972, 720 (721); *Bauer* in Dreier Rn. 15 mwN.

[44] BVerwGE 32, 333 (336); *Pieroth* in Jarass/Pieroth Rn. 3; *Magen* in Umbach/Clemens Rn. 9.

[45] → Art. 5 Rn. 48 ff. u. 58 ff.

[46] Wie hier *Epping* in BeckOK GG Rn. 1; iE *v. Danwitz* in MKS Rn. 14; zur Rechts- und Amtshilfe gegenüber Untersuchungsausschüssen → Art. 44 Rn. 75.

[47] Zur teilweise praktizierten Rechts- und Amtshilfe zwischen den Behörden der Bundesrepublik Deutschland und der ehemaligen DDR vgl. *Gubelt* in v. Münch/Kunig, 2. Auflage 1983, Rn. 4.

[48] BVerfGE 31, 43 (46); 42, 91 (95); *Epping* in BeckOK GG Rn. 7; *Dederer* in Maunz/Dürig Rn. 52; *Pieroth* in Jarass/Pieroth Rn. 1; *Bull* in AK Rn. 9.

[49] S. *Schmitz* in Stelkens/Bonk/Sachs VwVfG § 4 Rn. 1; *Schließky* in Knack/Henneke VwVfG § 5 Rn. 3 f.; *Schnapp/Friehe* NJW 1982, 1422 (1425) jeweils mwN.

[50] BAGE 9, 324 (326); *Erbguth/Schubert* in Sachs Rn. 14; *Grzeszick* in BerlKomm Rn. 30; *Bauer* in Dreier Rn. 17; *v. Danwitz* in MKS Rn. 23; *Epping* in BeckOK GG Rn. 11; aA BSGE 18, 273 (277); *Wendt* NWVBl. 1987, 33 (40) mwN; zu Voraussetzungen, Umfang und Grenzen der Rechts- und Amtshilfe nach Art. 35 → Rn. 29 ff., zu Verfahren und Rechtsschutz → Rn. 44 ff.

[51] BAGE 9, 324 (326); OLG Frankfurt NJW 1975, 2028; *Bauer* in Dreier Rn. 13; *Dederer* in Maunz/Dürig Rn. 25 ff.; *Magen* in Umbach/Clemens Rn. 11.

helfenden der ersuchenden Behörde zuzurechnen, sofern der Rahmen der ersuchten Leistung nicht überschritten wird.[52] Eine **ergänzende Hilfe** (sa § 4 Abs. 1 VwVfG) liegt vor, wenn die ersuchende Behörde Herrin des Gesamtverfahrens bleibt und nur **im Einzelfall** von der ersuchten Behörde unterstützt wird. Deshalb fallen ua **nicht** die Bereiche unter Art. 35 Abs. 1, bei denen eine Behörde die ihr obliegenden Aufgaben kraft Gesetzes durch Einschaltung einer anderen Behörde erfüllt, zB im Wege der **Delegation,**[53] oder bei denen bestimmte Beamtengruppen von Rechts wegen zu Hilfsbeamten einer anderen Behörde bestellt werden, wie zB die Beamten der Kriminalpolizei zu Ermittlungspersonen **der Staatsanwaltschaft (§ 152 GVG).**[54]

23 Da durch die Rechts- und Amtshilfe die gesetzlich geregelten Zuständigkeiten und Kompetenzen durchbrochen werden, darf sie **nicht** zu einer **regelmäßigen Zusammenarbeit** führen, sondern muss auf Ausnahmefälle beschränkt bleiben.[55] Das BVerfG spricht von **„Aushilfe bzw. Amtshilfe im Einzelfall".**[56] Ständige Beobachtungen des früheren Bundesgrenzschutzes für die Nachrichtendienste zB an den Grenzen des Ostblocks konnten daher nicht durch Art. 35 Abs. 1 gerechtfertigt werden.[57] Ebenso sind **dauerhafte Datenverbindungen** zwischen Behörden (Online-Zugriff) grundsätzlich unzulässig.[58] Den Anforderungen des Informationszeitalters kann in diesem Bereich nur durch entsprechende sondergesetzliche Regelungen nachgekommen werden. Diese sind inzwischen weitgehend erlassen worden.[59]

24 Von der Amtshilfe iSd Art. 35 Abs. 1 ist ferner die **Organleihe** zu unterscheiden. Diese beschränkt sich nicht auf eine Aushilfe im Einzelfall, sondern das Organ eines Rechtsträgers wird aufgrund einer allgemeinen Regelung ermächtigt und beauftragt, einen ganzen Aufgabenbereich wahrzunehmen. Dabei wird das entliehene Organ als solches des Entleihers tätig, dessen **Weisungen** es unterworfen ist und dem die von dem entliehenen Organ getroffenen Maßnahmen und Entscheidungen zugerechnet werden (Bsp.: Wahrnehmung von Bauaufgaben des Bundes durch die Finanzbauverwaltung der Länder).[60]

25 Rechts- und Amtshilfe setzt ein **Ersuchen** einer anderen Behörde voraus. Ohne diesen vorausgehenden Schritt besteht die Gefahr, dass die Zuständigkeitsgrenzen durch unaufgefordertes Hineinwirken und Intervention in fremde Aufgabenbereiche überschritten werden.[61] Mitteilungen, die von einer

---

[52] BVerwG Urt. v. 25.10.2017 – 6 C 45.16 = BeckRS 2017, 138147.

[53] *v. Danwitz* in MKS Rn. 10; *Erbguth/Schubert* in Sachs Rn. 10.

[54] Vgl. *Dederer* in Maunz/Dürig Rn. 51.

[55] So auch *Bauer* in Dreier Rn. 13; *Epping* in BeckOK GG Rn. 4; *Bull* in AK Rn. 14; *Dreher,* Die Amtshilfe, 1959, 25; *Schlink,* Die Amtshilfe, 1982, 156 ff., 221 ff.; *Wendt* NWVBl. 1987, 33 (40).

[56] BVerfGE 63, 1 (32, 41) Abgrenzung zur Organleihe; sa *Magen* in Umbach/Clemens Rn. 17.

[57] Vgl. „Sonderanweisung über die Erfassung bestimmter Erkenntnisse bei der grenzpolizeilichen Kontrolle" v. 6.5.1976 („SoGK"); später aufgehoben s. Pressemitteilung des BMI NVwZ 1982, 24 f.

[58] *Erbguth/Schubert* in Sachs Rn. 17; *Lehner,* Der Vorbehalt des Gesetzes für die Übermittlung von Informationen im Wege der Amtshilfe, 1996, 119.

[59] Zur Streitfrage, ob sog. generelle Ersuchen zulässig sind, vgl. *Meyer-Teschendorf* JuS 1981, 187 (190) mwN.

[60] BVerfGE 63, 1 (32) mwN; *Münkler* in SHH Rn. 12; *Grzeszick* in BerlKomm Rn. 12; zur Organleihe allg. BVerwG DÖV 1976, 319 (320).

[61] *Bauer* in Dreier Rn. 19; *Grzeszick* in BerlKomm Rn. 15; *Epping* in BeckOK GG Rn. 6.

Behörde an eine andere ohne entsprechendes – besonderes oder generelles – Ersuchen erfolgen (sog. **Spontanhilfen** zB bei Gefahr im Verzuge), werden daher nicht durch Art. 35 Abs. 1 gerechtfertigt.[62] Die Spontanhilfe ist auch nicht schon deshalb zulässig, wenn und weil bei ihr kein Eingriffstatbestand erfüllt ist, denn Art. 35 adressiert Zuständigkeitsfragen und nicht Grundrechtseingriffe.[63] Soweit nicht wie mit § 18 Abs. 1 und Abs. 2 BVerfSchG eine Rechtsgrundlage gegeben ist, kann sich eine solche ggf. aus öffentlich-rechtlicher Geschäftsführung ohne Auftrag ergeben.[64]

Um ein behördliches **Beistandleisten** handelt es sich **nicht,** wenn ein **Über- und Unterordnungsverhältnis** zwischen ersuchender und ersuchter Behörde besteht, weil die **ersuchte Behörde weisungsgebunden** ist; nur organisatorisch voneinander unabhängige Behörden leisten sich Rechts- und Amtshilfe.[65] Diese liegt ferner auch dann nicht vor, wenn die Hilfeleistung in den **originären Pflichtenkreis der ersuchten Behörde** fällt.[66] Hierzu gehören etwa: der Polizeischutz für Minister, die Tätigkeit der Anhörungsbehörde für die Planfeststellungsbehörde gem. § 73 VwVfG, die Erstattung von Gutachten durch die Handwerkskammern (§ 91 Abs. 1 Nr. 2 HandwO) oder die Ermittlungshilfe der Polizei für die Staatsanwaltschaft nach § 161 S. 2 StPO. 26

Der Meinungsstreit, wann man von **„Rechtshilfe"** und wann von **„Amtshilfe"** sprechen sollte, führt nicht weiter und wird hier deshalb nicht vertieft behandelt.[67] Nach hM bestimmt sich die Unterscheidung nach der funktionellen Einordnung der ersuchten Hilfeleistung: Wird ein Gericht um die Vornahme **richterlicher** Handlungen ersucht, liegt Rechtshilfe vor (zB §§ 156 ff. GVG); in allen anderen Fällen handelt es sich um Amtshilfe.[68] Werden Gerichte um eine richterliche Tätigkeit ersucht, liegt kein unzulässiger Eingriff in den Bereich der rechtsprechenden Gewalt vor. Zu den wesentlichen Begriffsmerkmalen der Funktion der Rechtsprechung gehört das Element der Entscheidung, der Ausspruch dessen, was rechtens ist. Diese Aufgabe der Gerichte wird durch ein Rechtshilfeersuchen, zB zur Vernehmung eines Zeugen oder Sachverständigen, nicht beeinträchtigt.[69] 27

b) Gegenstand. Gegenstand der Rechts- und Amtshilfe können grundsätzlich Leistungen jeglicher Art sein, solange sie nur den Charakter der ergänzenden Hilfe aufweisen. Als **Beispiele** für die Rechtshilfe seien insbes. 28

---

[62] BGHZ 34, 184 (187); *Magen* in Umbach/Clemens Rn. 14; *Bauer* in Dreier Rn. 19; *Bull* in AK Rn. 13; *Stern,* StaatsR II, 1980, § 41 IV 10a; *Wessel,* Verfassungs- und verfahrensrechtliche Probleme der Amtshilfe im Bundesstaat, 1983, 45 f.; *Meyer-Teschendorf* JuS 1981, 187 (189); aA *Isensee* in HdbStR VI § 126 Rn. 230; *Schlink,* Die Amtshilfe, 1982, 220 f.; offen bzgl. der Möglichkeit des generellen Ersuchens *Erbguth/Schubert* in Sachs Rn. 17; *Grzeszick* in BerlKomm Rn. 12; offen gelassen *Pieroth* in Jarass/Pieroth Rn. 4.

[63] *Erbguth/Schubert* in Sachs Rn. 15.

[64] So iE *v. Danwitz* in MKS Rn. 17; *Magen* in Umbach/Clemens Rn. 14; *Epping* in BeckOK GG Rn. 6; *Isensee* in HdbStR VI § 126 Rn. 230.

[65] *Pieroth* in Jarass/Pieroth Rn. 4; *Bull* in AK Rn. 13; *Wolff* in Hömig/Wolff Rn. 2; *Dreher,* Die Amtshilfe, 1959, 18; *Moll* DVBl. 1954, 697 (698); vgl. auch § 4 Abs. 2 Nr. 1 VwVfG.

[66] *Bull* in AK Rn. 13; *Magen* in Umbach/Clemens Rn. 13; *Dreher,* Die Amtshilfe, 1959, 26 ff.; sa § 4 Abs. 2 Nr. 2 VwVfG.

[67] Vgl. eing. *Dreher,* Die Amtshilfe, 1959, 6 ff.; *Meyer-Teschendorf* JuS 1981, 187 (188).

[68] *Erbguth/Schubert* in Sachs Rn. 11; *Epping* in BeckOK GG Rn. 5; *Münkler* in SHH Rn. 11; *Bauer* in Dreier Rn. 13; *v. Danwitz* in MKS Rn. 9; *Magen* in Umbach/Clemens Rn. 11; *Bull* in AK Rn. 15; wohl ähnl. *Dederer* in Maunz/Dürig Rn. 37.

[69] BVerfGE 7, 183 (188 f.); VerfGH NRW DÖV 1961, 183 (184); zur Rechtshilfe der ordentlichen Gerichte s. §§ 156–168 GVG.

die Zeugenvernehmung und die Heranziehung von Akten zu Beweiszwecken, aber auch Vollstreckungen, Ladungen und Zustellungen (§§ 160 ff. GVG) genannt. Für die traditionelle Amtshilfe werden insbes. folgende **Fälle** erwähnt:[70] Überlassung von Räumlichkeiten sowie von Verwaltungspersonal (Schreib- und Fachkräfte), Bereitstellung sächlicher Hilfsmittel wie technischer Einrichtungen; besondere Beachtung in der rechtswissenschaftlichen Lit. haben die Vorgänge der Informationsübermittlung gefunden, wie ua Erteilen von Auskünften,[71] Gewähren von Akteneinsicht, Übersenden von Akten[72] und Urkunden oder anderer Beweismittel, Vernehmungen sowie sonstige Ermittlungen.[73] Schließlich ist die Durchführung von **Vollstreckungsmaßnahmen** gegen Bürger im Wege der Amtshilfe zu nennen (vgl. § 5 Abs. 1 S. 2 VwVG).[74]

29 **c) Voraussetzungen. Die Voraussetzungen** der Rechts- und Amtshilfe ergeben sich nicht aus Art. 35 Abs. 1.[75] Insofern handelt es sich nur um eine **Rahmenvorschrift.**[76] **Für alle Phasen der Amtshilfe** (nach *Schnapp*[77] das **Grundverfahren** der ersuchenden Behörde, die **Amtshilfehandlung** der ersuchten Behörde und die eigentliche **Amtshilfeleistung** der ersuchten gegenüber der ersuchenden Behörde) **gilt es, die Verfassungs- und Rechtsordnung einzuhalten.**[78] Die Amtshilfe dispensiert nicht von der Gesetzmäßigkeit der Verwaltung. Im Bereich von Grundrechtseingriffen bedarf die Rechts- und Amtshilfe, soweit sie die sachliche Zuständigkeit überwindet, eines Spezialgesetzes und, soweit sie sich über die örtliche Zuständigkeit hinwegsetzt, eines Querschnittsgesetzes, wie es das VwVfG darstellt.[79]

30 Im Bereich staatlicher Leistungen und im staatsorganisatorischen Innenbereich ist ein Querschnittsgesetz nur dann notwendig, wenn die Materie schon einer gesetzlichen Regelung unterworfen wurde, was bei staatlichen Leistungen häufiger der Fall sein dürfte als im staatsorganisatorischen Innenbereich.[80] Der Eingriff selbst ist nach den üblichen Maßgaben des Gesetzesvorbehalts nur bei Vorliegen einer **Ermächtigungsgrundlage** gerechtfertigt,[81] und muss insbesondere den Grundsatz der Verhältnismäßigkeit beachten.[82] Die Rechts- und Amtshilfe führt entsprechend auch

---

[70] Vgl. *Bull* in AK Rn. 16; *Isensee* in HdbStR VI § 126 Rn. 227; *Schlink,* Die Amtshilfe, 1982, 215; *Bull* DÖV 1979, 689 (693).

[71] BVerfGE 27, 1, Mikrozensusbeschluss.

[72] BVerfGE 27, 344, Scheidungsaktenbeschluss.

[73] *Bull* DÖV 1979, 689 (693); *Schlink,* Die Amtshilfe, 1982, 169 ff.; *Schmidt* ZRP 1979, 185 ff.; *Steinbömer* DVBl. 1981, 340 ff.; *Roll* JuS 1979, 239 ff.

[74] BVerwGE 28, 328; BGHZ 54, 157 (162 f.); OVG Münster DVBl. 1967, 634 f.; eing. *Kopp/Kopp* BayVBl. 1994, 229 ff.

[75] BVerwGE 38, 336 (340); 50, 301 (310).

[76] OLG Düsseldorf NJW 1957, 1037; *Bauer* in Dreier Rn. 18; *v. Danwitz* in MKS Rn. 5; *Münkler* in SHH Rn. 5; *Epping* in BeckOK GG Rn. 7; *Grzeszick* in BerlKomm Rn. 14; *Schneider,* Die Pflicht der Behörden zur Aktenvorlage im Strafprozess, 1970, 45 mwN.

[77] *Schnapp* DVBl. 1987, 561 f.

[78] BVerwGE 38, 336 (340 f.); *Magen* in Umbach/Clemens Rn. 20 mwN; sa OLG Köln NJW 1994, 1075 (1076).

[79] *Schlink,* Die Amtshilfe, 1982, 155 f.; *Pieroth* in Jarass/Pieroth Rn. 2; *Bauer* in Dreier Rn. 23.

[80] So zutr. *Pieroth* in Jarass/Pieroth Rn. 2; aA *Magen* in Umbach/Clemens Rn. 24.

[81] *Erbguth/Schubert* in Sachs Rn. 27; *Bull* in AK Rn. 17, 20; *Magen* in Umbach/Clemens Rn. 22; *Grzeszick* in BerlKomm Rn. 23.

[82] *v. Danwitz* in MKS Rn. 27; *Magen* in Umbach/Clemens Rn. 22.

nicht zu einer **„Befugniserweiterung auf Seiten der ersuchten Behörde“.**[83]

Besondere Aufmerksamkeit hat in diesem Zusammenhang in der jüngeren Zeit die Frage erfahren, ob und wie die Streitkräfte der Bundeswehr im Rahmen der Amtshilfe unterstützend tätig werden können. Art. 35 ist keine Ermächtigungsgrundlage, die den **Aktionsradius** der ersuchten Behörde generalklauselartig erweitern könnte.[84] Dies gilt hier besonders, denn mit Art. 87a wird der „Einsatz“ der Bundeswehr strikt reglementiert. Diese Voraussetzungen dürfen daher nach dem Gebot der strikten Texttreue nicht umgangen werden. Vielmehr benötigen Einsätze im Inneren nach Art. 87a Abs. 2 einer **ausdrücklichen Ermächtigung** im Grundgesetz.[85] In Art. 35 Abs. 1 liegt eine solche Grundlage gerade nicht. Amtshilfe und „Einsatz“ der Streitkräfte schließen sich vielmehr aus.[86] Ausdrückliche Einsatzermächtigungen bieten nur Art. 35 Abs. 2 S. 2 und 3 S. 1 im Rahmen der Katastrophenhilfe. 31

Das heißt aber nicht, dass jegliches Tätigwerden der Bundeswehr im Rahmen der Amtshilfe unzulässig wäre. Möglich sind vielmehr solche Hilfeleistungen, die **keine Einsatzqualität** im Sinne des Art. 87a Abs. 2 haben. Streitkräfte im Einsatz verkörpern in besonderer Weise das staatliche und zugleich verfassungsstaatlich begrenzte **Gewaltmonopol.** Als solche befinden sie sich im Einsatz, „wenn personelle oder sachliche Mittel der Streitkräfte in ihrem Droh- oder Einschüchterungspotential genutzt werden“.[87] Dies zugrunde gelegt kommen etwa die Bereitstellung von Liegenschaften in Betracht, personelle Unterstützung soweit sie nicht-hoheitlichen Charakters ist sowie Unterstützung durch medizinisches Gerät.[88] Auch Aufklärungstiefflüge sind möglich. Es kommt nicht alleine auf die subjektive Wahrnehmung einzelner Betroffener an. Die rein objektive Betrachtungsweise des BVerwG im Blick auf das Droh- und Einschüchterungspotential ist jedoch abzulehnen, wenn diese Betrachtungsweise tatsächlich die Motive der Polizei, sich zB ein Lagebild zu verschaffen, einseitig verobjektiviert.[89] Kriterium muss sein, ob das **Gesamtgepräge, wie es sich objektiv darstellt,** Droh- und Einschüchterungspotential hat. Wenn das der Fall ist, dann liegt ein „Einsatz“ vor, mit der Konsequenz, dass diese Hilfeleistung ausscheidet, wenn nicht Fälle des Abs. 2 oder Abs. 3 vorliegen. Darin liegt der graduelle und wägende Charakter des Art. 35: er kennt **keine Amtshilfe um jeden Preis** und legitimiert nicht die Effizienzmaximierung der Staatstätigkeit. 32

Im Falle einer pandemischen Bedrohung für die öffentliche Gesundheit wie in der **sog. Corona-Krise seit Anfang 2020** kann die Bundeswehr auf der Basis des Art. 35 Abs. 1 vielfältig tätig werden, solange sie nur nicht einen Einsatz iSd Art. 87a Abs. 2 vollzieht, d. h. solange sie nicht „als Streitkräfte“ oder mit quasi-hoheitlicher Funktion tätig wird. Letzteres wäre der Fall, würden Streitkräfte zur Kontrolle von Ausgangsbegrenzungen oder anderer Vorschriften im Rahmen des „social distancing“ eingesetzt. 33

---

[83] *Schnapp* DVBl. 1987, 561 (562); *Bull* in AK Rn. 18; *Magen* in Umbach/Clemens Rn. 22.

[84] BVerfGE 27, 344 (352).

[85] BVerfGE 90, 286 (356 f.) = NJW 1994, 2207; BVerfGE 126, 55 (69 f.) = NVwZ 2010, 1091.

[86] So in aller Klarheit und mwN *Lucks* NVwZ 2015, 1648 (1649).

[87] BVerfGE 133, 241 (270).

[88] *Lucks* NVwZ 2015, 1648 (1650 ff.).

[89] BVerwG Urt. v. 25.10.2017 – 6 C 45.16 = BeckRS 2017, 138147 (Rn. 43 ff.).

34 Verschiedentlich sind die **Einzelheiten der Rechts- und Amtshilfe in den gesetzlichen Vorschriften** der einzelnen Sachbereiche geregelt, wie in §§ 4–8 VwVfG und in den diesen nachgebildeten §§ 3–7 SGB X sowie §§ 111–115 AO. Daneben gibt es eine Vielzahl einzelner Bestimmungen wie §§ 156 ff. GVG, §§ 161, 162 StPO,[90] § 99 VwGO, §§ 1, 17 ff. BVerfSchG, §§ 116 Abs. 2, 135 FlurBG oder § 19 Abs. 2 WpflG,.[91]

35 In §§ 4–8 VwVfG, §§ 3–7 SGB X, §§ 111–115 AO sind allgemeine Grundsätze des Amtshilferechts positiviert worden, die überwiegend bereits vor Erlass dieser Verfahrensordnungen galten.[92] Dies trifft insbes. für **Voraussetzungen und Grenzen** der Rechts- und Amtshilfe zu. Die genannten Vorschriften können deshalb analog auf von ihnen nicht erfasste Sachverhalte angewendet werden, soweit nicht Sondervorschriften bestehen (zB in den Prozessordnungen für die Rechtshilfe).[93]

36 Die wesentlichen Fallgruppen der Amtshilfe sind beispielhaft in § 5 Abs. 1 Nr. 1–5 VwVfG aufgezählt: Die ersuchende Behörde kann die Amtshandlung aus rechtlichen (vor allem wegen örtlicher oder sachlicher Unzuständigkeit) bzw. tatsächlichen Gründen nicht selbst vornehmen; sie ist auf die Information über Tatsachen oder auf Urkunden und sonstige Beweismittel angewiesen, die ihr die ersuchte Behörde beschaffen kann; sie kann die Amtshandlung nur mit wesentlich größerem Aufwand vornehmen als die ersuchte Behörde. Es handelt sich hierbei nicht um eine abschließende Aufzählung, so dass auch weitere Fälle denkbar sind.

37 **d) Grenzen.** Die **Grenzen** der Rechts- und Amtshilfe ergeben sich aus allgemein anerkannten Rechtsgrundsätzen und den Verfahrensvorschriften, die für die ersuchende und ersuchte Behörde gelten.[94] Exemplarisch kann erneut auf die allgemeinen Regeln verwiesen werden, wie sie in § 5 VwVfG zum Ausdruck kommen. Nicht verpflichtet ist die ersuchte Behörde zur Hilfeleistung danach ua dann, wenn ihr die **Ausführung rechtlich oder tatsächlich nicht möglich ist.**[95] § 5 Abs. 2 S. 1 Nr. 1 u. 2 VwVfG untersagen sogar zwingend der ersuchten Behörde eine Hilfeleistung nicht nur bei rechtlicher Unmöglichkeit (Verstoß gegen den Grundsatz der **Gesetzmäßigkeit der Verwaltung**), sondern auch dann, wenn dem Wohl des Bundes oder eines Landes erhebliche Nachteile bereitet würden.

38 Die Hilfeleistungspflicht besteht ferner dann nicht, wenn die ersuchte Behörde durch die Beistandsleistung gegen **Grundsätze der Geheimhaltung** verstoßen würde, die sich **aus Rechtsvorschriften oder aus der Natur der Sache** ergeben können (sa § 5 Abs. 2 S. 2 VwVfG).[96] Als Beispiele für Vorschriften über die Geheimhaltung seien aufgezählt: § 30 VwVfG, §§ 30, 30a AO, § 35 SGB I iVm §§ 67–78 SGB X, § 13 Abs. 2,

[90] BVerfGE 31, 43 (46).

[91] Weitere Nachw. bei *Schlink,* Die Amtshilfe, 1982, 210 Fn. 24, 213 Fn. 36; *Schnapp* NJW 1980, 2165 Fn. 2.

[92] S. *Gubelt* in v. Münch/Kunig, 1. Auflage 1975, Rn. 8–10.

[93] So für Teilbereiche auch *Schlink,* Die Amtshilfe, 1982, 209 f.

[94] Sa HmbVerfG NVwZ 1996, 1201 (1203); *Epping* in BeckOK GG Rn. 8 formuliert zutr., dass die ersuchende und auch die ersuchte Behörde „nur innerhalb des für sie geltenden Rechts- und Kompetenzrahmens" tätig sein dürfen.

[95] *Dederer* in Maunz/Dürig Rn. 94 ff.; *Erbguth/Schubert* in Sachs Rn. 21; *Dreher,* Die Amtshilfe, 1959, 97 f., 109 f.; *Schnapp* DVBl. 1987, 561 (562); *Moll* DVBl. 1954, 697 (699); vgl. zum Geheimnisbegriff *Goldhammer* NVwZ 2017, 1809.

[96] OLG Düsseldorf NJW 1957, 1037; *v. Danwitz* in MKS Rn. 28; *Dreher,* Die Amtshilfe, 1959, 101 ff., 116 ff.; *Kreis* DÖV 1961, 56; *Lorenz* DÖV 1975, 151.

§ 17 BVerfSchG, die Normen des BDSG.[97] Aus der „Natur der Sache" können sich Geheimhaltungspflichten insbes. ergeben, wenn Amtsträger Tatsachen erfahren, die nicht für die Allgemeinheit bestimmt sind.[98]

Im Kontext der Gesetzmäßigkeit der Verwaltung und der Geheimhaltung steht auch die Frage nach dem Recht auf **informationelle Selbstbestimmung** (Art. 2 Abs. 1 iVm Art. 1 Abs. 1). Die Beeinträchtigung des Schutzes personenbezogener Daten bzw. das Umgehen dieses Schutzes durch den geräuschlosen behördlichen Austausch ist gleichermaßen leicht wie verlockend. Das BVerfG hat diese **Schwachstelle** früh erkannt und einen **„amtshilfefesten" Schutz gegen Zweckentfremdung** durch Weitergabe- und Verwertungsverbote verlangt.[99] 39

Eine Übermittlung von personenbezogenen Daten und die Weiterverwertung (vor allem bei einer Zweckänderung) bedarf deshalb grundsätzlich einer spezialgesetzlichen Ermächtigungsgrundlage.[100] Dabei können weder Art. 35 Abs. 1 noch die **allgemeinen** Amtshilfevorschriften nach §§ 4 ff. VwVfG als Rechtsgrundlage für eine **Datenübermittlung** oder einen Datenabgleich herangezogen werden, wenn ein Eingriff in das Recht auf informationelle Selbstbestimmung vorliegt.[101] Hier hat sich seit dem Volkszählungsurteil aus 1983 viel getan und unterschiedliche – vor allem auch europarechtliche – Regime sehen hier ausdifferenzierte Regelungen vor, die die Amtshilfe zu beachten hat. 40

Ferner ist die ersuchte Behörde dann nicht zur Hilfe verpflichtet, wenn die geforderte Beistandsleistung durch eine andere Behörde **wesentlich einfacher** bzw. mit wesentlich **geringerem Aufwand** erbracht werden kann, oder wenn die ersuchte Behörde die Hilfe nur mit unverhältnismäßig hohem Aufwand leisten könnte, oder sie durch die Hilfeleistung die Erfüllung ihrer eigenen Aufgaben ernstlich gefährden würde (so § 5 Abs. 3 VwVfG). Eine Einschränkung muss jedoch dann gelten, wenn das Gesamtverfahren, für das Hilfe begehrt wird, von wesentlich größerer Bedeutung für die Allgemeinheit ist als die Tätigkeit der ersuchten Behörde.[102] 41

Abzulehnen ist die Amtshilfe ferner dann, wenn die ersuchende Behörde nach den geltenden Rechtsvorschriften **nicht befugt ist, eine Amtshandlung der begehrten Art generell zu beanspruchen.**[103] Ist zB eine Verwaltungsbehörde nicht berechtigt, im Rahmen eines Beweisverfahrens Zeugen zu vernehmen, so darf auch ein ersuchtes Gericht keine Zeugenvernehmung durchführen, sondern muss das Rechtshilfeersuchen zurückweisen. Die ersuchende Behörde darf also **nicht über den Weg der Amtshilfe ihre „Eingriffskompetenzen" erweitern.**[104] Die Amtshilfe kann nicht „als Ausgleich für eigene Befugnisdefizite" dienen.[105] Diese Rechtslage wird 42

---

[97] Weitere Nachw. bei *Schnapp* NJW 1980, 2165 Fn. 3; *Schlink,* Die Amtshilfe, 1982, 240 Fn. 126; zu den vg. Vorschriften *Schnapp* DVBl. 1987, 561 (563 f.).

[98] Zum Problemkreis der „grenzüberschreitenden oder ressortüberschreitenden Amtshilfe" und der Frage des richtigen Rechtsweges BVerwG NVwZ 1986, 467, Rechtsweg vor den Verwaltungsgerichten; *Schnapp* DVBl. 1987, 561 (564); eing. *Stüer* DÖV 1985, 720 ff.

[99] BVerfGE 65, 1 (46).

[100] BVerfGE 65, 1 (43 ff.); vgl. dazu *Wolff* in Hömig/Wolff Rn. 4.

[101] *Knemeyer* NVwZ 1988, 193 (195 f.) mwN; *Grzeszick* in BerlKomm Rn. 25.

[102] *Dreher,* Die Amtshilfe, 1959, 115; *Dederer* in Maunz/Dürig Rn. 97.

[103] OLG Düsseldorf NJW 1957, 1038; PrOVGE 20, 448; *Bull* DÖV 1979, 689 (692 f.); *Schnapp* DVBl. 1987, 561 (562); *Schlink,* Die Amtshilfe, 1982, 232 (236).

[104] *Bauer* in Dreier Rn. 19; *v. Danwitz* in MKS Rn. 22; *Epping* in BeckOK GG Rn. 8.

[105] *Lisken* NJW 1982, 1481 (1482).

durch § 7 VwVfG bestätigt, wonach sich die Zulässigkeit der Maßnahme, die durch die Amtshilfe verwirklicht werden soll, nach dem für die ersuchende Behörde geltenden Recht richtet.

43 Die Rechts- und Amtshilfe ist ferner dann auszuschließen, wenn sie sich auf eine **rein fiskalische Betätigung** einer Behörde bezieht, zB auf Hilfsgeschäfte der Verwaltung oder auf die Erwerbswirtschaft.[106] In diesem Fall handelt es sich um Aufgaben, bei denen der Staat wie jeder Bürger Tätigkeiten vornimmt, so dass er das für staatliche Aufgaben bestimmte Privileg des Art. 35 Abs. 1 für sich nicht geltend machen kann.

44 **e) Verfahrensfragen und Rechtsschutz.** Die ersuchte Behörde hat die **Prüfungsbefugnis** für die in → Rn. 29 ff. genannten Voraussetzungen. Dabei hat sie das für sie **geltende Recht** zugrunde zu legen.[107] Zu einer Prüfung der Wirksamkeit oder Rechtmäßigkeit und Zweckmäßigkeit des Aktes, der dem Ersuchen zugrunde liegt, ist die ersuchte Stelle nicht berechtigt (s. §§ 5 Abs. 4, 7 Abs. 2 VwVfG). Sie muss davon ausgehen, dass die gesetzlichen Voraussetzungen der betreffenden Amtshandlung im einzelnen Fall von der ersuchenden Behörde geprüft sind.[108] Daraus folgt, dass die ersuchte Behörde nur die **Verantwortung** für die Maßnahmen trägt, die sie **zur Durchführung** der Amtshilfe vornimmt, während für den zugrunde liegenden Akt die ersuchende Behörde verantwortlich ist (sa § 7 Abs. 2 VwVfG).[109]

45 Diese **einfachgesetzlich ausgedrückte Verantwortlichkeit** ist in erster Linie im Binnenverhältnis von Bedeutung.[110] Diese Grundsätze sind bei Rechtsbehelfen und Rechtsmitteln eines betroffenen Bürgers nur bedingt zu beachten. Denn einerseits bleibt die ersuchende Behörde Herrin des Verfahrens, bei dem die Hilfe nur ergänzende Funktion hat, so dass der ersuchenden Behörde grundsätzlich die Hilfeleistung zugerechnet wird.[111] Dessen ungeachtet ist richtigerweise anzunehmen, dass unabhängig von der organisatorischen Verantwortlichkeit die Hilfeleistung stets dann, wenn sie einen **eigenständigen Grundrechtseingriff** bewirkt, als solche vom Betroffenen gegen den unmittelbaren Verursacher bzw. dessen Rechtsträger angegriffen werden kann.[112]

46 In der Ablehnung eines Amtshilfeersuchens durch die ersuchte Behörde liegt **kein Verwaltungsakt.**[113] Demgegenüber wird die aufsichtsbehördliche Entscheidung nach § 5 Abs. 5 S. 2 Alt. 2 VwVfG verschiedentlich als Ver-

---

[106] *Dreher,* Die Amtshilfe, 1959, 92; aA bzgl. Hilfsgeschäfte *Schneider,* Die Pflicht der Behörden zur Aktenvorlage im Strafprozess, 1970, 59; zur Frage, ob juristische Personen des Privatrechts als Eigengesellschaft eines Landes oder einer Gemeinde von Art. 35 erfasst werden, → Rn. 18 f. mwN.

[107] Vgl. *Dreher,* Die Amtshilfe, 1959, 97 f.

[108] So bereits PrOVGE 20, 445 (448); *Grzeszick* in BerlKomm Rn. 29; *v. Danwitz* in MKS Rn. 24.

[109] Vgl. *Moll* DVBl. 1954, 697 (699); *Grzeszick* in BerlKomm Rn. 29; *Epping* in BeckOK GG Rn. 11.

[110] Vgl. zur Unterscheidung von Innen- und Außenverhältnis *Funke-Kaiser* in BeckOK VwVfG § 7 Rn. 6 ff.

[111] BVerwG Urt. v. 25.10.2017 – 6 C 45.16 = BeckRS 2017, 138147 (Rn. 18).

[112] Offen gelassen und mwN BVerwG Urt. v. 25.10.2017 – 6 C 45.16 = BeckRS 2017, 138147 (Rn. 19).

[113] *Schmitz* in Stelkens/Bonk/Sachs VwVfG § 5 Rn. 42; *Ramsauer* in Kopp/Ramsauer VwVfG § 5 Rn. 41; *Prost* DÖV 1956, 80 (81); *Schnapp/Friehe* NJW 1982, 1422 (1428); aA *Finkelnburg/Lässig,* 1979, VwVfG § 5 Rn. 44.

waltungsakt qualifiziert.[114] Umstritten ist die Frage, welche **Rechtsbehelfe** insbes. der ersuchenden Behörde gegen die Ablehnung ihres Ersuchens zustehen. Vor dem Inkrafttreten des VwVfG im Jahre 1976 wurde überwiegend vertreten, dass nur Gegenvorstellung und Dienstaufsichtsbeschwerde zulässig seien.[115] Aufgrund der detaillierten Regelungen in §§ 4–8 VwVfG, §§ 3–7 SGB X, §§ 111–115 AO hat sich weitgehend die Auffassung durchgesetzt, die Amtshilfe sei vor den Verwaltungsgerichten bzw. den Sozial- oder Finanzgerichten einklagbar.[116] Bejaht man einen Anspruch der ersuchenden Behörde auf Amtshilfe,[117] ist es konsequent, die Ablehnung des Ersuchens gerichtlich überprüfen lassen zu können.

Bei **ressortüberschreitender Amtshilfe** richtet sich der zulässige **Rechtsweg** nach den Normen, aus denen sich für die **ersuchte** Behörde die Verpflichtung zur Amtshilfe ergibt.[118] Im **Verhältnis zum Bürger** handelt es sich bei der Amtshilfe um eine Verfahrenshandlung iSd § 44a VwGO, gegen die Rechtsbehelfe nur gleichzeitig mit den gegen die Sachentscheidung zulässigen Rechtsbehelfen geltend gemacht werden können,[119] es sei denn, die Amtshilfehandlung ist eine selbständig vollstreckbare Maßnahme iSd § 44a S. 2 VwGO. 47

Art. 35 äußert sich nicht zu den **Kosten der Beistandsleistung.** Dem Gesetzgeber steht es daher frei, entsprechende Regelungen zu treffen, solange nicht der Grundgedanke des Art. 35 unterlaufen würde, zB durch prohibitive Kosten. Auch aus Art. 104a Abs. 1 und Abs. 5 ergibt sich kein Erstattungsverbot für Unterstützungsleistungen.[120] Insoweit gilt, dass die ersuchte Behörde für die Rechts- bzw. Amtshilfeleistung Kostenerstattung verlangen kann, soweit es gesetzlich vorgesehen ist.[121] Weil die ersuchte Behörde die Amtshilfe nach eigenem Recht und in eigener Verantwortung durchführt, ist auch die Frage der **Kostenerstattung nach eigenem Recht** zu beurteilen.[122] Mit § 8 VwVfG hat der Bundesgesetzgeber für seinen Anwendungsbereich, d. h. etwa für die Amtshilfe durch die Bundespolizei, eine differenzierte Regelung getroffen.[123] 48

---

[114] *Ramsauer* in Kopp/Ramsauer VwVfG § 5 Rn. 39; *Schliesky* in Knack/Henneke VwVfG § 5 Rn. 52.

[115] BGH NJW 1952, 305; BSGE 18, 273 (277); *Dreher,* Die Amtshilfe, 1959, 125 ff.; vgl. dazu *Dederer* in Maunz/Dürig Rn. 74 (Fn. 7); sa *Gubelt* in v. Münch/Kunig, 1. Auflage 1975, Rn. 11.

[116] BVerwG NVwZ 1986, 467; *Bull* in AK Rn. 27; *Erbguth/Schubert* in Sachs Rn. 31 f.; *Münkler* in SHH Rn. 25; *Schlink,* Die Amtshilfe, 1982, 259 f.; *Schnapp* DVBl. 1987, 561 (564); aA *Wendt* NWVBl. 1987, 33 (39) mwN; zur richtigen Klageart vgl. *Ramsauer* in Kopp/Ramsauer VwVfG § 5 Rn. 41.

[117] AA *Wendt* NWVBl. 1987, 33 (39), der von „organisatorischen Innenbeziehungen zwischen Verwaltungsträgern" spricht.

[118] BVerwG NVwZ 1986, 467 f., Ortskrankenkasse verlangt Auskunft von Industrie- und Handelskammer; krit. *Schnapp* DVBl. 1987, 561 (564 f.); ferner *v. Danwitz* in MKS Rn. 34; *Stüer* DÖV 1985, 720.

[119] VGH München NVwZ 1988, 742; *Erbguth/Schubert* in Sachs Rn. 33; *Schmitz* in Stelkens/Bonk/Sachs VwVfG § 5 Rn. 41 mwN.

[120] BVerwGE 162, 296 = NVwZ-RR 2018, 850.

[121] Sa BVerwG DÖV 1972, 720 f.; *Erbguth/Schubert* in Sachs Rn. 18; *Grzeszick* in BerlKomm Rn. 15; *Wessel,* Verfassungs- und verfahrensrechtliche Probleme der Amtshilfe im Bundesstaat, 1983, 178; *Pleitner* BayVBl. 1964, 247 (253); aA wohl *Münkler* in SHH Rn. 26; *v. Danwitz* in MKS Rn. 32.

[122] BVerwGE 162, 296 = NVwZ-RR 2018, 850 (852).

[123] Vgl. dazu BVerwGE 162, 296 = NVwZ-RR 2018, 850; VG München NVwZ-RR 2000, 742 f.; *Wolff* in Hömig/Wolff Rn. 4; *Dreher,* Die Amtshilfe, 1959, 129 ff.

II. Hilfe bei besonderen Gefahrenlagen in einem Land (Art. 35 Abs. 2)

49 Art. 35 Abs. 2 ist – ebenfalls wie Art. 35 Abs. 3 – zu entnehmen, dass die **Gefahrenabwehr den Ländern** obliegt und nicht dem Bund. Abs. 2 unterscheidet zwischen der Gefährdung der öffentlichen Sicherheit oder Ordnung eines Landes (S. 1) und der Gefährdung eines Landes durch eine Naturkatastrophe oder einen besonders schweren Unglücksfall (S. 2). Diese beiden Varianten schließen sich nicht gegenseitig aus; die Begriffe „öffentliche Sicherheit oder Ordnung" sind vielmehr weiter und umfassen auch die Fälle des S. 2.[124] Unterschiede zwischen S. 1 und S. 2 bestehen vor allem bei den Arten der sodann möglichen Hilfe.

50 **1. Hilfe zur Aufrechterhaltung oder Wiederherstellung der öffentlichen Sicherheit oder Ordnung (Art. 35 Abs. 2 S. 1).** Die Begriffe „öffentliche Sicherheit" und „öffentliche Ordnung" entsprechen denen des **allgemeinen Polizei- und Ordnungsrechts.**[125] Unter **„öffentlicher Sicherheit"** versteht man den Schutz von drei Teilschutzgütern: Unverletzlichkeit der Rechtsordnung, Unverletzlichkeit der subjektiven Rechte und Rechtsgüter des Einzelnen und Bestand des Staates und der Einrichtungen sowie Veranstaltungen des Staates und sonstiger Träger hoheitlicher Gewalt.[126] Der Begriff **„öffentliche Ordnung"** umfasst die Gesamtheit derjenigen ungeschriebenen Regeln, „deren Befolgung nach den jeweils herrschenden und mit dem Wertgehalt des Grundgesetzes zu vereinbarenden sozialen und ethischen Anschauungen als unerlässliche Voraussetzung eines geordneten menschlichen Zusammenlebens innerhalb eines bestimmten Gebiets angesehen wird."[127]

51 Die Naturkatastrophen und Unglücksfälle, die S. 2 adressiert, sind zwar sachlich von den Schutzgütern des S. 1 erfasst, aber im Blick auf den weiter gezogenen Radius an personellen und sachlichen Hilfen in S. 2 speziell geregelt.[128] So wäre im Blick auf die Überwachung von normierten Ausgangsbeschränkungen in Zeiten **pandemischer Szenarien** die Variante des Satzes 1 in Gestalt der Unverletzlichkeit der Rechtsordnung gegeben. Die **Gesundheit der Einzelnen** selbst ist ebenso Bestandteil der öffentlichen Sicherheit (Satz 1), wie die Ursache ihrer Gefährdung ein Fall des Satzes 2 sein kann. Geht es – als Beispiel – um die Durchsetzung der genannten Ausgangsbeschränkungen zur Eindämmung einer pandemischen Entwicklung, d. h. eines Falls von Satz 1, so wäre etwa der Einsatz der Bundeswehr unzulässig. Dieser ist vielmehr erst in den Szenarien des Satzes 2 denkbar.

[124] So *Wolff* in Hömig/Wolff Rn. 5.

[125] Vgl. *Hase* in AK Rn. 3; *Bauer* in Dreier Rn. 27; *Pieroth* in Jarass/Pieroth Rn. 6; *Magen* in Umbach/Clemens Rn. 31; *Erbguth/Schubert* in Sachs Rn. 36; *Stern,* StaatsR II, 1980, § 56 Kap. III 3a; zur Auslegung der Rechtsbegriffe der „öffentlichen Sicherheit oder Ordnung" allg. *Klein* DVBl. 1971, 233 ff.

[126] *Pieroth/Schlink/Kniesel,* Polizei- und Ordnungsrecht, § 8 Rn. 3; die frühere Begriffsumschreibung lautete: Schutz zentraler Rechtsgüter wie Leben, Gesundheit, Freiheit, Ehre und Vermögen des Einzelnen sowie des Bestandes des Staates, seiner Einrichtungen und der gesamten Rechtsordnung; *Drews/Wacke/Vogel/Martens,* Gefahrenabwehr, § 15, 1., 2.; sa BVerfGE 69, 315 (352).

[127] BVerfGE 111, 147 (156); ähnlich schon PrOVGE 91, 139 (140); *Drews/Wacke/Vogel/Martens,* Gefahrenabwehr, § 16, 1.; *Wolff/Bachof,* Verwaltungsrecht III, 4. Auflage 1978, § 125 Abs. 2a S. 2; ferner *Bauer* in Dreier Rn. 27; *Stern,* StaatsR II, 1980, § 56 Kap. III 3 a.

[128] *Wolff* in Hömig/Wolff Rn. 5.

Die Anforderung kann ferner nur **„in Fällen von besonderer Bedeutung"** (zB Großdemonstrationen, Großbrände) und auch nur dann erfolgen, wenn die Polizei des anfordernden Landes **eine Aufgabe ohne Unterstützung** der Bundespolizei **nicht oder nur unter erheblichen Schwierigkeiten erfüllen könnte.** Damit konstitutionalisiert und qualifiziert der Verfassungsgeber bei dieser Form der Hilfeleistung die sachliche Bedürftigkeit unmittelbar und überlässt sie nicht – wie in den Fällen des Abs. 1 – dem einfachen Gesetzgeber, zB durch § 5 VwVfG. Vor allem galt es so sicherzustellen, dass der frühere Bundesgrenzschutz, dem im Zeitpunkt der Einfügung des jetzigen Art. 35 Abs. 2 S. 1 (1972, → **Rn. 2**) in erster Linie die Sicherung der Grenzen oblag, nur ausnahmsweise polizeiliche Aufgaben wahrnehmen konnte. Die Verwendung der heutigen Bundespolizei im Falle des Art. 35 Abs. 2 ist ausdrücklich in § 11 BPolG geregelt. Anders als in den Fällen des Abs. 3 hat der Bund hier jedoch kein Recht der Intervention. 52

Die Entscheidung, ob die oa Voraussetzungen vorliegen, erfolgt aufgrund einer **Lagebewertung** durch die zuständigen Landesorgane und kann juristisch nur **eingeschränkt überprüft werden.**[129] Eingeschränkte Überprüfung bedeutet aber nicht gänzlicher Verzicht. Denn weder die anfordernde noch die angeforderte Behörde bzw. ihr Träger dürfen über Kompetenzen disponieren – nicht über eigene und nicht über fremde. Kompetenzen stehen über den Trägern.[130] Zwar kommt hier der Lagebeurteilung besonderes Gewicht zu, doch ist ein Fall von besonderer Bedeutung in justiziabler Weise abzulehnen, wenn eine Überforderungssituation im Sinne des 2. Halbsatzes nicht schlüssig dargetan wird. 53

Dies gilt vor allem bei der **„freiwilligen" Hilfeleistung.** Die Freiwilligkeit kann die Kompetenzordnung nicht suspendieren. Sie ist zwar nicht prinzipiell ausgeschlossen.[131] Jegliche positivierte Voraussetzungen bzw. allgemein geltende Rechtsgrundsätze, Gesetzesvorbehalte etc. dürfen damit aber nicht umgangen werden. Der Einsatz der Polizei anderer Länder ist daher zwingend an die Voraussetzung des Art. 35 Abs. 2 S. 1 zu binden, und der „freiwillige" Einsatz der Bundeswehr unterhalb der Schwelle des Art. 87a Abs. 2 ist ohnehin gänzlich abzulehnen. 54

Mit **„Kräften"** sind alle Bediensteten, mit **„Einrichtungen"** alle sächlichen Mittel – Kfz, Gebäude, Vorräte, Fernmeldeanlagen usw – gemeint.[132] Der Einsatz darf nur zur Unterstützung der Polizei des anfordernden Landes geschehen. Unter **„Polizei"** sind nicht nur die Kräfte des polizeilichen Vollzugsdienstes zu verstehen, sondern auch die des Sicherheits- und Ordnungsdienstes, die ebenfalls für die Abwehr von Gefahren für die öffentliche Sicherheit oder Ordnung zuständig sind.[133] Über die Anforderung entscheidet gem. § 11 Abs. 3 BPolG grundsätzlich das BMI, die Kräfte unterliegen der fachlichen Weisung des Landes und richten sich auch, va im Blick auf die Befugnisse, nach dessen Recht.[134] 55

---

[129] *Hase* in AK Rn. 3; 18; *Erbguth/Schubert* in Sachs Rn. 36; *Bauer* in Dreier Rn. 27; *Pieroth* in Jarass/Pieroth Rn. 6; ebenso *Grzeszick* in BerlKomm Rn. 44; *Epping* in BeckOK GG Rn. 18.

[130] Vgl. mwN *Goldhammer* in Baade/Ehricht ua Verhältnismäßigkeit im Völkerrecht, 2016 125–144.

[131] *Wolff* in Hömig/Wolff Rn. 7.

[132] AllgM, *v. Danwitz* in MKS Rn. 65; *Arndt* DVBl. 1968, 729.

[133] So auch *Dederer* in Maunz/Dürig Rn. 145; *Grzeszick* in BerlKomm Rn. 36; aA *Erbguth/Schubert* in Sachs Rn. 39; *Hase* in AK Rn. 5.

[134] *Wolff* in Hömig/Wolff Rn. 5 f.

56 **2. Hilfe bei einer Naturkatastrophe oder bei einem besonders schweren Unglücksfall in einem Land (Art. 35 Abs. 2 S. 2).** S. 2 betrifft die Fälle regionaler Katastrophenhilfe. Das Schadenspotenzial dieser Ereignisse ist deutlich höher – das BVerfG spricht von ungewöhnlichen Ausnahmesituationen mit katastrophischen Dimensionen[135] – konsequenterweise reicht das Anforderungsrecht deutlich weiter als bei Satz 1. Art. 35 Abs. 2 S. 2 findet dann Anwendung, wenn die Naturkatastrophe oder der besonders schwere Unglücksfall das Gebiet nur eines Landes gefährdet (sog. **regionaler Katastrophennotstand**) und nicht das „Gebiet mehr als eines Landes" nach Abs. 3. Eine **„Naturkatastrophe"** hat ihre Ursache in einem Ereignis der Natur (zB Überschwemmung, Sturm, Lawinengefahr, Erdbeben), während ein **„Unglücksfall"** auf menschliches Einwirken oder technische Unzulänglichkeiten zurückzuführen ist (ua Brandstiftung, terroristischer Anschlag, Explosion in einem Chemiewerk, Reaktorunfall).[136] Eine genaue Abgrenzung wird nicht immer möglich sein, ist aber auch nicht erforderlich. Eine Pandemie im Ausmaß der massenhaften Infektionen durch **COVID-19** dürfte nach dieser Definition – im Blick auf die fehlende normative Zurechnung zum Menschen – eine Naturkatastrophe darstellen.

57 Beide Begriffe sind im Übrigen in der Richtlinie des BMVg v. 8.11.1988[137] verfassungskonform wie folgt definiert worden: **„Naturkatastrophen"** sind **unmittelbar drohende Gefahrenzustände oder Schädigungen von erheblichem Ausmaß, die durch Naturereignisse** wie Erdbeben, Hochwasser, Eisgang, Unwetter, Wald- und Großbrände durch Selbstentzündung oder Blitze, Dürre oder Massenerkrankungen ausgelöst werden. „Besonders schwere Unglücksfälle" sind demgegenüber **Schadensereignisse von großem Ausmaß und von Bedeutung für die Öffentlichkeit, die durch Unfälle, technisches oder menschliches Versagen ausgelöst** oder von Dritten absichtlich herbeigeführt werden. Hierunter fallen zB besonders schwere Verkehrsunfälle, schwere Flugzeug- oder Eisenbahnunglücke, Stromausfall mit Auswirkungen für lebenswichtige Einrichtungen, Großbrände durch Brandstiftung, Unfälle in Kernenergieanlagen und andere Unfälle mit Strahlenrisiko. Richtigerweise wird in der Definition **auch** hervorgehoben, dass es **unbeachtlich** ist, ob der Eintritt des Ereignisses – wie bei Terroranschlägen – **von Dritten absichtlich herbeigeführt** worden ist.[138]

58 Nicht unter Art. 35 Abs. 2 S. 2 fallen dagegen Großdemonstrationen wie seinerzeit in Wackersdorf[139], Demonstrationsexzesse[140] sowie die massenhafte Einreise von Flüchtlingen[141]. Sie sind weder Unglücksfall noch Naturkatastrophe. Allerdings kann sowohl ein Fall des Art. 35 Abs. 2 S. 1 gegeben sein, wie die Auswirkungen solcher Szenarien zu Folgen führen können, die ihrerseits einen besonders schweren Unglücksfall darstellen, wie etwa die be-

---

135 BVerfGE 132, 17; BVerfGE 133, 265.

136 Wie hier BVerfGE 115, 118 (143); *Hase* in AK Rn. 4; *Pieroth* in Jarass/Pieroth Rn. 7; *v. Danwitz* in MKS Rn. 70; *Bauer* in Dreier Rn. 29; *Stern,* StaatsR II, 1980, § 56 II 2a, b.

137 VMBl. 1988, 279 Abschn. A Nr. 2, 3.

138 BVerfGE 115, 118 (143 f.); *Wolff* in Hömig/Wolff Rn. 8; *Erbguth/Schubert* in Sachs Rn. 38; *Epping* in BeckOK GG Rn. 20; *Baldus* NVwZ 2004, 1278 (1282); *Sattler* NVwZ 2004, 1286 (1287); *Schenke* NJW 2006, 736 (737); *Jochum* JuS 2006, 511 (514); *Linke* AöR 129 (2004), 489 (520); aA *Wolff* ThürVBl. 2003, 176 (177).

139 So zutr. *Jahn/Riedel* DÖV 1988, 957 (961); *Bauer* in Dreier Rn. 29; *Magen* in Umbach/Clemens Rn. 34.

140 Vgl. *Erbguth/Schubert* in Sachs Rn. 38.

141 Vgl. *Lucks* NVwZ 2015, 1648 (1650).

schleunigte und unkontrollierte Verbreitung **hochinfektiöser Krankheiten.**[142]

59 Auch bei besonders schweren Unglücksfällen oder Naturkatastrophen ist es ausreichend, wenn ein **Gefahrenzustand unmittelbar droht,** der Eintritt des jeweils drohenden schädigenden Ereignisses **„mit an Sicherheit grenzender Wahrscheinlichkeit“**[143] zu erwarten ist, falls ihm nicht rechtzeitig entgegengewirkt wird.[144] Für diese Auslegung spricht die polizeirechtliche Konstruktion und Struktur der Regelung sowie ihr enger Zusammenhang mit Art. 35 Abs. 3 S. 1, in dem die „Gefährdung“ besonders angesprochen ist (→ Rn. 72).

60 Ob der Unglücksfall **„besonders schwer“** ist, richtet sich nach dem Einzelfall. Die Präzisierung des BVerfG im Sinne einer ungewöhnlichen Ausnahmesituation mit katastrophischen Dimensionen[145] ist zwar alleine nicht sehr aussagekräftig, im Zusammenhang mit einem konkreten Fall und in Abgrenzung zur „normalen“ Gefahrenlage lässt sich dem Szenario durchaus nähern,[146] v. a. wenn man zusätzlich bedenkt, dass der Verfassungsgeber mit der Formulierung die Hilfspflicht nur für Ausnahmefälle vorschreiben wollte. Man wird sagen können, dass der Unglücksfall im Allgemeinen mit einem Schaden von großem Ausmaß verbunden sein muss, der wegen seiner Bedeutung in besonderer Weise die Öffentlichkeit berührt.[147]

61 Im Falle des erstmaligen Auftretens einer neuen hochinfektiösen Krankheit mit **pandemischen Ausmaßen** und einem dramatisch gestiegenen Bedarf an intensivmedizinischen Leistungen, etc. wird man dies gut annehmen können. Nicht dagegen ist das der Fall bei der jährlichen Grippesaison, selbst wenn – unterstellt – die Mortalitätsraten sich nicht enorm unterscheiden sollten. Naturkatastrophe und Unglücksfall sind trotz ihrer höchst faktischen Grundlage am Ende eine Frage der normativen Beurteilung, die auch den sozialpsychologischen Aspekt einer „Katastrophe“ aufgreifen können. Wesentlich ist freilich, dass es sich hierbei zwingend um eine **originär verfassungsrechtliche Beurteilung** handeln muss, denn Ursache und Wirkung drohen in Ausnahmesituationen verwischt zu werden. Entsprechend entfaltet eine landesbehördliche **Feststellung des „Katastrophenfalls“** (zB gem. Art. 4 Bayerisches Katastrophenschutzgesetz) zur Beurteilung des Art. 35 Abs. 2 Satz 2 keine Bindungswirkung.

---

142 Zutr. *Spranger* NJW 1999, 1003 (1004).

143 *Schenke* (NJW 2006, 936 [737]) will dieses Merkmal nicht aus Art. 35 Abs. 2 S. 2, Abs. 3 herleiten sondern aus Art. 2 Abs. 2 S. 1 iVm Art. 1. Mit diesem Merkmal wird über den Gefahrenbegriff des Polizei- und Ordnungsrechts hinausgegangen, der nur voraussetzt, dass „mit hinreichender Wahrscheinlichkeit“ ein Schaden eintritt.

144 Str., wie hier BVerfGE 133, 263 f.; BVerfGE, 132, 18 f.; BVerfGE 115, 118 (144 f.); *Münkler* in SHH Rn. 38; *Wolff* in Hömig/Wolff Rn. 8; *Epping* in BeckOK GG Rn. 21; *Grzeszick* in BerlKomm Rn. 46; *Bauer* in Dreier Rn. 29; *v. Danwitz* in MKS Rn. 71; *Baldus* NVwZ 2004, 1278 (1282 f.); *Baumann* Jura 2006, 447 (451); *Jochum* JuS 2006, 511 (514); *Winkler* NVwZ 2006, 536; *Hillgruber* JZ 2007, 209 (214); *Linke* AöR 129 (2004), 489 (520); *Sattler* NVwZ 2004, 1286 (1287 f.); aA *Krings/Burkiczak* DÖV 2002, 501 (512); *Dreist* NZWehrR 2002, 133 (138); NZWehrR 2004, 89 (104); *Hase* DÖV 2006, 213 (216 f.); *Wilkesmann* NVwZ 2002, 1316 (1321); krit. unter Hinweis auf den Wortlaut des Art. 35 Abs. 2 S. 2: *Erbguth/Schubert* in Sachs Rn. 38.

145 BVerfGE 132, 17; BVerfGE 133, 265.

146 Vgl. *Wolff* in Hömig/Wolff Rn. 8.

147 BVerfGE 115, 118 (143); *Wolff* in Hömig/Wolff Rn. 8; ähnlich Richtlinie des BMVg v. 8.11.1988 (VMBl. 1988, 279 Abschn. A Nr. 3).

62 Obwohl in Art. 35 Abs. 2 S. 2 nicht nochmals erwähnt, setzt das Anforderungsrecht – wie in Art. 35 Abs. 2 S. 1 – voraus, dass das **betroffene Land** die Lage ohne die Unterstützung **nicht oder nur mit erheblichen Schwierigkeiten** bewältigen kann.[148] Dieses Erfordernis ergibt sich aus dem Gedanken der Hilfeleistung, der Art. 35 insgesamt zugrunde liegt.

63 Das Land darf auf dieser Grundlage Polizeikräfte anderer Länder, Kräfte und Einrichtungen anderer Verwaltungen sowie der Bundespolizei und der Streitkräfte anfordern. Polizeikräfte sind solche des polizeilichen Vollzugsdienstes (Schutz-, Bereitschafts-, Kriminal- oder Wasserschutzpolizei). Nicht entschieden zu werden braucht die Frage, ob auch die Ordnungsbehörden eingeschlossen sind,[149] weil sie in jedem Falle als „Kräfte anderer Verwaltungen" herangezogen werden können. Zu den Begriffen „Kräfte" und „Einrichtungen" → Rn. 55. Welche Hilfskräfte angefordert werden, bestimmt das zuständige Landesorgan nach **pflichtgemäßem Ermessen**[150] unter Berücksichtigung der gegebenen Gefahrenlage.[151]

64 Erfolgt eine Anforderung, sind die **anderen Länder und der Bund verpflichtet** dieser **nachzukommen.**[152] Die Entscheidung darüber trifft grundsätzlich das jeweils zuständige Ministerium.[153] Im Falle des Einsatzes der Streitkräfte wird – anders als beim Auslandseinsatz – der Parlamentsvorbehalt nicht ausgelöst.[154] Eine Ausnahme von der Hilfspflicht ist nur anzunehmen, wenn die ersuchte Stelle außerstande gesetzt würde, Aufgaben gleicher oder höherer Bedeutung wahrzunehmen (zB bei dringender Verteidigungsbereitschaft der Bundeswehr).[155]

65 Der **Einsatz der angeforderten Kräfte** kann schlicht-hoheitlich (zB Einsatz mit technischen Geräten), aber auch hoheitlich sein. Verschiedentlich wird zwischen „technischer" und „polizeilicher" Katastrophenhilfe unterschieden.[156] Da die Kräfte nur Hilfe leisten, nehmen sie in beiden Fällen Aufgaben des anfordernden Landes wahr und unterliegen dessen Weisungen.[157] Dies gilt auch für die Bundespolizei und die Bundeswehr. Bei letzterer bleiben allerdings die Truppenteile in sich geschlossene Verbände mit ihrer eigenen Befehlsstruktur. Das anfordernde Land hat seine Weisungen an den zuständigen militärischen Befehlshaber zu richten; es ist nicht berechtigt,

---

[148] *Hase* in AK Rn. 4; *Pieroth* in Jarass/Pieroth Rn. 7; *v. Danwitz* in MKS Rn. 70; *Epping* in BeckOK GG Rn. 26.

[149] Verneinend *Hase* in AK Rn. 5; bejahend *Dederer* in Maunz/Dürig Rn. 145.

[150] *Hase* in AK Rn. 5; *Bauer* in Dreier Rn. 29; *Magen* in Umbach/Clemens Rn. 35; *v. Danwitz* in MKS Rn. 75; *Stern,* StaatsR II, 1980, § 56 Kap. II 3a; *Stober/Eisenmenger* NVwZ 2005, 121 (123).

[151] *Klückmann* DÖV 1976, 333 (338).

[152] So auch *Erbguth/Schubert* in Sachs Rn. 40; *Bauer* in Dreier Rn. 30; *Stern,* StaatsR II, 1980, § 56 Kap. II 3a; *Klein* in HdbStR VII § 169 Rn. 32.

[153] *Wolff* in Hömig/Wolff Rn. 9.

[154] Vgl. etwa BVerfGE 126, 55.

[155] Vgl. BT-Drs. V/2873, 10; *Arndt* DVBl. 1968, 729; wie hier *Hase* in AK Rn. 6; *Robbers* DÖV 1989, 926 (930); ähnlich *Epping* in BeckOK GG Rn. 27; sa § 11 Abs. 4 S. 1 BPolG.

[156] S. *Klückmann* DÖV 1976, 333 (336 ff.).

[157] *Dederer* in Maunz/Dürig Rn. 154; *Münkler* in SHH Rn. 45; *Erbguth/Schubert* in Sachs Rn. 40; *Hase* in AK Rn. 6; *Klein* HdbStR VII § 169 Rn. 32; *Robbers* DÖV 1989, 926 (927 f.); sa § 11 Abs. 2 S. 2 BPolG; aA BT-Drs. V/2873, 10, wo ausgeführt ist, dass die entsendende Stelle ihre Weisungsbefugnis behält. Zur Qualifizierung der Organisationsform der Hilfeleistung (Amtshilfe, Organleihe, verwaltungsrechtliches Mandat) vgl. *Sattler* NVwZ 2004, 1286 (1288) mwN.

unmittelbar auf nachgeordnete Kräfte zuzugreifen; die Befehls- und Kommandogewalt richtet sich nach Art. 65a.[158]

Entsprechend der Aufgabenwahrnehmung und Weisungsbefugnis ist auch das **Recht des anfordernden Landes,** und nicht der entsendenden Stelle, anzuwenden.[159] Die eingesetzten Kräfte sind nur zur Vornahme solcher Maßnahmen befugt, die auch **von dem anfordernden Land getroffen werden können.** Eine Erweiterung der Kompetenzen, zB durch den Einsatz von Einheiten der Bundeswehr, findet nicht statt.[160] Daraus wurde im ersten Urteil zum LuftSiG geschlossen, die eingesetzten Hilfsmittel „können nicht von qualitativ anderer Art sein als diejenigen, die den Polizeikräften der Länder für die Erledigung ihrer Aufgaben originär zur Verfügung stehen." Nach diesem Maßstab wären **militärische Kampfmittel, bspw. die Bordwaffen eines Kampfflugzeugs,** wie sie für Maßnahmen nach § 14 LuftSiG benötigt werden, ausgeschlossen.[161] Zulässig wäre nur die Bereitstellung zB von Einrichtungen, technischen Ausrüstungen, Instrumenten oder von Hubschraubern und Lastkraftwagen.[162] Diese sachliche Abgrenzung konnte nicht überzeugen, zumal sich in vielen Fällen gar nicht sagen lässt, was militärischer und was polizeilicher Natur ist.[163] In seiner Plenarentscheidung von 2012 hat das BVerfG die **Verwendung spezifisch militärischer Waffen** nicht grundsätzlich ausgeschlossen. Ihr Einsatz ist unter engen Voraussetzungen zulässig, „die sicherstellen, dass nicht die strikten Begrenzungen unterlaufen werden, die einem bewaffneten Einsatz der Streitkräfte im Inneren durch Art. 87a Abs. 4 gesetzt sind"[164]. 66

Ebenfalls überholt ist das erste Urteil zum LuftSiG insofern als es annahm, der Bund habe **unmittelbar aus Art. 35 Abs. 2 S. 2 und Abs. 3 S. 1 das Recht zur Gesetzgebung** für Regelungen, die das Nähere über den **Einsatz von Streitkräften** im Zusammenwirken mit den beteiligten Ländern zur Bewältigung eines regionalen oder überregionalen Katastrophennotstands bestimmen.[165] Die Plenarentscheidung von 2012 weist dies zurück. Un- 67

[158] *Robbers* DÖV 1989, 926 (927 f.) mwN.

[159] *Münkler* in SHH Rn. 44; *Erbguth/Schubert* in Sachs Rn. 40; *v. Danwitz* in MKS Rn. 64, 75; *Robbers* DÖV 1989, 926 (928 f.); vgl. auch § 11 Abs. 2 S. 1 BPolG; aA für den Einsatz der Streitkräfte: *Karpinski,* Öffentlich-rechtliche Grundsätze für den Einsatz der Streitkräfte im Staatsnotstand, 1974, 86 f.; *Speth,* Rechtsfragen des Einsatzes der Bundeswehr unter besonderer Berücksichtigung sekundärer Verwendungen, 1985, 138 f.; *Busch* NZWehrR 1986, 111 ff.

[160] *Arndt* DVBl. 1968, 729 (730).

[161] BVerfGE 115, 118 (147); zust. *Schenke* NJW 2006, 736 (737); *Starck* JZ 2006, 417; *Jochum* JuS 2006, 511 (514); NVwZ 2006, 536 (538); *Baumann* Jura 2006, 447 (451); abl. *Hillgruber* JZ 2007, 209 (214 ff.); *Gramm* DVBl. 2006, 653 (654 f.) unter Hinweis auf das Gebot einer wirksamen Gefahrenbekämpfung; krit. Unter Hinweis auf die mangelnde Effektivität der Maßnahme: *Erbguth/Schubert* in Sachs Rn. 40; ferner – eine Abwägung fordernd – *Baldus* NVwZ 2006, 532 (535); NZWehrR 2007, 133 (135); NVwZ 2004, 1278 (1284); *Burkiczak* NZWehrR 2006, 89 (96); *Sittard/Ulbrich* NZWehrR 2007, 60 (68); zum Meinungsstand vor der Entscheidung des BVerfG vgl. ua *Wiefelspütz* NZWehrR 2003, 133; *Linke* AöR 129 (2004), 489 (523 ff.) mwN; *Gramm* NZWehrR 2005, 133 (140 ff.).

[162] *Jochum* JuS 2006, 511 (514); *Burkiczak* NZWehrR 2006, 89 (101); *Dreist* NZWehrR 2006, 45 (61 ff.), jeweils mwN.

[163] Vgl. *Bäumerich/Schneider* NVwZ 2017, 189 (194).

[164] BVerfGE 132, 1; BVerfGE 133, 241; vgl. zur Aufklärung mit Tornadoflugzeugen als Form der bloßen Unterstützungsleistung BVerwG Urt. v. 25.10.2017 – 6 C 45.16 = BeckRS 2017, 138147.

[165] BVerfGE 115, 118 (141); zur Kritik, dass der Wortlaut der Art. 35 Abs. 2 S. 2, Abs. 3 S. 1 dies nicht hergäbe, dafür jedoch Art. 73 Nr. 6 einschlägig sei, s. *Schenke* NJW 2006, 736 (737); *Burkiczak* NZWehrR 2006, 89 (94 f.).

geschriebene Gesetzgebungskompetenzen des Bundes jenseits des VII. Abschnitts widersprächen dem Schutzzweck der föderalen, grundsätzlich formal strukturierten Zuständigkeitsordnung. Die Kompetenz entnimmt das BVerfG stattdessen – freilich in ebenso umstrittener Weise – nunmehr Art. 73 Abs. 1 Nr. 6.[166]

68 Art. 35 Abs. 2 äußert sich zum Ersatz der entstehenden Aufwendungen nicht. Daher steht es dem Gesetzgeber grundsätzlich frei, entsprechende Regelungen vorzusehen, wie dies etwa mit § 11 Abs. 4 S. 3 BPolG geschehen ist.[167] Im Falle fehlender Bereitschaft der Anforderung nachzukommen, kann das BVerfG gem. Art. 93 Abs. 1 Nr. 3 entscheiden. Gegen ein Land kann die Bundesregierung ferner mittels Bundeszwang vorgehen.[168] Bei einer Naturkatastrophe oder einem besonders schweren Unglücksfall ist das betroffene Land schließlich berechtigt, das **Grundrecht der Freizügigkeit** einzuschränken (Art. 11 Abs. 2), damit das Gebiet nicht unkontrolliert betreten werden kann und die Hilfs- und Aufräumarbeiten nicht – ua durch Schaulustige – gestört werden.[169]

III. Gefährdung mehrerer Länder durch die Naturkatastrophe oder durch den Unglücksfall (Art. 35 Abs. 3)

69 Obwohl die Gefahrenbekämpfung Aufgabe der Länder ist (→ Rn. 49), lässt Art. 35 Abs. 3 ausnahmsweise eine **begrenzte Weisungs- und Einsatzbefugnis der BReg.** zu. Es handelt sich bei dieser sog. **Bundesintervention** aus kompetenzieller und föderaler Sicht um die intensivste Form der Hilfeleistung.[170] Diese verstärkt vor dem Hintergrund ihrer hohen Voraussetzungen und ihres Ausnahmecharakters das bundesstaatliche Prinzip und relativiert es nicht etwa. Die Rechte der BReg. sind an zwei Voraussetzungen geknüpft: Zum einen muss die Naturkatastrophe oder der Unglücksfall das Gebiet mehr als eines Landes gefährden (sog. **überregionaler Katastrophennotstand**), zum anderen muss die Weisung bzw. der Einsatz zur wirksamen Bekämpfung erforderlich sein.

70 Darin äußert sich der **Grundsatz der Subsidiarität,** dem sehr sorgsam Rechnung zu tragen ist.[171] Das bedeutet, dass ein Eingreifen nur erforderlich ist, wenn ansonsten die Gefahrenbekämpfung nicht effektiv erfolgen kann.[172] Das liegt typischerweise vor, wenn die betroffenen Länder zur wirksamen Bekämpfung nicht fähig oder nicht willens sind.[173] So zutreffend diese Wendung dem Grunde nach ist, so problematisch ist sie aber auch. Denn gerade der „fehlende Wille" der Landesautoritäten kann sich als reichlich triviales **Totschlagargument** erweisen, wo es im Kern um die politische Auseinandersetzung über das richtige Strategienbündel geht. Hier wird selten eine einzige richtige Lösung vorstellbar sein. Selbst im Fall des Umgangs mit hochinfektiösen Krankheiten in pandemischen Ausmaßen, lässt sich über

[166] BVerfGE 132, 1; zur Kritik etwa *Ladiges* NVwZ 2012, 1225.

[167] BVerwG DÖV 1973, 490 (491), Bundeswehreinsatz bei Lawinenunglück – mkrit Anm *Schmitt; Münkler* in SHH Rn. 47; *v. Danwitz* in MKS Rn. 67; *Magen* in Umbach/Clemens Rn. 33; *Epping* in BeckOK GG Rn. 19.

[168] *Wolff* in Hömig/Wolff Rn. 9.

[169] → Art. 11 Rn. 58.

[170] *Magen* in Umbach/Clemens Rn. 36; *v. Danwitz* in MKS Rn. 77; *Münkler* in SHH Rn. 48; *Bauer* in Dreier Rn. 32.

[171] BVerfGE 132, 1.

[172] Ähnlich *Pieroth* in Jarass/Pieroth Rn. 8; *Grzeszick* in BerlKomm Rn. 47.

[173] *Bauer* in Dreier Rn. 32; *Stern,* StaatsR II § 56 II 3b; *Pieroth* in Jarass/Pieroth Rn. 8.

Strategien streiten. Der Fall des fehlenden Willens müsste daher schon in einer Haltung der Obstruktion und Ignoranz liegen.

Das wird selten der Fall sein. Eher schon wird eine Landesregierung im Fall politischer Schwäche und gravierenden Missmanagements nicht in der Lage sein, ihr eigenes Unvermögen einzuräumen oder gar zu erkennen. Auch das ist ein Fall fehlenden Willens, aber vor allem auch des Unvermögens. Die Erforderlichkeit des Eingreifens lässt sich vor diesem Hintergrund zwar nicht ganz von solchen subjektiven Elementen trennen. Deren Wertung muss aber in der **gebotenen Objektivität im Lichte der föderalen Ordnung** und der anspruchsvollen objektiven Voraussetzungen des Art. 35 Abs. 3 S. 1 erfolgen. **71**

Aus dem **Tatbestandsmerkmal „gefährdet"** ergibt sich ferner explizit, dass – wie bei Art. 35 Abs. 2 S. 2[174] – ein unmittelbar drohender Gefahrenzustand für mehr als ein Land ausreicht.[175] Der Eintritt der Bedrohungsszenarien muss also nicht abgewartet werden. Freilich darf diese Gefährdung nicht schon in jedem Vorfeldproblem liegen, das in die Krise erwachsen könnte – oder eben auch nicht. Insoweit erweist sich die Erforderlichkeit aber als taugliches **Korrektiv.** Je weiter im Vorfeld, desto weniger ist der (legale) Bruch der Kompetenzordnung zulässig. Im Übrigen setzt Absatz 3 erneut die Szenarien der „Naturkatastrophe" oder des „besonders schweren Unglücksfalls" voraus. Sprachlich verweist der bestimmte Artikel auf § 35 Abs. 2 S. 2.[176] **72**

Da in Art. 35 Abs. 3 S. 1 nur die **BReg.,** die nach Art. 62 ein Kollegialorgan bildet, und nicht ein einzelner Bundesminister ermächtigt ist, muss grundsätzlich ein **Beschluss des Kollegiums** erfolgen.[177] Eine Ausnahme besteht auch für den Fall besonderer Eilbedürftigkeit, denn Art. 35 Abs. 3 S. 1 wurde einerseits unzweifelhaft gerade für solche Fälle geschaffen, und die Länder werden andererseits durch die Bundesintervention nach Art. 35 Abs. 3 S. 1 in besonderer Weise in ihrem Kompetenzbereich berührt. Der Entscheidungsmodus entspricht vielmehr der Bedeutung, die das GG gerade auch dem Einsatz der Bundeswehr im Innern zugemessen hat.[178] Für Fälle äußerster Dringlichkeit müsste die Verfassung entsprechend geändert werden. **73**

Die **Weisungsbefugnis** der BReg. erstreckt sich lediglich auf die Anordnung an Landesregierungen, **Polizeikräfte** anderen Ländern zur Verfügung zu stellen. Die Weisungen dürfen nicht unmittelbar an die einzusetzenden Polizeikräfte, sondern müssen nach dem Wortlaut der Verfassung an die Landesregierungen gehen. Art. 35 Abs. 3 gewährt der BReg. daher geringere Rechte als bei dem in Art. 91 Abs. 2 geregelten Fall des inneren Notstandes.[179] Für den Einsatz der Polizeikräfte und seine Grenzen gilt das in → Rn. 50 ff. zu Art. 35 Abs. 2 Gesagte entsprechend.[180] Insoweit bleibt dem **74**

---

[174] → Rn. 59.

[175] BVerfGE 115, 118 (149).

[176] → Rn. 56 ff.; wie hier *Stern,* StaatsR II, 1980, § 56 II 2; *Pieroth* in Jarass/Pieroth Rn. 8.

[177] BVerfGE 115, 118 (149) mit Beanstandung von § 13 Abs. 3 S. 2, 3 LuftSiG v. 11.1.2005 (BGBl. 2005 I 78); *Münkler* in SHH Rn. 55; *Grzeszick* in BerlKomm Rn. 50; *Epping* in BeckOK GG Rn. 28.1; aA *Schenke* NJW 2006, 736 (737 f.).

[178] Zutr. *Sattler* NVwZ 2004, 1286 (1289).

[179] Sa *Epping* in BeckOK GG Rn. 29; *Kleiner* DVBl. 1977, 240 (242).

[180] So *v. Danwitz* in MKS Rn. 81; *Hase* in AK Rn. 7; *Magen* in Umbach/Clemens Rn. 38.

Bund ggf. noch die Möglichkeit, Bundeszwang zu üben (Art. 37) oder über Art. 93 Abs. 1 Nr. 3 vorzugehen.

75 Weitergehend sind die Befugnisse dagegen bei den **Einheiten der Bundespolizei und der Streitkräfte,** dh wenn die BReg. sich zum Einsatz nach S. 1 Alt. 2 entschließt. Diese kann die **BReg. selbst unmittelbar einsetzen,** jedoch **nur „zur Unterstützung der Polizeikräfte".** IdR wird die Unterstützung auf technische Hilfeleistungen und Maßnahmen zur Entlastung der Landespolizeikräfte beschränkt sein. Die Betonung der Unterstützungsfunktion hat hier – vergleichbar mit derjenigen nach Art. 87a Abs. 4 S. 1 – die Bedeutung, dass im Zweifel die landespolizeiliche Lagebeurteilung den Ausschlag gibt bei der konkreten Führung von Polizeieinheiten und Kräften der Bundeswehr.[181]

76 Fraglich ist der **Umfang der Weisungsbefugnis der BReg.** beim Einsatz der Einheiten der Bundespolizei und der Bundeswehr. Verschiedentlich wird angenommen, dass die BReg. das unmittelbare Weisungsrecht habe.[182] Dafür könnte die Tatsache sprechen, dass die Hilfskräfte Teil ihrer Herkunftsorganisation bleiben, also den zuständigen Bundesministern unterstehen. Demgegenüber ist jedoch anzuführen, dass die Bundespolizei und die Bundeswehr nur die Polizei des Landes unterstützen sollen, also bei **Wahrnehmung einer Landesaufgabe** wie im Falle des Art. 35 Abs. 2 S. 2.[183] Ein weiteres Argument **gegen ein umfassendes Weisungsrecht** der BReg. lässt sich aus dem Gedanken des § 11 Abs. 2 S. 1 BPolG herleiten, wonach sich die Unterstützung eines Landes durch die Bundespolizei auch im Falle des Art. 35 Abs. 3 nach dem für das Land geltenden Recht richtet.

77 Für die Bundespolizei enthält § 11 Abs. 2 S. 2 BPolG folgende spezielle Regelung: „Vorbehaltlich des Artikels 35 Abs. 3 des Grundgesetzes unterliegt die Bundespolizei dabei den **fachlichen Weisungen des Landes.**" Unter dem Begriff „fachliche Weisungen" sind **alle Anordnungen** zu verstehen, **die den Einsatz betreffen.**[184] Damit hat der einfache Gesetzgeber festgelegt, dass der Einsatz von einer einheitlichen Stelle, d. h. einer Stelle des Landes, erfolgt, um eine optimale Gefahrenbekämpfung sicherzustellen. Demgegenüber verbleibt die **dienstrechtliche und organisatorische Weisungsbefugnis beim Bund.**[185] Unklar ist die Bedeutung der Formulierung „vorbehaltlich des Artikels 35 Abs. 3 des Grundgesetzes" in § 11 Abs. 2 S. 2 BPolG. Mit dieser wenig gelungenen Wendung sollte sicherlich zum Ausdruck gebracht werden, dass die wirksame Bekämpfung eines überregionalen Notstandes von hoher Priorität ist. Daraus folgt, dass der **Bund** erstens **Weisungen** erteilen kann, die **aus überregionalen Gesichtspunkten** notwendig sind,[186] und zweitens Anordnungen treffen kann, wenn ein **Land nicht willens oder fähig ist, eine wirksame Bekämpfung der Gefahr vorzunehmen.**[187] Jedoch ist auch in diesen Fällen gleichwohl ein einver-

---

[181] S. → Art. 87a Rn. 68 ff.

[182] *Münkler* in SHH Rn. 59 (differenziert); *v. Danwitz* in MKS Rn. 82; *Grzeszick* in BerlKomm Rn. 54; *Klein* in HdbStR VII § 169 Rn. 34.

[183] Str., wie hier BVerfGE 115, 118 (150 f.); *v. Danwitz* in MKS Rn. 84; *Magen* in Umbach/Clemens Rn. 39; *Münkler* in SHH Rn. 59; aA (Annahme einer – notständischen – Bundeskompetenz): *Hase* in AK Rn. 8; *Grzeszick* in BerlKomm Rn. 51; *Erbguth/Schubert* in Sachs Rn. 41; *Epping* in BeckOK GG Rn. 31.

[184] *Fischer/Hitz/Laskowski/Walter* BGSG § 11 Rn. 41.

[185] *Blümel/Drewes/Malmberg/Walter* BPolG, § 11 Rn. 13.

[186] *Fischer/Hitz/Laskowski/Walter* BGSG § 11 Rn. 41.

[187] *Stern,* StaatsR II, 1980, § 56 II 3b; ähnlich *Wolff* in Wolff Rn. 12.

nehmliches Zusammenwirken der beteiligten Bundes- und Landesstellen zu suchen, d. h. der föderale Kern geht auch hier nicht ganz verloren.[188]

Für den **Einsatz der Streitkräfte** müssen die vorgenannten Grundsätze entsprechend gelten. Ebenso wie bei Art. 35 Abs. 2 S. 2 ist die Unterstützung der Polizeikräfte der Länder mit militärspezifischen Waffen nur zulässig, wenn dadurch **die strengen Voraussetzungen des Art. 87a Abs. 4 nicht unterlaufen werden.**[189] Mangels einer einfach-gesetzlichen Regelung für die Streitkräfte (entsprechend § 11 Abs. 2 S. 1 BPolG für die Bundespolizei) ist es umstritten, ob beim Einsatz der Streitkräfte auch das **Recht des Einsatzlandes** zur Anwendung kommt oder nicht. Die Vertreter der Ansicht, die für den Einsatz der Bundeskräfte nach Art. 35 Abs. 3 eine notständische Bundeskompetenz annehmen,[190] legen konsequenterweise die Anwendung von Bundesrecht zugrunde, wobei verschiedentlich die Vorschriften des G über die Anwendung unmittelbaren Zwanges und die Ausübung besonderer Befugnisse durch Soldaten der Bundeswehr und zivile Wachpersonen (UZwGBw) analog herangezogen werden.[191] Dem kann nicht gefolgt werden, weil die Bekämpfung der Naturkatastrophe oder des Unglücksfalls bei einem überregionalen Notstand nach Art. 35 Abs. 3 ebenfalls eine Landesaufgabe der betroffenen Länder bleibt wie bei dem regionalen Notstand gem. Art. 35 Abs. 2 S. 2 (Anforderung „zur Hilfe"). Dies ergibt sich aus der eindeutigen Formulierung, dass die Bundeskräfte „zur Unterstützung" der Polizeikräfte der Länder eingesetzt werden.[192] Den Streitkräften können dann nicht weitergehende Befugnisse zustehen als den Polizeikräften der Länder. 78

Wie in Art. 91 Abs. 2 sind die Maßnahmen der BReg. **unverzüglich nach Beseitigung der Gefahr, aber auch unabhängig davon aufzuheben, wenn der BR es verlangt (Art. 35 Abs. 3 S. 2).** Den betroffenen Ländern ist ein solches Recht nicht eingeräumt. Daraus folgt, dass der Einsatz auch gegen ihren Willen erfolgen kann.[193] Bestehen Meinungsverschiedenheiten über die Hilfspflicht nach Art. 35 Abs. 2 oder über die Rechte der BReg. gem. Art. 35 Abs. 3, entscheidet das BVerfG (Art. 93 Abs. 1 Nr. 4); in Fällen der Eilbedürftigkeit kann eine einstweilige Anordnung nach § 32 BVerfGG erlassen werden.[194] 79

C. Verhältnis zu anderen Bestimmungen des Grundgesetzes

Art. 35 steht am Ende des Abschnitts II, d. h. jenes Regimes, das mit der Staatsfundamentalnorm des Art. 20 eröffnet und insbesondere die Organisation von Bund, Ländern und ihr Verhältnis zueinander grundlegt. Die Vorschrift des Art. 35 hat in abgestuften Intensitäten die Funktion, die zuvor errichtete Struktur der Kompetenzsphären innerhalb und zwischen den Rechtsträgern der Behörden aus guten Gründen punktuell und restriktiv zu 80

---

[188] Zust. *v. Danwitz* in MKS Rn. 82; ferner *Wolff* in Wolff Rn. 12; *Magen* in Umbach/Clemens Rn. 39; *Grzeszick* in BerlKomm Rn. 47, der eine Abstimmungspflicht zwar nicht unmittelbar aus Art. 35 Abs. 3, aber aus dem Grundsatz der Bundestreue herleitet.

[189] BVerfGE 132, 1; anders noch BVerfGE 115, 118 (151).

[190] *Hase* in AK Rn. 8; *Grzeszick* in BerlKomm Rn. 51; *Erbguth/Schubert* in Sachs Rn. 41.

[191] *Grzeszick* in BerlKomm Rn. 53 mwN; krit. jedoch *Erbguth/Schubert* in Sachs Rn. 41.

[192] BVerfGE 115, 118 (150 f.); *v. Danwitz* in MKS Rn. 84; *Magen* in Umbach/Clemens Rn. 39; *Münkler* in SHH Rn. 59.

[193] So auch *Dederer* in Maunz/Dürig Rn. 157.

[194] Sa *Bauer* in Dreier Rn. 35.

öffnen. Art. 35 ist dabei nicht der „große Weichmacher"[195] der Kompetenzordnung. Prägend für das Verständnis der Norm ist vielmehr ihre voraussetzungsreiche Struktur als Ausnahme von der Regel.

81 Im Blick auf **die Grundrechte** gelten die allgemeinen Regeln, wie Gesetzesvorbehalte etc. Sie werden durch Art. 35 weder suspendiert noch erleichtert. So kann der Amtshilfeeinsatz der Bundeswehr zur Lageaufklärung in Art. 8 eingreifen und entsprechende **Rechtfertigungspflichten** auslösen (Gesetzesvorbehalt, Bestimmtheit, Verhältnismäßigkeit etc.).[196] Gem. Art. 9 Abs. 3 S. 3 dürfen sich ferner Maßnahmen nach Art. 35 Abs. 2 u. 3 **nicht gegen Arbeitskämpfe** richten, die zur Wahrung und Förderung der Arbeits- und Wirtschaftsbedingungen von Vereinigungen iSd Art. 9 Abs. 3 S. 1 geführt werden.[197] Bei einer Naturkatastrophe oder einem besonders schweren Unglücksfall ist das betroffene Land ferner berechtigt, das Grundrecht der Freizügigkeit einzuschränken, Art. 11 Abs. 2.

82 Art. 35 steht ferner in verschiedenen staatsrechtlichen Spezialitäts- und Verweisungsverhältnissen. So ordnet für Untersuchungsausschüsse Art. 44 Abs. 3 ausdrücklich eine Rechts- und Amtshilfepflicht der Gerichte und Behörden an.[198] Im Blick auf Art. 87a und Art. 91 ist schließlich eine texttreue Spezialität zu beachten. Der „Einsatz" der Bundeswehr im Inneren ist nach Art. 87a Abs. 2 nur in den Fällen möglich, die das Grundgesetz explizit zulässt. Art. 35 Abs. 1 zählt nicht zu diesen Fällen, die Situationen von Abs. 2 S. 2 und Abs. 3 S. 2 dagegen durchaus, wenn die dortigen Voraussetzungen überwunden werden. Eine weite Auslegung und Anwendung der allgemeinen Amtshilfe gem. Art. 35 Abs. 1 darf dies nicht umgehen.[199]

D. Kritische Würdigung

83 Die Praxis der Rechts- und Amtshilfe hat ihre gute Tradition und überzeugende Gründe, gleichwohl darf dies nicht darüber hinwegtäuschen, dass sie nichts anderes bewirkt als die **punktuelle Aufhebung der Kompetenzordnung.** Nicht nur ist dies in föderaler Hinsicht bemerkenswert, vielmehr liegt darin auch eine Verkopplung von kategorialer Kompetenz und **graduellen Nützlichkeitserwägungen,** die im Organisationsrecht eigentlich verpönt ist.[200] Beides wird im Normalfall und zu Recht von den Verfassungsorganen auf allen Ebenen hoheitlichen Handelns sorgsam verhindert. Art. 35 lässt sie, die Amtshilfe, trotzdem und in verschiedenen Intensitäten zu.

84 Das ist in der Sache richtig und mit Art. 35 in seinen verschiedenen Stufen gut legitimiert. Den **Charakter der Ausnahme** gilt es aber in der Anwendung zu bewahren, auch weil die hier, v. a. in Abs. 2 und Abs. 3, geregelten Szenarien, d. h. die Katastrophen und Unglücksfälle, eine gewisse **Geneigtheit aufweisen, in der Not das Gebot zurückzustellen.** Die Praxis zeigt,

---

[195] Vgl. so für den Grundsatz der Verhältnismäßigkeit *Ossenbühl* VVDStRL 39 (1981), 189.

[196] Vgl. zu Tiefstflügen über G8-Protestcamp BVerwG Urt. v. 25.10.2017 – 6 C 45.16 = BeckRS 2017, 138147.

[197] → Art. 9 Rn. 196.

[198] Vgl. *Dederer* in Maunz/Dürig Rn. 38 f.; aber *Lässig* DÖV 1976, 727 (731); zu den Grenzen s. HmbVerfG NVwZ 1996, 1201 (1203).

[199] Vgl. dazu *Schoch* Jura 2013, 255.

[200] Vgl. *Goldhammer* in Baade/Ehricht/Fink Verhältnismäßigkeit im Völkerrecht, 2016 125.

dass die Amtshilfe unter dem Regime des Grundgesetzes sich sehr sensibel und restriktiv im Blick auf Kompetenz- und Grundrechtsfragen verhält. Naturgemäß drohen Sachargumente diese Struktur immer wieder zu verwässern.[201] Effektivität und Leichtigkeit der Erfüllung der staatlichen Aufgaben stehen daher zwar als Grund für das Institut zur Verfügung, Art. 35 wendet sich aber deutlich **gegen Effektivität um jeden Preis.**

Literatur

C. Arndt, Bundeswehr und Polizei im Notstand, DVBl. 1968, 729. – ***M. Baldus,*** Streitkräfteeinsatz zur Gefahrenabwehr im Luftraum, NVwZ 2004, 1278. – ***M. Baldus,*** Gefahrenabwehr in Ausnahmelagen – Das Luftsicherheitsgesetz auf dem Prüfstand, NVwZ 2006, 532. – ***M. Bäumeriche/M. Schneider,*** Terrorismusbekämpfung durch Bundeswehreinsätze im Innern: Eine neue alte Diskussion, NVwZ 2017, 189 – ***K. Baumann,*** Das Urteil des BVerfG zum Luftsicherheitseinsatz der Streitkräfte, Jura 2006, 447. – ***E. Benda,*** Privatsphäre und „Persönlichkeitsprofil", FS f. Geiger, 1974, 23. – ***K. Berg,*** Grenzen der Amtshilfe zwischen den Bundesländern, 1967. – ***Ch. M. Burkiczak,*** Das Luftsicherheitsgesetz vor dem Bundesverfassungsgericht, NZWehrR 2006, 89. – ***H. Delius,*** „Amtshilfe", Handwörterbuch der Rechtswissenschaft, in F. Stier-Somlo/A. Elster, Bd. I, 1926, 132. – ***E. Denninger,*** Einführung in Probleme des Amtshilferechts, insbesondere im Sicherheitsbereich, JA 1980, 280. – ***E. Denninger,*** Amtshilfe im Bereich der Verfassungsschutzbehörden, in Bundesministerium des Innern Verfassungsschutz und Rechtsstaat. Beiträge aus Wissenschaft und Praxis, 1981, 19. – ***E. Denninger,*** Die Trennung von Verfassungsschutz und Polizei und das Grundrecht auf informationelle Selbstbestimmung, ZRP 1981, 231. – ***S. Dörffeldt,*** Interzonale Rechts- und Amtshilfe in Zivilsachen, NJW 1956, 209. – ***M. Dreher,*** Die Amtshilfe, 1959. – ***P. Düwel,*** Das Amtsgeheimnis, 1965. – ***F. Ebert,*** Entwicklungen und Tendenzen im Recht der Gefahrenabwehr, LKV 2017, 10 – ***Ch. Gramm,*** Die Aufgaben der Bundeswehr und ihre Grenzen in der Verfassung, NZWehrR 2005, 133. – ***Ch. Gramm,*** Der wehrlose Verfassungsstaat?, DVBl 2006, 653. – ***S. Hentschel,*** Die innerstaatliche Rechts- und Amtshilfe, 1958. – ***J. Isensee,*** Idee und Gestalt des Föderalismus im GG, in HdbStR VI § 126 Rn. 227–232 – ***R. Jahn/N. K. Riedel,*** Streitkräfteeinsatz im Wege der Amtshilfe, DÖV 1988, 957. – ***H. Jellinek,*** Die Europäischen Übereinkommen über Amts- und Rechtshilfe, NVwZ 1982, 535. – ***H. Jochum,*** Der Einsatz der Streitkräfte im Innern, JuS 2006, 511. – ***R. Kamlah,*** Informationsweitergabe und Amtshilfe, NJW 1976, 510. – ***N.-P. Kleiner,*** Koordination von Katastrophenschutzeinsätzen durch Kräfte des Bundes (BGS und Streitkräfte), DVBl. 1977, 240. – ***H. Klückmann,*** Bundesgrenzschutz und Land im Anforderungsfall des Art. 35 Abs. 2 Satz 2 GG unter Berücksichtigung allgemeiner Amtshilferegeln, DÖV 1976, 333 – ***H. Klückmann,*** Zur behördlichen Hilfe der Streitkräfte, DVBl. 1977, 952. – ***H. Klückmann,*** Die Bundeswehr im Recht der Amtshilfe, 1984. – ***F. Kopp/F. J. Kopp,*** Die länderübergreifende Amtshilfe und Verwaltungsvollstreckungshilfe, BayVBl. 1994, 229. – ***W. Kreis,*** Auskünfte behördlicher Arbeitgeber und Art. 35 GG, DÖV 1961, 56. – ***M. Ladiges,*** Der Einsatz der Streitkräfte im Katastrophennotstand nach dem Plenarbeschluss des Bundesverfassungsgerichts, NVwZ 2012, 1255 – ***D. Lehner,*** Der Vorbehalt des Gesetzes für die Übermittlung von Informationen im Wege der Amtshilfe, 1996. – ***T. Linke,*** Innere Sicherheit durch die Bundeswehr? – Zu Möglichkeiten und Grenzen der Inlandsverwendung der Streitkräfte, AöR 129 (2004), 489. – ***H. Lisken,*** Polizei und Verfassungsschutz, NJW 1982, 1481. – ***V. Lohse,*** Europaweite Amtshilfe, VerwR 1982, 401. – ***J. Lorse,*** Der Beitrag der Streitkräfte zur Neuausrichtung des Katastrophenschutzes, ZRP 2005, 6. – ***U. Lucks,*** Inhalt und Grenzen einer Amtshilfeleistung durch die Streitkräfte am Beispiel der Flüchtlingshilfe, NVwZ 2015, 1648 – ***W. Martens,*** Polizeiliche Amts- und Vollzugshilfe, JR 1981, 353. – ***G. Meier,*** Europäische Amtshilfe – Ein Stützpfeiler des Europäischen Binnenmarktes, EuR 1989, 237. – ***K. Meyer-Teschendorf,*** Die Amtshilfe, JuS 1981, 187. –

[201] Insoweit bedenklich weit BVerwG Urt. v. 25.10.2017 – 6 C 45.16 = BeckRS 2017, 138147.

K. Meyer-Teschendorf, Das Rechts- und Amtshilfegebot des Art. 35 Abs. 1 GG: Antwort auf ein Föderalismusproblem, DÖV 1988, 901. – ***R. R. Moll,*** Das Problem der Amtshilfe, DVBl. 1954, 697. – ***Ch. Pestalozza,*** Inlandstötungen durch die Streitkräfte – Reformvorschläge aus ministeriellem Hause, NJW 2007, 492. – ***H. Peters,*** Lehrbuch der Verwaltung, 1949, 49. – ***G. Prost,*** Die Amtshilfe nach Bundesrecht, DÖV 1956, 80. – ***G. Robbers,*** Die Befugnisse der Bundeswehr im Katastrophenfall, DÖV 1989, 926. – ***H.-A. Roll,*** Amtshilfe für den Verfassungsschutz?, JuS 1979, 239. – ***W. Rüfner,*** Rechts- und Amtshilfe, HdbStKirchR, Bd. 2, 1975, 839. – ***H. Sattler,*** Terrorabwehr durch die Streitkräfte nicht ohne Grundgesetzänderung, NVwZ 2004, 1286. – ***W.-R. Schenke,*** Die Verfassungswidrigkeit des § 14 Abs. 3 LuftSiG, NJW 2006, 736. – ***B. Schlink,*** Die Amtshilfe, 1982. – ***B. Schlink,*** Datenschutz und Amtshilfe, NVwZ 1986, 249. – ***F. E. Schnapp,*** Amtshilfe, behördliche Mitteilungspflichten und Geheimhaltung, NJW 1980, 2165. – ***F. E. Schnapp,*** Grenzen der Amtshilfe in der Sozialversicherung, FS f. Wannagat, 1981, 449. – ***F. E. Schnapp,*** Zum Anwendungsbereich der Amtshilfevorschriften, insbesondere im „ressortüberschreitenden" Amtshilfeverkehr, DVBl. 1987, 561. – ***F. E. Schnapp/H.-J. Friehe,*** Prüfungskompetenz und Rechtsschutz bei Streitigkeiten über Amtshilfeverpflichtungen, NJW 1982, 1422. – ***U.-H. Schneider,*** Die Pflicht der Behörden zur Aktenvorlage im Strafprozess, 1970. – ***G. Schnupp,*** Bundesgrenzschutz – nach Verfassungsänderung nunmehr Grenzschutz und Bundespolizei (mit Vorbehalten), DÖD 1972, 228. – ***F. Schoch,*** Verfassungsrechtliche Anforderungen an den Einsatz der Streitkräfte im Inland, Jura 2013, 255 – ***R. Scholz/R. Pitschas,*** Informationelle Selbstbestimmung und staatliche Informationsverantwortung, 1984. – ***S. Simitis,*** Von der Amtshilfe zur Informationshilfe, NJW 1986, 2795. – ***U. Sittard/M. Ulbrich,*** Neuer Anlauf zu einem Luftsicherheitsgesetz – Ein Schuss in die Luft?, NZWehrR 2007, 60. – ***T. Stein,*** Amtshilfe in auswärtigen Angelegenheiten, 1975. – ***F. Steinbömer,*** Amtshilfe und Geheimhaltungspflichten, DVBl 1981, 340. – ***B. Stüer,*** Amtshilfeersuchen zwischen Sozialleistungsträgern und allgemeinen Verwaltungsbehörden, DÖV 1985, 720. – ***Th. Vogler,*** Das neue Gesetz über die internationale Rechtshilfe in Strafsachen, NJW 1983, 2114. – ***K. Wessel,*** Verfassungs- und verfahrensrechtliche Probleme der Amtshilfe im Bundesstaat, 1983. – ***D. Wiefelspütz,*** Vorschlag zur Neufassung des Art. 35 GG, ZRP 2007, 17. – ***D. Winkler,*** Verfassungsmäßigkeit des Luftsicherheitsgesetzes, NVwZ 2006, 536.

Art. 36 [Beamte der Bundesbehörden]

(1) [1]Bei den obersten Bundesbehörden sind Beamte aus allen Ländern in angemessenem Verhältnis zu verwenden. [2]Die bei den übrigen Bundesbehörden beschäftigten Personen sollen in der Regel aus dem Lande genommen werden, in dem sie tätig sind.

(2) Die Wehrgesetze haben auch die Gliederung des Bundes in Länder und ihre besonderen landsmannschaftlichen Verhältnisse zu berücksichtigen.

Weimarer Reichsverfassung von 1919

Art. 16. Die mit der unmittelbaren Reichsverwaltung in den Ländern betrauten Beamten sollen in der Regel Landesangehörige sein. Die Beamten, Angestellten und Arbeiter der Reichsverwaltung sind auf ihren Wunsch in ihren Heimatgebieten zu verwenden, soweit dies möglich ist und nicht Rücksichten auf ihre Ausbildung oder Erfordernisse des Dienstes entgegenstehen.

Art. 79. Die Verteidigung des Reichs ist Reichssache. Die Wehrverfassung des deutschen Volkes wird unter Berücksichtigung der besonderen landsmannschaftlichen Eigenarten durch ein Reichsgesetz einheitlich geregelt.

Übersicht

A. Allgemeine Bedeutung

Art. 36 enthält für die Bundesbehörden und die Bundeswehr konkrete 1
Folgerungen aus dem **föderalen Staatsaufbau.** Hintergrund der Regelung ist die Erkenntnis, dass die Beamten mit den Verhältnissen und Eigenarten in ihren Herkunftsländern vertraut sind, was sich die Bundesverwaltung nutzbar machen soll.[1] Außerdem haben die Länder mehr Vertrauen in die Bundesverwaltung, wenn gewährleistet ist, dass die Beamten aus allen Ländern kommen,[2] was va für die ostdeutschen Länder wegen der unterschiedlichen historischen Erfahrungen weiterhin große Bedeutung hat.[3] Art. 36 Abs. 2 gehört zudem zur Wehrverfassung.

---

[1] *Bauer* in Dreier Rn. 8; *Hense* in BeckOK GG Rn. 1.

[2] *Battis* in Sachs Rn. 1; zweifelnd *Höfling* in BK Rn. 14.

[3] *Bauer* in Dreier Rn. 8.

I. Genese

2 Art. 36 Abs. 1 S. 2 und Abs. 2 gehen auf Art. 16 S. 1 bzw. Art. 79 S. 2 WRV zurück. Der in Art. 36 Abs. 1 S. 1 enthaltene **Grundsatz** der landsmannschaftlichen Zusammensetzung der obersten Bundesbehörden entsprach einer weitgehend geübten **Staatspraxis** der Weimarer Republik. Die Fortsetzung dieses Grundsatzes bzw dieser Staatspraxis war im Parlamentarischen Rat umstritten, die Regelungen fanden aber Eingang ins GG.[4] Art. 36 Abs. 2 wurde 1956 angefügt.[5]

3 Für die Beratungen der 1991 eingesetzten **Gemeinsamen Verfassungskommission** hatten einige Länder beantragt, Art. 36 Abs. 1 so zu ergänzen, dass auf eine **dezentrale Verteilung der Bundesbehörden und -institutionen** zu achten sei; alle Länder seien angemessen zu berücksichtigen.[6] Dieser Antrag fand **nicht** die erforderliche Zweidrittelmehrheit. Es wurde va eingewandt, dass dann für die Standortwahl nicht mehr Sachgesichtspunkte den Ausschlag gäben. Der Sache sei es dienlicher, Entscheidungen über die Verlagerung von Bundesbehörden zu treffen, wie sie zB im Zusammenhang mit dem Beschluss zur Verlegung des Regierungssitzes von der Unabhängigen Föderalismuskommission vorgeschlagen worden seien.[7]

4 Durch das **Berlin/Bonn-Gesetz** wurde die Verlegung der betroffenen obersten Bundesbehörden von Bonn nach Berlin und umgekehrt die Verlegung der nach Bonn zu verlegenden Bundeseinrichtungen geregelt.[8] Es wurden zehn Bundesministerien und das Bundeskanzleramt nach Berlin verlegt; acht Bundesministerien verblieben in Bonn. Das Dienstrechtliche BegleitG[9] enthält wegen der Folgepflicht für betroffene Beamte Regelungen ua über Umzugsvergütungen, Trennungsentschädigungen, Reisebeihilfen, Möglichkeiten der anderweitigen Verwendung und Teilzeitbeschäftigungen.[10] Für Angestellte und Arbeiter gibt es einen entsprechenden Tarifvertrag.[11] In der Lit. wurde als Folge dieser Vorschriften befürchtet, dass der Grundsatz der proportionalen föderalen Parität (Art. 36 Abs. 1 S. 1) durch das Heimatprinzip (Art. 36 Abs. 1 S. 2) ersetzt werden würde.[12]

II. Inhaltsübersicht

5 Art. 36 Abs. 1 regelt in S. 1 die Zusammensetzung der Beamten bei den obersten Bundesbehörden, in S. 2 die Herkunft der bei den übrigen Bundesbehörden beschäftigten Personen. Wegen der unterschiedlichen Zusammen-

[4] Zur Entstehungsgeschichte JöR nF 1 (1951), 331 ff.; *Butzer* in Maunz/Dürig Rn. 3 ff.; *v. Danwitz* in MKS Rn. 3; *Bauer* in Dreier Rn. 2 f.; *Didczuhn,* Der Grundsatz der proportionalen Parität, 1990, 120; *Schwidden* RiA 1994, 57.

[5] S Art. 1 Nr. 4d G zur Änderung des Grundgesetzes v 19.3.1956, BGBl. I, 111.

[6] Schlussbericht, BT-Drs. 12/6000, 157.

[7] Schlussbericht, BT-Drs. 12/6000, 43.

[8] G zur Umsetzung des Beschlusses des Deutschen Bundestages v. 20.6.1991 zur Vollendung der Einheit Deutschlands v. 26.4.1994, BGBl. I 918.

[9] G v. 30.7.1996, BGBl. I 1183.

[10] *Battis* NVwZ 1996, 1090 f.

[11] *Thiel* ZTR 1996, 397; Übersicht über sog. Ausgleichsverlagerungen in BT-Drs. 14/4412.

[12] *Battis* in Sachs Rn. 8; *Höfling* in BK Rn. 50.

setzung wird S. 1 häufig als **„Grundsatz der proportionalen föderalen Parität“**[13] und S. 2 als **„Heimatprinzip“**[14] bezeichnet.

6 Weiter als Art. 36 Abs. 1 schreibt Art. 36 Abs. 2 für die Bundeswehr nicht nur für das Personal, sondern für die gesamte Organisation die Berücksichtigung der Gliederung des Bundes in Länder und der besonderen landsmannschaftlichen Verhältnisse vor. Während **Abs. 1** jedoch **Bestimmungen für die Bundesbehörden,** also für die Exekutive, vorsieht, wendet sich **Abs. 2** an den **Wehrgesetzgeber.** Da sich ihre Ziele nicht widersprechen, sind beide Absätze nebeneinander anwendbar.

7 Art. 36 statuiert **keine subjektiv-öffentlichen Rechte** der Beamten und Soldaten.[15] Auch im beamtenrechtlichen Konkurrentenstreit kann die Beachtung von Art. 36 Abs. 1 S. 1 nicht verlangt werden.[16] In der Vergangenheit war umstritten, ob den **Ländern ein Anspruch** auf Einhaltung des föderalen Aufbaus der Bundesbehörden und Bundeswehr zusteht. Heute besteht jedoch einhellig die Auffassung, dass Art. 36 Abs. 1 S. 1 u. 2 den Ländern bzgl. der genannen Bundesbehörden einen Anspruch gibt, der im Wege eines Bund-Länder-Streits gem. Art. 93 Abs. 1 Nr. 3 geltend gemacht werden kann.[17] Dies gilt ebenfalls für Art. 36 Abs. 2. Mittlerweise bejaht auch hier die ganz hM ein subjektiv-öffentliches Recht der Länder und lehnt die Auffassung ab, die Vorschrift enthalte nur einen Programmsatz.[18] Der Wortlaut spricht für eine verbindliche Direktive und damit für einen Rechtssatz.[19] Allerdings dürfen die an der Wehrgesetzgebung beteiligten Organe auch andere als die genannten Gesichtspunkte berücksichtigen (→ Rn. 22).[20] Die Vorschrift eröffnet daher einen Entscheidungsspielraum.

8 Trotz des Anspruchscharakters hat Art. 36 va für die Personalabteilungen der Bundesbehörden und der Wehrverwaltung Bedeutung. Seine Verwirklichung ist bei dem periodisch auftretenden Mangel an entsprechend ausgebildetem Personal nicht leicht. Art. 36 Abs. 1 findet wegen Art. 33 Abs. 2 dort seine **Grenze,** wo nicht genügend qualifizierte Bewerber eines Landes vorhanden sind.[21]

III. Überstaatliche Bezüge

9 Die Rechtsgedanken, die Art. 36 GG tragen – Proportionalitätserwägungen und Vertrauensförderung –, beeinflussen auch die Personalzusammensetzung internationaler und supranationaler Organisationen.[22] Das gilt insbes.

---

[13] *Butzer* in Maunz/Dürig Rn. 20; *Battis* in Sachs Rn. 4; *Didczuhn,* Der Grundsatz der proportionalen Parität, 1990, 191; *Pleyer,* Föderative Gleichheit, 2005, 199 f.

[14] So *Grabendorff* DÖV 1952, 301 (302); *Battis* in Sachs Rn. 4; *v. Danwitz* in MKS Rn. 18; *Münkler* in SHH Rn. 2.

[15] Vgl. ua *Bauer* in Dreier Rn. 9; *Jarass* in Jarass/Pieroth Rn. 1; *Schwidden* RiA 1994, 57 (58).

[16] *Höfling* in BK Rn. 44; *v. Danwitz* in MKS Rn. 12.

[17] *Butzer* in Maunz/Dürig Rn. 39; *Pieroth* in Jarass/Pieroth Rn. 1; *Bauer* in Dreier Rn. 9; *Schwidden* RiA 1994, 57 (58).

[18] *v. Danwitz* in MKS Rn. 12; *Bauer* in Dreier Rn. 9; *Spranger* RiA 1998, 163 (164); aA in der älteren Lit. *v. Mangoldt/Klein,* Das Bonner Grundgesetz, Bd. 2, 1966, Anm. III 1b.

[19] So iE *Bauer* in Dreier Rn. 9; *Höfling* in BK Rn. 62; für eine institutionelle Garantie des föderalen Aufbaus der Bundeswehr *Spranger* RiA 1998, 163 (164).

[20] So auch *Hense* in BeckOK GG Rn. 9.

[21] *Bauer* in Dreier Rn. 15; *Höfling* in BK Rn. 42.

[22] Ausf. *Bauer* in Dreier Rn. 4 ff.

für den mitgliedstaatlichen Proporz in den Behörden der EU, der in Art. 27 Abs. 1 Beamtenstatut vorgesehen ist.[23]

B. Einzelfragen

I. Auswahl der bei den Bundesbehörden beschäftigten Personen (Art. 36 Abs. 1)

10 **1. Beamte bei den obersten Bundesbehörden (Art. 36 Abs. 1 S. 1). Oberste Bundesbehörden** sind die Bundesministerien und die ihnen gleichgestellten Bundeszentralbehörden (zB Bundeskanzleramt, Bundespräsidialamt, Bundestags- und Bundesratsverwaltung, Bundesrechnungshof, Bundesbank). Das Bundesverfassungsgericht und die obersten Gerichtshöfe (Art. 94, 95) sind nur erfasst, soweit sie Aufgaben wahrnehmen, die Verwaltung im materiellen Sinn sind. Auf die rechtsprechende Tätigkeit findet die Norm keine Anwendung.[24] Wegen ihrer Aufgabe und der durch Art. 97 geschützten Unabhängigkeit der Richter ist auch eine analoge Anwendung des Art. 36 Abs. 1 S. 1 auf Organe der Rspr. weder sinnvoll noch erforderlich. Die Berücksichtigung der Länderinteressen ist durch die Beteiligung des Bundesrates (Art. 94 Abs. 1 S. 2) bzw. von Landesministern (Art. 95 Abs. 2) hinreichend gewährleistet.[25]

11 Art. 36 Abs. 1 S. 1 ist auf **Bundeszentralstellen** gem. Art. 87 Abs. 1 S. 2 (zB Bundespolizei, Bundeskriminalamt, Bundesamt für Verfassungsschutz) und **obere Bundesbehörden** nach Art. 87 Abs. 3 S. 1 (ua Umweltbundesamt, Kraftfahrt-Bundesamt, Statistisches Bundesamt, Deutsches Patent- und Markenamt) entsprechend anzuwenden.[26] Sie sind zwar den Ministerien unterstellt, aber trotzdem für das ganze Bundesgebiet zuständig. Anderenfalls könnten bei ihnen wegen des Heimatprinzips idR nur Personen aus dem Land verwendet werden, in dem die Behörde ihren Sitz hat. Das ist vom GG nicht gewollt.[27]

12 Art. 36 Abs. 1 S. 1 gilt nur für **Beamte** (s. § 4 BBG; § 3 Abs. 1 BeamtStG), nicht für Angestellte und Arbeiter. Verschiedentlich wird eine entsprechende Anwendung auf Angestellte gefordert.[28]

13 Die Auslegung der Wendung „Beamte **aus allen Ländern**" ist umstr. Nach einer Auffassung[29] soll es sich um Beamte aus dem mittelbaren oder

[23] Verordnung Nr. 31 (EWG) 11 (EAG) über das Statut der Beamten und über die Beschäftigungsbedingungen für die sonstigen Bediensteten der Europäischen Wirtschaftsgemeinschaft und der Europäpischen Atomgemeinschaft, ABl. 1962, 1385, zuletzt geändert durch Verordnung (EU, EURATOM) Nr. 1023/2013 des Europäischen Parlaments und des Rates v 22.10.2013, ABl. 2013 L 287, 15.

[24] *Jarass* in Jarass/Pieroth Rn. 2; *Münkler* in SHH Rn. 5; *Butzer* in Maunz/Dürig Rn. 28; *Battis* in Sachs Rn. 8; *Bauer* in Dreier Rn. 11; *v. Danwitz* in MKS Rn. 7; *Hense* in BeckOK GG Rn. 4; *Schwidden* RiA 1994, 57 (59 f.); *Didczuhn,* Der Grundsatz der proportionalen Parität, 1990, 155 ff.

[25] Für die Richterwahlausschüsse nach Art. 95 Abs. 2 auch *Höfling* in BK Rn. 32; *Hellermann/Sievers* JuS 2002, 998 (1004).

[26] AllgM; vgl. *Höfling* in BK Rn. 27; *v. Danwitz* in MKS Rn. 8; *Bauer* in Dreier Rn. 11; sa Rundschreiben des BMI v. 1.6.2001, GMBl. 2001, 394 unter I.2. Mit diesem Rundschreiben wurde das vorherige Rundschreiben des BMI v. 9.4.1952, GMBl. 1952, 75 f. aufgehoben.

[27] *Münkler* in SHH Rn. 6; *Bauer* in Dreier Rn. 11, der Art. 36 Abs. 1 S. 1 auf bundesunmittelbare Körperschaften und Anstalten des öffentlichen Rechts (Art. 87 Abs. 2, Abs. 3 S. 1) analog anwenden will.

[28] *Battis* in Sachs Rn. 8.

[29] *Battis* in Sachs Rn. 9; ähnl. *Butzer* in Maunz/Dürig Rn. 35, mit Blick auf die Bestimmungsmacht der Länder.

unmittelbaren Landesdienst handeln oder um solche, die von den Landesregierungen als dazugehörig angesehen würden. Diese Auffassung hat den Vorteil, dass es dann keine Zweifel an der Zurechnung zu dem betreffenden Land gibt, so dass es nicht auf die Frage des Geburtsortes, des Wohnsitzes, des Schulbesuchs oÄ ankommt. Sie ist jedoch zu eng, weil sie die Personalhoheit der Bundesbehörden zu stark begrenzt.[30]

Werden **freie Bewerber** aus Landesbehörden angenommen, ist fraglich, auf Grund welcher Kriterien die Zurechnung zu einem bestimmten Land erfolgen soll. Verschiedentlich wird vorgeschlagen, den Geburtsort[31] oder den Wohnsitz[32] als maßgebend anzusehen. Im Hinblick auf den Sinn und Zweck der Norm dürfte jedoch von Fall zu Fall zu differenzieren sein. Ein Beamter ist daher einem Land zuzurechnen, wenn er die „Verhältnisse kennt".[33] Seine Kenntnisse kann er durch **langjährigen Wohnsitz** in diesem Lande, **Schulbesuch und/oder Berufsausbildung** usw erlangt haben.[34] Dabei soll die Kompetenz für die Zuordnung bei dem jeweiligen Land liegen.[35] Bei Spätaussiedlern ist das Bundesland maßgebend, in dem sie ihren Wohnsitz genommen haben. Eine einmal getroffene Zuordnung bleibt auch bei einem späteren Ressortwechsel des Beamten erhalten.[36] Dies gilt auch für die Verlegung des Sitzes der Behörden, wie sie zB nach der Wiedervereinigung erfolgt ist. **14**

In angemessenem Verhältnis bedeutet, dass jeweils in den Behörden bezogen auf die Einwohnerzahl der prozentuale Anteil der einzelnen Länder nicht zu stark überschritten oder unterschritten wird.[37] Die Ausrichtung an einem angemessenen Verhältnis zwingt somit nicht zu einer starren Quotierung. Ob Art. 36 Abs. 1 S. 1 GG einer entsprechenden Regelung entgegenstünde und damit zB eine **„Ost-Quote"** für behördliche Führungspositionen verfassungswidrig wäre, ist unsicher. Der Wortlaut schließt jedenfalls die Gesamteinwohnerzahl aller ostdeutschen Länder als Berechnungsgrundlage aus, weil Maßstab die einzelnen Länder sind. Hürden für eine Ost-Quote sind Art. 3 Abs. 3 S. 1 GG und Art. 33 Abs. 2 GG, die hierfür wenig Raum lassen (→ Rn. 23). Im Übrigen wirkt Art. 36 Abs. 1 S. 1 GG bei entsprechender Handhabung wie eine Ost-Quote.[38] Gleiches gilt bei einer strikteren Praxis für das Heimatprinzip (→ Rn. 18 f.), soweit Bundesbehörden ihren Sitz in ostdeutschen Ländern haben oder bekommen. **15**

---

[30] So auch *Höfling* in BK Rn. 36; *Bauer* in Dreier Rn. 13 mwN.

[31] Vgl. *v. Stralenheim* DÖV 1951, 628 (630).

[32] So *Grabendorff* DÖV 1952, 301 ff.

[33] Wie hier *Hense* in BeckOK GG Rn. 1, unter Hinweis auf den Normzweck.

[34] *Bauer* in Dreier Rn. 13; *Schwidden* RiA 1994, 57 (61); sa das inzwischen aufgehobene Rundschreiben des BMI, v. 9.4.1952, GMBl., 75 unter 5b, 5c.

[35] *Isensee* in HdbStR VI § 126 Rn. 54; *Battis* in Sachs Rn. 9; *v. Danwitz* in MKS Rn. 11; *Münkler* in SHH Rn. 9.

[36] *Didczuhn,* Der Grundsatz der proportionalen Parität, 1990, 207; *Schwidden* RiA 1994, 57 (60).

[37] *Bauer* in Dreier Rn. 14; *Butzer* in Maunz/Dürig Rn. 37; *Battis* in Sachs Rn. 10; *v. Stralenheim* DÖV 1951, 628 (631); *Münkler* in SHH Rn. 8; *Didczuhn,* Der Grundsatz der proportionalen Parität, 1990, 192 ff.; aA *Pleyer,* Föderative Gleichheit, 2005, 203 ff., der zum Schutz der kleineren Länder eine entsprechende Anwendung der Bundesratsquotierung vorschlägt.

[38] Dazu der Wissenschaftliche Dienst des Deutschen Bundestages „Beteiligungsquote von Ostdeutschen in öffentlichen Funktionen der Exekutive" v. 28.11.2018, WD 3 – 3000 -400/18, https://www.bundestag.de/resource/blob/591148/198aa2d2d7e7062733dbe59a42d4d761/WD-3–400-18-pdf-data.pdf, zuletzt abgerufen am 25.8.2020; sa den Antrag der Fraktion Die Linke, BT-Drs. 19/8013.

16 Die 1954 abgeschlossene „Vereinbarung der Bundesregierung und der Landesregierungen über den Beamtenersatz bei den obersten Bundesbehörden",[39] die ua Regelungen über die vorübergehende Abordnung von geeigneten Landesbeamten in den Bundesdienst enthielt, bevor über eine Übernahme in den Dienst der obersten Bundesbehörden entschieden wurde, findet keine Anwendung mehr. Das Bundesministerium des Innern hat jedoch im Jahre 2001 in einem **Rundschreiben** erneut Regeln und Hinweise zur Durchführung von Art. 36 Abs. 1 S. 1 mitgeteilt.[40]

17 **2. Beschäftigte bei den übrigen Bundesbehörden (Art. 36 Abs. 1 S. 2).** Zu den **übrigen Bundesbehörden** zählen alle Bundesmittelbehörden (ua Landesagenturen für Arbeit, Wasser- und Schifffahrtsdirektionen, Bundespolizeipräsidium) und unteren Bundesbehörden (Agenturen für Arbeit, Bundespolizeidirektion, Hauptzollämter etc) sowie die Behörden, die nicht in den dreistufigen Behördenaufbau einzuordnen sind (zB Bundesarchiv, Bundesanwaltschaft, Bundesprüfstellen, Deutsche Rentenversicherung Bund).[41]

18 Mit **„beschäftigten Personen"** sind Beamte, Angestellte und Arbeiter gemeint. „Sollen **in der Regel**" bedeutet, dass eine andere Handhabung möglich ist, wenn ein dringendes dienstliches Interesse etwas anderes gebietet.[42] Dies kann zB bei der Auswahl von Führungskräften gelten.[43]

19 Es soll das **Heimatprinzip** beachtet werden, dh die beschäftigten Personen sollen aus dem Land genommen werden, in dem die Bundesbehörden tätig sind. In Verbindung mit dem Regelprinzip liegt hierin eine doppelte Relativierung des Heimatprinzips.

II. Gliederung der Bundeswehr (Art. 36 Abs. 2)

20 Die Berücksichtigung der Gliederung des Bundes in Länder dient der engen **Zusammenarbeit** militärischer und ziviler Dienststellen und der **Integration** der Bundeswehr und der Bundeswehrverwaltung in Staat und Gesellschaft.[44] Sie erfolgte ursprünglich durch Einteilung des Bundesgebietes in zivile Wehrbereichsverwaltungen als Bundesmittelbehörden und Kreiswehrersatzämter als Bundesunterbehörden sowie in militärische Wehrbereichskommandos. Seit der Restrukturierung der Bundeswehr(-verwaltung) 2012/2013 geschieht dies va im Rahmen der Landeskommandos, des Bundesamtes für Personalmanagement der Bundeswehr einschließlich der nachgeordneten Karrierecenter der Bundeswehr und dem Bundesamt für Infrastruktur, Umweltschutz und Dienstleistungen der Bundeswehr einschließlich der nachgeordneten Bundeswehr-Dienstleistungszentren.

21 Die Zusammensetzung nach **landsmannschaftlichen Verhältnissen** (diese richten sich weitgehend nach den gleichen Kriterien wie beim Heimatprinzip,[45] → Rn. 19) spielt bei der Rekrutierung einheitlicher Verbände

---

[39] Bek. des BMI v. 25.8.1954, GMBl. 1954, 414.
[40] Rundschreiben des BMI v. 1.6.2001, GMBl. 2001, 394 f.
[41] *Battis* in Sachs Rn. 11; *Höfling* in BK Rn. 54 ff.; *Bauer* in Dreier Rn. 17.
[42] *Butzer* in Maunz/Dürig Rn. 48; *Höfling* in BK Rn. 61; ähnl. *Bauer* in Dreier Rn. 18.
[43] *Battis* in Sachs Rn. 12; *Bauer* in Dreier Rn. 18; krit. *Höfling* in BK Rn. 60.
[44] *Battis* in Sachs Rn. 13.
[45] Für eine völlige Gleichstellung *Battis* in Sachs Rn. 13; ergänzend können Kriterien wie zB Brauchtum oder Mundart herangezogen werden.

sowie der Besetzung gewisser militärischer Führungsstellen und der Wehrbehörden eine Rolle.[46]

22 Der Gesetzgeber kann in den Wehrgesetzen **„auch"** andere als die angeführten Gesichtspunkte berücksichtigen. Damit besteht die Möglichkeit, einer effizienten militärischen Organisation und Personalpolitik Rechnung zu tragen.[47]

C. Verhältnis zu anderen Bestimmungen des Grundgesetzes

23 Art. 36 enthält Sonderregelungen gegenüber Art. 33 Abs. 1 u. 2,[48] gegenüber Art. 33 Abs. 2 jedoch nur, soweit die Bewerber die gleiche Eignung, Befähigung und fachliche Leistung haben, weil das Leistungsprinzip durch Art. 36 nicht beeinträchtigt werden darf.[49] Nach anderer Ansicht soll die zwingende Vorschrift des Art. 36 Abs. 1 S. 1 gegenüber dem Grundsatz der Bestenauslese des Art. 33 Abs. 2 vorrangig sein, wenn der Bewerber nur die notwendige Mindestqualifikation für das zu besetzende öffentliche Amt erfüllt.[50] Hiergegen spricht jedoch, dass Art. 33 Abs. 2 GG eine abschließende Regelung ist, die Hilfskriterien erst bei gleicher Eignung,[51] Befähigung und fachlicher Leistung (→ Art. 33 Rn. 83 ff.) und unter Beachtung insbes. von Art. 3 Abs. 3 S. 1 GG erlaubt. Daher ist auch die Meinung abzulehnen, bei der Bundeswehr habe das landsmannschaftliche Prinzip des Art. 36 Abs. 2 Vorrang gegenüber Art. 33 Abs. 2, solange die Funktionsfähigkeit der Streitkräfte nicht beeinträchtigt werde.[52] Mit dem Wort „auch" in Art. 36 Abs. 2 wird gerade ausgedrückt, dass andere Gesichtspunkte ebenfalls zu beachten sind.

D. Kritische Würdigung

24 Bedenken gegen die Regelung in Art. 36 Abs. 1 S. 1 bestehen insofern, als sie nur für Beamte gilt. Dies führt zu einer Ungleichbehandlung der Angestellten im öffentlichen Dienst. Eine entsprechende Ergänzung des Verfassungstextes wäre sinnvoll. Im Übrigen ist Art. 36 GG durch zwei gegenläufige tatsächliche Entwicklungen berührt. Einerseits verliert die Frage des Herkunftslandes in Teilen der Bevölkerung aufgrund der größeren Mobilität an Gewicht. Anderseits ist seit einigen Jahren ein stärkeres regionales und damit auch länderbezogenes Bewusstsein vieler Menschen zu beobachten. Dies gilt va für Ostdeutschland.

---

[46] *v. Danwitz* in MKS Rn. 19; skeptisch *Butzer* in Maunz/Dürig Rn. 57, der daher mittelfristig für eine Streichung der Vorschrift plädiert.

[47] So auch *Höfling* in BK Rn. 69; *Battis* in Sachs Rn. 13.

[48] *Bauer* in Dreier Rn. 23; *Grabendorff* DÖV 1952, 301 (303); *Klein* ZBR 1988, 126 (127).

[49] *Münkler* in SHH Rn. 10; *Jarass* in Jarass/Pieroth Rn. 1; *Bauer* in Dreier Rn. 23; *Battis* in Sachs Rn. 5 betr. Art. 36 Abs. 1; *Schwidden* RiA 1994, 57 (62); *Hellermann/Sievers* JuS 2002, 998 (1004) betr. Art. 36 Abs. 1 S. 1.

[50] *Sachs* ZBR 1994, 133 (134); *v. Danwitz* in MKS Rn. 14; *Klein* ZBR 1988, 126 (127); wohl auch *Ladeur* Jura 1992, 77.

[51] Kenntnisse über die Verhältnisse in den Herkunftsländern sind für konkrete Dienstposten bzw. Stellen idR nicht eignungsimmanent, also für die Eignung nicht mitbestimmend; aA *Münkler* in SHH Rn. 16; *Jarass* in Jarass/Pieroth Rn. 1; *Butzer* in Maunz/Dürig Rn. 41, 51.

[52] So aber *Spranger* RiA 1998, 163 (165).

Literatur

A.-Ch. Didczuhn, Der Grundsatz der proportionalen Parität – Eine historische und rechtsvergleichende Studie zur Auslegung des Art. 36 GG, 1990. – ***W. Grabendorff,*** Zur Frage der Auslegung des Art. 36 Bonner Grundgesetz, DÖV 1952, 301. – ***W. Klein,*** Zur heutigen Bedeutung des Art. 36 Abs. 1 S. 1 GG, ZBR 1988, 126. – ***H. v. Manteuffel,*** Landsmannschaftliche Gliederung oder Eigenbrötelei der Länder?, Wehrkunde 1954, 69. – ***M. Pleyer,*** Föderative Gleichheit, 2005. – ***D. Puschke/E. Schmid,*** Die landsmannschaftliche Klausel des Grundgesetzes und die heimatferne Stationierung Wehrpflichtiger, NZWehrR 1988, 186. – ***F. Schwidden,*** Der Anteil der Beamten aus den Ländern bei den obersten Bundesbehörden gem. Art. 36 GG, RiA 1994, 57. – ***M. Spranger,*** Bestenauslese und landsmannschaftliche Verhältnisse nach Art. 36 II GG, RiA 1998, 163. – ***H. v. Stralenheim,*** Die Auslegung und Durchführung des Art. 36 GG, DÖV 1951, 628. – ***F. J. Strauß,*** Föderalismus und Wehrhoheit des Bundes, Wehrkunde 1954, 33. – ***W. R. Thiel,*** Kein Luxusumzug, ZTR 1996, 397. – ***D. Walz,*** Die föderale Struktur der Bundeswehrverwaltung, NZWehrR 2000, 189.

Art. 37 [Bundeszwang]

(1) Wenn ein Land die ihm nach dem Grundgesetze oder einem anderen Bundesgesetze obliegenden Bundespflichten nicht erfüllt, kann die Bundesregierung mit Zustimmung des Bundesrates die notwendigen Maßnahmen treffen, um das Land im Wege des Bundeszwanges zur Erfüllung seiner Pflichten anzuhalten.

(2) Zur Durchführung des Bundeszwanges hat die Bundesregierung oder ihr Beauftragter das Weisungsrecht gegenüber allen Ländern und ihren Behörden.

Reichsverfassung von 1871

Art. 19. Wenn Bundesglieder ihre verfassungsmäßigen Bundespflichten nicht erfüllen, können sie dazu im Wege der Exekution angehalten werden. Diese Exekution ist vom Bundesrathe zu beschließen und vom Kaiser zu vollstrecken.

Weimarer Reichsverfassung von 1919

Art. 48. Wenn ein Land die ihm nach der Reichsverfassung oder den Reichsgesetzen obliegenden Pflichten nicht erfüllt, kann der Reichspräsident es dazu mit Hilfe der bewaffneten Macht anhalten.

[Abs. 2]

Von allen gemäß Abs. 1 oder Abs. 2 dieses Artikels getroffenen Maßnahmen hat der Reichspräsident unverzüglich dem Reichstag Kenntnis zu geben. Die Maßnahmen sind auf Verlangen des Reichstags außer Kraft zu setzen.

Übersicht

A. Allgemeine Bedeutung

I. Inhaltsübersicht

Art. 37 enthält als letzter Artikel in dem Abschnitt „Der Bund und die Länder" Regelungen über den Bundeszwang (früher sog. Reichsexekution) für den Fall, dass ein Land seine Pflichten als Gliedstaat nicht erfüllt. Er dient damit der **Sicherung des** durch Art. 20 Abs. 1, Art. 79 Abs. 3 festgelegten **bundesstaatlichen Prinzips.**[1] Die Beteiligung der Länder ist dadurch gewährleistet, dass die Maßnahmen der BReg der Zustimmung durch den Bundesrat bedürfen. Da der Bundeszwang eine Art der Zwangsvollstreckung 1

[1] *Erbguth/Schubert* in Sachs Rn. 3; *Stettner* in BK Rn. 37, 44; *Bauer* in Dreier Rn. 5; *Münkler* in SHH Rn. 2; *Hellermann* in BeckOK GG Rn. 1; *Wolff* in Hömig/Wolff Rn. 1.

und deshalb das stärkste Mittel gegen ein Land darstellt, ist zu empfehlen, im Streitfall zunächst eine gütliche Einigung zu versuchen. Wenn auch nicht rechtlich, sollte der Bundeszwang doch **politisch** als „letztes Mittel", als **ultima ratio,** angewendet werden.[2] Glaubt das betroffene Land, eine Maßnahme des Bundeszwangs sei zu Unrecht angeordnet worden, kann es das BVerfG gem. Art. 93 Abs. 1 Nr. 3 anrufen (→ Rn. 19, 32). Andererseits hat die BReg auch die Möglichkeit, vor der Ausübung von Bundeszwang eine Entscheidung des BVerfG im Wege des Bund-Länder-Streites (Art. 93 Abs. 1 Nr. 3) herbeizuführen. Dies erscheint zumindest politisch zweckmäßig.[3] Wie die letzten Jahrzehnte gezeigt haben, sorgt die **hohe Akzeptanz der Rspr. des BVerfG** dafür, dass Konflikte vor dem Gericht ausgefochten werden und mit dem Spruch des Gerichts praktisch erledigt sind.[4]

2 Aus Art. 37 folgen **keine besonderen Aufsichtsbefugnisse der BReg.** Ihr stehen nur diejenigen Rechte zu, die ihr das GG an anderer Stelle (zB Art. 35, 84 Abs. 5) gewährt.[5] Der **Bundeszwang** ist **von der Bundesaufsicht** der Art. 84 Abs. 3–5, Art. 85 Abs. 4 **zu unterscheiden:** Während bei der Bundesaufsicht Mängel bei der Ausführung von Bundesgesetzen festgestellt und ggf. Einzelweisungen erteilt werden können, erlaubt Art. 37 die Durchführung von Zwangsmaßnahmen, falls das Land die Mängel nicht abstellt. Bundesaufsicht und Bundeszwang verhalten sich daher wie Tatbestandsfeststellung und Vollstreckung.[6] Zugleich können Weisungen und aufsichtliche Mittel als mögliche Vorstufen zur Ausübung des Bundezwangs verstanden werden.[7]

3 Die praktische Bedeutung des Art. 37 ist in Zeiten mit geordneten Verhältnissen gering. So hat der Bund bisher von Art. 37 nicht Gebrauch gemacht, von Drohungen abgesehen.[8] *Erbguth*[9] tituliert deshalb den Bundeszwang treffend als „Knüppel im Sack". Schon deshalb ist er nicht überflüssig. Zudem gibt er in Krisenzeiten des Staates die Chance zur schnellen Wiederherstellung der Ordnung.[10]

---

[2] Sa *Klein* in Maunz/Dürig Rn. 65; *Erbguth/Schubert* in Sachs Rn. 2, 5; *Rühmann* in Umbach/Clemens Rn. 15; *Bauer* in Dreier Rn. 12; *v. Münch/Mager,* Staatsrecht I, 8. Aufl. 2016, Rn. 615; weitergehend *Stettner* in BK Rn. 37, 83 (auch rechtlich *ultima ratio*); immerhin wird man indes wohl aus dem Prinzip der Bundestreue im Einzelfall gewisse Beschränkungen der Ausübung des Bundeszwangs ableiten können, siehe *Hanschel* in Jakab/Kochenov The Enforcement of EU law and Values: Ensuring Member States' Compliance, 265 (280 f.); *Oebbecke* in HdbStR VI § 136 Rn. 53.

[3] Zutr. *v. Münch/Mager,* Staatsrecht I, 8. Aufl. 2016, Rn. 615; *Erbguth/Schubert* in Sachs Rn. 5; *Bauer* in Dreier Rn. 12; für eine auch rechtlich gebotene vorherige Einschaltung des BVerfG sprechen sich *Pauly/Pagel* DÖV 2006, 1028 (1031 f.), aus. Dafür gibt es jedoch im GG keine überzeugenden Anhaltspunkte. Die Vorgehensweise liegt vielmehr im Ermessen der BReg, siehe auch *v. Danwitz* in MKS Rn. 40, der die Selbständigkeit des Bundeszwangs und des Bund-Länder-Streits betont.

[4] Vgl. *Bothe* in AK Rn. 10; *Bauer* in Dreier Rn. 6.

[5] *Stettner* in BK Rn. 59 f., der von einer abzulehnenden „selbständigen Bundesaufsicht" spricht; sa *Bauer* in Dreier Rn. 15.

[6] *Anschütz* in Pauly/Anschütz/Thoma DtStaatsR I, 1998, Rn. 377 zur WRV; *v. Danwitz* in MKS Rn. 10; *Stettner* in BK Rn. 56 ff.; *Schäfer* AöR 78 (1953), 1 (42 f.).

[7] Vgl. hierzu *Hanschel,* Konfliktlösung im Bundesstaat, 2012, 206 ff.; *Kirchhof* in Maunz/Dürig Art. 85 Rn. 70.

[8] Hingegen kam die frühere Reichsexekution mehmals zur Anwendung, vgl. *Klein* in Maunz/Düring Rn. 21 sowie *Shirvani* Der Staat 50/1 (2011) 102 f. mwN. Dabei ist es wichtig, den jeweiligen Kontext zu beachten.

[9] *Erbguth/Schubert in* Sachs Rn. 3.

[10] Sa *Stern,* StaatsR I, 1984, § 19 Kap. III 6c; *Bauer* in Dreier Rn. 6.

II. Überstaatliche Aspekte

Der Rechtsvergleich zeigt, dass das im deutschen Verfassungsrecht vorzufindende Instrument des Bundeszwangs nicht einzigartig ist. Auch manche **andere Bundesstaaten** verfügen über Instrumente, mittels derer sie den Vorrang des Bundes gegenüber den Gliedstaaten notfalls auch per **Befehl** und **Zwang** durchsetzen können.[11] Zugleich ist mit Bauer[12] festzustellen, dass sich „[a]us rechtsvergleichender Sicht […] die […] Bundesexekution nicht als unverzichtbarer Bestandteil bundesstaatlicher Verfassungen erweist." Die Praxis zeigt im Übrigen, dass derartige Verfahren selbst ohne eine formale Regelung durchaus zuweilen eine Rolle spielen können.[13] **4**

Gegenüber **Katalonien** wurde eine vergleichbare Regelung der spanischen Verfassung (Art. 155) jüngst zum Einsatz gebracht, die der deutschen Norm nachgebildet ist.[14] Dieser Anwendungsfall mag in mehrfacher Hinsicht lehrreich für den deutschen Bundesstaat sein. Zum einen zeigt er die rechtliche Wirksamkeit eines solchen Instruments, zum anderen aber auch die Gefahr, dass ihr Gebrauch zu einer starken politischen Abwehrreaktion füht. Der Bundesstaat sollte daher seine Konflikte nach Möglichkeit unterhalb dieser Schwelle lösen. **5**

Indes besteht die Notwendigkeit zu einem Zwangsintrument im deutschen System des Exekutivföderalismus in besonderem Maße, weil der Bund im Sinne effektiven Regierens darauf angewiesen ist, dass die Länder seine Gesetze umsetzen.[15] Im Mehrebenensystem der **Europäischen Union** und ihrer Mitgliedstaaten bestehen ebenfalls **besondere Zwangsbefugnisse,** die sich aus den Besonderheiten des Unionsrechts ergeben.[16] **6**

Eine hervorgehobene Rolle spielt dabei das **Vertragsverletzungsverfahren** gemäß Art. 258 ff. AEUV. Danach können Verstöße gegen das Unionsrecht vor dem EuGH gerügt werden, wobei insbesondere der Kommmission als Hüterin der Verträge eine wichtige Funktion zukommt. Im Völkerrecht recht ungewöhnlich ist, dass bei nicht abgestellten Verstößen sogar pekuniäre Zwangsmittel in Betracht kommen. Insofern verfügt die Union über ein recht beeindruckendes Mittel, den Vorrang des Unionsrechts mit Befehl und Zwang durchzusetzen. Auch hier kommen **Aspekte der Verhältnismäßigkeit** bzw. der **loyalen Zusammenarbeit** zum Tragen. So wird dem Mitgliedstaat zunächst Gelegenheit zur Äußerung sowie ggf. zur Beseitigung des Verstoßes gegeben. **7**

Ein weiteres Instrument ist das sog. **Rechtsstaatsverfahren.** Soweit die in Art. 2 EUV verankerten Grundwerte verletzt sind, kommen die Sanktionen des Art. 7 EUV in Betracht, die bis zu einer Suspendierung der Mitgliedschaft reichen. In der Praxis hat die Union unterhalb dieser Sanktionierung einen informellen Rechtsstaatsmechanismus entwickelt und ausgeklei- **8**

---

[11] Vgl. etwa die Regelungen in der Schweizer Verfassung, siehe *Klein* in Maunz/Dürig Rn. 30; siehe zusammenfassend rechtsvergleichend *Bauer* in Dreier Rn. 4.

[12] *Bauer* in Dreier Rn. 4 mwN.

[13] *Bauer* in Dreier Rn. 4 mwN.

[14] Siehe *García Morales* DÖV 2019, 1; sa *Krumm,* Föderale Staaten im Vergleich, 2015, 82.

[15] Siehe rechtsvergleichend zu Spanien: Art. 155 CE; vgl. hierzu auch *Hanschel,* Konfliktlösung im Bundesstaat, 2012, 205 ff., 415 f., 506 f.

[16] Siehe hierzu *Jakab/Kochenov,* The Enforcement of EU Law and Values: Ensuring Member States' Compliance, 2017.

det, der in jüngerer Zeit bereits verschiedentlich in Bewegung gesetzt wurde.[17]

9 Insgesamt lässt sich konstatieren, dass die Union über ein reichhaltiges Instrumentarium an Durchsetzungsmöglichkeiten verfügt. Ultimativ hängt deren **Effektivität** aber doch von der **Kooperationsbereitschaft der Staaten** ab sowie vom Willen und der Fähigkeit der Union, entsprechende Mehrheiten für die Verfolgung von Verstößen zu gewinnen. Ultimativ wäre sogar an einen Ausschluss aus der Europäischen Union zu denken; hierfür sind die Voraussetzungen aber kaum geklärt, ggf. aber wohl sehr hoch.[18]

10 Demgegenüber kennt das **Völkerrecht** entsprechende **Durchsetzungsmöglichkeiten** grundsätzlich **nicht.** Dies zeigt sich sogar dort, wo Kompetenzen durch richterliche Entscheidungen auf internationaler Ebene geschaffen wurden, wie beim Europäischen Gerichtshof für Menschenrechte. Die Urteile sind gemäß Art. 46 EMRK verbindlich und umzusetzen, rechtliche Zwangsmittel existieren insoweit aber nicht. Es besteht lediglich die Möglichkeit, **politischen Druck** über das Ministerkomitee des Europarats zu erzeugen.[19] Ähnlich verhält es sich mit Verstößen in anderen völkerrechtlichen Rechtsbereichen, etwa mit Blick auf das Recht der Vereinten Nationen, sofern es nicht gelingt, den Sicherheitsrat entsprechend zu mobilisieren.

B. Einzelfragen

I. Der Bundeszwang des Art. 37 Abs. 1

11 **1. Voraussetzungen für die Anordnung und Durchführung des Bundeszwangs.** Es muss ein **„Land"** gehandelt haben. Darunter fällt jeder Gliedstaat der Bundesrepublik Deutschland.[20] Art. 37 ist **nicht** auf **Gemeinden, Gemeindeverbände und sonstige juristische Personen des öffentlichen Rechts** anwendbar. Verletzt ein Land jedoch seine Aufsichtspflichten gegenüber diesen Rechtsträgern, ist Bundeszwang gegen das Land möglich.[21] Wegen der Unabhängigkeit der Rspr. (Art. 97 Abs. 1) ist Bundeszwang bei Entscheidungen der **Gerichte nicht** denkbar.[22]

12 Art. 37 Abs. 1 erfasst nur Verstöße durch Verfassungsorgane, dh die **obersten Organe der Legislative und Exekutive,** also durch ein Landesparlament oder eine Landesregierung.[23] Bundeszwang kann auch durch das Ver-

---

[17] Vgl. hierzu bereits Europäische Kommission, Pressemitteilung vom 11.3.2014, IP/14/237; siehe ferner zu dem Art. 7 – Verfahren mit Blick auf Polen und Ungarn, Plenartagung Europäisches Parlament (13.–16. Jan. 2020); zur Diskussion vgl. auch *Wunderlich* EuR 2019, 557 (571).

[18] *Hanschel* NVwZ 2012, 996 (998 ff.).

[19] Vgl. hierzu *Zastrow,* Die Rolle des Ministerkomitees bei der Umsetzung der Urteile des Europäischen Gerichtshofs für Menschenrechte, 2018.

[20] AllgM, vgl. *Stettner* in BK Rn. 64; zur Stellung Berlins vor der Wiedervereinigung Deutschlands vgl. *Gubelt* in v. Münch/Kunig, 2. Aufl. 1983, Rn. 3.

[21] *Bauer* in Dreier Rn. 8; *Klein* in Maunz/Dürig Rn. 42; *Münkler* in SHH Rn. 8; *Erbguth/Schubert* in Sachs Rn. 7; *Rühmann* in Umbach/Clemens Rn. 24; *Hellermann* in BeckOK GG Rn. 6.4; vgl. auch BVerfGE 8, 122 (138) zur unzulässigen Bürgerbefragung in Gemeinden über den Einsatz von Atomwaffen, in dem das BVerfG eine Pflicht zum Eingreifen durch das Land Hessen festgestellt hat; zu einer Anordnung des Bundeszwangs ist es aber nicht gekommen.

[22] So *Erbguth/Schubert* in Sachs Rn. 7; *Pieroth* in Jarass/Pieroth Rn. 2.

[23] *Stettner* in BK Rn. 65–69; *Bauer* in Dreier Rn. 8; *Pieroth* in Jarass/Pieroth Rn. 2; *v. Danwitz* in MKS Rn. 12; *Schäfer* AöR 78 (1953), 1 (42).

halten eines Ausschusses oder eines einzelnen Landesministers ausgelöst werden, wenn sie für die Entscheidung an Stelle des obersten Organs zuständig waren und dieses die Entscheidung nicht aufgehoben hat.[24] Die isolierte Verletzung einer Bundespflicht durch ein Regierungsmitglied dürfte hingegen nicht ausreichen.[25]

Das Land muss **„die ihm nach dem Grundgesetze oder einem anderen Bundesgesetze obliegenden Bundespflichten“** nicht erfüllen. Aus dem Begriff **„Bundespflichten“** folgt zweierlei: zum einen muss es sich um **Pflichten** handeln, so dass ein Außerachtlassen von Empfehlungen, Hinweisen usw oder reinen Berechtigungen nicht ausreicht;[26] zum anderen müssen es Pflichten sein, die dem Land als Gliedstaat auf Grund des bundesstaatlichen Prinzips obliegen.[27] Letzteres folgt aus der Aufgabe des Art. 37, den Bundesstaat zu sichern. Es können daher auch Pflichten sein, die das Land gegenüber den anderen Ländern hat, soweit sie die Bundesstaatlichkeit betreffen,[28] nicht jedoch solche gegenüber ihren Bürgern,[29] soweit nicht die ordnungsgemäße Ausführung der Bundesgesetze in Frage gestellt ist (→ Rn. 15). Bei Nichterfüllen anderer Pflichten, zB privatrechtlicher oder solcher, die ihm als Fiskus durch das Polizei-, Steuer-, Baurecht usw auferlegt sind, ist Art. 37 Abs. 1 nicht anwendbar.[30] Ebenso scheiden Pflichten eines Landes gegenüber ausländischen Staaten und deren Bürgern aus.[31] 13

Aus dem Wortlaut des Art. 37 Abs. 1 darf nicht die Folgerung gezogen werden, die Bundespflichten müssten ausdrücklich im **Grundgesetz oder einem anderen Bundesgesetz** genau umrissen und als solche gekennzeichnet sein. Vielmehr genügt es, wenn sie sich im Wege der Auslegung aus den genannten Gesetzen ermitteln lassen und deshalb nicht beliebig ergänzt werden können, wie zB die dem Bundesstaat wesenseigene Pflicht zur Bundestreue[32] und daraus folgende weitere Pflichten.[33] Nach *Stern*[34] soll auch die Nichtbeachtung von bindenden **Entscheidungen des BVerfG** einen Verstoß gegen Bundesgesetze darstellen. Richtigerweise ist indes zu betonen, dass derartige Entscheidungen grundsätzlich keine eigenständigen Länderpflichten 14

---

[24] Vgl. *Bauer* in Dreier Rn. 8.

[25] Vgl. *Klein* in Maunz/Dürig, Rn. 43.

[26] Sa *Klein* in Maunz/Dürig Rn. 47, 53; *Erbguth/Schubert* in Sachs Rn. 8; *Rühmann* in Umbach/Clemens Rn. 16; *Bauer* in Dreier Rn. 9.

[27] AllgM, *Klein* in Maunz/Dürig Rn. 45; *Bauer* in Dreier Rn. 9; *v. Danwitz* in MKS Rn. 15; *Mombaur,* Bundeszwang und Bundestreue, 1964, 31 f.; *Schäfer* AöR 78 (1953), 1 (40); *Pauly/Pagel* DÖV 2006, 1028 (1032).

[28] JöR nF 1 (1951), 340; *Bothe* in AK Rn. 11; *Pieroth* in Jarass/Pieroth Rn. 2; *Erbguth/Schubert* in Sachs Rn. 8; *Münkler* in SHH Rn. 8; *Stettner* in BK Rn. 71.

[29] *Erbguth/Schubert* in Sachs Rn. 8; *Bauer* in Dreier Rn. 9; *Pieroth* in Jarass/Pieroth Rn. 2; *Stettner* in BK Rn. 71; aA *Bothe* in AK Rn. 11.

[30] *Stettner* in BK Rn. 71; *Klein* in Maunz/Dürig Rn. 45; *App* VBlBW 2006, 94.

[31] *Pieroth* in Jarass/Pieroth Rn. 2; *Stettner* in BK Rn. 71; *Bauer* in Dreier Rn. 9; zu Defiziten in der Umsetzung von EU-Recht durch ein Land und der ersatzweisen Handlungsmöglichkeit des Bundes, ggf. unter Bezug auf Art. 37 s. *Stüer/Spreen* VerwArch 96 (2005), 174 (179 f., 185) mwN.

[32] → Art. 20 Rn. 101; → Art. 30 Rn. 18; wie hier *Erbguth/Schubert* in Sachs Rn. 8 mwN; *Münkler* in SHH Rn. 6; aA *Hellermann* in BeckOK GG Rn. 5.2.

[33] *Erbguth/Schubert* in Sachs Rn. 8; *Wolff* in Hömig/Wolff Rn. 3; *Stern,* StaatsR I, 1984, § 19 Kap. III 6c; *Mombaur,* Bundeszwang und Bundestreue, 1964, 35 f.; krit. *Pieroth* in Jarass/Pieroth Rn. 3; *Bauer* in Dreier Rn. 10; *Klein* in Maunz/Dürig Rn. 48.

[34] *Stern,* StaatsR I, 1984, § 19 Kap. III 6c; *Bothe* in AK Rn. 14; *Bauer* in Dreier Rn. 10; *Pieroth* in Jarass/Pieroth Rn. 3; *v. Danwitz* in MKS Rn. 17; krit. *Klein* in Maunz/Dürig Rn. 50.

begründen, weil das BVerfG nur die Normen des Grundgesetzes auslegt und anwendet.[35]

15 Wie sich aus den Motiven ergibt, gehört die **ordnungsgemäße Ausführung der Bundesgesetze** entweder als eigene Angelegenheit der Länder (Art. 83, 84) oder im Auftrage des Bundes (Art. 85) zu den wesentlichen Bundespflichten.[36] Zum Verhältnis der Bundesaufsicht der Art. 84 Abs. 3–5, Art. 85 Abs. 4 zum Bundeszwang → Rn. 2. Die Regelung des Art. 37 findet weiterhin vor allem bei einer Verletzung der in Art. 28 genannten Grundsätze Anwendung.[37] Dagegen dürfen für den Bundeszwang die Pflichten **nicht** hergeleitet werden aus: ungeschriebenen Rechtssätzen (wie Gewohnheitsrecht),[38] Rechtsverordnungen, Staats- und Verwaltungsverträgen zwischen Bund und Ländern sowie zwischen Ländern.[39] Durch eine normale Haushaltsnotlage eines Landes, dh eine solche, die nicht durch eine extrem verschwenderische Haushaltspolitik verursacht ist, werden keine Bundespflichten verletzt, weil die allgemeinen bundesgesetzlichen Vorgaben für die Länderbudgets als Obliegenheit der Länder einzustufen sein dürften.[40]

16 Das Land muss die Bundespflichten **„nicht erfüllt"** haben. Das kann durch ein Tun oder Unterlassen erfolgen. Gleichgültig ist es, ob Pflichten ganz, teilweise nicht oder nicht ordnungsgemäß (also schlecht) erfüllt sind. Ebenfalls spielt es keine Rolle, ob das oberste Organ ein Verschulden trifft oder nicht.[41] Eine andere Frage ist es, ob der Grundsatz des Übermaßverbotes in weniger schweren Verstößen ein Eingreifen des Bundes verbietet (→ Rn. 20, 25). Der Tatbestand des Art. 37 Abs. 1 ist **nicht** verwirklicht, wenn die **Pflichterfüllung** lediglich **gefährdet** ist.[42]

17 Die genannten Voraussetzungen für die Anordnung und Durchführung des Bundeszwangs werden von der BReg in eigener Verantwortung festgestellt[43] und können vom BVerfG im Verfahren nach Art. 93 Abs. 1 Nr. 3 vollständig überprüft werden.[44] Zu der Streitfrage, inwieweit dem Bundesrat eine Prüfungsbefugnis bzgl. der Voraussetzungen zusteht → Rn. 27. Eine Sonderregelung für die Feststellung der Voraussetzungen enthält Art. 84 Abs. 4, wonach der Bundesrat bei der Ausführung von Bundesgesetzen als eigene Angelegenheit der Länder beschließt, ob das Land das Recht verletzt hat oder nicht.

---

[35] Vgl. hierzu *Klein* in Maunz/Dürig Rn. 50, mit den entsprechenden Ausnahmen.

[36] Vgl. JöR nF 1 (1951), 339; ähnlich *v. Danwitz* in MKS Rn. 15, der von „Vollzugspflicht" spricht.

[37] AllgM, zu Beispielen der Bundespflichten vgl. *Mombaur,* Bundeszwang und Bundestreue, 1964, 32 ff.

[38] AA *Rühmann* in Umbach/Clemens Rn. 22. Angesichts der formalen Andersartigkeit der Rechtsquelle erscheint diese Ansicht jedoch nicht überzeugend.

[39] *Pieroth* in Jarass/Pieroth Rn. 3; *Erbguth/Schubert* in Sachs Rn. 8; *Bauer* in Dreier Rn. 10; *Stettner* in BK Rn. 74; *Mombaur,* Bundeszwang und Bundestreue, 1964, 37 ff.; aA bezeichnet Rechtsverordnungen als Gesetze im materiellen Sinne *v. Danwitz* in MKS Rn. 18; *Münkler* in SHH Rn. 6; *Bothe* in AK Rn. 13; *Rühmann* in Umbach/Clemens Rn. 23; *Hellermann* in BeckOK GG Rn. 5.3; *Klein* in Maunz/Dürig Rn. 49; *Nölting,* Der Bundeszwang – Art. 37 des Grundgesetzes, 1956, 40.

[40] *Pauly/Pagel* DÖV 2006, 1028 (1032 ff.).

[41] *Rühmann* in Umbach/Clemens Rn. 24; *Pieroth* in Jarass/Pieroth Rn. 2; *Klein* in Maunz/Dürig Rn. 54; *Erbguth/Schubert* in Sachs Rn. 7; *v. Danwitz* in MKS Rn. 19; *Stern,* StaatsR I, 1984, § 19 Kap. III 6c.

[42] So auch *Stettner* in BK Rn. 77; *v. Danwitz* in MKS Rn. 20; *Erbguth/Schubert* in Sachs Rn. 9.

[43] *Erbguth/Schubert* in Sachs Rn. 15; v. *Danwitz* in MKS Rn. 28.

[44] Zutr. *v. Danwitz* in MKS Rn. 41; *Rühmann* in Umbach/Clemens Rn. 25.

2. Anordnung und Durchführung des Bundeszwangs. Bei Art. 37 Abs. 1 lässt sich der Ablauf in fünf Schritte unterteilen:

(1) Die BReg stellt den **Tatbestand** fest; vgl. dazu die Erläuterungen in → Rn. 17. **18**

(2) Die BReg (als Kabinett) beschließt, **ob Bundeszwang angewendet werden soll.** Sie ist bei dieser Entscheidung völlig selbständig und unabhängig, daher keinerlei Weisungen des Bundestages oder Bundesrates unterworfen.[45] Politisch handelt es sich um den entscheidenden Beschluss, der nur nach Ausschöpfung aller gütlichen Einigungsmöglichkeiten gefasst werden sollte (vgl. auch → Rn. 1). Wegen der weittragenden Bedeutung hat der Verfassungsgeber zu Recht die Entscheidung über die Anwendung des Bundeszwangs in das **Ermessen** der BReg gestellt, wie sich aus der Formulierung **„kann"** ergibt. Das bedeutet, dass die BReg bei Verstoß gegen Bundespflichten nicht notwendig Bundeszwang anwenden muss; sie kann sich vielmehr mit allgemeiner politischer Einflussnahme begnügen oder auch ganz untätig bleiben. Ferner bleibt es ihr, gleichgültig wie sie sich bei Art. 37 Abs. 1 entscheidet, unbenommen, in jedem Stadium das BVerfG nach Art. 93 Abs. 1 Nr. 3 anzurufen.[46] Sie braucht nach weit verbreiteter Ansicht auch – streng rechtlich gesehen – nicht abzuwarten, ob zB das Land das BVerfG anruft und wie dieses entscheidet.[47] Richtigerweise wird man aus dem Grundsatz der Bundestreue aber jedenfalls bei mangelnder Eilbedürftigkeit eine gewisse Pflicht zur Zurückhaltung ableiten können.[48] **19**

Für die **Grenzen des Entschließungsermessens** gelten nach teilweise vertretener Ansicht die allgemeinen Grundsätze über das **Regierungsermessen,** insbes. der Grundsatz des Übermaßverbotes,[49] dh die Maßnahmen des Bundeszwangs müssen geeignet und erforderlich sein und dürfen nicht zu einem Schaden führen, der zu dem beabsichtigten Erfolg erkennbar außer Verhältnis steht. Zur Heranziehung des Übermaßverbotes sind indes mit Recht Bedenken geäußert worden, weil das BVerfG[50] seine Anwendbarkeit im kompetenzrechtlichen Bund-Länder-Verhältnis mit der Begründung verneint hat, es diene nur der Verteidigung der individuellen Rechts- und Freiheitssphäre des Einzelnen gegen zu weitgehende Einwirkungen des Staates.[51] Nach der vorzugswürdigen **Ansicht des BVerfG** ergeben sich die **Schranken für das Handeln des Bundes aus der Eigenstaatlichkeit der Länder und der Pflicht zu bundesfreundlichem Verhalten.**[52] Nach beiden Meinungen sind in jedem Fall **Ermessensfehlgebrauch und Ermessensüber-** **20**

---

[45] *Erbguth/Schubert* in Sachs Rn. 15.

[46] Wie hier *Pieroth* in Jarass/Pieroth Rn. 4; aA *Mombaur,* Bundeszwang und Bundestreue, 1964, 66 ff., 87, der die Durchführung der Verfassungsklage oder der Maßnahmen der Bundesaufsicht als mildere Mittel fordert, bevor Bundeszwang angeordnet werden dürfe; iE ebenso *Stettner* in BK Rn. 81 f., der die Notwendigkeit der Maßnahme ohne mögliche vorherige Anrufung des BVerfG verneint.

[47] BVerfGE 7, 367 (372); *Bauer* in Dreier Rn. 16; *Schäfer* AöR 78 (1953), 1 (43).

[48] *Oebbecke* HdbStR VI § 136 Rn. 53; Vgl. *Hanschel,* Konfliktlösung im Bundesstaat, 2012, 206.

[49] So auch *Rühmann* in Umbach/Clemens Rn. 28, 35; *Erbguth/Schubert* in Sachs Rn. 11; *v. Münch/Mager,* Staatsrecht I, 8. Aufl. 2016, Rn. 485; generell für die Anwendbarkeit des Verhältnismäßigkeitsgrundsatzes auch im Bund-Länder-Verhältnis etwa *Schlink* FS 50 Jahre BVerfG II, 2001, 445 (447 ff.); *Heusch,* Der Grundsatz der Verhältnismäßigkeit im Staatsorganisationsrecht, 2003, 125 ff.

[50] BVerfGE 81, 310 (338).

[51] Vgl. *Bauer* in Dreier Rn. 12; *v. Danwitz* in MKS Rn. 30.

[52] BVerfGE 81, 310 (337 f.); generell zu dieser Pflicht → Art. 30 Rn. 18 mwN.

schreitung zu **vermeiden.** So würden zB parteipolitische Erwägungen einen Ermessensfehlgebrauch darstellen.[53]

21 Eine „Ermessensreduzierung auf Null" und damit eine Pflicht zum Einschreiten dürfte wegen der Schwere der uU entstehenden Konflikte kaum eintreten; insbes. ergibt sich auch aus Art. 28 Abs. 3 keine Pflicht zur Anordnung des Bundeszwangs.[54] Für eine Ermessensentscheidung über die Anwendung von Bundeszwang ist jedoch kein Raum mehr, wenn der Bundesrat seine in Art. 37 Abs. 1 vorgeschriebene Zustimmung verweigert hat. Bei einem Verfassungsrechtsstreit ist das BVerfG lediglich befugt, die Einhaltung der Ermessensgrenzen zu überprüfen;[55] diese sind wesentlich weiter als beim Verwaltungsermessen. So tritt zB keine Selbstbindung der BReg durch Präzedenzfälle ein.

22 (3) Hat sich die BReg für den Bundeszwang entschieden, muss sie beschließen, **in welcher Weise („wie")** sie gegen das Land vorgeht. Hier kommt in der Tat der Gedanke der Verhältnismäßigkeit zum Tragen, der hinsichtlich des Auswahlermessens ausdrücklich normiert ist.[56] So kann die BReg „die **notwendigen Maßnahmen** treffen, um das Land […] zur Erfüllung seiner Pflichten anzuhalten". Aus dem letzten Hs. folgt, dass nur solche Maßnahmen in Betracht kommen, die **geeignet** sind, das Land zur Einhaltung seiner **bundesstaatlichen** Funktion zu veranlassen. Der Einsatz anderer Mittel, zB solcher mit repressivem Strafcharakter, ist verfassungswidrig.[57]

23 Als **zulässige Mittel** des Bundeszwangs kommen in Betracht:[58]

(a) finanzielle und wirtschaftliche Maßnahmen, zB Einstellung der Finanzzuweisungen;[59]

(b) einstweilige Weigerung der Erfüllung sonstiger Bundesaufgaben gegenüber dem Land;

(c) Ersatzvornahme der unterlassenen Handlung durch Bundesorgane oder durch Dritte;

(d) Einsetzung eines Bundesbeauftragten mit allgemeiner oder spezieller Vollmacht;[60]

(e) zeitweilige treuhänderische Übernahme der Legislative und Exekutive (nicht der Jurisdiktion, weil damit gegen Art. 97 Abs. 1 verstoßen würde). Es handelt sich hierbei um eine der schwerwiegendsten Maßnahmen, die nur in außergewöhnlichen Fällen denkbar ist, zumal sie mit erheblichen politischen Konflikten verbunden sein wird.[61]

---

53 Zutr. *v. Danwitz* in MKS Rn. 29.

54 *Klein* in Maunz/Dürig Rn. 60; aA die hM, *Erbguth/Schubert* in Sachs Rn. 16; *v. Danwitz* in MKS Rn. 29; *Bothe* in AK Rn. 16.

55 *v. Danwitz* in MKS Rn. 41.

56 Vgl. *Oebbecke* in HdbStR VI § 136 Rn. 52; *Bauer* in Dreier Rn. 12 mwN.

57 *Klein* in Maunz/Dürig Rn. 66, 93; *Pieroth* in Jarass/Pieroth Rn. 4, 6; *Stettner* in BK Rn. 97.

58 Vgl. *Stettner* in BK Rn. 95 ff.; *Münkler* in SHH Rn. 11; *Pieroth* in Jarass/Pieroth Rn. 5; *Erbguth/Schubert* in Sachs Rn. 12; *Bauer* in Dreier Rn. 13; *Klein* in Maunz/Dürig Rn. 83–90; *Stern,* StaatsR I, 1984, § 19 Kap. III 6c; *Nölting,* Der Bundeszwang – Art. 37 des Grundgesetzes, 1956, 84 (101 ff.); *Mombaur,* Bundeszwang und Bundestreue, 1964, 130 ff.; *Huber* AöR 79 (1954), 21; *Zinn* AöR 75 (1950), 304 f.

59 *Pauly/Pagel* DÖV 2006, 1028 (1030), wollen finanzverfassungsrechtliche Problemlagen ausschließlich durch die Finanzverfassung lösen und nicht über Art. 37 (im Gegensatz zu dem dort in Fn. 3 zit. Gutachten des wissenschaftlichen Dienstes des Bundestages).

60 Gegen die Einsetzung eines „Sparkommissars" bei einer Haushaltsnotlage eines Landes *Pauly/Pagel* DÖV 2006, 1028 (1034 f.).

61 Vgl. *Klein* in Maunz/Dürig, Rn. 86.

In der Lit. werden die nach Art. 37 zulässigen Mittel auch als Orientierungshilfe für Aufsichtsmaßnahmen gegen „renitente Behörden" herangezogen, die nicht im Verfassungsrang stehen.[62]

Unzulässig nach Art. 37 Abs. 1 sind folgende Maßnahmen: Auflösung des Landes (arg.: Art. 29),[63] Erlass einer Landesverfassung im Wege der Ersatzvornahme,[64] Einsatz der Bundeswehr (s. Art. 87a Abs. 2, Abs. 4, Art. 35 Abs. 2 u. 3),[65] Einsatz von Polizeikräften des betroffenen Landes und anderer Länder (arg.: das GG hat insoweit in Art. 91 Abs. 2, Art. 35 Abs. 3 abschließende Ausnahmeregelungen getroffen),[66] Eingriff in die Unabhängigkeit der Rspr.,[67] Ausübung des Stimmrechts des Landes im Bundesrat,[68] alle Maßnahmen mit Strafcharakter[69] und mit Dauerwirkung, zB Auflösung des Landtages, Amtsenthebung von Ministern.[70] 24

Die BReg darf **nur** die **notwendigen Maßnahmen** treffen, **um das Land zur Erfüllung seiner Pflichten anzuhalten.** Das bedeutet: Zum einen hat die BReg, wenn mehrere Maßnahmen in Betracht kommen, diejenigen zu wählen, die das Land am wenigsten beeinträchtigen (Grundsatz der Erforderlichkeit); zum anderen dürfen die Maßnahmen nicht zu einem Schaden führen, der zu dem beabsichtigten Erfolg erkennbar außer Verhältnis steht (Grundsatz der Verhältnismäßigkeit ieS). Da die Geeignetheit auf Grund des letzten Hs. des Art. 37 Abs. 1 zu prüfen ist (→ Rn. 22), gilt für das Auswahlermessen letztlich das **Übermaßverbot.**[71] Sofern man trotz des speziellen Tatbestandsmerkmals der „Notwendigkeit" auch hier die in → Rn. 20 wiedergegebene Auffassung des BVerfG zugrunde legt, ergeben sich die **Schranken für das Handeln des Bundes aus der Eigenstaatlichkeit der Bundesländer und der Pflicht zu bundesfreundlichem Verhalten,** was aber in der Regel nicht zu unterschiedlichen Ergebnissen führen wird.[72] Richtigerweise wird man davon auszugehen haben, dass der Grundsatz der Bundestreue hier durch die Festlegung des Übermaßverbots eine besondere Ausprägung gefunden hat. Ferner ist aus der oa Formulierung herzuleiten, dass die Maßnahmen aufzuheben sind, sobald das Land seine Pflichten erfüllt. Die Einhaltung dieser Grundsätze kann vom BVerfG unter Beachtung der Ermessensgrenzen überprüft werden. 25

(4) Vor der Durchführung der angeordneten Maßnahmen muss noch die **Zustimmung des Bundesrates** vorliegen, weil sonst das Vorgehen rechts- 26

---

[62] *Ziemske* DÖV 1996, 45 (46, 51) betr. Universitäten und ihre Studierendenschaften.

[63] AllgM, vgl. ua *Erbguth/Schubert* in Sachs Rn. 13; *Rühmann* in Umbach/Clemens Rn. 35; *Bauer* in Dreier Rn. 13; *Stern,* StaatsR I, 1984, § 19 Kap. III 6c.

[64] → Art. 28 Rn. 18 f., 204.

[65] *Münkler* in SHH Rn. 12; *Stettner* in BK Rn. 97; *Klein* in Maunz/Dürig Rn. 92.

[66] Wie hier bzgl. des Einsatzes der Polizeikräfte anderer Länder *Pieroth* in Jarass/Pieroth Rn. 5; *Erbguth/Schubert* in Sachs Rn. 12; *Bothe* in AK Rn. 23; aA *Klein* in Maunz/Dürig Rn. 37; *Hellermann* in BeckOK GG Rn. 3.2, 9.2; *Stettner* in BK Rn. 96 mwN.

[67] AllgM, s. *Bauer* in Dreier Rn. 13; *Erbguth/Schubert* in Sachs Rn. 13.

[68] So *Erbguth/Schubert* in Sachs Rn. 13; *Stettner* in BK Rn. 85; *Pieroth* in Jarass/Pieroth Rn. 6.

[69] *Stettner* in BK Rn. 97; *Bauer* in Dreier Rn. 13; *Hellermann* in BeckOK GG Rn. 9.

[70] *Klein* in Maunz/Dürig Rn. 96; *v. Danwitz* in MKS Rn. 34; *Schäfer* AöR 78 (1953), 1 (45); *Münkler* in SHH Rn. 13.

[71] Vgl. *Rühmann* in Umbach/Clemens Rn. 35; *Pieroth* in Jarass/Pieroth Rn. 4; *Bothe* in AK Rn. 22; *Erbguth/Schubert* in Sachs Rn. 11; *Münkler* in SHH Rn. 10; iE *Klein* in Maunz/Dürig Rn. 66; *Stettner* in BK Rn. 85, 100; aA *v. Danwitz* in MKS Rn. 30; *Hellermann* in BeckOK GG Rn. 10.

[72] So *Bauer* in Dreier Rn. 12.

widrig wäre. Eine nachträgliche Billigung reicht nicht aus.[73] Das Zustimmungserfordernis beruht auf dem bundesstaatlichen Prinzip. Es soll einerseits **vor übereilten Handlungen schützen,** andererseits eine **breitere Legitimationsbasis schaffen.**[74]

27 Es ist streitig, wie weit die **Prüfungskompetenz des Bundesrates** reicht. Verschiedentlich wird unter Hinweis auf den Verfassungswortlaut, der das Zustimmungserfordernis auf der Rechtsfolgenseite vorsieht, gesagt, der Bundesrat dürfe lediglich die Durchführung prüfen, also die Frage des Einschreitens („ob", → Rn. 19) und die der Auswahl der notwendigen Maßnahmen (→ Rn. 25).[75] Damit würde man jedoch der Bedeutung des Zustimmungserfordernisses nicht gerecht. Wenn auch die Zustimmung „nur" für die Durchführung der Maßnahmen vorliegen muss, so steht es dem Bundesrat gleichwohl frei, vorher zu prüfen, ob die Voraussetzungen des Art. 37 Abs. 1, also das Vorliegen der Nichterfüllung von Bundespflichten (→ Rn. 13–16) seiner Meinung nach gegeben sind. Die Verfassung normiert nicht, aus welchen Gründen der Bundesrat seine Zustimmung verweigern darf.[76] Ohne die Möglichkeit, derartige Überprüfungen anzustellen, fehlt ihm indes die Grundlage für eine sachgemäße Entscheidung.[77]

28 Da für den Bundesrat **keine Verpflichtung zur Zustimmung** besteht, ist eine bereits erteilte Billigung jederzeit **widerruflich,**[78] allerdings mit Wirkung ex nunc. Das bedeutet: Erfolgte Zwangsmaßnahmen werden nicht rückwirkend rechtswidrig, sie sind vielmehr von der BReg ab Widerruf durch den Bundesrat einzustellen.[79] Bereits abgeschlossene Maßnahmen bleiben rechtmäßig bestehen.

29 (5) Als letzter Schritt erfolgt die **faktische Durchführung** der angeordneten Maßnahmen. Hierzu dient auch das in Art. 37 Abs. 2 normierte Weisungsrecht der BReg oder ihres Beauftragten gegenüber allen Ländern und ihren Behörden.

30 **Adressat der Maßnahmen** ist das Land (Landesregierung, Landtag) bzw. im Falle des Art. 37 Abs. 2 auch dessen Behörden. Unzulässig ist es jedoch, unmittelbar gegen die Bevölkerung des Landes vorzugehen.[80]

31 Da eine allgemeine Erstattungspflicht zwischen Bund und Ländern nicht besteht, trägt nach teilweise vertretener Auffassung grundsätzlich der Bund die **Kosten des Bundeszwangs.**[81] Eine Ausnahme soll dann gelten, wenn

---

[73] *Bauer* in Dreier Rn. 11; *Klein* in Maunz/Dürig Rn. 73; *Münkler* in SHH Rn. 13; *Rühmann* in Umbach/Clemens Rn. 41; *Dux,* Bundesrat und Bundesaufsicht, 1963, 129 ff.

[74] So *Erbguth/Schubert* in Sachs Rn. 18.

[75] *v. Danwitz* in MKS Rn. 32; *Wolff* in Hömig/Wolff Rn. 5.

[76] Sinn und Zweck der Entscheidungsbefugnis ist laut *Bauer* in Dreier Rn. 11 eine „sachangemessene, eigenverantwortliche Entscheidung des Bundesrates, Schutz vor übereilten Handlungen und effektive Sicherung der bundesstaatlichen Ordnung auf breiter föderativer Grundlage."

[77] Vgl. *Erbguth/Schubert* in Sachs Rn. 18; *Bauer* in Dreier Rn. 11; *Stettner* in BK Rn. 88; *Münkler* in SHH Rn. 13; *Klein* in Maunz/Dürig Rn. 76 f.; *Zinn* AöR 75 (1950), 305.

[78] Ganz überwiegende Meinung, vgl. *Münkler* in SHH Rn. 13; *Erbguth/Schubert* in Sachs Rn. 18; *Stettner* in BK Rn. 89; *Hellermann* in BeckOK GG Rn. 8.4; enger *Rühmann* in Umbach/Clemens Rn. 44.

[79] *Münkler* in SHH Rn. 13.

[80] So richtig *Stettner* in BK Rn. 969; *Erbguth/Schubert* in Sachs Rn. 19; *Bauer* in Dreier Rn. 12; *Nölting,* Der Bundeszwang – Art. 37 des Grundgesetzes, 1956, 82; aA *Wolff* in Hömig/Wolff Rn. 7.

[81] Wie hier *Erbguth/Schubert* in Sachs Rn. 20; *v. Danwitz* in MKS Rn. 36; zust. *Stettner* in BK Rn. 102; *Münkler* in SHH Rn. 14; aA (Kostentragung durch das Land) *Bothe* in AK Rn. 26.

das Land durch die Maßnahmen des Bundes die Aufwendung eigener Kosten erspart hat. Zutreffend ist an dieser Auffassung, dass dem Bund kein Schadensersatzanspruch nach Art. 104a Abs. 5 S. 1 Alt. 2 gegen das Land zusteht,[82] weil die genannte Vorschrift voraussetzt, dass die Verwaltungszuständigkeit einerseits und die Ausgaben- bzw. Ertragszuständigkeit andererseits auseinander fallen,[83] was in diesem Fall nicht gegeben ist. Eine analoge Anwendung scheidet wegen der Sonderstellung der Finanzverfassung aus. Richtigerweise wird man indes mangels anderweitiger Normierung ganz grundsätzlich davon auszugehen haben, dass beide Seiten die aus dem Bundeszwang resultierenden Kosten selbst zu tragen haben.[84]

In jedem Stadium des Verfahrens kann sowohl das betroffene Land als auch **32** die BReg das BVerfG nach Art. 93 Abs. 1 Nr. 3 anrufen (→ Rn. 19).

II. Das Weisungsrecht des Art. 37 Abs. 2

Das Weisungsrecht besteht „zur Durchführung des Bundeszwangs", dient **33** also der Durchführung der getroffenen Maßnahmen (→ Rn. 29). Da es selbst keine Maßnahme nach Art. 37 Abs. 1 darstellt, ist die Zustimmung des Bundesrates nicht nötig.[85] Die Besonderheit des Art. 37 Abs. 2 liegt darin, dass die BReg das Weisungsrecht im Gegensatz zu Art. 37 Abs. 1 gegenüber **allen Ländern und ihren Behörden** hat. Damit soll gewährleistet werden, dass der Bundeszwang auch sein Ziel erreicht (zB durch Isolierung des pflichtwidrig handelnden Landes) und nicht von anderen Ländern unterlaufen wird. Das Weisungsrecht umfasst nicht nur Einzelweisungen, sondern auch allgemeine Weisungen (zB Verwaltungsrichtlinien, Runderlasse usw). Allerdings ist es nicht zulässig, den Polizeikräften der bundestreuen Länder Weisungen zu erteilen, weil das GG insoweit abschließende Ausnahmeregelungen in Art. 91 Abs. 2, Art. 35 Abs. 3 getroffen hat.[86]

Die Ausdehnung des Weisungsrechts auf **Beauftragte** der BReg ist not- **34** wendig gewesen, weil die Regierung als Kollegialorgan das Weisungsrecht nur verhältnismäßig schwerfällig und zeitraubend ausüben kann, ein schnelles Handeln aber oftmals erforderlich ist, das zudem häufig an Orten erfolgen muss, die weit vom Sitz der BReg entfernt liegen.[87]

C. Verhältnis zu anderen Bestimmungen des Grundgesetzes

Zum Verhältnis von Abs. 1 zu Abs. 2 des Art. 37 → Rn. 29, 33. Zur **35** Unterscheidung des Bundeszwangs von der Bundesaufsicht sowie von sonstigen Weisungen und aufsichtlichen Mitteln → Rn. 2.

---

[82] So aber *v. Danwitz* in MKS Rn. 36; offen gelassen von *Stettner* in BK Rn. 102.

[83] → 104a Rn. 54.

[84] Vgl. *Pieroth* in Jarass/Pieroth Rn. 6; *Bauer* in Dreier Rn. 13; *Rühmann* in Umbach/Clemens Rn. 48; ähnlich *Klein* in Maunz/Dürig Rn. 104.

[85] Wie hier *Rühmann* in Umbach/Clemens Rn. 45; *Erbguth/Schubert* in Sachs Rn. 21; *Bauer* in Dreier Rn. 14; *v. Danwitz* in MKS Rn. 37; *Hellermann* in BeckOK GG Rn. 11; *Stettner* in BK Rn. 103; *Wolff* in Hömig/Wolff Rn. 8; *Mombaur,* Bundeszwang und Bundestreue, 1964, 157, spricht von „Verfahrensmittel"; aA *Bothe* in AK Rn. 23 f.; *Stern,* StaatsR I, 1984, § 19 Kap. III 6c, die das Weisungsrecht als eine der möglichen Maßnahmen des Art. 37 Abs. 1 ansehen.

[86] *Stern,* StaatsR I, 1984, § 19 Kap. III 6c; anders die hM, vgl. *Stettner* in BK Rn. 105; *Klein* in Maunz/Dürig Rn. 37; *Schäfer* AöR 78 (1953), 1 (47); → Rn. 24 bzgl. des Einsatzes von Polizeikräften nach Art. 37 Abs. 1 als unzulässige Maßnahme.

[87] Vgl. hierzu *Klein* in Maunz/Dürig Rn. 100.

36 Art. 91 Abs. 2, Art. 35 Abs. 3 enthalten abschließende Ausnahmeregelungen zu Art. 37 für den Einsatz von Polizeikräften des betroffenen Landes und anderer Länder (Nachweise in → Rn. 24, 33). Auch ansonsten folgt der Ausschluss einzelner Befugnisse zur Durchführung des Bundeszwangs oftmals aus anderweitigen Normen des GG, so etwa für den Einsatz der Bundeswehr aus Art. 87a Abs. 2, für die Auflösung des Landes aus Art. 29, für Eingriffe in die Rspr. aus Art. 20 Abs. 3, Art. 97 Abs. 1 und für die Auflösung des Parlaments aus Art. 20 Abs. 2.[88]

D. Kritische Würdigung

37 Zu Recht wurde bereits früh darauf hingewiesen, dass man gegen die Regelung in Art. 37 trotz der ungenauen Formulierungen nicht den Vorwurf der Unvollkommenheit erheben kann.[89] Wenn die „notwendigen Maßnahmen", die die BReg anordnen kann, nicht detailliert genannt sind, entspricht das den üblichen Eingriffsgeneralklauseln des Polizei- und Ordnungsrechts. Es hat zudem den Vorteil, dass die BReg nicht an bestimmte Maßnahmen gebunden ist, sondern bei ihrer Entscheidung ganz auf den konkreten Fall abstellen kann. Als **ultima ratio** sichert die Möglichkeit des Bundeszwangs die **Souveränität** ebenso wie die **Funktionsweise des Gesamtstaats,** der sich bei Machtkonflikten im rechtlichen Rahmen selbst behelfen kann. Indes ist diese Selbsthilfe wiederum tauglicher Gegenstand einer verfassungsrechtlichen Klage (→ Rn. 25), so dass ultimativ die Entscheidungsmacht beim Bundesverfassungsgericht liegt.[90]

38 Bei der Anwendung des Art. 37 muss sich die BReg **größte Zurückhaltung** auferlegen, weil durch den Bundeszwang **schwerwiegende politische Konflikte** heraufbeschworen werden. Besonders kritisch sind solche Maßnahmen zu beurteilen, die sich auf die Bevölkerung auswirken. Der Bürger hat wenig Verständnis für solche staatspolitischen Auseinandersetzungen zwischen Bund und Land, die je nach aktueller politischer Couleur der jeweiligen Körperschaften auch parteipolitisch geprägt sein können. Deshalb ist **es in der Praxis** kaum vorstellbar, dass der Bundeszwang trotz formaler verfassungsrechtlicher Zulässigkeit ohne **vorherige Einschaltung des BVerfG** durchgeführt würde.[91] Dies würde sich auch vielfach nur mit Mühe mit dem Grundsatz der Bundestreue vereinbaren lassen, wenngleich dieser natürlich auch für die Länder gilt.

Literatur

H. Bauer, Der Bundeszwang in der bundesstaatlichen Ordnung des Grundgesetzes, Revista Catalana de Dret Públic – Catalan Journal of Public Law (Sonderheft), 2019, 1. – ***G. Dux,*** Bundesrat und Bundesaufsicht, 1963. – ***J. Ennuschat,*** Der Bundeszwang gem. Art. 37 GG, NWVBl 2018, 309. – ***K. Haas,*** Die Bundesaufsicht und der Bundeszwang, 1954. – ***D. Hanschel,*** Konfliktlösung im Bundesstaat, 2012. – ***D. Hanschel,*** Enforcement of Federal Law against the German Länder, in A. Jakab/D. Kochenov, The Enforcement of EU Law and Values: Ensuring Member States' Compliance, 2017, 265. – ***A. Heusch,*** Der Grundsatz der Verhältnismäßigkeit im Staatsorganisationsrecht, 2003. – ***P.-M. Mombaur,*** Bundeszwang und Bundestreue, 1964. –

[88] S. *Bauer* in Dreier Rn. 17.
[89] *Maunz* in Maunz/Dürig, 1. Aufl. 1959, Rn. 10.
[90] Vgl. v. *Danwitz* in MKS Rn. 40 f.
[91] So zutr. *Stettner* in BK Rn. 107.

S. Nölting, Der Bundeszwang – Art. 37 des Grundgesetzes, 1956. – ***W. Pauly/C. Pagel,*** Bundeszwang in der föderalen Finanzordnung – Zur Einsetzung eines „Sparkommissars“ im Wege von Art. 37 GG, DÖV 2006, 1028. – ***A. Pfeiffer,*** Der Bund und die Länder, DÖV 1949, 263. – ***H.-D. Pötschke,*** Bundesaufsicht und Bundeszwang nach dem Grundgesetz, 1967. – ***H. Schäfer,*** Bundesaufsicht und Bundeszwang, AöR 78 (1953), 1. – ***F. Schöning,*** Föderale Intervention als Instrument zur Bewahrung eines Bundesstaates, 2008. – ***F. Shirvani,*** Die Bundes- und Reichsexekution in der neueren deutschen Verfassungsgeschichte, Der Staat 50 (2011), 102. – ***G. Sierck/M.Pöhl,*** Möglichkeiten des Bundeszwangs nach Art. 37 Grundgesetz – Einsetzung eines „Sparkommissars“?, 2006. – ***A.Weiss,*** Der Bundeszwang, 2017. – ***G.A. Zinn,*** Der Bund und die Länder, AöR 75 (1949), 291.

III. Der Bundestag

Art. 38 [Wahlen zum Bundestag]

(1) [1]Die Abgeordneten des Deutschen Bundestages werden in allgemeiner, unmittelbarer, freier, gleicher und geheimer Wahl gewählt. [2]Sie sind Vertreter des ganzen Volkes, an Aufträge und Weisungen nicht gebunden und nur ihrem Gewissen unterworfen.

(2) Wahlberechtigt ist, wer das achtzehnte Lebensjahr vollendet hat; wählbar ist, wer das Alter erreicht hat, mit dem die Volljährigkeit eintritt.

(3) Das Nähere bestimmt ein Bundesgesetz.

Paulskirchenverfassung von 1849

Abschnitt IV. Art. III

§ 93. Das Volkshaus besteht aus den Abgeordneten des deutschen Volkes.

§ 94. Die Mitglieder des Volkshauses werden für das erste Mal auf vier Jahre, demnächst immer auf drei Jahre gewählt.

Die Wahl geschieht nach den in dem Reichswahlgesetze enthaltenen Vorschriften.

Abschnitt IV. Art. IV

§ 96. Die Mitglieder beider Häuser können durch Instruktionen nicht gebunden werden.

Reichsverfassung von 1871

Art. 20. Der Reichstag geht aus allgemeinen und direkten Wahlen mit geheimer Abstimmung hervor.

Bis zu der gesetzlichen Regelung, welche im § 5 des Wahlgesetzes vom 31. Mai 1869 (Bundesgesetzbl. 1869, S. 145) vorbehalten ist, werden in Bayern 48, in Württemberg 17, in Baden 14, in Hessen südlich des Main 6 Abgeordnete gewählt, und beträgt demnach die Gesammtzahl der Abgeordneten 382.

Art. 29. Die Mitglieder des Reichstages sind Vertreter des gesammten Volkes und an Aufträge und Instruktionen nicht gebunden.

Weimarer Reichsverfassung von 1919

Art. 20. Der Reichstag besteht aus den Abgeordneten des deutschen Volkes.

Art. 21. Die Abgeordneten sind Vertreter des ganzen Volkes. Sie sind nur ihrem Gewissen unterworfen und an Aufträge nicht gebunden.

Art. 22. Die Abgeordneten werden in allgemeiner, gleicher, unmittelbarer und geheimer Wahl von den über zwanzig Jahre alten Männern und Frauen nach den Grundsätzen der Verhältniswahl gewählt. Der Wahltag muss ein Sonntag oder öffentlicher Ruhetag sein.

Das Nähere bestimmt das Reichswahlgesetz.

Art. 125. Wahlfreiheit und Wahlgeheimnis sind gewährleistet. Das Nähere bestimmen die Wahlgesetze.

Übersicht

A. Allgemeine Bedeutung

I. Genese

1 Die Vorschrift des Art. 38 verbindet den Gedanken der Repräsentation des Volkes durch gewählte Abgeordnete mit dem Wahlrecht und nimmt damit zwei Schlüsselelemente im Konzept der repräsentativen Demokratie auf. Die Vorschrift stellt eine Konkretisierung des Art. 20 Abs. 2 dar, der das Prinzip der Volkssouveränität zum Ausdruck bringt, zugleich aber festlegt, dass die Ausübung der Staatsgewalt durch das Volk auf Wahlen und Abstimmungen und durch besondere Organe beschränkt bleibt. Dies wird in Art. 38 aufgenommen und die Grundsätze für die Wahlen zu dem zentralen gesetzgebenden Organ und dem Status der gewählten Repräsentanten festgelegt. Demokratie im Sinne des GG ist – außerhalb der Länderneugliederung des Art. 29 und Formen direkter Demokratie in den Ländern – eine repräsentative Form der Demokratie.[1]

2 Die Entwicklung der verfassungsrechtlichen Gewährleistungen des Wahlrechts und die Stellung der gewählten Repräsentanten ist eingebettet in die allgemeine verfassungsrechtliche und -politische Entwicklung. Der Parlamentarismus hatte, wie in anderen europäischen Ländern auch, seine Basis in der sozialen, wirtschaftlichen und politischen Emanzipation des Bürgertums. Dies begann im 19. Jahrhundert vor allem als Kampf um Kontrollrechte des Parlaments gegenüber der Regierung. Diese Entwicklung geht im Grunde

[1] Allerdings zeigen sich insofern vorsichtige Ansätze zu einer Öffnung, nicht zuletzt im Hinblick auf Art. 11 AEUV, der vom Bundesverfassungsgericht immerhin als dezentrale, arbeitsteilige Partizipation mit legitimitätssteigerndem Potential bezeichnet wird, vgl. BVerfGE 123, 267 (369); zum Legitimationskonzept *Westermann,* Legitimation im Europäischen Regulierungsverbund, 2017, 349 ff.; Einzelheiten sind geregelt in der VO (EU) Nr. 211/2011; zur ersten erfolgreichen Bürgerinitiative vgl. Mitteilung der Kommission über die Europäische Bürgerinitiative „Wasser und sanitäre Grundversorgung sind ein Menschenrecht! Wasser ist ein öffentliches Gut, keine Handelsware“ KOM (2014), 177 endg.; *Sule* EuZW 2014, 725; *Heuber-Sänger* EuR 2015, 238.

der Demokratisierung des Wahlrechts im Sinne einer zunehmenden Inklusion derjenigen, die der Herrschaft unterworfen sind, vor. An den Auseinandersetzungen um das Wahlrecht und die Stellung der Abgeordneten vor allem im Volkshaus gem. Art. 93, 94 Frankfurter Reichverfassung wird zugleich deutlich, dass Wahlrechtsfragen nicht einfach nur Verfahrensregeln sind, sondern zugleich immer auch etwas darüber aussagen, wer wen und unter welchen Bedingungen repräsentiert. Wahlrechtsfragen sind daher immer auch Machtfragen. Die Grundsätze des Wahlrechts waren insoweit im 19. Jahrhundert eher Postulate und Prinzipien, nicht etwa die Realität der modernen Wahlen.[2] Die Entwicklung ist daher vor allem durch die Auseinandersetzung um die Allgemeinheit des Wahlrechts aller Herrschaftsunterworfenen gekennzeichnet.

Für die Paulskirchenverfassung von 1848, die preußische Verfassung von 3
1850 und die Reichverfassung von 1871 gilt dies zumal. Nach Art. 93 der Pulskirchenverfassung bestand das Parlament, das Volkshaus aus den Abgeordneten des deutschen Volkes, sie konnten an Instruktionen nicht gebunden werden. Indessen war dies bekanntlich ein Dreiklassen-Wahlrecht der Männer, ein Hybrid zwischen Tradition und Moderne.[3] Das galt auch für die preußische Verfassung von 1850, die ein Zwei-Kammer-System vorsah, das die Hybridstellung aufs Beste verdeutlichte. Sie enthielt allerdings auch (für Abgeordnete beider Kammern) erstmals die in Art. 83 in die Zukunft weisende Gewährleistung, wonach die Abgeordneten Vertreter des ganzen Volkes sind, nach freier Überzeugung abstimmen und an Aufträge und Instruktionen nicht gebunden sind. Eine ähnliche Regelung sah dann auch Art. 29 der Reichsverfassung von 1871 vor, die zudem in Art. 20 die Wahlgrundsätze der allgemeinen und direkten und geheimen Wahl enthielt, die Freiheit der Wahl wurde durch Art. 125 gewähreistet. Auch hier war es eine männliche Allgemeinheit. Dies wurde erst durch die Weimarer Reichsverfassung in Art. 22 geändert, der nunmehr das Wahlrecht auf die Frauen ausdehnte und die Wahlgrundsätze der allgemeinen, gleichen unmittelbaren und geheimen Wahl festschrieb. Die Abgeordneten waren nach Art. 21 Vertreter des ganzen Volkes, nur ihrem Gewissen verpflichtet und an Aufträge nicht gebunden. Verfassungsrechtlich wurde das Verhältniswahlrecht festgeschrieben. Die Demokratisierung des Parlaments fand ihren Niederschlag in der Abhängigkeit von Reichkanzler und Reichsministern vom Vertrauen des Parlaments (Art. 54), womit erstmalig allein die demokratische Legitimation als Legitimationsquelle ausschlaggebend wurde, freilich aufgespalten in die parlamentarische Verantwortung von Reichskanzler und Reichsministern und der direkten Legitimation des Reichspräsidenten durch Volkswahl.

Im Grunde waren damit auch die wesentlichen Grundsätze für das Grund- 4
gesetz vorgeprägt. Der Entwurf von Herrenchiemsee enthielt in Art. 45 Abs. 1 die Wahlgrundsätze des Art. 22 WRV, darüber hinaus Regelungen zum Wahlalter, Zahl der Abgeordneten und in Art. 46 HChE die Regelung, wonach Abgeordnete Vertreter des ganzen Volkes sind und nur ihrem Gewissen unterworfen und an Aufträge nicht gebunden sind.[4] Im Haupt-

[2] Ausführlich analysiert bei *Richter,* Moderne Wahlen – Eine Geschichte der modernen Demokratie in Preußen und den USA im 19. Jahrhundert, 2017.

[3] *Richter,* Moderne Wahlen – Eine Geschichte der modernen Demokratie in Preußen und den USA im 19. Jahrhundert, 2017, 237 ff.

[4] Verfassungsausschuss der Ministerpräsidentenkonferenz der Westlichen Besatzungszonen, Bericht über den Verfassungskonvent auf Herrenchiemsee v. 10. bis 23.8.1948, 67.

ausschuss des Parlamentarischen Rates schloss man sich auf der Grundlage der Vorschläge des Entwurfes von Herrenchiemsee an das allgemein seit Jahrzehnten geltende Parlamentsrecht. Man nahm zunächst die Wahlgrundsätze des Art. 22 WRV auf, ergänzt durch die Freiheit der Wahl.[5] Ausführlich diskutiert wurde in der 2. Sitzung des Hauptausschusses zunächst vor allem die Stellung der Berliner Abgeordneten, Sperrklauseln und Zahl der Erweiterung der Abgeordneten bei Erweiterung des Bundesgebietes.[6] Später wurde die Fassung in dem seinerzeitigen Art. 47 angenommen, wonach die Abgeordneten Vertreter des ganzes Volkes sind und an Aufträge und Weisungen nicht gebunden und nur ihrem Gewissen unterworfen sind.[7] Umstritten blieb die Aufnahme einer Sperrklausel, die ohne verfassungsrechtliche Regelung für verfassungswidrig gehalten wurde und im Ergebnis nicht aufgenommen wurde.[8] Ausführlich diskutiert wurde das künftige Wahlrecht, für deren Erlass der Parlamentarische Rat die Zuständigkeit in Anspruch nahm und deren Erarbeitung im Ausschuss für Wahlrechtsfragen einen langen Zeitraum in Anspruch nahm. Grund dafür war die Tatsache, dass Wahlrechtsfragen, wie schon oben ausgeführt (→ Rn. 2) immer auch Machtfragen sind und zugleich die Alliierten erhebliche Vorbehalte geltend machten.[9]

5 Nach Inkrafttreten des Grundgesetzes erfolgte nur eine Änderung des heutigen Art. 38 um das Wahlalter den allgemeinen Entwicklungen anzupassen und zwar durch das 27. Änderungsgesetz vom 31.7.1970.

II. Inhaltsübersicht

6 Art. 38 enthält die Grundsätze der Repräsentation und des Status des Abgeordneten, sowie den verfassungsrechtlichen Rahmen des aktiven und passiven Wahlrechts. Art. 38 kommt insoweit für die rechtliche Verfassung der Demokratie eine Stellung zu, die über den eigentlichen Regelungsgegenstand hinausweist. Die **Wahlgrundsätze** prägen über Art. 28 Abs. 1 S. 2 die Wahlen in den Ländern, Kreisen und Gemeinden und **wirken als allgemeine verfassungsrechtliche Grundsätze** auf die normativen Rahmenbedingungen anderer demokratischer Wahlen ein, insbesondere auch in der funktionalen Selbstverwaltung (→ Rn. 20). Die in Art. 38 Abs. 1 S. 2 enthaltenen Grundsätze der Repräsentation und des repräsentativen Mandats prägen das Konzept repräsentativer Demokratie des GG stärker als allgemeine Erwägungen zum Demokratieprinzip, das freilich seinerseits – wie alle Prinzipien – auf die Gehalte des Art. 38 einwirkt. Nicht zuletzt wird das vor allem für die Staatsorganisation und die vielfältigen Verflechtungen von staatlichen Organisationen und privaten Akteuren wichtige **Konzept der demokratischen Legitimation**[10] von den zu Art. 38 entwickelten Dogmen beeinflusst (→ Rn. 23).

---

[5] JöR nF 1 (1951), 349 ff..

[6] Der Parlamentarische Rat 1948 – 1949, Akten und Protokolle, Bd. 14 Hauptausschuss, 2009, Teilband I, 10 ff.

[7] Der Parlamentarische Rat 1948 – 1949, Akten und Protokolle, Bd. 14 Hauptausschuss, 2009, Teilband II, 970.

[8] Der Parlamentarische Rat 1948 – 1949, Akten und Protokolle, Bd. 14 Hauptausschuss, 2009, Teilband II, 1526 ff.

[9] Ausführliche Dokumentation in Der Parlamentarische Rat 1948 – 1949, Akten und Protokolle, Bd. 6 Ausschuss für Wahlrechtsfragen, 1994.

[10] Ausf. *Trute* in Hoffmann-Riem/Schmidt-Aßmann/Voßkuhle Grundlagen des Verwaltungsrechts I, § 9.

Jede Form der repräsentativen Demokratie hat mit der Frage zu tun, wer wen repräsentiert, worauf die **Repräsentation** beruht und wie die Beziehung zwischen Repräsentierten und Repräsentanten ausgestaltet ist.[11] Art. 38 legt wesentliche normative Rahmenbedingungen dafür fest. Die Wahlrechtsgrundsätze, insbes. die Allgemeinheit und Freiheit der Wahl, sichern die **Inklusion** möglichst aller von der Ausübung der Staatsgewalt Betroffenen[12] in das politische System und damit den **gleichen und von Benachteiligung freien Einfluss** auf die Zusammensetzung der Repräsentanten sowie den gleichen Zugang von Mandatsbewerbern zum politischen Prozess. Art. 38 Abs. 1 S. 1 schafft damit zugleich die **Regeln für den Wettbewerb**[13] um Zustimmung zu Personen und Sachthemen. Unter den Bedingungen der Gewährleistung eines Mehrparteiensystems in Art. 21 geht es vor allem um die Konkurrenz der Parteien, der von ihnen repräsentierten Sachthemen und nominierten Personen, um den Erwerb der politischen Macht.[14] Da die Repräsentierten als solche auf das Angebot von Sachthemen und Personen unmittelbar wenig Einfluss haben, wird zur Sicherung des Zusammenhangs zwischen Repräsentierten und Repräsentanten die **Offenheit des Zugangs zum Wettbewerb** zu einer entscheidenden Rahmenbedingung pluralistischer Interessenrepräsentanz. Das Konkurrenzprinzip und die Offenheit des Zugangs zum Wettbewerb um die Zustimmung der Repräsentierten sind zudem wichtige Funktionsbedingungen einer kontinuierlichen Aufrechterhaltung des Repräsentationszusammenhangs, weil sie einen Anreiz für politische Parteien zur Berücksichtigung der politischen Präferenzen der Wähler darstellen und damit dem zentralen Problem jeder repräsentativen Form der Demokratie entgegenwirken: der Verselbstständigung der Repräsentanten gegenüber den Repräsentierten[15] und dem damit verbundenen Verlust von Akzeptanz und Legitimität. Weitere von Art. 38 Abs. 1 geprägte institutionelle Rahmenbedingungen sichern den Repräsentationszusammenhang und wirken der Verselbstständigung der Parteien und Repräsentanten entgegen. **Wahlen** sind in diesem Sinne nicht allein Momentaufnahmen der Konkurrenz um die politische Macht. Durch ihre regelmäßige Wiederkehr **prägen** sie den **politischen Prozess** und wirken auf seine Inhalte ein. Die regelmäßige Wiederkehr der Wahlen schafft einen Anreiz für eine hinreichend breite Interessenberücksichtigung.[16] Insofern ermittelt die Wahl eine momentane politische Präferenz, die ihre Bewährung in dem folgenden Prozess der politischen Meinungs- und Willensbildung finden muss, dessen Regeln zwar wiederum von Art. 38, vor allem aber von den Kommunikationsgrundrechten mitgeprägt werden. 7

Art. 38 Abs. 1 S. 2 sichert die **Freiheit und Gleichheit der Abgeordneten** im politischen Prozess. Minderheiten bleiben sichtbar, als gleichbe- 8

[11] Zur Repräsentation und ihren Bedeutungen, *Hofmann,* Repräsentation, 2003; *Meyer* in Dreier Rechts- und staatstheoretische Schlüsselbegriffe: Legitimität Repräsentation, 99 ff.; *Silniok,* Parlamentarisches Regieren, § 1 III 1.2020 (zitiert nach Typoskript).

[12] Zur Differenzierung zwischen dem Aktivvolk, dem Volk als Zurechnungssubjekt und als Adressat von Herrschaft vgl. *Trute* in Hoffmann-Riem/Schmidt-Aßmann/Voßkuhle Grundlagen des Verwaltungsrechts I, § 9 Rn. 21 f.

[13] *Morlok* in Dreier Rn. 54.

[14] Zum Wahlrecht als Spielregel des Wettbewerbs um politische Macht *Grimm* in BMV VerfassungsR-HdB, § 14 Rn. 6 ff.; *Meyer* in HdbStR III, § 45 Rn. 13; *Morlok* in Dreier Rn. 54, Art. 21 Rn. 27, 77.

[15] *Grimm* in BMV VerfassungsR-HdB, § 14 Rn. 6 ff.

[16] *Grimm* in BMV VerfassungsR-HdB, § 14 Rn. 6.

rechtigte, aber momentan nicht zum Zuge gekommene Alternative.[17] Die den Status des Abgeordneten kennzeichnenden Rechte sichern diese Stellung und etablieren Regeln für die institutionelle Arena des politischen Prozesses, den Bundestag. Dies gilt nicht nur für den **Status der Freiheit und Gleichheit,** die den Abgeordneten vor Weisungen und Instruktionen staatlicher, parlamentarischer wie gesellschaftlicher Akteure und damit auch der politischen Parteien sichern (→ Rn. 114 ff.) und ihn mit der Unabhängigkeit auch gegenüber den Repräsentierten zu gemeinwohlbezogenem Handeln im politischen Prozess in die Lage versetzen. Politische Repräsentation wird auch und vor allem über die **Fraktionen** und **Gruppen** und deren Stellung im Parlament bestimmt (→ Rn. 124 ff.).

9 **Transparenz und Offenheit** des politischen Prozesses im Medium einer **Öffentlichkeit,** die die nötigen Informationen für die Repräsentierten zur Bildung ihrer Präferenzen vermittelt und zugleich die Einflussnahmen auf den politischen Prozess ermöglicht, sind wichtige Rahmenbedingungen der repräsentativen Demokratie. Über das Medium der Öffentlichkeit wird zugleich und damit verbunden **politische Verantwortlichkeit** eingelöst.[18] Als Kontrollressource trägt das Medium der Öffentlichkeit zur Transparenz und Kontrollierbarkeit des demokratischen Willensbildungsprozesses bei und sichert so das Vertrauen in die demokratische Legitimität staatlicher Machtausübung.[19] Dies gilt gerade auch für die **Öffentlichkeit des Wahlvorgangs** selbst[20] (→ Rn. 92 ff.). Hier liegen enge Verbindungen des Art. 38 zu den Kommunikationsfreiheiten, etwa der Art. 5, 8, 9, aber auch zu anderen Transparenz und Öffentlichkeit gewährleistenden Normen wie Art. 42, und letztlich zu dem demokratischen Prinzip selbst, dem das Prinzip der Öffentlichkeit eingeschrieben ist. In diesem Sinne sind **Freiheit, Gleichheit, Offenheit und Öffentlichkeit** essentielle Elemente der repräsentativen Demokratie,[21] in der ungeachtet vielfältiger Vermittlungen institutionell gesichert wird, dass die Pluralität der Meinungen und Interessen in die politische Willensbildung Eingang finden.

10 Die in Art. 38 Abs. 1 S. 1 gewährleisteten Wahlrechtsgrundsätze und das in Art. 38 Abs. 1 S. 2 verankerte freie Mandat sind nicht Selbstzweck, sondern **Mittel zum Zweck der effektiven Gewährleistung demokratischer Teilhabe** der Bürger (Art. 20 Abs. 2).[22] Als Konkretisierung des Prinzips der Volkssouveränität wirft das in Art. 38 Abs. 1 verankerte Prinzip demokratischer Repräsentation nach der Rechtsprechung des BVerfG[23] die Frage nach den materiellen Gestaltungsbefugnissen des Parlaments auf, auf die sich demokratische Repräsentation bezieht. Das in Art. 38 Abs. 1 S. 1 iVm Art. 20 Abs. 1 u. 2 verankerte Prinzip der repräsentativen Demokratie setzt grund-

[17] *Grimm* in BMV VerfassungsR-HdB, § 14 Rn. 8.

[18] *Meyer* in Schneider/Zeh ParlamentsR, § 4 Rn. 12.

[19] BVerfGE DVBl.123, 39 (69); *Hahlen* in Schreiber BWahlG § 31 Rn. 2.

[20] BVerfGE DVBl.123, 39; *Buchmann/Roßnagel* K&R 2009, 543; *Schiedermair* JZ 2009, 572; *Will* NVwZ 2009, 700.

[21] Vgl. *Häberle,* Kommentierte Verfassungsrechtsprechung, 1979, 172 ff., 210 ff.; krit. zum Status der Öffentlichkeit bei Abgeordneten BVerfGE 118, 277, (377, 380 ff.) abw. Votum; der Status des Abgeordneten wird von den die Entscheidung nicht tragenden Richtern stärker gesellschaftlich verankert und damit gleichsam durch Elemente des Privaten angereichert.

[22] BVerfGE 89, 155 (185); 123, 267 (340, 358, 375); *Frenz* EWS 2009, 345; *Ruffert* DVBl. 2009, 1197; *Baumgart* NJ 2009, 309.

[23] BVerfGE 89, 155 (185); 123, 267 (340); *Frenz* EWS 2009, 345; *Ruffert* DVBl. 2009, 1197; *Baumgart* NJ 2009, 309.

sätzlich voraus, dass die Organisation von Staatsgewalt so ausgestaltet ist, dass sich der Wille des Volkes überhaupt praktisch wirksam entfalten kann und die Bürger nach dem Prinzip gleicher Freiheit mit Mehrheitswillen tatsächlich herrschen können.[24] Allerdings trennt das Grundgesetz zwischen dem Prinzip der Demokratie (Art. 20 Abs. 1, 2), den subjektiven Rechten der Bürger als Wähler und Gewählte (Art. 38 Abs. 1) und den Fragen der Kompetenzverteilung zwischen den verschiedenen Staatsorganen. Daher ist die **materiell-rechtliche Aufladung des Art. 38 Abs. 1 durchaus zweifelhaft.**[25] Jedenfalls kann aus Art. 38 Abs. 1 u. 2 kein **Kompetenzerhaltungsgebot** zu Gunsten des Bundestags abgeleitet werden (→ Rn. 12 ff.). Gleichwohl geht das BVerfG mittlerweile in ständiger Rechtsprechung davon aus, dass Art. 38 Abs. 1 S. 1 iVm Art. 20 Abs. 1 und 2 auch einen materiellen **Kernbereich effektiver demokratischer Gestaltungsmacht** des Bundestages sichert und erweitert die Gewährleistungsgehalte weit darüber hinaus.[26]

Direkte Verbindungen des Art. 38 zur europäischen Ebene bestehen an 11
sich nicht. Das Europäische Parlament besteht aus Vertretern der Unionsbürger und repräsentiert diese. Ungeachtet der zurückhaltenden Position der Rechtsprechung des BVerfG zur Repräsentationsfunktion des Europäischen Parlaments erkennt es die eigenständige Legitimation des Parlaments in der Sache sehr wohl an. Betont man die Eigenständigkeit des Demokratiekonzepts der Europäischen Union, dann besteht auch kein Grund für die Zurücknahme des Legitimationskonzepts, das jedenfalls formal aus Wahlen hervorgeht, für die die Wahrgrundsätze der allgemeinen, unmittelbaren, freien und geheimen Wahl gemäß Art. 14 Abs. 3 EUV gelten. Die Wahlrechtsgleichheit wird durch Art. 14 Abs. 2 S. 2 EUV für das demokratische Konzept der Union spezifiziert und differenziert. Dies führt dazu, dass die Zahl der auf die einzelnen Mitgliedstaaten entfallenden Sitze nicht strikt proportional zu den Einwohnern sind, um auf diese Weise auch den kleineren Mitgliedstaaten eine Repräsentation im Parlament zu gewährleisten. Dies muss kein Anlass sein, diese Spezifizierung der Wahlrechtsgleichheit gegen die Demokratie auf europäischer Ebene in Anschlag zu bringen. Spezifizierungen der Gleichheit zur Repräsentation ansonsten Ausgeschlossener, sei es Minderheiten oder kleineren Einheiten sind international gesehen nichts Ungewöhnliches.

Auf eher indirekte Weise hat der Art. 38 gleichwohl erhebliche Bedeutung 12
in der verfassungsgerichtlichen Rechtsprechung durch seine materielle Aufladung als Gewährleistung eines Kompetenzbestandes des Bundestages gegenüber der Europäischen Union erhalten, dass dem BVerfG den Zugriff auf eine Vielzahl von Rechtsakten der Europäischen Union ermöglicht.

Art. 38 Abs. 1 S. 1 gewährleistet danach den Bürgerinnen und Bürgern 13
die politische Selbstbestimmung und garantiert ihnen die freie und gleiche Teilhabe an der Legitimation der in Deutschland ausgeübten Staatsgewalt.[27] Dieses grundrechtsgleiche Recht soll den Einzelnen auch einen Anspruch darauf vermitteln, mit ihrer Wahlentscheidung Einfluss auf die politische Willensbildung nehmen und etwas bewirken zu können. Im Anwendungs-

[24] BVerfGE 89, 155 (185); 123, 267 (340).

[25] Krit. *Ruffert* DVBl. 2009, 1197 (1206).

[26] BVerfGE 89, 155 (171 f., 185); 123, 267 (329 ff.); 134, 366 (396 ff.); 142, 123 (172 ff.); 143, 65 (93); 146, 216 (249).

[27] BVerfGE 123, 267 (340); 132, 195 (238); 135, 317 (399); 142, 123 (190); 146, 216 (249 f.).

bereich von Art. 23 soll es Bürger davor schützen, dass die durch die Wahl bewirkte Legitimation von Staatsgewalt und die Einflussnahme auf deren Ausübung durch die Verlagerung von Aufgaben und Befugnissen des Deutschen Bundestages auf die Europäische Union so entleert wird, dass das Demokratieprinzip verletzt wird. Das Wahlrecht sichert indes die Wahlen und ihre Prinzipien, nicht aber eröffnet es Einfluss auf die Ausübung der Staatsgewalt oder gar die Erhaltung der Eigenstaatlichkeit der Bundesrepublik.

14 Die in Art. 38 Abs. 1 S. 1 normierten **Wahlrechtsgrundsätze** beschränken sich darauf, **dass** nach Maßgabe der Verfassung überhaupt **gewählt** und **ggf. neu gewählt wird,**[28] garantieren bestimmte Regeln für die Wahl, hindern aber nicht die Auflösung des Bundestages.[29] Art. 38 lässt sich auch **nicht** materiell aus Gründen des demokratischen Prinzips zu einem **Kompetenzerhaltungsgebot des Deutschen Bundestages** erweitern.[30] Die gegenteilige Auffassung des BVerfG in der Maastricht-Entscheidung[31] – die subjektive Aufladung des Art. 38 mit nicht ausgeloteten Rückwirkungen auf die Rechte des Abgeordneten im Organstreit mit dem Bundestag und seinen Untergliederungen – ist ersichtlich von dem Bemühen geleitet, eine ansonsten unzulässige Verfassungsbeschwerde zulässig zu machen, freilich um den Preis einer partiellen Subjektivierung des Demokratieprinzips, wobei Art. 38 weitgehend nur noch als Subjektivierungsnorm ohne eigene substanzielle Gehalte fungiert. Art. 38 Abs. 1 S. 1 sichert die Wahl eines Organs, das demokratische Staatsgewalt ausübt, nicht aber gibt die Norm – jedenfalls für sich gesehen – einen Maßstab für wahrzunehmende Kompetenzen ab.

15 Mit der **Lissabon-Entscheidung** hat das BVerfG die bereits im Maastricht-Urteil eingeleitete Subjektivierung des Demokratieprinzips gleichwohl weiter vorangetrieben.[32] Das BVerfG betont nunmehr ausdrücklich, dass die Verfassungsbeschwerde vor „dem Hintergrund **des über Art. 38 Abs. 1 S. 1 als subjektives Recht rügefähig gemachten Demokratieprinzips**“[33] zulässig sei, soweit die Beschwerdeführer auf der Grundlage von Art. 38 Abs. 1 S. 1 eine Verletzung des **Demokratieprinzips,** den Verlust der **Staatlichkeit der Bundesrepublik** Deutschland und eine Verletzung des **Sozialstaatsprinzips** rügen. Die Rüge der Verletzung der genannten Prinzipien und Güter kann sowohl gegen das **Zustimmungsgesetz** als auch gegen die **Begleitgesetze** gerichtet werden. Soweit auf Grundlage von Art. 38 Abs. 1 S. 1 iVm Art. 20 Abs. 1 und 2 eine Verletzung des Demokratieprinzips gerügt wird, ist der Beschwerdeführer sowohl hinsichtlich der Rüge der Aushöhlung der **Kompetenzen des Bundestages**[34] als auch hinsichtlich möglicher Mängel der demokratischen **Legitimation der Europäischen Union**[35] beschwerdebefugt, da die Bundesrepublik Deutschland gem. Art. 23 Abs. 1 S. 1 nur an einer Europäischen Union mitwirken darf, die demokratischen Grundsätzen verpflichtet ist.

---

[28] BVerfGE 1, 14 (33); 13, 54 (91); *Pieroth* in Jarass/Pieroth Rn. 9.
[29] BVerfGE 63, 73 (75); *Pieroth* in Jarass/Pieroth Rn. 9.
[30] Vgl. *Magiera* in Sachs Rn. 110; *Gassner* Der Staat 1995, 429; krit. *Meessen* NJW 1994, 549 (550 f.); *Tomuschat* EuGRZ, 1993, 489 (494); aA *Morlok* in Dreier Rn. 56.
[31] BVerfGE 89, 155 (171 f.); 97, 350 (368 f.).
[32] *Ruffert* DVBl. 2009, 1197 (1206 f.).
[33] BVerfGE 123, 267 (330).
[34] BVerfGE 123, 267 (329 f.).
[35] BVerfGE 89, 155 (180); 123, 267 (331); zust. *Huber* in Sachs Art. 146 Rn. 18; zurückhaltend *Jarass* in Jarass/Pieroth Art. 146 Rn. 5; abl. *Unruh* in MKS Art. 146 Rn. 16.

Die Tendenz zur Instrumentalisierung des Art. 38 Abs. 1 S. 1 zur Subjektivierung von an sich nicht im Wege der **Verfassungsbeschwerde** rügefähigen Verfassungsnormen[36] manifestiert sich auch an der vom BVerfG vorgenommenen Erstreckung der auf Art. 38 Abs. 1 S. 1 gestützten Beschwerdebefugnis auf Art. 146 (→ Art. 146 Rn. 13[37] und auf weitere **über Art. 79 Abs. 3 besonders geschützte Verfassungsfundamentalprinzipien des Art. 20.**[38] Der extensiven Auslegung der über Art. 38 Abs. 1 S. 1, Art. 93 Abs. 1 Nr. 4a eröffneten Verfassungsbeschwerde korrespondiert im Lissabon-Urteil eine zugleich eher restriktive Auslegung des Anwendungsbereichs des **Organstreitverfahrens,** soweit es um die Geltendmachung von Verletzungen von Organrechten einzelner Abgeordneter bzw. von Organrechten des Bundestags aus Art. 38 Abs. 1 geht.[39] Abgeordnete können im Organstreitverfahren **keine weitergehenden statusbezogenen Rechte aus Art. 38 Abs. 1** geltend machen, soweit es um die Übertragung von Hoheitsrechten auf die Europäische Union geht.[40] Ebenso scheidet eine Geltendmachung von Verletzungen der Rechte des Bundestags aus Art. 38 Abs. 1 S. 1 iVm Art. 20 Abs. 1, 2 – unmittelbar oder im Wege der Prozessstandschaft – schon deswegen aus, weil **der Bundestag selbst kein Träger der Rechte aus Art. 20 Abs. 1 und 2** ist, soweit diese durch Art. 79 Abs. 3 für unantastbar erklärt werden.[41] Als eher erstaunlich muss es auch anmuten, wenn das Gericht die Schaffung eines auf die *Ultra-vires-* und Identitätskontrolle zugeschnittenen Verfahrens[42] als Bestandteil der gesetzgeberischen Absicherungsverpflichtung ersichtlich anregen möchte.[43] **16**

In der Entscheidung zur Bankenunion[44] hat das BVerfG noch einmal seine Rechtsprechung zusammengefasst. Danach vermittelt Art. 38 Abs. 1 S. 1 den Bürgern in seinem durch Art. 20 Abs. 1 und Abs. 2 iVm Art. 79 Abs. 3 geschützten Kern nicht nur Schutz vor einer substantiellen Erosion der Gestaltungsmacht des Deutschen Bundestages, sondern auch ein Recht darauf, dass Organe, Einrichtungen und sonstige Stellen der Europäischen Union nur die Zuständigkeiten ausüben, die ihnen nach Maßgabe des Art. 23 übertragen worden sind. Dieses Recht wird verletzt, wenn bei der Übertragung von Hoheitsrechten oder beim Vollzug des Integrationsprogramms die Grenzen des Art. 79 Abs. 3 nicht beachtet werden oder Organe, Einrichtungen und sonstige Stellen der Europäischen Union (innerhalb der Grenzen des Art. 79 Abs. 3) Maßnahmen treffen, die vom Integrationsprogramm nicht **17**

[36] Krit. *Ruffert* DVBl. 2009, 1197 (1206 f.).

[37] BVerfGE 123, 267 (331 ff.).

[38] Nach Auffassung des BVerfG kann im Rahmen der Verfassungsbeschwerde jedenfalls eine Verletzung des **Sozialstaatsprinzips** über Art. 38 Abs. 1 S. 1 gerügt werden (BVerfGE 123, 267 (332, 362); krit. *Ruffert* DVBl. 2009, 1197 (1206 f.)). Dagegen konnten die Beschwerdeführer vergleichbare Zusammenhänge zwischen Art. 38 Abs. 1 S. 1 und dem **Rechtsstaatsprinzip** und dem **Gewaltenteilungsprinzip** und Art. 38 Abs. 1 S. 1 nach Auffassung des Gerichts nicht darlegen (BVerfGE 123, 267 (333); noch weitergehend *Murswiek* JZ 2010, 702: Rügefähiges Recht des Einzelnen auf Achtung des (gesamten) unabänderlichen Verfassungskerns; krit. *Schönberger* JZ 2010, 1160).

[39] BVerfGE 123, 267 (336 ff.); vgl. *Ruffert* DVBl. 2009, 1197 (1206).

[40] BVerfGE 123, 267 (337).

[41] BVerfGE 123, 267 *(339).*

[42] Zum materiellen Prüfungsmaßstab einer solchen *Ultra-vires-*Kontrolle etwa BVerfGE 126, 286.

[43] BVerfGE 123, 267 (354); durchaus in nobler Zurückhaltung merkt *Ruffert* DVBl. 2009, 1197 (1207) an, diese Novität entziehe sich in puncto Rechtsprechungsstil einer verfassungsdogmatischen Beurteilung.

[44] BVerfG Urt. v. 30.7.2019 – 2 BvR 1685/14, 2 BvR 2631/14, Rn. 91–94.

gedeckt sind.[45] Art. 38 Abs. 1 S. 1 vermittelt mithin einen „Anspruch auf Demokratie“, soweit durch einen Vorgang demokratische Grundsätze berührt werden, die Art. 79 Abs. 3 auch dem Zugriff des verfassungsändernden Gesetzgebers entzieht, und gegenüber offensichtlichen und strukturell bedeutsamen Kompetenzüberschreitungen durch die europäischen Organe.[46] Der Gesetzgeber darf zudem die Bundesregierung auch nicht dazu ermächtigen, einem *Ultra-vires*-Akt von Organen, Einrichtungen und sonstigen Stellen der Europäischen Union zuzustimmen. Andernfalls würde der demokratische Entscheidungsprozess, den die Art. 23 Abs. 1 iVm Art. 20 Abs. 1 und Abs. 2 iVm Art. 79 Abs. 3 gewährleisten, unterlaufen. Das Parlament ist verpflichtet, in einem förmlichen Verfahren über die Übertragung von Kompetenzen im Rahmen der europäischen Integration zu entscheiden, damit das Prinzip der begrenzten Einzelermächtigung gewahrt bleibt.[47] Art. 38 Abs. 1 S. 1 hat gegenüber offensichtlichen und strukturell bedeutsamen Kompetenzüberschreitungen durch die europäischen Organe nicht nur eine inhaltliche, sondern auch eine verfahrensmäßige Komponente. Der wahlberechtigte Bürger hat zur Sicherung seiner demokratischen Einflussmöglichkeit im Prozess der europäischen Integration ein Recht darauf, dass eine Verlagerung von Hoheitsrechten nur in den dafür vorgesehenen Formen von Art. 23 Abs. 1 S. 2 und S. 3, Art. 79 Abs. 2. Darüber hinaus trifft die Verfassungsorgane aufgrund der ihnen obliegenden Integrationsverantwortung eine Verpflichtung, Maßnahmen von Organen, Einrichtungen und sonstigen Stellen der Europäischen Union, die eine Identitätsverletzung bewirken, sowie *Ultra-vires*-Akten, auch wenn sie nicht den gemäß Art. 23 Abs. 1 S. 3 iVm Art. 79 Abs. 3 integrationsfesten Bereich betreffen, entgegenzutreten.[48]

18 In dem jüngst ergangenen Beschluss zum Einheitlichen Patentgericht[49] ist es allerdings noch einen Schritt weitergegangen und hat angenommen, dass bei der Übertragung von Hoheitsrechten Art. 38 Abs. 1 S. 1 stets betroffen sei. Hoheitsrechte könnten ohne Beachtung der verfassungsrechtlichen Anforderungen, auch soweit damit keine Verfassungsänderung einhergehe, nicht wirksam übertragen werden. Insoweit hätten die Bürger zur Sicherung ihrer demokratischen Einflussmöglichkeiten im Prozess der europäischen Integration ein Recht darauf, dass eine Übertragung von Hoheitsrechten nur in den vom Grundgesetz dafür vorgesehenen Formen erfolge (Übertragungsrüge).[50] Die Übertragungsrüge hat, auch wenn man dem BVerfG im Ausgangspunkt folgen wollte, mit einem Verlust autonomer demokratischer Gestaltungsmacht nichts zu tun; sie führt in weitem Umfang zu einer Subjektivierung objektiven Verfassungsrecht, die zuvor noch deutlich abgelehnt wurde und zu einem weitgehenden Anspruch auf Rechtmäßigkeitskontrolle. All dies wird von dem abweichenden Votum zu Recht gerügt, ebenso, dass der Schutzbereich des Art. 38 Abs. 1 S. 1 im Kontext der europäischen Einigung immer konturenloser werde,[51] denn letztlich fehlt es

---

[45] Vgl. BVerfGE 75, 223 (235, 242); 89, 155 (188); 123, 267 (353); 126, 286 (302 ff.); 134, 366 (382 ff.); 142, 123 (203); 146, 216 (252 f.).

[46] Vgl. BVerfGE 89, 155 (171); 129, 124 (168); 134, 366 (396); 135, 317 (386); 142, 123 (219).

[47] Vgl. BVerfGE 89, 155 (171); 129, 124 (168); 134, 366 (396); 135, 317 (386); 142, 123 (219).

[48] Vgl. BVerfGE 142, 123 (20 f.).

[49] BVerfG Beschl. v. 13.2.2020 – 2 BvR739/17.

[50] BVerfG Beschl. v. 13.2.2020 – 2 BvR739/17, Rn. 97 f.

[51] BVerfG Beschl. v. 13.2.2020 – 2 BvR739/17, Rn. 7, 12, 14, 15 abw. Votum.

insoweit an dem Bezug zu dem materiellen Gehalt des Wahlrechts, jedenfalls wenn man es so auflässt, wie es die bisherige Rechtsprechung es unternommen hat.

19 Insgesamt ist allzu deutlich, dass die Instrumentalisierung des Art. 38 Abs. 1 vor allem dazu dient, dem BVerfG einen Zugriffstitel der Kontrolle des Europäisierungsprozesses zu verschaffen. Dass dies unter dem Titel der Effektivierung des Demokratieprinzips erfolgt, ist in vielen Fällen eine ironische Pointe zu Lasten des demokratisch legitimierten Gesetzgebers.

B. Einzelfragen

I. Abgeordnete des Deutschen Bundestages

20 Art. 38 regelt unmittelbar nur Fragen von **Wahl und Status von Abgeordneten des Deutschen Bundestages.** Nicht erfasst werden damit Wahlen zum Europäischen Parlament,[52] zu den Parlamenten der Länder oder den Repräsentationsorganen von kommunalen Selbstverwaltungskörperschaften oder der funktionalen Selbstverwaltung. Eine analoge Anwendung scheidet schon mit Rücksicht auf die Selbstständigkeit der Verfassungsräume von Bund und Ländern aus.[53] Allerdings sind die **Wahlrechtsgrundsätze** in Art. 38 Abs. 1 text- und bedeutungsgleich mit denen des Art. 28 Abs. 1 S. 2 und können für die Auslegung in Art. 28 Abs. 1 S. 2 und daher auch für die Länder und kommunale Selbstverwaltung Bedeutung gewinnen.[54] Als allgemeine Ausprägung von Grundsätzen demokratischer Wahlen haben sie auch für die sonstigen demokratischen Wahlen Bedeutung, etwa für die Wahlgrundsätze bei innerparteilichen Wahlen,[55] bei Wahlen zu Personalvertretungen,[56] zu Repräsentationsorganen von öffentlich-rechtlichen Körperschaften, wie zB der Bremer Arbeitnehmerkammer,[57] Sozialversicherungen[58] und der funktionalen Selbstverwaltung, etwa bei Wahlen zu Vertreterversammlungen kassenärztlicher Vereinigungen,[59] freilich mit Modifikationen unter anderem bei der Wahlgleichheit.[60]

21 Der **Deutsche Bundestag** – ist das **zentrale Staatsorgan der Bundesrepublik Deutschland.**[61] Er wird als oberstes Bundesorgan (Art. 93 Abs. 1 Nr. 1 iVm § 63 BVerfGG) und als Verfassungsorgan (§ 1 Abs. 1 BVerfGG)

[52] *Pieroth* in Jarass/Pieroth Rn. 7; *Schönberger* JZ 2010, 1160; einzelne Fallgruppen sind zusammengefasst bei *Butzer* in BeckOK GG Rn. 32 ff. Art. 14 Abs. 2 und 3 EUV; Art. 223 AEUV; Beschluss und Akt zur Einführung allgemeiner unmittelbarer Wahlen der Abgeordneten des Europäischen Parlaments (Direktwahlakt – DWA) v. 20.9.1976; sowie EuWG, dazu BVerfGE 135, 259.

[53] BVerfGE 95, 1 (7); BVerfG NVwZ-RR 2005, 494; BeckRS 2009, 36273.

[54] BVerfGE 13, 54 (91 f.); 51, 222 (234 f.), 60, 162 (167); 102, 224 (234 f.); *Dreier* in Dreier Art. 28 Rn. 61; *Morlok* in Dreier Rn. 64; *Pieroth* in Jarass/Pieroth Rn. 7; *Müller* in MKS Rn. 127.

[55] HmbVerfG NVwZ 1993, 1083 (1084) m. Anm. *Karpen* DVBl. 1993, 1077 (1078); BVerfGE 89, 243.

[56] BVerfGE 60, 162 (167); HessStGH ESVGH 44, 13.

[57] BVerfGE 71, 81 (94).

[58] BVerfGE 30, 227 (246).

[59] BSGE 81, 268; BSG NJW 1997, 2476; *Maaß* NJW 1998, 3390 (3394).

[60] BVerfGE 35, 79 (134); 39, 247 (254); 41, 1 (11 ff.); 54, 363 (388); 66, 270 (290 f.); BVerwGE 102, 151 (157); 152, 204; VerfGHBW ESVGH 51, 254 (Ls.); BayVerfGH BayVBl. 1999, 530; für die Wahlen von Präsidialräten verschiedener Gerichtszweige BVerfGE 41, 1 (11–13).

[61] *Morlok* in Dreier Rn. 30.

bezeichnet. Seine Benennung als Körperschaft (Art. 59 Abs. 2 S. 1) beinhaltet nicht etwa den Status einer Körperschaft des öffentlichen Rechts und deren Rechtsfähigkeit, vielmehr handelt er für die Bundesrepublik Deutschland. Eine verfassungsrechtliche Teilrechtsfähigkeit kommt ihm im Hinblick auf die Geschäftsordnungsautonomie (Art. 40 Abs. 1 S. 2) und seine Stellung im Verfassungsprozess zu (Art. 93 Abs. 1 Nr. 1).[62] Er ist besonderes Organ iSd Art. 20 Abs. 2 S. 2; die Zahl seiner Mitglieder ergibt sich auf der Grundlage von Art. 38 Abs. 3 aus § 1 Abs. 1 S. 1 BWG. Die ihm zugeordneten **Funktionen** spiegeln den durch die Wahlen der Abgeordneten als Vertreter des ganzen Volkes vermittelten **Legitimationsvorrang des Parlaments** gegenüber den übrigen Staatsorganen.

22 Die **Repräsentationsfunktion** macht zunächst auf die Form der Demokratie aufmerksam, die im Modell des GG – ergänzt durch Formen direkter Demokratie in den Ländern – weitgehend eine repräsentative, parlamentarische Demokratie ist. Die Demokratiekonzeption des GG ist nicht als unmittelbare Demokratie, die als vorherrschende oder gar exklusive in modernen Gesellschaften schon auf Grund der Komplexität der Sachfragen und der daher notwendigen institutionellen Voraussetzungen zur Lösung derselben, des hohen Zeitaufwandes und – ungeachtet möglicher Formen elektronischer Demokratie – auch wegen fehlender Kommunikationsmöglichkeiten ausscheidet,[63] sondern als Herrschaft durch Vertreter ausgestaltet. Repräsentation meint – damit zusammenhängend und losgelöst von historisch befrachteten Repräsentationsmodellen – Handeln **für** und **anstelle** des **Volkes.**[64] Die Repräsentationsfunktion ist folglich eine – wenn nicht die – Grundfunktion des Parlaments,[65] seiner Untergliederungen und Mitglieder. Insoweit ist es das **Forum der Interessendarstellung, -vermittlung und Kontrolle.** Diese Funktion hängt eng mit der politischen und parlamentarischen Öffentlichkeit zusammen, die als Medium von Einfluss, Verantwortung und Kontrolle dient.[66] In dieser zentralen Funktion wurzelt der Legitimationsvorrang des Parlaments und seiner Aufgabe der Legitimationsvermittlung für Sachentscheidungen und Personal anderer Gewalten (zur Kreationsfunktion → Rn. 23) und sein Einfluss auf die Staatsleitung.[67]

23 Die **Kreationsfunktion**[68] bezieht sich nicht nur auf die Konstitution der eigenen Organe und Hilfsorgane, sondern auch und vor allem auf die (Beteiligung an der) Kreation anderer Bundesorgane (Wahl des Bundeskanzlers nach Art. 63, Beteiligung an der Wahl des Bundespräsidenten nach Art. 54, Wahl der Hälfte der Mitglieder des BVerfG nach Art. 94 Abs. 1, Mitwirkung an der Wahl der Richter der Obersten Bundesgerichtshöfe nach Art. 95 Abs. 2 sowie weiterer Entsendungs- und Bestellungsrechte, etwa § 5 BNAG). Die Kreation der Bundesregierung über die Wahl des Bundeskanzlers und die fortdauernde Unterstützung der Regierung durch die Mehrheit des Bundestages wirkt auf die innere Struktur des Parlaments zurück, begründet den Gegensatz von Regierung und Opposition und prägt damit die Wahrneh-

[62] *Magiera* in Sachs Rn. 15.

[63] Zu den immer wieder diskutierten Gründen *Sartori,* Demokratietheorie, Sonderausgabe 1997, 73 ff.; *Dahl,* On Democracy, 2015, 83 ff.

[64] *Magiera* in Sachs Rn. 8 f.

[65] Zu Recht *Meyer* in Schneider/Zeh ParlamentsR, § 4 Rn. 11; *Butzer* in BeckOK GG Rn. 23.

[66] Vgl. *Morlok* in Dreier Rn. 32.

[67] Zu weiteren Folgerungen *Meyer* in Schneider/Zeh ParlamentsR, § 4 Rn. 13.

[68] *Klein* in HdbStR III, § 50 Rn. 27 ff.

mung der übrigen Funktionen, insbes. die Gesetzgebungs- und Kontrollfunktion.[69] Dies beeinflusst die Rechtsstellung der Abgeordneten, Fraktionen und Gruppen, etwa in der Ausprägung formaler Gleichheit (→ Rn. 68, 106, 125, 128,132) oder dem Schutz parlamentarischer Minderheiten (→ Rn. 128). Die Kreationsfunktion ist von erheblicher Bedeutung für die **Legitimationsordnung des GG.** Durch die Wahl des Bundeskanzlers und die Beteiligung an der Wahl des Bundespräsidenten überträgt der Bundestag die ihm durch die Volkswahl vermittelte Legitimation auf die betreffenden Amtswalter, die diese dann über die Auswahl von Amtswaltern und die inhaltliche Bestimmung von Sachentscheidungen weitervermitteln und damit dem Postulat des Art. 20 Abs. 2, wonach alle Staatsgewalt vom Volke ausgeht, Rechnung tragen. Dieser Zusammenhang wird häufig in dem Bild der ununterbrochenen Legitimationskette zum Ausdruck gebracht,[70] das freilich leicht zu vereinfachenden mechanistischen Legitimationsvorstellungen führt.[71] Die Rückführung von Entscheidungen auf den Willen des Volkes bedarf weiterer und differenzierter institutioneller Anforderungen und kann zudem durch andere Mechanismen als eine ununterbrochene Kette von Ernennungen und Weisungsrechten gesichert werden.[72]

Der Bundestag ist **Hauptorgan der Gesetzgebung,**[73] **ohne** freilich in der Funktionenordnung ein **Rechtsetzungsmonopol** zu haben. Neben die Gesetzgebungskompetenzen der Landesparlamente tritt die Rechtsetzung der Exekutive und der Selbstverwaltung, die freilich eingebettet bleibt in den verfassungsrechtlichen Rahmen von Vorrang und Vorbehalt des Gesetzes, die sich **auch** aus dem Legitimationsvorrang des Parlaments speisen, sowie Formen gesellschaftlicher Rechtssetzung. 24

Eng mit der Legitimationsordnung verbunden ist die **Kontrollfunktion** des Parlaments. Der Kontrollzugriff umfasst dabei grundsätzlich den gesamten Bereich der vom Bundestag legitimierten Staatlichkeit, soweit nicht etwa wie bei der Bundesbank eine verfassungsrechtlich gewährte Unabhängigkeit (Art. 88) oder jedenfalls verfassungsrechtliche Grenzen umschrieben sind, wie in der Unabhängigkeit der Richter (Art. 97) oder in Funktionsbedingungen anderer Staatsorgane.[74] Die Kontrollfunktion ist dabei ebenso im Sinne einer nachträglichen Prüfung selbstständig entscheidender Organe wie auch als Einflussnahme auf das Verhalten der kontrollierten Organe im Sinne einer mitlaufenden Kontrolle zu verstehen.[75] Die Kontrollfunktion erfordert entsprechende **Mittel,** vor allem **Informationsrechte,** wie das **Zitier-, Untersuchungs- und Fragerecht von Abgeordneten** (Art. 43 Abs. 1, Art. 44, 45a Abs. 2). Kontrolle durch den Bundestag erfolgt für und anstelle des Volkes und ist auf Öffentlichkeit und Transparenz angelegt;[76] mag die Kreati- 25

---

[69] *Meyer* in Schneider/Zeh ParlamentsR, § 4 Rn. 16 ff.; *Klein* in HdbStR III, § 50 Rn. 34.

[70] BVerfGE 68, 1 (88); 83, 60 (73); 93, 37 (67 f.); *Böckenförde* in HdbStR II, § 24 Rn. 16.

[71] Vgl. *Trute* in Schmidt-Aßmann/Hoffmann-Riem Verwaltungsorganisationsrecht als Steuerungsressource, 249 (273 ff.) mwN.

[72] Ausf. *Trute* in Hoffmann-Riem/Schmidt-Aßmann/Voßkuhle Grundlagen des Verwaltungsrechts I, § 9 Rn. 45 ff.

[73] *Magiera* in Sachs Rn. 27; *Morlok* in Dreier Rn. 39; *Meyer* in Schneider/Zeh ParlamentsR, § 4 Rn. 48 ff.; *Klein* in HdbStR III, § 50 Rn. 17 ff.

[74] *Morlok* in Dreier Rn. 43.

[75] Dazu *Krebs,* Kontrolle in staatlichen Entscheidungsprozessen, 1984, 31 ff.; *Schulze-Fielitz,* Theorie und Praxis parlamentarischer Gesetzgebung, 1988, 292 mwN.

[76] Zu Recht *Morlok* in Dreier Rn. 47; *Klein* in HdbStR III, § 50 Rn. 33 ff.

onsfunktion auch eine solche des ganzen Bundestags sein, machen angesichts des Duals von Regierungsfraktion und Opposition besondere **Rechte der Minderheiten** die Kontrolle überhaupt erst wirksam.[77]

II. Wahlgrundsätze (Art. 38 Abs. 1 S. 1)

26 **1. Allgemeines. Wahl** meint eine **Abstimmung,** durch die eine oder mehrere Personen aus einem größeren Kreis von **Kandidaten ausgewählt werden.**[78] Der Begriff bezieht sich nicht nur auf den Akt der Stimmabgabe, sondern **umfasst** zeitlich wie sachlich **den gesamten Wahlvorgang** von der Erfassung der Wahlberechtigten, über die Aufstellung der Bewerber, bis hin zur Stimmabgabe und Auszählung sowie der Feststellung des Wahlergebnisses.[79]

27 Die **Wahl zum Bundestag** zielt auf die **Auswahl** der Repräsentanten, die Konstitution einer **entscheidungsfähigen Volksvertretung,** die **Legitimation** und demokratische Willensbildung. Sie ist **Ausdruck einer politischen Präferenz** mit der für eine bestimmte Zeit das Ergebnis des Parteienwettbewerbs in politische Machtkonstellationen mit der Möglichkeit zur staatlichen Entscheidung festgelegt wird. Mit den **Wahlrechtsgrundsätzen** setzt die Verfassung wichtige **Regelungen für den Wettbewerb** um die **Wählerstimmen** und damit für den Wettbewerb um die politische Macht zu staatlicher Entscheidung. Der **offene Zugang zum Wettbewerb** wird durch die Allgemeinheit der Wahl gesichert. Zugleich wird damit die **Inklusion** möglichst **aller von der Herrschaftsausübung Betroffenen** ermöglicht.[80] Die **gleiche Wahl** sichert sowohl die **Chancengleichheit** der Wettbewerber als auch die Gleichheit der abgegebenen Stimmen. Die **Freiheit der Wahl** schützt vor Verzerrungen durch den Einfluss staatlicher oder gesellschaftlicher Macht, die **geheime Wahl** sichert ebenfalls die unbeeinflusste Wahrnehmung des Wahlrechts.[81]

28 Das Grundgesetz hat sich **nicht** für ein **Wahlsystem** entschieden; die Entstehungsgeschichte wird allerdings für sehr unterschiedliche Ausdeutungen in Anspruch genommen,[82] nicht zuletzt für diejenige des BVerfG, das Grundgesetz sei insoweit offen und habe es dem Wahlgesetzgeber überlassen, zwischen Mehrheits- und Verhältniswahlsystem zu entscheiden.[83] Indes geht es weniger um die abstrakte Systemfrage. Denn es kann kein Zweifel bestehen, dass es Aufgabe des Wahlgesetzgebers ist, sich – im Lichte der Verfassung – für ein Wahlsystem im Sinne einer Methode zur Umsetzung von Wählerstimmen in Mandate zu entscheiden. Schon die Beantwortung der Frage, was denn genau ein Wahlsystem kennzeichnet, ist ein durchaus diffiziles Unterfangen.[84] Im Vordergrund steht allerdings die Frage nach der Zulässigkeit von Mehrheits- und Verhältniswahlrecht; zudem interessiert dann vor

[77] *Klein* in HdbStR III, § 50 Rn. 34.

[78] BVerfGE 47, 253 (276).

[79] *Meyer* in HdbStR III, § 45 Rn. 17; *Pieroth* in Jarass/Pieroth Rn. 6; *Morlok* in Dreier Rn. 52.

[80] Zu den Differenzierungen vgl. oben Fn. 12.

[81] *Grimm* in BMV VerfassungsR-HdB, § 14 Rn. 7; *Meyer* in HdbStR III, § 46 Rn. 20; *Morlok* in Dreier Rn. 55 f.

[82] Vgl. *Bücking* in Jesse/Löw Wahlen in Deutschland, 141 (145 ff.) mwN; *Nicolaus* ZRP 1997, 185 (187 ff.); *Meyer,* Wahlsystem und Verfassungsordnung, 1973, 192 ff.

[83] BVerfGE 1, 208 (246, 248, 258); st. Rspr., vgl. BVerfGE 95, 335 (349); *Badura* in BK Art. 38 Anh. Rn. 44 ff., 52; *Klein* in Maunz/Dürig Rn. 8, 158 ff.; *Schneider* in AK Rn. 55.

[84] Dazu *Nohlen,* Wahlrecht und Parteiensystem, 2014, 141 ff.

allem die Frage nach den daraus zu ziehenden Folgerungen für den Gestaltungsspielraum des Gesetzgebers. Dabei ist im Licht der vergleichenden Demokratieforschung die Gegenüberstellung von Mehrheits- und Verhältniswahlsystem nicht allzu ergiebig, da Wahlverfahren jeweils in ein institutionelles Gesamtarrangement eingebettet sind,[85] das die Ergebnisse in erheblicher Weise beeinflusst. Diese Systeme sind zudem weniger als selbstverständliche Archetypen, denn als Pole aufzufassen, die an dem einen Pol mit der reinen Verhältniswahl ohne Wahlkreiseinteilung beginnen und bei der relativen Mehrheitswahl in Einerwahlkreisen als anderem Pol enden.[86] Im Einzelnen lassen sich vielfältige Variationen denken und in der Realität findet sich ohnehin eine kaum eingrenzbare Variationsbreite von Ausgestaltungen, die zudem die Beurteilung von Wirkungen schwer macht. Ob das vom BVerfG favorisierte Verständnis[87] hierdurch rekonstruiert werden kann, mag man bezweifeln. Entgegen *Paulys* – im Übrigen unrealistischen, weil die Parteienbindung zum bloßen Motiv herabstufenden – Annahme kann das Wahlsystem durchaus als Kontinuum von Majorz und Proporz konzipiert werden, ohne die Parteienperspektive zum Ausgangspunkt zu nehmen. Damit aber entfallen zwei Eckpfeiler der Dogmatik der Wahlrechtsgleichheit in der Rechtsprechung des BVerfG, die Entscheidungsfreiheit des Gesetzgebers zwischen den Wahlsystemen der Mehrheits- und Verhältniswahl und die damit zusammenhängende Frage eines systemabhängigen Konsequenzgebotes.

Das **BVerfG** geht in ständiger Rechtsprechung davon aus, dass der Ver- **29**
fassungsgeber sich nicht für ein Wahlsystem entschieden habe und diese Entscheidung daher dem einfachen **Gesetzgeber** überlassen bleibe, der die **Mehrheits-** oder **Verhältniswahl einführen** oder **beide miteinander** verbinden dürfe. Erst auf der Grundlage dieser verfassungsrechtlich nicht weiter determinierten Entscheidung sollen dann die Wahlgrundsätze zur Anwendung kommen.[88] Insoweit spricht das BVerfG davon, der Verfassungsgeber habe bewusst darauf verzichtet, ein Wahlsystem und dessen Durchführung verfassungsrechtlich vorzuschreiben und damit ein Stück materielles Verfassungsrecht offen gelassen, das vom Wahlgesetzgeber auszufüllen sei.[89] Das wird man bezweifeln können. Auch die Entscheidung über die Systemfrage ist durch den Rahmen der Wahlgrundsätze zu bestimmen. Die Mehrheitswahl ist historisch und wahlsoziologisch als Auswahl von Delegierten lokaler Einheiten für das Parlament anzusehen,[90] deren **Repräsentationsfunktion** mit dem Aufkommen politischer Parteien grundlegend verändert worden ist. Es ist nicht mehr der Wahlmodus, um die Wählermehrheit in einem Wahlkreis in ein repräsentatives Mandat umzusetzen, also spezifisch lokale Belange

---

[85] *Nohlen,* Wahlrecht und Parteiensystem, 2014, S; *Nohlen* in Jesse/Löw Wahlen in Deutschland, 51 ff.; *Badura* in BK Art. 38 Anh. Rn. 49.

[86] *Meyer* in HdbStR III, § 45 Rn. 25 f.; *Bücking* in Jesse/Löw Wahlen in Deutschland, 141 (152 ff.); *Lenz* AöR 1996, 337 (340 ff.); *Heun,* Das Mehrheitsprinzip in der Demokratie, 1983, 114 f.; *BGH,* Wahlen und Wahlsysteme, 2017, 88 ff.; aA *Pauly* AöR 1998, 232 (235 ff.), der die Dichotomie der „Wahlsysteme" retten möchte durch die Differenz von Wahlkreiskandidatenwahl als Personenwahl, die keine Parteienwahl sei und der Listenwahl als Parteienwahl, die keine „bloße" Parteienwahl sei (*Pauly* AöR 1998, 232 (236)).

[87] Vgl. die Nachw. in Fn. 83.

[88] BVerfGE 1, 208 (246 ff.); 6, 84 (90); 34, 81 (100); 95, 335 (349); *Erichsen* Jura 1983, 635 (642 f.); Jura 1984, 22 (26); BremStGH Urt. v. 8.4.2010 – St 3/09 –, Ls. 2 und Rn. 49–51.

[89] BVerfGE 95, 335 (349) unter Berufung auf JöR nF 1 (1951), 349 f. mwN; zu diesem zweifelhaften Befund *Bücking* in Jesse/Löw Wahlen in Deutschland, 141 (145 ff).

[90] *Hofmann/Dreier* in Schneider/Zeh ParlamentsR, § 5 Rn. 34, 37; *Meyer* in HdbStR III, § 45 Rn. 27.

im Parlament zu repräsentieren, sondern dient dazu, die Mandatsmehrheit einer Partei im Parlament zu ermöglichen.[91] Dieser Befund lässt sich durch einen Hinweis auf die begrenzte Reichweite des Art. 21 Abs. 1 kaum relativieren, wie es *Pauly*[92] unternimmt, weil es um veränderte Repräsentationszusammenhänge geht.[93] Es geht dann aber um die adäquate Repräsentation des Volkes im Parlament unter den Bedingungen einer durch Parteien geprägten Demokratie.[94] Infolge der sozialen Egalisierungsprozesse und der Entwicklung der parteienstaatlich geprägten Demokratie gibt es keine Anhaltspunkte für eine wahlkreisbezogene, spezifische Repräsentation. Zweifellos erfüllt das Mehrheitswahlrecht die Konzentrationsfunktion am besten, freilich nur um den Preis einer fairen Repräsentation und damit auch der Legitimität.[95] Insoweit wird man jedenfalls unter den genannten Bedingungen das **Verhältniswahlrecht** (mit breitem Spielraum für Modifikationen) **als das verfassungsadäquate Wahlrecht** ansehen müssen, weil es die Vielfalt der Interessen abbildet, Erfolgswertgleichheit der Stimmen sichert, Minderheiten im politischen Prozess hält und damit Akzeptanz und Responsivität des politischen Systems ungleich besser garantiert als das Mehrheitswahlrecht.[96] Die Gegenauffassung bleibt den Nachweis schuldig, warum noch von einer adäquaten Repräsentation des Volkes gesprochen werden kann, wenn es normativ nicht zu beanstanden sein soll, eine Partei mit einer Minderheit von Stimmen eine deutliche Mehrheit der Mandate soll erringen können. Mit der Annahme eines Kontinuums fällt freilich auch die sog. Unterwerfungsthese im Sinne eines Konsequenzgebotes.[97] Es bedarf eines einheitlichen Maßstabs, der allerdings je nach gewähltem Wahlmodus zu unterschiedlichen Auswirkungen führen kann. Das BVerfG hat dem in den Überhang- und Grundmandate-Entscheidungen bereits ansatzweise Rechnung getragen und spricht nunmehr nur von dem gleichen Zählwert und der gleichen rechtlichen Erfolgschance jeder Stimme, Anforderungen, die sich – je nach Wahlmodus – unterschiedlich auswirken können.[98]

30 Die **Wahlrechtsgrundsätze** stellen nicht nur objektive Rechtsprinzipien dar, sondern vermitteln zugleich **subjektive grundrechtsgleiche Rechte,** deren Verletzung mit der **Verfassungsbeschwerde** nach Art. 93 Abs. 1 Nr. 4a gerügt werden kann.[99] Rechtsträger sind alle wahlberechtigten Deutschen als Wähler und Wahlbewerber, politische Parteien und ggf. Wählervereinigungen als Vorschlagende von Listen. Den **Parteien** steht nach ständiger Rechtsprechung des BVerfG zudem das **Organstreitverfahren** zur Durchsetzung dieser Rechte zur Verfügung.[100] Zu beachten ist im Übrigen das **Wahlprüfungsverfahren** (Art. 41). Aufgrund der fundamentalen Bedeutung

---

[91] Zu Recht *Meyer* in HdbStR III, § 45 Rn. 27.

[92] *Pauly* AöR 1998, 232 (236 mit Fn. 19).

[93] Deutlich *Hofmann/Dreier* in Schneider/Zeh ParlamentsR, § 5 Rn. 34.

[94] Vgl. bereits *Kelsen,* Vom Wesen und Wert der Demokratie, 2. Aufl. 1981, 58 ff.

[95] Zum Vergleich *Nohlen* in Jesse/Löw Wahlen in Deutschland, 51 (63).

[96] IE außer den og etwa *Morlok* in Dreier Rn. 58, 101; *Friesenhahn* in Randelzhofer Deutsch-Spanisches Verfassungsrechtskolloquium, 23 (27); *v. Münch* FS f. Menzel, 1975, 41 (57 f.); *Bakker* ZRP 1994, 457 ff.; vgl. zur Modellfunktion des personalisierten Verhältniswahlsystems des BWahlG für das Wahlsystem Neuseelands *Frank-Fahle,* Das Wahlrecht zum Deutschen Bundestag und zum Neuseeländischen House of Representatives, 2011.

[97] Dazu *Lenz* AöR1996, 337 (344 ff.).

[98] BVerfGE 95, 335 (353); 95, 408 (417).

[99] *Pieroth* in Jarass/Pieroth Rn. 1; *Magiera* in Sachs Rn. 105, 111.

[100] BVerfGE 1, 208 (223 ff.); 4, 27 (30 f.); 51, 222 (233); 84, 290 (299); LVerfG LSA JZ 1996, 723 (724); zur Kritik *Morlok* in Dreier Art. 21 Rn. 48 mit Fn. 167.

des Wahlrechts für die Demokratie ist dieses ein höchstpersönliches Recht, über das der Einzelne nicht durch Abtretung oder Verzicht disponieren kann.[101] Schon aus diesem Grund ist die Einführung eines „Wahlrechts von Geburt an", bei dem die gesetzlichen Vertreter anstelle des minderjährigen Kindes dessen Wahlrecht bis zur Volljährigkeit ausüben (Stellvertreterwahlrecht) unzulässig[102] (zum Minderjährigen- und Stellvertreterwahlrecht → Rn. 136)

Die **Wahlgrundsätze** sind **vorbehaltlos** gewährleistet; Art. 38 Abs. 3 (→ Rn. 138) enthält keinen Gesetzesvorbehalt, sondern einen Regelungsvorbehalt. Einschränkungen können daher im Einklang mit den allgemeinen Grundsätzen nur zu Gunsten anderer verfassungsrechtlich geschützter Rechtspositionen erfolgen, soweit dies erforderlich ist, um einen angemessenen Ausgleich der konkurrierenden Rechtspositionen herzustellen.[103] 31

Ein Verstoß gegen die in **Art. 38 Abs. 1 S. 1** ausdrücklich normierten Grundsätze der allgemeinen, unmittelbaren, freien, gleichen und geheimen Wahl sowie gegen den in Art. 38 Abs. 1 S. 1 iVm Art. 20 Abs. 1 verankerten Grundsatz der Öffentlichkeit der Wahl (→ Rn. 92 ff.) führt nach allgemeinen Regeln zur Verfassungswidrigkeit des entgegenstehenden Gesetzes- und Verordnungsrechts, soweit eine verfassungskonforme Auslegung nicht in Betracht kommt.[104] Wird durch die geltend gemachte Rechtsverletzung die Zusammensetzung der zu wählenden Körperschaft berührt, liegt zudem regelmäßig ein **mandatsrelevanter Wahlfehler** vor.[105] Dieser kann nach Maßgabe von Art. 41 zur **Ungültigkeit der Wahl** und zur Auflösung des Bundestages führen, soweit das – grundsätzlich hoch zu gewichtende – **Bestandsschutzinteresse** der gewählten Volksvertretung mit Blick auf die Schwere des Wahlfehlers nicht überwiegt.[106] Bei der Wahlprüfungsentscheidung unterliegt das BVerfG dem **Gebot des geringstmöglichen Eingriffs**[107] (→ Art. 41 Rn. 25 ff.). 32

2. Allgemeine Wahl. Der **Grundsatz der allgemeinen Wahl soll** den Ausschluss bestimmter Teile der Bevölkerung vom aktiven und passiven Wahlrecht verhindern und dient damit der Gewährleistung des allgemeinen demokratischen Prinzips, wonach diejenigen, die von staatlicher Herrschaftsausübung betroffen sind, diese auch bestimmen und legitimieren müssen.[108] Historisch der Vorläufer des Grundsatzes der gleichen Wahl, soll er die **Inklusion möglichst aller Herrschaftsbetroffenen** gewährleisten[109] und deren Diskriminierung aus politischen, wirtschaftlichen oder sozialen Gründen verhindern.[110] In gleicher Richtung wirken die absoluten Anknüpfungsverbote, etwa die Art. 3 Abs. 2 und 3,[111] die sich durchaus mit der Allgemeinheit der Wahl überlappen, also auch nebeneinander anwendbar sein 33

---

[101] *Klein* in Maunz/Dürig Rn. 137, 138.

[102] *Morlok* in Dreier Rn. 128 f.; *Klein* in Maunz/Dürig Rn. 137 f.; *Klein* FS f. Scholz, 2007, 277 (285 ff.), der die Einführung eines solchen Wahlrechts selbst durch verfassungsänderndes G für ausgeschlossen hält.

[103] BVerfGE 95, 335 (403) abw. M.; 135, 248 (287); *Morlok* in Dreier Rn. 65.

[104] BVerfGE 121, 266 (308).

[105] BVerfGE 29, 154 (165); 40, 11 (29); 59, 119 (123).

[106] BVerfGE 89, 243 (253); 121, 266 (311 f.).

[107] BVerfGE 121, 266 (311); *Morlok* in Dreier Art. 41 Rn. 20.

[108] *Meyer* in HdbStR III, § 46 Rn. 1; *Morlok* in Dreier Rn. 56, 68.

[109] Zu den Differenzierungen vgl. Fn. 12.

[110] BVerfGE 58, 202 (205); 36, 139 (141); 15, 165 (166 f.).

[111] *Magiera* in Sachs Rn. 81; *Schneider* in AK Rn. 61.

können.[112] Dieser unübersehbar **dynamische Grundsatz** hat historisch zu einer beständigen Ausdehnung des Wahlrechts auf ausgeschlossene Teile geführt.[113] Ungeachtet der Tatsache, dass es sich um einen Anwendungsfall des allgemeinen Gleichheitssatzes handelt,[114] sollte er systematisch auf Einschränkungen des aktiven und passiven Wahlrechts bezogen bleiben und nicht mit der Gleichheit der Wahl vermischt werden.[115] Der Grundsatz der Allgemeinheit der Wahl ist wie der Grundsatz der Wahlgleichheit formal zu verstehen.[116]

34 Die **objektiv-rechtliche Dimension** des Grundsatzes der Allgemeinheit **wirkt** auch **in das Privatrecht** hinein und macht etwaige privatrechtliche Verpflichtungen, das Wahlrecht nicht auszuüben, nichtig.[117] Umstritten ist, ob den Gesetzgeber eine **Ausübungsgewährleistungspflicht** trifft, etwa positiv dafür Sorge zu tragen, dass die Bürger ihr Wahlrecht auch ausüben können, insbesondere dafür zu sorgen, dass sie nicht durch in ihrer Person oder der Ausübung ihres Berufes liegende Gründe gehindert werden, ihr Wahlrecht auszuüben. Diskutiert wird dies in der Regel im Zusammenhang mit einer etwaigen Verpflichtung des Gesetzgebers, die Briefwahl einzuführen.[118] Dabei wird man zu unterscheiden haben: Soweit es um faktische Behinderungen durch Dritte geht, ist die **Annahme einer Schutzpflicht** zwar nicht ausgeschlossen, die meisten Probleme lassen sich dann aber besser im Rahmen der Freiheit der Wahl lösen, deren Wirkungen gegenüber Privaten unstrittig ist (→ Rn. 50, 57). Soweit es um in der Person oder der Tätigkeit liegende faktische Erschwerungen geht, wird man eine allgemeine Pflicht des Gesetzgebers für die Möglichkeit der Inanspruchnahme des Wahlrechts zu sorgen, die im Übrigen – wie das Beispiel der Briefwahl zeigt – auch mit anderen Wahlgrundsätzen (geheime Wahl, höchstpersönliche Ausübung des Wahlrechts)[119] zum Ausgleich gebracht werden müsste, nicht annehmen können. Wohl mag aus dem dynamischen Charakter der Allgemeinheit der Wahl folgen, dass der **Gesetzgeber verpflichtet** ist, die **Bedingungen der Inanspruchnahme** auf Grund veränderter Verhältnisse **zu überprüfen,** um zu verhindern, dass relevante Personenkreise von der faktischen Möglichkeit der Inanspruchnahme des Wahlrechts ausgeschlossen werden.[120] Diese Pflicht kann sich jedoch allenfalls im Ausnahmefall zu einer Handlungspflicht verdichten.

35 **Beschränkungen** des Grundsatzes der Allgemeinheit der Wahl sind – wie bei allen Wahlgrundsätzen (→ Rn. 31) – **nur zugunsten anderer verfassungsrechtlich geschützter Rechtsgüter** zulässig.[121] Dies beinhaltet kein

---

[112] BVerfG Beschl. v. 29.1.2019 – 2 BvC 62/14, juris Rn. 51 f.

[113] Vgl. dazu *Richter,* Moderne Wahlen – Eine Geschichte der Demokratie in Preußen und den USA im 19. Jahrhundert, 2017; *Meyer* in HdbStR III, § 46 Rn. 2 mwN.

[114] BVerfGE 1, 208 (242); 3, 383 (391); 6, 84 (91); 11, 266 (271); 28, 220 (225); 36, 139 (141); 71, 81 (94).

[115] *Meyer* in HdbStR III, § 46 Rn. 1.

[116] BVerfGE 28, 220 (225); 36, 139 (141); 58, 202 (205); 129, 300 (319); 132, 39 (47); BVerfG Beschl. v. 29.1.2019 – 2 BvC 62/14, juris Rn. 43; *Meyer* in HdbStR III, § 46 Rn. 3.

[117] *Morlok* in Dreier Rn. 69; vgl. zur Wahlfreiheit *Pieroth* in Jarass/Pieroth Rn. 18; zu den Vorwirkungen des Art. 48 Abs. 2 → Art. 48 Rn. 16.

[118] Abl. insoweit BVerfGE 12, 139 (142); 15, 165 (167); zurückhaltend *Meyer* in HdbStR III, § 46 Rn. 13; *Morlok* in Dreier Rn. 70; *Pieroth* in Jarass/Pieroth Rn. 21; *Schneider* in AK Rn. 62; dafür aber *Frowein* AöR 1974, 72 (101).

[119] Vgl. *Meyer* in HdbStR III, § 46 Rn. 13.

[120] Ähnlich *Magiera* in Sachs Rn. 84; BVerfGE 132, 39 (50); 129, 300 (321 f.) mwN.

[121] BVerfGE 6, 84 (91 ff.); VerfGH Sachs LVerfGE 6, 254 (262): verfassungsrechtlich zwingender Grund; *Meyer* in HdbStR III, § 46 Rn. 3; *Morlok* in Dreier Rn. 65 ff.; weiter

absolutes Differenzierungsverbot, wohl aber sind Differenzierungen durch besondere Gründe rechtfertigungsbedürftig, die durch die Verfassung legitimiert und von mindestens gleichem Gewicht wie die Allgemeinheit der Wahl sind, also sich als zwingend erweisen.[122] Als in diesem Sinne zwingend nennt das BVerfG[123] Sicherung des Charakters der Wahl als ein Integrationsvorgang bei der politischen Willensbildung, Gewährleistung der Funktionsfähigkeit der zu wählenden Volksvertretung,[124] Sicherung der Kommunikationsfunktion der Wahl.[125] Die Gründe zeigen ein erhebliches Generalisierungsniveau an, dass zugleich ein gewisses Maß an Flexibilität beinhaltet. Differenzierende Regelungen müssen zudem geeignet und erforderlich sein und ihr erlaubtes Maß richtet sich nach der Intensität des Eingriffs in das Wahlrecht.[126]

Als unproblematisch erweist sich die Regelung des **Mindestalters** für die Ausübung des **aktiven und passiven Wahlrechts,** die ihre Grundlagen schon in Art. 38 Abs. 2 findet. Das Demokratieprinzip und der Grundsatz der Allgemeinheit der Wahl werden durch die Mindestaltersgrenze für die aktive Wahlberechtigung in Art. 38 Abs. 2 Hs. 1 nicht verletzt[127] (zu Art. 38 Abs. 2 sowie zum Minderjährigen- und Stellvertreterwahlrecht → Rn. 136 f.). Als Ausdruck einer durch Art. 116 angereicherten Volkssouveränität soll die **Wahlberechtigung nur Deutschen** im Sinne von **Art. 116** zustehen können.[128] Die Frage des **kommunalen Wahlrechts für Ausländer** ist keine des Art. 38 Abs. 1 S. 1, sondern des Art. 28 Abs. 1, 2, 3.[129] Verfassungsrechtlich nicht durch einen zwingenden Grund gedeckt war dagegen die **Beschränkung der Wählbarkeit** auf diejenigen, die bereits seit einem Jahr den Status eines Deutschen im Sinne des Art. 116 erlangt haben (§ 15 Abs. 1 Nr. 1 BWG aF).[130] Konsequenterweise wurde die Karenzregelung des § 15 Abs. 1 Nr. 1 BWG im Jahre 2001 abgeschafft. Verfassungsrechtlich zulässig sind **Einschränkungen, die** den bestehenden **Inkompatibilitäten Rechnung tragen,** wie etwa Art. 55 Abs. 1, Art. 94 Abs. 1 S. 3, Art. 137 Abs. 1,[131] die zwar keine Ineligibilität,[132] wohl aber die Pflicht zur Entscheidung zwischen der Annahme der Wahl und der Beibehaltung des inkompatiblen Amtes begründen.[133] Den Betroffenen muss – auch bei einer über Art. 137 gerechtfertigten Beschränkung – jedenfalls die Wahl zwischen Mandat und beruflicher Tätig- **36**

BVerfGE 28, 220 (225); 36, 139 (141); 41, 399 (413); 82, 322 (338), das einen (nicht unbedingt verfassungsrechtlichen) zwingenden Grund verlangt; BVerwGE 51, 69 (77).

[122] BVerfG Beschl. v. 29.1.2019 – 2 BvC 62/14, juris Rn. 43.

[123] BVerfG Beschl. v. 29.1.2019 – 2 BvC 62/14, juris Rn. 44.

[124] BVerfGE 95, 408 (418); 120, 82 (107); 129, 300 (320 f.); 132, 39 (50).

[125] BVerfGE 132, 39 (50).

[126] BVerfG Beschl. v. 29.1.2019 – 2 BvC 62/14, juris Rn. 46.

[127] BVerfG NVwZ 2002, 69; *Badura* in BK Art. 38 Anh. Rn. 35; aA *Löw* FuR 1993, 25 (27).

[128] BVerfGE 83, 37 (50); 83, 60 (71); *Erichsen* Jura 1983, 635 (637 f.); *Starck* in HdbStR III, § 33 Rn. 45; *Morlok* in Dreier Rn. 76; *Pieroth* in Jarass/Pieroth Rn. 5, 5; aA *Meyer* in HdbStR III, § 46 Rn. 7 ff.; krit. *Schneider* in AK Rn. 77; *Bryde* JZ 1989, 257.

[129] BVerfGE 83, 37; 83, 60; BVerfG NVwZ 1998, 52; 1999, 293; BayVerfGH NVwZ 1998, 54; zur Situation in Hamburg HmbVerfG NVwZ-RR 2010, 129; auf Art. 20 Abs. 2 verweist demgegenüber *Müller* in MKS Rn. 131.

[130] Wie hier *Meyer* in HdbStR III, § 46 Rn. 14; *Morlok* in Dreier Rn. 76 mit Fn. 226.

[131] Dazu *Magiera* in Sachs Rn. 56 f., 81; *Morlok* in Dreier Rn. 74, 147; *Epping* DÖV 1999, 529; LVerfG LSA NVwZ-RR 1995, 457; NVwZ-RR 1999, 462; VerfG Bbg LKV 1999, 59.

[132] AA wohl *Achterberg/Schulte* in MKS, 6. Aufl. 2010, Rn. 121.

[133] *Morlok* in Dreier Rn. 72.

keit verbleiben.[134] Beschränkungen des passiven Wahlrechts dürfen nicht in seine Entziehung ausarten.[135]

37 **Verfassungsrechtlich zweifelhaft** waren **die an** die **Sesshaftigkeit** im Bundesgebiet anknüpfenden Regelungen (vgl. § 12 Abs. 1 Nr. 2, Abs. 2–5 BWG aF), die freilich zunehmend gelockert worden sind. Die Rechtsprechung wie auch die herrschende Meinung erkennen sie im Grundsatz an, um zum einen eine doppelte Ausübung des Wahlrechts sicher auszuschließen, zum anderen eine gewisse Verbundenheit mit den politischen Verhältnissen sicherzustellen,[136] sofern nicht einfach auf die Herkömmlichkeit abgestellt wird.[137] Beides vermag – zumal angesichts gewandelter Lebensverhältnisse – nicht zu überzeugen. Dabei besteht Einigkeit, dass verwaltungspraktische Überlegungen zur Rechtfertigung ohnehin nicht ausreichen. Das BVerfG hat allerdings in seiner Entscheidung zu den Auslandsdeutschen im Sinne von § 12 Abs. 2 S. 1 BWG aF unter dem Stichwort der Kommunikationsfunktion der Wahl die Einschätzung des Gesetzgebers, dass im Ausland lebende Deutsche jedenfalls im Ausgangspunkt an dem Kommunikationsprozess zwischen Volk und Staatsorganen teilnehmen können müssen, um wahlberechtigt zu sein, geteilt, aber das alleinige Abstellen auf einen 3-Monats-Voraufenthalt[138] für eine Überschreitung des gesetzgeberischen Typisierungsspielraum gehalten.[139] Die Begründung ist nicht ohne Zweifel angesichts der vielfältigen Kommunikationsmöglichkeiten und der Mobilität der Bürger,[140] und nicht zuletzt im Hinblick auf die europäischen Grundfreiheiten. Allerdings, und darauf weist das Sondervotum von Lübbe-Wolff zutreffend hin, geht es weniger um den Kommunikationszusammenhang denn um einen Verantwortungszusammenhang. Im Sinne einer Tragung der Vor- und Nachteile der demokratischen Entscheidung. Dies mag Ausschlüsse dort rechtfertigen, wo dieser Zusammenhang nicht mehr aufzuweisen ist.[141]

38 Der **Ausschluss auf Grund geistiger Gebrechen** (§ 13 Nr. 2, 3 BWG aF)[142] war zumindest in der bisherigen Form verfassungswidrig.[143] Obwohl das BVerfG unter dem Gesichtspunkt der Sicherung der Kommunikationsfunktion der Wahl wohl in begrenztem Umfang diese Ausschlüsse für rechtfertigungsfähig hält,[144] hat sich der Gesetzgeber (mit Recht) für eine Aufhebung des § 13 BWG aF entschieden und nur eine ergänzende Vorschrift zur Hilfeleistung vorgesehen (§ 14 Abs. 5 BWG). Erhalten geblieben ist der **Ausschluss wegen Richterspruchs** (§ 13 BWG), der allenfalls soweit es sich um ausgewählte Delikte aus dem Bereich des Staatsschutzes handelt,

---

[134] BVerfGE 98, 145 (156); st. Rspr. seit BVerfGE 18, 172 (181); VerfG Bbg NJ 1996, 252.

[135] BVerfGE 98, 145 (158).

[136] ThürVerfGH NJW 1998, 525 (526); *Müller* in MKS Rn. 132; *Morlok* in Dreier Rn. 74; *Schreiber* NJW 1998, 492 (494); ohne weitere Problematisierung BremStGH VR 1994, 286 f.

[137] Dagegen jetzt dezidiert BVerfG Beschl. v. 29.1.2019 – 2 BvC 62/14 –, juris Rn. 93; vgl. aber BVerfGE 36, 139 (142 ff.); 58, 202 (205); BVerfG NJW 1991, 689 (690).

[138] BVerfGE 132, 39 (50 ff.).

[139] BVerfGE 132, 39 (53 ff.); zustimmend zur Neuregelung *Morlok,* in Dreier Rn. 75; *Müller* in MKS Rn. 132; zur Reform *Morlok/Bäcker* MIP 2013, 5 (8 ff.); *Germelmann* Jura 2014, 310; *Grzeszick* ZG 2014, 239 (244 ff.).

[140] *Morlok* in Dreier Rn. 74; krit. auch *Wallrabenstein,* JöR 66 (2018), 431.

[141] BVerfGE 132, 39 (60, 66 ff.) abw. Votum *Lübbe-Wolff.*

[142] BVerfGE 36, 139 (141 f.); *Meyer* in HdbStR III, § 46 Rn. 4; *Magiera* in Sachs Rn. 83.

[143] BVerfG Beschl. v. 29.1.2019 – 2 BvC 62/14, juris Rn. 31.

[144] BVerfG Beschl. v. 29.1.2019 – 2 BvC 62/14, juris Rn. 90.

gerechtfertigt sein dürfte.[145] Bei sonstigen Straftaten ist dieser Ausschluss zweifelhaft.[146] Die laut § 39 Abs. 2 BVerfGG im Falle der Grundrechtsverwirkung nach Art. 18 mögliche Aberkennung des Wahlrechts durch das BVerfG wird teilweise durch eine extensive Auslegung des Art. 18 gerechtfertigt,[147] welche jedoch dem klaren Wortlaut widerspricht.[148] Die dagegen angeführte These, dass die Aberkennung einzelner Grundrechte auch an anderen Stellen des Grundrechtssystems Folgen haben könne,[149] ist, wenn es um rechtliche Folgen geht, ihrerseits rechtfertigungsbedürftig.

Der Grundsatz der Allgemeinheit der Wahl erstreckt sich – wie alle Wahlgrundsätze – auf den gesamten Vorgang der Wahl. Er schließt die Monopolisierung des **Wahlvorschlagsrechts** der politischen Parteien aus, die nach Art. 21 nur an der politischen Willensbildung mitwirken.[150] Ob die Natur der Sache bereits das **Listenmonopol** der politischen Parteien nach § 27 BWG rechtfertigt, wie es das BVerfG annimmt,[151] erscheint zweifelhaft. Es folgt weder aus Organisationsnotwendigkeiten noch aus der Tatsache, dass der Parteienstatus leicht zu erlangen ist.[152] Denkbar wäre auch eine Liste unabhängiger Bewerber.[153] Für das **Kommunalwahlrecht** hat das BVerfG mit genauer Bestimmung des Status der politischen Parteien denn auch ein Listenmonopol früh schon für verfassungswidrig erklärt.[154] 39

Weniger ein Problem des Grundsatzes der Allgemeinheit der Wahl in Art. 38 Abs. 1 S. 1 als vielmehr der Wahlgleichheit[155] und des Art. 38 Abs. 1 S. 2 sind die in den Wahlrechten der neuen Länder vereinzelt noch zu findenden Klauseln, wonach vor der Aufnahme in Wahlvorschläge oder auch als Wählbarkeitsvoraussetzung eine Erklärung abgegeben werden muss, dass dem Betreffenden bekannt ist, dass denjenigen, die für **das Ministerium für Staatssicherheit/Amt für Nationale Sicherheit der ehemaligen DDR tätig gewesen sind** oder gegen die **Grundsätze der Rechtsstaatlichkeit und Menschlichkeit** verstoßen haben, so dass eine Innehabung von Mandat oder Amt untragbar erscheint, das Mandat aberkannt oder die Wahl für ungültig erklärt werden kann. Den früheren § 15 Nr. 3 SachsWahlG hat der VerfGH Sachs[156] für nichtig erklärt und als Rechtfertigung weder gelten 40

---

[145] AA *Meyer* in HdbStR III, § 46 Rn. 4, der die Aberkennung des Wahlrechts auf Grund einer strafgerichtlichen Verurteilung generell für unzulässig hält.

[146] *Morlok* in Dreier Rn. 77, Begrenzung auf Staatsschutzdelikte; skeptisch auch *Müller* in MKS Rn. 134: „Relikt bürgerlichen „Ehrenrechts"; zur Rechtfertigung etwa EGMR 22.5.2012 – 126/05 – Scoppola/Italien Nr. 3.

[147] So *Meyer* in HdbStR III, § 46 Rn. 4 mit Fn. 13; *Storost* in Umbach/Clemens BVerfGG § 39 Rn. 12; zweifelnd *von Coelln* in MSBK BVerfGG § 39 Rn. 49.

[148] Für die Verfassungswidrigkeit des § 39 Abs. 2 BVerfGG auch *Pestalozza,* Verfassungsprozessrecht, 1991, 71 f.

[149] *Storost* in Umbach/Clemens BVerfGG § 39 Rn. 12 unter Berufung auf BVerfGE 25, 88 (97). Indes spricht das BVerfG in dieser Entscheidung zutr. davon, dass Reflexwirkungen auf nicht genannte Grundrechte vermieden werden müssten und will ersichtlich nur dann eine Ausnahme machen, wenn ein Grundrecht *notwendigerweise* mit dem aberkannten Grundrecht zusammenhängt.

[150] BVerfGE 11, 266 (273 ff.); 13, 1 (13); 41, 399 (417); 47, 253 (282).

[151] BVerfGE 5, 77 (82 f.); 46, 196 (199).

[152] So aber *Morlok* in Dreier Rn. 78, der das Listenprivileg immerhin als nicht unproblematisch ansieht.

[153] Für nicht zwingend hält das Parteienprivileg auch *Meyer* in HdbStR III, § 46 Rn. 15 mit Fn. 58.

[154] BVerfGE 11, 266 (276); 13, 1 (13).

[155] BVerfG NJ 1994, 366.

[156] VerfGH Sachs LKV 2006, 267.

lassen, dass das Landesverfassungsrecht eine entsprechende Aberkennung von Amt und Mandat ausdrücklich vorsieht (vgl. Art. 118, 119 SaVerf),[157] noch, dass der Sächsische Landtag vor „schwerbelasteten“ Mandatsträgern geschützt werden muss. Im Verlauf der Zeit dürfte sich diese Problematik ohnehin erledigt haben.

41 **3. Unmittelbarkeit der Wahl.** Der Grundsatz der **Unmittelbarkeit** der Wahl soll historisch die **Mediatisierung des Wählers** durch zwischengeschaltete Wahlmänner **verhindern.** Er verbietet, dass die Entscheidung über das Mandat anstatt vom Wähler von einem Dritten getroffen wird, der nicht der Gewählte ist.[158] Damit wird das traditionell sog. **Wahlmännersystem ausgeschlossen.** Insoweit ist der Grundsatz heute ohne praktische Bedeutung.

42 Neue Bedeutungsgehalte gewinnt er durch die **Mediatisierung** der Wahlentscheidung **durch** die **politischen Parteien.** Dass dabei eine reine Parteiwahl, also eine Wahl, bei der die Wähler nicht die Abgeordneten, sondern die Parteien wählen, die ihrerseits die Abgeordneten wählen,[159] verfassungsrechtlich unzulässig ist, wie regelmäßig *sub specie* des Grundsatzes der Unmittelbarkeit erörtert,[160] dürfte schon deshalb feststehen, weil Art. 38 Abs. 1 S. 1 seinem klaren Wortlaut nach nur die Wahl von Abgeordneten des Deutschen Bundestages regelt (→ Rn. 20), nicht die von Parteien oder Wahlmännern. Eines Rückgriffs auf die Unmittelbarkeit bedarf es insoweit nicht.[161]

43 Ein Wahlrecht mit **Listenwahl verstößt** nach allgemeiner Auffassung **nicht** gegen den Grundsatz der **Unmittelbarkeit** der Wahl. Einschränkende Bedingung ist freilich die **Freiheit des Abgeordneten von Parteien- bzw. Fraktionszwang** (Art. 38 Abs. 1 S. 2 → Rn. 101, 118 ff.) und die **Erkennbarkeit der Bewerber** durch die Wähler.[162] Darüber hinaus gebietet der Grundsatz der Unmittelbarkeit der Wahl, dass der Wähler erkennen kann, **wie sich die eigene Stimme auf Erfolg oder Misserfolg der Wahlbewerber auswirken kann** (→ Rn. 46).[163] Eingehalten ist dies bei **freien Listen,** bei denen der Wähler die Bewerber aus mehreren zugelassenen Listen zusammenstellen (Panaschieren) oder zusätzlich mehrere Stimmen auf einen Bewerber häufen kann (Kumulieren). Gleiches gilt für **lose gebundene Listen,** bei denen der Wähler unter den Listenbewerbern auswählen kann, sei es durch Vorzugsstimmen für einen oder mehrere Bewerber, sei es durch Änderung der Reihenfolge der Bewerber vermittels Rangordnungsvermerken (Reihung) innerhalb einer Liste.[164] Verfassungsrechtlich zulässig sind schließlich aber auch **streng gebundene Listen,** wie sie §§ 1 Abs. 2, 6 Abs. 4 S. 2, 27 Abs. 3, Abs. 5 BWG in Koppelung mit der Einerwahl von Wahlkreisbewerbern vorsieht; denn: „Der Grundsatz der unmittelbaren Wahl hindert nicht, dass die Wahl eines Bewerbers von der Mitwahl anderer

---

[157] Dazu VerfGH Sachs LVerfGE 6, 254; *Trute* SächsVBl. 1999, 261; ausf. *Pries,* Stasi-Mitarbeiter in deutschen Parlamenten?, 2008.

[158] *Meyer* in HdbStR III, § 46 Rn. 17; *Morlok* in Dreier Rn. 80.

[159] *Schneider* in AK Rn. 64; *Morlok* in Dreier Rn. 81.

[160] BVerfGE 7, 63 (68).

[161] Ähnlich BVerfGE 97, 317 (323); 95, 335 (349); aber auch BVerfGE 7, 63 (68).

[162] BVerfGE 97, 317 (326); 95, 335 (350).

[163] BVerfGE 47, 253 (279 f.); 95, 335 (350); 121, 266 (307).

[164] Überblick über die verschiedenen Systeme bei *Hahlen* in Schreiber BWahlG, § 27 Rn. 11 ff.

Bewerber abhängig gemacht wird".[165] Die Wahl einer **gebundenen Liste** ist jedoch nur dann eine unmittelbare, wenn – wie dies beim **Prinzip der sog. starren Liste** der Fall ist – „die Zurechnung der abgegebenen Wählerstimmen auf die einzelnen Wahlbewerber sich von der Stimmabgabe an ohne Zwischenschaltung eines von dem der Wähler verschiedenen Willens vollzieht".[166] Der Wähler muss also „das letzte Wort haben".[167] Die Reihenfolge der Listenbewerber muss deshalb vorher festgelegt sein.[168] Eine nachträgliche Auffüllung der Liste (Nachrücken bei Erschöpfung der Liste)[169] ist ebenso unzulässig (vgl. § 48 Abs. 1 S. 4 BWG) wie eine nachträgliche Abänderung der Reihenfolge oder eine nachträgliche Streichung einzelner Listenbewerber durch die Partei, die Listenbewerber selbst oder andere Organisationen oder Personen.[170] Die Reihenfolge der Liste muss schließlich auch vom Wähler einsehbar sein.

Der **Grundsatz der Unmittelbarkeit der Wahl ist** bei einer **starren** 44
Liste auch dann **gewahrt,** wenn die Wahlentscheidung von „Nichtannahme, späterem Rücktritt oder ähnlichen Handlungen der Gewählten selbst" abhängt[171] (vgl. § 48 Abs. 1 S. 2, 3 BWG). Der **freiwillige Rücktritt** lässt sich insoweit als Verzicht interpretieren,[172] nicht aber lässt sich die Parteizugehörigkeit wie eine objektive Eigenschaft verstehen, die der Bewerber erfüllen muss, um ins Parlament zu kommen.[173] Als Überformung durch Art. 21 mag dies hinzunehmen sein, soweit bei der personalisierten Verhältniswahl die Listen – nach dem BWG zwingend (§ 27 Abs. 1 S. 1 BWG; zur Kritik → Rn. 39) – Parteilisten sind; selbst wenn das Parteienprivileg aufgegeben würde, wird dies ganz überwiegend der Fall sein. Die **Grenzen** sind jedoch **erreicht,** wenn dies auch für den **Parteiausschluss** angenommen wird.[174] Weder die Tatsache, dass der Parteiausschluss Teil der von Art. 21 Abs. 1 S. 2 geschützten Betätigungsfreiheit ist, noch die Tatsache, dass durch die normativen Regeln der Ausschluss von Parteimitgliedern nur unter engen, keinesfalls willkürlichen Voraussetzungen erfolgen kann,[175] noch die Frage der Zumutbarkeit für Wähler oder Partei können darüber hinwegtäuschen, dass es sich um eine **Durchbrechung der Unmittelbarkeit** handelt. Diese ist zum Schutze der Parteien nach Art. 21 nicht zwingend, sondern verhindert eher deren Responsivität.[176] Spätestens bei den vom BWG nicht aufgenommenen Problemen der Parteispaltung und Neugründung zeigt sich, dass der Rekurs auf die Zumutbarkeit für Partei und Wähler eine Fiktion ist, die zur

---

[165] BVerfGE 7, 63 (69); 21, 355 (356); 47, 253 (283); *Erichsen* Jura 1983, 635 (639); *Müller* in MKS Rn. 135; *Pieroth* in Jarass/Pieroth Rn. 14; *Kluth* in SHH Rn. 20; aA *Rinck* JZ 1958, 193 (195), der jedoch die gebundene Liste iE wegen einer Überlagerung durch Art. 21 für verfassungsgemäß hält; krit. *v. Arnim* ZRP 2004, 115 (116 ff.).

[166] BVerfGE 7, 63 (69); 21, 355 (356).

[167] BVerfGE 3, 45 (49); *Erichsen* Jura 1983, 635 (639).

[168] *Schneider* in AK Rn. 64.

[169] BVerfGE 3, 45 (51).

[170] *Schneider* in AK Rn. 64.

[171] BVerfGE 3, 45 (50); HmbVerfG NVwZ-RR 2001, 697.

[172] *Morlok* in Dreier Rn. 83.

[173] So aber noch BVerfGE 7, 63 (72 f.); krit. *Meyer* in HdbStR III, § 46 Rn. 17; *Frowein* AöR 1974, 72 (103).

[174] Vgl. *Magiera* in Sachs Rn. 89.

[175] So aber *Morlok* in Dreier Rn. 83.

[176] Krit. auch *Meyer* in HdbStR III, § 46 Rn. 17; *Schneider* in AK Rn. 64; *Pieroth* in Jarass/Pieroth Rn. 14; *Erichsen* Jura 1983, 635 (640).

Rechtfertigung nichts beiträgt.[177] § 48 Abs. 1 S. 2 BWG ist daher insoweit nicht verfassungsmäßig.[178]

45 Die Regelung des § 48 Abs. 1 S. 1 BWG umfasst keine **Nachfolgeregelung für Ersatzleute** ausgeschiedener Träger **von Überhangmandaten** (zur Frage der Verfassungsmäßigkeit der Überhangmandate → Rn. 77). Da diese nur mit den Erststimmen gewählt sind, können die übrigen Listenbewerber infolge der Wahl mit der Zweitstimme, nicht etwa als mitgewählte Ersatzleute angesehen werden. Es wäre ein Verstoß gegen den Grundsatz der Unmittelbarkeit hier eine Nachfolge anzunehmen, da die Listenkandidaten mit der Erststimme jedenfalls nicht unmittelbar gewählt sind. Insoweit fehlt es ohne ausdrückliche gesetzliche Regelung an einer Erkennbarkeit der Zurechnung jeder Stimme zu bestimmten oder bestimmbaren Wahlbewerbern.[179]

46 Dagegen verstieß **§ 7 Abs. 3 S. 2 iVm § 6 Abs. 4 u. 5 BWG a. F.** in seiner zum Zeitpunkt der Wahl zum 16. Bundestag geltenden Fassung,[180] (auch) gegen den Grundsatz der Unmittelbarkeit der Wahl, soweit die gesetzliche Regelung bei der Berechnung der Verteilung von **Überhangmandaten** (→ Rn. 77) auf die Landeslisten zum **Effekt des negativen Stimmgewichts** (→ Rn. 78) führt.[181] Mit dem Begriff des negativen Stimmgewichts wird der mit der früheren Regelung des § 7 Abs. 3 S. 2 iVm § 6 Abs. 4 u. 5 BWG aF verbundene Effekt beschrieben, dass ein **Zuwachs an Zweitstimmen zu einem Verlust von Sitzen einer Landesliste** oder ein **Verlust von Zweitstimmen zu einem Zuwachs an Sitzen der Landesliste** führen kann.[182] Für den Grundsatz der Unmittelbarkeit der Wahl ist zwar nicht entscheidend, dass die Stimme tatsächlich die vom Wähler beabsichtigte Wirkung entfaltet; ausreichend ist vielmehr die Möglichkeit einer positiven Beeinflussung des Wahlergebnisses.[183] In den Fällen des negativen Stimmgewichts ist diese Voraussetzung jedoch nicht erfüllt. Der Gesetzgeber hatte das Problem des negativen Stimmgewichts durch eine am 29.9.2011 beschlossene Änderung des BWG[184] adressiert, die auf der Aufhebung der Listenverbindung nach § 7 BWG basiert und zudem eine Sitzverteilung auf Grundlage von Sitzkontingenten der Länder vorsieht..

47 **Keinen Verstoß** gegen den Grundsatz der Unmittelbarkeit der Wahl sieht etwa der NdsStGH[185] **im Fall** der sog. **Rotation,** dh bei einem Beschluss einer Partei oder Fraktion, ihre Abgeordneten dadurch auszutauschen, dass diese in der Mitte der Legislaturperiode auf ihre Mandate verzichten und damit die Mandate für Listennachfolger freimachen. Ein solcher kollektiver Verzicht ist verfassungsrechtlich unter dem Aspekt des Art. 38 Abs. 1 S. 1 jedenfalls dann **nicht bedenklich,** wenn es sich um eine zwar verabredete, aber nicht erzwungene Praxis handelt.[186]

---

177 AA dezidiert *Morlok* in Dreier Rn. 83.

178 Vgl. *Pieroth* in Jarass/Pieroth Rn. 15; verfassungsmäßige Bedenken bei *Schneider* in AK Rn. 64.

179 BVerfGE 97, 317 (326 f).

180 BWG idF der Bek. v. 23.7.1993 (BGBl. I 1288, ber. 1594), zuletzt geändert durch das 17. G zur Änd. des BWG v. 11.3.2005 (BGBl. 2005 I 394).

181 BVerfGE 121, 266 (294 ff.).

182 Vgl. *Ehlers/Lechleitner* JZ 1997, 761 (763).

183 BVerfGE 121, 266 (307).

184 Siehe BT-Drs. 17/6290, 4 ff.

185 NdsStGH NJW 1985, 2319 (2320) m. Anm. *Rupp* NJW 1985, 2319 (2321).

186 Weitergehend wohl *v. Münch* in v. Münch/Kunig, 3. Aufl. 1996, Rn. 27; enger *Morlok* in Dreier Rn. 82, der auf die Kenntnis des Wählers bei der Stimmabgabe von der geplanten

Unzulässig ist das **ruhende Mandat** eines Abgeordneten, das für seine Zeit als Regierungsmitglied, das durch einen Nachrücker ersetzt wird, welcher im Falle des Ausscheidens des Ministers aus der Regierung sein Mandat wieder verliert. Denn der Minister entscheidet damit durch seinen Rücktritt über die Fortdauer des Mandats des bedingten Nachrückers.[187] **48**

Der Grundsatz der Unmittelbarkeit der Wahl ist zugunsten anderer verfassungsrechtlich geschützter Rechtsgüter **Einschränkungen** zugänglich, etwa zugunsten Behinderter, um deren direkte Teilnahme an der Wahl (vgl. § 33 Abs. 2 BWG) oder eine Briefwahl zu ermöglichen (§ 36 Abs. 1 S. 2, Abs. 2 BWG, § 66 Abs. 3 S. 2, 3 BWO). Insofern dient der Grundsatz der Allgemeinheit der Wahl zur Rechtfertigung etwaiger Einschränkungen, die – da sie nicht die Unmittelbarkeit der Willensentscheidung des Wählers betreffen[188] – auch nicht schwerwiegend sind.[189] **49**

4. Freiheit der Wahl. Der **Grundsatz der Freiheit der Wahl** ist unter den Wahlrechtsgrundsätzen der jüngste (er war in Art. 22 WRV noch nicht, wohl aber im Grundrechtsteil mit der Gewährleistung der Wahlfreiheit in Art. 125 WRV garantiert). Er sichert die von Zwang und unzulässiger politischer, wirtschaftlicher und sozialer Einflussnahme freie Präferenzbildung der Wähler und ihren Ausdruck bei der Stimmabgabe.[190] Eine Wahl ist nicht frei, wenn der Wähler gegen seinen eigentlichen Willen veranlasst wird, (nicht) zu wählen bzw. einen bestimmten Bewerber oder eine bestimmte Liste (nicht) zu wählen. Art. 38 Abs. 1 S. 1 schützt also die freie Entschließung über das „ob" und „wie" der Wahl.[191] Nur eine freie Wahl kann die Legitimation des Parlaments bewirken; in diesem Sinne mag man davon sprechen, ohne Freiheit liege gar keine demokratische Wahl vor.[192] **50**

Der Grundsatz der **Wahlfreiheit** wird auch **nicht** schon **durch** den **Grundsatz der geheimen Wahl obsolet.** Zwar mag der Akt der Stimmenabgabe in seiner Freiheit wesentlich durch das Wahlgeheimnis geschützt werden. Indes reicht der Grundsatz der Freiheit weiter, der insbes. schon das Vorfeld der Willensbildung einbezieht.[193] Tatsächlich stehen beide Grundsätze nicht beziehungslos nebeneinander, sondern verstärken einander. **51**

Mit der Freiheit der Wahl geschützt ist die **Möglichkeit der Auswahl und der Alternativen.**[194] Schon begrifflich kann von einer Wahl kaum noch die Rede sein, wenn keine Alternative zur Auswahl steht: „Wenn von Gesetzes wegen oder faktisch nur noch ein Vorschlag zur Wahl steht, ist eine freie Wahl nicht mehr gewährleistet."[195] Damit ist dem Prinzip der Wahlfreiheit ein Verfassungsauftrag zur Alternativenbildung eingeschrieben.[196] **52**

Rotation abstellen möchte, die freilich auch bei einem Einzelverzicht nicht gegeben ist, ohne dass hier Bedenken geäußert würden.

[187] HessStGH NJW 1977, 2065 (2066); *Morlok* in Dreier Rn. 84; *Kluth* in SHH Rn. 21.

[188] Vgl. *Klein* in Maunz/Dürig Rn. 106, der deshalb schon das Vorliegen einer Einschränkung des Unmittelbarkeitsgrundsatzes verneint.

[189] BVerfGE 21, 200 (206).

[190] BVerfGE 7, 63 (69); 15, 165 (166); 47, 253 (282 f.); 66, 369 (380); 95, 335 (350); *Morlok* in Dreier Rn. 86; *Schneider* in AK Rn. 65; *Frowein* AöR 1974, 72 (104).

[191] *Erichsen* Jura 1983, 635 (641); *Strelen* in Schreiber BWahlG, § 1 Rn. 21; *Stern,* StaatsR I, 1984, § 10 Kap. II 7.

[192] BVerfGE 47, 253 (283).

[193] *Morlok* in Dreier Rn. 86; *Schneider* in AK Rn. 65.

[194] HessStGH ESVGH 21, 113; *Meyer* in HdbStR III, § 46 Rn. 28.

[195] BVerfGE 47, 253 (283).

[196] *Schneider* in AK Rn. 65.

Listenvereinigungen sind zulässig, solange dem Wähler Auswahlmöglichkeiten verbleiben.[197] Der Grundsatz der Wahlfreiheit verbietet auch eine **Gestaltung des Wahlverfahrens,** welche die **Entscheidungsfreiheit** des Wählers in einer innerhalb des gewählten Wahlsystems **vermeidbaren Weise verengt.**[198]

53 Der Grundsatz der Freiheit der Wahl beinhaltet nicht, dass jeder Wähler sich ein **Wahlsystem** (→ Rn. 28 f.) nach seiner Wahl – zB Mehrheitswahl statt Verhältniswahl – aussuchen kann. Die sog. **gebundene Liste** (→ Rn. 43) verstößt deshalb nicht gegen diesen Grundsatz: „Denn jedenfalls lassen sich aus dem Begriff der Wahlfreiheit keine Grundsätze für die technische Ausgestaltung der Wahlrechtsausübung im Einzelnen herleiten."[199] „Ob eine mit Elementen der Mehrheitswahl verbundene Verhältniswahl mit freien oder mit gebundenen Listen durchgeführt wird, ist nicht eine Frage der mehr oder minder freien Wahlbetätigung, sondern eine Frage der näheren Ausgestaltung der Wahlrechtsausübung."[200]

54 Ist jeder Zwang oder Druck auf die Präferenzbildung der Wähler ausgeschlossen, ist die **Einführung der Wahlpflicht** durch einfaches Gesetz (wenn auch nicht durch Verfassungsänderung)[201] ausgeschlossen.[202] Eine Unterscheidung zwischen angeblich zulässigem Zwang zur Teilnahme und unzulässigem Zwang zur Stellungnahme überzeugt nicht; denn die Entscheidung über Teilnahme oder Nichtteilnahme ist selbst eine Stellungnahme und von daher Ausübung der Wahlfreiheit. Das etwaige Problem geringer Wahlbeteiligung lässt sich durch solche Vorkehrungen nicht beheben, sondern verweist dann auf tiefer liegende Probleme des politischen Systems.

55 Die Wahlfreiheit **erstreckt sich** notwendig auf **frühere Verfahrensstadien,** die für die Verwirklichung der Wahlziele notwendig sind, umgreift also auch das **Wahlvorbereitungsverfahren.**[203] Dies gilt insbes. für das Recht, Wahlvorschläge zu machen und damit Einfluss auf die Wahlbewerber zu nehmen,[204] schließt aber auch die **Kandidatenaufstellung** durch politische Parteien (vgl. § 21 BWG) mit ein. Die Aufstellung der Kandidaten bildet insoweit die Nahtstelle zwischen den von den Parteien weitgehend autonom zu gestaltenden Angelegenheiten ihrer inneren Ordnung und dem auf die Staatsbürger bezogenen Wahlrecht.[205] Halten die Parteien elementare Regeln bei der Wahl der Vertreterversammlung oder der Wahlkreis- und Listenkandidaten nicht ein, so begründet das die Gefahr der Verfälschung des demo-

---

[197] *Morlok* in Dreier Rn. 89; BVerfGE 47, 253 (283), wo das BVerfG zutr. feststellt, dass der Grundsatz der freien Wahl es fordere, dass jedenfalls eine Auswahlmöglichkeit zwischen verschiedenen Listen gewahrt bleibe; in dieser Richtung auch *Meyer* in HdbStR III, § 46 Rn. 28; *Kluth* in SHH Rn. 25.

[198] BVerfGE 95, 335 (350); 47, 253 (283).

[199] BVerfGE 7, 63 (69); *Stern,* StaatsR I, 1984, § 10 Kap. II 3d.

[200] BVerfGE 7, 63 (70).

[201] Vgl. insoweit *Morlok* in Dreier Rn. 88; *Dreier* Jura 1997, 249 (254); *Strelen* in Schreiber BWahlG, § 1 Rn. 21; *Klein* in Maunz/Dürig Rn. 108.

[202] Vgl. *Frenz* ZRP 1994, 91; *Müller* in MKS Rn. 137; *Pieroth* in Jarass/Pieroth Rn. 16; *Magiera* in Sachs Rn. 90; dieser Ansicht zuneigend *Stern,* StaatsR I, 1984, § 10 Kap. II 7; aA *Merten* FS f. Broermann, 1982, 301 (315); *Kluth* in SHH Rn. 26; *Schneider* in AK Rn. 66; *Zippelius,* Allgemeine Staatslehre, 174; *Haack* KritV 2011, 80 (85 ff.).

[203] Allg. Auffassung *Schneider* in AK Rn. 65; *Meyer* in HdbStR III, § 46 Rn. 28; *Morlok* in Dreier Rn. 89.

[204] BVerfGE 41, 399 (417); 47, 253 (282); 89, 243 (251 f.); *Meyer* in HdbStR III, § 46 Rn. 28; *Huber* DÖV 1991, 229 (230).

[205] BVerfGE 89, 243 (252); HmbVerfG DVBl. 1993, 1070 (1071) m. Anm. *Karpen* DVBl. 1993, 1070 (1077); VerfGH Sachs LKV 2006, 270; vgl. auch BT-Drs. 14/3764, 8.

kratischen Charakters der Wahl bereits in ihrer Grundlage und damit einen Wahlfehler.[206] Auch für diese Phase gelten die allgemeinen Anforderungen an die Freiheit der Wahl (→ Rn. 50), zudem folgen aus dem Grundsatz der Freiheit der Wahl **Informationspflichten,** die etwa auf eine frühzeitige Kenntnis der Wahlvorschläge drängen.[207]

Frauenquoten bei der Kandidatenaufstellung der politischen Parteien sind nicht nur ein Problem der Wahlrechtsgleichheit, sondern auch ein solches der Wahlrechtsfreiheit, weil damit die Entscheidungsfreiheit der Wähler geschlechtsabhängig eingegrenzt wird. Sie sind freilich grundsätzlich nicht zu beanstanden (→ Rn. 80). **56**

Unzulässig ist jeder Zwang, der auf die Präferenzbildung der Wähler ausgeübt wird, gleichgültig von wem er ausgeht. Der Grundsatz der Freiheit der Wahl gilt also **gegenüber allen staatlichen Gewalten,** hier insbes. gegenüber Regierung und Verwaltung, aber auch gegenüber **nichtstaatlichen Organisationen und Einzelpersonen.** Ist die Stimmabgabe der Endpunkt eines kommunikativen Prozesses,[208] so wird der gesamte Prozess im Vorfeld einer Wahl gegen unzulässige Einflussnahmen geschützt. Der Wähler muss in einem freien und offenen Prozess der Meinungsbildung ohne unzulässige Beeinflussung staatlicher oder nichtstaatlicher Seiten zu seiner Entscheidung finden können.[209] Zur unzulässigen, die Freiheit der Wahl beeinträchtigenden Beeinflussung gehört also auch der „unzulässige Druck von Seiten anderer Bürger oder gesellschaftlicher Gruppen."[210] Nichtstaatliche Organisationen und Einzelpersonen sind dabei vor allem angesprochen, soweit es um den **Missbrauch eines beruflichen, wirtschaftlichen oder sonstigen Abhängigkeitsverhältnisses geht.** Jedoch sind solche Abhängigkeitsverhältnisse durchaus auch im Verhältnis zum Staat nicht ausgeschlossen, etwa bei der Beschäftigung im öffentlichen Dienst. **57**

Freilich wirft die umfassende **Erstreckung auf das kommunikative Vorfeld** von Wahlen Schwierigkeiten in zeitlicher wie auch sachlicher Hinsicht auf. In **zeitlicher Hinsicht** muss die Erstreckung **begrenzt** sein **auf** einen **funktionalen Zusammenhang** mit der Wahl. Zwar mögen Einflussnahmen auf das Wettbewerbsverhältnis zwischen politischen Kräften auch außerhalb der Wahlkampfzeit Grenzen im Demokratieprinzip finden,[211] dies ist jedoch kein Thema des Art. 38 Abs. 1 S. 1. Ebenso wenig sind die Grundsätze des Art. 38 Abs. 1 S. 1 auf **Volksabstimmungen** zu übertragen, da es dort weder um den Legitimationsakt des Wählers noch um den Wettbewerb der politischen Kräfte, sondern um die Entscheidung in Sachfragen geht.[212] Hier gelten staatliche Informations- und Sachlichkeitsgebote.[213] Der Schutz **58**

---

[206] BVerfGE 89, 243 (253) zur Abgrenzung zwischen staatlicher Wahlvorbereitung und Autonomie der Parteien.

[207] BVerfGE 79, 161 (166).

[208] *Meyer* in HdbStR III § 46 Rn. 23 spricht von einer „kommunikativen Pression".

[209] BVerfGE 66, 369 (380) mwN; 73, 40 (85); BVerwGE 104, 323 (327); ähnlich BVerfGE 103, 111 (132 f.) zu Art. 78 Abs. 2 HV; VerfGH Saarl Urt. v. 1.7.2010 – Lv 4/09, 16.

[210] BVerfGE 66, 369 (380); 103, 111 (132 f.).

[211] LVerfG LSA JZ 1996, 723 (724).

[212] VerfGH Bln DVBl. 1996, 560, Volksabstimmung Berlin-Brandenburg; BayVerfGH NVwZ-RR 1994, 529 (530).

[213] BayVerfGH NVwZ-RR 1994, 529 (530 f.); ausführlich zu den Anforderungen der Staatsinformationstätigkeit *Mast,* Staatsinformationsqualität – De- und Rekonstruktion des verfassungsgerichtlichen Leitbilds öffentlicher staatlicher Informationstätigkeit und der entsprechenden Gebote, 2019.

kann über den Akt der Wahl hinausreichen; so sind etwa **Kündigungen von Arbeitsverhältnissen** wegen einer bestimmten Wahlentscheidung nach §§ 134, 138 BGB iVm Art. 38 Abs. 1 S. 1 nichtig. Schwierigkeiten kann in **sachlicher Hinsicht** auch die Frage bereiten, **welche Mittel** zur Beeinflussung des Wählers sich als **unzulässiger Zwang** darstellen.[214] Unzulässiger Zwang sind jedenfalls die in § 108 Abs. 1 StGB genannten Verhaltensweisen (sog. Wählernötigung).[215] Auch **Wählertäuschung** (§ 108a StGB) und **Wählerbestechung** (§ 108b StGB) sind unzulässige Mittel der Beeinflussung des Wählerwillens. Keine Wählernötigung liegt vor, wenn Unternehmer[216] oder Gewerkschaften[217] um Stimmabgabe für oder gegen eine bestimmte Partei oder bestimmte politische Entscheidungen werben. Insoweit handelt es sich um den Gebrauch kommunikativer Freiheiten.

59 Außerhalb dieser fest umschriebenen Tatbestände finden zahlreiche **Einwirkungen auf den Wähler** statt. In der modernen Demokratie ist „wegen des Grundrechts der freien Meinungsäußerung und nach Art. 21 I 1 GG eine Einwirkung auf den Willen der Wähler unvermeidlich, ja für das Funktionieren einer Wahl geradezu notwendig. Infolgedessen ist die übliche Wahlpropaganda und Wahlagitation der Parteien erlaubt."[218] Art. 38 Abs. 1 S. 1 ist deshalb auch **kein Zensurmittel gegen Wahlpropaganda,**[219] mag diese auch noch so unsinnig oder niveaulos sein.[220] Auch die Erzeugung kollektiver Furcht ist kein greifbarer Verstoß gegen die Freiheit der Wahl. Dem Wähler muss es überlassen bleiben, ob er Angstmache-Parolen glaubt oder nicht. Die Wahlwerbung kann auch verfassungsfeindliche Inhalte haben, wofür schon die Vorwirkung des Art. 21 Abs. 2 S. 2 spricht.[221] Ebenso wenig ist die personalisierte Online-Wahlwerbung schon aufgrund der Personalisierung unter dem Gesichtspunkt der Freiheit der Wahl ein Problem. Personalisierung findet naturgemäß auch in der analogen Welt statt. Die Probleme liegen eher darin, dass die personalisierten Kommunikationen oftmals klandestin erfolgen (zu Problemen der Öffentlichkeit → Rn. 93).

60 **Amtliche Wahlbeeinflussung** ist als Verletzung der Wahlfreiheit anzusehen.[222] Es handelt sich, folgt man der Rechtsprechung um eine Verletzung des **Grundsatzes strikter Neutralität staatlicher Organe,** sich in amtlicher Funktion vor Wahlen mit politischen Parteien oder Wahlbewerbern zu identifizieren und sie als Amtsträger zu unterstützen oder zu bekämpfen.[223] Nur Wahlen, die ohne Verstoß gegen das Gebot der Neutralität und ohne Verletzung der Integrität der Willensbildung des Volkes erfasst sind, sollen überhaupt eine demokratische Legitimation vermitteln können.[224] Der **Grundsatz strikter Neutralität** ist danach ein allgemeiner, aus dem Demokratieprinzip abzuleitender Grundsatz, der nicht nur für die Wahl gilt, son-

---

214 *Strelen* in Schreiber BWahlG, § 1 Rn. 26, 31.
215 Vgl. *Oppermann* JuS 1985, 519 (521).
216 BVerfGE 66, 369 (380); krit. *Meyer* in HdbStR III, § 46 Rn. 25.
217 BVerfGE 42, 133 (139).
218 OVG Münster JZ 1962, 767 (768), Hirtenbrief der Bischöfe; *Meyer* in HdbStR III, § 46 Rn. 25.
219 Zustimmend *Morlok* in Dreier Rn. 95; zum Begriff der Zensur, bezogen auf Wahlpropaganda politischer Parteien im Rundfunk, vgl. BVerfGE 47, 198 (236).
220 Vgl. *Strelen* in Schreiber BWahlG, § 1 Rn. 29; *Stern,* StaatsR I, 1984, § 10 Kap. II 3d.
221 BVerfGE 47, 198 (229); *Pieroth* in Jarass/Pieroth Art. 21 Rn. 44.
222 *Meyer* in HdbStR III, § 46 Rn. 24; *Müller* in MKS Rn. 138; *Strelen* in Schreiber BWahlG, § 1 Rn. 29 u. 31 mwN.
223 BVerfGE 44, 125 (141); 63, 230 (243); BVerwGE 104, 323 (327).
224 BVerfGE 44, 125 (139); BVerwGE 104, 323 (327).

dern allgemein für staatliche Neutralität gegenüber dem parteipolitischen Wettbewerb.[225] Von erheblicher praktischer Bedeutung ist er nach der Rechtsprechung für Frage, in welchem Maße **Öffentlichkeitsarbeit der Regierung** (vor Wahlen) zulässig ist. Regierungen sind parteiunterstützt und ihre Mitglieder stehen zumindest auch für Parteien; zugleich können sie staatliche Mittel und ggf. den Glaubwürdigkeitsbonus des Amtes einsetzen.[226] Dies ist nicht nur unter dem Gesichtspunkt der Gleichheit von Bedeutung, sondern auch für die Erhaltung des freien und offenen Prozesses der Meinungsbildung.[227] Ausgangspunkt der Rechtsprechung des BVerfG ist, dass Öffentlichkeitsarbeit von Regierung und gesetzgebenden Körperschaften nicht nur zulässig, sondern auch notwendig ist, um den Grundkonsens im demokratischen Gemeinwesen lebendig zu erhalten. Zulässige Öffentlichkeitsarbeit findet indessen dort ihre Grenze, wo die Wahlwerbung in Propaganda übergeht. Die Grenze zwischen Informationen und unzulässiger Wahlwerbung ist allerdings schwierig zu ziehen. Insoweit setzt das BVerfG an dem freien und offenen Prozess der Meinungsbildung an, der durch die amtliche Kommunikation verletzt wird, wenn der Amtsträger oder ein Staatsorgan parteiergreifend in die Wahlkommunikation eingreifen.[228] Dies ist richtig jedenfalls für die Inanspruchnahme staatlicher Ressourcen, die verzerrend wirken.[229] Schwieriger dürften Kommunikate zu beurteilen sein, die sich nicht einfach in die vom BVerfG zugrunde gelegte Trennung von staatlicher und gesellschaftlicher Sphäre, die Kommunikationsprozesse im Zweifel zu einfach konzipiert, fügen. Angesichts auch veränderter Kommunikationsbedingungen wird man stärker nach Anlässen, Rollen, Zeitpunkten und Aussagegehalten differenzieren müssen,[230] wie es auch im Ansatz die neuere Rechtsprechung unternimmt.[231] Die durch die **politischen Grundrechte der Bürger** gedeckten Einflussnahmen, die auch Amtsträgern außerhalb ihrer Funktion zustehen, müssen von solchen in **amtlicher Eigenschaft** getrennt werden.[232] Unzulässig ist es daher, wenn ein Bürgermeister „das ihm bei seiner amtlichen Tätigkeit zufallende Gewicht und die ihm in diesem Rahmen gegebenen Einflussmöglichkeiten in einer Weise benutzt, die mit seiner der Allgemeinheit verpflichteten Aufgabe unvereinbar ist."[233] Im Einzelfall mögen die Grenzen zwischen zulässiger und nicht zulässiger Wahlbeeinflussung fließend sein.[234]

---

[225] LVerfG LSA JZ 1996, 723 (724 f.).

[226] *Morlok* in Dreier Rn. 89; VerfGH Saarl BeckRS 2010, 50495, Anzeigenserie „Der Ministerpräsident informiert", in der explizit auf die Parteizugehörigkeit des Ministerpräsidenten hingewiesen wird.

[227] BVerfGE 44, 125 (139).

[228] BVerfGE 44, 125 (141, 146); 136, 323 (333); 138, 102 (110 f.).

[229] BVerfGE 140, 225 (227).

[230] Dazu *Mast,* Staatsinformationsqualität – De- und Rekonstruktion des verfassungsgerichtlichen Leitbilds öffentlicher staatlicher Informationstätigkeit und der entsprechenden Gebote, 2019, 232 ff., hier zitiert nach Typoskript.

[231] BVerfGE 138, 102 (109 ff.); 140, 323 (321 ff.).

[232] BVerwGE 104, 323 (326); ausf. zur Abgrenzung privater von amtlichen Einflussmaßnahmen *Oebbecke* NVwZ 2007, 30 (31 f.).

[233] BVerwG DÖV 1974, 388 (388), Wahlempfehlung in „Amtlicher Bekanntmachung"; BVerwGE 104, 323, Wahlempfehlung von 37 Bürgermeistern in amtlicher Eigenschaft; MVVerfG NVwZ-RR 2011, 430, amtierender Bürgermeister verspricht Übernahme der Fahrtkosten für die Busfahrt zum Wahllokal.

[234] Zutr. jedenfalls BVerfGE 40, 11 (41), Erläuterung von Briefwahlunterlagen in einer Fernsehsendung, wo darauf abgestellt wird, ob die Wahlbeeinflussung geeignet ist, „die Entscheidungsfreiheit des Wählers ernstlich zu beeinträchtigen".

61 **Kommunikative Wahlbeeinflussung durch private Akteure** ist Teil des grundrechtlich geschützten Prozesses der Meinungsbildung. Zu Problemen kann es daher nur im Hinblick auf die Intensität und Verkoppelung mit möglichen Sanktionen in Abhängigkeitsverhältnissen kommen oder bei der Verwendung von nichtkommunikativen Mitteln. Kommunikative Wahlwerbung ist **kein Privileg** und **Monopol** der **politischen Parteien,** sondern kann von jedem für jeden in Ausübung grundrechtlicher Freiheit erfolgen. Unter dem Aspekt des Grundsatzes der Freiheit der Wahl macht es keinen Unterschied, ob diese Werbung von **Kirchen, Gewerkschaften, Arbeitgeberverbänden oder sonstigen Vereinigungen** ausgeht.[235] Die Frage eines unzulässigen Druckes könnte sich allenfalls für den Bereich der katholischen Kirche stellen, dann nämlich wenn die Nichtbefolgung kirchlicher Wahlempfehlungen – zB eines Hirtenbriefes der Bischöfe – eine beichtpflichtige Sünde ist. Auch für diesen Fall hat das BVerwG jedoch einen Verstoß gegen den Grundsatz der Freiheit der Wahl verneint: In diesem Punkte sei entscheidend, „dass der Beichtende das, was er in der Beichte bekennt, nicht offenbart. Das Bekenntnis verlässt den Raum nicht, der juristisch als Intimsphäre bezeichnet wird."[236] In der Tat ist die rechtliche Beurteilung von kirchlichen Wahlempfehlungen nicht ein Problem des Wahlrechts.[237] Bei der (zusätzlichen) Verwendung **nichtkommunikativer Mittel** wird die Schwelle der Unzulässigkeit eher erreicht. In Bezug auf **Wahlgeschenke** hat der Bundestag im Wahlprüfungsverfahren freilich eine großzügige Haltung eingenommen. Die von einem Wahlkreisbewerber vorgenommene Versendung von Schneidebrettchen an alle wahlberechtigten Hausfrauen in seinem Wahlkreis beschränkt nach Auffassung des Bundestages die Wahlfreiheit nicht; es handele sich um Aufmerksamkeiten von geringem Wert, die nach der Lebenserfahrung keinerlei Verpflichtungen für den Empfänger begründeten.[238] Das BVerfG[239] hat die Frage offen gelassen.[240] Die Grenze zwischen zulässigen und unzulässigen Wahlgeschenken kann nach dem Merkmal des **Wertes des zugewendeten Gegenstandes** gezogen werden[241] sowie danach, ob dem Empfänger der Eindruck vermittelt wird, dass gerade er durch das Geschenk (das objektiv vielleicht nur von geringem Wert ist) besonders geehrt und herausgehoben werde. Nicht ganz unproblematisch sind die von Parteien organisierten Wählertransportdienste („Wahlschleppdienst", „Wahl-Taxis"), mit denen Kranke, Alte und Gebrechliche von Wahlhelfern der Parteien zu den Wahlräumen gefahren werden, ohne allerdings die Schwelle des Unzulässigen zu erreichen.[242] Verfassungsrechtlich in Grauzonen führen demgegenüber mehr oder weniger explizite und glaubwürdige Drohungen

---

[235] BVerfGE 42, 133 (138); *Morlok* in Dreier Rn. 97; *Meyer* in HdbStR III, § 46 Rn. 25.

[236] BVerwGE 18, 14 (17), Hirtenbrief der katholischen Bischöfe vor nordrhein-westfälischer Kommunalwahl.

[237] *Badura* in BK Art. 38 Anh. Rn. 29 mit Fn. 125; *Maurer,* StaatsR I, 1984, § 13 Rn. 15; zur verfassungsrechtlichen Diskussion um den Hirtenbrief der katholischen Bischöfe OVG Münster JZ 1962, 767, iE m. zust. Anm. *Ridder* JZ 1962, 767 (771 ff.); *Stern,* StaatsR I, 1984, § 10 Kap. II 3d; abl. Anm. *Pitzer* DVBl. 1963, 118 f.; *Klein* DÖV 1967, 615 (620 ff.).

[238] BVerfGE 21, 196 (197).

[239] BVerfGE 21, 196 (198).

[240] Krit. *Frowein* AöR 1974, 72 (104).

[241] Vgl. *Schneider* in AK Rn. 66, Wahlgeschenke sind unbedenklich, „solange diese von geringem Wert sind und nicht aus dem Rahmen des Üblichen fallen".

[242] *v. Münch* in v. Münch/Kunig, 3. Aufl. 1996, Rn. 39; anders liegt der Fall LVerfG MV NVwZ-RR 2011, 430, amtierender Bürgermeister verspricht Übernahme der Fahrtkosten für die Busfahrt zum Wahllokal.

mit dem Einsatz ökonomischer Macht, etwa der Kündigung oder faktischen Benachteiligung.[243]

Private Meinungsumfragen sind ungeachtet ihres Einflusses auf das Wahlverhalten selbstverständlich **zulässig.** Der Gesetzgeber ist freilich nicht gehindert, gewisse Sorgfaltsanforderungen zu stellen und ergänzende Informationspflichten zu normieren (vgl. die Regelungen des Rundfunks- und Medienrechts § 10 RStV). Veröffentlichungen von Nachbefragungen vor Schließung der Wahllokale – etwa über soziale Medien können im Wahlprüfungsverfahren nach Art. 41 GG rügefähig sein.[244] 62

Einzelfälle

Anzeigenablehnung – Die Ablehnung des Abdrucks politischer Anzeigen durch einen privaten Presseverlag verstößt nicht gegen die Freiheit der Wahl.[245] 63

Belegschaftsversammlung – Ansprachen von Regierungsmitgliedern und Oppositionspolitikern auf Belegschaftsversammlungen (vgl. § 74 Abs. 2 BetrVG) verstoßen nur dann gegen die Freiheit der Wahl, wenn unmittelbar oder mittelbar Druck auf Betriebsangehörige zur Teilnahme an diesen Versammlungen ausgeübt wird.[246]

Doppelauftreten – Die Freiheit der Wahl spricht an sich dafür, das Doppelauftreten von Parteien und Wählervereinigungen zuzulassen, die Wahlgleichheit dagegen. Angesichts dieser unterschiedlichen Wirkungen ist das Verbot des Doppelauftretens von Parteien und Wählergruppen gem. § 19 Abs. 2 S. 2 BayGWG verfassungsrechtlich nicht zu beanstanden.[247] Die Gleichheit der Wahl gebietet dieses Verbot.[248]

Meinungsumfragen – s. Wählerbefragungen.

Reihenfolge – der Wahlvorschläge auf den Stimmzetteln (§ 30 Abs. 3 BWG) verstößt nicht gegen die Freiheit der Wahl.[249] Besser wäre die Festlegung der Reihenfolge durch Auslosung.

Wählerbefragungen – Die Veröffentlichung der Ergebnisse von Wähler**nachfragen** nach der Stimmabgabe über den Inhalt der Wahlentscheidung ist vor Ablauf der Wahlzeit unzulässig (§ 32 Abs. 2 BWG).[250] Die Freiheit, jedenfalls aber die Gleichheit der Wahl wäre verletzt, wenn am Wahltag vormittags ohne und nachmittags mit „Nachfragewissen" gewählt würde. Wähler**umfragen** vor der Wahl (Meinungsumfragen)[251] verstoßen nicht gegen die Freiheit der Wahl (→ Rn. 62).[252]

Wahlkampf – Zum Schutzgegenstand der Wahlfreiheit im Vorfeld der Wahl zählt auch die Durchführung eines Wahlkampfes.[253]

5. Die gleiche Wahl. Die Abgeordneten des Deutschen Bundestages werden in **gleicher Wahl** gewählt. Damit ist der in seinen Grundlagen 64

---

[243] Nicht überzeugend BVerfGE 66, 369 (380 ff.); krit. *Meyer* in HdbStR III, § 46 Rn. 25; *Morlok* in Dreier Rn. 97; zur Behandlung von Kündigungen in Tendenzbetrieben vgl. *v. Münch* in v. Münch/Kunig, 3. Aufl. 1996, Rn. 42; *Morlok* in Dreier Rn. 97.

[244] *Morlok* in Dreier Rn. 98.

[245] BVerfGE 42, 53 (62).

[246] BVerfGE 40, 11 (39 f.); *Strelen* in Schreiber BWahlG, § 1 Rn. 33.

[247] BVerwG DVBl. 1992, 436; BVerwGE 94, 288; *Büchner* BayVBl. 1990, 321 (322); *Dickert* BayVBl. 1990, 326 (329).

[248] AA *Morlok* in Dreier Rn. 91.

[249] HessStGH NVwZ-RR 1993, 654; ESVGH 46, 1.

[250] Dazu *Boettcher/Högner* BWG, BWO § 32 Rn. 2 (BWG); *Schreiber* NJW 1979, 2187 (2188).

[251] Zum Begriff der demoskopischen Umfrage allg. BVerfGE 8, 104 (112).

[252] Dazu eing. *Brettschneider,* Wahlumfragen, 1991; *Dumrath,* Rechtsprobleme von Wahlprognosen vor der Wahl, 1986.

[253] Dazu *Schreiber* in Schneider/Zeh ParlamentsR, § 12; *Walther,* Wahlkampfrecht, 1989, 97 ff.; zur Unvereinbarkeit von Unterschriftensammlungen und Plakatwerbung vor dem Wahllokal mit der Wahlfreiheit HessWahlPrüfG NVwZ-RR 1993, 116; OVG Lüneburg VR 1994, 357; VG Göttingen NdsVBl. 1999, 267.

bedeutsamste und auch politisch brisanteste Wahlgrundsatz aufgerufen, der historisch mit Art. 22 WRV erst spät Eingang in die Verfassungstexte gefunden hat.[254] Der Grundsatz der gleichen Wahl ist eng mit dem der Demokratie verbunden. Staatsbürgerliche Rechte sind in der Demokratie formal-egalitäre Rechte. Mit dem formal gleichen Recht auf Teilhabe an der Ausübung der Staatsgewalt steht und fällt die Legitimation von Herrschaft. Anknüpfungspunkt der demokratischen Gleichheit ist allein die Zugehörigkeit zu der betreffenden politischen Einheit, um deren politisch-administratives System es geht.[255] Das Wahlrecht als Ausdruck und Instrument demokratischer Gleichheit abstrahiert von realen Ungleichheiten, anderen Eigenschaften und Orientierungen in individueller, wirtschaftlicher, sozialer und kultureller Hinsicht. Es zählt, aber es gewichtet nicht.[256] Während die Ausdifferenzierung der politischen Rechte unabhängig von Alter, Bildung, Geschlecht, Erfahrung, Kenntnis, Vermögen, Klasse, Rasse und Ähnliches[257] erreicht ist, hat sich die Auseinandersetzung um die Wahlgleichheit auf die gleichen Wettbewerbsbedingungen in einer durch den Parteienwettbewerb geprägten Demokratie verlagert und insoweit den Grundsatz der Wahlgleichheit zu dem praktisch bedeutsamsten Wahlgrundsatz gemacht.

65 Das **BVerfG** bringt in seiner Rechtsprechung sowohl den Zusammenhang zum Demokratieprinzip wie auch den **formal-egalitären Charakter** zum Ausdruck: „Für den Sachbereich der Wahlen ist nach der geschichtlichen Entwicklung und der demokratisch-egalitären Grundlage des GG davon auszugehen, dass jeder Staatsbürger, der eine in derselben Weise wie der andere, nach seinem individuellen Willen soll bestimmen können, wen er als Volksvertreter wünscht, so dass grundsätzlich die eine Stimme auf das Wahlergebnis rechtlich denselben Einfluss ausüben muss wie die andere. Für eine freiheitlich-demokratische Grundordnung, wie sie das Grundgesetz geschaffen hat, ist die Gleichbewertung aller Staatsbürger bei der Ausübung des Wahlrechts eine der wesentlichen Grundlagen der Staatsordnung."[258]

66 Ihre historisch primären Gehalte sind der **gleiche Zählwert jeder Stimme** und der **gleiche Erfolgswert,** dh dass jede Stimme bei der Umsetzung der Stimmen in Mandate mit gleichem Gewicht berücksichtigt wird.[259] Freilich hat das BVerfG stets die Dogmatik von Zähl- und Erfolgswertgleichheit mit derjenigen von den unterschiedlichen Wahlsystemen verbunden (→ Rn. 28 f.). So habe sich der Gesetzgeber mit der Systementscheidung zugunsten der Verhältniswahl dem prinzipiellen Gebot des gleichen Erfolgswerts jeder Wählerstimme unterworfen und sich damit zugleich die uneingeschränkte Möglichkeit entsprechender Differenzierungen versagt. „Der Grundsatz der gleichen Wahl verlangt, dass die Stimme eines jeden Wahlberechtigten den gleichen Zählwert hat und dass jede gültig abgegebene Stimme im Rahmen des Wahlsystems gleichen Einfluss auf das Wahlergebnis hat."[260] Das BVerfG ersetzte diese Formel später durch diejenige, wonach die

---

[254] Zur Entwicklung und früheren Schutzgehalten *Meyer,* Wahlsystem und Verfassungsordnung, 1973, 83 ff.

[255] *Böckenförde* in HdbStR II, § 24 Rn. 42.

[256] *Böckenförde* in HdbStR II, § 24 Rn. 42.

[257] BVerfGE 6, 84 (91).

[258] BVerfGE 6, 84 (91); st. Rspr., mit Nuancen iE BVerfGE 11, 351 (361); 12, 10 (25); 12, 73 (77); 13, 243 (246); 16, 130 (138); 34, 81 (98 f.); 93, 373 (376); 95, 335 (353); 95, 408 (417); 121, 266 (295); 129, 300 (318); 135, 255 (284); 146, 327 (349 f.).

[259] *Pieroth* in Jarass/Pieroth Rn. 11; *Morlok* in Dreier Rn. 102.

[260] BVerfGE 11, 351 (360); vgl. bereits BVerfGE 1, 208 (244 ff.); 6, 84 (90 f.); 6, 104 (111).

Wahlgleichheit in Art. 38 Abs. 1 S. 1 fordere, dass die Stimme eines jeden Wahlberechtigten den **gleichen Zählwert** und die **gleiche rechtliche Erfolgschance** haben müsse;[261] maßgeblich sei eine **Betrachtung ex ante.**[262] Dabei wird die gleiche rechtliche Erfolgschance zur beherrschenden Größe, für die die Zählwertgleichheit nur eine notwendige wahlsystemunabhängige Bedingung ist.[263] Jeder Wählerstimme müsse die gleiche rechtliche Möglichkeit zukommen, auf das Wahlergebnis Einfluss zu nehmen,[264] also eine auf allen Ebenen und Schritten des Wahlsystems garantierte Gleichheit des Gewichts. Dies wirke sich in den unterschiedlichen Wahlsystemen nur unterschiedlich aus,[265] da bei den **Mehrheitswahlsystemen** eben gerade kein Einfluss auf die Sitzverteilung eröffnet sei, sondern nur diejenige Stimme Erfolg vermittele, die zur Mehrheit beigetragen habe, ohne dass der Grundsatz vollständiger Erfolgschancengleichheit verletzt ist.[266] Anderes gilt für die **Verhältniswahl,** bei der gerade ein Verfahren vorgesehen ist, dass den Wählern Einfluss auf das Ergebnis der Sitzverteilung einräume. Von daher habe – wie das BVerfG unter Rückgriff auf seine frühere Rechtsprechung formuliert – jeder Wähler die gleiche rechtliche Möglichkeit der Einflussnahme auf die Zuteilung der Parlamentssitze nur, wenn jeder Stimme grundsätzlich der gleiche Erfolg zukomme.[267] Dies hat freilich mit einer reinen gleichen Erfolgschance ex ante – wie die Rechtfertigung der 5%-Sperrklausel zeigt – wenig zu tun, bei der schwerlich bezweifelt werden kann, dass sie eine **ex ante** gleiche rechtliche Erfolgschance der Stimmen nicht beeinträchtigt.[268] Konsequent erscheint daher die Annahme einer Rechtfertigungsbedürftigkeit jeder Ungleichbehandlung von Stimmen im Hinblick auf Zählwertgleichheit und gleiche rechtliche Erfolgschancen,[269] die als wahlsystemunabhängig gedacht werden kann. Für eine personenbezogene Mehrheitswahl kommt es auf die Gründe und Repräsentationseignung der Mehrheitswahl und ihrer etwaigen Kombination mit der Verhältniswahl an.

Der Zusammenhang mit dem Demokratieprinzip beeinflusst auch das **Verhältnis zum allgemeinen Gleichheitssatz des Art. 3 Abs. 1.** Auch wenn 67
die Grundstruktur des allgemeinen Gleichheitssatzes und der Wahlgleichheit ähnlich sein mögen, liegt angesichts der aus dem demokratischen Prinzip folgenden Formalisierung der Wahlgleichheit die Annahme eines Spezialitätsverhältnisses nahe. Dem folgt auch das BVerfG, wobei freilich die Entwicklung des allgemeinen Gleichheitssatzes weiterhin die dogmatischen Strukturen der Wahlrechtsgleichheit beeinflusst. Der anfängliche Rückgriff auf die These von *Leibholz,*[270] wonach der allgemeine Gleichheitssatz seine regulative und letzthin übergeordnete Bedeutung behalte, beinhaltete stets die Möglichkeit, die Formalisierung bei Bedarf dann doch zurückzunehmen.[271] Diese

---

261 BVerfGE 95, 335 (353); 95, 408 (417).

262 So BVerfGE 95, 335 (353).

263 Zu Recht in diesem Sinne *Pauly* AöR 1998, 232 (247).

264 BVerfGE 95, 335 (369 f.).

265 BVerfGE 95, 335 (353); 121, 266 (295 f.).

266 BVerfGE 95, 335 (370); 121, 266 (295 f.).

267 BVerfGE 121, 266 (296); 95, 408 (417), unter Bezugnahme auf die st. Rspr. BVerfGE 1, 208 (246); 82, 322 (327); 85, 148 (157).

268 Zur Metamorphose von Erfolgschancengleichheit zur Erfolgswertgleichheit *Pauly* AöR 1998, 232 (249); *Nicolaus* StWissStPr 1997, 531 (543 ff.).

269 *Pauly* AöR 1998, 232 (242, 249 f.), freilich auf der Grundlage eines weiten Differenzierungsspielraums (250 ff.).

270 *Leibholz,* Strukturprobleme der modernen Demokratie, 1967, 41, 44.

271 Explizit BVerfGE 4, 375 (382); 13, 243 (246 f.); rekapitulierend BVerfGE 99, 1 (9).

Formel wurde später vom BVerfG – nachdem sich die Möglichkeit der Differenzierung im Rahmen der Wahlgleichheit aus zwingendem Grunde durchgesetzt hatte – nicht mehr herangezogen. Erhalten geblieben ist lange Zeit nach Aufgabe der Formel die These, die Wahlgleichheit sei ein Anwendungsfall des Art. 3 Abs. 1,[272] mit Auswirkungen auf den Maßstab (→ Rn. 68) und prozessualen Folgerungen (→ Rn. 69).

68 Bei dem **Maßstab** geht es vor allem um den **Umfang zulässiger Differenzierungen.** Ausgangspunkt ist insoweit, dass der Grundsatz der Wahlgleichheit keinem absoluten Differenzierungsverbot unterliegt.[273] Nach der **Rechtsprechung** bedarf eine Differenzierung stets eines **besonderen, rechtfertigenden, zwingenden Grundes,** wobei die Formulierung im Einzelnen – offenbar ohne Differenz in der Sache – variiert.[274] Hinter der Formel von besonderen, rechtfertigenden, zwingenden Gründen verbergen sich ganz unterschiedliche Differenzierungsgründe, die nach der Rechtsprechung nicht stets verfassungsrechtliches Gewicht haben müssen.[275] Jedenfalls müssen die einschränkenden Gründe durch die Verfassung legitimiert und von einem Gewicht sein, das der Wahlrechtsgleichheit die Waage halten kann, und zur Verfolgung der Zwecke geeignet und erforderlich ist.[276] Ihr erlaubtes Maß richtet sich auch nach der Intensität des Eingriffs. Sie müssen sich aber nicht – wie in den Fällen der Kollision der Wahlrechtsgleichheit mit den übrigen Wahlrechtsgrundsätzen oder anderen Grundrechten – als zwangsläufig oder notwendig darstellen.[277] Auch gefestigte Rechtsüberzeugungen und sogar die Rechtspraxis sollen davon umfasst sein.[278] Die jeweils aufgerufenen Beispiele beziehen die bisherige Rechtsprechung ein und unterlaufen damit zumindest teilweise den an sich begrüßenswerten Ansatz der Präzisierung. Dies gilt insbes. für die vom BVerfG unter Rekurs auf Leitentscheidungen zur 5 %-Sperrklausel genannten Gründe der Sicherung des Charakters der Wahl als eines Integrationsvorganges bei der politischen Willensbildung des Volkes und die aus der Natur des Sachbereiches „Wahl der Volksvertretung“ sich ergebenden Differenzierungen.[279] Abgesehen davon, dass sie teilweise, wie etwa die Verwendung des Integrationsbegriffs, von einer gewissen Dunkelheit geprägt sind,[280] wurden sie in den früheren Entscheidungen im Rahmen des Rückgriffs auf Art. 3 Abs. 1 zur Überspielung der Formalität des besonderen Gleichheitssatzes des Art. 38 Abs. 1 S. 1 entwickelt.[281] Nach der hier vertretenen Auffassung bedarf es eines **verfassungsrechtlich legitimierten Grundes** zur Abweichung von der formalen Gleichheit als Konsequenz aus dem Demokratieprinzip (→ Rn. 31). Die Lösung, aus dem demokratischen Prinzip heraus all diejenigen Gründe auszuschließen, die auf persönliche Eigenschaften der Wähler einschließlich ihrer

---

[272] BVerfGE 1, 208 (242); 11, 266 (271 f.); 47, 253 (269 f.); 51, 222 (232); 69, 92 (106); 71, 81 (94); 78, 350 (357); 85, 148 (157).
[273] BVerfGE 121, 266 (297); 146, 327 (350).
[274] BVerfGE 14, 121 (133); 29, 154 (164); 34, 160 (163); st. Rspr., BVerfGE 95, 335 (376 f.); 121, 266 (297 f.).
[275] Zur Kritik bereits *Meyer* in HdbStR III, § 46 Rn. 33; *Morlok* in Dreier Rn. 65,103.
[276] BVerfGE 121, 266 (297); 95, 408 (418).
[277] BVerfG NVwZ 2005, 568 (569); BVerfGE 121, 266 (298).
[278] BVerfGE 1, 208 (249); st. Rspr., BVerfGE 121, 266 (298); 146, 327 (352).
[279] BVerfGE 1, 208 (248); 6, 84 (92 f.); 95, 408 (418); 146, 327 (351).
[280] Zur Kritik *Meyer* in HdbStR III, § 46 Rn. 37, 39; insoweit Kritik auch bei *Pauly* AöR 1998, 232 (253).
[281] BVerfGE 1, 208 (247); 6, 84 (91).

parteipolitischen Präferenzen abstellen, im Übrigen aber nach Maßgabe strikter Verhältnismäßigkeit zu prüfen[282], verkennt mit der Freigabe der Zwecke, dass diese keinesfalls – wie die 5%-Klausel – richtungsneutral sind, sondern gezielt gegen spezifische Konkurrenten eingesetzt werden können.[283] Die Zwecke sind also durchaus kontextabhängig und richtungsrelevant. Formalität im egalitären Sinne schützt genau vor diesen erstrebten oder doch gebilligten Wirkungen zu Lasten bestimmter Konkurrenten. Freilich wird diese Gefahr in der Rechtsprechung durchaus gesehen und dieser im Sinne strikter Nachprüfung begegnet.[284]

Die zweite Begradigung des Verhältnisses zum allgemeinen Gleichheitssatz ist **prozessualer Art.** Die These von der Wahlgleichheit als Anwendungsfall des allgemeinen Gleichheitssatzes sah in der Verletzung des Art. 38 Abs. 1 S. 1 auch eine Verletzung des Art. 3 Abs. 1.[285] Dies ermöglichte es nach Auffassung des BVerfG in ständiger Rechtsprechung zunächst, die Verletzung der Wahlgleichheit bei Landes- und Kommunalwahlen sowie in der funktionalen Selbstverwaltung, ungeachtet der fehlenden Subjektivierung des Art. 28 Abs. 1 S. 2 zu einem grundrechtsgleichen Recht mit der Verfassungsbeschwerde geltend zu machen.[286] Das BVerfG hat die Kritik im Schrifttum an dem Rückgriff auf Art. 3 Abs. 1 aufgenommen[287] und erklärt, dass im Anwendungsbereich der speziellen wahlrechtlichen Gleichheitssätze der Art. 28 Abs. 1 S. 2 und Art. 38 Abs. 1 S. 1 nicht auf den allgemeinen Gleichheitssatz zurückgegriffen werden kann.[288] Danach gewährleisten die Länder den subjektiv-rechtlichen Schutz des Wahlrechts bei den Wahlen zu ihren Parlamenten und der kommunalen Vertretungen des Volkes grundsätzlich allein und abschließend.[289] Mag dies vor allem auf die Entlastung des BVerfG von Wahlrechtsstreitigkeiten in den Ländern zielen, so ist sie im Ergebnis doch zutreffend; nicht zuletzt schafft sie größeren Raum für eine über die Landesverfassungsgerichtsbarkeit bewirkte Interpretation des Art. 28 Abs. 1 S. 2 und damit die Wahrung der Verfassungsautonomie der Länder.[290] Unabhängig davon bleibt sowohl auf Bundesverfassungs- wie – je nach Rechtslage – Landesverfassungsebene die Anwendung des Art. 3 Abs. 1 bzw. entsprechender landesverfassungsrechtlicher Garantien auf die übrigen Wahlen erhalten. Mangels eröffneten Anwendungsbereiches des Art. 38 Abs. 1 S. 1, Art. 28 Abs. 1 S. 2 und den entsprechenden landesverfassungsrechtlichen Garantien fehlt es insoweit an einem Spezialitätsverhältnis.[291] 69

[282] *Pauly* AöR 1998, 232 (253 f.).

[283] Vgl. aus der Geschichte von Sperr- und Grundmandatsklausel *Bücking* in Jesse/Löw Wahlen in Deutschland, 141 (148 ff).

[284] BVerfGE 120, 82 (105); 129, 300 (322 f.); 135, 259 (289); 146, 327 (352).

[285] BVerfGE 1, 208 (242); 3, 383 (390 ff.); 6, 84 (91); 11, 266 (271); 47, 253 (269 f.).

[286] BVerfGE 1, 208 (237); 6, 121 (129 f.); 48, 64 (79 f.); 58, 177 (190).

[287] Vgl. *Frowein* AöR 1974, 72 (81); *v. Münch* in v. Münch/Kunig, 4. Aufl. 2001, Rn. 48; *Murswiek* JZ 1979, 48 (50); *Roth* DVBl. 1998, 214 (216 f.).

[288] BVerfGE 99, 1 (10 ff.); BVerfG NVwZ 2005, 568 (569); zust. zur neuen Rspr. *Magiera* in Sachs Rn. 97; *Pieroth* in Jarass/Pieroth Rn. 3.

[289] BVerfGE 95, 1 (7 ff.); Nichtannahmebeschl. v. 18.7.2019 – 2 BvR 1301/19, juris Rn. 16.

[290] Zur neueren Rspr. vgl. etwa BayVerfGH Entsch. v. 28.10.2019 – Vf. 74–III–18, juris (Ausgleichs- und Überhangmandate); VerfGH Sachs Beschl. v. 5.2.2019 -Vf. 30-II-18, juris (Wahlrechtsausschlüsse); ThürVerfGH Urt. v. 25.9.2018 – 24/17, juris (Mindestalter); BayVerfGH Entsch. v. 30.7.2018 – Vf. 11-VIII-17, juris (Gleichbehandlung Abgeordneter); HessStGH Urt. v. 9.5.2018 – P. St. 2670 eA –, juris (Wahlkreiseinteilung); BayVerfGH Entsch. v. 26.3.2018 – Vf. 15-VII-16, juris (Geschlechterparität).

[291] Vgl. insoweit *Pauly* AöR 1998, 232 (251).

70 Der **Schutzbereich** des Wahlgleichheitsgrundsatzes erstreckt sich in zeitlicher Hinsicht über die Bewertung der Stimme hinaus auf das gesamte **Wahlverfahren** sowie zeitlich sogar **über die Wahl hinaus.**[292] So fällt zunächst die Vorbereitung der Wahl,[293] dh Wahlbewerbung, Vorschlag, Wahlkampf,[294] Stimmabgabe und Mandatszuteilung in den Schutzbereich. Darüber hinaus werden die Wahlkampfkostenerstattung[295] und auch – zu Unrecht – der Wettbewerb um Parteispenden einbezogen.[296] Das BVerfG verwendet hier, vor allem aus der Perspektive der am Wettbewerb um die politische Macht Beteiligten,[297] die Formel der **Chancengleichheit** (der am Wettbewerb um Wählerstimmen Teilnehmenden), die verlange, dass jeder Partei, Wählergruppe oder jedem Wahlbewerber „grundsätzlich die gleichen Möglichkeiten im Wahlkampf und im Wahlverfahren und damit die gleichen Chancen im Wettbewerb um Wählerstimmen" eingeräumt werden.[298] In allen diesen Bereichen ist der Gleichheitsgrundsatz ebenfalls formal zu verstehen (→ Rn. 31).[299]

71 Das BVerfG leitet zudem **Verfahrensanforderungen** aus dem Grundsatz der gleichen Wahl ab und vollzieht damit für diesen besonderen Gleichheitssatz nach, was auch im allgemeinen Gleichheitssatz und den Grundrechten gilt: Grundrechtsschutz durch Verfahren. So hat es aus dem Recht von Wahlberechtigten und Wahlbewerbern auf Wahlgleichheit die Pflicht des Gesetzgebers abgeleitet, ein Verfahren zu schaffen, das es erlaubt, Zweifeln an der Richtigkeit der von den Wahlorganen vorgenommenen Stimmenauszählung nachzugehen und erforderlichenfalls das Ergebnis richtig zu stellen und die Sitzverteilung zu korrigieren.[300]

72 Darüber hinaus trifft den Gesetzgeber eine Beobachtungs- und Nachbesserungspflicht. Die Nachbesserungspflicht wird aktualisiert, wenn die verfassungsrechtliche Rechtfertigung von Differenzierungen durch die Entwicklung in Frage gestellt wird, etwa dadurch, dass die Grundlagen prognostischer Entscheidungen sich erheblich geändert haben.

73 Der **schwerwiegendste Eingriff** in den Grundsatz der gleichen Wahl ist die **5 %-Sperrklausel** des § 6 Abs. 6 S. 1 Hs. 1 BWG, die Parteien von der Sitzverteilung ausschließt, die nicht mindestens 5 % der gültigen Zweitstimmen im gesamten Wahlgebiet erhalten haben, sofern keine noch zu besprechende Ausnahme (→ Rn. 76) vorliegt. Das BVerfG hält die Sperrklausel in ständiger Rechtsprechung für verfassungsrechtlich zulässig.[301] Von Beginn an stand dabei – nach den Weimarer Erfahrungen[302] – der Gesichtspunkt der

---

[292] *Müller* in MKS Rn. 143; *Morlok* in Dreier Rn. 100; *Meyer* in HdbStR III, § 46 Rn. 34.

[293] BVerfGE 8, 51 (68); 47, 198 (225).

[294] BVerfGE 11, 266 (272); 14, 121 (132); 30, 227 (246); 41, 399 (417); 44, 125 (146).

[295] BVerfGE 20, 56 (116); 24, 300 (339 f.); 41, 399 (413 ff.).

[296] BVerfGE 69, 92 (106); st. Rspr., BVerfGE 8, 51 (64 f.); 52, 63 (89); 69, 92 (106 f.); 73, 40 (89); 78, 350 (358).

[297] Deutlich BVerfGE 95, 408 (417).

[298] BVerfGE 20, 56 (116); 21, 196 (199 f.); 69, 92 (106); 47, 198 (226); 71, 81 (94); 95, 408 (417).

[299] BVerfGE 20, 56 (116); st. Rspr., BVerfGE 78, 350 (358 f.); 95, 408 (417).

[300] BVerfGE 85, 148 (157 f.); VerfGH Sachs JbSächsOVG 4, 39 (46 ff.), zur Besetzung parlamentarischer Kontrollgremien.

[301] BVerfGE 1, 208 (248, 256 ff.); 4, 31 (40); 4, 375 (380); 5, 77 (83); 6, 84 (90); 14, 121 (134 f.); 34, 81 (99); 47, 198 (227); 51, 222 (236); 71, 81 (97); 82, 322 (338); 95, 408 (419).

[302] Aufgenommen nochmals in BVerfGE 34, 81 (99); zu den „Weimarer Erfahrungen" *Friesenhahn* in Erdmann/Schulze Weimar. Selbstpreisgabe einer Demokratie, 81 ff.; *Jäckel* FS f. Löwenstein, 1971, 241 (249 ff.); zu einer differenzierten Einschätzung des Einflusses des Wahlsystems etwa *Nohlen*, Wahlrecht und Parteiensystem, 2014, 366 f.

Parteienzersplitterung und der Funktionsfähigkeit des Parlaments im Vordergrund.[303] Hinzu treten unterschiedliche Argumente aus der Natur des Sachbereichs „Wahl der Volksvertretung" und die bessere Eignung großer Parteien für die Erfüllung der Aufgaben der Volksvertretung,[304] die Schwierigkeiten der Regierungsbildung bei kleineren Gruppen mit zerstreuter Wählerschaft oder bei reinen Interessenorganisationen.[305] Insgesamt zeigt sich allerdings ein zunehmend differenziertes Bild der Einschätzung der Sperrklausel. In der **Entscheidung zur ersten gesamtdeutschen Wahl** hat das BVerfG die Relativierung seiner Rechtsprechung, wonach die Verfassungsmäßigkeit der Sperrklausel nicht ein für alle Mal abstrakt beurteilt werden könne und die Verhältnisse des Landes, für die sie gelten sollen, zu berücksichtigen seien, erneut und diesmal folgenreich aufgenommen,[306] und § 6 Abs. 6 BWG in Bezug auf die erste gesamtdeutsche Wahl für teilweise verfassungswidrig erklärt; dies freilich unter grundsätzlicher Aufrechterhaltung der Verfassungsmäßigkeit der Sperrklausel im Übrigen. Die darin liegende Chance einer Neubewertung[307] ist gleichwohl durch die Aufrechterhaltung der alten Rechtsprechung in der Entscheidung zur Grundmandatsklausel, dort verbunden mit einer Akzentuierung des gesetzgeberischen Gestaltungsspielraumes, nicht genutzt worden.[308]

Auch angesichts des Übergangs zur wahlsystemunabhängigen Gleichheits- **74**
anforderung, wonach es neben dem gleichen Zählwert auf die gleiche rechtliche Erfolgschance ankommt (→ Rn. 66), bleibt es bei der Notwendigkeit der Rechtfertigung eines Eingriffs in die Wahlgleichheit.[309] Die **Rechtfertigung der Sperrklausel durch das BVerfG** ist teilweise durch eine Überhöhung der Rolle großer Parteien geprägt und in Einzelheiten wenig überzeugend.[310] Allerdings ist die **Funktionsfähigkeit des Parlaments** als verfassungsrechtlich geschütztes Rechtsgut grundsätzlich geeignet, Einschränkungen der Erfolgsgleichheit der Stimmen und der Chancengleichheit der politischen Parteien und Wahlbewerber zu rechtfertigen.[311] Nimmt man die Aussage des BVerfG ernst, differenzierende Regelungen müssten zur Verfolgung ihrer Zwecke geeignet und erforderlich sein und ihr Ausmaß in einem angemessenen Verhältnis zur Intensität des Eingriffs in die Wahlrechtsgleichheit stehen,[312] dann muss die Erforderlichkeit auch jeweils begründet werden.[313] Weder sind die kleineren, sich immer wieder an der Bundestags-

---

[303] BVerfGE 1, 208 (248 ff.).

[304] BVerfGE 6, 84 (92).

[305] BVerfGE 34, 81 (99); 51, 222 (236).

[306] BVerfGE 82, 322 (338), unter Bezugnahme auf BVerfGE 1, 208 (259) und BVerfGE 51, 222 (236).

[307] Aufgenommen etwa von VerfGH NRW DVBl. 1999, 1271 (1272 f.).

[308] BVerfGE 95, 408 (420).

[309] Anders *Lenz* AöR 1996, 337 (356), der davon ausgeht, die Vorgaben der Wahlgleichheit würden nicht tangiert; dagegen BVerfGE 95, 335 (369 ff.).

[310] Ausf. *Meyer* in HdbStR III, § 46 Rn. 37 ff.

[311] IdS *Meyer* in HdbStR III, § 46 Rn. 40.

[312] BVerfGE 95, 408 (418); auch BVerfGE 131, 316 (344 ff.), eine Entscheidung, die auch die durch die Unterteilung des Wahlgebietes in mit den Ländern identische Listenwahlkreise, die jedenfalls faktisch dazu führen kann, dass das Quorum noch überschritten wird, durch das Bundesstaatsprinzip rechtfertigt.

[313] Insoweit überzeugender die Ausführungen in VerfGH NRW DVBl. 1999, 1271 (1272 ff.), für eine Sperrklausel bei Kommunalwahlen; VerfGH Bln JR 1998, 140 (142 ff.); zur Kritik *Meyer* in HdbStR III, § 46 Rn. 37 ff.; *Morlok* in Dreier Rn. 112; *Dreier* Jura 1997, 249 (255); *Becht,* Die 5%-Klausel im Wahlrecht, 1990, 75 ff., 121 ff.; *Hösch* ThürVBl. 1996, 265 (266 ff.); *Brenner* AöR 1991, 537 (538 ff.); *Frotscher* DVBl. 1985, 917 (926 f.); die Verhält-

wahl beteiligenden Parteien Splitter- und Interessenparteien, noch fehlt es ihnen, wie vom BVerfG gelegentlich unterstellt wird, schon deswegen an der Gemeinwohlfähigkeit und der Eignung, die Aufgaben des Parlaments zu erfüllen.[314] Erhebliche Schwierigkeiten, die Schwelle zu überwinden, mit der daraus folgenden Entmutigung der Alternativenbildung, lässt das politische System auf längere Sicht verkrusten.[315] Allerdings ist diese Verkrustung bisher angesichts des wiederholten Aufkommens neuer Parteien jedenfalls bisher nicht zu beobachten. Die in der Rechtsprechung erkennbare Präferenz für wenige große Parteien, da jene in der Existenz kleinerer Parteien eine Gefahr für die Stabilität des politischen Systems sieht, hat nicht nur mit der freilich wenig überzeugenden Rezeption Weimarer Erfahrungen zu tun,[316] sondern konnte sich lange Zeit auf die in der Demokratieforschung der 50er und 60er Jahre vorherrschende Diagnose stützen, dass die Fragmentierung und Zersplitterung zur Instabilität der kontinentaleuropäischen Demokratien in der Zwischenkriegszeit beigetragen habe, nicht zuletzt durch das Verhältniswahlrecht. Daran bestehen indes berechtigte Zweifel. Die demokratischen Kosten vorgeblicher Stabilität, die mit Frustration und Verdrossenheit sowie verringerter Offenheit und Responsivität des politischen Systems schlagwortartig bezeichnet werden können, tauchen in der Rechtsprechung. des BVerfG eher am Rande auf.[317] Immerhin können sich erhebliche Einbußen an der Gleichheit des Zählwertes und der Erfolgs(chance) ergeben.[318] Zwar mag es auch Gründe geben, eine reduzierte Sperrklausel aufrechtzuerhalten. Ihre Erosion auf kommunaler Ebene[319] ohne erkennbare Funktionsgefährdungen könnte Anlass sein, stärker die Offenheit des politischen Systems in den Vordergrund zu stellen und die Fragen der Erforderlichkeit strenger zu thematisieren. Zumindest wird man verlangen müssen, dass der Gesetzgeber im Lichte der Entwicklungen erneut über die Sperrklausel und ihre Vor- und Nachteile im Lichte des formalen Gleichheitssatzes befindet. In diese Richtung deutet auch die Entscheidung des BVerfG zum Verstoß der 5 %-Klausel des § 10 Abs. 1 GKWG gegen Art. 3 Abs. 1 SHVerf und Art. 21 Abs. 1.[320] Die Verwerfung der Sperrklausel bei der Europawahl[321] ist allerdings weniger als Neubewertung zu verstehen, sondern – unter ausdrücklichem Hinweis auf

---

nismäßigkeit im Hinblick auf den „gesetzgeberischen Gestaltungsspielraum" bejahend BayVerfGH Entsch. v. 10.5.2010 – Vf. 49-III-09, 11 f. = BeckRS 2010, 51795.

[314] BVerfGE 51, 222 (236).

[315] So schon *Forsthoff,* Der Staat der Industriegesellschaft, 1971, 90; *Böckenförde* in HdbStR II, § 24 Rn. 43.

[316] Krit. insoweit *Pauly* AöR 1998, 232 (255 f.).

[317] Vgl. aber die Umkehrung des Integrationsarguments, das von BVerfGE 6, 84 (92 f.); 14, 121 (135 f.); 24, 300 (341); st. Rspr. bis zu BVerfGE 71, 81 (97) zur Rechtfertigung der Sperrklausel verwendet worden ist, in BVerfGE 95, 408 (419) unter Bezugnahme auf die gesamte frühere Rspr. zu ihrer Begrenzung auftaucht.

[318] Vgl. dazu auch BVerfGE 146, 327 (353 ff.), das angesichts eines Ausfalls von 15,7 % immerhin auf die Grenzen verweist (Gefährdung der Integrationsfunktion der Wahl). Manche der Ausführungen erwecken freilich den Eindruck, dass das BVerfG verständlicherweise den Ball gerne im Feld des Gesetzgebers lassen möchte (146, 327 (357 f.)).

[319] Vgl. nur VerfGH NRW DVBl. 1999, 1271; VerfGH Bln JR 1998, 140 = LKV 1998, 142; anders HmbVerfG NVwZ-RR 1999, 358.

[320] BVerfGE 146, 327 (354); 107, 286 (294 f.), zu der 5 %-Sperrklausel in § 10 Abs. 1 GKWG. Vgl. zur der Vereinbarkeit der Sperrklausel des § 1 Abs. 1 HmbWahlGBezV mit Art. 38 Abs., 1 S. 1, 28 Abs. 1 GG auch BVerfGE120, 82; zum Ganzen *Krajewski* DÖV 2008, 345; *Groth* NordÖR 2008, 113 (117 f.); zum Rückzug der Sperrklausel auf kommunaler Ebene *Puhl* FS f. Isensee, 2007, 441.

[321] BVerfGE 129, 300 (336); 135, 259 (291).

die Nichtübertragbarkeit – aufgrund der Annahme, dass insoweit eine unterschiedliche Interessenlage bestehe, weil das Europäische Parlament keine Regierung wähle, die auf die fortdauernde Unterstützung des Parlaments angewiesen sei und im Übrigen ggf. zur Korrektur das nationale Wahlrecht angepasst werden könne. In der Sache muss das nicht überzeugen.

Die Einführung einer Eventualstimme für den Fall des Scheiterns der Präferenz an der 5%-Hürde ist verfassungsrechtlich jedenfalls nicht geboten.[322] Zwar ist nicht zu übersehen, dass damit das Repräsentationsproblem deutlich verringert würde, auch würden die sonstigen Ziele der Etablierung einer Sperrklausel gleichwohl gefördert. Indes kann dies nur um den Preis einer mit dem Demokratieprinzip schwerlich zu vereinbarenden bedingten Stimme, vor allem aber mit weiteren Differenzierungen im Zählwert der Stimmen erkauft werden.[323] **75**

Die **(frühere) Grundmandatsklausel** des § 6 Abs. 6 S. 1 Hs. 2 BWG aF (aufgegeben mit dem 19. Änderungsgesetz zum BWG v. 25.11.2011, BGBl I S. 2313), wonach bei der Verteilung von Sitzen auf die Landeslisten nicht nur Parteien berücksichtigt wurden, die mindestens 5 vH der im Wahlgebiet abgegebenen gültigen Zweitstimmen erhalten hatten, sondern auch solche, die in mindestens drei Wahlkreisen einen Sitz errungen hatten,[324] war verfassungsrechtlich, ungeachtet der Akzeptanz in der Rechtsprechung des BVerfG[325] immer umstritten.[326] Ihr **verfassungsrechtliches Problem** lag nicht darin, dass die errungenen Direktmandate erhalten blieben, sondern darin, dass sie zu einer **relevanten Ungleichbehandlung** zwischen solchen unter 5% der Zweitstimmen bleibenden Parteien führten, die mit drei Direktmandaten an dem Verhältnisausgleich des § 6 BWG teilnehmen konnten, und solchen, die wegen Verfehlung beider alternativer Voraussetzungen ausgeschlossen bleiben, obwohl sie möglicherweise mehr Zweitstimmen hatten, als eine „Grundmandatspartei".[327] Sie ist damit auch nicht – wie in der Lit. teilweise angenommen wurde[328] – Ausdruck eines Mehrheitswahlsystems, sondern fungierte ungeachtet ihrer Anknüpfung an die personenbezogenen Elemente des Wahlrechts als **Indiz für eine politische Bedeutsamkeit** der hinter den Direktmandaten stehenden **Parteien.**[329] Das BVerfG hatte die Klausel im Wesentlichen damit gerechtfertigt, dass der Gesetzgeber die gegenläufigen Anforderungen der **Sicherung der Funktionsfähigkeit des Parlaments** und der Funktion der **Wahl als ein Vorgang der Integration politischer Kräfte** zu einem Ausgleich gebracht habe.[330] Zwei unter- **76**

---

[322] BVerfGE 146, 327 (359 ff.).

[323] Zurückhaltend auch *Müller* in MKS Rn. 152.

[324] Zur Entwicklung der Grundmandatsklausel *Nicolaus* KritV 1996, 385 (386 ff.).

[325] BVerfGE 95, 408.

[326] Für verfassungswidrig halten sie etwa *Bücking* in Jesse/Löw Wahlen in Deutschland, 141 (169 ff.); *Morlok* in Dreier Rn. 116; *Nicolaus* KritV 1996, 385; *Pauly* AöR 1998, 1232 (1259 ff.); *Hoppe* DVBl. 1995, 265; *Pieroth* in Jarass/Pieroth Rn. 37; *Wahl* NJW 1990, 2585 (2591); *Becht,* Die 5%-Klausel, 1990, 159 ff.; *Linck* Jura 1986, 460; *Erichsen* Jura 1984, 22 (31 f.); *Frowein* AöR 1974, 72 (92 ff.); für Verfassungsmäßigkeit dagegen BVerfGE 95, 408; *Schneider* in AK Rn. 69; *Löwer,* Aktuelle wahlrechtliche Verfassungsfragen, 1996, 85; diff. vgl. den Antrag zur Korrektur der Grundmandatsklausel (BT-Drs. 15/4718), mit dem in der 15. WP vergeblich die Anhebung der für den Einzug in den BT erforderlichen Direktmandate auf fünf angestrebt wurde.

[327] BVerfGE 95, 408 (421).

[328] *Hoppe* DVBl. 1995, 265 (268).

[329] Deutlich BVerfGE 95, 408 (422).

[330] BVerfGE 95, 408 (421 ff.).

schiedliche Aspekte sind hervorzuheben, die **Gleichheit des Erfolgswertes der Stimmen** und die **Chancengleichheit der politischen Parteien.** Eine Grundmandatsklausel **in ihrer früheren Ausgestaltung bewirkt Verzerrungen der Gleichheit des Erfolgswertes,** die weder durch das Personenwahlelement noch durch das Verhältniswahlrecht, aber auch nicht durch die Verbindung beider gerechtfertigt werden können. Die Beeinträchtigung der **Chancengleichheit der Parteien** durch eine ungleiche Behandlung von „Grundmandatsparteien" und „Splitterparteien" kann durch eine an sich legitime Berücksichtigung von „Schwerpunktparteien" nicht gerechtfertigt werden, weil eine tatsächlich starke örtliche oder regionale Bindung gar nicht Voraussetzung der Anwendung der Grundmandatsklausel war. Sie ist zu Recht vom Gesetzgeber aufgegeben worden.

77 Nach wie vor strittig behandelt wird die Frage, ob und in welchem Umfang **Überhangmandate,** jedenfalls solche ohne Kompensation, mit dem Grundsatz der Gleichheit der Wahl vereinbar sind.[331] Lange Zeit blieben Überhangmandate, die dadurch zustande kommen, dass in der Mehrheitswahl mehr Direktmandate durch eine Partei errungen worden sind, als ihr nach dem Verhältnisausgleich zustehen, den betreffenden Parteien erhalten, die Zahl der Parlamentssitze wurde entsprechend erhöht, ohne dass ein erneuter Verhältnisausgleich oder eine Kompensation der übrigen Parteien stattfand (vgl. §§ 7 Abs. 3 S. 2, 6 Abs. 5 BWG aF). Die Entstehung von Überhangmandaten hat unterschiedliche Gründe, die mit der spezifischen Kombination von Mehrheitswahlelementen und Verhältniswahl zusammenhängen. Eine ungleiche Wahlkreiseinteilung, der Wählerzahl nicht entsprechende Verteilung von Wahlkreisen an einzelne Bundesländer, unterdurchschnittliche Wahlbeteiligung, Stimmensplitting in großem Umfang wie verändertes Wahlverhalten sind nur einige der Gründe für Überhangmandate.[332] Überhangmandate werden wegen Verstoßes gegen den Grundsatz der Wahlrechtsgleichheit weithin mit Nuancen im Einzelnen überwiegend und zu Recht für verfassungswidrig erachtet.[333] Das **BVerfG** hatte allerdings bei Stimmengleichheit **keinen Verfassungsverstoß** annehmen wollen, sofern die Zahl der zusätzlichen Mandate nicht über das hinausging, was der 5 %-Sperrklausel als Differenzierung im Erfolgswert entsprach.[334] Weiterhin akzeptiert das Bundesverfassungsgericht in begrenztem Umfang die mit der ausgleichslosen Zuteilung verbundene Differenzierung des Erfolgswertes der Wählerstimmen. Dieses sei durch die Verbindung der Verhältniswahl mit einer Personenwahl gerechtfertigt.[335] Allerdings begrenzt das BVerfG nunmehr deutlich den Umfang ausgleichloser Überhangmandate, um zu sichern, dass deren Berücksichtigung nicht zu einer Abweichung vom Konzept der Verhältniswahl

---

[331] Vgl. zur Diskussion *Nicolaus* ZParl 1995, 353; StWissStPr 1997, 531; *Meyer* KritV 1994, 312; *Poschmann* BayVBl. 1995, 299; *Schmidt* ZRP 1995, 91; *Unterpaul* NJW 1994, 3267; *Papier* JZ 1996, 265; *Backhaus* DVBl. 1997, 737; *Ehlers/Lechleitner* JZ 1997, 761; *Jakob,* Überhangmandate und Gleichheit der Wahl, 1998; *Lege* Jura 1998, 462.

[332] Vgl. *Mager/Uerpmann* DVBl. 1995, 273; *Löwer,* Aktuelle wahlrechtliche Verfassungsfragen, 1996, 87 ff. ausführlich *H. Meyer* AöR 143 (2018), 521 ff.

[333] *Meyer* in HdbStR III, § 46 Rn. 47; *Meyer* KritV 1994, 312; *Unterpaul* NJW 1994, 3267; *Erichsen* Jura 1984, 22; *Morlok* in Dreier Rn. 118; *Nicolaus* StWissStPr 1997, 531 (534 ff.); *Backhaus* DVBl. 1997, 737; aA BVerfGE 95, 335 (348 ff.); *Löwer,* Aktuelle wahlrechtliche Verfassungsfragen, 1996, 86 ff.; *Mager/Uerpmann* DVBl. 1995, 273; *Pauly* AöR 1998, 232; mit Beschränkung auf einen engen Rahmen *Pieroth* in Jarass/Pieroth Rn. 38; *Scholz* ZRP 2003, 39 (43 ff.).

[334] BVerfGE 95, 335 (366).

[335] BVerfGE 131, 316 (365 ff.).

führen. Diese restriktive Haltung begründet das Gericht mit den gewandelten Verhältnissen und begrenzt die Zahl auf etwa die Hälfte der Mandate, die für die Bildung einer Fraktion erforderlich seien.[336]

Ebenfalls einen Verstoß gegen den Grundsatz der Wahlgleichheit kann mit dem Effekt des sog. **„negativen Stimmgewichts"** verbunden sein, das dazu führt, dass in bestimmten Konstellationen abgegebene Zweitstimmen für solche Parteien, die Überhangmandate in einem Land gewinnen, insofern negativ wirken, als diese Parteien in demselben oder einem anderen Land Mandate verlieren. Umgekehrt ist es auch möglich, dass die Nichtabgabe einer Wählerstimme der zu unterstützenden Partei dienlich ist. Ob dieser Effekt des negativen Stimmgewichts eintritt, hängt von unterschiedlichen Zusammenhängen ab, die nicht immer vorhersehbar und planbar sind und vom einzelnen Wähler kaum beeinflusst werden können. Damit handelt es sich oftmals um eine zufällige Folge des Wahlverhaltens.[337] Auch wenn der Wähler glaubt, mit seiner Stimme eine Partei zu unterstützen, kann das Berechnungsverfahren dazu führen, dass das Gegenteil eintritt. Dieser Effekt, sofern er mit einer Regelung vorhersehbar verbunden ist, verletzt den **Grundsatz der Erfolgswertgleichheit** (→ Rn. 66) in eklatanter Weise, da sich die beabsichtigten positiven Effekte einer Stimmabgabe in ihr Gegenteil verkehren können und im ungünstigsten Fall sogar zu einem Mandatsverlust führen können (insoweit auch **Verletzung der Erfolgschancengleichheit**).[338] 78

Eine „Reststimmenverwertung", die die Erfolgswertunterschiede, die durch einen wahlgebietsbezogenen Ausgleich der durch Rundgewinne und -verluste (Rundungsabweichungen) bei der Sitzverteilung entstehende Unterschiede im Erfolgswert der Stimmen ausgleichen oder vermindern soll, ist nicht per se verfassungswidrig sondern nur dann, wenn die Ausgestaltung zu einer Differenzierung im Erfolgswert führt, wie es bei der für verfassungswidrig erklärten Regelung des § 6 Abs. 2a BWG aF der Fall war.[339] 79

Frauenquoten in politischen Parteien sind, soweit es um Funktionen und Mitgliedschaften in Organen und Gremien der Partei geht, zunächst ein Thema des Art. 21,[340] auch wenn bei der Ausgestaltung des innerparteilichen Wahlsystems die Wahlgrundsätze des Art. 38 Abs. 1 S. 1 Geltung beanspruchen.[341] Ein Thema der Wahlrechtsgleichheit werden sie aber durch die Vorwirkungen des Art. 38 Abs. 1 S. 1 für das Wahlverfahren. Die Kandidatenaufstellung steht an der Schnittstelle von innerparteilicher Demokratie und Wahlverfahren und unterfällt daher dem Art. 38 Abs. 1 S. 1 (→ Rn. 55). Die in Parteistatuten geregelte verbindliche Quotierung bei der Kandidatenaufstellung stellt einen Eingriff in die passive Wahlgleichheit dar, weil als ihre Folge in spezifischen Konstellationen Kandidaten wegen ihres Geschlechts nicht wählbar sind.[342] Sie ist jedoch durch die in Art. 21 Abs. 1 S. 2 gewähr- 80

---

336 BVerfGE 131, 316 (369 f.).

337 BVerfGE 121, 266 (298 f.); *Ehlers/Lechleitner* JZ 1997, 761 (763).

338 BVerfGE 121, 266 (298 ff.); zust. *v. Arnim* PuR 2008, 136 (137); *Ziever* PuR 2009, 41 (42 f.); *Nohlen* ZParl 2009, 179 (187 ff.); vgl. auch BVerfGE 131, 316 (346 ff.).

339 BVerfGE 131, 316 (353 ff.).

340 Vgl. *Deller,* Die Zulässigkeit von satzungsrechtlichen und gesetzlichen Quotenregelungen zugunsten von Frauen in politischen Parteien, 1995, 49 ff.; *Morlok* in Dreier Art. 21 Rn. 139.

341 Vgl. *Lange* NJW 1988, 1174; *Oebbecke* JZ 1988, 176; *Heyen* DÖV 1989, 649..

342 *Ebsen,* Verbindliche Quotenregelungen für Frauen und Männer in Parteistatuten, 1988, 10; *Müller* in MKS Rn. 160; aA *Lange* NJW 1988, 1174 (1181).

leistete Programmfreiheit der Parteien grundsätzlich rechtfertigungsfähig,[343] soweit sie geeignet und erforderlich ist, das Gleichstellungsziel zu fördern.[344] Eine Verpflichtung des Staates zum Erlass einer gesetzlichen Quotenregelung aus Art. 3 Abs. 2 S. 2 wird von der überwiegenden Auffassung abgelehnt.[345] Dies gilt auch für die Frage einer Handlungsmöglichkeit. Auch hier wird mit Blick auf die Einschränkung der Parteienfreiheit aus Art. 21 Abs. 1 S. 2 und den Grundsätzen der Freiheit und Gleichheit aus Art. 38 Abs. 1 S. 1 eine gesetzliche Vorgabe abgelehnt.[346] Angesichts der Persistenz der Unterrepräsentation scheint auch mit Blick auf das Demokratieprinzip, dass, gewiss ungeachtet der Tatsache, dass die Abgeordneten Vertreter des gesamten Volkes sind, von einer responsiven und die Pluralität der Gesellschaft aufnehmenden Konzeption der Repräsentation her, diese Auffassung zu eng ist; dies zumal allerlei Einschränkungen der Wahlrechtsgleichheit ansonsten für rechtfertigungsfähig gehalten werden. Davon zu unterscheiden ist, ob weniger einschränkende Lösungen, wie etwa eine Flexibilisierung der Listenvorschläge durch Kumulierungen und Panaschierungen nicht zuvor auch unter Gesichtspunkten einer verhältnismäßigen Lösung vorzuziehen sind.[347] Insoweit bedürfte es auch einer Auswertung der Ergebnisse in den Ländern, die eine solche Regelung vorsehen.

81 Die Grundsätze **formaler Wahlrechtsgleichheit** hat das BVerfG auf **Wahlsendezeiten im Rundfunk** angewendet[348] und sogleich Differenzierungen zugelassen, die auch für die **Vergabe anderer staatlicher Ressourcen** wie den Zugang zu öffentlichen Einrichtungen der Gemeinde[349] oder die Parteienfinanzierung eine Rolle spielen. Das verfassungsrechtlich legitime Ziel, den Charakter der Wahl als den eines entscheidenden Integrationsvorganges bei der politischen Willensbildung des Volkes zu sichern, erscheint als wichtigster Grund für Abweichungen, die der besonderen Bedeutung der Parteien, dem mehr oder minder großen Einfluss auf die staatliche Willensbildung etc. Rechnung tragen können (abgestufte Chancengleichheit).[350] Einen einfachgesetzlichen Ausdruck findet diese Lage in § 5 Abs. 1–3 PartG. Die Verselbstständigung bestimmter Argumentationsfiguren in der Rechtsprechung des BVerfG wird hier anschaulich; denn die Sicherung der Funktionsfähigkeit ebenso wie die Verhinderung der Parteienzersplitterung oder

---

[343] Betont auch von Bundesschiedsgericht Bündnis 90/DIE GRÜNEN NVwZ-RR 1999, 545 (546).

[344] BVerfG, Beschl. v. 1.4.2015 – 2 BvR 3058/14, juris Rn. 25; zur Verhältnismäßigkeitsprüfung insoweit allg. *Ebsen* in BMV VerfassungsR-HdB, § 8 Rn. 41 ff.; *Morlok* in Dreier Rn. 107, Art. 21 Rn. 139.

[345] BayVerfGH Entsch. vom 26.3.2018 – Vf. 15-VII-16 = NVwZ-RR 2018, 457; *Langenfeld* in Maunz/Dürig Art. 3 Rn. 55; *Nußberger* in Sachs Art. 3 Rn. 282 ff.; *Jarass,* Gutachten zu den verfassungsrechtlichen Grenzen einer gesetzlichen Regelung über den Frauenanteil im Abgeordnetenhaus von Berlin und in den Bezirksverordnetenversammlungen, 2018, 3 f.; aA etwa *Laskowski* djbZ 2014, 93 (97).

[346] *Jarass,* Gutachten zu den verfassungsrechtlichen Grenzen einer gesetzlichen Regelung über den Frauenanteil im Abgeordnetenhaus von Berlin und in den Bezirksverordnetenversammlungen, 2018, 9 f.; *Hahlen* in Schreiber BWahlG § 27 Rn 14; *Ebsen* JZ 1989, 553 (556 f.); aA *Laskowski* djbZ 2014, 93, (99 ff.); *Lazar* RuP 2013, 150.

[347] *Jarass,* Gutachten zu den verfassungsrechtlichen Grenzen einer gesetzlichen Regelung über den Frauenanteil im Abgeordnetenhaus von Berlin und in den Bezirksverordnetenversammlungen, 2018, 18 ff.

[348] BVerfGE 14, 121 (134, 136); 47, 198 (227); 48, 271 (277).

[349] *Gassner* VerwArch 1994, 533.

[350] BVerfGE 14, 121 (134, 136); OVG Münster NJW 2002, 3417 (3419); bestätigend BVerfG NJW 2002, 2939.

die Bedeutung der jeweiligen Partei sind im Vorfeld des Wettbewerbs um die Wähler nicht bedeutsam. Die Funktionsfähigkeit wird durch die Sperrklausel (→ Rn. 73) bereits hinreichend gesichert, ein materiales Kriterium, wie die Bedeutung der Partei, trägt ein formales Verständnis der Gleichheit nicht.[351] Dem lässt sich auch nicht entgehen, indem man die Chancengleichheit der politischen Parteien im demokratischen Recht der Bürger auf gleiche Teilhabe an der politischen Willensbildung verankert[352] und dann aus der Zahl der Mitglieder und Wählerstimmen eine dynamische Gleichheit ableitet. Auf diese Weise wird lediglich die eigenständige Rechtsposition der Parteien eingezogen und die organisatorische und funktionelle Eigenständigkeit derselben im politischen Prozess eingeebnet, ohne dass die (im Übrigen gerade dynamische) vorgefundene Unterschiedlichkeit der Bedeutung etwas über die Rechtfertigung staatlicher Ungleichbehandlung aussagt. Die dann naheliegende Privilegierung des Status quo wird durch eine Reihe kaum operabler Kriterien denn auch ständig abzumildern versucht.[353] Jedenfalls vermag das Argument, die vorhandene Wettbewerbslage würde durch die formale Gleichbehandlung konterkariert,[354] nicht zu überzeugen. In der hier vertretenen Version wird lediglich keine Prämie für die Erfolge der Vergangenheit ausgeschüttet und daher die Chance angemessener Repräsentation erhöht.

Problematisch im Hinblick auf den Grundsatz der Gleichheit der Wahl ist **82**
auch die **Durchführung von Nachwahlen,** die § 43 BWG für den Fall vorsieht, dass die Wahl in einem Wahlkreis nicht durchgeführt wurde oder ein Wahlkreisbewerber noch vor der Wahl verstirbt. Nachwahlen können durch die Ergebnisse der Hauptwahl beeinflusst werden und deshalb zu einer Verfälschung des eigentlichen Wählerwillens führen.[355] Die von der Nachwahl betroffenen Bürger vermögen in Kenntnis des Wahlausgangs der Hauptwahl durch taktisches Stimmabgabeverhalten das Wahlergebnis stärker zu beeinflussen als die übrige Wählerschaft.[356] Taktisches Stimmabgabeverhalten hält das BVerfG allerdings nicht per se für illegitim,[357] was in der Sache richtig ist, aber den entscheidenden Punkt nicht trifft. Ob dies mit der durch Art. 38 Abs. 1 S. 1, § 1 Abs. 1 S. 1 BWG garantierten Erfolgswertgleichheit der Wählerstimmen zu vereinbaren ist, erscheint immerhin zweifelhaft.[358] Eher schon vermag zu überzeugen, dass ansonsten immerhin die Wähler eines bestimmten Wahlkreises nicht an der Wahl teilnehmen können, die Nachwahl also die Wahl in diesem Stimmkreis überhaupt erst ermöglicht.[359]

---

[351] Zur Kritik *Meyer* in HdbStR III, § 46 Rn. 66; *Kunig* in HdbStR III, § 40 Rn. 98; *Grimm* in BMV VerfassungsR-HdB, § 14 Rn. 46; *Wollenschläger* in MKS Art. 3 Rn. 312 f.; *Jülich,* Chancengleichheit der politischen Parteien, 1967, 123; *Lipphardt,* Die Gleichheit der politischen Parteien vor der öffentlichen Gewalt, 1975, 443; *Neumann/Wesener* DVBl. 1984, 914 (917 ff.); *Lee,* Chancengleichheit der politischen Parteien, 1992, 162 ff.

[352] So aber *Böckenförde* in HdbStR II, § 24 Rn. 44; *Morlok* in Dreier Art. 21 Rn. 85.

[353] Vgl. *Morlok* in Dreier Art. 21 Rn. 89 ff.; zur Kritik *Kunig* in HdbStR III, § 40 Rn. 101.

[354] So aber *Müller* in MKS Rn. 162.

[355] *Schreiber* NVwZ 2003, 402 (403).

[356] *Schreiber* NVwZ 2003, 402 (403); *Klein* in Maunz/Dürig Rn. 185.

[357] BVerfGE 124, 1.

[358] Dafür *Sodan/Kluckert* NJW 2005, 3241 (3245); dagegen *Ipsen* DVBl. 2005, 1465 (1468 ff.); *Schreiber* NVwZ 2003, 402 (403); wohl auch *Klein* in Maunz/Dürig Rn. 185.

[359] BVerfGE 124, 1.

Einzelfälle

83 **Auflösung des Bundestages** – Ein Recht des einzelnen Wählers darauf, dass der Bundestag in Anwendung des Art. 68 nicht vorzeitig aufgelöst wird, lässt sich aus Art. 38 Abs. 1 nicht herleiten.[360] Zur vorzeitigen Auflösung des Bundestages ist es in der Geschichte der Bundesrepublik bisher dreimal gekommen, nämlich 1972, 1983 und 2005.[361]

Briefwahl – Eine Nichteinführung verstößt nach Ansicht des BVerfG nicht gegen die Wahlrechtsgleichheit.[362] Die Briefwahl ist aber auch nicht unzulässig[363] (→ Rn. 49, 107).

d'Hondtsches Höchstzahlverfahren – s. Höchstzahlverfahren.

Direktmandate – s. Grundmandatsklausel.

Divisorverfahren nach Sainte-Laguë/Schepers – s. Höchstzahlverfahren.

Fernsehen – Die Ausstrahlung von Wahlwerbespots im Fernsehen und Rundfunk betrifft die Chancengleichheit im Wahlkampf (→ Rn. 81).

Fünfprozentklausel – s. Sperrklausel.

Gebundene (starre) Liste – Kein Verstoß gegen die Wahlrechtsgleichheit,[364] zur Vereinbarkeit mit der Unmittelbarkeit der Wahl → Rn. 43.

Größe der Wahlkreise – s. Wahlkreiseinteilung.

Grundmandatsklausel – → Rn. 76.

Hare/Niemeyer-Verfahren – s. Höchstzahlverfahren.

Höchstzahlverfahren – Das d'Hondtsche Höchstzählverfahren für die Verteilung der Sitze nach den Zweitstimmen ist verfassungsgemäß.[365] Der Gesetzgeber ist aber verfassungsrechtlich nicht gehindert, das Verfahren nach d'Hondt zu ersetzen durch das Verfahren der mathematischen Proportionen (Hare/Niemeyer), wie dies durch das 7. ÄnderungsG zum BWG v. 8.3.1985[366] mit Wirkung für die Bundestagswahl 1987 erfolgt ist (vgl. § 6 Abs. 2 BWG).[367] Beide Berechnungsverfahren haben Vor- und Nachteile.[368] Durch Art. 1 des G zur Änderung des Wahl- und Abgeordnetenrechts v. 17.3.2008[369] wurde das Verfahren nach Hare/Niemeyer durch das Divisorverfahren mit Standardabrundung nach Sainte-Laguë/Schepers ersetzt, um paradoxe Ergebnisse des mathematisch-proportionalen Verfahrens zu vermeiden, die nach Auffassung des Gesetzgebers sowohl bei der Verteilung der Sitze auf die verbundenen Listen (§ 6 Abs. 2 u. 3 BWG) als auch bei der Verteilung auf die jeweiligen Landeslisten (§ 7 Abs. 3 S. 1 BWG iVm § 6 Abs. 2 BWG) eintreten können.[370]

Landesparteien – Die Nichtberücksichtigung einer regionalen Landespartei bei Ausnahmen von der Sperrklausel ist verfassungsgemäß.[371]

Listenverbindung – § 7 Abs. 1 BWG gestattet eine Listenverbindung nur, wenn es sich um die Verbindung von Listen derselben Partei handelt. Das BVerfG[372] hat die für die erste gesamtdeutsche Wahl in § 53 Abs. 2 BWG aF ermöglichte Listenverbindung

---

[360] BVerfGE 62, 397 (399).

[361] Zur Verfassungsmäßigkeit der Bundestagswahl 1983 vgl. BVerfGE 62, 1 (34); zur Auflösung des 15. BT und der Anordnung von Neuwahlen 2005 vgl. BVerfGE 114, 121 (147 ff.).

[362] BVerfGE 12, 139 (142); 15, 165 (167).

[363] BVerfGE 59, 119 (124).

[364] BVerfGE 7, 63; 47, 253 (283).

[365] BVerfGE 16, 130 (144); BayVerfGH BayVGHE nF, 14 (17 ff.); *Schneider* in AK Rn. 69; *Stern,* StaatsR I, 1984, § 10 Kap. I 4b.

[366] BGBl. 1985 I 521.

[367] Dazu *Schreiber* NJW 1985, 1433 (1436).

[368] Vgl. NdsStGH DVBl. 1978, 139 u. BVerwG NVwZ 1982, 34; OVG Münster DVBl. 1981, 874; *Meyer* in HdbStR III, § 46 Rn. 54 ff.; *Stern,* StaatsR I, 1984, § 10 Kap. I 4b; ein Rechenbeispiel für die mögliche Verschiebung der Sitzverteilung je nach Anwendung der Berechnungsmethode nach d'Hondt oder nach Hare/Niemeyer liefert *Strelen* in Schreiber BWahlG, § 6 Rn. 8 ff.c; zu anderen Berechnungsmethoden: *Kunth* ZParl 1991, 297.

[369] BGBl. 2008 I 394.

[370] Vgl. BT-Drs. 16/7461, 9.

[371] BVerfGE 6, 84 (99), Bayernpartei.

[372] BVerfGE 82, 322.

verschiedener Parteien als bloße „Zählgemeinschaften" zur Überwindung der 5%-Sperrklausel sowohl aus grundsätzlichen Erwägungen wegen Verstoßes gegen die Wahlgleichheit der Parteien[373] als auch wegen ihrer mangelnden Eignung, die sich bei dieser Wahl ergebenden Nachteile für die ostdeutschen Parteien auszugleichen,[374] für verfassungswidrig erklärt.[375]

Listenvereinigungen – Als verfestigte Form des Zusammenwirkens mehrerer Parteien oder politischer Vereinigungen, die sich auf eine gemeinsame Liste von Bewerbern einigen, sind Listenvereinigungen demgegenüber verfassungsrechtlich zulässig.[376]

Nationale Minderheit – Ausnahmen von der Sperrklausel sind zugunsten nationaler Minderheiten-Parteien zulässig[377] (vgl. § 6 Abs. 3 S. 3 BWG). Eine Sonderbehandlung kann, muss aber nicht vorgenommen werden.[378]

Negatives Stimmgewicht – verletzt Art. 38 Abs. 1 S. 1, soweit hierdurch ermöglicht wird, dass ein Zuwachs an Zweitstimmen zu einem Verlust an Sitzen der Landesliste oder ein Verlust an Zweitstimmen zu einem Zuwachs an Sitzen der Landeslisten führt[379] (→ Rn. 78).

Nominationsmonopol der Parteien – Das Nominationsmonopol verstößt gegen den Grundsatz der Gleichheit der Wahl[380] und gegen die Grundsätze der Allgemeinheit und Freiheit der Wahl (→ Rn. 39).

Rathausparteien – Auch den Kandidaten lediglich kommunale Interessen verfolgender Wählergruppen (sog. Wählervereinigungen), die nach Ansicht des BVerfG keine politischen Parteien iSd Art. 21 sind,[381] muss eine chancengleiche Teilnahme an den Kommunalwahlen gewährleistet werden. Es verstößt gegen die Wahlrechtsgleichheit, wenn die Erfolgsaussichten eines nicht von einer politischen Partei aufgestellten Bewerbers von vornherein dadurch beschnitten werden, dass er nicht auch auf einer Reserveliste kandidieren kann.[382] Es verstößt gegen den Grundsatz der Chancengleichheit, wenn Beiträge und Spenden an kommunale Wählergemeinschaften – anders als solche an politische Parteien – steuerlich nicht absetzbar sind,[383] ebenso, wenn Wählervereinigungen zur Körperschafts- und Vermögenssteuer herangezogen werden, Parteien aber nicht.[384]

Schwerpunktparteien – s. Grundmandatsklausel.

Sperrklausel – Die 5%-Sperrklausel wird vom BVerfG in ständiger Rechtsprechung als verfassungsmäßig anerkannt;[385] ausf. → Rn. 73.

Splitterparteien – s. Grundmandatsklausel; Nationale Minderheit; Sperrklausel.

Starre Liste – s. gebundene (starre) Liste.

---

373 BVerfGE 82, 322 (345 ff.).

374 BVerfGE 82, 322 (343 f.).

375 Vgl. *Merkel* JR 1990, 489; zur Listenverbindung in der Sondersituation der deutschen Einigung vgl. *Wahl* NJW 1990, 2585 (2591 f.).

376 BVerfGE 82, 322 (346).

377 BVerfGE 5, 77 (83); 1, 208 (259), Südschleswigscher Wählerverband (SSW); *Frowein* AöR 1974, 72 (92); aA *Morlok* in Dreier Rn. 113; *Jülich,* Chancengleichheit der Parteien, 1967, 113 f.; *Linck* Jura 1986, 460 (465); *Seifert* Bundeswahlrecht Rn. 29; *Strelen* in Schreiber BWahlG, § 6 Rn. 35; krit. auch OVG Schleswig NVwZ-RR 2003, 161 (164 f.).

378 BVerfGE 4, 31 (42), SSW (2. Urteil).

379 BVerfGE 121, 266 (298 ff.).

380 BVerfGE 41, 399 (417); Wahlprüfungsgericht bei dem Abgeordnetenhaus von Berlin NJW 1976, 560 m. krit. Anm. *Linck* NJW 1976, 560 (565).

381 BVerfGE 6, 367 (373); 11, 266 (276); krit. → Art. 21 Rn. 26.

382 BVerfGE 11, 351 (364), nordrhein-westfälisches KommunalwahlG.

383 BVerfGE 78, 350 (357).

384 BVerfGE 99, 69 (357).

385 BVerfGE 34, 81 (99), rheinland-pfälzisches LandeswahlG; BVerfGE 1, 208 (256); 4, 31 (40), SSW (2. Urteil); BVerfGE 4, 375 (380), Gesamtdeutsche Volkspartei; BVerfGE 5, 77 (83), NPD, Frei-Soziale Union, Deutsche Reichspartei; BVerfGE 6, 84 (92), Bayernpartei; BVerfGE 14, 121 (135), FDP/WDR; BVerfGE 24, 300 (341), NPD, Europäische Föderalistische Partei, Bayerische Staatspartei; BVerfGE 82, 322 (338), erste gesamtdeutsche Wahl.

Überhangmandate – → Rn. 77.

Unabhängige Einzelbewerber – Nichtberücksichtigung der Zweitstimmen von Wählern erfolgreicher unabhängiger Kandidaten (Einzelbewerber) ist mit der Wahlrechtsgleichheit vereinbar,[386] ja von ihr gefordert.[387]

Unterschriftenquorum – Die Verfassungsmäßigkeit des Erfordernisses der persönlichen und handschriftlichen Unterzeichnung von Kreiswahlvorschlägen der in § 18 Abs. 2 BWG genannten (kleinen oder neugegründeten) Parteien gem. § 20 Abs. 2 S. 2 BWG und von anderen Kreiswahlvorschlägen (dh von unabhängigen Einzelbewerbern) gem. § 20 Abs. 3 BWG durch mindestens 200 Wahlberechtigte des Wahlkreises sowie für Landeslisten gem. § 27 Abs. 1 S. 2 BWG wird vom BVerfG in ständiger Rechtsprechung bejaht, „soweit die Quoren erforderlich sind, um die Ernsthaftigkeit von Wahlvorschlägen nachzuweisen. Wird eine vom Gesetz des näheren festgelegte, angemessene Zahl von Unterschriften von den Wahlvorschlagsberechtigten beigebracht, so ist die Vermutung gegründet, dass hinter dem Wahlvorschlag eine politisch ernst zu nehmende Gruppe steht".[388] Verfassungsgemäß ist deshalb auch das Nichterfordernis eines Unterschriftenquorums für im Parlament bereits vertretene Parteien.[389] Das BVerfG hat sich in seiner Rechtsprechung auch mit der Bemessung der Zahl der erforderlichen Unterschriften befasst.[390]

Vertrauensfrage – s. Auflösung des Bundestages.

Wahlanfechtung – In der zeitlichen Beschränkung der Wahlanfechtung liegt keine Verletzung der Wahlgleichheit.[391]

Wahlkreiseinteilung – Erhebliche Größenunterschiede der Wahlkreise sind im Rahmen der reinen Mehrheitswahl im Einerwahlkreis mit der Wahlrechtsgleichheit unvereinbar.[392] Dagegen spielt nach Ansicht des BVerfG im Rahmen der Verhältniswahl mit überregionaler Reststimmenverwertung die Wahlkreiseinteilung „keine entscheidende Rolle".[393] Die gleiche Größe der Wahlkreise ist zudem wegen der nur teilweisen Verrechnung von Überhangmandaten mit dem Proporz der für die Parteien abgegebenen Zweitstimmen sowohl für den einzelnen Wahlkreis als auch die Bevölkerungsdichte jedes Landes Bedingung der Wahlgleichheit, entwickelt aus dem Grundsatz der gleichen rechtlichen Erfolgschance jeder Stimme (→ Rn. 66). Die bisherigen Größenunterschiede bis zu 33 1/3 vH sind nach der Rechtsprechung[394] nicht mehr geeignet, der Wahlgleichheit zu genügen (vgl. § 3 Abs. 1 Nr. 3 BWG).[395] Durch das Gesetz zur Neueinteilung der Wahlkreise für die Wahl zum Deutschen Bundestag v. 1.7.1998[396] wurde die Zahl der Wahlkreise mit Wirkung für die Wahl zum 15. Bundestag 2002 von 328 auf 299 herabgesetzt. Durch das Gesetz

---

386 BVerfGE 5, 77 (83); 7, 63 (75).

387 BVerfGE 79, 161 (166); 95, 335 (363); *Strelen* in Schreiber BWahlG § 6 Rn. 21.

388 BVerfGE 24, 300 (341); 12, 10 (27); 41, 399 (421); 71, 81 (96 f.); BayVerfGH BayVGHE nF, 48 (61 ff.); zust. *Badura* in BK Art. 38 Anh. Rn. 21; krit. *Frowein* AöR 1974, 72 (97); *Meyer* in HdbStR III, § 46 Rn. 59.

389 BVerfGE 3, 19 (27), Gesamtdeutsche Volkspartei.

390 BVerfG LKV 1994, 403 zur – offen gelassenen – Frage, ob die vom BVerfG entwickelten Bemessungsgrundsätze auch bei Kommunalwahlen anzuwenden sind; zur Besonderheit hinsichtlich des Dispenses vom Unterschriftenquorum bei der ersten gesamtdeutschen Wahl BVerfGE 82, 353 (364).

391 ThürVerfGH ThürVBl. 1999, 188, zu den Einschränkungen im einstweiligen Rechtsschutz gegen Wahlprüfungsentscheidungen OVG Münster NWVBl. 2011, 269.

392 BVerfGE 13, 127 (128), allerdings unter Hinweis auf den Gleichheitssatz; BVerfGE 16, 130 (136); NdsStGH NVwZ 2000, 670.

393 BVerfGE 13, 127 (128); etwas anderes gilt demgegenüber für den zT landesverfassungsrechtlich vorgesehenen Verhältnisausgleich in Wahlkreisen mit festen Sitzkontingenten, den das BVerfG in BVerfGE 34, 81 (99) grds. für zulässig erachtet hat; krit. zu diesem Modell *Gärditz* BayVBl. 2011, 421 (427 f.).

394 BVerfGE 95, 335 (363, 365); NdsStGH NVwZ 2000, 670 (671).

395 Zum Gesamtproblem *Hahlen* in Schreiber BWahlG, § 3 Rn. 1 ff.

396 BGBl. 1998 I 1698.

v. 27.4.2001[397] und das Gesetz v. 11.3.2005[398] wurden die 299 Wahlkreise neu abgegrenzt.[399]

Wahlvorschläge – Unterbliebene Bekanntmachung von Wahlvorschlägen bei Bürgermeisterwahlen kann einen Wahlfehler begründen.[400]

Zweitstimmenverrechnung – s. Höchstzahlverfahren.

6. Die geheime Wahl. Der Grundsatz der **geheimen Wahl** ist ein **wichtiger institutioneller Schutz der Wahlfreiheit.**[401] Er schützt die demokratische Selbstbestimmung gegen staatlichen und gesellschaftlichen Zwang vor wie nach der Stimmabgabe. Zugleich wird der Abgeordnete gegenüber Zumutungen individueller Wähler abgeschirmt. Der Grundsatz der geheimen Wahl trägt damit mittelbar auch zum Schutz des freien Mandates bei.[402] Er garantiert dem Wähler die **Möglichkeit,** die **Kenntnis seiner Wahlentscheidung für sich zu behalten.**[403] **84**

Der Grundsatz ist **nicht nur als subjektives Recht** ausgestaltet, sondern hat zugleich eine **objektiv-rechtliche Dimension.** Das Wahlverfahren und der Akt der Stimmabgabe sind daher – auch gegenüber Verletzungen durch den Wähler selbst – so auszugestalten, dass die Wahlentscheidung niemand Anderem als dem Wähler aus eigener Anschauung kenntlich wird (zum Schutz des Wahlgeheimnisses vgl. etwa § 107c StGB, § 33 Abs. 1, § 34 Abs. 1, § 35 Abs. 2 BWG sowie § 50 Abs. 1, §§ 51, 53, 56 BWO). Verboten ist auch jede **Ausforschung des Wahlberechtigten,** „wie er wählen will, wählt oder gewählt hat."[404] **85**

Der Anwendungsbereich ist nicht auf den Akt der Stimmabgabe beschränkt, sondern **umgreift** auch das **Wahlverfahren**[405] wie er auch **nach der Wahl** seine Gültigkeit gegenüber Auskunftsverlangen behält. Unzulässig ist deshalb zB eine gerichtliche Beweiserhebung darüber, wie jemand abgestimmt hat.[406] **86**

Der Grundsatz der geheimen Wahl richtet sich **sowohl gegen den Staat als auch gegen Private.**[407] Dem Staat ist die Befragung in jeder Form verboten, also auch dann, wenn keine Nachteile für den Fall der Nichtbeantwortung angedroht werden, und auch dann, wenn die Frage mit dem ausdrücklichen Zusatz gestellt wird, dass keine Verpflichtung zur Beantwortung besteht. Gleiches gilt jedenfalls für Privatpersonen, zu denen der Befragte in einem beruflichen oder wirtschaftlichen Abhängigkeitsverhältnis steht, also insbes. auch im Verhältnis von Arbeitnehmern zu Arbeitgebern. **87**

---

397 BGBl. 2001 I 701; ausf. *Schreiber* NVwZ 2002, 1 (8 ff.).

398 BGBl. 2005 I 674.

399 Zu früheren Neuabgrenzungen s. *v. Münch* in v. Münch/Kunig, 3. Aufl. 1996, Rn. 53; zur Berücksichtigung von Auslandsdeutschen bei der Wahlkreiseinteilung vgl. *Schild* NJW 1985, 3056 (3058). Zum Gerrymandering ausführlich auch vergleichend *Michel/Kaiser* JöR 67 (2019), 51 ff.

400 VerfGH Sachs JbSächsOVG 5, 73.

401 *Frowein* AöR 1974, 72 (105); *Meyer* in HdbStR III, § 46 Rn. 20; *Strelen* in Schreiber BWahlG Rn. 42; *Stern,* StaatsR I, 1984, § 10 Kap. II 3d; OVG Lüneburg NVwZ-RR 1990, 503 (504).

402 BVerfGE 5, 85 (232); *Schneider* in AK Rn. 71; *Magiera* in Sachs Rn. 102; *Morlok* in Dreier Rn. 121.

403 *Erichsen* Jura 1983, 635 (645); *Schneider* in AK Rn. 70.

404 *Seifert* Bundeswahlrecht Rn. 33.

405 BVerfGE 4, 375 (386 f.); 12, 33 (35); 12, 135 (139); *Schneider* in AK Rn. 70; *Meyer* in HdbStR III, § 46 Rn. 22; *Morlok* in Dreier Rn. 124.

406 BVerwGE 49, 75 (76); BGH JZ 1981, 103; *Pieroth* in Jarass/Pieroth Rn. 19; *Schneider* in AK Rn. 71.

407 *Pieroth* in Jarass/Pieroth Rn. 20.

88 Die **freiwillige Offenbarung** der Wahlentscheidung **vor oder nach der Wahl ist zulässig,**[408] zB in Zeitungsanzeigen von Wählerinitiativen, in denen namentlich genannte Personen ankündigen, wen sie wählen werden. Jedoch wäre eine Selbstverpflichtung, die Wahlentscheidung zu offenbaren, unzulässig und gem. §§ 134, 138 BGB nichtig.[409] **Bei der Wahlhandlung** selbst darf der Wähler nicht nur geheim wählen, sondern es **muss** geheim gewählt werden.[410] Der Grundsatz der geheimen Wahl ist deshalb verletzt, „wenn ein Teil der Wähler geschlossen und demonstrativ auf das Wahlgeheimnis verzichtet, um seine Stimmabgabe in einem bestimmten Sinne kundzutun",[411] oder wenn mehrere Wähler gleichzeitig die Wahlkabine benutzen.[412] Auf die **Wahrung des Wahlgeheimnisses** bei der Stimmabgabe selbst **kann** also – wie auch auf die anderen Wahlgrundsätze (→ Rn. 30) – **nicht verzichtet werden;**[413] denn die Wahrung des Wahlgeheimnisses während der Wahl liegt „nicht nur im Individualinteresse, sondern auch im staatlichen Interesse an einer möglichst unbeeinflussten und unbeeinflussbaren Wahlentscheidung."[414]

89 Wegen der besonderen Bedeutung des Wahlgeheimnisses für freie Wahlen ist der **Staat** nicht nur **verpflichtet,** die **Geheimheit der Wahl zu ermöglichen, sondern** er ist darüber hinaus verpflichtet, die Geheimheit der Wahl **zu gewährleisten.**[415] „Die Geheimheit der Wahl erfordert eine technische Gestaltung des Wahlvorgangs, die es unmöglich macht, die Wahlentscheidung eines Wählers zu erkennen oder zu rekonstruieren."[416] Dazu gehören zB „das Erfordernis von Mindestschutzvorrichtungen bei der Wahlhandlung: sichtgeschützte Wahlzelle, verdeckter (mindestens gefalteter) Stimmzettel, geeignete Wahlurne."[417]

90 **Beeinträchtigungen** der geheimen Wahl können **durch andere verfassungsrechtlich geschützte Rechtsgüter** legitimiert werden (→ Rn. 31). Eine nicht unerhebliche Rolle spielt dabei die ordnungsgemäße Durchführung der Wahl, also der Schutz anderer Wahlrechtsgrundsätze. So ist etwa der **Vermerk im Wählerverzeichnis** über die Tatsache der Stimmabgabe des Wählers (§ 56 Abs. 4 S. 3, § 58 BWO) gerechtfertigt zur Vermeidung einer mehrfachen Stimmabgabe und damit zur Sicherung der Gleichheit der Wahl. Auch durch das **Unterschriftenquorum** des § 20 Abs. 2 S. 2 BWG wird zwar Wählern ein öffentliches Bekenntnis zu einem Wahlvorschlag abverlangt; dieses – folgenlose – Bekenntnis dient der legitimen Fernhaltung gänzlich aussichtsloser Bewerber von der Wahl und ist insoweit legitim, als damit seinerseits ein verfassungsrechtlich rechtfertigungsfähiges Anliegen verfolgt wird.[418] Mit der **Briefwahl** (§ 36 BWG, § 66 BWO) und der Stimm-

---

[408] *Erichsen* Jura 1983, 635 (645); *Meyer* in HdbStR III, § 46 Rn. 20; *Stern,* StaatsR I, 1984, § 10 Kap. II 3c.

[409] *Strelen* in Schreiber BWahlG § 1 Rn. 96.

[410] *Meyer* in HdbStR III, § 46 Rn. 20; *Schneider* in AK Rn. 70; *Stern,* StaatsR I, 1984, § 10 Kap. II 3c.

[411] *Seifert* Bundeswahlrecht Rn. 36.

[412] Zu weiteren Fallgestaltungen *Strelen* in Schreiber BWahlG § 1 Rn. 96, 99 ff., mwN.

[413] *Erichsen* Jura 1983, 635 (645); *Müller* in MKS Rn. 164; *Stern,* StaatsR I, 1984, § 10 Kap. II 3c.

[414] *Merten* FS f. Broermann, 1982, 301 (305); *Strelen* in Schreiber BWahlG § 1 Rn. 94.

[415] *Pieroth* in Jarass/Pieroth Rn. 22; *Pieroth* JuS 1991, 89 (91).

[416] OVG Lüneburg NVwZ-RR 1990, 503 (504).

[417] *Seifert* Bundeswahlrecht Rn. 34; *Hahlen* in Schreiber BWahlG § 33 Rn. 2 f.

[418] IE BVerfGE 3, 383 (396); 4, 375 (387); 5, 77 (82); 12, 33 (35); *Müller* in MKS Rn. 165; *Schneider* in AK Rn. 72; *Stern,* StaatsR I, 1984, § 10 Kap. II 3c.

abgabe mit **Hilfe einer Vertrauensperson** (§ 57 BWO) sind Möglichkeiten der Wahl eröffnet, bei denen die absolute Geheimheit der Stimmabgabe nicht in jedem einzelnen Fall gesichert werden kann. Die verfassungsrechtliche Zulässigkeit der Briefwahl ist strittig.[419] Das BVerfG bejaht zutreffend die Verfassungsmäßigkeit: „Dem Wahlberechtigten ist es bei der Briefwahl allerdings weitgehend selbst überlassen, für das Wahlgeheimnis und die Wahlfreiheit Sorge zu tragen. Der Gesetzgeber ist sich jedoch der besonderen Gefahren, die sich daraus ergeben, bewusst gewesen. Er hat die Briefwahl nicht unbeschränkt und unbedingt zugelassen, sondern nur in den Fällen gestattet, in denen der Stimmberechtigte glaubhaft macht, dass er sein Wahlrecht nicht durch persönliche Stimmabgabe ausüben kann." Der Stimmberechtigte „ist zudem verpflichtet, den Stimmzettel selber unbeobachtet zu kennzeichnen und in den Wahlumschlag zu legen und hat eidesstattlich zu versichern, dass er den Stimmzettel persönlich gekennzeichnet hat."[420] Das BVerfG hat damit zu erkennen gegeben, dass es nicht jede Form der Briefwahl, etwa eine solche mit eher laxen Voraussetzungen, für zulässig hält, sondern nur eine solche, bei der alles vom Gesetzgeber Mögliche getan worden ist, um die Geheimheit zu wahren (vgl. § 66 Abs. 3 BWO).[421] In diesem Fall erheischt der Grundsatz der Allgemeinheit der Wahl Vorrang vor dem Grundsatz der Geheimheit der Wahl, der bei Zulassung der Briefwahl allenfalls in Einzelfällen (und auch dann nicht durch staatliche Organe) verletzt werden kann.[422] Sollten in Zukunft Missbräuche auftreten, „die geeignet sein können, die Freiheit der Wahl oder das Wahlgeheimnis mehr als unumgänglich zu gefährden", so erwächst nach der Auffassung des BVerfG[423] „daraus die verfassungsrechtliche Pflicht, die ursprüngliche Regelung im Wege der Nachbesserung zu ergänzen oder zu ändern."[424] Die **Wahl mit Hilfe einer Vertrauensperson** hält das BVerfG ebenfalls zutreffend für zulässig: „Ohne Zuziehung einer Vertrauensperson würde der Wahlberechtigte nicht in der Lage sein, sein Wahlrecht auszuüben. Wenn das Grundgesetz dem Gesetzgeber gestattet, dafür zu sorgen, dass nach Möglichkeit alle Wahlberechtigten ihr Wahlrecht ausüben, muss demgegenüber die Wahrung des Wahlgeheimnisses zurücktreten."[425] Vgl. § 57 Abs. 3 BWO, wonach die Vertrauensperson zur Geheimhaltung der Kenntnisse verpflichtet ist, die sie bei der Hilfeleistung erlangt hat. Die Inanspruchnahme einer Vertrauensperson ist auch bei der Briefwahl zulässig (vgl. § 66 Abs. 3 S. 2 BWO).[426]

Strukturell ähnliche Probleme wie bei der Briefwahl zeigen sich bei der seit **91**
Langem diskutierten, durch die Entwicklung der Informations- und Kom-

[419] Verneinend *Klüber* DÖV 1958, 250; „nicht mehr ohne weiteres bejaht" vgl. *Hahlen* in Schreiber BWahlG § 36 Rn. 5a; „problematisch" vgl. *Meyer* in HdbStR III, § 46 Rn. 21, der angesichts der gestiegenen Zahl von Briefwählern das „Gefährdungspotential" der Briefwahl neu bewertet wissen will. Bejahend *Klein* in Maunz/Dürig Rn. 112; *Burmeister/Huba* Jura 1988, 598 (600); *Stern,* StaatsR I, 1984, § 10 Kap. III 3d.

[420] BVerfGE 21, 200 (205); 59, 119 (127).

[421] Zu weiteren gesetzlichen Vorkehrungen des Geheimnisschutzes bei der Briefwahl *Hahlen* in Schreiber BWahlG § 36 Rn. 5 u. 10.

[422] So auch *Schneider* in AK Rn. 72, die Geheimheit der Wahl werde von den Grundsätzen der allgemeinen und gleichen Wahl überlagert; ebenso hinsichtlich der Allgemeinheit der Wahl BayVerfGH BayVGHE nF 27, 139 (146); *Pieroth* in Jarass/Pieroth Rn. 22.

[423] BVerfGE 59, 119 (127).

[424] IdS *Frowein* AöR 1974, 72 (106).

[425] BVerfGE 21, 200 (206); zust. *Meyer* in HdbStR III, § 46 Rn. 21; *Schneider* in AK Rn. 72; *Seifert* Bundeswahlrecht Rn. 36.

[426] BVerfGE 21, 200 (207).

munikationstechnologien technisch in greifbare Nähe gerückten Möglichkeiten der **elektronischen Wahl.** Sowenig verfassungsrechtlich eine Pflicht besteht, im Interesse der Allgemeinheit der Wahl eine Briefwahl zu ermöglichen (→ Rn. 49), sowenig besteht eine solche Pflicht auch für die elektronische Wahl. Ihre Einführung dürfte aber jedenfalls dann verfassungsrechtlich nicht zu beanstanden sein, wenn es gelingt, eine **Sicherungsinfrastruktur** einzurichten, die insbes. die Freiheit und Geheimheit und Öffentlichkeit der Wahl sichert. Dazu gehört nicht nur die Sicherung des Wahlgeheimnisses durch Vorkehrungen wie bei der Briefwahl, sondern auch die Verhinderung der Manipulation digitaler Datensätze, insbesondere die Sicherung der Anonymität durch Verhinderung möglicher Rückverfolgung und die Sicherung von Integrität und Authentizität der abgegebenen Stimmen.[427] Besondere Anforderungen ergeben sich nach der Rechtsprechung des BVerfG auch in Hinblick auf die Gewährleistung der **Öffentlichkeit der Wahl** (→ Rn. 97).

92 **7. Die öffentliche Wahl.** Der in Art. 38 Abs. 1 S. 1 nicht ausdrücklich normierte Grundsatz der **Öffentlichkeit der Wahl** findet seine Grundlagen in **Art. 38 iVm Art. 20 Abs. 1 und 2.**[428] Die Öffentlichkeit der Wahl ist Grundvoraussetzung für eine demokratische politische Willensbildung. Sie sichert die Ordnungsgemäßheit und Nachvollziehbarkeit der Wahlvorgänge und schafft wesentliche Voraussetzungen für das begründete Vertrauen der Bürger in die Korrektheit des Ablaufs der Wahl.[429] Das **Prinzip demokratischer Legitimation** verlangt nach Kontrollierbarkeit des Wahlvorgangs, damit Manipulationen ausgeschlossen oder korrigiert werden können.[430] Nur die Wahl „vor den Augen der Öffentlichkeit"[431] gewährleistet das für das Funktionieren der Demokratie und die demokratische Legitimität erforderliche Vertrauen der Bürger in die dem Wählerwillen entsprechende Besetzung des Parlaments. Zudem ist die Kontrolle des Wahlverfahrens nach Maßgabe des **Republikprinzips** grundsätzlich Angelegenheit der Bürger selbst und darf dem Zugriff der Bürgerschaft daher nicht entzogen werden.[432] Schließlich ist das Prinzip der Öffentlichkeit der Wahl auch im **Rechtsstaatsprinzip** angelegt, da es der Transparenz und Kontrollierbarkeit staatlicher Machtausübung dient.[433]

93 Das Prinzip der Öffentlichkeit ist auch auf die Wahlkommunikation zu erstrecken. Die Öffentlichkeit der Wahl ist eingebettet in die öffentliche Kommunikation der Parteien und Programme. Das Medium der Öffentlichkeit sichert die Überprüfbarkeit der Aussagen und Versprechungen und ist damit auch das Medium einer Kontrolle von Kanditaten und Parteien. Durch die zunehmenden Personalisierungen und den Einsatz von Social Bots wird versucht, unterhalb der Schwelle der potentiellen öffentlichen Diskussionen einen klandestinen Einfluss auf die individuelle Wahlentscheidung zu nehmen.[434]

---

[427] Ausf. *Khorrami,* Bundestagswahlen per Internet, 2006, 71 ff.

[428] BVerfGE 123, 39 (68) DVBl.; hierzu Anm. v. *Schiedermair* JZ 2009, 572; *Buchmann/Roßnagel* K&R 2009, 543; *Will* NVwZ 2009, 700.

[429] BVerfGE 123, 39 (68 f.).

[430] BVerfGE 123, 39 (68 f.); NRWVerfGH NVwZ 1991, 1175 (1179); *Hanßmann,* Möglichkeiten und Grenzen von Internetwahlen, 2004, 184; *Schiedermair* JZ 2009, 572 (573).

[431] *Hahlen* in Schreiber BWahlG § 31 Rn. 2.

[432] BVerfGE 123, 39 (69).

[433] BVerfGE 123, 39 (69 f.).

[434] Empirische Daten finden sich unter https://www.medienanstalt-nrw.de/fileadmin/user_upload/lfm-nrw/Service/Pressemitteilungen/Dokumente/2019/Praesentation_forsa_Desinformation_LFMNRW.pdf (17.7.2020).

Der Skandal um die Firma Cambridge Analytica verdeutlicht dies ungeachtet der Frage nach dem wirklichen Einfluss auf die Entscheidungen.[435] Dem wird der Gesetzgeber durch geeignete Regelungen entgegen zu wirken haben. Der Entwurf des neuen Medienstaatsvertrages sieht immerhin nunmehr eine Kennzeichnungspflicht beim Einsatz von Social Bots vor.[436] Freilich hindert dies klandestine Wahlwerbung nicht, die das Licht der Öffentlichkeit scheut. Insoweit wäre an ein Verbot heimlicher Wahlwerbung in sozialen Medien zu denken, selbst wenn dies in deutlichem Gegensatz zu den Geschäftsmodellen von Anbietern wie etwa Facebook stehen dürfte.

Das Prinzip der Öffentlichkeit der Wahl gebietet, dass alle wesentlichen Schritte der Wahl öffentlicher Überprüfung unterliegen, soweit nicht andere verfassungsrechtliche Belange eine Ausnahme rechtfertigen. Dabei kommt der **Kontrolle der Wahlhandlung und des Wahlergebnisses** eine besondere Bedeutung zu.[437] Das Prinzip der Öffentlichkeit der Wahl gebietet insbes., dass der Wähler zuverlässig nachvollziehen kann, ob seine Stimme unverfälscht erfasst wird und in die Ermittlung des Wahlergebnisses einbezogen wird und wie die insgesamt abgegebenen Stimmen zugeordnet und gezählt werden. Das Öffentlichkeitsprinzip gebietet allerdings **nicht,** dass **sämtliche mit** der Vorbereitung und Durchführung **der Wahl zusammenhängenden Handlungen in der Öffentlichkeit stattfinden müssen,** um ein begründetes Vertrauen in die Richtigkeit der Wahl zu schaffen. So unterliegen Tätigkeiten des Kreiswahlleiters, mit denen gem. **§ 76 Abs. 1 BWO** die – öffentliche – Ermittlung des Wahlergebnisses durch den Kreiswahlausschuss vorbereitet wird, nicht dem zwingenden verfassungsrechtlichen Gebot unmittelbarer Öffentlichkeit.[438] 94

Die Anforderungen an die Überprüfbarkeit der Wahl bestehen unbeschadet der Verantwortlichkeit der verfassten Staatsorgane für die Durchführung der Parlamentswahl.[439] Es ist in erster Linie **Aufgabe des Gesetzgebers,** zu regeln, wie die Nachvollziehbarkeit der wesentlichen Schritte des Wahlverfahrens sichergestellt wird.[440] Art. 38 Abs. 3 ermächtigt und verpflichtet den Gesetzgeber, die Einzelheiten der Ausgestaltung des Wahlrechts (insbes. des Wahlsystems und des Wahlverfahrens) und der Einhaltung der Wahlrechtsgrundsätze zu regeln (→ Rn. 138 ff.). Dem Gesetzgeber steht auch bei der Konkretisierung des Grundsatzes der Öffentlichkeit der Wahl ein **weiter Spielraum** zu. Dabei hat der Gesetzgeber allerdings dem besonderen Rang des Prinzips der Öffentlichkeit der Wahl, auch unter Berücksichtigung anderer verfassungsrechtlicher Belange und staatspolitischer Ziele, angemessen Rechnung zu tragen.[441] 95

Beschränkungen des Prinzips der Öffentlichkeit der Wahl können sich insbes. aus **anderen Wahlgrundsätzen,** aber auch aus anderen ver- 96

---

[435] *Hegelich/Serrano,* Microtargeting in Deutschland bei der Europawahl 2019, https://www.blm.de/files/pdf2/studie_microtargeting_deutschlandeuropawahl2019_hegelich-1.pdf (17.7.2020).

[436] Vgl. § 18 Abs. 5 Medienstaatsvertrag-E (Stand 5.12.2019), https://www.rlp.de/fileadmin/rlp-stk/pdf-Dateien/Medienpolitik/ModStV_MStV_und_JMStV_2019-12-05_MPK.pdf (17.7.2020).

[437] BVerfGE 123, 39 (70); vgl. *Schiedermair* JZ 2009, 572 (574 f.).

[438] BVerfGE 121, 266 (292).

[439] BVerfGE 20, 56 (113); 41, 399 (414).

[440] BVerfGE 123, 39 (70).

[441] BVerfGE 123, 39 (71); vgl. zum Ausgestaltungsspielraum des Gesetzgebers *Buchmann/Roßnagel* K&R 2009, 543 (545).

fassungsrechtlich anerkannten Belangen, wie dem Ziel der Gewährleistung der **Effektivität des Wahlverfahrens** ergeben.[442] Dagegen steht das Prinzip der Öffentlichkeit der Wahl von vornherein nicht im Gegensatz zu dem in Art. 38 Abs. 1 S. 1 ausdrücklich normierten **Prinzip der geheimen Wahl** (→ Rn. 84 ff.). Historisch gesehen mag die geheime Wahl zwar als Durchbrechung der Öffentlichkeit der Wahl gesehen werden, da die offene Stimmabgabe zum Schutz der Freiheit der Wahl aufgegeben wurde.[443] Unter der Herrschaft des GG, das die Wahl ausdrücklich als geheime vorschreibt, gilt aber der Grundsatz der Öffentlichkeit von vornherein nicht für den **Akt der Stimmabgabe.**[444] Daher stellt das Prinzip der geheimen Wahl in seiner Ausgestaltung durch das Grundgesetz schon mit Blick auf den (nicht erfassten) Akt der Stimmabgabe keine Beschränkung des Öffentlichkeitsprinzips dar, gleichzeitig vermag es Einschränkungen des Öffentlichkeitsprinzips im übrigen Wahlverfahren aber nicht zu rechtfertigen.[445]

97 Besondere Anforderungen ergeben sich aus dem Prinzip der Öffentlichkeit der Wahl mit Blick auf **elektronische Wahlen** und insbes. den **Einsatz von Wahlcomputern.**[446] Dem Gesetzgeber steht es iRd Art. 38. Abs. 3 grundsätzlich frei, elektronische Wahlverfahren, etwa in Form von Internetwahlen oder in Form des Einsatzes von Wahlcomputern, einzuführen.[447] Elektronische Wahlverfahren können die Ausübung des Wahlrechts erleichtern und Fehler bei der Stimmabgabe und Auszählung vermeiden und damit der Durchsetzung der Grundsätze der Allgemeinheit und Gleichheit der Wahl dienen. Zudem können elektronische Wahlverfahren auch zur Beschleunigung des Auszählungsverfahrens und damit zur zügigen Konstitution einer handlungsfähigen Volksvertretung, aber auch generell zur Zeit- und Kostenersparnis beitragen.[448] Andererseits ergeben sich infolge von elektronischen Manipulationsmöglichkeiten potentielle Konflikte nicht nur mit dem Prinzip der Geheimheit und Gleichheit (→ Rn. 91), sondern auch mit der Öffentlichkeit der Wahl.[449] Nach Auffassung des BVerfG ist insbes. der **Einsatz von elektronischen Wahlgeräten** – derzeit – **nur unter engen Voraussetzungen zulässig.**[450] Zwar verletzt **§ 35 BWG,** soweit dieser die grundlegenden Voraussetzungen für den Einsatz elektronischer Wahlgeräte regelt, auch insoweit nicht Art. 38 iVm Art. 20 Abs. 1, 2, als er den Einsatz elektronischer Wahlgeräte „anstelle von Stimmzetteln und Wahlurnen" zulässt.[451] Jedoch verletzt die auf Grundlage des BWG erlassene **Bundeswahlgeräteverordnung** v. 20.4.1999 den Grundsatz der Öffentlichkeit, da die einschlägigen Bestimmungen nicht hinreichend sicherstellen, dass die Bürger die wesentlichen Schritte der Wahlhandlung und Ergebnisermittlung zuverlässig und ohne besondere Sachkenntnis überprüfen können.[452] Mit der Betonung des

---

[442] BVerfGE 123, 39 (75 ff.).
[443] Vgl. *Breidenbach/Blankenagel,* Rechtliche Probleme von Internetwahlen, 2000, 34 f.
[444] BVerfGE 123, 39 (76).
[445] BVerfGE 123, 39 (77); vgl. *Schiedermair* JZ 2009, 572 (573); *Klein* in Maunz/Dürig Rn. 113; *Seifert* Bundestagswahlrecht Rn. 35.
[446] BVerfGE 123, 39 (68 ff.).
[447] BVerfGE 123, 39 (73 f.).
[448] Ausf. *Khorrami,* Bundestagswahlen per Internet, 2006, 71 ff.
[449] BVerfGE 123, 39 (85 ff.).
[450] BVerfGE 123, 39 (71 f.); zust. *Buchmann/Roßnagel* K&R 2009, 543 (544 f.); *Schiedermair* JZ 2009, 572 (573 f.); *Will* NVwZ 2009, 700 (701 f.).
[451] BVerfGE 123, 39 (81).
[452] BVerfGE 123, 39 (83 ff.).

verfassungsrechtlichen Rangs des Öffentlichkeitsgrundsatzes weist das BVerfG zutreffend auf Transparenz- und Kontrolldefizite hin, die mit dem Einsatz elektronischer Wahlverfahren beim derzeitigen Stand der Technik verbunden sein können. Einschränkungen des Öffentlichkeitsprinzips können vor diesem Hintergrund insbes. **nicht allein durch Effizienzerwägungen** gerechtfertigt werden.[453]

Allerdings lässt das BVerfG die Frage nach angemessenen Formen einer **elektronischen Öffentlichkeitskontrolle** weitgehend offen.[454] Gleichwohl dürfte die Entscheidung des BVerfG nicht als Ausdruck von Technikfeindlichkeit,[455] sondern vielmehr als Aufforderung an den Gesetz- und Verordnungsgeber zu verstehen sein, im Rahmen der Einführung elektronischer Wahlverfahren gerade auch auf die Entwicklung neuer Formen der elektronischen Öffentlichkeitskontrolle hinzuwirken. Zu den **wahlprüfungsrechtlichen Folgen** → Rn. 32. 98

Einzelfälle

Kreiswahlleiter – Tätigkeiten des Kreiswahlleiters nach § 76 Abs. 1 BWO, die der Vorbereitung der – öffentlichen – Ermittlung des Wahlergebnisses durch den Kreiswahlausschuss dienen, unterliegen von Verfassungs wegen keinem zwingenden Gebot unmittelbarer Öffentlichkeit[456] (→ Rn. 94). 99

Wahlcomputer – Beim Einsatz elektronischer Wahlgeräte müssen die wesentlichen Schritte der Wahlhandlung und der Ergebnisermittlung vom Bürger zuverlässig und ohne besondere Sachkenntnisse überprüft werden können[457] (→ Rn. 97).

III. Das repräsentative Mandat (Art. 38 Abs. 1 S. 2)

Die Abgeordneten sind **Vertreter des ganzen Volkes,** an Aufträge und Weisungen nicht gebunden und nur ihrem Gewissen unterworfen. Damit wird das **freie Mandat** als klassisches Element der repräsentativen Demokratie umschrieben. Dieses enthält über die Freistellung von staatlichen und gesellschaftlichen Bindungen (→ Rn. 118 ff.) hinaus, zugleich die positive (wenn auch kaum justiziable) Verpflichtung zu Entscheidungen nur nach Maßgabe des Gewissens,[458] freilich in Bindung an die Verfassung (→ Rn. 118). Der legitimatorische Kern der Vorschrift liegt in der **Repräsentationsfunktion,** verfassungstextlich zum Ausdruck gebracht mit der Wendung, die Abgeordneten seien Vertreter des ganzen Volkes (→ Rn. 124). Der Status der Freiheit, Gleichheit und Öffentlichkeit umschreibt die Stellung des Abgeordneten (→ Rn. 8 f.).[459] Mit der Repräsentationsfunktion ist zugleich ein Verantwortungs- und Rechtfertigungszusammenhang umschrieben, der die Rückbindung des Abgeordneten an das Volk sichert.[460] Ver- 100

---

[453] BVerfGE 123, 39 (75 f., 77); zu den wahlprüfungsrechtlichen Folgen BVerfGE 123, 39 (86 ff.).

[454] BVerfGE 123, 39 (73 f.), zum Erfordernis einer Konkretisierung der Prüfungsmaßstäbe *Will* NVwZ 2009, 700 (702); krit. zum Verweis des BVerfG auf eine gesonderte Kontrolle in „Papierform" *Buchmann/Roßnagel* K&R 2009, 543 (544 f.); *Will* NVwZ 2009, 700 (701 f.); *Schiedermair* JZ 2009, 572 (574 f.).

[455] Vgl. *Will* NVwZ 2009, 700 (701).

[456] BVerfGE 121, 266 (292).

[457] BVerfGE 123, 39 (71)DVBl.

[458] Vgl. *Vogel* JZ 1997, 161 (166).

[459] Grdl. *Häberle* NJW 1976, 537; *Schneider* in AK Rn. 20; *Morlok* JZ 1989, 1035 (1037 f.); *Morlok* in Dreier Rn. 139 ff.

[460] BVerfGE 118, 277 (353); 112, 118 (134).

antwortlichkeit ist freilich vor allem politisch zu leistende und einzufordernde Verantwortlichkeit, was nicht ausschließt, dass dieser Zusammenhang durch rechtliche Regelungen in Gesetzen oder der parlamentarischen Selbstorganisation in seiner Wirksamkeit gestützt wird.[461] Dies zeigt eine charakteristische Doppelstellung des repräsentativen Mandats auf, das einerseits ein öffentliches Amt ist, andererseits seine besondere Prägung aber durch den politisch bestimmten Verantwortlichkeits- und Rechtfertigungszusammenhang erfährt.[462] Dies bedeutet freilich nicht, dass das öffentliche Amt zugleich durch grundrechtliche Maßstäbe, etwa der Berufsausübung, mitgeprägt wird.[463] Vielmehr ist der Status durch Art. 38 Abs. 1 S. 2, Art. 46 ff. geprägt und auch die politischen Funktionsbezüge von hier aus zu entfalten. Dies schließt es nicht aus, dass etwa eine Regelung des Abgeordnetenstatus zugleich Grundrechte der Person des Abgeordneten beeinträchtigen kann.[464] Insoweit wäre es konsequenter, die beiden Aspekte stärker voneinander zu trennen,[465] und nicht etwaige grundrechtliche Aspekte im Status des Abgeordneten zur Geltung zu bringen, sei es als Abwägungsgesichtspunkte,[466] oder gar indem etwaige Eingriffe in die Berufsfreiheit oder informationelle Selbstbestimmung als Eingriffe in die Freiheit des Mandats konzipiert werden.[467] Dies führt in letzter Konsequenz zu einer Verschleifung der jeweiligen verfassungsrechtlichen Anforderungen.

101 Die **Freiheit der Mandatsausübung** kann nicht übersehen lassen, dass der Abgeordnete in einem **Geflecht von Bezügen** steht, die sein Amtsverständnis und seine Rolle prägen[468] und teilweise auch seinen normativen Status beeinflussen, wie umgekehrt auch der Status des Abgeordneten auf bestimmte Funktionsbezüge zurückwirkt.[469] Als Bezugspunkte lassen sich typisierend das Parlament, die Ausschüsse, die Fraktion, die Partei, der Wahlkreis, Interessengruppen und die Öffentlichkeit nennen, die je nach der Stellung des Abgeordneten, dh seiner Funktion in und für die genannten Bezugspunkte, die Tätigkeit unterschiedlich formen.[470] Hinzukommen ggf.

---

[461] BVerfGE 118, 277 (353).

[462] Das BVerfG spricht insoweit von der gleichzeitigen Verwurzelung in der gesellschaftlichen Sphäre, BVerfGE 112, 118 (134); auch BVerfGE 118, 277 (338) abw. Votum. Das ist freilich ungenau. Es geht eben gerade nicht um eine undifferenzierte gesellschaftliche Sphäre, in der denn auch beliebige Grundrechte zu aktualisieren wären und den Status des Abgeordneten mitbestimmen würden, sondern um den wesentlich politisch bestimmten Verantwortungs- und Rechtfertigungszusammenhang; auch das BVerwG vermischt die gesellschaftliche Sphäre und den politischen Verantwortungszusammenhang mit der Redeweise vom „ganzen Menschen", den die parlamentarische Demokratie als Abgeordneten fordere, vgl. BVerwGE 154, 222 (227); dazu auch → Rn. 109.

[463] Zu Recht BVerfGE 118, 277 (327 f.); 99, 19 (29); 94, 351 (365).

[464] Vgl. zu dieser als Ausnahme deklarierten Möglichkeit BVerfGE 118, 277 (320); 99, 19 (29). Konsequent ist daher der Verweis des Abgeordneten auf die verfassungsgerichtliche Geltendmachung allein im Organstreitverfahren; st. Rspr., vgl. BVerfGE 118, 277 (320) mwN; zum Ganzen *Ingold* JöR 64 (2016), 42 (69 ff.).

[465] Dies müsste dann freilich auch prozessuale Konsequenzen nach sich ziehen; vgl. die Nachw. in Fn. 462.

[466] BVerfGE 118, 277 (320, 355).

[467] Wie es BVerfGE 118, 277 (373 ff.) abw. Votum unternimmt.

[468] Dazu ausf. *Patzelt* ZParl 1996, 462.

[469] So wirkt etwa die Mandatsrelevanz der Tätigkeit der Wissenschaftlichen Dienste des Parlaments auf die Einordnung ihrer Tätigkeit als parlamentarisch zurück und unterliegt daher nicht den Auskunftsansprüchen nach dem IFG, vgl. OVG Berlin – Brandenburg Urt. v. 13.11.2013 – OVG 12 B 21.12.

[470] Vgl. *Patzelt* ZParl 1996, 462 (476); stärker typisierend *Ellwein/Hesse,* Das Regierungssystem der Bundesrepublik Deutschland I, 2004, 256.

andere berufliche Tätigkeiten, die vom Leitbild des Abgeordneten selbstverständlich nicht ausgeschlossen sind, wie schon ein Blick auf Art. 48 Abs. 2 und Art. 137 Abs. 1 zeigt. Alle diese Funktionsbezüge vermitteln Bindungen und Handlungsmöglichkeiten gleichermaßen. Das Parlament kann, etwa durch Regelungen in der Geschäftsordnung oder anderen Normativakten der parlamentarischen Selbstorganisation, ebenso wie der Gesetzgeber, etwa durch das Abgeordnetengesetz, dieses Geflecht im Rahmen verfassungsrechtlicher Vorgaben ausgestalten, ohne auf eine bestimmte Ausgestaltung festgelegt werden zu können, auch nicht auf die Minimierung dieser Bindungen.[471] Soweit sich diese als Einschränkungen darstellen, bedürfen sie der Gründe von Verfassungsrang, die sich vor der Freiheit und Gleichheit des Mandats rechtfertigen lassen müssen. Jenseits auferlegter Bindungen ist es Sache des Abgeordneten, diese Funktionsbezüge auszubalancieren und Sache der Wähler, diese zu bewerten. Die Parteibindung mag insoweit zu Lasten der Fraktion, die Wahlkreisbindung zu Lasten der Parteien, die Erfordernisse parlamentarischer Arbeit gegen Interessenbindungen genutzt werden.[472] Die genannten Bezugspunkte beinhalten zudem nicht einfach nur Abhängigkeiten, etwa von der Parteibasis, die die Wiederwahl sichern kann und daher über für den Abgeordneten wichtige Ressourcen verfügt, sondern vergrößern Handlungsmöglichkeiten und sichern Unterstützung. Einfache Dichotomien von freiem Mandat und Parteibindung, von freiem Mandat und Freiheitsverlust durch Fraktionszwang und Fraktionsdisziplin sind daher kaum geeignet, die Realität des Abgeordnetenmandats zu umschreiben. Der einzelne Abgeordnete befindet sich vielmehr in einem Beziehungsgeflecht, das nicht einfach nur Bindungen vermittelt, sondern Gestaltungsspielräume eröffnet und Ressourcen vorhält, die ihn überhaupt erst in die Lage versetzen, sein Mandat erfolgreich wahrzunehmen. Dies ist zunächst nur ein empirischer und funktional erklärbarer Befund, der nicht ohne weiteres normative Schlussfolgerungen zulässt. Immerhin aber lässt sich damit die empirische Tragfähigkeit von Hypothesen besser beurteilen, die die Veränderung der Abgeordnetenrolle im modernen Parteienstaat durch einseitige Bindungen des Abgeordneten an Parteien und Fraktionen Rechnung tragen möchten.

1. Sie sind Vertreter des ganzen Volkes. Der Begriff **„Vertreter des** **102**
ganzen Volkes" ist selbstverständlich nicht im rechtstechnischen Sinne etwa der §§ 164 ff. BGB gemeint, sondern bezeichnet das verfassungsrechtlich nicht gebrauchte, verfassungstheoretisch aber ebenso bedeutsame wie vielfältig ausdeutbare **Prinzip der Repräsentation** (→ Rn. 7).[473] Repräsentation bedeutet zunächst nicht mehr als die vergegenwärtigende Darstellung einer als Einheit zwar betrachteten, aber nicht präsenten Personenmenge durch eine Person oder Personengruppe, die im Namen jener zu Handeln befugt ist

[471] Zu Recht betont in BVerfGE 118, 277 (328 ff.). Insoweit ist es zwar richtig, dass der Gesetzgeber in der Ausgestaltung des öffentlichen Amtes des Abgeordneten dessen Verwurzelung in der gesellschaftlichen Sphäre nicht unterbinden darf, aber daraus folgt noch nicht, dass er dies fördern müsse, wie es die die Entscheidung nicht tragenden Richter in BVerfGE 118, 277 (340) annehmen.

[472] IdS *Ellwein/Hesse,* Das Regierungssystem der Bundesrepublik Deutschland I, 2004, 262.

[473] Grdl. *Hofmann/Dreier* in Schneider/Zeh ParlamentsR, § 5; *Leibholz,* Das Wesen der Repräsentation und der Gestaltwandel der Demokratie im 20. Jh., 1966; *Schneider* FS f. Simon, 1987, 243; *Wefelmeier,* Repräsentation und Abgeordnetenmandat, 1991; allg. Auffassung vgl. *Pieroth* in Jarass/Pieroth Rn. 41; *Morlok* in Dreier Rn. 135 f.

und deren Handlungen den Repräsentierten zugerechnet werden.[474] Im demokratisch-parlamentarischen System bildet das zu repräsentierende Gesamtinteresse dabei keine dem politischen Prozess vorausliegende, sondern idealiter eine sich im Medium der Öffentlichkeit und im Diskurs der weisungsfreien und unabhängigen Repräsentanten ergebende Größe.

103 Mit dem Aufkommen der **politischen Parteien** verändert sich allerdings der Repräsentationsgedanke. Parteien leisten die **Vermittlung** zwischen dem als solches nicht handlungsfähigen Volk und dem Parlament durch thematische und personelle Konzentration auf Alternativen.[475] Parteien sind aber weder das Volk noch deren verkleinertes Abbild, sondern politische Tendenzorganisationen. Gerade im Hinblick auf die Mittlerrolle der Parteien und der daraus folgenden Einbindung der Abgeordneten behält das freie Mandat seine Funktion. Es sichert zudem die Erfüllung der Aufgaben des Parlaments, indem es den Abgeordneten normativ freistellt gegenüber staatlichen, durch Parteien vermittelten oder gesellschaftlichen Bindungen, und so eine Mehrheitsbildung und Kompromisssuche ohne Bindung an Vergangenes ermöglicht und damit die Zukunft offen hält.[476] Es widerspricht auch den oben schon dargelegten vielfältigen Bezugspunkten der Abgeordnetentätigkeit, aus der zweifellos vorhandenen Parteibindung über Art. 21 Abschwächungen seines freien Mandats vorzunehmen. Sowenig die vorhandenen Einflussnahmen und Abhängigkeiten als solches im Lichte des Art. 21 zu beanstanden sind, sowenig bedarf es der normativen Auszeichnung gerade dieser Einflussnahmen durch Konstruktion von „rahmengebundenen Mandaten",[477] „parteibezogenen Mandaten",[478] oder „generellen Mandaten".[479] Das **repräsentative Mandat bewährt sich gegenüber Bindungen gleich welcher Art** und **auch unter veränderten Bedingungen.**[480] Auf der anderen Seite folgt daraus für den Gesetzgeber und das Parlament eben auch nicht die Verpflichtung, die sich hier ergebenden Abhängigkeiten zu minimieren.[481]

104 Die Freiheit des Mandats ist nicht schrankenlos gewährleistet, sondern kann durch andere Rechtsgüter von Verfassungsrang begrenzt werden. So kann die Repräsentationsfunktion ebenso wie die Funktionsfähigkeit des Parlaments vom Gesetzgeber oder durch parlamentarische Formen der Selbstorganisation eine Begrenzung und Ausgestaltung rechtfertigen.[482]

105 Die Abgeordneten sind in **ihrer Gesamtheit Vertreter des Volkes.** Dies schließt es aus, sich als Vertreter partikulärer Gruppen, Interessen, ihrer Wahlkreise, Wähler oder Parteien zu definieren,[483] mag auch das Gesamtinteresse aus einer spezifischen Interessenperspektive formuliert werden, ohne dass darin ein Verstoß gegen Art. 38 Abs. 1 S. 2 zu sehen wäre.

106 Sind die Abgeordneten in ihrer Gesamtheit Vertreter des Volkes, ist der **Status der Gleichheit der Abgeordneten** die notwendige Folge. Erst in der formalen Gleichheit aller Abgeordneten, in der Gleichheit ihrer Mit-

---

[474] Zur Repräsentation vgl. die Nachw. in Fn. 11.
[475] Vgl. die Nachw. in Fn. 11.
[476] Ähnlich *Morlok* in Dreier Rn. 151.
[477] *Achterberg,* Das rahmengebundene Mandat, 1975.
[478] *Schneider* in BMV VerfassungsR, § 13 Rn. 51, der parteipolitische Einwirkungen auf den Abgeordneten anders beurteilen möchte als sonstige Einflussnahmen.
[479] *Oppermann* VVDStRL 1975, 7 (51 ff.).
[480] *Morlok* in Dreier Rn. 149 ff.
[481] BVerfGE 118, 277 (328).
[482] BVerfGE 118, 277 (324); 99, 19 (32); 96, 264 (279); 80, 188 (219); 84, 304 (321).
[483] *Morlok* in Dreier Rn. 140; *Butzer* in BeckOK GG Art. 38 Rn. 120 f.

wirkungsmöglichkeiten an der Aufgabenerfüllung, können diese als legitime Repräsentanz des Volkes gelten.[484]

Wird das Volk bei parlamentarischen Entscheidungen nur durch das Parlament als Ganzes, dh die Gesamtheit seiner Mitglieder, angemessen repräsentiert, so muss die Mitwirkung aller Abgeordneten bei derartigen Entscheidungen nach Möglichkeit und im Rahmen des im demokratisch-parlamentarischen System des GG Vertretbaren sichergestellt sein.[485] Deshalb folgt aus dem repräsentativen Status des Abgeordneten nicht nur das Recht (zu den Rechten des Abgeordneten iE → Rn. 124), sondern auch die Pflicht, das Mandat auch wahrzunehmen.[486] Das BVerfG hat zwar in einer früheren Entscheidung davon gesprochen, dass der Abgeordnete theoretisch die Freiheit habe, seine Aktivitäten in der Wahrnehmung des Amtes bis an die Grenzen der Vernachlässigung des Amtes einzuschränken,[487] ohne jedoch aus dieser Beschreibung, die sogleich durch das realistischere Bild des Berufsparlamentariers relativiert wird, normative Folgerungen zu knüpfen. Von daher ist die Verpflichtung, an den Arbeiten des Bundestages teilzunehmen (vgl. § 13 Abs. 2 S. 1 GO BT), und zwar in einem Umfang, der deren Erfüllung gewährleistet, nicht zu beanstanden.[488] Auch die Vorschrift des § 44a Abs. 1 AbgG, die umstrittene Mittelpunktregelung, wonach die berufliche Tätigkeit neben dem Mandat zwar zulässig ist, aber verlangt, dass die Ausübung des Mandats für den Abgeordneten im Mittelpunkt steht, ist unbedenklich. Sie zeichnet die Verfassungserwartung an das Mandat nach[489] und ist Ausdruck des Vorrangs der Repräsentations- und Funktionsfähigkeit des Parlaments vor mandatsfremden Interessen der Abgeordneten.[490] Insoweit kann auch Art. 48 Abs. 2 S. 1 als ergänzende Sicherung des Status des Abgeordneten nicht so verstanden werden, als gebiete er eine Ausgestaltung, die eine möglichst umfassende Wahrnehmung mandatsfremder Tätigkeiten zur Maximierung der Unabhängigkeit der Mandatsausübung gegenüber den Zwängen (und Chancen!) des politischen Betriebs möglich macht.[491] Etwaigen Risiken kann vielmehr gerade durch Art. 48 Abs. 3 S. 1 begegnet werden. Freilich gehört die Erfüllung dieser Verpflichtung zuallererst in den politischen Verantwortungs- und Rechtfertigungszusammenhang (→ Rn. 100).[492] Die Regelung schließt insoweit im Übrigen **107**

---

[484] BVerfGE 40, 296 (317 f.); 44, 308 (316); 56, 396 (405); 80, 188 (218); 84, 304 (321, 324); 93, 195 (204); 96, 264 (278); 102, 224 (237 f.); 112, 118 (133); SächsVerfGH JbSächsOVG 4, 39 (41 f.); BVerfGE 70, 324 (366, 381 ff.) abw. Meinung.

[485] BVerfGE 118, 277 (324).

[486] Insoweit besteht auch kein Unterschied zwischen den die Mehrheit tragenden Richtern und der Minderheit in BVerfGE 118, 277; vgl. nur BVerfGE 118, 277 (345).

[487] BVerfGE 40, 296 (312).

[488] BVerfGE 118, 277 (325).

[489] BVerfGE 118, 277 (334 f.).

[490] BVerfGE 118, 277 (336); auch insoweit besteht im Grundsatz keine Differenz zwischen den die Entscheidung tragenden Richtern und dem abw. Votum; der Entscheidung zust. *v. Arnim* DÖV 2007, 897 (902); *v. Arnim* NVwZ 2007, 1246 (1247).

[491] Zu Recht BVerfGE 118, 277 (334).

[492] Dies betonten deutlicher die die Entscheidung nicht tragenden Richter in BVerfGE 118, 277 (348 ff.), ohne dass freilich eine grundsätzliche Differenz in der Sache besteht, vgl. BVerfGE 118, 277 (336 f.). Richtig ist auch, dass letztlich der Abgeordnete darüber bestimmt, wie und ob er jenseits von gesetzlichen und parlamentarischen Bindungen, die auf Öffentlichkeit und Transparenz zielen, seine Tätigkeit öffentlich darstellt und rechtfertigt; indes darf dies nicht durch die Gewährung von Auskunftsansprüchen unterlaufen werden, vgl. OVG Münster Beschl. v. 3.4.2019 – 15 B 1850/18 Rn. 58 ff.

weder die Übernahme von Regierungs-, Fraktions- oder Parteiämtern noch andere berufliche Tätigkeiten aus.[493]

108 Als Vertreter des gesamten Volkes sind die **Abgeordneten** diesem gegenüber **verantwortlich.** Über das **Medium der Öffentlichkeit** wird die Verantwortlichkeit nicht nur einforderbar, sondern auch umsetzungsfähig, indem die Bürger und die Öffentlichkeit in die Lage versetzt werden, Folgerungen aus den Handlungen und Entscheidungen zu ziehen und zugleich auf die Handlungen und Entscheidungen einzuwirken. Insoweit ist der Abgeordnete Subjekt und Objekt der demokratischen Willensbildung,[494] das Parlament Forum repräsentativer Öffentlichkeit (→ Rn. 100).

109 Der **Status der Öffentlichkeit kann Pflichten legitimieren,** die in der Geschäftsordnung oder anderen normativen Regelungen parlamentarischer Selbstorganisation oder in Gesetzen näher ausgestaltet werden können. Daran sind allerdings Zweifel artikuliert worden. So sollen methodische Gründe ebenso wie der notwendige Ausgleich zwischen dem Rechtsstaats- und Demokratieprinzip einer solchen Verpflichtung entgegenstehen.[495] Soweit jüngst unter methodischen Gesichtspunkten darauf verwiesen wird, demokratische Öffentlichkeitsforderungen seien an staatliche Organe gerichtet (Art. 42 Abs. 1 S. 1, Art. 44 Abs. 1 S. 1, Art. 52 Abs. 3 S. 3) und auch darüber hinaus explizit normiert (Art. 21 Abs. 1 S. 4), hinsichtlich des Abgeordneten seien solche Vorschriften gerade nicht vorgesehen, ist darauf hinzuweisen, dass sich die Anforderungen nicht aus dem allgemeinen Demokratieprinzip herleiten, sondern aus dem Status des Abgeordneten selbst. Ohne Öffentlichkeit ist der Verantwortungs- und Rechtfertigungszusammenhang (→ Rn. 100) schwerlich zu denken. Dass damit möglicherweise verfahrensrechtliche Sicherungen verbunden werden müssen, liegt auf der Hand (→ Rn. 112). So sind insbes. **Offenlegungspflichten** über Umstände aus der Sphäre des Abgeordneten, die – potentiell – mandatserheblich sein können, durchaus rechtfertigungsfähig.[496] Daher stellen auch die Vorschriften des Abgeordnetengesetzes und die darauf beruhenden Verhaltensregeln, die eine Verpflichtung der Abgeordneten zur Offenlegung von solchen Nebentätigkeiten und Nebeneinkünften begründen, die auf – für die Ausübung des Mandats erhebliche – Interessenverknüpfungen hinweisen können, ebenso wie die Vorschriften, die die Veröffentlichung der Angaben vorsehen und diejenigen, die Sanktionen bei Verstößen regeln (vgl. §§ 44a Abs. 4, 44b AbgG, § 18 GO BT, §§ 1, 3, 8 der Verhaltensregeln für Mitglieder des Deutschen Bundestages (Anl. 1 zur GO BT) keinen verfassungswidrigen Eingriff in den Abgeordnetenstatus gem. Art. 38 Abs. 1 S. 2 dar.[497] Die Interessen an der Erhaltung und Abstützung des Verantwortungs- und Rechtfertigungszusammenhangs überwiegen jedenfalls *sub specie* des Art. 38 Abs. 1 S. 2 das Interesse des Abgeordneten, entsprechende Informationen

[493] Entgegen der Auffassung der die Entscheidung nicht tragenden Richter in BVerfGE 118, 277 (350 ff.) kann es insoweit durchaus Differenzierungen zwischen den Tätigkeiten im politischen Funktionszusammenhang und sonstigen beruflichen Tätigkeiten geben. Während die einen notwendig mit den Aufgaben des Parlaments zusammenhängen, wird man dies bei anderen Tätigkeiten nicht ohne weiteres annehmen müssen. Zu Recht in diesem Sinne wohl die die Entscheidung tragenden Richter, BVerfGE 118, 277 (336 f.).

[494] *Häberle* NJW 1976, 537 (539).

[495] BVerfGE 118, 277 (382 ff.) abw. Votum.

[496] *Morlok* in Dreier Rn. 177.

[497] BVerfGE 118, 277 (352 ff.); vgl. die Begründung des Gesetzesentwurfs v. 14.6.2005, BT-Drs. 15/5671, 4; abw. Votum BVerfGE 118, 277 (377 ff.).

geheim zu halten. Insoweit ist das Interesse des Wählers, Zugang zu solchen Informationen zu erhalten, die auf mögliche mandatsrelevante Interessenverknüpfungen der Abgeordneten hinweisen und die daher bei der Wahlentscheidung von Bedeutung sein können, ein legitimes Interesse, das der Gesetzgeber zur Geltung bringen kann.[498] Verpflichtungen dieser Art können zur Effektuierung ihrer Durchsetzung auch sanktionsbewehrt sein.[499] Dies soll für personenbezogene Daten über die Verwendung der Sachleistungspauschale durch Abgeordnete gegenüber einem Informationsanspruch der Presse aus Art. 5 Abs. 1 S. 2 nicht gelten. Jedenfalls solange nicht, wie nicht konkrete Anhaltspunkte dafür vorliegen,[500] dass ein Missbrauch der Sachleistungspauschale vorliegt.[501] Als dogmatische Figur der Begründung von Schutzelementen des informationellen Selbstbestimmungsrechts hier dient nicht zuletzt die Metapher vom „ganzen Menschen" den die parlamentarische Demokratie fordere, also einen Doppelstatus von Amtsträger und Privatperson.[502] Das kann man auch anders sehen. Denn diese Argumentationsfigur lässt sich im Grunde sehr weit generalisieren im Hinblick auf die Amtsführung des Abgeordneten und zudem geht es bei der Amtsausstattung, wie der Name schon sagt, um die durch das Mandat veranlassten Aufwendungen als Amtsausstattung (§ 12 AbgG). Insoweit geht es hier um amtsbezogene Ausgaben. Der Konstruktion eines Doppelstatus bedarf es dazu nicht. Insoweit geht es allein darum, ob der Status der Öffentlichkeit eine Rechenschaftslegung der Amtsführung auch insoweit erforderlich macht. Auch verfassungsrechtlich dürfte eine solche jedenfalls begründet werden können und wird auch nach der Rechtsprechung des BVerwG und des OVG Berlin-Brandenburg jedenfalls bei konkreten Anhaltspunkten für einen Missbrauch zum Gegenstand eines auf Art. 5 Abs. 1 S. 2 gestützten Auskunftsanspruchs gegenüber der Bundestagsverwaltung.[503]

Der **verfassungsrechtliche Status** als Abgeordneter wird zwar **durch die** 110
Wahl, nicht aber **schon mit** der **Wahl** erlangt. Vielmehr beginnt die Abgeordnetenstellung – regelmäßig – mit der Mitgliedschaft im Bundestag, die frühestens mit dem Zusammentritt des neuen Bundestages beginnt (§§ 41,42 Abs. 2, 45 S. 1 BWG). Die Mitgliedschaft beginnt im Normalfall von Gesetzes wegen durch den Zusammentritt des Bundestages. Nur die Ablehnung bedarf der Erklärung (§ 45 Abs. 1 S. 2). Die Erklärung ist als Gestaltungsrecht bedingungsfeindlich und nicht widerrufbar (§ 45 S. 3 BWG). Vor dem Zusammentritt des neuen Bundestages hat der Gewählte allerdings nur eine Anwartschaft auf das Mandat inne. Diese mag durch Vorwirkungen des Art. 38 Abs. 1 S. 2 geprägt sein. Die Vorschriften über den Erwerb der Mitgliedschaft gelten sinngemäß auch für die Nachwahl (§ 43

[498] BVerfGE 118, 277 (354); im Prinzip teilen diese Sicht auch die die Entscheidung nicht tragenden Richter, halten aber die getroffene Regelung für zu weit gehend und ohne zureichende Verfahrenssicherungen abgestützt, BVerfGE 118, 277 (377 ff.); der Entscheidung zust. *v. Arnim* DÖV 2007, 897 (903), der jedoch die Offenlegungspflichten, die lediglich die Ausweisung einer Einkommensstufe verlangen (vgl. § 3 der Verhaltensregeln, Anl. 1 zur GO BT) für nicht weitreichend genug hält, vgl. *v. Arnim* NVwZ 2006, 249 (252); *v. Arnim* DÖV 2007, 897 (906); *v. Arnim* NVwZ 2007, 1246 (1247 f.); krit. dagegen *Badura* FS f. Schneider, 2008, 153; *Linck* NJW 2008, 24; BVerwG Urt. v. 30.9.2009 – 6 A 3.09 –, Rn. 33 =BeckRS 2009, 42541.

[499] BVerfGE 118, 277 (374 ff.), abw. Votum (399 ff).

[500] Dazu OVG Berlin-Brandenburg Beschl. v.11.10.2016 – OVG 6 S 23.16 Rn. 8.

[501] BVerwGE 154, 222 (229 f.).

[502] BVerwGE 154, 222 (227).

[503] OVG Berlin-Brandenburg Beschl. v. 20.11.2015 – OVG 6 S 45.16 Rn. 9 ff.

BWG; → Rn. 82), die Wiederholungswahl (§ 44 BWG) oder die Ersatzwahl (§ 48 Abs. 2 BWG). Bei einer Listennachfolge oder einer Wiederholungswahl bedarf es indes zur Erlangung der Mitgliedschaft der Annaheerklärung gegenüber dem zuständigen Wahlleiter (§ 45 Abs. 3 BWG).[504]

111 Der **Abgeordnetenstatus endet** mit dem Verlust der Mitgliedschaft im Parlament. § 46 Abs. 1 S. 1, 2 BWG nennt als Verlusttatbestände die Ungültigkeit des Erwerbs der Mitgliedschaft, Neufeststellung des Wahlergebnisses, Wegfall einer Voraussetzung seiner jederzeitigen Wählbarkeit, Verzicht, Parteiverbot sowie Verlustgründe nach anderen gesetzlichen Vorschriften. § 47 BWG regelt die Entscheidungsvoraussetzungen und das -verfahren. Diese und ggf. neue Verlustgründe müssen ihrerseits durch Rechtsgüter von Verfassungsrang gerechtfertigt werden können.[505]

112 An den Grundlagen des freien Mandats rührt die **Überprüfung von Abgeordneten** auf eine **Tätigkeit** für das **Ministerium für Staatssicherheit/Amt für Nationale Sicherheit** der ehemaligen DDR und auf Verantwortlichkeit für **Verstöße gegen die Menschlichkeit oder Rechtsstaatlichkeit.** Das BVerfG hat eine entsprechende **Kollegialenquete,** wie sie in § 44c AbgG vorgesehen ist, unter engen Voraussetzungen und bei der Einhaltung von Verfahrensanforderungen zum Schutze der betroffenen Abgeordneten für zulässig erachtet.[506] Zwar habe das Parlament, die durch die Wahl erworbene Legitimation der Abgeordneten zu respektieren, die von einer Kollegialenquete in Abrede gestellt werde.[507] Die **Freiheit des Mandats** sei allerdings **nicht schrankenlos** gewährt, sondern könne durch andere Rechtsgüter von Verfassungsrang begrenzt werden, zu denen die Repräsentations- und Funktionsfähigkeit des Parlaments gehöre.[508] Dem ist grundsätzlich zuzustimmen, auch wenn nicht zu verkennen ist, dass eine Kollegialenquete an den Legitimationszusammenhang von Wahl und Mandat rührt.[509] Erhält das Parlament seine Legitimation erst durch die Wahl seiner Mitglieder, dann kann es – ohne seine eigene Repräsentationsfunktion in Frage zu stellen und sich damit in Widerspruch zu seiner eigenen Legitimationsgrundlage zu begeben – kaum die eigene Zusammensetzung anzweifeln oder verändern.[510] Daher wäre eine **Mandatsaberkennung** durch das Parlament nicht möglich, wohl aber eine Aufklärung über die genannten Tätigkeiten. Das freie Mandat und damit der Wählerwille sowie der Legitimationszusammenhang bleiben ungeachtet aller mittelbaren Rückwirkungen erhalten. Eine Veränderung der Repräsentationsfunktion durch das Parlament selbst erfolgt damit gerade nicht.[511]

113 Es verstößt daher auch nicht gegen das freie Mandat, wenn das Parlament, wie teilweise in den Landesverfassungen vorgesehen (vgl. etwa Art. 118 SaVerf), auf der Grundlage dieser Feststellungen eine **Abgeordnetenanklage** mit dem Ziel der Aberkennung des Mandats vor den Landesverfassungsgerichten, wie sie aus anderen Gründen auch im Landesverfassungsrecht der alten Länder teilweise vorgesehen ist (vgl. etwa Art. 61 BV; Art. 42 LV;

---

[504] *Hahlen* in Schreiber BWahlG § 45 Rn. 3 ff., 11 ff.
[505] BVerfGE 118, 277 (324).
[506] BVerfGE 94, 351 (366 ff.); 97, 408 (414 f.); 99, 19 (31 ff.).
[507] BVerfGE 94, 351 (366 f.); 99, 19 (32).
[508] BVerfGE 94, 351 (367 f.); 99, 19 (32); ThürVerfGH NJ 1998, 29; SächsVerfGH LKV 1999, 183; MVVerfG LKV 1997, 94.
[509] Dazu *Masing* JZ 1999, 1022 (1023 f.).
[510] BVerfGE 99, 19 (33 f.).
[511] AA *Masing* JZ 1999, 1022 (1024).

Art. 17 NdsVerf), einleitet und dies zur Aberkennung des Mandats führt.[512] Es ist nicht ersichtlich, warum der Mandatsverlust infolge strafgerichtlicher Verurteilung möglich sein soll, nicht aber infolge verfassungsgerichtlicher Aberkennung wegen eines Grundes, der – zumindest für eine Übergangszeit – die Repräsentationsfunktion des Parlaments insgesamt in Frage stellen kann. Freilich bedarf es in allen Fallkonstellationen hinreichender **Verfahrenssicherungen,** die eine selektive, politischer Opportunität dienende Inanspruchnahme ausschließen und zudem eine hinreichende Aufklärung gestatten, an der mitzuwirken dem belasteten Abgeordneten durch weitreichende Verfahrensrechte erlaubt sein muss.[513]

Die Freiheit des Mandats bewährt sich auch gegenüber exekutiven Ein- **114**
griffen. Art. 38 Abs. 1 S. 2 schützt die Freiheit der Kommunikation zwischen den Abgeordneten und den Wählern, die allererst Voraussetzung eines funktionierenden Verantwortungszusammenhangs zwischen Repräsentanten und Repräsentierten ist. Dies beinhaltet die Freiheit des Abgeordneten von exekutivischer Beaufsichtigung und Kontrolle. Die Beobachtung durch den Verfassungsschutz, das Sammeln von – auch öffentlich zugänglichen Daten – beeinträchtigt die Freiheit des Mandats und beeinflusst die Reputation von beobachteten Abgeordneten und stellt die Kontrollbeziehung von Parlament und Exekutive auf den Kopf.[514] Sie kann daher nur unter sehr engen Voraussetzungen überhaupt gerechtfertigt werden: durch andere Rechtsgüter von Verfassungsrang wie etwa dem Schutz der freiheitlich demokratischen Grundordnung, unter strengen Anforderungen des Verhältnismäßigkeitsgrundsatzes und auf der Grundlage einer hinreichend spezifischen gesetzlichen Grundlage.[515]

Mit dem öffentlichen Amt sind **Funktionsgarantien** verbunden, die sich **115**
als besonders wichtig zur Sicherung des Status des Abgeordneten wie auch der Funktionsfähigkeit des Parlaments erwiesen haben (s. Art. 46 ff.). Auch insoweit ist der Status ein solcher der formalen Gleichheit aller Abgeordneten.[516] Zugleich wird damit der **verfassungsrechtliche Status** des Abgeordneten weiter ausgeformt, den er folgerichtig im **Organstreitverfahren** geltend machen kann.[517] Das Rechtschutzbedürfnis für ein Organstreitverfahren kann ausnahmsweise dann fehlen, wenn von der Geschäftsordnung des Bundestages eigenständige Verfahren zur Überprüfung einer dem/der Abgeordneten beeinträchtigenden Maßnahme vorgesehen sind, wie etwa das Einspruchsverfahren bei Ordnungsrufen des Präsidenten (§ 39 GO BT) und diese nicht wahrgenommen worden sind.[518] Diese Obliegenheit besteht freilich nicht bei allgemeinen parlamentarisch-politischen Handlungsmöglichkeiten.[519] Der Organstreit setzt allerdings voraus, dass von Abgeordneten geltend

---

512 NdsStGH OVGE 43, 481 (499 f.); zum Ganzen *Trute* SächsVBl. 1999, 261 (262 f.).

513 Vgl. *Trute* SächsVBl. 1999, 261 (263); zu Verfahrensanforderungen nach Maßgabe der Art. 48, 53 Abs. 1, 58, 62 ThürVerf vgl. ThürVerfGH LKV 2009, 374 (375 f.).

514 Ausführlich BVerfGE 134, 141 (178 ff.); dazu Morlock JZ 2014, 405 ff.

515 BVerfGE 134, 141 (179 ff.).

516 BVerfGE 102, 224 (238 f.); 118, 277 (324).

517 BVerfGE 43, 142 (148); 60, 374 (378); 104, 310 (325); 108, 251 (267); *Schorkopf* in BDS BVerfGG § 63 Rn. 53 ff.; *Kasten* Jura 1985, 231.

518 BVerfG Beschl. v. 17.9.2019 – 2 BvE 2/18 Rn. 32 ff. = NVwZ 2019, 1755 (1757 f.) mit Anm. *Brocker* NVwZ 2019, 1755 (1759 f.); zur Notwendigkeit, der Bundesregierung durch Nachfragen Korrekturmöglichkeiten bei parlamentarischen Anfragen zu geben, vgl. BVerfGE 147, 31 (37 ff.).

519 BVerfGE 25, 44 (53 f.); 129, 356 (374); 104, 151 (198); 90, 286 (340).

gemacht wird, dass sie in ihren Rechten oder den Rechten des Organs, denen sie angehören durch den Antragsgegner verletzt worden sind. Eine objektive Beanstandungsklage ist das Organstreitverfahren nicht.[520] Ausnahmsweise ist die Verfassungsbeschwerde statthaft, wenn der Abgeordnete die Verletzung eines Rechts, das sich aus seinem Status ergibt, nicht gegenüber einem im Organstreitverfahren parteifähigen Verfassungsorgan rügt und daher seine Rechte in keinem anderen Verfahren vor dem BVerfG geltend machen kann.[521]

116 Vor allem zum Schutz der (föderalen) **Gewaltenteilung** bestehen **Inkompatibilitäten** (Art. 55 Abs. 1; Art. 94 Abs. 1 S. 3; § 14 Abs. 3 G über den Wehrbeauftragten des Deutschen Bundestages; § 2 GO BR) für Mitglieder des Bundesrates.[522] Die Mitgliedschaft im Europäischen Parlament ist gemäß Art. 7 Abs. 2 Direktwahlakt zur Einführung allgemeiner unmittelbarer Wahlen der Abgeordneten des Europäischen Parlamentes vom 20.9.1976 [BGBl 1977 II S. 733, 734], zuletzt geändert durch Beschluss des Rates vom 25.6.2002 und 23.9.2002 [BGBl. 2003 II, 810; 2004 II, 520]) mit der Mitgliedschaft in einem nationalen Parlament nicht vereinbar. Allerdings ist verfassungsrechtlich ein Doppelmandat aus Mitgliedschaft im Bundestag und in Parlamenten der Länder verfassungsrechtlich nicht ausgeschlossen.[523] Ebenso wenig soll eine Unvereinbarkeit mit der Zugehörigkeit zur Bundesregierung (Umkehrschluss aus Art. 53a Abs. 1 S. 2 Hs. 2) bestehen.[524] Von der in Art. 137 Abs. 1 eröffneten Möglichkeit, die Wählbarkeit von Richtern, Beamten, Angestellten des öffentlichen Dienstes und Soldaten zu beschränken, hat der Gesetzgeber Gebrauch gemacht (vgl. nur § 40 Abs. 1 BBG, § 36 Abs. 2 DRiG, § 25 Abs. 2 SG). Der Sache nach handelt es sich dabei ebenfalls um Inkompatibilitätsvorschriften (→ Rn. 36).

117 Nicht dagegen vermag der **Verlust der Parteizugehörigkeit** oder der **Fraktionszugehörigkeit,** sei es freiwillig oder durch Ausschluss, den Verlust des Mandates zu bewirken, unabhängig davon, ob es sich um Listenkandidaten oder Wahlkreiskandidaten handelt.[525] Der Mandatsverlust aus diesem Grund kann auch nicht durch untergesetzliche Normen angeordnet werden. Es fehlt an einer verfassungsrechtlichen Rechtfertigung für die Beendigung des Mandats aus diesen Gründen. Insbesondere vermag Art. 21 nicht zur Rechtfertigung herangezogen werden, will man nicht die Mitwirkungsbefugnisse der Parteien in den staatsorganisatorischen Bereich hinein aus- und damit zugleich überdehnen. Gegen das **Rotationsprinzip,** das einige Zeit die verfassungsrechtliche Debatte beherrschte, ist solange nichts einzuwenden, wie der Mandatsverzicht freiwillig erklärt wird.[526] Sanktionen, welche die Freiwilligkeit unterlaufen, haben die Unwirksamkeit der Verzichtserklä-

[520] BVerfG Beschl. v. 2.7.2019, -2 BvE 4/19 Rn. 20 ff. = NVwZ 2019, 1196 (1197 f.).

[521] BVerfGE 108, 251 (267) zur Verletzung von Art. 38 Abs. 1 S. 2 iVm Art. 47 S. 2 durch die öffentliche Gewalt; zust. insoweit *Ohler* NVwZ 2004, 696 (697).

[522] Dazu *Morlok* in Dreier Rn. 147; *Pieroth* in Jarass/Pieroth Rn. 45; ausführliche Liste und Erörterung der Unvereinbarkeitsregelungen bei *Hahlen* in Schreiber BWahlG § 46 Rn. 5 ff.

[523] Zu Doppelmandaten vgl. *Wissenschaftlicher Dienst des Bundestages,* Gesetzliches Verbot von Doppelmandaten, WD 3 – 3000 -257/17, 2017.

[524] *Morlok* in Dreier Rn. 148; krit. *Meyer* in Schneider/Zeh ParlamentsR, § 4 Rn. 29 ff., insbes. 33; Anlass über die Einführung einer Unvereinbarkeit von Abgeordnetenmandat und Regierungsamt nachzudenken, sieht auch *v. Arnim* DÖV 2007, 897 (902).

[525] *Morlok* in Dreier Rn. 145, 154 f., 167, 193.

[526] Vgl. *Schneider* in AK Rn. 42.

rung zur Folge. Normative Festschreibungen des Verzichts sind dagegen mit dem Status des repräsentativen Mandats nicht zu vereinbaren.[527]

2. An Aufträge und Weisungen nicht gebunden und nur ihrem Gewissen unterworfen. Der **Status der Freiheit des Abgeordneten** findet seinen Ausdruck in der **Ablehnung einer Bindung an Aufträge und Weisungen** und der **Unterworfenheit** allein **unter das Gewissen** des Abgeordneten. Verschiedene Versuche, zwischen Aufträgen und Weisungen etwa nach der Herkunft aus dem gesellschaftlichen oder parlamentarischen Raum oder nach den mehr oder weniger konkreten Aussagen zu differenzieren, können nicht überzeugen. Vielmehr handelt es sich insoweit um eine Tautologie.[528] Mit der Einfügung des Begriffs „Weisungen" sollte die Unabhängigkeit des Abgeordneten besonders betont werden. 118

Der **Abgeordnete unterliegt** – außerhalb der allgemeinen Rechtsordnung, an die er selbstverständlich gebunden bleibt – **keiner Bindung** und **keiner rechtlichen Verpflichtung** im Hinblick auf seine Mandatsausübung und grundsätzlich auch keiner Begründungspflicht.[529] Er braucht etwaige Aufträge oder Weisungen nicht auszuführen, die darüber hinaus unzulässig und nichtig sind (§ 134 BGB).[530] Die Freiheit richtet sich auch gegen Private, also vor allem Parteien und Wähler.[531] Konditionierte Mandatsverzichtserklärungen zugunsten von Parteien bei Parteiaustritt oder -ausschluss, hinterlegte Schuldscheine für den Parteiaustritt unter Mitnahme des Mandats, Stimmkaufverträge und Ähnliches sind daher nichtig. Für Abgeordnete bindende **Parteitagsbeschlüsse,** ebenso wie **imperative Mandate** jeden Typs sind verfassungswidrig. Die Freiheit des Abgeordnetenstatus wird zudem strafrechtlich abgestützt, etwa durch ein spezielles Nötigungsverbot in § 106 Abs. 1 Nr. 2a StGB und das Verbot der Abgeordnetenbestechung nach § 108e StGB. § 108e StGB wurde 2014 deutlich erweitert sowohl was den Adressatenkreis betrifft wie auch im Hinblick auf die Tathandlung.[532] Damit wurde die unzulängliche Fassung verbessert und an die internationalen Verpflichtungen angepasst.[533] Ob dies gelungen ist bleibt weiterhin strittig.[534] 119

Die **Unabhängigkeit des Abgeordneten** wird schließlich durch den Zusatz unterstrichen, dass sie **„nur ihrem Gewissen unterworfen"** sind (was allerdings nicht bedeutet, dass die Abgeordneten nur in sog. Gewissensentscheidungen frei sind).[535] Das Vorliegen einer Gewissensentscheidung[536] ist nicht objektivierbar. Schon der bloße Verweis auf das eigene 120

---

[527] *Sendler* NJW 1985, 1425 (1429 f.); *Morlok* in Dreier Rn. 153, Art. 39 Rn. 21; *Möller/Pawlita/Rühl/Steinmeier* DuR 1984, 367 (373); weitergehend *Achterberg/Kasten* DVBl. 1985, 1066 (1067); *Kasten* NJW 1984, 2793 (2795).

[528] *Pieroth* in Jarass/Pieroth Rn. 46; *Schneider* in AK Rn. 39; *Morlok* in Dreier Rn. 153.

[529] Vgl. aber SächsVerfGH JbSächsOVG 4, 39 (48); BVerwGE 137, 275 (281 f.) betont insoweit die sich aus dem verfassungsrechtlich gebotenen Schutz der freiheitlichen demokratischen Grundordnung ergebenden Bindungen und erachtet deshalb die Überwachung eines Bundestagsabgeordneten durch das Bundesamt für Verfassungsschutz im Wege der offenen Informationsbeschaffung als gerechtfertigt; krit. *Möllers* JZ 2011, 48.

[530] *Badura* in BK Rn. 53; *Meyer* VVDStRL 1975, 69 (94); diff. *Bruha/Möllers* JA 1985, 13 (17).

[531] *Morlok* in Dreier Rn. 149; *Pieroth* in Jarass/Pieroth Rn. 48; *Schneider* in AK Rn. 20, 39.

[532] 48. StÄG v. 23.4.2014, BGBl. 2014 I 410; zur Entwicklung *Eser* in Schönke/Schröder StGB § 108e Rn. 1 ff.

[533] Dazu auch *Butzer* in BeckOK GG Rn. 127 f.

[534] *Heinrich* ZIS 2016, 382; *Satzger* Jura 2014, 1022; *Becker* NStZ 2015, 451; *Hoven* NStZ 2015, 553; *Jäckle* ZRP 2014, 121.

[535] Zutr. *Klein* in HdbStR III § 51 Rn. 4; *Pieroth* in Jarass/Pieroth Rn. 47.

[536] Zum Begriff des Gewissens BVerfGE 12, 45 (54).

Gewissen schafft eine unbeweisbare aber auch unwiderlegbare Vermutung zu seinen Gunsten.[537] Insoweit liegt die Betonung hier nicht auf der Unterworfenheit unter das Gewissen, sondern auf der Ausschließlichkeit („nur") dieser Unterwerfung.[538]

121 **Aufträge und Weisungen** auch **von Fraktionen** sind daher **nicht mit dem freien Mandat** des Art. 38 Abs. 1 S. 2 **zu vereinbaren.** Das ist für den **Fraktionszwang,** also für den Abgeordneten bindende Beschlüsse zu seiner Amtsführung, unbestritten.[539] Zu Recht wird demgegenüber die Aufrechterhaltung der **Fraktionsdisziplin** für legitim erachtet.[540] Die dagegen vorgebrachten Argumente, die auf die kaum mögliche Abgrenzbarkeit zwischen beiden abheben und zudem geltend machen, dass der Abgeordnete nur seinem Gewissen unterworfen sei, vermögen letztlich nicht zu überzeugen. Das Abgrenzungsproblem stellt sich als allgemeines dar, das auch zwischen Gewissensfreiheit und informaler Sanktion auftritt. Die Gewissensfreiheit ist im Übrigen solange nicht tangiert, wie der Abgeordnete letztlich der eigenen Überzeugung folgt und folgen kann. Insbesondere gehört zu einer realistischen Sicht aber auch, dass bei knappen Mehrheiten weniger die Fraktion den einzelnen Abgeordneten zu einem bestimmten Verhalten pressen kann, als der Abgeordnete Zugeständnisse von der Fraktion erzwingen kann. Bei komfortablen Mehrheiten oder klaren Minderheitspositionen spielen disziplinierende Maßnahmen aber eine geringere Rolle, als der Begriff der Fraktionsdisziplin nahe legt.[541] Letztlich aber ist das Problem unzureichend begriffen, wann man die **Organisation der Abgeordneten in Fraktionen** (→ Rn. 129) nachträglich in die umfassende Freiheit des einzelnen Abgeordneten auflösen möchte. Organisationen, wie sie Fraktionen darstellen, binden die einzelnen Abgeordneten ebenso wie sie deren Handlungsmöglichkeiten erweitern.[542] Ohne Bindung der Mitgliedsrolle lassen sich die Handlungsmöglichkeiten nicht erweitern und Organisationen nicht etablieren. Insoweit käme es – wie in anderen Fällen „organisierter Freiheit" – darauf an, normative Kriterien für die freiheitsfreundliche Ausgestaltung der innerorganisatorischen Strukturen der Fraktion zu entwickeln,[543] statt einem unter Bedingungen organisierter Mandatsausübung einfachen Dualismus von Zwang und Freiheit zu folgen, der ersichtlich auch nicht das Selbstverständnis der Abgeordneten trifft.[544]

122 Der **Fraktionsausschluss** von Abgeordneten ist bei Vorliegen eines wichtigen Grundes **zulässig,** aber nur nach einem **freiheitswahrenden Verfahren.**[545] Fraktionen sind schon um ihrer Funktions- und Wettbewerbsfähigkeit willen auf ein bestimmtes Maß an Übereinstimmung ange-

---

537 *Anschütz/Thoma,* DtStaatsR I, 1930, 285.

538 *Badura* in BK Rn. 52; *Badura* in Schneider/Zeh ParlamentsR, § 15 Rn. 11; *Schneider* in AK Rn. 40; *Isensee* FS f. Oberreuter, 2007, 254 (259).

539 BVerfGE 10, 1 (15); *Klein* in HdbStR III § 51 Rn. 14; *Schneider* in AK Rn. 51; *Morlok* in Dreier Rn. 196.

540 *Schneider* in AK Rn. 52; *Morlok* in Dreier Rn. 196; ausführlich *Butzer* in BeckOK GG Rn. 131 ff.

541 Vgl. zum Selbstverständnis der Abgeordneten *Patzelt* ZParl 1998, 323 (336 ff.).

542 In diese Richtung auch BVerfGE 102, 224 (239 f.).

543 Auf die Notwendigkeiten innerer Demokratie verweist insoweit zu Recht *Morlok* in Dreier Rn. 195; *Kürschner* DÖV 1995, 16 (19 f.), die – insoweit unzutr. – auf Art. 21 Abs. 1 S. 3 abstellt.

544 Vgl. die Befunde bei *Patzelt* ZParl 1998, 323 (336 ff.).

545 Vgl. *Demmler,* Der Abgeordnete im Parlament der Fraktionen, 1994, 245 ff.; *Arndt* in Schneider/Zeh ParlamentsR, § 21 Rn. 24; *Stern,* StaatsR I, 1984, § 23 Kap. I 2 f.; *Grimm* in Schneider/Zeh ParlamentsR, § 6 Rn. 25.

wiesen.[546] Gründen die Fraktionen in dem Assoziationsrecht der Abgeordneten, muss es auch möglich sein, sich von einzelnen Abgeordneten wieder zu trennen.[547] Zur Verhinderung willkürlicher Entscheidungen bedarf es aber einer Fixierung möglicher Ausschlussgründe und des einzuhaltenden Verfahrens in der Fraktionssatzung.[548] Aus materiell-rechtlicher Sicht setzt der Fraktionsausschluss das Vorliegen eines **wichtigen Grundes** voraus.[549] Dieser liegt u. a. vor, wenn das erforderliche Mindestmaß an inhaltlicher Übereinstimmung fehlt, wenn ein Fraktionsmitglied die Gremienarbeit unzumutbar erschwert oder das Vertrauensverhältnis sonst in nachhaltiger Weise stört.[550] Der Fraktionsausschluss berührt den Abgeordneten in seinen Rechten aus Art. 38 Abs. 1 S. 2. Hieraus folgt zugleich dessen **Antragsbefugnis im Organstreitverfahren.**[551]

Die Zulässigkeit des **Ausschussrückrufs** von Abgeordneten durch die Fraktion ist verfassungsrechtlich nach wie vor **umstritten.** Dabei wird man die verfassungsrechtlichen Zweifel allein auf die Konstellation beschränken können, in der ein der Fraktion noch zugehörender Abgeordneter von dieser etwa wegen mangelnder Effizienz, Pflichtverletzung oder inhaltlicher Divergenzen von einem Ausschusssitz abberufen wird. Hält man die Bestellung der Ausschussmitglieder durch die Fraktionen (soweit es fraktionsangehörige Abgeordnete betrifft), wie dies in §§ 12, 57 Abs. 2 GO BT vorgesehen ist, jedenfalls im Grundsatz für eine verfassungsrechtlich nicht zu beanstandende Regelung, die im Rahmen der Geschäftsordnungsautonomie des Bundestages liegt, dann kann der Abgeordnete eine Fraktion, der er – sei es durch Austritt oder Ausschluss – nicht mehr angehört, gegen den Willen der Fraktion nicht in den Ausschüssen vertreten.[552] Bei einem Fraktionsmitglied wirkt der Ausschussrückruf zwar als Sanktion und daher – zumindest mittelbar – auf die freie Mandatsausübung ein.[553] Indes ist nicht zu übersehen, dass der Abgeordnete im Ausschuss nicht nur sich, sondern auch die anderen Abgeordneten der Fraktion vertritt; dies ist Konsequenz der Arbeitsteiligkeit der Aufgabenwahrnehmung, die letztlich nicht möglich ist, wenn der Abgeordnete die Fraktion gegen deren Willen vertreten möchte. Es ist daher – ein **freiheitssicherndes Verfahren** und einen **wichtigen Grund** vorausgesetzt – verfassungsrechtlich nicht zu beanstanden, wenn die Fraktion für diese Fälle einen Ausschussrückruf vorsieht.[554] 123

[546] *Morlok* in Dreier Rn. 192: Tendenzorganisationen.

[547] *Isensee* FS f. Oberreuter, 2007, 254 (266).

[548] Vgl. zur landesverfassungsrechtlichen Parallelproblematik BerlVerfGH NVwZ-RR 2006, 441 (443 f.).

[549] So zu Art. 38 Abs. 1, 4 BLNVerf BerlVerfGH NVwZ-RR 2006, 441 (444 f.); zum Kommunalverfassungsrecht VGH Kassel NVwZ 1990, 391; OVG Lüneburg NVwZ 1994, 506; OVG Berlin NVwZ 1998, 197 (199).

[550] BerlVerfGH NVwZ-RR 2006, 441 (444 f.); zum Kommunalverfassungsrecht VGH Kassel NVwZ 1990, 391; OVG Lüneburg NVwZ 1994, 506; OVG Berlin NVwZ 1998, 197 (199).

[551] Zum Landesverfassungsrecht BerlVerfGH NVwZ-RR 2006, 441 (442 f.); LVerfGE 14, 35 (49); aA *Ipsen* NVwZ 2005, 361 (363 f.), der eine Antragsbefugnis im Organstreitverfahren verneint, da ein Recht auf Verbleib in der Fraktion nicht vom verfassungsrechtlichen Status des Abgeordneten umfasst sei.

[552] BVerfGE 80, 188 (233 f.); *Klein* in HdbStR III § 51 Rn. 18; *Morlok* in Dreier Rn. 194; *Sendler* NJW 1985, 1425 (1429); *Magiera* in Sachs Rn. 51.

[553] *Klein* DÖV 1972, 329; *Klein* in HdbStR III § 51 Rn. 18; *Kasten,* Ausschußorganisation und Ausschußrückruf, 1983, 185; *Birk* NJW 1988, 2521 (2523); *Hölscheidt* DVBl. 1989, 291 (294 f.).

[554] Mit Nuancen iE *Arndt* ZParl 1984, 523 (529); *Becker* ZParl 1984, 24 (28); *Grimm* in Schneider/Zeh ParlamentsR, § 6 Rn. 35; *Morlok* in Dreier Rn. 194; *Magiera* in Sachs Rn. 51; *Isensee* FS f. Oberreuter, 2007, 254 (266).

124 Die **Abgeordneten repräsentieren in ihrer Gesamtheit das Volk** (→ Rn. 105) und nehmen die Rechte des Bundestages in der Gesamtheit seiner Mitglieder wahr.[555] Demgemäß ist **jeder Abgeordnete berufen,** an der **Arbeit des Bundestages in gleicher Weise teilzunehmen** (→ Rn. 106 f.), freilich im Rahmen der vom Bundestag im Einklang mit der Verfassung gestalteten Geschäftsordnung (vgl. Art. 40 Abs. 1 S. 2). Zu den Rechten des Abgeordneten zählt grundsätzlich all das, was zu einer wirksamen und verantwortlichen Mandatswahrnehmung im Bundestag erforderlich ist. Anerkannt ist insoweit das **Teilnahmerecht an Sitzungen des Plenums** und der **Ausschüsse,** selbst dann, wenn er ihnen nicht angehört, sofern nicht ein Beschluss nach § 69 Abs. 2 GO BT vorliegt.[556] Gleiches gilt für das **Stimmrecht.**[557] Dieses setzt das Recht zur Teilnahme an den Beratungen voraus. Beratung ist ein wesentliches Kennzeichen des parlamentarischen Prozesses.[558] Beratungsrechte erfordern zudem hinreichende Informationen zum Beratungsgegenstand.[559] Das Stimmrecht ist auch nicht in Fällen der Selbstbetroffenheit – insofern anders als im Bereich der Exekutive – ausgeschlossen.[560] Allerdings mag es verfassungspolitisch sinnvoll sein, durch Kontrastinstitutionen auf eine Objektivierung und Akzeptanzbildung hinzuwirken, weil sich hier leicht Kontrolldefizite ergeben können. Zu den unentbehrlichen Rechten gehört das **Rederecht**[561] sowie das **Frage- und Informationsrecht,**[562] das Voraussetzung der Mandatsausübung wie auch der effektiven Kontrolle der Regierung ist. Gerade angesichts der Wissensasymmetrien zwischen dem Parlament und der Regierung kommt dem parlamentarischen Informationsrecht, sei es ein solches des Parlaments oder der Abgeordneten eine für die Demokratie wichtige Funktion zu. Art. 38 ebenso wie die entsprechenden Regelungen in den Verfassungen der Länder gewährleisten dem Abgeordneten das Recht darauf, dass ihm grundsätzlich alle erforderlichen Informationen zur Verfügung stehen.[563] Diese werden ausgestaltet in verschiedenen mehr oder weniger formalisierten Informationsrechten gegenüber der Regierung. Ihre Wurzel haben sie in den Rechten des Parlaments, also der Gewaltenteilung und -verschränkung ebenso wie den Rechten einzelner Abgeordneter. Das Bundesverfassungsgericht verankert diese Rechte, etwa das Frage- und Informa-

---

[555] BVerfGE 80, 188 (218); 104, 310 (329).
[556] *Klein* in HdbStR III § 51 Rn. 32; *Magiera* in Sachs Rn. 59.
[557] BVerfGE 10, 4 (12); 70, 324 (355); 80, 188 (218); 84, 304 (321).
[558] BVerfGE 140, 115 (150 f.).
[559] Zu den daraus sich ergebenden Konsequenzen etwa für den Umfang in dem der Vermittlungsausschuss nach Art. 77 Abs. 2 vgl. BVerfGE 150, 345 (366 ff.); 150, 204 (231 ff.).
[560] *Morlok* in Dreier Rn. 156; *Magiera* in Sachs Rn. 61; zu Entscheidungen des Parlaments in eigener Sache BVerfGE 40, 296 (327).
[561] BVerfGE 10, 4 (12); 60, 374 (379 f.); 80, 188 (218); BayVerfGH NVwZ-RR 1998, 409; MVVerfG NVwZ 2010, 958; SächsVerfGH BeckRS 2010, 33599, Ausschluss eines Abgeordneten von zehn Plenarsitzungen; SächsVerfGH Urt. v. 14.1.2011 – Vf 87-I-10; das Rederecht aus Art. 38 Abs. 1 S. 2 ist nicht auf die Bundesversammlung zu übertragen, vgl. BVerfGE 138, 125 (133).
[562] Zur Reichweite BVerfGE 13, 123 (125); 57, 1 (5); 92, 130 (131 ff.); NWVerfGH DVBl. 1994, 48 (50); OVGE 43, 274; NVwZ-RR 2009, 41; SächsVerfGH JbSächsOVG 2, 103; SächsVBl. 1998, 210 (211 ff.); BbgVerfG NVwZ-RR 1998, 209; SachsAnhVerfG NVwZ 2000, 671; HbgVerfG Urt. v. 21.2.2010 – HVerfG 1/10 –, 13; *Glauben/Edinger* DÖV 1995, 941; *Neßler* LKV 1995, 12; zum Verhältnis von Informationsrecht der Abgeordneten und Grundrechten der Bürger BbgVerfG NJ 1997, 136 (137 ff.), ausführlich *Butzer* in BeckOK GG Rn. 144 ff., 170 ff.
[563] St. Rspr., vgl. BVerfGE 70, 324 (355).

tionsrecht der Abgeordneten, in Art. 38 Abs. 1 S. 2 und Art. 20 Abs. 2 S. 2 als ein Recht des Bundestages gegenüber der Bundesregierung, an dem die einzelnen Abgeordneten und Fraktionen als Zusammenschlüsse von Abgeordneten nach Maßgabe der Ausgestaltung in der Geschäftsordnung teilhaben.[564] Darin kommt allerdings eine gewisse Mediatisierung des Abgeordneten zum Ausdruck, die von Art. 38 Abs. 1 S. 2 nicht unbedingt, jedenfalls aber nicht durchgängig nahegelegt wird. Soweit verfassungsrechtlich Informationsrechte nicht explizit dem Parlament zugewiesen sind, sind diese zunächst einmal in dem Status des Abgeordneten verankert.[565] Diese Informationsrechte sind nicht grenzenlos gewährleistet, sondern werden durch die Zuständigkeit der Bundesregierung, die Gewaltenteilung, Geheimhaltungsinteressen der Staates und Dritter begrenzt.[566] Darüber hinaus steht den Abgeordneten grundsätzlich nach Maßgabe näherer Ausgestaltung in der Geschäftsordnung das **Initiativrecht** in Gestalt von Antrags- und Wahlvorschlagsrechten zu.[567] Der Abgeordnete nimmt nicht **nur** kraft seines Stimmrechts an **den Wahlen** und **Entscheidungen teil,** sondern kann **sich** auch selbst **zur Wahl stellen.**[568] Zum Status des Abgeordneten rechnet das BVerfG auch das Recht zum parlamentarischen Opponieren,[569] was ohnehin allerdings eine Selbstverständlichkeit ist und schon daraus folgt, das der Abgeordnete nur seinem Gewissen verpflichtet ist. Spezifische Rechte auf Opposition (Oppositionsfraktionsrechte) sollen daraus allerdings nicht folgen. Das **Assoziationsrecht**[570] zu Gruppen und Fraktionen ist ebenfalls Teil des Abgeordnetenstatus.[571] Die Beteiligung an einem Ausschuss des Parlaments ist auch grundsätzlich Teil des Status des Abgeordneten. Angesichts der Tatsache, dass die eigentliche Sacharbeit wesentlich in Ausschüssen stattfindet, ist die Beteiligung zur wirksamen Mandatswahrnehmung notwendig,[572] freilich abhängig von der Zahl der zur Verfügung stehenden Ausschussitze. **Diese Teilhabe umfasst nicht nur das Rede-, sondern auch das Stimmrecht im Ausschuss,** auch für den Fall, dass es sich um einen fraktionslosen Abgeordneten handelt.[573]

Stellen die **Abgeordneten** in ihrer Gesamtheit die Repräsentation des Volkes dar, müssen alle Abgeordneten über **gleiche Mitgliedschaftsrechte** verfügen (→ Rn. 106). Dieser Status ist ein solcher der **formalen Gleichheit.** Dieses Recht erstreckt sich in seinem Umfang auf die gesamte parlamentarische Tätigkeit, wirkt also überall dort, wo Aufgaben des Parlaments erfüllt werden, etwa in der Gesetzgebung einschließlich der Ausschuss- **125**

[564] BVerfGE 147, 50 (126 ff.); 146, 1 (38 ff.); 124, 161 (188) st. Rspr.; für Untersuchungsausschüsse ähnlich, allerdings auch durch Art. 44 Abs. 1 S. 1 nahegelegt, BVerfGE 124, 78 (114).

[565] Vgl. dazu und zu möglichen Grenzen des Informationsrechts *Trute* in 20 Jahre Verfassungsgerichtsbarkeit in den neuen Ländern, 166 (174 ff.).

[566] Ausführlich BVerGE 137, 185 (233 ff.); auch *Trute* in 20 Jahre Verfassungsgerichtsbarkeit in den neuen Ländern, 166 (174 ff.).

[567] BVerfGE 80, 188 (218 f.); 84, 304 (328); BayVerfGH NVwZ 1994, 64 (65); BayVGHE nF 47, 194; NWVerfGH NWVBl. 1999, 411; BbgVerfG DVBl. 1999, 708.

[568] BVerfGE 70, 324 (354); BerlVerfGH LKV 1996, 245.

[569] BVerfGE 142, 25 (57).

[570] *Morlok* in Dreier Rn. 151, 171.

[571] BVerfGE 43, 142 (149); 70, 324 (354); 80, 188 (218).

[572] BVerfGE 80, 188 (221 f.).

[573] AA BVerfGE 80, 188 (224 f.); zur Kritik *Trute* Jura 1990, 184 (190); *Schulze-Fielitz* DÖV 1989, 829 (833); *Morlok* JZ 1989, 1035 (1041).

arbeit,[574] beim Budgetrecht, bei den Kreations-, Informations- und Kontrollfunktionen.[575] Er gilt daher auch für Parlamentarische Kontrollkommissionen.[576]

126 Aus dem Status der formalen Gleichheit folgt für das Bundesverfassungsgericht auch, dass eine Einführung spezifischer Oppositionsfraktionsrechte nicht möglich ist, denn diese würden den Status der formalen Gleichheit aller Abgeordneten durchbrechen.[577] Das könnte man angesichts der faktisch sehr unterschiedlichen Position vielleicht etwas weniger eng sehen, eher scheint aber in der Funktionsfähigkeit der parlamentarischen Demokratie, die eben eine wirksame Kontrolle der Regierung durch das Parlament verlangt, durchaus eine verfassungsrechtliche Rechtfertigung liegen zu können, die eine etwas andere Akzentuierung ermöglicht. Eher vordergründig erscheint dabei der Verweis des BVerfG,[578] dass allein die Möglichkeit des Abweichens von der Regierungslinie diese bereits zur Rücksichtnahme auf abweichende Positionen bringen könne. Das kommt, wie das Gericht zu Recht betont, vor, ist aber als strukturelles Argument nicht besonders robust. Von daher bietet sich ein Bezug auf die Abgeordnetenrechte in funktionaler, nicht institutioneller Betrachtung an, die sich gleichsam als ad hoc Opposition zusammenfinden und über die Nichtbeteiligung an der Regierung definiert werden könnten. Damit wären jenseits der Bedenken des BVerfG durchaus Anknüpfungspunkte für spezifische Oppositionsrechte gewonnen.[579]

127 Die **gleichen Mitgliedschaftsrechte** kommen den Abgeordneten **unabhängig davon** zu, **ob** sie ihr **Mandat über eine Liste oder als Direktkandidaten errungen haben,** ob sie einer **Gruppe** oder **Fraktion angehören** oder **nicht.** Von daher bedürfen Differenzierungen, insbes. zwischen den fraktions- bzw. gruppenangehörigen und den nichtorganisierten Abgeordneten stets eines verfassungsrechtlich legitimierten Differenzierungsgrundes. Dieser kann, sofern es sich um Statusrechte der Abgeordneten handelt, nicht allein schon in der Geschäftsordnungsautonomie des Bundestages liegen, welche vielmehr im Einklang mit dem Status des Abgeordneten wie sonstigen verfassungsrechtlichen Rechtspositionen ausgestaltet werden muss. Dabei versteht es sich, dass die gleiche Rechtsstellung der Abgeordneten aufeinander ebenso abgestimmt werden muss, wie es Sache des Bundestages ist, die für eine sachgerechte Ausübung der Rechte des Bundestages erforderlichen Regelungen zu treffen.[580] Für die fraktionslosen Abgeordneten hat das BVerfG dies im Ausgangspunkt klargestellt.[581] Allerding hat es gemeint, ihnen das Stimmrecht in den Ausschüssen vorenthalten zu müssen. Die dazu gefundene Rechtfertigung aus der gleichen Repräsentation aller Abgeordneten stellt aus dem Repräsentationsgedanken darauf ab, dass die Ausschüsse des Parlaments in ihrer Zusammensetzung ein verkleinertes Abbild des Par-

---

[574] BVerfGE 44, 308 (319); 80, 188 (221 ff.); *Trute* Jura 1990, 184 (189 ff.); *Schulze-Fielitz* DÖV 1989, 829 (833).
[575] BVerfGE 80, 188 (218).
[576] Vgl. dazu und zu den Konsequenzen SächsVerfGH JbSächsOVG 4, 39 (42 ff.) für die Chancengleichheit der Fraktionen.
[577] BVerfGE 142, 25 (60 ff.).
[578] BVerfGE 142, 25 (61 f.).
[579] Ausführlich *Kuhn,* Der Verfassungsgrundsatz effektiver parlamentarischer Opposition, 2019.
[580] BVerfGE 80, 188 (218 f.); 44, 308 (315 f.).
[581] BVerfGE 80, 188 (217 ff.).

laments sein müssen.[582] Dabei verkennt es freilich, dass auch der fraktionslose Abgeordnete an dieser teilnimmt, die Repräsentation daher unter Beachtung seiner gleichen Rechtsstellung zu erfolgen hat, wie sie im Übrigen nicht zureichend berücksichtigt, dass die Gründe der Effektivität der Entscheidungsvorbereitung auch unter Wahrung der Stellung des fraktionslosen Abgeordneten gesichert werden kann.[583] Zu Recht hat das BVerfG allerdings den fraktionslosen Abgeordneten eine eigene **Vertretung im Ältestenrat versagt,** der ein typisches Gremium der Selbstorganisation des Parlaments ist.[584] Ebenso wenig müssen die fraktionslosen Abgeordneten notwendig in anderen Gremien, wie etwa Enquete-Kommissionen, vertreten sein.[585] Genauso wenig gilt der Grundsatz der Spiegelbildlichkeit für Arbeitsgruppen des Vermittlungsausschusses.[586] Denn diese liegen im Vorfeld der parlamentarischen Willensbildung. Die gewählte Größe der Ausschüsse hat naturgemäß Einfluss auf die gleichmäßige Repräsentation. Je geringer die Größe der Ausschüsse, desto kleiner die Repräsentationsbasis, die zudem mit dem Mehrheitsprinzip in Konflikt geraten kann. Zu Recht verlangt das BVerfG insoweit eine Rechtfertigung, wobei sich der Ausschluss anderer Abgeordneter, also die Abweichung von der formalen Gleichheit aller Abgeordneten, an dem Grundsatz des geringmöglichsten Eingriffs orientieren muss[587]. Auch ist die Versagung von Fraktionszuschüssen an fraktionslose Abgeordnete verfassungsgemäß. Mangels Vergleichbarkeit der Aufgabenstellung liegt dies auf der Hand. Etwaige Vorteile sind freilich – nicht notwendig finanziell – zu kompensieren.[588] Die gleichen Mitwirkungsrechte der Abgeordneten setzen sich in dem Anspruch auf **formale Gleichbehandlung der Fraktionen** (→ Rn. 129) und **Gruppen** (→ Rn. 128) fort.

Die Abgeordneten können sich – wenn ihre Zahl nicht ausreicht, um eine Fraktion zu bilden (§ 10 Abs. 1 GO BT) – zu **Gruppen** (§ 10 Abs. 4 GO BT) zusammenschließen.[589] Der Grundsatz der Gleichheit der Abgeordneten führt konsequent zu einem **Anspruch auf Gleichbehandlung**[590] **der Gruppen** gegenüber anderen Gruppen und Fraktionen, freilich nach Maßgabe ihres Stärkeverhältnisses. Das schließt Regelungen in der Geschäftsordnung nicht aus, die im Interesse der Sicherung der Arbeitsfähigkeit des Parlaments und anderer verfassungsrechtlicher Rechtsgüter Differenzierungen nach Maßgabe der Bedeutung von Fraktionen und Gruppen vornehmen. Soweit es sich nicht um Mitgliedschaftsrechte der Abgeordneten handelt, hat der Bundestag ohnehin im Rahmen seiner Geschäftsordnungsautonomie einen weiten Spielraum, um Arbeitsablauf und Organisation der parlamentarischen Arbeit zu regeln. Daraus folgt, dass solche Gruppen nach **Maßgabe ihrer Stärke** an der **proportionalen Verteilung** der **Ausschusssitze** teilnehmen und **Anspruch auf eine angemessene Ausstattung** mit sachlichen und personellen Mitteln haben, sofern auch Fraktionen solche gewährt **128**

---

[582] BVerfGE 140, 115 (1521); 135, 317 (396); 131, 230 (235); 130, 318 (354); 112, 118 (133); 96, 264 (282); 84, 304 (323); 80, 188 (222).

[583] Zur Kritik *Schulze-Fielitz* DÖV 1989, 829; *Morlok* JZ 1989, 1035; *Trute* Jura 1990, 184; früher schon *Kürschner,* Die Statusrechte des fraktionslosen Abgeordneten, 1984, 80 f.

[584] BVerfGE 80, 188 (226 f.).

[585] BVerfGE 80, 188 (230); st. Rspr., vgl. BVerfGE 140, 115 (151 f.).

[586] BVerfGE 140, 115 (154 ff.).

[587] BVerfGE 130, 318 (352 ff.).

[588] BVerfGE 80, 188 (230 ff.); BremStGH NVwZ 2005, 929 (933).

[589] BVerfGE 84, 304 (322).

[590] BVerfGE 84, 304 (322 f.); 96, 264 (278).

werden.[591] Ein Anspruch auf vollständige Gleichbehandlung gegenüber den Fraktionen besteht in dieser Hinsicht jedoch nicht.[592] Auch muss die **Gruppe** auf ihr Verlangen hin **im Unterausschuss** mit einem Mitglied vertreten sein,[593] nicht dagegen sind sie bei der **Vergabe der Ausschussvorsitze** notwendig zu berücksichtigen, da diese Funktion nicht zu dem mitgliedschaftlichen Status der Abgeordneten gehört.[594] Richtigerweise gehören die **parlamentarischen Initiativrechte,** also das Recht Gesetzesentwürfe, Anträge, Große und Kleine Anfragen sowie Entschließungsanträge einzubringen, ebenfalls zu den Gruppenrechten.[595] Entgegen der Auffassung des BVerfG ist den Gruppen ein **Grundmandat** für **die Arbeit in Enquete-Kommissionen** und **Untersuchungsausschüssen** einzuräumen.[596] Für letzteres spricht schon die **Bedeutung parlamentarischer Kontrolle** auch und gerade durch die nicht die Regierung tragenden Gruppen und Fraktionen (→ Rn. 25).[597] Für ersteres lässt sich der nur vorbereitende Charakter der Tätigkeit anführen, bei dem es auf eine strikte Proportionalität ohnehin nicht zwingend ankommen kann, wenn man denn das in der Rechtsprechung entwickelte Argument strikter Proportionalität überhaupt in dieser Weise für richtig hält.[598] Auch wenn das BVerfG bei Stimmengleichheit nicht zu einem Verfassungsverstoß gekommen ist, sprechen die besseren Argumente für eine **Berücksichtigung der Gruppen im Gemeinsamen Ausschuss** nach Art. 53a.[599]

129 **Fraktionen sind** weiterhin die **bestimmenden Einrichtungen des Parlaments,** die dessen Arbeit wesentlich erleichtern und steuern.[600] Ungeachtet ihrer Zuordnung zur organisierten Staatlichkeit des Parlaments stellen sie funktional das Scharnier zwischen Parteien und Parlament dar. Die Rede von den „Parteien im Parlament"[601] verdeutlicht dies. Für das BVerfG ergab sich ihre verfassungsrechtliche Anerkennung daher zunächst aus der der politischen Parteien in Art. 21 Abs. 1,[602] ohne zu verkennen, dass sie Teil des staatsorganisatorischen Bereichs sind. Letzteres spricht freilich dafür, die Fraktion in **Art. 38 Abs. 1 S. 2** zu **verankern,** als Ausprägung des **Assoziationsrecht der Abgeordneten,**[603] wie es in der späteren Rechtsprechung denn auch geschieht.[604] Art. 21 verliert damit nicht vollständig seine Bedeu-

---

591 BVerfGE 84, 304 (324).
592 BVerfGE 84, 304 (333 f.); 96, 264 (281).
593 BVerfGE 84, 304 (328).
594 BVerfGE 84, 304 (328); 96, 264 (280).
595 Offen gelassen in BVerfGE 84, 304 (328 f.).
596 AA BVerfGE 84, 304 (332 f.); 96, 264 (280).
597 AA BVerfGE 96, 264 (281).
598 Zur Kritik bereits *Trute* Jura 1990, 184 (190 f.); iE wie hier *Morlok* in Dreier Rn. 171; vgl. aber BVerfGE 96, 264 (282).
599 BVerfGE 84, 304 (334 ff., 337 ff.); 96, 264 (281 f.).
600 Ähnlich BVerfGE 112, 118 (135) „notwendige Einrichtungen des Verfassungslebens"; BremStGH NVwZ 2005, 929 (931) „für die Funktionsfähigkeit des Parlaments unentbehrlich"; ausführlich zu Fraktionen *Butzer* in BeckOK GG Rn. 178 ff.; *Klein/Krings* in Morlok/Schliesky/Wiefelspütz ParlamentsR, § 17; *Pilniok* Parlamentarisches Regieren, 2020 (Typoskript) § 5 I.
601 *Schmidt* Der Staat 1970, 481 (488 f.); *Kretschmer,* Fraktionen – Parteien im Parlament, 1992.
602 BVerfGE 10, 4 (14); 43, 142 (148); 70, 324 (350 f.); Sondervotum *Kruis* BVerfGE 88, 188 (241).
603 *Morlok* in Dreier Rn. 151, 171.
604 BVerfGE 43, 142 (149); 70, 324 (354); 80, 188 (219 f.); 84, 304 (322); 112, 118 (135); 96, 264 (278) für Gruppen.

tung, da er die gemeinsame Parteizugehörigkeit oder doch das gemeinsame politische Ziel als Kriterium der Fraktionsbildung legitimiert (vgl. § 10 Abs. 1 GO BT).[605] Darüber hinaus wird die Rechtsstellung natürlich auch durch Art. 40 Abs. 1 S. 2 mitbestimmt, da nicht alle Rechte der Fraktion aus den Mitgliedschaftsrechten der Abgeordneten folgen, sondern sich auch aus Zuweisungen aus dem Selbstorganisationsrecht des Bundestages ergeben.[606] Insoweit gilt gerade hinsichtlich der Ausgestaltung der Fraktionsrechte, dass dem Bundestag im Interesse der Arbeitsfähigkeit des Organs ein Gestaltungsspielraum zukommen muss.[607]

Das BVerfG hat die Regelung des § 10 Abs. 1 S. 1 GO BT, insoweit als die **Fraktionsstärke** bei 5 % der Mitglieder liegen muss, stets gebilligt.[608] Angesichts der Tatsache, dass die parlamentarischen Mitwirkungsrechte von Gruppen und Fraktionen, soweit es um die aus dem Status der Abgeordneten folgenden Rechte geht, weitgehend aneinander angeglichen sind, ist dies jedenfalls dann nicht zu beanstanden, wenn die Zahl aus Gründen der Organisation und des Verfahrens der Arbeit des Bundestages begründbar ist.[609] **130**

Die **herausragende Stellung der Fraktionen** im Parlamentsbetrieb manifestiert sich in den regelmäßig diesen zugewiesenen **Initiativrechten** (vgl. nur § 52 S. 1, § 76 Abs. 1, § 102 S. 2 GO BT, Nr. I. 1. b, c der Anl. 5 zur GO BT).[610] Die darin liegende Beschränkung der Initiativrechte des einzelnen Abgeordneten (→ Rn. 124) ist hinnehmbar, soweit sie zur Erhaltung der Arbeitsfähigkeit des Parlaments erforderlich ist[611] und durch die Zuweisung der gleichen Antragsrechte an Initiativgruppen einzelner Abgeordneter zugunsten der Handlungsfähigkeit und somit der Unabhängigkeit des einzelnen Abgeordneten, die ohne ein Mindestmaß eigener, von den Fraktionen nicht determinierter Initiativmöglichkeiten schwerlich denkbar ist, abgefedert wird. Als problematisch erscheint dagegen eine sachlich-inhaltliche **Beschränkung des Initiativ- bzw. Erörterungsrechts der Fraktionen auf Gegenstände, die in den Anwendungsbereich der Gesetzgebungskompetenzen der jeweiligen Gebietskörperschaft fallen,** zumal die Länder über den Bundesrat an der Bundesgesetzgebung und die Bundesrepublik Deutschland über den Ministerrat an der Unionsgesetzgebung mitwirken.[612] Weiterhin haben die Fraktionen einen **Anspruch auf staatliche Finanzierung und Sachausstattung** (§ 50 AbgG) sowie auf **gleiche Beteiligung bei der Besetzung parlamentarischer Gremien** (§ 6 Abs. 1 S. 1, §§ 12, 57 Abs. 2 GO BT; vgl. auch Art. 53a Abs. 1 S. 2 Hs. 1; zur Gleichbehandlung der **131**

---

605 Insoweit unklar BbgVerfG NJ 1995, 143 (144), das letztlich auf einen traditionellen Begriff von Fraktionen und funktionalen Beziehungen zu Parteien abstellt; krit. auch *Demmler,* Der Abgeordnete im Parlament der Fraktionen, 1994, 210 ff.; vgl. nunmehr wiederum die Annäherung an Art. 21 Abs. 1 in BVerfGE 102, 224 (239 f.).

606 Zu eng insoweit *Morlok* in Dreier Rn. 184; anders *Wolters,* Der Fraktions-Status, 1996, 219, der die Fraktionen von ihrer Funktion der Mitvertretung des Volkes her konzipieren möchte, was der Sache nach aber keinen Zuwachs an Präzisierung erbringt.

607 Zu Recht betont in BVerfGE 112, 118 (149 ff.) abw. Votum.

608 BVerfGE 84, 304 (326); 96, 264 (279); *Magiera* in Sachs Rn. 68; *Stern,* StaatsR I, 1984, § 23 Kap. I 2c mwN.

609 *Morlok* in Dreier Rn. 186.

610 Dazu auch *Zeh* in HdbStR III § 52 Rn. 20.

611 Vgl. *Morlok* in Dreier Rn. 185.

612 Für eine sachliche Beschränkung des Initiativ- und Erörterungsrecht der Fraktionen nach Art. 56 Abs. 2 S. 1 BbgVerf: BbgVerfG NVwZ-RR 2001, 490 (491 f.); krit. *Jutzi* NJ 2001, 308 (309).

Fraktionen bei öffentlichen Zuwendungen und der Besetzung parlamentarischer Gremien → Rn. 132). Die Finanzierung der Fraktionen aus öffentlichen Mitteln ist zulässig,[613] jedoch dürfen diese nicht für Parteiaktivitäten verwendet werden (§ 50 Abs. 4 S. 2 AbgG).[614]

132 Für die Ausgestaltung der Stellung der Fraktionen gilt das **Gebot formaler Gleichbehandlung,**[615] was Differenzierungen nach Maßgabe der Fraktionsstärke nicht ausschließt. Insoweit ist das **Proportionalitätsprinzip** ein wichtiger, die Repräsentationsfunktion umsetzender Maßstab bei der Ausgestaltung von Handlungsmöglichkeiten und Ressourcen.[616] Die Durchsetzung der den Fraktionen zustehenden Rechte darf zudem nicht davon abhängen, ob sie sich in der Mehr- oder Minderheit befinden.[617] So haben Fraktionen Anspruch auf gleiche Finanzierung, sofern eine Finanzierung vorgesehen ist,[618] sind ihrem Stärkeverhältnis entsprechend gleichermaßen in den Ausschüssen und anderen Parlamentseinrichtungen sowie der Bundestagsbank im Vermittlungsausschuss vertreten[619] und haben grundsätzlich ein gleiches Recht auf Zugang zur Beratung in den Ausschüssen und Gremien des Parlaments.[620] Dies gilt auch und gerade für **Ausschüsse und Gremien,** die mit **geheimhaltungsbedürftigen Angelegenheiten** betraut sind, wie etwa parlamentarische Kontrollkommissionen. Der hier oftmals eingeschlagene Weg, die Abgeordneten in solchen Gremien von einer Wahl durch das Parlament abhängig zu machen, ist nicht grundsätzlich zu beanstanden, sofern die gleichen parlamentarischen Mitwirkungsmöglichkeiten der Fraktionen gesichert bleiben. Das Mehrheitsprinzip als Abweichung vom Entsendungsrecht der Fraktionen legt dann freilich die Realisierungsmöglichkeit der parlamentarischen Mitwirkung in die Hände der Mehrheit, was nicht nur einer Rechtfertigung bedarf, sondern auch hinreichender ggf. verfahrensmäßiger Vorkehrungen, um einen Missbrauch zu verhindern.[621] Im Einzelfall kann die proportionale Besetzung von Gremien zu Schwierigkeiten führen, wenn durch die begrenzte und nicht veränderbare Zahl von Sitzen, etwa beim Vermittlungsausschuss, es zwar gelingt, die Fraktionen entsprechend ihrem Stärkeverhältnis abzubilden, nicht aber die parlamentarische Mehrheit der Regierung zu sichern. Hier muss dem Parlament aus dem Gesichtspunkt der Parlamentsautonomie (→ Rn. 129) ein hinreichender Gestaltungsspielraum für einen schonenden Ausgleich zukommen,[622] der die Mehrheitsbildung im Parlament sicherstellen kann.

133 Die Fraktionen sind als **mitgliedschaftliche Vereinigungen von Abgeordneten** an den Grundsatz der parlamentarischen Diskontinuität gebunden.

---

[613] BVerfGE 20, 56 (104); 62, 194 (202); 80, 188 (231).

[614] Zu den Abgrenzungsproblemen und der Gefahr missbräuchlicher Verwendung *Meyer* KritV 1995, 216 (227 ff.); *Morlok* in Dreier Rn. 190 mwN; allgemein auch *Krings* in Morlok/Schliesky/Wiefelspütz ParlamentsR, § 17 Rn. 70 ff.

[615] BVerfGE 93, 195 (203 f.).

[616] BVerfGE 112, 118 (135).

[617] SächsVerfGH JbSächsOVG 3, 71 (76 ff.); zum Problem des Oppositionsstatus von Fraktionen, die eine Minderheitsregierung tolerieren, SachsAnhVerfG LKV 1998, 101.

[618] Vgl. insoweit BVerfGE 80, 188 (230 ff.); *Meyer* KritV 1995, 216 (227 ff.).

[619] BVerfGE 112, 118 (140) zur Zusammensetzung des Vermittlungsausschusses, vgl. *Lang* NJW 2005, 189.

[620] SächsVerfGH JbSächsOVG 4, 39 (42).

[621] SächsVerfGH JbSächsOVG 4, 39 (45 ff.); auch BVerfGE 70, 324 (abw. Votum *Mahrenholz,* 366 ff.; abw. Votum *Böckenförde,* 380 ff.); großzügiger und nur auf Missbrauch abstellend BVerfGE 70, 324 (362 ff.).

[622] BVerfGE 112, 118 (149 ff.) abw. Votum.

Ihre **Rechtsstellung**[623] als rechtsfähige Vereinigungen **endet** daher mit dem Ende der jeweiligen Wahlperiode (§ 54 Abs. 1 Nr. 3 AbgG), sofern nicht der Fraktionsstatus vorher **erlischt** (§ 54 Abs. 1 Nr. 1 AbgG) oder die Fraktion **aufgelöst wird** (§ 54 Abs. 1 Nr. 2 AbgG). In den Fällen der Nr. 1 u. 2 findet, da das endgültige Ende der Fraktion feststeht, die **Liquidation** statt. In den Fällen der Nr. 3 kommt es nicht zu dieser, wenn sich innerhalb von 30 Tagen nach Beginn der neuen Wahlperiode eine Fraktion konstituiert, deren Mitglieder einer Partei angehören, die durch die Fraktion in der abgelaufenen Wahlperiode im Bundestag vertreten war und die sich zur Nachfolgefraktion erklärt. Sie ist in diesem Fall Rechtsnachfolgerin der alten Fraktion (§ 54 Abs. 7 AbgG).

Eine **Verletzung ihrer Rechte** können Fraktionen[624] und Gruppen[625] 134 **im Organstreitverfahren** geltend machen. Sie können auch Rechte des Bundestages als Prozessstandschafter geltend machen,[626] da ansonsten – sofern sich die Mehrheitsfraktionen damit abfinden – die Rechte des Bundestages nicht gesichert werden. Der Prozessstandschaft steht auch nicht entgegen, dass der Bundestag Antragsgegner ist und es um Rechte der Fraktionen gegenüber dem Bundestag geht.[627] Letzteres ist vor allem deshalb bedeutsam, weil sich die Fraktionsrechte auf den innerparlamentarischen Raum beschränken,[628] die Fraktionen selbst somit gegenüber der Exekutive kein originäres Kontrollrecht haben (zur Kontrollfunktion des Parlaments → Rn. 25).

Einzelfälle

Abführungsanspruch – besteht gegen einen Abgeordneten bei verbotenen Zuwendungen.[629] 135

Abmachungen über Ausübung des Mandats – sind unzulässig.[630]

Beraterverträge – sind durch Art. 38 Abs. 1 S. 2 nicht generell verboten, es sei denn, sie führen zu einer „intensiven faktischen Bindung" oder sie stellen sich als Stimmenkaufverträge dar.[631] Vgl. auch die Verhaltensregeln für Mitglieder des Deutschen BT, Anl. 1 zur GO BT.

Blankoverzicht – auf das Abgeordnetenmandat ist unzulässig[632] (→ Rn. 119)

Fraktionsausschluss – bei grundsätzlichen Differenzen zwischen dem Abgeordneten und seiner Fraktion zulässig[633] (→ Rn. 122).

Fraktionsdisziplin – dh „das Bestreben der Fraktion, ein einheitliches Agieren in der parlamentarischen Arbeit durch vorbereitende, innerfraktionelle Willensbildung zu erreichen", ist zulässig[634] (→ Rn. 121).

---

623 *Morlok* NJW 1995, 29; *Schmidt-Jortzig/Hansen* NVwZ 1994, 1145.

624 BVerfGE 1, 351 (359); 90, 286 (336); 105, 197 (220); st. Rspr., vgl. BVerfGE 142, 25 (49).

625 BVerfGE 84, 304 (317 f.); 96, 264 (278).

626 BVerfGE 2, 143 (165); 90, 286 (336); st. Rspr., BVerfGE 142, 25 (49).

627 BVerfGE 142, 25 (49 f.).

628 BVerfGE 1, 208 (229); 91, 246; BadWürttStGH ESVGH 47, 1.

629 OVG Lüneburg BeckRS 2008, 35138; *Jutzi* ZParl 2008, 503.

630 BVerfGE 2, 1 (74), Verbot der SRP; *Badura* in BK Rn. 53, 55; *Klein* in Maunz/Dürig Rn. 194.

631 *Meessen* FS f. Scheuner, 1973, 431 (448); *Schneider* in AK Rn. 39.

632 BVerfGE 2, 1; *Hahlen* in Schreiber BWahlG § 46 Rn. 31.

633 BremStGH DÖV 1970, 639; *Badura* in BK Rn. 92; *Klein* in HdbStR III § 51 Rn. 17; *Schneider* in AK Rn. 51 „nach Maßgabe der Fraktionsstatuten"; aA *Achterberg,* Parlamentsrecht, 1984, 219.

634 OVG Lüneburg OVGE 4, 143; *Badura* in BK Rn. 91; *Klein* in HdbStR III § 51 Rn. 15; *Stern,* StaatsR I, 1984, § 24 Kap. IV 3d.

Fraktionszwang – die dem Abgeordneten durch die Fraktion auferlegte Verpflichtung zu einer bestimmten Ausübung des Mandats (Fraktionszwang)[635] ist unzulässig.[636] Dagegen ist der Abgeordnete vor Sanktionen seiner Fraktion oder Partei nicht geschützt (Bsp.: Rückzug aus Ausschuss, Ausschluss aus Partei, Nichtwiederaufstellung bei der nächsten Wahl, s. Fraktionsdisziplin). Die Grenzen zwischen Fraktionszwang und Fraktionsdisziplin sind unscharf[637] und „im Wesentlichen nur von theoretischem Wert", „praktisch hilft diese Unterscheidung kaum weiter" (→ Rn. 121).

Freies Mandat – ist als Gegensatz zum sog. imperativen Mandat durch Art. 38 Abs. 1 S. 2 festgelegt.[638]

Informationsrecht – dem Abgeordneten steht gegenüber der Regierung ein Informationsrecht zu[639] (→ Rn. 124).

Initiativrecht – die Beschränkung des Initiativ- und Erörterungsrechts der Fraktionen auf den Gegenstand der Landeskompetenzen ist nach Art. 56 Abs. 2 Bbg. Verf. zulässig[640] (→ Rn. 131).

Kollegialenquete – etwa Überprüfung von Abgeordneten auf eine Tätigkeit für das Ministerium für Staatssicherheit/Amt für Nationale Sicherheit der ehemaligen DDR und auf Verantwortlichkeit für Verstöße gegen die Menschlichkeit oder Rechtsstaatlichkeit, wie sie in § 44c AbgG vorgesehen ist, hat das BVerfG unter engen Voraussetzungen und bei der Einhaltung von Verfahrensanforderungen zum Schutze der betroffenen Abgeordneten für zulässig erachtet.[641] (→ Rn. 112).

Mandatsaberkennung – Verfassungsrechtlich zulässig ist eine Mandatsaberkennung als Ergebnis von Abgeordnetenanklagen, wie sie teilweise in den Landesverfassungen vorgesehen sind (Art. 61 BV; Art. 42 LV; Art. 17 NDSVerf; Art. 118 SaVerf), Es ist nicht ersichtlich, warum der Mandatsverlust infolge strafgerichtlicher Verurteilung möglich sein soll, nicht aber infolge verfassungsgerichtlicher Aberkennung wegen eines Grundes, der – zumindest, wie bei der Tätigkeit für den Ministerium für Staatssicherheit, für eine Übergangszeit – die Repräsentationsfunktion des Parlaments insgesamt in Frage stellen kann.

Mandatsverlust – die Zulässigkeit einer gesetzlichen Regelung, die den Mandatsverlust bei Ausscheiden aus der Partei anordnet, ist strittig.[642] Die herrschende Lehre hält eine solche Regelung zu Recht für mit Art. 38 Abs. 1 S. 2 unvereinbar, und zwar gleichgültig, ob der Parteiwechsel auf Austritt oder Ausschluss beruht, und gleichgültig, ob es sich um einen Wahlkreisbewerber oder um einen Listenbewerber handelt[643] (→ Rn. 117).

---

635 Zu den verschiedenen Definitionen *Kasten* ZParl 1985, 475 (480).

636 BremStGH DVBl. 1953, 437 m. Anm. *Schneider;* OVG Lüneburg OVGE 4, 139 (143); BVerfGE 10, 4 (15), Redeverbot im BT; *Achterberg,* Parlamentsrecht, 1984, 218; *Badura* in BK Rn. 91; *Dreher* NJW 1950, 661; *Klein* in HdbStR III § 51 Rn. 14; *Schneider* in AK Rn. 51; *Stern,* StaatsR I, 1984, § 24 Kap. IV 3d.

637 Krit. zur Unterscheidung von Fraktionszwang und Fraktionsdisziplin *Sendler* NJW 1985, 1425 (1427).

638 *Badura* in BK Rn. 6 ff.; *Stern,* StaatsR I, 1984, § 24 Kap. IV 2; zum Gesamtproblem *Müller,* Das imperative und das freie Mandat, 1966; *Lückenhoff* APuZ 5/89, 17; *Schütt-Wetschky* APuZ 21–22/91, 15; zum freien Mandat der Gemeindevertreter BVerfGE 38, 258 (277); *Frowein* DÖV 1976, 44.

639 Zur Reichweite BVerfGE 13, 123 (125); 57, 1 (5); 92, 130 (131 ff.); NWVerfGH DVBl. 1994, 48 (50);OVGE 43, 274; NVwZ-RR 2009, 41; SächsVerfGH JbSächsOVG 2, 103; SächsVBl. 1998, 210 (211 ff.); BbgVerfG NVwZ-RR 1998, 209; SachsAnhVerfGH NVwZ 2000, 671; *Glauben/Edinger* DÖV 1995, 941; *Neßler* LKV 1995, 12; zum Verhältnis von Informationsrecht der Abgeordneten und Grundrechten der Bürger BbgVerfG NJ 1997, 136 (137 ff.).

640 BbgVerfG NVwZ-RR 2001, 490 (491 f.); krit. *Jutzi* NJ 2001, 309.

641 BVerfGE 94, 334 (366 ff.); 97, 408 (414 f.); 99, 19 (31 ff.).

642 Vgl. *Badura* in BK Rn. 87; *Henkel* DÖV 1974, 181; *Kriele* ZRP 1971, 99; VVDStRL 1971, 71 f.; *Meyn,* Kontrolle als Verfassungsprinzip, 1982, 381 ff.; *Säcker* DVBl. 1970, 567; *Schröder* DVBl. 1971, 132; ZRP 1971, 97; *Siegfried* ZRP 1971, 9; *Trautmann* JZ 1970, 405; *Tsatsos* DÖV 1971, 253.

643 Für den Fall des Austritts aA *Kriele* VVDStRL 1971, 71.

Mitwirkungsverbot – Art. 84 Abs. 1 BremVerf, der die Mitwirkung eines Abgeordneten der Bürgerschaft bei Beratungen und Entscheidungen verbietet, die ihm selbst oder Familienangehörigen einen Vorteil oder Nachteil bringen könnten (Gebot der Uneigennützigkeit), lässt den Kernbereich der Mandatsausübung unberührt und verstößt deshalb nicht gegen Art. 38 Abs. 1 S. 2, Art. 28 Abs. 1.[644] Für Bundestagsabgeordnete gibt es kein Mitwirkungsverbot, da eine dem Art. 84 Abs. 1 BremVerf. entsprechende Regelung im Grundgesetz fehlt (→ Rn. 124).

Offenlegungspflichten – in Bezug auf Nebeneinkünfte sind mit Art. 38 Abs. 1 S. 1 GG vereinbar[645] (→ Rn. 109).

Redefreiheit – Art. 38 Abs. 1 S. 2 gewährleistet die Redefreiheit des Abgeordneten im Parlament.[646]

Rederecht – Art. 38 Abs. 1 S. 2 gewährt weder direkt noch entsprechend ein Rederecht der Mitglieder in der Bundesversammlung.[647]

Rotation – → Rn. 117.

Rückzahlungsversprechen – in Form der Hingabe von Schuldscheinen, Wahlkampfkostenerstattungsverpflichtungen, Vertragsstrafen uä für den Fall des Parteiwechsels ohne Mandatsniederlegung sind nichtig[648] (→ Rn. 119).

Ruhendes Mandat – die Einführung des sog. ruhenden Mandats (das Abgeordnetenmandat eines Regierungsmitgliedes ruht, lebt aber wieder auf bei Verlust des Regierungsamtes mit der Folge, dass der bisherige Mandatsinhaber sein Abgeordnetenmandat verliert) durch einfaches Gesetz ist verfassungswidrig[649] (→ Rn. 48).

IV. Wahlalter (Art. 38 Abs. 2)

1. Wahlberechtigt ist, wer das achtzehnte Lebensjahr vollendet hat. 136
Die **Wahlberechtigung** meint das Recht zu wählen, also die Stimmabgabe ebenso wie die Berechtigung, Wahlvorschläge zu machen. Der Grundsatz der Allgemeinheit der Wahl (→ Rn. 33 ff.) umschreibt die Berechtigten, Art. 38 Abs. 2 legt nur das **Wahlalter** fest. Durch das 27. Gesetz zur Änderung des GG v. 31.7.1970[650] ist Art. 38 Abs. 2 neu gefasst worden. Das Alterserfordernis für die Wahlberechtigung ist von der Vollendung des 21. Lebensjahres auf die Vollendung des 18. Lebensjahres herabgesetzt worden. Vollendet ist das 18. Lebensjahr mit dem Beginn des Geburtstages (vgl. § 187 Abs. 2 S. 2 BGB); auch derjenige, der am Wahltag 18 Jahre alt wird, ist also wahlberechtigt. Die weitere Herabsetzung des aktiven Wahlalters auf 16 Jahre bei Bundestagswahlen wird angestrebt.[651] Das **Alterserfordernis** für die Wahlberechtigung ist – ebenso wie für die Wählbarkeit – eine **verfassungsmäßige Einschränkung des Grundsatzes der Allgemeinheit** der Wahl[652] (→ Rn. 36). Infolge dieser Verfassungsentscheidung kommt ein **Minderjährigenwahlrecht**[653] ebenso wenig wie ein **Stellvertreterwahlrecht,** dh die

644 BremStGH NJW 1977, 2307; NJW 1977, 2309, mit Betonung des Ausnahmecharakters dieser Einschränkung der Freiheit der Mandatsausübung.

645 BVerfGE 118, 277 (353 ff.).

646 BVerfGE 60, 374 (380).

647 BVerfGE 138, 125 (133 ff.).

648 LG Braunschweig DVBl. 1970, 591 (592); *Peter* JZ 1968, 783.

649 HessStGH NJW 1977, 2065, zu § 40a Hess. LandtagswahlG; *Lohmeier* DVBl. 1977, 405; *Gralher* ZRP 1977, 156, sowie die verfassungsmäßigen Regelungen in den Verf. von Bremen (Art. 108), Hamburg (Art. 39); zu Art. 39 HmbVerf. iE *David,* Verfassung der Freien und Hansestadt Hamburg, 2004, Art. 39 Rn. 17 ff.

650 BGBl. 1970 I 1161.

651 Vgl. BT-Drs. 16/6647.

652 BVerfGE 42, 312 (341).

653 *Mußgnug* FS f. Roellecke, 1997, 165; *Pechstein* FuR 1991, 142; *Klein* FS f. Scholz, 2007, 277 (281).

Wahrnehmung des Stimmrechts durch die gesetzlichen Vertreter von Minderjährigen, oder ein Familienwahlrecht in Betracht.[654] Dennoch wird vereinzelt eine Verfassungsänderung gefordert, die es ermöglichen soll, die Altersgrenze für das aktive Wahlrecht entfallen und es bis zur Volljährigkeit des Kindes von den Sorgeberechtigten ausüben zu lassen.[655] Gegen die Zulässigkeit einer entsprechenden Verfassungsänderung werden im Hinblick auf Art. 79 Abs. 3 jedoch mit beachtlichen Gründen Einwände erhoben.[656] Letztlich dürfte dies an der elementaren Verbindung von demokratischem Prinzip und formaler Gleichheit scheitern.[657]

137 **2. Wählbar ist, wer das Alter erreicht hat, mit dem die Volljährigkeit eintritt.** Durch das Gesetz zur Neuregelung der Volljährigkeit v. 31.7.1974[658] ist mWv 1.1.1975 volljährig, wer das 18. Lebensjahr vollendet hat. Da also der Eintritt der Volljährigkeit und Vollendung des 18. Lebensjahres zusammenfallen, erscheint die in Bezug auf die Wahlberechtigung (→ Rn. 136) und **Wählbarkeit** unterschiedliche Formulierung des Art. 38 Abs. 2 schwer verständlich. Die Erklärung liegt darin, dass die Neufassung des Art. 38 Abs. 2 durch das 27. Gesetz zur Änderung des GG v. 31.7.1970, welches das vorher geltende Alterserfordernis für die Wählbarkeit (Vollendung des 25. Lebensjahres) herabsetzte, neben der endgültigen Regelung für die Zukunft auch eine Übergangsregelung bis zum Inkrafttreten des Gesetzes zur Regelung der Volljährigkeit treffen wollte, und zwar dergestalt, dass für die Bundestagswahl 1972 die Achtzehnjährigen zwar schon wahlberechtigt, aber noch nicht wählbar sein sollten. Für künftige Wahlen war das Nebeneinander daher ohne Bedeutung. Wahlberechtigung und Wählbarkeit knüpfen also an dasselbe Alterserfordernis an.

V. Das Nähere bestimmt ein Bundesgesetz (Art. 38 Abs. 3)

138 Abs. 3 verleiht dem **Bund** die **ausschließliche Gesetzgebungskompetenz für** das **Bundeswahlrecht**[659] und ermächtigt und verpflichtet den Bundesgesetzgeber, Einzelheiten zu regeln,[660] was dieser insbesondere durch den Erlass des BundeswahlG von 7.5.1956,[661] neu bekannt gemacht am 23.7.1993,[662] getan hat. Das BVerfG räumt dem Gesetzgeber einen weiten Gestaltungsspielraum ein: „Die dem Bundesgesetzgeber anvertraute Aufgabe zur Gestaltung des Wahlrechts erschöpft sich nicht in der Regelung tech-

[654] *Morlok* in Dreier Rn. 129; *Klein* FS f. Scholz, 2007, 277 (281); *Schreiber* DVBl. 2004, 1341 (1346 f.); *Sacksofsky* FS f. Bryde, 2013, 313 ff.; ausführlich zur Frage des Kinder-Stellvertreterwahlrechts *Adrian*, Grundsatzfragen zu Staat und Gesellschaft am Beispiel des Kinder-Stellvertreterwahlrechts, 2016

[655] Vgl. Antrag einiger Mitglieder des Deutschen Bundestages v. 11.9.2003 „Mehr Demokratie wagen durch ein Wahlrecht von Geburt an", BT-Drs. 15/1544; *Löw* FuR 1993, 25 (27 f.).

[656] *Klein* FS f. Scholz, 2007, 277 (284 f.); *Schreiber* DVBl. 2004, 1341 (1346 f.); zur Diskussion iÜ *Hattenhauer* JZ 1996, 9; *v. Münch* NJW 1995, 3165; *Knödler* ZParl 1996, 553; *Oppermann/Walking* RuP 1995, 85; *Mußgnug* FS f. Roellecke, 1997, 165; *Reimer* ZParl 2004, 322.

[657] Zu Recht *Meyer* in HdbStR III § 46 Rn. 11.

[658] BGBl. 1974 I 1713.

[659] *Pieroth* in Jarass/Pieroth Rn. 28.

[660] *Klein* in Maunz/Dürig Rn. 164.

[661] BGBl. 1956 I 383.

[662] BGBl. 1993 I 1288, ber. 1594.

nischer Einzelheiten, sondern erfordert schon im Hinblick auf die Auswahl des Wahlsystems und dessen Durchführung im Einzelnen vielfältige Entscheidungen von großer Tragweite. […] Der Verfassungsgeber hat bewusst darauf verzichtet, ein Wahlsystem und dessen Durchführung verfassungsrechtlich vorzuschreiben.[663] Er hat dabei ein Stück materiellen Verfassungsrechts offengelassen, das vom Wahlgesetzgeber auszufüllen ist."[664] Das erweckt den Eindruck, die Gestaltungsspielräume seien schon innerhalb des Art. 38 Abs. 1 eingeräumt. Indes ist daran festzuhalten, dass Art. 38 Abs. 3 nur die **Kompetenzregelung** des Bundesgesetzgebers enthält und diese auf ein **Ausführungsgesetz** beschränkt ist.[665] Dabei bleibt der Gesetzgeber – wie von den die Überhangmandate-Entscheidung nicht tragenden Richtern deutlich gemacht wird – an die Regelung des Art. 38 Abs. 1 gebunden. Für die allgemeine Festlegung des für die Bundestagswahlen anzuwendenden Wahlsystems (→ Rn. 28 f.) gelten ebenso wie für seine konkrete Ausgestaltung selbstverständlich die Wahlgrundsätze des Art. 38 Abs. 1 S. 1.[666] Es kann also keine Rede davon sein, dass gleichsam den Wahlgrundsätzen voraus liegend ein breiter Entscheidungsspielraum für eine Systementscheidung über das Wahlrecht besteht, der allenfalls nach Maßgabe des Willkürprinzips zu überprüfen wäre (→ Rn. 28 f.). Bei den Regelungen im Rahmen des Art. 38 Abs. 3 sind Abweichungen von den Wahlgrundsätzen nur zugelassen, wenn hierfür ein verfassungsrechtlich legitimierter Grund gegeben ist,[667] etwa wenn die Abweichung der Sicherung der mit einer demokratischen Wahl verfolgten Ziele geboten ist[668] oder wenn es nötig ist, einen der Wahlrechtsgrundsätze im Interesse der Durchführung der übrigen und damit im Interesse praktischer Konkordanz einzuengen.[669]

Bezugspunkt des Art. 38 Abs. 3 sind jedoch nicht nur die in Art. 38 Abs. 1 S. 1 und 2 geregelten Materien. Vielmehr stellt Art. 38 Abs. 3 auch eine – gegenüber Art. 48 Abs. 3 S. 3, der nur zur Regelung der Abgeordnetenentschädigung ermächtigt und verpflichtet – umfassendere Kompetenznorm und einen Gesetzgebungsauftrag dar, die Rechte und Pflichten der Abgeordneten zu regeln.[670] Dabei kann der Gesetzgeber den Status der Abgeordneten sowohl ausgestalten, indem er diesen Status gleichsam nachzeichnet, als auch Einschränkungen aus Gründen mit Verfassungsrang vornehmen (→ Rn. 101, 107, 109). Diesem Auftrag ist der Gesetzgeber durch den Erlass des Abgeordnetengesetzes[671] nachgekommen. **139**

C. Verhältnis zu den anderen Bestimmungen des GG

Art. 38 ist eine Ausprägung des Demokratieprinzips und damit speziell gegenüber Art. 20 Abs. 2. Über Art. 28 Abs. 1 S. 2 sind die Wahlrechtsgrundsätze auch für die Länder und Gemeinden verbindlich. Gleiches gilt **140**

[663] BVerfG JöR 1951, 349 mwN.
[664] BVerfGE 95, 335 (349).
[665] Teilweise anders *Pauly* AöR 1998, 232 (239 ff.).
[666] BVerfGE 95, 335 (368 f.) abw. Meinung.
[667] BVerfGE 48, 64 (82); 57, 43 (57); 58, 177 (191); 95, 335 (369).
[668] BVerfGE 6, 84 (92 f.); 51, 222 (236); ferner BVerfGE 13, 243 (247); 51, 222 (238); 71, 81 (97); 95, 335 (369).
[669] BVerfGE 3, 19 (24); 59, 119 (124).
[670] *Klein* in Maunz/Dürig Rn. 164.
[671] → Art. 48 Rn. 36 mit Fn. 120–121.

nicht für Art. 38 Abs. 1 S. 2, wobei allerdings aus dem Demokratieprinzip wie auch aus Art. 28 Abs. 1 S. 4 ebenfalls bundesverfassungsrechtliche Grundsätze des repräsentativen Mandats entwickelt werden können. Art. 38 Abs. 1 S. 1 ist mit den darin enthaltenen Grundsätzen der Allgemeinheit und Gleichheit der Wahl *lex specialis* zu Art. 3 Abs. 1 (→ Rn. 67). Art. 38 Abs. 1 S. 2 Hs. 3 ist *lex specialis* gegenüber Art. 21 Abs. 1.[672] Auch wenn der politische Prozess von der Gewährleistung des Art. 21 mitbestimmt wird, so hat dies auf Art. 38 Abs. 1 keine Auswirkungen. Art. 38 Abs. 1 benennt mit dem Bundestag das zentrale Organ einer parlamentarischen Demokratie, das in Art. 39 ff. weitere Ausformung erfährt. Insbesondere zur Geschäftsordnungsautonomie des Bundestages nach Art. 40 Abs. 1 S. 2 bestehen bei der Ausgestaltung der Mitgliedschaftsrechte der Abgeordneten intensive Beziehungen. Zum Verhältnis von Art. 38 Abs. 1 S. 1 zum Wahlprüfungsverfahren nach Art. 41 → Rn. 62.

D. Kritische Würdigung

141 Gegen die Formulierung und die Aussage des Art. 38 Abs. 1 S. 1 sind keine Einwände zu erheben. Die Wahlrechtsgrundsätze sind nicht zuletzt durch die Verfassungsgerichtsbarkeit für veränderte Problemlagen fruchtbar gemacht worden und haben sich bewährt. Formulierung und Aussage des Art. 38 Abs. 1 S. 2 waren dagegen stets Gegenstand lebhafter Auseinandersetzungen, um ihre Zeitgemäßheit. Das galt schon für die Diskussion im Parlamentarischen Rat. Ungeachtet der später auch in der Rechtsprechung des BVerfG über Leibholz wichtig und einflussreich gewordenen Positionen der parteienstaatlichen Demokratie, deren Realitätsgehalt nicht zu bezweifeln ist, aber nicht übersehen lässt, dass der Grundsatz des repräsentativen Mandats auch und gerade unter veränderten Bedingungen seine Bedeutung behält. Es besteht kein Anlass zugunsten von Parteien die Freiheitsgewährleistung des repräsentativen Mandats zu modifizieren. Von daher scheint ungeachtet aller Schwierigkeiten die Entscheidung des Art. 38 Abs. 1 S. 2 zugunsten des repräsentativen Mandats weiterhin richtig. Sie ist nicht Relikt eines in Repräsentationsvorstellungen des 19. Jahrhunderts wurzelnden Honoratiorenparlaments, sondern ein notwendiges Strukturelement der parteiengeprägten repräsentativen Demokratie.

142 Als Systemkrisen diagnostizierte Legitimationskrisen des politischen Systems finden jedenfalls keinen Ausdruck in den empirischen Untersuchungen zur Akzeptanz von politischen Institutionen. Die immer wieder diagnostizierte Partei- und Politikverdrossenheit dürfte vor allem mit den Parteien, ihrer fehlenden Offenheit gegenüber gesellschaftlichen Entwicklungen, ihrer durchaus defizitären demokratischen Innenausstattung, ihrer Personalrekrutierung und Finanzierung sowie der zur vordergründigen Skandalisierung neigenden Vermittlung von Politik unter den Bedingungen massenmedialer Öffentlichkeit zusammenhängen und andere Formen der Partizipation begünstigen, welche die repräsentative Demokratie nicht in Frage stellen, wohl aber neue Herausforderungen für sie begründen. Ihr verfassungsrechtliches Zentrum liegt freilich außerhalb des Art. 38. Hier mögen Impulse zur Erhö-

---

[672] *v. Münch* in v. Münch/Kunig, 3. Aufl. 1996, Rn. 83; ähnlich *Klein* in Maunz/Dürig Rn. 201 f., der davon spricht, dass beide Vorschriften sich sinnvoll ergänzen.

hung der Offenheit des politischen Systems gegenüber der Betonung des Status quo freilich durchaus angebracht sein.

Ernste Herausforderungen für das an den klassischen Nationalstaat gebundene Konzept der repräsentativen Demokratie stellen sich für die vielfältigen transnationalen Handlungszusammenhänge und die sich zu ihrer Regulierung ausbildenden internationalen Regime und Selbstregulierungsinstitutionen, deren demokratische Legitimation ein ungelöstes, aber auch außerhalb des Art. 38 liegendes Problem darstellt. Trotzdem hat der Prozess der Trans- und Supranationalisierung von Hoheitsgewalt zwangsläufig Folgen für das durch Art. 38 Abs. 1 abgesicherte Prinzip demokratischer Repräsentation. Das BVerfG hat mit dem Lissabon-Urteil den Versuch unternommen, über Art. 38 Abs. 1 iVm Art. 20 Abs. 1, 2 auch die Gestaltungsbefugnisse des parlamentarischen Gesetzgebers und damit die Bedingungen praktisch wirksamer demokratischer Repräsentation für den Herrschaftsbereich des GG präziser zu definieren (→ Rn. 15 ff.). Ob der vom BVerfG eingeschlagene und immer weiter fortgeführte Weg eines Ausbaus der grundrechtsgleichen Rechte aus Art. 38 Abs. 1 zu subjektiven Rechten auf Wahrung eines gewissen nationalstaatlichen demokratisch-egalitären Gestaltungsspielraums tragfähig ist, ist zweifelhaft. **143**

Literatur

Zu Art. 38 insgesamt

N. Achterberg, Parlamentsrecht, 1984. – ***E. Boettcher/R. Högner,*** Bundeswahlgesetz, Bundeswahlordnung, 13. Aufl. 1994. – ***G. Bollmann,*** Verfassungsrechtliche Grundlagen und allgemeine verfassungsrechtliche Grenzen des Selbstorganisationsrechts des Bundestages, 1992. – ***W. Ismayr,*** Der Deutsche Bundestag. Funktionen, Willensbildung, Reformansätze, 1992. – ***H. Meyer,*** Die Stellung der Parlamente in der Verfassungsordnung des Grundgesetzes, in Schneider/Zeh (Hrsg.), Parlamentsrecht und Parlamentspraxis in der BRD, 1989, § 4. – ***Th. Oppermann/H. Meyer,*** Das parlamentarische Regierungssystem des Grundgesetzes, VVDStRL 33 (1975), 8. – *A. Pilniok,* Parlamentarisches Regieren. Die Organisationsverfassung demokratischer Herrschaft, unter dem Grundgesetz (Typoskript, 2020).

Zu Art. 38 Abs. 1 S. 1 (Wahlgrundsätze, Wahlprüfung)

P. Badura, Über Wahlen, AöR 97 (1972), 1. – ***R. Backhaus,*** Neue Wege beim Verständnis der Wahlgleichheit?, DVBl. 1997, 737. – ***R. Bakker,*** Verfassungswidrigkeit des Mehrheitswahlrechts, ZRP 1994, 457. – ***E. Benda,*** Rechtliche Perspektiven der Wahlwerbung im Rundfunk, NVwZ 1994, 521. – ***M. Brenner,*** Die Entwicklung des Wahlrechts und der Grundsatz der Wahlrechtsgleichheit im wiedervereinigten Deutschland, AöR 116 (1991), 537. – ***W. Donsbach,*** Die Rolle der Demoskopie in der Wahlkampf-Kommunikation, ZfP 31 (1984), 388. – ***Th. Dress,*** Das ruhende Mandat, 1985. – ***Chr. Dumrath,*** Rechtsprobleme von Wahlprognosen kurz vor der Wahl, 1986. – ***C.-E. Eberle,*** Parteienwahlwerbung im Fernsehen. Alte Probleme – gewandelte Verhältnisse – neue Aspekte, NJW 1994, 905. – ***H.-U. Erichsen,*** Die Wahlrechtsgrundsätze des Grundgesetzes, Jura 1983, 635. – ***H.-U. Erichsen,*** Wahlsysteme, Jura 1984, 22. – ***H. Fenske,*** Wahlrecht und Parteiensystem, 1974. – ***C. Frank-Fahle,*** Das Wahlrecht zum Deutschen Bundestag und zum Neuseeländischen House of Representatives, 2011 – ***W. Frenz,*** Wahlrecht – Wahlpflicht, ZRP 1994, 91. – ***J. A. Frowein,*** Gleichheit der Wahl und Größe der Wahlkreise, DÖV 1963, 857. – ***J. A. Frowein,*** Die Rechtsprechung des Bundesverfassungsgerichts zum Wahlrecht, AöR 99 (1974), 72. – ***G. Genßler,*** Das d'Hondtsche und andere Sitzverteilungsverfahren aus mathematischer und verfassungsrechtlicher Sicht, 1984. – ***P. J. Glauben,*** Die Scheinkandidatur, 1990. – ***L. Gramlich,*** Der Grundsatz allgemeiner Wahlen und das Melderecht, DVBl. 1985, 425. – ***A. Greifeld,*** Das Wahlrecht des Bürgers vor der Unabhängigkeit des Abgeordneten, Staat 23 (1984), 501. – ***M. Hättich ua,*** Wahlrecht und Wahlgerechtigkeit, 1970. – ***J. Helbach ua,*** Zukunft von Online-Wahlen, DuD 2007, 434. – ***A. v. Heyl,*** Wahlfreiheit und Wahlprüfung, 1975. – ***P. M. Huber,*** Der Prüfungsmaßstab von Wahlorganen bei der Zulassung von politischen Parteien und Wählervereinigungen, DÖV 1991, 229. – ***J. Ipsen,*** Das Zwei-Stimmen-System des Bundeswahlgesetzes – reformbedürftig?, JA 1987, 232. – ***E. Jesse/K. Löw*** (Hrsg.), Wahlen in Deutschland, 1998. – ***F. J. Jung/D. Jaxt,*** Farbige Kennzeichnung von Stimmzetteln – ein Verstoß gegen den Grundsatz der Gleichheit der Wahl?, ZRP 1985, 50. – ***L. Kaiser,*** Einführung begrenzt offener Listen für die Abgabe der Zweitstimme bei der Bundestagswahl, 1982. – ***W. Kadel,*** Mindestwahlbeteiligung als demokratisches Legitimationserfordernis?, JZ 1988, 54. – ***F. Kroppenstedt/B. Würzberger,*** Organisatorische und rechtliche Probleme bei Bundestagswahlen, VerwArch 73 (1982), 311. – ***T. Kuhl/P. Unruh,*** Materielles Wahlprüfungsrecht und Kandidatenaufstellung, DVBl. 1994, 1391. – ***Ph. Kunig,*** Fragen zu den Wahlrechtsgrundsätzen, Jura 1994, 554. – ***P. Kunth,*** Einige Anmerkungen zu dem Hareschen Quotientenverfahren, ZParl 22 (1991), 297. – ***C. Lenz,*** Die Wahlrechtsgleichheit und das Bundesverfassungsgericht, AöR 121 (1996), 337. – ***R. Lippold,*** Die Prüfung der Verfassungsmäßigkeit des Wahlrechts durch den Wahlprüfungsausschuß, DVBl. 1987, 933. – ***W. Löwer,*** Aktuelle wahlrechtliche Verfassungsfragen, 1997. – ***U. Mager,*** Die Kontrolle der innerparteilichen Kandidatenaufstellung im Wahlprüfungsverfahren, DÖV 1995, 9. – ***H. Meyer,*** Wahlsystem und Verfassungsordnung, 1973. – ***H. Meyer,*** Demokratische Wahl und Wahlsystem, HdbStR III § 45 bzw. Wahlgrundsätze und Wahlverfahren, § 46. – ***H. Monz,*** Die Problematik der rechtmäßigen Durchführung der Briefwahl, ZRP 1972, 229. – ***H. Nicolaus,*** Die Verfassungswidrigkeit der Grundmandatsklausel und ihre Folgen, KritV 1996, 385. – ***D. Nohlen,*** Wahlrecht und Parteiensystem, 5. Aufl. 2007. – ***Th. Oppermann,*** Wahlprüfung, Wahlbeeinflussung und Wählernötigung – BVerfGE 66, 369, JuS 1985, 519. – ***N. Paech,*** Verfassungswidrigkeit der Grundmandatsklausel?, NJ 1996, 617. – ***W. Pauly,*** Das Wahlrecht in der neueren Rechtsprechung des Bundesverfassungsgerichts, AöR 123 (1998), 232. – ***B. Pieroth,*** Offene und geheime Wahlen und Abstimmungen?, JuS 1991, 89. – ***Th. Poschmann,*** Wahlrechtsgleichheit und Zweistimmensystem, BayVBl. 1995, 299. – ***F. Pukelsheim,*** Erfolgswertgleichheit der Wählerstimmen zwischen Anspruch und Wirklichkeit, DÖV 2004, 405. – ***H.-J. Rinck,*** Herkunft und Entfaltung der Allgemeinheit und Gleichheit der Wahl, FS Zeidler, Bd. 2, 1987, 1119. – ***W. Roth,*** Zur Durchsetzung der Wahlrechtsgrundsätze vor dem Bundesverfassungsgericht, DVBl. 1998, 214. – ***M. Ruffert,*** An den Grenzen des Integrationsverfassungsrechts: Das Urteil des Bundesverfassungsgerichts zum Vertrag von Lissabon, DVBl 2009, 1197 – ***W.-R. Schenke,*** Der gerichtliche Rechtsschutz im Wahlrecht, NJW 1982, 2440. – ***H.-H. Schild,*** Die Größe der Wahlkreise unter dem Grundsatz der gleichen Wahl, NVwZ 1983, 597. – ***H.-H. Schild,*** Das Wahlrecht der Auslandsdeutschen zum Deutschen Bundestag und die Einteilung der Wahlkreise, NJW 1985, 3056. – ***W. Schreiber,*** Nachwahlregelung im Bundeswahlgesetz änderungsbedürftig, ZRP 2005, 252. – ***W. Schreiber,*** § 48 Abs. 1 Bundeswahlgesetz verfassungswidrig?, DÖV 1976, 734. – ***W. Schreiber,*** Wahlkampf, Wahlrecht und Wahlverfahren, in H.-P. Schneider/W. Zeh, Parlamentsrecht und Parlamentspraxis in der BRD, 1989, § 12. – ***W. Schreiber,*** Handbuch des Wahlrechts zum Deutschen Bundestag, 7. Aufl. 2002. – ***W. Schreiber,*** Reformbedarf im Bundestagswahlrecht? – Überlegungen zur Novellierung des Bundeswahlgesetzes, DVBl 1999, 345. – ***K. H. Seifert,*** Briefwahl und Grundgesetz, DÖV 1958, 513. – ***A. Steinseifer-Pabst/W. Wolf,*** Wahlen und Wahlkampf in der Bundesrepublik Deutschland, 2. Aufl. 1994. – ***P. Unruh,*** Partei und Mandat: Probleme der Listennachfolge, ZParl 34 (2003), 166. – ***R. Wahl,*** Das Wahlrecht in der Sondersituation der deutschen Einigung, NJW 1990, 2585. – ***Ch. Walther,*** Wahlkampfrecht, 1989. – ***M. Wild,*** Die Gleichheit der Wahl. Dogmengeschichtliche und systematische Darstellung, 2003. – ***M. Will,*** Internetwahlen, Verfassungsrechtliche Möglichkeiten und Grenzen, 2002. – ***B. Ziemske,*** Ein Plädoyer für das Mehrheitswahlrecht, ZRP 1993, 369. – Zur Neugestaltung des Bundestagswahlrechts: **Bericht** des vom BMI eingesetzten Beirats für Fragen der Wahlrechtsreform, 1968 (Beiratsbericht). – Grundlagen eines deutschen Wahlrechts. **Bericht** der vom BMI eingesetzten Wahlkommission, 1955 (Kommissionsbericht).

Zu Art. 38 Abs. 1 S. 1 (Frauenwahlrecht, Quotierung)

C. Deller, Die Zulässigkeit von satzungsrechtlichen und gesetzlichen Quotenregelungen zugunsten von Frauen in politischen Parteien, 1995. – ***I. Ebsen,*** Verbindliche Quotenregelung für Frauen und Männer in Parteistatuten, 1988. – ***K. Eulers,*** Frauen im Wahlrecht, 1991. – ***K. Heepe,*** Zur Geschichte des Frauenwahlrechts, Jura 1989, 232. – ***K. Heepe,*** Bessere Wahlchancen von Frauen durch Personenwahlsysteme?, ZParl 20 (1989), 102. – ***T. Hoffhaus,*** Wahlsysteme und Frauenrepräsentation, APuZ 45/93, 22. – ***B. v. Nieding,*** Politische Wahlen und Frauenquote, NVwZ 1994, 1171.

Zu Art. 38 Abs. 1 S. 1 (Sperrklauseln)

E. Becht, Die 5%-Klausel im Wahlrecht, 1990. – ***A. Groth,*** Zur Rechtfertigung einer Fünf-Prozent-Sperrklausel, NordÖR 2008, 117. – ***M. Krajewski,*** Kommunalwahlrechtliche Sperrklauseln in föderativen Systemen, DÖV 2008, 345. – ***J. Linck,*** Zur verfassungsnäheren Gestaltung der 5%-Klausel, DÖV 1984, 884. – ***J. Linck,*** Sperrklauseln im Wahlrecht, Jura 1986, 460. – ***T. Puhl,*** Die 5% Sperrklausel im Kommunalwahlrecht auf dem Rückzug, in FS Isensee, 2007, 441. – ***E. Röper,*** Die 5%-Klausel im Wahlrecht von Bund und Ländern, DÖV 1980, 327. – ***U. Wenner,*** Sperrklauseln im Wahlrecht der Bundesrepublik Deutschland, 1986. – ***K.-O. Zimmer,*** Nochmals: Zur verfassungsnäheren Gestaltung der 5%-Klausel, DÖV 1985, 101.

Zu Art. 38 Abs. 1 S. 1 (Überhangmandate, negatives Stimmgewicht)

H.-H. v. Arnim, Verfassungswidrigkeit des Bundeswahlgesetzes auf Grund des negativen Stimmgewichts, Recht und Politik 2008, 136. – ***D. Ehlers/M. Lechleitner,*** Die Verfassungswidrigkeit von Überhangmandaten, JZ 1997, 761. – ***ders.*** Welche Medizin empfiehlt sich gegen einen adipösen Bundestag, AöR 143 (2018), 521. – ***H. Jakob,*** Überhangmandate und Gleichheit der Wahl, 1998. – ***H. Meyer,*** Lösungsmöglichkeiten nach dem Wahlrechtsurteil des BVerfG vom 3. Juli 2009, DVBl 2009, 137. – ***H. Nicolaus,*** Die Krise des Bundestagswahlrecht, StWStPr 8 (1997), 531. – ***D. Nohlen,*** Erfolgswertgleichheit als fixe Idee oder: Zurück zu Weimar, ZParl 2009, 179. – ***H.-J. Papier,*** Überhangmandate und Verfassungsrecht, JZ 1996, 165. – ***G. Roth,*** Negatives Stimmgewicht und Legitimationsdefizite des Parlaments, NVwZ 2008, 1199. – ***R. Schmidt,*** Überhangmandate – Ist ein Ausgleich verfassungsrechtlich geboten?, ZRP 1995, 91. – ***R. Scholz/ H. Hofmann,*** Muss das Ergebnis der Bundestagswahl 2002 korrigiert werden?, ZRP 2003, 39. – ***E. R. Zivier,*** Risiken und Nebenwirkungen, Recht und Politik 2009, 41.

Zu Art. 38, 20 Abs. 1 und 2 (Öffentlichkeitsprinzip, elektronische Wahlen)

J. Buchmann/A. Roßnagel, Das Bundesverfassungsgericht und Telemedienwahlen, K&R 2009, 543. – ***S. Schiedermair,*** Zum Einsatz von Wahlcomputern – Anforderungen an die öffentliche Überprüfbarkeit, JZ 2009, 572. – ***M. Will,*** Wahlcomputer und der verfassungsrechtliche Grundsatz der Öffentlichkeit der Wahl, NVwZ 2009, 700.

Zu Art. 38 Abs. 1 S. 2 (allgemein)

K. Abmeier, Die parlamentarischen Befugnisse des Abgeordneten des Deutschen Bundestages, 1984. – ***N. Achterberg,*** Das rahmengebundene Mandat, 1975. – ***N. Achterberg,*** Die Rechtsstellung des Abgeordneten, JA 1983, 303. – ***N. Achterberg,*** Die Abstimmungsfreiheit des Abgeordneten bei Betroffenheit in eigener Sache, AöR 109 (1984), 505. – ***C. Arndt,*** Der Bundestagsabgeordnete als Ausschussmitglied, ZParl 15 (1984), 523. – ***H. H. v. Arnim,*** Der gekaufte Abgeordnete, Nebeneinkünfte und Korruptionsproblematik, NVwZ 2006, 249. – ***H. H. v. Arnim,*** Nebeneinkünfte von Bundestagsabgeordneten, DÖV 2007, 897. – ***P. Badura,*** Die Stellung des Abgeordneten nach dem Grundgesetz und den Abgeordnetengesetzen in Bund und Ländern, in H.-P. Schneider/W. Zeh, Parlamentsrecht und Parlamentspraxis in der BRD, 1989, § 15. – ***P. Badura,*** Die „Gemeinpflichtigkeit" des freien Mandats des Abgeordneten und der „Status der Öffentlichkeit der Abgeordneten", in FS Schneider, 2008, 153. – ***M. Becker,*** Die Abberufung eines Abgeordneten aus einem Parlamentsausschuss im Spannungsfeld zwischen Fraktionsdisziplin und freiem Mandat, ZParl 15 (1984), 24. – ***J. Behnke,*** Überhangmandate und negatives Stimmgewicht: Zweimannwahlkreise und andere Lösungsvorschläge, ZParl 2010, 247. – ***D. Birk,*** Gleichheit im Parlament, NJW 1988, 2521. – ***H.-U. Borchert,*** Der Abgeordnete des Deutschen Bundestages im G 10-Verfahren, DÖV 1992, 58. – ***F. Edinger,*** Wahl und Besetzung parlamentarischer

Gremien, 1992. – ***D. Ehlers,*** Die Volksvertretung auf Gemeinde- und Kreisebene, Jura 1988, 337. – ***F. K. Fromme,*** Der Parlamentarier – ein freier Beruf?, 1978. – ***J. A. Frowein,*** Das freie Mandat der Gemeindevertreter, DÖV 1976, 44. – ***B. Guggenberger/H.-J. Veen/A. Zunker,*** Parteienstaat und Abgeordnetenfreiheit, 1976. – ***P. Häberle,*** Freiheit, Gleichheit und Öffentlichkeit des Abgeordnetenstatus, NJW 1976, 537. – ***E. V. Heyen,*** Zur immanenten Grenze der Gewissensfreiheit beim Mandatsverzicht, DÖV 1985, 773. – ***E. V. Heyen,*** Über Gewissen und Vertrauen des Abgeordneten, Staat 25 (1986), 35. – ***H.-H. Kasten,*** Ausschußorganisation und Ausschußrückruf, 1983. – ***H.-H. Kasten,*** Rechtsschutz politischer Mandatsträger bei Statusverletzungen, Jura 1985, 231. – ***H.-H. Kasten,*** Möglichkeiten und Grenzen der Disziplinierung des Abgeordneten durch seine Fraktion: Fraktionsdisziplin, Fraktionszwang und Fraktionsausschluß, ZParl 16 (1985), 475. – ***P. Kevenhörster,*** Das imperative Mandat, 1975. – ***H. H. Klein,*** Status des Abgeordneten, HdbStR III § 51. – ***P. Krause,*** Freies Mandat und Kontrolle der Abgeordnetentätigkeit, DÖV 1974, 525. – ***K. Kremer,*** Der Abgeordnete zwischen Entscheidungsfreiheit und Parteidisziplin, 2. Aufl. 1956. – ***P. Kromarek/M. Kromarek,*** Die Kumulation von parlamentarischem Mandat und privater Tätigkeit in Frankreich und Deutschland, DÖV 1974, 458. – ***D. Kuhn,*** Der Verfassungsgrundsatz effektiver parlamentarischer Opposition, 2019. – ***J. Link,*** Verfestigung des Leitbilds vom Berufsabgeordneten durch das BVerfG, NJW 2008, 24. – ***M. Lohmeier,*** „Ruhendes Mandat" und Verfassung, DVBl. 1977, 405. – ***J. Lückhoff,*** Das „freie Mandat" des Abgeordneten, APuZ 5/89, 17. – ***J. Masing,*** Die alte Stasi in neuen Parlamenten, JZ 1999, 1022. – ***K. M. Meessen,*** Beraterverträge und freies Mandat, FS f. Scheuner, 1973, 431. – ***H. Meyer,*** Das fehlfinanzierte Parlament, KritV 1995, 216. – ***H. Meyer,*** Schleswig-Holsteinisches Landeswahlgesetz unter Normenkontrolle und Wahlprüfung, NordÖR, 2010, 421. – ***F. Michel/R. Kaiser,*** Wer hat Angst vor dem Gerrymander? Manipulative Wahlkreisteilschnitte in Deutschland JöR 67 (2019), 51. – ***O. Moench,*** Verfassungsmäßigkeit der Bundestagsausschüsse, 2017 –– ***M. Morlok,*** Parlamentarisches Geschäftsordnungsrecht zwischen Abgeordnetenrechten und politischer Praxis, JZ 1989, 1035. – ***Ch. Müller,*** Das imperative und freie Mandat, 1966. – ***E. L. Nell,*** „Ruhendes Mandat" als Verfassungsproblem, JZ 1975, 519. – ***D. Murswiek,*** Art. 38 GG als Grundlage eines Rechts auf Achtung des unabänderlichen Verfassungskerns, JZ 2010, 702. – ***K. Rosenau,*** Das „Ruhende Mandat" – die Hansestädte und das Grundgesetz, ZParl 19 (1988), 35. – ***W. Schmidt,*** Informationsanspruch des Abgeordneten und Ausschussbesetzung, DÖV 1986, 236. – ***E. Schmidt-Jortzig/F. Hansen,*** Rechtsschutz gegen Fraktionsausschlüsse im Gemeinderat, NVwZ 1994, 116. – ***C. Schönberger,*** Der introvertierte Rechtsstaat als Krönung der Demokratie? Zur Entgrenzung von Art. 38 GG im Europaverfassungsrecht, JZ 2010, 1160. – ***E. Schütt-Wetschky,*** Der freie Volksvertreter: Illusion oder Wirklichkeit?, APuZ 21–22/91, 15. – ***H. Sendler,*** Abhängigkeit der unabhängigen Abgeordneten, NJW 1985, 1425. – ***W. Steffani,*** Edmund Burke: Zur Vereinbarkeit von freiem Mandat und Fraktionsdisziplin, ZParl 12 (1981), 109. – ***H.-H. Trute,*** Rechtsprechung zur Vergangenheitsbewältigung – Rechtsprechung im Übergang, SächsVBl. 1999, 261; ***H.-H. Trute,*** Parlamentarische Kontrolle in einem veränderten Umfeld – am Beispiel der Informationsrechte der Abgeordneten, in: Die Verfassungsgerichte der Länder Brandenburg, Mecklenburg-Vorpommern, Sachsen, Sachsen-Anhalt und Thüringen (Hrsg.), 20 Jahre Verfassungsgerichtsbarkeit in den neuen Ländern, Berlin 2014, S 167 –ff. – ***J. Vetter,*** Abgeordneten-Überprüfung durch Untersuchungsausschüsse? Ein Beitrag zur Stasi-Diskussion in den deutschen Parlamenten, ZParl 24 (1993), 211. – ***J. J. Vonderbeck,*** Die Rechte des Mitgliedes des Deutschen Bundestages, ZParl 14 (1983), 311. – ***R. Wagner,*** Die Zulässigkeit des parlamentarischen Doppelmandats, 1986. – ***A. Wallrabenstein,*** Wahlrecht und Mobilität, JöR 66 (2018), 431. – ***U. Wussow,*** Freiheit und Verfassungstreue der Abgeordneten, DöD 1986, 82. – ***E. R. Zivier,*** Der gläserne Abgeordnete, Recht und Politik 2005, 152.

Zu Art. 38 Abs. 1 S. 2 (Repräsentation)

E.-W. Böckenförde, Demokratie und Repräsentation, 1983. – ***H. Dreier,*** Demokratische Repräsentation und vernünftiger Allgemeinwille, AöR 113 (1988), 450. – ***H. Dreier,*** Das Demokratieprinzip des Grundgesetzes, Jura 1997, 249. – ***H. Hofmann,***

Repräsentation, 4. Aufl. 2003. – ***H. Hofmann/H. Dreier,*** Repräsentation, Mehrheitsprinzip und Minderheitenschutz, in H.-P. Schneider/W. Zeh, Parlamentsrecht und Parlamentspraxis in der BRD, 1989, § 5. – ***J. Kimme,*** Das Repräsentativsystem, 1988. – ***H. Meyer,*** Repräsentation und Demokratie, in H. Dreier (Hrsg.), Rechts- und staatstheoretische Schlüsselbegriffe: Legitimität – Repräsentation – Freiheit, 2005, 99. – ***W. J. Patzelt,*** Abgeordnete und Repräsentation, 1993. – ***H.-P. Schneider,*** Repräsentation und Partizipation des Volkes als Problem demokratischer Legitimität, FS f. Simon, 1987, 243. – ***Ch. Wefelmeier,*** Repräsentation und Abgeordnetenmandat, 1991.

Zu Art. 38 Abs. 1 S. 2 (Fraktionen; fraktionslose Abgeordnete)

N. Achterberg, Die Fraktion – Rechtsgestalt und Rechtswirkung, JA 1984, 9. – ***H. H. v. Arnim,*** Finanzierung der Fraktionen, 1993. – ***Ch. Bernzen/D. Gottschalck,*** Abgeordnetenstatus und Repräsentation: Anmerkungen zum „Wüppesahl-Urteil" des Bundesverfassungsgerichts, ZParl 21 (1990), 393. – ***M. Böhm/F. Edinger,*** Fraktionsstatus und Verfassung, ZRP 1991, 138. – ***W. Demmler,*** Der Abgeordnete im Parlament der Fraktionen, 1994. – ***V. Epping,*** Die Trennung von Amt und Mandat – Die parlamentarische Grundposition von Bündnis 90/DIE GRÜNEN und die Regierungsbeteiligung: Schlägt die Wirklichkeit den Anspruch?, DÖV 1999, 529. – ***B. Hagelstein,*** Die Rechtsstellung der Fraktionen im Deutschen Parlamentswesen, 1992. – ***S. Hölscheidt,*** Die Ausschussmitgliedschaft fraktionsloser Bundestagsabgeordneter, DVBl. 1989, 291. – ***K.-H. Hohn,*** Recht auf Chancengleichheit der Fraktionen und oppositioneller Minderheitenschutz, NJW 1985, 408. – ***J. Jekewitz,*** Die gesetzliche Regelung von Funktion, Status und Finanzierung der Parlamentsfraktionen, ZfP 1993, 344. – ***R. Kassing,*** Das Recht der Abgeordnetengruppe, 1988. – ***W. Kleffmann,*** Die Rechtsstellung parteiloser Kandidaten und Mandatsträger, 1982. – ***H. H. Klein/M. Morlok,*** Austritt, Ausschluss, Rechte: Der fraktionslose Abgeordnete, ZParl 35 (2004), 627. – ***O. Konzak,*** Systeme zur Berechnung der Stellenanteile der Fraktionen für die Ausschussbesetzung, ZParl 24 (1993), 596. – ***J. Kürschner,*** Die Statusrechte des fraktionslosen Abgeordneten, 1984. – ***S. Kürschner,*** Das Binnenrecht der Bundestagsfraktionen, 1995. – ***J. Linck,*** Fraktionsstatus als geschäftsordnungsmäßige Voraussetzung für die Ausübung parlamentarischer Rechte, DÖV 1975, 689. – ***W. J. Patzelt,*** Wider das Gerede vom,Fraktionszwang'! Funktionslogische Zusammenhänge, populäre Vermutungen und die Sicht des Abgeordneten, ZParl 1998, 323. – ***J. Scherer,*** Fraktionsgleichheit und Geschäftsordnungskompetenz des Bundestages, AöR 112 (1987), 189. – ***T. J. Schmidt,*** Fraktionsausschluss als Eingriff in das freie Mandat des Abgeordneten, DÖV 2003, 846. – ***E. Schmidt-Jortzig/F. Hansen,*** Neue Rechtsgrundlage für die Bundestagsfraktionen, NVwZ 1994, 1145. – ***K. Schönberger,*** Die Rechtsstellung der Parlamentsfraktionen, 1990. – ***H. Schulze-Fielitz,*** Der Fraktionslose im Bundestag: Einer gegen alle?, DÖV 1989, 829. – ***H.-H. Trute,*** Der fraktionslose Abgeordnete, Jura 1990, 184. – ***J. Wolters,*** Der Fraktionsstatus. Eine verfassungsrechtliche Neubestimmung, 1996. – ***J. Ziekow,*** Der Status fraktionsloser Abgeordneter – BVerfGE 80, 190, JuS 1991, 28.

Zu Art. 38 Abs. 2

H. Hattenhauer, Über das Minderjährigenwahlrecht, JZ 1996, 9. – ***K. Löw,*** Verfassungsgebot Kinderwahlrecht?, FuR 1993, 25. – ***K. Löw,*** Wahlrecht auch für Minderjährige, RuP 1999, 40. – ***M. Pechstein,*** Wahlrecht für Kinder?, FuR 1991, 142.

Zu Art. 38 Abs. 3

E. Jesse, Wahlrecht zwischen Kontinuität und Reform, 1985. – ***E. Lange,*** Der Parlamentarische Rat und die Entstehung des ersten Bundeswahlgesetzes, Vierteljahresschrift f. Zeitgeschichte 20 (1972), 280. – ***R. Sannwald,*** Die Beratungen zur Reform des Parlamentsrechts in der Gemeinsamen Verfassungskommission, ZfP 1994, 15. – ***W. Schreiber,*** Novellierung des Bundestagswahlrechtes, NJW 1985, 1433. – ***W. Schreiber,*** Novellierungen des Wahlrechts zum Deutschen Bundestag – Das 15. und 16. Gesetz zur Änderung des Bundeswahlgesetzes vom 27.4.2001, NVwZ 2002, 1.

Art. 39 [Zusammentritt und Wahlperiode]

(1) [1]Der Bundestag wird vorbehaltlich der nachfolgenden Bestimmungen auf vier Jahre gewählt. [2]Seine Wahlperiode endet mit dem Zusammentritt eines neuen Bundestages. [3]Die Neuwahl findet frühestens sechsundvierzig, spätestens achtundvierzig Monate nach Beginn der Wahlperiode statt. [4]Im Falle einer Auflösung des Bundestages findet die Neuwahl innerhalb von sechzig Tagen statt.

(2) Der Bundestag tritt spätestens am dreißigsten Tage nach der Wahl zusammen.

(3) [1]Der Bundestag bestimmt den Schluß und den Wiederbeginn seiner Sitzungen. [2]Der Präsident des Bundestages kann ihn früher einberufen. [3]Er ist hierzu verpflichtet, wenn ein Drittel der Mitglieder, der Bundespräsident oder der Bundeskanzler es verlangen.

Paulskirchenverfassung von 1849

Abschnitt IV. Art. III

§ 94. Die Mitglieder des Volkshauses werden für das erste Mal auf vier Jahre, demnächst immer auf drei Jahre gewählt.

Abschnitt IV. Art. VI

§ 104. Der Reichstag versammelt sich jedes Jahr am Sitze der Reichsregierung. Die Zeit der Zusammenkunft wird vom Reichsoberhaupt bei der Einberufung angegeben, insofern nicht ein Reichsgesetz dieselbe festsetzt.

Außerdem kann der Reichstag zu außerordentlichen Sitzungen jederzeit vom Reichsoberhaupt einberufen werden.

§ 108. Das Ende der Sitzungsperiode des Reichstages wird vom Reichsoberhaupt bestimmt.

§ 109. Eine Vertagung des Reichstages oder eines der beiden Häuser durch das Reichsoberhaupt bedarf, wenn sie nach Eröffnung der Sitzung auf länger als vierzehn Tage ausgesprochen werden soll, der Zustimmung des Reichstages oder des betreffenden Hauses.

Auch der Reichstag selbst so wie jedes der beiden Häuser, kann sich auf vierzehn Tage vertagen.

Verfassung des Deutschen Reichs von 1871

Art. 24. Die Legislaturperiode des Reichstages dauert drei Jahre [Verlängerung auf fünf Jahre durch Gesetz vom 19.3.1888, RGBl., 110]. Zur Auflösung des Reichstags während derselben ist ein Beschluß des Bundesrathes unter Zustimmung des Kaisers erforderlich.

Art. 25. Im Falle der Auflösung des Reichstages müssen innerhalb eines Zeitraumes von 60 Tagen nach derselben die Wähler und innerhalb eines Zeitraumes von 90 Tagen nach der Auflösung der Reichstag versammelt werden.

Weimarer Reichsverfassung von 1919

Art. 23. Der Reichstag wird auf vier Jahre gewählt. Spätestens am sechzigsten Tage nach ihrem Ablauf muß die Neuwahl stattfinden.

Der Reichstag tritt zum ersten Male spätestens am dreißigsten Tage nach der Wahl zusammen.

Art. 24. Der Reichstag tritt in jedem Jahre am ersten Mittwoch des November am Sitze der Reichsregierung zusammen. Der Präsident des Reichstags muß ihn früher berufen, wenn es der Reichspräsident oder mindestens ein Drittel der Reichstagsmitglieder verlangt.

Der Reichstag bestimmt den Schluß der Tagung und den Tag des Wiederzusammentritts.

Art. 25. Der Reichspräsident kann den Reichstag auflösen, jedoch nur einmal aus dem gleichen Anlaß.

Die Neuwahl findet spätestens am sechzigsten Tage nach der Auflösung statt.

Übersicht

A. Allgemeine Bedeutung

I. Genese

1 Selbstversammlungs- und Selbstorganisationsrechte hat das Parlament sich über einen langen Zeitraum gegen die Einberufungsrechte der Exekutive

erkämpfen müssen.[1] Auch die Notwendigkeit periodisch wiederkehrender Wahlen musste sich erst entwickeln.[2] Die Paulskirchenverfassung beteiligte das Reichsoberhaupt an der Einberufung und Vertagung des Parlaments (§§ 104, 109 PKV), das Ende einer jeweiligen Sitzungsperiode wurde von ihm bestimmt (§ 108 PKV), und der Reichstag konnte von ihm aufgelöst werden (§ 106 PKV). Die Reichsverfassung von 1871 enthielt mit den Art. 12 f. und 24 ff. ganz ähnliche Regelungen. Die Weimarer Reichsverfassung kannte ebenfalls ein Auflösungsrecht des Reichspräsidenten (Art. 25 Abs. 1 WRV). Die Wahlperiode des Reichstags war in der Weimarer Republik starr auf vier Jahre festgelegt, die konstituierende Sitzung des neuen Reichstags musste spätestens dreißig Tage nach der Neuwahl stattgefunden haben. Seine Wahlperiode war in Sessionen unterteilt.[3]

2 Der Herrenchiemsee-Entwurf enthielt in Art. 48 die Dauer der Wahlperiode, in Art. 49 ihren Beginn und ihr Ende. Art. 56 regelte das Selbstversammlungsrecht des Parlaments. Der **Parlamentarische Rat** hat alle diese Regelungen zusammengefasst und den Bundestag in Art. 39 als permanent tagendes Verfassungsorgan konzipiert.[4] Im Vergleich zu seinen Vorgängerverfassungen enthält das GG deshalb nur noch den Begriff der **Wahlperiode.** Begriffe wie **Sitzung** oder **Session** sind entfallen.[5] Art. 39 wurde zweimal jeweils in den Jahren 1976 und 1998 **geändert.** Mit dem 33.[6] und dem 46.[7] Gesetz zur Änderung des GG wurden die Regelungen zur **Neuwahl** sowie zu **Beginn** und **Ende** der **Wahlperiode** grundlegend überarbeitet. Bis zur ersten Neuregelung 1976 enthielt Art. 39 wie die Weimarer Reichsverfassung eine starre Wahlperiode von vier Jahren. Der neu gewählte Bundestag durfte nicht vor Ablauf der vierjährigen Wahlperiode des alten Bundestages zusammentreten. Im Fall der vorzeitigen Auflösung eines Bundestages nach mehrfach erfolgloser Kanzlerwahl (Art. 63 Abs. 4) oder nach fehlgeschlagener Vertrauensfrage (Art. 68 Abs. 1) endete die Wahlperiode des Bundestages automatisch mit der Auflösungsentscheidung des Bundespräsidenten. So konnten **parlamentslose Zeiten** entstehen, für die die Art. 45, 45a S. 1 u. 2 aF sowie Art. 49 aF galten. Mit der 33. Änderung des GG wurde die **Wahlperiode flexibilisiert** und Neuwahlen auf einen Zeitraum zwischen dem 45. und dem 47. Monat seit Beginn der Wahlperiode festgesetzt. Ende und Beginn einer Wahlperiode wurden auf die konstituierende Sitzung des neuen Bundestages auch für den Fall der vorzeitigen Auflösung des alten Bundestages zusammengelegt, um parlamentslose Zeiten abzuschaffen.[8] Damit konnten die Art. 45, 45a S. 1 u. 2 aF, 49 aF gestrichen werden. Die 46. Änderung des GG 1998 hat die Zeitspanne für die Neuwahl des Bundestages nach hinten verschoben. Die Neuwahl findet seither frühestens im 46. und spätestens im 48. Monat der laufenden Wahlperiode statt. Die Verschiebung hatte praktische Gründe. Eine ständige Vorverlagerung des Wahltermins aus dem Herbst in den Sommer hinein und damit die Kollision des Wahltermins mit den Sommer-

[1] *Kühne* in Schneider/Zeh Parlamentsrecht und Parlamentspraxis, § 2 Rn. 100 f.; *Feldkamp* ZParl 38 (2007), 630 (631 ff.).
[2] *Wittreck* in Morlok/Schliesky/Wiefelspütz Parlamentsrecht, § 2 Rn. 24 ff.
[3] Näher *Kluth* in SHH Rn. 2.
[4] *Doemming/Füsslein/Matz* JöR 1 (1951), 356 ff.; *Lang* in BerlKomm Rn. 7 ff.
[5] *Kretschmer* in BK Rn. 6.
[6] BGBl. 1976 I 2381.
[7] BGBl. 1998 I 1822.
[8] *Kluth* in SHH Rn. 2.

ferien sollte vermieden werden, um eine möglichst breite Wahlbeteiligung zu erzielen.[9]

II. Inhaltsübersicht und systematischer Zusammenhang

Repräsentative Demokratie ist verantwortete **Herrschaft auf Zeit.**[10] Aus dem Prinzip der Volkssouveränität ergibt sich, dass die Volksvertretung in regelmäßigen Abständen durch Wahlen neu legitimiert werden muss. Das Volk muss dauerhaften Einfluss auf seine Repräsentanten ausüben und seine politischen Präferenzen zeitnah ausdrücken können. Art. 39 enthält deshalb formale Regelungen über Beginn und Ende einer Wahlperiode, die Festlegung von Wahlterminen und die Einberufung sowie den Zusammentritt des Bundestages. Eine Wahl ohne zeitliche Begrenzung wäre mit dem Demokratieprinzip des GG nicht zu vereinbaren und verstieße gegen dessen von Art. 79 Abs. 3 geschützten Kern.[11] Daneben enthält Art. 39 Abs. 3 S. 1 die ausdrückliche Nennung des Selbstversammlungsrechts des Bundestages. Ein Selbstauflösungsrecht kennt Art. 39 dagegen nicht. Deshalb steht Art. 39 in systematischem Zusammenhang mit der auflösungsgerichteten Vertrauensfrage aus Art. 68. Neben Regelungen zur regulären Dauer der Wahlperiode trifft Art 39 Abs. 1 S. 4 Vorkehrungen für eine vorzeitige Auflösung des Bundestages. Art. 39 rahmt die Parlamentsautonomie (→ Art. 40 Rn. 1 f.) des Bundestages ein. Die Dauer der Wahlperiode in Art. 39 Abs. 1 S. 1, ihr Beginn und ihr Ende in Art. 39 Abs. 1 S. 2 u. 3, der Neuwahltermin in Art. 39 Abs. 1 S. 4, das Datum für den spätesten Termin der konstituierenden Sitzung des neugewählten Bundestages in Art. 39 Abs. 2 und das Prozedere bei einer vorzeitigen Auflösung der Volksvertretung in Art. 39 Abs. 1 S. 4 sind wechselseitig aufeinander bezogen. Sie stellen den ersten Regelungskomplex des Art. 39 Abs. 1 u. 2 dar. Der zweite Regelungskomplex des Art. 39 Abs. 3 enthält vor allem das **Selbstversammlungsrecht** des Bundestages und seine Durchbrechungen.[12] 3

B. Einzelfragen

I. Der Bundestag wird vorbehaltlich der nachfolgenden Bestimmungen auf vier Jahre gewählt (Abs. 1 S. 1)

Unter „Bundestag" sind hier die Abgeordneten zu verstehen, die das unabhängig von der jeweiligen Legislaturperiode **ständig bestehende Verfassungsorgan** Bundestag für vier Jahre personell repräsentieren. Die Wahlperiode des Art. 39 Abs. 1 S. 1 dauert regulär vier Jahre. Sie ist nicht in einzelne, rechtlich erhebliche Zeitabschnitte wie **Sessionen** oder **Sitzungen** unterteilt.[13] Der Bundestag bestimmt selbst über den Rhythmus seiner Versammlungen. In der Praxis gliedert sich die Wahlperiode in Sit- 4

[9] *Dicke* in Umbach/Clemens Rn. 2 ff., 15; *Morlok* in Dreier Rn. 6; *Lang* in BerlKomm Rn. 12 ff.

[10] BVerfGE 18, 151 (154); 44, 125 (139); BVerfG NVwZ 1994, 853 (853); *Klein* in Maunz/Dürig Rn. 22; *Lang* in BerlKomm Rn. 3; LVerfG MV NordÖR 2008, 488 (490 f.).

[11] BVerfGE 13, 54 (91); 18, 151 (154); 20, 56 (113); 44, 125 (139); 77, 1 (40); BVerfG NVwZ 1994, 893 (893); *Schliesky* in MKS Rn. 13; *Brocker* in BeckOK GG Rn. 1 f.; *Michael* in Morlok/Schliesky/Wiefelspütz Parlamentsrecht, § 48 Rn. 1.

[12] *Dicke* in Umbach/Clemens Rn. 1.

[13] *Schliesky* in MKS Rn. 13.

zungswochen und sitzungsfreie Zeiten.[14] Die Dauer der Wahlperiode steht nach Art. 39 Abs. 1 S. 1 unter dem Vorbehalt der nachfolgenden Bestimmungen, die **Verkürzungen** und **Verlängerungen der Wahlperiode** zulassen.

5 Eine reguläre **Verlängerung der Wahlperiode** regelt das GG für den **Verteidigungsfall** in Art. 115h Abs. 1 S. 1 Rn. 2. Die während eines Verteidigungsfalls ablaufende Wahlperiode des Parlaments verlängert sich automatisch. Sie endet sechs Monate nach Beendigung des Verteidigungsfalles. Da die Regelungen zum Verteidigungsfall die Funktionsfähigkeit der demokratischen Staatsorgane sicherstellen wollen, ist eine Auflösung des Bundestages mit anschließenden Neuwahlen nach Art. 39 Abs. 1 S. 4 für diesen Zeitraum ausgeschlossen.[15]

II. Seine Wahlperiode (Abs. 1 S. 2)

6 **Wahlperiode** wird derjenige Zeitraum genannt, für den der Bundestag in seiner jeweiligen Zusammensetzung durch das Volk mit der Erledigung parlamentarischer Aufgaben betraut wird.[16] Das GG bestimmt verbindlich, wie lange eine Wahlperiode regelmäßig und höchstens dauert. Das Volk überträgt seinen Repräsentanten Handlungsvollmachten, die auf einen überschaubaren Zeitraum befristet sind. Das Parlament muss in regelmäßigen Abständen neu legitimiert werden.[17] Das demokratische Prinzip des GG (→ Art. 20 Rn. 43 ff.) verlangt, dass Wähler und Wählerinnen im Zeitpunkt der Wahl die relevanten Eckdaten ihrer Entscheidung wie vor allem die Länge der Wahlperiode, für die sie ihre Vertreter wählen, kennen.[18] Ziel der Vorschriften über Beginn, Ende und Dauer der Wahlperiode ist es auf der einen Seite, die zeitnah erteilte Legitimation für allgemeinverbindliche Maßnahmen des Bundestages sicherzustellen, und auf der anderen Seite, die Arbeitsfähigkeit des Parlaments zu verbürgen.[19]

7 **1. Verkürzung und Verlängerung der Wahlperiode.** Während die Landesverfassungen idR eine Wahlperiode von fünf Jahren vorsehen,[20] bleibt das GG trotz regelmäßig wiederkehrender Änderungsvorschläge bei einer Wahlperiode von vier Jahren. Eine **Verkürzung** oder eine **Verlängerung** der Wahlperiode durch **Verfassungsänderung** ist per se weder ge- noch verboten.[21] Hier ist aber danach zu unterscheiden, ob durch Verfassungsänderung in die bereits laufende oder erst in eine kommende Wahlperiode eingegriffen

[14] *Versteyl* in v. Münch/Kunig, 6. Aufl. 2012, Rn. 8.

[15] Krit. *Achterberg/Schulte* in MKS 6. Aufl. 2010, Rn. 11: Gerade in einer Krise brauche das Wahlvolk für seine Unzufriedenheit ein Ventil. Die Gewährleistung ordnungsgemäßer Wahlen im Krieg ist allerdings schwierig, vgl. *Morlok* in Dreier Rn. 18.

[16] *Dicke* in Umbach/Clemens Rn. 6: Der synonym gebrauchte Ausdruck der Legislaturperiode ist zu eng, da er nur eine Aufgabe des Parlaments, nämlich die Gesetzgebung in den Blick nimmt. *Kretschmer* in BK Rn. 31; *Versteyl* in v. Münch/Kunig, 6. Aufl. 2012, Art. 39 Rn. 7; *Achterberg,* Grundzüge des Parlamentsrechts, 1971, 27 ff.

[17] BVerfGE 18, 151 (154); 44, 125 (139); *Kretschmer* in BK Rn. 22.

[18] BVerfGE 62, 1 (32), 121, 266 (291 Rn. 82); *Dicke* in Umbach/Clemens Rn. 32; *Schneider* in AK Rn. 4.

[19] *Brocker* in BeckOK GG Rn. 2.

[20] ZB Art. 16 Abs. 1 LVerf Bay; Art. 30 Abs. 1 S. 1 LVerf BW; Art. 10 Abs. 1 S. 1 LVerf Hmb; Art. 43 Abs. 1 S. 1 SächsLVerf; anders Art. 75 Abs. 1 S. 1 LVerf Brem: 4 Jahre.

[21] *Kluth* in SHH Rn. 11; *Lang* in BerlKomm Rn. 28, 30; *Wieland/Albin* ZRP 2006, 76 (76 ff.).

werden soll. Weder die Verkürzung[22] noch die Verlängerung der Wahlperiode durch Verfassungsänderung nach Art. 79 Abs. 1 u. 2 dürfen in eine schon laufende Wahlperiode eingreifen.[23] Zwar ist es dem Bundestag nicht verwehrt, während einer Wahlperiode das Wahlrecht zu modifizieren. Entsprechende verfassungsändernde Regelungen dürfen sich aber nicht auf seine eigene verfassungsrechtlich verbindliche Laufzeit auswirken, da der Wähler am Wahltag von einer bestimmten Wahlperiode ausgegangen ist und den Bundestag für diese legitimiert hat. Eine Verkürzung der laufenden Wahlperiode läuft folglich auf eine nach dem GG unzulässige **Selbstauflösung** hinaus und greift in die Statusrechte der Abgeordneten ein.[24] Die Verlängerung der laufenden Wahlperiode stellt eine undemokratische **Selbstermächtigung** des Parlaments dar.[25] Sowohl Verkürzung als auch Verlängerung künftiger Wahlperioden durch Verfassungsänderung sind dagegen grds. zulässig.[26]

Der verfassungsändernde Gesetzgeber hat bei der **Bemessung der Dauer** 8
einer Wahlperiode einen **Einschätzungsspielraum.** Die Dauer darf aber weder zu lang noch zu kurz bemessen sein. Bei der Bemessung ist zum einen die Sanktionsfunktion der Wahl zu berücksichtigen. Auch die stets im Fluss bleibende Zusammensetzung der Wählerschaft muss beachtet werden.[27] Auf der anderen Seite steht die Arbeitsfähigkeit des Bundestages,[28] der sich nach zT langwierigen Koalitionsverhandlungen in der Anfangsphase zunächst einzuarbeiten hat und in der Endphase seiner Wahlperiode in den Wahlkampf geht, so dass die gestalterische Arbeitszeit des Parlaments von vornherein am Beginn und am Ende einer Wahlperiode eingeschränkt erscheint. Die vom GG vorgesehene Wahlperiode von **vier Jahren** ist deshalb ein **gelungener Kompromiss** aus beiden Zielvorstellungen, nämlich der zeitnahen Legitimation und der Arbeitsfähigkeit des Bundestages.[29] Da eine Verkürzung der Wahlperiode vor allem die Arbeitsfähigkeit des Parlaments betrifft, erscheint eine Wahlperiode von vier Jahren sogar als unterste Grenze des verfassungsrechtlich Zulässigen.[30] Eine Verlängerung betrifft dagegen vor allem das Zeitelement in der Legitimation der Volksvertretung durch den Souverän und müsste beachten, dass auf Bundesebene die Kontrollinstrumente der direkten Demokratie fehlen.[31] Anders als in den Landesverfassungen werden die Wähler über die volle Wahlperiode an alle Sachentscheidungen des Parlaments gebunden. Sie haben keine Möglichkeit zu einer wenigstens punktuellen Korrektur parlamentarischer Entscheidungen. Zu beachten ist weiterhin die aus dem demokratischen Prinzip des GG fließende Chance der Minderheit, zur Mehrheit zu werden, auf die sich die Länge der Wahlperiode ebenfalls

---

[22] *Brocker* in BeckOK GG Rn. 2.2; *Schneider* in AK Rn. 11. Eine Verkürzung der laufenden Wahlperiode durch Verfassungsänderung bei Vorliegen von unabweisbaren Gründen hält für zulässig *Morlok* in Dreier Rn. 20; *Schliesky* in MKS Rn. 21.

[23] *Kluth* in SHH Rn. 12; *Versteyl* in v. Münch/Kunig, 6. Aufl. 2012, Rn. 6; *Achterberg/Schulte* in MKS, 6. Aufl. 2010, Rn. 4; aA *Dicke* in Umbach/Clemens Rn. 24; *Kretschmer* in BK Rn. 53.

[24] *Klein* in Maunz/Dürig Rn. 25; aA *Lang* in BerlKomm Rn. 30.

[25] *Achterberg/Schulte* in MKS, 6. Aufl. 2010, Rn. 4; *Schneider* in AK Rn. 11; *Morlok* in Dreier Rn. 1; *Krech* VR 1993, 401 (402 ff.).

[26] BVerfGE 1, 14 (33).

[27] *Morlok* in Dreier Rn. 10.

[28] BVerfGE 62, 1 (32, 44); *Schliesky* in MKS Rn. 23.

[29] *Magiera* in Sachs Rn. 5; *Morlok* in Dreier Rn. 10; *Jutzi* NJ 2008, 407 (408).

[30] *Brocker* in BeckOK GG Rn. 2.5; *Achterberg/Schulte* in MKS, 6. Aufl. 2010, Rn. 4.

[31] *Brocker* in BeckOK GG Rn. 2.4; LVerfG MV NordÖR 2008, 488 (491 f.).

auswirken kann.[32] Die äußerste Grenze für eine Verlängerung der Wahlperiode ist deshalb umstritten. Sie schwankt zwischen fünf,[33] sechs[34] und sieben[35] Jahren.

9 **2. Selbstauflösungsrecht.** Der Bundestag hat anders als die Landtage **kein Selbstauflösungsrecht.** Das Selbstauflösungsrecht ist in den **Ländern** vor allem im Hinblick auf die erforderlichen **Quoren** beim **Antrag** auf und bei der **Zustimmung** zur Selbstauflösung allerdings unterschiedlich geregelt. Üblicherweise werden Selbstauflösungsbeschlüsse mit Mehrheit der gesetzlichen Mitglieder eines Landesparlaments[36] oder mit Zweidrittelmehrheit gefasst.[37] Das Selbstauflösungsverbot auf Bundesebene erklärt sich dagegen vor allem aus den Erfahrungen mit der Weimarer Republik. Dem Verbot wird eine heilsame Wirkung für die Arbeit des Parlaments zugeschrieben, da es die vorschnelle Abgabe von politischer Verantwortung verhindern soll.[38] Regelmäßig vorgebrachte Vorschläge, ein Selbstauflösungsrecht auch auf Bundesebene einzuführen, hatten bislang keinen Erfolg.[39] Das fehlende Selbstauflösungsrecht rechtfertigt sich aus der Absicht des Verfassunggebers, rechtlich für eine maximale Stabilität des Parlaments zu sorgen.

10 Das Fehlen eines Selbstauflösungsrechts lässt sich allerdings **umgehen.** Durch das von den Fraktionen **verabredete Scheitern einer Vertrauensfrage** nach Art. 68 Abs. 1 oder den Rücktritt eines Bundeskanzlers nach Art. 63 Abs. 4 mit der Intention, die Neuwahl eines neuen Bundeskanzlers mit den Mehrheiten des Art. 63 Abs. 4 scheitern zu lassen, können vorzeitige Neuwahlen vom Parlament willentlich herbeigeführt werden.[40] Der Bundestag wurde bislang dreimal vorzeitig aufgelöst.[41] Helmut Kohl 1982 und Gerhard Schröder 2005 stellten die Vertrauensfrage mit dem Ziel, vorzeitige Neuwahlen des Bundestages zu ermöglichen.[42] Diese **unechte, negative oder auch auflösungsgerichtete Vertrauensfrage** nach Art. 68 Abs. 1 GG (→ Art. 68 Rn. 20 ff.) ist streitig geblieben,[43] stellt aber eine Möglichkeit

---

[32] *Wieland/Albertin* ZRP 2006, 76 (76).

[33] *Schliesky* in MKS Rn. 25; *Brocker* in BeckOK GG Rn. 2.4; *Morlok* in Dreier Rn. 10; *Gröpl* in GWC Rn. 3; *Versteyl* in v. Münch/Kunig, 6. Aufl. 2012, Rn. 5; *Kube* ZRP 2004, 52 (53).

[34] *Klein* in Maunz/Dürig Rn. 23; *Michael* in Morlok/Schliesky/Wiefelspütz Parlamentsrecht, § 48 Rn. 1.

[35] *Maurer,* Staatsrecht I, 6. Aufl. 2010, § 13 Rn. 51.

[36] Art. 18 Abs. 1 LVerf Bay; Art. 11 Abs. 1 LVerf Hmb; Art. 80 LVerf Hess; Art. 10 Abs. 2 LVerf Nds; Art. 35 Abs. 1 LVerf NRW; Art. 84 Abs. 1 LVerf RhPf.

[37] Art. 43 Abs. 1 LVerf BW; Art. 18 Abs. 2 LVerf Bln; Art. 62 Abs. 2 LVerf Bbg; Art. 76 Abs. 1 lit. a LVerf Brem; Art. 27 Abs. 2 LVerf MV; Art. 69 LVerf Saarl; Art. 58 LVerf Sachs; Art. 60 Abs. 1 LVerf LSA; Art. 19 Abs. 2 LVerf SchlH; Art. 50 Abs. 2 Nr. 1 LVerf Thür.

[38] Näher *Umbach,* Parlamentsauflösung in Deutschland, 1989, 260 ff., 510 f.; *Schliesky* in MKS Rn. 32; *Klein* in Maunz/Dürig Rn. 82; krit. *Hahn* DVBl 2008, 151 (152 f.).

[39] Schlussbericht der Enquetekommission Verfassungsreform BT-Drs. 7/5924, 39 ff.; Schlussbericht der Gemeinsamen Verfassungskommission BT-Drs. 12/6000, 86 ff.; bejahend *Busse* ZRP 2005, 257 (258 f.); *Buettner/Jäger* DÖV 2006, 408 (416 f.); *Hahn* DVBl 2008, 151 (152).

[40] *Schliesky* in MKS Rn. 33 ff.

[41] Der 6. Bundestag wurde am 22. September 1972, der 9. Bundestag am 6. Januar 1983 und der 15. Bundestag am 21. Juli 2005 aufgelöst.

[42] https://www.bundestag.de/resource/blob/196268/f4c8386470cb5f773abad59adc60d1d9/Kapitel_06_14_Vertrauensfrage_des_Bundeskanzlers-data.pdf (letzter Zugriff am 15.11.2019).

[43] Zustimmend *Zeh* Der Staat 22 (1983), 1 (1 ff.); *Ipsen* NVwZ 2005, 1147 (1148); *Schneider* NJW 1983, 1529 (1530); ablehnend *Starck* JZ 2005, 1053 (1055); ferner *Achterberg* DVBl. 1983, 477 (478 f.).

dar, das vom Verfassunggeber bewusst verweigerte Selbstauflösungsrecht zu ersetzen. Das BVerfG hat die bisherige Staatspraxis bei den Bundestagsauflösungen in den Jahren 1982 und 2005 trotz umstrittener Begründungen und Zielsetzungen bestätigt. Es verlangt als materiell einschränkendes Tatbestandmerkmal von Art. 68 Abs. 1 S. 1 aber eine von Bundeskanzler, Bundestag und Bundespräsidenten zu überprüfende **Lage der Instabilität** zwischen Bundeskanzler und Bundestag, um eine missbräuchliche Anwendung der Vertrauensfrage auszuschließen (→ Art. 68 Rn. 71 f.).[44]

De lege ferenda scheint es auf einen ersten Blick durchaus zweckmäßiger, dem Bundestag ein Selbstauflösungsrecht zu gewähren, als ihn auf die Umwege der Art. 63 Abs. 4 und Art. 68 Abs. 1 zu schicken. Die verfassungsrechtliche **Ausgestaltung der Selbstauflösung** müsste sich allerdings an der *ratio legis* des GG orientieren, das eine maximale Stabilität des Parlaments, die Arbeitsfähigkeit des Bundestages und ein hohes Maß an kontinuierlicher parlamentarischer Willensbildung gewährleisten will: Der Bundestag kann seine Aufgaben nur dann effizient erfüllen, wenn seine Arbeit nicht durch zu häufige Neuwahlen unterbrochen wird. Entsprechend hoch müssten die **Hürden bei Antrags- und Beschlussquorum** für eine Selbstauflösung ausgestaltet werden.[45] Überdacht werden kann auch, ob es dem Volk per **Volksentscheid** gestattet werden sollte, das Parlament vorzeitig abzuwählen, wie dies in Bayern,[46] Baden-Württemberg[47] und Berlin[48] vorgesehen ist, um den Souverän auch während einer Wahlperiode am Ruder zu belassen. 11

III. Endet mit dem Zusammentritt eines neuen Bundestages

1. Das Ende der Wahlperiode. Die alte **Wahlperiode** des Bundestages **endet automatisch** mit dem Beginn der neuen Wahlperiode.[49] Der **alte Bundestag** bleibt so lange im Amt, bis der neue Bundestag sich konstituiert hat. Er ist rechtlich in diesem Zeitraum in seinen **Handlungsmöglichkeiten nicht beschränkt,** da seine Legitimation erst mit dem Zusammentritt des neu gewählten Bundestages endet. Er unterliegt nach der Neuwahl auch keinem Gebot der Zurückhaltung.[50] Ihm stehen bis zum Zusammentritt des neuen Bundestages alle verfassungsrechtlichen Parlamentsrechte zu. Das gilt sowohl für den regulären Ablauf der Wahlperiode als auch für eine vorzeitige **Auflösung** des Parlaments nach Art. 63 Abs. 4 oder Art. 68 Abs. 1.[51] Das Parlament kann in letzter Minute neue Gesetze erlassen und rechtswirksame Beschlüsse fassen.[52] Strittig ist aber, ob der Bundestag auch nachdem der Bundespräsident in den Verfahren nach Art. 63 Abs. 4 und Art. 68 Abs. 1 GG einen Auflösungsbeschluss erlassen hat, noch einen **neuen Bundeskanzler wählen** kann, oder ob diese Beschlussfassung durch den Auflösungsbeschluss des Bundespräsidenten blockiert ist. ZT wird die Neuwahl eines 12

[44] BVerfGE 62, 1 (36 ff.); 114, 121 (147 ff. Rn. 127 ff.); *Winkler* AöR 131 (2006), 441 (443 ff.); *Herbst,* Der Staat 45 (2006) 45 (45 ff.); *Fuchs/Fuchs* DÖV 2009, 232 (233 f.).

[45] *Epping* RuP 2006, 197 (202); aA *Versteyl* in v. Münch/Kunig, 6. Aufl. 2012, Rn. 15; *Pieper* ZParl 38 (2007), 287 (296); *Leuning* ZParl 39 (2008), 157 (163).

[46] Art. 18 Abs. 3 LVerf Bay.

[47] Art. 43 Abs. 2 LVerf BW.

[48] Art. 54 Abs. 3 LVerf Bln.

[49] BVerfGE 62, 1 (33).

[50] *Klein* in Maunz/Dürig Rn. 47a.

[51] *Kochsiek,* Der Alt-Bundestag, 2002, S. 162 ff.; BVerfGE 113, 113 (126 f.).

[52] *Michael* in Morlok/Schliesky/Wiefelspütz Parlamentsrecht, § 49 Rn. 10 ff.

Bundeskanzlers abgelehnt, weil nach der Logik der Auflösungsbestimmungen die aktivierte Reservefunktion des Bundespräsidenten die Normalfunktion des Parlaments endgültig sperrt.[53] Berücksichtigt man jedoch die Stabilitätsfixierung des Verfassunggebers und die Stellung des Parlaments im demokratischen Verfassungsgefüge, ist die Reservefunktion des Bundespräsidenten durch die Entscheidungsfähigkeit des Parlaments auflösend bedingt. Eine Kanzlerwahl ist auch durch einen aufgelösten Bundestag zulässig.[54]

13 Als **Zusammentritt** des Bundestages wird allein **die erste Versammlung** der Abgeordneten nach der Wahl bezeichnet. Alle weiteren Versammlungen heißen Sitzungen, die nach Art. 39 Abs. 3 S. 1, da der Bundestag permanent tagt, vertagt und wiederbegonnen werden.[55] Der Zeitpunkt des Zusammentritts des Bundestages bestimmt über den **Beginn der Wahlperiode.** Das ergibt sich nur mittelbar aus Art. 39 Abs. 1 S. 2, nach dem die Wahlperiode des alten Bundestages mit dem Zusammentritt des neuen Bundestages endet. Die neue Wahlperiode beginnt also mit der konstituierenden Sitzung des neu gewählten Bundestages.[56] Ende und Beginn einer Wahlperiode fallen zeitlich zusammen.[57] Der **nahtlose Übergang** von der einen zur anderen Wahlperiode gilt unabhängig davon, ob der Bundestag die volle Wahlperiode amtiert hat oder vorzeitig aufgelöst wurde,[58] da seit der 33. Änderung des GG[59] parlamentslose Zeiten abgeschafft sind. Die Fristberechnung für den Beginn der Wahlperiode weicht von den §§ 187 ff. BGB ab, da nicht das Ende des Tages des Zusammentritts des Bundestages[60] oder der Anfang des darauffolgenden Tages maßgeblich sind. Für das Ende der alten und den Beginn der neuen Wahlperiode ist vielmehr der konkrete Zeitpunkt der konstituierenden Sitzung des neuen Bundestages entscheidend.[61] Die Diskussion um eine sekundengenaue Festlegung des Beginns einer Wahlperiode ist allerdings akademischer Natur, da es für die Berechnung des kommenden Wahltages kaum jemals darauf ankommen wird, ob der Beginn des Tages des ersten Zusammentritts ausschlaggebend ist oder stattdessen der Beginn der konstituierenden Sitzung durch die Eröffnungserklärung,[62] die Feststellung der Konstituierung durch den Alterspräsidenten,[63] oder ob der Abschluss aller erforderlichen Regularien[64] des neuen Bundestages den Anfang der neuen Wahlperiode vorgeben.[65]

---

53 *Morlok* in Dreier Rn. 16; *Magiera* in Sachs Rn. 9.

54 *Kluth* in SHH Rn. 19; *Dicke* in Umbach/Clemens Rn. 30; *Michael* in Morlok/Schliesky/Wiefelspütz Parlamentsrecht, § 49 Rn. 5 ff.; *Klein* in Maunz/Dürig Rn. 90; *Kretschmer* in BK Rn. 145 hält eine Neuwahl eines Bundeskanzlers für möglich, die die Auflösungsverfügung des Bundespräsidenten allerdings nicht gegenstandslos macht.

55 *Morlok* in Dreier Rn. 14; *Dicke* in Umbach/Clemens Rn. 42; *Brocker* in BeckOK GG Rn. 13.

56 *Pieroth* in Jarass/Pieroth Rn. 2.

57 *Schneider* in AK Rn. 12; *Magiera* in Sachs Rn. 6.

58 BVerfGE 62, 1 (33); *Kretschmer* in BK Rn. 57.

59 BGBl. 1976 I 2381.

60 *Kluth* in SHH Rn. 16: Der Tag der konstituierenden Sitzung ist mitzuzählen.

61 *Weides/Kremke* NJW 1990, 1888 (1888 f.).

62 So *Schliesky* in MKS Rn. 29; *Morlok* in Dreier Rn. 14; *Schneider* in AK Rn. 12; *Lang* in BerlKomm Rn. 36.

63 *Brocker* in BeckOK GG Rn. 11: „Abschluss des Namensaufrufs".

64 *Versteyl* in v. Münch/Kunig, 6. Aufl. 2012, Rn. 10; *Magiera* in Sachs Rn. 22: Übernahme der GOBT, Wahl des neuen Bundestagspräsidenten und Feststellung der Beschlussfähigkeit.

65 Näher *Kretschmer* in BK Rn. 59, 75 f.; *Weides/Kremke* NJW 1990, 1888 (1889).

14 **2. Der Grundsatz der Diskontinuität.** Die parlamentarische Arbeit setzt sich nach der Wahl eines neuen Bundestages von der vorangegangenen Wahlperiode ab. Art. 39 Abs. 1 S. 2 spricht selbst von dem „neuen Bundestag" und setzt einen alten Bundestag implizit voraus. Die einzelnen Bundestage werden deshalb nach den Wahlperioden fortlaufend nummeriert.[66] Der Bundestag unterliegt folglich der **Diskontinuität,** die aus dem demokratischen Prinzip der Herrschaft auf Zeit fließt. Sie schützt den neugebildeten Bundestag und den in dessen konkreter Zusammensetzung zum Ausdruck gekommenen Volkswillen.[67] Kein vorangehender Bundestag kann den nachfolgenden an seine Beschlüsse binden.[68] Der Grundsatz der Diskontinuität ergibt sich nicht unmittelbar aus dem GG, gilt aber als **Gewohnheitsrecht.** Umstritten ist, ob die Diskontinuität zum Verfassungsgewohnheitsrecht zählt oder sich auf einfaches parlamentarisches Gewohnheitsrecht stützt.[69] Sinn der Diskontinuität ist es, dass der neue Bundestag seine Arbeit unbelastet von den Entscheidungen seines Vorgängers versehen kann.[70]

15 **a) Personelle, institutionelle und sachliche Diskontinuität.** Der Grundsatz der **Diskontinuität** erfasst alle organisatorischen Angelegenheiten und politischen Entscheidungen des Parlaments, die von der Willensbildung der parlamentarischen Mehrheit und von der proportionalen Stärke der Fraktionen im Bundestag beeinflusst werden.[71] Die politische Willensbildung des neuen Bundestages soll nicht durch Vorfestlegungen des mittlerweile nicht mehr legitimierten alten Bundestages und seiner politischen Zusammensetzung behindert werden. Die Diskontinuität unterteilt sich in die **personelle,** die **institutionelle** und die **sachliche** Diskontinuität.[72]

16 Die **personelle Diskontinuität** bezieht sich auf die Rechtsstellung der Abgeordneten. Mit dem Ende einer Wahlperiode verlieren sie ihre Mitgliedschaft im Bundestag und damit alle Rechte und Pflichten aus ihrem Mandat. So verlieren die ehemaligen Abgeordneten zB automatisch ihre Immunität nach Art. 46.[73] Ihre Indemnität behalten sie dagegen. Sie erhalten Übergangs- und Altersbezüge.[74] Das Mandat des Abgeordneten ist zwar grds. an die Dauer der Wahlperiode gekoppelt. Ein individueller **Mandatsverzicht** ist aber jederzeit nach §§ 46 Abs. 1 Nr. 4 und 47 Abs. 1 Nr. 4 BWahlG zulässig. Das in den 1980er Jahren strittige **Rotationsprinzip,** nach dem sich Abgeordnete einer Fraktion zur Halbzeit der Wahlperiode zusammenschließen, um durch ihren gemeinsamen Verzicht ihre Mandatszeit abzukürzen und andere Kandidaten ihrer Partei ins Parlament nachrücken zu lassen, widerspricht der verfassungsrechtlichen Festlegung der

---

[66] *Kluth* in SHH Rn. 4.

[67] *Morlok* in Dreier Rn. 22; *Kluth* in SHH Rn. 5.

[68] *Pieroth* in Jarass/Pieroth Rn. 4; *Jekewitz,* Der Grundsatz der Diskontinuität, 1977, S. 327 ff.

[69] Näher *Kretschmer* in BK Rn. 24.

[70] *Ossenbühl* in HdbStR V § 102 Rn. 43; *Scheuner* DÖV 1965, 510 (512 f.).

[71] BVerfGE 91, 148 (167); *Jekewitz,* Der Grundsatz der Diskontinuität, 1977, S. 242 ff.; *Magiera* in Sachs Rn. 11 ff.

[72] ZT als formelle und materielle Diskontinuität bezeichnet vgl. *Achterberg/Schulte* in MKS, 6. Aufl. 2010, Rn. 12; zT wird nur zwischen personeller und sachlicher Diskontinuität unterschieden *Dicke* in Umbach/Clemens Rn. 32 f.

[73] *Butzer,* Immunität im demokratischen Rechtsstaat. Verfassungsgrundlagen und Parlamentspraxis des Deutschen Bundestages, 1991, 284 f.

[74] Zu Übergangsgeld nach § 18 AbgG und Altersversorgung nach § 19 AbgG vgl. *Braun/Jantsch/Klante* AbgG, 2002, § 18 Rn. 9 ff. u. § 19 Rn. 20 ff.

Wahlperiode auf vier Jahre.[75] Die Motive für einen kollusiven Verzicht werden sich in den individuellen Verzichtserklärungen vom Bundestagspräsidenten wegen Art. 38 Abs. 1 S. 2 allerdings nur schwerlich nachprüfen lassen.[76]

17 **Institutionelle Diskontinuität** bedeutet, dass die **Amtszeit** aller parlamentarischen **Gremien endet,** deren Einrichtung und personelle Zusammensetzung auf einer Entscheidung des alten Bundestages beruhen.[77] Ob von der institutionellen Diskontinuität alle Gremien und Ausschüsse des Bundestages betroffen sind, ist umstritten. ZT wird unterschieden zwischen freiwilligen und pflichtigen Ausschüssen nach Art. 45a, 45c, 95 Abs. 2, die unabhängig von ihrer personellen Zusammensetzung perennierend sein sollen.[78] Grundsätzlich setzt sich die personelle Diskontinuität aber in die institutionelle Diskontinuität hinein fort. Mit der Mitgliedschaft im Bundestag endet auch die Mitgliedschaft der Abgeordneten in den Gremien des Bundestages. Das gilt sowohl für die freiwilligen Ausschüsse als auch für die Pflichtausschüsse, die allein von Abgeordneten bestückt werden und für jede Wahlperiode neu konstituiert werden müssen.[79] Ohne Mitglieder entfallen die ständigen Ausschüsse, und auch die Sonderausschüsse wie die Untersuchungsausschüsse des Parlaments[80] verlieren mit dem Ende der Wahlperiode ihren Status.[81] Auch heterogen zusammengesetzte Gremien wie der Vermittlungsausschuss nach Art. 77 Abs. 2 oder der Gemeinsame Ausschuss nach Art. 53a unterliegen der institutionellen Diskontinuität. Enquêtekommissionen verlieren mit dem Ende der Wahlperiode ihr Mandat.[82] Durch **einfachgesetzliche Regelung** kann allerdings bestimmt werden, dass sich die **Amtszeit** ehemaliger Mitglieder des Bundestages in bestimmten Gremien über das Ende der Wahlperiode hinaus **verlängert,** bis der neue Bundestag das bestimmte Gremium mit eigenen Abgeordneten beschickt hat. Ein Beispiel ist das Parlamentarische Kontrollgremium nach § 3 Abs. 4 des Gesetzes über die parlamentarische Kontrolle nachrichtendienstlicher Tätigkeit des Bundes (PKGrG).[83] Die einfachgesetzliche Abweichung vom Diskontinuitätsgrundsatz stellt keine Verfassungswidrigkeit dar, da die **Diskontinuität** zwar gewohnheitsrechtlich anerkannt ist, **nicht** aber zum **Verfassungsgewohnheitsrecht** zählt.[84] Mit dem Ende der Wahlperiode endet auch der Status der Fraktionen (§ 54 Abs. 1 Nr. 3 AbgG).[85]

---

[75] *Klein* in Maunz/Dürig Rn. 26 f.; *Kluth* in SHH Rn. 26; *Dicke* in Umbach/Clemens Rn. 9; NdsStGH in NJW 1985, 2319 (2320); *Stoll* NJW 1985, 25 (30); *Jung* DÖV 1984, 197 (200).

[76] *Morlok* in Dreier Rn. 21; aA *Klein* in Maunz/Dürig Rn. 27; *Dicke/Stoll* ZParl 16 (1985), 451 (451 ff.).

[77] BVerfGE 49, 70 (86); 105, 197 (234 Rn. 146 f.); *Morlok* in Dreier Rn. 24.

[78] So *Morlok* in Dreier Rn. 24.

[79] *Kluth* in SHH Rn. 6; *Brocker* in BeckOK GG Rn. 4.

[80] BVerfGE 49, 70 (86); 105, 197 (234 Rn. 147); ferner StGH BW VBlBW 1993, 172 (172 ff.).

[81] *Kretschmer* in BK Rn. 193 ff.

[82] *Kretschmer* in BK Rn. 196.

[83] *Singer* in Praxiskommentar zum Gesetz über die parlamentarische Kontrolle nachrichtendienstlicher Tätigkeit des Bundes, 2015, § 3 Rn. 32 ff.

[84] So auch *Versteyl* in v. Münch/Kunig, 6. Aufl. 2012, Rn. 26; *Kretschmer* in BK Rn. 24; aA *Brocker* in BeckOK GG Rn. 4.1; *Schliesky* in MKS Rn. 15, 16. Nimmt man einfaches Gewohnheitsrecht an, müssen einfachgesetzliche Abweichungen wie in § 3 Abs. 4 PKGrG nicht mit dem Rechtsstaatsprinzip oder dem Erfordernis einer qualifizierten permanenten Kontrolle der Exekutivtätigkeit gerechtfertigt werden.

[85] *Hölscheidt,* Das Recht der Parlamentsfraktionen, 2001, 486; *Waldhoff* in Austermann/Schmahl, Abgeordnetengesetz, 2016, § 54 Rn. 7.

Da das Parlament auf bestimmte Zeit gewählt wird, ist seine Befassungs- und Entscheidungskompetenz befristet. Nach der **sachlichen Diskontinuität** gelten deshalb nicht mehr abschließend vom alten Bundestag behandelte Vorlagen (§ 75 GOBT), die einer Beschlussfassung bedürfen, automatisch als erledigt (§ 125 GOBT).[86] Der Grundsatz findet Anwendung auf alle Vorlagen, deren Behandlung von der Willensbildung der parlamentarischen Mehrheit abhängt.[87] Hierzu gehören nicht allein der in der Praxis bedeutsamste Fall der Gesetzesentwürfe, sondern auch Stellungnahmen zB nach Art. 23 Abs. 3 u. § 9 Gesetz über die Zusammenarbeit von Bundesregierung und Deutschem Bundestag in Angelegenheiten der Europäischen Union (EuZBBG) oder Beschlüsse zum Einsatz der Bundeswehr im Ausland nach §§ 3 ff. Gesetz über die parlamentarische Beteiligung bei der Entscheidung über den Einsatz bewaffneter Streitkräfte im Ausland (ParlBG).[88] Ausgenommen sind Petitionen, auf deren (Weiter-)Behandlung ein Anspruch nach Art. 17 besteht (§ 125 S. 2 GOBT). Auch die **Geschäftsordnung** des Bundestages unterliegt der Diskontinuität (→ Art. 40 Rn. 16).[89] **18**

Der Diskontinuität verfallen auch alle **Gesetzesentwürfe,** die im alten Bundestag eingebracht, vor Ende der Wahlperiode aber **nicht mehr verabschiedet** wurden. Die Diskontinuität von Gesetzesentwürfen rechtfertigt sich aus der Gestaltung des Gesetzgebungsverfahrens durch den alten Bundestag, der mit seinen mehrheitsfähigen politischen Präferenzen darüber entscheidet, welche Informationen er erhebt, welchen Sachverständigen er folgt, welche Alternativen er einbezieht oder verwirft. Der neue Bundestag soll nicht mit den Entscheidungen seines Vorgängers belastet und an dessen Arbeitsergebnisse gebunden werden.[90] Der neue Bundestag darf sich mit alten Gesetzesvorlagen nur befassen, wenn diese erneut in dem dafür vorgesehenen **Verfahren eingebracht** werden.[91] Hier setzt aber auch die **Kritik** am Grundsatz der Diskontinuität an, da dieser die parlamentarische Arbeit vor allem bei langwierigen und umstrittenen Gesetzesvorhaben erschweren oder verzögern kann, und es am Ende einer Wahlperiode regelmäßig zu „Aufräumungsarbeiten" kommt.[92] Ob der sachlichen Diskontinuität ein seinerseits aus dem Demokratieprinzip fließender verfassungsrechtlicher Grundsatz auf effektuierende Parlamentskontinuität entgegensetzt werden kann, ist aber fraglich. In der Parlamentspraxis jedenfalls wird die sachliche Diskontinuität nicht mehr wie ein selbständiger Verfassungsgrundsatz behandelt.[93] Darüber hinaus darf der Bundestag aus seiner Mitte (§ 76 GOBT) heraus jederzeit beschließen, das Gesetzgebungsverfahren auf dem Stand seines Vorgängers weiterzuführen.[94] **19**

---

86 *Brocker* in BeckOK GG Rn. 5.

87 *Kluth* in SHH Rn. 5; *Klein* in Maunz/Dürig Rn. 58a.

88 *Kluth* in SHH Rn. 5, 7; *Kretschmer* in BK Rn. 212.

89 *Brocker* in BeckOK GG Rn. 7.

90 *Morlok* in Dreier Rn. 24; *Dicke* in Umbach/Clemens Rn. 33 f.; VerfG Bbg LKV 1995, 221 (222); StGH BW VBlBW 1990, 51 (54).

91 *Lang* in BerlKomm Rn. 43.

92 Ausführlich *Klein* in Maunz/Dürig Rn. 59 f.; *Versteyl* in v. Münch/Kunig, 6. Aufl. 2012, Rn. 27 f.; *ders.* DVBl 1973, 161 (163 f.); *Schliesky* in MKS Rn. 18; *Michael* in Morlok/Schliesky/Wiefelspütz Parlamentsrecht, § 49 Rn. 38, 42 ff., 66 f.

93 *Schliesky* in MKS Rn. 18.

94 *Klein* in Maunz/Dürig Rn. 59; *Michael* in Morlok/Schliesky/Wiefelspütz Parlamentsrecht, § 49 Rn. 80 f.

20 Die sachliche Diskontinuität des Gesetzgebungsverfahrens wirkt sich auf die Verfahrensschritte **mitwirkender Verfassungsorgane** nicht aus.[95] Hat der Bundestag einen Gesetzesbeschluss gefasst und muss dieser nach dem Ende der Wahlperiode noch durch das Verfahren im **Bundesrat,** kann der Bundesrat den Gesetzesbeschluss auch nach Beginn der neuen Wahlperiode weiterberaten. Er kann seine Zustimmung erteilen oder den Beschluss ohne Einspruch zur Ausfertigung und Verkündung weiterleiten. Die Rechte des neuen Bundestages werden dadurch nicht beeinträchtigt.[96] Gesetzesvorlagen vom Bundesrat oder von der **Bundesregierung,** die in der alten Wahlperiode nicht mehr eingebracht werden konnten, können ohne erneute Beschlussfassung in den neuen Bundestag eingebracht werden.[97]

21 Da die Diskontinuität Rechtshandlungen des Parlaments mit Außenwirkung gegenüber Dritten nicht erfasst,[98] wirkt sie sich auf **Rechtsstreitigkeiten,** an denen der Bundestag beteiligt ist, nicht aus. **Prozessuale Erklärungen** und rechtserhebliche Handlungen des alten Bundestages bleiben über den Wechsel der Wahlperiode hinaus rechtsgültig.[99] Nach der neueren Rspr. des BVerfG wirkt sich auch die personelle Diskontinuität nicht auf Prozesshandlungen aus.[100] Das gilt sowohl für das objektive Rechtsschutzverfahren der abstrakten Normenkontrolle als auch für den subjektiven Rechtsschutz in Organstreitigkeiten.[101] Die Antragsteller – Abgeordnete und Fraktionen – bleiben auch nach Wegfall ihres Status beteiligtenfähig.[102] Ihre **Rechtsschutzinteressen** entfallen nach dem Ablauf der Wahlperiode nicht zwangsläufig. Das verfassungsgerichtliche Verfahren wird vor allem dann weitergeführt, wenn es im öffentlichen Interesse liegt.[103] Die personelle Diskontinuität des Bundestages muss im Verfassungsprozessrecht insoweit unbeachtlich sein, als bei der üblichen **Länge gerichtlicher Verfahren** in der zweiten Hälfte der Wahlperiode verfassungsrechtliche Rechtsstreitigkeiten sonst nicht mehr stattfänden. Damit würden Rechtsschutzlücken entstehen.[104] Ein bereits ausgeschiedener Abgeordneter kann dagegen keine Organklage mehr erheben.

22 **b) Organkontinuität.** Der Bundestag als im GG abstrakt benanntes Verfassungsorgan findet mit dem Ablauf der Wahlperiode als Institution nicht auch selbst sein Ende, nur weil sein Mitgliederbestand wechselt. Hier gilt der Grundsatz der **Organkontinuität** bzw. der Organidentität.[105] Die Organkontinuität umfasst alle Angelegenheiten des Bundestages, die unabhängig von der Wahlperiode und der konkreten Zusammensetzung des Parlaments

---

[95] *Hömig/Stoltenberg* DÖV 1973, 689 (692); *Sträter* DÖV 1973, 521 (521 ff.).

[96] *Winands* in Depenheuer ua (Hrsg.) Nomos und Ethos Hommage an Josef Isensee, 257 (272); *Kluth* in SHH Rn. 8; *Brocker* in BeckOK GG, Rn. 6.

[97] *Kretschmer* in BK Rn. 222; *Klein* in Maunz/Dürig Rn. 58.

[98] *Schliesky* in MKS Rn. 18; *Klein* in Maunz/Dürig Rn. 53.

[99] *Kretschmer* in BK Rn. 236; *Dicke* in Umbach/Clemens Rn. 31; *Morlok* in Dreier Rn. 24; *Brocker* in BeckOK GG Rn. 9; *Magiera* in Sachs Rn. 14.

[100] Anders noch *Achterberg,* Parlamentsrecht, 1984, 212.

[101] AA *Achterberg/Schulte* in MKS, 6. Aufl. 2010, Rn. 15.

[102] BVerfGE 79, 311 (327); 103, 332 (345 Rn. 47): für die abstrakte Normenkontrolle; BVerfGE 108, 251 (272 f. Rn. 38 ff.): für den Organstreit; VerfGH NRW NVwZ-RR 1998, 478 (478 f.); SchlHLVerfG NVwZ-RR 2014, 3 (4); *Versteyl* in v. Münch/Kunig, 6. Aufl. 2012, Rn. 29.

[103] BVerfGE 4, 144 (152); 87, 207 (209); 102, 224 (232 f. Rn. 38 f.); 119, 302 (307 f. Rn. 15 ff.); *Dicke* in Umbach/Clemens Rn. 32; *Morlok* in Dreier Rn. 25; näher *Wernsmann* Jura 2000, 344 (344 ff.).

[104] *Morlok* in Dreier Rn. 25.

[105] BVerfGE 4, 144 (152); *Versteyl* in v. Münch/Kunig, 6. Aufl. 2012, Rn. 4.

erledigt werden können.[106] Die Organkontinuität erstreckt sich zB auf die **Parlamentsverwaltung.**[107]

IV. Die Neuwahl findet frühestens sechsundvierzig, spätestens achtundvierzig Monate nach Beginn der Wahlperiode statt (Abs. 1 S. 3)

Für die reguläre **Neuwahl** des Parlaments enthält Art. 39 Abs. 1 S. 3 **keine starren Fristen,** sondern ein dreimonatiges Zeitfenster. Die Neuwahl hat frühestens sechsundvierzig und spätestens achtundvierzig Monate nach Beginn der Wahlperiode stattzufinden. Wird die Wahlperiode vorzeitig beendet, findet die Neuwahl nach Art. 39 Abs. 1 S. 4 innerhalb von 60 Tagen nach Inkrafttreten der Auflösungsverfügung nach Art. 63 Abs. 4 S. 3 oder Art. 68 Abs. 1 S. 1 statt. 23

Den genauen **Wahltag** bestimmt der **Bundespräsident** nach § 16 S. 1 Bundeswahlgesetz (BWahlG). Hierbei hat er ein **Ermessen.** Dass das einfache Recht die Kompetenz dem Bundespräsidenten zuweist, ist sinnvoll, da dieser auch die Anordnungen zur vorzeitigen Beendigung einer Wahlperiode nach Art. 63 Abs. 4 und Art. 68 Abs. 1 trifft.[108] Der Bundespräsident verständigt sich für den Termin mit der Bundesregierung, da seine Anordnung nach Art. 58 **gegenzeichnungspflichtig** ist.[109] Eine Abstimmung mit dem Parlament ist verfassungsrechtlich nicht vorgesehen, in der Praxis aber üblich.[110] Die Terminierung muss die erforderlichen Wahlvorbereitungen zeitlich zulassen.[111] Die Festlegung des Wahltermins stellt eine Anordnung dar, die als staatsorganisatorischer Akt mit Verfassungsfunktion definiert wird.[112] Der Wahltag wird im BGBl. verkündet.[113] 24

Die Qualifizierung der Wahltagsbestimmung durch den Bundespräsidenten als **staatsorganisatorischer Akt mit Verfassungsfunktion** wirkt sich auf die **Justiziabilität** dieser Verfügung aus. Ihre Anfechtung im Verwaltungsrechtsweg ist ausgeschlossen. Gegen eine zu frühe, zu späte oder sonst gegen Verfassungsrecht verstoßende Terminierung ist das Rechtsmittel der **Wahlprüfung** nach Art. 41 statthaft. Die Wahlprüfung verdrängt andere Verfassungsklagen wie insbesondere die Verfassungsbeschwerde.[114] Organklagen von Abgeordneten und Fraktionen vor dem BVerfG sind statthaft,[115] aber eher unwahrscheinlich, da substantiiert vorgetragen werden muss, dass die konkrete Terminierung durch den Bundespräsidenten die Statusrechte der Abgeordneten und Fraktionen aus Art. 38 Abs. 1 verletzt. 25

Art. 39 Abs. 1 u. 2 enthalten Vorschriften über die **Berechnung** von Beginn und Ende einer Wahlperiode. Die Vierjahresfrist aus Art. 39 Abs. 1 26

---

[106] Näher *Kretschmer* in BK Rn. 29; *Kluth* in SHH Rn. 9.

[107] *Brocker* in BeckOK GG Rn. 8.

[108] *Kretschmer* in BK Rn. 148.

[109] *Gröpl* in GWC Rn. 9; *Dicke* in Umbach/Clemens Rn. 36; *Brocker* in BeckOK GG Rn. 18 f.; *Thiele* JA 2005, 871 (871 ff.).

[110] *Brocker* in BeckOK GG Rn. 19; *Günther* LKRZ 2013, 89 (90).

[111] *Leisner* in Sodan Rn. 4.

[112] BVerfGE 62, 1 (35); 114, 121 (146 Rn. 121); *Klein* in Maunz/Dürig Rn. 32.

[113] *Versteyl* in v. Münch/Kunig, 6. Aufl. 2012, Rn. 12.

[114] *Kretschmer* in BK Rn. 155; *Dicke* in Umbach/Clemens Rn. 41: „Die Verfassungsbeschwerde ist nicht statthaft, da Art. 39 Abs. 1 nicht als grundrechtsgleiches Recht zählt." AA BayVerfGHE 27, 119 (126); *Hahlen* in Schreiber BWahlG, § 16 Rn. 9; *Schreiber* Handbuch des Wahlrechts, 10. Aufl. 2005, § 16 Rn. 5.

[115] *Brocker* in BeckOK GG Rn. 23.

S. 1 ist wegen der in S. 3 nachfolgenden Bestimmungen eine **flexibel handhabbare Zeitspanne.** Sie kann sowohl verlängert als auch verkürzt werden. Je nach Termin des Wahltages und des Zusammentritts des neu gewählten Bundestages lässt sich die Wahlperiode um höchstens zwei Monate verkürzen und um maximal 30 Tage verlängern.[116] Findet eine Neuwahl erst im achtundvierzigsten Monat nach Beginn der Wahlperiode statt und tritt der neue Bundestag erst am dreißigsten Tag nach seiner Wahl zusammen, kann sich das Ende der Wahlperiode in den neunundvierzigsten Monat hinein verzögern.[117] Auch eine Verkürzung der Wahlperiode ist innerhalb des variablen Zeitraums möglich, wenn der Wahltag gleich in den sechsundvierzigsten Monat der laufenden Wahlperiode fällt.[118] Diese vom GG vorgesehenen kleineren Abweichungsmöglichkeiten lassen sich durch das Erfordernis einer gewissen Flexibilität bei der Wahltagbestimmung erklären.[119]

27 Die **Berechnung der Fristen** für die Neuwahl richtet sich nach §§ 187 ff. BGB analog.[120] Der Spielraum des Bundespräsidenten bei der Terminierung wird durch einfachgesetzliche Vorschriften konkretisiert. Nach § 16 S. 2 BWahlG wird an einem **Sonn- oder Feiertag** gewählt. Die Wahlen finden im gesamten Bundesgebiet an einem Tag statt.[121] Die Terminbestimmung ist an das **Willkürverbot** aus Art. 3 Abs. 1 gebunden und hat die Chancengleichheit der Parteien zu berücksichtigen.[122] Die Bündelung mehrerer Wahlen auf einen **Super-Wahltag** ist grundsätzlich nicht verboten.[123] ZT werden aber wichtige Gründe für eine Zusammenlegung von Bundestags-, Landtags-, Kommunal- oder Europawahlen verlangt.[124] Die Verschiebung eines bereits festgelegten Wahltermins aus wichtigem Grund ist erlaubt, wenn der neue Termin im verfassungsrechtlichen Zeitfenster liegt.[125] Auch hier werden zur Rechtfertigung einer Verlegung wichtige Gründe, die im öffentlichen Interesse liegen, wie Naturereignisse, Seuchen, Unruhen oder Streiks verlangt, um eine mögliche Beeinträchtigung der Chancengleichheit der Parteien durch die Verlegung des Termins zu rechtfertigen.[126]

28 Außerhalb einer Verfassungsänderung und jenseits der verfassungsrechtlichen Vorgaben oder Toleranzen für Verlängerungen oder Verkürzungen der Wahlperiode darf in eine laufende Wahlperiode weder durch **einfachgesetzliche** noch durch **administrative** Maßnahmen verkürzend[127] oder ver-

---

[116] *Morlok* in Dreier Rn. 17; *Kluth* in SHH Rn. 15.

[117] *Dicke* in Umbach/Clemens Rn. 14; *Morlok* in Dreier Rn. 13.

[118] *Pieroth* in Jarass/Pieroth Rn. 1; *Kochsiek,* Der Alt-Bundestag, 2002, 60.

[119] *Dicke* in Umbach/Clemens Rn. 17.

[120] Näher *Morlok* in Dreier Rn. 26; *Risse/Witt* in Wolff Rn. 5; *Fuchs-Wissemann* DÖV 1990, 694 (696 f.); *Weides/Kremke* NJW 1990, 1888 (1889).

[121] *Kretschmer* in BK Rn. 152.

[122] VerfGH NRW NVwZ 2009, 1101 (1102); *Brocker* in BeckOK GG Rn. 20; *Günther* LKRZ 2013, 89 (94 ff.).

[123] *Pieroth* in Jarass/Pieroth Rn. 6; *Brocker* in BeckOK GG Rn. 20.3; ausf. *Waldhoff* JZ 2009, 144 (147 f.); *Klein/Giegerich* AöR 112 (1987), 544 (563 ff.).

[124] *Kretschmer* in BK Rn. 166 f.

[125] BVerfGE 1, 14 (33); *Kretschmer* in BK Rn. 152; *Achterberg/Schulte* in MKS Rn. 18; VerfGH RhPf NVwZ 1984, 574 (575 f.).

[126] *Weides* FS f. Carstens, 1984, 933 (949 ff.); *Klein* in Maun7Dürig Rn. 34 ff.; *Achterberg/Schulte* in MKS Rn. 18; *Brocker* in BeckOK GG Rn. 20; VGH Mannheim NVwZ-RR 2001, 681 (681); krit. *Dicke* in Umbach/Clemens Rn. 40; zur Terminierung der Kommunalwahl NRW in Pandemiezeiten vgl. VerfGH NRW, Beschl. v. 30.6.2020, VerfGH 63/20.VB-2.

[127] Eine Verkürzung innerhalb nicht näher benannter „gewisser“ zeitlicher Grenzen für zulässig hält *Kluth* in SHH Rn. 12. Das Vorliegen „unabweisbarer Gründe“ fordert *Klein* in

längernd eingegriffen werden. Derartige Abänderungen würden in den grundgesetzlich gewährleisteten Status der Abgeordneten eingreifen, die Wahlentscheidung des Souveräns entwerten und sowohl Unsicherheiten als auch Rechtsstreitigkeiten um die Legitimation des Parlaments nach sich ziehen.[128]

Wenn der **Wahltag falsch berechnet** wird und außerhalb der verfassungsrechtlich vorgegebenen Zeitspanne liegt, kann ein erheblicher **Wahlfehler** vorliegen, der die Wahl ungültig macht. Eine zu früh stattfindende Wahl ist verfassungswidrig und ungültig. Sie kann innerhalb der großzügigen Zeitspanne des Art. 39 Abs. 1 S. 3 aber nachgeholt werden.[129] Wird eine Wahl zu spät angesetzt, ist sie ebenfalls verfassungswidrig. Ob Fristüberschreitungen, die auf unüberwindlichen Hindernissen oder zwingenden Gründen wie Naturkatastrophen, Seuchen, politischen Streiks oder Bürgerkriegen beruhen, von der Verfassung gebilligt werden, ist strittig.[130] Eine verspätete Wahl aus den genannten Gründen soll nur dann gültig sein, wenn ihr Abstand zu dem vom GG letztmöglich genannten Wahltermin gering bleibt.[131] Das erscheint willkürlich und ist vom Wortlaut des Art. 39 nicht gedeckt. Jedenfalls kann eine verfassungsgemäße Wahl innerhalb des verfassungsrechtlichen Zeitfensters nicht mehr nachgeholt werden. Der **verfassungswidrig gewählte Bundestag** bleibt gleichwohl bis zu einer Neuwahl als **vollwertiges Parlament** im Amt.[132] 29

V. Im Falle einer Auflösung des Bundestages (Abs. 1 S. 4 Hs. 1)

1. Vorzeitige Beendigung der Wahlperiode durch Auflösung. Die verfassungsrechtlich geregelte Dauer der Wahlperiode ist eine Grundbedingung für den Abgeordnetenstatus aus Art. 38 Abs. 1.[133] Da eine Verkürzung der Wahlperiode in die Statusrechte von Abgeordneten und in die von diesem Status abgeleiteten Rechte der Fraktionen eingreift, muss ein vorgezogenes Ende einer Wahlperiode im GG selbst geregelt sein.[134] Eine verfassungsrechtlich vorgesehene **Verkürzung der Wahlperiode** ist nach Art. 39 Abs. 1 S. 4 lediglich durch eine vorzeitige Beendigung der Amtszeit eines Bundestages durch **Auflösung** nach den Art. 63 Abs. 4 und 68 Abs. 1 möglich. Seit der 33. Änderung des GG[135] endet die vorzeitig beendete Wahlperiode nicht mehr mit der Auflösungsverfügung des Bundespräsidenten, sondern erst mit der konstituierenden Sitzung des neuen Bundestages, um parlamentslose Zeiten auszuschließen.[136] 30

Maunz/Dürig Rn. 25. Für ausnahmsweise zulässig hält eine Verkürzung *Morlok* in Dreier Rn. 20. Eine Verlängerung während eines „übergesetzlichen Notstandes" für zulässig hält *Dicke* in Umbach/Clemens Art. 39 Rn. 21.

[128] BVerfGE 18, 151 (154); 62, 1 (32); *Kretschmer* in BK Rn. 49; *Dicke* in Umbach/Clemens Rn. 18; VerfGH NRW DÖV 2009, 449 (449) für Kommunalwahlen.

[129] BVerfGE 18, 151 (154); *Kretschmer* in BK Rn. 154.

[130] Bejahend *Dicke* in Umbach/Clemens Rn. 27, 40; *Schneider* in AK Rn. 17.

[131] *Schliesky* in MKS Rn. 38; *Kretschmer* in BK Rn. 65; *Dicke* in Umbach/Clemens Rn. 27.

[132] *Klein* in Maunz/Dürig Rn. 39; *Morlok* in Dreier Rn. 26; *Dicke* in Umbach/Clemens Rn. 40; krit. *Versteyl* in v. Münch/Kunig, 6. Aufl. 2012, Rn. 12.

[133] *Brocker* in BeckOK GG Rn. 2; BVerfGE 62, 1 (32); LVerfG MV NordÖR 2008, 488 (492).

[134] BVerfGE 114, 121 (148 Rn. 131 u. 152 Rn. 139).

[135] BGBl. 1976 I 2381.

[136] BVerfGE 62, 1 (33); *Schreiber/Schnappauf* AöR 109 (1984), 369 (397 ff.); *Schneider* in AK Rn. 15.

31 Die **Abgeordneten** verlieren ihre **Rechte und Pflichten** aus ihrem Mandat ebenfalls erst mit der konstituierenden Sitzung des neuen Bundestages, nicht bereits mit der Auflösungsentscheidung des Bundespräsidenten.[137] Der alte Bundestag arbeitet auch nach der Auflösungsverfügung mit voller Legitimation weiter. Die Auflösungsverfügungen des Bundespräsidenten nach Art. 63 Abs. 4 S. 3 und Art. 68 Abs. 1 S. 1 stellen daher eine Anordnung der vorzeitigen Beendigung der Wahlperiode eines Bundestages dar, mit der der **Bundespräsident** nur den **Neuwahlmechanismus** in Gang setzt. Innerhalb von sechzig Tagen nach seiner Auflösungsverfügung muss die Wahl eines neuen Bundestages stattfinden. Deshalb muss die Verfügung des Staatsoberhaupts neben der Anordnung der Auflösung des Parlaments als Annex die Bestimmung eines Neuwahltermins innerhalb der nach Art. 39 Abs. 1 S. 4 vorgesehenen Frist enthalten.[138]

32 Auf die **Amtszeit** des **Bundeskanzlers** und der **Bundesminister** wirkt sich die vorzeitige Auflösung des Bundestages ebenfalls nicht aus. Ihre Ämter enden erst mit dem Zusammentritt des neuen Bundestages und dem daran anknüpfenden Ende der Wahlperiode.[139] Erst mit dem Beginn einer neuen Wahlperiode kann sich – je nach Schwierigkeit und Dauer der Regierungsbildung – die Notwendigkeit einer geschäftsführenden Regierung ergeben (→ Art. 69 Rn. 28 ff.). Das kann dazu führen, dass die amtierende Regierung vorübergehend von Parlament und Volk nicht legitimiert ist, weil sie sich auf das Ersuchen des Bundespräsidenten stützt. Trotzdem ist die **geschäftsführende Regierung** kein Fremdkörper im System.[140] Ihre Notwendigkeit kann durch das Verfassungsgut der Handlungsfähigkeit des Staates gerechtfertigt werden. Die Staffelübergabe vom alten auf das neue Parlament und dessen Regierung ist anders kaum handhabbar.[141] Dass der „Zielkonflikt" zwischen der Effizienz von Politik und dem Funktionieren des Staates auf der einen und der Legitimation der regierenden Organe auf der anderen Seite durch den Zwang zu langwierigen Koalitionsverhandlungen und damit der längeren Dauer geschäftsführender Regierungen verschärft wird, ist der Preis des parlamentarischen Regierungssystems iVm der **„Koalitionsdemokratie"**[142] des GG.

33 **2. Vorzeitige Beendigung der Wahlperiode durch Wahlprüfungsentscheidung.** Das vorzeitige Ende einer Wahlperiode kann sich ferner als Konsequenz aus einer **Wahlprüfungsentscheidung** ergeben, die einen erheblichen Wahlfehler feststellt, der sich auf die Zusammensetzung des Bundestages auswirkt und so schwer wiegt, dass er nicht bis zum nächsten regulären Wahltermin hingenommen werden kann.[143] Stellt der Bundestag oder das Bundesverfassungsgericht die Ungültigkeit der beanstandeten Wahl fest, finden Neuwahlen in den dafür vorgesehenen Fristen nach § 44 Abs. 3 BWahlG statt. Erst die Konstituierung des neuen Bundestages beendet die fehlerhafte Wahlperiode (→ Art. 41 Rn. 20).[144]

---

[137] *Morlok* in Dreier Rn. 16.
[138] *Lang* in BerlKomm Rn. 20; *Kluth* in SHH Rn. 22; *Pieroth* in Jarass/Pieroth Rn. 6.
[139] *Klein* in Maunz/Dürig Rn. 90.
[140] So aber *Schemmel* NVwZ 2018, 105 (106).
[141] *Kämmerer* NVwZ 2014, 29 (31).
[142] *Jesse* in lpb Baden-Württemberg B&S 2017 – Bundestagswahl 2017, 105 ff.
[143] *Kretschmer* in BK, 2009, Rn. 47; für die Länder vgl. HmbVerfG NVwZ 1993, 1083 (1084).
[144] BVerfGE 103, 111 (114 Rn. 105); 121, 266 (310 Rn. 135); *Kretschmer* in BK Rn. 171.

VI. Findet die Neuwahl innerhalb von sechzig Tagen statt (Abs. 1 S. 4 Hs. 2)

Die Neuwahl eines aufgelösten Bundestages muss bis einschließlich zum sechzigsten Tag nach seiner Auflösung stattfinden. Die Frist berechnet sich ebenfalls nach §§ 187 ff. BGB analog. **Fristauslösende Ereignisse** sind zum einen die Publikation der **Auflösungsverfügung,**[145] zum anderen die Rechtskraft der Entscheidung, mit der eine Wahl für ungültig erklärt wurde (§ 44 Abs. 3 BWahlG). 34

Verfassungsbeschwerdefähig ist Art. 39 nicht.[146] Im **Rechtsschutz** gegen die **Auflösungsverfügung** des Bundespräsidenten und die Wahltagbestimmung sind **Organklagen** von Abgeordneten und Fraktionen statthaft.[147] Da die Dauer der Wahlperiode eine Grundbedingung für den Abgeordnetenstatus ist und ihre Verkürzung in die Statusrechte aus Art. 38 Abs. 1 eingreift, kann das Bundesverfassungsgericht die Verkürzung einer Wahlperiode auf ihre Verfassungsmäßigkeit hin überprüfen.[148] Ein Organstreit eines Abgeordneten ist statthaft und bleibt zulässig, wenn er während der Amtszeit des Abgeordneten anhängig gemacht wurde, auch wenn der Abgeordnete sein Mandat anschließend durch das vorzeitige Ende der Wahlperiode verliert. Seine nach Ausscheiden aus dem Parlament weggefallene Antragsbefugnis bezieht sich auf den Zeitpunkt der Klageerhebung und bleibt bestehen. Sein **Rechtsschutzinteresse** entfällt nach Ausscheiden aus dem Parlament nicht zwangsläufig. Das Verfahren wird weitergeführt, wenn es im öffentlichen Interesse liegt.[149] Gleiches gilt für Fraktionen des aufgelösten Bundestages.[150] 35

VII. Der Bundestag tritt spätestens am dreißigsten Tage nach der Wahl zusammen (Abs. 2)

Den spätesten **Zeitpunkt für die Konstituierung** des neuen Bundestages nennt Art. 39 Abs. 2. Am dreißigsten Tag nach der Wahl muss der neue Bundestag zusammengetreten sein. Fristauslösendes Ereignis ist der **Wahltag.** Die §§ 187 Abs. 1 u. 188 Abs. 1 BGB sind hier entsprechend anwendbar.[151] Die Zeitspanne des Art. 39 Abs. 2 steht im Zusammenhang mit dem Demokratieprinzip des GG, das ein zeitliches Näheverhältnis zwischen Wahlakt und der durch diesen vermittelten Legitimation für den Bundestag verlangt.[152] Sie gilt nicht allein für den **regulären Ablauf** der Wahlperiode, sondern auch für die Fälle der **vorzeitigen Auflösung** des Parlaments nach Art. 63 Abs. 4 und Art. 68 Abs. 1.[153] Die Frist von dreißig Tagen signalisiert, dass wegen der zeitlichen Dimension des Demokratieprinzips, die eine zeitnahe Legitimation des Parlaments vorgibt, ein baldiger Zusammentritt des Bundestages 36

---

145 *Klein* in Maunz/Dürig Rn. 30.

146 BVerfGE 63, 73 (75); *Klein* in Maunz/Dürig Rn. 32.

147 BVerfGE 62, 1 (31 ff.); 114, 121 (146 ff. Rn. 119 ff.).

148 BVerfGE 62, 1 (32); *Morlok* in Dreier Rn. 11; *Lang* in BerlKomm Rn. 35; BVerfG NVwZ 1994, 893 (893 f.).

149 BVerfGE 4, 144 (152); 87, 207 (209); 102, 224 (232 f. Rn. 38 f.); 119, 302 (307 f. Rn. 15 ff.); *Dicke* in Umbach/Clemens Rn. 32; *Morlok* in Dreier Rn. 25.

150 *Dicke* in Umbach/Clemens Rn. 33; VerfGH NRW NVwZ-RR 478 (478 f.).

151 *Morlok* in Dreier Rn. 27; *Schliesky* in MKS Rn. 37.

152 *Droege* DÖV 2009, 649 (654 ff.); VerfGH NRW NWVBl 2009, 185 (186 f.).

153 BVerfGE 62, 1 (32 f.); *Dicke* in Umbach/Clemens Rn. 43.

erfolgen muss.[154] Das Zeitfenster zwischen Wahl und Zusammentritt eines Parlaments lässt sich nicht beliebig erweitern.[155]

37 Der **Zusammentritt** des neuen Bundestages bedarf einer gewissen **Vorlaufzeit.** Regelmäßig verstreichen in der Praxis zwei bis drei Wochen bis zur konstituierenden Sitzung.[156] Das Wahlergebnis muss festgestellt werden, die neu gewählten Bundestagsmitglieder müssen ihr Mandat zunächst annehmen (§§ 42 Abs. 2, 45 S. 1 u. 2 BWahlG), die (Vor-)Fraktionen müssen sich bilden und es müssen Wahlvorschläge für die in der ersten Sitzung zu besetzenden Ämter vorliegen. Erst wenn alle Mitglieder namentlich feststehen, können die Einladungen zur konstituierenden Sitzung verschickt werden.[157] Üblicherweise wird die Bildung der neuen (Vor-)Fraktionen abgewartet, bevor der Termin des Zusammentritts festgelegt wird.[158] Die **konstituierende Sitzung** wird aus parlamentsrechtlicher Tradition heraus vom **Alterspräsidenten** des neuen Bundestages geleitet,[159] der nach der Wahl des neuen Bundestagspräsidenten diesem die Leitung übergibt (§ 1 Abs. 2 GOBT).[160] Bis zur 19. Wahlperiode galt als Alterspräsident das an Jahren älteste Mitglied des Bundestages. Mit der 19. Wahlperiode wurde § 1 Abs. 2 GOBT geändert. Seither wird als Alterspräsident das am längsten dem Bundestag angehörende Mitglied, das zur Übernahme des Amtes bereit ist, definiert.[161]

38 Ein **verspäteter Zusammentritt** des Bundestages ist verfassungswidrig.[162] Die Verfassungswidrigkeit soll für die Legitimation des verspätet zusammengetretenen Bundestages aber unerheblich sein, wenn der verspätete Zusammentritt auf zwingenden Gründen wie Naturkatastrophen, Seuchen, Streiks, der Unbenutzbarkeit von Infrastruktureinrichtungen oder einem übergesetzlichen Notstand beruht und von nur kurzer Dauer ist.[163] Da das GG keine parlamentslose Zeit vorsieht, bleibt es für den Fall eines verspäteten Zusammentritts bei der Regelung des Art. 39 Abs. 1 S. 2, nach der der alte Bundestag bis zum verspäteten Zusammentritt des neuen Bundestages weiter amtiert.[164] ZT wird allerdings unterschieden zwischen einem verspäteten Zusammentritt des Bundestages *innerhalb* der noch laufenden und *außerhalb* der Wahlperiode. Überschreitet der neue Bundestag vor seinem Zusammentritt die Höchstdauer der Wahlperiode, soll er seine Legitimation verlieren.[165] Zwar fehlt dieser zeitlichen Zäsur die zwingende Logik, tatsächlich stößt das GG hier aber an seine Grenzen, da es **für diesen Fall keine Vorkehrungen**

[154] VerfGH NRW NVwZ 2009, 1101 (1101 f.).

[155] *Brocker* in BeckOK GG Rn. 13.1; *Droege* DÖV 2009, 649 (656).

[156] *Versteyl* in v. Münch/Kunig, 6. Aufl. 2012, Rn. 34; *Payandeh* in Morlok/Schliesky/Wiefelspütz Parlamentsrecht, § 7 Rn. 10.

[157] *Dicke* in Umbach/Clemens Rn. 12; *Kretschmer* in BK Rn. 70 ff.

[158] *Morlok* in Dreier Rn. 15; *Hölscheidt,* Das Recht der Parlamentsfraktionen, 2001, 423 f.

[159] Näher zur Qualifizierung dieser Tradition als einfaches oder Verfassungsgewohnheitsrecht *Payandeh* in Morlok/Schliesky/Wiefelspütz Parlamentsrecht, § 7 Rn. 9.

[160] *Klopp,* Das Amt des Alterspräsidenten, 2000, 124 f., 149 f.

[161] Zu den Motiven *Jesse* RuP 2017, 294 (295 ff.); *Wadephul* RuP 2017, 499.

[162] *Payandeh* in Morlok/Schliesky/Wiefelspütz Parlamentsrecht, § 7 Rn. 8.

[163] *Schliesky* in MKS Rn. 38; *Kretschmer* in BK Rn. 65; *Dicke* in Umbach/Clemens Rn. 27.

[164] *Michael* in Morlok/Schliesky/Wiefelspütz Parlamentsrecht, § 49 Rn. 19 f.; *Morlok* in Dreier Rn. 14, 28: Notkompetenz des alten Bundestages.

[165] *Dicke* in Umbach/Clemens Rn. 44 f. Bis das BVerfG seine Verfassungswidrigkeit festgestellt hat, bleiben seine Beschlüsse verbindlich, danach kann er nicht mehr rechtmäßig handeln, vgl. BVerfGE 1, 14 (38).

getroffen hat, mit denen ein verfassungsgemäßer Zustand hergestellt werden könnte.[166]

Ein **Ort** wird für die konstituierende Sitzung durch das GG nicht bestimmt. Üblicherweise findet diese in Berlin statt.[167] 39

Die Konstituierung des Bundestages wirkt sich auf den **Status der Abgeordneten** und der **Fraktionen** aus. Mit Beginn der Wahlperiode erwerben die Abgeordneten alle Rechte und Pflichten aus ihrem Amt. Die Fraktionen bilden sich in der Regel bereits im Vorfeld der konstituierenden Sitzung als Vor-Fraktionen. Rechtlich voll wirksam ist die **Fraktionsbildung** erst wenn die Wahlperiode beginnt. Die Vor-Fraktionen fungieren als Ansprechpartnerinnen für den alten Bundestagspräsidenten und für die Organisation des Zusammentritts des neuen Bundestages.[168] 40

VIII. Der Bundestag bestimmt den Schluss und den Wiederbeginn seiner Sitzungen (Abs. 3 S. 1)

Nach Art. 39 Abs. 3 S. 1 bestimmt allein der Bundestag über den Beginn und den Schluss seiner Sitzungen. Das **Selbstversammlungsrecht,** das der Volksvertretung hier eingeräumt wird, dient ihr zur Aufgabenerledigung, fließt aus der Volkssouveränität und zählt zum Kern der Parlamentsautonomie (→ Art. 40 Rn. 2). Auch ohne ausdrückliche Regelung im GG ergäbe sich das Selbstversammlungsrecht des Bundestages aus dem heutigen Parlamentarismusverständnis.[169] Der Bundestag entscheidet über Beginn, Vertagung und Wiederbeginn seiner Sitzungen mit der einfachen Mehrheit der abgegebenen Stimmen (§§ 26, 48 Abs. 2 GOBT). 41

IX. Der Präsident des Bundestages kann ihn früher einberufen (Abs. 3 S. 2)

Für die **Einberufung des Bundestages** ist nach Art. 39 Abs. 3 S. 2 der **Bundestagspräsident** zuständig. Zur konstituierenden Sitzung wird der neue Bundestag vom Präsidenten des alten Bundestages einberufen (§ 1 Abs. 1 GOBT). Die in dieser Tradition liegende Durchbrechung des Selbstversammlungsrechts und des Diskontinuitätsgrundsatzes wird als zumindest parlamentarisches Gewohnheitsrecht anerkannt.[170] Eine verfassungsgewohnheitsrechtliche Zuständigkeit stellt die Kompetenz des alten Bundestagspräsidenten aber nicht dar.[171] Der bisherige Bundestagspräsident wählt innerhalb der Frist des Art. 39 Abs. 2 den Tag des Zusammentritts in Absprache mit den alten und den neuen Fraktionen des Bundestages aus. 42

Auch in der laufenden Wahlperiode beruft der Bundestagspräsident den Bundestag ein. Die Termine bestimmt der Bundestag grundsätzlich selbst. Der **Bundestagspräsident** kann Sitzungen des Bundestages aber auch **selbständig** anberaumen. Art. 39 Abs. 3 S. 2 gibt ihm ein aus dem Selbstversammlungsrecht des Parlaments abgeleitetes[172] Recht, den Bundestag 43

---

[166] *Schneider* in AK Rn. 19.

[167] *Morlok* in Dreier Rn. 30; *Achterberg/Schulte* in MKS Rn. 28.

[168] *Kretschmer* in BK Rn. 92 f.

[169] BVerfGE 102, 224 (236 Rn. 51); *Schliesky* in MKS Rn. 40; *Versteyl* in v. Münch/Kunig, 6. Aufl. 2012, Rn. 37.

[170] AA *Brocker* in BeckOK GG Rn. 25.

[171] *Payandeh* in Morlok/Schliesky/Wiefelspütz Parlamentsrecht, § 7 Rn. 9; aA *Klein* in Maunz/Dürig Rn. 42; *Pieroth* in Jarass/Pieroth Rn. 2; *Kluth* in SHH Rn. 17.

[172] *Schliesky* in MKS Rn. 41.

früher einzuberufen, als dieser es beschlossen hat. Die Einberufung zu einem späteren Zeitpunkt als der Bundestag beschlossen hat, ist ebenfalls zulässig. GG und GOBT ermächtigen den Bundestagspräsidenten zu einer **abweichenden Terminplanung,** damit unerwartete Ereignisse berücksichtigt werden können. Für eine abweichende Sitzungsplanung benötigt der Bundestagspräsident aber einen wichtigen Grund. Objektiv nachprüfbare Ereignisse, die eine Abweichung nahelegen, sollen zB Naturkatastrophen, Seuchen oder Unruhen sein.[173] Da der Bundestag aber Herr seines Verfahrens bleiben muss, hat der Bundestagspräsident für seine eigenständige Terminierung in der Sitzung um Genehmigung des Plenums zu ersuchen (§ 21 Abs. 3 GOBT).[174] Der parlamentarische Mehrheitswille hat auch bei Terminplanungen Vorrang.[175]

X. Er ist hierzu verpflichtet, wenn ein Drittel der Mitglieder, der BPräs. oder der Bundeskanzler es verlangen (Abs. 3 S. 3)

44 Das Selbstversammlungsrecht des Bundestages kann von einer **qualifizierten Minderheit** von einem Drittel der Abgeordneten nach Art. 39 Abs. 3 S. 3 Alt. 1 durchgesetzt werden (§ 21 Abs. 2 GOBT). Diese Antragsbefugnis dient dem Minderheitenschutz.[176] Eine Herabsetzung dieses Quorums für den Fall einer großen Koalition ist auch vor dem Erfordernis einer „effektiven Opposition" durch das Demokratieprinzip nicht geboten.[177] Der Bundestagspräsident hat die Pflicht, den Bundestag nach Art. 39 Abs. 3 S. 3 früher als vom Bundestag selbst vorgesehen einzuberufen, wenn ein **Drittel der Mitglieder des Bundestages** dies verlangt. Das Quorum wird nach der gesetzlichen Mitgliederzahl berechnet. Mit ihrem Antrag muss die qualifizierte Minderheit belegen, dass sie das Quorum erfüllt, und einen Grund für das Einberufungsverlangen benennen.[178] Die qualifizierte Minderheit hat keinen grundgesetzlichen Anspruch darauf, dass der Bundestagspräsident die Sitzung auf dem von ihr gewünschten Termin ansetzt. Der Bundestagspräsident hat vielmehr einen **zeitlichen Ermessensspielraum.** Er bezieht in seine Entscheidung die Terminvorstellungen aller Fraktionen und die Vorlaufzeiten für Einladungen und Anreise der Abgeordneten ein.[179] Aus dem Grundsatz des fairen Verfahrens[180] ergibt sich aber, dass der Terminwunsch der Minderheit zu berücksichtigen ist. In der Praxis wird der Bundestagspräsident dem Wunsch entsprechen, außer es liegen zwingende Gründe vor, aus denen eine Beeinträchtigung der Arbeitsfähigkeit des Parlaments folgt. Die Minderheit hat das Recht, ihr Anliegen auf die Tagesordnung für ihren Termin zu setzen. Da aber auch hier der Bundestag Herr seines Verfahrens bleibt, kann er mit einfacher Mehrheit die Tagesordnung ändern (§ 20 Abs. 3 GOBT) oder sich

[173] *Dicke* in Umbach/Clemens Rn. 27; *Kretschmer* in BK Rn. 130.

[174] *Dicke* in Umbach/Clemens Rn. 48; *Schliesky* in MKS Rn. 41; krit. *Lang* in BerlKomm Rn. 60.

[175] *Brocker* in BeckOK GG Rn. 26.

[176] *Dicke* in Umbach/Clemens Rn. 50.

[177] BVerfGE 142, 25 (55 ff. Rn. 84 ff.); *Kluth* in SHH Rn. 27; *Kuhn,* Der Verfassungsgrundsatz effektiver parlamentarischer Opposition, 2019, 197 ff.; *Ingold* ZRP 2016, 143 (145); *Ennuschat* VR 2015, 1 (1 ff.).

[178] *Brocker* in BeckOK GG Rn. 27.

[179] *Magiera* in Sachs Rn. 21.

[180] BVerfGE 96, 264 (284 f.); 101, 397 (405); *Kluth* in SHH Rn. 28; ähnl. *Klein* in Maunz/Dürig Rn. 74.

gleich wieder vertagen, ohne den Tagesordnungspunkt der Minderheit zu verhandeln, solange dies nicht missbräuchlich geschieht.[181]

Die Pflicht des Bundestagspräsidenten, den Bundestag früher einzuberufen, wenn **Bundespräsident oder Bundeskanzler** dies verlangen, findet **keine Anwendung** auf einen neugewählten Bundestag in der Zeitspanne **vor** seinem geplanten **Zusammentritt.** Die Vorschrift kann erst zum Tragen kommen, wenn ein Bundestag sich selbst konstituiert hat. Weder der Bundeskanzler noch der Bundespräsident haben als Exekutivorgane das Recht, dadurch auf die Länge der Wahlperiode des alten Bundestages und dessen Parlamentsautonomie einzuwirken, dass sie die konstituierende Sitzung des neuen Bundestages vorziehen lassen.[182] **45**

Die **Einberufungsverlangen** von Bundeskanzler und Bundespräsidenten beziehen sich folglich ausschließlich auf den jeweils **amtierenden Bundestag.** Die aus dem Einberufungsverlangen folgende **Einberufungspflicht** des Bundestagspräsidenten stellt eine verfassungsrechtliche Ausnahme zum Selbstversammlungsrecht des Parlaments dar. Stellen Bundeskanzler oder Bundespräsident einen entsprechenden Antrag, muss der Bundestagspräsident diesem stattgeben (§ 21 Abs. 2 GOBT). Er darf nicht prüfen, ob die beantragte Sondersitzung tatsächlich erforderlich ist.[183] Die Durchbrechung der Parlamentsautonomie zugunsten des **Bundeskanzlers** rechtfertigt sich aus dessen Stellung als das dem Bundestag verantwortliche Mitglied der Bundesregierung. Der die Richtlinien der Politik bestimmende Bundeskanzler muss jederzeit die Möglichkeit haben, eine dringende Entscheidung des Parlaments herbeizuführen oder eine wichtige Erklärung abzugeben. Anders als bei einem Einberufungsverlangen einer parlamentarischen Minderheit kann sich der Bundestag dem vom Bundeskanzler auf die Tagesordnung gesetzten Thema nicht durch Änderung der Tagesordnung oder Vertagung entziehen.[184] Dass auch der **Bundespräsident** das Selbstversammlungsrecht des Parlaments durchbrechen darf, ist weniger einsichtig und praktisch bislang bedeutungslos geblieben. Seine Befugnis ergibt sich aus seiner Reservefunktion als oberstes Staatsorgan. Der Bundespräsident hat die grundsätzliche Pflicht, im Interesse der Funktionsfähigkeit des Staates unwillige Staatsorgane zum Tätigwerden anzuhalten.[185] **46**

Innerhalb der Spanne von dreißig Tagen zwischen Wahltag und Zusammentritt des neuen Bundestages und solange der neue Bundestag noch nicht zusammengetreten ist, können Bundespräsident und Bundeskanzler **den alten Bundestag einberufen** lassen. Ein Anlass hierzu kann bestehen, wenn der amtierende Bundeskanzler eine dringende Sachentscheidung herbeiführen oder eine wichtige Erklärung abgeben will.[186] **47**

---

[181] *Schneider* in AK Rn. 22; *Lang* in BerlKomm Rn. 63; *Kretschmer* in BK Rn. 138; *Brocker* in BeckOK GG Rn. 27; *Schliesky* in MKS Rn. 42.

[182] *Magiera* in Sachs Rn. 21; *Versteyl* in v. Münch/Kunig, 6. Aufl. 2012, Rn. 35; aA *Dicke* in Umbach/Clemens Rn. 44.

[183] *Lang* in BerlKomm Rn. 62; *Klein* in Manz/Dürig Rn. 71 ff.; *Morlok* in Dreier Rn. 27.

[184] *Brocker* in BeckOK GG Rn. 28; *Kretschmer* in BK Rn. 68; *Morlok* in Dreier Rn. 29; *Magiera* in Sachs Rn. 26.

[185] *Kretschmer* in BK Rn. 143; *Klein* in Maunz/Dürig Rn. 76.

[186] ZB BT-PlenProt 13/248 S. 23127 A zur Einberufung des 13. Bundestages nach den Neuwahlen des 14. Bundestages für die Zustimmung zu einem bewaffneten Einsatz der Bundeswehr.

C. Verhältnis zu anderen Bestimmungen des Grundgesetzes

48 Art. 39 steht in direktem Zusammenhang mit dem Demokratieprinzip aus Art. 20 Abs. 1 und der Parlamentsautonomie aus Art. 40 und wird abbedungen durch Art. 115h Abs. 1 S. 1. Er hat ferner Bezüge zur unechten Vertrauensfrage aus Art. 68, zur Kanzlerwahl nach Art. 63 Abs. 4 und zur geschäftsführenden Regierung nach Art 69 Abs. 3.

D. Kritische Würdigung

49 Obwohl Art. 39 eine Vielzahl an ausführlichen **Fristbestimmungen** zusammenfasst, fehlen Regelungen zu den **Fehlerfolgen** von Fristüber- oder unterschreitungen bei der Terminierung des Wahltages oder beim Zusammentritt des Bundestages. Der Grundsatz der **sachlichen Diskontinuität** kann zwar im Gesetzgebungsverfahren zu ungewollten Verzögerungen führen, wenn der neue Bundestag Vorhaben des alten Bundestages weiterführen will, ist aber in der Praxis pragmatisch handhabbar.[187]

50 Das **fehlende Selbstauflösungsrecht** des Bundestages ist historisch begründbar, schien aber lange unzeitgemäß und ließ sich nur „manipulativ" vor allem durch die auflösungsgerichtete Vertrauensfrage nach Art. 68 Abs. 1 umgehen, um den politischen Willen von Parlament und Regierung für Neuwahlen umzusetzen. Die Enquêtekommission Verfassungsreform hielt ein Selbstauflösungsrecht in Situationen für sinnvoll, in denen den Bundestagsfraktionen wegen **prekärer Mehrheitsverhältnisse** im Bundestag die Koalitionsfähigkeit oder -willigkeit fehlt, und diese Situation nur durch Neuwahlen gelöst werden kann.[188] **Neuwahlen** führen aber nicht zwangsläufig zu stabileren Mehrheiten im Parlament. In Zeiten, in denen die Regierungsbildung zunehmend schwierig wird, kann das Fehlen eines Selbstauflösungsrecht sogar Motivation für die grundsätzlich koalitionsfähigen Fraktionen zur Bildung einer Regierung sein. Der Trick, das fehlende Selbstauflösungsrecht über eine mehrfach erfolglose Kanzlerwahl nach Art. 63 Abs. 4 oder eine gewollt gescheiterte Vertrauensfrage nach Art. 68 Abs. 1 zu kompensieren,[189] setzt nämlich den Versuch einer Regierungsbildung durch Kanzlerwahl oder eine zunächst erfolgreiche Kanzlerwahl zumindest voraus. Problematisch erscheint hier zu Beginn der Wahlperiode zwar, dass der Versuch einer Regierungsbildung lange dauern kann. Als Folge bleibt bis zur erfolgreichen – oder über die endgültig erfolglose Regierungsbildung hinaus – die alte, vom neuen Parlament nicht legitimierte **Regierung** als Platzhalterin idR **geschäftsführend** im Amt (→ Art. 69 Rn. 38). Im Interesse der Funktionsfähigkeit des Staates, das hier gewichtiger ist als das Repräsentationsprinzip hat die geschäftsführende Regierung jedoch grundsätzlich die gleichen verfassungsrechtlichen Befugnisse wie eine „reguläre" Regierung. Sie muss sich politisch nicht zurückhalten.[190] Einer Begrenzung ihrer Befugnisse zum Schutz des

[187] AA *Michael* in Morlok/Schliesky/Wiefelspütz Parlamentsrecht, § 49 Rn. 66, der für eine Änderung des § 125 GOBT votiert.

[188] BT-Drs. 7/5924, 34, 39 ff.; *Klein* in Maunz/Dürig Rn. 81.

[189] *Pieper,* ZParl 38 (2007), 287 (287 ff.).

[190] *Schnapauff* VR 1983, 77 (80); *Schemmel* NVwZ 2018, 105 109; aA *Oldiges* in Sachs Art. 69 Rn. 39.

Parlaments bedarf es nicht. Es bleibt diesem unbenommen, jederzeit einen Kanzler zu wählen. Der Bundespräsident kann das Wahlverfahren nach Art. 63 Abs. 1 durch einen eigenen Vorschlag in Gang setzen (→ Art. 63 Rn. 14 f.). Da die geschäftsführende Regierung nicht auf dem Vertrauen des neuen Bundestages beruht, sind Vertrauensfrage und Misstrauensvotum gegen sie zwar nicht möglich, alle anderen Kontrollrechte verbleiben dem Bundestag aber,[191] der die konkrete politische Situation aufgrund seiner Parlamentsautonomie flexibel gestalten kann und sich nicht zwangsläufig selbst faktisch entmachten muss. Dem Bundestag ist es nicht verboten, seine Ausschüsse trotz fehlender Koalitionsbildung einzusetzen. Da dies eine mehr theoretische Möglichkeit zu sein scheint, ist es ihm ebenso erlaubt, einen **Hauptausschuss** einzusetzen und diesen mit der Ausschussarbeit zu betrauen (Art. 40 Rn. 11). Handlungsunfähigkeit in der Außenpolitik[192] oder Lähmung in der Innenpolitik sind keine naturgesetzlichen Folgen dieser prekären politischen Konstellation.[193] Der Zwang zum Versuch einer Regierungsbildung sollte deshalb nicht vorschnell zugunsten eines „anlasslosen", wenn auch durch hohe Antrags- oder Zustimmungsquoren umhegtes Selbstauflösungsrecht aufgegeben werden. In Krisenzeiten lassen Art. 63 und die Rechtsprechung des BVerfG zur Vertrauensfrage ausreichend Spielraum, instabilen Mehrheitsverhältnissen durch die vorzeitige Auflösung des Bundestages nach geltendem Verfassungsrecht zu begegnen. Die Missbrauchsgefahr in Art. 68, die sich aufgrund der weiten Beurteilungsspielräume von Bundeskanzler, Bundestag und Bundespräsidenten ergibt,[194] steht hinter dem Anliegen des GG, das Parlament zur Bildung und zum Halten einer Regierung dezidiert zu motivieren, zurück.

Literatur

– ***N. Achterberg,*** Parlamentsrecht, 1984. – ***A. Buettner/M. Jäger,*** Bundestagsauflösung und Vertrauensfrage, DÖV 2006, 257. – ***K. Dicke/T. Stoll,*** Freies Mandat, Mandatsverzicht des Abgeordneten und Rotationsprinzip der Grünen, ZParl 16 (1985), 451. – ***M. Droege,*** Herrschaft auf Zeit: Wahltage und Übergangszeiten in der repräsentativen Demokratie, DÖV 2009, 649. – ***V. Epping,*** „Gefühltes Misstrauen" – die inszenierte Vertrauensfrage vom 1. Juli 2005, RuP 2006, 197. – ***H. Fuchs-Wissemann,*** Funktion und Berechnung der Zeiträume und Fristen des Art. 39 GG, DÖV 1990, 694. – ***M. Hahn,*** Zur verfassungssystematischen Konsistenz eines Selbstauflösungsrechts des Bundestages, DVBl 2008, 151. – ***M. Hilf,*** Durchbrechung der Diskontinuität der parlamentarischen Tätigkeit, ZaöRV 27 (1967), 742. – ***D. Hömig/K. Stoltenberg,*** Probleme der sachlichen Diskontinuität, DÖV 1973, 689. – ***A. Ingold,*** Oppositionsrechte stärken?, ZRP 2016, 143. – ***J. Jekewitz,*** Der Grundsatz der Diskontinuität der Parlamentsarbeit im Staatsrecht der Neuzeit und seine Bedeutung unter der parlamentarischen Demokratie des Grundgesetzes, 1977. – ***E. Jesse,*** Die Anregungen Norbert Lammerts zum Wahlrecht und zum Amt des Alterspräsidenten: gescheitert und erfolgreich, RuP 2017, 294. – ***H. Günther,*** Zur Bestimmung des Landtagswahltermins in Hessen, LKRZ 2013, 89. – ***T. Hadamek,*** Der Hauptauschuss im 18. Deutschen Bundestag, ZG 29 (2014), 353. – ***E. Klein/T. Giegerich,*** Grenzen des Ermessens bei der Bestimmung des Wahltages, AöR 112 (1987), 544. – ***A. Kämmerer,*** Deutschland auf dem Weg zur Lame Duck Democracy? Eine kleine Systemkritik, NVwZ 2014, 29. – ***S. Koch,*** Arbeitsverträge von Mitarbeitern von Fraktionen und Gruppen nach dem Ende der Wahlperiode aus parlamentarischer Sicht, NZA 1998, 1160. – ***A. Kochsiek,***

[191] *Herzog* in Maunz/Dürig Art. 69 Rn. 62.
[192] Skeptisch mit Beispielen *Kämmerer* NVwZ 2014, 29 (31).
[193] Vgl. *Hadamek* ZG 2014, 353 (359 ff.).
[194] *Klein* in Maunz/Dürig Rn. 85.

Der Alt-Bundestag. Die Rechte des Bundestages in dem Zeitraum zwischen Wahl und Zusammentritt des neugewählten Bundestages, 2002. – ***J. Krech,*** Möglichkeiten und Grenzen der Verlängerung von laufenden Wahlperioden, VR 1993, 401. – ***W. Leinemann,*** Die parlamentarische Diskontinuität und ihre Wirkungen im Gesetzgebungsverfahren, JZ 1973, 618. – ***L. Michael,*** Beendigungsgründe, in: M. Morlok/U. Schliesky/D. Wiefelspütz, Parlamentsrecht, § 48. – ***M. Payandeh,*** Konstituierung des Parlaments, in: M. Morlok/U. Schliesky/D. Wiefelspütz, Parlamentsrecht, § 7. – ***S. U. Pieper,*** Das Selbstauflösungsrecht für den Bundestag als Korrektur des Art. 68 GG?, ZParl 38 (2007), 287. – ***J. Schemmel,*** Die geschäftsführende Bundesregierung, NVwZ 2018, 105. – ***U. Scheuner,*** Vom Nutzen der Diskontinuität zwischen Legislaturperioden, DÖV 1965, 510. – ***C. L. Sträter,*** Die Diskontinuität des Bundestages und der Bundesrat, DÖV 1973, 521. – ***C. Waldhoff,*** Manipulation von Wahlterminen durch Zusammenlegung von Wahlen?, JZ 2009, 144. – ***P. Weides,*** Bestimmung des Wahltages von Parlamentswahlen, FS f. Carstens, 1984, 933. – ***R. Wernsmann,*** Die Diskontinuität des Parlaments im verfassungsgerichtlichen Organstreit, Jura 2000, 344. – ***J. Wadephul,*** Sind Änderungen der Geschäftsordnung des Deutschen Bundestages aus politischen Gründen zulässig?, RuP 2017, 499. – ***W. Wieland/W. Albin,*** Demokratiedefizite aus einer Verlängerung der Wahlperiode können aufgefangen werden, ZRP 2006, 76.

Art. 40 [Präsident; Geschäftsordnung]

(1) [1]Der Bundestag wählt seinen Präsidenten, dessen Stellvertreter und die Schriftführer. [2]Er gibt sich eine Geschäftsordnung.

(2) [1]Der Präsident übt das Hausrecht und die Polizeigewalt im Gebäude des Bundestages aus. [2]Ohne seine Genehmigung darf in den Räumen des Bundestages keine Durchsuchung oder Beschlagnahme stattfinden.

Paulskirchenverfassung von 1849

Abschnitt IV. Art. VII

§ 110. Jedes der beiden Häuser wählt seinen Präsidenten, seine Vicepräsidenten und seine Schriftführer.

§ 114. Jedes Haus hat das Recht, seine Mitglieder wegen unwürdigen Verhaltens im Hause zu bestrafen und äußersten Falls auszuschließen. Das Nähere bestimmt die Geschäftsordnung jedes Hauses.

Eine Ausschließung kann nur dann ausgesprochen werden, wenn eine Mehrheit von zwei Dritteln der Stimmen sich dafür entscheidet.

§ 116. Jedes Haus hat das Recht, sich seine Geschäftsordnung selbst zu geben. Die geschäftlichen Beziehungen zwischen beiden Häusern werden durch Uebereinkunft beider Häuser geordnet.

Verfassung des Deutschen Reichs von 1871

Art. 27. Der Reichstag prüft die Legitimation seiner Mitglieder und entscheidet darüber. Er regelt seinen Geschäftsgang und seine Disziplin durch eine Geschäfts-Ordnung und erwählt seinen Präsidenten, seine Vizepräsidenten und Schriftführer.

Weimarer Reichsverfassung von 1919

Art. 26. Der Reichstag wählt seinen Präsidenten, dessen Stellvertreter und seine Schriftführer. Er gibt sich seine Geschäftsordnung.

Art. 28. Der Präsident übt das Hausrecht und die Polizeigewalt im Reichstagsgebäude aus. [… S. 2 …]

Art. 38. [… Abs. 1 …]

(2) Eine Durchsuchung oder Beschlagnahme darf in den Räumen des Reichstags oder eines Landtags nur mit Zustimmung des Präsidenten vorgenommen werden.

Übersicht

A. Allgemeine Bedeutung

I. Genese

1 Das Parlament hat sich in den **Verfassungskämpfen** des Konstitutionalismus peu à peu diejenigen Befugnisse gegen den Widerstand der monarchischen Exekutive erstritten, die es für seine Unabhängigkeit gegenüber der Gubernative benötigt.[1] Eine umfassende Anerkennung der Parlamentsautonomie fand erst mit der Weimarer Reichsverfassung statt.[2] Dass sowohl die Paulskirchenverfassung als auch die Reichsverfassung von 1871 und die Weimarer Reichsverfassung die **Wahl der leitenden parlamentarischen Organe** Präsident, Vizepräsidenten und Schriftführer auf Verfassungsebene festschrieben, liegt daran, dass das Parlament sein Recht, seine leitenden Organe ohne Mitwirkung der Exekutive bestimmen zu dürfen, gegen diese erst durchsetzen musste.[3] Das Recht zur Wahl seiner leitenden Organe ergäbe sich auch ohne explizite Nennung aus dem Selbstorganisationsrecht des Bundestages aus Art. 40 Abs. 1.[4] Auch wenn mit der monarchischen Exekutive der Gegenspieler des Parlaments weggefallen ist, bleibt die Bedeutung der parlamentarischen Geschäftsordnungs- und Organisationsautonomie als Schutz gegen „Gängelungsversuche der Regierung"[5] bestehen.[6] Art. 40 knüpft unmittelbar an seine Vorgängerregelungen aus der Weimarer Reichsverfassung an.[7] Er ist bislang nicht geändert worden.

II. Inhaltsübersicht

2 Art. 40 legt das Fundament für die **Parlamentsautonomie** des Deutschen Bundestages. Das Parlament soll seine eigenen Angelegenheiten frei von der Beeinflussung anderer Staatsorgane selbst regeln können.[8] Während Art. 40

---

[1] *Klein* in Maunz/Dürig Rn. 30; ausf. *Kühne* in Schneider/Zeh Parlamentsrecht und Parlamentspraxis, § 2 Rn. 85 ff.; *Cancik* in Morlok/Schliesky/Wiefelspütz Parlamentsrecht, § 9 Rn. 9.

[2] *Arndt,* Parlamentarische Geschäftsordnungsautonomie und autonomes Parlamentsrecht, 1966, 181 ff.; *Hatschek,* Das Parlamentsrecht des Deutschen Reiches, Band 1, 1915, 6; *Perels* in Anschütz/Thoma HdbDStR I § 40, 449; ausf. *Brocker* in BK Rn. 2 ff.; *Klein* in Maunz/Dürig Rn. 10 ff.

[3] *Kühne* in Morlok/Schliesky/Wiefelspütz Parlamentsrecht, § 2 Rn. 3, 94 ff.

[4] *Klein* in Maunz/Dürig Rn. 32.

[5] BVerfGE 70, 324 (361).

[6] *Klein* in Maunz/Dürig Rn. 18.

[7] *Doemming/Füsslein/Matz* JöR 1 (1951), 358 ff.; *Brocker* in BK Rn. 34 ff.

[8] BVerfGE 80, 188 (219); 102, 224 (234 ff.); 104, 310 (322); *Kretschmer* in SHH, 12. Aufl. 2011, Rn. 4b, 8; *Klein* in Maunz/Dürig Rn. 1; *Morlok/Hientzsch* JuS 2011, 1 (3 ff.).

Abs. 1 S. 1 mit dem Auftrag, den Parlamentspräsidenten, dessen Stellvertreter und die Schriftführer zu wählen, das Selbstorganisationsrecht des Parlaments fragmentarisch umreißt, legt Art. 40 Abs. 1 S. 2 mit der Geschäftsordnungsautonomie den wichtigsten Grundstein für die Parlamentsautonomie **nach innen.**[9] Der Regelungsbereich der Geschäftsordnung des Deutschen Bundestages umfasst trotz der knappen Formulierung der Norm, die dem Konzentrationswunsch des Parlamentarischen Rates geschuldet ist,[10] alle Aufgaben, die traditionell zu den autonomen Angelegenheiten des Parlaments zählen und auch vom GG diesem Bereich zugeordnet werden, wie vor allem die **Selbstorganisation,** den **Geschäftsgang** und die **Disziplin.**[11] **Nach außen** hin wird die Parlamentsautonomie abgesteckt in Art. 40 Abs. 2 S. 1 vom **Hausrecht** und der **Polizeigewalt** des Parlamentspräsidenten. Hinzu kommt in Art. 40 Abs. 2 S. 2 der Genehmigungsvorbehalt für Beschlagnahmen und Durchsuchungen als vor allem räumlicher Schutz des Parlaments gegen andere Staatsgewalten wie die Exekutive und die Judikative. Ergänzt wird der räumliche Schutz der Funktionsfähigkeit des Parlaments durch den persönlichen Schutz der Abgeordneten in Art. 41 und 46.[12] Art. 40 ist insgesamt Ausfluss der grundgesetzlichen Prinzipien der Volkssouveränität und der Gewaltenteilung aus Art. 20 Abs. 2.[13] Die über den Wortlaut der Norm hinausgehenden konkreten Inhalte ergeben sich erst im Zusammenhang mit dem Regierungssystem des GG.[14]

III. Systematischer Zusammenhang

Die eigenständige Gestaltung der innerparlamentarischen Regelungen dem Bundestag selbst zu überlassen, dient der Funktionalität und der Flexibilität des **Parlamentsrechts,** das sich komplexen politischen Dynamiken anpassen können muss.[15] Der Deutsche Bundestag stellt durch sein innerparlamentarisches Recht seine Funktionsfähigkeit sicher.[16] Seine weite **Gestaltungsfreiheit** bleibt aber verfassungsrechtlich eingebunden.[17] Grenzen der Gestaltungsmacht des Bundestages ergeben sich zB aus Art. 39 Abs. 2, 39 Abs. 3, 40 Abs. 1 S. 1, 40 Abs. 2, 42 Abs. 2, 43, 44, 45, 45a, 45b, 45c, 45d. Vor allem aber werden der Geschäftsordnungsautonomie Schranken durch die Statusrechte der Abgeordneten auf Freiheit und Gleichheit ihres Mandats aus Art. 38 Abs. 1 S. 2 gesetzt. Hier muss praktische Konkordanz zwischen der Arbeitsfähigkeit der Volksvertretung und den Statusrechten der Abgeordneten hergestellt werden.[18] 3

---

[9] BVerfGE 44, 308 (315); 80, 188 (218 f.); 84, 304 (321 f.); *Schliesky* in MKS Rn. 1; *ders.* in Morlok/Schliesky/Wiefelspütz Parlamentsrecht, § 5 Rn. 59 ff.; *Lang* in BerlKomm Rn. 1.

[10] *V. Doemming/Füßlein/Matz* JöR 1 (1951), 358 ff.; *Klein* in Maunz/Dürig Rn. 29.

[11] Ausf. *Kretschmer* in SHH, 12. Aufl. 2011, Rn. 12, 23 f.

[12] *Brocker* in BK Rn. 65.

[13] *Lang* in BerlKomm Rn. 3; *Kluth* in SHH Rn. 1.

[14] *Morlok* in Dreier Rn. 3; *Brocker* in BK Rn. 45.

[15] BVerfGE 130, 318 (348); *Kretschmer* in SHH, 12. Aufl. 2011, Art. 39 Rn. 8a.

[16] BVerfGE 94, 351 (368 f.); 96, 264 (278 f.); 102, 224 (234 ff.); 112, 118 (140); 130, 318 (348 f.); *Morlok* in Dreier Rn. 6; *Schönberger* JZ 2002, 211 (212).

[17] *Brocker* in BeckOK GG Rn. 13.

[18] BVerfGE 10, 4 (16); 44, 308 (315 ff.); 80, 188 (220 f.); 84, 304 (322 f.); 96, 264 (269); 99, 19 (31); *Brocker* in BK Rn. 88; *Klein* in Maunz/Dürig Rn. 72 f.; *Zeh* in HdbStR III § 53 Rn. 3.

B. Einzelfragen

I. Der Bundestag wählt (Abs. 1 S. 1)

4 Die **Organisationsautonomie** des Bundestages findet sich in Art. 40 Abs. 1 S. 1. Mit der Verpflichtung, sich **Leitungsorgane** wie den Bundestagspräsidenten, seine Stellvertreter und Schriftführer zu wählen, die je Mitglieder des Bundestages sein müssen,[19] wird die Organisation des Bundestages nur bruchstückhaft beschrieben. Daraus folgt ein weiter Gestaltungsspielraum des Bundestages in Organisations- und Verfahrensfragen. Er hat auch das Recht, sich selbst zu verwalten.[20] Im Rahmen seiner Geschäftsordnungsautonomie verschafft der Bundestag sich alle für die Sicherstellung seiner Funktionsfähigkeit erforderlichen weiteren Organisationseinheiten, zu denen vornehmlich das Präsidium, der Ältestenrat, die Ausschüsse, Unterausschüsse, Fraktionen und Gruppen zählen.

II. Seinen Präsidenten

5 In seiner konstituierenden Sitzung wählt der Bundestag unter Vorsitz des Alterspräsidenten (§ 1 Abs. 2, 4 GOBT) den **Bundestagspräsidenten.** Die Modalitäten der Wahl ergeben sich aus § 2 GOBT. Für die Wahl reicht die einfache Mehrheit der abgegebenen Stimmen. Das Vorschlagsrecht steht nach parlamentarischer Übung der stärksten Fraktion des Bundestages zu.[21] Die Amtszeit des Bundestagspräsidenten endet regulär mit der Wahlperiode. Ein freiwilliger Amtsverzicht ist möglich.[22] Ob die **Abwahl** des Bundestagspräsidenten verfassungsgemäß ist, ist umstritten.[23] Eine Regelung in der GOBT fehlt. Da das Amt des Bundestagspräsidenten ein Wahlamt ist, entspricht die Möglichkeit einer Abwahl demokratischen Grundsätzen. Als *actus contrarius* ist für die Abwahl wie für die Wahl die einfache Mehrheit ausreichend.[24] Das Erfordernis einer qualifizierten Mehrheit für die Abwahl müsste, wie in einigen Landesverfassungen geschehen,[25]entweder auf Verfassungsebene, zumindest aber in der Geschäftsordnung ausdrücklich geregelt werden.[26]

6 Der Bundestagspräsident bekleidet eine **doppelfunktionale Stellung.** Er ist **Organwalter** und **Repräsentant** des Verfassungsorgans Bundestag nach

[19] *Lang* in BerlKomm Rn. 9; *Bücker* in Schneider/Zeh Parlamentsrecht und Parlamentspraxis, § 27 Rn. 1; *Brocker* in BK Rn. 98 ff.

[20] *Brocker* in BK Rn. 57, 99; *Herz* ZParl 41 (2010), 551 (561 f.).

[21] Strittig ist, ob sich die parlamentarische Übung zu parlamentarischem Gewohnheitsrecht verdichtet hat. So *Pieroth* in Jarass/Pieroth Rn. 1; *Achterberg,* Parlamentsrecht, 1984, 190; aA *Lang* in BerlKomm Rn. 12; *Kretschmer* in SHH, 12. Aufl. 2011, Rn. 38; *Klein* in Maunz/Dürig Rn. 87 f. Das Vorschlagsrecht der stärksten Fraktion wird im Umkehrschluss aus § 7 Abs. 6 GOBT gestützt, nach dem der Stellvertreter aus der zweitstärksten Fraktion den Bundestagspräsidenten im Verhinderungsfall vertritt.

[22] *Schliesky* in MKS Rn. 7; *Versteyl* in v. Münch/Kunig, 6. Aufl. 2012, Rn. 4 f.

[23] Ablehnend *Klein* in Maunz/Dürig Rn. 91; *Achterberg,* Parlamentsrecht, 1984, 213; *Bücker* in Schneider/Zeh Parlamentsrecht und Parlamentspraxis, § 27 Rn. 4; wohl auch *Kluth* in SHH Rn. 55.

[24] *Schliesky* in MKS Rn. 7; *Brocker* in BK Rn. 115 f.; *Versteyl* in v. Münch/Kunig, 6. Aufl. 2012, Rn. 4; *Risse/Witt* in Hömig/Wolff Rn. 2; aA *Gröpl* in Gröpl/Windthorst/Coelln Rn. 3: Zweidrittelmehrheit.

[25] ZB Art. 41 Abs. 3 Verf Bln; Art. 69 Abs. 2 Verf Bbg; Art. 20 Abs. 2 SchlHVerf.

[26] *Wilrich* DÖV 2002, 152 (152 f.); *Lang* in BerlKomm Rn. 13; aA wegen Abweichung von der in der GOBT vorgesehenen Wahlperiode nach § 126 GOBT *Morlok* in Dreier Rn. 24.

außen.[27] Zugleich ist er Leiter der Parlamentsverwaltung und damit selbst **Verwaltungsbehörde.**[28] Die Leitungsaufgaben des Bundestagspräsidenten sind vorrangig in der GOBT konkretisiert. Nur wenige Aufgaben ergeben sich aus der Verfassung selbst wie zB Hausrecht und Polizeigewalt aus Abs. 2 oder die Einberufung der Bundesversammlung nach Art. 54 Abs. 4. Der Präsident **vertritt** den Bundestag als Ganzen **im Rechtsverkehr** und hat hierbei parteipolitisch neutral zu sein (§ 7 Abs. 1 GOBT).[29] Ihm obliegt als abgeleitete Befugnis die Leitung der **Plenarsitzungen** einschließlich der Disziplin (§§ 22 S. 1, 23, 25 Abs. 1, 27, 36 ff. GOBT).[30] An administrativen Aufgaben fällt ihm nach der GOBT die Leitung der Bundestagsverwaltung zu, die die Personalhoheit über die Verwaltung umfasst (§ 7 Abs. 4 GOBT). Vertreten wird der Bundestagspräsident dabei vom Direktor des Bundestages.[31] Weitere Verwaltungsaufgaben ergeben sich aus einfachen Gesetzen wie zB aus §§ 18 ff., 23 ff. PartG im Rahmen der Parteienfinanzierung oder aus § 44a AbgG. Neuerdings folgen Aufgaben auch aus Gesetzen, die im Zusammenhang mit europarechtlichen Regelungen stehen wie zB § 11 Abs. 2 IntVG.[32]

Der **Rechtsschutz** gegen Maßnahmen des **Präsidenten** richtet sich nach 7
der Funktion, in der er gehandelt hat. Handelt er aus abgeleiteten Befugnissen zur unabhängigen Wahrnehmung als Organ des Bundestages, ist er selbst Antragsgegner wie zB bei Ordnungsmaßnahmen.[33] Ansonsten vertritt er den Bundestag als Ganzen in verfassungsrechtlichen Streitigkeiten.[34] Werden ihm durch Gesetz Verwaltungsaufgaben zugewiesen, die er als unmittelbares Organ des Bundes erfüllt, ist der Verwaltungsrechtsweg eröffnet.[35] Der Bundestagspräsident vertritt dann den Bund als Streitpartei.[36]

III. Dessen Stellvertreter und die Schriftführer

1. Das Präsidium. Der Bundestag wählt ebenfalls die stellvertretenden 8
Präsidenten. Hauptaufgabe der **Vizepräsidenten** ist die Vertretung des Präsidenten bei der Leitung der Plenarsitzungen (§§ 7, 8 GOBT). Zusammen mit ihm bilden sie das **Präsidium** (§ 5 GOBT). Da das Präsidium den Präsidenten vor allem als beratendes Organ unterstützt, trägt seine Zusammensetzung zur interfraktionellen Verständigung und Schlichtung bei allen Verwaltungsangelegenheiten des Parlaments bei.[37] Als Beschlussorgan wird das Präsidium nur

---

[27] *Blum* in Morlok/Schliesky/Wiefelspütz Parlamentsrecht, § 21 Rn. 8; *Brocker* in Morlok/Schliesky/Wiefelspütz Parlamentsrecht, § 34 Rn. 12.

[28] BVerfGE 108, 251 (271); *Herz* ZParl 41 (2010), 551 (556); *Brünig/Willers* JZ 2010, 1058 (1061); *Brocker* in BK Rn. 142 f.; *Kretschmer* in SHH, 12. Aufl. 2011, Rn. 44.

[29] *Klink* ZParl 12 (1981), 436 (463 f.).

[30] BVerfGE 60, 374 (379); *Brocker* in BK Rn. 132; LVerfG MV NordÖR 2009, 205 (206).

[31] Ausf. *Feldkamp,* Der Bundestagspräsident, 2014, 47 ff.; *Bücker* in Schneider/Zeh Parlamentsrecht und Parlamentspraxis, § 27 Rn. 13 ff.; *Klein* in Maunz/Dürig Rn. 106 ff.; *Brocker* in Morlok/Schliesky/Wiefelspütz Parlamentsrecht, § 34 Rn. 25 ff.

[32] *Rothaug,* Die Leitungskompetenz des Bundestagspräsidenten, 1979, 67 ff.; *Kretschmer* in SHH, 12. Aufl. 2011, Rn. 16; *Brocker* in BK Rn. 102 ff.; *Schindler* in Schneider/Zeh Parlamentsrecht und Parlamentspraxis, § 29 Rn. 11 ff.; *Kluth* in SHH Rn. 61 ff.

[33] BVerfGE 60, 374 (382); VerfG Bbg LKV 2009, 517 (517); *Kluth* in SHH Rn. 65; *Klein* in Maunz/Dürig Rn. 104.

[34] BVerfGE 1, 115 (116); 1, 144 (156); 27, 152 (157); 80, 188 (227).

[35] BVerfGE 108, 251 (271); 118, 277 (282 f.); *Kluth* in SHH Rn. 52.

[36] BVerfGE 1, 115 (116); *Klein* in Maunz/Dürig Rn. 98; *Brocker* in BK Rn. 123.

[37] *Brocker* in BeckOK GG Rn. 12; *Klein* in Maunz/Dürig Rn. 116; *Morlok* in Dreier Rn. 26.

ausnahmsweise tätig, zB nach § 7 Abs. 4 GOBT oder im Zusammenhang mit den Verhaltensregeln nach § 8 Anlage 1 GOBT.[38] Die **Schriftführer** werden nach § 3 GOBT ebenfalls gewählt. Ihre Anzahl bestimmt sich nach dem Stärkeverhältnis der Fraktionen. Sie unterstützen den jeweils amtierenden Präsidenten bei der Sitzungsleitung im Plenum (§ 9 GOBT).[39]

9 Art. 40 Abs. 1 S. 1 schreibt die Wahl der stellvertretenden Bundestagspräsidenten vor und beschränkt damit die Geschäftsordnungsautonomie des Bundestages. Über ihre Anzahl kann der Bundestag frei entscheiden. Nach § 2 Abs. 1 S. 2 GOBT hat **jede Fraktion** einen Anspruch darauf, durch mindestens einen **Vizepräsidenten** im Präsidium vertreten zu sein. Die GOBT setzt damit die verfassungsrechtliche Notwendigkeit einer spiegelbildlichen Besetzung dieses Leitungsgremiums um, indem sie allen Fraktionen ein **Grundmandat** zuteilt.[40] Obwohl das Präsidium als Leitungsgremium keine unmittelbar willensbildenden Aufgaben wahrnimmt, sondern vorrangig organisatorische Funktionen erfüllt, wirkt es vor allem integrierend und ausgleichend und damit mittelbar auf die Willensbildung im Bundestag ein.[41] Die Vertretungsregelung der Geschäftsordnung entspricht deshalb dem aus dem Repräsentationsprinzip und der formalen Chancengleichheit der Fraktionen aus Art. 38 Abs. 1 S. 2 fließenden Grundsatz der Spiegelbildlichkeit von parlamentarischen Gremien,[42] der nur zur Abwehr einer missbräuchlichen Ausnutzung parlamentarischer Rechte[43] oder zum Schutz vorrangiger Verfassungsrechtsgüter durchbrochen werden darf. Hieraus ergibt sich ein Zielkonflikt. Das gestufte Wahlverfahren der GOBT, zunächst Kanzlermehrheit des Art. 121 und im dritten Wahlgang dann einfache Mehrheit, führt nicht zwangsläufig zu dem anvisierten Ergebnis eines Grundmandats und **benachteiligt** idR die Fraktionen der **Opposition.** Der Vorrang des Grundmandats muss deshalb zu Abstrichen beim Wahlverfahren nach der Mehrheitsregel führen. Es lässt sich zwar auch über eine verfassungsimmanente Bindung des freien Abstimmungsverhaltens der Abgeordneten nachdenken, das über die formalisierte Gleichheit der Fraktionen zu einer Pflicht des Plenums führt, dem Kandidaten der Oppositionsfraktion zumindest im dritten Wahlgang zuzustimmen.[44] Sinnvoller erscheint jedoch eine Abweichung vom Mehrheitsprinzip durch eine weitere Absenkung der Wahlquoren[45] (→ Art. 42 Rn. 49).

10 **2. Der Ältestenrat.** Obwohl das GG die Einrichtung eines Ältestenrates nicht vorsieht, ist dieser das zentrale Leitungs- und Verständigungsgremium des Bundestages. Seine Befugnisse sind im Wesentlichen organisatorischer Art.[46]

---

[38] BVerfGE 118, 277 (282); *Kluth* in SHH Rn. 57.

[39] *Brocker* in BK Rn. 153 ff.

[40] *Brocker* in BK Rn. 149 f.; *Edinger* RuP 1995, 77 (81); *Lovens* ZParl 39 (2008), 18 (21 ff.).

[41] So zu Recht *Lovens* ZParl 39 (2008), 18 (23 f.); *Hölscheidt,* Das Recht der Parlamentsfraktionen, 2001, 353; *Grote,* Der Verfassungsorganstreit, 2010, 200; aA VerfGH NRW NVWZ-RR 2017, 217 Rn. 36 f.; *Schönberger/Schönberger* JZ 2018, 105 (110); BVerfGE 140, 115 (151).

[42] BVerfGE 80, 188 (222); 84, 304 (323); 96, 264 (282); 112, 118 (133 ff.); 140, 115 (151 ff.).

[43] Sächs VerfGH, Beschl. v. 24.2.2005, Vf. 121-I-04, Rn. 35.

[44] *Darsow* NVwZ 2019, 1013 (1015); aA VerfGH NRW NVWZ-RR 2017, 217 Rn. 28, 42, 44 ff.

[45] Ein anderer Vorschlag bei *Lovens* ZParl 39 (2008), 18 (28 f.).

[46] BVerfGE 80, 188 (227); 96, 264 (280); 112, 363 (365 f.); *Roll* in Schneider/Zeh Parlamentsrecht und Parlamentspraxis, § 28 Rn. 1; *Troßmann* JöR 28 (1979), 1 (164 ff.);

Der **Ältestenrat** nimmt Koordinations-, Schlichtungs- und Integrationsfunktionen wahr. Er unterstützt den Präsidenten bei seinen Aufgaben. Er besteht aus dem Präsidium und derzeit 23 weiteren Mitgliedern, die von den Fraktionen ihrer Stärke entsprechend benannt werden (§§ 6, 12 GOBT). Der Ältestenrat entlastet vor allem das Plenum, indem er die inneren Angelegenheiten des Bundestages wie zB den Ablauf der Sitzungen vereinbart. Seine **interfraktionelle Zusammensetzung** und der Brauch, dass die parlamentarischen Geschäftsführer der Fraktionen dem Ältestenrat angehören, erleichtern die Konsensfindung bei Streitigkeiten. Hier fungiert der Ältestenrat oftmals als Clearing-Stelle.[47] Seine Tätigkeiten sind vorwiegend beratender Natur. Zur Beschlussfassung befugt ist er in den inneren Verwaltungsangelegenheiten, die § 6 Abs. 3 GOBT benennt.[48] Das BVerfG unterschätzt die Rolle des Ältestenrates und verlangt deshalb keine spiegelbildliche Besetzung. Weder fraktionslose Abgeordnete noch Gruppen haben einen Anspruch auf Vertretung im Ältestenrat.[49]

3. Die Ausschüsse. Um sein Arbeitspensum erledigen zu können, bildet 11
der Bundestag **Ausschüsse,** in denen seine eigentliche inhaltliche Arbeit stattfindet (§§ 54 ff. GOBT). Einen wesentlichen Teil der Informations-, Kontroll- und Untersuchungsaufgaben des Bundestages erledigen die Ausschüsse.[50] Sie haben ein **Selbstbefassungsrecht,** das sich auf Meinungsbildung und Information beschränkt.[51] Ausschüsse werden im Gesetzgebungsverfahren vor allem vorbereitend tätig, praktisch nehmen sie aber die Entscheidungen des Plenums vorweg.[52] **Fakultative Ausschüsse** lehnt der Bundestag in der Regel an die Ressortzuständigkeiten der Bundesministerien an. Die Einrichtung **obligatorischer Ausschüsse** schreiben sowohl das GG (Art. 45, 45a, 45b, 45d, 95 Abs. 2) als auch das einfache Recht zB § 3 Abs. 2 WahlPrG und die Geschäftsordnung vor (zB Ausschuss für Wahlprüfung, Immunität und Geschäftsordnung). **Ständige Ausschüsse** bestehen über die gesamte Legislaturperiode hinweg. **Sonderausschüsse** richtet der Bundestag zur Klärung bestimmter Fragen für einen entsprechenden Zeitraum ein.[53] Ob der sowohl in der 18. als auch in der 19. Wahlperiode eingesetzte **Hauptausschuss** einem der in der Geschäftsordnung genannten Ausschusstypen entspricht, ist umstritten.[54] Jedenfalls war der Bundestag aufgrund seiner Geschäftsordnungsautonomie bzw. Organisationsgewalt zur Einrichtung eines Hauptausschusses berechtigt. Obwohl Einwände gegen seine Verfassungsmäßigkeit vorgebracht werden, da ein Hauptausschuss die Mandatsgleichheit

---

Brocker in BK Rn. 158 ff.; *Maibaum,* Der Ältestenrat des Deutschen Bundestages, 1986, 51 ff. und 155 ff.; *Feldkamp* ZParl 37 (2006), 3 (11 f.).

[47] *Franke,* Vom Seniorenkonvent des Reichstags zum Ältestenrat des Bundestages, 1987, 131.

[48] *Boetticher,* Parlamentsverwaltung und parlamentarische Kontrolle, 2002, 94 ff.

[49] BVerfGE 80, 188 (227); 84, 304 (326 ff.); 96, 264 (280), *Brocker* in BK Rn. 164; krit. *Morlok* JZ 1989, 1035 (1042); *Hölscheidt* DÖV 2015, 266 (269 f.).

[50] *Geis* in HdbStR III § 54 Rn. 1 ff.; *Brocker* in BK Rn. 165 ff.

[51] *Pieroth* in Jarass/Pieroth Rn. 4.

[52] *Morlok* in Dreier Rn. 30; *Zeh* in HdbStR III § 53 Rn. 59.

[53] *Zeh* in Schneider/Zeh Parlamentsrecht und Parlamentspraxis, § 39 Rn. 14 ff.; *Achterberg/Schulte* in MKS, 6. Aufl. 2010, Rn. 17 f.; *Frost* AöR 95 (1970), 38 (52 ff.); *Edinger,* Wahl und Besetzung parlamentarischer Gremien, 1992, 216 ff.

[54] Einerseits *Fuchs* DVBl. 2014, 886 (888): „verkleinertes Plenum"; andererseits *Koschmieder* NVwZ 2014, 852 (853): Sonderausschuss nach § 54 Abs. 1 S. 2 GOBT; *Winkelmann* in Morlok/Schliesky/Wiefelspütz Parlamentsrecht, § 23 Rn. 6: Ausschuss „sui generis".

der überwiegenden Zahl der Abgeordneten, die idR keinen Sitz im Hauptausschuss erhalten, einschränkt,[55] ist die Einsetzung eines Hauptausschusses in der zeitlich beschränkten Sondersituation der Regierungsbildung zu Beginn der Wahlperiode grundsätzlich unbedenklich.[56]

12 Die **Besetzung der Ausschüsse** unterliegt verfassungsrechtlichen Beschränkungen, die sich aus den Statusrechten der Abgeordneten bzw. der Chancengleichheit der Fraktionen aus Art. 38 Abs. 1 S. 2 (→ Art. 38 Rn. 106, 124 ff.) ergeben. Denn die Ausschüsse nehmen an der Repräsentationsfunktion des Parlaments teil. Ihre Zusammensetzung muss dem Grundsatz der **Spiegelbildlichkeit** entsprechen und ein verkleinertes Abbild der Kräfteverhältnisse des Plenums wiedergeben.[57] Sie werden daher nach dem Stärkeverhältnis der **Fraktionen** besetzt (§§ 57, 12 GOBT). Parlamentarische **Gruppen** (§ 10 Abs. 4 GOBT) sind in der Regel in allen Ausschüssen vertreten. Fraktionslose Abgeordnete haben Anspruch auf Sitz und beratende Stimme in einem Ausschuss.[58] Der Geschäftsordnungsautonomie des Bundestages unterfällt dagegen die Festlegung der Sitzzahl in den Ausschüssen. Hier hat der Bundestag einen weiten Gestaltungsspielraum, mit dem er auch die Chancengleichheit von Fraktionen einschränken darf. Solange zwingende Gründe des Staatswohls wie zB der Geheimschutz dies erfordern, ist nach der Rspr. des BVerfG zB ein Wechsel zwischen den anerkannten Zählsystemen[59] auch dann unbedenklich, wenn Ausschüsse dadurch gezielt klein gehalten werden, um schwächere Fraktionen aus sensiblen Gremien auszuschließen. Je mehr Abgeordnete allerdings ausgeschlossen werden, desto höher steigen die Anforderungen an die sachliche Rechtfertigung ihres Ausschlusses.[60]

13 Die **Sitze** in den **Ausschüssen** werden durch Benennung seitens der Fraktionen besetzt. Eine Wahl findet nicht statt (§ 54 iVm § 57 Abs. 2 GOBT). Die Bestimmung des Ausschussvorsitzenden richtet sich nach § 58 GOBT. Da die **Ausschussvorsitze** proportional nach der Stärke der Fraktionen vergeben werden, wird die **Verteilung** durch **Vereinbarung im Ältestenrat** festgelegt. Die für den Vorsitz eines Ausschusses zuständige Fraktion präsentiert ihren Personalvorschlag in der konstituierenden Sitzung des Ausschusses. Anschließend wird der vorgeschlagene Vorsitzende vom Ausschuss „bestimmt". Nach wohl hA stellt die **Bestimmung des Vorsitzenden** eine formlose Wahl dar.[61] Die Ausschussmitglieder sind politisch

[55] *Pfengler* DVBl. 2018, 1268 (1271 f.).

[56] Näher *Hadamek* ZG 2014, 353 (362 ff.); *Winkelmann* in Morlok/Schliesky/Wiefelspütz Parlamentsrecht, § 23 Rn. 6; *Fuchs* DVBl. 2014, 886 (893).

[57] BVerfGE 80, 188 (222); 84, 304 (323); 96, 264 (282); 112, 118 (133 ff.); *Klein* in Maunz/Dürig Rn. 132 f.; *Fuchs* DVBl. 2015, 1337 (1338 f.); *Dach* in Schneider/Zeh Parlamentsrecht und Parlamentspraxis, § 40 Rn. 4; krit. zur spiegelbildlichen Besetzung des Vermittlungsausschusses *Steinbach* DÖV 2016, 286 (289 ff.).

[58] BVerfGE 44, 308 (316); 56, 396 (405); 70, 324 (363); 80, 188 (217 f.); 84, 304 (321); *Klein* in Morlok/Schliesky/Wiefelspütz Parlamentsrecht, § 19 Rn. 15 ff.

[59] *Hermsdorf* ZParl 39 (2008), 30 (32 ff.); *Alex,* Die Abbildung politischer Mehrheitsverhältnisse in repräsentativen Gremien im Spannungsfeld von Staatsrecht und Staatspraxis, 2017, 47 ff.; *Kuhn* NVwZ 2018, 1116 (1119 f.).

[60] BVerfGE 70, 324 (364); 96, 264 (283); 112, 118 (140); 130, 318 (357); VerfG Bbg NVwZ-RR 2003, 798 (800); zu Recht krit. *Schneider* in Schneider/Zeh Parlamentsrecht und Parlamentspraxis, § 38 Rn. 28; *Schroeder* Jura 1987, 469 ff.; *Hermsdorf* ZParl 39 (2008), 30 (31 f.); *Morlok* in Dreier Rn. 30.

[61] *Schönberger/Schönberger* JZ 2018, 105 (110); *Dach* in Schneider/Zeh, Parlamentsrecht und Parlamentspraxis, § 40 Rn. 28: „Akklamation"; aA *Hoppe* in Waldhoff/Gärditz PUAG § 6 Rn. 2 – für Untersuchungsausschüsse.

– nicht rechtlich, auch nicht gewohnheitsrechtlich – an den Fraktionsvorschlag gebunden.[62] Eine Regelung zur **Abwahl** eines **Ausschussvorsitzenden** enthält die GOBT nicht. Ist der Ausschussvorsitz ein Wahlamt, muss als *actus contrarius* die Abwahl durch den Ausschuss zulässig sein. Die vorhergehende Vereinbarung im Ältestenrat stellt kein Hindernis dar. Denn dem Ausschuss steht es frei, dieser Vereinbarung zu folgen. Er muss aber für die Nachbesetzung des Postens des abgewählten Vorsitzenden eine neue Vereinbarung abwarten.[63] Obwohl das Amt des Ausschussvorsitzenden kein mitgliedschaftliches Abgeordnetenrecht darstellt,[64] und die Abwahl deshalb nicht in Art. 38 Abs. 1 S. 2 eingreift, solange der Abgeordnete Mitglied im Ausschuss bleibt,[65] muss ein **Anlass** für eine zulässige Abwahl bestehen. Ein Anlass kann sich aus einer fortdauernden Verletzung der Aufgaben eines Ausschussvorsitzenden ergeben.[66] Als weitere Anlässe kommen eine Verletzung der Würde oder des Ansehens des repräsentativen Amtes eines Ausschussvorsitzenden in Betracht. Um Unsicherheiten und Rechtsstreitigkeiten vorzubeugen, sollte das Parlamentsrecht insoweit reformiert werden. Anlass, Verfahren und ggf Quoren für eine Abwahl sollten dabei geregelt werden.

IV. Er gibt sich eine Geschäftsordnung (Abs. 1 S. 2)

14 **1. Die Geschäftsordnungsautonomie.** Die **Geschäftsordnungsautonomie** des Deutschen Bundestages dient der Sicherstellung der **Funktionsfähigkeit** des Parlaments.[67] Das Parlament in der repräsentativen Demokratie soll seine Organisation und seinen Geschäftsgang als Herr im eigenen Hause frei von Beeinflussung oder Bevormundung durch andere Staatsgewalten bestimmen können. Der Bundestag hat daher einen weiten Gestaltungsspielraum bei der Regelung seiner eigenen Angelegenheiten. Die Vorschriften der Geschäftsordnung müssen sich jedoch im verfassungsrechtlich vorgegebenen Rahmen und insbesondere an den Schutz von effektiver Opposition und Minderheiten halten.[68]

15 **Grenzen der Geschäftsordnungsautonomie** ergeben sich dabei zunächst aus organisatorischen Vorkehrungen, die das Parlament nach dem **GG** treffen muss. Als wichtigste Norm setzt aber Art. 38 Abs. 1 S. 2, aus dem sich die Statusrechte der Abgeordneten auf Freiheit und Gleichheit ihres Mandats ergeben, der Gestaltungsfreiheit des Bundestages Schranken.[69] Greift die Geschäftsordnung in **Statusrechte** von **Abgeordneten** ein, muss dieser Eingriff gegen das verfassungsrechtliche Rechtsgut der Funktionsfähigkeit des Bun-

[62] *Winkelmann* in Morlok/Schliesky/Wiefelspütz Parlamenstrecht, § 23 Rn. 39; aA *Edinger,* Wahl und Besetzung parlamentarischer Gremien, 1992, 144; *Grigoleit/Kersten* DÖV 2001, 363 (365).

[63] *Winkelmann* in Morlok/Schliesky/Wiefelspütz, Parlamentsrecht, § 23 Rn. 39; *Schönberger* https://verfassungsblog.de/abwahl-und-was-dann/ (letzter Zugriff am 28.11.2019).

[64] BVerfGE 84, 304 (328).

[65] *Becker* ZParl 15 (1984), 24 (27 ff.).

[66] *Winkelmann* in Morlok/Schliesky/Wiefelspütz Parlamentsrecht, § 23 Rn. 40; offengelassen in BVerfG Beschl. v. 4.5.2020, 2 BvE 1/20 Rn. 32.

[67] BVerfGE 130, 318 (348 ff.).

[68] *Roll,* Geschäftsordnungen des Deutschen Bundestages, 2001, Einführung Rn. 4; *Schneider* in FS 50 Jahre Bundesverfassungsgericht, Band 2, 2001, 627 (636); *Schneider* in AK Rn. 10; BVerfGE 142, 25 (55 ff.).

[69] *Risse* JZ 2018, 71 (71 ff.).

destages abgewogen werden. Im Kern dürfen die Statusrechte dabei nicht in Frage gestellt werden.[70] Da der Bundestag flexibel auf die Dynamik des Politischen reagieren können muss, lässt sich der Regelungsumfang der Geschäftsordnungsautonomie nur beispielhaft aufzählen. Nach dem BVerfG gehören zur Regelung der eigenen Angelegenheiten die **Organisation des Parlaments** wie zB die Gliederung in Fraktionen, Gruppen und Ausschüsse, deren Besetzung und Verfahren, die innerparlamentarische Willensbildung und Zuständigkeitsverteilung, die Aufrechterhaltung der **Disziplin,** das **Verfahren** im Plenum, der **Geschäftsgang** und die Wahrnehmung von Initiativ-, Informations- oder Kontrollrechten.[71]

16 **2. Geschäftsordnungrecht.** Der Bundestag beschließt seine Geschäftsordnung mit einfacher Mehrheit. Üblicherweise wird die Geschäftsordnung im Bundesgesetzblatt förmlich verkündet.[72] Da das Geschäftsordnungsrecht der Diskontinuität unterfällt (→ Art. 39 Rn. 18 ff.), übernimmt jeder Bundestag zu Beginn der Legislaturperiode in der Regel in seiner ersten Sitzung die Geschäftsordnung des vorangegangenen Parlaments. Änderungen sind jederzeit möglich.[73] Die Geschäftsordnung wird durch Anlagen ergänzt wie zB die Verhaltensregeln für Mitglieder des Deutschen Bundestages, die Geheimschutzordnung oder den Beschluss des Bundestages betr. Aufhebung der Immunität von Abgeordneten, die damit zu Geschäftsordnungsrecht werden.[74] Zwar findet die Geschäftsordnungsautonomie des Bundestages ihren sichtbaren Ausdruck in den geschriebenen Regelungen der GO. Zum internen Parlamentsrecht zählen aber auch **ungeschriebene Regeln,** deren Bindungskraft changiert, je nachdem es sich um parlamentarisches Gewohnheitsrecht oder Parlamentsbräuche handelt.[75]

17 Strittig ist, ob der Bundestag aus Art. 40 Abs. 1 S. 2 verpflichtet ist, eigene Angelegenheiten im Medium der Geschäftsordnung zu regeln, oder ob es ihm freisteht, alternativ auf die **Regelungsform des einfachen Gesetzes** zuzugreifen, ob die Parlamentsautonomie also die freie Formenwahl umfasst.[76] In der Praxis findet sich eine Vielzahl gesetzlicher Vorschriften, die parlamentarische Geschäftsordnungsangelegenheiten beinhalten. Hierzu zählen zB § 23a PartG, § 14 AbgG, § 44a u. b AbgG, § 6 BVerfGG, § 10a BHO, § 2 PKGrG.[77] Einige deutsche Landesverfassungen erlauben oder schreiben die Gesetzesform für die Geschäftsordnungen ihrer Volksvertretungen vor.[78] Unbestritten kann der Bundestag geschäftsordnungsrechtliche Fragen in Gesetzesform regeln, wenn das GG ihn hierzu ausdrücklich ermächtigt wie zB in Art. 10 Abs. 2 S. 2, 23 Abs. 3 S. 3, 41

---

[70] BVerfGE 80, 188 (218); *Schliesky* in MKS Rn. 16; *Jacobs* DÖV 2016, 563 (564).

[71] BVerfGE 1, 144 (154); 44, 308 (314); 80, 188 (219); 84, 304 (321); 96, 264 (278); 102, 224 (235 ff.); 130, 318 (349); *Lang* in BerlKomm Rn. 18; *Kluth* in SHH Rn. 37.

[72] *Lang* in BerlKomm Rn. 30.

[73] *Klein* in Maunz/Dürig Rn. 38 ff.; *Kretschmer* in Schneider/Zeh Parlamentsrecht und Parlamentspraxis, § 9 Rn. 125 ff.

[74] *Klein* in Maunz/Dürig Rn. 49; *Kluth* in SHH Rn. 26.

[75] *Schulze-Fielitz* in Schneider/Zeh Parlamentsrecht und Parlamentspraxis, § 11 Rn. 6 ff.; *Brocker* in BK Rn. 92 ff.; *Klein* in Maunz/Dürig Rn. 35 f.

[76] Ausf. *Bollmann,* Verfassungsrechtliche Grundlagen und allgemeine verfassungsrechtliche Grenzen des Selbstorganisationsrechts des Deutschen Bundestages, 1992, 139 ff.; *Kühnreich,* Das Selbstorganisationsrecht des Deutschen Bundestages unter besonderer Berücksichtigung des Hauptstadtbeschlusses, 1997, 118 ff.

[77] Näher *Kretschmer* in SHH, 12. Aufl. 2011, Rn. 14 f.

[78] ZB Art. 70 Abs. 1 Verf Sarl; VerfG Bbg NVwZ-RR 2003, 798 (799 f.).

Abs. 3, 45c Abs. 2. Zum Teil wird der Bundestag strikt hierauf beschränkt,[79] zum Teil wird ihm eine freie Formwahl auch jenseits der verfassungsrechtlichen Ermächtigungen eingeräumt.[80] Das BVerfG lässt dem Bundestag eine eingeschränkte Wahlfreiheit.[81] Da es triftige Gründe geben kann, parlamentsrechtliche Fragen durch Gesetz zu regeln, um zB Eingriffe in Rechte Dritter zu legitimieren oder Rechtsbeziehungen des Bundestages zu Dritten der Diskontinuität zu entziehen, ist der vermittelnden Meinung des BVerfG zuzustimmen.[82] Weil aber die Geschäftsordnungsautonomie auch im parlamentarischen Regierungssystem den Bundestag noch vor Gängelungsversuchen der Exekutive schützen muss,[83] sind folgende Bedingungen zu beachten: Ein Gesetz zur Regelung parlamentarischen Rechts ist zulässig, wenn das Beteiligungsverfahren der Regierung keine ins Gewicht fallenden Einwirkungsmöglichkeiten auf den Bundestag eröffnet, wenn weder Erlass noch Aufhebung des Gesetzes der Zustimmung des Bundesrates bedürfen, wenn der Kern der Geschäftsordnungsautonomie nicht berührt wird, und wenn gewichtige sachliche Gründe für das Gesetz sprechen.[84]

Von mehr theoretischem als praktischem Interesse ist der Streit um die **Rechtsnatur der Geschäftsordnung.** Das BVerfG bezeichnet sie als autonome Satzung,[85] die Literatur verwendet Begrifflichkeiten wie Verfassungssatzung, Intraorganrecht, parlamentarisches Innenrecht, Norm des Parlamentsrechts, oder stuft die Geschäftsordnung als Rechtsquelle *sui generis* ein.[86] Nach dem BVerfG steht die Geschäftsordnung jedenfalls im Rang unterhalb von einfachen Gesetzen.[87] Eine im Vordringen befindliche Meinung aus der Literatur stellt einfache Gesetze und Geschäftsordnung dagegen in ein Verhältnis der Gleichrangigkeit, da sowohl Geschäftsordnungskompetenz als auch Gesetzgebungskompetenz des Parlaments unmittelbar aus der Verfassung und der Volkssouveränität legitimiert seien.[88] Normenkonflikte werden nach dieser Ansicht über die Kollisionsregeln *lex posterior* oder *lex specialis* gelöst.[89] Da aber die Geschäftsordnung bindungsschwach und weniger **18**

[79] *Achterberg/Schulte* in MKS, 6. Aufl. 2010, Rn. 43 ff.; *Magiera* in Sachs Rn. 24; *Dreier* JZ 1990, 310 (312 ff.).

[80] *Bücker* ZParl 17 (1986), 324 ff.; *Kretschmer* ZParl 17 (1986), 337 (339); *Pietzcker* in Schneider/Zeh Parlamentsrecht und Parlamentspraxis, § 10 Rn. 13 ff.; VerfG Bbg NVwZ-RR 2003, 798 (799 f.).

[81] Zustimmend *Dicke* in Umbach/Clemens Rn. 12; *Klein* in Maunz/Dürig Rn. 79 f.; ausf. *Chen,* Die Zulässigkeit der Regelung des parlamentarischen Geschäftsordnungsrechts durch ein förmliches Gesetz, 1997, 141 ff.

[82] *Brocker* in BK Rn. 225; *Kluth* in SHH Rn. 28 f.; *Ossenbühl* in Ruffert Recht und Organisation, 1 (16 f.).

[83] BVerfGE 70, 324 (361); *Brocker* in BK Rn. 49.

[84] BVerfGE 60, 374 (379); 70, 324 (361); 130, 318 (350); *Schroeder* Jura 1987, 469 (473); *Morlok* in Dreier Rn. 15 f.; *Kretschmer* in SHH, 12. Aufl. 2011, Rn. 17 f.

[85] BVerfGE 1, 144 (147 f.); 44, 308 (315); 70, 324 (360 ff.); 80, 188 (218); 84, 304 (321 f.); 96, 264 (268).

[86] Ausf. *Achterberg,* Parlamentsrecht, 1984, 49 ff.; *Achterberg/Schulte* in MKS, 6. Aufl. 2010, Rn. 34 ff.; *Klein* in Maunz/Dürig Rn. 8, 59 f.; *Morlok* in Dreier Rn. 19; *Kluth* in SHH Rn. 41.

[87] BVerfGE 1, 144 (148); 44, 308 (315); zustimmend *Klein* in Maunz/Dürig Rn. 74; *Lang* in BerlKomm Rn. 24.

[88] *Brocker* in BeckOK GG Rn. 24 f.

[89] *Schliesky* in MKS Rn. 22; *Brocker* in BK Rn. 219 ff.; *Schmidt* AöR 128 (2003), 608 (637 ff.); *Achterberg/Schulte* in MKS, 6. Aufl. 2010, Rn. 42.

voraussetzungsvoll als der Erlass eines Gesetzes ist, spricht mehr für ihre **Nachrangigkeit** gegenüber dem einfachen Gesetz.[90]

19 **3. Anwendung und Auslegung der Geschäftsordnung.** Die Geschäftsordnung findet als **parlamentarisches Innenrecht** unstreitig Anwendung auf die Abgeordneten, die **Organe** und die **Organteile** des Bundestages. Ob sie Wirkung auf außenstehende Dritte entfaltet, ist umstritten.[91] Relevant wird die Frage, ob die Geschäftsordnung **Außenwirkung** entfaltet oder Hausrecht anzuwenden ist, im Hinblick auf Ordnungsmaßnahmen des amtierenden Präsidenten. Zu unterscheiden ist hier zwischen Personen, die aus eigenem Recht an Sitzungen von Plenum und Ausschüssen teilnehmen wie zB die Mitglieder von Bundesregierung und Bundesrat oder deren Vertreter nach Art. 43 Abs. 2 als privilegierte Redner, Personen, die im Bundestag als Sachverständige auf Einladung auftreten, und einfachen Zuhörern. Eine **funktionale Interpretation** der Geschäftsordnung spricht für ihre Anwendung zumindest auf privilegierte und eingeladene Gastredner und damit auch auf Regierungs- und Bundesratsmitglieder.[92] Konstruiert wird die Ausdehnung des Anwendungsbereichs der Geschäftsordnung über die konkludente und freiwillige Unterwerfung dieser Personen unter die Disziplin des Bundestages.[93] Mitglieder der Bundesregierung und des Bundesrates unterliegen allerdings nicht den Regelungen zur **Redezeit** nach den §§ 27 ff. GOBT. Da sie nach Art. 43 Abs. 2 S. 2 jederzeit auch außerhalb von kontingentierten Redezeiten oder der Tagesordnung gehört werden müssen, findet ein Ausgleich der Redezeiten für die Oppositionsfraktionen zumindest ansatzweise nach § 35 Abs. 2 GOBT statt. Ob das abgestufte Instrumentarium der **Ordnungsmaßnahmen** der §§ 36 ff. GOBT auf privilegierte Redner unterhalb der Missbrauchsschwelle[94] Anwendung finden kann, ist ebenfalls umstritten.[95] Art. 43 Abs. 2 steht hier nicht entgegen, da er nur das Ob und nicht das Wie der privilegierten Rede gewährleistet.[96] In der aus dem Konstitutionalismus stammenden Praxis der Privilegierung haben sich so genannte „hypothetische" Ordnungsmaßnahmen des Parlaments gegen privilegierte Redner eingebürgert.[97] **Zuhörer** auf der Tribüne dagegen sind nicht in den Sitzungsablauf eingebunden und unterliegen von vornherein ausschließlich Ordnungsmaßnahmen, die der Bundestagspräsident auf sein Hausrecht stützen muss.[98]

20 Normgeber, Normadressat und Normanwender der Geschäftsordnung sind identisch. Der Umgang mit dem Geschäftsordnungsrecht gestaltet sich des-

[90] *Morlok* in Dreier Rn. 17; *Kluth* in SHH Rn. 43; *Leisner* in Sodan Rn. 2; *Haug,* Bindungsprobleme und Rechtsnatur parlamentarischer Geschäftsordnungen, 1994, 52; aA *Kretschmer* in SHH, 12. Aufl. 2011, Rn. 27 ff.

[91] *Wiefelspütz* DVBl. 2002, 1229 (1234).

[92] *Schneider* in AK Rn. 17.

[93] *Klein* in Maunz/Dürig Rn. 66 ff.; *Schneider* in AK Rn. 11; *Kretschmer* in SHH, 12. Aufl. 2011, Rn. 26 ff.; aA *Schliesky* in MKS Rn. 21; *Brocker* in BK 138, 218.

[94] BVerfGE 10, 4 (18).

[95] Ablehnend *Kretschmer* in SHH, 12. Aufl. 2011, Rn. 49.

[96] *Morlok* in Dreier Rn. 13 f.; *Röper,* Parlamentarier und Parlament, 1998, 231.

[97] *Bücker* in Schneider/Zeh Parlamentsrecht und Parlamentspraxis, § 34 Rn. 52; *Zeh* in HdbStR III § 53 En. 37; *Röper* ZParl 22 (1991), 189 (195 ff.); *Lang* ZParl 35 (2004), 295 (296 ff.).

[98] *Lang* in BerlKomm Rn. 27 f.; *Klein* in Maunz/Dürig Rn. 70; aA *Morlok* in Dreier Rn. 13; *Kluth* in SHH Rn. 39; *Schwerin,* Der Deutsche Bundestag als Geschäftsordnungsgeber, 1998, 75 ff.

halb flexibel.[99] Die **Auslegung** der Geschäftsordnung richtet sich nach den juristischen Auslegungsmethoden, stellt aber auch auf die parlamentarische **Tradition** und **Praxis** ab. Die Geschäftsordnung muss fair und loyal auch gegenüber Minderheiten angewandt werden, ohne dass dadurch aber die Mehrheitsregel außer Kraft gesetzt wird.[100] Im einzelnen Fall und ohne präjudizielle Wirkung kann der Bundestag nach § 126 GOBT mit qualifizierter Zweidrittel-Mehrheit von Regelungen der Geschäftsordnung abweichen, wenn Vorschriften des GG nicht entgegenstehen.[101] Dem amtierenden Präsidenten obliegen Auslegungsfragen im Einzelfall während laufender Plenarsitzungen (§ 127 Abs. 1 S. 1 GOBT).[102] Ansonsten ist der **Geschäftsordnungsausschuss** mit der Auslegung in Streitfragen betraut (§ 127 Abs. 1 S. 2 GOBT).[103] Seine Entscheidungen sind geltendes Parlamentsrecht.[104] Das Plenum hat dem Ausschuss gegenüber ein Rückholrecht.[105]

Regelungen der Geschäftsordnung und deren Anwendung unterliegen der **verfassungsgerichtlichen Kontrolle.** Die Rechtsfolgen eines Verstoßes gegen Geschäftsordnungsrecht werden uneinheitlich beurteilt. Unstrittig ist, dass eine Maßnahme, die mit der Geschäftsordnung zugleich Verfassungsrecht verletzt, verfassungswidrig und damit nichtig ist. Ein einfacher Verstoß eines Bundestagsbeschlusses gegen die Geschäftsordnung, der nicht zugleich einen Verfassungsverstoß darstellt, macht diesen zwar rechtswidrig, beeinträchtigt seine Wirksamkeit dagegen nicht.[106] Gerichtliche Kontrolle gegen eine Norm der Geschäftsordnung oder ihre Anwendung im Einzelfall ist ausschließlich vor dem BVerfG möglich. Statthaft sind vor allem der **Organstreit** (Art. 94 Abs. 1 Nr. 1) und die abstrakte **Normenkontrolle** (Art. 93 Abs. 1 Nr. 2). Da dem Parlament bei Erlass und Anwendung der Geschäftsordnung ein weiter Gestaltungs- und Entscheidungsspielraum zukommt, ist die gerichtliche Überprüfung grds. entsprechend eingeschränkt auf eine Willkür- oder Evidenzkontrolle.[107] Greifen Organisationsmaßnahmen aber wegen des Umfangs der delegierten Befugnisse oder des betroffenen Sachgebiets besonders tief in die Abgeordnetenrechte ein, unterliegen sie einer strengen verfassungsgerichtlichen Kontrolle.[108] 21

4. Abgeordnete, Fraktionen und Gruppen. Die Rechte und Pflichten der Abgeordneten im Parlament werden durch die Geschäftsordnung nicht 22

---

[99] *Morlok* in Dreier Rn. 9; *Kluth* in SHH Rn. 47 ff.

[100] BVerfGE 1, 144 (148 f.); 44, 308 (314 f.); 70, 324 (360); 80, 188 (219); 84, 304 (332); 96, 264 (285); 112, 118 (140 f.); *Klein* in Maunz/Dürig Rn. 30, 41; *Brocker* in BK Rn. 47 f., 86; *Scherer* AöR 112 (1987), 189 (210 f.); *Di Fabio* Der Staat 29 (1990), 599 (611 f.).

[101] *Zeh* in HdbStR III § 53 Rn. 15; für verfassungswidrig wegen Verstoßes gegen Art. 42 Abs. 2 S. 1 GG hält diese Norm *Lang* in BerlKomm Rn. 68; aA *Achterberg* DVBl. 1980, 512 (519).

[102] *Köhler,* Die Rechtsstellung der Parlamentspräsidenten, 2000, 166 f.

[103] *Cancik* in Morlok/Schliesky/Wiefelspütz Parlamentsrecht, § 9 Rn. 35 f.

[104] *Kluth* in SHH Rn. 49.

[105] *Kretschmer* in SHH, 12. Aufl. 2011, Rn. 8b, 33; *Morlok* in Dreier Rn. 10; *Kluth* in SHH Rn. 16.

[106] BVerfGE 29, 221 (234); 44, 308 (319); 60, 374 (380 f.); *Frenzel* JuS 2010, 119 (120); *Kretschmer* in SHH, 12. Aufl. 2011, Rn. 35; differenzierend zwischen Maßnahmen mit Außen- und Innenwirkung *Morlok* in Dreier Rn. 22; *Dicke* in Umbach/Clemens Rn. 9; *Klein* in Maunz/Dürig Rn. 57; *Achterberg,* Parlamentsrecht, 1984, 55 ff.; *Schwerin,* Der Deutsche Bundestag als Geschäftsordnungsgeber, 1998, 209 ff.

[107] BVerfGE 10, 4 (19); 80, 188 (220); 84, 304 (322); *Cancik* DÖV 2005, 577 (586).

[108] BVerfGE 130, 318 (352 f.).

begründet, sondern als verfassungsrechtliche Mitgliedschaftsrechte durch sie lediglich ausgestaltet.[109] Der **Abgeordnetenstatus** aus Art. 38 Abs. 1 S. 2 ist dabei zu beachten. Er darf durch Geschäftsordnungsrecht nicht substantiell in Frage gestellt werden. Einem Eingriff in Statusrechte können aber die **Arbeitsfähigkeit** und die **Vertrauenswürdigkeit** des Bundestages als kollidierendes Verfassungsrecht entgegengehalten werden.[110] Zur Ausgestaltung des organschaftlichen Verhältnisses der Abgeordneten durch die Geschäftsordnung zählen Mitwirkungs-, Initiativ-, und Rederechte, die an Quoren gebunden werden dürfen.[111] Eine Mediatisierung des Abgeordneten durch **Fraktionen** und **Gruppen** als **notwendige Gliederungen** des Parlaments ist grundsätzlich zulässig. Die Zulässigkeit endet aber dort, wo die Statusrechte des Abgeordneten durch Fraktions- und Gruppenmacht verdrängt werden.[112] Da alle Abgeordneten einander formal gleich gestellt sind, ist die Zulässigkeit von Funktionszulagen nur eingeschränkt zulässig.[113] Ordnungsmaßnahmen des Bundestagspräsidenten mit Ausnahme der Rüge berühren die Statusrechte der Abgeordneten.[114] Sie müssen verhältnismäßig sein.[115] Auch die **Verhaltensregeln** für Abgeordnete gestalten das mitgliedschaftliche Verhältnis aus. Da diese weitreichende Pflichten des Abgeordneten auch außerhalb des Parlaments einschließlich finanzieller Sanktionen formulieren, ist eine gesetzliche Grundlage in § 44a, b AbgG außerhalb der Geschäftsordnung selbst angezeigt.[116] Um seine Würde und seine Funktionsfähigkeit zu schützen, darf der Bundestag in Ausnahmesituationen zB eine Kollegialenquête zur Überprüfung seiner Abgeordneten auf Verbindungen zum Ministerium für Staatssicherheit einführen (§ 44c AbgG). Die Abgeordnetenrechte haben hier hinter dem demokratischen Erfordernis der Vertrauenswürdigkeit des Parlaments zurückzutreten.[117]

23 Der Bundestag ist ein Parlament der **Fraktionen.**[118] Da das GG über Fraktionen mit Ausnahme von Art. 53a Abs. 1 S. 2 schweigt, leiten sich sowohl ihre Existenz als auch ihre Rechtsstellung vor allem aus dem Fraktionsbildungsrecht und den Statusrechten der Abgeordneten aus Art. 38 Abs. 1 S. 2 her (§ 45 Abs. 1 AbgG). Hinzu tritt die verfassungsrechtliche Anerkennung der Fraktionen als Nebenfolge der verfassungsrechtlichen Verankerung

---

[109] BVerfGE 80, 188 (219 ff.); 118, 277 (325 ff.); *Lang* in BerlKomm Rn. 22.

[110] BVerfGE 76, 256 (341 f.); 94, 351 (368 f.); 125, 104 (123); 118, 277 (325, 353); *Klein* in Maunz/Dürig Rn. 73; krit *Schwerin,* Der Deutsche Bundestag als Geschäftsordnungsgeber, 1998, 195 ff.

[111] BVerfGE 10, 4 (13 ff.); 80, 188 (218); 96, 264 (278); VerfGH Bay NVwZ 1985, 689 (690 f.); VerfG Bbg NVwZ-RR 1997, 577 (578); VerfG Bbg NVwZ-RR 2004, 161 (161 f.); *Brocker* in BK Rn. 78 ff.; *Demmler,* Der Abgeordnete im Parlament der Fraktionen, 1994, 476 ff.

[112] BVerfGE 10, 4 (14); *Scherer* AöR 112 (1987), 189 (191).

[113] BVerfGE 40, 296 (317 f.); 102, 224 (232 ff.).

[114] BVerfGE 60, 374 (382 f.); *Glaube/Breitbach* DÖV 2018, 855 (856 ff.); *Versteyl* NJW 1983, 379 (381); *Franke,* Ordnungsmaßnahmen der Parlamente, 1990, 49 ff.; *Schönberger/Schönberger* JZ 2018, 105 (106 ff.).

[115] LVerfG MV NordÖR 2009, 205 (207 f.); krit. *Brocker* in BK Rn. 136, 231; *Di Fabio* Der Staat 29 (1990), 599 (615).

[116] BVerfGE 40, 296 (319); 97, 408 (409); 99, 19 (32 f.); 118, 227 (336 f., 353); *Kühn,* Verhaltensregeln für Bundestagsabgeordnete, 2011, 58 ff.; *Groß* ZRP 2002, 472 ff.; aA *Klein* in Maunz/Dürig Rn. 49 ff.

[117] BVerfGE 94, 351 (368 f.); *Morlok* in Dreier Rn. 7.

[118] *Zeh* in HdbStR III § 53 Rn. 6.

von Parteien in Art. 21.[119] Die **Rechtsnatur** von Fraktionen ist nicht geklärt. § 46 Abs. 1 AbgG erkennt sie im Rechtsverkehr als rechtsfähige Vereinigungen an. Organe des Bundestages sind sie zumindest nicht in vollem Umfang, im Organstreit vor dem BVerfG aber parteifähig.[120] Das BVerfG bezeichnet sie als notwendige Einrichtungen des Verfassungslebens oder maßgebliche Faktoren der parlamentarischen Willensbildung, die als öffentlich-rechtliche Gliederungen des Bundestages in die organisierte Staatlichkeit eingefügt sind.[121]

Die fraktionsinterne **Bündelungsleistung** in der politischen Willensbil- 24
dung durch Arbeitsteilung ist Voraussetzung für eine effiziente parlamentarische Willensbildung.[122] Die **Ausgestaltung der Rechte und Pflichten** von Fraktionen als Organteilen des Bundestages obliegt dessen **Geschäftsordnungsautonomie** (§§ 10–12 GOBT).[123] Ihre Privilegierung in der Geschäftsordnung ist zulässig, muss sich aber an der (proportionalen) Fraktionengleichheit orientieren.[124] In der Geschäftsordnung regelt der Bundestag kraft seiner Autonomie organisations- und verfahrensrechtliche Fragen zur Bildung, Stärke und Homogenität von Fraktionen sowie zur Mediatisierung von Abgeordnetenrechten in Plenum und Ausschüssen durch die Fraktionen. Diese Regelungen müssen mit den Abgeordnetenrechten aus Art. 38 Abs. 1 S. 2 ausbalanciert werden.[125]

Ein Zusammenschluss von Abgeordneten, der keine Fraktionsstärke er- 25
reicht, kann als **Gruppe** nach § 10 Abs. 4 GOBT anerkannt werden.[126] Wegen der Gleichheit des Abgeordnetenstatus aus Art. 38 Abs. 1 S. 2 erkennt das BVerfG den Gruppen **Mitwirkungsrechte** im Parlament wie zB die Mitgliedschaft in Ausschüssen zu, ohne ihnen gleichzeitig ein Grundmandat in allen Ausschüssen oder Kommissionen zuzusprechen. Ferner erhalten Gruppen eine den Fraktionen entsprechende Ausstattung mit sachlichen und personellen Mitteln.[127] Der Bundestag regelt ihre übrigen Rechte von Fall zu Fall.[128] Eine Beschränkung der Gruppenrechte im Vergleich zu den Fraktionen ist wegen ihrer geringeren Bündelungsfunktion zur Straffung der parlamentarischen Arbeit gerechtfertigt.[129]

---

[119] BVerfGE 10, 4 (14); 70, 324 (362 f.); 80, 188 (219); 84, 302 (322); 102, 224 (240); *Görlitz* DÖV 2009, 261 (262).

[120] BVerfGE 2, 143 (152 ff.); 45, 1 (28); 90, 286 (336); *Hölscheidt,* Das Recht der Parlamentsfraktionen, 2001, 322; *Brocker* in BK Rn. 174, 182; *Morlok* in Dreier Rn. 33; *Pieroth* in Jarass/Pieroth Rn. 7; aA *Schneider* in AK Rn. 3: Organcharakter.

[121] BVerfGE 2, 143 (160); 20, 56 (104); 43, 142 (147); 62, 194 (202); 70, 324 (359 ff.); 80, 188 (219, 231); 84, 304 (311); 112, 118 (136); 118, 277 (329); *Achterberg,* Parlamentsrecht, 1984, 278.

[122] BVerfGE 102, 224 (242); 118, 277 (329); *Kluth* in SHH Rn. 78.

[123] BVerfGE 44, 308 (318); 80, 188 (219 f.); 84, 304 (322 ff.); 90, 264 (280); 90, 286 (343 f.); 91, 246 (278); 96, 264 (278); 100, 266 (268 ff.); 102, 224 (242).

[124] BVerfGE 123, 267 (342); *Morlok* in Dreier Rn. 33; *Brocker* in BK Rn. 179, 194; *Görlitz* DÖV 2009, 261 (263); *Hölscheidt,* Das Recht der Parlamentsfraktionen, 2001, 339 ff.

[125] BVerfGE 102, 224 (242); *Morlok* in Dreier Rn. 34; einschränkend *Brocker* in BK Rn. 181, 192; *Di Fabio* Der Staat 29 (1990), 499 (615 ff.).

[126] *Hölscheidt/Mundil* DÖV 2018, 546 (546 ff.).

[127] BVerfGE 20, 56 (104); 62, 194 (201 f.); 80, 188 (231); 84, 304 (317, 324); 90, 264 (279); 96, 264 (278 f.).

[128] *Besch* in FS f. Ipsen, 2000, 577 (578 ff.).

[129] BVerfGE 80, 188 (215); 84, 304 (321 ff.); 93, 109 (104); 96, 264 (278 ff.); *Morlok* in Dreier Rn. 34; *Brocker* in BK Rn. 199; *Hölscheidt* DÖV 2015, 266 (266 ff.).

V. Der Präsident übt das Hausrecht und die Polizeigewalt im Gebäude des Bundestages aus (Abs. 2 S. 1)

26 Hausrecht und Polizeigewalt im Gebäude des Bundestages stehen dem Bundestagspräsidenten als **originäre Befugnisse** zu.[130] Sie ergänzen den verfassungsrechtlichen Schutz der Funktionsfähigkeit des Parlaments um die räumliche Dimension und den Schutz der parlamentarischen Arbeit gegen Störungen von außen.[131] Einfachgesetzlich vervollständigt wird der räumliche Schutz des Bundestages durch das Gesetz über befriedete Bezirke für Verfassungsorgane des Bundes (BefBezG).[132]

27 **1. Das Hausrecht.** Das Hausrecht des Bundestagspräsidenten wird näher konkretisiert in der **Hausordnung,** die der Präsident nach § 7 Abs. 2 GOBT im Einvernehmen mit dem Ausschuss für Wahlprüfung, Immunität und Geschäftsordnung erlässt.[133] Die Hausordnung wird im BGBl. veröffentlicht. Verstöße gegen die Hausordnung sind Ordnungswidrigkeiten nach § 112 Abs. 3 OWiG oder Straftaten nach § 106b StGB und können zB mit Hausverboten geahndet werden.[134] Zuwiderhandlungen gegen Hausverbote lösen den Straftatbestand des Hausfriedensbruch nach § 123 StGB aus.

28 Das Hausrecht des Bundestagspräsidenten ist kein Ausfluss des privatrechtlichen Eigentums an den Gebäuden des Bundestages.[135] Da das **Hausrecht** der Funktionsfähigkeit des Bundestages und damit der Erfüllung des Widmungszweckes der öffentlichen Gebäude dient, ist es von seiner **Rechtsnatur** her selbst **öffentlich-rechtlicher Natur.**[136] Es erstreckt sich auf alle Personen, die sich in seinem räumlichen Geltungsbereich aufhalten, also auf Besucher, Mitarbeiter und auch auf Abgeordnete.[137] Es erfasst auch die Ordnungsmaßnahmen gegen Zuhörer im Plenarsaal. Das Hausrecht wird begrenzt durch Rechte Dritter wie zB Zutrittsrechte von Regierungsmitgliedern und dem Öffentlichkeitsgrundsatz (→ Art. 42 Rn. 19 ff.).[138] Die Ausübung des Hausrechts liegt im pflichtgemäßen Ermessen des Bundestagspräsidenten, der einen weiten Ermessensspielraum hat. Die Wahrung der Funktionsfähigkeit des Bundestages, die er dabei im Blick haben muss, dient hochrangigen verfassungsrechtlichen Interessen und kann auch Benutzungsansprüchen aus vorbehaltlosen Grundrechten Betroffener entgegengehalten werden.[139]

29 Anders als Ordnungsmaßnahmen gegen Zuhörer unterfallen **Ordnungsmaßnahmen** gegen **Abgeordnete und privilegierte Redner** nicht dem Hausrecht des Bundestagspräsidenten. Sie wurzeln in seiner Disziplinarge-

---

[130] BVerfGE 108, 251 (273); *Klein* in Maunz/Dürig Rn. 146.

[131] *Brocker* in BK Rn. 241 f.; *Ramm* NVwZ 2010, 1461 (1462 f.).

[132] BGBl. 2008 I 2366; *Dietrich* DÖV 2010, 683 ff.

[133] Von Verfassung wegen ist allenfalls ein Benehmen erforderlich, da das Hausrecht dem Präsidenten allein zugewiesen ist, *Lang* in BerlKomm Rn. 70; *Klein* in Maunz/Dürig Rn. 159; krit. auch *Leisner* in Sodan Rn. 9.

[134] VG Berlin, NHW 1996, 1063 (1065); *Lang* in BerlKomm Rn. 48.

[135] So aber *Lang* in BerlKomm Rn. 41; *Achterberg/Schulte* in MKS, 6. Aufl. 2010, Rn. 63; *Magiera* in Sachs Rn. 29; *Versteyl* in v. Münch/Kunig, 6. Aufl. 2012, Rn. 23; *Stern,* Staatsrecht II, 1984, 85; differenzierend *Brocker* in BK Rn. 252.

[136] Ebenso *Morlok* in Dreier Rn. 35; *Schneider* in AK Rn. 15; *Schliesky* in MKS Rn. 27; *Knemeyer* VBlBW 1982, 249 (250); vermittelnd *Ipsen/Koch* JuS 1992, 809 (814 ff.).

[137] *Klein* in Maunz/Dürig Rn. 164.

[138] *Klein* in Maunz/Dürig Rn. 167.

[139] BVerfG NJW 2005, 2843 (2843 f.); *Friehe* Jura 2017, 852 (852 ff.).

walt.[140] Träger der Disziplinar- oder Ordnungsgewalt ist allerdings das Plenum des Bundestages. Der Sitzungspräsident übt sie kraft Delegation (§ 7 Abs. 1 S. 1 GOBT) in eigener Verantwortung nach den Regelungen der GOBT aus. Die §§ 36 ff. GOBT kennen ein abgestuftes Instrumentarium an eingreifenden Ordnungsmaßnahmen, das vom Sach- und Ordnungsruf über die Wortentziehung und das Ordnungsgeld bis zum Sitzungsausschluss reicht. Der Bundestagspräsident hat hier einen weiten Beurteilungs- und Ermessenspielraum, der nur bedingt gerichtlich kontrollierbar ist.[141] Den intensivsten Eingriff in Abgeordnetenrechte aus Art. 38 Abs. 2 stellt der Sitzungsausschluss dar.[142] Weigert sich ausgeschlossener Abgeordneter, den Sitzungssaal zu verlassen, kann der Ausschluss durch Ausübung der Polizeigewalt vom Bundestagspräsidenten durchgesetzt werden. Gegen eine der genannten Ordnungsmaßnahmen ist ein **Organstreit** vor dem BVerfG statthaft. Dem Antragsteller fehlt jedoch das **Rechtsschutzbedürfnis,** wenn er nicht zuvor den Rechtsbehelf des **Einspruchs** nach § 39 GOBT einlegt. Zwar führt ein Einspruch selten zum Erfolg, die Plenarentscheidung ist jedoch ein dem gerichtlichen Rechtsschutz vorgehendes „funktionell-normatives Element des Meinungsbildungs- und Diskursprozesses“[143] im Parlament.

2. Die Polizeigewalt. Die **Polizeigewalt** wird dem Bundestagspräsiden- 30
ten direkt durch die Verfassung übertragen. Sie ist unstreitig eine **öffentlich-rechtliche Befugnis** und ermächtigt zu hoheitlichen Maßnahmen, um Gefahren oder Störungen für die Arbeitsfähigkeit des Bundestages abzuwehren.[144] Die Polizeigewalt ist eine eigenständige Zuständigkeit des Bundestagspräsidenten, die weder dem Hausrecht entstammt,[145] noch vom Parlament abgeleitet ist.[146] Für den sachlichen Umfang der Polizeigewalt ist der materielle Polizeibegriff maßgebend.[147] Die Gebäude und Liegenschaften des Bundestages werden damit zu einem eigenen Polizeibezirk, in dem der Bundestagspräsident zugleich Polizeibehörde ist.[148] Die Zuständigkeit der allgemeinen Polizeibehörden im räumlichen Geltungsbereich des Art. 40 Abs. 2 S. 1 wird ausgeschlossen. Verdrängt werden sowohl die Vollzugspolizei der Länder und des Bundes als auch die Ordnungs- bzw. Sicherheitsbehörden, die so genannte Verwaltungspolizei, um das Parlament umfassend gegen Eingriffe der Exekutive abzuschirmen.[149] Ob die Zuständigkeit der allgemeinen Polizeibehörden bei Gefahr im Verzuge gegeben ist, ist strittig,[150]

---

[140] BVerfGE 60, 374 (379).

[141] MVVerfG NVwZ-RR 2009, 362; VerfGH BW NVwZ 2019, 1437 (1439); VerfGH Sachs BeckRS 2010, 56656; Glauben/Breitbach DÖV 2018, 855 (855 ff.).

[142] *Daniels,* Sitzungsausschluss und Ordnungsgeld, 2018, 152 ff.; *Gourdet* NVwZ 2019, 1414 (1415 f.); VerfGH BW NVwZ 2019, 1437 (1439 ff.); ; krit. zur Verfassungsmäßigkeit *Ingoldt/Lenski* JZ 2012, 120 (123 f.).

[143] BVerfG B. v. 17.9.2019 – 2 BvE 2/18, Rn. 38.

[144] *Ramm* NVwZ 2010, 1461 (1462 ff.).

[145] BVerfGE 108, 251 (273).

[146] *Brocker* in BeckOK GG Rn. 40; VG Berlin NJW 2002, 1063 (1065 f.).

[147] *Achterberg,* Parlamentsrecht, 1984, 125; *Brocker* in BK Rn. 260.

[148] *Schliesky* in MKS Rn. 27; *Köhler* DVBl. 1992, 1577 (1578).

[149] *Köhler* DVBl. 1992, 1577 (1580).

[150] Bejahend *Lang* in BerlKomm Rn. 50; *Morlok* in Dreier Rn. 36; mit Einschränkungen auf Gefahren für Leib und Leben *Günther,* Hausrecht und Polizeigewalt des Parlamentspräsidenten. Eine Untersuchung am Beispiel der Verfassung des Landes Hessen, 2013, 22 f.; *Klein* in Maunz/Dürig Rn. 150. Mit Einschränkung auf ein „dringende“ Gefahr im Verzuge und die Handlungsunfähigkeit des Präsidenten *Versteyl* in v. Münch/Kunig, 6. Aufl. 2012, Rn. 24.

wird wegen des Schutzzwecks von Art. 40 Abs. 2 S. 2, Übergriffe anderer Behörden in den Bereich des Bundestages umfassend auszuschließen, und wegen der Unwägbarkeiten bei der in idR aus subjektiver Behördensicht zu beantwortenden Frage, wann eine Gefahr im Verzuge vorliegt, aber eher abzulehnen sein.[151] Der Bundestagspräsident kann Polizei- und Ordnungsbehörden über die Amtshilfe (Art. 35 Abs. 1, §§ 4 ff. VwVfG) anfordern.

31 Der Bundestag beschäftigt eine eigene Polizei. Für den Status der Polizei beim Deutschen Bundestag gilt das Bundespolizeibeamtengesetz (BPolBG)[152]. Die Polizeigewalt des Präsidenten ermächtigt zu Grundrechtseingriffen gegen Störer. Eine einfachgesetzliche Ermächtigungsgrundlage fehlt. Die Befugnisnormen des Gesetzes über die Bundespolizei (BPolG)[153] finden keine Anwendung. § 7 Abs. 1 der Hausordnung des Deutschen Bundestages beinhaltet zwar eine polizeiliche Generalklausel, die aber nicht als Eingriffsgrundlage für polizeiliche Maßnahmen dienen kann, da sie selbst nur Innenrecht darstellt, das im Rang unter einfachen Gesetzen steht.[154] Gleiches gilt für die DA-PVD als ermessenslenkende Verwaltungsvorschrift. Nach hM enthält Art. 40 Abs. 2 S. 1 neben der Aufgabe der Gefahrenabwehr deshalb zugleich eine verfassungsunmittelbare Befugnisnorm für alle zur Abwehr von Gefahren oder Störungen für die öffentliche Sicherheit und Ordnung im Bundestagssprengel erforderlichen präventiv-polizeilichen Maßnahmen, die sich mangels bereichsspezifischer Eingriffsgrundlagen an allgemeinen polizeirechtlichen Grundsätzen orientieren.[155] Nach § 7 Abs. 2 der Hausordnung darf die Polizei beim Bundestag unmittelbaren Zwang nach Gesetz über den unmittelbaren Zwang bei Ausübung öffentlicher Gewalt durch Vollzugsbeamte des Bundes (BUZwG)[156] ausüben.

32 Gegen haus- und polizeirechtliche Verfügungen des Bundestagspräsidenten ist grundsätzlich der **Verwaltungsrechtsweg eröffnet.**[157] Richten sich seine Verfügungen gegen Adressaten, die durch GG oder GOBT mit eigenen Rechten ausgestattet sind wie zB Abgeordnete, Fraktionen oder Regierungsmitglieder, kann eine Verfassungsstreitigkeit in Form des **Organstreits** vorliegen.[158]

33 **3. Gebäude des Bundestages.** Hausrecht und Polizeigewalt erstrecken sich von ihrem räumlichen Geltungsbereich her auf **alle Gebäude und Liegenschaften** des Deutschen Bundestages, die seiner Arbeit zu dienen bestimmt sind, und die auch außerhalb des Bundestagsgeländes selbst liegen können.[159] Ob hiervon auch Gebäude, Räume und Grundstücke umfasst sind, die vom Bundestag oder seinen Ausschüssen nur vorübergehend oder

---

[151] *Klein* in Maunz/Dürig Rn. 150; *Versteyl* in v. Münch/Kunig, 6. Aufl. 2012, Rn. 25.

[152] BGBl. I 1976, S. 1357.

[153] BGBl. I 1994, S. 2978.

[154] Zur Rechtsnatur der Hausordnung VG Bln, NJW 2002, 1063 (1065); *Brocker* in BK Rn. 256; *Klein* in Maunz/Dürig Rn. 158, 162: Verwaltungsvorschrift oder Allgemeinverfügung.

[155] *Wilrich* DÖV 2002, 152 (155); *Lang* in BerlKomm Rn. 49; *Klein* in Maunz/Dürig Rn. 170 f.; *Brocker* in BK Rn. 265; zu Recht krit. *Friehe* DÖV 2016, 521 (522 ff.); *Ramm* NVwZ 2010, 1461 (1465 f.); *Dicke* in Umbach/Clemens Rn. 53; offengelassen in BVerfG Beschl. v. 9.6.2020, 2 BvE 2/19, Rn. 42 f.; zur repressiven Praxis *Igel/Feldkamp* ZParl 2013, 126 (128 ff.).

[156] BGBl. I 2016, S. 1217.

[157] *Friehe* Jura 2017, 852 (852 ff.).

[158] BVerfGE 108, 251 (271 f.); BVerfG Beschl. v. 9.6.2020, 2 BvE 2/19, Rn. 27 ff.; *Klein* in Maunz/Dürig Rn. 174; StGH BW, NJW 1988, 3199 (3200); VerfGH Bln, NJW 1996, 2567 (2568); BVerfG Beschl. v. 9.6.2020, 2 BvE 2/19, Rn. 448 ff.

[159] VerfGH Bln, NJW 1996, 2567 (2568); *Magiera* in Sachs Rn. 28.

anlassbezogen genutzt werden, ist umstritten.[160] Das Hausrecht des Bundestagspräsidenten erstreckt sich auch auf Gebäudeteile, an denen Nutzungsrechte Anderer bestehen, also zB auf **Büros von Abgeordneten** oder **Fraktionen** im Bundestag. Missbrauchen diese ihr Nutzungsrecht und stören damit die Funktionsfähigkeit des Bundestages, ist der Bundestagspräsident aufgrund seines übergeordneten Hausrechts zum Einschreiten befugt, muss dabei aber den Grundsatz der Verhältnismäßigkeit beachten.[161]

VI. Ohne seine Genehmigung (Abs. 2 S. 2)

Auch der **Genehmigungsvorbehalt** für strafprozessuale Maßnahmen **34** dient der Sicherung der Funktionsfähigkeit des Parlaments. Er gehört zum **Hausrecht** des Präsidenten[162] und ergänzt die Parlamentsautonomie nach außen durch den Schutz der Arbeit des Bundestages vor Eingriffen durch andere Staatsorgane wie die Staatsanwaltschaft und die Strafgerichte. Zwar bezweckt der Genehmigungsvorbehalt in erster Linie den räumlichen Schutz des Bundestages und auch den Schutz der Autorität des Bundestagspräsidenten. Er kommt aber auch dem **betroffenen Abgeordneten** selbst zugute und ergänzt dessen Immunität aus Art. 46, sein Zeugnisverweigerungsrecht und das akzessorische Beschlagnahmeprivileg aus Art. 47.[163]

Die **Genehmigung** muss von einer Behörde, die eine Durchsuchung **35** (§§ 102 ff. StPO) oder Beschlagnahme (§§ 94 StPO) im Bundestag plant, vorher beim Bundestagspräsidenten beantragt werden.[164] Die Genehmigung bedarf zwar keiner Form, der Bundestagspräsident muss sie aber ausdrücklich erteilen.[165] Die Erteilung steht in seinem **Ermessen.** Der Bundestagspräsident muss nicht prüfen, ob durch die strafprozessualen Maßnahmen tatsächlich eine Verletzung von Abgeordnetenrechten stattfinden wird. Der Abgeordnete hat aber einen Anspruch gegenüber dem Bundestagspräsidenten, dass dieser seinen Status nicht grob verkennt und die **Genehmigung nicht willkürlich** aus sachfremden Erwägungen erteilt.[166] Die Kontrolldichte des BVerfG ist auf eine Evidenz- und Willkürkontrolle beschränkt. Die Genehmigung ist nicht verzichtbar.[167]

VII. Darf in den Räumen des Bundestages

Der räumliche Schutzbereich ist mit dem o. beschriebenen (→ Rn. 33) **36** identisch.

---

[160] Bejahend https://www.bundestag.de/service/glossar/glossar/P/polizei/247308: 29.11.2019; *Brocker* in BK Rn. 244; verneinend *Lang* in BerlKomm Rn. 40; *Morlok* in Dreier Rn. 37.

[161] *Brocker* in BeckOK GG Rn. 42; *Klein* in Maunz/Dürig Rn. 168; *Schmidt* DÖV 1990, 102 (106 f.); VerfGH Bln NJW 1996, 2567 (2568); BVerfG Beschl. v. 9.6.2020, 2 BvE 2/19 Rn. 48 ff.

[162] BVerfGE 108, 251 (271); *Klein* in Maunz/Dürig Rn. 179; *Kretschmer* in SHH, 12. Aufl. 2011, Rn. 46; *Risse/Witt* in Hömig/Wolff Rn. 4.

[163] BVerfGE 108, 251 (274); *Sachs* JuS 2004, 71 (73 f.); *Brocker* in BK Rn. 272; *Schroeder* Jura 2008, 95 (98 f.).

[164] *Magiera* in Sachs Rn. 34. Eine nachträgliche Genehmigung bei Gefahr im Verzuge halten für ausreichend *Lang* in BerlKomm Rn. 56; *Versteyl* in v. Münch/Kunig, 6. Aufl. 2012, Rn. 27.

[165] AA *Versteyl* in v. Münch/Kunig, 6. Aufl. 2012, Rn. 27.

[166] BVerfGE 104, 310 (330); 108, 251 (273, 275 ff.); *Wiefelspütz* Der Staat 43 (2004), 543 (560 f.); *Ohler* NVwZ 2004, 696 (698).

[167] *Magiera* in Sachs Rn. 34.

VIII. Keine Durchsuchung oder Beschlagnahme stattfinden

37 Hierunter sind zunächst nur Maßnahmen der Strafverfolgungsbehörden gem. §§ 94 ff. (Beschlagnahme) und §§ 102 ff. (Durchsuchung) StPO zu verstehen. Die **Reichweite** des **Genehmigungsvorbehalts** ist gleichwohl umstritten. Unklar ist, ob der Anwendungsbereich des Genehmigungsvorbehalts im Wege eines Erst-Recht-Schlusses auf andere Maßnahmen wie Festnahmen von Abgeordneten im Bundestagsgebäude oder alle **zivil- und öffentlichrechtlichen Zwangsmaßnahmen** zu erstrecken ist.[168] In Anbetracht des eindeutigen Wortlautes der Norm und wegen des Schutzumfanges des Art. 46 Abs. 2–4 ist der Genehmigungsvorbehalt des Art. 40 Abs. 2 S. 2 auf die dort genannten Maßnahmen der Durchsuchung und Beschlagnahme zu beschränken.[169]

C. Verhältnis zu anderen Bestimmungen des Grundgesetzes

38 Die Parlamentsautonomie wird mitgestaltet durch die Art. 39, 42, 43, 44, 45, 45a, 45b, 45c und 45d. Vor allem wird sie aber begrenzt durch die Mandatsgleichheit aus Art. 38 Abs. 1. Der Genehmigungsvorbehalt ergänzt Art. 46 und 47.

D. Kritische Würdigung

39 Der Artikel hat im Wesentlichen **organisatorische Funktionen.** Ferner formuliert er **Abwehrrechte** des Parlaments gegenüber den anderen Staatsgewalten. Da Parlamentsrecht offen für die politische Dynamik bleiben muss und durch Gewohnheiten und Gebräuche beeinflusst wird, reichen die knappen Ausführungen des Artikels grundsätzlich aus. Dass er aber in Abs. 1 die Organe **Präsident, Stellvertreter und Schriftführer** überhaupt herausgreift, sich auf diese beschränkt und dem Bundestag deren Wahl vorschreibt, ist überflüssig (→ Rn 3). Die Regelung ist historisch erklärbar, wirkt heute aber erratisch und bereitet bei Zielkonflikten zwischen der formalisierten Gleichheit der Fraktionen und dem Mehrheitsprinzip unnötige Probleme. Die Übertragung der **Polizeigewalt** auf den Bundestagspräsidenten schützt das Parlament vor Eingriffen von außen. Da auch aus einer verfassungsrechtlich übertragenen Aufgabe idR keine Befugnisse folgen, ist zumindest eine einfachgesetzliche Normierung der Befugnisse der Bundestagspolizei aus rechtsstaatlicher Sicht angezeigt.

Literatur

N. Achterberg, Parlamentsrecht, 1984. – ***F. A. Arndt,*** Parlamentarische Geschäftsordnungsautonomie und autonomes Parlamentsrecht, 1966. – ***C. v. Boetticher,*** Parlamentsverwaltung und parlamentarische Kontrolle, 2002. – ***L. Brocker,*** Parlamentsverwaltung, in: M. Morlok/U. Schliesky/D. Wiefelspütz, Parlamentsrecht, 2015, § 34.

[168] Bejahend *Schliesky* in MKS Rn. 28; *Klein* in Maunz/Dürig Rn. 176 ff.; *Brocker* in BK Rn. 276; *Kluth* in SHH Rn. 63; *Kretschmer* in SHH, 12. Aufl. 2011, Rn. 46; *Magiera* in Sachs Rn. 33; *Versteyl* in v. Münch/Kunig, 6. Aufl. 2012, Rn. 29.

[169] *Lang* in BerlKomm Rn. 53; *Morlok* in Dreier Rn. 38; *Pieroth* in Jarass/Pieroth Rn. 16; *Leisner* in Sodan Rn. 10; *Wilrich* DÖV 2002, 152 (156); krit. *Köhler* DVBl. 1992, 1577 (1581).

– ***G. Bollmann,*** Verfassungsrechtliche Grundlagen und allgemeine verfassungsrechtliche Grenzen des Selbstorganisationsrechts des Bundestages, 1992. – ***M. Brandt/ D. Gosewinkel,*** Der Ausschluss eines Abgeordneten von der Plenarsitzung. Zu Zulässigkeit und Umfang einer parlamentarischen Ordnungsmaßnahme, ZRP 1986, 33. – ***J. Bücker,*** Das Parlamentsrecht in der Hierarchie der Rechtsnormen, ZParl 17 (1986), 324. – ***S.-F. Chen,*** Die Zulässigkeit der Regelung des parlamentarischen Geschäftsordnungsrechts durch ein förmliches Gesetz, 1997. – ***J. B. Daniels,*** Sitzungsausschluss und Ordnungsgeld, 2018. – ***T. Darsow,*** Über die Grenzen des Gutgemeinten – zum Wahlgeschehen eines Vizepräsidenten des Deutschen Bundestages, NVwZ 2019, 1013. – ***P. Cancik,*** Entwicklungen im Parlamentsrecht, DÖV 2005, 577. – ***Dies.,*** Rechtsquellen des Parlamentsrechts, in: M. Morlok/U. Schliesky/D. Wiefelspütz, Parlamentsrecht, 2015, § 9. – ***H. Dreier,*** Regelungsform und Regelungsinhalt des autonomen Parlamentsrechts, JZ 1990, 310. – ***F. Edinger,*** Wahl und Besetzung parlamentarischer Gremien – Präsidium, Ältestenrat, Ausschüsse, Berlin 1992. – ***U. di Fabio,*** Parlament und Parlamentsrecht, Der Staat 29 (1990), 599. – ***M. F. Feldkamp,*** Der Bundestagspräsident, 2014. – ***H. Franke,*** Vom Seniorenkonvent des Reichstages zum Ältestenrat des Bundestages, 1987. – ***U. Franke,*** Ordnungsmaßnahmen der Parlamente, 1990. – ***M. Fuchs,*** Zur Verfassungsmäßigkeit des Hauptausschusses des Deutschen Bundestages, DVBl. 2014, 886. – ***M. Friehe,*** Extragesetzliche Parlamentspolizei, DÖV 2016, 521. – ***P. J. Glauben/I. Breitbach,*** Abgeordnetenstatus versus Disziplinargewalt der Parlamentspräsidien, DÖV 2018, 855. – ***T. Hadamek,*** Der Hauptausschuss im 18. Deutschen Bundestag, ZG 2014, 353. – ***W. Härth,*** Abwählbar oder nicht?, Der Parlamentspräsident und sein Amt, ZParl 16 (1985), 490. – ***V. Haug,*** Bindungsprobleme und Rechtsnatur parlamentarischer Geschäftsordnungen, 1994. – ***S. Hölscheidt,*** Der Gruppenstatus als Zwitterstatus, DÖV 2015, 266. – ***R. Igel/M. F. Feldkamp,*** Die Polizei des Bundestagspräsidenten in parlamentsgeschichtlicher Perspektive, ZParl 44 (2013), 126. – ***W. Ismayr,*** Bundestagspräsident und Präsidium, 3. Aufl. 2004. – ***F. Knemeyer,*** Öffentliches Hausrecht und Ordnungsgewalt, DÖV 1970, 596. – ***G. M. Köhler,*** Die Polizeigewalt des Parlamentspräsidenten, DVBl. 1992, 1577. – ***M. Kühnreich,*** Das Selbstorganisationsrecht des Deutschen Bundestages unter besonderer Berücksichtigung des Hauptstadtbeschlusses, 1997. – ***S. Lovens,*** Der Bundestag zwischen Wahl und Entsendung zu seinem Präsidium: Die Causa *Bisky,* ZParl 39 (2008), 18. – ***M. Morlok,*** Parlamentarisches Geschäftsordnungsrecht zwischen Abgeordnetenrechten und politischer Praxis, JZ 1989, 1035. – ***C. Pfengler,*** Verfassungsbruch durch Hauptausschuss, DVBl. 2018, 1268. – ***A. Ramm,*** Die Polizeigewalt des Bundestagspräsidenten, NVwZ 2010, 1461. – ***E. Röper,*** Parlamentarische Ordnungsmaßnahmen gegenüber Regierungsmitgliedern, ZParl 22 (1991), 189. – ***K.-H. Rothaug,*** Die Leitungskompetenz des Bundestagspräsidenten, 1979. – ***J. Scherer,*** Fraktionsgleichheit und Geschäftsordnungskompetenz des Bundestages, AöR 112 (1987), 189. – ***C. Schmidt,*** Zum Hausrecht der Fraktionen an ihren Geschäftsräumen, DÖV 1990, 102. – ***T. I. Schmidt,*** Die Geschäftsordnungen der Verfassungsorgane als individuell-abstrakte Regelungen des Innenrechts, AöR 128 (2003), 608. – ***C. Schönberger/ S. Schönberger,*** Die AfD im Bundestag, JZ 2018, 105. – ***D. Schroeder,*** Der Genehmigungsvorbehalt des Bundestagspräsidenten nach Art. 40 II 2 GG, Jura 2008, 95. – ***T. Schwerin,*** Der Deutsche Bundestag als Geschäftsordnungsgeber, 1998. – ***T. Wilrich,*** Der Bundestagspräsident, DÖV 2002, 152. – ***H. Winkelmann,*** Parlamentarische Ausschussarbeit, in: M. Morlok/U. Schliesky/D. Wiefelspütz, Parlamentsrecht, 2015, § 23.

Art. 41 [Wahlprüfung]

(1) [1]Die Wahlprüfung ist Sache des Bundestages. [2]Er entscheidet auch, ob ein Abgeordneter des Bundestages die Mitgliedschaft verloren hat.

(2) Gegen die Entscheidung des Bundestages ist die Beschwerde an das Bundesverfassungsgericht zulässig.

(3) Das Nähere regelt ein Bundesgesetz.

Paulskirchenverfassung von 1849

Abschnitt IV. Art. VII

§ 112. Jedes Haus prüft die Vollmachten seiner Mitglieder und entscheidet über die Zulassung derselben. [… S. 2 …]

Verfassung des Deutschen Reiches von 1871

Art. 27. Der Reichstag prüft die Legitimation seiner Mitglieder und entscheidet darüber.

Weimarer Reichsverfassung von 1919

Art. 31. Bei dem Reichstag wird ein Wahlprüfungsgericht gebildet. Es entscheidet auch über die Frage, ob ein Abgeordneter die Mitgliedschaft verloren hat.

Das Wahlprüfungsgericht besteht aus Mitgliedern des Reichstags, die dieser für die Wahlperiode wählt, und aus Mitgliedern des Reichsverwaltungsgerichts, die der Reichspräsident auf Vorschlag des Präsidiums dieses Gerichts bestellt.

Das Wahlprüfungsgericht erkennt auf Grund öffentlicher mündlicher Verhandlung durch drei Mitglieder des Reichstags und zwei richterliche Mitglieder.

Außerhalb der Verhandlungen vor dem Wahlprüfungsgerichte wird das Verfahren von einem Reichsbeauftragten geführt, den der Reichspräsident ernennt. Im übrigen wird das Verfahren von dem Wahlprüfungsgerichte geregelt.

Art. 166. Bis zur Errichtung des Reichsverwaltungsgerichts [erfolgt durch Erlaß vom 3.4.1941, RGBl. I, 201] tritt an seine Stelle für die Bildung des Wahlprüfungsgerichts das Reichsgericht.

Übersicht

A. Allgemeine Bedeutung

I. Genese

1 Die Zuweisung der Wahlprüfung an den Bundestag, der damit zunächst in eigener Sache entscheidet, ist historisch bedingt. Von seiner **Entstehungsgeschichte**[1] her bildete sich das Institut der Wahlprüfung zusammen mit den modernen Volksvertretungen heraus. Das Recht zur Überprüfung des ordnungsgemäßen Verlaufs einer Wahl oder des rechtmäßigen Erwerbs eines Mandats konnte das Parlament weder der Krone, gegen die es seine Stellung gerade erkämpfen musste, noch den Gerichten überlassen. Die naheliegende Idee einer gerichtlichen Überprüfung hätte einen funktionierenden Rechtsstaat vorausgesetzt.[2] Die Wahlprüfung in den Landesverfassungen des deutschen Konstitutionalismus war zunächst auf die Mandatsprüfung beschränkt, vgl. zB § 112 PKV, Art. 78 Abs. 1 preußVU 1850. Gleiches gilt für die fast wortgleiche Verfassung des Deutschen Reichs von 1871, hier Art. 27. Die Weimarer Reichsverfassung von 1919 regelte erstmals ein umfassendes Wahlprüfungsverfahren. Sie entschied sich gegen die überkommene Selbstprüfung der Parlamente. Sie legte die **Wahlprüfung** und die **Mandatsprüfung** nach Art. 31 WRV in die Hände eines Wahlprüfungsgerichts, das sich als gemischtes Gericht aus Mitgliedern des Reichstags und Mitgliedern des Reichsverwaltungsgerichts zusammensetzen sollte.[3]

2 Der **Parlamentarische Rat** diskutierte das Wahlprüfungsverfahren kontrovers, nachdem Art. 51 Herrenchiemsee Entwurf (HChE) ein Mischsystem vorgeschlagen hatte. Nicht nur die „erstinstanzliche" Selbstprüfung durch den Bundestag war umstritten, weil man politische Machtspiele anstelle rechtlicher Wertungen bei einer Selbstkontrolle des Parlaments befürchtete. Auch eine „zweitinstanzliche" Kontrolle der vorangegangenen Entscheidung des Parlaments durch das BVerfG stieß nicht auf ungeteilte Zustimmung, da man hier die Gefahr sah, dass jede Wahl vor das Gericht gebracht werden würde.[4] Trotzdem entschied sich der Parlamentarische Rat mit Art. 41 für ein zweistufig ausgestaltetes Mischsystem. Art. 41 ist seither unverändert.

II. Inhaltsübersicht

3 Der **Textbefund** des Art. 41 ist mager und enthält im **Wesentlichen Zuständigkeitsvorschriften.** Art. 41 Abs. 1 überträgt die Kontrolle über die ordnungsgemäße Vorbereitung und Durchführung sowie die Feststellung des fehlerfreien Ergebnisses einer Bundestagswahl zunächst der Selbstkontrolle durch den aus den angefochtenen Wahlen hervorgegangenen Bundes-

---

[1] BVerfGE 103, 111 (126 f.); *Glauben* in BK Rn. 49 ff.; *Klein* in Maunz/Dürig Rn. 13 ff.; *Schliesky* in MKS Rn. 1; *Kretschmer* in Schneider/Zeh Parlamentsrecht und Parlamentspraxis, § 13 Rn. 13.

[2] *Lang* in BerlKomm Rn. 5; insg. *Ruszoly* Der Staat 21 (1982), 203 (206).

[3] Da ein Reichsverwaltungsgericht nie errichtet wurde, wurden Richter des Reichsgerichts in das Wahlprüfungsgericht bestellt. Näher *Meyer,* Das justizförmige Wahlprüfungsgericht beim Reichstag der Weimarer Reichsverfassung, 2010, 47 f.

[4] Näher *v. Doemming/Füsslein/Matz* JöR 1951, 360 ff.; *Schliesky* in MKS Rn. 2.

tag.[5] Abs. 1 enthält **zwei Prüfungsformen.** Nach Abs. 1 S. 1 prüft der Bundestag im Rahmen der **Wahlprüfung im engeren Sinne Fehler der gesamten Wahl** als solcher. Nach Abs. 1 S. 2 obliegt ihm ferner mit der **Mandatsprüfung** die Kontrolle darüber, ob ein Abgeordneter seine Mitgliedschaft im Bundestag nachträglich verloren hat.[6] Ist eine Wahl- oder Mandatsprüfung beim Bundestag erfolglos geblieben, unterwirft Abs. 2 den Beschluss des Bundestages der verfassungsgerichtlichen Kontrolle. Er lässt gegen ihn die **Beschwerde zum Bundesverfassungsgericht** zu und schließt fachgerichtlichen Rechtsschutz aus.[7] Abs. 3 enthält einen Regelungsauftrag an den Bundesgesetzgeber.

III. Überstaatliche Bezüge

4 Die Wahlprüfung ist im Primärrecht der EU nicht geregelt, da es auf supranationaler Ebene an einem einheitlichen europäischen Wahlrecht fehlt. Nach Art. 3 Geschäftsordnung des Europäischen Parlaments (GOEP)[8] prüft das Europäische Parlament selbst zumindest den ordnungsgemäßen Mandatserwerb seiner Abgeordneten zu Beginn der Wahlperiode.[9] Vom Wortlaut her beschränkt sich die Wahlprüfung nach Art. 41 zwar auf die Wahlen zum Bundestag. Da aber die **Wahlen der Vertreter zum Europäischen Parlament** nach den Wahlgesetzen der Mitgliedstaaten stattfinden, hat der bundesdeutsche Gesetzgeber in § 26 Europawahlgesetz (EuWG)[10] die Prüfung der Wahl der deutschen Vertreter zum Europäischen Parlament einfachgesetzlich an **Bundestag und BVerfG nach den Regeln des Wahlprüfungsgesetzes** (WahlPrG)[11] überwiesen, solange bis ein einheitliches europäisches Wahlrecht verabschiedet ist.[12]

IV. Systematischer Zusammenhang

5 Neben Legitimation und Kreation des Parlaments sichern demokratische Wahlen die Teilhabe des Bürgers an der Ausübung staatlicher Herrschaft. Die Ausübung hoheitlicher Befugnisse muss sich auf den Willen des Staatsvolks zurückführen lassen. Der erforderliche Zurechnungszusammenhang wird durch die periodisch durchzuführenden Wahlen hergestellt, die ebenfalls gewährleisten sollen, dass die **Zusammensetzung der Volksvertretung dem Wählerwillen entspricht.**[13] Diese Funktionen können nur durch ordnungsgemäß verlaufende Wahlen erfüllt werden. Die **Ordnungsgemäßheit der Wahl sicherzustellen** bzw. Zweifel an der Legitimation des Bundestages auszuräumen, ist der **Zweck der Wahlprüfung** aus Art. 41.[14]

[5] Krit. *Glauben* DRiZ 2005, 349 (349 ff.).
[6] *Lang* in BerlKomm Rn. 3.
[7] *Kluth* in SHH Rn. 1.
[8] https://www.europarl.europa.eu/sides/getDoc.do?pubRef=-//EP//NONSGML+RULES-EP+20170116+0+DOC+PDF+V0//DE&language=DE (letzter Zugriff am 3.3.2020).
[9] *Kluth* in SHH Rn. 3.
[10] BGBl. 1994 I 423, 555 (852).
[11] BGBl. 2012 I 1501.
[12] BVerfG NVwZ 2012, 33 (34); NVwZ 2014, 439 (440); *Schliesky* in MKS Rn. 7; *Glauben* in BK Rn. 31 ff.; *Kluth* in SHH Rn. 6; *Heußner/Pautsch* NVwZ 2019, 993 (1000); weiter *Roth* DVBl. 1998, 214 (217).
[13] BVerfGE 1, 14 (33); 4, 370 (372); 21, 196 (199); 83 60 (71 f.); 89, 155 (182); 93, 37 (66); 103, 111 (134).
[14] BVerfGE 103, 111 (134); *Schliesky* in MKS Rn. 9; *Kluth* in SHH Rn. 3; *Glauben* NVwZ 2017, 1419 (1419 f.).

B. Einzelfragen

I. Die Wahlprüfung (Abs. 1 S. 1)

Die Wahlprüfung des Art. 41 ist zweigeteilt. Ob die Abgeordneten ihr Mandat aufgrund fehlerfreier Wahl erhalten haben, ist durch das **Wahlprüfungsverfahren im engeren Sinne** zu untersuchen (Abs. 1 S. 1). Die **Wahlprüfung im weiteren Sinne** oder auch **Mandatsprüfung** befasst sich mit der Entscheidung über den späteren **Verlust des Mandats** eines Abgeordneten (Abs. 1 S. 2).[15] Die **Wahlprüfung ieS** ist die **Entscheidung über die Gültigkeit** der Wahlen zum Bundestag und über die Verletzung von subjektiven Rechten bei der Durchführung der Wahl, vgl. § 1 Abs. 1 WahlPrG. Nach ihrem Schutzziel werden in der Wahlprüfung nach Art. 41 Abs. 1 S. 1 alle Vorgänge im unmittelbaren Zusammenhang mit der Bundestagswahl auf einem Zeitstrahl von der Wahlvorbereitung über das Wahlverfahren und die Feststellung des Wahlergebnisses bis hin zur Verteilung der Sitze auf ihre formelle und materielle Gesetz- und Verfassungsmäßigkeit hin überprüft.[16] Das Vorliegen von Wahlfehlern kann zu einer gänzlichen oder teilweisen Ungültigkeit einer Bundestagswahl und dem Erfordernis von Neuwahlen führen (→ Rn. 25 f.). Parlamentsinterne Wahlen werden nicht mit der Wahlprüfung überprüft.[17] 6

Die Wahlprüfung dient zunächst dem **Schutz des objektiven Wahlrechts.**[18] Hierzu zählen das einfachgesetzliche Wahlrecht aus Bundeswahlgesetz (BWahlG),[19] Bundeswahlordnung (BWO)[20] und Strafgesetzbuch (StGB) wie auch die fünf Wahlrechtsgrundsätze des Art. 38 Abs. 1, die Allgemeinheit,[21] Unmittelbarkeit, Freiheit, Gleichheit[22] und Geheimheit der Wahl (→ Art. 38 Rn. 26 ff.) sowie das passive Wahlrecht.[23] 7

Nach hM ist Gegenstand des Wahlprüfungsverfahrens immer noch im Wesentlichen nur die Gültigkeit der Wahl als solcher, **nicht die Heilung von Verletzungen subjektiver Rechte** der Wahlberechtigten im Wahlverfahren.[24] Eine Verletzung subjektiver Rechte kann hiernach zwar Anlass für eine Wahlprüfung sein,[25] das Verfahren selbst allerdings nur mittelbar dem Schutz des subjektiven Wahlrechts dienen.[26] 8

---

[15] *Rechenberg* in BK Rn. 1, 6; *Kretschmer* in Schneider/Zeh Parlamentsrecht und Parlamentspraxis, Rn. 2, 39 ff.

[16] *Klein* in Maunz/Dürig Rn. 43; *Glauben* in BK Rn. 101 f.; *Lang* in BerlKomm Rn. 15; *Kluth* in SHH Rn. 4.

[17] *Lang* in BerlKomm Rn. 14; *Kluth* in SHH Rn. 7; *Leisner* in Sodan Rn. 1.

[18] BVerfGE 22, 277 (281); 40, 11 (29); 85, 148 (158 f.); *Kluth* in SHH Rn. 4; *Karpen* DVBl. 1993, 1077 (1079); krit. *Lang* in BerlKomm Rn. 37 ff.; *Glauben* in BK Rn. 79.

[19] BGBl. 1993 I 1288, 1594; BGBl. 2019 I 834.

[20] BGBl. 2002 I 1376; BGBl. 2019 I 834.

[21] BVerfGE 42, 139 (142 f.); 132, 39 (43 ff.) – Auslandsdeutsche; BVerfG Beschl. v. 29.1.2019 – 2 BvC 62/14 Rn. 83 ff. – Betreute.

[22] BVerfGE 95, 408 (417) – Grundmandatsklausel; 129, 300 (317 ff.) – Sperrklausel § 2 Abs. 7 EUWG; 146, 327 (349 ff.) – Sperrklausel und Eventualstimmrecht.

[23] BVerfGE 99, 1 (8 ff.); *Leisner* in Sodan Rn. 3.

[24] BVerfGE 1, 208 (238); 22, 275 (281); 40, 11 (29); 59, 119 (123 f.); 66, 369 (378); 89, 291 (304); *Kluth* in SHH Rn. 5; *Brocker* in BeckOK GG Rn. 2; *Schreiber* DVBl. 2010, 609 (610).

[25] BVerfGE 34, 81 (97); ausf. u. krit. *Lang* in BerlKomm Rn. 39 ff.

[26] BVerfGE 1, 208 (237 f.); 22, 275 (281); 28, 214 (219); 34, 81 (94, 96); 37, 85 (89); 40, 11 (29); 59, 119 (123); 66, 232 (234); 85, 148 (159); 89, 243 (251); 89, 291 (299); 121, 266 (295).

9 Das **Fehlen subjektiven Rechtsschutzes im Wahlprüfungsverfahren** war seit langem auf Kritik gestoßen, zumal eine Verletzung der Wahlgrundsätze des Art. 38 Abs. 1 zu den beschwerdefähigen Wahlfehlern zählt, und das BVerfG das Demokratieprinzip des Art. 20 Abs. 2 über das Wahlrecht als subjektives Recht und damit rügefähig anerkannt hat.[27] Im Schrifttum war auf diese **Doppelfunktionalität des Wahlrechts** hingewiesen worden, dessen objektive Funktion zwar die Legitimation des Bundestages sichere, dessen subjektive Dimension aber in der Gewährleistung der Teilhabe der Aktivbürgerschaft an demokratischen Wahlen bestehe.[28] Beide Funktionen sollten sich im Wahlprüfungsverfahren spiegeln.

10 Um den **subjektiven Wahlrechtsschutz zu stärken,** hat der Gesetzgeber mit dem Gesetz zur Verbesserung des Rechtsschutzes in Wahlsachen vom 12. Juli 2012 das WahlPrG geändert und eine Prüfung geltend gemachter subjektiver Wahlrechtsfehler ausdrücklich in § 1 Abs. 1 WahlPrG aufgenommen.[29] Der **subjektive Rechtsschutz** kommt aber im Wesentlichen nur **bei der Tenorierung der Entscheidungen** von Bundestag und BVerfG zum Tragen. Er ist faktisch auf einen entsprechenden **Feststellungsanspruch** beschränkt, da sich eine Verletzung subjektiver Rechte regelmäßig nicht auf die Gültigkeit einer Wahl auswirkt.[30] Auch bei regelmäßig fehlender Mandatsrelevanz der Verletzung eines subjektiven Wahlrechts muss sich der Tenor der Wahlprüfungsentscheidungen von Bundestag und BVerfG aber zur Verletzung dieses subjektiven Wahlrechts verhalten. Der Bundestag stellt nach § 11 S. 3 WahlPrG die Verletzung subjektiver Rechte fest. Wird die Wahlprüfungsbeschwerde vom BVerfG als unbegründet verworfen, muss im Tenor nach § 48 Abs. 3 Bundesverfassungsgerichtsgesetz (BVerfGG)[31] die Feststellung der Verletzung des subjektiven Wahlrechts ergänzt werden.[32]

11 Das WahlPrG beinhaltet im Wesentlichen **formelles Wahlprüfungsrecht.** Es regelt Näheres zu Organisation und Verfahren der Wahlprüfung.[33] Eine umfassende einfachgesetzliche Normierung des materiellen Wahlprüfungsrechts fehlt.[34] Vorgaben für das **materielle Wahlprüfungsrecht,** das insoweit vor allem eine dogmatische **Fehlerfolgenlehre** aus festgestellten Wahlfehlern meint, ergeben sich aus der langjährigen Prüfpraxis des Bundestages und der Rechtsprechung des BVerfG.[35] Zum materiellen Wahlprüfungsrecht zählen neben der richtigen Zusammensetzung des Bundestages nach dem Wählerwillen va der **Bestandsschutz** des gewählten Parlaments, der darauf hinwirkende Grundsatz der Erheblichkeit bzw. die **Mandatsrelevanz eines Wahlfehlers** und das **Verbesserungsprinzip** (→ Rn. 22 ff.).[36]

---

[27] BVerfG NJW 2009, 2267 (2268); *Kluth* in SHH Rn. 27; *Lang,* Subjektiver Rechtsschutz im Wahlprüfungsverfahren, 1997.

[28] *Lang* in BerlKomm Rn. 36 ff.; auch BVerfGE 1, 14 (33); 8, 104 (115); 97, 317 (323).

[29] BGBl. 2012 I 1501.

[30] *Morlok* in Dreier Rn. 13; *Schliesky* in MKS Rn. 12; bereits *Roth* in Umbach/Clemens Rn. 11, 21; *Lang* in BerlKomm Rn. 158 ff.

[31] BGBl. 1993 I 1473; 2019 I 1724.

[32] *Schliesky* in MKS Rn. 12, 63; *Lang* in BerlKomm Rn. 158 ff.; *Glauben* in BK Rn. 82; *Roth* in Umbach/Clemens Rn. 37; *Puttler* DÖV 2001, 849 (852 f.).

[33] *Kretschmer* in Schneider/Zeh Parlamentsrecht und Parlamentspraxis, § 13 Rn. 17; *Schreiber* DVBl. 2010, 609 (610 ff.).

[34] Krit. *Versteyl* in v. Münch/Kunig, 6. Aufl. 2012, Rn. 51 f.; *Kluth* in SHH Rn. 8; Vorschläge bei *Schreiber* DVBl. 2010, 609 (616 f.).

[35] *Morlok* in Dreier Rn. 15; *Schliesky* in MKS Rn. 36; *Kretschmer* in Schneider/Zeh Parlamentsrecht und Parlamentspraxis, § 13 Rn. 51 ff.

[36] Bei *Kluth* in SHH Rn. 17.

12 **1. Das Anfechtungsprinzip.** Für das Wahlprüfungsverfahren gilt insg. der **Anfechtungsgrundsatz.**[37] Weder Bundestag noch BVerfG werden auf eigene Initiative hin tätig. Das Wahlprüfungsverfahren wird nach § 2 Abs. 1 WahlPrG durch einen **Einspruch beim Bundestag** in Gang gesetzt[38] und durch **Beschwerde** gegen den Bundestagsbeschluss **an das BVerfG** fortgesetzt. Der Einspruch gibt grundsätzlich den Prüfungsumfang des Wahlprüfungsverfahrens vor.[39] Das gilt insoweit aber nicht strikt, als der Umfang der Prüfungsbefugnis von Bundestag und BVerfG sich am Zweck der Sicherstellung der ordnungsgemäßen Zusammensetzung des Bundestages orientieren muss.[40]

13 Das **Wahlprüfungsverfahren** ist **nicht kontradiktorisch.**[41] Es ist ein Beanstandungsverfahren, das hauptsächlich objektives Wahlrecht schützt. Ein Zweck der Wahlprüfung ist neben der Gewährleistung, dass die Zusammensetzung des Bundestages dem Volkswillen entspricht, die proaktive Vermeidung von festgestellten Wahlfehlern für künftige Parlamentswahlen. Hieraus folgt, dass ein Verfahren trotz der Geltung des Anfechtungsprinzips auch nach **Rücknahme eines Einspruchs** bzw. einer **Beschwerde fortgesetzt** werden darf, wenn ein geltend gemachter Wahlfehler eine über den Einzelfall hinausgehende Bedeutung im Sinne eines **öffentlichen Interesses** hat.[42]

14 **Formelle Anforderungen** an den **Einspruch** regelt § 2 Abs. 3 WahlPrG.[43] Einspruchsberechtigt ist jeder Wahlberechtigte, jede Gruppe von Wahlberechtigten und in amtl. Eigenschaft Bundes- und Landeswahlleiter sowie der Bundestagspräsident. Ein Einspruch gegen die Bundestagswahl ist nach § 2 Abs. 4 S. 1 WahlPrG innerhalb einer **Frist** von **zwei Monaten** nach dem Wahltag einzulegen, damit die Legitimation der Volksvertretung innerhalb einer angemessenen Zeit geklärt werden kann.[44] Die Einspruchsfrist ist deshalb eine **Ausschlussfrist.** Wiedereinsetzung in den vorigen Stand findet nicht statt.[45] Die Frist gilt nicht für den Bundestagspräsidenten. Erhält dieser Kenntnis von Wahlmängeln, verlängert sich die Einspruchsfrist auf einen Monat.

15 Der Einspruch ist **schriftlich einzulegen** und zu begründen. Die **Begründungspflicht** stellt ein **Substantiierungsgebot** dar, das seinen Rechtsgrund im öffentlichen Interesse an einer raschen Klärung der ordnungsgemäßen Zusammensetzung des Parlaments findet.[46] Die Begründung des Einspruchs muss einen Tatbestand darlegen, aus dem sich ein **Wahlfehler erkennen** lässt, der wiederum durch genügend substantiierte Tatsachen belegt wird.[47] Die Beweismittel sind anzugeben.[48] Nicht hinreichend substantiiert ist eine Begründung, mit der ein Tatbestand vorgetragen wird, aus dem entweder ein Wahlfehler nicht ersichtlich wird, oder aus dem nicht erkennbar

[37] *Morlok* in Dreier Rn. 14.
[38] BVerfGE 40, 11 (30); 122, 304 (306); *Lackner* JuS 2010, 307 (307).
[39] BVerfGE 66, 368 (378 f.); *Klein* in Maunz/Dürig Rn. 71.
[40] BVerfGE 85, 148 (159 f.); *Schliesky* in MKS Rn. 38; *Goerlich* DVBl. 1992, 428 (429).
[41] *Lang* in BerlKomm Rn. 116.
[42] BVerfGE 89, 291 (299); BVerfG NVwZ-RR 2009, 313 (314); *Magiera* in Sachs Rn. 13; *Kluth* in SHH Rn. 4; *Schliesky* in MKS Rn. 26; *Brocker* in BeckOK GG Rn. 26.
[43] *Winkelmann,* WahlPrüfG, § 2 Rn. 3 ff.
[44] BVerfGE 40, 11 (32 f.); 85, 148 (159); *Winkelmann,* WahlPrüfG, § 2 Rn. 9 f.; *Maunz* in Maunz/Schmidt-Bleibtreu/Klein/Bethge BVerfGG § 48 Rn. 33 ff.
[45] BVerfGE 85, 148 (159); *Schliesky* in MKS Rn. 25; *Glauben* in BK Rn. 92.
[46] BVerfGE 85, 148 (148 ff.).
[47] BVerfGE 48, 271 (276); 58, 175 (175 f.); 59, 119 (123); 85, 148 (159); 89, 291 (308 f.); 122, 304 (308 f.); *Lang* in BerlKomm Art. 51 Rn. 150; *Morlok* in Dreier Rn. 14.
[48] BVerfGE 24, 252 (258); *Schliesky* in MKS Rn. 31.

ist, auf welchen Sachverhalt der Einspruch sich bezieht. Darüberhinaus muss die Mandatsrelevanz des Fehlers dargelegt werden, und inwiefern der Fehler auf die Sitzverteilung im Bundestag Einfluss gehabt hat.[49] Einsprüche, die sich auf bloße Vermutungen und Andeutungen ohne hinreichend substantiierte Tatsachengrundlage stützen, sind als unsubstantiiert zurückzuweisen.[50] Obwohl es der Sinn der Substantiierungspflicht ist, eine vorschnelle und haltlose Infragestellung der Legitimation der neu gewählten Volksvertretung zu verhindern,[51] dürfen die **Anforderungen** an die Substantiierungslast auch **nicht überspannt** werden.[52] In der Praxis werden die meisten Wahleinsprüche als unbegründet zurückgewiesen.[53]

16 **2. Wahlfehler.** Wann ein **Wahlfehler** vorliegt, ist eine der Kernfragen des Wahlprüfungsverfahrens. Verstöße gegen das formelle und materielle Wahlrecht zum Bundestag, das sich vor allem im BWahlG, der BWO und dem Wahlstrafrecht (§§ 105–108e StGB) findet, stellen genauso wie Verstöße gegen die Wahlrechtsgrundsätze aus Art. 38 Abs. 1 Wahlfehler dar.[54] Relevante Wahlfehler iSv Art. 41 können nur bei Vorgängen passieren, die in **unmittelbarem Zusammenhang mit dem Wahlverfahren** stehen.[55] Ein Wahlfehler ergibt sich aus dem Verstoß einer wahlerheblichen Maßnahme, einer wahlerheblichen Entscheidung oder eines wahlerheblichen Verhaltens gegen objektives oder subjektives Wahlrecht. Für die Fehlerprüfung ist es zunächst belanglos, ob der Regelverstoß erheblich ist, welche Auswirkungen er auf die Zusammensetzung des Bundestages hat, ob er in einem einzigen Wahlbezirk aufgetreten ist, oder ob er das ganze Bundesgebiet betrifft.[56]

17 Wahlfehler lassen sich im Wesentlichen **kasuistisch beschreiben.**[57] Sie können während des gesamten Ablaufs des Wahlverfahrens passieren, also von der Vorbereitung der Wahl über ihre Durchführung bis hin zur Feststellung des Ergebnisses und der Sitzverteilung.

18 Wird der Bundestag auf der Grundlage **verfassungswidriger Wahlrechtsnormen** gewählt, oder werden die Mandate aufgrund verfassungswidriger Regelungen zugeteilt, stellt dies unstreitig einen Wahlfehler dar, der aber nicht zwangsläufig zur Ungültigkeit der gesamten Wahl führen muss (→ Rn. 22 ff.).[58] Sind **einzelne Wahlvorschriften** verfassungswidrig, muss deswegen nicht die ganze Wahl wiederholt werden.[59] Eine Wiederholung wäre nur geboten, wenn die übrig bleibenden verfassungsmäßigen Bestimmungen keine eigenständige Bedeutung mehr hätten.[60] Umstritten ist, ob der **Bundestag** im Wahlprüfungsverfahren **berechtigt** ist, die gesetzlichen

---

[49] BVerfGE 4, 370 (372 f.); 89, 266 (273); 89, 291 (304); 103, 111 (134); 121, 166 (310 f.); 123, 39 (87); 129, 300 (344); *Morlok* in Dreier Rn. 18 f.; *Schliesky* in MKS Rn. 48; *Schneider* in AK Rn. 4; *Roth* in Umbach/Clemens Rn. 25; *Glauben* in BK Rn. 134; krit. *Koch* DVBl. 2000, 1093 (1096).

[50] BVerfGE 40, 11 (30 f.); 85, 148 (160); *Kluth* in SHH Rn. 10.

[51] BVerfGE 85, 148 (159 f.); *Kluth* in SHH Rn. 10.

[52] BVerfGE 85, 148 (159 f.); *Kluth* in SHH Rn. 10.

[53] *Schliesky* in MKS Rn. 48.

[54] BVerfGE 13, 64 (91 f.); 41, 1 (12); 47, 253 (276 f.); 121, 266 (310); *Meyer* in HdbStR III § 46 Rn. 94; *Lang* in BerlKomm Rn. 22; *Achterberg/Schulte* in MKS, 6. Aufl. 2010, Rn. 39; *Schneider* in AK Rn. 6; *Winkelmann* WahlPrüfG § 2 Rn. 5.

[55] *Leisner* in Sodan Rn. 3.

[56] *Glauben* in BK Rn. 132 ff.; *Kluth* in SHH Rn. 18.

[57] Ausf. *Glauben* in BK Rn. 114 ff.; *Versteyl* in v. Münch/Kunig, 6. Aufl. 2012, Rn. 9, 10.

[58] BVerfGE 121, 266 (310, 312); 131, 316 (376).

[59] AA *Thürk* DVBl. 1960, 795 (795); *Arndt* JZ 1961, 89 (89).

[60] BVerfGE 8, 275 (301); *Lemke*, Rechtsfolgen ungültiger Wahlrechtsnormen, 1964, 32.

Grundlagen seiner Wahl rechtlich **zu überprüfen.** Zwar lässt sich ohne Überprüfung der Verfassungsmäßigkeit von Wahlvorschriften eine Aussage zur Gültigkeit einer Wahl nicht treffen.[61] Grundsätzlich ist der Bundestag aber an die gesetzlichen Vorschriften, die zur Zeit seiner Wahl gegolten haben, gebunden. Er kann sie allein durch Gesetzgebung und **nur *ex nunc* ändern.**[62] Unstrittig ist deshalb, dass er **keine Normverwerfungskompetenz** besitzt. Diese steht ausschließlich dem BVerfG zu.[63] Nach Art. 100 ist er im konkreten Normenkontrollverfahren auch nicht vorlageberechtigt, da er kein Gericht ist.[64] Der Bundestag erklärt in seinen Wahlprüfungsbeschlüssen daher regelmäßig, dass er die Überprüfung von Wahlrechtsvorschriften anhand des Grundgesetzes dem Beschwerdeverfahren vor dem BVerfG überlässt.[65]

Bei der **Wahlvorbereitung können fehlerhaft** sein und gegen die Wahl- **19**
rechstgleichheit verstoßen zB die Einteilung und die Bestimmung der Wahlkreise und Wahlbezirke nach § 2 Abs. 2 u. 3 BWahlG.[66] Es können fehlerhaft sein die Einsetzung der Wahlorgane nach §§ 8 u. 9 BWahlG, die Kandidatenaufstellung, die Nichtzulassung von Wahlvorschlägen[67] und Listen,[68] die Terminierung der Wahl (→ Art. 39 Rn. 33), oder auch Maßnahmen wie die (Nicht-)Eintragung von Wählern in die Wahlverzeichnisse oder die Auslieferung von Briefwahlunterlagen. Die Fälschung der Wählerliste ist gem. § 107b StGB strafbewehrt. Bei der **Durchführung der Wahl können Fehler** bei der Stimmabgabe oder der Briefwahl geschehen. Die Wahlorgane sind insbes. verpflichtet, für ausreichende Vorkehrungen für das Wahlgeheimnis auch bei der Briefwahl zu sorgen (§ 33 BWahlG, § 56 Abs. 2 BWO).[69] Zwar handelt es sich bei der Briefwahl um ein den Grundsätzen des Art. 38 Abs. 1 gerecht werdendes Verfahren. Es ist jedoch den „nicht ohne weiteres von der Hand zu weisenden Missbrauchs- und Manipulationsmöglichkeiten entgegenzuwirken".[70] Wahlfehler können auch das Verfahren der Stimmabgabe oder die Stimmauszählung bis hin zur Wahlfälschung[71] beeinträchtigen oder sich in die Feststellung des Wahlergebnisses einschleichen.[72] Der ungeschriebene **Wahlgrundsatz der Öffentlichkeit** verlangt die volle Überprüfbarkeit der Stimmauszählungen, weshalb Wahlcomputer bestimmter Bauarten und Funktionsweisen problematisch sein können.[73] Ferner können die Feststellung des **Wahlergebnisses** oder die **Sitzverteilung** fehlerhaft sein.

Wahlfehler können zum einen den **amtl. Wahlorganen** unterlaufen. **20**
Amtl. Wahlorgane nach § 8 BWahlG sind der Bundeswahlleiter und der

---

[61] BVerfGE 16, 130 (135 f.).

[62] Die hM spricht dem Bundestag eine Überprüfungskompetenz zu, vgl. *Schneider* in AK Rn. 7; *Schliesky* in MKS Rn. 39; *Glauben* in BK Rn. 99; *Lippold* DVBl. 1987, 933 (934 f.); aA *Versteyl* in v. Münch/Kunig, 6. Aufl. 2012, Rn. 22; *Klein* in Maunz/Dürig Rn. 73; *Meyer* in HdbStR III § 46 Rn. 94.

[63] BVerfGE 121, 266 (290); 122, 304 (307); *Klein* in Maunz/Dürig Rn. 73.

[64] *Morlok* in Dreier Rn. 16.

[65] *Kluth* in SHH Rn. 21; zB BT-Drs. 15/2400, 49; BT-Drs. 16/900, 28.

[66] BVerfG NVwZ 2012, 622 (623 ff.).

[67] BVerfG BeckRS 2009, 38647.

[68] BVerfG NVwZ 2019, 1829 (1829); VG Wiesbaden NVwZ 2017, 902 (903); dazu *Schwerdtfeger* NVwZ 2017, 841 (841 f.).

[69] BVerfGE 59, 119 (127 f.), *Glauben* in BK Rn. 129.

[70] BVerfGE 59, 119 (128).

[71] VerfGH NRW NVwZ-RR 2019, 249 (251 ff.); *Leisner* NJW 2005, 486 (486 ff.).

[72] BVerfGE 85, 148 (Ls. 2b), VerfGH NRW NVwZ 1991, 1175 (1175 f.); *Ockermann* NVwZ 1991, 1150 (1150 f.); *Goerlich* NWVBl. 1991, 332 (332 ff.).

[73] BVerfGE 123, 39 (70 ff.); *Schiedermair* JZ 2007, 162 (163); *Will* NVwZ 2009, 700 (701).

Bundeswahlausschuss, die Landeswahlleiter und Landeswahlausschüsse, die Kreiswahlleiter und Kreiswahlausschüsse, Wahlvorsteher und Wahlvorstände in den Wahlbezirken und die Wahlvorsteher und Wahlvorstände für jeden Wahlkreis zur Feststellung des Briefwahlergebnisses.[74] Wahlfehler können aber auch **von Dritten** verursacht werden, va wenn private Dritte Aufgaben bei der Wahlorganisation erfüllen.[75] Hierzu zählt zB die Ausgestaltung der **Kandidatenaufstellung,**[76] die das Wahlrecht nach §§ 18 Abs. 1, 27 BWahlG in die Hände der **Parteien** gelegt hat.[77] Verstoßen Regularien und Praktiken einer Partei bei der Kandidatenaufstellung gegen einen Kernbestand an demokratischen Verfahrensregeln,[78] kann die mit einer fehlerbehafteten Wahlliste durchgeführte Wahl insgesamt zu wiederholen sein.[79] Einseitige Wahlwerbung und **Wahlbeeinflussung** durch Dritte wie Gewerkschaften,[80] Kirchen,[81] Presse und Rundfunkanstalten[82] sind für den Grundsatz der Freiheit der Wahl relevant. Unterhalb der Schwelle der **Wählerbestechung** oder -nötigung[83] ist Wahlwerbung grds. erlaubt und unterfällt idR den Grundrechten auf **freie Meinungsäußerung** und Presse- sowie Rundfunkfreiheit aus Art. 5 Abs. 1, solange sie nicht den Tatbestand der Volksverhetzung erfüllt und untersagt werden darf.[84]

21 Wahlfehler können von einer **unzulässigen Wahlbeeinflussung** durch amtl. Stellen, von zur Neutralität verpflichteten Dritten[85] oder auch von der Bundesregierung ausgehen. Als Wahlbeeinflussung lässt sich jedes wahlbezogene Verhalten von Amtsträgern oder Privatpersonen definieren, das dazu geeignet ist, vor der Stimmabgabe auf die Willensbildung der Wähler einzuwirken.[86] Da Wahlkampf Wählerbeeinflussung *per definitionem* ist, braucht es ein Abgrenzungskriterium, um eine zulässige von einer unzulässigen Wahlbeeinflussung unterscheiden zu können.[87] Der Maßstab für eine unzulässige Wählerbeeinflussung ergibt sich zunächst aus dem **Strafrecht** (§§ 107–108b StGB). Kleinere Wahlgeschenke verstoßen nicht gegen das demokratische Prinzip der Chancengleichheit.[88] Die Zuwendung erheblicher Vorteile ohne Rechtsgrund stellt dagegen **Wahlbestechung** dar.[89] Wahlwerbung in und in der Nähe des Wahllokales ist nach § 32 BWahlG unzulässig.[90] Aus der Rpsr des BVerfG, nach der der Prozess der politischen

---

[74] Näher *Lang* in BerlKomm Rn. 26; *Hahlen* in Schreiber Bundeswahlgesetz, 10. Aufl. 2017, § 8 Rn. 6 ff.
[75] BVerfGE 89, 243 (251); *Lang* in BerlKomm Rn. 27; *Rauber,* Wahlprüfung in Deutschland, 2005, 129 f.
[76] ZB BVerfGE 89, 243 (251 f.); HmbVerfG DVBl. 1993 1070 (1071); *Karpen* DVBl. 1993, 1077 (1077).
[77] BVerfGE 89, 243 (251); *Magiera* in Sachs Rn. 3; *Schliesky* in MKS Rn. 13, 41; *Mager* DÖV 1995, 9 (10); *Kuhl/Unruh* DVBl. 1994, 1391 (1393); *Morlok* NVwZ 2012, 913 (914).
[78] BVerfGE 89, 243 (243); 47, 253 (282 f.); *Ipsen* ZParl 1994, 235 (235 ff.).
[79] HmbVerfG NVwZ 1993, 1083 (1090 ff.); *Karpen* DVBl. 1993, 1077 (1077); *Arndt* NVwZ 1993, 1066 (1066).
[80] BVerfGE 42, 133 (138).
[81] BVerwGE 18, 14 (14 ff.).
[82] BVerfGE 48, 271 (278).
[83] *Oppermann* JuS 1985, 519.
[84] BVerfG NJW 2009, 3503.
[85] BVerfGE 66, 374 (380 ff.); *Glauben* in BK Rn. 118 ff.
[86] BVerfGE 103, 111 (125).
[87] *Schliesky* in MKS Rn. 42; *Glauben* in BK Rn. 119; *Meyer* in HdbStR III § 46 Rn. 23.
[88] BVerfGE 21, 196 (199); *Frowein* AöR 1974, 72 (107).
[89] BGHSt 33, 336; Anm. *Dölling* NStZ 1987, 68 (68 f.).
[90] OVG Lüneburg NVwZ 1994, 589.

Willensbildung des Volkes staatsfrei verlaufen muss, folgt darüber hinaus ein Verbot der unlauteren amtl. Wahlbeeinflussung, die in einer parteiergreifenden Einwirkung auf die öffentliche Meinung liegen kann.[91] Eine Beeinflussung Untergebener ist genauso unzulässig wie die Werbung in amtl. Eigenschaft für einen Kandidaten.[92] Eine unzulässige Wahlbeeinflussung kann bei **sittenwidrigem Handeln** vorliegen, „wenn private Dritte, einschließlich Parteien und einzelnen Kandidaten, mit Mitteln des Zwangs oder Drucks die Wahlentscheidung beeinflusst haben".[93] Die **Öffentlichkeitsarbeit von Staatsorganen, insb. der Bundesregierung** findet dort ihre Grenze, wo Wahlwerbung beginnt.[94] Wenn „ein Anwachsen der Öffentlichkeitsarbeit in Wahlkampfnähe" zu beobachten ist, gilt dies „als Anzeichen für eine Grenzüberschreitung zur unzulässigen Wahlwerbung."[95] Die einzelnen Mitglieder der Bundesregierung können außerhalb ihrer amtl. Funktion Wahlkampf betreiben.

3. Eingeschränkte Rechtsfolgen von Wahlfehlern. Das Wahlverfahren 22 als **vielstufiges Massenverfahren ist fehleranfällig.** Nicht jeder noch so kleine Fehler von der Vorbereitung der Wahl, wie zB die fehlerhafte Nichteintragung eines Wählers ins Wahlverzeichnis, über eine das Wahlgeheimnis missachtende fehlerhafte Aufstellung einer Wahlurne bis hin zur Sitzverteilung soll zu einer Ungültigerklärung der Wahl mit anschließender Auflösung des Bundestages und zu einer Wahlwiederholung führen dürfen. Hier gilt vielmehr das Erfordernis des **Bestandsschutzes des gewählten Parlaments,** dessen rechtliche Grundlage sich im Demokratiegebot des Grundgesetzes findet.[96] Aus dem Erfordernis des Bestandsschutzes leiten sich **Anforderungen an Wahlfehler** ab. Nur **qualifizierte Wahlfehler** können zu einer ganzen oder teilweisen Ungültigerklärung der Wahl führen.[97]

Absolute Wahlfehler gibt es nicht. Jeder **Wahlfehler** muss **erheblich** sein 23 und **Mandatsrelevanz** besitzen, um Fehlerfolgen auslösen zu können. Wahleinspruch und Beschwerde können nur dann Erfolg haben, wenn ein nicht heilbarer Wahlfehler festgestellt wird, weil ansonsten das Verbesserungsprinzip (→ Rn. 25) gilt. Auch ein **unheilbarer Wahlfehler** ist grundsätzlich aber nur in solchen Fällen relevant, in denen die im besten Fall mathematisch berechenbare, ansonsten aus der Lebenserfahrung zu schöpfende Möglichkeit besteht, dass er sich auf die Sitzverteilung im Parlament ausgewirkt haben könnte (potentielle Kausalität).[98] Der mandatsrelevante Fehler wird nach dem

---

[91] BVerfGE 44, 125 (138 ff.); 44, 129 (179); 47, 253 (282); 66, 369 (380); 73, 40 (95); 103, 111 (127, 130 ff.); *Schliesky* in MKS Rn. 42; ausf. Auflistung bei *Versteyl* in v. Münch/Kunig, 6. Aufl. 2012, Rn. 10; *Hientzsch* DÖV 2010, 357 (359 f.); *Ewer* in Morlok/Schliesky/Wiefelspütz Parlamentsrecht, § 8 Rn. 28 ff. auch zur Veröffentlichung von Wählerbefragungen vor Ablauf der Wahlzeit.

[92] BVerwG DÖV 1974, 388 (388); anders, wenn ein Amtsträger ohne Amtsbezeichnung persönlich wirbt VG Dresden NVwZ-RR 2006, 225 (225 f.).

[93] BVerfGE 103, 111 (132) – Finanzierung des Wahlkampfes der CDU in Hessen aus „schwarzen Kassen".

[94] BVerfGE 44, 125 (147 ff.); *Murswiek* DÖV 1982, 529.

[95] BVerfGE 44, 125 (Ls. 7); 63, 230; 78, 350 (362).

[96] BVerfGE 89, 243 (253); 103, 111 (135); 121, 266 (311 ff.); 123, 39 (87); 129, 300 (344); *Klein* in Maunz/Dürig Rn. 107.

[97] Insg. *Hüfler,* Wahlfehler und ihre materielle Würdigung, 1980.

[98] BVerfGE 4, 370 (372 f.); 89, 266 (273); 89, 291 (304); 103, 111 (134); 121, 166 (310 f.); 123, 39 (87); 129, 300 (344); *Morlok* in Dreier Rn. 18 f.; *Schliesky* in MKS Rn. 48; *Schneider* in AK Rn. 4; *Roth* in Umbach/Clemens Rn. 25; *Glauben* in BK Rn. 134; krit. *Koch* DVBl. 2000, 1093 (1096).

Verhältnismäßigkeitsprinzip[99] gegen das Bestandsschutzinteresse am Bundestag **abgewogen,** damit eine Entscheidung über die Legitimation oder die Auflösung des Bundestages getroffen werden kann. Die Geltendmachung von Wahlfehlern hat deshalb kaum jemals Erfolg.

24 **Einfache Wahlfehler** führen grundsätzlich nicht zur Ungültigkeit einer gesamten Wahl. Die Relevanzschwelle für einen durchschlagenden Fehler ist hoch. Ein Wahlfehler muss umso schwerer wiegen, je weiter sich die Wahlfehlerfolge auf den Bestand des ganzen Bundestages auswirken soll.[100] Wahlfehler können kaum jemals so gravierend sein, dass sie die Ungültigkeit der gesamten Wahl zur Folge hätten. Die **Ungültigerklärung der gesamten Wahl** setzt nämlich einen erheblichen Wahlfehler von solchem Gewicht voraus, dass ein **Fortbestand** der in dieser Weise gewählten Volksvertretung **unerträglich erschiene.**[101]

25 Aus dem Interesse am Bestandsschutz des Bundestages folgen ferner das **Prinzip des geringstmöglichen Eingriffs und das Verbesserungsprinzip,** da der einmal gewählte Bundestag schonend behandelt werden soll. Das Verbesserungsprinzip lässt sich auch auf das Übermaßverbot sützen.[102] Ein Wahlfehler ist vorrangig so weit wie möglich unter Aufrechterhaltung der Wahl zu berichtigen.[103] Es ist ferner möglichst nicht die gesamte Wahl für ungültig zu erklären. Wenn zB aber Fehler bei der Auszählung der Stimmen in einem Wahlbezirk beanstandet und bestätigt wurden, kann eine Neuauszählung auch in anderen Bezirken geboten sein.[104]. Nur wenn das Ergebnis einer Auszählung unverbesserlich fehlerhaft und mandatsrelevant ist, muss eine Neuwahl in den betroffenen Wahlgebieten, nicht aber automatisch im gesamten Bundesgebiet angeordnet werden (§ 44 BWahlG).[105]

26 Liegt ein Wahlfehler von einem solchem Gewicht vor, dass ein **Fortbestand** der in dieser Weise gewählten Volksvertretung **unerträglich erscheint,** weil zB alle relevanten Wahlrechtsvorschriften verfassungswidrig sind, ist die Wahl insgesamt ungültig. Nach welchen Vorschriften dann aber die neue Wahl durchzuführen ist, insbes. wer diese neuen Vorschriften erlassen kann, führt zu Schwierigkeiten. Die **Ungültigkerklärung** des BVerfG wirkt *ex nunc.*[106] Das Grundgesetz will zudem vorrangig **parlamentslose Zeiten ausschließen** (→ Art. 39 Rn. 13, 30, 38). Ergibt eine Wahlprüfung, dass der neugewählte Bundestag wegen erheblicher Wahlfehler und damit fehlender Legitimität aufgelöst werden muss, bleibt der fehlerhafte

---

[99] *Glauben* in BK Rn. 136; *Leisner* in Sodan Rn. 10; krit. zum Verhältnismäßigkeitsprinzip *Lang* in BerlKomm Rn. 35: Führt nicht zu adäquaten Ergebnissen.

[100] BVerfGE 129, 300 (344); *Schliesky* in MKS Rn. 47.

[101] BVerfGE 103, 111 (134); 121, 266 (311); 129, 300 (344).

[102] Versetyl in v. Münch/Kunig, 6. Aufl. 2012, Rn. 12.

[103] BVerfGE 34, 81 (102); 103, 89 (135); 121, 266 (311 ff.); 129, 300 (344); VerfGH NRW NVwZ-RR 2019, 249 (250); *Morlok* in Dreier Rn. 19; *Versteyl* in v. Münch/Kunig, 6. Aufl. 2012, Rn. 12; *Roth* in Umbach/Clemens Rn. 26; *Brocker* in BeckOK GG Rn. 5; *Hahlen* in Schreiber Bundeswahlgesetz, 10. Aufl. 2017, § 49 Rn. 14; *Karpen* DVBl. 1993, 1077 (1080).

[104] BVerfGE 85, 148 (160 f.); *Kluth* in SHH Rn. 20; *Glauben* in BK Rn. 135; *Klein* in Maunz/Dürig Rn. 112; *Koenig* ZParl 1994, 241 (248); auch VerfGH NRW NVwZ 1991, 1175 (1175 f.); *Ockermann* NVwZ 1991, 1150 (1150 f.); *Goerlich* NWVBl. 1991, 332 (333).

[105] *Morlok* in Dreier Rn. 20; *Pieroth* in Jarass/Pieroth Rn. 9; *Lang* in BerlKomm Art. 44 Rn. 35; *Hahlen* in Schreiber Bundeswahlgesetz, 10. Aufl. 2017, § 44 Rn. 1 f.; *Sodan/Klucker* NJW 2005, 3241.

[106] BVerfGE 1, 14 (38); 3, 41 (44); 34, 81 (95 f.); *Schliesky* in MKS Rn. 50; *Rauber,* Wahlprüfung in Deutschland, 2005, 138, 157 ff.

Bundestag solange im Amt, bis ein neuer gewählt ist.[107] Die Terminierung der Neuwahl richtet sich nach Art. 39 Abs. 1 S. 4 (→ Art. 39 Rn. 33 ff.). Die **Wahlperiode** des Bundestages **endet** also **nicht** mit der verfassungsgerichtlichen **Entscheidung über die Ungültigkeit einer Wahl.** Da der Staat insg. handlungsfähig bleiben muss, sind Rechtshandlungen des fehlerhaften Bundestages auch nach einer Entscheidung des BVerfG so lange wirksam, bis ein neuer Bundestag gewählt ist.[108]

II. Ist Sache des Bundestages

Die Wahlprüfung gibt dem **Bundestag, dh. dem Plenum** die Befugnis, seine **ordnungsgemäße Zusammensetzung** zu überprüfen und gibt ihm ein Recht zur Selbstkontrolle. **27**

Der Bundestag muss das **Wahlprüfungsverfahren** insg. zügig führen und in **angemessener Zeit** zu einem **Abschluss** bringen. Die Beurteilung, ob der Bundestag innerhalb angemessener Zeit entschieden hat, richtet sich nach den Umständen des Einzelfalls.[109] Eine angemessene Zeit ist noch gegeben, wenn der Bundestag erst ein Jahr oder noch später nach dem Wahltag seinen Beschluss fasst.[110] Aus **erheblichen Verzögerungen kann sich aber ein Verfassungsverstoß** ergeben, der zumindest nach Beurteilung durch einige Landesverfassungsgerichte mit Verfassungsbeschwerde (→ Rn. 40) oder vorgezogener Wahlprüfungsbeschwerde gerügt werden kann.[111] **28**

Ob bei **Überschreitung einer angemessenen Prüffrist** im Bundestag das BVerfG auch ohne Beschluss des Bundestages, gegen den sich die Beschwerde an das Gericht nach Art. 41 Abs. 2 richten muss, direkt angerufen werden darf, ist umstritten. Das Wahlprüfungsverfahren ist nicht besonders rechtsschutzintensiv. Das Fehlen von Verfahrensvorschriften bei **Untätigkeit des Bundestages** spricht daher gegen einen direkten Rechtsweg zum BVerfG,[112] der vom BVerfG selbst aber nicht mehr grds. ausgeschlossen wird, wenn den Einspruchsführern ein Abwarten nicht zugemutet werden kann.[113] **29**

Da das **Wahlprüfungsverfahren** dazu dient, die ordnungsgemäße Zusammensetzung des amtierenden Bundestages sicherzustellen, erledigt sich ein nicht zuende gebrachtes Verfahren vor dem Bundestag oder vor dem BVerfG grundsätzlich mit Ablauf der Wahlperiode.[114] Es **unterliegt dem Diskontinuitätsgrundsatz** (→ Art. 39 Rn. 14 ff.). Mit Ablauf der Wahlperiode **30**

---

[107] *Klein* in Maunz/Dürig Rn. 113.

[108] So auch *Kluth* in SHH Rn. 16, 30; *Schliesky* in MKS Rn. 50; *Versteyl* in v. Münch/Kunig, 6. Aufl. 2012, Rn. 13; *Glauben* in BK Rn. 180; *Hahlen* in Schreiber Bundeswahlgesetz, 10. Aufl. 2017, § 49 Rn. 43.6; aA *Leisner* in Sodan Rn. 1: Nur früher gefasste Beschlüsse bleiben unberührt; *Lang* in BerlKomm Rn. 93, der das in der Wahlperiode zuvor abgewählte Parlament wiederaufleben lässt.

[109] *Roth* in Umbach/Clemens Rn. 44; *Schliesky* in MKS Rn. 59.

[110] BVerfGE 121, 266 (289 f.); 123, 39 (65); *Versteyl* in v. Münch/Kunig, 6. Aufl. 2012, Rn. 29; *Brocker* in BeckOK GG Rn. 11.1.

[111] *Kluth* in SHH Rn. 13; *Brocker* ZG 2007, 73 (74); VerfGH Saarl BeckRS 2011, 46379; *Schenke* NJW 2020, 122 (126 f.).

[112] *Glauben* in BK Rn. 86; *Pieroth* in Jarass/Pieroth Rn. 4; aA *Roth* in Umbach/Clemens Rn. 44: Heranziehung des Rechtsgedankens aus § 75 VwGO; *Brocker* in BeckOK GG Rn. 11; *Brocker* ZG 2007, 73 (75); *Roth* DVBl. 1998, 214 (215); *Ortmann* ThürVBl. 2006, 169 (174 f.).

[113] BVerfG Beschl. v. 24.7.2018 2BvQ 33/18 Rn. 7; Beschl. v. 11.9.2018 2 BvQ 80/18 Rn. 8.

[114] BVerfGE 22, 275 (280 f.); 34, 201 (203); 122, 304 (306); *Glauben* in BK Rn. 85; *Kluth* in SHH Rn. 6.

hören Bundestag und Wahlprüfungsausschuss auf zu existieren. Das **BVerfG entscheidet** gleichwohl über eine Wahlprüfungsbeschwerde auch nach Ablauf der Wahlperiode, wenn ein **wichtiger Grund** hierfür vorliegt, eine Entscheidung im öffentlichen Interesse angezeigt ist, weil ein Wahlfehler über den Einzelfall hinaus eine grundsätzliche Bedeutung hat, und die Wahlprüfungsbeschwerde nicht von Anfang an unzulässig war.[115]

31 **1. Der Wahlprüfungsausschuss.** Die Wahlprüfungsentscheidung des Bundestages wird von dem **Wahlprüfungsausschuss** vorbereitet.[116] Der Wahlprüfungsausschuss ist ein ständiger Pflichtausschuss des Bundestages (→ Art. 40 Rn. 11 ff.). Seine Einrichtung wird von § 3 WahlPrG vorgeschrieben. Als Ausschuss für Wahlprüfung, Immunität und Geschäftsordnung ist er für die inneren Angelegenheiten des Parlaments zuständig und sollte sich zügig konstituieren.[117]

32 Die **Zusammensetzung** und die **Befugnisse** des **Wahlprüfungsausschusses** finden sich im WahlPrG. Der Wahlprüfungsausschuss besteht aus neun Mitgliedern und genauso vielen Stellvertretern. Die Sitze werden nach dem Grundsatz der Spiegelbildlichkeit, dem Stärkeverhältnis der Fraktionen und dem für ständige Ausschüsse des Bundestages üblichen Berechnungsverfahren auf die Fraktionen verteilt. Fraktionen, deren Stärke im Bundestag so gering ist, dass sie nach dem gewählten Berechnungsverfahren keinen ordentlichen Sitz im Wahlprüfungsausschuss erhalten würden, wird ein Grundmandat zugeteilt. Sie sind durch einen Vertreter mit beratender Stimme im Ausschuss vertreten (§ 3 Abs. 2 WahlPrG). Ob parlamentarische Gruppen ein Grundmandat erhalten, hängt von der diesbezüglichen Beschlusslage im Bundestag ab.[118] Der **Ausschuss beschließt mit einfacher Mehrheit.** Er ist beschlussfähig, wenn mehr als die Hälfte seiner Mitglieder anwesend sind (§ 4 WahlPrG).

33 Findet eine Wahlprüfung ieS nach Art. 41 Abs. 1 S. 1 statt, kann es zu Neuwahlen kommen, von denen einzelne oder alle Abgeordnete betroffen sind. Ein **Ausschluss von Abgeordneten** aus dem Wahlprüfungsverfahren ist gleichwohl **nicht vorgesehen,** weder für den Wahlprüfungsausschuss noch für das Plenum. **§ 17 Abs. 1 WahlPrG gilt ausschließlich für Mandatsprüfungen.** Das ist nicht nur verfassungsrechtlich unbedenklich,[119] sondern auch logisch. Würden Abgeordnete bei Interessenkollisionen von der Wahlprüfung über die Legitimation des Bundestages als Ganzem grundsätzlich ausgeschlossen, könnte für den Fall eines erheblichen und unerträglichen Fehlers eine Gesamt-Wahlprüfung im Bundestag in Ermangelung von Prüfern nicht stattfinden.

34 **2. Das Wahlprüfungsverfahren.** Das **Prüfverfahren** im Wahlprüfungsausschuss findet in **mehreren Schritten** statt. Zunächst prüft der Ausschuss die formalen Voraussetzungen des Einspruchs, vgl. § 5 Abs. 2 S. 1 WahlPrG.[120] Im materiellen Teil der Prüfung hat der Wahlprüfungsausschuss

---

[115] BVerfGE 89, 291 (299); 122 304 (306); BVerfG NVwZ-RR 2009, 313 (314); *Glauben* in BK Rn. 168; *Kluth* in SHH Rn. 6; *Hahlen* in Schreiber Bundeswahlgesetz, 10. Aufl. 2017, § 49 Rn. 43.7; StGH Hess BeckRS 2009, 40019.

[116] *Kretschmer* in Schneider/Zeh Parlamentsrecht und Parlamentspraxis, § 13 Rn. 23 ff.

[117] Problematisch BVerfGE 121, 266 (289); 123, 39 (64), krit. *Hettlage* NJOZ 2019, 625 (625).

[118] *Kluth* in SHH Rn. 12; *Winkelmann* WahlPrüfG § 3 Rn. 2.

[119] BVerfGE 37, 84 (90); 46, 196 (198); *Winkelmann* WahlPrüfG § 17 Rn. 2; *Achterberg/Schulte* in MKS, 6. Aufl. 2010, Rn. 24; *Lang,* Gesetzgebung in eigener Sache, 2007, 459 ff.

[120] *Schliesky* in MKS Rn. 26.

zu ermitteln, ob sich aus dem substantiierten Vortrag des Einspruchsführers ein Wahlfehler ergibt. Daran schließt sich die Prüfung des Wahlfehlers auf seine Erheblichkeit bzw. Mandatsrelevanz an.[121]

Da **innerhalb einer angemessenen Zeit** feststehen muss, ob aus der Wahl ein legitimiertes Parlament hervorgegangen ist, müssen Aufklärung und Beschlussempfehlung im Wahlprüfungsausschuss **zügig vonstatten** gehen. Im Ausschuss findet zunächst eine Vorprüfung statt. Zu den einzelnen Wahleinsprüchen berichtet ein Berichterstatter an den Ausschuss, der daraufhin entscheiden muss, ob er eine mündliche Verhandlung zu den Einsprüchen durchführt (§ 6 WahlPrG). Dem **Beschleunigungsgebot** entsprechend beraumt der Ausschuss eine mündliche Verhandlung nur dann an, wenn die Vorprüfung erkennen lässt, dass diese das Verfahren fördern wird.[122] Das **Verfahren im Wahlprüfungsausschuss ist gerichtsähnlich ausgestaltet.**[123] Es endet mit einer **Beschlussempfehlung an das Plenum** des Bundestages. 35

Die **mündliche Verhandlung** im Ausschuss findet zwar öffentlich statt (§ 8 Abs. 1 WahlPrG), über das Ergebnis seiner Verhandlung berät der Wahlprüfungsausschuss aber in geheimer Sitzung (§ 10 Abs. 1 WahlPrG).[124] Der Wahlprüfungsausschuss ist ein Ausschuss des Parlaments, zu dem nach Art. 43 Abs. 2 die Mitglieder des **Bundesrates** und der **Bundesregierung** sowie ihre Beauftragten ein umstrittenes **Zutrittsrecht** besitzen (→ Art. 43 Rn. 38 f.). Der Wahlprüfungsausschuss hat im Gegensatz zu anderen Fachausschüssen des Bundestages die Aufgabe, einen Beschluss des Bundestages vorzubereiten, der der autonomen Selbstkontrolle seiner Legitimation dient. Diese Ausschussfunktion spricht gegen die Anwesenheit von Bundesregierung und Bundesrat. In der Praxis nehmen allerdings regelmäßig Vertreter des Bundesministeriums des Innern an Ausschusssitzungen teil.[125] Das macht Sinn und ist zulässig, weil die Wahlrechtsgesetzgebung in das Ressort des Innenministeriums fällt. Gegenseitige Informationen über die Handhabung von Wahlrechtsvorschriften durch die Wahlbehörden in der Praxis und ihre Wirkungen dort helfen in der Wahlgesetzgebung, Fehleranfälligkeiten zu reduzieren.[126] 36

Der Wahlprüfungsausschuss verfasst einen **schriftlichen Beschluss,** der einen Entscheidungsvorschlag als Antrag an den Bundestag enthält (§§ 11, 12 WahlPrG). Der Vorschlag wird als Drucksache an die Abgeordneten verteilt.[127] Der Bundestag kann den **Antrag** des Wahlprüfungsausschusses mit einfacher Mehrheit **annehmen** oder **ablehnen** (§ 13 WahlPrG) und an den Wahlprüfungsausschuss zurückverweisen, wenn er seiner Empfehlung nicht zustimmt. Das Wahlprüfungsverfahren wird mit einem Beschluss des **Bundestages** beendet. Nur ihm als Ganzem obliegt die **abschließende Entscheidung.**[128] Das Plenum entscheidet **mit einfacher Mehrheit** über die Ordnungsgemäßheit der Bundestagswahl (§ 13 Abs. 1 WahlPrG) und auch über diejenige der Europawahl (§ 26 EuWG). Der abschließende Beschluss 37

[121] *Klein* in Maunz/Dürig Rn. 99; *Kluth* in SHH Rn. 13.

[122] BVerfG NVwZ 2009, 708 (709); *Glauben* in BK Rn. 86; *Maunz* in Maunz/Schmidt-Bleibtreu/Klein/Bethge BVerfGG § 48 Rn. 22 ff.

[123] Näher *Schliesky* in MKS Rn. 31; *Versteyl* in v. Münch/Kunig, 6. Aufl. 2012, Rn. 29.

[124] *Winkelmann* WahlPrüfG § 10 Rn. 1.

[125] *Kluth* in SHH Rn. 15.

[126] *Kluth* in SHH Rn. 15; BT-Drs. VI/343, 4.

[127] ZB BT-Drs. 15/1150; BT-Drs. 16/900; BT-Drs. 16/1800; BT-Drs. 16/3900.

[128] *Klein* in Maunz/Dürig Rn. 78; *Schliesky* in MKS Rn. 33.

des Bundestages wird allen Beteiligten zugestellt. Er muss eine **Rechtsmittelbelehrung** enthalten, vgl. § 13 Abs. 3 WahlPrG.

38 **3. Ausschluss anderer Rechtswege.** Nach hM stellt der Einspruch nach Art. 41 Abs. 1 an den Bundestag keinen Rechtsschutz im Sinne von Art. 19 Abs. 4, sondern einen **außerordentlichen Rechtsbehelf** dar.[129] Das Wahlverfahren zum Bundestag muss zügig durchgeführt werden und die zeitnahe Feststellung des Wahlergebnisses zulassen. Der Zeitdruck rechtfertigt die **Ausschließlichkeit der Wahlprüfung** zur Feststellung von Wahlfehlern **gegenüber fachgerichtlichem Rechtsschutz,**[130] zumal nicht klar ist, wie zB verwaltungsgerichtliche Klageverfahren[131] ausgestaltet werden sollten, um die Funktionen der Wahl, insb. ihre termingerechte und einheitliche Durchführung nicht zu stören. Dass ihre zT vorgeschlagene Ausgestaltung als summarische Prüfungsverfahren mit bedingter Rechtskraft, um schnelle Entscheidungen der Gerichte zu ermöglichen und gleichzeitig divergierende Entscheidungen aus Fachrechtsschutz und Wahlprüfungsverfahren zu verhindern, ein notwendiges Mehr an subjektivem Rechtsschutz bedeutet,[132] leuchtet nicht ein. Fachgerichte können nicht mit dem Begehren angerufen werden, die Wahl auf **Mängel** hin zu überprüfen, **die sich unmittelbar auf das Wahlverfahren beziehen.** Kraft ausdrücklicher Zuweisung an den Bundestag fehlt der Verwaltungs- oder ordentlichen Gerichtsbarkeit die notwendige Zuständigkeit. Es ist auch grds. nicht zulässig, unmittelbar, dh ohne vorherige Einschaltung des Bundestages, das BVerfG im Wahlprüfungsverfahren anzurufen (→ Rn. 29).[133] Art. 41 schließt fachgerichtlichen Rechtsschutz nicht allein zur Korrektur von Wahlfehlern aus, die objektives Wahlrecht verletzen, sondern er entzieht auch die Geltendmachung einer Verletzung subjektiver Wahlrechte der Rechtswegeröffnung nach Art. 19 Abs. 4.[134]

39 Während des Wahlverfahrens wird eine Vielzahl an Entscheidungen von amtl. Stellen ggü. dem Wahlbürger getroffen, die diesen im Subordinationsverhältnis treffen und fehlerhaft sein können. Dies erfordert weder noch rechtfertigt es eine „geltungserhaltende Reduktion" bzw. eine „erweiterte verfassungskonforme Auslegung" von § 49 BWahlG.[135] **Entscheidungen und Maßnahmen, die sich unmittelbar auf das Wahlverfahren beziehen,** lassen sich nach § 49 BWahlG allein durch die im BWahlG und der **BWO geregelten Rechtsbehelfe** oder die Wahlprüfung anfechten (vgl. § 49 BWahlG).[136] Zu den Rechtsbehelfen der BWO zählen vornehmlich

---

[129] BVerfGE 22, 277 (281); 46, 196 (198); 89, 243 (249); 97, 317 (321 f.); *Versteyl* in v. Münch/Kunig, 6. Aufl. 2012, Rn. 42: Rechtsinstitut eigener Art.

[130] BVerfGE 21, 359 (361 f.); 85, 148 (159); 89, 243 (249); *Magiera* in Sachs Rn. 6; *Schliesky* in MKS Rn. 14 f.

[131] Dazu *Roth* in Umbach/Clemens Rn. 17: Die Sperrwirkung erfasst nicht den Verwaltungsrechtsschutz. Ebenso *Leisner* in Sodan Rn. 4.

[132] So *Schliesky* in MKS Rn. 20; *Roth* in Umbach/Clemens Rn. 14; *Roth* in FS f. Graßhof, 1998, 53 (65 f.); *Meyer* KritV 1994, 312 (359 f.).

[133] BVerfGE 1, 300 (303); 28, 214 (219); 66, 232 (234); BVerwG DÖV 1973, 313 (314); *Wuttke* AöR 1971, 506 (516).

[134] BVerfGE 22, 275 (281); 34, 81 (94); 46, 196 (198); 66, 232 (234); *Kluth* in SHH Rn. 28; *Hahlen* in Schreiber Bundeswahlgesetz, 10. Aufl. 2017, § 49 Rn. 2; krit. *Roth* in Umbach/Clemens Rn. 17 ff.; *Lang* in BerlKomm Rn. 44 ff.

[135] BVerfG BeckRS 2010, 54365 Rn. 6 ff.; so aber *Versteyl* in v. Münch/Kunig, 6. Aufl. 2012, Rn. 19; aA *Roth* in Umbach/Clemens Rn. 16; *Glauben* in BK Rn. 104, 106; *Lang* in BerlKomm Rn. 63: § 49 BWahlG ist verfassungskonform.

[136] BVerfGE 11, 329 (329); 14, 154 (155); 16, 130 (135 f.); 22, 275 (281); 29, 18 (19); 34, 81 (94 f.); 46, 196 (198); 28, 214 (219); 74, 96 (101); 83, 156 (158); aber auch BayVGH

Einspruch und Beschwerde gegen das Wählerverzeichnis (§ 22 BWO),[137] die Nichterteilung eines Wahlscheins (§ 31 BWO) oder die Nichtzulassung eines Kreiswahlvorschlags (§ 42 BWO).[138] Die Rechtsbehelfsverfahren nach der BWO sind wesentlich verwaltungsinterne Verfahren.[139]

Selbst eine **Verfassungsbeschwerde** wegen subjektiver Wahlrechtsverletzung nach Art. 93 Abs. 1 Nr. 4a ist **nicht statthaft,** da Art. 41 eine sich aus der Natur des Wahlverfahrens ergebende Sonderregelung ggü. Art. 19 Abs. 4 darstellt.[140] Die Ausschließlichkeit des Wahlprüfungsverfahrens gegenüber fachgerichtlichem Rechtsschutz und Verfassungsbeschwerde ist in der Literatur auf Kritik gestoßen, da sie vor allem beim subjektiven Rechtsschutz Rechtsschutzlücken reißt. Einige Landesgerichte halten die Verfassungsbeschwerde zum einen **gegen eine verschleppte Wahlprüfung** für statthaft.[141] Zum anderen konstruieren sie ihre Statthaftigkeit in eng umgrenzten Ausnahmefällen aus der **Schwere des gerügten Wahlfehlers** und verkoppeln damit Zulässigkeit und Begründetheit dieses Rechtsbehelfs auf methodisch anfechtbare Weise miteinander.[142] 40

Die **Wahl** ist ein **Massenverfahren.** Sie lässt sich in einem Flächenstaat grds. nur dann **gleichzeitig und termingerecht durchführen,** wenn die Rechtskontrolle der vielen Einzelfehler, die in jedem Stadium der Wahl vorkommen können, auf eine ***ex post* Kontrolle** beschränkt wird.[143] Die Erhebung einer Wahlprüfungsbeschwerde vor der Durchführung einer Wahl ist deshalb ausgeschlossen.[144] Die Antragsteller sind auf die nachträgliche Überprüfung von geltend gemachten Wahlfehlern beschränkt.[145] Eine Beschwerde im **vorläufigen Rechtsschutz ist unzulässig,** da mit der Wahlprüfungsbeschwerde nicht das Ziel verfolgt werden kann, den Wahlorganen im Wege des vorläufigen Rechtsschutzes konkrete Verpflichtungen aufzuerlegen. Das Verfahren der **einstweiligen Anordnung nach § 32 BVerfGG** vor dem BVerfG als vorgezogene Wahlprüfung ist ausgeschlossen, da auch die Kontrolle des BVerfG der Selbstkontrolle des Bundestages nachgelagert ist.[146] 41

BayVBl. 1969, 129 (130); BVerwGE 51, 69 (71 ff.): Feststellungsklage auf Eintragung ins Wählerverzeichnis.

[137] *Meyer* in HdbStR III § 46 Rn. 99.

[138] BVerfG BeckRS 2009, 38647; BeckRS 2010, 54365.

[139] *Lang* in BerlKomm Rn. 18; *Meyer* in HdbStR III § 46 Rn. 99.

[140] BVerfGE 14, 154 (155); 22, 277 (281); 28, 214 (219 f.); 29, 19 (20); 34, 81 (94); 74, 96 (101); 83, 156 (158); *Kretschmer* in Schneider/Zeh Parlamentsrecht und Parlamentspraxis, § 13 Rn. 47 f.; *Brocker* in BeckOK GG Rn. 21; *Lechner/Zuck* BVerfGG vor § 48 Rn. 8; *Lackner* JuS 2010, 307 (309 f.); aA *Morlok* in Dreier Rn. 12.

[141] Krit. *Magiera* in Sachs Rn. 7; *Versteyl* in v. Münch/Kunig, 6. Aufl. 2012, Rn. 16 ff.; *Schneider* in AK Rn. 15; *Roth* in Umbach/Clemens Rn. 13 ff.; *Morlok/Bäcker* NVwZ 2011, 1153 (1153 f.); ausf. *Lang,* Subjektiver Rechtsschutz im Wahlprüfungsverfahren, 1997, 153 ff.; VerfGH Saarl BeckRS 2011, 46379.

[142] VerfGH Sachs BeckRS 2019, 15989 Rn. 43: Verfassungsbeschwerde zulässig, wenn die gerügte „Entscheidung des Wahlorgans auf einem besonders qualifizierten Rechtsverstoß beruht und voraussichtlich einen Wahlfehler von außerordentlichem Gewicht" begründet. Krit. *Rozek/Zimmermann* SächsVBl. 2020, 37 (39 f.), zust. *Schenke* NJW 2020, 122 (123 ff.).

[143] BVerfGE 14, 154 (155); 66, 232 (234); BVerfG NVwZ 2009, 1367 (1367); *Kluth* in SHH Rn. 26; *Meyer* in HdbStR III § 46 Rn. 91 ff.

[144] BVerfG BeckRS 2013, 54077; VG Wiesbaden NVwZ 2017, 92 (902).

[145] BVerfG 31.7.2009 – 2 BvO 45/09.

[146] BVerfGE 63, 73 (76); 134, 135 (137 f.); BVerfG NVwZ 2009, 1367 (1367); BVerfG Beschl. v. 24. Juli 2018 2 BvQ 33/18 Rn. 4 ff.; BVerfG Beschl. v. 11. September 2018 2 BvQ 80/18 Rn. 4 ff.; *Kluth* in SHH Rn. 26; *Klein* in Maunz/Dürig Rn. 98; *Versteyl* in v. Münch/Kunig, 6. Aufl. 2012, Rn. 16; *Schliesky* in MKS Rn. 59; aA VerfGH Sachs BeckRS 2019, 15989; abl. *Brade* NVwZ 2019, 1814 (1815 ff.).

Eine Entscheidung über Verletzungen von Wahlvorschriften kann im Wahlverfahren auch nicht in das **einstweilige Rechtsschutzverfahren** bei den Fachgerichten vorverlagert werden.

42 Einige **Lücken im subjektiven Rechtsschutz** sind durch die Änderung des WahlPrG (→ Rn 8 ff.) mittlerweile ansatzweise ausgeglichen. Soweit sie noch bestehen, rechtfertigen sie sich im Übrigen durch die **Eigenart des Wahlverfahrens** als Massenverfahren. Rechtsstaatlich vertretbar ist der Ausschluss fachgerichtlichen Rechtsschutzes auch deswegen, weil die Wahlprüfungsentscheidung des Bundestages unmittelbar vor dem BVerfG angefochten werden kann.[147]

43 Der **Ausschluss** des Rechtswegs **betrifft iÜ nicht Maßnahmen in der Vorbereitung** von Wahlen, die **nicht unmittelbar bevorstehen** oder solche Maßnahmen und Entscheidungen von amtl. Stellen, die nicht unmittelbar mit dem Wahlverfahren verbunden sind, trotzem aber mittelbaren Einfluss auf das Wahlergebnis haben können.[148] Für einen subjektiven Wahlrechtsschutz durch die Eröffnung des Verwaltungsrechtswegs zB für die Beantragung, künftig im Wählerverzeichnis aufgenommen zu werden, für straßenrechtliche Sondernutzungserlaubnisse für Wahlkampfplakatierung oder für den Zugang zu öffentlichen Einrichtungen für Wahlkampfveranstaltungen steht der Verwaltungsrechtsweg offen.[149]

III. Er entscheidet auch, ob ein Abgeordneter des Bundestages die Mitgliedschaft verloren hat (Abs. 1 S. 2)

44 Art. 41 Abs. 1 S. 2 regelt die **Mandatsprüfung.** Der Bundestag entscheidet unabhängig von der Durchführung einer Neuwahl über den **Verlust der konkreten Mitgliedschaft** eines bestimmten Abgeordneten im Rahmen einer so genannten Wahlprüfung im weiteren Sinne.[150]

45 Die reguläre Überprüfung der Gültigkeit des Erwerbs eines Abgeordnetenmandats findet traditionell zu Beginn einer Wahlperiode statt.[151] Die Mandatsprüfung des Bundestages selbst ist differenziert. Zulässig ist eine nachträgliche Kontrolle der **ursprünglichen Mandatserwerbsvoraussetzungen** eines Abgeordneten. Die Befugnis eines Abgeordneten zum Eintritt in das Parlament wird regelmäßig **mittelbar im Rahmen der Wahlprüfung ieS** als Verletzung von Vorschriften mit Mandatsrelevanz geprüft.[152] Eine **unmittelbare Mandatsprüfung** durch den Bundestag und ggf. das BVerfG findet nur dann statt, wenn die **Voraussetzungen** für den **Mandatserwerb** eines Abgeordneten **im Laufe der Wahlperiode zweifelhaft** und angefochten werden. Die Mandatsprüfung nach Art. 41 Abs. 1 S. 2 erfasst also nur die **Fälle des nachträglichen Mandatsverlusts** (§§ 46, 47 BWahlG, §§ 15, 16 WahlPrG).[153]

---

[147] *Brocker* in BeckOK GG Rn. 11.

[148] *Walter* in BeckOK BVerfGG § 48 Rn. 6.

[149] BVerwGE 51, 69 (72 f.); *Brocker* in BeckOK GG Rn. 11; *Franzke* DVBl. 1980, 730 (730 ff.). Nach *Morlok* in Dreier Rn. 11 ist der Verwaltungsrechtsweg bei die Wahl nur mittelbar beeinflussenden Handlungen unproblematisch eröffnet.

[150] *Schliesky* in MKS Rn. 51; *Morlok* in Dreier Rn. 22.

[151] *Kluth* in SHH Rn. 3.

[152] *Schliesky* in MKS Rn. 52; *Kretschmer* in Schneider/Zeh Parlamentsrecht und Parlamentspraxis, § 13 Rn. 40.

[153] *Kluth* in SHH Rn. 11; *Magiera* in Sachs Rn. 18 f.; *Pieroth* in Jarass/Pieroth Rn. 10; *Klein* in Maunz/Dürig Rn. 127 ff.; *Kretschmer* in Schneider/Zeh Parlamentsrecht und Parlamentspraxis, § 13 Rn. 40 f.

Die Gründe für den Verlust eines Mandats sind nicht abschließend in § 46 BWahlG benannt.[154] Als **Mandatsverlustgründe** werden genannt: Ungültigkeit des Erwerbs der Mitgliedschaft im Bundestag, Neufestsetzung des Wahlergebnisses, Wegfall der Wählbarkeit, Verzicht auf das Mandat und schließlich die Feststellung der Verfassungswidrigkeit einer Partei durch das BVerfG, jeweils verbunden mit dem formellen Entscheidungsakt nach § 47 BWahlG. Andere Mandatsverlustgründe ergeben sich aus spezialgesetzlichen Normen, so regelt zB § 45 Abs. 4, 5 StGB den Wegfall des passiven Wahlrechts. Weitere Gründe für einen Mandatsverlust sind zB Tod und Inkompatibilitäten.[155] **46**

Die **Verfahrensgrundsätze für die Wahlprüfung** ieS nach Art. 41 Abs. 1 S. 1 sind **auf die Mandatsprüfung** über einen nachträglichen Mandatsverlust grundsätzlich **anwendbar** (§ 15 WahlPrG).[156] Außer in den Fällen, in denen Ältestenrat oder Bundestagspräsident entscheiden, ist das **Verfahren nicht fristgebunden.** Anders als bei der Wahlprüfung (→ Rn. 33) ist der von einer Mandatsprüfung betroffene Abgeordnete von einer Mitwirkung an der Entscheidung über sein Mandat wegen **Interessenkollision und Befangenheit** nach § 17 WahlPrG ausgeschlossen.[157] Das gilt nicht, wenn die Mandate von mindestens noch neun weiteren Abgeordneten in ein und demselben Verfahren gleichzeitig angefochten werden.[158] Kann eine Mandatsprüfung bis zum Ende der Wahlperiode nicht abgeschlossen werden, tritt wegen Diskontinuität Erledigung ein (→ Rn. 30).[159] **47**

Ergeben sich Zweifel, ob ein **Abgeordneter ursprünglich überhaupt wählbar** war, kann der **Bundestagspräsident** auch nach Ablauf der grundsätzlichen Einspruchsfrist von zwei Monaten nach dem Wahltag (§ 2 Abs. 4 WahlPrG) durch Einspruch eine Prüfung einleiten. Er ist dazu verpflichtet, wenn ein Quorum von 100 Abgeordneten dies verlangt.[160] **48**

Wenn der Bundestag entweder in der Wahlprüfung ieS oder bei der Mandatsprüfung zu dem Ergebnis gelangt, die Wahl eines Abgeordneten sei ungültig gewesen, oder der Abgeordnete verliere seine Mitgliedschaft, **behält der betreffende Abgeordnete dennoch die Rechte und Pflichten aus seinem Mandats** bis zur **Rechtskraft** der **Entscheidung,** vgl. § 47 Abs. 2 BWahlG, § 16 Abs. 1 WahlPrG, kann vom Bundestag nach § 16 Abs. 2 WahlPrG von der Mitarbeit im Parlament allerdings ausgeschlossen werden.[161] Ein vorläufiger Ausschluss des Abgeordneten kann nur dadurch erreicht werden, dass Zweidrittel der Mitglieder des Bundestages dies beschließen oder das **BVerfG** einem dahin gehenden Antrag von einem Zehntel der Mitglieder des Bundestages im Wege der **einstweiligen Anordnung** stattgibt. Dasselbe Rechtsmittel steht dem ausgeschlossenen Abgeordneten **49**

---

[154] *Hahlen* in Schreiber Bundeswahlgesetz, 10. Aufl. 2017, § 46 Rn. 19; *Schneider* in AK Rn. 17; *Schliesky* in MKS Rn. 54; *Klein* in Maunz/Dürig Rn. 132; *Austermann* DÖV 2018, 570 (570 ff.).

[155] *Maunz* in Maunz/Schmidt-Bleibtreu/Klein/Bethge BVerfGG § 48 Rn. 16 ff.

[156] *Kluth* in SHH Rn. 11; *Schliesky* in MKS Rn. 55; *Roth* in Umbach/Clemens Rn. 45 f.; *Magiera* in Sachs Rn. 19; *Morlok* in Dreier Rn. 22.

[157] Strittig ist, ob der Ausschluss auf das Wahlprüfungsverfahren ieS angewandt werden kann, vgl. *Lang* in BerlKomm Rn. 108 ff.

[158] *Schliesky* in MKS Rn. 28; *Kluth* in SHH Rn. 11; *Winkelmann* WahlprüfG § 17 Rn. 1; krit. *Versteyl* in v. Münch/Kunig, 6. Aufl. 2012, Rn. 30.

[159] BVerfGE 22, 277 (280 f.); *Klein* in Maunz/Dürig Rn. 142; *Morlok* in Dreier Rn. 23.

[160] *Kretschmer* in Schneider/Zeh Parlamentsrecht und Parlamentspraxis, § 13 Rn. 40 f.; näher *Glauben* in BK Rn. 153 ff.

[161] *Schliesky* in MKS Rn. 57.

zu, der mit einstweiliger Anordnung seine weitere Mitarbeit erreichen kann, vgl. § 16 Abs. 3 WahlPrG. In sachlicher und verfahrensrechtlicher Hinsicht gilt für diese einstweilige Anordnung § 32 BVerfGG.[162]

IV. Gegen die Entscheidung des Bundestages (Abs. 2 Hs. 1)

50 Der Bundestag muss eine Entscheidung getroffen haben, bevor das BVerfG angerufen werden kann, da die Beschwerde zum BVerfG auf die Überprüfung der Recht- bzw. Verfassungsmäßigkeit der Entscheidung des Bundestages gerichtet ist.[163] Das BVerfG prüft allerdings über den angegriffenen Beschluss des Bundestages hinaus auch, ob angewandte Wahlvorschriften mit der Verfassung in Einklang stehen.[164]

V. Ist die Beschwerde an das Bundesverfassungsgsgericht zulässig (Abs. 2 Hs. 2)

51 Gegen die Beschlüsse des Bundestages im Wahlprüfungsverfahren kann Beschwerde zum BVerfG eingelegt werden. Es handelt sich dabei um eine **ausschließliche Zuständigkeit** des BVerfG. Andere Gerichte können nicht angerufen werden (→ Rn. 38 ff.). Die Beschwerdemöglichkeit nach Art. 41 Abs. 2 bezieht sich auf beide Verfahrensarten des Art. 41 Abs. 1.[165] Der Bundestag soll nicht das letzte Wort in eigener Sache haben. Die Wahlprüfung wird notwendigerweise durch ein **gerichtsförmiges Verfahren** und die Letztentscheidung des BVerfG abgeschlossen.[166] Bei der verfassungsgerichtlichen Prüfung handelt es sich um eine Rechtskontrolle, die alle Fehler im Wahlverfahren zum Bundestag und auch zum Europäischen Parlament umfasst.

52 Das Verfahren der Beschwerde zum BVerfG wegen **Nichtanerkennung als Partei** durch den Bundeswahlausschuss nach § 18 Abs. 4 BWahlG, Art. 93 Abs. 1 Nr. 4c, §§ 13 Nr. 3a, 96a ff. BVerfGG ist im Zuge der Verbesserung des Rechtsschutzes im Wahlprüfungsverfahren ebenfalls 2012 neu ins Grundgesetz aufgenommen worden.[167] Es ist ggü. der Wahlprüfung spezieller. Die Entscheidung des BVerfG schließt eine abweichende Entscheidung im Wahlprüfungsverfahren aus.[168]

53 **1. Beschwerdegegenstand. Gegenstand der Beschwerde** ist der **Beschluss des Bundestages** über die Gültigkeit einer Wahl oder den Verlust eines Mandats. Das BVerfG überprüft als quasi zweite Instanz, ob der Bundestag die formellen[169] und materiellen Wahlvorschriften richtig ausgelegt und

---

[162] *Versteyl* in v. Münch/Kunig, 6. Aufl. 2012, Rn. 39.

[163] BVerfGE 58, 169 (169 f.); 63, 73 (76); *Kluth* in SHH Rn. 26.

[164] BVerfGE 16, 130 (136); 21, 200 (204); 34, 81 (95); 122, 304 (307).

[165] *Glauben* in BK Rn. 164.

[166] BVerfGE 103, 111 (136 ff.), *Löwer* in HdbStR III § 70 Rn. 161; *Kluth* in SHH Rn. 25.

[167] BVerfG BeckRS 2013, 53739; BVerfG BeckRS 2013, 53743; BVerfG BeckRS 2013, 53745; BVerfG BeckRS 2013, 53748; BVerfG JuS 2013, 124; *Sachs* JuS 2013, 1148 (1148 f.); näher *Glauben* in BK Rn. 110 ff.; *Bechler/Neidhardt* NVwZ 2013, 1438 (1438 ff.); *Klein* DÖV 2013, 584 (590); *Ewer* in Morlok/Schliesky/Wiefelspütz Parlamentsrecht, § 8 Rn. 11. Im Wahlverfahren zum 19. Bundestag hatten sieben als Parteien abgelehnte Wählervereinigungen Beschwerde zum BVerfG erhoben. Ihre Beschwerden wurden als unzulässig bzw. unbegründet zurückgewiesen, vgl. BVerfG, B. v. 25.7.2017 – 2 BvC 1/17 bis 2 BvC 7/17. *Frau* DÖV 2018, 152 (152 ff.).

[168] *Lechner/Zuck* BVerfGG vor § 48 Rn. 13.

[169] Formelle Fehler, die der Entscheidung in der Sache nicht die Grundlage entziehen, sind unbeachtlich, BVerfGE 89, 291 (299 f.).

angewandt hat.[170] Zu den formellen Fehlern, die das BVerfG überprüft, zählt auch eine überlange Verfahrensdauer beim Bundestag. Gegenstand der Beschwerde sind ferner nur grds. diejenigen Wahlrügen, die bereits Gegenstand der Wahlprüfung beim Bundestag waren.[171]

Das BVerfG überprüft als Normverwerfungsinstanz im Wahlprüfungsverfahren auch die **Verfassungsmäßigkeit der Wahlgesetze.**[172] **Rechtsschutz** gegen verfassungswidrige Wahlgesetze ist aber **auch außerhalb des Wahlprüfungsverfahrens erreichbar.** Wahlgesetze sind vor dem BVerfG mit der konkreten und abstrakten Normenkontrolle, im Organstreit oder mit einer Rechtssatzverfassungsbeschwerde anfechtbar, wenn diese Verfahren unabhängig von einer konkreten Wahl angestrengt werden.[173] Auch eine außerhalb des Wahlprüfungsverfahrens ausgeurteilte Verfassungswidrigkeit eines Wahlgesetzes führt nicht automatisch zur Auflösung des nach dem fehlerhaften Wahlgesetz gewählten Bundestages, da in jedem Verfahren vor der Erklärung der Ungültigkeit einer Wahl das Bestandsschutzinteresse des Bundestages mit der Schwere des Wahlfehlers abgewogen werden muss.[174] 54

Verfassungswidrige Wahlvorschriften werden, obwohl ihnen die Verfassungswidrigkeit von Anfang an anhaftet, vom BVerfG grundsätzlich **nicht *ex tunc* für nichtig** erklärt. Zum einen wäre dies für die anderen Wähler, die im Vertrauen auf die Wirksamkeit des Wahlrechts gewählt haben, und auch für die Wahlbehörden, für die eine rückwirkende Änderung der bei der Wahl herrschenden Rechtsauffassung nicht vorhersehbar war, unzumutbar. Zum anderen wären die Fehlerfolgen nicht tragbar. Ein aufgrund verfassungswidrigen Wahlrechts gewählter Bundestag wäre nicht legitimiert und nach der kurzfristig anberaumten Wahl eines neuen Bundestages aufzulösen. Ein verfassungskonformes Wahlgesetz könnte er bis zu einer Neuwahl nicht mehr erlassen. Ein neuer, legitimierter Bundestag könnte folglich nicht gewählt werden. Deshalb sind in einem Wahlprüfungsverfahren als verfassungswidrig beanstandete und ausgeurteilte Wahlvorschriften nur ***ex nunc* für verfassungswidrig** und unanwendbar zu erklären.[175] Dem amtierenden Bundestag ist eine angemessene Frist für die Verabschiedung eines verfassungsgemäßen Wahlgesetzes einzuräumen.[176] 55

2. Verfahren. Nach § 18 WahlPrG gelten für das Beschwerdeverfahren beim BVerfG die einfachgesetzlichen Regelungen aus §§ 13 Nr. 3, 48 BVerfGG. 56

Der Kreis der **Beschwerdeberechtigten** wird in § 48 BVerfGG abschließend benannt.[177] Er ist zugleich **kleiner und größer als der Kreis der Einspruchsberechtigten** bei der Wahlprüfungsbeschwerde an den Bundes- 57

---

[170] BVerfGE 97, 317 (321 f.); 89, 243 (249); *Morlok* in Dreier Rn. 23; *Schliesky* in MKS Rn. 59.

[171] BVerfGE 16, 130 (144); *Schliesky* in MKS Rn. 58; *Glauben* in BK Rn. 110; *Brocker* in BeckOK GG Rn. 23; *Achterberg/Schulte* in MKS Rn. 56.

[172] BVerfGE 16, 130 (135 f.); 21, 200 (204); 121, 266 (295); 122, 304 (307); SchlHVerfG JZ 2011, 254 (257); *Ewer* in Morlok/Schliesky/Wiefelspütz Parlamentsrecht, § 8 Rn. 26.

[173] BVerfGE 1, 208 (237 f.); 48, 64 (79 f.); 51, 222 (232); 82, 322 (335 f.); 82, 353 (363 ff.); 95, 335 (347); 103, 111 (123 f.); *Schliesky* in MKS Rn. 16; *Glauben* in BK Rn. 109; *Brocker* in BeckOK GG Rn. 21; *Walter* in BeckOK BVerfGG § 48 Rn. 5; *Lechner/Zuck* BVerfGG vor § 48 Rn. 13.

[174] BVerfGE 129, 300 (344); *Schliesky* in MKS Rn. 39.

[175] *Brocker* in BeckOK GG Rn. 6.

[176] BVerfGE 16, 130 (142 f.); 97, 317 (322, 331).

[177] *Glauben* in BK Rn. 158.

tag. Antragsberechtigt sind die in (→ Rn. 14) genannten Personen, mit Ausnahme der Wahlleiter der Länder, des Bundes und des Bundestagspräsidenten. Über den oben erwähnten Personenkreis hinaus können die Fraktionen und Minderheiten, die mindestens ein Zehntel der gesetzlichen Mitgliederzahl des Bundestages umfassen, die Beschwerde beim BVerfG einlegen. **Politische Parteien** können über ihre Fraktionen oder als wahlberechtigte Personengruppen Beschwerde führen.[178] Vor der Gesetzesänderung 2012 (→ Rn. 8 ff.), konnte eine **Einzelpersonen** als solche keine Beschwerde beim BVerfG einlegen. Für ihre Beschwerde gegen die Wahl des Bundestages hatte das Erfordernis eines Beitritts von weiteren 100 Wahlberechtigten gegolten. Das BVerfG hatte das **Beitrittserfordernis** gegen die Kritik der Literatur[179] mit dem rein objektiven Charakter des Wahlprüfungsverfahrens gerechtfertigt. Nach der Gesetzesänderung zur Verbesserung des Rechtsschutzes im Wahlprüfungsverfahren umfasst dieses nun auch den subjektiven Rechtsschutz. Das Beitrittserfordernis ist deshalb entfallen.[180]

58 Ausschlaggebend für die **Beschwerdebefugnis** ist die Erfolglosigkeit des Einspruchs beim Bundestag. Einer subjektiven Betroffenheit des Beschwerdeführers bedarf es grds. nicht. Eine Ausnahme besteht, wenn mit der Wahlprüfungsbeschwerde ausschließlich die Veletzung subjektiver Rechte geltend gemacht wird.[181]

59 Die Beschwerde muss nach § 48 Abs. 1 BVerfGG innerhalb einer **Frist** von zwei Monaten nach der Beschlussfassung des Bundestages beim BVerfG eingehen. Die Frist ist als Ausschlussfrist nicht verlängerbar.[182] Die Beschwerde ist **schriftlich** einzulegen und substantiiert zu begründen. Es muss sich ersehen lassen, worin der behauptete Wahlfehler besteht und inwieweit er die Sitzverteilung beeinflussen kann (→ Rn. 15).[183] Das **Substantiierungserfordernis** ist gelockert bei Beschwerden, mit denen ausschließlich eine Verletzung subjektiver Rechte geltend gemacht wird. Hier muss die Mandatsrelevanz nicht dargelegt werden.[184]

60 Die Entscheidungen des BVerfG ergehen, je nachdem ob eine mündliche Verhandlung stattgefunden hat, als **Urteile** oder als **Beschlüsse.** Liegt ein Wahlfehler vor, stellt das BVerfG diesen in seinem Entscheidungstenor fest. Das Gericht kann bei Zulässigkeit und Begründetheit einer Beschwerde die Beschlüsse des Bundestages aus Wahlprüfungs- oder Mandatsprüfungsverfahren aufheben, tut dies in der Praxis idR aber nicht.[185] Das Gericht **trifft in der Sache die abschließende Entscheidung.** Es entscheidet in der Sache selbst zB auf Nichtigkeit oder Unvereinbarkeit einer verfassungswidrigen Wahlrechtsnorm. Ist ein Wahlfehler erheblich, mandatsrelevant und nicht anders behebbar, erklärt das BVerfG die Wahl je nach Umfang des Wahlfehlers in einem Teil des Wahlgebiets oder im ganzen Wahlgebiet für ungültig.[186] Dann findet eine teilweise oder ganze Wahlwiederholung statt. Im

---

[178] Vgl. auch BVerfGE 58, 169 (176 f.); 2, 300 (303).

[179] *Lang* in BerlKomm Rn. 127 ff. mwN.

[180] *Schliesky* in MKS Rn. 61.

[181] BVerfG Beschl. v. 29.1.2019, 2 BvC 62/14 Rn. 28 ff.

[182] BVerfGE 1, 430 (431); 58, 172 (172 f.); *Schliesky* in MKS Rn. 61; Walter BeckOG BVerfGG § 48 Rn. 26.

[183] BVerfGE 122, 304 (308 f.); 130, 212 (223).

[184] BVerfG Beschl. v. 29.1.2019, 2 BvC 62/14 Rn. 31.

[185] *Walter* in BeckOK BVerfGG § 48 Rn. 35.

[186] *Schneider* in AK Rn. 20; *Roth* in Umbach/Clemens Rn 35.

anderen Fall weist es die Wahlprüfungsbeschwerde entweder als unzulässig zurück oder es verwirft sie als unbegründet.[187]

VI. Das Nähere regelt ein Bundesgesetz (Abs. 3)

Die nähere Regelung von Wahl- und Mandatsprüfungverfahren ist nach Art. 41 Abs. 3 dem **Bundesgesetzgeber** aufgegeben. Er ist dem Verfassungsauftrag durch die Regelungen im WahlPrG und den ergänzenden Regelungen in BWahlG, BWO und BVerfGG nachgekommen, hat allerdings **im Wesentlichen nur formelles Wahlprüfungsrecht positiviert** und die Konkretisierung des materiellen Wahlprüfungsrechts der Rechtsprechung und Lehre überlassen.[188] 61

C. Verhältnis zu anderen Bestimmungen des Grundgesetzes

Die Wahlprüfung sowohl im engeren Sinne als auch die Mandatsprüfung können unmittelbar auf den Status des Abgeordneten aus Art. 38 Abs. 1 einwirken. Wahlprüfungsrecht ergänzt Art. 38 Abs. 3 und richtet sich an den Wahlgrundsätzen des Art. 38 Abs. 1 aus. Die Ungültigkeit einer Wahl steht im Zusammenhang mit Art. 39 Abs. 1 u. 2 und den dort geregelten Fristen für Neuwahlen. Der Wahlprüfungsausschuss schränkt die Organisationsautonomie des Bundestages aus Art. 40 Abs. 1 ein. 62

D. Kritische Würdigung

Das **zweistufige Wahlprüfungsverfahren** im Grundgesetz ist letztlich nur insoweit als Rechtsprechung ausgestaltet, wie es in den Händen des BVerfG liegt,[189] auch wenn der Bundestag es auf der ersten Stufe seiner Selbstkontrolle nicht als politische Verhandlung, sondern ebenfalls als Rechtskontrolle versteht.[190] Die Wahlprüfung durch den Bundestag stellt im formellen Sinne **keine Rechtsprechung in eigener Sache** dar, da der Bundestag kein Gericht ist.[191] Die parlamentarische Selbstprüfung[192] steht jedoch auch heute noch im Streit. Wegen der geringen Kontrolldichte der parlamentarischen Entscheidungen und des generellen Unbehagens gegen Entscheidungen des Parlaments in eigener Sache werden als Alternativen regelmäßig zweistufige Gerichtsverfahren oder die Konzentration der Wahlprüfung beim BVerfG mit einer Vorprüfung durch eine Kammer ins Spiel gebracht.[193] Eine **ausschließlich gerichtsförmige Ausgestaltung des Wahlprüfungsverfahrens** ohne Beteiligung des Parlaments wäre ein **Novum in der deutschen Verfassungsgeschichte,** das sicherlich nicht zu anderen Ergebnissen 63

[187] *Kluth* in SHH Rn. 29; *Brocker* in BeckOK GG Rn. 11.1; *Klein* in Maunz/Dürig Rn. 95 f.; *Löwer* in HdbStR III § 70 Rn. 161.

[188] *Versteyl* in v. Münch/Kunig, 6. Aufl. 2012, Rn. 51 f.; *Schneider* in AK Rn. 21; *Morlok* in Dreier Rn. 25; *Schreiber* DVBl. 2010, 609 (616 f.).

[189] BVerfGE 103, 111 (138); 121, 266 (290); *Kluth* in SHH Rn. 25.

[190] *Klein* in Maunz/Dürig Rn. 72; *Glauben* in BK Rn. 79; *Brocker* in BeckOK GG Rn. 10.

[191] BVerfGE 4, 331 (346); 60, 175 (214); 21, 139 (146); *Schliesky* in MKS Rn. 35; *Glauben* in BK Rn. 77 – zum Wahlprüfungsausschuss.

[192] *Löwer* in HdbStR III § 70 Rn. 161.

[193] *Roth* in Umbach/Clemens Rn. 4; *Kluth* in SHH Rn. 2; *von Arnim* NVwZ 2014, 846 (850).

führte, dafür die Selbstheilungskräfte der Demokratie aber aushebelte, indem es unnötig weitere Entscheidungsbefugnisse vom Parlament auf ein Gericht verlagerte. Auch wenn die Wahlprüfung in ihrer bisherigen Form wegen des **Grundsatzes des effektiven Rechtsschutzes** aus Art. 19 Abs. 4 nicht vollständig überzeugen kann, ist sie verfahrensrechtlich aus Praktikabilität für eine reibungslose Wahl als vornehmstes Recht der Demokratie zu Recht im Wesentlichen auf die beiden Prüfungsinstitutionen Bundestag und BVerfG beschränkt. Dass der Gesetzgeber es versäumt hat, das **materielle Wahlprüfungsrecht** zu regeln, fällt angesichts der detaillierten Kasuistik der Gerichte und der Vielzahl an Einzelfällen, die sich allein generalklauselartig fassen ließen, nicht ins Gewicht. Trotzdem bleibt zweifelhaft, ob er damit seinem Regelungsauftrag aus Art. 41 Abs. 3 nachgekommen ist.[194]

Literatur

C. Arndt, Anmerkung zum Urteil des HmbVerfG vom 4.5.1993, NVwZ 1993, 1066. – ***P. Austermann,*** Erwerb und Verlust des Bundestagsmandats, DÖV 2018, 570. – ***L. Bechler/S. Neidhardt,*** Verfassungsgerichtlicher Rechtsschutz für Parteien vor der Bundestagswahl: Die Nichtanerkennungsbeschwerde zum BVerfG, NVwZ 2013, 1438. – ***A. Brade,*** Präventive Wahlprüfung?, NVwZ 2019, 1814. – ***L. Brocker,*** Die Zulässigkeit sog. „verdeckt-gemeinsamer“ Wahlvorschläge (PDS/WASG) bei der Wahl zum 16. Bundestag, ZG 2007, 73. – ***D. Dölling,*** Anmerkung zum Urteil des BGH vom 21.10.1985, NStZ 1987, 69. – ***W. Ewer,*** Wahlprüfung, in Morlok/Schliesky/Wiefelspütz, Parlamentsrecht, 2015, § 8. – ***H. G. Franzke,*** Der Schutz des aktiven Wahlrechts durch die Verwaltungsgerichte, DVBl. 1980, 730. – ***R. Frau,*** Nochmals zum Rechtsschutz für Kleinstparteien: Nichtzulassungsbeschwerden bei der Bundestagswahl 2017, DÖV 2018, 152. – ***J. A. Frowein,*** Die Rechtsprechung des Bundesverfassungsgerichts zum Wahlrecht, AöR 1974, 72. – ***P. Glauben,*** Nach der Wahl ist vor der Wahl(Prüfung) – Politisch besetztes Gremium prüft nach rechtlichen Kriterien, DRiZ 2005, 349. – ***P. Glauben,*** Wahlprüfung als Garantie des unverfälschten Willens des Souveräns, NVwZ 2017, 1419. – ***H. Goerlich,*** Wahlprüfung, Kontrollspielraum und Funktionenordnung. Anmerkung zum Urteil des VerfGHNRW vom 19.3.1991, NWVBl. 1991, 332. – ***H. Goerlich,*** Umfang der Wahlprüfung – Substantiierte Rüge bezüglich Verfahrensfehler bei Stimmenauszählung, DVBl. 1992, 428. – ***M. C. Hettlage,*** Grundrecht ohne vorläufigen Rechtsschutz: die Wahlprüfung, NJOZ 2019, 625. – ***H. Heußner/A. Pautsch,*** Die Verfassungswidrigkeit des Wahlrechtsausschlusses von 17-Jährigen bei den Wahlen zum Europäischen Parlament, NVwZ 2019, 993. – ***C. Hientzsch,*** „Gezwitscherte“ Wahlergebnisse – Veröffentlichung von Wählerbefragungen vor Ablauf der Wahlzeit, DÖV 2010, 357. – ***T. Hüfler,*** Wahlfehler und ihre materielle Würdigung, 1980. – ***J. Ipsen,*** Kandidatenaufstellung, innerparteiliche Demokratie und Wahlprüfungsrecht, ZParl 1994, 235. – ***P. Klein,*** Rechtsschutz gegen die Nichtanerkennung als Partei bei Bundestagswahlen – Neues Verfahren, neue Chancen, DÖV 2013, 584. – ***C. Koenig,*** Mandatsrelevanz und Sanktionen im verfassungsgerichtlichen Wahlbeschwerdeverfahren, ZParl 1994, 241. – ***G. Kretschmer,*** Wahlprüfung, in Schneider/Zeh, Parlamentsrecht und Parlamentspraxis in der Bundesrepublik Deutschland, 1989, § 13. – ***U.-T. Koch,*** „Bestandsschutz“ für Parlamente? – Überlegungen zur Wahlfehlerfolgenlehre, DVBl. 2000, 1093. – ***T. Kuhl/P. Unruh,*** Materielles Wahlprüfungsrecht und Kandidatenaufstellung, DVBl. 1994, 1391. – ***H. Lackner,*** Grundlagen des Wahlprüfungsrechts nach Art. 41 GG, JuS 2010, 307. – ***H. Lang,*** Subjektiver Rechtsschutz im Wahlprüfungsverfahren, 1997. – ***W. Leisner,*** Wahlfälschung als Demokratiegefahr – Neuordnung der Wahlüberwachung, NJW 2005, 486. – ***K. Lemke,*** Rechtsfolgen ungültiger Wahlrechtsnormen, 1964. – ***R. Lippold,*** Die Prüfung der Verfassungsmäßigkeit des Wahlrechts durch den Wahlprüfungsausschuß, DVBl. 1987, 933. – ***U. Mager,*** Die Kontrolle der innerparteilichen Kandidatenaufstellung im Wahlprüfungsverfahren, DÖV 1995, 9. – ***H. Meyer,*** Wahlgrundsätze, Wahl-

[194] *Versteyl* in v. Münch/Kunig, 6. Aufl. 2012, Rn. 51.

verfahren, Wahlprüfung, in Isensee/Kirchhof HdbStR III, 3. Aufl. 2005, § 46. – ***M. Morlock/A. Bäcker,*** Zugang verweigert: Fehler und fehlender Rechtsschutz im Wahlzulassungsverfahren, NVwZ 2011, 1153. – ***M. Morlok,*** Kleines Kompendium des Wahlrechts, NVwZ 2012, 913. – ***D. Murswiek,*** Der Umfang der verfassungsgerichtlichen Kontrolle staatlicher Öffentlichkeitsarbeit, DÖV 1982, 529. – ***J. Ockermann,*** Zum Umfang der Wahlprüfung, NVwZ 1991, 1150. – ***T. Oppermann,*** Wahlprüfung, Wahlbeeinflussung und Wählernötigung – BVerfGE 66, 369, JuS 1985, 519. – ***A. Ortmann,*** Probleme der Wahlprüfungsbeschwerde nach § 48 BVerfGG, ThürVBl. 2006, 169. – ***D. N. Rauber,*** Wahlprüfung in Deutschland, 2005. – ***G. Roth,*** Zur Durchsetzung der Wahlrechtsgrundsätze vor dem Bundesverfassungsgericht, DVBl. 1998, 214. – ***J. Rozek/R. Zimmermann,*** Antizipierte Wahlprüfung auf Sächsisch, SächsVBl. 2020, 37. – ***J. Ruszoly,*** Zur Institutionengeschichte der parlamentarischen Wahlprüfung in Europa, Der Staat 21 (1981), 203. – ***W.-R. Schenke,*** Die Garantie eines Wahlrechtsschutzes durch Art. 19 WGG NJW 2020, 122. – ***S. Schiedermair,*** Gefährden Wahlcomputer die Demokratie?, JZ 2007, 162. – ***W. Schreiber,*** Das Bundesverfassungsgericht als Wahlprüfungsgericht. Eine Analyse der jüngeren wahlprüfungsrechtlichen Spruchpraxis zu Wahlen zum Deutschen Bundestag, DVBl. 2010, 609. – ***A. Schwerdtfeger,*** Vereinbarungen zwischen Schwesterparteien im Verfassungsrecht – Verletzung des Wahlrechts der Bayern?, NVwZ 2017, 841. – ***H. Sodan/S. Klucker,*** Rechtsprobleme durch die Nachwahl zum Deutschen Bundestag, NJW 2005, 3241. – ***H. Wuttke,*** Wahlprüfungsentscheidungen als Angriffsgegenstand einer Verfassungsbeschwerde, AöR 1971, 506.

Art. 42 [Öffentlichkeit der Sitzungen; Mehrheitsprinzip]

(1) [1]Der Bundestag verhandelt öffentlich. [2]Auf Antrag eines Zehntels seiner Mitglieder oder auf Antrag der Bundesregierung kann mit Zweidrittelmehrheit die Öffentlichkeit ausgeschlossen werden. [3]Über den Antrag wird in nichtöffentlicher Sitzung entschieden.

(2) [1]Zu einem Beschlusse des Bundestages ist die Mehrheit der abgegebenen Stimmen erforderlich, soweit dieses Grundgesetz nichts anderes bestimmt. [2]Für die vom Bundestage vorzunehmenden Wahlen kann die Geschäftsordnung Ausnahmen zulassen.

(3) Wahrheitsgetreue Berichte über die öffentlichen Sitzungen des Bundestages und seiner Ausschüsse bleiben von jeder Verantwortlichkeit frei.

Paulskirchenverfassung von 1849

Abschnitt IV. Art. V

§ 98. Zu einem Beschluß eines jeden Hauses des Reichstages ist die Theilnahme von wenigstens der Hälfte der gesetzlichen Anzahl seiner Mitglieder und die einfache Stimmenmehrheit erforderlich.

Im Falle der Stimmengleichheit wird ein Antrag als abgelehnt betrachtet.

Abschnitt IV. Art. VII

§ 111. Die Sitzungen beider Häuser sind öffentlich. Die Geschäftsordnung eines jeden Hauses bestimmt, unter welchen Bedingungen vertrauliche Sitzungen stattfinden können.

Reichsverfassung von 1871

Art. 22. (1) Die Verhandlungen des Reichstages sind öffentlich.

(2) Wahrheitsgetreue Berichte über Verhandlungen in den öffentlichen Sitzungen des Reichstages bleiben von jeder Verantwortlichkeit frei.

Art. 28. (1) Der Reichstag beschließt nach absoluter Stimmenmehrheit. Zur Gültigkeit der Beschlußfassung ist die Anwesenheit der Mehrheit der gesetzlichen Anzahl der Mitglieder erforderlich.

(2) Bei der Beschlußfassung über eine Angelegenheit, welche nach den Bestimmungen dieser Verfassung nicht dem ganzen Reiche gemeinschaftlich ist, werden die Stimmen nur derjenigen Mitglieder gezählt, die in Bundesstaaten gewählt sind, welchen die Angelegenheit gemeinschaftlich ist. [Abs. 2 aufgehoben durch G. vom 24.2.1873, RGBl. 45].

Weimarer Reichsverfassung von 1919

Art. 29. Der Reichstag verhandelt öffentlich. Auf Antrag von fünfzig Mitgliedern kann mit Zweidrittelmehrheit die Öffentlichkeit ausgeschlossen werden.

Art. 30. Wahrheitsgetreue Berichte über die Verhandlungen in den öffentlichen Sitzungen des Reichstags, eines Landtags oder ihrer Ausschüsse bleiben von jeder Verantwortlichkeit frei.

Art. 32. Zu einem Beschlusse des Reichstags ist einfache Stimmenmehrheit erforderlich, sofern die Verfassung kein anderes Stimmenverhältnis vorschreibt. Für die vom Reichstag vorzunehmenden Wahlen kann die Geschäftsordnung Ausnahmen zulassen.

Die Beschlußfähigkeit wird durch die Geschäftsordnung geregelt.

Übersicht

A. Allgemeine Bedeutung

I. Genese

1 Die Paulskirchenverfassung enthielt den Grundsatz der Sitzungsöffentlichkeit des Parlaments in § 111, ihren Ausschluss überließ sie allerdings der Geschäftsordnungsautonomie des Reichstags. Mit einer erstaunlichen Wortlautgleichheit zur heutigen Regelung blieb das **Berichterstattungsprivileg** mit zB § 38 des preußischen Pressegesetzes[1] von 1851 landesrechtlich verankert, bis es mit Art. 22 Abs. 2 Reichsverfassung 1871 auf Reichsverfassungsebene gehoben wurde. Die **Sitzungsöffentlichkeit** wurde in Art. 22 Abs. 1 RV 1871 garantiert, ihr Ausschluss wiederum der Regelung durch die Geschäftsordnung überlassen. Die Weimarer Reichsverfassung enthielt den Öffentlichkeitsgrundsatz in Art. 29, der erstmals bereits auf Verfassungsebene zugleich hohe Hürden für den Antrag auf und den Beschluss über den Ausschluss der Öffentlichkeit aufstellte. In den Quoren kam die Bedeutung des Öffentlichkeitsgrundsatzes für die Demokratie und den Minderheitenschutz zum Ausdruck. Das Berichterstattungsprivileg regelte Art. 30 WRV.[2] Der Verfassungsentwurf von Herrenchiemsee (HChE) enthielt die Parlamentsöffentlichkeit in Art. 53, den der Parlamentarische Rat als selbstver-

[1] Preuß. Gesetzessammlung 1851 S. 273.
[2] Ausf. *Linke* in BerlKomm Rn. 12 ff.

ständlich mit nur wenigen redaktionellen Änderungen ins GG übernahm.[3] Näher diskutierte der Parlamentarische Rat im Wesentlichen nur die Frage der Wahrheit im Rahmen der Verantwortungsfreiheit wahrheitsgetreuer Berichte, überschrieb dann aber das Privileg mit dem bereits aus der Weimarer Verfassung bekannten Wortlaut ins GG.[4]

2 Die **Mehrheitsregel** in Art. 42 Abs. 1 hat sich bereits in vormodernen Zeiten als Entscheidungsregel kollegial zusammengesetzter Körperschaften entwickelt.[5] **Beschlussfähigkeits- und Abstimmungsquoren** haben sich im Laufe der Geschichte **verändert.** § 98 Abs. 1 der Paulskirchenverfassung setzte die Teilnahme der Hälfte der gesetzlichen Mitglieder und einfache Stimmenmehrheit für einen Beschluss des Reichstags voraus. Art. 28 der Reichsverfassung 1871 verlangte ebenfalls die Teilnahme der Hälfte der gesetzlichen Mitglieder und absolute Stimmenmehrheit. Die Weimarer Reichsverfassung gestaltete die Mehrheitsregel flexibler aus. Regelungen zur Beschlussfähigkeit überließ sie in Art. 32 Abs. 2 WRV der Geschäftsordnung. Für die Beschlussfassung selbst genügte nach Art. 32 Abs. 1 WRV idR die einfache Stimmenmehrheit, außer die Verfassung selbst sah andere Quoren vor. Für Wahlen konnte die Geschäftsordnung abweichende Mehrheitsverhältnisse bestimmen. Sowohl Art. 54 Abs. 1 HChE als auch der Parlamentarische Rat übernahmen die Regelmehrheit der einfachen Stimmenmehrheit und ließen wie die Weimarer Reichsverfassung Abweichungen zu. Regelungen zur Beschlussfähigkeit des Bundestages wurden vom Parlamentarischen Rat ebenfalls seiner Geschäftsordnungsautonomie überantwortet, um die Arbeitsfähigkeit des Parlaments möglichst umfassend auszugestalten.[6] Die Norm ist unverändert geblieben.

II. Inhaltsübersicht

3 Die **Öffentlichkeit parlamentarischer Beratungen** hat sich zusammen mit der Entstehung repräsentativer politischer Versammlungen entwickelt. Gerade die Repräsentation des ganzen Volkes – nicht einzelner Stände – mit dem freien Mandat der Repräsentanten verlangt, dass die Vertretenen über die Handlungen ihrer Vertreter Bescheid wissen.[7] Seit die Generalstände in der Französischen Revolution die Öffentlichkeit ihrer Tagungen beschlossen haben, hat die Sitzungsöffentlichkeit kontinentaleuropäische Tradition.[8]

4 In der Vormoderne kontrollierte das monarchische Staatsoberhaupt die Öffentlichkeit parlamentarischer Beratungen, indem es sie weitreichend ausschließen konnte.[9] Das Arkanprinzip war ein wesentlicher Bestandteil der absolutistischen Politik. In der modernen Demokratie ist die **Verhandlungsöffentlichkeit** dagegen ein konstituierendes Element des Regierungssystems. Parlament und Souverän sind zwischen den Wahlen durch die Verhandlungsöffentlichkeit des Bundestages miteinander verkoppelt. Die Öffentlichkeit ist

[3] *V. Doemming/Füßlein/Matz* JöR 1 (1951), 363.

[4] *V. Doemming/Füßlein/Matz* JöR 1 (1951), 364 f.; *Morlok* in Dreier Rn. 9.

[5] *Linke* in BerlKomm Rn. 29; *Morlok* in Dreier Rn. 10; *Flaig,* Die Mehrheitsentscheidung, 2013, 175 ff.

[6] *V. Doemming/Füßlein/Matz* JöR 1 (1951), 363; ausf. *Linke* in BerlKomm Rn. 30 ff.; *Morlok* in Dreier Rn. 12 f.

[7] *Morlok* in Dreier Rn. 2; *Müller-Terpitz* in BK Rn. 262.

[8] *Morlok* in Dreier Rn. 2 ff.; *Schliesky* in MKS Rn. 2; näher *Weiß,* Theorie der Parlamentsöffentlichkeit, 2010, 43 ff.

[9] Näher *Linke* in BerlKomm Rn. 5 ff.; *Kluth* in SHH Rn. 2.

Vorbedingung von öffentlicher Meinungsbildung und **responsiver Demokratie,** in der Volksvertretung und Volk sich wechselseitig beeinflussen.[10] Das Licht der Öffentlichkeit zwingt das Parlament, die Staatswillensbildung vom Volk kontrollieren zu lassen, sie vor dem Souverän zu rechtfertigen und permanent zu verantworten.[11] Schon die Frankfurter Paulskirchenverfassung ließ keinen einseitigen Ausschluss der Öffentlichkeit durch den Monarchen mehr zu.[12] Das **Berichterstattungsprivileg** hat sich bereits während des Konstitutionalismus durchgesetzt. Es ergänzt die Öffentlichkeitsfunktion des Parlaments, da es faktisch nicht möglich ist, das ganze Volk an seiner Sitzungsöffentlichkeit teilnehmen zu lassen. Die Verantwortungsfreiheit wahrheitsgetreuer Berichterstattung wurde zunächst aus der Indemnität der Abgeordneten abgeleitet. Wenn der Abgeordnete für seine Wortbeiträge Indemnität genießt, soll auch der Bericht hierüber zensur- und straffrei bleiben.

Das Vertrauen in die Öffentlichkeit als kritischem Maßstab für staatliches 5
Handeln hat sich in der **Aufklärung** herausgebildet. Die Öffentlichkeit parlamentarischer Debatten sollte Funktionen erfüllen, wie die Ausbildung eines rationalisierten bürgerlichen Interesses an der staatlichen Politik oder die Identifizierung des Publikums mit dem staatlichen Gemeinwesen.[13] Nach den Idealen der Aufklärung sollte die Öffentlichkeit als **Garant für die Gerechtigkeit** staatlicher Entscheidungen fungieren.[14]

III. Systematischer Zusammenhang

Art. 42 fasst mehrere traditionelle Institutionen des deutschen Parlaments- 6
verfassungsrechts zusammen. Die **Sitzungsöffentlichkeit** des Art. 42 Abs. 1 wird ergänzt und damit effektuiert durch das **Berichterstattungsprivileg** aus Art. 42 Abs. 3. Zwischen beide Absätze hat der Verfassunggeber in Art. 42 Abs. 2 die **Mehrheitsregel** für die Beschlussfassung des Bundestages eingefügt, um die Handlungs- und Funktionsfähigkeit des Parlaments sicherzustellen.[15] Seine Beschlussfähigkeit zu regeln, bleibt dem Bundestag im Rahmen seiner Geschäftsordnungsautonomie überlassen. Ein direkter innerer Zusammenhang zwischen Parlamentsöffentlichkeit und Mehrheitsregel ist nicht ersichtlich.[16] Öffentlichkeitsprinzip und Mehrheitsregel sind aber aufeinander bezogene Ideen aus der Geschichte des Parlamentsverfassungsrechts.[17]

B. Einzelfragen

I. Der Bundestag (Abs. 1 S. 1)

1. Sitzungsöffentlichkeit. Art. 42 Abs. 1 S. 1 spricht die unmittelbare 7
Sitzungsöffentlichkeit des Bundestages an. Die öffentliche Verhandlung um-

[10] BVerfGE 134, 141 (173); *Schliesky* in MKS Rn. 15; *Brocker* in BeckOK GG Rn. 1.
[11] BVerfGE 44, 125 (139); 118, 277 (353).
[12] *Mahrenholz* FS f. Hufen, 2015, 201 (201).
[13] Auch heute noch vgl. *Brocker* in BeckOK GG Rn. 1.2.
[14] Näher *Klein* in Maunz/Dürig Rn. 7 f.; *Morlok* in Dreier Rn. 2 f.; *Schliesky* in MKS Rn. 2.
[15] *Kluth* in SHH Rn. 1.
[16] *Versteyl* in v. Münch/Kunig, 6. Aufl. 2012, Rn. 1; *Kluth* in SHH Rn. 1; *Binder* DVBl. 1985, 1112 (1112).
[17] *Morlok* in Dreier Rn. 1.

fasst die Tätigkeit des Plenums vom Beginn der Sitzung bis zu ihrem Ende, denn der Begriff des Verhandelns meint den gesamten Prozess der Entscheidungsfindung im Parlament von der Beratung bis hin zur Beschlussfassung.[18] Der Öffentlichkeitsgrundsatz macht allerdings vor einem uneinsehbaren Bereich des Parlaments halt, den dieses zur Gewährleistung seiner Arbeits- und Funktionsfähigkeit benötigt. Dieser Bereich ist auch vor der Informationsfreiheit aus Art. 5 Abs. 1 und dem IFG abgeschirmt.[19] Ob die Sitzungsöffentlichkeit die körperliche Anwesenheit der Abgeordneten im Plenarsaal erfordert, ist umstritten. Jedenfalls hat der Bundestag auf virtuelle Sitzung per Videokonferenz in der Pandemie bislang verzichtet.[20]

8 Öffentliches Verhandeln meint zwar grds. **mündliches Verhandeln.**[21] Dass seit einer Geschäftsordnungsänderung 2009 mit § 78 Abs. 6 GOBT anstelle einer mündlichen Aussprache vereinbart werden kann, **Reden zu Protokoll** zu geben, ist aber unbedenklich.[22] Der Öffentlichkeitsgrundsatz des Art. 42 Abs. 1 verlangt nur, dass das Plenum öffentlich verhandelt, sagt aber nichts darüber aus, wann und dass im Plenum mündlich verhandelt werden muss.[23] Allerdings ist zumindest eine Lesung eines Gesetzes im Bundestag unabdingbar. Hier reicht es aber, dass die Abgeordneten die Möglichkeit zur öffentlichen Diskussion haben.[24] Aus dem Recht, mündlich zu beraten, leitet das BVerfG **keine Pflicht zur mündlichen Beratung** ab.[25] Die Öffentlichkeit von Reden zu Protokoll wird über Medien wie die Veröffentlichung der Plenarprotokolle und Bundestagsdrucksachen hergestellt.[26]

9 Art. 42 Abs. 1 gewährleistet zunächst die klassische Sitzungsöffentlichkeit in Form von **Saalöffentlichkeit,** die die unmittelbare **Zugänglichkeit** von Plenarsitzungen durch Jedermann unqualifiziert und gleich garantiert, der zuhören und zuschauen will.[27] Zu den Zutrittsberechtigten gehören auch die Medienvertreter.[28] Ein subjektiver Anspruch auf Zugang besteht nicht aus Art. 42 Abs. 1 S. 1, wohl aber aus der Informationsfreiheit des Art. 5 Abs. 1, der aber nur auf ermessensfehlerfreie Entscheidung geht.[29] Die Plenarsäle der Parlamente verfügen üblicherweise nur über **begrenzte Zuhörerplätze.** Der Bundestag ist nicht verpflichtet, für eine Erhöhung der

---

[18] BVerfGE 10, 4 (12); 89, 291 (303); *Schliesky* in MKS Rn. 25; *Versteyl* in v. Münch/Kunig, 6. Aufl. 2012, Rn. 10; *Klein* in Maunz/Dürig Rn. 32; *Magiera* in Sachs Rn. 4; *Linke* in BerlKomm Rn. 55; *Morlok* in Dreier Rn. 22; *Brocker* in BeckOK GG Rn. 5; *Achterberg* DVBl. 1980, 512 (512 ff.).

[19] *Brocker* in BeckOK GG Rn. 2.2; *Schwarz/Fuchs* DVBl. 2017, 541 (543 ff.); aA OVG Bln-Bbg AfP 2015, 284 (284 ff.); *Müller-Terpitz* in BK Rn. 29.

[20] Abl. *Wissenschaftliche Dienste Deutscher Bundestag,* Virtuelles Parlament https://www.bundestag.de/resource/blob/690270/07e7b1aff547a62bbc7477281574de2c/WD-3-084-20-pdf-data.pdf, S. 3 ff.; bejahend *Lenz/Schulte* NVwZ 2020, 744 (746 ff.).

[21] *Bauer* Der Staat 49 (2010), 587 (590).

[22] *Linke* in BerlKomm Rn. 55; *Kluth* in SHH Rn. 7; krit. *Bauer* Der Staat 49 (2010), 587 (589 ff.); *Kornmeier* DÖV 2010, 676 (682); *Linck,* ZParl 23 (1992), 673 (682).

[23] BVerfGE 1, 144 (152); 120, 56 (74 f.).

[24] BVerfGE 120, 56 (74); 125, 104 (123); *Borowy* ZParl 41 (2010), 874 (898).

[25] BVerfGE 125, 104 (123); *Risse/Witt* in Hömig/Wolff Rn. 1; *Schuster* DÖV 2014, 516 (516 ff.).

[26] *Brocker* in BeckOK GG Rn. 5.1.

[27] *Linke* in BerlKomm Rn. 62; *Versteyl* in v. Münch/Kunig, 6. Aufl. 2012, Rn. 12; *Morlok* in Dreier Rn. 26.

[28] *Morlok* in Dreier Rn. 26; *Dicke* in Umbach/Clemens Rn. 15.

[29] BVerfGE 103, 44 (59); *Schliesky* in MKS Rn. 28; *Klein* in Maunz/Dürig Rn. 35; *Linke* in BerlKomm Rn. 69 ff.; *Müller-Terpitz* in BK Art. 36 f.

verfügbaren Platzzahlen zu sorgen, wenn er zB über Gegenstände von erheblicher Bedeutung für das Gemeinwesen oder über Gegenstände verhandelt, die große Aufmerksamkeit erregen.[30] Da ein Zutritt für Jedermann faktisch ausgeschlossen ist, muss der Bundestag seine Kapazitäten bewirtschaften. Vor allem der **Gleichheitsgrundsatz** aus Art. 3 Abs. 1 ist hierbei zu beachten. Legitim sind die Vergabe kontingentierter Gratiskarten „solange der Vorrat reicht", das Erfordernis einer vorherigen Anmeldung oder eine Einlasskontrolle.[31]

Neben der Saalöffentlichkeit umfasst der Öffentlichkeitsgrundsatz die **Berichterstattungsöffentlichkeit.**[32] Die Berichterstattungsöffentlichkeit beinhaltet die amtliche und die nichtamtliche Berichterstattung[33] und damit auch die **Medienöffentlichkeit** der Plenarsitzungen.[34] Vor allem die Vertreter der Medien stellen eine effektive Öffentlichkeit parlamentarischer Verhandlungen her.[35] Auch wenn zT wegen der besonderen Bedeutung der Medien als Mittler für Parlamentsöffentlichkeit und öffentliche Meinung ein privilegierter Zugang zum Plenarsaal bejaht und praktiziert wird,[36] hat der Bundestag gleichzeitig darauf zu achten, dass ausreichend Sitzkapazitäten für die allgemeine Öffentlichkeit zur Verfügung stehen, denn die unmittelbare Sitzungsöffentlichkeit darf nicht allein deswegen beeinträchtigt oder faktisch ausgeschlossen werden, weil Medienberichte mittelbar eine größere Öffentlichkeit herstellen können.[37] 10

Liveübertragungen aus dem Bundestag durch Rundfunk, Fernsehen oder Internetübertragungen, die dessen Verhandlungen einem großen Publikum zugänglich machen, sind nicht besonders durch Art. 42 Abs. 1 S. 1 gewährleistet. Eine Rechtspflicht, Liveberichterstattung zuzulassen, besteht nicht.[38] Allerdings ergibt sich aus Art. 42 Abs. 1 S. 1 auch kein Liveübertragungsverbot.[39] Im Gegenteil hat der Bundestag Direktübertragungen seiner Sitzungen im öffentlich-rechtlichen und im privaten Rundfunk seit Beginn zugelassen. Mittlerweile bedient sich der Bundestag mit dem **Parlamentsfernsehen** moderner Kommunikationsmittel. Er stellt seine Sitzungen und öffentliche Ausschusssitzungen als Live Stream ins Internet und hält sie in 11

---

[30] *Schliesky* in MKS Rn. 28; *Pieroth* in Jarass/Pieroth Rn. 1a; aA *Morlok* in Dreier Rn. 26.

[31] *Linke* in BerlKomm Rn. 63; *Klein* in Maunz/Dürig Rn. 33; *Versteyl* in v. Münch/Kunig, 6. Aufl. 2012, Rn. 12; *Morlok* in Dreier Rn. 26; *Kluth* SHH Rn. 9.

[32] *Kluth* in SHH Rn. 4; *Brocker* in BeckOK GG Rn. 4; *Wohlfahrth* LKRZ 2011, 130 (132): Die Medienöffentlichkeit ist ein Aliud gegenüber der Saalöffentlichkeit; *Risse/Witt* in Hömig/Wolff Rn. 1; aA wohl *Versteyl* in v. Münch/Kunig, 6. Aufl. 2012, Rn. 12; *Kluth* in SHH Rn. 4.

[33] *Morlok* in Dreier Rn. 27; *Klein* in Maunz/Dürig Rn. 34; *Achterberg/Schulte* in MKS, 6. Aufl. 2010, Rn. 8.

[34] *Schliesky* in MKS Rn. 19; *Krüper* in Morlok/Schliesky/Wiefelspütz Parlamentsrecht, § 39 Rn. 16.

[35] *Mayntz* ZParl 24 (1993), 351 (352 ff.).

[36] *Morlok* in Dreier Rn. 27; *Schliesky* in MKS Rn. 28; *Dicke* in Umbach/Clemens Rn. 15: Sitzplatzreservierung für die Presse; ebenso *Brocker* in BeckOK GG Rn. 4; ähnl. *Kluth* in SHH Rn. 9: begrenzte Bevorzugung der Presse; *Müller-Terpitz* in BK Rn. 38: Verpflichtung im Rahmen des Möglichen; *Binder* DVBl. 1985, 1112 (1115); *Klein* in Maunz/Dürig Rn. 34 f.; *Magiera* in Sachs Rn. 3; *Achterberg/Schulte* in MKS, 6. Aufl. 2010, Rn. 4 f.; *Leisner* in Sodan Rn. 3.

[37] *Kluth* in SHH Rn. 9; *Linke* in BerlKomm Rn. 70.

[38] Näher *Linke* in BerlKomm Rn. 65; *Kluth* in SHH Rn. 5; *Dicke* in Umbach/Clemens Rn. 15; *Klein* in Maunz/Dürig Rn. 36; *Magiera* in Sachs Rn. 3; *Versteyl* in v. Münch/Kunig, 6. Aufl. 2012, Rn. 12; *Binder* DVBl. 1985, 1112 (1116).

[39] *Klein* in Maunz/Dürig Rn. 36.

seiner Mediathek vor.[40] Die **Digitalisierung** der parlamentarischen bzw. politischen Kommunikation überhaupt wird zT sehr kritisch gesehen. Neben der Banalisierung von Politik findet ein Verlust von Ernsthaftigkeit und Komplexität statt, vor allem wenn die Abgeordneten aus der Sitzung hinaus in die sozialen Netzwerke twittern, sperrige Themen unzureichend vereinfachen und die Aufmerksamkeit vom Plenum ablenken.[41]

12 Der Wortlaut der Norm über die Sitzungsöffentlichkeit verbietet weder, dass **geheime Sachabstimmungen** vorgenommen werden, noch dass mit verdeckten Stimmzetteln geheim gewählt wird.[42] Denn nach Art. 42 Abs. 1 S. 1 muss das parlamentarische Geschehen zwar öffentlich zugänglich sein, darüber hinausgehende „Wahrnehmungsmöglichkeiten" vor allem der Inhalte von Abstimmungen und Wahlen garantiert Art. 42 Abs. 1 aber nicht.[43] Geheime Sachabstimmungen sind in der GOBT nicht vorgesehen. Ob ihre Einfügung in die GOBT zulässig wäre, ist umstritten.[44] Gegen sie spricht, dass die Wähler ihre Abgeordneten gerade auch an ihrem Abstimmungsverhalten messen können müssen.[45] Die Wahl mit verdeckten Stimmzetteln regelt § 49 GOBT.[46] **Geheime Wahlen** werden eher für zulässig gehalten und auch praktiziert, weil der Geschlossenheitsdruck der Fraktionen, der auf den Abgeordneten lastet, bei Personalentscheidungen höher sein soll als bei Sachentscheidungen, zumindest aber die persönlichen Beziehungen der Abgeordneten untereinander geschützt werden sollen.[47] Beispiele für geheime Wahlen sind die Wahl des Bundeskanzlers (§ 4 Abs. 1 S. 1 GOBT) und die Wahl des Bundestagspräsidenten und seiner Stellvertreter (§ 2 Abs. 1 S. 1 GOBT). **Veröffentlicht** ein Abgeordneter sein Wahlverhalten bei einer geheimen Wahl in Echtzeit auf **Twitter,** kann darin eine **Verletzung der Ordnung** und Würde des Bundestages liegen, die Ordnungsmaßnahmen des amtierenden Sitzungspräsidenten auslösen kann (→ Art. 40 Rn. 29).[48]

13 Die formelle Herstellung von Parlamentsöffentlichkeit wird zT durch die Pflicht des Parlaments zu materieller Öffentlichkeit ergänzt. Das Parlament soll durch den Öffentlichkeitsgrundsatz dazu verpflichtet sein, seine Debatten **verständlich** und **nachvollziehbar** zu gestalten.[49] Dies ist zwar ein Gebot politischer Klugheit. Als verfassungsrechtliche Verpflichtung aus Art. 42

---

[40] *Linke* in BerlKomm Rn. 66; *Kluth* in SHH Rn. 9, 25; *Müller-Terpitz* in BK Rn. 43 f.; *Gersdorf,* Parlamentsfernsehen des Deutschen Bundestages, 2008, 18; *Marschall* ZParl 28 (1997), 279 (279 ff.); *Höpcke* ZParl 39 (2008), 447 (447 f.); *Mayntz* ZParl 24 (1993), 351 (354 ff.); insg. *Beierwaltes,* Demokratie und Medien, 2002.

[41] *Schliesky* in MKS Rn. 22; bereits *Klein* in Maunz/Dürig Rn. 14 ff.; *Schmidt-Jortzig* ZParl 49 (2018), 793 (797 ff.).

[42] *Morlok* in Dreier Rn. 23.

[43] *Magiera* in Sachs Rn. 4.

[44] Für verfassungsgewohnheitsrechtlich ausgeschlossen halten geheime Abstimmungen *Pieroth* in Jarass/Pieroth Rn. 1a; *Schliesky* in MKS Rn. 26.

[45] So *Brocker* in BeckOK GG Rn. 7; *Morlok* in Dreier Rn. 23; *Groth/Rühl* LKV 2007, 311 (312). Für zulässig halten geheime Abstimmungen *Linke* in BerlKomm Rn. 59; *Achterberg/Schulte* in MKS, 6. Aufl. 2010, Rn. 3; *Dicke* in Umbach/Clemens Rn. 14; *Klein* in Maunz/Dürig Rn. 37; *Schneider* in AK Rn. 3; *Kluth* in SHH Rn. 18; *Magiera* in Sachs Rn. 4; *Leisner* in Sodan Rn. 3; dazu *Röper* ZParl 11 (1980), 503 (503 ff.).

[46] AA *Linck* ZParl 23 (1992), 673 (700 f.).

[47] Vgl. *Klein* in Maunz/Dürig Rn. 37; *Schliesky* in MKS Rn. 26; *Dicke* in Umbach/Clemens Rn. 14; *Pieroth* in Jarass/Pieroth Rn. 1a; krit. *Morlok* in Dreier Rn. 23; *Brocker* in BeckOK GG Rn. 8.1; *Gröpl* in GWC Rn. 5.

[48] BVerfG Beschl. v. 17.9.2019 2 – BvE 2/18, Rn. 2 ff.

[49] So *Morlok* in Dreier Rn. 21; *Achterberg/Schulte* in MKS, 6. Aufl. 2010, Rn. 2; *Schliesky* in MKS Rn. 17, 20; *Müller-Terpitz* in BK Rn. 32.

Abs. 1 S. 1 scheidet die materielle Öffentlichkeit aber aus, da ihre Beeinträchtigung die Sanktion der Nichtigkeit von Beschlüssen, die aus unverständlicher Verhandlung ergehen, nach sich zöge (→ Art 42 Rn. 31). Das gilt vor allem dann, wenn – wie zT gefordert – der Grundsatz der Parlamentsöffentlichkeit in allen seinen Facetten auch auf Ausschusssitzungen erstreckt wird, da bereits der Maßstab[50] für die Verständlichkeit von Verhandlungen unklar und subjektiv ist.[51]

2. Ausschussöffentlichkeit. Die Sitzungsöffentlichkeit bezieht sich ausschließlich auf das Plenum. Die Öffentlichkeit von Ausschusssitzungen regelt der Bundestag kraft seiner Geschäftsordnungsautonomie. Parlamentarische Gremien wie die **Ausschüsse** des Bundestages tagen grds. **nichtöffentlich** (§ 69 Abs. 1 S. 1 GOBT).[52] Wegen der Bedeutung des Öffentlichkeitsgrundsatzes in der parlamentarischen Demokratie wird die Parlamentsöffentlichkeit zT auf die Ausschussarbeit erstreckt. Denn die Ausschüsse nehmen an der Repräsentationsfunktion des Parlaments teil.[53] Weil die eigentliche Arbeit des Parlaments in den Ausschüssen stattfindet, die die Sachentscheidungen des Plenums präjudizieren, dürfe der Öffentlichkeitsgrundsatz nicht an der wesentlichsten Stelle parlamentarischer Repräsentation durchbrochen werden. Im Wege einer dynamischen Verfassungsinterpretation sollen die Beratungen der Ausschüsse unter den Begriff der Verhandlungen des Bundestages subsumiert werden, um die **Ausschussöffentlichkeit** als **verfassungsrechtliches Gebot** zu behaupten.[54] 14

Dass die **Nichtöffentlichkeit** von Ausschusssitzungen ein **verfassungsrechtlicher Grundsatz** ist, bestätigt jedoch der Gegenschluss aus Art. 44 Abs. 1, der die Ausschussöffentlichkeit eines bestimmten Ausschusses, nämlich des Untersuchungsausschusses, verfassungsunmittelbar herstellt.[55] Ein Verweis auf die grds. Ausschussöffentlichkeit in einigen Landesparlamenten wie zB in Berlin[56] oder in Schleswig-Holstein[57] verfängt nicht. Wegen des schmalen Spielraums, der für die Landespolitik bleibt und dem ungleich höheren öffentlichen Interesse, das die Bundespolitik auf sich zieht, ist ein **Vergleich** mit den Regelungen der **Bundesländer wenig tragfähig.**[58] Die Öffentlichkeit aus den Ausschüssen grundsätzlich herauszuhalten, macht auch Sinn.[59] Die Nichtöffentlichkeit der Ausschussberatungen schafft den für vertrauliche Verhandlungen und Kompromisse notwendigen Kommunikationsraum. Der **Zweck der Ausschüsse,** einen offenen, sachbezogenen und selbstdarstellungsfreien Diskurs zwischen den Vertretern unterschiedlicher politischer Richtungen zu ermöglichen, wird durch den grds. Ausschluss von 15

---

[50] *Linke* in BerlKomm Rn. 68: massenpublikumstaugliches Niveau.
[51] Ebenso *Leisner* in Sodan Rn. 1; *Linke* in BerlKomm Rn. 68.
[52] BVerfGE 1, 144 (152); *Kluth* in SHH Rn. 11.
[53] BVerfGE 80, 188 (222).
[54] *Morlok* in Dreier Rn. 24; *Versteyl* in von Münch/Kunig, 6. Aufl. 2012, Rn. 4 ff.; *Achterberg/Schulte* in MKS, 6. Aufl. 2010, Rn. 10; *Schneider* in AK Rn. 5; *Kluth* in SHH Rn. 8; *Pünder* VVDStRL 72 (2013), 191 (242); *Oberreuter* ZParl 6 (1975), 77 (79 ff.); krit. auch *Martenson* in Schneider/Zeh Parlamentsrecht und Parlamentspraxis, § 5 Rn. 21.
[55] *Schliesky* in MKS Rn. 31; *Brocker* in BeckOK GG Rn. 2; *Müller-Terpitz* in BK Rn. 50; *Leisner* in Sodan Rn. 2.
[56] Art. 44 Abs. 1 S. 2 LVerf Bln.
[57] Art. 23 Abs. 3 S. 1 LVerfSchlH.
[58] So auch *Morlok* in Dreier Rn. 25.
[59] *Schliesky* in MKS Rn. 31; *Siefken* ZParl 49 (2018), 777 (777 ff.); *Brocker* ZParl 47 (2016), 50 (53 f.); *Jekewitz* Der Staat 25 (1986), 399 (417 ff.); BT-Drs. 18/3045, 2 ff.; BT-Drs. 18/8299, 3 f.

Publikum begünstigt. Eine grds. verpflichtende Ausschussöffentlichkeit könnte zu einer noch stärkeren Abwanderung politischer Diskussionen in informelle Zirkel und außerparlamentarische Gremien führen,[60] denn irgendwo müssen die Volksvertreter einmal unter geschützten Bedingungen auch außerhalb der Arbeitskreise der Fraktionen verhandeln können.[61]

16 Die **Nichtöffentlichkeit** von Ausschusssitzungen gilt iÜ **nur als Regel,**[62] die über die Geschäftsordnungsautonomie des Bundestages **Ausnahmen** zulässt (§ 69 Abs. 1 S. 2 GOBT), soweit keine verfassungsrechtlichen (zB Art. 44 Abs. 1 S. 1 oder Art. 45a Abs. 3) oder einfachgesetzlichen Vorgaben für die Öffentlichkeit oder Nichtöffentlichkeit einer Beratung vorliegen. Von der Möglichkeit, die Ausschussöffentlichkeit nach § 69a GOBT und § 70 GOBT vor allem bei so genannten Expertenanhörungen herzustellen, macht der Bundestag reichlich Gebrauch.[63] Ausschüsse unterliegen darüber hinaus der Berichterstattungspflicht und die endgültige Entscheidung über parlamentarische Vorhaben bleibt dem öffentlich tagenden Plenum vorbehalten.[64]

17 Ob der **Öffentlichkeitsgrundsatz** eine direkte oder analoge Anwendung auf **plenarersetzende Ausschüsse** finden muss, die „als Bundestag" handeln, ist umstritten. Relevanz hat diese Frage vor allem für den **Ausschuss für die Angelegenheiten der Europäischen Union** nach Art. 45, 23 Abs. 3, § 2 EuZBBG und § 93b GOBT. Der Bundestag kann den Europaausschuss ermächtigen, die Rechte des Bundestages gegenüber der Bundesregierung wahrzunehmen. Der Ausschuss tagt grds. nichtöffentlich. Die Veröffentlichung seiner Stellungnahmen als Bundestagsdrucksachen (§ 93b Abs. 6 GOBT) reicht nicht, um Saal- und Sitzungsöffentlichkeit herzustellen. Sowohl die mangelnde Transparenz im europäischen Integrationsprozess wie auch der Hang des Bundestages, auf seine Rechte im Integrationsprozess vorschnell zu verzichten, lassen es **verfassungspolitisch notwendig** erscheinen, Sitzungen des Europaausschusses dem Öffentlichkeitsgrundsatz zu unterwerfen. **Verfassungsrechtlich geboten** ist die Öffentlichkeit **nicht,** da der Europaausschuss nur partiell anstelle des Parlaments tätig wird.[65] Das Plenum hat jederzeit ein Rückholrecht, das es bei brisanten Angelegenheiten im delegierten Bereich nutzen sollte (→ Art. 45 Rn. 9).

18 Das Gebot der **Öffentlichkeit** von Plenardebatten **strahlt** auch auf den Umfang der Kompetenzen des nichtöffentlich tagenden **Vermittlungsausschusses aus** (→ Art. 77 Abs. 2 Rn. 22). Es übersteigt die Verfahrenslegitimation des Vermittlungsausschusses, wenn er in seinen Kompromissvorschlag Vorschriften aufnimmt, die vorher weder als solche noch mit verwandtem Inhalt Gegenstand der parlamentarischen Verhandlung gewesen sind. Denn damit würde der Zusammenhang zwischen der öffentlichen Debatte im

---

[60] BVerfGE 80, 188 (221 f.); 84, 304 (323); 140, 115 (150); Beschlussempfehlung des Ausschusses für Wahlprüfung, Immunität und Geschäftsordnung BT-Drs. 12/2342, 6.

[61] So auch *Linke* in BerlKomm Rn. 56 ff.; *Schliesky* in MKS Rn. 36.

[62] Weiter hier *Kluth* in SHH Rn. 3: rechtfertigungsbedürftige Regel. Für eine Umkehrung des Regel-Ausnahmeverhältnisses *Pünder* VVDStRL 72 (2013), 191 (242); *Linck* ZParl 23 (1992), 673 (699 f.).

[63] BT-Drs. 19/5496, S. 5; *Appoldt,* Die öffentlichen Anhörungen („Hearings") des Deutschen Bundestages, 1971.

[64] BVerfGE 140, 115 (150).

[65] *Schürmann* in Morlok/Schliesky/Wiefelspütz Parlamentsrecht, § 19 Rn. 38; *Winkelmann* in ebda., § 23 Rn. 44; *Leisner* in Sodan Rn. 2; aA *Magiera* in Sachs Art. 45 Rn. 8; *Brocker* in BeckOK GG Rn. 2; Klein in Maunz/Dürig Rn. 46; *Müller-Terpitz* in BK Rn. 53; *Bröhmer,* Transparenz als Verfassungsprinzip, 2004, 120 ff.; *Linck* ZParl 23 (1992), 673 (681).

Bundestag und einer anschließenden Schlichtung zulasten der notwendigen öffentlichen Kontrolle des Gesetzgebungsverfahrens durch die Bürger zerrissen werden.[66]

II. Verhandelt öffentlich

Art. 42 Abs. 1 schreibt den **Grundsatz der Öffentlichkeit** parlamentarischer Verhandlungen fest. Der Grundsatz der öffentlichen Verhandlungen des Parlaments hat unter der Demokratie des GG einen herausragenden Stellenwert (→ Art. 20 Rn. 63 ff.),[67] denn die Repräsentierten haben einen Anspruch darauf, über die Handlungen ihrer Repräsentanten informiert zu sein und diese kontrollieren zu können.[68] Der Öffentlichkeitsgrundsatz ist wesentlicher Teil des Demokratieprinzips aus Art. 20 Abs. 1 u. 2[69] und nicht einmal vom verfassungsändernden Gesetzgeber antastbar, da er der Ewigkeitsklausel des Art. 79 Abs. 3 unterfällt.[70] **19**

Die Verhandlungsöffentlichkeit meint zunächst die freie Zugänglichkeit der Plenarsitzungen des Parlaments für Jedermann.[71] Daneben tritt die mediale Öffentlichkeit parlamentarischen Handelns. Darin erschöpft sich allerdings die **Funktion** der **Verhandlungsöffentlichkeit** für die parlamentarische Demokratie des GG nicht. Der öffentlich zugängliche Prozess der Staatswillensbildung durch das Parlament erfüllt unterschiedliche essentielle Funktionen für die repräsentative Demokratie wie die Kontroll-, Akzeptanz-, Sanktions- und Integrationsfunktion.[72] **20**

Vor allem der Zugang der Medien zu den öffentlichen Verhandlungen des Parlaments eröffnet innerhalb einer Wahlperiode einen **Kommunikationsraum**[73] zwischen Volksvertretern und Volk, der eine Kontrolle parlamentarischen Handelns erlaubt.[74] Die mittelbare Demokratie des GG ist auf das **Vertrauen der Wähler** in die Gewählten gegründet. Das Volk muss die Möglichkeit haben zu verfolgen, was warum politisch entschieden wird. Sonst ist Vertrauen nicht möglich.[75] Das gilt gerade auch im Kontext der europäischen Integration.[76] Entscheidungen von erheblicher Tragweite muss ein Verfahren vorausgehen, dass es der Öffentlichkeit ermöglicht, ihre Auffassungen dazu zu bilden und auch zu vertreten.[77] Der Zwang, politische Entscheidungen vor der Öffentlichkeit rechtfertigen zu müssen, stellt das Parlament in einen Verantwortungszusammenhang zwischen Repräsen- **21**

---

[66] BVerfGE 120, 56 (78); 125, 104 (121 f.); BVerfG B v. 15.1.2019 – 2 BvL 1/09, Rn. 56, 59; *Kluth* in SHH Rn. 6; *Axer* NVwZ 2010, 624 (626 f.); *Sinner* ZParl 43 (2012), 313 (316 ff.).

[67] BVerfGE 70, 324 (355); 84, 304 (329); 131, 152 (204 ff.).

[68] *Morlok* in Dreier Rn. 20; *Pieroth* Jus 2010, 473 (479).

[69] BVerfGE 70, 324 (355); 84, 304 (329); 125, 104 (123(123 f.); *Kluth* in SHH Rn. 4.

[70] BVerfGE 131, 152 (204 f.); *Brocker* in BeckOK GG Rn. 1.1; *Schneider* in AK Rn. 2; *Magiera* in Sachs Rn. 1.

[71] *Versteyl* in v. Münch/Kunig, 6. Aufl. 2012, Rn. 2; *Pieroth* in Jarass/Pieroth Rn. 1a.

[72] *Kluth* in SHH Rn. 4.

[73] BVerfGE 80, 188 (218); 84, 304 (331); *Krüper* in Morlok/Schliesky/Wiefelspütz Parlamentsrecht, § 39 Rn. 2; *Kißler,* Die Öffentlichkeitsfunktion des Deutschen Bundestages, 1976, 296 f.

[74] BVerfGE 40, 296 (327); 70, 324 (355); 84, 304 (329); 125, 104 (122); 134, 141 (176); *Kluth* in SHH Rn. 1.

[75] BVerfGE 40, 269 (327); 131, 152 (204 ff.).

[76] BVerfGE 131, 152 (204 f.); *Risse/Witt* in Hömig/Wolff Rn. 1.

[77] BVerfGE 85, 386 (403 f.); 95, 267 (307 f.); 108, 282 (312); 130, 318 (344).

tanten und Repräsentierten.[78] Über die Parlamentsöffentlichkeit ist das Volk mittelbar an der **Kontrolle der Regierung** beteiligt.[79] Eine der Kernaufgaben der Volksvertretung, Regierungshandeln zu kontrollieren, ist umso effektiver, je mehr sie unter den Augen der Öffentlichkeit stattfindet.[80]

22 Der Öffentlichkeitsgrundsatz sorgt für **Responsivität**[81] zwischen Parlament und Volk. Mit Hilfe der medialen Öffentlichkeit entsteht die **öffentliche Meinung,** in der Parlament und Volk sich wechselseitig beeinflussen. Mit Hilfe der Öffentlichkeit können Konfliktlinien im Parlament geklärt und der Boden für Kompromisse bereitet werden. Meinungen und Meinungsalternativen werden in die öffentliche Meinung hineingetragen. Das Medium der öffentlichen Meinung ist eine unerlässliche Vorbedingung für die Herstellung von inhaltlicher Übereinstimmung zwischen den politischen Präferenzen der Repräsentierten und dem Handeln ihrer Repräsentanten.[82] In der öffentlichen und anschließend medial vermittelten Debatte des Parlaments werden politische Positionen von Regierungskoalition und Opposition bekannt gemacht und auf ihre Akzeptanz von Seiten der Wählerschaft hin getestet.[83]

23 Im Plenum werden also „Reden aus dem Fenster heraus" gehalten. Die Qualifizierung des Parlaments als **Redeparlament** oder „Schwatzbude" ist aber despektierlich gemeint.[84] Die Kritik impliziert, dass die eigentliche inhaltliche Arbeit an der Staatswillensbildung in die Hinterzimmer der Fraktions- und Ausschusssitzungen abgewandert ist und sich dort im Verborgenen vollzieht, da die genannten Gremien idR nichtöffentlich verhandeln.[85] Hier ist zwischen dem Herstellen und dem Darstellen politischer Entscheidungen zu unterscheiden. Im Plenum werden **Entscheidungsfindungsprozess, Entscheidungsergebnis** und **alternative Entscheidungsmöglichkeiten** mit ihren jeweiligen Gründen dargestellt. Angesichts der herausragenden Funktion der Öffentlichkeit parlamentarischer Debatten, sind die an das Publikum gerichteten Reden im Plenum sicherlich einer der Hauptzwecke der parlamentarischen Plenardebatten.[86] Das BVerfG bestätigt dies in stRspr und überbetont dabei zugleich den liberalen Glauben an die Vernünftigkeit parlamentarischer Entscheidungen, die aus öffentlichen Verhandlungen erwachsen. Für das Gericht ist der öffentliche Austausch von Argument und Gegenargument im Plenum ein essentielles Element für die repräsentative Demokratie.[87] Im Idealfall soll der Austausch der Argumente einen materiellen Ausgleich der verschiedenen Positionen

---

[78] BVerfGE 70, 324 (355); 84, 304 (329); 118, 277 (353); 125, 104 (123 f.); 130, 318 (344); 147, 50 (127 f.); *Schliesky* in MKS Rn. 24; *Steinberg,* Die Repräsentation des Volkes, 2013, 275 ff.

[79] BVerfGE 131, 152 (205); *Brocker* in BeckOK GG Rn. 1.

[80] *Linke* in BerlKomm Rn. 45.

[81] *Uppendahl* ZParl 12 (1981), 123 (126 f.).

[82] *Schliesky* in MKS Rn. 16; *Schliesky* in Morlok/Schliesky/Wiefelspütz Parlamentsrecht, § 5 Rn. 40; *Morlok* in Dreier Rn. 20; *Schuster* DÖV 2014, 516 (521 f.); *Linck* ZParl 23 (1992), 673 (674).

[83] BVerfGE 137, 34 (73), *Linke* in BerlKomm Rn. 47.

[84] *Jesse,* Literaturführer: Parlamentarische Demokratie, 1981, 113.

[85] *Patzelt* in Gabriel/Holtmann Handbuch Politisches System Deutschland, 3. Aufl. 2005, 159 (230 f.).

[86] *Klein* in Maunz/Dürig Rn. 28.

[87] BVerfGE 70, 324 (355); 84, 304 (329); 130, 318 (344); 140, 115 (150); *Kluth* in SHH Rn. 4; *Morlok* in Dreier Rn. 20; *Müller-Terpitz* in BK Rn. 27.

befördern.[88] In der Realität kann der öffentliche Austausch unterschiedlicher Positionen zumindest dafür sorgen, dass in einem Entscheidungsprozess tatsächlich alle erheblichen Gesichtspunkte gesehen und nach außen vermittelt wurden.[89] Die Deliberation im Plenum trägt deshalb ggf. zur **Integration** des Staates und zur **Akzeptanz** politischer Mehrheitsentscheidungen bei,[90] wenn das Publikum sieht und nachvollziehen kann, wie um gute Lösungen von politischen Problemen gerungen wird.[91] Dem Öffentlichkeitsgrundsatz wird deshalb zugleich eine **legitimierende Funktion** zugeschrieben.

Der Öffentlichkeitsgrundsatz hat damit ebenfalls eine **minderheitenschützende Funktion.** Die Parlamentsöffentlichkeit verschafft den Wählern Zugang zu Informationen, die für ihre **politische Präferenzbildung** wesentlich sein können.[92] Hierzu gehören die Gegenargumente der parlamentarischen Minderheiten. Der Abgeordnetenstatus aus Art. 38 Abs. 1 umfasst die Öffentlichkeit des Mandats als Recht des einzelnen Abgeordneten.[93] Er gewährleistet das für das Publikum sichtbare Wirken der Abgeordneten.[94] Der konfrontative Austausch zwischen Mehrheits- und Minderheitsfraktionen vor Publikum zeigt dem Wahlvolk politische und personelle Alternativen auf, die es in seiner nächsten Wahlentscheidung berücksichtigen kann. Die Parlamentsöffentlichkeit trägt zu der für die Demokratie des GG essentiellen Chance der Minderheit bei, bei den nächsten Wahlen zur Mehrheit zu werden.[95] 24

III. Auf Antrag eines Zehntels seiner Mitglieder oder auf Antrag der Bundesregierung (Abs. 1 S. 2 Hs. 1)

Die Öffentlichkeit kann auf Antrag ausgeschlossen werden. Art. 42 Abs. 1 S. 2 benennt mit den Antragstellern und dem Antrags- und Beschlussquorum im Bundestag **lediglich formale Voraussetzungen,** die der Bundestag für einen verfassungsgemäßen Ausschluss der Öffentlichkeit beachten muss. **Antragsberechtigt** ist ein Zehntel der gesetzlichen Mitglieder des Bundestages. 25

Auch die **Bundesregierung** ist bzgl. des Ausschlusses der Öffentlichkeit **antragsberechtigt.** Selbst wenn die konstitutionellen Verfassungen stets Antrags- und ggf. auch Ausschlussrechte bzgl. der Parlamentsöffentlichkeit der Exekutive zusprachen, stellt das Antragsrecht der Regierung kein Überbleibsel des Konstitutionalismus dar.[96] Es ist vielmehr in einer parlamentarischen Demokratie notwendig, da die Regierung den Staat mit dem Parlament zusammen „zu gesamter Hand"[97] leitet und den geborenen Kommunikationspartner des Parlaments darstellt. Ihr Informationsvorsprung und 26

---

[88] BVerfGE 40, 237 (249); 70, 324 (355); *Linke* in BerlKomm Rn. 52; *Dicke* in Umbach/Clemens Rn. 7.
[89] *Klein* in Maunz/Dürig Rn. 6.
[90] BVerfGE 40, 237 (249); 70, 324 (369); 131, 152 (205).
[91] *Morlok* in Dreier Rn. 20.
[92] BVerfGE 118, 277 (353).
[93] *Häberle* NJW 1976, 537 (539 f.).
[94] BVerfGE 70, 324 (355); *Schliesky* in MKS Rn. 18.
[95] BVerfGE 70, 324 (369); *Linke* in BerlKomm Rn. 52, 83; *Gröpl* in GWC Rn. 2; *Dietrich,* Die Funktion der Öffentlichkeit der Parlamentsverhandlungen im Strukturwandel des Parlamentarismus, 1970, 63 ff.
[96] So aber *Linke* in BerlKomm Rn. 76.
[97] *Friesenhahn* VVDStRL 16 (1958), 9 (37 f.).

ihr Wissen um Geheimhaltungsbedürftigkeit bedingen ein eigenes Antragsrecht. Die Bundesregierung wird von der Norm **als Kollegialorgan** adressiert. Grundsätzlich ist daher für ihren Antrag auf Ausschluss der Öffentlichkeit ein vorangehender **Mehrheitsbeschluss** nach § 24 GOBReg erforderlich.[98]

27 **Weder** der **Antrag** aus dem Parlament noch der Antrag der Bundesregierung bedürfen **einer öffentlichen Begründung.**[99] Die Pflicht, den Antrag öffentlich zu begründen, würde den Grund für den Ausschluss der Öffentlichkeit, nämlich die Geheimhaltungsbedürftigkeit eines Verhandlungsgegenstandes, *ad absurdum* führen.[100] Auch eine kursorische öffentliche Begründung ist verfassungsrechtlich nicht erforderlich.[101] Für sie sprechen allein kosmetische Gründe, mit denen der Anschein von Öffentlichkeit aufrecht erhalten würde. Welchen aussagekräftigen Inhalt sollte eine kursorische öffentliche Begründung haben, wenn mit ihr doch geheimhaltungsbedürftige Inhalte gerade nicht in die Öffentlichkeit gelangen sollen? Dass der Antrag auf Ausschluss der Öffentlichkeit selbst keiner öffentlichen Begründung bedarf, indiziert allerdings **kein Belieben des Parlaments.** Das fehlende Begründungserfordernis ist Ausdruck der Unmöglichkeit, einen Antrag auf Geheimhaltung öffentlich mit tragenden Gründen zu versehen.[102] Da der Öffentlichkeitsgrundsatz aber nicht zur freien Disposition des Parlaments steht, reichen weder die formalen Hürden allein noch ein Willkürverbot[103] für den wirksamen Ausschluss der Öffentlichkeit aus.[104] Wegen der Bedeutung des Öffentlichkeitsgrundsatzes für die repräsentative Demokratie ist die Parlamentsöffentlichkeit grds. unverzichtbar.[105] Da der Ausschluss der Öffentlichkeit eine Ausnahme vom verfassungsrechtlichen Öffentlichkeitsgrundsatz darstellt,[106] müssen gleichwertige verfassungsrechtliche **Gründe für diesen Ausschluss** vorliegen.[107] Diese Gründe sind den Abgeordneten in der nichtöffentlichen Sitzung, in der über den Ausschluss abgestimmt wird, darzulegen und plausibel zu machen. Der Ausschluss der Öffentlichkeit ist damit justiziabel.

IV. Kann mit Zweidrittelmehrheit die Öffentlichkeit ausgeschlossen werden (Abs. 1 S. 2 Hs. 2)

28 Über den Ausschluss der Öffentlichkeit entscheidet das Parlament selbst mit einer qualifizierten Zweidrittelmehrheit der abgegebenen Stimmen. Stimmenthaltungen werden nicht berücksichtigt. Das **Beschlussquorum** ist hoch[108] und verdeutlicht den wesentlichen Stellenwert, den der Grundsatz der Par-

---

[98] *Versteyl* in v. Münch/Kunig, 6. Aufl. 2012, Rn. 16; *Achterberg/Schulte* in MKS, 6. Aufl. 2010, Rn. 18; weiter *Linke* in BerlKomm Rn. 76.

[99] *Schliesky* in MKS Rn. 38; *Dicke* in Umbach/Clemens Rn. 19; *Kluth* in SHH Rn. 10; *Brocker* in BeckOK GG Rn. 11; *Magiera* in Sachs Rn. 5; *Klein* in Maunz/Dürig Rn. 50 ff.; *Achterberg/Schulte* in MKS, 6. Aufl. 2010, Rn. 18.

[100] *Pieroth* in Jarass/Pieroth Rn. 2.

[101] So aber *Versteyl* in v. Münch/Kunig, 6. Aufl. 2012, Rn. 14; *Morlok* in Dreier Rn. 29: keine eingehende aber eine kursorische Begründung; ebenso *Müller-Terpitz* in BK Rn. 60; *Linke* in BerlKomm Rn. 77.

[102] *Linke* in BerlKomm Rn. 74; *Magiera* in Sachs Rn. 5.

[103] So aber *Dicke* in Umbach/Clemens Rn. 21; *Brocker* in BeckOK GG Rn. 13.

[104] AA *Klein* in Maunz/Dürig Rn. 50 f.

[105] BVerfGE 147, 50 (128).

[106] AA wohl *Leisner* in Sodan Rn. 4.

[107] *Klein* in Maunz/Dürig Rn. 49; *Müller-Terpitz* in BK Rn. 65; *Linke* in BerlKomm Rn. 74; *Kluth* in SHH Rn. 10.

[108] *Linke* in BerlKomm Rn. 78; *Klein* in Maunz/Dürig Rn. 49.

lamentsöffentlichkeit für die Demokratie des GG hat. In der Praxis spielt der Ausschluss der Öffentlichkeit aus Plenarversammlungen keine Rolle.[109]

Gegenständlich ist der **Öffentlichkeitsausschluss teilbar.** Das Geheimhaltungsinteresse an einem Tagesordnungspunkt bedingt nicht den Ausschluss der Öffentlichkeit für die gesamte Plenarsitzung. Wegen des hohen Stellenwerts des Öffentlichkeitsgrundsatzes ist der zeitweise und gegenständlich begrenzte Ausschluss vorzuziehen.[110] Dass die Saalöffentlichkeit ausgeschlossen wird, bedeutet zunächst nur, dass nichtöffentlich verhandelt wird. Davon zu unterscheiden sind die **Vertraulichkeit** und die **Geheimhaltungsbedürftigkeit** des Inhalts der Verhandlung. Zwar kommen für einen Öffentlichkeitsausschluss im Plenum grds. nur Geheimhaltungsinteressen als Ausschlussgründe in Betracht.[111] Die Nichtöffentlichkeit einer Sitzung als solche bedeutet aber nicht, dass die Abgeordneten später darüber nicht berichten dürfen. Soll ein Beratungsgegenstand vertraulich behandelt werden, muss die Geheimhaltung des Beratungsverlaufs nach § 17 GOBT und Anlage 3 GOBT gesondert beschlossen werden.[112] 29

Persönlich betroffen von einem Ausschluss sind alle Personen, die die Verfassung nicht mit besonderen Rechten auf Sitzungsteilnahme ausstattet. Das sind vor allem die **Besucher.** Sie müssen den Saal während der nichtöffentlichen Verhandlung verlassen. Der Ausschluss betrifft das ganze Publikum. Ein Teilausschluss der Öffentlichkeit bei Zulassung eines anderen Teils wie zB der **Pressevertreter** ist zum einen unzulässig, da er mit Geheimhaltungsinteressen nicht begründbar wäre, zum anderen verletzte er den Gleichheitssatz des Art. 3.[113] Abgeordnete, die privilegierten Vertreter von Bundesregierung und Bundesrat oder deren Beauftragte nach Art. 43 Abs. 2 S. 1 sind von dem Ausschluss nicht betroffen.[114] Die für den Sitzungsbetrieb erforderlichen Mitarbeiter der Parlamentsverwaltung dürfen ebenfalls in nichtöffentlichen Sitzungen zugegen sein.[115] 30

Die **Verletzung** des Öffentlichkeitsgrundsatzes zB durch den fehlerhaften Ausschluss der Öffentlichkeit führt dazu, dass **Beschlüsse,** die unter Verletzung des Öffentlichkeitsgrundsatzes gefasst werden, unter einem **wesentlichen Verfahrensmangel leiden.**[116] Gleichwohl ist umstritten, ob der wesentliche formelle Fehler zur **Nichtigkeit** oder nur zur **formellen Verfassungswidrigkeit**[117] der auf ihm beruhenden Parlamentsbeschlüsse führt. 31

---

[109] *Linke* in BerlKomm Rn. 72; *Klein* in Maunz/Dürig Rn. 47.

[110] *Morlok* in Dreier Rn. 30; *Linke* in BerlKomm Rn. 79; *Schneider* in AK Rn. 9; *Klein* in Maunz/Dürig Rn. 53.

[111] *Müller-Terpitz* in BK Rn. 68; *Dicke* in Umbach/Clemens Rn. 24; *Linck* ZParl 4 (1992), 673 (695 f.).

[112] *Linke* in BerlKomm Rn. 80; *Schliesky* in MKS Rn. 43; *Leisner* in Sodan Rn. 4; *Achterberg/Schulte* in MKS, 6. Aufl. 2010, Rn. 22 f.; *Klein* in Maunz/Dürig Rn. 54; *Versteyl* in v. Münch/Kunig, 6. Aufl. 2012, Rn. 13.

[113] *Schliesky* in MKS Rn. 39; *Morlok* in Dreier Rn. 30; *Dicke* in Umbach/Clemens Rn. 22; *Linke* in BerlKomm Rn. 80; *Klein* in Maunz/Dürig Rn. 53; aA *Achterberg/Schulte* in MKS, 6. Aufl. 2010, Rn. 18, 21; *Pieroth* in Jarass/Pieroth Rn. 2, die zB für die Presse eine Teilöffentlichkeit zulassen.

[114] *Schneider* in AK Rn. 9; *Magiera* in Sachs Rn. 7; *Pieroth* in Jarass/Pieroth Rn. 2; *Klein* in Maunz/Dürig Rn. 54.

[115] *Klein* in Maunz/Dürig Rn. 54; *Morlok* in Dreier Rn. 30; *Achterberg/Schulte* in MKS, 6. Aufl. 2010, Rn. 21; *Dicke* in Umbach/Clemens Rn. 22.

[116] *Klein* in Maunz/Dürig Rn. 55; *Magiera* in Sachs Rn. 7; aA *Brocker* in BeckOK GG Art. 79.

[117] So *Dicke* in Umbach/Clemens Rn. 25 ff.; *Brocker* in BeckOK GG Rn. 9; *Achterberg/Schulte* in MKS, 6. Aufl. 2010, Rn. 6.

Nach der Rspr. des BVerfG sind öffentliche Debatte und Legitimität parlamentarischer Beschlüsse untrennbar miteinander verknüpft.[118] Da in der repräsentativen Demokratie öffentliche Debatten essentiell für die Rückkoppelung zwischen Souverän und Volksvertretung während der Dauer einer Wahlperiode sind, wiegt eine Verletzung des Öffentlichkeitsgrundsatzes so schwer, dass die Nichtigkeitsfolge angemessen ist,[119] auch wenn diese Fehlerfolge nicht ausdrücklich rechtlich geregelt ist.[120] Das BVerfG stellt nur unter der Einschränkung die Nichtigkeit eines Bundestagsbeschlusses fest, dass die **Verletzung** des Öffentlichkeitsgrundsatzes **offensichtlich** ist.[121]

V. Über den Antrag wird in nichtöffentlicher Sitzung entschieden (Abs. 1 S. 3)

32 **Beratung, Abstimmung und Beschluss** über den Öffentlichkeitsausschluss erfolgen nach Art. 42 Abs. 1 S. 3 bereits in nichtöffentlicher Sitzung.[122] Der Antrag wird dort nur dann die entsprechende qualifizierte Mehrheit finden, wenn er nichtöffentlich begründet wird und gewichtige verfassungsrechtliche Gründe für ihn sprechen. Gleichwohl bedarf auch der Beschluss des Bundestages, mit dem die Öffentlichkeit ausgeschlossen wird, **keiner Begründung.**[123]

VI. Zu einem Beschluss des Bundestages (Abs. 2 S. 1 Hs. 1)

33 Die Regelmehrheit des Art. 42 gilt für Beschlüsse des Bundestages. **Beschluss** heißt jede Feststellung oder Willensäußerung des Bundestages, die im Gegensatz zu anderen Verfahrenshandlungen des Parlaments den Prozess der Staatswillensbildung abschließt.[124] Ein Beschluss wird mit der Verkündung des Abstimmungsergebnisses verbindlich.[125] Beschlüsse sind sowohl parlamentarische Entscheidungen über **Sachfragen** (Abstimmungen) als auch solche über **Personalfragen** (Wahlen).[126] Das Mehrheitserfordernis des Art. 42 Abs. 2 S. 1 gilt nicht allein für im GG ausdrücklich als solche bezeichneten Beschlüsse des Bundestages, sondern für alle seine Beschlüsse.[127]

34 **1. Echte und schlichte Beschlüsse.** Zu den von Art. 42 Abs. 2 genannten Beschlüssen zählen Entscheidungen des Parlaments, die Rechtswirkung entfalten wie Gesetzesbeschlüsse, Wahlen oder die Einsetzung von Ausschüssen.[128] Ausdrückliche **Beschlusserfordernisse** des Bundestages benennt das GG an verschiedenen Stellen, zB in Art. 53a Abs. 1 S. 4, Art. 76 Abs. 3 S. 6, Art. 77 Abs. 1 S. 1 und Abs. 2 S. 5, Art. 113 Abs. 2 und Art. 115l Abs. 1 u.

---

[118] BVerfGE 112, 363 (366).

[119] *Morlok* in Dreier Rn. 28; *Müller-Terpitz* in BK Rn. 33; *Magiera* in Sachs Rn. 7; *Gröpl* in GWC Rn. 7.

[120] So aber *Dicke* in Umbach/Clemens Rn. 26 ff.; *Achterberg/Schulte* in MKS, 6. Aufl. 2010, Rn. 6; ähnl. wie hier *Linke* in BerlKomm Rn. 82.

[121] BVerfGE 120, 56 (79 f.).

[122] *Morlok* in Dreier Rn. 29.

[123] *Linke* in BerlKomm Rn. 78; *Brocker* in BeckOK GG Rn. 1278; *Kluth* in SHH Rn. 10; *Magiera* in Sachs Rn. 6.

[124] *Magiera* in Sachs Rn. 8; *Morlok* in Dreier Rn. 32; *Dicke* in Umbach/Clemens Rn. 44.

[125] BVerfGE 70, 324 (355); 102, 176 (184); 125, 104 (123); 140, 115 (142 ff.); *Schliesky* in MKS Rn. 54; *Risse/Witt* in Hömig/Wolff Rn. 4.

[126] *Schliesky* in MKS Rn. 55.

[127] *Linke* in BerlKomm Rn. 91; *Achterberg/Schulte* in MKS, 6. Aufl. 2010, Rn. 30.

[128] *Morlok* in Dreier Rn. 32.

2. Der Bundestag übt weitere seiner Zuständigkeiten in Beschlussform aus, ohne dass der Begriff des Beschlusses ausdrücklich erwähnt wird, wie zB nach den Art. 23 Abs. 1a und Abs. 3 S. 1 oder Art. 87a Abs. 4 S. 2. Auch im Parlamentsrecht handelt der Bundestag durch Beschluss zB nach Art. 39 Abs. 3 S. 1, Art. 40 Abs. 1 S. 2, Art. 41 Abs. 2, Art. 42 Abs. 1 S. 2, Art. 43 Abs. 1, Art. 44 Abs. 1 S. 1 oder nach Art. 46 Abs. 2 u. 3.[129]

Das Parlamentsrecht unterscheidet zwischen rechtlich **verbindlichen** (echten) und rechtlich **unverbindlichen** (schlichten) **Beschlüssen** des Bundestages.[130] Der **Bundestag** hat als Organ der Staatsleitung eine **Selbstbefassungskompetenz.** Mit dieser Kompetenz kann er sich beliebiger Gegenstände[131] annehmen und schlichte Parlamentsbeschlüsse zu ihnen fassen, die rechtlich nicht verbindlich sind wie zB Beschlüsse über Entschließungsanträge nach §§ 75 Abs. 2 lit. c, 88 GOBT.[132] Die Selbstbefassungskompetenz umfasst auch politische Resolutionen des Bundestages.[133] Ob derartige Willensäußerungen als schlichte Parlamentsbeschlüsse oder sonstige Willensäußerungen[134] bezeichnet werden, ändert nichts an der Geltung der Mehrheitsregel des Art. 42 Abs. 2 S. 1.[135] Gleichzeitig zeigt die Mehrheitsregel aber auch an, wann ein Beschluss vorliegt.[136] 35

2. Beschlussfähigkeit des Bundestages. Eine Vorschrift zur **Beschlussfähigkeit** des Bundestages enthält Art. 42 nicht. Der Verfassunggeber hat die Regelung der Beschlussfähigkeit der **Geschäftsordnungsautonomie** des Bundestages überlassen. Nach § 45 Abs. 1 GOBT ist der Bundestag beschlussfähig, wenn mehr als die Hälfte seiner gesetzlichen Mitglieder im Plenum anwesend ist. Wegen der Vielzahl an Aufgaben, die die Abgeordneten auch während der Sitzungswochen zu erledigen haben, ist dieses Anwesenheitsquorum oftmals nicht zu erreichen. Nach § 45 Abs. 2 GOBT wird deswegen die Beschlussfähigkeit des Bundestages auch **bei evidenter Unterbesetzung des Plenums fingiert.**[137] Solange die Beschlussfähigkeit nicht vor Beginn einer Abstimmung bezweifelt und die Beschlussunfähigkeit festgestellt wird, gilt der Bundestag als beschlussfähig. Spätere Einwände reichen nicht aus.[138] Dem **Rügerecht** ist bislang kaum eine Bedeutung zugekommen.[139] Dass **unbegründete Rügen** vom Sitzungsvorstand zurückgewiesen werden dürfen, dient der Arbeitsfähigkeit des Parlaments. Ob auch **begründete Rügen** zurückgewiesen werden dürfen, ist ungeklärt. Das BVerfG hat einen diesbezüglichen Eilantrag ohne zur Sache Stellung zu nehmen zurückgewiesen.[140] Nach dem Wortlaut des § 45 Abs. 2 S. 1 GOBT 36

---

[129] Ausf. *Luch* in Morlok/Schliesky/Wiefelspütz Parlamentsrecht, § 10 Rn. 15 ff.

[130] *Magiera* in Sachs Rn. 8; *Klein* in Maunz/Dürig Rn. 80; *Sester,* Der Parlamentsbeschluss, 2007, 2 ff.; *Luch* in Morlok/Schliesky/Wiefelspütz Parlamentsrecht, § 10 Rn. 13 f.; *Butzer* AöR 118 (1981), 61 (61 ff.).

[131] BVerfGE 68, 1 (109); 140, 160 (202); VerfGH NRW NVwZ-RR 2000, 265 (266); *Sester,* Der Parlamentsbeschluss, 2007, 21 ff.

[132] *Brocker* in BeckOK GG Rn. 17; *Leisner* in Sodan Rn. 8; *Gröpl* in GWC Rn. 10.

[133] ZB Resolution zum Völkermord in Armenien BT-Drs 18/8613 (Antrag); dazu auch *Linke* in BerlKomm Rn. 95.

[134] So *Achterberg/Schulte* in MKS, 6. Aufl. 2010, Rn. 31.

[135] Ähnl. *Linke* in BerlKomm Rn. 93; *Klein* in Maunz/Dürig Rn. 80.

[136] BVerfGE 1, 144 (161).

[137] *Kluth* in SHH Rn. 15; *Morlok* in Dreier Rn. 33.

[138] *Linke* in BerlKomm Rn. 102.

[139] *Versteyl* in v. Münch/Kunig, 6. Aufl. 2012, Rn. 22.

[140] BVerfGE Beschl. v. 17.9.2019 – 2 BvQ 59/19; *Deger* https://verfassungsblog.de/wie-hoch-muessen-die-hammel-springen/ (letzter Zugriff am 25.11.2019).

hat es der Sitzungsvorstand in der Hand, auch gegen den Anschein einer Unterbesetzung des Plenums dessen Beschlussfähigkeit zu bejahen. Wird die Beschlussfähigkeit angezweifelt, gibt § 45 Abs. 2 S. 2 dem Bundestagspräsidenten darüber hinaus die Gelegenheit, die Sitzung auszusetzen, um im Haus, aber nicht im Plenum anwesende Abgeordnete in den Sitzungssaal zusammenzurufen und die Beschlussfähigkeit des Bundestages herzustellen. Zweifeln Sitzungsvorstand und Fraktionen an der Beschlussfähigkeit, so sind in Kernzeitdebatten durch namentliche Abstimmung, ansonsten durch den „Hammelsprung" nach § 51 GOBT die Abgeordneten zu zählen. Wird Beschlussunfähigkeit festgestellt, hebt der Bundestagspräsident die Sitzung nach § 45 Abs. 3 GOBT auf.

37 Es werden vermehrt **verfassungsrechtliche Bedenken** gegen dieses Vorgehen und gegen § 45 GOBT geltend gemacht, die vor allem bei Beschlüssen über Gesetzesvorlagen auf eine Verletzung des **Repräsentationsprinzips** des GG gestützt werden. Weder das GG noch die GOBT enthalten ein Mindestbeteiligungsquorum für Beschlüsse des Plenums, bei dessen Unterschreitung seine Beschlussunfähigkeit feststeht.[141] Erwägenswert erscheint es, aus dem Sinn und Zweck des § 45 GOBT auf eine Mindestbeteiligung einer rügefähigen Zahl von 5 % der gesetzlichen Mitgliederzahl des Bundestages zu schließen, bei deren Unterschreiten eine **absolute Beschlussunfähigkeit** oder Rechtsmissbräuchlichkeit vorläge.[142] Verfassungsrechtlich geboten ist dieses lediglich in der GOBT genannte Quorum aber nicht. § 49 GOBT aF sah anstelle der rügefähigen 5 % eine Anzahl von fünf Abgeordneten vor, die sich für eine Rüge zusammenschließen mussten. Zwar kann auch ein offensichtlich beschlussunfähiger Bundestag weitreichende politische Beschlüsse fassen. Doch ist zu bedenken, dass im Plenum Entscheidungen mehr dar- als hergestellt werden. Der Deutsche Bundestag ist ein **Arbeitsparlament.** Inhaltlich sind die Entscheidungen in anderen Gremien wie den Fraktionssitzungen und den Fachausschüssen gefallen. Die **Schlussabstimmung** im Plenum stellt zwar einen **verfassungsrechtlich zwingenden Schlussakt** dar, da das Parlament als Ganzes an der politischen Willensbildung beteiligt sein muss. Die Beschlussfassung im Plenum ist in ihrer Bedeutung für den Entscheidungsfindungsprozess des Bundestages aber gemindert. Solange das Volk durch seine Abgeordneten dort repräsentiert ist, wo die Entscheidungen nach sorgfältiger Vorarbeit gefällt werden – also vor allem in den Ausschüssen – und die endgültige Beschlussfassung dem Plenum vorbehalten bleibt, ist der Souverän auch in einem unterbesetzten Bundestag hinreichend vertreten.[143] Dass ein unterbesetztes Plenum in Verbindung mit dem Öffentlichkeitsgrundsatz beim Souverän auf Missfallen treffen und Politikverdrossenheit potenzieren kann, und deshalb möglichst vermieden werden sollte, fällt in den Bereich der **Verfassungspolitik.** Hier wird vorgeschlagen, *de lege ferenda* eine **Mindestbesetzung** des Plenums für seine Beschlussfähigkeit bei **25 %** festzulegen oder die Dauer von Sitzungen zu verkürzen, um die Anwesenheit der Abgeordneten wahrscheinlicher zu machen.[144] Der Bundestag hat in der

---

[141] *Pracht/Ehmer* JuS 2019, 531 (534).

[142] *Brocker* in BeckOK GG Rn. 205; ausf. *Cancik* Der Staat 59 (2020), 7 (23 ff.).

[143] BVerfGE 44, 308 (314 ff., 321); BVerfGE 123, 39 (67); *Kluth* in SHH Rn. 15; *Dicke* in Umbach/Clemens Rn. 51 f.; *Schliesky* in MKS Rn. 57.

[144] So *Linke* in BerlKomm Rn. 104; *Beckermann* DÖV 2020, 273 ff.; *Pracht/Ehmer* JuS 2019, 531 (535); krit. zu § 126a GOBT *Kersten/Rixen,* Der Verfassungsstaat in der Corona-Krise, 2020, 100 ff.

Pandemie sein Anwesenheitsquorum vorübergehend auf 25% herabgesetzt in § 126a GOBT.

3. Fehlerfolgen. Wenn der Bundestag bei seiner Abstimmung oder Wahl **beschlussunfähig** war oder die jeweils erforderlichen **Mehrheitsverhältnisse nicht erreicht** hat, kommt **kein** ordnungsgemäßer **Beschluss** zustande. So genannten „Scheinbeschlüssen" fehlt jede rechtliche Wirkung.[145] 38

VII. Ist die Mehrheit der abgegebenen Stimmen erforderlich (Abs. 2 S. 1 Hs. 1)

1. Mehrheitsprinzip und Mehrheitsregel. Das **Mehrheitsprinzip** ist ein fundamentales Prinzip für die Herstellung demokratischer Entscheidungen in kollegial zusammengesetzten Verfassungsorganen wie dem Parlament. Obwohl es in seiner Entstehungs- und Anwendungsgeschichte staatsformneutral ist,[146] und sich erst mit der Etablierung demokratischen Ideenguts zu einem wesentlichen politischen Formprinzip entwickelt hat,[147] ist das Prinzip „Mehrheit entscheidet" heute im Demokratieprinzip des Art. 20 Abs. 1 verankert (→ Art. 20 Rn. 59 ff.). Es ist als Entscheidungsregel untrennbar mit der Demokratie des GG verknüpft. Das BVerfG zählt das Mehrheitsprinzip zu den **unverzichtbaren Bestandteilen der freiheitlich demokratischen Grundordnung.**[148] Damit ist es wie das Öffentlichkeitsprinzip **von Art. 79 Abs. 3 umfasst.**[149] Vom Mehrheitsprinzip **zu unterscheiden** ist die **Mehrheitsregel** des Art. 42 Abs. 2. Da der Begriff der Mehrheit **variabel** ist, erklärt sich die Mehrheitsregel nicht von selbst. Sie bedarf vielmehr der Ausgestaltung. Mit dem Mehrheitsprinzip des Art. 20 Abs. 1 und der Mehrheitsregel des Art. 42 Abs. 2 als regelmäßiges Abstimmungsquorum für parlamentarische Entscheidungen erteilt das GG den eher identitären Vorstellungen von Demokratie, die Demokratie auf Gleichheit und Einstimmigkeit fundieren, eine Absage.[150] Einstimmigkeit von Entscheidungen ist in einem pluralen Staatswesen nicht praktikabel. Sie führt zur Privilegierung von Minderheiten und schränkt die Handlungsfähigkeit des Bundestages ein, die ebenfalls eine Bedingung für die Legitimität des parlamentarischen Regierungssystems ist.[151] Ihre sachliche Rechtfertigung finden Mehrheitsprinzip und Mehrheitsregel sowohl im Bedürfnis nach politischer Freiheit[152] als auch in dem Gebot der gleichen Teilhabe Aller an der Staatsgewalt.[153] 39

Mehrheitsprinzip und **Mehrheitsregel** verbürgen dagegen weder die Wahrheit, Richtigkeit oder Gerechtigkeit noch eine besondere Rationalität 40

---

[145] *Linke* in BerlKomm Rn. 105.

[146] *Hofmann/Dreier* in Schneider/Zeh Parlamentsrecht und Parlamentspraxis, § 5 Rn. 48.

[147] *Scheuner,* Das Mehrheitsprinzip in der Demokratie, 1973, 10.

[148] BVerfGE 29, 154 (165); 2, 1 (12 f.); 5, 85 (197 ff.); 106, 253 (273); 112, 118 (140); *Morlok* in Dreier Rn. 32; *Magsaam,* Mehrheit entscheidet, 2014, 40 ff., 108 ff.; *Gusy,* AöR 106 (1981), 329 (329 ff.).

[149] *Klein* in Maunz/Dürig Rn. 77; *Schneider* in AK Rn. 10; *Dreier* in Dreier Art. 79 Abs. 3 Rn. 37.

[150] *Schliesky* in MKS Rn. 48; *Klein* in Maunz/Dürig Rn. 73; *Linke* in BerlKomm Rn. 85; ferner BVerfGE 1, 299 (315); 29, 154 (165); 112, 118 (140 f.).

[151] *Dicke* in Umbach/Clemens Rn. 31; *Klein* in Maunz/Dürig Rn. 73.

[152] *Kelsen,* Vom Wesen und Wert der Demokratie, 2. Aufl. 1929, 100 ff.; *Dreier* ZParl 17 (1986), 94 (104 ff.).

[153] *Hillgruber* AöR 127 (2002), 460 (461 ff.); *Heun,* Das Mehrheitsprinzip in der Demokratie, 1983, 79 ff., 206.

von politischen Entscheidungen.[154] Sie sind aber **Funktionsbedingungen der pluralistischen Gesellschaft,** deren Interessenvielfalt sich im Parlament spiegelt, und die dort über einen dialektischen Diskussionsprozess in der Mehrheitsentscheidung zu einem gewissen Ausgleich gebracht werden muss.[155] Der Mehrheitsentscheid rechtfertigt sich zudem aus seinem **Kompromisscharakter,** der die Stimmen der Minderheit nicht völlig unter den Tisch fallen lässt.[156] Die **Mehrheitsentscheidung** wird als **Wille der Gesamtheit fingiert,**[157] obwohl in die Willensbildung des Parlaments als Gesamtorgan die Stimmen der unterlegenen Minderheit genauso eingehen wie die der Mehrheit.[158] Allgemeinverbindliche Entscheidungen der Mehrheit entfalten verpflichtende Kraft für alle, auch für die Minderheit. Die **Minderheit** ist aber nicht verpflichtet, die Meinung der Mehrheit zu übernehmen.[159]

41 Die parlamentarische Demokratie bewegt sich im **Spannungsfeld** von **Mehrheitsentscheid und Minderheitenschutz.**[160] Um einer „Tyrannei der Mehrheit"[161] entgegenzusteuern, treffen GG und GOBT Vorkehrungen zugunsten der Minderheit, um ihr die Chance zu geben, selbst zur Mehrheit zu werden. Sowohl im parlamentarischen Verfahren haben Minderheiten besondere Rechte[162] als auch in den Grundrechten, die als Abwehrrechte gegenüber staatlichen Mehrheitsentscheidungen fungieren.

42 **2. Regelmehrheit und andere Mehrheiten.** In Art. 42 Abs. 2 S. 1 wird die **Abstimmungsmehrheit** oder so genannte **einfache Stimmenmehrheit** als **Regelmehrheit** für Sach- und Personalentscheidungen des Bundestages festgelegt. Mit der Mehrheit der Stimmen wird ein Beschluss angenommen. Mit der erforderlichen Stimmenmehrheit erfolgt eine Wahl.[163] Der Begriff der Mehrheit ist aber **variabel.** GG und GOBT kennen **verschiedene Mehrheiten** (→ Rn. 48, 50).[164] Die Mehrheitsbegriffe unterscheiden sich sowohl im Erfordernis der Stimmenquote als auch bei der Bezugsgröße. Bezugsgrößen können sein die Zahl der Abstimmenden, die Zahl der Anwesenden[165] oder die Zahl der gesetzlichen Mitglieder des Bundestages. Stimmenquoren können sein die einfache oder absolute, die relative[166] und die qualifizierte Mehrheit.[167]

---

[154] So aber *Schliesky* in MKS Rn. 48 f.

[155] BVerfGE 44, 125 (140 f.); *Schliesky* in MKS Rn. 52; *Krüper* ZJS 2009, 477 (479).

[156] *Kelsen,* Vom Wesen und Wert der Demokratie, 2. Aufl. 1929, 67; *Achterberg/Schulte* in MKS, 6. Aufl. 2010, Rn. 27.

[157] BVerfGE 44, 125 (142); diff. BVerfGE 93, 37 (67, 70).

[158] BVerfGE 2, 143 (160 ff.); 70, 324 (363); *Schliesky* in MKS Rn. 51; *Kluth* in SHH Rn. 21.

[159] BVerfGE 2, 143 (172); 70, 366 (368 f.); *Morlok* in Dreier Rn. 35.

[160] BVerfGE 142, 25 (49); *Achterberg/Schulte* in MKS, 6. Aufl. 2010, Rn. 45 ff.; *Dicke* in Umbach/Clemens Rn. 40; *Linke* in BerlKomm Rn. 88.

[161] *Tocqueville,* Über die Demokratie in Amerika, 1835, 147 ff.

[162] *Schliesky* in MKS Art. 40 Rn. 50; *Dicke* in Umbach/Clemens Rn. 41 f.; zu Minderheitsrechten in Zeiten der Großen Koalition BVerfGE 142, 25 (49 f.).

[163] *Linke* in BerlKomm Rn. 91.

[164] *Kaiser* JuS 2017, 221 (222).

[165] Diese Bezugsgröße kennt allein die GOBT in §§ 80 Abs. 2, 81 Abs. 1, 84 S. 1 lit. b, 126, näher *Brocker* in BeckOK GG Rn. 20.2; krit. *Leisner* in Sodan Rn. 9.

[166] ZB Art. 54 Abs. 6 S. 2, 63 Abs. 4 S. 1.

[167] *Brocker* in BeckOK GG Rn. 16; *Müller-Terpitz* in BK Rn. 72 f.; *Leisner* in Sodan Rn. 6.

Art. 42 Abs. 2 S. 1 legt mit dem **Stimmenquorum** der Mehrheit der abgegebenen Stimmen die **einfache Mehrheit** oder Stimmmehrheit als **Regelmehrheit** fest. Für das Erreichen der einfachen Mehrheit bei Abstimmungen reicht es aus, wenn die Anzahl der abgegebenen Ja-Stimmen die der Nein-Stimmen um eine Stimme übersteigt.[168] Bei Wahlen muss ein Kandidat dagegen mehr Stimmen erhalten als die Gegenkandidaten.[169] Ein Stimmenpatt lehnt nach § 48 Abs. 2 GOBT den zur Abstimmung gestellten Antrag ab.[170] **43**

Das Abstimmungsverfahren richtet sich nach den §§ 48 ff. GOBT. Das Geschäftsordnungsrecht kennt **fünf Abstimmungsarten:** Handzeichen, Aufstehen oder Sitzenbleiben, den Hammelsprung,[171] die geheime und die namentliche Abstimmung.[172] **44**

Die **einfache Mehrheit** hat als Bezugsgröße die Menge aller abgegebenen Stimmen. Je nach Bezugsgröße der Mehrheit sind die Auswirkungen von Enthaltungen und ungültigen Stimmen verschieden.[173] Für die einfache Mehrheit sind **Enthaltungen und ungültige Stimmen** ohne Belang. Sie ist erreicht, wenn mehr Ja- als Nein-Stimmen abgegeben wurden.[174] Enthaltungen und ungültige Stimmen sind weder als Zustimmung noch als Ablehnung zu werten. Vielmehr wird ein Wille in Enthaltungen gerade nicht bekundet. Ungültige Stimmen entfalten keine Rechtswirkung. Sie fließen in die Masse der abgegebenen Stimmen nicht ein.[175] Bei einer veränderten Bezugsgröße wie der Mehrheit der gesetzlichen Mitglieder des Bundestages, der so genannten Abgeordneten- oder absoluten Mehrheit des Art. 121, fallen Enthaltungen und ungültige Stimmen dagegen negativ ins Gewicht. **45**

VIII. Soweit dieses Grundgesetz nichts anderes bestimmt (Abs. 2 S. 1 Hs. 2)

Andere Mehrheiten sieht das GG in einer Reihe von Bestimmungen vor. Diese Regelungen sind *leges speciales* zu Art. 42 Abs. 2 S. 1 Hs. 1. Das GG kann sowohl Qualifizierungen der Mehrheit regeln, also Stimmenquote oder Bezugsmehrheit heraufsetzen. Es kann aber auch Erleichterungen vorsehen. ZT verlangt das GG als Stimmenquote (einfache) Mehrheit bei einer Bezugsgröße der gesetzlichen Zahl der Mitglieder des Bundestages, die so genannte **absolute Mehrheit** oder auch **Kanzlermehrheit** des Art. 121 wie zB in Art. 29 Abs. 7 S. 2, Art. 63 Abs. 2 und 3, Art. 67 Abs. 1 S. 1, Art. 68 Abs. 1 S. 1, Art. 77 Abs. 4 S. 1, Art. 80a Abs. 3 S. 2, Art. 87 Abs. 3 S. 2 und in Art. 115 Abs. 2 S. 6. Die **Zweidrittelmehrheit** bei einer Bezugsgröße von allen abgegebenen Stimmen erfordern zB Art. 42 Abs. 1 S. 2, Art. 115a Abs. 1 S. 2. Für die Zurückweisung eines mit qualifizierter Mehrheit des Bundesrates beschlossenen Einspruchs gegen ein Gesetz sieht Art. 77 Abs. 4 **46**

---

[168] *Morlok* in Dreier Rn. 34.

[169] *Klein* in Maunz/Dürig Rn. 83; *Dicke* in Umbach/Clemens Rn. 58; *Linke* in BerlKomm Rn. 98.

[170] *Linke* in BerlKomm Rn. 98; *Versteyl* in v. Münch/Kunig, 6. Aufl. 2012, Rn. 24.

[171] *Zähle* ZParl 39 (2007), 276 (276 ff.); *Kemmler,* Die Abstimmungsmethoden des Deutschen Bundestages, 1969.

[172] *Müller-Terpitz* in BK Rn. 89; *Risse/Witt* in Hömig/Wolff Rn. 3.

[173] *Schliesky* in MKS Rn. 62.

[174] *Klein* in Maunz/Dürig Rn. 84; *Magiera* in Sachs Rn. 10; *Morlok* in Dreier Rn. 34.

[175] *Morlok* in Dreier Rn. 34; *Schliesky* in MKS Rn. 53; *Kluth* in SHH Rn. 13; *Pieroth* in Jarass/Pieroth Rn. 4; *Leisner* in Sodan Rn. 6; *Pieroth* JuS 2010, 473 (480); krit. *Versteyl* in v. Münch/Kunig, 6. Aufl. 2012, Rn. 25; *Höfling/Burkiczak* Jura 2007, 561 (566).

S. 2 eine Zweidrittelmehrheit der abgegebenen Stimmen, mindestens aber die absolute Abstimmungsmehrheit vor. Die am schwersten zu erreichende Mehrheit ist die von **zwei Dritteln der Stimmen der gesetzlichen Mitglieder** des Bundestages. Dieses Quorum behält das GG sich vor zB in Art. 61 Abs. 1 S. 3 für die Präsidentenanklage und für Verfassungsänderungen nach Art. 79 Abs. 2.

47 **Minderheitsbeschlüsse** sehen weder die Verfassung noch die GOBT vor. Verfahrensrechte der Minderheit im GG erschöpfen sich in Antragsrechten nichtinstitutionalisierter Minderheiten zB nach Art. 42 Abs. 1 S. 2 oder § 45 Abs. 2 GOBT. Zu unterscheiden ist zwischen absoluten und relativen Minderheitenrechten. **Absolute Minderheitenrechte** sind solche, in denen ein ordnungsgemäßer Minderheitenantrag den Bundestag verpflichtet, diesem durch Mehrheitsbeschluss zu entsprechen (zB Art. 44 Abs. 1 S. 1 oder Art. 23 Abs. 1a S. 2).[176] **Relative Minderheitenrechte** sind solche, bei denen eine Antragsminderheit einen Beschluss des Bundestages verlangen kann, der Bundestag dem Antrag aber nicht entsprechen muss (zB Art. 42 Abs. 1 S. 2 oder Art. 61 Abs. 1 S. 2).[177]

IX. Für die vom Bundestag vorzunehmenden Wahlen kann die Geschäftsordnung Ausnahmen zulassen (Abs. 2 S. 2)

48 Nach Art. 42 Abs. 2 S. 2 kann der Bundestag in seiner Geschäftsordnung **Ausnahmen** von der **Mehrheitsregel** zulassen, die ebenfalls nach dem *lex specialis*-Grundsatz der einfachen Mehrheitsregel vorgehen. Dies gilt allerdings **nur für Personalentscheidungen,** also für Wahlen, nicht für Sachentscheidungen.[178] Gegen die Ausnahmeerlaubnis werden Bedenken erhoben. Weil durch die Abweichungsermächtigung Verfassungsänderungen möglich sein sollen, wird sie zT auf Erschwerungen der Mehrheitsregel reduziert. Erleichterungen der Mehrheitsregel sollen dagegen unzulässig sein.[179] Die Ausnahmeermächtigung macht dagegen keine dogmatischen Probleme, wenn sie allein solche Beschlussfassungen erfasst, für die das GG selbst keine qualifizierten Mehrheitserfordernisse verlangt wie zB bei der Kanzlerwahl nach Art. 63 Abs. 2, die einer Ausnahme durch die Geschäftsordnung als höherrangiges Recht und *leges speciales* vorgehen würden.[180] Eine andere Möglichkeit ist es, Ausnahmen nach unten nur für solche Personalentscheidungen zuzulassen, die allein in der Geschäftsordnung vorgesehen sind.[181]

49 Gibt es verfassungsrechtliche Zielkonflikte zwischen dem Repräsentationsprinzip und der Mehrheitsregel, spricht viel für ein **zwingendes Gebrauchmachen** von der **Abweichungsmöglichkeit** aus Art. 42 Abs. 2 S. 2. Das gilt vor allem für die Wahl des Bundestagspräsidiums. Nach § 2 Abs. 1 S. 2 GOBT wird jede Fraktion im **Bundestagspräsidium** durch einen **Vizepräsidenten** vertreten (→ Art. 40 Rn. 9). Die Vertretungsregelung der GOBT entspricht dem aus dem Repräsentationsprinzip und der formalen Chancengleichheit der Fraktionen aus Art. 38 Abs. 1 S. 2 fließenden Grund-

---

[176] *Morlok* in Dreier Rn. 39; *Schliesky* in MKS Rn. 65; *Linke* in BerlKomm Rn. 96, 100.
[177] *Klein* in Maunz/Dürig Rn. 96.
[178] BVerfGE 112, 118 (141).
[179] *Versteyl* in v. Münch/Kunig, 6. Aufl. 2012, Rn. 31; *Achterberg/Schulte* in MKS, 6. Aufl. 2010, Rn. 44.
[180] So *Morlok* in Dreier Rn. 36; *Schliesky* in MKS Rn. 67.
[181] So *Linke* in BerlKomm Rn. 101.

satz der Spiegelbildlichkeit von parlamentarischen Gremien,[182] der nur zur Abwehr einer missbräuchlichen Ausnutzung parlamentarischer Rechte[183] oder zum Schutz vorrangiger Verfassungsrechtsgüter durchbrochen werden darf. Fallen alle Kandidaten einer Bundestagsfraktion bei den von der GOBT vorgeschriebenen Wahlgängen nach der Mehrheitsregel durch, ohne dass einer der genannten Gründe vorliegt, muss der vorgesehene **Wahlmodus geändert** werden. Chancengleichheit, Repräsentationsprinzip und **Spiegelbildlichkeit** sind in diesen Gremien höher zu bewerten als die **Mehrheitsregel,** die nach dem GG für Personalfragen von der GOBT durchbrochen werden darf, zT sogar durchbrochen werden muss, um eine spiegelbildliche Besetzung von Ausschüssen sicherzustellen.[184]

X. Wahrheitsgetreue Berichte über die öffentlichen Sitzungen des Bundestages und seiner Ausschüsse (Abs. 3)

Das **Berichterstattungsprivileg** in Art. 42 Abs. 3 stellt im europäischen Vergleich eine **nationale Besonderheit** dar,[185] die sich bereits im Konstitutionalismus entwickelt hat. Die Herleitung des Privilegs ist allerdings uneinheitlich. Heute hat es zwei verfassungsrechtliche Wurzeln, weil es im Wesentlichen sowohl auf die **Indemnität der Abgeordneten** aus Art. 46 Abs. 1 gestützt als auch aus dem **Öffentlichkeitsgrundsatz** des Art. 42 Abs. 1 hergeleitet wird.[186] Sein Zweck ist es, die öffentliche Kommunikation zwischen Parlament und Wahlvolk sicherzustellen. Es trägt zur öffentlichen Meinungsbildung und zur Kontrolle des Parlaments bei. Die Berichterstattungsöffentlichkeit effektuiert die Sitzungsöffentlichkeit. Sie soll vollständige und wahrheitsgetreue Berichte aus den parlamentarischen Debatten ermöglichen – auch solche über strafbare Äußerungen von Abgeordneten, für die diese wegen des Indemnitätsgrundsatzes aus Art. 46 Abs. 1 nicht belangt werden können, der Berichterstatter ggf. aber schon. 50

Als **Bericht** wird definiert die **Darstellung des historischen Vorganges** einer Sitzung in ihrem wesentlichen Verlauf, die den Zweck hat, die Inhalte und Abläufe dieser Sitzung dem Publikum zur Anschauung zu bringen.[187] Ein Bericht reproduziert also tatsächliche Ereignisse. Geschützt sind deswegen nur **Tatsachenberichte,** weil deren Wahrheitsgehalt objektiv überprüfbar ist.[188] Eine Rahmung des Berichts durch einleitende und schließende Worte oder Strukturierungen ist ohne Belang, wenn durch sie der Charakter der Sachdarstellung nicht beeinträchtigt wird.[189] Bewertungen, Schlussfolgerungen und Kommentare des Berichterstatters sind dann nicht von Art. 42 Abs. 3 erfasst, wenn sie dem Bericht seinen darstellenden Charakter nehmen 51

---

[182] BVerfGE 80, 188 (222); 84, 304 (323); 96, 264 (282); 112, 118 (133 ff.); 140, 115 (151 ff.).

[183] Sächs VerfGH, Beschl. v. 24.2.2005, Vf. 121-I-04, Rn. 35.

[184] BVerfGE 112, 118 (136); *Brocker* in BeckOK GG Rn. 20.4.

[185] *Linke* in BerlKomm Rn. 106.

[186] *Schliesky* in MKS Rn. 68, 1: Indemnitätsbestimmung zur Absicherung der parlamentarischen Öffentlichkeit; *Versteyl* in v. Münch/Kunig, 6. Aufl. 2012, Rn. 1: Konsequenz aus Öffentlichkeitsprinzip und Indemnitätsvorschrift; *Morlok* in Dreier Rn. 40: ergänzt die Indemnität der Abgeordneten; krit. *Linke* in BerlKomm Rn. 108.

[187] RGSt 18, 207 (210); *Kluth* in SHH Rn. 23; *Morlok* in Dreier Rn. 41; *Klein* in Maunz/Dürig Rn. 59; *Achterberg/Schulte* in MKS, 6. Aufl. 2010, Rn. 51; *Magiera* in Sachs Rn. 17.

[188] *Dicke* in Umbach/Clemens Rn. 76; *Linke* in BerlKomm Rn. 111.

[189] RGSt 15, 32 (34); *Linke* in BerlKomm Rn. 113; *Kluth* in SHH Rn. 23.

und ihn als Meinungsäußerung erscheinen lassen.[190] Für wertende Darstellungen greift dann allerdings der Schutz des Art. 5 Abs. 1.[191]

52 Auf die **Form des Berichts** kommt es nicht kann. Ein Bericht kann schriftlich, mündlich, durch Bild, Film oder jedes andere Medium erfolgen. Auch die Sprache des Berichts spielt für das Privileg keine Rolle.[192]

53 Das Berichterstattungsprivileg umfasst **alle Personen, die Bericht erstatten.** Das können Journalisten genauso sein wie Besucher und andere Zuhörer einer Sitzung. Auch Abgeordnete können über Sitzungen berichten und unterfallen dem Privileg.[193] Selbst die Publikation der Stenographischen Berichte der Bundestagssitzungen genießt den Schutz aus Art. 42 Abs. 3.[194]

54 Ob ein Bericht eine Sitzung **wahrheitsgetreu** wiedergibt, ist **objektiv** zu bestimmen. Wahrheitsgetreu meint jedoch nicht wortgetreu oder ungekürzt. Zwar kommt es für die Wahrheitstreue auf die Richtigkeit und Vollständigkeit der Darstellung an.[195] Der Bericht muss sich grds. auf den tatsächlichen Hergang der Sitzung beschränken. Er muss sie nacherzählen und darf **keine wertenden Zusätze** enthalten oder erkennen lassen, dass er sich mit beleidigenden Äußerungen im Plenum identifiziert.[196]

55 **Zweck des Privilegs** ist es, dem lesenden oder zuschauenden Publikum den unveränderten Inhalt einer öffentlichen Debatte zugänglich zu machen. Ein **Bericht** ist aber nicht nur dann **geschützt,** wenn er den **gesamten Sitzungsinhalt** zB einer Plenarsitzung in voller Breite wiedergibt. Zum einen genießen auch zusammenfassende Kurzberichte den Schutz des Berichterstattungsprivilegs, wenn ihre Objektivität nicht an der Verkürzung oder an Auslassungen leidet.[197] Zum anderen muss auch über **Teile von Sitzungen** unter dem Schutz des Berichterstattungsprivilegs berichtet werden können. Es reicht, wenn ein Bericht einen in sich abgeschlossenen Teil einer Sitzung inhaltlich vollständig darstellt oder sich auf besonders wichtige und markante Kontroversen beschränkt.[198] Nicht mehr wahrheitsgetreu sind Berichte, die bewusste Fehldarstellungen enthalten, durch absichtliche Auslassungen den Sitzungsinhalt verfälschen oder durch Zusammenschnitte und Kompilationen einen falschen Eindruck erwecken.[199]

56 Das Berichterstattungsprivileg bezieht sich auf die **öffentlichen Sitzungen** des Bundestages und seiner Ausschüsse.[200] Nichtöffentliche Sitzungen des Plenums und der Ausschüsse werden von der Verantwortungsfreiheit nicht erfasst. Allerdings darf über nichtöffentliche Ausschuss- und Plenarsitzungen

---

[190] *Kluth* in SHH Rn. 23; *Brocker* in BeckOK GG Rn. 25 ff.; *Klein* in Maunz/Dürig Rn. 59; *Schneider* in AK Rn. 17; aA *Versteyl* in v. Münch/Kunig, 6. Aufl. 2012, Rn. 35.

[191] *Morlok* in Dreier Rn. 41; *Schliesky* in MKS Rn. 71; *Risse/Witt* in Hömig/Wolff Rn. 571.

[192] *Kluth* in SHH Rn. 22; *Linke* in BerlKomm Rn. 112; *Klein* in Maunz/Dürig Rn. 61.

[193] *Magiera* in Sachs Rn. 17; *Kluth* in SHH Rn. 22; *Linke* in BerlKomm Rn. 112; *Klein* in Maunz/Dürig Rn. 65.

[194] *Linke* in BerlKomm Rn. 112.

[195] RGSt 18, 207 (210); *Magiera* in Sachs Rn. 18.

[196] RGSt 15, 32 (33); *Brocker* in BeckOK GG Rn. 25.

[197] *Linke* in BerlKomm Rn. 113; *Dicke* in Umbach/Clemens Rn. 76; *Lackner/Kühl,* StGB, § 37 Rn. 2.

[198] *Magiera* in Sachs Rn. 18; *Linke* in BerlKomm Rn. 114.

[199] *Morlok* in Dreier Rn. 43; *Magiera* in Sachs Rn. 18; *Linke* in BerlKomm Rn. 113.

[200] *Klein* in Maunz/Dürig Rn. 64; *Achterberg/Schulte* in MKS, 6. Aufl. 2010, Rn. 51; *Linke* in BerlKomm Rn. 109: sämtliche Vorgänge auch außerhalb der eigentlichen Verhandlungen.

berichtet werden, ohne dass das Berichterstattungsprivileg gilt.[201] Da auch zu Protokoll gegebene Reden von Abgeordneten nach § 78 Abs. 6 S. 1 GOBT nicht öffentlich im Plenum gehalten werden, sind auch sie von der Verantwortungsfreiheit nicht erfasst.[202]

XI. Bleiben von jeder Verantwortlichkeit frei

Das Berichterstattungsprivileg **flankiert den Öffentlichkeitsgrundsatz** **57** aus Art. 42 Abs. 1. Durch die Berichterstattung soll Jedermann in die Lage versetzt werden, das, was im Sitzungssaal gesprochen wurde, zumindest vermittelt wahrzunehmen. Dazu gehören auch erregte und beleidigende Debatten, Zwischenrufe, für die die Abgeordneten Indemnität genießen, und auch Tätlichkeiten.[203] Das Berichterstattungsprivileg **schützt** jedes wiedergegebene Wort aus dem Sitzungssaal. Auch die **Wiedergabe** verleumderischer **Beleidigungen,** die nach Art. 46 Abs. 1 S. 2 nicht vom Indemnitätsschutz erfasst werden, ist vom Berichterstattungsprivileg umfasst. Hier reicht das Privileg über die **Indemnität** und auch über den Schutz der **Meinungsfreiheit** aus Art. 5 Abs. 1 und 2 hinaus.[204] Damit der Öffentlichkeit ein lebendiges Bild aus parlamentarischen Sitzungen übermittelt werden kann, werden wahrheitsgetreue Berichte und ihre Berichterstatter von **jeder Verantwortlichkeit freigestellt,** da auch nachträgliche Maßnahmen gegen wahrheitsgetreue Berichte den Öffentlichkeitsgrundsatz tangieren.[205] Die Berichterstatter können deshalb weder straf- noch zivil- oder dienstrechtlich belangt werden. Auch presserechtliche Ansprüche wie der auf Gegendarstellung scheiden aus.[206]

Die Freistellung von der Verantwortlichkeit für wahrheitsgetreue Berichte **58** ist kein eigentliches Privileg des Berichtenden, sondern ein Ausfluss aus dem Grundsatz der Parlamentsöffentlichkeit und damit eine **objektive Verfassungsbestimmung.**[207] Art. 42 Abs. 3 ist mangels Benennung auch nicht als Grundrecht oder grundrechtsgleiches Recht zu qualifizieren.[208] ZT wird Art. 42 Abs. 3 gleichwohl als *lex specialis* zur Schrankenregelung des Art. 5 Abs. 2 ins Verhältnis gesetzt, da das Berichterstattungsprivileg anders als die Meinungs- und Pressefreiheit vorbehaltlos gewährleistet wird.[209] Subjektivrechtlich fallen wahrheitsgetreue Berichte aus dem Parlament zusätzlich unter den **Grundrechtsschutz aus Art. 5 Abs. 1,**[210] da dort auch Tatsachenberichte geschützt werden, die zur Meinungsbildung beitragen (**→ Art. 5**

[201] *Klein* in Maunz/Dürig Rn. 64; *Linke* in BerlKomm Rn. 110; *Dicke* in Umbach/Clemens Rn. 77.
[202] *Linke* in BerlKomm Rn. 109.
[203] *Schliesky* in MKS Rn. 73.
[204] *Linke* in BerlKomm Rn. 115; *Morlok* in Dreier Rn. 44.
[205] AA *Linke* in BerlKomm Rn. 118.
[206] *Dicke* in Umbach/Clemens Rn. 79; *Achterberg/Schulte* in MKS, 6. Aufl. 2010, Rn. 53; *Morlok* in Dreier Rn. 44; *Schliesky* in MKS Rn. 78.
[207] Ähnl. *Klein* in Maunz/Dürig Rn. 66, *Achterberg/Schulte* in MKS, 6. Aufl. 2010, Rn. 55 f.
[208] So auch *Linke* in BerlKomm Rn. 117; *Klein* in Maunz/Dürig Rn. 67 f.; *Magiera* in Sachs Rn. 16: nur Grundrechtsbezug; *Gröpl* in GWC Rn. 23: stärkeren Grundrechts- als Parlamentsbezug; vgl. aber *Morlok* in Dreier Rn. 40: grundrechtsähnlicher Charakter; ebenso *Brocker* in BeckOK GG Rn. 23; *Schneider* in AK Rn. 16; *Achterberg/Schulte* in MKS, 6. Aufl. 2010, Rn. 56.
[209] *Dicke* in Umbach/Clemens Rn. 75; *Pieroth* in Jarass/Pieroth Rn. 6; *Klein* in Maunz/Dürig Rn. 67 f.
[210] *Morlok* in Dreier Rn. 40; *Klein* in Maunz/Dürig Rn. 66; *Linke* in BerlKomm Rn. 117.

Rn. 25 ff.).[211] Eine Missachtung des Art. 42 Abs. 3 durch Behörden oder Gerichte stellt gleichzeitig einen Eingriff in die Presse- oder Meinungsfreiheit aus Art. 5 Abs. 1 dar.[212]

59 Strafrechtlich spiegelt sich das Berichterstattungsprivileg in § 37 StGB. Im Strafrecht wird das Privileg zT als **Rechtfertigungsgrund,** zT als **Strafausschließungsgrund**[213] qualifiziert. Einem verfassungsrechtlichen Privileg, das wahrheitsgetreue Berichterstattung erlaubt, kommt stets rechtfertigende Wirkung im Strafrecht zu.[214]

C. Verhältnis zu anderen Bestimmungen des Grundgesetzes

60 Art. 42 seht in unmittelbarem Verhältnis zu Art. 121, der den Mehrheitsbegriff definiert und zum Demokratieprinzip aus Art. 20 Abs. 1. Das Öffentlichkeitsprinzip weist ferner Bezüge zum Abgeordnetenstatus aus Art. 38 Abs. 1 auf. Das Berichterstattungsprivileg ist mit Art. 5 Abs. 1 u. 2 sowie der Indemnität aus Art. 46 verknüpft.

D. Kritische Würdigung

61 Soweit der Artikel die **Öffentlichkeit** der Verhandlungen des Plenums bestimmt, regelt er etwas **Selbstverständliches.**[215] Die Möglichkeit des **Ausschlusses** der Öffentlichkeit aus dem Plenum ist eine nur bedingt zweckmäßige Regelung. Ein Ausschluss ist unter dem GG bislang nicht vorgekommen und erscheint auch nicht sinnvoll, da gerade nichtöffentliche Beratungen das Interesse auf sich ziehen und wenig Chancen haben, vertraulich oder geheim zu bleiben, zumal ein bloßer Ausschluss der Öffentlichkeit nicht bedeutet, dass die Abgeordneten anschließend nicht über die Sitzungsinhalte berichten dürften. Dass sich der Grundsatz der parlamentarischen Öffentlichkeit ausschließlich auf das Plenum bezieht und **Ausschusssitzungen nicht** umfasst, hat gewichtige Gründe für sich und sollte nicht geändert werden (→ Rn. 21 ff.).

62 Die **Mehrheitsregel** mit der parlamentarischen Öffentlichkeit in einem Artikel zu bündeln, wirkt in Ermangelung einer inneren Verbindung beider Grundsätze eher zufällig. Bei einer Novellierung des GG wäre **Abs. 2** aus systematischen Gründen als **eigener Artikel** zu fassen und mit Art. 121 in Verbindung zu bringen.[216] Ob die Verfassung eine Regelung zur **Beschlussfähigkeit** des Bundestages enthalten oder ein **Mindestbeteiligungsquorum,** bei dessen Unterschreitung die Beschlussfähigkeit auch nicht mehr fingiert werden kann, festlegen sollte, ist eine Abwägungsfrage. Das Fehlen eines Quorums spiegelt die parlamentarische Realität wider. Der Bundestag ist ein Arbeitsparlament. Seine Arbeitsfähigkeit ist ein Verfassungsgut und die Abstimmung über bereits vorverhandelte und vorentschiedene Gesetzesvorhaben nicht die wichtigste Aufgabe der Abgeordneten (→ Rn. 36 f.). Ob ein

---

[211] BVerfGE 61, 1 (8); 94, 1 (7).
[212] *Linke* in BerlKomm Rn. 119.
[213] *Brocker* in BeckOK GG Rn. 30.
[214] *Linke* in BerlKomm Rn. 116; *Morlok* in Dreier Rn. 42; *Dicke* in Umbach/Clemens Rn. 80; *Achterberg/Schulte* in MKS, 6. Aufl. 2010, Rn. 54; *Klein* in Maunz/Dürig Rn. 71.
[215] *Versteyl* in v. Münch/Kunig, 6. Aufl. 2012, Rn. 40.
[216] *Versteyl* in v. Münch/Kunig, 6. Aufl. 2012, Rn. 42.

Mindestbeteiligungsquorum gegen die Politikverdrossenheit der Bürger wirken kann und ihr Gefühl, angemessen repräsentiert zu werden, tatsächlich erhöht, scheint dagegen mehr als fraglich.

Literatur

N. Achterberg, Die Grundsätze der parlamentarischen Verhandlung, DVBl. 1980, 512. – ***F. W. Appoldt,*** Die öffentlichen Anhörungen („Hearings") des Deutschen Bundestages, 1971. – ***M. Bauer,*** Das Verstummen eines Parlaments, Der Staat 49 (2010), 587. – ***B. Beckermann,*** Beschlussfähigkeit des Deutschen Bundestages zwischen Repräsentation und Arbeitsfähigkeit, DÖV 2020, 273. – ***A. Beierwaltes,*** Demokratie und Medien. Der begriff der Öffentlichkeit und seine Bedeutung für die Demokratie in Europa, 2. Aufl. 2002. – ***R. Binder,*** Die „Öffentlichkeit" nach Art. 42 I 1, 44 I 1 GG und das Recht der Massenmedien zur Berichterstattung, DVBl. 1985, 1112. – ***J. Bröhmer,*** Transparenz als Verfassungsprinzip: Grundgesetz und Europäische Union, 2004. – ***H. Butzer,*** Der Bereich des schlichten Parlamentsbeschlusses, AöR 118 (1994), 61. – ***P. Cancik,*** Parlamentarische Beschlussfähigkeit und Verfassungsrecht, Der Staat 59 (2020), 7. – ***E. Flaig,*** Die Mehrheitsentscheidung. Entstehung und kulturelle Dynamik, 2013. – ***H. Gersdorf,*** Parlamentsfernsehen des Deutschen Bundestages, Berlin 2008. – ***E. Groth/V. Rühl,*** Demokratie und geheime Abstimmung in Sachfragen – geht das zusammen?, LKV 2007, 311. – ***C. Gusy,*** Das Mehrheitsprinzip im demokratischen Staat, AöR 106 (1981), 329. – ***C. Hillgruber,*** Die Herrschaft der Mehrheit. Grundlagen und Grenzen des demokratischen Majoritätsprinzips, AöR 127 (2002), 460. – ***H. Hofmann/H. Dreier,*** Repräsentation, Mehrheitsprinzip und Minderheitenschutz, in H.-P. Schneider/W. Zeh, Parlamentsrecht und Parlamentspraxis in der Bundesrepublik Deutschland, 1989, § 5. – ***W. Heun,*** Das Mehrheitsprinzip in der Demokratie, 1983. – ***R Kaiser,*** Mehrheitserfordernisse im Staatsrecht, JuS 2017, 221. – ***K. Kemmler,*** Die Abstimmungsmethoden des Deutschen Bundestages, Diss. Tübingen, 1969. – ***L. Kißler,*** Die Öffentlichkeitsfunktion des Deutschen Bundestages, 1976. – ***C. Kornmeier,*** Rede zu Protokoll – Der Bundestag formalisiert ein lange praktiziertes Verfahren, DÖV 2010, 676. – ***J. Krüper,*** Parlament und Öffentlichkeit, in M. Morlok/U. Schliesky/D. Wiefelspütz, Parlamentsrecht, 2015, § 39. – ***S. Marschall,*** TV-Berichterstattung aus dem Parlament, ZParl 28 (1997), 279. – ***C. Lenz/H. Schulte,*** Sitzungen des Bundestages per Videokonferenz: Gehst du noch hin oder streamst du schon?, NVwZ 2020, 744. – ***J. Linck,*** Die Parlamentsöffentlichkeit, ZParl 23 (1992), 673. – ***N. Magsaam,*** Mehrheit entscheidet. Ausgestaltung und Anwendung des Majoritätsprinzips im Verfassungsrecht des Bundes und der Länder, 2014. – ***E. G. Mahrenholz,*** „Der Bundestag verhandelt öffentlich". Anmerkungen zum Verfassungsgebot des Art. 42 I 2 GG, FS f. Hufen, 2015, 201. – ***H. Oberreuter,*** Scheinpublizität oder Transparenz? Zur Öffentlichkeit von Parlamentsausschüssen, ZParl 6 (1975), 77. – ***R. Pracht/M. Ehmer,*** Die Beschlussfähigkeit des Deutschen Bundestages, JuS 2019, 531. – ***H. Pünder,*** Wahlrecht und Parlamentsrecht als Gelingensbedingungen repräsentativer Demokratie, VVDStRL 72 (2013), 191. – ***E. Röper,*** Zulässigkeit geheimer Abstimmungen im Parlament, ZParl 11 (1980), 503. – ***E.H Schmidt-Jortzig,*** Parlamentarismus im Zeitalter der Neuen Medien – oder: Digitalisierter Parlamentarismus, ZParl 49 (2018), 793. – ***S. Schuster,*** Verfassungsrechtliche Anforderungen an die öffentliche parlamentarische Debatte in Zeiten einer großen Koalition, DÖV 2014, 516. – ***M. Sester,*** Der Parlamentsbeschluss, 2007. – ***H. Uppendahl,*** Repräsentation und Responsivität: Bausteine einer Theorie, ZParl 12 (1981), 123. – ***A. Weiß,*** Theorie der Parlamentsöffentlichkeit. Elemente einer Diskursgeschichte und deliberatives Modell, 2010.

Art. 43 [Anwesenheit der Bundesregierung]

(1) Der Bundestag und seine Ausschüsse können die Anwesenheit jedes Mitgliedes der Bundesregierung verlangen.

(2) [1] Die Mitglieder des Bundesrates und der Bundesregierung sowie ihre Beauftragten haben zu allen Sitzungen des Bundestages und seiner Ausschüsse Zutritt. [2] Sie müssen jederzeit gehört werden.

Paulskirchenverfassung von 1849

Abschnitt IV. Art. IX

§ 121. Die Reichsminister haben das Recht, den Verhandlungen beider Häuser des Reichstages beizuwohnen und jederzeit von denselben gehört zu werden.

§ 122. Die Reichsminister haben die Verpflichtung, auf Verlangen jedes der Häuser des Reichstages in demselben zu erscheinen und Auskunft zu ertheilen, oder den Grund anzugeben, weshalb dieselbe nicht ertheilt werden könne.

Reichsverfassung von 1871

Art. 9. Jedes Mitglied des Bundesrathes hat das Recht, im Reichstage zu erscheinen und muß daselbst auf Verlangen jederzeit gehört werden, um die Ansichten seiner Regierung zu vertreten, auch dann, wenn dieselben von der Majorität des Bundesrathes nicht adoptirt worden sind. Niemand kann gleichzeitig Mitglied des Bundesrathes und des Reichstages sein.

Weimarer Reichsverfassung von 1919

Art. 33. Der Reichstag und seine Ausschüsse können die Anwesenheit des Reichskanzlers und jedes Reichsministers verlangen.

Der Reichskanzler, die Reichsminister und die von ihnen bestellten Beauftragten haben zu den Sitzungen des Reichstags und seiner Ausschüsse Zutritt. Die Länder sind berechtigt, in diese Sitzungen Bevollmächtigte zu entsenden, die den Standpunkt ihrer Regierung zu dem Gegenstande der Verhandlung darlegen.

Auf ihr Verlangen müssen die Regierungsvertreter während der Beratung, die Vertreter der Reichsregierung auch außerhalb der Tagesordnung gehört werden.

Sie unterstehen der Ordnungsgewalt des Vorsitzenden.

Übersicht

A. Allgemeine Bedeutung

I. Genese

Ein Zitierrecht des Parlaments, das durch die Pflicht der Reichsminister, 1
Auskunft zu erteilen, verstärkt wurde, enthielt erstmals auf Reichsebene § 122 Paulskirchenverfassung. Modern mutet hier die Pflicht der Reichsminister an, eine Auskunftsverweigerung begründen zu müssen.[1] Die Reichsverfassung von 1871 gewährte dem Reichstag dagegen kein Zitierrecht. Das Zutritts- und Rederecht der Exekutive entwickelte sich mit der **konstitutionellen Monarchie** früher als das Zitierrecht des Parlaments. Es sollte – wie heute Art. 43 Abs. 2 – den staatsleitenden Dialog zwischen monarchischer und parlamentarischer Seite fördern.[2] Die **Paulskirchenverfassung** regelte das Zutritts- und Rederecht in § 121. Es beschränkte sich auf die Reichsminister. Die **Reichsverfassung von 1871** verschaffte dagegen vornehmlich den instruierten Mitgliedern des Bundesrates den Zutritt zum und ein Rederecht im Reichstag, die dort allerdings nicht die Ansichten des Bundesrates als Kollegialorgan, sondern die Ansichten ihrer Regierungen vertraten.[3] Die **Weimarer Reichsverfassung** stellte in Art. 33 Abs. 1 das Zitierrecht des Parlaments an den Anfang der Norm. In Abs. 2 S. 1 folgten das Zutritts- und Rederecht des Reichskanzlers und der Reichsminister zu und in allen Sitzungen des Reichstages und seiner Ausschüsse. In föderaler Hinsicht gab die Weimarer Reichsverfassung in Art. 33 Abs. 2 S. 2 allein den Ländern, nicht aber dem Reichsrat das Recht, Bevollmächtigte in den Reichstag zu entsenden, deren Rederecht dort auf den Gegenstand der Verhandlung und eine Darlegung des Standpunktes ihrer Regierungen beschränkt war. Dem Reichsrat und seinen Mitgliedern räumten jedoch die §§ 96, 97 GORT Zutritts- und Rederechte ein. Allein die Anhörungspflicht des Parlaments gegenüber der Reichsregierung bestand auch außerhalb der Tagesordnung.[4]

Der Herrenchiemsee-Entwurf übernahm im Wesentlichen die Regelungen 2
des Art. 33 Weimarer Reichsverfassung, wies das Zutritts- und Rederecht aber den Mitgliedern des Bundesrates und ihren Beauftragten zu. Der **Parlamentarische Rat** überschrieb das Herbeirufungsrecht ohne Diskussion in Art. 43 Abs. 1. Allein beim Zutritts- und Rederecht von Regierung und Bundesrat nahm er kleinere Veränderungen vor und verzichtete zB auf den Zusatz „während der Beratung", um die Jederzeitigkeit der Rederechte beider Organe klarzustellen. Der Text ist seitdem nicht verändert worden.[5]

---

[1] So heute BVerfGE 124, 161 (193).
[2] *Morlok* in Dreier Rn. 1; *Linke* in BerlKomm Rn. 10, 29; *Meier,* Zitier- und Zutrittsrecht im parlamentarischen Regierungssystem, 1982, 58 ff., 75 ff.
[3] *Linke* in BerlKomm Rn. 26; *Morlok* in Dreier Rn. 3 f.
[4] *Morlok* in Dreier Rn. 5; *Schliesky* in MKS Rn. 1 ff.
[5] *Schröder* in BK Rn. 19; *Morlok* in Dreier Rn. 6; *Schliesky* in MKS Rn. 4.

II. Inhaltsübersicht und systematischer Zusammenhang

3 Art. 43 enthält in Abs. 1 das **Zitier**- oder **Herbeirufungsrecht** des Parlaments gegenüber den Mitgliedern der Bundesregierung. In Art. 43 Abs. 2 sind Zutritts- und Rederecht der Mitglieder von Bundesrat, Bundesregierung oder ihrer Beauftragten in Plenum und Ausschüssen des Bundestages als Doppelrecht geregelt. Diese Vorschriften des Verfassungsrechts zählen zum Traditionsbestand des deutschen Parlamentsrechts. Herbeirufungsrecht, **Zutritts- und Rederecht** dienen zum einen der Förderung des unverzichtbaren und permanenten Dialogs zwischen den drei staatsleitenden Organen Bundestag, Bundesregierung und Bundesrat.[6] Zum anderen dienen sie der Kontrolle der Exekutive, wobei eine neuere Ausdeutung zu Recht die kooperativen und kommunikativen Funktionen aller Gewährleistungen des Art. 43 als eigentlichen Zweck der Norm in den Vordergrund rückt.[7] Vor allem nach der älteren Rechtsprechung ist das Zitierrecht dagegen Ausdruck der parlamentarischen Kontrolle gegenüber der Gubernative und akzentuiert entsprechend die parlamentarische Verantwortlichkeit der Regierung.[8] Wegen seiner Kontrollfunktion wird dem Herbeirufungsrecht ein parlamentarisches Fragerecht mit einer korrespondierenden Antwortpflicht der Regierung unterlegt.[9] Es soll das Informationsdefizit des Parlaments gegenüber der Bundesregierung ausgleichen. Soweit das Zutritts- und Rederecht der Bundesratsmitglieder und ihrer Beauftragten in Rede stehen, ist Art. 43 Abs. 2 Ausdruck der föderalen Politikverflechtung[10] in Deutschland.

B. Einzelfragen

I. Der Bundestag (Abs. 1 Hs. 1)

4 Das **Herbeirufungs- oder Zitierrecht** des Art. 43 Abs. 1 gibt dem Bundestag und seinen Ausschüssen das Recht, jederzeit die Anwesenheit eines jeden Mitglieds der Bundesregierung und damit auch des **Bundeskanzlers** zu verlangen. Mit dem Bundestag ist das **Plenum** angesprochen.[11] Das Plenum entscheidet über die Ausübung des Zitierrechts mit Mehrheitsbeschluss, dh in diesem Fall mit der einfachen Mehrheit der im Zeitpunkt der Abstimmung anwesenden Abgeordneten.[12]

5 Das Herbeirufungsrecht ist im GG als **Recht der Parlamentsmehrheit** ausgestaltet. Einige Landesverfassungen haben sich dagegen entschlossen, das Zitierrecht als konfrontatives Minderheiten- bzw. Oppositionsrecht zu reali-

---

[6] *Linke* in BerlKomm Rn. 52 f.; *Kluth* in SHH Rn. 14; *Schröder* in Schneider/Zeh Parlamentsrecht und Parlamentspraxis, § 53 Rn. 4; *Vonderbeck,* Parlamentarische Informations- und Redebefugnisse, 1981, 9; *Thaysen* ZParl 5 (1974), 459 (459 ff.); *Friesenhahn* VVDStRL 16 (1958), 9 (36).

[7] *Kluth* in SHH Rn. 1; *Brocker* in BeckOK GG Vorb. Rn. 1; *Gröpl* in GWC Rn. 1; *Kunig* Jura 1993, 220 (220 ff.).

[8] BVerfGE 10, 4 (17 f.); *Dicke* in Umbach/Clemens Rn. 26; *Schröder* in HdbStR III § 64 Rn. 20; *Gusy* JuS 1995, 878 (878 f.).

[9] BVerfGE 121, 135 (159); *Versteyl* in v. Münch/Kunig, 6. Aufl. 2012, Rn. 1; *Kluth* in SHH Rn. 1; *Hölscheidt* DÖV 1993, 593 (596); *Lepsius* in Kritische Justiz (Hrsg) Verfassungsrecht und gesellschaftliche Realität, 2009, 81 (81); krit. *Linke* in BerlKomm Rn. 45, 55.

[10] *Scharpf* PVS 26 (1985), 323 (327); *Laufer/Münch,* Das föderative System der Bundesrepublik Deutschland, 1998, 189 ff.

[11] *Klein* in Maunz/Dürig Rn. 51; *Schliesky* in MKS Rn. 12.

[12] *Versteyl* in v. Münch/Kunig, 6. Aufl. 2012, Rn. 2.

sieren, mit dem die persönliche Verantwortlichkeit der Regierungsmitglieder gegenüber Parlament und Öffentlichkeit geltend gemacht werden kann.[13] Das Herbeirufungsrecht der Bundesverfassung ist dagegen weniger auf Konfrontation als vielmehr auf Information und konstruktive Begleitung der Regierungspolitik[14] in der vom Grundgesetz vorausgesetzten Zusammenarbeit von Regierung und Parlament bei der „Staatsleitung zur gesamten Hand" angelegt. Bislang wurde 112 Mal im Bundestag idR von Oppositionsfraktionen die Herbeirufung von Regierungsmitgliedern beantragt. Der überwiegende Teil der Anträge wurde durch Mehrheitsbeschluss abgelehnt.[15] In der Praxis ist die Bundesregierung in relevanten Plenardebatten aus politischem Kalkül oder auf Bitten der Koalitionsfraktionen ohnehin vertreten, auch ohne dass sie förmlich herbeizitiert werden muss.[16] Trotzdem ist ein **Antragsrecht der Opposition** auf Herbeirufung von Regierungsmitgliedern nicht obsolet.[17] Sind die Regierungs- und Mehrheitsverhältnisse stabil, hat das Herbeirufungsrecht jedoch lediglich eine Reservefunktion.[18]

Ausgestaltung und Gebrauch des Zitierrechts aus Art. 43 Abs. 1 passen sich **6**
dem veränderten grundgesetzlichen Verständnis vom Verhältnis zwischen Parlament und Regierung an. Es geht weniger um eine dualistische Konfrontation des Parlaments mit der Regierung als vielmehr darum, dass das Parlament einen **kooperativen staatsleitenden Dialog** mit ihr führt und Regierungshandeln permanent begleitend beeinflusst. Zwar dient das Herbeirufungsrecht auch dazu, die parlamentarische Verantwortlichkeit der Regierung gegenüber dem Parlament zu realisieren und ist ein Kontrollrecht.[19] Kontrolle meint in Art. 43 Abs. 1 aber vor allem **Einflussnahme des Parlaments** auf die Regierung.[20] Das Parlament bringt dem herbeigerufenen Regierungsmitglied seine Auffassung zu Ohren oder verlangt eine Stellungnahme von ihm, um seine eigenen Informationsbedürfnisse zu befriedigen.[21]

II. Und seine Ausschüsse

Dass den **Ausschüssen** des Bundestages ein Zitierrecht zusteht, ist not- **7**
wendig. Die Komplexität der Lebensverhältnisse verlagert die eigentliche Sacharbeit des Parlaments in die Ausschüsse. Da das Plenum sich wegen seiner Schwerfälligkeit nicht für umfangreiche Detailarbeiten im Gesetzgebungspro-

[13] ZB Art. 66 Abs. 1 LVerf Bbg; Art. 38 Abs. 1 LVerf MV; Art. 27 Abs. 1 LVerf SchlH; näher *Hölscheidt* DÖV 1993, 593 (593 ff.).

[14] *Ismayr,* Der Deutsche Bundestag, 3. Aufl. 2012, 316 f.

[15] https://www.bundestag.de/resource/blob/196274/2c6a1b13e35503a354189c9a145f136a/Kapitel_06_16_Herbeirufung_von_Regierungsmitgliedern-data.pdf (letzter Zugriff am 29.11.2019).

[16] *Schliesky* in MKS Rn. 11; *Magiera* in Sachs Rn. 1; *Achterberg/Schulte* in MKS, 6. Aufl. 2010, Rn. 3; *Schneider* in AK Rn. 2; *Klein* in Maunz/Dürig Rn. 39.

[17] *Linke* in BerlKomm Rn. 48; *Leisner* in Sodan Rn. 1: drohende Fernwirkung; *Zeh* in HdbStR III § 53 Rn. 53; *Morlok* in Dreier Rn. 13: Eine Umstellung ist wegen des Obstruktionspotentials nicht geboten. Ebenso *Klein* in Maunz/Dürig Rn. 44: Störpotential; *Schröder* in BK Rn. 60: realitätsfern; *Brocker* in BeckOK GG Rn. 8; *Schliesky* in MKS Rn. 34.

[18] *Schröder* in BK Rn. 31; *Dicke* in Umbach/Clemens Rn. 20; *Morlok* in Dreier Rn. 13; *Linke* in BerlKomm Rn. 56; *Schneider* in AK Rn. 2; *Pieroth* in Jarass/Pieroth Rn. 1.

[19] *Schneider* in AK Rn. 2; *Achterberg/Schulte* in MKS, 6. Aufl. 2010, Rn. 1.

[20] BVerfGE 80, 188 (224); *Morlok* in Dreier Rn. 9; *Linke* in BerlKomm Rn. 50; *v. Einem,* Die Auskunftspflicht der Regierung gegenüber dem Parlament, 1977, 100 ff.

[21] *Morlok* in Dreier Rn. 8; *Schliesky* in MKS Art. 11; *Teuber,* Parlamentarische Informationsrechte. Eine Untersuchung an den Beispielen des Bundestages und des Landtages Nordrhein-Westfalen, 2007, 60 f.

zess eignet, muss es Ausschüsse zu seiner Entlastung einsetzen.[22] Das Recht dazu fließt aus seiner Selbstorganisationsbefugnis und seiner Geschäftsordnungsautonomie (→ Art. 40 Rn. 14 ff.). Die Ausschüsse erledigen einen wesentlichen Teil der **Informations- und Kontrollaufgaben** des Bundestages.[23] Als eigentliche Arbeitsparlamente sind sie für kommunikative Kooperations-, Koordinations- und Kontrollaufgaben prädestiniert.[24]

8 **1. Der Ausschussbegriff.** Das Zitierrecht steht dem Bundestag und „seinen" Ausschüssen zu. Der Ausschussbegriff des Art. 43 Abs. 1 umfasst unproblematisch alle **ständigen Ausschüsse** des Parlaments, gleich ob sie von ihm als **freiwillige** oder als **Pflichtausschüsse** nach den §§ 54 GOBT eingesetzt werden. Ständige freiwillige Fachausschüsse werden an die Ressortzuschnitte der Bundesministerien angelehnt.[25] Durch das GG (Art. 45, 45a, 45c, 45d,[26] 53a) oder durch einfaches Recht (§ 6 Abs. 2 BVerfGG,[27] § 3 WahlPrG) wird der Bundestag verpflichtet, weitere ständige Pflichtausschüsse einzusetzen. Daneben kann der Bundestag jederzeit **Sonderausschüsse** zur Erledigung einzelner Angelegenheiten bestellen (§ 54 Abs. 1 S. 2 GOBT).[28] Der Rechtsform nach sind Ausschüsse Hilfsorgane des Parlaments. Das BVerfG bezeichnet sie als **vorbereitende Beschlussorgane** des Bundestages.[29] Sie sind mit eigenen Rechten ausgestattet und im Organstreit nach Art. 93 Abs. 1 Nr. 1, §§ 63 ff. BVerfGG parteifähig.[30] Den genannten Ausschüssen steht das Zitierrecht zu. Dabei ist es unerheblich, ob sie es im Rahmen ihrer vom Bundestag zugewiesenen Aufgaben oder aus Anlass ihres Selbstbefassungsrechts nach § 62 Abs. 1 S. 3 GOBT ausüben.[31]

9 Strittig ist, ob auch den **Unterausschüssen** der vom Bundestag eingesetzten Ausschüsse das Herbeirufungsrecht zusteht (§ 55 GOBT). ZT wird den Unterausschüssen das Herbeirufungsrecht abgesprochen, da Unterausschüsse keine Ausschüsse seien, die der Bundestag unmittelbar selbst eingesetzt habe.[32] Da aber Unterausschüsse in dem vom Plenum zugewiesenen Arbeitsgebiet eines Mutterausschusses zur Arbeitserleichterung eingesetzt werden, würde es eine nicht unerhebliche Einschränkung des Selbstorganisationsrechts des Bundestages bedeuten, wenn den Unterausschüssen nicht auch das Herbeirufungsrecht zustände.[33]

10 Die **Untersuchungsausschüsse** des Bundestages nach Art. 44 gehören zu den zitierberechtigten Ausschüssen.[34] Obwohl die Antwortpflicht der her-

---

[22] BVerfGE 44, 308 (317 f.); 84, 304 (323); 130, 318 (350 f.); 140, 115 (145); *Kluth* in SHH Rn. 3.

[23] BVerfGE 84, 304 (323); 114, 115 (151).

[24] *Linke* in BerlKomm Rn. 59.

[25] *Geis* in HdbStR III § 54 Rn. 1, 28; *Kluth* in SHH Rn. 10.

[26] Ausf. zum Parlamentarischen Kontrollgremium *Linke* in BerlKomm Rn. 74 ff.

[27] Zum Wahlausschuss *Schliesky* in MKS Rn. 13.

[28] *Klein* in Maunz/Dürig Rn. 52; *Versteyl* in v. Münch/Kunig, 6. Aufl. 2012, Rn. 7.

[29] BVerfGE 1, 144 (154); *Versteyl* in v. Münch/Kunig, 6. Aufl. 2012, Rn. 14; *Linke* in BerlKomm Rn. 64. Zu den selbst entscheidenden Ausschüssen näher *Kluth* in SHH Rn. 9.

[30] *Kluth* in SHH Rn. 3.

[31] *Klein* in Maunz/Dürig Rn. 46; *Morlok* in Dreier Rn. 9; *Linke* in BerlKomm Rn. 67; *Magiera* in Sachs Rn. 3.

[32] So *Linke* in BerlKomm Rn. 69; *Klein* in Maunz/Dürig Rn. 53; *Schneider* in AK Rn. 4.

[33] So auch *Versteyl* in v. Münch/Kunig, 6. Aufl. 2012, Rn. 7; *Leisner* in Sodan Rn. 2; *Schliesky* in MKS Rn. 14; *Dicke* in Umbach/Clemens Rn. 21; *Morlok* in Dreier Rn. 9; *Magiera* in Sachs Rn. 3.

[34] *Versteyl* in v. Münch/Kunig, 6. Aufl. 2012, Rn. 8; *Linke* in BerlKomm Rn. 68; *Lorz/Richterich* in Morlok/Schliesky/Wiefelspütz Parlamentsrecht, § 35 Rn. 61.

beigerufenen Regierungsmitglieder aus Art. 43 Abs. 1 umstritten ist, wird den Untersuchungsausschüssen Wahlfreiheit eingeräumt, ob sie zu befragende Regierungsmitglieder nach Art. 44 Abs. 2 S. 1 iVm den entsprechenden Vorschriften des Gesetzes zur Regelung des Rechts der Untersuchungsausschüsse des Deutschen Bundestages (PUAG)[35] als Zeugen vernehmen oder lediglich nach Art. 43 Abs. 1 herbeirufen.[36]

Da Ausschüsse an der Repräsentationsfunktion der Volksvertretung teilnehmen und idR auf eine Beschlussfassung des Parlaments hinarbeiten, sind **Bundestagsausschüsse** spiegelbildlich mit Abgeordneten nach dem Stärkeverhältnis der Fraktionen besetzt.[37] Unbestritten ist deshalb, dass das Zitierrecht aus Art. 43 Abs. 1 solchen Ausschüssen des Bundestages zusteht, die **ausschließlich aus Mitgliedern des Bundestages** gebildet werden. Für **sonstige Gremien und Kommissionen,** die der Bundestag einsetzt, ist im Einzelfall zu prüfen, ob diesen das Herbeirufungsrecht zusteht. Ob sie zu den Ausschüssen des Art. 43 Abs. 1 zählen, hängt von ihrem Kreationsmodus und ihrer Besetzung ab.[38] 11

2. Kommissionen und gemischte Ausschüsse. Neben Ausschüssen, die allein von Abgeordneten besetzt werden, richtet der Bundestag weitere Gremien ein, in denen **Dritte als Vollmitglieder** mitarbeiten. Bei einer formalen Betrachtung handelt es sich bei diesen Gremien nicht um Ausschüsse „des" Bundestages die unter Art. 43 Abs. 1 fallen.[39] 12

Das betrifft vor allem **Enquêtekommissionen** des Bundestages. Sie werden eingerichtet zur Vorbereitung von Plenarentscheidungen in komplexen Sachfragen und setzen sich sowohl aus **Abgeordneten** als auch aus **privaten Sachverständigen** ohne Bundestagsmandat zusammen. Enquêtekommissionen sind weder im GG noch einfachgesetzlich, sondern ausschließlich in § 56 GOBT geregelt. Ihre Einsetzung beruht auf der Selbstorganisationsgewalt und der Geschäftsordnungsautonomie des Bundestages.[40] Da der Bundestag allein durch Selbstorganisationsrecht und Autonomie andere Staatsorgane nicht verpflichten kann und auch kein Beleihungsrecht gegenüber privaten Dritten hat, scheiden sowohl eine unmittelbare als auch eine analoge Anwendung des Zitierrechts aus Art. 43 Abs. 1 auf Enquêtekommissionen aus,[41] auch wenn alle ihre Mitglieder parlamentarisch bestellt sind, und sowohl ihre Aufgabenstellung als auch ihre Zusammensetzung den Sachverständigenanhörungen in Fachausschüssen nicht unähnlich ist.[42] Ein Herbeirufungsrecht mag sinnvoll sein, die Bundesregierung kann entspre- 13

---

[35] BGBl. 2001 I 1142; BGBl. 2004 I 718.

[36] *Brocker* in BeckOK GG Rn. 6; *Brocker* in Glauben/Brocker Das Recht der parlamentarischen Untersuchungsausschüsse in Bund und Ländern, § 14 Rn. 17; krit. *Linke* in BerlKomm Rn. 68.

[37] BVerfGE 77, 1 (41); 80, 188 (221 ff.); 84, 304 (323 f.); 96, 264 (282 ff.); 106, 253 (262, 268); 112, 118 (133); 123, 267 (342).

[38] *Linke* in BerlKomm Rn. 70.

[39] *Linke* in BerlKomm Rn. 70; *Schmidt-Jortzig* in Morlok/Schliesky/Wiefelspütz Parlamentsrecht, § 32 Rn. 5.

[40] *Kluth* in SHH Rn. 12; *Kretschmer* DVBl 1986, 923 (926).

[41] So *Linke* in BerlKomm Rn. 86 f.; *Brocker* in BeckOK GG Rn. 6; *Klein* in Maunz/Dürig Rn. 54; *Dicke* in Umbach/Clemens Rn. 21; *Achterberg/Schulte* in MKS, 6. Aufl. 2010, Rn. 22; *Versteyl* in v. Münch/Kunig, 6. Aufl. 2012, Rn. 11; aA *Kluth* in SHH Rn. 12; *Schliesky* in MKS Rn. 15; *Morlok* in Dreier Rn. 9; *Schröder* in BK Rn. 36 f.; *Magiera* in Sachs Rn. 3; *Lorz/Richterich* in Morlok/Schliesky/Wiefelspütz Parlamentsrecht, § 35 Rn. 61.

[42] So aber *Morlok* in Dreier Rn. 9; *Kluth* in SHH Rn. 12; *Schliesky* in MKS Rn. 15.

chenden Bitten einer Enquêtekommission jedoch auch freiwillig Folge leisten.[43] Dem **Richterwahlausschuss** nach Art. 95 Abs. 2 steht das Herbeirufungsrecht ebenfalls nicht zu.[44]

14 Bundestag und Bundesrat richten gemeinsam **gemischte Ausschüsse** ein wie den **Vermittlungsausschuss** nach Art. 77 Abs. 2, in dem Abgeordnete und Bundesratsmitglieder anteilig vertreten sind. Obwohl der Vermittlungsausschuss kein echter Ausschuss des Bundestages ist,[45] steht ihm das Herbeirufungsrecht nach Art. 43 Abs. 1 allein deshalb entsprechend zu, weil sowohl die Bundestagsbank nach Art. 43 Abs. 1 als auch die Bundesratsbank nach Art. 53 S. 1 über ein Zitierrecht verfügen, vgl. § 5 GOVermA.[46] Zudem findet im Vermittlungsausschuss ein staatsleitender Dialog statt,[47] der die Anwesenheit der Regierung erfordern kann.[48]

15 Bundestag und Bundesrat beschicken zusammen den **Gemeinsamen Ausschuss** nach Art. 53a. Dem Gemeinsamen Ausschuss steht das Herbeirufungsrecht zu. Umstritten ist, ob er das Zitierrecht ausschließlich im **Verteidigungsfall** ausüben darf,[49] oder ob es ihm auch in **Friedenszeiten** zusteht. Nach Art. 53a Abs. 2 S. 2 bleiben die Rechte des Bundestages und seiner Ausschüsse nach Art. 43 zwar unberührt. Da der Gemeinsame Ausschuss als gemischter Ausschuss formal aber kein Ausschuss des Bundestages nach Art. 43 Abs. 1 ist, spielt die Norm für den Friedensfall keine Rolle,[50] so dass das Herbeirufungsrecht auf den Verteidigungsfall beschränkt bleibt.

III. Können die Anwesenheit jedes Mitgliedes der Bundesregierung verlangen (Abs. 1 Hs. 2)

16 Zur **Anwesenheit verpflichtet** werden auf entsprechenden Plenar- oder Ausschussbeschluss hin die Mitglieder der **Bundesregierung.** Näheres regelt Anlage 7 GOBT in den „Richtlinien für die Befragung der Bundesregierung" im Sinne eines Vorratsbeschlusses. Über die Anlage 7 hinausgehende Inhalte des Art. 43 können durch die GOBT nicht wirksam eingeschränkt werden. Nach Art. 62 sind dies der Bundeskanzler und die Bundesminister.[51] Eine Vertretung ist nicht zulässig.[52] Gegenüber anderen Personen aus der Gubernative besteht kein Zitierrecht. Ruft der Bundestag gleichwohl einen parlamentarischen **Staatssekretär** oder einen Fachbeamten herbei, was in der Praxis häufiger der Fall ist, lässt sich dieser Beschluss nicht auf Art. 43 Abs. 1 stützen. Eine

---

[43] *Klein* in Maunz/Dürig Rn. 55; *Versteyl* in v. Münch/Kunig, 6. Aufl. 2012, Rn. 11; *Linke* in BerlKomm Rn. 87.

[44] *Morlok* in Dreier Rn. 9.

[45] *Geis* in HdbStR III § 54 Rn. 16 f.; *Kluth* in HdbStR III § 60 Rn. 6.

[46] *Morlok* in Dreier Rn. 9; *Kluth* in SHH Rn. 16; *Brocker* in BeckOK GG Rn. 7; *Klein* in Maunz/Dürig Rn. 56; *Pieroth* in Jarass/Pieroth Rn. 1; *Magiera* in Sachs Rn. 3; *Achterberg/Schulte* in MKS, 6. Aufl. 2010, Rn. 23.

[47] BVerfGE 112, 118 (137 ff.); *Geis* in HdbStR III § 54 Rn. 16.

[48] *Kluth* in SHH Rn. 16; *Dicke* in Umbach/Clemens Rn. 21; *Linke* in BerlKomm Rn. 72; *Lorz/Richterich* in Morlok/Schliesky/Wiefelspütz Parlamentsrecht, § 35 Rn. 61.

[49] So Morlok in Dreier Rn. 9; *Klein* in Maunz/Dürig Rn. 57; *Schliesky* in MKS Rn. 17; *Pieroth* in Jarass/Pieroth Rn. 1.

[50] So aber *Linke* in BerlKomm Rn. 73.

[51] *Klein* in Maunz/Dürig Rn. 60; *Morlok* in Dreier Rn. 10; *Magiera* in Sachs Rn. 4; *Dicke* in Umbach/Clemens Rn. 22; *Achterberg/Schulte* in MKS, 6. Aufl. 2010, Rn. 26.

[52] *Schröder* in BK Rn. 46; *Gröpl* in GWC Rn. 4; *Pieroth* in Jarass/Pieroth Rn. 2; aA *Versteyl* in v. Münch/Kunig, 6. Aufl. 2012, Rn. 28.

Anwesenheitspflicht besteht nicht.[53] Ebenso wenig besteht die Pflicht des Parlaments, die Herbeirufung auf denjenigen Minister zu beschränken, aus dessen Ressort ein Verhandlungsgegenstand auf der Tagesordnung des Plenums steht. Weder aus dem Wortlaut noch aus dem Zweck des Art. 43 Abs. 1 lässt sich diese Einschränkung des Zitierrechts entnehmen, da Verhandlungsgegenstände des Parlaments immer ressortübergreifender Natur sein können.[54] Allenfalls das **Missbrauchsverbot** bzw. die **Organtreue** ziehen hier für den Extremfall dem Zitierrecht eine Grenze, die im Einzelfall erreicht sein kann, wenn die Herbeirufung eines Ministers auf sachfremden Motiven beruht oder schikanös ist.[55]

Das Zitierrecht erstreckt sich **nicht** auf die Mitglieder des **Bundesrates.** 17

1. Inhalt des Herbeirufungsrechts. Das Herbeirufungsrecht der parlamentarischen Mehrheit aus Art. 43 Abs. 1 ist **abzugrenzen von Frage- und Informationsrechten** der Minderheit und einzelner Abgeordneter gegenüber der Gubernative. Minoritäre Frage- und Informationsrechte firmieren unter dem weiten Begriff des **Interpellationsrechts,** aus dem Art. 43 nur einen Ausschnitt darstellt.[56] Interpellationsrechte wie große und kleine Anfragen (§§ 100 ff. GOBT), Anfragen einzelner Mitglieder des Bundestages (§ 105 GOBT iVm Anlage 4) oder Aktuelle Stunden (§ 106 GOBT) finden ihren rechtlichen Anknüpfungspunkt nicht im Zitierrecht aus Art. 43 Abs. 1.[57] Die verfassungsrechtlichen Wurzeln des Interpellationsrechts liegen im Demokratieprinzip aus Art. 20 Abs. 1 und im Abgeordnetenstatus aus Art. 38 Abs. 1 S. 2.[58] Interpellationen wenden sich an die Regierung als Kollegialorgan. Anfragen können von ihr schriftlich oder mündlich beantwortet werden (§§ 101 S. 2, 104 Abs. 2 S. 1, 105 S. 1 GOBT) und verlangen nicht ihre persönliche Anwesenheit.[59] 18

Aus dem Zweck des Zitierrechts, einen staatsleitenden Dialog zu ermöglichen, folgt eine **mündliche Antwortpflicht** der **Regierungsmitglieder.**[60] Dem Sinn des Herbeirufungsrechts aus Art. 43 Abs. 1 würde es widersprechen, wenn das herbeigerufene Regierungsmitglied im Plenum und in den Ausschüssen passiv oder stumm bleiben dürfte.[61] An der **Rechtspflicht** der Regierungs- 19

[53] *Morlok* in Dreier Rn. 11; *Schliesky* in MKS Rn. 20; *Linke* in BerlKomm Rn. 89; *Brocker* in BeckOK GG Rn. 4; *Schneider* in AK Rn. 5; *Klein* in Maunz/Dürig Rn. 60; *Kluth* in SHH Rn. 17; *Dicke* in Umbach/Clemens Rn. 22.

[54] *Morlok* in Dreier Rn. 10; *Kluth* in SHH Rn. 15; *Brocker* in BeckOK GG Rn. 3; *Dicke* in Umbach/Clemens Rn. 22; *Klein* in Maunz/Dürig Rn. 61; *Lorz/Richterich* in Morlok/Schliesky/Wiefelspütz Parlamentsrecht, § 35 Rn. 62; aA *Versteyl* in v. Münch/Kunig, 6. Aufl. 2012, Rn. 27; *Schneider* in AK Rn. 5.

[55] *Linke* in BerlKomm Rn. 91; enger *Schliesky* in MKS Rn. 19; aA *Brocker* in BeckOK GG Rn. 3.

[56] *Schröder* in BK Rn. 20 ff.

[57] So auch *Gröpl* in GWC Rn. 6; *Morlok* in Dreier Rn. 12; *Pieroth* in Jarass/Pieroth Rn. 3; *Schneider* in AK Rn. 6; *Linke* in BerlKomm Rn. 94; *Achterberg/Schulte* in MKS, 6. Aufl. 2010, Rn. 4 ff.; *Dicke* in Umbach/Clemens Rn. 17; *Hölscheidt* DÖV 1993, 593 (595); aA *Kluth* in SHH Rn. 1, 15.

[58] BVerfGE 13, 123 (125); 57, 1 (5); 67, 100 (129); 70, 324 (355); 80, 188 (217 f.); 84, 304 (328 ff.); 124, 161 (188); 132, 195 (241 f.); 135, 317 (402 f.); 143, 101 (133); *Brocker* in BeckOK GG Rn. 10; *Dicke* in Umbach/Clemens Rn. 15; *Morlok* in Dreier Rn. 12; *Geck,* Die Fragestunde im Deutschen Bundestag, 1986; *Hölscheidt,* Frage und Antwort im Parlament, 1992.

[59] *Morlok* in Dreier Rn. 12; *Schliesky* in MKS Rn. 31 f.; *Siefken* ZParl 41 (2010), 18 (21 f.).

[60] BVerfGE 121, 135 (159); *Leisner* in Sodan Rn. 3; *Schröder* in BK Rn. 50; *Pieroth* in Jarass/Pieroth Rn. 3; *Kehrhahn* ZParl 16 (1985), 484 (484 ff.).

[61] So auch *Morlok* in Dreier Rn. 11; *Brocker* in BeckOK GG Rn. 9; *Schliesky* in MKS Rn. 27; *Dicke* in Umbach/Clemns Rn. 25; *Klein* in Maunz/Dürig Rn. 69 f.; *Schneider* in AK

mitglieder zu antworten,[62] ändert die für einen kooperativen Dialog eher kontraproduktive Möglichkeit, die Antwortpflicht in der Praxis durchzusetzen, nichts.[63] In der Praxis wird idR mit informellen Absprachen die Anwesenheit und eine Antwort der Regierungsmitglieder erreicht, da eine „geräuschlose Kooperation" mit dem Bundestag im Interesse der Regierung liegt.[64]

20 Die Pflicht zu antworten kann im Einzelfall entfallen, wenn kollidierendes Verfassungsrecht entgegensteht. Die **Grenzen der Antwortpflicht** aus Art. 43 sind die gleichen, die sich für das allgemeine Interpellationsrecht ergeben.[65] Nach Abwägung unter strengen Voraussetzungen kann ein Regierungsmitglied die **Antwort verweigern** zB bei Fragen, die in den Kernbereich der Regierung als eigenständiger Entscheidungsträgerin dringen, wegen Belangen des Staats- oder Geheimschutzes, aus Gründen des Datenschutzes und des allgemeinen Persönlichkeitsrechts Dritter und sonstiger verfassungsrechtlich geschützter Privatinteressen.[66] Die **Weigerung** ist zu **begründen.**[67]

21 Die herbeigerufenen Regierungsmitglieder sind zum **persönlichen Erscheinen** und Verweilen im Plenum und in den zitierberechtigten Ausschüssen **verpflichtet.** Die Dauer ihrer **Verweilpflicht** bezieht sich auf die volle Dauer der Verhandlung über die Beratungsgegenstände, wegen derer sie herbeigerufen wurden.[68] So erhält das Parlament das Recht, jedes Regierungsmitglied zwangsweise zu informieren.[69]

22 Das herbeigerufene Regierungsmitglied **muss selbst erscheinen.** Es ist ihm nicht gestattet, aus eigenem Willen einen Vertreter zu entsenden. Lassen sich Plenum und Ausschüsse aber auf eine Ersatzperson ein, liegt darin ein Verzicht auf die Befolgung ihres Herbeirufungsbeschlusses.[70]

23 Die **Pflicht,** persönlich zu erscheinen und zu verweilen **entfällt nur,** wenn die persönliche Anwesenheitspflicht des Regierungsmitglieds mit gleichrangigen Hindernissen oder Pflichten aus dem Verfassungsrecht kollidiert und seine Anwesenheit unzumutbar ist.[71] ZT orientiert sich das Schrifttum an der Zeugenregelung des § 51 Abs. 2 StPO und lässt „genügende Entschuldigungsgründe" im Einzelfall ausreichen, zu denen objektive Gründe von einigem Gewicht wie zB Krankheiten zählen.[72] Akzeptieren Plenum oder Ausschüsse daraufhin einen Vertreter zB in Person eines parlamentari-

---

Rn. 3; *Weis* DVBl 1988, 268 (269); *Brüning* Der Staat 43 (2004), 511 (518); aA *Linke* in BerlKomm Rn. 103, der den Wortlaut von Art. 43 und die Wortlautdifferenz zu Art. 53 Abs. 1 gegen das Telos des Art. 43 Abs. 1 stellt.

[62] *Kluth* in SHH Rn. 17; *Klein* in Maunz/Dürig Rn. 70; *Linck* DÖV 1983, 957 (960).

[63] So aber *Linke* in BerlKomm Rn. 107 ff.

[64] *Lorz/Richterich* in Morlok/Schliesky/Wiefelspütz Parlamentsrecht, § 35 Rn. 64.

[65] *Brocker* in BeckOK GG Rn. 12.

[66] BVerfGE 110, 199 (214 ff.); 124, 78 (125 ff.); krit. zum Kernbereich *Leisner* in Sodan Rn. 3; näher *Kluth* in SHH Rn. 21 ff.; *Schröder* in BK Rn. 51 ff.; *Schliesky* in MKS Rn. 28; *Klein* in Maunz/Dürig Rn. 100 ff. *Achterberg/Schulte* in MKS, 6. Aufl. 2010, Rn. 14; *Schneider* in AK Rn. 3; *Vogelsang* ZRP 1988, 5 (7 ff.); *Lennartz/Kiefer* DÖV 2006, 185 (188 ff.); *Brenner,* Reichweite und Grenzen des parlamentarischen Fragerechts, 2009, 67 ff.

[67] BVerfGE 110, 199 (214 ff.); 124, 161 (188, 193); *Kluth* in SHH Rn. 25; *Morlok* in Dreier Rn. 15.

[68] *Brocker* in BeckOK GG Rn. 1; *Klein* in Maunz/Dürig Rn. 68; *Morlok* in Dreier Rn. 11; *Schneider* in AK Rn. 3.

[69] *Linke* in BerlKomm Rn. 97.

[70] *Morlok* in Dreier Rn. 14; *Pieroth* in Jarass/Pieroth Rn. 3; *Linke* in BerlKomm Rn. 98.

[71] *Magiera* in Sachs Rn. 5; *Klein* in Maunz/Dürig Rn. 66 f.; *Linke* in BerlKomm Rn. 110.

[72] *Leisner* in Sodan Rn. 3; *Schliesky* in MKS Rn. 24; *Morlok* in Dreier Rn. 14; *Brocker* in BeckOK GG Rn. 2; *Schröder* in BK Rn. 48; *Kluth* in SHH Rn. 17; *Klein* in Maunz/Dürig

schen Staatssekretärs oder Ministerialbeamten oder verschieben sie den Termin, liegt auch darin ein Verzicht auf die Befolgung des Herbeirufungsbeschlusses. Eine Zuschaltung von Regierungsmitgliedern per **Videokonferenz** war bislang nur in Ausnahmefällen denkbar.[73]

Allgemeine Grenzen des Zitierrechts liegen im **Missbrauchsverbot** 24
bzw. der **Organtreue.**[74]

Weitergehende Rechte können Plenum und Ausschüsse aus Art. 43 Abs. 1 25
nicht herleiten. Insbesondere enthält das Zitierrecht nicht gleichsam als Minusrecht zur Antwortpflicht der Regierung ein Recht auf schriftliche Auskünfte oder gar auf Akteneinsicht. Auch haben Plenum und Ausschüsse kein Recht darauf, mündliche Auskünfte durch Einsicht von Unterlagen nachzuprüfen.[75]

2. Verfahren der Herbeirufung. Die Ausübung des Zitierrechts erfor- 26
dert einen **echten Beschluss** des zitierberechtigten Organs, der eine entsprechende Rechtspflicht der Herbeigerufenen auslöst.[76] Der Bundestag entscheidet über einen entsprechenden Antrag mit der einfachen Mehrheit der abgegebenen Stimmen[77] (→ Art. 42 Rn. 42). Den **Antrag im Plenum** können eine Fraktion oder 5 % der anwesenden Mitglieder des Bundestages grundsätzlich jederzeit stellen (§ 42 GOBT). Das **hohe Quorum** soll gewährleisten, dass hinter dem Antrag ein hinreichendes politisches Gewicht steht.[78] Mit der Herbeirufung will der Bundestag sicherstellen, dass ein Regierungsmitglied zu einzelnen Punkten der Tagesordnung anwesend ist. Der Herbeirufungsbeschluss ist deshalb ein in der Sitzung vorrangig zu behandelnder Antrag zur Geschäftsordnung nach § 29 GOBT.[79] Ein Antrag kommt in einer laufenden Sitzung nicht mehr in Betracht, wenn die Verhandlung über den betreffenden Tagesordnungspunkt nach § 25 GOBT bereits vertagt oder geschlossen wurde.[80]

In den **Ausschüssen** steht das Antragsrecht für einen Herbeirufungs- 27
beschluss nach § 71 Abs. 1 GOBT den einzelnen Mitgliedern zu. Die Plenarregeln gelten hier nicht.[81] Die Ausschüsse entscheiden über die Herbeirufung mit der einfachen Mehrheit ihrer Mitglieder.

3. Durchsetzung und Sanktionierung. Kommen die herbeigerufenen 28
Regierungsmitglieder ihrer Anwesenheits- und Antwortpflicht nicht nach, können Plenum und Ausschüsse **politische Sanktionsmittel** wie einen Missbilligungsbeschluss einsetzen.[82] Im äußersten Fall und nur, wenn der

---

Rn. 66; *Versteyl* in v. Münch/Kunig, 6. Aufl. 2012, Rn. 28; *Meier,* Zitier- und Zutrittsrecht im parlamentarischen Regierungssystem, 1982, 133 f.

[73] *Morlok* in Dreier Rn. 14; *Kluth* in SHH Rn. 33; *Brocker* in BeckOK GG Rn. 28; enger Schliesky in MKS Rn. 22; krit. auch *Schönberger* JZ 2016, 486 (491); *Lenz/Schulte* NVwZ 2020, 744 ff.

[74] *Klein* in Maunz/Dürig Rn. 65; *Linke* in BerlKomm Rn. 96.

[75] *Kluth* in SHH Rn. 26; *Linke* in BerlKomm Rn. 111.

[76] *Versteyl* in v. Münch/Kunig, 6. Aufl. 2012, Rn. 30; *Klein* in Maunz/Dürig Rn. 43.

[77] *Schliesky* in MKS Rn. 11; *Dicke* in Umbach/Clemens Rn. 11; *Linke* in BerlKomm Rn. 58.

[78] *Linke* in BerlKomm Rn. 114.

[79] *Leisner* in Sodan Rn. 5; *Morlok* in Dreier Rn. 16; *Klein* in Maunz/Dürig Rn. 42; *Linke* in BerlKomm Rn. 114; *Lorz/Richterich* in Morlok/Schliesky/Wiefelspütz Parlamentsrecht, § 35 Rn. 63.

[80] *Linke* in BerlKomm Rn. 113.

[81] *Linke* in BerlKomm Rn. 117; *Leisner* in Sodan Rn. 5; *Klein* in Maunz/Dürig Rn. 46; *Schneider* in AK Rn. 4; aA *Dicke* in Umbach/Clemens Rn. 24.

[82] *Linke* in BerlKomm Rn. 109, 118.

Bundeskanzler eine Herbeirufung missachtet, kann das Plenum mit einem **Misstrauensvotum** gegen den Regierungschef vorgehen.[83] Die parlamentarische Verantwortlichkeit von Ministern, die einen Zitierbeschluss ignorieren, lässt sich dagegen rechtlich ausschließlich dadurch realisieren,[84] dass Plenum und Ausschüsse ihr Zitierrecht im **Organstreit** nach Art. 93 Abs. 1 Nr. 1 und §§ 63 ff. BVerfGG geltend machen.

IV. Die Mitglieder des Bundesrates und der Bundesregierung sowie ihre Beauftragten (Abs. 2 S. 1 Hs. 1)

29 Art. 43 Abs. 2 enthält mit dem **Zutritts- und dem Rederecht** der Bundesratsmitglieder, der Mitglieder der Bundesregierung und ihrer Beauftragten ein **Doppelrecht.** Die genannten Personen haben Zutritt zu allen Plenar- und Ausschusssitzungen und müssen dort **jederzeit gehört werden.** Dem Zutritts- und Rederecht korrespondiert eine **Anhörungspflicht** von Plenum und Ausschüssen. Zutritts- und Rederecht von Bundesrat und Bundesregierung runden das diskursive und kooperative Konzept des funktionellen Zusammenwirkens der drei Staatsorgane aus Art. 43 ab.[85]

30 Der **Bundesrat** erhält nach Art. 43 Abs. 2 Alt. 1 Zutritt und jederzeitiges Rederecht zu Plenum und Ausschüssen wegen der **föderalen Politikverflechtung** auf Bundesebene.[86] Der Bundesrat vermittelt die gliedstaatlichen Interessen im Parlament, symbolisiert dort das politische Gewicht der Länder und integriert die Länder in den Bundestag.[87] Die Notwendigkeit eines interorganschaftlichen Dialogs, des Kontaktes und der Zusammenarbeit zwischen Bundesrat und Legislative wird ergänzt durch Art. 53, der Bundesregierung und Bundesrat in einen Dialog zusammenspannt.

31 Zutritts- und Rederecht stehen **nicht** dem Bundesrat als **Kollegialorgan** zu. Vielmehr handelt es sich bei dem Doppelrecht aus Art. 43 Abs. 2 vor allem um ein von einer Beauftragung durch das Kollegialorgan **unabhängiges Statusrecht der Bundesratsmitglieder.**[88] Bundesratsmitglieder sind idR nach Art. 51 Abs. 1 die Mitglieder der Landesregierungen. Einzelheiten bestimmen sich nach Landesverfassungsrecht.[89] Die Stellvertreter der Bundesratsmitglieder nach Art. 51 Abs. 1 S. 2 können das Doppelrecht aus Art. 43 Abs. 2 nur geltend machen, wenn sie als Vertreter auftreten. § 46 GOBRat hat keinen Einfluss auf das Außenverhältnis zum Bundestag.[90]

32 Dass den **Mitgliedern der Bundesregierung** und ihren Beauftragten als geborenen Gesprächspartnern des Parlaments[91] Zutritt und jederzeitige Rede gewährt werden, ist Ausdruck der **Gewaltenverschränkung** des Grund-

---

[83] *Linke* in BerlKomm Rn. 118; Morlok in Dreier Rn. 16; *Schliesky* in MKS Rn. 36.

[84] *Klein* in Maunz/Dürig Rn. 47; *Versteyl* in v. Münch/Kunig, 6. Aufl. 2012, Rn. 31: Von einer Ministerverantwortlichkeit könne nicht gesprochen werden. AA *Morlok* in Dreier Rn. 8; *Schröder* in BK Rn. 30.

[85] *Linke* in BerlKomm Rn. 119.

[86] *Morlok* in Dreier Rn. 17; *Dicke* in Umbach/Clemens Rn. 26; *Magiera* in Sachs Rn. 7; *Schneider* in AK Rn. 8.

[87] *Klein* in Maunz/Dürig Rn. 123; *Linke* in BerlKomm Rn. 121; *Vonderbeck*, Parlamentarische Informations- und Redebefugnisse, 1981, 61 ff.

[88] BVerfGE 125, 104 (129); *Versteyl* in v. Münch/Kunig, 6. Aufl. 2012, Rn. 32; *Magiera* in Sachs Rn. 11; *Linke* in BerlKomm Rn. 124; *Dichgans* ZParl 7 (1976), 567 (567 ff.).

[89] *Leisner* in Sodan Rn. 6; zu landesrechtlichen Unterschieden *Schliesky* in MKS Rn. 40.

[90] *Linke* in BerlKomm Rn. 124; *Klein* in Maunz/Dürig Rn. 125; *Schliesky* in MKS Rn. 41; *Morlok* in Dreier Rn. 18; *Schneider* in AK Rn. 10.

[91] BVerfGE 142, 25 (56); 143, 101 (124); *Dicke* in Umbach/Clemens Rn. 7; *Fauser*, Die Stellung der Regierungsmitglieder und ihrer Vertreter im Parlament, 1973.

gesetzes zwischen Legislative und Exekutive.[92] Wenn Art. 43 Abs. 1 das parlamentarische Kooperations- und Kontrollinteresse gegenüber der Regierung regelt, trägt Art. 43 Abs. 2 S. 1 Alt. 2 den spiegelbildlichen Interessen der Regierung Rechnung.[93] Das Zutritts- und Rederecht der Regierungsmitglieder und ihrer Beauftragten in Art. 43 Abs. 2 ermöglicht der Regierung nicht nur die **Einflussnahme** auf Parlaments- und Ausschussarbeit, sondern erlaubt ihr auch eine umfassende **Kenntnisnahme** aller parlamentarischen Vorgänge im Sinne eines gubernativen Informationsrechts gegenüber dem Bundestag. Ihr Redeprivileg verschafft ihr zudem die Möglichkeit zur Zwangsinformation des Parlaments und zur zeitnahen Einflussnahme durch Information.[94]

Aus Art. 43 Abs. 2 S. 1 Alt. 3 **berechtigt** sind ferner die **Beauftragten** 33
von Bundesrat und Bundesregierung. Die Erweiterung des Personenkreises nimmt zum einen Rücksicht darauf, dass die Mitglieder beider Organe aus terminlichen Gründen nicht persönlich zu allen Plenar- und Ausschusssitzungen erscheinen können. Zum anderen berücksichtigt die Beauftragungsmöglichkeit das Interesse aller drei Organe an einem **fachkompetenten Dialog.**[95]

Obwohl das Doppelrecht aus Art. 43 Abs. 2 den Mitgliedern von Bun- 34
desrat und Bundesregierung zugeteilt wird, ist nach hM die **Beauftragung anderer Personen** sowohl durch die beiden Kollegialorgane als auch durch ihre jeweiligen Mitglieder möglich.[96] Die Beauftragten handeln **an Stelle und auf Weisung ihrer Auftraggeber.**[97] Die Beauftragung wird vom Bundestag oder den Ausschüssen idR nicht geprüft.[98] Eine Unterbeauftragung ist allerdings nicht zulässig.[99] Eine besondere Qualifizierung der Beauftragten ist keine rechtliche Voraussetzung für ihre Entsendung.[100] Als Beauftragte werden aber üblicherweise **qualifizierte Fachleute** entsandt.[101] Im Plenum treten auf Regierungsseite idR die Minister oder ihre Staatssekretäre auf, während der Bundesrat dort idR durch seine Mitglieder oder Stellvertreter vertreten ist.[102] In die Ausschüsse werden überwiegend Fachbeamte wie die auf Regierungsseite zuständigen Referenten entsandt.[103]

---

[92] *Schneider* in AK Rn. 8; *Morlok* in Dreier Rn. 17; krit. *Zeh* in Schneider/Zeh Parlamentsrecht und Parlamentspraxis, § 32 Rn. 48: überholtes und dysfunktionales Privileg.

[93] *Dicke* in Umbach/Clemens Rn. 2; ablehnend zur so genannten Korrespondenzthese *Schliesky* in MKS Rn. 38.

[94] *Linke* in BerlKomm Rn. 120; *Schliesky* in MKS Rn. 37; *Morlok* in Dreier Rn. 17, 21; *Queng* JuS 1998, 610 (611); *Maiwald,* Berichtspflichten gegenüber dem Deutschen Bundestag, 1993.

[95] *Linke* in BerlKomm Rn. 126.

[96] *Brocker* in BeckOK GG Rn. 24; *Morlok* in Dreier Rn. 18; *Schliesky* in MKS Rn. 43; *Magiera* in Sachs Rn. 8; aA *Schönfeld,* Das Zitier-, Zutritts- und Rederecht des Art. 43 Grundgesetz, 1973, 95.

[97] *Brocker* in BeckOK GG Rn. 24.1; *Morlok* in Dreier Rn. 18.

[98] *Schliesky* in MKS Rn. 43; *Klein* in Maunz/Dürig Rn. 126.

[99] *Schliesky* in MKS Rn. 45; *Magiera* in Sachs Rn. 8; *Klein* in Maunz/Dürig Rn. 126.

[100] *Linke* in BerlKomm Rn. 128; *Schliesky* in MKS Rn. 44; *Morlok* in Dreier Rn. 18.

[101] *Versteyl* in v. Münch/Kunig, 6. Aufl. 2012, Rn. 33; *Dicke* in Umbach/Clemens Rn. 29; *Magiera* in Sachs Rn. 8.

[102] *Besch* in Schneider/Zeh Parlamentsrecht und Parlamentspraxis, § 33 Rn. 16.

[103] *Morlok* in Dreier Rn. 18.

V. Haben zu allen Sitzungen des Bundestages und seiner Ausschüsse (Abs. 2 S. 1 Hs. 2)

35 **Verpflichtete** des Zutritts- und Rederechts sind der **Bundestag** und seine **Ausschüsse.** Herbeirufungs-, Zutritts- und Rederecht werden als **Komplementärrechte** beschrieben:[104] Wer herbeizitieren darf, muss auch Zutritt und Rede gewähren.[105] Der Kreis der nach Art. 43 Abs. 2 S. 1 Verpflichteten ist mit dem Kreis der nach Art. 43 Abs. 1 Berechtigten aber nicht deckungsgleich.[106] Bei den Ausschüssen muss differenziert werden.

36 Unproblematisch besteht ein Zutritts- und Rederecht der Berechtigten **in allen ständigen freiwilligen oder pflichtigen Fachausschüssen** und in den Sonderausschüssen des Bundestages.[107] Eine erste Abweichung tritt bei gemischten Gremien von Bundestag und Bundesrat auf, die wegen Art. 53 nur Regierungsmitgliedern, nicht aber auch deren Beauftragten Zutritt und Rede gewähren müssen. Das betrifft vor allem den Gemeinsamen Ausschuss und den Vermittlungsausschuss.[108]

37 ZT wird eine **Anwendung** des Zutritts- und Rederechts auf Bundestagsgremien wie **Enquêtekommissionen** befürwortet, die zwar nicht zu den Ausschüssen des Bundestages nach Art. 43 Abs. 1 zählen, weswegen ihr Zitierrecht umstritten ist, die aber im Verantwortungsbereich des Bundestages verortet sind, und deshalb sowohl an der Dialog- als auch an der Kontrollfunktion des Art. 43 Abs. 2 teilnehmen sollen.[109] Ebenfalls werden Zutritt zu und Rederecht in allen **Unterausschüssen** bejaht.[110]

38 Umstritten ist das Zutritts- und Rederecht in Kontrollausschüssen des Bundestages wie dem Petitions-, dem Wahlprüfungs- oder dem Rechnungsprüfungsausschuss[111] und vor allem in **Untersuchungsausschüssen** des Bundestages, deren Auftrag insbesondere die Kontrolle derjenigen exekutiven Organe ist, die gleichzeitig Zutritts- und Rederecht in diesen Ausschüssen haben sollen. Die Arbeit der Kontrollgremien kann durch die Anwesenheit der zu Kontrollierenden beeinträchtigt werden.[112]

39 Während einige **Landesverfassungen die Gegnerfreiheit der Untersuchungsausschüsse** favorisieren, indem sie entweder die gubernativen Zutrittsrechte ganz ausschließen, einen Ausschluss durch Mehrheitsbeschluss ermöglichen, oder den Zutritt auf eine ausdrückliche Einladung hin be-

---

[104] *Schliesky* in MKS Rn. 46; *Versteyl* in v. Münch/Kunig, 6. Aufl. 2012, Rn. 1; *Klein* in Maunz/Dürig Rn. 130; *Dicke* in Umbach/Clemens Rn. 30; *Hölscheidt* DÖV 1993, 593 (593, 596).

[105] So *Morlok* in Dreier Rn. 19.

[106] So auch *Schneider* in AK Rn. 8; *Schröder* in BK Rn. 62.

[107] *Brocker* in BeckOK GG Rn. 17.

[108] *Linke* in BerlKomm Rn. 133; *Kluth* in SHH Rn. 29; *Dicke* in Umbach/Clemens Rn. 30.

[109] So *Linke* in BerlKomm Rn. 133; *Brocker* in BeckOK GG Rn. 18; *Magiera* in Sachs Rn. 9; *Schröder* in BK, 2017, Rn. 88; aA *Achterberg/Schulte* in MKS, 6. Aufl. 2010, Rn. 54; *Klein* in Maunz/Dürig Rn. 131.

[110] *Klein* in Maunz/Dürig Rn. 129: Andernfalls könnte das Zutrittsrecht unterlaufen werden.

[111] *Achterberg/Schulte* in MKS, 6. Aufl. 2010, Rn. 44 ff.; differenzierend *Schröder* in BK Rn. 84 ff.; verneinend *Schneider* in AK Rn. 12; beschränkend *Magiera* in Sachs Rn. 10; bejahend *Brocker* in BeckOK GG Rn. 20; *Schliesky* in MKS Rn. 51; *Schröder* in Schneider/Zeh Parlamentsrecht und Parlamentspraxis, § 53 Rn. 12; *Queng* JuS 1998, 610 (612 f.); *Schneider* NJW 2001, 2604 (2607).

[112] *Morlok* in Dreier Rn. 20.

schränken,[113] sieht Art. 43 Abs. 2 keinen Vorbehalt vor, um den Untersuchungszweck zu schützen. Die Literatur leitet zum Teil aus der Funktionsfähigkeit des Bundestages und seines Auftrags zur Aufdeckung von Missständen in der Exekutive **verfassungsimmanente Schranken** für das Zutrittsrecht der Exekutive ab.[114] Angelehnt an eine Eilentscheidung des BVerfG soll der Kreis der Zutrittsberechtigten für geheim zu behandelnde Inhalte eines Untersuchungsverfahrens auf **je einen Vertreter der Zutrittsberechtigten** reduziert werden können.[115] ZT wird das Zutrittsrecht nur für Regierungsmitglieder beschränkt, die selbst von der Untersuchung betroffen sind.[116] Das PUAG enthält keine einschlägige Regelung (→ Art. 44 Rn. 47). Überwiegend wird deshalb ein grundsätzlich unbeschränktes Zutrittsrecht angenommen,[117] das im Einzelfall allein dem Missbrauchsverbot und der **Organtreue** unterliegt.[118] Verfassungsimmanente Beschränkungen lassen sich aus der Kontrollfunktion des Untersuchungsrechts nicht ableiten.[119] Ebenso wenig können diese auf eine einstweilige Anordnung des BVerfG gestützt werden. Erforderlich ist vielmehr eine ausdrückliche Regelung im GG.

Auf **andere Zusammenkünfte** als Sitzungen des Plenums und der Ausschüsse wie zB Sitzungen des Ältestenrates oder der Fraktionen findet Art. 43 Abs. 2 von vornherein **keine Anwendung,** da auch dem Bundestag Bereiche zur regierungsfreien Diskussion und Vorarbeit zustehen.[120] 40

Obwohl der Begriff des jederzeitigen Rederechts eine zeitliche Uneingeschränktheit nahelegen mag, sind das Zutritts- und Rederecht sowie die korrespondierende Anhörungspflicht von Plenum und Ausschüssen auf die **Dauer ihrer Sitzungen** beschränkt. Vor der Eröffnung, nach dem Ende oder während einer Unterbrechung einer Sitzung findet Art. 43 Abs. 2 keine Anwendung.[121] Ist der Bundestag beschlussunfähig, kann das Anhörungsrecht nicht geltend gemacht werden.[122] Die Jederzeitigkeit des Rederechts soll die Berechtigten allein von der Tagesordnung und der Redeordnung des Bundestages dispensieren.[123] 41

---

[113] ZB Art. 34 Abs. 2 S. 3 LVerf BW; Art. 66 Abs. 3 LVerf Bbg; Art. 98 Abs. 3 S. 2 LVerf Brem; Art. 23 Abs. 1 S. 2 LVerf Hmb; Art. 38 Abs. 2 S. 2 LVerf MV; Art. 45 Abs. 3 LVerf NRW; Art. 49 Abs. 3 Sächs LVerf; Art. 27 Abs. 2 S. 2 LVerf SchlH; Art. 66 Abs. 2 S. 3 LVerf Thür.

[114] *Schröder* in BK, 2017, Rn. 83; *Groß/Groß* JR 1963, 335 (335 ff.).

[115] BVerfGE 74, 7 (8 f.); zust. *Magiera* in Sachs Rn. 10; *Morlok* in Dreier Rn. 20; *Versteyl* in v. Münch/Kunig, 6. Aufl. 2012, Rn. 36; krit. *Leisner* in Sodan Rn. 6; *Dicke* in Umbach/Clemens Rn. 33: beliebige Zahl Berechtigter.

[116] *Kluth* in SHH Rn. 28; *Schneider* in AK Rn. 12; *Magiera* in Sachs Rn. 10; *Schneider* NJW 2001, 2604 (2608); *Queng* JuS 1998, 610 (613 f.); aA *Leisner* in Sodan Rn. 7.

[117] *Kluth* in SHH Rn. 28; *Dicke* in Umbach/Clemens Rn. 32 f.; *Brocker* in BeckOK GG Rn. 18.

[118] *Linke* in BerlKomm Rn. 156 f.; *Brocker* in BeckOK GG Rn. 16, 19; *Schliesky* in MKS Rn. 50; *Klein* in Maunz/Dürig Rn. 137 f.; *Lorz/Richterich* in Morlok/Schliesky/Wiefelspütz Parlamentsrecht, § 35 Rn. 16; *Schröder* in Schneider/Zeh Parlamentsrecht und Parlamentspraxis, § 53 Rn. 11; *Queng* JuS 1998, 610 (613 f.).

[119] *Klein* in Maunz/Dürig Art. 44 Rn. 189 ff.

[120] *Linke* in BerlKomm Rn. 134, 137; BVerfGE 95, 1 (15 f.); 124, 78 (120).

[121] *Morlok* in Dreier Rn. 23; *Linke* in BerlKomm Rn. 135; *Magiera* in Sachs Rn. 12; aA *Schliesky* in MKS Rn. 61.

[122] *Schröder* in BK, 2017, Rn. 101.

[123] *Linke* in BerlKomm Rn. 144; vgl. auch Art. 24 Abs. 2 S. 2 LVerf Bay; Art. 91 S. 3 LVerf Hess; Art. 45 Abs. 1 S. 3 LVerf NRW.

42 Zutritts- und Rederecht beziehen sich auf **öffentliche und nichtöffentliche Sitzungen** von Plenum und Ausschüssen. Weder die Verhandlungen von Verschlusssachen nach der Geheimschutzordnung (Anlage 3 GOBT, § 69 Abs. 7 GOBT) noch ein Geheimhaltungsinteresse begrenzen das unbeschränkte Doppelrecht aus Art. 43 Abs. 2 grundsätzlich.[124] Den **Vertraulichkeits**- und **Geheimschutzinteressen** ist durch Auswahl der Berechtigten und deren förmliche Verpflichtung Rechnung zu tragen.[125]

VI. Zutritt

43 Zutritt bedeutet das Recht auf **körperliche Anwesenheit** in allen Sitzungen des Plenums und der Ausschüsse.[126] Wer das Privileg in Anspruch nehmen will, muss die damit verbundene Last der körperlichen Anwesenheit auf sich nehmen. Eine Zuschaltung per **Videokonferenz** reicht nicht.[127] Das Zutrittsrecht der Mitglieder und Beauftragten des Bundesrates ist nicht inhaltlich bedingt und besteht damit unabhängig davon, ob in den Sitzungen Angelegenheiten verhandelt werden, die gliedstaatliche Interessen betreffen.

44 Voraussetzung für die Ausübung von Zutritts- und Rederecht durch die Berechtigten ist deren rechtzeitige **vorherige Information** über Zeit, Ort und Inhalt der Sitzungen durch Plenum und Ausschüsse. Hierzu zählt auch das Recht der Berechtigten auf Erhalt aller verteilten Unterlagen.[128]

VII. Sie müssen jederzeit gehört werden (Abs. 2 S. 2)

45 Aus Art. 43 Abs. 2 S. 2 erwachsen ein **Redeprivileg** der Berechtigten und eine korrespondierende **Anhörungspflicht** des verpflichteten Bundestages und seiner Ausschüsse. Die Berechtigten haben das Recht, in Parlament und Ausschüssen das **Wort zu ergreifen.** Für Regierungsmitglieder ist der Anlass ihrer Anwesenheit dabei unerheblich. Ihnen steht das Rederecht für den Fall der Ausübung ihres Zutrittsrechts genauso zu wie für den Fall ihrer Herbeirufung.[129]

46 Das Rederecht wird auch als **Redeprivileg** bezeichnet, das die Privilegierten von einer **Bindung an die Tagesordnung** und die Regelungen der **Redeordnung** im Bundestag nach §§ 28 ff. GOBT **befreit.**[130] Da aber die Funktionsfähigkeit des Parlaments und seiner Ausschüsse ein Schutzgut mit Verfassungsrang ist, sind die Redeprivilegierten insoweit in die Redeordnung eingebunden, wie dies zur Vermeidung eines chaotischen Sitzungsverlaufs notwendig ist. Redeprivilegierte können sich jederzeit zu Wort melden, dürfen den parlamentarischen Redner aber nicht unterbrechen. Der amtierende Sitzungspräsident oder Ausschussvorsitzende setzt sie jeweils als „nächsten Redner" auf die Rednerliste, ändert auf ihren Wunsch hin also die Rednerfolge. Die Redeprivilegierten dürfen zwar **außerhalb** der ursprüng-

---

[124] *Linke* in BerlKomm Rn. 138; *Schröder* in BK Rn. 80; aA BVerfGE 74, 7 (8): Ggf. ist die Beschränkung auf je ein Mitglied oder einen Beauftragten von Bundesregierung und Bundestag statthaft. Zust. *Dicke* in Umbach/Clemens Rn. 33.

[125] *Schliesky* in MKS Rn. 48; *Klein* in Maunz/Dürig Rn. 126; *Linke* in BerlKomm Rn. 138; Schröder in BK Rn. 73.

[126] *Klein* in Maunz/Dürig Rn. 129; *Linke* in BerlKomm Rn. 140.

[127] *Morlok* in Dreier Rn. 22; *Brocker* in BeckOK GG Rn. 28; *Schliesky* in MKS Rn. 58.

[128] *Schneider* in AK Rn. 9; *Schliesky* in MKS Rn. 54; *Brocker* in BeckOK GG Rn. 14.1, 25.1; *Morlok* in Dreier Rn. 17; *Dicke* in Umbach/Clemns Rn. 31.

[129] *Schliesky* in MKS Rn. 57; *Magiera* in Sachs Rn. 11.

[130] BVerfGE 10, 4 (17 ff.).

lichen **Rednerliste,** gleichwohl aber erst dann sprechen, wenn sie das Wort erhalten.[131]

Das Redeprivileg gilt jederzeit auch **außerhalb der Tagesordnung.** Die Privilegierten müssen sich nicht an die Beratungsgegenstände der Tagesordnung halten, damit sie auch kurzfristig zu aktuellen Themen Stellung nehmen können. Inhaltliche Beschränkungen des Rederechts sind in Art. 43 Abs. 2 insg. nicht genannt.[132] Das Rederecht der Gubernative ist also unbeschränkt. Die Minister können sich auch zu ressortfremden Themen äußern. Auch die föderale Seite unterliegt keinen inhaltlichen Grenzen. **47**

Inhaltliche Begrenzungen des Rederechts werden zT aus der verfassungsrechtlichen Stellung der Redeprivilegierten abgeleitet, die lediglich für ihre Organe sollen sprechen dürfen.[133] Die Gubernative soll sich auf die **Darlegung der Regierungspolitik** beschränken, fraktions- oder parteipolitisch gefärbte Stellungnahmen sollen ihr untersagt sein.[134] Die Bundesratsmitglieder und ihre Beauftragten werden zT darauf beschränkt, die **Auffassung** des **Bundesrates** wiederzugeben,[135] was nur dann Sinn machen kann, wenn sie vom Kollegialorgan als solchem beauftragt wurden. ZT werden sie auf Themen mit bundespolitischem oder föderalem Bezug beschränkt.[136] ZT sollen ihnen zwar parteipolitische Äußerungen untersagt sein, während sie aber die politischen Positionen ihrer Landesregierungen darlegen dürfen.[137] Allein wegen praktischer Abgrenzungsschwierigkeiten, der parteienstaatlichen Ausrichtung des Regierungssystems und dem Zweck des Art. 43 Abs. 2, andere politische Sichtweisen in den parlamentarischen Dialog zu bringen, bleiben derartige Grenzen des Rederechts außer Acht.[138] **Inhaltliche Grenzen** des Redeprivilegs lassen sich **allein** aus dem **Missbrauchsverbot** oder der **Organtreue** entnehmen.[139] **48**

Über dieses Privileg hinaus räumt Art. 43 Abs. 2 den Berechtigten **keine weitere aktive Teilnahme** an den Sitzungen ein. Zwischenfragen und Zwischenrufe sind ihnen in ihrer Eigenschaft als Vertreter der Exekutive nicht gestattet. Antrags- oder Stimmrechte stehen ihnen nicht zu.[140] **49**

Die Inanspruchnahme des Redeprivilegs in den Sitzungen von Plenum und Ausschüssen ist **zeitlich nicht begrenzt.** Hier können nach dem BVerfG allein das Missbrauchsverbot bzw. die Organtreue Schranken ziehen, wenn **50**

---

[131] *Morlok* in Dreier Rn. 24; *Magiera* in Sachs Rn. 11; *Schneider* in AK Rn. 15; *Klein* in Maunz/Dürig Rn. 147; *Linke* in BerlKomm Rn. 145.

[132] BVerfGE 10, 4 (17 f.); *Besch* in Schneider/Zeh Parlamentsrecht und Parlamentspraxis, § 33 Rn. 17; *Morlok* in Dreier Rn. 23.

[133] *Pieroth* in Jarass/Pieroth Rn. 6.

[134] *Besch* in Schneider/Zeh Parlamentsrecht und Parlamentspraxis, § 33 Rn. 18; *Schliesky* in MKS Rn. 68; *Schneider* in AK Rn. 14; *Magiera* in Sachs Rn. 15; vgl. auch BVerfGE 10, 4 (18 f.).

[135] *Leisner* in Sodan Rn. 8; *Kluth* in SHH Rn. 34; *Schäfer,* Der Bundesrat, 1955, 59; *Wilke/Schulte* ZParl 8 (1977), 413 (413 ff.).

[136] *Schneider* in AK Rn. 14; *Wilke/Schulte* in GS f. Klein, 1977, 574 (598 ff., 606 f.); *Schäfer,* Der Bundesrat, 1955, 59: Nur die Mehrheitsmeinung des Bundesrates darf vertreten werden.

[137] *Magiera* in Sachs Rn. 15; *Morlok* Rn. 18.

[138] So auch *Dicke* in Umbach/Clemens Rn. 35; *Linke* in BerlKomm Rn. 150 f.; *Morlok* in Dreier Rn. 23; *Kluth* in SHH Rn. 34; *Schliesky* in MKS Rn. 66 f.; *Queng* JuS 1998, 610 (612); *Hablitzel* BayVBl 1979, 39 (44 f.).

[139] *Linke* in BerlKomm Rn. 151, 159; *Schneider* in AK Rn. 14.

[140] *Morlok* in Dreier Rn. 23; *Kluth* in SHH Rn. 27; *Klein* in Maunz/Dürig Rn. 145 f.; *Schliesky* in MKS Rn. 59 f.; *Magiera* in Sachs Rn. 12.

eine übermäßige Häufung von Regierungsreden stattfindet und das Redeprivileg zur Verfolgung sachfremder Ziele genutzt wird.[141]

51 Obwohl Reden von **Regierungsmitgliedern** vor allem im Plenum den Mehrheitsfraktionen einen erheblichen **Vorteil** gegenüber den **Oppositionsfraktionen** verschaffen können,[142] verlangt das BVerfG weder, dass deren Dauer **auf die Redezeit** der Mehrheitsfraktionen **angerechnet** wird, noch dass die Redezeiten der Oppositionsfraktionen entsprechend ausgeglichen werden, da die Regierung mehr als einen reinen Vollzugsausschuss der regierungstragenden Mehrheitsfraktionen darstelle.[143] Im Geschäftsordnungsrecht des Bundestages existieren zumindest aber Kompensationsregeln in §§ 28 Abs. 1 S. 2, 35 Abs. 2 und 44 Abs. 2 GOBT, die auch das Prinzip von **Rede und Gegenrede** gewährleisten.[144] Vor allem aber wird die Dauer der Reden von Regierungs- und Bundesratsmitgliedern bzw. ihrer Beauftragten durch interfraktionelle Absprachen im Redezeitkontingent berücksichtigt.[145]

52 Überreizen Bundesrats- und Regierungsmitglieder oder ihre Beauftragten ihr Redeprivileg, unterliegen sie der **parlamentarischen Ordnung und Disziplin** und somit den Ordnungsmaßnahmen des amtierenden Sitzungspräsidenten auf Grundlage der GOBT (→ Art. 40 Rn. 19).[146] Viele Landesverfassungen haben entsprechend Art. 33 Abs. 4 WRV die Anwendbarkeit des Ordnungsrechts der GOBT auf Redeprivilegierte ausdrücklich geregelt.[147] Auch ohne Normierung im GG muss der amtierende Sitzungspräsident des Bundestages für Ordnungsmaßnahmen gegen Mitglieder der Exekutive aber **nicht auf das Hausrecht ausweichen,**[148] das auf diese Fälle nicht zugeschnitten ist. Der Sitzungspräsident ist zu Ordnungsmaßnahmen berechtigt, die die ordnungsgemäße parlamentarische Aufgabenerfüllung sicherstellen. In der Praxis haben sich so genannte hypothetische Ordnungsrufe eingebürgert.[149] Auch die Wortentziehung kommt in Betracht.[150] Ein Sachruf als Ordnungsmittel nach § 36 Abs. 1 GOBT scheidet allerdings aus, da das Redeprivileg jenseits der Tagesordnung besteht.[151]

53 Zutritts- und Rederecht können sowohl auf Regierungs- als auch auf Bundesratsseite mit einem **Organstreit** nach Art. 93 Abs. 1 Nr. 1 iVm

---

[141] BVerfGE 10, 4 (18 f.); *Klein* in Maunz/Dürig Rn. 150; *Morlok* in Dreier Rn. 24; *Schliesky* in MKS Rn. 64; *Dicke* in Umbach/Clemens Rn. 33; *Linke* in BerlKomm Rn. 160; *Besch* in Schneider/Zeh Parlamentsrecht und Parlamentspraxis, § 33 Rn. 26.

[142] *Versteyl* in v. Münch/Kunig, 6. Aufl. 2012, Rn. 38.

[143] BVerfGE 10, 4 (19); 96, 264 (286); zust. *Linke* in BerlKomm Rn. 166; *Schliesky* in MKS Rn. 64; krit. zu Recht *Schneider* in AK Rn. 16; *Morlok* in Dreier Rn. 25, der einen Ausgleich für verfassungsrechtlich geboten hält; *Lipphardt,* Die kontingentierte Debatte, 1976, 90 ff.

[144] Gebilligt durch BVerfGE 96, 264 (286); auch BVerfGE 10, 4 (20): Ein Ausgleich ist nicht ausgeschlossen. *Kluth* in SHH Rn. 31.

[145] *Besch* in Schneider/Zeh Parlamentsrecht und Parlamentspraxis, § 33 Rn. 29; *Linke* in BerlKomm Rn. 167; *Dicke* in Umbach/Clemens Rn. 37; *Schröder* in BK Rn. 108.

[146] *Röper,* ZParl 22 (1991), 189 (189 ff.); *Lang* ZParl 35 (2004), 295 (198 ff.).

[147] ZB Art. 34 Abs. 2 S. 2 LVerf BW; Art. 49 Abs. 5 LVerf Bln; Art. 23 Abs. 2 LVerf Hmb; Art. 91 S. 4 LVerf Hess; Art. 23 Abs. 2 S. 3 LVerf Nds; Art. 45 Abs. 1 S. 2 LVerf NRW; Art. 89 Abs. 4 LVerf RhPf; Art. 49 Abs. 2 S. 2 Sächs LVerf; Art. 52 Abs. 2 S. 3 LVerf LSA.

[148] So aber *Linke* in BerlKomm Rn. 170; *Schliesky* in MKS Rn. 69; *Leisner* in Sodan Rn. 7; wie hier *Schröder* in BK Rn. 110; *Pieroth* in Jarass/Pieroth Rn. 7.

[149] *Bücker* in Schneider/Zeh Parlamentsrecht und Parlamentspraxis, § 34 Rn. 52; *Zeh* in HdbStR III § 53 Rn. 37; *Schulze-Fielitz* in Schneider/Zeh Parlamentsrecht und Parlamentspraxis § 11 Rn. 15.

[150] *Morlok* in Dreier Rn. 24; *Lang* ZParl 35 (2004), 295 (297).

[151] *Linke* in BerlKomm Rn. 147, 171; *Schliesky* in MKS Rn. 65.

§§ 63 ff. BVerfGG geltend gemacht werden, wenn Bundestag oder Ausschüsse Zutritt oder Rede verwehren. Antragsgegner sind der Bundestagspräsident oder der Ausschussvorsitzende.[152]

C. Verhältnis zu anderen Bestimmungen des Grundgesetzes

Art. 43 hat Bezüge zur Geschäftsordnungsautonomie aus Art. 40, zu den Verfahren in Untersuchungsausschüssen nach Art. 44, im Vermittlungsausschuss nach Art. 77 und dem Gemeinsamen Ausschuss nach Art. 53a. Ferner bestehen Berührungspunkte mit Art. 51 und 53. **54**

D. Kritische Würdigung

Das Zitier- und Rederecht ist ein klassischer Ausdruck der parlamentarischen Kontrolle der Regierung. Der Fokus des Zitierrechts liegt mittlerweile aber auf der dialogischen Kooperation zwischen Parlament und Regierung. Eine Ausgestaltung des Zitierrechts als **Recht** parlamentarischer **Minderheiten** entspräche zwar der Aufgabe der Opposition, die Regierung zu kontrollieren. Ob das Zitierrecht allerdings eine „scharfe Waffe" der Opposition darstellen kann, ist angesichts seiner relativen Bedeutungslosigkeit und der faktischen Anwesenheit der Regierung in Plenardebatten und Ausschusssitzungen zu bezweifeln.[153] Auch dass die Opposition über ein eigenes Zitierrecht eine lebendigere Streitkultur im Plenum etablieren könnte,[154] ist angesichts des auf Sachlichkeit und Dialog angelegten deutschen Regierungssystems fraglich. Bedenken bestehen allerdings gegen die vorab festgelegte Reihenfolge der Regierungsredner in Anlage 7 GOBT. Hier steuert die Regierung ihre Befragung durch das Parlament wesentlich mit. Diskursive Regierungskontrolle und effektive Opposition könnten so erdrosselt werden.[155] Auch wenn die Kooperation zwischen Legislative und Exekutive im parlamentarischen Regierungssystem des GG angelegt ist, **konterkariert** das Zutritts- und Rederecht der Exekutive zu den **Untersuchungsausschüssen** des Parlaments deren **Kontrollfunktion.** Verfassungsimmanente Beschränkungen wie das Missbrauchsverbot reichen nicht aus, um die Gegnerfreiheit der Untersuchungsausschüsse sicherzustellen. Das GG sollte sich hier ein Beispiel an den Landesverfassungen nehmen und das Zutrittsrecht der Exekutive explizit zumindest auf eine entsprechende Einladung hin beschränken. Das GG sollte zur Klarstellung, wie einige Landesverfassungen dies getan haben, eine ausdrückliche Regelung zur Ordnungsgewalt des amtierenden Sitzungspräsidenten oder des Ausschussvorsitzenden über die anwesenden Mitglieder der Exekutive aufnehmen. **55**

Literatur

J. v. Achenbach, Reform der Regierungsbefragung im Bundestag, Der Staat 58 (2019), 329. – ***J. C. Besch,*** Rederecht und Redeordnung, in: Schneider/Zeh, Parlamentsrecht und Parlamentspraxis in der Bundesrepublik Deutschland, 1989, § 33. – ***M. Brenner,*** Reichweite und Grenzen des parlamentarischen Fragerechts, 2009. –

[152] *Schneider* in AK Rn. 15; *Schliesky* in MKS Rn. 55.
[153] *Versteyl* in v. Münch/Kunig, 6. Aufl. 2012, Rn. 41.
[154] *Meinel,* Vertrauensfrage. Zur Krise des heutigen Parlamentarismus, 2019, 177.
[155] *Achenbach* Der Staat 58 (2019), 325 (338 ff.).

C. Brüning, Der informierte Abgeordnete Die Informationspflicht der Regierung als „Bringschuld" gegenüber dem Parlament, Der *Staat* 43 (2004), 511. – ***H. Dichgans,*** Zum Rederecht der Mitglieder des Bundesrates im Bundestag, ZParl 7 (1976), 567. – ***J. v. Einem,*** Die Auskunftspflicht der Regierung gegenüber dem Parlament, 1977. – ***B. Fauser,*** Die Stellung der Regierungsmitglieder und ihrer Vertreter im Parlament, 1973. – ***H.-U. Geck,*** Die Fragestunde im Deutschen Bundestag, 1986. – ***P. Groß/ R. Groß,*** Zum Zutrittsrecht zu Verhandlungen der Untersuchungsausschüsse nach Art. 43 Abs. 2 GG, JR 1963, 335. – ***H. Hablitzel,*** Das politische Mandat des Bundesrates, BayVBl. 1979, 1. – ***S. Hölscheidt,*** Frage und Antwort im Parlament, 1992. – ***Ders.,*** Information der Parlamente durch die Regierung, DÖV 1993, 593. – ***J. Kehrhahn,*** Auskunftsrecht des Abgeordneten gegenüber der Bundesregierung, ZParl 16 (1985), 484. – ***P. Kunig,*** Politische Kontrolle der Bundesregierung durch das Parlament, Jura 1993, 220. – ***J. Lang,*** Zur Bindung der Mitglieder des Bundesrates und ihrer Beauftragten gemäß Artikel 43 Absatz 2 GG an die parlamentarische Ordnung des Deutschen Bundestages, ZParl 35 (2004), 295. – ***O. Lepsius,*** Volksvertreter fragen, die Regierung schweigt: Aushöhlung der parlamentarischen Kontrolle, in: Kritische Justiz, Verfassungsrecht und gesellschaftliche Realität, 2009, 81. – ***J. Linck,*** Zur Informationspflicht der Regierung gegenüber dem Parlament, DÖV 1983, 957. – ***H.-R. Lipphardt,*** Die kontingentierte Debatte, 1976. – ***R. A. Lorz/M. Richterich,*** Regierung im Parlament, in: M. Morlok/U. Schliesky/D. Wiefelspütz, Parlamentsrecht, 2015, § 35. – ***C. Maiwald,*** Berichtspflichten gegenüber dem Deutschen Bundestag, 1993. – ***H.-W. Meier,*** Zitier- und Zutrittsrechte im parlamentarischen Regierungssystem, 1982. – ***S. Queng,*** Das Zutritts- und Rederecht nach Art. 43 II GG, JuS 1998, 610. – ***C. Schönberger,*** Vom Verschwinden der Anwesenheit in der Demokratie, JZ 2016, 486. – ***G. Schönfeld,*** Das Zitier-, Zutritts- und Rederecht des Art. 43 Grundgesetz, 1973. – ***M. Schröder,*** Rechte der Regierung im Bundestag, in: H.-P. Schneider/W. Zeh, Parlamentsrecht und Parlamentspraxis in der Bundesrepublik Deutschland, 1989, § 53. – ***U. Thaysen,*** Zur Praxis eines grundlegenden parlamentarischen Kontrollrechts: Die Herbeirufung von Regierungsmitgliedern durch das Parlament, ZParl 5 (1974), 459. – ***K. Vogelsang,*** Die Verpflichtung der Bundesregierung zur Antwort auf parlamentarische Anfragen, ZRP 1988, 5. – ***H.-J. Vonderbeck,*** Parlamentarische Informations- und Redebefugnisse, 1981. – ***H. Weis,*** Parlamentarisches Fragerecht und Antwortpflicht der Regierung, DVBl 1988, 268. – ***D. Wilke/B. Schulte,*** Zum Rederecht von Bundesratsmitgliedern im Bundestag. Rechtstatsachen aus der Staatspraxis, ZParl 8 (1977), 413.

Art. 44 [Untersuchungsausschüsse]

(1) [1] Der Bundestag hat das Recht und auf Antrag eines Viertels seiner Mitglieder die Pflicht, einen Untersuchungsausschuß einzusetzen, der in öffentlicher Verhandlung die erforderlichen Beweise erhebt. [2] Die Öffentlichkeit kann ausgeschlossen werden.

(2) [1] Auf Beweiserhebungen finden die Vorschriften über den Strafprozeß sinngemäß Anwendung. [2] Das Brief-, Post- und Fernmeldegeheimnis bleibt unberührt.

(3) Gerichte und Verwaltungsbehörden sind zur Rechts- und Amtshilfe verpflichtet.

(4) [1] Die Beschlüsse der Untersuchungsausschüsse sind der richterlichen Erörterung entzogen. [2] In der Würdigung und Beurteilung des der Untersuchung zugrunde liegenden Sachverhaltes sind die Gerichte frei.

Weimarer Reichsverfassung von 1919

Art. 34. Der Reichstag hat das Recht und auf Antrag von einem Fünftel seiner Mitglieder die Pflicht, Untersuchungsausschüsse einzusetzen. Diese Ausschüsse erheben in öffentlicher Verhandlung die Beweise, die sie oder die Antragsteller für erforderlich erachten. Die Öffentlichkeit kann vom Untersuchungsausschuß mit Zweidrittelmehrheit ausgeschlossen werden. Die Geschäftsordnung regelt das Verfahren des Ausschusses und bestimmt die Zahl seiner Mitglieder.

Die Gerichte und Verwaltungsbehörden sind verpflichtet, dem Ersuchen dieser Ausschüsse um Beweiserhebungen Folge zu leisten; die Akten der Behörden sind ihnen auf Verlangen vorzulegen.

Auf die Erhebungen der Ausschüsse und der von ihnen ersuchten Behörden finden die Vorschriften der Strafprozeßordnung sinngemäße Anwendung, doch bleibt das Brief-, Post-, Telegraphen- und Fernsprechgeheimnis unberührt.

Übersicht

A. Allgemeine Bedeutung

I. Genese

1 Das parlamentarische Untersuchungsrecht gehört zum **Traditionsbestand** des deutschen und des europäischen **Parlamentsrechts.** Das Untersuchungsrecht, mit dem das Parlament in den Arkanbereich der monarchischen Staatsführung eindringen und diese beeinflussen konnte,[1] hat sich im Kampf um die Teilhabe der Volksvertretungen an der politischen Macht herausgebildet. Seine Durchsetzung auf Verfassungsebene war holprig. In der Paulskirchenverfassung findet sich das Recht des Parlaments zur Erhebung von Tatsachen in § 99. Die damaligen Landesverfassungen enthielten wie zB Art. 50 PreußVU von 1850 das Recht der Kammern, zur Untersuchung von Tatsachen Kommissionen einzusetzen. Mangels Ausführungsbestimmungen blieben diese Rechte allerdings bedeutungslos.[2] Die Einführung eines parlamentarischen Enquêterechts auf Reichsebene 1871 scheiterte.[3] Erst nach der Revolution 1918/19 wurde das Parlament ins Zentrum der Staatsleitung gestellt und ihm mit Art. 34 WRV ein umfassend ausdekliniertes Untersuchungsrecht eingeräumt.[4] Das Enquêterecht war bereits in der Weimarer Republik als Minderheitenrecht ausgestaltet. Ein Fünftel der Abgeordneten des Reichstags konnte die Einsetzung eines Untersuchungsausschusses erzwingen.

2 Der **Parlamentarische Rat** orientierte sich im Wesentlichen an Art. 34 WRV, modifizierte diesen aber. Er **schwächte die Minderheitenposition,** indem er das Quorum der antragsberechtigten Minderheit auf ein Viertel der Mitglieder des Bundestages heraufsetzte, um die Arbeitsfähigkeit der Volks-

[1] *Klein* in Maunz/Dürig Rn. 9 ff.; ausf. *Linke,* Entstehung und Fortbildung des Enquête- und Untersuchungsrechts in Deutschland, 2015, 214 ff.
[2] *Morlok* in Dreier Rn. 2.
[3] *Klein* in Maun/Dürig Rn. 12 ff.; *Zweig* ZfPol 6 (1913), 265 (293 ff.).
[4] *Frey,* Parlamentarische Kontrolle und Untersuchungsrecht, 1992, 96 ff.

vertretung nicht zu gefährden.[5] Auch das ausdrückliche Beweisantragsrecht der qualifizierten Antragsminderheit, das Art. 34 Abs. 1 S. 2 HS. 2 WRV auf Verfassungsebene enthielt, übernahm der Parlamentarische Rat nicht. **Erleichtert** wurde ferner der **Ausschluss der Verfahrensöffentlichkeit.** In Weimar brauchte es hierfür eine Zweidrittelmehrheit. Unter dem GG genügt mangels Qualifizierung nach Art. 44 Abs. 1 S. 2 die einfache Mehrheit des Art. 42. Neu ist der explizite **Ausschluss** von **Rechtsschutz** gegen Beschlüsse des Untersuchungsausschusses in Art. 44 Abs. 4. Der Text der Norm ist seither unverändert geblieben.

II. Inhaltsübersicht

Von seiner **Grundstruktur** her enthält Art. 44 Abs. 1 das Untersuchungsrecht des Bundestages, das als **Minderheitenrecht** ausgestaltet ist,[6] um seine Schlagkraft gegenüber der Regierung und gegen den Widerstand der Mehrheitsfraktionen im Bundestag abzusichern. Enquêten dienen idealerweise der **Wahrheitsfindung.**[7] Viel eher werden sie im politischen Wettbewerb aber als Agitationsmittel genutzt, um den politischen Gegner in der öffentlichen Meinung zu diskreditieren.[8] Das parlamentarische Untersuchungsrecht ist verfassungs- und einfachgesetzlich strukturiert. Die rechtlichen Rahmungen des Untersuchungsrechts sollen seiner missbräuchlichen Verwendung vorbeugen und die von einer Untersuchung Betroffenen schützen. In dem Gesetz zur Regelung des Rechts der Untersuchungsausschüsse des Deutschen Bundestages (PUAG)[9] wird ein Ausgleich hergestellt zwischen den Interessen der parlamentarischen Mehrheit, der zu kontrollierenden Regierung, der parlamentarischen Minderheit und den von der Untersuchung betroffenen Dritten. **Politische Wirksamkeit** erhalten parlamentarische Untersuchungen durch ihren Einfluss auf die öffentliche Meinung und das Wahlvolk. Sie unterliegen dem **Grundsatz der Öffentlichkeit** in Art. 44 Abs. 1 S. 1. Für die öffentliche Beweiserhebung des Untersuchungsausschusses bestimmt Abs. 2 die sinngemäße **Anwendung** der Vorschriften über den **Strafprozess.** Dass Gerichte und Landesbehörden die Erledigung des Untersuchungsauftrags durch Rechts- und Amtshilfe unterstützen müssen, klärt Abs. 3, der die entsprechende Verpflichtung aus Art. 35 konkretisiert. Abs. 4 schließt den Rechtsschutz gegen Beschlüsse der Untersuchungsausschüsse aus, stellt aber gleichzeitig klar, dass diese für Gerichtsverfahren keine präjudizielle Wirkung entfalten. 3

III. Überstaatliche Bezüge

Nach Art. 226 AEUV iVm Art. 198 GOEP[10] kann das **Europäische Parlament** (EP) Untersuchungsausschüsse einsetzen.[11] Nach dem Wortlaut 4

[5] *V. Doemming/Füßlein/Matz* JöR 1 (1951), 366 f.; *Unger* in MKS Rn. 1.

[6] *Klein* in Maunz/Dürig Rn. 58 ff.; *Waldhoff* in Waldhoff/Gärditz PUAG § 1 Rn. 12.

[7] *Kluth* in SHH Rn. 1; *Umbach* in Umbach/Clemens Rn. 13.

[8] *Morlok* in Dreier Rn. 9; *Klein* in Maunz/Dürig Rn. 108; *Riede/Scheller* ZParl 44 (2013), 93 (109 ff.); *Germis,* Parlamentarische Untersuchungsausschüsse und politischer Skandal, 1988, 57 ff.

[9] BGBl. 2001 I 1142; BGBl. 2004 I 718.

[10] Vgl ferner Beschluss 95/167/EG über Einzelheiten der Ausübung des Untersuchungsrechts des Europäischen Parlaments, ABl. L 113, 1.

[11] *Unger* in MKS Rn. 4; *Haag* in Groeben/Schwarze/Hatje, Europäisches Unionsrecht, Art. 226 AEUV Rn. 7; dazu aber *Beckedorf,* Das Untersuchungsrecht des Europäischen Parlaments, 1995, 337 ff.

der Normen erstreckt sich die Untersuchungskompetenz des EP auch auf die Mitgliedstaaten. Da die Struktur der EU als Staatenverbund eher eine juristische Kontrolle der Mitgliedstaaten bei der Anwendung von Unionsrecht nahelegt, weniger eine politische, ist die Kontrollkompetenz des EP gegenüber den Mitgliedstaaten umstritten.[12] Unbestritten ist, dass die Kontrollkompetenz des EP jedenfalls dann bestehen bleibt, wenn derselbe Sachverhalt Gegenstand eines nationalen Untersuchungsverfahrens ist.[13] Bundestag und EP dürfen parallel ermitteln. Die ausdrückliche **Sperre der Rechtshängigkeit** für das EP, die im deutschen Parlamentsrecht nicht gilt, bezieht sich auf Kollisionen nicht nur mit Gerichtsverfahren vor den europäischen, sondern auch vor den nationalen Gerichten. Befasst sich ein nationales Gericht mit einem identischen Sachverhalt, ist die Einsetzung eines Untersuchungsausschusses ausgeschlossen.[14]

IV. Systematischer Zusammenhang

5 Allgemein ist es Aufgabe eines Untersuchungsausschusses, Sachverhalte zu untersuchen, deren Aufklärung im öffentlichen Interesse liegt, und dem Bundestag hierüber Bericht zu erstatten. Im parlamentarischen Regierungssystem leitet die Gubernative und mit ihr die gesamte Verwaltung ihre Legitimation von der direkt gewählten Volksvertretung ab. Sie unterliegt daher der Kontrolle durch das Parlament. In der Regel übt die **Opposition** das **politische Wächteramt** gegenüber der Regierung aus.[15] In der Praxis wird das Enquêterecht daher va von der Opposition als **politisches Kampfmittel** eingesetzt, mit dem die Verantwortlichkeit der Regierung für Missstände in der Exekutive geltend gemacht wird.[16] Eine **effektive Regierungskontrolle** benötigt effektive Kontrollmittel des Parlaments. Untersuchungsausschüsse sind die ältesten und gleichzeitig schlagkräftigsten Instrumente der parlamentarischen Kontrolle.[17] Sie stehen im Zusammenhang mit anderen Kontrollrechten des Parlaments. Art. 44 gibt dem Parlament allerdings ein mit Zwang bewehrtes Beweiserhebungsrecht, das sonst nur Behörden und Gerichten zusteht.[18] Das Parlament hat damit ein Recht auf Selbstinformation.[19] Die praktische Bedeutung des Untersuchungsrechts ist nicht gering zu veranschlagen. Bis zur 19. Wahlperiode hat der Bundestag 45 Untersuchungsausschüsse eingesetzt.[20] Obwohl das parlamentarische Untersuchungsrecht umfassender ist als andere Kontrollmittel oder Kontrollgremien des Parlaments, kollidieren diese nicht mit einem laufenden Untersuchungsverfahren, sondern können nebenher geltend gemacht werden bzw. parallel bestehen.[21]

---

[12] *Hölscheidt* in Grabitz/Hilf/Nettesheim EUV/AEUV, Art. 226 AEUV Rn. 14; *Huber* in Streinz EUV/AEUV, Rn. 6 ff.

[13] *Hölscheidt* in Grabitz/Hilf/Nettesheim EUV/AEUV, Art. 226 AEUV Rn. 17.

[14] Ausf. *Klein* in Maunz/Dürig Rn. 54 ff.; *Hölscheidt* in Grabitz/Hilf/Nettesheim EUV/AEUV, Art. 226 AEUV Rn. 15; *Höpfner*, Parlamentarische Kontrolle in Deutschland und in der Europäischen Union, 2004, 117 ff.

[15] BVerfGE 49, 70 (85 f.).

[16] BVerfGE 105, 197 (222, Rn. 105 f.); 124, 78 (116, Rn. 111 f.).

[17] BVerfGE 105, 197 (225 f., Rn. 110 f.); 124, 78 (114).

[18] *Klein* in Maunz/Dürig Rn. 2.

[19] *Morlok* in Dreier Rn. 8; *Waldhoff* in Waldhoff/Gärditz PUAG § 1 Rn. 3.

[20] https://www.bundestag.de/resource/blob/196178/0894c8246e632a32d847922cc9b90461/Kapitel_08_09_Untersuchungsaussch__sse-data.pdf (letzter Zugriff am 28.11.2019).

[21] BVerfGE 124, 161 (192); VerfGH NRW NVwZ 1994, 678 (680 f.); BGH NVwZ 2019, 739 (739 f.); *Umbach* in Umbach/Clemens Rn. 10; *Wolff* JZ 2010, 173 (180).

B. Einzelfragen

I. Der Bundestag hat das Recht (Abs. 1 S. 1 Hs. 1 Alt. 1)

Der **Bundestag als Ganzer** ist Träger des Untersuchungsrechts, das er durch die Einsetzung eines Untersuchungsausschusses verwirklicht.[22] Das Plenum kann das Untersuchungsrecht selbst nicht ausüben.[23] Die Einsetzung eines Untersuchungsausschusses wurzelt zwar grds. in der Organisationsgewalt des Bundestages (→ Art. 40 Rn. 4, 11). Untersuchungsausschüsse dürfen nach Art. 44 Abs. 2 S. 1 aber anders als andere Ausschüsse zur Erhebung von Beweisen hoheitliche Zwangsmittel einsetzen, die dem Plenum nicht zustehen. Der Einsetzung eines Untersuchungsausschusses muss deshalb ein **Antrag** entweder der **qualifizierten Antragsminderheit** oder der **Parlamentsmehrheit** vorangehen. Untersuchungsausschüsse werden vom Bundestag durch **förmlichen Einsetzungsbeschluss** (→ Rn. 46 f.) eingesetzt.[24] 6

Das **Recht der Untersuchungsausschüsse** ist in Art. 44 nur fragmentarisch geregelt und war lange Zeit allein durch die verfassungsgerichtliche Rechtsprechung konkretisiert. Die ausführende Gesetzgebung zu Art. 44 verlief schleppend. Eine von 1962 bis 1968 eingesetzte Interparlamentarische Arbeitsgemeinschaft (IPA) hatte einen Entwurf zu einem Gesetz über die Einsetzung und das Verfahren von Untersuchungsausschüssen vorgelegt, der vom Bundestag aber nie beschlossen wurde.[25] Diese **IPA-Regelungen** wurden den Untersuchungsausschüssen gleichwohl als geschäftsordnungsrechtliche Verfahrensgrundlage zugrunde gelegt,[26] konnten die Rechtsunsicherheiten im Verfahren der Untersuchungsausschüsse aber nur bedingt verringern.[27] Am 19.6.2001 wurde das PUAG verabschiedet. Seit der 15. Wahlperiode ist es in Kraft.[28] Mit dem **PUAG** hat der Gesetzgeber **geschäftsordnungsähnliches Parlamentsrecht** erlassen.[29] Das ist insoweit nach Art. 40 (→ Art. 40 Rn. 17) unproblematisch, als der Einfluss der Bundesregierung auf den Inhalt des Gesetzes nicht entscheidend ist, der Einfluss des Bundesrates auf das Gesetz mangels Zustimmungspflicht gering bleibt und das Untersuchungsverfahren Grundrechte Dritter berührt.[30] Da das PUAG nicht abschließend ist, bleibt Raum für die Anwendung der GOBT, soweit Verfahrensfragen offengelassen wurden.[31] 7

Zwar enthält Art. 44 keinen Regelungsvorbehalt für ein Untersuchungsausschussgesetz, die hM geht aber von einer **Gesetzgebungskompetenz kraft Natur der Sache** aus.[32] Das PUAG ist als **Ausführungsgesetz** zu Art. 44 ergangen und konkretisiert dessen verfassungsrechtliche Rahmenvor- 8

---

[22] BVerwGE 109, 258 (263).
[23] BVerfGE 67, 100 (124); 77, 1 (41); 105, 197 (220); 113, 113 (121 f.); 124, 78 (114).
[24] *Unger* in MKS Rn. 68.
[25] BT-Drs. V/4209.
[26] *Kluth* in SHH Rn. 2; *Klein* in Maunz/Dürig Rn. 25; *Schröder* in Schneider/Zeh Parlamentsrecht, § 46 Rn. 12; *Butzer* in Waldhoff/Gärditz PUAG Vorbemerkung A Rn. 26 f.
[27] *Morlok* in Dreier Rn. 18.
[28] BGBl. 2001 I 1142 und BGBl. 2004 I 718.
[29] BVerfGE 118, 277 (359, Rn. 296); VerfG Bbg NVwZ-RR 2003, 798 (200); *Brocker* LKRZ 2007, 372 (373); *Glauben* NVwZ 2020, 348 (349 ff.).
[30] So auch *Morlok* in Dreier Rn. 18; *Klein* in Maunz/Dürig Rn. 27.
[31] Klein in Maunz/Dürig Rn. 169.
[32] *Wiefelspütz,* Das Untersuchungsausschussgesetz, 2003, 174 ff.; *Mager* Der Staat 41 (2002), 597 (602).

gaben.[33] Der dynamische Verweis in Art. 44 Abs. 2 S. 1 auf die Vorschriften über den Strafprozess[34] ließ dem Gesetzgeber ausreichend Spielraum, um den Besonderheiten der Beweiserhebung im parlamentarischen Untersuchungsverfahren spezialgesetzlich Rechnung zu tragen und gleichzeitig Verfahrens- und Rechtsschutzvorschriften eigenständig im PUAG zu positivieren.[35] Zudem hatte das BVerfG den Verweis auf die strafprozessualen Vorschriften bereits näher ausgeformt.[36] Diese Ausformungen sind vom Gesetzgeber ins PUAG überschrieben worden.[37] Soweit das PUAG Vorschriften über die Beweiserhebung enthält, sind diese als *leges speciales* gegenüber denjenigen der StPO vorrangig.[38] Trotzdem stehen die Vorschriften des PUAG weiterhin in einem **normenhierarchischen Spannungsverhältnis** nicht nur zur sinngemäßen Anwendung der StPO auf die Beweiserhebung. Der einfache Gesetzgeber kann eine Verfassungsnorm insg. nicht authentisch auslegen. Deshalb ist im Einzelfall zu prüfen, ob das PUAG die Rahmenvorgaben des Art. 44 verfassungskonform konkretisiert.[39] Tut es das nicht, ist die entsprechende Norm verfassungswidrig.[40] Durch das PUAG wurden gleichwohl einige der Rechtsunsicherheiten abgebaut und klargestellt, dass das Untersuchungsverfahren der Rechtsbindung unterliegt.[41]

II. Und auf Antrag eines Viertels seiner Mitglieder die Pflicht (Abs. 1 S. 1 Hs. 1 Alt. 2)

9 Auf Antrag von mindestens einem Viertel der Mitglieder des Bundestages hat dieser die **Pflicht,** die **Einsetzung** des Untersuchungsausschusses **zu beschließen.** Der Beschluss muss unverzüglich gefasst werden (§ 2 Abs. 1 PUAG), weil bereits Verzögerungen bei der Einsetzung die Wirksamkeit der parlamentarischen Kontrolle durch die Opposition beeinträchtigen.[42] Der Bundestag hat den Antrag auf seine kommende Tagesordnung zu setzen.[43] Das Untersuchungsrecht ist eines der wichtigsten **Kontrollrechte der Opposition.** In Zeiten von **Großen Koalitionen** drohen diese Oppositionsrechte leerzulaufen. Eine aus der Verfassung abzuleitende Pflicht, Minderheitenrechte wie das Antragsrecht durch Herabsetzung des Quorums anzupassen, besteht aber grundsätzlich nicht.[44] Für die 18. Wahlperiode hatte der Bundestag ein abweichendes Antragsquorum von 120 Abgeordneten in § 126a Abs. 1 Nr. 1 GOBT aufgenommen (Splitterenquête).[45] Da die GOBT die

---

[33] BVerfGE 105, 197 (226); *Klein* in Maunz/Dürig Rn. 27 ff.; *Kluth* in SHH Rn. 4 f.; *Morlok* in Dreier Rn. 18; *Hebeler/Schulz* JuS 2010, 969 (969); *Seidel* BayVBl. 2002, 97 (98).

[34] *Kretschmer* in SHH 12. Aufl. 2011, Rn. 6; krit. *Rogall* GS f. Meurer, 2002, 449 (452 f.).

[35] *Gärditz* in Waldhoff/Gärditz PUAG Vorbemerkung E Rn. 15 ff.

[36] ZB BVerfGE 67, 100 (133) – Herausgabe von Akten; BVerfGE 76, 363 (383 ff.) – Zwangsmittel gegen Zeugen; BVerfGE 77, 1 (48 ff.) – Beschlagnahme.

[37] Krit. *Brocker* in Glauben/Brocker Das Recht der parlamentarischen Untersuchungsausschüsse in Bund und Ländern, Kap. 3 Rn. 25; *Mager* Der Staat 41 (2002), 597 (602 f.).

[38] *Gärditz* in Waldhoff/Gärditz PUAG Vorbemerkung E Rn. 18 f.

[39] ZB BVerfGE 105, 197 (226): § 17 Abs. 3 PUAG als „geeignete Verfahrensregel".

[40] *Waldhoff* in Waldhoff/Gärditz PUAG Vorbemerkung C Rn. 11; *Pofalla* DÖV 2004, 335 (338); *Rogall* GS f. Meurer, 2002, 449 (452); weiter *Kretschmer* in SHH, 12. Aufl. 2011, Rn. 4, 6.

[41] *Morlok* in Dreier Rn. 18.

[42] BVerfGE 49, 70 (86); StGH Hess DVBl. 2012, 169 (169 f.).

[43] *Morlok* in Dreier Rn. 36.

[44] *Klein* in Maunz/Dürig Rn. 75; *Kluth* in SHH Rn. 13; *Unger* in MKS Rn. 67; *Schwarz* ZRP 2013, 226 (227); aA *Cancik* NVwZ 2014, 18 (22 f.).

[45] BGBl. 2014 I 534; *Brocker* DÖV 2014, 475 (475 ff.).

Verfassung nicht rechtlich verbindlich abändern kann, stellte dieses Quorum allenfalls eine Selbstverpflichtung des Bundestages dar.[46]

Der Antrag ist die Grundlage für den Einsetzungsbeschluss des Bundestages. Die qualifizierte Antragsminderheit hat einen **Anspruch** gegen die Parlamentsmehrheit **auf Einsetzung** ihres Untersuchungsausschusses und bestimmt damit grundsätzlich den Untersuchungsgegenstand. Die Antragsteller genießen die **Themenhoheit** für die Untersuchung.[47] Das gilt sowohl für die qualifizierte Minderheit als auch für die parlamentarische Mehrheit. Beide haben das Recht aber auch die Pflicht, den **Gegenstand der Untersuchung** eindeutig zu bezeichnen. Vor allem der Antrag der Minderheit muss dem verfassungsrechtlichen **Bestimmtheitsgebot** genügen, da die Pflicht, dem Antrag stattzugeben nur besteht, wenn der Antrag verfassungsgemäß ist.[48] Bei **mangelnder Bestimmtheit** muss der Bundestag den Minderheitenantrag wegen Verfassungswidrigkeit ablehnen. Bei einer Mehrheitsenquête kann der Bundestag dagegen Veränderungen vornehmen.[49] Die Anforderungen an die Bestimmtheit sind allerdings insg. nicht allzu hoch. Dem Antrag müssen die Zielrichtung der parlamentarischen Nachforschung und das öffentliche Interesse (→ Rn. 30, 44) an der Untersuchung zu entnehmen sein. Er muss ein inhaltlich klar umrissenes Arbeitsprogramm erkennen lassen.[50] 10

Der Bundestag muss den Antrag der qualifizierten Minderheit grds. in der Form beschließen, in der er gestellt wurde.[51] Ob die **Plenarmehrheit** die **Modifikationsbefugnis** für einen **Minderheitenantrag** besitzt, ist problematisch. Die qualifizierte Einsetzungsminderheit hat zwar die Themenhoheit, das Plenum aber die Gesamtverantwortung. § 2 Abs. 2 PUAG bestimmt einfachgesetzlich, dass eine **Änderung** des im Antrag bezeichneten Untersuchungsgegenstandes durch die **Zustimmung der Antragsteller** bedingt ist. Die Zustimmungsbedürftigkeit indiziert ein so genanntes **Bepackungsverbot,** damit die Mehrheit nicht durch beliebige Erweiterungen oder Einschränkungen des Untersuchungsgegenstandes die Untersuchung blockieren, erschweren, verzögern oder ins Leere laufen lassen kann.[52] Gleichwohl sollen Erweiterungen des Antrags durch die Mehrheit zu Verteidigungszwecken auch gegen den Willen der Antragsminderheit zulässig sein.[53] Auf Verfassungsebene hat das BVerfG vor Erlass des PUAG entschieden, dass gegen den Willen der Antragsteller eine **wesentliche Erweiterung oder Beschränkung** des Untersuchungsgegenstandes grds. nicht zulässig sei. Das Minderheitenrecht aus Art. 44 Abs. 1 stehe **Zusatzfragen** dann aber nicht im Wege, wenn diese dazu dienten, ein umfassenderes und wirklichkeitsgetreueres Bild des Sachverhalts zu zeichnen. Zusatzfragen dürf- 11

---

[46] BVerfGE 142, 25 (68, Rn. 116 f.); *Morlok* in Dreier Rn. 36; *Brocker* DÖV 2014, 475 (478); *Ennuschat* VR 61 (2015), 1 (3); *Cancik* NVwZ 2014, 18 (22); für verfassungswidrig hält die Vorschrift *Unger* in MKS Rn. 72.

[47] BVerfGE 49, 70 (86 f.); VerfGH NRW NVwZ 2002, 75 (76); *Brocker* in BeckOK GG Rn. 28; *Cancik* Der Staat 49 (2010), 251 (266).

[48] *Umbach* in Umbach/Clemens Rn. 23; *Achterberg/Schulte* in MKS, 6. Aufl. 2010, Rn. 30 ff.; *Schneider* in AK Rn. 6; *Glauben* in BK Rn. 73; StGH BW NVwZ-RR 2008, 4 (5); *Depenheuer/Winands* ZRP 1988, 258 (258 ff.).

[49] *Glauben* in BK Rn. 74; *Klein* in Maunz/Dürig Rn. 85.

[50] *Umbach* in Umbach/Clemens Rn. 23; *Unger* in MKS Rn. 30; *Schneider* in AK Rn. 6.

[51] BVerfGE 49, 70 (79 ff.); *Kluth* in SHH Rn. 15; *Schröder* in Schneider/Zeh Parlamentsrecht und Parlamentspraxis, § 46 Rn. 21 f..

[52] *Kluth* SHH Rn. 15; *Pofalla* DÖV 2004, 335 (339).

[53] *Brocker* in BeckOK GG Rn. 33.

ten das Verfahren aber nicht wesentlich verzögern.[54] Dieser Rechtsprechung ist mit Zurückhaltung zu begegnen.[55] Sie ist nicht in § 2 Abs. 2 PUAG aufgenommen worden.

12 Die parlamentarische Mehrheit ist **nicht verpflichtet,** einem **verfassungswidrigen Antrag** stattzugeben. Da das Parlament als Ganzes die Verantwortung für das Untersuchungsverfahren trägt,[56] hat die Parlamentsmehrheit nicht nur das Recht, sondern vielmehr auch die Pflicht,[57] die Verfassungsmäßigkeit eines Minderheitenantrags zu überprüfen.[58] Die **Ablehnung** wegen Verfassungswidrigkeit ist **zu begründen.** Zum Teil wird hier eine **Vermutungsregel** zugunsten der Verfassungsmäßigkeit eines Minderheitenantrags angenommen.[59] Soweit die Vermutung nur verdeutlichen soll, dass die Mehrheit einen Minderheitenantrag nicht pauschal unter Hinweis auf Zweifel an dessen Verfassungswidrigkeit soll ablehnen dürfen, die Verfassungswidrigkeit vielmehr substantiiert begründen muss, ist dem zuzustimmen. Zum Teil wird aus der Vermutung aber eine Beschränkung des Ablehnungsrechts der Mehrheit auf evident verfassungswidrige Minderheitenanträge abgeleitet.[60] Für diese Einschränkung der Kontrolldichte ist wegen der Verfassungsbindung des Bundestages jedoch kein Raum.[61]

13 Einen verfassungswidrigen Antrag muss das Plenum per Beschluss ablehnen. Nach **Fehlerbeseitigung** kann der Antrag ihm zur erneuten Beschlussfassung vorgelegt werden. Hält der Bundestag einen Antrag für nur **teilweise verfassungswidrig,** so bestimmt § 2 Abs. 3 PUAG, dass der Untersuchungsausschuss einzusetzen und sein Auftrag auf den verfassungsgemäßen Teil des Antrags zu beschränken ist.[62] Gegen die **Ablehnung** oder **Teilablehnung** des Antrags steht dem qualifizierten Antragsviertel das **Organstreitverfahren** vor dem BVerfG offen (→ Rn. 78, 83).[63] IdR wird einstweiliger Rechtsschutz nach § 32 BVerfGG beantragt werden, um die Entscheidungsfindung wegen des sonst drohenden Effizienz- und Aktualitätsverlusts der Kontrolle zu beschleunigen. § 2 Abs. 3 PUAG wird gleichwohl für verfassungsrechtlich bedenklich gehalten.[64] Mit der Verweisung der Antragsminderheit auf den Klageweg bei teilweise verfassungswidrigen Anträgen entscheidet die parlamentarische Mehrheit nämlich über den Zeitpunkt, wann mit der vollen Beweisaufnahme in regierungskritischen Enquêten begonnen werden darf, und kann so das Minderheitenrecht durch Verzögerung verkürzen. Anders bliebe aber nur der Ausweg, einen teilweise verfassungswidrigen Einsetzungsantrag ganz abzulehnen.[65]

---

[54] BVerfGE 49, 70 (86 f.); HmbVerfG NVwZ-RR 2007, 289 (290 ff.); *Umbach* in Umbach/Clemens Rn. 29; *Magiera* in Sachs Rn. 15; dagegen VerfGH NRW NVwZ 2002, 75 (76).

[55] *Morlok* in Dreier Rn. 38; *Achterberg/Schulte* in MKS Rn. 89 f.; *Klein* in Maunz/Dürig Rn. 80; *Schliesky* AöR 126 (2001), 244 (250 ff.).

[56] BVerfGE 83, 175 (180).

[57] StGH BW NVwZ-RR 2008, 4 (5); *Caspar* DVBl. 2004, 845 (849).

[58] *Klein* in Maunz/Dürig Rn. 78 f.; *Schneider* in AK Rn. 5; *Glauben* in BK Rn. 73; *Brocker* in BeckOK GG Rn. 31.1; *Wiefelspütz,* Das Untersuchungsausschussgesetz, 2003, 180.

[59] *Morlok* in Dreier Rn. 36; *Unger* in MKS Rn. 69.

[60] *Umbach* in Umbach/Clemens Rn. 27.

[61] Gärditz in Waldhoff/Gärditz PUAG § 2 Rn. 8.

[62] *Morlok* in Dreier Rn. 36; aA VerfGH NRW NVwZ 2002, 75 (76).

[63] *Unger* in MKS Rn. 72.

[64] *Klein* in Maunz/Dürig Rn. 78; *Kluth* in SHH Rn. 16; *Brocker* in BeckOK GG Rn. 32.

[65] *Kluth* in SHH Rn. 16; *Klein* in Maunz/Dürig Rn. 78; *Mager* Der Staat 41 (2002), 597 (603 f.); *Seidel* BayVBl. 2002, 97 (103); *Schneider* NJW 2001, 2604 (2605).

Das brächte die Antragsminderheit nicht weiter. Letztlich stellt § 2 Abs. 3 PUAG eine salomonische Lösung dar.[66]

III. Einen Untersuchungsausschuss (Abs. 1 S. 1 Hs. 1)

1. Stellung und Aufgaben des Untersuchungsausschusses. Unter- 14
suchungsausschüsse gehören als **Sonderausschüsse** oder auch als *ad-hoc*-Ausschüsse nicht zu den ständigen Ausschüssen des Bundestages. Sie haben die Aufgabe, zu dem in ihrem Einsetzungsbeschluss umschriebenen Untersuchungsgegenstand Tatsachen festzustellen und Beweise zu ermitteln, um Rückschlüsse und Entscheidungen des Bundestages vorzubereiten,[67] und üben dabei öffentliche Gewalt aus.[68] Gleichwohl stellt ein Untersuchungsausschuss keine Behörde im Sinne des § 1 VwVfG dar.[69] Untersuchungsausschüsse sind **Hilfs- und Unterorgane** des Parlaments.[70] Der Bundestag ist **Herr des Untersuchungsverfahrens.**[71] Der Untersuchungsausschuss ist dagegen innerhalb des inhaltlichen Rahmens, den das Plenum ihm steckt, **Herr im Verfahren.** Er entscheidet, wie er den Untersuchungsauftrag unter Ausnutzung seiner eigenständigen Befugnisse aus Verfassung und PUAG erfüllt.[72]

Das parlamentarische Untersuchungsverfahren ist auf **politische Folgen** 15
gerichtet. Untersuchungsausschuss und Plenum gehen dabei arbeitsteilig vor. Der Ausschuss ermittelt den Sachverhalt, das Plenum bewertet ihn.[73] Der Untersuchungsausschuss ist dem Plenum als Hilfsorgan rechenschaftspflichtig. Ab seiner Einsetzung schuldet er ihm einen **schriftlichen Untersuchungsbericht,** den er üblicherweise mit Abschluss des Verfahrens aushändigt (§ 33 PUAG).[74] Der Bericht behandelt den Verlauf des Verfahrens, die ermittelten Ergebnisse, deren Bewertung und enthält ein Abschlussergebnis. Da Mehrheits- und Minderheitsauffassung in der Bewertung der erhobenen Beweise regelmäßig divergieren, besteht die Möglichkeit, dass eine Minderheit oder auch jedes einzelne Mitglied des Untersuchungsausschusses dem Bericht ein **Sondervotum** beigibt (§ 33 Abs. 2 PUAG). Die Minderheit kann sogar einen eigenen Bericht erstellen.[75] Das ist Ausfluss ihres Rechts aus Art. 44 Abs. 1. Auch Zwischenberichte an das Plenum sind möglich.[76] Der Abschlussbericht selbst wird durch einen förmlichen Beschluss im Untersuchungsausschuss festgestellt.[77] Eine **Veröffentlichung** des Berichts sieht das PUAG nicht ausdrücklich vor. Der Bericht ist nach § 75 Abs. 2 lit. a) iVm § 77 Abs. 1 GOBT an die Mitglieder von Bundestag, Bundesregierung und Bundesrat als Drucksache zu verteilen und damit der Öffentlichkeit

---

[66] *Gärditz* in Waldhoff/Gärditz PUAG § 2 Rn. 26.

[67] *Brocker* in Morlok/Schliesky/Wiefelspütz Parlamentsrecht, § 31 Rn. 9.

[68] BVerfGE 76, 363 (387); 77, 1 (46).

[69] *Schneider* in AK Rn. 17; *Di Fabio,* Rechtschutz im parlamentarischen Untersuchungsverfahren, 1988, 68 ff.; aA wohl BVerfG (K) NVwZ 1994, 54 (55).

[70] BVerfGE 67, 100 (123); 77, 1 (41); 113, 113 (120, Rn. 29); *Schneider* in AK Rn. 7; *Achterberg/Schulte* in MKS Rn. 76 f.

[71] BVerfGE 105, 197 (220, Rn. 97); 113, 113 (121 f., Rn. 33); 124, 78 (114, Rn. 106); *Klein* in Maunz/Dürig Rn. 62; *Kluth* in SHH Rn. 3; *Morlok* in Dreier Rn. 16.

[72] BVerfGE 93, 195 (207); 105, 197 (222, Rn. 104); *Brocker* in BeckOK GG Rn. 1; *Glauben* in BK Rn. 37.

[73] *Seiler* AöR 129 (2004), 378 (383).

[74] *Achterberg/Schulte* in MKS Rn. 101.

[75] *Versteyl* in von Münch/Kunig, 6. Aufl. 2012, Rn. 20; *Glauben* in BK Rn. 136.

[76] *Brocker* in BeckOK GG Rn. 73.2.; *Brenner* LKV 2018, 145 (147 ff.).

[77] *Versteyl* in von Münch/Kunig, 6. Aufl. 2012, Rn. 30.

zugänglich zu machen.[78] An die Berichterstattung im Plenum schließt sich regelmäßig eine **Plenardebatte** über den Bericht an.[79] Eine Abstimmung des Plenums über den Bericht ist nicht vorgesehen. Das Parlament nimmt ihn schlicht zur Kenntnis.[80] Es kann politische Konsequenzen aus ihm ziehen oder Handlungsvorschläge unterbreiten.[81] In diesem Augenblick findet das Untersuchungsverfahren seinen **formalen Abschluss** und der Untersuchungsausschuss hört auf zu existieren.

16 Die **Arbeit** eines Untersuchungsausschusses findet insg. regelmäßig ihr **Ende** mit der Erfüllung des Untersuchungsauftrags, dem Ende der Wahlperiode[82] oder durch einen aufhebenden Beschluss des Bundestages (→ Rn. 17).[83] Wie jeder Ausschuss des Parlaments unterliegt auch der Untersuchungsausschuss dem Grundsatz der **Diskontinuität** (→ Art. 39 Rn. 30ff.). Das gilt unabhängig davon, ob er es bis zum Ende der Wahlperiode geschafft hat, das Untersuchungsverfahren abzuschließen und seinen Bericht vorzulegen. Auch wenn Zeitdruck herrscht, hat der Untersuchungsausschuss aber sicherzustellen, dass die qualifizierte Einsetzungsminderheit auf den Zeitplan der Beweiserhebung einwirken kann.[84] Ist abzusehen, dass ein Untersuchungsauftrag vor Ablauf der Wahlperiode nicht vollumfänglich erledigt werden kann, besteht die Möglichkeit des Ausschusses, einen **Sachstandsbericht** zu verfassen (§ 33 Abs. 3 PUAG), der als Abschlussbericht gilt, wenn ihm keine weiteren Berichte folgen.[85]

17 Als Träger des parlamentarischen Untersuchungsrechts ist es dem Bundestag gestattet, einen Untersuchungsausschuss aufzulösen, bevor dieser seinen Auftrag erfüllt hat. Die notwendigen Mehrheiten für einen **Auflösungsbeschluss** sind unterschiedlich, je nachdem ob eine Mehrheits- oder eine Minderheitsenquête (→ Rn. 28) vorliegt.[86] Die qualifizierte Minderheit des Art. 44 Abs. 1 S. 1 kann ihrerseits nicht die Auflösung eines Untersuchungsausschusses erzwingen.[87] Der Bundestag ist nicht gehindert einen neuen **Untersuchungsausschuss** mit teilidentischem oder auch **identischem Untersuchungsauftrag** einzusetzen, der auf die Ermittlungsergebnisse des beendeten Untersuchungsausschusses zurückgreifen darf.[88] Will ein unter Zeitdruck geratener **Untersuchungsausschuss** mit einfacher Mehrheit **selbst** sein **faktisches Ende beschließen,** bevor sein Untersuchungsauftrag erledigt ist, indem er zB terminierte Zeugenvernehmungen ohne Ersatztermine aufhebt, kann er dies nicht nach seinem Gutdünken tun, wenn die qualifizierte Minderheit noch Klärungsbedarf und -möglichkeit sieht.[89]

18 **2. Zusammensetzung des Untersuchungsausschusses.** Mitglieder eines Untersuchungsausschusses können **ausschließlich Abgeordnete** des

---

[78] *Klein* in Maunz/Dürig Rn. 173; *Heyer* in Waldhoff/Gärditz PUAG § 33 Rn. 7.
[79] *Brocker* in BeckOK GG Rn. 75.
[80] *Kluth* in SHH Rn. 3; *Morlok* in Dreier Rn. 15.
[81] *Heyer* in Waldhoff/Gärditz PUAG § 33 Rn. 6; BT-Drs. 17/14600, 861 ff.
[82] BVerfGE 49, 70 (86 f.); 96, 223 (230, Rn. 25); 113, 113 (126 f., Rn. 51).
[83] *Klein* in Maunz/Dürig Rn. 68; *Morlok* in Dreier Rn. 55; *Unger* in MKS Rn. 80.
[84] BVerfGE 105, 197 (234 f., Rn. 147 f.); *Morlok* in Dreier Rn. 55.
[85] BVerfGE 113, 113 (126, Rn. 49 f.); *Brocker* in BeckOK GG Rn. 73.2.
[86] Näher *Klein* in Maunz/Dürig Rn. 68; *Versteyl* in v. Münch/Kunig, 6. Aufl. 2012, Rn. 31; *Schröder* in Schneider/Zeh Parlamentsrecht und Parlamentspraxis, § 46 Rn. 42.
[87] *Glauben* in BK Rn. 140; *Klein* in Maunz/Dürig Rn. 69.
[88] *Morlok* in Dreier Rn. 35; Klein in Maunz/Dürig Rn. 67; *Brocker* in BeckOK GG Rn. 81.
[89] BVerfGE 113, 113 (125); *Klein* in Maunz/Dürig Rn. 97.

Bundestages sein. Sie werden von den Fraktionen benannt und ggf. abberufen (§ 5 PUAG). Nach dem Grundsatz der **Spiegelbildlichkeit** muss die Zusammensetzung des Untersuchungsausschusses die Stärkeverhältnisse der Fraktionen im Plenum widerspiegeln (§ 4 PUAG).[90] Die Zahl der Ausschussmitglieder ist grds. so festzusetzen, dass sich nach dem Berechnungsverfahren die Antragsminderheit aus dem Plenum im Untersuchungsausschuss wiederfindet.[91] Nach der Rspr. des BVerfG besteht keine verfassungsrechtliche Notwendigkeit, bei der Bemessung der Mitgliederzahl des Ausschusses parlamentarische **Gruppen** nach § 10 Abs. 4 GOBT zu berücksichtigen. Ein **Grundmandat** steht ihnen nicht zu.[92] § 4 PUAG verweist auf die allgemeine Beschlusslage des Bundestages. Ist der Ausschuss groß genug und entfallen auf Gruppen Sitze, dann haben deren Mitglieder dort den gleichen Status wie die Mitglieder der Fraktionen.[93] Fraktionslose Abgeordnete müssen nicht berücksichtigt werden.[94]

Ungeklärt ist, ob **Abgeordnete,** die an dem Untersuchungsgegenstand beteiligt sind, wegen **Interessenkollision** von der Mitgliedschaft im Ausschuss ausgeschlossen sind oder werden können. Eine ausdrückliche Regelung im PUAG fehlt hierzu genauso wie eine Regelung in der GOBT. Die Unvereinbarkeitsvorschriften der §§ 22 ff. StPO sind nicht anwendbar. Die Länder haben dagegen entsprechende Regelungen in ihre Untersuchungsausschussgesetze aufgenommen.[95] Die **Benennung** betroffener Abgeordneter bleibt ohne ausdrückliche Regelung auf Bundesebene dem politischen Takt der Fraktionen überlassen.[96] Grundsätzlich ist die **nachträgliche Abberufung** eines Ausschussmitglieds gegen dessen Willen durch die entsendende Fraktion als *actus contrarius* zur Benennung nach § 57 Abs. 2 GOBT möglich, wird wegen eines Eingriffs in Art. 38 Abs. 2 S. 1 aber von materiellen und verfahrensrechtlichen Voraussetzungen abhängig gemacht, über die keine Einigkeit besteht.[97] Ohne rechtliche Regelung ist eine Abberufungsmöglichkeit deshalb zweifelhaft.[98] **19**

Der Untersuchungsausschuss bestellt einen **Vorsitzenden und dessen Stellvertreter** nach den üblichen Regeln der Benennung für diese beiden Posten, vgl. §§ 6, 7 PUAG, § 58 GOBT. Hier bestimmt ebenfalls das Stärkeverhältnis der Fraktionen über die Bestellung. Vorsitzende und Stellvertreter gehören allerdings idR verschiedenen Fraktionen, regelmäßig der Mehrheit und der Opposition an.[99] Vorsitzender und Stellvertreter können abgewählt werden.[100] Der Vorsitzende ist in seiner Verfahrensführung an die Beschlüsse **20**

[90] *Kluth* in SHH Rn. 18; *Morlok* in Dreier Rn. 39.

[91] *Georgii* in Waldhoff/Gärditz PUAG § 4 Rn. 6.

[92] BVerfGE 84, 304 (320 f.); 96, 264 (278, 280 ff..); *Klein* in Maunz/Dürig Rn. 90; *Georgii* in Waldhoff/Gärditz PUAG § 2 Rn. 10; krit. *Morlok* in Dreier Rn. 39.

[93] BVerfGE 84, 304 (323); *Klein* in Maunz/Dürig Rn. 90.

[94] *Georgii* in Waldhoff/Gärditz PUAG § 2 Rn. 17.

[95] ZB Art. 5 Abs. 1 UAG Bay; § 4 Abs. 1 UAG Bln; § 7 Abs. 1 UAG Hmb; § 6 Abs. 1 S. 1 UAG NRW; § 5 Abs. 1 UAG Sachs.

[96] *Klein* in Maunz/Dürig Rn. 93; *Georgii* in Waldhoff/Gärditz PUAG § 5 Rn. 6.

[97] *Näher* Winkelmann in Morlok/Schliesky/Wiefelspütz Parlamentsrecht, § 23 Rn. 32; *Georgii* in Waldhoff/Gärditz PUAG § 5 Rn. 15; *Lenz/Schulz* NVwZ 2018, 627 (628 ff.); StGH BW NVwZ-RR 2018, 129 (129 ff.).

[98] *Klein* in Maunz/Dürig Rn. 93; *Glauben* in BK Rn. 91; auch *Magiera* in Sachs Rn. 16; *Schneider* in AK Art, 44 Rn. 13; zum Ausschluss eines Fraktionsmitarbeiters vgl. BVerfGE 93, 195 (205 ff.).

[99] *Morlok* in Dreier Rn. 40.

[100] *Unger* in MKS Rn. 73, 75; *Achterberg/Schulte* in MKS Rn. 95; BVerfG Beschl. .v 4.5.2020, 2 BvE 1/20, Rn. 27 ff.; aA *Klein* in Maunz/Dürig Rn. 94; *Hoppe* in Waldhoff/Gärditz PUAG § 6 Rn. 2, 19 f.: „Die Bestimmung des Vorsitzenden ist keine Wahl".

des Untersuchungsausschusses gebunden und hat nur insofern eine Vorzugsstellung, als er einen Erstzugriff auf das Fragerecht bei der Zeugenvernehmung besitzt (§ 14 Abs. 5 PUAG), aus dessen Nichtbeachtung Verfahrensfehler resultieren.[101]

21 Umstritten ist, ob das **Zutrittsrecht** von **Regierungs- und Bundesratsmitgliedern** zu Untersuchungsausschüssen nach Art. 43 Abs. 2 beschränkt werden muss, damit nicht die zu Kontrollierenden die Kontrolleure kontrollieren. Aus der Kontrollfunktion des parlamentarischen Untersuchungsrechts lassen sich die Gegnerfreiheit des Untersuchungsausschusses und eine Zugangsbeschränkung für Regierungs- oder Bundesratsmitglieder verfassungsunmittelbar nicht ableiten.[102] Eine erforderliche[103] ausdrückliche Regelung hierzu fehlt auf Verfassungsebene und müsste nachgeholt werden (ausf. → Art. 43 Rn. 39, 54).

22 **3. Arten von Untersuchungsausschüssen.** Untersuchungsausschüsse werden **nach ihrem Gegenstand** unterschiedlich **bezeichnet.** Die jeweiligen Benennungen sind deskriptiv und ziehen regelmäßig keine verfahrensrechtlichen Konsequenzen nach sich.[104]

23 Als häufigste Art an Untersuchungsverfahren lassen sich **Kontroll- bzw. Missstandsenquêten** benennen, die das Handeln der Regierung auf mögliche Verfassungs- oder Gesetzesverstöße und sonstige Pflichtverletzungen hin kontrollieren. Die Kontrolle des Parlaments endet dabei nicht bei der Regierung selbst, sondern umfasst auch deren nachgeordnete Verwaltungsebenen.

24 **Gesetzgebungsenquêten,** die der Vorbereitung komplizierter Gesetzgebungs- oder Planungsvorhaben des Parlaments dienen, sind möglich aber unwahrscheinlich.[105] Sie sind seit Einführung der Enquêtekommissionen in § 56 GOBT überflüssig geworden, nicht aber unzulässig, da einfaches Geschäftsordnungsrecht verfassungsrechtliche Befugnisse nicht abbedingen kann.[106]

25 Neben Untersuchungsverfahren im staatlichen Bereich können Untersuchungsausschüsse unter einschränkenden Bedingungen (→ Rn. 64 f.) auch zur Aufdeckung von Missständen in **nicht-staatlichen Bereichen** des öffentlichen Lebens als so genannte **Skandal- oder Gesellschaftsenquêten** eingesetzt werden.[107] Untersuchungen gegen **politische Parteien** sind allerdings unzulässig. Parteien sind Teil der Gesellschaft und bleiben prinzipiell staatsfrei (→ Art. 21 Rn. 73 ff.). Sie sind dem Parlament nicht verantwortlich.[108] Ihr Finanzgebaren unterliegt einem verwaltungsrechtlichen Kontrollregime. Untersuchungsverfahren zur Verwendung von öffentlichen Geldern,

---

[101] *Kluth* in SHH Rn. 19 auch zur Stellung des Vorsitzenden vor Erlass des PUAG; OLG Bbg BeckRS 2019, 45476 Rn. 25 ff.

[102] *Klein* in Maunz/Dürig Rn. 190; aA *Morlok* in Dreier Rn. 44.

[103] Für eine Nichtanwendbarkeit von Art. 43 auf Untersuchungsausschüsse *Morlok* in Dreier Art. 43 Rn. 44; *Schneider* NJW 2001, 2604 (2607).

[104] *Morlok* in Dreier Rn. 17; krit. gegen die Einteilung *Unger* in MKS Rn. 12, der Bereiche in Legislativ-, Exekutiv- und Judikativenquêten einteilt.

[105] Näher *Unger* in MKS Rn. 14.

[106] So *Kluth* in SHH Rn. 41; *Klein* in Maunz/Dürig Rn. 157; *Wiefelspütz,* Das Untersuchungsausschussgesetz, 2003, 47 ff.

[107] BVerfGE 76, 363 (381 f.); 77, 1 (45); *Böckenförde* AöR 103 (1978), 1 (11); *Meyer* in Schneider/Zeh Parlamentsrecht und Parlamentspraxis, § 4 Rn. 86; krit. *Masing* Der Staat 27 (1988), 273 (275 ff.); *Klein* in Maunz/Dürig Rn. 110 f.

[108] Ausf. *Klein* in Maunz/Dürig Rn. 130 ff.; *Waldhoff* in Waldhoff/Gärditz PUAG § 1 Rn. 71; aA *SchröderNJW* 2000, 1455 (1456 f.).

die sich gegen **Fraktionen** richten, sind zwar heikel, grundsätzlich aber zulässig, weil Fraktionen der organisierten Staatlichkeit eingegliedert sind.[109]

So genannte **Kollegialenquêten** ermitteln in parlamentsinternen Angelegenheiten wie zB der Tätigkeit von parlamentarischen Organen oder **Abgeordneten.**[110] Da hier die Gefahr der politischen Instrumentalisierung nicht fernliegt,[111] darf der Bundestag nur ausnahmsweise und nur um seiner Würde willen, wegen seines öffentlichen Ansehens und wegen des notwendigen Vertrauens der Wählerschaft in ihn das Verhalten seiner Mitglieder **nach Mandatserwerb** untersuchen, wenn dafür besonders rechtfertigende Gründe vorliegen und eine gesetzliche Grundlage gegeben ist.[112] Hier findet ein Eingriff in Art. 38 Abs. 1 statt, für den das PUAG keine angemessenen Verfahrensregeln vorhält.[113] Eine Untersuchung des Verhaltens eines Abgeordneten **vor** seiner **Wahl** ist grundsätzlich ausgeschlossen. Nach der Wiedervereinigung hat der Bundestag gleichwohl ein Verfahren zur Untersuchung früherer Tätigkeiten von Abgeordneten für die Staatssicherheit in der ehemaligen DDR eingeführt (§ 44c AbgG), das vom BVerfG gebilligt wurde (→ Art. 40 Rn. 22). Die verfassungsrechtliche Ermächtigung für diese Verfahrensart liegt allerdings nicht in Art. 44, sondern in Art. 38 und 40.[114] 26

Auf dem Gebiet der Verteidigung ist das Untersuchungsrecht einem speziellen Ausschuss übertragen. Der **Verteidigungsausschuss** hat nach Art. 45a Abs. 2 ausdrücklich die Rechte eines Untersuchungsausschusses (→ Art. 45a Rn. 10 ff.). 27

Nach dem **Quorum des Einsetzungsantrags** wird zwischen **Mehrheits- und Minderheitsenquêten** differenziert. Beantragt ein Viertel der Mitglieder des Bundestages als qualifizierte Minderheit die Einsetzung eines Untersuchungsausschusses, liegt eine Minderheitsenquête vor, auch wenn die Mehrheit des Plenums dem Antrag stattgeben muss.[115] Unter einer Mehrheitsenquête ist ein von der parlamentarischen Mehrheit beantragter und durchgesetzter Untersuchungsausschuss zu verstehen.[116] Beide Enquêtearten folgen nach dem PUAG denselben Verfahrensregeln.[117] 28

4. Grenzen des Untersuchungsrechts. Das **Untersuchungsrecht** ist nach der heutigen Stellung des Bundestages im Staatsgefüge und dem Entscheidungsspielraum des Parlaments, womit es sich als Organ der Staatsleitung beschäftigen will, **weit gefasst.** Das Parlament, das verkürzend als Legislative bezeichnet wird, ist längst nicht bloß ein Organ der Gesetzgebung oder der Verwaltungskontrolle.[118] Nach der **Korollartheorie** ist der Bundestag mit Untersuchungsaufträgen allerdings an seine Zuständigkeiten gebunden und darf diese nur auf solchen Handlungsfeldern, auf denen er kraft **eigener Kompetenzen** tätig werden darf, auf einen Untersuchungsausschuss ver- 29

---

[109] VerfG RhPf DVBl. 2010, 1504 (1505); *Morlok* in Dreier Rn. 34; *Ipsen* FS f. Schmidt-Jortzig, 2011, 511 (514 f.); aA *Klein* in Maunz/Dürig Rn. 165.

[110] *Morlok* in Dreier Rn. 17; *Vetter* ZParl 24 (1993), 211 (211 ff.).

[111] *Klein* in Maunz/Dürig Rn. 158 ff.; *Umbach* in Umbach/Clemens Rn. 18; *Morlok* in Dreier Rn. 34; *Storck* ZRP 1995, 286 (286 f., 289).

[112] BVerfGE 94, 351 (367 f.); 99, 19 (32, Rn. 41); *Klein* in Maunz/Dürig Rn. 162 ff.

[113] *Klein* in Maunz/Dürig Rn. 161 ff.

[114] BVerfGE 94, 351 (367 f.); 99, 1 (32); *Morlok* in Dreier Rn. 33; *Kluth* in SHH Rn. 43.

[115] BVerfGE 49, 70 (84 ff.); *Klein* in Maunz/Dürig Rn. 73 f.; *Schneider* in AK Rn. 4; *Kluth* in SHH Rn. 11.

[116] BVerfGE 105, 197 (224 f., Rn. 109).

[117] *Brocker* in BeckOK GG Rn. 24.

[118] *Unger* in MKS Rn. 10; *Morlok* in Dreier Rn. 20; *Böckenförde* AöR 103 (1978), 1 (10).

lagern (§ 1 Abs. 3 PUAG). Untersuchungs- und Befassungskompetenz des Bundestages decken sich.[119] Ausgeschlossen ist die Einsetzung eines Untersuchungsausschusses in Angelegenheiten, die den ausschließlichen Kompetenzen anderer Organe unterliegen.[120] **Zuständigkeitsschranken** folgen aus dem **Bundesstaatsprinzip,** dem Grundsatz der **Gewaltenteilung** und aus den **Grundrechten** betroffener Dritter.

30 **a) Öffentliches Interesse.** Eine Einschränkung ist nach hM allen Arten von Enquêten gemeinsam. Ihr Anlass muss ein **öffentliches Interesse an der Untersuchung** eines bestimmten Sachverhalts sein. Das Erfordernis des öffentlichen Interesses ist im GG nicht benannt. Die hM zieht ein ungeschriebenes öffentliches Interesse von hinreichendem Gewicht[121] an einem Untersuchungsverfahren als Bedingung für die verfassungsgemäße Einsetzung eines Untersuchungsausschusses „gleichsam vor die Klammer",[122] und versucht, dem weiten politischen Ermessen des Parlaments so Grenzen zu setzen. Das PUAG hat das öffentliche Interesse nicht in seine Regelungen aufgenommen.[123] Der Begriff des öffentlichen Interesses ist ein unbestimmter Rechtsbegriff, der der **gerichtlichen Kontrolle** unterliegen soll,[124] sich aber als kaum konkretisierbar und damit als nicht-justiziabel erweist.[125] Versuche, ihn normativ zu präzisieren, changieren. Ein hinreichend gewichtiges öffentliches Interesse wird zT bei einem – nicht weniger unbestimmten – Gemeinwohlbezug des Untersuchungsgegenstandes bejaht, zT bei der nahezu stets gegebenen Betroffenheit öffentlich-rechtlicher Normen, die dem Staat besondere Verpflichtungen auferlegen.[126] Ein nur faktisch unterlegtes[127] öffentliches Interesse lässt sich noch beliebiger herstellen,[128] vor allem dann, wenn es für den Fall unwiderleglich vermutet wird, dass die qualifizierte Antragsminderheit eine entsprechende Enquête beantragt.[129] Letztlich bleibt hier nur eine Willkürkontrolle.[130]

31 **b) Bundesstaatsprinzip.** Untersuchungsausschüsse des Bundestages finden nicht statt in Angelegenheiten, die der ausschließlichen Zuständigkeit von **Ländern und Gemeinden** auf nationaler Ebene unterfallen.[131] Enquêten in diesen Bereichen lassen sich nicht über die Homogenitätsklausel des Art. 28 rechtfertigen, da diese keine Angaben über Mittel für ihre Gewährleistung enthält.[132] Auf supranationaler Ebene sind Gegenstände von der

[119] BVerfGE 77, 1 (44); *Achterberg/Schulte* in MKS Rn. 2; *Klein* in Maunz/Dürig Rn. 99 f., 102 ff.; *Morlok* in Dreier Rn. 19; *Schröder* in Schneider/Zeh Parlamentsrecht und Parlamentspraxis, § 46 Rn. 15; *Brocker* in BeckOK GG Rn. 5; *Glauben* in BK Rn. 43.

[120] BVerfGE 67, 100 (139); 77, 1 (40 f., 44).

[121] BVerfGE 77, 1 (39, 44); *Magiera* in Sachs Rn. 10; *Unger* in MKS Rn. 24; abw. *Leisner* in Sodan Rn. 3.

[122] *Brocker* in BeckOK GG Rn. 6.

[123] BT-Drs. 14/5790, 14; *Unger* in MKS Rn. 25; aA *Schneider* NJW 2001, 2604 (2605); anders zB § 1 Abs. 1 UAG BW, dazu *Reinhardt* NVwZ 2014, 991 (992).

[124] *Unger* in MKS Rn. 26; *Glauben* in BK Rn. 70; *Wiefelspütz* ZParl 33 (2002), 551 (555 f.).

[125] *Schneider* in AK Rn. 11; *Klein* in Maunz/Dürig Rn. 114; *Waldhoff* in Waldhoff/Gärditz PUAG § 1 Rn. 68.

[126] *Morlok* in Dreier Rn. 31; diff. *Böckenförde* AöR 103 (1978), 1 (15 f.).

[127] Dafür *Unger* in MKS Rn. 27 mwN.

[128] *Klein* in Maunz/Dürig Rn. 114.

[129] *Schneider* NJW 2001, 2604 (2605).

[130] *Klein* in Maunz/Dürig Rn. 114; *Waldhoff* in Waldhoff/Gärditz PUAG § 1 Rn. 68; *Masing,* Parlamentarische Untersuchung privater Sachverhalte, 1988, 206 ff.

[131] BVerfGE 77, 1 (44 f., 53).

[132] *Unger* in MKS Rn. 34 mwN.

ausschuss lediglich abgeschlossene Vorgänge soll ausforschen dürfen.[149] Die Untersuchung laufender Vorgänge wird dagegen von parlamentarischer Ermittlung ausgenommen.[150] Erst recht unzulässig ist eine vorbeugende Kontrolle.[151] Das **Untersuchungsrecht** des Parlaments beschränkt sich auf eine ***ex-post*-Kontrolle** von Regierungshandeln.[152]

Der im Kernbereich stattfindende Abwägungsvorgang wird durch eine spezifische Verteilung von **Begründungs- und Darlegungslasten** gesteuert.[153] Hier besteht ein Regel-Ausnahme-Verhältnis. Nicht einmal jeder Regierungsvorgang unterliegt, nur weil er abgeschlossen ist, dem uneingeschränkten Zugriff eines Untersuchungsausschusses.[154] Vom Grundsatz her kann sich die Regierung daher bei laufenden Vorgängen idR auf den Kernbereichsschutz berufen, bei abgeschlossenen Vorgängen nur ausnahmsweise.[155] Will der Untersuchungsausschuss auf Informationen aus **laufenden Verfahren** zugreifen, reicht der Rechtsprechung regelmäßig der Verweis der Regierung auf den Vorbehalt des Kernbereichs aus, um eine Auskunftsverweigerung zu rechtfertigen.[156] Sobald ein **Vorgang** aus dem Innenbereich der Regierung **abgeschlossen** ist, kommt es dagegen zu einer Umkehr der Darlegungs- und Beweislast. Die Regierung hat die **Umstände des Einzelfalls** darzulegen und zu begründen, damit das Gericht im Streitfall abwägen kann.[157] Informationen aus dem Prozess der regierungsinternen Willensbildung sind dabei umso schutzwürdiger, je näher sie an der Regierungsentscheidung stehen. Je weiter ein Untersuchungsausschuss mit seinem Informationsbegehren in den innersten Bereich der Willensbildung eindringt, desto gewichtiger muss das Auskunftsbegehren sein.[158] Das parlamentarische Informationsbegehren wird dabei umso höher gewichtet, je eher der Untersuchungsausschuss Rechtsverstöße oder sonstige Missstände innerhalb der Regierung aufdecken will.[159] **40**

Besondere Probleme bereitet der Kernbereichsschutz im Kontext der Ermittlungen im Bereich von **Nachrichtendiensten** und ihrer **internationalen Zusammenarbeit.** Beide können von parlamentarischer Kontrolle nicht grds. freigestellt werden (→ Rn. 62).[160] Die Reichweite eines besonderen Geheimschutzes ist auch hier eine Frage der Interessenabwägung.[161] Der Schutz des Kernbereichs wird deshalb in der Rspr. des BVerfG ergänzt durch eine neuformulierte Grenze des parlamentarischen Untersuchungsrechts, **41**

---

[149] *Umbach* in Umbach/Clemens Art. 44 Rn. 36; abw. *Kluth* in SHH Rn. 30; *Klein* in Maunz/Dürig Rn. 153 ff.: Die so genannte „Verantwortungsreife" für das Handeln der Regierung kann schon vor Abschluss eines Vorganges einsetzen.

[150] BVerfGE 67, 100 (139); 110, 199 (215 f., Rn. 45); 124, 78 (121, Rn. 124); VerfG Bbg NVwZ-RR 1998, 209 (211); *Unger* in MKS Rn. 45.

[151] BVerfGE 67, 100 (139); 124, 78 (120 f., Rn. 122 f.).

[152] Krit. *Klein* in Maunz/Dürig Rn. 153.

[153] BVerfGE 124, 78 (122); *Brocker* in BeckOK GG Rn. 14; *Waldhoff* in Waldhoff/Gärditz PUAG § 1 Rn. 25; *Kazele* VerwArch 101 (2010), 469 (470, 475).

[154] BVerfGE 110, 199 (214 ff., Rn. 42 ff.); 137, 185 (234 f., 249 f.); *Brocker* in BeckOK GG Rn. 12.

[155] BVerfGE 124, 78 (120 ff., Rn. 122 ff.); BremStGH DVBl 1989 453 (455 ff.); *Cancik* ZParl 45 (2014), 885 (896 f.).

[156] BVerfGE 124, 78 (120 f., Rn. 119 ff.); *Brocker* in BeckOK GG Rn. 14.

[157] BVerfGE 110, 199 (221 f., Rn. 59); 124, 78 (122 f., Rn. 127); *Waldhoff* in Waldhoff/Gärditz PUAG § 1 Rn. 25.

[158] BVerfGE 110, 199 (221 f.); 124, 78 (122 f.).

[159] BVerfGE 67, 100 (130); 110, 199 (222, Rn. 59); 124, 78 (123, Rn. 129).

[160] BVerwG NVwZ 2013, 1006 (1009 f.).

[161] *Gärditz* in Waldhoff/Gärditz PUAG § 18 Rn. 43.

nämlich durch die „Gewährleistung einer **funktionsgerechten und organadäquaten Aufgabenwahrnehmung**" durch die Regierung.[162] Diese Grenze, die an die auswärtige Gewalt der Bundesregierung angelehnt ist,[163] ist mit dem Kernbereichsschutz teilidentisch.[164] Sie präzisiert ihn für die zulässige Weigerung der Regierung, dem Untersuchungsausschuss Zugriff auf abgeschlossene Vorgänge aus ihrem Initiativ-, Beratungs- und Handlungsbereich[165] zu gewähren, die in Aufgabenfelder fallen, in denen das GG der Regierung einen weit bemessenen Spielraum zur eigenverantwortlichen Wahrnehmung zugewiesen hat. Sie fließt aus der Aufgabenverteilung nach dem Gewaltenteilungsgrundsatz des GG und schützt die Funktionsfähigkeit der Regierung vor einem Mitregieren des Parlaments bzw. der daraus resultierenden Unmöglichkeit des Regierens durch die Vorwirkung seiner Kontrolle.

42 **d) Keine Sperre der Rechtshängigkeit.** Untersuchungsausschüsse zur Überprüfung der Rechtsprechung, so genannte **Justizenquêten,** sind wegen Art. 97 ausgeschlossen – soweit Richtervorbehalt und richterliche Unabhängigkeit reichen.[166]

43 Anders als auf supranationaler Ebene begrenzen aber weder die **Anhängigkeit eines gerichtlichen Verfahrens** noch Ermittlungen der Staatsanwaltschaft zu demselben Gegenstand das parlamentarische Untersuchungsrecht.[167] Parlamentarisches und staatsanwaltschaftliches bzw. gerichtliches Ermittlungsverfahren haben wesentlich verschiedene Funktionen. Während es hier um **rechtliche Sanktionen** geht, geht es dort um **politische.** Ein Vorrang des einen vor dem anderen Verfahren kann nicht konstruiert werden. **Beide können parallel geführt** werden.[168] Wegen des Anspruchs des einzelnen auf ein Strafverfahren, das rechtsstaatlichen Grundsätzen entspricht, muss das parallele Untersuchungsverfahren fair geführt werden. Beeinträchtigungen des Strafverfahrens sind auf ein unvermeidliches Maß zu reduzieren.[169] Wenn es in der Praxis zu Parallelverfahren kommt, besteht für Judikative und Legislative ein gegenseitiges Rücksichtnahmegebot.[170] In der 17. und 18. Wahlperiode liefen parallel zu den NSU-Untersuchungsausschüssen gegen die mutmaßlichen Täter Ermittlungs- bzw. Strafverfahren. Deren Akten wurden den Untersuchungsausschüssen laufend zugeliefert bzw. von ihnen zur Beweiserhebung beigezogen, nachdem Generalbundesanwalt und Bundesjustizministerium mit ihnen die gegenseitige Rücksichtnahme vereinbart hatten.[171] Während des in der 18. Wahlperiode eingesetzten NSA-Untersuchungsausschusses lief ebenfalls parallel ein Ermittlungsverfahren des Ge-

---

162 BVerfGE 143, 101 (145 f., Rn. 144 ff., 149, Rn. 157).

163 BVerfGE 104, 151 (207); 121, 135 (153 f.); 126, 55 (71).

164 AA *Möllers* JZ 2017, 271 (273): betrifft nicht den mitregierungsfreien Kernbereich; ebenso *Rusteberg* DÖV 2017, 319 (320 f.).

165 BVerfGE 124, 78 (120 f., Rn. 119 ff.).

166 Näher *Klein* in Maunz/Dürig Rn. 166; *Brocker* in BeckOK GG Rn. 15; *Morlok* in Dreier Rn. 29; abw. *Unger* in MKS Rn. 17 ff.

167 *Klein* in Maunz/Dürig Rn. 155; *Schneider* in AK Rn. 10.

168 BVerfGE 67, 100 (146); OLG Köln NJW 1985, 336 (336); *Unger* in MKS Rn. 19; *Glauben* in BK Rn. 51; *Magiera* in Sachs Rn. 29; *Kluth* in SHH Rn. 38.

169 OLG Köln NJW 1985, 336 (337); OLG Stuttgart NJW 1996, 1908 (1909).

170 *Klein* in Maunz/Dürig Rn. 155. Strittig ist, ob das Rücksichtnahmegebot eine nicht justiziable Selbstbeschränkung oder eine Rechtspflicht des Untersuchungsausschusses darstellt, vgl. *Groß* DVBl. 1971, 638 (641); *Brocker* in Glauben/Brocker Das Recht der parlamentarischen Untersuchungsausschüsse in Bund und Ländern, Kap. 9 Rn. 14.

171 BT-Drs. 17/14600, 9 ff.; BT-Drs. 18/12950. 54 f.

neralbundesanwalts, der seinerseits mit den vom Untersuchungsausschuss erhobenen Beweisen versorgt wurde.[172]

5. Untersuchungen gegen Private. In der historischen Entwicklung hat sich das parlamentarische Enquêterecht zunächst auf eine Überwachung der Exekutive bezogen. Darauf ist es aber nicht beschränkt. Auch natürliche und juristische **Personen des Privatrechts** können zum Gegenstand eines Untersuchungsverfahrens werden. Das Verhalten von Privatpersonen kann allerdings nicht unmittelbar Gegenstand der Enquête sein. Privatpersonen sind dem Parlament gegenüber nicht verantwortlich. Eine Untersuchung in reinen Privatangelegenheiten ist ausgeschlossen.[173] **44**

Hier wirkt sich das **öffentliche Interesse** an einer parlamentarischen Untersuchung (→ Rn. 30) nun als Bedingung für die Einsetzung eines Untersuchungsausschusses bei Skandalenquêten tatsächlich **begrenzend** aus.[174] Ein öffentliches Interesse gegenüber Privaten besteht nämlich va dann, wenn deren Tätigkeiten öffentlich-rechtlichen Vorgaben unterliegen, deren Einhaltung zu überprüfen wiederum Aufgabe der Exekutive ist. Das Untersuchungsverfahren muss sich also auf einen Sachverhalt beziehen, der dem Verantwortungsbereich der Regierung unterfällt.[175] Hier kommen vor allem die Untersuchung von Geschäftsgebaren gemischt-wirtschaftlicher[176] oder privater Unternehmen in Betracht, die vom Staat subventioniert, anders gefördert oder steuerlich begünstigt werden, und dabei rechtlichen Bindungen wie zB Fördervorschriften oder der Gemeinnützigkeit unterliegen.[177] Untersucht werden kann vom Bundestag dann allerdings nur die **Überwachungstätigkeit der Exekutive.** Der Private ist damit nur mittelbar Gegenstand der Untersuchung.[178] Trotzdem kann sein **Grundrechtsschutz** auch dann noch einem parlamentarischen Untersuchungsverfahren entgegenstehen, wenn seine betroffenen Grundrechte das öffentliche Interesse überwiegen.[179] **45**

IV. Einzusetzen

Die **Einsetzung** eines Untersuchungsausschusses erfolgt mit einem **förmlichen Plenarbeschluss** durch die einfache Mehrheit des Bundestages.[180] Mit dem Beschluss übernimmt der Bundestag als Ganzer die Verantwortung für die Untersuchung.[181] Der **Einsetzungsbeschluss** steckt das Beweisthe- **46**

---

[172] BT-Drs. 18/12850, 175.

[173] BGH NJW 2017, 1405 (1406); *Umbach* in Umbach/Clemens Rn. 42; *Masing,* Parlamentarische Untersuchung privater Sachverhalte, 1988, 220 ff., 329 ff.

[174] *Morlok* in Dreier Rn. 30; *Achterberg/Schulte* in MKS, 6. Aufl. 2010, Rn. 24 f.; *Peters* NVwZ 2012, 1574 (1575 f.); *Mager* Der Staat 41 (2002), 597 (606).

[175] *Klein* in Maunz/Dürig Rn. 135; *Masing,* Parlamentarische Untersuchung privater Sachverhalte, 1988, 330 ff.

[176] BVerfGE 77, 1 (10, 43 f., 45) – Neue Heimat; *Klein* in Maunz/Dürig Rn. 125; krit. *Köhler,* Umfang und Grenzen des Parlamentarischen Untersuchungsrechts gegenüber Privaten im nichtöffentlichen Bereich, 1996, 31 ff.; Bsp. bei *Böckenförde* AöR 103 (1978), 1 (20 ff.).

[177] BVerfGE 76, 362 (381 f.); 77, 1 (39); *Kluth* in SHH Rn. 10: vgl. aber auch VerfGH Saarl BeckRS 2020, 3915 Rn. 80 ff.

[178] *Klein* in Maunz/Dürig Rn. 110 ff., 134; *Morlok* in Dreier Rn. 21; *Masing* Der Staat 27 (1988), 273 (282 f.).

[179] BVerfGE 67, 100 (143); *Magiera* in Sachs Rn. 10; *Klein* in Maunz/Dürig Rn. 115 ff.; *Kluth* in SHH Rn. 10; *Teubner,* Untersuchungs- und Eingriffsrechte privatgerichteter Untersuchungsausschüsse, 2009, 13 ff.

[180] *Klein* in Maunz/Dürig Rn. 86 ff.; *Seidel* BayVBl. 2002, 97 (103).

[181] BVerfGE 83, 175 (179 f.).

ma[182] und damit den Rahmen der Untersuchung ab, an den der Ausschuss sich va bei seiner Beweiserhebung zu halten hat.[183] Der Einsetzungsbeschluss muss dem **Bestimmtheitsgebot** genügen. Das ergibt sich schon daraus, dass er Grundlage für hoheitliche Zwangsmaßnahmen in der Beweiserhebung ist. Ein **verfassungswidriger Einsetzungsbeschluss** kann diese Funktion nicht erfüllen (§ 36 Abs. 2 PUAG).

47 Mit dem **Einsetzungsbeschluss,** der veröffentlicht wird, ist in der Regel ein Missstand angedeutet oder ein **Verdacht ausgesprochen.** Richtet sich eine Enquête gegen natürliche oder juristische Personen des Privatrechts kann bereits der Einsetzungsbeschluss wegen seiner Außenwirkung **mittelbar faktische Grundrechtsbeeinträchtigungen** auslösen. Insbesondere die Benennung eines Untersuchungsausschusses nach einer Privatperson hat diffamierende Prangerwirkung.[184] Ob der **Einsetzungsbeschluss** deswegen **justiziabel** sein muss, ist umstritten. Zum Teil wird die Möglichkeit Privater, unmittelbar gegen ihn Rechtsschutz zu erlangen, abgelehnt.[185] Von der **Grundrechtsbindung** des Untersuchungsverfahrens ist aber auch der **Einsetzungsbeschluss** des Plenums umfasst. Dieser zählt nicht zu den Beschlüssen, die nach Art. 44 Abs. 4 ausdrücklich von richterlicher Erörterung freigestellt sind. Gegen einen Einsetzungsbeschluss muss wegen Art. 19 Abs. 4, für den insoweit anders als nach Art. 44 Abs. 4 S. 1 eine ausdrückliche verfassungsimmanente Schranke fehlt, effektiver Grundrechtsschutz entweder durch die Fachgerichtsbarkeit[186] oder durch Verfassungsbeschwerde[187] möglich sein.[188] Dagegen spricht nicht, dass das Enquêterecht des Parlaments als politisches Sanktionsmittel von der Behinderung durch andere Staatsgewalten grundsätzlich frei zu bleiben hat. Eine Kollision des Prinzips der parlamentarischen Demokratie mit dem grundrechtsschützenden Rechtsstaatsprinzip kann nicht stets einseitig zugunsten des Enquêterechts gelöst werden. Zwar kann ein privater Dritter die Einsetzung eines Untersuchungsausschusses nicht gerichtlich verhindern lassen,[189] muss ggf. aber diffamierende Formulierungen des Einsetzungsbeschlusses ändern lassen können.[190]

V. Der in öffentlicher Verhandlung (Abs. 1 S. 1 Hs. 2)

48 **1. Das Untersuchungsverfahren.** Das Verfahren des Untersuchungsausschusses muss sich im Rahmen des Einsetzungsbeschlusses halten. In diesem

[182] BVerfGE 124, 78 (118 f., Rn. 115 f.).

[183] BVerfGE 124, 78 (129); StGH Hess DVBl. 2012, 169 (170); VerfGH Sachs LKV 2008, 507 (508 f.); *Klein* in Maunz/Dürig Rn. 81 ff.

[184] VerfGH Saarl NVwZ-RR 2003 393 (394); *Jung* FS f. Eser, 2005, 335 (341).

[185] *Kluth* in SHH Rn. 14; *Klein* in Maunz/Dürig Rn. 244; *Di Fabio,* Rechtschutz im parlamentarischen Untersuchungsverfahren, 1988, 85 ff., 96. Mittelbarer Prüfungsgegenstand ist der Einsetzungsbeschluss, wenn ein Privater gegen die Rechtmäßigkeit einer Beweiserhebung die Verfassungswidrigkeit des Einsetzungsbeschlusses geltend macht (§ 36 Abs. 2 PUAG), *Morlok* in Dreier Rn. 52.

[186] *Glauben* NVwZ 2015, 1023 (1024).

[187] BayVerfGH NVwZ 2015, 438.

[188] BayVerfGH NVwZ 1996, 1206 (1207); VerfGH Saarl NVwZ-RR 2003, 393 (393); VerfGH Saarl BeckRS 2020, 3915 Rn. 23 ff.; *Glauben* DVBl. 2006, 1263 (1264).

[189] AA *Brocker* in Morlok/Schliesky/Wiefelspütz, Parlamentsrecht, § 31 Rn. 29: Die Grundrechte wirken als „Kompetenzschranke".

[190] Für wenig erfolgversprechend bzw. ausgeschlossen hält den Grundrechtsschutz *Klein* in Maunz/Dürig Rn. 116, 244. Nach *Brocker* in BeckOK GG Rn. 17.2 ist auf Klagen gegen den Einsetzungsbeschluss § 36 Abs. 1 PUAG, der eine Zuständigkeit des BGH begründet, entsprechend anzuwenden. Ebenso *Glauben* DVBl. 2006, 1263 (1264).

Rahmen hat der Ausschuss aber die **Verfahrensautonomie,**[191] der nur durch das GG, das PUAG und der GOBT Grenzen gesetzt werden. Die **Verfahrensgestaltung** liegt wegen der Geltung des **Mehrheitsprinzips** nach Art. 42 Abs. 2 S. 1 grundsätzlich in den Händen der Ausschussmehrheit. Da das Enquêterecht aber va ein Kontrollrecht der Opposition ist, setzt sich der Schutz der qualifizierten Minderheit, die nicht mit der konkreten Einsetzungsminderheit identisch zu sein braucht, einfachgesetzlich vor allem im Verfahren der Beweiserhebung durch den Untersuchungsausschuss fort (§ 17 PUAG).[192] Wie weit der **Minderheitenschutz** die **Verfahrensgestaltung** allerdings beeinflussen muss, ist umstritten. ZT wird geltend gemacht, das Minderheitenrecht aus Art. 44 Abs. 1 beziehe sich ausdrücklich nur auf den Einsetzungsantrag. Seine Fortgeltung im Verfahren sei deshalb nur insoweit erforderlich, als ohne Minderheitenschutz der Einsetzungsanspruch der qualifizierten Minderheit leerliefe. Dies indiziert eine nur begrenzte Geltung von Minderheitenrechten im Untersuchungsverfahren.[193] Zu Recht wird dagegengehalten, dass der Minderheitenschutz als übergeordnetes verfassungsrechtliches Prinzip des Enquêterechts der qualifizierten Einsetzungsminderheit auch über das positive Verfassungsrecht hinaus im Verfahren die Mitgestaltung sichern muss.[194] Der Minderheit ist wegen des verfassungsrechtlichen Mehrheitsprinzips aber nicht die maßgebliche Gestaltungshoheit gegen den Willen der Ausschussmehrheit zuzuerkennen. **Minderheiten-** und **Mehrheitsrechte** im Untersuchungsverfahren sind als grundsätzlich **gleichwertig** zu gewichten.[195] Es ist daher im Ausschuss ein Verfahren anzuwenden, das Mehrheits- und Minderheitenpositionen in einen angemessenen Ausgleich bringen kann.[196] Neben dem PUAG ist ergänzend die GOBT anzuwenden, auf die § 17 Abs. 2 PUAG zB für die Reihenfolge der Zeugenvernehmung bei Uneinigkeit zwischen Mehrheit und Minderheit ausdrücklich verweist.[197]

Untersuchungsausschüsse üben hoheitliche Gewalt gegenüber Dritten aus[198] und sind deshalb nach Art. 1 Abs. 3 an deren Grundrechte gebunden.[199] Zeitlich erstreckt sich die **Grundrechtsbindung** auf den **gesamten Verfahrensverlauf.**[200] Da Grundrechte einerseits das parlamentarische Untersuchungsrecht beschränken, dieses aber andererseits auch eine verfassungsimmanente Grundrechtsschranke darstellt, sind beide Positionen im Verfahren zum Ausgleich zu bringen.[201] Eine praktisch große Rolle spielt der Grundrechtsschutz Privater im Beweiserhebungsverfahren.[202] Hier geht es va **49**

[191] BVerfGE 105, 197 (227, Rn. 120).

[192] BVerfGE 105, 197 (222, Rn. 105 ff.); *Brocker* in BeckOK GG Rn. 63; *Klein* in Maunz/Dürig Rn. 200; *Magiera* in Sachs Rn. 21; *Wiefelspütz,* Das Untersuchungsausschussgesetz, 2003, S. 87 ff. 230; *Peters* ZParl 43 (2012), 831 (832 ff.); abl. *Morlok* in Dreier Rn. 45.

[193] *Brocker* in BeckOK GG Rn. 63 f.

[194] BVerfGE 105, 197 (223 f., Rn. 107); weiter noch *Morlok* in Dreier Rn. 11.

[195] BVerfGE 105, 197 (223 ff., Rn. 107 ff.).

[196] BVerfGE 105, 197 (223 f., Rn. 107, 234 f., Rn. 147).

[197] BVerfGE 105, 197 (226); *Brocker* in BeckOK GG Rn. 67.

[198] BVerfGE 67, 100 (142); 76, 363 (387); 77, 1 (46); BVerfG NVwZ 2002, 1499 (1500); *Klein* in Maunz/Dürig Rn. 231.

[199] BVerfGE 67, 100 (133 ff.); 76, 363 (387 f.); *Magiera* in Sachs Rn. 10; *Schröder* in Schneider/Zeh Parlamentsrecht und Parlamentspraxis, § 46 Rn. 23.

[200] *Bräcklein,* Investigativer Parlamentarismus, 2005, 76 f., 87, 96 f.; *Morlok* in Dreier Rn. 31.

[201] *Achterberg/Schulte* in MKS Rn. 71 ff.; krit. *Klein* in Maunz/Dürig Rn. 115.

[202] BVerfGE 67, 100 (142); 77, 1 (38 ff.); 124, 78 (125 ff., Rn. 134 f.).

um den Schutz privater Daten wie Steuer- und Betriebsgeheimnisse[203] vor Ausforschung und unzulässiger Verwendung und insg. um das Recht auf informationelle Selbstbestimmung aus Art. 2 Abs. 1 iVm Art. 1 Abs. 1 (→ Art. 2 Abs. 1 Rn. 75 ff.).[204] Verfahrensrechtlich wird der Schutz privater Geheimnisse durch den Ausschluss der Öffentlichkeit (§ 14 PUAG) oder die Kennzeichnung und Behandlung sächlicher Beweismittel als Verschlusssache (§ 15, 16 PUAG) hergestellt.[205] Rechtsschutz bietet hier § 36 Abs. 1 PUAG (→ Rn. 78).

50 **2. Der Öffentlichkeitsgrundsatz.** Der Untersuchungsausschuss erhebt seine Beweise in öffentlicher Verhandlung. Der **Öffentlichkeitsgrundsatz** hat im parlamentarischen Untersuchungsverfahren eine herausragende Bedeutung, weil dieses Kontrollrecht erst durch die Veröffentlichung vermuteter oder bewiesener Missstände in der Regierung sein politisches Sanktionspotential effektiv entfaltet.[206] Der Öffentlichkeitsgrundsatz ist in §§ 12 ff. PUAG grundsätzlich überschrieben und modifiziert worden. Nur die Beweiserhebung ist öffentlich, Beratungen finden nicht-öffentlich statt (§ 12 Abs. 1 PUAG).[207] Mit der Öffentlichkeit der Beweiserhebung, die bedeutet, dass die Sachverhaltsaufklärung durch Beweismittel öffentlich zugänglich sein muss,[208] ist grds. die Saalöffentlichkeit des Art. 42 (→ Art. 42 Rn. 9) gemeint (§ 13 PUAG).

51 **Modifiziert** wird der **Öffentlichkeitsgrundsatz** durch § 13 Abs. 1 S. 2 PUAG, der bestimmt, dass Zweidrittel der Mitglieder des Untersuchungsausschusses Hörfunk- und Fernsehaufzeichnungen bei der Beweisaufnahme zustimmen müssen. Nach dem parlamentarischen Öffentlichkeitsprinzip wird Saalöffentlichkeit aber regelmäßig durch die **mediale Öffentlichkeit** hergestellt. Deshalb bestehen gegen § 13 Abs. 1 S. 2 PUAG Bedenken.[209] Wegen der (strafprozessualen) Besonderheiten des Untersuchungsverfahrens sind hier aber die Persönlichkeitsrechte vor allem der Auskunftspersonen zu schützen. Ihr Schutz ist dem Untersuchungsausschuss anvertraut, der entscheiden können muss, wann der Grundrechtsschutz Privater Vorrang vor der medialen Öffentlichkeit hat.[210]

VI. Die erforderlichen Beweise erhebt

52 Das Untersuchungsrecht ist ein inquisitorisches Instrument zur Selbstinformation des Parlaments. Es ist vom **Untersuchungsgrundsatz** geprägt. Der Untersuchungsausschuss ist nicht darauf angewiesen, dass seine Informationsdefizite gegenüber Gubernative und Administrative von diesen freiwillig ausgeglichen werden. Er beschafft sich im Rahmen seines Untersuchungsauftrags die Beweismittel selbst, die er für erforderlich hält. Das umfasst diejenigen

---

[203] BVerfGE 76, 363 (388); 77, 1 (46 f.); FG München NVwZ 1994, 100 (103); *Löwer* DVBl 1984, 757 (757 ff.); *Scholz* AöR 105 (1980), 564 (564 ff.).

[204] BVerfGE 67, 100 (142 ff.); 76, 363 (387); 77, 1, (46 f.); 124, 78 (125 f., Rn. 134 f.); *Morlok* in Dreier Rn. 30; *Unger* in MKS Rn. 54 ff.; *Klenke*, NVwZ 1995, 644 (644 ff.).

[205] *Brocker* in BeckOK GG Rn. 21; *Glauben* DÖV 2007, 149 (152 f.).

[206] BVerfGE 77, 1 (48); 124, 78 (125 f., Rn. 134 f.); *Morlok* in Dreier Rn. 13, 43; *Binder* DVBl. 1985, 1112 (1117).

[207] BVerfGE 67, 100 (136 f.); *Klein* in Maunz/Dürig Rn. 172 ff.; *Kluth* in SHH Rn. 21; *Morlok* in Dreier Rn. 41.

[208] *Klein* in Maunz/Dürig Rn. 172.

[209] *Bräcklein* ZRP 2003, 348 (352 f.).

[210] *Kluth* in SHH Rn. 21; *Unger* in MKS Rn. 85; *Schneider* NJW 2001, 2604 (2606); aA *Morlok* in Dreier Rn. 43.

Beweise, die nach seinem Ermessen geboten sind (§ 17 PUAG), um das Untersuchungsthema umfassend zu behandeln[211]. Sein **Beweiserhebungsrecht** darf der Untersuchungsausschuss mit Zwangsmitteln durchsetzen.[212] Die **Beweiserhebung** ist das **Kernstück** des parlamentarischen Untersuchungsrechts.[213]

1. Beweis- und Zwangsmittel. Der Untersuchungsausschuss kann nach §§ 17–32 PUAG all diejenigen Beweismittel beschaffen und sichern, die das Strafprozessrecht vorsieht.[214] Zu den **klassischen Beweismitteln** zählen die Augenscheinnahme, der Zeugenbeweis, der Beweis durch Sachverständige und der Urkundsbeweis, die Anforderung von Akten und deren Einsichtnahme. Auch Private sind grds. zur Herausgabe von Beweisen verpflichtet (§ 29 PUAG). 53

Weil die parlamentarische Kontrolle wirksam sein muss,[215] kann die Beweiserhebung vom Untersuchungsausschuss nach §§ 27 ff. PUAG durchgesetzt werden. Die Anordnung der sinngemäßen Anwendung der Vorschriften über den Strafprozess bewirkt hier, dass die Anwendung von Zwangsmitteln unter rechtstaatliche Kautelen gestellt wird. Als **Zwangsmittel** stehen dem Untersuchungsausschuss Ordnungsgeld, Beugehaft, Durchsuchung, Sicherstellung und Beschlagnahme zur Verfügung. Ein Ordnungsgeld gegen ausbleibende Zeugen kann der Untersuchungsausschuss selbst anordnen, ebenso deren zwangsweise Vorführung (§ 21 Abs. 1 PUAG).[216] Er darf eigenständig aber weder Verhaftungen beauftragen, noch Durchsuchungen, Sicherstellungen oder Beschlagnahmen vornehmen lassen. Diese Zwangsmittel stehen im Untersuchungsverfahren wegen ihrer Eingriffstiefe in die Grundrechte der Betroffenen unter **Richtervorbehalt.**[217] Der Untersuchungsausschuss muss die Anwendung der genannten Zwangsmittel daher beim Ermittlungsrichter am BGH beantragen (zB § 27 Abs. 2, § 29 Abs. 3 PUAG).[218] Ob er bei Gefahr im Verzug ausnahmsweise selbst handeln darf, hat das BVerfG bislang nicht entschieden.[219] Gegen die Entscheidung des Ermittlungsrichters ist die Beschwerde zum BGH statthaft (§ 36 Abs. 3 PUAG). 54

Der **Zeugenbeweis** ist ein zentrales, aber **unsicheres Mittel der Beweisaufnahme.** Er erschließt unmittelbare Erkenntnisquellen und macht den Untersuchungsausschuss von Fremdmitteilungen durch die Regierung unabhängig.[220] Zeugen sind Auskunftspersonen und verpflichtet, vor dem Untersuchungsausschuss wahrheitsgemäß, richtig und vollständig auszusagen.[221] 55

---

[211] BVerfGE 67, 100, (128); *Versteyl* in v. Münch/Kunig, 6. Aufl. 2012, Rn. 35: weiter Ermessensspielraum, der frei vom Einfluss anderer Staatsorgane bleibt, vgl. OVG Magdeburg BeckRS 2020, 8020 Rn. 8.

[212] BVerfG (K) NVwZ 2002, 1499 (1500); VG Berlin NVwZ-RR 2003, 708 (709); *Morlok* in Dreier Rn. 12; *Pabel* NJW 2000, 788 (788 f.).

[213] *Klein* in Maunz/Dürig Rn. 40.

[214] BVerfGE 67, 100 (133 f.); 124, 78 (115 f., Rn. 110).

[215] BVerfGE 67, 100 (130); 77, 1 (48); 139, 194 (224).

[216] *Klein* in Maunz/Dürig Rn. 209; *Georgii* in Waldhoff/Gärditz PUAG § 21 Rn. 40.

[217] *Umbach* in Umbach/Clemens Rn. 84; *Leisner* in Sodan Rn. 15; *Pabel* NJW 2000, 788 (788 f.).

[218] BVerfGE 76, 363 (383); 77, 1 (44, 51); BVerfG NVwZ 2002, 1499 (1500); *Morlok* in Dreier Rn. 42; *Klein* in Maunz/Dürig Rn. 237 ff.; *Kluth* in SHH Rn. 35.

[219] BVerfGE 77, 1 (52); bejahend *Morlok* in Dreier Rn. 52; *Magiera* in Sachs Rn. 24.

[220] *Brocker* in BeckOK GG Rn. 46.

[221] *Wiefelspütz,* Das Untersuchungsausschussgesetz, 2003, 242; *Plöd,* Die Stellung des Zeugen in einem parlamentarischen Untersuchungsausschuss des Deutschen Bundestages, 2003; zur Aussageverweigerung *Köbel/Morlok* ZRP 2000, 217.

Werden Zeugen geladen, müssen sie der Ladung nach § 20 Abs. 1 PUAG Folge leisten. **Ausländische Staatsangehörige,** die sich außerhalb des Hoheitsgebiets der Bundesrepublik Deutschland aufhalten, haben keine Zeugnispflicht.[222] Auch Mitglieder der Bundesregierung, Amtsträger und Beamte dürfen als Zeugen vorgeladen werden. Sie benötigen eine Aussagegenehmigung. Ohne Genehmigung sind sie zur Aussage nicht befugt.[223] Zur Erteilung der Aussagegenehmigung ist die Regierung verpflichtet (§ 23 Abs. 2 PUAG),[224] wenn keine Versagungsgründe vorliegen.[225] **Regierungsmitglieder** können aber auch auf weniger einschneidendem Weg nach Art. 43 Abs. 1 **herbeizitiert** werden und haben dann eine Antwortpflicht (→ Art. 43 Rn. 10, 19). Auf Zeugen anwendbar ist der *nemo tenetur* Grundsatz des Strafprozesses.[226] Nach § 22 PUAG steht den Zeugen ein Auskunfts- bzw. Zeugnisverweigerungsrecht entsprechend den §§ 53 und 53a StPO zu.[227] Abgeordnete können nach Art. 47 die Aussage verweigern.[228] Zeugen sind über ihre Rechte zu belehren und haben das Recht, einen anwaltlichen Beistand mitzubringen (§ 20 Abs. 2 PUAG).

56 Die **Zeugenpflicht** kann vom Untersuchungsausschuss mit **Zwangsmitteln** durchgesetzt werden. Die zulässigen Zwangsmittel ergeben sich aus §§ 21 und 27 PUAG. Dazu gehören die zwangsweise Vorführung eines Zeugen und das Ordnungsgeld.[229] Soll ein Zeuge in Beugehaft genommen werden, muss dieses Zwangsmittel beim Ermittlungsrichter des BGH beantragt werden (→ Rn. 54). Alle Zwangsmittel stehen unter dem Vorbehalt ihrer Verhältnismäßigkeit im Einzelfall.

57 Ob der Untersuchungsausschuss berechtigt ist, einen Zeugen zu vereidigen, ist umstritten. Vor Erlass des PUAG war eine **Vereidigung** möglich. Der Gesetzgeber hat im PUAG die Vereidigung nicht geregelt.[230] ZT wird aus dem **Fehlen** von **Vereidigungsvorschriften** auf einen bewussten Verzicht des Gesetzgebers geschlossen, der es einem Untersuchungsausschuss verwehrt, eine Vereidigung vorzunehmen.[231] ZT wird dagegen geltend gemacht, dass der ausdrückliche Verzicht des Gesetzgebers unerheblich sei, da das PUAG als einfaches Recht nicht in der Lage sei, verfassungsrechtlich verbürgte Rechte eines Untersuchungsausschusses abzubedingen, zu denen ein Vereidigungsrecht gehöre.[232] Da aber ein Vereidigungrecht im GG nicht ersichtlich ist, Art. 44 Abs. 2 S. 1 vielmehr bestimmt, dass die Vorschriften über den Strafprozess nur sinngemäß Anwendung finden, und der Gesetzgeber diesen Spielraum durch das PUAG verfassungskonform ausgefüllt hat (→ Rn. 7 f.), bewirkt dessen Verzicht auf eine Vereidigungsvorschrift das **Verbot von**

---

[222] BGH NVwZ 2017, 173 (176); *Roßbach* JZ 2014, 975 (976).

[223] *Brocker* in BeckOK GG Rn. 47; *Peters* DÖV 2014, 10 (12); *Glauben* DVBl. 2014, 894 (897).

[224] BVerfGE 124, 78 (118, Rn. 115); *Unger* in MKS Rn. 102.

[225] BVerfGE 124, 78 (129, Rn. 139).

[226] BVerfGE 77, 1 (47); BVerfG NVwZ 2002, 1499 (1500); *Rogall* GS f. Meurer, 2002, 449 (462, 466); aA *Gärditz* in Waldhoff/Gärditz PUAG Vorbemerkung E Rn. 22 ff.

[227] BVerfGE 76, 363 (383 ff., 387); *Morlok* in Dreier Rn. 49; *Brocker* in Glauben/Brocker Das Recht der parlamentarischen Untersuchungsausschüsse in Bund und Ländern, Kap. 22 Rn. 1 ff.; krit. *Wolf* ZParl 36 (2005) 876 (879 f.).

[228] BVerfGE 108, 251 (268 ff., Rn. 43 ff.).

[229] BVerfGE 76, 363 (383 f.).

[230] BT-Drs. 14/5790, 19.

[231] *Kluth* in SHH Rn. 36; *Rixen* JZ 2002, 435 (435 ff.).

[232] So *Brocker* in BeckOK GG Rn. 52; *Klein* in Maunz/Dürig Rn. 210; *Brocker* JZ 2011, 716 (718 f.); *Brocker* DVBl. 2012, 174 (175 f.).

Zeugenvereidigungen.[233] Das kommt der prekären Stellung der Betroffenen im Untersuchungsverfahren entgegen, die ohne Vereidigungsmöglichkeit ein Stück weit entkriminalisiert werden.[234]

Der **Sachverständigenbeweis** ist sowohl als **Vernehmung** eines **Sachverständigen** zur Sache als auch als dessen Beauftragung mit der Erstellung eines schriftlichen **Gutachtens** zulässig (§ 28 PUAG). Gegen säumige Sachverständige kann der Untersuchungsausschuss ein Ordnungsgeld verhängen. Bei der **Inaugenscheinnahme** geht es um die Feststellung einer gegenständlichen Existenz einer Sache, eines Ortes oder eines Geschehensablaufs durch Einsatz aller fünf Sinne der Mitglieder des Untersuchungsausschusses: sehen, hören, riechen, schmecken, fühlen.[235] 58

Der **Urkundsbeweis** als **Aktenvorlage** ist das **bedeutendste Beweismittel** im Untersuchungsverfahren. Im Vergleich zur Vernehmung von Zeugen, deren Erinnerungen Lücken aufweisen können, kommt der Akteneinsicht ein höherer, weil verlässlicherer Beweiswert zu.[236] Das Akteneinsichtsrecht gegenüber der **Regierung** und den ihr nachgeordneten Behörden macht der Untersuchungsausschuss unmittelbar aus Art. 44 Abs. 1 geltend. Er muss es nicht auf die Amtshilfevorschriften des GG stützen.[237] § 18 PUAG trägt den verfassungsrechtlichen Vorgaben Rechnung.[238] Die Bundesregierung ist vorbehaltlich verfassungsrechtlicher Grenzen nach § 18 PUAG verpflichtet, angeforderte Schriftstücke auszuhändigen. Der Untersuchungsausschuss muss sich nicht mit **Aktenauskünften** zufriedengeben. Er hat ein Recht darauf, sich aus den vollständigen Akten selbst ein Bild zu machen.[239] Benötigt er Einsicht in **Akten von Landesbehörden oder Gerichten,** gelangt er daran dagegen nur über die **Amtshilfevorschrift** des Art. 44 Abs. 3.[240] 59

Über das Akteneinsichtsrecht kann der Untersuchungsausschuss auch auf **Akten Privater** zugreifen, die sich im **Besitz der Exekutive** befinden. Er kann diese nach Art. 44 Abs. 1 und Art. 44 Abs. 3 von den entsprechenden Stellen herausverlangen.[241] Will er auf Unterlagen zugreifen, die sich im **Privatbesitz** befinden, muss er nach §§ 29, 30 PUAG vorgehen, die nach Art. 44 Abs. 2 die §§ 94, 95 Abs. 1 StPO konkretisieren.[242] Eine Beschlagnahme von Unterlagen im privaten Gewahrsam ist nur verhältnismäßig und damit zulässig, wenn sie durch eine ausreichend hohe Bedeutung von Untersuchungszweck und Beweisthema gerechtfertigt wird und nicht unzumutbar ist.[243] 60

---

233 *Morlok* in Dreier Rn. 49; *Kretschmer* in SHH, 12. Aufl. 2011, Rn. 29; StGH Hess DVBl. 2012, 169 (169); *Hamm* ZRP 2002, 11 (11 ff.).

234 *Unger* in MKS Rn. 97; *Buchholz,* Der Betroffene im parlamentarischen Untersuchungsausschuss, 1990.

235 *Brocker* in BeckOK GG Rn. 60; *Glauben* in BK Rn. 118.

236 BVerfGE 67, 100 (132); 77, 1 (48); 124, 78 (117, Rn. 113); *Herbeck* DVBl 2015, 471 (471 ff.).

237 BVerfGE 67, 100 (128 f.); 105, 97 (222); 124, 78 (116, Rn. 112); 124, 161 (197 f.); *Klein* in Maunz/Dürig Rn. 182; *Hake* AöR 113 (1988), 424 (426); *Wolff* JZ 2010, 173 (174).

238 *Schulte* Jura 2003, 505 (509); *Gärditz* in Waldhoff/Gärditz PUAG § 18 Rn. 3.

239 BVerfGE 124, 78 (117, Rn. 113).

240 *Glauben* in BK Rn. 102.

241 *Brocker* in BeckOK GG Rn. 58.

242 *Klein* in Maunz/Dürig Rn. 185; *Hake* AöR 113 (1988), 424 (449).

243 BVerfGE 77, 1 (53); 124, 78 (125, Rn. 134 f.); BVerfG NVwZ 1994, 54 (55); *Unger* in MKS Rn. 113 f.

61 **2. Auskunftsverweigerung der Regierung.** § 18 PUAG statuiert einen **umfassenden Auskunftsanspruch** des Untersuchungsausschusses gegenüber der Regierung,[244] dessen Erfüllung allein aus Rechtsgründen verweigert werden darf. Einzelheiten zu den zulässigen Gründen für eine **Auskunftsverweigerung der Regierung** ergeben sich nicht unmittelbar aus dem PUAG, vielmehr ist hier das allgemeine Parlamentsrecht heranzuziehen.[245] Die entgegenstehenden Rechtsgründe müssen sich aus kollidierendem Verfassungsrecht ergeben. Sie lassen sich in mehrere **Fallgruppen** unterteilen. Zu einer ersten Gruppe gehört die Anforderung von Informationen, die aus dem **Kernbereich** der exekutiven Eigenverantwortung erhoben werden sollen (→ Rn. 33 ff.), oder deren Herausgabe die Arbeits- und Funktionsfähigkeit der Regierung beeinträchtigen könnte.[246] Eine zweite Gruppe umfasst **sensible Daten,** zu denen Dienstgeheimnisse zählen oder Daten, deren Bekanntwerden das Wohl des Bundes oder eines Landes gefährden könnten.[247] Zur letzten Gruppe gehören Daten, deren Herausgabe die Regierung deswegen verweigert, weil ihre **Zuständigkeit** für das auszuforschende Tätigkeitsfeld **nicht gegeben** ist.[248]

62 Verweigert die Regierung die Übermittlung angefragter Informationen, trifft sie eine **Darlegungs- und Begründungspflicht.**[249] Die Begründung muss nachvollziehbar und substantiiert sein.[250] Insgesamt kann es der Regierung aber nicht zugemutet werden, ihre der Öffentlichkeit zugängliche Begründung so gestalten zu müssen, dass sie Rückschlüsse auf die von ihr geheimgehaltenen Daten zulässt.[251] Ein begründeter Einzelfall liegt nahe, wenn Untersuchungsausschüsse Daten aus polizeilichen oder geheimdienstlichen Vorfeldermittlungen anfordern.[252] Um die Effizienz vor allem nachrichtendienstlicher Tätigkeiten und die internationale Zusammenarbeit der **Nachrichtendienste** zu sichern, bestehen mindestens Gebräuche, wenn nicht gar internationale Verpflichtungen, ausländischen Diensten eine vertrauliche Zusammenarbeit zuzusichern. Eine nicht konsentierte Herausgabe von Daten könnte hier nicht nur die sicherheitspolitische Handlungsfähigkeit der Bundesregierung gefährden, sondern vor allem die Kooperationsfähigkeit deutscher Nachrichtendienste mit ausländischen und damit die Effizienz nationaler Sicherheitsproduktion erheblich beeinträchtigen (→ Rn. 41).[253] Die Begründungspflicht entfällt, wenn die Geheimhaltungsbedürftigkeit evident ist.[254] Eine Berufung auf **einfachgesetzliche Verschwiegenheitspflichten** wie zB aus § 10 Abs. 1 S. 3 u. 3 Gesetz über die parlamentarische Kontrolle

[244] BVerfGE 67, 100 (130); 124, 78 (116 f., Rn. 112); *Achterberg/Schulte* in MKS, 6. Aufl. 2010, Rn. 148 ff.; *Klein* in Maunz/Dürig Rn. 216.

[245] BVerfGE 67, 100 (134 ff.); 110, 199 (214 ff., Rn. 42 ff.); 124, 78, (118 ff., Rn. 116 f.); BVerfG NVwZ 2017, 137 (144 f.).

[246] BVerfGE 124, 78 (120, Rn. 119 ff.).

[247] *Kluth* in SHH Rn. 27.

[248] BVerfGE 110, 199 (216, Rn. 39 f.).

[249] BVerfGE 124, 78 (128); 143, 101 (144, Rn. 143); BGH B. v. 6.2.2019 – 3 ARs 10/18 –, juris, Rn. 30.

[250] BVerfGE 124, 78 (131 f., Rn. 145); 124, 161 (193, Rn. 193); *Wolff* JZ 2010, 173 (178).

[251] Kluth in SHH Rn. 28; *Hecker* DVBl. 2009, 1239 (1239 f.).

[252] BVerfGE 143, 101 (152 ff., Rn. 160 ff.).

[253] BVerfGE 133, 101 (140, Rn. 127 ff.); *Kluth* in SHH Rn. 31; *Unger* in MKS Rn. 50 ff.; krit. *Möllers* JZ 2017, 271 (275 ff.).

[254] BVerfGE 124, 161 (193); 137, 185 (244, Rn. 156); 139, 194 (231 f., Rn. 121); 143, 101 (144, Rn. 143).

nachrichtendienstlicher Tätigkeit des Bundes (PKGrG)[255] reicht dafür aber ebenso wenig aus wie eine Berufung darauf, dass Tätigkeiten von Nachrichtendiensten ausschließlich in den für sie vorgesehenen Kontrollgremien offengelegt werden müssten.[256]

VII. Die Öffentlichkeit kann ausgeschlossen werden (Abs. 1 S. 2)

Wegen der verfahrensrechtlichen Unterschiede zwischen Plenarsitzungen 63 des Parlaments und Sitzungen von Untersuchungsausschüssen, die mit strafprozessualen Mitteln Beweise bei Betroffenen und Dritten erheben, kann eine Begrenzung des Öffentlichkeitsgrundsatzes geboten sein. Art. 44 Abs. 1 S. 2 enthält eine nicht näher konkretisierte **Kann-Bestimmung,** die dem Untersuchungsausschuss lediglich die Befugnis zum Ausschluss der Öffentlichkeit zuweist. Den **Beschluss** hierzu fasst der Untersuchungsausschuss mit **einfacher Mehrheit.**[257] Ermessen wird der Mehrheit wegen des besonderen Stellenwerts des Öffentlichkeitsgrundsatzes im Untersuchungsverfahren – gerade auch im Interesse der Minderheit[258] – nicht eingeräumt.[259] Der nach Art. 44 Abs. 1 S. 2 jederzeit mögliche **Ausschluss der Öffentlichkeit** aus der Beweisaufnahme muss durch den Schutz **kollidierender Verfassungsgüter** indiziert sein.[260] § 14 PUAG konkretisiert die verfassungsrechtlichen Vorgaben und benennt die kollidierenden Verfassungsgüter, zu deren Schutz ein Ausschluss der Öffentlichkeit dann zwingend geboten ist.[261] Allerdings enthält § 14 PUAG vor allem unbestimmte Rechtsbegriffe, die dem Untersuchungsausschuss einen gerichtlich nur bedingt überprüfbaren Beurteilungsspielraum eröffnen.[262] **Grundrechtlich geschützte Interessen** privater Dritter wie der Schutz von **Privatgeheimnissen** werden nach § 14 PUAG grundsätzlich durch den Ausschluss der Öffentlichkeit gewährleistet.

Auch der **Schutz staatlicher Geheimnisse** wird grundsätzlich über einen 64 Ausschluss der Öffentlichkeit hergestellt.[263] **Staatswohl** und **Staatssicherheit** als Gründe einer Informationsverweigerung können gegen einen Beweisbeschluss des Untersuchungsausschusses von der Regierung nur in engen Grenzen eingewandt werden. Es müssen Beeinträchtigungen wesentlicher staatlicher Interessen von einigem Gewicht zu erwarten sein, sollte der Untersuchungsausschuss öffentlich tagen.[264] Soweit nämlich die Erfüllung von Informationsbegehren unter Hinweis auf den Schutz staatlicher oder privater Geheimnisse verweigert wird, ist zu beachten, dass das Parlament selbst Geheimnisträger ist und mit der Geheimschutzordnung des Deutschen Bundestages (Anlage 3 GOBT) Vorkehrungen zum Schutz vertraulicher Infor-

---

[255] BGBl. 2009 I 2346; BGBl. 2017 I 17.

[256] BGH NVwZ 2019, 739 (742, Rn. 25); zust. *Wolff* NVwZ 2019, 743 (743 f.); auch BVerfGE 67, 100 (135); 124, 161 (189 ff.); 137, 185 (240 f., Rn. 149); 143, 101 (144, Rn. 139).

[257] BVerfGE 67, 100 (136 f.).

[258] BVerfGE 77, 1 (48); 105, 197 (223, Rn. 107); 124, 78 (125 f., Rn. 134).

[259] *Sacksofsky* in Waldhoff/Gärditz PUAG § 14 Rn. 16 f.

[260] BVerfGE 124, 78 (125 f., Rn. 134 f.). *Glauben* in BK Rn. 127; Umbach in Umbach/Clemens Rn. 57. Die Terminologie ist uneinheitlich, vgl. *Brocker* in BeckOK GG Rn. 40: Ausschluss darf „nicht willkürlich" erfolgen; *Schneider* in AK Rn. 14: „gewichtige Gründe" müssen vorliegen; *Unger* in MKS Rn. 85.

[261] *Sacksofsky* in Waldhoff/Gärditz PUAG § 14 Rn. 18; *Klein* in Maunz/Dürig Rn. 177 f.; *Brocker* in BeckOK GG Rn. 40.

[262] *Klein* in Maunz/Dürig Rn. 178; *Geis* in HdbStR III § 55 Rn. 49.

[263] BVerGE 67, 100 (134 ff.).

[264] *Brocker* in BeckOK GG Rn. 16; *Warg* NVwZ 2014, 1263 (1267 f.).

mationen getroffen hat.[265] Das Parlament und seine Organe sind insofern keine außenstehenden Dritten, da ihnen die Wahrung des Staatswohls mit der Regierung zur gesamten Hand übertragen ist.[266] Deshalb muss auch der Untersuchungsausschuss den Geheimnisschutz wahren (§§ 15, 16 PUAG).[267]

65 **Geheimnisschutz** durch die Regierung funktioniert nicht gegen das Parlament, sondern muss mit ihm realisiert werden.[268] Verweigert die Regierung die Übermittlung vertraulicher Akten oder erteilt sie eine erforderliche Aussagegenehmigung für einen Zeugen nicht, trifft sie die **Begründungs- und Darlegungslast** dafür, dass dies trotz der Möglichkeit vertraulicher Sitzungen verfassungsrechtlich angezeigt ist. Selbst die Beschränkung von Aktenvorlagen oder Aussagegenehmigungen auf vertrauliche Sitzungen des Untersuchungsausschusses ist begründungs- und rechtfertigungsbedürftig, damit die Effizienz des parlamentarischen Enquêterechts nicht zur freien Disposition der Regierung steht. Der Ausschluss der Öffentlichkeit aus dem Untersuchungsverfahren führt nämlich ebenfalls zu einer empfindlichen Verkürzung des Umfangs der parlamentarischen Kontrolle.[269]

VIII. Auf Beweiserhebungen (Abs. 2 S. 1)

66 Der Begriff der Beweiserhebung in Art. 44 Abs. 2 ist untechnisch gemeint und weit gefasst. Mit dem Begriff ist der **gesamte Prozess der Beweisbeschaffung, Beweissicherung und Beweisauswertung** durch den Untersuchungsausschuss gemeint.[270] Die Beweiserhebung setzt einen förmlichen **Beweisantrag** und einen **Beweisbeschluss** mit einfacher Stimmenmehrheit voraus (§ 17 Abs. 1 PUAG).

67 Das Einsetzungsrecht der parlamentarischen Minderheit nach Art. 44 Abs. 1 S. 1 setzt sich in ihrem eigenständigen Beweisantragsrecht nach § 17 Abs. 2 PUAG fort. Die **qualifizierte Minderheit** von einem Viertel der Ausschussmitglieder hat sowohl bei Minderheits- als auch bei Mehrheitsenquêten[271] ein **Beweisantragsrecht,**[272] dem die Ausschussmehrheit nach § 17 Abs. 2 PUAG grundsätzlich stattgeben muss. Nach der neueren Rspr. muss § 17 Abs. 2 PUAG einschränkend ausgelegt werden. Die antragsberechtigte Minderheit muss über den Wortlaut der Norm hinaus, die jeder „situativen Minderheit"[273] ein Antragsrecht zu geben scheint, qualifiziert sein. Sie muss nach Sinn und Zweck des verfassungsrechtlichen **Minderheitenschutzes** aus Art. 44 Abs. 1 S. 1 als potentielle Einsetzungsminderheit ein Viertel der Mitglieder des Bundestages repräsentieren, das aber mit ihr politisch nicht identisch zu sein braucht.[274]

---

265 BVerfGE 67, 100 (135).

266 BVerfGE 124, 78 (123 f., Rn. 130); ausf. *Holzner* DÖV 2016, 668 (669 ff.).

267 BVerfGE 67, 100 (136); 124, 78 (124, Rn. 131); 143, 101 (142, Rn. 137); *Klein* in Maunz/Dürig Rn. 179 ff.

268 *Morlok* in Dreier Rn. 43; *Brocker* in BeckOK GG Rn. 15.1.

269 BVerfGE 124, 78 (124 f., Rn. 131 ff.).

270 *Unger* in MKS Rn. 89.

271 *Klein* in Maunz/Dürig Rn. 199 f.

272 BVerfGE 105, 197 (225, Rn. 110 f.); *Seidel* BayVBl 2002, 97 (106); *Gärditz* in Waldhoff/Gärditz PUAG § 18 Rn. 8.

273 So *Gärditz* in Waldhoff/Gärditz PUAG § 17 Rn. 25.

274 BGH NVwZ 2017, 652 (653, Rn. 20 ff.); BGH NVwZ 2019 739 (741, Rn. 18); zust. *Brocker* NVwZ 2017, 656 (656); *Glauben* NVwZ 2017, 129 (130 ff); BVerfGE 124, 78 (107); *Klein* in Maunz/Dürig Rn. 198.

Die Befugnis der Mehrheit zur **Zurückweisung** von **Beweisanträgen** stellt die **Ausnahme** vom Beweiserhebungs- und Beweisdurchsetzungsrecht der qualifizierten Minderheit dar.[275] Beweisanträge können von der Mehrheit aus verfassungsrechtlichen Gründen zurückgewiesen werden, wenn diese substantiiert und nachvollziehbar darlegen kann, dass die qualifizierte Minderheit ihr Beweisantragsrecht sachwidrig oder missbräuchlich ausübt[276] oder das Beweismittel unerreichbar ist (§ 17 Abs. 2 PUAG). Die Einschätzung, ob ein beantragtes Beweismittel politisch erforderlich und sinnvoll ist, ist der qualifizierten Minderheit vorbehalten. Die Ausschussmehrheit hat hier keinen Beurteilungsspielraum.[277] Auf Betreiben der qualifizierten Ausschussminderheit gefasste **Beweisbeschlüsse** müssen von dieser auch **durchgesetzt** werden können, damit ihr Antragsrecht nicht leerläuft. Die qualifizierte Minderheit von einem Viertel der Ausschussmitglieder kann deshalb die Erhebung und zwangsweise Beibringung bestimmter Beweise erzwingen,[278] und bei der Reihenfolge der Beweiserhebung mitreden. Das Beweisantrags- und Beweisdurchsetzungsrecht der qualifizierten Ausschussminderheit besteht auch im Rahmen von Mehrheitsenquêten.[279] Die qualifizierte Minderheit hat allerdings kein Recht, darüber zu bestimmen, **wie ein Beweisbeschluss vollzogen wird.** Steht zB die **Vernehmung eines Auslandszeugen** an, entscheidet die **Mehrheit** über deren **Modalitäten** wie zB über Ort und Zeit.[280] Die Minderheit ist hier nur angemessen zu beteiligen. Das gilt auch dann, wenn der Ort über die Erreichbarkeit des Zeugen entscheidet. Hier kann aber die Bundesregierung von der Ausschussmehrheit um Amtshilfe ersucht werden, um zB die Voraussetzungen für eine Vernehmung eines Auslandszeugen in Deutschland zu schaffen.[281] 68

Beweisanträge, die von einer **einfachen oder situativen Ausschussminderheit** gestellt werden, die nicht das Quorum der qualifizierten Viertelmehrheit der Mitglieder erreicht (→ Rn. 67), können von der Ausschussmehrheit aus jedem sachlich gerechtfertigten, nicht willkürlichen Grund abgelehnt werden.[282] 69

Das Antragsrecht ist kein ausschließliches Minderheitenrecht. Auch die Ausschussmehrheit kann eigene Beweisziele durchsetzen, die ihr zur Sachaufklärung dienlich scheinen.[283] Die **Ausschussmehrheit** besitzt ein **Recht zur Gegenwehr.** Sie darf Beweise erheben, die darauf zielen und geeignet sind, den mit dem Untersuchungsausschuss verfolgten Angriff auf die regelmäßig von ihr getragene Regierung abzuwehren.[284] 70

---

[275] So *Kluth* SHH Art, 44 Rn. 24.

[276] BVerfGE 105, 197 (225 f., Rn. 112); *Kazele* VerwArch 101 (2010), 469 (470); zur erforderlichen Bestimmtheit des Antrags VerfGH NRW BeckRS 2020, 18008 Rn. 103 ff.

[277] BVerfGE 105, 197 (225, Rn. 110 f.); 113, 113 (127 f., Rn. 56 f.); StGH Hess DVBl. 2012, 169 (172 f.).

[278] *Brocker* DVBl. 2012, 174 (175).

[279] BVerfGE 105, 197 (224); *Kluth* in SHH Rn. 23.

[280] BVerfGE 138, 45 (64, Rn. 41).

[281] BVerfGE 138, 45 (62, Rn. 33); näher *Roßbach* https://verfassungsblog.de/snowden-entscheidung-des-bgh-weltpolitik-in-karlsruhe/; weiter *Huber/de With* NJW 2014, 2698 (2703).

[282] BGH NStZ-RR 2009, 355 (356).

[283] BVerfGE 105, 197 (223, Rn. 107).

[284] *Brocker* in BeckOK GG Rn. 66.1; *Gärditz* in Waldhoff/Gärditz PUAG § 17 Rn. 9.

IX. Finden die Vorschriften über den Strafprozess sinngemäße Anwendung

71 Rechtsgrundlage für die Beweiserhebung durch den Ausschuss ist Art. 44 Abs. 1.[285] Gegenstand des Verweises in Art. 44 Abs. 2 S. 1 ist deshalb nur ein Ausschnitt aus dem **Strafprozessrecht,** nämlich das Recht der **Beweiserhebung.** Die **Verweisung umfasst** neben der StPO alle **befugnisbegründenden und befugnisbegrenzenden** strafverfahrensrechtlichen **Vorschriften** aus anderen Gesetzen wie dem Gerichtsverfassungsgesetz (GVG), dem Einführungsgesetz zum Gerichtsverfassungsgesetz (EGGVG) oder dem Jugendgerichtsgesetz (JGG), die der strafprozessualen Aufklärung des Untersuchungsthemas dienen.[286] Die sinngemäße Anwendung dieser Vorschriften soll den Untersuchungsausschuss einerseits mit gesetzlichen Mitteln ausstatten, die ihm die effektive Erfüllung seines Untersuchungsauftrags ermöglichen. Andererseits dient die **rechtliche Formalisierung** des parlamentarischen Untersuchungsverfahrens dem Schutz der Betroffenen.[287] Soweit das **PUAG** Regelungen über die Beweiserhebung enthält, finden die Vorschriften des Strafprozesses keine Anwendung. Ein Rückgriff auf sie findet nur insoweit statt, als dies vor der **vom Strafprozess abweichenden Funktion des parlamentarischen Untersuchungsverfahrens,** in dem es nicht um rechtliche, sondern um politische Sanktionen geht, sinnvoll ist.[288] Die strafprozessualen Vorschriften gelten dabei nur insoweit, als sie in einer dem Sinn und Zweck des parlamentarischen Untersuchungsverfahrens entsprechender Weise auf die Beweiserhebung angewandt werden können.[289]

72 Im parlamentarischen Untersuchungsverfahren gelten zB die strafprozessualen Grundsätze der **Unmittelbarkeit und der Mündlichkeit** nicht.[290] Der Untersuchungsausschuss kann daher die Beweiserhebung „outsourcen" und arbeitsteilig vorgehen. Zur Unterstützung konnte er unter der Geltung der IPA-Regeln nach § 7 **Unterausschüsse** einsetzen (→ Rn. 7).[291] Dieses Hilfsmittel ist durch den Ermittlungsbeauftragten aus § 10 PUAG abgelöst worden.[292] Der **Ermittlungsbeauftragte** schließt als spezielles Hilfsmittel die Einrichtung von Unterausschüssen aus. Er unterstützt den Ausschuss durch die Beschaffung und Sichtung der sächlichen Beweismittel und soll die Ausschussarbeit beschleunigen. Der Figur des Ermittlungsbeauftragten stehen rechtliche Bedenken entgegen,[293] in der Praxis wird von ihr aber erfolgreich Gebrauch gemacht.[294] Vor allem dann, wenn der Untersuchungsausschuss kein Mitglied, sondern einen Dritten als Beauftragten einsetzt, läuft er Gefahr,

---

[285] BVerfGE 67, 100 (128, 133); 77, 1 (40 f.); 76, 363 (383); 124, 78 (114).

[286] BVerfGE 67, 100 (133); 77, 1 (48 f.); 124, 78 (115, Rn. 108); 143, 101 (133 f., Rn. 109).

[287] *Gärditz* in Waldhoff/Gärditz PUAG Vorbemerkung E Rn. 11.

[288] *Achterberg/Schulte* in MKS Rn. 118; *Morlok* in Dreier Rn. 47; ausf. *Gärditz* in Waldhoff/Gärditz PUAG Vorbemerkung E Rn. 1 ff.

[289] BVerfGE 67, 100 (133); 76, 363 (383 f.); 77, 1 (48 f.); 124, 78 (115); 143, 101 (133 f.); *Magiera* in Sachs Rn. 23; *Unger* in MKS Rn. 90 ff.; *Barrot/Faeser* NVwZ 2016, 1205 (1209).

[290] So *Brocker* in BeckOK GG Rn. 41; aA *Wolf,* Parlamentarische Untersuchungsverfahren und Strafjustiz, 2005, 92 f.

[291] BT-Drs. V/4209 S. 2; *Klein* in Maunz/Dürig Rn. 195; *Umbach* in Umbach/Clemens Rn. 89.

[292] *Brocker* in BeckOK GG Rn. 41.1.

[293] *Schneider* NJW 2001, 2604 (2608); *Wiefelspütz* ZParl 2002, 551 (560 f.); aA *Klein* in Maunz/Dürig Rn. 195 f.

[294] BVerfGE 143, 101 (148 f., Rn. 154 ff.); *Hoppe,* ZParl 2008, 477 (486 f.).

eigene parlamentarische Untersuchungsbefugnisse preiszugeben.[295] Deshalb wird zu Recht gefordert, dass der Ermittlungsbeauftrage nicht nur wie § 10 Abs. 3 S. 5 PUAG indiziert, dem Untersuchungsausschuss allein für das Ergebnis seiner Ermittlungen verantwortlich ist, sondern für deren ganzen Verlauf, und insoweit auch Weisungen unterliegen muss.[296]

X. Das Brief-, Post- und Fernmeldegeheimnis bleibt unberührt (Abs. 2 S. 2)

Entsprechend den Vorschriften des Strafprozesses hat der Untersuchungs- 73
ausschuss **Beweiserhebungs- und -verwertungsverbote** zu beachten.

Nach Art. 44 Abs. 2 S. 2 bleibt im Beweisverfahren das **Brief-, Post- und** 74
Fernmeldegeheimnis nach Art. 10 unberührt. Ein Eingriff des Untersuchungsausschusses in dieses Grundrecht ist damit verfassungsrechtlich ausgeschlossen. Die Mittel der §§ 99, 100a StPO stehen dem Untersuchungsausschuss nicht zur Verfügung[297] und dürfen ihm auch nicht durch sondergesetzliche Eingriffsgrundlagen zur Verfügung gestellt werden. Art. 10 ist eine **absolute Grenze** für die **unmittelbare Beweiserhebung.**[298] Obwohl eine Zweckänderung durch Zweitverwertung von Daten, die andere Behörden durch einen Eingriff in Art. 10 erlangt haben, einen neuen Eingriff in das Brief-, Post- und Fernmeldegeheimnis darstellt,[299] beschränkt sich Art. 44 Abs. 2 S. 2 nach der Rspr. des BVerfG auf das Verbot einer Primärerhebung von Daten durch den Untersuchungsausschuss.[300] Im Wege der Aktenvorlage ist es Untersuchungsausschüssen daher gestattet, Daten nach Art. 10 zu verwerten.

XI. Gerichte und Verwaltungsbehörden sind zur Rechts- und Amtshilfe verpflichtet (Abs. 3)

Die Untersuchungsausschüsse können nach Art. 44 Abs. 3 gegenüber **Ge-** 75
richten und **Verwaltungsbehörden der Länder** Rechts- und Amtshilfeersuchen geltend machen. Dazu gehört insbesondere das Verlangen nach Vorlage sächlicher Beweismittel (§ 18 Abs. 4 PUAG), deren Vorlage ganz oder teilweise verweigert werden darf, wenn sich Kompetenzgrenzen aus dem Bundesstaatsprinzip ergeben. Die Weigerung ist zu begründen. Die Substantiierungslasten aus dem Verhältnis Regierung/Parlament werden hier auf die Amtshilfe übertragen.[301] Auch die Vernehmung von Zeugen und Sachverständigen ist im Wege der Rechts- und Amtshilfe möglich.[302] Die Vorschrift

---

[295] *Unger* in MKS Rn. 77; *Rathjen,* Der Ermittlungsbeauftragte des parlamentarischen Untersuchungsausschusses, 2004, 123 ff., 152 ff.; *Hoppe* ZParl 39 (2008), 477 (485); *Brocker* in Glauben/Brocker Das Recht der parlamentarischen Untersuchungsausschüsse in Bund und Ländern, Kap. 9 Rn. 35.

[296] *Kluth* in SHH Rn. 20.

[297] BVerfGE 124, 78 (126 f., Rn. 135); *Versteyl* in von Münch/Kunig, 6. Aufl. 2012, Rn. 44; *Klein* in Maunz/Dürig Rn. 219 f.; *Pieroth* in Jarass/Pieroth Rn. 11; *Peters* NVwZ 2012, 1574 (1577).

[298] Klein in Maunz/Dürig Rn. 219; *Gärditz* in Waldhoff/Gärditz PUAG Vorbemerkung E Rn. 20; aA *Schneider* in AK Rn. 15.

[299] BVerfGE 100, 313 (360).

[300] BVerfGE 124, 78 (127 f.); *zust. Klein* in Maunz/Dürig Rn. 221; *Gärditz* in Waldhoff/Gärditz Vorbemerkung E Rn. 20; krit. *Unger* in MKS Rn. 129 ff.; für ein Verwertungsverbot HmbVerfG DÖV 1989, 120.

[301] BVerfG NVwZ 1994, 54 (55); *Morlok* in Dreier Rn. 54; *Unger* in MKS Rn. 112; BVerwG NVwZ 2020, 151 (155 Rn. 37 ff.).

[302] *Morlok* in Dreier Rn. 54.

des Art. 44 Abs. 3 konkretisiert den sowieso geltenden Amtshilfegrundsatz aus Art. 35.[303]

XII. Die Beschlüsse der Untersuchungsausschüsse sind der richterlichen Erörterung entzogen (Abs. 4 S. 1)

76 **1. Rechtsschutz gegen den Abschlussbericht.** Der Umfang des Ausschlusses von Rechtsschutz gegen Beschlüsse der Untersuchungsausschüsse ist schwer verständlich. Untersuchungsausschüsse üben hoheitliche Gewalt aus und sind grundrechtsgebunden. Die Rechtsweggarantie des Art. 19 Abs. 4 ist deshalb grds. einschlägig. Nach hM gilt der Ausschluss des Rechtsschutzes Privater gegenüber dem Untersuchungsausschuss deshalb zumindest **nicht** für verfahrensleitende Maßnahmen, die der Ausschuss im laufenden Verfahren zB per **Beweisbeschluss** anordnet. Hier kann Rechtsschutz von den Betroffenen also in Anspruch genommen werden.[304]

77 Es besteht Einigkeit, dass sich der **Ausschluss des Rechtswegs** im Wesentlichen auf **Zwischen**- bzw. **Sachstands**- und **Abschlussberichte** der Untersuchungsausschüsse bezieht.[305] Hier schließt Art. 44 Abs. 4 S. 1 nicht nur fachgerichtlichen, sondern auch verfassungsgerichtlichen Rechtsschutz aus.[306] Als Kompensation regelt § 32 PUAG das rechtliche Gehör und räumt dem Betroffenen ein **Recht auf Stellungnahme** gegen Untersuchungsberichte ein, das er zum Schutz seiner Grundrechte gerichtlich durchsetzen kann.[307] Der mehr oder weniger einleuchtende Grund für diese verkürzte Verteidigungsmöglichkeit privater Betroffener ist, dass das parlamentarische Untersuchungsrecht ein Mittel des politischen Kampfes ist, das von gerichtlicher Beurteilung freigehalten werden soll.[308] Gerichte sollen ferner das Erscheinen von Abschlussberichten nicht hinauszögern und verhindern können oder nur in modifizierter Textfassung erlauben dürfen.[309] Wie der Einsetzungsbeschluss (→ Rn. 47) ist aber auch der Bericht eines Untersuchungsausschusses regelmäßig nicht frei von faktisch sanktionierender oder diskriminierender Wirkung auf private Betroffene.[310] Es ist daher nicht abwegig, wie für den Einsetzungsbeschluss, der allerdings kein Beschluss des Untersuchungsausschusses, sondern einer des Parlaments ist, auch für den Abschlussbericht zumindest die Verfassungsbeschwerde für zulässig zu erachten.[311] Für den Abschlussbericht enthält Art. 44 Abs. 4 S. 1 aber eine ausdrückliche Regelung. Der Rechtswegausschluss in Art. 44 Abs. 4 S. 1 stellt

---

[303] Näher *Klein* in Maunz/Dürig Rn. 224 ff.; *Kluth* in SHH Rn. 37; *Unger* in MKS Rn. 131 ff.

[304] BVerfGE 67, 100 (142 ff.); *Klein* in Maunz/Dürig Rn. 233 f.

[305] *Schneider* in AK Rn. 10; *Unger* in MKS Rn. 134; *Glauben* in BK Rn. 134; *Klein* in Maunz/Dürig Rn. 231 f. *Versteyl* in v. Münch/Kunig, 6. Aufl. 2012, Rn. 46; *Geis* in HdbStR III, § 55 Rn. 62.

[306] VG Hmb DVBl. 1986, 1017 (1018 f.); *Kluth* in SHH Rn. 39; *Morlok* in Dreier Rn. 63; abw. *Achterberg/Schulte* in MKS, 6. Aufl. 2010, Rn. 186; *Brocker* in BeckOK GG Rn. 77; *Heyer* in Waldhoff/Gärditz PUAG § 33 Rn. 57 f.

[307] So *Morlok* in Dreier Rn. 63; *Unger* in MKS Rn. 136; *Gärditz* in Waldhoff/Gärditz PUAG § 32 Rn. 2 ff., 10 f.; *Glauben* DVBl. 2006, 1263 (1267 f.).

[308] *Klein* in Maunz/Dürig Rn. 230.

[309] *Brocker* NVwZ 2014, 1357 (1359); krit. *Buckler* DVBl. 2018, 1190 (1193).

[310] *Wolf,* Parlamentarische Untersuchungsausschuss und Strafjustiz, 2005, 75 f.

[311] *Platter,* Das parlamentarische Untersuchungsverfahren vor dem Verfassungsgericht, 2004, 137; *Glauben* in Glauben/Brocker Das Recht der parlamentarischen Untersuchungsausschüsse in Bund und Ländern, Kap. 29 Rn. 39.

eine zulässige verfassungsimmanente Schranke der Rechtsweggarantie aus Art. 19 Abs. 4 dar.[312]

2. Rechtswege. Das PUAG verteilt va in § 36 Abs. 1 **gerichtliche Zuständigkeiten.** Für den zu beschreitenden Rechtsweg kommt es auf die Rechtsnatur des jeweiligen Streits an. Das PUAG stellt klar, dass **verfassungsgerichtlicher Rechtsschutz vorrangig** bleibt,[313] da es die Zuständigkeit des BVerfG für Organstreitverfahren nach Art. 93 Abs. 1 Nr. 1 nicht wirksam einschränken kann.[314] Wegen der ungünstigen Auswirkungen von Verzögerungen auf den Untersuchungsauftrag und wegen der Diskontinuität des Untersuchungsausschusses ist der **Eilrechtsschutz** nach § 32 BVerfGG möglich. Zuständiges Gericht für **abschließend** in § 17 Abs. 4, § 18 Abs. 3, § 18 Abs. 4, § 29 Abs. 2 u. 3, § 30 Abs. 4 PUAG **zugewiesene verfahrensrechtliche Streitigkeiten** über Einzelfragen der Ausschussarbeit nach dem PUAG ist dagegen der **BGH,**[315] weil er sich fachlich anbietet, Streitigkeiten va über die Beweiserhebung zu entscheiden. Für die Rechtswegfrage kommt es aber auch auf die **Beteiligtenkonstellationen** an.[316] 78

Beim **Rechtsschutz** eines **Privaten** im Rahmen der **Beweiserhebung** unternimmt das PUAG den Versuch einer Rechtswegkonzentration. Private können Maßnahmen des Untersuchungsausschusses beim BGH anfechten. Bis zum Inkrafttreten des PUAG war der Rechtsweg uneinheitlich.[317] Gegen Maßnahmen eines Untersuchungsausschusses gegenüber Privaten wäre der Verwaltungsrechtsweg nach § 40 Abs. 1 VwGO eröffnet gewesen.[318] § 36 Abs. 1 PUAG stellt eine abdrängende Sonderzuweisung dar. In den vom PUAG genannten Fällen entscheidet erstinstanzlich der Ermittlungsrichter beim BGH.[319] Gegen dessen Anordnungen steht der Beschwerdeweg an den BGH offen (§ 36 Abs. 3 PUAG). Nach Erschöpfung des Rechtswegs ist für den Privaten die **Verfassungsbeschwerde** zum BVerfG statthaft.[320] Prüft der BGH die Rechtmäßigkeit einer Verfahrenshandlung des Untersuchungsausschusses und kommt dabei zu dem Ergebnis, dass er bereits den **Einsetzungsbeschluss** für **verfassungswidrig** hält, hat er das Verfahren auszusetzen und die Frage dem **BVerfG vorzulegen** (§ 36 Abs. 2 PUAG).[321] 79

Findet zwischen den **Verfassungsorganen** bereits im Stadium der Einsetzung eines Untersuchungsausschusses über den Einsetzungsantrag Streit statt, ist das BVerfG zuständig (§ 2 Abs. 3 PUAG) (→ Rn. 13). Kommt es **innerhalb des Untersuchungsausschusses** zu Streitigkeiten im **Innenverhältnis** zwischen Mehrheit und qualifizierter Minderheit bzgl. der Erhebung von 80

---

[312] *Klein* in Maunz/Dürig Rn. 234; *Versteyl* in v. Münch/Kunig, 6. Aufl. 2012, Rn. 46; OVG Hmb NVwZ 1987, 610 (611); HmbVerfG NVwZ 2016, 61 (62 f., 65 f.).

[313] *Gärditz* in Waldhoff/Gärditz PUAG § 36 Rn. 2; *Klein* in Maunz/Dürig Rn. 237.

[314] BVerfGE 113, 113 (123, Rn. 38); 124, 78 (104, Rn. 78); 138, 45 (63, Rn. 37); *Gärditz* ZParl 36 (2005), 854 (855).

[315] *Gärditz* in Waldhoff/Gärditz PUAG § 36 Rn. 24 ff.; umf. *Prehn* NVwZ 2013, 1581 (1583 ff.).

[316] Näher *Gärditz* in Waldhoff/Gärditz PUAG § 36 Rn. 7 ff.

[317] *Versteyl* in von Münch/Kunig Rn. 20.

[318] So *Glauben* DVBl. 2006, 1263 (1265 ff.); aA *Di Fabio,* Rechtschschutz im parlamentarischen Untersuchungsverfahren, 1988, 100 ff.

[319] Näher *Morlok* in Dreier Rn. 58; *Unger* in MKS Rn. 98.

[320] BVerfG NVwZ 2002, 1499 (1500); *Klein* in Maunz/Dürig Rn. 251.

[321] Ausf. *Platter,* Das parlamentarische Untersuchungsverfahren vor dem Verfassungsgericht, 2004, 169 ff.

Beweismitteln oder des Einsatzes von Zwangsmitteln, also um die Ausschussarbeit nach den Regelungen des PUAG, entscheidet zwar grds. der **Ermittlungsrichter beim BGH** (zB Art. 17 Abs. 4 PUAG).[322] Das **BVerfG** ist allerdings **ausschließlich** zuständig,[323] wenn zugleich von Art. 44 Abs. 1 verfassungsrechtlich geschützte Rechte der antragsberechtigten (→ Rn. 28, 67, 83) Ausschussminderheit in Rede stehen.[324] Das ist bereits dann der Fall, wenn die Auslegung des PUAG von der Reichweite der Minderheitenrechte abhängt.[325] Allerdings ist hier insbesondere in der Beweiserhebung zu unterscheiden, ob die Ausschussmehrheit die Erhebung von Beweisen ganz verweigert und damit das BVerfG auf den Plan ruft, oder ob nur **Modalitäten der Beweiserhebung** im Rahmen eines Verfahrensantrags betroffen sind, um deren Rechtmäßigkeit sich der Ermittlungsrichter beim BGH kümmert.[326] Gegen Entscheidungen des Ermittlungsrichters ist die Beschwerde zum BGH statthaft (§ 36 Abs. 3 PUAG). Die Entscheidung des BGH ist endgültig. Den staatlichen Organen oder Organteilen steht kein weiterer Rechtsbehelf mehr offen.[327]

81 Streitigkeiten im **Außenverhältnis** zwischen dem **Untersuchungsausschuss,** seiner qualifizierten Minderheit und der Auskunft verweigernden **Regierung** sind grds. verfassungsrechtlicher Natur. Allerdings ist auch hier zu unterscheiden. Verweigert die Regierung ganz oder teilweise die Vorlage von Beweisen oder die Erteilung von Aussagegenehmigungen (§ 18 Abs. 3, 23 Abs. 2 PUAG), ist ein Organstreit vor dem BVerfG statthaft.[328] Sind nur **Modalitäten der Beweiserhebung** betroffen, wird das verfassungsrechtliche Untersuchungsrecht nicht berührt, da dem Untersuchungsausschuss die Beweismittel zur Verfügung gestellt werden.[329] Kennzeichnet zB die Regierung angeforderte Beweismittel als vertrauliche Verschlusssache und ist der Untersuchungsausschuss hiermit nicht einverstanden, geht der Rechtsweg zum Ermittlungsrichter beim BGH (§ 18 Abs. 3 HS. 2 PUAG), gegen dessen Entscheidung dann nur noch das Rechtsmittel der Beschwerde zulässig ist.[330]

82 Verweigern eine Landesbehörde oder ein Gericht die ersuchte **Rechts- oder Amtshilfe,** müsste der Untersuchungsausschuss seine Rechte in einem verwaltungsgerichtlichen Bund-Länder-Streit geltend machen,[331] landet wegen der abdrängenden Sonderzuweisung aus § 18 Abs. 4 PUAG aber beim Ermittlungsrichter am BGH.

---

[322] BVerfGE 113, 113 (123); 124, 78 (104); 138, 54 (62); Krit. *Risch* DVBl. 2003, 1418 (1420 f.); *Klein* in Maunz/Dürig Rn. 201; *Kluth* in SHH Rn. 24.

[323] *Klein* in Maunz/Dürig Rn. 248; *Risch* DVBl. 2003, 1418 (1423 f.); *Unger* in MKS Rn. 125 f. mwN; *Gärditz* ZParl 36 (2005), 854 (856); *Seidel* BayVBl. 2002, 97 (98); *Lenz* NJW 2005, 2495 (2497); aA *Brocker* in BeckOK GG Rn. 71.1; *Morlok* in Dreier Rn. 45.

[324] BVerfGE 113, 113 (123); 124, 78 (104); 128, 45 (62 f., Rn. 37 f.); *Klein* in Maunz/Dürig Rn. 248 ff.; *Kluth* in SHH Rn. 40; *Unger* in MKS Rn. 1 *Gärditz* ZParl 36 (2005), 854 (861); *Glauben* DVBl. 2006, 1263 (1264); krit. *Unger* in MKS Rn. 120 ff.

[325] BVerfGE 113, 113 (123, Rn. 36); *Gärditz* in Waldhoff/Gärditz PUAG § 36 Rn. 5.

[326] BVerfGE 138, 45 (64); *Klein* in Maunz/Dürig Rn. 239; krit. *Brocker* NVwZ 2015, 410 (411 f.).

[327] *Gärditz* in Waldhoff/Gärditz PUAG § 36 Rn. 54.

[328] BVerfGE 105, 97 (105) – zur Schwärzung von Akten; BVerfGE 105, 197 (220, 224 f.); 113,113 (121); 143, 101 (125, 129, Rn. 96 ff.); *Unger* in MKS Rn. 108.

[329] BVerfGE 138, 45 (64).

[330] *Morlok* in Dreier Rn. 59; *Klein* in Maunz/Dürig Rn. 240; *Gärditz* in Waldhoff /Gärditz § 18 Rn. 48, 56; aA *Brocker* in BeckOK GG Rn. 68.1.

[331] BVerwGE 109, 258 (259); *Brocker* in BeckOK GG Rn. 69; BVerwG NVwZ 2020, 151 (151 Rn. 13 ff.).

Im **Organstreitverfahren** vor dem BVerfG **antragsberechtigt** sind neben dem **Bundestag** als Träger des Untersuchungsrechts selbst,[332] die Fraktionen des Bundestages[333] als mit eigenen Rechten ausgestattete Organteile (Art. 93 Abs. 1 Nr. 1, § 63 BVerfGG),[334] va aber die **konkrete** und die **potentielle Einsetzungsminderheit,** die gleichzeitig ein Viertel der Mitglieder des Bundestages repräsentiert, das mit der konkreten Einsetzungsminderheit politisch nicht identisch zu sein braucht.[335] Sie können in eigenem Namen vorgehen oder in Prozessstandschaft die Rechte des Bundestages geltend machen.[336] Das BVerfG erkennt auch einer **„Fraktion im Ausschuss"** Parteifähigkeit und Antragsbefugnis im Organstreit zu. Diese besteht aus den in den Ausschuss entsandten Abgeordneten einer Fraktion, die ihrerseits mindestens ein Viertel der Mitglieder des Bundestages umfassen muss. Die Fraktion im Ausschuss repräsentiert den einsetzungsberechtigten Teil des Bundestages, solange sie im Konsens mit ihrer Bundestagsfraktion vorgeht, und macht die Rechte der Minderheit nach Art. 44 Abs. 1 geltend.[337] **Situative Ausschussminderheiten,** die diese Qualifikationsmerkmale nicht erreichen, machen keine verfassungsrechtlich geschützten Positionen geltend und werden ausschließlich an den **BGH** verwiesen. **Antragsgegner** sind idR der Untersuchungsausschuss selbst als ein mit eigenen Rechten ausgestattetes Hilfsorgan des Bundestages und die Bundesregierung. 83

XIII. In der Würdigung und Beurteilung des der Untersuchung zugrundeliegenden Sachverhalts sind die Gerichte frei (Abs. 4 S. 2)

Zwar gibt es gegen faktisch sanktionierende Zwischen- und Abschlussberichte der Untersuchungsausschüsse für private Betroffene keinen Rechtsschutz (→ Rn. 77). Umgekehrt sind die **Gerichte,** vor allem die Strafgerichte, in ihrer Würdigung gleicher Sachverhalte an die **Feststellungen** und **Wertungen** der **Untersuchungsberichte** aber auch **nicht gebunden.**[338] Sie können die gleichen Vorgänge noch einmal prüfen und sie nach ihren Rechtslogiken anhand ihrer rechtlichen Bewertungsmaßstäbe beurteilen.[339] 84

C. Verhältnis zu anderen Bestimmungen des Grundgesetzes

Grenzen findet das Untersuchungsrecht in Bundestaatsprinzip nach Art. 20 Abs. 1 und der Gewaltenteilung nach Art. 20 Abs. 3, den Grundrechten und der Freiheit der Abgeordneten aus Art 38 Abs. 1 S. 2. Art. 44 Abs. 4 schränkt Art. 19 Abs. 4 ein. Das Enquêterecht ist stärker als das Fragerecht aus Art. 43, da es dem Parlament ein Recht auf Selbstinformation gibt. 85

---

[332] BVerfGE 67, 100 8126); *Gärditz* in Waldhoff/Gärditz PUAG § 36 Rn. 8 mit Bsp.

[333] BVerfGE 105, 197 (219 f.); 113, 113 (120); *Gärditz* ZParl 36 (2005), 854 (856).

[334] BVerfGE 105, 197 (219 f., 224 f.); 113,113 (121); 143, 101 (125, 129, Rn. 96 ff.); BVerfGE 143, 101 (129 f., Rn. 92 ff.); BGH NVwZ 2017, 651 (653 ff.); *Brocker* NVwZ 2017, 655 (655 f.).

[335] BGH NVwZ 2017, 652 (653, Rn. 20 ff.); BGH NVwZ 2019 739 (741, Rn. 18); zust. *Brocker* NVwZ 2017, 656 (656); BVerfGE 124, 78 (107); *Klein* in Maunz/Dürig Rn. 198.

[336] BVerfGE 67, 100 (126), *Seidel* BayVBl. 2002, 97 (99) zur Prozessstandschaft.

[337] BVerfGE 105, 197 (220 f.); 113, 113 (121); 124, 78 (107); 143, 101 (129, Rn. 98); *Klein* in Maunz/Dürig Rn. 72.

[338] *Schneider* in AK Rn. 10; *Magiera* in Sachs Rn. 29.

[339] *Kluth* in SHH Rn. 38.

Art 45a Abs. 2 ist *lex specialis* zu Art 44 Abs. 1, der nach Art. 45a Abs. 3 verdrängt wird.

D. Kritische Würdigung

86 Untersuchungsausschüsse sind **politische Kampfmittel** der Opposition und sollen trotzdem gleichzeitig ein Instrument zur Aufklärung von streitigen Sachverhalten sein.[340] Aus diesem Grund gibt das GG ihnen strafprozessuale Mittel, die sonst nur Gerichte und Ermittlungsbehörden besitzen. Das PUAG soll diesen Zielkonflikt entschärfen. Abgesehen davon, dass es paradox erscheint, den politischen Kampf im Parlament durch rechtliche **Überregulierung** einem Gerichtsverfahren gleichzuschalten, stellt das PUAG eine Verbesserung der Rechtslage dar.[341] Es hat sich in der Praxis bewährt[342] und ist seit seinem Inkrafttreten nicht wesentlich geändert worden. Das **Rechtsschutzsystem** aus PUAG und Art. 93 ist gleichwohl verwirrend. Eine Rechtswegkonzentration hat nur bedingt stattgefunden. So müssen zB Private, die gegen die vom Untersuchungsausschuss eingeforderte Rechts- oder Amtshilfe vorgehen wollen, Beschwerde nach § 304 ff. StPO erheben, bzw. nach § 40 Abs. 1 VwGO den Verwaltungsrechtsweg beschreiten.[343] Ein strukturelles Defizit des Untersuchungsverfahrens stellt das Fehlen eines ***in-camera*-Verfahrens dar.** Streitigkeiten zwischen Regierung und Untersuchungsausschuss über geheim zu haltende Beweismittel könnten mit dessen Einführung entschärft werden. Die freiwillige Unterwerfung eines Untersuchungsausschusses unter einen von der Bundesregierung bestellten Sonderermittler schränkt die Rechte der Minderheit ein.[344]

87 Eine der **ungelösten Streitfragen** in der Normenhierarchie des Rechts der Untersuchungsausschüsse ist das **Spannungsverhältnis** zwischen dem dynamischen Verweis des Art. 44 Abs. 2 auf die **StPO** und seiner Konkretisierung durch den einfachen Gesetzgeber im PUAG. Mit jeder Änderung des Strafverfahrensrechts stellt sich Frage nach der Verfassungskonformität des PUAG neu.[345] Bevor das PUAG verabschiedet wurde, war eine **Ergänzung des Art. 44** durch einen **Gesetzesvorbehalt** angedacht: „Das Nähere regelt ein Bundesgesetz".[346] Für die Rechtssicherheit wäre eine derartige Zuweisung an den Gesetzgeber sinnvoll gewesen. Aus rechtspolitischer Perspektive und wegen der veränderten Parteienlandschaft müsste zudem geprüft werden, ob das **Antragsquorum** des GG nicht an die herabgesetzten Quoren der meisten Landesverfassungen angeglichen werden sollte, die regelmäßig eine qualifizierte Antragsminderheit von einem Fünftel der Abgeordneten genügen lassen.[347]

---

340 *Schneider* NJW 2001, 2604 (2605).
341 So auch *Versteyl* in v. Münch/Kunig, 6. Aufl. 2012, Rn. 51.
342 *Mager* Der Staat 41 (2002), 597 (597); *Seidel* BayVBl 2002, 97 (98); aA *Klein* in Maunz/Dürig Rn. 258.
343 *Klein* in Maunz/Dürig Rn. 246; *Gärditz* in Waldhoff/Gärditz PUAG § 36 Rn. 62.
344 Auch *Gärditz* in Waldhoff/Gärditz PUAG § 18 Rn. 58; § 36 Rn. 28; *Huber* NVwZ 2015, 1354 (1356).
345 *Klein* in Maunz/Dürig Rn. 29.
346 *Waldhoff* in Waldhoff/Gärditz PUAG Vorbemerkung C Rn. 12.
347 Vgl. nur Art. 25 Abs. 1 BayVerf.; Art. 27 Abs. 1 NdsVerf.; Art. 54 Abs. 1 SächsVerf.; Art. 24 Abs. 1 SchlHVerf.

Literatur

J. Barrot/N. Faeser, Zeugenvernehmung von V-Leuten in parlamentarischen Untersuchungsausschüssen, NVwZ 2016, 1205. – ***R. Binder,*** Die „Öffentlichkeit" nach Art. 42 Abs. 1 Satz 1, 44 Abs. 1 Satz 1 und das Recht der Massenmedien zur Berichterstattung, DVBl 1985, 1112. – ***E.-W. Böckenförde,*** Parlamentarische Untersuchungsausschüsse und kommunale Selbstverwaltung, AöR 103 (1978), 1. – ***M. Brenner,*** Zwischenberichte von Untersuchungsausschüssen – Inhalt und Grenzen, LKV 2018, 145. – ***L. Brocker,*** Die „Splitterenquete", DÖV 2014, 475. – ***Ders,*** Die Gerichtsfreiheit von Berichten parlamentarischer Untersuchungsausschüsse, NVwZ 2014, 1357. – ***Ders,*** Zeugenvernehmung durch den NSA-Untersuchungsausschuss „in Moskau" ein Fall für den BGH?, NVwZ 2015, 410. – ***Ders,*** Eigene Rechte der Minderheit im parlamentarischen Untersuchungsausschuss, NVwZ 2017, 655. – ***Ders,*** Untersuchungsausschüsse, in M. Morlok/U. Schliesky/D. Wiefelspütz, Parlamentsrecht, 2015, § 31. – ***B. K. Buchholz,*** Der Betroffene im parlamentarischen Untersuchungsausschuss, 1990. – ***J. Buckler,*** Abschlussberichte parlamentarischer Untersuchungsausschüsse als justizfreie Hoheitsakte? – Zum Verhältnis von Art. 44 Abs. 4 GG und Art. 19 Abs. 4 GG, DVBl. 2018, 1190. – ***P. Cancik,*** Der „Kernbereich exekutiver Eigenverantwortung", ZParl 45 (2014), 885. – ***J. Caspar,*** Zur Einsetzung parlamentarischer Untersuchungsausschüsse, DVBl 2004, 845. – ***O. Depenheuer/G. Winands,*** Der parlamentarische Untersuchungsauftrag: inhaltliche Bestimmtheit und thematische Reichweite, ZRP 1988, 258. – ***U. Di Fabio,*** Rechtsschutz im parlamentarischen Untersuchungsverfahren, 1988. – ***D. Engels,*** Parlamentarisches Untersuchungsrecht und der Kernbereich exekutiver Eigenverantwortung, Jura 1990, 71. – ***K. F. Gärditz,*** Das Rechtsschutzsystem des Untersuchungsausschussgesetzes des Bundes, ZParl 36 (2005), 854. – ***P. Glauben,*** Rechtsschutz Privater im parlamentarischen Untersuchungsverfahren, DVBl. 2006, 1263. – ***Ders,*** Private und Justiz als Gegenstand parlamentarischer Untersuchungsausschüsse, NVwZ 2015, 1023. – ***Ders,*** Minderheitenrechte im Untersuchungsrecht und staatlicher Geheimnisschutz mit Verfassungsrang, NVwZ 2017, 129. – ***R. Hamm,*** Kein Vereidigungsrecht von Untersuchungsausschüssen, ZRP 2002, 11. – ***S. Herbeck,*** Die Aktenvorlage als Instrument parlamentarischer Kontrolle, DVBl 2015, 471. – ***T. Holzner,*** Parlamentarische Informationsansprüche im Spannungsfeld zwischen demokratischer Kontrolle und Staatswohlinteressen, DÖV 2016, 668. – ***T. Hoppe,*** Untersuchungsausschuss und Ermittlungsbeauftragter, ZParl 39 (2008), 477. – ***B. Huber/H. de With,*** Der unverzichtbare Zeuge – Recht und Pflicht zur Vernehmung Edward Snowdens vor dem NSA-Untersuchungsuasschuss, NJW 2014, 2698. – ***B. Huber,*** Selektorenlisten und Sonderermittler, NVwZ 2015, 1354. – ***J. Ipsen,*** Untersuchungsausschüsse gegen Parlamentsfraktionen, FS f. Schmidt-Jortzig, 2001, 511. – ***R. Klenke,*** Zum Konflikt zwischen parlamentarischem Enqueterecht und dem Recht auf informationelle Selbstbestimmung, NVwZ 1995, 644. – ***R. Köbel/M. Morlok,*** Geständniszwang in parlamentarischen Untersuchungen?: Grenzen des Aussageverweigerungsrechts in parlamentarischen Untersuchungsausschüssen: ZRP 2000, 217. – ***M. Köhler,*** Umfang und Grenzen des parlamentarischen Untersuchungsrechtes gegenüber Privaten im nichtöffentlichen Bereich, 1996. – ***T. Kuhl,*** Der Kernbereich der Exekutive, 1993. – ***C. Lenz,*** Verpflichtung zur Fortsetzung der Beweisaufnahme im Visa-Untersuchungsausschuss, NJW 2005, 2495. – ***C. Lenz/N. Schulz,*** Der Ausschussrückruf als „kleiner Fraktionsausschluss", NVwZ 2018, 627. – ***W. Löwer,*** Untersuchungsausschuss und Steuergeheimnis, DVBl 1984, 757. – ***U. Mager,*** Das neue Untersuchungsausschussgesetz des Bundes, Der Staat 41 (2001), 597. – ***J. Masing,*** Parlamentarische Untersuchung gegenüber Privaten?, Der Staat 27 (1988), 273. – ***Ders.,*** Parlamentarische Untersuchungen privater Sachverhalte. Art. 44 GG als staatsgerichtetes Kontrollrecht, 1998. – ***C. Möllers,*** Von der Kernbereichsgarantie zur exekutiven Notstandsprärogative: zum BND-Selektoren-Beschluss des BVerfG, JZ 2017, 271. – ***K. Pabel,*** Verhängung von Beugehaft durch einen Untersuchungsausschuss, NJW 2000, 788. – ***B. Peters,*** Unzulässige Beweiserhebung durch parlamentarische Untersuchungsausschüsse, NVwZ 2012, 1574. – ***J. Platter,*** Das parlamentarische Untersuchungsverfahren vor dem Verfassungsgericht, 2004. – ***J. Plöd,*** Die Stellung des Zeugen in einem parlamentarischen Untersuchungsausschuss des Deutschen Bundestages, 2003. – ***R. Pofalla,*** Das Bepackungsverbot gem. § 2 Abs. 2 PUAG am Beispiel des „Lügenuntersuchungsausschusses", DÖV 2004, 335. – ***A. Prehn,*** Der einheitliche Rechtsweg in § 36 I PUAG und das Regelungsdefizit am Beispiel der Pflicht zur Herausgabe bzw. Vorlage von Beweismitteln, NVwZ 2013, 1581. – ***J. Rathjen,*** Der Ermittlungsbeauftragte des parlamentarischen Untersuchungsausschusses, 2004. – ***M. Reinhardt,*** Der Untersuchungsausschuss. Funktionen, Funktionswandel und Instrumentalisierung, NVwZ 2014, 991. – ***S. Rixen,*** Die Eidesleistung vor Untersuchungsausschüssen des Deutschen Bundestages, JZ 2002, 435. – ***M. Roßbach,*** Der Auslandszeuge im parlamentarischen Untersuchungsausschuss, JZ 2014, 975. – ***B. Rusteberg,*** Die Gewährleistung einer funktionsgerechten und organadäquaten Aufgabenwahrnehmung als Schranke des parlamentarischen Untersuchungsrechts, DÖV 2017, 319. – ***U. Schliesky,*** Art. 44 GG – Zulässigkeit der Änderung des Untersuchungsgegenstandes gegen den Willen der Einsetzungsmehrheit, AöR 126 (2001), 244. – ***H. P. Schneider,*** Spielregeln für den investigativen Parlamentarismus, NJW 2001, 2604. – ***R. Scholz,*** Parlamentarischer Untersuchungsausschuss und Steuergeheimnis, AöR 105 (1980), 564. – ***M. Schröder,*** Altes und Neues zum Recht der Parlamentarischen Untersuchungsausschüsse aus Anlass der CDU-Parteispendenaffäre, NJW 2000, 1455. – ***M. Schröder,*** Untersuchungsausschüsse, in Schneider/Zeh, Parlamentsrecht und Parlamentspraxis in der Bundesrepublik Deutschland, 1989, § 46. – ***A. Seidel,*** Die Opposition im parlamentarischen Untersuchungsverfahren nach Art. 44 GG, BayVBl 2002, 97. – ***C. Seiler,*** Der Untersuchungsausschuss an der Schnittstelle von Staatsinternum und -externum, AöR 129 (2004), 378. – ***P. Teubner,*** Untersuchungs- und Eingriffsrechte privatgerichteter Untersuchungsausschüsse, 2009. – ***J. Vetter,*** Abgeordneten-Überprüfung durch Untersuchungsausschüsse?, ZParl 24 (1993), 211. – ***G. Warg,*** Die Grenzen parlamentarische Kontrolle am Beispiel des Staatswohls, NVwZ 2014, 1263. – ***D. Wiefelspütz,*** Das Untersuchungsausschussgesetz, 2003.

Art. 45 [Ausschuss für Angelegenheiten der Europäischen Union]

[1] Der Bundestag bestellt einen Ausschuß für die Angelegenheiten der Europäischen Union. [2] Er kann ihn ermächtigen, die Rechte des Bundestages gemäß Artikel 23 gegenüber der Bundesregierung wahrzunehmen. [3] Er kann ihn auch ermächtigen, die Rechte wahrzunehmen, die dem Bundestag in den vertraglichen Grundlagen der Europäischen Union eingeräumt sind.

Hinweis: Art. 45 hat keinen Vorläufer in den deutschen Reichsverfassungen.

A. Allgemeine Bedeutung

Der Europaausschuss ist einer der wenigen Ausschüsse, die kein entsprechendes Bundesministerium widerspiegeln. Art. 45 wurde durch Gesetz v. 21.12.1992[1] im Zuge der Ratifikation des Vertrages von Maastricht in das Grundgesetz eingefügt.[2] Vorausgegangen waren eine Europakommission des BT in der 10. WP, ein Unterausschuss für Fragen der Europäischen Gemeinschaft des Auswärtigen Ausschusses in der 11. WP, ein EG-Ausschuss in der 12. WP und in derselben Wahlperiode ein Sonderausschuss „Europäische Union" zur Ratifikation des Vertrages von Maastricht.[3] Ende 1994 wurde der heutige Europaausschuss mit Beginn der 13. Legislaturperiode erstmals errichtet.[4] 1

Mit Art. 45 ist der Europaausschuss nun ein **Pflichtausschuss,** der nicht zur Disposition des BT steht.[5] Die Verfassungsnorm hebt nicht nur die Bedeutung des Europaausschusses hervor, sondern sie gestaltet den Ausschuss zugleich als **beschließenden Ausschuss** aus, der mit Ermächtigung des BT an Stelle des Plenums tätig werden kann.[6] Damit soll das Plenum entlastet und der BT in die Lage versetzt werden, unabhängig von den regulären Plenarsitzungen schnell zu reagieren. Der BT ist nur dann in der Lage, sich effektiv in europäische Rechtssetzungsprozesse einzubringen, wenn er innerhalb von Tagen oder wenigen Wochen eine Stellungnahme formuliert. Dies soll der Europaausschuss gewährleisten.[7] 2

Der Europaausschuss konnte in Art. 45 platziert werden, nachdem der alte Art. 45 mit dem Ständigen Ausschuss 1976 aufgehoben worden war. Der Ständige Ausschuss sollte die parlamentslose Zeit zwischen dem Ende der Legislaturperiode und dem Zusammentritt des neuen BT überbrücken und wurde mit der Neubestimmung der Wahlperiode in Art. 39 Abs. 1 S. 2 überflüssig (→ Art. 39 Rn. 2, 13). Die Platzierung in Art. 45 macht die besondere Bedeutung des Europaausschusses deutlich.[8] 3

Der **Vertrag von Lissabon** wertet die Stellung der nationalen Parlamente im Rahmen der EU auf. Sie sollen nach Art. 12 EUV idF des Vertrages von Lissabon „aktiv zur guten Arbeitsweise der Union" beitragen. Zu diesem 4

[1] BGBl. 1992 I 2086.
[2] Zur Entstehung *Schorkopf* in BK Rn. 10–13.
[3] Zur Geschichte *Fuchs* ZParl 35 (2004), 3 ff.; *Schorkopf* in BK Rn. 24–31.
[4] S. den Einsetzungsantrag BT-Drs. 13/35, 2; *Hölscheidt* APuZ 28 (2000), 31 (33).
[5] *Unger* in MKS Rn. 8; *Magiera* in Sachs Rn. 1; sa *Wollenschläger* in Dreier Rn. 11: „institutionelle Garantie"; zur Unzulässigkeit, seine Aufgaben einem Hauptausschuss zu übertragen, *Koschmieder* NVwZ 2014, 852 (853 f.).
[6] Zum Ausnahmecharakter einer solchen Delegation BVerfGE 130, 318 (350–353).
[7] *Unger* in MKS Rn. 1.
[8] *Möller/Limpert* ZParl 1993, 21 (30 f.).

Zweck listet die Vorschrift eine Reihe von Beteiligungsrechten auf. Insbesondere werden die nationalen Parlamente nach dem Protokoll über die Anwendung der Grundsätze der Subsidiarität und der Verhältnismäßigkeit[9] (Subsidiaritätsprotokoll) in die europäische Gesetzgebung eingebunden. Sie haben im Rahmen des sog. **Frühwarnsystems** nach Art. 6 Subsidiaritätsprotokoll die Möglichkeit, innerhalb von acht Wochen in einer Stellungnahme zu begründen, warum ein Gesetzgebungsakt nach ihrer Auffassung dem Subsidiaritätsprinzip widerspricht. Nach Erlass eines Gesetzgebungsaktes kann jedes nationale Parlament gem. Art. 8 Abs. 1 Subsidiaritätsprotokoll eine Verletzung des Subsidiaritätsprinzips binnen zwei Monaten mit der Nichtigkeitsklage vor dem EuGH geltend machen. Diese Einbeziehung der nationalen Parlamente stellt eine erhebliche Herausforderung dar.[10] Im Rahmen der Unionsgesetzgebung müssen die nationalen Parlamente eine Fülle von Gesetzgebungsvorhaben überprüfen und ggf. auch außerhalb der Sitzungswochen innerhalb weniger Wochen aktiv werden. Gelingen kann dies nur, wenn das Parlament einen hinreichenden organisatorischen Rahmen schafft.[11] Den ersten Schritt dazu bildet die Verfassungsänderung im Zuge der Ratifikation des Vertrages von Lissabon.[12] Dadurch wurde nicht nur Art. 23 Abs. 1a eingefügt (→ Art. 23 Rn. 4, 106 ff.), sondern zugleich Art. 45 um einen Satz 3 erweitert. Danach kann dem Europaausschuss namentlich auch das Recht zur Stellungnahme im Rahmen des Frühwarnsystems sowie das Klagerecht des BT nach Art. 8 Abs. 1 Subsidiaritätsprotokoll zur Ausübung übertragen werden. Der neue Art. 45 S. 3 trat gem. Art. 2 des Änderungsgesetzes zeitgleich mit dem Vertrag von Lissabon am 1.12.2009 in Kraft.

B. Einzelfragen

I. Der Bundestag bestellt einen Ausschuss für die Angelegenheiten der Europäischen Union

5 Art. 45 verpflichtet den BT, einen Europaausschuss einzurichten. Vom Wortlaut her knüpft die Vorschrift an die Mitwirkung des BT in **„Angelegenheiten der Europäischen Union"** gem. Art. 23 Abs. 2 S. 1 an (→ Art. 23 Rn. 115–117). Dem Ausschuss müssen damit substanzielle Aufgaben im Bereich der Wahrnehmung der dem BT durch Art. 23 Abs. 2 u. 3 zugewiesenen Mitwirkungsrechte zukommen.[13] Die konkrete Aufgabenzuweisung obliegt der GO BT.[14] Der BT kann dem Ausschuss auch solche Aufgaben zuweisen, die sich unmittelbar aus dem Unionsrecht ergeben (→ Art. 23 Rn. 110). Das gilt namentlich für das Frühwarnsystem nach dem Vertrag von Lissabon (→ Rn. 4).

6 Freilich muss der BT dem Ausschuss weder alle Aufgaben nach Art. 23 Abs. 2 u. 3 oder nach dem primären Unionsrecht zuweisen noch ist er gehindert, dem Ausschuss weitere Aufgaben zu übertragen, die in einem

[9] ABl. 2007 C 306, 150 = BGBl. 2008 II 1094.

[10] *Uerpmann-Wittzack* EuGRZ 2009, 461 ff.

[11] *Altmaier* FS f. Meyer, 2006, 301 (322); *Kühling* Der Staat 45 (2006), 339 (357).

[12] G v. 8.10.2008, BGBl. 2008 I 1926.

[13] Sa *Wollenschläger* in Dreier Rn. 14, Primärverantwortung des Europaausschusses; noch weiter *Schneider* in AK Rn. 3 „General- und Auffangzuständigkeit".

[14] Ausf. *Hansmeyer,* Die Mitwirkung des Deutschen Bundestages an der europäischen Rechtsetzung, 2001, 281 ff.

sachlichen Zusammenhang zu den übertragenen Aufgaben stehen. Insbesondere steht es dem BT frei, Angelegenheiten der Europäischen Union nach Sachgebieten aufzuteilen und federführend dem jeweiligen Fachausschuss zuzuweisen (sog. **dezentrales Modell**[15]). Nach § 93 Abs. 5 S. 1 GO BT obliegt zwar dem Vorsitzenden des Europaausschusses die Sichtung der eingehenden Unionsdokumente.[16] Diese werden dann aber je nach Sachgebiet an die jeweiligen Fachausschüsse überwiesen.[17] Dem Europaausschuss bleibt damit insbes. die Beratung solcher Querschnittsangelegenheiten, die verschiedene Sachmaterien berühren, sowie die Beratung spezifischer Unionsangelegenheiten.[18] Zugleich ist er Hauptansprechpartner der BReg in Angelegenheiten der EU.[19]

Art. 45 enthält keine speziellen Regelungen zur Zusammensetzung des Europaausschusses. Nach allgemeinen Regeln muss der Ausschuss ein **verkleinertes Abbild des Plenums** sein (→ Art. 40 Rn. 12).[20] Daraus folgt, dass Personen, die nicht dem BT angehören, keine stimmberechtigten Ausschussmitglieder sein können. Der BT kann jedoch zusätzliche Mitglieder mit lediglich beratender Stimme bestellen, soweit dies der Ausschussarbeit dient. Dementsprechend sieht § 93b Abs. 8 GO BT die Berufung deutscher **Mitglieder des Europäischen Parlaments** vor.[21] 7

Verfassungsrechtlich steht es dem Europaausschuss frei, seinen Geschäftsgang innerhalb der Vorgaben der §§ 93–93d GO BT selbst zu regeln. Eines der wesentlichen Probleme liegt in der zu bewältigenden **Informationsflut,** die mit dem Frühwarnsystem des Vertrages von Lissabon (→ Rn. 4) noch zugenommen hat. So wurde in der Föderalismuskommission vorgeschlagen, dem Europaausschuss einen Vorprüfungsausschuss vorzulagern, der über die Art der Behandlung eingehender Dokumente zu befinden hätte.[22] Ein solcher Schritt wäre auch ohne Verfassungsänderung von der Geschäftsordnungsgewalt des BT gedeckt. Wichtiger noch als die Schaffung zusätzlicher Gremien, die wiederum mit derselben endlichen Zahl von Parlamentariern besetzt werden müssten, erscheint jedoch ein **Verwaltungsunterbau** aus wissenschaftlichen Referenten, der die notwendigen Vorarbeiten leistet.[23] 8

Soweit Art. 42 Abs. 1 den Grundsatz der **Sitzungsöffentlichkeit** festschreibt, gilt dies grundsätzlich nur für das BT-Plenum, nicht aber für die Ausschüsse (→ Art. 42 Rn. 14–16). Allerdings wird man die Vorschrift so zu verstehen haben, dass der Europaausschuss dann, wenn er gem. Art. 45 S. 2 9

---

[15] Zu verschiedenen Organisationsmodellen *Dann,* Parlamente im Exekutivföderalismus, 2004, 200 ff.

[16] Dazu *Schorkopf* in BK Rn. 59–62.

[17] S. die statistische Auswertung bei *Freundorfer,* Die Beteiligung des Deutschen Bundestages an der Sekundärrechtsetzung der Europäischen Union, 2008, 103 f.

[18] S. *Calliess/Beichelt,* Die Europäisierung des Parlaments, 2015, 207; *Hölscheidt* APuZ 28 (2000), 31 (35); *Hölscheidt* in Maurer/Wessels, National Parliaments on their Way to Europe: Losers or Latecomers?, 2001, 117 (131); *Röben,* Außenverfassungsrecht, 2007, 354; beispielhaft *Pflüger* FS f. Meyer, 2006, 271 ff.

[19] *Möller/Limpert* ZParl 1993, 21 (31).

[20] Grdl. BVerfGE 80, 188 (222) – Wüppesahl; bestätigend BVerfGE 84, 304 (323); 130, 318 (353 f.).

[21] *Hölscheidt* APuZ 28 (2000), 31 (34).

[22] *Bartelt* DÖV 2005, 894 (899).

[23] Dahin gehend *Freundorfer,* Die Beteiligung des Deutschen Bundestages an der Sekundärrechtsetzung der Europäischen Union, 2008, 211 f.; zur Parlamentspraxis *Calliess/Beichelt,* Die Europäisierung des Parlaments, 2015, 200 ff.; im Überblick *Tischendorf,* Theorie und Wirklichkeit der Integrationsverantwortung deutscher Verfassungsorgane, 2017, 209–217.

Rechte des Plenums wahrnimmt, grundsätzlich ebenso öffentlich zu verhandeln hat wie das Plenum. § 69 Abs. 1 GO BT ist insoweit einschränkend auszulegen.[24]

II. Er kann ihn ermächtigen, die Rechte des Bundestages gem. Art. 23 gegenüber der BReg wahrzunehmen

10 Art. 45 S. 2 knüpft an Art. 23 Abs. 3 S. 1 an, wonach die BReg dem BT vor ihrer Mitwirkung an Rechtsetzungsakten der Europäischen Union Gelegenheit zur Stellungnahme zu geben hat. Die Ausübung dieses Rechts zur Stellungnahme kann der BT an den Europaausschuss delegieren. Damit soll dem Umstand Rechnung getragen werden, dass Stellungnahmen häufig eilbedürftig sind, so dass eine Befassung des BT-Plenums zu schwerfällig und langwierig wäre. Die **Eilbedürftigkeit** ist aber nicht Tatbestandsvoraussetzung für eine Ermächtigung des Europaausschusses.

11 Art. 45 S. 2 lässt sowohl eine ***Ad-hoc*-Ermächtigung** als auch eine Generalermächtigung für bestimmte Rechtsbereiche oder sogar für alle Fälle der Stellungnahme zu.[25] Mit § 93b GO BT hat der BT von Art. 45 S. 2 nur eingeschränkt Gebrauch gemacht. Nach § 93b Abs. 2 S. 1 GO BT kann der BT den Europaausschuss im Einzelfall zur Stellungnahme ermächtigen. In diesem Fall hat der Ausschuss vor seiner Stellungnahme nach § 93b Abs. 3 S. 1 Stellungnahmen der Fachausschüsse einzuholen. Eine solche *Ad-hoc*-Ermächtigung hat der BT bislang nicht ausgesprochen.[26] Das komplizierte Verfahren steht im Widerspruch zum Ziel der Beschleunigung.[27]

12 Daneben enthält § 93b Abs. 2 S. 3 GO BT eine **Generalermächtigung** des Ausschusses für den Fall, dass kein beteiligter Fachausschuss widerspricht. Diese Ermächtigung trägt dem Ziel der Beschleunigung besser Rechnung, weil das Plenum im Einzelfall nicht mehr befasst werden muss. Von dieser Möglichkeit hat der Ausschuss mehrfach gemacht.[28] Große Bedeutung hat sie dennoch nicht erlangt.[29]

13 Der BT bleibt auch nach einer Ermächtigung **Herr des Verfahrens** und darf die Angelegenheit jederzeit zur eigenen Entscheidung zurückholen.[30] § 93b Abs. 2 S. 6 GO BT stellt dies klar. Damit kann der BT auch Stellung-

---

[24] IE ebenso *Pieroth* in Jarass/Pieroth Rn. 2; *Schorkopf* in BK Rn. 47; *Unger* in MKS Rn. 22; krit. *Geis* in Isensee/Kirchhof HStR, Bd. III, § 54 Rn. 6; *Magiera* in Sachs Rn. 10; zurückhaltender *Hansmeyer,* Die Mitwirkung des Deutschen Bundestages an der europäischen Rechtsetzung, 2001, 338 f.; sa *Wollenschläger* in Dreier Rn. 27: öffentliche Schlussberatung; aA *Kluth* in SHH Rn. 20; → Art. 42 Rn. 17.

[25] *Wollenschläger* in Dreier Rn. 26; *Scholz* in Maunz/Dürig Rn. 6.

[26] *Schorkopf* in BK Rn. 82.

[27] *Fuchs* DÖV 2001, 233 (238); *Hansmeyer,* Die Mitwirkung des Deutschen Bundestages an der europäischen Rechtsetzung, 2001, 328 f.; *Hölscheidt* APuZ 28 (2000), 31 (35).

[28] S. zB BT-Drs. 15/1163 zum Entwurf des Vertrages über eine Verfassung für Europa; *Mellein,* Subsidiaritätskontrolle durch nationale Parlamente, 2007, 296, weist acht Beschlüsse in der 13.-15. WP (1994–2005) nach; sa *Freundorfer,* Die Beteiligung des Deutschen Bundestages an der Sekundärrechtsetzung der Europäischen Union, 2008, 99; *Fuchs* DÖV 2001, 233 (239); seit der 16. Legislaturperiode gab es keine plenarersetzenden Beschlüsse; s. *Schorkopf* in BK Rn. 49.

[29] *Dann,* Parlamente im Exekutivföderalismus, 2004, 237; *Hölscheidt* APuZ 28 (2000), 31 (35); *Schorkopf* in BK Rn. 91; *Wollenschläger* in Dreier Rn. 29.

[30] *Krings* in BerlKomm Rn. 15; *Möller/Limpert* ZParl 1993, 21 (31); *Wollenschläger* in Dreier Rn. 26; *Schorkopf* in BK Rn. 109; enger *Pieroth* in Jarass/Pieroth Rn. 2: BT darf sich Rückholrecht vorbehalten.

nahmen des Europaausschusses gegenüber der BReg korrigieren.[31] Für die BReg ist dann ab Zugang des Plenarbeschlusses dieser maßgebend.

Die Ermächtigung beschränkt sich auf Rechte gegenüber der BReg iSv Art. 23 Abs. 3. Befugnisse, die dem BT im Rahmen eines **Gesetzgebungsverfahrens** nach Art. 23 Abs. 1 S. 2 u. 3 zustehen, kann er nicht auf den Europaausschuss übertragen (sa § 93b Abs. 2 S. 2 GO BT).[32] **14**

III. Wahrnehmung von Rechten nach primärem Unionsrecht

Art. 45 S. 3, der im Zuge der Ratifikation des Vertrages von Lissabon eingefügt wurde (→ Rn. 4), wurde erst mit dessen Inkrafttreten rechtsgültig.[33] Art. 6 des Lissabonner Subsidiaritätsprotokolls (→ Rn. 4) räumt dem BT ein **Recht zur Stellungnahme** im Rahmen von Unionsgesetzgebungsvorhaben ein. Da die Frist zur Stellungnahme mit acht Wochen eng bemessen ist, kann es sinnvoll sein, das Recht zur Stellungnahme an den Europaausschuss zu delegieren, wie es § 93c GO BT für Ausnahmefälle tut. Die Delegation ist unionsrechtlich unproblematisch, weil der Ausschuss hinsichtlich der Fraktionsstärken ein repräsentatives Abbild des BT darstellt (→ Rn. 7). **15**

Ein weiteres Recht iSv Art. 45 S. 3 ist das **Klagerecht** wegen Verstoßes gegen das Subsidiaritätsprinzip nach Art. 8 Subsidiaritätsprotokoll, das gem. Art. 263 Abs. 6 AEUV innerhalb von zwei Monaten auszuüben ist. Die BReg meinte in ihrer Begründung zum ursprünglichen Begleitgesetz zum Vertrag von Lissabon, dass das Recht zur Erhebung einer **Subsidiaritätsklage** nach Art. 23 Abs. 1a (→ Art. 23 Rn. 106 ff.) in Hinblick auf die besonderen Mehrheitserfordernisse nicht delegierbar sei.[34] Diese Auffassung ist abzulehnen.[35] Der Verfassungstext stützt sie ebenso wenig wie der später weitgehend in § 12 IntVG übernommene Wortlaut des Begleitgesetzes, auf das sich die BReg bezieht. Tatsächlich ermächtigt § 93d Abs. 4 GO BT den Europaausschuss zur Klageerhebung in Eilfällen. **16**

Theoretisch werden auch die Mitwirkungsrechte des BT im Rahmen einer **Vertragsänderung** nach Art. 48 EUV erfasst, doch wird es hier regelmäßig an der Eilbedürftigkeit fehlen, während die Tragweite der Entscheidungen gegen eine Delegation spricht. Im Lissabon-Urteil deutet das BVerfG an, dass die Ausübung der Delegationsbefugnis im Einzelfall gegen das verfassungsänderungsfeste Demokratieprinzip verstoßen könnte.[36] Dem liegt ein problematisch weites Verständnis des nach Art. 79 Abs. 3 änderungsfesten Verfassungskerns zugrunde (→ Art. 23 Rn. 32, 102). Kein Fall des Art. 45 S. 3 ist die Mitwirkung des BT im Zustimmungsverfahren nach Art. 48 Abs. 4 UAbs. 2 und ggf. Abs. 6 UAbs. 2 S. 3 EUV. Diese Mitwirkung findet ihre Grundlage in Art. 23 Abs. 1 S. 2, 3 und ggf. Art. 59 Abs. 2 S. 1 (→ Art. 23 Rn. 75 ff., 90). Der Gesetzesbeschluss ist nicht delegierbar (→ Rn. 14). **17**

---

[31] *Scholz* in Maunz/Dürig Rn. 6; differenzierend *Schorkopf* in BK Rn. 86.

[32] Sa *Kluth* in SHH Rn. 30; *Schorkopf,* Staatsrecht der internationalen Beziehungen, 2017, § 5 Rn. 114.

[33] S. Art. 2 GGÄndG v. 8.10.2008, BGBl. 2008 I 1926.

[34] BT-Drs. 16/8489, 8; dem folgend BVerfGE 123, 267 (433), Lissabon; *Streinz* in Sachs Art. 23 Rn. 136.

[35] *Uerpmann-Wittzack* EuGRZ 2009, 461 (465); iErg wie hier *Mellein,* Subsidiaritätskontrolle durch nationale Parlamente, 2007, 387 f.; einschränkend *Wollenschläger* in Dreier Rn. 22.

[36] BVerfGE 123, 267 (432), Lissabon.

C. Kritische Würdigung

18 Der BT hat von den besonderen Ermächtigungen des Art. 45 **bislang kaum Gebrauch** gemacht. Ein Tätigwerden des Ausschusses an Stelle des Plenums wird in der Parlamentspraxis offenbar als Ausnahme für besonders außergewöhnliche und wichtige Fälle betrachtet, weil es alle Beteiligten unter einen erheblichen Zeitdruck setzt[37] und weil es zu einer Hierarchisierung des Ausschüsse führt.[38] Aus der Binnenperspektive des BT mag das gerechtfertigt erscheinen. Es widerspricht aber dem Ziel von Art. 23 Abs. 2, 3 sowie Art. 45, den Einfluss des BT auf die Rechtsetzung der Europäischen Union signifikant zu stärken. Sicher erfordert die Beratung vieler Unionsvorgänge eine Fachkunde in den unterschiedlichsten Politikbereichen, die der Europaausschuss nicht haben kann. Hier sind die Fachausschüsse gefordert.[39] Es erscheint nicht angebracht, die verfassungsrechtlichen Mitwirkungsrechte des BT auszubauen, wenn er die ihm bereits zustehenden Rechte nicht effektiv ausübt.[40] Wichtig sind insbes. organisatorisch-personelle Maßnahmen (→ Rn. 8).

Literatur

M. Fuchs, Der Ausschuss für die Angelegenheiten der Europäischen Union des Deutschen Bundestages, ZParl 35 (2004), 3. – ***F. Pflüger,*** Der EU-Ausschuss des Deutschen Bundestages in der 14. Wahlperiode, FS f. J. Meyer, 2006, 271. – sa die Nachw. zu Art. 23 und dort insb. zur Beteiligung des BT.

---

37 *Fuchs* DÖV 2001, 233 (239); sa. *Hölscheidt* APuZ 28 (2000), 31 (34 f.); für eine Stärkung des Europaausschusses *Martini* in v. Arnauld/Hufeld, Systematischer Kommentar zu den Lissabon-Begleitgesetzen, § 4 Rn. 98.

38 *Schorkopf* in BK Rn. 91.

39 Zur Praxis *Calliess/Beichelt,* Die Europäisierung des Parlaments, 2015, 210–213; skeptisch *Freundorfer,* Die Beteiligung des Deutschen Bundestages an der Sekundärrechtsetzung der Europäischen Union, 2008, 195 zum Rechtsausschuss.

40 *Hölscheidt* FS f. Meyer, 2006, 205 (219 f.); → Art. 23 Rn. 176.

Art. 45a [Ausschüsse für auswärtige Angelegenheiten und für Verteidigung]

(1) Der Bundestag bestellt einen Ausschuß für auswärtige Angelegenheiten und einen Ausschuß für Verteidigung.

(2) [1]Der Ausschuß für Verteidigung hat auch die Rechte eines Untersuchungsausschusses. [2]Auf Antrag eines Viertels seiner Mitglieder hat er die Pflicht, eine Angelegenheit zum Gegenstand seiner Untersuchung zu machen.

(3) Artikel 44 Abs. 1 findet auf dem Gebiet der Verteidigung keine Anwendung.

Weimarer Reichsverfassung von 1919

Art. 35. Der Reichstag bestellt einen ständigen Ausschuß für auswärtige Angelegenheiten, der auch außerhalb der Tagung des Reichstags und nach der Beendigung der Wahlperiode oder der Auflösung des Reichstags bis zum Zusammentritte des neuen Reichstags tätig werden kann. Die Sitzungen dieses Ausschusses sind nicht öffentlich, wenn nicht der Ausschuß mit Zweidrittelmehrheit die Öffentlichkeit beschließt.

Der Reichstag bestellt ferner […] einen ständigen Ausschuß.

Diese Ausschüsse haben die Rechte von Untersuchungsausschüssen.

A. Allgemeine Bedeutung

I. Genese

Art. 45a bildete noch keinen Beratungsgegenstand des Entwurfes von Her- 1
renchiemsee – an eine Armee war in der unmittelbaren Nachkriegszeit und unter dem Eindruck der Besatzungsmächte mitnichten gedacht, wohl aber die Verteidigungsnotwendigkeit erkannt – und wurde erst nachträglich im Kontext der sog. **Wehrnovelle**[1] in das Grundgesetz eingefügt. Auch ohne Verankerung auf Verfassungsebene bestanden jedoch für beide Geschäftsbereiche schon zuvor Ausschüsse.[2] Die verfassungsrechtliche Normierung findet im Hinblick auf den Ausschuss für auswärtige Angelegenheiten ihre Vorläufer in Art. 35 Abs. 1 S. 1 der Weimarer Reichsverfassung (WRV) von 1919 und in Art. 8 Abs. 3 der Reichsverfassung von 1871. Die Entstehung des bis dato verfassungsrechtlich vorbildlosen Verteidigungsausschusses ist hingegen eng verknüpft mit der – seinerzeit höchst umstrittenen – Entstehung der Bundeswehr im November 1955 (Wiederbewaffnung).[3] Erklärtes Ziel war es, die parlamentarische Kontrolle über diesen neuen, vielen noch suspekten militärischen Machtfaktor im Verfassungsgefüge sicherzustellen,[4]

[1] 7. ÄndG v. 19.3.1956, BGBl. 1956 I 111. Dazu *Roemer* JZ 1956, 193 ff.; *Schäfer* NJW 1956, 529 ff.

[2] Vorläufer des Auswärtigen Ausschusses war der „Ausschuß für das Besatzungsstatut und auswärtige Angelegenheiten", seit 3.6.1953 „Ausschuß für auswärtige Angelegenheiten". Vorläufer des Verteidigungsausschusses war ab 1952 der (Sonder-) „Ausschuß zur Mitberatung des EVG-Vertrages und der damit zusammenhängenden Abmachungen", seit 1953 „Ausschuß für Fragen der europäischen Sicherheit". Vgl. mwN *Müller-Terpitz* in BK Rn. 11 f. Zur Entstehung der Wehrverfassung ausführlich *Heun* in Dreier Vorb. zu Art. 115a –115l Rn. 3 ff.

[3] Zu den nicht verfassungsrechtlich radizierten Ursprüngen u. a. im Kontext einer intendierten Europäischen Verteidigungsgemeinschaft siehe erschöpfend, *Volkmann/Thoß/Köster,* Der Bundestagsausschuss für Verteidigung I-III, 2006/2010/2014.

[4] BT-Drs. 2/2150, 3.

auch wenn noch nicht spezifisch daran gedacht gewesen sein mag, die Bundeswehr als „Parlamentsheer" zu konzipieren.[5] Während die ursprüngliche Fassung des Art. 45a auch ein Tätigwerden zwischen den Wahlperioden vorsah, ist diese Regelung übereinstimmend mit der Neufassung des Art. 39 Abs. 1 S. 2 aufgehoben worden.[6]

II. Inhaltsübersicht

2 Art. 45a Abs. 1 verlangt die obligatorische **Bestellung von Ausschüssen** für die Geschäftsbereiche des Auswärtigen und der Verteidigung und verleiht diesem Gebot Verfassungsrang. Art. 45a Abs. 2 legt ausschließliche **Enquete-Kompetenzen** des Verteidigungsausschusses fest. Abs. 3 stellt schließlich klar, dass diese **exklusiven Kompetenzen** des Verteidigungsausschusses der parlamentarischen Untersuchung entzogen sind.

III. Überstaatliche Bezüge

3 Ungeachtet der hohen Bedeutung parlamentarischer Kontrolle in den Bereichen der Verteidigung und der auswärtigen Angelegenheiten ist eine Norm nach Muster von Art. 45a längst **kein gemeineuropäischer Standard.** Nur eine Minderheit der europäischen Staaten kennt vergleichbare verfassungsrechtliche Vorgaben[7]: etwa Dänemark (§ 19 Abs. 3), Finnland (§ 35 und §§ 96 f.), Griechenland (Art. 68 Abs. 2 UAbs. 2, Österreich (Art. 52a) und Schweden (Kapitel 10 §§ 11 f.).[8] Wie die nationalen Vorbilder weist das Europäische Parlament zwar einen Ausschuss für auswärtige Angelegenheiten samt Unterausschüssen für Menschenrechte, Gemeinsame Sicherheit und Verteidigungspolitik (AFET) auf, dieser ist jedoch nicht primärrechtlich radiziert.

IV. Systematischer Zusammenhang

4 Art. 45a bildet die Basisnorm für die parlamentarische Kontrolle der Außen- wie der Verteidigungspolitik respektive jener Bereiche, die typischer Weise durch eine Prärogative und Dominanz der Exekutive gekennzeichnet sind.[9] Als zwingende Vorgabe stellt sie eine Ausnahme zum Grundsatz parlamentarischer Organisationsautonomie dar, denn herkömmlich obliegt es dem Bundestag, Ausschüsse nach eigenem Zuschnitt einzusetzen.[10] Eine solche Institutionalisierung **verfassungsunmittelbarer Pflichtausschüsse** findet sich sonst lediglich für die Angelegenheiten der Europäischen Union in Art. 45 und für den Petitionsausschuss in Art. 45c. Die zentrale Kontroll- und schwächere Konsultativfunktion der Ausschüsse lässt indes die vom Gewaltenteilungsprinzip abgeschirmten zentralen Gestaltungsspielräume der Exekutive – insbesondere den Kernbereich exekutiver Eigenverantwortung[11] – unbe-

[5] Der Begriff sollte sich erst später im Kontext der Auslandseinsätze der Bundeswehr durchsetzen, siehe BVerfGE 90, 286 (381).
[6] *Unger* in MKS Rn. 2. Zur Neufassung des Art. 39 s. BT-Drs. 7/5307.
[7] Häufiger werden die Pflichtausschüsse lediglich einfachgesetzlich fixiert.
[8] *Müller-Terpitz* in BK Rn. 3; zur verfassungsrechtlichen Normierung *Heun* in Dreier Rn. 2 Fn. 9.
[9] Emblematisch BVerfGE 68, 1, 89.
[10] Zum Begriff der Organisationsautonomie; *Morlok* in Dreier II, Art. 40 Rn. 23.
[11] BVerfGE 124, 78 (insbes. 92 ff.).

rührt.[12] Zu den parlamentarischen Kontrollinstrumenten zählen Beschlussempfehlungen und Berichte, sei es zu Plenumsvorlagen (§ 62 Abs. 1 S. 2 GOBT) oder im Rahmen des Selbstbefassungsrechts nach § 62 Abs. 1 S. 3 GOBT.[13] Wenngleich ihrer Natur nach Pflicht-Ausschüsse kraft Verfassungsanordnung,[14] verbleiben sie Hilfsorgane des BT.[15] Ihr grundgesetzlicher Bestandsschutz und die parlamentarische Gesetzgebungs- und Kontrollfunktion hindern jede abweichende Kompetenzveränderung oder Zusammenlegung, nicht aber eine freiwillige Kooperation, zB durch gemeinsame Unterausschüsse (§ 55 Abs. 4 GOBT).[16] Verfassungsrechtlich unzulässig ist jedoch das Aufgehen in einem sogenannten Hauptausschuss, wie es der Bundestag in der 18. Legislatur vorgenommen hat. Verteidigungs- wie Auswärtiger Ausschuss sind eingebunden in den Parlamentsvorbehalt für bewaffnete Auslandseinsätze der Bundeswehr. An das Stichwort vom Parlamentsheer (→ Rn. 1) sei explizit erinnert.[17]

B. Einzelfragen

I. Der Bundestag bestellt

Die Ausschussmitglieder und deren Stellvertreter werden durch Plenumswahl (§ 54 Abs. 2 GOBT) bestellt und sind in ihrer Zusammensetzung – wie andere Ausschüsse auch – gemäß § 12 GOBT **repräsentativ** für die vorherrschenden Kräfteverhältnisse der Fraktionen im Plenum. Nicht (mehr) fraktionsangehörige Mitglieder können kein Stimmrecht beanspruchen.[18] Verteidigungs- wie Auswärtiger Ausschuss werden auf Grund der besonderen Sensibilitäts- und Vertraulichkeitsanforderungen in ständiger Praxis als sog. **„geschlossene" Ausschüsse** iSd § 69 Abs. 2 S. 1 GOBT bestellt, d. h. das Zutrittsrecht auf ordentliche und stellvertretende Mitglieder beschränkt.[19] Davon unberührt bleiben die Rechte zur jederzeitigen (beratenden) Teilnahme von BT-Präs und Fraktionsvorsitzenden nach § 7 Abs. 1 S. 3, § 69 Abs. 4 GOBT sowie der Mitglieder von BReg und BR nach Art. 43 Abs. 2.[20] 5

[12] BVerfGE 68, 1 – Pershing – 2/Atomwaffenstationierung; BVerfGE 108, 34 – AWACS/Türkei.

[13] Ebenso *Kluth* in SHH Rn. 5; zu letzterem aA *Klein* in Maunz/Dürig Rn. 29. Bsp. für Beschlussempfehlungen und Berichte des AuswA.: BT-Drs. 15/223, 15/5996, Fortsetzung ISAF; BT-Drs. 15/1136, Friedensprozess in Kolumbien; BT-Drs. 16/3322, Fortsetzung OEF-Afghanistan; BT-Drs. 16/861, ALTHEA-Bosnien und Herzegowina; BT-Drs. 16/1148, UNMIS-Sudan; BT-Drs. 16/1650, EUFOR RD Congo; BT-Drs. 16/1157, Iran/Atomprogramm; des VertA: BT-Drs. 12/5338, UNOSOM II; BT-Drs. 15/3125, Transformation Bundeswehr; BT-Drs. 16/3997, Soldatenbesoldung; BT-Drs. 16/5353, Kriegswaffen.

[14] Krit. schon *Bleckmann* JZ 1978, 221.

[15] BVerfGE 67, 100; ebenso BVerfGE 77, 1 (41) – Neue Heimat.

[16] So *Heun* in Dreier Rn. 3; *Jarass* in Jarass/Pieroth Rn. 1.

[17] Vgl. zB schon BT-Drs. 12/5338, UNOSOM II; BT-Drs. 13/6500, IFOR und nunmehr § 4 Abs. 1 S. 2 ParlBetG v. 18.3.2005 (BGBl. 2005 I 775), der vom Grundsatz am § 1 ParlBetG abweicht, wenn es um Einsätze von geringer Intensität geht; zu diesem *Wiefelspütz* NVwZ 2005, 496, *Gilch,* Das Parlamentsbeteiligungsgesetz, 2005; eher krit. *Weiss* NZWehrR 2005, 100.

[18] BVerfGE 80, 188.

[19] *Fuchs* in Morlok/Schliesky/Wiefelspütz Hdb. Parlamentsrecht, § 28 Rn. 18 f.

[20] Näheres bei *Klein* in Maunz/Dürig Rn. 15 f.

II. Einen Ausschuss für auswärtige Angelegenheiten

6 Der Zuständigkeitsumfang für **„auswärtige Angelegenheiten"** ist nicht durch die lediglich als indikativen Grundsatz fungierende funktionale Symmetrie zwischen Ausschuss und Ressortkompetenz zu verengen auf den Aufgabenbereich des Auswärtigen Amtes.[21] Jedoch ist er auch nicht durch bloße Außenberührung begründet, sondern ergibt sich aus einer Zusammenschau aller auf das Auswärtige gerichteten Verfassungsnormen (Präambel, Art. 32 Abs. 1, Art. 59 Abs. 2 und insbesondere der semantisch insofern identische Art. 73 Abs. 1 Nr. 1),[22] so dass all diejenigen Beziehungen mitumfasst sind, die sich aus der Stellung der Bundesrepublik als Völkerrechtssubjekt „zu anderen Staaten"[23] sowie zu sonstigen Völkerrechtssubjekten und zu „zwischenstaatlichen Einrichtungen" (Art. 24) exklusive der eigens normierten zur EU (Art. 45) ergeben.[24] Daraus folgt eine **Zuständigkeitstrias** gerichtet auf außenpolitische Kontrolle, die Ratifizierung völkerrechtlicher Verträge und eine Entscheidung über Auslandseinsätze der Bundeswehr.[25] Dieser Legitimations-, Steuerungs- und Supervisionsfunktion entspricht eine Modustrias, indem der AuswA an der Kontrollfunktion des BT im Bereich der Auswärtigen Gewalt[26] „vorauswirkend" (Etatbewilligung), „begleitend" (Auskunft, Anfrage, Zitierrecht) und „nachwirkend" (Durchführung von BT-Beschlüssen) mitwirkt.[27] Die BReg schuldet zwar aktuelle Berichterstattung,[28] aber weder generelle Vorabinformationen noch uneingeschränkte Akteneinsicht. Notwendige Grenzen zieht der Geheimnisschutz, der ungeachtet aller demokratisch gebotenen Transparenzerfordernisse einen Arkanbereich der Regierung erlaubt.[29] Schnittmengen mit anderen Ausschüssen regelt § 63 GOBT.

III. Und einen Ausschuss für Verteidigung

7 Die der WRV noch fremde Etablierung eines VertA sollte in zeitgenössischer Sicht die Bundeswehr noch nicht zu einem „Parlamentsheer" machen,[30] wie sie es gegenwärtig ist.[31] Jedoch steht auch hier die parlamentarische Kontrolle der Exekutive, „die durch die Einfügung eines starken Machtfaktors wie der Bundeswehr in den Gesamtaufbau der Staatsordnung eine

---

[21] In diese Richtung jedoch *Unger* in MKS Rn. 9; *Klein* in Maunz/Dürig Rn. 17 mwN.

[22] *Fuchs* in Morlok/Schliesky/Wiefelspütz Hdb. Parlamentsrecht, § 28 Rn. 8 ff.

[23] BVerfGE 33, 52 (60); 100,313 (368 f.); eing. *Pilz*, Der Auswärtige Ausschuss des Deutschen Bundestages und die Mitwirkung an der auswärtigen und internationalen Politik, 2008.

[24] Ebenso zB *Magiera* in Sachs Rn. 4; *Klein* in Maunz/Dürig Rn. 19 f.; *Pilz*, Der Auswärtige Ausschuss des Deutschen Bundestages und die Mitwirkung an der auswärtigen und internationalen Politik, 2008; mit Tendenz einer Beschränkung *Unger* in MKS Rn. 9 f.; zu wirtschaftlichen und kulturellen Beziehungen *Risse/Witt* in Hömig/Wolff Rn. 1 mwN.

[25] Dazu *Fuchs* in Morlok/Schliesky/Wiefelspütz Hdb. Parlamentsrecht, § 28 Rn. 12 ff.

[26] BVerfGE 1, 372, Deutsch-Frz. Wirtschaftsabkommen; *Hailbronner* VVDStRL 56 (1997), 7 ff.; *Münzing/Pilz* ZParl 1998, 575.

[27] Zust. *Heun* in Dreier Rn. 5.

[28] Beispiele: BT-Prot. 8/199. Sitzung v. 24.1.1980, 15 875 (Seerechtskonferenz); BT-Prot. 08/224. Sitzung v. 19.6.1980, 18 123 (Unterrichtung über außenpolitischen Absichten); BT-Drs. 11/6604, Aktivitäten der BReg. in den Vereinten Nationen; BT-Drs. 11/7930, Arbeit der UNO und ihrer Sonderorganisationen.

[29] *Schnabel* NVwZ 2010, 303.

[30] So seinerzeit ausdrücklich zB *Roemer* JZ 1956, 193 (196).

[31] BVerfGE 90, 286 (382) und ParlBG v. 18.3.2005 (BGBl. I 775).

erhöhte Bedeutung erhält",[32] wie auch aus den durch Art. 45a Abs. 2 zugewiesenen Rechten eines Untersuchungsausschusses deutlich wird, im Mittelpunkt und trägt damit von Anfang zur Genese eines „Parlamentsheers" nach heutigem Verständnis bei. Gleichwohl fungiert der VertA nicht lediglich als „Streitkräfte"-Ausschuss.[33]

„Verteidigung" meint die militärische einschließlich der „psychologischen" Verteidigung,[34] die militärische Abwehr (MAD)[35] und die Feldjägertruppe, die BwVerw. mit Wehrersatzwesen, Ausbildungseinrichtungen, Rechtspflege und Militärseelsorge, nicht jedoch die zivile Verteidigung.[36] Das folgt aus dem von Art. 17a Abs. 2, Art. 73 Abs. 1 Nr. 1, Art. 87b Abs. 2 S. 1 abweichenden Wortlaut und steht im Einklang mit dem Grundsatz der funktionalen Symmetrie,[37] jedenfalls solange die Zivilverteidigung beim BMI ressortiert.[38] Gleichwohl ist anzuerkennen, dass die grundlegend veränderte sicherheitspolitische Lage Deutschlands einen Rollenwandel der Bundeswehr von der bloßen Verteidigungs- zur Einsatzarmee mit breitem Aufgabenspektrum etwa zur Krisen- und Konfliktbekämpfung bedingt, die vermehrt Aspekte des Zivilschutzes miteinbeziehen.[39] Hinsichtlich Haushaltsfragen besteht keine Kompetenzlosigkeit des VertA, die gegebene Kompetenz beschränkt sich jedoch auf (regelmäßig berücksichtigte), unverbindliche Stellungnahmen.[40] 8

Im Falle einer Kollision von Auskunftsrecht und Geheimnisschutz ist die Ausschöpfung aller parlamentarischen Geheimhaltungsmöglichkeiten geboten.[41] Eine absolute Grenze findet das Auskunftsrecht ausnahmsweise, wenn das Wohl des Bundes eine Geheimhaltung sensibler Militärinformation unumgänglich macht.[42] Eine außerhalb von Art. 45a Abs. 2 *allgemeine* **Berichtspflicht** des VertA gegenüber dem Plenum besteht innerhalb der regulären Grenzen der §§ 62, 63 Abs. 1, § 66 GOBT. Es gilt auch hier der Vorbehalt des Geheimnisschutzes, § 69 Abs. 7 und Anl. 3 GOBT. 9

1. Der Verteidigungsausschuss als Untersuchungsausschuss (Art. 45a Abs. 2). Art. 45a Abs. 2 enthält eine verfassungsrechtliche Singularität, indem der VertA zur Erfüllung seiner Kontrollfunktion kraft Verfassung die Rechte eines UA zugewiesen bekommt.[43] Aufgrund der damit begründeten weitreichenden Beweiserhebungsmöglichkeiten, im Umkehrschluss zu Art. 45a Abs. 2 S. 2 und wegen der Formulierung „auch", handelt es sich jedoch nicht um einen permanenten Untersuchungsaus- 10

[32] 2. Ber. des Rechtsausschusses, BT-Drs. II/2150, 3.
[33] *Berg,* Der Verteidigungsausschuß des Deutschen Bundestages, 1982, 97 (115).
[34] Vgl. BT-Drs. 11/4360 u. 11/7749.
[35] Dies unbeschadet vorrangiger Befugnisse des Parl.-Kontrollgremiums nach Art. 45d, vgl. § 1 Abs. 2 PKGrG und BT-Drs. 16/12411.
[36] Zum Verteidigungsbegriff → Art. 80a.
[37] → Rn. 6.
[38] Zust. *Heun* in Dreier Rn. 6; *Magiera* in Sachs Rn. 3; *Jarass* in Jarass/Pieroth Rn. 1; zur Aussetzung von Wehrpflicht und Zivildienstwesen vgl. Gesetzesentwurf der BReg WehrrechtsänderungsG 2011 (BR-Drs. 859/10).
[39] *Spranger,* Wehrverfassung im Wandel, 2003, 32 ff.; *Gerland* in Morlok/Schliesky/Wiefelspütz Hdb. Parlamentsrecht, § 29 Rn. 1 u. 15.
[40] Zur Kritik und ihrer Zurückweisung *Müller-Terpitz* in BK Rn. 56 f.
[41] Vgl. §§ 16 ff., 69, 73 GOBT und die Geheimschutzordnung, Anl. 3 zur GOBT; zust. *Heun* in Dreier Rn. 7; *Müller-Terpitz* in BK Rn. 54; Regierungsäußerungen vor dem VertA genießen Vertraulichkeit, BVerwGE 73, 9.
[42] BVerfGE 67, 100 (134 ff.); 124, 78 (123).
[43] BVerfGE 77, 1 (41).

schuss.[44] Vielmehr bedarf es abgrenzungshalber eines ausdrücklichen einfachen Mehrheitsbeschlusses oder ggf. des qualifizierten Minderheitsvotums nach Abs. 2 S. 2.[45] Von diesem investigativen Instrument kann der VertA jederzeit Gebrauch machen, allerdings muss der Untersuchungsgegenstand hinreichend bestimmt sein.[46] Selbstverständlich umfassen die „Rechte eines Untersuchungsausschusses" hier ebenso wenig wie in allen andern Fällen die flankierende Aufsicht über die laufende Verwaltung. Ansonsten gelten grundsätzlich Art. 44 Abs. 2 u. 3 iVm dem Gesetz zur Regelung des Rechts der Untersuchungsausschüsse des Deutschen Bundestages (PUAG)[47]. Über die Verfassungswidrigkeit von Mehr- wie Minderheitsenquêten entscheidet nicht das BT-Plenum bzw. der VertA, sondern das BVerfG nach Art. 93 Abs. 1 Nr. 1.[48]

11 An Einzelfallbeispielen, die die effektive Ausschussarbeit belegen, fehlt es nicht. In den mehr als sechs Dekaden seit Einfügung der Norm fungierte der VertA in 16 Fällen als UA.[49] Dagegen führte die Untersuchung über Abhörfälle im BMVg („Lockheed") nicht der VertA, sondern ein UA nach Art. 44,[50] wie schon im Fall „Schützenpanzer HS 30"[51] und jüngst zum BND/Irak.[52]

12 **2. Art. 44 Abs. 1 findet auf dem Gebiet der Verteidigung keine Anwendung (Art. 45a Abs. 3).** In Verteidigungsfragen verwehrt Abs. 3 dem Plenum jede eigene Untersuchungsinitiative, auch in Form einer Auftragserteilung an den VertA.[53] Das Enquêterecht erstarkt dadurch zum **Enquêtemonopol** und enthebt den Vert(U)A einer **Berichtspflicht** gegenüber dem Plenum.[54] Die gegenteilige Regelung in § 34 Abs. 4 S. 2 PUAG weckt Bedenken: Da speziell der Vert(U)A keinen Auftraggeber hat, fungiert er eben nicht „[…] wie jeder Untersuchungsausschuss des Deut-

---

[44] *Müller-Terpitz* in BK Rn. 59 ff.; insbes. 60; zust. *Unger* in MKS Rn. 80; mwN *Gerland* in Morlok/Schliesky/Wiefelspütz Hdb. Parlamentsrecht, § 29 Rn. 46, 2016. Anders hingegen *Frank* in AK nach Art. 87 Rn. 44; dem zust. *Klein* in Maunz/Dürig Rn. 34; *Stern,* Staatsrecht II, 1980, § 26 II 3.

[45] *Klein* in Maunz/Dürig Rn. 34 f.; *Risse/Witt* in Hömig/Wolff Rn. 2; *Heun* in Dreier Rn. 8.

[46] *Depenheuer/Winands* ZRP 1988, 258.

[47] Ausführlich *Müller-Terpitz* in BK Rn. 63 ff.

[48] *Unger* in MKS Rn. 19 mwN; anders hinsichtlich des Beanstandungsrechts *Klein* in Maunz/Dürig Rn. 38; sonstige Streitigkeiten regelt § 36 PUAG; BGH NJW 2010, 3251.

[49] Gegenwärtig in der sog. „Berater-Affäre", in jüngerer Zeit zum Rüstungsprojekt EURO HAWK (2013), in Bezug auf die Bombardierung von entführten Tanklastwagen im Kundus (2009) und Misshandlungsvorwürfen gegenüber M. Kurnaz (2006). Detaillierte Information abrufbar unter https://www.bundestag.de/dokumente/parlamentsarchiv/datenhandbuch/08/kapitel-08–475944 (21.4.2020).

[50] BT-Drs. 8/3835.

[51] BT-Drs. V/4527; Kritik bei *Berg,* Der Verteidigungsausschuß des Deutschen Bundestages, 1982; sowie *Müller-Terpitz* in BK Rn. 80 Fn. 203 u. *Klein* in Maunz/Dürig Rn. 41.

[52] BT-Drs. 16/1179.

[53] Ebenso *Berg* in Waldhoff/Gärditz PUAG § 34 Rn. 7 mwN; *Heun* in Dreier Rn. 9; *Dürig/Klein* in Maunz/Dürig Rn. 39 f.; *Müller-Terpitz* in BK Rn. 80; *Frank* in AK nach Art. 87 Rn. 44; *Unger* in MKS Rn. 21; krit. *Robbers* NJW 1989, 1325 [1327]; a. A. Krings in BeckKomm Rn. 15 f.

[54] So schon *Hahnenfeld* NJW 1963, 2145; ebenso *Oldiges* in APW BesVerwR II Kap. 7/4, Rn. 1162; *Frank* in AK nach Art. 87 Rn. 44; *Brocker* in BeckOK GG Rn. 10; aA *Achterberg/Schulte* in MKS, 6. Aufl. 2010, Rn. 42; *Klein* in Maunz/Dürig Rn. 43 unter Hinweis auf BT-Drs. II/2150, 4; *Martens,* Grundgesetz und Wehrverfassung, 1961, 177; *Heun* in Dreier Rn. 9; *Magiera* in Sachs Rn. 8; *Schmahl* in Sodan Rn. 4; *Umbach* in Umbach/Clemens Rn. 11.

schen Bundestages […]".[55] Für Untersuchungen über den VertA selber (zB Bestechungsvorwürfe gegen Mitglieder) bleibt es indes beim Enquêterecht des Plenums nach Art. 44.[56] Da Art. 44 Abs. 1 komplett und einschränkungslos für unanwendbar erklärt wird, folgt daraus eigentlich, dass die **Beweiserhebung** vor dem Vert(U)A zwingend nicht öffentlich zu erfolgen hat.[57] Für Beratung und Beschlussfassung über ihre Ergebnisse müsste das Gleiche gelten.[58] Gleichwohl tendiert die Praxis des Verteidigungsausschusses insbesondere in Fällen mit gesteigertem öffentlichen Interesse und bei der Vernehmung von hochrangigen Entscheidungsträgern zu einer öffentlichen Beweisaufnahme.[59] Diese lässt sich durch eine teleologische Reduktion legitimieren, denn Motiv der pauschalen Unanwendbarerklärung bildet der sensible und geheimhaltungsbedürftige verteidigungspolitische Zusammenhang, der nicht zwingend berührt sein muss.[60] Der grundsätzlichen Nichtöffentlichkeit korrespondiert die Pflicht der Ausschussmitglieder zur Verschwiegenheit.[61] Der Vert(U)A kann auch einen Unterausschuss nach §§ 55 Abs. 1 GOBT, § 34 Abs. 3 PUAG einsetzen, allerdings nicht, um sich von der eigenen Untersuchungsaufgabe zu entlasten.[62]

C. Verhältnis zu anderen Bestimmungen des Grundgesetzes

Der globalisierungsgestützte Diskurs zum Verhältnis gubernativer und parlamentarischer Kompetenzfelder[63] in der auswärtigen Gewalt kreist weniger um den AuswA als um **Art. 59 Abs. 2.**[64] Weder ein Spannungsfall **(Art. 80a)** noch der Verteidigungsfall (**Art. 115a, Art. 115e Abs. 2**) **rühren an** den Befugnissen der beiden Ausschüsse. Da der Gemeinsame Ausschuss als „Ersatzorgan"[65] nur das funktionsunfähige Plenum repräsentiert (Art. 115e Abs. 1, Art. 115 Abs. 1), bedürfte es keiner Neukonstituierung eines noch intakten AuswA oder VertA.[66] Weder Art. 45a allein noch iVm **Art. 87a Abs. 1 S. 2** berühren die Federführungskompetenz des Haushaltsausschusses **(Art. 110 Abs. 2 S. 1)** für den Verteidigungshaus- 13

[55] So aber die – einzige – Begründung zur Berichtspflicht in BT-Drs. 14/2363, 20. Ebenso *Brocher* in BeckOK GG Rn. 10; aA *Unger* in MKS Rn. 20; *Müller-Terpitz* in BK Rn. 65.

[56] Grds. zust. *Unger* in MKS Rn. 21; *Klein* in Maunz/Dürig Rn. 41 f.; Ausnahmefälle bei *MüllerTerpitz* in BK Rn. 81.

[57] So *Klein* in Maunz/Dürig Rn. 45; *Heun* in Dreier Rn. 9; *Risse/Witt* in Hömig/Wolff Rn. 3; *Magiera* in Sachs Rn. 8; *Brocker* in BeckOK GG Rn. 12; aA *Kluth* in SHH Rn. 9, in Ausnahmefällen, in welchen eine unbefugte Datenpreisgabe nicht zu befürchten ist. Zur Öffentlichkeit der Beweisaufnahmen im Kunduz-UA BGH NJW 2010, 3251.

[58] §§ 34 Abs. 4 S. 1; 12 Abs. 1, Abs. 3 PUAG; *Klein* in Maunz/Dürig Rn. 46; aA *Kluth* in SHH Rn. 9.

[59] *Gerland* in Morlok/Schliesky/Wiefelspütz Hdb. Parlamentsrecht, § 29 Rn. 49.

[60] Dezidiert aA mwN *Brocker* BeckOK GG Rn 12.

[61] Ebenso *Müller-Terpitz* BK Rn. 68; *Klein* in Maunz/Dürig Rn. 45 f.; *Kluth* in SHH Rn. 9.

[62] *Müller-Terpitz* in BK Rn. 72; krit. *Klein* in Maunz/Dürig Rn. 49; *Berg,* Der Verteidigungsausschuß des Deutschen Bundestages, 1982, 251.

[63] S. in diesem Kontext auch *v. Bogdandy,* Gubernative Rechtssetzung, 2000.

[64] Zur parl. Kontrolle der auswärtigen Gewalt *Kokott* DVBl. 1996, 937; *Calliess* in HdbStR IV § 83; zusf. *Kluth* in SHH Rn. 11 ff.

[65] So schon *Hamann* in Hamann/Lenz Art. 53a Anm. A 2, 3; *Stern,* StaatsR II, 1980, § 28 Kap. I 4; ebenso *Jarass* in Jarass/Pieroth Art. 53a Rn. 1; *Heun* in Dreier Art. 53a Rn. 4.

[66] Zust. *Heun* in Dreier Rn. 10; anders *Maunz/Herzog/Scholz* in Maunz/Dürig Art. 115e Rn. 37.

halt.[67] Der Wehrbeauftragte hat gegenüber dem VertA eine relativ schwache, vielfach abhängige Stellung, so dass man ein starkes verfassungsrechtliches Gefälle diagnostizieren kann.[68] Bei Petitionen zum Verteidigungswesen genießt **Art. 45c** Vorrang.[69] Im Verhältnis zu **Art. 44** denkbare „Mischbereiche", in denen ein Untersuchungsgegenstand nur teilweise das Verteidigungsressort betrifft, sind zu entzerren.[70]

D. Kritische Würdigung

14 Beide Ausschüsse haben sich in jahrzehntelanger Praxis verfassungspolitisch bewährt und erfahren angesichts fundamentaler Rollenveränderungen der Bundesrepublik in außenpolitischer und verteidigungspolitischer Hinsicht stetige Bedeutungssteigerung. Die frühere Auffassung, die Einrichtung insbes. des VertA habe die Bundeswehr nicht etwa zu einem **„Parlamentsheer"** machen wollen,[71] ist – wie bereits gezeigt – seit 1994 vom BVerfG zugunsten einer möglichst breiten Legitimationsgrundlage für die Lebensrisiken bewaffneter Streitkräfte-Einsätze ins Gegenteil gewendet worden und seither allgemeine Meinung.[72] Sollte die GASP einmal zu einer Streitmacht für die Europäische Union führen, mag für diese anderes gelten, da das deutsche Verständnis umfassender parlamentarischer Kontrolle der Armee den spezifischen historischen Unrechtserfahrungen, vor allem im Dritten Reich, geschuldet ist und keineswegs von allen EU-Mitgliedstaaten geteilt wird.[73] Die Federführung für die parlamentarische Zustimmung zu Auslandseinsätzen der Bundeswehr hatte der VertA nur anfangs;[74] mit der Zuordnung dieser Einsätze zur Auswärtigen Gewalt liegt sie beim AuswA.[75]

Der VertA mag ein personell kompaktes Kontrollorgan sein. Sein effizientes Arbeiten aber verlangt ein Mindestmaß an demokratischer Öffentlichkeit. Soweit ihm diese verwehrt ist, bleibt er verwundbar.[76]

Literatur

H.-J. Berg, Der Verteidigungsausschuß des Deutschen Bundestages, Diss. Bochum, 1982. – ***D. Blumenwitz,*** Das Parlamentsheer nach dem Urteil des Bundesverfassungsgerichts vom 12. Juli 1994, in F. Majoros, FS f. G. Ritter, 1995, 311. – ***E. Busch,*** Zur parlamentarischen Kontrolle der Streitkräfte, NZWehrR 1983, 81. – ***M. Fuchs,*** Aus-

[67] So zutr. *Klein* in Maunz/Dürig Rn. 23; zur Kritik *Müller-Terpitz* in BK Rn. 56.

[68] MwN *Unger* in MKS Rn. 14; *Müller-Terpitz* in BK Rn. 32.

[69] *Müller-Terpitz* in BK Rn. 35.

[70] Bsp.: BT-Drs. 16/1179, Abkoppelung BND/MAD. Den VertA zwingen, sich als UA zu konstituieren, kann ggf. nur ein Organstreitverfahren nach Art. 93 Abs. 1 Nr. 1 erzielen, so auch *Brocker* in BeckOK GG Rn. 11 mwN.

[71] *Roemer* JZ 1956, 193 (196).

[72] BVerfGE 90, 286, AWACS/UNOSOM II; BVerfGE 108, 34 – AWACS/Türkei; ebenso BVerwGE 127, 302, Irak; aus der Lit. vor allem *Blumenwitz* FS f. Ritter, 1995, 311; *Wiefelspütz,* Das Parlamentsheer, 2005.

[73] Zur Debatte um eine Europäische Armee www.swp-berlin.org/publikation/zur-diskussion-ueber-eine-28-armee-fuer-die-europaeische-union/ (10.6.2020).

[74] BT-Drs. 12/5338, AWACS/UNOSOM II.

[75] Vgl. zB BT-Drs. 12/7561, Kambodscha; ferner BT-Drs. 16/5636, ISAF; BT-Drs. 16/3321, OEF; BT-Drs. 16/2614, UNIFIL; BT-Drs. 16/1148, UNMIS; rechtsvergleichend *Schmidt-Radefeldt,* Parlamentarische Kontrolle der internationalen Streitkräfteintegration, 2005; zu Bundeswehr-Einsatz und Auswärtiger Gewalt *Riedel* NZWehrR 1989, 45.

[76] *Meier,* Öffentlichkeit im Verteidigungsausschuss als Untersuchungsausschuss gemäß Art. 45a II GG, 2015.

wärtiger Ausschuss, in *M. Morlock/U. Schliesky/D. Wiefelspütz,* Hdb. Parlamentsrecht, 2016, § 28. – ***R. Geiger,*** Neuere Probleme der parlamentarischen Legitimation im Bereich der auswärtigen Gewalt, 2003. – ***H.-U. Gerland,*** Verteidigungsausschuss:, in *M. Morlock/U. Schliesky/D. Wiefelspütz,* Hdb. Parlamentsrecht, 2016, § 29. – ***R. A. P. Glawe,*** Organkompetenzen und Handlungsinstrumente auf dem Gebiet der nationalen Sicherheit, 2011. – ***W. Grewe/E. Menzel,*** Die auswärtige Gewalt der Bundesrepublik, VVDStRL 12 (1954) 129, 179. – ***G. Hahnenfeld,*** Bundestag und Bundeswehr, NJW 1963, 2145. – ***K. Hailbronner/T. Öhlinger/L. Wildhaber/R. Wolfrum,*** Kontrolle der auswärtigen Gewalt, VVDStRL 56 (1997), 7, 81, 67, 38. – ***H. A. Hilgers,*** Der Verteidigungsausschuss als Untersuchungsausschuss gemäß Art. 45a Absatz 2 des Grundgesetzes, Diss. 2015. – ***E. Hucko,*** Der parlamentarische Untersuchungsausschuß auf dem Gebiet der Verteidigung, ZParl 10 (1979), 304. – ***H. Keller,*** Der Verteidigungsausschuß des Deutschen Bundestages, BwVerw 1974, 1. – ***J. Krause,*** Die Rolle des Bundestages in der Außenpolitik, in W.-D. Eberwein, Deutschlands neue Außenpolitik IV, 1998, 137. – ***W. Martens,*** Grundgesetz und Wehrverfassung, 1961. – ***M.-C. Meier,*** Öffentlichkeit im Verteidigungsausschuss als Untersuchungsausschuss gemäß Art. 45a II GG, 2015. – ***E. Münzing/V. Pilz,*** Der Auswärtige Ausschuß des Deutschen Bundestages: Aufgaben, Organisation und Arbeitsweise, ZParl 1998, 575. – ***V. Pilz,*** Der Auswärtige Ausschuss des Deutschen Bundestages und die Mitwirkung an der auswärtigen und internationalen Politik, 2008. – ***Ch. Raap,*** Die Kontrolle der Streitkräfte durch das Parlament, JuS 1996, 980. – ***R. Schick,*** Zur Stellung des Verteidigungsausschusses, Wehrwissenschaftliche Rundschau 1968, 1. – ***R. Schmidt-Radefeldt,*** Parlamentarische Kontrolle der internationalen Streitkräfteintegration, 2005. – ***C.-C. Schweitzer,*** Der Auswärtige Ausschuß des Deutschen Bundestages im außenpolitischen Entscheidungssystem, APuZ 19 (1980), 3. – ***J. C. Weichert,*** Der Ausschuß für Auswärtige Angelegenheiten, Außenpolitik 11 (1960), 618. – ***D. Wiefelspütz,*** Das Parlamentsheer, 2005. – ***G. Willms,*** Parlamentarische Kontrolle und Wehrverfassung, Diss. Göttingen, 1961.

Art. 45b [Wehrbeauftragter des Bundestages]

[1] Zum Schutz der Grundrechte und als Hilfsorgan des Bundestages bei der Ausübung der parlamentarischen Kontrolle wird ein Wehrbeauftragter des Bundestages berufen. [2] Das Nähere regelt ein Bundesgesetz.

Übersicht

A. Allgemeine Bedeutung

I. Genese

1 Art. 45b, der in der deutschen Rechts- und Verfassungsgeschichte kein Vorbild hat,[1] ist das Ergebnis eines verfassungspolitischen Kompromisses in der Kontroverse um die **Wiederbewaffnung (West-)Deutschlands.** 1956 machte die SPD ihre Zustimmung zur zweiten **Wehrnovelle**[2] der Verfassung von der Schaffung des Amtes eines Wehrbeauftragten sowie der Festschreibung des Verteidigungsausschusses im GG abhängig.[3] Als Vorbild für das Amt des Wehrbeauftragten wurde der schwedische „Militieombudsman" herangezogen,[4] dessen Amt mittlerweile (wieder) mit dem des „Justitieombudsman" verschmolzen worden ist.[5] Derzeit gibt es noch in Australien[6] sowie in Dänemark[7] ein vergleichbares Ombudsamt zur parlamentarischen Kontrolle der Streitkräfte.[8] Andere mittlerweile im deutschen Recht verankerte Beauftragte, wie etwa im Gleichstellungs-[9] oder Datenschutz-

---

[1] *Ule* JZ 1957, 422; *Jaeger* FS f. Apelt, 1958, 121 (133).

[2] BGBl. 1956 I 111.

[3] Detailliert *Müser,* Wehrbeauftragter und Gewaltenteilung, 1976, 44 ff.

[4] *Hahn* AöR 84 (1959), 377 (379); *Müser,* Wehrbeauftragter und Gewaltenteilung, 1976, 39.

[5] *Heun* in Dreier Rn. 2; eingehend zum historischen Vorbild *Hahn* AöR 84 (1959), 377 (385 ff.).

[6] *Heun* in Dreier Fn. 9.

[7] Siehe Art. 55 der dänischen Verfassung.

[8] *Müser,* Wehrbeauftragter und Gewaltenteilung, 1976, 39.

[9] Vgl. § 19 des G für die Gleichstellung von Frauen und Männern in der Bundesverwaltung und in den Unternehmen und Gerichten des Bundes, BGBl. 2015 I 3234.

recht,[10] sind mit dem Wehrbeauftragten schon insoweit nur begrenzt vergleichbar, als er anders als jene eine durch das GG begründete Stellung hat und auf eine bestimmte Institution, die Bundeswehr, bezogen ist, die im Übrigen ebenfalls verfassungsrechtlich radiziert ist.

Die Begründung des Amts eines Wehrbeauftragten unterstützt (auch) das Ziel einer **umfassenden rechtsstaatlichen** und **demokratischen Einhegung** des Militärs. Durch unterschiedliche Maßnahmen – namentlich das Konzept der **Inneren Führung**[11] und das Leitbild des **Staatsbürgers in Uniform**[12] – sollte und soll verhindert werden, dass das Militär ein Machtfaktor wird, der auf die politische Führung Einfluss nimmt.[13] Mit anderen Worten soll der Primat des Politischen über die Verteidigung gesichert werden. Insofern effektiviert der Wehrbeauftragte – als Hilfsorgan des Bundestags, wie Art. 45b ausdrücklich verfügt (→ Rn. 10 ff.) – die parlamentarische Kontrolle der Regierung im Bereich des Verteidigungswesens und ist damit ebenso Ausdruck der **Gewaltenteilung** zwischen der ersten und zweiten Staatsgewalt.[14] Das BVerfG beschreibt Art. 45b (im Verbund mit anderen Vorschriften der Verfassung) deshalb treffend als „Ausdruck eines ausgeprägten Systems der parlamentarischen Kontrolle" der Streitkräfte.[15] Eine weitere Funktion des Wehrbeauftragten, ebenfalls in Art. 45b ausdrücklich angelegt, ist der „Schutz der Grundrechte". Gemeint ist vor allem Grundrechtsschutz innerhalb der Streitkräfte, dh der Wehrbeauftragte wacht über die grundrechtsgeschützten Interessen der Soldaten (→ Rn. 5 ff.).[16] 2

Art. 45b ist mit Blick auf alle diese Funktionen als **Reaktion** auf die **Machtfülle** des **Militärs** im Deutschen Reich sowie im Nationalsozialismus zu betrachten.[17] Er spiegelt vor dem Hintergrund dieser historischen Erfahrungen die in den 1950er Jahren verbreitete Skepsis gegenüber der Wiederbewaffnung Deutschlands und die damit einhergehende – jedenfalls latente – Gefahr einer erneuten Verselbstständigung militärischer Macht. 3

II. Inhaltsübersicht

Die Funktion des Wehrbeauftragten erschöpft sich nicht in der gewaltenteiligen, **parlamentarischen Kontrolle** der Streitkräfte, sondern der Wehrbeauftragte hat auch, wie häufig und zu Recht festgestellt worden ist, eine kommunikativ-vermittelnde Funktion zwischen der Bundeswehr einerseits und Bundestag und Bundesregierung andererseits und gleichermaßen zwi- 4

[10] Vgl. Art. 37 der Verordnung (EU) 2016/679 des Europäischen Parlaments und des Rates vom 27. April 2016 zum Schutz natürlicher Personen bei der Verarbeitung personenbezogener Daten, zum freien Datenverkehr und zur Aufhebung der Richtlinie 95/46/EG, ABl. 2016 L 119 1.

[11] Siehe bereits *Graf Baudissin,* Soldat für den Frieden, 1969, 117 ff.; siehe zur Diskussion auch *Müser,* Wehrbeauftragter und Gewaltenteilung, 1976, 33 ff.

[12] Siehe aus der Rspr. BVerwG NVwZ-RR 2014, 767 (769); *Jaeger* FS f. Apelt, 1958, 121 (124 ff.).

[13] *Erbel* Der Staat 14 (1975), 347 (350); *Klein* in Maunz/Dürig Rn. 1 f.

[14] Siehe bereits *Hahnenfeld* NJW 1963, 2145 f.

[15] BVerfGE 90, 286 (385); allgemein zu den Schwierigkeiten der Implementation der Wehrverfassung in die Verfassungsordnung *Hahnenfeld* NJW 1963, 2145.

[16] Prägnant *Klenner* NZWehrR 1968, 81 (82): „die Grundrechte [sollen] ihre Geltung nicht hinter den Kasernentoren verlieren.".

[17] Siehe auch *Klein* in Maunz/Dürig Rn. 1.

schen der Bundeswehr und der allgemeinen Öffentlichkeit.[18] Mit anderen Worten: Er ist nicht nur ein **Kontrolleur** der Streitkräfte im Dienste des Bundestags, sondern trägt auch zu deren **Akzeptanz** sowie zum gesellschaftlichen Diskurs über die Belange der Soldaten bei.[19] Insofern vereinigt der Wehrbeauftragte Aufgaben eines Kontrolleurs, Kommunikators und Vertreters soldatischer Interessen auf sich, deren Ausfüllung – dem Bundespräsidenten insoweit nicht ganz unähnlich – in hohem Maße von der Persönlichkeit des Amtsinhabers abhängt. In der Regel genießen die Amtsinhaber wie auch das Amt als solches heute hohe Akzeptanz in der Bundeswehr.[20] Auch wenn dies die Arbeit des Wehrbeauftragten in der Praxis erleichtert, kann diese gerade in sensiblen Bereichen der Streitkräfteorganisation und Verteidigung durchaus konfliktträchtig sein.

B. Einzelfragen

I. Zum Schutz der Grundrechte (S. 1)

5 Art. 45b installiert den Wehrbeauftragten (auch) zum **Schutz der Grundrechte.** Davon sind jedenfalls die vom ersten GG-Abschnitt umschlossenen Rechte, über den Wortlaut hinaus aber auch alle sonstigen verfassungsbeschwerdefähigen Recht, insbes. die Garatien der Art. 101 ff. umfasst.[21] Die **Europarechtsfreundlichkeit des GG** gebietet auch den Einschluss der Grund- und Menschenrechte der EMRK[22] sowie, soweit ihr Anwendungsbereich reicht (wie etwa bei bestimmten Diskriminierungsverboten), der Grundrechte der GRCh.

6 Der Wortlaut spricht allgemein vom Schutz der Grundrechte und lässt damit offen, welche Grundrechtsträger vom Schutzauftrag des Wehrbeauftragten umfasst sind. Infrage kommt sowohl der Schutz der Soldaten und anderer Angehöriger der Streitkräfte als auch der Schutz Dritter, die von der Ausübung militärischer Hoheitsgewalt in ihren Grundrechten betroffen sind. Nach einhelliger Meinung soll dieser zusätzliche Schutz der Grundrechte und grundrechtsgleichen Rechte allerdings **ausschließlich** den **soldatischen Angehörigen der Streitkräfte** zugute kommen.[23] Auch dem auf der Basis von Art. 45b S. 2 erlassenen WBeauftrG (§ 1 Abs. 3) vom 26.6.1957[24] ist eine solche Begrenzung immanent; sie entspricht also auch der Intention des Verfassungsgesetzgebers bei der Normierung des Art. 45b.[25] Erfasst werden sollte also nur diejenige grundrechtstypische Gefährdungslage, die mit dem Dienst an der Waffe, sei es als Wehrpflichtiger (Art. 12a Abs. 1) oder Berufssoldat, und insbesondere mit dem Kampfeinsatz für die daran unmittelbar Beteiligten verbunden ist.

---

[18] Siehe bereits *Busch* in Schneider/Zeh Parlamentsrecht und Parlamentspraxis in der Bundesrepublik Deutschland, § 51 Rn. 44.

[19] Siehe bereits BT-Drs. VI/3829, 33: „[…] Relaisstation und Bindeglied zwischen Parlament und Streitkräften, zwischen Bundeswehr und Öffentlichkeit."

[20] Vgl. *Schmidt-Radefeldt* in BeckOK GG Rn. 3.

[21] *Heun* in Dreier Rn. 10 mwN; *Unger* in MKS Rn. 18.

[22] Eingehend *Spranger* in BK Rn. 56 f.

[23] *Paproth/Dimroth* NZWehrR 2012, 16 (17); *Heun* in Dreier Rn. 10; *Unger* in MKS Rn. 18 mwN.

[24] BGBl. 1957 I 652.

[25] Siehe *Ule* JZ 1957, 422 (429); *Hernekamp* in v. Münch/Kunig, 6. Aufl. 2012, Rn. 25; *Heun* in Dreier Rn. 10; *Unger* in MKS Rn. 18.

Ein vergleichbarer Schutzbedarf besteht beim **nicht-militärischen Personal** der Bundeswehr nicht, weshalb dessen Grundrechtsschutz grundsätzlich nicht in die Zuständigkeit des Wehrbeauftragten fällt.[26] Schließlich besteht eine scharfe Trennung von möglichen Kombattanten und nicht-militärischem Personal. 7

Soldaten sind – wie sich auch aus Art. 17a Abs. 1 ergibt – auch **innerhalb ihres Dienstes** in vollem Maße grundrechtsfähig,[27] mag auch die Eingriffsschwelle im Soldatenverhältnis anders zu bestimmen sein als gegenüber „normalen" Berufsträgern. Die frühere Lehre vom „besonderen Gewaltverhältnis", in dem die Grundrechte nicht gelten, ist mit der ganz hM abzulehnen.[28] 8

Die Grundrechtskontrolle des Wehrbeauftragten ist umfassend. Sie umschließt sowohl die Überprüfung der allgemeinen wie der individuellen Grundrechtslage und setzt auch keine Grundrechtsverletzung voraus, vielmehr kann der Wehrbeauftragte auch bei einer **Gefährdung der Grundrechte** bereits tätig werden, also zur Grundrechtsprävention.[29] Der Einwand, damit werde querulatorischen Eingaben die Tür geöffnet,[30] überzeugt nicht, weil die Gefahr des Rechtsmissbrauchs nicht die Reichweite des notwendigen Rechts determinieren sollte. Zudem dürften sich die Grenzen zwischen einer Gefährdung und einer Verletzung von Grundrechten nicht scharf ziehen lassen. In der Praxis scheinen querulatorische Eingaben, mit denen sich der Wehrbeauftragte auch wegen begrenzter Kapazitäten ohnehin nur begrenzt befassen könnte, kein signifikantes Problem darzustellen. 9

II. Und als Hilfsorgan des Bundestages bei der Ausübung der parlamentarischen Kontrolle (S. 1)

Die zweite zentrale Funktion des Wehrbeauftragten ist die eines Hilfsorgans des Bundestages bei der **parlamentarischen Kontrolle** der Regierung. Aus der Bezeichnung „Hilfsorgan" wird deutlich, dass der verfassungsändernde Gesetzgeber mit der Schaffung des Amtes weder eine Beschränkung noch eine inhaltliche Ausweitung parlamentarischer Kontrolle durch Art. 45b bezweckte:[31] Nicht Kontrollsubstitution, sondern **Kontrollergänzung** ist das Ziel. Das Nebeneinander von allgemeiner parlamentarischer Kontrolle, Verteidigungsausschuss (Art. 45a) und Wehrbeauftragtem, deren Funktionen sich überschneiden, birgt ein Konfliktpotential, das auf einfachgesetzlicher Ebene jedoch teils entschärft worden ist (→ Rn. 17 ff.). 10

Die beiden Funktionen des Wehrbeauftragten stehen nicht isoliert nebeneinander, sondern sind aufeinander bezogen und ergänzen sich. Von der Hilfsorganschaft für den Bundestag ist die Wahrung der Grundrechte der Soldaten nicht ausgeschlossen, sondern die parlamentarische Kontrolle[32] – 11

---

[26] So bereits *Ule* JZ 1957, 422 (428 f.); *Kreutzer* DÖV 1977, 165 (166); *Unger* in MKS Rn. 18; *Heun* in Dreier Rn. 10.

[27] Siehe nur *Heun* in Dreier Rn. 10.

[28] Vgl. BVerfGE 33, 1 (9 ff.); *Bethge* in MSKB BVerfGG Art. 90 Rn. 204.

[29] *Pieroth* in Jarass/Pieroth Rn. 2; *Unger* in MKS Rn. 18.

[30] *Klein* in Maunz/Dürig Rn. 35; so auch *Hernekamp* in: v. Münch/Kunig, 6. Aufl. 2012, Rn. 4.

[31] Siehe *Maurer,* Wehrbeauftragter und Parlament, 1965, 11; *Erbel* Der Staat 14 (1975), 347 (352 f.).

[32] *Wolf* NZWehrR 1978, 121 (123 f.); *Klein* in Maunz/Dürig Rn. 14; aA hingegen *Paproth/Dimroth* NZWehrR 2012, 16 (18 f.), die der Verfassung keine Aussage darüber entnehmen wollen, ob der Wehrbeauftragte eine weisungsgebundene oder weisungsungebundene Stellung innehabe.

und damit die begrenzte Autonomie des Wehrbeauftragten gegenüber dem Bundestag – schließt die Grundrechtskontrolle ein. Daher überzeugen Ansätze im Schrifttum, wonach dem Wehrbeauftragten eine Doppelstellung zufallen soll – als „selbstständiges Organ" beim Grundrechtsschutz einerseits und „abhängiges Hilfsorgan" für die Legislative bei der demokratischen Kontrolle der Exekutive[33] – nicht. Nicht nur der Wortlaut des Art. 45b („des Bundestages") sowie seine systematische Stellung im III. GG-Abschnitt („Der Bundestag") steht dagegen, sondern auch, dass, wie erwähnt, die parlamentarische Kontrolle, die sich sonst auch auf die Grundrechtswahrung durch die Exekutive erstrecken würde, durch die Schaffung des Amts des Wehrbeauftragten nicht eingeschränkt werden sollte.[34] Ist Grundrechtsschutz von parlamentarischer Kontrolle umschlossen und agiert der Wehrbeauftragte dafür als Hilfsorgan, ist er es auch in Bezug auf den Grundrechtsschutz.[35] Dass der Wehrbeauftragte beim Grundrechtsschutz anders als bei der Prüfung sonstiger Vorgänge weisungsunabhängig ist, wird von Art. 45b nicht vorgegeben[36], sondern beruht auf der einfachgesetzlichen Regelung des § 5 Abs. 2 WBeauftrG, ist jedoch für effektiven Grundrechtsschutz auch opportun.

12 Der Wehrbeauftragte genießt nach einfachem Recht und in der Staatspraxis ein hohes (aber verfassungsrechtlich noch unbedenkliches)[37] Maß an **Autonomie,** sodass sich der Streit praktisch kaum auswirken dürfte.[38] Trotz der Hilfsorganschaft für den Bundestag ist eine gewisse Autonomie des Wehrbeauftragten auch verfassungsrechtlich gefordert, damit er seinen Kontrollauftrag wahrnehmen kann: Er ist Beauftragter des Parlaments, nicht sein Vollstrecker. Dem entspricht es, dass § 5 Abs. 2 WBeauftrG den Wehrbeauftragten von nicht vorgangsbezogenen (§ 1 Abs. 2 WBeauftrG) Weisungen freistellt (→ 11, 23 ff.). In der Praxis haben sich die Wehrbeauftragten durch ihre Arbeit ein nicht unerhebliches Maß an Autonomie gegenüber dem Parlament gesichert.[39]

III. Wird ein Wehrbeauftragter des Bundestages berufen (S. 1)

13 Das GG benennt zwar die beiden Aufgabenbereiche sowie das etablierte Amt: den Wehrbeauftragten. Es schweigt aber zu den Befugnissen des Wehrbeauftragen. Klar ist nach dem Wortlaut jedenfalls, dass das Amt nur von einer Person ausgeübt wird. Es besteht eine verfassungsrechtliche Pflicht, einen Wehrbeauftragten zu berufen **(Einrichtungsgarantie)**[40] und die dafür erforderlichen gesetzlichen Voraussetzungen gem. S. 2 zu schaffen **(Gesetzgebungsauftrag).**[41]

14 Der Wehrbeauftragte ist – als dessen Hilfsorgan – dem **Bundestag** zugeordnet (→ Rn. 10 f.), und hat damit unter Gewaltenteilungsgesichtspunk-

[33] *Ule* JZ 1957, 422 (423); so im Ergebnis auch *Pieroth* in Jarass/Pieroth Rn. 2; zusammenfassend: *Heun* in Dreier Rn. 4; siehe bereits auch *Klenner* NZWehrR 1968, 81 (84 ff.).

[34] Siehe bereits *Klenner* NZWehrR 1968, 81 (86 f.); *Erbel* Der Staat 14 (1975), 347 (354 ff.); *Müser,* Wehrbeauftragter und Gewaltenteilung, 1976, 54 ff.; *Klein* in Maunz/Dürig Rn. 13 f.; *Heun* in Dreier Rn. 4.

[35] AA hingegen *Spranger* in BK Rn. 69.

[36] *Heun* in Dreier Rn. 4.

[37] *Heun* in Dreier Rn. 4; hierfür spricht die Überlegung, dass das Parlament es selbst in der Hand hat, über die von ihm ausgeübte Kontrollintensität zu entscheiden.

[38] So bereits *Müser,* Wehrbeauftragter und Gewaltenteilung, 1976, 55.

[39] Vgl. *Klein* in Maunz/Dürig Rn. 52 ff.; 89 f.

[40] *Spranger* in BK Rn. 20.

[41] *Klein* in Maunz/Dürig Rn. 3.

ten an der parlamentarischen Kontrolle der Exekutive teil. Dies bedeutet jedoch auch, dass seine Kontrollbefugnisse in gewaltenteiliger Hinsicht nicht weiter reichen können als diejenigen des Bundestages.[42]

Die Berufung erfolgt zum **Wehr**beauftragten, dh sein sachlicher Wirkungsbereich ist – allein – die **Verteidigung**[43], was jedenfalls die **Bundeswehr** und deren Verwaltung umfasst.[44] In Bezug auf die Grundrechte ist die Kontrollfunktion insoweit enger, als nicht alle Mitglieder der Streitkräfte, sondern nur die Soldaten umfasst sind (→ Rn. 6 f.). Andererseits ist der Bereich, welcher der Kontrolle des Wehrbeauftragten unterliegt, nicht notwendigerweise identisch mit dem Geschäftsbereich des Bundesministeriums der Verteidigung,[45] da andernfalls die Exekutive über die Geschäftsverteilung über die Grenzen der Zuständigkeiten ihrer eigenen Kontrollinstanz entscheiden könnte. Nicht von der Kontrolle des Wehrbeauftragten umfasst ist hingegen der Bereich des Zivil- und Katastrophenschutzes.[46] **15**

Mit der **Integration** der **Bundeswehr** in **internationale Strukturen,** wie die NATO oder die UN, ist auch eine Erweiterung des Aufgabenkreises des Wehrbeauftragten verbunden. Grundsätzlich bleibt bei allen Auslandseinsätzen der Bundeswehr die Kontrollbefugnis des Wehrbeauftragten vollumfänglich bestehen.[47] Ausgenommen sind die integrierten Militärstäbe der NATO und multinationale Einsätze, für welche die Verantwortung auf mehrere Staaten, die jeweils Streitkräftekontingente stellen, aufgeteilt ist.[48] Um den ausreichenden Grundrechtsschutz für die deutschen Einsatzkräfte sicherzustellen, muss der Zugang des Wehrbeauftragten erforderlichenfalls durch zwischenstaatliche Vereinbarungen sichergestellt werden.[49] **16**

IV. Das Nähere regelt ein Bundesgesetz (S. 2)

Art. 45b S. 2 ermächtigt den Bund, „das Nähere" durch Bundesgesetz zu regeln. Da der Bundestag die Pflicht hat, einen Wehrbeauftragten einzusetzen, und der Rahmen seiner Tätigkeit normiert werden muss, ist Art. 45b S. 2 praktisch als **Gesetzgebungsauftrag** zu verstehen. Denn Art. 45b S. 1 umschreibt nur Funktionen, sagt zur rechtlichen Stellung des Wehrbeauftragten und seinen Befugnissen hingegen nur wenig aus.[50] **17**

Die erstmalige Regelung „des Näheren" erfolgte 1957 durch das „Gesetz über den Wehrbeauftragten des Deutschen Bundestages" (WBeauftrG).[51] Dieses ist 1982 novelliert[52] und seitdem nur geringfügig modifiziert worden.[53] Weitere Regelungen, die für die Tätigkeit des Wehrbeauftragten von Bedeutung sind, enthalten die GO-BT[54] sowie der Erlass „Truppe und Wehrbeauf- **18**

---

42 *Heun* in Dreier Rn. 8 mwN; vgl. auch *Spranger* in BK Rn. 68.
43 *Schmidt-Radefeldt* in BeckOK GG Rn. 6.
44 *Schmidt-Radefeldt* in BeckOK GG Rn. 6.
45 So aber *Hahnenfeld* NJW 1963, 2145 (2147).
46 *Unger* in MKS Rn. 17.
47 *Klein* in Maunz/Dürig Rn. 29; *Schmidt-Radefeldt* in BeckOK GG Rn. 13.
48 *Schmidt-Radefeldt* in BeckOK GG Rn. 13; siehe auch *Spranger* in BK Rn. 96 ff.
49 *Schmidt-Radefeldt* in BeckOK GG Rn. 17 ff.; siehe bereits auch *Hernekamp* in v. Münch/Kunig, 6. Aufl. 2012, Rn. 39.
50 Siehe *Spranger* in BK Rn. 107.
51 BGBl. 1957 I 652; siehe zu den damaligen Regelungen die Darstellung bei *Klenner* NZWehrR 1968, 81 (87 ff.).
52 BGBl. 1982 I 677; eingehend zur damaligen Diskussion *Wolf* NZWehrR 1982, 8, 46 und 92.
53 *Klein* in Maunz/Dürig Rn. 8.
54 BGBl. 1980 I 1237.

tragter“[55] des Bundesverteidigungsministeriums. Letztere müssen sich im Rahmen des einfachen Gesetzes bewegen.

19 **1. Die rechtliche Stellung des Wehrbeauftragten.** Der Wehrbeauftragte wird – das folgt bereits aus seiner Stellung als Hilfsorgan des Bundestages – vom Parlament gewählt. Die **Wahl** erfolgt **geheim** und **ohne Aussprache** (§ 13 S. 1 und 3 WBeauftrG). Gewählt ist, wer die Stimmen der Mehrheit der Mitglieder auf sich vereinigen kann (§ 13 S. 1 WBeauftrG).[56] In der Praxis kommt damit den regierungstragenden Fraktionen die zentrale Rolle bei der Bestimmung der Person, die das Amt ausfüllen soll, zu. Die **Ernennung** erfolgt nach § 15 Abs. 1 S. 2 WBeauftrG durch den Präsidenten des Bundestages. Wählbar sind alle Deutschen, sofern sie das 35. Lebensjahr vollendet haben. Ursprünglich konnten Frauen nicht zu Wehrbeauftragten gewählt werden, weil das Gesetz vorsah, dass der Wehrbeauftragte mindestens ein Jahr Wehrdienst geleistet haben musste[57] und der Dienst an der Waffe bis zur Änderung des Art. 12a Abs. 4 (→ Art. 12a Rn. 48 ff.) Männern vorbehalten war.

20 Die Stellung des Wehrbeauftragten ist derjenigen eines **Ministers** nachgebildet,[58] was sich auch in der Besoldung zeigt (75 % des Ministergehalts sowie der Ortszuschläge, § 18 Abs. 1 WBeauftrG). Der Wehrbeauftragte steht in einem öffentlich-rechtlichen Dienstverhältnis eigener Art zum Bund (§ 15 Abs. 1 S. 1 WBeauftrG),[59] ist also kein Beamter.[60] Heute unterliegt er auch nicht länger der Dienstaufsicht des Bundestagspräsidenten.[61] Der Wehrbeauftragte kann jederzeit seine Entlassung aus dem bestehenden Dienstverhältnis verlangen, die vom Bundestagspräsidenten ausgesprochen wird (§ 15 Abs. 5, 3 Nr. 2 WBeauftrG). Eine Abberufung kommt hingegen nur in Betracht, wenn auf Vorschlag des Verteidigungsausschusses die Mehrheit der Mitglieder des Bundestages dieser zustimmt (§ 15 Abs. 4, 3 Nr. 1 WBeauftrG).

21 Das WBeauftrG statuiert in § 14 Abs. 3 auch eine **Inkompatibilitätsregelung,** die sich stark an Art. 66 orientiert.[62] Der Wehrbeauftragte darf für die Dauer seines Amtes kein anderes besoldetes Amt sowie kein Gewerbe und keinen Beruf ausüben. Auch der Leitung oder dem Aufsichtsrat eines erwerbsorientierten Unternehmens, einer Regierung oder einer gesetzgebenden Körperschaft darf er nicht angehören. Da die Inkompatibilitätsregelung sehr weit reicht, dürften Interessenkonflikte weitgehend vermieden werden.

22 **2. Das Handeln des Wehrbeauftragten.** Das WBeauftrG unterscheidet zwischen Handlungen des Wehrbeauftragten auf **eigene Initiative** sowie solchen auf **Weisung** des Bundestages oder des Verteidigungsausschusses. Normtechnisch ist die **Weisungsfreiheit** als Grundsatz (§ 5 Abs. 2 WBeauftrG), die Weisung (§ 1 Abs. 2 WBeauftrG) als Ausnahme ausgestaltet; allerdings stehen das weisungsgebundene Agieren und das Handeln auf eigene Initiative in § 1 Abs. 2 und 3 WBeauftrG scheinbar gleichrangig nebeneinander.

---

[55] Erlass d. BMVg v 28.5.2001 – Fü S I 3 – Az 39-20-00, VMBl. 149.
[56] Ursprünglich war ein Zwei-Drittelquorum avisiert worden. Siehe *Hahnenfeld* NJW 1963, 2145 (2147).
[57] *Ule* JZ 1957, 422 (423); *Dürig* in Maunz/Dürig Erstbearbeitung Rn. 12.
[58] *Heun* in Dreier Rn. 5.
[59] *Paproth/Dimroth* NZWehrR 2012, 16 (21).
[60] *Hahnenfeld* NJW 1963, 2145 (2147).
[61] *Klein* in Maunz/Dürig Rn. 25.
[62] Näher *Klein* in Maunz/Dürig Rn. 25; *Unger* in MKS Rn. 10.

a) Weisungsfreie Aufgaben. Nach § 1 Abs. 3 S. 1 WBeauftrG handelt der Wehrbeauftragte bei der Untersuchung von Sachverhalten, die auf eine Verletzung der **Grundrechte oder der Grundsätze der Inneren Führung** hindeuten, „auf Grund eigener Entscheidung". In welcher seiner beiden Funktionen der Wehrbeauftragte handelt (→ Rn. 5 ff., 10 ff.), hat also zumindest einfachgesetzliche Konsequenzen. Nach § 5 Abs. 1 WBeauftrG können zwar der Bundestag sowie der Verteidigungsausschuss „allgemeine Richtlinien" für die Arbeit des Wehrbeauftragten und damit auch für die Untersuchung von Sachverhalten, die auf Grundrechte der Soldaten hindeuten, erlassen. Hierzu ist es aber bisher nicht gekommen, so dass der Wehrbeauftragte insoweit in einem weitgehend ingerenzfreien Raum agiert.[63] Der Wehrbeauftragte handelt nach pflichtgemäßem Ermessen und somit nach Maßgabe des **Opportunitätsprinzips.**[64] Eine Ermessensreduzierung „auf null" kommt nur in Ausnahmefällen in Betracht (Verletzung des grundrechtlichen Untermaßverbots bei Unterlassen einer bestimmten Untersuchung). 23

Hat der **Verteidigungsausschuss** – der im Bereich der Verteidigung die Funktion eines Untersuchungsausschusses übernimmt, vgl. Art. 45a Abs. 3 – den Vorgang zum Gegenstand seiner eigenen Beratungen gemacht (was er auch dann tun kann, wenn der Wehrbeauftragte schon tätig geworden ist),[65] darf der Wehrbeauftragte nicht tätig werden (§ 3 S. 2 WBeauftrG). Dieses **Doppeluntersuchungsverbot**[66] dient der Verfahrenseffizienz, es entspricht auch der verfassungsrechtlich angelegten Hierarchie zwischen dem Bundestag und seinem Hilfsorgan. Dies gilt auch, wenn die Befassung durch den Verteidigungsausschuss abgeschlossen ist, es sei denn, es sind seitdem neue Umstände bekannt geworden.[67] Allerdings muss die Untersuchung tatsächlich noch laufen: Der Verteidigungsausschuss darf nicht einen Sachverhalt an sich ziehen und ihn anschließend verschleppen.[68] Denn hiermit würde das Ziel der effektiven parlamentarischen Kontrolle der Streitkräfte im Ergebnis konterkariert werden. 24

Das Aufgabengebiet des Wehrbeauftragten wird durch § 1 Abs. 3 S. 1 WBeauftrG um den Schutz des Konzepts der **Inneren Führung** erweitert. Schon früh ist angemerkt worden, dass die Präzisierung des unbestimmten Rechtsbegriffs der „Inneren Führung" angesichts seiner Vielschichtigkeit und Unbestimmtheit erhebliche Schwierigkeiten mit sich bringt.[69] Dieser Befund wird mittlerweile weitgehend geteilt.[70] Klar ist jedenfalls, dass die Konkretisierung, die die Bundeswehr im Rahmen einer umfassenden Dienstvorschrift selbst vorgenommen hat, nicht über den Inhalt des gesetzlichen Begriffs entscheiden kann. Sie dient dazu, die Wertentscheidungen der Verfassung auch in der Bundeswehr zur Geltung zu bringen und ist damit dem Leitbild des „Staatsbürgers in Uniform" verpflichtet.[71] Aber auch der Primat des Politi- 25

[63] *Paproth/Dimroth* NZWehrR 2012, 16 (19).
[64] *Hahnenfeld* NJW 1963, 2145 (2148).
[65] Siehe eingehend *Wolf* NZWehrR 1978, 121 (123 f.); *Heun* in Dreier Rn. 16 spricht von einer „Sperrwirkung des Befassungsrechts des Verteidigungsausschusses".
[66] Siehe bereits *Brinkers* DVBl. 1968, 417; siehe auch *Wolf* NZWehrR 1978, 121 (124).
[67] *Wolf* NZWehrR 1978, 121 (128).
[68] *Spranger* in BK Rn. 41.
[69] *Hahn* DVBl. 1960, 409 (415).
[70] *Spranger* in BK Rn. 74; *Unger* in MKS Rn. 20.
[71] Zentrale Dienstvorschrift A-2600/1 (Stand: November 2017), 5; zur Zentralen Dienstvorschrift 10/1 aus 1972 siehe *Beckert* NZWehrR 1973, 161.

schen soll durch die Innere Führung gesichert werden.[72] Gleichzeitig ist es das erklärte Ziel, hiermit „ein Höchstmaß an militärischer Leistungsfähigkeit" sicherzustellen.[73] Heruntergebrochen auf den Alltag in der Bundeswehr soll sich das Konzept in erster Linie bei der Personalführung – einschließlich der disziplinarrechtlichen Behandlung – sowie im Bereich der politischen Bildung bewähren.[74] Letztlich handelt es sich um eine **Daueraufgabe,** die auch sich wandelnde gesellschaftliche Rahmenbedingungen verarbeiten muss. Innere Führung schließt die Bekämpfung rassistischen und diskriminatorischen Gedankenguts in den Streitkräften ein. Insofern erfordern die in den letzten Jahren zu beobachtenden Vorfälle, bei denen eine rechtsradikale Gesinnung einiger Soldaten zum Vorschein kam,[75] konsequente Reaktionen der Dienstvorgesetzten.

26 **b) Weisungsgebundene Aufgaben.** Im Übrigen unterliegt der Wehrbeauftragte bei der Prüfung „bestimmter Vorgänge" der **Weisung des Bundestags oder seines Verteidigungsausschusses** (§ 1 Abs. 2 S. 1 WBeauftrG), hat also kein Entschließungsermessen.[76] Vielmehr ist er, wie § 1 Abs. 2 S. 3 WBeauftrG zeigt, ohne eine solche Weisung nicht einmal zum Tätigwerden berechtigt und muss um ihre Erteilung erforderlichenfalls beim Verteidigungsausschuss nachsuchen. Ob dem Wehrbeauftragten wenigstens ein **Auswahlermessen,** also ein Spielraum hinsichtlich der Vorgehensweise und konkret zu treffenden Maßnahmen, zusteht, ist umstritten.[77] Dafür spricht, dass es nicht sachgerecht wäre, das Handeln des Wehrbeauftragen – auch wenn es konkrete Vorkommnisse betrifft – in allen Einzelheiten durch das Parlament zu determinieren. Der Wehrbeauftragte muss sich auf die Änderung von Rahmenbedingungen und Informationsständen schnell einstellen können. Unzulässig ist der Ausschluss gewisser Mittel jedenfalls dann, wenn er der Sache nach einem von § 1 Abs. 2 S. 1 WBeauftrG nicht zugelassenen[78] Nichtbefassungsbeschluss nahekommt. Denn von der Norm werden nur positive Weisungen erfasst („zur Prüfung bestimmter Vorgänge"), nicht die Weisung, einen Vorgang nicht zu untersuchen (allerdings nicht die Nichterteilung der erforderlichen Weisung).

27 Das **Weisungsrecht** von Bundestag und Verteidigungsausschuss spielt in der Praxis trotz des formalen Weisungsvorbehalts des § 2 Abs. 2 für das Tätigwerden des Wehrbeauftragten eine untergeordnete Rolle. Es sind nur wenige Fälle dokumentiert, in denen von ihm Gebrauch gemacht wurde.[79] Darüber hinaus wird die „Weisungsfiktion"[80] durch den Verteidigungsausschuss seit 1967 praktiziert. Eine Weisung gilt als erteilt, wenn der Wehrbeauftragte dem Ausschuss einen Sachverhalt mitteilt, den er prüfen möchte, und nicht binnen vier Wochen ein Viertel der Mitglieder des Ausschusses

---

[72] Zentrale Dienstvorschrift A-2600/1 (Stand: November 2017), 6.

[73] Zentrale Dienstvorschrift A-2600/1 (Stand: November 2017), 5.

[74] Zentrale Dienstvorschrift A-2600/1 (Stand: November 2017), 12 ff.

[75] Vgl. BT-Drs. 19/7200, 8 f.; BT-Drs. 19/700, 18 ff.; siehe auch FAZ v. 27.5.2020 Nr. 122/22, 1 „KSK-General droht Rechtsextremisten".

[76] *Unger* in MKS Rn. 23.

[77] So wohl *Schmidt-Radefeldt* in BeckOK GG Rn. 2; dagegen: *Erbel* Der Staat 14 (1975), 347 (363 f.); *Spranger* in BK Rn. 37.

[78] *Heun* in Dreier Rn. 14; *Unger* in MKS Rn. 23; enger noch *Brinkers* DVBl. 1968, 417 (Ausschluss von negativen Weisungen nur in den Fällen, die den Schutz der Grundrechte oder mögliche Verstöße gegen die Grundsätze der Inneren Führung betreffen).

[79] *Klein* in Maunz/Dürig Rn. 52.

[80] *Klein* in Maunz/Dürig Rn. 54.

beschließt, den Vorgang im Verteidigungsausschuss selbst zu thematisieren.[81] Dies belegt die breite Anerkennung des Wirkens des Wehrbeauftragten beim Bundestag, ist aber auch dem erheblichen Aufwand geschuldet, der mit der Erteilung einer Weisung verbunden ist und der durch deren Vorteile nicht aufgewogen wird.

3. Die Befugnisse des Wehrbeauftragten. Das Gesetz weist dem Wehrbeauftragten zahlreiche Befugnisse zu. Insoweit lässt sich zwischen **Informationsbefugnissen** (→ Rn. 29, 31), **Berichtsbefugnissen** (→ Rn. 35 ff.), **Anregungsbefugnissen** (→ Rn. 40) sowie der Befugnis zur Bearbeitung von **Petitionen** (→ Rn. 32 ff.) unterscheiden.[82] 28

Der Wehrbeauftragte kann die ihm zugedachte **Kontrollfunktion** nur ausfüllen, sofern er über hinreichende Informationen über das Geschehen in der Bundeswehr verfügt. Infolgedessen statuiert das WBeauftrG einige Informationsbefugnisse aufseiten des Wehrbeauftragten. Zu den wichtigsten Befugnissen gehören das **Auskunfts- und Akteneinsichtsrecht** gegenüber dem Bundesverteidigungsminister und allen „diesem unterstellten Dienststellen und Personen" (§ 3 Nr. 1 S. 1 WBeauftrG) sowie das **jederzeitige Truppenbesuchsrecht** (§ 3 Nr. 4 WBeauftrG).[83] Beide Rechte des Wehrbeauftragten können zum Schutz von Geheimnissen („zwingende Geheimhaltungsgründe") versagt werden. Die Rechtfertigungsanforderungen, denen eine Versagung zum Schutz von Geheimnissen genügen muss, sind allerdings hoch. Die Entscheidung ist vom Verteidigungsminister oder seinem ständigen Stellvertreter zu treffen und auch gegenüber dem Verteidigungsausschuss zu vertreten. Die prozeduralen Anforderungen stellen damit sicher, dass die Versagungsentscheidungen auf der höchsten Ebene des Ministeriums getroffen und von ihr auch verantwortet werden, sodass für eine Ablehnung ein erheblicher faktischer Rechtfertigungsdruck aufgebaut wird. 29

Aufseiten des Wehrbeauftragten bestehen **keinerlei Zwangsmittel,** um die Auskunftsansprüche durchzusetzen.[84] Seine Stellung wird aber dadurch gestärkt, dass er als Teil des Bundestags und durch das GG mit eigenen Rechten ausgestatteter Hoheitsträger in einem Organstreitverfahren parteifähig ist,[85] also seine Auskunftsrechte in einem derartigen Verfahren durchsetzen könnte. 30

Flankiert werden das Truppenbesuchsrecht sowie das Auskunfts- und Akteneinsichtsrecht gegenüber dem Bundesminister der Verteidigung durch ein **spezielles Auskunftsrecht** gegenüber dem **Bundesminister der Verteidigung.** Dieses besteht in einem Auskunftsrecht für „zusammenfassende Berichte über die Ausübung der Disziplinarbefugnis" in der Armee und betrifft damit einen besonders grundrechtssensiblen Bereich (§ 3 Nr. 5 WBeauftrG). Darüber hinaus besteht nach dieser Vorschrift auch das Recht, von Bundes- und Landesbehörden Informationen über Strafverfahren zu erlangen, die die Streitkräfte oder ihre Soldaten „berühren" (ein weiteres Informationsrecht ergibt sich aus § 3 Nr. 6 WBeauftrG). 31

---

[81] *Spranger* in BK Rn. 104.

[82] Siehe auch *Unger* in MKS Rn. 27 ff.

[83] Siehe *Unger* in MKS Rn. 28 ff.

[84] *Unger* in MKS Rn. 28.

[85] *Walter* in Maunz/Dürig Art. 93 Rn. 214; wohl auch *Benda/Klein,* Verfassungsprozessrecht, 2012, Rn. 1003; einschränkend *Hernekmap* in v. Münch/Kunig, 6. Aufl. 2012, Rn. 39; aA *Löwer* in HdbStR III § 70 Rn. 18; *Heun* in Dreier Rn. 20.

32 Daneben besteht das **Eingaberecht** der Soldaten. Diese sind nach § 7 WBeauftrG jederzeit befugt, ohne Einhaltung des Dienstweges Eingaben beim Wehrbeauftragten zu machen. Jede Eingabe entspricht nach ganz hM einer **Petition** iSv Art. 17.[86] Hieraus folgt jedenfalls, dass der Wehrbeauftragte verpflichtet ist, die Eingabe entgegenzunehmen, zu prüfen und zu bescheiden (sog. **Erledigungspflicht**).[87] Dies gilt indes nicht für anonyme Eingaben, die nach § 8 WBeauftrG nicht bearbeitet werden dürfen. Ebenso ausgeschlossen sind Sammeleingaben beim Wehrbeauftragten. Bei der Behandlung der Petitionen wird wiederum die doppelte Aufgabenbeschreibung des Wehrbeauftragten relevant. Während bei Eingaben, die auf eine Verletzung der Grundrechte der Soldaten oder der Grundsätze der Inneren Führung hindeuten, ein eigenes Entschließungsermessen des Wehrbeauftragten besteht (→ Rn. 23), kann er in allen anderen Fällen nur auf Weisung tätig werden.[88]

33 Auch das Eingaberecht dient einer effektiven Erfüllung der beiden Aufgaben des Wehrbeauftragten. Vielfach werden die Eingaben, die einzeln erfolgen müssen und nicht den Dienstweg einhalten müssen, den Wehrbeauftragten auf bestehende **Problemlagen** aufmerksam machen.[89] Das Eingaberecht dürfte zentral für die Akzeptanz des Wehrbeauftragten in der Armee sein, weil dieser durch die Eingaben nicht nur wertvolle Informationen über (potenzielle) Missstände in der Bundeswehr erhält, sondern hierdurch auch in die Lage versetzt wird, auf diese zu reagieren. Indes ist der Wehrbeauftragte nicht befugt, etwaige Missstände selbst abzustellen.[90] Vielmehr ist er auf seine allgemeinen Anregungs- und Berichtsbefugnisse verwiesen (→ Rn. 35 ff.).

34 Das **einfachgesetzlich** eingeräumte **Petitionsrecht** gegenüber dem Wehrbeauftragten ersetzt das allgemeinen Petitionsrecht nach Art. 17 nicht, sondern tritt neben dieses.[91] Ebenso wenig wird durch es das Beschwerdeverfahren, das sich in der Wehrbeschwerdeordnung[92] findet, oder der gerichtliche Rechtsschutz ausgeschlossen.[93] Es kommt also zu einem Nebeneinander der unterschiedlichen Rechtsschutz- und Beschwerdeverfahren.

35 Die **Berichtsbefugnisse** des Wehrbeauftragten sind für sein Wirken ebenso zentral wie seine Informationsbefugnisse. Erst sie verschaffen dem Wehrbeauftragten ein hinreichendes Gewicht, um seine Aufgaben effektiv wahrnehmen zu können, weil er über sie seine Einblicke in die Bundeswehr dem Parlament, aber auch einer breiteren Öffentlichkeit mitteilen kann.[94]

36 Das in der breiten Öffentlichkeit bekannteste Instrument des Wehrbeauftragten findet sich in § 2 Abs. 1 WBeauftrG. Dort ist die Verpflichtung des Wehrbeauftragten zur **jährlichen, schriftlichen Berichterstattung** gegenüber dem Bundestag verankert. Diese Berichte[95] erfahren regelmäßig ein

---

86 *Klein* in Maunz/Dürig Rn. 71; *Risse/Witt* in Hömig/Wolff Rn. 2; *Schmidt-Radefeldt* in BeckOK GG Rn. 10.

87 *Klein* in Maunz/Dürig Rn. 71.

88 *Klein* in Maunz/Dürig Rn. 71.

89 Siehe bereits *Busch* in Schneider/Zeh Parlamentsrecht und Parlamentspraxis in der Bundesrepublik Deutschland § 51 Rn. 35 ff.; *Heun* in Dreier Rn. 17.

90 Siehe *Pieroth* in Jarass/Pieroth Rn. 2.

91 *Klein* in Maunz/Dürig Rn. 75.

92 BGBl. 2009 I 81, zuletzt geändert durch Art. 12 des G v. 12.7.2012, BGBl. 2012 I 1583.

93 *Klein* in Maunz/Dürig Rn. 76 f.

94 Siehe bereits *Maurer,* Wehrbeauftragter und Parlament, 1965, 36 ff.

95 Vgl. BT-Drs. 19/7200 sowie BT-Drs. 19/16500.

recht großes mediales Interesse und werden auch in den Drucksachen des Bundestages veröffentlicht, also der Allgemeinheit zugänglich gemacht. Die Jahresberichte enthalten regelmäßig wiederkehrende Themen, gehen aber immer auch auf aktuelle Vorfälle und Entwicklungen bei der Bundeswehr ein[96]. Daneben enthalten sie regelmäßig auch statistische Angaben zu den Eingaben der Soldaten, die der Wehrbeauftragte im Berichtsjahr erhalten hat.[97]

Da die Jahresberichte die **Bundeswehr als Ganze** betreffen, werden die dort getroffenen Aussagen zumindest am Rande auch einen politischen Gehalt haben. So enthalten die Jahresberichte 2018 und 2019 detaillierte Ausführungen zur Sach- und Personalnot der Bundeswehr,[98] also einem Thema, das Gegenstand des politischen Diskurses ist. Die hM lässt auch politische Aussagen im Jahresbericht zu, sofern diesen Ausnahmecharakter zukommt und sie sich auf die Situation der Bundeswehr beziehen.[99] Hieran ist richtig, dass die Tätigkeit des Wehrbeauftragten aufgrund seiner organisatorischen Stellung sowie seines sachlichen Zuschnittes begrenzt sein muss. Allerdings ist es im Einzelfall schwierig, eine Trennlinie zwischen allgemeiner politischer Stellungnahme und sachlichem Bericht zu ziehen, sofern sich noch ein Bezug zur Bundeswehr herstellen lässt. Demnach kommt die angedeutete Beschränkung nur in Ausnahmefällen in Betracht. **37**

Daneben bestehen aufseiten des Wehrbeauftragten weitere Berichtspflichten sowie -befugnisse. So ist er jederzeit berechtigt, **Einzelberichte** dem Bundestag oder dem Verteidigungsausschuss vorzulegen (§ 2 Abs. 2 WBeauftrG). Da diese nicht veröffentlicht werden,[100] lässt sich ihre Bedeutung schwer ermessen. Einzelberichte dürften regelmäßig dann vorgelegt werden, wenn es sich um einen aktuellen und als besonders dringlich eingestuften Sachverhalt handelt.[101] **38**

Ob darüber hinaus weitergehende Berichtsbefugnisse bestehen, ist Gegenstand der Diskussion, die meist vor dem Hintergrund der sog. **„Heye-Krise"** geführt wird.[102] Der damalige Wehrbeauftragte *Hellmuth Heye* hatte 1964 in Zeitschriftenartikeln das – in seinen Augen – mangelnde Interesse des Bundestages an seinen Berichten kritisiert.[103] Dieser Vorgang ist in der Literatur auf berechtigte Kritik gestoßen, weil das WBeauftrG die Unterrichtung der allgemeinen Öffentlichkeit durch den Wehrbeauftragten nicht vorsieht und dieser auch über kein allgemeinpolitisches Mandat verfügt.[104] **39**

Neben Informations- und Berichtsbefugnisse treten die **Anregungsbefugnisse** des Wehrbeauftragten. Hierzu zählt etwa die Weitergabe eines Sachverhaltes an die für die Einleitung eines Wehr- oder Disziplinarverfahrens zuständige Stelle (§ 3 Nr. 3 WBeauftrG). Diese Befugnis wird insbesondere **40**

---

[96] Vgl. BT-Drs. 19/700, 11.

[97] Vgl. BT-Drs. 18/10900, 72 ff.; 19/7200, 100 ff.; 19/700, 95 ff.

[98] BT-Drs. 19/7200, 17 ff.

[99] *Maurer,* Wehrbeauftragter und Parlament, 1965, 38; *Unger* in MKS Rn. 40.

[100] *Busch* in Schneider/Zeh Parlamentsrecht und Parlamentspraxis in der Bundesrepublik Deutschland § 51 Rn. 43.

[101] Vgl. *Hernekamp* in: v. Münch/Kunig 6. Aufl. 2012, Rn. 36.

[102] Kurzüberblick zu dieser bei *Klenner* NZWehrR 1968, 81 (89 f.).

[103] Zusammenfassend: *Unger* in MKS Rn. 38 und *Klein* in Maunz/Dürig Rn. 86; die GOBT enthält mittlerweile in § 114 Abs. 2 die Pflicht des Verteidigungsausschusses, dem Bundestag Bericht über die Berichte des Wehrbeauftragten zu erstatten.

[104] In diese Richtung bereits *Maurer,* Wehrbeauftragter und Parlament, 1965, 39 ff.; siehe auch *Heun* in Dreier Rn. 19.

bei der Behandlung von Eingaben relevant, wenn der Wehrbeauftragte zu dem Schluss kommt, das in der Eingabe geschilderte Geschehen verstoße gegen die Grundsätze der Inneren Führung oder die Grundrechte der Soldaten.

41 Flankiert werden alle Befugnisse des Wehrbeauftragten durch eine umfassende **Amtshilfepflicht** von Behörden und Gerichten (§ 4 WBeauftrG).

C. Verhältnis zu anderen Bestimmungen des Grundgesetzes

42 Das Amt des Wehrbeauftragten steht in einem inhaltlichen Bezug zum **Verteidigungsausschuss,** den der Bundestag nach Art. 45a Abs. 1 Var. 1 einzurichten verpflichtet ist. Nicht nur überschneiden sich die Verantwortungsbereiche beider Organe (→ Rn. 10), sondern als Hilfsorgan des Bundestages ist der Wehrbeauftragte dem Verteidigungsausschuss auch untergeordnet: Dieser kann das Heft des Handelns jederzeit in die eigene Hand nehmen (→ Rn. 24) und dem Wehrbeauftragten, soweit er nicht zum Schutz der Grundrechte der Soldaten agiert, auch Weisungen erteilen (→ Rn. 26 f.). Da die Eingaben der Soldaten stets **Petitionen** darstellen (→ Rn. 32), stellt sich die Frage, ob hierdurch das allgemeine Petitionsrecht nach Art. 17 GG ausgeschlossen ist. Dies ist schon deshalb zu verneinen, weil der Wehrbeauftragte einen zusätlichen Schutz bieten, nicht aber andere Schutzmechanismen schmälern soll.[105] Weder für den Spannungsfall (Art. 80a Abs. 1) noch für den Bündnis- (Art. 80a Abs. 3) oder Verteidigungsfall (Art. 115a) enthält das GG den Wehrbeauftragten unmittelbar betreffende Sonderregeln; sein Amt wird also durch die damit verbundenen staatsorganisatorischen Änderungen nicht berührt.[106]

D. Kritische Würdigung

43 Art. 45b ist seit seiner Einfügung ins GG unverändert geblieben; aber das Amt des Wehrbeauftragten ist seither in durchaus unterschiedlicher Weise ausgefüllt worden. Insofern bleibt das Amtsverständnis stark von der Person des Amtsinhabers abhängig und wird unweigerlich von den allgemein-politischen und verteidigungspolitischen Debatten beeinflusst. Ein faktischer Funktions- und Aufgabenwandel ging insbesondere mit dem Übergang von einer Wehrpflicht- zu einer Berufs- und Freiwilligenarmee (→ Art. 12a Rn. 1, 6, 57) einher.

44 Der Wehrbeauftragte genießt kraft Amtes und in der Regel auch als Person sowohl in der Bundeswehr als auch in der Bevölkerung ein hohes Maß an **Akzeptanz.**[107] Das Amt trägt damit nicht nur zur Kontrolle der Streitkräfte, sondern auch zu deren Akzeptanz in der Bevölkerung sowie der Behebung von **strukturellen Missständen** und **Gefahren** für die Grundrechte innerhalb der Bundeswehr bei. Zudem nimmt der Wehrbeauftrage eine „Scharnierfunktion"[108] zwischen den Gewalten ein, die nicht allein in der parlamentarischen Kontrolle aufgeht. Vielmehr sorgt er für einen kontinuierlichen

---

[105] Siehe *Heun* in Dreier Rn. 20; *Unger* in MKS Rn. 19.

[106] Eingehend *Hernekamp* in v. Münch/Kunig, 6. Aufl. 2012, Rn. 39.

[107] *Klein* in Maunz/Dürig Rn. 89 f.

[108] *Paproth/Dimroth* NZWehrR 2012, 16 (17) weisen darauf hin, dass das Amt als „Bindeglied" zwischen Militär und Parlament fungieren sollte.

Austausch zwischen Parlament und Armee. Auch deshalb ist das Amt des Wehrbeauftragten, das nur als Teil eines verfassungspolitischen Kompromisses in das GG aufgenommen wurde und (heute) in anderen Verfassungsordnungen unbekannt ist (→ Rn. 1), schon lange ein selbstverständlicher Teil der deutschen Verfassungslandschaft geworden.

Literatur

E. Beckert, Die Geltungsgrundlagen der Grundsätze der Inneren Führung, NZWehrR 1973, 161. – ***H. Brinkers,*** Zur Dienstaufsicht beim Wehrbeauftragten des Bundestages, DVBl. 1968, 417. – ***E. Busch,*** Der Wehrbeauftragte des Bundestages, in Schneider/Zeh Parlamentsrecht und Parlamentspraxis in der Bundesrepublik Deutschland § 51. – ***G. Erbel,*** Parlament und Wehrbeauftragter in der Verfassungsentwicklung der BRD; Zugleich ein Beitrag zum Problemkreis der „parlamentarischen Kontrolle", Der Staat 14 (1975), 348. – ***A. Müser,*** Wehrbeauftragter und Gewaltenteilung, 1976. – ***G. Hahn,*** Der Wehrbeauftragte des schwedischen Reichstags, AöR 84 (1959), 377. – ***G. Hahn,*** Zur parlamentarischen Kontrolle der Streitkräfte – Die Jahresberichte des schwedischen und des deutschen Wehrbeauftragten, DVBl. 1960, 409. – ***G. Hahnenfeld,*** Bundestag und Bundeswehr; Insbesondere: die Wehrkontrolle, NJW 1963, 2145. – ***R. Jaeger,*** Der Staatsbürger in Uniform, FS f. Apelt, 1958, 121. – ***J. Klenner,*** Der Wehrbeauftragte als Kontrollinstitution des Deutschen Bundestages, NZWehrR 1968, 81. – ***R. Kreutzer,*** Grenzen der parlamentarischen Kontrolle. Die Zuständigkeit des Wehrbeauftragten, DÖV 1977, 165. – ***H. Maurer,*** Wehrbeauftragter und Parlament, 1965. – ***K. Paproth/J. Dimroth,*** Offene Fragen zur Rechtsstellung des Wehrbeauftragten, NZWehrR 2012, 16. – ***D. Rosenow,*** Der Wehrbeauftragte im Transformationsprozess: vom Kontrolleur zum Ombudsmann, 2008. – ***C. H. Ule,*** Der Wehrbeauftragte des Bundestages, JZ 1957, 422. – ***P. Wolf,*** Zur Problematik sog. Doppeluntersuchungen durch Verteidigungsausschuß und Wehrbeauftragten, NZWehrR 1978, 121. – ***P. Wolf,*** Der Gesetzentwurf zur Änderung des Wehrbeauftragtengesetzes, NZWehrR 1982, 8, 46, 92.

Art. 45c [Petitionsausschuss]

(1) Der Bundestag bestellt einen Petitionsausschuß, dem die Behandlung der nach Artikel 17 an den Bundestag gerichteten Bitten und Beschwerden obliegt.

(2) Die Befugnisse des Ausschusses zur Überprüfung von Beschwerden regelt ein Bundesgesetz.

Übersicht

A. Allgemeine Bedeutung

I. Genese

1 Die Vorschrift des Art. 45c wurde 1975 in das Grundgesetz eingefügt.[1] Sie verankert den Petitionsausschuss, der neben den Ausschüssen gemäß Art. 45 und 45a zu den Pflichtausschüssen gehört, in der Verfassung, wodurch das in Art. 17 gewährleistete Petitionsrecht eine **verfahrensmäßige Absicherung** erfährt.[2] Außerdem führte sie zu einer Aufwertung des Petitionsausschusses im Vergleich zur früheren Rechtslage, bei der der Petitionsausschuss im Wesentlichen nur in der Geschäftsordnung des Bundestages geregelt wurde.[3] Die verfassungsmäßige Absicherung des Petitionsausschusses ist ein Novum in der deutschen Verfassungsgeschichte, denn weder die **Verfassung des Deutschen Reiches von 1871** noch die **Weimarer Reichsverfassung** sahen die Einrichtung eines Petitionsausschusses vor; Rechtsgrundlage war in beiden Fällen jeweils nur die Geschäftsordnung für den Reichstag.[4]

II. Inhaltsübersicht und systematischer Zusammenhang

2 Aufgaben und Befugnisse des Petitionsausschusses regelt Art. 45c, dessen Normtext seit seiner Einfügung in das Grundgesetz unverändert geblieben ist, nur in den Grundzügen. Partielle Sonderrechte des Petitionsausschusses er-

[1] 32. ÄndG v. 15.7.1975, BGBl. I 1901; zur Entstehungsgeschichte ausführlich *Bauer* in Dreier Rn. 3 ff.; *Unger* in MKS Rn. 1 ff.

[2] *Magiera* in Sachs Rn. 1.

[3] Vgl. §§ 60 ff., 112 f., 126 GO BT v. 28.1.1952, BGBl. II 389.

[4] §§ 26, 28, 35 50 der Geschäftsordnung für den Reichstag, abgedruckt bei *Huber,* Dokumente, Bd. 2, 423 ff., sowie Bekanntmachung der am 12.12.1923 angenommenen Geschäftsordnung für den Reichstag vom 17.2.1923, RGBl. II 101; ausführlich dazu *Bauer* in Dreier Rn. 2; *Klein* in Maunz/Dürig Rn. 1 f.

geben sich nicht aus dem Grundgesetz selbst, sondern aus dem nach Art. 45c Abs. 2 ergangenen „Gesetz über die Befugnisse des Petitionsausschusses des Deutschen Bundestages – **Gesetz nach Art. 45c des Grundgesetzes**" (PetAG).[5] Weitere Bestimmungen enthält die Geschäftsordnung des Deutschen Bundestages (GO BT). Auf § 110 Abs. 1 GO BT beruhen die zum Zweck der Gleichbehandlung aller an den Bundestag gerichteten Petitionen[6] entworfenen „Grundsätze des Petitionsausschusses über die Behandlung von Bitten und Beschwerden (Verfahrensgrundsätze)", die aus Diskontinuitätsgründen[7] für jede Legislaturperiode neu zu beschließen sind[8] und die in den jährlichen Tätigkeitsberichten nach § 112 Abs. 1 S. 2 GO BT abgedruckt werden. In diesen Grundsätzen finden sich auch Regelungen zur Einlegung einer Petition per Email[9] sowie zur öffentlichen Petition,[10] wobei Letztere von der **Richtlinie für die Behandlung von öffentlichen Petitionen (öP)** gemäß Ziffer 7.1 Abs. 4 der Verfahrensgrundsätze näher ausgestaltet wird. Die insoweit dringend erforderliche verfassungsrechtliche Absicherung fehlt jedoch bislang.[11]

Mit der Einfügung von Art. 45c wurde der langjährige Meinungsstreit um das Ombudsman-Modell[12] oder eine Verstärkung der Rechte des Petitionsausschusses jedenfalls auf Bundesebene im Sinne der „Ausschuss-Lösung" entschieden.[13] Auf **Landesebene** hingegen finden sich teilweise neben der Institution des Petitionsausschusses Bürgerbeauftragte der Landtage.[14] 3

III. Überstaatliche Bezüge

Auf **europäischer Ebene** ist das Petitionsrecht zum Europäischen Parlament zwar in Art. 20 Abs. 2 UAbs. 1 S. 2 lit. d), Art. 24 Abs. 2 und Art. 227 AEUV sowie in Art. 44 der Europäischen Grundrechte-Charta (EuGrCh) verbürgt, doch der Petitionsausschuss wird nicht im Primärrecht, sondern lediglich in der Geschäftsordnung des Europäischen Parlaments (GO EP) geregelt.[15] 4

[5] Gesetz vom 19.7.1975 (BGBl. I 1921), geändert durch Gesetz vom 5.5.2004 (BGBl. I 718).

[6] *Klein* in Maunz/Dürig Rn. 12.

[7] *Klein* in Maunz/Dürig Rn. 12.

[8] Abrufbar unter https://www.bundestag.de/ausschuesse/a02/verfahrensgrundsaetze/532086.

[9] Ziff. 4 Abs. 1 S. 2 der Grundsätze des Petitionsausschusses über die Behandlung von Bitten und Beschwerden (Verfahrensgrundsätze); s. dazu auch *Klein* in Maunz/Dürig Rn. 12.

[10] Ziff. 7.1. Abs. 4 der Verfahrensgrundsätze.

[11] → Fn. 15.

[12] → Art. 17 Rn. 30.

[13] Zu Einzelheiten s. *Würtenberger* in BK Rn. 1–14; zusf. *Bauer* in Dreier Rn. 3 ff.; *Klein* in Maunz/Dürig Rn. 4 ff.; zu zwischenzeitlichen Änderungsversuchen → Rn. 20; zum Nebeneinander von PetA und Bürgerbeauftragten auf Länderebene vgl. zB *Debus,* Thüringer Gesetz über den Bürgerbeauftragten, 2006, Einführung vor § 1.

[14] S. *Debus* DÖV 2017, 810 (811 ff.); Bürgerbeauftragte existieren gegenwärtig in Rheinland-Pfalz, Schleswig-Holstein, Mecklenburg-Vorpommern, Thüringen und Baden-Württemberg, während in Berlin die Schaffung des Amtes des Bürgerbeauftragten geplant ist; ausführlich dazu auch *Guckelberger,* Aktuelle Entwicklungen des parlamentarischen Petitionswesens, 2011, 19 ff.; zum Petitionsrecht auf Landesebene s. auch *Guckelberger/Geber/Zott* LKRZ 2012, 125 ff.

[15] Zum Petitionsausschuss des Europäischen Parlaments s. *Guckelberger,* Der Europäische Bürgerbeauftragte und die Petitionen zum Europäischen Parlament, 2004, 22 ff.; *Hamers,* Der Petitionsausschuß des Europäischen Parlaments und der Europäische Bürgerbeauftragte, 1999, 58 ff.; *Meese,* das Petitionsrecht beim Europäischen Parlament und das Beschwerderecht beim Bürgerbeauftragten der Europäischen Union, 2000, 65 ff.; *Schneider,* Petitionen zum Europäischen Parlament unter Berücksichtigung des Bürgerbeauftragten, 2009; *Unger* in MKS Rn. 5.

Danach ist der Petitionsausschuss als ständiger Ausschuss gebildet und zuständig für Petitionen, die Organisation von Öffentlichen Anhörungen zu Bürgerinitiativen gemäß Art. 197a GO EP sowie die Beziehungen zum Europäischen Bürgerbeauftragten (Art. 183 GO EP i. V. m. Anlage VI.XX). Durch die Regelung alleine in der Geschäftsordnung verfügt der Petitionsausschuss des Europäischen Parlaments im Vergleich zum Petitionsausschuss des Deutschen Bundestages tendenziell über weniger Befugnisse.[16] Allerdings wird der Petitionsausschuss auf unionaler Ebene durch zwei funktionell vergleichbare Institute ergänzt: durch den in Art. 24 Abs. 3, 228 AEUV vorgesehenen **Europäischen Bürgerbeauftragten** sowie durch die in Art. 11 Abs. 4 EUV, Art. 24 Abs. 1 AEUV verankerte **Europäische Bürgerinitiative.**[17] Dadurch kommt es zu einer Entlastung des Petitionsausschusses, der jedoch schon wegen der wesentlich geringeren Zahl an Petitionen im Vergleich zum grundgesetzlich verankerten Petitionsausschuss weniger stark belastet ist.[18] Dies darf freilich nicht darüber hinwegtäuschen, dass einzelne Petitionen beim Europäischen Parlament über sehr hohe Unterstützerzahlen verfügen[19] und dementsprechend das Petitionsrecht auf unionaler Ebene und damit auch der Petitionsausschuss des Europäischen Parlaments keineswegs bedeutungslos sind.[20]

B. Einzelfragen

I. Der Bundestag bestellt einen Petitionsausschuss

5 Der Petitionsausschuss ist neben den Ausschüssen für auswärtige Angelegenheiten und für Verteidigung (Art. 45a) sowie für Angelegenheiten der Europäischen Union (Art. 45) ein weiterer **Pflichtausschuss** des Bundestages. Als institutionell-prozedurales Gegenstück zu Art. 17 wäre die Pflicht zur Bestellung des Petitionsausschusses als Verfassungspflicht „zu grundrechtsfördernder Ausgestaltung der Rechtsordnung“[21] mit der Verfassungsbeschwerde inzidenter einklagbar, nachdem der Petent aus Art. 17 iVm Art. 45c einen Anspruch darauf hat, dass die Entscheidung über seine Petition von dem nach der Verfassung zuständigen Petitionsausschuss vorbreitet wird, welchen er gegebenfalls im Wege der allgemeinen Leistungsklage geltend machen kann.[22] Der Petitionsausschuss muss nach Art. 45c zwingend für die Dauer einer Wahlperiode eingesetzt werden und ist so der Geschäftsordnungsautonomie des Bundestages[23] entzogen.[24]

---

[16] Vgl. *Bauer* in Dreier Rn. 8; *Guckelberger,* Der Europäische Bürgerbeauftragte und die Petitionen zum Europäischen Parlament, 2004, 64 ff.

[17] S. dazu *Langenfeld* in HdbStR III § 39 Rn. 6 f.

[18] So gingen im Jahr 2017 beim Petitionsausschuss des Europaparlaments 1271 Petitionen ein, während die Zahl beim Petitionsausschuss des Deutschen Bundestages für denselben Zeitraum 11507 betrug; s. Europäisches Parlament, Bericht über die Beratungen des Petitionsausschusses im Jahr 2017, (2014/2018(INI)), 15 u. BT-Drs. 19/2250, 74; ausführlich dazu auch *Bauer* in Dreier Rn. 8 f.

[19] So wurden im Jahr 2017 zwei der eingereichten Petitionen von über 100 000 Bürgern unterstützt, s. Europäisches Parlament, Bericht über die Beratungen des Petitionsausschusses im Jahr 2017, (2014/2018(INI)), 15.

[20] Ausführlich *Bauer* in Dreier Rn. 8.

[21] So die Formulierung bei *Höfling* in Sachs 2. Aufl. 1999, Art. 19 Rn. 90; ähnlich für Art. 19 Abs. 4 *Sachs* in Sachs Art. 19 Rn. 12.

[22] Zust. *Würtenberger* in BK Rn. 44; diff. *Klein* in Maunz/Dürig Rn. 20 mwN.

[23] Art. 40 Abs. 1 S. 2 GG; § 54 GO BT.

[24] *Bauer* in Dreier Rn. 19.

Bestellt werden die Mitglieder nach dem vom Bundestag jeweils festgelegten Verfahren proportional nach Fraktions- bzw. sonstiger Gruppen-Stärke, wodurch dem Grundsatz der Spiegelbildlichkeit Rechnung getragen wird.[25] In der laufenden 19. Legislaturperiode hat der Petitionsausschuss 28 ordentliche und 28 stellvertretende Mitglieder, die nach § 57 Abs. 2 GO BT von den Fraktionen benannt wurden. Der Ausschussvorsitz (§ 58 GO BT) wird in der Praxis aus den Reihen der Regierung oder der Opposition besetzt,[26] wobei sich eine gewohnheitsmäßige Besetzung aus den Reihen der Opposition[27] bislang aus politischen Gründen nicht durchsetzen konnte. Für den Petitionsausschuss selbst gilt der **Grundsatz der Diskontinuität,** während unerledigte Petitionen nach § 125 S. 2 GO BT vom Petitionsausschuss der nachfolgenden Wahlperiode weiter behandelt werden.[28] Zur Vorbereitung und Unterstützung der Tätigkeit des Petitionsausschusses exististiert ein **Ausschussdienst,** der als Unterabteilung für Petitionen und Eingaben bei der Bundestagsverwaltung angesiedelt ist.[29] 6

II. Dem die Behandlung der nach Art. 17 an den Bundestag gerichteten Bitten und Beschwerden obliegt

Art. 45c richtet die Zuständigkeit des Petitionsausschusses am persönlichen und sachlichen Geltungsbereich des Art. 17 aus. Hierzu enthalten die Verfahrensgrundsätze entsprechende Definitionen. **Petitionen** sind danach Eingaben, mit denen Bitten oder Beschwerden in eigener Sache, für andere oder im allgemeinen Interesse vorgetragen werden.[30] **Bitten** sind Forderungen und Vorschläge für ein Handeln oder Unterlassen von staatlichen Organen, Behörden oder sonstigen Einrichtungen, die öffentliche Aufgaben wahrnehmen. Hierzu gehören insbesondere Vorschläge zur Gesetzgebung.[31] **Beschwerden** sind Beanstandungen, die sich gegen ein Handeln oder Unterlassen von staatlichen Organen, Behörden oder sonstigen Einrichtungen wenden, die öffentliche Aufgaben wahrnehmen.[32] Unterschieden werden **Mehrfach–,**[33] **Sammel-,**[34] **Massen-,**[35] sowie **öffentliche Petitionen.**[36] 7

---

[25] §§ 12, 54 Abs. 2, 57 GO BT und BVerfGE 84, 304 (323 f.); auch BVerfGE 88, 63 (68 f.).

[26] Ausführlich zur Besetzung der Ausschussvorsitze nach dem Einzug der AfD in den Bundestag s. *Schönberger/Schönberger,* JZ 2018, 105 (110 f.).

[27] Befürwortend etwa *Bauer* in Dreier Rn. 20; ausführlich dazu auch *Klein* in Maunz/Dürig Rn. 14; *Krings* in BerlKomm Rn. 13; *Schick,* Petitionen, 1996, 44 ff.

[28] *Magiera* in Sachs Rn. 6.

[29] Ausführlich dazu *Klein* in Maunz/Dürig Rn. 21; *Krings* in BerlKomm Rn. 13; *Schick,* Petitionen, 1996, 51 ff.; zum Ausschussdienst s. auch Ziff. 7 der Verfahrensgrundsätze.

[30] Ziff. 2.1 Abs. 1 der Verfahrensgrundsätze.

[31] Ziff. 2.1 Abs. 2 der Verfahrensgrundsätze.

[32] Ziff. 2.1 Abs. 3 der Verfahrensgrundsätze.

[33] „Eingaben mit demselben Anliegen, die individuell abgefasst sind“, Ziff. 2.2 Abs. 1 der Verfahrensgrundsätze.

[34] „Unterschriftensammlungen mit demselben Anliegen“, Ziff. 2.2 Abs. 2 der Verfahrensgrundsätze.

[35] „Eingaben in größerer Zahl mit demselben Anliegen, deren Text ganz oder im Wesentlichen übereinstimmt“, Ziff. 2.2 Abs. 3; krit. zur Privilegierung von Sammel- und Massenpetitionen ab 50.000 Personen nach Ziff. 8.2.13 der Verfahrensgrundsätze *Klein* in Maunz/Dürig Rn. 68 f.

[36] „Öffentliche Petitionen sind Bitten oder Beschwerden von allgemeinem Interesse an den Deutschen Bundestag. Sie werden im Einvernehmen mit dem Petenten auf der Internetseite des Petitionsausschusses veröffentlicht. Mit der Veröffentlichung erhalten weitere Per-

8 Behandelt werden müssen Petitionen nur, wenn sie in Schriftform[37] abgefasst sind und von Trägern des Grundrechts aus Art. 17 stammen. Auf anonyme oder – sofern nicht zivilrechtlich gedeckt – **pseudonyme** oder sonst **unidentifizierbare** Petitionen braucht der Petitionsausschuss nicht zu reagieren,[38] während Petitionen mit rechtswidrigen Inhalten oder Intentionen mit Hinweis darauf zu bescheiden sind.[39] Es darf sich zudem nicht lediglich um Auskunftsersuchen oder bloße Mitteilungen, Belehrungen, Vorwürfe, Anerkennungen oder sonstige Meinungsäußerungen ohne materielles Verlangen handeln,[40] was allgemein nach § 133 BGB zu beurteilen ist.[41]

9 Die Petition kann **jede** der drei Staatsgewalten betreffen, muss sich allerdings auf Organe des **Bundes** beziehen, weil Gegenstand parlamentarischer Kontrolle des Bundestages nicht Länderinstanzen sein können, es sei denn, sie unterlägen bei der Anwendung von Bundes- oder EU-Recht der Aufsicht des Bundes.[42] Dabei ist jedoch zu beachten, dass die Abhilfemöglichkeiten beschränkt sein können, etwa durch den Grundsatz der richterlichen Unabhängigkeit.[43] Staatsbetriebe und privatrechtlich organisierte Verwaltungsträger bleiben der Zuständigkeit des Petitionsausschusses unterworfen, soweit sie nach Art. 1 Abs. 3 GG grundrechtsverpflichtet sind.[44]

10 **An den Bundestag gerichtet** sind alle Petitionen, die inhaltlich dorthin gehören und, sofern nicht an den Bundestag adressiert, vom Erstempfänger, etwa einem Abgeordneten oder einer anderen parlamentarischen Einrichtung, auftragsgemäß oder zuständigkeitshalber an ihn weitergeleitet werden (müssen).[45] Die Prüfung der Zuständigkeit und anderer Formalia gehört zur „Behandlung", obliegt also nicht dem Bundestagspräsidenten nach § 109 Abs. 1 S. 1 GO BT. Unterstützt wird der Petitionsausschuss durch den **Ausschussdienst.**[46] Dieser besitzt eine **Vorprüfungskompetenz** und kann in bestimmten Fallkonstellationen, in den Verfahrensgrundsätzen abschließend aufgelisteten Fällen ohne Beteiligung des Ausschusses abschließende Entscheidungen treffen,[47] etwa bei Nicht-Petitionen oder wiederholenden Petitionen.[48] Nach Auffassung des Bundesverfassungsgerichts ist diese Vorprüfungskompetenz unbedenklich, solange sie im Auftrag und nach hinreichend detaillierten Weisungen des Petitionsausschusses sich auf anerkannt

---

sonen oder Personengruppen über das Internet die Gelegenheit zur Mitzeichnung der Petition oder zur Abgabe eines Diskussionsbeitrages", hierzu, Ziff. 2.2 Abs. 4 u. Ziff. 7.1 Abs. 4 der Verfahrensgrundsätze; ausführlich dazu *Bauer* in Dreier Rn. 32ff.

[37] Ausf. zu den Anforderungen → Art. 17 Rn. 15f.

[38] S. nur *Jarass* in Jarass/Pieroth Rn. 4; krit. *Krings* JuS 2004, 474 (476).

[39] Vgl. *Burkiczak* NVwZ 2005, 1391 (1392ff.); → Art. 17 Rn. 9.

[40] Ziff. 2.3 der Verfahrensgrundsätze; weitere Beispiele in Ziff. 7.2 u. 7.3 der Verfahrensgrundsätze; → Art. 17 Rn. 18.

[41] Ebenso *Klein* in Maunz/Dürig Rn. 57.

[42] Zu Einzelheiten s. Abschn. 5 der Verfahrensgrundsätze; *Würtenberger* in BK Rn. 50ff.; iÜ *Klein* in Maunz/Dürig Rn. 29ff.; *Bauer* in Dreier Rn. 24; vgl. auch *Kluth* in SHH Rn. 5.

[43] *Bauer* in Dreier Rn. 24; *Klein* in Maunz/Dürig Rn. 29ff.

[44] Dazu allg. → Art. 1 Rn. 70ff., 82; → Art. 1 Rn. 51; ausführlich dazu → Art. 17 Rn. 20.

[45] Zur Weiterleitungspflicht schon BVerwG DÖV 1976, 315; ansonsten zust. *Kluth* in SHH Rn. 13; *Bauer* in Dreier Rn. 24; *Klein* in Maunz/Dürig Rn. 23; *Magiera* in Sachs Rn. 5; *Würtenberger* in BK Rn. 58; *Stein* in AK-GG Rn. 6; *Umbach* in Umbach/Clemens Rn. 10.

[46] → Rn. 5.

[47] Näher dazu *Bauer* in Dreier Rn. 29.

[48] Ziff. 7.2 und 7.4 der Verfahrensgrundsätze; zur Vorprüfungskompetenz insgesamt s. Abschn. 7 der Verfahrensgrundsätze.

eindeutige Fälle beschränkt.[49] Dagegen lässt sich einwenden, dass für eine Verkürzung des in Art. 17 gewährleisteten Petitionsrechts eine gesetzliche Grundlage erforderlich ist,[50] zumal der Ausschussdienst im Rahmen seiner Vorsprüfungskompetenz über eigene Entscheidungsspielräume verfügt, insbesondere bei der Frage, ob eine Petition gegen die verfassungsmäßige Ordnung oder gegen das Sittengesetz verstößt oder ob sie einen beleidigenden Inhalt hat.[51] Ergibt die Vorprüfung durch den Ausschussdienst, dass die Petition behandelt werden kann, findet eine **Überweisung an den Petitionsausschuss** durch den Präsidenten des Bundestages (vorbereitet durch den Ausschussdienst) gemäß § 109 Abs. 1 S. 1 GO BT statt.[52]

Art. 45c Abs. 1 umschreibt die Kompetenzen des Petitionsausschusses in mehrfacher Hinsicht: Zum einen darf der Petitionsausschuss nur petitionsbedingt tätig werden, d. h. jede begleitende Aufsicht über die laufende Verwaltung ist ihm verwehrt. Ein **„Selbstbefassungsrecht"** steht ihm damit nicht zu.[53] Außerdem ist der Petitionsausschuss für Petitionen ausschließlich zuständig.[54] Dies verwehrt es ihm jedoch nicht, die jeweils zuständigen Fachausschüsse zu konsultieren, § 109 Abs. 1 S. 2 GO BT, da er damit seine notwendige Federführung nicht aus der Hand gibt.[55] **11**

Der Petitionsausschuss besitzt bei der Bearbeitung und Bescheidung von Petitionen zwei zentrale Kompetenzen: das **Petitionsinformationsrecht** und das **Petitionsüberweisungsrecht.** Das **Petitionsinformationsrecht** gewährt dem Petitionsausschuss bei Petitionen, welche das Verhalten der Exekutive betreffen, die Befugnis, sich über den der Petition zu Grunde liegenden Sachverhalt zu informieren und von der Regierung, dem zuständigen Bundesminister, von Verwaltungsbehörden oder anderen zuständigen Stellen die für die Bearbeitung und Bescheidung erforderlichen Auskünfte zu verlangen.[56] Es ergibt sich als Annex zum Petitionsrecht direkt aus Art. 17,[57] lässt sich ergänzend aber auch auf Art. 45c stützen, aus dem das Bundesverfassungsgericht die „grundsätzliche Verpflichtung der Exekutive zur Zusammenarbeit mit dem Parlament bei der Behandlung von Bitten und Beschwerden" herleitet.[58] Die von der Bundesregierung und den Bundesministerien auf diese Weise abgegebenen Stellungnahmen unterfallen § 1 Abs. 1 S. 1 IFG.[59] Daneben verfügt der Petitionsausschuss über ein verfassungsrechtlich nicht ausdrücklich geregeltes, aber allgemein anerkanntes **Petitionsüberweisungsrecht,** d. h. er kann die Bundesregierung als Spitze der Exekutive mit **12**

---

[49] BVerfG 13.7.1981 – 1 BvR 444/78, abgedr. bei *Bauer* in Dreier Rn. 29 Fn. 127; zust. *Roll* ZParl 13 (1982), 21 ff.; ebenso *Magiera* in Sachs Rn. 6, 9; *Umbach* in Umbach/Clemens Rn. 12; *Pieroth* in Jarass/Pieroth Rn. 1.

[50] S. krit. *Unger* in MKS Rn. 17 f.; *Würtenberger* in BK Rn. 88; *Leisner* in Sodan Rn. 4.

[51] Ziff. 7.3 Abs. 1 der Verfahrensgrundsätze; s. auch *Klein* in Maunz/Dürig Rn. 37.

[52] *Klein* in Maunz/Dürig Rn. 39; *Bauer* in Dreier Rn. 28.

[53] Ebenso zB *Brocker* in Epping/Hillgruber Rn. 5.2; *Pieroth* in Jarass/Pieroth Rn. 1; *Klein* in Maunz/Dürig Rn. 17; *Magiera* in Sachs Rn. 7; *Risse/Witt* in Hömig/Wolff Rn. 1.

[54] *Pieroth* in Jarass/Pieroth Rn. 1; *Bauer* in Dreier Rn. 22; anders *Krings* in BerlKomm Rn. 17.

[55] *Magiera* in Sachs Rn. 7.

[56] *Brocker* in Epping/Hillgruber Rn. 6; *Klein* in Maunz/Dürig Rn. 49; *Magiera* in Sachs Rn. 10; *Stein* AK-GG Rn. 48; *Langenfeld* in HdbStR III § 39 Rn. 62 ff.; *Unger* in MKS Rn. 38 ff.

[57] *Langenfeld* in HdbStR III § 39 Rn. 62; *Klein* in Maunz/Dürig Rn. 49 ff.; *Bauer* in Dreier Rn. 25 mwN; s. auch → Art. 17 Rn. 25.

[58] BVerfGE 67, 100 (129); s. dazu *Bauer* in Dreier Rn. 25.

[59] BVerwG NVwZ 2012, 251 Rn. 33; *Dalibor* DVBl. 2012 933.

einer Petition befassen, da das Parlament einer Petition auf exekutivem Gebiet nicht abhelfen kann.[60]

13 Für die Kompetenzabgrenzung insoweit wesentlich ist der Begriff **„Behandlung“:** Er kann schon wegen der Sperrwirkung des Gewaltenteilungsprinzips nicht „Erfüllung“ von Petitionen bedeuten.[61] Sprachlich könnte er auch die „Entscheidung“ selbst einschließen,[62] ist aber im (binnen-)parlamentsrechtlichen Sinn zu beschränken auf eine gremiumsinterne Willensbildung zur Erarbeitung von Beschlussvorlagen.[63] An der Beschlusskompetenz des Bundestages ändert Art. 45c nichts, denn Petitionsinstanz nach Art. 17 ist und bleibt der Bundestag als Gesamtorgan. Eine Delegation der Entscheidungsbefugnis an den Petitionsausschuss ist nur im Wege eines Parlamentsgesetzes, nicht aber durch Regelung in der Geschäftsordnung möglich.[64]

14 Die einzelnen **Verfahrensschritte bei der Durchführung des Petitionsverfahrens** sind im Grundgesetz nicht ausdrücklich geregelt. Indes ergeben sich aus einer Zusammenschau der §§ 108 ff. GO BT und der Verfahrensgrundsätze **sieben Verfahrensschritte:** (1) Entgegennahme und Registrierung durch den Ausschussdienst, (2) Eingangsbestätigung an den Petenten, (3) Vorprüfung und Überweisung durch den Ausschussdienst, (4) Beratung und Prüfung im Petitionsausschuss, (5) Berichterstattung mit Beschlussempfehlung in einer Sammelübersicht an das Plenum, (6) Beschluss des Bundestages über die Erledigung der Petition und (7) Erledigungsmitteilung an den Petenten, die eine Begründung enthalten soll, aber nicht zwingend enthalten muss.[65] Bei der sachlichen Prüfung sollen zwei fraktionsverschiedene **Berichterstatter** eingeschaltet werden.[66] Umstritten ist, ob die Berichte des Petitionsausschusses an den Bundestag samt der in ihnen enthaltenen Beschlussempfehlungen den Anforderungen des Grundgesetzes genügen. Dagegen wird eingewandt, dass die Sammelberichte nicht hinreichend detailliert seien und deshalb gegen die Abgeordnetenrechte aus Art. 38 Abs. 1 S. 2 GG verstoßen, weil es den Abgeordneten nicht möglich sei, sich ein eigenes Bild von der Sache zu verschaffen.[67] Als Erledigungsarten kommen verschiedene Beschlussempfehlungen in Betracht, die sich aus den Verfahrensgrundsätzen ergeben.[68] Dazu zählen etwa die Überweisung der Petition an die Bundesregierung zur Berücksichtigung, die Kenntnisgabe der Petition an die Frak-

---

[60] *Brocker* in Epping/Hillgruber Rn. 7; *Klein* in Maunz/Dürig GG Rn. 52 ff.; *Magiera* in Sachs Rn. 10; *Langenfeld* in HdbStR III § 39 Rn. 70 ff.; *Unger* in MKS Rn. 41 ff.

[61] Vgl. BVerfGK 7, 133.

[62] Ebenso *Unger* in MKS Rn. 27; *Stern,* StaatsR II, 1980, § 26 Kap. IV 2c; *Stein* in AK-GG Rn. 7.

[63] Etwa §§ 62, 75, 77, 93, 107, 110, 112 GO BT iVm Abschn. 8 der Verfahrensgrundsätze; ebenso *Bauer* in Dreier Rn. 23; *Umbach* in Umbach/Clemens Rn. 11; zweifelnd *Krings* in BerlKomm Rn. 20.

[64] *Klein* in Maunz/Dürig Rn. 26; *Magiera* in Sachs Rn. 8; *Bauer* in Dreier Rn. 23; *Würtenberger* in BK Rn. 119; *Unger* in MKS Rn. 27 mwN; durch bloße Geschäftsordnungsregelung noch *Dürig* in Maunz/Dürig Rn. 10; ebenso *Krings* in BerlKomm Rn. 20; zur Problematik der öffentlichen Petition → Rn. 17 u. → Art. 17 Rn. 12.

[65] *Bauer* in Dreier Art. 17 Rn. 43; *Rühl* DVBl 1993, 14; für eine Pflicht zur Begründung hingegen *Siegfried* DÖV 1990, 279; zum Begründungserfordernis auch → Art. 17 Rn. 8.

[66] Ziff. 7.11 der Verfahrensgrundsätze.

[67] *Röper* NVwZ 2002, 53 f.; a. A. *Brink* NVwZ 2003, 953 ff.; s. dazu auch *Bauer* in Dreier Rn. 29.

[68] Ziff. 8.1 iVm. Ziff. 7.14 f. der Verfahrensgrundsätze; s. ausf. dazu *Langenfeld* in HdbStR III § 39 Rn. 61; *Bauer* in Dreier Rn. 30; *Unger* in MKS Rn. 23; *Finger* in MSW Parlamentsrecht, § 26 Rn. 37.

tionen, die Zuleitung der Petition an das Europäische Parlament, weil dessen Zuständigkeit berührt ist, oder der Abschluss des Verfahrens, etwa, weil dem Anliegen des Petenten entsprochen wurde oder weil ihm nicht entsprochen werden kann.[69]

Besondere Verfahrensvorschriften gelten, wenn eine Eingabe als **öffentliche Petition** angenommen wurde. Die öffentliche Petition ist bislang weder im Grundgesetz noch im Gesetz über die Befugnisse des Petitionsausschusses ausdrücklich geregelt, sondern ihre Rechtsgrundlage findet sich allein in den auf § 110 Abs. 1 GO BT gestützten Verfahrensgrundsätzen und der dazu erlassenen Richtlinie für die Behandlung öffentlicher Petitionen.[70] Zu den Voraussetzungen einer öffentlichen Petition gehört die Petitionseinreichung in elektronischer Form.[71] Außerdem muss die Eingabe „ein Anliegen von allgemeinem Interesse zum Gegenstand" haben und dieses „Anliegen und dessen Darstellung [müssen] für eine sachliche öffentliche Diskussion geeignet" sein.[72] Der Ausschussdienst überprüft, ob die Voraussetzungen für eine Veröffentlichung vorliegen. Kommt er dabei zu einem negativen Ergebnis, wird die Petition nicht abgewiesen, sondern nach den allgemeinen Verfahrensgrundsätzen für Petitionen weiterbehandelt.[73] 15

Wird das Vorliegen der Voraussetzungen hingegen bejaht, wird die **öffentliche Petition** im Einvernehmen mit dem Petenten **auf der Internetseite des Petitionsausschusses veröffentlicht.**[74] Mit der Veröffentlichung erhalten weitere Personen oder Personengruppen über das Internet die Gelegenheit zur Mitzeichnung der Petition oder zur Abgabe eines Diskussionsbeitrages dazu.[75] Auf diese Weise kann das Anliegen einem breitem Forum bekanntgemacht werden. Erreicht eine Petition das Quorum von 50 000 Unterstützern, wird die Petition in der Ausschusssitzung einzeln aufgerufen und es werden regelmäßig ein oder mehrere Petenten angehört, wobei die diesbezügliche Ausschusssitzung grundsätzlich öffentlich sein muss.[76] Diese Vorgaben gelten zwar für jegliche Sammel- und Massenpetitionen, doch wird es in der Regel bei einer Veröffentlichung der Petition im Internet einfacher sein, das erforderliche Quorum von 50 000 Unterstützern zu erreichen.[77] Schließlich wird bei öffentlichen Petitionen die abschließende Entscheidung einschließlich ihrer Begründung im Internet veröffentlicht.[78] 16

Aus alledem ergibt sich, dass **öffentliche Petitionen** gegenüber herkömmlichen Eingaben **privilegiert** sind. Dies ist verfassungsrechtlich vor allem insoweit problematisch, als die Privilegierung nicht aus einem Parlamentsgesetz folgt, sondern allein der Änderung der auf die Geschäftsordnung des Bundestages gestützten Verfahrensgrundsätze und einer ergänzenden Richtlinie geschuldet ist.[79] Verfassungsrechtlich bedenklich ist schließlich auch, dass 17

---

[69] *Bauer* in Dreier Rn. 31; *Brocker* in Epping/Hillgruber Rn. 8.1.
[70] → Rn. 2.
[71] Ziff. 2.2 Abs. 4 der Verfahrensgrundsätze i. V. m. Ziff. 1 der Richtlinie für die Behandlung von öffentlichen Petitionen.
[72] Ziff. 2.1 der Richtlinie für die Behandlung von öffentlichen Petitionen.
[73] Ziff. 5 der Richtlinie für die Behandlung von öffentlichen Petitionen.
[74] Ziff. 2.2 Abs. 4 der Verfahrensgrundsätze.
[75] Ziff. 2.2 Abs. 4 der Verfahrensgrundsätze.
[76] Vgl. Ziff. 8.2.1 i. V. m. Ziff. 8.4 Abs. 4 der Verfahrensgrundsätze.
[77] So auch *Bauer* in Dreier Rn. 35 Fn. 142.
[78] Ziff. 12 der Richtlinie für die Behandlung von öffentlichen Petitionen.
[79] *Bauer* in Dreier Rn. 36; *Klein* in Maunz/Dürig Rn. 68 f.; *Pieroth* in Jarass/Pieroth, Rn. 2; *Unger* in MKS Rn. 30; a. A. hingegen *Finger* in MSW Parlamentsrecht § 26 Rn. 21; näher dazu auch → Art. 17 Rn. 12.

über die Frage der Veröffentlichung einer Petition allein der Petitionsausschuss entscheidet, ohne dass hierfür eine gesetzliche Grundlage bestünde.[80]

III. Sonderbefugnisse des Petitionsausschusses (Art. 45c Abs. 2)

18 Die beiden bereits genannten „klassischen" Petitionsrechte des Parlaments, das **Petitionsinformationsrecht** und das **Petitionsüberweisungsrecht,**[81] hatten sich in der früheren Praxis des Bundestages als unzulänglich erwiesen. Auch das Interpellationsrecht (Art. 43 Abs. 1) erlaubte – selbst bei weitester Auslegung – dem Petitionsausschuss keine eigene Sachaufklärung; er blieb vielmehr auf die Gegenäußerung ausschließlich der Regierung angewiesen. Die Problematik wurde durch die Einfügung von Art. 45c Abs. 2, der eine ausschließliche Bundesgesetzgebungskompetenz und einen Regelungsauftrag enthält,[82] entschärft, doch sind die darin enthaltenen erweiterten Sachaufklärungsmöglichkeiten begrenzt.

19 So erfasst Art. 45c Abs. 2 **nur „Beschwerden",** nicht auch „Bitten".[83] Letztere können also nach wie vor nur durch Petitionsüberweisung und Petitionsinformation nach Abs. 1 behandelt werden.[84] Diese Differenzierung ergibt sich aus dem begrifflichen Unterschied, der zwar bei Art. 17 vernachlässigt werden kann, hier aber von entscheidender Bedeutung ist: Mit einer Beschwerde wird **konkret-individuell erfahrenes staatliches Fehlverhalten** (echtes oder vermeintliches) gerügt und seine Korrektur begehrt.[85] Weil darin stets auch eine Bitte liegt, bleiben für einen selbständigen Begriff **„Bitten"** in Art. 45c nur solche Anliegen übrig, die **ausschließlich Wünsche** äußern, die also den Petitionsausschuss nicht **gegen,** sondern **gemeinsam** mit Staatsinstanzen mobilisieren wollen, wie etwa Anregungen zu Gesetzesvorhaben, Reformvorschläge, aber auch Hilfeersuchen oder finanzielle Unterstützungsbegehren, zB nach Unglücksfällen oder Katastrophen („rasch und unbürokratisch").[86] Von daher leuchtet ein, dass die Einbeziehung von „Bitten" letztlich „[…] eine nicht mehr abgrenzbare Zuständigkeit des Petitionsausschusses schaffen würde".[87]

20 Abs. 2 deckt seinem Wortlaut nach die Verleihung von Sonderbefugnissen an den Petitionsausschuss **„zur Überprüfung"** von Beschwerden, was zur „Behandlung" mehr als einen sprachlichen Unterschied macht. „Zur Überprüfung" von Beschwerden werden nämlich inquisitorische Rechte zur selbständigen Aufklärung der Sach- und Rechtslages sowie die Befugnis zur Würdigung des Ergebnisses gewährt. Allerdings endet auch die Überprüfung mit der Beschlussreife nach § 112 Abs. 1 GO BT, erfasst also **kein späteres „Nachhaken".** Dies ist nur im Rahmen des Fragerechts (§§ 100 ff. GO BT)

---

[80] Ausführlich dazu → Art. 17 Rn. 12.

[81] Vgl. schon Art. 81 Abs. 3 Preuß. Verf.: „Jede Kammer kann die an sie gerichteten Schriften an die Minister überweisen und von denselben Auskunft über eingehende Beschwerden verlangen"; historischer Rückblick bei *Vonderbeck* ZParl 6 (1975), 178 und *Klein* in Maunz/Dürig Art. 17 Rn. 4 ff.; sa *Unger* in MKS Rn. 38 ff. u. 41 ff.; zusf. *Kluth* in SHH Rn. 11 f.; → Rn. 12.

[82] *Pieroth* in Jarass/Pieroth Rn. 2.

[83] Zu den Begrifflichkeiten → Rn. 7.

[84] BVerfGE 67, 100 (129); → Rn. 12.

[85] Sa Ziff. 2.1 Abs. 3 der Verfahrensgrundsätze.

[86] So schon *v. Münch/Kunig,* 1. Aufl. 1975; s. auch Ziff. 2.1 Abs. 2 der Verfahrensgrundsätze; krit. *Krings* in BerlKomm Rn. 25.

[87] Ber. Rechtsausschuss, BT-Drs. 7/3195, 3; zust. schon *Vonderbeck* ZParl 6 (1975), 178; ebenso *Kluth* in SHH Rn. 18; *Magiera* in Sachs Rn. 12.

möglich, es sei denn, es wird eine Anschlussbeschwerde eingereicht, zB wegen Nichteinhaltung einer Abhilfezusage der Bundesregierung.[88] Bei der Behandlung von Bitten hingegen besteht lediglich eine Pflicht der Exekutive zur Zusammenarbeit.[89]

Im Einzelnen gibt das auf Grundlage von Abs. 2 ergangene Gesetz über die Befugnisse des Petitionsausschusses[90] diesem folgende besondere Rechte, ohne ihn zu deren Wahrnehmung zu verpflichten:[91] Anspruch auf **Aktenvorlage, Auskunft** und **Zutritt** gegenüber der Bundesregierung, den Bundesbehörden und bundesunmittelbaren Körperschaften, Anstalten und Stiftungen des öffentlichen Rechts, soweit diese der Aufsicht der Bundesregierung unterstehen (§§ 1 f.). Um insbesondere das Aktenvorlagerecht unter heutigen Verhältnissen nicht leer laufen zu lassen, muss es auch das Zugänglichmachen elektronisch gespeicherter Akteninhalte einschließen.[92] 21

Abgeschirmt durch das Gewaltenteilungsprinzip[93] dürfen Aktenvorlage, Auskunft und Zutritt[94] **verweigert** werden aus gesetzlichen, dem Schutz der informationellen Selbstbestimmung dienenden[95] oder sonst zwingenden, etwa sicherheitstechnischen/politischen oder arbeits-/beamtenrechtlichen Geheimhaltungs- (nicht anderen) Gründen (zB bei Personal/Disziplinarakten),[96] worüber die jeweils zuständige oberste Aufsichtsbehörde des Bundes unter Angabe der Gründe zu entscheiden hat (§ 3). Diese im Vergleich etwa zu § 99 VwGO merklich heraufgesetzte Verweigerungsschwelle rechtfertigt sich aus der spezifisch parlamentarischen Vertraulichkeit (§ 69 Abs. 1 S. 1; § 73 Abs. 2 GO BT). Die weitergehenden Möglichkeiten parlamentarischen Geheimnisschutzes[97] sind – sofern vom Petitionsausschuss zugesichert – ebenso in die Entscheidung einzubeziehen wie das Wirksamkeitsprinzip.[98]

Der Petitionsausschuss kann zudem den **Petenten** sowie **Zeugen** und **Sachverständige** anhören (§ 4), wobei bei Petitionen, die ein Quorum von 50 000 Unterstützern erreicht haben, grundsätzlich ein oder mehrere Petenten anzuhören sind.[99] Entschädigt wird nach den einschlägigen Bestimmungen (§ 5). Sofern **Bedienstete** angehört werden, behält die – analoge – Auskunftsgrenze des § 3 Vorrang gegenüber den beamtenrechtlichen Bestimmungen über Aussagegenehmigungen,[100] was aber mangels Erscheinenspflicht praktisch kaum zum Tragen kommt.[101] Das zuständige Mitglied der Bundesregierung ist rechtzeitig zu unterrichten, § 110 Abs. 3 GO BT. 22

[88] Soweit nach Art. 17 zulässig, BVerfGE 2, 231.
[89] BVerfGE 67, 100 (129); → Rn. 12.
[90] Gesetz vom 19.7.1975 (BGBl. I 1921), geändert durch Gesetz vom 5.5.2004 (BGBl. I 718).
[91] Ebenso *Klein* in Maunz/Dürig Rn. 47; *Unger* in MKS Rn. 44; *Würtenberger* in BK Rn. 137; Versuch zB in BT-Drs. 11/984.
[92] *Klein* in Maunz/Dürig Rn. 58; *Burkiczak* in PetAG § 1 Rn. 7; *Unger* in MKS Rn. 46.
[93] Betont auch bei *Klein* in Maunz/Dürig Rn. 58; vom Tätigwerden des Petitionsausschusses geht deshalb auch kein Suspensiveffekt aus; ebenso *Brocker* in Epping/Hillgruber Rn. 9.
[94] Einzelheiten bei *Klein* in Maunz/Dürig Rn. 58 ff.; *Unger* in MKS Rn. 49; *Würtenberger* in BK Rn. 157 ff.
[95] So etwa § 23 BDSG; vgl. auch *Unger* in MKS Rn. 47.
[96] OVG Münster OVGE 40, 131 = DVBl 1988, 1076; BVerwGE 75, 17.
[97] Anl. 3 zur GO BT.
[98] BVerfGE 67, 100 (130); 77, 1 (47); Einzelheiten bei *Hablitzel* BayVBl. 1986, 97.
[99] Ziff. 8.4 Abs. 4 der Verfahrensgrundsätze; zur Kritik → Rn. 17.
[100] § 37 BeamtStG, §§ 61 f. BBG; ebenso *Kluth* in SHH Rn. 19; krit. *Würtenberger* in BK Rn. 172.
[101] So zutr. *Klein* in Maunz/Dürig Rn. 66; *Unger* in MKS Rn. 50.

23 In gewisser Annäherung an das Ombudsman-Modell kann der Petitionsausschuss die Ausübung seiner Sonderbefugnisse im Einzelfall an eines oder mehrere seiner Mitglieder **delegieren** (§ 6), dies allerdings nur „nach Maßgabe" der GO BT, also idR an die sog. „Berichterstatter" iSd Verfahrensgrundsätze.[102] Delegiert werden darf nicht generell, sondern nur jeweils individuell nach dem Inhalt und Umfang, der im Beschluss fixiert wird, § 111 GO BT.

24 Nach § 7 können der Petitionsausschuss und seine beauftragten Mitglieder bei der Überprüfung von Beschwerden **Amtshilfe** von Gerichten und Behörden beanspruchen, wofür die allgemeinen Grundsätze gelten, ohne den Zuständigkeitsrahmen des Petitionsausschusses zu erweitern. Dies ist vor allem dann von Bedeutung, wenn der Amtshilfe-Adressat nicht zum Kreis der Bundesbehörden (§ 1) oder sonstiger, der Aufsicht der Bundesregierung unterstehender Stellen (§ 2) gehört, sowie bei Schnittmengen mit den Befugnissen nach §§ 1–3 PetAG, wobei letztere im Zweifel vorgehen.[103]

25 Trotz all dieser Befugnisse erlangt der Petitionsausschuss jedoch nicht die Rechtsstellung eines **Untersuchungsausschusses.**[104] Insoweit fehlen ihm insbesondere das Initiativrecht und die Zwangsbefugnisse bei der Beweiserhebung sowie Rechte der Ausschussminderheit.[105]

C. Verhältnis zu anderen Bestimmungen des Grundgesetzes

26 **Art. 17** prägt inhaltlich Art und Umfang der Petitionsbehandlung,[106] wobei Art. 45c teilweise Rechtsschutzaufgaben übernimmt.[107] Ähnliches gilt für **Art. 19 Abs. 4,** der verwaltungsgerichtlich[108] durchsetzbar einen Anspruch auf einen Petitionsbescheid, nicht aber auf die Erfüllung des Anliegens gewährt.[109] Der Diskontinuitäts-Grundsatz **(Art. 39)** gilt zwar auch für den Petitionsausschuss, nicht aber für unerledigte Petitionen, § 125 S. 2 GO BT.[110] Das Interpellationsrecht nach **Art. 43 Abs. 1** hat der Petitionsausschuss nach wie vor,[111] die Fachausschüsse besitzen es in Petitionsangelegenheiten nur noch im Rahmen ihrer Hilfsfunktion für ihn.[112] Amtshilfe nach **Art. 35 Abs. 1** kann der Petitionsausschuss nur eingeschränkt in Anspruch nehmen, nämlich in dem von § 7 PetAG vorgegebenen Rahmen, welcher Art. 44 Abs. 3 entspricht.[113] An den besonderen Kompetenzen des Wehr-

---

[102] Dazu *Burkiczak* in PetAG § 6 Rn. 1 ff.

[103] So *Unger* in MKS Rn. 52; *Klein* in Maunz/Dürig Rn. 72; *Graf Vitzthum,* Petitionsrecht und Volksvertretung, 1985, 80; *Würtenberger* in BK Rn. 174.

[104] So auch *Klein* in Maunz/Dürig Rn. 18; *Magiera* in Sachs Rn. 14; *Bauer* in Dreier Rn. 38; *Burkiczak* in PetAG § 1 Rn. 2.

[105] So schon *Dürig* in Maunz/Dürig ua, 1976, Rn. 31 f.; jetzt *Brocker* in Epping/Hillgruber Rn. 11; *Magiera* in Sachs Rn. 14; *Würtenberger* in BK Rn. 165; speziell zum Fehlen von Minderheitsrechten s. *Würtenberger* BK Rn. 134 ff.; *Klein* in Maunz/Dürig Rn. 18.

[106] Ebenso *Umbach* in Umbach/Clemens Rn. 11.

[107] *Bauer* in Dreier Rn. 38.

[108] So StGH Hess HessStAnz. 1993, 1869; eher für eine Zuordnung als verfassungsrechtlich *Kluth* in SHH Rn. 24 mwN.

[109] So schon BVerfGE 2, 225 (231); zuletzt BVerfGK 7, 133.

[110] Statt aller *Magiera* in Sachs Rn. 6; *Umbach* in Umbach/Clemens Rn. 14; zu entspr. Problemen *Graf Vitzthum/März* in Schneider/Zeh ParlamentsR § 45 Rn. 29; *Würtenberger* in BK Rn. 125.

[111] *Burkiczak* in PetAG § 1 Rn. 4.

[112] → Rn. 10.

[113] *Bauer* in Dreier Rn. 38; *Klein* in Maunz/Dürig Rn. 70 ff.; *Burkiczak* in PetAG § 7 Rn. 1 ff.; *Unger* in MKS Rn. 51; → Rn. 25.

beauftragten nach **Art. 45b** ändert Art. 45c nichts, da der Petitionsausschuss nur allgemeine Petitionsinstanz ist.[114] Der Petitionsausschuss ist nicht gehindert, ein beim Wehrbeauftragten erledigtes Petitum seinerseits aufzugreifen oder den Petenten nur auf das Erledigungsschreiben des Wehrbeauftragten zu verweisen.[115] Der Petitionsausschuss ist parteifähig nach **Art. 93 Abs. 1 Nr. 1.**[116] Vom Spannungsfall **(Art. 80a)** bleibt Art. 45c unberührt. Im Verteidigungsfall **(Art. 115a)** besteht der Petitionsausschuss, soweit funktionsfähig, fort, andernfalls ist er durch den Gemeinsamen Ausschuss zu bestellen **(Art. 115e Abs. 1).**[117] Schließlich kann die Tätigkeit des Petitionsausschusses in die Grundrechte Dritter, insbesondere in das Recht auf informationelle Selbstbestimmung,[118] eingreifen,[119] wobei sich einzelne Maßnahmen vor dem Hintergrund des Verhältnismäßigkeitsgrundsatzes als verfassungswidrig erweisen können.[120]

D. Kritische Würdigung

Der Petitionsausschuss, in Abgeordnetenkreisen eher als Bewährungsposten für Parlamentsneulinge empfunden,[121] ist durch Art. 45c rechtlich wie politisch **erheblich aufgewertet** worden. Der damit einhergehenden Verantwortung, mit rechtstaatlichem Feingefühl „[...] das gesamte Arsenal seiner Möglichkeiten [...] nur sparsam, in Einzelfällen dann aber umso exemplarischer“ einzusetzen,[122] ist der Petitionsausschuss bislang gerecht geworden. Problematisch erscheint jedoch, dass die für die öffentliche Petition geltenden Sonderregelungen und Privilegierungen bislang nicht gesetzlich abgesichert sind.[123] Soll der Petitionsausschuss weiterhin das Vertrauen der Bevölkerung genießen, besteht insoweit dringend Handlungsbedarf seitens des Gesetzgebers, zumal die Prüfung, ob die Voraussetzungen für die Behandlung einer Petition als öffentliche Petition vorliegen, gegenwärtig noch nicht einmal der Petitionsausschuss selbst vornimmt, sondern lediglich der verfassungsrechtlich noch schwächer legitimierte Ausschussdienst.[124] 27

Literatur

H. Bauer, Partizipation durch Petition, DÖV 2014, 453. – ***St. Brink,*** Zur Unterrichtung des Plenums über Entscheidungen des Petitionsausschusses, NVwZ 2003, 953. – **W. Finger,** Petitionsausschuss, in: Morlok/Schliesky/Wiefelspütz (Hrsg.), Parlamentsrecht: Praxishandbuch, 2016, § 26. – **A. Guckelberger,** Aktuelle Entwicklungen des parlamentarischen Petitionswesens, 2011. – **dies.,** Der Europäische Bürgerbeauftragte und die Petitionen zum Europäischen Parlament, 2004. – ***P. Günther,*** Verfassungsrecht und Verfassungswirklichkeit des Petitionsrechts, 1972. – ***H. Hablit-***

---

[114] § 108 Abs. 1 S. 2 GO BT und Ziff. 7.6 der Verfahrensgrundsätze sowie die Anlage zu Ziff. 7.6 der Verfahrensgrundsätze („Verfahrensgrundsätze für die Zusammenarbeit zwischen dem Petitionsausschuss und dem Wehrbeauftragten des Deutschen Bundestages“); ebenso zB *Bauer* in Dreier Rn. 39; *Krings* in BerlKomm Rn. 46; *Umbach* in Umbach/Clemens Rn. 24.

[115] Einzelheiten bei *Würtenberger* in BK Rn. 61 ff.

[116] *Klein* in Maunz/Dürig Rn. 81; *Würtenberger* in BK Rn. 180 f.

[117] Ebenso *Klein* in Maunz/Dürig Rn. 13.

[118] BVerfGE 65, 1 (43).

[119] Vgl. *Klein* in Maunz/Dürig Rn. 63; *Unger* in MKS Rn. 47; dazu auch → Rn. 20.

[120] *Klein* in Maunz/Dürig Rn. 63; *Bauer* in Dreier Rn. 40.

[121] → Art. 17 Rn. 30.

[122] BT-Prot. 7/152, 10 536.

[123] So auch *Bauer* in Dreier Rn. 36; → Rn. 17.

[124] → Rn. 15.

zel, Petitionsinformierungsrecht des Parlaments und Auskunftspflicht der Regierung, BayVBl. 1986, 97. – ***A. Hamers,*** Der Petitionsausschuß des Europäischen Parlaments und der Europäische Bürgerbeauftragte, 1999. – ***U. Kempf,*** Der Petitionsausschuss als ausreichendes Kontrollorgan?, APuZ 4/1974, 27. – ***C. Langenfeld,*** Das Petitionsrecht, in HdbStR III § 39. – ***R. Pietzner,*** Petitionsausschuss und Plenum, 1973. – ***C. Stöhr,*** Anhörungen vor dem Petitionsausschuss als Kontrollinstrumente der Opposition? ZParl 20 (1989), 87. – ***W. Graf Vitzthum,*** Petitionsrecht und Volksvertretung, 1985. – ***W. Graf Vitzthum/W. März,*** Der Petitionsausschuss, in H.-P. Schneider/W. Zeh (Hrsg.), Parlamentsrecht und Parlamentspraxis, 1989, § 45. – ***H.-J. Vonderbeck,*** Zur Entwicklung des parlamentarischen Petitionsrechts von den Anfängen bis zur jüngsten Neuregelung für den Deutschen Bundestag, ZParl 6 (1975), 178.

Im Übrigen s. auch die Literatur zu Art. 17.

Art. 45d Parlamentarisches Kontrollgremium

(1) Der Bundestag bestellt ein Gremium zur Kontrolle der nachrichtendienstlichen Tätigkeit des Bundes.

(2) Das Nähere regelt ein Bundesgesetz.

A. Allgemeine Bedeutung

I. Genese und Inhaltsübersicht

1 Das Parlamentarische Kontrollgremium (PKG) wurde bereits 1978 auf einfachrechtlicher Grundlage[1] als sog. Parlamentarische Kontrollkommission geschaffen,[2] um die Geheimdienste des Bundes zu überwachen. Das **nachrichtendienstliche Instrumentarium** wurde, nicht zuletzt nach den Anschlägen v. 11.9.2001, kontinuierlich erweitert. Verschiedene Skandale verdeutlichten das damit einhergehende **Bedürfnis nach** verstärkter **Kontrolle.**[3] Dies führte 2009 zur Neufassung des Gesetzes über die parlamentarische Kontrolle nachrichtendienstlicher Tätigkeit des Bundes (**Kontrollgremiumgesetz – PKGrG**).[4] Parallel dazu wurde Art. 45d durch Gesetz v. 17.7.2009[5] in das GG eingefügt. Danach bestimmt der Bundestag ein Gremium zur Kontrolle der nachrichtendienstlichen Tätigkeit des Bundes (Abs. 1) (→ Rn. 5 ff.). Das Nähere regelt ein Bundesgesetz (Abs. 2) (→ Rn. 11). Die verfassungsrechtliche Absicherung bedeutet vor allem eine symbolische Stärkung.[6] Was Art. 45d nun festschreibt, war auch zuvor schon verfassungsrechtlich möglich. Art. 45d besitzt als einzige Vorschrift des GG eine amtliche Überschrift, die damit als Fremdkörper erscheint.[7] Die amtliche Überschrift sollte aus Gründen systematischer Kongruenz wieder gestrichen werden, solange die Bestimmungen des GG nicht durchgehend mit Überschriften versehen werden.

2 Mit dem PKG wird ein **Kompromiss** gesucht zwischen notwendiger Geheimhaltung einerseits und ebenso notwendiger parlamentarischer Kontrolle andererseits.[8] Einerseits könnten Nachrichtendienste ihre Aufgabe, extremistisches Verhalten, Spionage oder andere Gefährdungen von Innen oder Außen aufzudecken, nicht erfüllen, wenn ihre Tätigkeit für alle transparent wäre. Das BVerfG hat dieses **Geheimhaltungsinteresse** im G 10-Urteil als

[1] KontrollgremiumG v. 11.4.1978, BGBl. I 453, aufgehoben durch Art. 4 G. v. 29.7.2009, BGBl. I 2346.

[2] *Hansalek,* Die parlamentarische Kontrolle der Bundesregierung im Bereich der Nachrichtendienste, 2006, 30 ff.; sowie knapp *Klein* in Maunz/Dürig Rn. 6; *Mayntz,* Die parlamentarische Kontrolle der Nachrichtendienste, 2. Aufl. 2004, 32 f.; näher zur Entstehungsgeschichte *Unger* in MKS Rn. 1 ff.

[3] S. zB den BND-Untersuchungsbericht v. 18.6.2009, BT-Drs. 16/13 400, ua zur Überwachung von Journalisten durch den BND (S. 335 ff., 414 ff.); sa unten Fn. 10 zur Überwachung der NPD sowie *Bull* DÖV 2008, 751 (752 f.) zum sog. Sachsensumpf-Skandal; allg. *Gärditz* DVBl. 2017, 525 (532) s. BT-Drs. 18/12850 zu den Abhöraktivitäten der NSA; BT-Drs. 17/14600, 865 zu den Ermittlungen zur Mordserie des NSU.

[4] Art. 1 G. v. 29.7.2009, BGBl. I 2346, zuletzt geändert durch Art. 13 des G v. 5.1.2017, BGBl. I, 17.

[5] Eingefügt durch GG-ÄndG v. 17.7.2009, BGBl. I 1977; *Klein* in Maunz/Dürig Rn. 8 ff.

[6] Sa *Mehde* in Epping/Hillgruber Rn. 2.1 f.

[7] Ähnlich *Christopeit/Wolff* ZG 2010, 77 (83).

[8] *Bull* DÖV 2008, 751 (751, 756).

Element der streitbaren Demokratie des GG anerkannt.[9] Andererseits bedürfen Nachrichtendienste in einem demokratischen Rechtsstaat selbstverständlich der Kontrolle,[10] so dass die parlamentarische Kontrolle der Nachrichtendienste auch der **Legitimation der nachrichtendienstlichen Tätigkeit** selbst dient.[11] Wie problematisch verdeckte Methoden der Nachrichtenbeschaffung sein können, zeigt bspw. der Einsatz von V-Leuten in der NPD, der das Verbotsverfahren vor dem BVerfG zum Scheitern brachte.[12] Hinzu kommt, dass die zunehmende internationale Kooperation der Nachrichtendienste dazu führt, dass die Entscheidungsgrundlagen dem Einfluss eines Staates und seiner demokratisch gewählten Organe ganz oder teilweise entzogen sein können.[13] Schließlich dient die parlamentarische Kontrolle der Nachrichtendienste auch dem **Grundrechtsschutz,** da Grundrechtsträger angesichts der verdeckten Tätigkeit der Nachrichtendienste – wenn überhaupt – erst nachträglich erfahren, dass sie einer nachrichtendienstlichen Maßnahme ausgesetzt waren, was die Rechtsschutzmöglichkeiten sehr stark einschränkt.[14] Das PKG erfüllt somit das Bedürfnis nach **parlamentarischer Kontrolle,** es trägt aber zugleich dem besonderen Geheimhaltungsbedürfnis Rechnung, das die Befassung des BT-Plenums oder eines normalen, großen Ausschusses ausschließt.[15]

3 Im Jahr 2016 wurde das PKGrG in Reaktion auf praktische Erfahrungen aus der Arbeit des Kontrollgremiums, aber auch als Folge der Ergebnisse des NSU-Untersuchungsausschusses geändert,[16] nachdem sich systemische Defizite bei der Kontrolle der Verfassungsschutzbehörden gezeigt hatten.[17] Insbesondere fehlte es an einer koordinierenden Stelle, die zugleich als Ansprechpartner der Mitglieder des PKG auf Seiten der sie unterstützenden Bundestagsverwaltung dient und die Kontrollziele auch in strategischer Hinsicht umsetzt.[18] Aus diesem Grund wurde mit der Gesetzesänderung das Amt des **Ständigen Bevollmächtigten** geschaffen (→ Rn. 8). Schließlich hatte sich gezeigt, dass die dem PKG zustehenden umfassenden Kontrollrechte auf Grund der vorhandenen Mitarbeiterzahl und der steigenden Komplexität der Kontrollgegenstände nicht mit der nötigen Intensität wahrgenommen werden konnten, da es insbesondere an dem dafür erforderlichen technischen Fachwissen fehlte. Dem sollte mit einer Aufstockung des Personals Rechnung getragen werden.[19] Zudem soll durch eine Änderung von § 8 Abs. 1 PKGrG der Schutz für sog. **Whistleblower** verbessert werden, wenn diese sich an das PKG wenden.[20]

---

[9] BVerfGE 30, 1 (18 ff.).

[10] *Gusy* ZRP 2008, 36 (37 f.).

[11] BVerfGE 146, 1 Rn. 87 f.; *Unger* in MKS Rn. 7.

[12] BVerfGE 107, 339 (346 ff., 362 ff.); *Michaelis* KritV 2002, 188 ff.

[13] BVerfGE 143, 101 Rn. 148; *Unger* in MKS Rn. 7.

[14] BT-Drs. 16/12412, 2; *Unger* in MKS Rn. 7; zur Kompensation durch parlamentarische Kontrolle BVerfGE 143, 101 Rn. 151; 146, 1 Rn. 118 f.; *Gusy* ZRP 2008 36 (38); allgm. zum Rechtsschutz gegen nachrichtendienstliche Maßnahmen *Kornblum,* Rechtsschutz gegen geheimdienstliche Aktivitäten, 2011, 196 ff.

[15] BVerfG NVwZ 2009, 1092 (1094); zur Option für ein kleines Gremium BVerfGE 70, 324 (358 f.); s. dazu *Unger* in MKS Rn. 8.

[16] G v. 30.11.2016, BGBl. I, 2746; zu den Änderungen im Überblick BT-Drs. 19/422, 5 ff.; *Gusy* VerwArch 106 (2015), 437 (440 f.).

[17] BT-Drs. 18/9040, 1; zu den Ergebnissen des NSU-Untersuchungsausschusses s. den Abschlussbericht, BT-Drs. 17/14600, 865.

[18] BT-Drs. 18/9040, 1.

[19] BT-Drs. 18/9040, 1 f.

[20] Ausf. *Gärditz* DVBl. 2017, 525 (533).

II. Überstaatliche Bezüge

4 Die Europäische Union besitzt keine eigenen nachrichtendienstlichen Institutionen, so dass das Primärrecht kein spezifisch nachrichtendienstliches Kontrollgremium vorsieht.[21] Dennoch bestehen auch auf Unionsebene Einrichtungen im Bereich der inneren und äußeren Sicherheit, die sog. Agenturen. So soll das als Agentur errichtete[22] **Europäische Polizeiamt (Europol)** den Informationsaustausch zwischen den Mitgliedstaaten erleichtern und ein eigenes Europol-Informationssystem aufbauen, wozu auch die Wahrnehmung nachrichtendienstlicher Aufgaben gehört. Primärrechtlich abgesichert ist Europol durch Art. 88 AEUV. Nach Art. 88 Abs. 2 UAbs. 1 S. 1 AEUV legen das Europäische Parlament und der Rat gemäß dem ordentlichen Gesetzgebungsverfahren durch Verordnungen den Aufbau, die Arbeitsweise, den Tätigkeitsbereich und die Aufgaben von Europol fest. Art. 88 Abs. 2 UAbs. 2 AEUV sieht eine in den Verordnungen näher bestimmte Kontrolle der Tätigkeiten von Europol durch das Europäische Parlament vor, an der auch die nationalen Parlamente beteiligt werden.[23] Sekundärrechtlich konkretisiert wird Art. 88 AEUV durch die Europol-Verordnung,[24] die in Art. 51 einen zwischen dem Europäischen Parlament und den nationalen Parlamenten eingerichteten Gemeinsamen parlamentarischen Kontrollausschuss vorsieht,[25] den die nationalen Parlamente und der zuständige Ausschuss des Europäischen Parlaments gemeinsam einsetzen. In Deutschland werden je zwei Vertreter von BT und BR benannt. Mit Einrichtung des Gemeinsamen parlamentarischen Kontrollausschusses findet nun auch auf europäischer Ebene erstmals eine institutionalisierte parlamentarische Kontrolle der sicherheitsdienstlichen Agentur statt.

B. Einzelfragen

I. Der Bundestag bestellt ein Gremium

5 Art. 45d sieht, anders als die vorangehenden Art. 44–45a, 45c, keinen Ausschuss vor, sondern ein Gremium. Die Zusammensetzung ist damit verfassungsrechtlich kaum determiniert, sondern obliegt dem einfachen Gesetzgeber, der in § 2 Abs. 1–3 PKGrG entsprechende Regelungen erlassen hat. Danach bestimmt der Bundestag die Zahl der Mitglieder des PKG und wählt diese zu Beginn jeder Wahlperiode mit absoluter Mehrheit aus seiner Mitte.

[21] Ausf. zum Ganzen *Hermes* in Dreier Rn. 9; *Unger* in MKS Rn. 5.

[22] Beschl. des Rates v. 6.4.2009 zur Errichtung des Europäischen Polizeiamts (Europol) (2009/371/JI), ABl. EU Nr. L, 37 (Europol-Beschluss); Europol war jedoch bereits zuvor auf Grundlage des Übereinkommens aufgrund von Art. K.3 des Vertrags über die Europäische Union über die Errichtung eines Europäischen Polizeiamts, ABl. EU Nr. C 316 v. 27.11.1995, 2 gegründet worden.

[23] Ausf. dazu *Schoppa,* Europol im Verbund der Europäischen Sicherheitsagenturen, 2013, 199 f.; *Heid* in Dauses/Ludwigs Handbuch des EU-Wirtschaftsrechts, Raum der Freiheit, der Sicherheit und des Rechts (RFSR) Rn. 86.

[24] Verordnung (EU) 2016/794 des Europäischen Parlaments und des Rates vom 11.5.2016 über die Agentur der Europäischen Union für die Zusammenarbeit auf dem Gebiet der Strafverfolgung (Europol) und zur Ersetzung und Aufhebung der Beschlüsse 2009/371/JI, 2009/934/JI, 2009/935/JI, 2009/936/JI und 2009/968/JI des Rates, ABl. EU Nr. L 135, 53.

[25] Näher zum Ganzen *Priebe* EuZW 2016, 894.

Das PKG muss, anders als ein Ausschuss,[26] kein verkleinertes Abbild des Plenums sein.[27] Da das Kontrollgremium keine Plenarbeschlüsse vorzubereiten hat, ist es nicht erforderlich, dass sich im Kontrollgremium die Kräfteverhältnisse des Plenums widerspiegeln.[28] Gewisse Anforderungen ergeben sich aus dem Zweck des Kontrollgremiums. Da das Gremium die parlamentarische Kontrolle über die Geheimdienste übernehmen soll, können ihm nur Abgeordnete angehören.[29] Da die Kontrolle gerade auch ein Recht der **Opposition** ist,[30] darf die Zusammensetzung des Gremiums nicht allein von der Regierungsmehrheit bestimmt werden.[31] Freilich kann es bei einem sehr kleinen Gremium sogar zulässig sein, nicht einmal jeder Fraktion einen Sitz im Gremium zuzugestehen.[32] In jüngster Zeit wird jedoch die Praxis verfolgt, jeder Fraktion mindestens einen Vertreter im PKG zuzugestehen.[33] Verfassungsrechtlich besonders problematisch ist die Frage nach der Beteiligung aller Fraktionen, wenn eine Partei selbst, ihre Abgeordneten oder Mitglieder unter Beobachtung des Verfassungsschutzes stehen.[34] Es ist der Parlamentsmehrheit jedoch auch in diesem Fall verwehrt, alle Mitglieder einer bestimmten Fraktion pauschal als hinsichtlich des Geheimnisschutzes nicht vertrauenswürdig anzusehen.[35] Zielt die die Fraktion tragende Partei darauf ab, die freiheitliche demokratische Grundordnung zu gefährden oder zu beseitigen, kann der BT ein Parteiverbotsverfahren beim BVerfG einleiten.[36] Das besondere Geheimhaltungsbedürfnis im Rahmen des PKG gibt der Parlamentsmehrheit allerdings das Recht, den Personalvorschlag einer Fraktion zurückzuweisen, wenn begründete Zweifel an der Zuverlässigkeit der benannten Person bestehen.[37] Es ist verfassungsrechtlich nicht zu beanstanden, dass § 3 Abs. 4 PKGrG das PKG nicht dem **Grundsatz der Diskontinuität** unterwirft.[38] Die Beratungen des PKG sind **geheim,**[39] wobei die Gremiumsmitglieder gemäß § 10 PKG auch nach Beendigung ihrer Tätigkeit zur Geheimhaltung der ihnen bei ihrer Tätigkeit bekannt gewordenen Angelegenheiten verpflichtet sind.

---

[26] Grdl. BVerfGE 80, 188 (222), *Wüppesahl;* bestätigend BVerfGE 84, 304 (323); → Art. 38 Rn. 127; → Art. 43 Rn. 11.

[27] *Mehde* in Epping/Hillgruber Rn. 12, 14.2.

[28] AA *Hansalek,* Die parlamentarische Kontrolle der Bundesregierung im Bereich der Nachrichtendienste, 2006, 270 f.

[29] So auch § 2 Abs. 1 PKGrG.

[30] → Art. 44 Rn. 6, zum Recht auf Einsetzung eines Untersuchungsausschusses.

[31] Sa *Mehde* in Epping/Hillgruber Rn. 14.3; *Unger* in MKS Rn. 14.

[32] BayVerfGH NVwZ 2002, 1372 (1373 f.); BbgVerfG NVwZ 2016, 931 (933); *Mehde* in Epping/Hillgruber Rn. 14.1; zum Vertrauensgremium nach § 10a Abs. 2 BHO BVerfGE 70, 324 (359, 363 f.) mit abw. Sondervoten *Mahrenholz* 366 ff., sowie *Böckenförde* 380 ff.; ähnl. *Magiera* in Sachs Rn. 4; krit. *Ingold,* Das Recht der Oppositionen, 2015, 374 f.; *Hermes* in Dreier Rn. 38; *Gusy* VerwArch 106 (2015), 437 (455); *Kumpf,* Die Kontrolle der Nachrichtendienste des Bundes, 2014, 133 f.

[33] Zur früheren Praxis *Singer,* Praxiskommentar, § 2 Rn. 25 ff.

[34] *Singer,* Praxiskommentar, § 2 Rn. 24; *Kumpf,* Die Kontrolle der Nachrichtendienste des Bundes, 2014, 275 ff.

[35] *Schönberger/Schönberger* JZ 2018, 105 (109).

[36] *Schönberger/Schönberger* JZ 2018, 105 (109 f.); s. auch das Sondervotum des *Richters Böckenförde* in BVerfGE 70, 324 (384).

[37] *Mehde* in Epping/Hillgruber Rn. 14.4; tendenziell weiter bis zur Grenze der missbräuchlichen Mehrheitsentscheidung BVerfGE 70, 324 (365) mit abw. Sondervotum *Böckenförde* 380 (384); BayVerfGH NVwZ 2002, 1372 (1374).

[38] *Mehde* in Epping/Hillgruber Rn. 16; *Unger* in MKS Rn. 12; → Art. 39 Rn. 17.

[39] *Magiera* in Sachs Rn. 14; *Wolff* in BK Rn. 55 ff.

II. Zur Kontrolle der nachrichtendienstlichen Tätigkeit des Bundes

Art. 45d führt den Begriff der nachrichtendienstlichen Tätigkeit erstmals in das GG ein. Man wird darunter die **verdeckte Informationssammlung** zum Schutz der freiheitlich-demokratischen Grundordnung im Vorfeld konkreter Gefahren verstehen können.[40] Dabei geht es de lege lata vor allem um die Tätigkeit des Bundesamtes für Verfassungsschutz, des Bundesnachrichtendienstes (BND) und des Militärischen Abschirmdienstes (MAD),[41] die § 1 Abs. 1 PKGrG auflistet. Adressaten der Kontrolle des PKG sind die Bundesregierung, die die Verantwortung für die drei ihr nachgeordneten Nachrichtendienste trägt,[42] sowie die drei Nachrichtendienste selbst.[43] Freilich knüpft Art. 45 nicht an bestimmte Behörden an, sondern an die Art der Tätigkeit. Art. 45d meint die **parlamentarische Kontrolle,** wie sie auch in Art. 13 Abs. 6, Art. 45b angesprochen wird. Dabei steht neben einer rechtlichen Kontrolle die politische Kontrolle im Vordergrund,[44] wobei der **Kontrollmaßstab** im Detail vom PKG selbst zu bestimmen ist.[45] Erfasst ist sowohl eine einzelfallbezogene Kontrolle, die konkreten Missständen nachgeht, als auch eine systematische Aufsicht über die Tätigkeit der Nachrichtendienste.[46] Das PKG ist ein besonderes Unterorgan des BT,[47] das aber sonstige Kontrolle nicht ausschließt.[48] Insbesondere bleiben sowohl das allg. Frage- und Informationsrecht der Abgeordneten und Fraktionen[49] als auch die Rechte von Untersuchungsausschüssen[50] unberührt. Aus kompetenzrechtlichen Gründen kann sich die Kontrolle des PKG nur auf die Tätigkeit von **Bundesbehörden** erstrecken.[51] Die Kontrolle der Nachrichtendienste der Länder obliegt den Landesparlamenten; diesbezügliche Regeln finden sich im Landesrecht.[52] 6

Art. 45d räumt dem Kontrollgremium keine besonderen Rechte gegenüber der BReg. ein, weist ihm aber die Aufgabe zu, **Kontrollrechte des BT** wahrzunehmen. Dazu gehört namentlich das in § 5 Abs. 2 S. 1 PKGrG verankerte **Frage- und Informationsrecht,** dem gemäß § 5 Abs. 3 PKGrG 7

[40] Ähnlich *Mehde* in Epping/Hillgruber Rn. 23.

[41] Zu den drei Diensten im Überblick *Baier,* Die parlamentarische Kontrolle der Nachrichtendienste und deren Reform 2009, 5 ff.; *Hempel,* Der Bundestag und die Nachrichtendienste, 2014, 19 ff.; *Hörauf,* Die demokratische Kontrolle des Bundesnachrichtendienstes, 2011, 12 ff. zum BND; *Kornblum,* Rechtsschutz gegen geheimdienstliche Aktivitäten, 2011, 37 ff.; *Wolff* JZ 2010, 173 (173).

[42] BT-Drs. 7/5924, 60 f.; *Unger* in MKS Rn. 11.

[43] *Unger* in MKS Rn. 11.

[44] *Mehde* in Epping/Hillgruber Rn. 19; sa *Peitsch/Polzin* NVwZ 2000, 387 (388 f.).

[45] *Klein* in Maunz/Dürig Rn. 38 f.; *Unger* in MKS Rn. 15.

[46] Sa *Bull* DÖV 2008, 751 (754 f.) zum sächsischen Recht.

[47] *Mehde* in Epping/Hillgruber Rn. 15, Hilfsorgan.

[48] So ausdrücklich § 1 Abs. 2 PKGrG; sa *Klein* in Maunz/Dürig Rn. 27; *Shirvani* VBlBW 2010, 99 (101); *Christopeit/Wolff* ZG 2010, 77 (81); s. dazu auch BT-Drs. 16/13400 (BND) u. BT-Drs. 18/12850 (NSA).

[49] BVerfG NVwZ 2009, 1092 (1094); BVerfGE 143, 101, Rn. 146 f. u. 149; 146, 1 Rn. 99 u. 116; sa BbgVerfG NVwZ-RR 2005, 299 (301 ff.); ausf. *Bartodziej* in Dietrich/Eiffler Handbuch des Rechts der Nachrichtendienste Rn. 5 ff., 114 ff. u. 120 ff.; *Unger* in MKS Rn. 9.

[50] BVerfG EuGRZ 2009, 501 Rn. 104 ff.; BVerfGE 143, 101 Rn. 146 f. u. 149; 146, 1 Rn. 99 u. 116; BGH NVwZ 2018, 1502 Rn. 29 ff.

[51] *Peitsch/Polzin* NVwZ 2000, 387 (391).

[52] S. auf Verfassungsebene Art. 83 Abs. 3 LVerf. Sachsen sowie im Überblick *Klein* in Maunz/Dürig Rn. 13 ff.; zu dennoch bestehenden bundesrechtlichen Vorgaben BbgVerfG NVwZ-RR 2005, 299 (301); s. auch *Warg* NVwZ 2014, 1263 (1264).

grundsätzlich eine Antwortpflicht der BReg. entspricht.[53] Auf eine Ausgestaltung des Frage- und Informationsrechts als Minderheitenrecht wurde bewusst verzichtet,[54] wohingegen das Einberufungs- und Unterrichtungsrecht nach § 4 Abs. 1 S. 1 PKGrG gemäß § 3 Abs. 2 PKGrG jedem Mitglied des Kontrollgremiums zusteht.[55] Nach § 5 Abs. 1 S. 1 PKGrG besitzt das PKG ein **Aktenvorlagerecht,** das sich nicht nur auf Akten, sondern auch auf andere in amtlicher Verwahrung befindliche Schriftstücke und elektronisch gespeicherte Daten bezieht. Dieses Recht wird ergänzt durch das in § 5 Abs. 1 S. 2 PKGrG geregelte **Besuchsrecht,** das die BReg. dazu verpflichtet, dem Kontrollgremium jederzeit Zutritt zu sämtlichen Dienststellen der Nachrichtendienste des Bundes zu gewähren. Nach § 7 Abs. 1 S. 1 PKGrG schließlich kann das PKG im Einzelfall einen **externen Sachverständigen** mit der Durchführung einer Untersuchung beauftragen.[56] Die Kontrollrechte finden ihre **Schranken** ua im **Staatswohl**[57] und in den **Grundrechten betroffener Dritter.**[58] Letztere können etwa dann tangiert sein, wenn die Informationen auf die Identität einzelner Personen schließen lassen und diese durch die Offenlegung Gefahren für Leib, Leben oder Freiheit befürchten müssten.[59] Allerdings wird eine Information angesichts der Geheimhaltung, die das PKG gewährleistet, nur in besonders begründeten Ausnahmefällen aus Gründen des Geheimnisschutzes verweigert werden dürfen.[60] § 6 Abs. 2 S. 1 PKGrG nennt in Übereinstimmung mit Stimmen in der Lit.[61] auch den **Kernbereich exekutiver Eigenverantwortung** als Schranke der parlamentarischen Kontrolle der Nachrichtendienste.[62] Die diesbezügliche Rspr. des BVerfG betrifft allerdings allein die interne Willensbildung der Regierung, nicht nachgeordnete Behörden wie die Nachrichtendienste.[63] Sie wird daher die Kontrolle des PKG allenfalls in Ausnahmefällen beschränken. Gemäß § 6 Abs. 1 S. 1 PKGrG hat die Bundesregierung jedoch Informationen zwingend zu verweigern, soweit diese nicht der Verfügungsberechtigung der Nachrichtendienste des Bundes unterliegen.[64] Dies kodifiziert die international anerkannte[65] **„Third Party Rule“,** wonach Nachrichtendienste auch nach Übermittlung einer Information an einen befreundeten Nachrichtendienst

---

[53] BVerfGE 105, 279 (306); BVerfG NVwZ 2009, 1092 (1093) mwN.

[54] BT-Drs. 16/12411, 9; krit. zur fehlenden Ausgestaltung als Minderheitenrecht *Unger* in MKS Rn. 17; *Hermes* in Dreier Rn. 39; *Singer,* Praxiskommentar, § 5 Rn. 62 ff.

[55] S. dazu *Hermes* in Dreier Rn. 39 u. 42; *Hornung* in MSW Parlamentsrecht § 30 Rn. 25.

[56] Näher dazu *Unger* in MKS Rn. 23; *Magiera* in Sachs Rn. 12.

[57] BVerfGE 124, 78 (123 f.); 146, 1 Rn. 95; *Unger* in MKS Rn. 26; *Grzeszick* DÖV 2018, 209 (210); ausf. zum Begriff *Warg* NVwZ 2014, 1263 (1266 ff.); s. dazu auch *Rusteberg* DÖV 2017, 319 (320 ff.).

[58] *Peitsch/Polzin* NVwZ 2000, 387 (392); *Unger* in MKS Rn. 31, der jedoch bezweifelt, dass sich die Persönlichkeitsrechte Dritter kaum je mit dem Ergebnis eines Informationsverweigerungsrechts gegen das parlamentarische Kontrollinteresse durchsetzen werden.

[59] *Grzeszick* DÖV 2018, 209 (212).

[60] *Mehde* in Epping/Hillgruber Rn. 22; noch enger *Wolff* JZ 2010, 173 (180).

[61] *Hansalek,* Die parlamentarische Kontrolle der Bundesregierung im Bereich der Nachrichtendienste, 2006, 244 ff.; *Peitsch/Polzin* NVwZ 2000, 387 (392 f.); sa *Klein* in Maunz/Dürig Rn. 36 f.; *Mehde* in Epping/Hillgruber Rn. 10.

[62] Ausf. *Grzeszick* DÖV 2018, 209 (211).

[63] BVerfGE 67, 100 (139), BVerfG EuGRZ 2009, 501 Rn. 122–127, 160; sa *Baier,* Die parlamentarische Kontrolle der Nachrichtendienste und deren Reform, 2009, 43 ff.; *Mehde* in Epping/Hillgruber Rn. 10.

[64] S. dazu *Unger* in MKS Rn. 27.

[65] S. etwa Art. 4d, 5b Geheimschutzabkommen zwischen EU und NATO, ABl. EU Nr. L 80 v. 27.3.2003, 36 ff.; s. auch *Warg* NVwZ 2014, 1263 (1267 f.).

über das Recht verfügen, über den Umgang mit der entsprechenden Information zu entscheiden.[66] Daher dürfen Informationen ausländischer Nachrichtendienste an das PKG nur dann weitergegeben werden, wenn der betreffende ausländische Nachrichtendienst zuvor zugestimmt hat.[67] Dies ist verfassungsrechtlich bedenklich, da dadurch das parlamentarische Kontrollrecht beschränkt wird, ohne dass eine Abwägung mit kollidierenden Rechtsgütern möglich wäre.[68] Allerdings besteht eine Verpflichtung der BReg. und der Nachrichtendienste, sich konstruktiv um die Zustimmung des betroffenen ausländischen Nachrichtendienstes zu bemühen.[69]

Unterstützt wird das PKG seit der Änderung des PKGrG im Jahr 2016 **8** durch einen **Ständigen Bevollmächtigten,** der nach § 5a Abs. 1 PKGrG auf Vorschlag des PKG vom BT-Präsidenten für die Dauer von fünf Jahren ernannt wird und der gemäß § 5a Abs. 2, 4 PKGrG die Sitzungen des Gremiums sowie die Berichte an das Plenum vorbereitet und auf Weisung des Gremiums Sachverhalte prüft. Die Tätigkeit des Ständigen Bevollmächtigten ist nach § 5a Abs. 1 PKGrG sowohl regelmäßig als auch einzelfallbezogen. Mit der Einführung eines weisungsgebundenen Bevollmächtigten im Beamtenstatus, der nach § 10a der Bundeshaushaltsordnung (BHO) darüber hinaus unterstützend für das Vertrauensgremium tätig werden kann, hat sich der Gesetzgeber gegen das Modell eines dem Wehrbeauftragten nachgebildeten, in der Öffentlichkeit stehenden politischen Nachrichten- oder Geheimdienstbeauftragten entschieden.[70] Die politische Kontrolle der Nachrichtendienste obliegt daher weiterhin dem PKG sowie den anderen zur Kontrolle berufenen Gremien des BT sowie dem Plenum und den einzelnen Abgeordneten.[71] Der Ständige Bevollmächtigte hat ausweislich der Gesetzesbegründung[72] als Hilfsorgan des Kontrollgremiums keine weitergehenden Rechte als das Gremium selbst, seine Befugnisse sind mithin schlicht akzessorisch.[73] Dementsprechend bestimmt § 14 PKGrG, dass nur das PKG befugt ist, das BVerfG anzurufen, nicht der Ständige Beauftragte selbst.[74]

Für den verfassungsrechtlichen **Organstreit** iRd Art. 93 Abs. 1 Nr. 1, **9** § 63 BVerfGG ist das Kontrollgremium als Organteil des BT unmittelbar durch Art. 45d mit eigenen Rechten ausgestattet.[75] Streitgegenstand kann zB die Herausgabe von Informationen oder Dokumenten durch die BReg. sein.[76] Antragsbefugt ist das PKG nach § 64 Abs. 1 BVerfGG, wenn es die Möglichkeit einer Verletzung in eigenen Rechten, dh solchen aus Art. 45d,

---

[66] BT-Drs. 14/539, 7; BVerfGE 143, 101, Rn. 165; *Bartodziej* in Dietrich/Eiffler Handbuch des Rechts der Nachrichtendienste Rn. 77; *Glauben* NVwZ 2017, 129 (131); *Unger* in MKS Rn. 27; *Singer,* Praxiskommentar, § 6 Rn. 12.

[67] BT-Drs. 18/12297, 2; BVerfGE 143, 101 Rn. 163 f.; aA wohl *Gärditz* DVBl. 2015, 903 (907).

[68] *Unger* in MKS Rn. 28; aA *Warg* NVwZ 2014, 1263 (1266) unter Berufung auf einen entgegenstehenden, überwiegenden Staatswohlbelang; für eine Begründungspflicht bei der Nichtweitergabe von Informationen ausländischer Nachrichtendienste in gerichtl. Verfahren jedoch BVerwG DVBl. 2015, 901 (902); ähnlich auch BVerfGE 124, 78 (124 f.) für Untersuchungsausschüsse.

[69] *Singer,* Praxiskommentar, § 6 Rn. 14; aA *Peitsch/Polzin* NVwZ 2000, 387 (391).

[70] BT-Drs. 18/9040, 8; *Brissa* DÖV 2017, 765 (767 f.).

[71] *Brissa* DÖV 2017, 765 (767 f.).

[72] BT-Drs. 18/9040, 8.

[73] *Brissa* DÖV 2017, 765 (768).

[74] *Brissa* DÖV 2017, 765 (768).

[75] *Unger* in MKS Rn. 39; auch zum früheren Meinungsstand s. *Christopeit/Wolff* ZG 2010, 77 (91); implizit auch BVerfGE 143, 1 Rn. 50 im Gegensatz zur G 10-Kommission.

[76] *Hermes* in Dreier Rn. 58.

geltend macht.[77] §§ 14 PKGrG, 66a S. 2 BVerfGG sind in Bezug auf die Parteifähigkeit des PKG deklaratorisch.[78] Nicht deklaratorisch ist § 14 PKGrG insoweit, als er ein Zweidrittelquorum für Anträge des PKG festlegt.[79] Die Vertreter der **Oppositionsfraktionen** im PKG verfügen damit über keine Rechtsschutzmöglichkeiten aus § 14 PKGrG.[80] Ihnen verbleibt jedoch die Möglichkeit, in Prozessstandschaft für den BT dessen Kontrollrechte aus Art. 45d gegenüber der BReg. geltend zu machen,[81] da auch nach Einsetzung des PKG das Kontrollrecht aus Art. 45d „Sache des Parlaments in seiner Gesamtheit" verbleibt,[82] was im Übrigen auch durch § 1 Abs. 2 PKGrG impliziert wird.

10 Außerdem verfügt das PKG über ein **Berichtsrecht,** dem teilweise auch eine Berichtspflicht gegenübersteht. So erstattet das PKG nach § 13 S. 1 PKGrG dem BT mindestens in der Mitte und am Ende jeder Wahlperiode Bericht über seine Kontrolltätigkeit. Darüber hinaus kann das PKG nach § 10 Abs. 2 S. 1 PKGrG einzelne Vorgänge bewerten, ohne insoweit an den in § 10 Abs. 1 PKGrG verankerten Geheimnisschutz gebunden zu sein.

III. Das Nähere regelt ein Bundesgesetz

11 Art. 45d räumt weder dem Kontrollgremium noch dem Bundestag als solchem Informations- oder Untersuchungsrechte gegenüber der BReg. oder direkt gegenüber den Nachrichtendiensten ein. Art. 45d Abs. 2 impliziert aber, dass dem Gremium über die allgemeinen parlamentarischen Kontrollrechte[83] hinaus die Rechte eingeräumt werden können und sollen, die für eine effektive Kontrolle notwendig erscheinen.[84] Während die Zusammensetzung und Organisation des Kontrollgremiums im Übrigen in die Geschäftsautonomie des BT[85] fällt, können Rechte gegenüber der BReg., Behörden[86] oder Zeugen nur durch Gesetz begründet werden. Gesetz iSv Art. 45d Abs. 2 ist vor allem das **KontrollgremiumG** (PKGrG).[87] Die darin enthaltenen Informationsrechte wurden durch das Gesetz zur weiteren Fortentwicklung der parlamentarischen Kontrolle der Nachrichtendienste v. 30.11.2016 noch einmal ausgebaut.[88] Für den Bereich der Telekommunikationsüberwachung enthält das Art. 10-Gesetz (G 10) ebenfalls einzelne Bestimmungen über das Parlamentarische Kontrollgremium, die Art. 45d Abs. 2 zuzuordnen sind.[89] BVerfSchG, BND-Gesetz und MAD-Gesetz enthalten weitere Regelun-

---

[77] *Unger* in MKS Rn. 39; *Shirvani* VBlBW 2010, 99 (103).
[78] S. *Unger* in MKS Rn. 39; *Hermes* in Dreier Rn. 58; *Shirvani* VBlBW 2010, 99 (103).
[79] *Shirvani* VBlBW 2010, 99 (103).
[80] *Unger* in MKS Rn. 39; *Christopeit/Wolff* ZG 2010, 77 (92).
[81] *Unger* in MKS Rn. 40; ähnlich *Hermes* in Dreier Rn. 59.
[82] BVerfGE 143, 101 Rn. 82 im Hinblick auf parlamentarische Untersuchungen nach Art. 44 Abs. 1 S. 1 GG; aA aber wohl *Grzeszick* DÖV 2018, 209 (217), der unter Verweis auf BT-Drs. 16/12411, 11 f. von einer Delegation der parlamentarischen Kontrolle auf das PKG ausgeht, mit der Folge, dass der BT insoweit seine Kontrollrechte verlieren würde.
[83] → Art. 43 Rn. 3 ff., 41.
[84] Sa *Mehde* in Epping/Hillgruber Rn. 17 f.
[85] → Art. 40 Rn. 2 ff.
[86] Krit. *Peitsch/Polzin* NVwZ 2000, 387 (391).
[87] → Fn. 1 u. 3.
[88] G v. 30.11.2016, BGBl. I, 2746; s. BT-Drs. 18/9040, 1 zum Hintergrund der Gesetzesänderung.
[89] S. § 5 Abs. 1 S. 2, § 8 Abs. 2 S. 1, § 7a Abs. 6, § 14 G 10 sowie den Jahresbericht 2015–2017 des PKG v. 15.1.2018, BT-Drs. 19/422; s. dazu auch *Unger* in MKS Rn. 9.

gen.[90] Streiten Kontrollgremium und BReg. über Rechte und Pflichten aus dem PKGrG, handelt es sich nicht um eine verfassungsrechtliche Streitigkeit iSv Art. 93 Abs. 1 Nr. 1, so dass grundsätzlich der Verwaltungsrechtsweg nach § 40 Abs. 1 S. 1 VwGO eröffnet wäre. § 14 PKGrG enthält jedoch für alle Streitigkeiten zwischen Kontrollgremium und BReg. eine Sonderzuweisung an das **BVerfG.** Es handelt sich dabei um einen speziellen Organstreit[91], mit dem auch fachgesetzliche Rechtspositionen geltend gemacht werden können. Das ist sinnvoll und von Art. 93 Abs. 2 gedeckt.

C. Verhältnis zu anderen Bestimmungen des Grundgesetzes

Art. 10 Abs. 2 S. 2 enthält eine Spezialregelung für die nachrichtendienstliche Überwachung des Postverkehrs und der **Telekommunikation.** Nach Maßgabe dieser Vorschrift kann der Rechtsweg ersetzt werden durch eine Nachprüfung durch Organe und Hilfsorgane, die vom BT bzw. von den Landesparlamenten bestellt werden.[92] Auf Bundesebene kann dieses „Organ" mit dem PKG identisch sein, muss es aber nicht. Tatsächlich sieht § 15 G 10 dazu die sog. **G-10-Kommission**[93] vor, die gem. § 15 Abs. 1 S. 4 G 10 vom PKG bestellt wird. Die damit verbundene Durchbrechung der alleinigen Zuständigkeit des PKG für die Kontrolle der nachrichtendienstlichen Tätigkeit des Bundes ist im Grundgesetz angelegt und damit verfassungsrechtlich unbedenklich, zumal § 1 Abs. 2 G 10 die Kontrolle der Überwachung von Telekommunikation und Brief- und Postverkehr dem PKG und der G 10-Kommission im Verbund zuweist und nach § 15 Abs. 1 S. 5 G 10 das PKG durch seinen Ständigen Bevollmächtigten in den Sitzungen der G 10-Kommission vertreten ist.[94] Art. 13 Abs. 6 S. 2 sieht zudem ein Gremium zur parlamentarischen Kontrolle der Befugnisse zur akustischen und optischen **Wohnraumüberwachung** vor.[95] Der Aufgabenbereich dieses Gremiums überschneidet sich mit der Kontrolle der Nachrichtendienste, soweit letztere – bspw. nach § 9 Abs. 2 BVerfSchG – zur Gefahrenabwehr eine akustische Wohnraumüberwachung durchführen.[96] § 5 Abs. 4 PKGrG enthält eine deklaratorische Verweisung auf **Art. 35 Abs. 1** und führt insoweit zu keiner Ausweitung der Befugnisse des PKG.[97] 12

D. Kritische Würdigung

Es ist verständlich, dass der verfassungsändernde Gesetzgeber die besondere Bedeutung einer effektiven parlamentarischen Kontrolle der Geheimdienste betonen wollte. Der **Regelungsgehalt** des neuen Art. 45d bleibt jedoch 13

---

[90] *Bartodziej* in Dietrich/Eiffler Handbuch des Rechts der Nachrichtendienste Rn. 6; s auch den Jahresbericht 2015–2017 des PKG v. 15.1.2018, BT-Drs. 19/422.

[91] So auch die Begründung des Innenausschusses, BT-Drs. 16/13 220, 9.

[92] → Art. 10 Rn. 146.

[93] Ausf. dazu *Bartodziej* in Dietrich/Eiffler, Handbuch des Rechts der Nachrichtendienste Rn. 103 ff.

[94] *Unger* in MKS Rn. 9.

[95] → Art. 13 Rn. 66.

[96] *Baier,* Die parlamentarische Kontrolle der Nachrichtendienste und deren Reform, 2009, 107.

[97] *Unger* in MKS Rn. 33; *Klein* in Maunz/Dürig Rn. 66.

gering.[98] Was er vorsieht, war ohnehin möglich und im Kern seit 30 Jahren Realität. Die Aufgabe, das PKG mit dem Informations- und Kontrollinstrumentarium auszustatten, das es für eine effektive Aufsicht benötigt,[99] bleibt weiterhin der Fachgesetzgebung überlassen. Insoweit ist abzuwarten, inwiefern die im Jahr 2016 vorgenommenen Änderungen des PKGrG zu einer Stärkung des PKG und damit zu einer effektiveren Kontrolle der Nachrichtendienste beitragen werden. Letzteres hängt in erster Linie davon ab, wie die Abgeordneten mit denen ihnen durch Art. 45d und das PKGrG übertragenen Befugnissen umgehen werden.[100] Dass Art. 45d mit einer amtlichen Überschrift versehen wurde (→ Rn. 1), zeigt mangelnde legislative Sorgfalt.

Literatur

C. Arndt, Parlamentarische Kontrolle der Nachrichtendienste in: Schneider/Zeh (Hrsg.), Parlamentsrecht und Parlamentspraxis in der Bundesrepublik Deutschland, 2011, § 50. – ***M. Baier,*** Die parlamentarische Kontrolle der Nachrichtendienste und deren Reform, 2009. – ***P. Bartodziej,*** Parlamentarische Kontrolle, in: Dietrich/Eiffler (Hrsg.), Handbuch der Nachrichtendienste, 2017. – ***E. Brissa,*** Aktuelle Entwicklungen der parlamentarischen Kontrolle nachrichtendienstlicher Tätigkeit des Bundes, DÖV 2017, 765. – ***H. P. Bull,*** Sind Nachrichtendienste unkontrollierbar?, DÖV 2008, 751. – ***K. F. Gärditz,*** „Third Party Rule": Der Vertraulichkeitsvorbehalt als Grenze der Verwertung ausländischer nachrichtendienstlicher Informationen, DVBl. 2015, 903. – ***ders.,*** Die Reform des Nachrichtendienstrechts des Bundes, DVBl. 2017, 525. – ***C. Gröpl,*** Die Nachrichtendienste im Regelwerk der deutschen Sicherheitsverwaltung. Legitimation, Organisation und Abgrenzungsfragen, 1993. – ***B. Grzeszick,*** Grenzen des parlamentarischen Untersuchungsrechts und Kompetenzen des Parlamentarischen Kontrollgremiums, DÖV 2018, 209. – ***C. Gusy,*** Kontrolle der Nachrichtendienste, VerwArch 106 (2015), 437. – **ders.,** Parlamentarische Kontrolle der Nachrichtendienste im demokratischen Rechtsstaat, ZRP 2008, 36. – ***E. Hansalek,*** Die parlamentarische Kontrolle der Bundesregierung im Bereich der Nachrichtendienste, 2006. – ***M. Hempel,*** Der Bundestag und die Nachrichtendienste – eine Neubestimmung durch Art. 45d?, 2014. – ***D. Hörauf,*** Die demokratische Kontrolle des Bundesnachrichtendienstes, 2011. – ***G. Hornung,*** Parlamentarisches Kontrollgremium und G 10-Kommission, in Morlok/Schliesky/Wiefelspütz (Hrsg.), Parlamentsrecht, 2016, § 30. – ***T. Kornblum,*** Rechtsschutz gegen geheimdienstliche Aktivitäten, 2011. – ***T. Kumpf,*** Die Kontrolle der Nachrichtendienste des Bundes, 2014. – ***G. Mayntz,*** Die parlamentarische Kontrolle der Nachrichtendienste, 2. Aufl. 2004. – ***L. O. Michaelis,*** Aufgaben, Befugnisse und Kontrolle der Ämter für Verfassungsschutz im streitbaren Parteienstaat, KritV 2002, 188. – ***D. Peitsch/C. Polzin,*** Die parlamentarische Kontrolle der Nachrichtendienste, NVwZ 2000, 387. – ***F. Shirvani,*** Reform der parlamentarischen Kontrolle der Nachrichtendienste, VBlBW 2010, 99. – ***J. Singer,*** Praxiskommentar zum Gesetz über die parlamentarische Kontrolle nachrichtendienstlicher Tätigkeit des Bundes, 2016. – ***H. A. Wolff,*** Der nachrichtendienstliche Geheimnisschutz und die parlamentarische Kontrolle, JZ 2010, 173.

---

[98] So auch *Christopeit/Wolff* ZG 2010, 77 (87); *Wolff* DVBl. 2015, 1076 (1081).

[99] Krit. etwa *Gusy* ZRP 2008, 36 (38 f.) „nicht nur blinde Wächter", sondern „auch Wächter ohne Schwert".

[100] So auch *Gärditz,* DVBl. 2017, 525 (534).

Art. 46 [Indemnität und Immunität der Abgeordneten]

(1) [1]Ein Abgeordneter darf zu keiner Zeit wegen seiner Abstimmung oder wegen einer Äußerung, die er im Bundestage oder in einem seiner Ausschüsse getan hat, gerichtlich oder dienstlich verfolgt oder sonst außerhalb des Bundestages zur Verantwortung gezogen werden. [2]Dies gilt nicht für verleumderische Beleidigungen.

(2) Wegen einer mit Strafe bedrohten Handlung darf ein Abgeordneter nur mit Genehmigung des Bundestages zur Verantwortung gezogen oder verhaftet werden, es sei denn, daß er bei Begehung der Tat oder im Laufe des folgenden Tages festgenommen wird.

(3) Die Genehmigung des Bundestages ist ferner bei jeder anderen Beschränkung der persönlichen Freiheit eines Abgeordneten oder zur Einleitung eines Verfahrens gegen einen Abgeordneten gemäß Artikel 18 erforderlich.

(4) Jedes Strafverfahren und jedes Verfahren gemäß Artikel 18 gegen einen Abgeordneten, jede Haft und jede sonstige Beschränkung seiner persönlichen Freiheit sind auf Verlangen des Bundestages auszusetzen.

Paulskirchenverfassung von 1849

Abschnitt IV. Art. VIII

§ 117. Ein Mitglied des Reichstages darf während der Dauer der Sitzungsperiode ohne Zustimmung des Hauses, zu welchem es gehört, wegen strafrechtlicher Anschuldigungen weder verhaftet, noch in Untersuchung gezogen werden, mit alleiniger Ausnahme der Ergreifung auf frischer That.

§ 118. In diesem letzteren Falle ist dem betreffenden Hause von der angeordneten Maaßregel sofort Kenntniß zu geben. Es steht demselben zu, die Aufhebung der Haft oder Untersuchung bis zum Schlusse der Sitzungsperiode zu verfügen.

§ 119. Dieselbe Befugniß steht jedem Hause in Betreff einer Verhaftung oder Untersuchung zu, welche über ein Mitglied desselben zur Zeit seiner Wahl verhängt gewesen, oder nach dieser bis zu Eröffnung der Sitzungen verhängt worden ist.

§ 120. Kein Mitglied des Reichstages darf zu irgend einer Zeit wegen seiner Abstimmung oder wegen der in Ausübung seines Berufes gethanen Aeußerungen gerichtlich oder disciplinarisch verfolgt oder sonst außerhalb der Versammlung zur Verantwortung gezogen werden.

Weimarer Reichsverfassung von 1919

Art. 36. Kein Mitglied des Reichstags oder eines Landtags darf zu irgendeiner Zeit wegen seiner Abstimmung oder wegen der in Ausübung seines Berufs getanen Äußerungen gerichtlich oder dienstlich verfolgt oder sonst außerhalb der Versammlung zur Verantwortung gezogen werden.

Art. 37. Kein Mitglied des Reichstags oder eines Landtags kann ohne Genehmigung des Hauses, dem der Abgeordnete angehört, während der Sitzungsperiode wegen einer mit Strafe bedrohten Handlung zur Untersuchung gezogen oder verhaftet werden, es sei denn, daß das Mitglied bei Ausübung der Tat oder spätestens im Laufe des folgenden Tages festgenommen ist.

Die gleiche Genehmigung ist bei jeder anderen Beschränkung der persönlichen Freiheit erforderlich, die die Ausübung des Abgeordnetenberufs beeinträchtigt.

Jedes Strafverfahren gegen ein Mitglied des Reichstags oder eines Landtags und jede Haft oder sonstige Beschränkung seiner persönlichen Freiheit wird auf Verlangen des Hauses, dem der Abgeordnete angehört, für die Dauer der Sitzungsperiode aufgehoben.

Übersicht

A. Allgemeine Bedeutung

I. Genese

1 Die Indemnität wurzelt in der Tradition des englischen Parlamentarismus und hat schon hier als *„freedom of speech and debates or proceedings"* (Abschnitt I 9 der Bill of Rights von 1689) den engen Bezug zur Funktion des Parlaments aufgezeigt, in und nach öffentlicher Debatte die für die Integration der Gesellschaft notwendigen Regeln zu setzen.[1] Der Genehmigungsvorbehalt der Strafverfolgung von Abgeordneten, die Immunität, hat noch ältere Wurzeln im englischen Parlamentarismus.[2] In Deutschland setzt sich die Indemnität im Konstitutionalismus durch (§ 120 der Paulskirchenverfassung, Art. 84 preußische Verf., Art. 30, 31 der Verfassung des Deutschen Reiches

[1] Zur Entstehungsgeschichte *Härth,* Rede- und Abstimmungsfreiheit der Parlamentsabgeordneten in der Bundesrepublik Deutschland, 1983, 26 ff.; *Klein* in Schneider/Zeh ParlamentsR, § 17 Rn. 9 ff.; *Magiera* in BK Rn. 45 ff.; *Kluxen,* Geschichte und Problematik des Parlamentarismus, 1983, 48 f.

[2] *Butzer,* Immunität im demokratischen Rechtsstaat, 1991, 1 ff.; *Walter* Jura 2000, 496 (497).

von 1871).[3] Mit Art. 36, 37 WRV erstreckte sie ihren Anwendungsbereich, insofern anders als Art. 46 Abs. 1, auch auf die Mitglieder der Landtage.[4]

Art. 46 wurde in Aufnahme der Tradition weitgehend unverändert vom Parlamentarischen Rat einmütig ohne größere Debatte übernommen.[5] Allerdings wurden verleumderische Beleidigungen aus dem Schutzbereich herausgenommen. Zudem wurde das Verfahren nach Art. 18 aufgenommen. Die Norm ist bislang nicht verändert worden, wiewohl es immer wieder Diskussionen darüber gibt, ob nicht nach dem Vorbild der brandenburgischen Verfassung nur auf ein nachträgliches Aussetzungsverlangen, wie in Art. 46 Abs. 4 vorgesehen, abgestellt werden sollte. Dies hat sich angesichts der Schutzfunktion zu Recht nicht durchgesetzt. 2

II. Inhaltsübersicht

Die Art. 46–48 stehen in einem engen Bezug zu Art. 38 Abs. 1, dem parlamentarischen Regierungssystem und damit letztlich zum **Demokratieprinzip,** indem sie bestimmte für das Parlament und den Abgeordneten wichtige Sicherungen der Aufgabenwahrnehmung vorsehen, die sich in der historischen Entwicklung für das parlamentarische Regierungssystem und den Status des Abgeordneten als notwendig erwiesen haben.[6] **Indemnität** (Abs. 1) und **Immunität** (Art. 46 Abs. 2) sichern die Freiheit der Diskussion und Abstimmung im Parlament, die repräsentative Zusammensetzung des Parlaments gegenüber tendenziösen Verfolgungsmaßnahmen der Exekutive, zunehmend auch gegenüber dem „Kesseltreiben" gegen einzelne Abgeordnete unter den Bedingungen entfesselter Medien,[7] und die Freiheit des Abgeordneten. Art. 47 schützt das Vertrauensverhältnis zwischen Abgeordneten und Dritten gegen Ausforschungen. Art. 48 ergänzt diese aufgabenbezogenen Sicherungen durch statusbezogene Regelungen, die die Mandatsbewerbung erleichtern, ihre Übernahme und Ausübung gegen Hinderungen durch andere staatliche Gewalten oder Dritte schützen und die die Unabhängigkeit des Abgeordneten auch materiell absichern sollen. Diese Regelungen haben einen Bezug sowohl zum **Status des Abgeordneten** aus Art. 38 Abs. 1 S. 2[8] wie zur **Funktions- und Arbeitsfähigkeit des Parlaments.**[9] Ihre gemeinsame Wurzel liegt freilich darin, die von sachwidrigen Einflussnahmen anderer staatlicher Gewalten oder Dritter ungehinderte Aufgabenerfüllung zu ermöglichen. Sie haben also eine subjektive und eine objektiv-institutionelle Bedeutung, die indes beide miteinander zusammenhängen. Schon von der Formulierung her beziehen sich die Art. 46–48 3

[3] *Laband,* Staatsrecht des deutschen Reiches I, 1911, 355 ff., der sich zugleich gegen die seinerzeit herrschende Auffassung wendete, es handele sich um subjektive Rechte der Mitglieder des Reichtags und allein auf den Charakter einer objektiven Rechtsgewährleistung abstellte.

[4] Allerdings war dies schon zuvor durch Art. 11 StrGB garantiert. Dazu *Anschütz* WRV Art. 36 Ziff. 1, der die Kontinuität zu dem alten Recht betont.

[5] JöR nF 1 (1951), 371 ff.

[6] Vgl auch BVerfGE 142, 25 (57), BVerwG Urt. v. 25.10.2018 – 7 C 6/17, juris Rn. 17.

[7] So *Schulze-Fielitz* in Dreier Rn. 8.

[8] Vgl. für die Immunität BVerfGE 104, 310 (329); *Wiefelspütz* DVBl. 2002, 1229 (1232 f.). *Brocker* FS f. Richter II, 2006, 87 (91 f.); *Pieroth* JuS 2010, 473 (480).

[9] Vgl. *Butzer,* Immunität im demokratischen Rechtsstaat: Verfassungsgrundlagen und Parlamentspraxis des Deutschen Bundestages, 1991, 75 ff., 86 ff.; *Magiera* in BK Rn. 79; *Klein* in Maunz/Dürig Rn. 2 f.; *Morlok* JuS 2011, 1 (4 f.).

in unterschiedlichem Umfang auf den einen oder anderen dieser beiden Pole.[10]

4 Indemnität und Immunität des Art. 46 sollen dem Abgeordneten Schutz vor der Behinderung seiner parlamentarischen Arbeit vor allem durch die Exekutive geben. Als solches sichern sie die Wahrnehmung des **freien und unabhängigen Mandats** und damit letztlich das Gelingen der Repräsentation des Volkes durch das Parlament.[11] Der Bundestag soll sich jederzeit und möglichst vollständig versammeln können sowie seine Beratungen und Abstimmungen unbeeinflusst von Sanktionen bleiben, die an das parlamentarische Verhalten des Abgeordneten anknüpfen.

5 Die Indemnität des Abgeordneten dient seiner Handlungs- und Entscheidungsfreiheit in der parlamentarischen Arbeit und damit zugleich der funktionsgerechten Parlamentsarbeit durch die Abschirmung des Abgeordneten gegenüber äußeren Sanktionen. Sie sichert zugleich die freie parlamentarische Willensbildung. Die Abgeordneten sollen sich zur Vorbereitung der von ihnen zu treffenden Entscheidungen in freier, der Kontrolle jeder außerparlamentarischen Stelle entzogenen Diskussion ihre Meinung bilden können.[12] Sie dürfen außerhalb des Parlaments für ihre parlamentarische Tätigkeit nur in dem Ausnahmefall des Art. 46 Abs. 1 S. 2 zur Verantwortung gezogen werden. Über ihre parlamentarische Verantwortung sagt Art. 46 Abs. 1 dagegen nichts aus; deren Grenzen ergeben sich aus Art. 38 Abs. 1 S. 2. Kurz gefasst bedeutet Indemnität daher die außerparlamentarische Unverantwortlichkeit des Abgeordneten für seine innerparlamentarische Tätigkeit.[13]

III. Überstaatliche Bezüge

6 Art. 343 AEUV verweist auch für die Abgeordneten des Europäischen Parlaments auf das Protokoll vom 8.4.1965 über Vorrechte und Befreiungen der Europäischen Union. Damit soll sichergestellt werden, dass die Union die im Vertrag vorgesehenen Aufgaben erfüllen kann; es handelt sich also um eine funktionale Gewährleistung, bezogen auf und begrenzt durch das Unionsinteresse.[14] Die Regelungen werden von § 5 EuAbgG aufgenommen. Das Protokoll enthält für die Mitglieder des Europäischen Parlaments in seiner konsolidierten Fassung[15] neben Regelungen zu Zollabfertigungen und Devisenkontrollen in Art. 8 die Gewährleistung, dass wegen einer in Ausführung ihres Amtes erfolgten Äußerung oder Abstimmung[16] Mitglieder des Europäischen Parlaments weder in ein Ermittlungsverfahren verwickelt noch festgenommen oder verfolgt werden dürfen. Nach Art. 9 des Protokolls stehen den Mitgliedern des Europäischen Parlaments während der Dauer der Sitzungsperiode des Europäischen Parlaments[17] im Hoheitsgebiet ihres eigenen Staates die den Parlamentsmitgliedern zuerkannte Unverletzlichkeit zu, es sei

[10] Vgl. *Wiefelspütz* DVBl. 2002, 1229 (1231 ff.).

[11] *Magiera* in BK Rn. 84; BVerfGE 104, 310 (329) für die Immunität.

[12] So bereits StGH Brem DVBl. 1967, 622 (625).

[13] *Magiera* in BK Rn. 81.

[14] *Steinle* in Streinz EUV/AEUV Art. 343 Rn. 12.

[15] ABl. 2012 C 326, 266.

[16] In „Ausführung ihres Amtes" begrenzt an sich die Handlungen auf die während der Mandatszeit getätigten Handlungen, EuGH Urt. v. 6.9.2011 – C-163/10, Rn. 35 – Patriciello und EuGH Urt. v. 21.10.2008 – C-200/07, Rn. 44 – Marra. Indes werden in die Mandatszeit mitgebrachte Verfahren aus teleologischen Gründen in den Schutz einbezogen.

[17] Die Sitzungsperiode umfasst das gesamte Jahr, so dass die Gewährleistung die gesamte Mandatsdauer umfasst, EuGH Urt. v. 10.7.1986 – C-149/85, Rn. 17 ff. – Wybot/Faure.

denn sie würden auf frischer Tat ergriffen. Zudem können seine Mitglieder im Hoheitsgebiet jedes anderen Mitgliedstaates weder festgehalten noch gerichtlich verfolgt werden. Diese Unverletzlichkeit erstreckt sich auch auf die Reise zum und vom Tagungsort. Dem steht die Befugnis nicht entgegen, dass das Europäische Parlament die Unverletzlichkeit aufheben kann. Das Protokoll knüpft in Art. 9 lit. a an die Gewährleistungen der Mitgliedstaaten, hier also die Schutzgewährleistungen des Art. 46 an. Folglich muss das Europäische Parlament bei seinen diesbezüglichen Entscheidungen Art. 46 zugrunde legen. Bei Divergenzen geht die Rechtsauffassung des Europäischen Parlaments nach Maßgabe des Anwendungsvorrangs des Europarechts vor.[18] Adressaten der Regelungen in dem Protokoll sind die Mitgliedstaaten.

B. Einzelfragen

I. Indemnität (Art. 46 Abs. 1)

1. Ein Abgeordneter. Die in Art. 46 Abs. 1 garantierte Indemnität gilt nur für **Abgeordnete des Bundestages.** Letzteres ergibt sich zwar nicht aus dem Wortlaut, wohl aber aus dem Sinnzusammenhang des 3. Abschnitts des GG (insofern anders noch die Art. 36, 37 WRV, die schon vom Text her die Mitglieder der Landtage umfassten).[19] Für die Landtagsabgeordneten ergeben sich ähnliche Regelungen aus den jeweiligen Landesverfassungen (Art. 37 LV; Art. 27 BV; Art. 51 Abs. 1 BLNVerf; Art. 57 BbgVerf; Art. 94 BremVerf; Art. 14 Hmb Verf; Art. 95 HV; Art. 24 Abs. 1 MVVerf; Art. 14 NDSVerf; Art. 47 NRW Verf; Art. 93 RhPfVerf; Art. 81 SVerf; Art. 55 Abs. 1 SaVerf; Art. 57 LSAVerf; Art. 31 Abs. 1 SHVerf; Art. 55 Abs. 1 ThürVerf). Umstritten in seinem Verhältnis zu den Indemnitätsbestimmungen des Landesverfassungsrechts ist die Reichweite der bundesrechtlichen Regelung des § 36 StGB, der für die Mitglieder des Bundestages, der Bundesversammlung oder eines Gesetzgebungsorgans eines Landes die Indemnität im Umfang des Art. 46 Abs. 1 wiederholt. Richtigerweise wird man davon ausgehen müssen, dass diese Vorschrift überhaupt nur für die strafrechtlichen Aspekte der Indemnität einschlägig ist[20] und dass die Regelung der Indemnität der Landesparlamente in dem durch Art. 28 Abs. 1, Art. 31 vorgezeichneten Rahmen (insofern ist umstritten, ob und in welchem Umfang Art. 46 Abs. 1 von Art. 28 Abs. 1 überhaupt erfasst wird)[21] Sache der Länder ist, so dass § 36 StGB für diesen Personenkreis nur den jeweiligen Garantieumfang der Länder rezipiert.[22] 7

Mit dem Begriff des Abgeordneten wird **zeitlich** der Indemnitätsschutz insofern festgelegt, als er **alle** die in der Zeit als Abgeordneter vorgenommenen geschützten **Handlungen** (→ Rn. 11 f.) umfasst. Der Schutz knüpft also an die Erlangung und das Ende des Abgeordnetenmandats an 8

[18] *Schulze-Fielitz* in Dreier Rn. 5.

[19] AA, freilich ohne weitere Begründung, *Walter* JZ 1999, 981 (983).

[20] *Friesenhahn* DÖV 1981, 512 (516) mwN; aA *Walter* JZ 1999, 981 (984 ff.).

[21] Vgl. bejahend *Friesenhahn* DÖV 1981, 512 (517); zu Recht abl. *Wolfrum* DÖV 1982, 674 (679); *Schulze-Fielitz* in Dreier Rn. 46.

[22] So *Butzer* in BeckOK GG Rn. 2.1; *Klein* in Schneider/Zeh ParlamentsR, § 17 Rn. 5; *Pietzcker* in HdbStR VI, § 134 Rn. 58 mwN; *Schröder* Der Staat 1982, 25 (42 ff.); *Wolfrum* DÖV 1982, 674 (680); aA BGH NJW 1980, 780; *Magiera* in BK Rn. 103 ff.; *Kewenig/Magiera* ZParl 1981, 223 (230, 231 f.); *Ruland* Der Staat 1975, 457 (460 ff.); *Graul* NJW 1991, 1717; *Walter* JZ 1999, 981 (984 ff.); *Kluth* in SHH Rn. 9.

(§§ 45, 46 BWG → Art. 38 Rn. 110 f.). Sie endet mit dem Ablauf der Wahlperiode.[23] Der Schutz der Indemnität ist unabhängig von der Rechtmäßigkeit der Statuserlangung. Die Ungültigkeit der Wahl hat daher ebenso wenig Einfluss auf den Indemnitätsschutz wie die Verfassungswidrigkeitserklärung der Partei durch das BVerfG und die damit verbundene Folge eines rückwirkenden Mandatsverlustes (→ Rn. 42) des Abgeordneten.[24]

9 **Regierungsmitglieder** genießen den Schutz des Art. 46 Abs. 1 angesichts des klaren Wortlauts, aber auch des Sinns und Zwecks der Norm, **nicht.**[25] Sind sie zugleich Abgeordnete, bedarf es einer funktionsbezogenen Qualifizierung der betreffenden Handlungen. Handeln sie als Abgeordnete, so werden sie nicht des Indemnitätsschutzes beraubt.[26] Sonstige Amtsträger genießen den Schutz des Art. 46 Abs. 1 nur dann, wenn dies verfassungsrechtlich oder gesetzlich angeordnet ist, wie bei den Mitgliedern der Bundesversammlung (§ 7 des Gesetzes über die Wahl des Bundespräsidenten durch die Bundesversammlung v. 25.4.1959)[27] und den Europaabgeordneten (§ 5 des Gesetzes über die Rechtsverhältnisse der Mitglieder des Europäischen Parlaments aus der Bundesrepublik Deutschland v. 6.4.1979 (→ Rn. 6)[28]. Dagegen genießt der **Bundespräsident** keinen Schutz (vgl. Art. 60 Abs. 4), sowenig wie der **Wehrbeauftragte,** der **Datenschutzbeauftragte** oder **Sachverständige,** die an parlamentarischen Verfahren mitwirken.[29] Hier besteht vom Wortlaut her eine klare Zäsur, die es auch verhindert, den Schutz auf Mitglieder von Enquete-Kommissionen, die nicht Abgeordnete sind, oder andere Externe in den Gremien des Bundestages anzuwenden.[30]

10 **2. Darf zu keiner Zeit.** Der Abgeordnete darf zu keiner Zeit zur Verantwortung gezogen werden. Der Schutz des Indemnitätsprivilegs reicht damit **über die Amtszeit** des Abgeordneten **hinaus.** Er umfasst alle vom Tatbestand des Privilegs umfassten Verhaltensweisen (→ Rn. 11 f.) für alle Zeit.[31] Ein Verzicht des Abgeordneten ebenso wie eine Aufhebung durch das Parlament kommt nicht in Betracht.

11 **3. Wegen seiner Abstimmung oder einer Äußerung, die er im Bundestag oder in einem seiner Ausschüsse getan hat.** Der Begriff der **Abstimmung** umfasst alle parlamentarischen Abstimmungen unabhängig von ihrem Gegenstand[32] und unabhängig von Ort (Plenum, Ausschuss, Kommissionen, Fraktionen) und Modalitäten (Umlaufverfahren, Probeabstimmung), sofern sie nur dem Parlament zurechenbar sind.[33]

---

[23] *Storr* in MKS Rn. 7.

[24] Zutr. *Storr* in MKS Rn. 6.

[25] Für eine Ausdehnung aus unterschiedlichen Gründen VG Köln DVBl. 1965, 882; *Arndt* DVBl. 1965, 954; *Witte-Wegmann* DVBl. 1974, 866 (868 ff.); zur Reichweite *Storr* in MKS Rn. 13 ff.

[26] OVG Münster DVBl. 1967, 51; *Magiera* in BK Rn. 106; *Klein* in Maunz/Dürig Rn. 35; *Storr* in MKS Rn. 8; *Schulze-Fielitz* in Dreier Rn. 11; *Pieroth* in Jarass/Pieroth Rn. 1; für eine regelmäßige, den Indemnitätsschutz auslösende Koinzidenz beider Funktionen *Graul* NJW 1991, 1717.

[27] BGBl. 1959 I 230.

[28] BGBl. 1979 I 413.

[29] Zutr. *Storr* in MKS Rn. 9.

[30] *Schulze-Fielitz* in Dreier Rn. 11.

[31] *Schulze-Fielitz* in Dreier Rn. 12; *Butzer* in BeckOK GG Rn. 5.

[32] *Pieroth* in Jarass/Pieroth Rn. 2.

[33] *Storr* in MKS Rn. 16; in unzutreffender Weise die Äußerungen in den Fraktionen ausschließend *Perron* in Schönke/Schröder StGB § 36 Rn. 4 mit Verkennung der ver-

Äußerung ist jede Meinungs- oder Gedankenäußerung, unabhängig davon, welchen Charakter sie hat. So sind sowohl Tatsachenmitteilungen der Willensäußerungen als auch Meinungskundgaben umfasst.[34] Die Äußerung kann dabei schriftlich, mündlich oder konkludent erfolgen.[35] Entscheidend ist nur, dass sie als eine individuell zurechenbare Stellungnahme erscheint. Erfasst wird im Schutzbereich freilich nur die Äußerung einer Meinung, nicht etwa die Handlung, durch die sie bewirkt wird. Tätlichkeiten können Stellungnahmen sein, sie sind aber als Handlungen nicht geschützt. Ausgenommen sind im Übrigen verleumderische Beleidigungen (→ Rn. 22). 12

Das Indemnitätsprivileg bezieht sich auf die geschützten Handlungsmodalitäten **im Bundestag** und in seinen Ausschüssen. Mit dem Bundestag iSv Art. 46 Abs. 1 S. 1 ist zunächst dem Sprachgebrauch des Grundgesetzes entsprechend das Plenum des Bundestages gemeint, unabhängig von dem Ort, an dem es tagt, und unabhängig von den Modalitäten der Sitzung (geheim/öffentlich, ordentlich/außerordentlich). Damit wird ein doppelter Zusammenhang zwischen Handlung und institutionellem Rahmen konstituiert, nämlich funktional insofern, als es sich um Handlungen im Kontext parlamentarischer Verhandlungen handeln muss[36] und zeitlich, indem Eröffnung und Schließung durch den Präsidenten den Rahmen abgeben.[37] Ausgeschlossen sind damit etwa private Gespräche zwischen Abgeordneten wie auch Handlungen vor und nach der Sitzung des Bundestages. Vorwirkungen und Nachwirkungen des Art. 46 Abs. 1, etwa auf Presseerklärungen des Abgeordneten über seine parlamentarische Tätigkeit, wie sie aufgrund der veränderten Stellung des Abgeordneten und der Funktionsweise des Parlaments naheliegen mögen,[38] sind angesichts des klaren Wortlauts der Bestimmung nicht mit einbezogen,[39] sofern es sich nicht um wörtliche Zitate parlamentarischer Äußerungen handelt.[40] 13

Mit dem Begriff der **Ausschüsse** sind zum einen die formal als Ausschüsse in der Verfassung (Art. 44, 45, 45a u. 45c) oder durch Beschluss des Bundestages im Rahmen der Parlamentsautonomie ständig oder *ad hoc* eingerichteten Ausschüsse (§§ 54 ff. GO BT) gemeint. Zum anderen wird man den Begriff untechnisch im Sinne von Untergliederungen des Bundestages verstehen müssen. Vom Sinn und Zweck her ist Gegenstand des Schutzes die parlamentarische Arbeit und die Funktionsfähigkeit des Bundestages, so dass alle seine Arbeitsuntergliederungen einzubeziehen sind. Folglich zählen etwa auch **Enquete-Kommissionen**[41] sowie die der Arbeitsorganisation zuzurechnenden 14

---

fassungsrechtlich abgestützten (→ Art. 38 Rn. 129) Funktion der Fraktionen als Einrichtungen im Parlament, die auf die Selbstorganisationrechte der Abgeordneten aus Art. 38 Abs. 1 S. 2 gründen.

[34] Ausführlich zur Frage der Äußerung – hier Abgrenzung zu verleumderischen Äußerungen – OLG Jena Urt. v. 8.6.2016 – 7 U 108/16, juris Rn. 14 ff.; ThürVerfGH Beschl. v. 9.1.2019 – 40/16, juris Rn. 67 ff.

[35] *Schröder* Der Staat 1982, 25 (38 ff.).

[36] *Friesenhahn* DÖV 1981, 512 (518).

[37] *Storr* in MKS Rn. 13.

[38] Vgl. *Meyer-Hesemann* DÖV 1981, 288; *Hemeyer* ZRP 1971, 174 (177 f.).

[39] *Schröder* Der Staat 1982, 25 (41); *Wurbs,* Regelungsprobleme der Immunität und der Indemnität in der parlamentarischen Praxis, 1988, 94 ff.; vgl. zur parallelen Frage der Reichweite der Immunität der Mitglieder des Europäischen Parlaments das Urteil des EuGH C-163/10, Slg. 2011, I-7595 Rn. 42 – Patriciello.

[40] *Schulze-Fielitz* in Dreier Rn. 16; iE *Magiera* in Sachs Rn. 5, der auf Art. 42 Abs. 3 verweist.

[41] Vgl. *Magiera* in BK Rn. 118.

Institutionen wie **Ältestenrat, Präsident, Unterausschüsse** hierzu.[42] Gleiches gilt für die Einbeziehung der **Fraktionen** und ihrer Untergliederungen. Die Rechtsprechung des BVerfG hat ihren organisatorischen und funktionalen Bezug zur Arbeit des Bundestages und ihre Verankerung in den Rechten der Abgeordneten und damit ihre Bedeutung für den Prozess der parlamentarischen Willens- und Entscheidungsbildung herausgestellt, der sie als notwendige Untergliederung eines arbeitsteilig organisierten Bundestages ausweist.[43] Dies rechtfertigt ihre Einbeziehung, da die parlamentarische Arbeit durch die Fraktionen eine Vorformung erfährt.[44]

15 Schwieriger ist die Frage der Einbeziehung **gemischter Gremien** zu beantworten, etwa des Vermittlungsausschusses nach Art. 77 Abs. 2 oder der Richterwahlausschüsse nach Art. 95 Abs. 2. Nach dem strengen Wortlaut, wonach das Indemnitätsprivileg in „seinen" Ausschüssen gilt, bestehen zumindest für den Vermittlungsausschuss gewisse Schwierigkeiten, die indes überwindbar scheinen. Vom Sinn und Zweck des Indemnitätsprivilegs her müssen es nicht notwendig Ausschüsse des Bundestages sein; es reicht aus, dass parlamentarische Arbeit in den entsprechenden Gremien stattfindet und die Abgeordneten des Bundestages als solche dort handeln.[45]

16 Dieser organisatorische und funktionale Bezug markiert indes auch die **Grenzen** möglicher Erweiterungen. Die politische Arbeit des Abgeordneten außerhalb des Parlaments, mag sie auch auf seine parlamentarische Arbeit, etwa im Rahmen von Pressegesprächen, Wahlversammlungen, Parteitagen usw Bezug nehmen, ist von Art. 46 Abs. 1 nicht umfasst.[46]

17 **4. Gerichtlich oder dienstlich verfolgt oder sonst außerhalb des Bundestages zur Verantwortung gezogen werden.** Indemnität beabsichtigt den Schutz des Abgeordneten gegenüber außerparlamentarischer Verantwortlichkeit, nicht dagegen schützt sie vor **parlamentarischer Verantwortung.** Der Abgeordnete unterliegt daher der Ordnungs- und Disziplinargewalt des Bundestages, die in der Geschäftsordnung ihre normative Ausformung und in der Leitungskompetenz des Bundestagspräsidenten und der Ausschussvorsitzenden ihre Umsetzung findet. Dies brachten die historischen Vorläufer noch deutlicher zum Ausdruck. So sah Art. 84 der preußischen Verfassung von 1850 vor, dass die Mitglieder nur innerhalb der Kammer aufgrund der Geschäftsordnung zur Rechenschaft gezogen werden

---

[42] *Magiera* in BK Rn. 116; *Klein* in Maunz/Dürig Rn. 42; *Schulze-Fielitz* in Dreier Rn. 15.

[43] BVerfGE 112, 118 (135); 84, 304 (322 ff.); 80, 188 (219 ff.) „notwendige Einrichtungen des Verfassungslebens"; StGH Brem NVwZ 2005, 929 (931) „für die Funktionsfähigkeit des Parlaments […] unentbehrlich". Ausführlich zu Fraktionen *Butzer* in BeckOK GG Art. 38 Rn. 178 ff.; *Klein/Krings* in Morlok/Schliesky/Wiefelspütz Parlamentsrecht, § 17; *Schulze-Fielitz* DÖV 1989, 829 (830, 834); *Morlok* JZ 1989, 1035 (1036 ff.); *Trute* Jura 1990, 184 mwN.

[44] *Friesenhahn* DÖV 1981, 512 (514); *Klein* in Schneider/Zeh ParlamentsR, § 17 Rn. 33; *Magiera* in BK Rn. 120; *Schneider* in AK Rn. 7.

[45] *Magiera* in BK Rn. 119; *Stern,* StaatsR I, 1984, § 24 Kap. II 2; weitergehend *Herzog/Klein* in Maunz/Dürig Art. 53a Rn. 24, der allen Mitgliedern des Gemeinsamen Ausschusses den Schutz des Art. 46 zugestehen will; zust. insoweit *Klein* in Schneider/Zeh ParlamentsR, § 17 Rn. 31; *Härth,* Rede- und Abstimmungsfreiheit der Parlamentsabgeordneten in der Bundesrepublik Deutschland, 1983, 111.

[46] *Härth,* Rede- und Abstimmungsfreiheit der Parlamentsabgeordneten in der Bundesrepublik Deutschland, 1983, 115 ff.; *Klein* in Schneider/Zeh ParlamentsR, § 17 Rn. 34; *Magiera* in BK Rn. 121; *Storr* in MKS Rn. 17; zum Zeitpunkt des Beginns des Schutzes bzgl. Anfragen von Abgeordneten an die Regierung *Storr* in MKS Rn. 19.

konnten.[47] Ebenso wenig findet Art. 46 Abs. 1 Anwendung auf Maßnahmen der Fraktionen und Geltendmachung der politischen Verantwortung durch den Wähler.[48] Abgesehen davon, dass solche Vorgänge zu einem Vertrauensverlust und der Einbuße an Wiederwahlchancen führen, finden erstere ihre Grenzen in Art. 38 Abs. 1 S. 2, nicht in Art. 46 Abs. 1.[49] Ebenfalls nicht vom Schutzzweck umfasst sind Abgeordnetenüberprüfungen auf eine Mitarbeit beim Ministerium für Staatssicherheit (MfS)/Amt für Nationale Sicherheit (AfNS) durch den Bundestag selbst;[50] insoweit werden jedenfalls nicht parlamentarische Handlungen (→ Rn. 11 f.) zum Gegenstand der Überprüfung.[51] Im Übrigen fehlt es an der außerparlamentarischen Geltendmachung der Verantwortung (→ Rn. 5).

Zur **gerichtlichen Verfolgung** rechnet nicht nur die straf- oder ehrenge- 18
richtliche Verfolgung, sondern ebenfalls – vom Wortlaut her ebenso gedeckt wie vom Sinn und Zweck her naheliegend – die zivilrechtliche Geltendmachung von Nachteilen, die an die geschützten Handlungen anknüpfen.[52] Zur **dienstlichen Verfolgung** rechnet insbes. die disziplinarische (behördliche und gerichtliche) Verfolgung. Demgegenüber schließt Art. 46 Abs. 1 eine Staatshaftung wegen legislativen Unrechts nicht aus, solange nach Art. 34 die Haftung auf den Staat übergeleitet ist; ausgeschlossen ist allerdings der Rückgriff nach Art. 34 S. 2.[53] Keinen Verstoß gegen den Art. 46 Abs. 1 stellt der § 108e StGB dar, der die Abgeordnetenbestechung im Einklang mit einer Reihe historischer Vorläufer unter Strafe stellt. Dies soll sich schon daraus ergeben, dass dieser Tatbestand die Strafsanktion nicht an eine Abstimmung, sondern daran anknüpft, dass der Abgeordnete für sich oder einen Dritten als Gegenleistung einen ungerechtfertigten Vorteil bei Wahrnehmung des Mandats für die Vornahme oder Unterlassung einer Handlung fordert, sich versprechen lässt oder annimmt.[54] Eine etwaige Einschränkung des Art. 46 ist dadurch gerechtfertigt, dass das verfassungsrechtliche Prinzip der demokratischen Gleichheit der Bürger und das darin eingeschlossene Prinzip gleicher Einflussnahmemöglichkeit auf den demokratischen Willensbildungsprozess durch den Straftatbestand ebenso geschützt wird wie der Status des Abgeordneten selbst, dessen Unabhängigkeit damit strafrechtlich abgesichert wird. Je weitgehender freilich pekuniäre Entlohnungen generalisierter Interessenbindungen durch Beraterverträge uä für zulässig gehalten werden, desto mehr verliert der selektive Einflussnahmen unterbindende Straftatbestand des § 108e StGB seine Legitimation. Wenn es das Ziel des Gesetzes ist, unlautere geldvermittelte Einflussnahmen auf den Prozess der parlamentarischen Willensbildung auszuschließen, dann ist nicht ohne weiteres ersichtlich, dass generalisierte Interessenbindungen hiervon auszunehmen sind.

Darüber hinaus ist die Indemnität auf den Bereich **sonstiger staatlicher** 19
Maßnahmen zu erstrecken. Ausgeschlossen sind damit alle staatlichen Maß-

---

[47] *Klein* in Schneider/Zeh ParlamentsR, § 17 Rn. 18.
[48] *Schulze-Fielitz* in Dreier Rn. 19.
[49] *Storr* in MKS Rn. 27.
[50] Zust. *Schulze-Fielitz* in Dreier Rn. 19; *Butzer* in BeckOK GG Rn. 9.
[51] Vgl. *Vetter* ZParl 1993, 211 (215 f.).
[52] AA *Ruland* Der Staat 1975, 457 (479 ff.) aufgrund historischer Interpretation; wie hier etwa *Magiera* in BK Rn. 122; *Schneider* in AK Rn. 8 mwN; *Schröder* Der Staat 1982, 25 (34 ff.); *Härth,* Rede- und Abstimmungsfreiheit der Parlamentsabgeordneten in der Bundesrepublik Deutschland, 1983, 125 ff. mwN.
[53] Vgl. *Dohnold* DÖV 1991, 152 (154).
[54] So BT-Drs. 12/5927, 4; zu den verschiedenen Entwicklungen *Wolf* CCZ 2013, 99.

nahmen normativer oder tatsächlicher Art, die – wenn auch im Vorfeld liegend – auf Sanktionen des Abgeordneten für seine parlamentarischen Handlungen zielen, wie etwa polizeiliche Maßnahmen, Anlegung von Akten, Aufnahme in Register, seine Überwachung wegen von der Indemnität geschützten Handlungen.[55] Ob der Art. 46 Abs. 1, wenn auch nicht seiner historischen Genese nach, so doch immerhin vom Wortlaut her, private Sanktionen wie Parteiausschluss, Kündigung, gesellschaftlichen Boykott umfasst, ist umstritten.[56] Hier sind Art. 38 Abs. 1 S. 2 und Art. 48 Abs. 2 (→ Art. 48 Rn. 16 ff.) die spezielleren Vorschriften. Das BVerfG möchte zwar den Schutz des Art. 46 Abs. 1 weit verstehen. Insoweit kommt es nicht darauf an, dass eine staatliche Sanktion unmittelbare Folge des parlamentarischen Handelns ist. Mittelbare Folgen können ausreichen.[57] Gleichwohl sollen aber parlamentarische Äußerungen in einem Parteiverbotsverfahren der Partei zurechenbar sein können und damit zum Grund eines Parteiverbots werden. Dies soll sich aus der praktischen Konkordanz mit Art. 21 Abs. 2 S. 1 ergeben.[58] Der Art. 46 Abs. 1 kann – so das Gericht – auch bei der Entscheidung über einen etwaigen Mandatsverlust berücksichtigt werden.

20 Als Verfolgungshindernis stellt die Indemnität nicht nur einen persönlichen Strafausschließungsgrund,[59] sondern angesichts der weitergehenden Wirkungen ein **„persönliches Verfolgungshindernis"**,[60] besser wohl ein **Verfahrenshindernis**[61] dar.

21 **Umstritten ist,** ob die Indemnität ein subjektiv-öffentliches Recht des Abgeordneten, ein Recht des Parlaments oder nur objektives Parlamentsrecht darstellt. Diese Fragestellung ist letztlich wenig ergiebig, da die Indemnität als funktionale Sicherung der parlamentarischen Aufgabenerfüllung weder vom Parlament aufgehoben werden kann noch für den Abgeordneten verzichtbar ist. Auch kann der Abgeordnete sich selbstverständlich gegenüber allen Akten, die ihn für seine parlamentarischen Handlungen in dem von Art. 46 Abs. 1 geschützten Umfang zur Verantwortung ziehen wollen, auf Art. 46 Abs. 1 berufen.[62]

22 **5. Dies gilt nicht für verleumderische Beleidigungen.** Der Schutz der Indemnität gilt nicht für verleumderische Beleidigungen. In Bezug genommen sind damit die Tatbestände der §§ 103, 187, 188 Abs. 2 StGB.[63] Er-

---

[55] BVerfGE 134, 141 (183); *Magiera* in BK Rn. 124; umgekehrt rekurriert BVerwGE 137, 275 (316) maßgeblich darauf, dass die Auswirkungen der Überwachung eines Bundestagsabgeordneten durch das Bundesamt für Verfassungsschutz (BfV) dadurch erheblich gemildert würden, dass sich das BfV auf die offene Informationsbeschaffung beschränke; krit. *Möllers* JZ 2011, 48 (50).

[56] Dafür etwa *Achterberg,* Parlamentsrecht, 1984, 241; aA *Magiera* in BK Rn. 126 mwN; *Klein* in Schneider/Zeh ParlamentsR, § 17 Rn. 36; *Pieroth* in Jarass/Pieroth Rn. 4; *Schulze-Fielitz* in Dreier Rn. 20.

[57] BVerfGE 134, 141 (183 f.); 144, 20 (217 f.).

[58] BVerfGE 144, 20 (218).

[59] *Achterberg,* Parlamentsrecht, 1984, 241; *Magiera* in BK Rn. 134; *Perron* in Schönke/Schröder StGB § 36 Rn. 1; *Schulze-Fielitz* in Dreier Rn. 10; *Storr* in MKS Rn. 4.

[60] *Schneider* in AK Rn. 3.

[61] BVerfGE 104, 310 (326); OLG Jena Urt. v. 8.6.2016 – 7 U 108/16, juris Rn. 6; *Klein* in Schneider/Zeh ParlamentsR, § 17 Rn. 20; *Butzer* in BeckOK GG Rn. 8.

[62] *Magiera* in BK Rn. 135; *Klein* in Schneider/Zeh ParlamentsR, § 17 Rn. 21; *Schulze-Fielitz* in Dreier Rn. 10.

[63] *Achterberg,* Parlamentsrecht, 1984, 241; *Magiera* in BK Rn. 131; *Klein* in Maunz/Dürig Rn. 40.

forderlich ist die Feststellung des jeweiligen Tatbestandes; bloße Glaubhaftmachung, etwa im Verfahren des einstweiligen Rechtsschutzes reicht nicht aus, soll der Indemnitätsschutz nicht über das Instrument einstweiligen Rechtsschutzes unterlaufen werden.[64] Zur strafgerichtlichen Verfolgung ist die Aufhebung der Immunität durch den Bundestag erforderlich. Andere Akte der Geltendmachung der Verantwortung in diesem Fall bleiben davon unberührt.

II. Immunität (Art. 46 Abs. 2)

Die Abs. 2–4 des Art. 46 regeln die **Immunität** des Abgeordneten. Sie gewähren dem Abgeordneten Schutz vor strafrechtlicher Verfolgung, Verhaftung und jeder anderen staatlichen Beeinträchtigung der persönlichen Freiheit, indem sie diese im Regelfall an eine Genehmigung des Parlaments binden. 23

Die Entstehungsgeschichte der Immunitätsregelungen[65] verweist deutlich auf den bereits oben (→ Rn. 3) herausgestellten Doppelbezug zu der **Rechtsstellung des Abgeordneten** und der des **Parlaments.** Sowohl der Schutz des Abgeordneten vor tendenziöser Verfolgung durch die Exekutive[66] wie auch die Sicherung und Erhaltung der Funktions- und Arbeitsfähigkeit des Parlaments gegenüber Einflussnahmen auf seine Zusammensetzung und die Handlungsfähigkeit seiner Mitglieder sind historisch ausweisbare Motive der Regelung, die in der systematischen Stellung im Kontext der übrigen Statusrechte des Abgeordneten und im Wortlaut, der die Aufhebung der Immunität regelmäßig an die Genehmigung des Parlaments bindet, ihren Niederschlag finden. 24

Verbreitet wird demgegenüber die Immunität in der Literatur als **Recht des Parlaments** angesehen.[67] Der oben herausgearbeitete Doppelbezug der Regelungen (→ Rn. 3) bleibt indes auch hier erhalten, wobei die Bindung an die Genehmigung des Bundestages eine andere Akzentuierung anzeigt, ohne dass damit die Funktions- und Arbeitsfähigkeit des Parlaments allein zum Schutzzweck der Immunität würde.[68] Selbstverständlich bleibt die Immunität auch ein Recht des Abgeordneten, auf das er sich berufen kann, solange sie nicht aufgehoben ist.[69] Diese Einbeziehung des Schutzes der Abgeordneten in den Schutzzweck ändert zwar nichts daran, dass allein der Bundestag für die Aufhebung der Immunität zuständig ist, wohl aber wirkt sie auf die Maßstäbe der Genehmigungserteilung ein (→ Rn. 32). Ein Verzicht des Abgeordneten kann allerdings aufgrund der alleinigen Verfügungsbefugnis des Bundestages die Immunität nicht beseitigen.[70] Wie die Indemnität 25

---

[64] AA, freilich ohne die Problematik zu erkennen, das OLG Hamburg in *Wild* ZParl 1998, 317; ausführliche Diskussion dagegen bei OLG Jena Urt. v. 8.6.2016 – 7 U 108/16, juris Rn. 11 f.; dagegen *Heintzen* ZParl 1998, 728.

[65] Dazu *Butzer,* Immunität im demokratischen Rechtsstaat: Verfassungsgrundlagen und Parlamentspraxis des Deutschen Bundestages, 1991, 75 ff.

[66] Vgl. *Wiefelspütz* DVBl. 2002, 1229 (1232 f.); *Brocker* FS f. Richter II, 2006, 87 (91 f.).

[67] Vgl. *Butzer,* Immunität im demokratischen Rechtsstaat: Verfassungsgrundlagen und Parlamentspraxis des Deutschen Bundestages, 1991, 86 ff.; *Magiera* in BK Rn. 197 ff.

[68] IE BVerfGE 104, 310 (325, 331), wonach der Genehmigungsvorbehalt für die strafrechtliche Verfolgung von Abgeordneten zwar vornehmlich, aber nicht nur dem Parlament als Ganzes, sondern auch seinen Mitgliedern dient; auch BVerfG NJW 2014, 3085 (3086).

[69] Zutr. *Klein* in Schneider/Zeh ParlamentsR, § 17 Rn. 39; *Schulze-Fielitz* in Dreier Rn. 23; *Trute* JZ 2003, 148 (149).

[70] *Magiera* in BK Rn. 174, 198; *Klein* in Maunz/Dürig Rn. 50; BVerfGE 104, 310 (327).

(→ Rn. 5, 17) dient auch die Immunität allein dem Schutz vor außerparlamentarischen Einflussnahmen. So bleibt etwa die Überprüfung des Abgeordneten auf Mitarbeit beim MfS/AfNS durch einen Untersuchungsausschuss des Parlaments außerhalb des sachlichen Schutzbereichs der Immunitätsregelungen.[71]

26 **1. Wegen einer mit Strafe bedrohten Handlung.** Bezugspunkt der Immunität sind mit Strafe bedrohte Handlungen des Abgeordneten. **Strafe** ist jedenfalls die Zufügung eines angedrohten Übels als missbilligende Reaktion der staatlichen Gewalt auf schuldhaftes Verhalten.[72] Weitgehende Einigkeit besteht insoweit, dass **nicht nur Kriminalstrafen** umfasst werden, sondern auch Maßnahmen strafähnlicher Art, etwa verwaltungs-, ordnungs- und ehrenrechtliche Maßnahmen,[73] nicht aber sonstige verwaltungsrechtliche Maßnahmen, wie die Beobachtung des Abgeordneten durch Organe des Verfassungsschutzes,[74] zivilrechtliche Vertragsstrafen oder überhaupt die Durchführung von Zivilprozessen. Insofern scheiden alle **Sanktionen unter Privaten** aus.[75] Umfasst sind allerdings Maßnahmen zur Vollstreckung von Ordnungshaft zur Erzwingung einer Unterlassung oder Duldung nach § 890 ZPO und weitere Vollstreckungsmaßnahmen.[76] Umfasst sind zudem alle Kriminalstrafen nach dem Strafgesetzbuch und dem sogenannten Nebenstrafrecht,[77] die Maßregeln der Besserung und Sicherung[78] und auch die Verfolgung wegen Ordnungswidrigkeiten. Die gegenteilige Auffassung[79] berücksichtigt unzureichend die Genese und den Schutzzweck der Vorschrift. Weder ist ersichtlich, dass der **Parlamentarische Rat** von dem Verständnis des Art. 37 WRV abweichen wollte noch kann die nur graduelle Unterschiedlichkeit[80] von Geldbußen und Strafen eine Herausnahme aus dem Schutzzweck des Art. 46 Abs. 2 rechtfertigen.[81]

27 Umstritten ist die Behandlung von **Dienstpflichtverletzungen** aktiver und früherer Beamter, Richter und Soldaten sowie von **Disziplinarverfah-**

---

[71] Vgl. *Vetter* ZParl 1993, 211 (216 ff.); zust. *Schulze-Fielitz* in Dreier Rn. 29.

[72] BVerfGE 26, 186 (204); 45, 346 (351).

[73] *Schulze-Fielitz* in Dreier Rn. 28; *Klein* in Schneider/Zeh ParlamentsR, § 17 Rn. 45; *Klein* in Maunz/Dürig, Rn. 60 f.

[74] OVG Münster DVBl. 2009, 922; BVerwGE 137, 275; krit. Anm. bei *Möllers* JZ 2011, 48.

[75] Zum zivilrechtlichen Verfahren und den Besonderheiten der Zwangsvollstreckung vgl. *Butzer,* Immunität im demokratischen Rechtsstaat: Verfassungsgrundlagen und Parlamentspraxis des Deutschen Bundestages, 1991, 194 ff.

[76] Anl. 6 zur GO BT – Beschluss des Deutschen Bundestages betr. Aufhebung der Immunität von Mitgliedern des Bundestages – Abschn. A. (Grundsätze in Immunitätsangelegenheiten) Nr. 14; dazu auch OLG Brandenburg FamRZ 2016, 1960 (1961); *Butzer* in BeckOK GG Rn. 14.

[77] *Butzer,* Immunität im demokratischen Rechtsstaat: Verfassungsgrundlagen und Parlamentspraxis des Deutschen Bundestages, 1991, 171.

[78] *Klein* in Schneider/Zeh ParlamentsR, § 17 Rn. 41; *Magiera* in BK Rn. 142; *Schneider* in AK Rn. 13; beschränkt auf freiheitsentziehende Maßregeln der Besserung und Sicherung, siehe Anl. 6 zur GO BT Abschn. A. (Grundsätze in Immunitätsangelegenheiten) Nr. 14 lit. j; *Koch* DÖV 1951, 425 (427).

[79] OLG Köln NStZ 1987, 564 (565); OLG Düsseldorf MDR 1989, 764; *Göhler* NStZ 1988, 65; *Rotberg* OWiG § 46 Rn. 12.

[80] BVerfGE 51, 60 (74); BVerwGE 83, 1 (7).

[81] Wie hier etwa *Butzer,* Immunität im demokratischen Rechtsstaat: Verfassungsgrundlagen und Parlamentspraxis des Deutschen Bundestages, 1991, 175 ff.; *Butzer* in BeckOK GG Rn. 13.1; *Klein* in Schneider/Zeh ParlamentsR, § 17 Rn. 43; *Magiera* in BK Rn. 122; *Klein* in Maunz/Dürig, Rn. 62; *Storr* in MKS Rn. 35; ebenso die Praxis des BT, vgl. Anl. 6 zur GO BT unter Nr. 2 lit. b.

ren. Das BVerwG hatte ihre Einbeziehung zunächst abgelehnt[82] und war damit von einer bereits für Art. 31 RV 1871, Art. 37 WRV und bisher für das GG fast einhellig anerkannten Interpretation[83] des Art. 46 Abs. 2 abgewichen. Grundlage der Argumentation ist vor allem eine Differenzierung von Kriminalstrafen und anderen Sanktionen. An dieser Verschiedenheit ist zwar spätestens seit der grundlegenden Neuordnung des Disziplinarrechts durch die Gesetze v. 20.7.1967 (BGBl. I 725) und v. 21.8.1972 (BGBl. I 1481) kaum zu zweifeln. Erstere stellen Sanktionen für die schuldhafte Verletzung eines von der Rechtsordnung allgemein geschützten Rechtsgutes dar, letztere sind Maßnahmen zur Aufrechterhaltung und Wiederherstellung eines geordneten Dienstbetriebes in einem besonderen Pflichtenkreis.[84] Indes rechtfertigt dieser Unterschied eine Ausgliederung aus dem Normbereich von Art. 46 Abs. 2 nur, wenn Wortlaut, Genese und Zweck der Vorschrift eine solche Interpretation tragen. Sanktionen für die Verletzung von Dienstpflichten waren unbestritten bis zur Neuordnung von Art. 46 Abs. 2 umfasst und insofern als Strafen anerkannt. Für ihren fortbestehenden „Straf"charakter spricht zudem die Rechtsprechung des BVerfG zu Art. 103 Abs. 2.[85] Nicht zuletzt aber machen Sinn und Zweck der Immunitätsvorschriften eine Einbeziehung notwendig; die Behinderung der Abgeordnetentätigkeit durch disziplinarische Maßnahmen mag im Einzelfall eher noch größer sein als bei Strafverfahren.[86] Der Schutz des Abgeordneten und die Funktionsfähigkeit des Parlaments legen daher einen weiterreichenden Schutzgehalt nahe.[87]

Diese Grundsätze gelten auch für sog. mitgebrachte Verfahren. Zumindest teleologische Erwägungen machen die Einbeziehung der Verfahren erforderlich[88]. 28

Von dem erweiterten Schutzzweck her ist die Immunität nicht nur ein persönliches Strafverfolgungshindernis,[89] sondern ein allgemeines persönliches Prozesshindernis.[90] Die Rechtsprechung spricht generalisierend von einem Verfahrenshindernis.[91] 29

2. Darf ein Abgeordneter. Der **Begriff des Abgeordneten** ist hier nicht anders zu fassen als in Abs. 1 (→ Rn. 7 ff.). Den Schutz der Immunität erlangen nur Abgeordnete des Bundestages. Darüber hinaus wird den Mitgliedern der Bundesversammlung und dem Bundespräsidenten sowie den in 30

---

[82] BVerwGE 83, 1; zust. etwa *Bornemann* DÖV 1986, 93; anders nunmehr mit ausführlicher Begründung BVerwGE 162, 325 (327 ff.).

[83] RGSt 23, 184 (193); 24, 205 (207); BayDStH BDHE 1, 184; BVerfGE 42, 312 (328); *Achterberg,* Parlamentsrecht, 1984, 243; *Bockelmann,* Die Unverfolgbarkeit der Abgeordneten nach deutschem Immunitätsrecht, 1951, 43; *Magiera* in BK Rn. 142; *Klein* in Maunz/Dürig, Rn. 61; *Schneider* in AK Rn. 13; *Wurbs,* Regelungsprobleme der Immunität und der Indemnität in der parlamentarischen Praxis, 1988, 70 f.

[84] BVerwGE 83, 1 (5).

[85] BVerfGE 26, 186 (203 f.); 42, 261 (262); 45, 346 (351); 57, 29 (34 f.).

[86] Zutr. idS *Klein* in Schneider/Zeh ParlamentsR, § 17 Rn. 42; *Kemper* DÖV 1985, 880.

[87] *Butzer,* Immunität im demokratischen Rechtsstaat: Verfassungsgrundlagen und Parlamentspraxis des Deutschen Bundestages, 1991, 185 ff.; *Kemper* DÖV 1985, 880; *Klein* in Schneider/Zeh ParlamentsR, § 17 Rn. 42; *Magiera* in BK Rn. 142; *Pieroth* in Jarass/Pieroth Rn. 6; *Schneider* in AK Rn. 13; bestätigend auch Anl. 6 zur GO BT Abschn. A. (Grundsätze der Immunitätsangelegenheiten) Nr. 9; aA *Dau/Schütz* WDO § 1 Rn. 42; *Weiß* PersV 1987, 137 (138 ff.).

[88] Zu Recht in diesem Sinne BVerwGE 162, 325 (327); aA LG Karlsruhe Urt. v. 13.8.2018 – RDG 1/17, juris Rn. 80.

[89] Zu den strafprozessualen Konsequenzen *Wolfslast* NStZ 1987, 433.

[90] *Perron* in Schönke/Schröder StGB § 36 Rn. 2.

[91] BVerfG NJW 2014, 3085 (3086); BVerwGE 162, 325 (326).

der Bundesrepublik Deutschland gewählten Mitgliedern des Europäischen Parlaments der Schutz der Immunität zuteil (→ Rn. 6). Für die Landtagsabgeordneten enthalten die Landesverfassungen im Wesentlichen übereinstimmende Regelungen der Immunität (Art. 38 LV; Art. 28 BV; Art. 51 Abs. 3 BLNVerf; Art. 58 BbgVerf; Art. 95 BremVerf; Art. 15 Hmb Verf; Art. 96 HV; Art. 24 Abs. 2 MVVerf; Art. 15 NDSVerf; Art. 48 NRW Verf; Art. 94 RhPfVerf; Art. 82 SVerf; Art. 55 Abs. 2 SaVerf; Art. 58 LSAVerf; Art. 31 Abs. 2 SHVerf; Art. 55 Abs. 2 ThürVerf). Die Immunität ist begrenzt auf die **Zeit des Mandats** als Abgeordneter, insofern anders als die Indemnität, die zeitlich unbegrenzt wirkt. Sie bezieht alle dem Schutzzweck unterfallenden Handlungen ein, gilt also auch für sog. mitgebrachte Verfahren, die schon eingeleitet waren, bevor der Abgeordnete seinen Status erlangte.[92] Der Immunitätsschutz endet mit Verlust des Abgeordnetenmandats,[93] er entzieht den einzelnen Abgeordneten daher **nicht auf Dauer** der Strafverfolgung.[94]

31 **3. Nur mit Genehmigung des Bundestages zur Verantwortung gezogen oder verhaftet werden.** Durch **Genehmigung,** die von der Begrifflichkeit des § 184 BGB abweichend nach Wortlaut sowie Sinn und Zweck vorherige Zustimmung ist, kann der Schutz des Abgeordneten durch den Bundestag aufgehoben werden, und zwar nur durch das Plenum, nicht durch einen Ausschuss.[95]

32 Die Entscheidung steht **im Ermessen** des Bundestages, der dabei die Arbeits- und Funktionsfähigkeit des Parlaments, die Stellung des Abgeordneten sowie die Belange einer geordneten Rechtspflege und des Verletzten zu berücksichtigen hat. In die erforderliche Interessenabwägung (vgl. Nr. 4 S. 2 der Grundsätze in Immunitätsangelegenheiten),[96] bei der dem Bundestag ein weiter Entscheidungsspielraum zukommt,[97] sind auch die Interessen des Abgeordneten mit einzubeziehen, insbesondere die aus dem Mandat folgenden Mitwirkungsrechte.[98] Problematisch ist daher die Praxis des Bundestages, die Genehmigung für Straftaten mit Ausnahme von Beleidigungen politischen Charakters generell zu erteilen und sich auf die Möglichkeiten nach Art. 46 Abs. 4 zu beschränken. Dies wird dem Erfordernis der Abwägung im Einzelfall nicht gerecht.[99] Für ausländische Strafverfahren kann die generelle Genehmigung ohnehin nicht gelten.[100] Im Interesse gleichmäßiger Ausübung

---

[92] Anders noch die ältere Rspr. und Lit.; OLG Celle JZ 1953, 564 m. Anm. *Bockelmann* JZ 1953, 565; *Herlan* MDR 1950, 517 (518); wie hier *Ahrens,* Immunität von Abgeordneten, 1970, 21 f.; *Butzer,* Immunität im demokratischen Rechtsstaat: Verfassungsgrundlagen und Parlamentspraxis des Deutschen Bundestages, 1991, 285 f.; *Pieroth* in Jarass/Pieroth Rn. 5; *Magiera* in BK Rn. 170 f.; *Storr* in MKS Rn. 41.

[93] Vgl. *Magiera* in BK Rn. 169; BGH DÖV 1992, 404.

[94] Zu den Konsequenzen für die Verwertung von Beweismitteln bei unrechtmäßiger Aufhebung der Immunität BGH DÖV 1992, 404 (405).

[95] *Magiera* in BK Rn. 176; *Storr* in MKS Rn. 42.

[96] Anl. 6 GO BT.

[97] BVerfGE 104, 310 (332); VerfGH NRW NVwZ-RR 2006, 1 (2).

[98] BVerfGE 104, 310 (330); zur – begrenzten – Berücksichtigung von Abgeordneteninteressen bei der Abwägungsentscheidung nach Maßgabe von Art. 38 Abs. 1 S. 2, Art. 46 Abs. 2 auch VerfGH NRW NVwZ-RR 2006, 1; *Trute* JZ 2003, 148 (149); *Klein* in HdbStR III, § 51 Rn. 39; *Storr* in MKS 47 ff.

[99] Vgl. *Klein* in Schneider/Zeh ParlamentsR, § 17 Rn. 52 f.; *Magiera* in BK Rn. 178; *Trute* JZ 2003, 148 (151); aA *Wurbs,* Regelungsprobleme der Immunität und der Indemnität in der parlamentarischen Praxis, 1988, 38 ff. im Hinblick auf die mit dem Beschluss verbundene Publizität.

[100] Vgl. insoweit *Härth* NStZ 1987, 109 f.; anders *Walter* NStZ 1987, 396.

des Ermessens hat der Bundestag Richtlinien aufgestellt, die als parlamentarisches Innenrecht das Ermessen steuern sollen[101] und das Verfahren der Entscheidung näher ausgestalten.[102]

Den **Antrag auf Aufhebung** der Immunität können jedenfalls diejenigen stellen, die mit der Verhängung einer Strafe iSd Art. 46 Abs. 2 von der staatlichen Kompetenzordnung her betraut sind und die mit der Ermittlung in einer Strafsache befasst sind, wie etwa die Staatsanwaltschaft.[103] Die Frage, ob darüber hinaus auch der Abgeordnete zu einer Antragstellung berechtigt ist, wird in der Literatur unterschiedlich beantwortet,[104] ist aber zu bejahen, wenn man annimmt, dass die Immunität auch seinem Schutz zu dienen bestimmt ist (→ Rn. 25).[105] Die Immunitätsentscheidung wird durch den Ausschuss für Wahlprüfung, Immunität und Geschäftsordnung vorbereitet, der die Beschlussempfehlungen erarbeitet (§ 107 Abs. 2 GO BT). Eine beschließende Funktion kommt ihm nach dem klaren Wortlaut des Art. 46 Abs. 2 nicht zu (problematisch daher Nr. 11–13 der Grundsätze in Immunitätsangelegenheiten, die in Bagatellfällen und bei Verkehrsdelikten eine Entscheidung mit 2/3-Mehrheit durch den Ausschuss vorsehen).[106] Ein Anhörungsrecht des Abgeordneten wird regelmäßig unter Hinweis darauf verneint, dass es sich bei der Immunität um ein Recht des Bundestages, nicht das des Abgeordneten handele,[107] was freilich angesichts der oben herausgearbeiteten Schutzzwecke zweifelhaft ist. Nach Nr. 3 der Grundsätze in Immunitätsangelegenheiten soll der Abgeordnete auch nicht das Wort zur Sache erhalten; befriedigender wäre hier allerdings die Einräumung eines Anhörungsrechts im Ausschuss.[108] Das Anhörungsrecht gehört nicht nur zu den rechtsstaatlichen Grundbeständen;[109] vielmehr dient die Anhörung auch als Informationsquelle für den Bundestag und der prozeduralen Absicherung der Rechte des Abgeordneten (→ Rn. 35).[110] Die Abstimmung des Abgeordneten in eigenen Immunitätsangelegenheiten ist ein Teilproblem der Abstimmungsbefugnis des Abgeordneten in Fällen der Selbstbetroffenheit.[111] Auch wenn ein allgemeines Abstimmungsverbot nicht nachweisbar sein sollte,[112] 33

[101] Vgl. Grundsätze in Immunitätsangelegenheiten in *Burhenne,* Recht und Organisation der Parlamente IV, 160645; dazu *Butzer,* Immunität im demokratischen Rechtsstaat: Verfassungsgrundlagen und Parlamentspraxis des Deutschen Bundestages, 1991, 126 ff.

[102] Ausf. *Butzer,* Immunität im demokratischen Rechtsstaat: Verfassungsgrundlagen und Parlamentspraxis des Deutschen Bundestages, 1991, 335 ff.

[103] Vgl. Anl. 6 GO BT Abschn. A. (Grundsätze in Immunitätsangelegenheiten) Nr. 1.

[104] Vgl. *Ahrens,* Immunität von Abgeordneten, 1970, 35; *Magiera* in BK Rn. 183; offen *Storr* in MKS Rn. 44.

[105] Zust. *Schulze-Fielitz* in Dreier Rn. 41; abl. *Kluth* in Schmidt-Bleibtreu/Klein Rn. 37 in Einklang mit Anl. 6 GO BT Abschn. A (Grundsätze in Immunitätsangelegenheiten) Nr. 3 S. 1 Hs. 2.

[106] Bedenken äußern insoweit auch *Magiera* in Sachs Rn. 20; *Schneider* in AK Rn. 17; aA *Schulze-Fielitz* in Dreier Rn. 39, der die Regelung für unbedenklich hält, soweit dem Plenum eine nachträgliche Korrekturmöglichkeit verbleibt.

[107] *Storr* in MKS Rn. 49 mwN; offen BVerfGE 104, 310 (335), wonach zumindest eine Anhörung, die den Ermittlungserfolg gefährden kann, nicht erforderlich ist.

[108] *Trute* JZ 2003, 148 (150 f.); für ein Anhörungsrecht jetzt auch *Schulze-Fielitz* in Dreier Rn. 41.

[109] *Trute* JZ 2003, 148 (150).

[110] *Trute* JZ 2003, 148 (151).

[111] *Abmeier,* Die parlamentarischen Befugnisse des Abgeordneten, 1984, 96 ff.; *Achterberg* AöR 1984, 505; *Schneider* JbRSoz 1988, 327.

[112] Für ein solches etwa *Abmeier,* Die parlamentarischen Befugnisse des Abgeordneten, 1984, 96; *Ahrens,* Immunität von Abgeordneten, 1970, 38; *Magiera* in BK Rn. 180 f.; aA *Achterberg* AöR 109 1984, 505 f.; *Butzer,* Immunität im demokratischen Rechtsstaat: Ver-

mag es einem wünschenswerten parlamentarischen Verhaltensstil entsprechen, an Entscheidungen in eigenen Angelegenheiten nicht teilzunehmen.

34 Die Genehmigung erstreckt sich jeweils auf ein **bestimmtes Verfahren** bzw. einen bestimmten Gegenstand, nicht aber umfasst sie die Immunität schlechthin. Sie gilt, sofern sie nicht bedingt oder befristet ist, längstens für die Wahlperiode des jeweiligen Bundestages. Wird der Abgeordnete wiedergewählt, so ist sie erneut zu erteilen.

35 Die Immunitätsentscheidung des Bundestages unterliegt im Grundsatz der gerichtlichen Kontrolle, die allerdings, da es im Verfahren vorrangig um öffentliche Interessen geht, ein eher begrenztes Anwendungsfeld haben wird.[113] Nimmt man an, dass die Immunität auch den Schutz des Abgeordneten zum Ziele hat (→ Rn. 25), wird man freilich auch ein Recht des Abgeordneten auf willkürfreie Ermessensentscheidung annehmen müssen, bei deren Interessenabwägung der verfassungsrechtliche Status des Abgeordneten nicht infolge sachfremder Motive grob verkannt werden darf, und die ggf. auch im Organstreitverfahren durchgesetzt werden kann,[114] ohne dass die genauen Prüfungsmaßstäbe für die Feststellung sachfremder oder willkürlicher Motive geklärt wären.[115]

36 Zur Verantwortung gezogen wird der Abgeordnete iSd Art. 46 Abs. 2 nicht nur in und durch den Abschluss von Gerichtsverfahren. Umfasst sind vom Schutzbereich vielmehr **alle behördlichen Handlungen,** die darauf zielen, die vom Tatbestand umfassten Sanktionen zu realisieren, also die gerichtlichen, staatsanwaltlichen, polizeilichen, disziplinar- bzw. ehren- oder berufsgerichtlichen und verwaltungsbehördlichen Ermittlungen vom ersten Zugriff bis zum Abschluss des Verfahrens.[116] Nicht umfasst sind jedoch diejenigen Maßnahmen, die dazu dienen, die Entscheidung darüber vorzubereiten, ob eine Ermittlung aufgenommen werden soll.[117]

37 Eine Genehmigung ist auch dann erforderlich, wenn ein Abgeordneter wegen einer mit Strafe bedrohten Handlung **verhaftet** werden soll. Aufgrund des Wortlauts des Art. 46 Abs. 2 sind damit nur Haftbefehle (§§ 112 ff. StPO) sowie die Festnahme nach § 127 Abs. 2 StPO gemeint.[118]

38 Maßstab für die Bestimmung der Reichweite der Genehmigungserfordernisse ist allein Art. 46 Abs. 2. Eine eventuell abweichende **Praxis der Strafverfolgungsbehörden** ist ebenso unbeachtlich, wie ggf. abweichende **Regelungen der Richtlinien für das Strafverfahren und das Bußgeldver-**

---

fassungsgrundlagen und Parlamentspraxis des Deutschen Bundestages, 1991, 342 f.; *Klein* in Maunz/Dürig Rn. 96; *Schulze-Fielitz* in Dreier Rn. 36; → Art. 38 Rn. 124.

[113] Insoweit auch *Storr* in MKS Rn. 51.

[114] IdS BVerfGE 104, 310 (325, 330, 332); 108, 251 (276); *Klein* in Schneider/Zeh ParlamentsR, § 17 Rn. 52; *Magiera* in BK Rn. 192 f.; *Klein* in Maunz/Dürig Rn. 101; *Stern,* StaatsR I, 1984, § 24 Kap. II 2; *Schulze-Fielitz* in Dreier Rn. 41; aA *Storr* in MKS Rn. 51.

[115] *Schulze-Fielitz* in Dreier Rn. 41; *Trute* JZ 2003, 148 (149 f.).

[116] *Bockelmann,* Die Unverfolgbarkeit der Abgeordneten nach deutschem Immunitätsrecht, 1951, 47; *Herlan* MDR 1950, 517 (519); *Magiera* in BK Rn. 145; *Wiefelspütz* NVwZ 2003, 38 (39); zum strafrechtlichen Ermittlungsverfahren ausf. *Schulz* DÖV 1991, 448.

[117] *Butzer,* Immunität im demokratischen Rechtsstaat: Verfassungsgrundlagen und Parlamentspraxis des Deutschen Bundestages, 1991, 266 f. mwN; *Klein* in Schneider/Zeh ParlamentsR, § 17 Rn. 45; für eine Einbeziehung von Ermittlungsverfahren auch zum Zweck der Einstellung sowie von Bußgeldverfahren in das Genehmigungserfordernis abw. von den Richtlinien für das Strafverfahren und das Bußgeldverfahren (RiStBV) *Brocker* GA 2002, 44 (46 ff.).

[118] *Butzer,* Immunität im demokratischen Rechtsstaat: Verfassungsgrundlagen und Parlamentspraxis des Deutschen Bundestages, 1991, 211 ff.

fahren (RiStBV), die normhierarchisch im Rang einer Verwaltungsvorschrift stehen.[119]

4. Es sei denn, dass er bei Begehung der Tat oder im Laufe des folgenden Tages festgenommen wird. Ohne Genehmigung des Bundestages kann der Abgeordnete zur Verantwortung gezogen und verhaftet werden, wenn er bei Begehung der Tat oder im Laufe des folgenden Tages festgenommen wird. Sinn des Art. 46 Abs. 2 ist es, willkürliche Verhaftungen unter einem Vorwand zu verhindern. Dieser Schutzzweck entfällt, wenn das Betroffensein bei Begehung der Tat vorliegt.[120] Der Begriff „bei Begehung der Tat" entspricht dem der „frischen Tat" iSd §§ 127 Abs. 1, 104 StPO,[121] die Tat muss mindestens das Versuchsstadium erreicht haben.[122] Die **Festnahme** umfasst nicht nur die vorläufige Festnahme (§ 127 StPO) und die Untersuchungshaft (§§ 112 ff. StPO), sondern jede Freiheitsentziehung im Zusammenhang mit einem Untersuchungsverfahren gegen den Abgeordneten wegen einer mit Strafe bedrohten Handlung[123] sowie Sicherungsmaßnahmen als Minus der Festnahme. Erfolgt eine Festnahme in diesem Sinne, dann unterliegt auch die weitere Untersuchung nicht der Genehmigung des Bundestages, und zwar auch dann nicht, wenn der Abgeordnete zwischenzeitlich freigelassen worden ist. Für die Vollstreckung einer etwaigen Freiheitsstrafe ist dann allerdings eine Genehmigung erforderlich.[124] 39

III. Die Genehmigung des Bundestages ist ferner bei jeder anderen Beschränkung der persönlichen Freiheit eines Abgeordneten oder zur Einleitung eines Verfahrens gegen einen Abgeordneten gemäß Art. 18 erforderlich (Art. 46 Abs. 3)

Von der Genehmigung des Bundestages abhängig ist jede andere Beschränkung der persönlichen Freiheit eines Abgeordneten, dh zunächst jede Aufhebung oder Einschränkung der **räumlichen Bewegungsfreiheit** des Abgeordneten, die nicht bereits unter Abs. 2 fällt.[125] Darunter fällt etwa die Strafhaft, Ordnungshaft, zwangsweise Vorführung, die einstweilige Unterbringung, der persönliche Arrest, die Ersatzzwangshaft, der polizeiliche Gewahrsam, Schutzmaßnahmen nach dem Bundesseuchengesetz und Aufenthaltsbeschränkungen etwa im Rahmen der Führungsaufsicht. Die tatbestandliche Bezugnahme auf die persönliche Freiheit, für die im Wege systematischer Interpretation auf Art. 2 Abs. 2 S. 2, Art. 104 zurückgegriffen werden kann, soll die Einbeziehung **anderer staatlicher Maßnahmen,** die zwar nicht die räumliche Bewegungsfreiheit einschränken, wohl aber die Ausübung der parlamentarischen Tätigkeiten beeinträchtigen können, wie etwa Durch- 40

[119] *Brocker* GA 2002, 44 (46 ff.).

[120] So RGSt 59, 113 (114); OLG Bremen NJW 1966, 743 (744); OLG Oldenburg NJW 1966, 1764 (1765); zum rechtshistorischen Hintergrund *Butzer,* Immunität im demokratischen Rechtsstaat: Verfassungsgrundlagen und Parlamentspraxis des Deutschen Bundestages, 1991, 21.

[121] Vgl. *Bockelmann,* Die Unverfolgbarkeit der Abgeordneten nach deutschem Immunitätsrecht, 1951, 56 f.; *Klein* in Maunz/Dürig Rn. 70.

[122] *Storr* in MKS Rn. 53.

[123] OLG Bremen NJW 1966, 743; OLG Oldenburg NJW 1966, 1764; *Ahrens,* Immunität von Abgeordneten, 1970, 12 f.

[124] Zu Recht *Magiera* in Sachs Rn. 18; *Schulze-Fielitz* in Dreier Rn. 31.

[125] *Storr* in MKS Rn. 59.

suchung, Beschlagnahme und die Überwachung des Telefon- und Fernmeldeverkehrs, ausschließen, jedenfalls, wenn sich das Verfahren gegen Dritte richtet.[126] Nicht zuletzt die Vorschrift des Art. 47 soll, soweit ihr Regelungsbereich betroffen ist,[127] für eine solche Interpretation sprechen. In dieser Allgemeinheit ist dies nicht überzeugend, so dass zu differenzieren ist. Soweit es Verfahren gegen den Abgeordneten selbst betrifft, ist der Verweis auf Art. 47 kaum nachvollziehbar, da diese Vorschrift sich allein auf Maßnahmen gegen Dritte bezieht.[128] Anders ist dies bei Maßnahmen gegen den Abgeordneten selbst. Insoweit ist eine einschränkende Interpretation weder vom Wortlaut her noch systematisch zwingend (es kann etwa an Art. 10 Abs. 2 angeknüpft werden, der ebenfalls den Begriff der Beschränkung mit Bezug auf kommunikative Freiheiten verwendet),[129] vom Sinn und Zweck sogar deutlich verfehlt, da es hier, etwa bei Maßnahmen nach dem G 10, um Einflussnahmen der Exekutive auf den Abgeordneten geht, die durchaus missbräuchlich motiviert sein können.[130]

41 Freilich wirft diese erweiternde Interpretation schwierige Verfahrensprobleme auf, da bei vielen Ermittlungs- und Gefahrenabwehrmaßnahmen eine Genehmigung durch den Bundestag als Plenum wegen der damit verbundenen Publizität notwendig zur Zweckverfehlung führen muss. Auch die derzeitige Praxis der Immunitätsausschüsse (→ Rn. 32) bringt dafür keine Lösung. Hier wird man im Hinblick auf die konkurrierenden Geheimnisschutzinteressen von der – freilich mit dem Wortlaut nur schwer in Übereinstimmung zu bringenden (→ Rn. 31) – Möglichkeit einer Entscheidung durch den Immunitätsausschuss oder ein anderes entscheidungsbefugtes Gremium ausgehen müssen;[131] notwendig ist insoweit letztlich ohnehin eine Verfassungsänderung.[132]

42 Von der Genehmigung des Bundestages abhängig ist schließlich auch die Einleitung eines Verfahrens gem. Art. 18 **(Grundrechtsverwirkung).** Der Schutzbereich der Alt. 2 umgreift dabei, schon vom Text der Vorschrift geboten, nicht erst die Eröffnung des gerichtlichen Verfahrens, sondern bereits die Einleitung des Verfahrens durch die Antragstellung (§ 36 BVerfGG), nicht aber vorbereitende Ermittlungen der Antragsberechtigten.[133] Nicht dem Normbereich des Art. 46 Abs. 3 unterfällt dagegen die Frage des Mandatsverlusts des Abgeordneten in Fällen einer vom BVerfG nach Art. 21 Abs. 2 S. 2 festgestellten Verfassungswidrigkeit der Partei des Mandatsträgers.[134] Die Antwort auf diese zwar in § 46 Abs. 1 S. 1 Nr. 5 BWG

[126] Ausf. zu diesem Problemkreis *Wiefelspütz* NVwZ 2003, 38 (40 f.).
[127] → Art. 47 Rn. 15.
[128] → Art. 47 Rn. 3.
[129] So zutr. *Borchert* DÖV 1992, 58 (60) für Maßnahmen nach dem G 10; → Art. 10 Rn. 104 ff.
[130] So zutr. *Borchert* DÖV 1992, 58 (60); *Wurbs,* Regelungsprobleme der Immunität und der Indemnität in der parlamentarischen Praxis, 1988, 82; so auch *Möllers* JZ 2011, 48 (50) „Schutz der Gewaltengliederung"; anders freilich BVerwGE 137, 275 (307), wonach Art. 46 Abs. 3 eine nur punktuelle, nicht verallgemeinerungsfähige Regelung enthalte.
[131] So *Borchert* DÖV 1992, 58 (60); *Butzer,* Immunität im demokratischen Rechtsstaat: Verfassungsgrundlagen und Parlamentspraxis des Deutschen Bundestages, 1991, 82.
[132] Dafür *Schulze-Fielitz* in Dreier Rn. 40; aA *Wiefelspütz* NVwZ 2003, 38 (41); *Butzer* in BeckOK GG Rn. 23.3.
[133] *Klein* in Maunz/Dürig Rn. 80; *Schneider* in AK Rn. 16; *Storr* in MKS Rn. 61.
[134] BVerfGE 2, 1 (75), wonach der Mandatsverlust in diesem Fall unmittelbar aus Art. 21 Abs. 2 folgen soll.

geregelte, aber dennoch umstrittene Frage ist in Art. 38 Abs. 1, Art. 21 Abs. 2 zu finden.[135]

IV. Jedes Strafverfahren und jedes Verfahren gemäß Artikel 18 gegen einen Abgeordneten, jede Haft und jede sonstige Beschränkung seiner persönlichen Freiheit sind auf Verlangen des Bundestages auszusetzen (Art. 46 Abs. 4)

Das Recht des Bundestages, die Aussetzung laufender Verfahren bzw. Einzelmaßnahmen zu verlangen, das sog. **Reklamationsrecht,** ist zum einen der *actus contrarius* zur Verfolgungsgenehmigung nach Art. 46 Abs. 2 und 3; es umgreift darüber hinaus aber auch diejenigen Fälle, die einer Genehmigung nicht bedürfen, etwa Festnahmen gem. Art. 46 Abs. 2 Hs. 2.[136] Wie auch die Genehmigung wirkt es für die Wahlperiode des Bundestages und bezieht sich tatbestandlich auf sämtliche Fälle der Abs. 2 und 3. Als Konsequenz des subjektiven Rechts des Abgeordneten auf willkürfreie Ermessensentscheidung (→ Rn. 35), das sich auch auf die Entscheidung über ein Aussetzungsverlangen bezieht,[137] wird man annehmen müssen, dass dem Abgeordneten ein eigenes Antragsrecht zusteht.[138] Rechtsfolge ist das sofortige Ruhen des Verfahrens, ggf. die Freilassung des Abgeordneten oder eine Vollstreckungshemmung.[139] 43

C. Kritische Würdigung

Indemnität und Immunität sind keine im Rechtsstaat überflüssige oder restriktiv zu interpretierende Privilegien der Abgeordneten,[140] sondern funktional erforderliche, im Kampf um die Demokratie errungene, im demokratischen Rechtsstaat allerdings aufgrund der umfassenden Gesetzesbindung der Exekutive und ihrer Kontrolle durch unabhängige Gerichte nur selten zur Anwendung gelangende Sicherungen der Aufgabenerfüllung der ersten Gewalt.[141] Reformbedürftig ist allerdings das Verfahren, insbesondere die von der Verfassung vorgegebene Aufhebung der Immunität durch einen Beschluss des Plenums des Bundestages (→ Rn. 31 ff.). Dies berücksichtigt zum einen zu wenig die Schutzbedürfnisse der Abgeordneten, zum anderen aber ergeben sich nur schwer zu lösende Probleme, wenn gegen den Abgeordneten ohne dessen Kenntnis ermittelt werden soll (→ Rn. 41). Schließlich muss konstatiert werden, dass die verfassungsgerichtliche Rechtsprechung dem Immunitätsrecht als Statusrecht des Abgeordneten gerade dort, wo es sich bewähren müsste, nicht immer mit der nötigen Nachdrücklichkeit zur Geltung ver- 44

[135] Für die Verfassungsmäßigkeit des den Mandatsverlust anordnenden § 46 Abs. 1 S. 1 Nr. 5 BWG *Achterberg,* Parlamentsrecht, 1984, 257 f.; *Badura* in BK Art. 38 Rn. 70; offenlassend *Gusy* in AK Art. 21 Abs. 1 Rn. 129; dagegen *Hesse,* Grundzüge des Verfassungsrechts, 1995, § 15 Kap. IV Rn. 601; *Grimm* in BMV VerfassungsR-HdB, § 14 Rn. 56.

[136] BayVGHE 11, 146 (155); OLG Bremen NJW 1966, 743 (745); *Achterberg,* Parlamentsrecht, 1984, 246.

[137] BVerfGE 104, 310 (331); *Schulze-Fielitz* in Dreier Rn. 44.

[138] *Trute* JZ 2003, 148 (151).

[139] *Schulze-Fielitz* in Dreier Rn. 45.

[140] So aber in der Tendenz OLG Köln NStZ 1987, 564 (565); OLG Karlsruhe NJW 1956, 1840; *Ahrens,* Immunität von Abgeordneten, 1970, 20; *Stern,* StaatsR I, 1984, § 24 Kap. II 2; *Lieber/Raufenberg* DRiZ 2003, 56.

[141] BVerfGE 104, 310 (328); *Trute* JZ 2003, 148; *Klein* in Schneider/Zeh ParlamentsR, § 17 Rn. 39; *Magiera* in BK Rn. 85 ff.; *Schneider* in AK Rn. 1.

hilft.[142] Zudem zeigen sich auch im Landesverfassungsrecht gewisse Tendenzen zur Aushöhlung des Immunitätsschutzes der Abgeordneten.[143]

Literatur

*W.-E. **Ahrens,*** Immunität von Abgeordneten, 1970. – ***U. Andriof,*** Rechtfertigung und praktische Bedeutung der Immunität der Abgeordneten, 1969. – ***G. Bartmann,*** Die Justiziabilität von Immunitätsentscheidungen des Deutschen Bundestages, 1976. – ***W. R. Beyer,*** Immunität als Privileg, 1966. – ***P. Bockelmann,*** Die Unverfolgbarkeit der Abgeordneten nach deutschem Immunitätsrecht, 1951. – ***H.-U. Borchert,*** Der Abgeordnete im G 10-Verfahren, DÖV 1992, 58. – ***R. Bornemann,*** Die Immunität der Abgeordneten im Disziplinarverfahren, DÖV 1986, 93. – ***L. Brocker,*** Umfang und Grenzen der Immunität des Abgeordneten im Strafverfahren, GA 149 (2002), 44. – ***L. Brocker,*** Die Immunität des Abgeordneten, Anspruch und Wirklichkeit eines Statusrechts, FS f. C. Richter II, 2006, 87. – ***J. Bücker,*** Immunität und Durchsuchung, ZRP 1975, 23. – ***J. Bücker,*** Aktuelle Fragen der Immunität und Indemnität, in H. A. Roll, FG f. W. Blischke, 1982, 45. – ***H. Butzer,*** Immunität im demokratischen Rechtsstaat, 1991. – ***A. Graf zu Dohna,*** Die Rechtsstellung der Abgeordneten, ihre Pflichten und Rechte, insbesondere: Redefreiheit, Immunität und Zeugnisverweigerungsrecht, in W. Pauly/G. Anschütz/R. Thoma DtStaatsR I, 1930, 439. – ***E. Friesenhahn,*** Zur Indemnität der Abgeordneten in Bund und Ländern, DÖV 1981, 512. – ***H.-H. Giesing,*** Grundsätze in Immunitätsangelegenheiten der Abgeordneten der Landesparlamente, DRiZ 1964, 161. – ***P. Glauben,*** Immunität – auch für den Abgeordneten mehr „Plage als Wohltat", DRiZ 2003, 51. – ***E. Graul,*** Indemnitätsschutz für Regierungsmitglieder?, NJW 1991, 1717. – ***R. Groß,*** Verbietet die Immunität die Mitteilung eines Aufhebungsantrags an die Presse?, RiA 1971, 1. – ***W. Härth,*** Die Rede- und Abstimmungsfreiheit der Parlamentsabgeordneten in der Bundesrepublik Deutschland, 1983. – ***W. Härth,*** Berührt ein ausländisches Strafverfahren die Immunität eines deutschen Parlamentsabgeordneten?, NStZ 1987, 109. – ***K. J. Heimeyer,*** Zensur durch Zivilrichter, ZRP 1971, 174. – ***W. Herlan,*** Die Immunität der Abgeordneten, JR 1951, 325. – ***R. Heydlauf,*** Die Praxis des Bundestages in Immunitätsangelegenheiten, 1974. – ***D. Jung,*** Indemnität gegenüber zivilrechtlichen Ansprüchen – BGHZ 75, 384, JuS 1983, 434. – ***W. Kahl/C. Waldhoff/C. Walter,*** Bonner Kommentar zum Grundgesetz, 193 Akt. 2018, Art. 38 GG und 187. Akt. 2017, Art. 46 GG. – ***W. Kewenig/S. Magiera,*** Umfang und Regelung der Indemnität von Abgeordneten insbesondere bei schriftlichen Fragen an die Regierung, ZParl 12 (1981), 223. – ***H. H. Klein,*** Indemnität und Immunität, in H.-P. Schneider/W. Zeh, Parlamentsrecht und Parlamentspraxis in der Bundesrepublik Deutschland, 1989, 555. – ***H. Koch,*** Zur Frage der Aufhebung der Immunität von Abgeordneten des Deutschen Bundestages, DÖV 1951, 425. – ***A. Kreuzer,*** Zuständigkeitsübertragungen bei Verfassungsrichterwahlen und Immunitätsentscheidungen des Deutschen Bundestages, Der Staat 7 (1968), 183. – ***H. Lieber/E. C. Raufenberg,*** Wider das herrschende Immunitätsrecht, DRiZ 2003, 56. – ***J. Linden,*** Historische, rechtstheoretische und pragmatisch-politische Rechtfertigung der Indemnität in der parlamentarischen Demokratie der Bundesrepublik Deutschland und im Rechtsvergleich mit anderen Verfassungen, 1978. – ***D. Merten/G. Pfennig,*** Immunität und Bußgeldverfahren, MDR 1970, 806. – ***H. Meyer,*** Bundestag und Immunität, 1953. – ***W. Meyer-Hesemann,*** Indemnitätsprivileg und kleine Anfragen von Abgeordneten, DÖV 1981, 288. – ***H. Moller,*** Immunität und Verfassungsgerichtsbarkeit, DVBl. 1966, 881. – ***C. Möllers,*** Anmerkung zu

---

[142] Krit. zur Entscheidung des BVerfG im Verfahren gegen den Abgeordneten *Pofalla* (BVerfGE 104, 310) etwa *Brocker* FS f. Richter II, 2006, 87 (97 f.); sa *Trute* JZ 2003, 148 (150).

[143] Der VerfGH NRW lässt die Frage nach dem Charakter des Immunitätsrechts als Statusrechts des Abgeordneten abw. vom BVerfG für Art. 48 NRW Verf offen; krit. hierzu *Brocker* FS f. Richter II, 2006, 87 (98 f.). In einigen Bundesländern sehen die LVerf. zudem schon *de lege lata* nur ein eingeschränktes Immunitätsrecht vor, was freilich mit Blick auf die Verfassungsautonomie der Länder zu akzeptieren ist; zust. insoweit *Lieber/Raufenberg* DRiZ 2003, 56; krit. zu Recht *Butzer* in BeckOK GG Rn. 1.1.

BVerwGE 21.7.2010 – 6 C 22/09, JZ 2011, 48. – ***M. Morlok,*** Das Parlament als Zentralorgan der Demokratie, JuS 2011, 1. – ***B. Pieroth,*** Das Demokratieprinzip des Grundgesetzes, JuS 2010, 473. – ***O. Ranft,*** Staatsanwaltliche Ermittlungstätigkeit und Immunität der parlamentarischen Abgeordneten, ZRP 1981, 271. – ***H.-J. Reh,*** Zur Anwendung des Art. 46 Abs. 2 GG (Abgeordnetenimmunität), NJW 1959, 86. – ***G. Rinck,*** Die Indemnität des Abgeordneten im Bundesstaat, JZ 1961, 248. – ***H. A. Roll,*** Indemnität gegenüber zivilrechtlichen Ansprüchen, NJW 1980, 1439. – ***K. H. Rosen,*** Immunität und Durchsuchung, ZRP 1976, 80. – ***F. Ruland,*** Indemnität und Amtshaftung für Abgeordnete, Der Staat 14 (1975), 457. – ***H. Schorn,*** Abgeordneter und Immunität, NJW 1966, 234. – ***M. Schröder,*** Indemnitätsschutz für Abgeordnete, ZParl 12 (1981), 442. – ***M. Schröder,*** Rechtsfragen des Indemnitätsschutzes, Der Staat 21 (1982), 25. – ***A. Schulz,*** Neue Variationen über ein Thema: Abgeordnetenimmunität und Zwangsmaßnahmen im strafrechtlichen Ermittlungsverfahren, DÖV 1991, 448. – ***H.-H. Trute,*** Fortbestand der Immunität als Recht des Abgeordneten?, Anmerkung zu BVerfG 17.12.2001 – 2 BvE 2/00, JZ 2003, 148. – ***O. Uhlitz,*** Die Strafverfolgung von Abgeordneten ohne Genehmigung des Parlaments, DVBl. 1962, 123. – ***L. A. Versteyl,*** Zur Reichweite der Indemnität für Äußerungen von Parlamentariern, ZParl 6 (1975), 290. – ***J. Vetter,*** Abgeordnetenüberprüfung durch Untersuchungsausschüsse?, ZParl 24 (1993), 211. – ***T. Walter,*** Indemnität für Landtagsabgeordnete – zum Regelungsgehalt des § 36 StGB, JZ 1999, 981. – ***W. Walter,*** Ausländische Strafverfahren und die Immunität deutscher Parlamentsabgeordneter, NStZ 1987, 396. – ***K. Warnecke,*** Keine Indemnität eines Landtagsabgeordneten bei der Publizierung einer schriftlichen Anfrage, ZParl 11 (1980), 540. – ***D. Wiefelspütz,*** Die Immunität und Zwangsmaßnahmen gegen Abgeordnete, NVwZ 2003, 38. – ***D. Wiefelspütz,*** Die Immunität des Abgeordneten, DVBl. 2002, 1229. – ***D. Wiefelspütz,*** Das Immunitätsrecht des Abgeordneten des Deutschen Bundestages nach dem Pofalla-Urteil des Bundesverfassungsgerichts, ZParl 34 (2003), 754. – ***C. Winterberg,*** Die Immunität von Abgeordneten und polizeiliche Maßnahmen, Die Polizei 2002, 284. – ***G. Witte-Wegmann,*** Parlamentarische Redefreiheit auch für Regierungsmitglieder?, DVBl. 1974, 866. – ***R. Wolfrum,*** Indemnität im Kompetenzkonflikt zwischen Bund und Ländern, DÖV 1982, 674. – ***G. Wolfslast,*** Immunität und Hauptverhandlung im Strafverfahren, NStZ 1987, 433. – ***R. Wurbs,*** Regelungsprobleme der Immunität und der Indemnität in der parlamentarischen Praxis, 1988.

Art. 47 [Zeugnisverweigerungsrecht der Abgeordneten]

[1] Die Abgeordneten sind berechtigt, über Personen, die ihnen in ihrer Eigenschaft als Abgeordnete oder denen sie in dieser Eigenschaft Tatsachen anvertraut haben, sowie über diese Tatsachen selbst das Zeugnis zu verweigern. [2] Soweit dieses Zeugnisverweigerungsrecht reicht, ist die Beschlagnahme von Schriftstücken unzulässig.

Weimarer Reichsverfassung von 1919

Art. 38. Die Mitglieder des Reichstags und der Landtage sind berechtigt, über Personen, die ihnen in ihrer Eigenschaft als Abgeordnete Tatsachen anvertrauen, oder denen sie in Ausübung ihres Abgeordnetenberufs solche anvertraut haben, sowie über diese Tatsachen selbst das Zeugnis zu verweigern. Auch in Beziehung auf Beschlagnahme von Schriftstücken stehen sie den Personen gleich, die ein gesetzliches Zeugnisverweigerungsrecht haben.

Eine Durchsuchung oder Beschlagnahme darf in den Räumen des Reichstags oder eines Landtags nur mit Zustimmung des Präsidenten vorgenommen werden.

A. Allgemeine Bedeutung

1 Art. 47 regelt im Wesentlichen inhaltsgleich mit seinem historischen Vorläufer, dem Art. 38 WRV, das Zeugnisverweigerungsrecht des Abgeordneten, das zur Erhöhung seiner Wirksamkeit mit einem gegenständlich begrenzten Beschlagnahmeverbot abgesichert wird. Wie so viele Institute des Parlamentsrechts hat auch dieses seine Vorläufer im englischen Parlamentarismus. In Deutschland ist es erstmalig in Art. 38 WRV aufgenommen worden. Schon vorher hatte der Reichstag in einem Gesetzentwurf gefordert, das Berufsgeheimnisse von Ärzten, Rechtsanwälten und Geistlichen auch auf Abgeordnete zu erstrecken.[1] Auf diesem Entwurf beruht der Art. 38 WRV.[2] Der Parlamentarische Rat hat diese Regelung mit geringfügigen Modifikationen des Textes ohne weitere Diskussion übernommen.[3] Für Abgeordnete des europäischen Parlaments ist dieses Recht in das Protokoll über Vorrechte und Befreiungen der Europäischen Union (→ Art. 46 Rn. 6) nicht aufgenommen worden. Allerdings enthält § 6 EuAbgG für die deutschen Mitglieder des europäischen Parlaments eine dem Art. 47 entsprechende Regelung.[4] Für die Mitglieder der parlamentarischen Versammlung des Europarates finden sich entsprechende Gewährleistungen, die über die Rechte des Art. 40 des Europarates hinausgehen würden, nicht.

2 Das Zeugnisverweigerungsrecht sichert das **„Berufsgeheimnis“**[5] der Abgeordneten durch den Schutz vertraulicher Kommunikation.[6] Seine Funktion liegt – wie die der anderen Berufsgeheimnisse auch – in dem Schutz der Handlungsfreiheit des Geheimnisträgers, im Schutz des Vertrauensverhältnisses zwischen dem Geheimnisträger und seinen Klienten und der Funktionsfähigkeit der Institution, der der Geheimnisträger angehört. In erster Linie wird freilich das **freie Mandat** des Abgeordneten aus Art. 38 Abs. 1

---

[1] RT-Drs 1914/17 Nr. 1104, 24 ff.

[2] Dazu *Anschütz* WRV Art. 38 Anm. 1.

[3] JöR nF 1 (1951), 45 ff.; dazu auch *Schneider* in AK Rn. 1.

[4] Vgl. insoweit und für weitere Gruppen von Berufsgeheimnisträgern auch die speziellere Vorschrift des § 53 Abs. 1 S. 1 Nr. 4 StPO.

[5] *Klein* in Maunz/Dürig Rn. 1.

[6] BVerfGE 134, 141 (174).

S. 2, insbesondere die parlamentarische Unabhängigkeit und Entscheidungsfreiheit des Abgeordneten gestärkt.[7] Der Abgeordnete ist auf (vertrauliche) Informationen angewiesen, wie im Übrigen auch der Informierende darauf vertrauen können soll und muss, dass seine Informationen nicht gezwungenermaßen preisgegeben werden. Der durch das Zeugnisverweigerungsrecht bewirkte Schutz sichert also das für das parlamentarische System unentbehrliche Vertrauensverhältnis zwischen dem Abgeordneten und seinen Wählern. Es wird zugleich die **Funktionsfähigkeit des Parlaments**[8] durch die Sicherung hinreichender, offener, vollständiger und rückhaltloser Informationen[9] und damit auch unverzerrter Diskussion und Entscheidung gewährleistet. Der Akzent liegt indes eindeutig auf der Rechtsstellung des Abgeordneten. Ihm wird das Recht zur Zeugnisverweigerung als **subjektiv-öffentliches Recht**[10] eingeräumt, der Schutz der übrigen Funktionen mag darüber mitbewirkt werden. Eine Verfügungsmacht des Bundestages gibt es daher nicht, ebenso wenig wie eine Bindung des Abgeordneten bei seiner Entscheidung über die Inanspruchnahme des Zeugnisverweigerungsrechts an Richtlinien, Grundsätze oder Ähnliches.

B. Einzelfragen

I. Die Abgeordneten sind berechtigt (Art. 47 S. 1)

Der **Begriff des Abgeordneten** ist hier nicht anders als in Art. 46 zu bestimmen (→ Art. 46 Rn. 7). Gemeint sind daher nur die Abgeordneten des Bundestages, nicht die der Länder, für die es eigenständige Vorschriften in den jeweiligen Landesverfassungen gibt (Art. 39 LV; Art. 29 BV; Art. 51 Abs. 2 BLNVerf; Art. 59 BbgVerf; Art. 96 BremVerf; Art. 17 Hmb Verf; Art. 97 HV; Art. 24 Abs. 3 MVVerf; Art. 16 NDSVerf; Art. 49 NRW Verf; Art. 95 RhPfVerf; Art. 83 SVerf; Art. 56 SaVerf; Art. 59 LSAVerf; Art. 31 Abs. 3 SHVerf; Art. 56 ThürVerf). Vom **Gegenstandsbereich** her erstreckt sich das Recht nur auf **Verfahren im Zusammenhang mit Dritten.** Die mittlerweile ganz herrschende Meinung erstreckt den Schutzbereich des Art. 47 über den Abgeordneten hinaus auf diejenigen **(Hilfs-)Personen,** die im Tätigkeitsbereich des Abgeordneten dessen Aufgaben wahrnehmen und unterstützen, wie etwa Referenten, Assistenten, Sekretäre etc.[11] Das ist konsequent, weil ansonsten das Recht allzu leicht unterlaufen werden kann. Indes wird man vom Schutzzweck her die Entscheidung über die Ausübung des Zeugnisverweigerungsrechts dem Abgeordneten zugestehen müssen, das der übrigen also gleichsam **akzessorisch** behandeln müssen.[12] Ansonsten würde das Recht zu einem persönlichen, vom Abgeordnetenstatus entkoppelten Recht der Mitarbeiter. Diese Lösung entspricht im Übrigen der einfachgesetzlichen Rechtslage (vgl. § 53a StPO).[13] Regierungsmitglieder, die nicht Abgeordnete sind, Mitglieder des Bundesrates und der Bundespräsident kön- 3

[7] BVerfGE 108, 251 (269); *Schneider* in AK Rn. 2; *Müller-Terpitz* in BK Rn. 17.

[8] Hervorgehoben in BVerfGE 129, 208 (265).

[9] *Schneider* in AK Rn. 2.

[10] BVerfGE 108, 251 (266).

[11] So schon *Heitzer* NJW 1952, 89 f.; *Klein* in Maunz/Dürig Rn. 8; *Müller-Terpitz* in BK Rn. 21; *Schneider* in AK Rn. 3; *Storr* in MKS Rn. 4; *Schulze-Fielitz* in Dreier Rn. 6.

[12] Ähnlich *Müller-Terpitz* in BK Rn. 23; zust. *Schulze-Fielitz* in Dreier Rn. 6; *Ohler* NVwZ 2004, 696 (697).

[13] Zu den Gründen *Ignor/Bertheau* in Löwe/Rosenberg StPO § 53a Rn. 8.

nen sich nicht auf dieses Recht berufen. Abgeordnete, die zugleich Regierungsmitglieder sind, können sich nur insoweit auf ihr Zeugnisverweigerungsrecht berufen, wie sie in ihrer Eigenschaft als Abgeordnete betroffen sind. Gleiches gilt für Funktionsträger politischer Parteien. Ebenso wenig sind Dritte einbezogen, auch nicht die Informanten oder der Ehepartner.[14] Sie könnten sich, darüber besteht Einigkeit, ihrer Zeugnispflicht sonst leichthändig dadurch entziehen, dass sie einen Abgeordneten in ihr Vertrauen ziehen.[15]

4 Die Abgeordneten sind **berechtigt, nicht** aber **verpflichtet,** von dem Recht zur Zeugnisverweigerung Gebrauch zu machen. Es obliegt ihrer Entscheidung, ob, wann und in welchem Umfang sie es geltend machen.[16] Weder die staatliche Strafverfolgung noch die sonstigen hinter Aussagepflichten stehenden Interessen, aber auch nicht diejenigen des informierenden Dritten sind rechtlich bindend bei seiner Entscheidung zu berücksichtigen. Die Entscheidungsfreiheit im Rahmen des Art. 47 S. 1 reicht allerdings nicht soweit, Geheimhaltungspflichten nach anderen Rechtsnormen (etwa nach der Geheimschutzordnung des Bundestages, vgl. Anl. 3 GO BT iVm § 17 GO BT, oder durch § 353b Abs. 2 StGB) sowie sonstige durch Vertrag begründete Verschwiegenheitspflichten zu überspielen.[17] Umgekehrt wirkt eine Entbindung durch den dazu Berufenen nicht auf die Entscheidungsfreiheit nach Art. 47 S. 1 zurück. Ein genereller Verzicht auf das Recht ist unzulässig, weil damit der Verzicht auf ein Stück objektives Verfassungsrecht verbunden wäre.[18]

5 **Zeitlich** entsteht das Recht mit Erlangung des Abgeordnetenstatus; es endet hinsichtlich der geschützten, dem Abgeordneten während der Amtszeit zugänglich gemachten Informationen nicht mit dem Ende des Abgeordnetenmandats, sondern erst mit dem Tod des Abgeordneten.[19] Bei Abgeordneten von Parteien, die für verfassungswidrig erklärt werden, soll der Schutz dagegen rückwirkend ab dem Beginn der verfassungswidrigen Betätigung der Partei entfallen.[20] Dies ist abzulehnen, da das Vertrauensverhältnis unabhängig von der rechtmäßigen Begründung und Erhaltung des Status des Abgeordneten ist.[21]

II. Über Personen, die ihnen in ihrer Eigenschaft als Abgeordnete oder denen sie in ihrer Eigenschaft Tatsachen anvertraut haben, sowie über diese Tatsachen selbst das Zeugnis zu verweigern (Art. 47 S. 1)

6 **Gegenstand** des Zeugnisverweigerungsrechts sind nach dem Text sowohl **Personen** wie auch **Tatsachen.** Tatsachen, die dem Abgeordneten anvertraut sind und solche, die er anderen anvertraut hat, sind gleichgestellt. Geschützt sind die Personen in ihrer Identität und die Mitteilung in ihrem

[14] *Storr* in MKS Rn. 5.
[15] *Schneider* in AK Rn. 3; *Storr* in MKS Rn. 5.
[16] *Schulte,* Volksvertreter als Geheimnisträger, Zeugnisverweigerungsrecht und Verschwiegenheitspflicht des Abgeordneten des Deutschen Bundestages, 1987, 13 ff.
[17] Vgl. ausf. *Schulte,* Volksvertreter als Geheimnisträger, Zeugnisverweigerungsrecht und Verschwiegenheitspflicht des Abgeordneten des Deutschen Bundestages, 1987, 21 ff.
[18] *Schneider* in AK Rn. 4; *Müller-Terpitz* in BK Rn. 39.
[19] *Schneider* in AK Rn. 4.
[20] Vgl. *Ignor/Bertheau* in Löwe/Rosenberg StPO § 53 Rn. 44.
[21] → Art. 46 Rn. 8; zust. *Butzer* in BeckOK GG Rn. 4.

Inhalt, grundsätzlich aber nicht die näheren Umstände der Mitteilung, wie etwa Ort, Zeit, Form, es sei denn, sie erlauben Rückschlüsse auf die Person und den Inhalt der Mitteilung.[22]

Von dem **Umfang** her ist das Zeugnisverweigerungsrecht begrenzt auf die Tatsachen oder Mitteilungen sowie die Quellen bzw. Empfänger, die dem Berechtigten in seiner Eigenschaft als Abgeordneter mitgeteilt werden. Durch diese funktionale Begrenzung werden allein auf das Amt bezogene, nicht aber auf die Privat- und Geschäftssphäre des Abgeordneten bezogene Vorgänge erfasst.[23] Ebenso wenig sind Tatsachen oder Mitteilungen über Personen umfasst, die ihnen in anderer Eigenschaft anvertraut wurden, sei es als Regierungsmitglieder oder Funktionsträger von politischen Parteien. Anvertraut ist eine solche Tatsache oder Mitteilung nicht nur dann, wenn sie einen vertraulichen Charakter hat, sondern auch wenn sie im Rahmen des von Art. 47 geschützten Vertrauensverhältnisses[24] gemacht wird (→ Rn. 2). 7

Über das Vorliegen der Voraussetzungen des Zeugnisverweigerungsrechts **entscheidet,** wie bei allen anderen Zeugnisverweigerungsrechten auch, das Gericht bzw. die Stelle, der gegenüber der Abgeordnete sich auf sein Recht berufen will. Der Abgeordnete hat die Voraussetzungen glaubhaft zu machen, insbesondere den funktionalen Zusammenhang zwischen den Tatsachen oder Mitteilungen und seinem Status. 8

Die Verweigerung des Zeugnisses ist überall dort möglich, wo eine **Zeugnispflicht** des Abgeordneten besteht. Sie kann daher auch im Verwaltungsverfahren (etwa §§ 26 Abs. 3, 65 VwVfG, § 21 Abs. 3 SGB X, § 102 Abs. 1 Nr. 2 AO) geltend gemacht werden, soweit in den jeweiligen Verfahrensordnungen Zeugnispflichten vorgesehen sind. Darüber hinaus erstreckt sich das Zeugnisverweigerungsrecht nach seinem Schutzzweck auch auf besondere Auskunftspflichten, wie sie im Verwaltungsverfahren vorkommen.[25] 9

III. Soweit dieses Zeugnisverweigerungsrecht reicht, ist die Beschlagnahme von Schriftstücken unzulässig (Art. 47 S. 2)

Der mit dem Zeugnisverweigerungsrecht bezweckte Schutz der Entscheidungsfreiheit des Abgeordneten, des Vertrauensverhältnisses zu den Wählern sowie der Funktions- und Arbeitsfähigkeit des Parlaments wäre unvollständig, könnte statt des Zeugenbeweises der Urkundenbeweis mittels beschlagnahmter Schriftstücke geführt werden, die dem Abgeordneten übergeben oder von ihm weitergegeben worden sind oder die er über Personen und den Inhalt von Mitteilungen angefertigt hat. Akzessorisch zum Zeugnisverweigerungsrecht sieht der Art. 47 S. 2 daher ein **Beschlagnahmeverbot** vor. Soweit das Zeugnisverweigerungsrecht reicht, ist die Beschlagnahme von Schriftstücken unzulässig. Verwiesen ist damit auf den Umfang des Zeugnisverweigerungsrechts nach S. 1. 10

Vom personellen Schutzbereich umfasst sind daher ebenfalls die engeren Mitarbeiter des Abgeordneten. (→ Rn. 3). 11

Gegenständlich erstreckt sich das Beschlagnahmeverbot auf **Schriftstücke,** also schriftlich gefasste Informationen. Dies setzt, wie für die strafpro- 12

[22] *Storr* in MKS Rn. 7; *Klein* in Maunz/Dürig Rn. 24.

[23] OLG München Urt. v. 14.12.2012 – 5 U 2472/09, juris Rn. 160 ff.

[24] Ausf. dazu *Schulte,* Volksvertreter als Geheimnisträger, Zeugnisverweigerungsrecht und Verschwiegenheitspflicht des Abgeordneten des Deutschen Bundestages, 1987, 90 ff.

[25] Zutr. *Schneider* in AK Rn. 5.

zessuale Beschlagnahme auch, den Gegenstandscharakter voraus,[26] der zudem noch durch das Erfordernis der Schriftlichkeit eingeengt wird. Zu den Schriftstücken rechnen Urkunden, aber auch Druckschriften, Kopien oder andere mit Schriftzeichen versehene Gegenstände.[27] Angesichts der veränderten Kommunikationstechniken und ihnen folgenden Kommunikationsgewohnheiten wird es auf **digitalisierte Datenträger** und E-Mails zu erstrecken sein.[28] Auch hier begrenzt der oben genannte funktionale Bezug (→ Rn. 7) den Umfang der geschützten Informationen. Schriftstücke, die der Abgeordnete nicht in seiner Eigenschaft als Abgeordnete besitzt oder weitergegeben hat, unterliegen der Durchsuchung und Beschlagnahme iRd Art. 40 Abs. 2 S. 2.

13 Die Schriftstücke müssen sich **im Gewahrsam** des Abgeordneten (oder seiner Mitarbeiter, → Rn. 3) befinden. Allerdings ist dieser Begriff weit zu fassen. Voraussetzung für das Beschlagnahmeverbot ist eine Zugehörigkeit zum funktionellen Herrschaftsbereich des Abgeordneten.[29] Befinden sich Gegenstände bei Mitarbeitern, ist nach der Rechtsprechung des BVerfG ein Beschlagnahmeverbot nur dann gegeben, wenn der Mitarbeiter die Gegenstände unter dem Direktionsrecht des Abgeordneten in den Räumen des Bundestages für diesen besitzt.[30] Dies gilt auch bei Verfahren gegen den Mitarbeiter, soweit es sich um Gegenstände handelt, die dem Direktionsrecht des Abgeordneten unterliegen.[31] Mangels tatsächlicher und rechtlicher Einwirkungsmöglichkeiten durch den Abgeordneten soll der Schutz des Art. 47 S. 2 jedoch entfallen, wenn sich Gegenstände außerhalb der Beherrschungssphäre des Bundestages befinden und der Abgeordnete dem Mitarbeiter gestattet hat, diese dorthin zu verbringen bzw. Eigenmächtigkeiten des Mitarbeiters nicht wirksam verhindert hat.[32] In der Sache freilich spricht alles für eine funktionale Auslegung, die sich auch an den Arbeitsbedingungen und -möglichkeiten des Abgeordneten und seiner Mitarbeiter orientiert.[33]

14 Erforderlich ist darüber hinaus, dass die Beschlagnahme **dazu dient,** mittels der Schriftstücke einen **Zeugenbeweis** iSd Art. 47 S. 1 **zu ersetzen.** Soweit die Schriftstücke daher selber Gegenstand eines Strafverfahrens sind (etwa wegen Urkundenfälschung des Abgeordneten), besteht eine Beschlagnahmemöglichkeit iRd Art. 40 Abs. 2 S. 2, 46 Abs. 2, soweit nicht unabhängig davon zugleich die Voraussetzungen des Art. 47 vorliegen.[34]

15 Die Beschlagnahme iSd Art. 47 S. 2 umfasst nicht nur die polizeilich-technische oder strafprozessuale Beschlagnahme im engeren Sinne, sondern **auch andere Maßnahmen zur Sicherstellung** gegen den Willen des Rechts-

---

[26] *Amelung* in Wassermann StPO § 94 Rn. 4.

[27] *Storr* in MKS Rn. 11; *Schneider* in AK Rn. 7.

[28] *Amelung* in Wassermann StPO § 97 Rn. 42; *Pieroth* in Jarass/Pieroth Rn. 5; *Schulze-Fielitz* in Dreier Rn. 11; *Menges* in Löwe/Rosenberg StPO § 97 Rn. 67; *Müller-Terpitz* in BK Rn. 46; *Klein* in Maunz/Dürig Rn. 30; aA *Storr* in MKS Rn. 11.

[29] BVerfGE 108, 251 (269); *Pieroth* in Jarass/Pieroth Rn. 5.

[30] BVerfGE 108, 251 (269); krit. *Wiefelspütz* Der Staat 2004, 543 (553 f.).

[31] BVerfGE 108, 251 (269 f.).

[32] BVerfGE 108, 251 (270); zust. *Ohler* NVwZ 2004, 696 (697); gegen eine rein räumliche und für eine funktionale Abgrenzung *Schulze-Fielitz* in Dreier Rn. 12; *Butzer* in BeckOK GG Rn. 10.

[33] Die vorherige engere Auffassung der Vorauflage wird aufgegeben; ausführlich zu den Problemen *Butzer* in BeckOK GG Rn. 10.1; *Schulze-Fielitz* in Dreier Rn. 12; enger wohl *Storr* in MKS Rn. 12.

[34] *Schneider* in AK Rn. 8; *Klein* in Maunz/Dürig Rn. 28.

inhabers.[35] Zu erstrecken ist das Beschlagnahmeverbot im Interesse des Schutzes des Abgeordneten zugleich auf **Vorgänge im Vorfeld** der Beschlagnahme, so dass bereits jegliche Nachforschung nach Schriftstücken und deren zwangsweise Wegnahme und Öffnung durch die öffentliche Gewalt (also etwa Durchsuchungen nach § 103 StPO, Öffnungen und Kenntnisnahme nach § 1 G 10; vgl. jetzt § 3 Abs. 2 S. 4 G 10) unzulässig sind.[36] Darüber hinaus ist das Beschlagnahmeverbot sinngemäß zu erstrecken auf **funktional äquivalente Vorgänge,** wie etwa das Anfertigen von Kopien und die Erstellung von Duplikaten elektronischer Datenträger. Insofern fehlt es zwar an einer Beschlagnahme im engeren Sinne des § 94 StPO;[37] gleichwohl wird hier in vergleichbarer Weise das Zeugnisverweigerungsrecht durch einen Urkundenbeweis ersetzt. Unzulässig sind auch weitere Überwachungsmaßnahmen, wie etwa die Telefonüberwachung des Abgeordneten oder sonstige durch technische Mittel erreichbare, auf das Eindringen in die geschützte Vertrauenssituation gerichtete Maßnahmen, soweit der Abgeordnete nicht selbst Beschuldigter ist.[38]

16 Zu Recht ist der Schutz des Art. 47 vom Gesetzgeber auf einen absoluten Schutz vor strafprozessualen Ermittlungsmaßnahmen in § 160a Abs. 1 StPO erstreckt worden.[39] Die Vielzahl insbesondere auch verdeckt möglicher Ermittlungsschritte ist andernfalls geeignet, die Schutzziele des Art. 47 zu unterlaufen.

17 Stets aber setzt Art. 47 S. 2 voraus, dass es sich um einen Akt der hoheitlichen Kenntnisnahme handelt. Gegen eine **unbefugte Entwendung von Abgeordnetenschriftstücken durch Dritte** bietet die Vorschrift daher keinen Schutz. Art. 47 S. 2 griff insbesondere nicht bei der Entwendung von Abgeordnetenschriftstücken durch Beauftragte oder Zuträger des ehemaligen **DDR-Staatssicherheitsdienstes.** Die Stellen der DDR waren an Art. 47 nicht gebunden.[40] Soweit derartige Schriftstücke nunmehr zu den Stasi-Unterlagen gehören, haben sie den funktionalen Schutzbereich des Art. 47 (→ Rn. 13) verlassen.[41]

18 Die Folgen einer Verletzung des Beschlagnahmeverbots sind Rückgabepflichten und Verwertungsverbote.[42] Eine Verletzung des Art. 47 S. 2 kann im Wege der Verfassungsbeschwerde wegen der Verletzung von Art. 38 Abs. 1 S. 2 iVm Art. 47 S. 2,[43] bei Verfassungsorganen als Streitgegner im Wege des Organstreitverfahrens[44] geltend gemacht werden.

---

[35] *Borchert* DÖV 1992, 58 (61); für § 97 StPO vgl. *Amelung* in Wassermann StPO § 97 Rn. 4.

[36] *Klein* in Maunz/Dürig Rn. 31; *Schneider* in AK Rn. 6; *Storr* in MKS Rn. 10.

[37] *Amelung* in Wassermann StPO § 94 Rn. 23; *Köhler* in Meyer-Goßner/Schmitt StPO § 94 Rn. 16 f.

[38] Zust. *Schulze-Fielitz* in Dreier Rn. 14; *Nack* in Karlsruher Kommentar StPO § 100a Rn. 43; aA *Wiefelspütz* NVwZ 2003, 38 (42).

[39] Dazu BVerfGE 129, 208 (265). Ungeachtet der weiterhin bestehenden Kritik an den unterschiedlichen Schutzabstufungen im Rahmen des § 160a StPO (dazu etwa *Kölbel* in MüKo StPO § 160a Rn. 3 ff.), die in der Tat systematisch nicht recht einleuchten, betrifft dies jedenfalls nicht die Stellung des Abgeordneten, dem eben anders als andere Träger von Berufsgeheimnissen schon von Verfassung wegen Schutz gewährt wird.

[40] BVerwGE 121, 115 (123); vgl. *Drohla* NJW 2004, 418 (420).

[41] BVerwGE 121, 115 (123).

[42] *Menges* in Löwe/Rosenberg StPO § 97 Rn. 140 ff.; *Amelung* in Wassermann StPO § 97 Rn. 34.

[43] BVerfGE 108, 251 (267); *Schulze-Fielitz* in Dreier Rn. 15; → Art. 38 Rn. 115 mit Fn. 522.

[44] BVerfGE 108, 251 (267); *Schulze-Fielitz* in Dreier Rn. 15.

C. Kritische Würdigung

19 Art. 47 ist eine sinnvolle Schutzvorschrift zugunsten des Vertrauensverhältnisses zwischen Abgeordneten und möglichen Informanten. Die Abstützung durch das Beschlagnahmeverbot des Art. 47 S. 2 erweist sich indes angesichts immer weiter gehender heutiger technischer Möglichkeiten zur Ausforschung von Vertrauensverhältnissen immer wieder als zu eng, auch wenn die neuere Gesetzgebung dem Rechnung zu tragen bemüht ist (etwa § 160a StPO). Soweit neuere Schutzlücken erkennbar werden, ist eine analoge oder auch eine unmittelbare Anwendung des Art. 47 S. 2 erforderlich (→ Rn. 15).

Literatur

H. Bachmeier, Grenzen für Strafermittler im Parlament. Zum Urteil des Bundesverfassungsgerichts vom 30. Juli 2003, ZParl 35 (2004), 310. – ***H. U. Borchert,*** Der Abgeordnete im G 10-Verfahren, DÖV 1992, 58. – ***L. Brocker,*** Zum Zeugnisverweigerungsrecht und Beschlagnahmeprinzip bei Abgeordneten, DVBl. 2003, 131. – ***P. Dach,*** Zur Kontrolle von Abgeordnetenpost durch den Verfassungsschutz, ZRP 1992, 1. – ***A. Graf zu Dohna,*** Redefreiheit, Immunität und Zeugnisverweigerungsrecht, in W. Pauly/G. Anschütz/R. Thoma DtStaatsR I, 1930, 439. – ***R. Groß,*** Zeugnisverweigerungsrecht und Beschlagnahmeprivileg, AfP 12 (1965), 542. – ***A. Heitzer,*** Besteht ein Zeugnisverweigerungsrecht für den Gehilfen des Parlamentariers?, NJW 1952, 89. – ***W. Kahl/C. Waldhoff/C. Walter,*** Bonner Kommentar zum Grundgesetz, 178 Akt. 2016, Art. 47. – ***P. Nau,*** Beschlagnahme des Führerscheins und Blutentnahme bei Abgeordneten, NJW 1958, 1668. – ***C. Ohler,*** Verfassungsrechtliche Grenzen staatsanwaltschaftlicher Durchsuchungen im Bundestag, NVwZ 2004, 696. – ***K.-H. Rosen,*** Immunität und Durchsuchung, ZRP 1974, 80. – ***W. Sarstedt,*** Zeugnisverweigerungsrecht nicht Sache der Länder?, ZV+ZV 1965 (Nr. 25), 1170. – ***K. Schulte,*** Volksvertreter als Geheimnisträger, Zeugnisverweigerungsrecht und Verschwiegenheitspflicht des Abgeordneten des Deutschen Bundestages, 1987. – ***G. Werle,*** Schutz von Vertrauensverhältnissen bei der strafprozessualen Fernmeldeüberwachung, JZ 1991, 482. – ***D. Wiefelspütz,*** Das Zeugnisverweigerungsrecht des Abgeordneten – funktionsnotwendig für das Abgeordnetenmandat?, Der Staat 43 (2004), 543.

Art. 48 [Ansprüche der Abgeordneten]

(1) Wer sich um einen Sitz im Bundestage bewirbt, hat Anspruch auf den zur Vorbereitung seiner Wahl erforderlichen Urlaub.

(2) [1]Niemand darf gehindert werden, das Amt eines Abgeordneten zu übernehmen und auszuüben. [2]Eine Kündigung oder Entlassung aus diesem Grunde ist unzulässig.

(3) [1]Die Abgeordneten haben Anspruch auf eine angemessene, ihre Unabhängigkeit sichernde Entschädigung. [2]Sie haben das Recht der freien Benutzung aller staatlichen Verkehrsmittel. [3]Das Nähere regelt ein Bundesgesetz.

Weimarer Reichsverfassung von 1919

Art. 39. Beamte und Angehörige der Wehrmacht bedürfen zur Ausübung ihres Amtes als Mitglieder des Reichstags oder eines Landtags keines Urlaubs.

Bewerben sie sich um einen Sitz in diesen Körperschaften, so ist ihnen der zur Vorbereitung ihrer Wahl erforderliche Urlaub zu gewähren.

Art. 40. Die Mitglieder des Reichstags erhalten das Recht zur freien Fahrt auf allen deutschen Eisenbahnen sowie Entschädigung nach Maßgabe eines Reichsgesetzes.

Übersicht

A. Allgemeine Bedeutung

I. Genese

Art. 48 enthält weitere, den Status des Abgeordneten ausformende Rechte 1
des Abgeordneten. Diese sind durchaus sehr unterschiedlicher Art und auch

in ihrer Genese sehr unterschiedlicher Herkunft. Der Urlaubsanspruch des Abs. 1 hatte einen thematischen Vorläufer in Art. 21 RV 1871, wonach Beamte zum Eintritt in den Reichstag keines Urlaubs bedurften, eine Vorschrift, die in Art. 39 Abs. 1 WRV wiederkehrte und eher dem Schutz vor Benachteiligungen des heutigen Art. 48 Abs. 2 zuzuordnen ist. Insoweit brachte erst Art. 39 Abs. 2 WRV die eigentliche Neuerung, wonach den in Abs. 1 genannten Personen der Beamten und Angehörigen der Wehrmacht[1] der zur Vorbereitung der Wahl erforderliche Urlaub zu gewähren war. Diese Vorschrift wurde zunächst in Art. 62 Abs. 2 HChE übernommen, wonach derjenige, der sich um einen Sitz bewirbt, Anspruch auf den zur Vorbereitung der Wahl erforderlichen Urlaub hat. Der personelle Anwendungsbereich wurde auch im Parlamentarischen Rat nicht zuletzt vor dem Hintergrund schon bestehender Gewährungen in einzelnen Landesverfassungen also generalisiert.

2 Die Vorschrift des Art. 48 Abs. 2 hatte frühe Vorläufer im Reichswahlgesetz von 1849, wonach Personen, die ein öffentliches Amt bekleiden, zum Eintritt in das Volkshaus keines Urlaubs bedurften. Diese Vorschrift wurde dann von Art. 21 Abs. 1 RV 1871 aufgenommen (→ Rn. 1). Sie galt zunächst für Beamte und wurde durch Art. 39 Abs. 2 WRV auch auf Angehörige der Wehrmacht erweitert. Darüber hinaus bestimmte Art. 160 WRV, dass diejenigen, die in einem Dienst- oder Arbeitsverhältnis als Angestellter oder Arbeiter stehen, das Recht auf die zur Wahrnehmung staatsbürgerlicher Rechte und, soweit dadurch der Betrieb nicht erheblich geschädigt wird, zur Ausübung ihnen übertragener öffentlicher Ehrenämter nötige freie Zeit haben. Dies sollte sich freilich nicht auf die Erhaltung des betreffenden Arbeitsverhältnisses beziehen.[2] Ein allgemeines Benachteiligungs- oder Kündigungsverbot war in der WRV indes noch nicht vorgesehen. Art. 62 Abs. 1 HChE enthielt nur eine auf Angehörige des öffentlichen Dienstes bezogene Schutzvorschrift in Fortsetzung des Art. 39 Abs. 1 WRV. Diese wurde im Parlamentarischen Rat zu dem allgemeinen Benachteiligungs- und Kündigungsverbot des heutigen Art. 48 Abs. 2 formuliert, das seine einfachgesetzliche Ausformung in § 2 AbgG findet.

3 Die Diäten- oder Entschädigungsregelung des heutigen Art. 48 Abs. 3 hat sich aus einem Besoldungs- und Entschädigungsverbot des Art. 32 RV 1871 entwickelt. Danach durften die Mitglieder des Reichtages als solche keine Entschädigung beziehen. Das war eine Regelung zugunsten derjenigen Mandatsträger, deren wirtschaftliche Existenz ungeachtet einer Entschädigung gesichert war[3] und damit durchaus ein Unterlaufen der Allgemeinheit der Wahl. Allerdings hielt man es schon unter Geltung dieser Vorschrift für unschädlich, den Reichstagsmitgliedern während der Sitzungsperioden sowie acht Tage vor ihrem Beginn und nach Schluss derselben freie Fahrt mit den Staats- und Privatbahnen zu gewähren.[4] Art. 40 WRV ließ die Beschränkung auf die Sitzungsperioden fallen und sah zudem eine Entschädigung nach Maßgabe eines Reichsgesetzes vor, wich also auch insoweit von dem Besoldungs- und Entschädigungsverbot des Art. 32 WRV ab. Diese Regelung war als eine Aufwandsentschädigung für die Wahrnehmung eines Ehrenamtes zu

[1] Zu dem Personenkreis ausführlich *Anschütz* WRV Art. 39 Anm. 1 ff.
[2] Dazu RArbG JW 1932, 534.
[3] *Schulze-Fielitz* in Dreier Rn. 1, dort auch zur Diskussion im europäischen Kontext.
[4] Dazu *Laband,* Staatsrecht des Deutschen Reiches I, 1911, 363; zu weiteren Vorläufern *Austermann* in Austermann/Schmahl AbgG Vor § 11 Rn. 2.

verstehen.[5] Art. 63 HChE sah dann vor, dass Abgeordnete einen Anspruch auf eine angemessene Entschädigung haben, sowie das Recht zur freien Fahrt mit staatlichen Verkehrsmitteln. Mit geringfügigen Abweichungen wurde daraus der Art. 48 Abs. 3.

II. Inhaltsübersicht

Art. 48 enthält drei unterschiedliche Gewährleistungen, den Anspruch auf Urlaub zur Wahrvorbereitung, das Behinderungs- und Kündigungsverbot sowie den Alimentationsanspruch. Anders als in Art. 46 steht hier der **Bezug zum Art. 38 Abs. 1 S. 2** prägend im Vordergrund, während die Funktionsfähigkeit des Parlaments mitgesichert wird, ohne dass dieser Zweck für die Interpretation bestimmend würde. Die Regelung gewährt dem Abgeordneten subjektive Rechte, deren Verpflichtete nicht nur Träger staatlicher Gewalt, sondern auch Private sind. Insofern handelt es sich um im GG seltene Fälle ausdrücklicher und unmittelbarer Drittwirkung von Regelungen. Diese umfassen nicht nur Rechte auf Unterlassung von Einwirkungen auf den Abgeordneten bzw. Mandatsbewerber, sondern ebenfalls Rechte auf Leistungen gegenüber den Trägern staatlicher Gewalt wie gegenüber Privaten. 4

Die Rechte des Art. 48 verfolgen das Ziel, durch Unterlassungsansprüche und Leistungsrechte Mandatsbewerbung und -ausübung unter den Bedingungen eines Parlaments von **„Berufsabgeordneten“** so auszugestalten, dass nicht diejenigen von einem Mandat ausgeschlossen werden, die nicht frei über ihre Zeit, ihre Arbeitskraft und hinreichende finanzielle Ressourcen verfügen. Verhindert werden soll damit zugleich eine selektive Besetzung des Parlaments nach Maßgabe der Verfügung über die hinreichenden materiellen Voraussetzungen der Ausübung eines Abgeordnetenmandats. 5

III. Überstaatliche Bezüge

Nach § 3 EuAbgG besteht ein Schutz der Mandatsbewerber und der Mandatsausübung. Danach darf niemand gehindert werden, sich um ein Mandat im Europäischen Parlament zu bewerben, es anzunehmen oder auszuüben. Benachteiligungen, die im Zusammenhang damit stehen, sind unzulässig, ebenso eine Kündigung oder Entlassung aus diesem Grunde, ansonsten nur aus wichtigem Grund. § 4 EuAbgG sieht einen Urlaubsanspruch zur Vorbereitung der Wahl ohne Fortzahlung der Bezüge vor. 6

Im Abgeordnetenstatut des Europäischen Parlaments[6] sind die Bezüge der Abgeordneten geregelt. Danach haben sie einen Anspruch auf eine angemessene Entschädigung, ein Übergangsgeld nach Ende des Mandats und ein Ruhegehalt (Art. 9). Nach dem einheitlichen Abgeordnetenstatut von 2009 erhalten alle Mitglieder des Europäischen Parlaments die gleichen monatlichen Dienstbezüge. Die Grundbezüge sind auf 38,5 % der Grundbezüge eines Richters am Europäischen Gerichtshof festgelegt (Art. 1). Insofern entscheiden die Abgeordneten nicht selbst über ihr Gehalt. Die Dienstbezüge betragen seit dem 1. Juli 2019 8 932,86 EUR brutto. Diese Bezüge werden aus dem Haushalt des Parlaments bezahlt, unterliegen jedoch europäischen und ggf. auch nationalen Steuerregelungen (Art. 12 Abs. 1). Die Mitglieder des Europäischen Parlaments haben zudem Anspruch auf 7

[5] *Anschütz* WRV Art. 40 Anm. 2.
[6] Beschl. des Europäischen Parlaments v. 28.9.2005 (2005/684/EG, Euratom).

eine Altersrente nach Vollendung des 63. Lebensjahres, die 3,5 % der Dienstbezüge für jedes volle Jahr der Tätigkeit bis zu 70 % der Dienstbezüge beträgt (Art. 14 Abs. 2).[7]

B. Einzelheiten

I. Wer sich um einen Sitz im Bundestage bewirbt, hat Anspruch auf den zur Vorbereitung seiner Wahl erforderlichen Urlaub (Art. 48 Abs. 1)

8 Der Bewerber um ein Bundestagsmandat hat nach Art. 48 Abs. 1 einen **Urlaubsanspruch zur Wahlvorbereitung.** Sinn und Zweck dieser Vorschrift ist es, denjenigen, die sich in einem Beschäftigungsverhältnis befinden, in dem sie nicht frei über ihre Zeit verfügen können, also den abhängig Beschäftigten, einen Anspruch auf Gewährung der erforderlichen Vorbereitungszeit für die Mandatsbewerbung zu geben. Dies soll die Mandatsbewerbung auch aus diesen Kreisen der Bevölkerung ermöglichen und verdeutlicht das Anliegen der Verfassung, alle Bevölkerungsgruppen im Parlament zu repräsentieren (→ Rn. 5). Die Landesverfassungen enthalten nur zum Teil ähnliche Rechte (so Art. 29 Abs. 1 LV; Art. 23 Abs. 1 MVVerf; Art. 13 Abs. 1 NDSVerf; Art. 46 Abs. 2 S. 2 NRW Verf; Art. 96 Abs. 1 S. 1 RhPfVerf; Art. 84 S. 2 SVerf; Art. 56 Abs. 1 LSAVerf; Art. 42 Abs. 1 SaVerf; Art. 5 S. 1 SHVerf; Art. 51 Abs. 1 ThürVerf).

9 Den personellen Adressatenkreis und den zeitlichen Anwendungsbereich umschreibt Art. 48 Abs. 1 durch die Bewerbung für einen Sitz im Bundestag. **Bewerbung** umfasst dabei nicht schon jede mit einer möglichen zukünftigen Wahl zusammenhängende Aktivität, sondern erst eine solche, die hinreichend sichere Rückschlüsse auf die Ernsthaftigkeit des Anliegens in personeller und zeitlicher Hinsicht zulässt.[8] Insofern ist zwischen Bewerbern politischer Parteien und parteilosen Mandatsbewerbern zu unterscheiden. Bei ersteren dürften die Voraussetzungen jedenfalls dann erfüllt sein, wenn sie zum Kandidaten für die Wahl von den zuständigen Gremien der Partei gewählt worden sind. Für die Zeit davor wird dies in der Regel nicht gelten, weil es insofern um die Bewerbung als Kandidat einer Partei geht, die noch im Vorfeld des eigentlichen Schutzbereichs von Art. 48 Abs. 1 liegt.[9] Bei Parteilosen fehlt es an einer derart formalisierten Konkretisierung der personellen und zeitlichen Voraussetzungen. Hier reicht eine sich in der öffentlichen Darstellung niederschlagende Betätigung, die auf eine Mandatswerbung zielt, als Nachweis der Ernsthaftigkeit aus.[10] Auf die Wahlchancen kommt es für die Bestimmung der Ernsthaftigkeit nicht an.

10 Anspruchsberechtigt sind alle Beschäftigten, die in einem **persönlichen Abhängigkeitsverhältnis** stehen, nicht aber diejenigen, die zu einer Arbeits- bzw. Dienstleistung verpflichtet sind, ohne dass damit ein Abhängig-

[7] Zu dem Verbot der Doppelalimentation bei Anrechnung von Rentenansprüchen vgl. LSG Mainz Urt. v. 19.10.2016 – L 4 R 188/14, juris; LSG München Urt. v. 27.11.2014 – L 14 R 741/12, juris; LSG Celle Urt. v. 1.6.2017 – L 12 R 89/16, juris.

[8] *V. Arnim/Drysch* in BK Rn. 129; *Medding* VR 1990, 161.

[9] *Klein* in Maunz/Dürig Rn. 58; weiter dagegen *Schulze-Fielitz* in Dreier Rn. 10; *Storr* in MKS Rn. 1, die bereits die konkrete Aussicht auf einen Wahlvorschlag ausreichen lassen wollen.

[10] BVerwGE 44, 187; VG Köln DÖV 1972, 356 (357).

keitsverhältnis begründet wird. Anspruchsberechtigt sind Arbeitnehmer unabhängig von der Wirksamkeit des zugrundeliegenden Arbeitsvertrages, auch diejenigen Arbeitnehmer, die mitgliedschaftlich in einer religiösen Gemeinschaft, einem karitativen oder sonst ideell ausgerichteten Verband organisiert sind,[11] arbeitnehmerähnlich Beschäftigte (§ 12a TVG) sowie Beamte, Richter und Soldaten (§ 90 Abs. 2 BBG, § 36 Abs. 1 DRiG, §§ 25 Abs. 1, 28 Abs. 6 SG).

Nicht umfasst vom Kreis der Anspruchsberechtigten sind dagegen die Selbständigen,[12] Werkvertragsverpflichtete nach §§ 631 ff. BGB, Arbeitssuchende, für die eine Arbeitsgelegenheit geschaffen worden ist (§ 16 Abs. 3 S. 2 Hs. 2 SGB II)[13] sowie Strafgefangene und Untersuchungshäftlinge. Art. 48 Abs. 1 bezieht sich allein auf den Schutz derer, die in Abhängigkeitsverhältnissen ihrer Erwerbssicherung nachgehen, trifft aber zur Frage der Hinderung der Wahlvorbereitung aus anderen Gründen keine Aussage, auch wenn im Rahmen dieser Hinderungsgründe eine abhängige Beschäftigung ausgeübt wird.[14] Eine Beurlaubung des Strafgefangenen könnte daher auch nur die Freistellung von seiner Arbeitsverpflichtung umfassen, nicht aber die Aufhebung der übrigen Freiheitshindernisse bewirken,[15] die einer wirksamen Mandatswerbung entgegenstehen. Andernfalls würde die Arbeitspflicht zum Vehikel der Aufhebung dieser Freiheitshindernisse. Das ist nicht Sinn des Art. 48 Abs. 1; die Behinderung der Wahlbewerbung kann allenfalls iRd Art. 48 Abs. 2 Berücksichtigung finden (→ Rn. 17). 11

Anspruchsverpflichtet aus Art. 48 Abs. 1 ist die öffentliche Gewalt als Dienstherr sowie jedermann, der Mandatsbewerber in abhängiger Position beschäftigt.[16] 12

Inhalt des Anspruchs ist der zur Vorbereitung der Wahl erforderliche Urlaub. Die Freistellung von der Verpflichtung zur Arbeit ist begrenzt durch den Zweck der Wahlvorbereitung und die Erforderlichkeit ihrer Gewährung. Ersteres schließt es aus, dass der Mandatsbewerber die Zeit beliebig nutzt; sie bleibt zweckgebunden für Handlungen zur Vorbereitung der Wahl. Zeitlich ist damit zugleich eine Eingrenzung auf die Zeit nach Anordnung der Wahl bis hin zur Eröffnung der Wahlhandlung bewirkt.[17] Zu gewähren ist allein der erforderliche Urlaub. Dieser lässt sich allerdings ohne Typisierungen nicht bestimmen, soll nicht der Umfang des Anspruchs allein von den Einschätzungen des Mandatsbewerbers über das für seinen Wahlkampf Erforderliche abhängen. Allgemein wird ein Zeitraum von vier Wochen als **Mindestdauer** eines angemessenen Urlaubs angesehen, die **Höchstdauer** liegt bei zwei Monaten (vgl. § 90 Abs. 2 BBG § 36 Abs. 1 DRiG, § 28 Abs. 6 SG, § 3 S. 1 AbgG). Von seinem Inhalt umfasst er nur den Anspruch auf Freistellung, nicht aber den Anspruch auf Lohnfortzahlung.[18] Dies würde die Kosten der Wahlvorbereitung, die nicht nur solche des individuellen Wahl- 13

---

[11] *Storr* in MKS Rn. 6; *Butzer* in BeckOK GG Rn. 2.1.

[12] *Butzer* in BeckOK GG Rn. 2.1; krit. *Welti*, Die soziale Sicherung, 1998, 104 ff., 130 f.

[13] Krit. *Welti*, Die soziale Sicherung, 1998, 131 zur Nichterfassung von Sozialhilfeempfängern, wenn sie Arbeit verrichten (vgl. früher § 19 Abs. 3 BSHG).

[14] BVerfG NVwZ 1982, 96; iE auch *v. Arnim/Drysch* in BK Rn. 127; *Medding* VR 1990, 161 (163).

[15] IE *Welti*, Die soziale Sicherung, 1998, 131, Hafturlaub nur im Rahmen des Strafvollzugsrechts.

[16] *Storr* in MKS Rn. 10.

[17] *Medding* VR 1990, 161 (164 f.); *Storr* in MKS Rn. 11.

[18] *Butzer* in BeckOK GG Rn. 3; krit. *Welti* ArbuR 1998, 345 (346).

werbers, sondern zugleich Kosten im Interesse der Allgemeinheit darstellen, einseitig auf einzelne Arbeitgeber abwälzen und damit eine entschädigungslose Aufopferung begründen. Auch eine Erstattung durch den Staat empfiehlt sich schon aus Gründen der Missbrauchsvermeidung nicht. Im Übrigen ist es dem Wahlwerber angesichts der ohnehin nur kurzen Zeit der Wahlwerbung zuzumuten, die Kosten zu tragen.

14 Über den Wortlaut des Art. 48 Abs. 1 hinaus wird dieser als Ausdruck eines allgemeinen Behinderungs- und Benachteiligungsverbots des Mandatsbewerbers durch den Arbeitgeber verstanden.[19] Dieses allerdings lässt sich systematisch besser als Erweiterung des Art. 48 Abs. 2 entwickeln (→ Rn. 19).

15 Nach dem klaren Wortlaut beinhaltet Art. 48 Abs. 1 nicht unmittelbar die Gewährung des Urlaubs, sondern nur einen Anspruch auf diesen. Der Mandatsbewerber muss also im Weigerungsfalle den Urlaub – ggf. im Wege einstweiligen Rechtsschutzes – gerichtlich nach Maßgabe der in Betracht kommenden Prozessordnungen durchsetzen.[20]

II. Niemand darf gehindert werden, das Amt eines Abgeordneten zu übernehmen und auszuüben. Eine Kündigung oder Entlassung aus diesem Grunde ist unzulässig (Art. 48 Abs. 2)

16 Art. 48 Abs. 2 enthält den Anspruch auf **ungehinderte Mandatsübernahme und -ausübung,** der in engem Zusammenhang mit Art. 38 Abs. 1 steht und die Freiheit der Wahl und der Abgeordneten sichert.[21] Berechtigte dieses Anspruchs sind die Abgeordneten des Bundestages und diejenigen, die als solche gewählt sind, das Mandat aber noch nicht angenommen haben. Erweiternd wird man das Behinderungsverbot **zeitlich vorwirken** lassen auf diejenigen, die zwar noch nicht gewählt sind, sich aber um ein Mandat bewerben.[22] Diese Interpretation ist bei einem weiten Verständnis mit dem Wortlaut der Vorschrift vereinbar und vom Sinn und Zweck her geboten.[23] Sinn und Zweck begründen zudem eine begrenzte **Nachwirkung** über das Ende des Abgeordnetenmandats hinaus, die nicht notwendig auf die Frist des § 2 Abs. 3 S. 4 AbgG begrenzt bleiben muss.[24] Für § 3 Abs. 3 S. 4 EuAbgG nimmt das BAG an, dass der Kündigungsschutz bei einem erfolglosen Mandatsbewerber mit der Feststellung des Ergebnisses der Wahl ende.[25] Diese enge Auslegung des Wortlauts, wonach der Schutz ein Jahr nach *Beendigung des Mandats* ende, lässt sich schwerlich damit vereinbaren, dass die Vorschrift eben auch Mandatsbewerber schützt und diese auch vor mittelbaren und faktischen Benachteiligungen (→ Rn. 9).

17 Entscheidend für den Anwendungsbereich der Norm ist die Beantwortung der Frage, wann eine **Hinderung** im Sinne dieser Vorschrift vorliegt. Dabei kann nicht jede faktische oder normative Erschwerung der Mandatsübernahme und -ausübung schon dem Normbereich dieser Vorschrift subsumiert

[19] *Storr* in MKS Rn. 14 ff.

[20] Einzelheiten bei *Medding* VR 1990, 161 (167); *Storr* in MKS Rn. 19 ff.

[21] Zur historischen Entwicklung ausf. *Feuchte* AöR 1986, 325 (326 ff.); *Welti,* Die soziale Sicherung, 1998, 92 ff.

[22] So auch *Klein* in Maunz/Dürig Rn. 75 f.; *Schneider* in AK Rn. 6 f.; *Storr* in MKS Rn. 27.

[23] LAG Frankfurt NJW 1976, 1655 f.; *Medding* DÖV 1991, 494 (495); *Schulze-Fielitz* in Dreier Rn. 14.

[24] *Klein* in Maunz/Dürig Rn. 77; *Schulze-Fielitz* in Dreier Rn. 14; *Butzer* in BeckOK GG Rn. 7.

[25] BAGE 159, 140.

werden, wenn man diesen Tatbestand nicht ins Uferlose ausweiten möchte mit der absehbaren Folge einer Relativierung durch abwägend zur Geltung zu bringende Gegenrechte. Sicherlich umfasst sind **unmittelbare normative Eingriffe** in den Garantiegehalt, die darauf gerichtet sind, die Mandatsübernahme und -ausübung zu verhindern oder zu erschweren. Darüber hinaus kann fraglich sein, ob auch **mittelbare** und **faktische Eingriffe** dem Normbereich unterfallen. Die Rechtsprechung stellt eher restriktiv darauf ab, ob eine Maßnahme unmittelbar darauf zielt, die Übernahme oder die Ausübung des Mandats zu verhindern oder zu erschweren.[26] Als Begründung dient hier die Fassung des Normtextes, der es sprachlich nahe legen soll, nur das transitive Hindern zu untersagen.[27] Allerdings schränkt die Absichtsformel den Anwendungsbereich der Vorschrift zu stark ein.[28] Die vom BVerfG[29] genannten Beispiele sind wenig geeignet, diese Einschränkungsnotwendigkeit zu erhärten, da sie vor allem Erschwerungen betreffen, die sich aus der Übernahme des Amtes als solche ergeben; dagegen schützt Art. 48 Abs. 2 zweifellos nicht.[30] Auch ist die sprachliche Fassung alles andere als zwingend in dem vom BVerfG angenommenen Sinne. Der Grund für eine einschränkende Interpretation liegt nicht zuletzt in der Erweiterung der Abgeordnetenentschädigung nach Art. 48 Abs. 3 seit dem 1. Diätenurteil,[31] die in der Tendenz einen Wandel des Abgeordnetenmandats hin zu einer Vollbeschäftigung und einer ihr entsprechenden vollen Alimentation signalisiert. Richtig ist insofern, dass die durch die Entschädigung nach Art. 48 Abs. 3 abgegoltenen Risiken der Abgeordnetentätigkeit nicht zusätzlich als Hinderungsgründe in Art. 48 Abs. 2 interpretiert werden können, ohne den Abgeordneten unangemessen zu privilegieren.[32] Berücksichtigt man den auch historisch abgesicherten Sinn und Zweck des Art. 48 Abs. 2, zu verhindern, dass bestimmte Berufsgruppen und Personen an der Mandatsübernahme etwa durch eine nachteilige Gestaltung ihrer beruflichen Beziehungen gehindert werden,[33] dann lassen sich durchaus Grundsätze für eine sachgerechte, über die Absichtsformel hinausreichende Interpretation finden. Eine Hinderung im Sinne dieser Vorschrift liegt dann vor, wenn **vernünftige, nicht diskriminierende Gründe** für eine getroffene Regelung oder Maßnahme fehlen.[34] Damit lässt sich hinreichend der Gefahr Rechnung tragen, dass durch die Gestaltung der Handlungsvoraussetzungen der Mandatsbewerber, in erheblicher Weise steuernd auf den Kreis der (potentiellen) Mandatsträger eingewirkt werden

---

[26] BVerfGE 40, 296; 42, 312 (329); BVerwGE 86, 211 (216); 76, 157 (170); 73, 263 (282); 86, 99 (118); 86, 211 (216); BSG MDR 1990, 471; OVG Münster NVwZ-RR 1989, 375; BGHZ 94, 248 (251); der Rspr. folgend *Jekewitz* GA 1981, 433 (441); *Feuchte* AöR 1986, 325 (358); *Medding* DÖV 1991, 494 (498 f.).

[27] BVerfGE 42, 312 (329), dem folgend LSG München Urt. v. 4.12.2018 – L 9 EG 12/17, juris Rn. 74 f.

[28] IdS *v. Arnim/Drysch* in BK Rn. 139 und 146 ff.; *Kühne* ZParl 1986, 347; *Schneider* in AK Rn. 6; *Welti,* Die soziale Sicherung, 1998, 110 ff.

[29] BVerfGE 42, 312 (329).

[30] VGH München Urt. v. 19.11.2008 – 15 B 08.2040, Rn. 32 f., bzgl. einer fiktiven Nachzeichnung des Werdegangs eines Beamten bei dienstlichen Beurteilungen.

[31] BVerfGE 40, 296.

[32] *V. Arnim/Drysch* in BK Rn. 143.

[33] *Kühne* ZParl 1986, 347 (350 f.).

[34] Zust. zum Diskriminierungsverbot *Klein* in Maunz/Dürig Rn. 88; vgl. *v. Arnim/Drysch* in BK Rn. 144 f.; *Kühne* ZParl 1986, 347 (350 f.); *Schulze-Fielitz* in Dreier Rn. 15; *Butzer* in BeckOK GG Rn. 9.3; so auch, freilich auf die Absichtsformel des BVerfG zielend, *Feuchte* AöR 1986, 325 (349 ff.).

kann. So liegt etwa eine Hinderung im Sinne dieser Vorschrift nicht vor, wenn dem Strafgefangenen Ausgang und Urlaub zur Ausübung des passiven Wahlrechts wegen Fluchtgefahr versagt werden.[35] Ebenso wenig liegt in einem beamtenrechtlichen Disziplinarverfahren gegen einen Abgeordneten wegen mangelnder Verfassungstreue eine Hinderung, da hierfür eine verfassungsrechtliche Legitimationsgrundlage (Art. 33 Abs. 2, 4 und 5)[36] besteht.[37] Ebenso folgt aus Art. 48 Abs. 2 kein Anspruch auf eine fiktive Fortschreibung der letzten Leistungsbeurteilung eines Beamten, wenn ein erheblicher Zeitraum zwischen der letzten Beurteilung und dem fiktiven Fortschreibungsstichtag liegt.[38]

18 **Kündigung** und **Entlassung** sind die in Art. 48 Abs. 2 genannten Beispiele für eine Hinderung, ohne dass beide genau voneinander getrennt werden können. Umfasst sind damit nicht nur Kündigungen abhängiger Beschäftigter, sondern ebenfalls von denjenigen, die als **freiberuflich Tätige** ihre Berufstätigkeit in Gemeinschaft mit anderen ausüben.[39] Damit wird **nicht jede Kündigung** ausgeschlossen, sondern nur eine solche aus „diesem Grunde", nämlich der Bewerbung um ein Mandat und der Annahme sowie der Ausübung eines Mandats.[40] Art. 48 Abs. 2 limitiert also die Gründe, die eine Entlassung oder Kündigung ermöglichen, hindert aber nicht die Kündigung und Entlassung als solches. Er schließt diejenigen Gründe aus, die in diskriminierender Weise in dem Abgeordnetenmandat wurzeln,[41] und bezieht auch die mittelbaren Folgen ein, die sich für den Arbeitgeber und Dienstherrn aus der Mandatsübernahme ergeben.[42] Soll etwa dem Arbeitnehmer aus dringenden betrieblichen Gründen gekündigt werden, so wirkt sich Art. 48 Abs. 2 dahingehend aus, dass bei der Auswahl nach § 1 Abs. 3 KSchG die Abgeordnetentätigkeit und ihre Folgen nicht zum Nachteil des Abgeordneten berücksichtigt werden dürfen.[43] § 2 Abs. 3 AbgG geht noch darüber hinaus, indem er Kündigungen nur noch aus wichtigem Grund zulässt und erstreckt den Schutz auch über die Zeit der Innehabung des Mandats hinaus. Damit wird den Beweisschwierigkeiten durch eine Typisierung der zugelassenen Gründe und durch zeitliche Nachwirkung Rechnung getragen (→ Rn. 16). Eine vergleichbare Regelung findet sich für Mitglieder des Betriebsrats und der Personalvertretung, so dass insofern eine Privilegierung des Abgeordneten nicht vorliegt.

19 Über diese Regelung hinaus wird Art. 48 Abs. 2 ein **Benachteiligungsverbot** des Inhalts entnommen, dass jede Schlechterstellung, die nicht aus sachlichen oder in der Person des Betreffenden liegenden Gründen gerechtfertigt werden kann, sondern in der parlamentarischen Betätigung ihren Grund hat, unzulässig ist. Dies betrifft etwa die Zuweisung weniger angeneh-

[35] BVerfG NVwZ 1982, 96.
[36] Allg. *Trute* in AK Art. 33 Rn. 48 ff.
[37] IE insoweit zutr. daher BVerwGE 86, 99 (118).
[38] BVerwG Urt. v. 16.12.2010 – 2 C 11/09, juris Rn. 14 f.
[39] AA für Art. 17 Abs. 2 S. 1 NDSVerf BGHZ 94, 248; *Feuchte* AöR 1986, 325 (349 ff.); krit. *Kühne* ZParl 1986, 347; wie hier wohl *v. Arnim/Drysch* in BK Rn. 137; *Schneider* in AK Rn. 6; *Welti,* Die soziale Sicherung, 1998, 104 ff.
[40] Vgl. *ESTL* in FESTL BetrVG, 28. Auflage 2016, § 78 Rn. 21; *Spoerhase,* Probleme des grundgesetzlichen Verbots der Abgeordnetenbehinderung, 1980, 120; *Butzer* in BeckOK GG Rn. 12.
[41] Zust. *Klein* in Maunz/Dürig Rn. 102.
[42] *Medding* DÖV 1991, 494 (499); *Storr* in MKS Rn. 32.
[43] *Medding* DÖV 1991, 494 (499).

mer Arbeiten, die Versetzung an einen anderen Dienstort, behindernde Arbeitszeiteinteilung oder Ausschluss von Aufstiegsmöglichkeiten.[44] Keine unzulässige Benachteiligung iSd Art. 48 Abs. 2 stellt nach der Rechtsprechung des BVerfG[45] die Vorschrift des § 44a Abs. 1 AbgG dar, die berufliche Tätigkeiten neben dem Mandat zwar zulässt, aber verlangt, dass die Ausübung des Mandats für den Abgeordneten im Mittelpunkt steht. Dies folgt nach der Auffassung des BVerfG daraus, dass eine mit Art. 38 Abs. 1 S. 2 zu vereinbarende Regelung der Pflichtenstellung des Abgeordneten[46] schon deshalb keine nach Art. 48 Abs. 2 unzulässige Behinderung sein könne, weil Art. 48 Abs. 2 lediglich eine Art. 38 Abs. 1 ergänzende Vorschrift zur Sicherung des passiven Wahlrechts und des freien Mandats darstelle, aber keine normative Aussage zu diesem selbst enthalte.[47] Dem ist zuzustimmen.

Das Behinderungsverbot gibt verfassungsunmittelbar einen **Unterlassungsanspruch** gegenüber dem Staat und Privaten, hat also unmittelbare Drittwirkung in privatrechtlichen Beziehungen. Absprachen, Maßnahmen oder Willenserklärungen, die gegen Art. 48 Abs. 2 verstoßen, sind daher gem. § 134 BGB **nichtig.**[48] Art. 48 Abs. 2 ist ein Schutzgesetz iSv § 823 Abs. 2 BGB.[49] Keinen Verstoß gegen Art. 48 Abs. 2 S. 2 stellen die Vorschriften über die Unvereinbarkeit von Amt und Mandat dar, soweit sie ihre Rechtsgrundlage unmittelbar in der Verfassung haben[50] oder mittelbar wie in Art. 137 Abs. 1; Gleiches gilt für gesetzliche Ausgestaltungen des Wahlrechts und der Wählbarkeit nach Art. 38 Abs. 2[51] und bei Unvereinbarkeitsbestimmungen für mehrere Mandate.[52] Auch für kirchengesetzliche Inkompatibilitätsvorschriften gibt das GG in Art. 140 iVm Art. 137 Abs. 3 WRV eine zureichende Rechtfertigung.[53] 20

III. Die Abgeordneten haben einen Anspruch auf eine angemessene, ihre Unabhängigkeit sichernde Entschädigung. Sie haben das Recht der freien Benutzung aller staatlichen Verkehrsmittel. Das Nähere regelt ein Bundesgesetz (Art. 48 Abs. 3)

1. Die Abgeordneten haben Anspruch auf eine angemessene, ihre Unabhängigkeit sichernde Entschädigung (S. 1). Art. 48 Abs. 3 gewährt dem Abgeordneten den Leistungsanspruch auf eine angemessene Entschädigung. Diese Regelung trägt dem **Wandel** der Stellung der Volksvertretung ebenso wie den Realbedingungen der Mandatsausübung Rechnung und steht damit in einem engen Zusammenhang mit den Staatsstrukturprinzipien der Demokratie und des Sozialstaats.[54] Als essentieller Bestandteil des demokratischen Prinzips soll Art. 48 Abs. 3 S. 1 über die Homogenitätsklau- 21

[44] *Medding* DÖV 1991, 494 (500); *Schneider* in AK Rn. 8; *Storr* in MKS Rn. 39.
[45] BVerfGE 118, 277 (323 ff.; abw. Begründung 338 ff.).
[46] → Art. 38 Rn. 107.
[47] BVerfGE 118, 277 (334); *Klein* in Maunz/Dürig Rn. 22, der Art. 48 als Ausführungsvorschrift zu Art. 38 Abs. 1 bezeichnet.
[48] AllgA., BGHZ 43, 384 (387); *Pieroth* in Jarass/Pieroth Rn. 5; *Schneider* in AK Rn. 8; *Schulze-Fielitz* in Dreier Rn. 18; *Klein* in Maunz/Dürig Rn. 109.
[49] Zur Durchsetzung und Beweislast vgl. *Storr* in MKS Rn. 43 ff.
[50] BVerfGE 42, 312 (326).
[51] *Schneider* in AK Rn. 9.
[52] *V. Arnim/Drysch* in BK Rn. 150 ff.; *Schneider* in AK Rn. 9.
[53] Vgl. *Klein* in Maunz/Dürig Rn. 93 zutr. krit. zur Heranziehung von Art. 137 Abs. 1 durch BVerfGE 42, 312 (330 ff.).
[54] Ausf. *v. Arnim/Drysch* in BK Rn. 119 f.

sel des Art. 28 Abs. 1 auch auf die Mitglieder von Landesparlamenten Anwendung finden.[55] Indes beschreibt Art. 28 Abs. 1 S. 1 den Umfang der Bindung, die daher nur soweit reichen kann, wie Art. 48 Abs. 3 S. 1 unverzichtbarer Kern des demokratischen Prinzips ist.[56] Davon geht jetzt auch das BVerfG[57] aus, freilich nur im Grundsatz und nicht ohne sogleich – unter Verstoß gegen eben diese Grundlagen – detaillierte Anforderungen für eine längst nicht mehr in Kraft befindliche Vorläufige Landessatzung für das Land Thüringen zu entwickeln.[58] Demgegenüber ist darauf zu bestehen, dass allein Art. 28 Abs. 1 den relevanten bundesverfassungsrechtlichen Maßstab bestimmt, der Spielraum für die Länder und ihre Verfassungsgerichte also durchaus weiter ist, als das BVerfG meint annehmen zu sollen. Für Landtagsabgeordnete finden sich mit Nuancen im Einzelnen entsprechende Vorschriften in fast allen Landesverfassungen (so Art. 40 S. 1 LV; Art. 31 BV; Art. 53 BLNVerf; Art. 60 BbgVerf; Art. 82 Abs. 2 BremVerf; Art. 13 Abs. 1 Hmb Verf; Art. 98 Abs. 1 S. 1 HV; Art. 22 Abs. 3 MVVerf; Art. 13 Abs. 3 NDSVerf; Art. 50 S. 1 NRW Verf; Art. 97 Abs. 1 RhPfVerf; Art. 42 Abs. 3 S. 1 SaVerf; Art. 56 Abs. 5 LSAVerf; Art. 17 Abs. 3 SHVerf; Art. 54 Abs. 1 ThürVerf).

22 **Leitbild** des Abgeordneten war in der verfassungsgeschichtlichen Entwicklung zunächst der **ehrenamtlich tätige Mandatsträger,** der seine wirtschaftliche Existenz außerhalb seiner parlamentarischen Tätigkeit sichern konnte und musste. Ihm stand allenfalls eine Aufwandsentschädigung zu, die Tagegeld **(„Diäten")** und Reisekosten umfasste.[59] Die damit verbundenen Selektionseffekte für die Zusammensetzung waren durchaus willkommenes „Korrektiv gegen das allgemeine Wahlrecht".[60] Normativ blieb zunächst das allgemeine Besoldungsverbot des Art. 32 RV 1871 erhalten; es prägte später noch die Interpretation von Art. 40 WRV und – vermittelt hierüber – Art. 48 Abs. 3.[61] Indes erodierten mit der Entwicklung zur **egalitären Demokratie** normativ – und mit der Ausweitung der Parlamentsaufgaben und der Erfordernisse ihrer Wahrnehmung auch faktisch – die Voraussetzungen der ehrenamtlichen Tätigkeit der Abgeordneten. Konsequenz dieser Entwicklung ist der Anspruch auf eine angemessene Entschädigung aller Abgeordneten, der zwar in der Wortwahl mit dem Begriff der Entschädigung noch auf die verfassungsgeschichtliche Entwicklung zurückweist, zugleich aber über die Angemessenheit offen ist dafür, den Realbedingungen Rechnung zu tragen.[62]

23 Die Regelung des Art. 48 Abs. 3 ist nicht nur ein wichtiges Element der materiellen Statussicherung der Abgeordneten, die diese zugleich in den Stand versetzt, ihre Aufgaben der Stellung des Parlaments entsprechend wahrzunehmen, vielmehr bestehen wichtige Verbindungen zu Art. 38 Abs. 1, indem die unabhängige Mandatswahrnehmung durch einen normativ gesicherten Anspruch auf angemessene Sicherung unterstützt wird. Sie wirkt auf

---

[55] BVerfGE 40, 296 (319).
[56] ThürVerfGH NVwZ-RR 1999, 282 (283 ff.).
[57] BVerfGE 102, 224 (234 f.).
[58] Krit. zu den anderen kompetenziellen Aussagen des Urteils zu Recht *Menzel* ThürVBl. 2001, 6.
[59] *V. Arnim/Drysch* in BK Rn. 156 ff.
[60] *Hatschek,* Das Parlamentsrecht des Deutschen Reiches, Teil 1, 1915, 610 f.; vgl. dazu → Rn. 5.
[61] Ausf. *Butzer,* Diäten und Freifahrt im Deutschen Reichstag, 1999.
[62] Zur Entwicklung ausf. *v. Arnim/Drysch* in BK Rn. 35 ff.; *Butzer,* Diäten und Freifahrt im Deutschen Reichstag, 1999, 413 ff., 427 ff.; *Klein* in Maunz/Dürig Rn. 110 ff.

die Freiheit und Gleichheit des passiven Wahlrechts (Art. 38 Abs. 1 S. 1) für alle hin und dient der repräsentativen Zusammensetzung des Parlaments.[63] Ihre sozialstaatliche Komponente zeigt sich darin, dass sie das passive Wahlrecht für diejenigen annehmbar macht, die ansonsten nicht in der Lage wären, ein Mandat wahrzunehmen.

Diese systematischen verfassungsrechtlichen Bezüge wirken darauf ein, was als **angemessen** iSd Art. 48 Abs. 3 gelten kann. Freiheit, Gleichheit, Öffentlichkeit[64] sind die normativen Leitlinien einer Interpretation des Art. 48 Abs. 3, die indes nur einen äußersten Rahmen umschreiben, der dem Parlament eine erhebliche Gestaltungsfreiheit bei dem belässt, was es als angemessen ansehen will. Die Schwierigkeiten einer rechtlichen Beurteilung der Angemessenheit liegen nicht zuletzt in der singulären Position des Abgeordneten, die einfache Vergleiche mit anderen (staatlichen) Berufsbildern ausschließt.[65] Innerhalb des noch darzustellenden normativen Rahmens verbleibt daher ein großer Spielraum politischer Entscheidungen über die Angemessenheit. 24

Das Parlament soll das Volk über die gewählten Abgeordneten **repräsentieren,** dh in seiner Zusammensetzung die Gewähr dafür bieten, dass alle wesentlichen Gruppen, Interessen und Gesichtspunkte im parlamentarischen Prozess zur Geltung kommen können. Zugleich enthält Art. 38 Abs. 1 S. 1 den Grundsatz chancengleicher Ausübung des Mandats. Für die Ausgestaltung des Status des Abgeordneten folgt daraus, dass dieser **nicht** so gefasst werden darf, dass bestimmte Interessen, Gruppen und Gesichtspunkte **ausgegrenzt** werden. Für die Abgeordnetenentschädigung hat dies zur Folge, dass sie vom Leistungsumfang und der Höhe so bemessen sein muss, dass es im Grundsatz jedermann möglich ist, unabhängig von Geschlecht, Beruf, Lebenssituation und Alter, die Tätigkeit eines Abgeordneten auszuüben. Die Diäten dürfen daher nicht so geregelt werden, dass sie – wenn auch nur mittelbar – den Prozess der Repräsentation und der Kandidatenauswahl steuern. Insofern haben sie auch gewisse **Nachwirkungen** auf die Zeit nach Aufgabe bzw. Verlust des Mandats. Denn wer nach dem Abgeordnetenmandat mit einer ungewissen beruflichen Zukunft rechnen muss, wird sich entweder nicht bereitfinden, ein solches Amt zu übernehmen oder aber eher geneigt sein, während der Tätigkeit und durch diese begünstigt, Interessenbindungen einzugehen, die ihm die berufliche Zukunft sichern.[66] 25

Zweite normative Rahmenbedingung der Abgeordnetenentschädigung ist das **freie Mandat.** Die Abgeordneten sind nach Art. 38 Abs. 1 S. 2 an Aufträge und Weisungen nicht gebunden und nur ihrem Gewissen unterworfen. Dies aufnehmend konkretisiert Art. 48 Abs. 3 S. 1 die Angemessenheit der Entschädigung dahingehend, dass sie die Unabhängigkeit sichern soll. Die wirtschaftliche Existenz und die Handlungsmöglichkeiten des Abgeordneten müssen so beschaffen sein, dass durch die Knappheit der Ressourcen kein Zwang zur Eingehung finanziell entlastender **Interessenbindungen** ent- 26

[63] Zu Recht betont *Klein* in Maunz/Dürig Rn. 113ff. die Sicherungsfunktion der Alimentation für den Abgeordnete.

[64] *Häberle* NJW 1976, 537.

[65] Ähnlich *Schulze-Fielitz* in Dreier Rn. 23.

[66] Vgl. Bericht der unabhängigen Persönlichkeiten über die Beratung der Präsidentin bei der Überprüfung der für die Mitglieder des Deutschen Bundestages bestehenden materiellen Regelungen und Bestimmungen, BT-Drs. 11/7398, 6.

steht. Der gleiche Gedanke kommt letztlich in Art. 48 Abs. 2 S. 1 zum Ausdruck.[67] Zur Sicherung der Unabhängigkeit gehört indes nicht nur positiv die Leistung des Staates, sondern auch negativ die Verhinderung von abhängigkeitsbegründenden Zuwendungen Dritter,[68] ohne allerdings damit die Begründung und Fortführung eines Berufs neben der Abgeordnetentätigkeit zu inhibieren (→ Rn. 28). Erzielt der Abgeordnete Einkünfte, die ganz oder teilweise ohne die in Beruf und Gewerbe übliche Gegenleistung gewährt werden, können Abhängigkeiten entstehen.[69] In diesen Fällen steht als Gegenleistung der Versuch einer für den Geldgeber günstigen Einflussnahme auf die politischen Entscheidungsprozesse jedenfalls unausgesprochen im Raum.[70] Einkünfte, die nicht mit beruflichen oder gewerblichen Gegenleistungen korrespondieren, sind daher mit dem unabhängigen Status des Abgeordneten unvereinbar[71] (vgl. § 44a Abs. 2 S. 2 u. 3 AbgG). Die Entgegennahme von Spenden ist jedoch gem. § 44a Abs. 2 S. 4 AbgG zulässig.[72]

27 Für die Bemessung sind zudem die realen Ausübungsvoraussetzungen der Abgeordnetentätigkeit zu berücksichtigen.[73] Unter den Bedingungen einer modernen Industriegesellschaft verlangt die Abgeordnetentätigkeit ein hohes Maß an Professionalisierung und fachlicher Spezialisierung, mit der Folge, dass das Amt des Abgeordneten jedenfalls auf Bundesebene kaum in ehrenamtlicher Nebentätigkeit wahrgenommen werden kann; darüber hinaus erfordert es die fachliche Unterstützung durch hinreichend qualifiziertes Personal.[74] Anders können weder der Abgeordnete noch das Parlament auf Dauer ihrer Stellung in der Gewaltenteilung des Grundgesetzes Rechnung tragen. Diese Veränderungen des Tätigkeitsbildes der Abgeordneten zumindest im Bundestag erfordern es, das **Mandat als Beruf** anzusehen, wenn auch nicht notwendig als Vollzeitbeschäftigung des Mandatsträgers. Der Einordnung des Mandats als Beruf entspricht auch § 44a Abs. 1 AbgG, der berufliche Tätigkeiten neben dem Mandat zwar zulässt, aber verlangt, dass die Ausübung des Mandats für den Abgeordneten im Mittelpunkt steht.[75] Aus der Entschädigung für einen besonderen, mit dem Mandat verbundenen Aufwand ist daher auf Bundesebene eine weitgehende Sicherung der Existenz- und Handlungsvoraussetzungen geworden. Dies ist der richtige Kern, den das BVerfG im 1. Diätenurteil[76] missverständlich[77] als sog. Vollalimentation bezeichnet.

28 Auch wenn diese Begrifflichkeit Assoziationen zur Beamtenbesoldung heraufbeschwört, ist damit eine **„Vollalimentation"** von Verfassung wegen

---

[67] Vgl. BT-Drs. 11/7398, 6.

[68] *Pohl* ZParl 1995, 385.

[69] BVerfGE 118, 277 (386).

[70] BVerfGE 118, 277 (386).

[71] BVerfGE 118, 277 (386); 40, 296 (319); *v. Arnim* DÖV 2007, 897 (904); NVwZ 2007, 1246 (1248); BT-Drs. 15/5671, 4; *Käß* VerwArch 2010, 457.

[72] Für ein Verbot von Direktspenden an Abgeordnete *v. Arnim* DÖV 2007, 897 (906); *v. Armin* NVwZ 2007, 1246 (1249); zu Spenden an Abgeordnete allg. auch *Austermann* ZParl 2010, 527; *Raue* in Austermann/Schmahl AbgG § 44a Rn. 49 ff.; *Helmes,* Spenden an politische Parteien und an Abgeordnete des Deutschen Bundestages, 2014.

[73] BayVerfGH DVBl. 1983, 706 (707).

[74] Ausf. nachgezeichnet in BVerfGE 40, 296 (310 ff.); BayVerfGH DVBl. 1983, 706 (707 ff.).

[75] Zur Verfassungsmäßigkeit dieser sog. Mittelpunktsregelung → Rn. 19; → Art. 38 Rn. 107.

[76] BVerfGE 40, 296.

[77] *Seuffert* in seinem abw. Votum in BVerfGE 40, 296 (330 ff., 334 ff.).

durchaus **nicht geboten,** wie das BVerfG klargestellt hat.[78] Die Entschädigung ist im Rahmen normativ vorgegebener Gesichtspunkte allein als angemessene auszuformen. Dies ermöglicht, insbesondere wenn die zeitliche Belastung erheblich geringer ist, wie regelmäßig bei den Landtagen (zur Bindung der Länder iRd Art. 28 Abs. 1 S. 1 → Rn. 15 ff.), eine durchaus auch unter der Vollalimentation liegende Höhe der Entschädigung, die den Abgeordneten auf eine andere Berufstätigkeit verweist.[79] Dies mag sogar im Interesse der Unabhängigkeit des Abgeordneten von seiner Partei erwünscht, dem Ziel der Verhinderung einer Parteifunktionärselite durchaus dienlich sein. Denn das Leitbild des Berufspolitikers und ihm entsprechend die Vollalimentation birgt die Gefahr der Abhängigkeit von den Parteien, die über die Möglichkeit der Wiederaufstellung als Mandatsbewerber verfügen, sofern jedenfalls der Prozess der Kandidatenauswahl nicht weitergehend demokratisiert wird.[80] Im Interesse der Verringerung der Abhängigkeit von Parteien und der Steigerung der Kontakte zur Berufs- und Arbeitswelt,[81] kann der Gesetzgeber daher auch eine andere, ggf. eine geringere Entschädigung vorsehen.[82]

Die Angemessenheit der Entschädigung hat nicht zuletzt der **Bedeutung des Amtes** unter Berücksichtigung der damit verbundenen Verantwortung und Belastung gerecht zu werden.[83] Einzig die Abgeordneten sind als Vertreter des Volkes unmittelbar demokratisch legitimiert und werden dadurch in die Lage versetzt, verbindliche Entscheidungen für die übrigen Verfassungsorgane und den Bürger zu treffen. Dies rechtfertigt eine hervorgehobene Entschädigung.[84] 29

Die Ausgestaltung der Abgeordnetenentschädigung unterliegt darüber hinaus dem (strikten) Gleichheitssatz, so dass es im Parlament auch **keine** für den Status des Abgeordneten erheblichen besonderen, in seiner Person liegenden Umstände gibt, die eine **Differenzierung zwischen den Abgeordneten** rechtfertigen könnten. Alle Mitglieder des Parlaments sind danach einander formal gleichgestellt.[85] Daraus leitet das BVerfG eine grundsätzlich gleiche Entschädigung für alle Abgeordnete ab;[86] eine Ausnahme erkennt es schon länger für Parlamentspräsidenten und Stellvertreter an, weil ihre Entschädigung dadurch mitbestimmt wird, dass sie an der Spitze des obersten Verfassungsorgans stehen.[87] In seinem 2. Diätenurteil erstreckt das BVerfG 30

---

[78] BVerfGE 76, 256 (341 ff.).

[79] Vgl. auch die Kritik von *Seuffert,* abw. Votum in BVerfGE 40, 296 (334 ff.); insoweit auch *Häberle* NJW 1976, 537 (538); *Pieroth* in Jarass/Pieroth Rn. 6; *Schneider* in AK Rn. 12; *Fischer,* Abgeordnetendiäten und Fraktionsfinanzierung in den neuen Ländern, 1995, 26 f.; zum Teilzeitabgeordneten ausf. *Behrend* DÖV 1982, 774.

[80] Darauf verweist zu Recht bereits *Häberle* NJW 1976, 537 (538); *Schneider* in AK Rn. 11 f.

[81] *Häberle* NJW 1976, 537 (538) mit Fn. 23.

[82] Insoweit zust. *Klein* in Maunz/Dürig Rn. 186.

[83] BVerfGE 40, 296 (315).

[84] Vgl. Bericht der unabhängigen Persönlichkeiten über die Beratung der Präsidentin bei der Überprüfung der für die Mitglieder des Deutschen Bundestages bestehenden materiellen Regelungen und Bestimmungen, BT-Drs. 11/7398, 7.

[85] BVerfGE 40, 296 (317 f.); BayVerfGH BayVBl. 1992, 304 (305).

[86] BVerfGE 40, 296 (317 f.); 102, 224 (237 f.); für wenig geeignet zur Gewährung gleichen Zugangs zum Parlament hält die für alle gleiche Alimentation *v. Arnim* DÖV 2007, 897 (903 f.); ZRP 2003, 235 (241), der stattdessen eine Entschädigung bevorzugt, die den durch die Übernahme des Mandats erlittenen Einkommensverlust kompensiert; für eine am erlittenen Verdienstausfall orientierte Entschädigung auch *Roth* AöR 2004, 219 (222 ff., 251 ff.).

[87] BVerfGE 40, 296 (318).

diese Annahme nun auch auf Fraktionsvorsitzende.[88] Auch dies ist noch zu eng. Vielmehr wird man auch andere Fraktionsfunktionen[89] und sonstige parlamentarische Funktionen mit zusätzlichen Belastungen dazurechnen können.[90] Dies ist für die Funktionen des Parlaments jetzt in § 11 Abs. 2 AbgG zu Recht geschehen. Die Parlamentsautonomie (Art. 40 Abs. 1 S. 2) ist eine hinreichende Grundlage zur Schaffung von parlamentarischen Funktionszulagen.[91] Diese trägt schließlich den enormen funktionsbedingten Differenzierungen der parlamentarischen Tätigkeit Rechnung und schafft Anreize, schwierige und arbeitsaufwändige Tätigkeiten zu übernehmen und verhindert damit auch Fehlanreize zu Nutzung außerparlamentarischer Angebote. Für fraktionsinterne Differenzierungen ist die Grundlage letztlich das Selbstorganisationsrecht der Abgeordneten, das seine Grundlage in Art. 38 Abs. 1 S. 2 findet (→ Art. 38 Rn. 100). Solange die Schaffung von entsprechenden Zulagen aus dem Aufwand der betreffenden Funktionen gut begründbar ist und diese Stellen nicht in einer Weise vermehrt und „hierarchisiert" werden, ist dies letztlich wiederum nichts anderes als eine Konsequenz zunehmender Arbeitsteiligkeit der Aufgabenwahrnehmung. Mit den Begründungspflichten trägt man auch der nicht gänzlich unberechtigten Sorge Rechnung, es würden letztlich Berufslaufbahnen innerhalb des Parlaments und der Fraktionen geschaffen. Hier mag eine gesetzliche Rahmensetzung durchaus Vorteile auch im Hinblick auf Begründbarkeit und Transparenz schaffen.[92] Für die Landesverfassungen verbleibt angesichts der nur eingeschränkten Bindungswirkungen[93] weiterhin ein Differenzierungsspielraum.[94] Der strenge Gleichheitssatz gilt freilich nur für die alimentativen Elemente der Entschädigung, nicht für die Aufwandsentschädigung (zu diesem Unterschied → Rn. 36 ff.). Diese ist einer am tatsächlichen Bedarf orientierten Differenzierung selbstverständlich zugänglich.[95]

---

[88] BVerfGE 102, 224 (242 ff.); krit. insoweit *Pieroth* in Jarass/Pieroth Art. 38 Rn. 51 f.

[89] HmbVerfG DÖV 1997, 911; SchlHLVerfG Urt. v. 30.9.2013 – LVerfG 13/12, juris Rn. 56 ff.; dazu *Jutzi* ZParl 2014, 307.

[90] Zutr. Bericht und Empfehlungen der unabhängigen Kommission zur Überprüfung des Abgeordnetenrechts, BT-Drs. 12/5020, 11; *Klein* in Maunz/Dürig Rn. 169; *Schulze-Fielitz* in Dreier Rn. 24; *Morlok* in Dreier Art. 38 Rn. 172; für nicht überzeugend hält die vom BVerfG vorgenommene Differenzierung auch *Welti* DÖV 2001, 705 (709 f.); ausführlich dazu *Butzer* in BeckOK GG Rn. 19.1 ff.; BT-Drucks 17/12500, 32 ff.; *Krönke* DVBl.2013, 1492; *Parlamentarischer Beratungsdienst des Landtages Brandenburg,* Funktionszulagen aus Fraktionsmitteln, 2010; *Steiner,* Rechtgutachten zur Frage der Verfassungsmäßigkeit der Gewährung von Zulagen an Mitglieder des Bayerischen Landtags mit besonderen Funktionen innerhalb einer Fraktion, 2012; *Wissenschaftlicher Dienst des Deutschen Bundestags,* Zur Diskussion über die verfassungsrechtliche Zulässigkeit von Funktionsvergütungen für Inhaber bestimmter Fraktionsämter, WD 3 – 3000 – 028/18, 2018.

[91] So auch *Sinner* in Austermann/Schmahl AbgG § 11 Rn. 57.

[92] *Sinner* in Austermann/Schmahl AbgG § 11 Rn. 61.

[93] *Menzel* ThürVBl. 2001, 6 (10 f.); *Welti* DÖV 2001, 705 (710).

[94] StGH Brem NVwZ 2005, 929 (930 ff.), wonach vor dem Hintergrund der Organisation der Bremischen Bürgerschaft als Teilzeitparlament die Zahlung von Funktionszulagen an stellvertretende Fraktionsvorsitzende aus den Fraktionen vom Parlament zugewiesenen Geldern zulässig ist; zust. *Brocker/Messer* NVwZ 2005, 895 (896 f.).

[95] BVerfGE 40, 296 (318, 327 f.); ThürVerfGH NVwZ-RR 2003, 793 (794 ff.) zu § 6 Abs. 3 ThürAbgG, wonach parlamentarische Geschäftsführer und Ausschussvorsitzende eine zusätzliche steuerfreie Aufwandsentschädigung erhalten; krit. insoweit *v. Arnim* ZRP 2003, 235 (238), der diese Regelung als verfassungswidrige Umgehung des § 5 Abs. 2 ThürAbgG ansieht; Differenzierungen dürfen jedoch nicht dem Zweck dienen, die Aktivitäten einer bestimmten politischen Gruppierung willkürlich zu behindern oder zu begünstigen; vgl. dazu OVG Münster NWVBl. 2011, 344 (345 f.).

Die Entschädigung wird trotz der dargelegten Entwicklung **nicht** etwa zu einem **arbeitsrechtlichen Anspruch,** dem ein Anspruch auf Erfüllung dienstlicher Pflichten korrespondieren würde. Der Abgeordnete ist Inhaber eines freien Mandats, das er in Unabhängigkeit wahrnimmt, er schuldet in diesem Sinne keine Dienste. Verantwortlich ist er letztlich allein seinem Gewissen und den Wählern, die über seine Wiederwahl befinden.[96] Für die Entschädigung hat dies zur Folge, dass eine zu enge Anlehnung an die Regelung eines Gehalts im beamtenrechtlichen Sinne oder an beamtenrechtliche Alimentationsgesichtspunkte zu vermeiden ist.[97] Gleichwohl ist es dem Gesetzgeber unbenommen, die den Abgeordneten zur Sicherung ihrer Unabhängigkeit gewährte Entschädigung nach dem Alimentationsprinzip zu bemessen.[98] Für diesen Fall ist es naheliegend, im Zusammentreffen der Vollalimentation mit anderen Bezügen der öffentlichen Kassen, ähnlich wie im Beamtenrecht, eine Anrechnung vorzunehmen[99] (vgl. § 29 AbgG). Eine über die angemessene Entschädigung nach Art. 48 Abs. 3 S. 1 hinausgehende Alimentation durch doppelte Bezüge ist verfassungsrechtlich selbstverständlich nicht geboten.[100] 31

Konsequenz des veränderten Charakters der Abgeordnetenentschädigung ist die **Steuerpflichtigkeit.** Die überkommene Einkommenssteuerfreiheit beruhte auf dem Charakter als Aufwandsentschädigung für die Ausübung eines öffentlichen Mandats. Soweit die Entschädigung der Sicherung des Lebensunterhalts des Abgeordneten und seiner Familie dient, ist sie schon aus Gründen der Gleichbehandlung nach Art. 3 Abs. 1 der Steuer zu unterwerfen.[101] Soweit die Entschädigung aber Amtsausstattung ist (→ Rn. 39), gilt dieses Gebot nicht. Insofern handelt es sich um eine Aufwandsentschädigung, die grundsätzlich steuerfrei bleiben kann.[102] Zur dennoch bestehenden Problematik bzgl. der Steuerfreiheit → Rn. 39. 32

Neben diese Leitlinien der Freiheit und Gleichheit tritt als dritte die der **Öffentlichkeit.** Besondere Bedeutung gewinnt insoweit das Verfahren der Festsetzung der Entschädigung, denn über die Ausgestaltung entscheidet das Parlament „in eigener Sache". Dies birgt die **Gefahr von Missbräuchen,**[103] die nicht geringer wird dadurch, dass regelmäßig, wenn auch durchaus nicht zwangsläufig, ein Gleichklang der Interessen im Parlament vorhanden sein wird, so dass die Kontrolle der Mehrheit durch die Opposition leicht ausfallen kann. Die Rücksichtnahme auf den Wähler fällt ohnehin aus, wenn das Ergebnis von allen gleichermaßen begrüßt und getragen wird. In Missbrauchsfällen leidet dann das institutionelle Gefüge des parlamentarischen Systems. Das BVerfG möchte den Missbrauchsgefahren mit dem Erfordernis der selbständigen gesetzlichen Festsetzung der Entschädigung entgegenwir- 33

---

96 BVerfGE 40, 296 (316).

97 BVerfGE 40, 296 (316); 76, 256 (341 ff.).

98 IE *Klein* in Maunz/Dürig Rn. 158 ff., der trotz Kritik an dem Koppelungsverbot letztlich auch bei Anlehnung an eine Besoldungsgruppe von der Notwendigkeit der Überprüfung der Basisannahmen ausgeht (*Klein* in Maunz/Dürig Rn. 164), um der Eigenständigkeit des Repräsentationsmandats Rechnung zu tragen.

99 BVerfGE 76, 256 (341 ff.); BVerwG NJW 1990, 462 (463); für verfassungsrechtlich geboten halten die Anrechnung *Schulze-Fielitz* in Dreier Rn. 31; *Magiera* in Sachs Rn. 22; *v. Arnim/Drysch* in BK Rn. 277 ff.; BVerfGE 40, 296 (129 f.), wonach eine Privilegierung gegenüber den Beamten mit dem Gleichheitssatz unvereinbar ist.

100 BVerwG NJW 1990, 462 (463).

101 BVerfGE 40, 296 (328).

102 BVerfGE 40, 296 (328).

103 *Stern,* StaatsR I, 1984, § 24 Kap. II 2.

ken, um auf diese Weise verfahrensmäßig die Kontrolle durch die Öffentlichkeit zu gewährleisten.[104] Damit wurde zutreffend das legitimationssichernde, öffentlichkeitsbewirkende Verfahren der Gesetzgebung als Kontrollelement aktiviert[105] und ein besonderer Gesetzesvorbehalt für die Festsetzung der Entschädigung etabliert.[106] Die demgegenüber geäußerte Kritik von *Seuffert*[107] stellt die Funktion des Gesetzgebungsverfahrens, seine öffentlichkeitsverbürgende, legitimationssichernde Wirkung und die funktionellen Defizite nicht zureichend in Rechnung.[108] Insoweit dürfte daher auch gegen die Regelung in Art. 54 Abs. 2 ThürVerf, die nun auch Entsprechungen in den jeweiligen §§ 5 der Abgeordnetengesetze der Länder Baden-Württemberg, Bayern und Hessen und nunmehr auch in § 11 Abs. 1, 4, 5 AbgG hat, nichts einzuwenden sein, die eine Indexierung vorsieht,[109] zumal die Transparenz durch die vorgeschriebene Veröffentlichung der Anpassungen gewahrt ist.

34 Zu der Kontrolle durch die Öffentlichkeit muss diejenige durch das **BVerfG** hinzukommen, die freilich nicht schon aus Missbrauchsgründen intensiver ausfallen muss.[110] Der weite materielle Spielraum des Gesetzgebers wird durch die genannten Verfahrensanforderungen kompensiert, die freilich auch der gerichtlichen Kontrolle unterliegen.[111] Die Einsetzung von beratenden unabhängigen **Kommissionen,** die in Abständen die etablierten Modelle und die Höhe der Entschädigung bewerten, kann ein wichtiges, rationalisierendes Element zugleich ein Instrument zur Versachlichung der Diskussion in der Öffentlichkeit sein. Verfassungsrechtlich geboten sind solche organisatorischen Vorkehrungen indes nicht.[112]

35 **2. Sie haben das Recht der freien Benutzung aller staatlichen Verkehrsmittel (S. 2).** Art. 48 Abs. 2 S. 2 gibt den Abgeordneten des Deutschen Bundestages das Recht der freien Benutzung aller staatlichen Verkehrsmittel. Dieser **unentgeltliche Beförderungsanspruch** ist Teil der Amtsausstattung des Abgeordneten (§ 12 Abs. 4 Nr. 2 AbgG). Er bezieht sich nur auf Verkehrsmittel in staatlicher Hand; wobei nur **Verkehrsmittel des Bundes** gemeint sind, nicht aber solche der Länder, Gemeinden oder Privater.[113] Dabei kommt es nicht auf die Organisationsform, sondern auf den tatsächlichen rechtlichen Einfluss an. Diesen Voraussetzungen entsprechen heute nur noch die Verkehrsmittel der Deutschen Bahn AG. Allerdings sieht das einfache Recht (§ 16 Abs. 1 S. 2, § 12 Abs. 2 Nr. 3 AbgG) weitgehend die Kostenerstattung für andere Verkehrsmittel vor, so dass der Sache nach der Anspruch auf unentgeltliche Beförderung auch auf private Verkehrsmittel erstreckt worden ist. Hinzu kommt noch die Kostenerstattung für Dienst-

---

[104] BVerfGE 40, 296 (317, 327); VerfGH NRW NVwZ 1996, 164 (165); ThürVerfGH NVwZ-RR 1999, 282.

[105] Zust. *Klein* in Maunz/Dürig Rn. 148.

[106] Zutr. *Häberle* NJW 1976, 537 (540); *v. Arnim* in Schneider/Zeh ParlamentsR, § 16 Rn. 35.

[107] Abw. Votum BVerfGE 40, 296 (330, 349 ff.).

[108] Bereits *Häberle* NJW 1976, 537 (540).

[109] Ausführlich *Butzer* in BeckOK GG Rn. 20.2; *Schwarz* NVwZ 2016, 97; *Linck* ZParl 1995, 372; ThürVerfGH NVwZ-RR 1999, 282 (285 ff.); aA *Schulze-Fielitz* in Dreier Rn. 35; *v. Arnim* NJW 2006, 1714 (1716); *Storr* in MKS Rn. 54.

[110] Insoweit überzeugend die auch methodisch begründete Kritik von *Klein* in Maunz/Dürig Rn. 152 f.

[111] Zu zurückhaltend *Klein* in Maunz/Dürig Rn. 154.

[112] Vgl. *Klein* in Maunz/Dürig Rn. 149.

[113] *Storr* in MKS Rn. 61.

reisen der Abgeordneten, die der vorherigen Zustimmung des Bundestagspräsidenten bedürfen (§ 17 AbgG).

3. Das Nähere regelt ein Bundesgesetz (S. 3). Die Regelung der Abgeordnetenentschädigung weist Art. 48 Abs. 3 S. 3 einem besonderen Bundesgesetz zu. Das 1. Diätenurteil des BVerfG hat insofern zu einer Ablösung der alten Abgeordnetengesetze und zum Erlass des Gesetzes zur Neuregelung der Rechtsverhältnisse der Mitglieder des Deutschen Bundestages **(AbgG)** v. 18.2.1977,[114] neu bekannt gemacht am 21.2.1996[115], zuletzt geändert durch Art. 12 des Gesetzes vom 5.1.2017 (BGBl. I S. 17). Dieses regelt umfassend die Rechtsstellung der Abgeordneten, insbes. auch die Entschädigung nach Art. 48 Abs. 3. Mit diesem Gesetz ist der Bundestag seiner Verpflichtung zur Schaffung gesetzlicher Grundlagen für die Abgeordnetenentschädigung nachgekommen. Die Entschädigung besteht danach aus zwei Hauptbestandteilen, der **Entschädigung mit Alimentationscharakter** (§ 11 AbgG) und der sog. **Amtsausstattung** (§ 12 AbgG), die eine Entschädigung für den besonderen Aufwand ist, der bei der Ausübung des Mandats anfällt.[116] Beide Arten der Entschädigung sind im Hinblick auf die unterschiedlichen rechtlichen Rahmenbedingungen auseinanderzuhalten (→ Rn. 32). 36

Seit 2014 ist die Anpassung der Abgeordnetenentschädigung in einem neuen Verfahren vorgesehen, bei dem die Orientierung an den Bezügen eines Richters an einem obersten Gerichtshof des Bundes (Besoldungsgruppe R 6) und ein Basiswert festgeschrieben ist (§ 11 Abs. 1). Die jährliche Anpassung erfolgt nach einem Indexmodell aufgrund der Entwicklung des Nominallohnindexes. Der angepasste Betrag wird jährlich vom Bundestagspräsidenten veröffentlicht. Das Modell gilt jeweils für eine Legislaturperiode und muss zur Fortgeltung durch einen Beschluss des neuen Bundestages beschlossen werden (§ 11 Abs. 4, 5 AbgG).[117] 37

Neben dem Bundestagspräsident und seinen Stellvertretern erhalten auch Vorsitzende von Ausschüssen, Untersuchungsausschüssen und Enquete-Kommissionen eine nach Bedeutung des Amtes und Arbeitsaufwandes gestaffelte Zulage.[118] Hinzu kommt das Übergangsgeld (§ 18 AbgG), das dazu dient, dem ausscheidenden Abgeordneten den Start in einen neuen Beruf zu ermöglichen, jedenfalls zu erleichtern und das mit strengen Anrechnungsvorschriften verbunden ist (§ 18 Abs. 2 AbgG).[119] Die Alters-, Invaliden- und Hinterbliebenenversorgung (§§ 19 ff. AbgG) ist durchaus großzügig bemessen,[120] ebenso wie die Beihilfeberechtigung bei Krankheits-, Pflege- und 38

---

114 BGBl. 1977 I 297.

115 BGBl. 1996 I 326.

116 Ausführliches statistisches Material zur Entwicklung im Bund und den Ländern, zum internationalen Vergleich und zu den normativen Grundlagen enthält BT-Drs. 12/5020, 27 ff.; *v. Arnim,* Diener vieler Herren, 1998, 205 ff.; *Fischer,* Abgeordnetendiäten und Fraktionsfinanzierung in den neuen Ländern, 1995, 253 ff.

117 Ausführlich dazu *Sinner* in Austermann/Schmahl AbgG § 11 Rn. 18 ff. mit einer Übersicht zur Entwicklung der Entschädigung in Rn. 17. Im Zuge der Corona-Krise wurde das Anpassungsverfahren für das Jahr 2020 mit einem gemeinsamen Gesetzesentwurf aller Fraktionen ausgesetzt, BT-Drs. 19/18701.

118 Zur Zulässigkeit → Rn 30.

119 Vgl. dazu *Austermann* in Austermann/Schmahl AbgG § 18 Rn. 17 ff., zur Verfassungsmäßigkeit Rn. 37 ff.

120 Zu Einzelheiten s. den Bericht und die Empfehlungen der unabhängigen Kommission zur Überprüfung des Abgeordnetenrechts, BT-Drs. 12/5020, 13 ff.; zur Kritik *v. Arnim* in Schneider/Zeh ParlamentsR, § 16 Rn. 51 ff.; zu Reformmöglichkeiten *Grundmann* DÖV

Geburtsfällen (§ 27 Abs. 1 AbgG).[121] Es besteht dabei kein zwingender Anspruch auf Beihilfe für ehemalige Abgeordnete aus Art. 48 Abs. 3. Hinzu kommen Regelungen über die Angehörigen des öffentlichen Dienstes (§§ 5 ff. AbgG) und das Zusammentreffen mehrerer Bezüge (§ 29 AbgG). Das **Gesamtbild** der alimentativen Entschädigung ist das einer **Vollalimentation,** die deutlich dem Bild der Beamtenbesoldung und -versorgung nachempfunden ist. Insgesamt muss man an der Großzügigkeit der Vollalimentation nicht zweifeln.

39 Der zweite Bestandteil der Entschädigung ist die **Amtsausstattung,** also die steuerfreie Aufwandsentschädigung, die sowohl Geld- als auch Sachleistungen umfasst (§ 12 Abs. 1 S. 2 AbgG). Sie besteht aus einer Kostenpauschale für die Unterhaltung eines Wahlkreisbüros außerhalb des Sitzes des Bundestages und für die Kosten der Wahlkreisbetreuung (§ 12 Abs. 2 Nr. 1 AbgG), für Mehraufwendungen am Sitz des Bundestages und bei Reisen (§ 12 Abs. 2 Nr. 2 AbgG) und für besondere Fahrtkosten (§ 12 Abs. 2 Nr. 3 AbgG), die jährlich angepasst wird (§ 12 Abs. 2 S. 2 AbgG). Diese Pauschalierungen stehen und fallen mit dem hinreichenden Realitätsgehalt der Typisierung,[122] an dem es angesichts der höchst unterschiedlichen Verhältnisse zumindest hinsichtlich einiger Bestandteile erhebliche Zweifel gibt.[123] Abgeordnete mit geringerem Aufwand erhalten bei Typisierungen bisher eine nur schwer mit dem strengen Gleichheitssatz (→ Rn. 30) zu vereinbarende Zulage zur alimentativen Entschädigung.[124] Die Kostenpauschale wird zudem in einem kaum dem Transparenzgebot Rechnung tragenden Verfahren nach § 12 Abs. 2 S. 3 AbgG festgesetzt.[125]

40 Ob die **Steuerfreiheit** der Kostenpauschale, wie § 3 Nr. 12 S. 1 EStG iVm § 12 AbgG sie vorsieht, mit Art. 3 Abs. 1 vereinbar ist, wird bezweifelt,[126] auch vom Bundesfinanzhof.[127] Zu klären ist, ob eine Verletzung des Gleichheitssatzes darin liegt, dass ein „gewöhnlicher" Steuerpflichtiger für eine Steuerfreiheit seiner Einkünfte den Nachweis sämtlicher beruflicher Aufwendungen erbringen muss, während einem Abgeordneten des Deutschen Bundestages die Aufwands-/Kostenpauschale iHv etwa 30 % seiner Gesamtbezüge ohne Einzelnachweis der berufsbedingten Aufwendungen

---

1994, 329; zurückhaltend auch ThürVerfGH NVwZ-RR 1999, 282 (290 f.), gegen eine selbständige, nicht auf die Kompensation von durch die Mandatstätigkeit entstandenen Versorgungslücken begrenzte Altersversorgung; zur Frage einer Altersversorgung auf Versicherungsbasis *van Essen* RuP 1999, 81; *Giesen* DVBl.1999, 291.

[121] BVerwG NVwZ 1998, 501 (502).

[122] Vgl. insoweit BayVerfGH DVBl. 1983, 706 (710).

[123] Vgl. Bericht und Empfehlungen der unabhängigen Kommission zur Überprüfung des Abgeordnetenrechts, BT-Drs. 12/5020, 12, mit dem Votum für einen Übergang zur auf Höchstbeträge begrenzten Kostenerstattung gegen Nachweis; krit. auch *Schwarz* in Austermann/Schmahl AbgG § 12 Rn. 5 ff.; ausführlich auch zu möglichen Reformen BT-Drs 17/12500, 31 f.

[124] Zu Recht krit. *v. Arnim* in Schneider/Zeh ParlamentsR, § 16 Rn. 93; *v. Arnim* NJW 2006, 1714; *Klein* in Maunz/Dürig Rn. 191; zum Hintergrund der knappen Entscheidung der Unabhängigen Kommission zu Fragen des Abgeordnetenrechts *Schmidt-Jortzig* ZParl 2014, 247 (254), die in der Minderheit ebenfalls das Problem einer verkappten Alimentation gesehen hat.

[125] Insoweit *Klein* in Maunz/Dürig Rn. 191; *Schwarz* in Austermann/Schmahl AbgG § 12 Rn. 6.

[126] Für die Verfassungswidrigkeit der steuerfreien Kostenpauschale *v. Arnim* NJW 2006, 1714; ZRP 2003, 235 (236); ausf. *Stalbold,* Die steuerfreie Kostenpauschale der Abgeordneten, 2004; *Butzer* in BeckOK GG Rn. 24.2.

[127] BFHE 215, 196.

steuerfrei gewährt wird.[128] Solange die Kostenpauschale zweckgebunden für mandatsbezogene Aufwendungen gewährt wird, mag dies hingehen. Bei verdeckten Alimentierungen, die dann auch einen Verstoß gegen den strengen Gleichheitssatz darstellen könnten, ist dies wenig überzeugend.[129]

Über die Kostenpauschale hinaus gehört zur Amtsausstattung die Erstattung der Aufwendungen für Mitarbeiter (§ 12 Abs. 3 AbgG), die Bereitstellung eines eingerichteten Büros am Sitz des Bundestages (§ 12 Abs. 4 Nr. 1 AbgG), die Bereitstellung und Nutzung von Informations- und Kommunikationssystemen des Bundestages (§ 12 Abs. 4 Nr. 4 AbgG) und die freie Benutzung der Verkehrsmittel und Dienstfahrzeuge des Bundestages (Art. 48 Abs. 3 S. 2, § 12 Abs. 4 Nr. 2 u. 3 iVm § 16 AbgG).[130] **41**

Der **Parlamentspräsident** wird bei Entscheidungen über Entschädigungsangelegenheiten, ebenso wie bei der Verwaltung der Finanzmittel der Parteien, nicht als Verfassungsorgan, sondern **als Verwaltungsbehörde** tätig; er kann insoweit Verwaltungsakte erlassen.[131] Ansprüche der Abgeordneten auf Entschädigung folgen zwar aus ihrem Abgeordnetenstatus, dieses Recht hat aber nicht bloß den Charakter eines Organrechts, sondern ist zugleich ein Individualrecht. Bei Streitigkeiten um die gesetzlich bereits konkretisierte Entschädigung entscheiden folglich die Verwaltungsgerichte, nicht die Verfassungsgerichte.[132] **42**

C. Kritische Würdigung

In hohem Maße umstritten ist die Entschädigung für Abgeordnete; dies freilich weniger wegen des rechtlichen Gehalts der Regelung als wegen der Praxis des Parlaments und ihrer Wahrnehmung durch den Bürger. Der erhebliche Spielraum bei der Konkretisierung, die Funktionsdefizite des parlamentarischen Verfahrens aufgrund der Entscheidung in eigenen Angelegenheiten ermöglichen missbräuchliche Entscheidungen, sind aber auch häufig irrationaler, medienerzeugter und -verstärkter Kritik ausgesetzt. **43**

Vorgeschlagen wurden daher eine Reihe von **Änderungen,** wie etwa die Wirksamkeit einer Diätenerhöhung erst für die jeweils nächste Legislaturperiode, die dem Vorwurf der Selbstbedienung entgegenwirken und dem Wähler die Möglichkeit geben soll, der getroffenen Entscheidung bei der Stimmabgabe Rechnung zu tragen,[133] die Einsetzung von beratenden unabhängigen Kommissionen (→ Rn. 34) und die Übertragung der Diätenentscheidung an solche Kommissionen, wie sie 1993 von der Gemeinsamen **44**

[128] Eine nicht hinnehmbare Ungleichbehandlung gegenüber dem „allgemeinen" Steuerbürger sah in der steuerfreien Kostenpauschale gem. § 6 AbgG NRW aF die Kommission zu Fragen des Abgeordnetenrechts beim Landtag NRW (vgl. Drs. 13/2330), auf deren Empfehlung die steuerfreie Kostenpauschale durch G v. 5.4.2005 (GV. NRW 252) abgeschafft worden ist; der Empfehlung zust. *v. Arnim* ZRP 2003, 235 (241).

[129] *Schwarz* in Austermann/Schmahl AbgG § 12 Rn. 10.

[130] Zur Beurteilung der Angemessenheit s. Bericht und Empfehlungen der unabhängigen Kommission zur Überprüfung des Abgeordnetenrechts, BT-Drs. 12/5020, 11 ff.

[131] BVerwG NVwZ 1992, 173 (174).

[132] BVerwG NVwZ 1992, 173 (174); NJW 1990, 462.

[133] *V. Arnim* ZRP 2003, 235 (236); *Brugger* ZRP 1992, 321 im Anschluss an die amerikanische Diskussion; vgl. *Hatschek,* Das Parlamentsrecht des Deutschen Reiches, Teil 1, 1915, 627; abl. Bericht und Empfehlungen der unabhängigen Kommission zur Überprüfung des Abgeordnetenrechts, BT-Drs. 12/5020, 21 f.

Verfassungskommission erwogen[134] und unter anderem in den Jahren 2003[135] und 2005[136] Gegenstand von Gesetzesinitiativen war, jedoch in allen Fällen abgelehnt worden ist. Auch wenn diese Gestaltung verfassungsrechtlich zulässig wäre,[137] so stößt sie doch auf erhebliche verfassungspolitische Bedenken. Es handelt sich bei dieser Entscheidung nicht nur um eine Frage von Expertise, sondern im Rahmen des verfassungsrechtlich Möglichen um eine politische Entscheidung von hoher Bedeutung, die daher auch zuvörderst eine solche des Gesetzgebers ist, die er in den öffentlichen, parlamentarischen Prozessen zu treffen hat. Das Parlament hat diese Entscheidung zu verantworten und ggf. der öffentlichen Kritik Rechnung zu tragen. Es ist letztlich seine Sache, den eigenen Wert der Öffentlichkeit plausibel zu machen. Dass eine solche Rechtfertigung im Einzelfall misslingen kann, mag Grund für politische Veränderungen sein, nicht aber für eine Entpolitisierung von bedeutsamen Entscheidungen. Der nunmehr eingeschlagene Weg der Indexierung mag einen Teil der Debatte beruhigen, aber in der Aufmerksamkeitsökonomie der Medien ist noch jeder Tatbestand, mag er auch mehr oder weniger transparent sein, durchaus skandalisierbar. Dem lässt sich nur durch beharrliche Argumentation mit guten Gründen entgegenwirken.

Literatur

M. Abelein, Die Rechtsstellung des Abgeordneten in der Rechtsprechung des Bundesverfassungsgerichts, FS f. v. d. Heydte, 1977, 777. – ***H. H. v. Arnim,*** Die Steuerfreiheit von Abgeordnetendiäten ist verfassungswidrig, DB 1972, 889. – ***H. H. v. Arnim,*** Abgeordnetenentschädigung und Grundgesetz. Ein verfassungsrechtliches Gutachten über die finanziellen Privilegien der Parlamentsabgeordneten in Bund und Ländern, 1975. – ***H. H. v. Arnim,*** Das Verbot von Interessentenzahlungen an Abgeordnete. Zur Notwendigkeit und Möglichkeit seiner Durchsetzung aus der Sicht des Steuerzahlers, 1976. – ***H. H. v. Arnim,*** Entschädigung und Amtsausstattung, in H.-P. Schneider/W. Zeh, Parlamentsrecht und Parlamentspraxis, 1989, § 16. – ***H. H. v. Arnim,*** Das neue Abgeordnetengesetz: Inhalt, Verfahren, Kritik und Irreführung der Öffentlichkeit, 1997. – ***H. H. v. Arnim,*** Die Besoldung von Politikern – Der Zusammenhang mit ihrer Rekrutierung und der Leistungs- und Handlungsfähigkeit der Politik, ZRP 2003, 235. – ***H. H. v. Arnim,*** Diätenreform – Privilegienabbau und Wahlrechtsreform als Voraussetzungen einer Diätenerhöhung, NJW 2006, 1714. – ***P. Austermann,*** Spenden an Abgeordnete, ZParl 41 (2010), 527. – ***P. Badura,*** Das politische Amt des Abgeordneten und die Frage der Entschädigung, ZSE 3 (2005), 167. – ***O. Behrend,*** Auf der Suche nach dem Teilzeitabgeordneten, DÖV 1982, 774. – ***U. Bertermann,*** Der Einfluß des Abgeordnetenmandats auf Dienst-, Arbeits- und Gesellschaftsverträge, BB 1967, 270. – ***H. Boldt,*** Die Stellung des Abgeordneten im historischen Wandel, in Politik als Beruf, Zur Sache 1/79, 15. – ***W. Brugger,*** Ein amerikanischer Vorschlag zur Kontrolle von Diätenerhöhungen, ZRP 1992, 321. – ***H. Butzer,*** Diäten und Freifahrt im Deutschen Reichstag, 1999. – ***P. Conradi,*** Parlamentarier in privilegienfeindlicher Demokratie. Anmerkungen eines Bundestagsabgeordneten zum „Diätenurteil" des Bundesverfassungsgerichts, ZParl 7 (1976), 112. – ***L. Determann,*** Verfassungsrechtliche Vorgaben für die Entschädigung von Abgeordneten, BayVBl. 1997, 385. – ***H. Dietrich,*** Beamte als Abgeordnete und das Diätenurteil des Bundesverfassungsgerichts, ZBR 1976, 97. – ***A. Dittmann,*** Unvereinbarkeit von Regierungsamt und Abgeordnetenmandat – eine unliebsame Konsequenz des „Diätenurteils"?, ZRP 1978, 52. – ***A. Drescher,*** Die Neuregelung der Rechtsverhält-

[134] Vgl. BT-Drs. 12/6000, 88 f.
[135] Vgl. BT-Drs. 15/751.
[136] Vgl. BT-Drs. 16/118.
[137] Abl. insofern Bericht und Empfehlungen der unabhängigen Kommission zur Überprüfung des Abgeordnetenrechts, BT-Drs. 12/5020, 21.

nisse der in den Bundestag gewählten Angehörigen des öffentlichen Dienstes, RiA 1977, 51. – ***E. Eyermann,*** Die ewigen Diätenquerelen, ZRP 1992, 201. – ***P. Feuchte,*** Zur Geschichte und Auslegung des Behinderungsverbots in Art. 48 Abs. 2 des Grundgesetzes, AöR 111 (1986), 325. – ***A. Fischer,*** Abgeordnetendiäten und staatliche Fraktionsfinanzierung in den fünf neuen Bundesländern, 1995. – ***H. Freund,*** Änderung des Verhaltensrechts für Mitglieder des Deutschen Bundestages, DÖV 1987, 435. – ***W. Geiger,*** Der Abgeordnete und sein Beruf, ZParl 9 (1978), 522. – ***F. Giese,*** Verfassungsrechtlicher Status des Abgeordneten im Verfassungsstreit. Diätenkürzung bei Doppelmandat, AöR 81 (1956), 104. – ***M. Grundmann,*** Altersentschädigung für Abgeordnete, DÖV 1994, 329. – ***P. Häberle,*** Freiheit, Gleichheit und Öffentlichkeit des Abgeordnetenstatus. Zum Diätenurteil des BVerfG, NJW 1976, 537. – ***R. Hanauer,*** Der Abgeordnete und seine Bezüge, ZParl 10 (1979), 115. – ***S. Helmes,*** Spenden an politische Parteien und an Abgeordnete des Deutschen Bundestages, 2014 – ***J. Henkel,*** Das Abgeordnetengesetz des Bundestages. Kritische Anmerkungen und Ausblick auf die Landtage, DÖV 1977, 350. – ***J. Henkel,*** Die Rechtsstellung der in den Bundestag gewählten Beamten, ZBR 1977, 113. – ***S. Holscheidt,*** Funktionszulagen für Abgeordnete, DVBl. 2000, 1734. – ***J. Jekewitz,*** Freiheitsentzug und Abgeordnetenmandat, GA 1981, 433. – ***S. Jutzi,*** Funktionszulagen für Parlamentarische Geschäftsführer. Zum Urteil des Schleswig-Holsteinischen Landesverfassungsgerichts v. 30. September 1013, ZParl, 2/2014, 307 ff. – ***W. Kahl/C. Waldhoff/C. Walter,*** Bonner Kommentar zum Grundgesetz, 199 Akt. 2019, Art. 48 – ***C. Krönk***e, Verfassungsmäßigkeit von Funktionsvergütungen im Deutschen Bundestag, DVBl. 1013, 1492 ff. – ***R. Küß,*** Das Verbot gegenleistungsloser Zahlungen an Abgeordnete, VerwArch 101 (2010), 547. – ***H. Klatt,*** Die Altersversorgung der Abgeordneten, 1972. – ***H. Klatt,*** Die Abgaben der Mandatsinhaber an Partei und Fraktion, ZParl 7 (1976), 61. – ***H. Klatt,*** Rechtliche Möglichkeiten gegen Mandatsmissbrauch, ZParl 10 (1979), 445. – ***M. Kloepfer,*** Diäten-Urteil und Teilalimentation, DVBl. 1979, 378. – ***G. Kretschmer,*** Das Diätenurteil des Bundesverfassungsgerichts, ZParl 2000, 787. – ***J. D. Kühne,*** Die Abgeordnetenbestechung. Möglichkeiten einer gesetzlichen Gegenmaßnahme unter dem Grundgesetz, 1971. – ***D. Kühne,*** Kündigung freiberuflich beschäftigter Mandatswerber, ZParl 17 (1986), 347. – ***B. Laubach,*** Das 2. Diätenurteil des Bundesverfassungsgerichts, ZRP 2001, 159. – ***J. Linck,*** Zur Zulässigkeit parlamentarischer Funktionszulagen, ZParl 7 (1976), 54. – ***S. Linck,*** Indexierung von Abgeordnetendiäten. Das Thüringer Modell gegen den bösen Schein der Selbstbedienung, ZParl 1995, 372. – ***M. Lohmeier,*** (Un-) Vereinbarkeiten von Abgeordnetenmandat und Professur, ZParl 10 (1979), 209. – ***J. Medding,*** Der Wahlvorbereitungsurlaub eines Bewerbers um einen Sitz im Deutschen Bundestag, VR 1990, 161. – ***J. Medding,*** Das Verbot der Abgeordnetenbehinderung nach Art. 48 Abs. 2 GG, DÖV 1991, 494. – ***K. M. Meessen,*** Beraterverträge und freies Mandat, FS f. U. Scheuner, 1973, 431. – ***C.-F. Menger,*** Anmerkung zum „Diäten-Urteil", VerwArch 1976, 303. – ***J. Menzel,*** Freie Länder, gleiche Abgeordnete, mächtige Fraktionsvorsitzende?, ThürVBl. 2001, 6 ff. – ***C. C. Müller-York/C. Irrgang,*** Zur Verfassungsmäßigkeit von gestaffelten Diäten und Funktionszulagen für Funktionsträger der Fraktionen, ZParl 1998, 295. – ***T. Oppermann,*** Zum heutigen Sinn der parlamentarischen Repräsentation, DÖV 1975, 763. – ***Ch. Pestalozza,*** Die Staffeldiät oder: Das Parlament in der Dunkelkammer, NJW 1987, 818. – ***H. A. Roll,*** Entschädigung und Kostenpauschale des Abgeordneten im Unterhaltsrecht, FamRZ 1980, 111. – ***H. A. Roll,*** Verhaltensregeln für Abgeordnete, ZRP 1984, 9. – ***H. A. Roll,*** Verhaltensregeln, in H.-P. Schneider/W. Zeh, Parlamentsrecht und Parlamentspraxis, 1989, § 19. – ***W. Roth,*** Die Abgeordnetenentschädigung als Verdienstausfallentschädigung, AöR 129 (2004), 219. – ***G. Sadtler,*** Die Bedeutung des Art. 48 GG und des Art. 160 Weimarer Verfassung für das Arbeitsrecht, 1968. – ***K. Schlaich/H. J. Schreiner,*** Die Entschädigung der Abgeordneten. Die neuen Abgeordnetengesetze der Länder und das Diätenurteil des Bundesverfassungsgerichts, NJW 1979, 673. – ***S. Schmahl,*** Funktionszulagen – ein Verstoß gegen Mandatsfreiheit und Gleichheit der Abgeordneten?, AöR 130 (2005), 114. – ***E. Schmidt-Jortzig,*** Materielle Grundlagen für die parlamentarische Mandatsarbeit. Zu den Empfehlungen der Unabhängigen Kommission zu Fragen des Abgeordnetenrechts, ZParl 2/2014, 247 ff. – ***H. Schneider,***

Diäten und Rechtsstellung der Bundestags- und Landtagsabgeordneten in der Bundesrepublik, ZParl 9 (1978), 452. – ***K. Schrode,*** Beamtenabgeordnete in Landtagen der Bundesrepublik Deutschland, 1977. – ***K.-A. Schwarz,*** Das neue Recht der Abgeordnetenentschädigung, NVwZ 2016, 97 ff. – ***Ch. Schweitzer,*** Der Abgeordnete im parlamentarischen Regierungssystem, 1979. – ***O. Spoerhase,*** Probleme des grundgesetzlichen Verbots der Abgeordnetenbehinderung, 1980. – ***U. Steiner,*** Rechtsgutachten zur Frage der Verfassungsmäßigkeit der Gewährung von Zulagen an Mitglieder des Bayerischen Landtags mit besonderen Funktionen innerhalb einer Fraktion, 2012 – ***O. Sträter,*** Zur Rechtsstellung der in ein Parlament gewählten Soldaten und Professoren, RiA 1980, 181. – ***L.-A. Versteyl,*** Verfassungsrechtliche Aspekte des Abgeordnetengehalts, DÖV 1972, 474. – ***H. Voigtländer,*** Besteuerung der Abgeordnetendiäten im internationalen Vergleich, ZParl 1972, 62. – ***C. Waldhoff,*** Die steuerfreie Kostenpauschale der Abgeordneten des Deutschen Bundestages, FR 2007, 225. – ***F. Welti,*** Die soziale Sicherung der Abgeordneten des Deutschen Bundestages, der Landtage und der deutschen Abgeordneten im Europäischen Parlament, 1998. – ***F. Welti,*** Funktionszulagen im Konflikt mit Freiheit und Gleichheit der Abgeordneten?, DÖV 2001, 705.

Art. 49 [Parlamentsorgane zwischen Wahlperioden]

Für die Mitglieder des Präsidiums, des ständigen Ausschusses, des Ausschusses für auswärtige Angelegenheiten und des Ausschusses für Verteidigung sowie für deren erste Stellvertreter gelten die Artikel 46, 47 und die Absätze 2 und 3 des Artikels 48 auch für die Zeit zwischen zwei Wahlperioden.

Art. 49. wurde durch das 33. GG zur Änderung des GG v. 23.8.1976 (BGBl. I, 2381) **aufgehoben.**

IV. Der Bundesrat

Art. 50 [Aufgaben]

Durch den Bundesrat wirken die Länder bei der Gesetzgebung und Verwaltung des Bundes und in Angelegenheiten der Europäischen Union mit.

Paulskirchenverfassung von 1849

Abschnitt IV. Art. I

§ 85. Der Reichstag besteht aus zwei Häusern, dem Staatenhaus und dem Volkshaus.

Abschnitt IV. Art. V

§ 100. Ein Reichstagsbeschluß kann nur durch die Übereinstimmung beider Häuser gültig zu Stande kommen.

§ 102. Ein Reichstagsbeschluß ist in folgenden Fällen erforderlich:

1. Wenn es sich um die Erlassung, Aufhebung, Abänderung oder Auslegung von Reichsgesetzen handelt.
2. Wenn der Reichshaushalt festgestellt wird, wenn Anleihen contrahirt werden, wenn das Reich eine im Budget nicht vorgesehene Ausgabe übernimmt, oder Matrikularbeiträge oder Steuern erhebt.
3. Wenn fremde See- und Flußschifffahrt mit höheren Abgaben belegt werden soll.
4. Wenn Landesfestungen zu Reichsfestungen erklärt werden sollen.
5. Wenn Handels-, Schifffahrts- und Auslieferungsverträge mit dem Auslande geschlossen werden, sowie überhaupt völkerrechtliche Verträge, insofern sie das Reich belasten.
6. Wenn nicht zum Reich gehörige Länder oder Landestheile dem deutschen Zollgebiete angeschlossen, oder einzelne Orte oder Gebietstheile von der Zolllinie ausgeschlossen werden sollen.
7. Wenn deutsche Landestheile abgetreten, oder wenn nichtdeutsche Gebiete dem Reiche einverleibt oder auf andere Weise mit demselben verbunden werden sollen.

Reichsverfassung von 1871

Art. 5. Die Reichsgesetzgebung wird ausgeübt durch den Bundesrath und den Reichstag. Die Übereinstimmung der Mehrheitsbeschlüsse beider Versammlungen ist zu einem Reichsgesetze erforderlich und ausreichend.

[…]

Art. 7. Der Bundesrath beschließt:

1. über die dem Reichstage zu machenden Vorlagen und die von demselben gefaßten Beschlüsse;
2. über die zur Ausführung der Reichsgesetze erforderlichen allgemeinen Verwaltungsvorschriften und Einrichtungen, sofern nicht durch Reichsgesetz etwas Anderes bestimmt ist;
3. über Mängel, welche bei der Ausführung der Reichsgesetze oder der vorstehend erwähnten Vorschriften oder Einrichtungen hervortreten.

[…]

Weimarer Reichsverfassung von 1919

Art. 60. Zur Vertretung der deutschen Länder bei der Gesetzgebung und Verwaltung des Reichs wird ein Reichsrat gebildet.

Übersicht

A. Allgemeine Bedeutung

I. Genese

1 Der BR steht historisch in einer Linie mit dem **Bundesrat des Deutschen Kaiserreichs** und dem **Reichsrat der Weimarer Zeit.**[1] Bereits unter der Bismarck'schen und der Weimarer Verfassung war es charakteristisch für den deutschen Föderalismus, dass die Länder einerseits einen Großteil der Gesetze des Reiches bzw. Bundes ausführten und andererseits durch die Beteiligung an der Gesetzgebung ihre Erfahrungen aus der Verwaltungspraxis in den Rechtsetzungsprozess einbringen konnten.[2]

2 In den Beratungen zum GG wurden für das anvisierte Bundesorgan, das die Länder vertreten sollte, verschiedene **Kreationsoptionen** diskutiert. Dies waren die jeweils durch Wahl legitimierte Bildung durch das Landesvolk (Senatslösung) oder durch das Landesparlament (Repräsentationslösung)[3] und die Bildung durch die Landesregierungen (Bundesratslösung). Außerdem herrschte Uneinigkeit über das **Verhältnis** des BR **zum Bundestag.**[4]

3 Entschieden wurden beide Kernfragen im Sinne einer **Doppellösung.** Ausgangspunkt war der berühmte Kompromiss, den der bayerische Ministerpräsident *Ehard* (CSU) und der nordrhein-westfälische Ministerpräsident *Menzel* (SPD) im Bonner Königshof schlossen.[5]

Ehard setzte sich hinsichtlich der gouvernementalen Ausrichtung des BR durch (Art. 51 Abs. 1). Sie hat den Vorteil, dass die Landesregierungen den Sachverstand und die Erfahrungen ihrer Verwaltungen (insbesondere im

---

[1] Zur Reichsverfassung von 1871 *Scholl,* Der Bundesrat in der deutschen Verfassungsentwicklung, 1982. Zu früheren Vorläufern *Rudolf* Aussprache VVDStRL 58 (1998), 81 (95); *Maurer* in FS f. Winkler, 1997, 615 (625 ff.); zurückhaltend *Bauer* in Dreier Rn. 1 ff. Zu den historischen Entwicklungslinien siehe auch *Müller-Terpitz* in Maunz/Dürig Rn. 3 ff.; *Vierhaus* in Bundesrat Vierzig Jahre Bundesrat, 21 ff.; *Graf Kielmansegg* in Bundesrat Vierzig Jahre Bundesrat, 43 ff.

[2] *Lehmbruch,* Parteienwettbewerb im Bundesstaat, 2000, 60.

[3] ZT dem Senatsmodell zugeordnet, s. zB *Müller-Terpitz* in Maunz/Dürig Rn. 24.

[4] *Dolzer* VVDStRL 58 (1998), 7 (11); *von der Decken* in Schmidt-Bleibtreu/Klein Rn. 2.

[5] *Dolzer* VVDStRL 58 (1999), 7 (11); *Morsey* in Bundesrat Der Bundesrat als Verfassungsorgan und politische Kraft, 65 (71).

Gesetzgebungsverfahren) auf Bundesebene einbringen können.[6] In der Konsequenz wurde dem BR keine dem BT vergleichbare politische Leitungsfunktion eingeräumt; ein Zustimmungsrecht (Art. 78 Var. 1) sollte das Bundesorgan der Länder nur ausnahmsweise in Angelegenheiten von besonderem Länderinteresse erhalten.[7] Dennoch wurden – über die Zusammensetzung aus Regierungsmitgliedern der Länder hinaus – keine Vorkehrungen dahingehend getroffen, dass die Abstimmung allein oder jedenfalls maßgeblich an Länderinteressen ausgerichtet werden muss. Daher ist es verfassungsrechtlich zulässig, wenn die Mehrheit im BR entlang der Parteilinien im Sinne der Mehrheit oder Opposition im BT stimmt (→ Art. 51 Rn. 24).

Seine heutige Fassung hat Art. 50 im Kontext der Ratifikation des **Vertrages von Maastricht** über die Europäische Union[8] durch das G zur Änderung des Grundgesetzes vom 21.12.1992[9] erhalten. Die Ergänzung um den Zusatz „und in Angelegenheiten der Europäischen Union" war im Gesetzentwurf der Bundesregierung[10] noch nicht enthalten; sie geht auf eine Empfehlung der Gemeinsamen Verfassungskommission zurück.[11] Durch das verfassungsändernde Gesetz wurden ua der Europaartikel (Art. 23) und Art. 52 Abs. 3a (Europakammer des Bundesrates) neu in das GG eingefügt. Aufgrund dieser Festschreibung der Mitwirkungsrechte (auch) des BR in Angelegenheiten der Europäischen Union war es konsequent, Art. 50 um diese Aufgabe zu ergänzen.[12] 4

II. Inhaltsübersicht

Art. 50 verdeutlicht, dass der BR nach dem GG das **föderative Verfassungsorgan** ist.[13] Die Norm ist damit Ausdruck des Bundesstaatsprinzips (Art. 20 Abs. 1) und konkretisiert dieses.[14] Sie gibt vor, dass die Länder, wo das GG dem BR Kompetenzen zuweist, nicht unmittelbar bei der Willensbildung des Bundes mitwirken, sondern vermittelt durch das föderative Bundesorgan und damit über die aus ihren Landesregierungen stammenden Bundesratsmitglieder (Art. 51 Abs. 1).[15] Für die Existenz des BR hat Art. 50 konstitutive Bedeutung.[16] 5

Art. 50 umschreibt die **Funktion** des BR im Bundesstaat des GG:[17] die Mitwirkung der Länder bei der Gesetzgebung und Verwaltung des Bundes und in Angelegenheiten der Europäischen Union. Die Norm äußert sich nicht zu der Art der jeweiligen Mitwirkung des BR und ihrer Intensität; aus Art. 50 heraus lassen sich keine konkreten Kompetenzen begründen.[18] Viel- 6

[6] *Hoffmann/Wisser* ZParl 2012, 598 (598 f., 607).

[7] S. zum Ganzen *Dolzer* VVDStRL 58 (1998), 7 (10 f., 21); *Lehmbruch,* Parteienwettbewerb im Bundesstaat, 2000, 79; *Morsey* in Bundesrat Der Bundesrat als Verfassungsorgan und politische Kraft, 65 ff.; *Hanf,* Bundesstaat ohne Bundesrat?, 1999, 37 ff.

[8] Vertrag über die Europäische Union, ABl. 1992 C 191, 1; BGBl. 1992 II 1251.

[9] BGBl. 1992 I 2086.

[10] BT-Drs. 12/3338.

[11] BT-Drs. 12/3896, 17 u. 21.

[12] Siehe auch Bericht der Gemeinsamen Verfassungskommission, BT-Drs. 12/6000, 24 f.

[13] Vgl. BVerfGE 1, 299 (311); 8, 104 (120); 106, 310 (330); *Herzog* in HdbStR III § 57 Rn. 1, § 59 Rn. 1; *Maurer* in FS f. Winkler, 1997, 615 (628 f.).

[14] Siehe auch *Bauer* in Dreier Rn. 15, 19; *Müller/Terpitz* in Maunz/Dürig Rn. 39.

[15] BVerfGE 1, 299 (311); 8, 104 (120); 106, 310 (330).

[16] *Bauer* in Dreier Rn. 15; *Müller/Terpitz* in Maunz/Dürig Rn. 41 f.

[17] BVerfGE 1, 299 (311); 8, 104 (120); 106, 310 (330).

[18] Sa. *Bauer* in Dreier Rn. 15; aA *Rudolf* in Klein, Die Rolle des Bundesrates und der Länder im Prozeß der deutschen Einheit, 1999, 11 (17).

mehr ist er auf Konkretisierung angelegt.[19] Institutionelle und verfahrensmäßige Vorgaben finden sich in Art. 51–53. Daneben ist auf die Befugnisnormen des GG zurückzugreifen.[20] Art. 50 schließt zudem nicht aus, dass durch einfache Bundesgesetze weitere Formen der Mitwirkung der Länder bei der Willensbildung des Bundes eingeführt werden, soweit nicht Vorschriften des GG entgegenstehen oder Bundeskompetenzen ihrer Natur nach unbeschränkbar sind.[21]

III. Überstaatliche Bezüge

7 Die Ergänzung des Art. 50 um die „Angelegenheiten der Europäischen Union" im Jahre 1992 (→ Rn. 4) war Ausdruck des fortschreitenden europäischen Integrationsprozesses. Hintergrund für die verfassungsrechtliche Verankerung der Mitwirkungsrechte ist der durch die Übertragung von Hoheitsrechten auf die Europäische Union gemäß Art. 23 Abs. 1 S. 2, 3 (zuvor Art. 24 Abs. 1) bedingte nationale Kompetenzverlust. Dieser geht – je nach Sachmaterie in unterschiedlichem Maße – auch zu Lasten der Länder, was sich in den abgestuften Mitwirkungsrechten gemäß Art. 23 Abs. 5, 6 widerspiegelt. In seinem **Urteil zum Vertrag von Lissabon** hat das BVerfG dann im Jahre 2009 die verfassungsgerichtlich einklagbare **Integrationsverantwortung** (auch) der gesetzgebenden Körperschaften entwickelt.[22] Sie ist darauf gerichtet, „bei der Übertragung von Hoheitsrechten und bei der Ausgestaltung der europäischen Entscheidungsverfahren dafür Sorge zu tragen, dass in einer Gesamtbetrachtung sowohl das politische System der Bundesrepublik Deutschland als auch das der Europäischen Union demokratischen Grundsätzen im Sinne des Art. 20 Abs. 1 und Abs. 2 in Verbindung mit Art. 79 Abs. 3 GG entspricht".[23] Der Gesetzgeber hat die verfassungsgerichtlichen Vorgaben anschließend im Integrationsverantwortungsgesetz[24] umgesetzt.

8 Die **Europäische Union** hat als Staatenverbund[25] (nicht Bundesstaat) selbst eine quasi-föderale Struktur. Auf der supranationalen Unionsebene liegt auf den ersten Blick ein Vergleich mit dem Unionsorgan (Art. 13 Abs. 1 UAbs. 2 EUV) (Minister-)**Rat** (Art. 16 EUV, Art. 237 ff. AEUV) nahe.[26] Dieser setzt sich gemäß Art. 16 Abs. 2 EUV ebenfalls aus Vertretern der Mitgliedstaaten auf Ministerebene zusammen, die befugt sind, für ihre Regierung verbindlich zu handeln und das Stimmrecht auszuüben. Die Zusammensetzung aus Regierungsmitgliedern entspricht der in den internationalen Beziehungen üblichen Vertretung von Staaten durch ihre Regierungen.[27] Auch im Rat treffen die unterschiedlichen Interessen der Mitgliedstaaten aufeinander.

9 Dennoch bestehen **bedeutende Unterschiede** zwischen Rat einer- und BR andererseits, von denen hier nur auf zwei näher eingegangen werden soll,

---

[19] *Bauer* in Dreier Rn. 15.

[20] *Herzog* in HdbStR III § 58 Rn. 3; siehe auch BVerfGE 1, 299 (311).

[21] BVerfGE 1, 299 (311) zu § 14 Abs. 1 Erstes Wohnungsbaugesetz: Mittelverteilung durch den Bundesminister für Wohnungsbau „im Einvernehmen mit den Ländern".

[22] BVerfGE 123, 267 (351 ff.); hierzu auch *Müller/Terpitz* in Maunz/Dürig Rn. 47.

[23] BVerfGE 123, 267 (356).

[24] BGBl. 2009 I 3022.

[25] BVerfGE 81, 155 (181 ff.); 123, 267 (348).

[26] Sehr zurückhaltend *Bauer* in Dreier Rn. 11.

[27] Siehe *Schwerdtfeger,* Krisengesetzgebung, 2018, 208.

da sie zum besseren Verständnis beider Organe beitragen können: Zum einen hat im Rat jeder Mitgliedstaat grundsätzlich eine Stimme, unabhängig von seiner Größe (vgl. Art. 238 Abs. 1 AEUV). Soweit eine qualifizierte Mehrheit erforderlich ist, kann es nach dem Vertrag von Lissabon allerdings erforderlich sein, dass neben dem auf die Ratsmitglieder bezogenen Mehrheitserfordernis auch 65 % der Unionsbevölkerung von den entsprechenden Mitgliedstaaten repräsentiert werden. Im Bundesrat haben die Länder entsprechend ihrer Bevölkerungszahl stets eine unterschiedliche Stimmenzahl. Zum anderen besteht das ordentliche Gesetzgebungsverfahren auf Unionsebene in der gemeinsamen Annahme eines Gesetzgebungsaktes (Art. 289 Abs. 3 AEUV) durch das Europäische Parlament und den Rat (Art. 289 Abs. 1, 294 AEUV). Der BR wirkt dagegen bei der Bundesgesetzgebung lediglich mit und ist dem BT nicht gleichgestellt.

Die Unterschiede erklären sich aus der **mangelnden Staatsqualität** der Europäischen Union. Der völkerrechtliche Ursprung dieser supranationalen Organisation und die fortbestehende Souveränität der Mitgliedstaaten sprechen für deren weitgehend gleiche Stellung im Staatenverbund, während im Bundesstaat des GG die Zentralebene und damit die Gesamtbevölkerung eine eigenständige Bedeutung gewinnt. Vor diesem Hintergrund ist auch die (mittlerweile nur noch) gleichberechtigte Mitentscheidung des Rates mit dem Europäischen Parlament bei der unionalen Gesetzgebung zu sehen. **10**

Mit Blick auf die Vertretung regionaler und lokaler Interessen und damit auch von Länderinteressen sei zudem auf den **Ausschuss der Regionen** (Art. 300 Abs. 3, 4, Art. 305 ff. AEUV) hingewiesen, der auf Unionsebene gemäß Art. 13 Abs. 4 EUV, Art. 300 Abs. 1 AEUV beratende Aufgaben gegenüber Europäischem Parlament, Rat und Kommission wahrnimmt.[28] Aufgrund der Ausrichtung an regionalen Interessen ist es schlüssig, dass die Bundesregierung gemäß § 14 Abs. 1 EUZBLG Einvernehmen mit dem BR hinsichtlich der Zusammensetzung des Ausschusses der Regionen herstellt. **11**

Der BR pflegt selbständig **internationale Beziehungen:**[29] Seine Vertreter agieren als stimmberechtigte Delegierte bei den Konferenzen der Präsidenten der Parlamente der Mitgliedstaaten der Europäischen Union und des Europarates, den Tagungen der Vereinigung der Senate Europas, der Konferenz der Mitglieder der Europaausschüsse der nationalen Parlamente und des Europäischen Parlaments (COSAC), der Interparlamentarischen Konferenz über Stabilität, wirtschaftliche Koordinierung und Steuerung in der EU und dem Gemeinsamen Parlamentarischen Kontrollgremium für Europol. Darüber hinaus ist der BR durch eine gemeinsame Delegation mit dem BT bei den Sitzungen der Parlamentarischen Versammlung der NATO vertreten und hat Beobachterstatus bei der Parlamentarischen Versammlung der OSZE, der Parlamentarischen Versammlung des Europarates sowie der Interparlamentarischen Union. **12**

---

[28] Siehe auch *Bauer* in Dreier Rn. 11.
[29] Hierzu *Bundesrat,* Handbuch 2018/2019, 25 f.

B. Einzelfragen

I. Durch den Bundesrat

13 Art. 50 gibt vor, dass die Mitwirkung der Länder bei der Gesetzgebung und Verwaltung des Bundes und in Angelegenheiten der Europäischen Union gerade durch den BR erfolgt. Diese Norm, der dem BR gewidmete eigene Abschnitt des GG (IV.) sowie dessen systematische Stellung machen deutlich, dass der BR unter dem GG als (permanentes → Art. 51 Rn. 10) **eigenständiges Verfassungsorgan** konzipiert ist.[30] Er stellt damit nicht die zweite Kammer eines einheitlichen, mehrteiligen Parlaments dar, sondern steht selbständig neben dem BT als dem unmittelbar demokratisch legitimierten Parlament.[31] Zudem ist der BR nicht gleichwertig mit dem BT am Gesetzgebungsverfahren beteiligt, wie es ein Zwei-Kammer-System nahelegen würde. Das verdeutlicht bereits Art. 50, der lediglich von Mitwirkung spricht,[32] und darüber hinaus insbesondere Art. 77 Abs. 1 S. 1[33].

14 Der BR ist ein **Organ des Bundes.** Entgegen der missverständlichen Bezeichnung als (gesetzgebende) „Körperschaft" (Art. 55 Abs. 1, Art. 59 Abs. 2 S. 1, Art. 61 Abs. 1 S. 4) ist er nicht selbst eine juristische Person, sondern Organ der juristischen Person Bundesrepublik Deutschland.[34] Die Verwendung des Begriffs der Körperschaft erklärt sich aus der kollegialen Zusammensetzung des BR.[35] Als Bundesorgan ist der BR auch Verpflichtungsadressat des **Grundsatzes der Organtreue**[36] und im Verhältnis zu den anderen Bundesorganen zu wechselseitiger Rücksichtnahme bei der Kompetenzausübung verpflichtet.[37] Dagegen kann der im Bund-Länder-Verhältnis bzw. im Verhältnis der Länder untereinander geltende Grundsatz der Bundestreue (→ Art. 20 Rn. 101)[38] für den BR allenfalls in dessen Eigenschaft als Bundesorgan von Bedeutung sein.[39]

15 Beschlüsse und Willensäußerungen des Bundesorgans BR sind dem Zentralstaat zuzurechnen; er übt in seinem Aufgabenbereich **Bundesstaatsgewalt** aus.[40] Dass durch den BR die Länder an der Willensbildung des

---

[30] Siehe auch *Müller/Terpitz* in Maunz/Dürig Rn. 43; *von der Decken* in Schmidt-Bleibtreu/Klein Rn. 3.

[31] Vgl. BVerfGE 37, 363 (380); *Herzog* in HdbStR III § 57 Rn. 14. Zum Begriff der zweiten Kammer *Klein* AöR 108 (1983), 329 (330 ff.).

[32] *Dolzer* VVDStRL 58 (1998), 7 (15); einschränkend *Müller/Terpitz* in Maunz/Dürig Rn. 50. Der BR kann den Inhalt eines Gesetzes im Verlauf des Gesetzgebungsverfahrens nicht aktiv und selbständig ändern; er ist auf eine intervenierende Rolle beschränkt; s. *von der Decken* in Schmidt-Bleibtreu/Klein Rn. 7.

[33] Siehe BVerfGE 37, 363 (380).

[34] *Krebs* in v. Münch/Kunig, 6. Aufl. 2012, Art. 50 Rn. 4; *Müller/Terpitz* in Maunz/Dürig Rn. 44.

[35] *von der Decken* in Schmidt-Bleibtreu/Klein Rn. 5; siehe auch *Müller/Terpitz* in Maunz/Dürig Rn. 44.

[36] Hierzu *Schenke,* Die Verfassungsorgantreue, 1977; *Lorz,* Interorganrespekt im Verfassungsrecht, 2001; *Voßkuhle* NJW 1997, 2216; aus der Rechtsprechung BVerfGE 89, 155 (190 ff.); 90, 286 (337); 97, 350 (374 f.); 119, 96 (125).

[37] *Bauer* in Dreier Rn. 18; *Müller/Terpitz* in Maunz/Dürig Rn. 48.

[38] *Bayer,* Die Bundestreue, 1961; *Bauer,* Die Bundestreue, 1992. Aus der Rechtsprechung BVerfGE 4, 115 (140); 6, 309 (361); 12, 205 (254 f.); 34, 9 (44 f.); 55, 274 (346 ff.); 73, 118 (197); 81, 310 (337 f.).

[39] *Krebs* in v. Münch/Kunig, 6. Aufl. 2012, Art. 50 Rn. 4; krit. *Korioth* in MKS Rn. 13.

[40] *Herzog* in HdbStR III § 57 Rn. 2; *Rührmair,* Der Bundesrat zwischen Verfassungsauftrag, Politik und Länderinteresse, 2001, 68; siehe auch *Risse/Wisser* in Kluth/Krings Gesetzgebung, § 18 Rn. 1; *Bauer* in Dreier Rn. 18.

Bundes mitwirken, wie es Art. 50 formuliert, ändert an dieser Zuordnung nichts, denn ihre Mitwirkung wird gerade in diesem Bundesorgan gebündelt. Weist das GG dem BR Kompetenzen zu, können die Länder nicht an seiner Stelle handeln.[41] Aus der Qualifizierung als Bundesorgan folgt zugleich, dass der BR **gesamtstaatliche Verantwortung** trägt (vgl. Art. 23 Abs. 5 S. 2, Abs. 6 S. 2); auch eine Orientierung des föderativen Bundesorgans an den Länderinteressen kann diese Zuordnung nicht vollständig überspielen.[42]

Die vom BR wahrzunehmenden Aufgaben sind ausschließlich Aufgaben des Bundes, auch soweit es sich um „Angelegenheiten der Europäischen Union" handelt.[43] In der Konsequenz kann die Mitwirkung des BR an der Willensbildung des Bundes auch nicht von einem Land als eigenes Recht iSd Bund-Länder-Streits (Art. 93 Abs. 1 Nr. 3 GG, § 64 Abs. 1 iVm § 69 BVerfGG) geltend gemacht werden.[44] Vielmehr ist nur der BR als oberstes Bundesorgan im **Organstreitverfahren** beteiligtenfähig (Art. 93 Abs. 1 Nr. 1 GG, § 63 BVerfGG). Dagegen sieht das GG kein Verfahren vor, in dem der BR sich gegenüber einem anderen Bundesorgan oder einem Wahlvolk (politisch) verantworten müsste – anders als BT und Bundesregierung (s. insbes. Art. 67, 68).[45] Hiervon zu unterscheiden ist die Kontrolle der Landesregierungen durch den jeweiligen Landtag. **16**

II. Wirken die Länder mit

Unter dem **Begriff der Mitwirkung** ist Teilhabe an den organisatorisch ausdifferenzierten Entscheidungsprozessen des Bundes zu verstehen.[46] ‚Mitwirkung' bezeichnet ein Minus gegenüber der gleichberechtigten ‚Mitentscheidung' – insbesondere gegenüber dem BT bei der Gesetzgebung.[47] Zudem bringt der Begriff zum Ausdruck, dass es dem BR an originären Aufgaben, die spezifisch auf ihn zugeschnitten sind, mangelt.[48] Die Mitwirkung steht nicht im Belieben des BR. Seinen Mitwirkungsrechten entspricht vielmehr spiegelbildlich die **Pflicht** zur Mitwirkung. Dies verdeutlicht bereits die indikativische Formulierung des Art. 50 („wirken mit"), wenngleich die Norm selbst nicht als pflichtbegründend anzusehen ist.[49] **17**

Jenseits der Mitwirkung der Länder durch den BR schließt Art. 50 **weitere Formen der Mitwirkung der Länder**[50] bei der Willensbildung des Bundes nicht aus (→ Rn. 6). In ihrer Summe lassen sich die verschiedenen Formen der Verschränkung von Entscheidungsprozessen von Bund und Ländern und **18**

---

[41] BVerfGE 1, 299 (311); 8, 104 (120); siehe auch *Bauer* in Dreier Rn. 15, 18.

[42] Vgl. *Rührmair,* Der Bundesrat zwischen Verfassungsauftrag, Politik und Länderinteressen, 2001, 75 f.; *Koschnick* in Bundesrat Vierzig Jahre Bundesrat, 81 ff.; *Klein* Aussprache VVDStRL 58 (1998), 81 (93); *Merten* Aussprache VVDStRL 58 (1998), 81 (126); *Bauer* in Dreier Rn. 18; *Müller/Terpitz* in Maunz/Dürig Rn. 46: zuvörderst Verpflichtung auf das Wohl des Bundes.

[43] *Krebs* in v. Münch/Kunig, 6. Aufl. 2012, Art. 50 Rn. 5.

[44] BVerfGE 94, 297 (311).

[45] Kritisch *Ossenbühl* AöR 99 (1974), 369 (409); siehe auch *Dolzer* VVDStRL 58 (1998), 7 (26).

[46] *Krebs* in v. Münch/Kunig, 6. Aufl. 2012, Art. 50 Rn. 7.

[47] *Dolzer* VVDStRL 58 (1998), 7 (15). Beachte: Im Vermittlungsausschuss sind BT und BR mit jeweils 16 Mitgliedern vertreten, s. § 1 GO Vermittlungsausschuss.

[48] *Maurer* Aussprache VVDStRL 58 (1998), 81 (123); vgl. a. *Müller/Terpitz* in Maunz/Dürig Rn. 50.

[49] *Reuter,* Praxishandbuch Bundesrat, 2. Aufl. 2007, Teil I, Art. 50 Rn. 225: Verfassungspflicht zu bundestreuem Verhalten; *von der Decken* in Schmidt-Bleibtreu/Klein Rn. 6.

[50] Hierzu auch *Müller/Terpitz* in Maunz/Dürig Rn. 55.

der Länder untereinander unter den (politikwissenschaftlichen) Begriff des „kooperativen Föderalismus"[51] fassen. Insgesamt existieren zahlreiche formelle und informelle Kontakte und Arbeitsgremien.[52]

19 Das GG räumt in verschiedenen Bereichen den Ländern selbst oder bestimmten Landesorganen weitere Mitwirkungsrechte ein, zB bei der Wahl des Bundespräsidenten (Art. 54 Abs. 3) und der Bestellung der Richter an den obersten Gerichtshöfen des Bundes (Art. 95 Abs. 2), in Verfahren vor dem BVerfG (Art. 93 Abs. 1 Nr. 2, 2a, Abs. 2) sowie beim Abschluss bestimmter völkerrechtlicher Verträge (Art. 32 Abs. 2). Bei den Gemeinschaftsaufgaben wirken Bund und Länder gemäß Art. 91a ff. zusammen.

20 Auch **einfache Bundesgesetze** normieren Mitwirkungsrechte der Länder oder von Landesorganen. Im Bereich des Verfassungsprozessrechts räumen ihnen § 36, § 43 Abs. 2, § 68, § 71 Abs. 1, § 73 Abs. 1, § 77, § 86 Abs. 1, § 94 Abs. 1 BVerfGG Beteiligungsrechte in weiteren Verfahren vor dem BVerfG ein. Zudem ist einfachgesetzlich für verschiedene Gremien die Besetzung auch mit Ländervertretern vorgesehen (zB § 49a Abs. 1 HGrG – Gremium zur Standardisierung des staatlichen Rechnungswesens, § 1 Abs. 1 S. 2 Nr. 2 StabiRatG – Stabilitätsrat, § 18 Abs. 1 S. 2 Nr. 2 StabG – Konjunkturrat, § 51a Abs. 3 BImSchG – Kommission für Anlagensicherheit).

21 Als weitere **institutionalisierte Formen der „Politikverflechtung"**[53] im Bund-Länder-Verhältnis lassen sich Bund-Länder-Ausschüsse, die Besprechungen der „präsidierenden Mitglieder der Landesregierungen" mit der Bundesregierung gemäß § 31 GOBReg und die Vertretungen der Länder beim Bund[54] mit den Bevollmächtigten der Länder beim Bund nennen.[55] Die Bevollmächtigten der Länder beim Bund vertreten und repräsentieren ihr Land auch im BT und bei der Bundesregierung (sowie gegenüber ausländischen Botschaften und Verbänden); sie sind gewissermaßen „Ohr und Stimme ihrer Landesregierung".[56] Außerdem sind sie Mitglieder des Ständigen Beirats des Bundesrates, der beim Präsidium des Bundesrates angesiedelt ist, dieses berät, unterstützt und bei der Aufrechterhaltung der laufenden Verbindung zwischen Bundesregierung und BR mitwirkt (§ 9 GOBR). Die Aufgabe des Ständigen Beirats wird daher mit der des Ältestenrates des Bundestages verglichen.[57]

22 Als Bundesorgan ist der BR verfassungsrechtlich kein Koordinationsgremium zur Organisation gemeinsamer Ausübung von Länderzuständigkeiten.[58]

---

[51] *Krebs* in v. Münch/Kunig, 6. Aufl. 2012, Art. 50 Rn. 8. Aus politikwissenschaftlicher Sicht *Laufer/Münch,* Das föderative System der Bundesrepublik Deutschland, 1998, 247 ff.; *Klatt* VerwArch 78 (1987), 186 ff.; *Benz* DÖV 1993, 85 ff.; *Scharpf/Reissert/Schnabel,* Politikverflechtung – Theorie und Empirie des kooperativen Föderalismus in der Bundesrepublik, 2 Bände, 1976/77; siehe auch *Hanf,* Bundesstaat ohne Bundesrat?, 1999, 53 ff.; *Oschatz* in Merten Der Bundesrat in Deutschland und Österreich, 135 (141 ff.).

[52] Hierzu *Laufer/Münch,* Das föderative System der Bundesrepublik Deutschland, 1998, 251 ff.; *Rudolf* in HdbStR VI, § 141 Rn. 31 ff.

[53] Zum Begriff vgl. *Scharpf* in Scharpf/Reissert/Schnabel Politikverflechtung – Theorie und Empirie des kooperativen Föderalismus in der Bundesrepublik, Bd. 1, 22 ff.; *König* in Scharpf/Reissert/Schnabel Politikverflechtung – Theorie und Empirie des kooperativen Föderalismus in der Bundesrepublik, Bd. 2, 75 ff.

[54] Dazu bereits *Oerter* VR 1981, 181.

[55] *Krebs* in v. Münch/Kunig, 6. Aufl. 2012, Art. 50 Rn. 8.

[56] *Bundesrat,* Handbuch 2018/2019, 16.

[57] *Bundesrat,* Handbuch 2018/2019, 16.

[58] Vgl. *Badura* in Bundesrat Vierzig Jahre Bundesrat, 317 (318); *Korioth* in MKS Rn. 29; zurückhaltender *Rührmair,* Der Bundesrat zwischen Verfassungsauftrag, Politik und Länderinteresse, 2001, 150 f.

Auch in der Praxis hat er sich nicht zu einem solchen entwickelt.[59] Vielmehr erfolgt die **Koordinierung der Länder** insbesondere im Rahmen der Ministerpräsidenten- und der Fachministerkonferenzen, deren Geschäftsstellen jedoch teilweise beim BR angesiedelt sind.[60] Darüber hinaus bestehen vielfältige Verbindungen zwischen Parlamentariern, Staatssekretären oder anderen Vertretern von Ministerien auf unterschiedlichen Ebenen.

Die – horizontale – Kooperation der Länder untereinander hat gewissermaßen eine **dritte Ebene politischer Willensbildung** unterhalb des Bundes und oberhalb der Länder etabliert, welche die Struktur bundesstaatlicher Entscheidungsprozesse wesentlich prägt.[61] Ergebnisse entsprechender Abstimmungsprozesse sind ua Verwaltungsabkommen und Staatsverträge[62] sowie gemeinsam erarbeitete Musterentwürfe, auf deren Grundlage (weitgehend) inhaltsgleiche Landesgesetze ergehen[63]. Im Ergebnis legt die unitarisierende Wirkung entsprechender Kooperationen einen Vergleich mit der Hochzonung von Landeszuständigkeiten auf die Bundesebene nahe.[64] Der entscheidende Unterschied liegt aufgrund der fortbestehenden Landeszuständigkeit jedoch darin, dass jedes Land derartigen vereinheitlichenden Regelungen zustimmen muss, während auf Bundesebene die Länderbeteiligung im BR dem Mehrheitsprinzip (Art. 52 Abs. 3 S. 1) unterliegt.[65] Auf der Landesebene selbst führt die vereinheitlichende Kooperation jedoch zu einer horizontalen Gewichtsverschiebung zu Lasten der Landesparlamente.[66] 23

III. Bei der Gesetzgebung und Verwaltung des Bundes und in Angelegenheiten der Europäischen Union

Die in Art. 50 bezeichneten Mitwirkungsbereiche der Gesetzgebung, Verwaltung und Angelegenheiten der Europäischen Union sind eine **Sammel-** 24

[59] *Reuter,* Praxishandbuch Bundesrat, 2. Aufl. 2007, Teil I, Art. 50 Rn. 59; *Koschnick* in Bundesrat Vierzig Jahre Bundesrat, 81 (84).

[60] *Lehmbruch,* Parteienwettbewerb im Bundesstaat, 2000, 94 f., 100 ff., auch zur Bedeutung und historischen Entwicklung; *Risse/Wisser* in Kluth/Krings Gesetzgebung, § 18 Rn. 2; siehe auch *Hoffmann/Wisser* ZParl 2012, 598 (601 ff.). Zur Rolle des Bundes bei der Zusammenarbeit der Länder *Feuchte* AöR 98 (1973), 473 (475 ff.).

[61] Vgl. *Scharpf* in Bundesrat Vierzig Jahre Bundesrat, 121 ff.; *Benz* DÖV 1993, 85 ff.; *Oschatz* in Merten Der Bundesrat in Deutschland und Österreich, 135 (141); zu den Problemen der rechtssystematischen Zuordnung dieses „intraföderativen Rechts" *Rudolf* in HdbStR VI § 141 Rn. 86 ff. mwN; zur verfassungsrechtlichen Zulässigkeit *Nettesheim* in FS f. Badura, 2004, 363 (380 ff.).

[62] ZB Verwaltungsabkommen über die Übertragung von Aufgaben an die Zentralstelle der Länder für Gesundheitsschutz bei Arzneimitteln und Medizinprodukten v. 24.11.2017; Staatsvertrag für Rundfunk und Telemedien (Rundfunkstaatsvertrag) v. 31.8.1991 in der Fassung des Zweiundzwanzigsten Rundfunkänderungsstaatsvertrages, in Kraft seit 1.5.2019; Staatsvertrag über die Hochschulzulassung v. 21.3.2019.

[63] ZB Musterentwurf eines einheitlichen Polizeigesetzes des Bundes und der Länder v. 25.11.1977, abgedr. bei *Schenke,* Polizei- und Ordnungsrecht, 10. Aufl. 2018, 405 ff. Der Koalitionsvertrag zwischen CDU, CSU und SPD für die 19. Legislaturperiode „Ein neuer Aufbruch für Europa. Eine neue Dynamik für Deutschland. Ein neuer Zusammenhalt für unser Land" sieht die Erarbeitung eines gemeinsamen Musterpolizeigesetzes vor (126). Grundlage ist ein entsprechender Beschluss der 206. Sitzung der Ständigen Konferenz der Innenminister und -senatoren der Länder (12.-14.6.2017).

[64] *Krebs* in v. Münch/Kunig, 6. Aufl. 2012, Art. 50 Rn. 9.

[65] S. *Rudolf* in HdbStR VI, § 141 Rn. 86; *Feuchte* AöR 98 (1973), 473 (499 ff.); *Hanf,* Bundesstaat ohne Bundesrat?, 1999, 65.

[66] Vgl. *Klatt* VerwArch 78 (1987), 186 (197 ff.); *Leisner* DÖV 1968, 389 (392 f.); *Kisker,* Kooperation im Bundesstaat, 1971, 126; *Rührmair,* Der Bundesrat zwischen Verfassungsauftrag, Politik und Länderinteresse, 2001, 149; *Konow* DÖV 1970, 22 (25).

bezeichnung für die sich aus anderen Vorschriften des GG – und ggf. des einfachen Bundesrechts[67] – ergebenden konkreten Befugnisse des BR.[68] Eine Gesamtschau der erfassten Befugnisse ergibt, dass diese nicht auf Fragen mit speziellem Länderbezug beschränkt sind; hierin kommt die gesamtstaatliche Verantwortung des BR als Bundesorgan (→ Rn. 14 f.) zum Ausdruck.[69] Art. 50 bildet die Aufgaben des BR seinem Wortlaut nach zudem nicht vollständig oder zumindest nicht hinreichend präzise ab;[70] insbesondere scheint er eine Mitwirkung im Bereich der Regierungsfunktion nicht zu erfassen. Mit Blick auf die grundgesetzlichen Befugnisnormen zum BR ist der Begriff der Verwaltung systematisch weit auszulegen. Die Aufzählung ist lediglich als **negative Abgrenzung zur rechtsprechenden Gewalt** zu verstehen, denn diese ist gemäß Art. 92 Hs. 1 den Richtern anvertraut.[71]

25 **1. Gesetzgebung des Bundes.** Die Mitwirkung des BR bei der Gesetzgebung des Bundes ist seine **wichtigste Aufgabe.** Die sog. Ewigkeitsgarantie des Art. 79 Abs. 3 schützt „die grundsätzliche Mitwirkung der Länder bei der Gesetzgebung", weist diese aber nicht unabänderlich dem BR zu[72]. Art. 78 verdeutlicht, dass kein Gesetz ohne die Beteiligung des BR zustande kommt. Die größte Bedeutung kommt dem BR bei Zustimmungsgesetzen zu. Der BR kann ihr Zustandekommen durch die Verweigerung seiner Zustimmung endgültig verhindern.[73] Dagegen hat der Einspruch des BR im Falle einer geschlossen handelnden Bundestagsmehrheit in der Regel lediglich die Wirkung eines suspensiven Vetos, weil der Einspruch nach Maßgabe des Art. 77 Abs. 4 zurückgewiesen werden kann.[74]

26 Nach dem Enumerationsprinzip muss die **Zustimmungsbedürftigkeit** eines Gesetzes im GG angeordnet sein. Grundsätzlich werden Gesetze für zustimmungsbedürftig erklärt, wenn sie den Interessenbereich der Länder besonders stark berühren.[75] Der BT ordnet im Gesetzgebungsverfahren ein Gesetzesvorhaben als Einspruchs- oder Zustimmungsgesetz ein und folgt insoweit regelmäßig der Bundesregierung. Der BR kann zu dieser Klassifizierung im Rahmen seiner Verfahrensbeteiligung zwar Stellung nehmen, sie aber nicht eigenständig abändern.[76] In einem Normenkontrollverfahren vor dem BVerfG gegen das Gesetz gemäß Art. 93 Abs. 1 Nr. 2 kann allerdings eine Landesregierung die unzutreffende Einstufung (als Einspruchsgesetz) und damit die formelle Verfassungswidrigkeit geltend machen. In Betracht kommen kann zudem ein Organstreitverfahren des BR selbst gegen den BT gemäß Art. 93 Abs. 1 Nr. 1.

---

[67] Siehe auch *Bauer* in Dreier Rn. 15 mit Fn. 96; *Dörr* in BeckOK GG Rn. 4.1.; aA *Korioth* in MKS Rn. 25; *Pieroth* in Jarass/Pieroth Rn. 2.

[68] *Krebs* in v. Münch/Kunig, 6. Aufl. 2012, Art. 50 Rn. 10.

[69] *Sachs* VVDStRL 58 (1998), 39 (48).

[70] *Herzog* in HdbStR III § 58 Rn. 2; *Reuter,* Praxishandbuch Bundesrat, 2. Aufl. 2007, Teil I, Art. 50 Rn. 226; *Bauer* in Dreier Rn. 15 mit Fn. 92; vgl. auch *von der Decken* in Schmidt-Bleibtreu/Klein Rn. 26 f.

[71] *Krebs* in v. Münch/Kunig, 6. Aufl. 2012, Art. 50 Rn. 11.

[72] *Müller-Terpitz* in Maunz/Dürig Rn. 54, 59.

[73] Durch eine Zustimmungsverweigerung verhindert wurden zwischen 1994 und 2017 unter 3 % der Zustimmungsgesetze. Datengrundlage: *Bundesrat,* Handbuch 2018/2019, 317, 319.

[74] Siehe auch *Sachs* VVDStRL 58 (1998), 39 (56).

[75] BVerfGE 1, 76 (79); 37, 363 (381); 48, 127 (179).

[76] Siehe auch *Posser* in Benda/Maihofer/Vogel VerfassungsR-HdB, § 24 Rn. 32 ff.; *von der Decken* in Schmidt-Bleibtreu/Klein Rn. 11.

Nach dem GG ist das Zustimmungsgesetz also die Ausnahme, das Einspruchsgesetz die Regel.[77] In der Verfassungswirklichkeit war das Zahlenverhältnis jedoch lange Zeit umgekehrt, da nach der Rechtsprechung des BVerfG eine einzige zustimmungsbedürftige Bestimmung die Zustimmungsbedürftigkeit des gesamten Gesetzes auslöst[78]. Im Zuge der **Föderalismusreform I** (2006)[79] (→ Art. 20 Rn. 96, 105) wurde vor diesem Hintergrund insbesondere Art. 84 Abs. 1 neu gefasst – das zuvor wesentliche Einfallstor für Zustimmungserfordernisse.[80] In der 17. und 18. Legislaturperiode (2009–2013, 2013–2017) sank der Anteil der Zustimmungsgesetze auf unter 40 % gegenüber knapp 60 % in der 13. Legislaturperiode (1994–1998).[81] 27

Zustimmungsbedürftig sind insbesondere folgende Gesetze:[82] 28

Gesetze, die die Verwaltungshoheit der Länder berühren:

- Bundeseigene Verwaltung und Bundesauftragsverwaltung: Art. 87 Abs. 3 S. 2; Art. 87b Abs. 1 S. 3, 4, Abs. 2 S. 1; Art. 87c; Art. 87d Abs. 2; Art. 120a Abs. 1 S. 1 Alt. 1; Art. 143e Abs. 1 S. 2, Abs. 3
- Landeseigene Verwaltung: Art. 87e Abs. 1 S. 2 iVm Abs. 5 S. 1
- Bundesaufsicht über Landesbehörden: Art. 84 Abs. 5; Art. 87b Abs. 2; Art. 120a Abs. 1 S. 1 Alt. 2
- Organisation und Verwaltungsverfahren von Landesbehörden: Art. 84 Abs. 1 S. 3, 6; Art. 85 Abs. 1 S. 1; Art. 108 Abs. 2 S. 2, Abs. 5 S. 2
- Zusammenwirken von Bundes- und Landesbehörden: Art. 108 Abs. 4 S. 1
- Zusammenwirken von Landesbehörden: Art. 108 Abs. 4a S. 1

Gesetze, die die Finanzhoheit der Länder berühren:

- Steuern, deren Aufkommen den Ländern oder Gemeinden ganz oder teilweise zufließt: Art. 105 Abs. 3
- Finanzausgleich im weiteren Sinn: Art. 104a Abs. 4, Abs. 5 S. 2, Abs. 6 S. 4; Art. 104b Abs. 2 S. 1; Art. 106 Abs. 3 S. 3, Abs. 4 S. 2, Abs. 5 S. 2, Abs. 5a S. 3, Abs. 6 S. 5; Art. 106a S. 2; Art. 106b S. 2; Art. 107 Abs. 1 S. 2, 3, Abs. 2
- zeitlich begrenzte Finanzhilfen: Art. 143c Abs. 4; Art. 143d Abs. 2 S. 3, 5, Abs. 3 S. 2, Abs. 4 S. 3
- Haushalts- und Wirtschaftsführung: Art. 109 Abs. 4 S. 1, Abs. 5 S. 3; Art. 109a Abs. 1
- Besoldung und Versorgung von Beamten: Art. 74 Abs. 1 Nr. 27 iVm Abs. 2
- Rechtsnachfolge in Reichs- und Landesvermögen: Art. 134 Abs. 4; Art. 135 Abs. 5

Gesetze über Gemeinschaftsaufgaben: Art. 91a Abs. 2; Art. 91e Abs. 3

Gesetze zur Verwaltungszusammenarbeit von Bund und Ländern: Art. 91c Abs. 4, 5

---

[77] BVerfGE 37, 363 (381); 105, 313 (339).
[78] BVerfGE 8, 274 (294 f.); 37, 363 (381); 55, 274 (319, 326 f.); 105, 313 (339); 112, 226 (253 f.).
[79] G zur Änderung des Grundgesetzes v. 28.8.2006 (BGBl. 2006 I 2034) und Begleitgesetz zur Föderalismusreform (BGBl. 2006 I 2098); vgl. zB *Ipsen* NJW 2006, 2801; *Selmer* JuS 2006, 1052; *Degenhart* NVwZ 2006, 1209.
[80] Hierzu auch *Häde* JZ 2006, 930 (934); *Kahl* NVwZ 2008, 710 (710 ff.); *von der Decken* in Schmidt-Bleibtreu/Klein Rn. 14, 18.
[81] Datengrundlage: *Bundesrat*, Handbuch 2018/2019, 317.
[82] Angelehnt an *Krebs* in v. Münch/Kunig, 6. Aufl. 2012, Art. 50 Rn. 14.

Gesetze über die Ausübung von Gerichtsbarkeit des Bundes durch Gerichte der Länder: Art. 96 Abs. 5

Gesetze über das Verfahren bei Gebietsänderungen: Art. 29 Abs. 7

Gesetze über flächendeckende Dienstleistungen: Art. 87e Abs. 5 S. 2; Art. 87f Abs. 1; Art. 143a Abs. 3 S. 3; Art. 143b Abs. 2 S. 3

Gesetze im und nach dem Verteidigungsfall: Art. 115c Abs. 1 S. 2, Abs. 3; Art. 115k Abs. 3 S. 2; Art. 115l Abs. 1 S. 1.

29 Im Einzelnen umfasst die Mitwirkung des BR bei der Bundesgesetzgebung im **ordentlichen Gesetzgebungsverfahren:**

- die Ausübung des Initiativrechts gemäß Art. 76 Abs. 1[83] (außerdem kann der BR mit einer Entschließung die Bundesregierung zu Initiativen veranlassen[84])
- die Stellungnahme zu den Regierungsvorlagen im ersten Durchgang gemäß Art. 76 Abs. 2;[85] zum Haushaltsplan gemäß Art. 110 Abs. 3
- die Anrufung des Vermittlungsausschusses gemäß Art. 77 Abs. 2 S. 1 (siehe auch § 31 GOBR)
- die Einlegung des Einspruchs gegen ein vom BT beschlossenes nicht zustimmungsbedürftiges Gesetz gemäß Art. 77 Abs. 3 S. 1
- die Erteilung oder Verweigerung der Zustimmung zu einem (Zustimmungs-)Gesetz gemäß Art. 77 Abs. 2a[86]

30 Auch für die Ratifizierung sog. politischer und gesetzesvertretender **völkerrechtlicher Verträge** iSd Art. 59 Abs. 2 S. 1 ist ein Bundesgesetz erforderlich, an dem der BR „mitzuwirken" hat. Die Form seiner Mitwirkung richtet sich wiederum danach, ob die konkrete Materie bei einer innerstaatlichen Regelung zustimmungsbedürftig wäre (→ Art. 59 Rn. 93). Hierdurch wirkt der BR bei der **auswärtigen Gewalt** mit. Da diese in Art. 50 – im Gegensatz zu den Angelegenheiten der Europäischen Union – nicht gesondert aufgeführt wird, ist insoweit die Zuordnung zur Mitwirkung bei der Gesetzgebung angezeigt.[87]

31 **Besonderheiten** hinsichtlich der Mitwirkung des BR bei der Bundesgesetzgebung ergeben sich:

- bei Grundgesetzänderungen gemäß Art. 79 Abs. 2
- im Gesetzgebungsnotstand gemäß Art. 81 Abs. 2, Abs. 3 S. 1 (BR als „Legalitätsreserve"[88])
- im Verteidigungsfall gemäß Art. 115d Abs. 2.

---

[83] Hierzu *Schwarz* in Kluth/Krings Gesetzgebung § 16. Von den vom BR zwischen 1994 und 2017 beschlossenen und der Bundesregierung zugeleiteten Gesetzentwürfen wurden ca. 20% vom Bundespräsidenten ausgefertigt und verkündet, s. *Bundesrat,* Handbuch 2018/2019, 316. Für das Haushaltsgesetz hat gemäß Art. 110 Abs. 3 nur die Bundesregierung ein Initiativrecht. Ob Gleiches auch für Vertragsgesetze zu völkerrechtlichen Verträgen iSd Art. 59 Abs. 2 S. 1 gilt, ist umstritten (→ Art. 59 Rn. 91).

[84] *Bundesrat,* Handbuch 2018/2019, 22.

[85] Hierzu *Hoffmann/Wisser* ZParl 2012, 598 (598 ff.). Der BR macht von seinem Recht zur Stellungnahme ausnahmslos Gebrauch, s. *Bundesrat,* Handbuch 2018/2019, 18. Die Umgehung des ersten Durchgangs durch Einbringung eines Regierungsentwurfs über die Regierungsfraktionen „aus der Mitte des Bundestages" verstößt nicht gegen die Verfassung, s. *Schwerdtfeger,* Krisengesetzgebung, 2018, 152.

[86] BVerfGE 37, 363 (380 f.).

[87] Kritisch *Herzog* in HdbStR III § 58 Rn. 2.

[88] ZB *Posser* in Benda/Maihofer/Vogel VerfassungsR-HdB, § 24 Rn. 46; *Müller/Terpitz* in Maunz/Dürig Rn. 40; siehe auch *Rudolf* in Klein, Die Rolle des Bundesrates und der Länder im Prozeß der deutschen Einheit, 1999, 11 (31): „Legitimationsreserve".

Insbesondere bei Gesetzesvorlagen der Bundesregierung, die in der Bundesministerialverwaltung erarbeitet wurden, erfüllt der BR eine wichtige **Kontrollfunktion:** Der in den Bundesratsausschüssen gebündelte Sachverstand der Länderministerialverwaltungen (vgl. Art. 52 Abs. 4) ermöglicht eine effektive Kontrolle, die derjenigen durch den BT deutlich überlegen sein dürfte.[89] Eine effektive Mitwirkung des BR wird mit Blick auf die grundgesetzlich normierten Fristen im Gesetzgebungsverfahren dadurch erleichtert, dass gemäß § 47 GGO bereits der Entwurf einer Gesetzesvorlage der Bundesregierung auch den **Ländern** möglichst frühzeitig zuzuleiten ist, wenn ihre Belange berührt sind. 32

Hingewiesen sei schließlich noch auf das Zutritts- und Rederecht der **Mitglieder des BR** sowie ihrer Beauftragten zu bzw. in allen Sitzungen des BT und seiner Ausschüsse gemäß Art. 43 Abs. 2 (siehe auch § 33 GOBR).[90] Dieses ist Ausdruck des Rechts der Stellungnahme des Organs BR gegenüber dem BT.[91] Zudem setzen sich der Gemeinsame Ausschuss (Art. 53a Abs. 1 S. 1) und der Vermittlungsausschuss (Art. 77 Abs. 2 S. 1) aus Abgeordneten des BT und Mitgliedern des BR zusammen (→ Art. 53a Rn. 8 ff.; Art. 77 Rn. 11). 33

2. Verwaltung des Bundes. Anders als zB Art. 1 Abs. 3, Art. 20 Abs. 2 S. 2, Abs. 3 verwendet Art. 50 den Begriff der Verwaltung und nicht den der „vollziehenden Gewalt". Die Mitwirkung bei der Verwaltung des Bundes umfasst daher unzweifelhaft den Bereich der **Verwaltung ieS,** wie er durch den verwaltungsrechtlichen Begriff der Verwaltung definiert wird: Dieser grenzt die Verwaltung nicht nur von der gesetzgebenden und der rechtsprechenden Gewalt ab, sondern innerhalb der exekutiven Gewalt auch von der Regierung.[92] 34

Erfasst ist ebenfalls die rechtsetzende Tätigkeit der Verwaltung. Die **exekutive Rechtsetzung** ist zwar funktional Gesetzgebung (im materiellen Sinne); sie wird aber primär durch ihre Einordnung als Instrument der Exekutive geprägt. Eine abweichende Einordnung als Mitwirkung bei der Gesetzgebung des Bundes iSd Art. 50 Var. 1[93] hätte jedoch keine rechtlichen Konsequenzen. Auch wenn die Bundesregierung bzw. ein Bundesminister handelt, sind die Rechtsverordnungen materiell dem Verwaltungsrecht zuzuordnen. In der Praxis stimmt der BR Verordnungen vermehrt nur mit eigenen Maßgaben zu (sog. Maßgabebeschluss), an die der Verordnungsgeber sie dann noch vor ihrer Verkündung angleicht.[94] 35

Verwaltung iSd Art. 50 Var. 2 muss weitergehend aber auch den Bereich der **Regierung** umfassen, also die staatsleitende, auf politische Entscheidungen bezogene Tätigkeit.[95] Andernfalls würden zahlreiche der im GG aufgezählten Befugnisse des BR nicht von Art. 50 erfasst. Zudem spricht hierfür 36

---

[89] *Herzog* in HdbStR III § 57 Rn. 24, 45 ff.; siehe auch *Bundesrat,* Handbuch 2018/2019, 18.

[90] Zur historischen (Fort-)Entwicklung *Lehmbruch,* Parteienwettbewerb im Bundesstaat, 2000, 147 f.

[91] Vgl. *Dörr* in BeckOK GG Rn. 10.

[92] Vgl. *Schröder* in HdbStR V § 106 Rn. 19 ff.

[93] So offenbar *Sachs* VVDStRL 58 (1998), 39 (66 f.).

[94] *Reuter,* Praxishandbuch Bundesrat, 2. Aufl. 2007, Teil I, Art. 50 Rn. 233; *Sachs* VVDStRL 58 (1998), 39 (66).

[95] *Müller-Terpitz* in Maunz/Dürig Rn. 61 f.; *Reuter,* Praxishandbuch Bundesrat, 2. Aufl. 2007, Teil I, Art. 50 Rn. 226; *Maurer* in FS f. Winkler, 1997, 615 (622); *Dörr* in BeckOK GG Rn. 19. Zum Begriff der Regierung *Maurer/Waldhoff,* Allgemeines Verwaltungsrecht, 19. Aufl. 2017, § 1 Rn. 6.

auch die grundsätzliche Schwierigkeit der Abgrenzung zwischen Regierung und Verwaltung[96]. Die Norm zielt vielmehr darauf, die Mitwirkung des BR auf die Legislative und Exekutive zu beschränken – in Abgrenzung zur rechtsprechenden Gewalt[97]. An der **Rechtspflege** wirkt der BR dagegen über seine justizbezogenen Kompetenzen mit. Hierunter fallen die Antragsbefugnisse vor dem BVerfG und das Recht zur Wahl der Hälfte der Bundesverfassungsrichter gem. Art. 94 Abs. 1 S. 2 GG.[98]

37 Die Mitwirkung der Länder bei der Verwaltung des Bundes durch den BR umfasst somit eine Vielzahl an grundgesetzlich normierten[99] Befugnissen:[100]

Mitwirkung im Bereich der Landesverwaltung unter Bundesaufsicht: Art. 84 Abs. 3 S. 2, Abs. 4 S. 1

Mitwirkung beim Erlass von Rechtsverordnungen:[101] Art. 80 Abs. 2, 3[102]; Art. 119 S. 1; Art. 129 Abs. 1; Art. 130 Abs. 1 S. 2; Art. 132 Abs. 4

Mitwirkung beim Erlass von allgemeinen Verwaltungsvorschriften:[103] Art. 84 Abs. 2; Art. 85 Abs. 2 S. 1; Art. 108 Abs. 7; Art. 129 Abs. 1 S. 2

Mitwirkung beim Erlass von Geschäftsordnungen:[104] Art. 53a Abs. 1 S. 4; Art. 77 Abs. 2 S. 2; Art. 115d Abs. 2 S. 4

Mitwirkung im Bereich der Regierung:
- Zustimmung zu Maßnahmen des Bundeszwanges: Art. 37 Abs. 1[105]
- Zitierungsrecht: Art. 53 S. 1
- Informationsrecht zur Führung der Geschäfte der Bundesregierung: Art. 53 S. 3
- Entgegennahme des Eides des BPräs.: Art. 56[106]
- Stellungnahme zum Haushaltsplan: Art. 110 Abs. 3
- Rechnungsprüfung: Art. 114 Abs. 1, Abs. 2 S. 3[107]

Mitwirkung in Notstandsfällen:
- Verteidigungsfall: Art. 115a Abs. 1 S. 1; Art. 115f Abs. 2; Art. 115l Abs. 1, Abs. 2 S. 1[108]

---

[96] Hierzu *Schröder* in HdbStR V § 106 Rn. 29 f.

[97] S. aber *Herzog* in HdbStR III § 58 Rn. 2.

[98] Zu dieser Einordnung auch *Müller-Terpitz* in Maunz/Dürig Rn. 62.

[99] Zu einfachgesetzlichen Regelungen s. *Dörr* in BeckOK GG Rn. 4.1, 21.2, 22.1, 23 f., 26.1 f.; *Müller-Terpitz* in Maunz/Dürig Rn. 64; *Bauer* in Dreier Rn. 15 mit Fn. 96. Beispiele sind § 43 Abs. 1 BVerfGG, § 149 GVG, § 18 Abs. 1 S. 1 Nr. 3 StabG. Zur Mitwirkung bei der Bestellung von Mitgliedern in anderen Gremien siehe auch die Aufzählung in *Bundesrat,* Handbuch 2018/2019, 309 f.

[100] Angelehnt an *Krebs* in v. Münch/Kunig, 6. Aufl. 2012, Art. 50 Rn. 15.

[101] Zwischen 1994 und 2017 wurde die Zustimmung zu Rechtsverordnungen vom BR in deutlich unter 1 % der Fälle versagt, s. *Bundesrat,* Handbuch 2018/2019, 320.

[102] Zum Initiativrecht *Jekewitz* ZG 15 (2000), 344.

[103] Die Versagung der Zustimmung des BR zu allg. Verwaltungsvorschriften beschränkt sich auf Einzelfälle, s. *Bundesrat,* Handbuch 2018/2019, 320.

[104] Einordnung auf der Schwelle zwischen Verwaltungstätigkeit und Staatsleitung bei *Dörr* in BeckOK GG Rn. 24. Das Recht des BR zur Selbstorganisation ist wiederum in Art. 52 verankert.

[105] Einordnung als Verwaltung ieS bei *Dörr* in BeckOK GG Rn. 20; siehe auch *von der Decken* in Schmidt-Bleibtreu/Klein Rn. 25.

[106] Leistung des Eides „vor den versammelten Mitgliedern (…) des Bundesrates"; Einordnung bei *von der Decken* in Schmidt-Bleibtreu/Klein Rn. 26 als „sonstige Mitwirkung auf Bundesebene".

[107] Siehe auch §§ 97, 114 BHO.

[108] Einordnung bei *von der Decken* in Schmidt-Bleibtreu/Klein Rn. 27 als „sonstige Mitwirkung auf Bundesebene".

– Naturkatastrophen und Unglücksfälle: Art. 35 Abs. 3 S. 2
– Gesetzgebungsnotstand: Art. 81 Abs. 1 S. 1
– Gefahr für den Bestand oder die freiheitliche demokratische Grundordnung des Bundes oder eines Landes: Art. 87a Abs. 4 S. 2; Art. 91 Abs. 2 S. 2

Mitwirkung im Bereich der Rechtspflege:[109]
– Antragsbefugnisse in Verfahren vor dem BVerfG: Art. 93 Abs. 1 Nr. 1, §§ 63 ff. BVerfGG; Art. 93 Abs. 1 Nr. 2a, §§ 76 ff. BVerfGG; Art. 93 Abs. 2, § 96 BVerfGG; Art. 61 Abs. 1 S. 1, §§ 49 ff. BVerfGG; Art. 21 Abs. 4, §§ 43 ff. BVerfGG; Art. 126, §§ 86 ff. BVerfGG
– Wahl der Hälfte der Mitglieder des BVerfG: Art. 94 Abs. 1 S. 2[110]

Der **Präsident des Bundesrates** schließlich vertritt gemäß Art. 57 den Bundespräsidenten bei einer Verhinderung oder vorzeitigen Erledigung des Amtes. 38

3. Angelegenheiten der Europäischen Union. Der Zusatz „und in Angelegenheiten der Europäischen Union" ist im Kontext der Ratifikation des Vertrages von Maastricht über die Europäische Union[111] durch das G zur Änderung des Grundgesetzes vom 21.12.1992[112] in Art. 50 aufgenommen worden (→ Rn. 4). Er ist das Spiegelbild zu dem gleichzeitig in das GG eingefügten Art. 23 Abs. 2 S. 1.[113] Der Begriff der **Europäischen Union** hat somit in Art. 50 die gleiche Bedeutung wie in Art. 23. Nicht erfasst ist die europäische Kooperation außerhalb der Europäischen Union, wie etwa in der (regionalen) internationalen Organisation Europarat.[114] Allerdings hat das BVerfG die Beteiligungsrechte iSd Art. 23 Abs. 2 auf völkerrechtliche Verträge erstreckt, die in einem Ergänzungs- oder sonstigen besonderen Näheverhältnis zum Unionsrecht stehen.[115] 39

Mit Blick auf das in Art. 23 Abs. 1 S. 1 verankerte Staatsziel der europäischen Integration und die vorangeschrittene Übertragung von Hoheitsrechten auf die supranationale Organisation EU war eine Stärkung der Mitwirkungsrechte der deutschen Legislativorgane in diesem besonderen Bereich der auswärtigen Gewalt geboten. Dem **Bedeutungszuwachs** der Angelegenheiten der EU entspricht ihre ausdrückliche Aufnahme in Art. 50. Diese hatte zudem eine klarstellende und rechtsbefriedende Bedeutung.[116] 40

Die Ergänzung des Art. 50 durch eine dritte Aufgabe darf jedoch nicht dahin missverstanden werden, dass der BR in Angelegenheiten der EU nicht (auch) an der legislativen oder exekutiven Staatsfunktion mitwirkt.[117] Ebenso 41

---

[109] Einfachgesetzlich normierte Beteiligungsrechte in Verfahren vor dem BVerfG: §§ 65, 69, 77, 82 Abs. 1 u. 2, 83 Abs. 2, 85 Abs. 2, 88, 94 Abs. 4 u. 5 BVerfGG. Zustimmung zur Ernennung des Generalbundesanwaltes und der Bundesanwälte: § 149 GVG.

[110] Siehe auch § 7 BVerfGG. Insoweit kritisch zu Art. 50 *Herzog* in HdbStR III § 58 Rn. 2: „Ausübung der rechtsprechenden Gewalt".

[111] Vertrag über die Europäische Union, ABl. 1992 C 191, 1; BGBl. 1992 II 1251.

[112] BGBl. 1992 I 2086.

[113] *von der Decken* in Schmidt-Bleibtreu/Klein Rn. 2.

[114] *Krebs* in v. Münch/Kunig, 6. Aufl. 2012, Art. 50 Rn. 12; *Müller-Terpitz* in Maunz/Dürig Rn. 65.

[115] BVerfGE 131, 152 (215 ff.) zum ESM und zum Euro-Plus-Pakt; → Art. 23 Rn. 13, 117.

[116] *Müller-Terpitz* in Maunz/Dürig Rn. 66.

[117] *Krebs* in v. Münch/Kunig, 6. Aufl. 2012, Art. 50 Rn. 12; *Dörr* in BeckOK GG Rn. 28; siehe auch das Mitglied der Gemeinsamen Verfassungskommission *Scholz* NJW 1992, 2593 (2595): „klarstellende Ergänzung". Missverständlich im Bericht der Gemeinsamen Verfassungskommission, BT-Drs. 12/6000, 25: ausdrückliche Erweiterung der Aufgabe des BR, nicht länger Mitwirkung nur an der Gesetzgebung und der Verwaltung des Bundes.

wie die auswärtige Gewalt keine eigenständige (vierte) Gewalt bildet, sondern dem System der Funktionentrennung entsprechend ihrer Eigenart zuzuordnen ist,[118] handelt es sich auch bei den Angelegenheiten der EU um **keine neuartige Funktion.** Art. 50 lässt sich daher folgendermaßen verstehen: „Der BR ist auch dann an der Gesetzgebung und Verwaltung des Bundes beteiligt, wenn es sich um Angelegenheiten der Europäischen Union handelt".[119]

42 Dementsprechend lässt sich die Mitwirkung der Länder durch den BR in Angelegenheiten der Europäischen Union wie folgt untergliedern:[120]

Mitwirkung bei der Gesetzgebung:

- Zustimmung zu Gesetzen zur Übertragung von Hoheitsrechten: Art. 23 Abs. 1 S. 2, 3 iVm Art. 79 Abs. 2; siehe auch Art. 12 lit. d), Art. 48 EUV
- Informationsrecht bei geplanter Übertragung von Hoheitsrechten: Art. 23 Abs. 2 S. 2
- Zustimmung zum Gesetz zur Beteiligung des BR an der Willensbildung des Bundes: Art. 23 Abs. 7

Mitwirkung im Bereich der Regierung:

- Informationsrecht iÜ: Art. 23 Abs. 2 S. 2[121]
- (abgestufte) Beteiligung an der Willensbildung des Bundes: Art. 23 Abs. 4–6

Mitwirkung im Bereich der Rechtspflege:

- Antragsbefugnis vor dem Gerichtshof der EU: Art. 23 Abs. 1a S. 1; sa. Art. 12 lit. b) EUV; Protokoll (Nr. 2) zum Vertrag von Lissabon über die Anwendung der Grundsätze der Subsidiarität und der Verhältnismäßigkeit,[122] §§ 11 f. IntVG[123]

43 Einzelheiten zu den verfassungsrechtlichen Vorgaben regelt das auf der Grundlage des Art. 23 Abs. 7 erlassene EUZBLG. Außerdem ist auf der Ebene des einfachen Bundesrechts das **Integrationsverantwortungsgesetz** besonders hervorzuheben, das als Reaktion auf das Urteil des BVerfG zum Vertrag von Lissabon[124] erlassen wurde (→ Rn. 7). Dieses Gesetz regelt, wann in Angelegenheiten der EU ein (Zustimmungs-)Gesetz gemäß Art. 23 Abs. 1 oder ein Beschluss des BR erforderlich ist; es enthält Regelungen zu Subsidiaritätsrüge und -klage und gestaltet die Unterrichtungspflichten der Bundesregierung näher aus. Auf Unionsebene widmen sich Art. 12 EUV sowie Protokoll (Nr. 1) zum Vertrag von Lissabon über die Rolle der nationalen Parlamente in der Europäischen Union der Frage, wie die nationalen Parlamente aktiv zur guten Arbeitsweise der Union beitragen können. Insoweit geht es um das vertikale Verhältnis zwischen der EU bzw. den Unionsorganen und den nationalen Parlamenten. Der BR ist gemäß dem Sinn und

[118] *Geiger,* Staatsrecht III, 109.

[119] *Krebs* in v. Münch/Kunig, 6. Aufl. 2012, Art. 50 Rn. 12; vgl. auch *Müller/Terpitz* in Maunz/Dürig Rn. 45.

[120] Die Einrichtung einer Europakammer gemäß Art. 52 Abs. 3a ist wiederum dem Recht des BR zur Selbstorganisation zuzuordnen, vgl. Fn. 104.

[121] Siehe darüber hinaus § 7 ESMFinG.

[122] ABl. 2008 C 115, 206.

[123] Näher *Uerpmann-Wittzack* EuGRZ 2009, 461; *Shirvani* JZ 2010, 753.

[124] BVerfGE 123, 267 (270, 339 ff., 432 ff.): Die Beteiligungsrechte von Bundestag und BR in Rechtsetzungs- und Vertragsänderungsverfahren waren in der Begleitgesetzgebung zum Vertrag von Lissabon nicht in dem verfassungsrechtlich erforderlichen Maße ausgestaltet worden.

Zweck dieser Bestimmungen **„Kammer des Parlaments"** iSd Protokolle Nr. 1 und 2 zum Vertrag von Lissabon.[125]

C. Verhältnis zu anderen Bestimmungen des Grundgesetzes

Da Art. 50 lediglich die Aufgaben des BR nennt, bedarf er der weiteren **Konkretisierung** durch andere Bestimmungen. Die konkreten Befugnisse des BR ergeben sich aus zahlreichen über das GG verstreuten Normen und zudem aus dem einfachen Gesetzesrecht (→ Rn. 24). Organisations- und verfahrensrechtliche Regelungen zum BR finden sich in Art. 51–53. 44

Einer **Verfassungsänderung** entzogen sind nach Art. 79 Abs. 3 das Bundesstaatsprinzip (Art. 20 Abs. 1) und die „grundsätzliche Mitwirkung der Länder bei der Gesetzgebung". Geschützt ist also nur ein Teilgehalt des Art. 50 und folglich auch nicht der konkrete Umfang der (sich aus anderen Bestimmungen ergebenden) Kompetenzen des BR. Teilweise wird vertreten, dass ein Bundesstaat nicht zwingend über ein föderatives Organ auf der Zentralebene verfügen müsse, das dort die Interessen der Gliedstaaten einbringen soll.[126] Nach diesem Verständnis des Bundesstaatsprinzips stünde Art. 20 Abs. 1 iVm Art. 79 Abs. 3 auch einer Abschaffung des BR nicht entgegen, soweit die grundsätzliche Mitwirkung der Länder bei der Gesetzgebung durch andere Mitwirkungsformen gesichert wäre. In der Verfassungswirklichkeit dürfte dies jedoch kaum realisierbar sein. Der BR wird daher jedenfalls *de facto* von Art. 79 Abs. 3 in seiner Existenz,[127] nicht dagegen in seiner organisatorischen Form und Gestaltung (→ Art. 51 Rn. 26) geschützt. 45

D. Kritische Würdigung

Der BR ist als föderatives Bundesorgan Baustein sowohl der vertikalen als auch der horizontalen Gewaltenteilung.[128] Er ist auf der Schnittstelle zwischen Bundesstaats-, Rechtsstaats- und Demokratieprinzip angesiedelt.[129] Kritik an der zentralen Rolle des BR in der Verfassungswirklichkeit setzt insbesondere am **Demokratieprinzip** an. Die Beteiligungsrechte des BR an der Bundesgesetzgebung wurden etwa als „vielleicht das größte institutionelle Problem demokratischer Politik in der Bundesrepublik überhaupt" eingeordnet, weil sie „jede noch so klare Wahlentscheidung auf der Bundesebene am Ende in eine informelle große Koalition münden" ließen.[130] Der BR selbst ist demokratisch legitimiert durch die Verantwortlichkeit seiner Mitglieder gegenüber ihren Landesparlamenten und seine unmittelbare Einrichtung durch die Verfassung.[131] 46

[125] *Risse/Wisser* in Kluth/Krings Gesetzgebung, § 18 Rn. 1.

[126] *Müller-Terpitz* in Maunz/Dürig Rn. 1; *Meyn,* Kontrolle als Verfassungsprinzip, 1982, 228 f.; *Hanf,* Bundesstaat ohne Bundesrat?, 1999, 77 ff., 184 ff.

[127] *von der Decken* in Schmidt-Bleibtreu/Klein Rn. 5.

[128] Vgl. *Müller/Terpitz* in Maunz/Dürig Rn. 39; *Bauer* in Dreier Rn. 19.

[129] *Klein* ZG 2002, 297 (307); *Bauer* in Dreier Rn. 19, 32; siehe auch *von der Decken* in Schmidt-Bleibtreu/Klein Rn. 31 ff.

[130] *Volkmann,* Grundzüge einer Verfassungslehre der Bundesrepublik Deutschland, 2013, 274 mit Verweis auf *Möllers,* Demokratie – Zumutungen und Versprechen, 2009, 85.

[131] *Klein* in Bundesrat Vierzig Jahre Bundesrat, 95 (102 ff.); *ders.* ZG 2002, 297 (307); *Müller/Terpitz* in Maunz/Dürig Rn. 40; *Bauer* in Dreier Rn. 19; *Dörr* in BeckOK GG Rn. 5.

47 Wiederholt wurde der BR für eine mögliche parteipolitisch motivierte Verweigerung seiner Zustimmung zu bedeutenden Gesetzesvorhaben kritisiert, die als vermeintliche **„Blockadepolitik"** gescholten wurde (→ Art. 52 Rn. 14 f., 28). Dass eine der Regierungsmehrheit im BT gegenläufige Ausübung der Rechte des BR insbesondere bei hochpolitischen Fragen durch parteipolitische Motivationen bedingt ist, kann kaum bestritten werden – auch wenn sich iÜ häufig „gemischte Mehrheiten" bilden.[132] Nichtsdestotrotz bietet der BR aufgrund seiner Zusammensetzung doch eine vergleichsweise große Chance für eine sachbezogene, an den Länderinteressen orientierte Entscheidung.[133] Auch die gestiegene Zahl von Parteien in Regierungsverantwortung (in den Ländern) könnte dazu führen, dass verstärkt Länderinteressen in den Vordergrund und parteipolitische Erwägungen in den Hintergrund treten.[134]

48 Zudem hat das GG Divergenzen zwischen den Verfassungsorganen im Allgemeinen sowie zwischen BT und BR im Besonderen mitgedacht (vgl. insbes. Art. 77, 78). Die mit der verfassungsrechtlichen Institutionalisierung des BR (auch) bezweckte horizontale Gewaltenteilung[135] verwirklicht sich gerade dann, wenn der BR ein Gesetzesvorhaben anders bewertet als der BT (und idR die Bundesregierung).[136] Auf diese Weise erfüllt er die ihm obliegende **Kontrollfunktion** (→ Rn. 32).

49 Heute wird weitgehend die Einschätzung geteilt, dass sich der BR bewährt hat.[137] Sein bedeutender Einfluss insbesondere im Bereich der Gesetzgebung dürfte bei Verabschiedung des GG so noch nicht vorausgesehen worden sein.[138] Er ist sicherlich zum einen auf die selbstbewusste Wahrnehmung der eigenen Kompetenzen durch den BR zurückzuführen.[139] Er ist sicherlich zum einen auf die selbstbewusste Wahrnehmung der eigenen Kompetenzen durch den BR zurückzuführen.[140] Zum anderen lässt er sich mit Verfassungsänderungen begründen, die eine Tendenz zur **Zentralisierung von Gesetzgebungskompetenzen auf Bundesebene** aufwiesen.[141] Die Föderalismusreform I (2006) hat zwar zu einer merklichen Reduzierung zustimmungsbedürftiger Gesetze und damit einer Abschwächung der Mitwirkungsrechte des BR geführt (→ Rn. 27), jedoch nichts Wesentliches an der Zentralisierungstendenz geändert[142]. Auch die zunehmende Zentralisierungstendenz

[132] Siehe auch*Bundesrat,* Handbuch 2018/2019, 27 f.

[133] Vgl. *Sachs* VVDStRL 58 (1998), 39 (51); *Klein* Aussprache VVDStRL 58 (1998), 81 (94); *Diekmann,* Das Verhältnis des Bundesrates zu Bundestag und Bundesregierung, 2007, 198.

[134] So jedenfalls *Bundesrat,* Handbuch 2018/2019, 9, 27. *Mehlhorn* ZG 2015, 260 (283 f.) sieht dagegen die Gefahr, dass aufgrund einer steigenden Zahl von Enthaltungen Mehrheiten seltener zustande kommen.

[135] Grundlegend *Hesse,* Der unitarische Bundesstaat, 1962, 27; vgl. auch *Oeter,* Integration und Subsidiarität im deutschen Bundesstaatsrecht, 1998, 252 ff.

[136] *Krebs* in v. Münch/Kunig, 6. Aufl. 2012, Art. 50 Rn. 6; siehe auch *Klein* ZG 2002, 297 (309); *Rührmair,* Der Bundesrat zwischen Verfassungsauftrag, Politik und Länderinteresse, 2001, 62 f.; *Bauer* in Dreier Rn. 20.

[137] So auch *Bauer* in Dreier Rn. 16 mwN; *Müller/Terpitz* in Maunz/Dürig Rn. 70; siehe auch *Klein* AöR 108 (1983), 329 (367); kritisch dagegen *Dolzer* VVDStRL 58 (1999), 7 (27 ff.); *Volkmann,* Grundzüge einer Verfassungslehre der Bundesrepublik Deutschland, 2013, 275 zum Bundesstaat.

[138] *Badura* in Bundesrat Vierzig Jahre Bundesrat, 317 (335).

[139] Vgl. *Bauer* in Dreier Rn. 16.

[140] Vgl. *Bauer* in Dreier Rn. 16.

[141] Grundlegend *Hesse,* Der unitarische Bundesstaat, 1962.

[142] *Münch* in EZFF Jahrbuch des Föderalismus 2019, 53 ff.

auf Unionsebene ging mit einer Stärkung der Mitwirkungsrechte des BR nach Maßgabe von Art. 23 Abs. 1a, 2, 4–7, EUZBLG und IntVG einher.[143] Gemäß Art. 23 Abs. 6 reichen diese bis hin zur Wahrnehmung der deutschen Beteiligungsrechte auf Unionsebene durch einen Vertreter des BR, insbesondere im Rat bei der Rechtsetzung.

Die starke Stellung des BR hat jedoch bzgl. des **Bundesstaatsprinzips** auch eine Kehrseite. Die Länder haben den größeren Einfluss auf die Bundesgesetzgebung sowie die Rechtsetzung der Europäischen Union durch ihre Regierungsvertreter im BR als Kompensation[144] für verlorene Gestaltungsmöglichkeiten der Landesparlamente erhalten. Auf der Soll-Seite verbleiben allerdings wesentliche Kritikpunkte: Erstens ist Mitbestimmung (nach dem Mehrheitsprinzip) niemals Ersatz für Autonomie.[145] Zweitens kann durch die Stärkung eines Bundesorgans eine Schwächung der Länder von vornherein nicht ausgeglichen werden.[146] Drittens geht die Stärkung des BR im Ergebnis zu Lasten der Landesparlamente und führt damit auf Landesebene zu kritischen Gewichtsverschiebungen von der Legislative auf die Exekutive (Exekutivföderalismus).[147] Grenzen dieser Entwicklung gibt Art. 79 Abs. 3 GG vor, da die Eigenstaatlichkeit der Länder ein Mindestmaß an eigenen Kompetenzen erfordert (→ Art. 79 Rn. 41).[148] 50

Literatur

Bundesrat (Hrsg.), Der Bundesrat als Verfassungsorgan und politische Kraft. Beiträge zum fünfundzwanzigjährigen Bestehen des Bundesrates der Bundesrepublik Deutschland, 1974. – ***Bundesrat*** (Hrsg.), Vierzig Jahre Bundesrat. Tagungsband zum wissenschaftlichen Symposion der Evangelischen Akademie Tutzing vom 11. bis 14. April 1989. – ***R. Dolzer,*** Das parlamentarische Regierungssystem und der Bundesrat – Entwicklungsstand und Reformbedarf, VVDStRL 58 (1999), 7. – ***R. Herzog,*** Stellung des Bundesrates im demokratischen Bundesstaat, in HdbStR III § 57. – ***R. Herzog,*** Aufgaben des Bundesrates, in HdbStR III § 58. – ***H. H. Klein,*** Der Bundesrat der Bundesrepublik Deutschland – die „Zweite Kammer“, AöR 108 (1983), 329. – ***H. Laufer/U. Münch,*** Das föderative System der Bundesrepublik Deutschland, 1998. – ***G. Lehmbruch,*** Parteienwettbewerb im Bundesstaat. Regelsysteme und Spannungslagen im politischen System der Bundesrepublik Deutschland, 3. Aufl. 2000. – ***D. Posser,***

---

[143] *Bauer* in Dreier Rn. 17; *Brenner* DÖV 1992, 903 (905 ff.); *Posser* in Benda/Maihofer/Vogel VerfassungsR-HdB, § 24 Rn. 15.

[144] Vgl. *Robbers* in Sachs Rn. 13; *Posser* in Benda/Maihofer/Vogel VerfassungsR-HdB, § 24 Rn. 15; *Kisker* DÖV 1977, 689 (690); *von der Decken* in Schmidt-Bleibtreu/Klein Rn. 8.

[145] *Nettesheim* in FS f. Badura, 2004, 363 (364); *Bauer* in Dreier Rn. 17 mit Fn. 106; *Rührmair,* Der Bundesrat zwischen Verfassungsauftrag, Politik und Länderinteresse, 2001, 122 ff.; siehe auch *Hesse* AöR 98 (1973), 1 (22 ff.); *Krebs* in v. Münch/Kunig, 6. Aufl. 2012, Art. 50 Rn. 17 mit Hinweis auf die parallele Diskussion über die kommunale Selbstverwaltung.

[146] *Rührmair,* Der Bundesrat zwischen Verfassungsauftrag, Politik und Länderinteresse, 2001, 123; *Oschatz* in Merten Der Bundesrat in Deutschland und Österreich, 135 (144); *Bauer* in Dreier Rn. 17 mit Fn. 106; siehe auch Huber, Deutschland in der Föderalismusfalle?, 2003, 4 ff.; *Pernice* DVBl. 1993, 909 (919).

[147] *Eicher,* Der Machtverlust der Landesparlamente, 1988, 76 ff.; *Pernice* DVBl. 1993, 909 (920); *Nettesheim* in FS f. Badura, 2004, 363 (364 f.); *Hanf,* Bundesstaat ohne Bundesrat?, 1999, 75 f.; *Grimm/Hummrich* DÖV 2005, 280 ff.; *Hesse* AöR 98 (1973), 1 (37 f.); *Bauer* in Dreier Rn. 17; siehe auch *Huber,* Deutschland in der Föderalismusfalle?, 2003, 4 ff.; *Rudolf* in Klein, Die Rolle des Bundesrates und der Länder im Prozeß der deutschen Einheit, 1999, 11 (31); *Oschatz* in Merten Der Bundesrat in Deutschland und Österreich, 135 (143 f.).

[148] In der Bewertung offenbar positiver *von der Decken* in Schmidt-Bleibtreu/Klein Rn. 8: Mitgliedschaft im BR als „ausgleichende Garantie und Existenzberechtigung für den Fortbestand der Länder als eigenstaatliche politische Faktoren“.

Der Bundesrat und seine Bedeutung, in E. Benda/W. Maihofer/H.J. Vogel (Hrsg.), Handbuch des Verfassungsrechts, 2. Aufl. 1994, § 24. – ***K. Reuter,*** Der Bundesrat als Parlament der Länderregierungen, in H.-P Schneider/W. Zeh (Hrsg.), Parlamentsrecht und Parlamentspraxis in der Bundesrepublik Deutschland, 1989, § 56. – ***K. Reuter,*** Praxishandbuch Bundesrat. Verfassungsrechtliche Grundlagen, Kommentar zur Geschäftsordnung, Praxis des Bundesrates, 2. Aufl. 2007. – ***W. Rudolf,*** Kooperation im Bundesstaat, in HdbStR VI § 141. – ***A. Rührmair,*** Der Bundesrat zwischen Verfassungsauftrag, Politik und Länderinteressen, 2001. – ***M. Sachs,*** Das parlamentarische Regierungssystem und der Bundesrat – Entwicklungsstand und Reformbedarf, VVDStRL 58 (1999), 39. – ***T. I. Schmidt,*** Der Bundesrat. Geschichte, Struktur, Funktion, in I. Härtel (Hrsg.), Handbuch Föderalismus I, 2012, § 22.

Art. 51 [Mitgliedschaft und Stimmrecht im Bundesrat]

(1) [1]Der Bundesrat besteht aus Mitgliedern der Regierungen der Länder, die sie bestellen und abberufen. [2]Sie können durch andere Mitglieder ihrer Regierungen vertreten werden.

(2) Jedes Land hat mindestens drei Stimmen, Länder mit mehr als zwei Millionen Einwohnern haben vier, Länder mit mehr als sechs Millionen Einwohnern fünf, Länder mit mehr als sieben Millionen Einwohnern sechs Stimmen.

(3) [1]Jedes Land kann so viele Mitglieder entsenden, wie es Stimmen hat. [2]Die Stimmen eines Landes können nur einheitlich und nur durch anwesende Mitglieder oder deren Vertreter abgegeben werden.

Paulskirchenverfassung von 1849

Abschnitt IV. Art. I

§ 85. Der Reichstag besteht aus zwei Häusern, dem Staatenhaus und dem Volkshaus.

Abschnitt IV. Art. II

§ 86. Das Staatenhaus wird gebildet aus den Vertretern der deutschen Staaten.

§ 88. Die Mitglieder des Staatenhauses werden zur Hälfte durch die Regierung und zur Hälfte durch die Volksvertretung der betreffenden Staaten ernannt.

[Abs. 2–4]

§ 92. Die Mitglieder des Staatenhauses werden auf sechs Jahre gewählt. Sie werden alle drei Jahre zur Hälfte erneuert.

[Abs. 2, 3]

Abschnitt IV. Art. IV

§ 96. Die Mitglieder beider Häuser können durch Instruktionen nicht gebunden werden.

§ 97. Niemand kann gleichzeitig Mitglied von beiden Häusern sein.

Abschnitt IV. Art. VIII

§ 117. Ein Mitglied des Reichstages darf während der Dauer der Sitzungsperiode ohne Zustimmung des Hauses, zu welchem es gehört, wegen strafrechtlicher Anschuldigungen weder verhaftet, noch in Untersuchung gezogen werden, mit alleiniger Ausnahme der Ergreifung auf frischer That.

§ 118. In diesem letzteren Falle ist dem betreffenden Hause von der angeordneten Maaßregel sofort Kenntniß zu geben. Es steht demselben zu, die Aufhebung der Haft oder Untersuchung bis zum Schlusse der Sitzungsperiode zu verfügen.

§ 119. Dieselbe Befugniß steht jedem Hause in Betreff einer Verhaftung oder Untersuchung zu, welche über ein Mitglied desselben zur Zeit seiner Wahl verhängt gewesen, oder nach dieser bis zu Eröffnung der Sitzungen verhängt worden ist.

§ 120. Kein Mitglied des Reichstages darf zu irgend einer Zeit wegen seiner Abstimmung oder wegen der in Ausübung seines Berufes gethanen Äußerungen gerichtlich oder disciplinarisch verfolgt oder sonst außerhalb der Versammlung zur Verantwortung gezogen werden.

Reichsverfassung von 1871

Art. 6. Der Bundesrath besteht aus den Vertretern der Mitglieder des Bundes, unter welchen die Stimmführung sich in der Weise vertheilt, daß Preußen mit den ehemaligen Stimmen von Hannover, Kurhessen, Holstein, Nassau und Frankfurt 17 Stimmen führt, Bayern 6, Sachsen 4, Württemberg 4, Baden 3, Hessen 3, Mecklenburg-Schwerin 2, Sachsen-Weimar 1, Mecklenburg-Strelitz 1, Oldenburg 1, Braunschweig 2, Sachsen-Meiningen 1, Sachsen-Altenburg 1, Sachsen-Koburg-Gotha 1, Anhalt 1, Schwarzburg-Rudolstadt 1, Schwarzburg-Sondershausen 1, Waldeck 1, Reuß älterer Linie 1, Reuß jüngerer Linie 1, Schaumburg-Lippe 1, Lippe 1, Lübeck 1, Bremen 1, Hamburg 1, zusammen 58 Stimmen.

Jedes Mitglied des Bundes kann so viel Bevollmächtigte zum Bundesrathe ernennen, wie es Stimmen hat, doch kann die Gesammtheit der zuständigen Stimmen nur einheitlich abgegeben werden.

Weimarer Reichsverfassung von 1919

Art. 61.[1] Im Reichsrat hat jedes Land mindestens eine Stimme. Bei den größeren Ländern entfällt auf eine Million Einwohner eine Stimme. Ein Überschuß, der mindestens der Einwohnerzahl des kleinsten Landes gleichkommt, wird einer vollen Million gleichgerechnet. Kein Land darf durch mehr als zwei Fünftel aller Stimmen vertreten sein.

Deutschösterreich erhält nach seinem Anschluß an das Deutsche Reich das Recht der Teilnahme am Reichsrat mit der seiner Bevölkerung entsprechenden Stimmenzahl. Bis dahin haben die Vertreter Deutschösterreichs beratende Stimme.

Die Stimmenzahl wird durch den Reichsrat nach jeder allgemeinen Volkszählung neu festgesetzt.

Art. 63. Die Länder werden im Reichsrat durch Mitglieder ihrer Regierungen vertreten. Jedoch wird die Hälfte der preußischen Stimmen nach Maßgabe eines Landesgesetzes von den preußischen Provinzialverwaltungen bestellt.

Die Länder sind berechtigt, so viele Vertreter in den Reichsrat zu entsenden, wie sie Stimmen führen.

Übersicht

A. Allgemeine Bedeutung

I. Genese

1 Der Verfassungsgeber hat sich mit Art. 51 Abs. 1 für die Ausgestaltung des BR als „Kammer“ der Landesregierungen entschieden **(Bundesratsprinzip)** und damit gegen das Senatsprinzip, das auf dem Gedanken der Repräsentanz

[1] Wiedergegeben wird die Ursprungsfassung von 1919. Art. 61 Abs. 1 S. 2, 3 wurden durch G v. 24.3.1921 geändert, abgedr. zB bei *Anschütz,* Die Verfassung des Deutschen Reichs vom 11.8.1919, 1965, 338.

des Landesstaatsvolkes beruht.[2] Gegen Letzteres war vorgebracht worden, dass es zu einer funktionswidrigen Verdoppelung der Grundlage der Willensbildung in BT und BR und damit zu einer (gegenüber dem Bundesratsprinzip) stärkeren Politisierung des BR (durch Parteien) geführt hätte.[3] Auch sei die Arbeit der historischen Vorläufer des BR im Deutschen Kaiserreich und der Weimarer Zeit durch Sachlichkeit geprägt gewesen.[4] Die Enquete-Kommission Verfassungsreform lehnte das Senatsprinzip 1976 mit den gleichen Erwägungen ab.[5]

Schon die Bezeichnung als BR knüpft an die **Verfassung des Norddeutschen Bundes** von 1867 und die **Bismarcksche Reichsverfassung** von 1871 an.[6] Art. 6 beider Verfassungen bestimmte, dass der BR aus den Vertretern der Mitglieder des Bundes bestand. Seinerzeit wurden damit nicht die Vertreter der Staaten, sondern die Staaten selbst als Mitglieder des BR angesehen.[7] Auch nach Art. 63 Abs. 1 S. 1 der **Weimarer Reichsverfassung** von 1919 wurden die Länder im Reichsrat durch Mitglieder ihrer Regierungen (nur) vertreten. 2

Art. 51 Abs. 1 S. 1 unterscheidet sich insofern klar von seinen Vorläufern[8], 3
als nicht die Länder die („wirklichen") Mitglieder des BR sind,[9] sondern **„Mitglieder der Regierungen der Länder"** (→ Rn. 5 f.).[10] Die gemäß Art. 51 Abs. 3 S. 2 erforderliche einheitliche Abgabe der Stimmen eines Landes (→ Rn. 21 ff.) steht dem nicht entgegen, da sie nur die Ausübung der mitgliedschaftlichen Befugnisse regelt.[11] Im Zuge der Wiedervereinigung wurde in Art. 51 Abs. 2 eine weitere Kategorie für Länder mit mehr als sieben Millionen Einwohnern aufgenommen, denen nun sechs Stimmen im BR zukommen. Die **Verfassungsänderung von 1990**[12] geht zurück auf die Forderungen der bevölkerungsreichsten Länder – insbesondere Bayern und Nordrhein-Westfalen – nach einer stärkeren Spreizung des Maßstabes für die Stimmenverteilung.[13]

---

[2] BVerfGE 8, 104 (120); Bay. VerfGH BayVBl 2017, 407 (410 Rn. 54); *Herzog* in HdbStR III § 57 Rn. 14 ff., § 59 Rn. 2; zur Entstehungsgeschichte s. JöR nF 1 (1951), 379 ff.; *Müller-Terpitz* in Maunz/Dürig Rn. 1 ff.

[3] S. *Dolzer* VVDStRL 58 (1998), 7 (11 f.); *Sachs* VVDStRL 58 (1998), 39 (50); *Diekmann,* Das Verhältnis des Bundesrates zu Bundestag und Bundesregierung, 2007, 94 f., 133; siehe auch *Lehmbruch,* Parteienwettbewerb im Bundesstaat, 2000, 77 ff.

[4] S. *Dolzer* VVDStRL 58 (1998), 7 (12); siehe auch *Lehmbruch,* Parteienwettbewerb im Bundesstaat, 2000, 78.

[5] Schlußbericht der Enquete-Kommission Verfassungsreform, BT-Drs. 7/5924, 97.

[6] Zu den geschichtlichen Vorläufern s. *Hendrichs* in v. Münch/Kunig, 2. Aufl. 1983, Rn. 1: „Es begann bei den Reichstagen des Mittelalters"; *Schöbener* in BK Vorb. Art. 50–53 Rn. 1 ff.; *Stern* StaatsR II, 1980, § 27 I; *Eschenburg* in Bundesrat Der Bundesrat als Verfassungsorgan und politische Kraft, 1974, 36 ff.; *Maurer* FS f. Winkler, 1997, 615 (625 ff.).

[7] *Laband,* Das Staatsrecht des Deutschen Reiches, Bd. I, 5. Aufl. 1911, 98; *Meyer/Anschütz,* Lehrbuch des Deutschen Staatsrechts, 7. Aufl. 1919, 483.

[8] Hierzu *Jekewitz* RuP 1991, 97 (98 ff.); *Pleyer,* Föderative Gleichheit, 2005, 87 f., 115 f.

[9] So aber *Reuter,* Praxishandbuch Bundesrat, 2. Aufl. 2007, Art. 51 Rn. 18; *Schöbener* in BK Rn. 14; *Rudolf* in Klein Die Rolle des Bundesrates und der Länder im Prozess der deutschen Einheit, 1998, 11 (14 f.); *Hanikel,* Die Organisation des Bundesrats, 1991, 81 ff.; diff. *Maurer* FS f. Schmitt Glaeser, 2003, 157 (158 ff., 165); siehe auch *von der Decken* in SHH Rn. 3: Länder als „rechtstheoretische Mitglieder" des BR.

[10] BVerfGE 106, 310 (330); ebenso zB *Herzog* in HdbStR III § 59 Rn. 1; *Korioth* in MKS Rn. 2; *Scholz* FS f. Carstens, 1984, 831 (840); *Bauer* in Dreier Rn. 12.

[11] *Krebs* in v. Münch/Kunig, 6. Aufl. 2012, Rn. 2; *Müller-Terpitz* in Maunz/Dürig Rn. 21.

[12] BGBl. 1990 II 885 (Einigungsvertragsgesetz) u. 889 (Art. 4 Nr. 3 Einigungsvertrag).

[13] BR-Drs. 551/90, 2, 5 ff.; BR-Drs. 557/90, 3 ff.; siehe auch *Müller-Terpitz* in Maunz/Dürig Rn. 16; *Korioth* in MKS Rn. 18 f. Zur Konsequenz der Verfassungsänderung → Rn. 19.

II. Inhaltsübersicht

4 Art. 51 konkretisiert die Grundsatzentscheidung des Art. 50 für ein föderatives Bundesorgan, indem er normiert, wie die in Art. 50 vorgegebene Mitwirkung der Länder im BR organisiert wird. Im Einzelnen regelt Art. 51 die **Mitgliedschaft** im BR (Abs. 1), das **Stimmenverhältnis** (Abs. 2) sowie die **Stimmabgabe** (Abs. 3) und ist damit – wie auch Art. 52 – dem Binnenorganisations- und Verfahrensrecht zuzuordnen[14].

B. Einzelfragen

I. Mitgliedschaft im Bundesrat (Abs. 1)

5 **1. Der Bundesrat besteht aus Mitgliedern der Regierungen der Länder.** Der BR ist ein kollegiales Bundesorgan.[15] Er setzt sich gemäß Art. 51 Abs. 1 S. 1 Hs. 1 aus Mitgliedern der Regierungen der Länder zusammen (→ Rn. 3). Das Mitglied muss **Sitz und Stimme in der Landesregierung** haben.[16] Hierin unterscheidet sich der heutige BR von seinen Vorläufern unter der RV 1871 und der WRV, die in der Praxis „Gesandtenkongresse auf Beamtenebene"[17] waren.[18] Aus der Entstehungsgeschichte folgt, dass der BR als politisches Organ konzipiert wurde.[19] Die Ausschussarbeit ist jedoch gemäß Art. 52 Abs. 4 auch unter dem GG stark bürokratisch geprägt (→ Art. 52 Rn. 25).

6 Das jeweilige **Landesverfassungsrecht** bestimmt, welches Organ die Landesregierung ist und welche Personen ihr mit Sitz und Stimme angehören.[20] IdR sind dies der Ministerpräsident und die Minister,[21] in den Hansestädten Bremen und Hamburg sowie in Berlin der (Erste bzw. Regierende) Bürgermeister und die Senatoren[22]. In Bayern, dem Saarland und Sachsen gehören auch Staatssekretäre dazu;[23] in Baden-Württemberg können Staatsräte und Staatssekretäre Stimmrecht in der Landesregierung haben[24]. Da Art. 51 Abs. 1 für BR-Mitglieder allein die **Zugehörigkeit zur Landesregierung** voraussetzt, ist ein Ressortwechsel ohne Einfluss auf ihre Mit-

---

[14] Vgl. *Müller-Terpitz* in Maunz/Dürig Rn. 18; *Bauer* in Dreier Rn. 1.

[15] BVerfGE 8, 104 (120).

[16] *Herzog* in HdbStR III § 59 Rn. 3; *Bauer* in Dreier Rn. 13; *von der Decken* in SHH Rn. 4; *Reuter* in Schneider/Zeh Parlamentsrecht und Parlamentspraxis in der BRD § 56 Rn. 11; *Maunz* in Bundesrat Der Bundesrat als Verfassungsorgan und politische Kraft, 193 (197).

[17] *Reuter* in Schneider/Zeh Parlamentsrecht und Parlamentspraxis in der BRD § 56 Rn. 8.

[18] Rechtlich sah bereits Art. 64 Abs. 1 WRV vor, dass die Länder im Reichsrat durch Mitglieder ihrer Regierungen vertreten wurden. In der Praxis wurde jedoch stillschweigend gebilligt, dass Beamte als „stellvertretende Regierungsdelegierte" ernannt wurden; vgl. *de Wall* in Friauf/Höfling Rn. 13; *Müller-Terpitz* in Maunz/Dürig Rn. 25.

[19] S. *Müller-Terpitz* in Maunz/Dürig Rn. 25; *von der Decken* in SHH Rn. 1.

[20] *Herzog* in HdbStR III § 59 Rn. 3.

[21] S. zB Art. 100 HessVerf; Art. 98 Abs. 1 VerfRhPf; Art. 51 VerfNRW; Art. 28 Abs. 2 NV.

[22] Art. 107 Abs. 1 S. 1, 2, Art. 114 BremLV; Art. 33 Abs. 1, 2 S. 1 HmbVerf.; Art. 55 VvB.

[23] Art. 43 Abs. 2 BayVerf; Art. 86 SaarVerf; Art. 59 Abs. 2 S. 2 SächsVerf.

[24] Art. 45 Abs. 2 S. 2, 4 BWVerf. Gleiches gilt für Staatsräte in Bremen: Art. 107 Abs. 1 S. 3, Art. 117 Abs. 1 S. 2 BremLV.

gliedschaft.[25] Sie endet dagegen ipso iure mit dem Ausscheiden aus der Landesregierung (→ Rn. 9).[26]

2. Die sie bestellen und abberufen. Die BR-Mitglieder müssen über ihre Zugehörigkeit zu der jeweiligen Landesregierung hinaus gemäß Art. 51 Abs. 1 S. 1 Hs. 2 von dieser bestellt werden. Der verfassungsrechtlich vorausgesetzte **Bestellungsakt** der Landesregierung ist damit **konstitutiv** für die Mitgliedschaft im BR.[27] Das Verfahren richtet sich nach dem einschlägigen Landesrecht;[28] regelmäßig entscheidet das Kabinett durch Mehrheitsbeschluss[29]. Nach dem Geschäftsordnungsrecht (§ 1 GOBR; siehe auch § 23 GOBR) teilen die Regierungen der Länder dem Bundesratspräsidenten die BR-Mitglieder mit. Diese Mitteilung ist wiederum deklaratorisch.[30] 7

Aus Art. 51 Abs. 1 S. 1 folgt zugleich die **Pflicht der Landesregierungen,** mindestens ein BR-Mitglied und höchstens so viele Mitglieder zu bestellen, wie dem Land gemäß Art. 51 Abs. 2 Stimmen zustehen.[31] Theoretisch könnten zur Durchsetzung dieser Pflicht ein Bund-Länder-Streit (Art. 93 Abs. 1 Nr. 3) und die Anwendung von Bundeszwang (Art. 37) erwogen werden.[32] In der **Praxis** benennen die Landesregierungen jedoch ohnehin alle ihre Mitglieder als Mitglieder des BR: Der Regierungschef und weitere Kabinettsmitglieder werden zu ordentlichen Mitgliedern bestellt; die übrigen Kabinettsmitglieder haben die Funktion von stellvertretenden Mitgliedern iSd Art. 51 Abs. 1 S. 2.[33] 8

Entsprechend der Bestellung ist – als actus contrarius – die **Abberufung konstitutiv** für die Beendigung der Mitgliedschaft.[34] Auch diese teilen die Landesregierungen dem Bundesratspräsidenten gemäß § 1 GOBR mit. Die Mitteilung ist wiederum deklaratorisch.[35] Der Regelfall der Beendigung der Mitgliedschaft im BR ist jedoch das Ausscheiden aus der Landesregierung (→ Rn. 6), das viele Ursachen haben kann (zB Tod, Entlassung, Rücktritt, Ablösung der Landesregierung). Auch ein Verzicht auf die Mitgliedschaft im BR kommt in Betracht.[36] 9

Anders als etwa der BT ist der BR ein **permanentes Verfassungsorgan,**[37] da insbesondere aufgrund der zeitlich nicht parallelisierten Regie- 10

---

[25] *Pieroth* in Jarass/Pieroth Rn. 1; *Müller-Terpitz* in Maunz/Dürig Rn. 32; *Bauer* in Dreier Rn. 15; *von der Decken* in SHH Rn. 5; einschränkend *Robbers* in Sachs Rn. 2.

[26] *Pieroth* in Jarass/Pieroth Rn. 1; *Schöbener* in BK Rn. 52.

[27] *Müller-Terpitz* in Maunz/Dürig Rn. 30; *Bauer* in Dreier Rn. 14; *Korioth* in MKS Rn. 7.

[28] *Maunz* in Bundesrat Der Bundesrat als Verfassungsorgan und politische Kraft, 193 (198 f.); *Schöbener* in BK Rn. 38 f.; *Robbers* in Sachs Rn. 3; *Bauer* in Dreier Rn. 14.

[29] S. zB Art. 37 Abs. 2 Nr. 2, Art. 39 Abs. 2 S. 1 NV.

[30] *Schöbener* in BK Rn. 40; *Korioth* in MKS Rn. 7; *Müller-Terpitz* in Maunz/Dürig Rn. 30; aA wohl *Herzog* in HdbStR III § 59 Rn. 5.

[31] *Schöbener* in BK Rn. 41 ff.; *von der Decken* in SHH Rn. 5; *Robbers* in Sachs Rn. 5; *Pieroth* in Jarass/Pieroth Rn. 2; *Müller-Terpitz* in Maunz/Dürig Rn. 29; aA *Korioth* in MKS Rn. 7: der Stimmenzahl des Landes entsprechende Anzahl von Mitgliedern.

[32] *Schöbener* in BK Rn. 45; *Müller-Terpitz* in Maunz/Dürig Rn. 29.

[33] *Reuter* in Schneider/Zeh Parlamentsrecht und Parlamentspraxis in der BRD § 56 Rn. 18; *Hanikel,* Die Organisation des Bundesrats, 1991, 121; s. aktuell *Bundesrat,* Handbuch 2018/2019, 231.

[34] *Schöbener* in BK Rn. 51; *Bauer* in Dreier Rn. 15; *Korioth* in MKS Rn. 8.

[35] *Müller-Terpitz* in Maunz/Dürig Rn. 31; *Schöbener* in BK Rn. 51.

[36] *Korioth* in MKS Rn. 8; *Schöbener* in BK Rn. 53; *Bauer* in Dreier Rn. 15.

[37] Vgl. *Herzog* in HdbStR III § 59 Rn. 6; *Stern* StaatsR II, 1980, § 27 II 2a; *Bauer* in Dreier Rn. 10; *Korioth* in MKS Rn. 9; auch „ewiges Organ": *Hendrichs* in v. Münch/Kunig, 2. Aufl. 1983, Rn. 7; *Reuter* in Schneider/Zeh Parlamentsrecht und Parlamentspraxis in der BRD § 56 Rn. 20; *Hesse,* Grundzüge des VerfR der BRD, 1999, Rn. 612.

rungsphasen in den Ländern jeweils nur einzelne Mitglieder wechseln und damit die Zusammensetzung partiell ändern. Diskontinuitätsprobleme kennt der BR daher unmittelbar nicht.[38] Die Kontinuität in der Arbeit des BR kommt auch in der fortgesetzten Durchnummerierung der Sitzungen des Plenums und der Ausschüsse zum Ausdruck.[39] Die Diskontinuität des BT (→ Art. 39 Rn. 14 ff.) wirkt sich aber mittelbar auch auf den BR aus, wenn am Ende einer Legislaturperiode Gesetzgebungsverfahren nicht abgeschlossen sind. Vorlagen der BReg., zu denen der BR bereits Stellung genommen hat, werden in der neuen Legislaturperiode idR erneut (unverändert) eingebracht. Der BR beschließt dann in einem vereinfachten Sammelverfahren ohne erneute Ausschussbehandlung (sog. Reprise).[40] Aufgrund seines permanenten Charakters kann der BR besonders in Krisensituationen eine stabilisierende Rolle spielen. Art. 81 weist ihm daher im Gesetzgebungsnotstand die Funktion einer „Legalitätsreserve" des Bundes zu.[41]

11 **3. Sie können durch andere Mitglieder ihrer Regierungen vertreten werden.** Die stimmberechtigten Mitglieder einer Landesregierung, die nicht gemäß Art. 51 Abs. 1 S. 1 zu ordentlichen BR-Mitgliedern ihres Landes bestellt wurden, können diese gemäß S. 2 vertreten. Dem entspricht der – deklaratorische[42] – § 46 GOBR, wonach Mitglieder des BR und seiner Ausschüsse iSd Geschäftsordnung auch die **stellvertretenden Mitglieder** sind. Im BR sind alle Mitglieder gleich, unabhängig von ihrem jeweiligen Status in der Landesregierung.[43] Dies betrifft insbesondere ihr Stimmrecht (→ Rn. 21).

12 Da Art. 51 Abs. 1 S. 2 eine Vertretung allein durch andere Mitglieder der Landesregierungen vorsieht, können die ordentlichen BR-Mitglieder **nicht durch Landesbeamte** vertreten werden.[44] In der Konsequenz unterscheidet sich die Zusammensetzung im beschließenden Bundesratsplenum von derjenigen in den Ausschüssen. Diesen können gemäß Art. 52 Abs. 4 auch Beauftragte der Landesregierungen angehören. Denn in den Ausschüssen erfolgt die eigentliche Sacharbeit, während die Regierungsmitglieder wiederum die politische Verantwortung für die erarbeiteten Lösungen übernehmen müssen.

13 In der Lit. ist **umstritten,** ob jedes Mitglied einer Landesregierung kraft Amtes zur (stellvertretenden) Mitgliedschaft im BR berufen ist[45] oder ob es auch für die Stellvertretung einer besonderen Bestellung durch die Landesregierung bedarf[46]. Zwar legen Wortlaut und Systematik von Art. 51 Abs. 1 die Annahme nahe, dass die „anderen Mitglieder" der Landesregierungen **geborene Stellvertreter** seien. Da das GG jedoch hinsichtlich der Befugnisse von ordentlichen und stellvertretenden BR-Mitgliedern keine Unter-

---

[38] *Maurer* FS f. Winkler, 1997, 615 (619); *Herzog* in HdbStR III § 59 Rn. 6; *Müller-Terpitz* in Maunz/Dürig Rn. 49, Art. 50 Rn. 51; *Bauer* in Dreier Rn. 10.

[39] *Krebs* in v. Münch/Kunig, 6. Aufl. 2012, Rn. 5; *Korioth* in MKS Rn. 9.

[40] *von der Decken* in SHH Art. 50 Rn. 4.

[41] *Müller-Terpitz* in Maunz/Dürig Art. 50 Rn. 51.

[42] *Herzog* in HdbStR III § 59 Rn. 4; *Müller-Terpitz* in Maunz/Dürig Rn. 33.

[43] *Herzog* in HdbStR III § 59 Rn. 7; *von der Decken* in SHH Rn. 4.

[44] *Müller-Terpitz* in Maunz/Dürig Rn. 33; *von der Decken* in SHH Rn. 4.

[45] So *Herzog* in HdbStR III § 59 Rn. 4; *Maunz* in Bundesrat Der Bundesrat als Verfassungsorgan und politische Kraft, 193 (200); *Müller-Terpitz* in Maunz/Dürig Rn. 34.

[46] So *Pieroth* in Jarass/Pieroth Rn. 2; *Schöbener* in BK Rn. 47; *Reuter* in Schneider/Zeh Parlamentsrecht und Parlamentspraxis in der BRD, § 56 Rn. 16; *Hanikel,* Die Organisation des Bundesrats, 1991, 127 f.; *Bauer* in Dreier, Rn. 16; *Korioth* in MKS Rn. 14.

schiede macht, kann sinnvollerweise auch hinsichtlich der Begründung der Mitgliedschaft nicht differenziert werden. In der Praxis stellt sich diese Frage schon deshalb nicht, weil ohnehin alle Regierungsmitglieder zu (ordentlichen oder stellvertretenden) BR-Mitgliedern bestellt werden (→ Rn. 8).

4. Rechtsstellung der Mitglieder des Bundesrates. Die Rechtsstellung der BR-Mitglieder ist auf Verfassungsebene nur ansatzweise geregelt. Art. 43 Abs. 2 gewährleistet ihnen **Zutritts- und Rederechte im BT** und seinen Ausschüssen. Zudem sind sie als „andere Beteiligte" iSd Art. 93 Abs. 1 Nr. 1 im **Organstreitverfahren** beteiligtenfähig. Die **Mitwirkungsrechte** der BR-Mitglieder im BR setzen Art. 51, 52 selbstverständlich voraus;[47] näher geregelt sind (auch) sie in der GOBR[48]. 14

Für BR-Mitglieder existiert keine Art. 38 Abs. 1 S. 2 vergleichbare Vorschrift. Dass sie grds. **kein freies Mandat** innehaben (s. aber Art. 53a Abs. 1 S. 3, Art. 77 Abs. 2 S. 3), folgt mittelbar aus ihrer Bestellung und Abberufung durch die Landesregierungen gemäß Art. 51 Abs. 1 S. 1 sowie aus der Vorgabe einer einheitlichen Stimmabgabe in Art. 51 Abs. 3 S. 2 (→ Rn. 22).[49] Aufgrund ihrer unterschiedlichen Stellung sieht das GG für BR-Mitglieder – im Gegensatz zu BT-Abgeordneten – zudem **keine Indemnität und Immunität** und auch **kein Zeugnisverweigerungsrecht** vor. Damit scheidet ebenfalls eine analoge Anwendung der Art. 46, 47 aus,[50] auch wenn es sinvoll sein könnte, den BR-Mitgliedern einen Art. 46 Abs. 1 entsprechenden Schutz zukommen zu lassen[51]. 15

Grundgesetzliche Regelungen über die **Inkompatibilität** der Mitgliedschaft im BR (bzw. der vorausgesetzten Mitgliedschaft in einer Landesregierung) finden sich bzgl. des BPräs. (Art. 55 Abs. 1), der BReg. (Art. 66[52] iVm § 4 BMinG) und des BVerfG (Art. 94 Abs. 1 S. 3 iVm § 3 Abs. 3 BVerfGG). Lediglich Geschäftsordnungsrecht normiert eine Inkompatibilität zwischen BT-Mandat und BR-Mitgliedschaft (§ 2 GOBR). Das GG enthält keine ausdrückliche Regelung. Eine – verfassungsrechtlich vorgegebene – Unvereinbarkeit wird jedoch oftmals damit begründet, dass der BR im Gesetzgebungsverfahren nach dem GG gerade das Gegengewicht zum BT darstelle.[53] Dem kann jedoch neben der unterbliebenen Normierung entgegengehalten werden, dass unter der WRV die Zugehörigkeit zum Reichstag und zum Reichsrat nicht für unvereinbar gehalten wurde,[54] dass sich auch BReg. 16

---

[47] *Korioth* in MKS Rn. 10; *Bauer* in Dreier Rn. 17.

[48] Einfachgesetzliche Bestimmungen betreffend die BR-Mitglieder finden sich wiederum in § 382 Abs. 2, § 402 ZPO, § 50 Abs. 1, § 72 StPO, § 90b, § 106 StGB.

[49] VG München Urt. v. 22.5.2013 – M 24 K 12.613, 12.617, 12.618, Rn. 67; s. a. *Herzog* in HdbStR III § 59 Rn. 10; *von der Decken* in SHH Rn. 14; *Bauer* in Dreier Rn. 17.

[50] *Krebs* in v. Münch/Kunig, 6. Aufl. 2012, Rn. 8; *Korioth* in MKS Rn. 11.

[51] So *Schöbener* in BK Rn. 68; *Korioth* in MKS Rn. 11; *Müller-Terpitz* in Maunz/Dürig Rn. 46, auch bzgl. Art. 46 Abs. 2–4. Vgl. auch §§ 117 ff. Paulskirchenverfassung von 1849: Immunitäts- und Indemnitätsregelung für alle Mitglieder des Reichstages.

[52] Auch ein Regierungsamt fällt in aller Regel unter das „besoldete Amt" idS (→ Art. 66 Rn. 11 f.); zu möglichen Ausnahmen siehe auch *Herzog* in Maunz/Dürig Art. 66 Rn. 39 f.

[53] *Reuter,* Praxishandbuch Bundesrat, 2. Aufl. 2007, § 2 GO Rn. 1 f.; *Herzog* in HdbStR III § 59 Rn. 9; *Schöbener* in BK Rn. 74 ff.; *von der Decken* in SHH Rn. 7; iE ebenso *Korioth* in MKS Rn. 12; ausf. *Tsatsos,* Die Unzulässigkeit der Kumulation von Bundestags- und Bundesratsmandat, 1965; aA *Scupin* in BK, Erstbearb., Anm. II 2; *Nawiasky,* Die Grundgedanken des GG für die BRD, 1950, 57; *Hamann* in Hamann/Lenz Anm. 2.

[54] *Huber,* Deutsche Verfassungsgeschichte VI, 1993, 369; *Reuter,* Praxishandbuch Bundesrat, 2. Aufl. 2007, § 2 GO Rn. 4; *Scupin* in BK, Erstbearb., Anm. II 2; demgegenüber statuierte Art. 9 S. 2 RV 1871 die Inkompatibilität der Mitgliedschaft in BR u. Reichstag.

und BT „kontrollierend und korrigierend" gegenüberstehen,[55] ein Verbot der Doppelmitgliedschaft insoweit aber nicht angenommen wird (→ Art. 66 Rn. 13), und dass die Landesverfassungen diese Frage uneinheitlich regeln.[56] Die Inkompatibilitätsregelungen des Landesverfassungsrechts für Regierungsmitglieder zum BT[57] sind wiederum zu beachten.

II. Stimmenverhältnis (Abs. 2)

17 Gemäß Art. 51 Abs. 2 richtet sich die Stimmenanzahl der Länder im BR nach ihrer Einwohnerzahl und erhöht sich stufenweise. Diese **abgestufte Gleichheit**[58] entspricht der zentralstaatlichen Perspektive auf den BR als Verfassungsorgan des Bundes, indem sie sich an einer demokratischen Repräsentation der Gesamtbevölkerung orientiert.[59] Allerdings haben die kleineren Länder aufgrund der normierten bevölkerungsbezogenen Abstufung und der Stimmenbegrenzung ab sieben Millionen Einwohnern ein proportional größeres Gewicht. Eine Betrachtung der Länder als gleichberechtigte, selbständige Rechtssubjekte (Eigenstaatlichkeit der Länder[60]) hätte demgegenüber eine formale Gleichbehandlung nahe gelegt,[61] wie sie Art. 53a Abs. 1 S. 3 (Gemeinsamer Ausschuss) und Art. 95 Abs. 2 (Richterwahlausschuss für die obersten Gerichtshöfe) vorsehen. Auch in den BR-Ausschüssen, welche die Beschlussfassung des Plenums vorbereiten (§ 39 Abs. 1 GOBR), hat bei den mit einfacher Mehrheit zu fassenden Beschlüssen gemäß § 42 Abs. 2 GOBR jedes Land eine Stimme.

18 **Einwohner** iSd Art. 51 Abs. 2 ist jede natürliche Person, die sich in einem Land nicht nur kurzfristig aufhält – auch ausländische und staatenlose Personen.[62] Die in Art. 51 Abs. 2 festgeschriebene abgestufte Gleichheit der Länder gebietet nach dem BVerfG eine den tatsächlichen Verhältnissen angenäherte **Bestimmung der Einwohnerzahlen.**[63] Nach Ziel und Zweck wolle die Vorschrift jedenfalls eine grobe, an das Demokratieprinzip des Art. 20 Abs. 1, 2 angelehnte Gewichtung der Länder bei ihrer Mitwirkung iSd Art. 50 sicherstellen. Das zu regelnde Verfahren sei daher auf die Ermittlung möglichst angenäherter und bundesweit mit vergleichbarer Genauigkeit ermittelter Einwohnerzahlen auszurichten; es müsse sich auf empirisch ermittelbare und sachlich nachvollziehbare objektive Gesichtspunkte

---

[55] *Krebs,* Kontrolle in staatlichen Entscheidungsprozessen, 1984, 120 ff.

[56] *Krebs* in v. Münch/Kunig, 6. Aufl. 2012, Rn. 10; *Müller-Terpitz* in Maunz/Dürig Rn. 44.

[57] Art. 64 Abs. 4 VerfNRW; Art. 28 Abs. 3 NV; Art. 41 Abs. 3 VerfMV; Art. 64 Abs. 2 VerfSA.

[58] BVerfG NVwZ 2018, 1703 (1705 Rn. 153); *Hendrichs* in v. Münch/Kunig, 2. Aufl. 1983, Rn. 15; *Bauer* in Dreier Rn. 20; *Korioth* in MKS Rn. 16; *Dörr* in BeckOK Rn. 11.

[59] Vgl. *Risse/Wisser* in Kluth/Krings Gesetzgebung, § 18 Rn. 6; *Korioth* in MKS Rn. 15.

[60] Vgl. BVerfGE 1, 14 (34); 139, 321 (352 Rn. 97): Länder als Staaten mit eigener – wenn auch gegenständlich beschränkter – Hoheitsmacht.

[61] Vgl. *Herzog* in HdbStR III § 57 Rn. 4, § 59 Rn. 1; *Korioth* in MKS Rn. 15.

[62] Nicht verwendet werden die Begriffe Deutscher (Art. 116) und (deutsches) Volk (Präambel S. 1 u. 2, Art. 1 Abs. 2, Art. 56, Art. 146 sowie Art. 20 Abs. 2 S. 1 u. 2, Art. 21 Abs. 1 S. 1, Art. 28 Abs. 1 S. 2); s. *Krebs* in v. Münch/Kunig, 6. Aufl. 2012, Rn. 12; *Deecke,* Verfassungsrechtliche Anforderungen an die Stimmverteilung im Bundesrat, 1998, 42. Zur Verfassungskonformität *Müller-Terpitz* in Maunz/Dürig Rn. 53 ff.; verfassungsrechtliche Bedenken zu Organisation und Verfahren der Stimmenzuordnung bei *Bauer* in Dreier Rn. 21.

[63] BVerfG NVwZ 2018, 1703 (1705 Rn. 153, 1722 Rn. 279). An die Einwohnerzahl knüpfen ebenfalls an Art. 107 Abs. 1 S. 4, Art. 109 Abs. 5 S. 2 Hs. 1 sowie Art. 29 Abs. 4, 7 S. 1.

stützen.[64] Gemäß § 27 GOBR bemisst sich die Stimmenanzahl iSd Art. 51 Abs. 2 nach den Ergebnissen der amtlichen Bevölkerungsfortschreibung, sofern nicht die Ergebnisse einer amtlichen Volkszählung vorliegen. Grundlage der Fortschreibung ist ebenfalls der jeweils letzte Zensus gemäß § 5 Abs. 1 S. 2 BevStatG iVm § 1 Abs. 3 Nr. 1 ZensG 2011, sodann § 1 Abs. 3 Nr. 2 ZensG 2021.[65]

Von den derzeit 69 Stimmen im BR verfügen Baden-Württemberg, Bayern, Niedersachsen und Nordrhein-Westfalen über jeweils sechs, Hessen über fünf, Berlin, Brandenburg, Rheinland-Pfalz, Sachsen, Sachsen-Anhalt, Schleswig-Holstein und Thüringen über jeweils vier sowie Bremen, Hamburg, Mecklenburg-Vorpommern und das Saarland über jeweils drei. Die vier bevölkerungsreichsten alten Bundesländer haben damit weiterhin (→ Rn. 3) die **Sperrminorität** iSd Art. 77 Abs. 4 S. 2, Art. 79 Abs. 2 (von 24 Stimmen).[66] **19**

III. Stimmabgabe (Abs. 3)

1. Jedes Land kann so viele Mitglieder entsenden, wie es Stimmen hat. Art. 51 Abs. 3 S. 1 verdeutlicht, dass die BR-Mitglieder eines Landes nicht mit dessen Stimmen gleichzusetzen sind. Aus dem Wortlaut, dem systematischen Zusammenhang mit S. 2 und der Entstehungsgeschichte der Norm folgt, dass ein Land auch weniger Mitglieder in die Sitzungen des Plenums entsenden kann.[67] **Mindestens ein Mitglied** muss aber anwesend sein, um die Stimmen des Landes abzugeben (→ Rn. 25). Nach der Systematik des Art. 51 Abs. 3 S. 1, 2 kann dies ein ordentliches oder stellvertretendes Mitglied sein. Bereits Art. 50 verdeutlicht, dass die Mitwirkung der Länder im BR nicht in ihrem Belieben steht (→ Art. 50 Rn. 17); hierfür streitet auch der Grundsatz der Bundestreue.[68] **20**

2. Die Stimmen eines Landes können nur einheitlich abgegeben werden. Möglich ist eine Stimmabgabe iSv „Ja", „Nein" und „Enthaltung".[69] Das Gebot der einheitlichen Stimmabgabe (Art. 51 Abs. 3 S. 2) gründet sich auf die Konstruktion des BR: Einerseits sind die BR-Mitglieder stimmberechtigt und nicht die Länder; andererseits repräsentieren die BR-Mitglieder ihr Land, das durch den BR an der Willensbildung des Bundes mitwirkt.[70] Unzulässig sind sowohl ein **Stimmensplitting** als auch **Stimmenthaltungen** durch einzelne BR-Mitglieder eines Landes.[71] Im Ergebnis hat damit jedes Land eigentlich nur eine Stimme, die jedoch (abgestuft nach Bevölkerungszahl) mehrfach gezählt wird.[72] Rechtsfolge einer uneinheitlichen Stimmabgabe ist die **Ungültigkeit** aller Stimmen des Landes,[73] nicht nur die **21**

[64] BVerfG NVwZ 2018, 1703 (1707 f. Rn. 168) unter Verweis auf BVerfGE 72, 330 (415 f.); 86, 148 (236, 239); 101, 158 (230 ff.).

[65] Siehe auch BVerfG NVwZ 2018, 1703 (1705 Rn. 152).

[66] Vgl. *Bauer* in Dreier Rn. 7; *Jekewitz* RuP 1991, 97 (107); *Korioth* in MKS Rn. 18 f.

[67] *Müller-Terpitz* in Maunz/Dürig Rn. 57; zur Entstehungsgeschichte JöR nF 1 (1951), 1 (390).

[68] *Müller-Terpitz* in Maunz/Dürig Rn. 57 zieht auch die Verfassungsorgantreue heran.

[69] BVerfGE 106, 310 (350) – abw. *M. Osterloh, Lübbe-Wolff; Risse/Wisser* in Kluth/Krings Gesetzgebung, § 18 Rn. 8.

[70] *Korioth* in MKS Rn. 21; *Küpper* Der Staat 42 (2003), 387 (389).

[71] *Schöbener* in BK Rn. 85; *Korioth* in MKS Rn. 21; *von der Decken* in SHH Rn. 19.

[72] *Maurer* FS f. Schmitt Glaeser, 2003, 157 (164).

[73] BVerfGE 106, 310 (336); *Herzog* in HdbStR III § 59 Rn. 23; *Bauer* in Dreier Rn. 24; *Korioth* in MKS Rn. 21; *Robbers* in Sachs Rn. 15; *Müller-Terpitz* in Maunz/Dürig Rn. 60.

Unwirksamkeit der Stimmabgabe[74]. Letztere, am Wortlaut („können") orientierte, Normauslegung würde unter anderem zu dem widersinnigen Ergebnis führen, dass bei einem fortbestehenden Dissens der BR-Mitglieder eines Landes eine wirksame Stimmabgabe grds. nicht erfolgen könnte. Auch die teilweise vertretene Maßgeblichkeit der Stimme des Regierungschefs[75] lässt sich verfassungsrechtlich nicht begründen: Landesverfassungsrechtliche Rangverhältnisse sind auf der Bundesebene nicht erheblich (→ Rn. 11).[76] Beispiele für eine uneinheitliche Stimmabgabe sind die Abstimmungen vom 19. Dezember 1949 (NRW)[77] und 22. März 2002 (Brandenburg)[78].

22 Aus dem Gebot der einheitlichen Stimmabgabe, Bestellung und Abberufung der BR-Mitglieder durch ihre Landesregierungen sowie einem Umkehrschluss zu Art. 53a Abs. 1 S. 3 Hs. 2 (Gemeinsamer Ausschuss) und Art. 77 Abs. 2 S. 3 (Vermittlungsausschuss) folgt, dass nach Landesrecht ergehende **Weisungen** an BR-Mitglieder grundgesetzlich zulässig sind (→ Rn. 15).[79] Ein Verstoß gegen eine Weisung (im Innenverhältnis) lässt die Wirksamkeit der Stimmabgabe (im Außenverhältnis) jedoch unberührt.[80] Weisungen können nach der Normsystematik allein von der **Landesregierung** (als Kollegialorgan) ausgehen.[81]

23 Aus der Ausgestaltung des BR als „Kammer" der Landesregierungen folgt nach der Rechtsprechung, dass weder das **Landesparlament** noch das **Landesvolk** (über eine Volksbefragung) zu einem Hineinwirken in die Entscheidungen des BR in der Vertikalen befugt sind. Instruktionen (auch rechtlich unverbindliche) an die Regierungsmitglieder im BR sind ausgeschlossen.[82] Hiervon zu trennen ist die allg. (landesverfassungsrechtlich bestimmte) Kontrolle der Landesregierung durch das Landesparlament in der Horizontalen. Im parlamentarischen Regierungssystems kann das Landesparlament die ihm verantwortliche Landesregierung auch wegen ihrer im BR vertretenen Haltung zur Rechenschaft ziehen.[83] Dies impliziert, dass im Vorfeld durchaus Entschließungen eines Landesparlaments zu einer im BR behandelten Frage zulässig sind.[84] Demgegenüber muss sich der BR als solcher keinem Wahlvolk

---

[74] So aber BVerfGE 106, 310 (338 ff.) – abw. *M. Osterloh, Lübbe-Wolff; Küpper* Der Staat 42 (2003), 387 (406 f.); siehe auch *Maurer* FS f. Schmitt Glaeser, 2003, 157 (164).

[75] So *Stern* StaatsR II, 1980, § 27 III 2b; *Küpper* Der Staat 42 (2003), 387 (401 ff.).

[76] BVerfGE 106, 310 (334) u. (348 – abw. M.); *Reuter,* Praxishandbuch Bundesrat, 2. Aufl. 2007, Art. 51 Rn. 60; *Müller-Terpitz* in Maunz/Dürig Rn. 60.

[77] Sitzungsbericht zur 10. Sitzung des Deutschen Bundesrates in Bonn am 19. Dezember 1949 um 16 Uhr, 116 (B), (C); siehe auch *von der Decken* in SHH Rn. 19.

[78] BVerfGE 106, 310 ff. Zur Abstimmung zum Zuwanderungsgesetz siehe auch die Beiträge in *Meyer,* Abstimmungskonflikt im Bundesrat im Spiegel der Staatsrechtslehre, 2002.

[79] BVerfGE 106, 310 (334); 8, 104 (120 f.); *Rührmair,* Der Bundesrat zwischen Verfassungsauftrag, Politik und Länderinteressen, 2001, 84 ff.; *Herzog* in HdbStR III § 59 Rn. 10; *Sachs* VVDStRL 58 (1998), 39 (73); *Robbers* in Sachs Rn. 10 f.

[80] *Reuter,* Praxishandbuch Bundesrat, 2. Aufl. 2007, Art. 51 Rn. 66; *Müller-Terpitz* in Maunz/Dürig Rn. 59; *Korioth* in MKS Rn. 23; *Bauer* in Dreier Rn. 26.

[81] Vgl. a. BVerfGE 106, 310 (334); *Müller-Terpitz* in Maunz/Dürig Rn. 42.

[82] BVerfGE 8, 104 (120 f.); Bay. VerfGH BayVBl 2017, 407 (410 Rn. 54); StGH Bad.-Württ. DÖV 1986, 794 (794 f.); siehe auch *Kratzsch* DÖV 1975, 109 (112 f.); *Reuter,* Praxishandbuch Bundesrat, 2. Aufl. 2007, Art. 51 Rn. 58 ff.; *Müller-Terpitz* in Maunz/Dürig Rn. 41; aA *Friesenhahn* VVDStRL 16 (1958), 9 (72); *Arndt* VBlBW 1986, 416 (418).

[83] BVerfGE 8, 104 (121); StGH Bad.-Württ. DÖV 1986, 794 (795); *Kratzsch* DÖV 1975, 109 (114); *Bauer* in Dreier Rn. 26; *Grimm/Hummrich* DÖV 2005, 280 (284); *Rührmair,* Der Bundesrat zwischen Verfassungsauftrag, Politik und Länderinteressen, 2001, 80 ff.

[84] *Sachs* VVDStRL 58 (1998), 39 (74); *Grimm/Hummrich* DÖV 2005, 280 (284); *Kratzsch* DÖV 1975, 109 (113 ff.); siehe auch *Korioth* in MKS Rn. 25. Teilweise sieht Landesrecht die Berücksichtigung von Stellungnahmen des Landesparlaments durch die Landesregierung

oder einem anderen Bundesorgan gegenüber verantworten, wie dies insbesondere im Verhältnis zwischen BT und BReg. der Fall ist (s. insbes. Art. 67, 68).[85]

Insgesamt knüpft Art. 51 Abs. 3 S. 2 mit der Stimmabgabe am **Ergebnis des Entscheidungsfindungsprozesses** an und lässt die Willensbildung selbst unbeachtet. Daher kommt es nicht darauf an, welche Motivation die Stimmabgabe trägt.[86] Die BR-Mitglieder können eigene Landesinteressen, aber auch Bundes- oder Parteiinteressen vertreten (→ Art. 50 Rn. 3, 47 f.).[87] Deutlich wird dies vor allem (aber nicht nur[88] und nicht zwingend), wenn im BR andere (parteipolitische) Mehrheitsverhältnisse herrschen als im BT, wie erstmals 1969.[89] In der Praxis wird das Stimmverhalten zumeist nicht auf Regierungsebene, sondern auf Beamtenebene festgelegt; Ausnahmen betreffen insbesondere hochpolitische Fragen oder Unstimmigkeiten zwischen Ressorts.[90] 24

3. Und nur durch anwesende Mitglieder oder deren Vertreter. Art. 51 Abs. 3 S. 2 kann nicht im Sinne einer Anwesenheitspflicht aller BR-Mitglieder eines Landes bei der Abstimmung verstanden werden. Vielmehr folgt aus dem systematischen Zusammenhang mit S. 1, dass (mindestens) ein (ordentliches oder stellvertretendes) Mitglied am Ort des Geschehens (idR dem Sitzungssaal)[91] anwesend sein muss, das auch alle einem Land zustehenden Stimmen abgeben kann (→ Rn. 20).[92] Denn aufgrund des Erfordernisses der einheitlichen Stimmabgabe ist die Abgabe der Stimmen eines Landes durch einen sog. **Stimmführer** zulässig.[93] Eine (landesautonom bestimmte) Stimmführerschaft scheidet im BR jedoch aus, sobald ein anderes Mitglied desselben Landes abweichend stimmt.[94] Unzulässig sind die Ausübung von Mitwirkungsrechten mit Mitteln der Telekommunikation,[95] in Umlaufverfahren[96] und die Stimmabgabe eines Landes durch die BR-Mitglieder eines anderen Landes[97]. 25

---

vor: s. für Bay Art. 1 Abs. 2 PIG (BayGVBl. 2003, 324); für RhPf Ziffer III.2. der Vereinbarung zwischen Landtag und Landesregierung gemäß Artikel 89b der Landesverfassung über die Unterrichtung des Landtags durch die Landesregierung v. 4.2.2010 (GVBl. RhPf 2010, 23). Hieraus folgen keine rechtlichen Bindungen.

85 *Dolzer* VVDStRL 58 (1998), 7 (26); *Ossenbühl* AöR 99 (1974), 369 (409).

86 BVerfGE 106, 310 (347, 350) – abw. *M. Osterloh, Lübbe-Wolff.*

87 *Dolzer* VVDStRL 58 (1998), 7 (20); *Schwarz* in Kluth/Krings Gesetzgebung § 16 Rn. 2; siehe auch *Sachs* VVDStRL 58 (1998), 39 (48 f.) zu parteipolitischen Zusammenhängen.

88 S. *Dolzer* VVDStRL 58 (1998), 7 (22); *Lehmbruch,* Parteienwettbewerb im Bundesstaat, 2000, 139 f., 159 ff.; *Rührmair,* Der Bundesrat zwischen Verfassungsauftrag, Politik und Länderinteresse, 2001, 63 f.

89 Hierzu *Fromme* ZRP 1976, 201 (203 ff.); *Lehmbruch,* Parteienwettbewerb im Bundesstaat, 2000, 141 ff. Zu weiteren Beispielen *Diekmann,* Das Verhältnis des Bundesrates zu Bundestag und Bundesregierung, 2007, 1 ff.

90 *Herzog* in HdbStR III § 57 Rn. 24, § 59 Rn. 23.

91 *Müller-Terpitz* in Maunz/Dürig Rn. 61; *Wisser* in Hömig/Wolff Rn. 3.

92 *Herzog* in HdbStR III § 59 Rn. 2, 23; *Bauer* in Dreier Rn. 23; *Korioth* in MKS Rn. 22; *von der Decken* in SHH Rn. 18; *Pieroth* in Jarass/Pieroth Rn. 5; *Schöbener* in BK Rn. 90.

93 S. nur BVerfGE 106, 310 (330); *Herzog* in HdbStR III § 59 Rn. 23.

94 BVerfGE 106, 310 (330 f.); *Gröschner* JZ 2002, 621 (625).

95 *Korioth* in MKS Rn. 22; *Müller-Terpitz* in Maunz/Dürig Rn. 61.

96 *Bauer* in Dreier Rn. 25. Zur Europakammer → Art. 52 Rn. 19 ff.

97 *Korioth* in MKS Rn. 22; *Maunz* in Bundesrat Der Bundesrat als Verfassungsorgan und politische Kraft, 193 (208); *von der Decken* in SHH Rn. 18; *Müller-Terpitz* in Maunz/Dürig Rn. 60, 62. Unter der RV 1871 und der WRV wurde dagegen die Stimmabgabe durch „Substitutionsbevollmächtigte“ zugelassen.

C. Verhältnis zu anderen Bestimmungen des Grundgesetzes

26 Art. 51 gehört zu den Bestimmungen, die Art. 50 konkretisieren (→ Rn. 4). Er fällt nicht unter Art. 79 Abs. 3, wie bereits die Kontroversen im Parlamentarischen Rat zu den unterschiedlichen Organisationsalternativen veranschaulichten.[98] Die in Art. 51 Abs. 2 vorgesehene Stimmenverteilung hat besondere Bedeutung für die sich aus Art. 77 Abs. 4 S. 2, Art. 79 Abs. 2 ergebende Sperrminorität (→ Rn. 19). Die in Art. 51 Abs. 1, Abs. 3 S. 2 zum Ausdruck kommende Weisungsgebundenheit wird für die in den Gemeinsamen Ausschuss und den Vermittlungsausschuss entsandten Mitglieder des BR in Art. 53a Abs. 1 S. 3, Art. 77 Abs. 2 S. 3 durchbrochen (→ Rn. 15, 22).

D. Kritische Würdigung

27 Durch die exekutive Zusammensetzung des BR kann die **Vollzugsperspektive** bereits in das Gesetzgebungsverfahren eingehen.[99] Sie entspricht zudem der allgemeinen Vertretung der Länder nach außen durch ihre Regierungen.[100] Auch die Staatspraxis gab bislang keinen Anlass, das Konstruktionsprinzip des Art. 51 prinzipiell zu revidieren.[101] Die mangelnden Einflussnahmemöglichkeiten der Landesparlamente auf die Arbeit im BR sind jedoch insoweit kritisch zu betrachten, als auf dem Wege der Verfassungsänderung Länderkompetenzen auf den Bund übertragen werden und dem BR im Gegenzug Mitwirkungsrechte an der daraus resultierenden Bundesgesetzgebung eingeräumt werden. Die **Kompetenzverschiebungen** gehen **zu Lasten der Landesparlamente,** da nur die Mitglieder der Landesregierungen im BR Mitwirkungsmöglichkeiten gewinnen (→ Art. 50 Rn. 50). Zustimmung verdienen daher Forderungen nach einer Beteiligung der Landesparlamente an derartigen Verfassungsänderungen.[102] Eine vergleichbare Problematik stellt sich bei der Übertragung von Hoheitsrechten (der Länder) iRd europäischen Integrationsprozesses gemäß Art. 23 Abs. 1 S. 2, 3 mit Blick auf die Mitwirkungsrechte des BR gemäß Art. 23 Abs. 2, 4–6.

Literatur

C. Deecke, Verfassungsrechtliche Anforderungen an die Stimmverteilung im Bundesrat, 1998. – ***C. Grimm/M. Hummrich,*** Zum Einfluss der Landesparlamente auf die Stimmabgabe im Bundesrat im Falle der Übertragung von Länderkompetenzen, DÖV 2005, 280. – ***A. Hanikel,*** Die Organisation des Bundesrats, 1991. – ***R. Herzog,*** Zusammensetzung und Verfahren des Bundesrates, in HdbStR III, § 59. – ***J. Jekewitz,*** Die Stimmenverteilung im Bundesrat nach dem Einigungsvertrag, RuP 1991, 97. – ***O. Kratzsch,*** Verfassungsrechtliche Probleme einer Mitwirkung der Landesparlamente an Bundesratsangelegenheiten, DÖV 1975, 109. – ***H. Küpper,*** Die Mitgliedschaft im Bundesrat – Schwachstellen eines widersprüchlichen Konzepts, Der Staat 42 (2003) 387. – ***H. Maurer,*** Der Bundesrat im Verfassungsgefüge der Bundesrepublik Deutsch-

---

[98] *Müller-Terpitz* in Maunz/Dürig Rn. 18; *Bauer* in Dreier Rn. 28; *Korioth* in MKS Rn. 4.

[99] Vgl. *Hesse,* Der unitarische Bundesstaat, 1962, 28 f.; *Hoffmann/Wisser* ZParl 2012, 598 (598 f., 607).

[100] *Maurer* Aussprache VVDStRL 58 (1998), 81 (122).

[101] *Krebs* in v. Münch/Kunig, 6. Aufl. 2012, Rn. 16; aA früher *Friesenhahn* VVDStRL 16 (1958), 9 (50): BR als „Fehlkonstruktion".

[102] S. zB *Sachs* VVDStRL 58 (1998), 39 (55).

land, FS f. G. Winkler, 1997, 615. – ***ders.,*** Mitgliedschaft und Stimmrecht im Bundesrat, FS f. W. Schmitt Glaeser, 2003, 157. – ***H. Meyer*** (Hrsg.), Abstimmungskonflikt im Bundesrat im Spiegel der Staatsrechtlehre, 2003. – ***M. Pleyer,*** Föderative Gleichheit, 2005. – ***W. Rudolf,*** Funktion und Stellung des Bundesrates, in E. Klein (Hrsg.), Die Rolle des Bundesrates und der Länder im Prozess der deutschen Einheit, 1998, 11. – ***R. Scholz,*** Landesparlamente und Bundesrat, FS f. Carstens, 1984, 831. – ***D. Tsatsos,*** Die Unzulässigkeit der Kumulation von Bundestags- und Bundesratsmandat, 1965.

Siehe auch die Angaben zu Art. 50.

Art. 52 [Verfahren im Bundesrat]

(1) Der Bundesrat wählt seinen Präsidenten auf ein Jahr.

(2) [1]Der Präsident beruft den Bundesrat ein. [2]Er hat ihn einzuberufen, wenn die Vertreter von mindestens zwei Ländern oder die Bundesregierung es verlangen.

(3) [1]Der Bundesrat faßt seine Beschlüsse mit mindestens der Mehrheit seiner Stimmen. [2]Er gibt sich eine Geschäftsordnung. [3]Er verhandelt öffentlich. [4]Die Öffentlichkeit kann ausgeschlossen werden.

(3a) Für die Angelegenheiten der Europäischen Union kann der Bundesrat eine Europakammer bilden, deren Beschlüsse als Beschlüsse des Bundesrates gelten; die Anzahl der einheitlich abzugebenden Stimmen der Länder bestimmt sich nach Artikel 51 Abs. 2.

(4) Den Ausschüssen des Bundesrates können andere Mitglieder oder Beauftragte der Regierungen der Länder angehören.

Paulskirchenverfassung von 1849

Abschnitt IV. Art. V

§ 98. Zu einem Beschluß eines jeden Hauses des Reichstages ist die Theilnahme von wenigstens der Hälfte der gesetzlichen Anzahl seiner Mitglieder und die einfache Stimmenmehrheit erforderlich.

Im Falle der Stimmengleichheit wird ein Antrag als abgelehnt betrachtet.

Abschnitt IV. Art. VII

§ 110. Jedes der beiden Häuser wählt seinen Präsidenten, seine Vicepräsidenten und seine Schriftführer.

§ 111. Die Sitzungen beider Häuser sind öffentlich. Die Geschäftsordnung eines jeden Hauses bestimmt, unter welchen Bedingungen vertrauliche Sitzungen stattfinden können.

§ 116. Jedes Haus hat das Recht, sich seine Geschäftsordnung selbst zu geben. Die geschäftlichen Beziehungen zwischen beiden Häusern werden durch Übereinkunft beider Häuser geordnet.

Reichsverfassung von 1871

Art. 7. [Abs. 1]

Jedes Bundesglied ist befugt, Vorschläge zu machen und in Vortrag zu bringen, und das Präsidium ist verpflichtet, dieselben der Berathung zu übergeben.

Die Beschlußfassung erfolgt, vorbehaltlich der Bestimmungen in den Artikeln 5, 37 und 78, mit einfacher Mehrheit. Nicht vertretene oder nicht instruirte Stimmen werden nicht gezählt. Bei Stimmengleichheit giebt die Präsidialstimme den Ausschlag.

[Abs. 4]

Art. 8. Der Bundesrath bildet aus seiner Mitte dauernde Ausschüsse

1. für das Landheer und die Festungen;
2. für das Seewesen;
3. für Zoll- und Steuerwesen;
4. für Handel und Verkehr;
5. für Eisenbahnen, Post und Telegraphen;
6. für Justizwesen;
7. für Rechnungswesen.

In jedem dieser Ausschüsse werden außer dem Präsidium mindestens vier Bundesstaaten vertreten sein, und führt innerhalb derselben jeder Staat nur Eine Stimme. […]

[Abs. 3]

Den Ausschüssen werden die zu ihren Arbeiten nöthigen Beamten zur Verfügung gestellt.

Art. 12. Dem Kaiser steht es zu, den Bundesrath und den Reichstag zu berufen, zu eröffnen, zu vertagen und zu schließen.

Art. 13. Die Berufung des Bundesrathes und des Reichstages findet alljährlich statt und kann der Bundesrath zur Vorbereitung der Arbeiten ohne den Reichstag, letzterer aber nicht ohne den Bundesrath berufen werden.

Art. 14. Die Berufung des Bundesrathes muß erfolgen, sobald sie von einem Drittel der Stimmenzahl verlangt wird.

Art. 15. Der Vorsitz im Bundesrathe und die Leitung der Geschäfte steht dem Reichskanzler zu, welcher vom Kaiser zu ernennen ist.

[Abs. 2]

Weimarer Reichsverfassung von 1919

Art. 62. In den Ausschüssen, die der Reichsrat aus seiner Mitte bildet, führt kein Land mehr als eine Stimme.

Art. 63. Die Länder werden im Reichsrat durch Mitglieder ihrer Regierungen vertreten. Jedoch wird die Hälfte der preußischen Stimmen nach Maßgabe eines Landesgesetzes von den preußischen Provinzialverwaltungen bestellt.

Die Länder sind berechtigt, so viele Vertreter in den Reichsrat zu entsenden, wie sie Stimmen führen.

Art. 64. Die Reichsregierung muß den Reichsrat auf Verlangen von einem Drittel seiner Mitglieder einberufen.

Art. 65. Den Vorsitz im Reichsrat und in seinen Ausschüssen führt ein Mitglied der Reichsregierung. […]

Art. 66. Die Reichsregierung sowie jedes Mitglied des Reichsrats sind befugt, im Reichsrat Anträge zu stellen.

Der Reichsrat regelt seinen Geschäftsgang durch eine Geschäftsordnung.

Die Vollsitzungen des Reichsrats sind öffentlich. Nach Maßgabe der Geschäftsordnung kann die Öffentlichkeit für einzelne Beratungsgegenstände ausgeschlossen werden.

Bei der Abstimmung entscheidet die einfache Mehrheit der Abstimmenden.

Übersicht

A. Allgemeine Bedeutung

I. Genese

1 Nach der **Reichsverfassung von 1871** standen der „Vorsitz im Bundesrate und die Leitung der Geschäfte" dem Reichskanzler (Art. 15 Abs. 1) und die Berufung, Eröffnung, Vertagung und Schließung dem Kaiser zu (Art. 12). Unter der **Weimarer Reichsverfassung** von 1919 führte den „Vorsitz im Reichsrat und in seinen Ausschüssen" ein Mitglied der Reichsregierung (Art. 65 S. 1) und wurde dementsprechend der Reichsrat durch die Reichsregierung einberufen (Art. 64).

2 Im Vergleich zu seinen Vorgängerregelungen akzentuiert Art. 52 besonders die **„Autonomie des Bundesrates",**[1] indem er diesem das Recht zur Wahl eines Präsidenten (Abs. 1, → Rn. 5), das Selbstversammlungsrecht (Abs. 2, → Rn. 7), die Geschäftsordnungsautonomie (Abs. 3 S. 2, → Rn. 16) und das Recht zur Bildung eigener Organe (Abs. 3a, 4, → Rn. 19 ff.) einräumt. Das Selbstorganisationsrecht des Verfassungsorgans BR ermöglicht es ihm, effektiv bei der Gesetzgebung und Verwaltung des Bundes und in Angelegenheiten der EU iSd Art. 50 mitzuwirken. Änderungen der Norm betrafen allein Abs. 3a (→ Rn. 4, 22).

II. Inhaltsübersicht

3 Auch Art. 52 konkretisiert die Grundentscheidung des Art. 50 für ein föderatives Bundesorgan. Er betrifft die Organisation und das Verfahren der Willensbildung.[2]

III. Überstaatliche Bezüge

4 Über die Einfügung des Art. 23 und der Ergänzung des Art. 50 hinaus erhielt im Kontext der Ratifikation des **Vertrages von Maastricht** über die EU[3] Art. 52 durch das Gesetz zur Änderung des GG vom 21.12.1992[4] einen Abs. 3a. **Die Institutionalisierung der Europakammer** (in Parallele zu Art. 45) beruht auf einer Empfehlung der Gemeinsamen Verfassungskommission.[5] Sie soll dem BR ermöglichen, iRd Art. 23 effektiv am europäischen

[1] *Hendrichs* in v. Münch/Kunig, 2. Aufl. 1983, Rn. 1; *Bauer* in Dreier Rn. 7, 12; *von der Decken* in SHH Rn. 1; *Korioth* in MKS Rn. 1; *Müller-Terpitz* in Maunz/Dürig Rn. 3, 52.
[2] *Müller-Terpitz* in Maunz/Dürig Rn. 2; *Bauer* in Dreier Rn. 1.
[3] Vertrag über die Europäische Union, ABl. 1992 C 191, 1; BGBl. 1992 II 1251.
[4] BGBl. 1992 I 2086.
[5] BT-Drs. 12/3896, 17 u. 21.

Integrationsprozess mitzuwirken (→ Rn. 20). Diesem Ziel diente auch die Änderung des Abs. 3a in der Föderalismusreform I (→ Rn. 22).

B. Einzelfragen

I. Wahl des Bundesratspräsidenten (Art. 52 Abs. 1)

5 Gemäß Art. 52 Abs. 1 wählt der BR seinen Präsidenten auf ein Jahr. Zwar lässt der Wortlaut offen, wer gewählt werden kann. In der historischen Perspektive ist die Norm jedoch eine Abkehr vom verfassungsrechtlichen Octroi des Vorsitzenden durch die Regierung[6] (→ Rn. 1). § 5 Abs. 1 GOBR konkretisiert Art. 52 Abs. 1 verfassungskonform dahingehend, dass der Präsident (und zwei Vizepräsidenten[7]) **aus den Mitgliedern des BR** zu wählen sind.[8] Zudem erfolgt die Wahl hiernach ohne Aussprache. Zulässig ist auch eine Wiederwahl.[9] In der Praxis wird jedoch nach dem **„Königsteiner Abkommen"** vom 30.8.1950 rotierend jeweils ein Ministerpräsident zum BR-Präsidenten gewählt, der Einwohnerzahl der Länder absteigend folgend (Degressionsprinzip). Dieses Verfahren wurde vereinbart, um die Wahl von parteipolitischen Erwägungen freizuhalten.[10] Es verwirklicht die Gleichberechtigung der Länder.[11] Die Amtszeit läuft vom 1.11. bis zum 31.10. des Folgejahres (s. § 3 GOBR).

6 Das **Amt** des BR-Präsidenten (und der Vizepräsidenten) kann außer durch Ablauf des Jahres auch durch Tod, Amtsniederlegung oder Ausscheiden aus der Landesregierung **enden.**[12] Verliert der Präsident allein seine Stellung als Regierungschef, bleibt aber Mitglied der Landesregierung, endet seine Amtszeit nicht.[13] Denn Voraussetzung für das Amt ist nur die Mitgliedschaft im BR, welche die Zugehörigkeit zu einer Landesregierung voraussetzt (→ Art. 51 Rn. 6, 9). Endet das Amt des Präsidenten oder eines Vizepräsidenten vorzeitig, findet eine Nachwahl statt, die gemäß § 5 Abs. 2 GOBR innerhalb von vier Wochen stattfinden soll. Die einjährige Amtszeit nach Art. 52 Abs. 1 muss auch hier gelten.[14] Der nachgewählte Präsident kann aber sein Amt nach Ablauf der eigentlichen Amtszeit seines Vorgängers niederlegen.[15]

---

[6] *Krebs* in v. Münch/Kunig, 6. Aufl. 2012, Rn. 2. S. Art. 15 RV 1871, Art. 65 WRV.

[7] In der Praxis wird der letzte BR-Präsident zum ersten Vizepräsidenten gewählt; s. *Schöbener* in BK Rn. 71; *Müller-Terpitz* in Maunz/Dürig Rn. 13; *Dörr* in BeckOK Rn. 8.

[8] *Herzog* in HdbStR III § 59 Rn. 11. Für die Wählbarkeit nur von BR-Mitgliedern *Müller-Terpitz* in Maunz/Dürig Rn. 11; *Bauer* in Dreier Rn. 13; *Schöbener* in BK Rn. 54; für die Zulässigkeit einer „Zuwahl" *Korioth* in MKS Rn. 3; *Reuter,* Praxishandbuch Bundesrat, 2. Aufl. 2007, Art. 52 Rn. 11; *Grewe* DRZ 1949, 349 (352); *de Wall* in Friauf/Höfling Rn. 10.

[9] *Müller-Terpitz* in Maunz/Dürig Rn. 12.

[10] *Bundesrat,* Handbuch 2018/2019, 15; *Reuter,* Praxishandbuch Bundesrat, 2. Aufl. 2007, § 5 GOBR Rn. 7 ff., mit Wiedergabe des Abkommens.

[11] *Müller-Terpitz* in Maunz/Dürig Rn. 12.

[12] *Bauer* in Dreier Rn. 15; *Müller-Terpitz* in Maunz/Dürig Rn. 12.

[13] *Pieroth* in Jarass/Pieroth Rn. 1; *Schöbener* in BK Rn. 59; *Bauer* in Dreier Rn. 15; *Dörr* in BeckOK Rn. 5; aA *Korioth* in MKS Rn. 6, aufgrund für zulässig erachteter Zuwahl.

[14] *Voß* DVBl 1967, 67 (69); *Schöbener* in BK Rn. 60; *Korioth* in MKS Rn. 6; aA *Reuter,* Praxishandbuch Bundesrat, 2. Aufl. 2007, § 5 GOBR Rn. 19; *Müller-Terpitz* in Maunz/Dürig Rn. 12.

[15] *Krebs* in v. Münch/Kunig, 6. Aufl. 2012, Rn. 3; siehe auch *Schöbener* in BK Rn. 60.

II. Einberufung des Bundesrates (Art. 52 Abs. 2)

7 **1. Der Präsident beruft den Bundesrat ein (S. 1).** Art. 52 Abs. 2 normiert ein **Selbstversammlungsrecht** des BR und stärkt damit in der historischen Perspektive seine autonome Stellung (→ Rn. 2).[16] Das Selbstversammlungsrecht wird grds. von seinem Präsidenten als Organ des BR ausgeübt (S. 1). Bei der Einberufungsentscheidung verfügt dieser über Ermessen.[17]

8 **2. Er hat ihn einzuberufen, wenn die Vertreter von mindestens zwei Ländern oder die Bundesregierung es verlangen (S. 2).** Gemäß Art. 52 Abs. 2 S. 2 besteht eine Pflicht des BR-Präsidenten zur Einberufung des BR, wenn die Vertreter von mindestens zwei Ländern oder die BReg. es verlangen. In diesen Fällen ist sein Ermessen grundgesetzlich auf Null reduziert.[18] Die **Geschäftsordnung** geht über die Verfassung noch hinaus und lässt ausreichen, dass nur **ein Land** die Einberufung verlangt (§ 15 Abs. 1 GOBR). Dahinter steht das Ziel eines erweiterten Minderheitenschutzes, der über die in Art. 52 Abs. 3 S. 2 verankerte Geschäftsordnungsautonomie zur Geltung gebracht wird. Das hierdurch eingeschränkte Ermessen des BR-Präsidenten genießt gegenüber dem Minderheitenschutz keinen verfassungsrechtlichen Vorrang iSe Mindestgarantie, die sich durchsetzen müsste.[19]

9 Der Präsident hat den BR gemäß § 15 Abs. 1 GOBR auf Verlangen **„unverzüglich“** einzuberufen. Die Norm zielt nicht nur auf die Einberufung als solche, sondern ebenfalls – was von nicht geringerer Bedeutung ist – auf den Zeitpunkt, zu dem der BR zusammentritt.[20] Bereits Art. 52 Abs. 2 S. 2 erfordert nach Sinn und Zweck eine Terminierung, die eine sachgerechte Behandlung des Einberufungsbegehrens ermöglicht. In der Praxis finden BR-Sitzungen in Orientierung an den Fristen der Art. 76, 77[21] regelmäßig im Abstand von etwa drei Wochen statt.[22] Sondersitzungen sind selten.[23]

10 **3. Weitere Befugnisse.** Art. 52 Abs. 2 regelt explizit nur, dass der Präsident den BR einberuft. Weitere Aufgaben und Befugnisse sind seiner Stellung und Funktion als Organ des BR immanent und in der **Geschäftsordnung** näher geregelt. Hierzu zählen in Anknüpfung an Art. 52 Abs. 2 die **Sitzungsvorbereitung und -leitung** (§ 15 Abs. 2, § 20 Abs. 1 GOBR). Der BR-Präsident ist verpflichtet, als unparteiischer Sitzungsleiter zu agieren. Er ist grds. berechtigt, bei Unklarheiten im Verlauf von Abstimmungen – vor allem durch Rückfragen – eine Klärung herbeizuführen und auf eine wirksame Abstimmung hinzuwirken.[24] Ein Recht zur Nachfrage besteht jedoch nicht, wenn keine Unklarheiten herrschen – so im Fall des Zuwanderungs-

---

[16] *Schöbener* in BK Rn. 15, 62; *Müller-Terpitz* in Maunz/Dürig Rn. 15; aA *Jekewitz* in AK Rn. 4; *Robbers* in Sachs Rn. 10; *Leisner* in Sodan Rn. 3; *Korioth* in MKS Rn. 10.

[17] *Müller-Terpitz* in Maunz/Dürig Rn. 14; *Bauer* in Dreier Rn. 18; *Korioth* in MKS Rn. 10.

[18] *Krebs* in v. Münch/Kunig, 6. Aufl. 2012, Rn. 6.

[19] Siehe auch *Reuter,* Praxishandbuch Bundesrat, 2. Aufl. 2007, Art. 52 Rn. 16; *Schöbener* in BK Rn. 62; *Müller-Terpitz* in Maunz/Dürig Rn. 15; *von der Decken* in SHH Rn. 7; aA *Dörr* in BeckOK Rn. 10; *Pieroth* in Jarass/Pieroth Rn. 2; zweifelnd *Bauer* in Dreier Rn. 18.

[20] S. *Reuter,* Praxishandbuch Bundesrat, 2. Aufl. 2007, 383.

[21] *Müller-Terpitz* in Maunz/Dürig Rn. 32.

[22] Vgl. *Bundesrat,* Handbuch 2018/2019, 7.

[23] *Müller-Terpitz* in Maunz/Dürig Rn. 15; *Korioth* in MKS Rn. 10; *Bauer* in Dreier Rn. 18.

[24] BVerfGE 106, 310 (332) unter Verweis auf Art. 78 iVm dem Rechtsstaatsprinzip.

gesetzes, als der Wille des Landes Brandenburg zur uneinheitlichen Abstimmung zweifelsfrei erkennbar war.[25] Eine derartige Lenkung des Abstimmungsverhaltens eines Landes stellt einen unzulässigen Übergriff in den Verantwortungsbereich des Landes dar.[26]

Der BR-Präsident vertritt zudem die Bundesrepublik Deutschland in allen Angelegenheiten des BR. Er fungiert als oberste Dienstbehörde für die Beamten des BR (§ 6 Abs. 1 GOBR) und hat das Hausrecht (§ 6 Abs. 3 GOBR) sowie die Ordnungsgewalt (§ 22 GOBR) inne. Neben seinen **auf den BR bezogenen Aufgaben** fungiert der BR-Präsident gemäß Art. 57 GG aus eigenem Recht[27] als **Vertreter des Bundespräsidenten** bei dessen Verhinderung oder vorzeitiger Erledigung des Amtes. **11**

Zusammen mit den beiden Vizepräsidenten (→ Rn. 5 f.) bildet der Präsident gemäß § 8 Abs. 1 GOBR das **Präsidium.** Dieses stellt den Haushaltsplan des BR auf und entscheidet über dessen innere Angelegenheiten (§ 8 Abs. 2 GOBR). Gemäß § 9 GOBR besteht beim Präsidium ein **Ständiger Beirat,** dem die Bevollmächtigten der Länder beim Bund angehören. Er berät und unterstützt den Präsidenten und das Präsidium bei der Vorbereitung der Sitzungen und der Führung der Verwaltungsgeschäfte des BR (§ 9 Abs. 2 S. 1 GOBR) und wirkt bei der Aufrechterhaltung der laufenden Verbindung zwischen BR und BReg. mit (§ 9 Abs. 3 S. 1 GOBR). **12**

III. Beschlussfassung, Geschäftsordnung, Öffentlichkeit (Art. 52 Abs. 3)

1. Der Bundesrat faßt seine Beschlüsse mit mindestens der Mehrheit seiner Stimmen (S. 1). Gemäß Art. 52 Abs. 3 S. 1 bedürfen BR-Beschlüsse – anders als solche des BT (Art. 42 Abs. 2 S. 1) – grds. einer **absoluten Mehrheit** (zu Ausnahmen → Rn. 27). Bei derzeit 69 Stimmen sind 35 Stimmen für einen Beschluss erforderlich. Gemäß § 28 Abs. 1 GOBR ist der BR konsequenterweise nur **beschlussfähig,** wenn die Stimmenmehrheit vertreten ist. Das Erfordernis der Mehrheit (statt Einstimmigkeit) entspricht (wie die abgestufte Gleichheit iSd Art. 51 Abs. 2, → Art. 51 Rn. 17) der zentralstaatlichen Perspektive auf den BR. Es ist zugleich Ausdruck des Demokratieprinzips.[28] **13**

Das Erfordernis der absoluten Mehrheit führt – iVm der positiven Fragestellung – dazu, dass **Stimmenthaltungen** Nein-Stimmen entsprechen: Bei zustimmungsbedürftigen Gesetzen (Art. 78 Var. 1) wirken sie wie eine Ablehnung; bei Einspruchsgesetzen (Art. 78 Var. 3) wirken sie zugunsten des Gesetzes. Die Zahl von Enthaltungen, die einem Nein gleichkommen, ist in der Praxis beachtlich. Wird in sog. gemischten Koalitionen auf Länderebene, die aus Vertretern der Regierungs- und Oppositionsparteien des Bundes bestehen, keine Verständigung erzielt, zwingt das Erfordernis der einheitlichen Stimmabgabe (Art. 51 Abs. 3 S. 2 GG), vermittelt über den jeweiligen Koalitionsvertrag (sog. **Bundesratsklausel**), idR zur Stimmenthaltung.[29] **14**

---

[25] BVerfGE 106, 310 (332 f.); aA (345 f.) – abw. *M. Osterloh, Lübbe-Wolff.*
[26] BVerfGE 106, 310 (333).
[27] *Müller-Terpitz* in Maunz/Dürig Rn. 4.
[28] S. BVerfGE 44, 125 (141).
[29] *Selg,* Die Mitwirkung des Bundesrates bei der Gesetzgebung, 2009, 92 f.; *Lehmbruch,* Parteienwettbewerb im Bundesstaat, 2000, 163 f.; *Rührmair,* Der Bundesrat zwischen Verfassungsauftrag, Politik und Länderinteresse, 2001, 64 f.; *Sachs* VVDStRL 58 (1998), 39 (76).

15 Immer wieder zielen **Reformvorschläge** darauf, auch für den BR die relative Mehrheit einzuführen.[30] Ob hierdurch weniger (Zustimmungs-)Gesetze durch den BR verhindert (oder Änderungen erzwungen) würden, scheint jedoch nicht sicher.[31] Weitere Vorschläge sind ein Verzicht auf die einheitliche Stimmabgabe iSd Art. 51 Abs. 3 S. 2,[32] die negative Formulierung der Abstimmungsfrage (siehe auch § 30 Abs. 1 GOBR)[33] und die Verpflichtung zur Stimmabgabe ohne Enthaltungsmöglichkeit[34].[35] Trotz verfassungspolitischer Diskussionen auch im Kontext der Föderalismusreformen kam es allerdings zu keiner Verfassungsänderung.

16 **2. Er gibt sich eine Geschäftsordnung (S. 2).** Die in Art. 52 Abs. 3 S. 2 normierte **Geschäftsordnungsautonomie**[36] umfasst das Recht des BR, eigene Organe zu schaffen und sein Verfahren zu regeln, soweit das GG keine Vorgaben enthält.[37] Die GOBR steht im Rang unter dem GG und dem förmlichen Bundesrecht.[38] Sie wird traditionell im BGBl. I bekannt gemacht.[39] Gemäß § 48 GOBR kann der BR nur durch einstimmigen Beschluss von ihr abweichen. Die Bindungswirkung ist grds. organintern: Verpflichtungsadressaten sind alle BR- und Ausschussmitglieder sowie deren Vertreter. Aber auch die BReg. ist gebunden, wenn sie nach Art. 53 Mitwirkungsbefugnisse im BR ausübt.[40] Die **Rechtsnatur** der GOBR wird wie diejenige der GOBT diskutiert.[41] Zumeist werden sie (terminologisch unbefriedigend[42]) als autonome Satzungen bezeichnet,[43] obwohl BR und BT keine Selbstverwaltungskörperschaften sind.

17 **3. Er verhandelt öffentlich (S. 3).** Der Begriff der Öffentlichkeit des Art. 52 Abs. 3 S. 3, 4 entspricht dem des Art. 42 Abs. 1 S. 1 und bedeutet

---

30 S. *Sachs* VVDStRL 58 (1998), 39 (76); *Selg,* Die Mitwirkung des Bundesrates bei der Gesetzgebung, 2009, 200 ff.; *Thiele* KritV 93 (2010), 168 (187 f.); *Mehlhorn* ZG 2015, 260 (285). In die gleiche Richtung weist der Vorschlag der Nichtberücksichtigung von Enthaltungen bei Feststellung des Gesamtstimmenverhältnisses; s. *Jekewitz* RuP 45 (2009), 23 (25 f.); dagegen *Schmedes* RuP 55 (2019), 309 (311 ff.).

31 S. zum Ganzen *Decker* RuP 44 (2008), 213 ff.; *Jekewitz* RuP 45 (2009), 23 ff.

32 Dagegen *Selg,* Die Mitwirkung des Bundesrates bei der Gesetzgebung, 2009, 194 ff.; *Dolzer* VVDStRL 58 (1998), 7 (31 f.); *Diekmann,* Das Verhältnis des Bundesrates zu Bundestag und Bundesregierung, 2007, 198; *Mehlhorn* ZG 2015, 260 (284).

33 Dafür *Decker* RuP 44 (2008), 213 (215); dagegen *Selg,* Die Mitwirkung des Bundesrates bei der Gesetzgebung, 2009, 197 f.; *Mehlhorn* ZG 2015, 260 (284 f.).

34 Dagegen *Selg,* Die Mitwirkung des Bundesrates bei der Gesetzgebung, 2009, 198 ff.; *Thiele* KritV 93 (2010), 168 (186); *Mehlhorn* ZG 2015, 260 (285).

35 Kritisch zu Änderungsvorschlägen *Sick* BayVBl. 2010, 165 ff. *Lehmbruch,* Parteienwettbewerb im Bundesstaat, 2000, setzt dagegen beim Parteiensystem an.

36 *Schmidt* AöR 128 (2003), 608 (619 f.) ordnet Art. 52 Abs. 3 S. 2 als deklaratorisch ein.

37 *Herzog* in HdbStR III § 58 Rn. 41.

38 *Bauer* in Dreier Rn. 20; *Dörr* in BeckOK Rn. 15; *Korioth* in MKS Rn. 15; *Schöbener* in BK Rn. 19; *Müller-Terpitz* in Maunz/Dürig Rn. 27; bzgl. förmlichen Bundesrechts aA *Achterberg,* Parlamentsrecht, 1984, 327 f.; *Hanikel,* Die Organisation des Bundesrats, 1991, 64 ff.: keine Kollision; *Schmidt* AöR 128 (2002), 609 (636 ff.): Gleichordnung.

39 Zuletzt idF der Bekanntmachung der Neufassung v. 26.11.1993, BGBl. I 2007, zuletzt geändert am 8.6.2007, BGBl. I 1057.

40 *Müller-Terpitz* in Maunz/Dürig Rn. 27; *Korioth* in MKS Rn. 15.

41 *Hanikel,* Die Organisation des Bundesrats, 1991, 33 ff.; siehe auch *Achterberg,* Parlamentsrecht, 1984, 38 ff.

42 *Krebs* in v. Münch/Kunig, 6. Aufl. 2012, Rn. 8; *Schmidt* AöR 128 (2003), 608 (611 f.).

43 S. *Schöbener* in BK Rn. 17; stRspr zur GOBT seit BVerfGE 1, 144 (148). Verfassungssatzung: *Böckenförde,* Die Organisationsgewalt im Bereich der Regierung, 1964, 122 f.; *Korioth* in MKS Rn. 14; Rechtsnorm sui generis: *Dörr* in BeckOK Rn. 15; *Schmidt* AöR 128 (2003), 608 (613).

den **freien und gleichen Zugang** für jedermann – nicht jedoch die aktive Beteiligung.[44] Die Öffentlichkeit der Verhandlungen dient der Gewährleistung eines freien und offenen Prozesses der Meinungs- und Willensbildung in der freiheitlich demokratischen Grundordnung des GG.[45] Das Gebot der Öffentlichkeit gilt vom Beginn bis zum Schluss der Sitzungen, einschließlich der Abstimmungen.[46] Da die **Europakammer** gemäß Art. 53 Abs. 3a ein Beschlussgremium ist (→ Rn. 21), sind auch ihre Sitzungen grds. öffentlich.[47] § 45f Abs. 1 S. 1 GOBR ist damit grundgesetzlich vorgegeben. Das Gebot der Öffentlichkeit gilt dagegen nicht für BR-Ausschüsse (§ 37 Abs. 2 GOBR),[48] welche die Beschlussfassung des BR nur vorbereiten (→ Rn. 24; § 39 Abs. 1 GOBR).

4. Die Öffentlichkeit kann ausgeschlossen werden (S. 4). Über den nach Art. 52 Abs. 3 S. 4 möglichen Ausschluss der Öffentlichkeit wird in nichtöffentlicher Sitzung beraten und beschlossen (§ 17 Abs. 1 S. 1 GOBR). Dies widerspricht nicht S. 3, da S. 4 keine Vorgaben hierzu enthält und dieser dem Normzweck nach Vorwirkung entfaltet.[49] Die Verhandlungen in nichtöffentlicher Sitzung sind folgerichtig grds. vertraulich (§ 17 Abs. 2 GOBR). 18

IV. Europakammer (Art. 52 Abs. 3a)

1. Für Angelegenheiten der Europäischen Union kann der Bundesrat eine Europakammer bilden. Die Einrichtung einer Europakammer steht gemäß Art. 52 Abs. 3a (anders als diejenige eines Ausschusses für Angelegenheiten der EU durch den BT → Art. 45 Rn. 2, 5) im **Ermessen** des BR.[50] Allerdings hatte der BR schon im Jahr 1988 – also bevor im Jahr 1992 Art. 52 Abs. 3a in das GG eingefügt wurde (→ Rn. 4) – Regelungen zu einer „Kammer für Vorlagen der Europäischen Gemeinschaften" **(EG-Kammer)** in die GOBR aufgenommen (§§ 45b ff.) und eine solche gebildet.[51] 19

Die Europakammer soll es dem BR ermöglichen, die ihm in Art. 23 Abs. 4–6, im EUZBLG und im IntVG eingeräumten Mitwirkungsbefugnisse effektiv wahrzunehmen. Gemäß § 45d GOBR ist sie in **Eilfällen** oder bei zu wahrender **Vertraulichkeit** nach Zuweisung eines Beratungsgegenstandes für die Wahrnehmung der Mitwirkungsrechte des BR in Angelegenheiten der EU zuständig. Der BR-Präsident kann jedoch statt einer Zuweisung eines einschlägigen Beratungsgegenstandes an die Europakammer auch den BR einberufen (Abs. 4). Überdies kann der BR nach einer Zuweisung an die Europakammer noch bis zu deren Beschlussfassung selbst Beschluss fassen 20

[44] *Bauer* in Dreier Rn. 21; *Dörr* in BeckOK Rn. 17.

[45] BVerfGE 44, 125 (139).

[46] *Korioth* in MKS Rn. 16; *Bauer* in Dreier Rn. 21; *Müller-Terpitz* in Maunz/Dürig Rn. 29; *Dörr* in BeckOK Rn. 17; aA *Robbers* in Sachs Rn. 15.

[47] *Bauer* in Dreier Rn. 21, 26; *Müller-Terpitz* in Maunz/Dürig Rn. 29.

[48] *Reuter,* Praxishandbuch Bundesrat, 2. Aufl. 2007, Art. 52 Rn. 37; *Bauer* in Dreier Rn. 21.

[49] *Müller-Terpitz* in Maunz/Dürig Rn. 30.

[50] *Müller-Terpitz* in Maunz/Dürig Rn. 5, 35, 37; *Bauer* in Dreier Rn. 22 f.; *Dörr* in BeckOK Rn. 19 f. Zulässig ist daher auch die Auflösung der Europakammer.

[51] Bekanntmachung der Neufassung der GOBR vom 10.6.1988, BGBl. 1988 I 857 (865 f.). S. hierzu *Schütz* NJW 1989, 2160 ff.; *Oschatz/Risse* DÖV 1989, 509 ff.; *Müller-Terpitz,* Die Beteiligung des Bundesrates am Willensbildungsprozeß der Europäischen Union, 1999, 343 f.

(Abs. 5). Der BR hat den Wirkungsbereich der Europakammer also deutlich begrenzt – stärker als Art. 52 Abs. 3a dies nahegelegt hätte[52].

21 **2. Deren Beschlüsse als Beschlüsse des Bundesrates gelten; die Anzahl der einheitlich abzugebenden Stimmen richtet sich nach Art. 51 Abs. 2.** Die Europakammer tritt damit als weiteres **Beschlussgremium** neben das BR-Plenum, so dass sich nicht die gleichen verfassungsrechtlichen Fragen stellen wie bei einer Übertragung der Beschlussfassung auf Untergliederungen des BT[53]. Die Beschlüsse der Europakammer werden dem BR als eigene zugerechnet. Daher ist es folgerichtig, dass Art. 52 Abs. 3a für die Stimmenanzahl auf Art. 51 Abs. 2 verweist, die Stimmengewichtung also derjenigen des BR entsprechen muss, und – parallel zu Art. 51 Abs. 3 S. 2 – auch für die Europakammer eine einheitliche Stimmabgabe fordert.[54]

22 Im Zuge der Föderalismusreform I[55] wurde der zuvor umfassende Verweis in Art. 52 Abs. 3a auf Art. 51 Abs. 3 S. 2 GG gestrichen und dadurch das zunächst auch für die Europakammer geltende Anwesenheitsgebot aufgehoben; seitdem ist zur beschleunigten Beschlussfassung ein **schriftliches Umfrageverfahren** möglich.[56] Art. 52 Abs. 3a verweist nicht auf Art. 51 Abs. 3 S. 1. Normsystematisch sind verschiedene Festlegungen zur **Mitgliederzahl** verfassungskonform: Jedes Land muss zumindest mit einem Mitglied in der Europakammer vertreten sein; ihre Mitgliederzahl darf zudem die der höchstzulässigen Mitgliederzahl des BR nicht übersteigen.[57] Gemäß § 45b Abs. 2 GOBR entsendet jedes Land ein Mitglied oder ein stellvertretendes Mitglied des BR als Mitglied in die Europakammer, während die weiteren Mitglieder und stellvertretenden Mitglieder des BR stellvertretende Mitglieder der Europakammer sind. Die Landesregierungen können daher je nach Sitzung und Tagesordnung entscheiden, durch welches Mitglied sie sich in der Europakammer vertreten lassen.[58] Nur **Mitglieder oder stellvertretende Mitglieder des BR** dürfen der Europakammer angehören und in ihr abstimmen, nicht auch Beauftragte der Landesregierungen.[59]

V. Ausschüsse des Bundesrates (Art. 52 Abs. 4)

23 **1. Den Ausschüssen des Bundesrates.** Art. 52 Abs. 4 setzt (wie Art. 53 S. 1) die Existenz von BR-Ausschüssen voraus. Das GG sieht – anders als für den BT (Art. 45, 45a, 45c) – für den BR keine Pflichtausschüsse vor. Die Einrichtung von Ausschüssen unterfällt der Geschäftsordnungsautonomie des BR (s. §§ 11 ff., §§ 36 ff. GOBR). Nach § 11 Abs. 1 S. 1 GOBR bildet er **ständige Ausschüsse.** Hiervon existieren derzeit 16.[60] Ihre Aufgabenvertei-

[52] AA *Müller-Terpitz* in Maunz/Dürig Rn. 40: Zuständigkeit nach dem Gesetzeszweck als Ausnahme. Zur geringen praktischen Bedeutung *von der Decken* in SHH Rn. 15.

[53] Hierzu *Schwerdtfeger,* Krisengesetzgebung, 2018, 310 ff. mwN; zur früheren EG-Kammer s. *Schütz* NJW 1989, 2160 (2161 ff.).

[54] S. schon § 45b Abs. 2, § 45h Abs. 1 GOBR (1988).

[55] G zur Änderung des GG v. 28.8.2006 (BGBl. I 2034) und Begleitgesetz zur Föderalismusreform (BGBl. 2006 I 2098).

[56] S. BT-Drs. 16/813, 10; *Bauer* in Dreier Rn. 25; *Müller-Terpitz* in Maunz/Dürig Rn. 44.

[57] *Korioth* in MKS Rn. 21.

[58] Vgl. Begr. zu § 45b Abs. 2, 3 GOBR, BR-Drs. 820/93, 11.

[59] *Müller-Terpitz,* Die Beteiligung des Bundesrates am Willensbildungsprozeß der Europäischen Union, 1999, 346 f.; *von der Decken* in SHH Rn. 16; *Bauer* in Dreier Rn. 24; aA *Oschatz/Risse* DÖV 1995, 437 (449); *Fischer/Koggel* DVBl 2000, 1742 (1746 f.).

[60] S. *Bundesrat,* Handbuch 2018/2019, 268 ff. oder online www.bundesrat.de. Jedes Land hat in einem Ausschuss den Vorsitz: „Erbhofsystem".

lung spiegelt die Zuständigkeitsverteilung zwischen den Bundesministerien wider. Ihrem Sachverstand soll derjenige der Ministerialbürokratie der Länder gegenüberstehen.[61] Gemäß § 11 Abs. 1 S. 2 GOBR kann der BR für besondere Angelegenheiten weitere Ausschüsse einsetzen. Ob er auch **Untersuchungsausschüsse** bilden darf, ist streitig,[62] bislang aber nicht von praktischer Bedeutung.[63] Jedenfalls stehen einem BR-Ausschuss nicht die Befugnisse aus Art. 44 zu.[64]

Gemäß § 39 Abs. 1 GOBR **bereiten** die Ausschüsse **die Beschlussfassung des BR vor.** Im Unterschied zur Europakammer (→ Rn. 21) ist nicht vorgesehen, dass sie selbst Beschlüsse fassen. Die Ausschüsse geben dem BR lediglich Empfehlungen (§ 26 Abs. 3 GOBR). Daher ist es verfassungsrechtlich unbedenklich, dass in den Ausschüssen (in Abweichung von den Vorgaben des Art. 51 Abs. 2 für das Plenum) jedes Land gemäß § 11 Abs. 2 GOBR ein Mitglied und gemäß § 42 Abs. 2 GOBR bei den mit einfacher Mehrheit zu fassenden Beschlüssen (Abs. 3) eine Stimme hat.[65] Ebenso unbedenklich ist, dass die Ausschüsse gemäß § 37 Abs. 2 GOBR nichtöffentlich tagen und die Verhandlungen grundsätzlich vertraulich sind. Art. 52 Abs. 3 S. 3 gilt nicht. Zudem wird überwiegend davon ausgegangen, dass die Mitgliedschaft in einem BR-Ausschuss mit der Mitgliedschaft im BT vereinbar ist.[66] 24

2. Können andere Mitglieder oder Beauftragte der Regierungen der Länder angehören. Für die Besetzung der Ausschüsse gilt nicht Art. 51 Abs. 1 S. 1. Durch die in Art. 52 Abs. 4 vorgesehene Möglichkeit, sie durch andere Mitglieder oder Beauftragte der Landesregierungen zu unterstützen, können **Arbeitskraft und Sachverstand der Landesministerialbürokratien** eingebracht werden.[67] In der Praxis wird die Ausschussarbeit überwiegend von Ministerialbeamten übernommen;[68] die Entscheidungsprozesse werden so nicht unwesentlich bürokratisch gesteuert[69]. 25

Die Ausschussarbeit ist für den BR von besonderer Bedeutung, da seine Mitglieder durch ihr Regierungsamt auf Landesebene zeitlich stark beansprucht sind. Das Plenum tagt idR unter Zeitdruck und ist auf eine gründliche Vorbereitung der Entscheidungen durch die Ausschüsse angewiesen.[70] In den Ausschusssitzungen des BR findet daher auch der eigentliche 26

---

61 S. *Bundesrat,* Handbuch 2018/2019, 17.

62 Dagegen *Pieroth* in Jarass/Pieroth Rn. 5; *Korioth* in MKS Rn. 25; dafür *Reuter,* Praxishandbuch Bundesrat, 2. Aufl. 2007, Art. 52 Rn. 55, Art. 53 Rn. 45; *Dörr* in BeckOK Rn. 29.

63 *Schöbener* in BK Rn. 93; *Bauer* in Dreier Rn. 28; *Korioth* in MKS Rn. 25.

64 *Herzog* in HdbStR III § 59 Rn. 16; *Bauer* in Dreier Rn. 28; *Dörr* in BeckOK Rn. 29.

65 BVerfGE 112, 118 (142 f.); *Hanikel,* Die Organisation des Bundesrats, 1991, 204; *Reuter,* Praxishandbuch Bundesrat, 2. Aufl. 2007, § 42 GOBR Rn. 5, 8.

66 *Hanikel,* Die Organisation des Bundesrats, 1991, 206 ff.; *Robbers* in Sachs Rn. 19; *Müller-Terpitz* in Maunz/Dürig Rn. 51; *von der Decken* in SHH Rn. 20; aA *Partsch/Genzer* AöR 76 (1950/51), 186 (200); *Korioth* in MKS Rn. 28.

67 *Herzog* in HdbStR III § 57 Rn. 22; siehe auch *Hoffmann/Wisser* ZParl 2012, 598 (598 ff.).

68 *Lennartz/Kiefer* DÖV 2014, 181 (182); *Herzog* in HdbStR III § 57 Rn. 23, § 59 Rn. 17; *Bull* Aussprache VVDStRL 58 (1998), 81 (99 f.).

69 Vgl. *Müller-Terpitz* in Maunz/Dürig Rn. 49; *von der Decken* in SHH Rn. 22; *Schöbener* in BK Rn. 96. Zur Einholung externen Sachverstandes *Hoffmann/Wisser* ZParl 2012, 598 (602 f.).

70 *Herzog* in HdbStR III § 59 Rn. 16, 24.

fachliche Dialog zwischen Bund (in Person der Fachreferenten des federführenden Ministeriums) **und Ländern** statt.[71]

C. Verhältnis zu anderen Bestimmungen des Grundgesetzes

27 Abweichend von Art. 52 Abs. 3 S. 1 geben Art. 79 Abs. 2 GG, Art. 23 Abs. 1 S. 3 und Art. 61 Abs. 1 S. 3 als **leges speciales** eine Mehrheit von zwei Dritteln der Stimmen des BR (derzeit 46) für Verfassungsänderungen, vergleichbare Regelungen zur europäischen Integration und die Präsidentenanklage vor. Beschließt der BR mit Zweidrittelmehrheit den Einspruch gegen ein Gesetz, kann der BT diesen gemäß Art. 77 Abs. 4 S. 2 ebenfalls nur mit Zweidrittelmehrheit, mindestens seiner Mitgliedermehrheit, zurückweisen. Art. 23 Abs. 1a S. 3 lässt für Subsidiaritätsklagen die gesetzliche Abweichung von Art. 52 Abs. 3 S. 1 zu (s. § 12 Abs. 2 IntVG).

D. Kritische Würdigung

28 Die im historischen Vergleich gestärkte Geschäftsordnungsautonomie des BR hat sich in der Praxis bewährt.[72] Kritik an Art. 52 zielt vermehrt auf das Erfordernis der absoluten Mehrheit in Abs. 3 S. 1 und dadurch bedingte **Zustimmungsverweigerungen des BR,** vor allem soweit diese parteipolitisch motiviert sind (→ Rn. 14 f.). Der Vorwurf des Rechtsmissbrauchs iSd Grundsatzes der Organtreue durch eine von der BT-Mehrheit abweichende BR-Mehrheit könnte jedoch allenfalls bei einer ausnahmslosen Ablehnung von Gesetzesvorhaben und einer Verweigerung jeglicher notwendiger Zustimmung zum Regierungshandeln erhoben werden.[73] Der Parlamentarische Rat hat im Gegensatz zur WRV (in Gestalt von Volksabstimmungen) keinen spezifischen Ausweg aus Blockaden und einer Handlungsunfähigkeit der BReg. vorgesehen, wie sie insbes. auftreten können, wenn im BR, nicht aber im BT eine geschlossene 2/3-Mehrheit besteht (vgl. Art. 77 Abs. 4 S. 2).[74]

Literatur

W. Fischer/C. D. Koggel, Die Europakammer des Bundesrates, DVBl 2000, 1742. – ***A. Hanikel,*** Die Organisation des Bundesrats, 1991. – ***R. Herzog,*** Zusammensetzung und Verfahren des Bundesrates in HdbStR III § 59. – ***Oschatz/Risse,*** Bundesrat und Europäische Gemeinschaften, DÖV 1989, 509. – ***H.J. Schütz,*** Die EG-Kammer – Delegationsbefugnis und Geschäftsordnungsautonomie des Bundesrates, NJW 1989, 2160. – ***H. Voß,*** Die Neufassung der Geschäftsordnung des Bundesrates, DVBl 1967, 67.

Siehe auch die Angaben zu Art. 50.

---

[71] *Hoffmann/Wisser* ZParl 2012, 598 (606 ff.).

[72] Siehe auch *Krebs* in v. Münch/Kunig, 6. Aufl. 2012, Rn. 18; *Müller-Terpitz* in Maunz/Dürig Rn. 52.

[73] *Sachs* VVDStRL 58 (1998), 39 (72); zur schwierigen Einordnung siehe auch *Merten* Aussprache VVDStRL 58 (1998), 81 (126); die Verfassungsorgantreue als Maßstab ablehnend *Diekmann,* Das Verhältnis des Bundesrates zu Bundestag und Bundesregierung, 2007, 185 ff.

[74] *Lehmbruch,* Parteienwettbewerb im Bundesstaat, 2000, 146: unlösbare Regierungskrise; *Sachs* VVDStRL 58 (1998), 39 (73). Angedacht war eine Beschlussfassung durch eine aus Vertretern des BT und BR gebildete „Bundesversammlung", s. JöR n. F. 1 (1951), 567 mit Fn. 10.

Art. 53 [Rechte und Pflichten der Bundesregierung]

[1]Die Mitglieder der Bundesregierung haben das Recht und auf Verlangen die Pflicht, an den Verhandlungen des Bundesrates und seiner Ausschüsse teilzunehmen. [2]Sie müssen jederzeit gehört werden. [3]Der Bundesrat ist von der Bundesregierung über die Führung der Geschäfte auf dem laufenden zu halten.

Paulskirchenverfassung von 1849

Abschnitt IV. Art. IX

§ 121. Die Reichsminister haben das Recht, den Verhandlungen beider Häuser des Reichstages beizuwohnen und jederzeit von denselben gehört zu werden.

§ 122. Die Reichsminister haben die Verpflichtung, auf Verlangen jedes der Häuser des Reichstages in demselben zu erscheinen und Auskunft zu ertheilen, oder den Grund anzugeben, weshalb dieselbe nicht ertheilt werden könne.

§ 123. Die Reichsminister können nicht Mitglieder des Staatenhauses sein.

Weimarer Reichsverfassung von 1919

Art. 65. […] Die Mitglieder der Reichsregierung haben das Recht und auf Verlangen die Pflicht, an den Verhandlungen des Reichsrats und seiner Ausschüsse teilzunehmen. Sie müssen während der Beratung auf Verlangen jederzeit gehört werden.

Art. 66. Die Reichsregierung sowie jedes Mitglied des Reichsrats sind befugt, im Reichsrat Anträge zu stellen.

[Abs. 2–4]

Art. 67. Der Reichsrat ist von den Reichsministerien über die Führung der Reichsgeschäfte auf dem Laufenden zu halten. Zu Beratungen über wichtige Gegenstände sollen von den Reichsministerien die zuständigen Ausschüsse des Reichsrats zugezogen werden.

A. Allgemeine Bedeutung

I. Genese

1 In der **Reichsverfassung von 1871** bedurfte es keiner dem Art. 53 entsprechenden Norm, da zum einen der Bundesrat direkt an der Führung des Reichs beteiligt war und zum anderen in ihm der Reichskanzler den Vorsitz hatte.[1] Dagegen lehnt sich Art. 53 stark an Art. 65, 67 **Weimarer Reichsverfassung** an. Im Unterschied zu Art. 67 S. 1 WRV normiert Art. 53 S. 3, dass nun die BReg., personifiziert durch den zuständigen Minister, nicht mehr die Ministerialverwaltung, informiert.[2]

II. Inhaltsübersicht

2 Art. 53 bezieht sich – im Gegensatz zu den binnenorganisations- und verfahrensrechtlichen Vorschriften der Art. 51, 52 – auf das externe Verhältnis des BR zur BReg.[3] Die Norm umfasst die Teilnahme von Mitgliedern der BReg. an Verhandlungen des BR (S. 1, → Rn. 3 ff.), ihre Anhörung im BR (S. 2, → Rn. 8) und die Unterrichtung des BR durch die BReg. (S. 3, → Rn. 9 f.). Diese Befugnisse verdeutlichen, dass der BR unter dem GG an

[1] S. *Lang* ZParl 2001, 281 (281); siehe auch *Scholl,* Der Bundesrat in der deutschen Verfassungsentwicklung, 1982, 71 ff.

[2] *Lang* ZParl 2001, 281 (282).

[3] *Müller/Terpitz* in Maunz/Dürig Art. 51 Rn. 18.

der **Kontrolle der BReg.** mitwirkt.[4] Art. 53 stellt damit die **Parallelnorm zu Art. 43** dar. Insgesamt sind die einzelnen Regelungen auf wechselseitige Information angelegt und Ausdruck des Verfassungsgrundsatzes der Organtreue.[5] Die gegenseitigen Rechte und Pflichten von BR und BReg. iSd Art. 53 können im Organstreitverfahren vor dem BVerfG (Art. 93 Abs. 1 Nr. 1) geltend gemacht werden; im Streitfall wäre aber eine politische Lösung näherliegend.[6]

B. Einzelfragen

I. Teilnahmerecht und Teilnahmepflicht (S. 1)

3 **1. Die Mitglieder der Bundesregierung.** Art. 53 S. 1 (u. 2) berechtigt und verpflichtet die Mitglieder der BReg. Dies sind gemäß Art. 62 nur der Bundeskanzler und die Bundesminister. Bzgl. des **Teilnahmerechts** im BR und seinen Ausschüssen ist Art. 53 S. 1 damit enger als Art. 43 Abs. 2 S. 1, der zum BT auch den Beauftragten der BReg. ein Zutrittsrecht einräumt. In Ausübung seiner Geschäftsordnungsautonomie kann der BR jedoch über die grundgesetzliche Vorgabe hinaus (allgemein oder im Einzelfall) **weitere Personen** – zB Staatssekretäre oder andere Beauftragte der BReg. – an seinen Verhandlungen und denen seiner Ausschüsse teilnehmen lassen.[7] Von dieser Möglichkeit hat er in §§ 18, 40, 45g GOBR Gebrauch gemacht. Bzgl. der verfassungsrechtlichen **Teilnahmepflicht** entspricht die Norm dagegen Art. 43 Abs. 1. Andere Personen als Mitglieder der BReg. können auch durch die GOBR nicht zur Teilnahme verpflichtet werden, da diese nur organintern Bindungswirkungen erzeugt (→ Art. 52 Rn. 16).[8]

4 **2. Haben das Recht und auf Verlangen die Pflicht.** Der BR, seine Ausschüsse und ggf. die Europakammer[9] (→ Rn. 6) verpflichten die Mitglieder der BReg. **durch Beschluss** (mit der jeweils erforderlichen Mehrheit, → Art. 52 Rn. 13, 21, 24) zur Teilnahme („auf Verlangen").[10] Das Zitierrecht steht – ebenso wie das akzessorische Fragerecht und der Anspruch auf Auskunftserteilung (→ Rn. 7) – nicht den einzelnen BR-Mitgliedern oder den Landesregierungen zu.[11] Soweit §§ 19, 40 Abs. 2 GOBR diesen dennoch Fragerechte einräumen, wird eine Verpflichtung der BReg. nicht begründet (→ Rn. 3).[12] Den Mitgliedern der BReg. (und ihren Beauftragten) bleibt es allerdings unbenommen, entsprechende Fragen auch ohne Rechtspflicht zu beantworten.[13] Außerdem können das Plenum, die Ausschüsse und

[4] *Korioth* in MKS Rn. 2; *Herzog* in HdbStR III § 58 Rn. 36.
[5] *Bauer* in Dreier Rn. 5; *Korioth* in MKS Rn. 2.
[6] *Reuter,* Praxishandbuch Bundesrat, 2. Aufl. 2007, Art. 53 Rn. 54; *Schöbener* in BK Rn. 40; *Korioth* in MKS Rn. 9 f., 17.
[7] *Jekewitz* in AK Rn. 2; *Schöbener* in BK Rn. 7; *Korioth* in MKS Rn. 3.
[8] *Herzog* in Bundesrat, Vierzig Jahre Bundesrat, 1989, 167 (173); siehe auch *Korioth* in MKS Rn. 5; *Bauer* in Dreier Rn. 9.
[9] *Bauer* in Dreier Rn. 9; *Korioth* in MKS Rn. 5; *Dörr* in BeckOK Rn. 6.
[10] *Reuter,* Praxishandbuch Bundesrat, 2. Aufl. 2007, Art. 53 Rn. 18; *Korioth* in MKS Rn. 5; *Bauer* in Dreier Rn. 9; *Dörr* in BeckOK Rn. 6.
[11] *Korioth* in MKS Rn. 5. Jedes BR-Mitglied kann jedoch die Beschlussfassung beantragen; s. *Reuter,* Praxishandbuch Bundesrat, 2. Aufl. 2007, Art. 53 Rn. 18; *Bauer* in Dreier Rn. 9.
[12] *Hanikel,* Die Organisation des Bundesrats, 1991, 90 ff.; *Korioth* in MKS Rn. 6.
[13] *Bauer* in Dreier Rn. 10.

die Europakammer sich die jeweilige Frage durch Beschluss zu eigen machen (vgl. § 19 Abs. 3 S. 3 GOBR) und damit wiederum eine Rechtspflicht begründen.[14]

3. An den Verhandlungen des Bundesrates und seiner Ausschüsse teilzunehmen. Während Art. 43 Abs. 2 S. 1 das Zutrittsrecht zum BT und seinen Ausschüssen auf deren „Sitzungen" bezieht, spricht Art. 53 S. 1 von den **„Verhandlungen"** des BR und seiner Ausschüsse. Es liegt nahe, dass sich aus der abweichenden Terminologie inhaltliche Unterschiede ergeben. Zum Teil wird angenommen, dass der Verhandlungsbegriff über die (öffentlichen und nichtöffentlichen) Sitzungen hinaus ebenfalls Phasen der Vor- und Nachbereitung erfasst.[15] Hierunter sollen auch Sitzungen des Ständigen Beirats (→ Art. 52 Rn. 12) fallen.[16] Für seine Sitzungen sieht § 9 Abs. 3 S. 2 GOBR ein Teilnahme- und Rederecht des zuständigen Bundesministers vor. Da das Gremium gemäß § 9 Abs. 3 S. 1 GOBR bei der Aufrechterhaltung der laufenden Verbindung zwischen BR und BReg. mitwirkt, ist dies konsequent. 5

Teilnahmerecht und -pflicht erstrecken sich auf die Verhandlungen des BR, also des Plenums, und seiner Ausschüsse. Die Normsystematik spricht dafür, dass Art. 53 S. 1 die Ausschüsse des BR iSd Art. 52 Abs. 4 in Bezug nimmt. Dennoch ist auch ein Teilnahmerecht in Bezug auf den **Vermittlungsausschuss** (Art. 77 Abs. 2) anzunehmen, das sich aus einer Zusammenschau von Art. 43 Abs. 2 und Art. 53 S. 1 ergibt.[17] Die **Europakammer** ist kein Ausschuss des BR. Sie tritt jedoch als Beschlussorgan (→ Art. 52 Rn. 21) neben das BR-Plenum, so dass Art. 53 S. 1 auf sie analog anzuwenden ist;[18] dem trägt § 45g GOBR Rechnung. 6

Das Teilnahmerecht iSd Art. 53 S. 1 schließt bereits mit Blick auf das in S. 2 normierte Rederecht die **aktive Mitarbeit** ein.[19] Zudem entspricht es der allgemeinen Ansicht und Praxis, dass aus Art. 53 S. 1 auch das Recht zur Befragung der Regierungsmitglieder und damit neben ihrer Pflicht zum persönlichen Erscheinen grds. ebenfalls die Pflicht zur Antwort folgt. Ohne eine solche **Auskunftspflicht** der Mitglieder der BReg. entbehrte das Zitierrecht seines Sinnes.[20] Angesichts seiner Kontrollfunktion (→ Rn. 2) ist das Fragerecht (und die Antwortpflicht) **thematisch begrenzt** durch den Aufgabenbereich des BR.[21] Soweit darüber hinaus Beschränkungen aus wichtigen Gründen vertreten werden,[22] müssen diese jedenfalls verfassungs- 7

---

[14] *Dörr* in BeckOK Rn. 7; *Bauer* in Dreier Rn. 10; siehe auch *Korioth* in MKS Rn. 6.

[15] *Hendrichs* in v. Münch/Kunig, 2. Aufl. 1983, Rn. 3; *Maunz* in Maunz/Dürig Rn. 3; *Pieroth* in Jarass/Pieroth Rn. 1; aA *Korioth* in MKS Rn. 4; *Schöbener* in BK Rn. 12; *Dörr* in BeckOK Rn. 3; *Reuter,* Praxishandbuch Bundesrat, 2. Aufl. 2007, Art. 53 Rn. 11.

[16] *Robbers* in Sachs Rn. 4; *Pieroth* in Jarass/Pieroth Rn. 1; aA *Schöbener* in BK Rn. 10, 12; *Korioth* in MKS Rn. 4.

[17] *Bauer* in Dreier Rn. 8; *Dörr* in BeckOK Rn. 2; *Maunz* in Maunz/Dürig Rn. 2; siehe auch *Meier,* Zitier- und Zutrittsrecht im parlamentarischen Regierungssystem, 1982, 123 f., 168 ff.

[18] *Dörr* in BeckOK Rn. 2; *Korioth* in MKS Rn. 4; siehe auch *Bauer* in Dreier Rn. 8; *Reuter,* Praxishandbuch Bundesrat, 2. Aufl. 2007, Art. 53 Rn. 9: „Ausschuss" iSd Art. 53.

[19] *Bauer* in Dreier Rn. 8; *Dörr* in BeckOK Rn. 5; einschränkend *Korioth* in MKS Rn. 4.

[20] *Herzog* in HdbStR III § 58 Rn. 38; *Bauer* in Dreier Rn. 10; *Korioth* in MKS Rn. 6; *Dörr* in BeckOK Rn. 6 f.; *Ziller/Oschatz,* Der Bundesrat, 10. Aufl. 1998, 100 f.

[21] *Bauer* in Dreier Rn. 11; keine Beschränkung: *Korioth* in MKS Rn. 7, 13; Beschränkung auf Beratungsgegenstände: *Konow* DÖV 1969, 318 (320). Zur Akzessorietät von Kontroll- und Entscheidungskompetenzen *Krebs,* Kontrolle in staatlichen Entscheidungsprozessen, 1984, 142 f.

[22] *Maunz* in Maunz/Dürig Rn. 7; siehe auch *Korioth* in MKS Rn. 5.

rechtlich begründet sein. Berechtigte Geheimhaltungsinteressen können durch Ausschluss der Öffentlichkeit gemäß Art. 52 Abs. 3 S. 4 geschützt werden.[23]

II. Sie müssen jederzeit gehört werden (S. 2)

8 Der Antwortpflicht der Regierungsmitglieder (Art. 53 S. 1) entspricht spiegelbildlich ihr Recht auf Worterteilung (Art. 53 S. 2).[24] Dieses **Rederecht** erstreckt sich systematisch auf die Verhandlungen iSd Art. 53 S. 1 (→ Rn. 5 f.); mit ihm ist ebenso wenig wie mit dem Teilnahmerecht nach Art. 53 S. 1 ein Stimmrecht verbunden.[25] Damit die Mitglieder der BReg. von ihren Befugnissen nach Art. 53 S. 1, 2 sinnvoll Gebrauch machen können, hat der BR der BReg. Ort, Zeit und Tagesordnung jeder BR- und Ausschusssitzung mitzuteilen (§ 15 Abs. 5 S. 1, § 37 Abs. 1 S. 3 GOBR). Das Rederecht wird begrenzt durch das aus dem Verfassungsgrundsatz der Organtreue folgende Missbrauchsverbot.[26] Es kann **jederzeit** ausgeübt und dadurch die Tagesordnung nach Inhalt und Reihenfolge unterbrochen werden.[27]

III. Der BR ist von der BReg. über die Führung der Geschäfte auf dem Laufenden zu halten (S. 3)

9 Der BReg. obliegt gemäß Art. 53 S. 3 auch unabhängig von einem konkreten „Verlangen" (S. 1)[28] eine kontinuierliche **Informationspflicht** gegenüber dem BR. Dieser Pflicht muss sie aufgrund eigener Initiative genügen[29] und den BR regelmäßig, rechtzeitig und vollständig unterrichten.[30] Die Informationspflicht erstreckt sich auf die **„Führung der Geschäfte"** der BReg. Dieser Begriff wird weit ausgelegt und „nicht nur auf die allgemeine politische Lage, sondern auch auf konkrete Ereignisse sowie auf Pläne des Kabinetts und der Ressortminister" bezogen.[31] Wie die Auskunftspflicht nach Art. 53 S. 1 ist auch die Informationspflicht nach S. 3 durch den Aufgabenbereich des BR begrenzt (→ Rn. 7), insbes. erstreckt sie sich nicht auf das forum internum der BReg.[32] Berechtigten Geheimhaltungsinteressen ist – wie iRd S. 1 (→ Rn. 7) – durch Ausschluss der Öffentlichkeit gemäß Art. 52 Abs. 3 S. 4 sowie ggf. durch Anwendung der Geheimschutzordnung Rechnung zu tragen.[33]

---

[23] *Korioth* in MKS Rn. 7; *Bauer* in Dreier Rn. 11.

[24] *Herzog* in HdbStR III § 58 Rn. 38; *Hendrichs* in v. Münch/Kunig, 2. Aufl. 1983, Rn. 6.

[25] *Bauer* in Dreier Rn. 12; *Dörr* in BeckOK Rn. 10.

[26] *Dörr* in BeckOK Rn. 12; *Bauer* in Dreier Rn. 12; siehe auch *Korioth* in MKS Rn. 10.

[27] *Korioth* in MKS Rn. 10; *Dörr* in BeckOK Rn. 11; *Bauer* in Dreier Rn. 12.

[28] *Korioth* in MKS Rn. 6, 11.

[29] *Lang* ZParl 2001, 281 (282): „politische ‚Bringschuld' der Regierung".

[30] *Bauer* in Dreier Rn. 13; *Robbers* in Sachs Rn. 6; *Korioth* in MKS Rn. 14.

[31] *Hendrichs* in v. Münch/Kunig, 2. Aufl. 1983, Rn. 8; ähnlich *Schöbener* in BK Rn. 33; *Reuter,* Praxishandbuch Bundesrat, 2. Aufl. 2007, Art. 53 Rn. 38 f.; *Robbers* in Sachs Rn. 6; *Ziller/Oschatz,* Der Bundesrat, 10. Aufl. 1998, 99.

[32] *Bauer* in Dreier Rn. 14; *Reuter,* Praxishandbuch Bundesrat, 2. Aufl. 2007, Art. 53 Rn. 40 f.; siehe auch *Korioth* in MKS Rn. 13, ohne Beschränkung auf den Aufgabenbereich des BR.

[33] *Lang* ZParl 2001, 281 (283); *Reuter,* Praxishandbuch Bundesrat, 2. Aufl. 2007, Art. 53 Rn. 40; *Bauer* in Dreier Rn. 14; *Korioth* in MKS Rn. 13.

Auch der **Informationsanspruch** steht nach Art. 53 S. 3 dem BR zu, nicht den einzelnen BR-Mitgliedern oder den Ländern.[34] Zu **Verfahren und Form** der Unterrichtung des BR enthält Art. 53 S. 3 keine Regelung. Der BR kann schriftlich und mündlich unterrichtet werden.[35] Dichte und Tiefe der erforderlichen Informationen werden von den jeweiligen Informationsbedürfnissen des BR mitbestimmt, sind also einzelfallabhängig. In der Praxis erfolgt die aktuelle Information durch die BReg. insbes. in den Sitzungen des Ständigen Beirats (→ Art. 52 Rn. 12).[36] 10

C. Verhältnis zu anderen Bestimmungen des Grundgesetzes

Die **„Informations- und Kommunikationsbeziehungen"** zwischen BR und BReg. sind in Art. 53 nicht abschließend normiert.[37] Eine Unterrichtungspflicht der BReg. gegenüber BR und BT in Angelegenheiten der Europäischen Union sieht Art. 23 Abs. 2 S. 2 vor. Eine Pflicht des Bundesministers für Finanzen zur Rechnungslegung gegenüber BR und BT findet sich in Art. 114. Nach Art. 53a Abs. 2 S. 1 besteht eine Unterrichtungspflicht der BReg. gegenüber dem Gemeinsamen Ausschuss. 11

D. Kritische Würdigung

In der **Staatspraxis** nehmen die zuständigen Bundesminister regelmäßig an den BR-Sitzungen teil; an den Ausschusssitzungen beteiligen sich von der GOBR zugelassene Beauftragte der BReg.[38] Sein Fragerecht hat der BR dagegen bislang äußerst selten ausgeübt, und die Zitierung eines Mitglieds der BReg. durch den BR kommt praktisch nicht vor.[39] Die Informationspflicht der BReg. gegenüber dem BR gemäß Art. 53 S. 3 läuft in der Praxis weitgehend leer: Die entsprechenden Unterrichtungen erfolgen nicht im BR, sondern insbes. durch den Bundeskanzler gegenüber den Ministerpräsidenten der Länder im Rahmen periodischer Unterredungen.[40] 12

Scupin hat Art. 53 einst als „Kardinalnorm des parlamentarischen Kontaktes zwischen dem zentralen Bundesexekutivorgan und dem föderativen Organ" bezeichnet.[41] Auch wenn das Niveau der gegenseitigen Information und Kommunikation zwischen BR und BReg. in der Staatspraxis als verfassungsrechtlich ausreichend betrachtet wird, erfüllt Art. 53 eine wichtige **Reser-** 13

[34] *Schöbener* in BK Rn. 32; *Bauer* in Dreier Rn. 13; *Korioth* in MKS Rn. 14; *Pieroth* in Jarass/Pieroth Rn. 2; aA (auch Länder) *Lang* ZParl 2001, 281 (287 ff.); *Konow* DÖV 1969, 318 (321 ff.); siehe auch *Reuter,* Praxishandbuch Bundesrat, 2. Aufl. 2007, Art. 53 Rn. 37.

[35] *Bauer* in Dreier Rn. 13.

[36] *Ziller/Oschatz,* Der Bundesrat, 10. Aufl. 1998, 99; *Frowein* in Bundesrat, Der Bundesrat als Verfassungsorgan und politische Kraft, 1974, 115 (123); *Herzog* in Bundesrat, Vierzig Jahre Bundesrat, 1989, 167 (176); krit. zu dieser Praxis *Korioth* in MKS Rn. 14 f.; *Bauer* in Dreier Rn. 13; *Lang* ZParl 2001, 281 (285 f.).

[37] Siehe auch *Bauer* in Dreier Rn. 15; *Korioth* in MKS Rn. 2, 11, 13.

[38] *Korioth* in MKS Rn. 8; *Schöbener* in BK Rn. 8.

[39] *Bauer* in Dreier Rn. 6; *Korioth* in MKS Rn. 8; *Ziller/Oschatz,* Der Bundesrat, 10. Aufl. 1998, 101.

[40] *Herzog* in HdbStR III § 57 Rn. 13, 40, § 58 Rn. 37; *Korioth* in MKS Rn. 15.

[41] *Scupin* in BK, Erstbearb., Anm. I 1; ihm folgend *Schöbener* in BK Rn. 30.

vefunktion;[42] dies gilt besonders mit Blick auf die weitreichende Informalisierung von Kommunikationswegen.[43]

Literatur

H. Fröchling, Der Bundesrat in der Koordinierungspraxis von Bund und Ländern, 1972. – ***A. Hanikel,*** Die Organisation des Bundesrats, 1991. – ***G. Konow,*** Das Fragerecht der Landesregierungen im Bundesrat, DÖV 1969, 318. – ***J. Lang,*** Zum Fragerecht von Landesregierungen im Bundesrat, ZParl 2001, 281. – ***A. Schüle,*** Die Informationspflicht der Bundesregierung gegenüber dem Bundesrat, FS f. C. Bilfinger, 1954, 441. – ***G. Ziller/G.-B. Oschatz,*** Der Bundesrat, 10. Aufl. 1998.

Siehe auch die Angaben zu Art. 50.

[42] *Krebs* in v. Münch/Kunig, 6. Aufl. 2012, Rn. 8.

[43] Krit. *Korioth* in MKS Rn. 8, 16; siehe auch *Bauer* in Dreier Rn. 6 mit Fn. 19; zu Beispielen auch *Herzog* in Bundesrat, Vierzig Jahre Bundesrat, 1989, 167 (174 ff.); *Lang* ZParl 2001, 281 (285).

IVa. Gemeinsamer Ausschuß

Art. 53a [Gemeinsamer Ausschuss]

(1) [1]Der Gemeinsame Ausschuß besteht zu zwei Dritteln aus Abgeordneten des Bundestages, zu einem Drittel aus Mitgliedern des Bundesrates. [2]Die Abgeordneten werden vom Bundestage entsprechend dem Stärkeverhältnis der Fraktionen bestimmt; sie dürfen nicht der Bundesregierung angehören. [3]Jedes Land wird durch ein von ihm bestelltes Mitglied des Bundesrates vertreten; diese Mitglieder sind nicht an Weisungen gebunden. [4]Die Bildung des Gemeinsamen Ausschusses und sein Verfahren werden durch eine Geschäftsordnung geregelt, die vom Bundestage zu beschließen ist und der Zustimmung des Bundesrates bedarf.

(2) [1]Die Bundesregierung hat den Gemeinsamen Ausschuß über ihre Planungen für den Verteidigungsfall zu unterrichten. [2]Die Rechte des Bundestages und seiner Ausschüsse nach Art. 43 Abs. 1 bleiben unberührt.

Übersicht

A. Allgemeine Bedeutung

I. Genese

1 Mit dem 17. G zur Ergänzung des GG v. 24.6.1968[1] wurde die **Notstandsverfassung** in das GG eingefügt. Sie besteht ua aus dem Abschnitt IV a („Gemeinsamer Ausschuß") mit Art. 53a als einziger Bestimmung sowie aus dem Abschnitt X a („Verteidigungsfall") mit den Art. 115a–115l. Die Schaffung des Gemeinsamen Ausschusses (fortan: GemA) konnte sich auf historische Vorbilder von parlamentarischen Ausschüssen mit Notstandsvollmachten stützen[2] und diente der Vermeidung eines Notverordnungsrechts für die Bundesregierung, wie es 1960 zuletzt der *Schröder*-Entwurf vorgeschlagen hatte („Stunde der Exekutive"[3]).[4] Dieses scheiterte am Widerstand des Bundesrates, auf den die Einrichtung des GemA maßgeblich zurückgeht.[5]

II. Inhaltsübersicht und systematischer Zusammenhang

2 Der GemA verfügt als **„Notparlament"**[6] über weitreichende **Gesetzgebungs-, Kontroll- und Leitungsbefugnisse,** die durch das Erfordernis des Verteidigungsfalls (→ Art. 115a Rn. 12–23) und die Möglichkeit von Bundestag und Bundesrat, dessen Entscheidungen aufzuheben, eingehegt werden.[7] Das GG geht davon aus, dass Bundestag und Bundesrat ihre verfassungsgemäßen Aufgaben auch im Verteidigungsfall wahrnehmen (bestätigend etwa Art. 115c Abs. 1). Nur wenn dies dem Bundestag nicht möglich ist, wird die **Reservefunktion** des GemA mit **vorläufigen Kompetenzen** aktiviert.[8] Ein „Notparlament" für Krisensituationen, die unterhalb der Schwelle des Verteidigungsfalles verbleiben (etwa Pandemien), kennt das GG nicht.[9]

3 Der GemA ist ein **Verfassungs- und oberstes Bundesorgan** – nicht nur während des Verteidigungsfalls, sondern auch bereits in Friedenszei-

---

[1] BGBl. 1968 I 709.

[2] Zu parlamentarischen Ausschüssen mit Notstandsvollmachten in historischen Verfassungen vgl. *Heun* in Dreier Rn. 1.

[3] So damals Bundesminister des Innern *Gehard Schröder* in der Diskussion des Regierungsentwurfs aus 1960, BT, StenBer. III, 7177 (C); zur Entstehungsgeschichte des Art. 53a *Emmelius,* Der Gemeinsame Ausschuß, in Sterzel Kritik der Notstandsgesetze 118 ff.; *Lohse,* Streik und Staatsnotstand, 1969, 123 ff.

[4] Auch der *Höcherl*-Entwurf (benannt nach dem Bundesminister des Innern *Hermann Höcherl*) sah in Art. 115c Abs. 2 Entwurf eines Gesetzes zur Ergänzung des Grundgesetzes noch ein Notverordnungsrecht der Bundesregierung vor, dieses sollte neben Art. 115a Abs. 2, der bereits einen Ausschuss für den äußeren Notstand mit einer Befugnis zur Notgesetzgebung kannte, treten, vgl. BT-Drs. IV/891, 2 f.

[5] Vertiefend zur Normgenese *Delbrück/Hobe* in BK Rn. 1; die Einrichtung eines Notstandsausschusses soll erstmals vom niedersächsischen Ministerpräsidenten *Hinrich Wilhelm Kopf* erwogen worden sein, vgl. *Herzog/Klein* in Maunz/Dürig Rn. 4.

[6] Zur Gebräuchlichkeit dieses Begriffs in Rechtsprechung und Literatur vgl. etwa BVerfGE 84, 304 (337); *Fink* in MKS Rn. 7; *Delbrück/Hobe* in BK Rn. 6; *Grzeszick* in BerlKomm Rn. 2; *Heun* in Dreier Rn. 5; *von der Decken* in SHH Rn. 1.

[7] Vgl. insb. Art. 115l; zur Diskussion der Begrenzung auf den Verteidigungsfall vgl. *Delbrück/Hobe* in BK Rn. 27 ff.

[8] Ähnlich *Heun* in Dreier Rn. 4: „Ersatzorgan"; *Herzog/Klein* in Maunz/Dürig Rn. 9.

[9] Zu Diskussionen um die Einrichtung eines „Notausschusses" im Rahmen der Bekämpfung der 2020 auftretenden Corona-Pandemie vgl. *Schönberger/Schönberger,* FAZ v. 26.3.2020, S. 9.

ten –,[10] das in Ansehung seiner Kompetenzen (→ Rn. 24) **im Organstreitverfahren beteiligtenfähig** ist.[11] Er unterliegt **keiner Diskontinuität,**[12] vielmehr bleiben die Mitglieder des Bundestages bis zu einer erneuten Bestellung im Amt (§ 2 Abs. 1 S. 1 GO GemA).

Strikt zu unterscheiden ist der GemA von den (ständigen) **Ausschüssen des Bundestages** als bloßen Untergliederungen dieses Verfassungsorgans.[13] Mag auch ein Großteil der vorbereitenden parlamentarischen Arbeit in ihnen stattfinden, erfüllen diese keine Aufgaben eines Notfall- oder Ersatzparlaments. Die Stellung als eigenständiges Verfassungsorgan (→ Rn. 3) und die Übernahme der Aufgaben von Bundestag und Bundesrat im Verteidigungsfall (Art. 115e Abs. 1) sprechen schließlich auch dagegen, den GemA als gemeinsames **Unterorgan von Bundestag und Bundesrat** zu qualifizieren.[14] 4

III. Überstaatliche Bezüge

Das **Völkerrecht** enthält keine den GemA berührenden Regelungen, vielmehr respektiert es im Rahmen seiner materiellen Regelungen bezüglich des Einsatzes militärischer Gewalt (→ Art. 115a Rn. 9) die innerstaatliche institutionelle Ausgestaltung des Verteidigungsfalles als *domaine réservé.* Zwar ist dem **Sicherheitsrat** der Vereinten Nationen die Wahrung des Weltfriedens anvertraut und soll auch dieser ein schnelles und wirksames Handeln in Krisenzeiten gewährleisten (Art. 24 Abs. 1 UN-Charta); ein dem GemA als „Notparlament" entsprechendes Organ kann es auf internationaler Ebene allerdings schon in **Ermangelung eines „Weltparlaments"**[15] nicht geben. 5

Auch das **Unionsrecht** kennt keine dem Art. 53a entsprechende institutionelle Regelung und trifft keine Vorgaben für den Verteidigungsfall in einem EU-Mitgliedstaat. Sofern die Mitgliedstaaten im Rahmen der **Beistandsklausel** (Art. 42 Abs. 7 S. 1 EUV → Art. 115a Rn. 10) militärische Unterstützung leisten, entscheiden sie darüber selbstständig. Die Einsetzung eines innerstaatlichen „Notparlaments" zur Erhaltung demokratischer Strukturen und Zuständigkeiten im Falle des äußeren Notstandes dürfte freilich dem **Unionswert der Demokratie** (Art. 2 EUV) entsprechen,[16] von ihm gefordert wird sie nicht. 6

Dem GemA entsprechende Gremien für den äußeren Notstand finden sich nur in wenigen **ausländischen Verfassungen.**[17] 7

---

[10] BVerfGE 84, 304 (334 f.); *Fink* in MKS Rn. 5 f.; *Herzog/Klein* in Maunz/Dürig Rn. 10.

[11] *Herzog/Klein* in Maunz/Dürig Rn. 14; *Heun* in Dreier Rn. 5.

[12] *Herzog/Klein* in Maunz/Dürig Rn. 13; *Heun* in Dreier Rn. 5.

[13] BVerfGE 113, 113 (120) zum Vermittlungsausschuss; *Korioth* in Schlaich/Korioth Das Bundesverfassungsgericht, 2018, 4. Teil Rn. 88.

[14] *Fink* in MKS Rn. 5; *Jarass* in Jarass/Pieroth Rn. 1; *Grzeszick* in BerlKomm Rn. 2; *Delbrück/Hobe* in BK Rn. 6 befürchten, dass die Bezeichnung als „Gemeinsamer Ausschuß" zu dieser irrigen (Rn. 33) Auffassung führen könnte.

[15] Insbesondere stellt die VN-Generalversammlung kein Weltparlament dar. Zu entsprechenden politischen Forderungen jüngst wieder *Leinen/Bummel,* Das demokratische Weltparlament: Eine kosmopolitische Vision, 2017.

[16] Allgemein zu diesem Wert vgl. *Hilf/Schorkopf* in Grabitz/Hilf/Nettesheim Das Recht der Europäischen Union, Art. 2 EUV Rn. 26 ff.

[17] *Heun* in Dreier Rn. 3 mit Verweis auf die „Kriegsdelegation" in Schweden.

B. Einzelfragen

I. Der Gemeinsame Ausschuss besteht zu zwei Dritteln aus Abgeordneten des Bundestages, zu einem Drittel aus Mitgliedern des Bundesrates.

8 Der GemA besteht aus Mitgliedern des Bundestages (parlamentarische Säule) und des Bundesrates (föderal-exekutive Säule), ist aber ohne weitere Differenzierung zwischen den gleichberechtigten Mitgliedern (→ Rn. 18) als **Kollegialorgan** anzusehen.[18] Die Mitgliederanzahl ergibt sich mittelbar aus der Regelung der Anzahl der Bundesratsmitglieder und dem relativen Verhältnis zur Anzahl der Bundestagsmitglieder. Nach Art. 53a Abs. 1 S. 3 wird jedes der sechzehn Bundesländer durch ein bestelltes Mitglied des Bundesrates vertreten, was ein Drittel des GemA ausmacht (Art. 53a Abs. 1 S. 1). Die übrigen zwei Drittel, also zweiunddreißig Mitglieder, sind vom Bundestag zu bestellen. Folglich besteht der GemA insgesamt aus **48 Mitgliedern** sowie deren Stellvertreterinnen und Stellvertretern (vgl. § 1 Abs. 2; § 2 Abs. 1; § 4 Abs. 1 GO GemA). Eine Änderung der Anzahl der Bundesländer (vgl. Art. 29; 118 f. GG) würde automatisch eine Änderung der Zusammensetzung des GemA bewirken, ohne dass es dafür einer Anpassung des GG bedürfte.

9 Die umstrittene Zusammensetzung und Größe des GemA ermöglicht einen **Mittelweg zwischen „Qualität" und „Schnelligkeit"** der Entscheidungen und soll – gemeinsam mit dem erhöhten Stimmquorum (Zweidrittelmehrheit) für die ersatzweise Feststellung des Verteidigungsfalls (Art. 115a Abs. 2) sowie den Eintritt des GemA in die Stellung von Bundestag und Bundesrat (Art. 115e Abs. 1) – zudem garantieren, dass das Handeln des GemA im Verteidigungsfall von einem breiten Konsens getragen ist.[19] Je nach Zusammensetzung von Bundestag und Bundesrat kann die Unterstützung der Bundesregierung durch den GemA variieren,[20] was hinsichtlich des notwendigen Zusammenwirkens beider Verfassungsorgane nicht ohne Risiko ist. Für die Stabilität der Bundesregierung sorgt allerdings, dass ein Misstrauensvotum gegenüber dem Bundeskanzler durch dessen Neuwahl ebenfalls eine Zweidrittelmehrheit verlangt (Art. 115h Abs. 2 S. 2). Zudem verfügen die Bundestagsabgeordneten über eine Mehrheit im GemA, was die Regierung stabilisieren kann und den **vorrangig parlamentarischen Charakter** des GemA unterstreicht.[21]

10 **1. Die Abgeordneten werden vom Bundestage entsprechend dem Stärkeverhältnis der Fraktionen bestimmt; sie dürfen nicht der Bundesregierung angehören.** Die **32 Mitglieder** des Bundestages werden vom Bundestag durch Beschluss mit **einfacher Mehrheit** (Art. 42 Abs. 2 iVm § 2 Abs. 1 S. 1 GO GemA) **entsprechend dem Stärkeverhältnis der Fraktionen bestimmt** (Art. 53a Abs. 1 S. 2 Hs. 1). Insoweit soll der GemA ein

---

[18] Vgl. die einheitliche Wahrnehmung der Rechte des Bundestags und des Bundesrates nach Art. 115e Abs. 1.

[19] *Delbrück/Hobe* in BK Rn. 23.

[20] Vgl. *Schick* in Schneider/Zeh Parlamentsrecht und Parlamentspraxis in der BRD, § 58 Rn. 13 f.

[21] *Fink* in MKS Rn. 9; *Herzog/Klein* in Maunz/Dürig Rn. 15.

verkleinertes Abbild des Bundestagsplenums sein, ohne dass nach hM umfängliche **Spiegelbildlichkeit** erforderlich ist (→ Rn. 14).[22]

Nur der **Präsident des Bundestages** ist von Amts wegen Mitglied des GemA und wird seiner Fraktion angerechnet (§ 2 Abs. 2 GO GemA). Die Fortführung seiner herausgehobenen und im besten Fall ordnenden und stabilisierenden Funktion im parlamentarischen System Deutschlands (vgl. § 7 Abs. 1 GO BT) auch im „Notparlament" rechtfertigt die Einschränkung der Bestimmungsmacht des Bundestages hinsichtlich der Vertreter im GemA.[23] **11**

Im Übrigen schlagen die **Fraktionen** die Mitglieder aus ihren Reihen vor (§ 2 Abs. 1 S. 2 GO GemA) und nach herrschender Ansicht soll der Bundestag die Vorschläge der Fraktionen ablehnen können.[24] Tatsächlich sieht Art. 53a Abs. 1 S. 2 vor, dass der Bundestag seine Mitglieder des GemA selbst bestellt, was von der Regelung der Besetzung von Bundestagsausschüssen, die durch eine Benennung der Fraktionen erfolgt (§ 12 S. 1 iVm § 57 Abs. 2 S. 1 GO BT), abweicht. Aus den Regelungen in der GO BT können aber bereits normhierarchisch keine Vorgaben für die Auslegung des Art. 53a abgeleitet werden. Doch auch wenn Art. 53a Abs. 1 S. 2 die Entscheidung des Bundestages nur hinsichtlich des *Stärkeverhältnisses* der Fraktionen zu beschränken scheint, spricht dessen teleologische Auslegung gleichwohl für eine **grundsätzliche Bindung des Bundestages an die Fraktionsvorschläge.** Der GemA soll als „Notparlament" die Verhältnisse im Bundestag einschließlich der Opposition[25] abbilden. Über die Abgeordneten im Parlament entscheidet der Wähler. Die Fraktionen stützen sich als notwendige Einrichtungen des parlamentarischen Betriebs auf das freie Abgeordnetenmandat (Art. 38 Abs. 1) und verfügen über eine verfassungsrechtliche Autonomie im Interesse der Organisation parlamentarischer Arbeit sowie der Handlungs- und Entscheidungsfähigkeit des Parlaments.[26] Dies spricht dafür, zunächst ihnen und nicht dem Bundestag – einschließlich der konkurrierenden politischen Kräfte und Konkurrenten – die Entscheidung zuzubilligen, wer dem Willen des Volkes entsprechend im „Notparlament" vertreten sein soll.[27] Hinzu kommt ein Missbrauchsargument. Nach der hM könnte der Bundestag letztlich jeden Vorschlag einer Fraktion ablehnen. Um den Anforderungen des Art. 53a Abs. 1 S. 2 zu entsprechen, müsste sodann dem Bundestag selbst zugebilligt werden, auch ohne Vorschlag der Fraktion, gänzlich eigenständig deren Vertreter im GemA zu bestimmen. Ein Grund für diesen erheblichen Eingriff in die Autonomie der Fraktionen und damit letztlich das freie Mandat nach Art. 38 Abs. 1 S. 2 ist nicht ersichtlich. Da die Kreation des GemA zu Friedenszeiten erfolgt, können insbesondere die besonderen Bedingungen während eines Verteidigungsfalles nicht zur Begrün- **12**

---

[22] BVerfGE 84, 304 (336); von Spiegelbildlichkeit spricht indes *Wisser* in Hömig/Wolff Rn. 2; allgemein zur Spiegelbildlichkeit von Ausschüssen vgl. BVerfGE 80, 188 (221 f.); 84, 304 (323); 140, 115 (145).

[23] *Herzog/Klein* in Maunz/Dürig Rn. 46 halten die Regelung für nicht unproblematisch.

[24] Vgl. etwa *Schick* in Schneider/Zeh Parlamentsrecht und Parlamentspraxis in der BRD, § 58 Rn. 17; *Herzog/Klein* in Maunz/Dürig Rn. 21; *Fink* in MKS Rn. 10; *Heun* in Dreier Rn. 7; *Robbers* in Sachs Rn. 4; *Dörr* in BeckOK GG Rn. 8.

[25] Zum allgemeinen verfassungsrechtlichen Grundsatz effektiver Opposition, aus dem sich allerdings keine besonderen Rechte ableiten lassen sollen, vgl. BVerfGE 142, 25 (55 ff.).

[26] BVerfGE 80, 188 (218); 84, 304 (317 f., 322), vertiefend *Grzeszick* NVwZ 2017, 985 (988 ff.).

[27] Ähnlich, wenn auch letztlich gegen eine Bindung an Fraktionsvorschläge *Grzeszick* in BerlKomm Rn. 4.

dung herangezogen werden. Dass die Fraktionen notwendige Einrichtungen des Verfassungslebens sind und die repräsentative Demokratie in Deutschland prägen,[28] sollte auch für das „Notparlament" und dessen Besetzung Geltung beanspruchen. Folglich wird man zumindest eine Begründungspflicht für den Fall verlangen müssen, dass der Bundestag den Vorschlag der Fraktion ablehnt und diese Ablehnung an sachliche Gründe (wie die nachweisliche Unzuverlässigkeit der vorgeschlagenen Person oder ein in ihr gründendes Sicherheitsrisiko) knüpfen müssen.[29]

13 Da die **Stellvertreter** die gleichen Rechte und Pflichten wie die Mitglieder des GemA haben,[30] gelten die genannten Grundsätze der Bestellung auch für sie.[31] Demgegenüber sieht § 1 Abs. 3 S. 1 GO GemA ein reines **Nachrückverfahren** für den Fall vor, dass der GemA auch unter Einbeziehung der Stellvertreter nicht mehr vollzählig zusammentreten kann. Dem liegt das Anliegen zugrunde, möglichst auch unter ungünstigsten Bedingungen die Beschlussfähigkeit des GemA zu gewährleisten. Ob es möglich und sinnvoll ist, diesem Interesse durch die Wahl erweiterter oder weiterer Stellvertreterlisten zu entsprechen,[32] kann letztlich offenbleiben. Wegen des klaren, eine Entscheidung des Bundestages verlangenden Wortlauts wird man die in § 1 Abs. 3 S. 1 GO GemA geregelte Abweichung von Art. 53a Abs. 1 S. 2 als verfassungswidrig qualifizieren müssen.[33]

14 Art. 53a Abs. 1 S. 2 verwendet als einzige Verfassungsbestimmung den Begriff der „Fraktion" und kann als **verfassungsrechtliche Garantie der Existenz von Fraktionen** im Deutschen Bundestag begriffen werden.[34] Da die Norm auf die Fraktionen abstellt, wird ihr überwiegend entnommen, dass sich die **Proportionalität nicht auf den Bundestag in seiner Gesamtheit** beziehe und dementsprechend einzelne Abgeordnete oder Gruppen von Abgeordneten (§ 10 Abs. 4 S. 1 GO BT) keinen Anspruch auf Mitgliedschaft im GemA hätten.[35] Verfassungsrechtlich sei dem **Fraktionsprinzips Vorrang gegenüber dem Repräsentationsprinzip** eingeräumt worden.[36] Dies überzeugt nicht. Der mögliche Eintritt des GemA ua in die Rolle des Bundestages und seine weitreichenden Aufgaben und Befugnisse im Verteidigungsfall verlangen aus Gründen der demokratischen Legitimation ein möglichst genaues Abbild des Willens des Souveräns (Spiegelbildlichkeit).[37] Dem kann durch eine Interpretation des Fraktionsbegriffs, die **auch parlamentarische Gruppierungen** erfasst, entsprochen

---

[28] BVerfGE 10, 4 (14); 84, 304 (322).

[29] Ähnlich *Herzog/Klein* in Maunz/Dürig Rn. 21.

[30] § 5 Abs. 1 GO GemA.

[31] Vgl. §§ 1 Abs. 2; 2 Abs. 1 GO GemA.

[32] Vgl. die Verfahrensvorschläge bei *Schick* in Schneider/Zeh Parlamentsrecht und Parlamentspraxis in der BRD, § 58 Rn. 17; skeptisch *Fink* in MKS Rn. 14 mit dem Hinweis, dass wegen der Unwägbarkeiten von Notstandslagen letztlich alle Mitglieder des Bundestages zu Stellvertretern gemacht werden müssten.

[33] *Heun* in Dreier Rn. 7; *Herzog/Klein* in Maunz/Dürig Rn. 37; *Stern,* StaatsR II, 1980, § 28 II 1c; aA teilw. *Robbers* in Sachs Rn. 7, soweit andere Abhilfe nicht geschaffen werden kann; *Grzeszick* in BerlKomm Rn. 6 zur Sicherung der Funktionsfähigkeit des GemA; *Fink* in MKS Rn. 14.

[34] *Dörr* in BeckOK GG Rn. 9.

[35] Zustimmend *Grzeszick* in BerlKomm Rn. 5; *Herzog/Klein* in Maunz/Dürig Rn. 18; *Heun* in Dreier Rn. 7; *von der Decken* in SHH Rn. 8; kritisch bereits *Krebs* in v. Münch/Kunig, 6. Aufl. 2012, Art. 53a Rn. 9 f.

[36] So die Entscheidung von vier Richtern in BVerfGE 84, 304 (334 ff); später bestätigt durch BVerfGE 96, 264 (280 f.).

[37] So auch die abweichenden vier Richter in BVerfGE 84, 304 (337).

werden.[38] Anerkannt ist jedenfalls, dass über die Definition der Fraktion und die Erhöhung des notwendigen Stimmenanteils nicht in missbräuchlicher Weise auf die Zusammensetzung des GemA Einfluss genommen werden darf.[39]

Die Mitglieder des Bundestages dürfen **nicht der Bundesregierung angehören** (Art. 53a Abs. 1 S. 2 Hs. 2), wodurch die Gewaltenteilung und parlamentarische Verantwortung auch im Verteidigungsfall verwirklicht werden sollen.[40] Diesem Anliegen entspricht es, den Begriff der Bundesregierung über den Bundeskanzler und die Bundesminister (vgl. Art. 62) hinausgehend auf Personen zu erstrecken, die materielle Regierungsaufgaben wahrnehmen (insbesondere parlamentarische Staatssekretäre).[41] 15

2. Jedes Land wird durch ein von ihm bestelltes Mitglied des Bundesrates vertreten. Die **16 Mitglieder** des Bundesrates und ihre Stellvertreter werden durch die Regierungen der Länder, die sie vertreten, bestellt (§ 4 Abs. 1 S. 1 GO GemA)[42] und durch den Präsidenten des Bundesrates benannt (§ 4 Abs. 2 GO GemA). Sie müssen **Mitglieder des Bundesrates und damit der Landesregierungen** (Art. 51 Abs. 1 S. 1) sein, die sie aus ihren Mitgliedern und stellvertretenden Mitgliedern bestimmen. Da stellvertretende Mitglieder des Bundesrates im Vertretungsfall dieselben Befugnisse wie die ordentlichen Mitglieder des Bundesrates haben, ist auch ihre Entsendung in den GemA mit Art. 53a Abs. 1 S. 3 vereinbar.[43] Die Stellvertretung eines Landes durch ein anderes Land scheidet eingedenk des Wortlauts, der das Ziel der Vertretung eines jeden Landes im GemA klar zum Ausdruck bringt, aus.[44] Mit dem Ausscheiden aus dem Bundesrat, der Abberufung durch die Landesregierung oder dem Ausscheiden aus dieser, endet die Mitgliedschaft im GemA, auch ohne ausdrückliche Regelung.[45] 16

Da sich bereits aus Art. 66 und konkretisierend aus § 4 BMinG ergibt, dass ein Mitglied der Bundesregierung nicht zugleich Mitglied einer Landesregierung sein darf, und nach Art. 51 Abs. 1 S. 1 die Mitglieder des Bundesrates zugleich Mitglieder einer Landesregierung sein müssen, ist sichergestellt, dass auch die Mitglieder des Bundesrates nicht der Bundesregierung angehören. Einer **Inkompatibilitätsregelung** wie für die Mitglieder des Bundestages (→ Rn. 15) bedarf es folglich nicht.[46] 17

3. Diese Mitglieder sind nicht an Weisungen gebunden. Zwar dürfen die **Mitglieder des Bundestages** im GemA nicht der Bundesregierung angehören, ihre Rechtsstellung als Abgeordnete wird durch die Mitgliedschaft im GemA im Übrigen allerdings nicht berührt;[47] insbesondere genie- 18

[38] BVerfGE 84, 304 (340); differenzierend *Schick* in Schneider/Zeh Parlamentsrecht und Parlamentspraxis in der BRD, § 58 Rn. 20.

[39] Vertiefend *Herzog/Klein* in Maunz/Dürig Rn. 19; *Frank* in AK Rn. 69.

[40] *Delbrück/Hobe* in BK Rn. 34 f. mit Ausführungen zum problematischen Verhältnis zwischen dem GemA und dem mächtigen Regierungsapparat; *Emmelius* in Sterzel Kritik der Notstandsgesetze, 135; *Fink* in MKS Rn. 15; *Herzog/Klein* in Maunz/Dürig Rn. 22.

[41] *Heun* in Dreier Rn. 8 unter Verweis auf § 1 Abs. 2 ParlStG; anders wohl *Herzog/Klein* in Maunz/Dürig Rn. 22 lediglich „schlechter Stil".

[42] Zur Rechtfertigung der Bestellung allein durch die Länder und nicht den Bundesrat als Organ vgl. *Heun* in Dreier Rn. 10.

[43] *Herzog/Klein* in Maunz/Dürig Rn. 28; *Fink* in MKS Rn. 17.

[44] *Delbrück/Hobe* in BK Rn. 14.

[45] *Herzog/Klein* in Maunz/Dürig Rn. 29.

[46] *Fink* in MKS Rn. 19; *Heun* in Dreier Rn. 11.

[47] *Stern,* StaatsR II, 1980, § 28 I 3c; *Schick* in Schneider/Zeh Parlamentsrecht und Parlamentspraxis in der BRD, § 58 Rn. 26.

ßen sie weiterhin ihr freies Mandat (Art. 38 Abs. 1 S. 2)[48] und die Abgeordnetenprivilegien nach den Art. 46, 47 und 48.[49] Allerdings erfolgt eine Erweiterung der Rechtsstellung der **Mitglieder des Bundesrates** im GemA. Dort sind sie nach Art. 53a Abs. 1 S. 3 Hs. 2 – anders als im Bundesrat –[50] an Weisungen nicht gebunden. Sie nehmen im „Notparlament" ebenso ein „freies" Mandat wahr wie die Mitglieder des Bundestages.[51] Geschuldet ist dies dem Umstand, dass der GemA als Kollegialorgan einheitlich agieren muss (vgl. Art. 115e Abs. 1), folglich alle Mitglieder des GemA eine funktionsgleiche Tätigkeit ausüben[52] und die Funktionsfähigkeit beeinträchtigt werden könnte, wenn jeweils eine Rückkoppelung mit den Landesregierungen erforderlich wäre.[53] Zudem sind damit auch Weisungen der Bundesregierung über die Landesregierungen nach Art. 115f Abs. 1 Nr. 2 ausgeschlossen,[54] was den parlamentarischen Charakter des GemA und die Gewaltenteilung sichern soll. Zutreffend werden den Mitgliedern des Bundesrates auch die übrigen Abgeordnetenprivilegien zugesprochen,[55] so dass **alle Mitglieder des GemA dieselbe gleichberechtigte Rechtsstellung** haben.[56]

19 Die **stellvertretenden Mitglieder** haben die gleichen Rechte und Pflichten wie die Mitglieder des GemA, ein Stimm- und Antragsrecht kommt ihnen aber nur im Falle der tatsächlichen Vertretung zu (§ 5 Abs. 1 GO GemA).

II. Die Bildung des Gemeinsamen Ausschusses und sein Verfahren werden durch eine Geschäftsordnung geregelt, die vom Bundestage zu beschließen ist und der Zustimmung des Bundesrates bedarf.

20 Der GemA ist **bereits in Friedenszeiten** (vgl. Art. 53a Abs. 2 S. 1) entsprechend der Vorgaben des Art. 53a und der Konkretisierung durch die GO GemA personell zu bilden.[57] Dies und die ihm zugewiesenen, zunächst sehr beschränkten Kompetenzen sollen eine Vorbereitung auf den Verteidigungsfall und die Ausübung seiner ihm dann zugewiesenen weitreichenden Kompetenzen ermöglichen.

21 Art. 53a enthält sich einer vertieften Ausgestaltung von Organisation und Verfahren des GemA, die erst durch die **Geschäftsordnung** des GemA und die subsidiär anwendbare Geschäftsordnung des Bundestages (§ 18 Abs. 1 GO GemA) erfolgt.[58] Aus der Sicherung der Funktionsfähigkeit des GemA lassen sich freilich verfassungsrechtliche Vorgaben für die GO GemA entwickeln.[59] Die GO GemA regelt im ersten Abschnitt die Zusammensetzung und Ein-

---

[48] *Herzog/Klein* in Maunz/Dürig Rn. 24; *Fink* in MKS Rn. 16.

[49] *Robbers* in Sachs Rn. 9; *Schick* in Schneider/Zeh Parlamentsrecht und Parlamentspraxis in der BRD, § 58 Rn. 26.

[50] Abgeleitet aus Art. 51 Abs. 1 S. 1 und 3 S. 2 GG, vgl. *Bauer* in Dreier Art. 51 Rn. 17.

[51] Vgl. *Schick* in Schneider/Zeh Parlamentsrecht und Parlamentspraxis in der BRD, § 58 Rn. 27; *Stern,* StaatsR II, 1980, § 28 I 3b; *Fink* in MKS Rn. 20.

[52] Vgl. zB *Stern,* StaatsR II, 1980, § 28 I 3a sowie den Wortlaut von Art. 115e Abs. 1: „[…] nimmt deren Rechte einheitlich wahr".

[53] *Herzog/Klein* in Maunz/Dürig Rn. 33.

[54] *Delbrück/Hobe* in BK Rn. 17 ff. auch zur Kritik an der Weisungsfreiheit und der Möglichkeit der Landesregierungen zur Abberufung im Falle mangelnder Abstimmung.

[55] *Dörr* in BeckOK GG Rn. 15; *Heun* in Dreier Rn. 11.

[56] *Stern,* StaatsR II, 1980, § 28 I 3b (168); *Schick* in Schneider/Zeh Parlamentsrecht und Parlamentspraxis in der BRD, § 58 Rn. 27; *Delbrück/Hobe* in BK Rn. 26; *Herzog/Klein* in Maunz/Dürig Rn. 31; *Heun* in Dreier Rn. 11; *von der Decken* in SHH Rn. 9.

[57] *Herzog/Klein* in Maunz/Dürig Rn. 10.

[58] Kritisch etwa *Delbrück* DÖV 1970, 229 ff.

[59] Vertiefend *Herzog/Klein* in Maunz/Dürig Rn. 44 ff.

berufung des GemA und im zweiten Abschnitt das Verfahren. Die nicht der Diskontinuität unterliegende[60] GO ist vom Bundestag zu beschließen und bedarf der Zustimmung des Bundesrates (Art. 53a Abs. 1 S. 4). Daraus folgt, dass der GemA seine Geschäftsordnung in Friedenszeiten nicht selbst ändern darf[61] und ihm – ungeachtet seines Status als Verfassungsorgan –[62] **keine Geschäftsautonomie** attestiert werden kann.[63] Erst nachdem der GemA im Verteidigungsfall gemäß Art. 115e Abs. 1 die Stellung von Bundestag und Bundesrat übernommen hat, darf er seine GO ändern (vgl. Art. 115e Abs. 2) und im Einzelfall mit einer Mehrheit von zwei Dritteln seiner Mitglieder von ihr abweichen (§ 19 GO GemA). Die am 23.7.1969[64] verkündete und letztmalig 1993 geänderte[65] Geschäftsordnung wird regelmäßig für die neuen Wahlperioden übernommen. Für die 19. Wahlperiode erfolgte dies durch Beschluss des Deutschen Bundestages vom 24.10.2017[66] und nach Zustimmung des Bundesrates vom 3.11.2017[67].

22 Der GemA tagte erstmals am 17.9.1968;[68] nach § 8 Abs. 1 GO GemA i. V. m. Art. 53a Abs. 2 tagt er – in der Praxis **zweimal jährlich** –[69] für sog. **Informationssitzungen.** Die Mitglieder des GemA unterliegen einer (verfassungskonformen)[70] **Präsenz-, nicht aber Residenzpflicht** (§ 6 Abs. 1 GO GemA).[71] Sie **beraten** und **beschließen gemeinsam** in **nicht publikumsöffentlicher Sitzung** (§ 10 GO GemA).[72]

23 Im GemA kommt jedem Mitglied das **gleiche Stimmrecht und -gewicht** zu.[73] Eine Unterscheidung zwischen einer „Bundestagsbank“ und einer „Bundesratsbank“[74] – etwa hinsichtlich einer unterschiedlichen Abstimmung oder Stimmengewichtung – findet nicht statt.[75] Dass die für den Bundesrat geltende Stimmengewichtungsregelung nach Bevölkerungsgröße (vgl. Art. 51 Abs. 2) nicht übernommen wurde, verdeutlicht, dass auch im Verteidigungsfall föderale Strukturen gewahrt werden sollen, der GemA aber nicht als funktionale Entsprechung des Bundesrates begriffen werden kann.[76] Der GemA ist **beschlussfähig, wenn mehr als die Hälfte der Mitglieder**

---

[60] *Herzog/Klein* in Maunz/Dürig Rn. 43.

[61] *Schick* in Schneider/Zeh Parlamentsrecht und Parlamentspraxis in der BRD, § 58 Rn. 6; *Stern,* StaatsR II, 1980, § 28 III 1; *Fink* in MKS Rn. 22.

[62] Zur regelmäßig bestehenden Geschäftsautonomie von Verfassungs- und obersten Staatsorganen vgl. *Klein* in Maunz/Dürig Art. 40 Rn. 2.

[63] So auch *Herzog/Klein* in Maunz/Dürig Rn. 40 f.; *Fink* in MKS Rn. 22; *Heun* in Dreier Rn. 13; *Robbers* in Sachs Rn. 12. AA wohl *Schmidt* AöR 128 (2002), 608 (619 ff.).

[64] BGBl. 1969 I 1102.

[65] Zuletzt geändert durch Bek. v. 20. Juli 1993, BGBl. 1993 I 1500.

[66] BT-Drs. 19/1.

[67] BR-Drs. 687/17.

[68] *Herzog/Klein* in Maunz/Dürig Rn. 1.

[69] *Von der Decken* in SHH Rn. 14.

[70] Vertiefend *Herzog/Klein* in Maunz/Dürig Rn. 48; *Fink* in MKS Rn. 25, wonach die Befugnis zur Regelung der persönlichen Rechtsstellung der Mitglieder ihre Rechtfertigung im Charakter des GemA als „Notparlament“ findet.

[71] Für eine Residenzpflicht allerdings *von der Decken* in SHH Rn. 12.

[72] Zur Verfassungskonformität des Ausschlusses der Öffentlichkeit vgl. *Herzog/Klein* in Maunz/Dürig Rn. 50 ff.; *Stern,* StaatsR II, 1980, § 28 I 4d; *Robbers* in Sachs Rn. 15; *Fink* in MKS Rn. 26; *Grzeszick* in BerlKomm Rn. 10; *von der Decken* in SHH Rn. 12; aA *Emmelius* in Sterzel Kritik der Notstandsgesetze, 138; *Frank* in AK Rn. 72.

[73] *Stern,* StaatsR II, 1980, § 28 I 3 b.

[74] Etwa bei *Herzog* in Maunz/Dürig (1971) Rn. 12, 18; vgl. auch BVerfGE 84, 304 (336): „Abgeordnetenbank“; zu dieser Terminologie *Stern,* StaatsR II, 1980, § 28 I 3 a.

[75] *Dörr* in BeckOK GG Rn. 21; *Delbrück/Hobe* in BK Rn. 25 f.

[76] Vgl. auch BVerfGE 84, 304 (336 f.).

oder der Stellvertreter (mindestens 25) anwesend sind (§ 12 GO GemA). Für die **Beschlussfassung** genügt im Regelfall die **Mehrheit der abgegebenen Stimmen** (§ 13 Abs. 1 GO GemA),[77] allerdings enthalten die Art. 115a Abs. 2, Art. 115e Abs. 1 und Art. 115h Abs. 2 S. 2 zwingende abweichende Festsetzungen des jeweils erforderlichen Stimmenquorums.

III. Kompetenzen

24 Hinsichtlich der Kompetenzen des GemA ist die Unterscheidung zwischen Friedenszeiten (Art. 53a Abs. 2 S. 1) und dem Verteidigungsfall (Art. 115a ff.) von zentraler Bedeutung. Sehr beschränkten Kompetenzen im ersten Fall steht eine erhebliche, wenn auch subsidiäre Kompetenzfülle im zweiten Fall gegenüber.

1. Die Bundesregierung hat den Gemeinsamen Ausschuß über ihre Planungen für den Verteidigungsfall zu unterrichten. Die Rechte des Bundestages und seiner Ausschüsse nach Artikel 43 Abs. 1 bleiben
25 **unberührt.** Neben der Befugnis zur Selbstorganisation normiert Art. 53a Abs. 2 S. 1 bereits für **Friedenszeiten**[78] eine selbstständige **Informationspflicht** der Bundesregierung „über ihre Planungen für den Verteidigungsfall“. Dem entspricht ein Anspruch[79] des GemA auf eine umfängliche Unterrichtung über alle Absichten, Strategien und Planungen der Bundesregierung für die militärische, aber auch zivile Verteidigung im außen- und innenpolitischen Bereich.[80] Dadurch soll es dem GemA ermöglicht werden, sich auf seine Aufgaben im Verteidigungsfall vorzubereiten. Mit dem Informationsanspruch korrespondiert eine **Zitierbefugnis** gegenüber den Mitgliedern der Bundesregierung, die das Recht und auf Beschluss des Ausschusses auch die Pflicht haben, an dessen Informationssitzungen teilzunehmen (§ 11 Abs. 2 GO GemA). Sie müssen hinsichtlich der Planungen für den Verteidigungsfall Rede und Antwort stehen. Eingedenk der Notwendigkeit einer Vorbereitung des GemA auf den Verteidigungsfall und des grundsätzlich nichtöffentlichen Charakters der Sitzungen dürfte ein **Auskunftsverweigerungsrecht** der Exekutive **zurückzuweisen** sein. Dies gilt auch in Ansehung des Kernbereichs der Exekutive,[81] sofern der außenpolitische Bereich betroffen ist.[82]

26 Nach Art. 53a Abs. 2 S. 2 bleiben die Rechte des Bundestages und seiner Ausschüsse nach Art. 43 Abs. 1 unberührt, was verhindern soll, dass die Bundesregierung unter Verweis auf die Unterrichtung des GemA ihrer zusätzlichen – möglicherweise weniger umfassenden –[83] **Informationspflicht gegenüber dem Bundestag** nicht nachkommt.[84] Entsprechendes gilt auch ohne explizite Anordnung für die Informationsansprüche des Bundesrates nach Art. 53.[85] Weitergehende Rechte stehen dem GemA in Friedenszeiten nicht zu, insbesondere hat er keinen Anspruch auf Beteiligung an den

---

[77] Zur verfassungsrechtlichen Problematik vgl. *Herzog/Klein* in Maunz/Dürig Rn. 61 ff.
[78] Unstr., vgl. nur *Linck* DÖV 1983, 957 (961); *Herzog/Klein* in Maunz/Dürig Rn. 77.
[79] *Jarass* in Jarass/Pieroth Rn. 3.
[80] *Hendrichs* in GGK, 2. Aufl. 1983, Rn. 27; *Herzog/Klein* in Maunz/Dürig Rn. 79; *Grzeszick* in BerlKomm Rn. 11.
[81] Vgl. dazu BVerfGE 67, 100 (139); 143, 101 (137); 146, 1 (42).
[82] Ebenso *Herzog/Klein* in Maunz/Dürig Rn. 79; *von der Decken* in SHH Rn. 15.
[83] *Von der Decken* in SHH Rn. 15; *Frank* in AK Rn. 73.
[84] *Dörr* in BeckOK GG Rn. 28; *Linck* DÖV 1983, 957 (961).
[85] *Robbers* in Sachs Rn. 18.

Planungen der Bundesregierung für den Verteidigungsfall oder auf gegen diese gerichteten Widerspruch.[86]

27 Der Informationsanspruch und die Zitierbefugnis können vom GemA im **Organstreitverfahren** nach Art. 93 Abs. 1 Nr. 1 geltend gemacht werden.

28 **2. Kompetenzen im Verteidigungsfall: Überblick.** Mit diesen beschränkten Kompetenzen kontrastiert die sich aus den Art. 115a ff. ergebende Kompetenzfülle, die dem GemA im **Verteidigungsfalle** zusteht und die sich überblicksartig[87] wie folgt darstellen lässt:
- Ersatzzuständigkeit für die **Feststellung des Verteidigungsfalles** gem. Art. 115a Abs. 2;
- Ersatzzuständigkeit für die Zustimmung zur **Abgabe völkerrechtlicher Erklärungen** über das Bestehen des Verteidigungsfalles durch den Bundespräsidenten gem. Art. 115a Abs. 5 S. 2;
- Ersatzzuständigkeit für die **Wahrnehmung der Rechte von Bundestag und Bundesrat** im Verteidigungsfall gem. Art. 115e Abs. 1;
- Recht zur **Information durch die Bundesregierung** gem. Art. 115f Abs. 2;
- Recht zur **Neuwahl des Bundeskanzlers** gem. Art. 115h Abs. 2 S. 1.

C. Verhältnis zu anderen Bestimmungen des Grundgesetzes

29 Art. 53a regelt im Wesentlichen die Institution und Organisation sowie das Verfahren des GemA; dessen Kompetenzen ergeben sich va aus Art. 115a Abs. 2; 115e. Aufgrund seiner Einbettung in die Notstandsverfassung hat Art. 53a an den durch sie erfolgenden Modifikationen der Verfassung teil.

D. Kritische Würdigung

30 Die Einrichtung des GemA hat deutliche **Kritik** gefunden. Soweit sich diese auf die isolierte Regelung in Art. 53a und damit die Trennung der Bestimmungen über den äußeren Notstand[88] bezieht,[89] kann dem entgegengehalten werden, dass der GemA ein selbstständiges Verfassungs- und oberstes Bundesorgan darstellt, was einen verfassungssystematischen Standort unter den anderen Staatsorganen des Bundes rechtfertigt.[90] Grundsätzlicher fiel die, insbesondere auch politische Kritik[91] an der Notstandsverfassung insgesamt und dem GemA, dessen **Verfassungsmäßigkeit** ebenfalls bezweifelt worden ist,[92] aus. Mitt-

---

[86] Ähnlich *Wisser* in Hömig/Wolff Rn. 4.

[87] Im Einzelnen dazu *Fritz* BayVBl. 1983, 72 ff. (mit besonderer Würdigung der Frage nach verbliebenen Kompetenzen des Bundesrates); *Stern,* StaatsR II, 1980, § 28 III 3 a. Vgl. auch *Seifert,* Der Notstandsausschuß, 1967, 93 ff.

[88] Dazu *Stern,* StaatsR II, 1980, § 52.

[89] *Heun* in Dreier Rn. 4.

[90] Vgl. nur *Herzog/Klein* in Maunz/Dürig, Rn. 10; *Schick* in Schneider/Zeh Parlamentsrecht und Parlamentspraxis in der BRD, § 58 Rn. 10; *Delbrück* DÖV 1970, 229 (231); *Amann,* Verfassungsrechtliche Probleme des Gemeinsamen Ausschusses nach Art. 53a Abs. 1 GG, 1971, 18 ff.

[91] Vgl. dazu *Weiß* Atomzeitalter – Zeitschrift f. Sozialwissenschaften u. Politik 1967, 329 ff.; *Schäfer* AöR 93 (1968), 37 ff.; *Evers* AöR 91 (1966), 1 ff.; *Seifert* Vorgänge 1997 Nr. 3, 56 ff. (insbesondere zur Rolle der SPD und der Gewerkschaften); vgl. auch die einzelnen Stellungnahmen in: *Seifert,* Gefahr im Verzuge, 1963.

[92] Z. B. durch *Holz* BDIP 1966, 608 ff.; vertiefend dazu *Delbrück/Hobe* in BK Rn. 4.

lerweile geht die ganz herrschende Auffassung von der Verfassungskonformität des Art. 53a aus[93] und begrüßt den Versuch, demokratische und föderale Elemente institutionell selbst im Ausnahmefall zu verankern und einer Übermacht der Exekutive gerade in Zeiten des äußeren Notstands zu begegnen.[94] Auch wenn die Ausstattung eines zahlenmäßig kleinen Organs mit einer starken exekutiven Komponente und mit weitreichenden Legislativ-, Kontroll- und Leitungskompetenzen in Friedenszeiten mit Art. 79 Abs. 3 unvereinbar wäre, erscheint der Versuch, die Souveränität über den Ausnahmezustand der Verfassung anzuvertrauen und einen GemA einzurichten gegenüber einem Notverordnungsrecht der Exekutive oder dem Fehlen jedweder Regelung vorzugswürdig und als im Notstandsfall durch Art. 79 Abs. 3 gedeckt.[95]

31 Werden die Kompetenzen des GemA aktiviert, weil der Bundestag nicht zusammentreten kann oder beschlussunfähig ist, verschlechtert sich zwar im Falle von Zustimmungsgesetzen die Stellung des Bundesrates. Die Mitglieder des Bundestages verfügen über doppelt so viele Stimmen und das nach Bundesländern differenzierte Stimmengewicht im Bundesrat entfällt ebenso wie die Vetomöglichkeit des Bundesrates, selbst wenn dieser noch handlungsfähig sein sollte. Allerdings wird dadurch die **Mitwirkung der Länder an der Gesetzgebung** nicht dauerhaft oder sachlich unbegrenzt in Frage gestellt, so dass ein Verstoß gegen Art. 79 Abs. 3, der nur die grundsätzliche Mitwirkung der Bundesländer an der Gesetzgebung zur Verfassungsidentität erhebt, nicht angenommen werden kann.[96]

32 Dass der GemA bislang in seiner besonderen Funktion noch nicht getagt hat, ist Ausdruck seiner (erfreulicherweise) **geringen praktischen Bedeutung.** Die ihm bereits in Friedenszeiten zukommenden Informations- und Zitierrechte gegenüber der Regierung sind aus Sicht der Gewaltenteilung ein Gewinn, der die Kontrolle der Exekutive erhöht und den GemA im besten Fall ermächtigt, seine Aufgaben im Verteidigungsfall wirksam wahrzunehmen. Ob dies tatsächlich gelingt, entzieht sich eingedenk der kaum zu prognostizierenden Auswirkungen eines bewaffneten Angriffs auf den Bestand und die Binnenstruktur der Bundesrepublik Deutschland einer seriösen Vorhersage, auch wenn der GemA vor seiner verfassungsrechtlichen Institutionalisierung im Planspiel erprobt worden ist.[97]

Literatur

H. Amann, Verfassungsrechtliche Probleme des Gemeinsamen Ausschusses nach Art. 53a Abs. 1 Grundgesetz, 1971. – ***E. Benda,*** Die Notstandsverfassung, 1968. – ***J. Delbrück,*** Kritische Bemerkungen zur Geschäftsordnung des Gemeinsamen Ausschusses, DÖV 1970, 229. – ***H. H. Emmelius,*** Der Gemeinsame Ausschuß in D. Sterzel (Hrsg.), Kritik der Notstandsgesetze, 1968, 118. – ***G. Fritz,*** Handlungsbereich und Tätigkeitsdauer des Gemeinsamen Ausschusses im Verteidigungsfall, BayVBl. 1983, 72. – ***H. H. Holz,*** Die Notstandsinstitution „Gemeinsamer Ausschuß", BDIP 1966, 608. – ***R. Schick,*** Der Gemeinsame Ausschuß in Schneider/Zeh (Hrsg.), Parlamentsrecht und Parlamentspraxis in der Bundesrepublik Deutschland, 1989, 1559. – ***J. Twenhöven,*** Die Stellung der Legislative im Staatsnotstand, 1972.

---

[93] Vgl. etwa *Heun* in Dreier Rn. 12; *Robbers* in Sachs Rn. 10; *Evers* AöR 91 (1966), 1 (6); *Stern,* StaatsR II, 1980, § 28 I 3 a.

[94] *Grzeszick* in BerlKomm Rn. 1.

[95] *Delbrück/Hobe* in BK Rn. 5.

[96] *Grzeszick* in BerlKomm Rn. 7; *Heun* in Dreier Rn. 12; vertiefend: *Herzog/Klein* in Maunz/Dürig Rn. 35; kritisch: *Emmelius* in Sterzel Kritik der Notstandsgesetze, 156 ff.

[97] NATO-Manöver „Fallex 66" v. 16.–21.10.1966; vgl. dazu Begr. zum Entw. der Bundesregierung v. 13.6.1967, BT-Drs. V/1879, 15.

V. Der Bundespräsident

Art. 54 [Wahl des Bundespräsidenten]

(1) [1]Der Bundespräsident wird ohne Aussprache von der Bundesversammlung gewählt. [2]Wählbar ist jeder Deutsche, der das Wahlrecht zum Bundestage besitzt und das vierzigste Lebensjahr vollendet hat.

(2) [1]Das Amt des Bundespräsidenten dauert fünf Jahre. [2]Anschließende Wiederwahl ist nur einmal zulässig.

(3) Die Bundesversammlung besteht aus den Mitgliedern des Bundestages und einer gleichen Anzahl von Mitgliedern, die von den Volksvertretungen der Länder nach den Grundsätzen der Verhältniswahl gewählt werden.

(4) [1]Die Bundesversammlung tritt spätestens dreißig Tage vor Ablauf der Amtszeit des Bundespräsidenten, bei vorzeitiger Beendigung spätestens dreißig Tage nach diesem Zeitpunkt zusammen. [2]Sie wird von dem Präsidenten des Bundestages einberufen.

(5) Nach Ablauf der Wahlperiode beginnt die Frist des Absatzes 4 Satz 1 mit dem ersten Zusammentritt des Bundestages.

(6) [1]Gewählt ist, wer die Stimmen der Mehrheit der Mitglieder der Bundesversammlung erhält. [2]Wird diese Mehrheit in zwei Wahlgängen von keinem Bewerber erreicht, so ist gewählt, wer in einem weiteren Wahlgang die meisten Stimmen auf sich vereinigt.

(7) Das Nähere regelt ein Bundesgesetz.

Paulskirchenverfassung von 1849

Abschnitt III. Art. I

§ 68. Die Würde des Reichsoberhauptes wird einem der regierenden deutschen Fürsten übertragen.

§ 69. Diese Würde ist erblich im Hause des Fürsten, dem sie übertragen worden. Sie vererbt im Mannsstamme nach dem Rechte der Erstgeburt.

§ 70. Das Reichsoberhaupt führt den Titel: Kaiser der Deutschen.

Weimarer Reichsverfassung von 1919

Art. 41. (1) Der Reichspräsident wird vom ganzen deutschen Volke gewählt.

(2) Wählbar ist jeder Deutsche, der das fünfunddreißigste Lebensjahr vollendet hat.

(3) Das Nähere bestimmt ein Reichsgesetz.

Art. 43. (1) Das Amt des Reichspräsidenten dauert sieben Jahre. Wiederwahl ist zulässig.

(2) Vor Ablauf der Frist kann der Reichspräsident auf Antrag des Reichstags durch Volksabstimmung abgesetzt werden. Der Beschluß des Reichstags erfordert Zweidrittelmehrheit. Durch den Beschluß ist der Reichspräsident an der ferneren Ausübung des Amtes verhindert. Die Ablehnung der Absetzung durch die Volksabstimmung gilt als neue Wahl und hat die Auflösung des Reichstags zur Folge.

[Abs. 3]

Übersicht

A. Amt und Stellung des BPräs

I. Organisationsrechtliche Stellung

1 Der BPräs ist das **Staatsoberhaupt** der Bundesrepublik Deutschland.[1] Dies setzt das GG mit der Bezeichnung als Präsident der Republik sowie durch Zuweisung typischer Aufgaben eines Staatsoberhauptes voraus. Während in Art. 75 HChE alternativ ein Bundespräsidium aus dem Bundeskanzler und den Präsidenten von BT und BR (Senat) erwogen wurde, einigte sich der Parlamentarische Rat rasch auf ein monokratisches Staatsoberhaupt. Der BPräs ist durch unmittelbare Regelung seines Amtes im GG **Verfassungsorgan** und gehört zu den obersten Bundesorganen. „Oberstes Staatsorgan" ist er nur in protokollarischer Hinsicht.[2] Persönlich steht er in einem besonderen öffentlich-rechtlichen Amtsverhältnis, nicht in einem Beamtenverhältnis oder beamtenähnlichen Verhältnis.[3] An Aufträge und Weisungen ist er

[1] Ganz hM, vgl. nur BVerfGE 136, 277 (310); *Fink* in MKS Rn. 12 f.; *Herzog* in Maunz/Dürig Rn. 3; *Stern,* StaatsR II, 1980, § 30 Kap. I 2 ff., § 30 Kap. II 2; näher *Fritz* in BK Rn. 52 ff.; *Schlaich* in HdbStR II/2, § 49 Rn. 91 ff.; *Waldhoff/Grefrath* in BerlKomm Rn. 3 ff.; krit. wegen Anleihen beim organischen Staatsdenken *Kimminich* VVDStRL 25 (1967), 2 (2 ff.); diff. *Wiegand* AöR 133 (2008), 475 (483 ff., 505 ff.).

[2] *Butzer* in SHH Rn. 2; *Stern,* StaatsR II, 1980, § 30 Kap. II 1; aA *Fritz* in BK Rn. 44, 54, höchstes Verfassungsorgan des Bundes; *Nettesheim* in HdbStR III § 61 Rn. 14 ff., trotz Gleichrangigkeit protokollarische und „verfassungsideelle" Höchstrangigkeit. Dass nicht einmal der protokollarische Vorrang verfassungsrechtlich fundiert ist, bemerkt dagegen *Herzog* in Maunz/Dürig Rn. 16.

[3] Näher *Fink* in MKS Rn. 28 ff.; *Herzog* in Maunz/Dürig Rn. 60 ff.; *Pieper* in BeckOK GG Rn. 30 f. S. auch *Aßmann,* Die Besoldung und Versorgung des Bundespräsidenten, 2014. Insb. zum Ehrensold nach dem Ausscheiden aus dem Amt → Art. 55 Rn. 6.

nicht gebunden.[4] Unterstützt wird er durch das Bundespräsidialamt als eine selbständige oberste Bundesbehörde.[5]

Funktional ist der BPräs **Teil der Exekutive** (obgleich er nicht Teil der BReg. ist).[6] Dies folgt schon daraus, dass er weder legislative noch judikative Funktionen innehat und das GG in Art. 1 Abs. 3 und Art. 20 Abs. 3 alle Staatsorgane binden will.[7] Positive Hinweise ergeben sich aus der engen Verbindung mit der BReg., zB im Bereich der auswärtigen Beziehungen, bei der Gegenzeichnung oder bei den Rechten auf Unterrichtung (§ 5 GO BReg.) und auf Beteiligung (§ 23 Abs. 1 GO BReg.).[8] Verfehlt wäre es dagegen, den BPräs im Anschluss an *Benjamin Constant* als **„pouvoir neutre"** einzuordnen.[9] Nicht allein, weil der BPräs kaum über Machtbefugnisse verfügt;[10] wichtiger ist, dass diese Figur der Begründung einer monarchischen Exemtion diente, die mit der Idee verfassungsbegründeter Befugnisse und umfassender Rechtsbindung aller staatlichen Gewalt unvereinbar ist.[11] Einzig das Begnadigungsrecht mag hieran noch erinnern.[12] Zudem ist der BPräs in seiner Amtsführung zwar traditionell parteipolitisch neutral, nicht aber in gesellschaftspolitischer Hinsicht (→ Rn. 9). 2

II. Kompetenzen und Aufgaben

Für das Verständnis des Präsidentenamtes nach dem GG ist die **Einbeziehung historischer Erfahrungen** (bzw. deren Deutung durch den Parlamentarischen Rat[13]) unerlässlich. Mehr als jedes andere Verfassungsorgan ist das Amt des BPräs in kritischer Auseinandersetzung mit den Institutionen der WRV gestaltet worden.[14] Im **Gegensatz zur WRV** kennt das GG keinen regierenden Präsidenten (anders zB USA, Frankreich oder Russ- 3

---

[4] Zu Gegenzeichnungspflicht und Verantwortlichkeit des BPräs → Art. 58 Rn. 8.

[5] Näher *Butzer* in SHH Rn. 31 ff.; eing. *Pieper* in van Ooyen/Möllers Der Bundespräsident im politischen System, 99 ff. Zur informellen Unterstützung durch die bisherigen „First Ladies" *Lenski* JöR 64 (2016), 81; *Butzer* in SHH Rn. 29 f.

[6] *Achterberg* ZGS 126 (1970), 344 (355); *Butzer* in SHH Rn. 3; *Herzog* in Maunz/Dürig Rn. 17 ff.; *Heun* in Dreier Rn. 12; *Pieroth* in Jarass/Pieroth Rn. 1; nach Funktionen diff. *Fink* in MKS Rn. 5, 11; *Jekewitz* in AK Vorb. Art. 54 Rn. 18 f.; Deutung als Bindeglied zwischen den Gewalten bei *Fritz* in BK Rn. 44 ff.; Deutung als Organ *sui generis* bei *Nettesheim* in HdbStR III § 61 Rn. 10; *Stern,* StaatsR II, 1980, § 30 Kap. II 7b; *Waldhoff/Grefrath* in BerlKomm Rn. 58. Ähnlich BVerfGE 136, 277 (310 f.).

[7] *Erichsen* Jura 1985, 373 (374); *Herzog* in Maunz/Dürig Rn. 17; *Fink* in MKS Rn. 5.

[8] Näher zu dieser Verbindung *Pieper* in BeckOK GG Art. 60 Rn. 29 ff.

[9] *Constant,* Cours de politique constitutionnelle, Laboulaye I, 1861, 18 ff.; den Begriff verwenden ua BVerfGE 114, 121 (159); BVerfGE 136, 277 (311); zur (ebenfalls problematischen) Einordnung des Reichspräsidenten nach der WRV als pouvoir neutre *Schmitt* AöR 55 (1929), 161 (212 ff.).

[10] Dazu va *Doehring* Der Staat 3 (1964), 201 (207 ff.); sowie im Anschluss *Stein* ZaöRV 69 (2009), 249 (250 f.). Machtlos ist freilich auch der BPräs nicht: gegen die verbreitete These vom „machtlosen" BPräs zu Recht *Butzer* NJW 2017, 210; sa *Fritz* in BK Rn. 67 ff.

[11] *Fink* in MKS Rn. 7; *Fritz* in BK Rn. 49; *Heun* in Dreier Rn. 12; *Jekewitz* in AK Vorb. Art. 54 Rn. 17; *Kimminich* in BK Vorb. Art. 54–61 Rn. 41; *Kimminich* VVDStRL 25 (1967), 2 (38 ff., 81 ff.); *Nettesheim* in HdbStR III § 61 Rn. 24; zu einem monarchischen Echo in der Diskussion über den „pouvoir neutre" *Schönberger* in Biskup/Kohlrausch Das Erbe der Monarchie, 284 (303 f.).

[12] → Art. 60 Rn. 13.

[13] BVerfGE 136, 277 (309 ff.). Eingehend zur Historie *Fritz* in BK Rn. 1 ff.

[14] *Fritz* in BK Rn. 22 ff.; *Nettesheim* in HdbStR III § 61 Rn. 7 ff.; *Scheuner,* Das Amt des Bundespräsidenten als Aufgabe verfassungsrechtlicher Gestaltung, 1966, 30 ff.; zur Entstehungsgeschichte eing. *Lange* Vierteljahreshefte für Zeitgeschichte 26 (1978), 601 (621 ff.); *Morsey* in Jäckel/Möller/Rudolph, Von Heuss bis Herzog, 1999, 45; sa JöR nF 1 (1951), 397 ff.; näher *Waldhoff/Grefrath* in BerlKomm Rn. 31 ff.

land), sondern lediglich ein **„unselbständiges Staatsoberhaupt“**[15] (wie zB Italien, Österreich oder Polen).[16] Dies zeigt schon der Blick auf seine Kompetenzen nach dem Grundgesetz:[17] Die Richtlinien der Politik werden nach Art. 65 S. 1 GG vom Bundeskanzler bestimmt; der BPräs verfügt über kein Notverordnungsrecht (anders noch der Reichspräsident nach Art. 48 WRV), er hat nicht das Recht zur Parlamentsauflösung (außer in den besonderen Fällen des Art. 63 Abs. 4 S. 3 Alt. 2 und Art. 68 Abs. 1 GG) und kann den Kanzler (und damit die Regierung) nicht entlassen; er hat nicht den Oberbefehl über die Streitkräfte und besitzt auch nicht das Recht, Volksentscheide über Gesetze herbeizuführen (so aber Art. 73 Abs. 1 WRV).[18] Auch das Kanzlervorschlagsrecht (Art. 63 Abs. 1) muss sich faktisch an den politischen Mehrheitsverhältnissen im BT orientieren und gibt somit allenfalls geringfügigen Einfluss auf die Parteipolitik.[19] Dementsprechend sieht das GG auch **keine Volkswahl** eines „plebiszitären“ Staatsoberhauptes vor, sondern die Wahl durch ein besonderes parlamentarisches Gremium (→ Rn. 22).

4 Mit einer bloßen Subtraktion von Kompetenzen lässt sich jedoch kein zuverlässiges Bild vom Präsidentenamt gewinnen. Dieses bricht zwar in vielem mit der Weimarer Tradition, knüpft aber in anderen Punkten an überlieferte Funktionen eines Staatsoberhauptes und sogar an monarchische Traditionen an, zB in Form des bereits erwähnten Begnadigungsrechts. Wegen dieser nicht passgenau abgestimmten **Kontinuitäten und Traditionsbrüche** ist es schwierig, das Amt des BPräs allein aus dem Normbestand der Verfassung heraus stringent zu charakterisieren.[20] Zugleich fällt angesichts der Heterogenität von Präsidialsystemen der Rückgriff auf verfassungstheoretische Modelle schwer.[21] Das GG kennt hier Einbruchstellen für eine **Staatspraxis,** die sich zu Verfassungsgewohnheitsrecht verdichten kann. Das Einfügen des Amtes in das institutionelle Gesamtsetting der Staatsorganisation und die Abstimmung mit (vor allem) dem Amt des Bundeskanzlers muss als Prozess begriffen werden, der im Laufe von nunmehr 70 Jahren zu einer Konkretisierung der Kompetenzen geführt hat.[22] Die diesen Konsolidierungs-

---

[15] Begriff nach *Herzog,* Allgemeine Staatslehre, 1971, 286 ff.; krit. *Fritz* in BK Rn. 26.

[16] *Herzog* in Maunz/Dürig Rn. 6; *Stern,* StaatsR II, 1980, § 30 Kap. II 7; rechtsvergleichend *Heun* in Dreier Rn. 7 ff.; speziell zu Österreich *Schambeck* FS f. Carstens II, 1984, 789; *Schambeck* FS f. Herzog, 2009, 423; *Adamovich* FS f. Herzog, 2009, 1; ausf. *Mehlhorn,* Der Bundespräsident der Bundesrepublik Deutschland und der Republik Österreich, 2010.

[17] Die Kompetenzen bilden nur den Einstieg für das Verständnis des Amtes. Zu beachten ist zudem der Grad der (Mit-)Entscheidungsbefugnisse und schließlich auch, ob der Präsidialakt der Gegenzeichnung nach Art. 58 bedarf: *Herzog* in Maunz/Dürig Art. 60 Rn. 3 ff.

[18] Gegenüberstellung bei *Herzog* in Maunz/Dürig Rn. 8 f.; *Rausch,* Der Bundespräsident, 2. Aufl. 1984, 51 ff.; *v. Unruh* VR 1980, 217 (218 ff.); *Weber-Fas* FS f. Duden, 1977, 685 (687 ff., 693 ff.).

[19] *Stern,* StaatsR II, 1980, § 30 Kap. III 5a; näher und diff. *Fritz* in BK Rn. 78, 83 ff.; aA *Hemmrich* in v. Münch/Kunig, 4./5. Aufl. 2001, Rn. 3 mwN; näher zum politischen Gewicht des Amtes *Maurer* DÖV 1966, 665.

[20] *Schönberger* in Biskup/Kohlrausch Das Erbe der Monarchie, 2008, 284 (298 f.).

[21] *Nettesheim* in HdbStR III § 61 Rn. 4; vergleichender Überblick bei *Herzog,* Allgemeine Staatslehre, 1971, 274 ff.; *Kaltefleiter,* Die Funktionen des Staatsoberhauptes in der parlamentarischen Demokratie, 1970, 9 ff.; *Lehmbruch* in Jäckel/Möller/Rudolph Von Heuss bis Herzog, 1999, 108; *Loewenstein* AöR 75 (1949), 129; *Rausch,* Der Bundespräsident, 2. Aufl. 1984, 19 ff.; *Tomuschat* FS f. Carstens II, 1984, 911; *Waldhoff/Grefrath* in BerlKomm Rn. 19 ff.

[22] *Heun* in Dreier Rn. 13; Eing. *Lenski,* Von Heuss bis Carstens, 2009; *Scholz/Süskind,* Die Bundespräsidenten, 2003; näher *Butzer* in SHH Rn. 14 ff.; *Butzer* VerwArch 82 (1991), 497 (505 ff.); *Fritz* in BK Rn. 60 ff., 67 ff.; *Pieper* in BeckOK GG Rn. 10 ff.; *Rausch,* Der

prozess begleitenden Streitfragen (va in Bezug auf Prüfungsrechte des BPräs → Rn. 12–15) können als Ausdruck einer **Unabgeschlossenheit der Amtskonzeption im GG**[23] betrachtet werden.

Die **geschriebenen Verfassungskompetenzen** des BPräs finden sich nur teilweise im V. Teil, sondern sind über das GG verstreut. Sie umfassen: Verlangen nach Einberufung des BT (Art. 39 Abs. 3 S. 3 Alt. 2); völkerrechtliche Vertretung des Bundes (Art. 59 Abs. 1); Ernennung und Entlassung der Bundesrichter, Bundesbeamten, Offiziere und Unteroffiziere (Art. 60 Abs. 1) sowie Ausübung des Begnadigungsrechtes für den Bund (Art. 60 Abs. 2), mit Möglichkeit der Delegation (Art. 60 Abs. 2 S. 1 Hs. 2); Vorschlag für die Wahl des Bundeskanzlers (Art. 63 Abs. 1, im Verteidigungsfall gegenüber dem Gemeinsamen Ausschuss: Art. 115h Abs. 3); Ernennung des Bundeskanzlers (Art. 63 Abs. 2 S. 2, Art. 63 Abs. 4 S. 2 u. 3 Alt. 1; nach konstruktivem Misstrauensvotum: Art. 67 Abs. 1 S. 2, zugleich Entlassung des bisherigen Bundeskanzlers); Auflösung des BT bei Wahl eines Minderheitenkanzlers (Art. 63 Abs. 4 S. 3 Alt. 2) oder bei Verweigerung des Vertrauens (Art. 68 Abs. 1); Ernennung und Entlassung der Bundesminister auf Vorschlag des Bundeskanzlers (Art. 64 Abs. 1); Genehmigung der GO BReg. (Art. 65 S. 4); Ersuchen an den Bundeskanzler oder einen Bundesminister, die Geschäfte bis zur Ernennung eines Nachfolgers weiterzuführen (Art. 69 Abs. 3); Erklärung des Gesetzgebungsnotstandes (Art. 81 Abs. 1); Ausfertigung und Verkündung der Bundesgesetze (Art. 82 Abs. 1 S. 1); Anrufung des BVerfG im Organstreitverfahren (Art. 93 Abs. 1 Nr. 1 iVm § 13 Nr. 5, § 63 ff. BVerfGG); Kompetenzen im Verteidigungsfall (Art. 115a Abs. 3, Abs. 4 S. 2, Abs. 5 S. 1, Art. 115l Abs. 2 S. 1). Mittelbar verfassungsrechtlich fundiert ist das Recht zu Einberufung und Teilnahme an Sitzungen des Gemeinsamen Ausschusses (Art. 53a Abs. 1 S. 4 iVm § 8 Abs. 2, § 11 Abs. 1 GO GemA). 5

Ungeschriebene Kompetenzen knüpfen va an traditionelle Befugnisse eines Staatsoberhauptes an und sind im Prozess verfassungskonkretisierender Staatspraxis, zT im intergubernativen Konsens mit der BReg., konsolidiert worden.[24] Zu ihnen sind va zu rechnen: Festlegung von Staatssymbolen (Nationalhymne, Flaggen, Wappen, Dienstsiegel); Bestimmung nationaler Gedenkstätten; Anordnung von Staatsakten; Verleihung von Titeln, Orden und Ehrenzeichen; Bestimmung der Amtsbezeichnungen und Dienstkleidung der Bundesbeamten und sonstigen Bundesbediensteten. Problematisch ist es, sie als ungeschriebene *Verfassungs*kompetenzen zu bezeichnen[25] oder aus der „Natur der Sache"[26] abzuleiten. Zwar mögen institutionelle Typologie und Amtstradition eine Zuordnung zum Staatsoberhaupt *prima facie* 6

Bundespräsident, 2. Aufl. 1984, 129 ff.; *Schönberger* in Biskup/Kohlrausch Das Erbe der Monarchie, 2008, 284 (299 ff.); insbes. zu *Heuss: Scheuner,* Das Amt des Bundespräsidenten als Aufgabe verfassungsrechtlicher Gestaltung, 1966, 40 ff.; *Wengst* in Jäckel/Möller/Rudolph Von Heuss bis Herzog, 65.

[23] Ähnlich *Nettesheim* in HdbStR III § 61 Rn. 5; *Stern,* StaatsR II, 1980, § 30 Kap. II 1c, Kap. III 1 f.; aA *Waldhoff/Grefrath* in BerlKomm Rn. 43 „verfassungsrechtliches Märchen"; zutr. aber die Kritik am Rückgriff auf präkonstitutionelle Amtsentwürfe.

[24] *Fritz* in BK Rn. 36; *Herzog* in Maunz/Dürig Rn. 69 ff.; *Nettesheim* in HdbStR III § 61 Rn. 46 f.; gegen die Existenz solcher ungeschriebener Kompetenzen überhaupt *Kimminich* in BK Vorb. Art. 54–61 Rn. 22.

[25] So aber *Butzer* in SHH Rn. 10; eing. *Butzer* in SHH Art. 60 Rn. 52 ff.

[26] So *Pieroth* in Jarass/Pieroth Rn. 2; ähnlich *Knöpfle* DVBl 1966, 713 (719 f.). Krit. *Heun* in Dreier Rn. 13.

rechtfertigen; sie können aber nicht den **Zugriff des Gesetzgebers** ausschließen.[27] Dies verdeutlichen nicht zuletzt die §§ 2 Abs. 1, 3 Abs. 1 Gesetz über Titel, Orden und Ehrenzeichen v. 26.7.1957. An (weiteren) **einfachgesetzlichen Kompetenzen** sei nur auf § 16 BWahlG (Bestimmung des Tages der Bundestagswahl) oder § 18 Abs. 7 PartG (Einberufung einer Parteienfinanzierungskommission) sowie zahlreiche Ernennungsrechte verwiesen.[28]

III. Funktionen des Amtes

7 Die Funktionen des Präsidentenamtes erschließen sich nur zum Teil aus dem „Paragraphengespinst"[29] der Kompetenzen; vielmehr ist die Amtspraxis in die Betrachtung einzubeziehen. In dieser Gesamtschau erfüllt das Amt des BPräs im Wesentlichen eine Repräsentations-, eine Integrations- und eine Reserve- bzw. Wächterfunktion.[30] Diese Funktionsbeschreibung besitzt freilich mehr **klassifikatorische** als normative **Relevanz.**[31]

8 Der BPräs **repräsentiert** die Bundesrepublik Deutschland als Gesamtstaat **nach außen.**[32] Hierzu zählt die völkerrechtliche Vertretung gem. Art. 59 Abs. 1, die vor allem in der Ratifikation völkerrechtlicher Abkommen und in Staatsbesuchen zum Ausdruck kommt.[33] Ob eine vergleichbare **Repräsentationsfunktion nach innen** besteht, ist **zweifelhaft.** Zu sehr scheint das Bild eines Staatsoberhauptes, das den Staat gegenüber den Bürgern repräsentiert, einem obrigkeitlichen Staatsverständnis verpflichtet.[34] Andererseits bestehen Repräsentationsbedürfnisse auch innerhalb eines demokratischen Staatswesens. So besitzen die „staatsnotariellen"[35] (treffender: beurkundenden[36]) Funktionen des BPräs im politischen Prozess ein Moment der Repräsentation.[37] Doch repräsentiert der BPräs hier weniger die staatliche Autorität gegenüber dem Bürger; vielmehr erteilt er dem Produkt des politischen Prozesses zB durch die Ausfertigung von Bundesgesetzen als Repräsentant des demokratisch verfassten Gemeinwesens das Imprimatur.

---

[27] Wie hier *Jekewitz* in AK Vorb. Art. 54 Rn. 16; *Stern,* StaatsR II, 1980, § 30 Kap. III 3a β; aA *Waldhoff/Grefrath* in BerlKomm Rn. 50, die aus der Tradition einen „Vortritt" des BPräs ableiten wollen; ähnlich *Fritz* in BK Rn. 59.

[28] Weitere Nachw. bei *Butzer* in SHH Rn. 11.

[29] *Theodor Heuss,* Antrittsrede v. 12.9.1949, in Sternberger Reden der deutschen Bundespräsidenten, 1979, 5 (6).

[30] Statt vieler *Butzer* in SHH Rn. 17 ff. mwN auch zu abw. Einteilungen.

[31] Abw. Deutung des Verhältnisses von Kompetenzen und Funktionen bei *Waldhoff/Grefrath* in BerlKomm Rn. 41 ff., Funktionen weder als klassifikatorische „Bündelung" der Kompetenzen noch als präkonstitutionelle Denkfiguren, sondern als diejenigen Aspekte, „die sich einer strikten Reduktion auf Kompetenzausübung entziehen", *Waldhoff/Grefrath* in BerlKomm Rn. 44, also gewissermaßen das, was von den Kompetenzbestimmungen nicht erreicht wird.

[32] Näher *Fritz* in BK Rn. 54 f.; *Nettesheim* in HdbStR III § 62 Rn. 42 ff.; *Stern,* StaatsR II, 1980, § 30 Kap. III 3b.

[33] Näher zum exklusiven bzw. konkurrierenden Charakter dieser Repräsentationsbefugnisse → Art. 59 Rn. 15 ff.

[34] *Kimminich* VVDStRL 25 (1967), 2 (71); *Kimminich* in BK Vorb. Art. 54–61 Rn. 5, 14 f.; gegen antidemokratische Repräsentationsmystik auch *Isensee* NJW 1994, 1329; *Wiegand* AöR 133 (2008), 475 (479 f.); *van Ooyen,* Das Amt des Bundespräsidenten, 2015, 24 ff.; krit. Erwiderung bei *Waldhoff/Grefrath* in BerlKomm Rn. 69; *Heun* in Dreier Rn. 17.

[35] Begriff nach *Eschenburg,* Staat und Gesellschaft in Deutschland, 2. Aufl. 1956, 647.

[36] *Nettesheim* in HdbStR III § 61 Rn. 45.

[37] *Heun* in Dreier Rn. 17; *Nettesheim* in HdbStR III § 62 Rn. 34; *Schlaich* in HdbStR II/2 § 49 Rn. 25; *Stern,* StaatsR II, 1980, § 30 Kap. I 4c a, Kap. III 4; *Waldhoff/Grefrath* in BerlKomm Rn. 49.

Auch bei der Verleihung von Orden und Ehrenzeichen ist er nicht Repräsentant eines Staates als „dem Anderen" des Bürgers, sondern verleiht die Auszeichnung für die im demokratischen Staat vereinigten Bürger. Nach innen kann also von einer umfassenden Repräsentation des Staates gegenüber dem Bürger nicht die Rede sein; es handelt sich um einzelne repräsentative Aufgaben, in denen die Bevölkerung[38] nicht der Gegenüber ist, sondern die Repräsentierte.[39]

Die **Integrationsfunktion** ist rechtlich kaum vorgeprägt und verwirklicht 9
sich va über „weiche" Mittel der Einflussnahme, namentlich Reden und öffentliche Auftritte sowie Gespräche „hinter den Kulissen".[40] Der Ort der Integration ist dabei die Gesellschaft; das Amt dient der Darstellung und Förderung, nicht der Herstellung des Grundkonsenses der unter dem GG verfassten Gesellschaft.[41] Zu diesem Zweck wird vom BPräs „eine gewisse Distanz zu Zielen und Aktivitäten von politischen Parteien und gesellschaftlichen Gruppen"[42] **(„Neutralität")** verlangt,[43] die sich zB in der Praxis manifestiert, Parteimitgliedschaften während der Amtszeit ruhen zu lassen. Neutralität in gesellschaftspolitischer Hinsicht ist nicht gefordert; umgekehrt können Einmischungen und Mahnungen gerade dazu beitragen, den Grundkonsens lebendig zu halten. Neutralität bedeutet also weder Apolitizität[44] noch „Äquidistanz" zu allen Parteien[45]. **Politische Einmischungen** können die Chancengleichheit der Parteien (Art. 21 Abs. 1 GG) beeinträchtigen, die auch der BPräs zu achten hat. Einen Verfassungsverstoß stellt das BVerfG aber erst dann fest, wenn dieser „unter evidenter Vernachlässigung seiner Integrationsfunktion und damit willkürlich Partei ergriffen hat".[46] Eine solche Evidenzkontrolle wahrt im Regelfall das angemessene Verhältnis zwischen BPräs und BVerfG, sollte aber in der heißen Phase von Wahlkämpfen einer etwas strikteren Prüfung weichen.[47] Der grundsätzlich weite Gestaltungsspielraum, den der BPräs bezüglich der Wahrnehmung seiner Integrationsaufgabe besitzt, erstreckt sich auch auf die Kommunikationsform. Er darf „Ross und Reiter nennen" und so zugespitzt formulieren, dass er Gehör

[38] Zu Recht krit. gegenüber einer Beschränkung auf das Staatsvolk *Nettesheim* in HdbStR III § 61 Rn. 18.

[39] Ähnlich *Pernice* in Dreier, 2. Aufl. 2006, Rn. 15, 29; Betonung auf *Staats*repräsentation bei *Herzog* in Maunz/Dürig Rn. 7, 97; *Nierhaus* in Sachs Rn. 6 f.; *Stern,* StaatsR II, 1980, § 30 Kap. III 3a; diff. *Nettesheim* in HdbStR III § 61 Rn. 18, 32 ff.; überzogen dagegen *Janssen* DÖV 2010, 949 (957 ff.) „Hüter des Volkswillens".

[40] Näher *Fritz* in BK Rn. 63 ff.; *Herzog* in Maunz/Dürig Rn. 93 ff., 99; *Korte* Zeitschrift für Politikwissenschaft 35 (2019), 431; *Nettesheim* in HdbStR III § 62 Rn. 25 ff.; *Rausch,* Der Bundespräsident, 2. Aufl. 1984, 115 ff.; *Sarcinelli* in Jäckel/Möller/Rudolph Von Heuss bis Herzog, 1999, 191; *Scheuner,* Das Amt des Bundespräsidenten als Aufgabe verfassungsrechtlicher Gestaltung, 1966, 9, 50 ff.; *Waldhoff/Grefrath* in BerlKomm Rn. 51 ff.; krit. *van Ooyen* JöR 57 (2009), 235.

[41] *Butzer* in SHH Rn. 21; *Hesse,* Grundzüge des Verfassungsrechts der Bundesrepublik Deutschland, 1999, Rn. 535, 656; *Kimminich* VVDStRL 25 (1967), 2 (69); *Schlaich* in HdbStR II/2 § 49 Rn. 53; aA *Nettesheim* in HdbStR III § 61 Rn. 16, nicht nur Symbol, sondern „genuine Aufgabe von Gemeinwohlverwirklichung und Einheitsbildung".

[42] BVerfGE 136, 277 (311); BVerfGE 136, 323 (331).

[43] Näher *Nettesheim* in HdbStR III § 61 Rn. 19, 20 ff. Treffend charakterisiert als „wahlrechtsprägende Verfassungserwartung, nicht Amtspflicht" bei *Cornils* FS f. Hufen, 2015, 151.

[44] *Domgörgen* in Hömig/Wolff Vorb. zu Art. 54 Rn. 3; *Waldhoff/Grefrath* in BerlKomm Rn. 55; vertiefend *Fritz* in BK Rn. 65 ff., 191 ff.

[45] Zutr. *Fritz* in BK Rn. 71.

[46] BVerfGE 136, 323 (334 f.). Näher zum Urteil *Butzer* ZG 2015, 97; *Hillgruber* JA 2014, 950; *Sachs* JuS 2014, 956. Eingehend *Eder,* „Rote Karte" gegen „Spinner"?, 2017, 65 ff.

[47] So zu Recht *Butzer* in SHH Rn. 22b.

findet.[48] Verunglimpfungen, wahrheitswidrige Behauptungen und gezielte Wählerbeeinflussung sind von den Äußerungsrechten des BPräs aber nicht gedeckt.[49]

10 Als „Ein-Mann-Organ“,[50] das über den Parteiengrenzen steht und mittels der integrativen Anlage seines Amtes gesellschaftliches Vorbild ist, eignet sich der BPräs zur Projektion kollektiver Sehnsüchte.[51] Durch die damit verbundene „Aura“[52] kann dem Amt eine in manchem problematische (→ Rn. 14, 21, 36) **charismatische Legitimation**[53] zuwachsen.[54] Allerdings haben in jüngerer Zeit zwei Rücktritte, die Affäre um *Christian Wulff* und eine kritische mediale Berichterstattung[55] dazu beigetragen, den besonderen Nimbus des Amtes in den Hintergrund zu drängen und den BPräs stärker zu einem „‚normalen‘ politischen Akteur“ werden zu lassen.[56]

11 In bestimmten Krisensituationen, namentlich wenn dem Kanzler der Rückhalt des BT fehlt (Art. 63 Abs. 4 S. 3 Alt. 2, Art. 68 Abs. 1, Art. 81), weist das GG dem BPräs eine **politische Reservefunktion** zu.[57] Die Punktualität dieser Interventionsbefugnisse kann verdecken, dass sie in die Aufgabe eingebettet sind, den politischen Prozess als „beschützender Wächter“ zu begleiten **(Kustos-Funktion)**.[58] Zum Ausdruck kam diese etwa im Eingreifen von BPräs *Steinmeier* in die stockende Regierungsbildung nach der Bundestagswahl vom September 2017.[59] Auch wenn der BPräs in solchen Krisensituationen eine politische Schlüsselstellung einnimmt, bleiben seine Interventionsbefugnisse eng begrenzt. Ihm sind zwar prozedurale Entscheidungsoptionen eingeräumt, nicht aber die Möglichkeit, der Politik eigene gestalterische Impulse zu geben.[60]

---

[48] BVerfGE 136, 323 (333 f., 336) („Spinner“).

[49] *Butzer* in SHH Rn. 22b.

[50] *Herzog* in Maunz/Dürig Rn. 7.

[51] Eine „Sehnsucht nach Synthese“ diagnostiziert *Dahrendorf,* Gesellschaft und Demokratie in Deutschland, 2. Aufl. 1972, 151, 163 ff., 220 ff.; sa *Durner,* Antiparlamentarismus in Deutschland, 1997, 160 ff., „antirepräsentative Einheitsträume“ als ein Hauptopos der deutschen Parlamentarismuskritik; zu ideologischen Implikationen der Verkörperung der Einheit des Staates im Staatsoberhaupt *Pernthaler* VVDStRL 25 (1967), 95 (163 ff.) sowie jüngst *van Ooyen,* Das Amt des Bundespräsidenten, 2015, 9 ff., 28 f.

[52] *Fink* in MKS Rn. 14; *Waldhoff/Grefrath* in BerlKomm Rn. 52 „numinoser Rest“; sa *Schönberger* in Biskup/Kohlrausch Das Erbe der Monarchie, 284 (305 ff.).

[53] Grdl. *Weber,* Wirtschaft und Gesellschaft, 1922, Teil 1, Kap. 3, §§ 2, 10.

[54] Vgl. *Leisner* FS f. Broermann, 1982, 433 (439, 451 ff.) zur „persönlichen Gewalt“ des BPräs Ausdruck dessen dürfte die „stabil hohe Zustimmung“ (*Sarcinelli* in Jäckel/Möller/Rudolph, Von Heuss bis Herzog, 1999, 191 (196)) sein, die (fast) alle Amtsinhaber bald nach Übernahme des Amtes erfahren haben. Siehe auch *Patzelt* in van Ooyen/Möllers Der Bundespräsident im politischen System, 143.

[55] Scharfe Kritik an dieser sowie der Rolle der StA Hannover bei *Fritz* in BK Rn. 284 f.

[56] *Pieper* in BeckOK GG Rn. 6.2. Vertiefend *Lhotta* in Buchstein Die Versprechen der Demokratie, 2013, 143; sa *Fritz* in BK Rn. 202 ff.

[57] Näher *Butzer* in SHH Rn. 26 f.; *Fritz* in BK Rn. 164 ff.; *Heun* AöR 109 (1984), 13; *Stern,* StaatsR II, 1980, § 30 Kap. III 5b.

[58] Begriff nach *Nettesheim* in HdbStR III § 61 Rn. 10, 36 ff., § 62 Rn. 3 ff. Ähnlich *Gu* ZParl 1999, 761 zur „Vorbeugefunktion“ des BPräs; aA *Waldhoff/Grefrath* in BerlKomm Rn. 46: bloß punktuelle Kompetenzen.

[59] *De Petris* FS f. Morlok, 2019, 521; *Pieper* in BeckOK GG Rn. 4.1 ff.

[60] *Heun* AöR 109 (1984), 13 (15 f.); *Heun* in Dreier Rn. 19; plastisch *Eschenburg,* Staat und Gesellschaft in Deutschland, 2. Aufl. 1956, 645: „Er soll die Regierungsmaschine nicht laufend bedienen, aber durch einmalige Umschaltung ihr weiteres Funktionieren ermöglichen.“

IV. Der BPräs als Hüter der Verfassung?

12 Von dieser politischen Reserve oder Wächterstellung ist ein **rechtliches Wächteramt**[61] zu unterscheiden, das im GG weit weniger sichtbar angelegt ist. Der Schluss vom einen auf das andere verbietet sich daher.[62] Dass der BPräs nach dem Willen der Verfassungsgeber **„Hüter der Verfassung"**[63] sein sollte, erscheint in Anbetracht der Abkehr vom Reichspräsidentenamt der WRV fraglich. Das GG setzt mit der Einführung eines starken Bundesverfassungsgerichts (das freilich erst 1951 errichtet wurde und auch erst im Laufe der Jahre seinen Part im Konzert der Verfassungsorgane gefunden hat) auf ein **justizielles Modell des Verfassungsschutzes.**[64] Damit ist indes nicht gesagt, dass der Schutz der Verfassungsordnung nicht daneben auch dem BPräs anvertraut sein kann.

13 Hier schließt der schon klassisch zu nennende Streit um das Recht des BPräs an, Bundesgesetze auf ihre Vereinbarkeit mit dem GG zu prüfen.[65] Entgegen der gebräuchlichen Terminologie steht nicht das **Prüfungsrecht des BPräs** im Streit; ein solches Recht besteht umfassend.[66] Unstrittig dürfte auch eine Prüfungspflicht sein, wenn der BPräs Zweifel an der förmlichen oder sachlichen Verfassungsmäßigkeit eines Gesetzes hat.[67] Umstritten sind dagegen Recht und Pflicht des Präsidenten, im Anschluss an die Prüfung die **Ausfertigung zu verweigern.** Diese Diskussion wird „unter Verwendung eines seit längerem geschlossenen Argumentationshaushalts"[68] geführt. Einigkeit besteht zwar, dass der BPräs ein Ablehnungsrecht[69] hinsichtlich der förmlichen Vereinbarkeit eines Gesetzes mit dem GG besitzen soll;[70] ob aber entsprechende Rechte und Pflichten auch in Bezug auf die materielle Verfassungsmäßigkeit im GG angelegt sind, wird man bezweifeln dürfen. Entsprechende Interpretationen überdehnen den Verfassungstext oder lesen ihn vom (erwünschten) Ergebnis her. Allerdings ist umgekehrt auch nicht erkennbar, dass das GG einem materiell fundierten Ablehnungsrecht des BPräs kategorisch entgegenstünde. An diesem Punkt offenbart sich die konzeptionelle Unabgeschlossenheit des Amtes (→ Rn. 4), die Raum für eine Entfal-

---

[61] Vertiefend *Stern,* StaatsR II, 1980, § 30 Kap. III 4 „rechtswahrende Prüfzuständigkeiten".

[62] Vgl. *Heun* AöR 109 (1984), 13 (17); *Nettesheim* in HdbStR III § 61 Rn. 38. Problematisch *Herzog* in Maunz/Dürig Rn. 78 ff., 101; *Kaltefleiter* FS f. Duden, 1977, 208 ff. (255 ff.).

[63] Grdl. *Schmitt* AöR 55 (1929), 161 (212 ff.); krit. Auseinandersetzung bei *Fink* in MKS Rn. 8 ff.

[64] *Fink* in MKS Rn. 10; *Jekewitz* in AK Vorb. Art. 54 Rn. 12; *Kimminich* in BK Vorb. Art. 54–61 Rn. 19; *Stern,* StaatsR II, 1980, § 30 Kap. I 4b.

[65] → Art. 82 Rn. 5 ff.; aus jüngerer Zeit *Hauk* JA 2017, 93; *Linke* DÖV 2009, 434; *Meyer* JZ 2011, 602; *Pieper* GS f. Bleckmann, 2007, 289; *Schoch* Jura 2007, 354; *Schoch* ZG 2008, 209; *Wißmann* ZJS 2014, 627; speziell zur Frage einer gemeinschaftsrechtlichen (und völkerrechtlichen) Prüfungskompetenz *Neumann* DVBl 2007, 1335; *Schladebach/Koch* Jura 2016, 355.

[66] Zutr. *Nettesheim* in HdbStR III § 62 Rn. 37. Zu hieraus resultierenden Verwirrungen vgl. *Fritz* in BK Rn. 135 f.

[67] *Nettesheim* in HdbStR III § 62 Rn. 38.

[68] *Kunig* Jura 1994, 217 (220). Ein primär ausbildungsdidaktisches Interesse konstatiert *Wallrabenstein* → Art. 82 Rn. 2.

[69] Str. ist, ob dem Recht eine Pflicht korresponiert. Dafür *Herzog* in Maunz/Dürig Rn. 76; dagegen *Fritz* in BK Rn. 137 ff.

[70] Statt vieler *Schoch* Jura 2007, 354 (357 f.) mwN; zur Prüfungsdichte hier *Lutze* NVwZ 2003, 323; *Schoch* ZG 2008, 209 (221).

tung der Staatspraxis bietet. Tatsächlich haben nahezu alle BPräs ein Prüfungsrecht für sich in Anspruch genommen.[71] Diese etablierte Staatspraxis hat die Verfassungsrechtswissenschaft inzwischen weitgehend akzeptiert; sie wird aber auch, was wichtiger ist,[72] von den Akteuren des Verfassungslebens nicht mehr prinzipiell in Frage gestellt.[73] Man wird daher annehmen dürfen, dass ein materiell begründetes Weigerungsrecht inzwischen dem Grunde nach **gewohnheitsrechtlich** verankert ist.[74]

14 Dieses Recht bezieht sich nur auf **„offenkundige" Verfassungsverstöße,**[75] dh nicht auf Fälle, in denen nach sorgfältiger Prüfung[76] der „Dissens über die Verfassungskonformität im Bereich des Spektrums unterschiedlicher, aber jeweils vertretbarer Auffassungen"[77] liegt; die Gründe für die Verfassungswidrigkeit müssen eindeutig überwiegen.[78] Dies liegt zum einen daran, dass nur insoweit eine konsentierte Praxis feststellbar ist,[79] zum anderen, dass wegen Art. 79 Abs. 1 S. 1 nur ausgestaltendes Verfassungsgewohnheitsrecht existieren kann.[80] Um die Grenzen der Ausgestaltung zu ermitteln, ist an der Struktur des parlamentarischen Systems anzusetzen, an der sich die **funktional-systematische Interpretation** des GG zu orientieren hat.[81] Das GG regelt zwei Fälle, in denen demokratische Beschlüsse des BT „aufgehalten" bzw. aufgehoben werden können: die Möglichkeit des BR, einem vom BT beschlossenen Gesetz die Zustimmung zu verweigern, einerseits, die Normenkassation durch das BVerfG andererseits. Die innere Legitimation für diese antimajoritären und damit das demokratische Prinzip durchbrechenden Elemente findet sich in einem der anderen Fundamentalprinzipien des GG – dem Föderalismus bzw. der Verfassungsstaatlichkeit. Beide Organe, denen hier eine **Position als Vetospieler**[82] eingeräumt wird, sind eindeutig und explizit für

---

[71] Dokumentation verweigerter Ausfertigungen und geäußerter rechtlicher Bedenken; *Fritz* in BK Rn. 143 ff.; *Wißmann* ZJS 2014, 627 (628 f.).

[72] Allein auf Einwände aus der Staatsrechtslehre stellt dagegen *Meyer* JZ 2011, 602 (606) ab; wohl auch *Fritz* in BK Rn. 123.

[73] Vgl. *Nettesheim* in HdbStR III, § 61 Rn. 36 f. „vieljährige", „bewährte und anerkannte Praxis"; sa *Schoch* ZG 2008, 209 (212); abl. *Linke* DÖV 2009, 434; *v. Lewinski* in BK Art. 82 Rn. 95; dagegen wiederum *Fritz* in BK Rn. 121.

[74] *Ipsen,* Staatsrecht I, 20. Aufl. 2008, Rn. 500; *Pieper* GS f. Bleckmann, 2007, 289 (299 f.); einen noch nicht abgeschlossenen Prozess der Gewohnheitsrechtsbildung konstatierten zuvor *Biehl,* Die Gegenzeichnung im parlamentarischen Regierungssystem, 1971, 115 f.; *Bryde,* Verfassungsentwicklung, 1982, 453 f.; aA *Fritz* in BK Rn. 86; *Meyer* JZ 2011, 602 (605).

[75] So auch ua *Epping* JZ 1991, 1102 (1110); *Kunig* Jura 1994, 217 (220); *Wißmann* ZJS 2014, 627 (632 f.); für ein umfassendes Ablehnungsrecht dagegen ua *Fritz* in BK Rn. 159 ff.; *Nettesheim* in HdbStR III § 61 Rn. 46, § 62 Rn. 36; *Stern,* StaatsR II, 1980, § 30 Kap. III 4a d; krit. *Schoch* ZG 2008, 209 (221 ff.).

[76] Zutr. *Stern,* StaatsR II, 1980, § 30 Kap. III 4a d. Zur Praxis *Fritz* in BK Rn. 148 f.

[77] *Kunig* Jura 1994, 217 (220).

[78] *Nettesheim* in HdbStR III § 62 Rn. 39. Noch weitergehend *Wallrabenstein* → Art. 82 Rn. 20 „Keine nachvollziehbare Begründung für die Verfassungsmäßigkeit".

[79] *Nettesheim* in HdbStR III § 62 Rn. 36; vgl. Unterrichtungen durch BPräs *Köhler* (BT-Drs. 16/3262 und BT-Drs. 16/3866), *Rau* DVBl 2004, 1 (7); sowie die verfassungsrechtliche Lit. zum Thema.

[80] *Bryde,* Verfassungsentwicklung, 1982, 431 ff.; → Art. 79 Rn. 11; sa *Hufeld,* Die Verfassungsdurchbrechung, 1997, 30; *Tomuschat,* Verfassungsgewohnheitsrecht, 1972, 88 ff.

[81] Zutr. *Kaltefleiter,* Die Funktionen des Staatsoberhauptes in der parlamentarischen Demokratie, 1970, 23; sa *Schlaich* in HdbStR II/2 § 49 Rn. 40; ähnlich *Wißmann* ZJS 2014, 627 (632 f.).

[82] Zum Vetospieleransatz grdl. *Tsebelis* British Journal of Political Science 25 (1995), 289; allg. *Kaiser* ZParl 1998, 525 (537 ff.); *Stoiber* Zeitschrift für Politikwissenschaft 17 (2001), 1 (21 ff.).; speziell zur (problematischen) Vetospielerposition des BPräs *Lhotta* ZParl 2008, 119; *Höreth* APuZ 16/2008, 32.

die Wahrung eines dieser Strukturprinzipien eingerichtet. Dem BPräs dagegen fehlt eine Legitimation von vergleichbarer Eindeutigkeit, die zur inneren Rechtfertigung einer solchen Position dienen könnte.[83] Zwar kann ihm im Laufe der Verfassungsentwicklung eine Rolle auch als ein Hüter der Verfassung zuwachsen; diese darf aber nicht mit der primären Zuordnung dieser Rolle zum BVerfG kollidieren.[84] Hinzu treten immanente Grenzen des Präsidentenamtes selbst. So kann der BPräs ein Gesetz nur insgesamt, nicht aber einzelne Teile des Gesetzes, anhalten; zudem haben BR und BVerfG eine endgültige Vetoposition inne, während die Entscheidung des BPräs im Wege des Organstreits revidiert werden kann.[85] Die verfassungssystematisch schwächere Vetoposition könnte der BPräs nur politisch durch die Autorität seines Amtes kompensieren.[86] Diese Autorität jedoch ist ihm nicht einer Funktion als Hüter der Verfassung wegen zugewachsen, sondern durch seine in jeder Hinsicht herausgehobene Stellung im Staatsgebäude (→ Rn. 10). Hier käme der Nimbus des Amtes in problematischer Weise zur Hilfe.[87] Der BPräs kann daher allenfalls ein **„Mithüter der Verfassung“**[88] sein.

Akzeptiert man eine solche Mitverantwortung, entspricht dem Recht auch **15** eine **Pflicht zur Nichtausfertigung** bei „offenkundig“ verfassungswidrigen Gesetzen.[89] Überwiegen die Gründe für die Verfassungswidrigkeit nicht eindeutig, hat der BPräs das Gesetz auszufertigen, darf aber die Überprüfung durch das BVerfG anregen. Dabei darf er in seine Entscheidung einbeziehen, ob eine solche Überprüfung zu erwarten ist.[90]

Unabgeschlossen und damit offen für eine ausgestaltende Staatspraxis prä- **16** sentiert sich das GG auch bei **Ernennungen** und Entlassungen (Art. 60 Abs. 1, 3, Art. 64 Abs. 1).[91] Interventionen des BPräs sind hier vereinzelt geblieben; bei Bundesbeamten hat sich eingebürgert, die Liste der zu Ernennenden vorab dem Bundespräsidialamt zuzuleiten, um denkbare Konflikte im Vorfeld zu bereinigen.[92] Politische Gründe darf der BPräs für eine Ablehnung nicht anführen, wohl aber rechtliche.[93] Aus funktionell-rechtlichen Gründen

[83] Vgl. *Schlaich* in HdbStR II/2 § 49 Rn. 32 „Das Bundesverfassungsgericht ist ausschließlich und ein eigens als solches organisiertes Kontrollorgan. Der Bundespräsident ist dies nicht.“ Teilweise aA *Hopkins* StudZR 2009, 437 (454), der den Prüfauftrag aus einer „Schnittstellenfunktion“ des BPräs ableiten will; noch weitergehend *Janssen* DÖV 2010, 949 (957 ff.), der den BPräs metaphysisch zum „Hüter“ eines numinosen „Volkswillens“ stilisiert.

[84] *Fink* in MKS Rn. 8 ff. mwN; *Kimminich* in BK Vorb. Art. 54–61 Rn. 19 f.

[85] *Herzog* in Maunz/Dürig Rn. 79 f., 84; *Herzog* FS f. Carstens II, 1984, 601 (606 ff.).

[86] Eine Organklage wird in diesem Fall politisch kaum opportun sein, vgl. *Herzog* in Maunz/Dürig Rn. 84; der BPräs ist als Vetospieler nur schwer „absorbierbar“: *Lhotta* ZParl 2008, 119 (132 f.).

[87] Vgl. *Höreth* APuZ 16/2008, 32 (35, 37 f.) „kompensatorische“ Legitimation durch Unparteilichkeit. Eine diffuse, schwer zu verortende Output-Legitimation kritisiert zu Recht *Lhotta* ZParl 2008, 119 (124 f., 132 f.).

[88] Begriff nach *Schack* AöR 89 (1964), 82 (93); krit. *Heun* in Dreier Rn. 22; näher zum Verhältnis von BPräs und BVerfG *Herzog* FS f. Carstens II, 1984, 601.

[89] *Hopkins* StudZR 2009, 437 (457); *Kunig* Jura 1994, 217 (221); *Lehngut* DÖV 1992, 439 (440); *Lutze* NVwZ 2003, 323; insoweit übereinstimmend *Nettesheim* in HdbStR III § 61 Rn. 46.

[90] Zur Praxis → Fn. 71.

[91] Dazu und zur Diskussion über weitere Prüfrechte des BPräs *Fritz* in BK Rn. 96 ff.; *Stern*, StaatsR II, 1980, § 30 Kap. III 4b, d.

[92] *Butzer* in SHH Rn. 18, 22; vgl. auch *Fritz* in BK Rn. 101.

[93] *Stern*, StaatsR II, 1980, § 30 Kap. III 4d g, d d, e, g. S. auch → Art. 60 Rn. 9–10; *Herzog* in Maunz/Dürig Rn. 77; → Art. 64 Rn. 18 ff.; *Nettesheim* in HdbStR III § 61 Rn. 47, § 62 Rn. 49 f.; speziell zu Bundesministern *Menzel* DÖV 1965, 581; *Rein* JZ 1969, 573.

problematisch ist, auch das Staats- und Gemeinwohl als Grund für eine Ablehnung zuzulassen.[94] Da bei Bundesministern in den Kernbereich gubernativer Verantwortung des Bundeskanzlers übergegriffen wird, ist eine Verweigerung der Ernennung jenseits von Rechtsgründen auf den Fall verfassungsfeindlicher Gesinnung zu beschränken;[95] eine sachliche Eignungsprüfung ginge zu weit. Ähnliches gilt für Bundesrichter, angesichts der klaren Entscheidung des GG für ein Richterwahlverfahren, das ministerielle Sachkunde, föderale Aspekte und demokratische Legitimation verknüpft (vgl. Art. 95 Abs. 2), zumal hier notfalls die Richteranklage durch den BT (Art. 98 Abs. 2, §§ 13 Nr. 9, §§ 58 ff. BVerfGG) zur Verfügung stünde. Geringere Bedenken bestehen insoweit bei Bundesbeamten; hier aber existieren beamtenrechtliche Kontroll- und Interventionsmöglichkeiten, die einen zu weit gehenden Übergriff in die Auswahlbefugnisse der Exekutive nicht zweckmäßig erscheinen lassen.

B. Einzelfragen

I. Wählbarkeit (Abs. 1 S. 2)

17 Abs. 1 S. 2 nennt **drei Voraussetzungen** für die Wählbarkeit: Der Bewerber muss Deutscher sein, zum BT wählbar und das 40. Lebensjahr vollendet haben. Sieht man von der Einschränkung in Abs. 2 zur Wiederwahl ab, sind diese Voraussetzungen **abschließend.**[96] Art. 55 betrifft nicht die Wählbarkeit.[97] Alle Voraussetzungen müssen **zum Zeitpunkt der Wahl,** dh beim ersten Wahlgang,[98] erfüllt sein. Wer **Deutscher** (oder Deutsche[99]) ist, regelt Art. 116 Abs. 1. Ob die Staatsangehörigkeit durch Geburt oder durch Einbürgerung erworben wurde, ist unerheblich. Das **Wahlrecht zum BT** bestimmt sich nach Art. 38 Abs. 2 GG iVm §§ 12 ff. BWahlG. Nach Sinn und Zweck, aber auch nach dem mehrdeutigen Wortlaut („zum Bundestage") ist sowohl das aktive als auch das passive Wahlrecht Voraussetzung.[100] Es soll sichergestellt sein, dass das höchste Staatsamt nur bekleidet, wer auch andere öffentliche Ämter im Staat besetzen dürfte und als Wahlbürger über deren Besetzung mitbestimmen kann. Das **vierzigste Lebensjahr** wird mit Ablauf des Vortages zum vierzigsten Geburtstag vollendet.

II. Amtsdauer, Wiederwahl (Abs. 2)

18 Die **Amtszeit** des BPräs beträgt **fünf Jahre** (zur Verlängerung im Verteidigungsfall s. Art. 115h Abs. 1 S. 2). Sie ist vom Turnus der Bundestagswahlen entkoppelt, um die Unabhängigkeit des BPräs vom politischen Pro-

---

[94] So *Fritz* in BK Rn. 100; *Nettesheim* in HdbStR III § 61 Rn. 47; *Stern,* StaatsR II, 1980, § 30 Kap. III 4d g, 5g b; wie hier *Erichsen* Jura 1985, 373 (375 ff.); *Rein* JZ 1969, 573 (575 ff.); *Schlaich* in HdbStR II/2 § 49 Rn. 28; *Weber-Fas* FS f. Duden, 1977, 685 (697 ff.).

[95] Insoweit übereinstimmend *Fritz* in BK Rn. 100. Auch insoweit krit. *Mager/Holzner* → Art. 64 Rn. 18.

[96] S. nur *Butzer* in SHH Rn. 41.

[97] BVerfGE 89, 359 (362); → Art. 55 Rn. 5.

[98] *Herzog* in Maunz/Dürig Rn. 23.

[99] Der Begriff erstreckt sich selbstverständlich (vgl. nur Art. 3 Abs. 2 GG) auch auf Frauen. Nachweis der bisherigen Kandidatinnen für das Präsidentenamt bei *Butzer* in SHH Rn. 43.

[100] *Pernice* in Dreier, 2. Aufl. 2006, Rn. 33; aA (nur aktives Wahlrecht) *Fink* in MKS Rn. 21; *Fritz* in BK Rn. 250; *Heun* in Dreier Rn. 27; zögernd *Herzog* in Maunz/Dürig Rn. 23.

zess zu stärken, die er gerade wegen seiner Rolle beim Zustandekommen der BReg. benötigt.[101] Zudem wird so eine größere Kontinuität der Staatsleitung gewährleistet.[102] Im Interesse einer Stärkung des republikanischen Prinzips ist die Amtsdauer gegenüber der des Reichspräsidenten (sieben Jahre, mit Möglichkeit der Wiederwahl) deutlich verkürzt. Eine Verlängerung der Amtszeit durch Verfassungsänderung wäre zulässig, müsste aber das republikanische Prinzip achten (Art. 79 Abs. 3 iVm Art. 20 Abs. 1), das nach oben hin zeitliche Grenzen setzt.[103]

Die Amtszeit des gewählten Präsidenten **beginnt** „automatisch"[104] mit dem Ablauf der Amtszeit des Vorgängers, nicht jedoch vor Eingang der Annahmeerklärung beim Präsidenten des BT (vgl. § 10 BPräsWahlG). Da nach Abs. 4 die Bundesversammlung regelmäßig spätestens 30 Tage vor Ablauf der Amtszeit eines BPräs zusammentritt, wird es auf den letztgenannten Zeitpunkt nur bei vorzeitiger Beendigung der Amtszeit des Vorgängers – wie nach dem Rücktritt der BPräs *Horst Köhler* am 31.5.2010 und *Christian Wulff* am 17.2.2012 – oder bei ungewöhnlich langer Dauer des Wahlvorgangs ankommen. Eine Ernennung findet nicht statt; auch ist der Amtseid keine konstitutive Voraussetzung.[105] 19

Das Amt **endet** regelmäßig durch Zeitablauf, dh mit Ende des fünften Jahrestages des Beginns der Amtszeit. Außerordentliche Gründe für das Ende der Amtszeit sind Tod, Rücktritt, Amtsverlust nach Art. 61 oder Verlust der Wählbarkeit;[106] eine Abwahl ist, im Unterschied zu Art. 43 Abs. 2 WRV, nicht vorgesehen. Der Rücktritt ist stellvertretend für die Bundesversammlung und aus Gründen der Rechtssicherheit gegenüber dem BT-Präs.,[107] aus Interorganrespekt auch gegenüber dem Präsidenten des BR (hier wegen Art. 57 auch aus praktischen Gründen) und dem Bundeskanzler[108] zu erklären.[109] Der Amtsverlust nach Art. 61 erfolgt im Augenblick der Verkündung.[110] Die Voraussetzungen der Wählbarkeit nach Abs. 1 S. 2 sind *conditio sine qua non* für die Amtsträgerschaft, nicht nur für die Übernahme des Amtes. Daher erlischt die Amtsinhaberschaft, sobald diese nachträglich entfallen.[111] 20

Das GG gestattet, anders als die WRV, nur eine einzige anschließende **Wiederwahl.** Verhindert werden sollen „quasi-monarchische Erbhöfe"'.[112] In der besonderen Neigung des Amtes zu charismatischer Legitimation (→ Rn. 10) liegt auch die innere Rechtfertigung, das kompetenziell schwache 21

---

[101] *Butzer* in SHH Rn. 77; *Nettesheim* in HdbStR III § 61 Rn. 49; *Nierhaus* in Sachs Rn. 20; *Stern,* StaatsR II, 1980, § 30 Kap. II 3.

[102] *Butzer* in SHH Rn. 77; *Fritz* in BK Rn. 259 ff.; *Kimminich* in BK Vorb. Art. 54–61 Rn. 44 f.; seit Änderung des Art. 39 Abs. 1 im Jahr 1976 besitzt der Aspekt geringere Relevanz.

[103] *Kunig* Jura 1994, 217 (218).

[104] *Herzog* in Maunz/Dürig Rn. 51.

[105] *Herzog* in Maunz/Dürig Rn. 51, 53; → Art. 56 Rn. 5, 7.

[106] Näher *Fritz* in BK Rn. 265 ff.; *Herzog* in Maunz/Dürig Rn. 56 ff.

[107] *Butzer* in SHH Rn. 80; *Domgörgen* in Hömig/Wolff Rn. 4; *Fritz* in BK Rn. 277, formelles Minimum; *Nettesheim* in HdbStR III § 61 Rn. 50; zurückhaltender *Herzog* in Maunz/Dürig Rn. 59 „schon aus Gründen der Courtoisie und auch der Zweckmäßigkeit"; aA (Präs. des BR als notwendiger Adressat) *Schaefer* DÖV 2012, 417 (420).

[108] *Butzer* in SHH Rn. 80, dort auch noch: Präs. des BVerfG.

[109] Krit. ggü. den öffentlichen Rücktrittserklärungen der BPräs *Köhler* und *Wulff,* denen allein Ankündigungen ggü. den Präsidenten von BT und BR, der Bundeskanzlerin und dem Präsidenten des BVerfG vorausgingen, *Fritz* in BK Rn. 278 f.

[110] → Art. 61 Rn. 14.

[111] *Fritz* in BK Rn. 267; *Herzog* in Maunz/Dürig Rn. 57.

[112] *Herzog* in Maunz/Dürig Rn. 21; sa *Jekewitz* in AK Rn. 8 „Fiktion des ‚Wahlkaisers'".

Amt des BPräs in seiner Dauer zu beschränken, nicht dagegen das Amt des Bundeskanzlers.[113] Ausgeschlossen ist nach dem insoweit klaren Wortlaut nur eine zweite **anschließende Wiederwahl,** nicht die erneute Kandidatur, wenn inzwischen mindestens ein weiterer BPräs amtiert hat.[114] Nicht nötig ist, dass die Amtsperiode des in der Zwischenzeit amtierenden Präsidenten volle fünf Jahre gedauert hat.[115] Ausnahmen gelten für ein missbräuchliches Zusammenwirken zur Umgehung des Abs. 2 S. 2[116] oder für eine sehr kurze Amtszeit, bei der die Wiederwahl des Vorgängers einer Fortsetzung von dessen Amtszeit gleichkäme.[117] An die zulässige spätere Wiederwahl eines früheren BPräs kann sich erneut einmalig eine Wiederwahl anschließen.

III. Wahl durch die Bundesversammlung (Abs. 1 S. 1, Abs. 3–7)

22 Eine entscheidende Schwächung erfährt das Präsidentenamt durch die Abkehr von der in der WRV vorgesehenen **Direktwahl durch das Volk.** Dadurch soll verhindert werden, dass einem demokratisch unmittelbar legitimierten Präsidenten im Verhältnis zur BReg. ein politisches Gewicht zuwächst, das dessen eng begrenzte Machtbefugnisse faktisch transzendiert.[118] An die Stelle der Volkswahl setzt das GG (nach eingehender und kontroverser Diskussion im Verfassungskonvent und im Parlamentarischen Rat[119]) die Wahl durch die **Bundesversammlung,** die ein Verfassungsorgan und oberstes Bundesorgan ist.[120] Deren herausgehobene Stellung als Kreationsorgan für das Staatsoberhaupt wird dadurch geschwächt, dass sie als nicht ständiges Organ konzipiert ist. Sie tritt nur zum Zwecke einer Wahl zusammen und löst sich nach Annahme der Wahl durch den Gewählten auf (→ Rn. 30).

23 **1. Zusammensetzung der Bundesversammlung (Abs. 3).** Die Bundesversammlung setzt sich zusammen aus allen Mitgliedern des BT einschließlich Überhangs- und Ausgleichsmandaten **(geborene Mitglieder)** und der gleichen Anzahl von Mitgliedern, die von den Landesparlamenten bestimmt werden **(gekorene Mitglieder).** Dass auf Länderseite nicht der BR beteiligt wird, ermöglicht ein ausgewogenes Verhältnis von geborenen und gekorenen Mitgliedern[121] und sichert zugleich deren Unabhängigkeit.[122] Zudem kann auf diese Weise der politischen Pluralität in den Ländern besser

[113] Wegen der Entstehungsgeschichte nicht restlos überzeugend die Begründung bei *Nettesheim* in HdbStR III § 63 Rn. 11 „Vorstellung, dass sich Repräsentations- und Integrationskraft über die Jahre erschöpfen können"; krit. zur Beschränkung der Wiederwahl *Herzog* in Maunz/Dürig Rn. 21, Schutzvorkehrungen „doppelt gemoppelt"; *Fritz* in BK Rn. 254 ff.; für Abschaffung jeder Wiederwahlmöglichkeit dagegen *Isensee* NJW 1994, 1329 (1330).

[114] Ganz hM, s. nur *Herzog* in Maunz/Dürig Rn. 21; *Nettesheim* in HdbStR III § 63 Rn. 11; wohlwollende Distanz bei *Fritz* in BK Rn. 257 f.; aA *Jekewitz* in AK Rn. 8; *Pieper* in BeckOK GG Rn. 19 hält den Fall zutr. für „eher unrealistisch".

[115] *Butzer* in SHH Rn. 84; *Fritz* in BK Rn. 257.

[116] *Butzer* in SHH Rn. 84; *Herzog* in Maunz/Dürig Rn. 21; *Nierhaus* in Sachs Rn. 21; *Pracht* ZJS 2015, 573 (575); *Waldhoff/Grefrath* in BerlKomm Rn. 91.

[117] Zweifelnd *Butzer* in SHH Rn. 83.

[118] Enquête-Kommission zur Verfassungsreform von 1976, BT-Drs. 7/5924, 21.

[119] Zur Entstehungsgeschichte *Jekewitz* in AK Rn. 1 ff.; *Lange* Vierteljahreshefte für Zeitgeschichte 26 (1978), 601 (634 ff.).

[120] Eing. *Braun,* Die Bundesversammlung, 1993; sa *Burkiczak* JuS 2004, 278; *Kessel* in Schneider/Zeh ParlamentsR § 59; verfassungsgeschichtlicher Überblick zur Einsetzung der deutschen Staatsoberhäupter bei *Hoffmann* VR 1990, 196.

[121] S. den Kommentar zu Art. 75 HChE „Der Gedanke einer Nationalversammlung durch Vereinigung der beiden Kammern wurde nicht weiter verfolgt, weil das Stimmengewicht

Rechnung getragen werden als über die Repräsentanten der Mehrheit im Bundesrat.[123] Durch die Zusammensetzung wird eine breite demokratische Legitimation gewährleistet, die auch die föderale Struktur der Bundesrepublik berücksichtigt;[124] auch wird durch sie das Außeralltägliche des Wahlaktes versinnbildlicht.[125]

Die **BReg.** stellt die Zahl der Mitglieder der Bundesversammlung sowie die Zahl der von den jeweiligen Landesparlamenten zu bestimmenden Mitglieder fest und macht diese im BGBl. bekannt. Dabei legt sie die gesetzliche Mitgliederzahl des BT im Zeitpunkt der Beschlussfassung und das Verhältnis der letzten amtlichen Bevölkerungszahlen der Länder zu Grunde (gerechnet werden nur Staatsbürger), vgl. § 2 Abs. 1 BPräsWahlG. Die Wahl in den **Volksvertretungen der Länder** hat gem. § 2 Abs. 2 S. 1 BPräsWahlG unverzüglich zu erfolgen.[126] Die zu wählenden Mitglieder brauchen selbst nicht Mitglieder des jeweiligen Landesparlamentes oder auch nur „Landeskinder" zu sein, Voraussetzung ist allein die Wählbarkeit zum BT.[127] Die von Art. 54 Abs. 3 vorgeschriebene Wahl „nach den Grundsätzen der Verhältniswahl" erfolgt nach der Ausgestaltung im BPräsWahlG über Vorschlagslisten in den jeweiligen Landesparlamenten. Bei mehreren Listen werden die Sitze im Höchstzahlverfahren nach d'Hondt zugeteilt. Hierdurch können auch von kleineren Parteien Vorgeschlagene gewählt werden, und das Ergebnis spiegelt in etwa das parteipolitische Kräfteverhältnis in dem betreffenden Landesparlament wider. In der Praxis allerdings werden in den meisten Landesparlamenten **Einheitslisten** aufgestellt.[128] 24

2. Zusammentritt und Einberufung der Bundesversammlung (Abs. 4, 5). Gemäß Abs. 4 S. 1 tritt die Bundesversammlung **spätestens 30 Tage vor Ablauf der Amtszeit** des amtierenden Präsidenten (→ Rn. 20) zusammen, bei vorzeitiger Beendigung des Amtes spätestens 30 Tage nach diesem Zeitpunkt.[129] Der „Zusammentritt" bezieht sich auf den Beginn der Sitzung, nicht auf den Abschluss des Wahlverfahrens.[130] **Abs. 5,** der abweichend auf den Zeitpunkt des ersten Zusammentritts eines neu gewählten BT abstellt, ist **obsolet.** Er knüpft an eine parlamentslose Zeit zwischen zwei Bundestagen an, die es seit der 1976 erfolgten Änderung von Art. 39 Abs. 1 S. 2 nicht mehr geben kann. Da Hauptzweck des Art. 54 Abs. 5 war, nach Ablauf der Amtszeit des alten BT die Beteiligung des Parlaments an der Wahl des BPräs überhaupt zu gewährleisten, kommt es 25

der Bundesratsmitglieder (Senatoren) eine zu große Abwertung erfahren und damit das Element ‚Land' eine zu geringe Berücksichtigung gefunden hätte."

[122] Vgl. die Diskussion im ParlRat JöR 1 (1951), 403 f.

[123] *Butzer* in SHH Rn. 46; *Fritz* in BK Rn. 215, 217.

[124] *Fritz* in BK Rn. 215; *Nettesheim* in HdbStR III § 61 Rn. 28, 29, § 63 Rn. 4; *Nierhaus* in Sachs Rn. 3, 10; *Stern,* StaatsR II, 1980, § 30 Kap. II 1; krit. *Herzog* in Maunz/Dürig Rn. 10 „Kreationsorgan von höchst mittelbarer demokratischer Legitimation"; krit. *Anders* DÖV 1970, 253; *v. Arnim* NVwZ-Extra 5/2012, 1 (2 ff.); *Jülich* DÖV 1969, 92.

[125] *Butzer* in SHH Rn. 37.

[126] Falls eine Wahl nicht rechtzeitig zustande kommt, bleiben nach § 2 Abs. 2 S. 4 BPräsWahlG die auf das Land entfallenden Sitze unbesetzt; für die Zulässigkeit einer vorgezogenen Wahl, um diese Konsequenz zu vermeiden, *Butzer* in SHH Rn. 54; *Fritz* in BK Rn. 222.

[127] *Fritz* in BK Rn. 219; *Herzog* in Maunz/Dürig Rn. 34; *Pieper* in BeckOK GG Rn. 22; näheres zur Staatspraxis bei *Butzer* in SHH Rn. 47.

[128] *Butzer* in SHH Rn. 52, 52a (auch zur Kritik an dieser Praxis).

[129] Maßgeblich ist das Datum der Rücktrittserklärung: *Pieper* BeckOK GG Rn. 19.4.

[130] *Butzer* in SHH Rn. 60; *Heun* in Dreier Rn. 39; *Nettesheim* in HdbStR III § 63 Rn. 8.

nicht darauf an, dass seit 1976 die Abg. des alten und nicht des neu gewählten BT Mitglieder der Bundesversammlung sind.[131] **Fristversäumnisse** haben trotz des darin liegenden Verfassungsverstoßes[132] keine Auswirkung auf die Gültigkeit der Wahl; ansonsten käme es zu weiteren Verzögerungen.[133]

26 Die Befugnis des Bundestagspräsidenten, die Bundesversammlung einzuberufen, umfasst das Recht, **Ort und Zeit des Zusammentritts** zu bestimmen (vgl. § 1 BPräsWahlG). Der Bundestagspräsident hat im Rahmen der Vorgaben des Art. 54 Abs. 4 S. 1 Ermessen.[134] Der Tagungsort ist nicht vorgegeben; er muss, schon aus völkerrechtlichen Gründen, im Inland liegen.[135] Bisherige Tagungsorte waren Bonn (1949, 1974, 1979, 1984 und 1989) und Berlin (alle übrigen Wahlen). Eine zu frühe Terminierung kann die Autorität des amtierenden Präsidenten untergraben.[136] Als Zeitpunkt hatte sich in der Staatspraxis seit 1979 der Tag des Inkrafttretens des GG (23.5.) eingebürgert; die Rücktritte *Horst Köhlers* 2010 und *Christian Wulffs* 2012 haben eine Fortsetzung dieser Tradition einstweilen unmöglich gemacht.[137] Die **Ordnungsgewalt** in der Sitzung liegt gem. § 8 S. 1 BPräsWahlG beim Bundestagspräsidenten, parlamentarischer Übung folgend ebenso das Hausrecht und die Polizeigewalt.[138]

27 **3. Wahlverfahren (Abs. 1 S. 1, Abs. 6).** Die Wahl des BPräs erfolgt **öffentlich.** Dies lässt sich für die Wahl zum höchsten Staatsamt unmittelbar aus dem demokratischen Öffentlichkeitsgrundsatz herleiten;[139] zugleich verlangt das Zeremonielle dieses Aktes nach öffentlicher Partizipation.[140] Der Wahlakt selbst erfolgt geheim (§ 9 Abs. 3 S. 1 BPräsWahlG). Auch wenn das GG dies nicht explizit anordnet, legt es die Geheimheit der Wahl zur Sicherung der Unabhängigkeit der Abg. zumindest sehr nahe.[141] Nach Abs. 1 S. 1 findet die Wahl ohne Aussprache statt. Durch dieses **Ausspracheverbot** soll eine öffentliche Personaldiskussion unterbunden werden, die der Würde und Autorität des Amtes abträglich sein könnte.[142] Nicht ausgeschlossen sind

---

[131] Wie hier ua *Butzer* in SHH Rn. 63 f.; *Fritz* in BK Rn. 234; *Herzog* in Maunz/Dürig Rn. 37; *Heun* in Dreier Rn. 39; zurückhaltender *Fink* in MKS Rn. 42, Regelungszweck „weitgehend erledigt"; bei unmittelbarem zeitlichen Zusammenhang mit dem Zusammentritt eines neuen Bundestages sei die Terminierung entsprechend zu verschieben. Zu Recht krit. gegenüber der Argumentation mit einer angeblich größeren demokratischen Legitimation neu gewählter Parlamente („naturalistischer Fehlschluss") *Waldhoff/Grefrath* in BerlKomm Rn. 77.

[132] Eine Rüge im Organstreitverfahren ist möglich: *Butzer* in SHH Rn. 58.

[133] *Butzer* in SHH Rn. 58; *Fink* in MKS Rn. 40.

[134] *Fritz* in BK Rn. 231 f.; zu ermessensleitenden Gesichtspunkten näher *Butzer* in SHH Rn. 61; zur Ermessensgrenze des offensichtlichen Missbrauchs *Herzog* in Maunz/Dürig Rn. 36.

[135] *Butzer* in SHH Rn. 62; *Herzog* in Maunz/Dürig Rn. 38.

[136] *Butzer* in SHH Rn. 61.

[137] Näher *Butzer* in SHH Rn. 57.

[138] Unter Verweis auf sinngemäße Anwendbarkeit der GO BT *Butzer* in SHH Rn. 66.

[139] *Butzer* in SHH Rn. 65; *Nierhaus* in Sachs Rn. 17; *Pieroth* in Jarass/Pieroth Rn. 4; aA *Fink* in MKS Rn. 44: entsprechende Anwendung von Art. 42 Abs. 1 S. 1 und Art. 52 Abs. 3 S. 3, da Bundestagsabgeordnete und zT Landtagsabgeordnete an der Wahl beteiligt sind.

[140] *Heun* in Dreier Rn. 32; als alleiniger Zweck benannt in BVerfGE 136, 277 (314).

[141] *Waldhoff/Grefrath* in BerlKomm Rn. 80; zurückhaltender *Herzog* in Maunz/Dürig Rn. 41, Konkretisierung in den Grenzen des Art. 54 Abs. 7; sinngemäß *Nettesheim* in HdbStR III § 63 Rn. 12; *Nierhaus* in Sachs Rn. 17.

[142] *Butzer* in SHH Rn. 68; *Fink* in MKS Rn. 44; *Herzog* in Maunz/Dürig Rn. 40; *Nettesheim* in HdbStR III § 63 Rn. 12; Bezug zur Integrationsfunktion bei *Pernice* in Dreier, 2. Aufl. 2006, Rn. 35; skeptisch *Fritz* in BK Rn. 240 f. unter Hinweis auf die parallele Regelung in Art. 63 Abs. 1.

anderweitige Diskussionen, zB zur Geschäftsordnung.[143] Anträge zur Geschäftsordnung dürfen freilich das Ausspracheverbot nicht umgehen. Daher hält das BVerfG den Antrag für unzulässig, mit dem eine Vorstellung der Kandidaten in die Tagesordnung aufgenommen werden soll.[144] Eine solche Vorstellung würde nur im Rahmen einer Befragung und Aussprache Sinn ergeben.[145] Es obliege daher den Mitgliedern, „sich die für ihre Wahlentscheidung erforderlichen Informationen außerhalb der Bundesversammlung zu beschaffen".[146] Da die öffentliche Diskussion über die Eignung der Bewerber außerhalb und im Vorfeld möglich bleibt,[147] begegnet diese Auffassung keinen tief greifenden Bedenken.[148] Es macht zugleich deutlich, dass der Sinn des Ausspracheverbots nicht primär in der Schonung der Kandidaten liegt, sondern in der „Würde des Wahlakts, der dem parteipolitischen Streit enthoben sein soll".[149]

Wahlvorschläge darf jedes Mitglied der Bundesversammlung beim Bun- 28
destagspräsidenten zusammen mit einer schriftlichen Zustimmungserklärung des Vorgeschlagenen einreichen (§ 9 Abs. 1 BPräsWahlG). Eine Fristbindung besteht nicht; eine gewissermaßen natürliche Grenze errichtet der Beginn des Wahlvorgangs.[150] Der Vorschlag ist bereits vor Sitzungsbeginn möglich.[151] Der Sitzungsvorstand prüft, ob die Vorschläge den gesetzlichen Voraussetzungen entsprechen, va ob die Wählbarkeitsvoraussetzungen erfüllt sind. Die Zurückweisung eines Vorschlags darf nur aus Rechtsgründen erfolgen;[152] über sie entscheidet die Bundesversammlung (§ 9 Abs. 2 BPräsWahlG).

Gewählt ist im ersten oder im zweiten Wahlgang, wer die Stimmen der 29
Mehrheit der gesetzlichen Mitgliederzahl (Art. 121) in der Bundesversammlung erhält (Art. 54 Abs. 6 S. 1); es findet keine Unterscheidung zwischen den Abg. des Bundes und der Länder statt.[153] Im dritten Wahlgang genügt die relative Mehrheit der abgegebenen Stimmen (Art. 54 Abs. 6 S. 2).[154] Führt auch dieser zu keinem Ergebnis (wegen Stimmengleichheit oder Nichtannahme der Wahl), ist die Wahl – notfalls mehrmals – zu wiederholen.[155] Dies lässt sich schon aus dem Wortlaut des Art. 54 Abs. 6 ableiten, der nicht vom

---

[143] *Butzer* in SHH Rn. 68; *Fritz* in BK Rn. 235; *Nierhaus* in Sachs Rn. 17.

[144] BVerfGE 136, 277 (318 f., 320).

[145] *Pieper* in BeckOK GG Rn. 27.1. Krit. *Pieroth* in Jarass/Pieroth Rn. 4.

[146] BVerfGE 136, 277 (315).

[147] Vgl. insoweit allerdings die Kritik bei *Butzer* in SHH Rn. 69; *Fritz* in BK Rn. 242 ff.; *Isensee* NJW 1994, 1329 (1330); *Nierhaus* in Sachs Rn. 17; zur Kandidatenauslese für 1949–1989 *Braun,* Die Bundesversammlung, 1993, 113 ff., Fallstudie für 1994 bei *Billing* ZParl 1995, 595.

[148] *Prenzel* MIP 2016, 126; ähnlich wohl *Fritz* in BK Rn. 245.

[149] BVerfGE 136, 277 (315); ebenso *Waldhoff/Grefrath* in BerlKomm Rn. 81. Krit. *Butzer* SHH Rn. 68; *Fritz* in BK Rn. 239.

[150] *Herzog* in Maunz/Dürig Rn. 39 „nach altem parlamentarischen Herkommen".

[151] *Fritz* in BK Rn. 295; *Herzog* in Maunz/Dürig Rn. 39.

[152] *Herzog* in Maunz/Dürig Rn. 39.

[153] *Herzog* in Maunz/Dürig Rn. 43.

[154] *Heun* in Dreier Rn. 35; zum Fall eines Einzelbewerbers, der im dritten Wahlgang mehr Nein- als Ja-Stimmen erhält, *Nierhaus* in Sachs Rn. 19; *Pracht* ZJS 2015, 573 (576 ff.). In den meisten Fällen wurde der BPräs bereits im ersten Wahlgang gewählt. Ein zweiter Wahlgang wurde 1949 (*Theodor Heuss,* 1. Amtszeit), 1959 (*Heinrich Lübke,* 1. Amtszeit) und 1999 (*Johannes Rau)* nötig, ein dritter Wahlgang 1969 (*Gustav Heinemann,* 49,9 %), 1994 (*Roman Herzog,* 52,6 %) und 2010 (*Christian Wulff,* 50,2 %). Die höchste Zustimmung erhielten – jeweils im ersten Wahlgang – *Theodor Heuss* 1954 (85,6 %), *Richard v. Weizsäcker* 1989 (84,9 %) bzw. 1984 (80,0 %) sowie *Joachim Gauck* 2012 (79,9 %).

[155] *Butzer* in SHH Rn. 72; *Herzog* in Maunz/Dürig Rn. 45; *Nierhaus* in Sachs Rn. 19. Der Fall ist in der Staatspraxis bislang noch nicht eingetreten.

„dritten", sondern von „einem weiteren" Wahlgang spricht, folgt aber auch aus der Entstehungsgeschichte[156] sowie aus der Notwendigkeit, einen Stillstand im Verfassungsleben zu vermeiden.[157] Ein Losentscheid ist weder im GG angelegt, noch kommt er angesichts der Würde des Amtes in Betracht.[158] Gem. § 9 Abs. 1 S. 2 BPräsWahlG können für den zweiten und dritten Wahlgang (und über den Gesetzeswortlaut hinaus wohl auch in späteren Wahlgängen[159]) neue Wahlvorschläge eingebracht werden; dies ist angesichts des verfassungskräftigen Ausspracheverbots in Art. 54 Abs. 1 S. 1 nicht unproblematisch (→ Rn. 27).[160]

30 Das Wahlverfahren endet durch Erklärung der **Annahme der Wahl** durch den Gewählten gegenüber dem Bundestagspräsidenten. § 9 Abs. 4 BPräsWahlG sieht hierfür eine Frist von zwei Tagen vor, nach deren Ablauf die Ablehnung unwiderleglich vermutet wird. In der Praxis wird der Gewählte vor der Bundesversammlung über das Ergebnis der Abstimmung unterrichtet und erklärt sich *in situ*. Zum Verhältnis der Annahmeerklärung zum Beginn der Amtszeit → Rn. 17. Nach Annahme der Wahl erklärt der Bundestagspräsident in seiner Eigenschaft als Sitzungsleiter die Bundesversammlung für beendet (§ 9 Abs. 5). Die Bundesversammlung ist damit aufgelöst, eine Wiedereinberufung unmöglich.[161]

31 **4. Rechtsstellung der Mitglieder der Bundesversammlung.** Die Rechtsstellung der Mitglieder der Bundesversammlung entspricht insoweit derjenigen der Bundestagsabgeordneten, als sie gem. § 7 S. 3 BPräsWahlG an Aufträge und Weisungen nicht gebunden sind **(freies Mandat);**[162] nach § 7 S. 1 BPräsWahlG finden außerdem Art. 46, 47, 48 Abs. 2 entsprechende Anwendung. Die Mitglieder genießen also ab Annahme ihrer Wahl zur Bundesversammlung Immunität[163] und Indemnität für Äußerungen innerhalb der Versammlung; sie besitzen ein Zeugnisverweigerungsrecht und dürfen an der Ausübung ihres Amtes nicht gehindert werden. Diese Rechte zählen zum **unverzichtbaren Kernbestand des Mandats** und stehen den Mitgliedern der Bundesversammlung daher unabhängig von der Regelung im BPräsWahlG kraft Verfassung zu.[164] Jenseits dessen erkennt das BVerfG Mitwirkungsrechte „allenfalls in geringem Umfang an" und nur „soweit sie zur Wahrnehmung des Wahlrechts erforderlich sind".[165] Insbesondere stehe den Mitgliedern der Bundesversammlung **kein generelles Rede- und Antragsrecht** zu,[166] was das Gericht aus dem Charakter der Präsidentenwahl als

---

[156] ParlRat JöR 1 (1951), 403.

[157] *Nierhaus* in Sachs Rn. 19.

[158] *Herzog* in Maunz/Dürig Rn. 45; *Nettesheim* in HdbStR III § 63 Rn. 13; *Nierhaus* in Sachs Rn. 19; sa ParlRat JöR 1 (1951), 403; allg. zu den Grenzen von Losentscheiden im Recht *v. Arnauld* in v. Arnauld Recht und Spielregeln, 2003, 171 (179 ff., 187 ff.).

[159] *Butzer* in SHH Rn. 72; *Fritz* in BK Rn. 297; *Nettesheim* in HdbStR III § 63 Rn. 10; hier wie dort dient die Nachnominierung der Beseitigung einer Blockadesituation.

[160] *Fritz* in BK Rn. 246.

[161] *Nettesheim* in HdbStR III § 63 Rn. 15; sa *Waldhoff/Grefrath* in BerlKomm Rn. 84.

[162] Krit. zur Fraktionsdisziplin *Jekewitz* in AK Rn. 10, 12.

[163] Zur Zuständigkeit des BT für Immunitätsentscheidungen vor Konstituierung der Bundesversammlung § 7 S. 2 BPräsWahlG; *Butzer* in SHH Rn. 76.; *Winkelmann* ZParl 2008, 61.

[164] BVerfGE 136, 277 (314 f.); *Fink* in MKS Rn. 48; *Nierhaus* in Sachs Rn. 12.

[165] BVerfGE 136, 277 (316).

[166] BVerfGE 136, 277 (315 ff.); BVerfGE 138, 125 (133). Unbenommen bleibt aber zB das Recht, Anträge zur Geschäftsordnung zu stellen oder Unregelmäßigkeiten im Wahlverfahren zu rügen, vgl. BVerfGE 136, 277 (316 f.); BVerfGE 138, 125 (133 f.).

„Kür" und der Rolle der Mitglieder als „Wahlmänner" ableitet.[167] Auch folgt aus dem Mandat kein Recht, als „Wahlbeobachter" nach jedem Wahlgang an der Auszählung der Stimmen teilzunehmen.[168]

Die weitreichende „Verneinung der Parlamentsähnlichkeit"[169] der Bundesversammlung durch das BVerfG setzt sich darin fort, dass diese mangels ausdrücklicher Regelung im GG **keine Geschäftsordnungsautonomie** besitzen soll.[170] Dem korrespondiert eine **starke Stellung des Bundestagspräsidenten** als Leiter der Bundesversammlung, der – um „die zeremonielle, symbolische Bedeutung des Wahlakts" zu bewahren – befugt ist, „Anträge, die nicht die Durchführung der Wahl an sich betreffen oder offensichtlich nicht im Einklang mit der Verfassung stehen", zurückzuweisen und dabei lediglich eine „willkürfreie – das heißt nicht von sachfremden Erwägungen geleitete – Entscheidung" schuldet.[171] Sogar noch vor Beschluss einer eigenen Geschäftsordnung,[172] wo gem. § 8 S. 2 BPräsWahlG die GOBT gilt, soll die Erteilung des Wortes abgelehnt werden dürfen, wenn „bereits erkennbar" ist, „dass die Bundesversammlung von ihrem Recht, die Ordnung ihrer Geschäfte selbst zu regeln, Gebrauch machen möchte".[173] Eine solche „Vorwirkung" einer noch zu beschließenden Geschäftsordnung, die das BVerfG auf die Mehrheitsverhältnisse in der Bundesversammlung stützt, ist mit dem Grundsatz des freien und gleichen Mandats schwerlich vereinbar.[174] 32

5. Wahlprüfung und Rechtsschutz. a) Betreffend die Zusammensetzung der Bundesversammlung. Die **Wahlprüfung** hinsichtlich der Mitglieder des Bundestages ist in Art. 41 GG und dem WahlPrG abschließend geregelt. Für die von den Ländern entsandten Mitglieder bestimmt § 5 BPräsWahlG eine Prüfung durch das jeweilige Landesparlament auf Antrag eines seiner Mitglieder oder eines in die Vorschlagsliste aufgenommenen Bewerbers; liegt eine Woche vor Zusammentritt der Bundesversammlung noch keine Entscheidung über den Einspruch vor, entscheidet gem. § 5 S. 3 die Bundesversammlung. Begrenzt sind die Möglichkeiten, die Zusammensetzung der Bundesversammlung im Wege des **Organstreits** vor dem BVerfG anzufechten.[175] Mangels eines über die „Notfallregelung" des § 5 S. 3 BPräsWahlG hinausgehenden Selbstprüfungsrechts fehlt es regelmäßig an einer Maßnahme oder einer Unterlassung eines obersten Bundesorgans; hinzu kommt, dass antragsbefugt allenfalls Mitglieder wären, deren eigene Mitgliedschaft bestritten wird. Die Mitwirkung fehlerhaft gewählter Mitglieder an der Bundesversammlung vermag schon deshalb nicht den Erfolgswert der Stimme anderer Mitglieder zu beeinträchtigen, als Art. 54 Abs. 3 GG zwingend die gleichgewichtige Repräsentation von Bund und Ländern vorschreibt (→ Rn. 23). 33

---

[167] BVerfGE 136, 277 (312).

[168] Ebenso wenig ableitbar aus dem Grundsatz der Öffentlichkeit: BVerfGE 130, 367 (369 f.); BVerfGE 136, 277 (322 f.); BVerfGE 138, 125 (135).

[169] Krit. *Butzer* in SHH Rn. 68a.

[170] BVerfGE 136, 277 (313 f.). Zust. *Heun* in Dreier Rn. 32; *Nierhaus* in Sachs Rn. 15.

[171] BVerfGE 136, 277 (318).

[172] In der Praxis wird die entspr. Geltung der GOBT beschlossen, mit der Maßgabe, dass Anträge nur schriftlich möglich sind und weder mündlich begründet noch diskutiert werden.

[173] BVerfGE 136, 277 (321); BVerfGE 138, 125 (134).

[174] So zu Recht *Butzer* SHH Rn. 68b; *Fritz* in BK Rn. 238; *Pracht* ZJS 2015, 573 (574).

[175] Zum Folgenden näher BVerfGE 136, 277 (304 ff.); BVerfGE 138, 125 (132, 134 f.).

34 **b) Betreffend die Wahl durch die Bundesversammlung.** Gegen Beschlüsse der Bundesversammlung oder Entscheidungen des Bundestagspräsidenten in seiner Rolle als deren Leiter ist für Mitglieder der Bundesversammlung das **Organstreitverfahren** eröffnet.[176] Für dessen Zwecke wird die Bundesversammlung als fortbestehend fingiert, weil andernfalls eine Rechtsschutzlücke bestünde. Dass die Bundesversammlung in § 63 BVerfGG nicht genannt ist, ist unerheblich, weil die Vorschrift die verfassungsrechtlichen Vorgaben des Art. 93 Abs. 1 Nr. 1 GG nicht abschließend umsetzt.[177]

35 **6. Gesetzesvorbehalt (Abs. 7).** Art. 54 Abs. 7 bestimmt eine ausschließliche Gesetzgebungskompetenz des Bundes. Das auf dieser Grundlage 1959 erlassene BPräsWahlG (zuletzt geändert 2007) konkretisiert Art. 54 va in prozeduraler Hinsicht. Die wichtigsten Bestimmungen sind hier im Zusammenhang mit den Abs. 1 S. 1 u. 3–6 vorgestellt worden.

C. Kritische Würdigung

36 Die **Notwendigkeit des Präsidentenamtes** ist bisweilen in Frage gestellt worden.[178] In der Tat lässt sich seine Rolle in einer gewaltenteiligen parlamentarischen Demokratie nicht leicht begründen;[179] allerdings handelt es sich beim GG, wie bei den meisten Verfassungen, um eine Mischverfassung, die auch einander widerstreitende Strukturen zu verknüpfen vermag.[180] In der Staatspraxis seit 1949 hat das Amt seine Funktion im Zusammenspiel mit und in Abgrenzung zu den anderen Verfassungsorganen des Bundes gefunden und ist aus dem Verfassungsleben kaum noch wegzudenken. Die Institution eines personifizierten Symbols sozialer Integration und eines an der Staatsspitze stehenden überparteilichen Anstoßgebers entspricht, zumindest hierzulande, einem gesellschaftlichen Bedürfnis.[181] Diesem Bedürfnis sollte jedoch, schon aufgrund historischer Erfahrungen, nur maßvoll entsprochen werden. Die parlamentarische Ordnung des GG baut zu Recht auf Rationalisierung von Herrschaft; das charismatische Moment (→ Rn. 10) darf hier

---

[176] Näher BVerfGE 136, 277 (299 ff.); s. auch *Butzer* in SHH Rn. 74; *Heun* in Dreier Rn. 36, beide zu Recht auch gegen eine analoge Anwendung von Art. 41 GG.

[177] BVerfGE 13, 54 (81); BVerfGE 136, 277 (299).

[178] *Gehrlein* DÖV 2007, 280; *Henke* DVBl 1966, 723; *Wiegand* AöR 133 (2008), 475 (515 ff.); *Isensee* NJW 1994, 1329; zu der Diskussion auch *Nettesheim* in HdbStR III § 61 Rn. 3.

[179] *Jekewitz* in AK Vorb. Art. 54 Rn. 1; *Kimminich* in BK Vorb. Art. 54–61 Rn. 13; *Stern,* StaatsR II, 1980, § 30 Kap. I 3; *Nettesheim* in HdbStR III, 3. Aufl. 2005, § 61 Rn. 1 f.; zu den „außerdemokratischen und außerparlamentarischen Wurzeln der Institution ‚Staatsoberhaupt'" *Pernthaler* VVDStRL 25 (1967), 95 (96 ff.); ähnlich *Wiegand* AöR 133 (2008), 475 (519) „Reminiszenz an den Übergang von der Monarchie zur Republik", „historische Übergangsgerscheinung"; aA *Waldhoff/Grefrath* in BerlKomm Rn. 5 ff., die das Amt iErg eines zweistufigen Säkularisierungsprozesses in der Republik „angekommen" sehen.

[180] Vgl. *Knöpfle* DVBl 1966, 713 (714); *Spanner* DÖV 1966, 619 (623 f.); zugespitzt von *Leisner* FS f. Broermann, 1982, 433 in der Frage nach dem „demokratischen Führer".

[181] *Kimminich* in BK Vorb. Art. 54–61 Rn. 46; *Nettesheim* in HdbStR III § 61 Rn. 3, 16; *Waldhoff/Grefrath* in BerlKomm Rn. 6 „sozialpsychologisches Bedürfnis nach pyramidaler Organisationsstruktur"; *Nierhaus* in Sachs Rn. 7 „Durch die Verbindung der Einheit des Staates mit der Existenz eines Individuums können wesentliche Quellen des Staates und der Gesellschaft erschlossen und verknüpft werden"; vertiefend *Nierhaus* FS f. Bethge, 2009, 33 (40 ff.); dagegen *Wiegand* AöR 133 (2008), 475 (507 ff.); skeptisch *Gehrlein* DÖV 2007, 280 (285 f.).

nur Impulse setzen, nicht aber das demokratisch-majoritäre Spiel verändern. Eine Ausweitung der vom GG eng gesteckten Aufgaben und Befugnisse ist daher untunlich; auch der Verfassungsentwicklung sind, etwa im Bereich präsidialer Prüfungsrechte, positive Grenzen gesetzt (→ Rn. 14–16).

Aus demselben Grund wäre auch die immer wieder geforderte **Direktwahl des BPräs**[182] durch das Volk problematisch. Die zusätzliche Stärkung dieses „außerordentlichen" Amtes durch unmittelbare demokratische Legitimation würde zusätzliche antimajoritäre Elemente in den Verfassungsbau tragen[183] und könnte die parlamentarischen Strukturen des GG schwächen. Eine Inkongruenz zwischen Wahlmodus und Kompetenzausstattung würde die Gefahr „parakonstitutioneller Kompetenzerweiterungen"[184] heraufbeschwören. Durch die unvermeidliche Politisierung des Amtes würde der BPräs schließlich auch inhaltlich zu einem „Gegenspieler" von BReg. und Parlament. Nach dem derzeitigen Modell ist dagegen durch die Beteiligung des BT an der Präsidentenwahl eine Mit-Legitimation über das Parlament gewährleistet, durch die von den Landesparlamenten zu benennenden Mitglieder der Bundesversammlung ergänzt um ein sichtbares föderales Moment.[185] 37

In **inhaltlicher Hinsicht** ist daher die Anlage des Präsidentenamtes im GG wie die Regelung zu Amtszeit und Wahl in Art. 54 **insgesamt gelungen.** Die Unabgeschlossenheit des Amtes provoziert zwar kontroverse verfassungsrechtliche Diskussionen, eröffnet aber dem Amtsinhaber zugleich Flexibilität in der Ausfüllung des „Paragraphengespinstes" (→ Rn. 4).[186] 38

In **formaler Hinsicht** ist Art. 54 dagegen wenig geglückt. Die Vorschrift verschränkt wichtige Aussagen über das Amt des BPräs mit Regelungen zur Bundesversammlung. Hier wäre die Aufteilung auf zwei Artikel die elegantere Lösung gewesen. Zudem enthält Art. 54 manches Detail, das einem Gesetz oder einer Geschäftsordnung hätte überlassen werden können (zB Anordnung der Verhältniswahl in Abs. 3, der Einberufung der Bundesversammlung durch den Bundestagspräsidenten, Abs. 4 S. 2),[187] schweigt aber zu wichtigen Fragen wie dem Rechtsstatus der Mitglieder oder der Öffentlichkeit der Sitzung. Dass mit Änderung von Art. 39 Abs. 1 S. 2 versäumt wurde, Art. 54 Abs. 5 zu streichen, ist ein weiterer Schönheitsfehler. 39

---

[182] Für eine Volkswahl zB in jüngerer Zeit *v. Arnim* NJW 2009, 2934 (2938); *Fromme* RuP 2004, 18; *Gauweiler* ZRP 2009, 244; *Ipsen* FS f. Schneider, 2008, 197; dagegen zB Enquête-Kommissionen Verfassungsreform 7/5924, 21; *Burkiczak* JuS 2004, 278 (279); *Herzog* in Maunz/Dürig Rn. 11; *Jekewitz* in AK Rn. 4; *Leisner* NJW 2009, 2938; *Lörler,* ZRP 2014, 209; *Mehlhorn,* Der Bundespräsident der Bundesrepublik Deutschland und der Republik Österreich, 2010, 260 ff.; *Nettesheim* in HdbStR III § 61 Rn. 30, § 63 Rn. 1, 3; *Nierhaus* FS f. Bethge, 2009, 33 (45 ff.); *van Ooyen,* Das Amt des Bundespräsidenten, 2015, 65 ff.; *Rütters* ZParl 2013, 276; *Waldhoff/Grefrath* in BerlKomm Rn. 13 ff.; *Wellkamp* BayVBl 2002, 267 ff.; Darstellung der Diskussion bei *Braun,* Die Bundesversammlung, 1993, 215 ff.; *Butzer* in SHH Rn. 39; *Ipsen* FS f. Schneider, 2008, 200 ff.

[183] Zu Recht warnt *Isensee* NJW 1994, 1329 (1330), die Vorstellung vom „unpolitischen Staatsoberhaupt" sei ein „lebensfremdes Idyll, zudem ein gefährliches, wenn sich hier modische Politikverdrossenheit und Parteienantipathie abreagieren".

[184] *Herzog* in Maunz/Dürig Rn. 11.

[185] AA *v. Arnim* NVwZ-Extra 5/2012, 1 (2 ff.): „Verlegenheitsverfahren".

[186] *Theodor Heuss,* Antrittsrede v. 12.9.1949, in Sternberger Reden der deutschen Bundespräsidenten, 1979, 5 (6).

[187] So *Jekewitz* in AK Rn. 1.

Literatur

Zu Amt und Stellung

J. Aßmann, Die Besoldung und Versorgung des Bundespräsidenten, 2014. – ***H. Butzer,*** Der Bundespräsident und sein Bundespräsidialamt, VerwArch 82 (1991), 497. – ***H. Butzer,*** Im Streit: Die Äußerungsbefugnisse des Bundespräsidenten, ZG 2015, 97. – ***H. Butzer,*** Hat Adenauer damals richtig hingeschaut? Anmerkungen zur These von der politischen Machtlosigkeit des Bundespräsidentenamtes, NJW 2017, 210. – ***M. Cornils,*** Parteipolitische Neutralität des Bundespräsidenten: wahlrechtsprägende Verfassungserwartung, nicht Amtspflicht, FS f. Hufen, 2015, 151. – ***K. Doehring,*** Der „pouvoir neutre" und das Grundgesetz, Der Staat 3 (1964), 201. – ***C. Eder,*** „Rote Karte" gegen „Spinner"? Bedeutung und Reichweite staatlicher Neutralitätspflichten in der politischen Auseinandersetzung, 2017. – ***H.-U. Erichsen,*** Der Bundespräsident, Jura 1985, 373, 424. – ***M. Gehrlein,*** Braucht Deutschland einen Bundespräsidenten?, DÖV 2007, 280. – ***R.-R. Grauhan,*** Der Bundespräsident – aktiv oder neutral?, JR 1965, 379. – ***X. Gu,*** Die „Vorbeugefunktion" des Bundespräsidenten, ZParl 1999, 761. – ***W. Henke,*** Die Bundesrepublik ohne Staatsoberhaupt, DVBl 1966, 723. – ***R. Herzog,*** Bundespräsident und Bundesverfassungsgericht, FS f. Carstens II, 1984, 601. – ***C. Hillgruber,*** Zur Äußerungsbefugnis des Bundespräsidenten in Bezug auf politische Parteien, JA 2014, 950. – ***J. Isensee,*** Braucht die Republik einen Präsidenten?, NJW 1994, 1329. – ***E. Jäckel/H. Möller/H. Rudolph*** (Hrsg.), Von Heuss bis Herzog, 2000. – ***W. Kaltefleiter,*** Die Funktionen des Staatsoberhauptes in der parlamentarischen Demokratie, 1970. – ***O. Kimminich,*** Das Staatsoberhaupt in der parlamentarischen Demokratie, VVDStRL 25 (1967), 2. – ***F. Knöpfle,*** Das Amt des Bundespräsidenten in der Bundesrepublik Deutschland, DVBl 1966, 713. – ***Ph. Kunig,*** Der Bundespräsident, Jura 1994, 217. – ***E. Lange,*** Die Diskussion um die Stellung des Staatsoberhaupts 1945–1949 mit besonderer Berücksichtigung der Erörterungen im Parlamentarischen Rat, Vierteljahreshefte für Zeitgeschichte 26 (1978), 601. – ***W. Leisner,*** Der Bundespräsident als „demokratischer Führer", FS f. Broermann, 1982, 433. – ***D. Lenski,*** Von Heuss bis Carstens, 2009. – ***R. Lhotta,*** Der Bundespräsident als „Außerparlamentarische Opposition"?, ZParl 2008, 119. – ***K. Loewenstein,*** Der Staatspräsident, Eine rechtsvergleichende Studie, AöR 75 (1949), 129. – ***H. Maurer,*** Hat der Bundespräsident ein politisches Mitspracherecht?, DÖV 1966, 665. – ***L. Mehlhorn,*** Der Bundespräsident der Bundesrepublik Deutschland und der Republik Österreich, 2010. – ***M. Nettesheim,*** Amt und Stellung des Bundespräsidenten, in J. Isensee/P. Kirchhof, HdbStR III, 3. Aufl. 2005, § 61. – ***M. Nettesheim,*** Die Aufgaben des Bundespräsidenten, in J. Isensee/P. Kirchhof, HdbStR III, 3. Aufl. 2005, § 62. – ***R. C. van Ooyen,*** Der Bundespräsident als „Integrationsfigur"?, JöR 57 (2009), 235. – ***R. C. van Ooyen/T. M. Möllers*** (Hrsg.), Der Bundespräsident im politischen System, 2012. – ***P. Pernthaler,*** Das Staatsoberhaupt in der parlamentarischen Demokratie, VVDStRL 25 (1967), 95. – ***H. Rausch,*** Der Bundespräsident, 2. Aufl. 1984. – ***M. Sachs,*** Redefreiheit des Bundespräsidenten, JuS 2014, 956. – ***U. Scheuner,*** Das Amt des Bundespräsidenten als Aufgabe verfassungsrechtlicher Gestaltung, 1966. – ***K. Schlaich,*** Der Status des Bundespräsidenten, in J. Isensee/P. Kirchhof, HdbStR II, 2. Aufl. 1998, § 48. – ***K. Schlaich,*** Die Funktionen des Bundespräsidenten, in J. Isensee/P. Kirchhof, HdbStR II, 2. Aufl. 1998, § 49. – ***C. Schmitt,*** Der Hüter der Verfassung, AöR 55 (1929), 161. – ***C. Schönberger,*** Gibt es im Grundgesetz ein Erbe der Monarchie?, in T. Biskup/M. Kohlrausch (Hrsg.), Erbe der Monarchie, 2008, 284. – ***G. Scholz/M. E. Süskind,*** Die Bundespräsidenten, 4. Aufl. 2003. – ***M. Schröder,*** Das Amt des Bundespräsidenten in der Rechtsprechung des Bundesverfassungsgerichts, FS f. Müller-Graff, 2015, 920. – ***G.-C. v. Unruh,*** Die Stellung des „Staatsoberhauptes" im deutschen Verfassungsrecht, VR 1980, 217. – ***R. Weber-Fas,*** Zur staatsrechtlichen Stellung des Bundespräsidenten, FS f. Duden, 1977, 685. – ***M. A. Wiegand,*** Zum Begriff des Staatsoberhaupts, AöR 133 (2008), 475.

Zu Art. 54 GG

B. Braun, Die Bundesversammlung, 1993. – ***Ch. Burkiczak,*** Die Bundesversammlung und die Wahl des Bundespräsidenten, JuS 2004, 278. – ***H. Hoffmann,*** Die Einsetzung der deutschen Staatsoberhäupter, VR 1990, 196. – ***J. Ipsen,*** Volkswahl des Bundespräsidenten?, FS f. Schneider, 2008, 197. – ***W. Jäger,*** Die Bundesversammlung

– ein unterschätztes Verfassungsorgan, in FS f. Würtenberger, 2013, 213. – ***C. Jülich,*** Die Wahl des Bundespräsidenten, DÖV 1969, 92. – ***W. Kessel,*** Die Bundesversammlung, in H.-P. Schneider/W. Zeh (Hrsg.), Parlamentsrecht und Parlamentspraxis in der Bundesrepublik Deutschland, 1989, § 59. – ***W. Leisner,*** Nach der Bundespräsidentenwahl: Volkswahl des Staatsoberhaupts – ein Weg in die Präsidialdemokratie?, NJW 2009, 2938. – ***M. Nettesheim,*** Die Bundesversammlung und die Wahl des Bundespräsidenten, in J. Isensee/P. Kirchhof, HdbStR III, 3. Aufl. 2005, § 63. – ***M. Nierhaus,*** Braucht die Bundesrepublik Deutschland ein volksgewähltes Staatsoberhaupt?, in FS f. Bethge, 2009, 39. – ***M. Nierhaus,*** Rechtsprobleme des Rücktritts des Bundespräsidenten, in FS f. Klein, 2013, 259. – ***T. Oppelland,*** (Über-)Parteilich? Parteipolitische Konstellationen bei der Wahl des Bundespräsidenten und ihr Einfluß auf die Amtsführung, ZfP 11 (2001), 551. – ***R. Pracht,*** Die Wahl des Bundespräsidenten durch die Bundesversammlung gemäß Art. 54 GG, ZJS 2016, 573. – ***M. Sachs,*** Bundesversammlung, JuS 2014, 860. – ***J. P. Schaefer,*** Die Vakanz an der Spitze des Bundes: zur verfassungsrechtlichen Schwebelage nach dem Rücktritt des Bundespräsidenten, DÖV 2012, 417. – ***K. Schlaich,*** Die Bundesversammlung und die Wahl des Bundespräsidenten, in J. Isensee/P. Kirchhof, HdbStR II, 2. Aufl. 1998, § 47. – ***S. Seltenreich,*** Zur Volkswahl des Bundespräsidenten, KJ 1995, 238. – ***L. Wellkamp,*** Die Volkswahl des Bundespräsidenten, BayVBl 2002, 267. – ***H. Winkelmann,*** Die Immunität der Mitglieder der Bundesversammlung, ZParl 2008, 61.

Art. 55 [Unvereinbarkeiten]

(1) Der Bundespräsident darf weder der Regierung noch einer gesetzgebenden Körperschaft des Bundes oder eines Landes angehören.

(2) Der Bundespräsident darf kein anderes besoldetes Amt, kein Gewerbe und keinen Beruf ausüben und weder der Leitung noch dem Aufsichtsrate eines auf Erwerb gerichteten Unternehmens angehören.

Hinweis: Die Paulskirchenverfassung von 1849 enthielt keine vergleichbare Bestimmung.

Weimarer Reichsverfassung von 1919

Art. 44. Der Reichspräsident kann nicht zugleich Mitglied des Reichstags sein.

A. Allgemeine Bedeutung

I. Genese

1 Eine Regelung, welche Ämter mit denen des Staatsoberhauptes unvereinbar sind, wurde erst mit **Übergang zur Republik** erforderlich, weil die Innehabung anderer Ämter in monarchischer Tradition ohnehin undenkbar war. Dass dieses Amt mit anderen Ämtern oder mit wirtschaftlicher Betätigung unvereinbar ist, findet sich in den Verfassungen der meisten Republiken mit einem unselbständigen Staatsoberhaupt.[1] **Art. 44 WRV** als Vorläufernorm hatte nur die Mitgliedschaft des Reichspräsidenten im Reichstag ausgeschlossen.[2] Im Anschluss daran sah Art. 77 HChE lediglich die Unvereinbarkeit mit einer Mitgliedschaft in BT und BR vor. Die Ausweitung der Inkompatibilitäten des Art. 55 erfolgte nach intensiven Debatten im ParlR, um den **selbständigen Charakter des Präsidentenamtes** zu stärken.[3]

II. Inhaltsübersicht und Normzweck

2 Art. 55 verfolgt im Wesentlichen zwei Zwecke. Der **Sicherung der Neutralität** dienen vor allem Abs. 1 u. 2 Var. 1.[4] Eine zu enge Verbindung mit der „handelnden Politik" soll vermieden werden, um dem Amt die vom politischen Alltagsgeschäft entrückte herausgehobene Stellung und unabhängige Distanz zu sichern, aus der sich seine Fähigkeit zur Integration speist.[5] In diesem Sinne war im Parlamentarischen Rat davon die Rede, „daß das

---

[1] Zu dieser Kategorie → Art. 54 Rn. 3; s. zB für Europa, mit unterschiedlichen Reichweiten, Bulgarien (Art. 95 Abs. 2), Estland (§ 84), Griechenland (Art. 30 Abs. 2), Irland (Art. 12 Abs. 6), Italien (Art. 84 Abs. 2), Lettland (Art. 38), Litauen (Art. 83), Österreich (Art. 61 Abs. 1), Polen (Art. 132), Rumänien (Art. 84 Abs. 1), Slowakische Republik (Art. 103 Abs. 4 und 5), Slowenien (Art. 105), Ungarn (Art. 30 Abs. 1), Zypern (Art. 41); rechtsvergleichend *Krüger* ZGS 106 (1950), 700 (704 ff., passim).

[2] Zur Diskussion über die Zulässigkeit aktiver Parteitätigkeiten vgl. aber *Anschütz*, Kommentar zur WRV, 14. Aufl. 1933, Art. 44 Anm. 3; zu den Gründen *Weber* AöR 19 (1930), 161 (179, 200 ff.) mwN.

[3] JöR 1 (1951), 407; näher zur Verfassungs- und Entstehungsgeschichte *Butzer* in SHH Rn. 1 f.; *Fritz* in BK Rn. 1 ff.; *Jekewitz* in AK Rn. 1 f.

[4] *Herzog* in Maunz/Dürig Rn. 3; *Jekewitz* in AK Rn. 3; *Nettesheim* in HdbStR III § 61 Rn. 62; *Nierhaus* in Sachs Rn. 3.

[5] *Butzer* in SHH Rn. 2; *Fink* in MKS Rn. 5; *Tsatsos* DÖV 1965, 597 (602); näher *Sturm*, Die Inkompatibilität, 1967, 69 ff.; allg. *Weber* AöR 19 (1930), 161 (177 f., 200 ff.).

Bundespräsidentenamt ein selbständiges Amt sei, das eine Personalunion mit irgendeinem Amt nicht dulde".[6] Dass der BPräs nicht nur Distanz zu anderen öffentlichen Ämtern wahrt, sondern auch frei von eigenen wirtschaftlichen Interessen agiert (Abs. 2 Var. 2), soll, zweitens, **Interessenkollisionen vermeiden.**[7] Der BPräs wahrt hierdurch das „Flair der Redlichkeit".[8] Diese Abkopplung von anderweitigen Einnahmequellen macht als Kehrseite eine amtsangemessene Alimentation nötig.[9]

Daneben bewirkt die Regelung auch **Gewaltenteilung**[10] im Sinne einer Funktionen- und Machtteilung, nicht im Sinne klassischer Gewaltentrennung.[11] Angesichts der beschränkten Amtsbefugnisse dürfte dieser Aspekt aber nicht im Mittelpunkt stehen, sofern es sich hier nicht ohnehin mehr um einen Effekt als um einen Zweck der Regelung handelt. Dass die **Konzentration auf das Amt** mehr als ein Effekt ist, wird man bezweifeln dürfen.[12] Mitglieder der BReg werden von ihren Amtspflichten keinesfalls geringer in Anspruch genommen, ohne vergleichbar restriktiven Vorschriften zu unterliegen.[13] 3

III. Systematischer Zusammenhang

Wie Art. 60 Abs. 4 betrifft Art. 55 die im GG nur rudimentär geregelte **persönliche Rechtsstellung** des BPräs. Ähnliche Regelungen sehen Art. 66 für Mitglieder der BReg und Art. 94 Abs. 1 S. 3 für Richter am BVerfG vor.[14] Die Unvereinbarkeiten des Art. 55 beziehen sich nur auf den BPräs, nicht auf den Präsidenten des BR im Fall der Stellvertretung.[15] 4

B. Einzelfragen

I. Zeitpunkt und Wirkung der Unvereinbarkeiten

1. Beginn und Ende der Unvereinbarkeiten. Umstritten ist, ab welchem Zeitpunkt die Inkompatibilitäten greifen. Dabei ist der Wortlaut des Art. 55 klar:[16] „Der Bundespräsident" bezieht sich auf den Amtsinhaber, 5

[6] So die einstimmige Meinung im Organisationsausschuss, JöR 1 (1951), 407; zu dieser herausgehobenen Rolle *Fritz* in BK Rn. 13; *Stern,* StaatsR II, 1980, § 30 Kap. II 4a sieht hierin den zentralen Zweck der Regelung.

[7] *Fink* in MKS Rn. 6; *Nettesheim* in HdbStR III § 61 Rn. 62; *Nierhaus* in Sachs Rn. 4; *Sturm,* Die Inkompatibilität, 1967, 75 f.; von „Interessentrennung" sprechen *Fritz* in BK Rn. 14; *Herzog* in Maunz/Dürig Rn. 3.

[8] *Herzog* in Maunz/Dürig Rn. 4; es geht um Sicherung der Integrität: allg. *Weber* AöR 19 (1930), 161 (239 ff.).

[9] Eingehend dazu *Aßmann,* Die Besoldung und Versorgung des Bundespräsidenten, 2014.

[10] Hierzu va *Herzog* in Maunz/Dürig Rn. 3 mit Fn. 1; sa *Butzer* in SHH Rn. 2; *Nierhaus* in Sachs Rn. 3; *Pieroth* in Jarass/Pieroth Rn. 1; krit. *Jekewitz* in AK Rn. 3; *Waldhoff/Grefrath* in BerlKomm Rn. 3.

[11] *Achterberg* ZGS 126 (1970), 344 (346 f.); *Fink* in MKS Rn. 3 f.; *Heun* in Dreier Rn. 4; ähnlich *Fritz* in BK Rn. 10; *Nettesheim* in HdbStR III § 61 Rn. 62; zur Gewaltenteilung jenseits der Gewaltentrennung *v. Arnauld* ZParl 2001, 678.

[12] Anders *Fritz* in BK Rn. 15; *Heun* in Dreier Rn. 4; *Nettesheim* in HdbStR III § 61 Rn. 62.

[13] *Waldhoff/Grefrath* in BerlKomm Rn. 4.

[14] Abgrenzung zu Art. 66 bei *Herzog* in Maunz/Dürig Rn. 2, 4 ff., 8, 17 ff.; → Art. 66 Rn. 5, 34; Abgrenzung zu Art. 94 Abs. 1 S. 3 → Art. 94 Rn. 21 f.

[15] → Art. 57 Rn. 9.

[16] Eine Uneindeutigkeit wollen wegen Art. 54 Abs. 1 S. 2 *Butzer* in SHH Rn. 16; *Fink* in MKS Rn. 10 erkennen; überzeugend dagegen *Fritz* in BK Rn. 22.

nicht auf einen designierten Präsidenten[17] oder gar auf einen Kandidaten.[18] Die Erstreckung auf die bloße **Kandidatur** würde Art. 55 zu einer in Art. 54 Abs. 1 S. 2 nicht genannten Wählbarkeitsvoraussetzung machen und wäre bei ungewissem Ausgang der Wahl dem Betroffenen darüber hinaus unzumutbar.[19] Auch die Konstruktion eines „Anwartschaftsrechts des designatus"[20] nach **Annahme der Wahl** überzeugt nicht, geht sie doch an der konstitutiven Trennung von Amt und Person vorbei.[21] Erst ab Amtsbeginn „ist" der Gewählte Präsident,[22] erst von diesem Zeitpunkt an trägt er die Rechte und Pflichten des Amtes. Der maßgebliche Zeitpunkt ist also der **Amtsbeginn.**[23] Ungeachtet dessen hat Art. 55 gewisse **Vorwirkungen,** da der designierte Präsident Vorkehrungen treffen muss, um sicherzustellen, dass bei Amtsübernahme alle möglichen Kollisionen beseitigt sind.[24] Hierüber hinaus handelt es sich bei einem Rückzug des bloß designierten Präsidenten von Ämtern und erwerbswirtschaftlichen Tätigkeiten um eine Frage des Stils, nicht des Rechts.

6 Auch hinsichtlich des Endes der Unvereinbarkeiten ist auf die Trennung von Person und Amt abzustellen. Mit dem **Amtsende** endet auch die Rechtswirkung von Art. 55.[25] Die Ruhebezüge werden als „Ehrensold" mit Blick auf vergangene Leistungen gezahlt[26] und vermögen ebenso wenig eine Brücke für fortwirkende Unvereinbarkeiten zu bauen wie die übliche Stellung eines Büros nach dem Ausscheiden aus dem Amt.[27] Der Alt-BPräs könnte auch in die aktive Politik zurückkehren bzw. eintreten;[28] ebenso ist ihm eine Rückkehr (oder ein Eintritt) in die Erwerbswirtschaft nicht verwehrt. Dass eine „Vermarktung" der früheren Amtsstellung durch einen

---

[17] Für Beginn mit der Wahl (mindestens aus politischem Stil) *Stern,* StaatsR II, 1980, § 30Kap. II 4c; auf die Annahme der Wahl abstellend *Klein,* Grundgesetz und unmittelbarer Wechsel vom Mitglied der Bundesregierung zum Bundespräsidenten, 1959 (= BDIP, Sonderdruck zu Heft 6/1959), 14 ff., 42 f.; *Nierhaus* in Sachs Rn. 5.

[18] BVerfGE 89, 359 (362 f.).

[19] *Butzer* in SHH Rn. 17; *Fink* in MKS Rn. 7.

[20] So *Nierhaus* JR 1975, 265 (271 f.) wegen Neutralität und Integrationsfunktion.

[21] Überzeugend *Waldhoff/Grefrath* in BerlKomm Rn. 8.

[22] Plastisch *Schultz* MDR 1959, 455 (456) „Es gibt jeweils nur einen Bundespräsidenten, nicht deren zwei oder sozusagen anderthalb!" Nur ausnahmsweise beginnt das Amt bereits mit Annahme der Wahl: → Art. 54 Rn. 19; zu der besonderen Konstellation der Bundespräsidentenwahl am 30.6.2010 *Ipsen* NdsVBl 2010, 289 (290 ff.).

[23] BVerfGE 128, 278 (281); *Arndt/Schweitzer* JuS 1974, 622 (626); *Fritz* in BK Rn. 20 ff. Zumeist ist freilich von „Amtsantritt" die Rede: *Butzer* in SHH Rn. 19; *Fink* in MKS Rn. 11; *Hömig* DÖV 1974, 798 (800); *Pieroth* in Jarass/Pieroth Rn. 1; *Nettesheim* in HdbStR III § 61 Rn. 62; zum (praktisch selten relevanten) Unterschied zwischen Amtsbeginn und Amtsantritt → Art. 56 Rn. 6.

[24] Diff. Darstellung bei *Herzog* in Maunz/Dürig Rn. 11 ff.; krit. – unter unzutr. Zitierung der vorliegenden Kommentierung – *Fritz* in BK Rn. 23.

[25] *Fritz* in BK Rn. 34; *Pieroth* in Jarass/Pieroth Rn. 1; *Waldhoff/Grefrath* in BerlKomm Rn. 8.

[26] Anders *Butzer* in SHH Rn. 20, „Weiterwirken des innegehabten Amtes". Zur Kontroverse über die Ruhebezüge für Altpräsident *Christian Wulff* nach dessen Rücktritt im Februar 2012 mwN *Pieper* in BeckOK GG Art. 54 Rn. 31.1 ff. Im Mittelpunkt der rechtlichen Debatte standen die Fragen, ob *Wulff* aus „politischen" (iSv § 1 BPräsRBezG) oder persönlichen Gründen zurückgetreten war und ob die Entscheidung durch das Bundespräsidialamt getroffen werden durfte oder es einer Entscheidung der Bundesregierung bedurft hätte.

[27] *Fink* in MKS Rn. 13; *Fritz* in BK Rn. 34; *Heun* in Dreier Rn. 13; aA *Stern,* StaatsR II, 1980, § 30 Kap. II 4d; diff. *Butzer* in SHH Rn. 20, Annahme der Leistungen verstieße bei ökonomisch oder politisch exponierter Tätigkeit unter Ausnutzung des Amtsnimbus gegen den Grundsatz des *venire contra factum proprium,* wenn auch nicht gegen Art. 55 selbst.

[28] *Fritz* in BK Rn. 35; *Nettesheim* in HdbStR III § 61 Rn. 64; aA *Stern,* StaatsR II, 1980, § 30 Kap. II 4d.

ehemaligen BPräs schwer erträglich wäre, kann nicht dazu führen, aus einer Stil- eine Rechtsfrage zu machen.[29]

2. Rechtswirkungen und Folgen von Verstößen. Art. 55 statuiert eine **Pflicht** des BPräs, die unvereinbaren Ämter und gewerblichen Positionen aufzugeben bzw. ruhen zu lassen. Anders als noch unter Geltung von Art. 44 WRV diskutiert, tritt **kein automatischer Verlust** der unvereinbaren Ämter ein.[30] Dies kann aus der Wortwahl des Art. 55 GG gefolgert werden („darf nicht" statt „kann nicht" in Art. 44 WRV)[31] und ist auch Folge dessen, dass das GG nicht erkennen lässt, welches Amt im Kollisionsfalle erlöschen sollte.[32] Allerdings kann das Erlöschen nach dem für das jeweilige kollidierende Amt geltenden Recht angeordnet sein. 7

Die **Weiterführung** eines unvereinbaren Amtes oder einer unvereinbaren gewerblichen Tätigkeit hat keinen Einfluss auf die Wirksamkeit der Amtsführung des BPräs.[33] Ebenso wenig führt die **Aufnahme** eines nach Art. 55 mit dem Präsidentenamt unvereinbaren Amtes oder einer mit diesem Amt unvereinbaren Tätigkeit zum Erlöschen des Amtes durch konkludenten Amtsverzicht.[34] Wegen der Tragweite der Entscheidung ist eine ausdrückliche und bestimmte Erklärung des Amtsverzichts notwendig.[35] Die in der Weiterführung oder Aufnahme unvereinbarer Ämter oder Tätigkeiten liegende Pflichtverletzung kann im Wege der **Präsidentenanklage** nach Art. 61 geahndet werden; in Zweifelsfällen könnte theoretisch auch ein Organstreitverfahren nach Art. 93 Abs. 1 Nr. 1 in Betracht kommen.[36] 8

II. Ausschluss der Mitgliedschaft in Regierungen oder gesetzgebenden Körperschaften (Abs. 1)

Abs. 1 verbietet nicht nur die Ausübung, sondern sogar das **Innehaben** der genannten Ämter. Es genügt also nicht, diese bloß ruhen zu lassen.[37] Der BPräs soll „institutionell im umfassenden Sinne frei sein".[38] 9

Mitglieder der **BReg** sind der Bundeskanzler und die Bundesminister (Art. 62). Die Mitgliedschaft in einer **Landesregierung** richtet sich nach dem Landesverfassungsrecht. Neben die Ministerpräsidenten bzw. den Ersten/Regierenden Bürgermeister und die Minister bzw. Senatoren können in einigen Bundesländern die Staatssekretäre treten (Art. 45 Abs. 2 BW Verf., Art. 43 Abs. 2 BayVerf., Art. 107 Abs. 1 BremVerf., Art. 86 SaarlVerf., 10

[29] So aber *Nettesheim* in HdbStR III § 61 Rn. 64; *Stern,* StaatsR II, 1980, § 30 Kap. II 4d; tendenziell *Fritz* in BK Rn. 36. Wie hier *Heun* in Dreier Rn. 13.

[30] Ganz hM, näher *Fink* in MKS Rn. 16 f.; sa *Butzer* in SHH Rn. 21 f.; *Fritz* in BK Rn. 33; *Herzog* in Maunz/Dürig Rn. 6; aA *Domgörgen* in Hömig/Wolff Rn. 2; *Versteyl* in Schneider/Zeh ParlamentsR, § 14 Rn. 25; zu Art. 44 WRV *Anschütz,* Kommentar zur WRV, 14. Aufl. 1933, Art. 44 Anm. 2; *Pohl* in Pauly/Anschütz/Thoma DtStaatsR I, Rn. 477.

[31] *Butzer* in SHH Rn. 22.

[32] *Waldhoff/Grefrath* in BerlKomm Rn. 6.

[33] *Fink* in MKS Rn. 14; *Fritz* in BK Rn. 33.

[34] *Herzog* in Maunz/Dürig Rn. 6; *Pieroth* in Jarass/Pieroth Rn. 1; aA *Nierhaus* in Sachs Rn. 10; vermittelnd *Butzer* in SHH Rn. 23 (jedenfalls nicht ohne weitere Anhaltspunkte).

[35] *Fink* in MKS Rn. 15; *Heun* in Dreier Rn. 14.

[36] *Butzer* in SHH Rn. 24; *Fritz* in BK Rn. 33; *Herzog* in Maunz/Dürig Rn. 7; skeptisch für Art. 93 Abs. 1 Nr. 1 *Fink* in MKS Rn. 18, wegen erforderlicher Antragsbefugnis.

[37] *Fritz* in BK Rn. 37; *Herzog* in Maunz/Dürig Rn. 5, 9; zur Staatspraxis *Fritz* in BK Rn. 30.

[38] *Nierhaus* in Sachs Rn. 7.

Art. 59 Abs. 2 Sächs. Verf.). **Gesetzgebende Körperschaften** des Bundes sind BT und BR, wobei die Mitglieder des BR als Mitglieder einer Landesregierung von Art. 55 Abs. 1 doppelt erfasst sind. Auf Landesebene erstreckt sich das Verbot auf ein Mandat im Landtag bzw. im Abgeordnetenhaus oder der Bürgerschaft eines der Stadtstaaten. Angesichts der beträchtlichen Verlagerungen von Hoheitsgewalt auf die supra- und internationale Ebene ist die Vorschrift analog auf Mitgliedschaft im Europaparlament (vgl. § 22 Abs. 2 Nr. 7 EuWG) und auf sonstige **Wahlämter auf europäischer und internationaler Ebene** anzuwenden.[39]

11 Die Regelung in Abs. 1 ist, unbeschadet der soeben angesprochenen Analogie, als **abschließend** zu betrachten. Sie ist klar gefasst, enthält bereits eine deutliche Ausweitung der Inkompatibilitäten gegenüber der WRV und besitzt mit Abs. 2 eine Auffangbestimmung.[40] Eine teleologische Extension würde zudem dadurch erschwert, dass das Schutzgut der Neutralität des Amtes schwer fassbar ist.[41] Vieles muss daher dem Stilempfinden der Beteiligten überlassen bleiben. Zu den in der Lit. diskutierten Fällen im Einzelnen:

- **Gemeindeversammlungen und Kreistage** sind materiell gesetzgebend tätig;[42] dennoch überwiegen die Unterschiede in Struktur, Funktion und Legitimation.[43] Daher erregt eine am Wortlaut orientierte enge Interpretation auch verfassungspolitisch keine Bedenken. Dasselbe gilt für **Gremien der berufsständischen Selbstverwaltung.**[44] Dass ein Kommunal- oder Standespolitiker ohne Umwege den Sprung in das höchste Staatsamt schafft, dürfte ohnehin eher unwahrscheinlich sein.[45]
- Die **Bundesversammlung** ist keine gesetzgebende Körperschaft, sondern ein reines Wahlorgan.[46] Von Verfassung wegen ist daher nicht ausgeschlossen, dass ein amtierender BPräs an seiner eigenen Wiederwahl oder an der Wahl seines Nachfolgers teilnimmt;[47] eine Beteiligung an der Wahl zur eigenen ersten Amtszeit ist ohnehin rechtlich unproblematisch, weil die Pflichten aus Art. 55 erst ab Amtsbeginn greifen (→ Rn. 5). Dass eine Mitgliedschaft in der Bundesversammlung für den amtierenden Präsidenten unpassend erscheinen mag, ist erneut bloß eine Frage des Stils.
- **Parteimitgliedschaften** sind dem BPräs gestattet; um die Neutralität des Amtes glaubwürdiger zu repräsentieren, hat sich jedoch in der Staatspraxis eingebürgert, Parteimitgliedschaften während der Amtszeit ruhen zu las-

---

[39] Zutr. *Pieper* in BeckOK GG Rn. 1.1; sa *Butzer* in SHH Rn. 4; *Heun* in Dreier Rn. 5; *Pieroth* in Jarass/Pieroth Rn. 2; sa iE *Fritz* in BK Rn. 44, kraft einfachgesetzlicher Anordnung.

[40] *Waldhoff/Grefrath* in BerlKomm Rn. 9; sa *Jekewitz* in AK Rn. 4; aA *Butzer* in SHH Rn. 3; *Fink* in MKS Rn. 23; *Heun* in Dreier Rn. 4 („ganz überwiegende Auffassung"); *Nierhaus* in Sachs Rn. 9; *Stern,* StaatsR II, 1980, § 30 Kap. II 4a.

[41] *Herzog* in Maunz/Dürig Rn. 3.

[42] Darauf abstellend *Butzer* in SHH Rn. 4; *Fink* in MKS Rn. 23; *Heun* in Dreier Rn. 5; wohl auch *Nettesheim* in HdbStR III § 61 Rn. 63.

[43] *Waldhoff/Grefrath* in BerlKomm Rn. 9; ebenso *Achterberg* ZGS 126 (1970), 344 (351); *Fritz* in BK Rn. 43; *Herzog* in Maunz/Dürig Rn. 16a: Es gehe nicht an, Art. 55 Abs. 1 „entgegen seinem klaren Wortlaut allg. im Sinne politischen Wohlverhaltens auszulegen".

[44] *Fink* in MKS Rn. 23; *Fritz* in BK Rn. 45; *Heun* in Dreier Rn. 5; *Jekewitz* in AK Rn. 4; aA *Sturm,* Die Inkompatibilität, 1967, 73; *Domgörgen* in Hömig/Wolff Rn. 3.

[45] Vgl. *Pieper* in BeckOK GG Rn. 3.

[46] → Art. 54 Rn. 22.

[47] AllgA, *Butzer* in SHH Rn. 6; *Fink* in MKS Rn. 24 (aber „pikante Situation"); *Fritz* in BK Rn. 42; *Herzog* in Maunz/Dürig Rn. 15; *Heun* in Dreier Rn. 5 („politisch absolut unpassend"); *Nierhaus* in Sachs Rn. 9 („schlechter Stil"); *Pieper* in BeckOK GG Art. 54 Rn. 22.6.

sen.[48] Auch unbesoldete **Parteiämter** sind vom Verbot des Art. 55 nicht erfasst. Einmal mehr ist vor einer Überdehnung des schillernden Begriffs der Neutralität zu warnen und auf die Vernünftigkeit der Amtsführung zu vertrauen.[49] Schon der Erwartungen der Öffentlichkeit wegen wird sich kaum ein amtierender BPräs finden, der zB den Bundesvorsitz seiner Partei beibehalten oder übernehmen wird.

– Die Stellung als **Richter am BVerfG** ist ein „anderes besoldetes Amt“ iSv Abs. 2; → Rn. 13.

III. Ausschluss anderer Ämter, beruflicher und gewerblicher Betätigung (Abs. 2)

Abs. 2 erfüllt gegenüber Abs. 1 eine **Auffangfunktion.**[50] Die (besoldeten) Ämter und erwerbswirtschaftlichen Positionen in Abs. 2 weisen im Vergleich zu den Wahlämtern in Abs. 1 eine größere Nähe zur vorherigen beruflichen Tätigkeit des BPräs auf. Folgerichtig ist ihm daher nur die **Ausübung** untersagt, nicht das Innehaben bei Ruhen aller Rechte und Pflichten; möglich bleibt so nach dem Ausscheiden aus dem Amt die **Wiederaufnahme des „Brotberufs“.**[51] Zur Ausnahme bei der Leitung von Erwerbsunternehmen → Rn. 16. **12**

Besoldetes **Amt** ist „jedes öffentliche Amt im statusrechtlichen Sinne, welches im Beamtenrecht als solches ausgewiesen ist“.[52] Eingeschlossen sind das Richter- und das Soldatenamt.[53] Daher gilt auch für das Amt eines Richters am BVerfG, dass ein Ausscheiden nicht erforderlich ist. Ein Verfassungsrichter, der das Amt des BPräs übernimmt, kann sein Richteramt von Verfassung wegen auch bloß ruhen lassen.[54] Ob als „Amt“ in diesem Sinne auch Kirchenämter anzusehen sind, wird man angesichts der Trennung von Staat und Kirche in Art. 140 GG iVm Art. 137 Abs. 1 WRV skeptisch zu beurteilen haben.[55] Die praktische Relevanz der Frage dürfte indes gering sein. Um Interessenkollisionen zu vermeiden, sind auch **Ämter innerhalb der EG/EU** und anderer **Internationaler Organisationen** erfasst.[56] **13**

---

[48] *Fink* in MKS Rn. 26; *Fritz* in BK Rn. 46; *Nierhaus* in Sachs Rn. 9; *Stern,* StaatsR II, 1980, § 30 Kap. II 4b; weitergehend *Butzer* in SHH, 11. Aufl. 2008, Rn. 19 f. „Staatspraxis hat […] anerkannt, dass es […] geboten ist“.

[49] *Herzog* in Maunz/Dürig Rn. 19; *Nettesheim* in HdbStR III § 61 Rn. 63; aA *Fink* in MKS Rn. 26 „wohl (…) nicht vereinbar“; *Stern,* StaatsR II, 1980, § 30 Kap. II 4b; *Sturm,* Die Inkompatibilität, 1967, 74; ähnlich *Jekewitz* in AK Rn. 4.

[50] Näher *Waldhoff/Grefrath* in BerlKomm Rn. 10.

[51] *Fritz* in BK Rn. 36, 55; *Jekewitz* in AK Rn. 6; *Waldhoff/Grefrath* in BerlKomm Rn. 14. Daher ist nichts dagegen einzuwenden, dass sich Altpräsident *Wulff* zwei Jahre nach seinem Rücktritt in Hamburg als Rechtsanwalt niederließ. Krit. zur (fehlenden) Anrechenbarkeit erwerbswirtschaftlicher Einkünfte auf die Ruhebezüge *v. Arnim* NVwZ-Extra 5/2012, 1 (9).

[52] *Fink* in MKS Rn. 28.

[53] *Butzer* in SHH Rn. 10; *Fink* in MKS Rn. 28.

[54] *Butzer* in SHH Rn. 7; *Fink* in MKS Rn. 25; *Herzog* in Maunz/Dürig Rn. 16 setzt (als im Jahr 1994 selbst Betroffener) hinzu, dass der Stil „natürlich“ das sofortige Ausscheiden gebiete; aA *Hemmrich* in v. Münch/Kunig, 4./5. Aufl. 2001, Rn. 8.

[55] *Achterberg* ZGS 126 (1970), 344 (351); *Butzer* in SHH Rn. 10; *Waldhoff/Grefrath* in BerlKomm Rn. 11. Für Erstreckung auf Kirchenämter hingegen *Herzog* in Maunz/Dürig Rn. 20; *Nettesheim* in HdbStR III § 61 Rn. 63.

[56] *Pieper* in BeckOK GG Rn. 4.1. So trat *Horst Köhler* 2004 bereits mit seiner Kandidatur als Geschäftsführender Direktor des Internationalen Währungsfonds zurück.

14 Ein Amt ist **besoldet,** „wenn es regelmäßig dotiert wird".[57] Die bloße Vergütung tatsächlich getätigter Auslagen ist unschädlich, nicht dagegen die Zahlung einer Aufwandsentschädigung.[58] **Ehrenämter** sind demnach von Abs. 2 nicht erfasst (zu unbesoldeten Parteiämtern → Rn. 11).[59] Gerade durch die Übernahme von Schirmherrschaften und (sonstigen) Ehrenämtern kann sich der BPräs im Rahmen seiner Integrationsaufgabe gesellschaftspolitisch einmischen.[60] Dass nicht jedem jede dieser Einmischungen gefallen wird, verdeutlicht, dass eine Grenzziehung zwischen Ehrenämtern, die noch mit der präsidialen Neutralität vereinbar sind, und solchen, die als „Vertretung gruppenegoistischer Sonderinteressen"[61] erscheinen, verfassungsrechtlich problematisch ist und dem persönlichen Stilgefühl des Amtsinhabers überlassen werden sollte.[62] Wer sich als BPräs durch „einseitige und polarisierende Parteinahme"[63] hervortut, ist ein schlechter Präsident, begeht aber keinen Verfassungsverstoß.

15 Die tautologische Verwendung der Begriffe **„Gewerbe"** und **„Beruf"** soll verdeutlichen, dass selbständige wie unselbständige Erwerbstätigkeit von der Unvereinbarkeitsregel umfasst ist.[64] Die Begriffe sind iSv Art. 12 Abs. 1 GG als jede Tätigkeit zu verstehen, die auf Schaffung und Erhaltung einer Lebensgrundlage gerichtet ist und die nicht „besoldetes Amt" iSd Art. 55 Abs. 2 ist.[65] Dem BPräs ist es nicht verboten, Inhaber eines Gewerbebetriebes zu sein oder seinem Berufsstand auch im Amt zugehörig zu bleiben, solange er während seiner Amtszeit nicht gewerblich oder beruflich tätig ist.

16 Für **Leitungspositionen** (Unternehmensleitung oder Aufsichtsratsmandat) in erwerbswirtschaftlichen Unternehmen ordnet Art. 55 Abs. 2 unmissverständlich an, diese aufzugeben, indem er bereits untersagt, einem Unternehmen in einer solchen Funktion **anzugehören.**[66] Der Natur solcher Positionen wegen ließen sich anders die zu befürchtenden Interessenkollisionen nicht unterbinden. Nicht erforderlich ist indes die Aufgabe einer bloß finanziellen Beteiligung an Erwerbsunternehmen.[67] Anders als bei dem ansonsten nahezu wortidentischen Art. 66 ist eine Befreiung von dem Verbot nicht möglich; sie ist aber auch unnötig, da den BPräs anders als Mitglieder der BReg keine Mitwirkungspflichten in öffentlichen Unternehmen treffen.[68]

---

[57] *Fritz* in BK Rn. 51.

[58] *Butzer* in SHH Rn. 11; *Fink* in MKS Rn. 29; *Herzog* in Maunz/Dürig Art. 66 Rn. 22; problematisch sind Pauschalen, da dem BPräs kein Verdienstausfall entsteht: *Fritz* in BK Rn. 51.

[59] *Fritz* in BK Rn. 49; *Waldhoff/Grefrath* in BerlKomm Rn. 12.

[60] *Fritz* in BK Rn. 49; *Jekewitz* in AK Rn. 6; → Art. 54 Rn. 9.

[61] So die Kritik von *Butzer* in SHH, 11. Aufl. 2008, Rn. 17.

[62] *Fritz* in BK Rn. 50; aA *Fink* in MKS Rn. 30, zulässig nur, „wenn sie keinen politischen Charakter tragen"; ähnlich *Nierhaus* in Sachs Rn. 11; näher diff. *Butzer* in SHH, 11. Aufl. 2008, Rn. 18.

[63] Hier will *Fritz* in BK Rn. 50 die Grenze ziehen.

[64] *Butzer* in SHH Rn. 12; *Fritz* in BK Rn. 53.

[65] *Fink* in MKS Rn. 30; zur Definition des Berufs → Art. 12 Rn. 27 ff.

[66] *Butzer* in SHH Rn. 13; *Fink* in MKS Rn. 31; *Pieroth* in Jarass/Pieroth Rn. 2.

[67] *Waldhoff/Grefrath* in BerlKomm Rn. 14, nach *Herzog* in Maunz/Dürig Art. 66 Rn. 53.

[68] *Fritz* in BK Rn. 56; *Herzog* in Maunz/Dürig Rn. 4.

C. Kritische Würdigung

Die Festlegung von Amtsinkompatibilitäten leistet einen sinnvollen und wichtigen Beitrag zur **teilweisen Verrechtlichung der präsidialen Neutralität** und **stärkt** so die **Integrationsfunktion** des Amtes. Unterstützt wird diese Wirkung durch die Abkopplung von externen Geldgebern in Abs. 2 sowie zusätzlich durch die Möglichkeit, sich im Einzelfall für die Vornahme einer bestimmten Amtshandlung für befangen zu erklären.[69] Art. 55 GG geht deutlich über die Vorläufernorm des Art. 44 WRV hinaus, lässt aber andererseits noch genügend Spielräume für den jeweiligen Amtsinhaber, seine Amtsführung mehr oder weniger „politisch" zu gestalten. In sprachlicher Hinsicht präsentiert sich die Vorschrift vergleichsweise klar. Die zahlreich bestehenden Streitigkeiten über die Interpretation dürften eher gelegentlich überschießenden verfassungspolitischen Zielsetzungen der Interpreten zuzuschreiben sein als Versäumnissen des Verfassungsgesetzgebers. **17**

Literatur

N. Achterberg, Probleme der Inkompatibilität, ZGS 126 (1970), 344. – ***D. Hömig,*** Designierter Bundespräsident und Mitgliedschaft in der Bundesregierung, DÖV 1974, 798. – ***J. Ipsen,*** Die Bundespräsidentenwahl 2010 – eine Nachlese, NdsVBl 2010, 289. – ***F. Klein,*** Grundgesetz und unmittelbarer Wechsel vom Mitglied der Bundesregierung zum Bundespräsidenten, 1959 (= BDIP, Sonderdruck zu Heft 6/1959). – ***M. Nierhaus,*** Verfassungsrechtliche Probleme des Kanzlerrücktritts, JR 1975, 265. – ***G. Sturm,*** Die Inkompatibilität. Eine Studie zum Problem der Unvereinbarkeit im geltenden deutschen Staatsrecht, 1967. – ***D. Tsatsos,*** Inkompatibilität zwischen dem Bundespräsidentenamt und dem parlamentarischen Amt, DÖV 1965, 597. – ***W. Weber,*** Parlamentarische Unvereinbarkeiten (Inkompatibilitäten), AöR 19 (1930), 161.

S. iÜ Literaturangaben zu Art. 54.

[69] → Art. 57 Rn. 5.

Art. 56 [Amtseid]

[1]Der Bundespräsident leistet bei seinem Amtsantritt vor den versammelten Mitgliedern des Bundestages und des Bundesrates folgenden Eid:

„Ich schwöre, daß ich meine Kraft dem Wohle des deutschen Volkes widmen, seinen Nutzen mehren, Schaden von ihm wenden, das Grundgesetz und die Gesetze des Bundes wahren und verteidigen, meine Pflichten gewissenhaft erfüllen und Gerechtigkeit gegen jedermann üben werde. So wahr mir Gott helfe."

[2]Der Eid kann auch ohne religiöse Beteuerung geleistet werden.

Paulskirchenverfassung von 1849

Abschnitt VII. Art. I

§ 190. Bei jedem Regierungswechsel tritt der Reichstag, falls er nicht schon versammelt ist, ohne Berufung zusammen, in der Art, wie er das letzte Mal zusammengesetzt war. Der Kaiser, welcher die Regierung antritt, leistet vor den zu einer Sitzung vereinigten beiden Häusern des Reichstages einen Eid auf die Reichsverfassung.

Der Eid lautet: „Ich schwöre, das Reich und die Rechte des deutschen Volkes zu schirmen, die Reichsverfassung aufrecht zu erhalten und sie gewissenhaft zu vollziehen. So wahr mir Gott helfe." Erst nach geleistetem Eide ist der Kaiser berechtigt, Regierungshandlungen vorzunehmen.

Weimarer Reichsverfassung von 1919

Art. 42. (1) Der Reichspräsident leistet bei der Übernahme seines Amtes vor dem Reichstag folgenden Eid:

Ich schwöre, daß ich meine Kraft dem Wohle des deutschen Volkes widmen, seinen Nutzen mehren, Schaden von ihm wenden, die Verfassung und die Gesetze des Reiches wahren, meine Pflichten gewissenhaft erfüllen und Gerechtigkeit gegen jedermann üben werde.

(2) Die Beifügung einer religiösen Beteuerung ist zulässig.

A. Allgemeine Bedeutung

1 Art. 56 wurde im **Parlamentarischen Rat** in Anlehnung an Art. 42 WRV gestaltet; der Herrenchiemsee-Entwurf sah noch keine bestimmte Formel vor. Die Eidesformel im GG hat zwei markante Änderungen erfahren. Zum einen schwört der Bundespräsident, GG und Bundesgesetze nicht nur zu wahren, sondern auch zu verteidigen; zum anderen ist als Regelfall nunmehr die religiöse Beteuerung vorgesehen.[1] Die Eidesformel für den BPräs. findet kraft Verweisung in Art. 64 Abs. 2 auch auf die Vereidigung des Bundeskanzlers und der Bundesminister Anwendung.[2]

2 Der Eid ist ein altes Mittel zur Bekräftigung von Versprechen, auch von Rechtspflichten, (sog. promissorischer Eid) oder zur Bekräftigung der Wahrheit einer Aussage (sog. assertorischer Eid).[3] Beim **promissorischen Eid** wird das Versprechen dadurch gesichert, dass sich der Versprechende für die Erfüllung seiner Zusagen einer höheren, meist göttlichen, Macht unter-

[1] Näher zu Geschichte und Genese *Butzer* in SHH, 11. Aufl. 2008, Rn. 1f.; *Heun* in Dreier Rn. 1f.; zur Genese der Bestimmung auch JöR 1 (1951), 408f.

[2] → Art. 64 Rn. 27ff.; zur Frage einer Eidespflicht des Bundesratspräsidenten im Vertretungsfall → Art. 57 Rn. 10.

[3] *Friesenhahn,* Der politische Eid (1928), Neudruck 1979, 18ff.; *Hirzel,* Der Eid, 1902, 1ff.

wirft.[4] Durch diese reflexive Sicherung des Versprechens[5] tritt eine **Verdopplung der Bindungen** ein; rechtliches und religiöses System stützen sich gegenseitig.

Der **politische Eid** entspricht als promissorischer Eid dieser doppelten Verpflichtungsstruktur; seine Bedeutung im säkularen Staat ist aber dadurch gewandelt, dass die das Versprechen stützende normative Ordnung nicht mehr gemeinsame Bezugsgröße für den Versprechenden und den Versprechensempfänger sein muss.[6] In den Mittelpunkt rückt vielmehr die **ethisch-moralische Selbstbindung** des Betroffenen.[7] Zur Stützung der Rechtspflicht wird so ein verinnerlichtes Moralsystem in Dienst genommen, über welches das Über-Ich als Gewissensinstanz wacht.[8] Woraus diese verinnerlichte Moral sich speist, ob aus religiösen oder aus areligiösen Quellen, ist letztlich ohne Belang.[9] Der politische Eid ist daher, auch wenn er mit religiösem Zusatz geleistet wird, von einem religiösen Eid im eigentlichen Sinne verschieden.[10] Wegen dieses im Eid liegenden „Appells an den inneren Zensor"[11] ist es nicht überzeugend, als Bezugspunkt des Eides das Naturrecht als eine übergreifende außer- und überindividuelle säkulare Ersatzreligion anzubieten.[12] 3

Neben diese innere Verpflichtungsdimension tritt eine äußere, gesellschaftsbezogene Dimension des politischen Eides. Diese wohnt weniger dem Eid als solchem als der **Zeremonie der Vereidigung** inne.[13] Das „feierliche Versprechen gegenüber dem Souverän"[14] wird vor einer repräsentativen (BT und BR) und medial vermittelten Öffentlichkeit gegeben. Dies dient zugleich einer **Selbstrepräsentation des Gemeinwesens**[15] wie der **symbolischen Bekräftigung der Gemeinschaft,**[16] die insbes. in der öffentlichen Wiederholung einer festgelegten Eidesformel beschworen wird.[17] 4

---

[4] *v. Arnauld* in v. Arnauld Recht und Spielregeln, 101 (113 ff.); *Friesenhahn,* Der politische Eid (1928), Neudruck 1979, 3 ff.; zur Verbindung mit dem Gottesurteil *Hirzel,* Der Eid, 1902, 176 ff., 210 ff.; auf niederer Verpflichtungsstufe wurde immer auch schon bei etwas geschworen, das „in des Schwörenden Augen besondere Würde oder besonderen Werth" besaß, *Hirzel,* Der Eid, 1902, 15.

[5] *v. Arnauld,* Rechtssicherheit, 2006, 79 f.

[6] Vgl. *Hirsch* FS f. Heinitz, 1972, 139 (153 ff.).

[7] *Butzer* in SHH Rn. 3; *Fritz* in BK Rn. 3; *Herzog* in Maunz/Dürig Rn. 10; *Nettesheim* in HdbStR III § 61 Rn. 51 f.

[8] *Hirsch* FS f. Heinitz, 1972, 139 (153 ff.); sa *Herzog* in Maunz/Dürig Rn. 10: Verpflichtung auf etwas, „was *ihm* höher als jeder politische Vorteil und jede rechtliche Bindung steht" (Hervorhebung hinzugefügt). Zu solchen Indienstnahmen des Gewissens auch *Habermas,* Faktizität und Geltung, 1992, 145 f.

[9] *Herzog* in Maunz/Dürig Rn. 10; zumindest missverständlich daher die Differenzierung zwischen dem Eid mit und ohne religiöse Beteuerung, die in BVerfGE 33, 23 (27) anklingt.

[10] *Friesenhahn,* Der politische Eid (1928), Neudruck 1979, 9; dem folgend *Fritz* in BK Rn. 6; *Waldhoff/Grefrath* in BerlKomm Rn. 4.

[11] *Stern,* StaatsR II, 1980, § 30 Kap. II 5a.

[12] So aber *Fink* in MKS Rn. 2, 7; zu Recht krit. *Waldhoff/Grefrath* in BerlKomm Rn. 2.

[13] *Hirsch* FS f. Heinitz, 1972, 139 (144), auch zur stabilisierenden Funktion der Öffentlichkeit des Aktes.

[14] *Fritz* in BK Rn. 7; sa *Herzog* in Maunz/Dürig Rn. 7 ff.; *Kirchschläger* FS f. Schambeck, 1994, 29 (31).

[15] *Fink* in MKS Rn. 2; *Herzog* in Maunz/Dürig Rn. 1; *Nierhaus* in Sachs Rn. 2; *Waldhoff/Grefrath* in BerlKomm Rn. 2; zur Integrationswirkung *Wetzel,* Eid und Gelöbnis im demokratischen, weltanschaulich neutralen Staat, 2001, 144 ff.

[16] Ähnlich *Heun* in Dreier Rn. 5; zur Funktion, „das existenzielle Mißtrauen der Gruppenmitglieder (…) im Rahmen des möglichen zu beseitigen", *Hirsch* FS f. Heinitz, 1972, 139 (143 f.); diff. *Wetzel,* Eid und Gelöbnis im demokratischen, weltanschaulich neutralen Staat, 2001, 53 ff.

[17] Zur Stiftung ritueller Kohärenz *Assmann,* Das kulturelle Gedächtnis, 3. Aufl. 2000, 56 ff., 87 ff.

5 Die wechselseitige Stützung von rechtlichem und moralischem System im politischen Eid kommt auch darin zum Ausdruck, dass die Ableistung des Eides für den BPräs. nach Art. 56 **Rechtspflicht** ist, deren Verletzung mit der Präsidentenanklage gem. Art. 61 geahndet werden kann.[18] Hierüber hinaus kommt dem Amtseid **keine selbständige rechtliche Bedeutung** zu,[19] weil sich seine Bedeutung in der oben beschriebenen Dopplung der Rechtsbindungen erschöpft. So ist die Eidesleistung keine Voraussetzung für den Amtserwerb; Amtshandlungen vor der Vereidigung sind, im Unterschied zur Regelung in § 190 der Paulskirchenverfassung, gültig (→ Rn. 7).[20] Auch können aus dem Amtseid keine zusätzlichen Kompetenzen und Befugnisse abgeleitet werden. Der Eid bekräftigt die existierenden Rechte und Pflichten des BPräs. und setzt diese somit voraus.[21] Dementsprechend fehlt es auch der Eidesformel an materiell-rechtlicher Bedeutung.[22]

B. Einzelfragen

I. Vereidigung bei Amtsantritt

6 Art. 56 schreibt die Vereidigung bei **Amtsantritt** vor. Der Amtsantritt ist nicht identisch mit dem automatischen Amtsbeginn,[23] muss aber in unmittelbarer zeitlicher Nähe zu diesem liegen.[24] In der Staatspraxis findet am Tag des Amtsbeginns die vorgeschriebene gemeinsame Sitzung von BT und BR statt, auf der zugleich der bisherige Präsident förmlich verabschiedet wird.

7 **Amtshandlungen vor der Vereidigung** sind zulässig und wirksam. Dies folgt bereits daraus, dass die Amtspflichten den BPräs. bereits mit Amtsbeginn treffen und er unabhängig von der Vereidigungszeremonie in der Lage sein muss, unaufschiebbare Amtshandlungen vorzunehmen.[25] Da ihm mit Amtsbeginn nicht nur Pflichten obliegen, sondern auch alle Rechte des Amtes zustehen, ist der BPräs. verfassungsrechtlich aber nicht gehalten, nur in unaufschiebbaren Fällen vor der Vereidigung zu handeln.[26] Die Erledigung weniger dringlicher und insbes. sichtbarer Amtsgeschäfte vor der Vereidigung dürfte allerdings Ausdruck schlechten Stils sein, zumal des engen zeitlichen

[18] AllgA, näher *Butzer* in SHH Rn. 14; *Herzog* in Maunz/Dürig Rn. 12 f.; *Fritz* in BK Rn. 10 sieht in der Sanktionierung eines rechtlich bedeutungslosen Aktes „ungewöhnliche Ambivalenz"; dagegen *Waldhoff/Grefrath* in BerlKomm Rn. 9; *Haensle* Jura 2009, 670 (673 f.).

[19] *Fink* in MKS Rn. 4; *Fritz* in BK Rn. 8; *Herzog* in Maunz/Dürig Rn. 2; s. aber *Nettesheim* in HdbStR III § 61 Rn. 53 (konstitutiv für die nicht sanktionsbewehrte – letztlich aber moralische! – Pflicht, dem Gemeinwohl zu dienen).

[20] Näher *Butzer* in SHH, 11. Aufl. 2008, Rn. 7 f.; *Herzog* in Maunz/Dürig Rn. 4 f.

[21] *Butzer* in SHH Rn. 5; *Fink* in MKS Rn. 5; *Jekewitz* in AK Rn. 2; *Pieroth* in Jarass/Pieroth Rn. 2; daher ist der Schluss aus Art. 56 auf ein materielles Gesetzesprüfungsrecht zirkulär: *Friesenhahn* FS f. Carstens II 1984, 568 (569 f.); *Heun* in Dreier Rn. 6; *Nierhaus* in Sachs Rn. 3.

[22] *Herzog* in Maunz/Dürig Rn. 20 f. Zur geringen praktischen Bedeutung in politischen und verfassungsrechtlichen Normallagen *Pieper* in BeckOK Rn. 2 f.

[23] Zu diesem → Art. 54 Rn. 19.

[24] *Fink* in MKS Rn. 4; *Fritz* in BK Rn. 13; *Waldhoff/Grefrath* in BerlKomm Rn. 5.

[25] *Fritz* in BK Rn. 14; aA *Haensle* Jura 2009, 670 (673): unzulässig, aber wirksam (Vergleich mit § 15 BBG).

[26] So aber *Fink* in MKS Rn. 4; *Hemmrich* in v. Münch/Kunig, 4./5. Aufl. 2001, Rn. 2; *Friesenhahn,* Der politische Eid (1928), Neudruck 1979, 52; wie hier *Herzog* in Maunz/Dürig Rn. 14; sa *Butzer* in SHH Rn. 4; *Nierhaus* in Sachs Rn. 8: zeitlicher, kein sachlicher Bedingungszusammenhang zwischen Eidesleistung und Amtsantritt.

Zusammenhangs von Amtsbeginn und Vereidigung wegen ein Abwarten regelmäßig zumutbar ist.[27]

Nach ganz hM und ständiger Staatspraxis (1954, 1964, 1989, 2009) kann bei **Wiederwahl des amtierenden BPräs.** auf eine erneute Vereidigung verzichtet werden.[28] Begründet wird dies damit, dass sich die neue Amtszeit lückenlos an die bisherige anschließe und der wiedergewählte BPräs. mit Ablauf seiner ersten Amtszeit nicht aus den Amtspflichten entlassen werde. Das GG kenne in Bezug auf den BPräs. kein Diskontinuitätsprinzip. Dies indes ist eine bloße Behauptung. Wegen der ausdrücklichen Fristbestimmung und der Qualifizierung als „Wiederwahl" (nicht als „Bestätigung" im Amt) in Art. 54 Abs. 2 spricht mehr für ein Ende der Amtszeit und einen neuerlichen Amtsantritt. Nimmt man den zeremoniellen und gemeinschaftsstiftenden Charakter der Vereidigung ernst, kann hier auch nicht von „leerer Förmelei" die Rede sein.[29] Angesichts der etablierten Staatspraxis wird man den Verzicht auf eine erneute Vereidigung aber wohl als „verpasste Chance" ansehen müssen.[30] Sollte ein Altpräsident in sein Amt zurückkehren, nachdem zwischenzeitlich ein anderer Präsident amtiert hat, wäre unstreitig eine erneute Vereidigung vonnöten.[31] 8

II. Vereidigung vor den Mitgliedern des BT und BR

Die Vereidigung hat vor den versammelten **Mitgliedern von BT und BR** zu erfolgen.[32] Dies gilt auch, wenn (wegen vorzeitiger Erledigung der Amtszeit des Vorgängers) der Amtsantritt unmittelbar nach der Wahl liegt und eine Vereidigung vor der Bundesversammlung technisch möglich wäre.[33] Die Entscheidung für dieses Forum wird vielfach als Relikt des ursprünglich vom Parlamentarischen Rat ins Auge gefassten Wahlgremiums gedeutet; nur aus Praktikabilitätserwägungen sei eine erneute Einberufung der Bundesversammlung nicht in Betracht gekommen.[34] Dagegen spricht jedoch, dass die Bundesversammlung mit ihrer Auflösung aufhört zu existieren. Einzuberufen wäre also eine „andere" Bundesversammlung. Die Entscheidung für eine gemeinsame Sitzung von BT und BR wird man **nicht** als **bloße Verlegenheitslösung** ansehen können. Es entspricht dem promissorischen Charakter des Eides, dass dieser vor den ständigen Repräsentationsorganen von Volk und Bundesländern zu leisten ist und nicht vor einem „flüchtigen" Organ wie der Bundesversammlung.[35] Zudem greift das GG 9

[27] *Fritz* in BK Rn. 15 f.

[28] Ganz hM, s. nur *Butzer* in SHH Rn. 11; *Fritz* in BK Rn. 17; *Heun* in Dreier Rn. 8; *Nierhaus* in Sachs Rn. 6; *Pieroth* in Jarass/Pieroth Rn. 1; aA *Herzog* in Maunz/Dürig Rn. 18; *Pieper* in BeckOK Rn. 5 und 5.2.; zumindest skeptisch *Fink* in MKS Rn. 12.

[29] So aber *Waldhoff/Grefrath* in BerlKomm Rn. 7; wie hier *Herzog* in Maunz/Dürig Rn. 18. Ob ein Open-Air-Mittagessen („Tafel der Demokratie"), mit dem BPräs *Köhler* am 3.7.2009 in Berlin den Beginn seiner zweiten Amtszeit markierte, die angemessenere Form darstellt, darf man unterschiedlich beurteilen.

[30] *Pieper* in BeckOK GG Rn. 5.2.

[31] *Fink* in MKS Rn. 13; *Fritz* in BK Rn. 12; *Jekewitz* in AK Rn. 3; *Nierhaus* in Sachs Rn. 6.

[32] Die gemeinsame Sitzung beider „Häuser" (der einzige Fall, den das GG kennt) begründet kein eigenständiges Verfassungsorgan: *Fritz* in BK Rn. 13; *Nierhaus* in Sachs Rn. 9.

[33] *Butzer* in SHH Rn. 11.

[34] *Fritz* in BK Rn. 20; *Herzog* in Maunz/Dürig Rn. 16; *Nettesheim* in HdbStR III § 61 Rn. 54; krit. *Butzer* in SHH, 11. Aufl. 2008, Rn. 17.

[35] Ähnlich *Butzer* in SHH, 11. Aufl. 2008, Rn. 18.

hier den zweifachen Legitimationsstrang wieder auf, der auch für das Wahlverfahren prägend ist.[36]

10 Weil es nur um passive Repräsentationsaufgaben geht, spielen Fragen der Beschlussfähigkeit keine Rolle. Vollzählige Anwesenheit der Mitglieder von BT und BR ist daher nicht erforderlich.[37]

III. Eidesformel

11 Die Eidesformel ist **verbindlich;** die Leistung des Eides unter Abweichungen steht einer Eidesverweigerung gleich.[38] Freigestellt ist dem Schwörenden nach S. 4 nur, ob er die **religiöse Beteuerung** wählt oder nicht. Deren optionaler Charakter entbindet indes nicht von der grundsätzlich zu wahrenden Textstrenge. Im Unterschied zu Art. 44 WRV legt Art. 56 GG auch insoweit die Formel fest.[39] Dass das GG die religiöse Beteuerung nicht nur vorgibt, sondern sie rechtsformal zum Regelfall macht, „entbehrt nicht jeder Pikanterie";[40] es verweist auf christliche Traditionen, die für das GG – neben anderen Einflüssen – prägend waren.[41]

12 Die Entscheidung, ob er die religiöse Beteuerung wählt, liegt beim BPräs. allein und höchstpersönlich.[42] Das Wahlrecht in S. 4 ist Ausdruck des **Respekts** vor seinen religiösen und weltanschaulichen Überzeugungen (Art. 4 Abs. 1, Art. 33 Abs. 3 S. 1 GG) und sichert zugleich die **Neutralität des Staates** (Art. 140 GG iVm Art. 136 Abs. 4 WRV).[43]

13 Viel diskutiert ist der sog **Eideszwang,** dh die Frage, ob jemand zur Leistung eines Eides gezwungen werden kann, obwohl ihm seine religiösen Überzeugungen jedes Schwören verbieten.[44] Gegen die Zulässigkeit des Zwangs spricht, dass Art. 56 S. 4 den Respekt vor den individuellen Überzeugungen zum Ausdruck bringt. Zudem hat in Bezug auf einfachgesetzliche Vereidigungsvorschriften das BVerfG in der Tat im Eideszwang einen Verstoß gegen Art. 4 Abs. 1 GG gesehen.[45] Im vorliegenden Fall steht jedoch die Anordnung der Eidesformel im GG selbst einer denkbaren verfassungskon-

---

[36] *Fink* in MKS Rn. 17; *Fritz* in BK Rn. 20; *Herzog* in Maunz/Dürig Rn. 16; *Nettesheim* in HdbStR III, 3. Aufl. 2005, § 61 Rn. 54. → Art. 54 Rn. 23.

[37] *Butzer* in SHH Rn. 11; *Fink* in MKS Rn. 17.

[38] *Fink* in MKS Rn. 19; *Fritz* in BK Rn. 26 f.; *Haensle* Jura 2009, 670 (674).

[39] Mit Blick auf die Disponibilität der religiösen Beteuerung und die damit verbundenen Zwecke (→ Rn. 12) dürfte es allerdings mit Art. 56 GG vereinbar sein, eine andere Formel zu wählen, soweit diese mit dem Neutralitätsgebot in Einklang steht. So iErg auch *Butzer* in SHH Rn. 9; *Fritz* in BK Rn. 27; *Haensle* Jura 2009, 670 (675); *Pieper* in BeckOK Rn. 4.3; *Nettesheim* in HdbStR III § 61 Rn. 55.

[40] *Herzog* in Maunz/Dürig Rn. 22; krit. *Heimann-Trosien* JZ 1973, 609 (613).

[41] *Fritz* in BK Rn. 21; eing. *Stein,* Himmlische Quellen und irdisches Recht, 2007; *Uhle,* Freiheitlicher Verfassungsstaat und kulturelle Identität, 2004, 108 ff. Keinesfalls rechtfertigt dies im religiös-weltanschaulich neutralen Staat eine einseitige Interpretation der Verfassung aus christlichem Geist. Zu verschiedenen Einflüssen auf das GG im Überblick *Dreier* DVBl 1999, 667.

[42] *Fink* in MKS Rn. 21; *Herzog* in Maunz/Dürig Rn. 23.

[43] *Heun* in Dreier, Rn. 9; wenig überzeugend *Fink* in MKS Rn. 22, für den S. 4 bezweckt, den Präsidenten wählen zu lassen, ob er die Amtsführung stärker auf christliche Ethik oder eine Vernunftethik ausrichten will: Weder muss die religiöse Beteuerung auf einen christlichen Gott zielen, noch muss der Verzicht auf sie sich auf eine solche Wahl reduzieren lassen.

[44] Näher *Fritz* in BK Rn. 31 ff.; eing. *Bahlmann* FS f. Arndt, 1969, 37 (48 ff.); *Klüver,* Der Eideszwang, 1972; *Wetzel,* Eid und Gelöbnis im demokratischen, weltanschaulich neutralen Staat, 2001, 105 ff.

[45] BVerfGE 33, 23 (32 f.); 79, 69 (76 f.).

formen Interpretation entgegen.[46] Für die Annahme kollidierenden Verfassungsrechts ist angesichts der klaren Vorgabe des Art. 56 ebenso wenig Raum[47].[48] Wie eingangs festgestellt, ist der politische Eid vom religiösen Eid verschieden (→ Rn. 3). Insofern handelt es sich bei der Formel „ich schwöre" wohl religiös wie weltlich um dieselbe Formel, aber mit abweichenden Semantiken. Für den politischen Eid bedeutet „ich schwöre" lediglich „ich versichere feierlich".[49] Wer mit einer solchen Mentalreservation nicht leben kann, wird *de constitutione lata* seinen – freiwilligen[50] – Entschluss zum Amt noch einmal zu überdenken haben – oder er wird auf eine Verfassungsänderung drängen müssen.

C. Kritische Würdigung

Die Vereidigung der obersten Repräsentanten des Staates ist **keine überlebte Tradition.** Der säkulare und religiös-weltanschaulich neutrale Staat kennt zwar keine allgemeinverbindliche Instanz mehr neben dem Recht; doch ist auch eine Kopplung der Amtsversprechen an die individuellen Gewissensinstanzen sinnvoll. Wie effektiv sie ist, wird sich freilich kaum ermitteln lassen. Hinzu kommt der öffentliche repräsentative und gemeinschaftsstiftende Akt als feierliche Zäsur im Alltag des Verfassungslebens. Aus diesem Grunde wäre auch die erneute Vereidigung zu Beginn der zweiten Amtszeit eines wiedergewählten Präsidenten zu begrüßen. Hinsichtlich der **Ausgestaltung des Eides** im GG erscheint es wegen des engen zeitlichen Zusammenhangs zwischen Amtsbeginn und Amtsantritt nicht erforderlich, die Vereidigung aufzuwerten, indem man die Amtsbefugnisse an die vorherige Eidesleistung knüpft.[51] Um – bislang nur theoretische – Schwierigkeiten mit dem Eideszwang zu vermeiden, wäre allerdings eine religiös unverfänglichere Formulierung *de constitutione ferenda* vorzuziehen. Eine Formel wie „ich gelobe" wäre genug, um den promissorischen Charakter des Aktes zu wahren, und würde die ethische Selbstverpflichtung ebenso unmissverständlich zum Ausdruck bringen.[52] 14

Literatur

K. Bahlmann, Der Eideszwang als verfassungsrechtliches Problem, FS f. Arndt, 1969, 37. – ***E. Friesenhahn,*** Der politische Eid (1928), Neudruck 1979. – ***E. Friesen-***

[46] *Butzer* in SHH Rn. 10; *Fritz* in BK Rn. 36; *Heun* in Dreier Rn. 10.

[47] *Nettesheim* in HdbStR III § 61 Rn. 55; *Stern,* StaatsR II, 1980, § 30 Kap. II 5a; aA *Pernice* in Dreier, 2. Aufl. 2006, Rn. 10.

[48] *Butzer* in SHH, 11. Aufl. 2008, Rn. 15; *Fritz* in BK Rn. 35 f. *Waldhoff/Grefrath* in BerlKomm Rn. 3 weisen zudem auf den Ausnahmecharakter von S. 4 hin.

[49] *Friesenhahn,* Der politische Eid (1928), Neudruck 1979, 10; *Waldhoff/Grefrath* in BerlKomm Rn. 4; sa BVerfGE 33, 23 (27 f.); *Hirsch* FS f. Heinitz, 1972, 139 (155 ff.).

[50] Hierauf stellt BVerfGE 33, 23 (31) ab; bestätigt in BVerfGE 79, 69 (77); zust. *Nettesheim* in HdbStR III § 61 Rn. 55. Ob aber die gleichfalls betonte „vollkommene Identifizierung des Gewählten mit den in der Verfassung niedergelegten Wertungen" in Frage gestellt ist, wenn sich jemand allein am Text der Eidesformel stört, wird man anders sehen dürfen; krit. *Friesenhahn* FS f. Carstens II 1984, 568 (570).

[51] Für eine solche Aufwertung *Fink* in MKS Rn. 4.

[52] So *Friesenhahn* FS f. Carstens II 1984, 568 (570 f.); *Heimann-Trosien* JZ 1973, 609 (613); Diskussion des Für und Wider bei *Wetzel,* Eid und Gelöbnis im demokratischen, weltanschaulich neutralen Staat, 2001, 125 ff.; zur Gelöbnisformel für den österreichischen BPräs. nach Art. 62 österreichische BundesverfassungsG (B-VG) *Kirchschläger* FS f. Schambeck, 1994, 29.

hahn, Über den Anwaltseid im Rahmen der neueren Entwicklung des politischen Eides, FS f. Carstens, 1984, 568. – ***W. Haensle,*** Amtseid à la Obama – Verfassungsrechtliche Grundfragen und Probleme des Amtseids nach dem Grundgesetz, Jura 2009, 670. – ***G. Heimann-Trosien,*** Zur Beibehaltung und Fassung des Eides, JZ 1973, 609. – ***E. E. Hirsch,*** Über die Gesellschaftsbezogenheit des Eides, in FS f. Heinitz, 1972, 139. – ***R. Hirzel,*** Der Eid, 1902. – ***R. Kirchschläger,*** Gelöbnis des Bundespräsidenten und dessen religiöse Beteuerung, FS f. Schambeck, 1994, 29. – ***M. Klüver,*** Der Eideszwang, Diss. 1972. – ***A. Wetzel,*** Eid und Gelöbnis im demokratischen, weltanschaulich neutralen Staat, Diss. 2001.

S. iÜ Literaturangaben zu Art. 54.

Art. 57 [Vertretung]

Die Befugnisse des Bundespräsidenten werden im Falle seiner Verhinderung oder bei vorzeitiger Erledigung des Amtes durch den Präsidenten des Bundesrates wahrgenommen.

Hinweis: Die Paulskirchenverfassung von 1849 enthielt keine vergleichbare Bestimmung.

Weimarer Reichsverfassung von 1919

Art. 51. (1) Der Reichspräsident wird im Falle seiner Verhinderung zunächst durch den Reichskanzler vertreten. Dauert die Verhinderung voraussichtlich längere Zeit, so ist die Vertretung durch ein Reichsgesetz zu regeln.

(2) Das gleiche gilt für den Fall einer vorzeitigen Erledigung der Präsidentschaft bis zur Durchführung der neuen Wahl.

Durch Gesetz v. 17.12.1932 (RGBl. 1932, 547) § 1 erhielt Art. 51 Abs. 1 folgende Fassung:

Der Reichspräsident wird im Falle seiner Verhinderung durch den Präsidenten des Reichsgerichts vertreten.

A. Allgemeine Bedeutung

1 Die Vertretungsregelung des Art. 57 dient dem Zweck, „die **kontinuierliche Fortführung der präsidentiellen Aufgaben** auch dann zu gewährleisten, wenn der Amtsinhaber aus rechtlichen oder tatsächlichen Gründen seinen Verpflichtungen nicht (mehr) nachzukommen vermag".[1] In Übereinstimmung mit der Einrichtung eines unselbständigen Staatsoberhauptes hat der Verfassungsgeber **keinen ständigen Vizepräsidenten** eingerichtet, sondern die Vertretung nach Bedarf dem Präsidenten eines anderen Verfassungsorgans übertragen.[2] Unterstrichen wird diese Entscheidung zusätzlich dadurch, dass das GG – im Unterschied zu Art. 51 WRV – den Begriff der „Vertretung" nicht verwendet. Die Regelung stellt nicht die Position des Vertreters in den Mittelpunkt, sondern den Vorgang der fallweisen Übernahme der Befugnisse.

2 Bis einschließlich zur dritten Lesung im Hauptausschuss des Parlamentarischen Rates war für die Vertretung zunächst der Präsident des BVerfG vorgesehen. Wegen des geringeren kompetenzrechtlichen Konfliktpotenzials fiel die Wahl aber schließlich auf den Präsidenten des BR.[3] Gemeinhin wird daher von dem **Ergebnis einer Negativauslese** gesprochen.[4]

3 Hinsichtlich der **Dauer der Vertretung** enthält das GG keine allgemeine Begrenzung. Lediglich bei der Vertretung wegen vorzeitiger Beendigung des Amtes setzt die Frist zur Neuwahl in Art. 54 Abs. 4 S. 1 Hs. 2 eine Grenze von maximal 30 Tagen (zzgl. der Zeit bis zur Annahme der Wahl durch den

---

[1] *Nierhaus* in Sachs Rn. 2.

[2] *Herzog* in Maunz/Dürig Rn. 6; *Nettesheim* in HdbStR III § 61 Rn. 56; sa *Wahl,* Stellvertretung im Verfassungsrecht, 1971, 109 f.

[3] Näher zur Vor- und Entstehungsgeschichte *Butzer* in SHH, 11. Aufl. 2008, Rn. 1 ff.; *Fink* in MKS Rn. 1 ff.; *Fritz* in BK Rn. 1 ff.; *Paterok,* Die Wahrnehmung der Befugnisse des Bundespräsidenten durch den Präsidenten des Bundesrates, Art. 57 GG, 1966, 2 ff., 10 ff.

[4] *Butzer* in SHH Rn. 1; *Fink* in MKS Rn. 3; *Fritz* in BK Rn. 7; *Nierhaus* in Sachs Rn. 1; eingehende Diskussion anderer Varianten bei *Fink* in MKS Rn. 4 ff.; *Wahl,* Stellvertretung im Verfassungsrecht, 1971, 110 ff.; sa *Pitschas* Der Staat 12 (1973), 183 (200 f.).

Nachfolger). Für Vertretungen wegen Verhinderung lässt sich eine zeitliche Grenze dem GG nicht entnehmen.[5]

B. Einzelfragen

I. Befugnisse des BPräs

4 Zu den Befugnissen des BPräs → Art. 54 Rn. 5–6.

II. Verhinderung oder vorzeitige Erledigung des Amtes

5 Die **Verhinderung** des BPräs stellt den praktisch bedeutsamsten Fall der Vertretung dar.[6] Bei der Typisierung der Verhinderungsfälle wird üblicherweise die sog. Ersatzvertretung von der sog. Nebenvertretung unterschieden.[7]

Ein Fall der **Ersatzvertretung** liegt vor, wenn der BPräs zwar noch im Besitz seiner Amtsbefugnisse ist (sonst ginge es um eine vorzeitige Beendigung des Amtes[8]), aber aus tatsächlichen oder aus rechtlichen Gründen an deren Ausübung gehindert ist. Als **tatsächliche Verhinderungsgründe** kommen va Krankheit, Urlaub oder Gefangenschaft (zB im Zuge einer Entführung oder Geiselnahme) in Betracht.[9] Aus **rechtlichen Gründen** verhindert ist der BPräs in Folge einer einstweiligen Anordnung des BVerfG nach Art. 61 Abs. 2 S. 2.[10] Man wird zu den rechtlichen Verhinderungsgründen auch den Fall rechnen können, dass der BPräs wegen **Befangenheit** an der Vornahme einer Amtshandlung gehindert ist. Zwar handelt es sich hier um eine einzelne Amtshandlung und nicht um die für Ersatzvertretungen typische vollständige Unmöglichkeit einer Ausübung der Amtsbefugnisse; gleichwohl liegt dieser Fall näher an einer Ersatzvertretung, weil der Vertreter hier an Stelle des Vertretenen handelt und nicht neben ihm.[11] Keine Verhinderung ist hingegen die Weigerung des BPräs, eine Amtshandlung vorzunehmen.[12]

6 Eine **Nebenvertretung** wird erforderlich, wenn der BPräs wegen der Erfüllung einer Amtspflicht verhindert ist, eine andere Amtspflicht zu erfüllen; es geht also um Terminkollisionen. Teilweise wird die Zulässigkeit solcher Nebenvertretungen iRd Art. 57 gänzlich bestritten.[13] Zuzugeben ist,

---

[5] *Butzer* in SHH Rn. 12; *Heun* in Dreier Rn. 10; *Nierhaus* in Sachs Rn. 10; *Waldhoff/Grefrath* in BerlKomm Rn. 12; aA *Paterok,* Die Wahrnehmung der Befugnisse des Bundespräsidenten durch den Präsidenten des Bundesrates, Art. 57 GG, 1966, 61 ff.; unklar *Jekewitz* in AK Rn. 2 (Vertretung soll auf kürzere Zeiten beschränkt bleiben).

[6] Zur Praxis näher *Butzer* in SHH Rn. 18; *Fritz* in BK Rn. 35 f.

[7] Grdl. *Wahl,* Stellvertretung im Verfassungsrecht, 1971, 27 ff., 124 f.; dem folgend zB *Fritz* in BK Rn. 29 f.; *Herzog* in Maunz/Dürig Rn. 15 ff.; *Nettesheim* in HdbStR III § 61 Rn. 58.; diff. nach tatsächlichen und rechtlichen Gründen dagegen bei *Jekewitz* in AK Rn. 3.

[8] In ähnliche Richtung zielt der verbreitete Hinweis, dass die Verhinderung vorübergehend oder behebbar sein müsse: *Waldhoff/Grefrath* in BerlKomm Rn. 4.

[9] *Butzer* in SHH Rn. 5; *Herzog* in Maunz/Dürig Rn. 15; für Urlaub aA *Fritz* in BK Rn. 30, Fall der Nebenvertretung.

[10] *Butzer* in SHH Rn. 5; *Jekewitz* in AK Rn. 3; *Pieroth* in Jarass/Pieroth Rn. 1; aA *Fink* in MKS Rn. 17; *Herzog* in Maunz/Dürig Rn. 1 (Fall einer „unechten" Erledigung des Amtes).

[11] *Fritz* in BK Rn. 29; *Heun* in Dreier Rn. 5; für zulässige Nebenvertretung dagegen *Herzog* in Maunz/Dürig Rn. 18; *Wahl,* Stellvertretung im Verfassungsrecht, 1971, 128 f.; noch aA („vertretungsähnlicher" Fall analog Art. 57) *Butzer* in SHH Rn. 6.

[12] *Butzer* in SHH Rn. 8; *Pieper* in BeckOK GG Rn. 5; *Pieroth* in Jarass/Pieroth Rn. 1. Zur Verweigerung der Ausfertigung von Bundesgesetzen → Art. 54 Rn. 13.

[13] *Pitschas* Der Staat 12 (1973), 183 (200); *Wahl,* Stellvertretung im Verfassungsrecht, 1971, 124 f.; *Waldhoff/Grefrath* in BerlKomm Rn. 6.

dass die Formulierung, wonach im Falle einer Verhinderung „die" Befugnisse vom Bundesratspräsidenten wahrgenommen werden, nach dem „alles oder nichts" der Ersatzvertretung klingen;[14] zwingend ist diese Lesart jedoch nicht. Dass es in der Praxis durchaus zu Nebenvertretungen kommt, wenn sich der BPräs auf Staatsbesuch im Ausland aufhält, verweist die Aussage, wonach „[d]ie politische Repräsentation durch *ein* Staatsoberhaupt […] sich […] der arbeitsteiligen Aufgliederung" entziehe,[15] in das Reich der Amtsmystik. Ein genereller Ausschluss von Nebenvertretungen lässt sich dem GG nicht entnehmen.[16] Allerdings deutet der Begriff der „Verhinderung" **gewisse äußere Zwänge** an und steht so einem weit reichenden Delegationsrecht des BPräs entgegen. Dieser muss sich, wie dies in der Praxis auch geschieht,[17] bemühen, Terminkollisionen zu vermeiden.[18] Gelingt dies nicht oder ergeben sich unvorhergesehene Überschneidungen, so ist es ihm möglich, den Bundesratspräsidenten mit der Wahrnehmung der betreffenden Aufgabe zu betrauen.[19] Ein Recht zur Schaffung eines „Doppelgängers im Amt" folgt hieraus freilich nicht.[20]

Die **vorzeitige Erledigung** iSv Art. 57 erfasst nur den endgültigen Amtsverlust – sonst liegt ein Fall der Verhinderung vor.[21] Dieser kann durch Tod, Rücktritt, Entscheidung nach Art. 61 oder Verlust der Wählbarkeit eintreten.[22] Keine vorzeitige Erledigung als solche stellt eine unheilbare Geisteskrankheit dar. Diese wäre nach Maßgabe der Gesetze festzustellen und würde sodann zum Fortfall der Wählbarkeitsvoraussetzungen führen.[23] Der vorzeitigen Erledigung gleichzustellen ist der Fall, dass die Amtszeit des BPräs regulär abläuft, ohne dass bereits ein Nachfolger gewählt worden wäre.[24] 7

Die Frage, **wer** über das Vorliegen eines Vertretungsfalles **entscheidet,** bedarf einer differenzierten Antwort.[25] Hilfreich ist es, zwischen tatsäch- 8

---

[14] *Waldhoff/Grefrath* in BerlKomm Rn. 6; aA *Fink* in MKS Rn. 14; *Fritz* in BK Rn. 31.

[15] *Wahl,* Stellvertretung im Verfassungsrecht, 1971, 124, Hervorhebung im Original.

[16] So auch *Fink* in MKS Rn. 13 f.; *Fritz* in BK Rn. 31 ff.; *Herzog* in Maunz/Dürig Rn. 17; *Heun* in Dreier Rn. 6; *Pieper* in BeckOK GG Rn. 3.2; tendenziell aA *Nierhaus* in Sachs Rn. 3.

[17] *Pieper* BeckOK GG Rn. 3.1; sa *Butzer* in SHH Rn. 18. Dazu, dass in der Staatspraxis gelegentlich auf Ersuchen des BPräs ein Altpräsident Repräsentationsaufgaben im Ausland übernimmt, *Butzer* in SHH Rn. 4.

[18] *Nettesheim* in HdbStR III § 61 Rn. 59.

[19] Regelmäßig, wenn unaufschiebbare Amtsgeschäfte mit längeren Auslandsreisen kollidieren: *Butzer* in SHH Rn. 5; *Herzog* in Maunz/Dürig Rn. 17; *Nierhaus* in Sachs Rn. 3. Auf Grundlage eines prinzipiellen Verbots von Nebenvertretungen auch *Wahl,* Stellvertretung im Verfassungsrecht, 1971, 127 f.; *Waldhoff/Grefrath* in BerlKomm Rn. 6. Nach OVG Münster Urt. v. 26.3.2010 – 1 A 3049/06, Rn. 83, BeckRS 2010, 49529 kann es ausnahmsweise bei politisch wichtigen und umstrittenen Gesetzen uU geboten sein, die Rückkehr des BPräs von einer Auslandsreise abzuwarten.

[20] Vgl. *Fink* in MKS Rn. 14.

[21] Näher *Fritz* in BK Rn. 38 ff., auch zum Grenzfall eines lange anhaltenden Komazustandes.

[22] → Art. 54 Rn. 20.

[23] *Fink* in MKS Rn. 16; *Heun* in Dreier Rn. 7; *Paterok,* Die Wahrnehmung der Befugnisse des Bundespräsidenten durch den Präsidenten des Bundesrates, Art. 57 GG, 1966, 48; *Waldhoff/Grefrath* in BerlKomm Rn. 3; aA *Butzer* in SHH, 11. Aufl. 2008, Rn. 12 f.; *Jekewitz* in AK Rn. 3; letztlich geht es um die Frage der Feststellungskompetenz: so zutr. *Herzog* in Maunz/Dürig Rn. 19.

[24] *Butzer* in SHH Rn. 7; *Fritz* in BK Rn. 39; *Herzog* in Maunz/Dürig Rn. 13; *Pieroth* in Jarass/Pieroth Rn. 1.

[25] Die wohl hM nimmt allg. eine Prärogative des BPräs unter Missbrauchsvorbehalt an: *Herzog* in Maunz/Dürig Rn. 22; *Nierhaus* in Sachs Rn. 9; *Pieroth* in Jarass/Pieroth Rn. 1; ähnlich *Waldhoff/Grefrath* in BerlKomm Rn. 5.

lichen und rechtlichen Gründen zu unterscheiden, die den BPräs an der (weiteren) Ausübung seiner Amtsbefugnisse hindern. Bei **tatsächlichen Gründen** liegt die Entscheidung darüber, ob ein Fall der Vertretung eingetreten ist, grundsätzlich beim BPräs.[26] Dies gilt freilich nur, soweit und solange dieser entscheidungsfähig ist.[27] Bei **rechtlichen Gründen** ist in aller Regel das Zusammenwirken mit anderen Verfassungsorganen erforderlich, um Missbrauch auszuschließen. Freilich gehen Sonderregeln vor. So ist im Falle des Art. 61 und der Feststellung des Verlusts der Wählbarkeit die Entscheidung (verfassungs-)gesetzlich der Gerichtsbarkeit überantwortet. Der Bundesratspräsident ist nur in den Fällen entscheidungsbefugt, in denen der BPräs definitiv vorzeitig aus dem Amt geschieden bzw. offenkundig nicht mehr entscheidungsfähig ist.[28] Im Konfliktfall ist ein Organstreitverfahren möglich.[29]

III. Wahrnehmung durch den Präsidenten des BR

9 **1. Keine sonstigen Voraussetzungen.** Ist nach den in → Rn. 8 genannten Regeln das Vorliegen eines Vertretungsfalles festgestellt, übt der Präsident des BR die Befugnisse des BPräs aus, ohne dass es eines zusätzlichen legitimierenden Aktes bedürfte.[30] Da er die **Vertretung aus eigenem Recht** übernimmt, müssen auch sonstige Voraussetzungen nicht vorliegen, die an die Amtsführung des BPräs selbst geknüpft sind. So braucht der Vertreter die Wählbarkeitsvoraussetzungen des Art. 54 Abs. 1 S. 2 nicht zu erfüllen;[31] auch gelten für ihn nicht die Inkompatibilitäten des Art. 55 (die in diesem Fall stets zur Unvereinbarkeit nach Art. 55 Abs. 1 führen müssten).[32]

10 Zutreffender Ansicht nach ist auch die **Leistung des Amtseides nicht erforderlich.**[33] Der Stellvertreter ist kein Ersatzpräsident, sondern übernimmt die Amtsbefugnisse nur vorübergehend und auf Grund seines eigenen verfassungsrechtlichen Status.[34] Dass das GG eine Vereidigung des Vertreters nicht anordnet, kann vor dem Hintergrund der abweichenden Praxis unter der WRV durchaus als „beredtes Schweigen" gedeutet werden.[35] Auch dürfte die Versammlung von BT und BR angesichts der häufigen kurzfristigen Vertretungsfälle praktisch kaum zu leisten sein.[36] Sofern eine Vereidigung

---

[26] Insoweit übereinstimmend *Butzer* in SHH Rn. 8; *Fink* in MKS Rn. 15; aA *Nettesheim* in HdbStR III § 61 Rn. 58 f., der einen maßgeblichen Unterschied zwischen Ersatz- und Nebenvertretungen sieht.

[27] *Fritz* in BK Rn. 33; auch *rechtzeitig* entscheidungsfähig, vgl. *Stern,* StaatsR II, 1980, § 30 Kap. II 6b zu unaufschiebbaren Entscheidungen.

[28] Ähnlich *Fritz* in BK Rn. 34, eine „,verdrängende' Initiative" des Vertreters muss unterbunden werden; plastisch *Herzog* in Maunz/Dürig Rn. 22, kein „Recht auf Beschäftigung im Vertretungsfall".

[29] *Herzog* in Maunz/Dürig Rn. 22; *Nierhaus* in Sachs Rn. 9; *Waldhoff/Grefrath* in Berl-Komm Rn. 5.

[30] *Butzer* in SHH Rn. 11; *Fritz* in BK Rn. 25; *Herzog* in Maunz/Dürig Rn. 26; *Jekewitz* in AK Rn. 4.

[31] AllgA, s. nur *Herzog* in Maunz/Dürig Rn. 27.

[32] Ebenfalls unstr. *Butzer* in SHH Rn. 19; *Fritz* in BK Art. 55 Rn. 16 ff.; *Jekewitz* in AK Rn. 4; *Nettesheim* in HdbStR III § 61 Rn. 60; aus verfassungspolitischer Sicht krit. *Fritz* in BK Rn. 10.

[33] Näher zu dem Streit *Fink* in MKS Art. 56 Rn. 14 ff.; *Fritz* in BK Art. 56 Rn. 23 ff.

[34] *Fink* in MKS Art. 56 Rn. 16; *Fritz* in BK Art. 56 Rn. 23; *Paterok,* Die Wahrnehmung der Befugnisse des Bundespräsidenten durch den Präsidenten des Bundesrates, Art. 57 GG, 1966, 44 ff.

[35] Zutr. *Butzer* in SHH, 11. Aufl. 2008, Rn. 25.

[36] *Fritz* in BK Art. 56 Rn. 24; *Herzog* in Maunz/Dürig Rn. 27.

jedenfalls bei länger andauernder Vertretung gefordert wird,[37] bleibt offen, ab wann von einer „längeren" Vertretung auszugehen ist. Hinzu tritt das Problem, dass längere Vertretungen zB wegen Krankheit oft nicht vorhersehbar sind.[38]

2. Rechtsfolgen der Vertretung. Bei Verhinderung des BPräs oder bei vorzeitiger Beendigung seines Amtes übernimmt der **jeweilige Bundesratspräsident** die Vertretung.[39] Die im Königsteiner Abkommen 1950 vereinbarte Rotation zum 1.11. eines Jahres wirkt sich somit auch auf die Vertretung des BPräs aus. Das GG lässt offen, wer die Vertretung übernimmt, wenn der Bundesratspräsident seinerseits verhindert ist; es entspricht ständiger Staatspraxis, dass auch hinsichtlich Art. 57 der Präsident des BR durch seine Vizepräsidenten „nach Maßgabe ihrer Reihenfolge" (so § 7 Abs. 1 GO BR) vertreten wird.[40] Mit Blick auf die Intention des Verfassungsgebers, kompetenzrechtliche Konfliktpotenziale zu minimieren (→ Rn. 2), bewegt sich diese Lösung fraglos im Rahmen des GG.[41] Solange der Bundesratspräsident die Amtsbefugnisse des BPräs wahrnimmt, wird er im BR durch einen seiner Vizepräsidenten vertreten (§ 7 Abs. 1 S. 2 GO BR). Keine Vertretung findet dagegen in seine Position als Mitglied des BR und als Regierungschef eines Bundeslandes statt.[42] 11

Im Vertretungsfall handelt der Bundesratspräsident für den BPräs, dh im Außenverhältnis erfolgt eine **Zurechnung zum Amt.**[43] Dabei tritt er nur in die Amtsbefugnisse des Vertretenen ein, **nicht** aber in dessen **persönliche Stellung** und Ehrenrechte.[44] Seine Position ist dadurch zugleich stärker (→ Rn. 13–14) und schwächer als die eines institutionalisierten Stellvertreters.[45] **Vorrechte,** die an die Würde des Amtes anknüpfen, genießt er nicht, wohl aber solche, die – wie die Immunität nach Art. 60 Abs. 4 – die Ausübung der Amtsbefugnisse sichern.[46] Bei Ausübung der Befugnisse des BPräs unterliegt der Vertreter auch den **immanenten Grenzen** dieser Befugnisse; 12

---

[37] *Stern,* StaatsR II, 1980, § 30 Kap. II 5d; *Nierhaus* in Sachs Art. 56 Rn. 7 „diskussionswürdig"; krit. *Fritz* in BK Art. 56 Rn. 25.

[38] Zutr. *Herzog* in Maunz/Dürig Rn. 27, der von einer „seltsamen Meinungsverschiedenheit" spricht.

[39] *Butzer* in SHH Rn. 9; *Jekewitz* in AK Rn. 4; *Paterok,* Die Wahrnehmung der Befugnisse des Bundespräsidenten durch den Präsidenten des Bundesrates, Art. 57 GG, 1966, 22 f.

[40] Zust. BVerwG LKV 2009, 522 (523); von Verfassungsgewohnheitsrecht geht das VG Magdeburg Urt. v. 6.9.2005 – 5 A 57/05 Rn. 15 ff., BeckRS 2009, 37603 aus; näher *Kugele* juris PR-BVerwG 3/2010 Anm. 3, B. 3.

[41] Ganz hM, s. nur *Butzer* in SHH Rn. 10; *Fritz* in BK Rn. 27; *Herzog* in Maunz/Dürig Rn. 25; näher *Nierhaus* in Sachs Rn. 4 ff; *Pieper* in BeckOK GG Rn. 1 und 1.1 (auch zur Praxis); aA *Paterok,* Die Wahrnehmung der Befugnisse des Bundespräsidenten durch den Präsidenten des Bundesrates, Art. 57 GG, 1966, 24 ff.

[42] *Fink* in MKS Rn. 18; *Herzog* in Maunz/Dürig Rn. 23; *Meiertöns/Ehrhardt* Jura 2011, 166 (168 f.); *Waldhoff/Grefrath* in BerlKomm Rn. 10; das Ruhen der Befugnisse als Präsident der Länderkammer hielt der ParlRat für selbstverständlich: JöR 1 (1951), 410.

[43] *Butzer* in SHH Rn. 16; *Herzog* in Maunz/Dürig Rn. 26; *Nettesheim* in HdbStR III § 61 Rn. 60; *Nierhaus* in Sachs Rn. 4, 13.

[44] *Herzog* in Maunz/Dürig Rn. 27; *Jekewitz* in AK Rn. 5; *Stern,* StaatsR II, 1980, § 30 Kap. II 6c; näher *Paterok,* Die Wahrnehmung der Befugnisse des Bundespräsidenten durch den Präsidenten des Bundesrates, Art. 57 GG, 1966, 70 ff.

[45] *Waldhoff/Grefrath* in BerlKomm Rn. 8, der Bundesratspräsident „verkörpert" das Amt nicht. Näher *Pieper* in BeckOK GG Rn. 8 und 8.1 ff., 9 und 9.1 ff.

[46] *Wahl,* Stellvertretung im Verfassungsrecht, 1971, 141 f.; dem folgend *Fink* in MKS Rn. 25; näher *Butzer* in SHH Rn. 21 f.; unklar *Herzog* in Maunz/Dürig, der die Immunität einmal bejaht (*Herzog* in Maunz/Dürig Rn. 27), einmal klar verneint (*Herzog* in Maunz/Dürig Art. 60 Rn. 64).

daher gilt die Gegenzeichnungspflicht nach Art. 58 fort.[47] Der Punktualität der Vertretung entsprechend ist der Bundesratspräsident nicht umfassend auf Neutralität verpflichtet, sondern hat lediglich bei Vornahme der Amtshandlungen eine gewisse **Zurückhaltung** zu üben.[48] Um Interessenkonflikte zu vermeiden, sind allgemeine Regeln zur Befangenheit zu beachten.[49] Zur Frage, ob gegen den Vertreter Präsidentenanklage möglich ist → Art. 61 Rn. 5.

13 Die **sachliche Reichweite** der Vertretungsbefugnisse bestimmt sich nach dem jeweiligen Vertretungsfall (→ Rn. 5–7).[50] So nimmt im Fall einer umfassenden Verhinderung oder einer vorzeitigen Beendigung des Amtes der Bundesratspräsident alle Amtsbefugnisse wahr (einschließlich der Rechte aus Art. 63 Abs. 4 und Art. 68 sowie präsidialer Prüfungsrechte),[51] im Fall der Verhinderung wegen Befangenheit entscheidet er nur in Bezug auf den betreffenden Akt. Bei Nebenvertretungen schließlich obliegt es dem BPräs, die Aufgaben zu spezifizieren, die von seinem Vertreter übernommen werden sollen.[52]

14 In **inhaltlicher Hinsicht** ist der Vertreter frei zur eigenständigen Wahrnehmung der Amtsbefugnisse. Eine **Bindung an Weisungen** des BPräs besteht **nicht.**[53] Das GG konstruiert gerade kein Vertretungsverhältnis, in dem interne Beziehungen zu regeln wären, sondern betraut den Präsidenten eines anderen Verfassungsorgans vorübergehend mit der Wahrnehmung der Amtsbefugnisse (→ Rn. 12).[54] In diesem Verhältnis sind Loyalität und Respekt dem Vertretenen gegenüber einmal mehr eine Stilfrage, keine Rechtsfrage; allerdings sind bereits eingetretene Rechtswirkungen vom Vertreter selbstverständlich zu achten.[55] Auch verfassungspolitisch besteht kein Bedürfnis nach Weisungsgebundenheit, weil in Fällen der Ersatzvertretung selten Konflikte mit dem Amtsinhaber zu erwarten sind[56] und im Fall einer Neben-

---

[47] *Butzer* in SHH Rn. 14.

[48] *Fritz* in BK Rn. 28; *Jekewitz* in AK Rn. 5.

[49] *Herzog* in Maunz/Dürig Rn. 24 zieht § 18 BVerfGG als Ausdruck „allgemeiner rechtsstaatlicher Grundsätze" heran; ebenso BVerwG Buchholz 11 Art. 57 GG, Nr. 1 Rn. 18, insoweit in LKV 2009, 522 nicht abgedr.

[50] Diff. *Nettesheim* in HdbStR III § 61 Rn. 60.

[51] Entgegen *Schaefer* DÖV 2012, 417 (423 ff.), der Befugnisgrenzen (va bei der Ausfertigung von Gesetzen) mit einer geringeren demokratischen Legitimation des Bundesratspräsidenten begründet. Wie hier *Butzer* in SHH Rn. 14; *Fink* in MKS Rn. 20; *Fritz* in BK Rn. 10; *Herzog* in Maunz/Dürig Rn. 26; *Heun* in Dreier Rn. 12; *Nierhaus* in Sachs Rn. 14; *Pieper* in BeckOK GG Rn. 8.1; *Pieroth* in Jarass/Pieroth Rn. 2. *Pernice* in Dreier, 2. Aufl. 2006, Rn. 9 zieht für die Auflösungsrechte den Umkehrschluss aus Art. 136 Abs. 2 S. 2.

[52] Diff. *Pieper* in BeckOK GG Rn. 9 und 9.1 ff.

[53] So auch die hM *Fritz* in BK Rn. 8 f.; *Herzog* in Maunz/Dürig Rn. 28; *Jekewitz* in AK Rn. 5; *Nettesheim* in HdbStR III § 61 Rn. 60; *Nierhaus* in Sachs Rn. 12; *Pieroth* in Jarass/Pieroth Rn. 2; *Stern,* StaatsR II, 1980, § 30 Kap. II 6c; *Wahl,* Stellvertretung im Verfassungsrecht, 1971, 135 ff.; aA *Butzer* in SHH Rn. 15; *Pitschas* Der Staat 12 (1973), 183 (204 ff.); *Waldhoff/Grefrath* in BerlKomm Rn. 9.

[54] *Fink* in MKS Rn. 19; *Fritz* in BK Rn. 8; abw. Deutung bei *Waldhoff/Grefrath* in BerlKomm Rn. 7, Parallele zum Amtsverweserstatus des Reichsvikariats nach der Goldenen Bulle.

[55] *Fritz* in BK Rn. 9; *Jekewitz* in AK Rn. 5; *Fink* in MKS Rn. 23 warnt zu Recht vor einem voreiligen Rückgriff auf das Rechtsprinzip (!) der Verfassungsorgantreue.

[56] *Herzog* in Maunz/Dürig Rn. 15 f.; aA *Pitschas* Der Staat 12 (1973), 183 (187 ff.); zum Sonderfall der Ausfertigung eines Gesetzes, dessen Zustimmungsbedürftigkeit im Streit steht, *Frowein* in Der Bundesrat als Verfassungsorgan und politische Kraft, 1974, 117 (124 f.); *Pitschas* Der Staat 12 (1973), 183 (195 f.); *Wahl,* Stellvertretung im Verfassungsrecht, 1971, 122.

vertretung der BPräs durch Spezifikation der zu übernehmenden Amtsgeschäfte genügend steuernden Einfluss behält.[57] Für Vertretungen bei Befangenheit schließlich wäre ein solches Weisungsrecht widersinnig.

C. Kritische Würdigung

Verfassungsgenetisch mag die Regelung des Art. 57 auf eine Negativauslese zurückzuführen sein, in der Praxis aber hat sie sich **bewährt.**[58] Zwar sind auch hier **Interessenkollisionen** nicht gänzlich ausgeschlossen, weil der Vertreter als Regierungschef eines Landes parteipolitisch exponiert und als Mitglied des BR an der Gesetzgebung des Bundes beteiligt ist;[59] der jährliche Wechsel im Amt des Bundesratspräsidenten verhindert aber selbst bei längeren Vertretungen, dass dieser sich zu einem echten Gegenspieler von BT und BReg aufschwingt und gegen den Amtsinhaber profiliert.[60] Als positiver Nebeneffekt ist zudem eine zusätzliche **Akzentuierung der Bundesstaatlichkeit** zu verzeichnen.[61] Formal präsentiert sich Art. 57 als Verfassungsbestimmung von mustergültiger Kargheit:[62] Aller Differenzen über die Auslegung von Begriffen wie „Verhinderung" und „Wahrnehmung der Befugnisse" zum Trotz hat die **Verfassungspraxis** die ihr zur Verfügung stehenden **Spielräume in insgesamt überzeugender Weise** genutzt. Dies gilt auch in Bezug auf das auffällige Schweigen von Art. 57 darüber, wer bei Verhinderung des Bundesratspräsidenten selbst die Präsidialbefugnisse wahrnimmt. 15

Literatur

H. Meiertöns/F. Ehrhardt, Der Präsident des Bundesrates als Vertreter des Bundespräsidenten, Jura 2011, 166. – ***M. Nierhaus,*** Rechtsprobleme des Rücktritts des Bundespräsidenten, in FSf. Klein, 2013, 259. – ***N. Paterok,*** Die Wahrnehmung der Befugnisse des Bundespräsidenten durch den Präsidenten des Bundesrates, Art. 57 GG, Diss. München, 1966. – ***R. Pitschas,*** Die Vertretung des Bundespräsidenten durch den Präsidenten des Bundesrates, Staat 12 (1973), 183. – ***J. P. Schaefer,*** Die Vakanz an der Spitze des Bundes: zur verfassungsrechtlichen Schwebelage nach dem Rücktritt des Bundespräsidenten, DÖV 2012, 417. – ***R. Wahl,*** Stellvertretung im Verfassungsrecht, 1971.

S. iÜ Literaturangaben zu Art. 54.

---

[57] *Herzog* in Maunz/Dürig Rn. 28, unter ausdrücklicher Aufgabe der früher vertretenen Auffassung; detaillierte Darstellung der Praxis bei *Pieper* in BeckOK GG Rn. 9.1 ff.

[58] *Fink* in MKS Rn. 9; *Herzog* in Maunz/Dürig Rn. 7; krit., aber iErg zust. *Fritz* in BK Rn. 7.

[59] Krit. bemerkt von *Fink* in MKS Rn. 7; *Jekewitz* in AK Rn. 2; *Pitschas* Der Staat 12 (1973), 183 (185 ff.).

[60] *Fink* in MKS Rn. 8; dass es auf Vertretungsseite „einen Zustand ständiger und unabänderlicher Diskuontinuität" gebe, kritisiert dagegen *Fritz* in BK Rn. 16.

[61] *Fink* in MKS Rn. 7; *Herzog* in Maunz/Dürig Rn. 7; *Nierhaus* in Sachs Rn. 6; *Stern,* StaatsR II, 1980, § 30 II 6a.

[62] AA *Butzer* in SHH Rn. 9, der kritisiert, dass wichtige Fragen nur in Geschäftsordnungen niedergelegt sind.

Art. 58 [Gegenzeichnung]

[1]Anordnungen und Verfügungen des Bundespräsidenten bedürfen zu ihrer Gültigkeit der Gegenzeichnung durch den Bundeskanzler oder durch den zuständigen Bundesminister. [2]Dies gilt nicht für die Ernennung und Entlassung des Bundeskanzlers, die Auflösung des Bundestages gemäß Artikel 63 und das Ersuchen gemäß Artikel 69 Abs. 3.

Paulskirchenverfassung von 1849

Abschnitt III. Art. II

§ 74. Alle Regierungshandlungen des Kaisers bedürfen zu ihrer Gültigkeit der Gegenzeichnung von wenigstens einem der Reichsminister, welcher dadurch die Verantwortung übernimmt.

Weimarer Reichsverfassung von 1919

Art. 50. Alle Anordnungen und Verfügungen des Reichspräsidenten, auch solche auf dem Gebiet der Wehrmacht, bedürfen zu ihrer Gültigkeit der Gegenzeichnung durch den Reichskanzler oder den zuständigen Reichsminister. Durch die Gegenzeichnung wird die Verantwortung übernommen.

Übersicht

A. Allgemeine Bedeutung

I. Genese

1 Die Gegenzeichnung ist ein Rechtsinstitut mit **langer wechselvoller Geschichte.**[1] Im spätrömischen Kaiserreich hatte die Kontrasignatur lediglich die Funktion, die Echtheit der Unterschrift des Herrschers zu bezeugen. Zentrale Bedeutung erlangte das Institut aber im **Konstitutionalismus.** Mit seiner Hilfe gelang es, trotz monarchischer Prärogative und Nichtverantwortlichkeit zumindest mittelbar für Handlungen des Herrschers Verantwortlichkeiten zu begründen, indem die gegenzeichnende Exekutive sich als dessen

[1] *Biehl,* Die Gegenzeichnung im parlamentarischen Regierungssystem der Bundesrepublik Deutschland, 1971, 25 ff., 31 ff.; *Nierhaus,* Entscheidung, Präsidialakt und Gegenzeichnung, 1973, 6 ff.; *Schenke* in BK Rn. 41 ff.; eing. *Schulz,* Die Gegenzeichnung, 1978.

konstitutioneller „Prügelknabe“[2] parlamentarisch und gerichtlich verantworten musste.[3] Wegen der insgesamt schwach ausgestalteten Kontrollrechte des Parlaments und der oftmals nur auf dem Papier bestehenden Möglichkeit der Ministeranklage ließ die Realisierung dieser „Blitzableiterfunktion“ in der Praxis zu wünschen übrig.[4] Die **Weimarer Republik** übernahm die Gegenzeichnung des monarchischen Konstitutionalismus in Form und Inhalt, ungeachtet der erheblichen Veränderungen in der Verfassungsumwelt. Auch die zeitgenössische Staatsrechtslehre versäumte es, die nötigen interpretatorischen Anpassungen vorzunehmen.[5] In der NS-Zeit wurde anschließend das zur „Mitzeichnung“ umetikettierte Institut zwischen Führerprinzip und „organisiertem Chaos“[6] der Kompetenzen aufgerieben.[7]

Auch in das **GG** gelangte die Gegenzeichnung „in kritikloser Selbstverständlichkeit und rückblickender Anlehnung an konstitutionelle Vorläufer“[8] und ohne Bewusstsein für ein verändertes verfassungsrechtliches Umfeld.[9] Zumindest bei der Interpretation von Art. 58 (und des speziellen Gegenzeichnungsrechts in Art. 82 Abs. 1 S. 1[10]), und insbes. bei der Suche nach dem Sinn der Vorschrift, wird man zu berücksichtigen haben, dass die **politischen Kräfteverhältnisse** sich stark zu Lasten des Staatsoberhaupts verschoben haben, dass der BPräs unter dem GG verfassungsgerichtlich zur Verantwortung gezogen werden kann und dass er in vielen Fällen ohnedies nur „Vollzugsorgan der Regierung“[11] ist.[12] Ein unkritischer interpretatorischer Rückgriff auf frühere Verfassungen verbietet sich daher von vornherein.[13] 2

II. Die Gegenzeichnung unter dem GG

Von dem Bestreben, einem Relikt „aus der Kampfzeit des Konstitutionalismus“[14] auch in den veränderten Koordinaten des GG seine Daseinsberechtigung zu erhalten, zeugen die verschiedenen Ansätze zur Sinnstiftung. Den radikalsten Versuch einer Neudeutung des Instituts unternimmt dabei die sog. **Umpolungsthese.**[15] Ausgehend von der Schwächung des Präsidentenamtes 3

[2] Zur Herkunft dieser seit dem 19. Jahrhundert populären Karikatur *Biehl,* Die Gegenzeichnung im parlamentarischen Regierungssystem der Bundesrepublik Deutschland, 1971, 37.

[3] Näher *Herzog* in Maunz/Dürig Rn. 2 f.; *Nierhaus,* Entscheidung, Präsidialakt und Gegenzeichnung, 1973, 9 ff.; *Schenke* in BK Rn. 43 ff.

[4] *Fink* in MKS Rn. 3 f.; *Kühne* FS f. Tsatsos, 2003, 279 (282); *Schenke* in BK Rn. 45.

[5] Näher *Herzog* in Maunz/Dürig Rn. 4 ff.; *Schenke* in BK Rn. 49 ff.; vertiefend *Nierhaus,* Entscheidung, Präsidialakt und Gegenzeichnung, 1973, 18 ff.; *Schulz,* Die Gegenzeichnung, 1978, 73 ff.

[6] *Rebentisch,* Führerstaat und Verwaltung im Zweiten Weltkrieg, 1989, 533.

[7] *Schenke* in BK Rn. 54; *Schulz,* Die Gegenzeichnung, 1978, 107 ff.; näher *Jaeger* FS f. Laforet, 1952, 155 (164 ff.); ideologische Umdeutung bei *Weber* Jahrbuch der Akademie für Deutsches Recht 4 (1937), 184.

[8] *Jekewitz* in AK Rn. 3.

[9] *Butzer* in SHH, 11. Aufl. 2008, Rn. 7 f.; *Heun* in Dreier Rn. 3; *Schenke* in BK Rn. 55 f.

[10] *Pernice* in Dreier, 2. Aufl. 2006, Rn. 23.

[11] *Fink* in MKS Rn. 16 ff.

[12] Überblick über die wichtigsten Kontextänderungen bei *Herzog* in Maunz/Dürig Rn. 8 ff.

[13] *Jekewitz* in AK Rn. 1; *Nierhaus* in Sachs Rn. 1; *Waldhoff/Grefrath* in BerlKomm Rn. 1.

[14] *Menzel* DÖV 1965, 581 (592); sa *Herzog* FS f. Morsey, 1992, 85 (92 f.).

[15] Grdl. (und in Anlehnung an Weimarer Diskussionen) *Herzog* FS f. Müller, 1970, 117 (127 ff.); dem folgend *Biehl,* Die Gegenzeichnung im parlamentarischen Regierungssystem der Bundesrepublik Deutschland, 1971, 53, 75 f., 119 f.; *Nierhaus,* Entscheidung, Präsidialakt

unter dem GG und dessen weitgehender Abhängigkeit von Entscheidungen der BReg wird ein „Rollentausch" zwischen Präsident und Regierung diagnostiziert. Nicht die Unterschrift der BReg sei das Entscheidende, sondern die des BPräs. Wo die eigentliche Entscheidung bei der Regierung liege und der BPräs nur formal Urheber eines Aktes sei, bedürfe es eines **„gegenlesenden" BPräs.**[16] Das Institut der Gegenzeichnung sichere formelle und materielle Prüfungsrechte des BPräs und verdeutliche im Organgefüge des GG seine Funktion als „Hüter der Verfassung".[17]

4 Allerdings ist der **BPräs nicht allein das „gegenlesende Vollzugsorgan"** der BReg, von dem die Umpolungsthese etwas einseitig ausgeht. Auch unter dem Grundgesetz gibt es noch Fälle, in denen der BPräs originäres präsidiales Ermessen hat und welche damit einer klassischen Rollenverteilung zwischen Staatsoberhaupt und gegenzeichnender Regierung entsprechen.[18] Darüber hinaus leistet die „umpolende" Lesart auch keinen Beitrag zur Interpretation von Art. 58. Vielmehr ignoriert sie die Vorschrift, wenn sie die Unterschrift des BPräs als die eigentliche Gegenzeichnung ins Zentrum rückt.[19] Die Notwendigkeit seiner Unterschrift ergibt sich aus anderen verfassungsrechtlichen oder einfachrechtlichen Bestimmungen, nicht aber aus Art. 58, der sie voraussetzt. Warum Art. 58 eine Unterschrift der BReg anordnet, bleibt hingegen offen.[20] Zu Recht wird die Umpolungsthese daher zunehmend eher als **analytische Beschreibung von Funktionsverschiebungen zwischen BReg und BPräs** gedeutet[21] denn als verfassungsrechtlicher Interpretationsansatz.[22]

5 Ein zweiter Ansatz sieht in der Gegenzeichnung eine **besondere Ausprägung** des Grundsatzes **der Verfassungsorgantreue.**[23] In Art. 58 werde diese allgemeine „Verpflichtung zur gegenseitigen Rücksichtnahme im Verhältnis zwischen BPräs und BReg normativ verankert, in Art. 82 GG für das Verhältnis von BT, BR, BPräs. und BReg.".[24] Der Sinn der Gegenzeichnung bestehe heute nicht mehr in der politischen Bändigung präsidialer Macht-

und Gegenzeichnung, 1973, 83 ff.; *Schulz,* Die Gegenzeichnung, 1978, 110 ff.; vgl. zuvor bereits *Dreher* NJW 1950, 130 (132); *Kastner,* Die Gegenzeichnung im deutschen Staatsrecht, 1962, 35 f.

[16] Begriff bei *Herzog* in Maunz/Dürig Rn. 14.

[17] *Herzog* in Maunz/Dürig Rn. 16; Gegen die Wendung vom „Hüter der Verfassung" → Art. 54 Rn. 12; zu Recht krit. daher *Jekewitz* in AK Rn. 4; *Maurer* FS f.- Carstens II, 1984, 701 (710); *Waldhoff/Grefrath* in BerlKomm Rn. 5.

[18] *Heun* in Dreier Rn. 6; aA *Maurer* FS f. Carstens II, 1984, 706 ff., 710, 712 der in allen Präsidialakten „Kreationsakte" sieht, aber materielle Spielräume des BPräs weitgehend ausblendet.

[19] Bezeichnenderweise fragt *Herzog* in Maunz/Dürig Rn. 15 ff. nach dem Sinn der Unterschrift des BPräs, um den Sinn der Gegenzeichnung zu ermitteln; krit. *Maurer* FS f. Carstens II, 1984, 710 ff.; *Schlaich* in HdbStR II, 2. Aufl. 1998, § 49 Rn. 62 f. Treffend *Schenke* in BK Rn. 58, die Gegenzeichnung durch die BReg wird zum „bedeutungslosen Schnörkel" der „präsidialen Kontrasignatur".

[20] S. aber, kurz, *Herzog* in Maunz/Dürig Rn. 73 zum materiellen Prüfungsrecht der BReg.

[21] Verdeutlicht insbes. durch die regelmäßige Praxis der sog. Vorzeichnung → Rn. 17.

[22] *Dreher* NJW 1950, 130 (132); *Herzog* FS f. Morsey, 1992, 85 (93); sa *Nierhaus* in Sachs Rn. 5; *Waldhoff/Grefrath* in BerlKomm Rn. 5.

[23] *Butzer* in SHH Rn. 1; *Nierhaus* in Sachs Rn. 6; *Schenke* in BK Rn. 59 ff.; näher *Nierhaus,* Entscheidung, Präsidialakt und Gegenzeichnung, 1973, 213 ff.; *Schenke,* Die Verfassungsorgantreue, 1977, 36, 62 ff.; distanziert *Jekewitz* in AK Rn. 4 „allenfalls formalisierter Ausdruck".

[24] *Butzer* in SHH Rn. 1.

entfaltung, sondern in der Garantie **„regelmäßiger Kommunikation, Koordination und Kontrolle“** und in „**Konfliktvermeidung** durch Funktionenverschränkung“.[25]

6 Problematisch ist dies jedenfalls bei einem engen Verständnis der Verfassungsorgantreue, weil hier eine Kompetenzregel (Art. 58) mit einer **Kompetenzausübungsregel** (Treuepflicht) gleichgesetzt wird.[26] Auf die Verfassungsorgantreue ist dann nur dort zurückzugreifen, wo ein Verfassungsorgan Mitwirkungsrechte (und damit ggf. auch Mitspracherechte) im Zuständigkeitsbereich eines anderen Verfassungsorgans besitzt.[27] Daher ist zwar die BReg verpflichtet, sich am Treuegrundsatz zu orientieren, wenn sie Präsidialakte gegenzeichnet (→ Rn. 19); dies vermag aber den Sinn des Art. 58 nicht zu erklären. Dass die Kommunikation der beteiligten Verfassungsorgane gefordert und gefördert wird,[28] ist nicht Zweck des Art. 58, sondern die Folge der von ihm angeordneten Mitwirkungsrechte der BReg. Versteht man den Treuegrundsatz hingegen als ein **übergeordnetes Verfassungsprinzip,** das auch andere Institute des Verfassungsrechts zu verklammern vermag,[29] liegt der Sinn der Gegenzeichnung letztlich in der Sicherung der Einheitlichkeit der Staatsleitung (→ Rn. 9).

7 Auszugehen ist daher von der **traditionellen Deutung** der Gegenzeichnung, wenngleich eine Adaption an die verfassungsrechtliche Umwelt des GG erforderlich ist. Dieser Lesart zufolge dient Art. 58 einem doppelten Zweck:[30] der **Übernahme von Verantwortung** der BReg für Handlungen des BPräs einerseits sowie der Sicherung der **Einheitlichkeit der Staatsleitung** andererseits.

8 **Verantwortung** für seine Amtshandlungen trägt der BPräs **in rechtlicher Hinsicht** selbst, wie die Eröffnung des Organstreits (Art. 93 Abs. 1 Nr. 1) und, im Extremfall, die Erhebung der Präsidentenanklage (Art. 61) verdeutlichen. Nimmt man hinzu, dass dem Grundgesetz das Institut der Ministeranklage unbekannt geworden ist, hat sich das konstitutionelle Umfeld in einer Weise verändert, die es entbehrlich macht, die BReg zusätzlich in die „Haftung“ zu nehmen.[31] Etwas anders dagegen sieht es mit der **parlamentarischen Verantwortung** aus.[32] Zwar ist der BT nicht gehindert, auch Fragen zu debattieren, die den BPräs betreffen;[33] ein Zitier- oder Interpellationsrecht indes besteht nur in Bezug auf die Regierung, nicht gegen den BPräs. Hier

---

[25] *Butzer* in SHH Rn. 1.

[26] *Heun* in Dreier Rn. 7; *Waldhoff/Grefrath* in BerlKomm Rn. 4.

[27] Stärker auf wechselseitige Loyalität abhebend *Schenke,* Die Verfassungsorgantreue, 1977, 26 ff., passim.

[28] Vgl. *Butzer* in SHH Rn. 1; sa *Herzog* in Maunz/Dürig Rn. 17 zu informellen Einflussmöglichkeiten des BPräs kraft seiner Amtsautorität.

[29] So *Schenke* in BK Rn. 60.

[30] *Domgörgen* in Hömig/Wolff Rn. 1; *Fink* in MKS Rn. 11 ff.; *Pieroth* in Jarass/Pieroth Rn. 1; *Schlaich* in HdbStR II, 2. Aufl. 1998, § 49 Rn. 64 ff.; *Servatius,* Die Gegenzeichnung von Handlungen des Bundespräsidenten, 1960, 23 ff.; *Stern,* StaatsR II, 1980, § 30 Kap. II 7b a.

[31] *Butzer* in SHH Rn. 40 f.; *Pieper* in BeckOK GG Rn. 6; *Schenke* in BK Rn. 56, 160 f.; *Waldhoff/Grefrath* in BerlKomm Rn. 3; aA *Fink* in MKS Rn. 14. Zu klären wäre anderenfalls, wer in einem möglichen Organstreitverfahren Antragsgegner sein soll.

[32] Zur Abgrenzung von politischer und rechtlicher Verantwortung *Kröger,* Die Ministerverantwortlichkeit in der Verfassungsordnung der Bundesrepublik Deutschland, 1972, 12 ff.

[33] Zutr. *Butzer* in SHH Rn. 12; *Jekewitz* in AK Rn. 4, 6; *Waldhoff/Grefrath* in BerlKomm Rn. 3. Näher *Pieper* in BeckOK GG Rn. 6.1 ff. Als Beispiel aus jüngerer Zeit kann die teils massive inner- und außerparlamentarische Kritik genannt werden, die für die Rücktritte der BPräs *Köhler* (2010) und *Wulff* (2012) mitursächlich war.

kann im Konfliktfall die Begründung[34] parlamentarischer Verantwortung durch Gegenzeichnung nach wie vor zur Brücke zwischen Präsidialbereich und Zwangsrechten des BT werden.[35] Die praktische Bedeutung dürfte allerdings erheblich zu relativieren sein.[36]

9 **Hauptzweck** des Art. 58 bleibt die Garantie der **Einheitlichkeit der Staatsleitung.**[37] Obgleich sich die Gewichte zwischen BPräs und BReg deutlich verschoben haben, gibt es nach wie vor Ermessensentscheidungen des Präsidenten.[38] Hier kann die Gegenzeichnung noch immer die Aufgabe erfüllen, eine „eigenständige, die Regierungspolitik hintertreibende Politik des Staatsoberhaupts an Regierung und Parlament vorbei"[39] zu verhindern. Dass dieser Bereich originärer Präsidialentscheidungen klein geworden ist und zT aus anderen Gründen gerade hier Ausnahmen von der Gegenzeichnungspflicht bestehen (→ Rn. 20–26), reduziert die Bedeutung des Art. 58 erheblich, macht ihn aber nicht gänzlich sinnlos.[40]

B. Einzelfragen

I. Anordnungen und Verfügungen des BPräs

10 Die Wendung **„Anordnungen und Verfügungen"** ist aus älteren Verfassungsdokumenten übernommen. Ob in früherer Zeit Anordnungen von Verfügungen unterschieden wurden[41] oder schon damals die Zusammenstellung beider Begriffe einer mehr ästhetischen Vorliebe für Paarwörter in der älteren deutschen Rechtssprache zuzuschreiben war,[42] mag dahingestellt bleiben. Heute zumindest bildet die Wendung einen „(Doppel-)Begriff" mit einheitlichem Sinn:[43] Erfasst sind alle Handlungen, die auf **rechtliche Verbindlichkeit** angelegt sind, gleich ob in schriftlicher oder mündlicher, in elektronischer oder sonstiger Form.[44] Notwendig ist dabei eine rechtliche **Außenwirkung;** Weisungen innerhalb der Präsidialverwaltung sind daher von Art. 58 nicht erfasst.[45] Von selbst sollte sich verstehen, dass der

[34] Anders *Stern,* StaatsR II, 1980, § 30 Kap. II 7b a, politische Verantwortung „geht über". Dies würde aber eine vorausliegende parlamentarische Verantwortlichkeit des BPräs erfordern: *Fink* in MKS Rn. 12; *Schenke* in BK Rn. 160.

[35] *Butzer* in SHH Rn. 41; *Erichsen* Jura 1985, 373 (379); *Fink* in MKS Rn. 12; krit. *Heun* in Dreier Rn. 8; *Waldhoff/Grefrath* in BerlKomm Rn. 2.

[36] *Nettesheim* in HdbStR III § 62 Rn. 30. Näher *Pieper* BeckOK GG Rn. 7.1 ff.

[37] *Fink* in MKS Rn. 19; *Nettesheim* in HdbStR III § 62 Rn. 30; *Schlaich* in HdbStR II § 49 Rn. 67; *Waldhoff/Grefrath* in BerlKomm Rn. 4; umgekehrte Gewichtung bei *Servatius,* Die Gegenzeichnung von Handlungen des Bundespräsidenten, 1960, 27 f.; für *Heun* in Dreier Rn. 8 der alleinige Zweck; ähnlich *Schenke* in BK Rn. 59.

[38] Näher *Fink* in MKS Rn. 23.

[39] *Butzer* in SHH, 11. Aufl. 2008, Rn. 10; sa *Stern,* StaatsR II, 1980, § 30 Kap. II 7b a.

[40] Ähnlich *Stern,* StaatsR II, 1980, § 30 Kap. II 7b a; *Waldhoff/Grefrath* in BerlKomm Rn. 6.

[41] So *Hamann* in Hamann/Lenz Anm. B 1; *Münch,* Die Bundesregierung, 1954, 132; *Kniesch* NJW 1960, 1325 (1326) in Fn. 6; diff. *Herzog* in Maunz/Dürig Rn. 22 ff., 27 ff.

[42] So *Waldhoff/Grefrath* in BerlKomm Rn. 8.

[43] *Nierhaus* in Sachs Rn. 7; sa *Butzer* in SHH Rn. 2; *Schenke* in BK Rn. 62 f.; *Waldhoff/Grefrath* in BerlKomm Rn. 8; letztlich auch *Herzog* in Maunz/Dürig Rn. 30, reicht „für die Praxis (…) völlig aus"; näher *Kastner,* Die Gegenzeichnung im deutschen Staatsrecht, 1962, 39 ff., 49 f.

[44] Näher *Schenke* in BK Rn. 65 ff.; eingehender Überblick über die verschiedenen erfassten Präsidialakte bei *Fink* in MKS Rn. 26 ff; speziell zur Gegenzeichnungspflicht bei völkerrechtlich verbindlichen Erklärungen *Butzer* in SHH Rn. 36; *Schenke* in BK Rn. 72, 117.

[45] *Butzer* in SHH Rn. 4; *Fink* in MKS Rn. 46; *Herzog* in Maunz/Dürig Rn. 28, 43; *Schenke* in BK Rn. 70.

BPräs nur in offizieller Eigenschaft, nicht aber als Privatmann der staatsrechtlichen Gegenzeichnungspflicht unterliegt. Erfasst sind also nur **amtliche Handlungen,** nicht private Rechtsgeschäfte.[46] Auch der **Amtsverzicht** des BPräs als Rückzug in die Privatheit ist daher von Art. 58 S. 1 nicht erfasst.[47]

Ganz überwiegend werden rechtserhebliche **Unterlassungen** des BPräs **11**
und die **Verweigerung förmlicher Rechtsakte** für gegenzeichnungsfrei gehalten.[48] Vom Wortlaut her liegen hier gerade keine Anordnungen und Verfügungen vor; stellt man dagegen darauf ab, dass auch hinter dem Unterlassen eines Aktes eine Ermessensentscheidung des Präsidenten steht, kann ein mögliches Bedürfnis nach Gegenzeichnung nicht von vornherein verneint werden.[49] Da die Gegenzeichnung uU auch mündlich und sogar konkludent erfolgen kann (→ Rn. 18), greift zudem der praktische Einwand nicht durch, dass ein Nichtakt nicht gegengezeichnet werden könne.[50] Die Übertragung stößt gleichwohl auf Bedenken: Die Gegenzeichnung verleiht dem Präsidialakt Wirksamkeit (→ Rn. 13). Diese Rechtsfolge lässt sich auf ein Unterlassen schwerlich übertragen.[51] Die BReg kann durch Verweigerung der Gegenzeichnung einen positiven Akt des Präsidenten verhindern, bei einem Unterlassen dagegen könnte sie nur verhindern, dass die Weigerung wirksam wird.[52] Die unwirksame Weigerung indes wäre noch nicht der Rechtsakt selbst; die Unterschrift des Präsidenten ließe sich so weder erzwingen noch ersetzen.[53] Die Gegenzeichnung erweist sich hier als sinn- und zwecklos. Stimmt die BReg umgekehrt mit dem Präsidenten überein, wäre eine Gegenzeichnung zwar technisch denkbar; dennoch kann nicht davon die Rede sein, dass hierdurch das Unterlassen des Präsidenten „wirksam" wird, da es ihm jederzeit freistünde, den fraglichen Akt doch noch zu erlassen. Von einem schlichten Unterlassen gehen keinerlei gestaltende oder der Bestandskraft fähige Rechtswirkungen aus. Unterlassungen sind also **von Art. 58 nicht erfasst.** Keine Unterlassungen sind ablehnende Präsidialakte, die ihrerseits Rechtscharakter besitzen (zB Ablehnung eines Antrags nach § 5 OrdensG).

---

[46] *Butzer* in SHH Rn. 3f.; *Fink* in MKS Rn. 45; *Herzog* in Maunz/Dürig Rn. 49; aA *Kastner,* Die Gegenzeichnung im deutschen Staatsrecht, 1962, 66ff., der im Anschluss an die weite Interpretation von Art. 50 WRV alle Handlungen einbezieht, die „politisch bedeutsam" sind.

[47] *Butzer* in SHH Rn. 4; *Fink* in MKS Rn. 47; *Pieroth* in Jarass/Pieroth Rn. 2; *Schenke* in BK Rn. 71.

[48] Näher und statt vieler *Herzog* in Maunz/Dürig Rn. 44f.; *Nierhaus,* Entscheidung, Präsidialakt und Gegenzeichnung, 1973, 145ff.; *Schenke* in BK Rn. 119ff.; *Schlaich* in HdbStR II, 2. Aufl. 1998, § 49 Rn. 70, auch zu dem damit verbundenen Blockierungspotential; für Gegenzeichnung *Biehl,* Die Gegenzeichnung im parlamentarischen Regierungssystem der Bundesrepublik Deutschland, 1971, 84ff.; *Hemmrich* in v. Münch/Kunig, 4./5. Aufl. 2001, Rn. 4, 16, außer bei Prüfungsrechten des BPräs; für Gegenzeichnung generell *Kastner,* Die Gegenzeichnung im deutschen Staatsrecht, 1962, 69ff.

[49] *Biehl,* Die Gegenzeichnung im parlamentarischen Regierungssystem der Bundesrepublik Deutschland, 1971, 85; *Fink* in MKS Rn. 75.

[50] Zurückhaltend *Herzog* in Maunz/Dürig Rn. 44.

[51] *Butzer* in SHH Rn. 15; *Schenke* in BK Rn. 119.

[52] *Herzog* in Maunz/Dürig Rn. 44; *Waldhoff/Grefrath* in BerlKomm Rn. 16; anders wohl *Fink* in MKS Rn. 76.

[53] *Heun* in Dreier Rn. 11; hier wäre allein der (Um-)Weg über ein Organstreitverfahren gangbar: *Butzer* in SHH Rn. 34; *Herzog* in Maunz/Dürig Rn. 45; *Nierhaus* in Sachs Rn. 21.

12 **Keiner Gegenzeichnung** bedürfen **Reden** und andere nur politische Handlungen des BPräs (zB Staatsbesuche, Glückwunschtelegramme usw).[54] Hier handelt es sich ganz offensichtlich nicht um Anordnungen und Verfügungen, da solche Akte nicht auf rechtliche Wirksamkeit („Gültigkeit") angelegt sind. Den BPräs in wortsinnüberschreitender Interpretation von Art. 58[55] oder in analoger Anwendung der Vorschrift[56] mit seinen Reden an das Einvernehmen mit der BReg binden zu wollen, träfe seine **Integrationsfunktion** in deren Nerv.[57] Der BPräs soll sich einmischen und soll dabei auch Positionen beziehen können, die den handelnden Politikern unbequem sind.[58] Mit dieser Aufgabe ist die Idee einer Gegenzeichnung von Reden des Präsidenten durch die Regierung unvereinbar. Der BPräs muss zwar vermeiden, eine politische Opposition zur BReg zu werden und ist im Bereich der auswärtigen Beziehungen zur Abstimmung mit der Regierung verpflichtet;[59] dies folgt jedoch nicht aus dem förmlichen Institut der Gegenzeichnung, sondern daraus, dass das GG dem BPräs bestimmte Aufgaben zuweist, die mit der allgemeinen Staatsleitungsaufgabe der BReg in Konflikt geraten können. Hier ist daher auf den Grundsatz der **Verfassungsorgantreue** zurückzugreifen.[60]

II. Bedingung für ihre Gültigkeit

13 In rechtlicher Hinsicht (zur Übernahme der parlamentarischen Verantwortung durch die Regierung → Rn. 8) ist die Gegenzeichnung nach Art. 58 S. 1 Voraussetzung für die **„Gültigkeit"** des Präsidialaktes. In zeitgemäßer Rechtssprache handelt es sich um eine **Wirksamkeitsvoraussetzung.**[61] Vor der Gegenzeichnung ist der Akt schwebend unwirksam; wird die Gegen-

[54] Vertiefend *Butzer* in SHH Rn. 6 ff.; *Fink* in MKS Rn. 63 ff.; *Fritz* in BK Art. 54 Rn. 184 ff.; *Herzog* in Maunz/Dürig Rn. 50 ff.; *Nierhaus* in Sachs Rn. 16 ff.; *Schenke* in BK Rn. 99 ff.; *Schlaich* in HdbStR II, 2. Aufl. 1998, § 49 Rn. 71 ff.; *Waldhoff/Grefrath* in BerlKomm Rn. 12 ff., 25.

[55] So, teils in expliziter Anlehnung an *Anschütz,* Kommentar zur WRV, 14. Aufl. 1933, Art. 50 Anm. 3, *Kröger,* Die Ministerverantwortlichkeit in der Verfassungsordnung der Bundesrepublik Deutschland, 1972, 88; *Maurer* FS f. Carstens II, 1984, 713 ff.; *Randelzhofer* FS f. Driehaus, 2005, 564 (565 f.); *Servatius,* Die Gegenzeichnung von Handlungen des Bundespräsidenten, 1960, 40; wohl auch *Erichsen* Jura 1985, 373 (379 f.); *Hemmrich* in v. Münch/Kunig, 4./5. Aufl. 2001, Rn. 4; *Stern,* StaatsR II, 1980, § 30 Kap. II 7b a; krit. *Schenke* in BK Rn. 101.

[56] *Biehl,* Die Gegenzeichnung im parlamentarischen Regierungssystem der Bundesrepublik Deutschland, 1971, 80; *Kastner,* Die Gegenzeichnung im deutschen Staatsrecht, 1962, 60 f. Dagegen *Schenke* in BK Rn. 102 ff.

[57] *Herzog* in Maunz/Dürig Rn. 54 ff.; sa *Nierhaus* in Sachs Rn. 19; *Schenke* in BK Rn. 110; *Waldhoff/Grefrath* in BerlKomm Rn. 13.

[58] *Fink* in MKS Rn. 70; grds. krit. *van Ooyen,* Das Amt des Bundespräsidenten, 2015, 23 ff.

[59] → Art. 59 Rn. 18. Er tritt hier nicht als individuelles Verfassungsorgan, sondern als Vertreter der Bundesrepublik Deutschland auf: statt vieler *Fritz* in BK Art. 54 Rn. 197; *Nierhaus* in Sachs Rn. 17; *Schenke* in BK Rn. 115. Zu umstr. Äußerungen von BPräs *Gauck* (ua zum „Völkermord" an den Armeniern und zur Annexion der Krim durch Russland) *Butzer* in SHH Rn. 14. Für eine allg. Gegenzeichnungspflicht im Bereich der auswärtigen Gewalt wohl *Nierhaus* in Sachs Rn. 17.

[60] Eing. *Butzer* in SHH Rn. 11 ff.; *Butzer* ZG 30 (2015), 97 (122 ff.); *Herzog* in Maunz/Dürig Rn. 57 ff.; *Schenke* in BK Rn. 113 ff.; zur Praxis *Pieper* in BeckOK Rn. 11.1. Zurückhaltend auch insoweit *Fritz* in BK Art. 54 Rn. 199.

[61] *Butzer* in SHH Rn. 39; *Heun* in Dreier Rn. 13; *Jekewitz* in AK Rn. 7; aA *Hemmrich* in v. Münch/Kunig, 4./5. Aufl. 2001, Rn. 6, der von einer Rechtmäßigkeitsvoraussetzung spricht. Die Rechtmäßigkeit indes entscheidet sich anhand anderer Maßstäbe. Zu weiteren möglichen Wirksamkeitsvoraussetzungen (zB nach § 41 VwVfG) *Herzog* in Maunz/Dürig Rn. 46.

zeichnung endgültig verweigert, ist er rechtlich unwirksam bzw. nichtig.[62] Eine nachträgliche Heilung kommt in diesem Fall nicht in Betracht.[63] Leidet die Gegenzeichnung an **Form- oder Zuständigkeitsfehlern,** bleibt der Präsidialakt nach Sinn und Zweck der Gegenzeichnungspflicht bis zur Heilung des Mangels schwebend unwirksam.[64]

III. Gegenzeichnung durch den Bundeskanzler oder den zuständigen Bundesminister

1. Zuständigkeit für die Gegenzeichnung. Zuständig für die Gegen- 14
zeichnung sind nach Art. 58 S. 1 der **Bundeskanzler oder der zuständige Bundesminister.** § 29 Abs. 1 S. 1 GO BReg, der von Gegenzeichnung durch Bundeskanzler *und* Minister spricht, und § 29 Abs. 2, der den Kanzler nicht erwähnt, sind in diesem Sinne verfassungskonform zu interpretieren.[65]

Die **Zuständigkeit des Bundeskanzlers** beschränkt sich zutreffender 15
Ansicht nach nicht auf die Richtlinien der Politik.[66] Dies entspricht der starken Stellung des Kanzlers innerhalb der BReg, die ihm in besonderer Weise ermöglicht, die Einheitlichkeit der Staatsleitung zu garantieren und parlamentarische Verantwortung zu tragen.[67] Art. 58 S. 1 ist im Verhältnis zu Art. 65 S. 2 daher als *lex specialis* zu sehen.[68] Zulässig ist auch die Gegenzeichnung durch den Bundeskanzler und einen, uU auch mehrere, zuständige Minister. Die Zuständigkeit der Minister bestimmt sich nach dem Geschäftsbereich und der GO BReg.[69]

Die Frage, ob bei **mehrfacher Zuständigkeit** alle zuständigen Minister 16
gegenzeichnen müssen, lässt sich nach Art. 58 S. 1 wegen des uneindeutigen Wortlautes[70] und der wenig ergiebigen Entstehungsgeschichte nicht abschließend beantworten.[71] Daher ist die Regelung in § 29 Abs. 1 S. 2, Abs. 2 S. 2, wonach in der Regel alle zuständigen Minister zeichnen, von der Geschäftsordnungsautonomie der BReg (Art. 65 S. 2 u. 3) gedeckt.[72]

---

[62] *Fink* in MKS Rn. 11; *Pieroth* in Jarass/Pieroth Rn. 6; *Schenke* in BK Rn. 163; diff. *Nierhaus* in Sachs Rn. 27.

[63] *Herzog* in Maunz/Dürig Rn. 46.

[64] Näher *Butzer* in SHH Rn. 40; *Fink* in MKS Rn. 91 f.; *Schenke* in BK Rn. 163 ff.

[65] *Butzer* in SHH Rn. 28; *Fink* in MKS Rn. 77; *Kastner,* Die Gegenzeichnung im deutschen Staatsrecht, 1962, 105 f.; *Nierhaus* in Sachs Rn. 23; *Pieroth* in Jarass/Pieroth Rn. 4; ähnlich *Schenke* in BK Rn. 125, vermag Art. 58 nicht zu derogieren. AA *Wallrabenstein* → Art. 82 Rn. 27 ff. Gegenzeichnung nach Art. 82 kein FAll des Art. 58.

[66] *Butzer* in SHH Rn. 29; *Herzog* in Maunz/Dürig Rn. 70 f.; *Heun* in Dreier Rn. 14; *Pieroth* in Jarass/Pieroth Rn. 4; *Stern,* StaatsR II, 1980, § 30 Kap. II 7b a, § 31 Kap. IV 6d g; aA *Fink* in MKS Rn. 78 f., *Kastner,* Die Gegenzeichnung im deutschen Staatsrecht, 1962, 104 f., *Nierhaus* in Sachs Rn. 23, *Schenke* in BK Rn. 126 ff. (Mitzeichnung durch den Kanzler nicht erforderlich, aber unschädlich).

[67] *Herzog* in Maunz/Dürig Rn. 70 f.

[68] *Butzer* in SHH Rn. 29; *Waldhoff/Grefrath* in BerlKomm Rn. 22; aA *Schenke* in BK Rn. 127.

[69] *Herzog* in Maunz/Dürig Rn. 68; *Pieroth* in Jarass/Pieroth Rn. 4. Zu Vertretungsfragen *Kastner,* Die Gegenzeichnung im deutschen Staatsrecht, 1962, 109 ff.; *Schenke* in BK Rn. 134 ff.

[70] Vgl. nur die gegensätzlichen Deutungen von *Herzog* in Maunz/Dürig Rn. 69; *Butzer* in SHH Rn. 30.

[71] Die ganz hM geht allerdings von einer eindeutig ermittelbaren Aussage aus. Für eine Zeichnungspflicht aller zuständigen Minister unmittelbar aus Art. 58: *Domgörgen* in Hömig/Wolff Rn. 4; *Herzog* in Maunz/Dürig Rn. 69; dagegen (ebenfalls unmittelbar aus Art. 58): *Butzer* in SHH Rn. 59 f.; *Fink* in MKS Rn. 81; *Jekewitz* in AK Rn. 7; *Pieroth* in Jarass/Pieroth Rn. 4; *Schenke* in BK Rn. 136; *Stern,* StaatsR II, 1980, § 31 Kap. IV 6b g.

[72] Überzeugend *Pernice* in Dreier, 2. Aufl. 2006, Rn. 15; *Heun* in Dreier Rn. 14.

17 **2. Verfahren und Form der Gegenzeichnung.** In der Praxis erfolgt die Gegenzeichnung „auf Vorrat" als sog. **Vorzeichnung** (vgl. § 29 GO BReg).[73] Dies scheint im Widerspruch zum Wortsinn zu stehen (vgl. aber die Formulierung in Art. 82 Abs. 1 S. 1: „nach Gegenzeichnung"),[74] macht aber zugleich deutlich, dass in den meisten Fällen die Initiative zum Erlass des Aktes ohnehin von der BReg ausgeht.[75] Da der vorab erteilten Gegenzeichnung in der Praxis informelle Abstimmungen vorausgehen, kann auch auf diesem Wege die Einheitlichkeit der Staatsleitung verwirklicht werden. Die Gegenzeichnung wird so zum **formalen Ausdruck informeller Koordinationsprozesse.**

18 Eine bestimmte **Form der Gegenzeichnung** lässt sich Art. 58 S. 1 nicht entnehmen. Üblicherweise werden schriftliche Akte schriftlich gegengezeichnet, wogegen nicht-schriftliche Akte mündlich und sogar konkludent gebilligt werden können.[76] Gegenzeichnungen sind **bedingungsfeindlich.**[77] Soweit die Gegenzeichnung in das Ermessen der BReg gestellt ist (→ Rn. 19), wird man eine Zeichnung unter Vorbehalt, Bedingung oder Befristung als unwirksam anzusehen haben. Ist die Regierung zur Gegenzeichnung verpflichtet, spricht mehr dafür, den Zusatz für unbeachtlich zu erklären.[78]

19 **3. Entscheidung über die Gegenzeichnung.** Hinsichtlich der Gegenzeichnung besitzt die BReg **Ermessen.** Dabei ist va nach dem **wahren Urheber** des Präsidialaktes zu differenzieren:[79] Hat die BReg selbst den Anstoß für den Akt gegeben, dient der formale Akt lediglich einer Art Selbstkontrolle. Stammt der Anstoß von einem dritten Verfassungsorgan, ist die BReg auf eine Rechtskontrolle beschränkt.[80] Bei originären Präsidialakten hat die BReg nach Sinn und Zweck des Gegenzeichnungserfordernisses grundsätzlich ein Prüfungsrecht, das auch politische Bewertungen umfasst. Zu beachten ist aber der Grundsatz der Verfassungsorgantreue; die BReg darf daher den Präsidenten „nicht in seiner Amtsführung blockieren".[81] Konkretisierend sind daher zwei **Ermessensreduzierungen** zu beachten: Bei „wirklichen präsidentiellen Prärogativen"[82] (wie zB dem Gnadenrecht) ist die Kontrolle darauf zu reduzieren, ob die Maßnahme in rechtlicher Hinsicht willkürlich[83] oder in politischer Hinsicht völlig untragbar ist.[84] Ist der BPräs

[73] Näher *Butzer* in SHH Rn. 35; *Pieper* in BeckOK GG Rn. 4, 10.1; zur Frage der Bindung des BPräs an eine Praxis, die ihre Rechtsgrundlage in der GO BReg findet, *Herzog* in Maunz/Dürig Rn. 65; *Schenke* in BK Rn. 146 ff.

[74] Vgl. *Waldhoff/Grefrath* in BerlKomm Rn. 24; Rechtfertigung der Praxis bei *Kastner,* Die Gegenzeichnung im deutschen Staatsrecht, 1962, 63 f.

[75] *Herzog* in Maunz/Dürig Rn. 64 f.

[76] *Herzog* in Maunz/Dürig Rn. 66; die hM hält diese Usancen für verfassungsrechtlich geboten, *Butzer* in SHH Rn. 34; *Kastner,* Die Gegenzeichnung im deutschen Staatsrecht, 1962, 59 ff.; *Schenke* in BK Rn. 141 f.; *Waldhoff/Grefrath* in BerlKomm Rn. 24; zur Praxis *Pieper* in BeckOK GG Rn. 2 und 2.1.

[77] *Butzer* in SHH Rn. 34; *Waldhoff/Grefrath* in BerlKomm Rn. 24.

[78] So nunmehr auch *Butzer* in SHH Rn. 34; sa *Schenke* in BK Rn. 143.

[79] So auch *Heun* in Dreier Rn. 16; für generelles Ermessen der BReg *Jekewitz* in AK Rn. 7; *Schenke* in BK Rn. 154 ff.; *Waldhoff/Grefrath* in BerlKomm Rn. 23; aA (allg. Prüfung auf politische Untragbarkeit) *Menzel* DÖV 1965, 581 (592).

[80] *Butzer* in SHH Rn. 37 f.

[81] *Pernice* in Dreier, 2. Aufl. 2006, Rn. 17.

[82] *Nierhaus* in Sachs Rn. 25.

[83] *Butzer* in SHH Rn. 38.

[84] *Fink* in MKS Art. 60 Rn. 33; *Nierhaus* in Sachs Rn. 25, Art. 60 Rn. 15; gegen eine verbindliche Ermessensreduzierung *Herzog* in Maunz/Dürig Art. 60 Rn. 38; aA *Pieper* in BeckOK GG Rn. 12, der sogar einen einklagbaren Anspruch auf Gegenzeichnung annimmt.

dagegen selbst zum Erlass des Aktes verpflichtet (wie im Regelfall bei der Ausfertigung von Gesetzen), trifft diese Pflicht auch die BReg bei Gegenzeichnung.[85]

IV. Ausnahmen von der Gegenzeichnungspflicht

1. Geschriebene Ausnahmen. Art. 58 bestimmt in Satz 2 drei Fälle, in denen Präsidialakte gegenzeichnungsfrei sein sollen. In diesen Fällen fehlt es entweder an einem geeigneten Gegenzeichnungsberechtigten oder es gilt, autonome Entscheidungsbefugnisse gegen einen Berechtigten zu sichern, der von dem fraglichen Akt selbst betroffen ist.[86] Bei **Ernennung und Entlassung des Bundeskanzlers** (nach Art. 63 Abs. 2 S. 2, Art. 63 Abs. 4 S. 2 u. 3 oder Art. 67 Abs. 1 S. 2) kommen weder der abtretende noch der neugewählte Bundeskanzler für eine Gegenzeichnung in Frage. Bei der **Auflösung des BT nach Art. 63 Abs. 4 S. 3** ist das Entscheidungsrecht des BPräs gegenüber einem Minderheitenkanzler zu verteidigen, der durch den Auflösungsakt die Kanzlerschaft verliert. Beim **Geschäftsführungsersuchen** nach Art. 69 Abs. 3 schließlich sind zwei Varianten zu unterscheiden.[87] Das Ersuchen **gegenüber dem Bundeskanzler** bedarf der Gegenzeichnung durch den Ersuchten nicht, da dieser selbst betroffen ist und grundsätzlich verpflichtet ist, dem Ersuchen zu folgen.[88] Problematischer ist das Ersuchen **gegenüber Ministern,** weil der Ausschluss der Gegenzeichnung es dem BPräs theoretisch ermöglicht, einen Minister auch gegen den Willen des Bundeskanzlers im Amt zu halten. Dieser (unwahrscheinlichen) Situation könnte sich der Bundeskanzler jedoch leicht entledigen, indem er dem BPräs gem. Art. 64 Abs. 1 einen neuen Minister zur Ernennung vorschlägt.[89] Im Übrigen wird man den BPräs aus Gründen der Verfassungsorgantreue für verpflichtet halten dürfen, dem Bundeskanzler einen Minister nicht gegen seinen Willen aufzudrängen.[90] 20

2. Ungeschriebene Ausnahmen und umstrittene Fälle. Die Ausnahmen in S. 2 sind nach allgemeiner Ansicht **nicht abschließend.** Dies ergibt sich nicht zuletzt daraus, dass in S. 1 im Gegensatz zu Art. 50 WRV nicht mehr von „allen" Anordnungen und Verfügungen die Rede ist.[91] Die Ausnahmen müssen sich an **Sinn und Zweck** des Gegenzeichnungserfordernisses orientieren.[92] Der Ausschluss der Gegenzeichnungspflicht durch einfaches Gesetzesrecht ist mangels eines Gesetzesvorbehaltes nicht möglich.[93] 21

---

[85] *Fink* in MKS Rn. 90; *Herzog* in Maunz/Dürig Rn. 67; *Nierhaus* in Sachs Rn. 26; *Schenke* in BK Rn. 156.

[86] Näher *Butzer* in SHH, 11. Aufl. 2008, Rn. 35 ff.; *Fink* in MKS Rn. 48 ff.; *Herzog* in Maunz/Dürig Rn. 32 ff.; *Schenke* in BK Rn. 74 ff., Rückführung auf die Kustos-Funktion bei *Nettesheim* in HdbStR III § 62 Rn. 31.

[87] *Fink* in MKS Rn. 52 ff.; *Nierhaus* in Sachs Rn. 12; *Schenke* in BK Rn. 77 ff.

[88] *Nierhaus* in Sachs Rn. 12.

[89] *Fink* in MKS Rn. 55; *Heun* in Dreier Rn. 18; *Nierhaus* in Sachs Rn. 12. Krit. *Schenke* in BK Rn. 82 für den Fall eines bloß geschäftsführenden Bundeskanzlers, dem kein materielles Kabinettsbildungsrecht zustehe.

[90] So zutr. *Schenke* in BK Rn. 80 ff.; iE ähnlich *Kastner,* Die Gegenzeichnung im deutschen Staatsrecht, 1962, 89 „Gegenzeichnungsfreiheit, aber Einverständnispflicht."

[91] *Butzer* in SHH Rn. 18; *Fink* in MKS Rn. 57; *Nierhaus* in Sachs Rn. 13; *Schenke* in BK Rn. 84.

[92] *Waldhoff/Grefrath* in BerlKomm Rn. 18.

[93] *Herzog* in Maunz/Dürig Rn. 36, 41.

22 Im Wesentlichen **unstreitig** dürfte heute sein, dass in den folgenden Fällen die Gegenzeichnung entbehrlich ist:

- **Einberufung des BT** nach Art. 39 Abs. 3: Wäre die Gegenzeichnung nötig, entfiele der Sinn eines eigenen Rechts des BPräs neben dem Recht des Bundeskanzlers.[94]
- **Kanzlervorschlag** nach Art. 63 Abs. 1, Art. 115h Abs. 2 S. 1: Wie im Fall der Ernennung des Kanzlers soll die zur Gegenzeichnung legitimierte Person erst bestellt werden.[95]
- **Antrag zum BVerfG** nach Art. 93 Abs. 1 Nr. 1: In der Verteidigung eigener Rechte gegenüber anderen Verfassungsorganen (nicht allein gegenüber der BReg) handelt der BPräs wie jedes Verfassungsorgan autonom.[96]

23 **Erklärungen im Verteidigungsfall** nach Art. 115a Abs. 3 und 5 bedürfen dagegen der Gegenzeichnung.[97] Für Art. 115a Abs. 3 S. 1 ergibt sich dies bereits aus der Verweisung auf Art. 82; in Art. 115a Abs. 5 S. 1 sichert die Gegenzeichnung die außenpolitische Prärogative der BReg.[98] Sollte vorübergehend eine funktionsfähige Regierung fehlen, wäre die Gegenzeichnung später nachzuholen.[99]

24 Nach zutreffender Ansicht gegenzeichnungsbedürftig sind auch **Gnadenakte** nach Art. 60 Abs. 2.[100] Selbst wenn man akzeptiert, dass das Verfassungsrecht dem BPräs einen weiten Ermessensspielraum zubilligt, innerhalb dessen er nach seinem Gewissen entscheiden soll,[101] schließt das eine Gegenzeichnung durch die BReg nicht *per se* aus. Diese hat schließlich die politisch-parlamentarische Verantwortung für den Verzicht auf den staatlichen Straf- bzw. Vollstreckungsanspruch zu übernehmen. Dem Charakter als höchstpersönliche Entscheidung ist durch Reduktion des Ermessens bei der Gegenzeichnung Rechnung zu tragen.[102]

25 Umstritten ist eine Gegenzeichnung auch bei **Auflösung des BT nach Art. 68 Abs. 1 S. 1 GG.**[103] Wer die Ausnahme für Art. 63 Abs. 4 S. 3 analog heranziehen will, sieht sich mit dem Einwand konfrontiert, dass

---

[94] *Butzer* in SHH Rn. 19; *Fink* in MKS Rn. 60; *Herzog* in Maunz/Dürig Rn. 37; *Schenke* in BK Rn. 86; etwas andere Begründung bei *Nettesheim* in HdbStR III § 62 Rn. 31, Recht dient va Kontrolle der BReg; diff. *Kastner,* Die Gegenzeichnung im deutschen Staatsrecht, 1962, 98 ff., gegenzeichnungsfrei nur iRd Kanzlerwahl.

[95] *Butzer* in SHH Rn. 19; *Fink* in MKS Rn. 58; *Herzog* in Maunz/Dürig Rn. 38.

[96] *Butzer* in SHH Rn. 19; *Fink* in MKS Rn. 62; *Herzog* in Maunz/Dürig Rn. 39; *Jekewitz* in AK Rn. 9; *Schenke* in BK Rn. 87 f.

[97] Teilweise aA wohl nur *Model/Müller* in Model/Müller 11. Aufl. 1996, Rn. 4; zu einem Streit zweiter Ordnung, nämlich über die Umstrittenheit dieser Frage *Waldhoff/Grefrath* in BerlKomm Rn. 21 gegenüber *Nierhaus* in Sachs Rn. 14.

[98] *Butzer* in SHH Rn. 27; *Fink* in MKS Rn. 43 f.; *Schenke* in BK Rn. 93.

[99] *Herzog* in Maunz/Dürig Rn. 39a.

[100] *Butzer* in SHH Rn. 20; *Fink* in MKS Rn. 40; *Herzog* in Maunz/Dürig Rn. 40; *Heun* in Dreier Rn. 20; *Nierhaus* in Sachs Rn. 25; *Schlaich* in HdbStR II, 2. Aufl. 1998, § 49 Rn. 79; aA *Stern,* StaatsR II, 1980, § 30 Kap. III 6b.

[101] → Art. 60 Rn. 15.

[102] → Rn. 19; → Art. 60 Rn. 23; *Butzer* in SHH Rn. 38; *Schenke* in BK Rn. 89; zu zusätzlichen prozeduralen Sicherungen in der Praxis *Butzer* in SHH, 11. Aufl. 2008, Rn. 45 f.

[103] Für Gegenzeichnungspflicht BVerfGE 62, 1 (34 f.); *Herzog* in Maunz/Dürig Rn. 34; *Pieper* in BeckOK GG Rn. 11.3; *Schenke* in BK Rn. 94 ff.; mit abw. Begr. *Fink* in MKS Rn. 30; dagegen *Heun* in Dreier Rn. 22; *Jekewitz* in AK Rn. 10; *Nettesheim* in HdbStR III § 62 Rn. 31; *Nierhaus* in Sachs Rn. 15; *Randelzhofer* FS f. Driehaus, 2005, 564 (569); *Thiele* JA 2005, 871 (873); ähnlich *Waldhoff/Grefrath* in BerlKomm Rn. 20; pragmatisch *Butzer* in SHH Rn. 23 ff., Auflösungsantrag entspricht Vorzeichnung einer Auflösung, deren Verweigerung gegenzeichnungsfrei ist.

Art. 58 S. 2 zwar pauschal alle Fälle der Ernennung und Entlassung des Bundeskanzlers für gegenzeichnungsfrei erklärt, bei der Auflösung des BT aber explizit allein auf Art. 63 verweist. Dass dies gewollt ist, ergibt sich aus der Entstehungsgeschichte ebenso wie aus dem Sinn und Zweck:[104] Während im Fall der gescheiterten Kanzlerwahl (Art. 63 Abs. 4 GG) nur ein geschäftsführender Bundeskanzler im Amt ist, soll bei der gescheiterten Vertrauensfrage (Art. 68 Abs. 1 GG) dem gewählten Kanzler die Möglichkeit zu Sondierungen gegeben werden, die Vertrauenskrise zu beseitigen. Die **Gegenzeichnungspflicht** sichert hier die nötigen politischen Spielräume für Verhandlungen.[105] Entsprechendes gilt für die **Erklärung des Gesetzgebungsnotstandes** nach Art. 81.[106]

Gegenzeichnungspflichtig ist auch die **Delegation** der Ernennungs-, Ent- **26**
lassungs- und Begnadigungsrechte **nach Art. 60 Abs. 3.** Ansonsten könnte der BPräs ohne Abstimmung mit der BReg. Präsidialakte der Gegenzeichnung entziehen.[107] Der **Widerruf** der Delegation stellt demgegenüber den „verfassungsrechtlichen Normalzustand"[108] wieder her und ist daher nach allgemeiner Ansicht gegenzeichnungsfrei.[109]

C. Kritische Würdigung

Anders als bei Art. 55 liegt die Verantwortung für die zahlreichen Streitig- **27**
keiten rund um Art. 58 (mehr als 20 an der Zahl, einschließlich eines Streits um den Sinn der Vorschrift überhaupt[110]) in erster Linie beim Verfassungsgeber. Durch die **unreflektierte Übernahme** eines staatsrechtlichen Instituts, das sich nur noch mühsam in die veränderten Organstrukturen des GG einfügt, und durch eine **wenig sorgfältige Redaktion** ist eine Bestimmung entstanden, die mehr Fragen aufwirft, als sie Antworten gibt. Die Gegenzeichnung ist zur bloßen Formalie bei Akten geworden, in denen der BPräs ohne eigenes Ermessen agiert (die Praxis der Vorzeichnung zieht hieraus die Konsequenz), die Ausnahmen in S. 2 sind offenkundig unvollständig, die exklusive Ausnahme der Parlamentsauflösung nach Art. 63 schafft unnötige Irritationen usw. Weit hilfreicher wäre eine **Positivliste** derjenigen begrenzten Fälle gewesen, in denen eine Gegenzeichnung noch sinnvoll erscheint. Aus einem Rechtsinstitut, das dem Frühkonstitutionalismus noch als eine der „schönsten Entdeckungen des menschlichen Verstandes in dem Gebiethe der Staatskunst"[111] galt, ist ein **sperriges Relikt** geworden,[112] das zur **kreativen Umgehung** einlädt. Entgegen der intensiven und extensiven literarischen

---

[104] Im Anschluss an *Schenke* in BK Rn. 94 ff., unter Aufgabe der Auffassung in der Voraufl.

[105] Zwar könnte der Kanzler den Antrag auf Auflösung des BT auch zurücknehmen; dies jedoch würde den Verhandlungsdruck erheblich reduzieren: zutr. *Schenke* in BK Rn. 95 gegen *Randelzhofer* FS f. Driehaus, 2005, 564 (569).

[106] *Butzer* in SHH Rn. 26; *Schenke* in BK Rn. 97.

[107] *Butzer* in SHH Rn. 21; *Fink* in MKS Rn. 41; *Schenke* in BK Rn. 90; aA *Jekewitz* in AK Rn. 10; *Nierhaus* in Sachs Rn. 14; *Schlaich* in HdbStR II, 2. Aufl. 1998, § 49 Rn. 78; *Stern,* StaatsR II, 1980, § 30 Kap. III 6c.

[108] *Jekewitz* in AK Rn. 10.

[109] *Butzer* in SHH Rn. 22; *Fink* in MKS Rn. 42; *Schenke* in BK Rn. 91.

[110] *Heun* in Dreier Rn. 5 spricht von einer „Sinnsuche mit zweifelhaften Ergebnissen".

[111] *Zachariä,* Vierzig Bücher vom Staate II, 1820, 78.

[112] *Waldhoff/Grefrath* in BerlKomm Rn. 6 „verfassungsgeschichtliches Zitat".

Bearbeitung, die diese Verfassungsnorm erfahren hat: ein „Angelpunkt des Verfassungsrechts"[113] ist Art. 58 gewiss nicht mehr.

Literatur

H. Biehl, Die Gegenzeichnung im parlamentarischen Regierungssystem der Bundesrepublik Deutschland, 1971. – ***R. Herzog,*** Entscheidung und Gegenzeichnung, FS f. G. Müller, 1970, 117. – ***R. Jaeger,*** Die staatsrechtliche Bedeutung der ministeriellen Gegenzeichnung im deutschen Reichsstaatsrecht 1871–1945, FS f. Laforet, 1952, 155. – ***J. Kastner,*** Die Gegenzeichnung im deutschen Staatsrecht, Diss. Münster 1962. – ***H. Maurer,*** Die Gegenzeichnung nach dem Grundgesetz, FS f. Carstens, Bd. 2, 1984, 701. – ***M. Nierhaus,*** Entscheidung, Präsidialakt und Gegenzeichnung, 1973. – ***A. Randelzhofer,*** Der Bundespräsident an der kurzen Leine des Bundeskanzlers? Erfordert die Auflösung des Bundestages nach Art. 68 Abs. 1 GG die Gegenzeichnung des Bundeskanzlers?, FS f. Driehaus, 2005, 564. – ***A. Schulz,*** Die Gegenzeichnung, 1978. – ***K. Servatius,*** Die Gegenzeichnung von Handlungen des Bundespräsidenten, Diss. Köln 1960. – ***A. Thiele,*** Die Gegenzeichnungspflichtigkeit der Auflösungsverfügung des Bundespräsidenten gem. Art. 68 I 3 GG, JA 2005, 871.

S. iÜ Literaturangaben zu Art. 54.

[113] *Jaeger* FS f. Laforet, 1952, 155 (175); so aber auch noch *Hemmrich* in v. Münch/Kunig, 4./5. Aufl. 2001, Rn. 17 „wesentlicher Bestandteil des modernen Verfassungsstaates"; *Pieper* in BeckOK GG vor A., „eine – wenn nicht die – zentrale Bestimmung über die verfassungsrechtliche Stellung des BPräs."

Art. 59 [Völkerrechtliche Vertretungsmacht, Beteiligung der gesetzgebenden Körperschaften am Vertragsabschluss]

(1) [1]Der Bundespräsident vertritt den Bund völkerrechtlich. [2]Er schließt im Namen des Bundes die Verträge mit auswärtigen Staaten. [3]Er beglaubigt und empfängt die Gesandten.

(2) [1]Verträge, welche die politischen Beziehungen des Bundes regeln oder sich auf Gegenstände der Bundesgesetzgebung beziehen, bedürfen der Zustimmung oder der Mitwirkung der jeweils für die Bundesgesetzgebung zuständigen Körperschaften in der Form eines Bundesgesetzes. [2]Für Verwaltungsabkommen gelten die Vorschriften über die Bundesverwaltung entsprechend.

Paulskirchenverfassung von 1849

Abschnitt III. Art. III

§ 75. Der Kaiser übt die völkerrechtliche Vertretung des deutschen Reiches und der einzelnen deutschen Staaten aus. Er stellt die Reichsgesandten und die Consuln an und führt den diplomatischen Verkehr

§ 77. Der Kaiser schließt die Bündnisse und Verträge mit den auswärtigen Mächten ab, und zwar unter Mitwirkung des Reichstages, insoweit diese in der Verfassung vorbehalten ist.

§ 78. Alle Verträge nicht rein privatrechtlichen Inhalts, welche deutsche Regierungen unter sich oder mit auswärtigen Regierungen abschließen, sind dem Kaiser zur Kenntnißnahme, und insofern das Reichsinteresse dabei betheiligt ist, zur Bestätigung vorzulegen.

Reichsverfassung von 1871

§ 11. Das Präsidium des Bundes steht dem Könige von Preußen zu, welcher den Namen Deutscher Kaiser führt. Der Kaiser hat das Reich völkerrechtlich zu vertreten, im Namen des Reichs Krieg zu erklären und Frieden zu schließen, Bündnisse und andere Verträge mit fremden Staaten einzugehen, Gesandte zu beglaubigen und zu empfangen.

[Abs. 2]

Insoweit die Verträge mit fremden Staaten sich auf solche Gegenstände beziehen, welche nach Artikel 4 in den Bereich der Reichsgesetzgebung gehören, ist zu ihrem Abschluß die Zustimmung des Bundesrathes und zu ihrer Gültigkeit die Genehmigung des Reichstages erforderlich.

Weimarer Reichsverfassung von 1919

Art. 45. Der Reichspräsident vertritt das Reich völkerrechtlich. Er schließt im Namen des Reichs Bündnisse und andere Verträge mit auswärtigen Mächten. Er beglaubigt und empfängt die Gesandten.

[Abs. 2]

Bündnisse und Verträge mit fremden Staaten, die sich auf Gegenstände der Reichsgesetzgebung beziehen, bedürfen der Zustimmung des Reichstags.

Übersicht

A. Allgemeine Bedeutung

I. Genese

1 Art. 59 ist in seiner Anwendung mit Herausforderungen verbunden, deren Ursprünge zum einen das komplexe Kompetenzgefüge im Bereich der **„auswärtigen Gewalt"**[1] – verstanden als die Summe der verfassungsrechtlich

[1] *Haenel,* Deutsches Staatsrecht I, 1892, 531. Zum Begriff *Calliess* in HdbStR IV, § 83 Rn. 1 ff.; *Biehler,* Auswärtige Gewalt, 2005, 3 ff.; *Steinberger,* in Mußgnug Rechtsentwicklung unter dem Bonner Grundgesetz, 101 ff.; *Fassbender* in BK Rn. 15 f. (der nicht zwingend an dem Begriff festhalten will); *Bleckmann,* Grundgesetz und Völkerrecht, 1975, 201 ff.; *Weiß,* Auswärtige Gewalt und Gewaltenteilung, 1971, 24 ff.; *Reichel,* Die auswärtige Gewalt nach dem Grundgesetz für die Bundesrepublik Deutschland vom 23. Mai 1949, 1967, 21 ff.;

distribuierten Kompetenzen, die eine auswärtige Dimension aufweisen[2] (→ Art. 32 Rn. 2) – und zum anderen die sich stetig wandelnden Eigenheiten der völkerrechtlichen Ordnung sind. Diesen muss die Auslegung des Art. 59 gerecht werden, so er denn seine Zwecke effektiv verwirklichen soll. Dabei müht sich Art. 59 um den Ausgleich konfligierender Kompetenzen und praktischer Notwendigkeiten, die mit Staatshandeln auf internationalem Parkett verknüpft sind. Während Art. 59 Abs. 1 eine kompetenzielle Zuordnung für das völkerrechtlich wirksame Auftreten der Bundesrepublik nach außen vornimmt (→ Rn. 15 ff.), verlangt Art. 59 Abs. 2 S. 1 für völkervertragliches Handeln in bestimmten Fällen eine besonders ausgeprägte demokratische Legitimation (→ Rn. 41 ff.).

Art. 59 Abs. 1, der dem Bundespräsidenten die **Organkompetenz**[3] für 2
die Vertretung der Bundesrepublik auf völkerrechtlicher Ebene zuweist,[4] fügt sich in die deutsche Verfassungstradition[5] und spiegelt Grundwertungen der Verfassungen des Deutschen Reiches wider: In dieser Rechtstradition stehen § 75 S. 1 der Paulskirchenverfassung von 1848, § 11 S. 1 der Reichsverfassung von 1871 sowie Art. 45 Abs. 1 der Reichsverfassung von 1919.[6] Vergleichbare Regelungen finden sich in den Verfassungen zahlreicher anderer Staaten wieder,[7] die dem Staatsoberhaupt im Rahmen des staatlichen Wirkens nach außen eine zentrale Rolle zuweisen.[8] Diese Zentralisierungstendenz, die letztendlich in ihren Ursprüngen eng mit monarchischem Gedankengut und der Identifikation des Staates mit einem Herrscher verbunden ist,[9] ist indes bereits aus völkerrechtlicher Perspektive zu relativieren: Zwar besteht völkerrechtlich eine Vermutung für die Vertretungsbefugnis des Staatsoberhaupts, vermutet wird jedoch zB auch die Vertretungsbefugnis der Regierungschefs und Minister[10] (Art. 7 Abs. 2 lit. a Wiener Vertragsrechtskonvention – WVK[11]).[12] Von einer umfassenden und exklusiven Vertretungsbefugnis des Staatsoberhaupts geht das Völkerrecht demnach nicht aus.[13]

Mosler FS f. Bilfinger, 1954, 243 ff.; *Kunig* Jura 1993, 554; *Seidel,* Der Bundespräsident als Träger der auswärtigen Gewalt, 1972, 20 ff. Krit. *Fastenrath/Groh* in BerlKomm Rn. 12. S. BVerfGE 143, 101 (142).

[2] *Wolfrum* VVDStRL 56 (1997), 38 (39). Vgl. *Nettesheim* in Maunz/Dürig Rn. 5 ff.

[3] Zur Organkompetenz *Oldiges* DÖV 1989, 873 (875 f.).

[4] *Nettesheim* in Maunz/Dürig Rn. 36; *Kempen* in MKS Rn. 2.

[5] *Schorkopf,* Staatsrecht der Internationalen Beziehungen, 2017, § 3 Rn. 63.

[6] *Butzer/Haas* in SHH Rn. 1; *Kempen* in MKS Rn. 15; *Mosler* FS f. Bilfinger, 1954, 243 (263 f.).

[7] *Martinez* in Bradley Oxford Handbook of Comparative Foreign Relations Law, 97 (100 f.); *Streinz* in Sachs Rn. 1.

[8] *Martinez* in Bradley Oxford Handbook of Comparative Foreign Relations Law, 97 (100). Vgl. auch *Mosler* FS f. Bilfinger, 1954, 243 (280).

[9] Vgl. *Hobbes,* Leviathan Or The Matter, Forme, & Power of a Commonwealth Ecclesiasticall and Civill, 1651, Chapter XVI; *Hobbes,* De Cive, 1651, Kapitel VII, XIV.

[10] Vgl. bereits *Legal Status of Eastern Greenland* (Den. v. Nor.), 1933 PCIJ (ser. A/B) No. 53.

[11] BGBl. 1985 II 927.

[12] *Streinz* in Sachs Rn. 1. Siehe *Hoffmeister* in Dörr/Schmalenbach Vienna Convention on the Law of Treaties, Art. 7 Rn. 21 ff.; IGH, *Land and Maritime Boundary between Cameroon and Nigeria (Cameroon v Nigeria, Equatorial Guinea intervening),* Judgment of 10 October 2002, ICJ Rep. 303, Rn. 265; IGH, *Application of the Convention on the Prevention and Punishment of the Crime of Genocide (Bosnia and Herzegovina v Yugoslavia) (Preliminary Objections),* Judgment of 11 July 1996, ICJ Rep. 1996, 595, Rn. 44.

[13] *Zuleeg* in AK Rn. 9; *Hoffmeister* in Dörr/Schmalenbach Vienna Convention on the Law of Treaties, Art. 7 Rn. 22 ff.

3 Art. 59 Abs. 1 reflektiert zudem die relativierenden Tendenzen unterliegende, völkerrechtliche Perzeption des Staates als einer Entität, die kraft ihrer **Völkerrechtssubjektivität**[14] – vorbehaltlich einer etwaigen partiellen Völkerrechtssubjektivität der Länder (→ Art. 32 Rn. 10, 12) – als **Einheit** auf völkerrechtlicher Ebene agiert **(„unity of the State").**[15] Vor dem Hintergrund der bereits in hegelianischem Staatsdenken[16] verhafteten Vorstellung des Staates als einer monolithischen, impermeablen[17] (Willens)struktur, als einem „individuelle[n] Subjekt",[18] die dem Völkerrecht im Ausgangspunkt bei klassischer Betrachtung immanent ist, dient Art. 59 Abs. 1 der Sicherstellung ebenjener Einheit des geäußerten Staatswillens nach außen.[19] Indes wird das völkerrechtliche Ideal der Staatseinheit im völkerrechtlichen Diskurs hinterfragt. Staaten sprechen mitunter mit unterschiedlichen „Stimmen" nach außen.[20] Die entscheidende, derzeit diskutierte Frage ist, ob das Völkerrecht von dieser Perplexität unbeeindruckt bleibt und bleiben sollte, indem es allein der Willensbekundung der Exekutive, der – wie seit jeher (nicht unbestritten) betont wird – in vielen Verfassungsordnungen der „exklusive" oder jedenfalls der „erste" Zugriff auf auswärtige Beziehungen gebühre (→ Rn. 45), normative Bedeutung zuspricht.[21]

4 Richtet man den Blick noch näher auf das Staatsinnere, so wäre es verfehlt, in Art. 59 Abs. 1 eine kompetenzielle Monopolisierung der auswärtigen Gewalt zu erblicken. Vielmehr ist Art. 59 Ausgangspunkt eines **komplexen Kompetenzgeflechts im Bereich auswärtiger Angelegenheiten,** welches in besonderer Weise **„checks and balances"**[22] zwischen den drei Staatsgewalten und den diesen zuzuordnenden Staatsorganen[23] installiert. Er verdeutlicht in seiner Gesamtschau (→ Rn. 16), dass die Vertretungsbefugnis des Bundespräsidenten nach außen **formaler Natur** ist und nicht mit **materieller Entscheidungskompetenz** und **Außenvertretungsbefugnis** einhergeht (→ Rn. 15 f.).[24] Insofern erfährt das formale ***ius repraesentationis omnimodae*** (das alleinige Außenvertretungsrecht des Staatsoberhaupts),[25] das

---

[14] Vgl. *Mosler* ZaöRV 22 (1962), 1 (45). Umfassend *Portmann,* Legal Personality in International Law, 2010.

[15] ILC, Draft Articles on Responsibility of States for Internationally Wrongful Acts (UN Doc. A/56/10), YBILC II (2001), Art. 4 Rn. 5; *Mosler* FS f. Bilfinger, 243 (280).

[16] *Hegel,* Grundlinien der Philosophie des Rechts, 1821, § 329; *Kempen* in MKS Rn. 26.

[17] *Krüger,* Allgemeine Staatslehre, 1966, 862.

[18] *Hegel,* Grundlinien der Philosophie des Rechts, 1821, § 329.

[19] Vgl. zum „Sprechen mit mehreren Zungen", *Aust* in Heschl/Juri/Neubauer/Pirker/Scharfe/Wagner/Willgruber L'État, c'est quoi? 215 (236).

[20] Zum Ideal vgl. *Fastenrath/Groh* in BerlKomm Rn. 5; BVerfGE 55, 349 (368). Siehe aber zB Sentenza No. 238/14 v. 22.11.2014 des *Corte Constituzionale*, die die italienische Regierung nicht guthieß, *Oellers-Frahm* ZaöRV 76 (2016), 193 (195).

[21] Zu Konsequenzen widersprüchlicher Bekundungen von Staatsorganen vgl. *Nollkaemper,* National Courts and the International Rule of Law, 2011, 270 ff.; *Roberts* ICLQ 60 (2011), 57 ff.; *Doehring* South African Yearbook of International Law 17 (1991–1992), 1 ff.

[22] Vgl. *Locke,* Second Treatise of Civil Government, 1690, Section 143 ff.

[23] Zum Bundespräsidenten vgl. *Herzog* in Maunz/Dürig Art. 54 Rn. 17.

[24] *Kempen* in MKS Rn. 2, der in Anlehnung an *Leibholz* den Begriff der „formellen Staatsrepräsentation" verwendet, *Leibholz,* Das Wesen der Repräsentation und Gestaltwandel der Demokratie im 20 Jahrhundert, 1966, 63, 167 f. *Leibholz* sprach von „repräsentativdekorativen Persönlichkeiten [...] in [...] modernen Demokratien". Vgl. *Streinz* in Sachs Rn. 1. S. rechtsvergl. *Martinez* in Bradley Oxford Handbook of Comparative Foreign Relations Law, 97 (100). Zum Begriff der „Repräsentation" *Leisner* DÖV 2019, 359 ff.

[25] *Watts* RdC 247 (1994), 9 (31 ff.); *Blix,* Treaty-Making Power, 1960, 100; *Foakes,* The Position of Heads of State and Senior Officials in International Law, 2014, 41 ff.; *Geck,* Die völkerrechtlichen Wirkungen verfassungswidriger Verträge, 1963, 60 f.; *Zuleeg* in AK Rn. 9;

Art. 59 Abs. 1 dem Bundespräsidenten (scheinbar) zuordnet,[26] im Rahmen des Grundgesetzes erhebliche Einschränkungen. Kompetenzkonflikte[27] bestehen potentiell sowohl zwischen den Staatsorganen Bundespräsident und Bundesregierung (→ zur internationalen Aushandlungs- und Vertragsabschlusspraxis der Bundesrepublik Rn. 19 f.) als auch innerhalb der Gewaltentrias Exekutive, Legislative und Judikative (→ Art. 20 Rn. 131). Verschiedene Erwägungen bilden Spannungslinien: auf der einen Seite sind dies Aspekte wie die notwendige Rücksichtnahme auf die Besonderheiten völkerrechtlicher Beziehungen, die geprägt sind von der Unvorhersehbarkeit des Handelns anderer Völkerrechtssubjekte,[28] die außenpolitische Räson, die strategisches und mitunter schnelles Handeln gebietet sowie die Sicherstellung der (außenpolitischen) Handlungsfähigkeit[29] und „außenpolitische[n] Beweglichkeit“[30] der Exekutive erforderlich macht,[31] und auf der anderen Seite das Bedürfnis nach demokratischer Legitimierung auswärtiger Gewalt, ihrer parlamentarischen Kontrolle, ihrer rechtlichen Bindung und ihrer gerichtlichen Überprüfbarkeit. Dabei durchzieht die Vorstellung, auswärtige Angelegenheiten bildeten ein **„Primat der Exekutive“**[32] die Diskussion. Das traditionsreiche Narrativ des „exekutiven außenpolitischen Primats“ bedarf jedoch angesichts der in Art. 59 Abs. 2 S. 1 selbst angelegten **„Parlamentarisierung der Außenpolitik“**,[33] gerade auch vor dem Hintergrund des **Vorbehalts des Gesetzes**[34] und der **Wesentlichkeitslehre** (→ Rn. 68 ff.) der Hinterfragung, was auch internationale Trends und rechtsvergleichende Erkenntnisse bestätigen (→ Rn. 69 ff.).[35] Diese Trends bedürfen einer größeren konzeptionellen Verortung (auch in ihrer geschichtlichen Dimension):

Historisch betrachtet war im frühen Verfassungsdenken (*Locke, Montesquieu* und *Rousseau*[36]) die auswärtige Gewalt **exklusiv der Exekutive** zugeordnet.[37] Die tragende, dahinter stehende Erwägung war die befürchtete Ineffek- **5**

Fastenrath/Groh in BerlKomm Rn. 1; *Schorkopf,* Staatsrecht der Internationalen Beziehungen, 2017, § 3 Rn. 63; vgl. *Meron* AJIL 89 (1995), 1 ff.; *Frau,* Der Gesetzgeber zwischen Verfassungsrecht und völkerrechtlichem Vertrag, 2015, 7. Zur US-amerikanischen Rechtslage s. *United States v. Curtiss-Wright Export Corp.,* 299 U. S. 304, 320 (1936).

[26] *Streinz* in Sachs Rn. 1. Vgl. *Nettesheim* in Maunz/Dürig Rn. 61.

[27] Siehe nur *Grewe* AöR 112 (1987), 521 ff.; *Geck,* Die völkerrechtlichen Wirkungen verfassungswidriger Verträge, 1963, 60 ff., 67 ff.; *McLachlan,* Foreign Relations Law, 2014, 111 ff.

[28] BVerfGE 55, 349 (365); *Fastenrath/Groh* in BerlKomm Rn. 12; *Nettesheim* in Maunz/Dürig Rn. 235.

[29] BVerfG Beschl. v. 17.9.2019 – 2 BvE 2/16, Rn. 34; BVerfGE 77, 170 (231). Vgl. zu diesem Topos *Ehrenzeller* FS f. Steinberger, 2002, 703 ff.; *Schorkopf,* Grundgesetz und Überstaatlichkeit, 2007, 140. Zur These der „Unnormierbarkeit“ auswärtigen Handelns *Borer,* Das Legalitätsprinzip und die auswärtigen Angelegenheiten, 1986, 434 ff.

[30] *Fastenrath,* Kompetenzverteilung im Bereich der auswärtigen Gewalt, 1986, 238.

[31] Krit. *Fastenrath/Groh* in BerlKomm Rn. 12; *Hitzel-Cassagnes* KJ 63 (68 ff.).

[32] Vgl. *Mosler* FS f. Bilfinger, 1954, 243 (269).

[33] *Baumbach,* Vertragswandel und demokratische Legitimation, 2008, 19 unter Verweis auf BVerfGE 68, 1 (87 f.).

[34] Allg. *Vogel* FS f. Lerche, 1993, 95 ff.

[35] Zu Parlamentarisierungstendenzen im *Common Law*-Rechtskreis *McLachlan,* Foreign Relations Law, 2014, 149 ff. Rechtsvgl. *Verdier/Versteeg* in Bradley Oxford Handbook of Comparative Foreign Relations Law, 135 ff.; *Hathaway* in Bradley Oxford Handbook of Comparative Foreign Relations Law, 79 (88).

[36] *Rousseau,* Der Gesellschaftsvertrag, II, 2. Kapitel.

[37] *Grewe* VVDStRL 12 (1954), 129 (130 ff.); *Cremer* in Geiger Neuere Probleme der parlamentarischen Legitimation im Bereich der auswärtigen Gewalt, 11 (24 f.).

tivität staatlichen Handelns nach außen, sollte dieses erst parlamentarisch abgesegnet werden müssen[38] – ein Argument, dem auch in der gegenwärtigen Zeit häufig begegnet wird (→ Rn. 64). Die Idee einer **Demokratisierung**[39] und **Parlamentarisierung**[40] auswärtiger Beziehungen erlebte jedoch im 19. Jahrhundert einen Aufschwung.[41] Dabei wurde das Fundament bereits in *Kants* Friedenschrift gelegt, der zufolge die Determinierung von Krieg und Frieden in den Händen der Bürger liegen sollte.[42] Eine Partizipation der Legislative am völkerrechtlichen Wirken eines Staates findet sich auch in Nr. 75 der *Federalist Papers* von *Hamilton* („The Treaty-Making Power of the Executive").[43] Für *Hamilton* war die auswärtige Gewalt „a distinct department, and to belong, properly, neither to the legislative nor the executive", worin sich bereits die Vorstellung einer genuin „durchmischten" Gewalt abzeichnet (→ Rn. 43). Dies stützt auch die Feststellung *Hamiltons,* dass „the operation of treaties as laws, plead strongly for the participation of the whole or a portion of the legislative body in the office of making them."[44] Die Idee einer **„Parlamentarisierung völkerrechtlicher Vertragsschlüsse",**[45] die ihre Ursprünge in der US-amerikanischen Verfassung fand,[46] hat ausgehend von diesen und vergleichbaren verfassungstheoretischen Erwägungen in anderen Verfassungsordnungen Fuß fassen können.[47] Als wegweisend erwiesen sich insofern die französischen Verfassungen von 1791 und 1793 sowie die belgische Verfassung von 1831.[48]

6 Die „Parlamentarisierung" völkerrechtlicher Verträge ist keine Singularität innerhalb der Architekturen moderner Verfassungen (→ Rn. 69): Dabei weisen die einzelnen, im Rahmen eines Verfassungsvergleichs identifizierbaren parlamentarischen Beteiligungsrechte unterschiedliche „partizipative Intensitätsgrade" auf.[49] Basierend auf rechtsvergleichenden Studien lässt sich dabei folgende **Matrix** zur Klassifikation unterschiedlicher **parlamentarischer Partizipationsgrade** im Rahmen von Verfassungsordnungen, die die Legislative in das Verfahren völkerrechtlicher Vertragsschlüsse einbinden, entfalten: Verfassungsordnungen unterstellen alle völkerrechtlichen Verträge einem parlamentarischen Zustimmungsvorbehalt, sie differenzieren nach der Gewichtigkeit des Vertrages oder sehen eine parlamentarische Beteiligung bei Ver-

---

[38] *Kempen* in MKS Rn. 26.
[39] Aus US-amerikan. Perspektive *Hathaway* Yale Law Journal 117 (2008), 1236 ff.
[40] *Wolfrum* VVDStRL 56 (1997), 38 (66).
[41] *Kadelbach* in Bradley Oxford Handbook of Comparative Foreign Relations Law, 173.
[42] *Kant,* Zum Ewigen Frieden, 20.622 Kant-W XI, 205. S. *Kempen* in MKS Rn. 26.
[43] *Hamilton [Publius],* Federalist Papers No. 75 (26.3.1788). Siehe *Kokott* FS f. Doehring, 503 (508).
[44] *Hamilton [Publius],* Federalist Papers No. 75 (26.3.1788).
[45] Zum Begriff der „Parlamentarisierung" *Wolfrum* VVDStRL 56 (1997), 38 (66). S. BVerfGE 68, 1 (85).
[46] *Wildhaber,* Treaty-Making Power and Constitution: An International and Comparative Study, 1971, 9.
[47] Allg. *Verdier/Versteeg* in Curtis Oxford Handbook of Comparative Foreign Relations Law, 135 ff.; *Izquierdo Sans* Spanish Yearbook of International Law Online 5 (1997), 1 ff. (hinsichtl. Spanien). Rechtsvgl. zur „auswärtigen Gewalt" CoE, Expression of Consent by States to be bound by a Treaty (2001) (CAHDI (2000) 13 (FINAL).
[48] *Verdier/Versteeg* in Bradley Oxford Handbook of Comparative Foreign Relations Law, 135 (139).
[49] *Riesenfeld/Abbott* Chicago-Kent Law Review 67 (1991), 293 ff.; *Riesenfeld/Abbott,* Parliamentary Participation in the Making and Operation of Treaties, 1994; *Wildhaber,* Treaty Making Power and Constitution, 1971, 70 ff., insbes. 72 ff.; *Verdier/Versteeg* in Bradley Oxford Handbook of Comparative Foreign Relations Law, 135; *Heun* in Dreier Rn. 11.

trägen vor, deren Vertragsgegenstand bestimmte Sachbereiche berührt.[50] Die spanische (siehe Art. 94 der spanischen Verfassung[51]) und österreichische Verfassung (siehe Art. 50 Bundes-Verfassungsgesetz[52]) unterscheiden beispielsweise nach Bedeutung und Typus eines Übereinkommens. Anderes gilt nach Art. 167 Abs. 2 der Verfassung Belgiens und nach Art. 91 der Verfassung[53] der Niederlande.[54] Diese Matrix kann noch um die Determinante der allgemeinen Stellung und Kompetenzfülle des Staatsoberhaupts bzw. der Exekutive in der Verfassungsarchitektur ergänzt werden: Präsidentielle Systeme sind von gemischt-parlamentarischen Systemen abzugrenzen.[55] Ein Beispiel für ein präsidentielles System mit parlamentarischer Partizipation bilden die USA: Nach Art. II Section 2 Clause 2 der US-amerikanischen Bundesverfassung[56] fallen völkerrechtliche Vertragsschlüsse in den Kompetenzbereich des Präsidenten, allerdings nur „by and with the Advice and Consent of the Senate" und „provided two thirds of the Senators present concur". Indes hat die US-amerikanische Staatspraxis sich gerade vor Hintergrund schwerfälliger Entscheidungsprozesse im Senat von dieser Grundregel entfernt und operiert mit *(sole) executive agreements* und *congressional-executive agreements,*[57] die von einer Zustimmung des Senats nicht abhängig sind (→ Rn. 113).

Auch in der deutschen Verfassungsgeschichte hat die Idee der Parlamentarisierung ihren Platz: In dieser Tradition steht Art. 59 Abs. 2 S. 1 (→ Rn. 41 ff.), der eine Partizipation der gesetzgebenden Körperschaften an völkerrechtlichen Vertragsschlüssen vorsieht,[58] die in der hegelianischen Staatskonzeption keinen Platz hatte.[59] Er knüpft an die Ratio des § 102 Nr. 5 der Paulskirchenverfasssung von 1848, des § 11 Abs. 3 der Reichsverfassung von 1871 und des Art. 45 Abs. 3 der WRV an.[60] Nach Art. 45 Abs. 3 WRV – um diesen hier exemplarisch zu behandeln – bedurften „Bündnisse" und Verträge, die sich auf Gegenstände der Reichsgesetzgebung beziehen, der Zustimmung des Reichstags. Diese **verfassungshistorische Kontinuität** wurde mit der Machtübernahme seitens der Nationalsozialisten und durch Art. 4 des „Ermächtigungsgesetzes"[61] zeitweilig und systemwidrig durchbrochen,[62] durch das Grundgesetz jedoch reinstalliert. 7

---

[50] *Heun* in Dreier Rn. 27; *Martinez* in Bradley Oxford Handbook of Comparative Foreign Relations Law, 97 (104).

[51] Constitución Española aprobada por las Cortes en sesiones plenarias del Congreso de los Diputados y del Senado celebradas (31.10.1978).

[52] StF: BGBl. Nr. 1/1930 (WV) idF BGBl. I Nr. 194/1999 (DFB).

[53] *Grondwet voor het Koninkrijk der Nederlanden* (24.8.1815).

[54] Vgl. *Dijk/Tahzib* Chicago-Kent Law Review 67 (1991), 413 ff.

[55] *Heun* in Dreier Rn. 27; *Steffani,* Zeitschrift für Parlamentsfragen 14 (1983), 390 ff.; *Schmidt,* Demokratietheorien, 2019, 303 ff.

[56] Constitution of the United States 1789 (rev. 1992).

[57] *Hathaway* Yale Law Journal 117 (2008), 1236; *Koh* Yale Law Journal Forum 126 (2017), 338; American Law Institute, Restatement (Third) of Foreign Relations Law of the United States, 1987, § 303.

[58] Zu Ausnahmen v. dem Zustimmungsvorbehalt im Falle der Reichsverfassung 1871 *Huber* FS f. Ipsen, 1977, 47 (48 ff.).

[59] *Hegel,* Grundlinien der Philosophie des Rechts, 1821, § 329.

[60] Siehe *Schmahl* in Sodan Rn. 1. Ferner *Huber,* Deutsche Verfassungsgeschichte VI (Rev. Nachdruck d. 1. Aufl.), 1993, 964 ff. (für die WRV); *Calliess,* Staatsrecht III, 2018, 71 Rn. 18.

[61] „Gesetz zur Behebung der Not von Volk und Reich" v. 24.3.1933, RGBl. 1933 I 141.

[62] Dies betonend *Vöneky* in HdbStR XI, § 236 Rn. 12.

II. Inhaltsübersicht

8 Entscheidende Determinaten des Art. 59 sind **formale Zentralisierung nach außen** (Art. 59 Abs. 1) und auf bestimmte Fälle beschränkte **Parlamentarisierung nach innen** (Art. 59 Abs. 2 S. 1) im Bereich der auswärtigen Gewalt:

9 Die **Organkompetenz des Bundespräsidenten,** die Art. 59 Abs. 1 diesem zuweist, erstreckt sich auf völkerrechtsgeschäftliche Handlungen und umfasst die Wahrnehmung des aktiven und passiven Gesandtschaftsrechts (→ Rn. 15 ff.; 36 ff.).

10 Nach dem deutschen, in Art. 59 Abs. 2 S. 1 verankerten Modell einer **„Parlamentarisierung der auswärtigen Gewalt"** (→ Rn. 5) besteht ein Partizipationsvorbehalt seitens des Bundestages und Bundesrates für Verträge, welche die politischen Beziehungen des Bundes regeln (1. Alt.), sowie für Verträge, welche sich auf Gegenstände der Bundesgesetzgebung beziehen (2. Alt.) (→ Rn. 81 ff.). Art. 59 Abs. 2 S. 2 ordnet die entsprechende Anwendung der Vorschriften über die Bundesverwaltung für Verwaltungsabkommen an (→ Rn. 113 ff.). Bis *dato* wurde der Wortlaut des Art. 59 nicht modifiziert, sein Anwendungsbereich hat sich jedoch im Zuge einer Rekonfiguration der völkerrechtlichen Ordnung **dynamisch** weiterentwickelt (→ Rn. 27).[63]

11 Art. 59 ist – neben der Präambel, Art. 1 Abs. 2, Art. 9 Abs. 2 und Art. 24 bis Art. 26 – ein verfassungsrechtliches Fundament, auf dem der Grundsatz der Völkerrechtsfreundlichkeit des Grundgesetzes[64] gründet. Er ist zudem eine Manifestation der Völkerrechtsoffenheit des Grundgesetzes,[65] die neben Art. 23 bis 25 als speziellen „Öffnungsklausel[n]"[66] auch in besonderer Weise in Art. 32 zu Tage tritt (→ Art. 32 Rn. 6).[67]

III. Überstaatliche Bezüge

12 Art. 59 steht an der Schnittstelle von Völkerrecht und nationalem Recht. Es ist das normative Nadelöhr, das letztendlich – im Zusammenspiel mit weiteren Bestimmungen des Grundgesetzes – die **Offenheit des deutschen Verfassungsstaates**[68] bedingt (→ Rn. 11). Fundament seiner normativen

[63] *Nettesheim* in Maunz/Dürig Rn. 65; *Butzer/Haas* in SHH Rn. 2.

[64] Vgl. *Payandeh* JöR nF 57 (2009), 465 ff.; *Tomuschat* in HdbStR XI, § 226 Rn. 9; *Bleckmann* DÖV 1996, 137 ff.; *Valta/Stendel* StuW 4/2019, 340 (350); *Voßkuhle* ZaöRV 79 (2019), 481 (483 f.); *Abend,* Grenzen der Völkerrechtsfreundlichkeit, 2019; *Knop,* Völker- und Europarechtsfreundlichkeit als Verfassungsgrundsätze, 2013. Jüngst BVerfG Beschl. v. 30.1.2020 – 2 BvR 1005/18, Rn. 40; Beschl. v. 6.11.2019 – 1 BvR 16/13, Rn. 61.

[65] *Fassbender* in BK Art. 32 Rn. 17 ff. Umfassend *Di Fabio,* Das Recht offener Staaten, 1998; *Hobe,* Der offene Verfassungsstaat zwischen Souveränität und Interdependenz, 1998; *Fassbender,* Der offene Bundesstaat, 2007, 8 ff.; *Tomuschat* VVDStRL 36 (1978), 7 (16 ff.).

[66] BVerfGE 143, 101 (135 f.).

[67] *Vöneky* in HdbStR XI, § 236 Rn. 12; *Rojahn* in v. Münch/Kunig, 6. Aufl. 2012, Rn. 5.

[68] Jüngst BVerfG Beschl. v. 24.7.2018 – 2 BvR 1961/09, Rn. 28. Zur offenen Staatlichkeit *Vogel,* Die Verfassungsentscheidung des Grundgesetzes für eine internationale Zusammenarbeit, 1964, 42; *Tomuschat* in HdbStR XI, § 226; *Sommermann* in Bogdandy/Cruz Villalón/Huber Ius Publicum Europaeum II, § 14; *Di Fabio,* Das Recht offener Staaten – Grundlinien einer Staats- und Rechtstheorie, 1998; *Hobe,* Der offene Verfassungsstaat zwischen Souveränität und Interdependenz, 1998; *Scholz* in Maunz/Dürig Art. 23 Rn. 3; *Calliess* in HdbStR IV, § 83 Rn. 3, 14; *Paulus/Hinselmann* in Bradley Oxford Handbook of Comparative Foreign Relations Law, 411 (412).

Berechtigung und Kern seiner Substanz ist **„überstaatliche Bedingtheit“**[69]. Ähnlich wie auch Art. 32 liegt Art. 59 eine Differenzierung zwischen der inneren und der äußeren Sphäre des Staates zugrunde, die im globalen rechtlichen Kontext Relativierungstendenzen unterliegt (→ Art. 32 Rn. 3 f.). Art. 59 Abs. 2 ist eine Verhältnisbestimmung zwischen nationalem Recht und Völkerrecht immanent. Welcher Gestalt sie jedoch *in concreto* ist, ist seit jeher Gegenstand judikativer und wissenschaftlicher Auseinandersetzungen, die sich nach wie vor um die **Monismus-Dualismus-Dichotomie** und ihre Nuancen ranken (→ Rn. 99 ff.). Art. 59 Abs. 1 S. 2 steht zudem in unmittelbarer Wechselbezüglichkeit zu den völkergewohnheitsrechtlichen Regeln über den Abschluss völkerrechtlicher Verträge, die weitestgehend in der WVK kodifiziert sind (→ Rn. 27 ff.),[70] Art. 59 Abs. 1 S. 3 stellt das verfassungsrechtliche Komplement zum **völkerrechtlichen Gesandtschaftsrecht** dar (→ Rn. 36 ff.). Indes macht das Völkerrecht zur Ausgestaltung der inneren Kompetenzverteilung des Staates hinsichtlich seines Wirkens nach außen keine Vorgaben. Gleiches gilt für das Gepräge etwaiger innerstaatlicher Verfahren, deren Ergebnis die Öffnung des staatlichen „Panzers“[71] für das Hineinwirken des Völkerrechts ist.[72] Bis zu einem gewissen Grade zeichnet das Völkerrecht dementsprechend eine **Ignoranz** hinsichtlich der Architektur des Ventils, welches das Innere und das Äußere des Staates verknüpft, aus (→ Rn. 99).

IV. Systematischer Zusammenhang

Art. 59 Abs. 1 regelt die Verteilung der **Organkompetenzen** im Bereich 13
der auswärtigen Gewalt und setzt begriffsnotwendig das Bestehen der **Verbandskompetenz** des Bundes voraus.[73] Er ist insofern Art. 32 nachgelagert (→ Art. 32 Rn. 7).[74] Die Vertretungsbefugnis des Bundespräsidenten erstreckt sich dementsprechend auf die Materien, die Art. 32 dem Bund zuweist.[75] Dabei tangiert Art. 59 Abs. 1 S. 1, 2 die Vertragsabschlusskompetenz der Länder – siehe Art. 32 Abs. 3 – nicht (→ Art. 32 Rn. 7).[76] Bei der Ausübung der ihnen zur Verfügung stehenden Verbandskompetenz handeln die Länder durch ihre eigenen Organe,[77] deren Kompetenzen landesverfassungsrechtlich determiniert werden.[78]

---

[69] *v. Simson,* Die Souveränität im rechtlichen Verständnis der Gegenwart, 1965, 186 ff.

[70] *Crawford,* Brownlie's Principles of Public International Law, 2019, 253.

[71] In Anlehnung an *Bleckmanns* „Souveränitätspanzer“, *Bleckmann* AVR 18 (1979), 257 (267).

[72] *Fastenrath/Groh* in BerlKomm Rn. 10, 11.

[73] Zur Verbandskompetenz *Huber,* Wirtschaftsverwaltungsrecht II, 1954, 716 f.; *Oldiges* DÖV 1989, 873 ff.; *Bettermann* FS f. Menger, 1985, 709 (721); *Funk,* Das System der bundesstaatlichen Kompetenzverteilung, 1980, 46, Fn. 74 („Rechtsträgerkompetenz“). Siehe *Starski,* Der interföderale Verwaltungsakt, 2014, 39 ff.

[74] *Kempen* in MKS Art. 32 Rn. 11; *Streinz* in Sachs Rn. 4; *Butzer/Haas* in SHH Rn. 3; *Schmahl* in Sodan Rn. 2. Vgl. *Kotzur,* Grenznachbarschaftliche Zusammenarbeit in Europa, 2004, 471.

[75] *Butzer/Haas* in SHH Rn. 11. Vgl. *Pieper* in BeckOK GG Rn. 2; *Nettesheim* in Maunz/Dürig Rn. 1.

[76] *Streinz* in Sachs Rn. 4; *Schmahl* in Sodan Rn. 2. Vgl. *Jarass* in Jarass/Pieroth Rn. 1; *Butzer/Haas* in SHH Rn. 4.

[77] *Zuleeg* in AK Rn. 13.

[78] *v. Coelln* in Gröpl/Windhorst/v. Coelln Rn. 1; *Fastenrath/Groh* in BerlKomm Rn. 34; *Schorkopf,* Staatsrecht der Internationalen Beziehungen, 2017, § 3 Rn. 65.

14 Art. 59 Abs. 2 S. 1 ist in den weiteren Kontext parlamentarischer Mitwirkungsrechte im Bereich der auswärtigen Gewalt zu stellen. Zu diesen zählt zB auch der sog. **„wehrverfassungsrechtliche Parlamentsvorbehalt"** (→ Art. 20 Rn. 157, Art. 87a Rn. 51 ff.),[79] den das BVerfG parlamentsfreundlich auslegt.[80] Allerdings hat das BVerfG zu dessen Herleitung gerade nicht auf den seinerseits restriktiv interpretierten Art. 59 Abs. 2 S. 1 rekurriert. Normatives Fundament waren vielmehr die „grundgesetzlichen Regelungen über die Wehrverfassung",[81] die die Bundeswehr als ein „Parlamentsheer" erscheinen lassen[82] – insbesondere Art. 45a, Art. 45b und Art. 87a Abs. 1 S. 2.[83] Diese Argumentation ergänzte das BVerfG durch einen **grundrechtsbezogenen Topos** (vgl. → Rn. 68).[84] Im Übrigen sind dem Parlament im Bereich der auswärtigen Gewalt vermittelt durch die Rechte von Abgeordneten und Fraktionen Informations- und Kontrollrechte eingeräumt[85] (→ Rn. 110 ff.). Die Bindungswirkung von schlichten Parlamentsbeschlüssen, die darauf gerichtet sind, die Exekutive zu einem bestimmten Handeln im außenpolitischen Bereich zu verpflichten,[86] wird herrschend unter Verweis auf fehlende parlamentarische Kompetenzen verneint; Gleiches gilt für **„Außenpolitik in Gesetzesform"** (→ Rn. 110 f.). Dennoch ist Art. 59 Abs. 2 S. 1 als eine besondere Ausprägung des **Vorbehalts des Gesetzes**[87] zu sehen und in den Kontext der Wesentlichkeitslehre zu stellen (→ Rn. 68 ff.). Hier besteht systematische Konnexität.

B. Einzelfragen

I. Die Außenvertretung durch den Bundespräsidenten

15 **1. Grundsätze (Art. 59 Abs. 1 S. 1): Formelle Repräsentativkompetenz und präsidiale Kontrollbefugnisse. a) Formelle Außenrepräsentation.** Die **(organschaftliche) Vertretung**[88] der Bundesrepublik Deutschland (in diesem Sinne ist der Terminus „Bund" zu lesen[89]) durch den Bundespräsidenten als **Organ des Bundes**[90] auf völkerrechtlicher Ebene –

[79] BVerfGE 90, 286 (381 ff.); 121, 135 (154 ff.). Hierzu *Fassbender* in HdbStR XI, § 244 Rn. 148 ff.; *Baldus/Müller-Franken* in MKS Art. 87a Rn. 98 ff.; *Nolte* ZaöRV 54 (1994), 652 (673 ff.); *Seyffahrt,* Parlamentsbeteiligungsgesetz, 2018, Einleitung, Rn. 9 ff. Krit. *Epping* in Maunz/Dürig Art. 65a Rn. 32 ff. Allg. *Scherrer,* Das Parlament und sein Heer, 2010.

[80] BVerfGE 140, 160 (187 ff.).

[81] BVerfGE 90, 286 (381).

[82] BVerfGE 90, 286 (382). Zu den *rationes dedicendi Cremer* in Geiger Neuere Probleme der parlamentarischen Legitimation im Bereich der auswärtigen Gewalt, 11 (22 f., Fn. 70); *Nolte* ZaöRV 54 (1994), 652 (673 ff.).

[83] Zum Problemkreis vgl. *Sauer* DÖV 2019, 714 ff.; *Stock,* Verfassungswandel in der Außenverfassung, 2017.

[84] BVerfGE 121, 135 (161); 123, 267 (360 f.).

[85] *Schorkopf,* Staatsrecht der Internationalen Beziehungen, 2017, § 5 Rn. 61. Vgl. BVerfG Beschl. v. 17.9.2019 – 2 BvE 2/16, Rn. 39. Allg. *v. Arnauld* in Masing/Jestaedt Politische Gestaltung durch Repräsentativorgane, 1 (11 ff.).

[86] Vgl. nur *Nettesheim* in Maunz/Dürig Rn. 198 f.

[87] Siehe *Mayer,* Deutsches Verwaltungsrecht I, 1895, 75.

[88] *Zuleeg* in AK Rn. 13; *Nettesheim* in Maunz/Dürig Rn. 59; *Fastenrath/Groh* in BerlKomm Rn. 29.

[89] *Fastenrath/Groh* in BerlKomm Rn. 34; *Kempen* in MKS Rn. 8; *Rauschning* in BK Rn. 14.

[90] *Butzer/Haas* in SHH Rn. 11; *Zuleeg* in AK Rn. 6; *Nettesheim* in Maunz/Dürig Rn. 56, 59.

dh gegenüber allen Völkerrechtssubjekten[91] (nicht jedoch gegenüber den Ländern, zu denen keine völkerrechtlichen Beziehungen bestehen → Art. 32 Rn. 15)[92] – ist bei **rechtsförmlichen Handeln exklusiver und umfassender Natur.**[93] Vor diesem Hintergrund sind Art. 59 Abs. 1 S. 2 und S. 3 allein exemplarisch und folgen aus der dem Bundespräsidenten in Art. 59 Abs. 1 S. 1 umfassend zugewiesenen **Repräsentationsfunktion.**[94] Von präsidialer Vertretungsmacht umfasst sind sämtliche rechtserhebliche und rechtsförmliche Erklärungen im Außenverhältnis. Hierzu zählen gerade auch einseitige völkerrechtliche Erklärungen (→ Rn. 51 ff.) wie Verzicht, Proteste oder auch die Anerkennung (zB von neuen Staaten).[95] Strittig ist, ob Art. 59 Abs. 1 S. 1 auch die **Beschlussfassung im Rahmen internationaler Organisationen** erfasst. Das BVerfG verortet sie als vertragsimmanente Handlung wohl in der Kompetenzsphäre der Bundesregierung.[96] Indes sprach es ebenfalls davon, dass „die Vertretung in internationalen Organisationen, zwischenstaatlichen Einrichtungen und Systemen gegenseitiger kollektiver Sicherheit […] grundsätzlich in den Kompetenzbereich der Exekutive, insbesondere der Bundesregierung", falle.[97] Die Begriffe „grundsätzlich" und „insbesondere" indizieren Nichtexklusivität. Eine Vertretung der Bundesrepublik durch den Bundespräsidenten innerhalb der Organe der EU schließen jedenfalls Art. 23 Abs. 2 bis 6 in Zusammenschau mit dem Unionsprimärrecht aus.[98]

Die Vertretungsbefugnis des Bundespräsidenten ist **formaler** und **notarieller Natur** (→ Rn. 4).[99] Dies ergibt sich nicht *per se* aus dem Wortlaut des Art. 59 Abs. 1, sondern ist Ergebnis dessen Auslegung im Lichte anderweitiger grundgesetzlicher Bestimmungen und der **verfassungsrechtlichen Kompetenzarchitektur.**[100] In diesem Sinne spielen auf der einen Seite die Kompetenzen, die der **Bundesregierung als exekutivem Organ** zugeordnet sind, und zum anderen die Befugnisse der **Legislative** im außenpolitischen Bereich eine entscheidende Rolle. Erst in ihrem Aufeinandertreffen kristallisiert sich die Substanz der präsidialen Außenvertretungsbefugnis heraus. Im Hinblick auf die Exekutive ist nicht ausschlaggebend, dass Art. 65 S. 1 (→ Art. 65 Rn. 17 ff.) dem Bundeskanzler die Richtlinienkompetenz zuweist.[101] Rechtswirkungen entfaltet diese Zuweisung allein im Verhältnis des Bundeskanzlers zu den übrigen Mitgliedern 16

---

[91] *Schmahl* in Sodan Rn. 3; *Fastenrath/Groh* in BerlKomm Rn. 36; *Domgörgen* in Hömig/Wolff Rn. 3.

[92] *Fastenrath/Groh* in BerlKomm Rn. 36.

[93] *Butzer/Haas* in SHH Rn. 10; *Fastenrath/Groh* in BerlKomm Rn. 33; *Schmahl* in Sodan Rn. 3. AA *Rauschning* in BK Rn. 29 ff.

[94] *Streinz* in Sachs Rn. 10; *v. Coelln* in Gröpl/Windhorst/v. Coelln Rn. 3, 6; *Butzer/Haas* in SHH Rn. 10, 12; *Schmahl* in Sodan Rn. 3; *Kempen* in MKS Art. 59 Rn. 15; *Zuleeg* in AK Rn. 6.

[95] *Fastenrath/Groh* in BerlKomm Rn. 37. Zur Exekutivprärogative bei der Staatenanerkennung aus US-Perspektive *Zivotofsky v. Kerry,* 576 U. S. 1059 (2015).

[96] Vgl. BVerfGE 104, 151 (207 f.).

[97] BVerfGE 143, 101 (140).

[98] *Calliess* in HdbStR IV, § 83 Rn. 20.

[99] *Streinz* in Sachs Rn. 18; *Butzer/Haas* in SHH Rn. 13; *Calliess* in HdbStR IV, § 83 Rn. 16. Allg. *Magis,* Die Mitwirkungsrechte des Bundespräsidenten im Bereich der auswärtigen Gewalt, 1978.

[100] *Kempen* in MKS Rn. 10; *Streinz* in Sachs Rn. 19.

[101] *Streinz* in Sachs Rn. 19; *Fastenrath/Groh* in BerlKomm Rn. 31. Siehe BVerfGE 1, 372 (394); *Grewe* AöR 112 (1987), 521 (530).

der Bundesregierung[102] – hier eine einschränkende Wirkung im Hinblick auf das Ressort- sowie Kollegialprinzip (Art. 65 S. 2 und 3) zeitigend.[103] Dies verdeutlicht auch § 1 Abs. 1 S. 2 der GOBReg.[104] Die Beschränkung der Kompetenzen des Bundespräsidenten auf das Formelle rührt vielmehr aus seiner **fehlenden parlamentarischen Verantwortlichkeit,**[105] die im Falle der Bundesregierung gerade gegeben ist. Diese Wertung bestätigt letztendlich das Gegenzeichnungserfordernis des Art. 58.[106] Die Rolle der Bundesregierung im Bereich der auswärtigen Gewalt reflektiert auch Art. 23 Abs. 3, der indes eine *lex specialis*-Bestimmung darstellt (→ Rn. 128).[107] Im Hinblick auf die **Legislative** ist zu berücksichtigen, dass dieser entlang spezifischer kompetenzieller Linien, zu denen Art. 59 Abs. 2 S. 1 zählt, die **Mitträgerschaft an der materiellen auswärtigen Gewalt** zugeordnet ist (→ Rn. 43 f.).[108]

17 **Informelles präsidiales Handeln** – hierzu zählen zB Auslandsreisen, die Teilnahme an und die Durchführung von Staatsempfängen, Reden, Interviews oder das Verfassen/Versenden von Gratulations- und Kondolenzschreiben – wird von der exklusiven Kompetenzzuweisung des Art. 59 Abs. 1 S. 1 nicht erfasst,[109] die sich auf **völkerrechtsgeschäftliche Akte** erstreckt.[110] Vertretung ist insofern im Sinne einer Vertretung im Völker*rechts*verkehr zu verstehen.[111] Letzteres indizieren Art. 59 Abs. 1 S. 2 und S. 3, die zwar nicht abschließend sind, aber in Richtung Rechtsförmlichkeit weisen. Der Bundespräsident ist allerdings durchaus befugt, außenpolitisch relevante, nichtförmliche Erklärungen abzugeben. Normative Grundlage ist dabei im Falle von informellem Handeln, das den Gepflogenheiten des zwischenstaatlichen Verkehrs entspricht, eine **Kompetenz kraft Natur der Sache,**[112] im Übrigen greift eine **Annexkompetenz**[113] zu Art. 59 Abs. 1 S. 1.[114] *Heun* rekurriert zur Begründung präsidialer Vertretungskompetenzen im Bereich des Informellen auf die **Repräsentations- und Integrationsfunktion** des Bundespräsidenten,[115] was durchaus im Einklang mit der hier vertretenen Position steht. Nichtförmliche Handlungen nach außen können, da die Kompetenzen des Bundespräsidenten hier nicht-exklusiver Natur sind, auch seitens anderer Bundesorgane vorgenommen werden, so sie denn in ihre Kompetenzsphäre

---

102 *Pieper* in BeckOK GG Rn. 13.1; *Fastenrath,* Kompetenzverteilung im Bereich der auswärtigen Gewalt, 1986, 200. AA *Nettesheim* in Maunz/Dürig Rn. 52. AA im Hinblick auf die Wirkungsrichtung der Richtlinienkompetenz auch *Seidel,* Der Bundespräsident als Träger der auswärtigen Gewalt, 1972, 118 ff.

103 *Pieper* in BeckOK GG Rn. 13; *Streinz* in Sachs Rn. 19.

104 Vom 11.5.1951 (GMBl. 1951 137). Vgl. *Kempen* in MKS Rn. 10.

105 *Calliess* in HdbStR IV, § 83 Rn. 17; *Butzer/Haas* in SHH Rn. 15; *Streinz* in Sachs Rn. 19; *Schmahl* in Sodan Rn. 5. Krit. *Nettesheim* in Maunz/Dürig Rn. 51.

106 *Fastenrath/Groh* in BerlKomm Rn. 31; *Kempen* in MKS Rn. 10.

107 Vgl. *Kadelbach* in Bradley Oxford Handbook of Comparative Foreign Relations Law, 173 (175).

108 *Schmahl* in Sodan Rn. 5.

109 *Rauschning* in BK Rn. 16; *Kempen* in MKS Rn. 8; *Heun* in Dreier Rn. 22; *Jarass* in Jarass/Pieroth Rn. 2 f.; *Schmahl* in Sodan Rn. 4. AA *Hartwig* in Umbach/Clemens Rn. 9.

110 *Pieper* in BeckOK GG Rn. 8, siehe aber Rn. 9 u. 10.

111 Vgl. *Rauschning* in BK Rn. 18; *Nettesheim* in Maunz/Dürig Rn. 59.

112 *Fastenrath/Groh* in BerlKomm Rn. 35; *Rojahn* in v. Münch/Kunig, 6. Aufl. 2012, Rn. 10. Hinsichtl. Kompetenzen kraft Natur der Sache u. „implied powers" *Küchenhoff* AöR 82 (1957), 413 ff.; *Achterberg* AöR 86 (1961), 63 (71 ff.); *Harms* Der Staat 33 (1994), 409 ff.

113 Zu Annex(gesetzgebungs)kompetenzen *Uhle* in Maunz/Dürig Art. 70 Rn. 71.

114 *Fastenrath/Groh* in BerlKomm Rn. 35.

115 *Heun* in Dreier Rn. 22.

fallen **(kompetenzielle Konkurrenz).**[116] In erster Linie bestehen hier Kompetenzen der Bundesregierung, die parlamentarisch verantwortlich ist und der die **politische Staatsleitung**[117] zukommt.[118]

Mangels Rechtsförmlichkeit unterliegt informelles Handeln des Bundespräsidenten dabei nicht **der Gegenzeichnungspflicht des Art. 58** (→ Art. 58 Rn. 10 ff., 12).[119] Eine analoge Anwendung des Gegenzeichnungserfordernisses auf nichtförmliches Handeln lässt sich gerade auch vor dem Hintergrund des Wortlauts des Art. 58 („Anordnungen und Verfügungen", „Gültigkeit") nicht überzeugend begründen (→ Art. 58 Rn. 10 ff., 12).[120] Schranken werden dem Bundespräsidenten bei Aktivitäten in der Sphäre des Informellen jedoch durch den Grundsatz der **Organtreue**[121] gesetzt.[122] Aus diesem folgt indes nicht, dass der Bundespräsident verpflichtet wäre, der Bundesregierung Redeentwürfe zur Genehmigung ihrerseits vorzulegen.[123] Insgesamt wäre es **systemwidrig,** den Bundespräsidenten als eine **„Regierungsmarionette"** zu betrachten.[124] Nach einer Auffassung überschreitet der Bundespräsident seine kompetenziellen Grenzen jedoch dann, wenn er sich in seinem Wirken in Widerspruch zu der **außenpolitischen Agenda** der Bundesregierung setzt oder diese gar frustriert **(Frustrationsverbot).**[125] Eine Gesamtbewertung des spezifischen Kontexts unter besonderer Beachtung des Gebots kompetenzieller Rücksichtnahme kann jedenfalls die Annahme engmaschiger **Abstimmungspflichten**[126] des Bundespräsidenten rechtfertigen. **18**

In der Praxis werden zahlreiche förmliche, völkerrechtlich erhebliche Rechtsakte durch **Mitglieder der Bundesregierung** vorgenommen. Dies betrifft insbesondere den Abschluss von Verwaltungsabkommen (→ Rn. 114),[127] aber auch Erklärungen einer Anerkennung von Staaten und Regierungen.[128] An der **Verfassungskompatibilität dieser Staatspraxis**[129] lässt sich angesichts des Art. 59 Abs. 1 zweifeln. Insbesondere kann Art. 59 Abs. 2 S. 2, der für den Fall von Verwaltungsabkommen auf die Bestimmungen über die Verwaltung verweist, nicht entnommen werden, die Bundesregierung verfüge über die Kompetenz völkerrechtlich relevante Willenserklärungen, die die völkervertragliche Bindungswirkung eines Verwaltungsabkommens begründen, nach außen abzugeben (→ Rn. 114).[130] So steht **19**

---

[116] *Kempen* in MKS Rn. 8; *Rauschning* in BK Rn. 16.

[117] *Epping* in BeckOK GG Vorb. Art. 62. S. aber *Dobiey,* Die politische Planung als verfassungsrechtliches Problem zwischen Bundesregierung und Bundestag, 1975, 55 f.

[118] Vgl. *Jarass* in Jarass/Pieroth Rn. 2 f.; *Kempen* in MKS Rn. 8; *Fastenrath/Groh* in BerlKomm Rn. 35.

[119] Vgl. *Schmahl* in Sodan Rn. 5; *Pieper* in BeckOK GG Art. 58 Rn. 11. AA *Heun* in Dreier Rn. 22.

[120] *Nettesheim* in Maunz/Dürig Rn. 55; *Fastenrath/Groh* in BerlKomm Rn. 31.

[121] Allg. *Schenke,* Verfassungsorgantreue, 1977; *Lorz,* Interorganrespekt im Verfassungsrecht, 2001, 33 ff.; *Grote,* Der Verfassungsorganstreit, 2010, 392 ff.

[122] *Nettesheim* in Maunz/Dürig Rn. 55; *Schmahl* in Sodan Rn. 4.

[123] *Streinz* in Sachs Rn. 17; *Pieper* in BeckOK GG Rn. 13.7.

[124] Vgl. *Pieper* in BeckOK GG Rn. 13.7; Art. 58 Rn. 11; *Nettesheim* in Maunz/Dürig Rn. 53.

[125] *Pieper* in BeckOK GG Rn. 18. S. *Kempen* in MKS Rn. 11.

[126] *Pieper* in BeckOK GG Rn. 13.7.

[127] *Schmahl* in Sodan Rn. 6. Vgl. im ital. Verfassungskontext *Bognetti* Chicago-Kent Law Review 67 (1991), 391 (396 f.).

[128] *Kempen* in MKS Rn. 13.

[129] Zur Rolle der Staatenpraxis *Wimmer,* Die Bedeutung und argumentative Rolle der Staatspraxis, insbesondere im Bereich der auswärtigen Gewalt, 2019.

[130] So aber *Bernhardt,* Der Abschluss völkerrechtlicher Verträge im Bundesstaat, 1957, 158 f.

Art. 59 Abs. 2 S. 2 in unmittelbarer Wechselbezüglichkeit zu Art. 59 Abs. 1 S. 1.[131] Mitunter wird versucht, Art. 59 Abs. 1 einschränkend auszulegen.[132] So greife die Art. 59 Abs. 1 immanente Kompetenzzuweisung nur bei **Rechtsakten von gesamtstaatlicher Bedeutung,** bei denen die Repräsentation durch eine Teilgewalt nicht ausreiche.[133] Andere wollen die Repräsentativkompetenzen des Bundespräsidenten, auch wenn förmliche Akte in Frage stehen, als nicht exklusiv einordnen.[134] Abgesehen von der Staatspraxis und ggf. praktischen Bedürfnissen[135] streiten für diese Auffassungsstränge keine uneingeschränkt überzeugenden Argumente. Das Grundgesetz selbst gibt keine Hinweise für eine teleologische Reduktion des Art. 59 Abs. 1, welcher bereits durch die **Zuweisung rein formeller Repräsentationskompetenzen** über einen nur eingeschränkten substanziellen Gehalt verfügt (→ Rn. 15). Dies bestätigt nicht zuletzt die Entstehungsgeschichte der Vorschrift.[136]

20 Bestand kann die Praxis, bei der die Bundesregierung auch im förmlichen Bereich nach außen handelt, verfassungsrechtlich nur haben,[137] wenn sich eine **Bevollmächtigungskompetenz des Bundespräsidenten** sowie eine hierauf basierende Bevollmächtigung der jeweils handelnden Regierungsmitglieder seitens des Bundespräsidenten annehmen lassen. Unverzichtbar ist die **Rückführbarkeit** einer Handlung der Bundesregierung auf den Bundespräsidenten.[138] Aufgrund der mit einer **dauerhaften** und **generellen** – ggf. auch **stillschweigenden – Delegation präsidialer Vertretungsbefugnisse** auf die Bundesregierung einhergehenden Rekonfiguration des grundgesetzlichen Kompetenzgefüges wäre eine solche als verfassungswidrig zu qualifizieren.[139] Hierzu bedürfte es einer **Verfassungsänderung** (→ Art. 79 Rn. 6 ff.).[140] Insofern trägt auch der Verweis auf Verfassungsgewohnheitsrecht,[141] so denn man die Existenz eines solchen annimmt, nicht.[142] *Streinz* will eine Bevollmächtigung seitens des Bundespräsidenten gestatten, wenn er ansonsten die ihm übertragene Repräsentativfunktion im Hinblick auf die Vertretung des Staatsganzen überschritte.[143] Auch bei Annahme einer Bevollmächtigungs-

---

[131] *Fastenrath,* Kompetenzverteilung im Bereich der auswärtigen Gewalt, 1986, 207; *Streinz* in Sachs Rn. 10; *Kempen* in MKS Art. 59 Rn. 16.

[132] *Kempen* in MKS Rn. 17. So aber *Fastenrath,* Kompetenzverteilung im Bereich der auswärtigen Gewalt, 1986, 210 f.

[133] *Calliess* in HdbStR IV, § 83 Rn. 19. Vgl. *Fastenrath/Groh* in BerlKomm Rn. 38; *Streinz* in Sachs Rn. 13.

[134] *Heun* in Dreier Rn. 22; *Kadelbach* in Bradley Oxford Handbook of Comparative Foreign Relations Law, 173 (175).

[135] zB Arbeitsüberlastung *Streinz* in Sachs Rn. 12; *Domgörgen* in Hömig/Wolff Rn. 2.

[136] *Streinz* in Sachs Rn. 10. Vgl. *Pieper* in BeckOK GG Rn. 9; *Nettesheim* in Maunz/Dürig Rn. 36.

[137] Krit. insofern *Streinz* in Sachs Rn. 10; *Fastenrath/Groh* in BerlKomm Rn. 38.

[138] *Mosler* FS f. Bilfinger, 1954, 243 (280). Auch beim inform. Handeln *Pieper* in BeckOK GG Rn. 9.

[139] *Zuleeg* in AK Rn. 12; *Fastenrath/Groh* in BerlKomm Rn. 33; *Kempen* in MKS Rn. 17; *Pieper* in BeckOK GG Rn. 11 f.

[140] *Calliess* in HdbStR IV, § 83 Rn. 19; *Pieper* in BeckOK GG Rn. 11; *v. Coelln* in Gröpl/Windhorst/v. Coelln Rn. 4.

[141] Zum Verfassungsgewohnheitsrecht *Badura* in HdbStR VII, 1. Aufl. 1992, § 160. Siehe zum Problemkomplex auch *Wimmer,* Die Bedeutung und argumentative Rolle der Staatspraxis, insbesondere im Bereich der auswärtigen Gewalt, 2019, 41 ff., 58 ff.

[142] *Kempen* in MKS Rn. 17; *Zuleeg* in AK Rn. 11; *Fastenrath/Groh* in BerlKomm Rn. 33. Anders aber *Bleckmann,* Völkerrecht und Grundgesetz, 1975, 212; *Seidel,* Der Bundespräsident als Träger auswärtiger Gewalt, 1972, 210 f.

[143] So *Streinz* in Sachs Rn. 12 verweisend auf *Fastenrath,* Kompetenzverteilung im Bereich der auswärtigen Gewalt, 1986, 210 f.

kompetenz gilt es in jedem Falle zu berücksichtigen, dass je genereller eine erteilte Vollmacht ist, desto stärker das verfassungsrechtliche Kompetenzgefüge faktisch umgestaltet wird. Vor diesem Hintergrund sind allein im Hinblick auf Adressaten und Gegenstand **hinreichend bestimmte, einzelfallspezifische Vollmachten** verfassungsrechtlich hinnehmbar.[144] Konkludenten Vollmachten sind Grenzen gesetzt: Je weitreichender die Konsequenzen einer Bevollmächtigung sind, desto eher wird man eine ausdrückliche Vollmachtserteilung für erforderlich erachten müssen. Verfehlt wäre es insbesondere § 11 Abs. 2 GOBReg, der gem. Art. 65 S. 4 präsidial genehmigt wurde, als eine Generalbevollmächtigung zu werten. Diese Bestimmung betrifft das Verhältnis zwischen Außenministerium und Bundesregierung und enthält sich kompetenzieller Aussagen zum Verhältnis Bundesregierung und Bundespräsident.[145] In jedem Fall kann der Bundespräsident eine etwaige Bevollmächtigung jederzeit revidieren **(Rücknahmekompetenz).**[146] Vor dem Hintergrund der exklusiven Repräsentationskompetenz des Bundespräsidenten im Bereich förmlicher Rechtsakte unterliegt der Widerruf der Vollmacht nicht dem Gegenzeichnungserfordernis des Art. 58 (→ Art. 58 Rn. 26).[147].

b) Präsidiale Kontrollpflichten, Kontrollbefugnisse und Prüfungsmaßstäbe. Der Bundespräsident ist als Ausfluss seiner **Verfassungsbindung** (Art. 1 Abs. 3, Art. 20 Abs. 3 2. Hs.) verpflichtet, Akte, die er vornimmt, auf ihre **Verfassungskonformität** zu überprüfen.[148] In der Setzung eines verfassungswidrigen Aktes kann keine verfassungskonforme Ausübung von Kompetenzen gesehen werden.[149] 21

Probleme bereiten präsidiale Prüfungskompetenzen, wenn an einem Rechtsakt andere Organe – wie zB die gesetzgebenden Körperschaften oder die Bundesregierung – mitwirken und den Bundespräsidenten im Einklang mit ihrer **materiellen auswärtigen Gestaltungskompetenz** um die Vornahme eines Rechtsakts ersuchen. Entscheidend ist in solchen Kontexten, unter welchen Voraussetzungen mit dem Prüfungsrecht des Bundespräsidenten ein **Recht, die Vornahme eines Aktes zu verweigern,** einhergeht. Zwar scheint der Verweis auf die Verfassungsbindung – ähnlich wie der Hinweis auf den präsidialen Amtseid nach Art. 56 (→ vgl. Art. 56 Rn. 5) oder die Möglichkeit der Präsidentenanklage nach Art. 61 (→ vgl. Art. 61 Rn. 3)[150] – zur Begründung von **Verweigerungsrechten** zirkulär anzumuten: So denn dem Bundespräsidenten keine Prüfungs- und Verweigerungskompetenz im Hinblick auf einen Rechtsakt zukommt, setzt er sich zu der Verfassung in Widerspruch, wenn er die rechtsverbindliche Setzung des Rechtsakts verweigert. Dennoch liegen letztendlich in der **Verfassungsbindung** und dem **Gebot der Rechtsstaatlichkeit** (Art. 20 Abs. 3 2. Hs.) die tragenden Gründe für präsidiale Prüfungskompetenzen[151] und korrespondie- 22

144 *Schmahl* in Sodan Rn. 6; *Butzer/Haas* in SHH Rn. 25. Siehe *Kempen* in MKS Rn. 18 (nicht „ausgeschlossen"). Vgl. BVerfGE 68, 1 (82 f.).

145 *Streinz* in Sachs Rn. 11; *Pieper* in BeckOK GG Rn. 13.1 ff.

146 *Zuleeg* in AK Rn. 11; *Pieper* in BeckOK GG Rn. 12.

147 *Nierhaus,* Entscheidung, Präsidialakte und Gegenzeichnung, 1973, 171 ff., 172. Vgl. *Herzog* FS f. Müller, 1970, 117 (132). S. *Butzer/Haas* in SHH Rn. 25.

148 *Hartwig* in Umbach/Clemens Rn. 17; *Streinz* in Sachs Rn. 18; *Schmahl* in Sodan Rn. 5.

149 Vgl. *Kempen* in MKS Rn. 12.

150 Siehe aber *Hartwig* in Umbach/Clemens Rn. 17.

151 *Fastenrath/Groh* in BerlKomm Rn. 32. Vgl. *Kempen* in MKS Rn. 12.

rende Verweigerungsrechte. Letztere sind jedoch in das weitergehende durch das Grundgesetz etablierte Gewaltengefüge einzuordnen.

23 Spezieller Anknüpfungspunkt **präsidialer Prüfungskompetenzen** ist im Fall völkerrechtlicher Verträge, die unter Art. 59 Abs. 2 S. 1 fallen und für die somit das parlamentarische Zustimmungserfordernis greift (→ Rn. 81 ff.), Art. 82 Abs. 1 S. 1 und das dort verankerte Erfordernis der Ausfertigung.[152] Prüfungskompetenzen des Bundespräsidenten erstrecken sich – vermittelt über das Vertragsgesetz – mittelbar auch auf den völkerrechtlichen Vertrag. Dabei gelten für das Recht des Bundespräsidenten, die Ausfertigung eines Vertragsgesetzes zu verweigern, die allgemeinen Maßstäbe des Art. 82 Abs. 1 S. 1.[153] Der Bundespräsident hat sein Prüfungsrecht jedenfalls vor Ratifikation auszuüben.[154] Während ihm ein unbeschränktes **formelles Prüfungsrecht** zusteht, kann er die Ausfertigung des Vertragsgesetzes unter Verweis auf dessen **materielle Verfassungswidrigkeit** nur dann verweigern, wenn diese **schwerwiegend und offensichtlich** ist (→ vgl. zur Kritik Art. 82 Rn. 19).[155] Ist ein Verfahren bezüglich der Verfassungskonformität eines Vertragsgesetzes bei dem BVerfG anhängig, so muss der Bundespräsident von der Ratifikation vorerst absehen und das Ratifikationsverfahren aussetzen.[156]

24 Vergleichbare Grundsätze greifen, wenn Rechtshandeln außerhalb der Ausfertigung von Vertragsgesetzen in Frage steht.[157] Das **Recht des Bundespräsidenten,** die Vornahme eines Aktes bei dessen formeller Verfassungswidrigkeit sowie Evidenz und Offensichtlichkeit seiner materiellen Verfassungswidrigkeit **zu verweigern,** kreiert einen schonenden Ausgleich zwischen der Zentralität der Verfassungsbindung aller Staatsgewalt (auch des Bundespräsidenten) und der verfassungsrechtlich gebotenen Rücksichtnahme auf die Kompetenzsphären anderer Staatsorgane.

25 Aus der Kompetenzordnung, die dem Bundespräsidenten nur die formelle Trägerschaft auswärtiger Gewalt zuordnet (→ Rn. 15), folgt in jedem Falle, dass es dem Bundespräsidenten untersagt ist, die Vornahme eines Aktes, der seitens der Bundesregierung bzw. seitens der gesetzgebenden Körperschaften beschlossen wurde, aufgrund **politischer Erwägungen** zu verweigern.[158] Dies war im Rahmen der WRV noch anders ausgestaltet.[159] Einigen Stimmen zufolge steht dem Bundespräsidenten jedoch das Recht zu, konsultiert zu werden.[160] Besonderheiten gelten hier bei der Ernennung von Gesandten (→ Rn. 39 f.).[161]

26 Da die Vornahme völkerrechtswidriger Akte oder der Abschluss völkerrechtswidriger Verträge grundsätzlich in Widerspruch mit dem Grundgesetz steht,[162] schiene es konsequent anzuehmen, die Prüfungskompetenz des Bun-

---

[152] *Kempen* in MKS Rn. 12. Vgl. *Calliess* in HdbStR IV, § 83 Rn. 18.

[153] *Burmeister,* Gutachten des Bundesverfassungsgerichts zu völkerrechtlichen Verträgen, 1998, 77; *Rauschning* in BK Rn. 102; *Schmahl* in Sodan Rn. 5. Vgl. *Pieper* in BeckOK GG Rn. 49.

[154] *Heun* in Dreier Rn. 25.

[155] *Jarass* in Jarass/Pieroth Rn. 7. Vgl. *Kempen* in MKS Rn. 12.

[156] BVerfGE 36, 1 (15); *Streinz* in Sachs Rn. 18; *Jarass* in Jarass/Pieroth Rn. 7; *Schmahl* in Sodan Rn. 5; *Pieper* in BeckOK GG Rn. 23 f. Vgl. *Rauschning* in BK Rn. 102.

[157] *Jarass* in Jarass/Pieroth Rn. 7.

[158] *Zuleeg* in AK Rn. 14; *Jarass* in Jarass/Pieroth Rn. 6.

[159] *Streinz* in Sachs Rn. 18.

[160] AA *Kempen* in MKS Art. 59 Rn. 11.

[161] *Nettesheim* in Maunz/Dürig Rn. 88.

[162] Vgl. *Payandeh* RW 2013, 397 (397).

despräsidenten umfasse ebenfalls evidente Verstöße gegen das Völkerrecht (vgl. zu Überprüfungskompetenzen im Hinblick auf Unionsrecht → Art. 82 Rn. 21 f; zur AA im Hinblick auf Völkerrechtskonformität → Art. 82 Rn. 23).[163] Völkergewohnheitsrecht und die allgemeinen Rechtsgrundsätze iSd Art. 38 Abs. 1 lit. b und c des Statuts des Internationalen Gerichtshofs[164] sind kraft Art. 25 Teil der deutschen Rechtsordnung (→ Art. 25 Rn. 11 ff., 16),[165] transformiertes bzw. in Vollzug gesetztes Völkervertragsrecht ist als Bundesrecht ebenfalls nach Art. 20 Abs. 3 zu berücksichtigen (→ Rn. 104). Die Bindung aller Staatsorgane an das Völkerrecht ist Element der **Völkerrechtsfreundlichkeit des Grundgesetzes** (→ Rn. 11, 104 ff.). Allerdings gilt es hier einerseits die Besonderheiten der Völkerrechtsordnung sowie der völkerrechtlichen Rechtsquellenlehre und andererseits die verfassungsrechtliche Kompetenzarchitektur im Bereich des Auswärtigen zu berücksichtigen. Beide Aspekte bedingen ein differenziertes Bild im Hinblick auf mögliche Ausfertigungsverweigerungsrechte des Bundespräsidenten, das mit vielen Fragezeichen versehen ist: In dem Fall, dass ein völkerrechtlicher Vertrag gegen *ius cogens* Normen verstößt, die in das völkerrechtliche normative Gefüge ein hierarchisches Element implementieren,[166] und die betreffenden völkervertraglichen Normen selbst keine *ius cogens* Natur aufweisen, wäre völkerrechtlich von der Nichtigkeit des Vertrags auszugehen (Art. 53, 64 WVK).[167] Das betreffende Vertragsgesetz entbehrte bereits eines Bezugsgegenstandes. Dies lässt jedoch die Verweigerung seiner Ausfertigung seitens des Bundespräsidenten nicht entbehrlich erscheinen, da die Ausfertigung dem Vertragsgesetz und dem völkerrechtlichen Vertrag den Anschein der Gültigkeit vermittelt. Im Übrigen ist zu berücksichtigen, dass völkerrechtlichen Rechtsquellen im Grundsatz Gleichrangigkeit zu attestieren ist.[168] Dies bedeutet, dass Staaten grundsätzlich auf völkervertraglichem Wege *inter partes* von völkergewohnheitsrechtlichen Regeln, so denn sie keine *ius cogens* Natur aufweisen, abweichen dürfen.[169] Irrelevant ist insofern, dass Völkergewohnheitsrecht (und auch den allgemeinen Rechtsgrundsätzen) nach Art. 25 S. 2 ein Zwischenrang zwischen der Verfassung und einfachem Gesetzesrecht zukommt (→ Art. 25 Rn. 45 ff.).[170] Eine Abweichung von völkergewohnheitsrechtlichen Normen auf völkervertraglichem Wege ist nicht (zwingend) völkerrechtswidrig und muss vor diesem Hintergrund auch verfassungsrechtlich erlaubt sein.[171] Diese Eigenheiten der völkerrechtlichen Rechtsquellenlehre – mithin die „Meta-Normen" des Völkerrechts[172] – sind ebenfalls Teil der verfassungsrechtlichen Ordnung *qua* Art. 25. Fraglich ist, wie mit der Situati-

---

[163] Vgl. *Butzer* in Maunz/Dürig Art. 82 Rn. 196; *Fastenrath/Groh* in BerlKomm Rn. 32. AA *Brenner* in MKS Art. 82 Rn. 31. Vgl. zum Völkerrecht als Prüfungsmaßstab *Nettesheim* in Maunz/Dürig Rn. 82.

[164] 1 UNTS 16.

[165] *Hillgruber* in HdbStR II, § 32 Rn. 117.

[166] Allg. *Orakhelashvili,* Peremptory Norms in International Law, 2008, 403.

[167] In der Regel ist von einer Gesamtnichtigkeit des Vertrages auszugehen s. ILC, Peremptory Norms of General International Law (Jus Cogens), Draft Conclusions (UN Doc. A/CN.4/L.936), Draft Conclusion 11 Abs. 2.

[168] Zur Gleichrangigkeit der Rechtsquellen *Cassese,* International Law, 2005, 154; *Akehurst* Britisch Yearbook of International Law 47 (1974/75), 273 ff.

[169] *Nettesheim* in Maunz/Dürig Rn. 82.

[170] Siehe nur BVerfGE 112, 1 (24, 26). Ferner *Payandeh* RW 2013, 397 (408). Zum Zwischenrang des Weiteren *Hillgruber* in HdbStR II, § 32 Rn. 117.

[171] Vgl. *Nettesheim* in Maunz/Dürig Rn. 82.

[172] Vgl. *Tams* The Law and Practice of International Courts and Tribunals (2015), 51 ff.

on umzugehen wäre, dass die BRD durch Abschluss eines völkerrechtrechtlichen Vertrages, der der parlamentarischen Zustimmung bedarf (→ Rn. 81 ff.), vertragsbrüchig in einem anderen Vertragsverhältnis würde, ohne dass hiermit ein Verstoß gegen *ius cogens* Normen einherginge. Besonders eklatant wären – angesichts des Vorrangs der aus ihr erwachsenden Verpflichtungen (Art. 103 UN Charta)[173] – Verstöße gegen die UN Charta.[174] Jedenfalls in Fällen „gewöhnlicher" völkerrechtlicher Verträge müssten aus der Perspektive des BVerfG die Wertungen seiner Rechtsprechung zum *Treaty Override* berücksichtigt werden (→ Rn. 104 f.).[175] Die Tatsache, dass ein Vertragsgesetz, indem es einen völkerrechtlichen Vertrag innerstaatlich in Vollzug setzt, Zustände schafft, die die völkerrechtliche Verantwortlichkeit der BRD in einem anderen Vertragsverhältnis bedingen könnten, führt – die Logik des BVerfG weitergedacht – nicht zu dessen Verfassungswidrigkeit. Innerstaatlich greift – so das BVerfG – der *lex posterior*-Grundsatz im Hinblick auf die innerstaatlich zur Anwendung gebrachten völkervertraglichen Normen, denen der Rang eines einfachen Bundesgesetzes zukommt (→ Rn. 104). Die Verpflichtungen aus dem späteren Vertrag verdrängen auf der verfassungsrechtlichen Ebene die Verpflichtungen aus dem vorhergehenden. Es verbleibt dabei, dass dieses Ergebnis vor dem Hintergrund der Völkerrechtsfreundlichkeit des Grundgesetzes (→ Rn. 11), der auch den Bundespräsidenten verpflichtet und eine Vermeidung von Völkerrechtsverstößen verlangt, problematisch erscheint (→ Rn. 104 f.). Ein Recht zur Ausfertigungsverweigerung kann in derartigen Konstellationen nicht *per se* ausgeschlossen werden kann,[176] wobei zu berücksichtigen ist, dass dem Grundsatz der Völkerrechtsfreundlichkeit des Grundgesetzes nach der einschränkenden Auslegung des BVerfG keine Pflicht zur uneingeschränkten Befolgung völkerrechtlicher Verträge entnommen werden.[177] Schwierig wäre ferner die Beurteilung eines offenen Bruchs des Völkerrechts, der seitens der Bundesregierung initiiert und ggf. parlamentarisch legitimiert ist und darauf zielt, das Völkerrecht gerade zu modifizieren. So ist es die paradox anmutende Eigenheit des Völkerrechts (bedingt durch seine Rechtsquellen), dass aus Völkerrechtsbrüchen eine „neue Legalität" entstehen kann.[178] Folgt man einem binären Konzept von Nicht-Recht und Recht und Legalität und Illegalität, verbleibt es dabei, dass ein Handeln völkerrechtswidrig bleibt, so es denn gegen eine geltende völkerrechtliche Norm verstößt. Es kann erst dann als völkerrechtskonform eingeordnet werden, wenn die betreffende Norm wirksam derogiert oder derart modifiziert wird, dass dem in Frage stehenden Handeln Legalität zu attestieren ist. Diese formale Betrachtungsweise wäre wohl im Ausgangspunkt auch vom Bundespräsidenten zugrunde zu legen. Allerdings könnte es in der Sphäre normativer Dynamik an der Evidenz eines Völkerrechts- und somit ggf. auch Verfassungsverstoßes, der sich nur unter engen Voraussetzungen annehmen ließe, mangeln. Schwierigkeiten bereitet die Frage, ob der Bundespräsident gehalten ist, sich der Einschätzung der

[173] BVerfGE 111, 307 (317 ff.); 128, 326 (367 ff.); *Rauschning* in BK Rn. 106.
[174] 1 UNTS.
[175] BVerfGE 141, 1 (28).
[176] Vgl. *Butzer* in Maunz/Dürig Art. 82 Rn. 199.
[177] BVerfGE 141, 1 (28).
[178] Vgl. IGH, *Military and Paramilitary Activities in and Against Nicaragua (Nicaragua v United States of America) (merits),* Judgment of 27 June 1986, ICJ Rep. 1986, 14, Rn. 186; *Kammerhofer* EJIL 15 (2004), 523 (531); *Byers/Chesterman* in Holzgrefe/Keohane Humanitarian Intervention: Ethical, Legal, and Political Dilemmas, 177 (188).

Bundesregierung ob der eklatanten materiellen Völkerrechtswidrigkeit eines Aktes unterzuordnen. Zur Berücksichtigung von **Einschätzungsspielräumen** ist der Bundespräsident nicht zuletzt vor dem Hintergrund des Gebots der Organtreue verpflichtet. Einschätzungsspielräume der Bundesregierung mögen im Verhältnis zum Bundespräsidenten zwar weit, jedoch nicht grenzenlos sein (vgl. im judikativen Kontext → Rn. 124 ff.).

2. Abschluss völkerrechtlicher Verträge (Art. 59 Abs. 1 S. 2). a) Begriff und Typologie völkerrechtlicher Verträge und Anwendungsbereich des Art. 59 Abs. 1 S. 2. Das Verständnis **völkerrechtlicher Zusammenhänge** ist entscheidend für die Präzisierung und Herleitung verfassungsrechtlicher Vorgaben,[179] die aus Art. 59 fließen. Diese Zusammenhänge sind bei dessen Auslegung maßgeblich zu berücksichtigen. Kernbegriff des Art. 59 Abs. 1 S. 2 (und Abs. 2) ist der **„Vertrag"** (→ Rn. 45 ff.). Das Fundament eines Vertrages bilden nach allgemeinem, rechtsordnungsübergreifendem Verständnis korrespondierende Willenserklärungen, die von einem Rechtsbindungswillen getragen werden.[180] Dabei zielt Art. 59 Abs. 1 S. 2 spezifisch auf Willenserklärungen, die in der Sphäre des Völkerrechts wirksam werden. Fraglich ist nun, welche Subjekte diese Willenserklärungen entäußern müssen, um den Anwendungsbereich des Art. 59 Abs. 1 S. 2 zu eröffnen. Art. 59 Abs. 1 S. 2 spricht von „Verträge[n] mit auswärtigen Staaten" und fasst den Kreis erfasster Subjekte (aus heutiger Perspektive) erstaunlich eng. Herrschend wird jedoch davon ausgegangen, dass diese Bestimmung auf alle völkerrechtlichen Verträge mit Völkerrechtssubjekten – gerade auch mit internationalen Organisationen, die zu zentralen Akteuren der Völkerrechtsordnung geworden sind[181] – auszudehnen ist.[182] Insofern ist Art. 59 Abs. 1 S. 2 – ähnlich wie Art. 32 Abs. 3 und Abs. 1 (→ Art. 32 Rn. 22) – als **dynamische Verweisung** auf die nach dem jeweils gegenwärtigen Stand des Völkerrechts anerkannten Völkerrechtssubjekte aufzufassen.[183] Irrelevant ist die „Staatsähnlichkeit" der betreffenden Subjekte.[184] Angesichts des entgegenstehenden Wortlauts bedarf es in methodischer Hinsicht zur Sicherstellung einer derartigen Dynamik dieser Bestimmung einer **Analogie** (→ Art. 32 Rn. 22).[185] 27

Der Begriff des „Vertrages" ist **völkerrechtsakzessorisch** auszulegen,[186] wobei es auf den völkergewohnheitsrechtlichen Vertragsbegriff abzustellen gilt. Dieser geht über den Anwendungsbereich der WVK hinaus,[187] die 28

179 Allg. *Ress* FS f. Doehring, 1989, 803 ff.

180 *Simma,* Das Reziprozitätselement im Zustandekommen völkerrechtlicher Verträge, 1972, 182; *Doehring,* Völkerrecht, 2004, Rn. 334; IGH *Maritime Delimitation and Territorial Questions between Qatar and Bahrain,* Jurisdiction and Admissibility (Qatar u. Bahrein), Judgment of 1 July 1994 ICJ Rep. 1994, 112, Rn. 24 ff. Siehe *Fastenrath/Groh* in BerlKomm Rn. 42.

181 Vgl. *Klabbers* in Orford/Hoffmann Oxford Handbook of the Theory of International Law, 618 ff.; *Rensmann* in Wolfrum MPEPIL, März 2009, International Organizations or Institutions, External Relations and Co-operation, Rn. 1 ff.

182 *Jarass* in Jarass/Pieroth Rn. 4; *v. Coelln* in Gröpl/Windthorst/v. Coelln Rn. 7; *Schmahl* in Sodan Rn. 7; *Pieper* in BeckOK GG Rn. 15.

183 *Nettesheim* in Maunz/Dürig Rn. 65. Vgl. *Streinz* in Sachs Rn. 14; *Streinz* in Sachs Art. 32 Rn. 14. Unklar hinsichtl. präferiertem Ansatz *Schmahl* in Sodan Rn. 7.

184 *Rauschning* in BK Rn. 35.

185 *Calliess* in HdbStR IV, § 83 Rn. 54. Zur Analogie *Schmidt* VerwArch 97 (2006), 139 ff.

186 *Nettesheim* in Maunz/Dürig Rn. 63; *Rauschning* in BK Rn. 36 ff.; *Streinz* in Sachs Rn. 14.

187 *Doehring,* Völkerrecht, 2004, Rn. 334.

sich *ratione materiae* nur auf schriftliche Verträge (Art. 2 Abs. 1 lit. a WVK) und *rationae personae* nur auf Verträge zwischen Staaten bezieht (Art. 1 WVK).[188] Diesem weiten Begriffsverständnis folgend[189] versteht das BVerfG unter „Verträgen" iSd Art. 59 Abs. 1 S. 2 „alle Übereinkünfte zwischen zwei oder mehr Völkerrechtssubjekten […], durch welche die zwischen ihnen bestehende Rechtslage verändert werden soll."[190] Irrelevant sind sowohl die seitens der Parteien gewählte Nomenklatur des Vertrages als auch sein Gegenstand.[191] Unerheblich ist ferner, ob die Vereinbarung in einer oder mehreren Urkunden enthalten ist.[192] Entscheidend ist, dass **Völkerrechtssubjekte** auf **Ebene des Völkerrechts** vertraglich handeln (zu besonderen Ausprägungen → Rn. 46 ff.). Von diesen Rationalitäten ausgehend würden aufgrund der Völkerrechtssubjektivität des Heiligen Stuhls auch **Konkordate** in den Anwendungsbereich des Art. 59 Abs. 1 S. 2 fallen. Aus der Historie des Art. 59 folgt jedoch, dass dies nicht der Fall ist (→ Art. 32 Rn. 31).[193] Kompetenzielle Erwägungen stützen ebenfalls dieses Ergebnis.[194]

29 Eine klare Konturierung des Anwendungsbereichs des Art. 59 Abs. 1 S. 2 bereitet angesichts der in zunehmendem Maße feststellbaren Auflösung althergebrachter Kategorien auf internationaler Ebene Schwierigkeiten: So sollen Verträge mit **Privatpersonen** nach herrschender Auffassung – trotz der (partiellen) Völkerrechtssubjektivität des Individuums[195] – von Art. 59 Abs. 1 S. 2 nicht erfasst sein.[196] Gleiches soll für Verträge, die Staaten auf **rein privatwirtschaftlicher Ebene** schließen, gelten.[197] Eine klassische Betrachtung zugrunde legend wären jedenfalls Verträge, die einer **innerstaatlichen Privatrechtsordnung** – und dies wird im Verhältnis Staat-Individuum regelmäßig der Fall sein[198] – unterstehen, aus dem Anwendungsbereich des Art. 59 Abs. 1 S. 2 herauszunehmen.[199] Den beteiligten Parteien stehe es jedoch frei, die Anwendbarkeit der Regelungen über den Abschluss völkerrechtlicher Verträge auf diese Übereinkünfte zu vereinbaren.[200] Vertreten wird auch, Völkerrechtssubjekte hätten die Option, völkerrechtliche Verträge einem nationalen Rechtsregime zu unterstellen.[201] Dies erscheint vor dem Hintergrund des Telos Art. 59 problematisch: Die freie Wahl des Rechtsregimes erlaubte es, dem kompetenziellen Reglement des Art. 59 zu entfliehen (zur parallelen Problematik bei Art. 32 → Art. 32 Rn. 26). Dies

[188] Vgl. auch *Schorkopf,* Staatsrecht der Internationalen Beziehungen, 2017, § 3 Rn. 60.
[189] *Nettesheim* in Maunz/Dürig Rn. 63; *Butzer/Hass* in SHH Rn. 27; *Pieper* in BeckOK GG Rn. 15.
[190] BVerfGE 90, 286 (359); *Vöneky* in HdbStR XI, § 236 Rn. 2.
[191] BVerfGE 90, 286 (359); *Heun* in Dreier Art. 24; *Nettesheim* in Maunz/Dürig Rn. 63; *Rauschning* in BK Art. 37; *Fastenrath/Groh* in BerlKomm Rn. 42; *Kempen* in MKS Rn. 20.
[192] *Rauschning* in BK Art. 37.
[193] *Kempen* in MKS Rn. 20; *Domgörgen* in Hömig/Wolff Rn. 3.
[194] Siehe *Nettesheim* in Maunz/Dürig Rn. 65.
[195] Allg. *Peters,* Jenseits der Menschenrechte, 2014, 29 ff. Ferner *Kjeldgaard-Pedersen,* The International Legal Personality of the Individual, 2018, 47 ff.
[196] Vgl. *Nettesheim* in Maunz/Dürig Rn. 66 f.; *Pieroth* in Jarass/Pieroth Rn. 4.
[197] *Butzer/Haas* in SHH Rn. 27; *Rauschning* in BK Rn. 17.
[198] *Mann* British Yearbook of International Law 35 (1959), 34 (41).
[199] *Nettesheim* in Maunz/Dürig Rn. 68 f.; *Pieroth* in Jarass/Pieroth Rn. 4. Zum Problemkreis des Privatrechtsverkehrs *Rensmann* AVR 36 (1988), 305 ff. Allg. *Mann* British Yearbook of International Law 35 (1959), 34 ff.
[200] *Kempen* in MKS Rn. 21.
[201] *Mann* British Yearbook of International Law 35 (1959), 34 (38). Siehe auch *Rauschning* BK Rn. 38.

spricht dafür, Verträge, die nach Vertragszweck und Gegenstand der **Erfüllung öffentlicher Aufgaben** dienen und nicht bloß fiskalischer Natur sind,[202] in den Anwendungsbereich des Art. 59 fallen zu lassen. Das Problem entschärft sich, wenn man davon ausgeht, dass hoheitliche Pflichten nicht privatrechtlich begründet werden können.[203] All diese Fragen sind vor dem Hintergrund der auf internationaler Ebene seit jeher herausgeforderten **Dichotomie „Öffentliches Recht"/„Privatrecht"** zu sehen.[204] Zu bedenken ist einerseits, dass die Differenzierung zwischen diesen Subkategorien des Rechts kontinentaleuropäisch geprägt ist[205] und nur unvollkommen auf die internationale Ebene projiziert werden konnte.[206] Andererseits entwickelte sich das moderne Völkerrecht dogmatisch gerade über die Figur der allgemeinen Rechtsgrundsätze iSd Art. 38 Abs. 1 lit. c IGH-Statut privatrechtsanalog und galt lange Zeit als **„private law writ large"**.[207] Diese Unschärfen manifestieren sich in den Schwierigkeiten einer dogmatischen Verarbeitung **hybrider, transnationaler**[208] **Regelungskomplexe,** die sich weder der völkerrechtlichen noch der nationalstaatlichen Sphäre zuordnen lassen (zB ***lex mercatoria,***[209] auch grenznachbarschaftliche Verträge[210]) (→ Art. 32 Rn. 29 f.)) und als Epiphänomen der Globalisierung erscheinen. Auf diesen Wandel der außerstaatlichen Rechtssphäre in Richtung **Transnationalität**[211] und **Globalität**[212] wird die Auslegung des Art. 59 angesichts seines Telos reagieren müssen.[213]

Obwohl in der gegenwärtigen Völkerrechtsordnung oftmals mit nicht- 30
verbindlichen Übereinkünften – ***gentlements' agreements***[214] etc. – operiert wird und diese trotz ihres – bei Anlegung einer konservativen Perspektive – „nichtrechtlichen" Charakters völkerrechtliche Beziehungen prägen und Verhalten von Völkerrechtssubjekten steuern, unterfällt derartiges ***soft***

---

[202] Vgl. *Bernhardt,* Der Abschluss völkerrechtlicher Verträge im Bundesstaat, 1957, 175; *Wollenschläger* in Dreier Art. 32 Rn. 24. Zum Ausweichen auf das Privatrecht *Wiedmann* AöR 117 (1992), 46 (64 f., Fn. 87).

[203] *Rauschning* BK Rn. 38 verweisend auf BGH NJW 1960, 1105 (1106).

[204] Zu dieser Dichotomie *Stolleis* in Hoffmann-Riem/Schmidt-Aßmann Öffentliches Recht und Privatrecht als wechselseitige Auffangordnungen, 41 ff. Aus völkerrechtl. Sicht *Lucy* in Amhlaigh/Michelon/Walker After Public Law, 56 ff. Siehe auch Sammelband von *Barker/Jensen,* Private Law: Key Encounters with Public Law, 2013.

[205] Zu nat. Traditionen vgl. verschiedene Beiträge im Sammelband von *Ruffert* (Hrsg.) The Public-Private Law Divide: Potential for Transformation?, 2009.

[206] *Casini* International Journal of Constitutional Law 12 (2014), 402 ff.; *Sand* in Amhlaigh/Michelon/Walker After Public Law, 201 ff.

[207] *Holland,* Studies in International Law, 1898, 152; *Lauterpacht,* Private Law Sources and Analogies of International Law, 1927.

[208] *Peters* FS f. Vagts, 2010, 154 ff.; *Koh* Penn State International Law Review 24 (2006), 745 ff.; *Calliess* Zeitschrift für Rechtssoziologie 23 (2002), 185 ff.

[209] Hierzu *Nettesheim* in Maunz/Dürig Rn. 66. Allg. zur *lex mercatoria Calliess* in Basedow/Rühl/Ferrari/de Miguel Asensio Encyclopedia of Private International Law, 2017, lex mercatoria; *Toth,* The Lex Mercatoria in Theory and Practice, 2017; *Schill* in Wolfrum MPEPIL, Juni 2014, lex mercatoria, Rn. 1 ff.

[210] *Nettesheim* in Maunz/Dürig Rn. 67 f. Allg. *Niedobitek,* Das Recht der grenzüberschreitenden Verträge, 2001.

[211] Zur „Transnationalität" *Calliess/Maurer* in Calliess Transnationales Recht, 1 ff.; *Cotterrell* in Harste Law and Intersystemic Communication, 31 ff. Bereits *Jessup,* Transnational Law, 1956; *Calliess/Zumbansen,* Rough Consensus and Running Code, 2010, 200.

[212] Zum *global law Lindahl,* Fault Lines of Globalization: Legal Order and the Politics of A-Legality, 2013. Zu Globalisierung u. Verfassungsrecht *Poscher* VVDStRL 67 (2008), 160.

[213] Diff. *Nettesheim* in Maunz/Dürig Rn. 68 f.

[214] *Klabbers,* The Concept of Treaty in International Law, 1996, 16 ff.; *Knauff,* Der Regelungsverbund, 2010, 239 ff.

law[215] nicht Art. 59 Abs. 1 S. 2.[216] Es vom Vertragsbegriff auszunehmen ist jedoch insbesondere im Hinblick auf das parlamentarische Partizipationserfordernis des Art. 59 Abs. 2 S. 1 problematisch (→ Rn. 78).

31 **b) Verfahren.** Das völkervertragliche Abschlussverfahren obliegt im Allgemeinen der Ausgestaltung der hieran beteiligten Völkerrechtssubjekte.[217] Im Wesentlichen haben sich in der Staatenpraxis zwei Verfahrenstypen herausgebildet, die auf innerstaatliche Anforderungen an völkerrechtliche Vertragsschlüsse Rücksicht nehmen und auch in der WVK Verankerung gefunden haben: Zu unterscheiden ist zwischen dem **einfachen/einphasigen** und dem **zusammengesetzten/zweiphasigen** Verfahren des Vertragsabschlusses.[218] In beiden Fällen stehen auf der ersten Stufe die Aushandlung und Paraphierung des Vertragstextes. In der **Staatspraxis,** die Art. 59 Abs. 1 S. 2 nur unzureichend widerspiegelt, übernimmt hier die Bundesregierung die Federführung (→ Rn. 19).[219] Details zur Vorgehensweise finden sich in den „Richtlinien für die Behandlung völkerrechtlicher Verträge des Auswärtigen Amtes" [RvV].[220] Hiernach stellt sich das übliche Prozedere wie folgt dar: Der Bundespräsident erteilt der Bundesregierung Unterzeichnungs- und Verhandlungsvollmachten und die Bundesregierung übernimmt die Verhandlungsführung.[221] Die Bundesregierung kann ihrerseits Untervollmachten ausstellen.[222] Verfassungsrechtlich kann diese Praxis nur im Rahmen der oben bereits skizzierten verfassungsrechtlichen Grenzen Bestand haben (→ Rn. 19 f.).

32 Eine (umfassende) **Bindung** (→ Rn. 33) an einen völkerrechtlichen Vertrag tritt bei dem einfachen Verfahren mit **Unterzeichnung** des von den Unterhändlern paraphierten Entwurfs ein. In einem solchen einphasigen Verfahren werden Verwaltungsabkommen nach Art. 59 Abs. 2 S. 2 (→ Rn. 113 ff.) abgeschlossen.[223] Beim zusammengesetzten Verfahren tritt die (umfassende) Bindungswirkung hingegen erst mit der Ratifikation ein (Art. 14 WVK) (→ Rn. 33), wobei es im Einzelnen noch zwischen bilateralen und multilateralen Verträgen zu differenzieren gilt. Unter **Ratifikation** ist dabei die völkerrechtlich relevante Erklärung einer Vertragspartei gegenüber einer anderen zu verstehen, mittels derer bekundet wird, an den Vertrag gebunden sein zu wollen.[224] Diese Erklärung obliegt nach Art. 59 Abs. 1 S. 2 dem Bundespräsidenten. Das zusammengesetzte Verfah-

---

[215] Zum *soft law Thirlway,* The Sources of International Law, 2014, 163 ff.; *Boyle* in Shaw International Law, 2018, 119; *Thürer* in Wolfrum MPEPIL, März 2009, soft law, Rn. 1 ff.; *Blutman* ICLQ 59 (2010), 605 ff.

[216] *Rauschning* in BK Art. 39; *Nettesheim* in Maunz/Dürig Rn. 63.

[217] *Nettesheim* in Maunz/Dürig Rn. 71. Siehe *Kempen* in MKS Rn. 22; *Crawford,* Brownlie's Principles of Public International Law, 2019, 359.

[218] *Klabbers* in Wolfrum MPEPIL, September 2006, Treaties, Conclusion and Entry into Force, Rn. 1 ff.; *Nettesheim* in Maunz/Dürig Rn. 71 ff.; *Heun* in Dreier Rn. 25; *Heintschel von Heinegg* in Ipsen Völkerrecht, 2018, § 13.

[219] *Streinz* in Sachs Rn. 7. Allg. *Bleckmann,* Grundgesetz und Völkerrecht, 1975, 26 ff.; *Klabbers* in Wolfrum MPEPIL, September 2006, Treaties, Conclusion and Entry into Force, Rn. 1 ff.

[220] Erlassen nach § 72 Abs. 6 GGO.

[221] *Schmahl* in Sodan Rn. 8. Präsidiale Verhandlungskompetenzen ablehnend *Calliess* in HdbStR IV, § 83 Rn. 19.

[222] *Hartwig* in Umbach/Clemens Rn. 12; *Streinz* in Sachs Rn. 14; *Kempen* in MKS Rn. 22.

[223] *Vöneky* in HdbStR XI, § 236 Rn. 8; *Nettesheim* in Maunz/Dürig Rn. 71, 74.

[224] *Streinz* in Sachs Rn. 15; *Pieper* in BeckOK GG Rn. 20; *Rauschning* in BK Rn. 56.

ren ist bei Verträgen, die unter Art. 59 Abs. 2 S. 1 fallen, erforderlich.[225] In diesen Fällen wird insofern regelmäßig ein Ratifikationsvorbehalt vereinbart.[226] Erst das durch die gesetzgebenden Körperschaften verabschiedete **Vertragsgesetz** ermächtigt den Bundespräsidenten zur Kundgabe der Ratifikation (→ Rn. 42).[227] Ratifiziert der Bundespräsident den in Frage stehenden Vertrag noch bevor ein wirksames Vertragsgesetz vorliegt, handelt er verfassungswidrig.[228] Vorhergehend zur Ratifikation hat er sich der Wirksamkeit des Vertragsgesetzes zu versichern[229] (→ Rn. 23 ff.).

c) Wirksamkeit, Inkrafttreten und Geltung von völkerrechtlichen Verträgen. Es gilt unterschiedliche Stufen der Bindung an einen völkerrechtlichen Vertrag zu unterscheiden: Ab Unterzeichnung eines Vertrages greift das sog. **Frustrationsverbot** (Art. 18 lit. a 1. Var. WVK) (→ Rn. 18).[230] Der unterzeichnende Staat wird nicht vollumfänglich an einen Vertrag gebunden, vielmehr ist er gehalten, Handlungen zu unterlassen, die den Vertragszweck vereiteln könnten. Ihm verbleibt jedoch – prinzipiell ohne Einschränkungen – die Option, zu erklären, nicht an den Vertrag gebunden sein zu wollen, seine Unterschrift gleichsam „zurückzuziehen“ und so dem Eintritt dieser **Vorwirkung** die Grundlage zu entziehen.[231] Im Hinblick auf die Wirksamkeit und das Wirksamwerden völkerrechtlicher Verträge – iS eines umfassenden „Verbindlichwerdens“ für den betreffenden Staat – ist zwischen bilateralen und multilateralen Verträgen zu differenzieren: Gemäß der WVK knüpft die Wirksamkeit eines völkerrechtlichen Vertrages auf völkerrechtlicher Ebene an den Austausch der Ratifikationsurkunden (Art. 16 lit. a WVK), an die Hinterlegung bei dem Verwahrer (Art. 16 lit. b WVK) oder an die „Notifikation an die Vertragsstaaten oder den Verwahrer, wenn dies vereinbart wurde“, (Art. 16 lit. c WVK) an. Regelmäßig greift die Staatenpraxis im Falle bilateraler Verträge zur ersten Variante, im Falle multilateraler zur zweiten Variante.[232] Der Zeitpunkt der Wirksamkeit kann aber ebenfalls auf Vereinbarungswege weiter in die Zukunft hinausgeschoben werden (Art. 16 WVK am Anfang).[233] Der Eintritt der Bindung an den Vertrag für einen Vertragsstaat, von der er sich nur im Wege der Kündigung loslösen kann, korreliert jedoch nicht zwingend zeitgleich mit dessen **Inkrafttreten.** Erst ab dem Zeitpunkt des Inkrafttretens, welcher sich primär nach der Vereinbarung der Parteien richtet (Art. 24 Abs. 1 WVK), verpflichtet ein völkerrechtlicher Vertrag die Vertragsparteien zur Ergreifung von **Umsetzungsmaßnahmen**[234] und zeitigt **vollumfassende Bindungswirkungen.** Regelmäßig wird bei multilateralen Verträgen als Zeitpunkt des Inkrafttretens die Hinterlegung einer bestimmten Anzahl an 33

---

[225] *Nettesheim* in Maunz/Dürig Rn. 71; *Schmahl* in Sodan Rn. 8.

[226] *Jarass* in Jarass/Pieroth Rn. 4; *Kempen* in MKS Rn. 22.

[227] *Schmahl* in Sodan Rn. 8; *Kempen* in MKS Rn. 81; *Streinz* in Sachs Rn. 59; *Nettesheim* in Maunz/Dürig Rn. 95.

[228] Vgl. BVerfGE 1, 396 (411); *Pieper* in BeckOK GG Rn. 23.

[229] *Heun* in Dreier Rn. 25.

[230] *Dörr* in Dörr/Schmalenbach Vienna Convention on the Law of Treaties Art. 18 Rn. 30.

[231] *Dörr* in Dörr/Schmalenbach Vienna Convention on the Law of Treaties Art. 18 Rn. 19 f.

[232] *Hoffmeister* in Dörr/Schmalenbach Vienna Convention on the Law of Treaties, Art. 16 Rn. 7, 10.

[233] *Heintschel von Heinegg* in Ipsen Völkerrecht, 2018, Rn. 29.

[234] *v. Arnauld,* Völkerrecht, 2019, Rn. 207. Vgl. *Heintschel von Heinegg* in Ipsen Völkerrecht, 2018, Rn. 29.

Ratifikations- oder Beitrittsurkunden festgelegt.[235] Art. 25 WVK eröffnet die Möglichkeit der Vereinbarung einer **vorläufigen Anwendbarkeit eines völkerrechtlichen Vertrages** bzw. einiger seiner Bestimmungen. Folge der vorläufigen Anwendbarkeit ist eine vorläufige Umsetzungspflicht im Hinblick auf die Vertragsbestimmungen, auf die sie sich bezieht (→ Rn. 46).[236]

34 **„Geltung"**[237] innerhalb der innerstaatlichen Rechtsordnung – iS der Eigenschaft eines Vertrages, Teil dieser innerstaatlichen Rechtsordnung zu sein, mithin als „Sollenssatz" in dieser zu existieren (mit *Kelsen* kann man von der „spezifische[n] Existenz" des Vertrages in der Rechtsordnung sprechen),[238] – erhält der Vertrag mit der Bekanntmachung seines Zustandekommens.[239] Strittig ist, wie die Geltung des Vertrags bzw. seiner Bestimmungen zu konstruieren ist. Hier prallen **monistische, dualistische** und **gemäßigte Erklärungsmodelle** aufeinander. Überzeugende Antworten vermag indes wohl nur die **Vollzugstheorie** zu liefern (→ Rn. 101 f.).[240]

35 Die Vereinbarkeit eines völkerrechtlichen Vertrages mit dem innerstaatlichen Recht ist für dessen völkerrechtliche Verbindlichkeit grundsätzlich irrelevant (vgl. **Art. 46 WVK**).[241] Auch die Bundesrepublik „kann" (iS völkerrechtlicher Rechtsmacht) völkerrechtliche Verpflichtungen eingehen, die sie *qua* Verfassungsrecht nicht erfüllen darf.[242] **Verfassungswidrige Verträge** sind dementsprechend idR völkerrechtlich wirksam.[243] Die (innerstaatliche) Geltung der vertraglichen Bestimmungen setzt indes die Wirksamkeit des diesbezüglichen Vertragsgesetzes voraus,[244] die von seiner Verfassungskonformität abhängig ist.[245] Bei **innerstaatlicher Unwirksamkeit des Vertragsgesetzes,** die nicht automatisch auf die völkerrechtliche Ebene durchschlägt, besteht seitens der kompetenten Organe eine Pflicht, auf eine **Loslösung** von dem betreffenden Vertragswerk hinzuwirken (→ Rn. 126).[246]

36 **3. Empfang und Beglaubigung von Gesandten (Art. 59 Abs. 1 S. 3).** Der Bundespräsident ist mit der Wahrnehmung des **aktiven und passiven Gesandtschaftsrechts**[247] – iS der Fähigkeit, diplomatische Beziehungen zu unterhalten –, dessen Träger der Bund ist (→ Art. 32 Rn. 1),[248] betraut. Das aktive Gesandtschaftsrecht[249] umfasst die Fähigkeit eines Staates, sich bei

---

[235] *Heintschel von Heinegg* in Ipsen Völkerrecht, 2018, § 13 Rn. 29.

[236] Umfassend hierzu *Kempen/Schiffbauer* ZaöRV 77 (2017), 95. Vgl. auch *Heintschel von Heinegg* in Ipsen Völkerrecht, 2018, Rn. 30 f.

[237] „Geltung" ist als Relationsbegriff aufzufassen, vgl. *Glaser* in Möllers/Voßkuhle/Walter Internationales Verwaltungsrecht, 73 (116). Vgl. *Kadelbach,* Allgemeines Verwaltungsrecht unter europäischem Einfluss, 1999, 19, Rn. 29.

[238] *Kelsen,* Reine Rechtslehre, 2. Aufl. 1960, 10.

[239] BVerfGE 63, 343 (353 f.); *Butzer/Haas* in SHH Rn. 31, 100; *Schmahl* in Sodan Rn. 8.

[240] Siehe *Butzer/Haas* in SHH Rn. 100.

[241] Zur Evidenztheorie *Kempen* in MKS Rn. 97; *Butzer/Haas* in SHH Rn. 107; *Rensmann* in Dörr/Schmalenbach Vienna Convention on the Law of Treaties, Art. 46 Rn. 42 ff.

[242] *Vöneky* in HdbStR XI, § 236 Rn. 5. Zur Disparität zw. völkerrechtl. Wirksamkeit u. Verfassungskonformität zB BVerfGE 72, 200 (264 f.) aus. Siehe *Kempen* in MKS Rn. 97 Fn. 228; *Vogel* JZ 1997, 161 (165). Vgl. BVerfGE 6, 290 (295).

[243] Zu dieser Problematik *Geck* ZaöRV 27 (1967), 429 ff.; *Geck,* Die völkerrechtlichen Wirkungen verfassungswidriger Verträge, 1963, 20 ff.

[244] *Jarass* in Jarass/Pieroth Rn. 17; *Streinz* in Sachs Rn. 41.

[245] Vgl. BVerfGE 72, 200 (264 f.).

[246] BVerfGE 6, 290 (295); *Heun* in Dreier Rn. 53; *Jarass* in Jarass/Pieroth Rn. 17.

[247] *Dahm/Delbrück/Wolfrum,* Völkerrecht I/1, 1988, 262 f.

[248] *Heun* in Dreier Rn. 26. Vgl. *Nettesheim* in MKS Rn. 34.

[249] Grundlegend *Rudolf* FS f. Scheuner, 1973, 493 ff.; *Denza,* Diplomatic Law, 4. Aufl. 2016, Art. 2; *Constantinou/Kerr/Sharp,* The SAGE Handbook of Diplomacy, 2016.

anderen Staaten diplomatisch vertreten zu lassen, das passive Gesandtschaftsrecht bezeichnet die Fähigkeit eines Staates, diplomatische Vertreter zu empfangen.[250] Das Völkerrecht vermittelt Staaten jedoch keinen Anspruch darauf, dass bestimmte Staaten von ihnen bestimmte entsandte Vertreter empfangen[251] (Art. 2 Wiener Übereinkommens über diplomatische Beziehungen v. 1961 [WÜD][252]). Tragende Säulen des Gesandtschaftsrechts sind Freiwilligkeit und Reziprozität. Diplomatische Beziehungen bestehen ebenfalls zwischen Staaten und internationalen Organisationen, wobei internationale Organisationen im Rahmen ihrer Aufgaben zumeist lediglich das passive Gesandtschaftsrecht ausüben. Eine Ausnahme bildet hier die EU, die Auslandsvertreter entsendet.[253] Regelungen hierzu finden sich im noch nicht in Kraft getretenen Wiener Übereinkommen über die Vertretung von Staaten in ihren Beziehungen zu internationalen Organisationen universellen Charakters von 1975,[254] die nach dessen Art. 2 Nr. 2 auch auf andere internationale Organisationen angewandt werden können. Auch **atypischen, historisch gewachsenen Völkerrechtssubjekten** (dem Heiligen Stuhl, dem Malteser Orden und dem Internationalen Komitee vom Roten Kreuz)[255] steht das Gesandtschaftsrecht zu.[256] Art. 59 Abs. 1 S. 3 findet ebenfalls der Sache nach auf den diplomatischen Verkehr zwischen der Bundesrepublik und internationalen Organisationen sowie den übrigen Trägern des Gesandtschaftsrechts Anwendung.[257]

Der Begriff der Gesandten iSd Art. 59 Abs. 1 S. 3 folgt Art. 14 lit. a, b WÜD **37** und umfasst unter den unterschiedlichen Klassen der Missionschefs in erster Linie Botschafter *(ambassadeurs)* und (im Falle des Heiligen Stuhls) Nuntien (Art. 14 lit. a WÜD). Erfasst sind ferner die Gesandten *(envoyés),* Minister und (im Falle des Heiligen Stuhls) Internuntien, die ebenfalls beim Staatsoberhaupt beglaubigt sind (Art. 14 lit. b WÜD).[258] In den Anwendungsbereich des Art. 59 Abs. 1 S. 3 fallen wohl auch sog. „Ständige Vertreter", die als Kategorie insbesondere dann virulent werden, wenn ein Staat eine Entität nicht als Staat anerkennt, mit letzterer aber dennoch „quasidiplomatische" Beziehungen unterhält.[259] Das Gesandtschaftsrecht für Vertreter unterhalb dieser höchsten diplomatischen Ebenen – zB Geschäftsträger (*chargés d'affaires* – Art. 14 Abs. 1 lit. c WÜD) – wird seitens des Außenministeriums/Auswärtigen Amtes bzw. Bundeskanzleramtes wahrgenommen.[260] Diese Rangklasse der Gesandten ist idR nur beim Außenminister beglaubigt. Inso-

[250] *Dahm/Delbrück/Wolfum,* Völkerrecht I/1, 1988, 262.

[251] *Heintze* in Ipsen Völkerrecht, 2018, § 24 Rn. 2; *Crawford,* Brownlie's Principles of Public International Law, 2020, 382.

[252] 500 UNTS 95.

[253] Vgl. *Kruse,* Der europäische auswärtige Dienst zwischen intergouvernementaler Koordination und supranationaler Repräsentation, 2014, insb. 191 ff.

[254] UN Doc. A/CONF.67/16.

[255] Zu atypischen Völkerrechtssubjekten *Walter* in Wolfrum MPEPIL, Mai 2007, Subjects of International Law, Rn. 7.

[256] Bzgl. des Heiligen Stuhls und des Malteser Ordens, vgl. *Karalus,* Die diplomatische Vertretung der Europäischen Union, 2009, 92. Tlw. umstritten im Hinblick auf das IKRK siehe hierzu *Schneider* AVR 5 (1955), 257 (266, Fn. 35). Bejahend *Hobe,* Einführung in das Völkerrecht, 2020, 303.

[257] *Nettesheim* in Maunz/Dürig Rn. 84.

[258] *Kempen* in MKS Rn. 24; *Pieper* in BeckOK GG Rn 25; *Heun,* in Dreier Rn. 26.

[259] Vgl. *v. Arnauld,* Völkerrecht, 2019 Rn. 558.

[260] *Pieper* in BeckOK GG Rn 25; *Kempen* in MKS Rn. 24; *Nettesheim* in Maunz/Dürig Rn. 85; *Heun* in Dreier Rn. 26; *v. Coelln* in Gröpl/Windhorst/v. Coelln Rn. 8; *Jarass* in Jarass/Pieroth Rn. 5.

fern beschränken sich die Kompetenzen des Bundespräsidenten auf die beiden ranghöchsten Diplomatenklassen, was sich im Wortlaut des Art. 59 Abs. 1 S. 3 nicht widerspiegelt, aber internationalen Gepflogenheiten entspricht.[261] Letztere sollten die restriktive Auslegung des Art. 59 Abs. 1 S. 3 aufgrund seines unmittelbaren völkerrechtlichen Bezugs determinieren.[262]

38 Personalvorschläge zur Gesandtenernennung werden dem Bundespräsidenten in der Praxis durch die Bundesregierung unterbreitet. Deren Vorschläge gehen wiederum auf das Auswärtige Amt zurück.[263] Der Bundespräsident verfasst bezüglich des betreffenden Gesandten – nach Einholung der Zustimmung seitens des Empfangsstaats, die dieser ohne weiteres verweigern darf (sog. ***Agrément,*** Art. 4 WÜD)[264] – ein **Beglaubigungsschreiben.**[265] Die Beglaubigung – festgehalten in einer förmlichen Urkunde – stellt eine feierliche Vollmachtserteilung dar.[266] Hierdurch legitimiert der Entsendestaat seinen Gesandten gegenüber dem Empfangsstaat[267] und ermächtigt ihn zur diplomatischen Vertretung. Das Beglaubigungsschreiben wird seitens des Gesandten dem Staatsoberhaupt des Empfangsstaates bzw. dem zuständigen Vertreter einer internationalen Organisation überreicht und von diesen entgegengenommen. Gesandte gelten als **persönliche Vertreter des Staatsoberhauptes im Ausland** und bei internationalen Organisationen (§ 3 Abs. 3 S. 2 Gesetz über den Auswärtigen Dienst[268]).[269]

39 Angesichts der Tatsache, dass Gesandte Vertreter des Bundespräsidenten darstellen, wird er als kompetent erachtet werden müssen, ihre Beglaubigung als ***ultima ratio*** zu verweigern, so denn das **Wohl und Ansehen der Bundesrepublik** durch die vorgeschlagene Person gefährdet zu werden droht.[270] In diesem sehr eingeschränkten Rahmen besteht insofern ein **Ablehnungsrecht des Bundespräsidenten.** Ähnliches wird im Hinblick auf die Ernennung von Bundesministern auf Vorschlag des Bundeskanzlers (hierzu → Art. 64 Rn. 20) sowie die Ernennung von Bundesbeamten vertreten und es erscheint überzeugend, vergleichbare Maßstäbe auch im Kontext der Gesandtenernennung anzulegen.

40 In der passiven Ausprägung des Gesandtschaftsrechts nimmt der Bundespräsident Beglaubigungsschreiben anderer Staaten und internationaler Organisationen entgegen, womit die **Akkreditierung** der betreffenden Gesandten einhergeht.[271] Das vorhergehende ***Agrément*** wird seitens der Bundesregierung bzw. seitens des Auswärtigen Amtes erteilt.[272] Der Bundespräsident ist in der Staatspraxis diesbezüglich nur ausführende Gewalt.[273] Gestützt wird dies auf eine dahingehende stillschweigende Bevollmächtigung der Bundesregierung bzw. des Auswärtigen Amtes seitens des Bundespräsidenten.[274]

---

261 *Kempen* in MKS Rn. 24.
262 Vgl. *Fastenrath/Groh* in BerlKomm Rn. 47.
263 *Rauschning* in BK Rn. 61; *Nettesheim* in Maunz/Dürig Rn. 87.
264 *Nettesheim* in Maunz/Dürig Rn. 86; *Rauschning* in BK Rn. 62.
265 *Rauschning* in BK Rn. 62; *Butzer/Haas* in SHH Rn. 34.
266 *Nettesheim* in Maunz/Dürig Rn. 86. Siehe *Heun* in Dreier Rn. 26.
267 *Rauschning* in BK Rn. 60.
268 BGBl. 1990 I 1842.
269 *Pieper* in BeckOK GG Rn. 26.
270 So *Nettesheim* in Maunz/Dürig Rn. 88.
271 *Heun* in Dreier Rn. 26. Vgl. auch *Rauschning* in BK Rn. 62.
272 *Kempen* in MKS Rn. 25; *Rauschning* in BK Rn. 63; *Nettesheim* in Maunz/Dürig Rn. 86.
273 *Schmahl* in Sodan Rn. 9; *Butzer/Haas* in SHH Rn. 34.
274 *Kempen* in MKS Rn. 25.

Andere argumentieren, es läge ein Fall konkurrierender Kompetenzen vor, bei deren Ausübung sich der Bundespräsident in Zurückhaltung übe.[275] Für die Konstruktion einer stillschweigenden Bevollmächtigung gelten die bereits zuvor angeführten ***Caveats*** (→ Rn. 19 f.). In jedem Falle wird dem Bundespräsidenten auch hier in engen Grenzen als ***ultima ratio*** **ein Ablehnungsrecht** eingeräumt werden müssen (→ Rn. 39).[276] Dessen Ausübung unterliegt jedoch angesichts der diplomatischen Implikationen im Falle der Ablehnung eines Gesandten weitgehenden Restriktionen.[277] Im Hinblick auf die Erklärung von diplomatischen Vertretern zu ***personae non gratae*** (Art. 9, 43 lit. b WÜD) und den **Abbruch diplomatischer Beziehungen**[278] ist der Bundespräsident aufgrund der essentiell-politischen Natur dieser Vorgänge innerhalb des abgesteckten Rahmens lediglich ausführende Gewalt.

II. „Parlamentarisierung"[279] und „Demokratisierung"[280] völkerrechtlicher Vertragsschlüsse: Die Partizipation der Legislative an dem Abschluss völkerrechtlicher Verträge (Art. 59 Abs. 2 S. 1)

1. Telos und Implikationen des parlamentarischen Beteiligungsrechts. Das **Vertragsgesetz** – mitunter auch als Zustimmungsgesetz bezeichnet, was im Hinblick auf Art. 77 und die dort vorgesehene Beteiligung des Bundesrates an der Gesetzgebung missverständlich ist[281] – erfüllt von seinem Sinn und Zweck her **multiple Funktionen,** die **Determinanten** seiner Auslegung sein sollten.[282] Die jeweils einschlägigen Funktionen variieren nach Typus des in Frage stehenden Vertrages (**„hochpolitische Verträge"** – Art. 59 Abs. 2 S. 1 1. Alt., **„gesetzesinhaltliche Verträge"** – Art. 59 Abs. 2 S. 1 2. Alt.).[283] 41

Im Einzelnen: Das Vertragsgesetz ermächtigt zur **Ratifikation,**[284] vermittelt einem völkerrechtlichen Vertrag demokratische Legitimität nach innen und nach außen, erlaubt die **Fortentwicklung** des Vertrages „in den Formen des Völkerrechts" (→ Rn. 49),[285] steht im Dienste einer **parlamentarischen Kontrolle der Regierung,**[286] schützt die Legislative vor der Aushöhlung ihrer gesetzgeberischen Kompetenzen im Wege des Abschlusses völkerrechtlicher Vereinbarungen durch die Exekutive,[287] sichert den **innerstaatlichen** 42

---

[275] *Nettesheim* in Maunz/Dürig Rn. 87.

[276] *Nettesheim* in Maunz/Dürig Rn. 88.

[277] Siehe *Nettesheim* in Maunz/Dürig Rn. 88. Unklar, aber tendenziell großzügiger *Domgörgen* in Hömig/Wolff Rn. 4.

[278] *Rojahn* in v. Münch/Kunig, 6. Aufl. 2012, Rn. 5.

[279] *Fastenrath/Groh* in BerlKomm Rn. 2.

[280] Siehe *Wildhaber,* Treaty-Making Power and the Constitution, 1971, 9 („Democratization"). Vgl. auch *Verdier/Versteeg* in Bradley Oxford Handbook of Comparative Foreign Relations Law, 135 (138). Ferner aus dem italienischen Verfassungskontext vgl. *Atripaldi* in Capaldo Attuazione dei trattati internazionali e constituzione italiana, 55 (68 f.).

[281] *Jarass* in Jarass/Pieroth Rn. 8. Zur Terminologie *Nettesheim* in Maunz/Dürig Rn. 90.

[282] *Streinz* in Sachs Rn. 20.

[283] *Fastenrath/Groh* in BerlKomm Rn. 52.

[284] *Kempen* in MKS Rn. 81; *Jarass* in Jarass/Pieroth Rn. 16; *Rudolf,* Völkerrecht und deutsches Recht, 1967, 200 ff. Zum Telos *Schorkopf,* Grundgesetz und Überstaatlichkeit, 2007, 137 ff.; *Reichel,* Die auswärtige Gewalt nach dem Grundgesetz für die Bundesrepublik Deutschland vom 23. Mai 1949, 1967, 66 ff.

[285] BVerfGE 104, 151 (209); 118, 244 (259). Zur Frage einer „antizipierten Zustimmung" zu Vertragsänderungen *Steinbach* DÖV 2007, 555.

[286] *Schmahl* in Sodan Rn. 10. Vgl. *Heun* in Dreier Rn. 27.

[287] *Calliess* in HdbStR IV, § 83 Rn. 26.

Vollzug des völkerrechtlichen Vertrages ab,[288] indem es eine **präventive Kontrolle** durch die gesetzgebenden Organe erlaubt,[289] schafft – auf diese Weise einen **demokratischen Diskurs** befördernd – für den Vertrag eine **Öffentlichkeit**[290] und erteilt den **„Rechtsanwendungsbefehl"**[291] bzw. die **„Vollzugsanordnung"/„Vollziehungsanordnung"** (→ Rn. 99 ff.), welcher bzw. welche völkerrechtlichen Normen innerstaatliche Wirkungen verleiht.[292] Das Vertragsgesetz ist Fundament der Geltung völkervertraglicher Normen in der innerstaatlichen Rechtsordnung (→ Rn. 34)[293] und ihm ist zudem der „innerstaatliche[n] Anwendungsbefehl für die auf der Grundlage des Vertrags gefassten völkerrechtlichen Beschlüsse" immanent.[294]

43 Wie das Vertragsgesetz qualifiziert wird, spiegelt auch das Verständnis von der auswärtigen Gewalt und ihrer Trägerschaft wider. Art. 59 Abs. 2 S. 1 vermittelt den gesetzgebenden Körperschaften – wie das BVerfG in seiner jüngeren Rechtsprechung feststellt – bei bestimmten völkerrechtlichen Verträgen im Wege des „legislativen Vetorechts"[295] ein „Recht auf Teilhabe an der auswärtigen Gewalt"[296] und sichert die „Legislativfunktion der gesetzgebenden Körperschaften im Bereich der auswärtigen Gewalt" ab.[297] Insofern manifestiert Art. 59 Abs. 2 S. 1 in besonderer Weise die „Parlamentarisierung der auswärtigen Gewalt" (→ Rn. 5 f.).[298] Vor diesem Hintergrund erscheint die Feststellung im Kern berechtigt, dass Legislative und Exekutive **„gesamthänderisch"**[299] – auch wenn die Analogie zur Gesamthand sich nicht in allen Details als stimmig erweist – Träger auswärtiger Gewalt sind.[300] Letztere stellt sich dementsprechend als eine **„kombinierte Gewalt"**[301] bzw. **„gemischte Gewalt"**[302] dar. Gerade vor dem Hintergrund

---

[288] *Fastenrath/Groh* in BerlKomm Rn. 53; *Schmahl* in Sodan Rn. 10.

[289] *Streinz* in Sachs Rn. 21.

[290] *Schuppert,* Die verfassungsgerichtliche Kontrolle der Auswärtigen Gewalt, 1973, 73; *Vöneky* in HdbStR XI, § 236 Rn. 14; *Fastenrath/Groh* in BerlKomm Rn. 52.

[291] BVerfGE 148, 296 (351); 123, 267 (355).

[292] BVerfGE 104, 151 (209) – „innerstaatlichen Anwendungsbefehl"; *Kempen* in MKS Rn. 81.

[293] BVerfGE 142, 234 (245); *Vöneky* in HdbStR XI, § 236 Rn. 7.

[294] BVerfG Beschl. v. 17.9.2019 – 2 BvE 2/16, Rn. 34; BVerfGE 104, 151 (209); 118, 244 (259).

[295] *Vöneky* in HdbStR XI, § 236 Rn. 14.

[296] BVerfGE 118, 244 (260); *Schmahl* in Sodan Rn. 10.

[297] BVerfG Beschl. v. 17.9.2019 – 2 BvE 2/16, Rn. 32.

[298] Vgl: *Fastenrath/Groh* in BerlKomm Rn. 2.

[299] Vgl. *Rhinow,* Die Bundesverfassung 2000, 373 (§ 32). Ferner *Paulus/Hinselmann* in Bradley Oxford Handbook of Comparative Foreign Relations Law, 411 (417). Allg. *Hienstorfer,* Die Auswärtige Gewalt des Deutschen Bundestages, 1968.

[300] *Friesenhahn* VVDStRL 16 (1958), 9 (37 f.); *Ehrenzeller* FS f. Steinberger, 2002, 703 (716); *Menzel* VVDStRL 12 (1954), 179 (197) („kombinierte Gewalt"); *Jarass* in Jarass/Pieroth Rn. 8 (die Idee der gemeinsamen Trägerschaft aber nur auf den Anwendungsbereich des Art. 59 Abs. 2 S. 1 beschränkend); *Schmahl* in Sodan Rn. 10. Differenzierend *Streinz* in Sachs Rn. 24 ff. Krit. zur „gemeinsamen Teilhabe" von Regierung und Parlament an der auswärtigen Gewalt *Graf Vitzthum,* Parlament und Planung, 1978, 262 f. Vgl. *Kempen* in MKS Art. 32 Rn. 2; *Kokott* FS f. Doehring, 1989, 503 (508).

[301] *Streinz* in Sachs Rn. 24; *Kadelbach* in Bradley Oxford Handbook of Comparative Foreign Relations Law, 173 (177). Vgl. auch *Blum/Naegeli/Peters* Schweizerisches Zentralblatt für Staats- und Verwaltungsrecht 144 (2013), 527 (562) (für die Schweiz).

[302] Zur Theorie von der „gemischten Gewalt" bereits *Hamilton,* Federalist Papers No. 75. Ferner Diskussion bei *Baade,* Das Verhältnis von Parlament und Regierung im Bereich der auswärtigen Gewalt der Bundesrepublik Deutschland, 1962, 115 ff.; *Friesenhahn* VVDStRL 16 (1958), 9 (37 f.). Eine größere Zurückhaltung an den Tag legend und die Ungenauigkeit der Formel betonend *Friesenhahn* Der Staat 20 (1981), 571 (576). Zur „unionswärtigen

des Art. 59 Abs. 2 S. 1 in seiner Gesamtschau mit Art. 23, 24, 115a sowie Art. 115l Abs. 3 kann insofern das Narrativ von der auswärtigen Gewalt als einem **„Kernbereich exekutiver Eigenverantwortung“**[303] (→ Rn. 4 f.) nicht aufrechterhalten werden.[304] Verfehlt ist es – wie noch 1952 durch das BVerfG geschehen – Art. 59 Abs. 2 S. 1 als eine „Durchbrechung“ des grundgesetzlich etablierten Gewaltenteilungssystems[305] und eine „Ausnahmebefugnis der Legislative im Bereich der Exekutive“ zu qualifizieren.[306] Dies sieht das BVerfG nunmehr ähnlich, wobei die Distanzierung von der Interpretation des Art. 59 Abs. 2 S. 1 als einer **exzeptionellen Abweichung** vom regulären System der Kompetenzdistribution in mehreren Rechtsprechungsschritten erfolgte:[307] Im Pershing-II-Urteil bestätigte das BVerfG zunächst, dass das Grundgesetz dem Bundestag „Mitwirkungsbefugnisse an der Willensbildung für die Vornahme von Akten im Bereich der auswärtigen Beziehungen“ einräume. Des Weiteren befand es, dass sich in Art. 59 Abs. 2 S. 1 – neben weiteren Bestimmungen des Grundgesetzes – eine „Tendenz zur verstärkten Parlamentarisierung der Willensbildung im auswärtigen Bereich“ ausdrücke.[308] Auch wenn die Rechtsprechung des BVerfG in diesem Judikat **„parlamentsfreundlicher“** anmutet,[309] so ging es dennoch von einem „natürlichen“ Vorrang der Exekutive im Bereich auswärtigen Handelns aus. Dieser rühre daher, „daß institutionell und auf Dauer typischerweise allein die Regierung in hinreichendem Maße über die personellen, sachlichen und organisatorischen Möglichkeiten verfügt, auf wechselnde äußere Lagen zügig und sachgerecht zu reagieren und so die staatliche Aufgabe, die auswärtigen Angelegenheiten verantwortlich wahrzunehmen, bestmöglich zu erfüllen.“[310] Hier schien die Idee einer **„funktionsgerechten Organstruktur“** durch,[311] die in unterschiedlichen Kontexten des Verfassungs- und Verwaltungsrechts an Relevanz erlangt und eng mit der Gewaltenteilungslehre von *Montesquieu* und *Locke*[312] verwoben ist. Den Nukleus des Konzeptes der **„Organadäquanz“** bildet die Annahme, „daß staatliche Entscheidungen möglichst richtig, das heißt von den Organen getroffen werden, die dafür nach ihrer Organisation, Zusammensetzung, Funktion und Verfahrensweise über die besten Voraussetzungen

---

Gewalt“, *Rath* in Steffani/Thaysen Demokratie in Europa, 114 ff. Kritisch zu diesem Begriff *Pilz,* Der Auswärtige Ausschuss des Deutschen Bundestages und die Mitwirkung des Parlaments an der auswärtigen und internationalen Politik, 2008, 104 f.

[303] Siehe *Busse* DÖV 1989, 45 (48 ff., 50). Im Kontext der Kompetenzen von Untersuchungsausschüssen BVerfGE 67, 100 (139) mit Verweis auf *Scholz* AöR 105 (1980), 564 (598). Kritisch *Cancik* Zeitschrift für Parlamentsfragen 45 (2014), 885 (886 ff.).

[304] *Calliess* attestiert der Exekutive jedoch die „Federführung“ im außenpolitischen Bereich, *Calliess* in HdbStR IV, § 83 Rn. 25.

[305] BVerfGE 1, 351 (369).

[306] BVerfGE 1, 372 (394). Auch *Calliess,* Staatsrecht III, 2018, 71 Rn. 18. Bereits *Schmitz* ZaöRV 3 (1933), 313 (325) (unter Verweis auf *Anschütz*). AA *Reichel,* Die auswärtige Gewalt nach dem Grundgesetz für die Bundesrepublik Deutschland vom 23. Mai 1949, 1967, 71.

[307] Zur Rechtsprechungsentwicklung *Cremer* in Geiger Neuere Probleme der parlamentarischen Legitimation im Bereich der auswärtigen Gewalt, 11 (13 ff.).

[308] Hier und vorhergehend BVerfGE 68, 1 (85, 87).

[309] Vgl. *Jarass* in Jarass/Pieroth Rn. 11. Zur Einordnung der Rechtsprechungsentwicklung Lange AöR 142 (2017), 442 (466 ff.).

[310] BVerfGE 68, 1 (87).

[311] *Küster* AöR 75 (1949), 397 (402 ff.). Vgl. BVerfG Beschl. v. 17.9.2019 – 2 BvE 2/16, Rn. 34.

[312] *Cremer* in Geiger Neuere Probleme der parlamentarischen Legitimation im Bereich der auswärtigen Gewalt, 11 (24).

verfügen".[313] Sie fußt auf der Idee, dass die **Effizienz von Staatshandeln diesem Legitimität** verleiht[314] und operiert als **„ergänzendes Funktionenzuordnungsprinzip",**[315] das einige als Ausprägung des Rechtsstaatsprinzips betrachten.[316] Trotz Berufung auf diese „Organadäquanztheorie"[317] in seiner Judikatur sprach das BVerfG im Urteil zur neuen sicherheitspolitischen Strategie der NATO aus dem Jahre 2001 *(Washington Accords)* den gesetzgebenden Körperschaften ein „Mitentscheidungsrecht im Bereich der auswärtigen Angelegenheiten" zu und konstatierte, „dass Regierung und Legislative im Bereich der auswärtigen Gewalt zusammenwirken."[318] In diesem Sinne geht das BVerfG nunmehr von einem „Entscheidungsverbund von Parlament und Regierung" im Bereich auswärtiger Gewalt aus. Dieser sei für die Gewaltenteilung nach Gepräge des Grundgesetzes bestimmend und stelle sich nicht als „Durchbrechung der alleinigen Verantwortung der Exekutive im auswärtigen Bereich" dar.[319] Diese Rechtsprechungsentwicklung ist mehr denn begrüßenswert: So kann der mitunter (gerade in der Rechtsprechung) anzutreffende pauschale Verweis auf das **Prinzip der Gewaltenteilung** in Art. 20 Abs. 3 zur Herleitung des Primats der Exekutive im Bereich auswärtiger Gewalt nicht überzeugen. Art. 59 Abs. 2 S. 1 ist gerade eine der Bestimmungen, die den Grundsatz der Gewaltenteilung ausformen.[320] Er ist insofern nicht als Abweichung von der regulären Gewaltenteilung zu qualifizieren, sondern als ihr **integraler Bestandteil** zu betrachten. Vor diesem Hintergrund sind auch Zweifel an der Qualifikation des Vertragsgesetzes seitens des BVerfG als eines **„Regierungsakt[es] in der Form eines Bundesgesetzes"**[321] angebracht – eine Einordnung, die an *Kaufmanns* Feststellung anknüpft, Außenpolitik könne „keine Funktion der innerstaatlichen Gesetzgebung" sein (→ Rn. 45).[322] Mittlerweile legt das BVerfG diesbezüglich eine differenziertere Betrachtungsweise an den Tag.[323] Eine gewisse Resistenz gegen ein expansives Verständnis des Art. 59 Abs. 2 S. 1 ist jedoch nach wie vor in der höchstrichterlichen Rechtsprechung präsent[324] und mit der Vorstellung, auswärtige Gewalt sei „materielle Regierungstätigkeit", wurde nie vollends gebrochen.[325]

44 In der Tat bedarf das komplexe Kompetenzgeflecht zwischen Exekutive und Legislative einer differenzierenden Betrachtung, die hinreichende Sensibilität im Hinblick auf praktische Erfordernisse an den Tag legt. Der allgemeine Einwand der **Schwerfälligkeit parlamentarischer Entscheidun-**

[313] BVerfGE 68, 1 (86).
[314] Vgl. *Baumbach,* Vertragswandel und demokratische Legitimation, 2008, 27.
[315] *Sauer,* Jurisdiktionskonflikte im Mehrebenensystem, 2008, 397.
[316] *v. Danwitz* Der Staat 35 (1996), 329 (334 ff.).
[317] Vgl. *Sauer,* Jurisdiktionskonflikte im Mehrebenensystem, 2008, 397 ff.; *Lutz,* Vielfalt im Bundesstaat, 2013, 277 f. Allg. *Moeser,* Die Beteiligung des Bundestages an der staatlichen Haushaltsgewalt, 1978, 27 ff.; *Hitzel-Cassagnes* KJ 33 (2000), 63 (73).
[318] BVerfGE 104, 151 (194, 210). Aus rechtsvergleichender Sicht *Ziegler* in Grote/Lachenmann MPECCoL („Awacs I Ger"). Zur Rechtsprechungsentwicklung *Pilz,* Der Auswärtige Ausschuss des Deutschen Bundestages und die Mitwirkung des Parlaments an der auswärtigen und internationalen Politik, 2008, 106 ff.
[319] Hier und vorhergehend BVerfGE 140, 160 (189).
[320] BVerfGE 68, 1 (129 f.) (Sondervotum *Mahrenholz*); *Kokott* FS f. Doehring, 1989 503 (509).
[321] BVerfGE 1, 372 (395) („Sondervorbehalt der Legislative").
[322] *Kaufmann* GS f. Jellinek, 1955, 445 (451).
[323] BVerfGE 141, 1 (18 f.).
[324] *v. Arnauld,* Völkerrecht, 2019, Rn. 511.
[325] *Schuppert,* Die verfassungsgerichtliche Kontrolle der Auswärtigen Gewalt, 1973, 57. Siehe BVerfGE 143, 101 (140).

gen, die insofern in Widerspruch zur Notwendigkeit schnellen Handelns und strategischer Agilität auf internationalem Parkett stünde, kann in dieser Pauschalität nicht aufrechterhalten werden. Dem Parlament ist es möglich – wie auch das BVerfG selbst bestätigt –, sich „tatsächlich jederzeit […] aus eigener Initiative durch Einwirkung auf die Bundesregierung in den Willensbildungs- und Entscheidungsprozeß einzuschalten, der sich zwischen den Staaten vollzieht."[326] Als Organ verfügt es über die größte und **unmittelbarste demokratische Legitimation.**[327] Insofern sollte es in bestimmten Konstellationen gerade nach der Idee der „funktionsgerechten Organisationsstruktur"[328] in außenpolitische Entscheidungen eingebunden werden.[329] Es wäre jedoch ebenso verfehlt, von einem **außenpolitischen Parlamentsvorbehalt genereller Natur** auszugehen, der jegliches außenpolitische Handeln der Exekutive von einer Absegnung durch den Bundestag bzw. die gesetzgebenden Körperschaften abhängig macht. Auch die Bundesregierung verfügt über demokratische Legitimität und unterliegt in ihrem außenpolitischen Wirken parlamentarischer Kontrolle. Wann und inwieweit eine unmittelbare Einbeziehung des Parlaments in auswärtigen Angelegenheiten zu erfolgen hat, ist grundgesetzlich determiniert (→ Rn. 14, 81 ff., 110). Eine entscheidende Rolle spielt hier Art. 59 Abs. 2 S. 1, aber auch die **Wesentlichkeitslehre** kann potentiell virulent werden (→ Rn. 68 ff.).

2. Problemdimensionen des parlamentarischen Beteiligungsrechts: Das Vertragsgesetz. a) Zustimmungsbedürftige Rechtsakte. aa) Verträge, Änderungsverträge, informelle Vertragsänderungen und dynamische Auslegung. Das parlamentarische Partizipationsrecht 45
knüpft an „Verträge" an. Der **Vertragsbegriff** folgt hier Art. 59 Abs. 1 S. 2 (→ Rn. 27 ff.).

Die Vereinbarung über die **vorläufige Anwendbarkeit eines Vertrags** 46
iSd Art. 25 Abs. 1 lit b WVK[330] ist selbst als ein völkerrechtlicher Vertrag zu kategorisieren (→ Rn. 27) und löst konsequenterweise das parlamentarische Partizipationsrecht aus.[331]

Weitestgehende Einigkeit besteht dahingehend, dass **Änderungsverträge** 47
zu völkerrechtlichen Verträgen ebenfalls unter das parlamentarische Zustimmungserfordernis fallen,[332] auch wenn sie konkludent abgeschlossen werden.[333] Dies gilt auch für Änderungsverträge, deren Gegenstand das Beteiligungsrecht für sich genommen nicht auslösen wurde.[334] Die gesetzgebenden Körperschaften legitimieren einem Vertrag als rechtliche Einheit.[335] Nur die Betrachtung als vertragstechnische Einheit kann systemwidrige Aufspaltungen

[326] BVerfGE 90, 286 (365); *Cremer* in Geiger Neuere Probleme der parlamentarischen Legitimation im Bereich der auswärtigen Gewalt, 11 (22).

[327] Vgl. zu parlamentarischen Leitfunktionen *v. Arnauld* in Masing/Jestaedt/Jouanjan/Capitaut Politische Gestaltung durch Repräsentativorgane, 1 ff.

[328] Hierzu *Gross,* Das Kollegialprinzip in der Verwaltungsorganisation, 1999, 200 ff.

[329] Parlamentsfreundlich *Lange* AöR 142 (2017), 442.

[330] *Kempen/Schiffbauer* ZaöRV 77 (2017), 95 ff.; *Montag,* Völkerrechtliche Verträge mit vorläufigen Wirkungen, 1986.

[331] *Schmahl* in Sodan Rn. 11; *Kleinlein* JZ 2017, 377 (378 f., 380); *Schiffbauer/Kempen* ZaöRV 77 (2017), 95 (101 f.); *Kempen* in MKS Rn. 21; *Nettesheim* in Maunz/Dürig Rn. 95.

[332] BVerfG Beschl. v. 17.9.2019 – 2 BvE 2/16, Rn. 35; BVerfGE 90, 286 (359); *Wolfrum* VVDStRL 56 (1997), 38 (50); *Butzer/Haas* in SHH Rn. 52; *Kempen* in MKS Rn. 21; *Pieper* in BeckOK GG Rn. 15.

[333] *Wolfrum* VVDStRL 56 (1997), 38 (50).

[334] *Jarass* in Jarass/Pieroth Rn. 9; *Wolfrum* VVDStRL 56 (1997), 38 (50, Fn. 58).

[335] *Schmahl* in Sodan Rn. 11.

von Verträgen verhindern.[336] Ausreichend ist, dass ein Vertrag, der das parlamentarische Partizipationsrecht ausgelöst hat, geändert wird. Das parlamentarische Partizipationserfordernis greift ebenfalls, wenn der Änderungsvertrag die Qualifikationen des Art. 59 Abs. 2 S. 1 erfüllt, auch wenn der ursprüngliche Vertrag jenseits dieser lag.

48 Es liegt in der Natur völkerrechtlicher Verträge begründet, dass diese auch außerhalb formaler Vertragsänderungen einer besonderen **inhaltlich-evolutiven Dynamik** unterliegen.[337] Sie können sich gerade im Wege nachfolgender Staatenpraxis in der Anwendung des Vertrags, die von einer Rechtsüberzeugung der Vertragsstaaten getragen ist, fortentwickeln (Art. 31 Abs. 3 lit. b WVK – sog. **„authentische Interpretation"** oder auch **„performance interpretation"**[338]).[339] Eine normative Fortentwicklung im Wege „authentischer Auslegung" erfordert jedenfalls eine von einer konsistenten Praxis der Vertragsparteien getragene **„Auslegungsübereinkunft" („interpretative agreement").**[340] Völkervertragliche Normen könnten ferner theoretisch aufgrund der **Gleichrangigkeit völkerrechtlicher Rechtsquellen** auch im Wege später entstehenden, konfligierenden Völkergewohnheitsrechts – *lex posterior derogat legi priori* – modifiziert werden **(informelle Vertragsänderungen).**[341] Dies ist indes nicht vorschnell anzunehmen (→ Rn. 49).

49 Grundsätzlich ist eine dynamische „authentische Auslegung" von der **Legitimationswirkung** des ursprünglichen Vertragsgesetzes und dem sich darin materialisierenden parlamentarischen Willen gedeckt (**„Verträge auf Rädern"**[342]).[343] Allerdings bereitet die Abgrenzung einer (informellen) Vertragsänderung von einer normativ-dynamischen Weiterentwicklung völkervertraglicher Einzelbestimmungen im Rahmen der Auslegung auf völkerrechtlicher Ebene in praktischer aber auch dogmatischer Hinsicht Schwierigkeiten.[344] Insgesamt erscheinen die Grenzen zwischen Änderung und dynamischer Auslegung fast schon fließender Natur zu sein, wie mitunter auch in der Rechtsprechung des Internationalen Gerichtshofs [IGH] deutlich wird.[345] Einige Stimmen würden gar das Verhältnis zwischen Vertragsänderung und dynamischer Auslegung als ein **Kontinuum** auffassen.[346] Da die jeweiligen Vertragsparteien als **„Herren der Verträge"**[347] wahrgenommen werden, versagt ein Rekurs auf die äußerste Wortlautgrenze als Abgrenzungs-

---

336 *Streinz* in Sachs Rn. 39.

337 Vgl. *Schorkopf,* Grundgesetz und Überstaatlichkeit, 2007, 140 f.

338 *Reisman* Yale Journal of International Law 15 (1990), 316 (323).

339 *Arato* The Law and Practice of International Courts and Tribunals 9 (2010), 443 (452). Zu den Schwierigkeiten einer Abgrenzung zwischen Vertragsänderung und dynamischer Interpretation *Starski* Journal on the Use of Force in International Law 4 (2017), 14 (17 ff.).

340 *Karl,* Vertrag und spätere Praxis, 1983, 268; *Dörr/Schmalenbach* in Dörr/Schmalenbach Vienna Convention on the Law of Treaties, Art. 31 Rn. 80.

341 *Cassese,* International Law, 2005, 154.

342 Vgl. BVerfGE 90, 286 (373) verweisend auf *Ress* FS f. Zeidler, 1987, 1175 (1179). Vgl. *Kadelbach* in Bradley Oxford Handbook of Comparative Foreign Relations Law, 173 (180).

343 *Butzer/Haas* in SHH Rn. 56. Allg. *Hillgruber* FS f. Leisner, 1999, 53 ff.

344 ILC, Third Report on the Law of Treaties (UN Doc. A/CN.4/167 and Add.1–3), 60, Rn. 25; *Villiger,* Customary International Law and Treaties 1985, 220, 344. Ferner *Engel* ICLQ 16 (1967), 865 (909); *Crootof* Yale Journal of International Law 41 (2016), 238 ff.

345 IGH, *Territorial Dispute (Libyun Aruh Jamuhiriyu/v. Chad) (merits),* Judgment of 3 February 1994, ICJ Rep. 1994, 6 Rn. 60.

346 Vgl. *Villiger,* Commentary on the 1969 Vienna Convention on the Law of Treaties, Art. 31 Rn. 25.; *Ruys,* Armed Attack and Article 51 of the UN Charter, 2010, 23, 28. S. BVerfGE 90, 286 (377).

347 Vgl. ILC, Draft Articles on the Law of Treaties, YBILC-II (1966), 236.

kriterium zwischen Vertragsänderung und dynamischer Auslegung mitunter. Allerdings ist nicht ganz unumstritten, inwiefern Verträge im Wege nachfolgenden, derogierenden Völkergewohnheitsrechts überhaupt geändert werden können.[348] Die *International Law Commission* [ILC] legt diesbezüglich eine restriktive Position an den Tag.[349] So sei im Zweifel nicht davon auszugehen, dass Parteien einen Vertrag im Wege der Übung ändern wollten. Da Art. 59 Abs. 2 S. 1 an die Existenz eines Vertrages anknüpft, könnte man annehmen, dass das parlamentarische Partizipationsrecht durch informelle Vertragsänderungen im Wege derogierenden, später entstandenen Völkergewohnheitsrechts ausgehöhlt zu werden droht: Zwar ist Völkergewohnheitsrecht kraft des Art. 25 (→ Art. 25 Rn. 27 ff.) Teil der innerstaatlichen Rechtsordnung und dessen innerstaatliche Wirkungen verfügen insofern über verfassungsrechtliche Legitimität, dennoch entbehren sie einer parlamentarischen Basis. Zum einen ist jedoch zu berücksichtigen, dass völkerrechtliche (Änderungs) verträge auch nichtschriftlich und konkludent abgeschlossen werden können.[350] Deren Vorliegen ist zuvörderst zu prüfen. Zum anderen sollte für Art. 59 Abs. 2 S. 1 nicht zentral sein, dass eine Vertragsänderung im Wege derogierenden Völkergewohnheitsrecht erfolgt. Für eine Aktivierung eines erneuten parlamentarischen Partizipationsrechts muss entscheidend sein, dass ein (punktuell) modifizierter völkerrechtlicher Vertrag, der in den Anwendungsbereich des Art. 59 Abs. 2 S. 1 fällt, vorliegt. Der durch Völkergewohnheitsrecht modifizierte (und nicht gänzlich verdrängte) völkerrechtliche Vertrag unterliegt dann, jedenfalls wenn er durch die völkergewohnheitsrechtliche Modifikation ein gänzlich anderes Gepräge erhält, einer erneuten Mitwirkung der gesetzgebenden Körperschaften.

Im Hinblick auf die „authentische Auslegung" und das parlamentarische Partizipationsrecht erwies sich die Rechtsprechung des BVerfG über eine lange Zeit als sehr großzügig. In den Augen des BVerfG markierte der **subjektive Vertragsänderungswille** der Vertragsparteien die Grenze zwischen dynamischer Auslegung eines Vertrages und einer ein erneutes Zustimmungserfordernis auslösender Vertragsänderung.[351] Auch eine einverständliche Modifikation der Vertragspraxis „über den Vertragsinhalt hinaus" erfordere nicht die Verabschiedung eines weiteren Vertragsgesetzes.[352] Im Hinblick auf das neue strategische Konzept der NATO von 1999, das entgegen den in Art. 6 des NATO-Vertrages[353] verankerten räumlichen Grenzen, auch „out of area" Aktivitäten vorsah, stellte das BVerfG fest, dass diese Ausweitung im Lichte des „in der Präambel des Vertrags niedergelegten Sicherheits- und Friedensauftrag[s] des Bündnisses im Hinblick auf eine grundlegend neue Sicherheitslage" zu lesen sei. Hiervon blieben „Zweck und Wesen" der NATO unberührt. Die Entgrenzung des Aktionsradius sei essentiell „um das Bündnis seinen Zielen entsprechend leistungs- und anpassungsfähig zu halten"[354]. Vor diesem Hintergrund bestehe auch kein Erfordernis 50

[348] *Villiger,* Commentary on the 1969 Vienna Convention on the Law of Treaties, 2009, Issues of CIL, Rn. 32; *Akehurst* British Yearbook of International Law 47 (1974–1975), 273.

[349] Siehe Conclusion 7 Abs. 1 S. 1 der ILC Draft Conclusions on Subsequent Agreements and Subsequent Practice in Relation to the Interpretation of Treaties (2018) (UN Doc. A/ 73/10), YBILC-II (2018).

[350] *Doehring,* Völkerrecht, 2004, Rn. 334.

[351] BVerfGE 90, 286 (362); *Butzer/Haas* in SHH Rn. 57.

[352] BVerfGE 90, 286 (363); *Butzer/Haas* in SHH Rn. 57.

[353] 34 UNTS 243.

[354] BVerfGE 104, 151 (203, 205, 206).

nach einer erneuten parlamentarischen Partizipation. Auf diese Weise sollte eine **eindeutige Kompetenzabgrenzung** zwischen Bundesregierung und den gesetzgebenden Körperschaften ermöglicht werden. Vor dem Hintergrund des Telos des Art. 59 Abs. 2 S. 1 erweist sich das Kriterium des subjektiven Vertragsänderungswillens, dessen Identifikation potentiell in die Sphäre des Spekulativen abdriftet, als problematisch. Zu plädieren ist insofern für eine Abgrenzung anhand **objektiver Kriterien.**[355] Entscheidend muss sein, ob eine dynamische Interpretation mit einer „relevante[n] inhaltliche[n] Änderung" einhergeht.[356] In diesem Sinne geht nunmehr auch das BVerfG davon aus, dass Vertragsdynamik – iS einer Inhaltsänderung im Rahmen einer dynamischen Auslegung, die auf einem konsensualen Fundament fußt[357] – nur dann keine erneute Zustimmungspflicht auslöst, wenn die sich in ihrem Zuge manifestierenden **normativen Änderungen eine bestimmte objektiv feststellbare Qualität** nicht aufweisen. Entscheidend ist, ob sich eine normative Fortentwicklung innerhalb des Rahmens des durch einen völkerrechtlichen Vertrag festgelegten **„Integrationsprogramms"** hält. Eine Weiterentwicklung, die „gegen wesentliche Strukturentscheidungen des Vertragswerks verstößt",[358] ist in jedem Fall von einem ursprünglichen Vertragsgesetz nicht mehr gedeckt.[359] Gleiches gelte für Änderungen, die an die „Identität des Vertrags" rühren.[360] Das BVerfG scheint jedenfalls aus verfassungsrechtlicher Perspektive und angesichts des Telos des Art. 59 Abs. 2 S. 1 nicht an einer starren Grenze zwischen (informeller) Vertragsänderung und dynamischer Auslegung festzuhalten, sondern von einem **graduellen Modell vertraglicher Modifikationen** auszugehen. Zwar ist der Versuch des BVerfG, effektive parlamentarische Kontrolle auch vor dem Hintergrund der Besonderheiten völkerrechtlicher Vertragsdynamik sicherzustellen, begrüßenswert, jedoch ist fraglich, ob die Vorstellung eines **„Programms"** internationalen Realitäten gerecht werden kann.[361] Als Kompensation für die fehlende parlamentarische Partizipation bei der Weiterentwicklung der NATO und der Ausdehnung ihres Aktionsradius erscheint die **Stärkung der Legislative vermöge des wehrverfassungsrechtlichen Parlamentsvorbehalts** (→ Rn. 14), der dem Bundestag eine engmaschigere Kontrolle militärischer Auslandseinsätze im Rahmen der NATO erlaubt.[362] Jüngst stellte das BVerfG fest, eine Auslegung des Art. 51 UN Charta[363] und des darin verankerten Selbstverteidigungsrechts dahingehend, dass er militärisches Vorgehen gegen nichtstaatliche Akteure in der Territorialsphäre eines Drittstaates erlaubte, halte sich im Rahmen des betreffenden Vertragsgesetzes.[364]

355 Siehe Position von *Limbach, Böckenförde, Krois* und *Sommer* in BVerfGE 90, 286 (372, 377); *Butzer/Haas* in SHH Rn. 58; *Schmahl* in Sodan Rn. 11.

356 *Butzer/Haas* in SHH Rn. 58.

357 Zur Nato-Problematik BVerfGE 90, 286 (361 ff, 372 ff.).

358 Hier und vorhergehend BVerfGE 104, 151 (209 f., 210); BVerfG Beschl. v. 17.9.2019 – 2 BvE 2/16, Rn. 20, 33, 35, 37.

359 Vgl. *Jarass* in Jarass/Pieroth Rn. 10.

360 BVerfG Beschl. v. 17.9.2019 – 2 BvE 2/16, Rn. 36.

361 Krit. in diesem Sinne *Butzer/Haas* in SHH Rn. 58 f.

362 *Kadelbach* in Bradley Oxford Handbook of Comparative Foreign Relations Law, 173 (180).

363 1 UNTS XVI.

364 BVerfG Beschl. v. 17.9.2019 – 2 BvE 2/16, Rn. 46 ff. Zum Selbstverteidigungsrecht *Starski* ZaöRV 75 (2015), 455 ff.

bb) Einseitige Rechtsakte und gemischte Rechtsetzungsverfahren. 51
Einseitige Rechtsakte zeitigen im völkerrechtlichen Verkehr erhebliche faktische und rechtliche Wirkungen.[365] Dennoch fallen sie bei gewöhnlicher Lesart des Art. 59 Abs. 2 S. 1, die seinen Wortlaut – nicht vollends überzeugend (→ Rn. 61) – betont,[366] nicht in dessen Anwendungsbereich.[367]

Angesichts einer im Allgemeinen eher restriktiven Auslegung des Art. 59 52
Abs. 2 S. 1 stehen viele Stimmen einer Ausweitung seines Anwendungsbereichs zurückhaltend gegenüber[368] – allen voran das BVerfG.[369] So stellt es in seinem *Out of Area*-Judikat fest, dass Art. 59 Abs. 2 S. 1 gerade nicht entnommen werden könne, „daß immer dann, wenn ein Handeln der Bundesregierung im völkerrechtlichen Verkehr die politischen Beziehungen der Bundesrepublik Deutschland regelt oder Gegenstände der Bundesgesetzgebung betrifft, die Form eines der gesetzgeberischen Zustimmung bedürftigen Vertrages gewählt werden muß […]. Auch insoweit kommt eine analoge oder erweiternde Anwendung dieser Vorschrift nicht in Betracht […]."[370] Das Gericht beruft sich hier im Wesentlichen auf seine Entscheidung zu den Pershing II-Raketen. Dort verwies es zur Stützung seiner restriktiven Auslegung des Art. 59 Abs. 2 S. 1 auf **etablierte Staatspraxis** und sodann auf den Wortlaut des Art. 59 Abs. 2 S. 1.[371] Entscheidend war für das Gericht, dass man bei Annahme einer Zustimmungsbedürftigkeit einseitiger Hoheitsakte, der Legislative letztendlich **„Entscheidungsbefugnisse exekutivischer Natur"** zuordnete.[372] Insofern stelle sich Art. 20 Abs. 2 als wesentliche Auslegungsdeterminante im Hinblick auf Art. 59 Abs. 2 S. 1 der Annahme einer planwidrigen Regelungslücke in den Weg.[373] Dies erscheint – wie dargelegt (→ Rn. 43) – wenig überzeugend, da Art. 59 Abs. 2 S. 1 dem Gewaltenteilungsgrundsatz, dessen genaue Ausformungen nicht *a priori* vorgegeben sind, erst seine Substanz verleiht. Zudem ist zu berücksichtigen, dass der Vorrang, den Art. 59 Abs. 1 der Exekutive im Hinblick auf das Handeln auf internationaler Ebene einräumt, nicht zugleich für die politische Willensbildung im Inneren gilt, was Art. 59 Abs. 2 S. 1 gerade bestätigt.[374] Eine extensive Auslegung des Art. 59 Abs. 2 S. 1 würde jedoch – so ihre Kritiker – den außenpolitischen Handlungsspielraum der Bundesregierung erheblich einschränken, worin sich wiederum der Gedanke einer Art **„executive**

[365] Umfassend *Saganek,* Unilateral Acts of States in Public International Law, 2016; *Kassoti,* The Juridical Nature of Unilateral Acts of States in International Law, 2015. Aus der älteren Lit. *Pfluger,* Die einseitigen Rechtsgeschäfte im Völkerrecht, 1936; *Suy,* Les actes juridiques unilatéraux en droit international public, 1962; *Rubin* AJIL 71 (1977), 1 ff.; *Cedeño/Cazorla* in Wolfrum MPEPIL, Januar 2019, Unilateral Acts of States in International Law, Rn. 1 ff.

[366] *Kokott* FS f. Doehring, 503 (507, 519 ff.).

[367] Vgl. *Jarass* in Jarass/Pieroth Rn. 11. Im österreichischem Verfassungsrecht unterliegen einseitige vertragsbezogene Akte der Zustimmung durch den Nationalrat, *Lindermuth* ZÖR 64 (2009), 299 (314).

[368] Siehe auch *Butzer/Haas* in SHH Rn. 60.

[369] BVerfGE 68, 1 (83 ff.); 90, 286 (369 ff.).

[370] BVerfGE 90, 286 (358).

[371] BVerfGE 68, 1 (83 ff.). Dies betonend *Cremer* in Geiger Neuere Probleme der parlamentarischen Legitimation im Bereich der auswärtigen Gewalt, 11 (14).

[372] BVerfGE 68, 1 (86).

[373] *Cremer* in Geiger Neuere Probleme der parlamentarischen Legitimation im Bereich der auswärtigen Gewalt, 11 (16 f.).

[374] *Hitzel/Cassagnes* KJ 33 (2000), 63 ff.; *Baumbach,* Vertragswandel und demokratische Legitimation, 2008, 29. In eine andere Richtung weisend *Tomuschat* VVDStRL 36 (1978), 7 (26 f.).

prerogative"[375] bzw. eines **Kernbereichs exekutiver** bzw. **„exekutivischer**"[376] **Eigenverantwortung** andeutet (→ Rn. 43). Das Verständnis auswärtiger Gewalt als einer rein „vollziehende[n] Gewalt"[377] wird ferner mitunter durch Verweis auf ein in der europäischen Verfassungstradition fußendes Verständnis des Gewaltenteilungsgrundsatzes zu unterfüttern versucht,[378] was tatsächlich jedoch differenzierter betrachtet werden muss (→ Rn. 5 ff.). Jedenfalls bereitet die Betonung einer bewusst restriktiven Auslegung des Art. 59 Abs. 2 S. 1 insofern Bedenken, als sie – so man denn der Idee einer **gesamthänderischen Wahrnehmung auswärtiger Gewalt** folgt – nicht als eine Ausnahmebestimmung zu einer allgemeinen Prärogative der exekutiven Gewalt in auswärtigen Angelegenheiten aufzufassen ist (→ Rn. 43 f.). Teleologisch ist zu berücksichtigen, dass völkerrechtliche Rechtsakte, auch wenn sie einseitiger Natur sind, erhebliche Auswirkungen auf die innerstaatliche Rechtsordnung haben können. Insofern kann mit *Cremer* von einer „***Binnen*relevanz**" auch einseitiger völkerrechtlicher Rechtsakte gesprochen werden.[379]

53 Bei einseitigen Rechtsakten, die in unmittelbarem Bezug zu völkerrechtlichen Verträgen stehen (sog. **unselbständige einseitige Akte**)[380] und auf diese einwirken, ist dementsprechend ausgehend von den teleologischen Determinanten des Art. 59 Abs. 2 S. 1 (→ Rn. 41 ff.) je nach Einzelfall eine differenzierende Betrachtung angebracht.[381] Beitrittserklärungen zu völkerrechtlichen Verträgen sollten angesichts dessen Telos jedenfalls Art. 59 Abs. 2 S. 1 unterfallen.[382] So tritt ein **Beitritt** iSd Art. 15 WVK **funktional** an die Stelle des Abschlusses eines völkerrechtlichen Vertrages.[383]

54 Umstritten ist die Einschlägigkeit des Art. 59 Abs. 2 S. 1 im Hinblick auf die Erklärung von **Vorbehalten** zu völkerrechtlichen Verträgen.[384] Bei einem Vorbehalt handelt es sich um eine „einseitige Erklärung, durch die der Staat bezweckt, die Rechtswirkung einzelner Vertragsbestimmungen in der Anwendung auf diesen Staat auszuschliessen oder zu ändern" (Art. 2 Abs. 1 lit. d WVK). Die WVK erlaubt die Anbringung von Vorbehalten bei „der Unterzeichnung, Ratifikation, Annahme oder Genehmigung eines Vertrags oder bei dem Beitritt zu einem Vertrag" (Art. 19 WVK). Sie sind von **reinen Interpretationserklärungen** abzugrenzen.[385] Von ihrer Unzulässigkeit ist ua dann auszugehen, wenn sie mit Ziel und Zweck eines Vertrages unvereinbar sind (Art. 19 lit. c WVK). Mitunter wird argumentiert, Vorbehalte müssten

---

[375] In Anlehnung die „royal prerogative", siehe *R v Ministry of Defence ex p Smith* [1995] 4 All ER 427.

[376] BVerfGE 68, 1 (86).

[377] *Baumbach,* Vertragswandel und demokratische Legitimation, 2008, 18 ff.

[378] *Grewe* VVDStRL 12 (1954), 129 (130 ff.); *Baumbach,* Vertragswandel und demokratische Legitimation, 2008, 19 ff.

[379] *Cremer* in Geiger Neuere Probleme der parlamentarischen Legitimation im Bereich der auswärtigen Gewalt, 11 (25).

[380] Zu dieser Differenzierung siehe *Fastenrath/Groh* in BerlKomm Rn. 77 ff.

[381] *Butzer/Haas* in SHH Rn. 62.

[382] *Schmahl* in Sodan Rn. 13; *Butzer/Haas* in SHH Rn. 62; *Streinz* in Sachs Rn. 41.

[383] Vgl. *Heintschel von Heinegg* in Ipsen Völkerrecht, 2018, Rn. 23.

[384] Allg. ILC Guide to Practice on Reservations to Treaties (UN Doc. A 66/10 Rn. 75) YBILC-II 2011; *Jarass* DÖV 1975, 117; *Hilpold* AVR 34 (1996), 376; *Giegrich* in Wolfrum MPEPIL, Oktober 2010, Treaties, Multilateral, Reservations to, Rn. 1 ff.

[385] Umfassend *Horn,* Reservations and Interpretative Declarations to Multilateral Treaties, 1988. Im Kontext des internationalen Menschenrechtsschutzes *Pellet* in Sheeran/Rodley Routledge Handbook of International Human Rights Law, 323.

dem parlamentarischen Partizipationserfordernis des Art. 59 Abs. 2 S. 1 unterfallen, da andernfalls eine Aushöhlung parlamentarischer Kompetenzen drohte.[386] So könne ein Vorbehalt wesentlich auf die übernommenen vertraglichen Verpflichtungen einwirken und die **„Gesamtbalance"**[387] eines Vertragswerks rekonfigurieren. Im Falle einer derartig umfassenden Einwirkung, die Art. 19 lit. c WVK nicht schlechthin ausschließt, spräche in der Tat viel für die Annahme, das Zustimmungserfordernis des Art. 59 Abs. 2 S. 1 werde ausgelöst.[388] Dies wird jedoch selten der Fall sein. Zu berücksichtigen sind in diesem Kontext zwei Punkte und diese gerade in ihrem Zusammenspiel: Zum einen schränken Vorbehalte den Verpflichtungsumfang völkerrechtlicher Verträge regelmäßig ein.[389] Zum anderen korreliert die Verabschiedung eines Vertragsgesetzes und die diesbezügliche parlamentarische Partizipation **nicht** mit einer **Verpflichtung zur Ratifikation.**[390] Auch nach Verabschiedung eines Vertragsgesetzes liege es in der Kompetenzsphäre der Bundesregierung, von einer Ratifikation Abstand zu nehmen.[391] Im Wechselspiel führen diese beiden Punkte, soweit man sie nicht hinterfragt,[392] *maiore ad minus* zu der Annahme, der Exekutive müsse es möglich sein, einseitig und ohne parlamentarische Partizipation den vertraglich übernommenen Pflichtenkanon einzuschränken. Virulent wird dieses Problem bei nachträglich angebrachten Vorbehalten, da **initiale Vorbehalte** regelmäßig bereits Gegenstand des Zustimmungsverfahrens werden.[393] Der Begriff „initial" bezeichnet insofern Vorbehalte, die jedenfalls bereits bei Unterzeichnung des Vertragstextes (oder auch bei dessen Paraphierung) angebracht werden (also noch vor Einleitung des innerstaatlichen Zustimmungsverfahrens). Unterläuft die Exekutive das Partizipationserfordernis des Art. 59 Abs. 2 S. 1 durch einen geschickten Einsatz von Vorbehalten, ist ihr ein Verstoß gegen das Gebot der **Verfassungsorgantreue** (→ Rn. 18) anzulasten.[394] Im Übrigen kann die Legislative ihre Zustimmung zu einem Vertragsgesetz unter der **Bedingung** erklären, dass ein bestimmter Vorbehalt seitens der Exekutive angebracht wird (→ Rn. 94). Die Praxis folgt hier den unverbindlichen[395] „Leitsätze[n] des Rechtsausschusses des Bundesrates zu mit völkerrechtlichen Verträgen zusammenhängenden Fragen" aus dem Jahre 1977.[396] Hiernach unterrichtet die Bundesregierung die Legislative von ihrer Intention, einen Vorbehalt zu einem ausgehandelten Vertrag anzumelden.[397] Ferner statuieren diese Leitsätze, dass die Bundesregierung bei der Erklärung von Vorbehalten und deren

---

[386] *Streinz* in Sachs Rn. 43; *Schmahl* in Sodan Rn. 13. Umfassend *Hettche,* Die Beteiligung der Legislative bei Vorbehalten zu und Kündigung von völkerrechtlichen Verträgen, 2018.

[387] *Nettesheim* in Maunz/Dürig Rn. 121.

[388] *Nettesheim* in Maunz/Dürig Rn. 121.

[389] *Heun* in Dreier Rn. 38; Nettesheim in Maunz/Dürig Rn. 122.

[390] BVerfGE 68, 1 (85 f.); *Calliess* in HdbStR IV, § 83 Rn. 26; *Nettesheim* in Maunz/Dürig Rn. 122; *Jarass* in Jarass/Pieroth Rn. 11; *Streinz* in Sachs Rn. 59. Krit. *Fastenrath/Groh* in BerlKomm Rn. 54.

[391] BVerfGE 68, 1 (85 f.).

[392] Krit. *Fastenrath/Groh* in BerlKomm Rn. 54.

[393] *Butzer/Haas* in SHH Rn. 63. Für ein Zustimmungserfordernis bei nachträglichen Vorbehalten *Jarass* in Jarass/Pieroth Rn. 11.

[394] *Nettesheim* in Maunz/Dürig Rn. 122.

[395] *Hettche,* Die Beteiligung der Legislative bei Vorbehalten zu und Kündigung von völkerrechtlichen Verträgen, 2018, 70.

[396] Abgedruckt bei *Fastenrath,* Kompetenzverteilung im Bereich der auswärtigen Gewalt, 1986, 289 ff.

[397] *Nettesheim* in Maunz/Dürig Rn. 123.

Nichtanbringen dem erklärten gesetzgeberischen Willen Folge leistet.[398] Die Praxis folgt hier insofern einer **parlamentsfreundlichen Linie.**

55 Die **Anerkennung von Ansprüchen,**[399] die in ihren Wirkungen einem Vertrag gleichkommt, soll ebenfalls von Art. 59 Abs. 2 S. 1 erfasst sein.[400] Nicht unter den Parlamentsvorbehalt sollen jedoch **selbständige, einseitige Erklärungen** fallen. Hierzu zählen der Verzicht oder Protest[401] oder auch andere völkerrechtlich erhebliche einseitige Rechtsakte, wie zB die Anerkennung von Regierungen oder Staaten.[402] Wohl greift bei diesen jedoch Art. 59 Abs. 1 S. 1 (→ Rn. 15).[403]

56 Umstritten ist die Subsumtion **einseitiger (empfangsbedürftiger) Willenserklärungen,**[404] die die **Beendigung** *(termination)* **von Vertragsverhältnissen** zur Folge haben, unter die Vorgaben des Art. 59 Abs. 2 S. 1.[405] Hierzu zählen **Kündigungs-** *(denunciation),* **Rücktritts- sowie Austrittserklärungen** *(withdrawal).*[406] Die Rechtsfolge der Beendigung eines Vertrages ist die Aufhebung der Vertragspflichten *pro futuro* und *ex nunc* (Art. 70 WVK).[407] Art. 65 ff. WVK sehen für die Beendigung völkerrechtlicher Verträge ein Notifikationsverfahren vor.[408] Dabei hängt eine Aufhebung der Vertragspflichten auch von einer Partizipation der übrigen Vertragsparteien ab. Zu berücksichtigen ist, dass die Missachtung etwaiger kompetenzieller und verfahrensrechtlicher Verfassungsbestimmungen in den seltensten Fällen die völkerrechtliche Unwirksamkeit einer Kündigung zur Folge haben wird: Zwar sprechen für eine analoge Anwendbarkeit des **Art. 46 WVK**[409] (→ Rn. 35) auf Beendigungserklärungen gute Gründe,[410] er stellt jedoch hohe Unwirksamkeitshürden (offenkundige Verletzung einer Bestimmung von grundlegender Bedeutung) auf. Gegen die **Offenkundigkeit** einer Verletzung spricht insbesondere, wenn das Staatsoberhaupt, dem die Vollmachtsvermutung des Art. 7 Abs. 2 lit. a WVK zukommt,[411] die betreffende Been-

---

[398] *Streinz* in Sachs Rn. 43.

[399] Zur Anerkennung von Ansprüchen *Saganek,* Unilateral Acts of States in Public International Law, 2016, 469.

[400] Weitgehend *Streinz* in Sachs Rn. 43. Krit. *Kempen* in MKS Rn. 55.

[401] BVerfGE 68, 1 (88 f.). Zum Verzicht *Kassoti,* The Juridical Nature of Unilateral Acts of States in International Law, 2015, 37 ff. Zum Protest *Breutz,* Der Protest im Völkerrecht, 1997; *McGibbon* British Yearbook of International Law 30 (1953) 293.

[402] *Schmahl* in Sodan Rn. 13.

[403] *Jarass* in Jarass/Pieroth Rn. 5.

[404] *Dahm/Delbrück/Wolfrum,* Völkerrecht I/3, 2002, 728.

[405] Jüngst *Steiger* FS f. Fastenrath, 2019, 137. Ferner aus dem ital. Verfassungskontext *Capaldo,* La Competenza a Denunciare i Trattati Internazionali, 1983.

[406] Zu den zentralen völkerrechtlichen Beendigungstatbeständen gehören Art. 54, 56, 60 WVK sowie Art. 61 WVK (Unmöglichkeit) und Art. 62 WVK *(clausula rebus sic stantibus).* Zu diesen Beendigungstatbeständen *Helfer* in Hollis Oxford Guide to Treaties, 634 ff. Hier bestehen terminologische Unschärfen, *Odendahl* in Dörr/Schmalenbach Vienna Convention on the Law of Treaties Art. 42 Rn. 19.

[407] *Odendahl* in Dörr/Schmalenbach Vienna Convention on the Law of Treaties Art. 42 Rn. 19.

[408] Zum Notifikationsverfahren *Krieger* in Dörr/Schmalenbach Vienna Convention on the Law of Treaties, Art. 65 Rn. 1 ff.; *Helfer* in Hollis Oxford Guide to Treaties, 634 (642 f.).

[409] *Hettche,* Die Beteiligung der Legislative bei Vorbehalten zu und Kündigung von völkerrechtlichen Verträgen, 2018, 74.

[410] *Helfer* in Bradley Oxford Handbook of Comparative Foreign Relations Law, 355 (371 f.).

[411] Second Report on the Law of Treaties by Sir Humphrey Waldock, YBILC-II 1963, 85; IGH, *Land and Maritime Boundary (Cameroon v. Nigeria),* Judgment of 10 October 2002, ICJ Rep. 2002, 303, Rn. 266.

digungserklärung entäußert hat. Dies ändert naturgemäß an der verfassungsrechtlichen Relevanz der Kompetenzdistribution indes nichts.

Unproblematischer als die Verortung von Kündigungen im grundgesetzlichen Kompetenzgeflecht gestaltet sich die Einordnung von **Aufhebungsverträgen:** Staaten steht es frei, derartige Verträge zu schließen. Diese kommen in ihren Wirkungen einseitigen Kündigungen gleich. Da ein Aufhebungsvertrag als völkerrechtlicher Vertrag einzuordnen ist, wäre der Anwendungsbereich des Art. 59 Abs. 2 S. 1 eröffnet,[412] selbst wenn er bei einseitigen Kündigungserklärungen nicht greifen sollte. So dient das Instrument des Aufhebungsvertrags gerade auch dazu, vertraglich vorgesehene Kündigungsvoraussetzungen zu umgehen und einen Staat – ggf. „früher" als im Vertrag ursprünglich anvisiert – aus seinen völkervertraglichen Pflichten zu entlassen. Eine derartige „vorzeitige" Beendigung wird für den parlamentarischen Gesetzgeber bei Verabschiedung des Vertragsgesetzes nicht zwingend vorhersehbar gewesen sein und rechtfertigt – neben dem formalen Argument – die Aktivierung des Zustimmungserfordernisses nach Art. 59 Abs. 2 S. 1. Letzteres wird auch bei Kündigungserklärungen virulent (→ Rn. 61 ff., 65). 57

Dabei erweist sich die **Kündigungsproblematik** mitnichten als ein rein deutsches verfassungsrechtliches Problem: Vielmehr ist die Frage einer dem „exekutivem Primat" entgegenstehenden „**Parlamentarisierung der Kündigung völkerrechtlicher Verträge**"[413] auch auf globaler,[414] verfassungsvergleichender Ebene von besonderer Relevanz (→ Rn. 69 f.).[415] In Aussicht gestellte Kündigungserklärungen[416] sind auch – nicht erst seit *Trump* – ein strategisches Mittel der Weltpolitik.[417] Dabei erscheinen ausgehend von legislativ-exekutiver Kompetenzkonkurrenz unterschiedliche **Grade parlamentarischer Partizipation** bei der Kündigung völkerrechtlicher Verträge (theoretisch) vorstellbar und in der internationalen Verfassungswirklichkeit antreffbar. Die einzelnen Partizipationsformen lassen sich nach partizipativer Intensität von passiven Kompetenzen über eine negative Gestaltungskompetenz bis hin zu positiven Gestaltungskompetenzen kategorisieren: Im Einzelnen lassen sie sich aufschlüsseln in Informationsrechte, Frage- und Kontrollrechte, die Kompetenz, eine seitens der Exekutive ausgesprochene Kündigung zu missbilligen, Zustimmungsvorbehalte (mit der Folge der Verfassungswidrigkeit einer Kündigung so denn eine Zustimmung nicht ausgesprochen wird),[418] die Kompetenz, eine Kündigung durch die Exekutive 58

[412] *Fastenrath/Groh* in BerlKomm Rn. 73. Auch *Feldmann,* Zur verfassungsrechtlichen Unterteilung der Kompetenzen beim Abschluss völkerrechtlicher Verträge in der Bundesrepublik Deutschland, 1975, 361. Zu ablehenswerten aA siehe *Hettche,* Die Beteiligung der Legislative bei Vorbehalten zu und Kündigung von völkerrechtlichen Verträgen, 2018, 299 f. Siehe auch *Fastenrath,* Kompetenzverteilung im Bereich der auswärtigen Gewalt, 1986, 239.

[413] *Lange* AöR 142 (2017), 442. Aus rechtsvergleichender Sicht *Helfer* in Bradley Oxford Handbook of Comparative Foreign Relations Law, 355 ff.

[414] *Crawford* Modern Law Review 81 (2018), 1 ff.

[415] Zur US-amerikanischen Rechtslage *Hessel* Yale Law Journal 125 (2016) 2394 ff.

[416] Vgl. *Verdier/Versteeg* in Bradley Oxford Handbook of Comparative Foreign Relations Law, 135 (148).

[417] Vgl. *Barness/Cooper* Trump Discussed Pulling U. S. From NATO, Aides Say Amid New Concerns over Russia, NYT v. 14.1.2019 https://www.nytimes.com/2019/01/14/us/politics/nato-president-trump.html>; Bown/Irwin, What might a Trump withdrawal from the World Trade organization Mean for US Tariffs?, Policy: Brief 18–23, November 2018 https://www.piil.com/publications/policy-briefs/what-might-trump-withdrawal-world-trade-organization-mean-us-tariffs> (zuletzt abgerufen am 7.10.2020).

[418] Vgl. *Hettche,* Die Beteiligung der Legislative bei Vorbehalten zu und Kündigung von völkerrechtlichen Verträgen, 2018, 297.

anzuregen[419] oder anzuregen, eine Kündigung nicht auszusprechen (Initiativrechte),[420] die Kompetenz die Exekutive zu verpflichten, von einer Kündigung Abstand zu nehmen, die Kompetenz die Exekutive zu verpflichten, eine Kündigung auszusprechen und letztendlich die Kompetenz selbst eine Kündigung auszusprechen. Hieraus lässt sich wiederum eine **Matrix der Kompetenzverflechtungen zwischen Exekutive und Legislative** bilden, die die parlamentarische Partizipation bei Vertragsschluss und bei Vertragsbeendigung vergleicht und systematisiert. Die Beteiligung des Parlaments kann hierbei **symmetrisch** (Parlamentsbeteiligung bei Vertragsschluss und Vertragsbeendigung) oder **asymmetrisch** ausgestaltet sein.[421]

59 Im Gefüge des Grundgesetzes wird für die Kündigung völkerrechtlicher Verträge überwiegend allein die Bundesregierung bzw. der Bundespräsident als zuständig erachtet.[422] Bestätigung fand diese Auffassung in einem ***obiter dictum*** des BVerfG im Urteil zu den Pershing-II Raketen, im Rahmen dessen es von einem **„Kernbereich exekutivischer Verantwortung"** sprach und Kündigungserklärungen diesem zuordnete (→ Rn. 52).[423] Das BVerfG hielt in seinem ***Treaty Override***-Beschluss (→ Rn. 104 f.) an dem *obiter dictum* aus dem Pershing-II-Urteil fest.[424]

60 Diese nach wie vor wohl herrschende Auffassung[425] ist nicht unumstritten[426] und bedarf kritischer Beleuchtung, auch wenn sich die Legislative selbst 1993 im Zuge der Arbeiten der Gemeinsamen Verfassungskommission nicht zu einer verfassungsrechtlichen Verankerung eines parlamentarischen Zustimmungsvorbehalts hat durchringen können.[427] Letztere hätte nach der hier vertretenen Auffassung lediglich klarstellende Funktion.

---

419 Hierzu aus der Schweizer Perspektive *Blum/Naegeli/Peters* Schweizerisches Zentralblatt für Staats- und Verwaltungsrecht 144 (2013), 527 (548).

420 Dies wird insbesondere in der Schweiz im Verhältnis Bundesrat und Bundesversammlung diskutiert, siehe *Wildhaber* Chicago-Kent Law Review 67 (1991), 437 (449); *Blum/Naegeli/Peters* Schweizerisches Zentralblatt für Staats- und Verwaltungsrecht 144 (2013), 527 (548 ff.). Vgl. diese Initiativen aus der parlamentarischen Praxis BT-Drs. 18/11595; BT-Drs. 11/2310.

421 *Starski,* Parlamentarische Mitwirkungsbefugnisse bei der Kündigung völkerrechtlicher Verträge – Eine rechtsvergleichende Betrachtung, Habilitationsvortrag, 2020.

422 *Lange* AöR 142 (2017), 442. Vgl. *Streinz* in Sachs Rn. 46. Zur Fragestellung siehe *Kokott* FS f. Doehring, 1989, 503 (504 ff.).

423 BVerfGE 68, 1 (87, 84 f., 86). Zustimmend *Jarass* in Jarass/Pieroth Rn. 11. Siehe grundlegend zu der Problematik der parlamentarischen Partizipation an der Kündigung völkerrechtlicher Verträge *Hettche,* Die Beteiligung der Legislative bei Vorbehalten zu und Kündigung von völkerrechtlichen Verträgen, 2018; *Steiger* FS f. Fastenrath, 2019, 137; *Lange* AöR 142 (2017), 442; *Diehl,* Die Mitwirkung des Parlaments bei der Kündigung völkerrechtlicher Verträge, 1967.

424 BVerfGE 141, 1 (23); *Lange* AöR 142 (2017), 442 (450).

425 *Müller,* Die innerstaatliche Umsetzung von einseitigen Maßnahmen der Auswärtigen Gewalt, 1994, 80; *Rauschning* in BK Rn. 127.

426 Für ein parlamentarisches Partizipationserfordernis sprechen sich aus *Weber* in Umbach/Clemens Rn. 64; *Wolfrum* VVDStRL 56 (1997), 38 (50); *Fastenrath/Groh* in BerlKomm Rn. 78; *Friesenhahn* VVDStRL 16 (1958), 70 (2. Leitsatz); *Mosler* FS f. Wehberg, 1956, 272 (278); *Feldmann,* Zur verfassungsrechtlichen Neuverteilung der Kompetenzen beim Abschluss völkerrechtlicher Verträge in der Bundesrepublik Deutschland, 1975, 361; *Hettche,* Die Beteiligung der Legislative bei Vorbehalten zu und Kündigung von völkerrechtlichen Verträgen, 2018, 298. Siehe auch *Dahm/Delbrück/Wolfrum,* Völkerrecht I/3, 2002, 729. Einige wollen parlamentarische Partizipationsrechte „[a]llenfalls in Extremfällen" einräumen, *Heun* in Dreier Rn. 39. Zu dieser Problematik im Kontext des Art. 45 WRV *Topf* AöR 59 (1931), 343 ff. Fürsprecher aus dem internationalen Kontext *Paulus/Hinselmann* in Bradley Oxford Handbook of Comparative Foreign Relations Law, 411 (421 ff.).

427 S. BT-Drs. 12/6000, 113 f.

Im Einzelnen sprechen für eine Einschlägigkeit des Art. 59 Abs. 2 S. 1 und für das Bestehen eines **legislativen Veto-Rechts** im Hinblick auf Kündigungserklärungen, das insofern eine **symmetrische Beteiligung** der Legislative an Vertragsschluss und -beendigung verwirklicht, folgende normative Gesichtspunkte: **61**

Unter den **Wortlaut** des Art. 59 Abs. 2 S. 1 lässt sich auch Existenz und Fortbestand völkerrechtlicher Verträge subsumieren.[428] **62**

Wenn die gesetzgebenden Körperschaften durch das ursprüngliche Vertragsgesetz Verantwortung für einen völkerrechtlichen Vertrag übernommen haben,[429] sollten sie – als ***actus contrarius***[430] – auch an der Beendigung des Vertrages partizipieren[431] (**Idee partizipatorischer Symmetrie**[432] und **Kehrseitentheorie**[433]). Dabei ist der relevante *actus contrarius* nicht die Ratifikation seitens des Bundespräsidenten als Teil der Exekutive,[434] sondern das Vertragsgesetz als Akt, der „eine Herrschaft über den Bestand eines Vertrages begründet hat".[435] **63**

Außenpolitische Praktikabilität und **Räson,** die mitunter eine umgehende Loslösung von völkerrechtlichen Verträgen, – was wiederum auf die Erfüllung völkerrechtlicher Pflichten einen **disziplinierenden Effekt** zeitigt[436] – erforderlich machen soll,[437] streitet nicht für die **„Nichtparlamentarisierung" des Kündigungsrechts.** Auch das Parlament ist in der Lage **64**

---

[428] *Ehrenzeller,* Legislative Gewalt und Außenpolitik, 1993, 213 (Fn. 177); *Steiger* FS f. Fastenrath, 2019, 137 (153); *Ehm* Bucerius Law Journal 2012, 45 (48). AA *Schmahl* in Sodan Rn. 13.

[429] Siehe BVerfG Beschl. v. 17.9.2019-2 BvE 2/16, Rn. 33.

[430] Zur *actus contrarius* Theorie *Bleckmann* JuS 1988, 174 ff. Zur „acte contraire"-Theorie *Basset,* Le principe dit de „l'acte contraire" en droit administratif francais, 1967.

[431] *Röben,* Außenverfassungsrecht, 2007, 115 f.; vgl. *Treviranus,* Außenpolitik im demokratischen Rechtsstaat, 1966, 57 f.; vgl. differenzierend *Ehrenzeller,* Legislative Gewalt und Außenpolitik, 1993, 209 zit. v. *Hettche,* Die Beteiligung der Legislative bei Vorbehalten zu und Kündigung von völkerrechtlichen Verträgen, 2018, 298. Vgl. *Mosler* FS f. Wehberg, 1956, 273 (278). Zu der Plausibilität des *actus contrarius*-Gedankens in der deutschen verfassungsrechtl. Dogmatik *Lange* AöR 142 (2017), 442 (463). Vgl. zum niederländ. Recht *Modderman* Tijdschrift Voor Constitutioneel Recht 6 (2015), 34 (47).

[432] *Koh* Yale Law Journal Forum 128 (2018–2019), 432 (452 ff.) („mirror principle"). Neun EU-Mitgliedstaaten folgen dem „Symmetriemodell", *Kuijper,* The Law of EU External Relations, 2013, 89. Siehe aus ital. Perspektive *Donati,* I trattati internazionali nel diritto costituzionale, 1906, 220. Vgl. *Woldemariam* Ethiopian Yearbook of International Law 2016, 61 (78) im Hinblick auf die äthiopische Verfassung. Ferner *Democratic Alliance v. Minister of International Relations and Cooperation* 2017 (3) SA 212 (GP) (S. Afr.), Rn. 45, 51 und 54. Einen etwas anderen Ansatz verfolgt man nunmehr in der Schweiz, siehe § 24 des schweizerischen Parlamentsgesetzes (A S 2003 3543). Es gilt hier das Prinzip des „materiellen Parallelismus", Bericht der Staatspolitischen Kommission des Ständerates vom 14.5.2018, Stellungnahme des Bundesrates, zu 16.456, 15.8.2018, 5317.

[433] Zur Kehrseitentheorie vor Einführung des § 49a VwVfG, BVerwGE 18, 283 (314). Vgl. *Feldmann,* Zur verfassungsrechtlichen Neuverteilung der Kompetenzen beim Abschluss völkerrechtlicher Verträge in der Bundesrepublik Deutschland, 1975, 361. Krit. zur Tauglichkeit des *actus contrarius*-Gedankens *v. Münch* AVR 24 (1986), 137 (138).

[434] So aber *Treviranus,* Außenpolitik im demokratischen Rechtsstaat, 1966, 57; ebenfalls zitiert von *Hettche,* Die Beteiligung der Legislative bei Vorbehalten zu und Kündigung von völkerrechtlichen Verträgen, 2018, 302. Vgl. *Diehl,* Die Mitwirkung des Parlamentes bei der Kündigung völkerrechtlicher Verträge, 1967, 254.

[435] *Blum/Naegeli/Peters* Schweizerisches Zentralblatt für Staats- und Verwaltungsrecht 144 (2013), 527 (537).

[436] *Verdier/Versteeg* in Bradley Oxford Handbook of Comparative Foreign Relations Law, 135 (159) verweisend auf *Helfer* Virginia Law Review 91 (2005), 1579 u. *Koremenos* American Political Science Review 99 (2005), 549.

[437] *Butzer/Haas* in SHH Rn. 65.

schnell zu handeln.[438] Zudem stellen auch Art. 115a und die Institution des Gemeinsamen Ausschusses (Art. 53a) unter Beweis, dass Situationen extremer Dringlichkeit nicht notwendigerweise eine Ausschaltung des Parlaments erfordern,[439] damit die Bundesrepublik handlungsfähig bleibt. Zu erwähnen ist ferner Art. 115l Abs. 3, der eine Parlamentsbeteiligung an einem Friedenschluss vorsieht.[440] Selbst Bestimmungen der **„Notstandsverfassung"** (→ Art. 115a Rn. 1) sind darum bemüht, in Krisensituationen legislative Kompetenzen weitestgehend zu bewahren und den Gedanken der Parlamentarisierung zu verwirklichen. Zudem zielen auch die völkerrechtlichen Bestimmungen zur Beendigung von Verträgen darauf, die **Integrität von Verträgen** zu konservieren. Eine *ad hoc*-Loslösung soll gerade nicht möglich sein. Parlamentarische Reflexion und ein legislatives Vetorecht stehen zudem im Dienste einer Bewahrung der **Integrität der internationalen Ordnung.**[441]

65 Auch bei Verträgen, die besondere Kündigungsklauseln beinhalten, welche von einer parlamentarischen Zustimmung erfasst sind, kann seitens der gesetzgebenden Körperschaften nicht vollends **antizipiert** werden, wie von diesen seitens der Exekutive Gebrauch gemacht wird, da es entscheidend auf den jeweiligen Kontext ankommt. Dies gilt auch, wenn die betreffende Kündigungsklausel den Vertragsstaaten nur in geringfügigem Umfang Beurteilungs- und Ermessensspielräume einräumt,[442] wobei in einem solchen Fall naturgemäß Wertungsunterschiede bestehen.

66 Zentral erscheinen bei all dem **teleologische Erwägungen:** Eine entscheidende Ratio des Art. 59 Abs. 2 S. 1 ist die **Kontrolle der Regierung bei außenpolitischen Entscheidungen** von besonderer Tragweite für das Innere und Äußere des Staates (→ Rn. 42). Dieser Telos wird auch bei der Kündigung völkerrechtlicher Verträge virulent.[443] Mitnichten schützt Art. 59 Abs. 2 S. 1 – wie mitunter vertreten[444] – allein vor einer Beschränkung gesetzgeberischen Spielraums, die mit einer Bindung der Bundesrepublik an völkerrechtliche Verträge einherginge, und nicht vor dessen Erweiterung.[445] Darüber hinausgehend erweist sich das Argument von der „Wiedergewinnung von Entscheidungsspielräumen" in zweierlei Hinsicht als problematisch: Zum einen fügt es sich nicht in die Logik der (ihrerseits kritikwürdigen) ***Treaty Override***-Rechtsprechung des BVerfG, der zufolge ein völkerrechtlicher Vertrag den Gesetzgeber nicht umfassend und ultimativ *pro futuro* bindet (→ Rn. 104 ff.). Zum anderen ist der Topos von der „Erweiterung des legislativen Aktionskreises" zu relativieren: Zwar verliert das

---

[438] *Fastenrath,* Kompetenzverteilung im Bereich der auswärtigen Gewalt, 1986, 238.
[439] *Steiger* FS f. Fastenrath, 2019, 137 (153).
[440] *Röben,* Außenverfassungsrecht, 2007, 116.
[441] *Fastenrath* in Geiger, Völkerrechtlicher Vertrag und staatliches Recht vor dem Hintergrund zunehmender Verdichtung der internationalen Beziehungen, 93 (115 f.); *Steiger* FS f. Fastenrath, 2019, 137 (150).
[442] Anders *Hettche,* Die Beteiligung der Legislative bei Vorbehalten zu und Kündigung von völkerrechtlichen Verträgen, 2018, 298.
[443] *Friesenhahn* VVDStRL 16 (1958), 70 (3. Leitsatz); *Ehrenzeller,* Legislative Gewalt und Außenpolitik, 1993, 212; *Feldmann,* Zur verfassungsrechtlichen Neuverteilung der Kompetenzen beim Abschluss völkerrechtlicher Verträge in der Bundesrepublik Deutschland, 1970, 361; *Nettesheim* in Maunz/Dürig Rn. 140; *Wolfrum* VVDStRL 56 (1997), 38 (50); *Hettche,* Die Beteiligung der Legislative bei Vorbehalten zu und Kündigung von völkerrechtlichen Verträgen, 2018, 298.
[444] Vgl. BVerfGE 68, 1 (83 ff.); *Butzer/Haas* in SHH Rn. 65. Krit. *Fastenrath/Groh* in BerlKomm Rn. 78.
[445] Vgl. *Wolfrum* VVDStRL 56 (1997), 38 (50).

Vertragsgesetz, das den relevanten Rechtsanwendungsbefehl bzw. die Vollziehungsanordnung (→ Rn. 101 f.) erteilt, mit Wirksamwerden der Kündigung des völkerrechtlichen Vertrages seinen Bezugsgegenstand.[446] Das **„Gegenstandsloswerden" des Vertragsgesetzes** bedeutet jedoch nicht zwingend, dass alle relevanten (auch mittelbaren) Umsetzungs(rechts)akte, die im Falle von Verträgen, die Bestimmungen beinhalten, die ihrer Natur nach *non self-executing* sind (→ Rn. 109), erforderlich werden und je nach betroffener Kompetenz auch von den Ländern erlassen werden (→ Art. 32 Rn. 77 ff.), automatisch an Geltung verlieren und durch den völkerrechtlichen Vertrag gleichsam „auflösend bedingt" werden.[447] Diese bleiben in Kraft.[448] Ihre Revision bedarf legislativen Tätigwerdens, das in vielen Fällen den *status quo ante* aufgrund des die nationale Rechtsordnung prägenden Effekts des völkerrechtlichen Vertrages (und seiner Umsetzung) nur allmählich und faktisch nur unvollkommen wiederherstellen wird.[449] Letzteres gilt auch für Verträge und Vertragsbestimmungen, die *self-executing* sind (→ Rn. 109).

Ferner dient Art. 59 Abs. 2 S. 1 nach der Rechtsprechung des BVerfG **67**
auch dem Schutz der „Kompetenz des Bundestags, über die durch völkerrechtlichen Vertrag begründeten Rechte und Pflichten der Bundesrepublik mitzuentscheiden".[450] Schwer wiegt insoweit, dass die **Folgen einer Kündigungserklärung** nicht ohne Mitwirkung der anderen Vertragsparteien **revidierbar** sind.[451] Wenn das Vertragsgesetz – wie das BVerfG selbst feststellt – mit der „dauerhafte[n] Übernahme von Verantwortung" seitens des Parlaments für dessen „politische[s] Programm" gleichzusetzen ist,[452] so erscheint es teleologisch nur schwer begründbar, wieso die Legislative an dessen Kündigung nicht partizipieren sollte.[453]

Letztendlich streiten zwei entscheidende normative Aspekte für eine Par- **68**
tizipation der gesetzgebenden Körperschaften an der Kündigung völkerrechtlicher Verträge – zum einen der **Vorbehalt des Gesetzes**[454] und zum anderen die hiermit verbundene **Wesentlichkeitslehre:**[455] Erstens stellen

---

[446] *Rauschning* in BK Rn. 127; *Hettche,* Die Beteiligung der Legislative bei Vorbehalten zu und Kündigung von völkerrechtlichen Verträgen, 2018, 300 unter Verweis auf *Rojahn* in v. Münch/Kunig, 6. Aufl. 2012, Rn. 74. Im öster. Verfassungskontext *Berka,* Verfassungsrecht, 2012, Rn. 276. Diese Konsequenz zieht sowohl die Vollzugslehre (vgl. *Partsch,* Die Anwendung des Völkerrechts im innerstaatlichen Recht, 1964, 134 f.) als auch die Transformationslehre, *Diehl,* Die Mitwirkung des Parlamentes bei der Kündigung völkerrechtlicher Verträge, 1967, 7.

[447] Zu implementierenden Akten samt „Selbstzerstörungsklausel" *Helfer* in Bradley Oxford Handbook of Comparative Foreign Relations Law, 355 (361).

[448] *Rauschning* in BK Rn. 127. Siehe aus dem US Kontext *Ku/Yoo* Notre Dame Law Review 90 (2015), 1607 (1628); *Hathaway* Yale Law Journal 117 (2008), 1236 (1326, Fn. 268). Aus dem öster. Kontext *Berka,* Verfassungsrecht, 2012, Rn. 277.

[449] *Nettesheim* in Maunz/Dürig Rn. 140; *Steiger* FS f. Fastenrath, 2019, 137 (153). Siehe *Ehrenzeller,* Legislative Gewalt und Außenpolitik, 1993, 212; *Feldmann,* Zur verfassungsrechtlichen Neuverteilung der Kompetenzen beim Abschluss völkerrechtlicher Verträge in der Bundesrepublik Deutschland, 1975, 361. Vgl. *Röben,* Außenverfassungsrecht, 2007, 116. Vgl. auch *Koh* Yale Law Journal Forum 128 (2018–2019), 432 (458).

[450] BVerfG Beschl. v. 17.9.2019 – 2 BvE 2/16, Rn. 32; BVerfGE 118, 244 (258). Siehe *Steiger* FS f. Fastenrath, 2019, 137 (154).

[451] *Hettche,* Die Beteiligung der Legislative bei Vorbehalten zu und Kündigung von völkerrechtlichen Verträgen, 2018, 298.

[452] BVerfGE 118, 244 (258).

[453] *Lange* AöR 142 (2017), 442 (465).

[454] *Ossenbühl in* HdbStR V, § 101 Rn. 11 ff.; *Grzeszick* in Maunz/Dürig Art. 20 VI. Rn. 75 ff.

[455] Hierzu BVerfGE 49, 89 (124 ff., 126 f.).

völkerrechtliche Verträge oftmals angesichts ihrer Regulierungsmaterien – jedenfalls wenn sie in den Anwendungsbereich des Art. 59 Abs. 2 S. 1 2. Alt. **(„gesetzesinhaltliche Verträge")** (→ Rn. 85) fallen – in Anlehnung an *Fastenrath* **„(internationalisierte) Gesetzgebung"** dar.[456] Ihre Kündigung ist durch die erhebliche Rekonfiguration innerstaatlichen Rechts, die sie bedingt (→ Rn. 66), funktional einem Gesetzgebungsakt gleichzustellen[457] und gleicht **„negativer internationalisierter Gesetzgebung".** Dieser Argumentationsstrang findet Widerhall im Vorbehalt des Gesetzes,[458] der Ausprägung des Rechtsstaatsprinzips (Art. 20 Abs. 3)[459] sowie des Demokratieprinzips (Art. 20 Abs. 2) ist.[460] Diesem zufolge kann ein Gesetz nur im Wege eines Gesetzes revidiert werden. Zweitens erfordern in dem Falle, dass die Aufhebung der Bindung an einen völkerrechtlichen Vertrag **individuelle Rechtspositionen** betrifft, der Vorbehalt des Gesetzes und die insbesondere auch grundrechtlich verbürgte und dem Demokratieprinzip entspringende **Wesentlichkeitslehre,**[461] die den Vorbehalt des Gesetzes zu einem **Parlamentsvorbehalt**[462] ausformt, eine Beteiligung der gesetzgebenden Körperschaften an der Kündigung derartiger Verträge.[463] Kern der Wesentlichkeitslehre ist, dass die Legislative „in grundlegenden normativen Bereichen, zumal im Bereich der Grundrechtsausübung, alle wesentlichen Entscheidungen selbst zu treffen" verpflichtet ist.[464] Auch das BVerfG selbst scheint Art. 59 Abs. 2 S. 1 in der Nähe der Wesentlichkeitslehre – und in der Tat besteht hier eine Art normatives **„Verwandtschaftsverhältnis"**[465] – zu verorten,[466] auch wenn es sie durch das Prinzip der Organadäquanz (→ Rn. 43) als eingeschränkt sieht.[467] In dem Kalkar-Beschluss betrachtete es Art. 59 Abs. 2 S. 1 als „Ausprägung[en]" des allgemeinen Gesetzesvorbehalts.[468] Der Wesentlichkeitsgedanke lässt sich noch weitgehender fassen:[469] Bei völkerrechtlichen Verträgen, deren Zielrichtung die

---

[456] Hier und vorhergehend *Fastenrath,* Kompetenzverteilung im Bereich der auswärtigen Gewalt, 1986, 238. Die österreichische Rechtslehre betrachtet Kündigungen als Modifikationen völkerrechtlicher Verträgen, was – so denn die Verträge einem parlamentarischen Genehmigungserfordernis nach Art. 50 Abs. 1 B-VG unterstanden – auch für die Genehmigungsbedürftigkeit der Kündigung streite, siehe *Öhlinger/Müller* in Korinek/Holoubek/Bezemek/Fuchs/Martin/Zellenberg, Österreichisches Bundesverfassungsrecht, 14. Lfg. 2018, Art. 50 Rn. 18.

[457] *Wolfrum* VVDStRL 56 (1997), 38 (50); *Ehrenzeller,* Legislative Gewalt und Außenpolitik, 1993, 212 f. Vgl. bereits *Dicey,* Introduction to the Study of Law of the Constitution, 1915, xviii, 37 f.; Case of Proclamations [1610] EWHC KB J22. Hierzu *Lange* AöR 142 (2017), 442 (453).

[458] *Steiger* FS f. Fastenrath, 2019, 137 (154 f.).

[459] BVerfGE 40, 237 (246 f., 248); 49, 89 (126).

[460] Vgl. *Grzeszick* in Maunz/Dürig Art. 20 VI. Rn. 101 mwN.

[461] Siehe BVerfGE 49, 89 (124 ff., 126 f.).

[462] *Schulze-Fielitz* in Dreier Art. 20 Rn. 119.

[463] *Nettesheim* in Maunz/Dürig Rn. 140; *Fastenrath/Groh* in BerlKomm Rn. 78, Fn. 348. Siehe *Hettche,* Die Beteiligung der Legislative bei Vorbehalten zu und Kündigung von völkerrechtlichen Verträgen, 2018, 299.

[464] BVerfGE 88, 103 (116).

[465] Vgl. *Kokott* DVBl. 1996, 937 (939).

[466] BVerfGE 77, 170 (231 f.). Vgl. aber BVerfGE 68, 1 (109); *Fastenrath/Groh* in BerlKomm Rn. 61, Fn. 252. AA *Bothe* FS f. Bernhardt, 1995, 755 (767).

[467] *Baumbach,* Vertragswandel und demokratische Legitimation, 2008, 21. Zur Wesentlichkeitslehre im Kontext der auswärtigen Gewalt *Paulus/Hinselmann* in Bradley Oxford Handbook of Comparative Foreign Law, 411 (417).

[468] BVerfGE 49, 89 (127).

[469] Siehe *Paulus/Hinselmann* in Bradley Oxford Handbook of Comparative Foreign Law, 411 (421 ff.).

Berechtigung und der Schutz des Individuums ist, und solchen Verträgen, die Normen beinhalten, die mit Grundrechten funktional korrespondieren und aufgrund des Grundsatzes der Völkerrechtsfreundlichkeit des Grundgesetzes (→ Rn. 11) bei der Auslegung grundrechtlicher Verbürgungen zu berücksichtigen sind, wirkt sich eine Kündigung des betreffenden Vertrages potentiell **grundrechtseinschränkend** aus.[470] Im Falle einer Kündigung kann – je nach Einzelfall – der Anknüpfungspunkt für eine etwaige expansive Interpretation von Grundrechten im Lichte völkerrechtlicher Verpflichtungen entfallen. Mitunter garantieren völkerrechtliche Verträge Individualrechte, die in dem bestehenden Umfang nur vermittels eines völkerrechtlichen Regimes abgesichert werden und in gleicher Art und Weise innerstaatlich nicht verankert werden können.[471] Im Hinblick auf die Kündigung völkerrechtlicher Verträge streitet, da sie Rechte zum Erlöschen bringen kann, insofern ein noch stärkeres Bedürfnis nach parlamentarischer Beteiligung als im Falle des Vertragsschusses,[472] der Rechte begründet. So erschiene es mit grundgesetzlichen Wertungen unvereinbar, dass eine Kündigung zB der Europäischen Menschenrechtskonvention[473] (EMRK) ohne eine Partizipation des Parlaments erfolgen könnte. Dass Art. 59 Abs. 2 S. 1 einen Rekurs auf die Wesentlichkeitslehre zu dessen Auslegung ausschlösse, erscheint nicht überzeugend. Es kann jedenfalls von einer „eingeschränkten Geltung der Wesentlichkeitstheorie" im Rahmen der auswärtigen Gewalt ausgegangen werden.[474] Dabei sollte nicht in Vergessenheit geraten, dass die Wesentlichkeitslehre auf dem normativen Fundament der Grundrechte[475] fußt (und zugleich durch das Demokratieprinzip unterfüttert wird).[476] Sie sollte – um ihrer ausufernden Anwendung Einhalt zu gebieten, der den Weg in Richtung eines **Gewaltenmonismus** bereiten könnte – auch auf diesen Kontext beschränkt bleiben (→ Rn. 77).[477] Völkerrechtliche Verträge und ihre innerstaatlichen Konsequenzen liegen indes nicht jenseits grundrechtlichen Zugriffs.

Rechtsvergleichende Erkenntnisse bestätigen die Validität der hier favorisierten Auslegung des Art. 59 Abs. 2 S. 1:[478] Einzugestehen ist, dass die Beendigung völkerrechtlicher Verträge in vielen Rechtsordnungen „traditionell" als Domäne der Exekutive wahrgenommen wird,[479] wobei Kompetenz- 69

---

[470] Vgl. (im Detail anders in der Argumentation) *Steiger* FS f. Fastenrath, 2019, 137 (154 f.). Auch *Wolfrum* VVDStRL 56 (1997), 38 (50). Vgl. BVerfGE 68, 1 (111, 130) (abw. Votum Richter *Mahrenholz*).

[471] *Hettche,* Die Beteiligung der Legislative bei Vorbehalten zu und Kündigung von völkerrechtlichen Verträgen, 2018, 301.

[472] *Fastenrath,* Kompetenzverteilung im Bereich der auswärtigen Gewalt, 1986, 238; *Hettche,* Die Beteiligung der Legislative bei Vorbehalten zu und Kündigung von völkerrechtlichen Verträgen, 2018, 302. Tendenziell anders hinsichtl. einseitiger Akte *Müller,* Die innerstaatliche Umsetzung von einseitigen Maßnahmen der Auswärtigen Gewalt, 1994, 127 f.

[473] 2130 NTS 221; BGBl. 1952 II Nr. 14.

[474] *Kadelbach/Guntermann* AöR 126 (2001), 563 (574).

[475] Vgl. BVerfGE 111, 191 (216 f.).

[476] *Windhorst* in Gröpl/Windhorst/v. Coelln Art. 20 Rn. 141 ff., insb. 144a..

[477] Zur Unbestimmtheit der „Wesentlichkeit" *Schulze-Fielitz* in Dreier Art. 20 Rn. 113 mwN.

[478] Zur Rolle der Rechtsvergleichung bei der Auslegung und Bestimmung des Verfassungsrechts und zu rechtsvergleichender Methodik *Starck* JZ 1997, 1021 (1024); *Tschentscher* JZ 2007, 807. Weitgehend *Häberle,* JZ 1989, 913; siehe aber *Häberle/Kotzur,* Europäische Verfassungslehre, 2016, 486. Umfassend *Martin,* Vergleichende Verfassungsrechtsprechung, 2018.

[479] Vgl. *Mosler* FS f. Wehberg, 1956, 272 (278, Fn. 6); *Diehl,* Die Mitwirkung des Parlaments bei der Kündigung völkerrechtlicher Verträge, 1967, 115 ff.

konflikte auch hier oftmals schwelen.[480] Es wäre indes verfehlt anzunehmen, dass parlamentarische Partizipationsrechte bei der Entscheidung über die Kündigung völkerrechtlicher Verträge in verfassungsrechtlichen Systemen moderner Staaten, die auf dem Grundsatz der Gewaltenteilung fußen, **Systemwidrigkeiten** darstellten.[481] Vielmehr scheint der Gedanke der „Parlamentarisierung der Kündigung völkerrechtlicher Verträge"[482] gerade in der jüngeren europäischen Verfassungsgeschichte Fuß zu fassen.[483]

70 Einige hier angeführte **Argumentationstopoi** finden sich zudem in der Rechtsprechung ausländischer Gerichte zu vergleichbaren Problemkonstellationen wieder:[484] Auch der *UK Supreme Court* ordnete den Austritt aus der EU in seinem Urteil zum Brexit aus dem Jahre 2017,[485] welches das „Westminster Modell" modifizierte,[486] der Sache nach als „equivalent to that of repealing laws"[487] ein. Er bemühte ferner einen **individualrechtsbezogenen Gedankengang:** So habe der European Communities Act (ECA) durch die Öffnung der britischen Rechtsordnung Rechte Einzelner begründet, die der Austritt beseitige.[488] Auch die Judikatur des *High Court of South Africa* kann als wegweisend gelten. Dieser erachtete die seitens der südafrikanischen Regierung erklärte Kündigung des Rom-Statut des Internationalen Strafgerichtshofs[489] für unwirksam, da sie parlamentarisch nicht abgesegnet sei: Weder habe das Parlament der Kündigung zugestimmt, noch habe es die das Rom-Statut umsetzenden Gesetzgebungsakte aufgehoben. Zwei Gesichtspunkte spielten in den *rationes dedicendi* des *High Court* eine entscheidende Rolle: Zum einen verortete er die Kündigung auf der gleichen Ebene wie die Ratifikation und bemühte insofern den *actus contrarius*-Gedanken (→ Rn. 63),

---

[480] In der US-amerikanischen Staatspraxis (vgl. *Riggs* Journal Air Law and Commerce 32 (1966), 526 ff.; *Verdier/Versteeg* in Bradley Oxford Handbook of Comparative Foreign Relations Law, 135 (148)) kündigt der Präsident regelmäßig völkerrechtliche Verträge, ohne dass ihm die US Verfassung eine derartige Kompetenz ausdrücklich zuordnet. Der *Supreme Court* hat bis dato offengelassen, ob diese Kompetenz in ihrer Ausübung Schranken unterliegt und Verfahren, die diese Frage zum Gegenstand hatten, scheiterten vor dem Hintergrund der *political question*-Doktrin (*Baker v. Carr,* 369 U. S. 186, 217; *Zivotofsky v. Clinton* (Zivotofsky I) 566 U. S. 189 (2012)) und einer Limitierung judikativer Prüfungsdichte *(nonreviewability), Kucinich v. Bush,* 236 F. Supp. 2d 1 (D. D. C. 2002).

[481] *Verdier/Versteeg* in Bradley Oxford Handbook of Comparative Foreign Relations Law, 135 ff.; *Ehm* Bucerius Law Journal 2012, 45 (51). Siehe Art. 19 Abs. 1 der dänischen Verfassung und Art. 91 der Verfassung der Niederlande, vgl. *Nettesheim* in Maunz/Dürig Rn. 140, Fn. 2. Zu der niederländischen Rechtslage siehe *van Panhuys* AJIL 47 (1953), 537 ff. Siehe ferner die Verfassungen Bulgariens (Art. 85 Abs. 1), Estlands (Art. 121), Finnlands (Art. 94 Abs. 1 S. 1, 2), Litauens (Art. 67 Nr. 16), Polens (Art. 89 Abs. 1), Schwedens (Kapitel 10 Art. 5), der Slowakischen Republik (Art. 86 lit. b), der Russischen Föderation (Art. 106 lit d.), Tadzikistans (Art. 57 Nr. 5), Turkmenistans (Art. 81 Nr. 10), Mexikos (Art. 76 Abs. 1 Uabs. 2), Boliviens (Abs. 65 Nr. 4), Kosovos (Art. 260 Abs. 2), Ecuadors (Art. 120 Nr. 8) sowie Spaniens (Art. 94, 96 Abs. 2).

[482] *Lange* AöR 142 (2017), 442.

[483] *Ehm* Bucerius Law Journal 2012, 45 (51). Vgl. zum Trend *Verdier/Versteeg* in Bradley Oxford Handbook of Comparative Foreign Relations Law, 135 (149). Zu „workarounds" id., 135.

[484] Hierzu umfassend und mitunter anders in der Bewertung *Lange* AöR 142 (2017), 442.

[485] *R (Miller) v. Secretary of State for Exiting the European Union* [2017] UKSC 5. Hierzu *Gordon* European Public Law 24 (2018), 673 ff.

[486] *Fastenrath,* Kompetenzverteilung im Bereich der auswärtigen Gewalt, 1986, 238.

[487] *Verdier/Versteeg* in Bradley Oxford Handbook of Comparative Foreign Relations Law, 135 (150). Vgl. *Koh* Yale Law Journal Forum 128 (2018), 432 (457 ff.).

[488] *R (Miller) v. Secretary of State for Exiting the European Union* [2017] UKSC 5, Rn. 47 ff., 60 ff.; *Steiger* FS f. Fastenrath, 2019, 137 (151).

[489] 2187 UNT S 3.

zum anderen schien er den Charakter der Kündigung als **„negativer internationalisierter Gesetzgebung“** (→ Rn. 68) – dementsprechend in Richtung des Vorbehalts des Gesetzes weisend – zu betonen.[490]

Das Erfordernis parlamentarischer Partizipation an der Kündigung greift nicht bei jedem völkerrechtlichen Vertrag, sondern nur bei solchen, die die übrigen **Qualifikationen von Art. 59 Abs. 2 S. 1** erfüllen. Letzterer verbleibt der Ausgangspunkt der hier favorisierten Auffassung zur Frage der Kündigung.[491] Der Vorbehalt des Gesetzes und Aspekte der Grundrechtswesentlichkeit werden dabei insbesondere bei Art. 59 Abs. 2 S. 1 2. Alt. (→ Rn. 85) relevant werden. Verträge, die grundrechtswesentlich sind, sind stets solche, deren Regelungssubstanz innerstaatlich eines Parlamentsgesetzes bedürfte (→ Rn. 85). Nicht jeder Vertrag, der hochpolitische Fragen iSd Art. 59 Abs. 2 S. 1 1. Alt. (→ Rn. 82) tangiert, die von Relevanz für das Staatsganze sind, ist zugleich zwingend wesentlich iS der Grundrechte. So denn jedoch letzteres der Fall ist, stützt Art. 59 Abs. 2 S. 1 1. Alt. ausgelegt im Lichte der Wesentlichkeitslehre und gepaart mit dem *actus contrarius*-Gedanken parlamentarische Partizipationsrechte (→ Rn. 63, 66 ff.). Im Übrigen wird ein solcher Vertrag auch unter Art. 59 Abs. 2 S. 1 2. Alt. eingeordnet werden können (→ Rn. 83).[492] Entscheidend ist dabei, dass die legislative Beteiligung an der Vertragskündigung der partizipativen Architektur des Art. 59 Abs. 2 S. 1 folgt: Gegeben ist insofern ein **parlamentarisches Veto-Recht** im Hinblick auf die Kündigung (→ Rn. 61). Hieraus folgt nicht zwingend, dass die Legislative die Exekutive zu einer Kündigung im Wege eines Beschlusses oder Gesetzes zu verpflichten vermag (→ Rn. 110 f.). 71

Im Übrigen können sich verfassungsrechtliche Bestimmungen einer Kündigung völkerrechtlicher Verträge bzw. einem Austritt aus einem völkerrechtlichen Vertragsgefüge in den Weg stellen. Diese Funktion erfüllt im Falle eines Austritts Deutschlands aus der EU nach herrschender Auffassung Art. 23 (→ Art. 23 Rn. 15).[493] Ebenso wie in den Fällen des Austritts aus Systemen kollektiver Sicherheit iSd Art. 24 Abs. 2 wird man hier ggf. auch über den Gedanken der Entziehung von Individualrechten zu der Notwendigkeit einer parlamentarischen Partizipation gelangen.[494] 72

In den Kontext einer fehlenden parlamentarischen Kündigungsmöglichkeit ist auch die Rechtsprechung des BVerfG zum sog. ***Treaty Override*** (→ Rn. 104 f.) zu stellen. So räumt das BVerfG der Legislative einen weitläufigen Spielraum zur Verdrängung innerstaatlich umgesetzter völkerrechtlicher Verträge vermittels des *lex posterior*-Grundsatzes ein (→ Rn. 26, 105).[495] Der großzügige, problematische Ansatz des BVerfG beim *Treaty Override* erscheint als **Kompensation** für das vom BVerfG angenommene 73

[490] Hier und vorhergehend *Democratic Alliance v Minister of International Relations and Cooperation and Others* (83145/2016) [2017] ZAGPPHC 53, Rn. 45, 53. Vgl. *Woolaver* AJIL Unbound 111 (2018), 450 (452 f.).

[491] Nicht ausschließen lässt sich jedoch, dass die Kündigung eines Vertrages, der ursprünglich nicht Art. 59 Abs. 2 S. 1 unterfiel, vor dem Hintergrund der Wesentlichkeitslehre parlamentarisch abgesegnet werden sollte. S. Idee des „materiellen Parallelismus“ in der Schweiz (→ Rn. 64, Fn. 432).

[492] *Rojahn* in v. Münch/Kunig, 6. Aufl. 2012, Rn. 24.

[493] *Groß* EuR 2018, 387 (404). Siehe auch *Paulus/Hinselmann* in Bradley Oxford Handbook of Comparative Foreign Relations Law, 411 (424 ff.).

[494] *Paulus/Hinselmann* in Bradley Oxford Handbook of Comparative Foreign Relations Law, 411 (424). Vgl. *R (Miller) v. Secretary of State for Exiting the European Union* [2017] UKSC 15.

[495] BVerfGE 141, 1 (21 ff.).

Fehlen parlamentarischer Kündigungsmöglichkeiten:[496] Die Legislative kann die Exekutive zu einer Kündigung nicht zwingen, sie kann aber die innerstaatliche Geltung völkerrechtlicher Verträge kraft ihres Gesetzgebungsrechts verdrängen (→ Rn. 105).

74 Das Völkerrecht sieht ebenfalls die **Möglichkeit der Suspendierung eines völkerrechtlichen Vertrages** vor (Art. 57 f. WVK).[497] Deren Rechtsfolge ist ein „Einfrieren" der Leistungsverpflichtungen der Vertragsparteien, was die Entstehung von Leistungsverweigerungsrechten bedingt (Art. 72 WVK). Die Suspendierung stellt sich nach der Konzeption einiger Vorschriften der WVK – siehe nur Art. 60 WVK – als (mildere) Alternative zur finalen Beendigung eines völkerrechtlichen Vertrags dar. Auch wenn eine Suspendierung, da sie die völkerrechtlichen Verpflichtungen nicht endgültig aufhebt und revidierbar ist, in ihrer Gravität an eine Kündigung nicht herankommt, kann sie erhebliche Konsequenzen für die Stellung der Bundesrepublik in der internationalen Staatengemeinschaft und das innerstaatliche Rechtsgefüge haben. Zentrale Argumente, die sich für die Erstreckung des Anwendungsbereichs von Art. 59 Abs. 2 S. 1 auf die Kündigung völkerrechtlicher Verträge machen lassen (→ Rn. 61 ff.), werden insofern auch im Kontext der Suspendierung virulent. Gleiches gilt für die Reaktivierung eines suspendierten Vertrags, der nach herrschender Auffassung ebenfalls außerhalb des Anwendungsbereichs von Art. 59 Abs. 2 S. 1 liegen soll.[498]

75 Art. 59 Abs. 2 S. 1 muss den Besonderheiten institutioneller vertraglicher Mechanismen und sog. **gemischter Rechtssetzungsverfahren**[499] auf völkerrechtlicher Ebene gerecht werden. Zu diesen zählen das ***contracting out***- sowie ***contracting in*-Verfahren:**[500] Gerade im Rahmen von institutionell-multilateralen Vertragswerken kann eine Verpflichtung der Vertragsparteien erfolgen, ohne dass sie in *concreto* und ausdrücklich betreffenden Normkomplexen zustimmen. Im Rahmen eines *contracting-out*-Verfahrens[501] – auch als *opting-out*-Verfahren bezeichnet – wird ein Staat, der Vertragspartei eines multilateralen, institutionell umhegten Vertragswerks ist, durch mehrheitliche Beschlüsse, die Vertragsänderungen oder -ergänzungen (Anlagen oder Anhänge) enthalten können, verpflichtet, wenn er nicht ausdrücklich erklärt, nicht gebunden sein zu wollen.[502] Eine Bindung tritt im Rahmen dieses Verfahrens somit bereits im Falle bloßer Passivität eines Staates ein **(Verfahren der stillschweigenden Zustimmung),** was Vertragsänderungen erleichtern soll. So denn ein solches *opting out*-Verfahren im Vertragswerk, dem die gesetzgebenden Körperschaften gem. Art. 59 Abs. 2 S. 1 zugestimmt haben, vorgesehen ist, löst eine konkret im Wege des *opting out* bzw. *contracting out* ausgelöste Verpflichtung nach vertretener Auffassung keine erneute Zustimmungspflicht aus.[503] Die potentielle Aktivierung der betreffenden Pflicht bzw. Vertragsänderung/-ergänzung in Zukunft haben die gesetzgebenden Körperschaften bei Verabschiedung des Vertragsgesetzes im Rahmen ihres

---

[496] BVerfGE 141, 1 (23). Vgl. *v. Arnauld,* Völkerrecht, 2019, Rn. 524.

[497] Vgl. *Giegerich* in Dörr/Schmalenbach Vienna Convention on the Law of Treaties, Art. 57 Rn. 1 ff.

[498] BVerwGE 80, 233 (241); *Jarass* in Jarass/Pieroth Rn. 10; *Schmahl* in Sodan Rn. 11.

[499] *Baumbach,* Vertragswandel und demokratische Legitimation, 2008, 49 f.

[500] *Heun* in Dreier Rn. 40.

[501] *Tietje* German Yearbook of International Law 42 (1999), 26 (51 f.).

[502] *Engel,* Völkerrecht als Tatbestandsmerkmal deutscher Normen, 1989, 33; *Baumbach,* Vertragswandel und demokratische Legitimation, 2008, 49 f.

[503] *Heun* in Dreier Rn. 40. AA *Rojahn* in in v. Münch/Kunig, 6. Aufl. 2012, Rn. 67.

Deliberations- und Entscheidungsprozesses zu berücksichtigen. Parlamentarisch legitimiert ist die Pflichtenbegründung, wenn sie bei Verabschiedung des Vertragsgesetzes **erkennbar** war. Anderes wird wohl gelten müssen, wenn das *contracting out* Verpflichtungen betrifft, welche so weit **außerhalb der inhaltlichen, institutionellen und programmatischen Logik,** eines völkerrechtlichen Vertrages, insbesondere seines Sinn und Zwecks zu verorten sind,[504] dass aus der Perspektive der gesetzgebenden Körperschaften mit ihnen nicht zu rechnen gewesen ist.

Das ***contracting in*** nimmt unterschiedliche Formen an: Eine Ausprägung eines *contracting in* stellt zB die Unterwerfungserklärung nach Art. 36 Abs. 2 IGH-Statut dar.[505] Dieser eröffnet Vertragsparteien die Option der Übernahme bestimmter Pflichten vermittels einer einseitigen Erklärung. Entäußert die Exekutive eine solche Erklärung, besteht kein erneutes Zustimmungserfordernis iSd Art. 59 Abs. 2 S. 1.[506] So denn derartige Verpflichtungsoptionen im Vertragsgefüge initial vorgesehen sind, ist die **„Verpflichtungsaktivierung"** von der Zustimmung zum Vertragsganzen erfasst.[507] Zu *contracting in*-Verfahren zählen jedoch auch Reglements, die vorsehen, dass zB Rechtsakte innerhalb von internationalen Organisationen erarbeitet werden, die für die Vertragsparteien nur verbindlich werden, wenn ihnen ausdrücklich zugestimmt wird **(Verfahren der ausdrücklichen Zustimmung).** Für eine Zustimmungspflicht nach Art. 59 Abs. 2 S. 1 wird wiederum die Erkennbarkeit der Erweiterung des Pflichtenkanons kraft ausdrücklicher Zustimmung bei Verabschiedung des betreffenden Vertragsgesetzes die entscheidende Determinante sein.[508] 76

Sehr weitgehende Ansätze würden einen Parlamentsvorbehalt bei allen für das Staatsganze wesentlichen Entscheidungen erfordern. So wurden im Kontext der Flüchtlingskrise ab 2015 Rufe nach einer parlamentarischen Beteiligung an der Entscheidungsfindung der Bundesregierung laut.[509] Diese Forderungen wurden jedoch nicht mit Verweis auf Art. 59 Abs. 2 S. 1 begründet, sondern vielmehr mit der Wesentlichkeitslehre (→ Rn. 68) zu unterfüttern versucht. In dieser Hinsicht erscheint Zurückhaltung angebracht.[510] Ausgangspunkt sollte zunächst Art. 59 Abs. 2 S. 1 sein, der nicht sämtliches Staatshandeln im auswärtigen Bereich einem Parlamentsvorbehalt unterstellt. Bei der Herleitung parlamentarischer Zustimmungsvorbehalte, die über Art. 59 Abs. 2 S. 1 hinausgehen, sollte ein grundrechtsspezifischer Fokus an den Tag gelegt werden und die Wesentlichkeitslehre auf den grundrechtlichen Kontext beschränkt bleiben. Die **Lehre vom parlamentarischen Totalvorbehalt** und der hiermit verbundene **Gewaltenmonismus** haben sich gerade nicht durchsetzen können (→ Rn. 68).[511] 77

cc) *Soft Law.* Der Wortlaut des Art. 59 Abs. 2 S. 1 schließt außerrechtliche Übereinkünfte wie zB ***codes of conduct,*** die der völkerrechtlichen 78

---

[504] *Heun* in Dreier Rn. 40.

[505] *Jarass* in Jarass/Pieroth Rn. 10; *Heun* in Dreier Rn. 40.

[506] Siehe *Wolfrum* VVDStRL 56 (1997), 38 (60).

[507] *Streinz* in Sachs Rn. 45; *Heun* in Dreier Rn. 40; *Butzer/Haas* in SHH Rn. 64.

[508] *Butzer/Haas* in SHH Rn. 67. Vgl. *Treviranus* Friedens-Warte 59 (1976), 51 (58 f.); *Heun* in Dreier Rn. 40. *Kadelbach* in Bradley Oxford Handbook of Comparative Foreign Relations Law, 173 (179). Tendenziell anders *Heun* in Dreier Rn. 40.

[509] *Stumpf* DÖV 2016, 357 ff.; *Wieland* Zeitschrift für Staats- und Europawissenschaften 14 (2016), 8 ff.

[510] *Honer* NVwZ 2019, 619 (621 f.).

[511] *Schulze-Fielitz* in Dreier Art. 20 Rn. 108.

Quellentheorie folgend als *soft law* einzuordnen sind, von dessen Regelungsbereich aus.[512] Die Unverbindlichkeit von ***soft law***-Instrumenten[513] hat das BVerfG jüngst im Rahmen seines Beschlusses zum UN Migrationspakt[514] bestätigt,[515] auch wenn sich im völkerrechtlichen Diskurs Ansätze identifizieren lassen, die lediglich von einem graduellen Unterschied zwischen „Recht" und „Nichtrecht" ausgehen wollen.[516] Allein die Tatsache, dass *soft law* mitunter erhebliche faktische Auswirkungen zeitigt, politische Bindungsdimensionen aufweist (zB Resolutionen der UN Generalversammlung)[517] und quasi-rechtlich operiert[518] – als weiteres Beispiel hierfür ließe sich die KSZE Schlussakte anführen[519] –, genügt nach herrschender Auffassung nicht, um es vom Anwendungsbereich des Art. 59 Abs. 2 S. 1 als erfasst zu betrachten (→ Rn. 30).[520] Allerdings können Bezugnahmen auf *soft law* seitens eines Vertrages dieses zum vertraglichen Element machen, wodurch es an der Zustimmungsbedürftigkeit des Vertrages teilhätte. Im Einzelfall ist ferner zu prüfen, ob Reglements, die wie *soft law* anmuten, nicht doch rechtliche Bindungswirkungen zeitigen, so dass sie unter Art. 59 Abs. 2 S. 1 zu subsumieren wären.[521] Fehlt eine Ratifikationsklausel in einer schriftlichen Übereinkunft, so soll dies gegen die Vertragsqualität eines Dokuments sprechen.[522] So denn *soft law* jedoch derart auf das Vertragsganze einwirkt,[523] dass es einer Vertragsänderung gleichkommt oder gar eine Systemverschiebung bedingt (vgl. → Rn. 48 f.), sollte eine formalistische Lesart des Art. 59 Abs. 2 S. 1 einer **materiellen und teleologisch orientierten Betrachtungsweise** weichen. Ebenso wenig wie Art. 59 Abs. 1 S. 2 und Art. 32 Abs. 1 und 3 effektiv ihren Zweck erfüllen können, wenn sie lediglich auf Staaten beschränkt bleiben und nicht als Bezugnahmen auf sämtliche Völkerrechtssubjekte verstanden werden (→ Rn. 27, Art. 32 Rn. 22), kann **die Realität völkerrechtlicher Rechtsquellen** und ihrer Dynamik bei der Auslegung des Art. 59 Abs. 2 S. 1 ignoriert werden.[524]

79 **dd) Sekundärrechtsakte.** Sekundärrechtsakte werden von Organen internationaler Organisationen erlassen.[525] Es handelt sich hierbei nicht um völkerrechtliche Verträge, so dass Art. 59 Abs. 2 S. 1 nicht greift.[526] Verbindlichkeit gegenüber Mitgliedstaaten wird Sekundärrechtsakten als abgeleitetem Recht

[512] *Schmahl* in Sodan Rn. 12.

[513] *Marmor* Oxford Journal of Legal Studies 2019, 507 ff.; *Abbott/Snidal* 54 International Organization 39 (2000), 421 ff.; *Reiling* ZaöRV 78 (2018), 311 ff.

[514] *Global Compact for Safe, Orderly and Regular Migration* (durch 164 UN Mitgliedstaaten am 10.12.2018 angenommen, vgl. UN Doc. A/RES/73/195). Hierzu *Bast* ZAR 2019, 96.

[515] BVerfG Beschl. v. 7.12.2018-2 BvQ 105/18 = NVwZ 2019, 161.

[516] *Abbott/Keohane/Moravcsik/Slaughter/Snidal* International Organization 54 (2000), 401 (419).

[517] *Hage* in Westermann/Hage/Kirste/Machor Legal Validity and Soft Law, 19 ff.

[518] Allg. Westermann/Hage/Kirste/Machor ua Legal Valdity and Soft Law, 2018.

[519] *Schweisfurth* ZaöRV 36 (1976), 681 ff.; *Knauf*, Der Regelungsverbund, 2010, 262 ff.

[520] *Calliess* in HdbStR IV, § 83 Rn. 25; *Schmahl* in Sodan Rn. 12; *Butzer/Haas* in SHH Rn. 68; *Streinz* in Sachs Rn. 40.

[521] *Jarass* in Jarass/Pieroth Rn. 9; *Butzer/Haas* in SHH Rn. 69.

[522] BVerfGE 104, 151 (200); *Jarass* in Jarass/Pieroth Rn. 9.

[523] Vgl. *Fastenrath/Groh* in BerlKomm Rn. 117.

[524] Diskussion bei *Petrig* ZaöRV 78 (2018), 93 (124 ff.).

[525] *Benzing* in Wolfrum MPEPIL, März 2007, International Organizations or Institutions, Secondary Law, Rn. 1 ff.

[526] Allg. *Frenzel*, Sekundärrechtssetzungakte internationaler Organisationen, 2011, 240 ff.

vermittels der betreffenden Gründungsstatute verliehen.[527] Den betreffenden Gründungsstatuten kann iVm mit dem diesbezüglichen Vertragsgesetzen eine Verpflichtung zur innerstaatlichen Umsetzung von Sekundärrechtsakten entnommen werden.[528] Die Umsetzungsverpflichtung stützt normativ im deutschen verfassungsrechtlichen Gefüge ebenfalls der Grundsatz der Völkerrechtsfreundlichkeit des Grundgesetzes (→ Rn. 11).[529] Je nach Qualität, Zielrichtung und Substanz des Sekundärrechtsaktes bedarf es innerstaatlich – den Grundsätzen des **Vorbehalts des Gesetzes** und der **Wesentlichkeitslehre** (→ Rn. 68) folgend – zur Umsetzung des Erlasses eines Gesetzes.[530]

Im Grundsatz entbehren **Sekundärrechtsakte,** die von Organen einer internationalen Organisation erlassen werden, einer **Durchgriffswirkung.** Sie verpflichten die Mitgliedstaaten auf völkerrechtlich-institutioneller Ebene, sie berechtigen und verpflichten jedoch nicht unmittelbar innerhalb nationaler Rechtsordnungen.[531] Eine Ausnahme ist dann gegeben, wenn der die betreffenden Sekundärrechtsakte setzenden Organisation Hoheitsrechte gem. Art. 24 Abs. 1 übertragen wurden (vgl. zu einem möglichen Anwendungsvorrang → Art. 24 Rn. 44). Die Übertragung von Hoheitsrechten bewirkt, dass die internationale Organisation in den innerstaatlichen Rechtsraum hineinwirken kann und die deutsche Hoheitsgewalt insofern ihren „Ausschließlichkeitsanspruch" zurücknimmt.[532] Die Rechtsgrundlage für diesen Durchgriff bildet wiederum – da Art. 59 Abs. 2 S. 1 parallel zu Art. 24 zur Anwendung kommt (→ Rn. 128) – das Vertragsgesetz zum Gründungsabkommen der in Frage stehenden internationalen Organisation.[533] In diesem Fall bedarf es einer einzelfallspezifischen, jeweils auf einen bestimmten Sekundärrechtsakt bezogenen Öffnung der nationalen Rechtsordnung nicht.[534] Man kann insofern von einer durch die Hoheitsübertragung vermittelten, **„generalisierten" Öffnung der nationalen Rechtsordnung** sprechen. Parlamentarische Legitimität wird derartig „überwirkenden" Sekundärrechtsakten durch das Vertragsgesetz iSd Art. 59 Abs. 2 S. 1 vermittelt. Grundsätzlich teilen Sekundärrechtsakte den Rang eines Bundesgesetzes (vgl. → Rn. 104 f.), es sei denn ihnen wird *qua* Verfassungsrecht ein Vorrang eingeräumt.[535] Letzteres ist im Falle von supranationalem Sekundärrecht der Fall **(Anwendungsvorrang)** (→ vgl. Art. 24 Rn. 44).[536] 80

[527] *Funke,* Umsetzungsrecht, 2010, 23. Vgl. *Benzing* in Wolfrum MPEPIL, März 2007, International Organizations or Institutions, Secondary Law, Rn. 13; *Fastenrath/Groh* in BerlKomm Rn. 113.

[528] Vgl. *Benzing* in Wolfrum MPEPIL, März 2007, International Organizations or Institutions, Secondary Law, Rn. 18.

[529] S. *v. Arnauld,* Völkerrecht, 2019, Rn. 514.

[530] Allg. *Funke,* Umsetzungsrecht, 2010, insb. 61 ff.

[531] *Frenzel,* Sekundärrechtsetzungakte internationaler Organisationen, 2011, 13; *v. Arnauld,* Völkerrecht, 2019, Rn. 515.

[532] *Tischendorf,* Theorie und Wirklichkeit der Integrationsverantwortung deutscher Verfassungsorgane, 2017, 61.

[533] *v. Arnauld,* Völkerrecht, 2019, Rn. 515. Vgl. *Tischendorf,* Theorie und Wirklichkeit der Integrationsverantwortung deutscher Verfassungsorgane, 2017, 60.

[534] Vgl. *Schorkopf,* Staatsrecht der internationalen Beziehungen, 2017, § 2 Rn. 129; *v. Arnauld,* Völkerrecht, 2019, Rn. 515.

[535] *v. Arnauld,* Völkerrecht, 2019, Rn. 515. Zum Anwendungsvorrang des Unionsrechts *Schorkopf,* Staatsrecht der internationalen Beziehungen, 2017, § 1 Rn. 58 ff.

[536] BVerfGE 126, 286 (301 f.); EuGH C-6/64, Slg. 1964, I-1251, ECLI:EU:C:1964:66 Rn. 12 – Costa/E. N. E. L.

81 **b) Qualifikation völkerrechtlicher Verträge.** Das Erfordernis parlamentarischer Partizipation knüpft gemäß Art. 59 Abs. 2 S. 1 an den Inhalt eines völkerrechtlichen Vertrags an. Ähnlich verfahren auch andere verfassungsrechtliche Ordnungen, die parlamentarische Partizipationsbefugnisse vorsehen (→ Rn. 6).[537] Ein völkerrechtlicher Vertrag kann sowohl **„hochpolitische"**[538] Qualität (1. Alt.) als auch **„gesetzesinhaltlichen"** Charakter aufweisen (2 Alt.).[539]

82 **aa) „Verträge, welche die politischen Beziehungen des Bundes regeln" (Art. 59 Abs. 2 S. 1 1. Alt.).** Das Attribut „politisch" iSd Art. 59 Abs. 2 S. 1 1. Alt. ist restriktiv auszulegen. Die WRV sprach hier noch von „Bündnissen".[540] Erforderlich ist, dass ein Vertrag „die Existenz des Staates, seine territoriale Integrität, seine Unabhängigkeit, seine Stellung oder sein maßgebliches Gewicht in der Staatengemeinschaft" tangiert.[541] Die vom BVerfG gewählte Definition ist auf das **politische Kräftespiel** in internationalen Beziehungen fokussiert: Es geht um Verträge, die die Machtposition Deutschlands im Verhältnis zu anderen Staaten prägen,[542] wobei dies einzelfallbezogen unter Berücksichtigung der besonderen Beziehungsstruktur Deutschlands im Verhältnis zu den potentiellen Vertragspartnern unter der Einnahme einer deutschen Perspektive[543] zu bestimmen ist.[544] Ein Vertrag „regelt" die Beziehungen des Staates, wenn er auf die Machtbeziehungen gezielt gestaltend einwirken will. Mitunter wird argumentiert, diese **Gestaltungswirkung** dürfe nicht bloß ein nicht intendierter Nebeneffekt eines an sich nicht hochpolitischen Vertrages sein.[545] Teleologisch betrachtet sollte jedoch auch in den Fällen, in denen die hochpolitische Dimension eines Vertrages eine Nebenfolge seines Gegenstands im konkreten politischen Kontext ist, die eine Kontrollfunktion erfüllende und legitimierende legislative Zustimmung für erforderlich erachtet werden.[546] Als Verträge iSd Art. 59 Abs. 2 S. 1 1. Alt. sind jedenfalls Verträge, die unter Art. 24 Abs. 1, Abs. 2 und Abs. 3 fallen (vgl. → Art. 24 Rn. 41, 104), zu subsumieren.[547] Gleiches gilt für Verträge, die vom Anwendungsbereich des Art. 23 erfasst sind (→ Rn. 128).

83 Einige vertreten, dass Verträge, die **grundrechtswesentlich** sind, ebenfalls als „hochpolitische Verträge" iSd Art. 59 Abs. 2 S. 1 1. Alt. zu qualifizieren wären.[548] Naturgemäß besteht bei diesen Verträgen vor dem Hintergrund der Wesentlichkeitslehre ein verstärktes Bedürfnis, aber vor allen Dingen verfassungsrechtliches Erfordernis nach parlamentarischer Legitimation. Dass sie tatsächlich von Art. 59 Abs. 2 S. 1 erfasst werden, stellt bereits dessen zweite

---

[537] Siehe zB Art. 53 der französischen Verfassung (1958); Art. 80 der italienischen Verfassung; Art. 20 Constitutional Reform and Governance Act 2010 (UK).
[538] Krit. zu diesem Begriff *Fastenrath/Groh* in BerlKomm Rn. 57.
[539] *Fastenrath/Groh* in BerlKomm Rn. 56.
[540] Dies betonend *Vöneky* in HdbStR XI, § 236 Rn. 15. Zum Anwendungsvorrang *Maurer* FS f. Stern, 2012, 101 ff.; *Ruffert* in Calliess/Ruffert EUV/AEUV, Art. 1 AEUV Rn. 18.
[541] BVerfGE 1, 372 (381).
[542] BVerfGE 1, 372 (381, 383); 90, 286 (359); *Fastenrath/Groh* in BerlKomm Rn. 57.
[543] *Butzer/Haas* in SHH Rn. 72, 71.
[544] BVerfGE 1, 372 (383); *Streinz* in Sachs Rn. 30; *Butzer/Haas* in SHH Rn. 72.
[545] *Streinz* in Sachs Rn. 29; *Butzer/Haas* in SHH Rn. 73.
[546] *Vöneky* in HdbStR XI, § 236 Rn. 16.
[547] *Jarass* in Jarass/Pieroth Rn. 12.
[548] *Vöneky* in HdbStR XI, § 236 Rn. 17 f.

Alternative sicher. Grundrechtswesentliche Verträge sind vor dem Hintergrund der Wesentlichkeitslehre (→ Rn. 68) stets solche, deren Regelung innerstaatlich betrachtet nur mittels eines Parlamentsgesetzes verfügt werden dürfte (→ Rn. 85). Ob die **„Doppelsubsumption"** (→ Rn. 71) dogmatisch-rechtlich und praktisch vorteilhaft ist, ist nicht eindeutig bestimmbar.[549] Nicht auszuschließen ist jedoch, dass ein „hochpolitischer Vertrag" auch individuelle Rechtspositionen tangiert und eine grundrechtswesentliche Dimension im Verlauf seiner Existenz erlangen kann.

Im Rahmen der Diskussion um die Freihandelsabkommen *Comprehensive Economic and Trade Agreement* (CETA)[550] und *Transatlantic Trade and Investment Partnership* (TTIP) als **gemischten Abkommen**[551] wurde argumentiert, dass diese die Schwelle zu „hochpolitischen Verträgen" iSd Art. 59 Abs. 2 S. 1 1. Alt. zwar noch nicht erreicht hätten, dennoch aber von ihrer besonderen politischer Bedeutung auszugehen sei.[552] Gemischte Abkommen sind solche, die sowohl von der EU als auch den Mitgliedstaaten abgeschlossen werden, da die EU nicht über hinreichende Kompetenzen für ihren Abschluss verfügt (→ Art. 32 Rn. 96).[553] Für die Kategorisierung des Teils des gemischten Abkommens, der als Vertrag iSd Art. 59 Abs. 2 S. 1 in der Kompetenzsphäre der Bundesrepublik verbleibt, wird man auf das gesamte gemischte Abkommen samt der Teile, für die EU Kompetenzen bestehen, abstellen müssen[554] (→ zur Spaltungsthese im Hinblick auf die Frage der Verbandskompetenz siehe → Art. 32 Rn. 96). 84

bb) „Verträge, welche sich auf Gegenstände der Bundesgesetzgebung beziehen" (Art. 59 Abs. 2 S. 1 2. Alt.). Art. 59 Abs. 2 S. 1 2. Alt. verwirklicht den **Vorbehalt des Gesetzes** und den Grundgedanken der **Wesentlichkeitslehre** (→ Rn. 68)[555] im Kontext des Abschlusses völkerrechtlicher Verträge: Regelungen, die nach verfassungsrechtlichen Grundsätzen nur im Rahmen eines Parlamentsgesetzes erfolgen dürften, sollen unter das parlamentarische Zustimmungserfordernis fallen. So sollen der allgemeine Gesetzesvorbehalt und die legislativen Kompetenzen nicht durch die **„Flucht ins Völkerrecht"** ausgehebelt werden. Zudem soll eine effektive Umsetzung des Vertrages sichergestellt werden (→ Rn. 42).[556] Art. 59 Abs. 2 S. 1 2. Alt. zielt mit dem Begriff „Bundesgesetzgebung" somit nicht auf die föderale Kompetenzordnung, sondern ist dem Begriff der „Verwaltung" gegenüber zu stellen, die Art. 59 Abs. 2 S. 2 (→ Rn. 113 f.) adressiert.[557] Auch völkerrechtliche Verträge, die Gegenstände der Landesgesetzgebung tangieren und deren Regelung nur im Wege eines Gesetzes erfolgen dürfte, unterfallen Art. 59 Abs. 2 S. 1 2. Alt.[558] Die Frage, ob der Bund auf den Gebieten der Landesgesetzgebung völkerrechtliche Verträge überhaupt schließen darf, ist eine Frage der Verbandskompetenz und wird von Art. 32 beantwortet (→ Art. 32 Rn. 3). 85

549 Vgl. *Vöneky* in HdbStR XI, § 236 Rn. 18.
550 ABl. EU 2017 L 11/23.
551 Zu „gemischten Abkommen" *Holterhus* EuR 2017, 234.
552 *v. Arnauld* AöR 141 (2016), 268 (278). Vgl. *Grzeszick/Hettche* AöR 141 (2016), 227 (252 ff.); *Holterhus* EuR 2017, 234; *Kempen/Schiffbauer* ZaöRV 77 (2017), 95 ff.
553 *Jaag* EuR 2012, 309 (317 f.); *Holterhus* EuR 2017, 234 (240 ff.).
554 *Kadelbach* in Bradley Oxford Handbook of Comparative Foreign Relations Law, 173 (180).
555 BVerfGE 49, 89 (126 f.).
556 *Butzer/Haas* in SHH Rn. 74.
557 *Streinz* in Sachs Rn. 31; *Jarass* in Jarass/Pieroth Rn. 13.
558 *Jarass* in Jarass/Pieroth Rn. 13.

86 Ob die Regelungen, die ein Vertrag beinhaltet, innerstaatlich betrachtet nur im Wege eines Gesetzes erfolgen dürften, entscheidet sich nach allgemeinen verfassungsrechtlichen Grundsätzen und dementsprechend nach der Lehre von dem Vorbehalt des Gesetzes (→ Rn. 68).[559] Zeitigen Verträge Auswirkungen auf den **Staatshaushalt** und werden betreffende Ausgaben nicht bereits durch den Haushaltsplan und das diesbezügliche Haushaltsgesetz legitimiert, folgt bereits aus der Hoheit des Parlaments über den Haushalt – siehe Art. 110 Abs. 2 (→ Art 110 Rn. 33) – das Zustimmungserfordernis.[560] So denn ein Vertrag Verpflichtungen beinhaltet, die bereits durch innerstaatliche Gesetze realisiert werden bzw. deren Erfüllung ein Gesetz erforderte, das bereits existent ist **(sog. Parallelverträge bzw. Parallelabkommen),** bedarf er, wenn er gesetzgeberisches Tätigwerden erfordern würde, eines Vertragsgesetzes.[561] Der Eintritt völkerrechtlicher Bindungswirkung greife – so das allgemeine Argument – potentiell in die legislative Beweglichkeit und Freiheit des Gesetzgebers ein, bestehende Regelungen zu revidieren, so dass Art. 59 Abs. 2 S. 1 2. Alt. nach seinem Sinn und Zweck zur Anwendung kommen müsse.[562] Folgt man der Logik des Beschlusses des BVerfG zum *Treaty Override* (→ Rn. 104 f.), so müsste dieses Argument an Schlagkraft verlieren. Geht man jedoch – wie hier vertreten – davon aus, dass völkerrechtliche Verträge auf die legislative Gestaltungssphäre stets einwirken (→ Rn. 66 ff.), so bewahrt das Argument seine Validität. Unerheblich ist dabei, dass es des Vertragsgesetzes nicht zur Sicherstellung des effektiven Vollzugs des Vertrags bedarf. Die verschiedenen Zwecke des Art. 59 Abs. 2 S. 1 (→ Rn. 42) müssen nicht kumulativ gegeben sein, um die Notwendigkeit eines Vertragsgesetzes zu begründen.

87 Kann die Umsetzung eines Vertrages im Wege einer **Rechtsverordnung** durch die Exekutive erfolgen, zu der diese durch den Gesetzgeber bereits ermächtigt wurde (Art. 80 Abs. 1), bevor ein betreffender völkerrechtlicher Vertrag geschlossen wurde, und die nicht der Mitwirkung der gesetzgebenden Körperschaften bedarf, soll Art. 59 Abs. 2 S. 1 2. Alt. unter folgenden Voraussetzungen nicht greifen: Erstens, dem Gesetzgeber war es bei Verabschiedung des ermächtigenden Gesetzes möglich, einen **Aufhebungsvorbehalt** anzubringen. Ein solcher Aufhebungsvorbehalt erlaubt es dem Parlament, die betreffende Rechtsverordnung *qua* Parlamentsbeschluss aufzuheben.[563] Zweitens, der Abschluss des völkerrechtlichen Vertrags war bei Verabschiedung des ermächtigenden Gesetzes vom gesetzgeberischen Willen erkennbar umfasst und es besteht ein „Auslandsbezug" der Ermächtigung.[564] Allein die Nichtanwendbarkeit des Art. 59 Abs. 2 S. 1 2. Alt. würde in diesem Fall einen Gleichlauf des Verordnungsrechts der Bundesregierung mit ihrer völkerrechtlichen Vertragsgewalt sicherstellen.[565] Anderes soll nach vom BVerfG vertretener Ansicht gelten, wenn die Verordnungsermächtigung – zB in Gestalt einer Verordnungsermächtigung mit Zustimmungsvorbehalt – ver-

559 *Streinz* in Sachs Rn. 32; *Jarass* in Jarass/Pieroth Rn. 13, 13a; *Butzer/Haas* in SHH Rn. 76.
560 *Streinz* in Sachs Rn. 34; *Butzer/Haas* in SHH Rn. 77.
561 *Vöneky* in HdbStR XI, § 236 Rn. 19; *Streinz* in Sachs Rn. 35. Krit. *Fastenrath/Groh* in BerlKomm Rn. 66; *Rauschning* in BK Rn. 76 ff. Vgl. zu einer ähnlichen Problematik *Koh* Yale Law Journal Forum 128 (2018–2019), 432 (467).
562 *Butzer/Haas* in SHH Rn. 78.
563 Hier und vorhergehend *Butzer/Haas* in SHH Rn. 80.
564 *Butzer/Haas* in SHH Rn. 81. Vgl. *Rojahn* in v. Münch/Kunig, 6. Aufl. 2012 Rn. 25. Krit. *Fastenrath/Groh* in BerlKomm Rn. 63. Keinen Auslandsbezug für erforderlich erachtet *Jarass* in Jarass/Pieroth Rn. 14.
565 *Butzer/Haas* in SHH Rn. 81.

langt, dass gesetzgebende Körperschaften an dem Verordnungserlass zu beteiligen sind.[566] Hiergegen wird eingewandt, dass im letzteren Falle Bundestag und Bundesrat allein an der Verwaltung mitwirkten (**„normatives Verwaltungsabkommen"**, → Rn. 116)[567] und gerade nicht gesetzgeberisch tätig würden.[568] Konsequenz der Ansicht des BVerfG wäre, dass strengere Maßstäbe an völkerrechtliche Verträge angelegt würden als an innerstaatliche Normen.[569] Letzteres Argument bedarf indes der Relativierung, da gerade die äußere Dimension staatlichen Handelns und ihre Besonderheiten potentiell Wertungsunterschiede zu rechtfertigen vermögen.[570] Verfügt die Bundesregierung bereits über eine Verordnungsermächtigung, die die Umsetzung des völkerrechtlichen Vertrags abdeckt, so scheint in der Tat dem Aspekt der Vollzugssicherung, der eine teleologische Säule des Art. 59 Abs. 2 S. 1 2. Alt. bildet (→ Rn. 42), genüge getan.[571] Es bleibt jedoch das Moment einer parlamentarischen Kontrolle eines völkerrechtlichen Vertragsabschlusses, in dessen Dienst das Vertragsgesetz steht. Entscheidend ist somit, ob der Gesetzgeber bereits im Rahmen der Verordnungsermächtigung bzw. des Verordnungserlasses im Hinblick auf den künftigen Vertragsschluss seiner Kontrollfunktion nachgekommen ist bzw. dieser nachkommen kann.[572] Selbst wenn davon ausgegangen wird, dass bei einer Verordnungsermächtigung, die die zuvor genannten Kriterien (Aufhebungsvorbehalt/Antizipation des Vertragsschlusses/Auslandsbezug) erfüllt, kein Vertrag iSd Art. 59 Abs. 2 S. 1 2. Alt. gegeben ist,[573] so kann Art. 59 Abs. 1 S. 1. Alt. einschlägig sein.[574] In dem Falle bleibt es bei dem Erfordernis parlamentarischer Partizipation. Jedenfalls ist das legislative Zustimmungsrecht des Art. 59 Abs. 2 S. 1 einer generellen Delegation an die Bundesregierung nicht zugänglich (→ Rn. 92).

c) Verfahren. aa) Zustimmung oder Mitwirkung. Nach Art. 59 Abs. 2 S. 1 haben die gesetzgebenden Körperschaften dem völkerrechtlichen Vertrag zuzustimmen oder hieran mitzuwirken. Diese Zustimmung bzw. Mitwirkung erfolgt in der Form eines Vertragsgesetzes, das mitunter auch als „Zustimmungsgesetz" bezeichnet wird. Trotz übereinstimmender Terminologie ist dieses – so man denn diese Nomenklatur wählt – von einem Zustimmungsgesetz iSd Art. 77 Abs. 2a abzugrenzen (→ Art. 77 Rn. 29 ff.). **88**

Bei dem Vertragsgesetz handelt es sich seiner Natur nach um ein formelles Bundesgesetz,[575] dessen inhärenter Bestandteil der betreffende völkerrechtliche Vertrag ist. Klassisch wird es funktionell als ein Regierungsakt eingeordnet.[576] An der Adäquanz dieser Qualifikation sind Zweifel angebracht, **89**

---

[566] BVerfGE 1, 372 (390). AA *Heun* in Dreier Rn. 32; *Butzer/Haas* in SHH Rn. 81; *Kempen* in MKS Rn. 69. Zu derartigen Partizipationserfordernissen, ihrer Typologie und ihrer Verfassungskonformität *Uhle* in BeckOK GG Art. 80 Rn. 33, 54 f. mwN; *Schmidt,* Die Beteiligung des Bundestages beim Erlass von Rechtsverordnungen, 2002, 17 ff.

[567] Vgl. *Butzer/Haas* in SHH Rn. 79.

[568] *Fastenrath/Groh* in BerlKomm Rn. 65.

[569] *Heun* in Dreier Rn. 32; *Butzer/Haas* in SHH Rn. 81.

[570] Vgl. *Nettesheim* in Maunz/Dürig Rn. 143.

[571] *Kempen* in MKS Rn. 68; *Nettesheim* in Maunz/Dürig Rn. 142.

[572] Vgl. *Kempen* in MKS Rn. 69.

[573] Vgl. *Nettesheim* in Maunz/Dürig Rn. 142.

[574] *Jarass* in Jarass/Pieroth Rn. 14; *Nettesheim* in Maunz/Dürig Rn. 143.

[575] *Butzer/Haas* in SHH Rn. 89.

[576] BVerfGE 1, 372 (395). So in der Bewertung auch die österreichische Rechtslehre zu Art. 50 Abs. 1 B-VG und der Einordnung der „Genehmigung" seitens des Nationalrats. Der „parlamentarisch zu genehmigende Staatsvertrag" sei eine „parlamentarische Rechtssatzform" und „nicht eine Rechtssatzform der Exekutive", siehe *Öhlinger/Müller* in Korinek/Holou-

wenn das Vertragsgesetz als Ausprägung eines gesamthänderischen Zusammenwirkens von Legislative und Exekutive eingeordnet wird (→ Rn. 41). Völkerrechtliche Verträge stellen sich vermittelt über das Vertragsgesetz als Gesetzgebung im materiellen Sinn dar.

90 Abzugrenzen ist das Vertragsgesetz von schlichten Parlamentsbeschlüssen, im Rahmen derer der Bundestag zu dem Inhalt völkerrechtlicher Verträge oder sonstigen außenpolitischen Fragen Stellung nimmt (→ Rn. 111).

91 Im Schrifttum wird die Ansicht vertreten, dass es allein im Kompetenzbereich der Bundesregierung liege, Vertragsgesetze in das Gesetzgebungsverfahren einzubringen. Ausdrücklich lässt sich dem Grundgesetz eine derartige Abweichung von Art. 76 Abs. 1 nicht entnehmen. Das Argument, ansonsten drohe die Bundesregierung unter Handlungsdruck zu geraten, überzeugt nur bedingt.[577] *Butzer/Haas* sprechen sich mit guten Gründen dafür aus, Verträge, die „Aufgaben der innerstaatlichen Gesetzgebung" übernehmen (→ Rn. 85 ff.), auch dem Initiativrecht von Bundesrat und Bundestag zu unterstellen.[578]

92 Das gesetzgeberische Beteiligungsrecht ist als Kontrollkompetenz einer generellen Delegation an die Bundesregierung vermittels des Art. 80 nicht zugänglich und stellt einen zwingende[n] und „nicht verzichtbare[n] Sondervorbehalt der Legislative" dar (→ Rn. 87).[579]

93 Während seitens des Bundestags ein positiver Gesetzesbeschluss notwendig ist, ist beim **Bundesrat** im Sinne der Art. 77, 78 zwischen Verträgen zu differenzieren, deren Inhalt – in ein Bundesgesetz gegossen – ein **Einspruchsgesetz** (Mitwirkung) und solchen, deren Inhalt ein **Zustimmungsgesetz** (Zustimmung) erfordern würde.[580] Es genügt bereits, dass eine einzelne Bestimmung eines völkerrechtlichen Vertrages einer Materie zuzuordnen ist, die aufseiten des Bundesrates ein Zustimmungserfordernis begründet, um das Vertragsgesetz als Zustimmungsgesetz iSd des Art. 77 Abs. 2a zu qualifizieren.[581] Dies wird bei „hochpolitischen Verträgen" iSd Art. 59 Abs. 2 S. 1 1. Alt. (→ Rn. 82 ff.) grundsätzlich nicht der Fall sein. Dass derartige Verträge sich erheblich auf das Verhältnis von Bund und Ländern auswirken können, genügt nicht, um die Zustimmung des Bundesrates zum betreffenden Vertragsgesetz für erforderlich zu halten.[582] Nach der Logik des Grundgesetzes muss die Zustimmungsbedürftigkeit verfassungsrechtlich ausdrücklich angeordnet sein (*numerus clausus* und Enumerationsprinzip). Sie lässt sich nicht aus einem bloßen Tangieren föderaler oder länderspezifischer Interessen herleiten (→ Art. 77 Rn. 32). Insofern kann ein Zustimmungserfordernis aufseiten des Bundesrates auch dann nicht konstruiert werden, wenn ein Vertrag Gegenstände der Landesgesetzgebung berührt.[583] Ein Transfer von hoheitlichen Befugnissen auf die EU bedarf jedoch der Zustimmung des Bundesrates. **Art. 23 Abs. 1 S. 2** ist hier als ***lex specialis*** zu berücksichtigen (→ Rn. 128).

---

bek/Bezemek/Fuchs/Martin/Zellenberg, Österreichisches Bundesverfassungsrecht, 14. Lfg. 2018, Art. 50 Rn. 18.

[577] *Streinz* in Sachs Rn. 55; *Butzer/Haas* in SHH Rn. 86.

[578] *Butzer/Haas* in SHH Rn. 87. Str. s. *Kadelbach* in Bradley Oxford Handbook of Comparative Foreign Relations Law, 173 (182).

[579] BVerfGE 1, 372 (395). Vgl. *Bayer,* Die Aufhebung völkerrechtlicher Verträge, 1969, 180; *Dregger,* Die antizipierte Zustimmung des Parlaments zum Abschluss völkerrechtlicher Verträge, die sich auch Gegenstände der Bundesgesetzgebung beziehen, 1989, 70 f.

[580] *Jarass* in Jarass/Pieroth Rn. 15. Allg. *Menzel/Klein* JZ 1971, 745 ff.

[581] *Butzer/Haas* in SHH Rn. 82; *Streinz* in Sachs Rn. 50.

[582] *Butzer/Haas* in SHH Rn. 83; *Streinz* in Sachs Rn. 48.

[583] *Streinz* in Sachs Rn. 49; *Butzer/Haas* in SHH Rn. 84.

Es gilt ein grundsätzliches **Bepackungsverbot** im Rahmen des Zustimmungsverfahrens. Änderungsanträge zu Vertragsgesetzen sind nicht zulässig (§ 82 Abs. 2 GOBT).[584] Einem Vertragsgesetz kann nur *en bloc* zugestimmt werden. Durch die **„binäre negative Zuständigkeit"**[585] des Parlaments wird bezweckt, dass die Bundesregierung nicht gezwungen werden soll, den Vertragstext neu auszuhandeln. In diesem Zusammenhang tritt wiederum der Topos der außenpolitischen, exekutiven Handlungsfähigkeit (→ Rn. 4) an die Oberfläche. Möglich ist jedoch die Erteilung einer Zustimmung seitens der gesetzgebenden Körperschaften, die unter der Bedingung der Erklärung eines bestimmten Vorbehalts (→ Rn. 54) steht.[586] In diesem Rahmen vermag die Legislative auf den völkervertraglich übernommenen Pflichtenkreis Einfluss zu nehmen. **94**

Für Vertragsgesetze, die sich auf völkerrechtliche Verträge beziehen, die zu einer Änderung des Grundgesetzes verpflichten, greifen Art. 79 Abs. 2 und 3.[587] Umstritten ist darüber hinaus, ob eine Änderung des Grundgesetzes unmittelbar durch ein Vertragsgesetz erfolgen könnte. Dies scheint Art. 79 Abs. 1 S. 2 zu implizieren. Gemäß Art. 79 Abs. 1 S. 2 genügt es bei bestimmten völkerrechtlichen Verträgen – in Abweichung von dem Verbot der Verfassungsdurchbrechung in Art. 79 Abs. 1 S. 1 (→ Art. 79 Rn. 6 ff.), das bei Vertragsgesetzen zu völkerrechtlichen Verträgen grundsätzlich greift[588] – im Verfassungstext zu statuieren, dass das Grundgesetz diesen nicht entgegensteht („Klarstellung"). Ein Beispiel für eine derartige „Klarstellung" bildet der Fiskalpakt.[589] Eine Verfassungsänderung *qua* Vertrag ist insofern bedenklich, als hierdurch der urkundliche und förmliche Charakter des Verfassungstextes beeinträchtigt wird.[590] Problematisch ist ferner, dass die Legislative mit rechtlichen Instrumentarien nicht (wesentlich) prägend auf das Vertragsgesetz einwirken kann.[591] Dies erscheint mit dem Telos des Art. 79 nur schwerlich vereinbar.[592] Vor diesem Hintergrund handelt es sich bei Art. 79 Abs. 1 S. 2 um eine einer restriktiven Auslegung unterliegende Ausnahmebestimmung.[593] In diesem Sinne zählen zu Verträgen, die der Verteidigung dienen, lediglich solche Verträge, die den Beitritt zu Verteidigungsbündnissen betreffen.[594] Dass ein Vertragswerk Verteidigungsaspekte berührt, ist nicht ausreichend.[595] Andere erachten die Vorschrift angesichts ihrer Entstehungsgeschichte mit Scheitern der EVG als verfassungsrechtlich „obsolet".[596] Eine weitere Ausnahme vom Textänderungsgebot sieht Art. 23 Abs. 1 S. 3 als *lex specialis* vor (→ Rn. 128).[597] **95**

---

584 *Calliess* in HdbStR IV, § 83 Rn. 30.

585 *Schorkopf,* Grundgesetz und Überstaatlichkeit, 2007, 139 f.

586 *Jarass* in Jarass/Pieroth Rn. 16; *Streinz* in Sachs Rn. 51; *Butzer/Haas* in SHH Rn. 87.

587 *Schorkopf,* Staatsrecht der internationalen Beziehungen, 2017, § 3 Rn. 184; *Herdegen* in Maunz/Dürig Art. 79 Rn. 16; *Dietlein* in BeckOK GG Art. 79 Rn. 10.

588 *Dietlein* in BeckOK GG Art. 79 Rn. 8.

589 BGBl. 2012 II 1006; BR-Drs. 130/12, 6. Siehe *Herdegen* in Maunz/Dürig Art. 79 Rn. 16.

590 *Schorkopf,* Staatsrecht der internationalen Beziehungen, 2017, § 3 Rn. 183.

591 *Nettesheim* in Maunz/Dürig Rn. 154; *Schorkopf,* Staatsrecht der internationalen Beziehungen, 2017, § 3 Rn. 183.

592 *Nettesheim* in Maunz/Dürig Rn. 154; *Kempen* in MKS Rn. 77; *Geiger* DRiZ 1991, 131.

593 BVerfGE 41, 126 (174).

594 *Herdegen* in Maunz/Dürig Art. 79 Rn. 42.

595 *Dietlein* in BeckOK GG Art. 79 Rn. 12.

596 *Hain* in MKS Art. 79 Rn. 20.

597 *Dietlein* in BeckOK GG Art. 79 Rn. 6; *Streinz* in Sachs Rn. 58.

96 Im Hinblick auf den temporalen Rahmen der parlamentarischen Zustimmung gilt Folgendes: Zulässig soll – in engen Grenzen – eine **antizipierte parlamentarische Zustimmung** bei Verträgen iSd Art. 59 Abs. 2 S. 1 2. Alt. sein.[598] Die gesetzgebenden Körperschaften würden in dem Fall ihre Zustimmung erteilen, bevor ein finaler Vertragsentwurf ausgehandelt ist. Entscheidend soll sein, dass das Parlament in entsprechender Anwendung des Art. 80 Abs. 1 S. 2 dem zukünftigen völkerrechtlichen Vertrag einen engen Rahmen im antizipierten Vertragsgesetz setzt.[599] Hier gilt es sehr restriktive Maßstäbe anzulegen, da Vertragsverhandlungen durchaus ein unberechenbares Moment inhärent ist. Die Ratifikation des Vertrages darf grundsätzlich in jedem Fall erst nach erfolgter Zustimmung erfolgen (→ Rn. 32).[600] Indes wird von der Möglichkeit einer **rückwirkenden Heilung** ausgegangen. Letzteres helfe sicherzustellen, dass das Vertragsgesetz auch erfüllt werden kann.[601] Aus verfassungsrechtlicher Perspektive sind im Hinblick auf eine *ex post* Zustimmung erhebliche Bedenken angebracht.[602] Das Parlament gelangt hier in eine bloß nachvollziehende Position und vermag den Eintritt einer völkerrechtlich umfassenden Bindung der Bundesrepublik nicht mehr zu verhindern. Die Entscheidung über eine parlamentarische Zustimmung erfolgt in einer erheblichen Drucksituation.

97 **bb) Informationspflichten.** Das parlamentarische Zustimmungsrecht kann seine Zwecke nur effektiv erfüllen, wenn der Exekutive Informationspflichten gegenüber den gesetzgebenden Körperschaften obliegen (*ex ante* und *in procedendi*). Diese hat das BVerfG insbesondere im Kontext des ESM-Rettungsschirms[603] vor dem Hintergrund des Art. 23 Abs. 2 S. 2 herausgearbeitet. Informationspflichten standen ebenfalls im Kontext des TTIP und CETA in Frage (→ Rn. 84).[604] Frühzeitige Informationen sollen verhindern, dass die Legislative in eine bloß nachvollziehende Rolle gerät[605] und dem Parlament die Möglichkeit einer effektiven Beeinflussung des finalen Ergebnisses genommen werde.[606] Diese Grundsätze wird man als einen allgemeinen Maßstab für Art. 59 Abs. 2 S. 1 heranziehen können,[607] auch wenn das Parlament hier primär vor der Frage stehen wird, ob es einem Vertrag zustimmt, ihn ablehnt oder seine Zustimmung an Bedingungen knüpft. Auch dies erfordert einen hohen Grad an Informiertheit, um das Instrument des Vertragsgesetzes nicht zu einer leeren Hülse verkommen zu lassen und eine Auseinandersetzung mit dem auswärtigen Agieren der Bundesregierung auch außerhalb des konkreten Zustimmungsprozesses zu ermöglichen. Informati-

598 *Dregger,* Die antizipierte Zustimmung des Parlaments zum Abschluss völkerrechtlicher Verträge, die sich auch Gegenstände der Bundesgesetzgebung beziehen, 1989, 83; *Treviranus* NJW 1983, 1948 ff.

599 *Dregger,* Die antizipierte Zustimmung des Parlaments zum Abschluss völkerrechtlicher Verträge, die sich auch Gegenstände der Bundesgesetzgebung beziehen, 1989, 97 f.

600 *Jarass* in Jarass/Pieroth Rn. 15 f.

601 *Streinz* in Sachs Rn. 53.

602 Auch *Kempen* in MKS Rn. 78.

603 BGBl. 2012 II 981.

604 *Kadelbach* in Bradley Oxford Handbook of Comparative Foreign Relations Law, 173 (180).

605 Zur niederländ. Verfassungspraxis *Modderman* Tijdschrift Voor Constitutioneel Recht 6 (2015), 34 ff.

606 BVerfGE 131, 152 ff. Vgl. *Häde,* Euro-Rettung zwischen Exekutivprimat und Parlamentsvorbehalt, 2012.

607 Siehe aber *Kadelbach* in Bradley Oxford Handbook of Comparative Foreign Relations Law, 173 (179 f.).

onspflichten folgen bereits – neben einer teleologischen Auslegung des Art. 59 Abs. 2 S. 1 und den allgemeinen parlamentarischen Informations- und Kontrollrechten – aus dem Prinzip der Verfassungsorgantreue (→ Rn. 18).[608] In der Praxis wird der Auswärtige Ausschuss (→ Art. 45a Rn. 6) des Bundestages früh über den Verlauf von Verhandlungen in Kenntnis gesetzt (→ Rn. 110).[609] Dieser nimmt insofern eine zentrale Rolle in der Vorbereitung parlamentarischer Zustimmungsentscheidungen ein.

d) Rechtswirkungen und Vollzug. aa) Vertragsgesetz und die Ratifikation. Das Vertragsgesetz ermächtigt die Exekutive zur Ratifikation des Vertrages (→ Rn. 42), die nicht automatisch mit dessen Verkündung einhergeht. Eine Verpflichtung des Bundespräsidenten, den betreffenden Vertrag zu ratifizieren (→ Rn. 54), folgt aus dem Vertragsgesetz indes nicht.[610] Die Exekutive ist zudem nicht verpflichtet, die völkerrechtliche Bindung an einen Vertrag aufrechtzuerhalten (→ Rn. 54). Zwar erfolgt die Ratifikationserklärung selbst durch den Bundespräsidenten (→ Rn. 32), nach herrschender Auffassung obliegt es jedoch der Bundesregierung zu bestimmen, wann die Ratifikation zu erfolgen hat.[611] Dies folge aus ihrer materiellen Entscheidungsbefugnis.[612] 98

bb) Monismus v. Dualismus. Art. 59 Abs. 2 wirft generell die Frage nach dem Verhältnis von Völkerrecht zu innerstaatlichem Recht, der Geltung des völkerrechtlichen Vertrags innerhalb der innerstaatlichen Rechtsordnung und der Überführung des Völkerrechts in die innerstaatliche Rechtsordnung auf. Das Völkerrecht selbst enthält sich spezifischer Vorgaben, wie Staaten das Verhältnis von Völkerrecht und nationalem Recht auszugestalten haben. In diesem Punkt ist es allein resultatorientiert, wie auch Art. 27 S. 1 WVK reflektiert.[613] Dies gilt allerdings mit einer Einschränkung: Das Völkerrecht setzt voraus, dass ein Staat derart strukturiert ist, dass nicht von vornherein völlig ausgeschlossen ist, dass er völkerrechtliche Pflichten erfüllen kann. Man kann hier auch von einem **„organizational international minimal standard“**[614] sprechen.[615] Die Idee aus den Vorgaben menschenrechtlicher Verbürgungen, die auch völkergewohnheitsrechtlich verankert und universeller Natur sind, ein Recht auf Demokratie oder demokratische Strukturen herzuleiten, hat weder in Rechtsprechung noch Literatur auf Zustimmung stoßen können.[616] Die Anforderungen des „international organizational minimal standard“ zielen allein auf ein Mindestmaß an staatlicher Infrastruktur, die vorhanden sein muss, damit ein Staat überhaupt in der Lage ist, völkerrecht- 99

[608] *Cremer* in Geiger Neuere Probleme der parlamentarischen Legitimation im Bereich der auswärtigen Gewalt, 11 (30 f.). Vgl. *Grzeszick/Hettche* AöR 141 (2016), 252 (264). Auch BVerfGE 104, 151 (209). Zur Verfassungsorgantreue BVerfGE 35, 257 (261 f.); *Schenke,* Die Verfassungsorgantreue 1977.

[609] Zu dessen Rolle *Kadelbach* in Bradley Oxford Handbook of Comparative Foreign Relations Law, 173 (181).

[610] *Streinz* in Sachs Rn. 59.

[611] Vgl. *Benda* in Benda/Klein Verfassungsprozessrecht, Rn. 661.

[612] *Butzer/Haas* in SHH Rn. 94.

[613] *Denza* in Evans International Law, 2018, 383 (386 f.).

[614] *Starski,* The Unwilling or Unable State as a Challenge to International Law, Habilitationsschrift, 2019/2020, 211 ff (nicht veröffentlicht).

[615] Vgl. *Walter A. Noyes (United States v. Panama)* (1933) RIAA Vol. VI 308, 311; *Mrs. Elmer Elsworth Mead (Helen O. Mead)* (U. S. A.) v. United Mexican States (1930) RIAA Vol. IV, 653, 654 ff.

[616] Vgl. *Fox* in Wolfrum MPEPIL, März 2008, Democracy, Right to, International Protection Rn. 4 ff. Siehe aber *Fahner* International Journal of Human Rights 21 (2017), 321 ff.

liche Pflichten zu erfüllen. Vorgaben bezüglich einer Effektuierung des Völkerrechts im Inneren des Staates macht das Völkerrecht prinzipiell nicht. Insofern kann mit einiger Berechtigung von einer **„Ventilneutralität des Völkerrechts"** gesprochen werden (→ Rn. 12).

100 Die Verhältnisbestimmung Völkerrecht/nationales Recht und die normative Architektur der Öffnung der nationalen Rechtsordnung für das Völkerrecht bilden seit jeher den Gegenstand rechtswissenschaftlicher Debatten.[617] Im Ausgangspunkt steht die Frage, ob staatliches Recht und Völkerrecht Elemente einer Rechtsordnung sind (so die kelsianisch geprägte **monistische Theorie**) oder getrennte Rechtsordnungen darstellen (so die **dualistische Theorie** iS *Triepels*).[618] Dabei zeichnet die Dualismus-Monismus-Debatte eine starke (Eigen)Dynamik aus, die zum Teil geprägt ist von einer Überhöhung der praktischen und theoretischen Relevanz der entgegengesetzten Theoriepole. Mitunter mutet die Differenzierung als „unreal, artificial and strictly beside the point" an.[619] Beide Theoriestränge, die keine völkerrechtlichen Kategorien verkörpern, sondern verfassungsrechtliche Regularitäten zu systematisieren suchen,[620] sind selten in Reinform anzutreffen, sondern vielmehr in ausdifferenzierteren Ausprägungen. So vertreten einige Monisten das Primat des Völkerrechts im Falle einer Kollision, andere räumen innerstaatlichem Recht den Vorrang ein.[621] Einige dualistische Theorieströme relativieren die strenge Trennungsthese. Ergänzt werden diese Ansichten durch die **Inkorporationslehre.**[622] Diese verzichtet fast gänzlich auf einen spezifischen staatlichen Akt, der die innerstaatliche Geltung völkerrechtlicher Normen bedingt. Beispielhaft wird diesbezüglich zumeist auf Art. VI Clause 2 der US Verfassung verwiesen („all Treaties made, or which shall be made, […] shall be the supreme Law of the Land"). Doch in allen Fällen und in allen Rechtsordnungen – auch monistisch geprägten – existiert eine irgendwie geartete Entscheidung zur Verhältnisbestimmung des Völkerrechts zum nationalen Recht.[623]

101 Eingebettet in die Grundannahmen der dualistischen Theorie argumentiert die Transformationstheorie,[624] dass Völkerrecht in der innerstaatlichen Rechtsordnung kraft eines Transformationsaktes zur Geltung gebracht wird.[625] Diese Transformation wandelt Völkerrecht in innerstaatliches Recht um. Es erfolgt eine Doppelung der Norm und eine Auswechslung ihres Geltungsgrundes.[626] Einen anderen Standpunkt nimmt die Vollzugstheorie

---

[617] Allg. *Amrhein-Hofmann,* Monismus und Dualismus in den Völkerrechtslehren, 2003; *Rudolf,* Völkerrecht und deutsches Recht, 1967, 128 ff.; *Bleckmann,* Grundgesetz und Völkerrecht, 1975, 264 ff.; *Kirchmair* ZÖR 2017, 515 ff.; *Starke* British Yearbook of International Law 17 (1936), 66 ff.; *Pfeffer,* Das Verhältnis von Völkerrecht und Landesrecht, 2009; *Funke,* Umsetzungsrecht, 2010, 70 ff.; *Boehmer,* Der völkerrechtliche Vertrag im deutschen Recht, 1965, 11 ff. Rechtsvgl. *Verdier/Versteeg* in Sandholtz/Whytock Handbook on the Politics of International Law, 149 ff.; *Verdier/Versteeg* AJIL 109 (2015), 514 ff. (empirisch). Aus konstitutionalistischer Perspektive *Kumm* in Choudry The Migration of Constitutional Ideas, 256.

[618] Völkerrecht und nationales Recht seien „zwei Kreise, die sich höchstens berühren, niemals schneiden", *Triepel,* Völkerrecht und Landesrecht, 1899, 111.

[619] *Fitzmaurice* Recueil des Cours 92 (1957-II), 5, 71.

[620] *Rauschning* in BK Rn. 104; *Fiedler* FS f. Schlochauer, 1981, 57 (62, 71 ff.); *v. Arnauld,* Völkerrecht, 2019, Rn. 501.

[621] Vgl. *Peters* ZÖR 65 (2010), 3 (20 ff.).

[622] Vgl. *Schäfer,* Treaty Overriding, 2020, 108 f.

[623] Vgl. *Peters* ZÖR 65 (2010), 3 (21).

[624] Allg. *Becker* NVwZ 2005, 289 (289 ff.).

[625] *Triepel,* Völkerrecht und Landesrecht, 1899, 112 ff.; *Hesse,* Grundzüge des Verfassungsrechts, Neudruck der 20. Aufl., 1999, Rn. 102.

[626] Vgl. *Heun* in Dreier Rn. 46.

ein, die sich sowohl in das dualistische als auch das monistische Gefüge fügt. Hiernach behält eine völkerrechtliche Norm ihre völkerrechtliche Natur, sie wird jedoch kraft eines innerstaatlichen Aktes für innerstaatlich vollziehbar erklärt,[627] was Voraussetzung ihrer Anwendung in der innerstaatlichen Rechtssphäre ist.[628] Die Funktion ebenjenes Vollzugsbefehls erfülle das Vertragsgesetz. Dies hat wesentliche Konsequenzen: Da die betreffende Norm ihre Qualität als Völkerrecht nicht einbüßt, richten sich ihre Auslegung, ihr Bestand und ihre möglichen Modifikationen nach völkerrechtlichen Grundsätzen.[629] Die Transformationstheorie hingegen unterwirft die betreffende (ehemals) völkerrechtliche Norm innerstaatlichen Regeln und löst sie aus dem völkerrechtlichen Gefüge heraus. Völkerrechtliche und nationalstaatliche Norm teilen getrennte Schicksale. Im Hinblick auf den Zeitpunkt des Hineinwirkens einer völkerrechtlichen Norm wirft dies erhebliche (konstruktive) Probleme auf: Während die Vollzugstheorie notwendigerweise einen Gleichlauf von völkerrechtlichem und innerstaatlichem Inkrafttreten eines Vertrages annimmt, stellt sich bei dem Transformationsmodell das Problem, dass im Zeitpunkt des Inkrafttretens des Vertragsgesetzes der völkerrechtliche Vertrag noch nicht in Kraft ist (→ Rn. 33). Hiernach existiert noch keine rechtsverbindliche, völkerrechtliche Norm, die transformiert werden könnte. Auch die Kündigung oder anderweitige Beendigung (→ Rn. 56 ff.) eines Vertrages lässt die Geltung in innerstaatliches Recht transformierter Normen unberührt.[630] Problematisch ist dies insofern, als sich auf völkerrechtlicher Ebene Vertragsparteien für gewöhnlich dazu verpflichten, den völkerrechtlichen Vertrag in der Gestalt, die er nach einer Auslegung nach völkerrechtlichen Grundsätzen erhält, zu erfüllen.[631] Eine Auslegung nach völkerrechtlichen Auslegungsregeln,[632] die von den meisten Vertretern der Transformationslehre auch als geboten erachtet wird,[633] vermag das Transformationsmodell nicht befriedigend zu begründen.[634] Zumeist behilft man sich hier mit dem Gebot der Völkerrechtsfreundlichkeit des Grundgesetzes (→ Rn. 11), das auch auf die Auslegungsmaximen durchschlage.[635] Derartiger konstruktiver Hilfsmittel bedarf die Vollzugstheorie nicht, der zufolge der innerstaatliche Rechtsanwendungsbefehl, der dem Vertragsgesetz immanent ist, nichts an der völkerrechtlichen Qualität der in Vollzug gesetzten Norm ändert.

Art. 59 Abs. 2 S. 1 deutet in Richtung einer dualistischen Konzeption des **102**
Verhältnisses von Völkerrecht und nationalem Recht hin,[636] lässt sich allerdings sowohl im Sinne der Transformations- als auch der Vollzugstheorie deuten. Letztendlich beruhen auch monistische Verhältnisbestimmungen auf einer irgendwie gearteten Entscheidung einer Rechtsordnung, das Völkerrecht in die eigene „Sphäre" hineinzulassen und weisen insofern dualistische

---

[627] *Partsch,* Die Anwendung des Völkerrechts im innerstaatlichen Recht, 1964, 13 ff., 142 ff., 147.

[628] *Becker* NVwZ 2005, 289 (290).

[629] *Kempen* in MKS Rn. 94.

[630] Vgl. *Heun* in Dreier Rn. 46.

[631] *Butzer/Haas* in SHH Rn. 103.

[632] *Jarass* in Jarass/Pieroth Rn. 19. Zur Auslegung BVerfGE 4, 157 (168).

[633] Siehe zB *Vöneky* in HdbStR XI, § 236 Rn. 11.

[634] Krit. zur strengen Transformationslehre *Boehmer,* Der völkerrechtliche Vertrag im deutschen Recht, 1965, 66 f., 88 f.; *Becker* NVwZ 2005, 289 (290 ff.).

[635] Vgl. *Pieper* in BeckOK GG Rn. 44.

[636] *Vöneky* in HdbStR XI, § 236 Rn. 9. *Vöneky* favorisiert eine Interpretation des Art. 59 Abs. 2 S. 1 im Lichte der Transformationslehre, s. Rn. 10.

Züge auf (→ Rn. 101).[637] In der Judikatur des BVerfG finden sich sowohl Anklänge an das Transformationsmodell als auch an die Vollzugslehre.[638] Während das BVerfG in Vergangenheit auch in Richtung der Transformationstheorie tendierte,[639] deuten seine Äußerungen nunmehr stärker gen Vollzugstheorie. So hat das BVerfG in die innerstaatliche Rechtsordnung einbezogene völkerrechtliche Verträge nach den Regeln der WVK ausgelegt,[640] was sich eher in die Vollzugstheorie fügt. Ferner scheint mitunter eine gemilderte Transformationslehre durch, die „innerstaatliche" Rechtsnorm dynamischen Entwicklungen auf internationaler Ebene folgen lässt. So konstatierte das BVerfG, Art. 25 sei im Hinblick auf Völkergewohnheitsrecht ein „generelle[r] Rechtsanwendungsbefehl"[641] zu entnehmen. Ferner sprach es davon, dass das Vertragsgesetz einen „innerstaatlichen Rechtsanwendungsbefehl" erteile.[642] Zudem scheint das BVerfG auch beide Konstruktionsmodelle kombinieren zu wollen: So stellte es in demselben Urteil fest, Völkerrecht werde „in das deutsche Recht transformiert" und es werde ihm ein „entsprechende[r] Rechtsanwendungsbefehl" erteilt.[643] Das BVerwG scheint hingegen recht konstant der Transformationslehre zu folgen.[644]

103 In der Praxis der Vertragsgesetzgebung sowie im überwiegenden Schrifttum hat die Vollzugstheorie ebenfalls Anklang finden können.[645] Wie *von Arnauld* treffend feststellt, scheint es die Transformationstheorie eher möglich zu machen, sich rechtsvergleichenden Argumenten zu verschließen, da sie den Eigenstand der nationalrechtlichen Norm betont.[646] Plastisch kann dies an der Rechtsprechung des BVerwG zur Genfer Flüchtlingskonvention[647] gesehen werden. Während zahlreiche nationalstaatliche Gerichte ihren Anwendungsbereich auch auf Verfolgung nichtstaatlicher Akteure erstreckten,[648] weigerte sich das BVerwG diesen Schritt zu gehen und berief sich diesbezüglich auf die Transformationslehre[649] – eine Rechtsprechungslinie, der das BVerfG ein Ende setzte.[650]

104 **cc) Rangfragen.** Die Frage des normativen Rangs ist eng mit dem Problem eines Pluralismus von Rechtsordnungen und dem nebeneinander unterschiedlicher Normativitätsebenen verbunden. Sowohl Vertreter des Transformations- als auch des Vollzugsmodells nehmen an, dass transformiertes oder angewandtes bzw. in Vollzug gesetztes Völkerrecht den Rang des Vertragsgesetzes teilt.[651] So kann das Vertragsgesetz als das rechtliche Ventil, das

---

[637] *Peters* ZÖR 65 (2010), 3 (21); *Hillgruber* in HdbStR II, § 32 Rn. 16.
[638] *Streinz* in Sachs Rn. 64.
[639] Vgl. BVerfGE 1, 396 (410); *Nettesheim* in Maunz/Dürig Rn. 177.
[640] Vgl. BVerfGE 4, 157 (168).
[641] BVerfGE 46, 342 (363).
[642] BVerfGE 59, 63 (90); 90, 286 (364). Hierauf verweisend *Butzer/Haas* in SHH Rn. 98, Heun in Dreier Rn. 46.
[643] BVerfGE 111, 307 (316 f.); *Butzer/Haas* in SHH Rn. 98. Zum Rechtsanwendungsbefehl ferner BVerfGE 90, 296 (363); 123, 267 (355); 128, 326 (367); *Jarass* in Jarass/Pieroth Rn. 17.
[644] BVerwG NVwZ 1994, 497 (498 f.).
[645] Siehe auch Einschätzung von *v. Arnauld,* Völkerrecht, 2019, Rn. 505.
[646] *v. Arnauld,* Völkerrecht, 2019, Rn. 505.
[647] 189 UNTS 137.
[648] Siehe hierzu *Phuong* European Journal of Migration and Refugee Law 4 (2003), 522 ff.
[649] BVerwG NVwZ 1994, 497 (498 f.); *v. Arnauld,* Völkerrecht, 2019, Rn. 505.
[650] BVerfG NwVZ 2000, 1165 (1166 f.).
[651] BVerfGE 141, 1 (19); 143, 101 (135); 148, 296 (351); BVerfG Beschl. v. 30.1.2020-2 BvR 1005/18, Rn. 40; Beschl. v. 29.1.2019-2 BvC 62/14, Rn. 61; *Streinz* in Sachs Rn. 64a;

die deutsche Rechtsordnung für das Völkervertragsrecht öffnet, den betreffenden überwirkenden Normen keinen höheren Rang zuordnen als ihm selbst zukommt. Dies bedeutet auch, dass zwischen einfachem Bundesrecht und transformiertem oder in Vollzug gesetztem Völkerrecht der *lex posterior derogat legi priori*-Grundsatz zur Anwendung kommt.[652] Diesem Gedanken folgend wäre die Legislative nicht daran gehindert, Bundesgesetze zu erlassen, die von im Rahmen der deutschen Rechtsordnung geltenden Normen mit Rang eines Bundesgesetzes abweichen, die auf einen völkerrechtlichen Vertrag zurückzuführen sind **(„treaty override“).**[653] Hieran änderten – so die Vertreter dieser Auffassung – weder rechtsstaatliche Erwägungen noch der Grundsatz der Völkerrechtsfreundlichkeit des Grundgesetzes (→ Rn. 11) etwas.[654] In der Tat ist dem Grundgesetz eine Bindung des Gesetzgebers an einfaches Bundesrecht fremd, siehe Art. 20 Abs. 3 1. Hs. Auch wenn der allgemeine Rechtsgrundsatz des *pacta sunt servanda* (Art. 38 Abs. 1 lit. c IGH-Statut) vermöge des Art. 25 ein Element der deutschen Rechtsordnung ist (→ Art. 25 Rn. 71),[655] bedeutet dies nicht, dass transformiertes oder in Vollzug gesetztes Völkervertragsrecht *per se* einen höheren Rang als einfaches Bundesrecht einnimmt.[656] Die gegenteilige Auffassung interpretiert ein Vertragsgesetz als „kompetenzielle Bindung des Gesetzgebers“, die ihn daran hindere transformiertes bzw. in Vollzug gesetztes Völkervertragsrecht *qua* späterer Gesetzgebung zu derogieren.[657]

Das BVerfG erkannte jüngst – über die Kollision des Demokratieprinzips mit dem Gebot der Völkerrechtsfreundlichkeit, dem *pacta sunt servanda*-Grundsatz und dem Rechtsstaatsprinzip urteilend[658] – an, dass „spätere Gesetzgeber […] innerhalb der vom Grundgesetz vorgegebenen Grenzen Rechtsetzungsakte früherer Gesetzgeber revidieren können müssen“.[659] Der Bundestag kann folglich unter Berufung auf das Demokratieprinzip Gesetze erlassen, die völkerrechtlichen Verträgen widersprechen, obwohl eine völkerrechtliche Pflicht zur Beseitigung völkerrechtswidriger Zustände (vgl. Art. 27 S. 1 WVK) besteht.[660] Dies erweist sich insofern als problematisch, als verfassungsrechtlich alle Organe zur Befolgung des Völkerrechts verpflichtet sind (→ Rn. 26), auf die Revision und Wiedergutmachung völkerrechtlicher Verstöße und gar auf völkerrechtskonformes Handeln anderer Völker- **105**

Jarass in Jarass/Pieroth Rn. 19; *Butzer/Haas* in SHH Rn. 101; *Becker* NVwZ 2005, 289 (290).

[652] Vgl. *Streinz* in Sachs Rn. 64a; *Jarass* in Jarass/Pieroth Rn. 19; *Valta/Stendel* StuW 4/2019, 340 ff.; *Frau,* Der Gesetzgeber zwischen Verfassungsrecht und völkerrechtlichem Vertrag, 2015. Siehe rechtsvergl. *Whitney v. Robertson,* 124 U. S. 190, 194 (1888); *Hathaway* Yale Law Journal 227 (2008), 1236, 1337 (Fn. 296).

[653] Vgl. *Schwenke* DStR 2018, 2310; *Funke* DÖV 2016, 833; *Payandeh* NJW 2016, 1279. Zur Definition OECD, Recommendation of the Council concerning Tax Treaty Override (2.10.1989) Nr. 2.

[654] *Butzer/Haas* in SHH Rn. 102.

[655] Vgl. BVerfGE 141, 1 (20); *Rauschning* in BK Rn. 107.

[656] *Frau,* Der Gesetzgeber zwischen Verfassungsrecht und völkerrechtlichem Vertrag, 2015, 103.

[657] *Becker* NVwZ 2005, 289 (291). Vgl. zur Diskussion *Nettesheim* in Maunz/Dürig Rn. 186 ff. Krit. *Kees* Der Staat 54 (2015), 63 (89 f.).

[658] Vgl. *Paulus/Hinselmann* in Bradley Oxford Handbook of Comparative Foreign Relations Law, 411 (422 ff.); *Krieger* AöR 133 (2008), 315 ff.

[659] BVerfGE 141, 1 (21 f.). Vgl. *Krumm* AöR 138 (2013), 363.

[660] Vgl. Art. 32 ILC Draft Articles on Responsibility of States for Internationally Wrongful Acts (with commentaries) (UN Doc. A/56/10), YBILC II (2001).

rechtssubjekte hinzuwirken gehalten sind.[661] Eine wesentliche rechtliche Determinante ist für das BVerfG in diesem Zusammenhang der **Grundsatz der Diskontinuität des parlamentarischen Gesetzgebers** (→ Art. 43 Rn. 14) – letztendlich eine Ausformung des Demokratieprinzips: Die legislative Entscheidungsgewalt könne nur die Verfassung binden und nicht ein früherer Gesetzgeber.[662] Die Rechtsprechung des BVerfG zum ***Treaty Override*** ist essentiell mit Fragen der Partizipation der Legislative an der Kündigung völkerrechtlicher Verträge (→ Rn. 61 ff.) verknüpft und erscheint als Kompensation für ein fehlendes parlamentarisches Kündigungsrecht (→ Rn. 73).[663]

106 Die Position des BVerfG ist angesichts der Neujustierung des Verhältnisses von Völker- und Verfassungsrecht, die sie etabliert,[664] problematisch.[665] Sie steht in Konflikt mit Verfassungsgrundsätzen[666] und birgt die Gefahr einer völkerrechtsfeindlichen Neuausrichtung des Grundgesetzes. Letztere könnte völkerrechtliche Normen ihrer Durchsetzungskraft berauben und das Völkerrecht in seiner Wirksamkeit hemmen.[667] So bedarf das Völkerrecht nationaler Instanzen zu seiner Effektivierung: „The future of international law is domestic."[668] Ferner ist Kern der Idee der Völkerrechtsfreundlichkeit des Grundgesetzes (→ Rn. 11), Völkerrechtskonformität als verfassungsrechtlich geboten einzuordnen und die Verpflichtungsdimension des Völkerrechts auch innerstaatlich zu würdigen und zu achten.[669] An die verfassungsmäßige Ordnung ist die Legislative unstreitig gebunden (Art. 20 Abs. 3 1. Hs.). Die *Treaty Override*-Rechtsprechung bedingt in all ihren Implikationen zudem **Wertungsinkonsistenzen:**[670] Das Völkerrecht geht von einer Gleichrangigkeit der Rechtsquellen und ihrer Interdependenz aus (→ Rn. 26). Völkervertragsrecht stellt einerseits in vielen Fällen eine Kodifikation von Völkergewohnheitsrecht dar, andererseits erwächst aus Völkervertragsrecht oftmals Völkergewohnheitsrecht (→ Art. 25 Rn. 33).[671] Völkergewohnheitsrecht kommt indes im grundgesetzlichen Gefüge ein Zwischenrang zwischen der Verfassung und einfachem Gesetzesrecht zu (→ Art. 25 Rn. 45 ff.).[672] Vermöge Art. 25 zur Anwendung gebrachtes Völkergewohnheitsrecht steht jedoch nicht zur Disposition der Legislative.[673] Ferner durchbricht die Rechtsprechung des BVerfG zum Status der EMRK[674] – die ua auf der Konvergenz der Schutzrichtungen von Grund- und Menschenrechten basiert – seine *Treaty Override*- und *lex posterior*-Logik (→ Rn. 108).[675] Die hervorgehobene

---

[661] BVerfGE 112, 1 (26); *Paulus/Hinselmann* in Bradley Oxford Handbook of Comparative Foreign Relations Law, 411 (422).
[662] Vgl. *Becker* NVwZ 2005, 289 (291).
[663] BVerfGE 141, 1 (23); *v. Arnauld,* Völkerrecht, 2019, Rn. 524.
[664] *Frau/Trinks* DÖV 2013, 228.
[665] *Payandeh* NJW 2016, 1279; *Weigell/Görlich* IStR 2017, 772; *Henrich* NVwZ 2016, 668; Teil 1 § 2 *Fastenrath* JZ 2016, 636.
[666] *Stöber* DStR 2016, 1889. Vgl. *Kokott,* Das Steuerrecht der Europäischen Union, 2018, Rn. 188.
[667] *Henrich* NVwZ 2016, 668 (insb. 670 f.).
[668] *Nollkaemper* AJIL 101 (2007), 760 (799).
[669] *v. Arnauld,* Völkerrecht, 2019, Rn. 524.
[670] *Payandeh* NJW 2016, 1279 (1280 ff.).
[671] Vgl. IGH, *Military on Paramilitary Activities in and against Nicaragua (Nicaragua u. United States of America),* Judgment of 27 June 1986, ICJ Rep. 1986, 14, Rn. 175.
[672] *Payandeh* NJW 2016, 1279 (1280).
[673] *Fastenrath/Groh* in BerlKomm Rn. 110.
[674] BGBl. 1952 II Nr. 14.
[675] Vgl. *Valta/Stendel* StuW 4/2019, 340 (351 f.).

Stellung, die der EMRK eingeräumt wird, ist zwar dogmatisch fundiert, jedoch darf nicht außer Acht gelassen werden, dass sich individualrechtliche Verbürgungen nicht nur in den klassischen Menschenrechtspakten, sondern auch in anderen völkerrechtlichen Verträgen finden.[676]

Der Widerstreit zwischen konfligierenden verfassungsrechtlichen Prinzipien – Demokratieprinzip (Entscheidungsgewalt der Legislative und Grundsatz parlamentarischer Diskontinuität) einerseits und die Völkerrechtsfreundlichkeit des Grundgesetzes andererseits – gebietet einen schonenden Ausgleich und die Suche nach einem wenig bzw. minimal invasiven Vorgehen, sollte es gesetzgeberisches Ziel sein, völkervertragliche Verpflichtungen im Ergebnis nicht zu erfüllen.[677] So betrachtete der Bundesfinanzhof die Kündigung des relevanten Doppelbesteuerungsabkommens im Ausgangsfall, der in den *Treaty Override*-Beschluss des BVerfG mündete, als milderes Mittel gegenüber einer Aushebelung des Vertrages vermöge des *lex posterior*-Grundsatzes.[678] In der Tat ließe sich das *Treaty Override*-Problem weitestgehend auflösen, wenn dem Gesetzgeber das Recht zugesprochen würde, völkerrechtliche Verträge zu kündigen bzw. die Exekutive hierzu zu verpflichten. Dies ginge allerdings konstruktiv weit über die Herleitung eines bloßen Zustimmungserfordernisses bei der Kündigung völkerrechtlicher Verträge hinaus (→ Rn. 71). Als Mittelweg bietet sich eine Abwägungslösung an, wie sie sich im Sondervotum von *König* in der *Treaty Override*-Entscheidung des BVerfG widergespiegelt hat.[679] Diese hat Anleihen an der Position *Vogels* genommen,[680] der die Kompatibilität des „Wortbruchs" mit dem Verfassungsstaat in Frage stellt.[681] Relevante Abwägungsdeterminanten wären hiernach die Qualität und Gewichtigkeit des durch das spätere Bundesgesetz verfolgten Regelungsziels und die Dringlichkeit seiner Verwirklichung, seine Implikationen für Individualrechte sowie ein möglicher Rekurs auf völkerrechtskonforme Instrumente zur Realisierung des legislativen Willens (zB Kündigung, Vertragsänderung, Interpretationserklärung).[682] Indes darf nicht außer Acht bleiben, dass die Abwägungslösung Rechtsunsicherheit befördert.[683] Drei Aspekte sollten insofern vorranging Berücksichtigung finden: So kann ein völkerrechtlicher Vertrag später in Kraft gesetztes Bundesrecht verdrängen, so denn er die spezielleren Regelungen enthält ***(lex specialis derogat legi generali)***.[684] Ferner sollte im Einklang mit der Völkerrechtsfreundlichkeit des Grundgesetzes nicht davon ausgegangen werden, dass der Gesetzgeber von völkerrechtlichen Verpflichtungen divergieren will, so denn 107

[676] *Payandeh* NJW 2016, 1279 (1281).

[677] Vgl. auch die Waldschlösschenbrücke-Problematik, VG Dresden, Beschl. 19.6.2007, Az. 12 K 1139/07 und BVerfG, Beschl. v. 29.5.2007, 2 BVR 695/07. Vgl. *Krieger* AöR 2008, 315 (338 ff.).

[678] BFHE 236, 304 (315).

[679] *Frau,* Der Gesetzgeber zwischen Verfassungsrecht und völkerrechtlichem Vertrag, 2015, 117.

[680] *Vogel* JZ 1997, 161 (165 ff.); *Vogel* in Vogel/Lehner, Doppelbesteuerungsabkommen. 5. Aufl. 2008, Einl. Rn. 204 f. Die Auffassung *Vogels* ausdifferenzierend und sich hiervon zT absetzend *Lehner* in Vogel/Lehner, Doppelbesteuerungsabkommen, 6. Aufl. 2015, 201 f. (O. Grundlagen des Abkommenrechts).

[681] *Vogel* JZ 1997, 161 ff.

[682] BVerfGE 141, 1 (48) (abw. Votum *König*).

[683] Krit. insofern *Paulus/Hinselmann* in Bradley Oxford Handbook of Comparative Foreign Relations Law, 411 (422); *Valta/Stendel* StuW 4/2019, 340 (insb. 352); *Heinke* Der Staat 55 (2016), 393 (410).

[684] *Fastenrath/Groh* in BerlKomm Rn. 111.

sein dahingehender Wille nicht eindeutig zu Tage tritt **(Vermutung des völkerrechtskonformen Handelns).**[685] Und letztendlich sollten – wie von Valta und Stendal gefordert – **„echte"** von unproblematischen **„unechten Treaty Overrides"** unterschieden werden.[686] Nur erstere konstituieren Völkerrechtsverstöße, während letztere zB eine Korrektur von Rechtsprechung der Fachgerichtsbarkeit beinhalten, die im Einklang mit einem (gewandelten) Verständnis des in Frage stehenden völkerrechtlichen Vertrages steht.[687]

108 Allgemeinen Regeln des Völkerrechts kommt ein Rang zwischen dem Grundgesetz und den einfachen Gesetzen zu (→ Art. 25 Rn. 45). In diesem Fall findet die Ratio der *Treaty Override*-Rechtsprechung des BVerfG keine Anwendung.[688] Zwischenrang weist in dem Falle nur die völkergewohnheitsrechtliche Emanation der betreffenden völkervertraglichen Norm auf. Sie wird dieses Rangs auch nicht dadurch verlustig, dass sie völkervertraglich „gedoppelt" wird (→ Art. 25 Rn. 33). Im Übrigen kann sich ein höherer Rang kraft ausdrücklicher verfassungsrechtlicher Anordnung ergeben. In diesem Sinne ist der dem Unionsrecht zugesprochene Anwendungsvorrang über Art. 23 Abs. 1 abgesichert (→ Art. 23 Rn. 5).[689] Ferner nimmt im Rahmen der Normenhierarchie die EMRK einen besonderen Stellenwert ein.[690] Zwar steht sie als nach Art. 59 Abs. 2 S. 1 2. Alt. in Vollzug gesetzter völkerrechtlicher Vertrag im Rang eines einfachen Bundesgesetzes. Sie ist allerdings bei der Auslegung von Grundrechten wesentlich zu berücksichtigen. Eine dogmatische Stütze findet dies in Art. 1 Abs. 2, welcher ein verfassungsrechtliches Bekenntnis zu „unverletzlichen und unveräußerlichen Menschenrechten" beinhaltet.[691] Auch ist zu berücksichtigen, dass sich grundrechtliche Verbürgungen und Menschenrechte durch eine kongruente Zielrichtung auszeichnen.[692] Nicht erfolgen darf allerdings – so das BVerfG – eine „schematische Parallelisierung einzelner verfassungsrechtlicher Begriffe".[693] EMRK-Verbürgungen müssen „im Rahmen eines „aktiven (Rezeptions-)Vorgangs in den Kontext der aufnehmenden Verfassungsordnung ‚umgedacht' werden."[694] Eine völkerrechtsfreundliche Auslegung ist dann ausgeschlossen, wenn hierzu methodische Grenzen der Textexegese zu überschreiten wären, eine Einschränkung des Grundrechtsschutzes erfolgte oder wenn vor dem Hintergrund grundrechtlicher Verbürgungen eine abweichende Abwägung in Konstellationen multipolarer Rechtsverhältnisse geboten erscheint.[695] Es stehe insofern nicht in Widerspruch mit dem Grund-

---

[685] BVerfGE 74, 358 (370); 141, 1 (30); *Fastenrath/Groh* in BerlKomm Rn. 111; *Jarass* in Jarass/Pieroth Rn. 19.

[686] *Valta/Stendel* StuW 4/2019, 340 (342 ff.).

[687] Ansatz von *Valta/Stendel* StuW 4/2019, 340 (342 ff.).

[688] *Paulus/Hinselmann* in Bradley Oxford Handbook of Comparative Foreign Relations Law, 411 (423).

[689] *Butzer/Haas* in SHH Rn. 101.

[690] BVerfGE 141, 1 (131 f.). Rechtsvergl. *Lixinski* in Grote/Lachenmann MPECCoL März 2019 („International Human Rights Law and Municipal Law").

[691] BVerfGE 148, 296 (352 f.).

[692] BVerfG Beschl. v. 6.11.2019-1 BvR 16/13, Rn. 58, 61. Siehe *v. Arnauld,* Völkerrecht, 2019, Rn. 525.

[693] BVerfG Beschl. 18.9.2018-2 BvR 745/18, Rn. 42; BVerfGE 128, 326 (370); 148, 296 (353).

[694] BVerfGE 148, 296 (353). Vgl. BVerfGE 128, 326 (370).

[695] BVerfG Beschl. v. 29.1.2019-2 BvC 62/14, Rn. 63 ff.; *v. Arnauld,* Völkerrecht, 2019, Rn. 527. Vgl. BVerfG Beschl. 18.9.2018-2 BvR 745/18, Rn. 44; BVerfGE 148, 296 (355).

satz der Völkerrechtsfreundlichkeit, wenn „ausnahmsweise" völkervertragliche Bestimmungen nicht berücksichtigt werden, „sofern nur auf diese Weise ein Verstoß gegen tragende Grundsätze der Verfassung abzuwenden ist."[696] Das BVerfG erkennt ferner die „faktische[n] Orientierungs- und Leitfunktion" der Urteile des EGMR an[697] – auch in Konstellationen, die über das *inter partes*-Verhältnis hinausgehen.[698] Indes betont das BVerfG in seiner Entscheidung zum **Streikverbot für Beamte** in besonderer Weise das Erfordernis einer hinreichenden **Kontextualisierung** der Entscheidungen des EGMR,[699] was der „Leitfunktion" je nach Operationalisierung dieses Maßstabs Durchschlagskraft zu nehmen geeignet ist und auch eine etwaige Orientierungsfunktion der Rechtsprechung des EGMR relativiert.[700] Seit der ***Görgülü*-Entscheidung** des BVerfG ist jedenfalls anerkannt, dass die Missachtung einschlägiger Rechtsprechung des EGMR im Rahmen der Verfassungsbeschwerde über Art. 20 Abs. 3 iVm mit dem betreffenden Grundrecht beschwerde- und rügefähig ist.[701] Zwar zeichnet auch Menschenrechtsinstrumente auf der universellen Ebene (zB den Internationalen Pakt über Bürgerliche und Politische Rechte[702]) ein Gleichlauf mit grundrechtlichen Schutzdimensionen aus, ihnen kommt jedoch kein der EMRK vergleichbarer Rang zu. Stellungnahmen der Vertragsausschüsse werden seitens des BVerfG aufgrund ihrer Unverbindlichkeit nur berücksichtigt.[703]

dd) Einbeziehung in die und Wirkung des völkerrechtlichen Vertrages in der innerstaatlichen Rechtsordnung: Geltung, unmittelbare Anwendbarkeit und Umsetzung. Zu differenzieren ist zwischen der **innerstaatlichen Geltung** (→ Rn. 34) eines völkerrechtlichen Vertrages und seiner **unmittelbaren Anwendbarkeit.**[704] Ein völkerrechtlicher Vertrag kann innerstaatlich gelten und Rechtswirkungen entfalten, auch wenn er nicht unmittelbar anwendbar ist, dh als solcher – vergleichbar einer Rechtsnorm nationalen Rechts[705] – vollzugsfähig ist.[706] Die Frage der unmittelbaren Anwendbarkeit richtet sich nach nationalem Recht,[707] das diese an bestimmte Eigenschaften der völkerrechtlichen Norm knüpft. Oftmals bedürfen völkervertragliche Normen der Konkretisierung im Wege spezifischer Umsetzungsakte[708] und beinhalten Pflichten zum gesetzgeberischen Tätigwerden **(„non-** 109

[696] BVerfG Beschl. v. 29.1.2019-2 BvC 62/14, Rn. 63.

[697] BVerfG NJW 2019, 1201 (1206); *Bryde* Der Staat 42 (2003), 61 (75); *Isensee* AöR 138 (2013), 325 (349 ff.).

[698] BVerfG Beschl. 18.9.2018-2 BvR 745/18, Rn. 41; *Streinz* in Sachs Rn. 65a.

[699] BVerfGE 148, 296 (350). Krit. *Widmaier* DVBl. 2020, 229 ff. Vgl. ferner *Hering* ZaöRV 79 (2019), 241 ff.; *Jacobs/Payandeh* JZ 2019, 19 ff.

[700] *Jacobs/Payandeh* JZ 2019, 19 (23).

[701] BVerfGE 111, 307 (315 ff.). Siehe BVerfGE 128, 326 (369 ff.). Vgl. *Mayer-Ladewig/Petzold* NJW 2005, 15 ff. Zu der Bindungswirkung der Urteile des EGMR in einzelnen Verfassungsordnungen aus rechtsvergleichender Sicht *Kunz,* Richter über internationale Gerichte?, Dissertation Universität Basel, 2017, 92 ff (noch nicht veröffentlicht).

[702] 999 UNTS 171.

[703] Hier und vorhergehend BVerfGE 142, 313 (346); BVerfG Beschl. v. 29.1.2019-2 BvC 62/14, Rn. 65. Siehe differenzierend *Payandeh* NVwZ 2020, 125 ff.

[704] BVerfGE 142, 234 (245); *Jarass* in Jarass/Pieroth Rn. 18; *Fastenrath/Groh* in BerlKomm Rn. 102 ff.; *Vöneky* in HdbStR XI, § 236 Rn. 4. Vgl. *Payandeh* RW 2013, 397 (404 ff.); *Bleckmann,* Begriff und Kriterien der innerstaatlichen Anwendbarkeit völkerrechtlicher Verträge, 1970.

[705] BVerfGE 29, 348 (360).

[706] BVerfGE 142, 234 (245). Vgl. bereits RGZ 117, 284 (285).

[707] *Hillgruber* in HdbStR II, § 32 Rn. 116.

[708] Umfassend *Funke,* Umsetzungsrecht, 2010.

self-executing norms").[709] Adressatin derartiger Pflichten ist die Bundesrepublik. **„Self-executing norms"**, denen unmittelbare Anwendbarkeit zukommt, können hingegen von Behörden und Gerichten unmittelbar angewandt werden[710] und auch unmittelbar Rechte und Pflichten von Individuen begründen,[711] die prozessual vor nationalen Gerichten einklagbar sind. Letzteres ist jedoch nicht *conditio sine qua non* ihrer unmittelbaren Anwendbarkeit.[712] Der Charakter einer Norm als „self-executing" ist im Wege der **Auslegung** nach völkerrechtlichen Grundsätzen[713] zu bestimmen.[714] Gleiches gilt für ihren Individualrechte gewährenden Charakter. Eine effektive Individualberechtigung setzt in jedem Fall voraus, dass eine Norm nach Inhalt und Zweck hinreichend bestimmt ist.[715] Dabei nähert gerade die Figur der „self-executing norm" monistische und dualistische Theorien aneinander an (→ Rn. 99 ff.).[716]

110 **e) Außenpolitik und Parlament: Bindungswirkung schlichter Parlamentsbeschlüsse.** Eine allgemeine Kompetenz auswärtige Beziehungen zu gestalten, zu steuern und zu kontrollieren – so die Auffassung des BVerfG – ist den gesetzgebenden Körperschaften nicht verliehen (→ Rn. 68).[717] Gerade dies kann Art. 59 Abs. 2 S. 1 *argumentum e contario* in gewissen Grenzen entnommen werden. Kontrolle übt das Parlament, insbesondere die Opposition (→ Art. 38 Rn. 124),[718] im außenpolitischen Bereich vermöge von Abgeordneten-, Fraktions- und Gruppenrechten aus (Art. 38 Abs. 1 S. 2 und §§ 100 ff. GOBT). Das Parlament verfügt insbesondere über weitreichende Informationsbefugnisse im Bereich auswärtiger Gewalt (→ Rn. 97).[719] An der Effektivität dieser Instrumente im Hinblick auf die parlamentarische Disziplinierung außenpolitischer Entscheidungen werden Zweifel gehegt.[720] Dennoch wäre es verfehlt anzunehmen, das Parlament entbehre – jenseits des legislativen Veto-Rechts (→ Rn. 61) – jeglichen Einflusses auf die Außenpolitik. Eine wichtige Rolle bei der parlamentarischen Einflussnahme des Bundestages auf die Außenpolitik nimmt der Auswärtige Ausschuss gem. Art. 45a (→ Rn. 97) ein.[721]

111 Nach herrschender Auffassung steht es dem Parlament zudem frei, sich mit der Außenpolitik der Bundesregierung auseinanderzusetzen und diesbezüglich schlichte Parlamentsbeschlüsse zu erlassen.[722] Ihre bindende Natur ist jedoch umstritten. Parlamentsbeschlüsse sind als Willens- und Meinungsbekundungen des Parlaments einzuordnen[723] und nicht-legislativer Natur.[724] Nach der sehr

---

[709] *Vöneky* in HdbStR XI, § 236 Rn. 5. Vgl. *Whitney v. Robertson,* 124 U.S. 190, 194 (1888).

[710] Vgl. BVerwG NJW 1989, 1441 (1443 f.).

[711] BGH NJW 1970, 191 (194); *Jarass* in Jarass/Pieroth Rn. 18.

[712] Vgl. *Streinz* in Sachs Rn. 69. Ungenau *Kempen* in MKS Rn. 95.

[713] *Jarass* in Jarass/Pieroth Rn. 19.

[714] *Butzer/Haas* in SHH Rn. 105.

[715] BVerfGE 142, 234 (246 f.).

[716] Vgl. *v. Arnauld,* Völkerrecht, 2019, Rn. 508.

[717] BVerfGE 68, 1 (86). Vgl. *Cremer* in Geiger Neuere Probleme der parlamentarischen Legitimation im Bereich der auswärtigen Gewalt, 11 (29, 31).

[718] *Starski* DÖV 2016, 750 ff.

[719] *Cremer* in Geiger Neuere Probleme der parlamentarischen Legitimation im Bereich der auswärtigen Gewalt, 11 (30 f.).

[720] Vgl. *Weiß,* Auswärtige Gewalt und Gewaltenteilung, 1971, 206.

[721] *Pilz,* Der Auswärtige Ausschuss des Deutschen Bundestages und die Mitwirkung des Parlaments an der auswärtigen und internationalen Politik, 2008, 123 ff.

[722] BVerfGE 131, 152 (196); *Jarass* in Jarass/Pieroth Rn. 8.

[723] *Klein* in Maunz/Dürig Art. 42 Rn. 80; *Kratzer* BayVBl. 1966, 365 (367).

[724] *Bethge* in MSKB BVerfGG § 90 Rn. 228.

weitgehenden Ansicht von *Menzel* stellen außenpolitische Beschlüsse des Parlaments „Weisungen an die Exekutive“ dar.[725] Indes ist davon auszugehen, dass Beschlüsse des Parlaments nur dann die Exekutive binden können, wenn sie auf eine dahingehende grundgesetzlich verankerte Kompetenz zurückführbar sind. Ein genereller außenpolitischer Parlamentsvorbehalt entbehrt eines verfassungsrechtlichen Fundaments und widerspricht der Entscheidung des Grundgesetzes gegen einen parlamentarischen **„Gewaltenmonismus“** (→ Rn. 68).[726] Die Exekutive bindende Parlamentsbeschlüsse sind dem Verfassungsrecht allerdings nicht fremd: Einen Fall eines bindenden Parlamentsbeschlusses[727] stellt die konstitutive Zustimmung zur Entsendung deutscher Soldaten ins Ausland entsprechend den Voraussetzungen des wehrverfassungsrechtlichen Parlamentsvorbehalts (→ Rn. 14) dar (vgl. § 1 Abs. 2 Parlamentsbeteiligungsgesetz).[728] Doch auch in diesem Fall vermag das Parlament nur der exekutiven Entscheidung zu entsenden zuzustimmen oder nicht. Es verfügt indes nicht über ein Initiativrecht (§ 3 Parlamentsbeteiligungsgesetz).

Kontrovers wird ferner die Frage behandelt, inwiefern die gesetzgebenden **112**
Körperschaften im Wege von Parlamentsgesetzen die Außenpolitik bestimmen können.[729] Das BVerfG geht davon aus, dass Außenpolitik „funktionell betrachtet nicht Gesetzgebung“ ist.[730] Auch wenn völkerrechtlichen Verträgen nach der hier vertretenen Auffassung – jedenfalls wenn sie sich als Verträge iSd Art. 59 Abs. 2 S. 1 2. Alt. einordnen lassen – die Funktion „internationalisierte[r] Gesetzgebung“[731] (→ Rn. 68) zukommt, lässt dies nicht den Schluss auf eine generalisierte legislative Kompetenz zur Gestaltung des auswärtigen Wirkens der Bundesrepublik zu. Art. 59 – so das BVerfG – berechtigt den Bundestag nicht, „in den Zuständigkeitsbereich der Regierung einzugreifen.“[732] Es bliebe eine Einflussnahme über ein **Misstrauensvotum** nach Art. 67 als intensivstes Mittel (→ Art. 67 Rn. 1 ff.),[733] so denn der Bundestag eine bestimmte außenpolitische Linie der Regierung nicht gutheißt, sowie die Budgethoheit.[734] Dennoch kann die Grundrechtsrelevanz außenpolitischer Maßnahmen im Einzelfall und in engen Grenzen iVm mit weiteren verfassungsrechtlichen Bestimmungen die Notwendigkeit einer parlamentarischen Grundlage für exekutives Außenhandeln generieren (→ Rn. 68).

---

[725] *Menzel* VVDStRL 12 (1954), 179 (219). AA *Reichel,* Die auswärtige Gewalt nach dem Grundgesetz für die Bundesrepublik Deutschland vom 23. Mai 1949, 1967, 71.

[726] BVerfGE 68, 1 (87, auch 89).

[727] *Epping* in Maunz/Dürig Art. 65a Rn. 31 ff.

[728] v. 18.3.2005 (BGBl. I 775).

[729] *Schmahl* in Sodan Rn. 10. Eine Bindungswirkung verneinend *Hesse,* Grundzüge des Verfassungsrechts der Bundesrepublik Deutschland, Neudruck der 20. Aufl., 1999, Rn. 590. AA *Menzel* VVDStRL 12 (1954), 179 (219); *Grupp,* Die parlamentarische Kontrolle der auswärtigen Gewalt in Form von Entschließungen, 1975, 128 ff.,137 ff. Siehe zum Problemkreis *Holterhus* EuR 2017, 234 (254 ff.). Im EU Kontext gilt es ggf. die „Integrationsverantwortung“ zu berücksichtigen, BVerfGE 123, 267 (350 ff., 420). Vgl. zur Schweiz *Fastenrath/Groh* in BerlKomm Rn. 149.

[730] BVerfGE 68, 1 (87).

[731] *Fastenrath,* Kompetenzverteilung im Bereich der auswärtigen Gewalt, 1986, 238.

[732] BVerfGE 1, 372 (394). Auch BVerfGE 1, 351 (370).

[733] BVerfGE 1, 351 (370). Krit. *Pilz,* Der Auswärtige Ausschuss des Deutschen Bundestages und die Mitwirkung des Parlaments an der auswärtigen und internationalen Politik, 2008, 134; *Möller/Limpert* Zeitschrift für Parlamentsfragen 24 (1993), 21 (28 f.); *Weiß,* Auswärtige Gewalt und Gewaltenteilung, 1971, 206 (Misstrauensvotum sei „unbrauchbar“).

[734] BVerfGE 131, 152 (196). Zur außenpolitischen Steuerung *qua* Budgetrecht *Bierling,* Die Außenpolitik der Bundesrepublik Deutschland 1999, 33.

III. Verwaltungsabkommen (Art. 59 Abs. 2 S. 2)

113 **1. Begriff.** Verwaltungsabkommen, für die kein Erfordernis parlamentarischer Partizipation besteht, werden vom Grundgesetz negativ definiert: Es handelt sich hierbei um all diejenigen völkerrechtlichen Verträge,[735] die nicht vom Anwendungsbereich des Art. 59 Abs. 2 S. 1 erfasst sind.[736] Folglich beziehen sich Verwaltungsabkommen auf Gegenstände, deren Regelung nicht eines Parlamentsgesetzes iSd Art. Art. 59 Abs. 2 S. 1 2. Alt. bedürfte und die nicht hochpolitischer Natur iSd Art. Art. 59 Abs. 2 S. 1 1. Alt. sind (→ Rn. 81 ff.). In der Sachmaterie sind sie nicht allein auf Verwaltungsfragen beschränkt.[737] Sie erfassen gubernative Materien.[738] Die Existenz von Abkommen, die jenseits parlamentarischer Zustimmungsvorbehalte stehen, ist ein Phänomen, das in vielen Rechtsordnungen anzutreffen ist (*accords en forme simplifiée, sole executive agreements*[739] (→ Rn. 6) – und ein Gegenwicht zu den allgemeinen Parlamentarisierungstendenzen setzt (→ Rn. 69 f.).[740]

114 **2. Kompetenz.** Die Frage der Verbandskompetenz für den Abschluss von Verwaltungsabkommen ist dem Art. 59 Abs. 2 S. 2 vorgelagert und richtet sich nach Art. 32 → Rn. 13, Art. 32 Rn. 3).[741] Verwaltungsabkommen der Länder, die diese nach den zu Art. 32 entwickelten Grundsätzen schließen dürfen, richten sich nach dem jeweiligen Landesverfassungsrecht.[742] Im Hinblick auf die Organkompetenz für den Abschluss von Verwaltungsabkommen des Bundes verbleibt es bei der Regelung des Art. 59 Abs. 1 S. 2, in dessen systematischen Kontext Art. 59 Abs. 2 S. 2 zu stellen ist[743] (vgl. zur Ratifikationszuständigkeit des Bundespräsidenten → Rn. 32).[744] Regelmäßig werden Verwaltungsabkommen jedoch durch die Bundesregierung **(Regierungsabkommen)** oder Mitglieder der Bundesregierung geschlossen **(Ressortabkommen).**[745] In letzterem Fall wird in der Staatspraxis die Zustimmung des Auswärtigen Amtes eingeholt (§ 72 Abs. 2 GGO iVm § 11 Abs. 2 GOReg). Das Tätigwerden der Bundesregierung bzw. einzelner Regierungsmitglieder soll dann – so die herrschende Auffassung – auf einer präsidialen Bevollmächtigung beruhen.[746] Diesbezüglich gelten jedoch die oben ausgeführten restriktiven Grundsätze (→ Rn. 19 f.). Die Tatsache, dass Verwal-

---

[735] *Pieper* in BeckOK GG Rn. 16; *Nettesheim* in Maunz/Dürig Rn. 63.

[736] *Weber* in Umbach/Clemens Rn. 49; *Rauschning* in BK Rn. 154; *Fastenrath/Groh* in BerlKomm Rn. 86; *Schmahl* in Sodan Rn. 27; *Heun* in Dreier Rn. 48; *Jarass* in Jarass/Pieroth Rn. 20; *Fastenrath* DÖV 2008, 697 ff. Allg. *Jasper,* Die Behandlung von Verwaltungsabkommen im innerstaatlichen Recht (Art. 59 Abs. 2 S. 2 GG), 1980.

[737] *Jarass* in Jarass/Pieroth Rn. 20; *Schmahl* in Sodan Rn. 27; *Nettesheim* in Maunz/Dürig Rn. 156.

[738] *Nettesheim* in Maunz/Dürig Rn. 156.

[739] *Morrison* in Wolfrum MPEPIL, Mai 2007, Executive Agreements, Rn. 1 ff.

[740] *Verdier/Versteeg* in Bradley Oxford Handbook of Comparative Foreign Relations Law, 135 (144).

[741] *Fastenrath/Groh* in BerlKomm Rn. 88; *Streinz* in Sachs Rn. 77; *Butzer/Haas* in SHH Rn. 116; *Heun* in Dreier Rn. 48.

[742] *Schmahl* in Sodan Rn. 27; *Streinz* in Sachs Rn. 77; *Jarass* in Jarass/Pieroth Rn. 20.

[743] *Streinz* in Sachs Rn. 8, 10.

[744] *Kempen* in MKS Rn. 102; *Butzer/Haas* in SHH Rn. 117. AA *Heun* in Dreier Rn. 49; *Streinz* in Sachs Rn. 76.

[745] *Weber* in Umbach/Clemens Rn. 50; *Kempen* in MKS Rn. 103; *Butzer/Haas* in SHH Rn. 117 f.; *Schmahl* in Sodan Rn. 28; *Streinz* in Sachs Rn. 78. Vgl. *Fastenrath/Groh* in BerlKomm Rn. 87; *Domgörgen* in Hömig/Wolff Rn. 12.

[746] *Butzer/Haas* in SHH Rn. 117. AA wohl *Jarass,* der Art. 59 Abs. 1 S. 2 keinen abschließenden Charakter zuspricht, *Jarass* in Jarass/Pieroth Rn. 21. AA wohl auch *Streinz* in Sachs

tungsübereinkommen von der Bundesregierung abgeschlossen und ratifiziert werden, ist kein definitorisches Merkmal dieser. Bei einer Ratifikation durch den Bundespräsidenten spricht man auch von **„solennen" Verwaltungsübereinkommen.**[747]

3. Verfahren und Beteiligung des Bundesrates. Im Rahmen des Abschlussverfahrens stellt sich die Frage nach dem Erfordernis einer Beteiligung des Bundesrates. Dies richtet sich gem. Art. 59 Abs. 2 S. 2 primär nach den Vorschriften über die Bundesverwaltung (Art. 83 ff.). Bedürfen Verwaltungsabkommen hiernach zu ihrer innerstaatlichen Vollziehung der Zustimmung des Bundesrates, welche aus Art. 84 Abs. 2 und Art. 85 Abs. 2 S. 1 folgen könnte, ist diese vor ihrem verbindlichen Abschluss[748] einzuholen.[749] Werden Verwaltungsabkommen im Wege von Rechtsverordnungen vollzogen (**„normative Verwaltungsübereinkommen"** (→ Rn. 87), die von sog. **„administrativen Verwaltungsübereinkommen"** abzugrenzen sind),[750] ist der Bundesrat nach Art. 80 Abs. 2, so denn dessen weitere Voraussetzungen gegeben sind, zu beteiligen.[751] Dabei ist Art. 80 Abs. 2 – da diese Bestimmung nicht zu den Vorschriften über die Bundesverwaltung zählt, auf die Art. 59 Abs. 2 S. 2 verweist – im Wege der Analogie zur Anwendung zu bringen.[752] Nach anderer Ansicht, die Art. 59 Abs. 2 S. 2 als eine materielle Verweisung auffasst, ist Art. 80 Abs. 2 direkt anwendbar.[753] Die Nichtbeteiligung des Bundesrates ist in Fällen ihrer Erforderlichkeit verfassungswidrig, schlägt jedoch nach den Maßstäben des Art. 46 WVK (→ Rn. 35) nicht auf die völkerrechtliche Wirksamkeit des Abkommens durch.[754] 115

4. Verwaltungsabkommen in der innerstaatlichen Rechtsordnung. „Administrative Verwaltungsabkommen" beziehen sich auf die Regelung administrativer Gegenstände bzw. Verwaltungsinterna.[755] Ihrer Natur nach können sie durch Einzelakte vollzogen werden und verpflichten nicht zum Erlass von Gesetzen im materiellen Sinn.[756] **„Normativen Verwaltungsübereinkommen"** ist indes die Pflicht zur Rechtsetzung immanent, wobei hier auf das Instrument der Rechtsverordnung zurückgegriffen werden kann.[757] Die normenhierarchische Stellung der Bestimmungen des Verwaltungsabkommens folgt dem Rang des Rechtsaktes, der das Übereinkommen in die innerstaatliche Rechtssphäre einbezieht.[758] Auch diesbezüglich bedarf es eines **Rechtsanwendungsbefehls** bzw. einer **Vollziehungsanordnung** 116

Rn. 76. Von einer gewohnheitsrechtlichen „generellen Abschlussermächtigung" ausgehend *Domgörgen* in Hömig/Wolff Rn. 12.

[747] *Kempen* in MKS Rn. 102; *Nettesheim* in Maunz/Dürig Rn. 158.

[748] *Streinz* in Sachs Rn. 79; *Nettesheim* in Maunz/Dürig Rn. 159; *Butzer/Hass* in SHH Rn. 120.

[749] *Nettesheim* in Maunz/Dürig Rn. 159; *Weber* in Umbach/Clemens Rn. 51; *Streinz* in Sachs Rn. 79.

[750] *Butzer/Haas* in SHH Rn. 121; *Nettesheim* in Maunz/Dürig Rn. 159, 160.

[751] *Butzer/Haas* in SHH Rn. 120; *Streinz* in Sachs Rn. 79.

[752] *Streinz* in Sachs Rn. 79. Vgl. differenzierend *Kempen* in MKS Rn. 104.

[753] *Kempen* in MKS Rn. 104.

[754] *Kempen* in MKS Rn. 105; *Butzer/Hass* in SHH Rn. 120.

[755] *Nettesheim* in Maunz/Dürig Rn. 160.

[756] *Butzer/Haas* in SHH Rn. 121; *Kempen* in MKS Rn. 107.

[757] *Kempen* in MKS Rn. 107; *Butzer/Haas* in SHH Rn. 121; *Streinz* in Sachs Rn. 80. Vgl. *Fastenrath/Groh* in BerlKomm Rn. 90.

[758] *Butzer/Hass* in SHH Rn. 121; *Streinz* in Sachs Rn. 81; *Schmahl* in Sodan Rn. 28.

(→ Rn. 100 ff.).[759] Eine solche Öffnung der innerstaatlichen Rechtsordnung können neben Rechtsverordnungen (bei „normativen Verwaltungsabkommen") auch Verwaltungsvorschriften, Ausführungsanweisungen oder innerdienstliche Weisung vorsehen.[760]

IV. Verfassungsrechtliche Kontrolle auswärtiger Gewalt und die Idee einer „Deference to the Executive"[761]

117 Akte der auswärtigen Gewalt unterliegen verfassungsgerichtlicher Kontrolle.[762] Dies folgt aus Art. 19 Abs. 4 und Art. 1 Abs. 3.[763] An die Grundrechte ist Hoheitshandeln unabhängig davon gebunden, ob auswärtiges Handeln oder Hoheitsausübung nach innen in Frage stehen. Für Art. 59 Abs. 2 S. 1 folgt dies bereits schon daraus, dass das Grundgesetz für die betreffende parlamentarische Partizipation ein Vertragsgesetz erfordert (→ Rn. 41 ff.).[764] Verfehlt wäre es demnach von einem absoluten **„Primat der Politik"** in auswärtigen Angelegenheiten auszugehen.[765] Auch Außenpolitik ist – anders als dies noch bei *Locke* zu Tage trat[766] – verrechtlicht.[767] Sie liegt nicht jenseits jeglicher Grenzen der Normierbarkeit.[768] Insofern haben im deutschen Verfassungsrecht Konzepte wie die **„act of state"-Doktrin,** wie sie im angloamerikanischen und britischen (dort auch unter dem Begriff „political question doctrine" bzw. „royal prerogative"[769] firmierend),[770] aber auch französischen Rechtskreis („actes du gouvernements") anzutreffen ist, keinen Platz.[771] Das BVerfG verfügt über die Kompetenz, die Verfassungsmäßigkeit völkerrechtsbezogener Akte der Staatsgewalt zu überprüfen.[772] Ihm steht ebenfalls die Kompetenz zu, zu völkerrechtlichen Fragestellungen zu judizieren.[773]

---

[759] *Streinz* in Sachs Rn. 81. Zur AA *Nettesheim* in Maunz/Dürig Rn. 160.

[760] *Nettesheim* in Maunz/Dürig Rn. 157; *Jarass* in Jarass/Pieroth Rn. 21; *Butzer/Haas* in SHH Rn. 122. Vgl. *Rauschning* in BK Rn. 162.

[761] *Posner* Harvard Journal of Law and Public Policy 35 (2012), 213 ff.

[762] BVerfGE 4, 157 (169); *Nettesheim* in Maunz/Dürig Rn. 233. Umfassend *Schuppert,* Die verfassungsgerichtliche Kontrolle der Auswärtigen Gewalt, 1973; *Hailbronner* VVDStRL 56 (1997), 7. Aus rechtsvergl. Sicht *Grote* in Grote/Lachenmann MPECCoL („Judicial Review"); *Collins* ICLQ 51 (2002), 485. Siehe zu der Rechtslage im Vereinigten Königreich *Council of Civil Service Unions v. Minister for the Civil Service* [1984] UKHL 9 (UK).

[763] *Butzer/Haas* in SHH Rn. 108; vgl. *Geiger,* Grundgesetz und Völkerrecht, 2013, 140, 142 ff.

[764] BVerfGE 4, 157 (162).

[765] *Nettesheim* in Maunz/Dürig Rn. 215, 219. Zu diesem Problemkreis *Tomuschat* VVDStRL 36 (1978), 8 (49 ff.).

[766] *Locke,* Two Treatises of Civil Government, 1690, Second Treatise, Kapitel XII, § 147.

[767] *Nettesheim* in Maunz/Dürig Rn. 219.

[768] Siehe aber *Borer,* Das Legalitätsprinzip und die auswärtigen Angelegenheiten, 1986, 434 ff.

[769] *R v. Ministry of Defence ex p Smith* [1995] 4 All ER 427. Hierzu *Beinlich* in Grote/Lachenmann MPECCoL („royal prerogative"). Ferner *R (Miller) v. Secretary of State for Exiting the European Union,* [2017] UKSC 15, § 47 ff.

[770] *Baker v. Carr,* 369 U. S. 186 (1962); *Marbury v. Madison,* 1803, 5 U. S. (1 Cranch) 137 (177); *Campaign for Nuclear Disarmament v. The Prime Minister of the United Kingdom and others* [2002] EWHC 2777 (Admin), [2002] All ER (D) 245 (Dec). Zur „political question doctrine" *Smith v. Obama,* 217 F. Supp. 3d 283 (D. D. C. 2016); *Smith v. Trump,* 731 F. App'x 8 (D. C. Cir. 2018).

[771] Vgl. *Kempen* in MKS Rn. 98; *Nettesheim* in Maunz/Dürig Rn. 233.

[772] *Nettesheim* in Maunz/Dürig Rn. 233.

[773] BVerfEG 77, 137 (167) (Überprüfung offensichtlicher Völkerrechtswidrigkeit der Beurteilung der Rechtslage seitens der zuständigen Staatsorgane nicht ausgeschlossen); zurückhaltender BVerfGE 55, 349 (367 f.). Vgl. *Fastenrath/Groh* in BerlKomm Rn. 118 f. Vgl. *Payandeh* Die dritte Gewalt und das Völkerrecht, Antrittsvorlesung, Bucerius Law School, 1.2.2019.

Über als Parlamentsgesetze verabschiedete Vertragsgesetze kommt dem BVerfG das **Verwerfungsmonopol** zu. Im Falle völkerrechtlicher Verträge iSd Art. 59 Abs. 2 S. 1 judiziert das BVerfG über das betreffende Vertragsgesetz und inzident und hierüber vermittelt[774] auch über den Inhalt des betreffenden völkerrechtlichen Vertrages.[775] Verfassungsprozessual kommen dabei die konkrete (Art. 100 Abs. 1) und abstrakte Normenkontrolle (Art. 93 Abs. 1 Nr. 2), bei möglichen Grundrechtsverletzungen die Verfassungsbeschwerde (Art. 93 Abs. 1 Nr. 4a)[776] sowie im Vorfeld der Ratifikation eines Vertrages insbesondere auch das Instrument der einstweiligen Anordnung in Frage (§ 32 BVerfGG).[777] Diese Verfahren stehen auch bei hochpolitischen Verträgen iSd Art. 59 Abs. 2 S. 1 1. Alt. zur Verfügung. Ihre hochpolitische Natur macht sie nicht „justizfrei".[778] **118**

Dabei räumt Art. 59 Abs. 2 S. 1 den gesetzgebenden Körperschaften ein subjektives Recht ein, das sie verfassungsprozessual[779] im Wege des Organstreitverfahrens nach Art. 93 Abs. 1 Nr. 1 geltend machen können.[780] Virulent wird eine Verletzung der Beteiligungsrechte der gesetzgebenden Körperschaften bei der **Fortentwicklung völkerrechtlicher Verträge** (→ Rn. 48 f.). Judiziert hat das BVerfG hier zu Verteidigungsbündnissen[781] sowie Auslandseinsätzen der Bundeswehr (→ Rn. 14).[782] Eine Antragsbefugnis kann sich hier insbesondere aus Art. 59 Abs. 2 S. 1 iVm Art. 24 Abs. 1 ergeben.[783] Ist die Weiterentwicklung eines Verteidigungsbündnisses verfassungsrechtlich als eine Vertragsänderung einzuordnen, so bedarf es einer erneuten Beteiligung der gesetzgebenden Körperschaften (→ Rn. 48 ff.; → Art. 25 Rn. 86). Indes hat das BVerfG wiederholt betont, das Organstreitverfahren könne nicht „allgemeine[r] Verfassungsaufsicht" über auswärtiges Handeln der Exekutive dienen.[784] Geltend zu machen wäre eine Verletzung der Rechte der gesetzgebenden Körperschaften durch Abschluss eines neuen Vertrages, ohne dass deren nach Art. 59 Abs. 2 S. 1 erforderliche Zustimmung eingeholt wurde, oder die „Überschreitung der Grenzen des Vertragsgesetzes".[785] **119**

Um zu verhindern, dass die Bundesregierung die Bundesrepublik völkerrechtlich verpflichtet, das BVerfG dann aber nach Inkrafttreten des Vertragsgesetzes dessen Verfassungswidrigkeit zu bestimmen gezwungen ist, kann bereits ein beschlossenes Vertragsgesetz – in Abkehr von den allgemeinen Regeln[786] – vor Ausfertigung, Verkündung und Inkrafttreten, Gegenstand **120**

---

[774] *Schlaich/Korioth,* Das Bundesverfassungsgericht, 2018, 4. Teil Rn. 127; *Butzer/Haas* in SHH Rn. 108; *Fastenrath/Groh* in BerlKomm Rn. 122.

[775] Siehe zB BVerfGE 29, 348 (358 f.); *Wildhaber,* Treaty Making Power and the Constitution, 1971, 355. Aus rechtsvergl. Sicht *Ceia,* Die verfassungsrechtliche Kontrolle völkerrechtlicher Verträge, 2010; *Mendez* International Journal of Constitutional Law 15 (2017), 84 ff.

[776] BVerfG Beschl. v. 13.2.2020 – 2 BvR 739/17, Rn. 92.

[777] *Fastenrath/Groh* in BerlKomm Rn. 121. Zur einstweiligen Anordnung *Rauschning* in BK Rn. 186 ff.

[778] *Weber* in Umbach/Clemens Rn. 79.

[779] *Jarass* in Jarass/Pieroth Rn. 22.

[780] BVerfGE 118, 244 (257 f.).

[781] BVerfGE 90, 286; 104, 151.

[782] BVerfGE 118, 244.

[783] Vgl. jüngst BVerfG Beschl. v. 17.9.2019 – 2 BvE 2/16, Rn. 30 ff.

[784] BVerfG Beschl. v. 17.9.2019 – 2 BvE 2/16, Rn. 28 mit Verweis auf BVerfGE 100, 266 (268).

[785] BVerfG Beschl. v. 17.9.2019 – 2 BvE 2/16, Rn. 43.

[786] BVerfGE 1, 396 (406) mit Verweis auf *Triepel,* Streitigkeiten zwischen Reich und Ländern, 1923, 168.

einer Normenkontrolle sein.[787] Gleiches gilt für die Verfassungsbeschwerde.[788] Entscheidend ist, dass der legislative „Gesamtwille" der gesetzgebenden Körperschaften abschließend gebildet wurde[789] und nur noch die Verkündung und Ausfertigung des Vertragsgesetzes ausstehen.[790] Diese Judikatur ist als Reaktion auf das völkerrechtliche Prinzip, dass eine Loslösung von einem völkerrechtlichen Vertrag unter Verweis auf das Verfassungsrecht prinzipiell nicht möglich ist, zu sehen (→ Rn. 35).[791] Diese verfassungsprozessuale Konsequenz, die vor dem Hintergrund des Bemühens um völkerrechtskonforme Zustände und die Verhinderung von Völkerrechtsbrüchen zu verstehen ist, steht in einem gewissen Spannungsverhältnis zur *Treaty-Override*-Rechtsprechung des BVerfG, die völkerrechtswidriges Handeln vor dem Hintergrund des Demokratieprinzips hinnimmt (→ Rn. 104 f.). Stellt das BVerfG die Verfassungswidrigkeit eines Vertragsgesetzes fest, nachdem der völkerrechtliche Vertrag für Deutschland völkerrechtliche Verbindlichkeit erlangt hat, so begründet dies die Pflicht der Staatsgewalt sich von dem völkerrechtlichen Vertrag loszusagen, auf seine Anpassung hinzuwirken oder die Verfassung dahingehend zu ändern, dass diese im Einklang mit der Einbeziehung des völkerrechtlichen Vertrages in die innerstaatliche Rechtsordnung steht.[792] Dass die Judikative durchaus maßgeblicher Motor einer Kündigung völkerrechtlicher Verträge sein kann, bestätigen rechtsvergleichende Erkenntnisse.[793]

121 Prüfungsmaßstab ist für das BVerfG das Verfassungsrecht, aber vor dem Hintergrund der Bindung der Staatsorgane an Völkerrecht und die Völkerrechtsfreundlichkeit des Grundgesetzes (→ Rn. 11) ist auch – in gewissen, engen Grenzen – die Völkerrechtskonformität des Vertragsgesetzes ein prüfungsrelevanter Aspekt (→ Rn. 26).[794] Virulent werden hier die „allgemeinen Regeln des Völkerrechts" iSd Art. 25, wenn sie *ius cogens* Natur aufweisen. Steht der völkerrechtliche Vertrag in Widerspruch zu völkerrechtlichem *ius cogens,*[795] so bedingt dies seine völkerrechtliche Nichtigkeit (vgl. Art. 53, 64 WVK). In diesem Fall entbehrte das Vertragsgesetz eines relevanten völkerrechtlichen Bezugsgegenstands (siehe im Übrigen → Rn. 26).

122 Völkerrechtliche Verträge, die keines Vertragsgesetzes iSd Art. 59 Abs. 2 S. 1 bedürfen, sind inzident im Wege eines verfassungsprozessualen Vorgehens gegen die sie transformierenden oder in Vollzug setzenden Rechtsakte überprüfbar.[796] Auch auswärtige Gewalt, die sich jenseits von Vertragsschlüs-

---

[787] BVerfGE 1, 396 (411 ff.); *Rozek* in MSKB BVerfGG § 76 Rn. 17; *Nettesheim* in Maunz/Dürig Rn. 233. Auch BVerfG Beschl. v. 13.2.2020 -2 BvR 739/17, Rn. 94.
[788] BVerfG Beschl. v. 13.2.2020 – 2 BvR 739/17, Rn. 94.
[789] BVerfGE 1, 396 (413); *Boehmer,* Der völkerrechtliche Vertrag im deutschen Recht, 1965, 74.
[790] BVerfGE 1, 396 (413). Ablehnend *Flume* DVBl. 1953, 65 (69). Siehe *Burmeister,* Gutachten des Bundesverfassungsgerichts zu völkerrechtlichen Verträgen, 1998, 45 (Fn. 40) (mwN).
[791] BVerfGE 1, 396 (413).
[792] BVerfGE 6, 290 (295); *Heun* in Dreier Rn. 53; *Butzer/Haas* in SHH Rn. 113.
[793] *Huneeus/Urueña* AJIL Unbound 111 (2018), 456.
[794] *Klein* in Benda/Klein Verfassungsprozessrecht Rn. 879 (§ 24) (nur für die konkrete Normenkontrolle, anders für die absolute Normenkontrolle Rn. 692). Vgl. *Fiedler,* Bundesverfassungsgericht und Völkerrecht, 2010, 35 ff., 39.
[795] Siehe *Schmalenbach* in Dörr/Schmalenbach Vienna Convention on the Law of Treaties, Art. 53 Rn. 1 ff.
[796] *Fastenrath/Groh* in BerlKomm Rn. 128.

sen und korrespondierenden Vertragsgesetzen abspielt, unterliegt judikativem Zugriff.[797]

In der Ausübung judikativer Kontrolle zeigt das BVerfG im Bereich auswärtiger Gewalt eine ausgeprägte Sensibilität im Hinblick auf die politischen Notwendigkeiten und die Eigenrationalitäten des Handelns auf internationaler Ebene.[798] Diese Sensibilität äußert sich in einer Reduktion der Prüfungsdichte iS eines **„judicial self-restraint",**[799] einer „judikativen Zurückhaltung".[800] Diese fußt auf der Erwägung, dass die Realitäten auf internationaler Ebene nicht allein von dem Willen der deutschen Staatsgewalt abhängig sind, sondern die politischen Gegebenheiten den tatsächlichen Einwirkungsmöglichkeiten Grenzen setzten[801] und unvorhersehbar seien.[802] Mit der völkerrechtlichen Offenheit des Grundgesetzes und der ihm immanenten Entscheidung für die internationale Zusammenarbeit[803] sei es nicht vereinbar, wenn die Bundesrepublik faktisch vertrags- und bündnisunfähig würde,[804] was den Topos der außenpolitischen Beweglichkeit (→ Rn. 4), der insbesondere im Kontext der Kompetenzabgrenzung Legislative und Exekutive bemüht wird, ergänzt. Im Hinblick auf völkerrechtliche Verträge gelte ein *favor conventionis.*[805] **123**

Die Reduktion der Prüfungsintensität manifestiert sich in der Einräumung umfassender **Einschätzungs- und Ermessensspielräume** der Exekutive. Deren Konsequenz ist letztendlich, dass das BVerfG bis *dato* in nur drei Fällen die Verfassungswidrigkeit eines Vertragsgesetzes angenommen hat.[806] Das BVerfG geht davon aus, dass in der Sphäre außenpolitischer Wertungen nur die „Grenze offensichtlicher Willkür" bestehe.[807] Dies ist problematisch: Die Verpflichtungsdimension des Art. 1 Abs. 3 erstreckt sich im Grundsatz sowohl auf innerstaatliches als auch auf auswärtiges Handeln.[808] Die Sphäre der grundrechtlichen Bindung deutscher Staatsgewalt ist mit ihrem Wirkungsbereich kongruent,[809] auch wenn das BVerfG in seiner Rechtsprechung in Richtung einer abgestuften Grundrechtsgeltung bei Auslandssachverhalten tendiert hat, ohne dies genauer dogmatisch zu unterfüttern.[810] Die Verfassungskonformität eines Gesetzes und die Verfassungskonformität von Staatshandeln allgemein sind Fragen des Rechts und keine Fragen, die exekutiver **124**

---

[797] Vgl. *Fastenrath/Groh* in BerlKomm Rn. 119, 129 f. Anderes gilt in Österreich *Öhlinger* VVDStRL 56 (1997), 81 (96 f).

[798] BVerfGE 4, 157 (168 f.). Aus US-amerikanischer Perspektive s. *United States v. Curtiss-Wright Export Corp.,* 299 U.S. 304, 320 (1936).

[799] BVerfGE 36, 1 (14 f.); *Nettesheim* in Maunz/Dürig Rn. 235; *Stern* NWVBl. 1994, 241 ff. Zum Konzept des „judicial self-restraint" *John Doe et al.,* United States Court of Appeals for the First Circuit, 323 F.3d 133.

[800] *Kempen* in MKS Art. 32 Rn. 8. Kri. *Blumenwitz* DVBl. 1976, 464 ff.

[801] BVerfGE 4, 157 (168 f.).

[802] *Nettesheim* in Maunz/Dürig Rn. 238.

[803] Hierzu *Vogel,* Die Verfassungsentscheidung des GG für eine internationale Zusammenarbeit, 1964, 33 f., 42.

[804] BVerfGE 58, 1 (41); *Hailbronner* VVDStRL 56 (1997), 7 (27 f.); *Schmidt-Aßmann* in Maunz/Dürig Art. 19 Rn. 83.

[805] *Hailbronner* VVDStRL 56 (1997), 7 (27).

[806] BVerfGE 30, 272 (280 ff.); 72, 200. Siehe zur Verfassungswidrigkeit des EPGÜ-ZustG BVerfG Beschl. v. 13.2.2020 – 2 BvR 739/17.

[807] BVerfGE 68, 1 (97); 94, 12 (35). Vgl. BVerfGE 55, 349 (376 f.); 77, 137 (167).

[808] Siehe *Butzer/Haas* in SHH Rn. 110.

[809] *Fassbender* in HdbStR XI, § 244 Rn. 156; *Becker* in HdbStR XI, § 240 Rn. 31; AA (Subordinationserfordernis) *Nettesheim* in Maunz/Dürig Rn. 231; *Stern,* III/1, § 72 V5.

[810] BVerfGE 31, 58 (77).

Formgebung unterliegen.[811] Legitim erscheint es, der Exekutive Einschätzungs- und Bewertungsspielräume im Hinblick auf Auslandssachverhalte einzuräumen, verfehlt wäre es, ihre Grundrechtsbindung zu einer ihrer Einschätzung obliegenden Frage zu deklarieren.[812]

125 Vertragsgesetze werden zumeist im Wege der verfassungskonformen Auslegung „gerettet".[813] Ausgangspunkt ist die Vermutung, dass die handelnden Organe verfassungskonform handeln bzw. nur verfassungskonforme Verpflichtungen eingehen wollen (→ Rn. 123).[814] Spannungslinien zur *Treaty-Override*-Rechtsprechung des BVerfG werden hier augenscheinlich (→ Rn. 104 f.). Zudem folgt das BVerfG in seiner Judikatur der **„Annährungstheorie"**. Es erklärt Vertragsgesetze, die zwar nicht vollends im Einklang mit verfassungsrechtlichen Vorgaben stehen, dann nicht als verfassungswidrig, wenn sie einen Zustand herbeiführen, der näher an dem verfassungsrechtlich Gewollten ist als der *status quo*.[815]

126 Stellt das BVerfG die Nichtigkeit eines Vertragsgesetzes fest (vgl. § 31 Abs. 2 BVerfGG), so geht hiermit die Verpflichtung der Exekutive einher den verfassungswidrigen Zustand zu beseitigen. Das BVerfG überschritte seine Kompetenzen, wenn es die Exekutive zum Erlass bestimmter einseitiger Rechtsakte verpflichtete.[816]

C. Verhältnis zu anderen Bestimmungen des Grundgesetzes

127 Die Distribution der Verbandskompetenz nach Art. 32 ist der Zuordnung der Organkompetenz, die Art. 59 Abs. 1 vornimmt, vorgelagert (→ Rn. 13).[817]

128 Nach herrschender Ansicht wird Art. 59 nicht durch Art. 23 als *lex specialis* verdrängt.[818] Im Hinblick auf die formelle Außenrepräsentation verbleibt es bei den Grundregeln des Art. 59 Abs. 1.[819] Art. 23 stellt für eine Hoheitsübertragung im Rahmen der EU vielmehr die zusätzliche Hürde eines Integrationsgesetzes auf.[820] Insofern unterstehen das Primärrecht und seine Änderungen Art. 59.[821] Davon, dass das supranationale Recht und seine „verfassungsrechtlichen" Grundlagen dem Völkerrecht entzogen und als „völkerrechtsautonom" zu betrachten sind,[822] ist nicht auszugehen.[823] Dem folgt ebenfalls das BVerfG in seiner Rechtsprechung, auch wenn es Art. 23 –

---

[811] Vgl. *Payandeh,* Die dritte Gewalt und das Völkerrecht, Antrittsvorlesung, Bucerius Law School, 1.2.2019.

[812] Vgl. *Kokott* DVBl. 1996, 937 (947).

[813] BVerfGE 4, 157 (168). S. aber BVerfGE 30, 272. Vgl. *Bleckmann* ZaöRV 32 (1972), 583 (587 f.).

[814] BVerfGE 4, 157 (168). Krit. *Zeitler,* Verfassungsgericht und völkerrechtlicher Vertrag, 1974, 222 ff.

[815] BVerfGE 4, 157 (175); *Butzer/Haas* in SHH Rn. 112.

[816] *Rojahn* in v. Münch/Kunig, 6. Aufl. 2012, Rn. 93.

[817] *Fastenrath/Groh* in BerlKomm Rn. 16.

[818] *König,* Die Übertragung von Hoheitsrechten im Rahmen des europäischen Integrationsprozesses, 2000, 402 f.; *Schmahl* in Sodan Rn. 2; *Tischendorf,* Theorie und Wirklichkeit der Integrationsverantwortung deutscher Verfassungsorgane, 2017, 60. AA *Doehring* VVDStRL 56 (1997), 135 (136) (Aussprache); *Kokott* DVBl. 1996, 937 (942 f.).

[819] *Fastenrath/Groh* in BerlKomm Rn. 17.

[820] *Heintschel von Heinegg/Frau* in BeckOK GG Art. 23 Rn. 2.

[821] *Kempen* in MKS Rn. 7; *Butzer/Haas* in SHH Rn. 7.

[822] Tendenziell *Ipsen,* Europäisches Gemeinschaftsrecht, 1972, 59 ff.

[823] *Kempen* in MKS Rn. 7.

mitunter irreführend – als *lex specialis* zu Art. 59 bezeichnet.[824] Art. 23 stellt sich jedenfalls lediglich als ergänzendes, nicht jedoch verdrängendes *lex specialis* dar. Vertrags- und Integrationsgesetz können jedoch eine gesetzgeberische Einheit darstellen,[825] so dass sich in der Praxis die doppelte normative Fundierung des Gesetzeserfordernisses nur bedingt manifestiert. Ein Beitritt der Bundesrepublik zu Systemen kollektiver Sicherheit (Art. 24 Abs. 2) sowie der Abschluss von Vereinbarungen über Schiedsgerichtsbarkeit werden ebenfalls von Art. 59 Abs. 1 S. 2[826] und Abs. 2 erfasst (vgl. → Art. 24 Rn. 104, 41).[827] Es greifen hier ähnliche Spezialitätserwägungen wie im Hinblick auf Art. 23.[828]

Bestimmungen der Notstandsverfassung wie Art. 115a Abs. 1 (Feststellung des Verteidigungsfalls), Art. 115l Abs. 2 (Beendigung des Verteidigungsfalls) und 3 (Entscheidung über den Friedensschluss) gehen Art. 59 als verdrängende *leges speciales* vor.[829] 129

D. Kritische Würdigung

Vor dem Hintergrund der Internationalisierung, Globalisierung und Offenheit des Verfassungsstaates, den das Grundgesetz etabliert, erfüllt Art. 59 eine zentrale Funktion. Er fungiert als ein entscheidendes Ventil zwischen der inneren und äußeren Sphäre des deutschen Staates und ist Ausgangspunkt und Austragungsort zahlreicher kompetenzieller Konflikte zwischen den drei Staatsgewalten und auch einzelnen Organen des Bundes untereinander (insbesondere Bundesregierung – Bundespräsident). Dabei stellt Art. 59 – in systematischem Zusammenhang mit anderen verfassungsrechtlichen Vorschriften – durchaus normative Wegmarken zur Auflösung ebenjener Konflikte auf, mitunter lässt er jedoch zahlreiche Fragen von unmittelbarer praktischer Relevanz unbeantwortet. 130

Art. 59 ist prägend für die Ausgestaltung der auswärtigen Gewalt nach grundgesetzlicher Gestalt. So ist die auswärtige Gewalt nach der Architektur des Grundgesetzes keine Sphäre reiner exekutiver Prärogative. Die Ausübung auswärtiger Kompetenzen ist – in gewissen Grenzen – „parlamentarisiert". Art. 59 Abs. 2 geht in Gesamtschau mit weiteren Bestimmungen von der „Normierbarkeit" auswärtiger Gewalt im Geltungsbereich des Grundgesetzes aus. Auch wenn die auswärtige Gewalt ein Bereich ist, in dessen Rahmen den kompetenten Organen – zuvörderst der Exekutive – aufgrund der Besonderheiten internationaler Beziehungen notwendigerweise Flexibilität einzuräumen ist,[830] handelt es sich hierbei keineswegs um einen justizfreien Bereich jenseits verfassungsrechtlicher Kontrolle im Sinne einer „deference to the executive".[831] 131

Unterschiedliche normative und faktische Kräfte zerren an Art. 59: Zum einen muss dessen Auslegung und Anwendung den Besonderheiten der völkerrechtlichen Ordnung, ihrer normativen Dynamik besonderes Augen- 132

[824] BVerfG NJW 2009, 2267, Rn. 312. Umfassend zu Art. 23 *König,* Die Übertragung von Hoheitsrechten im Rahmen des europäischen Integrationsprozesses, 2000.
[825] *Streinz* in Sachs Rn. 57; *Schmahl* in Sodan Rn. 2.
[826] *Kempen* in MKS Rn. 7; *Butzer/Haas* in SHH Rn. 8; *Heun* in Dreier Rn. 54.
[827] Vgl. jüngst BVerfG Beschl. v. 17.9.2019 – 2 BvE 2/16, Rn. 31.
[828] AA *Heun* in Dreier Rn. 54. Vgl. *Fastenrath/Groh* in BerlKomm Rn. 20.
[829] *Fastenrath/Groh* in BerlKomm Rn. 27; *Butzer/Haas* in SHH Rn. 9.
[830] *Bleckmann,* Grundgesetz und Völkerrecht, 1975, 202.
[831] *Posner* Harvard Journal of Law and Public Policy 35 (2012), 213 ff.

merk schenken. Zum anderen stellt sich wiederholt die Frage nach der normativen Relevanz der Staatspraxis, die oftmals zumindest in einem Spannungsverhältnis zum Wortlaut des Art. 59 steht. Nicht allzu vorschnell sollte man die Staatspraxis zur entscheidenden Auslegungsdeterminante des Art. 59 erklären, sondern Gepflogenheiten auf ihre Verfassungskompatibilität überprüfen. Etablierte Argumentationstopoi sind kritisch zu hinterfragen.

133 Als entscheidende Membran zwischen der innerstaatlichen und völkerrechtlichen Rechtsordnung versucht Art. 59 Antworten auf Fragen zu geben, die sich trotz aller kontextuellen Unterschiede in zahlreichen Verfassungsordnungen in vergleichbarer Form stellen und die zum Teil mit vergleichbaren dogmatischen Figuren beantwortet werden. Bei der Erschließung des Art. 59 eröffnet der rechtsvergleichende Blickwinkel eines *Comparative Foreign Relations Law*[832] zahlreiche Erkenntnischancen, die genutzt werden sollten. Rechtsvergleichung lässt den „Vorrat an Lösungen" erkennen,[833] den Art. 59 bietet. Die komparative Perspektive kann gute Dienste bei der Identifikation adäquater Antworten auf gegenwärtige Herausforderungen wie zB Transnationalität, *soft law,* die Erweiterung des Kreises der Völkerrechtssubjekte und normative Dynamik leisten.

Literatur

J. Arato, Subsequent Practice and Evolutive Interpretation, The Law and Practise of International Courts and Tribunals 9 (2010), 443 – ***H. P. Aust,*** Foreign Affairs, in: R. Grote/F. Lachenmann (Hrsg.), Max Planck Encyclopedia of Comparative Constitutional Law, 2017. – ***M. Baumbach,*** Vertragswandel und demokratische Legitimation, 2008. – ***E. Becker,*** Völkerrechtliche Verträge und parlamentarische Gesetzgebungskompetenz NVwZ 2005, 289. – ***R. Bernhardt,*** Der Abschluss völkerrechtlicher Verträge im Bundesstaat, 1957. – ***A. Bleckmann,*** Grundgesetz und Völkerrecht, 1975. – ***N. Blum/V. Naegeli/A. Peters,*** Die verfassungsmäßigen Beteiligungsrechte der Bundesversammlung und des Stimmvolkes an der Kündigung völkerrechtlicher Verträge, Schweizerisches Zentralblatt für Staats- und Verwaltungsrecht 144 (2013), 527. – ***C. Bradley,*** The Oxford Handbook of Comparative Foreign Relations Law, 2019. – ***C. Calliess,*** Auswärtige Gewalt in J. Isensee/P. Kischhof (Hrsg.), HdbStR IV, 2006, § 83. – ***H.-J. Cremer,*** Das Verhältnis von Gesetzgeber und Regierung im Bereich der auswärtigen Gewalt in der Rechtsprechung des Bundesverfassungsgerichts, in R. Geiger (Hrsg.), Neuere Probleme der parlamentarischen Legitimation im Bereich der auswärtigen Gewalt, 2003, 11. – ***E. Denza,*** Diplomatic Law, 2016. – ***W. Diehl,*** Die Mitwirkung des Parlaments bei der Kündigung völkerrechtlicher Verträge, 1967. – ***B. Ehrenzeller,*** Legislative Gewalt und Außenpolitik, 1993. – ***C. Engel,*** Völkerrecht als Tatbestandsmerkmal deutscher Normen, 1989. – ***U. Fastenrath,*** Kompetenzverteilung im Bereich der auswärtigen Gewalt, 1986. – ***R. Frau,*** Der Gesetzgeber zwischen Verfassungsrecht und völkerrechtlichem Vertrag, 2015. – ***E. Friesenhahn,*** Parlament und Regierung im modernen Staat, VVDStRL 16 (1958), 9. – ***A. Funke,*** Umsetzungsrecht, 2010 – ***W. K. Geck,*** Die völkerrechtlichen Wirkungen verfassungswidriger Verträge, 1963. – ***R. Geiger,*** Völkerrechtlicher Vertrag und staatliches Recht vor dem Hintergrund zunehmender Verdichtung der internationalen Beziehungen, 2000. – ***R. Geiger,*** Neuere Probleme der parlamentarischen Legitimation im Bereich der auswärtigen Gewalt, 2003. – ***W. Grewe/E. Menzel,*** Die auswärtige Gewalt der Bundesrepublik VVDStRL 12 (1954), 129. – ***B. Grzeszick,*** Völkervertragsrecht in der parlamentarischen Demokratie, NVwZ 2016, 1753. – ***L. R. Helfer,*** Exiting Treaties, Virginia Law Review 91 (2005), 1579. – ***J. Hettche,*** Die Beteiligung der Legislative bei

[832] Siehe nur *Hathaway* in Bradley Oxford Handbook of Comparative Foreign Relations Law, 79 ff.

[833] *Rabel,* Aufgabe und Notwendigkeit der Rechtsvergleichung, 1925, 9; *Zweigert/Kötz,* Einführung in die Rechtsvergleichung, 1996, 14; *Zitelman* DJZ Jg. 5 (1900), 329.

Vorbehalten zu und Kündigung von völkerrechtlichen Verträgen, 2018. – ***T. Hitzel-Cassagnes,*** Rechtsstaatliche Domestizierung der Außenpolitik?, KJ 33 (2000), 63. – ***F.-J. Jasper,*** Die Behandlung von Verwaltungsabkommen im innerstaatlichen Recht (Art. 59 Abs. 2 S. 2 GG), 1980. – ***S. Kadelbach/U. Guntermann,*** Vertragsgewalt und Parlamentsvorbehalt, AöR, 126 (2001), 563. – ***W. Karl,*** Vertrag und spätere Praxis, 1983. – ***A. Kees,*** Bricht Völkerrecht Landesrecht? Der Staat 54 (2015), 63. – ***J. Kokott,*** Kontrolle der auswärtigen Gewalt, DVBl. 1996, 937. – ***J. Kokott,*** Art. 59 Abs. 2 GG und einseitige völkerrechtliche Akte, FS f. Doehring, 1989, 503. – ***H. Krieger,*** Die Herrschaft der Fremden – Zur demokratietheoretischen Kritik des Völkerrechts, AöR, 133 (2008), 315. – ***C. McLachlan,*** Foreign Relations Law, 2014. – ***F. Lange,*** Art. 59 Abs. 2 S. 1 GG im Lichte von Brexit und IStGH-Austritt – Zur Parlamentarisierung der Kündigung völkerrechtlicher Verträge AöR 142 (2017), 442. – ***N. Magis,*** Die Mitwirkungsrechte des Bundespräsidenten im Bereich der auswärtigen Gewalt, 1978. – ***E. Menzel/F. Klein,*** Bedürfen „politische Verträge" der Zustimmung des Bundesrates?, JZ 1971, 745. – ***H. Mosler,*** Die auswärtige Gewalt im Verfassungssystem der Bundesrepublik Deutschland, FS f. Bilfinger, 1954, 243. – ***M. H. Müller,*** Die innerstaatliche Umsetzung von einseitigen Maßnahmen der Auswärtigen Gewalt, 1994. – ***M. Niedobitek,*** Das Recht der grenzüberschreitenden Verträge, 2001. – ***K. J. Partsch,*** Die Anwendung des Völkerrechts im innerstaatlichen Recht, Überprüfung der Transformationslehre, DGVR 6 (1964), 13. – ***A. Peters,*** Rechtsordnungen und Konstitutionalisierung, ZÖR 65 (2010), 3. – ***M. Payandeh,*** Völkerrechtsfreundlichkeit als Verfassungsprinzip, JöR nF 57 (2009), 465. – ***A. Petrig,*** Sind die parlamentarische Genehmigung und das Referendum im Außenbereich auf völkerrechtliche Verträge beschränkt?, ZaöRV 78 (2018), 93. – ***V. Pilz,*** Der Auswärtige Ausschuss des Deutschen Bundestages und die Mitwirkung des Parlaments an der auswärtigen und internationalen Politik, 2008. – ***R. Poscher,*** Das Verfassungsrecht vor den Herausforderungen der Globalisierung, VVDStRL 67 (2008), 163. – ***G. H. Reichel,*** Die auswärtige Gewalt nach dem Grundgesetz für die Bundesrepublik Deutschland vom 23. Mai 1949, 1967. – ***G. Ress,*** Verfassung und völkerrechtliches Vertragsrecht FS f. Doehring, 1989, 803. – ***V. Röben,*** Außenverfassungsrecht, 2007. – ***W. Rudolf,*** Völkerrecht und deutsches Recht, 1967. – ***P. Saganek,*** Unilateral Acts of States in Public International Law, 2016. – ***M. Schäfer,*** Treaty Overriding, 2020. – ***F. Schorkopf,*** Grundgesetz und Überstaatlichkeit, 2007. – ***G. F. Schuppert,*** Die verfassungsgerichtliche Kontrolle der Auswärtigen Gewalt, 1973. – ***D. Seidel,*** Der Bundespräsident als Träger der auswärtigen Gewalt, 1972. – ***K.-P. Sommermann,*** Offene Staatlichkeit, in A. v. Bogdandy/P. Cruz Villalón/P. Huber, Hdb Ius Publicum Europaeum II, 2008, § 14. – ***D. Steiger,*** Kündigung völkerrechtlicher Verträge ohne Beteiligung des Gesetzgebers, in Th. Groh/F. Knur/C. Köster/S. Maus/T. Roeder (Hrsg.), Verfassungsrecht, Völkerrecht, Menschenrechte, 2019, 137. – ***A. Steinbach,*** Die antizipierte Zustimmung des Gesetzgebers bei Änderungen völkerrechtlicher Verträge nach Art. 59 II GG, DÖV 2007, 555. – ***H. Steinberger,*** Auswärtige Gewalt unter dem Grundgesetz, in R. Mußgnug (Hrsg.), Rechtsentwicklung unter dem Bonner Grundgesetz, 1990, 101. – ***K. Stock,*** Verfassungswandel in der Außenverfassung, 2017. – ***M. Tischendorf,*** Theorie und Wirklichkeit der Integrationsverantwortung deutscher Verfassungsorgane, 2017. – ***C. Tomuschat,*** Die staatsrechtliche Entscheidung für die internationale Offenheit, in HdbStR XI, 2013, § 226. – ***H. D. Treviranus,*** Außenpolitik im demokratischen Rechtsstaat, 1966. – ***K. Vogel,*** Gesetzesvorbehalt, Parlamentsvorbehalt und völkerrechtliche Verträge FS f. Lerche, 1993, 95. – ***K. Vogel,*** Wortbruch im Verfassungsrecht, JZ 1997, 161. – ***S. Weiß,*** Auswärtige Gewalt und Gewaltenteilung, 1971. – ***L. Wildhaber,*** Treaty Making Power and Constitution, 1971. – ***W. Wolfrum,*** Kontrolle der auswärtigen Gewalt, VVDStRL 56 (1997), 38.

Art. 59a [aufgehoben]

Art. 60 [Ernennung der Bundesbeamten und Soldaten; Begnadigungsrecht; Immunität]

(1) Der Bundespräsident ernennt und entläßt die Bundesrichter, die Bundesbeamten, die Offiziere und Unteroffiziere, soweit gesetzlich nichts anderes bestimmt ist.

(2) Er übt im Einzelfalle für den Bund das Begnadigungsrecht aus.

(3) Er kann diese Befugnisse auf andere Behörden übertragen.

(4) Die Absätze 2 bis 4 des Artikels 46 finden auf den Bundespräsidenten entsprechende Anwendung.

Paulskirchenverfassung von 1849

Abschnitt II. Art. XIV

§ 67. Die Anstellung der Reichsbeamten geht vom Reiche aus.
Die Dienstpragmatik des Reiches wird ein Reichsgesetz feststellen.

Abschnitt III. Art. II

§ 73. Die Person des Kaisers ist unverletzlich.
[Abs. 2]

Abschnitt III. Art. III

§ 81. (1) In Strafsachen, welche zur Zuständigkeit des Reichsgerichts gehören, hat der Kaiser das Recht der Begnadigung und Strafmilderung. Das Verbot der Einleitung oder Fortsetzung von Untersuchungen kann der Kaiser nur mit Zustimmung des Reichstages erlassen.

(2) Zu Gunsten eines wegen seiner Amtshandlung verurtheilten Reichsministers kann der Kaiser das Recht der Begnadigung und Strafmilderung nur dann ausüben, wenn dasjenige Haus, von welchem die Anklage ausgegangen ist, darauf anträgt. Zu Gunsten von Landesministern steht ihm ein solches Recht nicht zu.

Weimarer Reichsverfassung von 1919

Art. 43. [Abs. 1, Abs. 2]
(3) Der Reichspräsident kann ohne Zustimmung des Reichstags nicht strafrechtlich verfolgt werden.

Art. 46. Der Reichspräsident ernennt und entläßt die Reichsbeamten und die Offiziere, soweit nicht durch Gesetz etwas anderes bestimmt ist. Er kann das Ernennungs- und Entlassungsrecht durch andere Behörden ausüben lassen.

Art. 49. Der Reichspräsident übt für das Reich das Begnadigungsrecht aus. Reichsamnestien bedürfen eines Reichsgesetzes.

Übersicht

A. Allgemeine Bedeutung

Art. 60 führt zusammen, was bestenfalls **lose zusammengehört.**[1] Die Vorschrift bündelt einzelne traditionelle Befugnisse des Staatsoberhauptes in Bezug auf die Verwaltung (Ernennung, Abs. 1) und Rspr. (Begnadigung, Abs. 2) und deren Delegation (Abs. 3) und fügt eine Bestimmung zu dem im GG nur sparsam skizzierten Rechtsstatus des BPräs. bei (Abs. 4). Diesem Ergebnis einer „legislativen Aufräumungsaktion"[2] am Ende der Beratungen im ParlRat einen übergreifenden Sinn zu geben und die allgemeine Bedeutung der Norm in einem **systematischen Zusammenhang** zu kommentieren, ist **nicht** möglich. Art. 60 „zerfällt in verschiedene Regelungskomplexe, die getrennt zu behandeln sind".[3] 1

B. Einzelfragen

I. Ernennungs- und Entlassungsrechte (Abs. 1, 3)

1. Allgemeine Bedeutung. Die Ernennung der Beamten ist eine **traditionelle Domäne des Staatsoberhaupts** als Chef der Exekutive.[4] Die Paulskirchenverfassung regelte aus diesem Grunde in § 67 lediglich die Frage der Verbandskompetenz. Demgegenüber bestimmte **Art. 46 WRV** ausdrücklich das Ernennungsrecht des Reichspräsidenten in Bezug auf die Reichsbeamten und Offiziere. Die Regelung in **Art. 60 Abs. 1 GG** ist nach intensiven Diskussionen im ParlRat[5] mit derjenigen der WRV **nahezu textidentisch,** insbes. seit mit Gesetz v 19.3.1956[6] die Offiziere (und Unteroffiziere) hinzugefügt wurden. Die textliche Übereinstimmung begründet jedoch **keine Übereinstimmung in der Sache.**[7] Dem Reichspräsidenten wurde unter der WRV noch eine eigene Personalhoheit und folgerichtig ein Ermessen hinsichtlich der Personalauswahl zugebilligt.[8] Das GG hat das Kräfteverhältnis zwischen Präsident und Regierung hingegen fundamental umgestaltet.[9] Dem BPräs. fehlt eine eigene Personalhoheit in Bezug auf Exekutive und Judikative; Art. 60 Abs. 1 überträgt ihm nur die **Repräsentationsaufgabe** zur förmlichen Ernennung und Entlassung der Bundesrichter, Bundesbeamten, Offiziere und Unteroffiziere.[10] Die Vorschrift regelt daher auch nicht die materiellen Voraussetzungen der Ernennung und Entlassung. Diese ergeben sich aus Art. 33, 36 und dem einfachen Gesetzesrecht (DRiG, BVerfGG, BBG, SG).[11] 2

---

[1] Näher *Herzog* in Maunz/Dürig Rn. 1 ff.; sa *Nierhaus* in Sachs Rn. 1.

[2] *Herzog* in Maunz/Dürig Rn. 1.

[3] *Fink* in MKS Rn. 1; *Reimer* in BK Rn. 6; vgl. mit leichtem Bedauern *Herzog* in Maunz/Dürig Rn. 6 ff.; Vorsichtiger Versuch einer Sinnstiftung bei *Heun* in Dreier Rn. 14.

[4] *Butzer* in SHH Rn. 2; *Fink* in MKS Rn. 2; rechtsvergleichende Hinweise bei *Heun* in Dreier Rn. 10; *Reimer* in BK Rn. 59 ff.

[5] Dazu JöR nF 1 (1951), 416 ff.; *Jekewitz* in AK Rn. 2.

[6] BGBl. 1956 I 111.

[7] *Fink* in MKS Rn. 16; *Hall* JZ 1965, 305 (308); aA *Belau* DÖV 1951, 339 (340 f.); *Busse* DÖV 1965, 469 (472).

[8] Vgl. *Anschütz,* Kommentar zur WRV, 14. Aufl. 1933, Art. 46 Anm. 3.

[9] → Art. 54 Rn. 3.

[10] *Pieper* in BeckOK GG Rn. 3; sa *Herzog* in Maunz/Dürig Rn. 18; *Reimer* in BK Rn. 19, 55; *Waldhoff/Grefrath* in BerlKomm Rn. 2.

[11] *Butzer* in SHH Rn. 5; *Waldhoff/Grefrath* in BerlKomm Rn. 3.

3 **2. Personeller Anwendungsbereich.** In **personeller Hinsicht** bezieht sich das Ernennungs- und Entlassungsrecht auf die Bundesrichter und Bundesbeamten sowie die Offiziere und Unteroffiziere. **Bundesrichter** sind alle Richter (vgl. Art. 92, 97) im Bundesdienst.[12] Erfasst sind neben den Richtern an den in Art. 95 aufgeführten obligatorischen und den in Art. 96 erwähnten fakultativen Bundesgerichten auch die Richter des BVerfG. Dass Art. 94 Abs. 1 S. 1 zwischen „Bundesrichtern" und „anderen Mitgliedern" des BVerfG unterscheidet, bezieht sich im Kontext der Regelung allein auf den Status vor der Wahl.[13]

4 **Bundesbeamte** stehen in einem öffentlich-rechtlichen Treueverhältnis zum Bund.[14] Dem einfachen Gesetzesrecht kommt dabei eine Ausgestaltungsfunktion zu.[15] Daher sind auch mittelbare Bundesbeamte, dh Beamte bei einer vom Bund getragenen juristischen Person erfasst (vgl. § 2 BBG).[16] Unerheblich sind Dienststellung, Beamtentyp (Beamte auf Zeit, auf Widerruf, auf Probe usw) und die Einordnung als politische Beamte (vgl. § 36 BBG).[17] Bundesminister und Parlamentarische Staatssekretäre dagegen stehen in einem öffentlich-rechtlichen Amtsverhältnis eigener Art (Ernennung und Entlassung gem. 64 Abs. 1 GG bzw. §§ 2 S. 1, 4 S. 2 ParlStG). Nicht erfasst sind außerdem Angestellte im öffentlichen Dienst des Bundes und Beliehene.[18]

5 **Offiziere und Unteroffiziere** sind solche der Bundeswehr.[19] Art. 60 Abs. 1 befasst sich seinem Sinn und Zweck nach nicht mit der Organisation der Streitkräfte; eine Bestandsgarantie für die Trennung von Offiziers- und Unteroffiziersrängen kann hieraus nicht abgeleitet werden.[20] Weitere Ernennungs- und Berufungsrechte sind dem BPräs. einfachgesetzlich übertragen.[21]

6 **3. Befugnisse des BPräs.** In **sachlich-funktioneller Hinsicht** nimmt der BPräs. Ernennungen und Entlassungen vor. Die Begriffe sind nicht im technischen Sinne auszulegen; vielmehr geht es um alle Veränderungen des Amtes im statusrechtlichen, nicht im funktionalen Sinne.[22] **Ernennung** ist demnach jede Begründung eines bestimmten Amtsverhältnisses, dh einschließlich der Begründung einer anderen Art von Amtsverhältnis.[23] Erfasst

---

[12] *Busse* DÖV 1965, 469 (470); *Butzer* in SHH Rn. 6; *Heun* in Dreier Rn. 16; *Nierhaus* in Sachs Rn. 4; *Waldhoff/Grefrath* in BerlKomm Rn. 5; aA *Fink* in MKS Rn. 6, Richter der Bundesgerichte; *Herzog* in Maunz/Dürig Rn. 11.

[13] *Waldhoff/Grefrath* in BerlKomm Rn. 5. Das Ernennungsrecht in § 10 BVerfGG hat damit nur deklaratorische Bedeutung: *Butzer* in SHH Rn. 7; *Herzog* in Maunz/Dürig Rn. 11; *Nierhaus* in Sachs Rn. 4; *Reimer* in BK Rn. 12; aA *Fink* in MKS Rn. 8; *Jekewitz* in AK Rn. 3; *Stern,* StaatsR II, 1980, § 30 III 4e.

[14] *Pieroth* in Jarass/Pieroth Rn. 2.

[15] *Herzog* in Maunz/Dürig Rn. 12; *Reimer* in BK Rn. 13.

[16] Ganz hM, statt vieler *Butzer* in SHH Rn. 8; *Fink* in MKS Rn. 9; *Jekewitz* in AK Rn. 3. Ohne nähere Gründe aA nur *Herzog* in Maunz/Dürig Rn. 12 mit Fn. 1, Ernennungsrecht nur bei „bestimmten hervorgehobenen Positionen".

[17] *Herzog* in Maunz/Dürig Rn. 12; *Waldhoff/Grefrath* in BerlKomm Rn. 6.

[18] *Butzer* in SHH Rn. 8; *Fink* in MKS Rn. 10; *Reimer* in BK Rn. 13 f.; *Waldhoff/Grefrath* in BerlKomm Rn. 6, auch nicht Beamte bei Beliehenen. Die Ernennung auch von Angestellten war im ParlRat zentraler Diskussionspunkt.

[19] Der Streit über Offiziere des Bundesgrenzschutzes (*Butzer* in SHH Rn. 9), ist mit Abschaffung militärischer Dienstgrade bei der Bundespolizei erledigt: *Herzog* in Maunz/Dürig Rn. 11 Fn. 2; *Waldhoff/Grefrath* in BerlKomm Rn. 7; nunmehr auch *Nierhaus* in Sachs Rn. 5.

[20] S. nur *Fink* in MKS Rn. 12; *Reimer* in BK Rn. 46; aA *Herzog* in Maunz/Dürig Rn. 11.

[21] Nachw. bei *Butzer* in SHH Rn. 10; *Waldhoff/Grefrath* in BerlKomm Rn. 8.

[22] *Butzer* in SHH Rn. 11; *Waldhoff/Grefrath* in BerlKomm Rn. 4; aA (nur bezogen auf das Grundverhältnis) *Jekewitz* in AK Rn. 4; krit. *Fink* in MKS Rn. 13.

[23] *Herzog* in Maunz/Dürig Rn. 15. Näher *Reimer* in BK Rn. 20 ff.

sind damit auch die Umwandlung eines Beamtenverhältnisses (zB Wechsel in ein Beamtenverhältnis auf Lebenszeit) und die Beförderung, nicht dagegen die statusneutrale Versetzung.[24] **Entlassung** iSv Art. 60 Abs. 1 ist der „konstitutive Akt der Verwaltung (des Dienstherrn) zur Beendigung des Beamtenverhältnisses"[25], einschließlich der Pensionierung und der Versetzung in den einstweiligen Ruhestand.[26]

Ernennungen und Entlassungen durch den BPräs. bedürfen der **Gegenzeichnung,** nicht aber deren Verweigerung.[27] **7**

Umstritten ist die Reichweite möglicher **Prüfungs- und Ablehnungsrechte** des BPräs.[28] Das GG lässt hier Raum für eine ausgestaltende Praxis,[29] die aber keine eindeutigen Schlüsse gestattet. In der **Staatspraxis** werden Konflikte im Vorfeld vermieden, indem die Liste der zu Ernennenden dem BPräs. vorab zugeleitet wird.[30] Fälle einer Weigerung des BPräs. sind vereinzelt geblieben.[31] **8**

Nicht gefolgt werden kann der in der älteren Lit. vertretenen Ansicht, der BPräs. habe bei der Personalauswahl ein weitgehend freies Ermessen.[32] Mangels eigener Personalhoheit (→ Rn. 2) ist dieser grundsätzlich verpflichtet, dem Vorschlag der BReg. zu entsprechen.[33] Doch auch eine rechtliche Prüfung ist **restriktiv zu handhaben.** Ein über die formelle Rechtmäßigkeit[34] hinausgehendes Prüfungs- und Ablehnungsrecht fügt sich allenfalls in engem Rahmen in die Organstrukturen des GG. Die Beurteilung von fachlichen Leistungen, Eignung und Befähigung ist so wertungsoffen, dass sie denjenigen Organen vorzubehalten ist, denen die Rechtsordnung die Personalhoheit zuweist.[35] Bei Bundesrichtern sieht das GG ein Richterwahlver- **9**

---

[24] Umstr. nur für die Beförderung. Gegen eine Einbeziehung *Jekewitz* in AK Rn. 4; wie hier *Herzog* in Maunz/Dürig Rn. 15, in Fn. 1 mit Hinweis auf die Staatspraxis; *Waldhoff/Grefrath* in BerlKomm Rn. 4; sa *Butzer* in SHH Rn. 11; *Fink* in MKS Rn. 13; *Heun* in Dreier Rn. 19; *Reimer* in BK Rn. 22.

[25] *Reimer* in BK Rn. 25 mit zutr. Kritik an der Formulierung in der Voraufl.

[26] *Butzer* in SHH Rn. 11, *Herzog* in Maunz/Dürig Rn. 16; gegen Erstreckung auf die Pensionierung *Jekewitz* in AK Rn. 4; *Nierhaus* in Sachs Rn. 6.

[27] *Herzog* in Maunz/Dürig Rn. 17; *Jekewitz* in AK Rn. 4; *Waldhoff/Grefrath* in BerlKomm Rn. 4; allg. zur Gegenzeichnungsfreiheit der Verweigerung von Präsidialakten → Art. 58 Rn. 11.

[28] Näher *Butzer* in SHH Rn. 12 ff., *Reimer* in BK Rn. 30 ff., beide mwN. Die Diskussion ist etwas unübersichtlich, weil die Begriffe „Ermessen", „sachliches", „materielles" und „politisches" Prüfungsrecht oder „Wohl des Staates" zT mit unterschiedlichen Inhalten gebraucht werden. Vgl. zB die abw. Einteilung bei *Fink* in MKS Rn. 15 ff.

[29] → Art. 54 Rn. 16; sa *Reimer* in BK Rn. 6, 33.

[30] *Butzer* in SHH, 11. Aufl. 2008, Art. 54 Rn. 18, 22; zu den Beziehungen zwischen BPräs. und BReg. in der Staatspraxis allg. *Pieper* in BeckOK GG Rn. 29 ff.

[31] *Jekewitz* in AK Rn. 4; *Waldhoff/Grefrath* in BerlKomm Rn. 9; wohl auch *Butzer* in SHH Rn. 23; zum Fall *Creifelds* näher *Steiner,* Die Prüfungskompetenz des Bundespräsidenten bei der Ernennung der Bundesrichter, 1974, 22 ff.

[32] So unter Anknüpfung an die Weimarer Tradition *Belau* DÖV 1951, 839 (840 ff.); *Busse* DÖV 1965, 469 (474); *Menzel* DÖV 1965, 581 (585 ff.).

[33] *Butzer* in SHH Rn. 18; *Fink* in MKS Rn. 16; *Herzog* in Maunz/Dürig Rn. 18; *Nierhaus* in Sachs Rn. 7; *Pieroth* in Jarass/Pieroth Rn. 1; *Stern,* StaatsR II, 1980, § 30 III 5g a; *Waldhoff/Grefrath* in BerlKomm Rn. 9; noch weitergehend *Reimer* in BK Rn. 36 ff., Prüfungsrecht ieS ohne Ernennungsverweigerungsrecht.

[34] *Butzer* in SHH Rn. 18 (auch zur Praxis); *Fink* in MKS Rn. 19; *Waldhoff/Grefrath* in BerlKomm Rn. 9. Erfasst sind zB Mindestalter, Laufbahnvorschriften, deutsche Staatsangehörigkeit.

[35] *Butzer* in SHH Rn. 18; *Fink* in MKS Rn. 20; prinzipiell gegen eine Verdopplung der Kontrollen *Reimer* in BK Rn. 36; für ein weitergehendes Prüfungsrecht dagegen *Herzog* in Maunz/Dürig Art. 54 Rn. 87, Art. 60 Rn. 18; *Pieroth* in Jarass/Pieroth Rn. 1.

fahren vor, das ministerielle Sachkunde, föderale Aspekte und demokratische Legitimation verbindet (Art. 95 Abs. 2);[36] Richter des BVerfG sind durch parlamentarischen Wahlakt legitimiert (Art. 94 Abs. 1 S. 2).[37] Bei Bundesbeamten und Offizieren stellt der enge Zusammenhang mit der Verwendung eine Brücke zur Organisationsgewalt der Regierung her und verbietet allzu weitgehende Einmischungen.[38] Streitfragen können in vielen Fällen ohnehin besser gerichtlich im Wege der Konkurrentenklage geklärt werden.

10 Man wird dem Präsidenten nicht verwehren, intern kritische Nachfragen hinsichtlich der Eignung eines Bewerbers an die Regierung zu richten;[39] ein Recht zur Ablehnung kommt aber allenfalls bei **offenkundiger Rechtswidrigkeit**[40] oder bei **verfassungsfeindlicher Gesinnung** des zu Ernennenden[41] in Betracht. Für die Ernennung und Entlassung **politischer Beamte** können keine anderen Regeln gelten, zumal hier ein Vertrauensverhältnis zur Regierung die Grundlage des Amtes bildet.[42] Wenn in der Rspr. von weitem Ermessen des BPräs. die Rede ist,[43] bezieht sich dies regelmäßig auf die gerichtliche Kontrolldichte, nicht auf das Verhältnis zwischen (entscheidender) BReg. und (formell ernennendem) BPräs.[44]

11 Das Ernennungs- und Entlassungsrecht steht unter **doppeltem Vorbehalt:** Nach Abs. 1 Hs. 2 gilt es nur, „soweit gesetzlich nichts anderes bestimmt ist", nach Abs. 3 kann der BPräs. seine Befugnisse zudem delegieren. Die Übernahme des **Gesetzesvorbehalts** aus Art. 46 WRV hat unter dem GG ihren Sinn verloren, weil es keinen präsidialen Einfluss auf die Ernennungspolitik mehr gibt, den es zu beschneiden gälte (→ Rn. 9). Der Vorbehalt kann daher nur den Zweck verdoppeln, den BPräs. zu entlasten. Er ist aber nicht nur redundant, er setzt dem Gesetzgeber zudem keine klaren Grenzen.[45] Immanente Grenzen errichten hier der Grundsatz der Verhältnismäßigkeit[46] und die Pflicht, einen Kernbestand an Kompetenzen zu wahren.[47] Der Gesetzes-

---

[36] *Hall* JZ 1965, 305 (308 f.); *Jekewitz* in AK Rn. 4; wegen Parlamentsbeteiligung *Butzer* in SHH Rn. 25; *Fink* in MKS Rn. 17; *Nierhaus* in Sachs Rn. 8; *Steiner,* Die Prüfungskompetenz des Bundespräsidenten bei der Ernennung der Bundesrichter, 1974, 107 ff.; *Waldhoff/Grefrath* in BerlKomm Rn. 9.

[37] Die Pflicht zur Ernennung ist hier daher unstr., vgl. selbst *Belau* DÖV 1951, 339 (343); *Busse* DÖV 1965, 469 (472 ff.); *Menzel* DÖV 1965, 581 (586 f.).

[38] *Hall* JZ 1965, 305 (308); *Jekewitz* in AK Rn. 4.

[39] Als Pflicht konzipiert bei *Reimer* in BK Rn. 39, 44; zur Praxis *Pieper* in BeckOK GG Rn. 4.3 ff; zu informellen Einflussmöglichkeiten des BPräs. auf diesem Wege *Butzer* in SHH Rn. 24; *Butzer* NJW 2017, 210 (213 f.).

[40] *Waldhoff/Grefrath* in BerlKomm Rn. 9; ähnlich *Butzer* in SHH Rn. 18.

[41] Zu unbestimmt *Stern,* StaatsR II, 1980, § 30 III 5g b (und zust. *Nettesheim* in HdbStR III § 62 Rn. 49 f.): Ablehnungsrecht bei Ernennungen, „die dem Wohl des Staates in hohem Maße abträglich sind"; krit. *Waldhoff/Grefrath* in BerlKomm Rn. 9.

[42] *Fink* in MKS Rn. 18; *Hall* JZ 1965, 305 (308); *Heun* in Dreier Rn. 20; *Nierhaus* in Sachs Rn. 9; *Schlaich* in HdbStR II, 2. Auflage 1998, § 49 Rn. 29; *Waldhoff/Grefrath* in BerlKomm Rn. 10; aA *Butzer* in SHH Rn. 20 ff.; *Herzog* in Maunz/Dürig Rn. 18.

[43] BVerwGE 19, 332 (337 f.); 23, 295 (299 ff., 303); BVerwG DÖV 1993, 34; BVerfGK NVwZ 1994, 477.

[44] Zu Recht krit. gegenüber BVerwGE 52, 33 (35 ff.) daher *Nierhaus* JuS 1978, 596 (600 ff.); zum Verhältnis von BPräs. und zuständigem Bundesminister übereinstimmend *Verlage* VR 2006, 232 (233 f.).

[45] *Butzer* in SHH Rn. 26; *Herzog* in Maunz/Dürig Rn. 10 f.; *Heun* in Dreier Rn. 21.

[46] Zutr. *Herzog* in Maunz/Dürig Rn. 21; der Einwand von *Fink* in MKS Rn. 22, der Grundsatz der Verhältnismäßigkeit gelte nicht im staatsorganisationsrechtlichen Kontext, verfängt nicht: *v. Arnauld* JZ 2000, 276 (278 ff.).

[47] *Fink* in MKS Rn. 22; *Nierhaus* in Sachs Rn. 10; *Pieroth* in Jarass/Pieroth Rn. 1. Insbes. sind Ernennungs- und Entlassungsrechte bei hohen Beamten- und Richterpositionen geschützt: *Butzer* in SHH Rn. 27; *Herzog* in Maunz/Dürig Rn. 21.

vorbehalt darf nicht zur Aushöhlung der Kompetenzen des BPräs. missbraucht werden.[48] Der Gesetzgeber hat von der Möglichkeit in Abs. 1 Hs. 2 nur zurückhaltenden Gebrauch gemacht.[49]

In weit größerem Umfang hat der BPräs. die **Delegationsbefugnis** genutzt.[50] Abs. 3 ermöglicht die Delegation auf andere Bundesbehörden.[51] Die Entscheidung trifft der BPräs. nach eigenem Ermessen; er kann sie jederzeit widerrufen.[52] Die Delegation bedarf der Gegenzeichnung, nicht jedoch ihr Widerruf.[53] Da der Delegatar im eigenen Namen tätig wird[54] und bei einer Delegation an die obersten Bundesbehörden das Bedürfnis nach Koordination mit der Politik der BReg. entfällt, sind Ernennungen und Entlassungen durch den Delegatar ebenfalls gegenzeichnungsfrei.[55] 12

II. Begnadigungsrecht (Abs. 2, 3)

1. Allgemeine Bedeutung. Nirgends stellt sich das GG deutlicher in die **monarchische Tradition** als in der Übertragung des „königlichen Rechts“[56] zur Gnade auf den BPräs. Das GG steht damit nicht allein: Die Verfassungen aller Bundesländer kennen ein Gnadenrecht, das zumeist dem Ministerpräsidenten zugewiesen ist;[57] im internationalen Rechtsvergleich erweist sich das Institut als weit verbreitet.[58] Art. 60 Abs. 2 steht auch verfassungsgeschichtlich in langer Tradition.[59] § 81 der Paulskirchenverfassung wies dieses Recht noch dem Kaiser zu, Art. 49 WRV überführte es siebzig Jahre später in die Republik. Die Aufnahme in das GG war als solche nicht kontrovers.[60] Die ungebrochene Traditionslinie des Instituts verdeckt freilich leicht, dass es seinen Charakter unter dem **Wandel der Staats- und Herrschaftsformen** verändert hat.[61] Gleich, ob das *„ius eminens“* aus der souveränen Willkür eines Gottkaisers oder eines säkularen Fürsten fließt oder Ausdruck der göttlichen Vergebung ist, die ein Monarch „von Gottes Gnaden“ administriert: jedes Mal gib es einen „Gleichlauf“ der Herrschafts- und der 13

---

[48] *Herzog* in Maunz/Dürig Rn. 21; *Pieroth* in Jarass/Pieroth Rn. 1; aA *Waldhoff/Grefrath* in BerlKomm Rn. 12, jede sachliche Rechtfertigung genügt; ähnlich *Reimer* in BK Rn. 51.

[49] Abw. Einschätzung bei *Nierhaus* in Sachs Rn. 10.

[50] Näher *Butzer* in SHH Rn. 29; *Reimer* in BK Rn. 55; sa *Herzog* in Maunz/Dürig Rn. 24; *Pieper* in BeckOK GG Rn. 1 – 1.2. Zu Abs. 3 s. Anordnungen des BPräs. über die Ernennung und Entlassung der Beamtinnen, Beamten, Richterinnen und Richter des Bundes v. 29.6.2004 (BGBl. 2004 I 1286) und über die Ernennung und Entlassung der Soldaten v. 10.7.1969 (BGBl. 1969 I 775; geändert durch Art. 1 Anordnung v. 17.3.1972, BGBl. 1972 I 499).

[51] *Butzer* in SHH Rn. 28; *Herzog* in Maunz/Dürig Rn. 23; *Pieroth* in Jarass/Pieroth Rn. 3; *Reimer* in BK Rn. 54; *Waldhoff/Grefrath* in BerlKomm Rn. 13.

[52] *Herzog* in Maunz/Dürig Rn. 23.

[53] → Art. 58 Rn. 26.

[54] *Herzog* in Maunz/Dürig Rn. 23 „echte Delegation“; *Nierhaus* in Sachs Rn. 16 „konservierende Delegation“, nach *Triepel*, Delegation und Mandat im öffentlichen Recht, 1942, 53 ff.; *Waldhoff/Grefrath* in BerlKomm Rn. 13.

[55] *Butzer* in SHH Rn. 28.

[56] *Herzog* in Maunz/Dürig Art. 54 Rn. 86.

[57] Abw. bestimmen eine Gnadenkompetenz des Senates bzw. der Landesregierung Art. 81 VvB, Art. 121 Abs. 1 BremVerf, Art. 44 Abs. 1 Hmb Verf, Art. 93 SLVerf iVm § 3 GnadenG.

[58] Vertiefend *Schätzler*, Handbuch des Gnadenrechts, 1992, 146 ff.

[59] *Fink* in MKS Rn. 4; zu Vorgängerregelungen *Butzer* in SHH, 11. Aufl. 2008, Rn. 6; *Heun* in Dreier Rn. 3.

[60] JöR nF 1 (1951), 416 ff.; näher zur Entstehungsgeschichte *Jekewitz* in AK Rn. 5.

[61] Vgl. *Mickisch*, Die Gnade im Rechtsstaat, 1996, 67 ff.; zur Geschichte vertiefend *Merten*, Rechtsstaatlichkeit und Gnade, 1978, 30 ff.

Begnadigungsbefugnisse.[62] Das Recht zur Gnade ist Kehrseite des Rechts zu strafen. Diese Korrespondenz ist aufgehoben, wo das Staatsoberhaupt der höchsten Gerichtsbarkeit entkleidet und selbst dem Recht unterworfen wird.[63] Hieraus resultierende Spannungslagen im gewaltenteiligen Rechtsstaat des GG gilt es zu bedenken, will man klären, was Gnade „in unserem Staat und zu unserer Zeit" bedeutet.[64]

14 **2. Gnade im Rechtsstaat.** Gnade ist **im Rechtsstaat ein Fremdkörper.** In ihrem Wesenskern ist Gnade das schlechthin Unverdiente, Maßstablose, Willkürliche. Damit ist sie das Gegenteil eines Rechts, das auf Berechenbarkeit angelegt ist und darauf, dass jedem das Seine zuteil wird.[65] Gnade dient als ein Korrektiv, wo das Recht unbillige Härte zeigt.[66] Als Ventil[67] kann sie systemstabilisierend wirken.[68] Hierin ist sie anderen Institutionen vergleichbar, die sich außerhalb der Schemata des Rechts verwirklichen, etwa der Idee der Billigkeit.[69] Diese **Konkurrenz zum Recht,** die „Selbstaufhebung der Gerechtigkeit",[70] kann der Rechtsstaat auf längere Sicht nicht dulden. Für ihn soll sich Gerechtigkeit gerade *im Recht* verwirklichen und nicht *außerhalb des Rechts.* Auch irritiert das radikal Willkürliche nachhaltig. **Zwei parallele Entwicklungen** sind Ausdruck dieser Irritation: die Einfügung von **Härtefallklauseln** und ähnlichen Ventilen in das Recht[71] und die **Verregelung der Gnade.**[72] Strafaussetzung und Straferlass (§§ 56 ff. StGB) sind Beispiele für den ersten Weg, der Versuch der Selbstbindung durch eine „Gnadenpraxis" oder die Gnadenordnungen der meisten Bundesländer[73] sind Beispiele für den zweiten.[74]

15 Das BVerfG und ein Teil der Lehre sehen im Gnadenrecht eine außerrechtliche **„Gestaltungsmacht besonderer Art",** die mit Art. 60 Abs. 2 in ihrem „historisch überkommenen Sinn" übernommen worden sei und als

---

[62] *Waldhoff/Grefrath* in BerlKomm Rn. 17; *Merten,* Rechtsstaatlichkeit und Gnade, 1978, 36 f.

[63] Vgl. *Pernice* in Dreier, 2. Aufl. 2006, Rn. 2; *Hindrichs* JZ 2008, 242 (243).

[64] *Bachof* JZ 1983, 469 (472).

[65] *Huba* Der Staat 29 (1990), 117 (122); sa *Merten,* Rechtsstaatlichkeit und Gnade, 1978, 11 ff., 63 ff.; *Waldhoff/Grefrath* in BerlKomm Rn. 22.

[66] BVerfGE 25, 352 (359, 360); *Fink* in MKS Rn. 28; *Merten,* Rechtsstaatlichkeit und Gnade, 1978, 59 ff.; *Seuffert* FS f. Müller, 1970, 491 (500 ff.); *Hindrichs* JZ 2008, 242 (244) „Tugend der Selbstmäßigung" des Rechtsstaates; krit. *Waldhoff/Grefrath* in BerlKomm Rn. 22.

[67] *Ihering,* Der Zweck im Recht I, 1893, 426 spricht bei „Nothrechten" des Staates (zu denen er auch die Begnadigung rechnet) von „Sicherheitsventilen" des Rechts.

[68] *Hager* in v. Arnauld Recht und Spielregeln, 157 (169 f.).

[69] *v. Arnauld,* Rechtssicherheit, 2006, 657 f.

[70] *Nietzsche,* Genealogie der Moral, 1887, 2. Abhandlung, § 10; ähnlich, aber anders *Ihering,* Der Zweck im Recht I, 1893, 428 „Selbstcorrectur der Gerechtigkeit".

[71] Vgl. *Bachof* JZ 1983, 469 (470, 472); *Holste* Jura 2003, 738 (741 f.); *Merten,* Rechtsstaatlichkeit und Gnade, 1978, 60 f.; *Rüping* FS f. Schaffstein, 1975, 31 (32 ff.); *Seuffert* FS f. Müller, 1970, 491 (500); *Waldhoff/Grefrath* in BerlKomm Rn. 23.

[72] Vgl. zB *Maurer,* Das Begnadigungsrecht im modernen Verfassungs- und Kriminalrecht, 1979, 24 ff., 135 ff.; krit. *Merten,* Rechtsstaatlichkeit und Gnade, 1978, 74 ff.; Zuspitzung im Vorschlag eines „Gerechtigkeitsgerichtshofes" für Gnadensachen bei *Ihering,* Der Zweck im Recht I, 1893, 427 ff. Als paralleles Phänomen vgl. die Institutionalisierung der Billigkeit *(equity)* im englischen Recht. Dazu *Radbruch,* Der Geist des englischen Rechts, 1947, 41 ff.

[73] Zu diesen *Pieper* FS f. Herzog, 2009, 355 (364 ff.). Zum Verfahren auf Bundesebene *Pieper* in BeckOK GG Rn. 18.1 ff., 20.2 ff. Eingehend *Blaich,* System und rechtsstaatliche Ausgestaltung des Gnadenrechts, 2012, 141 ff.

[74] Instruktives Beispiel bei *Pieper* in BeckOK GG Rn. 10.1.

solche keinen rechtlichen Bindungen unterliege.[75] Dies überzeugt nicht. Hier wird in eine Norm, die ihrem Inhalt nach primär Kompetenznorm ist,[76] ein „Wesen" der Gnade hineingelesen, das **veränderte Kontexte** (→ Rn. 13) unberücksichtigt lässt. Eine Gnade als „Vorrecht des Mächtigsten, besser noch, sein Jenseits des Rechts"[77] darf es unter dem GG nicht geben. Art. 60 Abs. 2 regelt eine **verfassungsbegründete Kompetenz,** die nicht außerhalb der Verfassungsordnung stehen kann.[78] Die verfassungsessentiellen (vgl. Art. 79 Abs. 3) Bindungen der Art. 1 Abs. 3 und Art. 20 Abs. 3 greifen auch hier. Eine solche **konstitutionalisierte Gnade** kennt ein Ermessen, das wegen des Ausnahmecharakters und der Höchstpersönlichkeit der Entscheidung sehr weit ist,[79] das aber **verfassungsrechtlichen Bindungen** unterliegt. Diese beschränken sich zwar nicht auf Willkürverbot und Menschenwürdegarantie;[80] wegen Individualität und Punktualität des Gnadenaktes ist aber die normative Steuerungswirkung insbes. von Art. 3 Abs. 1 sehr schwach.[81] Obgleich der jeweilige Amtsinhaber[82] verpflichtet sein dürfte, seine Gnadenpraxis an verallgemeinerungsfähigen Kriterien auszurichten, ist er nicht zur Aufstellung eines expliziten Gnadenprogramms verpflichtet.[83] Dem Petenten wird nur ein **Anspruch auf ermessensfehlerfreie Entscheidung** eingeräumt; ein „Recht auf Gnade" gibt es nicht.[84]

Eine solche Verrechtlichung im Ansatz nimmt der Gnade das wesenhaft **16**
Außeralltägliche und überführt sie in die Normalität des gewaltenteiligen Staatsaufbaus. Begreift man Gnade als **„Kompetenz, über den staatlichen**

---

[75] BVerfGE 25, 352 (361 f.), bei Stimmengleichheit; sa BVerfGE 30, 108 (110 f.); BVerfGK NJW 2001, 3771; BVerwG NJW 1983, 187 (188); *Merten,* Rechtsstaatlichkeit und Gnade, 1978, 80 ff.; *Reimer* in BK Rn. 67 ff.; *Schätzler* NJW 1975, 1249 (1253 ff.); *Stern,* StaatsR II, 1980, § 30 III 6b; *de constitutione lata: Huba* Der Staat 29 (1990), 117 (118 ff.); *Waldhoff/Grefrath* in BerlKomm Rn. 19, 22, mit verfassungspolitischer Kritik. Die hier behaupteten Traditionslinien sind nicht ganz so ungebrochen, vgl. RGSt 58, 263 (265); *Bachof* JZ 1983, 469 (472); *Dimoulis* KritVj. 81 (1998), 354 (359 ff.); *Trautmann* MDR 1971, 173 (173 f.).

[76] *Hömig* DVBl. 2007, 1328 (1329); *Petersen* JuS 1974, 502 (504).

[77] *Nietzsche,* Genealogie der Moral, 1887, 2. Abhandlung, § 10.

[78] BVerfGE 25, 352 (363 ff.), abw. Votum; *Fink* in MKS Rn. 31; *Geerds,* Gnade, Recht und Kriminalpolitik, 1960, 24 ff.; *Hömig* DVBl. 2007, 1328 (1330); *Holste* Jura 2003, 738 (740); *Knemeyer* DÖV 1970, 121 (122); *Petersen* JuS 1974, 502 (504); *Rüping* FS f. Schaffstein, 1975, 31 (43 f.); *Schenke* JA 1981, 588 (591); für die HessVerf auch StGH Hess DVBl 1974, 940 (941).

[79] Zutr. BVerfGE 25, 352 (365), abw. Votum „Nach diesem Ermessen kann ein Gnadenerweis aus jedem von der Wertordnung des Grundgesetzes nicht mißbilligten Grunde abgelehnt werden."; sa BayVerfGH BayVBl. 1979, 114 (115); *Butzer* in SHH Rn. 43 f., 48; *Fink* in MKS Rn. 32; *Hömig* DVBl. 2007, 1328 (1330); *Petersen* JuS 1974, 502 (506).

[80] So zB BVerfGE 25, 352 (365), abw. Votum; BayVerfGH BayVBl. 1979, 114 (115); *Butzer* in SHH Rn. 43; *Holste* Jura 2003, 738 (740). Wie hier *Blaich,* System und rechtsstaatliche Ausgestaltung des Gnadenrechts, 2012, 42 ff.; *Fink* in MKS Rn. 31; *Hömig* DVBl 2007, 1328 (1331); *Mickisch,* Die Gnade im Rechtsstaat, 1996, 69 ff.; *Schenke* JA 1981, 588 (591 f.); *Trautmann* MDR 1971, 173 (174 f.).

[81] *Dimoulis,* Die Begnadigung in vergleichender Perspektive, 1996, 282; ähnlich *Bachof* JZ 1983, 469 (471); *Müller* FS f. Huber, 1981, 109 (113).

[82] Wegen der Höchstpersönlichkeit des Aktes scheidet eine Bindung des Amtsnachfolgers aus. Insoweit übereinstimmend *Schätzler* NJW 1975, 1249 (1253).

[83] Weitergehend *Dimoulis,* Die Begnadigung in vergleichender Perspektive, 1996, 282 f., 406 ff.; krit. *Merten,* Rechtsstaatlichkeit und Gnade, 1978, 74 ff.

[84] *Bachof* JZ 1983, 469 (471); *Heun* in Dreier Rn. 25; *Hömig* DVBl. 2007, 1328 (1330 f.); *Holste* Jura 2003, 738 (740); *Pieper* FS f. Herzog, 2009, 355 (368); weitergehend *Mickisch,* Die Gnade im Rechtsstaat, 1996, 97, 165 f., Ermessensreduzierung auf Null denkbar; gegen jeden Rechtsanspruch BVerfGE 25, 352 (363); 30, 108 (110); *Schätzler* NJW 1975, 1249 (1252).

Strafanspruch zu verfügen“,[85] lässt sich das **Gewaltendilemma** hinter dem Gnadenakt erkennen. Über den staatlichen Strafanspruch verfügt im Regelfall die Judikative. Sie kann Strafen verhängen, aber auch durch Aussetzung oder Erlass der Reststrafe abkürzen. Auch die Verfügung des Gesetzgebers über den Strafanspruch ist insoweit[86] unproblematisch. Wer mit der Strafgesetzgebung die Grundlage der gerichtlichen Straftätigkeit schafft, kann über Amnestiegesetze diese Grundlage auch wieder entziehen.[87] Zum Gewaltenproblem wird erst der Gnadenakt, mit dem die Exekutive auf den Strafanspruch zugreift. In dieser Funktionenkonkurrenz[88] ist unter Gewaltentrennungsaspekten ein **Vorrang der „gerichtlichen Gnade“** zu achten, dh vom Begnadigungsrecht ist **in Strafsachen** nur zurückhaltend Gebrauch zu machen.[89] Etwas anders stellt sich die Lage bei Disziplinarsanktionen dar. Nicht nur handelt es sich hier um Vorgänge, die im Binnenbereich der Exekutive wurzeln; es existiert auch kein dem Strafrecht vergleichbar differenziertes gerichtliches Verschonungssystem, zu dem die Gnadenkompetenz in Konkurrenz träte.

17 Die Diskussionen über das Wesen der Gnade im Rechtsstaat und über das Gewaltendilemma verbinden sich in dem „ermüdenden“[90] Streit über die **Justitiabilität von Gnadenakten.**[91] Legt man ein konstitutionalisiertes Verständnis von Gnade zu Grunde, besteht – entgegen der Rspr. des BVerfG[92] – kein Anlass, Gnadenentscheidungen von gerichtlicher Kontrolle auszunehmen.[93] Reduziert ist allerdings die **Kontrolldichte,** die sich wegen der schwachen Steuerungswirkung von Art. 3 Abs. 1 (→ Rn. 15) letztlich in aller

---

[85] *Hager* in v. Arnauld Recht und Spielregeln, 157 (167); dem folgend *Waldhoff/Grefrath* in BerlKomm Rn. 15.

[86] Zur Ambivalenz von Amnestien zwischen Rechtsfrieden und Destabilisierung der Effektivität des Rechts *v. Arnauld,* Rechtssicherheit, 2006, 372 f. mwN; vertiefend *Marxen,* Rechtliche Grenzen der Amnestie, 1984.

[87] *Merten,* Rechtsstaatlichkeit und Gnade, 1978, 13; *Waldhoff/Grefrath* in BerlKomm Rn. 24.

[88] Die Parallelität wird greifbar, wenn für Prognosen im Gnadenverfahren kriminalpsychologische Gutachten usw eingeholt werden. Plastische Zuspitzung der Konkurrenzsituation bei *Herzog* in Maunz/Dürig Rn. 36. Wegen dieser funktionellen Parallelen ist unerheblich, ob man den Vollstreckungsanspruch als exekutivisch – so *Schenke* JA 1981, 588 (590) – oder den Gnadenakt als materiell judikativ – so *Dimoulis,* Die Begnadigung in vergleichender Perspektive, 1996, 151 ff. – einstuft; dazu ausf. *Blaich,* System und rechtsstaatliche Ausgestaltung des Gnadenrechts, 2012, 54 ff.

[89] Ähnlich *Pieper* in BeckOK GG Rn. 9; *Pieper* FS f. Herzog, 2009, 355 (367, 372 f.).

[90] *Merten,* Rechtsstaatlichkeit und Gnade, 1978, 80.

[91] Näher und mwN *Blaich,* System und rechtsstaatliche Ausgestaltung des Gnadenrechts, 2012, 66 ff.; *Böllhoff,* Begnadigung und Delegation, 2012, 63 ff.; *Dimoulis,* Die Begnadigung in vergleichender Perspektive, 1996, 174 ff.; *Mickisch,* Die Gnade im Rechtsstaat, 1996, 157 ff.; *Pieper* FS f. Herzog, 2009, 355 (369 ff.); sa *Butzer* in SHH Rn. 46 f.;→ Art. 19 Rn. 61.

[92] BVerfGE 25, 352 (361 f.); 30, 108 (110 f.); BVerfG-K NJW 2001, 3771; BVerwG NJW 1983, 187 (188); ebenso *Merten,* Rechtsstaatlichkeit und Gnade, 1978, 80 ff.; *Pieper* FS f. Herzog, 2009, 355 (370 f.); *Reimer* in BK Rn. 90; *Schätzler* NJW 1975, 1249 (1253 ff.); *Schätzler,* Handbuch des Gnadenrechts, 1992, 126 ff.; *Seuffert* FS f. Müller, 1970, 491 (498 ff.); *Stern,* StaatsR II, 1980, § 30 III 6b.

[93] BVerfGE 25, 352 (365 f.), abw. Votum; StGH Hess DVBl 1974, 940 (941); ebenso *Bachof* JZ 1983, 469 (471 f.); *Butzer* in SHH Rn. 48; *Hömig* DVBl. 2007, 1328 (1330); *Holste* Jura 2003, 738 (740); *Knemeyer* DÖV 1970, 121 (122 f.); *Nettesheim* in HdbStR III § 62 Rn. 53; *Petersen* JuS 1974, 502 (505); *Schenke* JA 1981, 588 (589 ff.); *Trautmann* MDR 1971, 173 (175); zu Rechtsschutzfragen *Butzer* in SHH Rn. 50; *Pieper* in BeckOK GG Rn. 12.1; ausf. *Blaich,* System und rechtsstaatliche Ausgestaltung des Gnadenrechts, 2012, 96 ff. Wegen der komplexen Rechtslage ist eine Rechtsmittelbelehrung nötig: BVerfG NJW 2013, 39.

Regel auf eine Überprüfung am Maßstab des Willkürverbots beschränkt.[94] Beim **Widerruf eines Gnadenaktes** ist die Kontrolldichte höher.[95] Der Begnadigte hat durch die Begnadigung die Freiheit erhalten; der Widerruf soll ihm diese wieder nehmen. Als Eingriff in das Grundrecht aus Art. 2 Abs. 2 S. 2 bedarf er der – justiziablen – Rechtfertigung am Maßstab dieses Grundrechts.

3. Das Begnadigungsrecht des BPräs. Art. 60 Abs. 2 gibt dem BPräs. die „Befugnis, im Einzelfall eine rechtskräftig erkannte Strafe ganz oder teilweise zu erlassen, sie umzuwandeln oder ihre Vollstreckung auszusetzen".[96] Außer **Kriminalstrafen** einschließlich **Nebenstrafen und Nebenfolgen** (nicht dagegen Maßnahmen der Besserung und Sicherung nach §§ 61 ff. StGB)[97] sind alle Sanktionen mit **strafähnlichem Charakter** erfasst,[98] dh Disziplinarentscheidungen (nach § 43 BBG auch der akzessorische Verlust der Beamtenrechte nach strafrechtlicher Verurteilung), ehren- und berufsgerichtliche Sanktionen.[99] Zutreffender Ansicht nach ist auch die Ahndung von Ordnungswidrigkeiten zu den strafähnlichen Sanktionen zu rechnen, obgleich diese Frage für den Bund mangels Vollzugskompetenz derzeit theoretisch ist.[100] Mit Entkriminalisierung und der fehlenden Schwere lässt sich dagegen bei lediglich straf*ähnlichen* Sanktionen schwer argumentieren; zudem sollte die Entscheidung über eine Bagatellgrenze dem Träger des Gnadenrechts überlassen werden. Schließlich sind auch Verfahren nach Art. 18 erfasst; dass § 40 BVerfGG hier zusätzlich den Weg „gerichtlicher Gnade" eröffnet, ist im Rahmen des Gnadenrechts nicht ungewöhnlich (→ Rn. 16).[101] **Nicht erfasst** ist der theoretische Fall, dass ein nach Art. 61 amtsenthobener BPräs. von seinem Stellvertreter „begnadigt" wird.[102] 18

Begrifflich setzt die Begnadigung ein **rechtskräftiges Urteil** bzw. eine bestandskräftige Behördenentscheidung voraus. Das Recht zur **Abolition,** dh zur Niederschlagung eines laufenden Verfahrens im Gnadenwege, steht dem BPräs. daher nicht zu.[103] Jenseits der verfahrensrechtlich vorgesehenen 19

[94] *Bachof* JZ 1983, 469 (471 f.); *Butzer* in SHH Rn. 48; *Fink* in MKS Rn. 31; *Holste* Jura 2003, 738 (740); *Knemeyer* DÖV 1970, 121 (123); wohl auch *Schenke* JA 1981, 588 (591).

[95] BVerfGE 30, 108 (111) „Der dem Verurteilten gewährte Freiheitsraum […] kann dem Begünstigten nur noch unter den im Gnadenakt selbst gesetzten Voraussetzungen genommen werden."

[96] BVerfGE 25, 352 (358).

[97] *Butzer* in SHH Rn. 37; *Herzog* in Maunz/Dürig Rn. 27; *Pieroth* in Jarass/Pieroth Rn. 5.

[98] Näher *Herzog* in Maunz/Dürig Rn. 26; *Reimer* in BK Rn. 72.

[99] *Butzer* in SHH Rn. 38 f.; *Fink* in MKS Rn. 23; *Nierhaus* in Sachs Rn. 12; vertiefend va zu letzteren *Schätzler,* Handbuch des Gnadenrechts, 1992, 56 ff.

[100] *Butzer* in SHH Rn. 40; *Fink* in MKS Rn. 23; *Heun* in Dreier Rn. 28; *Reimer* in BK Rn. 72; *Schätzler,* Handbuch des Gnadenrechts, 1992, 50; aA *Waldhoff/Grefrath* in BerlKomm Rn. 15; offen gelassen von *Herzog* in Maunz/Dürig Rn. 28.

[101] AA *Jekewitz* in AK Rn. 7; wie hier *Butzer* in SHH Rn. 41; *Fink* in MKS Rn. 25; *Herzog* in Maunz/Dürig Rn. 27; *Heun* in Dreier Rn. 28; *Nierhaus* in Sachs Rn. 12; *Pieroth* in Jarass/Pieroth Rn. 5; *Reimer* in BK Rn. 72; *Waldhoff/Grefrath* in BerlKomm Rn. 15.

[102] Weil das Verfahren keinen strafrechtsähnlichen Charakter hat (→ Art. 61 Rn. 3) und weil sonst der Verfahrenszweck offenkundig unterlaufen würde. Mit zT abw. Begründung *Fink* in MKS Rn. 25; *Herzog* in Maunz/Dürig Rn. 29; *Pieper* FS f. Herzog, 2009, 355 (357 f.); den Wirklichkeitsbezug bestreitet, wohl nicht zu Unrecht, *Jekewitz* in AK Rn. 7.

[103] Näher *Fink* in MKS Rn. 27; *Herzog* in Maunz/Dürig Rn. 31; *Merten,* Rechtsstaatlichkeit und Gnade, 1978, 42 ff., 48.

Einstellungsmöglichkeiten kommt hier nur eine kollektive Niederschlagung laufender Verfahren durch Amnestiegesetz in Betracht.[104]

20 Art. 60 Abs. 2 überträgt, in Abweichung vom Wortlaut der Vorgängernorm in der WRV, dem BPräs. nur das Recht zur Begnadigung **„im Einzelfalle".** Nach intensiver Diskussion im ParlRat ist damit klargestellt, dass **Amnestien,** dh der Straferlass für eine Vielzahl von Personen nach allgemeinen Kriterien allein Sache des Gesetzgebers sind.[105]

21 Ihrem Wesen nach hebt die Begnadigung die Entscheidung nicht auf und korrigiert auch nicht den Schuldspruch. Sie **beseitigt** lediglich die **Sanktionsfolge** mit Wirkung für die Zukunft.[106]

22 Der BPräs. übt das Begnadigungsrecht nur **„für den Bund"** aus.[107] Traditionell wird hier verlangt, dass das Verfahren „von der ersten bis zur letzten Instanz" vor Bundesgerichten bzw. Bundesbehörden durchgeführt wurde:[108] Revisionsentscheidungen des BGH scheiden daher aus. Erfasst sind hingegen OLG-Entscheidungen, die im Wege der Organleihe für den Bund nach Art. 96 Abs. 5 ergehen.[109] Das Gros möglicher Gnadenentscheidungen fällt in die Kompetenz der Länder; in der Praxis bleiben für den Bund vor allem Disziplinarangelegenheiten des Bundes[110] und die, freilich oft öffentlichkeitswirksamen, Strafurteile in Staatsschutzsachen.[111]

23 Begnadigungen bedürfen der **Gegenzeichnung.**[112] Da es sich um ein echtes Prärogativrecht des BPräs. handelt, ist das Ermessen zur Gegenzeichnung jedoch stark reduziert. Der Bundeskanzler bzw. der zuständige Bundesminister darf die Gegenzeichnung nur verweigern, wenn die Begnadigung in rechtlicher Hinsicht willkürlich oder in politischer Hinsicht völlig untragbar ist.[113]

24 Wie beim Ernennungsrecht gestattet Abs. 3 auch hinsichtlich der Begnadigung die **Delegation** durch den BPräs.[114] „System- und amtsadäquat"[115]

---

[104] *Butzer* in SHH Rn. 32; *Herzog* in Maunz/Dürig Rn. 32; *Waldhoff/Grefrath* in BerlKomm Rn. 17.

[105] BVerfGE 2, 213 (219); näher *Merten,* Rechtsstaatlichkeit und Gnade, 1978, 11 ff.; *Schätzler,* Handbuch des Gnadenrechts, 1992, 16 f.

[106] *Fink* in MKS Rn. 28; *Geerds,* Gnade, Recht und Kriminalpolitik, 1960, 9 f.; *Merten,* Rechtsstaatlichkeit und Gnade, 1978, 48 f., 57 f.; *Waldhoff/Grefrath* in BerlKomm Rn. 18; näher zu Inhalt und Wirkung *Schätzler,* Handbuch des Gnadenrechts, 1992, 67 ff., 72 ff.

[107] Vertiefend *Schätzler,* Handbuch des Gnadenrechts, 1992, 20 ff.; näher *Pieper* in Beck OK GG Rn. 13 ff.

[108] *Herzog* in Maunz/Dürig Rn. 33; plastisch *Holste* Jura 2003, 738 (738) „Die Staatsgewalt, die bestraft, darf auch begnadigen."; krit. *Bachof* JZ 1983, 469 (473 ff.), der sich für ein Anknüpfen an das anzuwendende Recht ausspricht und die Frage verfassungsrechtlich nicht präjudiziert sieht.

[109] *Herzog* in Maunz/Dürig Rn. 33 „Auftragsgerichtsbarkeit"; näher *Butzer* in SHH Rn. 36.

[110] Dazu zählen funktional auch Entscheidungen gegen Bundesbeamte durch Verwaltungs- und Oberverwaltungsgerichte. Die Übertragung der Zuständigkeit in § 45 BDG zum 1.1.2002 bezweckte nicht den Übergang der Justizhoheit vom Bund auf die Länder: zutr. *Butzer* in SHH Rn. 34a; aA *Weiß* ZRP 2014, 117; dem folgend *Domgörgen* in Hömig/Wolff Rn. 2; tendenziell auch *Nierhaus* in Sachs Rn. 14, „problematisch".

[111] Gem. § 120 Abs. 6 iVm § 142a GVG sind hier die OLG in Organleihe für den Bund tätig. Zu den Schwerpunkten in der Staatspraxis *Butzer* in SHH Rn. 42; *Herzog* in Maunz/Dürig Rn. 34; *Pieper* FS f. Herzog, 2009, 355 (356), auch unter Verweis auf mögliche zusätzliche Anwendungsfälle im Bereich des VStGB.

[112] Zu den Gründen → Art. 58 Rn. 24; weitergehend *Pieper* FS f. Herzog, 2009, 355 (358 f.); *Reimer* in BK Rn. 79, Anspruch des BPräs. bzw. Pflicht zur Gegenzeichnung.

[113] → Art. 58 Rn. 19.

[114] Dazu Anordnung über die Ausübung des Begnadigungsrechts des Bundes v. 5.10.1965 (BGBl. 1965 I 1573), geändert durch Anordnung v. 3.11.1970 (BGBl. 1970 I 1513); eingehend *Böllhoff,* Begnadigung und Delegation, 2012.

[115] *Nierhaus* in Sachs Rn. 16.

fehlt indes ein Abs. 1 S. 2 vergleichbarer Gesetzesvorbehalt. Auf die Ausführungen zur Delegation in → Rn. 12 kann sinngemäß verwiesen werden.

III. Immunität (Abs. 4)

Die Regelung des Abs. 4 wurzelt im Prinzip der **Unverletzlichkeit** der Person **des Monarchen** (§ 73 Abs. 1 der Paulskirchenverfassung) und steht in engem Zusammenhang mit dessen fehlender Verantwortlichkeit noch im Zeitalter des Konstitutionalismus.[116] An Stelle dieses Prinzips trat mit dem Übergang zu einem demokratisch gewählten Staatsoberhaupt die **Immunität des Reichspräsidenten** in Art. 43 Abs. 3 WRV, im Unterschied zu Art. 60 Abs. 4 GG beschränkt auf den Schutz vor strafrechtlicher Verfolgung. Im **ParlRat** wurde ein Vorschlag, den BPräs. unter Rückanknüpfung an monarchische Traditionen *„legibus solutus"* zu stellen, diskutiert, aber abgelehnt.[117] Damit steht Art. 60 Abs. 4 **in der republikanischen Tradition,** der auch die Verfassungen anderer Republiken weltweit verpflichtet sind.[118] 25

Hinsichtlich **Inhalt und Umfang** der Immunitätsgewährung verweist Art. 60 Abs. 4 vollen Umfangs auf **Art. 46 Abs. 2–4;** der Zusatz „entsprechend" hat keine inhaltlich modifizierende Bedeutung.[119] Immunität bedeutet hier Schutz vor, nicht nur strafrechtlicher, Verfolgung und Vollstreckung während der Amtszeit;[120] ausgenommen ist nach Art. 46 Abs. 2 Hs. 2 der Fall einer Festnahme bei Begehung der Tat oder im Laufe des folgenden Tages. Immunität gegenüber dem Amtsenthebungsverfahren (Art. 61) genießt der Präsident nicht.[121] Für alles Weitere kann auf Kommentierungen zu Art. 46 verwiesen werden.[122] 26

Die Ausklammerung von Art. 46 Abs. 1 verdeutlicht, dass der BPräs. keine **Indemnität** genießt. Die entsprechende Anwendung der Regeln für Bundestagsabgeordnete würde hier an ihre funktionalen Grenzen stoßen; die Indemnität als Freibrief für parlamentarische Hitzköpfe passt schlecht zu einer neutralen Integrationsfigur und würde ein falsches Rollenbild suggerieren.[123] 27

Wie bei Art. 46 **gilt der Schutz dem Amt,** nicht der Person.[124] Folgerichtig kann der BPräs. auch nicht selbst auf seine Immunität verzichten.[125] Die Entscheidung über eine **Aufhebung der Immunität** ist kraft Verweisung und mangels besserer Alternative[126] dem BT überantwortet, der hierdurch zumindest theoretisch gewisse Kontrollrechte gegenüber dem BPräs. erlangt.[127] Aus Respekt vor einem anderen Verfassungsorgan und wegen der Bedeutung der Sache bedarf es dabei eines Plenarbeschlusses; die generelle 28

---

116 → Art. 58 Rn. 1; → Art. 61 Rn. 1.

117 *Butzer* in SHH, 11. Aufl. 2008, Rn. 9 mwN; *Jekewitz* in AK Rn. 8.

118 *Fink* in MKS Rn. 5; *Heun* in Dreier Rn. 13.

119 *Herzog* in Maunz/Dürig Rn. 57, 59.

120 *Butzer* in SHH Rn. 63; *Jekewitz* in AK Rn. 8; zu eng *Waldhoff/Grefrath* in BerlKomm Rn. 25, die nur von „strafrechtlicher" Verfolgung sprechen.

121 Vertiefend *Herzog* in Maunz/Dürig Rn. 60 ff.

122 → Art. 46 Rn. 23 ff.

123 *Fink* in MKS Rn. 39; iErg *Herzog* in Maunz/Dürig Rn. 6; *Waldhoff/Grefrath* in BerlKomm Rn. 27. Zu Grenzen der Äußerungsfreiheit des BPräs. → Art. 54 Rn. 9.

124 *Butzer* in SHH Rn. 63; *Herzog* in Maunz/Dürig Rn. 58; *Jekewitz* in AK Rn. 8.

125 *Herzog* in Maunz/Dürig Rn. 58, *Waldhoff/Grefrath* in BerlKomm Rn. 25.

126 Ein Antrag im ParlRat, die Bundesversammlung hierfür zu reaktivieren, blieb erfolglos: JöR nF 1 (1951), 419. Dies *de constitutione ferenda* befürwortend *Reimer* in BK Rn. 106; noch aA *Hömig* ZRP 2012, 110 (112 f.), für Zuständigkeit des BVerfG.

127 Näher *Herzog* in Maunz/Dürig Rn. 59; verhaltene verfassungspolitische Kritik bei *Waldhoff/Grefrath* in BerlKomm Rn. 26.

Genehmigung inländischer Ermittlungsverfahren „unter Rückholvorbehalt" gem. § 108 GOBT iVm Anlage 6 findet keine Anwendung.[128] Weil Ziel von Art. 60 Abs. 4 ist, die störungsfreie Ausübung der Amtsbefugnisse zu sichern, findet die Regelung auch Anwendung auf den **Stellvertreter** des BPräs. nach Art. 57.[129]

29 Einen **flankierenden Immunitätsschutz** erhält der BPräs. zum einen durch den nicht unproblematischen gesteigerten strafrechtlichen Ehrenschutz in § 90 StGB[130] und durch das **Völkerrecht.**[131] Kraft Völkergewohnheitsrecht genießen Staatsoberhäupter im Ausland umfassende Immunität; nach dem Ausscheiden aus dem Amt erlischt lediglich die Immunität für private Handlungen. Bei **völkerrechtlichen Verbrechen** versagt der Schutz gegenüber internationalen Gerichtshöfen, nicht aber gegenüber Gerichten anderer Staaten.[132] Nach dem Ausscheiden aus dem Amt sind bei schwersten internationalen Verbrechen auch ausländische Gerichte befugt, ein fremdes Staatsoberhaupt zu verfolgen.[133] Da die Immunität nicht personal, sondern funktional begründet ist und letztlich aus dem Grundsatz der souveränen Gleichheit der Staaten fließt, endet sie mit dem Untergang des Staates.[134]

C. Kritische Würdigung

30 Selbst in dem an legislatorischen Eigenwilligkeiten reichen V. Abschnitt des GG gebührt Art. 60 eine Sonderstellung.[135] Der Vorschrift ist die zweifelhafte Ehre zuteil geworden, als die neben Art. 19 **„heterogenste Norm des Grundgesetzes"** zu gelten.[136] Zwei höchst unterschiedliche Kompetenzen finden sich hier mit einer Bestimmung zum Status des BPräs. verschraubt. Näher hätte es gelegen, die Kompetenzen jeweils im sachlichen Kontext (Verwaltung, Gerichtsbarkeit) zu regeln und lediglich die Regelung zur Immunität in diesem Abschnitt zu belassen.[137] Bleibt diese Kritik noch weitgehend auf ästhetischer Ebene, berührt die **Verdopplung der Fakultativ-**

---

[128] So im Zusammenhang mit Ermittlungen der StA Hannover gegen BPräs. *Wulff* zutr. *Butzer* in SHH Rn. 65; *Hömig* ZRP 2012, 110 (111); *Reimer* in BK Rn. 99, 105 ff.; aA *Pieper* in BeckOK GG Rn. 22.2 ff.

[129] → Art. 57 Rn. 12; *Butzer* in SHH Rn. 63; *Heun* in Dreier Rn. 33; *Jekewitz* in AK Rn. 8; *Reimer* in BK Rn. 97 f.; aA *Herzog* in Maunz/Dürig Rn. 64, Andeutung im Verfassungstext fehlt, landesverfassungsrechtliche Immunität reicht aus (anders dagegen *Herzog* in Maunz/Dürig Art. 57 Rn. 27).

[130] *Nierhaus* in Sachs Rn. 18; krit. *v. Arnauld* in HdbStR VII § 163 Rn. 49; *v. Arnauld* in BK Art. 5 Abs. 3 Rn. 164.

[131] Näher *v. Arnauld,* Völkerrecht, 4. Aufl. 2019, Rn. 328 ff., 1370; eingehend ua *Foakes,* The Position of Heads of States and Senior Officials in International Law, 2014.

[132] Grdl. IGH, Yerodia (Democratic Republic of Congo v. Belgium), Judgment of 14 February 2002, ICJ Rep. 2002, 3, §§ 51 ff..; sa IStGH (Berufungskammer), The Prosecutor v. Omar Hassan Ahmad Al-Bashir, Judgment of 6 May 2019, ICC-02/05-01/09–397, §§ 1 ff, allg. gewohnheitsrechtliche Geltung (str.); vgl. auch Art. 27 Abs. 2 Römisches Statut des IStGH.

[133] S. dazu (wegen institutionalisierter Folterpraxis) House of Lords 24.3.1999, ILM 38 (1999), 581, Ex parte *Pinochet;* IGH, Habré (Belgium v. Senegal), Judgment of 20 July 2012, ICJ Rep. 2012, 422, gestützt auf Art. 5 Abs. 2 des UN-Übereinkommens gegen Folter.

[134] Zur DDR BVerfGE 95, 96 (129 f.) mwN.

[135] *Jekewitz* in AK Rn. 3 „besonders verwirrend".

[136] *Pernice* in Dreier, 2. Aufl. 2006, Rn. 16; einhellige Kritik bei *Fink* in MKS Rn. 1; *Nierhaus* in Sachs Rn. 1; *Reimer* in BK Rn. 1; *Waldhoff/Grefrath* in BerlKomm Rn. 1; vertiefend *Butzer* in SHH, 11. Aufl. 2008, Rn. 1, 10 ff.; *Herzog* in Maunz/Dürig Rn. 1 ff.

[137] *Butzer* in SHH, 11. Aufl. 2008, Rn. 10; *Herzog* in Maunz/Dürig Rn. 6, 9.

klauseln bei den Ernennungen und Entlassungen inhaltliche Fragen.[138] Die unnötige Konkurrenz von Gesetzesvorbehalt und Delegationsbefugnis schafft ein verfassungspolitisches Konfliktpotential, das nur durch korrigierenden Rückgriff auf implizite verfassungsrechtliche Grenzen und eine besonnene Staatspraxis entschärft wird (→ Rn. 11–12).

Inhaltlich verdienen die drei Bestimmungen, die in Art. 60 vereinigt wur- **31**
den, ansonsten freundliche Zustimmung. Die Ernennungs- und Entlassungsrechte in Abs. 1 sowie das Begnadigungsrecht in Abs. 2 sind, einschließlich der Möglichkeit zur Delegation in Abs. 3, auch im internationalen Rechtsvergleich als traditionelle Prärogativrechte bei einem Staatsoberhaupt gut aufgehoben. Die Gnadenkompetenz bleibt zwar im gewaltenteiligen Rechtsstaat immer ein prekäres Konstrukt;[139] verfassungsrechtlich eingehegt aber (→ Rn. 15–17) und politisch über die Gegenzeichnung angebunden, kann sie auch heute noch eine Ventilfunktion erfüllen, wo zB ein politischer oder sozialethischer Wandel von den gesetzesgebundenen Gerichten nur schwer verarbeitet werden kann.[140] Hinzu tritt eine mehr symbolische Funktion, indem „durch einen Diskurs über das, was Gnade ist (bzw. sein soll)", die Frage nach Recht und Gerechtigkeit auch in der Öffentlichkeit lebendig gehalten wird.[141] Zu guter Letzt ist zu begrüßen, dass der ParlRat die absurde Idee, den BPräs. in monarchischer Tradition für unverletzlich zu erklären, nicht aufgegriffen hat. Die Übertragung einer den Bundestagsabgeordneten entsprechenden Immunität unterstreicht, „dass im Rahmen einer demokratischen Regierungsform auch das Staatsoberhaupt nicht mehr grundsätzlich vor jedem Zugriff geschützt werden kann".[142] Dass für die Entscheidung über die Aufhebung der Immunität der BT zuständig ist, ist, *faute de mieux,* eine akzeptable Lösung, sofern hierüber im Plenum verhandelt und beschlossen wird (→ Rn. 28).[143]

Literatur

O. Bachof, Über Fragwürdigkeiten der Gnadenpraxis und der Gnadenkompetenz, JZ 1983, 469. – ***B. Belau,*** Das Recht des Bundespräsidenten zur Ernennung von Bundesbeamten und Bundesrichtern, DÖV 1951, 339. – ***K. Blaich,*** System und rechtsstaatliche Ausgestaltung des Gnadenrechts, 2012. – ***C. Böllhoff,*** Begnadigung und Delegation: Die Delegation der Entscheidungszuständigkeit des Begnadigungsrechts und ihre Grenzen, 2012. – ***P. Busse,*** Die Ernennung der Bundesrichter durch den Bundespräsidenten, DÖV 1965, 469. – ***D. Dimoulis,*** Die Begnadigung in vergleichender Perspektive, 1996. – ***D. Dimoulis,*** Die Gnade als Symbol, KritVj. 81 (1998), 354.

---

[138] Krit. *Butzer* in SHH Rn. 26; *Herzog* in Maunz/Dürig Rn. 6, 24; *Nierhaus* in Sachs Rn. 2.

[139] Für Abschaffung plädieren daher *Huba* Staat 29 (1990), 117 (124); *Waldhoff/Grefrath* in BerlKomm Rn. 22 f.; ähnlich *Rüping* FS f. Schaffstein, 1975, 31 (42 f.); zu Reformüberlegungen allg. *Blaich,* System und rechtsstaatliche Ausgestaltung des Gnadenrechts, 2012, 253 ff.

[140] Zu diesen und weiteren Gnadengründen *Herzog* in Maunz/Dürig Rn. 25; *Merten,* Rechtsstaatlichkeit und Gnade, 1978, 68 ff.; *Pieper* in BeckOK GG Rn. 10 f.; *Schätzler* NJW 1975, 1249 (1250 f.); eing. *Dimoulis,* Die Begnadigung in vergleichender Perspektive, 1996, 394 ff.; *Mickisch,* Die Gnade im Rechtsstaat, 1996, 75 ff.; *Schätzler,* Handbuch des Gnadenrechts, 1992, 80 ff.; zur Legitimation der Gnade im Rechtsstaat *Holste* Jura 2003, 738 (740 ff.).

[141] *Dimoulis* KritVj. 81 (1998), 354 (356); vertiefend *Dimoulis,* Die Begnadigung in vergleichender Perspektive, 1996, 546 ff.

[142] *Butzer* in SHH Rn. 63; sa *Herzog* in Maunz/Dürig Rn. 56.

[143] Vgl. *Reimer* in BK Rn. 105 ff. zu weiteren bedenkenswerten Vorschlägen für einen verbesserten Immunitätsschutz ggü. dem Parlament.

– ***F. Geerds,*** Gnade, Recht und Kriminalpolitik, 1960. – ***M. G. Hager,*** Chancengleichheit in Recht und Spiel, in v. Arnauld, Recht und Spielregeln, 2003, 157. – ***K. H. Hall,*** Überlegungen zur Prüfungskompetenz des Bundespräsidenten, JZ 1965, 305. – ***D. Hömig,*** Gnade und Verfassung, DVBl 2007, 1328. – ***D. Hömig,*** Angemessener Immunitätsschutz für den Bundespräsidenten?, ZRP 2012, 110. – ***H. Holste,*** Die Begnadigung – Krönung oder Störung des Rechtsstaates?, Jura 2003, 738. – ***H. Huba,*** Gnade im Rechtsstaat?, Der Staat 29 (1990), 117. – ***F.-L. Knemeyer,*** Auf dem Wege zur Justiziabilität von Gnadenakten, DÖV 1970, 121. – ***A. Maurer,*** Das Begnadigungsrecht im modernen Verfassungs- und Kriminalrecht, 1979. – ***E. Menzel,*** Ermessensfreiheit des Bundespräsidenten bei der Ernennung der Bundesminister?, DÖV 1965, 581. – ***D. Merten,*** Rechtsstaatlichkeit und Gnade, 1978. – ***C. Mickisch,*** Die Gnade im Rechtsstaat, 1996. – ***G. Müller,*** Reservate staatlicher Willkür, FS f. Hans Huber, 1981, 109. – ***M. Nierhaus,*** Die Versetzung politischer Beamter in den einstweiligen Ruhestand, JuS 1978, 596. – ***V. Petersen,*** Gnadenakt und Rechtsweggarantie, JuS 1974, 502. – ***S. U. Pieper,*** Das Gnadenrecht des Bundespräsidenten – eine Bestandsaufnahme, FS f. Herzog, 2009, 355. –***H. Rüping,*** Die Gnade im Rechtsstaat, FS f. Schaffstein, 1975, 31. – ***J. G. Schätzler,*** Gnade vor Recht, NJW 1975, 1249. – ***J. G. Schätzler,*** Handbuch des Gnadenrechts, 2. Aufl. 1992. – ***W. R. Schenke,*** Rechtsschutz gegen Gnadenakte, JA 1981, 588. – ***W. Seuffert,*** Über gerichtsfreie Akte und die Grenzen des Rechts, FS f. G. Müller, 1970, 491. – ***F. Steiner,*** Die Prüfungskompetenz des Bundespräsidenten bei der Ernennung der Bundesrichter, Diss. Heidelberg 1974. – ***H. Trautmann,*** Geltung der Rechtsweggarantie des Art. 19 Abs. 4 bei Gnadenentscheidungen?, MDR 1971, 173. – ***C. Verlage,*** Die Versetzung eines Generals in den einstweiligen Ruhestand, VR 2006, 232. – ***H.-D. Weiß,*** Eingeschränkte Gnadenbefugnis des Bundespräsidenten gegenüber Bundesbeamten bei landesdisziplinargerichtlicher Entscheidung, ZRP 2014, 117.

S. iÜ Literaturangaben zu Art. 54.

Art. 61 [Anklage vor dem Bundesverfassungsgericht]

(1) [1]Der Bundestag oder der Bundesrat können den Bundespräsidenten wegen vorsätzlicher Verletzung des Grundgesetzes oder eines anderen Bundesgesetzes vor dem Bundesverfassungsgericht anklagen. [2]Der Antrag auf Erhebung der Anklage muß von mindestens einem Viertel der Mitglieder des Bundestages oder einem Viertel der Stimmen des Bundesrates gestellt werden. [3]Der Beschluß auf Erhebung der Anklage bedarf der Mehrheit von zwei Dritteln der Mitglieder des Bundestages oder von zwei Dritteln der Stimmen des Bundesrates. [4]Die Anklage wird von einem Beauftragten der anklagenden Körperschaft vertreten.

(2) [1]Stellt das Bundesverfassungsgericht fest, daß der Bundespräsident einer vorsätzlichen Verletzung des Grundgesetzes oder eines anderen Bundesgesetzes schuldig ist, so kann es ihn des Amtes für verlustig erklären. [2]Durch einstweilige Anordnung kann es nach der Erhebung der Anklage bestimmen, daß er an der Ausübung seines Amtes verhindert ist.

Hinweis: Die Paulskirchenverfassung von 1849 enthielt keine vergleichbare Bestimmung.

Weimarer Reichsverfassung von 1919

Art. 59. Der Reichstag ist berechtigt, den Reichspräsidenten, den Reichskanzler und die Reichsminister vor dem Staatsgerichtshof für das Deutsche Reich anzuklagen, daß sie schuldhafterweise die Reichsverfassung oder ein Reichsgesetz verletzt haben. Der Antrag auf Erhebung der Anklage muß von mindestens hundert Mitgliedern des Reichstags unterzeichnet sein und bedarf der Zustimmung der für Verfassungsänderungen vorgeschriebenen Mehrheit. Das Nähere regelt das Reichsgesetz über den Staatsgerichtshof.

A. Allgemeine Bedeutung

Die **staatsgerichtliche Präsidentenanklage** gehört seit dem ausgehenden 18. Jahrhundert zum Fundus republikanischer Verfassungen westlichen Musters.[1] Im **Konstitutionalismus** ging der Unverletzlichkeit des Monarchen als Person (vgl. zB § 73 Paulskirchenverfassung) wegen die Funktion auf die **Ministeranklage** über.[2] Durch die Gegenzeichnung übernahm die Regierung die Verantwortung für das Handeln des Monarchen und hatte hierfür notfalls auch gerichtlich einzustehen.[3] Erst in **Art. 59 WRV** wurde die Anklage gegen Reichskanzler und Reichsminister um die Anklage gegen das Staatsoberhaupt ergänzt. Die Anklage trat hier neben die Abwahl des Reichspräsidenten durch eine vom Reichstag mit Zweidrittelmehrheit zu beantragende Volksabstimmung (Art. 43 Abs. 2 WRV).[4] 1

[1] *Nierhaus* in Sachs Rn. 1; *Schlaich* in HdbStR II, 2. Aufl. 1998, § 48 Rn. 16; *Waldhoff/Grefrath* in BerlKomm Rn. 1; im Rechtsvergleich *Scholzen,* Der Begriff des Vorsatzes in Art. 61 Grundgesetz und entsprechenden landesrechtlichen Bestimmungen, 1970, 29 ff.; eingehend *Brinktrine* in BK Rn. 4 ff.; *Steinbarth,* Das Institut der Präsidenten- und Ministeranklage in rechtshistorischer und rechtsvergleichender Perspektive, 2011.

[2] Vertiefend *Greve,* Die Ministerverantwortlichkeit im konstitutionellen Staat, 1977; *Popp,* Ministerverantwortlichkeit und Ministeranklagen im Spannungsfeld von Verfassungsgebung und Verfassungswirklichkeit, 1996; diff. *Kühne* FS f. Tsatsos, 2003, 279 (281 ff.).

[3] → Art. 58 Rn. 1.

[4] Näher *Butzer* in SHH, 11. Aufl. 2008, Rn. 2 ff.; *Fink* in MKS Rn. 1 ff.; *Herzog* in Maunz/Dürig Rn. 3 ff.

2 Das GG verfolgt demgegenüber ein Modell der **Alternativität von parlamentarischer und staatsrechtlicher Verantwortlichkeit.** Auf die Minister- und Kanzleranklage wurde zu Gunsten voller parlamentarischer Verantwortlichkeit der Regierung (Art. 43 Abs. 1, Art. 44, Art. 67) verzichtet;[5] umgekehrt wurde der BPräs von parlamentarischer Verantwortlichkeit weitgehend entlastet.[6] Um nicht zur monarchischen Unverletzlichkeit zurückzukehren, bedingte dies ein Festhalten am Institut der Präsidentenanklage. Für den BPräs wurde damit exklusiv das Modell staatsrechtlicher Verantwortlichkeit beibehalten.[7] In Abweichung von der WRV wurde zudem die Möglichkeit eingeführt, über die Feststellung des schuldhaften (jetzt: vorsätzlichen) Rechtsverstoßes hinaus den Präsidenten seines Amtes für verlustig zu erklären (Art. 61 Abs. 2 S. 2 GG).

3 Das Verfahren hat einen **ambivalenten Charakter.**[8] Terminologie und Ablauf erinnern an den Strafprozess;[9] auch wohnt dem Vorwurf vorsätzlichen Handelns eine **persönliche Inkriminierung** inne.[10] Anders als andere Verfahren vor dem BVerfG ist Art. 61 nicht allein auf Konfliktlösung angelegt;[11] es geht immer auch um den „Kopf" des Präsidenten. Diese strafprozessualen Anlehnungen sind teils historisch begründete Reminiszenzen,[12] teils der Rollenverteilung geschuldet.[13] Sie betreffen indes nur die rechtstechnische Gestaltung und ändern nichts daran, dass das Verfahren seinem Wesen nach **verfassungsrechtlicher Natur** ist.[14] Es soll Verstöße des Staatsoberhauptes gegen dessen Bindung an Gesetz und Recht (Art. 20 Abs. 3) sanktionieren und dient damit der Verteidigung der Verfassungsordnung, nicht der Bestrafung des Präsidenten als Person.[15] Daher bleibt eine zivil- oder strafrechtliche Verfolgung (in den Grenzen von Art. 60 Abs. 4, Art. 46 Abs. 2–4) unberührt.[16] Zur Ambivalenz trägt schließlich eine **politische Dimension** des Verfahrens bei, die va bei der Entscheidung des BVerfG über den Amtsverlust oder den Erlass einer einstweiligen Anordnung aufscheint (→ Rn. 13, 16).[17]

---

[5] Zu Ministeranklagen auf Länderebene *Freund* in Starck/Stern Landesverfassungsgerichtsbarkeit II, 307; *Schneider* ZParl 1985, 495 (502 ff.).

[6] → Art. 58 Rn. 8.

[7] *Herzog* in Maunz/Dürig Rn. 1 f.; *Maurer* FS f. Carstens II, 1984, 701 (704 f.); *Nettesheim* in HdbStR III § 61 Rn. 66; *Nierhaus* in Sachs Rn. 3; *Pieper* in BeckOK GG Rn. 2; zur Genese JöR nF 1 (1951), 420 f.; *Butzer* in SHH, 11. Aufl. 2008, Rn. 4.

[8] *Fink* in MKS Rn. 9; näher zu den Funktionen *Brinktrine* in BK Rn. 89 ff.

[9] *Herzog* in Maunz/Dürig Rn. 10; *Jekewitz* in AK Rn. 3 „quasi-strafrechtliches Verfahren"; *Nierhaus* in Sachs Rn. 5; Kritik am überzogenen strafrechtsähnlichen Pathos der Formulierung üben *Waldhoff/Grefrath* in BerlKomm Rn. 4.

[10] Krit. *Heun* in Dreier, Rn. 6.

[11] *Jekewitz* in AK Rn. 3.

[12] *Butzer* in SHH, 11. Aufl. 2008, Rn. 10.

[13] Im Staatsrecht begegnet einem eine Anlehnung an den Strafprozess aus ähnlichen Gründen, zB im Recht der parlamentarischen Untersuchungsausschüsse → Art. 44 Rn. 3, 71.

[14] *Drath* VVDStRL 9 (1952), 17 (25 f.); sa *Brinktrine* in BK Rn. 88; *Butzer* in SHH Rn. 4; *Herzog* in Maunz/Dürig Rn. 10; *Jekewitz* in AK Rn. 3; *Nettesheim* in HdbStR III § 61 Rn. 67; *Nierhaus* in Sachs Rn. 5; aA *v. Weber* JZ 1953, 293; *Friesenhahn* FS f. Thoma, 1950, 21 (47) „‚Strafe' besonderer Art".

[15] *Brinktrine* in BK Rn. 88; *Heun* in Dreier Rn. 6.

[16] *Brinktrine* in BK Rn. 96 f.; *Butzer* in SHH Rn. 4; *Friesenhahn* FS f. Thoma, 1950, 21 (47); *Herzog* in Maunz/Dürig Rn. 10; *Jekewitz* in AK Rn. 3; *Waldhoff/Grefrath* in BerlKomm Rn. 5.

[17] Zusf. *Jekewitz* in AK Rn. 3 „Ahndung einer individuellen Tat wegen ihrer politischen Reichweite, allerdings unter rechtlichen Gesichtspunkten".

B. Einzelfragen

I. Persönlicher Anwendungsbereich (Abs. 1 S. 1)

Die Anklage richtet sich gegen den **amtierenden BPräs.** Scheidet dieser regulär oder vorzeitig aus dem Amt, beendet dies das Verfahren nicht (allerdings entfällt das Bedürfnis, den Amtsverlust anzuordnen).[18] Diese in § 51 BVerfGG einfachgesetzlich getroffene Regelung ist verfassungsrechtlich nicht geboten, aber zulässig.[19] Sie verdeutlicht, dass das Verfahren nicht primär auf Konfliktlösung angelegt, sondern einem objektiven Interesse an Feststellung und Sanktionierung vorsätzlicher Rechtsbrüche durch das Staatsoberhaupt verpflichtet ist.[20] Dem BPräs wird so verwehrt, sich durch Rücktritt vom Amt einer Verurteilung zu entziehen. 4

Teilweise wird eine **Erstreckung** des Anklageverfahrens auch **auf den Stellvertreter** des Präsidenten befürwortet, weil die Anklage nach Art. 61 sich gegen den BPräs als Organ und Amtswalter richte und nicht gegen seine Person; der Stellvertreter trete in die Rechtsstellung des Präsidenten ein, was nach kongruentem Zuschnitt der Verantwortlichkeit verlange.[21] Diese Erstreckung ist jedoch **abzulehnen.**[22] Der Vertreter nimmt die Amtsaufgaben des Präsidenten aus eigenem Recht wahr; er „ist" nicht der BPräs. Weder tritt er vollständig in dessen Rechtsstellung ein noch verlässt er vollständig seine eigene verfassungsrechtliche Position.[23] Für eine Ausdehnung des Anklageverfahrens liegt zudem kein zwingendes Bedürfnis vor. Der Präsident des BR unterliegt stärkerer politischer Kontrolle als der Bundespräsident; verfassungswidrige Rechtsakte können auch über Organstreit und Normenkontrolle neutralisiert werden (in dringlichen Fällen mit der Möglichkeit eines Antrags gem. § 32 BVerfGG); schließlich ist die Vertretungsdauer durch den Turnus im BR auf maximal ein Jahr begrenzt. 5

II. Vorsätzlicher Rechtsverstoß (Abs. 1 S. 1)

Der Anklagevorwurf muss sich auf eine vorsätzliche Verletzung **„des Grundgesetzes oder eines anderen Bundesgesetzes"** beziehen. Verstöße gegen Landesrecht sind damit vom Anwendungsbereich ausgeschlossen.[24] Wegen der Tragweite des Verfahrens ist für Art. 61 von einem formellen Gesetzesbegriff auszugehen; Verstöße gegen Rechtsverordnungen und Satzungen sind nicht erfasst,[25] wohl aber Verstöße gegen Verfassungsgewohn- 6

---

[18] *Brinktrine* in BK Rn. 140 ff.; *Nierhaus* in Sachs Rn. 10; *Pieroth* in Jarass/Pieroth Rn. 3; *Waldhoff/Grefrath* in BerlKomm Rn. 10; zur Frage einer Verfahrenseinstellung beim Tod des Amtsinhabers *Nierhaus* in Sachs Rn. 10 mwN.

[19] *Fink* in MKS Rn. 9; *Herzog* in Maunz/Dürig Rn. 13; *Heun* in Dreier Rn. 7.

[20] *Wolfrum* in BK, Zweitbearb. 1988, Rn. 3.

[21] *Fink* in MKS Rn. 8, Art. 57 Rn. 24; *Jekewitz* in AK Art. 57 Rn. 5, Art. 61 Rn. 4; *Nierhaus* in Sachs Art. 57 Rn. 14, Art. 61 Rn. 6; *Pieper* in BeckOK GG Rn. 5.2; *Pieroth* in Jarass/Pieroth Art. 57 Rn. 2; *Pitschas* Der Staat 12 (1973), 183 (199); *Stern,* StaatsR II, 1980, § 30 II 6c; *Wahl,* Stellvertretung im Verfassungsrecht, 1971, 146.

[22] *Fritz* in BK Art. 57 Rn. 12; *Herzog* in Maunz/Dürig Art. 57 Rn. 29, Art. 61 Rn. 14; *Heun* in Dreier Rn. 8; *Nettesheim* in HdbStR III § 61 Rn. 60, 68.

[23] → Art. 57 Rn. 9–14.

[24] AllgA, statt aller *Butzer* in SHH Rn. 6.

[25] *Butzer* in SHH Rn. 7; sa *Fink* in MKS Rn. 10; *Herzog* in Maunz/Dürig Rn. 15; *Nierhaus* in Sachs Rn. 8; *Pieroth* in Jarass/Pieroth Rn. 2; *Waldhoff/Grefrath* in BerlKomm

heitsrecht als ungeschriebenes höchstrangiges Recht.[26] Völkergewohnheitsrecht und völkerrechtliche Verträge sind im Rahmen von Art. 25 bzw. Art. 59 Abs. 2 Bestandteile des Bundesrechts.[27] Nichts anderes gilt wegen Art. 23 Abs. 1 S. 2[28] für das Primärrecht der EU.[29] Nimmt man schließlich an, dass auch das EU-Sekundärrecht über die „Brücke" des Zustimmungsgesetzes Bestandteil der deutschen Rechtsordnung wird,[30] sprechen gute Gründe auch für dessen Einbeziehung in den Anwendungsbereich von Art. 61.

7 Erfasst sind nur **Rechtsverletzungen im Amt;**[31] schließlich richtet sich das Anklageverfahren gegen den BPräs in seiner Organeigenschaft. Für Verfehlungen außerhalb des Amtes ist stattdessen nach Aufhebung der Immunität der Weg über die Zivil- bzw. Strafgerichte eröffnet.[32] Ein Zusammenhang mit den besonderen Rechten und Pflichten des Amtes ist hingegen nicht erforderlich. Auch vorsätzliche Verstöße gegen allgemein verbindliche Gesetze, die der BPräs in Ausübung seines Amtes begeht, sind geeignet, seinen Gesetzesgehorsam in Frage zu stellen.[33]

8 Umstritten ist ferner, ob ein **qualifizierter Verstoß** Voraussetzung für die Antragstellung ist.[34] Dem Wortlaut von Art. 61 lässt sich eine solche Einschränkung nicht entnehmen, wenngleich die Präsidentenanklage ihrem Sinn nach für schwere Verfehlungen gedacht ist. Auf Stufe der Antragstellung dürften die erforderlichen Mehrheiten genügen, um die Erhebung einer Anklage in Bagatellfällen zu verhindern.[35] Ansonsten ist es Sache des BVerfG, die Verhältnismäßigkeit und Schuldangemessenheit der Sanktion sicherzustellen (→ Rn. 13, 16).[36] Die Überprüfung einer Bagatellgrenze wäre realisti-

---

Rn. 6; aA *Drath* VVDStRL 9 (1952), 17 (28 f.); *Pernice* in Dreier II, 2. Aufl. 2006, Rn. 12; diff. nach dem Gewicht des Verstoßes *Kühne* FS f. Tsatsos, 2003, 279 (287 f.).

[26] *Butzer* in SHH Rn. 7; *Fink* in MKS Rn. 10; *Herzog* in Maunz/Dürig Rn. 17; *Nettesheim* in HdbStR III § 61 Rn. 69; aA *Wolfrum* in BK, Zweitbearb. 1988, Rn. 6.

[27] *Brinktrine* in BK Rn. 112; *Butzer* in SHH Rn. 6; *Heun* in Dreier Rn. 4, 9.

[28] Vgl. zur Doppelfunktion von Integrationsgesetzen, die immer auch zugleich Gesetze nach Art. 59 Abs. 2 S. 1 GG sind, *Streinz* in Sachs Art. 23 Rn. 63; zust. *Heintschel v. Heinegg* in BeckOK GG Art. 23 Rn. 24.1; *Scholz* in Maunz/Dürig Art. 23 Rn. 68.

[29] Mit anderer Begründung noch Voraufl., Rn. 6; dagegen zu Recht *Butzer* in SHH Rn. 6; aA *Brinktrine* in BK Rn. 111 wegen der unmittelbaren Geltung des Primärrechts. Allerdings greifen in der Verfassungsordnung des GG Vorrang und unmittelbare Geltung des Unionsrechts „nur kraft und im Rahmen der fortbestehenden verfassungsrechtlichen Ermächtigung", BVerfGE 123, 267 (354); BVerfGE 126, 286 (302); sa *Sydow/Wittreck,* Deutsches und Europäisches Verfassungsrecht I, 2019, Rn. 76 f.

[30] Grundlegend *Kirchhof* in HdbStR VII, 1992, § 183 Rn. 63 ff.; der Sache nach aufgenommen ua in BVerfGE 89, 155 (190). Dazu, dass auch insoweit das Vertragsgesetz den Rechtsanwendungsbefehl enthält, *Stern,* Staatsrecht III, 2018, § 8 Rn. 17; *Sydow/Wittreck,* Deutsches und Europäisches Verfassungsrecht I, 2019, Rn. 77.

[31] *Brinktrine* in BK Rn. 114; *Butzer* in SHH Rn. 16; *Domgörgen* in Hömig/Wolff Rn. 2; *Pieper* in BeckOK GG Rn. 4; *Jekewitz* in AK Rn. 5; *Nierhaus* in Sachs Rn. 8; *Pieroth* in Jarass/Pieroth Rn. 2; *Waldhoff/Grefrath* in BerlKomm Rn. 6; aA *Krehl* in Umbach/Clemens/Dollinger BVerfGG § 49 Rn. 3; *Wiemers* VR 2012, 223 (224 f.).

[32] *Fink* in MKS Rn. 12; *Herzog* in Maunz/Dürig Rn. 18; *Heun* in Dreier Rn. 10.

[33] *Brinktrine* in BK Rn. 115; *Fink* in MKS Rn. 13; *Herzog* in Maunz/Dürig Rn. 19; *Heun* in Dreier Rn. 10; aA *Jekewitz* in AK Rn. 5; *Pieroth* in Jarass/Pieroth Rn. 2.

[34] Näher *Herzog* in Maunz/Dürig Rn. 20 ff.; gegen eine Qualifizierung *Brinktrine* in BK Rn. 116; *Fink* in MKS Rn. 13; *Krehl* in Umbach/Clemens/Dollinger BVerfGG § 49 Rn. 4; *Kühne* FS f. Tsatsos, 2003, 279 (288 f.); *Nettesheim* in HdbStR III § 61 Rn. 69; *Nierhaus* in Sachs Rn. 8; *Pieroth* in Jarass/Pieroth Rn. 2; dafür *Butzer* in SHH Rn. 10; *Domgörgen* in Hömig/Wolff Rn. 2; *Waldhoff/Grefrath* in BerlKomm Rn. 8.

[35] *Nettesheim* in HdbStR III § 61 Rn. 69. Dem folgend auch *Brinktrine* in BK Rn. 116; *Heun* in Dreier Rn. 11.

[36] *Heun* in Dreier Rn. 11.

scherweise ohnehin erst im Verfahren nach Art. 61 möglich,[37] so dass der Verzicht auf eine Qualifizierung auf dieser Verfahrensstufe nicht zu anderen Ergebnissen, ja nicht einmal zu anderen Abläufen, führt.

Die Anklage setzt einen **vorsätzlichen Verstoß** voraus (nach Art. 51 **9**
WRV genügte auch Fahrlässigkeit).[38] Ausreichend ist nach Sinn und Zweck, dass sich der BPräs des Verstoßes bewusst war und ihn mindestens billigend in Kauf genommen hat.[39] Bei umstrittenen Rechtsfragen entfällt der Vorsatz, wenn die Auffassung des Präsidenten vertretbar ist; Art. 61 ist kein „Vehikel der Klärung verfassungsrechtlicher Fragen".[40] Dass die **Gegenzeichnung** durch die BReg. den BPräs nicht entlastet, folgt schon aus der Alternativität politischer und staatsrechtlicher Verantwortlichkeit (→ Rn. 2).[41]

III. Verfahren (Abs. 1 S. 2–4)

Die Einleitung des Verfahrens ist **zweistufig** ausgestaltet und **auf zwei** **10**
parallelen Wegen möglich (Abs. 1 S. 2 u. 3). Auf der ersten Stufe können ein Viertel der Mitglieder des BT oder ein Viertel der Stimmen des BR die Anklageerhebung beantragen; der Beschluss hierüber benötigt auf der zweiten Stufe eine Zwei-Drittel-Mehrheit in der jeweiligen Kammer.[42] Indem die Anklageerhebung so das Wegbrechen einer der legitimierenden Säulen spiegelt, auf die sich das Amt gründet,[43] lässt sie sich gewissermaßen als ein *actus contrarius* zum Wahlakt deuten.[44] Die **Frist** zur Antragstellung vor dem BVerfG beträgt gem. § 50 BVerfGG drei Monate ab Bekanntwerden des Sachverhalts.[45] Die **Form** bestimmt sich entsprechend § 97 Abs. 1 S. 2 GO BT, § 26 Abs. 1 GO BR.[46]

Eine **Rücknahme der Anklage** ist nach § 52 BVerfGG zulässig, wenn die **11**
anklagende Körperschaft dies mit Mehrheit der Mitglieder bzw. der Stimmen beschließt und der BPräs der Rücknahme nicht binnen Monatsfrist widerspricht, weil er inzwischen ein eigenes Interesse an einer Klärung hat.[47] In diesem Dispositionsrecht der Beteiligten kommt einmal mehr der ambivalente Charakter des Verfahrens zum Ausdruck. Dass das BVerfG bei gewichtigem öffentlichem Interesse trotz Antragsrücknahme das Verfahren zu Ende führen dürfe,[48] überzeugt nicht.[49] Es lassen sich kaum Fälle denken, in denen

---

[37] Vgl. *Herzog* in Maunz/Dürig Rn. 20 ff. Die Klärung in einem gesonderten Organstreit dürfte wenig realistisch sein.

[38] Näher *Brinktrine* in BK Rn. 119 ff.; *Herzog* in Maunz/Dürig Rn. 23 ff.

[39] *Butzer* in SHH Rn. 11 f.; *Herzog* in Maunz/Dürig Rn. 23, 25; *Heun* in Dreier Rn. 12; vertiefend *Scholzen,* Der Begriff des Vorsatzes in Art. 61 Grundgesetz und entsprechenden landesrechtlichen Bestimmungen, 1970, 87 ff.

[40] *Herzog* in Maunz/Dürig Rn. 28.

[41] *Waldhoff/Grefrath* in BerlKomm Rn. 7; BVerfGE 62, 1 (33).

[42] Näher *Brinktrine* in BK Rn. 127 ff.; *Herzog* in Maunz/Dürig Rn. 33 ff.; Vergleich mit Art. 59 WRV bei *Kühne* FS f. Tsatsos, 2003, 279 (291 ff.).

[43] → Art. 54 Rn. 23.

[44] *Herzog* in Maunz/Dürig Rn. 34; zust. *Butzer* in SHH Rn. 13; *Fink* in MKS Rn. 16; krit. *Heun* in Dreier Rn. 13, keine Abwahl.

[45] Kenntnis kann auch durch Medien erlangt werden, *Fink* in MKS Rn. 22; *Herzog* in Maunz/Dürig Rn. 45; *Nierhaus* in Sachs Rn. 9; *Waldhoff/Grefrath* in BerlKomm Rn. 10.

[46] *Herzog* in Maunz/Dürig Rn. 38.

[47] Näher *Fink* in MKS Rn. 23 f.; *Herzog* in Maunz/Dürig Rn. 46 ff.

[48] So *Butzer* in SHH Rn. 16 in Anlehnung an BVerfGE 98, 218 (242 f.).

[49] Wie hier *Brinktrine* in BK Rn. 151; *Heun* in Dreier Rn. 14; *Pieroth* in Jarass/Pieroth Rn. 3.

eine Anklage des amtierenden Staatsoberhaupts nicht von gewichtigem öffentlichem Interesse wäre; dann aber drohte § 52 BVerfGG leerzulaufen.

12 Das Verfahren vor dem BVerfGG bestimmt sich nach **§ 13 Nr. 4, §§ 49–57 BVerfGG.**[50] Art. 61 sieht hier lediglich in Abs. 1 S. 4 vor, dass die Anklage durch einen **Beauftragten** vertreten wird, der selbst nicht Mitglied von BT oder BR sein muss.[51] Entscheidungen, die dem BPräs nachteilig sind, bedürfen gem. § 15 Abs. 3 S. 1 BVerfGG einer Zwei-Drittel-Mehrheit des Senats.

IV. Entscheidungsinhalt und Entscheidungsfolgen (Abs. 2 S. 1)

13 Das Urteil besteht aus **zwei Teilen.**[52] Zunächst verwirft das BVerfG den Antrag, oder es **stellt einen vorsätzlichen Rechtsverstoß fest.** In diesem Fall trifft es sodann eine Entscheidung über den **Amtsverlust.** Dessen Anordnung ist nach Art. 61 Abs. 2 S. 1 in das **Ermessen des Gerichts** gestellt. Dabei hat sich die Ermessensausübung am „rechtliche[n] und politische[n] Gewicht des Verstoßes im Vergleich zum Interesse an Kontinuität der Amtsführung" zu orientieren.[53] Zudem sind die Grundsätze der Verhältnismäßigkeit[54] und der „schuldangemessene[n] verfassungspolitische[n] Reaktion" zu beachten.[55] Der Amtsverlust ist als Reaktion letztlich nur dann angemessen, wenn der **Verbleib im Amt „staatspolitisch untragbar"** und „dem Staatswohl in hohem Maße abträglich" erscheint.[56] Das BVerfG hat somit die Aufgabe, eine „weitgehend selbständige Einschätzung der staatspolitischen Notwendigkeiten" vorzunehmen.[57] Hierin offenbart sich der **auch-politische Charakter** des Verfahrens (→ Rn. 3).

14 Das BVerfG kann nur den **Amtsverlust** anordnen. Andere Sanktionen, auch mildere, stehen ihm nicht zu Gebote.[58] Erklärt das BVerfG den BPräs des Amtes für verlustig, **endet** mit Verkündung des Urteils dessen **Amtszeit.** Dies löst zum einen nach Art. 57 den **Vertretungsfall** aus und verpflichtet zum anderen nach Art. 54 Abs. 4 S. 1 Hs. 2 dazu, binnen dreißig Tagen die Bundesversammlung zur **Wahl eines Nachfolgers** einzuberufen.[59]

---

[50] Vertiefend *Herzog* in Maunz/Dürig Rn. 49 ff.; *Krehl* in Umbach/Clemens/Dollinger BVerfGG §§ 49–57.

[51] *Fink* in MKS Rn. 20; *Herzog* in Maunz/Dürig Rn. 38, 42.

[52] Näher *Butzer* in SHH Rn. 18 f.; *Herzog* in Maunz/Dürig Rn. 60 ff.

[53] *Pernice* in Dreier II, 2. Aufl. 2006, Rn. 18.

[54] *Butzer* in SHH Rn. 19; *Fink* in MKS Rn. 29; *Herzog* in Maunz/Dürig Rn. 62; *Nierhaus* in Sachs Rn. 14; krit. *Waldhoff/Grefrath* in BerlKomm Rn. 12, Grundsatz hier (angeblich) unanwendbar; dagegen *v. Arnauld* JZ 2000, 276 (278 ff.); *Heusch,* Der Grundsatz der Verhältnismäßigkeit im Staatsorganisationsrecht, 2003.

[55] *Nierhaus* in Sachs Rn. 13; ebenso *Butzer* in SHH Rn. 19; zust. *Brinktrine* in BK Rn. 160 f.; wenig glücklich *Fink* in MKS Rn. 29 „Grundsatz … des schuldangemessenen Strafens"; ähnlich *Herzog* in Maunz/Dürig Rn. 62, gilt „zumindest entsprechend", krit. gegenüber dem Begriff „Schuld" allg. *Heun* in Dreier Rn. 16.

[56] *Nierhaus* in Sachs Rn. 14; sinngemäß *Butzer* in SHH Rn. 20; *Fink* in MKS Rn. 29; *Herzog* in Maunz/Dürig Rn. 62.

[57] *Butzer* in SHH Rn. 19; sa *Waldhoff/Grefrath* in BerlKomm Rn. 12.

[58] *Herzog* in Maunz/Dürig Rn. 63; sa *Fink* in MKS Rn. 30; *Heun* in Dreier Rn. 17; *Jekewitz* in AK Rn. 5; *Nierhaus* in Sachs Rn. 14. Entgegen dem missverständlichen Gesetzeswortlaut ist die Entscheidung über die Ruhebezüge gem. § 5 BPräsRuhebezG Annex zur Entscheidung über den Amtsverlust, *Brinktrine* in BK Rn. 162; *Butzer* in SHH Rn. 21; *Nierhaus* in Sachs Rn. 14; aA *Domgörgen* in Hömig/Wolff Rn. 3.

[59] → Art. 54 Rn. 20, 25; → Art. 57 Rn. 7.

V. Einstweilige Anordnung (Abs. 2 S. 2)

Art. 61 Abs. 2 S. 2 (deklaratorisch wiederholt in § 53 BVerfGG) ermöglicht, den BPräs im Wege der einstweiligen Anordnung vorübergehend von seinen Rechten und Pflichten zu entbinden.[60] Die Vorschrift ist *lex specialis* gegenüber § 32 BVerfGG und geht diesem zudem im Rang vor.[61] Die Anordnung ist **von Amts wegen** möglich und kann vom BVerfG jederzeit wieder aufgehoben werden.[62] Sie begründet die Verhinderung des BPräs aus rechtlichen Gründen und löst den **Vertretungsfall** aus.[63] **15**

Die einstweilige Anordnung **bezweckt,** bis zur Entscheidung in der Hauptsache zu verhindern, dass die **Autorität des Amtes** oder das **Ansehen des Staates** durch Weiterführung des Amtes politischen Schaden nimmt.[64] Dabei ist eine Abwägung zwischen möglichen Schäden für Amt und Staat einerseits und den Folgen einer unbegründeten Suspendierung andererseits vorzunehmen; im Unterschied zu § 32 BVerfGG sind aber die Erfolgsaussichten der Anklage in die Entscheidung einzubeziehen, um durch den Erlass oder Nichterlass der einstweiligen Anordnung Amtsinhaber bzw. Amt nicht unnötig zu beschädigen.[65] **16**

C. Kritische Würdigung

Die **Notwendigkeit** der Präsidentenanklage ist **vielfach bestritten** worden. So ist von einem „'papierne[n] Schwert' […] aus der verfassungsrechtlichen Mottenkiste"[66] die Rede oder davon, das Institut sei unter dem GG „systemwidrig und überflüssig"[67]. In der Tat scheint es auf den ersten Blick inkonsequent, dass die Verfassung die Anklage gegen einen BPräs vorsieht, der nur noch über beschränkte Machtbefugnisse verfügt und durch Gegenzeichnungspflicht an der Leine der Regierung liegt, während die ungleich mächtigere BReg. selbst nur durch ein konstruktives Misstrauensvotum nach Art. 67 vorzeitig aus dem Amt entfernt werden kann.[68] Zu bedenken ist aber, dass die Regierung über die Möglichkeit der Abwahl hinaus unter parlamentarischer Verantwortlichkeit steht, wogegen der BPräs dem Parlament bestenfalls mittelbar Rechenschaft schuldet.[69] Will man ihn nicht aus jeglicher Verantwortung für seine Amtsführung entlassen, sondern an dem Prinzip festhalten, „dass Herrschaft auch persönlich verantwortet werden **17**

[60] Näher *Herzog* in Maunz/Dürig Rn. 66 ff.; *Krehl* in Umbach/Clemens/Dollinger BVerfGG § 53.

[61] *Herzog* in Maunz/Dürig Rn. 68; *Waldhoff/Grefrath* in BerlKomm Rn. 13.

[62] *Herzog* in Maunz/Dürig Rn. 67; weiter *Butzer* in SHH Rn. 23, Pflicht zur kontinuierlichen Überprüfung der Fortdauer; zust. *Brinktrine* in BK Rn. 168.

[63] → Art. 57 Rn. 5. Daher scheidet der Präsident des BRates als Beauftragter (→ Rn. 12) aus, *Pieroth* in Jarass/Pieroth Rn. 3.

[64] *Pernice* in Dreier II, 2. Aufl. 2006, Rn. 19; ähnlich *Fink* in MKS Rn. 32; *Herzog* in Maunz/Dürig Rn. 66.

[65] *Butzer* in SHH Rn. 23 f.; *Fink* in MKS Rn. 35; *Herzog* in Maunz/Dürig Rn. 69; *Heun* in Dreier Rn. 19; *Nierhaus* in Sachs Rn. 17; *Waldhoff/Grefrath* in BerlKomm Rn. 13.

[66] *Koellreutter,* Deutsches Staatsrecht, 1953, 201.

[67] *Jekewitz* in AK Rn. 3. Ebenso *Mahrenholz* ZRP 1997, 129 (133); *Schneider* ZParl 1985, 495 (504 ff.).

[68] So auch *Butzer* in SHH, 11. Aufl. 2008, Rn. 7; *Fink* in MKS Rn. 5; *Herzog* in Maunz/Dürig Rn. 7 f. „Überreaktion des Verfassungsgebers auf die bekannten Weimarer Fehlentwicklungen"; *Jekewitz* in AK Rn. 2.

[69] → Art. 58 Rn. 8.

muss",[70] bedarf es eines anderen Weges zur **Durchsetzung der Amtsverantwortung.**[71]

18 Der BPräs ist auch **keineswegs so machtlos,** wie mancher meint. Fälle, die eine Anklage rechtfertigen würden, lassen sich durchaus denken.[72] Für die bislang fehlende Praxis dürfte die Amtsführung der bisherigen Präsidenten ebenso verantwortlich sein wie die Normallage der bundesrepublikanischen Politik nach 1949.[73] Allein von der Möglichkeit einer Präsidentenanklage geht bereits eine **latent vorbeugende Wirkung** aus.[74] Während der Amtseid gewissermaßen der inneren Bekräftigung der Verfassungs- und Gesetzesbindung des BPräs zu dienen bestimmt ist,[75] hat das Verfahren nach Art. 61 eine komplementäre **äußerlich stabilisierende Funktion.**[76]

19 In den meisten denkbaren Konfliktfällen wird zwar als milderes Mittel zur Feststellung von Verfassungsrecht relevanten Verstößen des BPräs der Organstreit (Art. 93 Abs. 1 Nr. 1) genügen und zur Folgenbeseitigung die abstrakte Normenkontrolle (Art. 93 Abs. 1 Nr. 2).[77] Bei schweren und vorsätzlichen Rechtsbrüchen dagegen und insbes. bei fortgesetzten Verstößen geraten diese Verfahren an ihre Grenzen.[78] Hier könnte es einmal erforderlich werden, einen Weg zu wählen, an dessen Ende die Amtsenthebung des BPräs steht. Bis dahin verdeutlicht Art. 61, dass Amtsmissbrauch im äußersten Fall sogar das Staatsoberhaupt das Amt kosten kann.[79]

Literatur

J.-D. Kühne, Verfassungsklagen gegen Gubernativspitzen – Rechtstatsächliche und vergleichende Brauchbarkeitserwägungen, FS f. Tsatsos, 2003, 279. – ***W. A. Scholzen,*** Der Begriff des Vorsatzes in Art. 61 Grundgesetz und entsprechenden landesrechtlichen Bestimmungen, Diss. Würzburg 1970. – ***S. Steinbarth,*** Das Institut der Präsidenten- und Ministeranklage in rechtshistorischer und rechtsvergleichender Perspektive, 2011. – ***M. Wiemers,*** Die Präsidentenanklage nach Art. 61 GG – Darstellung einer vergessenen Verfassungsnorm, VR 2012, 223.

S. iÜ Literaturangaben zu Art. 54.

---

[70] *Waldhoff/Grefrath* in BerlKomm Rn. 3.

[71] *Nierhaus* in Sachs Rn. 2; sa *Brinktrine* in BK Rn. 91 „Kompensationsfunktion"; *Heun* in Dreier Rn. 6; *Kühne* FS f. Tsatsos, 2003, 279 (296); *Nettesheim* in HdbStR III § 61 Rn. 66.

[72] *Kühne* FS f. Tsatsos, 2003, 279 (296); *Nettesheim* in HdbStR III § 61 Rn. 66; *Butzer* in SHH Rn. 3, und *Butzer* NJW 2017, 210, verweist insbes. auf das Blockierungspotential, *Herzog* in Maunz/Dürig Rn. 8 darauf, dass die geringen Kompetenzen einen Anreiz zum Amtsmissbrauch bieten können.

[73] *Butzer* in SHH Rn. 3, auch zur Praxis in anderen Staaten. Dass selbst in für stabil gehaltenen Demokratien die politische Kultur an der Staatsspitze erodieren kann, zeigt das 2019-20 vom US-Kongress geführte Impeechment-Verfahren gegen US-Präsident *Trump.*

[74] *Butzer* in SHH Rn. 3; *Heun* in Dreier Rn. 6; *Kühne* FS f. Tsatsos, 2003, 279 (299 ff.), alle auch zum Parallelfall des Art. 98 Abs. 2; sa *Brinktrine* in BK Rn. 92 „präventive bzw. prophylaktische Funktion"; *Waldhoff/Grefrath* in BerlKomm Rn. 2; zweifelnd *Jekewitz* in AK Rn. 3.

[75] → Art. 56 Rn. 3.

[76] Zust. *Brinktrine* in BK Rn. 93.

[77] *Jekewitz* in AK Rn. 2 f.; *Krehl* in Umbach/Clemens/Dollinger BVerfGG § 49 Rn. 5; *Kühne* FS f. Tsatsos, 2003, 279 (293 ff.).

[78] *Butzer* in SHH, 11. Aufl. 2008, Rn. 8; *Heun* in Dreier Rn. 6; *Nierhaus* in Sachs Rn. 4.

[79] *Pernice* in Dreier II, 2. Aufl. 2006, Rn. 9; ähnlich *Herzog* in Maunz/Dürig Rn. 2, 8; *Kühne* FS f. Tsatsos, 2003, 279 (301 f.); *Pieper* in BeckOK GG Rn. 3; *Brinktrine* in BK Rn. 90 spricht diesbezüglich von der „klarstellenden Funktion" des Verfahrens.

VI. Die Bundesregierung

Art. 62 [Zusammensetzung der Bundesregierung]

Die Bundesregierung besteht aus dem Bundeskanzler und aus den Bundesministern.

Paulskirchenverfassung von 1849

Abschnitt III. Art. II

§ 73. [Abs. 1]

Der Kaiser übt die ihm übertragene Gewalt durch verantwortliche von ihm ernannte Minister aus.

Reichsverfassung von 1871

Art. 15. Der Vorsitz im Bundesrathe und die Leitung der Geschäfte steht dem Reichskanzler zu, welcher vom Kaiser zu ernennen ist.

Der Reichskanzler kann sich durch jedes andere Mitglied des Bundesrathes vermöge schriftlicher Substitution vertreten lassen.

Weimarer Reichsverfassung von 1919

Art. 52. Die Reichsregierung besteht aus dem Reichskanzler und den Reichsministern.

Übersicht

A. Allgemeine Bedeutung

I. Genese

Die **Verfassung des Deutschen Reiches von 1871** ordnete eine **monokratische Regierungsstruktur** an, nach der allein der Reichskanzler die Regierung im institutionellen Sinne bildete. Minister sah die Reichsverfassung ebenso wenig vor wie das Ressortprinzip. Vielmehr standen den obersten Reichsbehörden Staatssekretäre vor, welche dem Reichskanzler unterstellt waren und keine eigenständige Entscheidungsgewalt hatten. 1

Zur Bewältigung der Aufgabenfülle wurde jedoch durch das **Stellvertretungsgesetz vom 17.3.1878**[1] den Vorständen der obersten Reichsbehörden 2

[1] RGBl. 1878, 7.

die Möglichkeit zur Stellvertretung des Reichskanzlers in deren Geschäftskreisen zugestanden, um den Reichskanzler zu entlasten. So waren die Stellvertreter nach § 1 des Stellvertretergesetzes zur Gegenzeichnung von Verfügungen und Anordnungen des Kaisers sowie zur Vertretung in übrigen, eigentlich dem Reichskanzler durch die Verfassung zugewiesenen Aufgabenbereichen ermächtigt. Gleichzeitig erfolgte jedoch keine vollständige Übertragung der Bereiche auf die Vorsteher, da nach § 3 des Gesetzes der Reichskanzler dazu berechtigt blieb, die Aufgaben selbst wahrzunehmen.

3 Durch das Stellvertretungsgesetz wurde der Reichskanzler entlassen und die Stellung der Vorsteher faktisch derjenigen eines Ministers angenähert.

4 In die **Weimarer Reichsverfassung von 1919** wurde mit **Art. 52 WRV** bewusst als Gegenentwurf zur Reichsverfassung von 1871 das Kollegialsystem aufgenommen. Dieser lautete „Die Reichsregierung besteht aus dem Reichskanzler und den Reichsministern", womit ihm Art. 62 GG entspricht. Dennoch war die Stellung der Reichsregierung im Gegensatz zur Bundesregierung aufgrund der starken Stellung des Reichspräsidenten schwächer ausgestaltet, indem dieser den Reichskanzler ernennen und entlassen konnte. Ebenfalls mussten der Reichskanzler und die Reichsminister zurücktreten, wenn ihnen der Reichstag das Vertrauen entzog, **Art. 54 WRV.**

5 In Vorbereitung einer Verfassung für die Bundesrepublik Deutschland sah der **Herrenchiemseer Entwurf Art. 86** vor, welcher Art. 52 WRV nachgebildet war und den Wortlaut des heutigen Art. 62 GG bereits weitgehend entsprach. Der diskutierte Zusatz, dass den Ministern auch beamtete und politische Staatssekretäre beigegeben werden können, fand keine Mehrheit und wurde daher nicht in die Endfassung von Ar. 86 HChE aufgenommen.

II. Inhaltsübersicht

6 War die Regierung des Deutschen Reiches nach der Verfassung von 1871 monokratisch organisiert[2] und wurde der Reichskanzler als einziges Regierungsorgan durch Staatssekretäre unterstützt,[3] normiert Art. 62 eine **kollegial strukturierte Regierung** und setzt so die Entscheidung der Weimarer Reichsverfassung fort.[4]

7 Die Entstehungsgeschichte belegt, dass mit Art. 62 eine **abschließende Bestimmung über die Regierungsmitglieder** getroffen werden sollte.[5] In Konsequenz dessen kann der Bundeskanzler nur durch einen Minister (Art. 69 Abs. 1) vertreten werden. Ebenso können auch Minister nur durch andere Minister vertreten werden (§ 14 Abs. 1 GO BReg).[6] Minister ohne Kabinettsrang sind unzulässig.[7] Weitere Organisationsprinzipien sind der Vorschrift nicht zu entnehmen,[8] sondern werden in Art. 65 normiert.[9]

---

[2] *Hermes* in Dreier Rn. 2; *Uhle* in SHH Rn. 3.
[3] *Oldiges/Brinktrine* in Sachs Rn. 2.
[4] *Oldiges/Brinktrine* in Sachs Rn. 3; *Leisner* in Sodan Rn. 2; *Uhle* in SHH Rn. 6; *Schröder* in MKS Rn. 6.
[5] *Oldiges/Brinktrine* in Sachs Rn. 4; *Pieroth* in Jarass/Pieroth Rn. 2; *Uhle* in SHH Rn. 14; *Schröder* in MKS Rn. 8 f., 11; sa *Herzog* in Maunz/Dürig Rn. 4.
[6] *Leisner* in Sodan Rn. 5; *Uhle* in SHH Rn. 17; *Detterbeck* in HdbStR III § 66 Rn. 28; *Stern* in Stern StaatsR II § 31 Kap. II 4c y; → Art. 69 Rn. 13 ff.
[7] *Hermes* in Dreier Rn. 12; *Pieroth* in Jarass/Pieroth Rn. 2; *Uhle* in SHH Rn. 14, 32 ff.; *Herzog* in Maunz/Dürig Rn. 6.
[8] *Hermes* in Dreier Rn. 38.
[9] *Uhle* in SHH Rn. 1.

Umstritten ist, ob Art. 62 neben dem institutionellen Gehalt über die Zusammensetzung der BReg hinaus eine **Legaldefinition** für den Begriff BReg für alle Normen des Grundgesetzes und des einfachen Rechts enthält.[10] Art. 62 würde in diesem Falle zusätzlich zum institutionellen Gehalt eine materielle Grundentscheidung für eine kollegiale Entscheidungsfindung beigemessen. Selbst wenn man dies bejahen wollte,[11] ist die Annahme einer solchen Anordnung einer kollegialen Entscheidungsfindung für sämtliche Befugnisnormen, welche auf den Begriff BReg Bezug nehmen oder diesen verwenden, nicht zwingend.[12] Aus diesem Grunde ist eine Auslegung der jeweiligen „Verweisungs"-Norm notwendig.[13] 8

III. Systematischer Zusammenhang

Der Abschnitt über die BReg folgt bei der Behandlung der Staatsorgane an vierter Stelle hinter den Abschnitten über den BT, den BR und den BPräs. Dies verwundert angesichts der zentralen staatsleitenden Funktion der Regierung, erweist sich aber als folgerichtig in der Logik der Repräsentation, wonach der BT das Volk, der BR die Länder und der BPräs den Staat repräsentiert. Die BReg ist demgegenüber das Organ, das im Dienst von Volk und Staat steht, ohne diese gleichzeitig zu repräsentieren. 9

Der Abschnitt regelt Begriff und Zusammensetzung der Regierung (Art. 62), ihre Bestellung (Art. 63, 64), Prinzipien ihrer Organisation (Art. 65, 69 Abs. 1) und die Beendigung ihrer Amtszeit (Art. 69 Abs. 2) einschließlich der besonderen Beendigungstatbestände Misstrauensvotum und Vertrauensfrage (Art. 67, 68). Dabei enthalten die Regelungen über Bestellung und Abberufung der Regierung zugleich wesentliche Bestimmungen über deren parlamentarische Verantwortlichkeit und kennzeichnen das Grundgesetz als Verfassung eines **parlamentarischen Regierungssystems.**[14] Nicht aus der Verfassung ersichtlich sind die tatsächlichen politischen Abhängigkeiten zwischen Regierung und Parlament, die das Tagesgeschäft beherrschen und nicht nur einseitig sind.[15] 10

---

[10] Bejahend: *Herzog* in Maunz/Dürig Rn. 6; *Pieroth* in Jarass/Pieroth Rn. 2, *regelmäßig* auch in Gesetzen maßgeblich; *Uhle* in SHH Rn. 12, der im Hinblick auf Art. 80 Abs. 1 GG und Art. 108 Abs. 3 S. 2 von einer *Regelvermutung* spricht; *Schröder* in MKS Rn. 14, der deutlich macht, dass die hM sich lediglich dafür ausspricht, bei der Verwendung des Begriffs BReg. sei in Verfassung und in Gesetzen bis zum Beweis des Gegenteils von einer Kabinettszuständigkeit auszugehen; *Herzog* in Maunz/Dürig Rn. 6 f.; *Schneider* in AK Rn. 10; *Leisner* in Sodan Rn. 1; verneinend *Oldiges/Brinktrine* in Sachs Rn. 8, 11 zur hM (Legaldefinition) und eigene Auffassung; *Hermes* in Dreier Rn. 11; *Weckerling-Wilhelm* in Umbach/Clemens Rn. 4; eher bejahend BVerfGE 26, 338 (395 f.); 100, 249 (259).

[11] So jetzt *Oldiges/Brinktrine* in Sachs Rn. 11a; s. aus praxisnaher Sicht *Busse* Der Staat 45 (2006), 245 (246 f.).

[12] *Oldiges/Brinktrine* in Sachs Rn. 11: Art. 62 sagt nichts über regierungsinterne Aufgabenverteilung.

[13] *Oldiges/Brinktrine* in Sachs Rn. 11, Antwort muss Ergebnis systematischer Auslegung sein.

[14] *Pieroth* in Jarass/Pieroth Rn. 1.

[15] *Uhle* in SHH Rn. 47; *Schröder* in MKS Rn. 27 f.

B. Einzelfragen

I. Die BReg

11 Die BReg wird als Staatsorgan[16], Verfassungsorgan und oberstes Bundesorgan[17] bezeichnet.

12 Die BReg als **Staatsorgan** ist in der Lage, für die Bundesrepublik Deutschland im Außenverhältnis zu handeln. Ihr Handeln wird der Bundesrepublik Deutschland zugerechnet.

13 Aus der Bezeichnung der BReg als **Verfassungsorgan** ergibt sich, dass die wesentlichen Bestimmungen über die BReg in der Verfassung normiert sind.

14 Die Qualifizierung als **oberstes Bundesorgan,** wie sie in Art. 93 Abs. 1 Nr. 1 vorgenommen wird, bezeichnet einerseits die Position der BReg an der Spitze der Verwaltungshierarchie[18] wie andererseits ihre staatsleitende Funktion.[19]

15 Die BReg gehört der „vollziehenden Gewalt" iSd Art. 1 Abs. 3 und Art. 20 Abs. 2 S. 2 und Abs. 3 an.[20] Dabei bilden die Minister die Spitze der Verwaltung.[21] Die BReg ist jedoch nicht auf den Vollzug des in Gesetzesform gefassten Parlamentswillens beschränkt,[22] sondern es besteht ihre Hauptaufgabe als **Gubernative**[23] in der politischen Gestaltung[24] und Staatsleitung.[25] Die Befugnisse zur Wahrnehmung dieser Aufgaben sind vielfältig und reichen zB von der Gestaltung der Außenbeziehungen über Behördeneinrichtung und -organisation, Förderprogramme, Informationskampagnen bis hin zur Verordnungsgebung.[26]

16 Dennoch ist der Bestand der BReg vom Vertrauen des Parlaments abhängig, vgl. Art. 63, 67, 68 Abs. 1 S. 2, 69 Abs. 2, was für das parlamentarische Regierungssystem konstitutiv ist, wobei im Unterschied zur WRV das GG versucht, der Regierung eine höhere Stabilität zu verleihen.

17 Die BReg ist das **Zentrum der materiellen Regierungsfunktion.**[27] Sie kann sich für deren Wahrnehmung aber auch weiterer Personen bedienen wie etwa der parlamentarischen oder beamteten Staatssekretäre. Die

---

[16] Oberstes Staatsorgan: *Stern* in Stern StaatsR II § 31 Kap. I 2a; *Ipsen,* Staatsrecht I, 2008, Rn. 412; *Schröder* in MKS Rn. 5, die Charakterisierung der BReg. als oberstes Staatsorgan fügt deren Eigenschaft als Verfassungsorgan nichts Neues hinzu.

[17] § 63 BVerfGG; *Pieroth* in Jarass/Pieroth Rn. 1; *Hermes* in Dreier Rn. 7; *Schröder* in MKS Rn. 5, diese Einordnung hat begrifflich keinen von der Verfassungsorganeigenschaft abweichenden Sinn; ähnlich *Oldiges/Brinktrine* in Sachs Rn. 17.

[18] *Schröder* in MKS Rn. 18, findet diese Charakterisierung im Hinblick auf Gewaltenteilungsgesichtspunkte zumindest ungenau.

[19] *Hermes* in Dreier Rn. 7 f.; *Uhle* in SHH Rn. 7; *Schröder* in MKS Rn. 2; krit. zur Verwendung dieses Begriffs *Leisner* in Sodan Rn. 11.

[20] *Pieroth* in Jarass/Pieroth Rn. 1; *Schneider* in AK Rn. 2 f.; *Herzog* in Maunz/Dürig Rn. 1; *Schröder* in HdbStR III § 64 Rn. 2; *Hermes* in Dreier Rn. 24.

[21] *Uhle* in SHH Rn. 48; *Oldiges/Brinktrine* in Sachs Rn. 21.

[22] *Oldiges/Brinktrine* in Sachs Rn. 41; *Hermes* in Dreier Rn. 8, 24 ff.; vgl. *Uhle* in SHH Rn. 43 „die Charakterisierung der BReg. als Organ der vollziehenden Gewalt ist missverständlich".

[23] *Pieroth* in Jarass/Pieroth Rn. 1; *Uhle* in SHH Rn. 44 ff.

[24] *Oldiges/Brinktrine* in Sachs Rn. 27; *Hermes* in Dreier Rn. 32.

[25] BVerfGE 11, 77 (85); 26, 338 (395 f.); *Scholz* FS 50 Jahre BVerfG II, 2001, 663 ff.

[26] Vgl. zum Aufgabenbestand der Regierung: *Schröder* in MKS Rn. 34 ff.; *Uhle* in SHH Rn. 38 f., 45; *Schröder* in HdbStR III § 64 Rn. 3, 27 ff.; *Busse* in BerlKomm Vorb. Rn. 10.

[27] *Uhle* in SHH Rn. 45; *Schneider* in AK Rn. 2; *Hermes* in Dreier Rn. 32.

materielle Regierungsfunktion ist daher nicht kongruent mit der BReg als Organ.[28]

18 Als kollegiales Organ wird die BReg auch als **Bundeskabinett** bezeichnet.[29] Eine Vertretung im Kabinett ist ausschließlich durch Minister zulässig.[30] **Weiteren Personen** kann der Zugang zu den Kabinettssitzungen gestattet werden.[31] Dies gilt insbes. für Amtsträger, deren Aufgabe die Unterstützung von Regierungsmitgliedern ist, insbes. die beamteten und Parlamentarischen Staatssekretäre.[32] Darüber hinaus ist eine Teilnahme von Parlamentariern grundsätzlich unzulässig, s. § 23 GO BReg. Im Gegenzug sind Minister, die keinen Kabinettsrang haben, unzulässig.

19 Die BReg hat nach § 15 Abs. 1 GO BReg „alle Angelegenheiten von allgemeiner innen- oder außenpolitischer, wirtschaftlicher, sozialer, finanzieller oder kultureller Bedeutung" **als Kollegium zu entscheiden.** Da die BReg an Recht und Gesetz gebunden ist, zählen hierzu auch die Angelegenheiten, die **durch das GG oder durch Gesetz ausdrücklich der BReg zugewiesen** sind.

20 Hiervon finden sich die wichtigsten in der nicht abschließenden Aufzählung des § 15 Abs. 2 GO BReg. Zu nennen sind insbes.[33]

- im regierungsinternen Bereich die Entscheidung von Meinungsverschiedenheiten zwischen Bundesministern (Art. 65 S. 3 GG, vgl. § 15 Abs. 1 lit. f GO BReg);
- das Recht der Gesetzesinitiative gem. Art. 76 Abs. 1 GG (weshalb § 15 Abs. 1 lit. a u. d GO BReg alle Gesetzesentwürfe als Gegenstand der Beratung und Beschlussfassung im Kollegium nennt ebenso wie die Stellungnahmen des BR hierzu);
- der Erlass von Rechtsverordnungen (Art. 80, 109 Abs. 4 S. 2, Art. 119 GG; vgl. § 15 Abs. 1 lit. b u. c GO BReg);
- der Erlass von Verwaltungsvorschriften und die Aufsicht über den Vollzug von Bundesgesetzen (Art. 84 Abs. 2, 3, 5, Art. 85 Abs. 2 u. 4, Art. 108 Abs. 7 GG);
- die Organisationsgewalt bzgl. der Bundesverwaltung (Art. 86; 108 Abs. 2 GG);
- Zuständigkeiten bzgl. des Haushalts und der Rechnungskontrolle (Art. 113, 114 GG);
- Kriegswaffenkontrolle (Art. 26 Abs. 2 S. 1 GG);

---

[28] *Oldiges/Brinktrine* in Sachs Rn. 26; *Hermes* in Dreier Rn. 25 f., 27 ff., 30 ff.; *Schröder* in MKS Rn. 22, der aber entgegen *Oldiges/Brinktrine* den Erkenntniswert der Regierungsfunktion nicht als „eher politikwissenschaftlicher Art" einstuft, sondern darin eine verfassungsrechtlich wie politisch höchst bedeutsame Funktion und Aufgabe sieht.

[29] Dies ist abhängig davon, ob man das Gesamtorgan BReg. als aus drei „relativ selbstständigen Teilorgane" bestehend betrachten möchte (so *Böckenförde,* Die Organisationsgewalt im Bereich der Regierung, 2. Aufl. 1998, 138 mit Fn. 40) oder ob man dem Begriff des Bundeskabinetts keine eigenständige Bedeutung zumessen möchte. Dann ist der Begriff Bundeskabinett in der Tat nur eine andere Bezeichnung für das Gesamtorgan BReg. So auch *Uhle* in SHH Rn. 13, 17, die Sitzungen der BReg., also des Kabinetts; *Detterbeck* in HdbStR III § 66 Rn. 3.

[30] → Rn. 7.

[31] *Leisner* in Sodan Rn. 6 f.

[32] *Hermes* in Dreier Rn. 21; *Uhle* in SHH Rn. 14; Rn. 32 ff.; *Schröder* in MKS Rn. 11 ff.

[33] Sa die Auflistungen bei *Schenke* in BK Art. 65 Rn. 109 ff.; *Herzog* in Maunz/Dürig Art. 65 Rn. 71 ff.; zur Bedeutung des § 15 GO BReg. s. *Oldiges/Brinktrine* in Sachs Art. 65 Rn. 30 f.; *Schröder* in MKS Art. 65 Rn. 36; *Brockmeyer* in SHH Art. 65 Rn. 27; *Busse* in BerlKomm Art. 65 Rn. 11 f.

- Zustimmung zu Verträgen der Länder mit auswärtigen Staaten (Art. 32 Abs. 3 GG);
- Bundeszwang (Art. 37 GG);
- Zuständigkeiten im Not- und Verteidigungsfall (Art. 35 Abs. 3, Art. 80a Abs. 3, Art. 91 Abs. 2, Art. 115a ff. GG).

Außerdem berät die BReg gem. § 15 Abs. 2 GO BReg über die Ernennung bzw. Einstellung hoher Beamter und Angestellter[34] sowie – ausdrücklich ohne Beschlussfassung – über die Ernennung von Richtern der obersten Gerichtshöfe des Bundes.

21 Die Entscheidungen der BReg können dieser nur dann als Kollegialorgan angerechnet werden, wenn alle Mitglieder über die anstehende Entscheidung informiert wurden **(Information),** sich nach § 24 Abs. 1 GO BReg mehr als die Hälfte der Regierungsmitglieder an der Abstimmung beteiligen **(Quorum)** und nach § 24 Abs. 2 GO BReg die Entscheidung mit der Mehrheit der Abstimmenden[35] getroffen wurde **(Mehrheit).**[36] Im Rahmen des nach § 20 Abs. 2 GO BReg grundsätzlich zulässigen schriftlichen Umlaufverfahren) muss die Zustimmung ausdrücklich und schriftlich erklärt werden. Schweigen bzw. Untätigkeit haben nach § 20 Abs. 2 S. 1 GO BReg keinen positiven Erklärungswert.[37]

II. Besteht aus dem Bundeskanzler

22 Eine einzigartige Stellung innerhalb der BReg kommt dem Bundeskanzler zu. Diese Position ist singulär, während Minister in der Mehrzahl vorkommen. Eine weitergehende Aussage trifft Art. 62 zum Amt des Bundeskanzlers nicht. Fragen der Kabinettsbildung, Organisationsgewalt und Richtlinienkompetenz sind Gegenstand anderer Vorschriften des VI. Abschnitts, insbes. von Art. 64 u. 65.

III. Und den Bundesministern

23 Nach dem Wortlaut der Norm muss es neben dem Bundeskanzler eine **Mehrzahl von Ministern** geben.[38] Die genaue Ausgestaltung des Kabinetts ist eine Frage der Organisationsgewalt, zu der Art. 62 keine Aussage trifft. Bereits im Wortlaut angedeutet ist allein eine gewisse Selbständigkeit der Minister, die in Art. 65 mit dem Ressortprinzip nähere Bestimmung findet.[39]

C. Verhältnis zu anderen Bestimmungen des GG

24 Art. 62 GG leitet den VI. Abschnitt über die BReg ein. Er steht mit seinem Aussagegehalt zu Begriff und Zusammensetzung der Bundesregierung im Zusammenhang mit den in diesem Abschnitt folgenden Normierungen, wie

[34] Zur verfassungskonformen Auslegung im Lichte des Ressortprinzips *Oldiges/Brinktrine* in Sachs Art. 65 Rn. 30 f.

[35] *Hermes* in Dreier Rn. 13 f.; im Grundsatz die Stimmenmehrheit der Anwesenden Regierungsmitglieder; *Schröder* in MKS Rn. 15; *Uhle* in SHH Rn. 18.

[36] BVerfGE 91, 148 (166) – Umlaufverfahren.

[37] BVerfGE 91, 148 (166) – Umlaufverfahren; *Hermes* in Dreier Rn. 14; *Schröder* in MKS Rn. 17; *Busse,* Bundeskanzleramt und Bundesregierung, 4. Aufl. 2005, 83 f.; *Uhle* in SHH Rn. 20; BVerfGE 91, 148 (170) – Umlaufverfahren.

[38] *Uhle* in SHH Rn. 28; *Herzog* in Maunz/Dürig Rn. 3.

[39] *Uhle* in SHH Rn. 41.

den Organisationsprinzipien in Art. 65, 69 Abs. 1, der Beendigung der Amtszeit in Art. 69 Abs. 2 sowie dem Misstrauensvotum und der Vertrauensfrage in den Art. 67, 68, und bildet insoweit die Grundnorm für die folgenden Normierungen, welche an dieser Zusammensetzung und Begrifflichkeit anknüpfen.

D. Kritische Würdigung

Art. 62 trifft nur wenig inhaltliche Aussagen.[40] Dennoch erfüllt er seine Hauptfunktion als Einleitungsnorm für den 6. Abschnitt und ist als solche weder überflüssig noch kritikwürdig. **25**

Literatur

1. Zum parlamentarischen Regierungssystem

K. v. Beyme, Die parlamentarischen Regierungssysteme in Europa, 1970. – ***Th. Ellwein,*** Das Regierungssystem der Bundesrepublik Deutschland, 6. Aufl. 1987. – ***F. Esterbauer,*** Zur Frage einer grundlegenden Reform des parlamentarischen Regierungssystems, FS f. Klecatsky, 1980, 161. – ***M. Friedrich,*** Anlage und Entwicklung des parlamentarischen Regierungssystems, DVBl 1980, 505. – ***E. Friesenhahn/K.J. Partsch,*** Parlament und Regierung im modernen Staat, VVDStRL 16 (1958), 9, 74. – ***M. Fuchs,*** Organisationsgewalt der Regierung vs. Parlamentsautonomie, DVBl 2015, 1337. – ***H.-H. Hartwick/G. Werner,*** Regieren in der Bundesrepublik Deutschland, 3 Bde., 1990, 1991. – ***U. Karpen,*** Demokratie und Parlamentarisches System in der Bundesrepublik Deutschland, JA 1986, 585. – ***F. Lehner,*** Vergleichende Regierungslehre, 1989. – ***S. Magiera,*** Parlament und Staatsleitung in der Verfassungsordnung des Grundgesetzes, 1979. – ***F. Meinel,*** Organisation und Kontrolle im Bereich der Regierungen, DÖV 2015, 717. – ***T-K. Niclauß,*** Die Bundesregierung im Verfassungssystem, Das Parlament Beilage 2009, Nr. 18–19, 33–40. – ***Th. Oppermann/H. Meyer,*** Das parlamentarische Regierungssystem des GG, VVDStRL 33 (1975), 8, 69. – ***H.-P. Schneider,*** Die parlamentarische Opposition im Verfassungsrecht der Bundesrepublik Deutschland, 1974. – ***R. Smend,*** Die politische Gewalt im Verfassungsstaat und das Problem der Staatsform, in R. Smend, Staatsrechtliche Abhandlungen, 2. Aufl. 1968, 68. – ***H. Steiger,*** Organisatorische Grundlagen des parlamentarischen Regierungssystems, 1973.

2. Zur BReg

E.-W. Böckenförde, Die Organisationsgewalt im Bereich der Regierung, 1964, 2. Aufl. 1998. – ***V. Busse/H. Hofmann,*** Bundeskanzleramt und Bundesregierung, 6. Aufl. 2016. – ***W. Frotscher,*** Regierung als Rechtsbegriff, 1975. – ***E. Klein,*** Zuständigkeiten und Rolle der Bundesregierung, AöR Beiheft 1 1983, 55. – ***K.-U. Meyn,*** Kontrolle als Verfassungsprinzip, 1982. – ***M. Oldiges,*** Die Bundesregierung als Kollegium, 1978. – ***W.-R. Schenke,*** Die Bundesrepublik als Kanzlerdemokratie, JZ 2015, 1009. – ***M. Schmidt-Preuß,*** Das Bundeskabinett, Die Verwaltung 21 (1988), 199. – ***M. Schröder,*** Das parlamentarische Regierungssystem, Jura 1982, 449. – ***I. Staff,*** Die Rechtsstellung der Parlamentarischen Staatssekretäre, 1970.

Statistische Angaben

In den bisher 19 Wahlperioden des BT bestanden 23 BReg In der vierten, fünften, siebten und neunten Legislaturperiode wurden jeweils zwei BReg eingesetzt. Sa die Statistischen Angaben zu Art. 63.

---

[40] In diese Richtung *Herzog* in Maunz/Dürig Rn. 2; *Meyn* in v. Münch/Kunig, 6. Aufl. 2012, Rn. 2; aA *Schröder* in MKS Rn. 3: Art. 62 trifft Festlegungen von erheblicher Tragweite; ähnlich *Hermes* in Dreier Rn. 12; *Oldiges/Brinktrine* in Sachs Rn. 7.

Art. 63 [Wahl und Ernennung des Bundeskanzlers]

(1) Der Bundeskanzler wird auf Vorschlag des Bundespräsidenten vom Bundestage ohne Aussprache gewählt.

(2) [1] Gewählt ist, wer die Stimmen der Mehrheit der Mitglieder des Bundestages auf sich vereinigt. [2] Der Gewählte ist vom Bundespräsidenten zu ernennen.

(3) Wird der Vorgeschlagene nicht gewählt, so kann der Bundestag binnen vierzehn Tagen nach dem Wahlgange mit mehr als der Hälfte seiner Mitglieder einen Bundeskanzler wählen.

(4) [1] Kommt eine Wahl innerhalb dieser Frist nicht zustande, so findet unverzüglich ein neuer Wahlgang statt, in dem gewählt ist, wer die meisten Stimmen erhält. [2] Vereinigt der Gewählte die Stimmen der Mehrheit der Mitglieder des Bundestages auf sich, so muß der Bundespräsident ihn binnen sieben Tagen nach der Wahl ernennen. [3] Erreicht der Gewählte diese Mehrheit nicht, so hat der Bundespräsident binnen sieben Tagen entweder ihn zu ernennen oder den Bundestag aufzulösen.

Paulskirchenverfassung von 1849

Abschnitt III. Art. II

§ 73. [Abs. 1]

Der Kaiser übt die ihm übertragene Gewalt durch verantwortliche von ihm ernannte Minister aus.

Reichsverfassung von 1871

Art. 15. Der Vorsitz im Bundesrathe und die Leitung der Geschäfte steht dem Reichskanzler zu, welcher vom Kaiser zu ernennen ist.

[Abs. 2]

Weimarer Reichsverfassung von 1919

Art. 53. Der Reichskanzler und auf seinen Vorschlag die Reichsminister werden vom Reichspräsidenten ernannt und entlassen.

Übersicht

A. Allgemeine Bedeutung

I. Genese

Die Verfassung des Deutschen Reiches von 1871 lehnte ein parlamentarisches Regierungssystem ab, weshalb die Ernennung des Reichskanzlers mit Art. 15 Abs. 1 in das **politische Ermessen des Kaisers** gestellt wurde. So bedurfte der Reichskanzler für seine Ernennung nicht des Vertrauens des Reichstages, wenn auch sein Regieren aufgrund der Kompetenzen des Reichstages im Hinblick auf die Gesetzgebung und den Haushalt nicht gegen diesen erfolgen konnte. Insoweit war der Reichskanzler gezwungen, sich Mehrheiten im Reichstag zu suchen, welche je nach Vorhaben wechselten. 1

Tendenzen zur Parlamentarisierung kamen mit der Daily-Telegraph-Affäre im Jahr 1908 auf und nahmen in den letzten Jahren des Ersten Weltkrieges zu, welche dann in das Reichsgesetz vom 28.10.1918 mündeten, nach dem Art. 15 Abs. 3 und 4 in die Reichsverfassung aufgenommen wurden, nach denen der Reichskanzler dem Parlament gegenüber für seine Amtsführung verantwortlich war. Seine Ernennung blieb jedoch weiter dem Kaiser vorbehalten. Auswirkungen der Normen für den Verfassungsalltag kam die Revolution in den Jahren 1918/19 zuvor, im Zuge derer die Reichsverfassung vom 1871 außer Kraft gesetzt wurde. 2

In Anlehnung an die Regelung der Reichsverfassung von 1871 sah Art. 53 der Weimarer Reichsverfassung die Ernennung und Entlassung des Reichskanzlers und auf dessen Vorschlag auch der Reichsminister durch den Reichspräsidenten vor. Weiter wurde jedoch mit Art. 54 WRV die **parlamentarische Verantwortlichkeit** des Reichskanzlers sowie jedes einzelnen Reichsministers gegenüber dem Reichstag eingeführt, indem diese vom Vertrauen des Reichstages abhängig waren und bei dessen Entzug zurücktreten mussten. Insoweit verband die Verfassung von 1919 mit Art. 53 präsidialdemokratische Elemente mit solchen der parlamentarischen Demokratie in Form von Art. 54. 3

Das sich dabei offenbarende **Spannungsverhältnis der Normen,** indem zum einen der Reichspräsident die Mitglieder der Reichsregierung ernannte, diese jedoch vom Vertrauen des Reichstags abhängig waren, führte zu Diskussionen, ob der Reichspräsident bei der Ernennung und Entlassung rechtlich und politisch frei ist, oder ob er nur den Willen des Parlaments um- 4 zusetzen hatte. Zu Beginn der Weimarer Republik herrschte jedenfalls die Verfassungspraxis vor, nach welcher der Reichspräsident die Einigung der Parteien auf einen Reichskanzler abwartete, um dann den jeweiligen Kandidaten zu ernennen, während in der Endphase der Republik, in der eine Einigung nicht mehr möglich war, der Reichspräsident ohne eine solche Beteiligung des Reichstages Kandidaten ernannte, was in der Bildung der Präsidialkabinette seinen Höhepunkt erreichte.

5 Um einer solchen Entwicklung, wie sie in den letzten Jahren der Weimarer Republik ihren Lauf genommen hatte, entgegenzuwirken, verfolgte man im Parlamentarischen Rat das Ziel, den Einfluss des Bundespräsidenten auf die Wahl und Ernennung des BKanz zu begrenzen, während man die parlamentarische Regierungsform ausbauen und den Einfluss des Parlaments steigern wollte. Aus diesem Grunde sah Art. 87 Abs. 1 HChE ein **aufschiebendes Vetorecht des BPräs** gegenüber dem Vorschlag des BT vor, das dieser jedoch durch den erneuten Vorschlag desselben Kandidaten überwinden konnte, indem dieser dann durch den BPräs ernannt werden musste. Der BPräs hatte lediglich nach Art. 88 HChE die Möglichkeit, im Falle der Untätigkeit des BT auf Vorschlag des BR den BKanz zu ernennen.

6 Nach umfassenden **Beratungen im Organisationsausschuss** legte der Allgemeine Redaktionsausschuss eine dem heutigen Art. 63 bereits grundsätzlich entsprechende Fassung vor, die nach weiteren redaktionellen Anpassungen als Art. 87 HChE, welcher der heutigen Fassung des Art. 63 entsprach, angenommen wurde.

II. Inhaltsübersicht

7 Art. 63 regelt die Wahl und Ernennung des Bundeskanzlers und enthält somit Verfahrensvorschriften für die Regierungsbildung. Dies ist für das politische Leben einer Demokratie von größter Bedeutung. Er stellt hierfür einen **Verfahrensrahmen** dar, ohne den politischen Prozess darüber hinaus zu reglementieren.[1] Insoweit sind die politischen Gepflogenheiten[2] oder gar „Gesetzmäßigkeiten“, die sich in diesem Zusammenhang bilden, verfassungsrechtlich ohne Bedeutung, solange sie nicht explizit gegen das verfassungsmäßige Verfahren verstoßen.

III. Systematischer Zusammenhang

8 Art. 63 stellt zusammen mit Art. 64 die zentralen Regelungen über die **Regierungsbildung** dar. Beide Normen konkretisieren mit weiteren Vorschriften dieses Abschnitts das Demokratieprinzip zum **parlamentarischen Regierungssystem**[3] und zur **Kanzlerdemokratie**[4]:

9 Bestanden nach früherer Verfassungslage Abgängigkeit und Vertrauensverhältnis zum Kaiser bzw. zum Präsidenten, wählt nach den Art. 67 und 68 der BT den Kanzler und dieser ist auch nach der Wahl vom Vertrauen des Parlaments abhängig.[5]

---

[1] → Rn. 42.

[2] *Schröder* in MKS Rn. 14–19; sa *Uhle* in SHH Rn. 31 mwN; *Herzog* in Maunz/Dürig Rn. 7 ff.

[3] *Stern* StaatsR I, 1. Aufl. 1977, § 22 Kap. III 2; *Schröder* in HdbStR III § 65 Rn. 3; *Hermes* in Dreier Rn. 1, 5, 8.

[4] *Schröder* in MKS Rn. 12; sa *Herzog* in Maunz/Dürig Rn. 2 „zentrale Figur“.

[5] *Oldiges/Brinktrine* in Sachs Rn. 3 f.; *Hermes* in Dreier Rn. 2 f.; *Schenke* in BK Rn. 1 ff.

10 Auf der anderen Seite wählt der BT allein den Kanzler und nicht auch die Minister. Diese werden ausschließlich vom Kanzler nach Art. 64; 69 Abs. 2 bestimmt, was seine Stellung stärkt.

11 Die Verfassungsvorschrift geht davon aus, dass im Normalfall die Wahl so eindeutige Mehrheitsverhältnisse hervorgebracht hat, dass der oder die aussichtsreiche Kanzlerkandidatin feststeht. Für den Fall, dass dies nicht erfolgt, enthält sie Vorkehrungen. In der Geschichte der Bundesrepublik bedurfte es dieser Vorkehrungen **bisher** jedoch **nicht.**

B. Einzelfragen

I. Erster Wahlgang

12 **1. Der Bundeskanzler wird auf Vorschlag des BPräs vom BT ohne Aussprache gewählt (Art. 63 Abs. 1).** Da Art. 69 Abs. 2 bestimmt, dass das Amt des Bundeskanzlers mit dem Zusammentritt eines neuen BT endet, so hat jede Bundestagswahl, die gem. Art. 39 alle vier Jahre stattfindet, eine Bundeskanzlerwahl zur Folge.

13 Nach Art. 63 Abs. 1 ist für die Bundeskanzlerwahl erforderlich, dass der BPräs einen entsprechenden **Wahlvorschlag** macht. Diesem Wahlvorschlag kommt jenseits der staatsrechtlichen Traditionen eine **Integrationsfunktion,** die dem Amt des BPräs zugemessen wird, zu.[6] Der präsidiale Vorschlag beendet den parteipolitischen Wahlkampf und kennzeichnet die Kanzlerwahl als Schritt zur Bildung der Regierung für die Bundesrepublik Deutschland. Das Verbot der Aussprache steht im Dienst dieser präsidialen Integrationsfunktion.[7]

14 Die Verfassung verlangt nicht, dass der BPräs seinen Vorschlag an den Mehrheitsverhältnissen im BT ausrichtet.[8] Der BPräs handelt damit nicht verfassungswidrig, wenn er die **Mehrheitsverhältnisse im Parlament** außer Acht lässt. Dennoch unterliegt er politischen Grenzen, da er, wenn sein Kandidat nicht gewählt wird, er sein einmaliges Vorschlagsrecht verliert.

15 Ebenso wenig besteht eine einklagbare **Verpflichtung** des Präsidenten, einen **Vorschlag zu unterbreiten.**[9] Unterlässt der Präsident dies, so ergibt sich die Abhilfe aus Art. 63 Abs. 3.[10] Jedoch verliert der BPräs sein Vorschlagsrecht.

16 Einer **Gegenzeichnung** bedarf der Vorschlag **nicht.** Dies ergibt sich bereits daraus, dass der Vorschlag erst noch eine Wahl durch den BT erfordert sowie eine Annahme der Wahl durch den Kandidaten voraussetzt. Der Vorschlag ist bedingungsfeindlich, so dass der BPräs diesen nicht an Bedingungen knüpfen darf.[11]

---

[6] Sa *Weckerling-Wilhelm* in Umbach/Clemens Rn. 11.

[7] → Rn. 19.

[8] *Herzog* in Maunz/Dürig Rn. 18; *Pieroth* in Jarass/Pieroth Rn. 1; *Hermes* in Dreier Rn. 21; *Busse* in BerlKomm Rn. 7; *Uhle* in SHH Rn. 11; aA *Oldiges/Brinktrine* in Sachs Rn. 16; *Schenke* in BK Rn. 19, 52; *Schneider* in AK Rn. 4.

[9] Für eine Pflicht *Hermes* in Dreier Rn. 18; *Oldiges/Brinktrine* in Sachs Rn. 20; *Uhle* in SHH Rn. 10; *Schenke* in BK Rn. 14, 16.

[10] *Schröder* in HdbStR III § 65 Rn. 7; *Schröder* in MKS Rn. 25; iE *Hermes* in Dreier Rn. 18; *Weckerling-Wilhelm* in Umbach/Clemens Rn. 13; aA *Schenke* in BK Rn. 17.

[11] Einhellige Auffassung *Pieroth* in Jarass/Pieroth Rn. 1; *Schneider* in AK Rn. 3; *Schröder* § 65 Rn. 11; *Hermes* in Dreier Rn. 22; *Oldiges/Brinktrine* in Sachs Rn. 19; ausf. *Küchenhoff* DÖV 1966, 675 ff.

17 **Rechtliche Grenzen** für den Vorschlag ergeben sich allein aus den Voraussetzungen für die Wahl in das Kanzleramt. Diese sind allerdings – anders als etwa für den BPräs oder für Bundesverfassungsrichter – nirgends ausdrücklich genannt.

18 Im parlamentarischen Regierungssystem drängt sich als sachnächster Anhaltspunkt das **passive Wahlrecht** für Bundestagsabgeordnete auf.[12] Danach ist zum Kanzler wählbar, wer das 18. Lebensjahr vollendet hat und Deutscher ist (Art. 38 Abs. 2, § 15 BWG). Die Mitgliedschaft im BT ist dagegen nicht Wählbarkeitsvoraussetzung. Sie schadet aber auch nicht[13] und ist üblich. Unvereinbarkeiten, die jedoch nicht die Wählbarkeit, sondern die Amtsinhaberschaft betreffen, ergeben sich aus Art. 66.[14]

19 Fraglich ist, ob die Tatsache, dass der Kanzlerkandidat einer zwar nicht verbotenen, aber vermutlich **verfassungsfeindlichen** Partei angehört, das Vorschlagsrecht des BPräs begrenzt. Da der BPräs nicht gezwungen ist, einen Vorschlag zu machen, kann er auch in diesem Fall einen solchen unterlassen.

20 Eine Mindermeinung vertritt dagegen die Auffassung, dass der BPräs einen solchen Kandidaten nicht vorschlagen dürfe.[15] Gestützt wird dies auf eine Analogie zum Beamtenrecht,[16] wonach Verfassungstreue Eignungsvoraussetzung ist. Dies überzeugt nicht, da entgegen zur Beamtenstellung für die Wahl des BKanz nicht das Rechtsstaatsprinzip, sondern das Demokratieprinzip maßgebend ist. So ist die Wahl des BKanz allein in die Verantwortung des BT gegeben, wodurch diesem seine demokratische Legitimation vermittelt wird, wenn er die erforderliche Mehrheit erringt und hinter sich vereint.[17] In Konsequenz dessen ist es dem BPräs auch verwehrt, in den strittigen Fällen und den Grauzonen des politischen Spektrums Verfassungsfeindlichkeit als Rechtsargument gegen die anderslautende Entscheidung des BT und gegen einen Bundeskanzler, der sich selbst nicht als Verfassungsfeind sieht und den Amtseid zu leisten bereit ist, ins Feld zu führen.[18]

21 Ebenso darf der BPräs vom Kandidaten **keine Zusagen** einfordern, wie dieser sein Regierungsprogramm ausgestalten möchte.

22 Der BPräs unterbreitet seinen Wahlvorschlag schriftlich dem BT-Präs,[19] der daraufhin den BT einberuft. Die Wahl erfolgt nach § 4 GO BT geheim und ohne Aussprache. **Zweck des Ausspracheverbots** ist der Schutz des Ansehens des BPräs oder des Kanzlerkandidaten oder beider.[20]

23 **2. Gewählt ist, wer die Stimmen der Mehrheit der Mitglieder des BT auf sich vereint (Art. 63 Abs. 2 S. 1).** Um eine stabile Regierung bilden zu können, bedarf der Kanzler der Mehrheit der Mitglieder des BT. Diese Mehrheit ist in Art. 121 legaldefiniert, wonach die Mehrheit der Mit-

[12] *Pieroth* in Jarass/Pieroth Rn. 1; *Hermes* in Dreier Rn. 13; *Herzog* in Maunz/Dürig Rn. 23.

[13] → Art. 66 Rn. 13.

[14] → Rn. 23.

[15] *Herzog* in Maunz/Dürig Rn. 24; *Schröder* in MKS Rn. 21; *Schröder* in HdbStR III § 65 Rn. 12; *Schneider* in AK Rn. 5.

[16] *Schenke* in BK Rn. 59.

[17] IE wie hier *Hermes* in Dreier Rn. 13; *Busse* in BerlKomm GG Rn. 4; *Pieroth* in Jarass/Pieroth Rn. 1.

[18] Wie hier *Busse* in BerlKomm Rn. 4.

[19] *Schröder* in MKS Rn. 26.

[20] Für Schutz des BPräs insbes. *Hermes* in Dreier Rn. 25; *Schenke* in BK Rn. 65; für Schutz der Kanzlerkandidaten *Oldiges* in Sachs Rn. 22; s. zum Ganzen *Schröder* in HdbStR III § 65 Rn. 15 mwN; *Busse* in BerlKomm GG Rn. 9.

glieder des BT die Mehrheit ihrer **gesetzlichen Mitgliederzahl** benennt. Zur gesetzlichen Mitgliederzahl zählen alle nach den Vorgaben des Bundeswahlgesetzes in den BT gewählten Abg., zu denen auch etwaige Überhangmandate zählen. Die Mehrheit in Bezug auf diese Zahl ist die sog. **absolute Mehrheit** oder **Kanzlermehrheit.**

Die Frage, ob ein Antrag gem. § 45 GO BT auf Beschlussunfähigkeit des BT gestellt werden darf oder nicht, erscheint müßig, da es letztlich auf die **absolute Mehrheit** ankommt, deren Erreichen **nur bei Beschlussfähigkeit** überhaupt **möglich** ist. Hintergrund der Frage ist denn auch die These, dass mit der sofortigen Durchführung der Wahl trotz erkennbarer Beschlussunfähigkeit das Vorschlagsrecht des Präsidenten verbraucht ist und der Wahlmodus nach Abs. 3 zur Anwendung kommt.[21] Gegen die Zulässigkeit eines Antrags nach § 45 GO BT wird die damit verbundene Verzögerungsgefahr geltend gemacht.[22] Weder Verzögerungs- noch Missbrauchsgefahr noch Eilbedürftigkeit erscheinen jedoch so groß, dass es deshalb gerechtfertigt wäre, die Anwendung der Geschäftsordnungsregelungen des BT außer Kraft zu setzen. 24

Eine geheime Wahl nach §§ 4, 49 GO BT ist verfassungsrechtlich nicht erforderlich. 25

Das präsidiale Vorschlagsrecht ist verbraucht, wenn der Kandidat nicht die absolute Mehrheit erreicht oder er die Wahl nicht annimmt.[23] 26

3. Der BPräs hat den Gewählten zu ernennen (Art. 63 Abs. 2 S. 2). 27
Nach der Wahl und der Annahme der Wahl durch den Kandidaten erfolgt die Ernennung durch den BPräs. Dieser ist nach dem ausdrücklichen Wortlaut zur Ernennung **verpflichtet.**

Eine **Verweigerung** der Ernennung kommt **nur aus Rechtsgründen** in Betracht, insbes. wenn der Wahlvorgang fehlerhaft ist oder Wählbarkeits- oder Ernennungsvoraussetzungen nicht vorliegen. So ist dem Impermeabilitätsgrundsatz zu genügen, weshalb ein Kandidat vor seiner Ernennung unvereinbare Mitgliedschaften – etwa die Mitgliedschaft in einer Landesregierung – aufgeben muss.[24] 28

Eine **Gegenzeichnung** der Ernennung ist nach dem ausdrücklichen Wortlaut des Art. 58 S. 2 **nicht erforderlich.** Zum Amtseid s. die Kommentierung zu Art. 64. 29

II. Zweiter und weitere Wahlgänge: Wird der Vorgeschlagene nicht gewählt, so kann der BT binnen vierzehn Tagen nach dem Wahlgange mit mehr als der Hälfte seiner Mitglieder einen Bundeskanzler wählen (Art. 63 Abs. 3)

Scheitert die Wahl des Vorgeschlagenen, weil er die absolute Mehrheit nicht erreicht, so geht das **Wahlvorschlagsrecht** auf den **BT** über. 30

Gleiches gilt für den Fall, in dem zwar die Wahl erfolgte, jedoch der Gewählte die Wahl nicht annimmt. 31

Auch in diesem Wahlmodus ist die absolute Mehrheit erforderlich. Hinsichtlich des Wahlvorschlagsrechts enthält § 4 GO BT die Beschränkung auf 32

[21] *Schenke* in BK Rn. 64.
[22] *Pieroth* in Jarass/Pieroth Rn. 2; *Hermes* in Dreier Rn. 24; *Schröder* in MKS Rn. 31.
[23] *Pieroth* in Jarass/Pieroth Rn. 2.
[24] → Art. 66 Rn. 31.

das **Quorum** von einem Viertel der Mitglieder des BT bzw. einer Fraktion entsprechender Stärke.

33 Streitig ist die Verfassungsmäßigkeit dieser Beschränkung des Wahlvorschlagsrechts.[25] Diese verstößt jedenfalls nicht gegen Art. 63 Abs. 3, da dieser nicht das Wahlvorschlagsrecht normiert, sondern allein Regelungen über die Wahl enthält. In Betracht kommt daher nur ein Verstoß gegen das Recht auf gleiche Mitwirkung aller Abg. gem. Art. 38 Abs. 2. Dieses Recht ist im Interesse der Effektivität und der sachgerechten Organisation parlamentarischer Arbeit auf der Grundlage von Art. 40 konkretisierbar und ausgestaltungsfähig. Unbeschadet der Tatsache, dass selbstverständlich jeder Abg. einen Kandidatenvorschlag in die politisch-parlamentarische Debatte einbringen kann, zumal ein **Ausspracheverbot nicht mehr** besteht,[26] erscheint die Notwendigkeit, für einen förmlichen und abstimmungsfähigen Vorschlag ein Quorum von einem Viertel zu erreichen, mit Blick auf die erforderliche absolute Mehrheit sachgerecht.[27] Dies gilt umso mehr, als Art. 63 Abs. 3 nicht einmal die Durchführung einer Wahl verlangt.

34 Die Vorschrift normiert allein eine **Frist** von vierzehn Tagen für das Erfordernis der absoluten Mehrheit. Keine Aussage wird getroffen zur Anzahl der Wahlgänge, so dass innerhalb dieser Frist der BT nach Maßgabe sachgerechter Selbstorganisation so oft er will eine Kanzlerwahl durchführen kann. Er ist aber hierzu nicht verpflichtet und kann eine Wahl auch unterlassen.

III. Letzter Wahlgang

35 **1. Kommt eine Wahl innerhalb dieser Frist nicht zustande, so findet unverzüglich ein neuer Wahlgang statt, in dem gewählt ist, wer die meisten Stimmen erhält (Art. 63 Abs. 4 S. 1).** Gelingt dem BT innerhalb der 14-tägigen Frist keine Wahl eines Kandidaten mit absoluter Mehrheit zum Kanzler, so eröffnet sich ihm die Möglichkeit nach Art. 64 Abs. 4 S. 1 nunmehr **mit erhöhter Dringlichkeit,** aber **mit herabgesetzten Anforderungen,** einen Kanzler zu wählen.

36 **Unverzüglich** bedeutet dabei ohne schuldhaftes Zögern. In dieser Phase stellt sich daher die Frage nach der Zulässigkeit von Verzögerungen etwa durch einen Antrag auf Feststellung der Beschlussfähigkeit oder aber durch das Erfordernis eines Antragsquorums von einem Viertel der Mitglieder des BT (so § 4 GO BT).[28] Jedenfalls letzteres verstößt gegen Art. 63 Abs. 4 S. 1,[29] weil „die meisten Stimmen" im Sinne der Vorschrift bei einer entsprechenden Anzahl von Kandidaten theoretisch weniger sein kann als ein Viertel der Mitglieder des BT.

37 **Nimmt** der Gewählte die **Wahl nicht an** oder besteht ein **Stimmenpatt,** kann der BT die Wahl wiederholen.[30] Ist auch bei dieser Wiederholung kein

[25] Für Zulässigkeit *Pieroth* in Jarass/Pieroth Rn. 2; *Herzog* in Maunz/Dürig Rn. 35; *Oldiges/Brinktrine* in Sachs Rn. 28; dagegen *Hermes* in Dreier Rn. 30.

[26] *Schenke* in BK Rn. 84; *Pieroth* in Jarass/Pieroth Rn. 9; *Schneider* in AK Rn. 9; *Hermes* in Dreier Rn. 25, 31; aA *Herzog* in Maunz/Dürig Rn. 28, 33; *Schröder* in MKS Rn. 36; *ders.* in HdbStR III § 65 Rn. 19; *Oldiges/Brinktrine* in Sachs Rn. 22; *Uhle* in SHH Rn. 21.

[27] *Schenke* in BK Rn. 82; *Busse* in BerlKomm Rn. 12; *Uhle* in SHH Rn. 20; *Olidges* in Sachs Rn. 28; *Schröder* in HdbStR III § 65 Rn. 18.

[28] *Pieroth* in Jarass/Pieroth Rn. 4.

[29] *Herzog* in Maunz/Dürig Rn. 43; *Schröder* in MKS Rn. 38; *Hermes* in Dreier Rn. 35; aA *Oldiges/Brinktrine* in Sachs Rn. 28.

[30] *Herzog* in Maunz/Dürig Rn. 45; *Uhle* in SHH Rn. 25; *Schneider* in AK Rn. 8; *Schenke* in BK Rn. 91 f.; *Busse* in BerlKomm Rn. 16.

eindeutiger Wahlausgang möglich, hat der BPräs nach Art. 63 Abs. 4 S. 3 den BT aufzulösen.[31]

2. Vereinigt der Gewählte die Stimmen der Mehrheit der Mitglieder des BT auf sich, so muss der BPräs ihn binnen sieben Tagen nach der Wahl ernennen (Art. 63 Abs. 4 S. 2). Wird der Kandidat mit absoluter Mehrheit gewählt, **ist** er nach Annahme der Wahl vom BPräs **zu ernennen,** Art. 63 Abs. 4 S. 2. Insoweit besteht für den BPräs die Pflicht zur Ernennung. Die Frist gibt dem Präsidenten die Zeit, die Verfassungsmäßigkeit der Wahl und die Wählbarkeitsvoraussetzungen des Gewählten zu prüfen.[32] 38

3. Erreicht der Gewählte diese Mehrheit nicht, so hat der BPräs binnen sieben Tagen entweder ihn zu ernennen oder den BT aufzulösen (Art. 63 Abs. 4 S. 3). Hat kein Kandidat die absolute Mehrheit erreicht, hat der BPräs innerhalb von 7 Tagen die Wahl zwischen der Ernennung des mit einfacher Mehrheit gewählten Kandidaten oder der Auflösung des BT zu entscheiden. Er hat insoweit eine politische Entscheidung zu treffen, ob es dem Wohl der Bundesrepublik Deutschland zuträglicher ist, eine **Minderheitsregierung** im Amt zu haben **oder Neuwahlen** herbeizuführen. 39

Gleiches gilt, wenn die Wiederholung der Wahl wegen Stimmengleichheit scheitert oder eine Wahl gänzlich unterbleibt. 40

Art. 63 Abs. 4 S. 3 ist neben Art. 68 die einzige Rechtsgrundlage für die vorzeitige Auflösung des BT und gehört zu den (wenigen) politischen Befugnissen des **BPräs,** die ihm in seiner **Reservefunktion** für den Ausnahmefall des Versagens der demokratischen Mechanismen zustehen. Sie ist nicht justitiabel. 41

Entscheidet sich der BPräs für die Auflösung des BT, ist die **Auflösungserklärung** an den BT-Präs zu richten. Diese ist eine empfangsbedürftige Willenserklärung und löst die Rechtsfolge des Art. 39 Abs. 1 S. 4 aus.[33] Diese Willenserklärung bedarf gem. Art. 58 S. 2 keiner Gegenzeichnung. Die bereits im Zusammenhang mit dem Zusammentritt des nunmehr aufgelösten BT zur Geschäftsführung berufene alte BReg bleibt weiterhin geschäftsführend im Amt. In Bezug auf das Regierungspersonal kann der BPräs damit wählen, ob er eine Minderheitsregierung[34] favorisiert oder die bestehende BReg vorübergehend geschäftsführend im Amt bleibt. 42

Nach Ablauf der **7-Tage Frist** hat der BPräs die Pflicht, den gewählten Kandidaten zu ernennen. Eine Auflösung des BT ist dann nicht mehr möglich. 43

C. Verhältnis zu anderen Bestimmungen des GG

Die Vorschriften über die Kanzlerwahl in Art. 63 gelten für den Fall, dass das Kanzleramt infolge von Bundestagswahlen (Art. 69 Abs. 2), durch Tod oder Rücktritt des Amtsinhabers aktuell nicht besetzt und nur noch eine geschäftsführende Regierung im Amt ist. 44

---

[31] Ähnlich *Oldiges/Brinktrine* in Sachs Rn. 30.

[32] *Schröder* in HdbStR III § 65 Rn. 24.

[33] *Pieroth* in Jarass/Pieroth Rn. 5; *Hermes* in Dreier Rn. 45 f.; *Schenke* in BK Rn. 108 f.

[34] BVerfGE 114, 121 (151); *Herzog* in Maunz/Dürig Rn. 53 ff.

45 Für die Abwahl eines amtierenden Kanzlers durch den BT enthält dagegen Art. 67 als einziges Mittel das konstruktive Misstrauensvotum bereit, also Abwahl durch Neuwahl eines anderen Kanzlers.

46 In einem Verwandtschaftsverhältnis stehen Art. 63 Abs. 4 und Art. 68: Ersterer erlaubt die Parlamentsauflösung, weil der BT nicht in der Lage ist, den vakanten Stuhl des Bundeskanzlers zu besetzen; letzter eröffnet die Bundestagsauflösung für den Fall, dass der amtierende Kanzler seine Mehrheit verloren hat und damit regierungsunfähig geworden ist.[35]

D. Kritische Würdigung

47 Die Vorschrift hat sich in der Geschichte der Bundesrepublik bewährt, da bislang die **Bundeskanzlerwahlen seit 1949** auf der Grundlage von Art. 63 Abs. 1, 2 **problemlos** stattgefunden haben. Dabei stellt die Vorschrift keine Anleitung für politische Gestaltung dar, weshalb sie auch nicht alle politischen Stadien auf dem Weg zur Kanzlerwahl regelt. Vielmehr soll sie Rahmen und Grenze politischen Handelns normieren. Insoweit erfüllt die Vorschrift ihren Zweck, da sie Grenzen für politische Vorgänge normiert und sich nicht auf die bloße wirklichkeitsgetreue Widergabe von Seinswirklichkeiten beschränkt.[36]

Literatur

N. Achterberg, Parlamentsrecht, 1984. – ***P. Austermann,*** Die Wahl des Bundeskanzlers gemäß Art. 63 GG, DÖV 2013, 865. – ***Ch. Bartelt,*** Regierungsbildung nach dem Grundgesetz, Diss. Marburg 1960. – ***M. Langner,*** Recht und Praxis der Regierungsbildung im Bund, Diss. Tübingen 1969. – ***M. R. Lippert,*** Bestellung und Abberufung der Regierungschefs und ihre funktionale Bedeutung für das parlamentarische Regierungssystem, 1973. – ***H. Rein,*** Die verfassungsrechtlichen Kompetenzen des Bundespräsidenten bei der Bildung der Bundesregierung, JZ 1969, 573. – ***Th. Puhl,*** Die Minderheitsregierung nach dem Grundgesetz, 1986. – ***W.-R. Schenke,*** Die Bildung der Bundesregierung, Jura 1982, 57. – ***H. P. Schneider/W. Zeh,*** Das parlamentarische Regierungssystem – Koalitionen, Kanzlerwahl und Kabinettsbildung, in H. P. Schneider/W. Zeh (Hrsg.), Parlamentsrecht und Parlamentspraxis, 1989, § 48. – ***H. Steiger,*** Organisatorische Grundlagen des parlamentarischen Regierungssystems, 1973.

Sa die Lit. zu Art. 62, 64, 65 und 66 bis 69.

Statistische Angaben

I. Wahlperiode, 20.9.1949: K. Adenauer (CDU)
II. Wahlperiode, 20.10.1953: K. Adenauer (CDU)
III. Wahlperiode, 28.10.1957: K. Adenauer (CDU)
IV. Wahlperiode, 14.11.1961: K. Adenauer (CDU)
IV. Wahlperiode, 17.10.1963: L. Erhard (CDU)
V. Wahlperiode, 26.10.1965: L. Erhard (CDU)
V. Wahlperiode, 1.12.1966: K. Kiesinger (CDU)
VI. Wahlperiode, 22.10.1969: W. Brandt (SPD)
VII. Wahlperiode, 15.12.1972: W. Brandt (SPD)
VII. Wahlperiode, nach Rücktritt von Bundeskanzler W. Brandt, 16.5.1974: H. Schmidt (SPD)
VIII. Wahlperiode, 15.12.1976: H. Schmidt (SPD)
IX. Wahlperiode, 22.12.1980: H. Schmidt (SPD)

---

[35] → Art. 68 Rn. 9 ff.

[36] Anschaulich hierzu *Cancik,* Parlamentarische Opposition in den Landesverfassungen. Eine verfassungsrechtliche Analyse der neuen Oppositionsregelungen, 2000.

IX. Wahlperiode, 1.10.1982: Wahl des Bundeskanzlers H. Kohl (CDU) nach Art. 67
X. Wahlperiode, 29.3.1983: H. Kohl (CDU)
XI. Wahlperiode, 11.3.1987: H. Kohl (CDU)
XII. Wahlperiode, 17.1.1991: H. Kohl (CDU)
XIII. Wahlperiode, 15.11.1994: H. Kohl (CDU)
XIV. Wahlperiode, 27.10.1998: G. Schröder (SPD)
XV. Wahlperiode, 22.10.2002: G. Schröder (SPD)
XVI. Wahlperiode, 22.11.2005: A. Merkel (CDU)
XVII. Wahlperiode, 28.10.2009: A. Merkel (CDU)
XVIII. Wahlperiode, 17.12.2013: A. Merkel (CDU)
XIX. Wahlperiode, 14.3.2018: A. Merkel (CDU)

Art. 64 [Ernennung der Bundesminister, Amtseid]

(1) Die Bundesminister werden auf Vorschlag des Bundeskanzlers vom Bundespräsidenten ernannt und entlassen.

(2) Der Bundeskanzler und die Bundesminister leisten bei der Amtsübernahme vor dem Bundestage den in Artikel 56 vorgesehenen Eid.

Paulskirchenverfassung von 1849

Abschnitt III. Art. II

§ 73. [Abs. 1]

Der Kaiser übt die ihm übertragene Gewalt durch verantwortliche von ihm ernannte Minister aus.

Weimarer Reichsverfassung von 1919

Art. 53. Der Reichskanzler und auf seinen Vorschlag die Reichsminister werden vom Reichspräsidenten ernannt und entlassen.

Übersicht

A. Allgemeine Bedeutung

I. Genese

1 In der monokratischen Regierungsstruktur, welche die Verfassung des Deutschen Reiches von 1871 anordnete, bildete allein der Reichskanzler die Regierung im institutionellen Sinne, während weder Minister noch das Ressortprinzip vorgesehen waren.

2 Aufgrund des Umfangs der zu erfüllenden Aufgaben, die dem Reichskanzler zukamen, wurden den Staatssekretären, welche den obersten Reichsbehörden vorstanden, jedoch dem Reichskanzler unterstellt waren und keine eigenständigen Entscheidungen gemacht hatten, durch das **Stellvertretungsgesetz vom 17.3.1878**[1] die Möglichkeit zur Stellvertretung des Reichskanzlers in deren Geschäftskreisen zugestanden. Durch die Möglichkeit nach § 1 des Stellvertretergesetzes, Verfügungen und Anordnungen des Kaisers gegenzuzeichnen und den Reichskanzler in weiteren, durch die Verfassung zugewiesenen Aufgabenbereichen zu vertreten, wurde deren Stellung als Vor-

[1] RGBl. 1878, S. 7.

steher faktisch derjenigen von Ministern angenähert. Dennoch wurden die Befugnisse dem Reichskanzler nicht vollständig entzogen, da dieser nach § 3 des Gesetzes dazu berechtigt blieb, die Aufgaben selbst wahrzunehmen.

Die Stellvertreter wurden vom Kaiser ernannt. Die Ernennung setzte nach **3**
§ 1 des Stellvertretungsgesetzes voraus, dass „Fälle der Behinderung" des Reichskanzlers vorliegen und dieser einen Antrag auf Ernennung gestellt hat. Dabei war als Behinderung bezeichnet, dass der Reichskanzler entweder vorübergehend oder dauerhaft an der Ausübung der Geschäfte gehindert war.[2]

Im Weimarer Reich bestimmte die **Weimarer Reichsverfassung von** **4**
1919 entgegen § 8 des Gesetzes über die vorläufige Reichsgewalt vom 10.2.1919[3], welches die Errichtung eines kollegialen Reichsministeriums vorsah, mit Art. 53, dass die Reichsminister **auf Vorschlag des Reichskanzlers durch den Reichspräsidenten ernannt** wurden. Dabei wurde dem Reichspräsidenten durch die damalige hM zugebilligt, dass dieser aufgrund seiner „Ersatzfunktion" für den Kaiser von den Vorschlägen des Reichskanzlers abweichen konnte. Er hatte daher nicht nur die Möglichkeit, die Ernennung aus rechtlichen, sondern auch aus politischen Gründen abzulehnen. Darüber hinaus entwickelte sich die Verfassungspraxis dahingehend, dass der Reichspräsident nicht nur die Kandidaten des Reichskanzlers ablehnen, sondern aufgrund der Möglichkeit, den Reichskanzler zu entlassen, auch eigene ernennen und durchsetzen konnte.

Darüber hinaus wurde dem Reichspräsidenten nach der hM auch die **5**
Möglichkeit zuerkannt, über Umfang und Zuschnitt der Reichsministerien zu bestimmen, sog. Organisationsgewalt, was auch in § 8 S. 1 der GeschOReichsReg vom 3.5.1924 Einzug erhielt.[4]

Im **Herrenchiemseer Verfassungskonvent** und im **Parlamentarischen** **6**
Rat verfolgte man das Ziel, die Stellung des Bundeskanzlers gegenüber derjenigen des BPräs zu stärken und letzteren auf eine grundsätzlich nur mehr repräsentative Funktion zu beschränken. Aus diesem Grunde sollte der BPräs an die Vorschläge des Bundeskanzlers gebunden sein. Dieser sollte neben den Richtlinien der Politik auch das Personal, mit dem er zusammenarbeiten will, bestimmen können. So nahm man in **Art. 89 HChE** auf, dass der BPräs die Minister (und Staatssekretäre) auf Vorschlag des Bundeskanzlers ernennt. Gleichzeitig ging man davon aus, dass dies ebenso für die Entlassung dieser Personen gelten muss.

Nach mehreren Beratungen wurden die Regelungen der Abs. 2 und 3 **7**
gestrichen, nach denen die vorgeschlagenen Personen das Vertrauen des BT genießen sollten und ein Entlassungsrecht an einen Antrag bzw. die Zustimmung des BT gekoppelt wurde. Ausgangspunkt waren die Überlegungen, dass der Bundeskanzler nur Minister auswählen würde, die sein Vertrauen genießen, während nur der Bundeskanzler selbst dem BT verantwortlich ist. Gleichzeitig wollte man den Bundeskanzler in die Lage versetzen, sich seinen Personenkreis, mit dem er regieren will, auszusuchen und selbständig zusammenzustellen, so dass er in die Lage versetzt werden sollte, jederzeit Minister ohne Rückbindung an den BT auszutauschen.

---

[2] *Schenke* in BK Rn. 59.

[3] RGBl. 1919, S. 109.

[4] Dieser lautete: „Der Geschäftsbereich der einzelnen Reichsminister wird, soweit erforderlich, durch Verordnung des Reichspräsidenten in den Grundzügen festgelegt."

8 Nach weiteren verschiedenen Ein- und Umarbeiten des Textes erhielt Art. 89 HChE in der 4. Lesung des Hauptausschusses die nunmehr als Art. 64 in das GG aufgenommene Form.

II. Inhaltsübersicht

9 Art. 64 regelt in Abs. 1 das materielle **Kabinettsbildungsrecht** (Personalauswahl) und die **Organisationsgewalt** (Ressortzuschnitt) des Bundeskanzler hinsichtlich der Regierung und normiert damit die Komplettierung der BReg um die Bundesminister.[5] Dabei sind die Bundesminister insoweit dem Bundeskanzler nachgeordnet und von ihm abhängig. Gleichzeitig ist jedoch auch der Bundeskanzler seinerseits durch vielerlei Rücksichtnahmen und Bindungen hinsichtlich der Personalauswahl und der Zuschnitte der Ressorts politisch-faktisch eingeschränkt.[6]

10 Art. 64 Abs. 1 erstreckt sich auch auf die Regierungsumbildung unter Einschluss der Ministerentlassung.

11 Anders als unter der WRV (Art. 54) ist das Kabinettsbildungs- und Umbildungsrecht **beim Bundeskanzler konzentriert.** So hängt ein Minister nicht mehr allein vom Vertrauen des Parlaments ab, so dass er nicht durch einen Vertrauensentzug sein Amt verlieren kann. Dies trägt maßgeblich zur Stabilität der Regierung bei. Gleichzeitig stärkt es die Position des Kanzlers.[7] Aufgrund dieser zentralen Stellung des Bundeskanzlers wird das grundgesetzliche Regierungssystems auch als **Kanzlerdemokratie** bezeichnet.[8]

12 Art. 64 Abs. 2 regelt den Amtseid für die Mitglieder der BReg. Die Vorschrift findet keine Entsprechung in früheren Verfassungstexten. Vielmehr war der Ministereid einfachgesetzlich normiert.[9] Die Eidespflicht kennzeichnet das veränderte Kräfteverhältnis zwischen Regierung und Staatsoberhaupt und bekräftigt die Verfassungsbindung aller staatlichen Gewalt.[10]

III. Systematischer Zusammenhang

13 Art. 64 ergänzt mit seinen Regelungen der Vervollständigung der Bundesregierung durch die Bundesminister und der Vereidigung der BReg die Vorschriften der Art. 62 und 63, welche die Zusammensetzung der Bundesregierung und die Wahl des Bundeskanzlers normieren, und komplettiert damit die Regelungen um die Zusammensetzung und Amtseinführung der BReg. Er ist daher in folgerichtiger Fortsetzung der Systematik dem VI. Abschnitt zugeordnet.

---

[5] *Schenke* in BK Rn. 40; *Schröder* in MKS Rn. 1; *Oldiges/Brinktrine* in Sachs Rn. 3; *Hermes* in Dreier Rn. 5, 24 zum materiellen Kabinettsbildungsrecht, diff. zur Organisationsgewalt Rn. 7–12; sa *Uhle* in SHH Rn. 1; *Busse* in BerlKomm Rn. 3 f.

[6] *Schenke* in BK Rn. 6–8; *Schneider* in AK Rn. 2; *Oldiges/Brinktrine* in Sachs Rn. 12; *Busse* in BerlKomm Rn. 3.

[7] *Schröder* in MKS Rn. 3; *Busse* in BerlKomm Rn. 11; *Weckerling-Wilhelm* in Umbach/Clemens Rn. 8.

[8] *Herzog* in Maunz/Dürig Rn. 21; *Hermes* in Dreier Rn. 5; *Oldiges/Brinktrine* in Sachs Rn. 8; krit. *Schröder* in MKS Rn. 8; s. zur Entstehungsgeschichte *Schenke* in BK Abschn. I; sowie *Schneider* in AK Rn. 1; sa *Weckerling-Wilhelm* in Umbach/Clemens Rn. 10 „faktisch parlamentarisch verkettet".

[9] *Schneider* in AK Rn. 1, 7; *Schröder* in MKS Rn. 35.

[10] *Schröder* in MKS Rn. 37.

B. Einzelfragen

I. Die Bundesminister werden auf Vorschlag des Bundeskanzlers vom BPräs ernannt und entlassen (Art. 64 Abs. 1)

Art. 64 Abs. 1 bezieht sich ausschließlich auf Bundesminister. **Voraussetzung** ihrer Ernennung und Entlassung ist der **Vorschlag des Bundeskanzlers,** der Ernennungsakt durch den BPräs und das Einverständnis des Kandidaten. 14

Der Bundeskanzler ist dabei zwar nicht politisch zB an Koalitionsvereinbarungen gebunden, jedoch **rechtlich** an die Ernennungsvoraussetzungen gebunden, die den seinen entsprechen, was heißt, dass die Voraussetzungen des **passiven Wahlrecht**s erfüllt sein müssen.[11] 15

Ebenso ausschlaggebend sind Inkompatibilitäten. So hat der designierte Bundesminister vor der Ernennung **unvereinbare Ämter** und Mitgliedschaften **aufzugeben.**[12] Hierbei handelt es sich um die Mitgliedschaft in einer Landesregierung (Art. 66 iVm § 4 BMinG) sowie um die Mitgliedschaft in der Leitung oder im Aufsichtsrat eines erwerbswirtschaftlichen Unternehmens (Art. 66 iVm § 5 BMinG).[13] Die Bundesminister müssen ebenso wenig wie der Bundeskanzler Mitglieder des BT sein. Sie können und werden dies jedoch regelmäßig ebenso wie der Bundeskanzler sein.[14] 16

Ein Teil der Lit. leitet die **Verfassungstreue** als Rechtsvoraussetzung aus § 6 Abs. 3 BMinG ab.[15] Diese Vorschrift normiert jedoch nicht die Verfassungstreue als Ernennungsvoraussetzung, sondern regelt nur eine Einschränkung der Verschwiegenheitspflicht zum Schutz der freiheitlichen demokratischen Grundordnung.. 17

Die Verfassung geht von der Verfassungstreue von Bundesministern und dem Bundeskanzler aus,[16] Was sich bereits aus dem von ihnen zu leistenden Amtseid ergibt. Dabei liegt die **Verantwortung** für die Verfassungstreue der Bundesminister **beim Bundeskanzler.**[17] Dies entspricht dem Umstand, dass auch die Verfassungstreue des Bundeskanzlers nicht als Rechtskriterium geprüft wird, sondern in die Verantwortung des BT und damit in ein demokratisches Verfahren gegeben ist. 18

Eine vom Bundeskanzler formal ordnungsgemäß vorgeschlagene Person, die in den BT wählbar ist und bei der keine unvereinbaren Mitgliedschaften bestehen, hat der BPräs daher zu ernennen..[18] 19

Weitere Prüfungen oder gar ein **politisches Ermessen** kommen ihm in Bezug auf die Ernennung **nicht** zu.[19] Dies muss ihn nicht hindern, seinen 20

---

[11] *Schröder* in MKS Rn. 26; *Busse* in BerlKomm Rn. 17.

[12] Vgl. *Pieroth* in Jarass/Pieroth Rn. 1; *Hermes* in Dreier Rn. 25.

[13] → Art. 66 Rn. 9 ff.; sa *Busse* in BerlKomm Rn. 17.

[14] → Art. 66 Rn. 13; sa *Schröder* in MKS Rn. 8.

[15] Zur Verfassungstreue als Voraussetzung s. *Schröder* in MKS Rn. 26; *Oldiges/Brinktrine* in Sachs Rn. 13; *Uhle* in SHH Rn. 15.

[16] → Art. 63 Rn. 20.

[17] *Hermes* in Dreier Rn. 25; *Busse* in BerlKomm Rn. 19; aA *Schenke* in BK Rn. 32.

[18] *Pieroth* in Jarass/Pieroth Rn. 1; sa *Schneider* in AK Rn. 4; *Herzog* in Maunz/Dürig Rn. 14.

[19] *Hermes* in Dreier Rn. 27; *Uhle* in SHH Rn. 17; *Schröder* in MKS Rn. 29; *Busse* in BerlKomm Rn. 18. Sa *Schenke* in BK Rn. 9–31 und zu den rechtlichen Voraussetzungen Rn. 32.

politischen Einfluss geltend zu machen, um einen Vorschlag zu verhindern, der seiner Auffassung nach dem Staatswohl abträglich ist.[20]

21 Die **Ernennung** erfolgt durch Aushändigung der Ernennungsurkunde. Diese ist nach § 2 Abs. 1 BMinG vom BPräs zu unterzeichnen und vom Bundeskanzler gegenzuzeichnen. In der Urkunde soll gem. § 2 Abs. 3 BMinG der übertragene Geschäftsbereich bezeichnet werden, was regelmäßig der Fall ist.

22 Mit der Aushändigung der Urkunde wird ein **öffentlich-rechtliches Amtsverhältnis** zum Bund begründet (§ 1 BMinG). Es handelt sich hierbei nicht um ein Beamtenverhältnis iSd Art. 33, sondern angesichts seiner herausragenden politischen Bedeutung um ein Amtsverhältnis **eigener Art.**[21] Das Amtsverhältnis beginnt erst mit Aushändigung der Urkunde. Soweit § 2 Abs. 2 BMinG von einem Beginn des Amtsverhältnisses bereits vor Aushändigung durch Ableisten des Amtseides ausgeht, ist er verfassungswidrig.[22]

23 Der Amtseid ist im Zusammenhang mit der Amtsübernahme Verfassungspflicht, hat jedoch entgegen § 2 Abs. 2 BMinG keine konstitutive, das Amtsverhältnis begründende Bedeutung.[23]

24 Die Dauer des Amts eines Bundesministers ist akzessorisch zu der Amtsdauer des jeweiligen Bundeskanzlers (Art. 69 Abs. 2), so dass in diesen Fällen einer **Erledigung des Amtes** von Rechts wegen die Aushändigung der Entlassungsurkunde nach § 10 BMinG nur deklaratorisch ist.

25 Darüber hinaus kann ein Bundesminister nach § 9 Abs. 2 S. 2 BMinG jederzeit den Bundeskanzler ersuchen, beim BPräs seine **Entlassung** vorzuschlagen.[24] Aus dem Grundsatz der Freiwilligkeit der Amtsübernahme folgt, dass der Bundeskanzler diesem Ersuchen Folge leisten muss. Allerdings kann den scheidenden Minister gem. Art. 69 Abs. 3 die Pflicht treffen, sein Amt bis zur Neubesetzung geschäftsführend auszuüben.[25]

26 Art. 64 umfasst weiter den Fall, dass der Bundeskanzler aufgrund seines Kabinettsbildungsrechts **auch gegen den Willen** eines Ministers und ohne besondere rechtliche Voraussetzungen diesen dem BPräs zur Entlassung vorschlagen kann. Der BPräs ist rechtlich verpflichtet, diesen Vorschlag zu vollziehen.[26] Er kann lediglich versuchen, politisch auf den Bundeskanzler einzuwirken.

27 Der BT kann um die Entlassung eines Bundesministers mittels schlichten Parlamentsbeschlusses ersuchen.[27]

---

[20] *Oldiges/Brinktrine* in Sachs Rn. 15; *Pieroth* in Jarass/Pieroth Rn. 1; *Schröder* in MKS Rn. 28; *Hermes* in Dreier Rn. 27; *Busse* in BerlKomm Rn. 20; *Schenke* in BK Rn. 13; *Herzog* in Maunz/Dürig Rn. 15; zur Praxis s. *Weckerling-Wilhelm* in Umbach/Clemens Rn. 15.

[21] *Uhle* in SHH Rn. 19; *Schröder* in MKS Rn. 30; *Schenke* in BK Rn. 36; *Badura* FS f. Quaritsch, 2000, 295 f.

[22] *Pieroth* in Jarass/Pieroth Rn. 4.

[23] *Pieroth* in Jarass/Pieroth Rn. 1; *Hermes* in Dreier Rn. 26; *Oldiges/Brinktrine* in Sachs Rn. 17; *Uhle* in SHH Rn. 18; → Rn. 40.

[24] *Pieroth* in Jarass/Pieroth Rn. 3; diff. *Busse* in BerlKomm Rn. 22; *Uhle* in SHH Rn. 23; aA *Hermes* in Dreier Rn. 30; *Herzog* in Maunz/Dürig Rn. 51.

[25] *Schneider* in AK Rn. 6; *Oldiges/Brinktrine* in Sachs Rn. 21; *Schenke* in BK Rn. 37; sa *Busse* in BerlKomm Rn. 22.

[26] *Schenke* in BK Rn. 37; *Schröder* in MKS Rn. 31; *Busse* in BerlKomm Rn. 21; *Herzog* in Maunz/Dürig Rn. 53; *Oldiges/Brinktrine* in Sachs Rn. 19.

[27] *Pieroth* in Jarass/Pieroth Rn. 5.

Art. 64 weist dem **Bundeskanzler** die Kompetenz zu, die Regierung **organisatorisch zu bilden.** Er kann hiernach die Regierung errichten und den Ministerien die Kompetenzen zuweisen und gegeneinander abgrenzen. **28**

Die **Organisationsgewalt** des Bundeskanzlers für den Bereich der BReg ist frei von präsidialem Einfluss[28] und steht auch nicht unter dem Vorbehalt einer gesetzlichen Regelung.[29] So ist der Bundeskanzler grundsätzlich in der Organisation der BReg frei. Er kann selbst ein Bundesministerium übernehmen, Bundesminister ohne Geschäftsbereich ernennen oder einem Bundesminister mehrere Geschäftsbereiche zuweisen. Gleichfalls ist es ihm vorbehalten, Bundesminister für besondere Aufgaben zu ernennen. **29**

Grenzen ergeben sich aus einem organisationsrechtlichen bzw. institutionellen Gesetzesvorbehalt.[30] Solche Vorbehalte sind jedoch entweder ausdrücklich im Grundgesetz geregelt[31] oder sie sind Folge des Grundsatzes, dass das Parlament die im Lichte von Demokratie- und Rechtsstaatsprinzip wesentlichen Entscheidungen selbst zu treffen hat.[32] **30**

Ein Teil der Literatur sieht Art. 86 S. 2 als ausdrückliche verfassungsrechtliche Regelung der Organisationsgewalt für die BReg und gesetzlicher Befugnisse für diesen Bereich an.[33] Dies ist jedoch abzulehnen. Art. 86 S. 2 unterscheidet die Gubernative (BReg) und Exekutive (Bundesverwaltung)[34] und verleiht vielmehr der BReg neben dem Gesetzgeber die Befugnis, die Bundesverwaltung zu organisieren. **31**

Auch die hinter der Wesentlichkeitstheorie stehenden **Staatsstrukturprinzipien verlangen nicht, die Organisation der Regierung unter Gesetzesvorbehalt zu stellen:** Das Demokratieprinzip hat seine abschließende Ausprägung in der Regelung der Kanzlerwahl gefunden. Das Rechtsstaatsprinzip, zu dem auch die Gewaltenteilung gehört, streitet eher gegen den Übergriff des Gesetzgebers in die Selbstorganisation der BReg.[35] **32**

---

[28] → Rn. 17; sa *Schenke* in BK Rn. 45; *Oldiges/Brinktrine* in Sachs Rn. 23.

[29] Vgl. Art. 86 S. 2 GG; zT wird in dieser Vorschrift die Organisationsgewalt verankert gesehen; sa *Pieroth* in Jarass/Pieroth Rn. 2; *Hermes* in Dreier Rn. 20; *Schröder* in MKS Rn. 18; *Schröder* in HdbStR III § 64 Rn. 12; *Detterbeck* in HdbStR III § 66 Rn. 14.

[30] Der Begriff des institutionellen Gesetzesvorbehaltes wurde wohl erstmals von *Köttgen* VVDStRL 16 (1958), 154 (161) verwendet; zum Thema, s. *Böckenförde,* Die Organisationsgewalt im Bereich der Regierung, 1964, 2. Aufl. 1998, 95 ff.

[31] S. zB Art. 87 Abs. 3, 87d S. 2 GG; für weitere Beispiele, s. *Burmeister,* Herkunft, Inhalt und Stellung des institutionellen Gesetzesvorbehaltes, 1991, 144 ff.

[32] Der Verfassungsgerichtshof von NRW übertrug in seiner Entscheidung zur Zusammenlegung von Landesjustiz- und Landesinnenministerium den allgemeinen Gesetzesvorbehalt im Sinne der Wesentlichkeitslehre auf den Bereich der Organisationsgewalt, mit der Folgerung, dass „für das Gemeinwesen grundlegende Entscheidungen nicht von der Regierung als der staatsleitenden Gewalt getroffen werden können" (!). S. VerfGH NRW NJW 1999, 1243 (1244); zur Kritik s. *Böckenförde* NJW 1999, 1235 (1235) „Die Wesentlichkeitslehre hat (nach der Auslegung des VerfGH NRW) nicht mehr die Funktion sicherzustellen, dass eine staatliche Gewalt (die Legislative) ihre eigene Aufgabe im Wesentlichen selbst wahrnimmt, sondern dass einer anderen Gewalt der Exekutive, eine (zunächst) ihr zukommende Funktion, soweit es sich um wesentliche Fragen handelt, entzogen und auf die gesetzgebende Gewalt verlagert wird"; sa *Isensee* JZ 1999, 1113.

[33] S. aber *Böckenförde,* Die Organisationsgewalt im Bereich der Regierung, 1964, 2. Aufl. 1998, 136 f.; sa *Schneider* in AK Rn. 3; krit. *Burmeister,* Herkunft, Inhalt und Stellung des institutionellen Gesetzesvorbehaltes, 1991, 114 ff.

[34] Vgl. *Busse* in BerlKomm Rn. 4; sa *Oldiges/Brinktrine* in Sachs Rn. 24a: Art. 86 S. 2 bezieht sich nicht auf die Gubernative.

[35] *Schröder* in MKS Rn. 19 ff.; *Uhle* in SHH Rn. 10; *Schenke* in BK Rn. 63 ff.; einschränkend *Oldiges/Brinktrine* in Sachs Rn. 29; aA *Herzog* in Maunz/Dürig Rn. 3 Fn. 1a; *Hermes* in Dreier Rn. 23; *Schneider* in AK Rn. 3.

33 **Materiell-rechtsstaatliche Bedenken** etwa gegen die Zusammenlegung von Innen- und Justizministerium, die Gegenstand eines Streits vor dem Landesverfassungsgericht von Nordrhein-Westfalen waren, können nicht durch die Verlagerung der Regelungskompetenz von der Regierung auf das Parlament ausgeräumt werden.[36]

34 Ausdrückliche Erwähnung im GG finden mit Art. 112 der **Bundesfinanzminister** und mit Art. 65a der **Bundesverteidigungsminister** sowie mit Art. 96 Abs. 2 auch der **Bundesjustizminister** In § 15a Abs. 1 und 3 GO BReg werden das Bundesministerium für Familie, Senioren, Frauen und Jugend und das für Verbraucherschutz, Ernährung und Landwirtschaft, in Art. 11 GO BReg das Auswärtige Amt sowie in § 26 GO BReg zudem neben dem Bundesjustizministerium und dem Bundesfinanzministerium das Bundesinnenministerium, genannt. Jedenfalls aus den verfassungsrechtlichen Regelungen folgt, dass es die entsprechenden Ressorts geben muss.

35 Ebenso erforderlich ist, dass es einen **Stellvertreter** des Bundeskanzlers gibt, Art. 69 Abs. 1 und § 22 Abs. 1 GO BReg.

36 Eine Inkompatibilität mit dem Kanzleramt oder im Verhältnis zu anderen Ressorts lässt sich aus der eigenständigen Erwähnung nicht ableiten.[37] Hierzu bedarf es zusätzlich eines funktionalen Arguments, das im Verhältnis zum Kanzler wegen dessen Richtlinienkompetenz nicht besteht,[38] während sich zwischen verschiedenen Ressorts eine Unvereinbarkeit allein im Verhältnis von Verteidigungsministerium und Justizministerium aus Art. 96 Abs. 2 S. 4 ableiten lässt.[39]

37 Eine Bindung des Bundeskanzlers hinsichtlich Anzahl und Geschäftsbereiche der Ressorts besteht nicht. In den 60er Jahren hatten die 4. und 5. BReg die höchste Zahl an Ministern, während seit der 6. BReg die Zahl der Minister idR unterhalb von 20 liegt.[40] **Unterste Grenze** ist die **Funktionsfähigkeit** der BReg.[41] Sowohl die Besetzung als auch der Zuschnitt der Ministerien ist regelmäßig Gegenstand von Koalitionsvereinbarungen[42] oder parteiinternen Absprachen. Dies gilt auch für die Bestimmung des Vizekanzlers, den der Bundeskanzler gem. Art. 69 Abs. 1 GG aus dem Kreis der Bundesminister zu benennen hat.[43]

---

[36] Hingegen ließ der VerfGH NRW NJW 1999, 1243 (1245 ff.) trotz seiner Bedenken die Frage eines Verstoßes gegen das Gewaltenteilungsprinzip, die Unabhängigkeit der Gerichte, das Rechtsstaatsprinzip und die Garantie des effektiven Rechtsschutzes offen und verwies darauf, dass wegen der Betroffenheit dieser Prinzipien die Zusammenlegung jedenfalls nicht von der Regierung, sondern vom Parlament geregelt werden müsste. Dies überzeugt nicht, da auch das Parlament keine verfassungswidrigen Regelungen erlassen darf. S. *Böckenförde* NJW 1999, 1235 (1235); sa *Oldiges/Brinktrine* in Sachs Rn. 24b.

[37] *Pieroth* in Jarass/Pieroth Rn. 2; *Hermes* in Dreier Rn. 13; *Busse* in BerlKomm Rn. 7; *Uhle* in SHH Rn. 8; *Schenke* in BK Rn. 56 f.; *Badura* FS f. Quaritsch, 2000, 297; s. aber *Herzog* in Maunz/Dürig Rn. 5, Verfassungswortlaut spricht für eigene mit dem Geschäftsbereich betraute Minister; *Herzog* in Maunz/Dürig Rn. 8, Mitübernahme durch den Bundeskanzler als Ausnahme.

[38] Zurückhaltend auch *Schröder* in MKS Rn. 14; *Schenke* in BK Rn. 57.

[39] *Oldiges/Brinktrine* in Sachs Art. 62 Rn. 31b.

[40] *Schröder* in HdbStR III § 65 Rn. 29.

[41] *Schröder* in HdbStR III § 65 Rn. 29; *Schenke* in BK Rn. 47; *Uhle* in SHH Rn. 8; *Busse* in BerlKomm Rn. 6: keine verfassungsrechtlich taugliche Eingrenzung.

[42] *Schröder* in MKS Rn. 8; zur Rechtsnatur des Koalitionsvertrags s. *v. Münch*, Rechtliche politische Probleme von Koalitionsregierungen, 1993, 29 f., verfassungsrechtlicher Vertrag; *Schenke* Jura 1982, 57 (57 f.).

[43] → Art. 69 Rn. 5 ff.

Seine Organisationskompetenz nimmt der Bundeskanzler durch **Organisationserlass** wahr. Spezifische Formanforderungen sind dabei nicht zu erfüllen.[44] Soweit ein Organisationserlass allerdings Außenwirkung durch Veränderung gesetzlich begründeter Zuständigkeiten entfaltet, bedarf es der Veröffentlichung im Bundesgesetzblatt.[45] 38

Da durch diese Veröffentlichung keine Änderung der jeweiligen zuständigkeitsregelnden Gesetze erfolgt, enthält das **Zuständigkeitsänderungsgesetz** v. 16.8.2002[46] die Ermächtigungsgrundlage dafür, dass durch Rechtsverordnung die Zuständigkeiten angepasst werden.[47] 39

II. Der Bundeskanzler und die Bundesminister leisten bei der Amtsübernahme vor dem BT den in Art. 56 vorgesehenen Eid (Art. 64 Abs. 2)

Der Bundeskanzler und die Bundesminister haben denselben Eid zu leisten wie der BPräs. Ebenso wie bei Art. 56 GG besteht bei dem Eid nach Art. 64 Abs. 2 eine Anwesenheitspflicht der Mitglieder des BT.[48] 40

Der Eid signalisiert nach außen die Übernahme der Amtspflichten und bekräftigt den Willen des Amtsträgers hierzu. Weitere Pflichten werden durch die Eidesleistung nicht begründet.[49] 41

Der Eid ist nicht konstitutiv für die Begründung des Amtsverhältnisses.[50] Auch schlägt die fehlende Eidesleistung nicht auf die Beurteilung der Rechts- oder Verfassungsmäßigkeit der Amtsführung durch.[51] Inhaltlich nimmt der Eid Bezug auf die **Verfassungs- und Gesetzesbindung** der staatlichen Gewalt gem. Art. 20 Abs. 3 und dient damit dem Schutz der Verfassung.[52] 42

Weigert sich ein Minister, den Eid zu leisten, so hält die Verfassung keine expliziten Sanktionen für diesen Verstoß bereit. Ein Teil der Literatur vertritt die Meinung, dass den Bundeskanzler in diesem Falle die Pflicht trifft, den betreffenden Minister dem BPräs zur Entlassung vorzuschlagen. Diese Pflicht ergebe sich aus der anderen Pflicht des Bundeskanzlers, eine verfassungsmäßig zusammengesetzte Regierung zu bilden.[53] Dies ist eine mögliche und nahe liegende Sanktion,[54] dennoch wird man nach den Umständen des Einzelfalles, den Gründen und der politischen und öffentlichen Vermittelbarkeit der Gründe differenzieren müssen. Die Sanktionen liegen damit im Ermessen des Bundeskanzlers und des BT. 43

---

[44] S. zur Form *Oldiges/Brinktrine* in Sachs Rn. 25a; sa *Schenke* in BK Rn. 58; s. zum Thema Organisationserlass *Lehnguth/Vogelsang* AöR 1988, 531 ff.; *Busse* Der Staat 45 (2006), 245 (253) zu Form und Staatspraxis.

[45] *Busse* in BerlKomm Rn. 5; *Schröder* in MKS Rn. 17.

[46] BGBl. I 3165; s. *Busse* DÖV 2003, 407 (412 f.); sa *Brandner/Uwer* DÖV 1993, 107 ff. mit Kritik am Vorgängergesetz von 1975 (BGBl. I 705).

[47] *Busse* DÖV 2003, 407 (412 ff.); sa *Busse* Der Staat 45 (2006), 245 (252).

[48] *Epping* in BeckOK GG Rn. 15; *Herzog* in Maunz/Dürig Rn. 26.

[49] *Schröder* in MKS Rn. 35, 42; *Hermes* in Dreier Rn. 31; *Oldiges/Brinktrine* in Sachs Rn. 17; *Uhle* in SHH Rn. 28; *Weckerling-Wilhelm* in Umbach/Clemens Rn. 23 mit Hinweis auf BVerfGE 33, 23 (31); 79, 69 (77).

[50] → Rn. 21.

[51] *Hermes* in Dreier Rn. 31; *Busse* in BerlKomm Rn. 27; Betonung des politischen Gehalts bei *Schneider* in AK Rn. 7 und 8.

[52] *Schröder* in MKS Rn. 2.

[53] *Schenke* in BK Rn. 68; *Herzog* in Maunz/Dürig Rn. 37; *Schneider* in AK Rn. 7; *Uhle* in SHH Rn. 30; zweifelnd *Schröder* in MKS Rn. 40; aA *Busse* in BerlKomm Rn. 26.

[54] *Herzog* in Maunz/Dürig Rn. 29.

C. Zusammenhang mit anderen Bestimmungen des GG

44 Art. 64 steht in engem Zusammenhang mit den anderen, im VI. Abschnitt des GG angesiedelten Normen. Er regelt mit diesen zusammen die Zusammensetzung, Personenauswahl, Ernennung, Entlassung und Vereidigung, die Aufgabenverteilung, Kompetenzen sowie Verantwortlichkeiten der Bundesregierung.

D. Kritische Würdigung

45 Das Kabinettsbildungsrecht des Bundeskanzlers hat sich sein Gründung der Bundesrepublik bewährt und zur Regierungsstabilität beigetragen. Insoweit erfüllen die Normen ihren Zweck. Die Verpflichtung der Regierungsmitglieder zur Eidesleistung ist eine überzeugende Fortentwicklung des Verfassungsrechts.

Literatur

A. v. Arnauld, Justizministerium und Organisationsgewalt, AöR 124 (1999), 658. – ***P. Badura,*** Die parlamentarische Verantwortung der Minister, ZParl 1980, 573. – ***P. Badura,*** Das politische Amt des Ministers, FS f. Quaritsch, 2000, 295. – ***S. Baer,*** Vermutungen zu Kernbereichen der Regierung und Befugnissen des Parlaments, Der Staat 40 (2001), 525. – ***E.-W. Böckenförde,*** Die Organisationsgewalt im Bereich der Regierung, 1964, 2. Aufl. 1998. – ***E.-W. Böckenförde,*** Organisationsgewalt und Gesetzesvorbehalt, NJW 1999, 1235. – ***T. Brandner/D. Uwer,*** Die Organisationserlasse des Bundeskanzlers und Zuständigkeitsanpassung in gesetzlichen Verordnungsermächtigungen, DÖV 1993, 107. – ***J. Brauneck,*** Die rechtliche Stellung des Bundeskanzleramtes, 1994. – ***V. Busse,*** Regierungsbildung aus organisatorischer Sicht, DÖV 2003, 407. – ***V. Busse,*** Organisation der Bundesregierung und Organisationsentscheidungen des Bundeskanzlers in ihrer historischen Entwicklung und im Spannungsfeld zwischen Exekutive und Legislative, Der Staat 45 (2006), 245. – ***H. Butzer,*** Zum Begriff der Organisationsgewalt, DV 1994, 157. – ***H.-U. Derlien,*** Zur Logik und Politik des Ressortzuschnitts, VerwArch 87 (1996), 548. – ***W. Haensle,*** Verfassungsrechtliche Grundfragen und Probleme des Amtseids nach dem Grundgesetz, Jura 2009, 670. – ***G. Lehnguth,*** Die Organisationsgewalt des Bundeskanzlers und das parlamentarische Budgetrecht, DVBl 1985, 1359. – ***G. Lehnguth/K. Vogelsang,*** Die Organisationserlasse der Bundeskanzler seit Bestehen der Bundesrepublik Deutschland im Lichte der politischen Entwicklung, AöR 113 (1988), 531. – ***H. Maurer,*** Zur Organisationsgewalt im Bereich der Regierung, FS f. Vogel, 2000, 331. – ***W.-R. Schenke,*** Die Bildung der Bundesregierung, Jura 1982, 57. – ***H. P. Schneider/W. Zeh,*** Das parlamentarische Regierungssystem – Koalitionen, Kanzlerwahl und Kabinettsbildung, in H. P. Schneider/W. Zeh (Hrsg.), Parlamentsrecht und Parlamentspraxis, 1989, § 48.

Für ältere Lit. s. v. Münch/Kunig, 6. Aufl. 2012; sa die Lit. zu Art. 62, 63, 65, 66–69.

Statistische Angaben

Art. 64:
Die Anzahl der Regierungsmitglieder

Wahlperiode	Anzahl der Regierungsmitglieder (**einschl.** Bundeskanzler)		
	Beginn	Veränderungen während der WP	Rücktritt/Entlassungen
I. 1949–1953	14	0	1
II. 1953–1957	19	–2	6
III. 1957–1961	18	–2	3
IV. 1961–1965	21	+1	9
V. 1965–1969	22	–4	9
VI. 1969–1972	16	–2	3
VII. 1972–1976	18	0	1
VIII. 1976–1980	16	0	6
IX. 1980–1983	17	–4	8
X. 1983–1987	17	+2	2
XI. 1987–1990	19	+4	8
XII. 1990–1994	20	0	11
XIII. 1994–1998	18	–1	3
XIV. 1998–2002	16	–1	7
XV. 2002–2005	14	0	0
XVI. 2005–2009	16	0	3
XVII. 2009–2013	16	0	8
XVIII. 2013–2017	16	0	4
XIV. 2017–	16	0	1

Quelle: *Schindler,* Datenhandbuch zur Geschichte des deutschen Bundestages 1994–1999; 6.9. (S. 1152 f.) und ab der 13. WP (Stand: 31.3.2010): 6.9. Zusammensetzung der Bundeskabinette – Strukturdaten; https://www.bundestag.de/resource/blob/196260/601fede69f63f84618c0e4582b9eafcf/Kapitel_06_09_Zusammensetzung_der_Bundeskabinette-Strukturdaten-data.pdf.

Art. 65 [Richtlinienkompetenz, Ressortprinzip, Kollegialprinzip]

[1]Der Bundeskanzler bestimmt die Richtlinien der Politik und trägt dafür die Verantwortung. [2]Innerhalb dieser Richtlinien leitet jeder Bundesminister seinen Geschäftsbereich selbständig und unter eigener Verantwortung. [3]Über Meinungsverschiedenheiten zwischen den Bundesministern entscheidet die Bundesregierung. [4]Der Bundeskanzler leitet ihre Geschäfte nach einer von der Bundesregierung beschlossenen und vom Bundespräsidenten genehmigten Geschäftsordnung.

Weimarer Reichsverfassung von 1919

Art. 55. Der Reichskanzler führt den Vorsitz in der Reichsregierung und leitet ihre Geschäfte nach einer Geschäftsordnung, die von der Reichsregierung beschlossen und vom Reichspräsidenten genehmigt wird.

Art. 56. Der Reichskanzler bestimmt die Richtlinien der Politik und trägt dafür gegenüber dem Reichstag die Verantwortung. Innerhalb dieser Richtlinien leitet jeder Reichsminister den ihm anvertrauten Geschäftszweig selbständig und unter eigener Verantwortung gegenüber dem Reichstag.

Art. 57. Die Reichsminister haben der Reichsregierung alle Gesetzentwürfe, ferner Angelegenheiten, für welche Verfassung oder Gesetz dieses vorschreiben, sowie Meinungsverschiedenheiten über Fragen, die den Geschäftsbereich mehrerer Reichsminister berühren, zur Beratung und Beschlußfassung zu unterbreiten.

Art. 58. Die Reichsregierung faßt ihre Beschlüsse mit Stimmenmehrheit. Bei Stimmengleichheit entscheidet die Stimme des Vorsitzenden.

Übersicht

A. Allgemeine Bedeutung

I. Genese

1 In der **Verfassung des Deutschen Reichs von 1871** war eine Art. 65 vergleichbare Normierung **nicht erforderlich,** da diese von einem monokratischen System ausging, in dem der Reichskanzler als einziges Regierungsmitglied die Richtung des Regierens bestimmte. Hieran änderte auch das Stellvertretungsgesetz vom 17.3.1878 nichts, durch das den Vorstehern der

Ministerien die Möglichkeit zur Stellvertretung des Reichskanzlers in den ihren Bereich betreffenden Angelegenheiten eröffnete, da nach § 3 des Gesetzes der Reichskanzler diese Kompetenzen nicht verlor, sondern jederzeit in der Lage war, diese wieder selbständig wahrzunehmen. Insoweit bestanden weder eine kollegial strukturierte Reichsregierung noch eigene Kompetenzen der Vorsteher.

Die **Weimarer Verfassung von 1919** normierte dagegen das Kanzler-, Ressort- und Kollegialprinzip ausdrücklich in den **Art. 56, 57 und 58.** 2

So regelt **Art. 56 WRV,** dass der Reichskanzler die **Richtlinien** der Politik **bestimmt** und jeder Reichsminister innerhalb dieser Richtlinien den ihm anvertrauten Geschäftsbereich eigenständig leitet. 3

Gleichzeitig enthalten die Regelungen der **Art. 57 und 58 WRV** das **Kollegialprinzip,** indem die Reichsregierung als Kollegialorgan ua mit Gesetzentwürfen sowie mit Meinungsverschiedenheiten zu befassen ist und diese ihre Beschlüsse mit Stimmenmehrheit entscheidet. 4

In **Art. 55 WRV** verbinden sich dann Elemente des **Kanzler- und des Kollegialprinzips,** indem der Reichskanzler den Vorsitz in der Reichsregierung übernahm und deren Geschäfte nach einer Geschäftsordnung leitete, wie auch die Geschäftsordnung von der Reichsregierung beschlossen werden musste. 5

Diese Richtlinien- und Geschäftsleitungsbefugnis hoben den Reichskanzler aus dem Kreis der Reichsminister ersichtlich heraus und verlieh diesem eine Sonderstellung, wenn diese auch durch die starke Stellung des Reichspräsidenten an anderem Ort wieder eingeschränkt wurde, wie etwa der Befugnis, den Reichskanzler zu ernennen und zu entlassen, Art. 53 WRV. 6

Dennoch wurde die Richtlinienkompetenz des Reichskanzlers durch die Befugnis flankiert, die Minister dazu anzuhalten, sich nicht in Widerspruch zu den Richtlinien zu setzen. Insbesondere wurden Meinungsverschiedenheiten nicht durch das Kollegialorgan Reichsregierung mehrheitlich entschieden, sondern durch den Reichskanzler, Art. 57 WRV. 7

Ebenso wurde gefordert, dass die Reichsminister ihr Stimmrecht nur konform den Richtlinien des Reichskanzlers nach Art. 56 WRV ausüben dürften.[1] 8

Der **Herrenchiemseer Entwurf** enthielt mit Art. 93 und 94 bereits weitgehend Art. 65 vergleichbare Vorschriften, indem diese das Kanzler-, Ressort- und Kabinettsprinzip kombinierte. Diese Vorschriften wurde nach verschiedenen kleineren inhaltlichen und redaktionellen Änderungen als **Art. 89b** mit der Art. 65 mit seinem heutigen Inhalt entsprechenden Fassung verabschiedet. 9

II. Inhaltsübersicht

Art. 65 normiert in erster Linie die Kompetenzverteilung innerhalb der BReg.[2] Hierfür stellt die Norm drei Grundsätze auf: 10

– das **Kanzlerprinzip** drückt die Befugnis des Bundeskanzlers aus, die Richtlinien der Politik für die Minister verbindlich zu bestimmen.

---

[1] *Anschütz,* Die Verfassung des Deutschen Reichs vom 11. August 1919, 1933, Art. 57 Anm. 2.

[2] *Pieroth* in Jarass/Pieroth Rn. 1; *Epping* in BeckOK GG Rn. 1; sa *Hermes* in Dreier Rn. 13 „regierungsinterne Kompetenzverteilungsnorm"; krit. zu diesem Begriff *Oldiges/Brinktrine* in Sachs Rn. 7.

– das **Ressortprinzip** verleiht den Ministern die Befugnis, ihren eigenen Geschäftsbereich eigenverantwortlich zu leiten.
– das **Kollegialprinzip** setzt fest, dass die BReg als Kollegialorgan über Meinungsverschiedenheiten entscheidet.[3]

Diese Prinzipien können und müssen durch eine Geschäftsordnung, die auf Grundlage des Art. 65 erlassen wird, konkretisiert werden.

11 Fraglich ist, wer genau wofür gegenüber wem und mit welchen Folgen **Verantwortung** iSv S. 1 u. 2 trägt. In personeller Hinsicht werden in Art. 65 zum einen der Bundeskanzler und zum anderen die Bundesminister genannt.[4]

12 Eine **kollegiale Verantwortung der BReg** besteht dagegen **nicht,**[5] was in Widerspruch zur Richtlinienkompetenz (S. 1) und der Geschäftsleitungsfunktion (S. 4) des Bundeskanzlers stehen würde. Denn nach diesen Prinzipien kommt die Verantwortung für das Handeln der BReg als Ganze dem Bundeskanzler zu. Dies entspricht auch der hierarchischen Stellung des Bundeskanzlers, wie sie in Art. 64 (Ernennung und Entlassung der Bundesminister auf Vorschlag des Bundeskanzlers) und 69 Abs. 2 (Verlust des Ministeramtes in Akzessorietät zum Kanzler) zum Ausdruck kommt und aus denen sich ergibt, dass der Kanzler nicht *primus inter pares,* sondern *primus* ist.

13 **Gegenstand** der Verantwortung des Bundeskanzlers sind die Richtlinien der Politik, die er für das Handeln der BReg setzt. Die Bundesminister sind aufgrund des Ressortprinzips für ihren jeweiligen Geschäftsbereich verantwortlich.

14 Im Unterschied zu Art. 56 WRV, der als Adressaten sowohl für den Kanzler als auch für die Minister ausdrücklich den Reichstag benannte, enthält Art. 65 hinsichtlich der **Adressaten** und der **Konsequenzen** keine Aussagen. Konsequent erscheint daher auch der Wegfall des parlamentarischen Misstrauensvotums gegenüber den Ministern (Art. 54 S. 2 WRV).

15 Bei Art. 65 und insbes. dessen S. 2 handelt es sich überdies um eine allgemeine **Aufgabennorm** und Rechtsgrundlage für staatsleitendes Handeln. Voraussetzung ist jedoch, dass es sich um rein tatsächliche Maßnahmen handelt und der Bund hierfür die Verbandskompetenz besitzt und die Regelung dieser Aufgaben keiner gesetzlichen Grundlage bedarf.[6]

III. Systematischer Zusammenhang

16 Art. 65 normiert mit der Richtlinienkompetenz sowie dem Ressort- und Kollegialprinzip grundlegende Ausgestaltungen des Verhältnisses der Regie-

[3] Zu diesen Prinzipien in theoretischer Hinsicht *Herzog* in Maunz/Dürig Rn. 8 ff.; zur Konzeption der BReg in rechtsvergleichender Perspektive s. *Hermes* in Dreier Rn. 4 ff.; zur Frage eines Rangverhältnisses zwischen diesen Prinzipien: abl. *Schröder* in MKS Rn. 44; *Hermes* in Dreier Rn. 12; Vorrang Kanzlerprinzip *Schneider* in AK Rn. 2; *Epping* in BeckOK GG Rn. 1; *Meyn* in v. Münch/Kunig, 6. Aufl. 2012, Rn. 2; Vorrang Kollegialprinzip gegenüber Ressortprinzip *Brockmeyer* in SHH Rn. 30.

[4] Nach ganz hM sind auch die einzelnen Minister dem Parlament verantwortlich s. *Schenke* in BK Rn. 106 f.; *Weckerling-Wilhelm* in Umbach/Clemens Rn. 26; *Schneider* in AK Rn. 8; *Oldiges/Brinktrine* in Sachs Rn. 22; *Brockmeyer* in SHH Rn. 42; *Schröder* in MKS Rn. 48; *Herzog* in Maunz/Dürig Rn. 43 ff.; aA *Meyn* in v. Münch/Kunig, 6. Aufl. 2012, Rn. 3; diff. *Mehde* DVBl. 2001, 13.

[5] Gegen eine parlamentarische Verantwortung der BReg als Kollegialorgan *Oldiges/Brinktrine* in Sachs Rn. 35; *Schneider* in AK Rn. 6; aA *Brockmeyer* in SHH Rn. 43; *Hermes* in Dreier Rn. 38; *Schröder* in MKS Rn. 49; *Schröder* in HdbStR III § 65 Rn. 55; *Schenke* in BK Rn. 150.

[6] → Rn. 37.

rungsmitglieder zueinander. Er ergänzt damit die Vorschriften des VI. Abschnitts, in dem neben Begriff und Zusammensetzung der Regierung (Art. 62), ihre Bestellung (Art. 63, 64), Prinzipien ihrer Organisation (Art. 69 Abs. 1) und die Beendigung ihrer Amtszeit (Art. 69 Abs. 2) einschließlich der besonderen Beendigungstatbestände Misstrauensvotum und Vertrauensfrage (Art. 67, 68) angesiedelt sind.

B. Einzelfragen

I. Der Bundeskanzler bestimmt die Richtlinien der Politik und trägt dafür die Verantwortung (Art. 65 S. 1)

Konkretisiert wird Art. 65 S. 1 durch die GO BReg, namentlich durch § 1 GO BReg, der normiert, dass der Bundeskanzler die **Richtlinien** der inneren und äußeren Politik **bestimmt** und dass diese für die Bundesminister verbindlich sind. 17

Die **Richtlinienkompetenz** des Bundeskanzlers **wird** durch verschiedene Pflichten der Bundesminister **flankiert.** So sind nach § 3 GO BReg die Bundesminister verpflichtet, den Bundeskanzler über richtlinienrelevante Maßnahmen und Vorhaben aus ihrem Geschäftsbereich zu unterrichten; ebenfalls haben sie nach § 4 GO BReg ggf. auf eine Änderung der Richtlinien hinzuwirken. Darüber hinaus soll die BReg nach außen einheitlich auftreten, weshalb die Bundesminister verpflichtet sind, Äußerungen in der Öffentlichkeit nur im Einklang mit den Richtlinien der Politik des Bundeskanzlers zu halten (vgl. § 12 GO BReg).[7] 18

Der Begriff **„Richtlinien der Politik"** ist zwar infolge seiner Verwendung in Art. 65 S. 1 als Verfassungs- und damit Rechtsbegriff zu bezeichnen. Eine inhaltliche Aufladung dieses Rechtsbegriffs in materiell-rechtlicher Form nimmt Art. 65 S. 1 jedoch nicht vor.[8] Vielmehr sind die Richtlinien der Politik als **politische Richtungsentscheidungen** anzusehen, die ihrerseits noch der Konkretisierung in einzelnen Politikbereichen bedürfen.[9] Andererseits kann auch eine Einzelfrage eine Richtungsentscheidung darstellen.[10] 19

Bei der Aufstellung der Richtlinien kommt dem Bundeskanzler ein **Beurteilungsspielraum** zu. 20

Eine **Bindung** des Bundeskanzlers bei der Bestimmung der Richtlinien **an den Koalitionsvertrag besteht** in rechtlicher Hinsicht **nicht.** Dennoch können sich in Koalitionsregierungen politische Bindungen des Bundeskanz- 21

---

[7] Zur Frage, ob auch die Minister in ihrer Eigenschaft als Bundestagsabgeordnete gebunden sind: für eine Bindung *Schenke* in BK Rn. 32; *Schröder* in MKS Rn. 22; *Friauf* FS f. Herrfahrdt, 1961, 45 (71); abl. *Kröger,* Die Ministerverantwortlichkeit in der Verfassungsordnung der Bundesrepublik Deutschland, 1972, 41; *Oldiges,* Die Bundesregierung als Kollegium, 1983, 437 f.

[8] *Hermes* in Dreier Rn. 14, 17 ff.; *Brockmeyer* in SHH Rn. 7 f.; für eine Differenzierung zwischen Richtlinien im rechtlichen und politischen Sinn s. *Busse* in BerlKomm Rn. 6.

[9] *Detterbeck* in HdbStR III § 66 Rn. 15 bezeichnet diese Zielvorgabenfunktion als politische Dimension des Richtlinienbegriffes; für die unterschiedlichen Definitionsansätze in der Lit. s. *Hermes* in Dreier Rn. 18; *Schenke* in BK Rn. 20.

[10] *Schenke* in BK Rn. 22 ff.; *Oldiges/Brinktrine* in Sachs Rn. 15; *Brockmeyer* in SHH Rn. 8; *Schröder* in MKS Rn. 16; *Detterbeck* in HdbStR III § 66 Rn. 15; *Epping* in BeckOK GG Rn. 3; für eine Beschränkung auf Ausnahmefälle *Maurer* FS f. Thieme, 1993, 123 (128); auf Fälle von besonderer Bedeutung s. *Busse* in BerlKomm Rn. 4 und auf Fälle mit politischem Gewicht s. *Herzog* in Maunz/Dürig Rn. 7; *Schneider* in AK Rn. 3.

lers hinsichtlich der Richtlinien der Politik aus den Koalitionsvereinbarungen ergeben.[11] Verstöße dagegen werden jedenfalls nicht rechtlich, sondern politisch sanktioniert.[12]

22 Welche Fragen zu den Richtlinien gehören, bestimmt letztlich der Bundeskanzler.[13] In § 1 Abs. 1 S. 3 GO BReg heißt es daher: „In Zweifelsfällen ist die Entscheidung des Bundeskanzlers einzuholen."

23 Für die Austragung von **Meinungsverschiedenheiten** steht **kein rechtsförmiges Verfahren** zur Verfügung. Vielmehr sind Meinungsverschiedenheiten über Inhalt und Reichweite der Richtlinien politisch auszutragen. Möglichkeiten sind dabei, dass der Bundeskanzler den Bundesminister, der sich nicht an die Richtlinien hält, dem BPräs zur Entlassung vorschlägt bzw. dass der Bundesminister, der mit der Bestimmung der Richtlinien durch den Bundeskanzler nach Inhalt oder Reichweite nicht einverstanden ist, um seine Entlassung ersucht.[14]

24 Die Verkündung oder Bekanntmachung von Richtlinien unterliegt **keiner besonderen Form.**[15] Es liegt im Interesse des Kanzlers und in seiner Verantwortung, die Richtlinien seiner Politik hinreichend deutlich zu machen.[16] Die Bundesminister müssen im Zweifel nachfragen (§ 1 Abs. 1 S. 3 GO BReg).

25 Der Bundeskanzler ist **dem BT gegenüber** für die von ihm bestimmten Richtlinien der Politik **verantwortlich.** Dem BT kommen verschiedene Befugnisse zu, den Bundeskanzler zu kontrollieren. Diese reichen von einem Zitier- und Interpellationsrecht nach Art. 43 Abs. 1 über die Errichtung von Untersuchungsausschüssen nach Art. 44 bis hin zur Möglichkeit, den Bundeskanzler mittels Misstrauensvotums nach Art. 67 abzuwählen.

26 Eine (rechtliche) Verantwortung **gegenüber dem Volk** trägt der Bundeskanzler dagegen nicht. Eine solche besteht lediglich im politischen Sinne.

27 Die Richtlinienentscheidungen sind den Entscheidungen der BReg **übergeordnet.**[17] Ein Indiz für diese Auffassung liefert Art. 63 S. 3, der Entscheidungen der BReg nur in Meinungsverschiedenheiten zwischen Ministern zulässt, nicht aber zwischen Ministern und dem Bundeskanzler. Weitere Belege ergeben sich aus der Systematik, wonach die BReg als Ganze niemals unmittelbar, sondern nur über den Kanzler zur Verantwortung gezogen

---

[11] Zur Bedeutung und Rechtsnatur von Koalitionsvereinbarungen s. *v. Münch,* Rechtliche und politische Probleme von Koalitionsregierungen, 1993, 29 f.

[12] *Oldiges/Brinktrine* in Sachs Rn. 17; sa *Leisner* NJW 2010, 823 ff.

[13] *Hermes* in Dreier Rn. 21; *Schröder* in MKS Rn. 13; *Detterbeck* in HdbStR III § 66 Rn. 15; *Epping* in BeckOK GG Rn. 3 „Definitionskompetenz" des Bundeskanzlers; aA *Schenke* in BK Rn. 21; *Oldiges/Brinktrine* in Sachs Rn. 16; *Maurer* FS f. Thieme, 1993, 123 (129); *Brockmeyer* in SHH Rn. 8, die von einem weiten Beurteilungsspielraum sprechen.

[14] *Detterbeck* in HdbStR III § 66 Rn. 23.

[15] *Detterbeck* in HdbStR III § 66 Rn. 18; *Hermes* in Dreier Rn. 23; *Oldiges/Brinktrine* in Sachs Rn. 15; *Schröder* in MKS Rn. 18; *Pieroth* in Jarass/Pieroth Rn. 3; *Schenke* in BK Rn. 81; *Busse* in BerlKomm Rn. 6; *Herzog* in Maunz/Dürig Rn. 16; *Weckerling-Wilhelm* in Umbach/Clemens Rn. 9; *Bergmann* in Hömig Rn. 2; *Epping* in BeckOK GG Rn. 5; aA *Schneider* in AK Rn. 5 „Schriftlichkeit und ausdrückliche Inanspruchnahme".

[16] Nur bei ausreichender inhaltlicher Bestimmtheit kann die Bindungswirkung eintreten s. *Maurer* FS f. Thieme, 1993, 123 (130); *Brockmeyer* in SHH Rn. 9; *Schröder* in MKS Rn. 18; *Schenke* in BK Rn. 81; *Epping* in BeckOK GG Rn. 5.

[17] *Schenke* in BK Rn. 40 ff.; *Böckenförde,* Die Organisationsgewalt im Bereich der Regierung, 1964, 1998, 173; aA *Schröder* in MKS Rn. 25; *Pieroth* in Jarass/Pieroth Rn. 3; *Hermes* in Dreier Rn. 26; *Brockmeyer* in SHH Rn. 30; *Maurer* FS f. Thieme, 1993, 123 (135 ff.); *Epping* in BeckOK GG Rn. 4; sa den differenzierenden Ansatz von *Detterbeck* in HdbStR III § 66 Rn. 52 f.

werden kann. Schließlich wäre die Richtlinienkompetenz des Kanzlers ein stumpfes Schwert, wenn sie durch Mehrheitsbeschluss in der BReg ausgehebelt werden könnte.[18]

An die Richtlinien **gebunden** sind die **Bundesminister** als Leiter des Ministeriums. Keine Bindungswirkung entfalten die Richtlinien gegenüber anderen Verfassungsorganen oder Bundesbehörden. **28**

II. Innerhalb dieser Richtlinien leitet jeder Bundesminister seinen Geschäftsbereich selbständig und unter eigener Verantwortung (Art. 65 S. 2)

Die Bundesminister haben eine **Doppelfunktion** als sie zum einen an der Spitze eines Ministeriums stehen und damit einer obersten Bundesbehörde vorstehen, zum anderen jedoch auch Mitglieder eines obersten Staatsorgans in Gestalt der BReg sind[19] Dies zeitigt Folgen für die Stellvertretung.[20] **29**

Art. 62 regelt die **Zugehörigkeit der Minister zur BReg**. Art. 65 S. 2 bildet die Grundlage für ihre Ressortverantwortung. Hieraus folgt, dass ein Minister immer einen Geschäftsbereich haben muss. Ein Minister ohne einen solchen ist nicht vorgesehen. Sofern diese Bezeichnung in der Praxis Verwendung gefunden hat, war ein Minister gemeint, der kein Ministerium führte, sondern besondere Aufgaben hatte.[21] **30**

Auch ein solcher Minister mit besonderen Aufgaben hat jedoch eine Aufgabe und damit einen Aufgabenbereich, der seinen Geschäftsbereich iSd Art. 65 S. 2 darstellt.[22] § 9 GO BReg bestimmt, dass der Bundeskanzler die **Geschäftsbereiche** der einzelnen Bundesminister in den Grundzügen festlegt. Gem. § 2 Abs. 3 BMinG soll „der übertragene Geschäftszweig" in der Ernennungsurkunde angegeben werden. **31**

Die Leitungskompetenz umfasst die **Personal- und Organisationskompetenz,** insbesondere der Dienst-, Fach- und Rechtsaufsicht.[23] Diese ist grundsätzlich frei von Weisungen durch den Bundeskanzler und der Bundesregierung auszuüben. **32**

Der **Geschäftsbereich** eines jeden Ministers ist **begrenzt durch** die **Richtlinien** der Politik des Bundeskanzlers. Hält ein Bundesminister eine Änderung der Richtlinien für erforderlich, muss er nach § 4 GO BReg dem Bundeskanzler davon Mitteilung machen und dessen Entscheidung einholen. **33**

Ein Streit über die Abgrenzung zwischen Richtlinienkompetenz und **Ressortzuständigkeit** ist regelmäßig ein politischer Streit um Fragen politischer Entscheidungen und allenfalls theoretisch ein verfassungsrechtlicher.[24] Da das Ressortprinzip dem Minister die Befugnis verleiht, sein Ministerium eigenständig zu führen, ist es dem Bundeskanzler verwehrt, über den Minister hinweg in ein Ministerium hineinzuregieren. Eine **34**

---

[18] *Meyn* in v. Münch/Kunig, 6. Aufl. 2012, Rn. 11 „zahnloser Tiger".
[19] Diese Doppelfunktion zeigt sich in den Regelungen über ihre Vertretung; → Art. 69 Rn. 13 f.
[20] *Pieroth* in Jarass/Pieroth Rn. 5.
[21] *Schröder* in HdbStR III § 65 Rn. 30 mwN.
[22] Für eine analoge Anwendung des Art. 65 S. 2 GG: *Detterbeck* in HdbStR III § 66 Rn. 26; *Schenke* in BK Rn. 84; *Brockmeyer* in SHH Rn. 16; aA *Hermes* in Dreier Rn. 28; *Epping* in BeckOK GG Rn. 6.
[23] BVerfGE 134, 141 Rn. 164.
[24] → Rn. 19.

Durchgriffsbefugnis auf das Ressort steht dem Kanzler nicht zu.[25] Er muss die Verwirklichung seiner Richtlinien mittelbar über Anweisungen an die Minister durchsetzen.

35 Neben der Leitung der Geschäftsbereiche (Ministerien)[26] obliegt den jeweils fachlich zuständigen Ministern die Vertretung von **Gesetzesvorlagen** der BReg im BT und BR. Soweit ihr Geschäftsbereich betroffen ist, zeichnen sie ggf. zusammen mit dem Bundeskanzler Anordnungen und Verfügungen des BPräs (Art. 58), insbes. von Gesetzen (Art. 82 Abs. 1 S. 1, § 29 Abs. 1 GO BReg). Sie nehmen gem. Art. 43 und 53 an Sitzungen des BT und BR teil.[27] Nicht zuletzt steht ihnen gem. Art. 80 Abs. 1 S. 1 allein oder als Mitglied der BReg das Verordnungsrecht zu.

36 Ob Art. 65 S. 2 neben den eben angesprochenen ausdrücklich in der Verfassung genannten Befugnissen auch eine allgemeine **Aufgabennorm** darstellt, die als Grundlage für staatsleitendes Handeln in der Verbandskompetenz des Bundes dienen kann, das nicht dem Gesetzesvorbehalt unterliegt, ist fraglich. Dabei ist anerkannt, dass Öffentlichkeitsarbeit durch Darlegungen und Erklärungen von Regierungsmaßnahmen und -vorhaben davon umfasst sind. Streitig geworden ist dies im Zusammenhang mit der Aufklärung, Beratung und Empfehlungen für ein bestimmtes Verhalten, insbesondere der Erarbeitung und Verteilung von **Informationsmaterial,** namentlich Produkt- („Glykolwein") und Sekten"warnungen".[28]

37 Die **Aufgaben** der BReg oder ihrer Mitglieder sind nicht abschließend in der Verfassung aufgeführt, da sie für eine abschließende Normierung zu umfangreich sind.[29] Aus dem Fehlen einer ausdrücklichen Ermächtigung lässt sich also noch kein Verbot folgern.

38 Die **Grenzen** der Aufgaben der BReg ergeben sich aus der föderalen Kompetenzordnung, insbes. aus der Verbandskompetenz des Bundes, sowie aus der Gewaltenteilung, insbes. der Notwendigkeit eines Gesetzes und der Reichweite des Gesetzesvorbehalts.

39 Für die nicht ausdrücklich normierten Bereiche kann Art. 65 S. 2 herangezogen werden, um die ungeschriebene Zuständigkeit der Ministerien für Vorgänge zu begründen, die in deren Geschäftsbereich sachlich fallen.

40 Ebenso nicht ausdrücklich normiert ist die notwendige **Verbandskompetenz des Bundes** für Aufgaben der Staatsleitung. Diese lässt sich jedoch aus der Systematik der geschriebenen Kompetenzverteilung für „die Vorgänge, die wegen ihres Auslandsbezugs oder ihrer länderübergreifenden Bedeutung überregionalen Charakter haben und eine bundesweite Tätigkeit die Effektivität der Problembewältigung fördert", ableiten.[30] In Bezug auf Infor-

---

[25] *Weckerling-Wilhelm* in Umbach/Clemens Rn. 8; *Detterbeck* in HdbStR III § 66 Rn. 19, *Epping* in BeckOK GG Rn. 4, kein Selbsteintrittsrecht Rn. 22 (wie hier); *Schenke* in BK Rn. 33; *Schröder* in MKS Rn. 26; *Oldiges/Brinktrine* in Sachs Rn. 25 „Evokationsrecht"; *Brockmeyer* in SHH Rn. 14; aA *Herzog* in Maunz/Dürig Rn. 8, nur im Fall „schwerwiegender parlamentarischer Konsequenzen".

[26] Zur Leitungsgewalt gehören auch die sog „funktionssichernden Hilfskompetenzen" wie die intraministerielle Organisationsgewalt, die Personalhoheit und die Weisungsbefugnis, s. *Oldiges/Brinktrine* in Sachs Rn. 21; *Schenke* in BK Rn. 88 ff.; *Schröder* in MKS Rn. 30 „funktionssichernde Annexbefugnisse"; vgl. *Brockmeyer* in SHH Rn. 19.

[27] Dem Kontrollrecht des Parlamentes gem. Art. 43 Abs. 1 GG steht in Art. 43 Abs. 2 GG ein Zutritts- und Rederecht der BReg gegenüber; s. *Queng* JuS 1998, 438 ff.

[28] BVerfGE 105, 252, Glykolwein; BVerfGE 105, 279 – Sekten.

[29] *Schröder* in HdbStR III § 64 Rn. 8.

[30] BVerfGE 105, 252 (271); 105, 279 (306); krit. *Bethge* Jura 2004, 327 ff.; *Hecker* JZ 2003, 290 ff.; *Murswiek* NVwZ 2003, 1 ff.

mationshandeln gilt dies umso mehr, als die Länder durch die Kompetenz des Bundes nicht gehindert sind, ihrerseits im Rahmen ihres Verantwortungsbereichs die nötigen Maßnahmen zu ergreifen.

Nach dem BVerfG soll die **Kompetenz zur Informationsgabe** nicht nur auf andere Staatsorgane überwirken,[31] sondern auch Rechtfertigung für mittelbar-faktische Grundrechtsbeeinträchtigungen sein können.[32] 41

Zusätzlich zu den jedem Bundesminister zukommenden Befugnissen und Pflichten bestehen **Sonderrechte** und -pflichten einzelner Bundesminister.[33] Hierzu gehören die Befehls- und Kommandogewalt des Bundesministers für Verteidigung nach Art. 65a, die im Verteidigungsfall gem. Art. 115b auf den Kanzler übergeht, die Zuweisung der Wehrstrafgerichtsbarkeit in das Ressort des Bundesministers für Justiz nach Art. 96 Abs. 2 S. 4 sowie in Bezug auf den Bundesminister der Finanzen die jährliche Rechnungslegung gem. Art. 114 Abs. 1 und die Zustimmung zu überplanmäßigen und außerplanmäßigen Ausgaben, dem sog Notbewilligungsrecht im Fall eines unvorhergesehenen und unabweisbaren Bedürfnisses nach Art. 112. 42

Weitere Regelungen finden sich in der **GO BReg.** Danach kann der Finanzminister Widerspruch gegen Gesetzentwürfe einlegen, deren Ausführung Kosten verursacht (§ 16 Abs. 3 S. 1 und § 26 GO BReg).[34] Der Bundesminister der Justiz und der Bundesminister des Inneren können gegen einen Gesetz- oder Verordnungsentwurf oder gegen eine Maßnahme der BReg wegen Unvereinbarkeit mit geltendem Recht Widerspruch erheben (§ 26 Abs. 2 GO BReg).[35] Der Bundesminister für Familie, Senioren, Frauen und Jugend kann im Einvernehmen mit dem Bundeskanzler verlangen, dass Angelegenheiten von frauenpolitischer Bedeutung der BReg zur Beratung und Beschlussfassung unterbreitet werden, auch wenn diese zum Geschäftsbereich eines anderen Bundesministers gehören (§ 15a Abs. 1 GO BReg).[36] 43

Die mit der Wahrnehmung dieser besonderen Verantwortlichkeiten verbundenen **Meinungsverschiedenheiten** werden nach Maßgabe des Art. 65 S. 3 gelöst.[37] 44

---

[31] BVerfGE 105, 252 (272); 105, 279 (307).

[32] BVerfGE 105, 279 (303 ff.); krit. hierzu *Murswiek* NVwZ 2003, 1 ff.; *Bethge* Jura 2003, 327 ff.

[33] Zur Frage, ob diese Sonderbefugnisse richtlinienfest sind, s. abl. *Friauf* FS f. Herrfahrdt, 1961, 45 (52); *Epping* in BeckOK GG Rn. 9; bejahend *Schenke* in BK Rn. 34 ff.; diff. *Schröder* in MKS Rn. 24.

[34] Zur Verfassungskonformität s. *Oldiges,* Die Bundesregierung als Kollegium, 1983, 291 ff.

[35] *Hermes* in Dreier Rn. 29 hält dieses Vetorecht in den Fällen für unzulässig, in denen dem Kabinett die Entscheidung zugewiesen ist; durch die Geschäftsordnung könnten keine Kompetenzverschiebungen zu Lasten von Kabinettskompetenzen vorgenommen werden. Verfassungsrechtliche Bedenken wurden auch aus dem Gesichtspunkt der Gleichrangigkeit aller Kabinettsmitglieder erhoben, so *Kröger,* Die Ministerverantwortung in der Verfassungsordnung der Bundesrepublik Deutschland, 1972, 115. Allerdings ist den Ministern keine „sachlich-politische Entscheidungsprärogative", sondern nur eine „vorrangige Rechtsprüfungsbefugnis" eingeräumt, die zudem durch das Erfordernis des Beitritts des Bundeskanzlers vor politischem Missbrauch geschützt ist, so *Oldiges/Brinktrine* in Sachs Rn. 40 und *Schröder* in MKS Rn. 38; vgl. den Ansatz von *Busse* in BerlKomm Rn. 21.

[36] → Rn. 48.

[37] → Rn. 46 ff.

III. Über Meinungsverschiedenheiten zwischen den Bundesministern entscheidet die BReg (Art. 65 S. 3)

45 Art. 65 S. 3 regelt die Entscheidung von Meinungsverschiedenheiten zwischen Bundesministern und weist diese auf das Innenverhältnis bezogene **Kompetenz** der BReg zu[38].

46 Begrenzungen des **Anwendungsbereichs** dieser Regelung bestehen durch die Richtlinienkompetenz des Bundeskanzlers einerseits und die Ressortverantwortung der Minister andererseits.[39] So kann der Bundeskanzler in Bezug auf eine Frage, über die zwischen Ministern eine Meinungsverschiedenheit besteht, seine Richtlinienkompetenz ausüben mit der Folge, dass der Streit erledigt ist. Insoweit und auch sonst geht die Richtlinienkompetenz Entscheidungen der BReg vor.[40]

47 Voraussetzung für derartige Meinungsverschiedenheiten sind, dass diese zwischen Ministern auftreten, dh die in Streit stehenden **Angelegenheiten** betreffen **mehr als ein Ressort**[41] oder sie fallen in die **Kompetenz der BReg insgesamt.**[42] Keine Meinungsverschiedenheiten können daher entstehen bei Angelegenheiten, die ausschließlich in ein Ressort fallen. Diesbezüglich können lediglich Meinungsverschiedenheiten über **Zuständigkeiten** entstehen.[43] Liegen derartige Meinungsverschiedenheiten in vorgenanntem Sinne nicht vor, handelt es sich um unzulässige Einmischung.

48 Dementsprechend normiert § 9 S. 2 GO BReg, dass bei **Überschneidungen der Geschäftsbereiche,** welche der Bundeskanzler in den Grundzügen festlegt, und sich daraus ergebenden Meinungsverschiedenheiten zwischen Ministern die BReg durch Beschluss entscheidet.

49 **Keine unzulässige Einmischung** stellt die Herbeiführung einer Entscheidung der BReg in frauenpolitischen Angelegenheiten gem. § 15a Abs. 1 GO BReg dar.[44] Vielmehr liegt der Befugnis eine Querschnittskompetenz der Ministerin für das Ressort Familie, Senioren, Frauen und Jugend zugrunde, in Bezug auf Angelegenheiten aller Ressorts die frauenpolitische Bedeutung im Auge zu behalten.

50 § 17 GO BReg enthält nähere Regelungen zum **Verfahren** im Falle von Meinungsverschiedenheiten.[45] Danach haben die Minister sich zunächst einmal untereinander um Verständigung zu bemühen. Der Bundeskanzler kann die Angelegenheiten im Gespräch mit den Ministern vor einer Beratung im Kabinett erörtern.

51 **Sonderfälle** von Meinungsverschiedenheiten iSd Art. 65 S. 3 stellen die Fälle dar, in denen der Finanzminister, der Justizminister oder der Innenminister von ihrem Widerspruchsrecht Gebrauch machen.

52 Die streitige Angelegenheit muss in einer neu anberaumten Sitzung der BReg zur **Abstimmung** gestellt werden. Hierbei genügt im Gegensatz zum

---

[38] Zu den zahlreichen Kompetenzen der BReg im Außenverhältnis → Art. 62 Rn. 19.

[39] *Schenke* in BK Rn. 113 f.; *Pieroth* in Jarass/Pieroth Rn. 6; *Brockmeyer* in SHH Rn. 23; *Epping* in BeckOK GG Rn. 11.

[40] *Schenke* in BK Rn. 41 ff.; *Detterbeck* in HdbStR III § 66 Rn. 52; *Brockmeyer* in SHH Rn. 21.

[41] *Detterbeck* in HdbStR III § 66 Rn. 45; *Hermes* in Dreier Rn. 35; *Pieroth* in Jarass/Pieroth Rn. 6. *Brockmeyer* in SHH Rn. 23; *Schneider* in AK Rn. 10.

[42] → Art. 62 Rn. 19.

[43] *Detterbeck* in HdbStR III § 66 Rn. 46.

[44] AA *Schenke* in BK Rn. 102.

[45] Verfassungskonforme Konkretisierung *Schröder* in MKS Rn. 35.

Regelfall jedoch nicht die einfache Mehrheit des beschlussfähigen Gremiums,[46] Art. 24 GO BReg, sondern die abweichenden Minister müssen gem. § 26 Abs. 1 S. 3 GO BReg von der Mehrheit sämtlicher Bundesminister einschließlich des Bundeskanzlers überstimmt werden.

Ist ein Minister überstimmt worden, so muss er sich im Weiteren zur BReg **loyal** verhalten. Er hat die Entscheidung nicht nur zu akzeptieren, sondern auch nach außen zu vertreten. **53**

In Bezug auf **Regierungsvorlagen** zu den gesetzgebenden Körperschaften bestimmt § 28 Abs. 2 GO BReg ausdrücklich, dass die Vertretung einer von der BReg beschlossenen Vorlage einheitlich zu erfolgen hat, „auch wenn einzelne Minister anderer Auffassung sein sollten. Gegen die Auffassung der BReg zu wirken, ist den Bundesministern nicht gestattet." **54**

IV. Der Bundeskanzler leitet die Geschäfte nach einer von der BReg beschlossenen und vom BPräs genehmigten Geschäftsordnung (Art. 65 S. 4)

Grundlage für die **Geschäftsordnungsautonomie** der BReg ist Art. 65 S. 4. Hierin wird die hervorragende Stellung des Bundeskanzlers zusätzlich zu den zuvor genannten Aufgaben und Befugnissen erneut deutlich, da er die Geschäfte der BReg leitet. Er ist es, dem nach § 22 Abs. 1 S. 1 GO BReg in allen Sitzungen der BReg wie der Kabinettsausschüsse der Vorsitz zukommt, so dass ihm bei Stimmengleichheit die ausschlaggebende Stimme zukommt, § 24 Abs. 2 S. 2 GO BReg. **55**

Die **Vertretung des Bundeskanzlers** im Kabinett ist mit § 22 Abs. 1 S. 2 GO BReg ausführlich geregelt. Der Kanzler hat zudem auf die Einheitlichkeit in der Geschäftsführung der BReg hinzuwirken, § 2 GO BReg. Die Bundesminister dürfen sich nur in Absprache mit dem Bundeskanzler vom Sitz der Regierung entfernen, § 13 GO BReg. **56**

Die Geschäftsordnung der BReg hat wie die Geschäftsordnung des BT[47] den Charakter einer **Verfassungssatzung**[48] im Sinne einer verfassungskonkretisierenden Ausgestaltung des Binnenverhältnisses eines Staatsorgans.[49] Der Grundsatz der Diskontinuität gilt jedoch im Gegensatz zur GO BT nicht auch für die GO BReg.[50] Abgesehen von der ersten BReg hat also jede BReg bereits ihre Geschäftsordnung vorgefunden, die sie allerdings ändern konnte.[51] **57**

Ein **Normenkonflikt** inhaltlicher Art zwischen GO BReg und einfachem Gesetz ist **kaum denkbar,** da der Inhalt sich auf die Beziehungen innerhalb der BReg beschränkt,[52] welche der Gesetzgeber seinerseits nicht regeln darf.[53] **58**

---

[46] Die Beschlussfähigkeit setzt nach § 24 Abs. 1 GO BReg voraus, dass einschließlich des Vorsitzenden die Hälfte der Bundesminister anwesend ist.

[47] → Art. 40 Rn. 17 ff.

[48] *Böckenförde,* Die Organisationsgewalt im Bereich der Regierung, 1964, 2. Aufl. 1998, 122 f.; *Schneider* in AK Rn. 12; *Oldiges/Brinktrine* in Sachs Rn. 38 weisen darauf hin, dass dieser Ausdruck nicht dahingehend missverstanden werden dürfe, dass die Geschäftsordnung die Verfassung außer Kraft setzen könnte.

[49] *Detterbeck* in HdbStR III § 66 Rn. 55 „Regierungsinnenrechtsnorm".

[50] BVerfGE 91, 148 (167); *Oldiges/Brinktrine* in Sachs Rn. 39; *Brockmeyer* in SHH Rn. 36; *Schröder* in MKS Rn. 41; *Busse* in BerlKomm Rn. 4; *Schenke* in BK Rn. 145; krit. *Herzog* in Maunz/Dürig Rn. 111.

[51] Aus diesem Grund hat das BVerfG diese Praxis zu Recht gebilligt s. BVerfGE 91, 148 (167).

[52] *Pieroth* in Jarass/Pieroth Rn. 9; *Busse* in BerlKomm Rn. 19 f.

[53] *Detterbeck* in HdbStR III § 66 Rn. 57.

Die Abgrenzung hat vielmehr auf der Ebene der Zuständigkeiten stattzufinden.

59 Die GO BReg muss durch den BPräs genehmigt werden. Dies entspricht überkommener **Verfassungstradition** aus der Zeit der konstitutionellen Monarchie, die in den präsidialen Elementen der WRV fortgeführt wurde.[54] Heute hat die Beteiligung des BPräs nur noch Ausfertigungscharakter,[55] die ihre Rechtfertigung darin haben mag, dass die Geltung der Geschäftsordnung die Amtszeit einer BReg überdauert.

60 Die Sitzungen der Bundesregierung sind nach § 22 Abs. 3 GO BReg **vertraulich.** Insbesondere sind Mitteilungen über Ausführungen einzelner Bundesminister, über das Stimmenverhältnis und über den Inhalt der Niederschrift ohne besondere Ermächtigung des Bundeskanzlers unzulässig. Diese Vorschrift hat keine Außenwirkung und ist daher nicht als Rechtsvorschrift iSv § 3 Nr. 4 IFG anzusehen.[56] Gleichzeitig ist ein Anspruch auf Informationszugang zu den sog. Verlaufsprotokollen über Beratungen des Bundeskabinetts nach § 3 Nr. 3 Buchst. b IFG zum Schutz des Kernbereichs exekutiver Eigenverantwortung ausgeschlossen.[57]

61 Nicht auf Art. 64 S. 4, sondern auf der Organisationsgewalt der Minister und des Kanzlers[58] für ihre Häuser beruht die **GGO**[59].

C. Zusammenhang mit anderen Bestimmungen des GG

62 Die Verantwortlichkeit, von der in Art. 65 die Rede ist, beschränkt sich nicht ausschließlich auf das Innenverhältnis der BReg.[60] Der Verantwortungszuweisung kommt Bedeutung mit Außenwirkung zu, indem sie diese dem Grunde nach regelt.

63 Die **Mechanismen ihrer Realisierung** finden sich dagegen in anderen Vorschriften. Dies sind in Bezug auf den Kanzler neben seiner Pflicht, dem BT und dem BR Rede und Antwort zu stehen (Art. 43 Abs. 1 und Art. 53 S. 1) vor allem Misstrauensvotum und Vertrauensfrage (Art. 67 u. 68). Für die Minister tritt neben die beiden erstgenannten Pflichten ihre Verantwortlichkeit gegenüber dem Bundeskanzler. Als Konsequenz der Verantwortung kommt nicht zuletzt ein freiwilliger oder durch politischen Druck erwirkter

[54] *Schröder* in MKS Rn. 40; *Schenke* in BK Rn. 144; *Herzog* in Maunz/Dürig Rn. 114 „Anachronismus"; *Schenke* in BK Rn. 147; *Schröder* in MKS Rn. 41; und *Bergmann* in Hömig Rn. 7 folgern aus dem Genehmigungserfordernis, dass Abweichungen von der Geschäftsordnung nicht zulässig sein sollen; für eine Abänderungsmöglichkeit s. *Busse* in BerlKomm Rn. 19.

[55] *Hermes* in Dreier Rn. 48 „nur aus Rechtsgründen" verweigerbar; sa *Brockmeyer* in SHH Rn. 36; *Schröder* in MKS Rn. 40; *Schenke* in BK Rn. 144; *Herzog* in Maunz/Dürig Rn. 115.

[56] BVerwG, Urteil vom 13.12.2018 – 7 C 19.17, Ls. 2.

[57] BVerwG, Urteil vom 13.12.2018 – 7 C 19.17, Ls. 1.

[58] Gemeinsame Geschäftsordnung der Bundesministerien idF v. 25.7.2000, GMBl. 526; *Schneider* in AK Rn. 9. Sie hat Wirkung auch für das Bundeskanzleramt s. *Böckenförde,* Die Organisationsgewalt im Bereich der Regierung, 1964, 2. Aufl. 1998, 127; *Schenke* in BK Rn. 141.

[59] *Detterbeck* in HdbStR III § 66 Rn. 59; *Schenke* in BK Rn. 141.

[60] Die ganz hM sieht die parlamentarische Verantwortung bereits in Art. 65 verankert, s. *Schröder* in MKS Rn. 47; *Herzog* in Maunz/Dürig Rn. 48; *Schneider* in AK Rn. 4; *Oldiges/Brinktrine* in Sachs Rn. 10; *Hermes* in Dreier Rn. 3, 40; aA *Meyn* in v. Münch/Kunig, 6. Aufl. 2012, Rn. 8, der aus den fehlenden Sanktionsmechanismen in Art. 65 schließt, dass die parlamentarische Verantwortung sich nicht aus dieser Vorschrift, sondern aus Art. 67, 68 ergebe.

Rücktritt in Frage. Weder die Richtlinienkompetenz des Bundeskanzlers[61] noch die Ressortkompetenz der Bundesminister begründen einen Vorbehalt der Exekutive gegenüber dem Parlament.[62]

Darüber hinaus regelt Art. 65 nicht die Kompetenzen im Verhältnis zu anderen Verfassungsorganen und normiert keinen Vorbehalt der Exekutive. Insbesondere schließt er nicht den BT von der Bestimmung der Richtlinien und der politischen Leitung aus. Ebenso trifft Art. 65 keine Aussagen zum Verhältnis zwischen den Ländern und dem Bund. Zuletzt steht Art. 65 unter dem Vorbehalt des Gesetzes, Art. 20 Abs. 3, weshalb die Richtlinien nicht gegen geltendes Recht verstoßen dürfen. **64**

D. Kritische Würdigung

Art. 65 S. 3 stellt eine **folgerichtige Ausgestaltung** des Binnenverhältnisses der BReg im Rahmen des Typs der parlamentarischen Kanzlerdemokratie dar. **65**

Literatur

P. Badura, Die parlamentarische Verantwortlichkeit der Minister, ZParl 1980, 573. – ***P. Beinhofer,*** Das Kollegialitätsprinzip im Bereich der Regierung, 1981. – ***V. Busse,*** Bundeskanzleramt und Bundesregierung, 2016. – ***V. Epping,*** Die Willensbildung von Kollegialorganen, DÖV 1995, 719. – ***U. Koch,*** Das Ressortprinzip, 2005. – ***K. R. Korte,*** Kommt es auf die Person des Kanzlers an?, ZParl 1998, 387. – ***W. Leisner,*** Rechtswirkungen von Reformankündigungen im Koalitionsvertrag?, NJW 2010, 823. – ***H. Maurer,*** Die Richtlinienkompetenz des Bundeskanzlers, FS f. Thieme, 1993, 123; ***V. Mehde,*** Die Ministerverantwortlichkeit nach dem GG, DVBl. 2001, 13. – ***M. Oldiges,*** Die Bundesregierung als Kollegium, 1983. – ***W.-R. Schenke,*** Die Aufgabenverteilung innerhalb der Bundesregierung, Jura 1982, 337. – ***M. Schmidt-Preuß,*** Das Bundeskabinett, Die Verwaltung 21 (1988), 199. – ***F. Schürmann,*** Öffentlichkeitsarbeit der Bundesregierung, 1992. – ***E. Schuett-Wetschky,*** Richtlinienkompetenz des Bundeskanzlers, ZParl 2003, 1897 u. 1964. – ***K.-A. Sellmann,*** Personalvertretungsrecht und Ressortprinzip, DVBl. 1997, 297.

Für ältere Lit. s. v. Münch/Kunig, 6. Aufl. 2012; sa die Lit. zu Art. 62–65 sowie 66–69.

[61] Für einen dem Bundeskanzler vorbehaltenen Bereich *Schenke* in BK Rn. 66 f.; aA *Herzog* in Maunz/Dürig Rn. 29 ff.

[62] *Oldiges/Brinktrine* in Sachs Rn. 8; *Pieroth* in Jarass/Pieroth Rn. 2; *Schröder* Rn. 11 ff.; *Schröder* in MKS Rn. 3; aA *Brockmeyer* in SHH Rn. 1.

Art. 65a [Befehls- und Kommandogewalt über die Streitkräfte]

Der Bundesminister für Verteidigung hat die Befehls- und Kommandogewalt über die Streitkräfte.

Paulskirchenverfassung von 1849

Abschnitt II. Art. III

§ 83. Der Kaiser hat die Verfügung über die bewaffnete Macht.

Reichsverfassung von 1871

Art. 53. Die Kriegsmarine des Reichs ist eine einheitliche unter dem Oberbefehl des Kaisers. […]

[Abs. 2–5]

Art. 63. Die gesammte Landmacht des Reichs wird ein einheitliches Heer bilden, welches in Krieg und Frieden unter dem Befehle des Kaisers steht.

[Abs. 2–3]

Weimarer Reichsverfassung von 1919

Art. 47. Der Reichspräsident hat den Oberbefehl über die gesamte Wehrmacht des Reichs.

Übersicht

A. Allgemeine Bedeutung

1 Art. 65a wurde im Zuge der „Wehrnovelle" aus dem Jahr 1956 in das GG aufgenommen.[1] Der ursprüngliche Abs. 2 wurde 1968 nahezu wortgleich in Art. 115b übertragen (lediglich „über die Streitkräfte" wurde Art. 115b zugefügt).[2] Art. 65a enthält dabei zwei maßgebliche Grundsätze. Erstens wird durch die Übertragung der **Befehls- und Kommandogewalt** in Friedenszeiten auf den Bundesminister der Verteidigung[3] (BMVg) der **Primat der Politik** im Wehrsystem konstituiert, bei dem die Streikräfte der parlamentarischen Kontrolle unterliegen und so in das parlamentarisch-demokratische Verfassungssystem eingeordnet.[4] In diesem Zuge wurde der ehemals vorherr-

[1] 7. ÄndG v. 19.3.1956, BGBl. I 111. Einzelheiten bei *Epping* in Maunz/Dürig Rn. 1 ff. mwN.

[2] 17. ÄndG v. 24.6.1968, BGBl. I 711, 712; sog. „Notstandsgesetzgebung".

[3] In der Staatspraxis wird heute nur noch vom Bundesminister *der* Verteidigung (und vom Bundesministerium *der* Verteidigung) gesprochen, was allerdings mit Art. 65a verfassungsrechtlich vereinbar ist. Zur historischen Entwicklung *Epping* in Maunz/Dürig Rn. 18 mwN.

[4] Diese Kontrollmöglichkeiten ergeben sich aus Art. 45a, 45b, 45d, 87a Abs. 1 S. 2 und dem dazu vom BVerfG etablierten konstitutiven Parlamentsvorbehalt für den Einsatz der Streitkräfte. BVerfGE 90, 286 (385 ff.); *Busse* in BerlKomm Rn. 5.

schende Begriff des „Oberbefehls" durch die Einführung des Begriffspaares „Befehls- und Kommandogewalt" abgelöst und institutionell auf den BMVg als Mitglied der Bundesregierung und nicht etwa auf das Staatsoberhaupt übertragen.[5] Art. 65a drückt damit als zentrale Vorschrift die Intention der Wehrverfassung aus,[6] die Bundeswehr in ein demokratisches Korsett einzufügen, um die Gefahr einer Bundeswehr als „Staat im Staate" schon nicht entstehen zu lassen.[7] Vielmehr sollen die Streitkräfte als „demokratischer Waffenträger in einem demokratischen Staat" in das grundrechtliche Kompetenzgefüge eingebunden sein.[8]

Zweitens bestimmt Art. 65a das Bundesministerium der Verteidigung[9] als **Pflichtressort** und schränkt insoweit die Ressortbildungskompetenz des Bundeskanzlers ein (hierzu noch → Rn. 5).[10] 2

B. Einzelfragen

I. Der Bundesminister für Verteidigung

Indem die militärische Führung der Streitkräfte auf einen politischen Amtsträger der Gubernative übertragen wird, der der parlamentarischen Kontrolle unterliegt, wird der **Primat der Politik** über das Militär effektiv garantiert. So ist Art. 65a (neben Art. 45a/b, 87a, 115a/b)[11] auch die teleologische Grundlage für den von dem BVerfG entwickelten Parlamantsvorbehalt für den Einsatz bewaffneter Streitkräfte und macht die Bundeswehr zu einem **Parlamentsheer.**[12] Im Einklang dazu muss allerdings die Ressortkompetenz des BMVg stehen, die ihm Weisungs- und Befehlsbefugnisse über die Streitkräfte sichert und durch einen Parlamentsvorbehalt nicht ausgehöhlt werden darf.[13] Deshalb kann sich **der konstitutive Parlamentsvorbehalt** auch nur auf das „Ob" des Streitkräfteeinsatzes beziehen, das „Wie" verbleibt weiterhin beim BMVg.[14] Allerdings ist im Zweifel eine parlamentsfreundliche Auslegung angezeigt.[15] Das gilt insbesondere für Einsätze der Streitkräfte im Ausland, bei dem ein Ausgleich zwischen der Notwendigkeit einer exekuti- 3

---

[5] *Epping* in Maunz/Dürig Rn. 20 ff.; *Boss,* Die „Befehls- und Kommandogewalt" des Grundgesetzes im Vergleich zum „Oberbefehl" der Reichsverfassungen von 1871 und 1919, 1960, 12 ff.; *Busch,* Der Oberbefehl, seine rechtliche Struktur in Preußen und Deutschland seit 1848, 1967, 35 ff. und *Erhardt,* Die Befehls- und Kommandogewalt, 1969, 60 ff.; Zur Exegese der Ablösung des Oberbefehls vom Staatsoberhaupt: *Stern* StaatsR II § 42 Kap. IV 4 mwN.

[6] *Schröder* in MKS Rn. 3; *Epping* in Maunz/Dürig Rn. 12.

[7] So schon *Schüle* JZ 1955, 466; vgl. ansonsten *Oldiges/Brinktrine* in Sachs Rn. 3 mwN.

[8] So schon *Schüle* JZ 1955, 466; auch *Hernekamp* in v. Münch/Kunig, 6. Aufl. 2012, Rn. 5; *Oldiges* in Sachs Rn. 3; *Epping* in Maunz/Dürig Rn. 12; *Schmidt-Radefeld* in BeckOK GG Rn. 1.

[9] S. → Fn. 3.

[10] Ebenso *Epping* in Maunz/Dürig Rn. 14; *Heun* in Dreier Rn. 6; *Oldiges/Brinktrine* in Sachs Rn. 7; *Pieroth* in Jarass/Pieroth Rn. 2; *Schmidt-Radefeldt* in BeckOK GG Rn. 6.

[11] Siehe ebenso *Schröder* in MKS Rn. 6; *Oldiges/Brinktrine* in Sachs Rn. 15; *Busse* in BerlKomm Rn. 5.

[12] BVerfGE 90, 286 (381 ff.); BVerfGE 121, 135 (153 f.); kritisch hierzu *Epping* in Maunz/Dürig Rn. 32 ff.

[13] *Busse* in BerlKomm Rn. 5.

[14] BVerfGE 90, 286 (388); BVerfGE 121, 135 (12); *Pieroth* in Jarass/Pieroth Rn. 1.

[15] BVerfGE 121, 135 (162); *Epping* in Maunz/Dürig Rn. 33.

ven Eilentscheidung und dem Parlamentsvorbehalt im Parlamentsbeteiligungsgesetz geregelt wurde.[16]

4 Eine Determinante in der Person des Bundesministers stellt Art. 66 dar, der festlegt, dass der BMVg kein aktiver Soldat sein darf. Daraus folgt gleichzeitig, dass einem „inaktiven", also im Ruhestand befindlichen oder in den Ruhestand tretenden Soldaten, das Amt des BMVg offensteht.[17] Die Frage, ob eine Frau ebenfalls das Amt der Bundesministerin der Verteidigung ausüben darf, ist überholt und sollte eigentlich keiner ausdrücklichen Erwähnung mehr bedürfen.[18]

5 Neben dem Bundesministerium der Finanzen (Art. 108, Art. 112) und dem Bundesministerium der Justiz (Art. 96 Abs. 2) ist das Ministerium der Verteidigung nach Art. 65a ein **Pflichtressort,** dessen Einsetzung obligatorisch ist. Die Ressortkompetenz des Bundeskanzlers aus Art. 65 S. 1 wird deshalb durch die speziellere Regelung des Art. 65a beschränkt.[19] Gleichzeitig ist im Hinblick auf die ausdrückliche Stellung des BMVg in Art. 65a als oberster Anordnungsbefugter über die Streitkräfte darauf zu achten, dass weder durch die Richtlinienkomptenz noch durch eine Ressortaufteilung, die Befehls- und Kommandogewalt entkernt werden kann. So ist es dem Bundeskanzler untersagt, im Rahmen seiner Richtlinienkompetenz in die Streitkräfte „hineinzukommandieren" und so die ministeriellen Befehls- und Kommandobefugnisse zu umgehen.[20] Auch eine militärische Machtkonzentration in Friedenszeiten auf den Bundeskanzler durch **Personalunion** mit dem BMVg widerspräche der Abkehr vom Oberbefehl eines Staatsoberhauptes und würde das Telos der Wehrrechtsnovelle, der sich durch Art. 65a und Art. 115b eindeutig ausdrückt, konterkarieren.[21] Denn Art. 115b sieht diese Personalunion nur ab dem Zeitpunkt der Verkündung des Verteidigungsfalles vor und darf deshalb nicht in Friedenszeiten gelten.[22]

6 Eine Zusammenlegung des Bundesministeriums der Verteidigung mit anderen Ressorts bleibt verfassungsrechtlich bedenklich.[23] Denn aus der Besonderheit der militärischen Ressortleitung ergeben sich spezifische Verantwortlichkeiten für den BMVg, die sich in Personalunion mit anderen Ressorts schwer vereinbaren lassen. So ist die Entscheidung über das „Wie" des soldatischen Lebenseinsatzes eine äußerst sensible Herausforderung für

---

[16] Übersicht über das ParlBG bei *Küster* in Hömig/Wolff Rn. 6; zum Parlamentsvorbehalt bei Gefahr in Verzug BVerfG Urt. v. 23.9.2015 – 2 BvE 6/11, NVwZ 2015, 1593 und *Fischer/Ladiges* NVwZ 2016, 32; grundlegend zum Parlamentsvorbehalt bei Auslandseinsätzen *Kleinlein* AöR 2017, 44. Zu den Änderungen des ParlBG *Schramm* ZG 2017, 147.

[17] So § 25 Abs. 4 i. V. m. § 18 BMinG (→ Art. 66 Rn. 10).

[18] Anders noch *Poretschkin* NZWehrR 1993, 232 ff.; *Walz* NZWehrR 1996, 117.

[19] Ebenso *Epping* in Maunz/Dürig Rn. 14; *Heun* in Dreier Rn. 6; *Schmidt-Radefeldt* in BeckOK GG Rn. 8; *Schröder* in MKS Rn. 4 (→ Art. 65 Rn. 42).

[20] *Busse* in BerlKomm Rn. 8; *Epping* in Maunz/Dürig Rn. 48; *Oldiges/Brinktrine* in Sachs Rn. 20.

[21] Anders *Schenke* in BK Rn. 13; *Müller-Franken/Uhle* in SHH Rn. 25 jeweils mwN. Grundlegende Übersicht über den Meinungsstand bei *Deiseroth* in Umbach/Clemens Rn. 33 ff.

[22] Ebenso *Epping* in Maunz/Dürig Rn. 15 mwN.; *Heun* in Dreier Rn. 6; *Oldiges/Brinktrine* in Sachs Rn. 20; *Pieroth* in Jarass/Pieroth Rn. 2; *Schmidt-Radefeldt* in BeckOK GG Rn. 6; *Schröder* in MKS Rn. 11; *Beckmann,* Die Rechtsstellung des Vertreters des Bundeskanzlers, 1966, 61 ff.; aA *Schenke* in BK Rn. 13; *Busse* in BerlKomm Rn. 8.

[23] Ähnlich *Schröder* in MKS Rn. 10 mwN.; *Dürig* in Maunz/Dürig (Erstbearbeitung) Rn. 38; *Deiseroth* in Umbach/Clemens Rn. 33. Anders *Epping* in Maunz/Dürig Rn. 16; *Busse* in BerlKomm Rn. 8; *Oldiges/Brinktrine* in Sachs Rn. 7; *Schmidt-Radefeldt* in BeckOK GG Rn. 8.

den BMVg, der eine besondere Bedeutung zukommen muss und die dabei zugleich im Spannungsverhältnis zum Kabinetts- und Kanzlerprinzip steht.[24] Daraus leitet sich die Pflicht des BMVg ab, die Einsatzbereitschaft der Streitkräfte zu gewährleisten und bei Einsatzhindernissen, wie bspw. Ausrüstungsmängeln, den Einsatz gegenüber dem Kabinett oder dem Parlament zu verhindern.[25] Der BMVg bildet das „Scharnier zwischen militärischer und politischer Führung“[26] und muss zum Teil divergierende Belange und Ansprüche in einen Ausgleich bringen bzw. gegenüber dem Kabinett, dem Kanzler, aber auch gegenüber dem Parlament vertreten. Dieser Ausgleich kann allerdings dann nicht mehr unabhängig verfolgt werden, wenn Interessen anderer Ressorts oder auch des Kanzlers selbst (mit Ausnahme des Verteidigungsfalles nach Art. 115b) in einer Person zusammentreffen.

2012 wurde das Bundesministerium der Verteidigung im Zuge der **Neuausrichtung der Bundeswehr** umstrukturiert. Nach dem „Blankeneser Erlaß“ v. 21.3.1970[27] abgelöst durch den „Berliner Erlass“ v. 21.1.2005[28] wurde nun im **„Dresdner Erlass“** v. 23.3.2012[29] die **militärische Spitzengliederung** des Bundesministeriums der Verteidigung neu gegliedert. Unverändert bilden dabei die vier Staatssekretäre (zwei parlamentarische, zwei beamtete) die Leitungsebene des Bundesministeriums der Verteidigung. Ihnen nachgeordnet sind mittlerweile zehn Abteilungen. Wesentliche Änderungen der Neuaufstellung betreffen vor allem die Stellung des **Generalinspekteurs der Bundeswehr,** der als ranghöchster Soldat für die „Gesamtkonzeption der militärischen Verteidigung einschließlich der Planung und der Weiterentwicklung sowie für die Führung der Streitkräfte verantwortlich“ ist.[30] Als höchster militärischer Repräsentant und militärischer Berater der Bundesregierung ist er nun ebenfalls Teil der Leitungsebene im Bundesministerium der Verteidigung geworden.[31] Allerdings kann er aufgrund der Stellvertretungsproblematik[32] im Rang nur unterhalb der Staatssekräte angesiedelt werden, steht aber über der Abteilungsleiterebene.[33] Die Streitkräfte sind ihm dabei in jeder Hinsicht unterstellt.[34] So unterstehen die Inspekteure der militärischen Teilstreitkräfte bzw. Organisationsbereichen nun direkt dem 7

[24] *Dietz* DÖV 2015, 585 (587).

[25] *Dietz* DÖV 2015, 585 (587 ff.); *Schmidt-Radefeldt* in BeckOK GG Rn. 15.

[26] *Dietz* DÖV 2015, 585 (589).

[27] Vgl. BT-Drs. 11/7573, 30 f.

[28] „Grundsätze der Aufgabenzuordnung, Organisation und Verfahren im Bereich der militärischen Spitzengliederung“ („Berliner Erlass“), v. 21.1.2005, abrufbar unter https://www.bmvg.de/resource/blob/11926/3d8d82b88474815d632d46e3dee46bea/a-04–05-download-berliner-erlass-data.pdf, 9.9.2019. Diese Neuorganisation setzt weitestgehend die Empfehlungen der (sog. „Weizsäcker“-)Kommission „Gemeinsame Sicherheit und Zukunft der Bundeswehr“ vom 23.5.2000 um. Die nachfolgende Strukturkommission (sog. „Weise-Kommission“) stellte ihren Bericht („Vom Einsatz her denken – Konzentration, Flexibilität, Effizienz“) im Oktober 2010 vor, abrufbar unter https://www.roderich-kiesewetter.de/fileadmin/Service/Dokumente/20101026-weise-kommisionsbericht.pdf, 9.9.2019.

[29] „Grundsätze für die Spitzengliederung, Unterstellungsverhältnisse und Führungsorganisation im Bundesministerium der Verteidigung und der Bundeswehr“ („Dresdner Erlass“), v. 21.3.2012, abrufbar unter https://www.bmvg.de/resource/blob/11918/a0704bf10c05a278e69de63bd00c49d3/a-04–05-download-dresdner-erlass-data.pdf, 9.9.2019.

[30] Siehe Dresdner Erlass (Fn. 29) S. 4.

[31] Siehe Dresdner Erlass (Fn. 29) S. 2, 4; *Oldiges* in EFP BesVerwR § 74 Rn. 93.

[32] Hierzu unter → Rn. 14.

[33] *Oldiges* in EFP BesVerwR § 74 Rn. 93.

[34] Siehe Dresdner Erlass (Fn. 29) S. 5.

Generalinspekteur und sind nicht mehr den Abteilungen im Bundesministerium der Verteidigung zugeordnet.[35] Dem Generalinspekteur der Bundeswehr direkt unterstellte Dienststellen sind mittlerweile das Einsatzführungskommando der Bundeswehr, die Führungsakademie der Bundeswehr, das Luftfahrtamt der Bundeswehr, das Bundesamt für den Militärischen Abschirmdienst (BAMAD), das Planungsamt der Bundeswehr, sowie das Zentrum Innere Führung. Er bleibt bei allen Verantwortlichkeiten dem BMVg unterstellt.[36]

II. Befehls- und Kommandogewalt

8 Art. 65a stellt die Abkehr vom Grundsatz dar, die Streitkräfte unter den Oberbefehl des Staatsoberhauptes zu stellen. Im Rahmen der Wehrnovelle (→ Rn. 1) wurde für die Streitkräfte im GG stattdessen die Befehls- und Kommandogewalt eingeführt, die in Friedenszeiten dem BMVg zukommt. Ab der Verkündung des Verteidigungsfalles geht diese Befehls- und Kommandogewalt gemäß Art. 115b auf den Bundeskanzler über. Das Begriffspaar der Befehls- und Kommandogewalt sorgte dabei von Beginn an für Diskussionen hinsichtlich seiner inhaltlichen Konkretisierung. Die Begriffsbestimmung kann nur im historischen Kontext erfolgen, der die Abkehr vom Oberbefehl zum Ziel hatte.[37] Der Oberbefehl enthielt exekutive, legislative und judikative Einzelbefugnisse,[38] was unter Geltung des GG nicht mit der Eingliederung der Streitkräfte in das gewaltenteilende Gefüge vereinbar gewesen wäre.[39] Auch wenn bereits in der WRV der Versuch unternommen wurde, den Oberbefehl zu „parlamentisieren", konnte letztlich nicht verhindert werden, dass sich das militärische Kommando der paralamentarischen Kontrolle entzog.[40] Im Zuge der Wehrrechtsnovelle 1956 entschied man sich deshalb, gänzlich auf den Begriff des Oberbefehls zu verzichten und führte stattdessen die „Befehls- und Kommandogewalt" ein. Relikte des Oberbefehls finden sich heutzutage nur noch vereinzelt in bestimmten Repräsentationsbefugnissen des Bundespräsidenten.[41]

9 Zur begrifflichen Bestimmung der Befehls- und Kommandogewalt existieren unterschiedlichste Auffassungen, wobei sich mehrheitlich die Meinung durchgesetzt hat, dass es sich bei dem Begriffspaar lediglich um eine **Tauto-**

[35] Siehe Dresdner Erlass (Fn. 29) S. 5; *Oldiges* in EFP BesVerwR § 74 Rn. 94; *Oldiges/Brinktrine* in Sachs Rn. 20a.

[36] Siehe Dresdner Erlass (Fn. 29) S. 2; *Oldiges/Brinktrine* in Sachs Rn. 20a.

[37] *Jaeger,* BayVBl. 1956, 329 (330); *Stern,* Staatsrecht II, § 42 IV 2 871; *v. Unruh,* in: Festschrift für Hans J. Wolff, 1973, 109 ff.; *Epping* in Maunz/Dürig Rn. 25.; *Schröder* in MKS Rn. 3.

[38] Zur historischen Übersicht des Oberbefehls im Konstitutionalismus und der Weimarer Reichsverfassung *Oldiges/Brinktrine* in Sachs Rn. 8 ff.; ausführlicher *Boss,* Die „Befehls- und Kommandogewalt" des Grundgesetzes im Vergleich zum „Oberbefehl" der Reichsverfassungen von 1871 und 1919, 1960, 12 ff.; *Busch,* Der Oberbefehl, seine rechtliche Struktur in Preußen und Deutschland seit 1848, 1967, 35 ff. und *Erhardt,* Die Befehls- und Kommandogewalt, 1969, 60 ff.

[39] 2. Ber. Rechtsausschuss, BT-Drs. II/2150, 4.

[40] Hierzu ausführlich *Oldiges/Brinktrine* in Sachs Rn. 10 f.; auch *Schenke* in BK Rn. 6 f. jeweils mwN.

[41] Ernennung von Berufssoldaten, der Soldaten auf Zeit und der Offiziere der Reserve (§ 4 Abs. 2 SG), Festsetzung des Dienstgrades und der Uniform (§ 4 Abs. 3 S. 1 SG, BPräsUnifAnO), Ausübung des Begnadigungsrechtes (§ 5 Abs. 1 SG; § 19 Abs. 1 WDO), Versetzung in den einstweiligen Ruhestand (§ 50 Abs. 1 SG), Verleihung oder Genehmigung zur Verleihung von Orden und Ehrenzeichen (§ 3 Abs. 1 OrdensG).

logie[42] bzw. einen **Pleonasmus**[43] handelt. „Befehls- und Kommandogewalt" müsse danach als Einheit verstanden werden.[44] Andere Stimmen sehen jeweils inhaltlich **abgrenzbare Anwendungsbereiche** der Begriffe.[45] Denn das Kommando beinhalte die Organisation und Führung der Streitkräfte und zur Wahrnehmung dieses Auftrages bedürfe es der Befugnis auch Befehle als Anweisung erteilen zu können.[46] Beide Sichtweisen können nicht umfänglich überzeugen. Ein einheitliches Verständnis ignoriert die unterschiedliche Bedeutung von „Kommando" und „Befehl", die der (verfassungsändernde) Gesetzgeber selbst auch gar nicht leugnen wollte, sondern offen gelassen hat.[47] Bedient man sich zur Abgrenzung und Definition der Begrifflichkeiten allerdings wiederum der historischen Wurzeln, so wird das nicht der geänderten Stellung der Streitkräfte im parlamentarischen Gefüge gerecht.[48] Letztlich ist diese Diskussion wenig zielführend und verfassungsrechtlich nicht relevant.[49] Entscheidend ist das Ziel, dem BMVg die militärischen Befehls- und Kommandobefugnisse lückenlos zu sichern und eine ihm „entzogene besondere Kommandogewalt" zu verhindern.[50] Denn der Zweck, die Streitkräfte in das parlamentarische Gefüge einzubinden, wird durch die „höchsten exekutivischen Anordnungsbefugnisse über die Streitkräfte" in der Person des BMVg gewährleistet.[51] So sichert die Befehls- und Kommandogewalt aus Art. 65a den **militärischen Teil der Ressortleitung.**[52] Der nicht-militärische Teil der Ressortleitung leitet sich aus Art. 65 S. 2 ab (bzw. aus Art. 87b für die Wehrverwaltung),[53] weshalb Art. 65a als *lex specialis* dazu einzuordnen ist.

Der militärische Teil der Ressortleitung umfasst dabei **inhaltlich** alle Angelenheiten, die mit der Führung und Organisation der Streitkräfte zusammenhängen.[54] Dazu zählen Planung, Aufstellung, Stärke, Gliederung, Dislokation, Ausrüstung, Inspektion und Einsatzdurchführung der Bundes- **10**

---

[42] So schon *v. Mangoldt/Klein,* Das Bonner Grundgesetz, 2. Aufl. 1966, Anm. III; *Meyer-Dahlheuer* DVBl 1957, 185 (185); *Groß* DVBl 1956, 260 (261); nunmehr auch zB *Oldiges/Brinktrine* in Sachs Rn. 16; *Schmidt-Radefeldt* in BeckOK GG Rn. 10; eing. *Epping* in Maunz/Dürig Rn. 25.

[43] *Roemer* JZ 1956, 195; zust. iE auch *Frank* in AK hinter Art. 87 Rn. 63 ff.; *Stern* StaatsR II § 42 Kap. IV 2 871; *Epping* in Maunz/Dürig Rn. 25.

[44] *Küster* in Hömig/Wolff Rn. 3.

[45] Zu den unterschiedlichsten Abgrenzungsversuchen s. ausführlich *Hernekamp* in v. Münch/Kunig, 6. Aufl. 2012, Rn. 11 mwN.

[46] *Lingens* NZWehrR 1997, 248; *Hernekamp* in v. Münch/Kunig, 6. Aufl. 2012, Rn. 11, der dabei ausführlich die unterschiedlichen Auffassungen zur Begriffsunterscheidung von Befehl und Kommando darstellt, die sich dabei zum Teil diametral unterscheiden.

[47] 2. Ber. Rechtsausschuss, BT-Drs. II/2150 4; *Stern* StaatsR II § 42 Kap. IV 2; *Epping* in Maunz/Dürig Rn. 25; *Schmidt-Radefeldt* in BeckOK GG Rn. 10; *Busse* in BerlKomm Rn. 11.

[48] Ähnlich auch *Schenke* in BK Rn. 19.

[49] So auch *Heun* in Dreier Rn. 9; *Schröder* in MKS Rn. 12; *Schenke* in BK Rn. 19; *Busse* in BerlKomm Rn. 11.

[50] 2. Ber. Rechtsausschuss, BT-Drs. II/2150 4.

[51] *Stern* StaatsR II § 42 Kap. IV 2 872; *Dürig* in Maunz/Dürig (Erstbearbeitung) Rn. 20; *Epping* in Maunz/Dürig Rn. 27; *Schmidt-Radefeldt* in BeckOK GG Rn. 10; jeweils mwN.

[52] IE ebenso BVerwGE 46, 55 ff. = NJW 1973, 865 ff.; *Epping* in Maunz/Dürig Rn. 27 f.; *Schmidt-Radefeldt* in BeckOK GG Rn. 11; *Schröder* in MKS Rn. 12; *Kröger,* Ministerverantwortlichkeit in der Verfassungsordnung der Bundesrepublik Deutschland, 1972, 130; *Busse* in BerlKomm Rn. 12; *Deiseroth* in Umbach/Clemens Rn. 45 f.; *Ipsen* in BK Art. 115b Rn. 49 mwN; *Pieroth* in Jarass/Pieroth Rn. 2; *Müller-Franken/Uhle* in SHH Rn. 16; insoweit aA *Erhardt,* Die Befehls- und Kommandogewalt, 1969, 89 f.; *Frank* in AK Art. 87 Rn. 64 ff.

[53] So auch *Oldiges/Brintrine* in Sachs Rn. 19; *Schröder* in MKS Rn. 13.

[54] *Heun* in Dreier Rn. 11; *Schenke* in BK Rn. 20; *Schröder* in MKS Rn. 13.

wehr.[55] Dies bezieht sich nicht nur auf die nationale Ebene, sondern gilt auch bei internationalen Einsätzen.

11 Eine den geänderten Funktionen der Bundeswehr geschuldete Beeinträchtigung der Befehls- und Kommandogewalt ergibt sich aus der Integration der Streitkräfte in **internationale Bündnisse** bzw. **multinationale Armeeverbände.**[56] Inwieweit die Befehls- und Kommandogewalt des Art. 65a dabei mit den geänderten militärischen Herausforderungen, die mittlerweile vermehrt im Rahmen solcher internationaler Zusammenarbeiten gelöst werden sollen, korrespondiert, ist noch nicht abschließend geklärt.[57] Verfassungsrechtlich relevant ist auch in diesem Kontext die parlamentarische Kontrolle, deren Sicherstellung bei einer beschränkten Befehls- und Kommandogewalt im Rahmen von internationalen Einsätzen der Streitkräfte gewährleistet sein muss bzw. rechtmäßigerweise beschränkt sein kann.

12 Eine Beschränkung der Befehls- und Kommandogewalt aus Art. 65a wird bei der Eingliederung deutscher Streitkräfte in **kollektive Sicherheitssysteme** von Art. 24 Abs. 2 abgedeckt. So gehen Einsätze im Rahmen eines Büdnisfalles der **NATO** (sowohl in Friedenszeiten als auch im Verteidigungsfall)[58] und der **UNO**[59] mit einer Einschränkung von Hoheitsrechten einher, wovon auch die Befehls- und Kommandogewalt nicht ausgenommen ist.[60] Der BMVg verliert in diesem Fall die operative Führungsbefugnis als Teil der Befehls- und Kommandogewalt an die alliierten Kommandostellen, behält indes aber weiterhin truppendienstliche Befugnisse.[61] Ähnliches gilt für Einsätze im Rahmen der **EU**[62] nach Art. 42 Abs. 3 EUV, wobei hier der Übergang von Hoheitsrechten nicht ganz eindeutig ist. So stützte das BVerfG dies auf Art. 23, solange die EU noch kein kollektives Sicherheitssystem darstellte.[63] Mittlerweile wird die EU auch als System kollektiver Sicherheit eingestuft,[64] so

[55] Als prominentes Beispiel kann der sog. Erlass über die „Haar- und Barttracht" von Soldaten und Soldatinnen dienen, der die Länge der Haartracht regelt und die normative Grundlage für Befehle diesbezüglich darstellt. BVerwGE 43, 353; BVerwG Beschl. v. 17.12.2013 – WRB 2.12; Zur Notwendigkeit einer gesetzlichen Grundlage und dem Konflikt zu Art. 2 Abs. 1 und Art. 3 Abs. 1, BVerwG Beschl. v. 31.1.2019 – 1 WB 28.17.

[56] Zu den Änderungen dieser Anforderungen s. Weißbuch 2016 Abschnitt 5; *Schmidt-Radefeld* in BeckOK GG Rn. 16; *Epping* in Maunz/Dürig Rn. 56; *Schröder* in MKS Rn. 8.

[57] Vorschläge wurden dazu durch die sog. „Rühe-Kommission" erarbeitet, s. BT-Drs. 18/5000 „Unterrichtung durch die Kommission zur Überprüfung und Sicherung der Parlamentsrechte bei der Mandatierung von Auslandseinsätzen der Bundeswehr" v. 16.6.2015. Zu den daraus erfolgen Änderungen des ParlBG (2015), *Schramm* ZG 2017, 147.

[58] Die Assignierung zur operativen Planung des NATO-Oberbefehlshaber (SACEUR) selbst sieht keine Beschränkung des Art. 65a vor, erst die Übertragung von Führungsbefugnissen (operational command/operational control) führt dazu. Hierzu ausführlich *Schmidt-Radefeld* in BeckOK GG Rn. 16 f.; *Busse* in BerlKomm Rn. 15; *Epping* in Maunz/Dürig Rn. 57; *Schenke* in BK Rn. 90; *F. Kirchhof* in HdbStR IV § 84 Rn. 43. Zwischen Friedenszeiten und dem Spannungsfall bzw. dem Beginn von Kampfhandlungen unterscheidend siehe *Heun* in Dreier Rn. 3.

[59] Bei Maßnahmen zur Erhaltung und Wiederherstellung des Friedens. *Schröder* in MKS Rn. 8. Ausführlich zu den Einsätzen im Rahmen der UNO *Schenke* in BK Rn. 94 mwN.

[60] *Schmidt-Radefeld* in BeckOK GG Rn. 16 f.; *Busse* in BerlKomm Rn. 15; *Epping* in Maunz/Dürig Rn. 57; *Schenke* in BK Rn. 90; *F. Kirchhof* in HdbStR IV § 84 Rn. 43; *Müller-Franken/Uhle* in SHH Rn. 20 f.

[61] *Schmidt-Radefeld* in BeckOK GG Rn. 18; *Oldiges/Brinktrine* in Sachs Rn. 19b.

[62] Die WEU ist mittlerweile aufgelöst (*Schenke* in BK Rn. 90 ff.; *Oldiges/Brinktrine* in Sachs Rn. 19).

[63] BVerfGE 123, 267 (425); Übersicht dazu bei *Dreist* NZWehR 2018, 53 (55). *Schenke* in BK Rn. 99; *Schröder* in MKS Rn. 8; *Schmahl* in Sodan Rn. 20; jeweils mwN.

[64] Hierzu eingehend *Heintschel v. Heinegg* in BeckOK GG Art. 24 Rn. 33.3; *Epping* in Maunz/Dürig Rn. 63.

dass der speziellere Art. 24 Abs. 2 für die Übertragung von Hoheitsrechten einschlägig ist.[65]

Hingegen sind die Auswirkungen auf die Befehls- und Kommandogewalt bei Einsätzen im Rahmen von **multinationalen Armeeverbänden**[66] nicht eindeutig zu beantworten, da sie weder nach Art. 24 Abs. 2 in kollektiven Sicherheitssystemen stattfinden noch als zwischenstaatliche Einrichtungen im Sinne des Art. 24 Abs. 1 zu kategorisieren sind.[67] Der Konflikt, eine umfassende parlamentarischen Kontrolle und Legitimation bei entzogenen Bereichen der Befehls- und Kommandogewalt des BMVg zu gewährleisten, ist dabei offensichtlich.[68] Exemplarisch für diese „juristische Grauzone“[69] ist der Einsatz ***„Counter Daesh“,*** der die Bekämpfung der Terrororganisation „Islamischer Staat“ zum Ziel hat und in der „Unterstützung insbesondere Frankreichs, Iraks und der internationalen Allianz“ besteht.[70] Die von der Bundesregierung genannten Rechtsgrundlagen für einen Einsatz im Rahmen eines kollektiven Sicherheitssystems sind hierbei schon hochgradig fragwürdig,[71] so dass der Einsatz letztlich nur als multinationales Bündnis klassifiziert werden kann. Zwar hat der Bundestag dem Einsatz zugestimmt, aber die Defizite der parlamentarischen Kontrolle der Befehls- und Kommandogewalt offenbaren sich anschaulich an deutschen Aufklärungsdaten, die für das Bündnis durch Aufklärungsflüge erhoben werden und nicht an die Türkei weitergeben werden sollen.[72] Wie hier die parlamentarische Kontrolle und Legitimation gewährleistet werden soll, wenn die Soldaten ausländischen Kommandeuren unterstehen, ist aus verfassungsrechtlicher Sicht zweifelhaft. Eine Hilfskonstruktion über § 3 SG, bei der eine Anweisung zur Zusammenarbeit erteilt wird, die eine Pflicht zur Befolgung von Weisungen ausländischer Kommandeure beinhaltet, vermag hierbei keine Abhilfe zu schaffen.[73] Auch der Verweis auf die Befugnis des BMVg, im Rahmen der Ressortkompentenz Regierungsabkommen schließen zu dürfen, auf denen diese Einsätze beruhen, kann nicht über das Defizit der parlamentarischen Kontrolle hinweg- **13**

---

[65] BVerfGE 123, 267 (425); *Schenke* in BK Rn. 99; *Busse* in BerlKomm Rn. 15; *Epping* in Maunz/Dürig Rn. 57 ff.; *Oldiges/Brinktrine* in Sachs Rn. 19b. Anders *Schröder* in MKS Rn. 8, der die Meinung vertritt, dass das BVerfG die Anwendung des Art. 24 Abs. 2 sogar ablehnt.

[66] Deutsch-Französische Brigade (1988); Eurokorps (1992, Belgien/Deutschland/Frankreich/Spanien); Deutsch-Amerikanisches Korps; Multinationale Division Europa Central (1994, Belgien/Deutschland/Großbritannien/Niederlande); Multinationale Division Europa-Süd (1994, Griechenland/Italien/Türkei); Dt.-Niederländisches Korps; Multinationales Korps Nordost MNK-NO (1999, Deutschland/Dänemark/Polen); Einzelheiten bei *Deiseroth* in Umbach/Clemens Rn. 149 ff.

[67] So auch *Schmidt-Radefeld* in BeckOK GG Rn. 20, *Schröder* in MKS Rn. 8; *Schenke* in BK Rn. 101. Ausführlich zu zwischenstaatlichen Einrichtungen, *Calliess* in Maunz/Dürig Art. 24 Rn. 29 ff. und zu den Begriffen des kollektiven Sicherheitssystems sowie der Beschränkung von Hoheitsrechten nach Art. 24 Abs. 2, *Calliess* in Maunz/Dürig Art. 24 Abs. 2 Rn. 6 ff, 61 ff.

[68] *Schmidt-Radefeldt,* Parlamentarische Kontrolle der internationalen Streitkräfteintegration, 2005, S. 70 ff.; *Lerche* in EvStL 1987, 378 (385); *Epping* in Maunz/Dürig Rn. 59; BT-Drs. 18/5000 „Unterrichtung durch die Kommission zur Überprüfung und Sicherung der Parlamentsrechte bei der Mandatierung von Auslandseinsätzen der Bundeswehr“ v. 16.6.2015.

[69] *Schmidt-Radefeld* in BeckOK GG Rn. 20; *Schröder* in MKS Rn. 8.

[70] BT-Drs. 18/6866, S. 3.

[71] Gegen ein verfassungs- und völkerrechtliches Fundament *Payandeh/Sauer* ZRP 2016, 34, *Kleinlein* AöR 2017, 44 (54 f.).

[72] Protokoll 142. Sitzung BT S. 13892.

[73] *Schenke* in BK Rn. 102.

täuschen.[74] Der BMVg gibt nach dieser Auffassung nämlich einen Teil seiner Befehls- und Kommandogewalt ab, was nicht mit Art. 65a vereinbar sein kann, da eine Verfügungsbefugnis über die Befehls- und Kommandogewalt dem eigentlichen Zweck des Art. 65a zuwiderlaufen würde.[75] Deshalb ist sicherzustellen, dass der BMVg auch bei multinationalen Bündnissen weiterhin die Befehls- und Kommandogewalt effektiv ausüben kann.[76]

III. Stellvertretung

14 Die **Stellvertretung** bezüglich der Befehls- und Kommandogewalt verursacht aufgrund der fehlenden ausdrücklichen Normierung in Art. 65a seit jeher Diskussionen und hat die unterschiedlichsten Lösungsvorschläge hervorgebracht.[77] „Vertretung" meint hierbei die Aufgabenwahrnehmung bei einer Verhinderung des Ministers im Sinne des § 14 Abs. 1 GO BReg und nicht die „ständige Vertretung" eines (beamtetem) Staatssekretärs.[78] Die Kontroverse ergibt sich aus dem Umstand, dass sich die Befehls- und Kommandogewalt auf den militärischen Teil der Ressortleitung bezieht, der der parlamentarischen Kontrolle unterstehen muss und so den Primat der Politik sichern soll. Denn der BMVg unterliegt unmittelbarer parlamentarischer Verantwortung, die bei einer Stellvertretung nicht entfallen darf.[79] Ein beamteter Staatssekretär unterläge gerade keiner parlamentarischen Verantwortlichkeit, sondern lediglich einer beamtenrechtlichen.[80]

15 Grundsätzlich ist die Stellvertretung eines Bundesministers in § 14 GO BReg geregelt und sieht für Regierungsangelegenheiten in Abs. 1 die Vertretung durch einen Ministerkollegen und in Abs. 3 für die Leitung der obersten Bundesbehörde die Vertretung durch einen (beamteten) Staatssekretär vor.[81]

16 Um die parlamentarische Kontrolle der Befehls- und Kommandogewalt effektiv zu gewährleisten, wäre eine potentiell missbräuchliche Vertretungsregelung wenig sinnvoll. Diese Kompetenz stellt durch Art. 65a eine privilegierte Ressortbefugnis dar, die dem BMVg in seiner Funktion als Regierungsmitglied zustehen muss. Dass diese Befugnis auf Personen übergeht, die diese intendierte Privilegierung nicht gleich effektiv gewährleisten können, kann nicht beabsichtigt sein. Demnach muss dieser militärische Teil der Ressortleitung auch bei der **Stellvertretung bei einem Regierungsmit-**

---

[74] Anders: *Heun* in Dreier Rn. 3; auch *Hernekamp* in v. Münch/Kunig, 6 Aufl. 2012, Rn. 28 jeweils mwN.; ebenso *Deiseroth* in Umbach/Clemens Rn. 149 ff.; *Epping* in Maunz/Dürig Rn. 64 ff.

[75] Ähnlich auch *Kirchhof* NZWehrR 1998, 152 (154); *v. Unruh/Quaritsch* VVDStRL 26 (1968), 157 ff. (207 ff.).

[76] *Oldiges/Brinktrine* in Sachs Rn. 19b; *Kirchhof* NZWehrR 1998, 152 (154). Zu Vorschlägen einer besseren Vereinbarkeit von Bündnisfähigkeit und Parlamentsbeteiligung s. BT-Drs. 18/5000 „Unterrichtung durch die Kommission zur Überprüfung und Sicherung der Parlamentsrechte bei der Mandatierung von Auslandseinsätzen der Bundeswehr" v. 16.6.2015 (sog. „Rühe-Kommission").

[77] Übersicht dazu bei *Heun* in Dreier Rn. 12; *Schröder* in MKS Rn. 17 ff. jeweils mwN.

[78] Hierzu noch ausführlich *Hernekamp* in v. Münch/Kunig, 6. Aufl. 2012, Rn. 19; *Heun* in Dreier Rn. 12 jeweils mwN.

[79] *Schröder* in MKS Rn. 19; *Schenke* in BK Rn. 44; *F. Kirchhoff* in HdbStR IV § 84 Rn. 25.

[80] *F. Kirchhoff* in HdbStR IV § 84 Rn. 26.

[81] *Erhardt* NZWehrR 1970, 41; *Klein* JuS 1974, 360; *Franke* NZWehrR 1977, 45; zusf. *Heun* in Dreier Rn. 12; *Schröder* in MKS Rn. 17 ff.; *Schenke* in BK Rn. 43; *Müller-Franken/Uhle* in SHH Rn. 28.

glied nach § 14 Abs. 1 GO BReg verbleiben. Eine vollständige Verlagerung der Vertretung auf einen Ministerkollegen wäre allerdings ohne Änderungsgenehmigung des BPräs. (Art. 65 S. 4) mit § 14 GO BReg unvereinbar.[82] Deshalb wird die Befehls- und Kommandogewalt aufgespalten: der regierungsrelevante Teil dieser Befugnis unterliegt der ministeriellen Vertretungsregelung nach § 14 Abs. 1 GO BReg.[83] Die verbleibenden Teile der Befehls- und Kommandogewalt, die dem BMVg kraft Ressortgewalt als „Leiter einer Obersten Bundesbehörde" zustehen, fallen in die Vertretungskompetenz seiner (beamteten) Staatssekretäre nach § 14 Abs. 3 GO BReg.[84]

Die Bundesregierung reagiert auf diese Unklarheit seit der 6. Legislatur- **17** periode pragmatisch, indem jeweils zu Beginn der Legislaturperiode ein Kabinettsbeschluss ergeht, der die Vertretung unter Einbeziehung der Befehls- und Kommandogewalt auf einen Ministerkollegen nach § 14 Abs. 1 GO BReg überträgt (ab der 7. Legislaturperiode auf den Bundesminister des Auswärtigen).[85]

IV. Über die Streitkräfte

Die Streitkräfte sind Teil der Exekutive, was die Wehrnovelle ausdrücklich **18** in Art. 1 Abs. 3 durch die Zuordnung zur „vollziehenden Gewalt" klargestellt hat.[86] Der Meinung, dass die Streitkräfte eine „vierte Gewalt" darstellen, wurde damit widersprochen.[87] Dem Einwand, dass die Streitkräfte nicht „verwalten", sondern „kämpfen" und dies der Funktion und Struktur der Exekutive widerspricht,[88] ist verfassungsrechtlich nicht von Relevanz. Es überwiegt die Intention, die Streitkräfte an die Grundrechte zu binden und sie in das gewaltenteilende Verfassungsgefüge zu zwingen.

Die Streitkräfte bilden neben der Bundeswehrverwaltung (Art. 87b), der **19** Militärseelsorge[89] und der Rechtsberatung[90] die militärische Säule der Bundeswehr. Deren Angehörige sind uniformiert und befehlshierarchisch organisiert und unterstehen der Befehls- und Kommandogewalt des BMVg in Friedenszeiten oder dem Bundeskanzler im Verteidigungsfall gemäß Art. 115b.[91] Die Zugehörigkeit zu den Streitkräften bestimmt sich dabei

[82] Krit. *Epping* in Maunz/Dürig Rn. 72; *Oldiges* in Sachs Rn. 23 und *Deiseroth* in Umbach/Clemens Rn. 43; aA *Heun* in Dreier Rn. 12.

[83] BVerfGE 45, 55 (60); *Epping* in Maunz/Dürig Rn. 72; *Heun* in Dreier Rn. 12; *Oldiges/Brinktrine* in Sachs Rn. 21 ff.

[84] So *Hernekamp* in v. Münch/Kunig, 6. Aufl. 2012 Rn. 18; ebenso zB *Heun* in Dreier Rn. 12, *Schröder* in MKS Rn. 18; auch Dresdner Erlass, „Grundsätze" (S. 3). Die beamteten Staatssekretäre vertreten den BMVg als militärischen Vorgesetzten. Die Parlamentarischen Staatssekretäre „unterstützen" den BMVg bei der Erfüllung seiner „Regierungsaufgaben" (Abschnitt I 3), § 1 Abs. 2 ParlStG, was die Innenvertretung als Ressortchef nicht umfasst; aA *Epping* in Maunz/Dürig Rn. 56 ff.

[85] *Schenke* in BK Rn. 44 f.

[86] *Heun* in Dreier Rn. 10; *Klein* in Maunz/Dürig, Art. 45b Rn. 3 f; *Schröder* in MKS Rn. 7.

[87] Nachw. bei *Martens,* Grundgesetz und Wehrverfassung, 1961, 97 ff.; Zur Zuordnung zur zweiten Gewalt. *v. Unruh/Quaritsch* VVDStRL 26 (1968), 157 ff. (207 ff.); *Böckenförde,* Die Organisationsgewalt im Bereich der Regierung, 2. Aufl. 1998, 152 ff. Alternative Vorschläge bei *Schmidt* FS f. Arndt, 1969, 437 (448). *Böckenförde,* Die Organisationsgewalt im Bereich der Regierung, 2. Aufl. 1998, 157; *Erhardt,* Die Befehls- und Kommandogewalt, 1969, 113.

[88] *F. Kirchhof* in HdbStR IV § 84 Rn. 8.

[89] G v. 26.7.1957, BGBl. II 701.

[90] *Laabs* NZWehrR 1995, 98; 1997, 133; *Zetzsche/Weber,* Recht und Militär, 2006.

[91] *Epping* in Maunz/Dürig Rn. 79 ff.; *Müller-Franken/Uhle* in SHH Rn. 17; *Heun* in Dreier Rn. 11; *Schmidt-Radefeld* in BeckOK GG Rn. 12.

maßgeblich danach, ob sie dem Befehls- und Gehorsamsprinzip unterliegen. So zählen deren Angehörige auch zu den Streitkräften, wenn der Dienst außerhalb der eindeutigen Organisationsbereiche nach Art. 65a und Art. 87a geleistet wird.[92] Hingegen können Soldaten auch in der Bundeswehrverwaltung eingesetzt werden und dem dienstlichen Weisungsrecht unterliegen, weshalb sie nicht den Streitkräften zuzuordnen sind.[93] Im Rahmen von Public-Private-Partnerships eingesetztes Personal (Wachdienst, Personenschutz, Minen- und Kampfmittelräumung) sowie die Zivilverteidigung sind nicht Teil der Streitkräfte.

C. Verhältnis zu anderen Bestimmungen des Grundgesetzes

20 Im Rahmen der Befehls- und Kommandogewalt aus Art. 65a kann der BMVg Anordnungen (aufgrund gesetzlicher Grundlage) treffen, die das **äußere Erscheinungsbild der Soldaten** nach Art. 2 Abs. 1 einschränken.[94] So kann der BMVg Weisungen über die Haarlänge treffen, die für Soldaten und Soldatinnen unterschiedlich sein können, ohne gegen Abs. 3 Abs. 1 zu verstoßen.[95]

21 Art. 5 Abs. 1 S. 1 wird für Soldaten durch §§ 10 Abs. 6, 17 Abs. 1 SG beschränkt,[96] die aber im Verhältnis zu Art. 65a Kritik am BMVg nicht grundsätzlich verbieten können und sogar öffentliche Rücktrittsforderungen ermöglichen.[97] Die freie Meinungsäußerung steht bei Art. 5 Abs. 1 S. 1 in einem gewissen **Spannungsverhältnis zur Funktionsfähigkeit der Bundeswehr.** Gefährden dabei die Äußerungen die Funktionsfähigkeit der Bundeswehr durch „eine Untergrabung der Moral und der Disziplin innerhalb der Streitkräfte", muss Art. 5 Abs. 1 S. 1 zurücktreten.[98] Der BMVg kann Kritik an der Bundeswehr nach außen äußern und Missstände öffentlich benennen, ob das allerdings zur Steigerung der Moral der Bundeswehr beiträgt, darf bezweifelt werden.[99] Im Hinblick auf Gegendarstellungen sei-

---

[92] § 1 Kooperationsgesetz der Bundeswehr v. 30.7.2004 (BGBl. I 2027); Gleiches gilt für an andere Behörden abgeteilte Militärangehörige, wie zB den BND, BVerwG NVwZ 2009, 782.

[93] Näheres zu privaten Militärunternehmen bei *Krieger* AVR 44 (2006), 159. Nicht zu den Streitkräften gehören würden auf Marineeinheiten zur Piratenabwehr eingesetzte Angehörige der Bundespolizei, dazu *Aldenhoff* Marineforum 2008/11, 7; *Stehr* Marineforum 2009/1, 5; auch BT-Drs. 16/11 453, 6 (betr. Atalanta) und UN-S/RES/1851 (2008). Vgl. auch → Art. 87b Rn. 5 f.

[94] So die Zentrale Dienstvorschrift A-2630/1 über „Das äußere Erscheinungsbild der Soldatinnen und Soldaten der Bundeswehr" (sog. Haar- und Barterlass), BVerwGE 43, 353; BVerwG Beschl. V. 17.12.2013 – WRB 2.12; BVerwG Beschl. v. 31.1.2019 – 1 WB 28.17. Zur Notwendigkeit einer gesetzlichen Grundlage und dem Konflikt zu Art. 2 Abs. 1 und Art. 3 Abs. 1.

[95] BVerwG Beschl. V. 17.12.2013 – WRB 2.12; BVerwG Beschl. v. 31.1.2019 – 1 WB 28.17.

[96] BVerfG NVwZ-RR 2008, 330 (331). Zu den einschränkenden Grundsätzen der Meinungsäußerungen höherer Dienstgrade: zB BVerwG NJW 1978, 1597; DVBl 1990, 296 = NVwZ 1990, 762, Flucht in die Öffentlichkeit („Schmähling"); BVerfG NJW 1992, 2750 „Soldaten/Mörder/Darmstädter Signal I"; BVerwG NVwZ-RR 1993, 638 „Darmstädter Signal II".

[97] BVerwG NJW 1978, 2109 = NZWehrR 1978, 141; m. abl. Anm. *Alff* NZWehrR 1978, 143.

[98] BVerfG NVwZ-RR 2008, 330; EGMR NVwZ-RR 2011, 733.

[99] So die Äußerung der damaligen BMVg am 30.4.2017 in einem Interview mit dem ZDF, die Bundeswehr habe ein Haltungsproblem und eine Führungsschwäche auf verschiedenen Ebenen.

tens der Soldaten müssen sich dann auch die Grenzen von Art. 5 Abs. 1 S. 1 zu Gunsten der freien Meinungsäußerung verschieben, da Aussagen im Kontext der gesellschaftlichen Diskussion bewertet werden müssen.[100]

Die strafbare Grenze für Meinungsäußerungen bildet § 89 StGB, der bei einer (Auf-)Forderung zum „Volkskampf gegen Demokratie und Ausbeutung" und für eine „Volksmiliz" unter Übernahme der Befehls- und Kommandogewalt durch die „werktätige Bevölkerung" zur Anwendung kommt.[101] 22

Werden die Streitkräfte im Rahmen **kollektiver Sicherheitssysteme** (UNO, NATO, EU) eingesetzt, können die Hoheitsrechte (die Befehls- und Kommandogewalt eingeschlossen) nach Art. 24 Abs. 2 eingeschränkt werden (hierzu ausführlich → Rn. 12). 23

Die Befehls- und Kommandogewalt wird verfassungsrechtlich durch Art. 35 Abs. 1, Abs. 2 S. 2 und Art. 35 Abs. 3 S. 1 beschränkt, wenn bestimmte Gefahrenlagen es erfordern. So enthält Art. 35 Abs. 1, Abs. 2, S. 2 die Pflicht zur Amtshilfe, was gleichzeitig eine **Verfügungsbeschränkung** des BMVg über die Streikräfte (und damit einer Einschränkung seiner Kompetenz aus Art. 65a) darstellt. Art. 35 Abs. 3 S. 1 überträgt im Fall des **überregionalen Katastrophennotstandes** die Weisungsbefugnis auf die Bundesregierung als Kollegialorgan, was im Fall der Streitkräfte mit einer Beschränkung der Befehls- und Kommandogewalt des BMVg einhergeht.[102] Art. 35 Abs. 3 S. 1 ist demnach die speziellere Vorschrift zu Art. 65a.[103] 24

Weisungsbefugnisse des Wehrbeauftragten (Art. 45b) oder des Verteidigungsausschusses (Art. 45a) gegenüber Soldaten existieren nicht.[104] Auch wenn die Kontrollbefugnisse sich mittelbar auf die Befehls- und Kommandogewalt des Art. 65a auswirken, begründen sie dabei keine materiell-rechtliche Kompetenzbeschränkung.[105] 25

Nach Art. 65 S. 1 wird die Richtlinienkompetenz des Bundeskanzlers durch die die Befehls- und Kommandogewalt des BMVg nicht eingeschränkt. Der BMVg steht aber durch seine Scharnierfunktion zwischen militärischer und politischer Führung in einem Spannungsverhältnis zur Richtlinienkompetenz (dazu → Rn. 5). Das Kabinettsprinzip bei **ressortübergreifenden Konflikten** gilt uneingeschränkt im Verhältnis zu Art. 65a. Als Pflichtressort schränkt das BMVg die Ressortbildungskompetenz aus Art. 65 S. 1 ein. Die Ressortkompetenz aus Art. 65 S. 2 wird durch Art. 65a konstitutiv (und nicht nur deklaratorisch) eingeschränkt, da der BMVg die Befehls- und Kommandogewalt nicht abgeben bzw. delegieren darf.[106] 26

---

[100] In der Sache ähnlich: BVerfG NJW 1992, 2750, bei dem herausgehoben wurde, dass „der Kontext[es] einer Erklärung objektiv und sachlich vor dem Hintergrund des gesellschaftlichen, sozialen und wirtschaftlichen Geschehens" zu berücksichtigen ist.

[101] BGH JR 1977, 30 mzustAnm *Schroeder*.

[102] BVerfGE 132, 57; BVerfGE 115, 118 auch bereits bei bevorstehendem Terroranschlag.

[103] BVerfGE 132, 57.

[104] *Dürig/Klein* in Maunz/Dürig Art. 45a Rn. 3; *Magiera* in Sachs Art. 45a Rn. 5; *Brocker* BeckOK GG Art. 45a Rn. Vor 1; *Klein* in Maunz/Dürig Art. 45b Rn. 1 ff; *Magiera* in Sachs Art. 45b Rn. 4; *Schmidt-Radefeld* in BeckOK GG Art. 45b Rn. 3 jeweils mwN.

[105] iE *Ipsen* in BK Rn. 65; *Hernekamp* in v. Münch/Kunig, 6. Aufl. 2012, Rn. 26; aA *Dürig* in Maunz/Dürig Rn. 26, 29.

[106] So aber die früher hM, vgl. *Dürig* in Maunz/Dürig Rn. 13; *Hamann* in Hamann/Lenz Bem. A; *Barth* DÖV 1966, 158; wie hier schon *Erhardt*, Die Befehls- und Kommandogewalt, 1969, 67 f. (89); Ebenso BVerwGE 127, 1 „Historienspektakel"; sowie *Quaritsch* VVDStRL 26 (1968), 207 (233, 241); iÜ *Deiseroth* in Umbach/Clemens Rn. 40; *Heun* in Dreier Rn. 13; *Oldiges/Brinktrine* in Sachs Rn. 7; *Pieroth* in Jarass/Pieroth Rn. 2.

27 Das Verhältnis zu Art. 87a Abs. 4 ist vergleichbar zu Art. 35 Abs. 3 S. 1. Die Befehls- und Kommandogewalt wird bei verfassungsrechtlich definierten Fallkonstellationen eingeschränkt. So trifft die Entscheidung über den Einsatz der Streitkräfte bei **inneren Unruhen** die Bundesregierung als Kollegialorgan.

28 Die Wehrverwaltung aus Art. 87b ergibt sich für den BMVg aus seiner allgemeinen Ressortkompetenz und ist nicht etwa ein Annex zur Befehls- und Kommandogewalt des Art. 65a.

29 Nach Art. 93 Abs. 1 Nr. 1 ist der BMVg im Rahmen seiner Befehls- und Kommandogewalt aus Art. 65a beteiligtenfähig.[107]

30 Mit **Verkündung des Verteidigungsfalles** geht nach Art. 115b die Befehls- und Kommandogewalt auf den Bundeskanzler über. Damit bewirkt Art. 115b die Aufsplittung der Ressortkompetenzen des BMVg und entzieht ihm den wesentlichen Streitkräftebereich. Dieser Teil der Ressortkompetenz des Art. 65a wird dann vom Bundeskanzler übernommen, während der übrige Ressortbereich beim BMVg verbleibt.[108]

D. Kritische Würdigung

31 Die Kritik an Art. 65a teilt sich auf in eine historische und eine zeitgemäß inhaltiche.[109] Historisch stieß die Einführung des Art. 65a wenig überraschend auf Widerstände, da er unter Aufgabe des präsidialen Oberbefehls eine Befehls- und Kommandogewalt einführte, die einem politisch eingesetzten Minister die Streitkräfte unterstellt. Nachvollziehbarerweise war diese Kritik noch stark von einem tradierten Bild der Streitkräfte geprägt, das noch keine (im Hinblick auf die WRV zumindest noch keine konsequente) Einbindung in das parlamentarisch-demokratische Gefüge kannte. So musste sich erst dieses neue Verständnis der Streitkräfte als „demokratischer Waffenträger in einem demokratischen Staat" festigen, um die Übertragung der Befehls- und Kommandogewalt auf den BMVg zu akzeptieren. Die Vorteile einer Bundeswehr als Parlamentsheer, deren Kontrolle durch den Bundestag über den Parlamentsvorbehalt und den BMVg als Exekutivorgan gewährleistet wird, sind mittlerweile in der Gesellschaft angekommen. Vereinzelt flackern Atavismen dieser Kritik auf, wenn bspw. die Frage gestellt wird, ob eine Frau als BMVg die Befehls- und Kommandogewalt überhaupt mit der notwendigen Autorität innerhalb der Streitkräfte ausüben kann. Ernstnehmen kann man dies hingegen nur schwerlich. Die zeitgemäße inhaltliche Kritik ist der **Transformation** der Bundeswehr geschuldet, bei denen **politisch-strategische Einsätze** in intergrierten internationalen Allianzen und Bündnissen stattfinden und sich von der klassischen Landesverteidigung entfernen. Die Streitkräfte müssen dabei auf eine sich ändernde globale Sicherheitsarchitektur und Gefährdungslage reagieren, die nicht an den Landesgrenzen der Bundesrepublik endet. Ob dabei die Grundsätze des Art. 65a die dafür notwendige Flexibilität zulassen, mag sicherlich kritisch hinterfragt werden.

[107] *Odendahl* JuS 1998, 145.

[108] Ausführlich dazu die Literatur zu Art. 115b bei *Schmidt-Radefeld* in BeckOK GG Art. 115b Rn. 10 ff; *Robbers* in Sachs Art. 115b Rn. 2 f; *Epping* in Maunz/Dürig Art. 115b Rn. 10 ff.; *Ipsen* in BK Art. 115b Rn. 91 ff.; → Art. 115b Rn. 8 f. jeweils mwN.

[109] Die Kritik an der systematischen Stellung des Art. 65a im VI. Abschnitt des GG, war dabei marginal. So *v. Mangoldt/Klein,* Das Bonner Grundgesetz, 2. Aufl. 1966, Anm. II 5.

So bleibt es verfassungsrechtlich unbefriedigend, wenn multinationale Einsätze außerhalb von kollektiven Sicherheitssystemen (Art. 24 Abs. 2) unter Aufgabe von Hoheitsrechten, wie der Befehls- und Kommandogewalt, um den Preis der effektiven parlamentarischen Kontrolle stattfinden.

Literatur

R. G. Adam, Fortentwicklung der deutschen Sicherheitsarchitektur – ein nationaler Sicherheitsrat als strukturelle Lösung? Sicherheit+Stabilität 2006, 38. – ***E. W. Böckenförde,*** Die Organisationsgewalt im Bereich der Regierung, 2. Aufl. 1998. – ***W.-M. Boss,*** Die „Befehls- und Kommandogewalt" des Grundgesetzes im Vergleich zum „Oberbefehl" der Reichsverfassungen von 1871 und 1919, Diss. Köln, 1960. – ***E. Busch,*** Der Oberbefehl, seine rechtliche Struktur in Preußen und Deutschland seit 1848, 1967. – ***A. Dietz,*** „Frieden schaffen ohne Waffen"? – Die Widerspruchspflicht des Bundesministers der Verteidigung gegen militärisch unerfüllbare Einsatzaufträge nach Art. 65a GG, DÖV 2015, 585 –***P. Dreist,*** Rules of Engagement in multilateralen Operationen – ausgewählte Grundsatzfragen, NZWehrR 2007, 45. – ***ders.,*** Die völker- und verfassungsrechtlichen Grundlagen der Ausbildungsmission der Bundeswehr im Nordirak, NZWehrR 2018, 55. – ***M. Erhardt,*** Die Befehls- und Kommandogewalt, 1969. – ***F. Erler,*** Heer und Staat in der Bundesrepublik, in BMVg (Hrsg.), Schicksalsfragen der Gegenwart, Bd. 3, 1958, 223. – ***W. Frenz,*** Deutsche Streitkräfte bei EU-Missionen und gemeinsame Verteidigung nach Lissabon, NZWehrR 2010, 187. – ***Ch. Gramm,*** Glaubwürdigkeitsdefizite der Wehrverfassung, NZWehrR 2007, 221. – ***R. Schmidt-Radefeldt,*** Parlamentarische Kontrolle der internationalen Streitkräfteintegration, 2005. – ***ders.,*** Zur Problematik der Befehls- und Kommandogewalt nach Art. 65a, GS H. Peters, 1967, 526. – ***F. A. von der Heydte,*** Organisation und Führung der Streitkräfte, DVBl 1967, 701. – ***ders.,*** Kontinuität und Wandel in Grundlegung und Dogmatik des wehrverfassungsrechtlichen Parlamentsvorbehalts, AöR 2017, 44 – ***K. Hornung,*** Staat und Armee, Studien zur Befehls- und Kommandogewalt und zum politisch-militärischen Verhältnis in der Bundesrepublik Deutschland, 1975. – ***ders.,*** Primat der Politik und militärisches Funktionserfordernis, Der Bürger im Staat 1979, 80. – ***G. Kadner,*** Die Richtlinienkompetenz unter bes. Berücksichtigung des BMVg, Diss. München, 1970. – ***F. Kirchhof,*** Deutsche Verfassungsvorgaben zur Befehlsgewalt und Wehrverwaltung in multinationalen Verbänden, NZWehrR 1998, 152. – ***F. Klein,*** Ministerielle Weisungsbefugnis und Stellvertretung in der Befehls- und Kommandogewalt, JuS 1974, 362. – ***H. Krieger,*** Streitkräfte im demokratischen Verfassungsstaat, 2004. – ***K. Kröger,*** Die Ministerverantwortlichkeit in der Verfassungsordnung der Bundesrepublik Deutschland, 1972. – ***M. Lepper,*** Die verfassungsrechtliche Stellung der militärischen Streitkräfte im gewaltenteilenden Rechtsstaat, 1962. – ***E. Lingens,*** Befehlsbefugnis und Vorgesetzteneigenschaft, NZWehrR 1993, 19. – ***U. de Maizière,*** Führen im Frieden, 1974. – ***W. Martens,*** Grundgesetz und Wehrverfassung, 1961. – ***M. Oldiges,*** Wehrrecht und Zivilverteidigungsrecht, in Ehlers/Fehling/Pünder (Hrsg.), Besonderes Verwaltungsrecht Bd. III, 3. Aufl. 2013, § 74. – ***A. Steinkamm*** (Hrsg.), Wehrrecht und Friedenssicherung, FS f. Dau, 1999. – ***A. Steinkamm /D. Schössler*** (Hrsg.), Wehrhafte Demokratie 2000 – zu Wehrpflicht und Wehrstruktur, 1999. – ***G.-Ch. v. Unruh/H. Quaritsch,*** Führung und Organisation der Streitkräfte im demokratisch-parlamentarischen Staat, VVDStRL 26 (1968), 157, 207. – ***G.-Ch. v. Unruh,*** Befehls- und Kommandogewalt, Die juristische und pragmatische Entwicklung einer Funktionsregelung, FS f. H. J. Wolff, 1973, 109. – ***D. Weingärtner*** (Hrsg.), Einsatz der Bundeswehr im Ausland, 2007. – ***F.-W. Witte,*** Militärgewalt und Wehrgewalt, DVBl. 1965, 670. – ***H. Zetzsche/S. Weber,*** Recht und Militär, 2006.

Ältere Lit. v. Münch/Kunig, 6. Aufl. 2012.

Art. 66 [Unvereinbarkeiten]

Der Bundeskanzler und die Bundesminister dürfen kein anderes besoldetes Amt, kein Gewerbe und keinen Beruf ausüben und weder der Leitung noch ohne Zustimmung des Bundestages dem Aufsichtsrate eines auf Erwerb gerichteten Unternehmens angehören.

Übersicht

A. Allgemeine Bedeutung

I. Genese

1 Die **Verfassung des Deutschen Reiches von 1871** enthielt **keine Art. 66 vergleichbare Norm.** So waren keine Minister vorgesehen und auf die Stellvertreter des Reichskanzlers wurden die beamtenrechtlichen Vorschriften angewandt.

2 Im Hinblick auf den Reichskanzler wurde allein Art. 9 Abs. 2 mit seiner Inkompatibilitätsvorschrift relevant. Nach dieser durfte niemand zugleich Mitglied des Reichsrates und Reichstages sein, so dass der Reichskanzler, welcher nach Art. 15 Abs. 1 den Vorsitz im Reichsrat führte, nicht auch Mitglied des Reichstages sein durfte.

3 In der **Weimarer Reichsverfassung** von 1919 **fehlte** in Bezug auf den Reichskanzler ebenfalls **eine Art. 66 entsprechende Regelung.** Zwar stellte Art. 44 WRV für den Reichspräsidenten die Vorschrift auf, dass dieser nicht Mitglied des Reichstages sein konnte, eine entsprechende Anwendung auf den Reichskanzler oder die Reichsminister wurde jedoch nicht vorgenommen. Vielmehr waren diese zugleich auch Mitglieder des Reichstages. In Bezug auf Nebentätigkeiten unterlagen sie den beamtenrechtlichen Nebentätigkeitsbestimmungen.

4 Erst mit dem Reichsministergesetz vom 27.3.1930[1] wurde mit dessen § 7 angeordnet, dass Reichsminister nicht dem Vorstand, Verwaltungsrat oder Aufsichtsrat eines auf Erwerb gerichteten Unternehmens angehören dürfen,

[1] RGBl. 1930 Teil I 96.

es sei denn, es wurde von der Reichsregierung unter bestimmten Umständen eine Ausnahme zugelassen.

II. Inhaltliche Übersicht

Art. 66 regelt die **Unvereinbarkeit** von Bundeskanzler- und Bundesministeramt mit beruflichen und wirtschaftlichen Tätigkeiten. Nicht geregelt werden dagegen bundesverfassungsorganschaftliche Unvereinbarkeiten.[2] Dabei handelt es sich um ein Novum in der deutschen Verfassungsgeschichte, da die Norm keinerlei Vorläufer in deutschen Verfassungen hat.[3] Art. 66 orientiert sich an der Inkompatibilitätsregelung des Art. 55 Abs. 2 für den BPräs[4] und erstreckt den Grundsatz der Inkompatibilität auch auf die Mitglieder der Bundesregierung. **5**

Zweck der Inkompatibilitätsregelung ist die Begrenzung der Möglichkeit der Regierungsmitglieder, ihr Amt zur Verfolgung persönlicher wirtschaftlicher Interessen zu missbrauchen und damit das Ansehen der Institution zu wahren.[5] Dabei soll bereits die Verbindung politischer und wirtschaftlicher Macht in Personalunion als solche unterbunden werden, um damit jeden Anschein des Amtsmissbrauchs entgegenzuwirken.[6] **6**

Art. 66 wird konkretisiert und ergänzt durch die §§ 4 u. 5 BMinG.[7] **7**

III. Systematischer Zusammenhang

Art. 66 normiert Inkompatibilitätsvorschriften im Hinblick auf den Bundeskanzler und die Bundesminister und trifft damit Aussagen zur Rechtsstellung der Mitglieder der Bundesregierung. Er ergänzt damit die Vorschriften des VI. Abschnitts, in dem neben Begriff und Zusammensetzung der Regierung (Art. 62), ihre Bestellung (Art. 63, 64), Prinzipien ihrer Organisation (Art. 65 und 69 Abs. 1) und die Beendigung ihrer Amtszeit (Art. 69 Abs. 2) einschließlich der besonderen Beendigungstatbestände Misstrauensvotum und Vertrauensfrage (Art. 67, 68) systematisch zusammengefasst sind. **8**

---

[2] Str. nur für berufliche Inkompatibilitäten *Oldiges/Brinktrine* in Sachs Rn. 2, 21 ff.; *Brockmeyer* in SHH Rn. 5; *Hermes* in Dreier Rn. 8; *Pieper* in BeckOK GG Rn. 2; auch für die politischen bzw. organschaftlichen Inkompatibilitäten *Herzog* in Maunz/Dürig Rn. 27 ff.; *Epping* in MKS Rn. 6 ff.; *Epping* DÖV 1999, 529 (531 ff.); *Schneider* in AK Rn. 3; *Busse* in BerlKomm Rn. 8; in die Richtung *Weckerling-Wilhelm* in Umbach/Clemens Rn. 12.

[3] *Hermes* in Dreier Rn. 1 „Novum".

[4] Bis auf die ausnahmsweise Möglichkeit einer Tätigkeit im Aufsichtsrat eines auf eine Erwerbstätigkeit gerichteten Unternehmens identisch mit Art. 55, s. *Hermes* in Dreier Rn. 10; *Pieper* in BeckOK GG Rn. 1.

[5] *Herzog* in Maunz/Dürig Rn. 6; *Brockmeyer* in SHH Rn. 1; *Hermes* in Dreier Rn. 5; *Busse* in BerlKomm Rn. 4; *Epping* in MKS Rn. 1 „primäres Ziel".

[6] *Pieroth* in Jarass/Pieroth Rn. 1 „Pflichten- und Interessenkollisionen verhindern"; *Hermes* in Dreier Rn. 5 Vermeidung des „bösen Scheins".

[7] Art. 66 enthält keine abschließende Regelung. Inkompatibilitätsregeln können daher durch den Gesetzgeber geschaffen werden oder aus einer erweiternden Auslegung der Vorschrift folgen, so *Hermes* in Dreier Rn. 9; *Oldiges/Brinktrine* in Sachs Rn. 4; *Brockmeyer* in SHH Rn. 6; *Epping* in MKS Rn. 3; *Weckerling-Wilhelm* in Umbach/Clemens Rn. 7.

B. Einzelfragen

I. Der Bundeskanzler und die Bundesminister dürfen kein anderes besoldetes Amt (ausüben)

9 Der **Anwendungsbereich** der Regelung erstreckt sich nach dem Wortlaut der Norm ausschließlich auf die Mitglieder der BReg,[8] denen durch Art. 66 die Ausübung eines anderen besoldeten Amtes untersagt ist.

10 **Besoldete Ämter** sind Tätigkeiten, die auf der Grundlage eines Amtsverhältnisses gegen Entgelt für den Staat ausgeübt werden. Hierunter fallen insbesondere Beschäftigungen als **Beamte, Richter** oder **Soldaten.**[9] Für Bundesverfassungsrichter ist die Inkompatibilität ausdrücklich in Art. 94 Abs. 1 S. 3 angeordnet.

11 Fraglich ist, ob auch das Präsidentenamt oder das Amt in einer Landesregierung erfasst sind.

12 Art. 55 Abs. 1 ist lex specialis für das Präsidentenamt. Für Mitglieder von Landesregierungen lässt sich der Wortlaut heranziehen: So lässt die Formulierung „anderes" besoldetes Amt darauf schließen, dass auch die Verpflichteten ein „besoldetes Amt" ausüben. In Folge dessen ist davon auszugehen, dass hierunter auch die **Minister und Ministerpräsidenten in den Ländern** zu fassen sind, da diese ebenfalls ein besoldetes Amt ausüben.[10] Lehnt man diese Meinung ab, kann man dennoch aus dem Bundesstaatsprinzip folgern, dass eine derartige Inkompatibilität besteht.[11] Denn aus der Zusammensetzung des BR ergibt sich notwendig eine Unvereinbarkeit mit der **Mitgliedschaft im BR,**[12] ohne dass eine solche ausdrücklich in Art. 66 genannt wäre.

13 **Kein besoldetes Amt** iSd Vorschrift bekleiden die Mitglieder des BT oder eines Landtags.[13] Denn **Abgeordnete** erhalten keinen Sold, sondern werden für ihre Aufwendungen „entschädigt", Art. 48 Abs. 3.[14] Darüber hinaus ist Grundlage für das öffentlich-rechtliche Dienstverhältnis eines Abgeordneten die Wahl, nicht jedoch zusätzlich auch eine Ernennung. Dagegen ist die gleichzeitige Ausübung von Abgeordnetenmandat und Ministeramt in einer parlamentarischen Parteiendemokratie, vgl. Art. 21, nicht verboten und lässt sich auch nicht aus dem Gewaltenteilungsgrundsatz des Art. 20 Abs. 3

[8] Parlamentarische Staatssekretäre sind damit nicht Adressaten, so *Hermes* in Dreier Rn. 7; *Oldiges/Brinktrine* in Sachs Rn. 3; *Brockmeyer* in SHH Rn. 4; *Herzog* in Maunz/Dürig Rn. 8; *Epping* in MKS Rn. 3; *Busse* in BerlKomm Rn. 5; vgl. aber die einfachgesetzliche Erstreckung nach § 7 des G über die Parlamentarischen Staatssekretäre.

[9] *Epping* in MKS Rn. 4 „Amt im organisationsrechtlichen Sinn"; *Oldiges/Brinktrine* in Sachs Rn. 10; *Hermes* in Dreier Rn. 11; *Herzog* in Maunz/Dürig Rn. 15.

[10] *Herzog* in Maunz/Dürig Rn. 39; *Pieroth* in Jarass/Pieroth Rn. 2; *Brockmeyer* in SHH Rn. 23; *Epping* in MKS Rn. 16; *Busse* in BerlKomm Rn. 10; jedenfalls ergibt sich die Inkompatibilität einfachgesetzlich aus § 4 BMinG; nur auf § 4 BMinG stellt etwa *Hermes* in Dreier Rn. 17 ab.

[11] *Mager* in v. Münch/Kunig, 6. Aufl. 2012, Rn. 3.

[12] *Oldiges/Brinktrine* in Sachs Rn. 27.

[13] *Herzog* in Maunz/Dürig Rn. 33 ff.; *Busse* in BerlKomm Rn. 9 f.; *Schneider* in AK Rn. 4; *Pieroth* in Jarass/Pieroth Rn. 2, anderes gilt für den BT-Präs. Für die Zulässigkeit *Oldiges/Brinktrine* in Sachs Rn. 25 ff.; *Hermes* in Dreier Rn. 18 f.; *Pieper* in BeckOK GG Rn. 2; *Brockmeyer* in SHH Rn. 25 (letzterer nur für das Bundestagsmandat), die allerdings nicht auf Art. 66 abstellen, s. Fn. 1; für Unzulässigkeit *Epping* in MKS Rn. 17 ff.; *Epping* DÖV 1999, 529 (534 ff.); *v. Münch* NJW 1998, 34 ff.

[14] S. etwa *Weckerling-Wilhelm* in Umbach/Clemens Rn. 13; *Busse* in BerlKomm Rn. 9; s. aber die Argumentation bei *Epping* DÖV 1999, 529 (533); *Epping* in MKS Rn. 18.

ableiten,[15] wenn dies aufgrund des geforderten vollen Einsatzes für das ausgeübte Amt auch nicht gewünscht ist.[16]

Öffentliche Ehrenämter fallen in Ermangelung einer „Besoldung" nicht unter Art. 66.[17] Das Verbot folgt zulässigerweise aus § 5 Abs. 2 BMinG.[18] Ehrenämter in politischen Parteien fallen weder unter Art. 66 noch unter § 5 Abs. 2 BMinG.[19] **14**

Da sich Art. 66 nur auf Ämter erstreckt, denen ein Dienstverhältnis zugrunde liegt, an dem unmittelbar oder mittelbar der Staat beteiligt ist,[20] fällt unter „besoldetes Amt" ebenfalls nicht die Wahrnehmung eines Amtes in einer **Kirche,** selbst wenn dieser der Status einer öffentlich-rechtlichen Körperschaft zukommt. Grund hierfür ist, dass die Verleihung des Körperschaftsstatus an Kirchen nach Art. 140 GG iVm Art. 137 Abs. 5 WRV diese nicht in den staatlichen Bereich überführt.[21] **15**

Die Beendigung des Dienstverhältnisses wird nicht gefordert.[22] Vielmehr wird aus dem Wortlaut **„ausüben"** gefolgert, dass die gegenseitigen Rechte und Pflichten für die Dauer der Ausübung des Kanzler- oder Ministeramtes ruhen. **16**

Ein solches Ruhen des Dienstverhältnisses kommt jedoch bei **Wahlämtern auf Zeit,** wie dem Amt eines Landesministers oder Ministerpräsidenten, nicht in Betracht. Vielmehr wird der Grundsatz der Inkompatibilität durch § 4 BMinG, der die Unvereinbarkeit der Mitgliedschaft in Bundes- und Landesregierung anordnet, verfassungskonform konkretisiert. **17**

II. Kein Gewerbe und keinen Beruf ausüben

Art. 66 erstreckt in seiner Alt. 2 die Anordnung der Inkompatibilität auf **jegliche Form wirtschaftlicher Betätigung.** Ziel ist es, Interessenskonflikten vorzubeugen und diese zu vermeiden und hierdurch die Arbeitskraft des Mandatsträgers für die Ausübung des Amtes zu sichern. Mit den Begriffen Gewerbe und Beruf sind alle Tätigkeiten in Bezug genommen, die in den **Schutzbereich des Art. 12 Abs. 1** fallen.[23] Das reine Eigentum an Vermögenswerten fällt nicht darunter.[24] Auch hier haben nur die sich aus den **18**

[15] Wie hier *Badura* FS f. Quaritsch, 2000, 295 (304); *Oldiges/Brinktrine* in Sachs Rn. 25b; *Hermes* in Dreier Rn. 18; *Busse* in BerlKomm Rn. 9 stellt weiter auf eine verfassungsgewohnheitsrechtliche Modifizierung des Gewaltenteilungsgrundsatzes ab; aA *Epping* in MKS Rn. 19 f.; *v. Münch* NJW 1998, 34 (34 f.).

[16] *Epping* in MKS Rn. 23; *Schneider* in AK Rn. 4.

[17] *Oldiges/Brinktrine* in Sachs Rn. 11; aA *Schneider* in AK Rn. 6.

[18] *Herzog* in Maunz/Dürig Rn. 10; *Epping* in MKS Rn. 5; *Weckerling-Wilhelm* in Umbach/Clemens Rn. 15.

[19] *Oldiges/Brinktrine* in Sachs Rn. 12.

[20] Vgl. aber die weitere Definition bei *Herzog* in Maunz/Dürig Rn. 16; *Epping* in MKS Rn. 4 „Ämter, die einer juristischen Person des öffentlichen Rechts zuzurechnen sind."

[21] AA *Herzog* in Maunz/Dürig Rn. 18; *Epping* in MKS Rn. 3; *Weckerling-Wilhelm* in Umbach/Clemens Rn. 14, die maßgeblich auf die Möglichkeit einer öffentlich-rechtlichen Ausgestaltung des Dienstverhältnisses abstellen, sowie *Oldiges/Brinktrine* in Sachs Rn. 10; *Brockmeyer* in SHH Rn. 15.

[22] *Herzog* in Maunz/Dürig Rn. 11, 24 f.; *Oldiges/Brinktrine* in Sachs Rn. 16 „Betätigungsverbot"; *Epping* in MKS Rn. 38 f. Darüber hinaus folgt aus der Präsenzverwendung, dass die Regelung keine Beschränkung für die Zeit nach dem Ausscheiden aus dem Amt enthält, s. *Oldiges/Brinktrine* in Sachs Rn. 4a.

[23] *Weckerling-Wilhelm* in Umbach/Clemens Rn. 17; *Epping* in MKS Rn. 26; *Herzog* in Maunz/Dürig Rn. 42 und die Definition bei *Hermes* in Dreier Rn. 12; Ausdrücklich für Erstreckung auch auf Nebentätigkeiten *Morlok/Krüger* NVwZ 2003, 573 (574 f.).

[24] *Busse* in BerlKomm Rn. 12.

zugrunde liegenden Dienst-, Arbeits- oder sonstigen Rechtsverhältnissen resultierenden Rechte und Pflichten zu ruhen; eine Beendigung dieser Verhältnisse ist dagegen nicht gefordert.

19 Die entgeltliche Tätigkeit als **Schiedsrichter** oder **außergerichtlicher Gutachter** ist vom verfassungsrechtlichen Begriff des Berufs erfasst, weshalb § 5 BMinG klarstellt, dass auch diese Tätigkeiten verboten sind. Hintergrund ist, dass nicht nur wirtschaftliche, sondern auch amtliche Interessenskonflikte möglich sind, welche das öffentliche Vertrauen in die Sachgerechtigkeit der Amtsführung beschädigen können.

20 Fraglich ist, ob vom Verbot des Art. 66 auch **schriftstellerische** und **Vortragstätigkeit** gegen Honorar erfasst werden. Im Lichte des Schutzzwecks ist eine differenzierende Antwort zu geben:

21 **Sachvorträge,** die sich auf das Amt beziehen, sind insoweit durch das Kanzler- bzw. Ministergehalt abgegolten.[25] Vorträge gegen Entgelt in der Eigenschaft als Sachverständiger stellen eine gewerbliche Tätigkeit dar und unterfallen deshalb dem Ausübungsverbot.

22 § 5 Abs. 3 BMinG normiert den Umgang mit **Geschenken** durch Mitglieder der BReg sowie auch über den Anwendungsbereich des Art. 66 hinausgehend im Hinblick auf ehemalige Mitglieder der BReg dahingehend, dass diese verpflichtet sind, Geschenke, welche sie im Rahmen ihrer Amtsführung erhalten, zu melden und die Entscheidung der BReg über die Verwendung der Geschenke herbeiführen müssen.

23 Bei **schriftstellerischer Tätigkeit,** die sich auf die eigene Person und ihren Werdegang oder politische Ansichten bezieht, handelt es sich weder um amtliche noch um gewerbliche oder berufliche Aktivitäten, sondern primär um solche persönlich-politischer Werbung. Sie **berühren** den Schutzzweck des Art. 66 grundsätzlich **nicht.**[26] Die Gefahr, dass ein Bundeskanzler oder Minister darüber hinausgehend sein Amt vernachlässigt, um sich schriftstellerischen Ambitionen hinzugeben, erscheint fernliegend. In einem solchen Fall sind die unten dargelegten politischen Sanktionen[27] unabhängig von der Einordnung der schriftstellerischen Tätigkeit als Beruf und damit der Anwendbarkeit des Art. 66 eröffnet.[28]

III. Weder der Leitung noch ohne Zustimmung des BT dem Aufsichtsrate eines auf Erwerb gerichteten Unternehmens angehören

24 Art. 66 3. Alt. verbietet die Zugehörigkeit zur Leitung oder dem Aufsichtsrat eines auf Erwerb gerichteten Unternehmens ohne Zustimmung des BT. Damit enthält die 3. Alt. gegenüber der 2. Alt eine **speziellere Regelung mit einem weitergehenden Verbot.**[29] Hierbei geht es in besonderer Weise

---

[25] *Oldiges/Brinktrine* in Sachs Rn. 13a; *Epping* in MKS Rn. 26; *Busse* in BerlKomm Rn. 12.

[26] *Morlok/Krüger* NVwZ 2003, 573 (575); *Oldiges/Brinktrine* in Sachs Rn. 13a; *Busse* in BerlKomm Rn. 12.

[27] → Rn. 28.

[28] Vgl. *Busse* in BerlKomm Rn. 12.

[29] Wegen ihres Zweckes ist für diese Variante irrelevant, ob die Tätigkeit entgeltlich oder unentgeltlich ausgeübt wird, s. *Hermes* in Dreier Rn. 13; *Oldiges/Brinktrine* in Sachs Rn. 14; *Epping* in MKS Rn. 27; wie der Wortlaut „angehören" verdeutlicht, ist die „volle Aufgabe bzw. die uneingeschränkte Nichtübernahme" gefordert, das bloße Ruhenlassen der Pflichten genügt nicht, *Herzog* in Maunz/Dürig Rn. 11, 47; *Epping* in MKS Rn. 38; *Schneider* in AK Rn. 7; *Weckerling-Wilhelm* in Umbach/Clemens Rn. 20 f.

um die Vermeidung der Vermengung von politischen und wirtschaftlichen Interessen in einer Person.[30]

Auf Erwerb gerichtete **Unternehmen** sind Wirtschaftsunternehmen.[31] **25**
Hierzu können auch öffentliche Unternehmen der Daseinsvorsorge gehören, sofern sie nicht gemeinnützig,[32] sondern auf Gewinnerzielung gerichtet sind.[33]

Art. 66 2. Alt. bezieht sich auf gesellschaftsrechtlich organisierte Unterneh- **26**
men mit organschaftlicher Ausgestaltung in Form von **Leitungsorgan und Aufsichtsrat.**[34] Eine Mitgliedschaft in Leitungsorganen ist Bundeskanzler und Bundesministern ausnahmslos verboten.

Eine **Ausnahme** gilt für die Mitgliedschaft in einem Aufsichtsrat von **27**
Unternehmen, an denen der Bund eine maßgebliche Beteiligung hält. Eine solche Mitgliedschaft ist durch das Demokratieprinzip gerechtfertigt.[35] Voraussetzung ist jedoch, dass der Bund ein objektives und verfassungskonformes Interesse daran hat, seinen Einfluss auf das Unternehmen geltend zu machen.[36] Die Verantwortung dafür, dass das Demokratieprinzip die Beteiligung an der Aufsicht über ein Unternehmen durch ein Mitglied der BReg verlangt, liegt beim BT.[37] Ansonsten unterliegt der BT keinen Bindungen.

IV. Rechtsfolgen

Art. 66 enthält Pflichten und Verbote, die an die Amtsinhaberschaft an- **28**
knüpfen. Diese **beginnen mit Antritt** des Amtes und **enden mit dem Ausscheiden** aus demselben.

Regelungen für den Fall von **Verstößen** enthält Art. 66 dagegen nicht.[38] **29**
Solche Verstöße sind in Bezug auf staatliche Amtsverhältnisse praktisch kaum vorstellbar. Im Falle von Verstößen gegen das gewerbliche und berufsbezogene Ausübungsverbot ist es gegenüber Ministern in erster Linie **Sache des**

[30] *Oldiges/Brinktrine* in Sachs Rn. 14; *Epping* in MKS Rn. 27.

[31] Für die Voraussetzungen einer Erwerbsausrichtung s. *Veen,* Die Vereinbarkeit von Regierungsamt und Aufsichtsratsmandat in Wirtschaftsunternehmen, 1996, 84 ff.

[32] Vgl. OVG NRW, NRW OVGE 44, 278 (287): keine Ausrichtung auf Erwerb, wenn das Unternehmen staatlichen Interessen dient; *Brockmeyer* in SHH Rn. 18: „Wahrnehmung staatlicher Aufgaben" mit Bsp. Olympiagesellschaften und Emsland GmbH. Vgl. aber *Veen,* Die Vereinbarkeit von Regierungsamt und Aufsichtsratsmandat in Wirtschaftsunternehmen, 1996, 90 f., der unter Hinweis auf die Entstehungsgeschichte den Anwendungsbereich auch auf gemeinnützige Unternehmen ausdehnen will.

[33] *Veen,* Die Vereinbarkeit von Regierungsamt und Aufsichtsratsmandat in Wirtschaftsunternehmen, 1996, 96 nennt als Beispiel die öffentlich-rechtlichen Kreditunternehmen.

[34] Ausf. zum Unternehmensbegriff s. *Herzog* in Maunz/Dürig Rn. 45 ff.; für das Erfordernis wirtschaftlicher Macht *Herzog* in Maunz/Dürig Rn. 51 f.; *Epping* in MKS Rn. 28.

[35] Vgl. *Oldiges/Brinktrine* in Sachs Rn. 15.

[36] *Veen,* Die Vereinbarkeit von Regierungsamt und Aufsichtsratsmandat in Wirtschaftsunternehmen, 1996, 157; *Schneider* in AK Rn. 7, der von einer Pflicht des BT spricht, von der „Zustimmungsbefugnis äußerst zurückhaltend Gebrauch zu machen".

[37] Vgl. § 5 Abs. 1 S. 3 BMinG; umstritten ist, ob Minister mit Zustimmung des BT auch in Aufsichtsräten von Unternehmen ohne Bundesbeteiligung Mitglied sein dürfen; zust. *Brockmeyer* in SHH Rn. 18; *Herzog* in Maunz/Dürig Rn. 48; *Epping* in MKS Rn. 32 ff., letzterer mit der Einschränkung, dass „das Ressort des in Aussicht genommenen Regierungsmitglieds (nicht) in irgendeiner Weise staatliche Aufgaben in Bezug auf dieses Unternehmen" wahrnehmen darf; generell abl. *Hermes* in Dreier Rn. 14; ausf. zu dieser Frage s. *Veen,* Die Vereinbarkeit von Regierungsamt und Aufsichtsratsmandat in Wirtschaftsunternehmen, 1996, 99 ff.

[38] *Oldiges/Brinktrine* in Sachs Rn. 19 bezeichnet Art. 66 wegen der fehlenden Sanktionsmöglichkeiten als *„lex imperfecta";* krit. zu dieser Formulierung *Hermes* in Dreier Rn. 16; *Busse* in BerlKomm Rn. 13 f.

Kanzlers und dann diejenige **des BT** auf die Einhaltung der Verbote hinzuwirken. Gegenüber dem Kanzler ist es Sache des BT.

30 Bei Art. 66 handelt es sich um eine **Verfassungsrechtspflicht.** Insoweit kann der BPräs dem Bundeskanzler Art. 66 in Erinnerung rufen. Als Sanktionen hält das GG Entlassung und Misstrauensvotum bereit. Davon unbenommen sind die politischen Sanktionsmechanismen.

31 Anders als die Ausübungsverbote lassen sich die Verbote der Mitgliedschaft in Leitungs- und Aufsichtsorganen von Unternehmen bereits **zum Zeitpunkt der Ernennung prüfen** und ggf. durch Weigerung der Ernennung durchsetzen.

32 Art. 66 ist ein (verfassungs)gesetzliches Verbot iSv § **134 BGB,** weshalb eine spätere gesellschaftsrechtliche Begründung der Mitgliedschaft in einem Leitungsorgan wegen Verstoßes gegen eine Verbotsvorschrift nach § 134 BGB nichtig wäre. Gleiches gilt für die Mitgliedschaft in einem Aufsichtsrat, sofern nicht die Zustimmung des BT vorliegt.

C. Verhältnis zu anderen Bestimmungen des GG

33 Ziel von Art. 66 ist es, Pflichten- und Interessenkollisionen zu vermeiden und dadurch eine unparteiische Amtsführung sicherzustellen. Er konkretisiert damit den Grundsatz der Gewaltenteilung, Art. 20 Abs. 3.

34 Art. 66 ist weitgehend inhaltsgleich zu Art. 55 mit der Ausnahme, dass mit Zustimmung des BT die Wahrnehmung eines Aufsichtsratspostens in einem Unternehmen, das auf Erwerb gerichtet ist, zulässig ist.

D. Kritische Würdigung

35 Die Inkompatibilitätsregelung stellt eine **wichtige und insgesamt gelungene Vorschrift** dar, um das Vertrauen in die Sachgerechtigkeit der Amtsführung der Mitglieder der BReg zu stärken und persönliche Machtkumulationen oder Interessenverwirrungen zu verhindern. Auslegungsstreitigkeiten erscheinen mehr in die Vorschrift hineingelesen als von ihr veranlasst.

Literatur

P. Badura, Das politische Amt des Ministers, FS f. Quaritsch, 2000, 295. – ***V. Epping,*** Die Trennung von Amt und Mandat, DÖV 1999, 529. – ***B. Grzeszick/M. Limanowski,*** Nachamtliche Berufsverbote für Politiker, DÖV 2016, 313. – ***M. Morlok/J. Krüper,*** Ministertätigkeit im Spannungsfeld von Privatinteresse und Gemeinwohl: Ein Beitrag zur Auslegung des Art. 66 GG, NVwZ 2003, 573. – ***I. v. Münch,*** Minister und Abgeordneter in einer Person: die andauernde Verhöhnung der Gewaltenteilung, NJW 1998, 34. – ***M. Nebendahl,*** Inkompatibilität zwischen Ministeramt und Aufsichtsratsmandat, DÖV 1988, 961. – ***F. Scheffczyk,*** Karenzzeit für Bundesminister und Parlamentarische Staatssekretäre, ZRP 2015, 133. – ***T. Traupel,*** Ämtertrennungen und Ämterverbindungen zwischen staatlichen Leitungsämtern und Leitungsämtern in Verbänden, 1991. – ***Th. Veen,*** Die Vereinbarkeit von Regierungsamt und Aufsichtsratsmandat in Wirtschaftsunternehmen, 1996.

Für ältere Lit. s. v. Münch/Kunig, 6. Aufl. 2012.

Art. 67 [Misstrauensvotum]

(1) [1]Der Bundestag kann dem Bundeskanzler das Mißtrauen nur dadurch aussprechen, daß er mit der Mehrheit seiner Mitglieder einen Nachfolger wählt und den Bundespräsidenten ersucht, den Bundeskanzler zu entlassen. [2]Der Bundespräsident muß dem Ersuchen entsprechen und den Gewählten ernennen.

(2) Zwischen dem Antrage und der Wahl müssen achtundvierzig Stunden liegen.

Weimarer Reichsverfassung von 1919

Art. 54. Der Reichskanzler und die Reichsminister bedürfen zu ihrer Amtsführung des Vertrauens des Reichstags. Jeder von ihnen muß zurücktreten, wenn ihm der Reichstag durch ausdrücklichen Beschluß sein Vertrauen entzieht.

Übersicht

A. Allgemeine Bedeutung

I. Genese

Die **Verfassung des Deutschen Reichs von 1871** statuiert eine **konstitutionelle Monarchie,** in der nach Art. 15 Abs. 1 der Kaiser den Reichskanzler ernennt. Eine parlamentarische Mitwirkung war nicht vorgesehen. Daher bedurfte der Reichskanzler nur des Vertrauens des Kaisers, nicht auch desjenigen des Parlaments. Dennoch war der Reichskanzler nicht völlig vom Willen des Reichstags unabhängig, da diesem die Gesetzeskompetenz zukam und er für die Bewilligung des Etats zuständig war. 1

Gegen Ende des ersten Weltkrieges nahm der Druck zur Parlamentarisierung stetig zu, was zum Erlass des **Reichsgesetzes vom 28.10.1918**[1] führte, das den Übergang zu einem parlamentarischen Regierungssystem rechtlich grundlegte. In Ergänzung hierzu normierte der zuletzt noch in die Verfassung aufgenommene **Art. 15a,** dass der Reichskanzler zur Führung seiner Amtsgeschäfte des Vertrauens des Reichstages bedarf. Konsequenzen für den Fall 2

[1] RGBl. 1918 I 1275 ff.

des fehlenden Vertrauens, insbesondere eine Rücktrittspflicht, waren nicht enthalten.

3 Im Gegensatz hierzu enthielt die **Verfassung des Deutschen Reiches von 1919** bereits mit **Art. 54** eine Vorschrift, nach welcher der Reichskanzler und die Reichsminister vom Vertrauen des Reichstages abhängig waren und die eine Rücktrittspflicht bei Entzug dieses Vertrauens konstatierte.

4 Aus dieser Rücktrittspflicht folgerte die hM, dass es dem Reichspräsidenten verwehrt sei, jemanden zum Reichskanzler oder Reichsminister zu ernennen, der nicht das Vertrauen des Reichstages besitzt, da dieser vom Reichstag dann zum Rücktritt gezwungen werden kann. Gleichzeitig herrschte zu Beginn der Weimarer Republik die politische Praxis vor, dass sich das neu ernannte Reichskabinett des Vertrauens des Reichstages versicherte.[2]

5 Im Laufe der Zeit weitete sich die Interpretation des Art. 54 WRV dahingehend, dass der Reichstag für sich in Anspruch nahm, nach freiem Ermessen zu entscheiden, ob und wann er der Reichsregierung sein Vertrauen aussprach bzw. entzog. Im Gegenzug wurde das Vertrauen des Reichstages in die Reichsregierung so lange als bestehend vorausgesetzt, bis jener ausdrücklich der Regierung oder einem Minister das Misstrauen bekundete, was die Einsetzung von durch den Reichstag tolerierten Minderheitsregierungen Vorschub leistete.[3]

6 Letztlich hatte Art. 54 WRV seinen **Anteil am Scheitern der Weimarer Republik.** Zwar hielt sich die Anzahl der aufgrund von Art. 54 WRV gestürzten Regierungen in Grenzen,[4] dennoch gilt heute als ausreichend, dass die bloße Möglichkeit hierzu bestand und damit durch Rücktritte aufgrund geänderter Koalitionsbildungen lediglich dem Verfahren nach Art. 54 WRV zuvorgekommen wurde.[5] Zusammen mit der Kompetenz des Reichspräsidenten, den Reichskanzler zu ernennen und zu entlassen, bestanden für den Reichskanzler insgesamt zwei Abhängigkeiten, die seine Stellung maßgeblich schwächten und die in der Endphase des Weimarer Reiches zur Bildung von Präsidialkabinetten führten.

7 Ziel des **Herrenchiemseer Entwurfes (HChE)** und des Parlamentarischen Rates war es daher, diese Abhängigkeiten der Regierung vom Parlament und dem Präsidenten zu reduzieren und insbesondere dem Parlament die Flucht in die destruktive Verantwortungslosigkeit zu versperren, indem entgegen der Verfassungslage in der Weimarer Republik kein destruktives, sondern nur noch ein konstruktives Misstrauensvotum unter gleichzeitiger Benennung eines Ersatzkandidaten angestrebt wurde.

8 Eine derartige Regelungslage sollte durch den Entwurf von **Art. 90 HChE** geschaffen werden, der als Absage an ein Präsidialsystem und Regierungen auf Zeit bereits die Vorform des heutigen konstruktiven Misstrauensvotums enthielt. Nach einigen auch redaktionellen Änderungen entschied sich der Hauptausschuss für die vom Organisationsausschuss vorgelegte Version, welche als heutiger Art. 67 in das GG aufgenommen wurde.

---

[2] *Huber,* Deutsche Verfassungsgeschichte seit 1789, VI 330.

[3] *Huber,* Deutsche Verfassungsgeschichte seit 1789, VI 330.

[4] Es wurden nur zwei Regierungen zum Rücktritt bewegt: das Kabinett Luther am 18.5.1926 und das Kabinett Marx am 17.12.1926.

[5] *Betrthold* Der Staat 36 (1997), 81 (88); *Birke* ZParl 1977, 77 (80).

II. Inhaltsübersicht

Für das parlamentarische Regierungssystem ist kennzeichnend, dass die Regierung vom Vertrauen des Parlaments abhängig ist. Diese Abhängigkeit wird nicht nur in der Wahl des Kanzlers durch das Parlament deutlich, sondern auch durch die Mechanismen der Abwahl. Insoweit ist das Misstrauensvotum mit Rücktrittsverpflichtung eine konsequente Ausgestaltung des parlamentarischen Regierungssystems im GG und ermöglicht die effektive Kontrolle der Regierung durch das Parlament.[6] Das konstruktive Misstrauensvotum ist in Ansätzen bereits zur Zeit der Weimarer Republik in der Staatsrechtswissenschaft diskutiert worden[7] und nach 1945 wurde ein erster Vorläufer in der Landesverfassung von Württemberg-Baden angelegt,[8] findet jedoch ansonsten im ausländischen Verfassungsrecht keine Entsprechung. 9

Die Besonderheiten der grundgesetzlichen Regelung liegen darin, dass nicht einzelne Minister oder die gesamte Bundesregierung Gegenstand des Misstrauensvotums sind, sondern es sich ausschließlich gegen den Bundeskanzler richtet.[9] Dennoch wird die Abwahl des Bundeskanzlers immer auch den Fall der Regierung, wie dieser sie eingesetzt hat, zur Folge haben, vgl. Art. 69 Abs. 2. Gleichfalls wird nur die Wahl eines neuen Kanzlers die Entlassung des alten erzwingen, sog. **positives oder konstruktives Misstrauensvotum.** 10

Der **Sinn** dieser Regelung wird verständlich vor dem Hintergrund der Erfahrungen mit dem Parlamentarismus in der Weimarer Republik.[10] 11

Zwar ist die erste deutsche Republik nicht am destruktiven Misstrauensvotum zugrunde gegangen,[11] da nur zwei Regierungen durch Anwendung von Art. 54 WRV stürzten und die Kabinette einem drohenden Misstrauensvotum in der Regel durch Rücktritt zuvorkamen.[12] Allerdings kennzeichnet der Regierungssturz durch Einigkeit des Parlaments allein im Destruktiven das Versagen des parlamentarischen Regierungssystems von Weimar: Dem durch Anwendung des reinen Verhältniswahlrechts (Art. 22 S. 1 WRV) zersplitterten und handlungsunfähigen Reichstag war die Möglichkeit eröffnet, als Alternative zur Übernahme politischer Verantwortung und der Findung von Mehrheitsentscheidungen die Abwahl der Regierung zu betreiben und sich so aus der Verantwortung in die Destruktivität zu flüchten weil der Reichspräsident als Reservemacht nicht nur die Regierungen einsetzen und 12

---

[6] AllgM, s. *Pieroth* in Jarass/Pieroth Rn. 1; *Schröder* in HdbStR III § 65 Rn. 36; *Achterberg,* Parlamentsrecht, 1984, 476 f.; zum Begriff des Vertrauens bzw. Misstrauens s. *Oldiges/Brinktrine* in Sachs Rn. 10: Synonyme für den Besitz bzw. Verlust der Mehrheit.

[7] Vgl. *Brandt,* Vertrauenserfordernis, Misstrauensvotum und parlamentarisches Regierungssystem, 1979, 39 ff.; *Stern,* StaatsR I, 1984, § 22 Kap. III 3a; *Domes* FS f. Sternberger, 1977, 53 (56 f.); *Müller* ZParl 3 (1972), 273 (283 ff.); ausf. zu den Ursprüngen in der Weimarer Staatsrechtslehre *Bertold* Der Staat 1997, 81.

[8] Vgl. *Brandt,* Vertrauenserfordernis, Misstrauensvotum und parlamentarisches Regierungssystem, 1979, 95 f.; *Birke* ZParl 8 (1977), 77 (83); s. zur Vor- und Entstehungsgeschichte auch die Dokumentation der Beratungen und Entwürfe des GG in JöR nF 1 (1951), 422 ff.; sowie *Lippert,* Bestellung und Abberufung des Regierungschefs und ihre funktionale Bedeutung für das parlamentarische Regierungssystem, 1973, 398 ff., 413 ff.; *Schneider* in AK Rn. 1; *Schenke* in BK Rn. 1 ff. u. 9 ff.; *Oldiges/Brinktrine* in Sachs Rn. 6 ff.

[9] AllgM, s. *Pieroth* in Jarass/Pieroth Rn. 1.

[10] *v. Mangoldt/Klein,* Das Bonner Grundgesetz, 2. Aufl. 1966, Anm. II 3a; *Schneider* in AK Rn. 1; *Brandt,* Vertrauenserfordernis, Misstrauensvotum und parlamentarisches Regierungssystem, 1979, 52.

[11] So zutr. *Glum* FG f. Kaufmann, 1950, 47 (49); sa *Schneider* in AK Rn. 1.

[12] *Birke* ZParl 8 (1972), 77 (80); *Schenke* in BK Rn. 11.

entlassen (Art. 53 WRV), sondern im Wege des Notverordnungsrechts (Art. 48 WRV) auch die Gesetzgebungstätigkeit des Parlaments ersetzen konnte.[13] In Konsequenz dessen verlor die Regierung zwischen einem destruktiven Parlament und einem übermächtigen Präsidenten zunehmend ihre politische Handlungsfähigkeit.

13 Vor diesem Hintergrund ist Zweck des Art. 67 denn auch weniger, die parlamentarische Kontrolle zugunsten der Regierungsstabilität zu beschränken, als vielmehr durch **Schaffung gegenseitiger Abhängigkeit zwischen Parlament und Regierung** das Parlament zur Übernahme von Verantwortung zu nötigen.[14]

14 Darüber hinaus kann Art. 67 auch eine **Legitimation für die parlamentarische Opposition** entnommen werden,[15] da er es ermöglicht, dass die Regierung aus der Mitte des Parlaments abgelöst wird. Hierdurch geht er von einer regierungskritischen Opposition aus, nimmt diese jedoch auch in die Pflicht, indem er für deren ggf. auf Regierungssturz zielendes Handeln den Willen zur Regierungsbildung und zur Verantwortungsübernahme einfordert.

15 Bisher wurde in der Geschichte der Bundesrepublik Deutschland zweimal vom konstruktiven Misstrauensvotum Gebrauch gemacht:

16 1972 sollte Bundeskanzler *Willy Brandt* durch die Wahl des Oppositionsführers *Rainer Barzel* abgelöst werden,[16] was jedoch wegen Uneinigkeit in den Reihen der Opposition, deren Ursachen sich bis heute im Zwielicht befinden, misslang.[17]

17 1982 wurde *Helmut Kohl* im Wege des konstruktiven Misstrauensvotums anstelle von *Helmut Schmidt* zum Bundeskanzler gewählt.[18]

18 Sowohl der „bestätigte" Bundeskanzler *Willy Brandt* als auch der neu gewählte Bundeskanzler *Helmut Kohl* sahen sich im Anschluss an das Misstrauensvotum veranlasst, die Vertrauensfrage nach Art. 68 zu stellen, um über die Auflösung des Parlaments Neuwahlen und eine endgültige Stabilisierung der politischen Situation zu erreichen.[19] Dies lässt an dem Nutzen des konstruktiven Misstrauensvotums zweifeln. In der Entscheidung über die Verfassungsmäßigkeit der Vertrauensfrage von Bundeskanzler *Helmut Kohl,* die dieser jedenfalls auch deshalb stellte, weil **die volle demokratische Legitimität des nach Art. 67 gewählten Kanzlers** in Frage gestellt wurde,[20]

[13] *Mußgnug,* Rechtsentwicklung unter dem Bonner Grundgesetz, 1990, 53 (55 f., 76 f.).

[14] *Birke* ZParl 8 (1977), 77 (81); eindringlich *Mußgnug,* Rechtsentwicklung unter dem Bonner Grundgesetz, 1990, 53 (62 ff.); sa *Epping* in MKS Rn. 3; *Oldiges/Brinktrine* in Sachs Rn. 14; *Herzog* in Maunz/Dürig Rn. 12, Ziel sei ein „ausgewogenes Kräfteverhältnis zwischen BT und Bundeskanzler".

[15] *Liesegang* in v. Münch/Kunig, 2. Aufl. 1983, Rn. 3; *Schneider* in AK Rn. 2, 13; *Pieroth* in Jarass/Pieroth Rn. 1; *Schröder* in HdbStR III § 65 Rn. 38; *Schenke* in BK Rn. 24; *Epping* in MKS Rn. 4; *Oldiges/Brinktrine* in Sachs Rn. 20; *Hermes* in Dreier Rn. 4; *Busse* in BerlKomm Rn. 6; *Brockmeyer* in SHH Rn. 4; *Weckerling-Wilhelm* in Umbach/Clemens Rn. 5; abschwächend *Haberland,* Die verfassungsrechtliche Bedeutung der Opposition nach dem Grundgesetz, 1995, 35.

[16] S. BT-Drs. VI/3380.

[17] Vgl. zu diesem ersten Anwendungsfall des Art. 67 *Müller* 1972, 273 ff.; *Zeh* in Kremer, Parlamentsauflösung, 1974, 151 ff.; für eine Chronik s. → Art. 39 Rn. 17 sowie im Datenhandbuch BT 1949–1999, 1229 ff.

[18] S. BT-Drs. 9/2004; sa *Bohnsack* ZParl 1983, 5 ff.; → Art. 39 Rn. 20; und die Chronik im Datenhandbuch BT 1949-99, 1232 ff. oder 1980-87, 351 ff.

[19] Dazu *Holzner,* Die Normative Kraft des Faktischen: Die Vertrauensfrage nach Art. 68 GG – stiller Verfassungswandel hin zu einem Selbstauflösungsrecht?, S. 63 ff.

[20] Vgl. Sondervotum *Rottmann* BVerfGE 62, 108 (113).

hat sich das BVerfG bemüht, einer weiteren Entwertung des konstruktiven Misstrauensvotums entgegenzutreten: Es hat betont, dass die durch eine verfassungsmäßige Wahl vermittelte Legalität dem Bundeskanzler auch die volle demokratische Legitimität vermittele. Eine andere Beurteilung der Legitimationsfrage rühre an dem Sinn des demokratischen Grundprinzips der freien Wahl und des repräsentativen freien Mandats der Abg. iSd Art. 38 Abs. 1.[21]

Dieser Klarstellung des BVerfG ist beizupflichten: So gebietet Art. 79 **19**
Abs. 1 nicht nur, den normativen Gehalt von Verfassungsvorschriften bis zu ihrer ausdrücklichen Änderung zu bewahren.[22] Gerade im Falle einer Vorschrift, die wie Art. 67 nur selten zur Anwendung gelangt, gilt es vielmehr zu verhindern, dass die tatsächlichen Umstände einzelner Anwendungsfälle normative Kraft entfalten und die regulative Wirkung der Norm für andere krisenhafte Situationen schmälern. Dass die Verfassung selbst keinen Unterschied zwischen einem nach Art. 63 Abs. 1 oder Art. 67 Abs. 1 gewählten Bundeskanzler sieht, bedarf keiner weiteren als der vom BVerfG gegebenen Begründung.

III. Überstaatliche Bezüge

Der EUV enthält in Art. 17 Abs. 8 iVm Art. 234 AEUV die Regelung **20**
eines Misstrauensantrags gegen die Kommission.[23] Dieser kann nur gegen die Kommission als Ganze gerichtet werden. Die bisherigen Kommissare führen die laufenden Geschäfte bis zur Ernennung ihrer Nachfolger weiter. Nähere Regelungen über das Verfahren des Misstrauensantrags enthält Art. 107 GO EP. Die bisherigen Misstrauensanträge waren allesamt erfolglos.[24]

IV. Systematischer Zusammenhang

Ist Zweck des Art. 67 weniger, die parlamentarische Kontrolle zugunsten **21**
der Regierungsstabilität zu beschränken, als vielmehr durch **Schaffung gegenseitiger Abhängigkeit zwischen Parlament und Regierung** das Parlament zur Übernahme von Verantwortung zu nötigen,[25] steht er hierdurch in **engen Zusammenhang mit Art. 63,** der im bewussten Gegensatz zur WRV die Wahl des Bundeskanzlers durch das Parlament vorsieht, **sowie mit Art. 68,** der die Auflösung eines destruktiven Parlaments durch die BReg ermöglicht.[26]

---

[21] Zum Ganzen *Holzner,* Die Normative Kraft des Faktischen: Die Vertrauensfrage nach Art. 68 GG – stiller Verfassungswandel hin zu einem Selbstauflösungsrecht?, 2009, 103 ff.

[22] BVerfGE 62, 1 (43); sa Sondervotum *Rinck* BVerfGE 62, 70 (82 f.); zust. *Schröder* in HdbStR II § 51 Rn. 37; *Schenke* in BK Rn. 77; *Epping* in MKS Rn. 13; *Hermes* in Dreier Rn. 6; aA Sondervotum *Zeidler* BVerfGE 62, 64 (69); sa *Zeh* ZParl 4 (1983), 118 (123); *Hirsch/Hirsch* FS f. Mahrenholz, 1994, 387 (394); vgl. → Art. 79 Rn. 6, 10 f.

[23] Zur Abgrenzung zu anderen Kontrollinstrumenten s. *Kluth* in Calliess/Ruffert, 5. Aufl. 2016, EUV-AEUV Art. 234 Rn. 2.

[24] *Kluth* in Calliess/Ruffert AEUV Art. 234 Rn. 6. Der neunte Antrag führte allerdings im Jahr 1999 zum Rücktritt der gesamten Kommission unter Santer.

[25] *Birke* ZParl 8 (1977), 77 (81); eindringlich *Mußgnug,* Rechtsentwicklung unter dem Bonner Grundgesetz, 1990, 53 (62 ff.); sa *Epping* in MKS Rn. 3; *Oldiges/Brinktrine* in Sachs Rn. 14; *Herzog* in Maunz/Dürig Rn. 12, Ziel sei ein „ausgewogenes Kräfteverhältnis zwischen BT und Bundeskanzler".

[26] Zum Verhältnis dieser Vorschriften → Rn. 55.

B. Einzelfragen

I. Das Verfahren des konstruktiven Misstrauensvotums

22 **1. Der Antrag.** Das konstruktive Misstrauensvotum wurde in **§ 97 GO BT** näher ausgestaltet. Nach dessen Abs. 1 muss der **Misstrauensantrag von einem Viertel der Mitglieder des BT** oder einer Fraktion, die mindestens ein Viertel der Mitglieder des BT umfasst, **unterzeichnet** sein. Er darf nur in der Form gestellt werden, dass dem BT ein namentlich benannter Kandidat als **Nachfolger** zur Wahl **vorgeschlagen** wird, sog. **konstruktives Misstrauensvotum.**[27]

23 Unmittelbar aus der Verfassung ergibt sich, dass der Antrag außerdem das an den BPräs gerichtete Ersuchen enthalten muss, den amtierenden Bundeskanzler zu entlassen.[28] Einen ordnungsgemäßen Antrag hat der BT-Präs im Interesse rascher Klärung der Mehrheitsverhältnisse zum nächstmöglichen Zeitpunkt auf die Tagesordnung zu setzen.[29] Ausdrücklich verboten ist nach § 97 Abs. 1 S. 3 GO BT die Aufnahme eines Antrags, der die vorgeschriebene Form nicht erfüllt.[30]

24 Über den Antrag nach Art. 67 wird im Gegensatz zur Wahl des Bundeskanzlers nach Art. 63 Abs. 1 regelmäßig eine **Aussprache** stattfinden.[31] Das Verbot, welches Art. 63 Abs. 1 enthält, kann nicht auf den Antrag nach Art. 67 Abs. 1 übertragen werden, da das Wahlverfahren und die politische Situation, auf die Art. 63 Abs. 1 als ordentliches Kanzlerwahlverfahren und Art. 67 als außerordentliches Kanzlerwahlverfahren zugeschnitten sind, sich voneinander grundlegend unterscheiden. Insbesondere besteht im Rahmen des Verfahrens nach Art. 67 Abs. 1 kein Anlass, die Integrationswirkung des BPräs durch ein Ausspracheverbot zu schützen,[32] da dieser – anders als nach Art. 63 Abs. 1 – kein Kanzlervorschlagsrecht hat.[33] Eine Analogie ist abzulehnen, da zum einen eine planwidrige Regelungslücke, die geschlossen werden müsste, nicht besteht und es sich zum anderen bei dem Ausspracheverbot um eine Ausnahme von der Regel parlamentarischer Aussprache handelt.

25 **2. Nachfolgerwahl durch Kanzlermehrheit.** Eine eigene Abstimmung über den Misstrauensantrag erfolgt nicht, sondern es steht der neu vorgeschla-

[27] *Herzog* in Maunz/Dürig Rn. 23 Fn. 8 betont, dass **ein Misstrauensantrag** nur **einen Kandidaten** benennen darf; scheinbar aA *v. Mangoldt/Klein,* Das Bonner Grundgesetz, 2. Aufl. 1966, Anm. III 3b, es dürfen mehrere Kandidaten aufgestellt werden; richtig ist – was auch Herzog nicht bestreiten will – dass **mehrere Misstrauensanträge mit jeweils einem Kandidaten gleichzeitig** gestellt und behandelt werden können; ebenso *Troßmann,* Das Parlamentsrecht des Deutschen Bundestages, GO BT aF Vor § 98 Rn. 6.1., der die Formulierung „mehrere Wahlvorschläge" in GO BT AF § 98 Abs. 3 (nunmehr § 97 Abs. 2 S. 1 GO BT) als missverständlich kritisiert; sa RBS ParlPraxis-HdB GO BT § 97 Anm. II 1b; *Schenke* in BK Rn. 46; *Epping* in MKS Rn. 10.

[28] *Pieroth* in Jarass/Pieroth Rn. 2; für konkludentes Ersuchen *Schenke* in BK Rn. 47; *Oldiges/Brinktrine* in Sachs Rn. 24; *Schneider* in AK Rn. 3; *Epping* in MKS Rn. 10 hält den Wortlaut der Verfassung für unergiebig.

[29] *Schneider* in AK Rn. 7; *Epping* in MKS Rn. 16.

[30] S. zur Zulässigkeit anderer Formen von Misstrauensbekundungen → Rn. 45 ff.

[31] *Herzog* in Maunz/Dürig Rn. 30; *Schneider* in AK Rn. 3; *Busse* in BerlKomm Rn. 17; aA *v. Mangoldt/Klein,* Das Bonner Grundgesetz, 2. Aufl. 1966, Anm. III 3d, der zwischen einer zulässigen Debatte über den Misstrauensantrag und einer unzulässigen Aussprache über die Wahl unterscheidet.

[32] S. zu diesem Motiv → Art. 63 Rn. 13, 18.

[33] So *Schenke* in BK Rn. 59.

gene Kanzlerkandidat zur Wahl. Misstrauensvotum und Neuwahl erfolgen also in einer einzigen Beschlussfassung.[34]

Das **Verfahren** ist in der GO BT näher geregelt. Danach ist mit verdeckten Stimmzetteln zu wählen, § 97 Abs. 2 S. 1 GO BT, d. h., dass die Wahl auf amtlichen Stimmzetteln und **geheim** durchgeführt wird, § 49 Abs. 1 GO BT. Die Stimmzettel dürfen erst nach Namensaufruf vor Betreten der Wahlzelle ausgehändigt werden, § 49 Abs. 1 S. 2 GO BT. **26**

Erlaubt ist **nur ein Wahlgang.**[35] Dies gilt auch, wenn mehrere Misstrauensanträge mit unterschiedlichen Kandidatenvorschlägen vorliegen, § 97 Abs. 2 S. 1 GO BT. **27**

Das Misstrauensvotum ist erfolgreich, wenn der bzw. ein vorgeschlagener Kandidat von der Mehrheit der Mitglieder des BT, also der absoluten Mehrheit gem. Art. 121, sog **Kanzlermehrheit,** gewählt worden ist. **28**

Werden mehrerer Misstrauensanträge gleichzeitige behandelt, führt die Beschränkung auf einen Wahlgang zu einer zusätzlichen Erschwerung des Erfolgs des Misstrauensvotums. Dies entspricht jedoch dem Zweck des Art. 67, einen Regierungswechsel nur zuzulassen, wenn die regierungsfeindliche Mehrheit in der Lage ist, sich auf einen neuen Kanzler zu einigen. **29**

Des Weiteren besteht die Möglichkeit, **verschiedene Misstrauensanträge** zeitlich versetzt einzubringen. Die Verfassung begrenzt die Anzahl der in einer Amtsperiode einer Regierung gestellten Misstrauensanträge nicht. Ebenso bestehen kleine Wartefristen nach einem erfolgten Misstrauensantrag. Folge ist, dass § 97 Abs. 2 S. 1 GO BT nicht mehr anwendbar ist. Gegen die Regelung bestehen also keine verfassungsrechtlichen Bedenken.[36] **30**

3. Die Frist des Art. 67 Abs. 2. Zwischen dem Antrag und der Wahl sieht das GG eine Frist von **48 Stunden** vor, Art. 67 Abs. 2. Zweck dieser Mindestfrist ist es, im Sinne stabiler Regierungsverhältnisse übereilte Entscheidungen und Zufallsmehrheiten zu verhindern und ggf. eine aufgeheizte Lage zu beruhigen und so dem Bundeskanzler die Möglichkeit zu bieten, erneut eine Mehrheit hinter sich zu vereinen.[37] **31**

Die Frist beginnt ab Antragstellung. Bei schriftlicher Antragstellung, wie dies § 97 Abs. 1 GO BT vorsieht, gilt § 123 Abs. 1 GO BT, wonach bei der Fristberechnung der Tag der Verteilung der Drucksache nicht eingerechnet wird. Eine Drucksache gilt als verteilt, wenn sie den Mitgliedern des BT in ihre Fächer gelegt worden ist. In diesem Fall wird die Frist also in **zwei vollen Tagen** gezählt. **32**

Da nach dem Verfassungstext aber auch eine Berechnung der Frist in Stunden möglich ist, kann eine Mehrheit von 2/3 der anwesenden Mitglieder des BT die **Geschäftsordnung** gem. § 126 für den Einzelfall **ändern** und auch bei schriftlicher Antragstellung die Frist ab Verteilung der Drucksache in Stunden berechnen.[38] Ein Verstoß allein gegen die GO BT könnte einem Kanzlersturz jedenfalls nicht die Rechtsgültigkeit nehmen.[39] **33**

---

[34] *v. Mangoldt/Klein,* Das Bonner Grundgesetz, 2. Aufl. 1966, Anm. III 3d; *Herzog* in Maunz/Dürig Rn. 21; *Hermes* in Dreier Rn. 13.

[35] *v. Mangoldt/Klein,* Das Bonner Grundgesetz, 2. Aufl. 1966, Anm. III 3c.

[36] IErg ebenso *Herzog* in Maunz/Dürig Rn. 36.

[37] AllgM, s. nur *Herzog* in Maunz/Dürig Rn. 26; *Schneider* in AK Rn. 6.

[38] So im Fall der Vertrauensfrage von Bundeskanzler Schmidt bzgl. der inhaltlich übereinstimmenden Vorschrift des Art. 68 Abs. 2; s. *Schreiber/Schnappauff* AöR 109 (1984), 368 (381 ff., 383 ff.).

[39] *Herzog* in Maunz/Dürig Rn. 27; zur Rechtsnatur der GO BT und zu Rechtsfolgen von Verstößen gegen sie allg. → Art. 40 Rn. 17 f. mwN.

34 Bei **mündlicher Antragstellung,**[40] welche den Voraussetzungen des § 126 GO BT unterliegt, gilt in Ermangelung einer Regelung in der GO BT, dass die **Frist in Stunden** zu berechnen ist. Sie beginnt ebenfalls mit der Stellung des Antrags.

35 Eine Zusammenfassung **mehrerer Anträge,** wie § 97 Abs. 2 S. 1 GO BT sie vorsieht, ist nur möglich, wenn dadurch keine ungebührliche Verzögerung des ersten Antrags eintritt.[41] Die Mindestfrist von 48 Stunden ist für jeden Antrag gesondert zu prüfen.[42] Keinen Einfluss auf den Fristbeginn hat eine etwaige Aussprache im Anschluss an einen mündlich gestellten Misstrauensantrag.[43] Umgekehrt ist auch die Zulässigkeit einer Aussprache nicht vom Ablauf der Frist abhängig.[44]

36 **4. Entlassung und Ernennung durch den BPräs.** Hat das Misstrauensvotum Erfolg, hat der BPräs nach Art. 67 Abs. 1 S. 2 den amtierenden Bundeskanzler zu entlassen und den gewählten Kandidaten zum Bundeskanzler zu ernennen. Ein Ermessen kommt dem BPräs nicht zu. Allein die Verfassungsmäßigkeit der Verfahrensdurchführung, insbes. ob Antrag, Frist, Abstimmung und Mehrheit ordnungsgemäß eingehalten wurden,[45] sowie die Voraussetzungen des passiven Wahlrechts im Hinblick auf den gewählten Kandidaten[46] hat er zu prüfen.

37 Ob der BPräs darüber hinaus die Ernennung verweigern kann, etwa weil das Verfahren des Art. 67 missbräuchlich beschritten wurde, ist umstritten. Grundsätzlich kommt dem BPräs eine Pflicht zur Ernennung des gewählten Kandidaten zu, so dass ihm kein politisches Ermessen diesbezüglich zusteht. Auch Erwägungen im Hinblick auf die Geeignetheit des Kandidaten sind ihm verwehrt. Verantwortlich für die Auswahl des Kanzlers ist nach Art. 67 eindeutig das Parlament. Aus diesem Grunde ist der BPräs auch verpflichtet, den Alt-Bundeskanzler zu entlassen und den gewählten Kandidaten zu ernennen, wenn die Wahl nicht „ernstlich" darauf gerichtet gewesen sei, „das Kanzleramt einer Persönlichkeit zu verschaffen, sondern darauf, eine Minderheitsregierung durch eine Dauerkrise zu ersetzen".[47]

38 Inwieweit ein **verabredeter Rücktritt** verfassungskonform ist, ist fraglich. Die hM hält zu Recht einen solchen in diesem Fall für unstatthaft.[48] Hierfür spricht, dass der Rücktritt seinerseits keinen Rechtmäßigkeitsanfor-

---

[40] Auf die Notwendigkeit eines Abweichungsbeschlusses nach § 126 GO BT weist zu Recht *Schenke* in BK Rn. 57 hin; sa *Epping* in MKS Rn. 17.

[41] *Schneider* in AK Rn. 7; RBS ParlPraxis-HdB GO BT § 97 Anm. II d; *Schenke* in BK Rn. 60.

[42] *Troßmann,* Das Parlamentsrecht des Deutschen Bundestages, § 98 GO BT aF Rn. 7.5; *Schenke* in BK Rn. 55.

[43] AA *Meder* in BK, Erstbearb., Erl. II 6, Frist beginnt nach Aussprache; wie hier *Schenke* in BK Rn. 54.

[44] AA *Schneider* in AK Rn. 7, Aussprache erst nach Ablauf der Frist zulässig; wie hier *v. Mangoldt/Klein,* Das Bonner Grundgesetz, 2. Aufl. 1966, Anm. III 5; *Troßmann,* Das Parlamentsrecht des Deutschen Bundestages, GO BT aF § 98 Rn. 10.

[45] *Schenke* in BK Rn. 68.

[46] → Art. 63 Rn. 15 ff., 24; → Art. 66 Rn. 31 f.

[47] So aber *v. Mangoldt/Klein,* Das Bonner Grundgesetz, 2. Aufl. 1966, Anm. III 3e; wie hier *Herzog* in Maunz/Dürig Rn. 17; *Schneider* in AK Rn. 5; *Schenke* in BK Rn. 71; *Hermes* in Dreier Rn. 18.

[48] *Herzog* in Maunz/Dürig Rn. 17; *Schenke* in BK Rn. 39; aA *Hermes* in Dreier Rn. 18 unter Hinweis darauf, dass auch die Beurteilung, ob ein solcher Fall vorliege, eine politische Einschätzung verlange.

derungen unterliegt[49] und daher zum Zeitpunkt des Rücktritts eine Missbrauchsabwehr nicht mehr möglich ist. Angesichts der geringen Wahrscheinlichkeit, dass ein Rücktritt vorab nachweisbar verabredet wird, und der mangelnden Praktikabilität dieses Verfahrens mit dem Ziel zu einer Auflösung des BT zu gelangen,[50] erscheint die Frage allerdings eher theoretischer Natur zu sein.

Fraglich ist auch, ob ein Misstrauensvotum für den Fall statthaft ist, dass der neugewählte Bundeskanzler alsbald eine Vertrauensfrage mit dem Ziel der Auflösung des BT (sog. **negative Vertrauensfrage**) anstrebt. Da es sich hierbei lediglich um eine in die Zukunft gerichtete Prognose handelt, ist der BPräs nicht befugt, in dieser Situation die Ernennung zu verweigern. In Frage steht in einem solchen Fall allein die Verfassungsmäßigkeit der Vertrauensfrage.[51] **39**

Die **Entlassung** des amtierenden Bundeskanzlers wird mit der Aushändigung einer vom BPräs unterzeichneten **Urkunde** über die Beendigung des Amtsverhältnisses wirksam, § 10 S. 2 iVm § 2 Abs. 1 BMinG. Die Urkunde entfaltet insoweit **konstitutive Wirkung.**[52] Gem. § 10 S. 2 BMinG aE kann die Aushändigung durch amtliche Veröffentlichung ersetzt werden. **40**

Das Amtsverhältnis des neuen Bundeskanzlers beginnt mit der Aushändigung der vom BPräs. unterzeichneten Ernennungsurkunde.[53] **41**

Mit der Entlassung des Bundeskanzlers endet gem. Art. 69 Abs. 2 Hs. 2 auch die **Amtszeit der Bundesminister.** Sie können gem. Art. 69 Abs. 3 ersucht werden, bis zum Abschluss der Regierungsbildung des neuen Bundeskanzlers ihr Amt geschäftsführend weiter auszuüben.[54] Da die Amtszeit der BMin. mit der Entlassung des Bundeskanzlers bereits von Verfassungs wegen endet, hat bei ihnen die Aushändigung der Entlassungsurkunde gem. § 10 S. 2 BMinG nur deklaratorische Bedeutung.[55] **42**

Entlassung und Ernennung hat der BPräs **unverzüglich** dh ohne schuldhaftes Zögern vorzunehmen.[56] Die Sieben-Tage-Frist des Art. 63 Abs. 4 S. 2 ist nicht übertragbar,[57] da die Zielrichtung unterschiedlich ist. So verfolgt die Frist des Art. 63 Abs. 4 S. 2 den Zweck, ein bereits mindestens vierzehn Tage andauerndes Verfahren in eindeutig absehbarer Zeit zu Ende zu bringen. Diese Situation ist mit der nach Art. 67 nicht zu vergleichen. **43**

Weder die Entlassung des amtierenden Bundeskanzlers noch die Ernennung des neu gewählten Bundeskanzlers bedürfen Wortlaut des Art. 58 S. 2 sowie nach dem Zweck des Verfahrens der Gegenzeichnung.[58] **44**

[49] → Art. 69 Rn. 17.

[50] S. *Herzog* in Maunz/Dürig Rn. 17.

[51] AA *Schenke* in BK Rn. 40 ff. Dazu auch *Holzner,* Die Normative Kraft des Faktischen: Die Vertrauensfrage nach Art. 68 GG – stiller Verfassungswandel hin zu einem Selbstauflösungsrecht?, 2009, 89 ff. mwN.

[52] Vgl. *Herzog* in Maunz/Dürig Rn. 19.

[53] S. zur Bedeutung des Amtseids → Art. 64 Rn. 21, 24.

[54] Zur Frage der konkurrierenden Befugnis von Bundeskanzler und BPräs, das Ersuchen auszusprechen, → Art. 69 Rn. 25 f.

[55] → Art. 69 Rn. 18.

[56] *v. Mangoldt/Klein,* Das Bonner Grundgesetz, 2. Aufl. 1966, Anm. III 4d; *Herzog* in Maunz/Dürig Rn. 33; *Schenke* in BK Rn. 73.

[57] AA *Jellinek* VVDStRL 8 (1950), 3 (9, 11); im Anschluss daran *Meder* in BK, Erstbearb., Erl. II 4; *Hamann* in Hamann/Lenz Bem. B 2.

[58] → Art. 58 Rn. 14; *Schenke* in BK Rn. 75.

II. Zulässigkeit anderer Misstrauensbekundungen

45 Fraglich ist, inwieweit Art. 67 für andere Formen von Misstrauensbekundungen gegen die Regierung, den Bundeskanzler oder einzelne Bundesminister eine **Sperrwirkung** entfaltet. In der Diskussion wird unterschieden zwischen besonderen und allgemeinen Missbilligungsvoten, unbewehrten Misstrauensbeschlüssen (ohne Rechtsfolgen), der Ablehnung von Regierungsvorlagen, der Verweigerung der Zustimmung zu Ressortetats und Ministergehältern, der Verabschiedung von Rücktritts- oder Entlassungsaufforderungen sowie dem Ersuchen an den Bundeskanzler, die Vertrauensfrage nach Art. 68 zu stellen.[59]

46 In der Literatur wird vertreten, dass Art. 67 alle Formen traditioneller Parlamentskritik und -kontrolle unberührt lässt und allein die Beendigung der Amtszeit von Bundeskanzler und BMin als zwingende Rechtsfolge an die Form des konstruktiven Misstrauensvotums gebunden sei.[60]

47 Eine Mindermeinung unterscheidet dagegen nach der Wirkungsweise der Instrumente und will diejenigen Missbilligungs- und Misstrauensbekundungen, die durch ihre destabilisierende Wirkung den Bestand der Regierung gefährden, als von Art. 67 gesperrt ansehen. Danach kann auch ein spezieller Missbilligungsbeschluss in einer „hochpolitischen Angelegenheit" gegen Art. 67 verstoßen.[61]

48 Des Weiteren werden verschiedene vermittelnde Auffassungen vertreten,[62] unter denen allerdings insoweit Einigkeit besteht, dass Vertrauensfrageersuchen unzulässig seien.[63]

49 Misstrauensvoten, die nicht der Form des Art. 67 und des § 97 Abs. 1 GO BT entsprechen, dürfen nach der **Geschäftsordnung** nicht auf die Tagesordnung gesetzt werden, § 97 Abs. 1 S. 3 GO BT. Aus diesem Grunde dürfen **sog. unbewehrte Misstrauensvoten** sowie alle Beschlüsse, die in irgendeiner Form zum Ausdruck bringen, dass die Mehrheit des Parlaments die Regierung nicht mehr stützt, im Parlament nicht behandelt werden. Einen derartig grundsätzlichen Vertrauensentzug bringen zB auch **Rücktrittsersuchen** zum Ausdruck. Gleiches muss für **Vertrauensfrageersuchen** gelten.[64]

---

[59] S. zum Streitstand ausf. *Brandt,* Vertrauenserfordernis, Misstrauensvotum und parlamentarisches Regierungssystem, 1979, 231 ff. (256 ff.); *Steiger,* Organisatorische Grundlagen des parlamentarischen Regierungssystems, 1973, 273 ff.; *Puhl,* Die Minderheitsregierung nach dem Grundgesetz, 1986, 82 ff.; sa *Herzog* in Maunz/Dürig Rn. 37 ff.; *Schneider* in AK Rn. 8; *Schenke* in BK Rn. 78 ff.

[60] *v. Mangoldt/Klein,* Das Bonner Grundgesetz, 2. Aufl. 1966, Anm. IV 1; *Liesegang* in v. Münch/Kunig, 2. Aufl. 1983, Rn. 10; *Schneider* in AK Rn. 10; *Pieroth* in Jarass/Pieroth Rn. 3; *Bleckmann,* StaatsR I, Rn. 1958; *Küchenhoff* DÖV 1967, 117; *Brandt,* Vertrauenserfordernis, Misstrauensvotum und parlamentarisches Regierungssystem, 1979, 231 ff., 260, 278; *Potthast,* Die Auflösung des Bundestages nach Art. 68 GG, 1986, 122 ff.; *Busse* in BerlKomm Rn. 21; so nunmehr *Hermes* in Dreier Rn. 20; *Epping* in MKS Rn. 27 ff.; *Haberland,* Die verfassungsrechtliche Bedeutung der Opposition nach dem GG, 1995, 81 f.

[61] So insbes. *Sattler* DÖV 1967, 765 (770 f.); zust. *Steiger,* Organisatorische Grundlagen des parlamentarischen Regierungssystems, 1973, 277; sa *Münch,* Die Bundesregierung, 1954, 178 ff.

[62] S. *Herzog* in Maunz/Dürig Rn. 39 ff.; *Stern,* StaatsR I, 1984, § 22 Kap. III 3b, 3c; *Hochrathner,* Anwendungsbereich und Grenzen des Parlamentsauflösungsrechts nach dem Bonner Grundgesetz, 1985, 38; *Puhl,* Die Minderheitsregierung nach dem Grundgesetz, 1986, 84.

[63] So auch *Schenke* in BK Rn. 81; *Brockmeyer* in SHH Rn. 18.

[64] *Brockmeyer* in SHH Rn. 18; aA *Epping* in MKS Rn. 29 f.; RBS ParlPraxis-HdB GO BT § 97 Anm. III f; *Oldiges/Brinktrine* in Sachs Rn. 29 f. hält Rücktrittsersuchen für zulässig,

Das Vertrauensfrageersuchen stellt das bis dahin unterstellte parlamentarische Vertrauen in den vom Parlament gewählten Bundeskanzler in Frage. Das Vertrauensfrageersuchen gegen Bundeskanzler *Ludwig Erhard* im Jahre 1966,[65] das bezeichnenderweise dessen Rücktritt herbeiführte, war also verfassungswidrig.[66] 50

Beschlüsse, die dagegen nicht den Bestand der Regierung als solche betreffen, sind zulässig. So entwickelt Art. 67, § 97 Abs. 1 S. 3 GO BT keine Sperrwirkung im Hinblick auf spezielle Missbilligungs- bzw. **Tadelsbeschlüsse,**[67] die ausschließlich politische, jedoch keine rechtliche Wirkung haben. Ebenfalls nicht unter das Verbot des § 97 Abs. 1 S. 3 GO BT fallen die Verweigerung von Haushaltsmitteln und Amtsbezügen[68] oder die Ablehnung von Gesetzesvorlagen; die Unzulässigkeit kann jedoch aus anderen Normen folgen, insbes. dem Anspruch auf Amtsbezüge.[69] 51

Das Verbot aus § 97 Abs. 1 S. 3 GO BT kann abgeschafft oder gem. § 126 GO BT für den Einzelfall mit einer 2/3 Mehrheit geändert werden. Voraussetzung ist dabei, dass sich eine Sperrwirkung nicht unmittelbar aus Art. 67 ergibt. Dabei ist zu berücksichtigen, dass es in einem parlamentarischen Regierungssystem die ureigenste Aufgabe des Parlaments ist, die Regierung zu kontrollieren und zu kritisieren[70] und dass es der Opposition zusteht, auf den Regierungswechsel hinzuarbeiten.[71] Gleichzeitig sollte aufgrund der Erfahrungen im Weimarer Reich ein Destruktivismus durch einen Regierungssturz ohne Alternativvorschlag gerade verhindert werden.[72] Dem ist nicht schon dadurch genügt, dass einem vertrauensentziehenden Parlamentsbeschluss die rechtliche Verbindlichkeit fehlt, denn die politische Wirkung eines solchen Beschlusses ist kaum geringer.[73] 52

Insoweit konkretisiert **§ 97 GO BT die Sperrwirkung des Art. 67 GG zutreffend,** indem Regierungskritik in grundsätzlicher und scharfer Form, selbst Rücktrittsforderung an den Bundeskanzler oder die Ankündigung, die 53

Vertrauensfrageersuchen für unzulässig, dies allerdings vorrangig wegen Art. 68, der insoweit die Initiative dem Kanzler zuweise.

[65] S. BT-Drs. V/1070 sowie den Beschluss des BT v. 8.11.1966, StenBer. 3280 B ff.

[66] Gegen Zulässigkeit *Sattler* DÖV 1967, 765 ff.; *Steiger,* Organisatorische Grundlagen des parlamentarischen Regierungssystems, 1973, 273 ff., 284; *Hochrathner,* Anwendungsbereich und Grenzen des Parlamentsauflösungsrechts nach dem Bonner Grundgesetz, 1985, 33; aA *Küchenhoff* DÖV 1967, 116 ff.; *Brandt,* Vertrauenserfordernis, Misstrauensvotum und parlamentarisches Regierungssystem, 1979, 256 f.; *Potthast,* Die Auflösung des Bundestages nach Art. 68 GG, 1986, 122 ff.

[67] So *Brandt,* Vertrauenserfordernis, Misstrauensvotum und parlamentarisches Regierungssystem, 1979, 238, 241; iErg auch *Herzog* in Maunz/Dürig Rn. 52; aA *Sellmann,* Der schlichte Parlamentsbeschluß, 1966, 87 f.

[68] S. *Herzog* in Maunz/Dürig Rn. 44; *Brandt,* Vertrauenserfordernis, Misstrauensvotum und parlamentarisches Regierungssystem, 1979, 240 ff.; *Puhl,* Die Minderheitsregierung nach dem Grundgesetz, 1986, 87 ff.

[69] S. *Schenke* in BK Rn. 82, 87; *Epping* in MKS Rn. 32; *Oldiges/Brinktrine* in Sachs Rn. 30 hebt zutr. hervor, dass Maßstab jedenfalls nicht Art. 67 ist.

[70] *Schneider* VVDStRL 8 (1950), 21 (29); *Herzog* in Maunz/Dürig Rn. 39; *v. Mangoldt/Klein,* Das Bonner Grundgesetz, 2. Aufl. 1966, Anm. IV 1; *Küchenhoff* DÖV 1967, 116 (117).

[71] → Rn. 14.

[72] Vgl. JöR nF 1 (1951), 445; *Hopfauf* AöR 108 (1983), 391 (395); *Toews* FS f. Weber, 1974, 273 (280); *Hochrathner,* Anwendungsbereich und Grenzen des Parlamentsauflösungsrechts nach dem Bonner Grundgesetz, 1985, 36; *Schneider* in AK Rn. 1; *Schenke* in BK Rn. 78; *Hermes* in Dreier Rn. 20; *Epping* in MKS Rn. 29 aE halten die Absichten des hist. Verfassungsgebers für nicht ausschlaggebend.

[73] *Schenke* in BK Rn. 79, Art. 68 Rn. 94.

Vertrauensfrage zu stellen, in der parlamentarischen Debatte weiterhin zulässig bleiben.[74] Durch Art. 67 ausgeschlossen ist jedoch die Möglichkeit der Feststellung fehlenden Vertrauens der Mehrheit des BT in die bestehende Regierung mittels eines förmlichen Parlamentsbeschlusses.[75] Das Verbot des § 97 GO BT und das zu seiner Reichweite Ausgeführte gilt also von Verfassungs wegen.[76]

54 Keine Aussagen enthält dagegen das Geschäftsordnungsrecht zur Frage der Zulässigkeit von **Ersuchen** an den Bundeskanzler, einen **BMin zu entlassen.**[77] Insbesondere kann nicht § 97 GO BT herangezogen werden, da dieser allein Ausführungsbestimmungen zum Misstrauensvotum gegen den Bundeskanzler enthält. Und auch aus Art. 67 lässt sich weder aus dem Wortlaut noch aus dessen Zweck entnehmen, dass ein solches Ersuchen unzulässig sei.[78] Zwar verfolgt Art. 67 auch das Ziel, durch den Ausschluss rechtsverbindlicher Misstrauensvoten gegen einzelne Minister, die innere Stabilität der Regierung zu erhöhen.[79] Allerdings stellt ein unverbindliches Entlassungsersuchen gegen einen einzelnen BMin weder den Bundeskanzler noch die Regierung insgesamt in Frage. Spezielle Missbilligungsbeschlüsse gegen einzelne BMin sind ebenso zulässig wie gegen den Bundeskanzler.[80]

C. Verhältnis zu anderen Vorschriften des Grundgesetzes

55 Art. 67 steht verfassungssystematisch in engem Verhältnis zu Art. 63 sowie Art. 68 u. 81.[81] Alle diese Vorschriften betreffen das Verhältnis von BT und BReg und kennzeichnen in besonderem Maße das als „positiv",[82] „modifiziert"[83] oder „gedrosselt"[84] bezeichnete parlamentarische Regierungssystem der Bundesrepublik.[85] Als ein Sonderfall der Kanzlerwahl lässt sich Art. 67 als lex specialis zu Art. 63 begreifen,[86] ohne dass sich allerdings das Problem der Normenkonkurrenz, in dem diese Einordnung ihren eigentlichen Sinn ent-

[74] *Schenke* in BK Rn. 79, Art. 68 Rn. 51.

[75] *Schenke* in BK Art. 68 Rn. 51.

[76] Zur Staatspraxis s. Datenhandbuch Deutscher BT 1949-99, 1246 ff.; sowie unter Statistische Angaben.

[77] Richtiger: beim BPräs ein entsprechendes Entlassungsgesuch zu stellen, *Oldiges/Brinktrine* in Sachs Rn. 31.

[78] So iErg auch *v. Mangoldt/Klein,* Das Bonner Grundgesetz, 2. Aufl. 1966, Anm. IV 3; *Brandt,* Vertrauenserfordernis, Misstrauensvotum und parlamentarisches Regierungssystem, 1979, 241; *Herzog* in Maunz/Dürig Rn. 51; *Lippert,* Bestellung und Abberufung des Regierungschefs und ihre funktionale Bedeutung für das parlamentarische Regierungssystem, 1973, 427 f.; *Epping* in MKS Rn. 31; *Oldiges/Brinktrine* in Sachs Rn. 31; *Hermes* in Dreier Rn. 21; aA *Sellmann,* Der schlichte Parlamentsbeschluß, 1966, 89; *Kröger,* Die Verantwortlichkeit der Minister, 1972, 157; *Schenke* in BK Rn. 85.

[79] Vgl. *Meder* in BK, Erstbearb., Erl. II 7; *v. Mangoldt/Klein,* Das Bonner Grundgesetz, 2. Aufl. 1966, Anm. III 2b; *Schneider* in AK Rn. 13; *Liesegang* in v. Münch/Kunig, 2. Aufl. 1983, Rn. 11; *Schröder* in HdbStR III § 51 Rn. 35; *Lippert,* Bestellung und Abberufung des Regierungschefs und ihre funktionale Bedeutung für das parlamentarische Regierungssystem, 1973, 447.

[80] → Rn. 49; zur Staatspraxis s. Datenhandbuch Deutscher BT 1949-99, 1247 ff.; sowie unter Statistische Angaben.

[81] AllgM, s. *v. Mangoldt/Klein,* Das Bonner Grundgesetz, 2. Aufl. 1966, Anm. II 5.

[82] *Liesegang* in v. Münch/Kunig, 2. Aufl. 1983, Rn. 2.

[83] *Herzog* in Maunz/Dürig Rn. 1.

[84] *Schenke* in BK Rn. 17.

[85] → Rn. 1.

[86] So *Pieroth* in Jarass/Pieroth Rn. 1.

faltet, angesichts der unterschiedlichen Voraussetzungen stellt.[87] Er wird seinerseits durch die Kanzlerwahlregelung des Art. 68 Abs. 1 S. 2 verdrängt.[88]

56 Dem Misstrauensvotum nach Art. 67 kann der Bundeskanzler durch einen **Rücktritt** zuvorkommen. Dieser ist zwar ungeregelt, wird aber nach dem Grundsatz der Freiwilligkeit der Übernahme politischer Ämter mit Recht ohne Weiteres für zulässig gehalten.[89] Im Falle des Rücktritts bleibt die Regierung gem. Art. 69 Abs. 3 geschäftsführend im Amt bis der BT nach Art. 63 einen neuen Kanzler gewählt hat. Gegen eine geschäftsführende Regierung ist ein Misstrauensvotum nicht mehr möglich.[90]

57 Im **Verteidigungsfall** wird Art. 67 durch Art. 115h Abs. 2 S. 2 verdrängt. Danach kann der den BT und den BR ersetzende Gemeinsame Ausschuss dem Bundeskanzler das Misstrauen nur dadurch aussprechen, dass er mit der Mehrheit von zwei Dritteln seiner Mitglieder einen Nachfolger wählt.[91]

D. Kritische Würdigung

58 Die Bewertung des Art. 67 ist in der **Lit. überwiegend kritisch** ausgefallen:[92] Die Vorschrift trage unnötig zur **Entmachtung des Parlaments** bei, ohne den angestrebten Zweck der Regierungsstabilität zu erreichen.[93] So könne das konstruktive Misstrauensvotum den eigentlichen Grund von Regierungs- und Parlamentskrisen, insbesondere das Auseinanderfallen von Koalitionen, nicht verhindern.[94] So würde das Gegenteil eintreten, indem die hohen Anforderungen des Art. 67 an eine Ablösung des Kanzlers gerade eine Krisenbewältigung verzögere, weil eine Minderheitsregierung im Amt bleibe, solange sich die Mehrheit uneinig sei, und damit die Krise sogar verstärke.[95] Die Konsequenzen des Art. 67 in Form einer Minderheitsregierung seien im Hinblick auf die Stabilität der Regierung denjenigen einer in Folge eines destruktiven Misstrauensvotums geschäftsführenden Regierung ähnlich.[96]

---

87 Deshalb betont *Oldiges/Brinktrine* in Sachs Rn. 3 die Eigenständigkeit der jeweiligen Normen.

88 *Pieroth* in Jarass/Pieroth Rn. 1; *Brockmeyer* in SHH Rn. 5; → Art. 68 Rn. 28.

89 Vgl. nur *Herzog* in Maunz/Dürig Rn. 5; auch bei den Verfassungsberatungen wurde der Rücktritt für selbstverständlich und deshalb nicht regelungsbedürftig erachtet, s. JöR nF (1950), 451; *Lutz,* Die Geschäftsregierung nach dem Grundgesetz, 1969, 23 mwN.

90 → Art. 69 Rn. 28; zum Verhältnis von Misstrauensvotum und Vertrauensfrage → Art. 68 Rn. 33.

91 S. → Art. 115h Rn. 10 f.

92 S. *v. Mangoldt/Klein,* Das Bonner Grundgesetz, 2. Aufl. 1966, Anm. II 3b–d; *Brandt,* Vertrauenserfordernis, Misstrauensvotum und parlamentarisches Regierungssystem, 1979, 213 ff.; *Lippert,* Bestellung und Abberufung des Regierungschefs und ihre funktionale Bedeutung für das parlamentarische Regierungssystem, 1973, 435 ff.

93 *Brandt,* Vertrauenserfordernis, Misstrauensvotum und parlamentarisches Regierungssystem, 1979, 215.

94 *Glum* FG f. Kaufmann, 1950, 47 (49, 56); *Schneider* in AK Rn. 11; *Hermes* in Dreier Rn. 11.

95 *Glum* FG f. Kaufmann, 1950, 47 (55); *v. Mangoldt/Klein,* Das Bonner Grundgesetz, 2. Aufl. 1966, Anm. II 2b; *Schneider* in AK Rn. 11; *Herzog* in Maunz/Dürig Rn. 16, Gefahr des „klebenden Kanzlers".

96 *Hamann* in Hamann/Lenz Anm. A; *Schneider* in AK Rn. 11; *Hesse* VerfR Rn. 635; *Finkelnburg,* Die Minderheitsregierung, 1982, 16; *Hermes* in Dreier Rn. 11.

59 Dem letztgenannten Argument ist entgegenzuhalten, dass dem Kanzler einer Minderheitsregierung, anders als dem geschäftsführenden Bundeskanzler, immerhin noch die Möglichkeiten des Art. 68 offen stehen.[97] Der Einschätzung, bei fehlenden und unsicheren parlamentarischen Mehrheiten sei die Auflösung des Parlaments zum Zweck von Neuwahlen der beste verfassungsrechtliche Notbehelf,[98] steht die Erfahrung gegenüber, dass Neuwahlen nicht stets zu klareren Mehrheitsverhältnissen führen.[99] Rechtlich entscheidend ist hierfür insbes. die Ausgestaltung des Wahlrechts.[100]

60 Dennoch ist der Kritik an einer Überschätzung des konstruktiven Misstrauensvotums hinsichtlich der Bewältigung von Regierungskrisen und der Schaffung stabiler politischer Verhältnisse zuzugeben, dass die Frage politischer Stabilität der Regierung weniger eine des materiellen Verfassungsrechts darstellt, sondern den politischen, wirtschaftlichen und auch sozialen Verhältnissen im Land geschuldet ist. Insbesondere der Konzentration oder Verteilung von politischer Macht auf wenige Parteien kam hierbei eine maßgebende Bedeutung zu.[101] Diese Stabilität kommt mit dem Anstieg von in den Parlamenten vertretenen Parteien zunehmend ins Wanken. Insoweit werden die Grenzen der Leistungsfähigkeit verfassungsrechtlicher Normen deutlich, welche lediglich den verfassungsrechtlichen Rahmen vorgeben können, jedoch keine die oben genannten Voraussetzungen für Regierungsstabilität nicht beeinflussen können. So musste sich Art. 67 in der Krisensituation eines zersplitterten Parlaments oder einer Minderheitsregierung mit wechselnden Mehrheiten bisher (glücklicherweise) noch gar nicht bewähren.[102]

61 Dennoch kann man ausgehend von einer realistischen Einschätzung dessen, was Staatsorganisationsrecht zu leisten vermag, die Bedeutung des Art. 67 im politischen Alltag mit einer positiven Bilanz bewerten,[103] da zum einen das Verbot von Misstrauensvoten gegen Minister den **inneren Zusammenhalt der Regierung stärkt,**[104] während zum anderen Art. 67 im Verbund mit Art. 63, 68 u. 81 durch die Schaffung wechselseitiger Abhängigkeit zwischen Parlament und Regierung unter Ausschluss einer Reservemacht wie im Weimarer Präsidialsystem einen **latenten Zwang zum Kompromiss** und zur Bildung einer handlungsfähigen Regierung vermittelt.[105]

---

[97] → Art. 69 Rn. 28 mwN, sa *Schenke* in BK Rn. 23.

[98] *Hesse* VerfR Rn. 635; zust. *Schneider* in AK Rn. 12.

[99] Sa die Bedenken in der GemVerfKom. hinsichtlich der Einführung eines parlamentarischen Selbstauflösungsrechts, BT-Drs. 12/6000, 88.

[100] Hesse VerfR Rn. 635; *Finkelnburg,* Die Minderheitsregierung, 1982, 17.

[101] AllgM, s. nur *Stern,* StaatsR I, 1984, § 22 Kap. III 3a; *Hermes* in Dreier Rn. 12; *Schneider* in AK Rn. 12.

[102] *Herzog* in Maunz/Dürig Rn. 14; nach Auffassung von *Meyn,* Bestellung und Abberufung des Regierungschefs und ihre funktionale Bedeutung für das parlamentarische Regierungssystem, 1973, 71 (93) könnte das konstruktive Misstrauensvotum die „Weimarer Probe" nicht bestehen; sa *Mußgnug,* Rechtsentwicklung unter dem Bonner Grundgesetz, 1990, 53 (62).

[103] Sa die differenzierte Bewertung von *Domes* FS f. Sternberger, 1977, 53 auf der Grundlage einer Analyse von Regierungskrisen in Bund und Ländern zwischen 1949 und 1977; sehr positive Bewertung bei *Model/Müller,* Grundgesetz für die Bundesrepublik Deutschland, 1996, Rn. 2.

[104] S. die Nachw. → Rn. 54.

[105] So auch *Toews* FS f. Weber, 1974, 273 (281); *Birke* ZParl 8 (1977), 77 (78); *Lippert,* Bestellung und Abberufung des Regierungschefs und ihre funktionale Bedeutung für das parlamentarische Regierungssystem, 1973, 447; *Schneider* in AK Rn. 13; *Mußgnug,* Rechtsentwicklung unter dem Bonner Grundgesetz, 1990, 53 (76 f.).

Literatur

L. Berthold, Art. 67 GG und Art. 54 WRV, Der Staat 1997, 81. – ***A. M. Birke,*** Das konstruktive Misstrauensvotum in den Verfassungsverhandlungen der Länder und des Bundes, ZParl 1977, 77. – ***K. Bohnsack,*** Die Koalitionskrise 1981/82 und der Regierungswechsel 1982, ZParl 1983, 5. – ***E. Brandt,*** Vertrauenserfordernis, Misstrauensvotum und parlamentarisches Regierungssystem, Berlin 1979. – ***J. Domes,*** Regierungskrisen in Bund und Ländern seit 1949 und die Funktion des konstruktiven Misstrauensvotums, FS f. Sternberger, 1977, 53. – ***F. Glum,*** Kritische Bemerkungen zu Art. 63, 67, 68, 81 des Bonner Grundgesetzes, FS f. Kaufmann, 1950, 47. – ***T. Holzner,*** Die Normative Kraft des Faktischen: Die Vertrauensfrage nach Art. 68 GG – stiller Verfassungswandel hin zu einem Selbstauflösungsrecht?, 2009. – ***W. Jellinek/H. Schneider,*** Kabinettsfrage und Gesetzgebungsnotstand nach dem Bonner Grundgesetz, VVDStRL 8 (1950), 3, 21. – ***E. Küchenhoff,*** Mißtrauensantrag und Vertrauensfrage-Ersuchen, DÖV 1967, 116. – ***M. Lippert,*** Bestellung und Abberufung des Regierungschefs und ihre funktionale Bedeutung für das parlamentarische Regierungssystem, 1973. – ***K.-U. Meyn,*** Destruktives und konstruktives Mißtrauensvotum – von der schwachen Reichsregierung zum starken Bundeskanzler?, in E. Eichhofer, 80 Jahre Weimarer Reichsverfassung – Was ist geblieben?, 1999, 71. – ***K.-U. Meyn,*** Kontrolle als Verfassungsprinzip, 1982. – ***M. Müller,*** Das konstruktive Mißtrauensvotum, Chronik und Anmerkungen zum ersten Anwendungsfall des Art. 67 GG, ZParl 1972, 275. – ***R. Mußgnug,*** Der Beitrag des Grundgesetzes zur politischen Stabilisierung der Bundesrepublik, in R. Mußgnug, Rechtsentwicklung unter dem Bonner Grundgesetz, 1990, 53. – ***T. Puhl,*** Die Minderheitsregierung nach dem Grundgesetz, 1986. – ***A. Sattler,*** Vertrauensfrage-Ersuchen und Art. 67 GG, DÖV 1967, 765. – ***H. Steiger,*** Organisatorische Grundlagen des parlamentarischen Regierungssystems, 1973. – ***H. J. Toews,*** Verfassungsreform und Parlamentsauflösung, FS f. Weber, 1974, 269.

Sa die Lit. zu Art. 68.

Statistische Angaben

Wahlperiode	Misstrauensvotum	Vertrauensfrage-Ersuchen	Missbilligungsanträge gegen den Bundeskanzler	Missbilligungs- bzw. Tadelsanträge gegen Bundesminister	Anträge auf Entlassung eines Bundesministers
I. 1949–1953	0	0	1	6	2
II. 1953–1957	0	0	0	1	1
III. 1957–1961	0	0	0	0	0
IV. 1961–1965	0	0	0	0	1
V. 1965–1969	0	1	0	1	1
VI. 1969–1972	1	0	0	1	0
VII. 1972–1976	0	0	0	1	0
VIII. 1976–1980	0	0	0	3	0
IX. 1980–1983	1	0	0	0	0
X. 1983–1987	0	0	3	1	6
XI. 1987–1991	0	0	0	2	0
XII. 1991–1994	0	0	0	0	1
XIII. 1994–1998	0	1	0	1	1
XIV. 1998–2002	0	0	0	2	2
XV. 2002–2005	0	0	0	0	0
XVI. 2005–2009	0	0	0	3	3
XVII. 2009–2013	0	0	0	1	0
XVIII. 2013–2017	0	0	0	0	0
XIX. 2017–					
insgesamt	**2**	**2**	**4**	**22**	**18**

Quelle: https://www.bundestag.de/resource/blob/196228/630a389c4258f056a28eed2e4b1c946a/Kapitel_11_04_Oppositionelles_Verhalten_Statistik-data.pdf

Art. 68 [Vertrauensfrage]

(1) [1]Findet ein Antrag des Bundeskanzlers, ihm das Vertrauen auszusprechen, nicht die Zustimmung der Mehrheit der Mitglieder des Bundestages, so kann der Bundespräsident auf Vorschlag des Bundeskanzlers binnen einundzwanzig Tagen den Bundestag auflösen. [2]Das Recht zur Auflösung erlischt, sobald der Bundestag mit der Mehrheit seiner Mitglieder einen anderen Bundeskanzler wählt.

(2) Zwischen dem Antrage und der Abstimmung müssen achtundvierzig Stunden liegen.

Paulskirchenverfassung von 1849

§ 106. Das Volkshaus kann durch das Reichsoberhaupt aufgelöst werden.
In dem Falle der Auflösung ist der Reichstag binnen drei Monaten wieder zu versammeln.

Verfassung des Deutsches Reichs von 1871

Art. 24. Die Legislaturperiode des Reichstages dauert drei Jahre. Zur Auflösung des Reichstages während derselben ist ein Beschluß des Bundesrathes unter Zustimmung des Kaisers erforderlich.

Weimarer Reichsverfassung von 1919

Art. 25. Der Reichspräsident kann den Reichstag auflösen, jedoch nur einmal aus dem gleichen Anlaß.
Die Neuwahl findet spätestens am sechzigsten Tage nach der Auflösung statt.

Übersicht

A. Allgemeine Bedeutung

I. Genese

1 Die **Vertrauensfrage** des **Bundeskanzlers** kann in der deutschen Verfassungsgeschichte auf keine Vorbilder zurückblicken.[1] Das Recht zur Parlamentsauflösung lag im Konstitutionalismus allein in den Händen des Monarchen und war deshalb stets ein „Kampfmittel", mit dem das Parlament bei Bedarf auf den Kurs der von der Monarchie eingesetzten Regierung eingeschworen wurde.[2] Letztlich diente das Recht zur Parlamentsauflösung also der Absicherung und Festigung der Monarchie.

2 Die **WRV** hat nur teilweise mit dieser Tradition gebrochen. Zwar war die Reichsregierung nunmehr vom Parlament abhängig[3] und aus Art. 54 S. 1 ergab sich auch das Recht des Reichkanzlers sowie der einzelnen Reichsminister, dem Reichstag die Vertrauensfrage zu stellen.[4] Allerdings war im Normtext nicht angesprochen, welche Folgen ein negatives Vertrauensvotum haben sollte. Deshalb wurde Art. 54 S. 1 WRV so aufgefasst, dass ein negatives Parlamentsvotum keine Pflicht zum Rücktritt begründete.[5] Gleichzeitig wurde das Recht zur **Parlamentsauflösung** in die Hände des – direkt gewählten – **Reichspräsidenten** und nicht in die des Reichstages gelegt (Art. 25 WRV). Da Art. 25 WRV den Reichspräsidenten generell ermächtigte, den Reichstag aufzulösen, und dieses Auflösungsrecht auch nicht wirksam begrenzt wurde (die Formel „nur einmal aus dem gleichen Anlaß" sowie die erforderliche Gegenzeichnung durch den Reichskanzler erwiesen sich schnell als wirkungslos),[6] nimmt es – angesichts der vielen Krisen, die die Republik zu meistern hatte,[7] und der Demokratieskepsis in weiten Teilen der Bevölkerung[8] – nicht wunder, dass von dieser Möglichkeit vielfach Gebrauch gemacht wurde. Alle Legislaturperioden des Reichstages endeten in der Weimarer Republik vorzeitig durch Auflösung.[9]

3 Gerade in der Spätphase der Republik hat das Auflösungsrecht des Reichspräsidenten im Verein mit Art. 48 WRV, der das Regieren über Notverordnungen ermöglichte,[10] zu einer weiteren **Destabilisierung** des politischen Systems beigetragen, denn das Zusammenwirken beider Bestimmun-

---

[1] *Umbach,* Parlamentsauflösung in Deutschland, 1989, 21 ff.; *Hermes* in Dreier Rn. 1.

[2] *Hermes* in Dreier Rn. 1; eingehend *Schenke* in BK Rn. 84 ff.; vgl. etwa Titel VII § 23 der Verfassungsurkunde für das Königreich Bayern vom 26.5.1818, abgedr. in *Blanke* Deutsche Verfassungen, 2003, 85 ff.

[3] Vgl. *Anschütz,* Die Verfassung des Deutschen Reichs vom 11.8.1919, 14. Aufl. 1933, Art. 54 Rn. 1 ff.

[4] *Oldiges/Brinktrine* in Sachs Rn. 8; *Herzog* in Maunz/Dürig Rn. 3.

[5] So *Anschütz,* Die Verfassung des Deutschen Reichs vom 11.8.1919, 14. Aufl. 1933, Art. 54 Rn. 3.

[6] BVerfGE 62, 1 (40 f.); *Gusy,* 100 Jahre Weimarer Verfassung, 2018, 193 mwN zur damaligen Diskussion um die materielle Begrenzung des Auflösungsrechts.

[7] Aus der mittlerweile unüberschaubaren Literatur zur Weimarer Republik siehe nur *Möller,* Die Weimarer Republik, 9. Aufl. 2008, 146 ff., 216 ff. und *Willoweit,* Deutsche Verfassungsgeschichte, 7. Aufl. 2013, § 38.

[8] *Möller,* Die Weimarer Republik, 9. Aufl. 2008, 257 weist darauf hin „[…], daß sich alle Parteien und alle Bevölkerungsgruppen gegenüber der Republik mehr oder weniger reserviert verhielten.".

[9] *Gusy,* 100 Jahre Weimarer Verfassung, 2018, 193.

[10] Instruktiv zur Auslegung von Art. 48 WRV in der Weimarer Republik *Willoweit,* Deutsche Verfassungsgeschichte, 7. Aufl. 2013, § 38 Rn. 8.

gen ermöglichte die präsidiale Einsetzung von Reichsregierungen, die über keine parlamentarische Mehrheit verfügten, sowie eine Übertragung zentraler Gesetzgebungsfunktionen auf die Exekutive.[11] Hierdurch wurde die Staatsgewalt schrittweise **entparlamentarisiert** und der Reichspräsident immer mehr ein zentraler Faktor der Politik.[12]

Das in Art. 68 verankerte Institut der Vertrauensfrage des Bundeskanzlers sowie seine Handhabung durch Rspr. und Lehre werden bis heute vor der **Folie der Weimarer Republik** betrachtet.[13] Hierbei stehen regelmäßig die Erfahrungen mit instabilen Reichsregierungen in der Weimarer Republik,[14] die jedenfalls als mitursächlich für den Nationalsozialismus galten, im Vordergrund: Die beschriebenen Instabilitäten sollten und sollen durch Art. 68 und weitere Bestimmungen des GG soweit wie möglich vermieden werden.[15] **4**

Der Entwurf des **Herrenchiemseer Konvents** enthielt bereits eine Regelung zum „konstruktiven Misstrauensvotum" (heute Art. 67),[16] aber keine Bestimmung über die Vertrauensfrage des Regierungschefs oder der Regierung.[17] Erst in den Verhandlungen des Parlamentarischen Rates kam die Frage auf, ob dem Bundeskanzler im Falle einer Veränderung der parlamentarischen Kräfteverhältnisse während der laufenden Legislaturperiode das Recht zukommen sollte, die Vertrauensfrage zu stellen. Auch im **Parlamentarischen Rat** prägten die Weimarer Erfahrungen die Debatte um das Institut der Vertrauensfrage durch den Bundeskanzler sowie die Ausgestaltung des Misstrauensvotums.[18] Fixpunkte der Diskussion waren die **Stabilisierung des politischen Systems** durch die Auflösung von dauerhaften Konfrontationen zwischen Parlament und Regierung sowie die (im Ergebnis verneinte) Frage, ob dem Parlament darüber hinaus ein **Selbstauflösungsrecht** zuzugestehen sei.[19] In den Erörterungen dominierte die Vorstellung, dass einem gewählten Bundeskanzler eine veränderte Mehrheit im Parlament gegenüberstehe, die ihrerseits aber nicht in der Lage sei, einen neuen Bundeskanzler zu wählen.[20] Vor Augen stand also die Situation eines Minderheitskanzlers,[21] wobei in der Diskussion auch **5**

---

[11] *Gusy,* 100 Jahre Weimarer Verfassung, 2018, 195 ff.

[12] *Gusy,* 100 Jahre Weimarer Verfassung, 2018, 195 ff.; siehe auch *Willoweit,* Deutsche Verfassungsgeschichte, 7. Aufl. 2013, § 38 Rn. 8 ff.

[13] Siehe aus der Rspr. BVerfGE 62, 1 (46 ff.); 114, 121 (152 f.); aus der Literatur: *Epping* in MKS Rn. 2; *Hermes* in Dreier Rn. 2, 7; *Herzog* in Maunz/Dürig Rn. 1; *Müller-Franken/Uhle* in SHH Rn. 7 f.; *Oldiges/Brinktrine* in Sachs Rn. 8 f.

[14] Eingehend zur Situation in „Weimar" *Toews* FS f. Weber, 1974, 269.

[15] Siehe BVerfGE 62, 1 (39), 114, 121 (152); *Oldiges/Brinktrine* in Sachs Rn. 8 f.; *Herzog* in Maunz/Dürig Rn. 1; *Epping* in MKS Rn. 1 f.; siehe auch *Hermes* in Dreier Rn. 2 f.; *Müller-Franken/Uhle* in SHH Rn. 7 f. sowie *Winkler* AöR 131 (2006), 441 (446 ff.).

[16] Es handelt sich um Art. 90. Der Entwurf ist abgedr. in Deutscher Bundestag/Bundesarchiv Der Parlamentarische Rat 1948 – 1949, Bd. II, 1981, 579 ff.

[17] *Schenke* in BK Rn. 69.

[18] Siehe das stenographische Wortprotokoll der dritten Sitzung des Hauptausschusses am 16.11.1948, abgedr. in Deutscher Bundestag/Bundesarchiv Der Parlamentarische Rat 1948 – 1949, Bd. XIV/1, 2009, 85 ff.

[19] Siehe das stenographische Wortprotokoll der vierten Sitzung des Hauptausschusses am 17.11.1948, abgedr. in Deutscher Bundestag/Bundesarchiv Der Parlamentarische Rat 1948 – 1949, Bd. XIV/1, 2009, 103 (111 ff.).

[20] Siehe das stenographische Wortprotokoll der vierten Sitzung des Hauptausschusses am 17.11.1948, abgedr. in Deutscher Bundestag/Bundesarchiv Der Parlamentarische Rat 1948 – 1949, Bd. XIV/1, 2009, 103 (111 ff.).

[21] *Hermes* in Dreier Rn. 3.

angemerkt wurde, dass auch Minderheitsregierungen mitunter regierungsfähig sein konnten.[22]

6 Ob der Verfassungsgeber die Vertrauensfrage nicht nur von den in Art. 68 angesprochenen verfahrensrechtlichen Voraussetzungen, sondern auch von einer politischen **Krisensituation** abhängig machen wollte und ab wann eine solche vorliegen soll, ist vielfach erörtert worden.[23] Klar ist, dass in den Beratungen des Parlamentarischen Rates an verschiedenen Stellen die Sorge artikuliert wurde, das Parlament könne die Regierungsarbeit **obstruieren.**[24] Allerdings ist dieses Argument nicht das einzige, das in der Debatte artikuliert wurde. Vielmehr finden sich ebenso Aussagen, die eher eine plebiszitäre Stoßrichtung haben.[25] *In summa* gibt die Entstehungsgeschichte also keinen Aufschluss darüber, ob der Parlamentarische Rat die Vertrauensfrage für Krisenlagen reservieren wollte oder es dem Bundeskanzler in jeder Situation erlauben wollte, die Vertrauensfrage zu stellen.[26]

II. Inhaltsübersicht

7 In parlamentarischen Regierungssystemen ist die Regierung abhängig von der sie tragenden Mehrheit im Parlament. Erodiert diese Mehrheit innerhalb einer Legislaturperiode, droht – sofern nicht eine neue Regierung gewählt wird – eine dauerhafte Konfrontation zwischen Regierung und Parlament. Folge hiervon kann eine Instabilität des politischen Systems sein. Dementsprechend stellt sich dem Verfassungsgeber die Frage, ob das Regieren mit unsicheren Mehrheiten hingenommen oder aber – soweit wie möglich – verhindert werden soll. Optiert der Verfassungsgeber – wie im Falle des GG –[27] für Letzteres, muss er die Frage beantworten, mit welchen Mitteln eine zumindest mittelfristige Sicherung der Mehrheitsverhältnisse im Par-

[22] So die Ausführungen des Vorsitzenden des Hauptausschusses, *Schmid,* im stenographischen Wortprotokoll der vierten Sitzung des Hauptausschusses am 17.11.1948, abgedr. in Deutscher Bundestag/Bundesarchiv Der Parlamentarische Rat 1948 – 1949, Bd. XIV/1, 2009, 111 (114): „Grundsätzlich möchte ich noch folgendes bemerken. Die Geschichte kennt eine Reihe von Beispielen, daß auch Minderheitsregierungen imstande waren, vernünftig und ergiebig zu regieren." *Schmid* wollte aber verhindern, dass eine dauerhafte Blockade der Regierung eintritt. Dem scheint die These zugrunde zu liegen, dass sich zwischen effektiven Minderheitsregierungen und solchen, deren Arbeit dauerhaft blockiert wird, hinreichend deutlich unterscheiden lässt.

[23] *Meyer* DÖV 1983, 243 (244 f.); *Holzner,* Die normative Kraft des Faktischen: Die Vertrauensfrage nach Art. 68 GG, 2009, 28 ff.; detailliert: *Umbach,* Parlamentsauflösung in Deutschland, 1989, 465 ff., 505 ff.; *Schenke* BK Rn. 66 ff.; siehe auch *Fromme,* Von der Weimarer Reichsverfassung zum Bonner Grundgesetz, 2. Aufl. 1962, 88 f.

[24] Siehe die Ausführungen des Vorsitzenden des Hauptausschusses, *Schmid* (SPD), im stenographischen Wortprotokoll der vierten Sitzung des Hauptausschusses am 17.11.1948, abgedr. in Deutscher Bundestag/Bundesarchiv Der Parlamentarische Rat 1948 – 1949, Bd. XIV/1, 2009, 111 (114): „[…] wenn die Tätigkeit der Regierung von einer wechselnden Mehrheit absolut blockiert wird, dann ist doch der Fall gegeben, daß der Kanzler nicht anders kann, als den Bundestag zu zwingen, sich zu einer klaren Verantwortung zu bekennen, indem er die Vertrauensfrage stellt."

[25] So die Aussage des Abgeordneten *Katz* (SPD) im stenographischen Wortprotokoll der vierten Sitzung des Hauptausschusses am 17.11.1948, abgedr. in Deutscher Bundestag/Bundesarchiv Der Parlamentarische Rat 1948 – 1949, Bd. XIV/1, 2009, 111 (112): „Hier handelt es sich nicht um einen Mißtrauensantrag im Sinne der Weimarer Verfassung, sondern um die Möglichkeit, der Bundesregierung im Falle eines ernsthaften politischen Konflikts oder für den Fall, daß die Bundesregierung den Wunsch hat, eine wichtige politische Frage durch das Volk entscheiden zu lassen, ein Auflösungsrecht zu schaffen."

[26] *Hermes* in Dreier Rn. 3; siehe auch BVerfGE 62, 1 (46 f.).

[27] *Pestalozza* NJW 2005, 2817.

lament erreicht werden soll. Hierfür kann die Verfassung ein **Selbstauflösungsrecht** des Parlaments,[28] ein **Misstrauensvotum**[29] oder aber die Auflösung des Parlaments durch ein **anderes Verfassungsorgan** vorsehen.[30]

Eine weitere Möglichkeit besteht in der Schaffung einer **Vertrauensfrage** der Regierung oder einzelner Regierungsmitglieder, die mit dem Damoklesschwert der Parlamentsauflösung verbunden ist. So betrachtet erscheint die Vertrauensfrage des Bundeskanzlers als ein Mittel der **parlamentarischen Disziplinierung,**[31] also als ein Weg, das Parlament auf einen – sehr wahrscheinlich nicht unumstrittenen – Regierungskurs einzuschwören. Damit steht das Institut bereits in den Fällen, in denen keine Bundestagsauflösung erfolgt, in einem Spannungsverhältnis zum freien Mandat (Art. 38 Abs. 1 S. 2).[32] Wenn das Vertrauen nicht ausgesprochen wird, steht am Ende des in Art. 68 vorgesehenen Verfahrens möglicherweise (→ Rn. 50, 56) die Auflösung des Bundestages, die final in das freie Mandat der Bundestagsabgeordneten eingreift. 8

Art. 68 sieht ein **mehrstufiges Verfahren** vor, an dem – sofern alle Schritte absolviert werden – die Verfassungsorgane Bundeskanzler, Bundestag und Bundespräsident in je unterschiedlichen Funktionen beteiligt sind (→ Rn. 13 ff., 38 ff., 50 ff., 53 ff.). Das Verfahren beginnt mit einem Antrag des Bundeskanzlers an den Bundestag, ihm das Vertrauen auszusprechen. Wird ihm vom Bundestag nach Ablauf einer Mindestfrist von 48 Stunden ab Antragstellung das Vertrauen ausgesprochen, treten keine Veränderungen aufseiten der Bundesregierung oder des Bundestages ein. Sofern der Antrag nicht die erforderliche absolute Mehrheit erreicht, ist es wiederum am Bundeskanzler, die politische Lage zu bewerten und zu entscheiden, welche Konsequenzen er aus der Abstimmung zieht (→ Rn. 50). Soweit die Auflösung des Bundestages politisch opportun erscheint, schlägt der Bundeskanzler dem Bundespräsidenten die Auflösung des Bundestages vor (→ Rn. 50). Der Bundespräsident hat dann innerhalb von 21 Tagen (nach dem Parlamentsvotum) darüber zu entscheiden, ob er den Bundestag auflöst (→ Rn. 51, 53 ff.). Entscheidet er sich hierfür, sind Neuwahlen die Folge. Der Bundestag kann der Auflösungsentscheidung des Bundespräsidenten indes zuvorkommen, indem er rechtzeitig einen anderen Bundeskanzler wählt (→ Rn. 58 ff.). 9

III. Systematischer Zusammenhang

Die Wahl der Regierung, ihre Kontrolle sowie ihre Abwahl sind zentrale Entscheidungen einer jeden Verfassung, die für eine parlamentarische Demo- 10

[28] So die Verfassungen aller Länder: Art. 43 Abs. 1 BWVerf, 18 Abs. 1 BayVerf, 54 Abs. 2 BlnVerf, 62 Abs. 2 BbgVerf, 76 Abs. 1 lit. a) BremVerf, 11 Abs. 1 HambVerf, 80 HessVerf, 27 Abs. 2 MVVerf, 10 Abs. 2 NdsVerf, 35 Abs. 1 NRWVerf, 84 Abs. 1 RPVerf, 69 SaarlVerf, 58 SächsVerf, 60 LSAVerf, 19 Abs. 2 SchlHVerf, 50 Abs. 2 S. 1 Nr. 1 ThürVerf; zur gelebten Verfassungspraxis in Bund und Ländern siehe prägnant *Busse* ZRP 2005, 257 (258 f.).

[29] Siehe Art. 67; siehe überblicksweise *Kröger* NJW 1989, 1318 (1322); siehe auch *Brandt,* Die Bedeutung parlamentarischer Vertrauensregelungen, 1981, 50 ff.

[30] Vgl. Art. 25 WRV.

[31] Eher vorsichtig BVerfGE 114, 121 (161). Deutlicher die Lit. *Oldiges/Brinktrine* in Sachs Rn. 5, 12 f.; *Epping* in MKS Rn. 1; *Müller-Franken/Uhle* in SHH Rn. 2; siehe auch *Herzog* in Maunz/Dürig Rn. 1; etwas anders *Hermes* in Dreier Rn. 7 ff., der für beide in der Praxis wichtigsten Rechtsfolgen – Neuwahlen und Bestätigung des Bundeskanzlers – das Ziel der Sicherung stabiler Mehrheitsverhältnisse angibt.

[32] BVerfGE 62, 1 (32 f.); 114, 121 (146 f., 152).

kratie optiert. Das GG legt die **Wahl des Bundeskanzlers**, nicht aber der Bundesregierung, in die Hände des **Parlaments** (Art. 63 Abs. 1). Hiermit wird auch zum Ausdruck gebracht, dass die Bundesregierung vom Vertrauen des Parlaments abhängig ist.[33] Die Parlamentsmehrheit darf dem Bundeskanzler zumindest nicht das Vertrauen entziehen (Art. 67).

11 Die Vertrauensfrage des Art. 68 steht in einem engen Zusammenhang mit dem in Art. 67 geregelten **konstruktiven Misstrauensvotum.**[34] Hier wie dort kommt es zu einer Spannungslage zwischen Regierung und Parlament. Während aber das konstruktive Misstrauensvotum nach Art. 67 dem Parlament die Abwahl des Bundeskanzlers nur dann ermöglicht, wenn zugleich ein neuer Bundeskanzler gewählt wird,[35] kommt nach Art. 68 dem Bundeskanzler das Initiativrecht zu.[36] Allein er entscheidet, ob er im Bundestag den Vertrauensantrag stellt und wie er nach einem negativen Parlamentsvotum weiter verfährt (→ Rn. 13 f., 50). Damit ist Art. 68 das **Pendant** zu Art. 67.[37] Hiermit ist allerdings noch nicht gesagt, dass sich Art. 67 und 68 in der Verfassungswirklichkeit neutralisieren, im Ergebnis also zu einem Kräftegleichgewicht zwischen Regierung und Parlament führen.

12 Ein ebenfalls enger Zusammenhang besteht mit Art. 63 und Art. 81. Art. 63 regelt die Wahl des Bundeskanzlers und wird deshalb von Art. 68 verdrängt.[38] Der Gesetzgebungsnotstand nach Art. 81 baut auf Art. 68 auf, da von ihm nur Gebrauch gemacht werden kann, wenn der Bundeskanzler zuvor eine Vertrauensabstimmung nach Art. 68 verloren hat. Deswegen wird Art. 68 auch als „Einstiegsnorm" in den **Gesetzgebungsnotstand** bezeichnet.[39]

B. Einzelfragen

I. Die Vertrauensfrage des Bundeskanzlers

13 **1. Der Vertrauensantrag.** Art. 68 Abs. 1 S. 1 statuiert das Recht des Bundeskanzlers, dem Bundestag die Vertrauensfrage zu stellen („Antrag des Bundeskanzlers, ihm das Vertrauen auszusprechen"). Um das Verfahren zu initiieren, bedarf es also eines **Antrags** des **Bundeskanzlers.** Das Antragsrecht wird folglich aufseiten des Bundeskanzlers **monopolisiert.**[40] Dies zeigt – wie andere Bestimmungen des GG auch – die hervorgehobene Stellung des Bundeskanzlers im Kollegialorgan Bundesregierung.[41]

---

[33] *Schröder* in MKS Art. 67 Rn. 9 f.

[34] AllgA *Epping* in MKS Rn. 1; *Hermes* in Dreier Rn. 7, 26; *Herzog* in Maunz/Dürig Rn. 7; *Oldiges/Brinktrine* in Sachs Rn. 10 f.; *Müller-Franken/Uhle* in SHH Rn. 1, 5; *Epping* in MKS Rn. 1; nach *Pieper* in BeckOK GG Rn. 5 „komplettiert [Art. 68; A. K.] das Ziel des Grundgesetzes nach möglichst großer politischer Stabilität."

[35] *Müller-Franken/Uhle* in SHH Art. 67 Rn. 17.

[36] BVerfGE 62, 1 (34); 114, 121 (158); *Müller-Franken/Uhle* in SHH Rn. 33; *Pieroth* in Jarass/Pieroth Rn. 1; *Oldiges/Brinktrine* in Sachs Rn. 26; *Epping* in MKS Rn. 8; *Pieper* in BeckOK GG Rn. 1, 10; *Herzog* in Maunz/Dürig Rn. 15 f., 20.

[37] *Epping* in MKS Rn. 1; *Müller-Franken/Uhle* in SHH Rn. 1; *Hermes* in Dreier Rn. 7.

[38] *Hermes* in Dreier Rn. 26.

[39] *Epping* in MKS Rn. 7.

[40] *Herzog* in Maunz/Dürig Rn. 20; *Hermes* in Dreier Rn. 17.

[41] *Epping* in MKS Rn. 4; deutlich auch *Herzog* in Maunz/Dürig Rn. 20 ff., der mit Blick auf Art. 68 von einer „Prädominanz des Bundeskanzlers" (Rn. 22) spricht.

a) Formelle Voraussetzungen des Vertrauensantrages. Das GG äußert sich nur sehr reserviert zu den formellen Anforderungen an den Vertrauensantrag: In der Verfassung wird allein verfügt, dass zwischen Antrag und Abstimmung mindestens **48 Stunden** liegen müssen. Die Verfassung sieht nicht vor, dass der Bundeskanzler sein Ansinnen zuvor anderen Verfassungsorganen oder Teilen von diesen **unterbreiten** muss. Auch den anderen Mitgliedern der Bundesregierung ist die Intention nicht von Verfassung wegen mitzuteilen oder gar zur Beratung und Abstimmung vorzulegen.[42] Auch aus Art. 15 Abs. 1 GOBReg ergibt sich nicht, dass der Antrag der Bundesregierung vor der Stellung des Antrages unterbreitet werden muss, weil die GOBReg nicht das Verfassungsrecht derogieren kann.[43] Vielmehr kann der Bundeskanzler die Vertrauensfrage stellen, „wann auch immer ihm dies angebracht erscheint".[44] Hiermit ist indes noch nicht gesagt, ob weitere Beschränkungen inhaltlicher Art bestehen (→ Rn. 20 ff.). 14

In der Verfassung finden sich keine näheren Angaben darüber, wie der Vertrauensantrag **formuliert** werden muss. Soweit in der Literatur angenommen wird, die Formulierung der Vertrauensfrage ergebe sich bereits aus dem Wortlaut der Vorschrift,[45] ist dem entgegenzuhalten, dass die Zulässigkeit des Antrags nicht von einer spezifischen Antragsformulierung abhängen kann. In der Staatspraxis hat es sich eingebürgert, die Formulierung entweder an der Formulierung des Art. 68 zu orientieren und die Wendung „mir das Vertrauen auszusprechen" zu benutzen[46] oder aber schlicht von dem „Antrag nach Art. 68" zu sprechen.[47] 15

Der Antrag kann sowohl schriftlich als auch mündlich gestellt werden.[48] Er bedarf **keiner Begründung,**[49] wird in der Staatspraxis aber regelmäßig vor dem Parlament und in den Medien umfassend begründet. Der Antrag ist, weil er allein vom Parlament zu entscheiden ist, auch an dieses zu richten.[50] Wird der Antrag nicht im Plenum, sondern schriftlich gestellt, muss er nach § 7 GOBT an den Präsidenten des Bundestages gerichtet werden.[51] 16

Bei dem Antrag handelt es sich um eine „empfangsbedürftige öffentlich-rechtliche Willenserklärung",[52] auf die die bürgerlich-rechtlichen Regeln des **Zugangs** von **Willenserklärungen** entsprechend anwendbar sind. Der Zeitpunkt des Zugangs ist zuvörderst für die Bestimmung der Abstimmungsfrist von Bedeutung (→ Rn. 14, 45 f.). Wird der Vertrauensantrag nicht im Ple- 17

[42] *Herzog* in Maunz/Dürig Rn. 21; *Epping* in MKS Rn. 8; *Müller-Franken/Uhle* in SHH Rn. 33; *Oldiges/Brinktrine* in Sachs Rn. 26; implizit auch *Pieroth* in Jarass/Pieroth Rn. 1.

[43] *Schreiber/Schnapauff* AöR 109 (1984), 369 (375); Stern, StaatsR I, 1984, § 22 III 3b) δ; *Epping* in MKS Rn. 8 mwN.

[44] *Achterberg* DVBl. 1983, 477 (484); zust. *Hermes* in Dreier Rn. 17; sa *Pieroth* in Jarass/Pieroth Rn. 1.

[45] So *Herzog* in Maunz/Dürig Rn. 19.

[46] Antrag von Bundeskanzler *Helmut Schmidt* vom 3.2.1982, BT-Drs. 9/1312; Antrag von Bundeskanzler *Gerhard Schröder* vom 27.6.2005, BT-Drs. 15/5825.

[47] Antrag von Bundeskanzler *Willy Brandt* vom 20.9.1972: „[…], wenn ich hiermit, Herr Präsident, den Antrag nach Art. 68 des Grundgesetzes stelle.", Stenographischer Bericht, 6. Wahlperiode, Sitzung 197, 11574; Antrag von Bundeskanzler *Helmut Kohl* vom 13.12.1982, BT-Drs. 9/2304; Antrag von Bundeskanzler *Gerhard Schröder* vom 13.11.2001, BT-Drs. 14/7440.

[48] *Müller-Franken/Uhle* in SHH Rn. 34; *Epping* in MKS Rn. 9.

[49] *Epping* in MKS Rn. 9.

[50] *Epping* in MKS Rn. 9.

[51] *Epping* in MKS Rn. 9.

[52] *Schreiber/Schnapauff* AöR 109 (1984), 369 (380); *Epping* in MKS Rn. 9, 35; *Müller-Franken/Uhle* in SHH Rn. 34.

num des Bundestages gestellt, kommt es zur Bestimmung des Zugangszeitpunktes darauf an, wann er dem Bundestag zugeht.[53] Entscheidend ist insoweit, wann üblicherweise mit der Entgegennahme durch den Präsidenten des Bundestages gerechnet werden kann. Die Gegenansicht, die aus § 123 GOBT ableitet, dass auf den Tag der Verteilung der Drucksache abzustellen und dieser nicht einzuberechnen ist,[54] verkennt, dass die Verfassung eine Stundenfrist bestimmt, auf die das Prinzip der Naturalkomputation und nicht die Zivilkomputation Anwendung findet.[55] Zudem ist die Stundenfrist bewusst recht kurz bemessen.

18 **b) Gegenstand des Vertrauensantrages.** Gegenstand des Antrags ist die Aussprache des Vertrauens der Bundestagsabgeordneten zum amtierenden Bundeskanzler. Die Verfassung enthält keinen moralischen, sondern einen rein **formalen Vertrauensbegriff;** möchte also kein ethisch begründetes Werturteil über die Amtsführung des amtierenden Bundeskanzlers zum Maßstab nehmen.[56] Das BVerfG spricht insoweit von der „förmlich bekundete[n] gegenwärtige[n] Zustimmung der Abgeordneten zu Person und Sachprogramm des Bundeskanzlers".[57] Der Bezugspunkt des Vertrauens bleibt der Bundeskanzler. Das Vertrauen wird aber auf den Akt der Vertrauensbekundung reduziert. Hieran wird kritisiert, dass der Vertrauensbegriff auf diese Weise inhaltlich entleert werde.[58] Diese Kritik verweist zu Recht darauf, dass über den Zustimmungsakt schwerlich der Begriff des Vertrauens definiert wird. Sie verkennt indes, dass Art. 68 nur ein Verfahren bereitstellt, innerhalb dessen das Vertrauen durch die Zustimmung zu einem Antrag zum Ausdruck gebracht wird.

19 **c) Die „nicht auflösungsgerichtete" Vertrauensfrage.** Die Bestimmung spricht positiv von einem Antrag, dem Bundeskanzler „das Vertrauen auszusprechen". Einen Antrag des Bundeskanzlers darauf, das Vertrauen nicht auszusprechen, kennt das GG nicht. Hiervon ist die Frage nach dem Ziel, das der Bundeskanzler mit dem Antrag verfolgt, zu unterscheiden. **Unzweifelhaft zulässig** sind Anträge des Bundeskanzlers, die darauf abzielen, dass der Bundestag ihm das Vertrauen ausspricht.[59] Erlaubt ist demnach die „echte"[60], „positive"[61] oder „nicht auflösungsgerichtete"[62] Vertrauensfrage des Bundeskanzlers.

20 **d) Die „auflösungsgerichtete" Vertrauensfrage.** Eine andere Frage ist, ob der Antrag des Bundeskanzlers auch dann zulässig ist, wenn er mit dem Ziel gestellt wird, die Abstimmung im Parlament zu verlieren (sog. „negative"[63],

---

[53] *Schreiber/Schnapauff* AöR 109 (1984), 369 (382); *Epping* in MKS Rn. 35.
[54] *Epping* in MKS Rn. 35; Schneider in AK Rn. 9.
[55] Siehe zum Umgang mit Stundenfristen im Zivilrecht *Fervers* in BeckOGK BGB § 187 Rn. 48 ff., 3 ff.
[56] *Herzog* in Maunz/Dürig Rn. 40; *Müller-Franken/Uhle* in SHH Rn. 38; sa *Schenke* in BK Rn. 127 f.
[57] BVerfGE 62, 1 (37).
[58] Prononciert *Schenke* in BK Rn. 129 ff.; *Epping* in MKS Rn. 14.
[59] *Müller-Franken/Uhle* in SHH Rn. 12; *Pieroth* in Jarass/Pieroth Rn. 1; *Oldiges/Brinktrine* in Sachs Rn. 14.
[60] So *Löwer* DVBl. 2005, 1102 (1106).
[61] *Oldiges/Brinktrine* in Sachs Rn. 14 ff.
[62] BVerfGE 114, 121 (151).
[63] *Winkler* AöR 131 (2006), 441 (444); *Epping* in MKS Rn. 5; *Oldiges/Brinktrine* in Sachs Rn. 14 ff.

„unechte“[64] oder – sprachlich fragwürdig, indes wertneutral –[65] **„auflösungsgerichtete“**[66] **Vertrauensfrage**).[67] Die heute ganz hM erlaubt auch „auflösungsgerichtete“ Vertrauensfragen des Bundeskanzlers, knüpft sie aber an **zusätzliche Voraussetzungen.**[68]

21 Das Problem ergibt sich daraus, dass die Vorschrift selbst nur verfahrensrechtliche Voraussetzungen nennt und die am Ende des Verfahrens (möglicherweise) stehende Auflösung des Bundestages zu Neuwahlen führt. Damit kann aufseiten des Bundeskanzlers der **Anreiz** bestehen, vom Instrument der Vertrauensfrage Gebrauch zu machen, um eine Bundestagswahl zu einem genehmeren Zeitpunkt anzustreben.[69] Hierfür lässt sich weiter anführen, dass die Fraktion der Partei, die den Bundeskanzler stellt, regelmäßig der – wie auch immer artikulierten – Bitte des amtierenden Bundeskanzlers um Enthaltung oder Ablehnung bei der Abstimmung über den Vertrauensantrag entsprechen wird.

22 Verfassungsdogmatisch dreht sich der Streit darum, ob Art. 68 nicht nur verfahrensrechtliche, sondern auch **materiellrechtliche Wertungen** enthält. Das BVerfG hat sich klar dafür ausgesprochen, Art. 68 auch materiell-rechtliche Aussagen zu entnehmen. So hat es der Norm 1983 im ersten Urteil zur Bundestagsauflösung das ungeschriebene Tatbestandsmerkmal „der Instabilität zwischen Bundeskanzler und Bundestag“ entnommen[70] und es bereits im Rahmen der Antragsbefugnis des Bundeskanzlers verankert.[71] Der amtierende Bundeskanzler darf also den Antrag nur stellen, wenn das ungeschriebene Tatbestandsmerkmal des Art. 68 vorliegt.

23 Das BVerfG geht also davon aus, dass Art. 68 nur dann aktiviert werden kann, wenn die regierungstragenden **Mehrheiten unsicher** geworden sind. Dies verbietet es nicht, einen „auflösungsgerichteten“ Antrag zu stellen,[72] macht diesen aber von zumindest fragilen Mehrheitsverhältnissen abhängig.[73] In einem zweiten Schritt hat das Gericht aber die eigene Prüfungskompetenz (sowie die des Bundespräsidenten und des Bundestages) stark zurückgenommen, indem es dem Bundeskanzler bei der Beurteilung der politischen Lage eine (weite) **Einschätzungsprärogative** zubilligte.[74] Tragendes Argument hierfür war, dass es sich um eine politische Entscheidung handele, die ihrerseits die Beurteilung anderer politischer Vorgänge erforderlich mache.[75] Mit anderen Worten: Es handelt sich – so das BVerfG – notwendigerweise um

---

[64] So *Löwer* DVBl. 2005, 1102 (1106); *Busse* ZRP 2005, 257 (260); wohl auch *Pieper* in BeckOK GG Rn. 6; kritisch zu dieser Terminologie *Müller-Franken/Uhle* in SHH Rn. 14.

[65] *Herzog* in Maunz/Dürig Rn. 71; dem zust. *Müller-Franken/Uhle* in SHH Rn. 14.

[66] BVerfGE 114, 121 (151, 153 ff.).

[67] Dagegen: *Schenke* NJW 1982, 2521 (2522 ff.); dafür: *Pestalozza* NJW 2005, 2817 (2818).

[68] BVerfGE 62, 1 (38 ff.); 114, 121 (151 ff.); *Epping* in MKS Rn. 12 ff.; *Hermes* in Dreier Rn. 10 ff.; *Müller-Franken/Uhle* in SHH Rn. 13.

[69] So das Argument bei *Schenke* NJW 1982, 2521 (2524).

[70] BVerfGE 62, 1 (42); später (44) ist von einem „ungeschriebene[n] sachliche[n] Tatbestandsmerkmal“ die Rede.

[71] BVerfGE 62, 1 (49 f.); kritisch zur dogmatischen Verankerung des ungeschriebenen Tatbestandsmerkmals im Rahmen des Vertrauensantrages *Pestalozza* NJW 2005, 2817 (2819).

[72] BVerfGE 62, 1 (47): „Dies allein macht hinreichend deutlich, daß aus der Sicht des Verfassungsgebers der Bundeskanzler das Verfahren gemäß Art. 68 GG mit dem primären Ziel, zu Neuwahlen zu gelangen, einleiten darf.“.

[73] BVerfGE 62, 1 (42 ff.).

[74] BVerfGE 62, 1 (50).

[75] BVerfGE 62, 1 (50).

eine politische Frage, die nur eingeschränkt der Kontrolle durch die anderen Verfassungsorgane zugänglich ist. Im zweiten Urteil zur Vertrauensfrage ist das Gericht noch einen Schritt weitergegangen und hat hervorgehoben, dass die Entscheidung des Bundeskanzlers von „höchstpersönliche[n] Wahrnehmungen und abwägende[n] Lagebeurteilungen" abhänge.[76] Zudem drohe eine Beschädigung des politischen Systems, wenn die wahren Motive im Rahmen einer prozessualen Beweisaufnahme eruiert würden.[77] Diese Argumentation schließt von Schwierigkeiten, die bei der Ermittlung der Tatsachengrundlage sowie im Rahmen des Subsumtionsprozesses auftreten können, zurück auf das Prüfungsprogramm.

24 Auch Bundestag und Bundespräsident sind nach dem BVerfG verpflichtet zu prüfen, ob das ungeschriebene Tatbestandsmerkmal des Art. 68 im Einzelfall vorliegt.[78] Allerdings hat der Bundespräsident „die Einschätzungs- und Beurteilungskompetenz des Bundeskanzlers zu beachten", wenn er die politische Einschätzung des Bundeskanzlers verfassungs*rechtlich* bewertet.[79] Dies ändert aber nichts daran, dass das GG dem Bundespräsidenten die politische Entscheidung auferlegt, den Bundestag aufzulösen oder sich hiergegen zu entscheiden (→ Rn. 56). Auch wenn der **Bundespräsident** also die Beurteilung des Bundeskanzlers im Rahmen seiner rechtlichen Wertung respektieren muss, besteht gleichwohl auf seiner Seite **nicht** die **Pflicht,** dem Antrag zu **entsprechen.**[80]

25 Im Ergebnis wird die Materialisierung von Art. 68, die durch die Hineinlesung des ungeschriebenen Tatbestandsmerkmals der „instabilen Lage"[81] erfolgt, durch die Einräumung eines weiten und von den anderen Verfassungsorganen nur sehr eingeschränkt nachprüfbaren Einschätzungsspielraums des Bundeskanzlers und des Bundespräsidenten wieder **nivelliert.** Dies gilt umso mehr, als das BVerfG spätestens mit dem zweiten Urteil zur Bundestagsauflösung die Anforderungen insoweit stark **subjektiviert** hat, als es die Notwendigkeit der persönlichen Lagebewertung des Bundeskanzlers hervorhob.[82] Erst hierdurch ermöglicht es sich selbst, das Argument der richterlichen Zurückhaltung auszuspielen, weil damit eine Fallkonstellation anerkannt wird, deren beweisrechtliche Ermittlung zumindest schwierig wäre.[83]

26 Sofern man an dem tatbestandlichen Erfordernis einer „instabilen Lage" festhalten möchte, erscheint diese Auslegung aber inkonsequent. So ist die Betonung der in Art. 68 vorgesehenen Verteilung der Entscheidungskompetenz auf die drei Verfassungsorgane Bundeskanzler, Bundestag und Bundespräsident[84] zwar an sich richtig. Nur wenn man aus der Mehrstufigkeit des Verfahrens nach Art. 68 schließt, dass die Einschätzung des Bundeskanzlers, er habe seine Handlungsfähigkeit verloren, durch die Einbindung der drei Verfassungsorgane gesichert werde,[85] läuft dies im Ergebnis darauf hinaus, das Erfordernis der „instabilen Lage" unter die Einschätzungsprärogative des

---

[76] BVerfGE 114, 121 (156 f.).
[77] BVerfGE 114, 121 (157).
[78] BVerfGE 62, 1 (49 f.).
[79] BVerfGE 62, 1 (50).
[80] BVerfGE 62, 1 (51).
[81] BVerfGE 62, 1 (110) (Sondervotum *Rottmann*); *Gusseck* NJW 1983, 721 (722).
[82] So auch *Epping* in MKS Rn. 22; differenzierend hingegen *Müller-Franken/Uhle* in SHH Rn. 26 f.
[83] *Winkler* AöR 131 (2006), 441 (453).
[84] BVerfGE 62, 1 (51); 114, 121 (157 f.).
[85] In diese Richtung BVerfGE 114, 121 (158).

Bundeskanzlers zu stellen. Gleichzeitig wird verkannt, dass dem zumindest subkutan mitgeteiltem Ansinnen des Bundeskanzlers kaum ein Abgeordneter der Koalitionsfraktionen widersprechen wird. Und auch das Argument, dass die gerichtliche Kontrolldichte aufgrund des politischen Charakters des Vertrauensantrages zurückgenommen sei,[86] hat Schwächen. Denn hier wird aus **tatsächlichen Schwierigkeiten** auf die normative Ebene **zurückgeschlossen,** was entweder generell gegen die Formulierung der tatbestandlichen Anforderung einer „instabilen Lage" spricht oder aber nahe legt, dass die Anerkennung der „verdeckten Minderheitssituation" im Ergebnis das Erfordernis der „instabilen Lage" negiert.[87]

Allerdings ist damit noch nicht die Frage beantwortet, ob sich Art. 68 tatsächlich das ungeschriebene Tatbestandsmerkmal der „instabilen Lage" entnehmen lässt. Der **Wortlaut** der Bestimmung ist unergiebig, spricht also nicht für die Annahme des Tatbestandsmerkmal der „instabilen Lage".[88] **27**

Die **Entstehungsgeschichte** wird von beiden „Lagern" gleichermaßen ins Feld geführt.[89] Im Ergebnis ist sie aber ebenfalls unergiebig (→ Rn. 6). Das BVerfG mag der Entstehungsgeschichte zudem keine ausschlaggebende Bedeutung für die Bildung des Entscheidungsmaßstabes beimessen.[90] Dem ist im Ergebnis zuzustimmen: Nur bei einer evolutiven Deutung der Verfassung können ihre Entscheidungen gesellschaftlichen und politischen Wandel hinreichend verarbeiten. Damit kommt es entscheidend auf den systematischen Zusammenhang der Norm sowie ihre Funktion an. **28**

Nach dem BVerfG folgt aus der **Systematik** von Art. 68 selbst sowie aus seiner Stellung im GG, dass die Vertrauensfrage der Sicherung der parlamentarischen Unterstützung des Bundeskanzlers diene.[91] Auch hier wird vor der Folie „Weimar" argumentiert: Anders als die WRV erlaube das GG die Auflösung des Bundestages nur in engen Grenzen.[92] Diese Beobachtung ist zutreffend, sagt aber noch nichts darüber aus, *wie eng* die Grenzen sind, begründet also nicht das gefundene Ergebnis.[93] Damit kann allenfalls unter teleologischen Gesichtspunkten eine „instabile Lage" in den Tatbestand des Art. 68 hineingelesen werden. **29**

Zur Ermittlung des **Telos** sind zwei Fragen zu unterscheiden: erstens die **Zielrichtung der Vertrauensfrage** selbst und zweitens ihre **Einbindung** **30**

---

[86] BVerfGE 114, 121 (157).

[87] In diese Richtung geht auch die Kritik im Sondervotum *Lübbe-Wolff* in BVerfGE 114, 121 (186): „Der Unangemessenheit des aufgestellten Prüfprogramms ist nicht dadurch zu entkommen, dass dem Bundeskanzler für die Stellung der Vertrauensfrage ein Einschätzungsspielraum zugebilligt wird, der erst dann überschritten sein soll, wenn eine abweichende Beurteilung eindeutig vorzuziehen ist. Wenn dieser Einschätzungsspielraum von der zugeschriebenen Kontrollfunktion etwas übriglässt, beseitigt er das Problem nicht, das er lösen soll. Lässt er nichts davon übrig, dann bleibt auch von dem ungeschriebenen Tatbestandsmerkmal, auf das der Einschätzungsspielraum sich bezieht, nichts mehr übrig, was einleuchtend machen könnte, dass es überhaupt aufgestellt wird. Es fungiert dann der Sache nach nicht mehr als ein Entscheidungskriterium, das den Namen „Tatbestandsmerkmal" verdiente, sondern nur noch als Ansatzpunkt für eine Kontrollinszenierung, in der das Bundesverfassungsgericht sich selbst eine bloß scheinbar belangvolle Rolle zugeschrieben hat."

[88] BVerfGE 62, 1 (36).

[89] Siehe einerseits BVerfGE 114, 121 (152 f.) und andererseits BVerfGE 114, 121 (192 ff.) (Sondervotum *Lübbe-Wolff*).

[90] So BVerfGE 62, 1 (45).

[91] BVerfGE 62, 1 (39 f.).

[92] BVerfGE 62, 1 (41 f.).

[93] Deutlich BVerfGE 114, 121 (189) (Sondervotum *Lübbe-Wolff*).

im Verfassungsgefüge. Die Vertrauensfrage ist ein wirksames Instrument in den Händen des Bundeskanzlers, um sich seiner Gefolgschaft zu versichern.[94] Dies spricht allerdings weder für die eine noch für die andere Auslegungsalternative, weil diese Feststellung nur den einen Teil der möglichen Rechtsfolgen – die Zustimmung zur Vertrauensfrage – des Art. 68 umfasst. Notwendigerweise ist es vor der Abstimmung unklar, wie sie ausgeht, weshalb ebenfalls unklar bleibt, welche Folgen sie zeitigt.

31 Gegen eine rein formelle Lesart des Art. 68 ließe sich die **„Auflösungsfeindlichkeit" des GG** anführen, für die auch ein Vergleich mit Art. 25 WRV streitet.[95] Entscheidend ist insoweit nicht, dass das GG, anders als die WRV, für die Auflösung des Bundestages ein mehrstufiges Verfahren vorsieht, die Verantwortlichkeit also in mehrere Hände legt.[96] Vielmehr kommt es darauf an, ob über Art. 68 der Zwang zur Bildung und Aufrechterhaltung einer stabilen Parlamentsmehrheit erhöht werden soll, damit über eine gewisse parteipolitische Stabilität eine langfristige Stabilisierung der politischen Verhältnisse erreicht wird.[97] Eng verbunden hiermit ist die Befürchtung der Instrumentalisierung der Vertrauensfrage durch den Bundeskanzler.[98] Genau genommen kann aber nur dort von einer Instrumentalisierung die Rede sein, wo normzweckwidrige Überlegungen angestellt werden. Anders formuliert: Dort, wo das Handeln nicht zweckwidrig ist, führt die instrumentelle Handhabung einer Norm nicht zur Rechtswidrigkeit der Handlung. Die **Stabilisierungsthese,** wie sie vom BVerfG und dem wohl überwiegenden Teil des Schrifttums[99] vertreten wird, steht und fällt mit der Frage, ob verfassungsrechtliche Normen den politischen Akteuren einen hinreichenden **Einigungszwang** auferlegen können.[100] Hieran sind Zweifel angebracht. Denn über die mögliche Zusammenarbeit zwischen unterschiedlichen Fraktionen entscheiden im Ergebnis nicht verfassungsrechtliche Bestimmungen, sondern der **Grad an Übereinstimmung** in zentralen politischen Fragen sowie **„weiche Faktoren"**, wie die persönliche Integrität der Beteiligten. Des Weiteren erscheint es wenig sinnvoll, einen Einigungszwang verfassungsrechtlich zu institutionalisieren, der Koalitionen zur Folge hat, die sich kaum auf ein gemeinsames politisches Programm einigen können. Es verbleibt indes das Argument, dass im Falle einer rein verfahrensrechtlichen Lesart die Entscheidung des Verfassungsgebers gegen ein Selbstauflösungsrecht des Parlaments zwar nicht unterlaufen, aber unterminimiert werde.[101] Dem lässt sich

---

[94] AllgA *Müller-Franken/Uhle* in SHH Rn. 2; *Pieper* in BeckOK GG Rn. 5; *Herzog* in Maunz/Dürig Rn. 7; *Epping* in MKS Rn. 1; etwas anders *Oldiges/Brinktrine* in Sachs Rn. 10 ff., die betonen, dass die Vertrauensfrage nur auf den ersten Blick die Stellung der Regierung stärke; *Fromme,* Von der Weimarer Reichsverfassung zum Bonner Grundgesetz, 2. Aufl. 1962, 88 spricht gar von einer „Waffe" des Bundeskanzlers.

[95] Siehe instruktiv *Zeh* Der Staat 22 (1983), 1 (9 ff.).

[96] So aber BVerfGE 62, 1 (51); 121, 114 (157 f.).

[97] Siehe *Hermes* in Dreier Rn. 8 f.

[98] In diese Richtung *Müller-Franken/Uhle* in SHH Rn. 26.

[99] Siehe bereits *von Mangoldt* DÖV 1950, 697 (699). In der Literatur wird der Ausgangspunkt der Rspr. vielfach geteilt, wenn auch die Meinungen darüber auseinandergehen, ob die Einschätzungsprärogativen, die das BVerfG den anderen Verfassungsorganen, insbes. dem Bundeskanzler einräumt, in ihrem Umfang überzeugend sind. Siehe *Schenke* NJW 1982, 2521 (2522 ff.); *Gusseck* NJW 1983, 721; *Starck* JZ 2005, 1053; *Buettner/Jäger* DÖV 2006, 408 (410 ff.); *Ipsen* NJW 2005, 2201 (2203); *Schenke* ZfP 53 (2006), 26; *Winkler* AöR 131 (2006), 441 (446 ff.); *Fuchs/Fuchs/Fuchs* DÖV 2009, 232 (233); *Schenke* in BK Rn. 142 ff.; *Müller-Franken/Uhle* in SHH Rn. 26; *Oldiges/Brinktrine* in Sachs Rn. 18 ff.

[100] *Hermes* in Dreier Rn. 8.

[101] *Müller-Franken/Uhle* in SHH Rn. 26.

zum einen entgegenhalten, dass die Entscheidung über die Auflösung nicht nur vom Bundestag getroffen wird.[102] Zum anderen führt auch die Rspr. dazu, dass die Vertrauensfrage aufseiten des Bundeskanzlers recht flexibel gehandhabt werden kann.

Die hier vertretene Auffassung vermeidet die unerfreuliche Inkonsistenz der Rspr. Sie führt indes dazu, dass die Stellung des Bundeskanzlers (und ggf. auch der Bundesregierung) im Verfassungsgefüge nachhaltig gestärkt wird.[103] Diese Schwäche ist aber Ausfluss von Art. 68 selbst und die Kritik hieran ist deshalb rechtspolitischer Provenienz. 32

e) Verknüpfung der Vertrauensfrage mit Sachthemen. Eine andere Frage ist, ob der Vertrauensantrag auch mit Sachthemen, also etwa mit anderen gesetzlichen Vorhaben oder sonstigen Parlamentsbeschlüssen verknüpft werden darf.[104] In Art. 81 Abs. 1 S. 2 wird die Koppelung des Vertrauensantrages mit einer Gesetzesvorlage explizit angesprochen. Die Verfassung hält also jedenfalls eine derartige **Verbindung** von **Sach-** und **Personalfragen** für zulässig.[105] Zwar betrifft Art. 81 den Sonderfall des Gesetzgebungsnotstandes. Die Regelung in Art. 81 Abs. 1 S. 2 baut aber auf derjenigen des Art. 68 auf. Deswegen erlaubt sie den Rückschluss, dass die angesprochene Koppelung nicht nur im Falle eines Gesetzgebungsnotstandes, sondern generell zulässig sein soll, weil sie sie voraussetzt.[106] 33

Von Teilen der Literatur wird erwogen, eine Verbindung nur von Vertrauensantrag und Gesetzesvorhaben zuzulassen, andere Sach- oder Personalentscheidungen aber von der Verknüpfungsmöglichkeit auszunehmen.[107] Bislang ist es erst einmal zu einer **Koppelung** von **Vertrauensantrag** und einer **reinen Sachentscheidung** gekommen: Bundeskanzler *Gerhard Schröder* verknüpfte 2001 seine erste Vertrauensfrage mit dem Parlamentsvotum über die Entsendung von Bundeswehrsoldaten nach Afghanistan.[108] Wenn aber schon Gesetzesvorhaben mit der Vertrauensfrage verbunden werden dürfen, spricht wenig dafür, eine Verknüpfung mit sonstigen Personal- oder Sachentscheidungen des Parlaments nicht zuzulassen. In beiden Fällen kann ein Bedürfnis danach bestehen, ein als besonders wichtig eingestuftes Vorhaben durch das Parlament zu bringen.[109] 34

Die Verbindung von Vertrauensantrag und Sach- bzw. Personalentscheidung bewirkt, dass über beide Anträge **einheitlich abgestimmt** wird.[110] Die Abgeordneten müssen ihre Stimme für beide Anträge gleichzeitig abgeben. 35

Von der Zulässigkeit der Verknüpfung der Vertrauensfrage mit Sachanträgen sowie den Wirkungen der Verknüpfung (→ Rn. 33 ff.) ist die Frage zu unterscheiden, ob für die verbundenen Anträge einheitliche oder unterschiedliche **Mehrheitsanforderungen** bestehen. Die Verbindung der Anträge führt nicht dazu, dass in beiden Fällen die „Kanzlermehrheit" 36

[102] So BVerfGE 114, 121 (191) (Sondervotum *Lübbe-Wolff*); im Ausgangspunkt ähnlich *Schenke* in BK Rn. 148 ff., der in der Zulassung der auflösungsgerichteten Vertrauensfrage ein „de-facto-Parlamentsauflösungsrecht" des Bundeskanzlers erblickt.

[103] So in Bezug auf die BVerfG-Rspr. *Stern*, StaatsR I, § 22 III 3b) δ.

[104] Hierfür die hM *Hermes* in Dreier Rn. 19; *Pieroth* in Jarass/Pieroth Rn. 1; *Müller-Franken/Uhle* in SHH Rn. 35.

[105] *Müller-Franken/Uhle* in SHH Rn. 35.

[106] So auch *Epping* in MKS Rn. 10, Fn. 14.

[107] So *Epping* in MKS Rn. 11.

[108] BT-Drs. 14/7440.

[109] *Herzog* in Maunz/Dürig Rn. 26 f.

[110] *Epping* in MKS Rn. 10; *Hermes* in Dreier Rn. 19.

(→ Rn. 38) erreicht werden muss; vielmehr gilt für jeden Antrag das jeweilige Quorum.[111] Hierfür lässt sich nicht anführen, dass der Sinn der Verbindung von Sach- und Personalfrage darin liegt, die Wichtigkeit der verbundenen Frage zu betonen.[112] Vielmehr besteht der Sinn der Koppelung von Vertrauensfragen und sonstigen Anträgen allein darin, den Druck für eine Zustimmung zur verknüpften Frage zu erhöhen.[113]

37 **f) Die Rücknahme des Vertrauensantrages.** Unklar ist, ob der Antrag durch den Bundeskanzler bis zur Abstimmung im Bundestag wieder zurückgezogen werden kann. Art. 68 schweigt hierzu. Die Möglichkeit der Rücknahme des Antrages ergibt sich nicht aus dem Gedanken der Erhaltung der Regierung,[114] sondern aus der Überlegung, dass die Antragstellung im **freien Ermessen** des **Bundeskanzlers** steht und deshalb auch die Rücknahme ihm freistehen muss.[115] In jedem Fall handelt es sich um eine Frage, die in der Praxis kaum relevant werden dürfte, weil die Rücknahme des Antrags allenfalls mit gravierenden Änderungen der politischen Rahmenbedingungen gerechtfertigt werden könnte.

38 **2. Die Abstimmung über den Vertrauensantrag im Bundestag.** Auf den Vertrauensantrag des Bundeskanzlers folgt – so der Antrag nicht zurückgezogen wird (→ Rn. 37) – die **Abstimmung** im Bundestag. Diese darf frühstens 48 Stunden nach der Antragstellung erfolgen (Abs. 2). Der Vertrauensantrag hat Erfolg, wenn die „Mehrheit der Mitglieder des Bundestages" ihm zustimmt. Es kommt demnach nicht auf die anwesenden Mitglieder, sondern auf die „gesetzliche[n] Mitgliederzahl" (Art. 121) des Verfassungsorgans an (sog. **Kanzlermehrheit**[116]).[117] In der Abstimmung muss also die absolute Mehrheit erreicht werden.

39 Die Abstimmungsmodalitäten sind nicht in Art. 68 geregelt. Wie bei jeder anderen Abstimmung des Bundestages besteht aufseiten der Abgeordneten die Möglichkeit, nicht zu votieren, sich zu enthalten sowie mit „Nein" oder „Ja" zu stimmen. Allerdings wirken sich bis auf die Votierung mit „Ja" alle Entscheidungsvarianten der Abgeordneten iErg als **Ablehnung** aus, weil der Vertrauensantrag nur angenommen ist, wenn die absolute Mehrheit der Mitglieder erreicht wird.[118]

40 Weder aus der Verfassung noch aus der GOBT folgt die Pflicht, über Vertrauensanträge des Bundeskanzlers **geheim** abzustimmen.[119] Dies erscheint verfassungspolitisch nicht unproblematisch. Denn sobald das Abstimmungsverhalten nachvollziehbar ist, steigt der Druck auf die einzelnen Abgeordneten, der vom Bundeskanzler und der Fraktionsführung artikulierten Erwartungshaltung zu entsprechen.[120] Zum anderen stellt es auch einen **Wertungswiderspruch** dar, dass die Wahl des Bundeskanzlers nach § 4 GOBT geheim erfolgt, die Abstimmung über die Vertrauensfrage aber nach

[111] So die hM. Siehe etwa *Epping* in MKS Rn. 10; *Hermes* in Dreier Rn. 19; *Herzog* in Maunz/Dürig Rn. 39.
[112] So *Epping* in MKS Rn. 10 mwN.
[113] *Schenke* in BK Rn. 247, 250.
[114] So *Epping* in MKS Rn. 9.
[115] Im Ergebnis auch *Müller-Franken/Uhle* in SHH Rn. 36.
[116] *Herzog* in Maunz/Dürig Rn. 4; *Krings* ZRP 2018, 2.
[117] Ganz hM. Siehe nur *Hermes* in Dreier Rn. 20; *Epping* in MKS Rn. 32.
[118] *Müller-Franken/Uhle* in SHH Rn. 39.
[119] *Epping* in MKS Rn. 34; *Hermes* in Dreier Rn. 20.
[120] *Epping* in MKS Rn. 34; dem zust. *Hermes* in Dreier Rn. 20.

der GOBT hingegen nicht. Nach der GOBT kann eine Abstimmung zwar auch – entgegen der allgemeinen Regel – geheim erfolgen, nur bedarf es hierzu einer Zweidrittelmehrheit (§ 126).

Nach der hM besteht aufseiten des Bundestages nicht nur das Recht, sondern auch die Pflicht, über den Vertrauensantrag innerhalb einer angemessenen Frist zu entscheiden.[121] Im Wortlaut wird eine **Pflicht zur Abstimmung** nicht explizit angesprochen. Allerdings verlangt Art. 68 Abs. 1 ein positives Votum.[122] Deshalb erscheint es angemessen, die Pflicht zur Abstimmung über den Vertrauensantrag nicht über die allgemeine Organtreuepflicht,[123] sondern aus der Bestimmung selbst herzuleiten. Des Weiteren lässt sich anführen, dass Art. 68 dem Bundeskanzler ein wirksames Instrument an die Hand geben möchte, das nicht vom Parlament unterlaufen werden soll.[124] Auch wenn der Bundeskanzler (zunächst) sein politisches Schicksal in die Hände des Parlaments legt, soll doch über den Antrag eine Klärung der parlamentarischen Kräfteverhältnisse herbeigeführt werden. 41

Nimmt man eine Abstimmungspflicht an, stellt sich die Frage, wie mit einer Abstimmungsverweigerung des Bundestages umzugehen ist. In der Literatur wird erörtert, ob eine **Abstimmungsverweigerung** des Bundestages als Negativvotum anzusehen ist. Zur Begründung wird für eine analoge Anwendung von Art. 81 Abs. 2 S. 2 plädiert.[125] Hiergegen spricht aber bereits, dass gar keine planwidrige Regelungslücke besteht, die einer Analogie zugänglich wäre.[126] Insoweit wird man für die Lesart „Keine Abstimmung gleich Negativvotum" geltend machen müssen, dass Art. 68 von einem positiven Votum des Parlaments spricht („Findet ein Antrag des Bundeskanzlers, ihm das Vertrauen auszusprechen, nicht die Zustimmung der Mehrheit der Mitglieder des Bundestages […]").[127] Soweit hiergegen angeführt wird, die staatsorganisationsrechtlichen Vorschriften des GG seien grundsätzlich „eng" auszulegen,[128] ist dem entgegenzuhalten, dass es diesen Grundsatz nicht gibt, er (so es ihn denn gäbe) wenig aussagt und die Formulierung in Art. 68 auf eine positive Entscheidung des Bundestages hindeutet. Die Abstimmungsverweigerung ist deshalb als Ablehnung der Vertrauensfrage zu werten, so dass dem Bundeskanzler dann drei Handlungsoptionen zur Verfügung stehen: Er kann, erstens seinen Rücktritt erklären, zweitens dem Bundespräsidenten die Auflösung des Bundestages vorschlagen oder drittens im Amt verbleiben (vgl. → Rn. 50). 42

Sofern eine Abstimmungsverweigerung als Negativvotum aufgefasst werden soll, sind diejenigen Fälle unproblematisch, in denen das Parlament positiv den Beschluss fasst, nicht über den Antrag abzustimmen.[129] Denn hier entzieht sich der Bundestag seiner Verantwortung. Fasst er aber keinen 43

[121] *Herzog* in Maunz/Dürig Rn. 33, der zur Begründung auf den Sinn von Art. 68 sowie auf das „selbstverständliche[m] parlamentarische[m] Herkommen" verweist; im Ergebnis bereits auch *Jellinek* VVDStRL 8 (1950), 3, 11.

[122] *Hermes* in Dreier Rn. 20.

[123] So *Schenke* in BK Rn. 257.

[124] *Epping* in MKS Rn. 32.

[125] In diese Richtung bereits *Jellinek* VVDStRL 8 (1950), 3, 11; siehe *Pieroth* in Jarass/Pieroth Rn. 2; *Schneider* in AK Rn. 9.

[126] *Schenke* in BK Rn. 258; *Epping* in MKS Rn. 32.

[127] *Hermes* in Dreier Rn. 20.

[128] *Schreiber/Schnapauff* AöR 109 (1984), 369 (386 f.).

[129] Implizit auch *Epping* in MKS Rn. 32; *Hermes* in Dreier Rn. 20; *Herzog* in Maunz/Dürig Rn. 32 f.; *Schenke* in BK Rn. 258.

entsprechenden Beschluss, stellt sich die Frage, *ab wann* aufseiten des Bundestages eine **Abstimmungsverweigerung fingiert** werden kann. Die Beantwortung dieser Frage steht indes vor einigen Schwierigkeiten. Der Verfassung selbst kann eine Frist nicht entnommen werden.[130] Soweit Fristen in den Raum gestellt werden,[131] ist ihre Zeitspanne zwangsläufig arbiträr.[132] Aber auch eine primäre Überantwortung der Frage an den Bundestag[133] löst das Problem nicht, weil im Zweifel ein Dissens zwischen Bundestag und Bundeskanzler um die Angemessenheit der Frist bestehen wird. Letztlich handelt es sich stets um eine Einzelfallentscheidung,[134] bei der alle Gesichtspunkte zu ermitteln und zu würdigen sind. Hierbei ist insbesondere zu berücksichtigen, ob im Bundestag selbst noch Diskussionsbedarf besteht oder aber die Anhaltspunkte eher dafürsprechen, dass die Entscheidung bewusst herausgezögert wird.

44 In der **Praxis** spielen alle drei skizzierten Fragen keine Rolle. Denn sowohl die Koalitions- als auch die Oppositionsfraktionen möchten über den Antrag des Bundeskanzlers abstimmen. Während die Koalitionsfraktionen ein starkes Interesse haben, über den Antrag „ihres" Bundeskanzlers zu entscheiden, ist die Opposition darauf erpicht, den Regierungsfraktionen eine Niederlage zu bereiten.[135] Was die Bestimmung der Angemessenheit der Abstimmungsfrist angeht, wird zudem die Erklärung des Bundeskanzlers, er betrachte den Antrag ab einem bestimmten Zeitpunkt als abgelehnt, das Problem vielfach zumindest faktisch lösen.

45 Art. 68 Abs. 2 legt fest, dass die Abstimmung frühestens **48 Stunden** nach der Stellung des Antrages durch den Bundeskanzler erfolgen darf. Der Sinn dieser Entscheidungsfrist besteht in der Sicherung einer hinreichenden **Bedenkzeit** der Abgeordneten.[136] Bei dem Vertrauensantrag handelt es sich um eine „empfangsbedürftige öffentlich-rechtliche Willenserklärung", für die keine Formvorschriften bestehen.[137] Da auf den Antrag grundsätzlich die allgemeinen Regeln des BGB entsprechend anzuwenden sind (→ Rn. 17), beginnt die 48-stündige Mindestfrist erst zu laufen, wenn der **Antrag zugeht.**[138] Dies ist bei einem mündlichen Antrag des Bundeskanzlers im Plenum des Deutschen Bundestages der Zeitpunkt, an dem der Antrag gestellt und die (fakultative) Begründung des Antrags abgeschlossen ist.[139] Die hieran anschließende Debatte spielt demnach für den Fristbeginn keine Rolle; sie ist bereits Teil der eingeräumten Bedenkzeit.[140] Bei einem schriftlichen Antrag kommt es auf den Zugang beim Bundestagspräsidenten an, weil dieser den Bundestag vertritt (→ Rn. 17); die Regelung des § 123 GOBT ist hier nicht anzuwenden.[141]

---

[130] *Oldiges/Brinktrine* in Sachs Rn. 30.
[131] Siehe *Schneider* in AK Rn. 9.
[132] *Epping* in MKS Rn. 32 mwN zur Gegenansicht.
[133] So *Epping* in MKS Rn. 32.
[134] *Hermes* in Dreier Rn. 20; *Epping* in MKS Rn. 32.
[135] *Schreiber/Schnapauff* AöR 109 (1984), 369 (387).
[136] *Oldiges/Brinktrine* in Sachs Rn. 30 sprechen von einer „Überlegungs- und ggf. auch Verhandlungspause"; dem zust. *Müller-Franken/Uhle* in SHH Rn. 36.
[137] *Epping* in MKS Rn. 9.
[138] So bereits *Schreiber/Schnapauff* AöR 109 (1984), 369 (382); *Epping* in MKS Rn. 35.
[139] *Epping* in MKS Rn. 35; hierauf verweisend *Müller-Franken/Uhle* in SHH Rn. 36.
[140] *Schreiber/Schnapauff* AöR 109 (1984), 369 (382).
[141] So aber *Epping* in MKS Rn. 35.

Zur Berechnung des Fristendes können die Regelungen der §§ 186 ff. BGB nicht herangezogen werden, weil sie **Stundenfristen** nicht erfassen[142]. Die Frist beginnt also unmittelbar mit dem Zugang des Antrages[143] und endet 48 Stunden später. **46**

II. Die Rechtsfolgen der Vertrauensabstimmung

Die **Rechtsfolgen** der Abstimmung im Bundestag richten sich danach, ob die Mehrheit der Mitglieder des Bundestages dem Bundeskanzler das Vertrauen ausspricht oder nicht. **47**

1. Positives Parlamentsvotum. Spricht die Mehrheit der Abgeordneten dem Bundeskanzler das Vertrauen aus, ergeben sich hieraus keine Rechtsfolgen: Bundeskanzler und Bundesregierung **bleiben im Amt** und auch der Bundestag arbeitet bis zum Ende der Legislaturperiode weiter.[144] Politisch geht der amtierende Bundeskanzler aber gestärkt aus der Abstimmung hervor. Auch wenn mit der Stellung des Vertrauensantrages deutlich wird, dass es zumindest zu einem vermuteten Vertrauensverlust zwischen den Koalitionsfraktionen und der Bundesregierung gekommen war, führt das positive Votum zu einer Festigung der Stellung des Bundeskanzlers, weil die Parlamentsmehrheit schwerlich von ihrer zuvor proklamierten Zustimmung abrücken kann. **48**

2. Negatives Parlamentsvotum. Stimmt die „Kanzlermehrheit" nicht für den Vertrauensantrag des Bundeskanzlers, verliert der Bundeskanzler die Vertrauensfrage. Dies allein führt indes noch zu keinen rechtlichen Konsequenzen, weil Art. 68 **keine unmittelbaren Folgen** an eine verlorene Vertrauensabstimmung knüpft.[145] Dies gilt auch dann, wenn die Vertrauensfrage mit einem Sach- oder Personalantrag verknüpft war und dieser, anders als der Vertrauensantrag, vom Parlament angenommen wurde.[146] Der weitere Verlauf des Verfahrens hängt maßgeblich von den anschließenden Entscheidungen des Bundeskanzlers ab, von denen nicht alle in Art. 68 genannt werden. **49**

a) Die Handlungsoptionen des Bundeskanzlers. Dem **Bundeskanzler** stehen im Falle eines negativen Votums des Bundestages drei Entscheidungsoptionen zur Verfügung:[147] Er kann, erstens, seinen **Rücktritt** erklären; zweitens dem Bundespräsidenten die **Auflösung** des Bundestages **vorschlagen** (→ Rn. 51, 53 ff.) oder, drittens, **im Amt bleiben,** also den Versuch unternehmen, eine Minderheitsregierung zu führen (und evtl. den Gesetzgebungsnotstand erklären).[148] Dieses Handlungsinstrumentarium führt wiederum die starke Stellung des Bundeskanzlers bei der Stellung der Vertrauensfrage vor Augen;[149] ist doch dieser frei, aus dem Abstimmungsergebnis die ihm politisch opportun scheinenden Konsequenzen zu ziehen, wenngleich die Auflösungsentscheidung selbst nicht ihm, sondern dem Bundespräsidenten zukommt. **50**

---

142 Eingehend *Fervers* in BeckOGK BGB § 187 Rn. 45 ff.
143 *Schreiber/Schnapauff* AöR 109 (1984), 369 (382).
144 *Schenke* in BK Rn. 270.
145 *Hermes* in Dreier Rn. 21; *Müller-Franken/Uhle* in SHH Rn. 44.
146 *Oldiges/Brinktrine* in Sachs Rn. 31; *Müller-Franken/Uhle* in SHH Rn. 44.
147 *Herzog* in Maunz/Dürig Rn. 42.
148 Vgl. *Gröpl* Staatsrecht I, 6. Aufl. 2014, Rn. 140 ff.
149 *Herzog* in Maunz/Dürig Rn. 42 spricht insoweit davon, dass der Bundeskanzler „zumindest für eine Zwischenzeit das Gesetz des Handelns" habe.

51 Die Verfassung sieht vor, dass der Bundespräsident binnen **21 Tagen** über die Auflösung des Bundestages zu entscheiden hat. Diese Frist beginnt nicht mit dem Vorschlag des Bundeskanzlers, sondern mit der Verkündung des negativen Abstimmungsergebnisses über den Vertrauensantrag.[150] Der Grund hierfür ergibt sich nicht so sehr aus dem Vergleich mit der Berechnung der 48-stündigen Frist oder der intendierten Stärkung der Rolle des Bundeskanzlers,[151] sondern aus dem **Wortlaut** der Vorschrift,[152] in dem die Frist auf die Abstimmung bezogen wird. Da es sich um eine Tages- und keine Stundenfrist handelt, sind die §§ 187 ff. BGB zur Berechnung des Fristendes entsprechend heranzuziehen.[153] Gegen dieses Vorgehen spricht nicht der Umstand, dass so zur Berechnung der beiden in Art. 68 genannten Fristen unterschiedliche Berechnungsmethoden verwendet werden.[154] Schließlich sind die Fristen in unterschiedlichen Zeiteinheiten angegeben und ihre Länge weicht erheblich voneinander ab.

52 Das aufgezeigte Handlungsinstrumentarium aufseiten des Bundeskanzlers (→ Rn. 50) ist in der **Praxis** deutlich begrenzter. Denn im Falle einer verlorenen Vertrauensabstimmung bleibt im Ergebnis nur die Wahl zwischen einem Rücktritt oder dem Vorschlag an den Bundespräsidenten, den Bundestag aufzulösen. In der Staatspraxis haben die drei verlorenen Vertrauensfragen der Bundeskanzler *Willy Brandt* (SPD), *Helmut Kohl* (CDU) und *Gerhard Schröder* (SPD) dazu geführt, dass der Bundestag aufgelöst wurde und es zu Neuwahlen kam.[155]

53 **b) Das Auflösungsrecht des Bundespräsidenten.** Das Recht zur Auflösung des Bundestages kommt ausschließlich dem **Bundespräsidenten,** nicht dem Bundeskanzler zu. Zu unterscheiden ist insoweit zwischen der zunächst vorzunehmenden rechtlichen Bewertung der Vorgänge und der anschließenden politischen Bewertung des bisherigen Verfahrens.

54 Die angesprochene Entscheidungsbefugnis besteht nach ganz hM dann nicht, wenn die formellen Voraussetzungen des Art. 68 nicht vorliegen, also Verfahrensfehler gemacht wurden.[156] Eine **Heilungsmöglichkeit** besteht nicht:[157] Die Fehler wirken fort.[158] Die Fehler können schon deshalb nicht geheilt werden, weil jede Handlung innerhalb des mehrstufigen Verfahrens auf die vorhergehenden aufbaut und es sich um einen hochgradig politischen Prozess handelt.

55 Eine andere Frage ist, ob neben den formellen Voraussetzungen, die in Art. 68 festgehalten sind, auch weitere inhaltliche Vorgaben bestehen, die Norm also einen weiteren materiellen Inhalt hat. Das BVerfG hat diese Frage bejaht (vgl. bereits → Rn. 22 ff.). Sofern man dies akzeptiert, hat der Bundes-

---

[150] *Schreiber/Schnapauff* AöR 109 (1984), 369 (388 f.); *Schenke* in BK Rn. 283; *Oldiges/Brinktrine* in Sachs Rn. 35; *Müller-Franken/Uhle* in SHH Rn. 54; ähnlich *Hermes* in Dreier Rn. 23.

[151] So aber *Schreiber/Schnapauff* AöR 109 (1984), 369 (388 f.).

[152] So bereits *Schreiber/Schnapauff* AöR 109 (1984), 369 (388), die insoweit auf von Mangolt/Klein, Das Bonner GG, Bd. II, 2. Aufl. 1964, Art. 68 Anm. III.3.3) Bezug genommen.

[153] *Müller-Franken/Uhle* in SHH Rn. 55; aA *Schreiber/Schnapauff* AöR 109 (1984), 369 (388 f.).

[154] So aber *Schreiber/Schnapauff* AöR 109 (1984), 369 (388 f.).

[155] Kurzüberblick bei *Müller-Franken/Uhle* in SHH Rn. 9 ff.

[156] BVerfGE 62, 1 (36); 114, 121 (149); *Müller-Franken/Uhle* in SHH Rn. 51.

[157] *Müller-Franken/Uhle* in SHH Rn. 51.

[158] BVerfGE 62, 1 (35 f.).

präsident, bevor er seine Entscheidung trifft, auch zu prüfen, ob die „instabile Lage" bei der Stellung des Vertrauensantrages vorlag.[159] Hierbei hat er aber nach dem BVerfG die Einschätzungsprärogative des Bundeskanzlers zu beachten.[160] Hier ist die Prüfungskompetenz stark zurückgenommen: Die Rspr. verpflichtet den Bundespräsidenten, die politische Einschätzung des Bundeskanzlers zu respektieren,[161] auch weil diese von „höchstpersönliche[n] Wahrnehmungen"[162] abhängt (näher → Rn. 23). Deshalb läuft die Prüfungskompetenz des Bundespräsidenten mit Blick auf das ungeschriebene Tatbestandsmerkmal der „instabilen Lage" im Ergebnis vielfach leer.[163]

Nach Art. 68 Abs. 1 S. 1 „kann" der Bundespräsident den Bundestag auflösen. Er hat also **Ermessen.**[164] Das BVerfG spricht insoweit von einer „politische[n] Leitentscheidung" des Bundespräsidenten,[165] konzediert diesem also eine genuin **politische Entscheidungskompetenz.** Gleichzeitig ist insoweit von einem „pflichtgemäßen Ermessen" die Rede,[166] was nicht ganz zusammengeht, weil die verwaltungsrechtliche Ermessensfehlerlehre nicht auf politische Leitentscheidungen übertragen werden kann.[167] **56**

Kommt es trotz der Ablehnung der Vertrauensfrage durch den Bundestag nicht zu dessen Auflösung – sei es, weil der Bundeskanzler diese nicht vorgeschlagen hat oder der Bundespräsident die Auflösung abgelehnt hat –, eröffnet Art. 81 den Weg zur Erklärung des **Gesetzgebungsnotstands.** Ist dieser wirksam erklärt worden, können Gesetze – bei Zustimmung des Bundesrates – auch dann zustande kommen, wenn sie nicht die Zustimmung des Bundestages erfahren oder die angenommene Fassung für die Bundesregierung „unannehmbar" ist (Art. 81 Abs. 2) (vgl. → Art. 81 Rn. 3 ff.). Bislang ist von dieser Möglichkeit noch nie Gebrauch gemacht worden.[168] **57**

c) Das Erlöschen des Auflösungsrechts. Das Recht zur Auflösung des Bundestages erlischt gemäß Art. 68 Abs. 1 S. 1 nach 21 Tagen sowie in den Fällen, in denen der Bundestag einen anderen Bundeskanzler wählt. In beiden Fällen wird ein Schwebezustand beendet, also politische (und ggf. rechtliche) Unsicherheit beseitigt. Gleichwohl werden mit diesen beiden Tatbeständen unterschiedliche Ziele verfolgt: Während die 21-Tage-Frist dazu dient, dem Bundespräsidenten einen **Entscheidungszwang** aufzuerlegen und so Klarheit über den weiteren Fortgang zu schaffen,[169] erlaubt die Neuwahl eines Bundeskanzlers dem Parlament, das „Heft des Handelns" selbst in die Hand zu nehmen und so das vorzeitige Wählervotum wieder aufzuschieben.[170] Das Auflösungsrecht erlischt grundsätz- **58**

---

[159] BVerfGE 62, 1 (35 f.).

[160] BVerfGE 62, 1 (50 f.); 114, 121 (159). Die zweite Entscheidung des BVerfG zur vorzeitigen Bundestagsauflösung stellt stark auf die Einschätzungsprärogative des Bundeskanzlers ab. Diese wirkt sich aber naturgemäß auch auf die weiteren am Prozess beteiligten Verfassungsorgane aus.

[161] Deutlich BVerfGE 62, 1 (50).

[162] BVerfGE 114, 121 (156).

[163] Ebenfalls kritisch *Epping* in MKS Rn. 25.

[164] BVerfGE 62, 1 (35); 114, 121 (148).

[165] BVerfGE 62, 1 (35); 114, 121 (148).

[166] BVerfGE 62, 1 (35).

[167] So mit Recht *Schenke* in BK Rn. 300; *Oldiges/Brinktrine* in Sachs Rn. 34.

[168] *Pieper* in BeckOK GG Art. 81.

[169] Ähnlich *Herzog* in Maunz/Dürig Rn. 54, nach dem die Frist dazu dient, „Ordnung in eine wirre Situation zu bringen".

[170] Vgl. *Hermes* in Dreier Rn. 22.

lich, wenn der neue Bundeskanzler, der nicht der bisherige Amtsinhaber sein darf,[171] gewählt ist.[172]

59 Ob sich die **Neuwahl** eines anderen Bundeskanzlers nach der verlorenen Vertrauensabstimmung sowie des Vorschlags zur Auflösung des Bundestages nach Art. 67 beurteilt[173] oder aber bereits in Art. 68 Abs. 1 S. 2 abschließend geregelt ist,[174] ist umstritten. Dafür, insoweit allein Art. 68 Abs. 1 S. 2 zur Anwendung zu bringen, spricht bereits die Überlegung, dass es sich um die speziellere Vorschrift handelt.[175] Nach dem Ablauf der 21-Tage-Frist kann Art. 68 freilich nicht länger die Art. 63, 67 verdrängen.[176] Löst der Bundespräsident hingegen den Bundestag auf, ist es dem Bundestag unbenommen, vor dem Ende der Legislaturperiode das **„konstruktive Misstrauensvotum"** anzustreben.[177] Die Wahl eines neuen Bundeskanzlers revidiert dann nicht die bereits angeordnete Auflösung des Bundestages.[178] Die Neuwahl des Bundestages hat auch in diesen Fällen spätestens 60 Tage nach dem Zugang der Auflösungsentscheidung zu erfolgen.

60 Das GG geht nicht auf die Frage ein, ob der nach Art. 68 Abs. 1 S. 2 Gewählte vom Bundespräsidenten zu ernennen ist. Allerdings ist kein Grund ersichtlich, warum aufseiten des Bundespräsidenten keine **Pflicht** zur **Ernennung** des neuen sowie zur Entlassung des alten Bundeskanzlers bestehen sollte. Diese Pflichten können aus einer entsprechenden Anwendung der Art. 63 Abs. 2 S. 2, Abs. 4 S. 2 sowie Art 67 Abs. 1 S. 2 hergeleitet werden.[179]

61 Grundsätzlich ist der Bundespräsident frei, die 21–Tage-Frist auszuschöpfen. Es kann indes zu der Situation kommen, dass sich die **Wahl** eines **anderen Bundeskanzlers** andeutet oder bereits konkret **angestrebt wird.** Jedenfalls wenn sich die Anzeichen für eine Neuwahl eines Bundeskanzlers durch den Bundestag hinreichend verdichten, ist der Bundespräsident verpflichtet, seine Entscheidung bis zum Votum des Parlaments hintanzustellen.[180] Zur Begründung dieses Ergebnisses sind unterschiedliche Argumente ins Feld geführt worden. Verwiesen wird sowohl auf den *ultima-ratio*-Charakter der Auflösung des Bundestages[181] als auch auf die verfassungsrechtliche Verpflichtung zur Organtreue.[182] Beide Argumente lassen sich indes kombinieren.

62 Zumindest theoretisch ist es auch denkbar, dass der Bundestag **kurz vor Ablauf der Entscheidungsfrist** einen (weiteren) Anlauf zur Neuwahl eines

---

[171] Wie hier *Müller-Franken/Uhle* in SHH Rn. 58; *Pieroth* in Jarass/Pieroth Rn. 5; *Epping* in MKS Rn. 1; *Herzog* in Maunz/Dürig Rn. 66; aA *Hermes* in Dreier Rn. 22; für eine analoge Anwendung von Art. 68 Abs. 1 S. 2 *Schenke* in BK Rn. 292.

[172] So *Müller-Franken/Uhle* in SHH Rn. 56; ähnlich *Herzog* in Maunz/Dürig Rn. 62.

[173] So *Schneider* in AK Rn. 14.

[174] *Müller-Franken/Uhle* in SHH Rn. 57; *Epping* in MKS Rn. 48; *Pieroth* in Jarass/Pieroth Rn. 5.

[175] *Müller-Franken/Uhle* in SHH Rn. 57; wohl auch *Hermes* in Dreier Rn. 22.

[176] *Pieroth* in Jarass/Pieroth Rn. 5.

[177] So *Epping* in MKS Rn. 46, der dies aber wohl nicht nur für die Zeit nach dem Ablauf der 21-Tages-Frist anzunehmen scheint.

[178] *Müller-Franken/Uhle* in SHH Rn. 59; siehe auch *Schreiber/Schnapauff* AöR 109 (1984), 369 (407 f.).

[179] *Epping* in MKS Rn. 52; *Hermes* in Dreier Rn. 22; *Müller-Franken/Uhle* in SHH Rn. 58.

[180] *Oldiges/Brinktrine* in Sachs Rn. 37; *Müller-Franken/Uhle* in SHH Rn. 60.

[181] *Epping* in MKS Rn. 51; *Oldiges/Brinktrine* in Sachs Rn. 37.

[182] Dafür *Schenke* in BK Rn. 285 ff.; zust. *Oldiges/Brinktrine* in Sachs Rn. 37.

anderen Bundeskanzlers nimmt. Sofern die Abstimmung erst nach dem Verstreichen der Frist stattfinden wird oder nach ihr voraussichtlich nicht mehr genügend Zeit für die Verkündung der Entscheidung des Bundespräsidenten bleibt, darf der Bundespräsident von seinem Auflösungsrecht Gebrauch machen.[183] Denn es kann dem Bundestag schon zugemutet werden, so rechtzeitig über die Neuwahl eines anderen Bundeskanzlers zu entscheiden, dass der Bundespräsident nicht in eine zeitliche Bredouille gerät.

Wenn hingegen der Bundespräsident von seinem Auflösungsrecht Gebrauch macht, obwohl sich die Wahl eines anderen Bundeskanzlers durch den Bundestag bereits andeutete, ist unklar, ob die Entscheidung rückgängig gemacht werden kann oder **irreversibel** ist. Für die Irreversibilität der Auflösungsentscheidung[184] spricht, dass so Klarheit geschaffen wird. Allerdings führte eine strikte Unumkehrbarkeit des Auflösungsbeschlusses zu dem Ergebnis, dass der Bundespräsident seine Entscheidung auch dort nach freiem Belieben treffen kann, wo er von Verfassung wegen zur Rücksichtnahme auf den Bundestag verpflichtet ist (→ Rn. 61 f.). Deshalb entspricht es nicht rechtsstaatlichen Grundsätzen, wenn eine rechtliche gebundene Entscheidung des Bundespräsidenten unangreifbar ist, zumal sie in das freie Mandat der Abgeordneten eingreift (→ Rn. 8). **63**

d) Die Auflösungsentscheidung und ihre rechtlichen Folgen. **64**
Schwierigkeiten bereitet die Bestimmung der **rechtlichen Natur** der Auflösungsentscheidung. Die Literatur verwendet deshalb unterschiedliche Umschreibungen, wie „Staatsorganisationsakt“,[185] „staatsleitender Organisationsakt“,[186] oder „staatsorganisatorische[r] Akt“.[187] Diese Umschreibungen verdeutlichen, dass die Entscheidung die staatsrechtliche Organisation (temporär) verändert, benennen aber nicht die Rechtsfolge der Entscheidung.

Die Rechtsfolge der Entscheidung ist die Auflösung des Deutschen Bundestages. Diese Wirkung tritt nicht unmittelbar mit ihrer Verkündung durch den Bundespräsidenten, sondern erst mit **Zugang** beim **Bundestag** ein.[188] Auch hier handelt es sich um eine empfangsbedürftige Willenserklärung,[189] so dass die bürgerlich-rechtlichen Bestimmungen über die Rechtsgeschäftslehre entsprechend angewandt werden können. Wiederum kann die Entscheidung sowohl schriftlich als auch mündlich ergehen: Entweder der Bundespräsident teilt sie dem Bundestagspräsidenten schriftlich mit oder sie wird vor dem Bundestag verlesen.[190] Sofern sie schriftlich ergeht, wird sie erst mit Zugang beim Bundestagspräsidenten wirksam.[191] **65**

Jedenfalls bedarf die Auflösung des Bundestages der **Gegenzeichnung** durch den Bundeskanzler nach Art. 58 S. 1; ansonsten ist sie unwirksam.[192] **66**

---

[183] Siehe *Oldiges/Brinktrine* in Sachs Rn. 37, die fordern, dass sich der Bundespräsident nicht der Möglichkeit begeben darf, den Bundestag aufzulösen.
[184] Hierfür, wenn auch ohne Begründung, *Müller-Franken/Uhle* in SHH Rn. 60.
[185] *Müller-Franken/Uhle* in SHH Rn. 61.
[186] *Oldiges/Brinktrine* in Sachs Rn. 38.
[187] *Schreiber/Schnapauff* AöR 109 (1984), 369 (399).
[188] *Herzog* in Maunz/Dürig Rn. 53.
[189] *Epping* in MKS Rn. 44.
[190] *Herzog* in Maunz/Dürig Rn. 53.
[191] *Schreiber/Schnapauff* AöR 109 (1984), 369 (404, 409); *Epping* in MKS Rn. 44; *Herzog* in Maunz/Dürig Rn. 53; *Schenke* in BK Rn. 304.
[192] Ganz hM BVerfGE 62, 1 (34 f.); *Herzog* in Maunz/Dürig Rn. 55; *Epping* in MKS Rn. 45.

67 Welche Formvorschriften die Auflösungsentscheidung einhalten muss, ist in der Bestimmung selbst nicht geregelt. In der Staatspraxis wurde die Auflösungsentscheidung bislang immer **schriftlich** verfasst[193] und anschließend im **BGBl.** publiziert.[194] Dies ist aber – angesichts fehlender Formvorschriften – verfassungsrechtlich nicht zwingend.[195]

68 Die (mittelbaren) Folgen der Auflösungsentscheidung spricht Art. 68 selbst nicht an. Aus Art. 39 Abs. 1 S. 4 ergibt sich aber, dass der Bundestag innerhalb von **60 Tagen neu gewählt** werden muss. Die Frist beginnt, wenn die Auflösungsentscheidung dem Bundestag zugeht; die Vorschriften über den Zugang von Willenserklärungen sind entsprechend anwendbar.[196] Die Auflösungsentscheidung führt weder zum unmittelbaren Verlust der Mandate der Bundestagsabgeordneten noch zur Auflösung der Bundesregierung.[197] Von Verfassung wegen bestehen weder aufseiten der Gubernative noch aufseiten der Legislative Beschränkungen, die ihre Arbeit bis zur Konstituierung des neuen Bundestages betreffen würden.[198]

C. Verhältnis zu anderen Bestimmungen des Grundgesetzes

69 Bereits in den Beratungen des Parlamentarischen Rates wurde die Vertrauensfrage vielfach im Zusammenhang mit dem **„konstruktiven Misstrauensvotum"**, das sich nunmehr in Art. 67 findet, diskutiert (→ Rn. 5). Art. 67 bildet in vielerlei Hinsicht das **Pendant** zu Art. 68 (→ Rn. 11). Ein enger Zusammenhang besteht auch mit dem in Art. 81 geregelten Gesetzgebungsnotstand, ist doch Art. 68 die „Einstiegsnorm" für die Ausrufung des **Gesetzgebungsnotstandes** (→ Rn. 12).

D. Kritische Würdigung

70 Art. 68 wird von der Vorstellung getragen, dass es nicht zu unsicheren Mehrheitsverhältnissen im Bundestag kommen soll, mithin die **Regierungsfähigkeit** der Bundesregierung sichergestellt sein soll. Dies setzt voraus, dass hinreichend klar zwischen Minderheitssituationen im Allgemeinen und obstruierenden Parlamentsmehrheiten unterschieden werden kann.[199] Die Unterscheidung zwischen einer Minderheitssituation und einer „obstruierenden Minderheit" ist indes mit Problemen behaftet. So bereitet die Bestimmung des Grades an Konfrontation zwischen Parlament und Regierung erhebliche Schwierigkeiten. Auch ist nicht zu übersehen, dass das Mittel der Auflösung, das am Ende des von Art. 68 festgelegten Prozesses stehen kann, selbst Quell von Instabilität sein kann. Denn es ist alles andere als sicher, dass Neuwahlen zu eindeutigen Mehrheitsverhältnissen führen.[200]

71 Die **Rspr.** hat Art. 68 so ausgelegt, dass im Ergebnis eine **flexible Handhabung** der Vertrauensfrage durch den Bundeskanzler möglich ist. Die

[193] Siehe BT-Drs. VI/3831; BT-Drs. 9/2379, BGBl. 2005 I 2169.
[194] BGBl. 1972 I 1833; BGBl. 1983 I 1; BGBl. 2005 I 2169.
[195] *Epping* in MKS Rn. 44.
[196] Vgl. *Epping* in MKS Rn. 44, 46.
[197] *Müller-Franken/Uhle* in SHH Rn. 65, 67.
[198] *Müller-Franken/Uhle* in SHH Rn. 65, 67.
[199] In diese Richtung auch *Pestalozza* NJW 2005, 2817 f.
[200] Insoweit etwas anders *Hermes* in Dreier Rn. 8 f.

Materialisierung der Norm durch die Hineinlesung des Tatbestandsmerkmals der „politischen Instabilität" wird vom BVerfG im Ergebnis dadurch konterkariert, dass sowohl aufseiten des Bundeskanzlers als auch aufseiten des Bundespräsidenten weite Einschätzungs- und Prognosespielräume konzediert werden. Das Gericht handelt hier inkonsequent und hat im Ergebnis den Prozess der Vertrauensfrage weitgehend der politischen Sphäre überantwortet.

Warum im Ausgangspunkt gleichwohl am Erfordernis einer „materiellen Auflösungslage"[201] festgehalten wird, wird wohl nur vor dem Hintergrund der **Weimarer Erfahrungen** verständlich.[202] Allerdings steht das aus diesen Erfahrungen abgeleitete Stabilitätsargument vor zwei Problemen: Zum einen berücksichtigt es nicht hinreichend die unterschiedlichen verfassungsrechtlichen Rahmenbedingungen. So macht es einen erheblichen Unterschied, dass das Parlament in das Verfahren eingebunden ist, während in der Weimarer Republik die Auflösung im Belieben des Reichspräsidenten stand (vgl. → Rn. 2). Zum anderen kann eine Norm wie Art. 68 nur sehr bedingt die Voraussetzungen für die Koalitionsbildung positiv beeinflussen (→ Rn. 31). 72

Problematisch an der Vertrauensfrage nach Art. 68 ist die mit ihr verbundene Stärkung des Bundeskanzlers gegenüber dem Bundestag (→ Rn. 32). Dieses Problem wird auch nicht durch die Rspr. des BVerfG behoben, weil nach ihr bereits eine **antizipierte Vertrauenskrise** genügt, um den Antrag nach Art. 68 stellen zu können.[203] Die Folgen der Vertrauensfrage zeigen sich nicht nur dann, wenn sie tatsächlich gestellt wird. Vielmehr führt das Institut der Vertrauensfrage dazu, dass die Stellung des Bundeskanzlers und der Bundesregierung gegenüber dem Bundestag nachhaltig verbessert wird, weil ihm so ein Druckmittel in die Hand gegeben wird (→ Rn. 8). Deshalb erscheint es wünschenswert, auch die Frage nach einem vorzeitigen Ende einer Legislaturperiode vollends zu parlamentarisieren, hierbei aber hohe Hürden zu installieren, um zugleich einen effektiven Schutz der parlamentarischen Minderheit sicherzustellen.[204] Ein **Selbstauflösungsrecht** des Bundestages ist in der Verfassung derzeit zwar nicht vorgesehen.[205] Die Selbstauflösung des Parlaments ist aber auch in Deutschland keine verfassungsrechtliche *terra incognita*. Im Gegenteil, alle Landesverfassungen sehen sie vor (→ Rn. 7).[206] 73

Literatur

N. Achterberg, Vertrauensfrage und Auflösungsanordnung, DVBl. 1983, 477. – ***C. Arndt,*** Mißtrauensvotum und Parlamentsauflösung, RuP 19/20 (1983/84), 68. – ***W. Blischke,*** Verfahrensfragen des Bundestages im Jahre 1972, Der Staat 12 (1973), 65. – ***Th. Blome,*** Die „unechte" Vertrauensfrage im schleswig-holsteinischen Landesverfassungsrecht, NordÖR 2010, 230. – ***J. Bücker,*** Verbindung der Vertrauensfrage mit einer Gesetzesvorlage. Spaltung des Abstimmungsergebnisses möglich?, ZParl 3 (1972), 292. – ***H.-P. Bull,*** Parlamentsauflösung – Zurückverweisung an den Souverän, ZRP 1972, 201. – ***A. Buettner/M. Jäger,*** Bundestagsauflösung und Vertrauensfrage, DÖV 2006, 408. – ***E. Busch,*** Die Parlamentsauflösung, ZParl 3 (1972), 213. – ***V. Busse,*** Auflösung des Bundestages als Reformproblem, ZRP 2005, 257. – ***J. Delbrück/***

[201] BVerfGE 62, 1 (61 f.); 114, 121 (170) (Sondervotum *Jentsch*).
[202] *Hermes* in Dreier Rn. 8.
[203] Siehe insoweit BVerfGE 114, 121 (173) (Sondervotum *Jentsch*).
[204] Siehe *Hahn,* DVBl. 2008, 151, der ein Drei-Viertel-Quorum vorschlägt.
[205] BVerfGE 62, 1 (49).
[206] Kritisch zu diesem Argument *Schenke* in BK Rn. 345.

R. Wolfrum, Die Auflösung des 9. Deutschen Bundestages vor dem BVerfG – BVerfGE 62, 1, JuS 1983, 758. – ***F. K. Fromme,*** Von der Weimarer Reichsverfassung zum Bonner Grundgesetz: die verfassungsrechtlichen Folgerungen des Parlamentarischen Rates aus Weimarer Republik und nationalsozialistischer Diktatur, 2. Aufl. 1962. – ***M. Fuchs/A. Fuchs/K. Fuchs,*** Verfassungs- und parlamentarische Probleme beim Wechsel der Wahlperiode, DÖV 2009, 232. – ***T. Gas,*** Die Auflösung des Bundestages nach Art. 68 GG mittels unechter (auflösungsgerichteter) Vertrauensfrage – Zur verfassungsrechtlichen Zulässigkeit der Herbeiführung von Neuwahlen, BayVBl. 2006, 65. – ***W. Geiger,*** Die Auflösung des Bundestages nach Art. 68 GG, JöR n. F. 33 (1984), 41. – ***L. Gusseck,*** Bundestagsauflösung kraft Richterspruchs?, NJW 1983, 722. – ***C. Gusy,*** 100 Jahre Weimarer Verfassung, 2018. – ***M. Hahn-Lorber,*** Zur verfassungssystematischen Konsistenz eines Selbstauflösungsrechts des Bundestages, DVBl. 2008, 151. – ***M. Hartwig,*** Misstrauen ist gut, Kontrolle ist besser: Die Auflösung des Bundestages im Verfahren des Art. 68 GG, Der Staat 45 (2006), 409. – ***P. Hauck,*** Auflösung des Bundestages zur Verbreiterung der Regierungsmehrheit?, DVBl. 1971, 135. – ***T. Herbst,*** Die auflösungsgerichtete Vertrauensfrage, Der Staat 45 (2006), 45. – ***W. Heun,*** Die Stellung des Bundespräsidenten im Lichte der Vorgänge um die Auflösung des Bundestages, AöR 109 (1984), 13. – ***W. Heyde/G. Wöhrmann*** (Hrsg.), Auflösung und Neuwahl des Bundestages 1983 vor dem Bundesverfassungsgericht, Dokumentation des Verfahrens, 1984. – ***B. Hirsch/A. Hirsch,*** Bemerkungen zum Recht des Bundestags auf Selbstauflösung, FS f. E. G. Mahrenholz, 1994, 387. – ***U. J. Hochrathner,*** Anwendungsbereich und Grenzen des Parlamentsauflösungsrechts nach dem Bonner Grundgesetz, 1985. – ***W. Höfling,*** Das Institut der Parlamentsauflösung in den deutschen Landesverfassungen, DÖV 1982, 889. – ***H. Hofmann,*** Verfassungsrechtliche Sicherungen der parlamentarischen Demokratie, in A. Randelzhofer/W. Süss, Konsens und Konflikt, 1986, 267. – ***T. Holzner,*** Die normative Kraft des Faktischen: Die Vertrauensfrage nach Art. 68 GG – stiller Verfassungswandel hin zu einem Selbstauflösungsrecht?, 2009. – ***A. Hopfauf,*** Zur Entstehung des Art. 68 GG, AöR 108 (1983), 391. – ***J. Ipsen,*** Zur Regierung verurteilt? – Verfassungsrechtliche Probleme der Vertrauensfrage nach Art. 68 GG, NJW 2005, 2201. – ***H. H. Klein,*** Die Auflösung des Bundestages nach Art. 68 GG. Zum Urteil des Bundesverfassungsgerichts v. 16.2.1983 – 2 BvE 1–4/83, ZParl 14 (1983), 402. – ***K. Kremer,*** (Hrsg.), Parlamentsauflösung, 1974. – ***K. Kröger,*** Die Entstehung des Grundgesetzes, NJW 1989, 1318. – ***G. Krings,*** Die Minderheitsregierung, ZRP 2018, 2. – ***H. Ladeur,*** Das Bundesverfassungsgericht zur Bundestagsauflösung: Welche Sprachenregelung bietet das Grundgesetz?, RuP 19/20 (1983/84), 68. – ***R. Lange/G. Richter,*** Erste vorzeitige Auflösung des Bundestages. Stationen vom konstruktiven Mißtrauensvotum bis zur Vereidigung der zweiten Regierung Brandt/Scheel, ZParl 4 (1973), 38. – ***R. Leicht,*** Mißtrauensvotum und Vertrauensfrage – eine konstruktive Alternative, ZRP 1972, 204. – ***R. Ley,*** Die Auflösung der Parlamente im deutschen Verfassungsrecht, ZParl 1981, 367. – ***H. Liesegang,*** Zur verfassungsrechtlichen Problematik der Bundestagsauflösung, NJW 1983, 147. – ***W. Löwer,*** Inszeniertes Misstrauen, DVBl. 2005, 1102. – ***U. Mager,*** Die Vertrauensfrage, Zu Auslegung und Justitiabilität von Art. 68 GG, Jura 2006, 290. – ***G. Mahrenholz,*** Die Vertrauensfrage des Kanzlers nach Art. 68 GG kann entfallen – Die Richter haben sich diesmal zu sehr aus der politischen Sphäre herausgehalten, ZRP 2005, 245. – ***H. Maurer,*** Vorzeitige Auflösung des Bundestages, DÖV 1982, 1001. – ***H. v. Mangoldt,*** Die Auflösung des Bundestages, DÖV 1950, 697. – ***H. Meyer,*** Anmerkung zum Urteil des Bundesverfassungsgerichts v. 16.2.1983 – 2 BvE 1–4/83, DÖV 1983, 243. – ***R. Mußgnug,*** Der Beitrag des Grundgesetzes zur politischen Stabilisierung der Bundesrepublik, in R. Mußgnug, Rechtsentwicklung unter dem Bonner Grundgesetz, 1990, 53. – ***F. Neubauer,*** Neuwahlen und Grundgesetz, DÖV 1973, 597. – ***Ch. Pestalozza,*** Art. 68 GG light oder Die Wildhüter der Verfassung, NJW 2005, 2817. – ***W. Potthast,*** Die Auflösung des Bundestages nach Art. 68 GG, 1986. – ***G. Püttner,*** Vorzeitige Neuwahlen – ein ungelöstes Reformproblem, NJW 1983, 15. – ***R. Scheller,*** Die vorzeitige Beendigung der Wahlperiode durch Auflösung des Bundestages, 1978. – ***W.-R. Schenke,*** Zur verfassungsrechtlichen Problematik der Bundestagsauflösung, NJW 1983, 150. – ***W.-R. Schenke,*** Die verfassungswidrige Bundestagsauflösung, NJW 1982, 2521. – ***W.-R. Schenke,*** Das „gefühlte" Misstrauen. Zur Verfassungsrechtslage nach der Entscheidung des BVerfG vom 25.8.2005 zur Vertrauensfrage nach Art. 68, ZfP 2006, 26. – ***G. Schlichting,*** Zur Auslegung des Art. 68 durch das Bundesverfassungsgericht, JZ 1984, 120. – ***H.-P. Schneider,*** Die vereinbarte Parlamentsauflösung, JZ 1973, 652. – ***H.-P. Schneider,*** Sibyllinisch oder salomonisch? – Das Urteil des Bundesverfassungsgerichts zur Parlamentsauflösung, NJW 1983, 1529. – ***H. P. Schneider,*** Der Kotau von Karlsruhe. Zur Kapitulation des Bundesverfassungsgerichts vor der Politik, ZfP 2006, 123. – ***W. Schreiber,*** Auflösung des Deutschen Bundestages nach Art. 68 Abs. 1 des Grundgesetzes und vorzeitige Neuwahlen, Staat und Kommune 1972, 233. – ***W. Schreiber/K.-D. Schnapauff,*** Rechtsfragen „im Schatten" der Diskussion um die Auflösung des Deutschen Bundestages nach Art. 68 GG, AöR 109 (1984), 369. – ***F. Schoch,*** Vertrauensfrage und Parlamentsauflösung, ZSE 2006, 88. – ***M. Schröder,*** Parlamentsauflösung bei gesicherten Mehrheitsverhältnissen, JZ 1982, 786. – ***G. Schultz,*** Blick in die Zeit, MDR 1972, 926. – ***W. Seuffert,*** Freiheit der Politik und Grenzen des Rechts, AöR 108 (1983), 403. – ***E. Starke,*** Recht und Sinn der Parlamentsauflösung, zugleich ein Beitrag zur Reform des Grundgesetzes, 1972. – ***W. Steffani,*** Vertrauensfrage zwecks Neuwahl?, ZParl 13 (1982), 573. – ***H. Steiger,*** Selbstauflösungsrecht für den Bundestag, FS f. E. Stein, 1983, 349. – ***R. W. Strohmeier,*** Die verfassungsmäßige Bundestagsauflösung – einige kritische Anmerkungen zu den Begründungen des Verfassungsgerichtsurteils vom 16. Februar 1983, ZParl 14 (1983), 422. – ***B. Tiemann,*** Neuwahlen als Parteienvereinbarung?, JZ 1972, 510. – ***D. C. Umbach,*** Parlamentsauflösung in Deutschland, 1989. – ***H.-J. Toews,*** Verfassungsreform und Parlamentsauflösung, FS f. Werner, 1974, 269. – ***Ch. Waldhoff,*** Verfassungsjubiläen – Gedanken zur Verfassungskultur aus Anlass des 70. Jahrestags des Grundgesetzes, NJW 2019, 1553. – ***H. J. Wiegand,*** Die manipulierte Verfassung. Zum Urteil des Bundesverfassungsgerichts vom 16. Februar 1983 über die Auflösung des 9. Deutschen Bundestages, Verwaltungsrundschau 1983, 333. – ***D. Winkler,*** Die Verfassungsmäßigkeit der Bundestagsauflösung, AöR 131 (2006), 441 f. – ***W. Zeh,*** Bundestagsauflösung und Neuwahlen, Der Staat 22 (1983), 1. – ***W. Zeh,*** Bundestagsauflösung über die Vertrauensfrage – Möglichkeiten und Grenzen der Verfassung, ZParl 14 (1983), 119.

Art. 69 [Stellvertreter des Bundeskanzlers; Ende der Amtszeit; geschäftsführende Regierung]

(1) Der Bundeskanzler ernennt einen Bundesminister zu seinem Stellvertreter.

(2) Das Amt des Bundeskanzlers oder eines Bundesministers endigt in jedem Falle mit dem Zusammentritt eines neuen Bundestages, das Amt eines Bundesministers auch mit jeder anderen Erledigung des Amtes des Bundeskanzlers.

(3) Auf Ersuchen des Bundespräsidenten ist der Bundeskanzler, auf Ersuchen des Bundeskanzlers oder des Bundespräsidenten ein Bundesminister verpflichtet, die Geschäfte bis zur Ernennung seines Nachfolgers weiterzuführen.

Übersicht

A. Allgemeine Bedeutung

1 Keiner der drei Absätze des Art. 69 kann auf **Vorgängerbestimmungen** der **Weimarer Reichsverfassung** zurückgreifen.[1] Die Stellvertretung des Reichskanzlers war nicht verfassungsrechtlich geregelt, sondern lediglich in der Geschäftsordnung der Reichsregierung vom 3.5.1924.[2] Deren § 7 verfügte: „Der Reichspräsident kann auf Vorschlag des Reichskanzlers einen der Reichsminister zum Stellvertreter des Reichskanzlers bestellen. / Den Umfang der Vertretung bestimmt der Reichskanzler. / Für die Auswahl des Stellvertreters des Reichskanzlers ist weder die Führung eines bestimmten Ministeri-

[1] *Müller-Franken/Uhle* in SHH Rn. 6.
[2] Reichsministerialblatt 1924, 173.

ums noch das Dienstalter maßgebend." Auch eine dem Art. 69 Abs. 2 entsprechende Vorschrift über die Beendigung des Amtes der Mitglieder der Reichsregierung findet sich in der WRV nicht, die lediglich – in Art. 54 S. 2 – festschrieb: „Jeder von ihnen muß zurücktreten, wenn ihm der Reichstag durch ausdrücklichen Beschluß sein Vertrauen entzieht." Ebenso wenig regelte die WRV die kommissarische Fortführung der Amtstätigkeit. Auf einfachgesetzlicher Ebene bestimmte allerdings § 12 Reichsministergesetz v. 27.3.1930: „Tritt die Reichsregierung zurück, so kann der Reichspräsident, wenn er nicht gleichzeitig die Entlassung ausspricht, alle Reichsminister oder einzelne von ihnen mit der Fortführung der Geschäfte betrauen, bis eine neue Regierung gebildet ist. Entsprechendes gilt beim Rücktritt einzelner Reichsminister bis zur Ernennung ihrer Nachfolger." Auf den Reichskanzler erstreckte sich diese Regelung nicht. Unabhängig davon hielt die damals hM im Staatsrecht den Reichspräsidenten auch ohne ausdrückliche Regelung in der Reichsverfassung für befugt, die aufgrund eines Misstrauensvotums zurückgetretene Regierung mit der kommissarischen Fortführung der Regierungsgeschäfte zu betrauen.[3] Aufgrund der negativen Erfahrungen in der Weimarer Republik mit instabilen Regierungen (und „destruktiven" Misstrauensvoten im Besonderen)[4] sucht das GG **Stabilität und Kontinuität der Exekutive** durch Regelungen wie Art. 69 Abs 2 und 3 zu gewährleisten.[5] Dass es keine „regierungsfreien" Zeitabschnitte mehr geben soll, hängt allerdings auch damit zusammen, dass das gubernative Interregnum nicht mehr durch einen mit starken Befugnissen ausgestatteten Reichspräsidenten partiell überbrückt werden kann.[6]

B. Einzelfragen

I. Stellvertreter des Bundeskanzlers (Vizekanzler) (Abs. 1)

1. Der Bundeskanzler ernennt einen Bundesminister. Abs. 1 ordnet an, dass der Bundeskanzler einen **Stellvertreter** ernennt. Auch wenn sich im politischen und medialen Sprachgebrauch die Bezeichnung **„Vizekanzler"** eingebürgert hat,[7] lautet die offizielle Funktionsbezeichnung „Stellvertreter des Bundeskanzlers". Gleichwohl umschreibt „Vizekanzler" die Funktion dieses Bundesministers eindeutiger als „Stellvertreter"; denn der dazu ernannte Bundesminister ist nicht Inhaber einer Vollmacht, sondern Ersatzorgan (teil), tritt also in die Aufgaben des Bundeskanzlers ein: Er handelt nicht für den Bundeskanzler, sondern (im Bedarfsfall) an seiner Stelle.[8] 2

Der Bundeskanzler ist verpflichtet, einen Stellvertreter zu bestimmen.[9] Er hat, wie der Wortlaut zu erkennen gibt, bei der Regelung der Stellvertretung 3

[3] *Anschütz,* Die Verfassung des Deutschen Reichs, 14. Aufl. 1933, Art. 54 Anm. 7; vgl. auch *Schenke* in BK Rn. 5.

[4] *Schneider* in AK Art. 67 Rn. 1; *Müller-Franken/Uhle* in SHH Art. 67 Rn. 5, 12 f.

[5] S. *Herzog* in Maunz/Dürig Art. 68 Rn. 1; *Pieper* in BeckOK GG Rn. 5.

[6] Vgl. *Schenke* in BK Art. 67 Rn. 62.

[7] Vgl. FAS v. 29.9.2019, 24; so auch schon *Wahl,* Stellvertretung im Verfassungsrecht, 1971, 153 ff. sowie heute ausdrücklich *Pieper* in BeckOK GG Rn. 1.

[8] *Epping* in MKS Rn. 3, 12; *Hermes* in Dreier Rn. 7; *Oldiges/Brinktrine* in Sachs Rn. 10; unklar *Herzog* in Maunz/Dürig Rn. 2; vgl. zur Rechtsstellung des Vizekanzlers auch *Donie,* Die Stellvertretung des Bundeskanzlers nach dem Grundgesetz, 1969, 176 ff.; *Latinak,* Der Vizekanzler, 1969, 179 ff.; *Wahl,* Stellvertretung im Verfassungsrecht, 1971, 78 ff., 185 ff.

[9] AllgA, s. nur *Herzog* in Maunz/Dürig Rn. 3, 4; *Epping* in MKS Rn. 4; *Schenke* in BK Rn. 13.

kein Entschließungs-, sondern nur ein Auswahlermessen hinsichtlich der Person, das in der Praxis aber durch Koalitionsvereinbarungen beschränkt sein wird.[10] Die Bestimmung sieht ausdrücklich nur einen einzigen Stellvertreter vor. Überlegungen – wie beispielsweise im Anschluss an die Bundestagswahl 2017 –, die Zahl der Koalitionspartner durch Einsetzung mehrerer Stellvertreter zu repräsentieren (ähnlich den Fraktionen des Bundestages in Gestalt der Vizepräsidenten), sind mit Abs. 1 nicht in Einklang zu bringen.[11] Die Vorschrift dient nicht der Repräsentation, sondern **institutioneller Effizienz.**[12] Sie wäre bei Ernennung mehrerer Stellvertreter – vor allem im Falle der Gesamtvertretung (generelle Unfähigkeit des Bundeskanzlers, sein Amt auszuüben) – gefährdet, da Kompetenzkonflikte zwischen den Stellvertretern ausbrechen könnten. § 22 Abs. 1 GO BReg, wonach die Leitung der Kabinettssitzungen bei Verhinderung des Stellvertreters des Bundeskanzlers einem vom Bundeskanzler besonders bezeichneten (oder dem dienstältesten) Bundesminister obliegt, ist schon mangels Verfassungsrang, aber auch aus inhaltlichen Gründen kein Beleg des Gegenteils: Es handelt sich um eine Auffangregelung zweiten Grades, die auf eine bestimmte Funktion – Sitzungsleitung – begrenzt bleibt und nicht verallgemeinerungsfähig ist.[13] Den **Zeitpunkt** der Ernennung des Stellvertreters gibt Abs. 1 zwar nicht explizit vor. Aus der Rechtsfolgenvorgabe – ein Stellvertreter ist in jedem Fall zu ernennen – und der **Notwendigkeit effektiver Amtsvertretung** ist aber zu schließen, dass die Ernennung **unverzüglich** zu erfolgen hat,[14] spätestens also im Anschluss an die Ernennung aller Bundesminister nach Art. 64 Abs. 1.

4 Da Bundesregierungen in aller Regel von Koalitionen getragen werden, ist das **Auswahlermessen** des Bundeskanzlers **politisch begrenzt.** Mit Ausnahme des Zeitraums von 1957 bis 1963 gehörte der Vizekanzler stets einer anderen Partei als der des Bundeskanzlers an. Faktisch ist die Personenauswahl durch Koalitionsvereinbarung weitgehend dem kleineren Koalitionspartner zugewiesen und der Bundeskanzler darin nur rechtlich, nicht aber politisch frei. Stimmen im Schrifttum halten das Auswahlermessen des Bundeskanzlers auch **rechtlich** insoweit für **beschränkt,** als das Amt des Stellvertreters mit dem Innehaben bestimmter Ministerressorts inkompatibel sein soll, denen das GG besondere Funktionen zuweist (wie Finanzen, Art. 112;[15] Verteidigung, Art. 65a;[16] Justiz, Art. 96 Abs. 2 S. 4[17]). Eine solche Beschränkung lässt sich mit den spezifischen Grundgesetzvorschrif-

---

[10] Vgl. *Herzog* in Maunz/Dürig Rn. 9; *Seifert* in Hömig/Wolff Rn. 1; zur Frage der Rechtsverbindlichkeit von Koalitionsverträgen allg. s. *v. Münch,* Rechtliche und politische Probleme von Koalitionsregierungen, 1993, 29 ff.

[11] So die hM, vgl. nur *Hermes* in Dreier Rn. 5; *Herzog* in Maunz/Dürig Rn. 6; anders aber *Bechermann* DÖV 2018, 369 ff.

[12] *Hermes* in Dreier Rn. 5; *Herzog* in Maunz/Dürig Rn. 6.

[13] Wohl gleich *Epping* in MKS Rn. 10.

[14] *Epping* in MKS Rn. 6; *Müller-Franken/Uhle* in SHH Rn. 12; aA *Oldiges/Brinktrine* in Sachs Rn. 11; *Pieroth* in Jarass/Pieroth Rn. 1: binnen angemessener Frist.

[15] Eine Inkompatibilität nahm hier zuerst an *Plaum,* Die Unzulässigkeit der Personalunion zwischen den Ämtern des Stellvertreters des Bundeskanzlers und des Bundesministers der Finanzen, 1957, 77 ff., 88; ihm folgend *v. Mangoldt/Klein,* Das Bonner Grundgesetz, 2. Aufl. 1966, Anm. III 3 f.; *Epping* in MKS Rn. 7.

[16] So zuerst *Beckmann,* Die Rechtsstellung des Stellvertreters des Bundeskanzlers, 1966, 62 ff.; ihm folgend *Epping* in MKS Rn. 7; aA *Kröger,* Die Ministerverantwortlichkeit in der Verfassungsordnung der Bundesrepublik Deutschland, 1972, 127 f.

[17] *Plaum* DVBl. 1958, 452 (454); *Epping* in MKS Rn. 7.

ten,[18] bei denen es sich nur zum Teil um wirkliche Funktionszuweisungen handelt und die keine besonderen Interferenzen im Verhältnis zum Bundeskanzler auslösen, sachlich nicht begründen.[19] So ist nicht einzusehen, warum etwa die Führung der Streitkräfte durch den Bundesminister der Verteidigung in Friedenszeiten mit der Stellvertretung des Bundeskanzlers inkompatibel sein soll, wenn es möglich sein muss, den im Verteidigungsfall dazu berufenen Bundeskanzler (Art. 115b) bei der Aufgabenwahrnehmung durch jeden Bundesminister zu ersetzen. Vielmehr wird der Bundeskanzler aus Vertrauensgründen, oder weil es die **Koalitionsarithmetik** gebietet, ein wohlverstandenes Interesse daran haben, das Amt seines Stellvertreters einem Minister mit besonderem Gewicht und ggf. auch besonderen Befugnissen zu überlassen. In der Vergangenheit haben Bundeskanzler mitunter auch Ministerämter in Personalunion wahrgenommen (Konrad Adenauer agierte von März 1951 bis Juni 1955 und Helmut Schmidt 1982 zeitweise als Bundesminister des Auswärtigen). Wenn eine Doppelfunktion beim Bundeskanzler unbeanstandet bleibt, besteht kein Grund, den Stellvertreter des Bundeskanzlers als Minister nicht auch dessen Funktionen wahrnehmen zu lassen.

Die Ernennung des Stellvertreters erfolgt durch den **Bundeskanzler** 5
selbst. Einer Mitwirkung des Bundespräsidenten bedarf es, anders als bei der Ernennung des Bundeskanzlers (Art. 63 Abs. 2 S. 2 und Abs. 4 S. 2) bzw. der Bundesminister (Art. 64 Abs. 2), nicht.[20]

Die Bestellung eines Stellvertreters schließt nicht grundsätzlich aus, dass der 6
Bundeskanzler **andere Personen,** insbesondere auch Minister, mit **spezifischen Aufgaben betraut.**[21] Da der nach Art. 69 Abs. 1 bestellte Stellvertreter des Bundeskanzlers in den meisten Fällen keine Gesamt-, sondern eine Teilvertretung übernimmt, muss die Mandatierung Dritter so eng beschränkt sein, dass sie in ihrem Erscheinungsbild nicht einer Vertretung im Sinne des Abs. 1 gleicht.[22] Das Mandat muss insofern von beschränktem Umfang und auf einen Einzelfall begrenzt bleiben. Die wiederholte Beauftragung eines Ministers in einem engen Zeitraum oder die Überantwortung einer Daueraufgabe sind nicht zulässig.

Nicht ausdrücklich geregelt ist, wann die **Stellvertretung des Bundes-** 7
kanzlers endet. Da nur ein Bundesminister Stellvertreter sein kann, endet auch das Amt des Stellvertreters in jedem Fall mit der Entlassung aus dem Amt des Bundesministers, Art. 64 Abs. 1.[23] Endet das Amt des Bundeskanzlers, erledigt sich das Amt des Bundesministers, der Stellvertreter ist, ebenfalls (Art. 69 Abs. 2); allerdings muss nach Maßgabe von Art. 69 Abs. 3 die Weiterführung der Geschäfte nicht nur als Minister, sondern auch als Stellvertreter des Bundeskanzlers möglich sein (su).[24] Die Entlassung eines Ministers

[18] *Sturm,* Die Inkompatibilität, 1967, 89, lehnt die Annahme ungeschriebener Inkompatibilitäten ab und verlangt explizite Verbote.

[19] Ebenso *Hermes* in Dreier Rn. 5; *Herzog* in Maunz/Dürig Rn. 8; *Oldiges/Brinktrine* in Sachs Rn. 12; *Schenke* in BK Rn. 15; *Pieper* in BeckOK GG Rn. 1.2; *Müller-Franken/Uhle* in SHH Rn. 9; *Kröger,* Die Ministerverantwortlichkeit in der Verfassungsordnung der Bundesrepublik Deutschland, 1972, 73.

[20] Zur Systemkonformität dieser Vorgabe *Schenke* in BK Rn. 10.

[21] *Herzog* in Maunz/Dürig Rn. 17; *Epping* in MKS Rn. 8; *Oldiges/Brinktrine* in Sachs Rn. 15; aA *Hermes* in Dreier Rn. 9.

[22] Wohl deshalb für ein (begrenztes) Recht des Vizekanzlers auf den ersten Zugriff bei der Vertretung des Bundeskanzlers *Herzog* in Maunz/Dürig Rn. 17; *Epping* in MKS Rn. 8; *Oldiges/Brinktrine* in Sachs Rn. 16.

[23] *Herzog* in Maunz/Dürig Rn. 12; *Müller-Franken/Uhle* in SHH Rn. 15.

[24] *Epping* in MKS Rn. 6.

aus dem Amt des Stellvertreters, ohne dass das Ministeramt verlorengeht, muss dem Bundeskanzler jederzeit möglich sein. Art. 69 Abs. 1 umfasst nach seinem Sinn und Zweck auch die Abberufung des Stellvertreters als *actus contrarius* zu seiner Bestellung.[25] Diese hat jedoch mit der unverzüglichen Ernennung eines neuen Stellvertreters einherzugehen.[26]

8 **2. Zu seinem Stellvertreter.** Die Rechtswirkungen der Stellvertretung präzisiert Abs. 1 ebenso wenig wie deren Umfang. Die Stellvertretung ist jedenfalls **keine Bevollmächtigung.** Vielmehr surrogiert der Stellvertreter den Bundeskanzler und rückt – ganz oder teilweise – in dessen Aufgaben ein; es handelt sich mithin um eine **Ersatzorganschaft.**[27] Auch wenn das Amt des Stellvertreters ein permanentes ist, erfordert die Aktivierung der Stellvertretung und damit die Übernahme von Aufgaben ein auslösendes Ereignis: bei der Teilvertretung eine Entscheidung des Bundeskanzlers, bei der Gesamtvertretung die (sich aus den Umständen ergebende oder ggf. auch durch den Bundeskanzler bestätigte) Unmöglichkeit der Amtsausübung.

9 Auf der Basis von Art. 65 S. 4 sind in der GO BReg die Voraussetzungen für die Vertretung des Bundeskanzlers festgeschrieben worden. § 8 S. 1 regelt die **Gesamtvertretung** (oder Vollvertretung), also die Übernahme grundsätzlich sämtlicher Aufgaben des Bundeskanzlers, der dazu subjektiv (zB schwere, insbesondere die Willensbildung ausschließende Krankheit oder Unfall, Operation, Koma) oder objektiv (zB Entführung, Verschollenheit) nicht in der Lage ist. Er bestimmt, dass bei allgemeiner Verhinderung des Bundeskanzlers an der Wahrnehmung der Geschäfte der zum Stellvertreter ernannte Bundesminister den Bundeskanzler „in seinem gesamten Geschäftsbereich" vertritt. Eine Aktivierung der Stellvertreterrechte durch Willenserklärung des Bundeskanzlers ist in solchen Fällen nicht erforderlich. Der Tod des Bundeskanzlers löst hingegen die Vertretung nicht aus, sondern führt vielmehr dazu, dass das Amt des Bundesministers endet (Art. 69 Abs. 2).[28] Unter den Voraussetzungen des Art. 69 Abs. 3 kann der Bundespräsident den Vertreter des Bundeskanzlers jedoch mit der Übernahme seiner Aufgaben kommissarisch betrauen.[29] Hierzu ist es in der verfassungsrechtlichen Praxis einmal – 1974 nach dem Rücktritt von Willy Brandt – gekommen, wohingegen die Gesamtvertretung eines noch im Amt befindlichen Bundeskanzlers von einiger Dauer bislang noch nicht eingetreten ist.

10 Der Stellvertreter des Bundeskanzlers muss im Fall der Gesamtvertretung, damit sie volle Wirkung entfaltet, zwar **prinzipiell dieselben Befugnisse wie der Bundeskanzler** selbst wahrnehmen können[30] – was durch § 8 S. 1 GO BReg unterstützt wird, wonach die Stellvertretung des Bundeskanzlers „in seinem gesamten Geschäftsbereich" wirkt. Dieser Grundsatz wird lediglich eingeschränkt mit Blick auf Befugnisse, welche die Wahrnehmung der

---

[25] *Hermes* in Dreier Rn. 5; *Herzog* in Maunz/Dürig Rn. 12; *Müller-Franken/Uhle* in SHH Rn. 15; *Schenke* in BK Rn. 31 ff.

[26] *Müller-Franken/Uhle* in SHH Rn. 12.

[27] Als „Funktionsstellvertretung" bezeichnen dies zB *Hermes* in Dreier Rn. 7; *Epping* in MKS Rn. 3; *Schenke* in BK Rn. 7; wohl aA *Pieroth* in Jarass/Pieroth Rn. 1a.

[28] *Lutz,* Die Geschäftsregierung nach dem Grundgesetz, 1969, 38; *Küster* in Hömig/Wolff Rn. 1; *Epping* in MKS Rn. 9; *Müller-Franken/Uhle* in SHH Rn. 18.

[29] *Epping* in MKS Rn. 39 ff.

[30] Im Kern auch *Mager* in v. Münch/Kunig, 6. Aufl. 2012, Art. 69 Rn. 11; *Epping* in MKS Rn. 12; mit Einschränkungen *Herzog* in Maunz/Dürig Rn. 20; *Oldiges/Brinktrine* in Sachs Rn. 18.

Gesamtvertretung erfordert, und hinsichtlich der Art und Weise der Vertretung durch das Prinzip der (Inner-)Organtreue[31]. So ist es dem Stellvertreter zB schon deswegen nicht möglich, den Rücktritt des Bundeskanzlers zu erklären, weil er nicht als Vertreter im rechtsgeschäftlichen Sinn, sondern als Ersatzorgan agiert.[32] Der Vizekanzler ist verpflichtet, dem Bundeskanzler über die Handlungen, die er als sein Stellvertreter vorgenommen hat, Auskunft zu erstatten, wie umgekehrt auch der Bundeskanzler seinem Stellvertreter die für die Amtsausübung notwendigen Informationen zukommen lassen muss. Dies gebietet das Prinzip der „Innerorgantreue".

Zu den Befugnissen, die der Vizekanzler wahrnehmen darf, zählen die folgenden: **11**

- Vorschläge für die **Ernennung und Entlassung von Bundesministern,** Art. 64 Abs. 1. Wegen des Prinzips der Innerorgantreue gegenüber dem Bundeskanzler und den anderen Bundesministern ist dieses Recht aber auf das für die Erhaltung der Funktionsfähigkeit der Regierung Erforderliche beschränkt.[33] Insbesondere kommt eine Entlassung nur ausnahmsweise in Betracht. Sie darf nicht als Instrument zur Entfernung unwillkommener Ministerkollegen missbraucht werden. Die Ernennung von Bundesministern ist in der Regel darauf zu beschränken, aufgegebene Ministerposten wiederzubesetzen. Insbesondere wenn absehbar ist, dass der Bundeskanzler nur für begrenzte Zeit ausfällt, ist dem Stellvertreter die Umbesetzung des Kabinetts aus Gründen der Innerorgantreue in aller Regel verwehrt.
- **Richtlinienkompetenz** (Kanzlerprinzip), Art. 65 S. 1: Dem Zuschnitt des Amts, das vertreten wird, entsprechend muss der Stellvertreter im Falle der Gesamtvertretung auch die Richtlinienkompetenz innehaben.[34] Gleiches gilt für die Geschäftsleitungskompetenz gemäß Art. 65 S. 4, zu der auch die Sitzungsleitung gehört, für die mit § 22 GO BReg eine spezielle Vertretungsnorm statuiert ist. Übernimmt der Bundeskanzler sein Amt später wieder, fallen auch diese Kompetenzen wieder an ihn zurück.
- Das Recht, die **Vertrauensfrage** zu stellen, Art. 68, muss dem Stellvertreter ebenfalls eröffnet sein, zumindest in Form der „echten" Vertrauensfrage, mit der sich der Bundeskanzler bzw. sein Stellvertreter lediglich vergewissern will, dass die Mehrheit der Mitglieder des Bundestages („Kanzlermehrheit") die Regierung noch stützt.[35] Dies gilt umso mehr, als

---

[31] *Epping* in MKS Rn. 12 lehnt die Geltung einer (Verfassungs-)Organtreue innerhalb der Bundesregierung ab; hingegen statuieren *Oldiges/Brinktrine* in Sachs Rn. 18 Rücksichtnahmepflichten des Vizekanzlers, insbesondere bei kurzen Vertretungszeiträumen.

[32] So iErg auch *Mager* in v. Münch/Kunig, 6. Aufl. 2012, Art. 69 Rn. 11 sowie unter Hinweis auf den höchstpersönlichen Charakter der Rechtsausübung *Hermes* in Dreier Rn. 11; *Oldiges/Brinktrine* in Sachs Rn. 19; *Müller-Franken/Uhle* in SHH Rn. 19.

[33] *Oldiges/Brinktrine* in Sachs Rn. 18; aA (jegliche Kabinettsumbildung ist zulässig) *Hermes* in Dreier Rn. 10; *Epping* in MKS Rn. 12; *Müller-Franken/Uhle* in SHH Rn. 19; gegen jedwede Entlassung von Bundesministern *Küster* in Hömig/Wolff Rn. 1; *Herzog* in Maunz/Dürig Rn. 20.

[34] *Hermes* in Dreier Rn. 10; *Herzog* in Maunz/Dürig Rn. 20; *Epping* in MKS Rn. 12; *Oldiges/Brinktrine* in Sachs Rn. 18; *Müller-Franken/Uhle* in SHH Rn. 19; *Schenke* in BK Rn. 24.

[35] Die Vertrauensfrage ohne Einschränkungen für zulässig halten *Hermes* in Dreier Rn. 10 (mit der Einschränkung, dass sich die Vertrauensfrage auf den verhinderten Bundeskanzler beziehe); *Epping* in MKS Rn. 12; *Oldiges/Brinktrine* in Sachs Rn. 20 sehen sie durch das Gebot der politischen Rücksichtnahme auf den verhinderten Bundeskanzler eingeschränkt; aA *Herzog* in Maunz/Dürig Rn. 20 (Stellung jeglicher Vertrauensfrage stellt höchstpersönliches Recht dar); *Müller-Franken/Uhle* in SHH Rn. 19; differenzierend *Schenke* in BK Rn. 66.

der Bundestag seinerseits dem (handlungsunfähigen) Bundeskanzler ebenfalls jederzeit in der Weise dadurch das Vertrauen bekunden kann, dass er ein nach Art. 67 beantragtes Misstrauensvotum ablehnt. Die Vertrauensfrage kann in einer Krisensituation stabilisierend wirken und die Stabilität der Regierung erhöhen. In ihrer „unechten", auf Auflösung des Bundestages abzielenden Form kann sie, wenn der Bundeskanzler nur vorübergehend an seinen Amtsgeschäften gehindert ist, allerdings uU wegen Verletzung der (Inner-)Organtreue unzulässig sein.

- **Ernennung eines Stellvertreters,** Art. 69 Abs. 1: Rückt der nach dieser Vorschrift bestellte Stellvertreter in die Funktionen des Bundeskanzlers ein, kann sich ebenso wie beim Bundeskanzler selbst eine Stellvertretungslage ergeben. Der Stellvertreter kann und muss also einen eigenen Stellvertreter berufen.
- **Befugnis zur Gegenzeichnung,** Art. 58, sofern sie sonst durch den Bundeskanzler durchgeführt wird, also dem Stellvertreter des Bundeskanzlers nicht schon aus eigenem Recht in seiner Eigenschaft als Minister zusteht (zur Gegenzeichnung bei Teilvertretung → Rn. 15).

12 Die Anordnung der Gesamtvertretung ist **nicht dispositiv.** Nach § 8 S. 2 GO BReg kann der Bundeskanzler zwar „im Übrigen" den Umfang seiner Vertretung näher bestimmen. Ein Teil des Schrifttums deutet S. 2 als Befugnis zur Beschränkung der Gesamtvertretung nach S. 1, die insofern nicht eingreife, wenn oder soweit der Bundeskanzler etwas anderes bestimmt habe.[36] Ihm die Dispositionsbefugnis einzuräumen, würde jedoch Sinn und Zweck des Art. 69 Abs. 1 zuwiderlaufen, der erstens sicherstellen soll, dass die Funktionen des Bundeskanzlers – und zwar grundsätzlich alle (zu Einschränkungen → Rn. 10 f.) – bei Unmöglichkeit der Amtsausübung ordnungsgemäß wahrgenommen werden, und zweitens nur einen einzigen Stellvertreter vorsieht. Eine Beschränkung der Gesamtvertretung müsste sachlogisch mit einer damit unvereinbaren Überantwortung bestimmter Befugnisse auf andere Personen als den ernannten Stellvertreter einhergehen.[37]

13 Gestattet ist dem Bundeskanzler hingegen, seinem Stellvertreter **Weisungen** für die Wahrnehmung der Gesamtvertretung zu erteilen.[38] Art. 65 S. 2 (Ressortprinzip) steht dem nicht entgegen, sofern sich die Weisungen nicht auf die Tätigkeit des Stellvertreters als Bundesminister erstrecken. Wirkung entfalten sie nur im Innenverhältnis zwischen dem Bundeskanzler und seinem Stellvertreter; missachtet dieser sie, wirkt sich dies auf die Rechtsverbindlichkeit seines Handelns nicht aus, sondern kann nur später politisch sanktioniert werden (zB indem der Bundeskanzler – falls noch im Amt – die Entlassung als Minister beantragt oder ihn aus dem Amt des Stellvertreters entlässt).[39]

14 Anders als die Gesamtvertretung kommt eine **Teilvertretung** in der Staatspraxis gelegentlich vor. Geregelt ist sie in § 8 S. 2 der GO BReg. Es handelt sich um eine **gewillkürte Form der Funktionsübertragung,** die durch Willenserklärung des Bundeskanzlers aktiviert und auch wieder deaktiviert,

[36] *Epping* in MKS Rn. 8; *Herzog* in Maunz/Dürig Rn. 15; *Oldiges/Brinktrine* in Sachs Rn. 15; *Schenke* in BK Rn. 21; *Kröger,* Die Ministerverantwortlichkeit in der Verfassungsordnung der Bundesrepublik Deutschland, 1972, 68 ff.

[37] *Hermes* in Dreier Rn. 9; *Wahl,* Stellvertretung im Verfassungsrecht, 1971, S. 176.

[38] *Hermes* in Dreier Rn. 12; *Herzog* in Maunz/Dürig Rn. 21; *Oldiges/Brinktrine* in Sachs Rn. 17; *Schenke* in BK Rn. 24.

[39] Ähnlich (Richtlinien ohne Außenwirksamkeit) *Epping* in MKS Rn. 10; *Müller-Franken/Uhle* in SHH Rn. 19.

bedingt und begrenzt wird.[40] Sie kann insofern abstrakt für bestimmte Typen von Aufgaben oder für Einzelfälle begründet werden, dauerhaft oder für einen kurzen Zeitraum. Einen spezifischen Sachgrund erfordert sie nicht, kommt aber typischerweise zur Anwendung bei zeitweiliger Abwesenheit des Bundeskanzlers oder Erkrankungen, die ihn an der Erledigung seiner Amtsgeschäfte nur teilweise hindern.[41]

Anders als die Gesamtvertretung wirft die **Teilvertretung** grundsätzlich **keine Fragen** nach den **verfassungsrechtlichen Grenzen** der Befugniswahrnehmung durch den Vizekanzler auf, da der Bundeskanzler ihren Umfang, ihre Grenzen und ihr Ende selbst festlegt und erforderlichenfalls auch intervenieren kann.[42] Dies gilt auch für die Befugnis zur Gegenzeichnung, allerdings nur insoweit, als sie dem Bundesminister in seiner Funktion als Stellvertreter des Bundeskanzler zuwächst; ist der Vizekanzlers hingegen zugleich der iSd Art. 58 S. 1 zuständige Bundesminister, verfügt er über eine Gegenzeichnungskompetenz aus eigenem Recht, die der Bundeskanzler nicht im Rahmen des Art. 69 Abs. 1 einschränken kann. 15

Streitigkeiten um Bestand und Umfang der Vertretungsbefugnis des Vizekanzlers sind, soweit möglich, im Wege des **Organstreits** (Art. 93 Abs. 1 Nr. 1) auszutragen.[43] Als im GG selbst angelegtes Teil des Organs Bundesregierung ist der Vizekanzler in diesem Verfahren beteiligungsfähig. Gegen Vorschläge, solche Streitigkeiten im Wege des Misstrauensvotums (Art. 67) auszutragen, ist einzuwenden, dass sich dieses nach seinem Sinn und Zweck gegen den vertretenen Bundeskanzler und eben nicht auf Ablösung der ihn vertretenden Person richtet – die im Erfolgsfalle eines (unabhängig davon möglichen) Misstrauensvotums das Amt des Vizekanzlers allerdings auch einbüßen würde.[44] Eine analoge Anwendung des Art. 67 auf den Vizekanzler ist schon deswegen abzulehnen, weil dem Bundestages insoweit die personale Ersetzungszuständigkeit fehlt.[45] Auch Art. 65 S. 3 muss als Instrument zur Bereinigung von Konflikten ausscheiden, weil es sich nicht um Meinungsverschiedenheiten zwischen Bundesministern, sondern zwischen dem Stellvertreter des Bundeskanzlers – der diesen funktional ersetzt – und Bundesministern handelt. 16

3. Stellvertretung von Bundesministern (Exkurs). Nicht im GG, sondern lediglich im Geschäftsordnungsrecht geregelt ist die Stellvertretung der Bundesminister. Insoweit ist zu unterscheiden zwischen der in § 14 Abs. 1 GO BReg geregelten Stellvertretung als **Regierungsmitglied** und der Stellvertretung als Leiter einer **obersten Bundesbehörde** gemäß § 14 Abs. 3 GO BReg. Im ersten Fall obliegt sie dem „dazu bestimmten Bundesminister". Wem dieses Bestimmungsrecht zusteht, konkretisiert die Vorschrift nicht; praktisch wird über die Vertretungszuständigkeiten ein Kabinettsbeschluss gefasst.[46] Die Vertretung als Behördenleiter obliegt dem (zuständi- 17

[40] Vgl. *Epping* in MKS Rn. 10 f.; *Müller-Franken/Uhle* in SHH Rn. 20.

[41] Instruktiver rechtstatsächlicher Überblick bei *Wahl,* Stellvertretung im Verfassungsrecht, 1971, 154 ff.

[42] *Hermes* in Dreier Rn. 10; *Epping* in MKS Rn. 10.

[43] *Epping* in MKS Rn. 11; aA und für eine Entscheidung des Kabinetts bei Streitigkeiten über den Bestand der Vertretungsbefugnis *Hermes* in Dreier Rn. 9; *Pieroth* in Jarass/Pieroth Rn. 1; *Oldiges/Brinktrine* in Sachs Rn. 16a; *Müller-Franken/Uhle* in SHH Rn. 21.

[44] *Herzog* in Maunz/Dürig Rn. 12.

[45] *Epping* in MKS Rn. 12.

[46] Zustimmend *Herzog* in Maunz/Dürig Rn. 24, 30.

gen) Staatssekretär bzw. Parlamentarischen Staatssekretär, wo diesem eine Aufgabe zugewiesen ist (vgl. § 14a GO BReg). Im Gegensatz zur Vertretung des Bundeskanzlers gemäß Art. 69 Abs. 1 GG und der Vertretung der Bundesminister als Regierungsmitglied gemäß § 14 Abs. 1 GO BReg erscheint § 14 Abs. 3 GO BReg weniger als Ersatzorganschaft denn als rechtsgeschäftliche Vertretungsregelung. Eine abweichende Regelung für Erklärungen vor dem Bundestag, dem Bundesrat und in den Sitzungen der Bundesregierung enthält § 14 Abs. 2 GO BReg: Insoweit obliegt die Vertretung des Ministers dem Parlamentarischen Staatssekretär, doch kann der Minister sich in Einzelfällen auch durch den beamteten Staatssekretär vertreten lassen.

II. Beendigung von Regierungsämtern (Abs. 2)

18 **1. Das Amt des Bundeskanzlers oder eines Bundesministers endigt.** In Art. 69 Abs. 2 ist – wenn auch nicht für alle denkbaren Fälle, sondern nur für wichtige Konstellationen – geregelt, wann das Amt des Bundeskanzlers und das der Bundesminister „endigt". Neben diesem Begriff, nominal also der „Beendigung", findet sich in der Bestimmung auch, bezogen auf den Bundeskanzler, der Passus der „anderen Erledigung des Amtes". Ob die „Beendigung" oder das „Ende" des Amtes im Sinne des Art. 69 Abs. 2 als spezielle Formen der „Erledigung" zu verstehen sind, die dann den Oberbegriff bildet, oder das GG nur zwischen **Synonymen variiert,** kann offenbleiben. Da das gemeinsame Merkmal beider Begriffe der Amtsverlust ist, lässt sich ihnen kein kategorialer Unterschied attestieren.

19 Art. 69 Abs. 2 ist Ausdruck des Prinzips der **Periodizität** bzw. **Diskontinuität,** das sich nicht nur auf das Parlament, sondern auch auf den vom Parlament gewählten Bundeskanzler und die von diesem wiederum bestimmten Bundesminister erstreckt.[47] Die Diskontinuität wurzelt im Demokratieprinzip[48]; für den Bundestag kommt sie in Art. 39 und den hiervon umrissenen Grenzen der Legislaturperiode zum Ausdruck.

20 Der Diskontinuität, aber auch ganz allgemein dem demokratischen Legitimationszusammenhang entsprechend unterliegt die Beendigung der von Abs. 2 erfassten Ämter vielfach auch der **Akzessorietät.**[49] Abs. 2 führt ausschließlich solche akzessorischen Beendigungsgründe auf: Das Amt aller Mitglieder der Bundesregierung ist an die Wahlperiode des Bundestages gekoppelt, das der Bundesminister immer auch an das Amt des – vom Bundestag gewählten – Bundeskanzlers. Nichtakzessorische Beendigungsgründe werden nicht ausdrücklich aufgeführt, ihre Existenz findet aber mit den Worten „jede andere Erledigung" implizit Erwähnung.[50] Solche Gründe können autonomer (wie Rücktritt, also Bitte des Amtsträgers um Entlassung) oder heteronomer Natur (Tod; Verlust der Amtsfähigkeit und des Amtes durch Richterspruch als strafrechtliche Nebenfolge, § 45 Abs. 1, 3 StGB; beim Bundeskanzler Amtsenthebung durch konstruktives Misstrauensvotum; bei Ministern Entlassung nach Art. 64 Abs. 1 Var. 2) sein.[51]

---

[47] *Epping* in MKS Rn. 14; *Hermes* in Dreier Rn. 13; *Oldiges/Brinktrine* in Sachs Rn. 3; *Müller-Franken/Uhle* in SHH Rn. 22; *Schenke* in BK Rn. 43.

[48] Vgl. hingegen *Herzog* in Maunz/Dürig Rn. 43 mit der Betonung der parlamentarischen Provenienz der Bundesregierung.

[49] *Epping* in MKS Rn. 14; *Oldiges/Brinktrine* in Sachs Rn. 24; *Müller-Franken/Uhle* in SHH Rn. 22; *Schenke* in BK Rn. 51.

[50] *Epping* in MKS Rn. 17.

[51] Überblick bei *Lutz,* Die Geschäftsregierung nach dem Grundgesetz, 1969, 18 ff.

In den von Art. 69 Abs. 2 namentlich genannten Fällen tritt die Amtsbeendigung bereits von Gesetzes wegen ein. Die **Entlassungsurkunde,** derer es – außer im Todesfall – bei allen Konstellationen der Amtsbeendigung bedarf (§ 10 S. 1, 2 iVm § 2 Abs. 1 BMinG), wirkt hier nur deklaratorisch und hat Beweisfunktion.[52] Demgegenüber wirkt die Aushändigung der Urkunde konstitutiv in den Fällen des Art. 64 Abs. 1 (Entlassung eines Ministers auf Vorschlag des Bundeskanzlers) und bei Rücktritt eines Regierungsmitglieds, also der Entlassung auf eigenes Ersuchen.[53] Mit der (kommissarischen) Weiterführung der Geschäfte auf Ersuchen des Bundespräsidenten gem. Art. 69 Abs. 3 geht weder die Verlängerung der Amtszeit noch die Wiedereinsetzung in das vorherige Amt einher. Auch in diesem Fall erhalten Bundeskanzler und Bundesminister vor der Weiterführung der Geschäfte daher Entlassungsurkunden. 21

2. In jedem Falle mit dem Zusammentritt eines neuen Bundestages. Die Beendigung des Amtes wegen Zusammentritt eines neuen Bundestages (Hs. 1) ist der Normalfall. Da die Neukonstituierung des Parlaments alle von diesem ausgehenden **Legitimationsketten** kappt, wird durch sie, wie Art. 69 Abs. 3 Hs. 1 verfügt, das Amt des Bundeskanzlers ebenso beendet wie das Amt jedes Bundesministers. Sie alle sind, ohne dass Art. 69 Abs. 2 dies ausdrücklich verfügt, im Anschluss durch den Bundespräsidenten **von Amts wegen zu entlassen.**[54] Art. 64 Abs. 1 kann auf die Entlassung von Bundesministern schon deswegen keine Anwendung finden, weil es keinen im Amt befindlichen Bundeskanzler mehr gibt, der sie zu beantragen berechtigt wäre. 22

Im **Normalfall** fällt das Ende des Amts des Bundeskanzlers und der Ämter der Bundesminister nach Art. 69 Abs. 2 mit dem **Ende der Wahlperiode,** wie Art. 39 Abs. 1 S. 2 sie definiert, zusammen. Nicht die Neuwahl, sondern erst der Zusammentritt des neuen Bundestages – der nach Art. 39 Abs. 2 spätestens am 30. Tage nach der Wahl zu erfolgen hat – zeitigt die Rechtsfolgen des Art. 69 Abs. 2.[55] Bis dahin können der Bundeskanzler und die Bundesminister auch dann, wenn das Wahlergebnis eine erneute Bestellung nicht erwarten lässt, bis zum Zusammentritt des neuen Bundestages von ihren verfassungsmäßigen Rechten vollen Gebrauch machen. Beschränkungen sind lediglich eine Frage politischer Rücksichtnahme bzw. Opportunität. 23

Art. 69 Abs. 2 Hs. 1 erfasst ferner den Fall, dass ein **neuer Bundestag vorzeitig gewählt** worden ist, weil der Bundespräsident nach erfolgloser Vertrauensfrage des Bundeskanzlers auf dessen Vorschlag hin die Ermessensentscheidung getroffen hat, den Bundestag aufzulösen (Art. 68 Abs. 1 S. 1 Var. 2).[56] Die Frist für die Neuwahl beträgt 60 Tage seit der Auflösungsentscheidung (Art. 39 Abs. 1 S. 4); für den Zusammentritt des neuen Bundestages, der das Amt des Bundeskanzlers beendet, gilt auch hier Art. 39 24

---

[52] *Müller-Franken/Uhle* in SHH Rn. 23; *Schenke* in BK Rn. 45; ähnlich (deklaratorische Wirkung bei Beendigung *ipso iure*) *Oldiges/Brinktrine* in Sachs Rn. 21 ff.

[53] *Herzog* in Maunz/Dürig Rn. 39 Fn. 1, Rn. 40; *Epping* in MKS Rn. 19, 23; *Oldiges/Brinktrine* in Sachs Rn. 21, 23.

[54] Die Entlassung selbst stellt nur einen deklaratorischen Akt dar, s. *Epping* in MKS Rn. 16; *Herzog* in Maunz/Dürig Rn. 37 Fn. 2; *Müller-Franken/Uhle* in SHH Rn. 23, 25.

[55] *Hermes* in Dreier Rn. 14; *Herzog* in Maunz/Dürig Rn. 37; *Epping* in MKS Rn. 15; *Oldiges/Brinktrine* in Sachs Rn. 22; *Müller-Franken/Uhle* in SHH Rn. 23, 25.

[56] *Hermes* in Dreier Rn. 14; *Herzog* in Maunz/Dürig Rn. 37; *Epping* in MKS Rn. 15; *Oldiges/Brinktrine* in Sachs Rn. 22; *Müller-Franken/Uhle* in SHH Rn. 23.

Abs. 2. In dieser Konstellation kann der Bundeskanzler durch Unterbreiten oder Unterlassen eines auf die Auflösung des Bundestages gerichteten Vorschlags über das Ende seines Amtes und das seiner Minister disponieren. Keine Amtsbeendigung liegt hingegen bei Art. 63 Abs. 4 S. 3 Var. 2 vor, also bei der – wiederum ermessensgetragenen – Entscheidung des Bundespräsidenten, den Bundestag aufzulösen, wenn der von diesem zum Kanzler Gewählte die Mehrheit der Mitglieder (die sog. Kanzlermehrheit) nicht erreicht hat.[57] Denn der Gewählte wird in diesem Fall gerade nicht ernannt, während das Amt des bisherigen Bundeskanzlers (der nur geschäftsführend nach Art. 69 Abs. 3 noch im Amt ist) schon vorher gemäß Art. 69 Abs. 2 Hs. 1 sein Ende gefunden hat.

25 **3. Das Amt eines Bundesministers auch mit jeder anderen Erledigung des Amtes des Bundeskanzlers.** Speziell mit Blick auf die Bundesminister regelt Art. 69 Abs. 2 Hs. 2 nur noch einen weiteren Fall **akzessorischer Erledigung:** Außer dem Zusammentritt eines neuen Bundestages (Hs. 1) führt auch jede andere Erledigung des Amtes des Bundeskanzlers (→ Rn. 27) zur Beendigung des Amtes eines Bundesministers. Von der Erledigung sind in diesem Fall alle Bundesminister gleichermaßen betroffen, da ihre demokratische Legitimation durch den Bundeskanzler begründet wird,[58] wiewohl ihre Ernennung formal durch den Bundespräsidenten erfolgt (Art. 64 Abs. 1). Während bei Entlassung von Bundesministern auf Ersuchen des Bundeskanzlers die Beendigung des Amtes erst mit Aushändigung der Entlassungsurkunde wirksam wird, endet das Ministeramt *ipso iure,* sobald sich das Amt des Bundeskanzlers erledigt.[59] Entlassungsurkunden haben hier nur deklaratorische Bedeutung.

26 Über den Wortlaut des Art. 69 Abs. 2 hinaus gibt es auch bei Bundesministern **nicht-akzessorische** Fälle der **Amtsbeendigung** wie Tod[60] oder Amtsverlust durch Richterspruch[61]. Die Entlassung eines Bundesministers ist in Art. 64 Abs. 1 geregelt. Erfasst sind sowohl die Entlassung gegen den Willen des Bundesministers als auch die auf dessen Wunsch erfolgende: In beiden Fällen bedarf es eines Vorschlags des Bundeskanzlers, zu dessen Unterbreitung er im zweiten Fall verpflichtet ist (vgl. § 9 Abs. 2 S. 2 BMinG).[62]

27 **4. Fälle der Erledigung (Beendigung) des Amtes des Bundeskanzlers.** Für den Bundeskanzler kann Art. 69 Abs. 2 Hs. 2 lediglich entnommen werden, dass sich dessen Amt auch anders erledigen kann als akzessorisch durch den Zusammentritt eines neuen Bundestages. Wie bei Bundesministern können dies **Tod, Aberkennung der Fähigkeit, öffentliche Ämter zu bekleiden,** und **„Rücktritt"** sein.[63] Im letztgenannten – im GG nicht

[57] AA *Hermes* in Dreier Rn. 14; *Herzog* in Maunz/Dürig Rn. 37; *Epping* in MKS Rn. 15; *Müller-Franken/Uhle* in SHH Rn. 23.

[58] *Epping* in MKS Rn. 14; *Müller-Franken/Uhle* in SHH Rn. 22 sehen dies zugleich als Ausprägung der starken Rolle des Bundeskanzlers nach dem Grundgesetz; ausführlich zu den Folgen *Herzog* in Maunz/Dürig Rn. 45.

[59] *Oldiges/Brinktrine* in Sachs Rn. 24.

[60] *Hermes* in Dreier Rn. 15; *Herzog* in Maunz/Dürig Rn. 40; *Epping* in MKS Rn. 22; *Müller-Franken/Uhle* in SHH Rn. 25; *Schenke* in BK Rn. 47 ff.

[61] *Hermes* in Dreier Rn. 15; *Herzog* in Maunz/Dürig Rn. 40; *Epping* in MKS Rn. 22; *Müller-Franken/Uhle* in SHH Rn. 25; *Schenke* in BK Rn. 47 ff.

[62] *Oldiges/Brinktrine* in Sachs Rn. 23; aA (Entlassungsermessen des Bundeskanzlers) *Epping* in MKS Rn. 24 f.

[63] *Hermes* in Dreier Rn. 14; *Herzog* in Maunz/Dürig Rn. 39; *Epping* in MKS Rn. 17; *Müller-Franken/Uhle* in SHH Rn. 24; *Schenke* in BK Rn. 47 ff.

geregelten – Fall stellt der Bundeskanzler an den Bundespräsidenten das Ersuchen, ihn zu entlassen; da das GG dem Prinzip der freiwilligen Übernahme politischer Ämter huldigt, muss der Bundespräsident diesem Ersuchen unverzüglich entsprechen.[64] Die Frage, ob sich das Amt schon mit der Rücktrittserklärung oder erst mit der Aushändigung der Entlassungsurkunde erledigt, muss schon um der Rechtssicherheit willen im letztgenannten Sinne beantwortet werden.[65] (Die darauffolgende förmliche Entlassung der Bundesminister hingegen wirkt nur noch deklaratorisch, da sie ihr Amt in dem Moment verloren haben, in dem der Bundespräsident den Bundeskanzler entlässt.) Weitere, wiederum im GG geregelte Konstellationen, welche die Erledigung des Amtes des Bundeskanzlers mit sich bringen, sind die Wahl eines Nachfolgers im Zuge eines konstruktiven Misstrauensvotums (Art. 67 Abs. 1) oder einer erfolglosen Vertrauensfrage (Art. 68 Abs. 1 S. 2). Unfähigkeit, die Amtsgeschäfte wahrzunehmen, führt nicht zur Erledigung des Amtes des Bundeskanzlers, sondern aktiviert die in Abs. 1 geregelte Stellvertretung des Bundeskanzlers (→ Rn. 2 ff.).[66]

III. Weiterführung der Geschäfte (Abs. 3)

Während Art. 69 Abs. 1 bestimmt, wer die Stellvertretung für den noch im Amt befindlichen Bundeskanzler übernimmt, regelt Abs. 3 die Weiterführung der Geschäfte des Bundeskanzlers und der Bundesminister nach Beendigung bzw. Erledigung ihrer jeweiligen Ämter. Dies ist im Wortlaut nicht explizit verfügt, ergibt sich aber aus dem Passus „bis zur Ernennung seines Nachfolgers". Die hierzu ersuchten Regierungsmitglieder sind **nur noch geschäftsführend im Amt;** anders als bei der Stellvertretung des Bundeskanzlers (Abs. 1) ist ihre demokratische Legitimation durch das Parlament bzw. den Bundeskanzler (Minister) an sich[67] (wird aber auf Basis von 69 Abs. 3, durch eine neue Legitimationsbasis, die am Bundespräsidenten ansetzt, für die Übergangszeit surrogiert). Insoweit steht Abs. 3 in einem engen normativen und funktionalen Zusammenhang mit Abs. 2, der genau diese Wegfallskonstellationen regelt (→ Rn. 30). 28

Auch Art. 69 Abs. 3 hat **verfassungshistorisch kein Vorbild,** knüpft aber an Weimarer Verfassungsgepflogenheiten, die im Reichsministergesetz von 1930 teilweise kodifiziert wurde. Von der in dessen § 12 getroffenen Regelung[68] unterscheidet sich Art. 69 Abs. 3 darin, dass er auch für den Kanzler gilt, dass das GG den Begriff des Rücktritts nicht kennt, sondern nur die (vom Amtsträger begehrte) Entlassung und dass die Entlassung anders als in § 12 Reichsministergesetz kein Ausschlussgrund für die Fortsetzung der Geschäfte ist, sondern dafür im Gegenteil die logische Voraussetzung. 29

Abs. 3 stellt keine Ausnahme zu Abs. 2 dar, sondern ergänzt diese Bestimmung. Er schließt die zeitliche Lücke zwischen der Beendigung des Amtes des einen Amtsträgers und der Aufnahme des Amtes durch den Nachfolger. 30

---

[64] *Epping* in MKS Rn. 18 f.; vgl. *Oldiges/Brinktrine* in Sachs Rn. 21.

[65] *Epping* in MKS Rn. 19.

[66] AA jedenfalls für die Konkretisierungen im BWG zum Verlust des passiven Wahlrechts zum Bundestag etwa bei einer Entmündigung bzw. Anordnung einer Pflegschaft wegen geistiger Gebrechen *Herzog* in Maunz/Dürig Rn. 39; *Epping* in MKS Rn. 20.

[67] *Hermes* in Dreier Rn. 18; *Oldiges/Brinktrine* in Sachs Rn. 28; aA *Epping* in MKS Rn. 28; *Müller-Franken/Uhle* in SHH Rn. 27 (Legitimation beruht auf ursprünglicher Wahl zum Bundeskanzler).

[68] → Rn. 1.

Anders als Art. 67 kann die Vorschrift **nicht die Amtskontinuität, aber** doch die **Funktionskontinuität** in der Gubernative sicherstellen. Um ihretwillen stellt das GG in einer solchen Situation niedrigere Anforderungen an die demokratische Legitimationskette in dieser Situation und bewirkt eine **Novation der Legitimationsbasis** . Da der Bundespräsident, auf dessen – grundsätzlich als Anordnung (→ Rn. 39) zu verstehendes – Ersuchen die Weiterführung der Geschäfte erfolgt, nicht von der Diskontinuität betroffen ist und weiter über eine demokratische Legitimation verfügt, kann sich auch die geschäftsführende Regierung noch über eine aktuelle, wenngleich weniger unmittelbare, Rückanbindung an den Volkswillen stützen.[69] Verfassungsrechtspolitisch bedenklich wird die Vorschrift allerdings dadurch, dass die Regierungsbildung nach der Bundestagswahl stets länger dauert und das, was in Art. 69 Abs. 3 als Interimszustand angelegt ist, zum Dauerzustand wird (→ Rn. 44).

31 **1. Auf Ersuchen des Bundespräsidenten.** Voraussetzungen für den geschäftsführenden Verbleib im Amt ist ein **Ersuchen des Bundespräsidenten.** Eine Verpflichtung, ein solches Ersuchen auszusprechen, besteht nach dem Wortlaut der Bestimmung zwar nicht; doch wird sich dieses Ersuchen im Falle des Bundeskanzlers – außer bei unerheblichen Zeiträumen bis zur Wahl des Nachfolgers – meist auf null reduzieren, weil das Fehlen eines Bundeskanzlers die Funktionsunfähigkeit der Gubernative zur Folge haben würde.[70] Dies gilt umso mehr, als Art. 69 Abs. 3 die Beauftragung eines Bundesministers mit der Fortführung der Geschäfte des Bundeskanzlers nicht ausdrücklich vorsieht (zu dieser Möglichkeit → Rn. 34). Anderes gilt hinsichtlich der Adressatenauswahl, wenn absehbar ist, dass der bisherige Amtsträger die Geschäfte aus tatsächlichen oder rechtlichen Gründen nicht weiterführen kann oder der geschäftsführende Verbleib im Amt die Funktionsfähigkeit der Bundesregierung in Frage stellt.[71] In diesem Fall hat der Bundespräsident ein anderes Mitglied der Regierung mit der Weiterführung der Geschäfte zu betrauen und insoweit gewisse Ermessensspielräume (→ Rn. 34 f.).

32 Hat sich das Amt eines Bundesministers erledigt, ist außer dem Bundespräsidenten **auch der Bundeskanzler** berechtigt, das Ersuchen an den Minister zu stellen. Unklar ist, ob auch der selbst geschäftsführende Bundeskanzler ein Ersuchen stellen kann. Da ohnehin das **Versteinerungsprinzip** (→ Rn. 33) gilt, faktische Kabinettsveränderungen also nur in einem sehr engen Rahmen aus zwingenden Gründen möglich sind, und zudem die politische Gesamtverantwortung (vgl. Art. 65 S. 1) auch dem geschäftsführenden Bundeskanzler zustehen muss, sollte man ihm auch das Recht zuerkennen, ein Ersuchen zu stellen.[72] Eine Folgefrage lautet dann, ob das Recht des Bundespräsidenten oder das des Bundeskanzlers (und wessen Ersuchen im höchst unwahrscheinlichen Fall, dass sich beide widersprechen) vorgeht. Ist der Bundeskanzler nicht nur geschäftsführend im Amt, muss ihm

---

[69] Vgl. *Oldiges/Brinktrine* in Sachs Rn. 28.

[70] Gegen ein Ermessen des Bundespräsidenten *Hermes* in Dreier Rn. 19; *Epping* in MKS Rn. 34; *Oldiges/Brinktrine* in Sachs Rn. 29; *Schenke* in BK Rn. 57; *Puhl,* Die Minderheitsregierung nach dem Grundgesetz, 1986, 92; differenziert *Herzog* in Maunz/Dürig Rn. 52 f.; *Müller-Franken/Uhle* in SHH Rn. 33.

[71] Vgl. *Herzog* in Maunz/Dürig Rn. 53; *Müller-Franken/Uhle* in SHH Rn. 33.

[72] Gegen eine Verpflichtung, den Bundesminister zu ersuchen, sein Amt geschäftsführend fortzusetzen, *Pieroth* in Jarass/Pieroth Rn. 5.

der Vorrang zukommen.[73] Für den Fall, dass er selbst auf Ersuchen des Bundespräsidenten seine Geschäfte weiterführt, werden unterschiedliche Ansichten vertreten: Für parallele Kompetenzen[74] könnte der Wortlaut des Abs. 3 („des Bundeskanzlers oder des Bundespräsidenten") sprechen; eine Handreichung für den Konfliktfall liefert diese Auffassung aber nicht. Für den Vorrang des Bundespräsidenten könnte angeführt werden, dass er anders als der Bundeskanzler noch über eine Legitimation verfügt, für den Vorrang des Bundeskanzlers[75], dass sich in der Weiterführung der Ministerialgeschäfte nur seine frühere Personalentscheidung gemäß Art. 64 Abs. 1 perpetuiert. Der **Legitimationsvorsprung** des **Bundespräsidenten** spricht dafür, ihm den Vorrang zuzuerkennen, allerdings erfordert der Grundsatz der Organtreue, dass im Konfliktfall eine Abstimmung mit dem geschäftsführenden Bundeskanzler versucht werden muss.[76] Dieser Konfliktfall dürfte, schon weil der Bundespräsident keine politische Personalauswahlprärogative und im Regelfall kein Ermessen hat,[77] kaum eintreten.

2. Ist der Bundeskanzler, auf Ersuchen des Bundeskanzlers oder des Bundespräsidenten ein Bundesminister. Für die geschäftsführende Bundesregierung bzw. die geschäftsführenden Regierungsmitglieder gilt das **Versteinerungsprinzip:** Zur Weiterführung der Geschäfte ist nur befugt und darf nur ersucht werden, wer bis zur Beendigung des Amtes der Bundesregierung angehört hat.[78] Dies ergibt sich bereits aus dem Wortlaut der Vorschrift („der Bundeskanzler", „ein Bundesminister", „ihres Nachfolgers"), **schützt** aber auch das **parlamentarische System** vor einer organisatorischen Abkoppelung der Gubernative. Wer nach Art. 69 Abs. 3 die Geschäfte weiterführt, hat zumindest zu einem früheren Zeitpunkt über eine parlamentarisch-demokratische Rückanbindung verfügt, die noch nachwirkt.[79] Zwar ist dem Bundeskanzler ein Recht zuzuerkennen, dem Bundespräsidenten Vorschläge dafür zu unterbreiten, wer als Minister geschäftsführend im Amt verbleiben soll. Sie binden den Bundespräsidenten jedoch nicht und sind mit dem Kabinettsbildungsrecht gemäß Art. 64 Abs. 1 – über das der geschäftsführende Bundeskanzler nicht mehr verfügt – nicht gleichzusetzen.[80] 33

Da eine Vorschrift wie Art. 69 Abs. 3 nicht alle im Zuge eines Machtwechsels eintretenden Eventualitäten in den Blick nehmen kann, ist die hier getroffene Regelung notwendigerweise unvollständig. Nicht geregelt ist, an wen das Ersuchen zu richten ist, wenn der bisherige Bundeskanzler oder ein Bundesminister oder alle zusammen aus rechtlichen oder tatsächlichen Gründen nicht als seine Adressaten in Betracht kommen. Da die Vorschrift auf die **Erhaltung der Funktionsfähigkeit** der Bundesregierung gerichtet ist, muss auch in solchen Fällen eine Lösung gefunden werden, die nicht 34

[73] *Hermes* in Dreier Rn. 21; *Epping* in MKS Rn. 29; *Oldiges/Brinktrine* in Sachs Rn. 34; für Vorrang auch des geschäftsführenden Bundeskanzlers *Schenke* in BK Rn. 66.
[74] *Herzog* in Maunz/Dürig Rn. 51.
[75] *Hermes* in Dreier Rn. 21; *Epping* in MKS Rn. 29; *Müller-Franken/Uhle* in SHH Rn. 43.
[76] Ähnlich *Oldiges/Brinktrine* in Sachs Rn. 34.
[77] Vgl. *Mager* in v. Münch/Kunig, 6. Aufl. 2012, Art. 69 Rn. 25.
[78] *Epping* in MKS Rn. 27; *Müller-Franken/Uhle* in SHH Rn. 27; *Schenke* Rn. 55, 79; *Schemmel* NVwZ 2018, 105 (107 f.).
[79] Hingegen stellt *Hermes* in Dreier Rn. 18 allein auf das Ersuchen des Bundespräsidenten ab; aA *Epping* in MKS Rn. 28; *Müller-Franken/Uhle* in SHH Rn. 27 (Legitimation aus ursprünglicher Wahl entscheidend).
[80] AA *Epping* in MKS Rn. 29 f.

nur diesem Ziel entspricht, sondern möglichst nahe am Normbefehl bleibt, also die **„verfassungsnächste“ unter allen geeigneten Varianten** darstellt.

35 Nicht bestimmt ist zum Beispiel, an wen der Bundespräsident ein Ersuchen richten darf, wenn der bisherige **Bundeskanzler** für die Weiterführung der Geschäfte **nicht zur Verfügung** steht (wie bei Tod, Amtsunfähigkeit, Übernahme eines anderen Amtes nach Rücktritt). Ist der nach Abs. 1 zur Stellvertretung berufene Bundesminister weiter verfügbar und ersucht der Bundespräsident ihn, seine Ministerialgeschäfte weiterzuführen[81], so schließt dies die – akzessorische – Stellvertreterfunktion bereits ein (Abs. 3 bezieht sich allgemein auf „die Geschäfte“).[82] Ein gesondertes Ersuchen, die Geschäfte des Bundeskanzlers zu übernehmen, ist dann entbehrlich. Der Ersuchte wird, formal gesehen, geschäftsführender Stellvertreter des Bundeskanzlers, nicht geschäftsführender Bundeskanzler[83] – auch wenn der Unterschied keine praktischen Konsequenzen hat. Kann auch der bisherige Stellvertreter des Bundeskanzlers nicht ersucht werden, kommt als „verfassungsnächste“ Ausweichlösung die Übertragung der Amtsgeschäfte des Bundeskanzlers auf ein anderes Mitglied der bisherigen Bundesregierung nach Ermessen des Bundespräsidenten in Betracht.[84]

36 Ist der Bundeskanzler geschäftsführend noch im Amt, steht ein **Bundesminister** für die Weiterführung der Geschäfte aber **nicht mehr zur Verfügung,** wird im Schrifttum vorgeschlagen, das Ersuchen an dessen jeweiligen Stellvertreter (§ 14 Abs. 1 GO BReg) zu richten.[85] Dies ist als eine zwar nicht im GG angelegte, aber „verfassungsnahe“ Lösung statthaft. Bezieht man das Versteinerungsprinzip – obschon in der Praxis die Bestellung zum Bundesminister mit der Ressortbezeichnung verbunden wird – auf bloße Zugehörigkeit zur Bundesregierung und nicht auch auf die Verteilung der Ressorts, steht es aber auch der geschäftsführenden Betrauung eines Ministers mit einem anderen Ressort – grds. zusätzlich zu seinem eigentlichen Ressort – nicht entgegen.[86] Geboten erscheint dies insbesondere, wenn auch der Stellvertreter des Ministers nicht mehr zur Verfügung steht.

37 Ist ein **neuer Bundeskanzler** über ein konstruktives Misstrauensvotum (Art. 67) oder über Art. 63 Abs. 3 oder 4 ins Amt gelangt, aber noch kein Koalitionsvertrag abgeschlossen (wie zB beim erfolgreichen Misstrauensvotum gegen Bundeskanzler Schmidt), auf dessen Grundlage Minister berufen werden können, kollidiert das „Versteinerungsprinzip“ mit der politischen Inopportunität des Regierens mit einem „abgesetzten“ Kabinett von anderer politischer Couleur.[87] Da das **Versteinerungsprinzip** grundsätzlich

[81] Für eine Pflicht, den Vizekanzler zu ernennen, *Herzog* in Maunz/Dürig Rn. 59; *Epping* in MKS Rn. 39; *Oldiges/Brinktrine* in Sachs Rn. 32; aA (jedes Mitglied der Regierung denkbar) *Müller-Franken/Uhle* in SHH Rn. 36.

[82] AA *Epping* in MKS Rn. 40; *Oldiges/Brinktrine* in Sachs Rn. 32.

[83] So *Herzog* in Maunz/Dürig Rn. 59, 60; aA und für eine Ernennung zum geschäftsführenden Bundeskanzler *Epping* in MKS Rn. 40; *Oldiges/Brinktrine* in Sachs Rn. 32.

[84] Ohne Differenzierung *Hermes* in Dreier Rn. 20 („anderes Mitglied der Bundesregierung“); gegen eine Ermessensentscheidung des Bundespräsidenten und für eine Entscheidung entsprechend § 22 Abs. 1 GO BReg *Epping* in MKS Rn. 42; *Müller-Franken/Uhle* in SHH Rn. 36 (beschränkt auf die Mitglieder der größeren Regierungsfraktion).

[85] Vgl. *Epping* in MKS Rn. 44; *Oldiges/Brinktrine* in Sachs Rn. 36; *Schenke* in BK Rn. 63 ff.; aA (irgendein anderer Minister) *Hermes* in Dreier Rn. 22; *Müller-Franken/Uhle* in SHH Rn. 44.

[86] Zustimmend bei Individualvakanzen *Oldiges/Brinktrine* in Sachs Rn. 35.

[87] Vgl. *Oldiges/Brinktrine* in Sachs Rn. 34.

nicht dispositiv ist, kann der Bundeskanzler diesem Konflikt nur dadurch entgehen, dass er nach Art. 64 Abs. 1 für die Übergangszeit neue Minister beruft, die bei der endgültigen Bildung der Regierung erforderlichenfalls wieder entlassen werden.

Je weniger unter den bisherigen Amtsinhabern für die Geschäftsführung verfügbar sind – und je weniger gesichert die Funktionsfähigkeit der geschäftsführenden Regierung ist –, desto intensiver muss der Bundespräsident darauf hinwirken, dass die **parlamentarische Legitimation** der **Bundesregierung** so schnell wie möglich wiederhergestellt wird.[88] Es kann zB dann geboten sein, einen Vorschlag nach Art. 63 Abs. 1 auch dann zu unterbreiten, wenn seine erfolgreiche Wahl im ersten Wahlgang noch ungewiss ist. Dies ist vor allem dann der Fall, wenn weder der bisherige Bundeskanzler noch die Mehrzahl der bisherigen Minister zur Geschäftsführung ersucht werden können. Besteht keine Möglichkeit, die Lücken in der Übergangszeit anders zu füllen, muss es zulässig sein, entsprechende Ersuchen auch an Staatssekretäre und erforderlichenfalls Parlamentarische Staatssekretäre zu stellen.[89] Die zugrunde liegende Situation (etwa ein Attentat auf die gesamte Bundesregierung) ist mit dem Normalfall des Art. 69 Abs. 3 ohnehin nicht mehr vergleichbar; sie trägt Züge eines Staats- und Regierungsnotstands, der ebenso pragmatische wie effiziente Reaktionen von einem dann tatsächlich in die Rolle eines „Hüters der Verfassung" aufrückenden Bundespräsidenten erfordern würde.[90] 38

3. Verpflichtet. Die Ersuchten haben kein freies Entscheidungsrecht; sie müssen dem **Ersuchen** des Bundespräsidenten **entsprechen** („ist … verpflichtet").[91] Dies gilt lediglich dann nicht, wenn wichtige persönliche oder fachliche Gründe (gesundheitlicher Art oder auch die erfolgte Wahl in ein anderes Amt) entgegenstehen; allerdings hat der Bundespräsident solche Gründe auch bei seiner Entscheidung über das Ersuchen selbst zu berücksichtigen.[92] Zur Ablehnung berechtigen die tatsächliche oder rechtliche Unmöglichkeit[93] bzw. das subjektive Unvermögen, die Geschäfte weiterzuführen, wie etwa die zwischenzeitliche Annahme eines anderen, insbesondere mit Regierungsfunktionen inkompatiblen Amtes (der bisherige Finanzminister Wolfgang Schäuble wurde 2017 zum Präsidenten des Deutschen Bundestages gewählt), schwere Krankheit oder sonstige unzumutbare Härten.[94] Auch die objektive politische Unzumutbarkeit des Verbleibs eines bisherigen Amtsinhabers wegen Gefahren für die Funktionsfähigkeit und Akzeptanz der Bundesregierung und ihres Handelns entbinden von der Befolgungspflicht 39

---

[88] Vgl. *Epping* in MKS Rn. 42.

[89] *Hermes* in Dreier Rn. 22; *Oldiges/Brinktrine* in Sachs Rn. 37; *Müller-Franken/Uhle* in SHH Rn. 37.

[90] *Epping* in MKS Rn. 42 schlägt daher eine geschäftsführende Übernahme der Regierungsgeschäfte durch den Bundespräsidenten und eine Verwaltung der Ministerien durch die Staatssekretäre vor.

[91] *Hermes* in Dreier Rn. 19, 22; *Herzog* in Maunz/Dürig Rn. 54; *Epping* in MKS Rn. 35, 43; *Oldiges/Brinktrine* in Sachs Rn. 35; *Müller-Franken/Uhle* in SHH Rn. 29; zum früheren Streitstand der mittlerweile als entschieden gelten darf *Puhl,* Die Minderheitsregierung nach dem Grundgesetz, 1986, 93 ff.

[92] So auch *Pieper* in BeckOK GG Rn. 7.1.

[93] AllgA, vgl. nur *Müller-Franken/Uhle* in SHH Rn. 30.

[94] Str., gegen Weigerungsrechte wegen Unzumutbarkeit *Epping* in MKS Rn. 35; für begründete Weigerungsrechte *Hermes* in Dreier Rn. 19, 22; *Herzog* in Maunz/Dürig Rn. 54; *Schenke* in BK Rn. 59 f., 78 ff.

(Bsp.: Der Bundespräsident stellt sein Ersuchen an einen skandalbehafteten Minister, über den die Bundesregierung gestürzt ist).[95]

40 **4. Die Geschäfte bis zur Ernennung seines Nachfolgers weiterzuführen.** Ein **bisheriger Amtsinhaber** hat nach dem Wortlaut des Art. 69 Abs. 3 als Ersuchter die Geschäfte bis zur Ernennung „seines" Nachfolgers weiterzuführen.[96] Dies bedeutet, wie oben dargelegt (→ Rn. 36), nicht, dass Adressat des Ersuchens stets nur sein kann, wem die spezifischen Geschäfte, auf die sich das Ersuchen bezieht, vor der Beendigung seines Amtes anvertraut waren; andernfalls entstünden Vakanzen und könnte die Funktionsfähigkeit der Bundesregierung nicht sichergestellt werden. Dies gilt umso mehr, als das GG den Bestand bestimmter Ministerien zwingend vorgibt (Inneres, Finanzen, Verteidigung). Aus zwingendem Grund können bisherigen Mitgliedern der Bundesregierung also auch andere Ressorts geschäftsführend überlassen werden (→ Rn. 36).

41 Die **weiterzuführenden Geschäfte** umfassen nicht nur die laufenden Geschäfte.[97] Der Bundeskanzler und die Bundesminister dürfen jeweils für sich und gemeinsam als Bundesregierung **alle Aufgaben und Rechte** wahrnehmen, welche das GG ihnen für den Normalfall zuweist, und haben zugleich alle solchen verfassungsrechtlichen Pflichten.[98] Dies gilt nicht, soweit die Unterbrechung des Legitimationszusammenhangs zwischen Parlament und Bundeskanzler bzw. Bundesminister entgegensteht (→ Rn. 42). Ob die geschäftsführende Bundesregierung und ihre Mitglieder spezifische Aufgaben wahrnehmen (wie etwa das Einbringen von Gesetzesvorlagen, Art. 76 Abs. 1), ist eine Frage **politischer Opportunität.**[99] Verfassungsrechtlich ist die geschäftsführende Bundesregierung zB nicht gehindert, Gesetzesvorlagen, einschließlich derjenigen für den Haushaltsplan, einzubringen (Art. 76 Abs. 1 und Art. 110 Abs. 3) – umso mehr, als eine funktionsfähige Gesetzgebung der Expertise der Ministerialbürokratie bedarf –, im Rat der EU mitzuwirken oder völkerrechtliche Verträge auszuhandeln; auch Rechtsverordnungen können weiterhin erlassen werden (Art. 80 Abs. 1).

42 Mit der lediglich **geschäftsführenden Funktionsausübung unvereinbar** sind hingegen alle Rechtsinstrumente, welche die demokratische Legitimation durch das Parlament voraussetzen oder erfordern.[100] Der geschäftsführende Bundeskanzler ist (anders als der Stellvertreter des Bundeskanzlers → Rn. 11) daher nicht berechtigt, die **Vertrauensfrage** (Art. 68)[101] – mit dem möglichen Folgeantrag auf Erklärung des Gesetzgebungsnotstands (Art. 81) – zu stellen.[102] Sie dient der Feststellung, ob ein von der Mehrheit

---

[95] Vgl. *Oldiges/Brinktrine* in Sachs Rn. 31; weitergehend sogar für ein Verbot *Epping* in MKS Rn. 36.

[96] Siehe bereits *Lutz,* Die Geschäftsregierung nach dem Grundgesetz, 1969, 33.

[97] *Pieper* in BeckOK GG Rn. 8; aA *E. Dreher* NJW 1982, 2807 (2808).

[98] *Hermes* in Dreier Rn. 23; *Herzog* in Maunz/Dürig Rn. 60; *Epping* in MKS Rn. 46; *Oldiges/Brinktrine* in Sachs Rn. 38; *Müller-Franken/Uhle* in SHH Rn. 45; *Schenke* in BK Rn. 56.

[99] *Herzog* in Maunz/Dürig Rn. 60; *Epping* in MKS Rn. 46; Schröder in HdbStR III § 65 Rn. 50.

[100] Ähnlich („Interimscharakter" der Bundesregierung) *Oldiges/Brinktrine* in Sachs Rn. 38.

[101] *Hermes* in Dreier Rn. 23; *Herzog* in Maunz/Dürig Rn. 61; *Epping* in MKS Rn. 46; *Oldiges/Brinktrine* in Sachs Rn. 40; *Küster* in Hömig/Wolff Rn. 3; *Leisner* in Sodan Rn. 5; *Müller-Franken/Uhle* in SHH Rn. 46.

[102] *Herzog* in Maunz/Dürig Rn. 61; *Epping* in MKS Rn. 46; *Müller-Franken/Uhle* in SHH Rn. 46; *Schenke* in BK Rn. 66.

der Mitglieder des Bundestages getragenes Vertrauen noch besteht; beim geschäftsführenden Bundeskanzler, der über keine parlamentarische Legitimation mehr verfügt, fehlt es aber schon sachlogisch an diesem Vertrauen. Aus dem gleichen Grund kann ein Bundestag, der diesen Bundeskanzler nicht gewählt hat, sein Amt auch nicht im Wege eines **Misstrauensvotums** (Art. 67) beendigen;[103] denn dessen Ende ist ja bereits eingetreten. Unzulässig, weil auch sie eine demokratische Legitimation des Bundeskanzlers erfordern, sind die Ernennung und Entlassung von Bundesministern nach Art. 64 Abs. 1; vielmehr gilt das Versteinerungsprinzip, das die Bestellung neuer Regierungsmitglieder ausschließt.[104]

C. Kritische Würdigung

Alle drei Absätze des Art. 69 regeln ihren Gegenstand nur lückenhaft. Dank der **Zurückhaltung** bei der **Regelungstiefe** kann den politischen Gegebenheiten im Einzelfall jedoch flexibler Rechnung getragen werden als mit detaillierten Vorgaben, die dennoch nicht alle Eventualitäten berücksichtigen können. Insofern ist Art. 69 eine im Grundansatz **ausgewogene** und **gelungene** Verfassungsbestimmung. 43

Veränderungen in der **Parteienlandschaft** stellen jedoch die Sachgerechtigkeit – vor allem des dritten Absatzes – zunehmend in Frage. Was als Übergangsregelung für einen kurzen Zeitraum konzipiert ist, verstetigt sich nach Bundestagswahlen immer öfter zu einem **„gubernativen Ausnahmezustand“,** der sich 2017/18 über nahezu fünf Monate erstreckte (Zusammentritt des Bundestages am 24.10.2017, Wahl der Bundeskanzlerin am 14.3.2018). Während dessen Dauer fehlt der Regierung die demokratische Legitimation durch den neuen Bundestag, der – da das Vorschlagsmonopol für den Bundeskanzler beim Bundespräsidenten liegt – das Ansetzen einer Kanzlerwahl auch nicht erzwingen kann. Die Bundesregierung ist von parlamentarischer Kontrolle weitgehend abgekoppelt, zumal Kontrollinstrumente wie Misstrauensvotum (Art. 67) und Abstimmungen über Vertrauensfragen (Art. 68) gegenüber einem nur geschäftsführenden Bundeskanzler (und seiner Regierung) nicht zum Einsatz kommen können. Das Zuwarten bis zu einer unter Umständen erst nach Monaten erzielten politischen Einigung zwischen potenziellen Koalitionären durch den Bundespräsidenten droht insofern „demokratiewidrige“ Verhältnisse zu schaffen. Zur Beschleunigung der Regierungsbildung könnte daher erwogen werden, das dem Bundespräsidenten gemäß Art. 63 Abs. 1 zugewiesene Vorschlagsrecht an eine Frist zu koppeln.[105] Die Unüblichkeit derartiger Fristen in Verfassungen anderer europäischer Staaten mit parlamentarischem Regierungssystem (und ebenso die Fristunabhängigkeit der erstmaligen Unterbreitung eines Personalvorschlags für die Präsidentschaft der Europäischen Kommission, Art. 17 Abs. 7 S. 1 EUV) vermag allerdings als Indiz für die Schwierigkeit angesehen werden, das im 44

[103] *Hermes* in Dreier Rn. 23; *Herzog* in Maunz/Dürig Rn. 61; *Epping* in MKS Rn. 46; *Oldiges/Brinktrine* in Sachs Rn. 40; *Müller-Franken/Uhle* in SHH Rn. 46.

[104] *Oldiges/Brinktrine* in Sachs Rn. 39; *Schenke* in BK Rn. 66; *Herzog* in Maunz/Dürig Rn. 61, 64, der jedoch die jeweiligen Geschäftsführungsersuchen bei Vorliegen wichtiger Gründe für widerruflich hält.

[105] Vgl. auch *Kämmerer* NJW 2014, 29 ff.

Demokratieprinzip wurzelnde Interesse an einer zugügen Regierungsbildung in politisch praktikabler Weise normativ umzusetzen.

Literatur

H.-W. Arndt/M. Schweitzer, Verfassungsrechtliche Aspekte des Kanzlerrücktritts, JuS 1974, 622. – ***U. Beckmann,*** Die Rechtsstellung des Stellvertreters des Bundeskanzlers, Diss. Würzburg, 1966. – ***G. Donie,*** Die Stellvertretung des Bundeskanzlers nach dem Grundgesetz, Diss. Saarbrücken, 1969. – ***E. Dreher,*** Geschäftsführende Regierungen, NJW 1982, 2807. – ***R. Groß,*** Zur geschäftsführenden Regierung, DÖV 1982, 1008. – ***K. Kröger,*** Die Ministerverantwortlichkeit in der Verfassungsordnung der Bundesrepublik Deutschland, 1972. – ***P.-J. Latinak,*** Der Vizekanzler. Die Stellvertretung des Bundeskanzlers in Staatsrecht und Staatspraxis der Bundesrepublik Deutschland – zugleich eine institutionengeschichtliche Studie, Diss. München, 1969. – ***R. Lutz,*** Die Geschäftsregierung nach dem Grundgesetz, 1969.– ***M. Nierhaus,*** Verfassungsrechtliche Probleme des Kanzlerrücktritts, JR 1975, 265. – ***M. Oldiges,*** Die interimistische Weiterführung der Amtsgeschäfte des Bundeskanzlers durch den Vizekanzler, DVBl. 1975, 79 ff. – ***F.-J. Peine,*** Parlamentsneuwahl und Beendigung des Amtes des Regierungschefs, Der Staat 21 (1982), 335. – ***W. Plaum,*** Die Unzulässigkeit der Personalunion zwischen den Ämtern des Stellvertreters des Bundeskanzlers und des Bundesministers für Finanzen, Diss. Münster, 1957. – ***W. Plaum,*** Inkompatibilitätsprobleme bei der Bildung bzw. Umbildung der Bundesregierung, DVBl. 1958, 452. – ***Th. Puhl,*** Die Minderheitsregierung nach dem Grundgesetz, 1986. – ***K.-D. Schnappauf,*** Die geschäftsführende Bundesregierung, Verwaltungsrundschau 1983, 77. – ***R. Wahl,*** Stellvertretung im Verfassungsrecht, 1971.

Sachverzeichnis

Fette Zahlen bezeichnen die Artikel des Grundgesetzes,
magere Zahlen die Randnummern der Kommentierung.

von Münch/Kunig
Grundgesetz-Kommentar
Band 2

Grundgesetz

Kommentar

Band 2: Art. 70 bis 146

Begründet von

Dr. Dr. h. c.
Ingo von Münch
Univ.-Professor em. an der
Universität Hamburg

Dr. Dr. h. c.
Dr. h. c. Philip Kunig
Univ.-Professor em. an der Freien
Universität Berlin, Univ.-Professor
an der Türkisch-Deutschen
Universität Istanbul

Herausgegeben von

Dr. Jörn Axel Kämmerer,
Maîtr. en droit (Aix-Marseille)
Univ.-Professor an der Bucerius
Law School, Hochschule für
Rechtswissenschaft,
Hamburg

Dr. Markus Kotzur,
LL. M. (Duke Univ.)
Univ.-Professor an der
Universität Hamburg

7., neubearbeitete Auflage 2021

C.H.BECK

Zitiervorschlag:
v. Arnauld in v. Münch/Kunig

www.beck.de

Gesamtabnahme Band 1+2
ISBN 978 3 406 73590 5
Band 2: ISBN 978 3 406 73592 9

Wilhelmstraße 9, 80801 München
Satz, Druck und Bindung: Druckerei C. H. Beck Nördlingen
(Adresse wie Verlag)

CO_2 neutral
chbeck.de/nachhaltig

Gedruckt auf säurefreiem, alterungsbeständigem Papier
(hergestellt aus chlorfrei gebleichtem Zellstoff)

Aktuelle Bearbeiter

Prof. Dr. Andreas von Arnauld
Univ.-Professor an der Christian-Albrechts-Universität Kiel
Art. 16, 16a, 54–58, 60, 61.

Prof. Dr. Helmut Philipp Aust
Univ.-Professor an der Freien Universität Berlin
Art. 24–26, 87a, 146.

Dr. Ariane Berger
Privatdozentin, Freie Universität Berlin, Deutscher Landkreistag, Berlin
Art. 13.

Prof. Dr. Christian Bickenbach
Univ.-Professor an der Universität Potsdam
Art. 33, 36, 89, 130–132, 143e.

Prof. Dr. Sigrid Boysen
Univ.-Professorin an der Helmut-Schmidt-Universität, Hamburg
Art. 3, 7, 117, 141.

Prof. Dr. Roland Broemel, Maîtr. en droit (Bordeaux)
Univ.-Professor an der Goethe-Universität Frankfurt a. M.
Art. 70–74, 122–124, 125a, 127.

Prof. Dr. Dr. h. c. Siegfried Broß
Richter des Bundesverfassungsgerichts a. D.
Univ.-Professor em. an der Albert-Ludwigs-Universität Freiburg
Vorb. Art. 83–87, Art. 83–87.

Prof. Dr. Brun-Otto Bryde
Richter des Bundesverfassungsgerichts a. D.
Univ.-Professor em. an der Justus-Liebig-Universität Gießen
Art. 14, 15, 76–79.

Prof. Dr. Andrea Edenharter
Univ.-Professorin an der Fernuniversität Hagen
Art. 17, 17a, 45c, 45d.

Prof. Dr. Christian Ernst
Univ.-Professor an der Helmut-Schmidt-Universität, Hamburg
Art. 8, 19, 28, 29, 118, 118a.

Prof. Dr. Michael Lysander Fremuth
Univ.-Professor an der Universität Wien
Art. 53a, 115a–115l.

Aktuelle Bearbeiter

Dr. Michael Goldhammer, LL. M. (Michigan)
Privatdozent, Universität Bayreuth
Art. 35, 133–135a.

Prof. Dr. Kathrin Groh
Univ.-Professorin an der Universität der Bundeswehr München
Art. 39–44, 121.

Prof. Dr. Elke Gurlit
Univ.-Professorin an der Johannes Gutenberg-Universität Mainz
Art. 34.

Prof. Dr. Dirk Hanschel
Univ.-Professor an der Martin-Luther-Universität Halle-Wittenberg
Art. 30, 31, 37, 142

Dr. Daniel Heck
Rechtsanwalt in Hamburg
Art. 22, 125b.

Prof. Dr. Bettina Heiderhoff
Univ.-Professorin an der Westfälischen Wilhelms-Universität Münster
Art. 6.

Prof. Dr. Markus Heintzen
Univ.-Professor an der Freien Universität Berlin
Vorb. Art. 104a–115, Art. 104a-109a, Vorb. Art. 110–115, Art. 110–115, 143c, 143d, 143f, 143g, 143h

Dr. Thomas Holzner
Dipl. sc. pol. Univ., Privatdozent, Universität Augsburg
Art. 62–65, 66, 67

Prof. Dr. Jörn Axel Kämmerer, Maîtr. en droit, (Aix-Marseille)
Univ.-Professor an der Bucerius Law School, Hochschule für Rechtswissenschaft, Hamburg
Art. 2, 12, 12a, 27, 45b, 69, 88

Dr. Andreas Kerkemeyer
Wissenschaftlicher Mitarbeiter an der Bucerius Law School, Hochschule für Rechtswissenschaft, Hamburg
Art. 19, 45b, 68, 125, 125c, 126, 129, 144, 145

Prof. Dr. Sebastian Graf von Kielmansegg
Univ.-Professor an der Christian-Albrechts-Universität Kiel
Art. 11, 80a.

Prof. Dr. Anika Klafki
Juniorprofessorin an der Friedrich-Schiller-Universität Jena
Art. 21.

Aktuelle Bearbeiter

Prof. Dr. Markus Kotzur, LL. M. (Duke Univ.)
Univ.-Professor an der Universität Hamburg
Präambel, Art. 1, 18, 20, 102

Prof. Dr. Ute Mager
Univ.-Professorin an der Ruprecht-Karls-Universität Heidelberg
Art. 4, 140.

Prof. Dr. Mario Martini
Univ.-Professor an der Deutschen Universität für Verwaltungswissenschaften Speyer
Art. 10, 91c.

Dr. Stefan Martini
Wissenschaftlicher Mitarbeiter an der Christian-Albrechts-Universität Kiel
Art. 16, 16a.

Dr. Karl-Georg Mayer
Vorsitzender Richter am Bayerischen Verwaltungsgerichtshof
Vorb. Art. 83–87, Art. 83–87.

Prof. Dr. Wolfgang Meyer
Vorsitzender Richter am Bundessozialgericht a. D
Professor an der Ruhr-Universität Bochum
Art. 92–100.

Dr. Markus Riemenschneider
Notar in München
Art. 138.

Prof. Dr. Frank Saliger
Univ.-Professor an der Ludwig-Maximilians-Universität München
Art. 101, 103, 104.

Prof. Dr. Angela Schwerdtfeger
Univ.-Professorin an der Georg-August-Universität Göttingen
Art. 50–53, 137.

Prof. Dr. Dr. h. c. Karl-Peter Sommermann
Univ.-Professor an der Deutschen Universität für Verwaltungswissenschaften Speyer
Art. 20a.

Dr. Paulina Starski
Privatdozentin an der Bucerius Law School, Hochschule für Rechtswissenschaft, Hamburg
Art. 27, 32, 59.

Dr. Jörg Peter Strasburger
Rechtsanwalt in Hamburg
Art. 120, 120a, 143.

Aktuelle Bearbeiter

Prof. Dr. Hans-Heinrich Trute
Univ.-Professor an der Universität Hamburg
Art. 38, 46–48.

Prof. Dr. Robert Uerpmann-Wittzack, Maîtr. en droit, (Aix-Marseille)
Univ.-Professor an der Universität Regensburg
Art. 17, 17a, 23, 45, 45d, 87c-87f, 143a, 143b.

Prof. Dr. Johann Justus Vasel, LL. M. (NYU)
Juniorprofessor an der Heinrich-Heine-Universität Düsseldorf
Art. 45a, 91a, 91b, 91d, 91e

Prof. Dr. Astrid Wallrabenstein
Richterin des Bundesverfassungsgerichts
Univ.-Professorin an der Goethe-Universität Frankfurt a. M.
Art. 14, 80, 81, 82, 119

Prof. Dr. Mattias Wendel, Maîtr. en droit (Paris 1)
Univ.-Professor an der Universität Leipzig
Art. 116.

Prof. Dr. Rudolf Wendt
Univ.-Professor an der Universität des Saarlandes
Art. 5.

Prof. Dr. Daniela Winkler
Univ.-Professorin an der Universität Stuttgart
Art. 9.

Dr. Marc Zeccola
Akademischer Mitarbeiter, Universität Stuttgart
Art. 65a, 87b, 91, 128, 136, 139

Inhaltsübersicht

Inhaltsübersicht

VIIIa. Gemeinschaftsaufgaben, Verwaltungszusammenarbeit

IX. Die Rechtsprechung

X. Das Finanzwesen

Xa. Verteidigungsfall

XI. Übergangs- und Schlußbestimmungen

Inhaltsübersicht

Abkürzungsverzeichnis

AA	Auswärtiges Amt
aA	anderer Ansicht
Abb.	Abbildung
ABC-Waffen	atomare, biologische, chemische Waffen
Abg.	Abgeordnete(r)
AbgG	Abgeordnetengesetz
abgedr.	Abgedruckt
Abk.	Abkommen; Abkürzung
ABl.	Amtsblatt
abl.	Ablehnend
ABl. EG	Amtsblatt der Europäischen Gemeinschaften
ABl. EU	Amtsblatt der Europäischen Union
Abs.	Absatz
Abschn.	Abschnitt
abw.	abweichend
abw. M.	abweichende Meinung
AcP	Archiv für die civilistische Praxis
aE	am Ende
AEMR	Allgemeine Erklärung der Menschenrechte
AEUV	Vertrag über die Arbeitsweise der Europäischen Union
aF	alte Fassung
AfK	Archiv für Kommunalwissenschaften
AFG	Arbeitsförderungsgesetz
AfkKR	Archiv für katholisches Kirchenrecht
AfP	Archiv für Presserecht
AG	Amtsgericht; Ausführungsgesetz; Aktiengesellschaft; Die Aktiengesellschaft (Zeitschrift)
AGB	Allgemeine Geschäftsbedingungen
AgrarR	Agrarrecht (Zeitschrift)
AHK	Alliierte Hohe Kommission
AHKABl.	Amtsblatt der Alliierten Hohen Kommission
ähnl.	ähnlich
AJIL	American Journal of International Law
AK	E. Denninger/W. Hoffmann-Riem/H.-P. Schneider/E. Stein (Hrsg.), Kommentar zum Grundgesetz für die Bundesrepublik Deutschland, Reihe Alternativkommentare, Loseblattwerk, Bände 1–2, 3. Auflage, 2001–2002
AktG	Aktiengesetz
allg.	allgemein
allgA	allgemeine Ansicht
allgM.	allgemeine Meinung
Alt.	Alternative
aM	andere(r) Meinung
amtl.	amtlich
Änd.	Änderung
ÄndG	Änderungsgesetz
Anh.	Anhang
Anl.	Anlage
Anm.	Anmerkung
AnwBl.	Anwaltsblatt
AO	Anordnung; Abgabenordnung
AOK	Allgemeine Ortskrankenkasse

Abkürzungsverzeichnis

AöR	Archiv des öffentlichen Rechts
AP	Arbeitsrechtliche Praxis, Nachschlagewerk des Bundesarbeitsgerichts
APuZ	Aus Politik und Zeitgeschichte (Beilage zur Wochenzeitschrift „Das Parlament")
ArbG	Arbeitsgericht
ArbGG	Arbeitsgerichtsgesetz
ArbR	Arbeitsrecht
ArbR d. Gegw.	Das Arbeitsrecht der Gegenwart (Sammlung)
Arch.	Archiv
ArchPF	Archiv für das Post- und Fernmeldewesen (Zeitschrift; seit 1992: ArchPT)
ArchPT	Archiv für Post und Telekommunikation (Zeitschrift; bis 1991: ArchPF)
arg.	argumentum
Arg.	Argumentation
ARSP	Archiv für Rechts- und Sozialphilosophie
Art.	Artikel (ohne weiteren Hinweis: des Grundgesetzes)
AS	Amtliche Sammlung
ASP	Arbeit und Sozialpolitik (Zeitschrift)
AsylVfG	Asylverfahrensgesetz
AT	Allgemeiner Teil
atw	Atomwirtschaft-Atomtechnik (Zeitschrift)
AufenthG	Gesetz über den Aufenthalt, die Erwerbstätigkeit und die Integration von Ausländern im Bundesgebiet (Aufenthaltsgesetz)
Auff.	Auffassung
Aufg.	Aufgabe(n)
Aufl.	Auflage
AUR	Agrar- und Umweltrecht (Zeitschrift)
AuR	Arbeit und Recht (Zeitschrift)
ausf.	Ausführlich
AuslG	Ausländergesetz
AuswA	Auswärtiger Ausschuss
AVO	Ausführungsverordnung
AVR	Archiv des Völkerrechts
AWD	Außenwirtschaftsdienst des Betriebs-Beraters (Beilage der Zeitschrift Betriebs-Berater)
AWG	Außenwirtschaftsgesetz
Az.	Aktenzeichen
B	Bund; Bundes-
Bad.	Baden
bad.	badisch
BAföG	Bundesgesetz über individuelle Förderung der Ausbildung (Bundesausbildungsförderungsgesetz)
BAG	Bundesarbeitsgericht
BAGE	Entscheidungen des Bundesarbeitsgerichts
BAnz.	Bundesanzeiger
BauGB	Baugesetzbuch
BauR	Baurecht (Zeitschrift)
Bay.	Bayern
bay.	bayerisch
BayDStH	Bayerischer Dienststrafhof
BayGVBl.	Bayerisches Gesetz- und Verordnungsblatt
BayObLG	Bayerisches Oberstes Landesgericht
BayObLGSt	Sammlung von Entscheidungen des Bayerischen Obersten Landesgerichts in Strafsachen

BayObLGZ	Sammlung von Entscheidungen des Bayerischen Obersten Landesgerichts in Zivilsachen
BayVBl.	Bayerische Verwaltungsblätter
BayVerf	Verfassung des Freistaates Bayern
BayVerfGH	Verfassungsgerichtshof für den Freistaat Bayern
BayVGH	Bayerischer Verwaltungsgerichtshof
BayVGHE	Sammlung von Entscheidungen des Bayerischen Verwaltungsgerichtshofs mit Entscheidungen des Bayerischen Verfassungsgerichtshofs, des Bayerischen Dienststrafhofs und des Bayerischen Gerichtshofs für Kompetenzkonflikte
BB	Betriebs-Berater (Zeitschrift)
BBesG	Bundesbesoldungsgesetz
BBG	Bundesbeamtengesetz
Bbg.	Brandenburg
BbgVerf	Verfassung des Landes Brandenburg
BbgVerfG	Brandenburgisches Verfassungsgericht
Bd.; Bde.	Band; Bände
BdL	Bank deutscher Länder
BDGVR	Berichte der Deutschen Gesellschaft für Völkerrecht
BDH	Bundesdisziplinarhof
BDIP	Blätter für Deutsche und Internationale Politik
BDSG	Bundesdatenschutzgesetz
Bearb.	Bearbeiter
BeckOK GG	V. Epping/Ch. Hillgruber (Hrsg.), Grundgesetz, Kommentar, 3. Auflage 2020
BEG	Bundesgesetz zur Entschädigung für Opfer der nationalsozialistischen Verfolgung (Bundesentschädigungsgesetz)
Begr.	Begründung; Begründer
Beih.	Beiheft
Beil.	Beilage
Bek.	Bekanntmachung
Bem.	Bemerkung
Ber.	Bericht(e); Berichtigung
ber.	berichtigt
BerlAbgH	Berliner Abgeordnetenhaus
BerlKomm	K. H. Friauf/W. Höfling (Hrsg.), Berliner Kommentar zum Grundgesetz, Loseblattwerk, 2000, Stand 2019
BerlVerfGH	Verfassungsgerichtshof des Landes Berlin
BerParlR	Beratungen des Parlamentarischen Rates
bes.	besonders
Beschl.	Beschluss
Bespr.	Besprechung
Best.; best.	Bestimmung; bestimmt(e, er); bestätigend
BesVerwR	Besonderes Verwaltungsrecht
Betr.	Betreff
betr.	betreffend, betrifft
BetrVG	Betriebsverfassungsgesetz
BFH	Bundesfinanzhof
BFHE	Sammlung der Entscheidungen und Gutachten des Bundesfinanzhofs
BFS	Bundesanstalt für Flugsicherung
BFStrG	Bundesfernstraßengesetz
BG	Beamtengesetz; Die Berufsgenossenschaft (Zeitschrift)
BfV	Bundesamt für Verfassungsschutz
BGB	Bürgerliches Gesetzbuch
BGBl.	Bundesgesetzblatt
BGH	Bundesgerichtshof

Abkürzungsverzeichnis

BGHSt	Entscheidungen des Bundesgerichtshofs in Strafsachen
BGHZ	Entscheidungen des Bundesgerichtshofs in Zivilsachen
BGS	Bundesgrenzschutz
BGSG	Gesetz über den Bundesgrenzschutz (Bundesgrenzschutzgesetz)
BHO	Bundeshaushaltsordnung
BImSchG	Gesetz zum Schutz vor schädlichen Umwelteinwirkungen durch Luftverunreinigungen, Geräusche, Erschütterungen und ähnliche Vorgänge (Bundes-Immissionsschutzgesetz)
BinSchiff	Binnenschifffahrt (Zeitschrift; bis 1990: Zeitschrift für Binnenschiffahrt und Wasserstraßen)
BIP	Bruttoinlandsprodukt
BK	W. Kahl/C. Waldhoff/C. Walter (Hrsg.), Bonner Kommentar zum Grundgesetz, Loseblattwerk, 1949, Stand 2020
BKK	Die Betriebskrankenkasse (Zeitschrift)
BKR	Zeitschrift für Bank- und Kapitalmarktrecht
BLK	Bund-Länder-Kommission für Bildungsplanung und Forschungsförderung
Bl.	Blatt
Bln.	Berlin
bln.	berlinerisch
BMBF	Bundesminister/Bundesministerium für Bildung und Forschung
BMEL (früher: BMELV)	Bundesminister/Bundesministeriums für Ernährung und Landwirtschaft (früher: Bundesminister/Bundesministerium für Ernährung, Landwirtschaft und Verbraucherschutz)
BMF	Bundesminister/Bundesministerium der Finanzen
BMI	Bundesminister/Bundesministerium des Innern, für Bau und Heimat
BMin.	Bundesminister/Bundesministerium
BMinG	Bundesministergesetz
BMJV (früher: BMJ)	Bundesministerium der Justiz und für Verbraucherschutz (früher: Bundesminister/Bundesministerium der Justiz)
BMVI (früher: BMV)	Bundesminister/Bundesministerium für Verkehr und digitale Infrastruktur (früher: Bundesminister/Bundesministerium für Verkehr)
BMVg	Bundesminister/Bundesministerium der Verteidigung
BMWi	Bundesminister/Bundesministerium für Wirtschaft
BND	Bundesnachrichtendienst
BNotO	Bundesnotarordnung
BPatG	Bundespatentgericht
BPol	Bundespolizei
BPolBG	Gesetz zur Regelung der Rechtsverhältnisse der Polizeivollzugsbeamten des Bundes (Bundespolizeibeamtengesetz)
BPräs	Bundespräsident
BRAK	Bundesrechtsanwaltskammer
BRAO	Bundesrechtsanwaltsordnung
BR	Bundesrat
BRD	Bundesrepublik Deutschland
BR-Drs.	Bundesrats-Drucksache
BR-Prot.	Bundesrats-Protokoll
BReg	Bundesregierung
Brem.	Freie Hansestadt Bremen
brem.	bremisch
BremStGH	Bremischer Staatsgerichtshof
BremVerf.	Landesverfassung der Freien Hansestadt Bremen

BRH	Bundesrechnungshof
brit.	britisch
BRRG	Rahmengesetz zur Vereinheitlichung des Beamtenrechts (Beamtenrechtsrahmengesetz)
BSG	Bundessozialgericht
BSeuchG	Gesetz zur Verhütung und Bekämpfung übertragbarer Krankheiten beim Menschen (Bundes-Seuchengesetz)
BSGE	Entscheidungen des Bundessozialgerichts
BSHG	Bundessozialhilfegesetz
Bsp.	Beispiel
bspw.	beispielsweise
BStBl.	Bundessteuerblatt
BT	Bundestag; Besonderer Teil
BT-Drs.	Drucksachen des Deutschen Bundestags
BT-Prot.	Bundestags-Protokoll
BtMG	Gesetz über den Verkehr mit Betäubungsmitteln (Betäubungsmittelgesetz)
BT-Präs	Bundestagspräsident
BT-Prot.	Plenarprotokolle (Stenographische Berichte) des Deutschen Bundestags
Buchholz	K. Buchholz (Hrsg.), Sammel- und Nachschlagewerk der Rechtsprechung des Bundesverwaltungsgerichts
Buchst.	Buchstabe
Bull.	Bulletin (des Presse- und Informationsamtes der Bundesregierung)
BVerfG	Bundesverfassungsgericht
BVerfGE	Entscheidungen des Bundesverfassungsgerichts
BVerfGG	Gesetz über das Bundesverfassungsgericht
BVerfG (K)	Kammerentscheidung des BVerfG
BVerfGK	Ausgewählte Entscheidungen der einzelnen Kammern des deutschen Bundesverfassungsgerichts, hrsg. v. Verein der Richter des BVerfG (von 2004 bis 2014)
BVerfSchG	Gesetz über die Zusammenarbeit des Bundes und der Länder in Angelegenheiten des Verfassungsschutzes (Bundesverfassungsschutzgesetz)
BVerwG	Bundesverwaltungsgericht
BVerwGE	Entscheidungen des Bundesverwaltungsgerichts
BVFG	Gesetz über die Angelegenheiten der Vertriebenen und Flüchtlinge (Bundesvertriebenengesetz)
BW	Baden-Württemberg
bw.	baden-württembergisch
BWNotZ	Zeitschrift für das Notariat in Baden-Württemberg
BWStGH	Staatsgerichtshof des Landes Baden-Württemberg
BWG	Bundeswahlgesetz
BWO	Bundeswahlordnung
BWV	Bundeswehrverwaltung (Zeitschrift)
BW Verf.	Verfassung des Landes Baden-Württemberg
BwVerw.	Bundeswehrverwaltung; Die Bundeswehrverwaltung (Zeitschrift)
BWVPr.	Baden-Württembergische Verwaltungspraxis (Zeitschrift)
bzgl.	bezüglich
bzw.	beziehungsweise
ca.	circa
CCPR	Convention on Civil and Political Rights
CMLR	Common Market Law Review (Zeitschrift)
CR	Computer und Recht (Zeitschrift)

Abkürzungsverzeichnis

d.	der, des, durch
DAR	Deutsches Autorecht (Zeitschrift)
DB	Der Betrieb (Zeitschrift)
DB AG	Deutsche Bahn Aktiengesellschaft
DDR	Deutsche Demokratische Republik
ders.	derselbe
dgl.	dergleichen, desgleichen
DEuFamR	Deutsches und Europäisches Familienrecht (Zeitschrift)
DFB	Deutscher Fußballbund
DFG	Deutsche Forschungsgemeinschaft
DFS	Deutsche Flugsicherung GmbH
DGB	Deutscher Gewerkschaftsbund
DGVR	Deutsche Gesellschaft für Völkerrecht
DGVZ	Deutsche Gerichtsvollzieher-Zeitung
dh	das heißt
dies.	dieselbe(n)
diesbzgl.	diesbezüglich
diff.	differenziert, differenzierend
Dig.	Digesten
Diss.	Dissertation
DIW	Deutsches Institut für Wirtschaftsforschung, Wochenbericht
DJT	Deutscher Juristentag
DJZ	Deutsche Juristenzeitung
DM	Deutsche Mark
DNotZ	Deutsche Notarzeitschrift
DöD	Der öffentliche Dienst (Zeitschrift)
Dok.	Dokument
DÖV	Die Öffentliche Verwaltung (Zeitschrift)
DP AG	Deutsche Post Aktiengesellschaft
DR	Deutsches Recht (Zeitschrift)
Dreier	H. Dreier (Hrsg.), Grundgesetz-Kommentar, Bände 1–3, 3. Auflage, 2013, 2015, 2018
DRiG	Deutsches Richtergesetz
DRiZ	Deutsche Richterzeitung
Drs.	Drucksache
DRV	Deutsche Rentenversicherung (Zeitschrift)
DRZ	Deutsche Rechtszeitschrift
DSGVO	Datenschutz-Grundverordnung
DST	Deutscher Städtetag
DStJG	Veröffentlichungen der Deutschen Steuerjuristischen Gesellschaft
DStR	Deutsches Steuerrecht (Zeitschrift)
DStZ	Deutsche Steuer-Zeitung
dt.	deutsch
Dt. Ärztebl.	Deutsches Ärzteblatt
DtZ	Deutsch-Deutsche Rechtszeitschrift
DStZ/A	Deutsche Steuer-Zeitung, Ausgabe A
DuD	Datenschutz und Datensicherung (Zeitschrift)
DuR	Demokratie und Recht (Zeitschrift)
DV	Die Verwaltung (Zeitschrift)
DVBl.	Deutsches Verwaltungsblatt (Zeitschrift)
DVP	Deutsche Verwaltungspraxis (Zeitschrift)
E	Entscheidung(en); Entscheidungssammlung; Entwurf
EA	Europa-Archiv (Zeitschrift; seit 1995: Internationale Politik)
eA	einstweilige Anordnung
EAG	Europäische Atomgemeinschaft

EAGV	Vertrag zur Gründung der Europäischen Atomgemeinschaft
ebd.	ebenda
ECLI	European Case Law Identifier
Ed.	Edition
EDV	Elektronische Datenverarbeitung
EEA	Einheitliche Europäische Akte
EFG	Entscheidungen der Finanzgerichte
EFRE	Europäischer Fonds für Regionale Entwicklung
EFSF	Europäische Finanzstabilisierungsfazilität
EG	Europäische Gemeinschaft(en); Vertrag zur Gründung der Europäischen Gemeinschaft; Einführungsgesetz
EGBGB	Einführungsgesetz zum Bürgerlichen Gesetzbuch
EGKS	Europäische Gemeinschaft für Kohle und Stahl
EGMR	Europäischer Gerichtshof für Menschenrechte
ehem.	ehemalig
Einf.; einf.	Einführung; einführend
eing.	eingehend
Einl.	Einleitung
Einl. ALR	Einleitung zum Preußischen Allgemeinen Landrecht
einschl.	einschließlich
EJIL	European Journal of International Law
EKD	Evangelische Kirche Deutschland
EKMR	Europäische Kommission für Menschenrechte
EL	Ergänzungslieferung
ELJ	European Law Journal
EMRK	Europäische Konvention zum Schutz der Menschenrechte und Grundfreiheiten
endg.	endgültig
Enq.-K.	Enquête-Kommission
Entsch.	Entscheidung
Entschl.	Entschluss
entspr.	entspricht, entsprechend
Entw.	Entwurf; Entwicklung(en)
EP	Europäisches Parlament
EPA	Europäisches Patentamt
EPÜ	Europäisches Patentübereinkommen
ER	Europäischer Rat; English Reports
Erg.	Ergebnis(se), Ergänzung
Erl.; erl.	Erlass, Erläuterung(en); erläutert
ERP	European Recovery Program
Erstb.	Erstbearbeitung
ESC	Europäische Sozialcharta
Ess. Gespr.	Essener Gespräche
EStG	Einkommensteuergesetz
ESM	Europäischer Stabilitätsmechanismus
ESMfinG	Gesetz zur finanziellen Beteiligung am Europäischen Stabilitätsmechanismus
EStR	Einkommensteuerrecht, Einkommensteuerrichtlinie
ESVGH	Entscheidungssammlung des Hessischen Verwaltungsgerichtshofs und des Verwaltungsgerichts Baden-Württemberg mit Entscheidungen der Staatsgerichtshöfe beider Länder
ESZB	Europäisches System der Zentralbanken
et al.	et alii (und andere)
etc	et cetera
ETS	European Treaty Series
EU	Europäische Union; Vertrag über die Europäische Union

Abkürzungsverzeichnis

EuG .... Gericht der Europäischen Union [bis 2009: Europäisches Gericht Erster Instanz]
EuGH .... Gerichtshof der Europäischen Union [bis 2009: Gerichtshof der Europäischen Gemeinschaften] (Europäischer Gerichtshof)
EuGRZ .... Europäische Grundrechte-Zeitschrift
EuR .... Europarecht (Zeitschrift)
EURATOM .... Europäische Atomgemeinschaft
europ. .... europäisch
EuropaR .... Europarecht
EurUP .... Zeitschrift für Europäisches Umwelt- und Planungsrecht
EUV .... Vertrag über die Europäische Union
EUZBBG .... Gesetz über die Zusammenarbeit von Bundesregierung und Deutschem Bundestag in Angelegenheiten der Europäischen Union
EUZBLG .... Gesetz über die Zusammenarbeit von Bund und Ländern in Angelegenheiten der Europäischen Union
EuZW .... Europäische Zeitschrift für Wirtschaftsrecht
ev. .... evangelisch
eV .... eingetragener Verein
EVertr. .... Vertrag zwischen der Bundesrepublik Deutschland und der Deutschen Demokratischen Republik über die Herstellung der Einheit Deutschlands (Einigungsvertrag)
EVG .... Europäische Verteidigungsgemeinschaft
EvStL .... W. Heun u. a. (Hrsg.), Evangelisches Staatslexikon, Neuausgabe, 2006
evtl. .... eventuell
EWG .... Europäische Wirtschaftsgemeinschaft
EWGV .... Vertrag zur Gründung der Europäischen Wirtschaftsgemeinschaft
EWiR .... Entscheidungen zum Wirtschaftsrecht (Sammlung)
EWR .... Europäischer Wirtschaftsraum; Schriftenreihe zum Europäischen Weinrecht (Zeitschrift)
EWS .... Europäisches Wirtschafts- und Steuerrecht (Zeitschrift); Europäisches Währungssystem
EZB .... Europäische Zentralbank

f. .... für; folgende(r)
FamFG .... Gesetz über das Verfahren in Familiensachen und in den Angelegenheiten der freiwilligen Gerichtsbarkeit
FamRZ .... Zeitschrift für das gesamte Familienrecht
FAS .... Frankfurter Allgemeine Sonntagszeitung
FAZ .... Frankfurter Allgemeine Zeitung
FF .... Forum Familien(- und Erb)recht (Zeitschrift)
ff. .... folgende (mehrere)
FG .... Finanzgericht; Festgabe
FGG .... Gesetz über die Angelegenheiten der Freiwilligen Gerichtsbarkeit
FinArch. .... Finanzarchiv
Fn. .... Fußnote(n)
fortgef. .... fortgeführt
FPR .... Familie, Partnerschaft, Recht (Zeitschrift)
FR .... Finanz-Rundschau (Zeitschrift)
Frhr. .... Freiherr
frz. .... französisch
FS .... Festschrift
FuR .... Familie und Recht (Zeitschrift); Film und Recht (Zeitschrift; seit 1985 Zeitschrift für Urheber- und Medienrecht)

G	Gesetz
G 10	Gesetz zur Beschränkung des Brief-, Post- und Fernmeldegeheimnisses (Gesetz zu Art. 10 Grundgesetz)
GA	Goltdammer's Archiv für Strafrecht
GASP	Gemeinsame Außen- und Sicherheitspolitik
GBl.	Gesetzblatt
GBO	Grundbuchordnung
GbR	Gesellschaft bürgerlichen Rechts
GE	Gesetzesentwurf
geänd.	geändert
geb.	geboren
gem.	gemäß; gemeinsam
GemA	gemeinsamer Ausschuss
GemO	Gemeindeordnung
GemVerfKom.	Gemeinsame Verfassungskommission
gen.	genannt(e)
GenInsp.	Generalinspekteur
gesetzl.	gesetzlich
GesR	GesundheitsRecht (Zeitschrift)
GewArch.	Gewerbearchiv (Zeitschrift)
GewO	Gewerbeordnung
GFK	Genfer Flüchtlingskonvention
GG	Grundgesetz für die Bundesrepublik Deutschland
ggf.	gegebenenfalls
ggü.	gegenüber
GLJ	German Law Journal
GmbH	Gesellschaft mit beschränkter Haftung
GmbHG	Gesetz betreffend die Gesellschaften mit beschränkter Haftung
GMBl.	Gemeinsames Ministerialblatt
GO	Geschäftsordnung
GoA	Geschäftsführung ohne Auftrag
GO BRat	Geschäftsordnung des Bundesrates
GO BReg	Geschäftsordnung der Bundesregierung
GO BT	Geschäftsordnung des Bundestages
GO GemA	Geschäftsordnung des Gemeinsamen Ausschusses
GO VermA	Geschäftsordnung des Vermittlungsausschusses
GRCh	Charta der Grundrechte der Europäischen Union
Grdl.	Grundlage
grdl.	grundlegend
grds.	grundsätzlich
GRUR	Gewerblicher Rechtsschutz und Urheberrecht (Zeitschrift)
GRUR Int	Gewerblicher Rechtsschutz und Urheberrecht, internationaler Teil (Zeitschrift)
GRUR-RR	Gewerblicher Rechtsschutz und Urheberrecht – Rechtsprechungs-Report (Zeitschrift)
GS	Gedächtnisschrift, Gedenkschrift
GVBl.	Gesetz- und Verordnungsblatt
GVG	Gerichtsverfassungsgesetz
GVOBl.	Gesetz- und Verordnungsblatt
GV NRW	Gesetz- und Verordnungsblatt für das Land Nordrhein-Westfalen
GWB	Gesetz gegen Wettbewerbsbeschränkungen
GYIL	German Yearbook of International Law (früher: Jahrbuch für Internationales Recht)

H.	Heft
hA	herrschende Ansicht
Hamann/Lenz	A. Hamann/H. Lenz, Das Grundgesetz für die Bundesrepublik Deutschland vom 23. Mai 1949, Kommentar, 3. Auflage, 1970
HandwO	Handwerksordnung
HarvILJ	Harvard International Law Journal Hastings Int'l &
Comp. L. Rev.	Hastings International and Comparative Law Review
HChE	Entwurf des Verfassungskonvents auf Herrenchiemsee vom 10. bis 23.8.1948
Hdb	Handbuch
HdbBRat	Handbuch des Bundesrates
HdbBReg	A. Holzapfel (Hrsg.), Handbuch der Bundesregierung, Ausgabe 2020
HdbDStR	G. Anschütz/R. Thoma, Handbuch des Deutschen Staatsrechts, 2 Bände, 1930, 1932
HdbEMRK	M. E. Villinger, Handbuch der Europäischen Menschenrechtskonvention, 3. Auflage, 2020
HdbGR	D. Merten/H.-J. Papier (Hrsg.), Handbuch der Grundrechte in Deutschland und Europa, Bände 1–12, 2004–2018
HdbKWP	G. Püttner/T. Mann (Hrsg.), Handbuch der kommunalen Wissenschaft und Praxis, Bände 1–6, 3. Auflage, 1983–2011
HdbStKirchR	J. Listl/D. Pirson (Hrsg.), Handbuch des Staatskirchenrechts der Bundesrepublik Deutschland, Bände 1–2, 2. Auflage, 1994–1995
HdbStR	J. Isensee/P. Kirchhof (Hrsg.), Handbuch des Staatsrechts der Bundesrepublik Deutschland, Bände 1–12, 3. Auflage, 2003–2015
HdbVerfR	E. Benda (Hrsg.), Handbuch des Verfassungsrechts, Teil 1– 2, 2. Auflage, 1994
Hess.	Hessen
hess.	hessisch
HessStAnz.	Staatsanzeiger für das Land Hessen
HessStGH	Hessischer Staatsgerichtshof
HessVerf.	Verfassung des Landes Hessen
HessVGH	Hessischer Verwaltungsgerichtshof
HFR	Höchstrichterliche Finanzrechtsprechung (Sammlung)
HFW	F. Neumark (Hrsg.), Handbuch der Finanzwissenschaft, Bände 1, 3. Auflage, 1977
HGB	Handelsgesetzbuch
HGrG	Gesetz über die Grundsätze des Haushaltsrechts des Bundes und der Länder (Haushaltsgrundsätzegesetz)
hins.	hinsichtlich
Hinw.	Hinweis(e)
HistZ	Historische Zeitschrift
hL	herrschende Lehre
hM	herrschende Meinung
Hmb.	Freie und Hansestadt Hamburg
hmb.	hamburgisch
HmbGVBl.	Hamburgisches Gesetz- und Verordnungsblatt
HmbVerf.	Verfassung der Freien und Hansestadt Hamburg
HmbVerfG	Hamburgisches Verfassungsgericht
Hömig/Wolff	H. A. Wolff (Hrsg.), für die Bundesrepublik Deutschland, Handkommentar, 12. Auflage, 2018
HptA	Hauptausschuss
HRG	Hochschulrahmengesetz
HRLJ	Human Rights Law Journal

HRRS	Online-Zeitschrift für Höchstrichterliche Rechtsprechung im Strafrecht
Hrsg.; hrsg.	Herausgeber; herausgegeben
Hs.	Halbsatz
IAEO	Internationale Atomenergieorganisation
ibid.	ibidem
ICAO	International Civil Association Organization
ICJ	International Court of Justice
ICLQ	International and Comparative Law Quarterly (Zeitschrift)
ICON	International Journal of Constitutional Law
idF	in der Fassung/Form
idR	in der Regel
idS	in diesem Sinne
iE	im Einzelnen
iErg	im Ergebnis
ieS	im engeren Sinne
IFLA	Informationsdienst für Lastenausgleich (Zeitschrift)
IFSt	Institut Finanzen und Steuern
IGH	Internationaler Gerichtshof
IHK	Industrie- und Handelskammer
iHv	in Höhe von
i. K.	in Kraft
ILC	International Law Commission
ILM	International Legal Materials
ILR	International Law Reports (Sammlung)
InfAuslR	Informationsbrief Ausländerrecht (Zeitschrift)
inhaltl.	inhaltlich
insbes.	insbesondere
insg.	insgesamt
int.	International
IntVG	Gesetz über die Wahrnehmung der Integrationsverantwortung des Bundestages und des Bundesrates in Angelegenheiten der Europäischen Union (Integrationsverantwortungsgesetz)
IPbpR	Internationaler Pakt über bürgerliche und politische Rechte
IPR	Internationales Privatrecht
IPRax	Praxis des Internationalen Privat- und Verfahrensrechts (Zeitschrift)
IPwskR	Internationaler Pakt über wirtschaftliche, soziale und kulturelle Rechte
iRd	im Rahmen des/der
iS (d/v)	im Sinne (des/von)
ISGH	Internationaler Seegerichtshof
IStGH	Internationaler Strafgerichtshof
ITLOS	International Tribunal for the Law of the Sea
iÜ	im Übrigen
iVm	in Verbindung mit
iW	im Wesentlichen
iwS	im weiteren Sinne
JA	Juristische Arbeitsblätter (Zeitschrift)
Jarass/Pieroth	H. D. Jarass/B. Pieroth (Hrsg.), Grundgesetz für die Bundesrepublik Deutschland, Kommentar, 15. Auflage, 2018
JbEI	Jahrbuch der Europäischen Integration
JBl.	Juristische Blätter (Zeitschrift)
JbRSoz	Jahrbuch für Rechtssoziologie und Rechtstheorie

Abkürzungsverzeichnis

JbSächsOVG	Jahrbücher des Sächsischen Oberverwaltungsgerichts
JCMS	Journal of Common Market Studies
Jg.	Jahrgang
JGG	Jugendgerichtsgesetz
Jh.	Jahrhundert
JIR	Jahrbuch für Internationales Recht
JMBl.	Justizministerialblatt
JOR	Jahrbuch für Ostrecht
JöR	Jahrbuch des öffentlichen Rechts der Gegenwart
JÖSchG	Gesetz zum Schutz der Jugend in der Öffentlichkeit (Jugendschutzgesetz)
JR	Juristische Rundschau (Zeitschrift)
jur.	juristisch
Jura	Juristische Ausbildung (Zeitschrift)
JuS	Juristische Schulung (Zeitschrift)
JW	Juristische Wochenschrift
JZ	Juristenzeitung
K	Kammerentscheidung
Kap.	Kapitel
kath.	katholisch
Kfz	Kraftfahrzeug
KG	Kammergericht; Kommanditgesellschaft
KGaA	Kommanditgesellschaft auf Aktien
KirchE	Entscheidungen in Kirchensachen
KJ	Kritische Justiz (Zeitschrift)
KMK	Kultusministerkonferenz
Kom.	Komitee, Kommission
Komm.	Kommentar
K&R	Kommunikation & Recht (Zeitschrift)
KRABl.	Amtsblatt des Kontrollrats
krit.	kritisch
KritVj.	Kritische Vierteljahresschrift für Gesetzgebung und Rechtswissenschaft
KStZ	Kommunale Steuer-Zeitschrift
KSZE	Konferenz für Sicherheit und Zusammenarbeit in Europa
KUG	Gesetz betreffend das Urheberrecht an Werken der bildenden Künste und der Photographie (Kunsturhebergesetz)
KuR	Kirche und Recht (Zeitschrift)
LAG	Landesarbeitsgericht
lat.	lateinisch
Lfg.	Lieferung
LG	Landgericht
Lit.	Literatur
lit.	Littera (Buchstabe)
LKV	Landes- und Kommunalverwaltung (Zeitschrift)
Lkw	Lastkraftwagen
LM	F. Lindenmaier/Ph. Möhring u. a. (Hrsg.), Nachschlagewerk des Bundesgerichtshofs, 1951 ff.
LR	G. Leibholz/H.-J. Rinck/A. Burghart/D. Hesselberger, Grundgesetz, Rechtsprechung des BVerfG, Kommentar, Loseblattwerk, Bände 1–3, 1966, Stand 2020
Ls.	Leitsatz
LSA	Land Sachsen-Anhalt
LSG	Landessozialgericht
LT	Landtag

lt.	laut
LT-Drs.	Landtags-Drucksache
LVerf.	Landesverfassung(en)
LVerfG	Landesverfassungsgericht(e)
LVerfGE	Entscheidungen der Verfassungsgerichte der Länder
LVerfG LSA	Verfassungsgericht für das Land Sachsen-Anhalt
LVerfG MV	Verfassungsgericht für das Land Mecklenburg-Vorpommern
LVerf MV	Verfassung des Landes Mecklenburg-Vorpommern
m.	mit
MAD	Militärischer Abschirmdienst
mAnm	mit Anmerkung
maW	mit anderen Worten
max.	maximal
Maunz/Dürig	Th. Maunz/G. Dürig (Begr.), R. Herzog/R. Scholz/M. Herdegen/H. H. Klein (Hrsg.), Grundgesetz, Kommentar, Loseblattwerk, 1958, Stand Februar 2020
MdB	Mitglied des Bundestages
MDR	Monatsschrift für Deutsches Recht
ME	Musterentwurf
mE	meines Erachtens
MedR	Medizinrecht (Zeitschrift)
MfS	Ministerium für Staatssicherheit
Min.	Minister
mind.	mindestens
Mio.	Million(en)
MIP	Mitteilungen des Instituts für Deutsches und Europäisches Parteienrecht und Parteienforschung
Mitt.	Mitteilung(en)
MittRhNotK	Mitteilungen der Rheinischen Notarkammer
MKS	H. v. Mangoldt (Begr.), Fortgef. von F. Klein/Ch. Starck, P. M. Huber/A. Voßkuhle (Hrsg.), Kommentar zum Grundgesetz, Bände 1–3, 7. Auflage, 2018
MM	O. Model/K. Müller, Grundgesetz für die Bundesrepublik Deutschland, Kommentar, 11. Auflage, 1996
MMR	Multimedia und Recht (Zeitschrift)
mN	mit Nachweisen
MPEPIL	R. Wolfrum (Hrsg.), Encyclopedia of Public International Law, Online-Enzyklopädie (Stand: April 2020), ebenfalls Printausgabe (Erstveröffentlichung 2012)
MR	Militärregierung
MRABl.	Amtsblatt der Militärregierung
Mrd.	Milliarde(n)
MRM	MenschenRechtsMagazin
MüKo	Münchener Kommentar
MultimediaR	Multimediarecht (Zeitschrift)
MV	Mecklenburg-Vorpommern
mv.	mecklenburg-vorpommerisch
mwN	mit weiteren Nachweisen
mWv	mit Wirkung vom
Nachtr.	Nachtrag
Nachw.	Nachweis(e)
NATO	North Atlantic Treaty Organization
Nds.	Niedersachsen
nds.	niedersächsisch
NdsRpfl.	Niedersächsische Rechtspflege (Zeitschrift)

Abkürzungsverzeichnis

NdsStGH	Niedersächsischer Staatsgerichtshof
NdsVBl.	Niedersächsische Verwaltungsblätter
Nds. Verf.	Niedersächsische Verfassung
NDV	Nachrichtendienst des Deutschen Vereins für öffentliche und private Fürsorge
nF	neue Folge; neue Fassung
NILR	Netherlands International Law Review (Zeitschrift)
NJ	Neue Justiz (Zeitschrift)
NJW	Neue Juristische Wochenschrift
NJW-RR	Neue Juristische Wochenschrift – Rechtsprechungs-Report
NJOZ	Neue Juristische Online Zeitschrift
NordÖR	Zeitschrift für öffentliches Recht in Norddeutschland
Nr.	Nummer(n)
NRW	Nordrhein-Westfalen
nrw.	nordrhein-westfälisch
NS	Nationalsozialismus
NStZ	Neue Zeitschrift für Strafrecht
NStZ-RR	Neue Zeitschrift für Strafrecht – Rechtsprechungs-Report
NuR	Natur und Recht (Zeitschrift)
N&R	Zeitschrift für Netzwirtschaft und Recht
NVwZ	Neue Zeitschrift für Verwaltungsrecht
NVwZ-RR	Neue Zeitschrift für Verwaltungsrecht – Rechtsprechungs-Report
NWVBl.	Nordrhein-Westfälische Verwaltungsblätter
NZA	Neue Zeitschrift für Arbeitsrecht
NZA-RR	Neue Zeitschrift für Arbeitsrecht – Rechtsprechungs-Report
NZBau	Neue Zeitschrift für Baurecht
NZS	Neue Zeitschrift für Sozialrecht
NZV	Neue Zeitschrift für Verkehrsrecht
NZWehrR	Neue Zeitschrift für Wehrrecht
o.	oben; oder
oa	oben angegebene(r)
oä	oder ähnlich
oÄ	oder Ähnliche/s
OECD	Organisation for Economic Cooperation and Development
öffentl.	öffentlich
og	oben genannte(r)
OGHSt	Entscheidungen des Obersten Gerichtshofes für die Britische Zone in Strafsachen
OHG	Offene Handelsgesellschaft
ÖJZ	Österreichische Juristenzeitung
OLG	Oberlandesgericht
OMT	Outright Monetary Transactions
ÖPNV	Öffentlicher Personennahverkehr
OSZE	Organisation für Sicherheit und Zusammenarbeit in Europa
OVG	Oberverwaltungsgericht
OVGE	Entscheidungen der Oberverwaltungsgerichte Münster und Lüneburg
OWiG	Gesetz über Ordnungswidrigkeiten
ÖZP	Österreichische Zeitschrift für Politikwissenschaft
parl.	parlamentarisch
ParlRat	Parlamentarischer Rat
ParlStG	Gesetz über die Rechtsverhältnisse der Parlamentarischen Staatsekretäre

PartG .... Gesetz über die politischen Parteien
Paulskirchenverf. .... Verfassung des Deutschen Reiches v. 28.3.1849, Paulskirchenverfassung
PCIJ .... Permanent Court of International Justice
PersV .... Die Personalvertretung (Zeitschrift)
PetA .... Petitionsausschuss
PJZS .... Polizeiliche und Justizielle Zusammenarbeit in Strafsachen
Pkw .... Personenkraftwagen
PlProt. .... Plenarprotokolle
PolG .... Polizeigesetz
Präs .... Präsident
Preuß. .... Preußen
preuß. .... preußisch
Preuß. Verf. .... Verfassungsurkunde für den Preußischen Staat
Prot. .... Protokoll
PrOVGE .... Entscheidungen des Preußischen Oberverwaltungsgerichts
PVS .... Politische Vierteljahresschrift
PYIL .... Polish Yearbook of International Law

R .... Recht
RabelsZ .... Rabels Zeitschrift für ausländisches und internationales Privatrecht
RdA .... Recht der Arbeit (Zeitschrift)
RdE .... Recht der Elektrizitätswirtschaft (Zeitschrift)
RdJB .... Recht der Jugend und des Bildungswesens (Zeitschrift)
RDV .... Recht der Datenverarbeitung (Zeitschrift)
Reg .... Regierung
RegBl. .... Regierungsblatt
RegTP .... Regulierungsbehörde für Telekommunikation und Post
Res. .... Resolution
RG .... Reichsgericht
RGBl. .... Reichsgesetzblatt
RGSt .... Entscheidungen des Reichsgerichts in Strafsachen
RGZ .... Entscheidungen des Reichsgerichts in Zivilsachen
RhPf. .... Rheinland-Pfalz
Rh.-Pf. VerfGH .... Verfassungsgerichtshof Rheinland-Pfalz
RiA .... Das Recht im Amt (Zeitschrift)
RIW .... Recht der internationalen Wirtschaft (Zeitschrift)
rkr. .... rechtskräftig
RL .... Richtlinie
Rn. .... Randnummer
ROW .... Recht in Ost und West (Zeitschrift)
RPfleger .... Der Deutsche Rechtspfleger (Zeitschrift)
Rs. .... Rechtssache
Rspr. .... Rechtsprechung
RT .... Reichstag
RuP .... Recht und Politik (Zeitschrift)
RuS .... Recht und Schule (Zeitschrift)
RV .... Verfassung des Deutschen Reiches; Die Rentenversicherung (Zeitschrift)
RVO .... Rechtsverordnung; Reichsversicherungsordnung

S. .... Satz; Seite(n)
s. .... siehe
sa .... siehe auch
Saarl. .... Saarland
saarl. .... saarländisch

SaarlVerf.	Verfassung des Saarlandes
SACEUR	Supreme Allied Commander Europe
Sachs	M. Sachs (Hrsg.), Grundgesetz, Kommentar, 8. Auflage, 2018
Sachs.	Freistaat Sachsen
SächsVBl.	Sächsische Verwaltungsblätter
Sächs. Verf.	Verfassung des Freistaates Sachsen
SächsVerfGH	Verfassungsgerichtshof des Freistaates Sachsen
SAE	Sammlung Arbeitsrechtlicher Entscheidungen
SHH	B. Schmidt-Bleibtreu/F. Klein (Begr.), H. Hofmann/H-G. Henneke (Hrsg.), Kommentar zum Grundgesetz für die Bundesrepublik Deutschland, 14. Auflage, 2018
SchlH	Schleswig-Holstein
schlh.	schleswig-holsteinisch
Schl.-H. GVBl.	Schleswig-Holsteinisches Gesetz- und Verordnungsblatt
Schl.-H. Verf.	Verfassung des Landes Schleswig-Holstein
schweiz.	schweizerisch
SDÜ	Schengener Durchführungsübereinkommen
SE	Societas Europaea
Sen.	Senat
S+F	Vierteljahresschrift für Sicherheit und Frieden
SG	Sozialgericht; Sachverständigengutachten
SGB	Sozialgesetzbuch
SGb	Die Sozialgerichtsbarkeit (Zeitschrift)
SGG	Sozialgerichtsgesetz
SJZ	Süddeutsche Juristenzeitung
Slg.	Sammlung (im Zusammenhang mit EuGH/EuG: Sammlung der Rechtsprechung des Gerichtshofes und des Gerichts Erster Instanz)
Sodan	H. Sodan (Hrsg.), Grundgesetz, Beck´scher Kompakt-Kommentar, 4. Auflage 2018
s. o.	siehe oben
sog.	sogenannte(r)
SozR	Sozialrecht, Rechtsprechung und Schrifttum, bearbeitet von Richtern des Bundessozialgerichts
SozSich	Soziale Sicherheit (Zeitschrift)
Sp.	Spalte
sprachl.	sprachlich
Spstr.	Spiegelstrich
st.	ständig
StA	Staatsanwaltschaft
StaatsR	Staatsrecht
StAG	Staatsangehörigkeitsgesetz
StAZ	Das Standesamt (Zeitschrift)
StbJb	Steuerberater-Jahrbuch
Stellv.; stellv.	Stellvertreter; stellvertretend
StenBer.	Stenographische Berichte
StenProt.	Stenographische Protokolle
StGB	Strafgesetzbuch
StGH	Staatsgerichtshof
StGH Brem	Staatsgerichtshof der Freien Hansestadt Bremen
StGH BW	Staatsgerichtshof für das Land Baden-Württemberg
StGH Hess	Staatsgerichtshof für das Land Hessen
Stichw.	Stichwort(e)
StIGH	Ständiger Internationaler Gerichtshof
StPO	Strafprozessordnung
str.	streitig, strittig

StrafR	Strafrecht
stRspr.	ständige Rechtsprechung
StuW	Steuer und Wirtschaft (Zeitschrift)
StV	Strafverteidiger (Zeitschrift)
StVertr.	Staatsvertrag
StVj	Steuerliche Vierteljahresschrift
StVO	Straßenverkehrsordnung
StWissStPr	Staatswissenschaft und Staatspraxis (Zeitschrift)
s. u.	siehe unten
SVN	Satzung der Vereinten Nationen
SZ	Süddeutsche Zeitung
teilw.	teilweise
Thür.	Freistaat Thüringen
ThürVBl.	Thüringische Verwaltungsblätter
Thür. Verf.	Verfassung des Freistaates Thüringen
ThürVerfGH	Thüringer Verfassungsgerichtshof
THW	Technisches Hilfswerk
TKG	Telekommunikationsgesetz
TMR	Telekommunikations- und Medienrecht (Zeitschrift; bis 2001: Zeitschrift für das gesamte Recht der Telekommunikation, ab 2004 aufgegangen in Kommunikation & Recht)
TranspR	Transportrecht (Zeitschrift)
TÜV	Technischer Überwachungsverein
Tz.	Textzahl, Textziffer
u.	unten; und
UA	Untersuchungsausschuss
ua	und andere; unter anderem
uä	und ähnliche(s)
UAbs.	Unterabsatz
UBWV	Unterrichtsblätter für die Bundeswehrverwaltung
Überbl.	Überblick
Umbach/Clemens	D. C. Umbach/Th. Clemens (Hrsg.), Grundgesetz, Mitarbeiterkommentar, Bände 1–2, 2. Auflage, 2002
UFITA	Archiv für Urheber-, Film, Funk- und Theaterrecht (Zeitschrift)
UGB	Umweltgesetzbuch
Umf.	Umfang
umf.	umfassend
umfangr.	umfangreich
umstr.	umstritten
UmwR	Umweltrecht
UPR	Umwelt- und Planungsrecht (Zeitschrift)
UN(O)	United Nations (Organization)
UN-Charta	Charta der Vereinten Nationen
UN Doc.	United Nations Documents
UNESCO	United Nations Educational, Scientific and Cultural Organization
UNOSOM	United Nations Operation in Somalia
unstr.	unstreitig
UNTS	United Nations Treaty Series
unv.	unverändert, unveränderte Auflage
unzutr.	unzutreffend
UPR	Umwelt- und Planungsrecht (Zeitschrift)
UrhG	Gesetz über Urheberrecht und verwandte Schutzrechte (Urheberrechtsgesetz)

Abkürzungsverzeichnis

Urt.	Urteil
U. S.	United States Reports
USA	United States of America
usw	und so weiter
UTR	Jahrbuch des Umwelt- und Technikrechts
uU	unter Umständen
uvm	und viele mehr
UWG	Gesetz gegen den unlauteren Wettbewerb
UZwG	Gesetz über den unmittelbaren Zwang bei Ausübung öffentlicher Gewalt durch Vollzugsbeamte des Bundes
v.	von; versus
VA	Verwaltungsakt
va	vor allem
Var.	Variante
VBl.	Verwaltungsblätter
VBl.BW	Verwaltungsblätter für Baden-Württemberg
Verf.	Verfassung; Verfahren
VerfassungsR	Verfassungsrecht
VerfÄndG	Verfassungsänderungsgesetz
VerfG	Verfassungsgericht
VerfGH	Verfassungsgerichtshof
VerfGH Bln	Verfassungsgerichtshof für das Land Berlin
VerfGH BW	Verfassungsgerichtshof für das Land Baden-Württemberg
VerfGH NRW	Verfassungsgerichtshof für das Land Nordrhein-Westfalen
VerfGH RhPf	Verfassungsgerichtshof für das Land Rheinland-Pfalz
VerfGH Saarl	Verfassungsgerichtshof für das Land Saarland
VerfGH Sachs	Verfassungsgerichtshof des Freistaates Sachsen
Verf. MV	Verfassung des Landes Mecklenburg-Vorpommern
Verf. NRW	Verfassung für das Land Nordrhein-Westfalen
Verf. RhPf	Verfassung für Rheinland-Pfalz
Verh.	Verhandlung(en)
VermA	Vermittlungsausschuss
VersorgB	Der Versorgungsbeamte (Zeitschrift; seit 1988: Die Versorgungsverwaltung)
VersG	Gesetz über Versammlungen und Aufzüge (Versammlungsgesetz)
VersR	Zeitschrift für Versicherungsrecht, Haftungs- und Schadensrecht; Versicherungsrecht
VertA	Verteidigungsausschuss
VertrR	Vertragsrecht
Verw.	Verwaltung
VerwArch.	Verwaltungsarchiv (Zeitschrift)
VerwProzR	Verwaltungsprozessrecht
VerwR	Verwaltungsrecht
VerwRspr.	Verwaltungs-Rechtsprechung in Deutschland (Sammlung)
VG	Verwaltungsgericht
VGH	Verwaltungsgerichtshof
VGH BW	Verwaltungsgerichtshof des Landes Baden-Württemberg
vgl.	vergleiche
vH	von Hundert
VIZ	Zeitschrift für Vermögens- und Investitionsrecht
VMBl.	Ministerialblatt des Bundesministers für Verteidigung
VN	Vereinte Nationen (Zeitschrift); Vereinte Nationen
VO	Verordnung
VOBl.	Verordnungsblatt
Vol.	Volume

VölkerR	Völkerrecht
Voraufl.	Vorauflage
Vorb.	Vorbemerkung
VR	Völkerrecht; Verwaltungsrundschau (Zeitschrift)
VRS	Verkehrsrechtssammlung (Zeitschrift)
VRÜ	Verfassung und Recht in Übersee (Zeitschrift)
vs.	versus
VSSR	Vierteljahresschrift für Sozialrecht
VStGB	Völkerstrafgesetzbuch
VvB	Verfassung von Berlin
VVDStRL	Veröffentlichungen der Vereinigung der Deutschen Staatsrechtslehrer
VwGO	Verwaltungsgerichtsordnung
VwV	Verwaltungsvorschrift
VwVfG	Verwaltungsverfahrensgesetz
VwVG	Verwaltungsvollstreckungsgesetz
WB	Wehrbeauftragter
WehrbJB	Jahresbericht des Wehrbeauftragten
WettbR	Wettbewerbsrecht
WEU	Westeuropäische Union
WHO	World Health Organization
WiGBl.	Gesetzblatt der Verwaltung des Vereinigten Wirtschaftsgebietes
WiR	Wirtschaftsrecht (Zeitschrift)
Wiss.	Wissenschaft
wiss.	wissenschaftlich
WissR	Wissenschaftsrecht (Zeitschrift)
wistra	Zeitschrift für Wirtschaft, Steuer, Strafrecht
WiVerw.	Wirtschaft und Verwaltung (Vierteljahresbeilage zur Zeitschrift Gewerbearchiv)
WM	Wertpapier-Mitteilungen (Zeitschrift)
WPg.	Die Wirtschaftsprüfung (Zeitschrift)
WP	Wahlperiode(n)
WRP	Wettbewerb in Recht und Praxis (Zeitschrift)
WRV	Verfassung des Deutschen Reiches von 1919 (Weimarer Reichsverfassung)
WTO	World Trade Organization
WÜD	Wiener Übereinkommen über diplomatische Beziehungen
WuM	Wohnungswirtschaft und Mietrecht (Zeitschrift)
Württ.	Württemberg
WuW	Wirtschaft und Wettbewerb (Zeitschrift)
WV	Wehrverwaltung
WVK	Wiener Vertragsrechtskonvention
YEL	Yearbook of European Law
YLJ	Yale Law Journal
zahlr.	zahlreich
ZaöRV	Zeitschrift für ausländisches öffentliches Recht und Völkerrecht
ZAR	Zeitschrift für Ausländerrecht und Ausländerpolitik
zB	zum Beispiel
ZBB	Zeitschrift für Bankrecht und Bankwirtschaft
ZblJugR	Zentralblatt für Jugendrecht und Jugendwohlfahrt (seit 1984: Zentralblatt für Jugendrecht)
ZBR	Zeitschrift für Beamtenrecht

ZDG	Gesetz über den Zivildienst der Kriegsdienstverweigerer (Zivildienstgesetz)
ZEuS	Zeitschrift für Europäische Studien
ZEV	Zeitschrift für Erbrecht und Vermögensnachfolge
ZevKR	Zeitschrift für evangelisches Kirchenrecht
ZfA	Zeitschrift für Arbeitsrecht
ZfBR	Zeitschrift für deutsches und internationales Bau(- und Vergabe)recht
ZfG	Zeitschrift für Geschichtswissenschaft
ZfJ	Zentralblatt für Jugendrecht (seit 1984, vorher: Zentralblatt für Jugendrecht und Jugendwohlfahrt)
ZfP	Zeitschrift für Politik
ZfPR	Zeitschrift für Personalvertretungsrecht
ZfSH(/SGB)	Zeitschrift für Sozialhilfe (und Sozialgesetzbuch)
ZfStrVo	Zeitschrift für Strafvollzug
ZfV	Zeitschrift für Verwaltung
ZfW	Zeitschrift für Wasserrecht
ZG	Zeitschrift für Gesetzgebung
ZGR	Zeitschrift für Unternehmens- und Gesellschaftsrecht
ZgS	Zeitschrift für die gesamte Staatswissenschaft (seit 1986: Journal of institutional and theoretical economics)
ZHR	Zeitschrift für das gesamte Handels- und Wirtschaftsrecht
Ziff.	Ziffer
ZIP	Zeitschrift für Wirtschaftsrecht und Insolvenzpraxis
zit.	zitiert
ZKF	Zeitschrift für Kommunalfinanzen
ZLR	Zeitschrift für das gesamte Lebensmittelrecht
ZLW	Zeitschrift für Luft- und Weltraumrecht
ZMR	Zeitschrift für Miet- und Raumrecht
ZNotP	Zeitschrift für die Notarpraxis
ZögU	Zeitschrift für öffentliche und gemeinwirtschaftliche Unternehmen
ZÖR	Zeitschrift für öffentliches Recht – Austrian Journal of Public and International Law
ZOV	Zeitschrift für offene Vermögensfragen
ZP	Zusatzprotokoll
ZParl.	Zeitschrift für Parlamentsfragen
ZPO	Zivilprozessordnung
ZRP	Zeitschrift für Rechtspolitik
ZRph	Zeitschrift für Rechtsphilosophie
ZSE	Zeitschrift für Staats- und Europawissenschaften
ZSR	Zeitschrift für Sozialreform
ZStrW	Zeitschrift für die gesamte Strafrechtswissenschaft
ZStW	Zeitschrift für die gesamte Staatswissenschaft
zT	zum Teil
ZThK	Zeitschrift für Theologie und Kirche
ZTR	Zeitschrift für Tarifrecht
zul.	zuletzt
ZUM	Zeitschrift für Urheber- und Medienrecht (seit 1985, vorher: Film und Recht)
ZUR	Zeitschrift für Umweltrecht
zusf.	zusammenfassend
zust.	zustimmend
zutr.	zutreffend
ZVersWiss.	Zeitschrift für die gesamte Versicherungswissenschaft
ZVglRWiss.	Zeitschrift für Vergleichende Rechtswissenschaft
ZVR	Zwangsvollstreckungsrecht

ZV+ZV	Zeitungsverlag und Zeitschriftenverlag (Zeitschrift)
zw.	zwischen; zweifelhaft
ZWehrR	Zeitschrift für Wehrrecht
zzgl.	zuzüglich
ZZP	Zeitschrift für Zivilprozess
zzt	zurzeit

VII. Die Gesetzgebung des Bundes

Art. 70 [Gesetzgebung des Bundes und der Länder]

(1) Die Länder haben das Recht der Gesetzgebung, soweit dieses Grundgesetz nicht dem Bunde Gesetzgebungsbefugnisse verleiht.

(2) Die Abgrenzung der Zuständigkeit zwischen Bund und Ländern bemißt sich nach den Vorschriften dieses Grundgesetzes über die ausschließliche und die konkurrierende Gesetzgebung.

Hinweis: Die Paulskirchenverfassung von 1849, die Verfassung des Deutschen Reiches von 1871 und die Weimarer Reichsverfassung von 1919 enthielten keine entsprechende Bestimmung.

Übersicht

A. Allgemeine Bedeutung

I. Konzeptionelle Grundlage

Fragen der Kompetenzabgrenzung sind für einen bundesstaatlich organisierten Staat zentral.[1] Neben der Nähe der Gesetzgebung zum Demokratie- und 1

[1] Von *Pestalozza* DÖV 1972, 181, als „grande affaire" des Föderalismus bezeichnet; daran anknüpfend *Kunig* in v. Münch/Kunig, 6. Aufl. 2012, Rn. 1; *Heintzen* in BK Rn. 90; *Uhle* in Maunz/Dürig Rn. 4 und 23; *Wollenschläger* in BK Art. 72 Rn. 142; Einordnung in der frühen Rechtsprechung des BVerfG als „Grundregel unserer bundesstaatlichen Ordnung", BVerfGE 16, 64 (78 f.); auch zur älteren Rechtsprechung *Heintzen* in BK Rn. 46.

Rechtsstaatsprinzip[2] charakterisieren die Verteilung und Modalitäten der Gesetzgebungskompetenzen[3] das bundesstaatliche Gefüge. Kompetenzabgrenzungen in einem Bundesstaat weisen dadurch eine Reihe Unterschiede zu Kompetenzabgrenzungen im Verhältnis der Europäischen Union zu den Mitgliedstaaten auf.[4] Zugleich sind die Ausprägungen föderaler Kompetenzabgrenzungen weder einheitlich[5] noch unveränderbar[6], sondern Ausdruck normativer Setzung.[7] Hinter dieser Setzung steht jeweils ein **konzeptionelles Grundverständnis** von dem föderalen Gefüge, das die Anwendung der abstrakten Regelungen durchgehend beeinflusst,[8] etwa bei der Bestimmung von Grenzen der Delegation von Gesetzesbefugnissen an die Länder,[9] beim Umfang der Sperrwirkung ausschließlicher Bundeskompetenzen[10] oder bei ihrem Verhältnis zur Verfassungsautonomie der Länder.[11] Zugleich lenkt die Setzung den Blick auf ihren Kontext, etwa durch die besondere Betonung der historischen Auslegungsmethode bei der Auslegung der einzelnen Kompetenztitel,[12] einschließlich der Differenzierung zwischen normativ-rezeptiven und faktisch-deskriptiven Kompetenzzuweisungen.[13] Auch gehen die Grenzen abstrakt-genereller Auslegungsregeln[14] wie eine Vermutung der Landeskompetenz oder ein Grundsatz der engen Auslegung von Bundeskompetenzen[15] auf die Schwierigkeit zurück, allgemeingültige, für die Auslegung bedeutsame Aussagen über den Kontext zu treffen. Diese Ausdifferenzierung der Kontexte hat mit den

---

[2] *Wittreck* in Dreier Vorb. zu Art. 70–74 Rn. 30.

[3] Zur unterschiedlichen Verwendung der Begrifflichkeiten *Heintzen* in BK Rn. 99 ff.; *Herbst* in BerlKomm Rn. 4; *Rengeling* in HdbStR VI § 135 Rn. 11 ff.; *Wittreck* in Dreier Vorb. zu Art. 70–74 Rn. 34.

[4] → Rn. 22.

[5] Zu den Spezifika der deutschen Verfassungstradition und ihren Konsequenzen für die föderale Struktur der Bundesrepublik *Oeter* in Gamper/Bußjäger/Karlhofer/Pallaver/Obwexer Föderale Kompetenverteilung in Europa, 103 ff.; *Korioth* FS f. Papier, 2013, 11 (12 ff.); für einen vergleichenden Überblick s. die übrigen Beiträge in Gamper/Bußjäger/Karlhofer/Pallaver/Obwexer Föderale Kompetenzverteilung in Europa, sowie in *Härtel,* Handbuch Föderalismus IV, 2012; Überblick zu den Regelungen in den Verfassungen der Schweiz, Österreichs, Italiens, Spaniens, Belgiens, Großbritanniens, der USA, Kanadas, Indiens sowie der Russischen Föderation bei *Heintzen* in BK Rn. 2–12; *Wittreck* in Dreier Vorb. zu Art. 70 –74 Rn. 23–26.

[6] *Oeter* in Gamper/Bußjäger/Karlhofer/Pallaver/Obwexer Föderale Kompetenverteilung in Europa, 103 (116 ff.); zur Diskussion im Vorfeld der Föderalismusreform nur *Huber* in Verhandlungen des 65. DJT, Bd. I; *Hillgruber* JZ 2004, 837 (839 ff.); *Rozek* in Heintzen/Uhle Neuere Entwicklungen im Kompetenzrecht, 11 ff.; *Sturm* in Gamper/Bußjäger/Karlhofer/Pallaver/Obwexer Föderale Kompetenverteilung in Europa, 143 ff.; rückblickend *Degenhart* in Papier/Münch/Kellermann Föderalismus, 27 (35 ff.).

[7] Entsprechend gehen Divergenzen in den Einschätzungen zur praktischen Bedeutung des Art. 70, etwa *Bothe* in AK Rn. 1, einerseits und *Uhle* in Maunz/Dürig Rn. 23, andererseits, auf unterschiedliche Auffassungen zurück, inwieweit die konzeptionelle normative Setzung bereits in anderen Normen des Grundgesetzes Ausdruck gefunden hat; näher zur mehrschichtigen Bedeutung, auch in der Ausbildung, *Heintzen* in BK Rn. 44 f.

[8] → Rn. 5.

[9] → Art. 71 Rn. 12.

[10] → Art. 71 Rn. 6, 8 f.

[11] → Rn. 23; Art. 71 Rn. 7, Art. 71 Rn. 7.

[12] *Heintzen* in BK Rn. 189; *Herbst* in BerlKomm Rn. 30 ff.; *Seiler* in BeckOK GG Rn. 15, mit Beispielen in Rn. 15. 1.

[13] BVerfGE 109, 190 (218) im Anschluss an *Degenhart* in Sachs, 3. Auflage 2002, Rn. 44 ff.; BVerfGE 134, 33 (55); aus der Literatur *Pieroth* in Jarass/Pieroth Rn. 6; *Wittreck* in Dreier Vorb. zu Art. 70–74 Rn. 51.

[14] Eingehend zu verschiedentlich angenommenen Auslegungsregeln *Wagner,* Die Konkurrenen der Gesetzgebungskompetenzen von Bund und Ländern, 2011, 101 ff.

[15] → Rn. 12.

durch die Föderalismusreform I eingeführten Formen konkurrierender Gesetzgebung sowie bereichsspezifischerer Zuordnungen weiter zugenommen.[16]

Diese konzeptionellen Konsequenzen zeigen sich besonders deutlich im Vergleich zur Auslegung von Kompetenztiteln der **Europäischen Union.** Die Übertragung punktueller Kompetenzen an die Europäische Union unter Wahrung der Souveränität der Mitgliedstaaten[17] begünstigt vor allem aus der Perspektive eines Gerichts der Europäischen Union eine funktionale Auslegung der Kompetenztitel,[18] während ein bundesstaatliches Konzept einen formellen Zugang zur Kompetenzabgrenzung nahe legt.[19] Die funktionale Auslegung legt den Akzent auf die Erfüllung der übertragenen Aufgabe sowie der dazu erforderlichen Voraussetzungen,[20] während ein formelles Verständnis der Kompetenzen im Grundsatz keine Aussagen zu den materiellen Gehalten trifft. Der Aufgabenbezug nimmt der Kompetenzbestimmung durch die Notwendigkeit, das Ziel der Aufgabe sowie die tatsächlichen Voraussetzungen und Funktionsweise der Aufgabenerfüllung zu beschreiben, die Klarheit formeller Abgrenzungen.[21] Umgekehrt liegt zudem in der Konsequenz des formellen Zugriffs, dass Gesetzgebungskompetenzen im Grundsatz keine Pflicht zur Gesetzgebung beinhalten, sofern nicht die Umstände der Einführung des Kompetenztitels, also der Kontext der normativen Entscheidung, einen entsprechenden Appell implizieren.[22] Materiell-rechtliche Bedeutung kommt Kompetenztiteln danach allenfalls als Ergebnis einer einzelfallbezogenen Auslegung zu,[23] bei der 2

[16] Aus der Literatur nur *Schmidt-Jortzig* in Härtel Handbuch Föderalismus I, § 20; näher zur Zunahme der „ohne"-Regelungstechnik durch die Föderalismusreform 2006 *Heintzen* in BK Rn. 85, Fn. 258.

[17] Näher aus der Literatur zum Prinzip der begrenzten Einzelermächtigung nur *Calliess* in Calliess/Ruffert EUV/AEUV Art. 5 EUV Rn. 6 ff.; zu den Auswirkungen der Übertragung von Hoheitsrechten innerhalb der Kompetenzordnung föderal organisierter Mitgliedstaaten *Streinz* in Gamper/Bußjäger/Karlhofer/Pallaver/Obwexer Föderale Kompetenverteilung in Europa, 663 ff., und *Stettner* in Heintzen/Uhle Neuere Entwicklungen im Kompetenzrecht, 29 ff.

[18] Zu deren Vereinbarkeit mit dem Grundsatz der begrenzten Einzelermächtigung nach Art. 5 Abs. 1 S. 1 EUV *Calliess* in Calliess/Ruffert EUV/AEUV Art. 5 EUV Rn. 17; zur darüber hinaus finalen Struktur auch der sachbezogenen Verbandskompetenzen der Europäischen Union *v. Bogdandy/Bast* EuGRZ 2001, 441 (446) und *Jarass* AöR 121 (1996), 173 (178 ff.); zur verfassungsrechtlichen Auslegung *Degenhart* in Sachs Rn. 5, auch zu den Ausnahmen, dort in Fn. 10.

[19] Zum Grundgesetz *Herzog* NJW 1999, 25 (26).

[20] Aus der Rechtsprechung des EuGHs nur EuGH 29.11.1956 – C-8/55 – Fédération Charbonnière de Belgique, Slg. 1955/56, 197 (312): wirksame Entledigung der Aufgaben; *Mayer* in Grabitz/Hilf/Nettesheim EUV/AEUV Art. 19 EUV Rn. 57 f., mwN zur Rechtsprechung sowie zu unterschiedlichen Einschätzungen hinsichtlich der Auswirkungen auf die Befugnisse der Europäischen Union; *Streinz* in Streinz EUV/AEUV Art. 4 EUV Rn. 33.

[21] Etwa zur Abgrenzung von Wirtschafts- und Währungspolitik, EuGH C-493/17, ECLI:EU:C:2018:1000 Rn. 53 ff. – Weiss; EuGH C-62/14, Slg. 2015, ECLI:EU:C:2015:400 Rn. 46 ff. – Gauweiler; EuGH C-370/12, Slg. 2012, ECLI:EU:C:2012:756 Rn. 53 ff. – Pringle; dazu aus der Literatur nur *Ohler* NVwZ 2015, 1001 (1002 ff.); demgegenüber zur Klarheit der Kompetenzabgrenzung nach den Art. 70 ff.: *Herzog* NJW 1999, 25 (26); zu weitgehend wäre es allerdings, die formelle Klarheit und kategoriale Trennungen allgemein mit Ordnungsleistung und rechtswissenschaftlicher Arbeitsweise gleichzusetzen, in diese Richtung *Heintzen* in MKS Rn. 58.

[22] *Heintzen* in BK Rn. 68: gute Gründe und klare Indizien, insbesondere bei neu in das GG aufgenommenen Kompetenztiteln, die auf sofortige Ausübung durch den Gesetzgeber angelegt sind, mit Beispiel Art. 73 Abs. 1 Nr. 9a, näher zur ausschließlichen Bundeskompetenz für bestimmte Formen der länderübergreifenden Terrorismusbekämpfung *Heintzen* in Heintzen/Uhle Neuere Entwicklungen im Kompetenzrecht, 47 (62).

[23] → Rn. 32; eingehend *Jestaedt* in Aulehner/Dengler/Konrad/Langer/Lepsius/Möstl/Pfab/Stender/Waldhoff Föderalismus – Auflösung oder Zukunft der Staatlichkeit?, 315

Einschränkbarkeit von Grundrechten etwa als Indiz dafür, dass bestimmte gesetzliche Regelungen nicht verfassungsrechtlich ausgeschlossen sind.[24]

3 Gleiches gilt für die Ausrichtung der Kompetenztitel auf formelle Gesetze und das förmliche Gesetzgebungsverfahren.[25] **Funktionale Argumente,** wie sie in der jüngeren verwaltungsgerichtlichen Rechtsprechung zur Begründung von Annexkompetenzen bei Regelungen zu Auskünften oder öffentlichen Informationen herangezogen werden,[26] liegen quer zu diesem formellen Ansatz und ziehen entsprechende Regelungslücken unter den einfach-gesetzlichen Regelungen nach sich.[27]

4 Diese kontextbedingten Unterschiede beeinflussen schließlich die Dogmatik der **Schranken und Begrenzungen** in der Ausübung von Kompetenzen. Eine finale Auslegung tendiert dazu, die mit Blick auf eine bestimmte Aufgabe übertragene Kompetenz so weit wie zur effektiven Aufgabenfüllung erforderlich zu verstehen.[28] Dieser Zugang wirkt sich kompetenzbezogen sowohl innerhalb der Europäischen Union[29] wie auch im Verhältnis zu konfligierenden Kompetenzen der Mitgliedstaaten aus[30]. Als Korrektiv hat die Rechtsprechung des EuGH den **Grundsatz der Verhältnismäßigkeit** auch zur Begrenzung der Ausübung von Kompetenzen durch Organe der Europäischen Union herangezogen,[31] wohingegen aus einer formellen Perspektive eine Abwägung von Kompetenzen einen rechtsgüterähnlichen, materiellen Gehalt nahelegen würde, der dem formellen Kompetenzverständnis nicht entspricht.[32] Diese dogmatischen Unterschiede schließen allerdings nicht aus, dass in der Sache Begrenzungen bei der Kompetenzausübung, etwa aus dem Prinzip der Bundestreue, trotz mancher Unterschiede in den Kontexten eine ähnliche Funktion zukommen kann.[33]

5 Vergleichbar mit Leitbildern[34] lenken **konzeptionelle Verständnisse der Kompetenzen** schließlich die Auslegung der einzelnen Tatbestände sowie

(322 ff.); *Pieroth* AöR 114 (1989), 422 ff.; Auswertung der Rechtsprechung des Bundesverfassungsgerichts bei *Becker* DÖV 2002, 397 (399 ff.).

[24] Etwa zur in Art. 73 Abs. 1 Nr. 14 vorgesehenen friedlichen Nutzung der Kernenergie → Art. 73 Rn. 56; *Seiler* in BeckOK GG Rn. 3; zum Gleichheitsgrundsatz und steuerrechtlichen Regelungen *Heintzen* in BK Rn. 70; generell weitgehend *Bleckmann* DÖV 1983, 129 (130 f.).

[25] *Rengeling* in HdbStR VI § 135 Rn. 1; → Rn. 19.

[26] BVerwGE 146, 56 (61 ff.); BVerwG NVwZ 2016, 945 (946).

[27] → Rn. 29.

[28] EuGH nur EuGH C-8/55, Slg. 1955/56, 297, ECLI:EU:C:1956:11 S. 312 – Fédération Charbonnière de Belgique; *Mayer* in Grabitz/Hilf/Nettesheim EUV/AEUV Art. 19 EUV Rn. 57.

[29] Zu den Auswirkungen auf die gerichtliche Kontrolldichte unter Hinweis auf den Grundsatz des institutionellen Gleichgewichts bei der Bestimmung der Reichweite der Kompetenz zur Währungspolitik etwa EuGH, EuGH C-493/17, ECLI:EU:C:2018:1000 Rn. 73 ff. – Weiss.

[30] Zum Verhältnis von Wirtschafts- und Währungspolitik EuGH C-493/17, ECLI:EU:C:2018:1000 Rn. 53 ff. – Weiss; BVerfG, Vorlagebeschl. v. 18.7.2017, 2 BvR 859/15 u. a. – PSPP Rn. 108 ff.; → Art. 73 Rn. 16.

[31] EuGH C-493/17, ECLI:EU:C:2018:1000 Rn. 71 ff. – Weiss; EuGH C-62/14, Slg. 2015, ECLI:EU:C:2015:400 Rn. 66 ff. – Gauweiler.

[32] → Rn. 14; *Heintzen* in BK Rn. 52, 70; allgemeiner zur Übertragbarkeit des Verhältnismäßigkeitsgrundsatzes auf den Bereich des Staatsorganisationsrechts *Aust* AöR 141 (2016), 415 (432 ff.) sowie insbesondere zur Erforderlichkeitsklausel aus Art. 72 Abs. 2; *Aust* AöR 141 (2016), 435 ff.

[33] → Rn. 14.

[34] In anderen Kontexten, u. a. zur Rechtsstellung der Bundestagsabgeordneten, *Volkmann* AöR 134 (2009), 157 (177 ff.).

der Grenzen an[35] und werden umgekehrt implizit durch Änderungen des verfassungsrechtlichen Kompetenzgefüges beeinflusst.[36] Wie auch in anderen Bereichen geht mit der Offenlegung und Reflektion dieser Vorverständnisse ein Gewinn an Rationalität einher.

II. Systematik

In dem VII. Abschnitt zu Gesetzgebung des Bundes ist auf der einen Seite die **Verbandskompetenz** des Bundes in Abgrenzung zur Gesetzgebungskompetenz der Länder normiert (Art. 70–74). Diese abgrenzend gegenüberstellende Regelung der Verbandskompetenz steht mit einer Reihe von Grundsätzen zum konzeptionellen Verständnis und zur Auslegung in Zusammenhang.[37] Auf der anderen Seite sind in dem zweiten Teil des Abschnitts (Art. 76–82) Fragen des Gesetzgebungsverfahrens innerhalb des Bundes, vor allem der Organkompetenzen, geregelt.[38] **6**

Innerhalb der Verbandskompetenz nennt Art. 70 Abs. 2 mit der ausschließlichen und der konkurrierenden Gesetzgebung die bedeutsamsten, in den Art. 71–74 näher ausgestalteten **Kompetenzarten,** ohne an anderen Stellen, etwa im Finanzverfassungsrecht[39], vorgesehene Kompetenzarten auszuschließen.[40] Die Artikel 73 und 74 ordnen als Kompetenztitel jeweils bestimmte Bereiche dem Bund zur ausschließlichen oder konkurrierenden Gesetzgebung zu. Die Artikel 71 und 72 legen die Bedeutung und die Rechtsfolgen der jeweiligen Kompetenzart, teilweise auch den Bedarf nach einer bundesgesetzlichen Regelung, als nähere Voraussetzungen der Kompetenzausübung fest (Art. 72 Abs. 2).[41] **7**

B. Einzelfragen

I. Grundsätze

Als **Grundregel** normiert Art. 70 Abs. 1 ein Regel-Ausnahme-Verhältnis.[42] Diese Grundregel für Gesetzgebungskompetenzen lässt sich als spezielle Regelung des allgemeinen Grundsatzes aus Art. 30 Abs. 1 verstehen,[43] die – **8**

[35] Zur nicht immer kohärenten Auflösung von Kompetenzkonflikten in der Rechtsprechung des BVerfG *Oeter* in Gamper/Bußjäger/Karlhofer/Pallaver/Obwexer Föderale Kompetenzverteilung in Europa, 103 (123 f.): Konkretisierung der Kompetenzverteilung oft weniger von expliziten Interpretationsregeln als von eher untergründig wirksamen Vorverständnis der notwendigen ‚Integration' des Bundesstaates gesteuert; Aspekte des Vorverständnisses bei der Auslegung des Art. 72 Abs. 2 als Tendenz zur Unitarisierung beschrieben bei *Hendler* ZG 1987, 210 (213 ff.).

[36] *Heintzen* in BK Rn. 89: unterschwellige Beeinflussung; zur Frage etwa, inwieweit den Ländern über Residualkompetenzen hinausgehend Kompetenzen im Sinne einer Beidseitigkeit der Kompetenzverteilung zugeordnet sind, *Heintzen* DVBl. 1997, 689 ff.

[37] Näher zum Trennungsgrundsatz, zum Grundsatz der Beidseitigkeit, zum Grundsatz der Vollständigkeit unten → Rn. 9, 10, 15.

[38] Zur Systematik *Heintzen* in BK Rn. 53; *Wittreck* in Dreier Vorb. zu Art. 70–74 Rn. 35 ff.

[39] Zur Grundsatzgesetzgebung nach Art. 109 Abs. 4 → Art. 109 Rn. 50.

[40] *Degenhart* in Sachs Rn. 14; *Pieroth* in Jarass/Pieroth Rn. 16; *Wittreck* in Dreier Rn. 12; aA *Uhle* in Maunz/Dürig Rn. 25; zur Kritik an der Missverständlichkeit der Formulierung des Art. 70 Abs. 2 *Heintzen* in BK Rn. 56; *Wittreck* in Dreier Rn. 11.

[41] Zu den sich daraus ergebenden Arten der Abweichungs- und der Bedarfs- oder Vorranggesetzgebung *Heintzen* in BK Rn. 55.

[42] *Heintzen* in BK Rn. 46; *Degenhart* in Sachs Rn. 7; *Pieroth* in Jarass/Pieroth Rn. 1; *Uhle* in Maunz/Dürig Rn. 2.

[43] *Degenhart* in Sachs Rn. 9; zum Verhältnis in der Entstehungsgeschichte *Wittreck* in Dreier Vorb. zu Art. 70–74 Rn. 12.

wie der allgemeine Grundsatz – auch die Eigenständigkeit der Länder betont, auch wenn diese Grundregel für Gesetzgebungskompetenzen weder die tatsächliche Bedeutung der bei den Ländern verbleibenden Kompetenzen entspricht,[44] noch grundsätzliche Aussagen zur Kompetenzverteilung im Sinne einer Auslegungsregel oder einer Vermutung impliziert.[45]

9 Folge dieser Regelungstechnik, die die **Residualkompetenz** den Ländern zuweist,[46] ist zum einen, dass zumindest im Grundsatz alle denkbaren Lebensbereiche kompetenziell zugeordnet sind **(Grundsatz der Vollständigkeit),**[47] und zum anderen, dass neue, bislang nicht erfasste Regelungsbereiche im Grundsatz unabhängig von Kriterien der Sachgerechtigkeit in den Kompetenzbereich der Länder fallen.[48] Relevanter Zeitpunkt für das Bestehen eines Kompetenztitels des Bundes ist dabei der Zeitpunkt des Erlasses des jeweiligen Gesetzes.[49]

10 Diese als **Subtraktionsmethode**[50] bezeichnete Technik der Zuordnung von Kompetenzbereichen führt im Ausgangspunkt in eine bipolare Kompetenzaufteilung,[51] die eine Trennung der Bereiche im Sinne eines Trennungsprinzips impliziert.[52] Überlappende, gemeinsame, gemischte Bereiche[53] oder gar doppelte Zuständigkeiten[54] entsprechen dieser Regelungstechnik nicht. Konzeptionelles Anliegen dieser **Trennung** ist es, sowohl dem Bund als auch den Ländern Räume politischer Gestaltung zu sichern, dabei Verantwortlichkeiten klar zuzuordnen und Normkonflikten, wie sie in Art. 31 unterstellt sind, vorzubeugen.[55] Die Föderalismusreform I hat mit der Möglichkeit einer abweichenden Gesetzgebung der Länder bei bestimmten Titeln der konkurrierenden Gesetzgebung[56] diese klare Aufteilung flexibler gestaltet, ohne mit dem Trennungsprinzip grundsätzlich zu brechen[57]. Weiterhin bleibt es bei der Zuständigkeit entweder des Bundes oder der Länder, auch wenn die Inanspruchnahme der Kompetenz von Land zu Land unterschiedlich ausfallen kann und der zeitliche Verlauf über die Kompetenzzuordnung entscheidet.[58]

---

[44] *Degenhart* in Sachs Rn. 7; *Heintzen* in BK Rn. 51; *Herbst* in BerlKomm Rn. 7; *Pieroth* in Jarass/Pieroth Rn. 1; *Schnapauff* in Hömig/Wolff Rn. 2; *Seiler* in BeckOK GG Rn. 11; *Uhle* in Maunz/Dürig Rn. 24; Zusammenstellung der Einzelbereiche der Länderkompetenzen bei *Uhle* in Maunz/Dürig Rn. 86 ff., und *Pieroth* in Jarass/Pieroth Rn. 10 ff.

[45] *Heintzen* in BK Rn. 49: dem ‚Grundsatz' des Art. 70 fehlt insoweit das Grundsätzliche; *Herbst* in BerlKomm Rn. 6.

[46] *Degenhart* in Sachs Rn. 7; *Heintzen* in BK Rn. 47, dort auch zu alternativen Regelungstechniken; *Pieroth* in Jarass/Pieroth Rn. 1; *Wittreck* in Dreier Vorb. zu Art. 70–74 Rn. 35.

[47] BVerfGE 109, 190 (218); *Heintzen* in BK Rn. 75.

[48] *Degenhart* in Sachs Rn. 8; *Heintzen* in BK Rn. 155, auch zu Ausnahmen bei struktureller, evidenter Überforderung der Länder.

[49] *Degenhart* in Sachs Rn. 10.

[50] Aus der Literatur nur *Uhle* in Maunz/Dürig Rn. 54.

[51] *Heintzen* in BK Rn. 47.

[52] *Wittreck* in Dreier Vorb. zu Art. 70–74 Rn. 56, auch zu den Relativierungen.

[53] *Heintzen* in BK Rn. 60.

[54] Aus der Rechtsprechung BVerfGE 36, 193 (202 f.); 61, 149 (204); 67, 299 (320 f.); 106, 62 (114); 138, 261 (295); aus der Literatur *Heintzen* in BK Art. 70 Rn. 77; aus der älteren Literatur *Lerche* JZ 1972, 468 ff.; *Pestalozza* DÖV 1972, 181 ff.

[55] *Heintzen* in BK Rn. 77 sowie *Kunig* in v. Münch/Kunig, 6. Aufl. 2012, Rn. 9.

[56] Kritisch *Wittreck* in Dreier Vorb. zu Art. 70–74 Rn. 15; näher zu dieser Abweichungsgesetzgebung nach Art. 74 Abs. 3 → Art. 74 Rn. 97–99.

[57] Zu den unterschiedlichen Einordnungen in der Literatur kritisch *Rozek* in MKS Rn. 3, 11 sowie mit anderem Akzent *Heintzen* in BK Rn. 80.

[58] Im Ergebnis als Abweichung eingestuft bei *Heintzen* in BK Rn. 80.

Hingegen geht mit Blick auf den formellen Charakter der Regelungstechnik von der Zuweisung bestimmter Kompetenzen als solcher grundsätzlich **keine materielle Wirkung** aus. Im Grundsatz enthalten die Gesetzgebungstitel weder einen Auftrag zur Gesetzgebung,[59] noch lassen sie sich allgemein zur Einschränkung oder Begrenzung von Grundrechten oder anderer verfassungsrechtlicher Positionen heranziehen,[60] auch wenn im Einzelfall die Auslegung eines Kompetenztitels überschießende materielle Elemente begründen kann.[61] **11**

II. Auslegung

Methodisch folgt aus dieser Einordnung des Konzepts als technische Regelung zur Zuweisung von Gesetzgebungskompetenzen, dass mit dem in Art. 70 enthaltenen Grundsatz **weder** eine **Vermutung der Zuständigkeit** zu Gunsten der Länder[62] **noch** ein bestimmter Grundsatz oder eine **Regel zur Auslegung**[63] verbunden ist. Eine Vermutung im prozessrechtlichen Sinn passt schon deshalb nicht, weil es bei der Kompetenzabgrenzung nicht um Unsicherheiten bei der Sachverhaltsaufklärung geht.[64] Aber auch Auslegungsregeln wie die Forderung einer im Zweifel engen oder grundsätzlich restriktiven Auslegung der enumerativ aufgezählten Bundeskompetenzen sind methodisch durch die Technik der Subtraktion nicht veranlasst.[65] **12**

Trotz der formell klaren Trennung lassen sowohl die Auslegung der Kompetenztitel als auch die Einordnung der Bundesgesetze am Maßstab der kompetenziellen Vorgaben Spielräume,[66] auch wenn die verfassungsgerichtliche Rechtsprechung die Anwendung der Kompetenztitel zunehmend strikt überprüft.[67] **13**

Darüber hinaus passt zu der formellen Zuordnung von Kompetenzen zumindest im Ausgangspunkt **keine Abwägung** mit anderen verfassungsrechtlich geschützten oder in der Verfassung verorteten Positionen oder ein schonender Ausgleich konfligierender Kompetenztitel.[68] Während auf der **14**

---

[59] Aus der Literatur nur *Seiler* in BeckOK GG Rn. 3, 17; im Einzelfall kann die Auslegung eines Kompetenztitels insbesondere durch seinen Kontext allerdings eine über die Ermächtigung hinausgehende Regelungspflicht nahegelegen. Zudem fallen bei ausdrücklichen Regelungsaufträgen außerhalb der Art. 70 ff. („Näheres regelt ein Bundesgesetz") Regelungsauftrag und Ermächtigung zur Gesetzgebung zusammen, *Wittreck* in Dreier Vorb. zu Art. 70–74 Rn. 55; → Rn. 30.

[60] → Rn. 32; *Wittreck* in Dreier Vorb. zu Art. 70–74 Rn. 5.

[61] Zu Fallgruppen aus der Rechtsprechung vgl. nur die Zusammenstellung bei *Becker* DÖV 2002, 397 (399 ff.); *Wittreck* in Dreier Vorb. zu Art. 70–74 Rn. 55, sowie bereits *Pieroth* AöR 114 (1994), 422 (424 ff.); etwa BVerfGE 12, 45 (50); 14, 105 (111); 28, 243 (261); 41, 205 (218); 53, 30 (56); zustimmend aus der Literatur *Rengeling* in HdbStR VI § 135 Rn. 19: Kompetenzvorschriften als Quelle verfassungsrechtlicher Grundentscheidungen; indirekte Schutzwirkung für Bürger durch klare und ausschließliche Kompetenzvorschriften.

[62] *Degenhart* in Sachs Rn. 7; *Sannwald* in SHH Rn. 2; *Schnapauff* in Hömig/Wolff Rn. 1; *Uhle* in Maunz/Dürig Rn. 33; *Wittreck* in Dreier Rn. 10.

[63] *Heintzen* in BK Rn. 49, 108.

[64] *Uhle* in Maunz/Dürig Rn. 33.

[65] *Degenhart* in Sachs Rn. 7.

[66] *Wagner,* Die Konkurrenzen der Gesetzgebungskompetenzen von Bund und Ländern, 2011, 26 ff., 122 ff.; *Wittreck* in Dreier Vorb. zu Art. 70–74 Rn. 51 f., mit Beispielen aus der Rechtsprechung.

[67] BVerfGE 106, 62 (142); *Wittreck* in Dreier Vorb. zu Art. 70–74 Rn. 52; für einen Spielraum hingegen, auch zur Entwicklung, *Herbst,* Gesetzgebungskompetenzen im Bundesstaat, 2014, 311 ff.

[68] *Heintzen* in BK Rn. 52, 70; *Herbst* in BerlKomm Rn. 26, 97 f.; *Heintzen,* Gesetzgebungskompetenzen im Bundesstaat, 2014, 14 f.

Ebene der Europäischen Union die Rechtsprechung des Gerichtshofs die Ausübung der einzelnen Kompetenzen durch Organe der Union unter Umständen auch am Verhältnismäßigkeitsgrundsatz misst,[69] steht bei dem formellen Ansatz der Art. 70 ff. die Klarheit und Vorhersehbarkeit staatsorganisationsrechtlicher Abgrenzungsfragen im Vordergrund. Schon wegen der konzeptionellen Unterschiede zwischen dem Verhältnis von Staat und Bürger einerseits und staatsorganisationsrechtlichen Fragen der Kompetenzabgrenzung andererseits schließt die Rechtsprechung des Bundesverfassungsgerichts die Übertragung des Verhältnismäßigkeitsgrundsatzes als Ausdruck der Schranken für hoheitliche Eingriffe in den Rechtskreis Einzelner auf das kompetenzrechtliche Verhältnis von Bund und Ländern ausdrücklich aus.[70] Funktional ähnliche Grenzen der Kompetenzausübung können sich hingegen in besonderen Fällen aus dem Grundsatz der Bundestreue ergeben.

15 Konsequenz dieser Zuordnung von Gesetzgebungskompetenzen durch die Subtraktionsmethode ist schließlich, dass **kompetenzzuordnende Begriffe** wie die Kulturhoheit der Länder oder andere allgemeine Aussagen zur Zuweisung bestimmter bereichsbezogener Kompetenzen zu den Ländern, etwa im Sicherheitsrecht, jeweils unter dem Vorbehalt punktueller Zuweisungen zum Bund stehen.[71] Gleichwohl darf die Regelungstechnik nicht als Ausdruck einer Priorisierung oder qualitativen Gewichtung des Bundes oder der Länder verstanden werden, insbesondere ist die Residualkompetenz der Länder nicht mit einem Restbestand gleichzusetzen.[72] Im Sinne des Grundsatzes der Beidseitigkeit[73] kommt Bund und Ländern vielmehr jeweils eigenständige Bedeutung zu, die etwa bei der Auslegung der einzelnen Kompetenztitel, der Reichweite der ungeschriebenen Kompetenzen[74] oder Autonomie zur Verfassungsgesetzgebung[75] vor allem im Sinne der Position der Länder zu berücksichtigen ist.

III. Flexibilität

16 Die in den Art. 70 ff. vorgesehene **Kompetenzverteilung** ist **zwingend,** also weder einseitig disponibel[76] noch verhandelbar[77]. Dieser zwingende Charakter schließt eine **Koordination** der Länder untereinander, etwa durch die mehr oder weniger weitreichende Übernahme von Mustergesetzen, nicht aus. Insbesondere bleibt bei jeweils eigenständigen Entscheidungen zur Übernahme eines Regelungskomplexes deren Zurechnung zu den Gesetzgebungsorganen des jeweiligen Landes nachvollziehbar. Eine solche Übernahme kann auch in einem **dynamischen Verweis** auf einen jeweils gültigen Normenkomplex liegen. Die damit verbundene Möglichkeit einer

[69] Zu währungspolitischen Maßnahmen der EZB EuGH C-493/17, ECLI:EU:C:2018:1000 Rn. 71 ff. – Weiss; EuGH C-62/14, Slg. 2015, ECLI:EU:C:2015:400 Rn. 66 – Gauweiler.

[70] BVerfGE, 81, 310 (338); zustimmend *Heintzen* in BK Rn. 72; differenzierend *Aust* AöR 141 (2016), 415 (432 ff.).

[71] *Degenhart* in Sachs Rn. 13.

[72] *Heintzen* DVBl. 1997, 689 (690); *Heintzen* in BK Rn. 84: keine inhaltlich amorphe Restmenge.

[73] *Heintzen* in BK Rn. 84 ff.

[74] *Heintzen* in BK Rn. 87.

[75] → Rn. 23.

[76] *Degenhart* in Sachs Rn. 4; *Heintzen* in BK Rn. 67; *Rengeling* in HdbStR VI § 135 Rn. 16.

[77] *Heintzen* in BK Rn. 67; *Rengeling* in HdbStR VI § 135 Rn. 16.

späteren Umgestaltung durch den anderen Gesetzgeber kann einer Delegation von Gesetzgebungskompetenzen faktisch nahekommen, bleibt aber durch den erstmaligen Verweis und die laufende Rückholmöglichkeit im Verantwortungsbereich des verweisenden Gesetzgebers.[78]

Auch Formen der **Kooperation** unter den Ländern wie im Rundfunkrecht oder im Rahmen von Bund-Länder-Konferenzen[79] entsprechen im Grundsatz der eigenverantwortlichen Wahrnehmung der Gesetzgebungskompetenz durch die einzelnen Länder, zeigen aber auch Grenzen einer streng zweipoligen Gliederung auf. Für Regelungsbereiche, wie digitale Medienplattformen oder Medienintermediäre,[80] die sich sinnvoll nicht durch ein Land isoliert regeln lassen, bleiben neben der Regelungskompetenz des Bundes nur Formen der Koordination durch die Länder mit den damit verbundenen Zwängen zur Vereinheitlichung, Kompromissbildung und den Folgen für das Verhältnis von Legislative und Exekutive innerhalb der Länder. **17**

IV. Bund und die Länder

Mit dem **„Bund"** im Sinne der Art. 70 ff. ist der Zentralstaat im Sinne der Lehre vom zweigliedrigen Bundesstaat gemeint.[81] Kompetenzzuweisungen zu Gunsten der Länder adressiert keine bestimmte juristische Körperschaft, sondern knüpft allgemein an den staatsrechtlichen Organisationstyp an.[82] Besondere Kompetenzen einzelner Länder im Sinne von Reservatkompetenzen sind nicht vorgesehen,[83] Kooperationen unter den Ländern aber auch nicht ausgeschlossen.[84] **18**

V. Gegenstand der Gesetzgebungskompetenz

1. Formelle Gesetze. Schon die Systematik des VII. Abschnitts[85] legt nahe, dass **„Gesetz"** im Sinne des Art. 70 Abs. 1 diejenigen Rechtsnormen meint, die im Verfahren nach den Art. 76 ff. erlassen werden. Gesetz meint damit nach allgemeiner Auffassung ein formelles Gesetz,[86] unabhängig davon, ob es zugleich materielle Regelungen trifft.[87] **19**

2. Untergesetzliche Regelungen. Untergesetzliche Regelungen wie **Verordnungen** oder **Satzungen** fallen unmittelbar nicht unter diesen formellen Gesetzesbegriff,[88] jedoch die gesetzlichen Ermächtigungen zum Erlass **20**

---

[78] *Heintzen* in BK Rn. 78.

[79] Aus dem Rundfunkrecht etwa Bericht der Bund-Länder-Kommission zur Medienkonvergenz, Juni 2016, mit den unterschiedlichen Arbeitsgruppen, insbesondere zur rundfunkrechtlichen Regulierung von Medienplattformen und Intermediären.

[80] Bericht der Bund-Länder-Kommission zur Medienkonvergenz, Juni 2016, 23 ff., 31 ff.

[81] BVerfGE 13, 54 (77); *Heintzen* in BK Rn. 62.

[82] Zum sog. Konzept des Einheitslands *Heintzen* in BK Rn. 62.

[83] *Heintzen* in BK Rn. 63.

[84] Zum Rundfunk etwa oben, → Rn. 17; *Heintzen* in BK Rn. 64.

[85] → Rn. 6.

[86] BVerfGE 55, 7 (21); *Degenhart* in Sachs Rn. 16; *Heintzen* in BK Rn. 91; *Herbst* in BerlKomm Rn. 12; *Pieroth* in Jarass/Pieroth Rn. 4; *Rozek* in MKS Rn. 24; *Seiler* in BeckOK GG Rn. 5; *Uhle* in Maunz/Dürig Rn. 35; *Sannwald* in SHH Rn. 12; *Rengeling* in HdbStR VI § 135 Rn. 1; *Wittreck* in Dreier Vorb. zu Art. 70–74 Rn. 32.

[87] *Degenhart* in Sachs Rn. 16; *Heintzen* in BK Rn. 91; *Herbst* in BerlKomm Rn. 13.

[88] BVerfGE 55, 7 (21); *Degenhart* in Sachs Rn. 18, 19; *Heintzen* in BK Rn. 95; *Pieroth* in Jarass/Pieroth Rn. 4; *Rengeling* in HdbStR VI § 135 Rn. 2; *Uhle* in Maunz/Dürig Rn. 42; *Wittreck* in Dreier Vorb. zu Art. 70–74 Rn. 32.

von Verordnungen oder gesetzliche Regelungen zur Satzungsgewalt mit der Folge, dass sich die Kompetenzverteilung insoweit u. a. nach den Kompetenzkatalogen der Art. 73 und 74 richtet, selbst wenn die bundesgesetzliche Grundlage die Landesgesetzgeber zum Verordnungserlass ermächtigt. Verwaltungsvorschriften fallen als Binnenrecht der Exekutive unter die Art. 83 ff. und Art. 108.[89]

21 **3. Völkerrechtliche Verträge.** Bei diesem formellen Gesetzesbegriff bleibt es auch bei der Mitwirkung an und Umsetzung von Regelungen auf der europäischen oder internationalen Ebene. Die Verbandskompetenz für den Abschluss **völkerrechtlicher Verträge** richtet sich nach Art. 32 Abs. 1 und 2.[90] Ist für völkerrechtliche Verträge nach Art. 59 Abs. 2 S. 1 die Zustimmung oder Mitwirkung der jeweils für die Bundesgesetzgebung zuständigen Körperschaften in der Form eines Bundesgesetzes erforderlich, folgt aus Art. 59 Abs. 2 S. 1 und der ausschließlichen Kompetenz für auswärtige Angelegenheiten, Art. 73 Abs. 1 Nr. 1,[91] die Zuständigkeit des Bundes für das Vertragsgesetz[92]. Die Kompetenz für die umsetzenden Transformationsgesetze ergibt sich wiederum aus den Art. 70 ff.[93]

22 **4. Europäische Union.** Für die Übertragung von Hoheitsrechten auf die **Europäische Union** ist nach der besonderen Regelung in Art. 23 Abs. 1 S. 2 der Bund zuständig.[94] Je nachdem, inwieweit von dem jeweiligen Gegenstand Gesetzgebungsbefugnisse oder Interessen der Länder betroffen sind, wirken die Länder nach einer gestuften Regelung in Art. 23 Abs. 2–6 mit.[95] Die Kompetenz zur gesetzlichen Umsetzung unionsrechtlicher Vorgaben, etwa von Richtlinien, richtet wie bei anderen formellen Regelungen auch nach den Art. 70 ff.[96]

23 **5. Verfassungsautonomie der Länder.** Einen gewissen Sonderfall stellen Gesetze dar, die die Verfassungen der Länder ändern.[97] Als formelle Gesetze fallen sie im Ausgangspunkt ebenfalls in den Anwendungsbereich der Art. 70 ff.[98] Eine bloß formelle Betrachtung würde allerdings der **Verfassungsautonomie** der Länder nicht Rechnung tragen und dem von der Eigenständigkeit von Bund und Ländern geprägten konzeptionellen Verständnis des Föderalismus[99] kaum entsprechen.[100] Eine Möglichkeit liegt darin, Verfassungsänderungen der Länder mit Blick auf deren Verfassungs-

---

[89] *Heintzen* in BK Rn. 95.

[90] Näher → Art. 32 Rn. 3, 5.

[91] Näher → Art. 73 Rn. 3 ff.

[92] *Degenhart* in Sachs Rn. 24; *Rozek* in MKS Rn. 28.

[93] *Degenhart* in Sachs Rn. 24; *Pieroth* in Jarass/Pieroth Rn. 4; *Uhle* in Maunz/Dürig Rn. 36.

[94] Näher → Art. 23 Rn. 62.

[95] *Degenhart* in Sachs Rn. 25; → Art. 23 Rn. 115 ff.

[96] *Heintzen* in BK Rn. 93; *Degenhart* in Sachs Rn. 25: kein besonderer Kompetenztypus der Umsetzungsgesetzgebung; *Seiler* in BeckOK GG Rn. 8; *Uhle* in Maunz/Dürig Rn. 37.

[97] Näher *Heintzen* in BK Rn. 96; *Uhle* in Maunz/Dürig Rn. 39 ff.

[98] *Kunig* in v. Münch/Kunig, 6. Aufl. 2012, Rn. 14; *Rozek* in MKS Art. 70 Rn. 25; *Seiler* in BeckOK Rn. 5, 10; *Uhle* in Maunz/Dürig Rn. 39.

[99] Aus der Literatur nur *Oeter* in Gamper/Bußjäger/Karlhofer/Pallaver/Obwexer Föderale Kompetenverteilung in Europa, 103 (119): Grundvorstellung eines gegliederten Systems mit zwei Säulen im Prinzip eigenständiger Staatsgewalt; *Korioth* FS f. Papier, 2013, 11 (20 f.), auch zum Kernbereich der Länderstaatlichkeit *Uhle* in Maunz/Dürig Rn. 41, mit Nachweisen aus der Rechtsprechung.

[100] → Rn. 8.

autonomie dem Anwendungsbereich der Art. 70 ff. generell zu entziehen.[101] Alternativ kann im Rahmen der Art. 70 ff. eine ungeschriebene oder in Art. 28 Abs. 1 enthaltene[102] Kompetenz der Länder zur eigenen Verfassungsgebung angenommen werden.[103] Eine Begrenzung der Länderkompetenz auf die ursprüngliche Verfassungsgebung in Abgrenzung zu laufenden Änderungen[104] wäre allerdings für eine hinreichende Berücksichtigung der Verfassungshoheit der Länder noch zu eng.[105]

6. Gewohnheitsrecht, Richterrecht. Da **Gewohnheitsrecht** außerhalb 24
eines förmlichen Verfahrens entsteht, fehlt es bereits an dem Bezugspunkt der Kompetenzkataloge der Art. 71 ff.[106] Die Qualifikation als Landes- oder Bundesgewohnheitsrecht kann allerdings für die Modalitäten der Änderung durch formelles Recht relevant werden.[107] Entsprechend richtet sich die Einordnung nach der Kompetenz für eine hypothetische formell-gesetzliche Regelung.[108] Eine bundeseinheitliche Geltung des Gewohnheitsrechts schließt dabei die Einordnung als übereinstimmendes Landesgewohnheitsrecht nicht zwingend aus, bildet allerdings ein Indiz für die Qualifikation als Bundesrecht.[109]

Die Einordnung von **Richterrecht** hängt von den formell-gesetzlichen 25
Regelungen ab, die das Richterrecht ergänzt, unabhängig davon, ob es sich um einen Spruchkörper des Bundes oder der Länder handelt.[110]

VI. Ausdrückliche Kompetenzen des Bundes

Ausdrückliche Gesetzgebungskompetenzen des Bundes sind neben den 26
Kompetenzkatalogen aus Art. 73 und 74 sowie dem Abschnitt zum Finanzverfassungsrecht (Art. 104a ff.) mit unterschiedlichen Formulierungen bei den jeweiligen Regelungsbereichen vorgesehen. Ein entsprechender kompetenzbegründender Hinweis auf ein Bundesgesetz, das Näheres regelt, findet sich etwa in **Art. 4 Abs. 3 S. 2** zum Recht der Verweigerung des Kriegsdiensts mit der Waffe, in **Art. 21 Abs. 5** zum Recht der politischen Parteien, in **Art. 22 Abs. 1 S. 3** zur Repräsentation des Gesamtstaats in der Hauptstadt, in **Art. 23 Abs. 3 S. 3** zu Angelegenheiten der EU, in **Art. 24 Abs. 1** zur Übertragung von Hoheitsrechten auf zwischenstaatliche Einrichtungen, in **Art. 26 Abs. 2 S. 2** zur Kriegswaffenkontrolle, in **Art. 29 Abs. 2 S. 1, Abs. 4, Abs. 5 S. 2, Abs. 6 S. 2 und Abs. 8 S. 5 HS. 2** zu Maßnahmen der Neugliederung des Bundesgebiets, in **Art. 38 Abs. 3** zum Wahlrecht des Bundestags, in **Art. 41 Abs. 3** zur Wahlprüfungsbeschwerde, in **Art. 45b**

---

[101] Dafür *Degenhart* in Sachs Rn. 22; *Dreier* in Dreier Art. 31 Rn. 29; *Heintzen* in BK Rn. 96; *Wittreck* in Dreier Art. 30 Rn. 25; *Wittreck* in Dreier Vorb. zu Art. 70–74 Rn. 32; Differenzierung zwischen bloß formellem und staatsrechtlichem Verfassungsrecht bei *Herbst* in BerlKomm Rn. 14 ff. und *Herbst,* Gesetzgebungskompetenzen im Bundesstaat, 2014, 281.

[102] So *Uhle* in Maunz/Dürig Rn. 40.

[103] *Sacksofsky* NVwZ 1993, 239.

[104] So wohl die Differenzierung zwischen der Änderung von Verfassungsnormen und der Verfassungsgebung durch die Länder bei *Umbach/Clemens* in MAK II Rn. 10.

[105] *Uhle* in Maunz/Dürig Rn. 39.

[106] *Heintzen* in BK Rn. 98; *Herbst* in BerlKomm Rn. 21; *Uhle* in Maunz/Dürig Rn. 46.

[107] Zweifelnd *Wittreck* in Dreier Vorb. zu Art. 70–74 Rn. 33.

[108] BVerfGE 61, 149 (203 f.); *Degenhart* in Sachs Rn. 26; *Heintzen* in BK Rn. 98; *Uhle* in Maunz/Dürig Rn. 47.

[109] *Degenhart* in Sachs Rn. 26; relativierend *Uhle* in Maunz/Dürig Rn. 47.

[110] *Degenhart* in Sachs Rn. 28; *Heintzen* in BK Rn. 98, mit Konsequenzen für das richterrechtliche Arbeitskampfrecht; BAGE 33, 140 (160); *Uhle* in Maunz/Dürig Rn. 48.

S. 2 zum Wehrbeauftragten, in **Art. 45c Abs. 2** zu Befugnissen des Petitionsausschusses, in **Art. 45d Abs. 2** zum Parlamentarischen Kontrollgremium, in **Art. 48 Abs. 3 S. 3** zur Entschädigung der Abgeordneten des Deutschen Bundestags, in **Art. 54 Abs. 7** zur Wahl und Amtsdauer des Bundespräsidenten, in **Art. 59 Abs. 2** zur parlamentarischen Zustimmung zu völkerrechtlichen Verträgen, in **Art. 87 Abs. 1 S. 2 und Abs. 3** zur Einrichtung bestimmter Sicherheitsbehörden, selbständiger Bundesoberbehörden und bundesmittelbare Körperschaften und Anstalten, in **Art. 87d Abs. 1 S. 3** zur Luftverkehrsverwaltung, in **Art. 87f Abs. 3** zur Führung der aus dem Sondervermögen Deutsche Bundespost hervorgegangenen Unternehmen, in **Art. 91a Abs. 3 S. 3** zur Mitwirkung des Bundes bei Länderaufgaben, in **Art. 94 Abs. 2 S. 1** zum Verfahrensrecht in Verfahren vor dem Bundesverfassungsgericht, in **Art. 95 Abs. 3 S. 2** zur Bildung eines gemeinsamen Senats der obersten Gerichtshöfe, in **Art. 96 Abs. 2 S. 3** zur Einrichtung von Wehrstrafgerichten, in **Art. 98 Abs. 1** zur Rechtsstellung von Bundesrichtern, in **Art. 115c Abs. 1 S. 1 und Abs. 2** zu Gesetzgebungszuständigkeiten im Verteidigungsfall, in **Art. 115 Abs. 3** zum Friedensschluss, in **Art. 118 S. 2** zu den Modalitäten der Neugliederung im südwestdeutschen Raum, in **Art. 120 Abs. 1 S. 1** zu den Kriegsfolgelasten, in **Art. 125a Abs. 2 S. 2** zur Ermöglichung der Ersetzung von fortgeltendem Bundesrecht durch Landesrecht, in den **Art. 131 Abs. 1 S. 1 und 2, Art. 135 Abs. 4 und 6, Art. 135a Abs. 1 und 2** zu bestimmten Fragen des Übergangs von Rechtsverhältnissen und des Vermögens nach dem Ende des Zweiten Weltkriegs, in **Art. 143a Abs. 1 S. 1** zu den Einzelheiten der Privatisierung der Bundeseisenbahnen, in **Art. 143b Abs. 1, 2 und 3 S. 3** zu Fragen der Umwandlung des Sondervermögens Deutsche Bundespost in private Unternehmen sowie in **Art. 143d Abs. 1 S. 7** zu Übergangsregelungen bei den Vorgaben an die Begrenzung der Haushaltsdefizite. Teilweise ist die Ermächtigung zum Erlass eines Bundesgesetzes zugleich mit der Notwendigkeit einer Zustimmung des Bundesrates verbunden, so in **Art. 16a Abs. 2 S. 2 und Abs. 3 S. 1** zum Asylrecht, in **Art. 23 Abs. 1 S. 2, Abs. 1a S. 3 sowie Abs. 7** zu Angelegenheiten der Europäischen Union, in **Art. 29 Abs. 7 S. 1 und 2** bei Maßnahmen der Neugliederung des Bundesgebiets, in **Art. 84 Abs. 1 S. 5 und 6** bei Regelungen des Verwaltungsverfahrens ohne Abweichungsmöglichkeit der Länder, in **Art. 84 Abs. 5 S. 1** bei der Befugnis zur Erteilung von Einzelweisungen, in **Art. 85 Abs. 1 S. 1** bei der Einrichtung der Behörden in der Bundesauftragsverwaltung, in **Art. 87b Abs. 1 S. 2** bei Aufgaben der Beschädigtenversorgung und des Bauwesens in der Bundeswehrverwaltung, in **Art. 87b Abs. 2** zum Verwaltungsvollzug von Bundesgesetzen zur Verteidigung und zum Schutz der Zivilbevölkerung, in **Art. 87c** zur Ausführung von Bundesgesetzen auf dem Gebiet der Kernenergie durch die Länder im Auftrag des Bundes, in **Art. 87d Abs. 2** zur Übertragung von Aufgaben der Luftverkehrsverwaltung, in **Art. 87e Abs. 1 S. 2, Abs. 2, Abs. 3 S. 3 und 4 sowie Abs. 4** zu Fragen der Eisenbahnverkehrsverwaltung, in **Art. 87f Abs. 1** zur Universaldienstgewährleistung im Bereich der Post und Telekommunikation, in **Art. 91a Abs. 2** zur Bestimmung der Gemeinschaftsaufgaben bei der Mitwirkung des Bundes bei Länderaufgaben, in **Art. 91c Abs. 4** zu den Einzelheiten der Errichtung und des Betriebs eines Verbindungsnetzes, in **Art. 91e Abs. 3** zu den Einzelheiten des Zusammenwirkens von Bund und Ländern bei der Grundsicherung für Arbeitssuchende, in **Art. 96 Abs. 5** zur Ausübung der Gerichtsbarkeit durch die Gerichte der Länder für bestimmte Strafverfahren, in **Art. 115c Abs. 3** zur Regelung der Verwaltung und des Finanzwesens des Bundes und der Länder im Verteidigungsfall, in **Art. 115k Abs. 3 S. 2** zur Änderung bestimmter während des Verteidigungsfalls erlassener Gesetze nach dessen Ende, in **Art. 120a Abs. 1 S. 1** zur Durchführung des Lastenausgleichs, in **Art. 134 Abs. 4** und **Art. 135 Abs. 5** zu bestimmten Fragen von Vermögensübergängen und Ausgleichsregelungen nach dem Ende des Zweiten Weltkriegs, in **Art. 143a Abs. 3 S. 3** zu Übergangsfragen des Schienenpersonennahverkehrs im Zuge der Umwandlung der Bundeseisenbahnen, in **Art. 143b Abs. 2** zur Verleihung von Sonderrechten und zur Aufgabe der Kapitalmehrheit an bestimmten Nachfolgeunternehmen der Deutschen Bundespost, in **Art. 143c Abs. 4** zum finanziellen Ausgleich des Wegfalls bestimmter Finanzierungsanteile des Bundes, in **Art. 143d Abs. 2 S. 3 und 5 sowie Abs. 3 S. 2** zu den Modalitäten von Konsolidierungshilfen und dem Abbau von Finanzdefiziten im Rahmen der Vorgaben an die Begrenzung der Haushaltsdefizite sowie in **Art. 143e Abs. 1 S. 2** zur Umwandlung der Auftragsverwaltung bei Bundesautobahnen.

VII. Ungeschriebene Kompetenzen

Aus der enumerativen Zuweisung ausschließlicher und konkurrierender 27
Kompetenzen des Bundes verbleiben Bereiche als Residualkompetenzen bei den Ländern, die aus unterschiedlichen Gründen als Lücken der Bundeskompetenz wahrgenommen werden. Literatur und Rechtsprechung nehmen deshalb verschiedene Arten **ungeschriebener Kompetenzen** an,[111] deren enge Voraussetzungen mit Blick auf die Eigenständigkeit der Länder einer strengen Prüfung unterliegen.[112] Reichweite und Hintergrund der verschiedenen Fallgruppen dieser ungeschriebenen Kompetenzen sind unterschiedlich.

1. Kompetenz kraft Sachzusammenhangs. Kompetenzen kraft 28
Sachzusammenhangs relativieren Grenzen, die sich aus der vertikalen Trennung enumerativer und bereichsbezogener Kompetenztitel ergeben können.[113] Ein solcher Sachzusammenhang liegt nach der Rechtsprechung vor, „wenn eine dem Bund ausdrücklich zugewiesene Materie verständigerweise nicht geregelt werden kann, ohne dass zugleich eine nicht ausdrücklich zugewiesene andere Materie mitgeregelt wird".[114] Charakteristisch ist nach dieser Formel der untrennbare Zusammenhang, nach dem „ein Übergreifen in nicht ausdrücklich zugewiesene Materien unerlässliche Voraussetzung ist für die Regelung einer der Bundesgesetzgebung zugewiesenen Materie".[115] Folge dieser Zusammengehörigkeit kann im Bereich der konkurrierenden Zuständigkeiten eine Sperrwirkung bei der Annahme einer beabsichtigten Lücke sein.[116] Der Sache nach begründet die Figur des Sachzusammenhangs

[111] Zur Terminologie kritisch *Degenhart* in Sachs Rn. 29: eher implizit verliehen.

[112] Zur Annexkompetenz siehe aus der Rechtsprechung nur BVerfGE 132, 1 (6, Rn. 19); aus der Literatur *Degenhart* in Sachs Rn. 30.

[113] Ausführlich *Uhle* in Maunz/Dürig Rn. 67 ff. und *Herbst* in BerlKomm Rn. 64 ff.

[114] BVerfGE 140, 65 Rn. 60 mwN; aus der Literatur nur mit weiteren Nachweisen zur Rechtsprechung *Pieroth* in Jarass/Pieroth Rn. 9; *Sannwald* in SHH Vorb. zu Art. 70 Rn. 35.

[115] BVerfGE 140, 65 Rn. 60.

[116] BVerfGE 98, 265 (300), zur Entscheidung *Rüfner* ZG 1999, 366 ff.; kritisch die Literatur, *Rozek* in MKS Rn. 46; *Herbst* in BerlKomm Rn. 72; *Uhle* in Maunz/Dürig Rn. 69; typischerweise dürfte sich die Kompetenz kraft Sachzusammenhangs allerdings auf punktelle Fragen beschränken, *Heintzen* in MKS Rn. 175.

eine sich aus dem Regelungsansatz ergebende erweiternde Auslegung der Kompetenztitel des Bundes, bei der nicht klar ist, inwieweit der Bund zur Aktualisierung des Sachzusammenhangs ein Regelungskonzept und dessen Voraussetzungen formulieren kann oder im Fall des absichtsvollen Regelungsverzichts muss.[117] Aspekte der Zweckmäßigkeit allein genügen insoweit jedenfalls nicht.[118]

29 **2. Annexkompetenzen. Annexkompetenzen** des Bundes ergänzen ausdrückliche Kompetenzen des Bundes in funktionaler Hinsicht um unselbständige Elemente.[119] In Abgrenzung zur Kompetenz kraft Sachzusammenhangs wird sie schlagwortartig als Erweiterung in die Tiefe gegenüber einer Erweiterung in die Breite durch Sachzusammenhang beschrieben,[120] aber auch als Unterfall der Kompetenz kraft Sachzusammenhangs eingeordnet.[121] Wie auch bei der Kompetenz kraft Sachzusammenhangs setzt die ungeschriebene Erweiterung der Bundeskompetenz eine über die Zweckmäßigkeit hinausgehende Erforderlichkeit für eine effektive Regelung voraus.[122] Die funktionale Begründung der Annexkompetenz führt zuweilen zu einer Einschränkung der Klarheit im formellen, bipolaren Konzept der Kompetenzabgrenzung.[123] Zum einen lassen sich Annexkompetenzen oftmals mehreren Kompetenztiteln als Annex zuordnen und nur begrenzt nach abstrakten Kriterien systematisieren.[124] Zum anderen kann die Annahme von Annexkompetenzen etwa zur öffentlichen Kommunikation oder zur Regelung der Auskunftserteilung durch die Rechtsprechung dazu führen, dass für querschnittartige Bereiche wie etwa die Bereitstellung von Informationen für die Öffentlichkeit oder für Vertreter der Presse Regelungslücken entstehen.[125]

30 **3. Kompetenz kraft Natur der Sache.** Dem Bund steht eine Gesetzgebungskompetenz kraft **Natur der Sache** für solche Gegenstände zu, die begriffsnotwendig nur durch ein Bundesgesetz geregelt werden können.[126] Im Grunde handelt es sich bei dieser Art der Kompetenzbegründung um das Gegenstück zur Gewährleistung der Eigenständigkeit der Länder.[127] Entsprechend eng ist der Anwendungsbereich, vor allem bei neu hinzutretenden

---

[117] Kritisch insoweit die Sondervoten des Vizepräsidenten *Papier* und der Richterinnen *Graßhof* und *Haas* in BVerfGE 98, 265 (330 ff.) unter II.; *Wittreck* in Dreier Vorb. zu Art. 70–74 Rn. 47.

[118] *Wittreck* in Dreier Vorb. zu Art. 70–74 Rn. 47 f.; *Heintzen* in BK Rn. 176 f. jeweils mit Beispielen aus der Rechtsprechung zu angenommenen und abgelehnten Fällen eines Sachzusammenhangs.

[119] Ausführlich *Herbst* in BerlKomm Rn. 75 ff. und *Uhle* in Maunz/Dürig Rn. 71 ff.

[120] *Heintzen* in BK Rn. 178; Charakterisierung als „Ausdehnung einer ausdrücklich zugeteilten Kompetenz in das Stadium der Vorbereitung und der Durchführung von Vorschriften" bei *Sannwald* in SHH Vorb. zu Art. 70 Rn. 39; kritisch zum Mehrwert der Differenzierung *Seiler* in BeckOK GG Rn. 23.

[121] *Wittreck* in Dreier Vorb. zu Art. 70–74 Rn. 49; *Pieroth* in Jarass/Pieroth Rn. 12.

[122] *Degenhart* in Sachs Rn. 38; *Heintzen* in BK Rn. 178; *Uhle* in Maunz/Dürig Rn. 71 ff. mit Auflistung.

[123] → Rn. 3.

[124] *Heintzen* in BK Rn. 181.

[125] Zu Auskunftsansprüchen der Presse gegenüber Bundesbehörden BVerwGE 146, 56 (61 ff.); BVerwG NVwZ 2016, 945.

[126] BVerfGE 11, 89 (98 f.) im Anschluss an *Anschütz* in HdbStR I, 367; im weiteren BVerfGE 12, 205 (250 ff.); 15, 1 (24); 22, 180 (217); 26, 246 (257); aus der Literatur *Degenhart* in Sachs Rn. 31; *Heintzen* in BK Rn. 182, *Sannwald* in SHH Vorb. zu Art. 70 Rn. 31; *Seiler* in BeckOK GG Rn. 24; *Uhle* in Maunz/Dürig Rn. 75 ff.

[127] Als „die gesamte Verfassung umfassende systematische Auslegung" eingeordnet bei *Pieroth* in Jarass/Pieroth Rn. 13; *Wittreck* in Dreier Vorb. zu Art. 70–74 Rn. 45.

Regelungsfragen.[128] Allein eine besondere Zweckmäßigkeit einer bundesweit einheitlichen Regelung, insbesondere durch die überregionale Bedeutung der Frage, genügt insoweit nicht, zumal angesichts der Möglichkeit der Länder zur Kooperation, wie etwa im Rundfunk.[129] Diese heterogenen Fallgruppen betreffen Sachverhalte der Organisation oder Repräsentation des Bundes sowie Fragen bundesweiter Raumplanung.[130]

C. Verhältnis zu anderen Bestimmungen des Grundgesetzes

Art. 70 stellt das **Grundkonzept der Kompetenzverteilung** zwischen Bund und Ländern heraus und führt die grundsätzliche Unterscheidung zwischen den Kompetenztypen der ausschließlichen und der konkurrierenden Gesetzgebung ein. Diese grundsätzliche Regelung wird ergänzt um ein **besonderes Regime im Finanzverfassungsrecht,**[131] das allerdings die allgemeinen Regelungen nur insoweit verdrängt, als es besondere abschließende Regelungen trifft, also etwa hinsichtlich des *numerus clausus* der Leistungspflichten.[132] Im Übrigen ist die Einführung der Kompetenztitel auf Verzahnung zu den anderen kompetenzbezogenen Vorschriften des Grundgesetzes angelegt, die dem Bunde Gesetzgebungszuständigkeiten zuweisen.[133] **31**

Einzelnen Kompetenztiteln der Art. 70 ff. ist über die Befugnis zur Gesetzgebung hinaus ein **materiell-rechtlicher Gehalt** zuerkannt worden,[134] etwa bei der Interpretation der Schutzbereiche und der Einschränkbarkeit von Grundrechten, als Ausdruck einer Grundentscheidung für eine wirksame militärische Landesverteidigung[135] oder eines Sicherheitssystems der Bundes- **32**

---

[128] *Heintzen* in BK Rn. 182; *Herbst* in BerlKomm Rn. 33, 34; *Karpen/Becker* JZ 2001, 966 (967).

[129] Dazu BVerfGE 12, 205 (242); 73, 118 (196 f.); andere in der Rechtsprechung des Bundesverfassungsgerichts abgelehnten Fälle einer Kompetenz kraft Natur der Sache aus jüngerer Zeit betreffen Regelungen für die deutsche Rechtschreibung, BVerfGE 98, 218 (249), und Kampfhunde, BVerfGE 110, 141 (173), weitere Beispiele bei *Heintzen* in BK Rn. 185; *Wittreck* in Dreier Vorb. zu Art. 70–74 Rn. 46.

[130] Beispiele aus der frühen Rechtsprechung beziehen sich etwa auf die Festlegung des Sitzes der Bundesregierung, BVerfGE 3, 407 (422), die gesamtstaatliche Raumplanung, BVerfGE 3, 407 (427 f.), die Ausgestaltung der Beschäftigungsverhältnisse von Angehörigen des Öffentlichen Dienstes der DDR nach der Wiedervereinigung, BVerfGE 84, 133; weitere Beispiele bei *Heintzen* in BK Rn. 184; *Wittreck* in Dreier Vorb. zu Art. 70–74 Rn. 46.

[131] → Vorb. zu Art. 104a Rn. 1: besondere Kompetenzordnung.

[132] BVerfGE 67, 256 (286).

[133] → Rn. 26.

[134] BVerfGE 7, 377 (401): mit Blick auf den Kompetenztitel für die Zulassung zu ärztlichen und anderen Heilberufen und zum Heilgewerbe sind Regelungen der Berufszulassung nicht schlechthin durch Art. 12 Abs. 1 ausgeschlossen; BVerfGE 28, 243 (261): verfassungsrechtlicher Rang von Einrichtung und Funktionsfähigkeit der Bundeswehr in der Abwägung mit dem Recht auf Kriegsdienstverweigerung; BVerfGE 53, 30 (56): Nutzung der Kernenergie zu friedlichen Zwecken jedenfalls im Grundsatz verfassungsrechtlich zulässig, in der Sache bereits ebenso BVerfGE 49, 89 (127); aus der Literatur siehe nur die Aufarbeitung auch in Gegenüberstellung zur reinen Kompetenzlehre anhand der Kompetenznormen aus Art. 105 ff. bei *Pestalozza,* Der Staat 11 (1972), 161 (166 ff.); allgemeiner *Pieroth* AöR 114 (1989), 422 ff.; *Jestaedt* in Aulehner/Dengler/Konrad/Langer/Lepsius/Möstl/Pfab/Stender/Waldhoff Föderalismus – Auflösung oder Zukunft der Staatlichkeit?, 315 ff.; *Becker* DÖV 2002, 397 (399 ff.); *Kirchhof* FS f. Rengeling, 2008, 567 ff.; *Rengeling* in HdbStR VI § 135 Rn. 18 ff.; weitgehend *Bleckmann* DÖV 1983, 129 ff.; für die Bereiche Zuwanderungskontrolle und Grenzschutz *Möstl* AöR 142 (2017), 175 (188 ff.).

[135] Siehe nur BVerfGE 69, 1 (21) und *Rengeling* in HdbStR VI § 135 Rn. 97; näher → Art. 73 Rn. 6, Fn. 33.

republik Deutschland.[136] Kompetenztitel werden dabei allerdings nicht grundsätzlich mit materiell-rechtlichen Gehalten verknüpft, sondern die Annahme über die Kompetenzzuweisung hinausgehender Wirkungen der Norm ist eine Frage der Auslegung im Einzelfall,[137] bei der dem systematischen Verhältnis insbesondere zu absehbar konfligierenden Grundrechten eine wesentliche Bedeutung zukommt. Dabei kommt der systematischen Interpretation zur Begründung materiell-rechtlicher Gehalte in erster Linie dort Überzeugungskraft zu, wo die Annahme eines (zu) weitreichenden Grundrechtsschutzes andernfalls der Ausübung der Gesetzgebungsbefugnis schlechthin entgegenstehen würde.[138]

D. Kritische Würdigung

33 Sowohl der grundsätzliche Modus zur Verteilung der Zuständigkeit für die Gesetzgebung zwischen Bund und Ländern als auch die Einführung der beiden Kompetenztypen ergeben sich implizit auch aus den Art. 71–74. Insofern könnte man die Grundsatznorm als nicht notwendig oder hinsichtlich der Reichweite vermeintlicher Vermutungsregeln[139] sogar als irreführend ansehen. Ihre wesentliche Funktion liegt darin, durch ihren programmatischen Charakter einen **normativen Rahmen für konzeptionelle Grundverständnisse** zu setzen und dadurch die Auslegung der Art. 71 ff. anzuleiten,[140] etwa indem sie die Eigenständigkeit der Länder betont und dadurch bei Einschränkungen ihrer Verfassungsautonomie die Begründungslasten verschiebt.[141] Art. 70 gewinnt damit Bedeutung für Fragen der Kompetenzverteilung, die nicht ausdrücklich geregelt und teilweise in Normtexten auch kaum umfassend regelbar sind.

Literatur

A. Anter, Die Natur der Sache und der Hüter der Verfassung, ZfP 2004, 277. – ***H. Aust,*** Grundrechtsdogmatik im Staatsorganisationsrecht?, AöR 141 (2016), 415. – ***T. Barczak,*** Legislativbefugnisse im Lückenbereich – Eine methoden- und verfassungsrechtliche Kritik an der Verdrängung der Gesetzgebungskompetenz der Länder durch „absichtsvollen Regelungsverzicht", ZG 31 (2016), 154. – ***H. Bauer,*** Die Bundestreue, 1992. – ***J. Becker,*** Materielle Wirkung von Kompetenz-, Organisations- und Zuständigkeitsregelungen des Grundgesetzes?, DÖV 2002, 397. – ***A. Bleckmann,*** Zum materiellrechtlichen Gehalt der Kompetenzbestimmungen des Grundgesetzes, DÖV 1983, 129. –***S. Boysen,*** Gleichheit im Bundesstaat, 2005. – ***W. Brohm,*** Kompetenzüberschneidungen im Bundesstaat, DÖV 1983, 525. – ***Ch. Bumke,*** Gesetzgebungskompetenz unter bundesstaatlichem Kohärenzzwang, ZG 14 (1999), 376. – ***M. Cornils,*** Der medienrechtliche Auskunftsanspruch in der Kompetenzordnung des Grundgesetzes, DÖV 2013, 657. – ***W. Cremer,*** Ungeschriebene Gesetzgebungszuständigkeiten kraft Sachzusammenhangs?, ZG 20 (2005), 29. – ***C. Degenhart,*** Die Charakteristika der Ländergesetzgebung und der ausschließlichen Gesetzgebung des Bundes nach der

[136] BVerfGE 146, 1 (49 f., Rn. 110), zusammen mit Art. 45d und Art. 87 Abs. 1 S. 2.

[137] *Jestaedt* in Aulehner/Dengler/Konrad/Langer/Lepsius/Möstl/Pfab/Stender/Waldhoff Föderalismus – Auflösung oder Zukunft der Staatlichkeit?, 315 (322); *Becker* DÖV 2002, 397 (398).

[138] BVerfGE 53, 30 (56); zu typischen Kriterien näher *Jestaedt* in Aulehner/Dengler/Konrad/Langer/Lepsius/Möstl/Pfab/Stender/Waldhoff Föderalismus – Auflösung oder Zukunft der Staatlichkeit?, 315 (322 ff.).

[139] → Rn. 12.

[140] → Rn. 1 und 5.

[141] → Rn. 23; → Art. 71 Rn. 7.

Föderalismusreform, in Heintzen/Uhle (Hrsg.), Neuere Entwicklungen im Kompetenzrecht, 2014, 65. – ***C. Degenhart,*** Zehn Jahre Föderalismusreform – Was hat sich geändert?, in Papier/Münch/Kellermann (Hrsg.), Föderalismus. Der deutsche Bundesstaat in der Europäischen Union, 2018, 27. – ***W. Erbguth,*** Bundesstaatliche Kompetenzverteilung im Bereich der Gesetzgebung, DVBl. 1988, 317. – ***H.-U. Erichsen,*** Die Verteilung der Gesetzgebungszuständigkeiten nach dem GG, Jura 1993, 385. – ***M. Fehling,*** Mechanismen der Kompetenzabgrenzung in föderativen Systemen im Vergleich, in Aulehner/Dengler/Konrad/Langer/Lepsius/Möstl/Pfab/Stender/Waldhoff (Hrsg.), Föderalismus – Auflösung oder Zukunft der Staatlichkeit?, 1997, 31. – ***W. Försterlin,*** Kompetenzrechtliche Probleme nach der Föderalismusreform, ZG 22 (2007), 36. – ***A. Gamper,*** Föderale Kompetenzverteilung in Europa: Vergleich und Analyse aus verfassungsrechtlicher Sicht, in Gamper/Bußjäger/Karlhofer/Pallaver/Obwexer (Hrsg.), Föderale Kompetenzverteilung in Europa, 2016, 763. – ***U. Häde,*** Zur Föderalismusreform in Deutschland, JZ 2006, 930. – ***U. Häde,*** Die Ergebnisse der zweiten Stufe der Föderalismusreform, AöR 135 (2010), 541. – ***K. Harms,*** Kompetenzen des Bundes aus der Natur der Sache?, Staat 33 (1994), 409. – ***M. Heintzen,*** Die Beidseitigkeit der Kompetenzverteilung im Bundesstaat, DVBl. 1997, 689. – ***M. Heintzen,*** Die Charakteristika der Ländergesetzgebung und der ausschließlichen Gesetzgebung des Bundes nach der Föderalismusreform, in Heintzen/Uhle (Hrsg.), Neuere Entwicklungen im Kompetenzrecht, 2014, 47. – ***R. Hendler,*** Unitarisierungstendenzen im Bereich der Gesetzgebung, ZG 2 (1987), 210. –***T. Herbst,*** Gesetzgebungskompetenzen im Bundesstaat, 2014. – ***C. Hillgruber,*** Klare Verantwortungsteilung von Bund, Ländern und Gemeinden?, JZ 2004, 837. – ***P. Huber,*** Klare Verantwortungsteilung von Bund, Ländern und Kommunen?, Verhandlungen des 65. Deutschen Juristentages, Band I, 2004, Gutachten D. – ***P. Huber/A. Uhle,*** Die Sachbereiche der Landesgesetzgebung nach der Föderalismusreform. Anmerkungen zur Verfassungsreform von 2006 und zu neueren Entwicklungen im Recht der Gesetzgebungsbefugnisse der Länder, in Heintzen/Uhle (Hrsg.), Neuere Entwicklungen im Kompetenzrecht, 2014, 83. – ***J. Ipsen,*** Die Kompetenzverteilung zwischen Bund und Ländern nach der Föderalismusnovelle, NJW 2006, 2801. – ***H. Jarass,*** Allgemeine Probleme der Gesetzgebungskompetenz des Bundes, NVwZ 2000, 1089. – ***M. Jestaedt,*** Zuständigkeitsüberschießende Gehalte bundesstaatlicher Kompetenzvorschriften – Plädoyer für eine allgemeine Normgehaltslehre, in Aulehner/Dengler/Konrad/Langer/Lepsius/Möstl/Pfab/Stender/Waldhoff (Hrsg.), Föderalismus – Auflösung oder Zukunft der Staatlichkeit?, 1997, 315 ff. – ***U. Karpen/S. Becker,*** Das Bundesstaatsprinzip in der Rechtsprechung des Bundesverfassungsgerichts und der Verfassungsgerichte der Länder, JZ 2001, 966. – ***P. Kirchhof,*** Der materielle Gehalt der Kompetenznormen, FS f. Rengeling, 2008, 567 ff. – ***A. Klafki,*** Kooperationsmechanismen im modernen Bundesstaat, VerWarch 109 (2018), 96. – ***H. Klatt,*** Deutsche Einheit und bundesstaatliche Ordnung – Das föderale System der Bundesrepublik Deutschland im Umbruch, VerwArch 82 (1991), 430. – ***S. Korioth,*** Der deutsche Föderalismus – auf dem Weg zu einem dezentralisierten Einheitsstaat?, FS f. Papier, 2013, 133. – ***S. Korioth,*** Der deutsche Föderalismus im vereinten Europa, in Papier/Münch/Kellermann (Hrsg.), Föderalismus. Der deutsche Bundestaat in der Europäischen Union, 2018, 11. – ***S. Oeter,*** Deutschland – Exekutivföderalismus im Korsett des unitarischen Bundesstaats, in Gamper/Bußjäger/Karlhofer/Pallaver/Obwexer (Hrsg.), Föderale Kompetenzverteilung in Europa, 2016, 103. – ***M. Pechstein/A. Weber,*** Gesetzgebungskompetenzen nach dem GG, Jura 2003, 82. – ***C. Pestalozza,*** Der Garantiegehalt der Kompetenznorm, Der Staat 11 (1972), 161. – ***B. Pieroth,*** Materielle Rechtsfolgen grundgesetzlicher Kompetenz- und Organisationsnormen, AöR 114 (1989), 422. – ***D. Reich,*** Zum Einfluß des Europäischen Gemeinschaftsrechts auf die Kompetenzen der deutschen Bundesländer, EuGRZ 2001, 1. – ***J. Rozek,*** Hintergründe, Motive und Ziele der Föderalismusreform von 2006, in Heintzen/Uhle (Hrsg.), Neuere Entwicklungen im Kompetenzrecht, 2014, 11. – ***R. Sannwald,*** Die Neuordnung der Gesetzgebungskompetenzen und des Gesetzgebungsverfahrens im Bundesstaat, 1996 – ***E. Schmidt-Jortzig,*** „Abweichungsgesetzgebung“ als neues Kompetenzverteilungsinstrument zwischen den Gliederungsebenen des deutschen Bundesstaats, in Härtel (Hrsg.), Handbuch Föderalismus – Föderalismus als demokratische Rechtsordnung und Rechtskultur in Deutschland, Europa und der Welt I, 2012, § 20, 611. – ***R. Scholz,*** Ausschließliche und konkurrierende Gesetzgebungszuständigkeit von Bund und Ländern in der Rechtsprechung des Bundesverfassungsgerichts, in Badura/Dreier, Festschrift 50 Jahre Bundesverfassungsgericht, Bd. 2, Klärung und Fortbildung des Verfassungsrechts, 2001, 252. – ***U. Schröder,*** Kriterien und Grenzen der Gesetzgebungskompetenz kraft Sachzusammenhangs nach dem GG, 2007. – ***M. Stehr,*** Gesetzgebungskompetenzen im Bundesstaat. Ein Beitrag zur Reform des Föderalismus und zur Stärkung der Landesparlamente, 2001. – ***R. Stettner,*** Grundfragen einer Kompetenzlehre, 1983. – ***R. Stettner,*** Auswirkungen der Europäisierung der Rechtsetzung auf die nationalen Gesetzgebungskompetenzen, in Heintzen/Uhle (Hrsg.), Neuere Entwicklungen im Kompetenzrecht, 2014, 29. – ***R. Streinz,*** Auswirkungen der Kompetenzverteilung zwischen Union und Mitgliedstaaten auf die Kompetenzordnung in den Mitgliedstaaten, in Gamper/Bußjäger/Karlhofer/Pallaver/Obwexer (Hrsg.), Föderale Kompetenzverteilung in Europa, 2016, 663. – ***R. Sturm,*** Autonomieverlust der Länder. Föderale Kompetenzverteilung in Deutschland, in Gamper/Bußjäger/Karlhofer/Pallaver/Obwexer (Hrsg.), Föderale Kompetenzverteilung in Europa, 2016, 129. – ***A. Uhle,*** Normativ-rezeptive Kompetenzzuweisung und Grundgesetz, 2015. – ***R. Wagner,*** Die Konkurrenzen der Gesetzgebungskompetenzen von Bund und Ländern, 2011. – ***C. Weltecke,*** Gesetzgebung im Bundesstaat, 2011. – ***F. Wittreck,*** Die Bundestreue, in Härtel (Hrsg.), Handbuch Föderalismus – Föderalismus als demokratische Rechtsordnung und Rechtskultur in Deutschland, Europa und der Welt I, 2012, § 18, 497.

Art. 71 [Ausschließliche Gesetzgebung]

Im Bereiche der ausschließlichen Gesetzgebung des Bundes haben die Länder die Befugnis zur Gesetzgebung nur, wenn und soweit sie hierzu in einem Bundesgesetze ausdrücklich ermächtigt werden.

A. Allgemeine Bedeutung

Der **Regelungsgehalt** des Art. 71[1] liegt neben der begrifflichen **Definition** der ausschließlichen, an keine weiteren materielle Bedingungenn geknüpfte Gesetzgebungszuständigkeit des Bundes einschließlich einer **spiegelbildlichen Sperrwirkung** für die Gesetzgebung der Länder[2] und der damit einhergehenden Normierung eines der grundgesetzlich vorgesehenen **Gesetzgebungstypen,**[3] vor allem in der **grundsätzlichen Möglichkeit der Delegation** von Gesetzgebungsbefugnissen an die Länder.[4] Die Einzelheiten zu diesen Möglichkeiten der Delegation, etwa ungeschriebene materielle Voraussetzungen[5] und allgemeine[6] oder bereichsspezifische Grenzen[7] der Delegation, sind weniger eine Frage der Auslegung des Art. 71 als vielmehr Ausdruck des **konzeptionellen Grundverständnisses.**[8] Der Sache nach entscheidet dieses Grundverständnis etwa darüber, ob die Delegation bestimmter Bereiche eines sachlichen Grundes bedarf,[9] ob eine Delegation ganzer Bereiche oder lediglich bestimmter Einzelfragen zulässig ist[10] oder wie sich die ausschließliche Gesetzgebungszuständigkeit des Bundes zur Verfassungsautonomie der Länder verhält.[11] Dieser Zusammenhang zwischen den normativen Anforderungen an die Delegation ausschließlicher Gesetzgebungszuständigkeiten und dem konzeptionellen Grundverständnis macht die Modalitäten der Delegation auch dann zu einer aus Sicht der Staatsrechtslehre relevanten Forschungsfrage, wenn die praktische Bedeutung bislang gering blieb.[12] Ähnliche, ebenfalls durch das konzeptionelle Grund- 1

---

[1] Einordnung in drei Funktionen bei *Heintzen* in MKS Rn. 1 ff.; *Umbach/Clemens* in Umbach/Clemens Rn. 3 f.

[2] *Degenhart* in Sachs Rn. 1: Begriff erschließt sich aus dem Wortlaut; *Fischer* in BK Rn. 2; *Herbst* in BerlKomm Rn. 5; *Sannwald* in SHH Rn. 1; *Seiler* in BeckOK GG Rn. 1.

[3] *Fischer* in BK Rn. 9; näher zur systematischen Einordnung, auch als Ausdruck eines *numerus clausus* von Kompetenztypen *Heintzen* in MKS Rn. 3.

[4] *Fischer* in BK Rn. 2; *Heintzen* in MKS Rn. 2: einzig konstitutive Aussage des Art. 71.

[5] → Rn. 12.

[6] → Rn. 12.

[7] → Rn. 13.

[8] → Art. 70 Rn. 1 ff.

[9] → Rn. 12.

[10] → Rn. 12.

[11] → Rn. 7.

[12] Delegationen betrafen zu einem nicht unerheblichen Teil Sonderfälle, etwa das Gesetz über die Beschränkung der Freizügigkeit für den Raum der Insel Helgoland während der Zeit des Wiederaufbaus, das Gesetz über die Gemeindeeinfuhrsteuer auf der Insel Helgoland oder das Gesetz über die Eingliederung des Saarlands, aber auch Regelungen des Gesetzes über die politischen Parteien in der Fassung bis 1994 sowie nach umstrittener Ansicht § 1 Abs. 3 VwVfG (vgl. als Delegation bei Fragen der landesrechtlichen Rücknahme von Einbürgerungen BVerfGE 116, 24 (51 f.) einerseits, aus der Literatur nur *Degenhart* in Sachs Rn. 8 und *Heintzen* in MKS Rn. 48 andererseits) sowie § 2 Abs. 4 BPolG (aus der Literatur kritisch *Heintzen* in MKS Rn. 48; *Wittreck* in Dreier Rn. 12); Übersicht über die Anwendungsfälle bei *Fischer* in BK Rn. 111–116; *Heintzen* in MKS Rn. 48; *Herbst* in BerlKomm Rn. 47 ff. und *Wittreck* in Dreier Rn. 6; Prognose einer zukünftig zunehmenden Bedeutung

verständnis geprägte Fragen beziehen sich auf Aktivitäten der Länder außerhalb der formellen Gesetzgebung mit gezielten oder faktischen Auswirkungen auf die Ausübung der Befugnisse zur ausschließlichen Gesetzgebung durch den Bund, etwa die Ausübung „politischen Drucks" durch amtliche Befragungen zu Gegenständen der ausschließlichen Gesetzgebungszuständigkeit.[13] Dieser Einfluss konzeptioneller Grundverständnisse zieht – neben historischen Bedeutungsgehalten und Pfadabhängigkeiten von Grundbegriffen[14] – typischerweise nicht unerhebliche materiell-rechtliche Unschärfen nach sich,[15] die praktisch durch Fallgruppenbildung abgemildert werden.[16] Solche Unschärfen sprechen jedoch nicht gegen die Orientierung der Anwendung materiell-rechtlicher Institute an konzeptionellen Vorverständnissen. Auch wäre umgekehrt mit einer Formalisierung durch eine rechtliche Verortung bei den Gesetzgebungszuständigkeiten[17] nicht viel gewonnen, weil die normative Bestimmung der Relevanzschwelle den Rückgriff auf materielle Kriterien erforderlich macht[18] und dadurch die formell neutralen und klaren Tatbestände um materielle Wertungen anreichert, die durch ihren impliziten Charakter besonders anfällig für konzeptionelle Vorverständnisse sind. Ein Gewinn an methodischer Rationalität dürfte eher darin liegen, die Relevanz des jeweiligen konzeptionellen Vorverständnisses für das verfassungsrechtliche Verhältnis von Bund und Ländern zu reflektieren und die jeweiligen Prämissen sowie Konsequenzen einer argumentativen Auseinandersetzung zugänglich zu machen, als die Anknüpfung an vermeintlich klare Normtexte zu suchen.

2 Die ausschließliche Gesetzgebungskompetenz vermittelt – in den Einzelfragen beeinflusst durch das konzeptionelle Verständnis – zum einen die an keine weitere Voraussetzung geknüpfte Ermächtigung des Bundes zur Gesetzgebung[19] und zieht umgekehrt für die Länder die Unzuständigkeit nach sich **(Sperrwirkung)**, unabhängig davon, ob und inwieweit der Bund von seiner Gesetzgebungskompetenz Gebrauch gemacht hat.[20]

---

bei *Uhle* in Maunz/Dürig Rn. 17; dagegen *Maurer* in FS f. Rudolf, 2001, 337 (340): ‚vergessene' Vorschrift.

[13] Zur Verfassungswidrigkeit des hamburgischen und bremischen Gesetzes betreffend die Volksbefragung über Atomwaffen BVerfGE 8, 104 (117 f.); aus der Literatur zu einer solchen „Ausstrahlungswirkung" *Fischer* in BK Rn. 65; *Kunig* in v. Münch/Kunig, 6. Aufl. 2012, Rn. 2; *Degenhart* in Sachs Rn. 17; *Heintzen* in MKS Rn. 27 einerseits und *Pieroth* in Jarass/Pieroth Rn. 2; *Wittreck* in Dreier Rn. 10 andererseits; näher → Rn. 9.

[14] Eingehend *Wittreck* in Härtel Handbuch Föderalismus I § 18 Rn. 4 ff.

[15] Zum Begriff der Bundestreue etwa kritisch *Wittreck* in Dreier Rn. 10: beliebige Operationalisierbarkeit.

[16] Zusammenstellung bei *Wittreck* in Härtel Handbuch Föderalismus I § 18 Rn. 26 ff.

[17] In diesem Sinn *Wittreck* in Dreier Rn. 10: „Angesichts der gravierenden Unschärfen dieser zumindest naturrechtsanalogen Figur wie ihrer beliebigen Operationalisierbarkeit ist es konsequenter, unmittelbar auf die Ausschließlichkeit der Bundeskompetenz abzustellen und jeden Versuch eines anderen Verbandes, diesbezüglich ‚Gegenmacht' aufzubauen, die eine Relevanzschwelle überschreitet, als Verstoß gegen Art. 71 i. V. m. Art. 73 GG zu werten, der etwa im Wege eines Bund-Länder-Streits festgestellt werden kann."

[18] Etwa die Einordnung jedes Versuchs der Länder, ‚Gegenmacht' aufzubauen, als unzulässig *Wittreck* in Dreier Rn. 10.

[19] *Fischer* in BK Rn. 17 und 56: uneingeschränkt.

[20] → Rn. 8.

B. Einzelfragen

I. Ausschließliche Gesetzgebung

Hintergrund des im Ausgangspunkt selbsterklärenden Begriffs der ausschließlichen Gesetzgebung bilden nach der Rechtsprechung Sachgründe des jeweiligen Bereichs: „dort, wo nach der Natur des zu regelnden Gegenstandes bei seiner rechtlichen Ordnung regionale Verschiedenheiten grundsätzlich nicht geduldet werden können oder gar nicht denkbar sind,,, steht dem Bund die ausschließliche Kompetenz zu.[21] In dieser Pauschalität ist diese Charakterisierung freilich nicht frei von Widersprüchen. Zwar begründen Sachbereiche, in denen regional oder landesspezifisch unterschiedliche Regelungen nicht denkbar sind, eine (ausschließliche) Bundeskompetenz kraft Natur der Sache auch dort, wo es an einem Kompetenztitel aus Art. 73 fehlt.[22] Jedoch zeigt schon die in Art. 71 vorgesehene Delegationsmöglichkeit auf, dass jedenfalls in einigen Bereichen der ausschließlichen Gesetzgebung landesspezifische Regelungen in Betracht kommen, ja es sogar ein Bedürfnis dafür geben kann.[23] 3

Ausdrücklich ist eine ausschließliche Gesetzgebung des Bundes neben Art. 73 noch in Art. 105 Abs. 1 sowie in Art. 143a Abs. 1 S. 1 und 143b Abs. 1 S. 2 vorgesehen. Systematisch lässt sich die in Art. 71 vorgesehene Möglichkeit der Delegation entweder nur auf Art. 73 oder verstanden als **allgemeine Regelung auf alle Fälle der ausschließlichen Gesetzgebungskompetenz** des Bundes beziehen.[24] Der Charakter von Art. 71 als Normierung eines Gesetzgebungstypus spricht dafür, Delegationen vorbehaltlich bereichsspezifischer Grenzen[25] als grundsätzlich möglich einzustufen.[26] Ferner ergibt sich eine Vielzahl ausschließlicher Gesetzgebungszuständigkeiten des Bundes[27] implizit aus dem Vorbehalt bundesgesetzlicher Regelungen,[28] die einerseits eine Länderkompetenz ausschließen und bei denen andererseits eine Einschränkung der Kompetenz im Sinne einer konkurrierenden Gesetzgebungszuständigkeit regelungsbedürftig gewesen wäre.[29] 4

II. Gesetz

„Gesetz" im Sinne des Art. 71 meint, entsprechend der Konzeption der Kompetenzregelungen in den Art. 70 ff.,[30] ein **förmliches Gesetz.**[31] Nicht von der ausschließlichen Gesetzgebungskompetenz und damit auch ihrer Sperrwirkung erfasst sind damit untergesetzliche Normen wie **Rechtsver-** 5

---

[21] BVerfGE 18, 407 (414 f.).

[22] *Heintzen* in MKS Rn. 17; zur Kompetenz kraft Natur der Sache → Art. 70 Rn. 30.

[23] → Rn. 11.

[24] Zur Auseinandersetzung vor allem im Rahmen des Art. 105 Abs. 1 *Heintzen* in Maunz/Dürig Art. 105 Rn. 41; *Herbst* in BerlKomm Rn. 27.

[25] → Rn. 13.

[26] *Heintzen* in MKS Rn. 8: Kompetenzausübungsregelung, die für alle ausschließlichen Gesetzgebungsbefugnisse des Bundes Geltung beansprucht; differenzierend allerdings zu Art. 105 Abs. 1 *Heintzen.* in MKS Rn. 11; dagegen für die Finanzverfassung unter Hinweis auf Unterschiede in der Struktur *Seiler* in BeckOK GG Art. 70 Rn. 7.

[27] Übersicht bei *Heintzen* in MKS Rn. 15.

[28] *Degenhart* in Sachs Rn. 2 mit Beispielskatalog in Rn. 3.

[29] *Heintzen* in MKS Rn. 13.

[30] → Art. 70 Rn. 3.

[31] *Degenhart* in Sachs Rn. 7 f.; *Fischer* in BK Rn. 12; *Rengeling* in HdbStR VI § 135 Rn. 1.

ordnungen[32] oder **Satzungen,**[33] auch wenn sich die Kompetenz für deren Rechtsgrundlage nach den Art. 70 ff. richten kann.[34]

6 Auch **andere Formen politischer Gestaltung** wie Beschlüsse und Willensäußerungen auf kommunaler Ebene,[35] schlichte Parlamentsbeschlüsse von Landesparlamenten, Beiträge einzelner Mitglieder eines Landesparlaments oder einer Landesregierung sowie sonstige hoheitliche Informationstätigkeit einer Landesregierung oder eines einzelnen Regierungsmitglieds werden ebenfalls nicht von den Art. 70 ff. und damit nicht von der Sperrwirkung der ausschließlichen Bundeskompetenz nach Art. 71 erfasst.[36] Gleiches gilt für informale Absprachen oder öffentliche Vereinbarungen etwa zwischen einer Landesregierung und Verbänden, auch wenn sie einer gesetzlichen Regelung zuvorkommen oder faktisch wie eine gesetzliche Regelung wirken sollen.[37]

7 Wegen der **Verfassungsautonomie der Länder** nehmen verfassungsändernde Gesetze hinsichtlich der ausschließlichen Gesetzgebungskompetenz des Bundes wie auch allgemein im föderalen Kompetenzgefüge[38] eine im Einzelnen unterschiedlich beschriebene Sonderrolle ein. Überwiegend zieht die Literatur aus dem konzeptionellen Verständnis einer Staatsqualität sowohl des Bundes als auch der Länder[39] die Konsequenz, dass die Zuweisung ausschließlicher Gesetzgebungskompetenzen zum Bund sich nicht auf Landesverfassungen[40] beziehen kann,[41] teilweise jedoch mit der Einschränkung, dass den Ländern „unmittelbare Regelungen" von Gegenständen der ausschließlichen Bundesgesetzgebung verwehrt sind.[42] Diese Einschränkung für unmittelbare Regelungen passt allerdings nur eingeschränkt zum systematischen Ausgangspunkt, zumal Überschneidungsbereiche durchaus denkbar sind.[43] Als Folge dieses Verständnisses der Verfassungsautonomie wird der Spielraum der Länder erst dann durch die Bundeskompetenz begrenzt, wenn entgegenstehende Regelungen des Bundes tatsächlich erlassen worden sind,vgl. Art. 31.[44] In der Sache handelt es sich bei der Konkretisierung der Verfassungsautonomie eher um eine konzeptionelle Wertung[45] als um eine systematische, formelle Trennung. Entsprechend deuten Unterschiede in der

---

[32] *Heintzen* in MKS Rn. 22; *Fischer* in BK Rn. 66.

[33] *Fischer* in BK Rn. 67.

[34] *Fischer* in BK Rn. 67, insbesondere unter Hinweis auf Satzungsrecht kommunaler Selbstverwaltungsträger.

[35] *Fischer* in BK Rn. 71 ff.

[36] *Fischer* in BK Rn. 75 f.; anders *Pieroth* in Jarass/Pieroth Rn. 2: Verbot von Aktitäten der Länder, die die Wahrnehmung der ausschließlichen Gesetzgebungskompetenz des Bundes erheblich beeinträchtigen; ähnlich *Schnapauff* in Hömig/Wolff; *Wittreck* in Dreier Rn. 10: jeder Versuch, Gegenmacht aufzubauen, die Relevanzschwelle überschreitet → Rn. 9.

[37] *Fischer* in BK Rn. 80 f.

[38] → Art. 70 Rn. 23.

[39] Im Zusammenhang mit der Abgrenzung der Gesetzgebungskompetenzen mwN *Maurer* FS f. Rudolf, 2001, 337 (338).

[40] Das gilt unabhängig davon, ob es sich um die Änderung oder erstmalige Verabschiedung einer Verfassung handelt → Art. 70 Rn. 23.

[41] *Degenhart* in Sachs Rn. 6; *Sacksofsky* NVwZ 1993, 235 (239); für eine Differenzierung zwischen genuin staatsrechtlichen Regelungen und bloß formellem Landesverfassungsrecht *Herbst* in BerlKomm Rn. 19 und Art. 70 Rn. 11, sowie *Herbst,* Gesetzgebungskompetenzen im Bundesstaat, 2014, 281.

[42] *Degenhart* in Sachs Rn. 6; *Wittreck* in Dreier Rn. 10.

[43] *Sacksofsky* NVwZ 1993, 235 (239) mit dem Beispiel eines landesverfassungsrechtlichen Ausweisungsverbots; auch mit Hinweis auf einen Missbrauch der „Hochzonung" als Grenze.

[44] *Wittreck* in Dreier Rn. 9; *Sacksofsky* NVwZ 1993, 235 (239), auch zu den Rechtsfolgen des Art. 31.

[45] → Art. 70 Rn. 1 ff.

Rechtsprechung der Landesverfassungsgeriche bei der Frage, inwieweit Landesverfassungsgerichte die Kompetenztitel der Art. 70 ff. als Teil der Landesverfassung nehmen und als Kontrollmaßstab heranziehen[46] einschließlich der Anforderungen eines landesverfassungsrechtlichen Verweises auf die Kompetenztitel des Grundgesetzes[47] an, dass die Verfassungsautonomie sich nicht im Sinne einer vollständigen Abstraktion der Landesverfassung von den Art. 70 ff. verstehen lässt.[48]

III. Sperrwirkung

Die mit der ausschließlichen Gesetzgebungskompetenz verbundene **Sperrwirkung**[49] ergibt sich aus der Unzuständigkeit der Länder für die Gesetzgebung sowie die damit verbundene Nichtigkeit entsprechender Landesgesetze bereits nach Art. 71,[50] grundsätzlich unabhängig davon, ob und inwieweit der Bund von seiner Gesetzgebungskompetenz Gebrauch gemacht hat.[51] Weil die sich aus der Unzuständigkeit ergebende Sperrwirkung sich auf die Gesetzgebungskompetenz bezieht, erfasst sie gegenständlich im förmlichen Gesetzgebungsverfahren erlassene Gesetze einschließlich Akte der Volksgesetzgebung,[52] nicht jedoch sonstige politische Handlungsformen.[53] In der Sache ist ihre Reichweite eine Frage der Auslegung.[54] Sind die Länder auch für 8

[46] Einerseits etwa grundsätzlich VerfGH NRW NVwZ 1993, 57 (59): „Denn das Verfassungsrecht der Gliedstaaten eines Bundesstaates besteht nicht nur aus der geschriebenen Landesverfassung; in das Landesverfassungsrecht wirken vielmehr auch Bestimmungen der Bundesverfassung hinein, so dass beide Elemente zusammen erst die Verfassung eines Gliedstaates ausmachen, um deren Auslegung ein Verfassungsstreit entbrennen kann […]“; in der Sache ebenso RhPfVerfGH NVwZ 2001, 553 (554); NdsStGH ZUM-RD 2006, 321 (324); auf das Rechtsstaatsgebot als landesverfassungsrechtlichen Anknüpfungspunkt abstellend VerfG Bbg, Urt. v. 20.3.2003, Az. 54/01, Rn. 66 sowie BayVerfGH NJW-RR 2008, 1403 (1405) sowie für die Prüfung eines Volksbegehrens BayVerfGH NJOZ 2010, 688 (691); dagegen vorbehaltlich einer ausdrücklichen landesverfassungsrechtlichen Anordnung BVerfGE 103, 332 (350): in einem betont föderativ gestalteten Staatswesen stehen die Verfassungsbereiche des Bundes und der Länder grundsätzlich nebeneinander; HessStGH NVwZ-RR 2004, 713 (720 f.): bundesverfassungsrechtliche Bestimmungen wie Grundgesetzkompetenzen nicht Teil des Landesverfassungsrechts, BremVerfG NVwZ 2013, 1335 (1336); aus der Literatur *Seiler* in BeckOK GG Art. 70 Rn. 9.1.; *Herbst* in BerlKomm Art. 70 Rn. 9.

[47] Dafür VerfGH Sachsen LVerfGE 14, 333 (358): Inbezugnahme der grundgesetzlichen Kompetenzverteilung; explizite Bezugnahme gefordert bei BVerfGE 103, 332 (352 ff., insb. 357 f.), im Anschluss daran *Uhle* in Maunz/Dürig Art. 70 Rn. 52.

[48] Grundsätzlich aus der frühen Rechtsprechung BVerfGE 1, 208 (232 f.).

[49] Zur unklaren Herkunft des Begriffes *Heintzen* in MKS Rn. 19.

[50] *Degenhart* in Sachs Rn. 5; *Kunig* in v. Münch/Kunig, 6. Aufl. 2012, Rn. 1; *Sannwald* in SHH Rn. 12; *Fischer* in BK Rn. 58; *Heintzen* in MKS Rn. 30 f.; *Wittreck* in Dreier Rn. 14.

[51] Für eine Sperrwirkung auch für Landesgesetze, die vor Zuweisung der ausschließlichen Gesetzgebungskompetenz an den Bund erlassen worden sind, *Fischer* in BK Rn. 57, unter Hinweis auf Art. 124.

[52] BWStGH NVwZ 1987, 574 (575): Volksbegehren für Gesetzesvorhaben im Bereich ABC-Waffen; HessStGH NJW 1982, 1141 (1142): Volksbegehren für Gesetzesentwurf in Sachen Startbahn West; aus der Literatur *Fischer* in BK Rn. 62 mwN; *Degenhart* in Sachs Rn. 17; *Heintzen* in MKS Rn. 22 und 25.

[53] *Fischer* in BK Rn. 63; *Heintzen* in MKS Rn. 28: Abgrenzung der Gesetzgebungskompetenzen greift ein, wenn Politik sich zu Recht verdichtet; *Kunig* in v. Münch/Kunig, 6. Aufl. 2012, Rn. 2.

[54] *Fischer* in BK Rn. 60; *Sannwald* in SHH Rn. 13; zur ausschließlichen Kompetenz für das Urheberecht, Art. 73 Nr. 9, und einer landesrechtlichen Ermächtigung von Hochschulen, Regelung über die Ausübung des Zweitveröffentlichungsrechts von Forschenden durch Satzung zu treffen, kürzlich VGH BW NVwZ 2018, 211 (218 f.).

Fragen der näheren Ausgestaltung unzuständig, ist ihnen typischerweise bereits eine gleichlautende, deklaratorische Wiederholung verwehrt.[55]

9 Die in der Rechtsprechung des Bundesverfassungsgerichts teilweise der ausschließlichen Gesetzgebungszuständigkeit zugesprochene **„Ausstrahlungswirkung"**[56] passt nicht zu dem formellen Charakter der Kompetenzabgrenzung, sondern ist konzeptionell besser als Facette des Grundsatzes der Bundestreue verortet.[57]

IV. Delegation

10 Die Delegation der Gesetzgebungsbefugnis an die Länder setzt nach der Vorgabe aus Art. 71 eine ausdrückliche, im Umfang also klar erkennbare und **nicht bloß konkludente** Ermächtigung zur förmlichen Gesetzgebung[58] voraus.[59]

11 **1. Delegationsbefugnis als Merkmal ausschließlicher Gesetzgebung.** Der **Hintergrund** dieser für den Gesetzgebungstyp der ausschließlichen Gesetzgebungskompetenz allgemein charakteristischen[60] Befugnis zur Delegation liegt in den Worten der frühen Rechtsprechung des Bundesverfassungsgerichts in der Notwendigkeit oder Zweckmäßigkeit einer regional differenzierten Sachregelung.[61] Dieser faktisch wenig in Anspruch genommene[62] Bedarf nach Flexibilisierung steht in einem gewissen Spannungsverhältnis zur Charakterisierung der Bereiche ausschließlicher Gesetzgebung, die in den Worten der Rechtsprechung regionale Verschiedenheiten grundsätzlich nicht duldet.[63] Die divergierenden Charakterisierungen deuten auf die Unterschiede in den Bereichen ausschließlicher Gesetzgebung einschließlich der Bereiche einer Kompetenz kraft Natur der Sache hin.[64]

12 **2. Anforderungen an Delegation.** Inhaltlich normiert Art. 71 im Ausgangspunkt keine materiellen Kriterien der Delegation,[65] sondern belässt dem Bund entsprechende Spielräume,[66] die allerdings durch das konzeptionelle

---

55 *Fischer* in BK Rn. 61; *Heintzen* in MKS Rn. 19.

56 BVerfGE 8, 104 (117 f.): von einer amtlichen Volksbefragung der Länder ausgehender politischer Druck auf Gesetzgebungsorgane des Bundes als Eingriff in die ausschließliche Zuständigkeit des Bundes.

57 *Degenhart* in Sachs Rn. 18; *Fischer* in BK Rn. 65; *Heintzen* in MKS Rn. 27; *Kunig* in v. Münch/Kunig, 6. Aufl. 2012, Rn. 2; aA *Pieroth* in Jarass/Pieroth Rn. 2; *Wittreck* in Dreier Rn. 10; → Rn. 6; zu einem allgemein bei der Ausübung von Gesetzeskompetenzen zu beachtenden Missbrauchsverbot *Rengeling* in HdbStR VI § 135 Rn. 15.

58 Zur Verordnungsermächtigung nach Art. 80 → Art. 80 Rn. 7.

59 BVerfG NVwZ 2019, 381 (384 f., Rn. 57); aus der Literatur *Degenhart* in Sachs Rn. 7 f.; *Fischer* in BK Rn. 91; *Rengeling* in HdbStR VI § 135 Rn. 86; zur Abgrenzung von einer dynamischen Verweisung auf Landesrecht *Heintzen* in MKS Rn. 41; *Herbst* in BerlKomm Rn. 25; zu den Möglichkeiten einer Umdeutung *Fischer* in BK Rn. 88 f.

60 Zur umstrittenen Anwendbarkeit bei Art. 105 Abs. 1 *Heintzen* in MKS Rn. 11; *Heintzen* in Maunz/Dürig Art. 105 Rn. 41; *Fischer* in BK Rn. 84.

61 BVerfGE 18, 407 (418); im Anschluss daran die Literatur *Fischer* in BK Rn. 82; *Degenhart* in Sachs Rn. 9; *Sannwald* in SHH Rn. 16; *Wittreck* in Dreier Rn. 11.

62 *Fischer* in BK Rn. 82, 111 ff. → Rn. 1, Fn. 12.

63 BVerfGE, 18, 407 (414 f.) → Rn. 3.

64 *Degenhart* in Sachs Rn. 2, 4.

65 Anders vereinzelt die Literatur, für die Notwendigkeit eines sachlichen Grunds der Delegation etwa *Degenhart* in Sachs Rn. 10 f. unter Hinweis auf das in Art. 71 enthaltene Regel-Ausnahme-Verhältnis; *Umbach/Clemens* in Umbach/Clemens Rn. 18; für die Notwendigkeit eines sachlichen Grundes bei der Ermächtigung einzelner Länder *Grziwotz* AöR 116 (1991), 588 (598); zusammenfassender Überblick bei *Herbst* in BerlKomm Rn. 35.

66 *Fischer* in BK Art. 71 Rn. 96.

Grundverständnis[67] der ausschließlichen Gesetzgebung begrenzt werden. So geht die Literatur weit überwiegend davon aus, dass die Möglichkeit der Delegation auf **Teilfragen einer Sachmaterie** beschränkt bleibt, also der Bund nicht die Gesetzgebung für ein Sachgebiet insgesamt oder blankettartig an die Länder delegieren kann.[68] Im Einzelnen ist die Reichweite zulässiger Ermächtigungen umstritten; engere Auffassungen sehen nur die Delegation punktueller und begrenzender Regelungen als zulässig an.[69] Zumindest semantisch weiter reichen Formulierungen, die umgekehrt beim Bund ansetzen und ihm einen „Kernbereich des Sachgebiets" als delegationsfest reservieren.[70]

Zudem gelten einige Sachbereiche schon aus inhaltlichen Gründen, wegen ihres Bezugs zur Organisation des Bundes, als **ermächtigungsfeindlich.**[71] Die Unschärfen an den Randbereichen der Beschreibung solcher ermächtigungsfeindlicher Bereiche[72] gehen nicht zuletzt auf den Einfluss des konzeptionellen Grundverständnisses der föderalen Kompetenzabgrenzung[73] zurück. Im Einzelnen hängt die Zulässigkeit der Delegation auch in Bereichen mit ausgeprägtem Bezug zu Fragen der Staatsorganisation des Bundes oder zu Bereichen einer Kompetenz kraft Natur der Sache auch von der Art und Reichweite der Ermächtigung ab.[74] 13

Adressaten der Delegation können die Länder insgesamt, aber auch einzelne Länder sein,[75] wobei Differenzierungen zwischen einzelnen Ländern schon nach dem Grundsatz der Bundestreue unter dem Vorbehalt einer sachlichen Rechtfertigung stehen können.[76] 14

Inhaltlich kann die Delegation **unterschiedliche Formen** annehmen, von der näheren Ausgestaltung bundesgesetzlicher Vorgaben über die Abweichung von bestimmten bundesgesetzlichen Regelungen[77] bis hin zur Neu- 15

---

67 → Art. 70 Rn. 1.

68 *Degenhart* in Sachs Rn. 10 f.; *Fischer* in BK Rn. 96; *Heintzen* in MKS Rn. 39; *Kunig* in v. Münch/Kunig, 6. Aufl. 2012, Rn. 10; *Maurer* FS f. Rudolf, 2001, 337 (339 f.); *Pieroth* in Jarass/Pieroth Rn. 5; *Sannwald* in SHH Rn. 24; *Seiler* in BeckOK GG Rn. 6; *Wittreck* in Dreier Rn. 11; anders *Grziwotz* AöR 116 (1991), 588 (597 f.): je nach Bedürfnis einer bundesgesetzlichen Regelung; Umfang als Frage politischen Ermessens.

69 *Degenhart* in Sachs Rn. 10 f.; *Rengeling* in HdbStR VI § 135 Rn. 89: nur punktuelle und ergänzende Regelungen in Abgrenzung zur Delegation substantieller Regelungsbefugnisse; anders *Heintzen* in MKS Rn. 39; *Fischer* in BK Rn. 96.

70 *Umbach/Clemens* in Umbach/Clemens Rn. 20; *Fischer* in BK Rn. 96; ähnlich *Pieroth* in Jarass/Pieroth Rn. 5: „Kern oder Schwerpunkt des Sachgebiets" delegationsfest; *Seiler* in BeckOK GG Rn. 6: Kernanliegen muss unberührt bleiben; kritisch auch zu solchen Beschränkungen auf den Kernbereich *Sannwald* in SHH Rn. 24.

71 Im Anschluss an *Klein Heintzen* in MKS Rn. 44, mit Hinweis auf die Entstehung der Beschreibung ermächtigungsfeindlicher Sachgebiete; *Degenhart* in Sachs Rn. 10 f.; *Uhle* in Maunz/Dürig Rn. 50; *Kunig* in v. Münch/Kunig, 6. Aufl. 2012, Rn. 9.

72 *Heintzen* in MKS Rn. 44; Beschränkung auf Bereiche, in denen Delegation begrifflich ausgeschlossen ist, bei *Degenhart* in Sachs Rn. 10 f.

73 → Art. 70 Rn. 1 ff.; *Wittreck* in Dreier Rn. 11: im Einzelfall Vorverständnis vom ‚Wesen' des (Bundes-)Staates möglicherweise maßgeblich.

74 *Herbst* in BerlKomm Rn. 26; für eine Übertragbarkeit auch von Kompetenzen kraft Natur der Sache *Heintzen* in MKS Rn. 44; anders die wohl überwiegende Ansicht in der Literatur, *Fischer* in BK Rn. 85; *Pieroth* in Jarass/Pieroth Rn. 5 mwN; *Sannwald* in SHH Rn. 17.

75 *Fischer* in BK Rn. 100; *Maurer* FS f. Rudolf, 2001, 337 (339); *Sannwald* in SHH Rn. 22; unter Hinweis auf den jeweiligen Normzweck *Degenhart* in Sachs Rn. 9.

76 In diese Richtung *Degenhart* in Sachs Rn. 9 mit Verweis auf Rn. 7; großzügiger *Pieroth* in Jarass/Pieroth Rn. 5; *Kunig* in v. Münch/Kunig, 6. Aufl. 2012, Rn. 11.

77 *Umbach/Clemens* in Umbach/Clemens Rn. 16; *Fischer* in BK Rn. 105, jeweils unter Hinweis auf BVerwG GewArch 1967, 96.

regelung in den allgemeinen, konzeptionellen Grenzen.[78] Inhaltliche Vorgaben oder Einflussnahmen durch Zustimmungsvorbehalte sind allerdings mit dem Charakter der Delegation nicht vereinbar.[79]

16 **Änderungen der Delegation** sind ggf. mit Übergangsregelungen[80] jederzeit möglich.[81] Der Bund kann etwa die ausdrückliche Ermächtigung aufheben oder konkludent inhaltlich abweichende Regelungen treffen.[82] Die Änderung lässt die Zuständigkeitslegitimation der Länder entfallen mit der Folge ihrer Nichtigkeit *ex nunc.*[83] Denkbar ist schließlich auch eine von vorneherein befristete Delegation.[84]

V. Rechtsfolgen der Delegation

17 Infolge der Delegation sind die Länder zur Gesetzgebung berechtigt, aber vorbehaltlich einer anderweitigen Verpflichtung, etwa aus dem Grundsatz der Bundestreue,[85] **nicht verpflichtet.**[86] Schon gar nicht besteht eine Pflicht der Länder zu einer inhaltlich koordinierten, **einheitlichen Gesetzgebung.**[87] Bei der Ausübung der delegierten Befugnis sind neben dem Rahmen der Ermächtigung[88] wie generell beim Erlass landesgesetzlicher Regelungen die allgemeinen landes- und bundesverfassungsrechtlichen Vorgaben einschließlich des nach Art. 31 vorrangigen Bundesrechts zu beachten.[89]

C. Kritische Würdigung

18 Auch wenn der Defintionsgehalt der Norm begrenzt und die Anwendungen der Delegation Ausnahmefälle gelieben sind,[90] gewährt Art. 71 durch die Möglichkeit der Delegation vor allem in besonders gelagerten Fällen **Flexibilität.**[91] Dass die Voraussetzungen der Delegation im Einzelnen umstritten sind, ist angesichts der Abstraktionshöhe der Norm und auch des damit verbundenen Einflusses konzeptioneller Grundverständnisse[92] nachvollziehbar.

---

[78] Zu den unterschiedlichen Formen *Fischer* in BK Rn. 99; zu den konzeptionellen Grenzen → Rn. 1.

[79] *Heintzen* in MKS Rn. 42; *Uhle* in Maunz/Dürig Rn. 51.

[80] *Maurer* FS f. Rudolf, 2001, 337 (340).

[81] *Umbach/Clemens* in Umbach/Clemens Rn. 25; *Degenhart* in Sachs Rn. 14 f.; *Fischer* in BK Rn. 106; *Heintzen* in MKS Rn. 45; *Herbst* in BerlKomm Rn. 44; *Maurer* FS f. Rudolf, 2001, 337 (340); *Kunig* in v. Münch/Kunig, 6. Aufl. 2012, Rn. 14; *Pieroth* in Jarass/Pieroth Rn. 6; *Rengeling* in HdbStR VI § 135 Rn. 90; *Seiler* in BeckOK GG Rn. 7.

[82] *Fischer* in BK Rn. 107; *Heintzen* in MKS Rn. 45.

[83] *Fischer* in BK Rn. 102, 108 und 25 f.: *Argumentum e contrario* aus Art. 125a; *Pieroth* in Jarass/Pieroth Rn. 6; *Heintzen* in MKS Rn. 46; *Umbach/Clemens* in Umbach/Clemens Rn. 25; *Kunig* in v. Münch/Kunig, 6. Aufl. 2012, Rn. 15; aA *Degenhart* in Sachs Rn. 10 f.

[84] *Fischer* in BK Rn. 106; *Heintzen* in MKS Rn. 45; *Kunig* in v. Münch/Kunig, 6. Aufl. 2012, Rn. 14.

[85] *Fischer* in BK Rn. 104, *Degenhart* in Sachs Rn. 17.

[86] *Degenhart* in Sachs Rn. 12; *Fischer* in BK Rn. 104; *Heintzen* in MKS Rn. 42; *Kunig* in v. Münch/Kunig, 6. Aufl. 2012, Rn. 13; *Maurer* FS f. Rudolf, 2001, 337 (340); *Pieroth* in Jarass/Pieroth Rn. 6; *Wittreck* in Dreier Rn. 14.

[87] *Degenhart* in Sachs Rn. 12; *Seiler* in BeckOK GG Rn. 5.

[88] *Fischer* in BK Rn. 101.

[89] *Heintzen* in MKS Rn. 41; *Fischer* in BK Rn. 105.

[90] → Rn. 1.

[91] *Kunig* in v. Münch/Kunig, 6. Aufl. 2012, Rn. 16.

[92] → Rn. 1.

Literatur

H. Grziwotz, Partielles Bundesrecht und die Verteilung der Gesetzgebungsbefugnisse im Bundesstaat, AöR 116 (1991), 588. – ***M. Heintzen,*** Die Charakteristika der Ländergesetzgebung und der ausschließlichen Bundesgesetzgebung nach der Föderalismusreform, in M. Heintzen/A. Uhle (Hrsg.), Neuere Entwicklungen im Kompetenzrecht, 2014, 47. – ***H. Maurer,*** Der Bereich der Landesgesetzgebung, in H.-W. Arndt/F.-L. Knemeyer/D. Kugelmann/W. Meng/M. Schweitzer (Hrsg.), Völkerrecht und deutsches Recht. Festschrift für Walter Rudolf zum 70. Geburtstag, München 2001, 337. – ***W. Rudolf,*** Die Ermächtigung der Länder zur Gesetzgebung im Bereich der ausschließlichen Gesetzgebung des Bundes, AöR 88 (1963), 159. – ***A. Uhle,*** Die Sachbereiche der ausschließlichen Gesetzgebung des Bundes nach der Föderalismusreform, in M. Heintzen/A. Uhle (Hrsg.), Neuere Entwicklungen im Kompetenzrecht, 2014, 189. – S. im Übrigen die Literaturhinweise bei Art. 70.

Art. 72 [Konkurrierende Gesetzgebung]

(1) Im Bereich der konkurrierenden Gesetzgebung haben die Länder die Befugnis zur Gesetzgebung, solange und soweit der Bund von seiner Gesetzgebungszuständigkeit nicht durch Gesetz Gebrauch gemacht hat.

(2) Auf den Gebieten des Artikels 74 Abs. 1 Nr. 4, 7, 11, 13, 15, 19a, 20, 22, 25 und 26 hat der Bund das Gesetzgebungsrecht, wenn und soweit die Herstellung gleichwertiger Lebensverhältnisse im Bundesgebiet oder die Wahrung der Rechts- oder Wirtschaftseinheit im gesamtstaatlichen Interesse eine bundesgesetzliche Regelung erforderlich macht.

(3) [1] Hat der Bund von seiner Gesetzgebungszuständigkeit Gebrauch gemacht, können die Länder durch Gesetz hiervon abweichende Regelungen treffen über:

1. das Jagdwesen (ohne das Recht der Jagdscheine);
2. den Naturschutz und die Landschaftspflege (ohne die allgemeinen Grundsätze des Naturschutzes, das Recht des Artenschutzes oder des Meeresnaturschutzes);
3. die Bodenverteilung;
4. die Raumordnung;
5. den Wasserhaushalt (ohne stoff- oder anlagenbezogene Regelungen);
6. die Hochschulzulassung und die Hochschulabschlüsse;
7. die Grundsteuer.

[2] Bundesgesetze auf diesen Gebieten treten frühestens sechs Monate nach ihrer Verkündigung in Kraft, soweit nicht mit Zustimmung des Bundesrates anderes bestimmt ist. [3] Auf den Gebieten des Satzes 1 geht im Verhältnis von Bundes- und Landesrecht das jeweils spätere Gesetz vor.

(4) Durch Bundesgesetz kann bestimmt werden, daß eine bundesgesetzliche Regelung, für die eine Erforderlichkeit im Sinne des Absatzes 2 nicht mehr besteht, durch Landesrecht ersetzt werden kann.

Paulskirchenverfassung von 1849

Abschnitt II. Art. XIII

§ 63. Die Reichsgewalt ist befugt, wenn sie im Gesammtinteresse Deutschlands gemeinsame Einrichtungen und Maaßregeln nothwendig findet, die zur Begründung derselben erforderlichen Gesetze in den für die Veränderung der Verfassung vorgeschriebenen Formen zu erlassen.

Weimarer Reichsverfassung von 1919

Art. 9. Soweit ein Bedürfnis für den Erlaß einheitlicher Vorschriften vorhanden ist, hat das Reich die Gesetzgebung über:

1. die Wohlfahrtspflege;
2. den Schutz der öffentlichen Ordnung und Sicherheit.

Art. 12. Solange und soweit das Reich von seinem Gesetzgebungsrechte keinen Gebrauch macht, behalten die Länder das Recht der Gesetzgebung. Dies gilt nicht für die ausschließliche Gesetzgebung des Reichs.

[Abs. 2]

Übersicht

A. Allgemeine Bedeutung

I. Genese und Inhaltsübersicht

Der Gesetzgebungstypus der konkurrierenden Gesetzgebung ist in gewisser Weise charakteristisch für die Ordnung der Gesetzgebungskompetenzen in der Bundesrepublik. Die Vorgaben zum Gesetzgebungstypus in Art. 72 sowie die einzelnen Kompetenztitel in Art. 74 knüpfen an den **Grundsatz der Länderkompetenz** zur Gesetzgebung aus Art. 70 an.[1] Sie begründen keine Gesetzgebungskompetenzen der Länder, sondern setzen diese voraus.[2] In der Sache verschiebt der Gesetzgebungstypus der konkurrierenden Gesetzgebung die **Gewichte zwischen Bund und Ländern** gegenüber dem Grundsatz der Länderkompetenz allerdings erheblich.[3] Inhaltlich begründet die konkurrierende Gesetzgebungskompetenz vorbehaltlich der Voraussetzung einer Erforderlichkeit[4] eine potentiell umfassende Zuständigkeit des Bundes.[5] Praktisch kommt dem Kompetenztypus der konkurrierenden Gesetzgebungskompetenz insbesondere wegen der Kompetenztitel im Zivilrecht und im 1

[1] Näher zu den Parallelen in der Binnensystematik *Uhle* in Maunz/Dürig Rn. 1.
[2] *Oeter* in MKS Rn. 57: keinerlei positive Regelung zu Grundlage und Umfang der Länderkompetenzen in Art. 72 und 74.
[3] Rückblickend *Hartmann/Jansen* Der Staat 58 (2019), 243 (248 f.).
[4] Zur Erforderlichkeitsklausel näher → Rn. 32 ff.
[5] *Oeter* in MKS Rn. 1: Vorratsbereich potenzieller Bundesgesetzgebung; *Uhle* in Maunz/Dürig, Rn. 64 und 73.

Wirtschaftsrecht erhebliche Bedeutung zu,[6] auch wenn das Recht der Europäischen Union vor allem im Zusammenhang mit der Vollendung des Binnenmarkts im Bereich des Wirtschaftsrechts weitreichende Vorgaben trifft.[7]

2 Die Auswirkungen einer solchen konkurrierenden Gesetzgebungskompetenz auf das Gefüge aus Bund und Ländern[8] hängen maßgeblich von der Handhabung einschränkender Merkmale wie insbesondere einer Bedürfnis- oder **Erforderlichkeitsklausel (Abs. 2)** ab,[9] also der Frage, inwieweit einschränkende Tatbestandsmerkmale des Kompetenztypus die Bundeskompetenz unter inhaltliche Voraussetzungen stellen und inwieweit die Auslegung der Kompetenznormen einer verfassungsgerichtlichen Überprüfung unterliegt.[10]

3 Die **historische Entwicklung** des Art. 72[11] bringt diese strukturelle Relevanz der Bedürfnis- oder Erforderlichkeitsklausel deutlich zum Ausdruck. Gesetzgeberische Verschärfungen der Bedürfnis- zu einer Erforderlichkeitsklausel sind als Reaktion auf eine verfassungsgerichtliche Rechtsprechung zu verstehen, die dieses Bedürfnis nach einer bundeseinheitlichen Regelung weit auslegte und dadurch die Bedeutung der Klausel zu Lasten der Länder einschränkte.[12] In der bis zum 15.11.1994 in Kraft befindlichen Fassung des Art. 72 Abs. 2 genügte für die konkurrierende Gesetzgebung des Bundes ein Bedürfnis nach bundesgesetzlicher Regelung, das auf eine fehlende Wirksamkeit einer landesrechtlichen Regelung, auf die Möglichkeit einer Beeinträchtigung der Interessen anderer Länder oder auf die Wahrung der Rechts- oder Wirtschaftseinheit, auch verstanden als die Wahrung der Einheitlichkeit der Lebensverhältnisse zurückgehen konnte. Der Bund legte dieses Merkmal des Bedürfnisses beim Gebrauch der Kompetenz für die konkurrierende Gesetzgebung weit aus.[13] Anliegen der Änderung war es vor diesem Hintergrund, die Voraussetzungen der Bundesgesetzgebung zu konzentrieren, zu verschärfen und zu präzisieren.[14] Entsprechend ging die verfassungsgerichtliche Rechtsprechung einige Jahre später[15] mit der Altenpflegeentscheidung

---

[6] *Oeter* in MKS Rn. 4; *Wittreck* in Dreier Vorb. zu Art. 70–74 Rn. 17; *Wollenschläger* in BK Rn. 153.

[7] *Oeter* in MKS Rn. 4; zur damit verbundenen Einschränkung der Gestaltungsoptionen des Gesetzgebers *Schmidt* DÖV 1995, 657.

[8] Auf die von einer solchen Regelung typischerweise ausgehende Gefahr einer kontinuierlichen Ausdehnung der Bundeskompetenzen weist *Oeter* in MKS Rn. 2 mit Beispielen hin: schleichende Erosion der Landeskompetenzen; rechtsvergleichend *Wollenschläger* in BK Rn. 20 ff.

[9] BVerfGE 106, 62 (135); *Barczak* ZG 2016, 154 (156); *Degenhart* in Heintzen/Uhle Neuere Entwicklungen im Kompetenzrecht, 65 (66).

[10] Zur bundesfreundlichen Rechtsprechung des BVerfG zur Bedürfnisklausel, weiteren historischen Gründen für die praktische Bedeutung der Art. 72 und 74 sowie zur Auslegung des Art. 72 Abs. 2 GG aF eingehend *Oeter* in MKS Rn. 4, Rn. 8 ff.

[11] Näher *Uhle* in Maunz/Dürig Rn. 3; *Wittreck* in Dreier Rn. 3 ff; eingehend *Wollenschläger* in BK Rn. 33 ff.

[12] BVerfGE 2, 213 (224); 78, 249 (270); näher zur Rechtsprechung → Rn. 33, Fn. 186; kritisch *Wittreck* in Dreier Rn. 3: bis hart an den Rand des Ignorierens des grundgesetzlichen Normbefehls.

[13] *Depenheuer* ZG 2003, 177 (178 ff.); *Wittreck* in Dreier Rn. 3: in der damaligen Legislativpraxis praktisch kein Unterschied in der Handhabung konkurrierender und ausschließlicher Kompetenzen.

[14] Begründung Gesetzesentwurf, BT-Drs. 12/7109, 9; aus der Rechtsprechung BVerfGE 106, 62 (135 ff.); näher zur Entstehung der Erforderlichkeitsklausel *Sannwald* in SHH Rn. 1 ff.; *Sannwald* NJW 1994, 3313 (3316); *Schmehl* DÖV 1996, 724.

[15] Polemisch *Wittreck* in Dreier Rn. 5: Altenpflegeentscheidung als Bußakt der Überkompensation bisheriger Trägheit.

zu einer eingehenderen Kontrolle des Merkmals der „Erforderlichkeit" über.[16]

4 Die Zuordnung einer Zuständigkeit im Bereich der konkurrierenden Gesetzgebung entweder zum Bund oder zu den Ländern nach allgemeinen Kriterien und die Folge einer generellen Sperrwirkung[17] können allerdings in einigen Kontexten zu einer unangemessenen **Inflexibilität** führen,[18] die durch die Auslegung des Merkmals des „Gebrauchmachens" durch den Bund[19] abgemildert, aber nicht grundsätzlich kompensiert werden kann. Entsprechend betraf die **Föderalismusreform I** mit ihren übergeordneten Zielen, die Zuständigkeiten zu entflechten, die Handlungs- und Entscheidungsfähigkeit von Bund und Ländern zu verbessern und politische Verantwortlichkeiten deutlicher zuzuordnen,[20] insbesondere den Gesetzgebungstypus der konkurrierenden Gesetzgebung.[21] Die Ausdifferenzierung des Typus der konkurrierenden Gesetzgebung in verschiedene Unterarten mit einerseits unterschiedlichen Voraussetzungen[22] und andererseits Unterschieden in den Möglichkeiten der Länder, abweichende Regelungen zu treffen,[23] soll dem Bedarf nach einem kontextspezifischen Rahmen, klarer Verantwortungszuteilung und mehr Flexibilität Rechnung tragen.

II. Systematischer Zusammenhang

5 Während die Bezeichnung als „konkurrierende" Gesetzgebung dem Wortlaut nach eine parallele Zuständigkeit von Bund und Ländern nahelegen könnte,[24] begründet die konkurrierende Zuständigkeit für den **jeweiligen Bereich eine Kompetenz zur umfassenden Regelung.**[25] Eine doppelte, parallele Zuständigkeit besteht lediglich insofern, als potentiell, aber alternativ, sowohl der Bund als auch die Länder zuständig sein könnten. Die Alternativität trotz potentieller Zuständigkeit macht Kriterien für einen Übergang der Zuständigkeit erforderlich, die innerhalb der Binnendifferenzierungen der Abs. 2–4 unterschiedlich ausgestaltet sind und zu Einordnungen der konkurrierenden Gesetzgebungszuständigkeit als **Modell „unechter Konkurrenz"**[26] oder „gestufter Doppelzuständigkeit"[27] führten.[28]

---

[16] BVerfGE 106, 62 (135 ff.); aus der Literatur zu der Entscheidung *Degenhart* in Sachs Rn. 2; *Hanebeck* ZParl 2003, 745; *Jochum* NJW 2003, 28; *Kenntner* NVwZ 2003, 821; *Faßbender* JZ 2003, 332.

[17] → Rn. 8.

[18] Auch mit Blick auf einen internationalen Vergleich als Rigidität bewertet bei *Oeter* in MKS Rn. 1.

[19] → Rn. 15.

[20] BT-Drs. 17/813, 1; aus der Literatur *Erbguth* ZUR 2019, 195; *Franzius* NVwZ 2008, 492; *Pieroth* in Jarass/Pieroth Rn. 1; eingehend *Zsinka,* Das Zitiergebot für die Abweichungsgesetzgebung, 2017, 56 ff.

[21] Eingehend *Wollenschläger* in BK Rn. 111 ff.

[22] → Rn. 32.

[23] → Rn. 50 ff.

[24] *Degenhart* in Sachs Rn. 1.

[25] *Pieroth* in Jarass/Pieroth Rn. 2.

[26] *Oeter* in MKS Rn. 3, Rn. 56: zum einen, weil der Bund unter den Voraussetzungen der Erforderlichkeit die Gesetzgebung jederzeit an sich ziehen kann, und zum anderen, weil von Regelungen des Bundes Sperrwirkung ausgeht; *Stettner* in Dreier Supp. 2007 Rn. 11; *Kunig* in v. Münch/Kunig, 6. Aufl. 2012, Art. 72 Rn. 1.

[27] *Oeter* in MKS Rn. 3 im Anschluss an *Pestalozza* in MKS, 6. Aufl. 2010, Art. 72 Rn. 249 ff.

[28] Charakterisierung als „Parallelkompetenz von Bund und Ländern, die zu Lasten der Länder unter der auflösenden Bedingung des Gebrauchmachens von der Bundeskompetenz steht", bei *Wittreck* in Dreier Rn. 14.

6 Im Zuge der Föderalismusreform sind in den Kompetenztypus der konkurrierenden Gesetzgebungszuständigkeit verschiedene **Unterarten** eingeführt worden, die sich teils in den Voraussetzungen und teils in den Rechtsfolgen der Zuständigkeit unterscheiden und schlagwortartig als jeweils bestimmte Kompetenzform beschrieben worden sind.[29] Die **Kernkompetenz, Vorrangkompetenz** oder **unkoordinierte Kompetenz** bezeichnet den Bereich der konkurrierenden Gesetzgebungskompetenz nach Abs. 1, bei der es für eine Bundeszuständigkeit keiner Erforderlichkeit einer bundeseinheitlichen Regelung bedarf.[30] Die **Erforderlichkeits-, Bedarfskompetenz** oder **konditionierte Kompetenz** ist durch die Voraussetzungen der Erforderlichkeitsklausel nach Abs. 2 charakterisiert.[31] Mit **Abweichungskompetenz** oder **Auffanggesetzgebungskompetenz mit Zugriffsrecht der Länder** sind die Kompetenzbereiche beschrieben, bei denen die Länder nach Abs. 3 abweichende Regelungen treffen können.[32] Als Folge dieser Binnendifferenzierung gewinnen die Zuordnung bestimmter Lebensbereiche zu den einzelnen Kompetenztiteln aus Art. 74 sowie die Abgrenzung dieser Kompetenztitel gegenüber einem einheitlichen Typus der konkurrierenden Gesetzgebung an Bedeutung.[33]

7 Die Zuordnung einzelner Gegenstandsbereiche zum Typus der konkurrierenden Gesetzgebungskompetenz erfolgt vor allem über die in **Art. 74 aufgeführten Kompetenztitel.** Daneben sieht **Art. 105 Abs. 2** eine in den Einzelheiten umstrittene Zuordnung bestimmter Steuern zum Typus der konkurrierenden Gesetzgebung vor.[34] Schließlich erweitert **Art. 115c Abs. 1** den Anwendungsbereich der konkurrierenden Gesetzgebung im Verteidigungsfall.[35]

B. Einzelfragen

I. Kernkompetenz (Art. 72 Abs. 1)

8 **1. Voraussetzungslose Befugnis zur Gesetzgebung mit Sperrwirkung.** Art. 72 Abs. 1 stellt, der **Systematik der allgemeinen Regelung** aus Art. 70 folgend,[36] die Grundsätze und Ausgangspunkte für den Typus der konkurrierenden Gesetzgebungskompetenz auf. Danach liegt zum einen die Gesetzgebungszuständigkeit auch innerhalb des Kompetenztypus der konkurrierenden Gesetzgebungskompetenz im Grundsatz bei den Ländern, auch wenn faktisch der Bund in weiten Bereichen von seiner Kompetenz Gebrauch gemacht hat. Zum anderen ist die konkurrierende Gesetzgebungskompetenz des Bundes im Grundsatz weder an bestimmte Bedingungen

[29] Charakterisierung und Begrifflichkeiten etwa bei *Degenhart* in Sachs Rn. 1; *Ipsen,* NJW 2006, 2801 (2803); *Klein/Schneider* DVBl. 2006, 1549 (1551 f.); *Oeter* in MKS Rn. 53; *Pieroth* in Jarass/Pieroth Rn. 1; *Sannwald* in SHH Rn. 7; *Seiler* in BeckOK GG Rn. 6 ff.; *Uhle* in Maunz/Dürig Rn. 65 ff.; *Wittreck* in Dreier Rn. 16; *Wollenschläger* in BK Rn. 150.

[30] → Rn. 8.

[31] → Rn. 32.

[32] → Rn. 48.

[33] *Degenhart* in Sachs Rn. 7 ff.; *Oeter* in MKS Rn. 53; *Wittreck* in Dreier Rn. 15.

[34] *Oeter* in MKS Rn. 5, mit weiteren Hinweisen zur Entwicklung in Fn. 21; *Wollenschläger* in BK Rn. 163.

[35] *Uhle* in Maunz/Dürig Rn. 73; *Wollenschläger* in BK Rn. 162; → Art. 115c Rn. 3.

[36] → Art. 70 Rn. 6; zur Spiegelung des Aufbaus des Abschnitts VII innerhalb des Art. 72 *Oeter* in MKS Rn. 7; *Uhle* in Maunz/Dürig Rn. 1; *Wittreck* in Dreier Rn. 17 ff.

geknüpft noch in der Rechtsfolge durch eine Abweichungsmöglichkeit der Länder relativiert. In diesem als **Kernkompetenz**[37] oder **Vorranggesetzgebung**[38] bezeichneten Bereich der konkurrierenden Gesetzgebungskompetenz kann der Bund mit anderen Worten voraussetzungslos gesetzliche Regelungen mit Sperrwirkung[39] für die Länder erlassen.[40] Die Erforderlichkeit einer bundeseinheitlichen Regelung wird für diesen Bereich der konkurrierenden Gesetzgebung durch den verfassungsändernden Gesetzgeber auch im Hinblick auf die als mittlerweile sehr restriktiv eingeordnete Rechtsprechung im Zuge der Föderalismusreform generell unterstellt.[41]

2. Von der Abweichungskompetenz ausgenommene Bereiche. Der verfassungsändernde Gesetzgeber hat im Zuge der Föderalismusreform in Abs. 3 S. 1 einzelne oftmals als „abweichungsfeste Kerne"[42] bezeichnete Bereiche ausdrücklich und abschließend[43] von den Kompetenztiteln der Abweichungskompetenz ausgenommen und dadurch dem Bereich der Kernkompetenz zugeordnet. **9**

Die in Abs. 3 S. 1 Nr. 1 enthaltene Zuordnung für das Recht der Jagdscheine greift den zum Zeitpunkt der Föderalismusreform vorgefundenen Regelungsbestand des Bundesjagdgesetzes auf.[44] Umfasst sind die zeitlichen, örtlichen und sachlichen Modalitäten der öffentlich-rechtlichen Erlaubnispflicht für die Ausübung der Jagd und die Voraussetzungen der Erteilung einer Erlaubnis.[45] **10**

In Abs. 3 S. 1 Nr. 2 werden zudem in Abgrenzung zu den Kompetenztiteln für Naturschutz und Landschaftspflege die allgemeinen Grundsätze des Naturschutzes, das Recht des Artenschutzes sowie des Meeresnaturschutzes dem Kernbereich zugeordnet. Zu den **allgemeinen Grundsätzen des Naturschutzes**[46] zählen insbesondere die Erhaltung der biologischen Vielfalt, die Sicherung der Funktionsfähigkeit des Naturhaushalts[47] sowie der Grundsatz der Vollkompensation für Eingriffsmaßnahmen.[48] Bei der Ausweisung **11**

---

[37] BVerfGE 128, 1 (34).

[38] *Degenhart* in Sachs Rn. 2; *Erbguth* ZUR 2019, 195 (195 f.); *Franzius* NVwZ 2008, 492; Bezeichnung als „unkonditionierte Kompetenz" bei *Uhle* in Kluth Föderalismusreform, Rn. 7.

[39] Zum Begriff *Degenhart* in Sachs Rn. 24 ff.; *Haratsch* in Sodan Rn. 6; *Oeter* in MKS Rn. 58; *Rengeling* in HdbStR VI § 135 Rn. 153 ff.; *Uhle* in Maunz/Dürig Rn. 78 ff.; *Umbach/Clemens* in Umbach/Clemens Rn. 10 ff.

[40] *Pieroth* in Jarass/Pieroth Rn. 5.

[41] BT-Drs. 16/813, 9; aus der Literatur *Degenhart* in Sachs Rn. 2; *Rengeling* DVBl. 2006, 1537 (1540); *Uhle* in Maunz/Dürig Rn. 189; *Wittreck* in Dreier Rn. 17; *Wollenschläger* in BK Rn 117.

[42] Kritisch zum Begriff *Uhle* in Maunz/Dürig Rn. 235: überwiegend vielmehr abweichungsfeste Sektoren.

[43] *Uhle* in Maunz/Dürig Rn. 262.

[44] *Chandna,* Das Abweichungsrecht der Länder gemäß Art. 72 Abs. 3 GG im bundestaatlichen Kompertenzgefüge, 2011, 125 f.; *Pieroth* in Jarass/Pieroth Rn. 4; *Sannwald* in SHH Rn. 111; *Uhle* in Maunz/Dürig Rn. 239 f.; *Wittreck* in Dreier Rn. 35; *Wollenschläger* in BK Rn 458.

[45] Näher *Uhle* in Maunz/Dürig Rn. 241 ff., auch zu der Frage, inwieweit mittelbar damit im Zusammenhang stehende Aspekte erfasst sind; *Wollenschläger* in BK Rn. 459 ff.

[46] Zur Frage, inwieweit der Begriff der „Grundsätze" einfachgesetzlich festgelegt werden kann, näher *Chandna,* Das Abweichungsrecht der Länder gemäß Art. 72 Abs. 3 GG im bundestaatlichen Kompertenzgefüge, 2011, 136; *Köck/Wolf* NVwZ 2008, 353 (357 f.); *Sannwald* in SHH Rn. 112; *Uhle* in Maunz/Dürig Rn. 246 f.; *Wollenschläger* in BK Rn. 462 ff.

[47] BT-Drs. 16/813, 11; *Pieroth* in Jarass/Pieroth Rn. 4.

[48] BVerwGE 145, 40 (Rn. 142 ff.); *Pieroth* in Jarass/Pieroth Rn. 4; *Wollenschläger* in BK Rn. 461.

einzelner Schutzgebiete, der Mitwirkung der Naturschutzverbände in konkreten Fällen oder einzelnen Fragen der Planung handelt es sich hingegen nicht mehr um Grundsätze.[49]

12 Die Herausnahme des **Rechts des Artenschutzes** aus dem Kompetenztitel in Abs. 3 S. 1 Nr. 2 knüpft ähnlich wie das Recht der Jagdscheine normativ-rezeptiv an die im Zeitpunkt der Föderalismusreform vorgefundenen Regelungen des Artenschutzes, insbesondere im BNatSchG, an[50] und umfasst demnach Regelungen zum Schutz und der Pflege der wild lebenden Tier- und Pflanzenarten in ihrer natürlich gewachsenen Vielfalt. § 37 Abs. 1 S. 2 BNatschG, die Nachfolgenorm des zum Zeitpunkt der Föderalismusreform in Kraft befindlichen § 39 Abs. 1 S. 2 BNatSchG aF, zählt zum Artenschutz den Schutz der **Tiere und Pflanzen wild lebender Arten** und ihrer Lebensgemeinschaften und der Gewährleistung ihrer sonstigen Lebensbedingungen sowie den Schutz der Lebensstätten und Biotope[51] der wild lebenden Tier- und Pflanzenarten einschließlich der Wiederansiedlung von Tieren und Pflanzen verdrängter wild lebender Arten. Von dem Recht des Artenschutzes im Sinne des Abs. 3 S. 1 Nr. 2 abzugrenzen ist der jagdrechtliche Artenschutz, vgl. Abs. 3 S. 1 Nr. 1.[52]

13 Das **Recht des Meeresnaturschutzes** beinhaltet sowohl den maritimen Arten- und Gebietsschutz als auch die Regelungen zur naturschutzfachlichen Bewertung bei der Realisierung von Vorhaben im maritimen Bereich,[53] etwa die Regelungen zur Bundesfachplanung für Windenergieanlagen auf See.[54]

14 Abs. 3 S. 1 Nr. 5 nimmt schließlich die **stoff- oder anlagenbezogenen Regelungen** von der Abweichungskompetenz für den Bereich des Wasserhaushalts aus. Bezeichnet sind damit die Regelungen zu stofflichen Belastungen[55] und den von Anlagen ausgehenden Gefährdungen des Wassers[56] einschließlich der Regelungen zur integrierten Anlagengenehmigung.[57]

15 **3. Gebrauch der Gesetzgebungsbefugnis durch den Bund.** Indem Abs. 1 den Übergang von der Zuständigkeit der Länder zur Zuständigkeit des Bundes von dem bloßen Gebrauch des Bundes abhängig macht, relativiert er die praktische Bedeutung des Grundsatzes der Länderzuständigkeit[58] und knüpft zugleich die Reichweite des Kompetenzübergangs und damit der Sperrwirkung für die Länder an die Auslegung der bundesgesetzlichen Rege-

---

[49] *Koch/Krohn* NuR 2006, 678; *Pieroth* in Jarass/Pieroth Rn. 4; *Uhle* in Maunz/Dürig Rn. 251; *Wollenschläger* in BK Rn. 461.

[50] *Brenner* NuR 2017, 217 (218); *Chandna,* Das Abweichungsrecht der Länder gemäß Art. 72 Abs. 3 GG im bundestaatlichen Kompertenzgefüge, 2011, 146; *Fischer-Hüftle* NuR 2007, 78 (84); *Köck* ZUR 2015, 589 (595); *Sannwald* in SHH Rn. 113 und Art. 74 Rn. 349; *Uhle* in Maunz/Dürig Rn. 252 ff.; *Wollenschläger* in BK Rn. 470.

[51] Zu unterschiedlichen Auffassungen, inwieweit der Biotopschutz sowie die Regelungen zu den Natura-2000-Gebieten unter die keiner Abweichung zugängliche Kernkompetenz fallen, näher *Uhle* in Maunz/Dürig Rn. 254 mwN.

[52] BT-Drs. 16/813, 11; *Uhle* in Maunz/Dürig Rn. 255.

[53] BT-Drs. 16/813, 11; *Pieroth* in Jarass/Pieroth Rn. 4; *Sannwald* in SHH Rn. 114; *Uhle* in Maunz/Dürig Rn. 256: Regelungen des Naturschutzes, die sich auf das Meer beziehen.

[54] § 17a EnWG, §§ 5 ff. WindSeeG; *Degenhart* in Sachs Rn. 123; *Degenhart* DÖV 2010, 422 (430); *Pieroth* in Jarass/Pieroth Rn. 4; *Uhle* in Maunz/Dürig Rn. 256; *Wollenschläger* in BK Rn. 473.

[55] Zur weiten Auslegung des Begriffs der Stoffe näher *Uhle* in Maunz/Dürig Rn. 260.

[56] BT-Drs. 16/813, 11; *Pieroth* in Jarass/Pieroth Rn. 4; *Sannwald* in SHH Rn. 115; *Uhle* in Maunz/Dürig Rn. 259; *Wollenschläger* in BK Rn. 476.

[57] *Pieroth* in Jarass/Pieroth Rn. 4; *Uhle* in Maunz/Dürig Rn. 261; *Wittreck* in Dreier Rn. 37.

[58] → Art. 70 Rn. 6.

lung. Während sich schon aus dem Wortlaut ergibt, dass es sich um eine gesetzliche Regelung, im Gegensatz etwa zu einer Verwaltungsvorschrift,[59] handeln muss und dass grundsätzlich auch eine partielle Regelung und damit verbunden eine **partielle Sperrwirkung** in Betracht kommt („soweit"), bleibt eine Reihe Fragen zu den Anforderungen an eine die Kompetenz der Länder sperrende Regelung und zu der Reichweite ihrer Sperrwirkung offen.

Unabhängig von der inhaltlichen Reichweite der Regelung setzt ein die Sperrwirkung auslösendes Gebrauchmachen der konkurrierenden Kompetenz durch den Bund zunächst die **Wirksamkeit der bundesgesetzlichen Regelung** voraus.[60] Hinsichtlich der Zuständigkeitsregelungen setzt diese Wirksamkeit voraus, dass die Regelung in den Regelungsbereich eines Kompetenztitels der konkurrierenden Kompetenz fällt[61] und gegebenenfalls die Voraussetzungen der Erforderlichkeitsklausel aus Abs. 2 erfüllt sind.[62] Darüber hinaus kann selbstverständlich auch ein Verstoß gegen sonstiges Verfassungsrecht, insbesondere gegen die Grundrechte, der Wirksamkeit einer bundesgesetzlichen Regelung entgegenstehen. Umstritten ist allerdings, inwieweit ein solcher Verstoß in einer gegen ein Landesgesetz gerichteten Verfassungsbeschwerde gerichtlich überprüft wird.[63] Während die verfassungsgerichtliche Rechtsprechung in einer Entscheidung bei der Auslegung des Merkmals „Gebrauch machen" bereits einen faktischen Gebrauch unabhängig von dessen etwaiger Unwirksamkeit wegen eines Verstoßes gegen sonstiges Verfassungsrecht genügen lässt,[64] spricht sich ein Teil der Literatur aus systematischen Gründen für eine inzidente Prüfung aus.[65] Als Folge der Auslegung des Bundesverfassungsgerichts beseitigt erst die Feststellung der Nichtigkeit des Bundesgesetzes, etwa im Rahmen einer abstrakten Normenkontrolle nach Art. 93 Abs. 1 Nr. 2, die von dem faktischen Gebrauch der konkurrierenden Gesetzgebungskompetenz ausgehende Sperrwirkung. 16

Die inhaltliche Reichweite des Gebrauchs der Bundeskompetenz und damit der Sperrwirkung einer bundesgesetzlichen Regelung ist anhand einer **„Gesamtwürdigung des betreffenden Normenkomplexes"** zu ermitteln.[66] Für diese jeweils von dem Einzelfall abhängige[67] Gesamtwürdigung 17

[59] *Pieroth* in Jarass/Pieroth Rn. 6; *Wittreck* in Dreier Rn. 25; *Wollenschläger* in BK Rn. 195.

[60] Dabei kann es sich auch um vorkonstitutionelles Recht handeln, das nach Art. 125 Bundesrecht geworden ist, BVerfGE 29, 11 (17); 47, 285 (314); 58, 45 (60 f.), *Sannwald* in SHH Rn. 18; *Uhle* in Maunz/Dürig Rn. 80. Da Art. 125 die Voraussetzungen der Fortgeltung eigenständig regelt, gilt das Bundesrecht im Bereich der konkurrierenden Gesetzgebung unabhängig von den etwaigen Anforderungen der Erforderlichkeitsklausel aus Abs. 2, *Pieroth* in Jarass/Pieroth Rn. 11; → Art. 125 Rn. 10.

[61] Zu den praktischen Schwierigkeiten, va bei Überschneidungen, *Oeter* in MKS Rn. 68.

[62] *Oeter* in MKS Rn. 68; *Uhle* in Maunz/Dürig Rn. 80.

[63] Dagegen BVerfGE 98, 265 (318 ff.), *Oeter* in MKS Rn. 69; wohl auch *Pieroth* in Jarass/Pieroth Rn. 11; dafür *Wittreck* in Dreier Rn. 31; *Uhle* in Maunz/Dürig Rn. 81.

[64] BVerfGE 98, 265 (318 ff.); kritisch *Gärditz* DÖV 2001, 539 (541 ff.); *Rüfner* ZG 1999, 366 (371 ff.); *Uhle* in Maunz/Dürig Rn. 81; zwischen materieller Verfassungskonformität und der Voraussetzung der Erforderlichkeit nach Art. 72 Abs. 2 differenzierend *Wollenschläger* in BK Rn. 214.

[65] *Degenhart* in Sachs Rn. 34; *Rüfner* ZG 1999, 366 (370 ff.); *Uhle* in Maunz/Dürig Rn. 81.

[66] StRspr, zuletzt BVerfGE 138, 261 (280); vgl. bereits BVerfGE 7, 342 (347); 20, 238 (248); 49, 343 (358); 67, 299 (324); 98, 265 (301); 109, 190 (229); 113, 348 (372); 126, 1 (2); aus der landesverfassungsgerichtlichen Rechtsprechung BayVerfGH Entsch. v. 16.7.2019, Vf. 41-IX-19, Rn. 81; HmbVerfG, Urt. v. 7.5.2019, Az. 4/2018, Rn. 83; aus der Literatur *Bauerschmidt* DÖV 2015, 656 (657 f.); *Degenhart* in Sachs Rn. 25; *Jarass* NVwZ 1996, 1041

sind nach der verfassungsgerichtlichen Rechtsprechung vor allem der Inhalt des jeweiligen Bundesgesetzes,[68] aber auch dessen Regelungszweck sowie die Gesetzgebungsgeschichte und die Gesetzgebungsmaterialien bedeutsam.[69] Einer danach erschöpfenden Regelung kommt Sperrwirkung für die Gesetzgebungskompetenz der Länder zu.[70]

18 Maßgeblich ist im Kern die Reichweite der **gesetzlichen Regelungskonzeption.**[71] Entsprechend leitet die verfassungsgerichtliche Rechtsprechung aus der konkurrierenden Gesetzgebungskompetenz ein an die Länder gerichtetes Verbot ab, konzeptionelle Entscheidungen des Bundesgesetzgebers zu verfälschen.[72] Eine solche Regelungskonzeption setzt zunächst einen **tatsächlichen Regelungsgehalt** voraus. Die Rechtsprechung macht diesen Regelungsgehalt in Abgrenzung zu bloßen „Sperrgesetzen", deren Inhalt sich auf die Verhinderung der Landeskompetenz beschränkt,[73] an der Existenz materiell-rechtlicher (Teil-)Regelungen fest.[74] Auch die Formulierung **bloßer Wert- oder Zielvorstellung**[75] oder pauschale Blankettnormen[76] machen danach im Grundsatz noch keine die Landeskompetenz sperrende Regelung aus. Auch ein sehr allgemeiner Charakter von Regelungen[77] oder weitreichende Lücken,[78] etwa zum Bestehen einer Leistungs-

---

(1044); *Oeter* in MKS Rn. 70; *Rengeling* in HdbStR VI § 135 Rn. 157; *Sannwald* in SHH Rn. 27; *Uhle* in Maunz/Dürig Rn. 83; *Wittreck* in Dreier Rn. 26; *Wollenschläger* in BK Rn. 167 ff., mit Aufstellung zu Einzelbereichen, Rn. 235 ff.

[67] *Oeter* in MKS Rn. 71; *Uhle* in Maunz/Dürig Rn. 84.

[68] Bericht der Gemeinsamen Verfassungskommission, BT-Drs. 12/6000, 33; *Pieroth* in Jarass/Pieroth Rn. 6; *Uhle* in Maunz/Dürig Rn. 83.

[69] Zuletzt BVerfGE 138, 261 (280); in der Sache ebenso BVerfGE 98, 265 (300 f.); 102, 99 (114 f.); 109, 190 (230); 113, 348 (371); BVerfGK 11, 420; BVerfG NJW 2015, 44 (45); aus der landesverfassungsgerichtlichen Rechtsprechung HmbVerfG, Urt. v. 7.5.2019, Az. 4/2018, Rn. 84; aus der Literatur *Oeter* in MKS Rn. 70: Detailanalyse der jeweiligen bundesrechtlichen Regelungen einschließlich der aus den Materialien erkennbaren Motive und Intentionen; *Uhle* in Maunz/Dürig Rn. 83.

[70] BVerfGE 85, 134 (142); 102, 99 (114); 109, 190 (229 f.); 113, 348 (371 f.); 126, 1 (2); 138, 261 (280); aus der Literatur, auch zur Beibehaltung der in der Rechtsprechung formulierten Kriterien nach einer zwischenzeitlichen Änderung des Abs. 1, *Degenhart* in Sachs Rn. 27; *Jarass* NVwZ 1996, 1041 (1044); *Oeter* in MKS Rn. 70; *Rengeling* in HdbStR VI § 135 Rn. 157; *Sannwald* in SHH Rn. 27; *Uhle* in Maunz/Dürig Rn. 82 ff; *Wollenschläger* in BK Rn. 165.

[71] *Jarass* NVwZ 1996, 1041 (1044); *Oeter* in MKS Rn. 71; *Pieroth* in Jarass/Pieroth Rn. 7; *Uhle* in Maunz/Dürig Rn. 86.

[72] BVerfGE 113, 348 (369).

[73] BVerfGE 34, 9 (28): Vorbehalt der künftigen Regelung durch den Bund unter gleichzeitiger Aussperrung der Länder statt Regelung durch den Bund; *Pieroth* in Jarass/Pieroth Rn. 6; *Uhle* in Maunz/Dürig Rn. 86; differenzierend *Wollenschläger* in BK Rn. 157.

[74] BVerfGE 34, 9 (28): „Vorschriften, die selbst und materiell alles oder etwas über die rechtliche Gestaltung der Gesetzgebungsmaterie bestimmen (einschließlich solcher Bestimmungen, nach denen künftig gewisse Ausdrücke der Materie rechtlich ungeregelt bleiben sollen)"; aus der Literatur *Haratsch* in Sodan Rn. 8; *Jarass* NVwZ 1996, 1041 (1044); *Uhle* in Maunz/Dürig Rn. 86; *Wittreck* in Dreier Rn. 27.

[75] BVerfGE 49, 343 (359); 138, 261 (280 Rn. 43); *Pieroth* in Jarass/Pieroth Rn. 7; *Oeter* in MKS Rn. 71; *Uhle* in Maunz/Dürig Rn. 86; *Wollenschläger* in BK Rn. 178.

[76] BVerfGE 18, 407 (417); *Oeter* in MKS Rn. 71; *Uhle* in Maunz/Dürig Rn. 86.

[77] *Jarass* NVwZ 1996, 1043; *Pieroth* in Jarass/Pieroth Rn. 7; *Uhle* in Maunz/Dürig Rn. 87; zu dem damit verbundenen Spannungsverhältnis zwischen abstrakter Generalklausel mit eingehender Regelungsbreite und den grundrechtlichen und unter Umständen auch rechtsstaatlichen Anforderungen an eine rechtssichere Regelung der für den jeweiligen Kontext wesentlichen Fragen *Oeter* in MKS Rn. 72.

[78] BVerfGE 138, 261 (280, Rn. 44); BVerwGE 109, 272 (279); *Pieroth* in Jarass/Pieroth Rn. 7.

pflicht,[79] können einem „Gebrauchmachen" mit Sperrwirkung entgegenstehen.

Allerdings folgt aus der Notwendigkeit einer materiell-rechtlichen Regelung nicht, dass materielle Regelungen des Bundes die Zuständigkeit der Länder für die Gesetzgebung nicht auch teilweise sperren könnten.[80] Solche **Teilregelungen** werfen zunächst die Frage auf, inwieweit die Regelung abschließend ist, zumal je nach den Umständen auch ein Regelungsverzicht Ausdruck eines umfassenden Regelungskonzepts des Bundes sein kann. Die verfassungsgerichtliche Rechtsprechung hat eine solche Nicht-Regelung etwa als absichtsvollen **Regelungsverzicht**[81], als absichtsvolles Unterlassen[82] oder als beredtes Schweigen[83] charakterisiert.[84] Sie macht den Eintritt der Sperrwirkung allerdings davon abhängig, dass der Gebrauch der Bundeskompetenz „hinreichend erkennbar" geworden ist.[85] Ein Indiz kann sich aus den Gesetzgebungsmaterialien ergeben, wenn eine bestimmte Regelung im Gesetzgebungsverfahren erwogen worden, aber dann aus bestimmten Gründen der Vorschlag nicht verfolgt worden ist.[86] **19**

Ein solcher abschließender Charakter der Regelung braucht zwar nicht explizit dokumentiert zu werden.[87] Jedoch besteht auch im Hinblick auf die in Art. 70 Abs. 1 zum Ausdruck kommende Regelungssystematik[88] und das konzeptionelle Anliegen, das Bund-Länder-Gefüge nicht durch eine unangemessen extensive Auslegung der konkurrierenden Gesetzgebungszuständigkeit des Bundes übermäßig zu verschieben, keine Vermutung zu Gunsten einer abschließenden Regelung des Bundes.[89] Vielmehr nimmt ein Großteil des Schrifttums umgekehrt im Zweifel keinen abschließenden Charakter einer bundesgesetzlichen Regelung an.[90] Der **Regelungsdichte** und Regelungsbreite kann bei der Prüfung der Reichweite des Regelungskonzepts eine Indizwirkung zukommen,[91] die allerdings keinesfalls zwingend ist, zumal **20**

[79] BVerfGE 78, 249 (273); *Degenhart* in Sachs Rn. 31 mit Beispielen aus dem Energiewirtschafts- und Emissionsschutzrecht; *Pieroth* in Jarass/Pieroth Rn. 7.

[80] BVerfGE 2, 232 (236); 32, 319 (327).

[81] BVerfGE 98, 265 (300), mit abweichender Meinung 329 (330 f.); 138, 261 (Rn. 43); *Degenhart* in Sachs Rn. 25; *Pieroth* in Jarass/Pieroth Rn. 6; kritisch *Barczak* ZG 2016, 154; *Wittreck* in Dreier Rn. 87.

[82] BVerfGE 113, 348 (371); 18, 265 (300); aus der Literatur *Sannwald* in SHH Rn. 28, *Wollenschläger* in BK Rn. 179.

[83] BVerfGE 109, 272 (283); *Uhle* in Kluth Föderalismusreform, Rn. 19.

[84] Näher zur Rechtsprechung *Barczak* ZG 2016, 1534 (156 f., 163 ff.); *Sannwald* in SHH Rn. 78: bewusste Regelungslücke.

[85] Aus der Rechtsprechung nur BVerfGE 113, 348 (369); aus der Literatur *Degenhart* in Sachs Rn. 25; *Jarass* NVWZ 1996, 1041 (1044); *Oeter* in MKS Rn. 74; *Sannwald* in SHH Rn. 28; *Uhle* in Maunz/Dürig Rn. 83; *Wollenschläger* in BK Rn. 179: strenge Maßstäbe.

[86] BVerfGE 98, 265 (313); 109, 272 (383); kritisch unter Hinweis auf die methodischen Anforderungen an die Feststellung einer Regelungslücke *Barczak* ZG 2016, 154 (168 ff.).

[87] BVerfGE 98, 265 (300 f.); 109, 190 (234); *Oeter* in MKS Rn. 72.

[88] BVerfGE 42, 20 (28); 26, 281 (297); aus der Literatur *Jarass* NVwZ 1996, 1041 (1044 f.); *Oeter* in MKS Rn. 75.

[89] Bericht der Gemeinsamen Verfassungskommission, BT-Drs. 12/6000, 33; Begründung Fraktionsentwurf, BT-Drs. 12/6633, 8; aus der Rechtsprechung BVerfGE 26, 246 (254); in der Sache ebenso BVerfGE 12, 205 (228 f.); 15, 1 (17); 26, 281 (297 f.); 61, 149 (174); zustimmend und zudem unter Hinweis darauf, dass es dem Bund bei Bedarf unbenommen bleibt, die Regelung genauer zu fassen, *Oeter* in MKS Rn. 54 und 75.

[90] *Barczak* ZG 2016, 154 (176); *Bauernschmidt* DÖV 2015, 656 (657 f.); *Degenhart* in Sachs Rn. 27; *Oeter* in MKS Rn. 75; *Wollenschläger* in BK Rn. 172; dagegen *Kunig* in v. Münch/Kunig, 6. Aufl. 2012, Art. 72 Rn. 9.

[91] In diesem Sinne *Uhle* in Maunz/Dürig Rn. 87.

Regelungen, die Großteile des jeweiligen Bereichs abdecken, auch als Mindestregelungen zu verstehen sein können.[92] Auch die Systematisierung von Regelungen in einer **Kodifikation** kann auf die Absicht einer konzeptionell abschließenden Regelung deuten, kann aber je nach den Umständen des Einzelfalls auch bestimmte Bereiche oder Aspekte aus dem Regelungskonzept ausnehmen.[93] Bestand bei Erlass der bundesgesetzlichen Regelung noch keine Landeskompetenz, kann es an der Absicht des Bundes, eine abschließende Regelung treffen zu wollen, fehlen.[94] Ein Ausschluss einer weitergehenden Landeskompetenz wird hingegen typischerweise angenommen, wenn eine bundesrechtliche Regelung bestimmte nähere Regelungen durch Landesgesetze **ausdrücklich vorsieht**[95] und dadurch den **Umkehrschluss** nahelegt, dass für weitergehende landesrechtliche Regelungen kein Raum verbleiben soll.[96] Zudem kann die Binnensystematik dafür sprechen, dass eine bundesgesetzliche Regelung bewusst auf Konkretisierung oder Fortführung durch die Länder angelegt ist, etwa wenn der Bund lediglich bestimmte Stufen oder Aspekte etwa einer Genehmigungspflicht normiert[97] oder die Regelungen von vorneherein erkennbar nur bestimmte Ausschnitte des jeweiligen Bereichs adressieren.[98] Hingegen kann es auch dem Regelungskonzept des Bundes entsprechen, von einem bestimmten Belang, etwa dem Umweltschutz,[99] nur punktuell bestimmte Aspekte in dem jeweiligen Regelungsbereich herauszugreifen[100] oder Spielräume nicht den Ländern zur gesetzlichen Ausgestaltung, sondern ordnungspolitisch zur Selbstregulierung auf Märkten oder in der Gesellschaft vorzusehen.[101]

21 Die Reichweite des bundesgesetzlichen Regelungskonzepts[102] entscheidet zudem auch über die Sperrwirkung einer Ermächtigung zum **Erlass einer Rechtsverordnung.**[103] An die Regelungsform anknüpfende Ansichten in der Literatur lösen diese weit zurückgehende, auch durch die Neufassung des Abs. 1 im Jahr 1994 durch den verfassungsändernden Gesetzgeber nicht ent-

---

[92] *Jarass* NVwZ 1996, 1041 (1044); *Oeter* in MKS Rn. 72 unter Hinweis auf das Umwelt- und Sicherheitsrecht, Verbraucherschutz- und Sozialrecht.

[93] *Degenhart* in Sachs Rn. 27: nur indizielle Bedeutung; *Rengeling* in HdbStR VI § 135 Rn. 157; *Oeter* in MKS Rn. 73; *Uhle* in Maunz/Dürig Rn. 88 und 104; *Wollenschläger* in BK Rn. 180.

[94] BVerfGE 138, 261 (281 ff.); *Wollenschläger* in BK Rn. 181: Handeln in einer umfassend veränderten legislativen Situation.

[95] Zu den Möglichkeiten und zur dogmatischen Einordnung solcher Regelungen → Rn. 23.

[96] *Jarass* NVwZ 1996, 1041 (1045); *Oeter* in MKS Rn. 74 und 83; *Uhle* in Maunz/Dürig Rn. 89; zurückhaltend *Wollenschläger* in BK Rn. 180: kann abschließenden Charakter indizieren; aus der Rechtsprechung BVerfGE 20, 238 (256); 21, 106 (115); 21, 106 (115); 24, 367 (386).

[97] *Oeter* in MKS Rn. 83.

[98] *Degenhart* in Sachs Rn. 29; *Oeter* in MKS Rn. 83, mit dem Beispiel des Bundesimmissionsschutzrechts, das zwar anlagenbezogene, aber keine handlungs- oder personenbezogenen Regelungen trifft.

[99] Zur Berücksichtigung von Gesichtspunkten des Umweltschutzes im Energiewirtschaftsrecht *Oeter* in MKS Rn. 84; zur Auseinandersetzung mit dem abschließenden Charakter der energiewirtschaftlichen Regelungen einerseits *Dannecker/Spoerr* DVBl. 1996, 1094 (1098) und andererseits *Sander* RdE 1994, 217 (220); zum Abfallrecht BVerfGE 102, 99 (115).

[100] *Degenhart* in Sachs Rn. 31; *Oeter* in MKS Rn. 84.

[101] Zu letzterem *Oeter* in MKS Rn. 74.

[102] → Rn. 18.

[103] *Jarass* NVwZ 1996, 1041 (1044); im Anschluss daran *Oeter* in MKS Rn. 80; *Wollenschläger* in BK Rn. 208.

schiedene[104] Streitfrage, indem sie die Sperrwirkung der bundesgesetzlichen Regelung entweder bereits mit Erlass des ermächtigenden Gesetzes eintreten lassen[105] oder umgekehrt unter Hinweis auf die Notwendigkeit einer erschöpfenden Regelung auf den Erlass der Verordnung abstellen.[106] Zwischen diesen entgegengesetzten, formellen Positionen kommen eine Reihe vermittelnder Kriterien in Betracht, die etwa die Sperrwirkung zeitlich begrenzen oder im Sinne eines Regelfalls der gesetzlichen Ermächtigung im Grundsatz keine Sperrwirkung zusprechen, aber die Möglichkeit eines Ausnahmefalls mit eingehender Regelungsintention in Rechnung stellen.[107] In der Sache maßgeblich ist, inwieweit bereits die gesetzliche Ermächtigung ein bundesgesetzliches Regelungskonzept zum Ausdruck bringt,[108] typischerweise indem der zu erlassenden Verordnung nur noch die Funktion zukommt, im Sinne einer Durchführungsverordnung einzelne Modalitäten zu konkretisieren. Je nach Regelungskontext können diese Modalitäten freilich bereits eine eigenständige Stufe eines abgestuften Regelungskonzepts bilden und den Ländern bis zum Erlass der Verordnung die entsprechende Kompetenz zur Regelung belassen.[109] Noch größere Räume für landesgesetzliche Regelungen verbleiben, wenn die bundesgesetzliche Ermächtigung sich darauf beschränkt, einen institutionellen Rahmen bereitzustellen.[110] Ermächtigt die bundesgesetzliche Grundlage die Länder zum Erlass der Verordnung, lässt sich schon aus der Regelung in Art. 80 Abs. 4 schließen, dass die Länder zur gesetzlichen Regelung befugt sind.[111]

Ähnliche Fragen stellen sich bei der Bestimmung der Sperrwirkung einer **22** bundesgesetzlichen Regelung, die den **Anfang einer umfassenden Gesamtplanung** markiert.[112] Auch in diesen Fällen entspricht eine generelle Regel zur Konkretisierung der Sperrwirkung nicht dem Anliegen des Abs. 1, Regelungskonzepte des Bundes kompetenziell abzusichern. Maßgeblich ist demnach, inwieweit bereits das erste Gesetz bereits den Rahmen der folgenden Gesetzgebungsvorhaben inhaltlich absteckt. Stellt der Bund ein umfassendes Regelungskonzept in Aussicht, genügt der Erlass von Regelungen für einen ersten Abschnitt demnach nicht per se, um die Gesetzgebungskompetenz der Länder für den gesamten geplanten Bereich zu sperren.[113] Dieses konzeptionelle Verständnis schließt es zugleich aus, den Kompetenzbereich der Länder unter Rückgriff auf den Grundsatz bundesfreundlichen Verhaltens weiter einzuschränken.[114]

---

[104] *Jarass* NVwZ 1996, 1041 (1046); *Oeter* in MKS Rn. 78; *Wollenschläger* in BK Rn. 196 ff.

[105] *Brenner* BayVBl. 1992, 70 (73); *Degenhart* in Sachs Rn. 26; *Ossenbühl* DVBl. 1996, 19 (20); *Rybak/Hofmann* NVwZ 1995, 230; *Sannwald* in SHH Rn. 22; *Unruh/Strohmeyer* BayVBl. 1999, 609 (611 f.).

[106] *Böhm* DÖV 1998, 234 (236 ff.); *Fonk* DÖV 1958, 20 (22 ff.).

[107] Überblick und Nachweise zur älteren Literatur bei *Oeter* in MKS Rn. 79.

[108] *Degenhart* in Sachs Rn. 26; *Oeter* in MKS Rn. 55; *Pieroth* in Jarass/Pieroth Rn. 12: Regelungsintensität maßgeblich; *Uhle* in Maunz/Dürig Rn. 98 ff.; *Wittreck* in Dreier Rn. 25.

[109] *Oeter* in MKS Rn. 80.

[110] *Jarass* NVwZ 1996, 1041 (1044); *Oeter* in MKS Rn. 80.

[111] *Oeter* in MKS Rn. 82.

[112] Für eine umfassende Sperrwirkung bereits des ersten Gesetzes BVerfGE 34, 9 (28); anders aus der Literatur *Degenhart* in Sachs Rn. 36; *Oeter* in MKS Rn. 66; *Sannwald* in SHH Rn. 32; *Uhle* in Maunz/Dürig Rn. 83.

[113] *Degenhart* in Sachs Rn. 36, mit dem Beispiel eines ersten Teils eines umfassend geplanten Besoldungsgesetzes auf der Grundlage des Art. 74, dazu BVerfGE 34, 9 (28).

[114] Gegen eine temporäre Beschränkung der Länder bis zum Abschluss des Gesetzgebungsverfahrens des Bundes aus diesem Grund *Degenhart* in Sachs Rn. 37; *Sannwald* DÖV 1994, 629 (634).

23 Mit den Kriterien für die Ermittlung eines abschließenden Charakters in Zusammenhang steht die Frage, inwieweit der Bund durch gesetzliche Regelungen auf Gebieten der konkurrierenden Kompetenz Raum für **landesgesetzliche Regelungen vorsehen** kann. Die in der verfassungsgerichtlichen Rechtsprechung akzeptierte Praxis, nach der der Bund ergänzende oder sogar abweichende gesetzliche Regelungen der Länder ausdrücklich vorsehen kann,[115] passt im Ausgangspunkt systematisch nicht dazu, dass die konkurrierende Gesetzgebung im Gegensatz zur ausschließlichen Gesetzgebungszuständigkeit keine Ermächtigung durch den Bund vorsieht.[116] Es bleibt dem Bundesgesetzgeber allerdings unbenommen, auf einen nach seiner Intention **nicht abschließenden Gebrauch** der konkurrierenden Kompetenz in den Regelungen **hinzuweisen.**[117] Solche Hinweise stecken die Reichweite bundesgesetzlicher Regelungen deutlich ab und erleichtern die Abgrenzung zwischen Bundes- und Landeskompetenz. Sie können sich sowohl auf die Ausgrenzung bestimmter Teilbereiche aus dem Regelungsgehalt der bundesrechtlichen Regelungen als auch auf inhaltlich konkretisierungsbedürftige Rahmenvorgaben, ähnlich der ehemaligen Rahmengesetzgebung,[118] beziehen. Grenzen entsprechender Hinweismöglichkeiten ergeben sich allerdings bei **Ermächtigungen zum Erlass punktuell abweichender Regelungen.**[119] Konstruktiv ist aus der Perspektive des Bundes zwar eine Einordnung als Rücknahme des Regelungsanspruches nach Maßgabe des zukünftigen Landesrechts möglich.[120] Die Akzeptanz einer solchen dynamischen Rücknahme des bundesrechtlichen Regelungsanspruchs ist allerdings weniger Ausdruck einer Auslegung der Vorgaben aus Art. 72 Abs. 1, zumal angesichts eines Umkehrschlusses zu den Regelungen aus Art. 71 Abs. 1.[121] Sie geht vielmehr auf ein Bedürfnis nach Flexibilität einerseits und einem für Disponibilität offenem konzeptionellen Verständnis der Kompetenzverteilung andererseits zurück.[122]

24 Um einen solchen Vorbehalt zu Gunsten landesgesetzlicher Regelungen **zurückzunehmen,** muss der Bund regelmäßig durch eine ausdrückliche Regelung zum Ausdruck bringen, den zunächst ausgesparten Bereich nunmehr bundesgesetzlich regeln zu wollen.[123] Daneben bleibt es dem Bund

[115] BVerfGE 136, 194 (267 f., Rn 181): „Das Erfordernis einer überschneidungsfreien Zuständigkeitsabgrenzung (…) betrifft die Auslegung der unmittelbar durch das Grundgesetz zugewiesenen Gesetzgebungskompetenzen, schließt aber nicht aus, dass der Bund im Bereich der konkurrierenden Gesetzgebung den Ländern die Befugnis belässt, Regelungen in Bezug auf einen auch bereits bundesrechtlich geregelten Sachverhalt zu treffen (…).“; aus der jüngeren Rechtsprechung nur BVerfGE 132, 372 (387); 121, 317 (348); 85, 134 (142 f.); 83, 24 (30); 78, 142 (144 f.); aus der Literatur *Oeter* in MKS Rn. 59 mwN; *Pieroth* in Jarass/Pieroth Rn. 10; *Wollenschläger* in BK Rn. 182 ff.

[116] *Rudolf* AöR 88 (1963), 159 (162 ff.); *Grziwotz* AöR 116 (1991), 588 (600); *Uhle* in Maunz/Dürig Rn. 91.

[117] So *Jarass* NVwZ 1996, 1041 (1044); *Oeter* in MKS Rn. 61; *Ossenbühl* DVBl. 1996, 19 (22); *Rengeling* in HdbStR VI § 135 Rn. 158; *Sannwald* in SHH Rn. 40; *Wollenschläger* in BK Rn. 183; anders hingegen für sog. qualifizierte Ermächtigungen, die die „Ermächtigung“ an bestimmte Bedingungen knüpfen, *Uhle* in Maunz/Dürig Rn. 91.

[118] *Oeter* in MKS Rn. 62, mit einem Beispiel aus dem Bereich der Kinder- und Jugendhilfe, § 90 Abs. 1 SGB VIII.

[119] In der Rechtsprechung unter Hinweis auf die Üblichkeit als zulässig eingeordnet, BVerfGE 35, 65 (73 f.) zu § 68 Abs. 1 S. 2 VwGO.

[120] Näher *Oeter* in MKS Rn. 63.

[121] Zur Kritik aus der Literatur *Sannwald* in SHH Rn. 39 ff.; *Uhle* in Maunz/Dürig Rn. 91 ff.

[122] Zu den Auswirkungen des konzeptionellen Vorverständnisses → Art. 70 Rn. 1 ff.

[123] BVerfGE 11, 192 (200); *Pieroth* in Jarass/Pieroth Rn. 10.

unbenommen, auf den Regelungsgehalt bestimmter landesrechtlicher Regelungen zu verweisen.[124] **Dynamische Verweisungen** auf landesrechtliche Regelungen können einer Delegation der Gesetzgebungskompetenz faktisch nahe kommen, stellen aber, sofern sie ein bundesgesetzliches Regelungskonzept erkennen lassen, eine zulässige Form des Gebrauchs der konkurrierenden Gesetzgebungszuständigkeit dar.[125]

Ein **erschöpfender Charakter** von bundesgesetzlichen Teilregelungen[126] **25** ist in der Rechtsprechung angenommen worden bei Regelungen von Verfahrensordnungen, etwa dem berufsgruppenbezogenen Zeugnisverweigerungsrecht in der StPO,[127] Regelungen zur nachträglich angeordneten Sicherungsverwahrung[128] sowie zum Strafvollzugsrecht,[129] zu den Regelungen des BtMG und den Folgen für die Möglichkeit einer Zulassung von Cannabis,[130] Regelungen aus den Einführungsgesetzen zum BGB und StGB,[131] Regelungen aus dem Versicherungsvertragsgesetz,[132] aus der StVO zum ruhenden Verkehr und zum Parken,[133] zum notariellen Gebührenrecht[134] sowie aus dem Öffentlichen Recht Regelungen zur Bauleitplanung[135] oder zum Kooperationsprinzip im Abfallrecht.[136]

Verneint worden ist ein solcher **abschließender Charakter** einer Teil- **26** regelung hingegen bei bundesrechtlichen Regelungen zum Erholungsurlaub für Arbeitnehmerinnen und Arbeitnehmer,[137] zur Arbeitnehmerweiterbildung,[138] oder bei Regelungen der Arbeitszeit nach dem Ladenschlussgesetz,[139] bei der Strafbarkeitsregelung für Prostitution im Geltungsbereich landesrechtlicher Sperrbezirksverordnungen,[140] bei Regelungen zum Eigentum an Deichen,[141] beim Prüfungsrecht für die juristische Staatsprüfung,[142] bei Regelungen des Gerichtsverfassungsgesetzes[143] und bei Regelungen zur Fleischhygiene.[144]

Als **Folge** des Gebrauchs der konkurrierenden Kompetenz durch den **27** Bund werden die Landesgesetzgeber unzuständig.[145] Entsprechende später oder bereits zuvor erlassene[146] Landesgesetze sind demnach nach Abs. 1

---

[124] BVerfGE 7, 120 (124); 47, 285 (314); 78, 205 (210); *Pieroth* in Jarass/Pieroth Rn. 10.

[125] *Pieroth* in Jarass/Pieroth Rn. 10; *Sannwald* in SHH Rn. 39; *Uhle* in Maunz/Dürig Rn. 89.

[126] Zusammenstellung der Rechtsprechung bei *Oeter* in MKS Rn. 76; *Pieroth* in Jarass/Pieroth Rn. 10; *Sannwald* in SHH Rn. 31 f.

[127] BVerfGE 36, 193 (210); 36, 314 (320).

[128] BVerfGE 109, 190 (229).

[129] BVerfGE 85, 134 (142 ff.).

[130] BayVerfGH NVwZ-RR 2016, 321.

[131] Auch mit Blick auf den darin vorgesehenen Raum für landesgesetzliche Regelungen, zum BGB BVerfGE 24, 367 (386); zum StGB BVerfGE 29, 11 (16); 31, 141 (144).

[132] BVerfGE 41, 205 (224).

[133] BVerfGE 67, 299 (324 f.).

[134] BVerfGE 47, 285 (314).

[135] BVerfGE 77, 288 (301 f.).

[136] BVerfGE 98, 106 (125 ff.).

[137] BVerfGE 7, 342 (351 ff.).

[138] BVerfGE 77, 308 (329).

[139] BVerfGE 138, 261 (280 ff.): Anspruch auf einen arbeitsfreien Sonnabend im Monat als Minimalregelung.

[140] BVerfGE 18, 407 (417).

[141] BVerfGE 24, 367 (386 f.).

[142] BVerfGE 34, 53 (58).

[143] BVerfGE 56, 110 (118).

[144] BVerwG NVwZ 2001, 330 (331 f.).

[145] *Degenhart* in Sachs Rn. 38; *Oeter* in MKS Rn. 86; *Uhle* in Maunz/Dürig Rn. 118.

[146] *Wollenschläger* in BK Rn. 217.

nichtig,[147] so dass von vorneherein keine Kollision zwischen Bundes- und Landesrecht im Sinne des Art. 31 eintritt.[148] Ein etwaiger Widerspruch zwischen bundes- und landesgesetzlicher Regelung ist folglich keine Voraussetzungen für die Nichtigkeit.[149] Selbst für gleichlautende Regelungen fehlt den Landesgesetzgebern die Zuständigkeit.[150] Rein deklaratorische Wiederholungen werden teilweise unter Hinweis auf deren fehlenden Regelungscharakter als zulässig eingeordnet,[151] könnten mangels regelnden Gehalts allerdings ohnehin nicht nichtig werden.

28 **4. Umfang der Sperrwirkung.** Entsprechend der übergreifenden Systematik der Art. 70 ff.[152] bezieht sich die **Sperrwirkung** lediglich auf Gesetze, nicht jedoch auf sonstige Aktivitäten der Länder.[153] Solche Grenzen können sich allerdings aus dem **Grundsatz des bundestreuen Verhaltens** ergeben.[154] In die Konkretisierung dieses Maßstabs bundestreuen Verhaltens gehen dabei die Wertungen des Art. 72 zur Kompetenzabgrenzung ein.[155] Ebenso wie auch in dem Bereich der ausschließlichen Gesetzgebungszuständigkeit kommt **landesverfassungsrechtlichen Regelungen** mit Blick auf die Verfassungsautonomie der Länder eine gesonderte Stellung zu.[156] Die Sperrwirkung schließt zudem nicht aus, dass die Länder bei der Regelung von Bereichen, die in ihre Zuständigkeit fallen, in untergeordneten Teilaspekten auch Bereiche der konkurrierenden Gesetzgebungszuständigkeit berühren.[157]

29 Die Sperrwirkung einer bundesgesetzlichen Regelung setzt grundsätzlich mit ihrer **Verkündung** ein.[158] Aus der früheren Formulierung des Abs. 1

---

[147] BVerfGE 138, 261 (Rn. 50); *Degenhart* in Sachs Rn. 38; *Oeter* in MKS Rn. 87; *Pieroth* in Jarass/Pieroth Rn. 11a; *Sannwald* in SHH Rn. 15; *Uhle* in Maunz/Dürig Rn. 118; *Wollenschläger* in BK Rn. 216; zum Ausschluss der Möglichkeit einer Heilung *Wollenschläger* in BK Rn. 223.

[148] *Pieroth* in Jarass/Pieroth Rn. 11a: Abs. 1 als die gegenüber Art. 31 speziellere Regelung; *Wollenschläger* in BK Rn. 216.

[149] BVerfGE 102, 99 (115); 109, 190 (230); *Degenhart* in Sachs Rn. 38; *Pieroth* in Jarass/Pieroth Rn. 11a; *Uhle* in Maunz/Dürig Rn. 118.

[150] BVerfGE 109, 190 (230); *Degenhart* in Sachs Rn. 33; *Jarass* NVwZ 1996, 1041 (1044); *Oeter* in MKS Rn. 86; *Seiler* in BeckOK GG Rn. 3; *Uhle* in Maunz/Dürig Rn. 107.

[151] *Oeter* in MKS Rn. 86; *Wollenschläger* in BK Rn. 218: deklaratorisch nachrichtliche Übernahmen bundesgesetzlicher Vorgaben; aus der fachgerichtlichen Rechtsprechung zum KrW-/AbfG VGH Mannheim DÖV 2003, 45 f.

[152] → Art. 70 Rn. 6 ff.

[153] *Uhle* in Maunz/Dürig Rn. 121; *Wollenschläger* in BK Rn. 220; anders *Jarass* NVwZ 1996, 1041 (1043); *Wittreck* in Dreier Rn. 30; *Pieroth* in Jarass/Pieroth Rn. 11a: Sperrwirkung erfasst generell Aktivitäten der Länder, die die Wahrnehmung der konkurrierenden Gesetzgebungskompetenz des Bundes erheblich beeinträchtigen.

[154] → Art. 70 Rn. 4.

[155] Näher *Degenhart* in Sachs Rn. 39.

[156] Näher → Art. 70 Rn. 23; → Art. 71 Rn. 7; *Jarass* NVwZ 1996, 1041 (1043); *Wollenschläger* in BK Rn. 221; für eine weitgehend unveränderte Anwendung der Art. 71 ff. *Degenhart* in Sachs Rn. 38; Art. 71 Rn. 6: als programmatische Regelungen zulässig; uU verfassungskonforme Auslegung.

[157] BVerfGE 98, 145 (158); *Wollenschläger* in BK Rn. 188.

[158] Bericht der Gemeinsamen Verfassungskommission, BT-Drs. 12/6000, 33; *Calliess* DÖV 1997, 889 (893); *Degenhart* in Sachs Rn. 35; *Haratsch* in Sodan Rn. 7; *Jarass* NVwZ 1996, 1041 (1044); *Oeter* in MKS Rn. 54 und 64; *Ossenbühl* DVBl. 1996, 19 (20); *Petschulat* NuR 2015, 242 (243); *Pieroth* in Jarass/Pieroth Rn. 13; *Rybak/Hofmann* NVwZ 1995, 230; *Seiler* in BeckOK GG Rn. 3.1; *Uhle* in Maunz/Dürig Rn. 109; *Umbach/Clemens* in Umbach/Clemens Rn. 12; *Wittreck* in Dreier Rn. 44; nach der alten Fassung des Abs. 1 (vor 1994) stellte nach einem Teil der Literatur die Einleitung des Gesetzgebungsverfahrens den entscheidenden Zeitpunkt dar, näher zur Diskussion *Degenhart* in Sachs Rn. 25; *Oeter* in MKS Rn. 54; *Uhle* in Maunz/Dürig Rn. 24.

(„Gebrauch macht") ist teilweise geschlossen worden, dass bereits von der Einleitung des Gesetzgebungsverfahrens eine Sperrwirkung für Gesetzgebungsaktivitäten der Länder ausgeht.[159] Die Formulierung im Perfekt („Gebrauch gemacht hat") stellt im Hinblick auf diesen Streit klar, dass die Sperrwirkung einen bereits abgeschlossenen Gebrauch voraussetzt,[160] und wirft damit zugleich die Frage auf, wann ein solcher Gebrauch abgeschlossen ist.[161] Systematisch spricht manches dafür, dass sich der Gebrauch der Gesetzgebungskompetenz auf das Gesetzgebungsverfahren bezieht, das mit der Verkündung und nicht bereits mit dem letzten Gesetzesbeschluss des Bundestages oder des Bundesrates[162] abgeschlossen ist.[163] Auf einen etwaig abweichenden Zeitpunkt des Inkrafttretens des verkündeten Gesetzes kommt es grundsätzlich nicht an,[164] es sei denn, der Gesetzgeber ordnet ausnahmsweise in verfassungsrechtlich zulässiger Weise eine Rückwirkung der bundesgesetzlichen Regelung an.[165] Die zeitliche Festlegung der formellen Sperrwirkung in Abs. 1 schließt nicht aus, dass die Länder nach dem Grundsatz des bundesfreundlichen Verhaltens im Einzelfall bereits zu einem früheren Zeitpunkt gehalten sind, eine sich abzeichnende bundesgesetzliche Regelung nicht durch eigene Gesetzgebungstätigkeit oder durch andere Maßnahmen[166] zu konterkarieren.[167] Allerdings ist die in Art. 72 Abs. 1 ausdrücklich getroffene Regelung zum Zeitpunkt der Sperrwirkung als typisierende Wertung auch bei der **Konkretisierung der gegenseitigen Rücksichtnahmepflichten von Bund und Ländern zu berücksichtigen.**[168] Weiterhin steht es dem Bund nach überwiegender Einschätzung in der Literatur frei, die Sperrwirkung erst mit Inkrafttreten der bundesgesetzlichen Regelung eintreten zu lassen, auch um zwischenzeitliche Regelungslücken zu vermeiden.[169] In diesen Fällen einer zeitlichen Verschiebung der Sperrwirkung zur Vermeidung von Regelungslücken wird es regelmäßig nicht der Regelungsintention entsprechen, inhaltlich entgegenstehende Änderungen einer bestehenden Landesgesetzgebung zu ermöglichen. Auch für solche Änderungen bleibt die Landeskompetenz zwar formell bis zum Inkrafttreten der bundesgesetzlichen Regelung bestehen; materiell kann es sich allerdings um einen Verstoß gegen den Grundsatz des bundesfreundlichen Verhaltens handeln.[170]

Die **Sperrwirkung endet** mit der Aufhebung der bundesgesetzlichen **30**
Regelung.[171] Hebt der Bund lediglich Teilbereiche der Regelung auf, kann

---

[159] BVerfGE 34, 9 (28 f.); aus der Literatur *Seiler* in BeckOK GG Rn. 3.1; zusammenfassend *Wollenschläger* in BK Rn. 190.

[160] *Oeter* in MKS Rn. 64.

[161] *Jarass* NVwZ 1996, 1041 (1044); *Wollenschläger* in BK Rn. 191.

[162] Darauf abstellend *Sannwald* in SHH Rn. 20; *Sannwald* NJW 1994, 3313 (3315 f.); *Sannwald* ZG 1994, 134 (138).

[163] *Barczak* ZG 2016, 154 (173 f.); *Degenhart* in Sachs Rn. 35.

[164] *Oeter* in MKS Rn. 64; anders *Wollenschläger* in BK Rn. 191.

[165] *Oeter* in MKS Rn. 67; dagegen *Uhle* in Maunz/Dürig Rn. 112.

[166] → Art. 71 Rn. 8 f.

[167] BVerfGE 34, 9 (29); *Pieroth* in Jarass/Pieroth Rn. 13; kritisch *Degenhart* in Sachs Rn. 37; *Uhle* in Maunz/Dürig Rn. 111; *Wittreck* in Dreier Rn. 29.

[168] *Degenhart* in Sachs Rn. 37; *Oeter* in MKS Rn. 66; *Wollenschläger* in BK Rn. 192.

[169] *Jarass* NVwZ 1996, 1044; *Oeter* in MKS Rn. 65 unter Hinweis auf die Gefahr von Regelungslücken mit dem Beispiel des Kreislaufwirtschafts- und Abfallgesetzes; *Pieroth* in Jarass/Pieroth Rn. 13; *Wittreck* in Dreier Rn. 29; aA *Sannwald* in SHH Rn. 22, *Uhle* in Maunz/Dürig Rn. 113.

[170] *Oeter* in MKS Rn. 65.

[171] *Degenhart* in Sachs Rn. 38; *Oeter* in MKS Rn. 88; *Pieroth* in Jarass/Pieroth Rn. 14; *Uhle* in Maunz/Dürig Rn. 114; *Wollenschläger* in BK Rn. 194.

sich ein partieller Wegfall der Sperrwirkung ergeben, wenn der aufgehobene Teil einen eigenständigen Regelungskomplex ausmachen und das verbliebene bundesrechtliche Regelungskonzept ausfüllungsbedürftig wird.[172] Die Rechtsprechung setzt bei Änderungen bestehender Bundesgesetze allerdings voraus, dass sie den Wegfall der Sperrwirkung „zum Ausdruck bringt und umgrenzt".[173] Landesrecht, das wegen der Sperrwirkung einer bundesgesetzlichen Regelung kompetenzwidrig geworden oder erlassen worden ist, ist nichtig[174] und wird durch einen späteren Wegfall der Sperrwirkung nicht automatisch wieder wirksam.[175]

31 In **zeitlicher Hinsicht** erfasst die Sperrwirkung Landesgesetze, die nach dem 15.11.1994 in Kraft getreten sind,[176] unabhängig davon, ob der Bund vor oder nach dem 15.11.1994 von seiner Gesetzgebungskompetenz Gebrauch gemacht hat.[177] Ein nach Inkrafttreten landesgesetzlicher Regelungen erlassenes Bundesgesetz lässt im Grundsatz mit der Verkündung[178] die Gesetzgebungskompetenz der Länder entfallen und löst dadurch die Nichtigkeit der landesgesetzlichen Regelungen aus, soweit die Sperrwirkung reicht.[179]

II. Erforderlichkeitskompetenz (Art. 72 Abs. 2)

32 **1. Systematische Einordnung.** Die Erforderlichkeitsklausel aus Abs. 2 stellt für einige Kompetenztitel aus Art. 74 einschließlich der mit ihnen zusammenhängenden ungeschriebenen Kompetenzen[180] zusätzliche Voraussetzungen einer Gesetzgebungskompetenz des Bundes auf.[181] Die in diesen Bereichen eingeforderte Erforderlichkeit zur Herstellung gleichwertiger Lebensverhältnisse im Bundesgebiet oder zur Wahrung der Rechts- und Wirtschaftseinheit im gesamtstaatlichen Interesse schützt die Gesetzgebungskompetenzen der Länder vor einer Aushöhlung.[182] Entsprechende Bedeutung kommt der Intensität der verfassungsgerichtlichen Kontrolle der Anforderungen für die Kompetenzverteilung im Bereich der konkurrierenden Gesetzgebung zu.[183] Die jüngere verfassungsgerichtliche Rechtsprechung billigt dem Gesetzgeber zwar bei der Anwendung des Art. 72 Abs. 2 eine Prärogative zu, die sich insbesondere auf die Einschätzung und Bewertung der

---

[172] Zur Reichweite der Sperrwirkung bei Teilregelungen → Rn 19 ff.

[173] BVerfGE 109, 190 (235); *Oeter* in MKS Rn. 88; *Pieroth* in Jarass/Pieroth Rn. 14; kritisch zu den verfassungsgerichtlich formulierten Anforderungen *Pestalozza* JZ 2004, 605 (609).

[174] → Rn. 27.

[175] Ausdrücklich BVerfGE 29, 11 (17); 31, 141 (144); 33, 224 (232); aus der Literatur *Degenhart* in Sachs Rn. 24 und 38; *Jarass* NVwZ 1996, 1041 (1943); *Oeter* in MKS Rn. 89; *Pieroth* in Jarass/Pieroth Rn. 14; *Wittreck* in Dreier Rn. 31; der nachträgliche Wegfall der Sperrwirkung ist allerdings zu unterscheiden von dem in Abs. 4 geregelten nachträglichen Wegfall der in Abs. 2 vorgesehenen Erforderlichkeit, → Rn. 44 ff.

[176] Bei zuvor in Kraft getretenen landesgesetzlichen Regelungen richtet sich die Sperrwirkung nach Abs. 1 aF → Rn. 44.

[177] *Degenhart* in Sachs Rn. 24; *Oeter* in MKS Rn. 54; dazu zählen auch vorkonstitutionelle, nach Art. 125 als Bundesrecht fortgeltende Regelungen, *Oeter* in MKS Rn. 87.

[178] → Rn. 29.

[179] *Degenhart* in Sachs Rn. 38; *Jarass* NVwZ 1996, 1041 (1042); *Oeter* in MKS Rn. 87; *Pieroth* in Jarass/Pieroth Rn. 5.

[180] *Sannwald* in SHH Rn. 47; *Wollenschläger* in BK Rn. 255.

[181] BVerfGE 106, 62 (135); *Pieroth* in Jarass/Pieroth Rn. 15; entsprechend lassen sich die einzelnen Merkmale, etwa die Gleichwertigkeit der Lebensverhältnisse, nicht als Begründung eines Verfassungsgebots interpretieren, *Hartmann/Jansen* Der Staat 58 (2019), 243 (251).

[182] *Wittreck* in Dreier Rn. 4: zentrale Stellschraube.

[183] → Rn. 2.

tatsächlichen Entwicklung der für die Erforderlichkeit maßgeblichen Umstände bezieht.[184] Jedoch schließt diese Einschätzungsprärogative eine verfassungsgerichtliche Kontrolle der Voraussetzungen des Abs. 2 keineswegs aus.[185]

In der **historischen Entwicklung** galten die zusätzlichen Anforderungen aus Abs. 2 zunächst für sämtliche Bereiche der konkurrierenden Gesetzgebung. Allerdings genügt nach der bis zum 14.11.1994 in Kraft befindlichen Fassung ein Bedürfnis nach einer bundesgesetzlichen Regelung, das sich daraus ergeben konnte, dass eine Angelegenheit durch die Gesetzgebung einzelner Länder nicht wirksam geregelt werden kann, die Regelung einer Angelegenheit durch ein Landesgesetz die Interessen anderer Länder oder der Gesamtheit beeinträchtigen könnte oder die Wahrung der Rechts- oder Wirtschaftseinheit, insbesondere die Wahrung der Einheitlichkeit der Lebensverhältnisse über das Gebiet eines Landes hinaus, die bundesgesetzliche Regelung erfordert. In Reaktion auf die großzügige verfassungsgerichtliche Rechtsprechung, die an das Vorliegen eines solchen Bedürfnisses keine hohen Anforderungen stellte,[186] ersetzte der verfassungsändernde Gesetzgeber im Jahr 1994 das Merkmal des Bedürfnisses gegen das Kriterium der Erforderlichkeit und schränkte die Gründe für die Erforderlichkeit auf die Herstellung gleichwertiger Lebensverhältnisse im Bundesgebiet oder die Wahrung der Rechts- oder Wirtschaftseinheit im gesamtstaatlichen Interesse ein, um den Umfang der Länderkompetenzen vor einer übermäßigen Inanspruchnahme der konkurrierenden Gesetzgebungskompetenz durch den Bund zu schützen.[187] Im Zuge der Föderalismusreform I führte der Gesetzgeber durch die Begrenzung der Erforderlichkeitsklausel auf bestimmte, ausdrücklich aufgeführte Kompetenztitel in der Sache eine Unterform der konkurrierenden Kompetenz, die „Erforderlichkeitskompetenz", ein.[188] Hintergrund dieser Begrenzung der Erforderlichkeitsklausel war die Annahme einer generellen Erforderlichkeit bundesgesetzlicher Regelungen bei den übrigen, in Abs. 2 nicht aufgeführten Kompetenztiteln, auch angesichts der strengeren Prüfung in der Rechtsprechung seit der Altenpflegeentscheidung.[189] **33**

---

[184] BVerfGE 140, 65 (94, Rn. 65); 138, 136 (177, Rn. 111); 135, 155 (204, Rn. 115); 128, 1 (34); 125, 141 (154); 111, 226 (265).

[185] BVerfGE 140, 65 (94, Rn. 65 ff.), auch unter Hinweis auf die Entstehungsgeschichte des Abs. 2.

[186] Etwa BVerfGE 2, 213 (224); 78, 249 (270): Bedürfnis im Sinne des Abs. 2 aF als eine ihrer Natur nach nicht justiziable Frage des pflichtgemäßen Ermessens des Gesetzgebers; Annahme eines Bedürfnisses im Sinne des Abs. 2 aF als politische Vorentscheidung, die das Bundesverfassungsgericht grundsätzlich zu akzeptieren hatte; zusammenfassend zuletzt BVerfGE 148, 147 (180, Rn. 86); 140, 65 (95, Rn. 67), aus der Literatur eingehend *Herbst,* Gesetzgebungskompetenzen im Bundesstaat, 2014, 313 ff.; *Hartmann/Jansen* Der Staat 58 (2019), 243 (248 f.); *Wittreck* in Dreier Rn. 3; *Wollenschläger* in BK Rn. 341 ff.; zu der vom historischen Kontext geprägten Wahrnehmung der Bedürfnisklausel *Uhle* in Maunz/Dürig, Rn. 26; *Wollenschläger* in BK Rn. 342.

[187] Begründung Fraktionsentwurf, BT-Drs. 12/6633, 8: Verbesserung der als unzureichend empfundene Justiziabilität der Bedürfnisklausel; Bericht der Gemeinsamen Verfassungskommission, BT-Drs. 12/6000, 33: Bedürfnisklausel als eines der Haupteinfallstore für die Auszehrung der Länderkompetenzen; BVerfGE 106, 62 (136 ff.); *Pieroth* in Jarass/Pieroth Rn. 17; *Wollenschläger* in BK Rn. 346 ff.

[188] Zu den Begrifflichkeiten → Rn. 6.

[189] BT-Drs. 16/813, 9; *Degenhart* in Sachs Rn. 2; *Sannwald* in SHH Rn. 48; *Uhle* in Maunz/Dürig Rn. 189; *Wittreck* in Dreier Rn. 17; *Wollenschläger* in BK Rn. 117; → Rn. 8.

34 Die Binnendifferenzierung kann bei Überschneidungen von Kompetenztiteln verschiedener Unterfälle der konkurrierenden Kompetenz zum einen **Abgrenzungen** erforderlich machen[190] und zum anderen die Frage aufwerfen, wie sich Zuordnungen verschiedener Teilbereiche eines Gesetzes zu Kompetenztiteln mit unterschiedlichen Anforderungen auswirken. Die verfassungsgerichtliche Rechtsprechung schließt aus der Regelungssystematik der Art. 70 ff.,[191] dass Gegenstand der Regelungen in Art. 71 bis 74 die Reichweite der Bundeskompetenz ist.[192] Eine auf der Grundlage eines Titels der Vorrang- oder Kernkompetenz etablierte Gesetzgebungszuständigkeit des Bundes kann danach durch einen Kompetenztitel der konkurrierenden Kompetenz nicht mehr relativiert, sondern lediglich ergänzt werden.[193] Ist eine vollständige Zuordnung einer bundesgesetzlichen Regelung zu einem bestimmten Kompetenztitel nicht möglich, unterliegt der dann erforderliche ergänzende Rückgriff auf einen weiteren Kompetenztitel (sog. Mosaikkompetenz) dessen Anforderungen.[194]

35 **2. Kriterien und Kontrollmaßstab der Erforderlichkeit.** Die verfassungsgerichtliche Rechtsprechung kehrte in Reaktion auf die Änderung des Abs. 2 von einer Bedürfnis- in eine Erforderlichkeitsklausel[195] von der vorhergehenden, in der Kontrollintensität stark zurückgenommenen Rechtsprechung[196] ab.[197] Sie räumt dem Gesetzgeber zwar eine **Prärogative zur „Einschätzung und Bewertung** tatsächlicher Entwicklungen, von denen die Erforderlichkeit bundesrechtlicher Regelungen hinsichtlich der in Art. 72 Abs. 2 genannten Zwecke abhängt", ein.[198] In der Sache nimmt die Rechtsprechung allerdings eine eingehende Kontrolle des in der gesetzlichen Regelung zum Ausdruck gekommenen Konzepts vor. Die übergreifend gefassten Maßstäbe der Rechtsprechung bringen keine ausdrücklichen, klaren Kriterien zur Kontrollintensität,[199] wohl aber einen allgemeinen, konkretisierungsbedürftigen Maßstab der Erforderlichkeit, eine **eingehende Überprüfung** der Tatsachengrundlage[200] sowie eine zweistufige Prüfungsstruktur zum

---

190 Zu potentiellen Überschneidungen, insbesondere mit dem Kompetenztitel des Rechts der Wirtschaft, Art. 74 Abs. 1 Nr. 11, *Degenhart* in Sachs Rn. 7.

191 Zur Residualkompetenz der Länder → Art. 70 Rn. 9.

192 BVerfGE 135, 155 Rn. 103.

193 *Degenhart* in Sachs Rn. 9a.

194 *Degenhart* in Sachs Rn. 9a; *Heintzen* in BK Art. 70 Rn. 138; *Wollenschläger* in BK Rn. 161.

195 → Rn. 3.

196 BVerfGE 2, 213 (224); 78, 249 (270); → Rn. 33.

197 BVerfGE 106, 62 (135 ff.); 111, 226 (257); 112, 226 (244); 140, 65 (79, Rn. 31 ff.); aus der Literatur zur Entscheidung über das Altenpflegegesetz *Calliess* EuGRZ 2003, 181 (194); *Degenhart* in Sachs Rn. 5; *Depenheuer* ZG 2003, 177 (181 ff.); *Jochum* NJW 2003, 28; *Kenntner* NVwZ 2003, 821; *Kenntner* DVBl. 2003, 259.

198 Zuletzt BVerfGE 140, 65 (94, Rn. 65); zuvor bereits BVerfGE 111, 226 (255); 125, 141 (154); 128, 1 (34); 135, 155 (204, Rn. 115); 138, 136 (177, Rn. 111).

199 BVerfGE 140, 65 (94, Rn. 65): „Indessen reicht die Einschätzungsprärogative des Bundesgesetzgebers nicht so weit, dass die Beurteilung, ob die Voraussetzungen des Art. 72 Abs. 2 GG vorliegen, ganz in seine Hand gegeben wären."; BVerfGE 135, 155 (204, Rn. 115): verfassungsgerichtliche Kontrolle trotz der Einschätzungsprärogative des Gesetzgebers nicht auf eine bloße Vertretbarkeitskontrolle beschränkt; zuvor bereits BVerfGE 106, 62 (148); 110, 141 (153); 125, 141 (153); BVerfGE 135, 155 (204, Rn. 115): verfassungsrechtliche Beurteilung hängt von der objektiven Rechtfertigungsfähigkeit der Einschätzung des Gesetzgebers ab; ebenso BVerfGE 106, 62 (150, 152); ähnlich BVerfGE 111, 226 (255); als ambivalent eingeordnet bei *Wollenschläger* in BK Rn. 355 ff.

200 *Sannwald* in SHH Rn. 93; *Uhle* in Maunz/Dürig Rn. 181; *Wollenschläger* in BK Rn. 368; → Rn. 40.

Ausdruck.[201] Erforderlichkeit bedeutet danach, dass ohne eine bundeseinheitliche Regelung das jeweilige der drei in Abs. 2 genannten Ziele **„nicht oder nicht hinlänglich erreicht** werden kann".[202] Prozedural erfolgt nach der Formulierung der Rechtsprechung eine **„doppelte Erforderlichkeitsprüfung"**, die „zwischen der grundsätzlichen Regelungsbefugnis – wenn – und dem zulässigen Ausmaß bundesgesetzlicher Regelungen – soweit – unterscheidet." Die Kontrolle bezieht sich danach zunächst auf die Erforderlichkeit des Gesamtkonzepts eines Regelungswerks und auf einer zweiten Stufe auf die Erforderlichkeit seiner einzelnen Teile und die Teilbarkeit des Konzepts.[203] Dabei bezieht die Rechtsprechung die Voraussetzung der Erforderlichkeit nicht nur formell auf eine bundesweit einheitliche Regelung, sondern berücksichtigt auch materiell den Inhalt der bundesgesetzlichen Regelung.[204] In der Sache kommt dem Gesetzgeber auch bei der Entscheidung und Ausgestaltung des Konzepts ein Spielraum zu.[205] Die Anforderungen an die einheitliche Bewertung der Erforderlichkeit mehrerer zusammengehöriger Förderinstrumente vergleicht die jüngere Rechtsprechung dabei mit den Anforderungen an die Kompetenz kraft Sachzusammenhangs.[206] Die Erstreckung der Erforderlichkeit auf Teilregelungen eines Gesamtkonzepts setzt demnach ein sachliches Unteilbarkeitsverhältnis voraus, auf Grund dessen „das für sich genommen nach Art. 72 Abs. 2 nicht erforderliche Instrument integraler Bestandteil des Gesamtkonzepts wäre und sein Herausbrechen die Tragfähigkeit der Gesamtkonstruktion gefährdete".[207]

Die Konkretisierung des Kontrollmaßstabs der Erforderlichkeit hängt von ihrem jeweiligen Bezugspunkt ab.[208] Eine schematische Übertragung des einzelnen Prüfungsschritts[209] der **Verhältnismäßigkeit,** wie er als Anforderung an die Rechtfertigung von **Grundrechtseingriffen** entwickelt worden **36**

---

[201] *Uhle* in Maunz/Dürig Rn. 180 ff.; eingehend *Herbst,* Gesetzgebungskompetenzen im Bundesstaat, 2014, 337 ff.

[202] BVerfGE 106, 62 (149); 125, 141 (154 f.).

[203] BVerfGE 113, 167 (197): „Das Gesetzgebungsrecht des Bundes ist danach vom Ergebnis einer doppelten Erforderlichkeitsprüfung abhängig, die zwischen der grundsätzlichen Regelungsbefugnis – wenn – und dem zulässigen Ausmaß bundesgesetzlicher Regelungen – soweit – unterscheidet. Entsprechend dieser Differenzierung sind die Gegenstände der jeweiligen Prüfung nach der Rechtsprechung des Bundesverfassungsgerichts verschieden. Die erste Prüfung zielt nicht auf die einzelnen unselbständigen Teile eines gesetzlichen Regelungswerks, sondern zunächst ist das Gesamtkonzept als solches Prüfungsgegenstand. Hat der Bundesgesetzgeber auf einem ihm kompetentiell vom Grundgesetz gemäß Art. 74 Abs. 1 GG zugewiesenen Gebiet ein umfassendes Regelungskonzept entwickelt, das zum Schutz der Rechtsgüter des Art. 72 Abs. 2 GG nach Ziel und Wirkung erforderlich ist, können einzelne Teile dieses Regelungskonzepts mit dem zweiten Prüfungsschritt nur dann gemäß Art. 72 Abs. 2 GG (‚soweit') als zu regelungsintensiv herausgenommen werden, wenn das Gesamtkonzept und damit die Wirkung des Gesetzes ohne sie nicht gefährdet wird (…)."; nachfolgend in der Sache ebenso BVerfGE 140, 65 (95, Rn. 66); zuvor bereits BVerfGE 125, 141 (155); aus der Literatur *Pieroth* in Jarass/Pieroth Rn. 17; *Uhle* in Maunz/Dürig Rn. 167; *Wollenschläger* in BK Rn. 336.

[204] BVerfGE 111, 226 (266 f.); *Sannwald* in SHH Rn. 83; dagegen allerdings die abweichenden Meinungen in BVerfGE 111, 226 (278 f.); wohl auch *Wollenschläger* in BK Rn. 339.

[205] BVerfGE 106, 62 (149 f.); BVerfGE 113, 167 (193); *Rixen* DVBl. 2012, 1393 (1400); *Sannwald* in SHH Rn. 90.

[206] BVerfGE 140, 65 (92, Rn. 60).

[207] BVerfGE 140, 65 (92, Rn. 60); im Anschluss an BVerfGE 106, 62 (149 f.); 113, 167 (197 ff.).

[208] Zu den drei in Abs. 2 genannten Varianten → Rn. 38 ff.

[209] Gegen eine Integration der gesamten Verhältnismäßigkeitsprüfung *Uhle* in Maunz/Dürig Rn. 165 f.: Notwendigkeit einer Eignung und Erforderlichkeit im kompetenzrechlichen Sinn.

und der Neufassung des Abs. 2 zu Grunde gelegt worden ist,[210] stößt dadurch an Grenzen.[211] Zwar ist nicht ausgeschlossen, die zur Begrenzung hoheitlicher Eingriffe in die Rechte Privater entwickelten Grundsätze auch auf die Abgrenzung hoheitlicher Kompetenzen zu übertragen.[212] Auch die Rechtsprechung des EuGH zum primären Unionsrecht zeigt, dass die Prüfung der Erforderlichkeit oder Verhältnismäßigkeit einen Beitrag zu einer die jeweiligen Kompetenzbereiche möglichst schonenden Kompetenzabgrenzung leisten kann.[213] Allerdings können einzelne Prüfungsschritte, insbesondere die Angemessenheit oder Verhältnismäßigkeit im engeren Sinn, derart eng mit den Rahmenbedingungen eines Ausgleichs kollidierender Grundrechtspositionen verbunden sein, dass sie auf den Kontext der Kompetenzabgrenzung in der konkurrierenden Gesetzgebung nur eingeschränkt passen.[214] Gleiches gilt für eine Orientierung der Auslegung an den Grundsätzen des unionsrechtlichen **Subsidiaritätsprinzips.**[215]

37 Mit diesen Einschränkungen lassen sich in der Rechtsprechung typisierend grundsätzliche und fallgruppenübergreifende Kriterien der Erforderlichkeit beobachten. So steht – vergleichbar mit der Verhältnismäßigkeit im grundrechtlichen Kontext – eine **fehlende Eignung** zur Erreichung eines der in Abs. 2 genannten drei Ziele der Erforderlichkeit entgegen.[216] Das kann etwa der Fall sein, wenn ein bundesrechtlicher Straftatbestand auf divergierende landesrechtliche Regelungen verweist[217] oder die Ziele unabhängig von einer bundeseinheitlichen Regelung verwirklicht werden können.[218] Zudem kann die Möglichkeit der **Selbstkoordination der Länder** die Erforderlichkeit einer bundeseinheitlichen Regelung ausschließen, sofern sie bei wertender Betrachtung als realistisch und hinreichend effektiv eingeordnet wird.[219]

---

[210] *Uhle* in Maunz/Dürig Rn. 163.

[211] *Kunig* in v. Münch/Kunig, 6. Aufl. 2012, Art. 72 Rn. 27 f.; *Oeter* in MKS Rn. 93 und 116; dagegen *Aust* AöR 141 (2016), 415 (437).

[212] BVerfGE 106, 62 (143); näher zur verfassungsgerichtlichen Rechtsprechung *Aust* AöR 141 (2016), 415 (436 f.); allgemein *Degenhart* in Sachs Rn. 11; *Degenhart* in Heintzen/Uhle Neuere Entwicklungen im Kompetenzrecht, 65 (71); *Pieroth* in Jarass/Pieroth Rn. 17; *Rengeling* in HdbStR VI § 135 Rn. 172; *Schmehl* DÖV 1996, 724 (726); *Uhle* in Maunz/Dürig Rn. 163 ff; *Wittreck* in Dreier Rn. 18; *Wollenschläger* in BK Rn. 268: Orientierung an der Verhältnismäßigkeitsprüfung.

[213] EuGH C-493/17, ECLI:EU:C:2018:1000 Rn. 53 ff. – Weiss; EuGH C-62/14, Slg. 2015, ECLI:EU:C:2015:400 Rn. 46 ff. – Gauweiler; EuGH C-370/12, Slg. 2012, ECLI:EU:C:2012:756 Rn. 53 ff. – Pringle; → Art. 70 Rn. 4.

[214] Zurückhaltend deshalb *Degenhart* in Sachs Rn. 18; *Oeter* in MKS Rn. 116 ff.; *Wollenschläger* in BK Rn. 269: keine Angemessenheitsprüfung; für eine weitgehende Übertragbarkeit hingegen *Kenntner* NVwZ 2003, 821; *Kenntner* DVBl. 2003, 259.

[215] *Degenhart* in Sachs Rn. 22; anders *Kröger/Moos* BayVBl. 1997, 705 (710 f.); *Sannwald* in SHH Rn. 42 f.: Verständnis als generelles Subsidiaritätsprinzip; Rückgriff auf das Übermaßverbot bei *Calliess* DÖV 1997, 889 (896); *Calliess* EuGRZ 2003, 181 (184 ff.); für eine Deutung des Art. 72 Abs. 2 als Ausdruck eines allgemeinen Subsidiaritätsgrundsatzes *Sannwald* in SHH Rn. 52; *Wollenschläger* in BK Rn. 267 mwN.

[216] *Oeter* in MKS Rn. 115 f.; *Pieroth* in Jarass/Pieroth Rn. 18; *Uhle* in Maunz/Dürig Rn. 166 f; *Wollenschläger* in BK Rn. 319.

[217] BVerfGE 110, 141 (176 f.); aus der Literatur *Pieroth* in Jarass/Pieroth Rn. 18.

[218] *Pieroth* in Jarass/Pieroth Rn. 18.

[219] Nach der Formulierung der Rechtsprechung steht nicht „jede theoretische Handlungsmöglichkeit" zur Selbstkoordination der Länder der Erforderlichkeit einer bundeseinheitlichen Regelung entgegen, BVerfGE 106, 62 (150); 111, 226 (254); 135, 155 (204 f., Rn. 117); implizit auch BVerfGE 113, 167 (195, Rn. 82 ff.); aus der Literatur *Degenhart* in Sachs Rn. 18; *Depenheuer* ZG 2003, 177 (187); *Pieroth* in Jarass/Pieroth Rn. 18; *Rixen* DVBl. 2012, 1393 (1400); *Sannwald* ZG 1994, 134 (139 f.); näher zum Streitstand in der Literatur *Uhle* in Maunz/Dürig Rn. 170 ff.

Umgekehrt kann eine den Bund treffende **Pflicht zur Gesetzgebung** oder gar zur Übernahme völkerrechtlicher Vorgaben in innerstaatliches Recht die Erforderlichkeit einer bundeseinheitlichen Regelung begründen.[220]

3. Herstellung gleichwertiger Lebensverhältnisse im Bundesgebiet. **38** Eine bundesgesetzliche Regelung ist nach der Rechtsprechung zur Herstellung gleichwertiger Lebensverhältnisse im Bundesgebiet erforderlich, „wenn sich die Lebensverhältnisse in den Ländern in erheblicher, das bundesstaatliche Sozialgefüge beeinträchtigender Weise auseinander entwickelt haben oder sich eine derartige Entwicklung konkret abzeichnet."[221] Die jüngere Rechtsprechung stellt dabei auf die Benachteiligung der Einwohner bestimmter Länder gegenüber den Einwohnern anderer Länder ab.[222] Lebensverhältnisse meint demnach die hoheitlich beeinflussbaren **Rahmenbedingungen** des Lebens,[223] insbesondere wirtschaftlicher Art wie die Ausgestaltung der Daseinsvorsorge, sowie mit Blick auf ihre prägende Bedeutung die Infrastruktur.[224] Die Gleichwertigkeit der Lebensverhältnisse ist nicht gleichzusetzen mit der bis 1994 in Abs. 2 vorgesehenen, durch landesrechtliche Regelungen nur schwerer erreichbaren Einheitlichkeit der Lebensverhältnisse.[225] Allein eine **Verbesserung** der Lebensverhältnisse durch die bundeseinheitliche Regelung genügt für sich genommen zur Herstellung gleichwertiger Lebensverhältnisse nicht.[226] Auch bundesgesetzliche Regelungen, die unterschiedliche Vorgaben für einzelne Bundesländer vorsehen, können dem Ziel der Herstellung gleichwertiger Lebensverhältnisse dienen, vor allem wenn sie deren Verbesserung in den Ländern mit unterdurchschnittlichen Lebensverhältnissen bezwecken.[227]

Angenommen wurde die Erforderlichkeit einer bundeseinheitlichen Re- **39** gelung zur Herstellung gleichwertiger Lebensverhältnisse in der verfassungsgerichtlichen Rechtsprechung bei Regelungen der Sozialversicherung;[228] ab-

---

[220] *Jarass* NVwZ 2000, 1089 (1093); *Pieroth* in Jarass/Pieroth Rn. 17a; *Sannwald* in SHH Rn. 58.

[221] BVerfGE 106, 62 (142 ff.); 111, 226 (253); 112, 226 (244); 140, 65 (80, Rn. 35); aus der Literatur *Degenhart* in Sachs Rn. 15; *Pieroth* in Jarass/Pieroth Rn. 20; *Rixen* DVBl. 2012, 1393 (1399); *Sannwald* in SHH Rn. 63; *Uhle* in Maunz/Dürig Rn. 132; *Wollenschläger* in BK Rn. 289; mit Aufstellung von Einzelbereichen in Rn. 294 ff.

[222] BVerfGE 140, 65 (80 f., Rn. 35); aus der Literatur *Sannwald* in SHH Rn. 62; *Uhle* in Maunz/Dürig Rn. 132; *Wollenschläger* in BK Rn. 289.

[223] *Degenhart* in Sachs Rn. 15; *Uhle* in Maunz/Dürig Rn. 133: wirtschaftliche und soziale Umstände, in denen die Bürger leben; *Wollenschläger* in BK Rn. 286: die Lebenswirklichkeit des Einzelnen prägenden politischen, sozialen, wirtschaftlichen, infrastrukturellen und rechtlichen Rahmenbedingungen.

[224] *Degenhart* in Sachs Rn. 15; *Wollenschläger* in BK Rn. 286; gegen eine Berücksichtigung der institutionellen Infrastruktur unter Hinweis auf deren nur mittelbare Auswirkungen *Uhle* in Maunz/Dürig Rn. 134.

[225] BVerfGE 106, 62 (143 f.); *Degenhart* in Sachs Rn. 15; *Depenheuer* ZG 2003, 177 (183); *Hartmann/Jansen* Der Staat 58 (2019), 243 (249); *Rengeling* in HdbStR VI § 135 Rn. 168; *Sannwald* in SHH Rn. 62; *Uhle* in Maunz/Dürig Rn. 130; *Wollenschläger* in BK Rn. 282; zum Hintergrund der ursprünglichen Fassung *Hartmann/Jansen* Der Staat 58 (2019), 243 (247 f.).

[226] BVerfGE 106, 62 (144); 140. 65 (81, Rn. 37); *Degenhart* in Sachs Rn. 15; *Depenheuer* ZG 2003, 177 (183); *Rixen* DVBl. 2012, 1393 (1399): Unzumutbarkeit fehlender Gleichwertigkeit als Kriterium; *Pieroth* in Jarass/Pieroth Rn. 20; *Uhle* in Maunz/Dürig Rn. 131; *Wollenschläger* in BK Rn. 288.

[227] *Degenhart* in Sachs Rn. 29; *Pieroth* in Jarass/Pieroth Rn. 19; *Umbach/Clemens* in Umbach/Clemens Rn. 34 f.; *Wittreck* in Dreier Rn. 20; anders zum Teil die Rechtsprechung, BVerfGE 18, 407 (415); 26, 338 (383).

[228] BVerfGE 113, 167 (198); 114, 196 (222 f.); aus der Literatur *Degenhart* in Sachs Rn. 15; *Pieroth* in Jarass/Pieroth Rn. 20.

gelehnt für Regelungen zum Berufsrecht der Altenpflege,[229] des Ladenschlusses,[230] der Juniorprofessur,[231] zum Verbot von Studiengebühren,[232] des Schornsteinfeger-Handwerksgesetzes[233] und zum Betreuungsgeld.[234]

40 Als Kehrseite der Einschätzungsprärogative des Gesetzgebers bei der Einschätzung der Entwicklung und Bewertung der Lebensverhältnisse[235] verlangt die verfassungsgerichtliche Rechtsprechung vom Bundesgesetzgeber insbesondere eine **sorgfältige Ermittlung des verfügbaren Tatsachenmaterials** sowie eine **fundierte Einschätzung** der Situation.[236]

41 **4. Wahrung der Rechtseinheit im gesamtstaatlichen Interesse.** Die Variante der Erforderlichkeit zur Wahrung der Rechtseinheit im gesamtstaatlichen Interesse leitet die Erforderlichkeit einer bundeseinheitlichen Regelung nicht schon aus der Heterogenität landesrechtlicher Regelungen,[237] sondern aus einer normativen Bewertung ihrer Folgen sowohl für den Bund als auch für die Länder ab. Wahrung meint dabei, anders als der Vergleich mit der Variante der Herstellung gleichwertiger Lebensverhältnisse nahelegen könnte, auch ein erstmaliges aktives Tätigwerden.[238] Nach den Kriterien der verfassungsgerichtlichen Rechtsprechung ist eine bundesgesetzliche Regelung erforderlich, wenn von unterschiedlichen Regelungen auf Landesebene „**erhebliche Rechtsunsicherheiten** und damit unzumutbare Behinderungen für den länderübergreifenden Rechtsverkehr“[239] ausgehen und nachteilige Effekte mit sich bringen würden, die **im Interesse sowohl** des Bundes als auch der Länder **nicht hingenommen** werden können.[240] In Literatur und Rechtsprechung werden diese Kriterien mit dem Erhalt eines **funktionsfähigen Rechtsraums** zusammengefasst.[241] Der in Abs. 2 enthaltene Verweis auf das gesamtstaatliche Interesse bezieht sich gleichermaßen auf die Rechts- wie auch die Wirtschaftseinheit.[242] Der gesamtstaatliche Charakter des Interesses setzt voraus, dass die bundeseinheitliche Regelung nicht nur im Interesse einzelner

---

[229] BVerfGE 106, 62 (153 f.).

[230] BVerfGE 111, 10 (28).

[231] BVerfGE 111, 226 (265).

[232] BVerfGE 111, 226 (244 ff.); zustimmend *Degenhart* in Sachs Rn. 15.

[233] BVerfGK 17, 18 (23 f.).

[234] BVerfGE 140, 65 (81, Rn. 36 ff.).

[235] Zur Einschätzungsprärogative → Rn. 46.

[236] BVerfGE 106, 62 (144); *Degenhart* in Sachs Rn. 15; *Rixen* DVBl. 2012, 1393 (1400); *Wollenschläger* in BK Rn. 368.

[237] BVerfGE 106, 62 (150); 111, 226 (253 f.); 112, 226 (250); 140, 65 (87); *Degenhart* in Sachs Rn. 16; *Rengeling* in HdbStR VI § 135 Rn. 170; *Sannwald* in SHH Rn. 68; *Wittreck* in Dreier Rn. 23; *Uhle* in Maunz/Dürig Rn. 141.

[238] *Degenhart* in Sachs Rn. 13; *Wollenschläger* in BK Rn. 275, jeweils mwN auch zur Gegenansicht.

[239] BVerfGE 111, 226 (254); ebenso BVerfGE 106, 62 (145): Erhaltung einer funktionsfähigen Rechtsgemeinschaft; BVerfGE 125, 141 (154); aus der Literatur *Degenhart* in Sachs Rn. 16; *Pieroth* in Jarass/Pieroth Rn. 21; *Rixen* DVBl. 2012, 1393 (1399); *Uhle* in Kluth Föderalismusreform, Rn. 34.

[240] BVerfGE 125, 141 (155); 138, 136 (176, Rn. 109); 140, 65 (87, Rn. 49); aus der Literatur *Depenheuer* ZG 2003, 177 (184 f.); *Pieroth* in Jarass/Pieroth Rn. 21.

[241] BVerfGE 140, 65 (87, Rn. 49); *Degenhart* in Sachs Rn. 16; *Pieroth* in Jarass/Pieroth Rn. 21; *Rixen* DVBl. 2012, 1393 (1399); *Seiler* in BeckOK GG Rn. 13; *Uhle* in Maunz/Dürig Rn. 142; *Uhle* in Kluth Föderalismusreform, Rn. 34; *Wollenschläger* in BK Rn. 305: Beeinträchtigung der Rechtssicherheit, des länderübergreifenden Rechtsverkehrs oder der innerstaatlichen Freizügigkeit.

[242] *Uhle* in Maunz/Dürig Rn. 143; näher zur Systematik und Entstehungsgeschichte *Degenhart* in Sachs Rn. 12; Begründung Fraktionsentwurf, BT-Drs. 12/6633, 8.

Länder liegt.[243] Die zusätzlichen Umstände, die nachteilige Folgen divergierender Regelungen nach sich ziehen können, können etwa in der Beeinträchtigung der Verkehrsfähigkeit von Vermögenswerten,[244] in der Störung der Rechtssicherheit und Freizügigkeit[245] oder in der Gefährdung einheitlicher Standards der medizinischen Versorgung[246] liegen. Allein die Tatsache, dass eine Regelung **unionsrechtliche Vorgaben** umsetzt, begründet noch keine entsprechende Erforderlichkeit,[247] auch wenn die bereichsspezifischen Anforderungen an eine sachgerechte Umsetzung insbesondere in komplexen Zusammenhängen für die Erforderlichkeit einer bundeseinheitlichen Regelung sprechen können.[248] Nachdem im Zuge der Föderalismusreform eine Reihe für die Rechtseinheit wichtiger Bereiche von dem Anwendungsbereich des Abs. 2 ausgenommen worden sind, ist die praktische Bedeutung der Variante zur Wahrung der Rechtseinheit gesunken.[249]

5. Wahrung der Wirtschaftseinheit im gesamtstaatlichen Interesse. 42
Zur Wahrung der Wirtschaftseinheit ist eine bundeseinheitliche Regelung nach der verfassungsgerichtlichen Rechtsprechung im gesamtstaatlichen Interesse erforderlich, „wenn Landesregelungen oder das Untätigbleiben der Länder erhebliche Nachteile für die Gesamtwirtschaft mit sich bringen".[250] Ähnlich wie bei der Erforderlichkeit zur Wahrung der Rechtseinheit zielt die Regelung nicht auf die Vermeidung jeder Form der Diversität landesgesetzlicher Regelungen, sondern auf die Vermeidung spezifischer Nachteile, in dieser Variante allerdings für den Wirtschaftsverkehr.[251] Im Fall der Wirtschaftseinheit handelt es sich um gravierende wirtschaftspolitische Effekte divergierender oder teilweise fehlender landesrechtlicher Regelungen,[252] etwa unterschiedliche Voraussetzungen der beruflichen Ausbildung oder des Berufszugangs,[253] also eine Beeinträchtigung der Funktionsfähigkeit des Wirtschaftsraums.[254] Wirtschaftseinheit wird dabei verstanden als insbesondere die Geltung eines gemeinsamen rechtlichen Rahmens für ökonomische Aktivitäten.[255] In der

---

243 *Degenhart* in Sachs Rn. 12; *Pieroth* in Jarass/Pieroth Rn. 21; *Schmehl* DÖV 1996, 724 (727); *Uhle* in Maunz/Dürig Rn. 143.

244 BVerfGE 126, 331 (357).

245 *Degenhart* in Sachs Rn. 16.

246 BVerfGE 113, 167 (198); *Degenhart* in Sachs Rn. 16.

247 BVerfGK 17, 18 (24); *Degenhart* in Sachs Rn. 14: kein besonderer Kompetenztypus der Umsetzungsgesetzgebung, keine ‚europabedingte Reduktion'; *Sannwald* in SHH Rn. 58; *Uhle* in Maunz/Dürig Rn. 129; *Wittreck* in Dreier Rn. 9: Umsetzung von Unionsrecht nach allgemeinen Regeln; *Wollenschläger* in BK Rn. 260; im Zusammenhang mit der Umweltschutzgesetzgebung *Frenz* NVwZ 2006, 742 (744).

248 *Degenhart* in Sachs Rn. 16 im Anschluss an BVerfGE 122, 1 (21).

249 *Degenhart* in Sachs Rn. 16; vgl. aber zum Abgabenrecht BVerfG (K) NVwZ-RR 2004, 890 (891) sowie zu berufsrechtlichen Regelungen BVerfG GewArch 2010, 456 (457, Rn. 20 f.); BVerfG NVwZ-RR 2011, 385 (386); Überblick über die bisherige Rechtsprechung bei *Uhle* in Maunz/Dürig Rn. 147 f.

250 BVerfGE 112, 226 (249); 138, 136 (176, Rn. 109); 140, 65 (87, Rn. 49); aus der Literatur *Pieroth* in Jarass/Pieroth Rn. 22; *Rixen* DVBl. 2012, 1393 (1399).

251 BVerfGE 140, 65 (87 f.); *Sannwald* in SHH Rn. 66 und 72; *Uhle* in Maunz/Dürig Rn. 151; *Wollenschläger* in BK Rn. 303; kritisch *Depenheuer* ZG 2003, 177 (185): in der Umsetzung Blankoscheck für den Bundesgesetzgeber.

252 Vgl. BVerfGE 106, 62 (146); 125, 141 (154 f.); 138, 136 (177); 140, 65 (87); aus der Literatur *Degenhart* in Sachs Rn. 17; *Sannwald* in SHH Rn. 72; *Uhle* in Maunz/Dürig Rn. 151: wirtschaftspolitisch bedrohliche oder gar unzumutbare Auswirkungen.

253 BVerfGE 119, 59 (82); *Degenhart* in Sachs Rn. 17; weitere Beispiele bei *Wollenschläger* in BK Rn. 312.

254 BVerfGE 140, 65 (87 f.); 138, 136 (176 f.); *Wollenschläger* in BK Rn. 310.

255 *Degenhart* in Sachs Rn. 17; *Schmehl* DÖV 1996, 724 (727).

Sache zielt die Voraussetzung der Wahrung der Wirtschaftseinheit damit auf die Erhaltung der Funktionsfähigkeit des Wirtschaftsraums[256] oder zumindest des Koordinationsraums einzelner Branchen.[257] Ebenso wie bei der Wahrung der Rechtseinheit[258] setzt die Variante ein gesamtstaatliches Interesse[259] und damit die Betroffenheit nicht nur eines Landes oder einiger Länder voraus.[260]

43 Beispiele aus der verfassungsgerichtlichen Rechtsprechung, in denen eine Erforderlichkeit zur Wahrung der Wirtschaftseinheit im gesamtstaatlichen Interesse angenommen worden ist,[261] betreffen das Recht der Altenpflege,[262] Regelungen zum Hufbeschlag,[263] zu Agrarmarktbeihilfen,[264] zum Mindestabsatz für die Gewerbesteuer zur Vermeidung von Steueroasen,[265] Regelungen zur Filmförderung,[266] zur Weinabgabe[267] und zu Erbschafts- und Schenkungssteuern.[268]

44 **6. Freigabe nach Wegfall der Erforderlichkeit (Art. 72 Abs. 4).** Um die Flexibilität der Kompetenzabgrenzung zwischen Bund und Ländern innerhalb der Erforderlichkeitsgesetzgebung nach einem zwischenzeitlichen Wegfall der Erforderlichkeit zu erhöhen,[269] sieht die Regelung in Abs. 4 die Möglichkeit des Bundes vor, die Länder durch Bundesgesetz nach Wegfall der Erforderlichkeit zur Ersetzung der bundesrechtlichen Regelung zu ermächtigen.[270] Der ausdrückliche Hinweis auf eine bundesrechtliche Regelung stellt klar, dass die Ermächtigung zur Freigabe nicht delegierbar ist.[271] Infolge der Änderungen des Abs. 2 in den Jahren 1994 und 2006[272] hängt die Anwendbarkeit der unterschiedlichen **Übergangsregelungen** von dem Zeitpunkt ab, in dem sich die ursprünglich die Erforderlichkeit begründenden Umstände geändert haben. Waren die Anforderungen an die Erforderlichkeit bereits 1994 bei Änderung der Bedürfnisklausel in die Erforderlichkeitsklausel[273] nicht gegeben, richtet sich die Wirksamkeit nach Art. 125a Abs. 2.[274] Sind die Voraussetzungen der Erforderlichkeit nach Inkrafttreten der Änderung im Jahr 1994 entfallen, bleibt die bundesgesetzliche Regelung

---

[256] BVerfGE 106, 62 (146 f.); 112, 226 (249); 122, 1 (22); *Degenhart* in Sachs Rn. 17.

[257] *Degenhart* in Sachs Rn. 17; BVerwGE 133, 42 (51 f.); 136 (194, Rn. 114).

[258] → Rn. 41.

[259] *Uhle* in Maunz/Dürig Rn. 155; *Wollenschläger* in BK Rn. 280, jeweils mwN.; demgegenüber für eine Beschränkung der Notwendigkeit eines gesamtstaatlichen Interesses auf die Variante der Rechtseinheit aus inhaltlichen und entstehungsgeschichtlichen Gründen *Sannwald* in SHH Rn. 77.

[260] Etwa durch eine allgemein exportorientierte Absatzförderung, zum globalisierten Weinmarkt BVerfGE 136, 194 (241, Rn. 114); aus der Literatur *Degenhart* in Sachs Rn. 17.

[261] Überblick bei *Uhle* in Maunz/Dürig Rn. 161.

[262] BVerfGE 106, 62 (156 ff.).

[263] BVerfGE 119, 59 (82 f.).

[264] BVerfGE 122, 1 (22).

[265] BVerfGE 125, 141 (155 f.).

[266] BVerfGE 135, 155 (204 f., Rn. 114 ff.).

[267] BVerfGE 136, 194 (241, Rn. 113 f.).

[268] BVerfGE 138, 136 (178, Rn. 112 ff.).

[269] *Oeter* in MKS Rn. 133 f.; *Pieroth* in Jarass/Pieroth Rn. 24; *Wittreck* in Dreier Rn. 44.

[270] Zur eingeschränkten praktischen Bedeutung *Wollenschläger* in BK Rn. 498.

[271] *Degenhart* in Sachs Rn. 48; *Oeter* in MKS Rn. 133; *Pieroth* in Jarass/Pieroth Rn. 25; *Uhle* in Kluth Föderalismusreformgesetz, Rn. 57.

[272] → Rn. 33.

[273] → Rn. 33.

[274] *Uhle* in Maunz/Dürig Rn. 184; zur bislang geringen Praxisrelevanz dieser Fallgruppe *Degenhart* in Sachs Rn. 45: keine Fälle bekannt; zum zwischenzeitlich ebenfalls novellierten Art. 125a Abs. 2 → Art. 125a Rn. 10 f.

nach Abs. 3 aF und nunmehr Abs. 4 in Kraft.[275] Durch die Begrenzung des Anwendungsbereichs der Erforderlichkeitsklausel auf bestimmte Kompetenztitel im Zuge der Föderalismusreform I beschränkt sich auch die Möglichkeit einer Ersetzung durch Landesrecht entsprechend.[276]

Die in Abs. 4 vorgesehene Ermächtigung des Bundes zur Freigabe geht **45** weder mit einer entsprechenden **Verpflichtung des Bundes** zur Freigabe[277] noch mit einer entsprechenden **Verpflichtung der Länder** zum **Erlass ersetzender Regelungen** im Anschluss an die Freigabe[278] einher. Über das in Art. 93 Abs. 2 S. 1–3 vorgesehene **Kompetenzfreigabeverfahren** können der Bundesrat, eine Landesregierung oder die Volksvertretung eines Landes die Feststellung des nachträglichen Wegfalls der Erforderlichkeit durch das Bundesverfassungsgericht beantragen, die eine entsprechende bundesgesetzliche Regelung zur Freigabe ersetzt. Die Zulässigkeit eines solchen Antrags setzt nach Art. 93 Abs. 2 S. 3 voraus, dass eine entsprechende Gesetzesvorlage im Bundestag oder im Bundesrat abgelehnt oder nicht innerhalb eines Jahres im Bundestag über sie beraten und Beschluss gefasst worden ist. Aus dem Verfahren wird deutlich, dass sowohl die Landesregierungen als auch die Volksvertretungen in den Ländern nach Wegfall der Erforderlichkeit auf eine Freigabe hinwirken können, zumal die in Art. 93 Abs. 2 S. 2 vorgesehene Ersetzungswirkung automatisch durch die Feststellung des Wegfalls der Erforderlichkeit eintritt. Sowohl die besondere Zulässigkeitsvoraussetzung eines vorherigen Scheiterns des Gesetzgebungsverfahrens als auch die Ausgestaltung als Feststellungsverfahren, das von einer etwaigen Pflichtverletzung unabhängig ist, sprechen jedoch dafür, dass die in Art. 72 Abs. 4 vorgesehene Möglichkeit – wie die in Art. 70 ff. geregelten Gesetzgebungskompetenzen allgemein[279] – keine materielle Pflicht zur Regelung implizieren.[280] Gleichwohl kann sich aus dem Grundsatz bundes- und länderfreundlichen Verhaltens eine Pflicht des Bundes zur Freigabe ergeben,[281] insbesondere wenn veränderte Rahmenbedingungen des Lebensbereichs eine Neukonzeption erforderlich machen und dem Bund infolge des Wegfalls der

---

[275] *Degenhart* in Sachs Rn. 45; lagen die Voraussetzungen allerdings bereits bei Erlass des Gesetzes nicht vor, würde auch ein etwaiger Wegfall der Voraussetzungen durch die Einschränkung des Anwendungsbereichs des Abs. 2 im Zuge der Förderalismusreform 2006 die von Anfang an bestehende Nichtigkeit nicht heilen, *Uhle* in Maunz/Dürig, Rn. 185.

[276] *Degenhart* in Sachs Rn. 45.

[277] *Degenhart* in Sachs Rn. 49; *Gerstenberg,* zu den Gesetzgebungs- und Verwaltungskompetenzen nach der Föderalismusreform, 2009, 276 ff.: Freigabeermessen; *Pieroth* in Jarass/Pieroth Rn. 24; *Sannwald* in SHH Rn. 130: breiter politischer Ermessensspielraum des Bundes; *Uhle* in Kluth Föderalismusreformgesetz, Rn. 69; für eine Freigabepflicht dagegen *Wollenschläger* in BK Rn. 505; differenzierend zu Art. 125a Abs. 2 S. 2 BVerfGE 111, 10 (28 ff.): zeigt sich Änderungsbedarf, ist die Freigabe im Grundsatz in das Ermessen des Bundesgesetzgebers gestellt; allerdings kann der Grundsatz des bundes- und länderfreundlichen Verhaltens und ein sachlicher Bedarf zu einer Anpassung des rechtlichen Rahmens an geänderte Umstände das Ermessen des Bundes zur Freigabe reduzieren; zu einer solchen Reduktion zur Gewährleistung einer effektiven Umsetzung unionsrechtlicher Vorgaben *Wittreck* in Dreier Rn. 9; zu Art. 125a Abs. 2 *Lindner* NJW 2005, 399 (400 ff.) und *Sachs/Jasper* NVwZ 2015, 465 (466 f.); für einen grundsätzlichen und einklagbaren Anspruch der Länder auf Freigabe dagegen *Klein/Schneider* DVBl. 2006, 1549 (1555).

[278] *Degenhart* in Sachs Rn. 51; *Pieroth* in Jarass/Pieroth Rn. 25; *Rengeling* in HdbStR VI § 135 Rn. 189; *Sannwald* in SHH Rn. 138.

[279] → Art. 70 Rn. 2.

[280] *Degenhart* in Sachs Rn. 49: politisches Ermessen; für eine Berücksichtigung dieses Ermessens auch im Kompetenzfreigabeverfahren *Sannwald* in SHH Rn. 133.

[281] *Herbst,* Gesetzgebungskompetenzen im Bundesstaat, 2014, 349 f.

Erforderlichkeit im Sinne des Abs. 2 die Kompetenz zur Neukonzeption fehlt.[282]

46 In der Sache setzt die bundesgesetzliche Regelung nach Abs. 4 voraus, dass die Erforderlichkeit im Sinne des Abs. 2 nicht mehr besteht, dass also die tatsächlichen Umstände, die zur Erforderlichkeit oder zu einem Bedürfnis im Sinne des Abs. 2 aF[283] geführt haben, weggefallen sind.[284] Ist die Erforderlichkeit einer bundesgesetzlichen Regelung entfallen, weil die Regelung in der Vergangenheit die Erreichung ihres Zieles erfüllt hat, kann die bundesgesetzliche Regelung unter Umständen weiterhin erforderlich sein, um den erreichten **Zustand zu erhalten,** vor allem im Fall der Herstellung gleichwertiger Lebensverhältnisse die nunmehr als gleichwertig zu bewertenden Lebensverhältnisse vor asymmetrischen Veränderungen zu bewahren.[285] Bei der Einschätzung der veränderten Lebensverhältnisse kommt dem Gesetzgeber spiegelbildlich zu den Anforderungen an die Erforderlichkeit nach Abs. 2[286] eine **Einschätzungsprärogative** zu.[287] Entsprechend unterliegt die Einschätzung der Erforderlichkeit einer eingeschränkten, aber über eine bloße Willkürkontrolle erheblich hinausgehenden gerichtlichen Kontrolle.

47 Mit Blick auf das dem Bund im Grundsatz zustehende **Ermessen zur Freigabe** kann der Bund im Grundsatz auch Teile des bundesgesetzlichen Regelungskonzepts zur Abweichung durch Landesrecht freigeben.[288] Eine solche partielle Freigabe kann zwar zu Kombinationen von bundes- und unterschiedlichen landesgesetzlichen Regelungen für einen Regelungsbereich führen, die systematisch in der sich gegenseitig ausschließenden Abgrenzung zwischen Bundes- und Landeskompetenzen grundsätzlich nicht angelegt sind.[289] Hinsichtlich des Ergebnisses der Kompetenzverteilung ist die Ermächtigung der Länder zur Ersetzung bestimmter Teile eines bestehenden bundesgesetzlichen Regelungskonzepts allerdings vergleichbar mit einem teilweisen Gebrauchmachen einer bestehenden konkurrierenden Gesetzgebungskompetenz, die ebenfalls zu einer mit der ehemaligen Rahmenkompetenz vergleichbaren Schichtung führen kann.[290] Abgesehen von einer solchen partiellen Freigabe ermächtigt Abs. 4 den Bund allerdings nicht, die Freigabe an bestimmte inhaltliche Bedingungen oder Vorgaben an die Länder zu knüpfen.[291] Auch ist es dem Bund nicht möglich, sich eine generelle oder an bestimmte Bedingungen geknüpfte Rückholoption vorzubehalten.[292] Solche Gestaltungsoptionen stehen dem Bund lediglich im Bereich der Kern- oder Vorrangkompetenz offen.[293] Zur Erhöhung der Rechtssicherheit sollte das Bundesgesetz die zur Ersetzung durch Landesrecht freigegebenen bundesrechtlichen Regelungen

---

[282] Zu Art. 125a Abs. 2 S. 2 BVerfGE 111, 10 (31).

[283] → Rn. 33.

[284] *Oeter* in MKS Rn. 131; *Pieroth* in Jarass/Pieroth Rn. 25.

[285] *Degenhart* in Sachs Rn. 47; *Kunig* in v. Münch/Kunig, 6. Aufl. 2012, Art. 72 Rn. 33.

[286] → Rn. 32.

[287] *Degenhart* in Sachs Rn. 47.

[288] *Pieroth* in Jarass/Pieroth Rn. 25; *Wittreck* in Dreier Rn. 47; zu Art. 125a Abs. 2 S. 2 BVerfGE 111, 10 (30, Rn. 105): Ermächtigung für abgrenzbaren Teilbereich zulässig.

[289] Gegen die Zulässigkeit einer partiellen Freigabe deshalb *Degenhart* in Sachs Rn. 48; BVerfGE 111, 10 (29): Mischlage aus Bundes- und Landesrecht für ein und denselben Regelungsgegenstand, die im bestehenden System der Gesetzgebung ein Fremdkörper wäre.

[290] → Rn. 20.

[291] *Oeter* in MKS Rn. 135; *Pieroth* in Jarass/Pieroth Rn. 25; *Wittreck* in Dreier Rn. 47.

[292] *Degenhart* in Sachs Rn. 48, auch unter Hinweis auf die Anforderungen an die Rechtssicherheit.

[293] → Rn. 8; zur Abgrenzung *Degenhart* in Sachs Rn. 48.

ausdrücklich bezeichnen, insbesondere wenn bei einer partiellen Freigabe oder aus anderen Gründen Unklarheiten entstehen können. Die Bezeichnung stellt allerdings **keine formelle Voraussetzung** einer wirksamen Freigabe dar.[294]

Die in Abs. 4 vorgesehene Ermächtigung der Länder richtet sich an den **Landesgesetzgeber.** Zwar ist der allgemein auf „Landesrecht" abstellende Wortlaut insoweit offen.[295] Systematisch handelt es sich jedoch in Abs. 4 wie auch allgemein in den Art. 70 ff. um eine Abgrenzung der Gesetzgebungskompetenzen.[296] **48**

Mit Inkrafttreten des Freigabegesetzes sind die Länder zur Gesetzgebung befugt, aber **nicht verpflichtet,**[297] so dass Bundes- und unterschiedliche oder gleichlautende Landesregelungen nebeneinander bestehen können.[298] **„Ersetzen"** meint dabei, dass der Landesgesetzgeber eine **eigenständige Regelung** trifft,[299] die über die punktuelle Änderung einzelner bundesgesetzlicher Vorschriften hinausgeht.[300] Diese eigenständige Regelung kann bundesrechtliche Regelungen weitgehend aufgreifen. Landesgesetzliche Regelungen, die lediglich Bundesrecht aufheben, ohne eine Regelungskonzeption zu verfolgen,[301] oder allgemein dynamisch auf Bundesrecht verweisen,[302] erfüllen diese Anforderungen an eine eigenständige Regelung hingegen nicht. Spiegelbildlich zum teilweisen Gebrauch einer Regelungskompetenz durch den Bund steht es den Ländern auch offen, von der Ermächtigung zur Ersetzung teilweise Gebrauch zu machen, sofern diese partielle Ersetzung Ausdruck eines übergreifenden Regelungskonzepts ist, in dem auch den verbleibenden bundesgesetzlichen Regelungen eine sinnvolle Funktion zukommt.[303] **49**

III. Abweichungsgesetzgebung (Art. 72 Abs. 3)

Im Zuge der Föderalismusreform I ist mit der sog. **Abweichungskompetenz**[304] eine neue, in der Systematik des Grundgesetzes bislang nicht vorhandene,[305] wenn auch als „Zugriffsgedanke" seit langem in unterschiedlichen Kontexten erörterte,[306] Form der konkurrierenden Gesetzgebungs- **50**

[294] Enger wohl *Degenhart* in Sachs Rn. 48: ausdrückliche Bezeichnung ist aus Gründen der Rechtssicherheit zu fordern.

[295] Für die Möglichkeit einer Ermächtigung zur Ersetzung durch Rechtsverordnungen und Satzungen *Pieroth* in Jarass/Pieroth Rn. 26; *Sannwald* in SHH Rn. 137; *Uhle* in Kluth Föderalismusreformgesetz, Rn. 62.

[296] *Degenhart* in Sachs Rn. 52: Ermächtigung zur Ersetzung durch Rechtsverordnung wäre Ermächtigung zu einer nach Art. 80 Abs. 1 ausgeschlossenen gesetzesvertretenden Rechtsverordnung; *Oeter* in MKS Rn. 135.

[297] → Rn. 45.

[298] *Degenhart* in Sachs Rn. 53; *Oeter* in MKS Rn. 136; *Pieroth* in Jarass/Pieroth Rn. 27.

[299] Zu Art. 125a Abs. 2 S. 2 BVerfGE 111, 10 (30): Landesgesetzgeber regelt Materie in eigener Verantwortung.

[300] *Degenhart* in Sachs Rn. 53.

[301] *Degenhart* in Sachs Rn. 52; anders *Pieroth* in Jarass/Pieroth Rn. 26; *Uhle* in Kluth Föderalismusreformgesetz, Rn. 26.

[302] *Pieroth* in Jarass/Pieroth Rn. 27; aus der fachgerichtlichen Rechtsprechung BVerwGE 101, 211 (218).

[303] *Degenhart* in Sachs Rn. 53.

[304] Zu den verschiedenen Begrifflichkeiten, die für die einzelnen Unterarten der konkurrierenden Gesetzgebung etabliert sind, → Rn. 6.

[305] *Degenhart* in Sachs Rn. 40; *Degenhart* NVwZ 2006, 1209 (1212); *Ipsen* NJW 2006, 2801 (2803); *Sannwald* in SHH Rn. 97; *Uhle* in Maunz/Dürig Rn. 199.

[306] Eingehend *Zsinka,* Das Zitiergebot für die Abweichungsgesetzgebung, 2017, 60 ff; *Chandna,* Das Abweichungsrecht der Länder gemäß Art. 72 Abs. 3 GG im bundesstaatlichen Kompetenzgefüge, 2011, 40 ff.

zuständigkeit eingeführt worden. Ihre Einführung hängt mittelbar mit dem Wegfall der Rahmenkompetenz nach Art. 75 GG aF zusammen;[307] Art. 125b trifft insoweit eine Übergangsregelung. Während im Zuge des Wegfalls der Rahmenkompetenz eine Reihe von Kompetenztiteln in den Katalog der konkurrierenden Gesetzgebung überführt und dadurch die Gesetzgebungskompetenzen des Bundes erweitert worden sind, soll die Möglichkeit einer Abweichung ein Gegengewicht zu Gunsten der Länder schaffen, insbesondere um regional spezifischen Bedürfnissen,[308] sowie Unterschieden in der Regelungsstärke,[309] Rechnung zu tragen. Zugleich soll die Option zur Abweichungsgesetzgebung die Klarheit der Verantwortungsteilung sowie die Flexibilität im Verhältnis von Bund und Ländern erhöhen.[310]

51 **1. Gegenstände der Abweichungsgesetzgebung.** Die Kompetenz zur sog. **Abweichungsgesetzgebung** bezieht sich auf die in Abs. 3 S. 1 aufgeführten Gegenstände mit Ausnahme der sog. abweichungsfesten Kerne.[311] Die einzelnen Gegenstände zählten vor der Föderalismusreform zur Rahmenzuständigkeit nach Art. 75 Abs. 1 S. 1 Nr. 1a, 3 und 4 GG aF und sind nunmehr an den Katalog des Art. 74 Abs. 1 angehängt (Nr. 28–33).[312] Weil mit der Verschiebung keine inhaltliche Änderung der Gegenstände beabsichtigt war, kann die zu den entsprechenden Titeln der Rahmengesetzgebung ergangene Rechtsprechung im Grundsatz auch weiterhin zur Auslegung herangezogen werden.[313] Auch wenn die Abweichungsgesetzgebung durch ihren Charakter der doppelten Vollkompetenz[314] als Typus in der bisherigen Systematik der Kompetenzverteilung nicht angelegt war, lässt sich aus diesem Novum keine Auslegungsregel dahingehend ableiten, dass Kompetenzen der Länder zur Abweichung im Zweifel enger und abweichungsfeste Kerne weiter auszulegen wären.[315]

52 Die Gegenstandsbereiche der Abweichungsgesetzgebung fallen durchweg nicht in den Anwendungsbereich der **Erforderlichkeitsklausel** nach Abs. 2 mit der Folge, dass der Bund unabhängig von der Erforderlichkeit einer bundeseinheitlichen Regelung Gesetze erlassen kann, von denen die Länder nach Abs. 3 Abweichungen treffen können.[316] Entsprechend sind die in Abs. 3

[307] Eingehend *Wollenschläger* in BK Rn. 120 ff.; näher zu vorhergehenden Überlegungen der Enquete-Kommissionen Verfassungsreform aus dem Jahr 1977 *Uhle* in Maunz/Dürig Rn. 199; *Zsinka,* Das Zitiergebot für die Abweichungsgesetzgebung, 2017, 60 ff; *Chandna,* Das Abweichungsrecht der Länder gemäß Art. 72 Abs. 3 GG im bundesstaatlichen Kompetenzgefüge, 2011, 64 ff.

[308] BT-Drs. 16/813, 11; *Degenhart* in Sachs Rn. 41; *Erbguth* ZUR 2019, 195 (196); *Wittreck* in Dreier Rn. 6: Möglichkeit materiell abweichender Landesregelungen als föderales Sicherheitsventil.

[309] *Uhle* in Maunz/Dürig Rn. 199.

[310] Befürwortend *Franzius* NVwZ 2008, 492; zum relativ starren Charakter der Systematik im internationalen Vergleich *Oeter* in MKS Rn. 1; näher → Rn. 4.

[311] Zu ihnen → Rn. 9; zum Begriff kritisch *Uhle* in Maunz/Dürig Rn. 235.

[312] Zur Auslegung → Art. 74 Rn. 97 ff.

[313] *Degenhart* in Sachs Rn. 43.

[314] *Uhle* in Maunz/Dürig, Rn. 268; *Wollenschläger* in BK Rn. 430.

[315] Für eine solche Auslegungsregel *Köck/Wolf* NVwZ 2008, 353 (356); *Schulze-Fielitz* NVwZ 2007, 249 (256); für den Bereich Umweltschutz tendenziell auch *Frenz* NVwZ 2006, 742 (746); dagegen *Degenhart* DÖV 2010, 422 (426); *Degenhart* in Sachs Rn. 43; *Franzius* NVwZ 2008, 492 (494); *Sannwald* in SHH Rn. 106; *Uhle* in Maunz/Dürig Rn. 203; aus der Rechtsprechung BayVerfGH NVwZ-RR 2017, 673 (674).

[316] Als historischer Wertungswiderspruch eingeordnet bei *Degenhart* NVwZ 2006, 1209 (1212); *Degenhart* in Sachs Rn. 42; *Kotulla* NVwZ 2007, 489 (491); *Mayen* DRiZ 2007, 51 (52); relativierend *Franzius* NVwZ 2008, 493 f.

S. 1 Nr. 1, 2 und 5 von der Abweichungskompetenz ausgenommenen Teilbereiche (das Recht der Jagdscheine,[317] die allgemeinen Grundsätze des Naturschutzes,[318] das Recht des Artenschutzes und des Meeresnaturschutzes,[319] die stoff- und anlagenbezogenen Regelungen des Wasserhaushalts[320]) der Vorrang- oder Kernkompetenz nach Abs. 1 zuzuordnen. Inhaltlich fallen auch die zu den jeweiligen Kompetenztiteln gehörenden Kompetenzen kraft Sachzusammenhangs[321] und die Annexkompetenz[322] unter das Regime der Abweichungsgesetzgebung.[323] In diesen Gegenstandsbereichen ist – im Umkehrschluss zu den abweichungsfesten Kernen – im Grundsatz eine vollständige Abweichung durch die Länder möglich;[324] Bundesgesetzen im Gegenstandsbereich der Abweichungsgesetzgebung fehlt folglich die Sperrwirkung.[325] Umgekehrt sind die Länder zur Abweichung nicht verpflichtet.[326] Treffen sie jedoch abweichende Regelungen, bleibt der Bund gleichwohl weiterhin zuständig, Regelungen zu treffen. Nach Abs. 3 S. 3 geht in diesem Fall im Verhältnis von Bundes- und Landesrecht das jeweils spätere Gesetz vor.[327] Das Regime der Abweichungsgesetzgebung stellt demnach eine doppelte Vollkompetenz, sowohl für den Bund als auch für die Länder, bereit.[328]

2. Abweichung. Abs. 3 S. 1 ermächtigt die Länder, ohne weitere inhalt- 53
liche Anforderungen,[329] zu den aufgeführten Gegenständen Regelungen zu treffen, die von den bundesgesetzlichen Regelungen abweichen. Abweichend in diesem Sinn ist eine materielle, gesetzliche[330] Regelung, die inhaltlich ein **anderes Konzept** oder eine wenn auch nur in **Details unterschiedliche Regelungsvorstellung** verfolgt,[331] etwa weil sie über die bundesrechtliche Regelung hinausgeht, dahinter zurückbleibt oder sich im Regelungsansatz unterscheidet.[332] Teilweise wird der Erlass inhaltsgleicher Regelungen als

---

[317] Art. 72 Abs. 3 S. 1 Nr. 1 → Rn. 10.
[318] Art. 72 Abs. 3 S. 1 Nr. 2 → Rn. 11.
[319] Art. 72 Abs. 3 S. 1 Nr. 2 → Rn. 12 f.
[320] Art. 72 Abs. 3 S. 1 Nr. 5 → Rn. 14.
[321] Näher → Art. 70 Rn. 28.
[322] Näher → Art. 70 Rn. 29.
[323] *Degenhart* in Sachs Rn. 41; *Kment* ZG 2015, 66 (71 ff.).
[324] *Degenhart* in Sachs Rn. 43.
[325] *Pieroth* in Jarass/Pieroth Rn. 29.
[326] *Degenhart* in Sachs Rn. 43; *Häde* JZ 2006, 930 (932 f.); *Rengeling* in HdbStR VI § 135 Rn. 181; *Uhle* in Maunz/Dürig Rn. 269 f.
[327] → Rn. 56.
[328] *Ipsen* NJW 2006, 2801 (2804); *Köck/Wolf* NVwZ 2008, 353 (355); *Pieroth* in Jarass/Pieroth Rn. 29; *Uhle* in Maunz/Dürig Rn. 268; *Wittreck* in Dreier Rn. 33; *Wollenschläger* in BK Rn. 129.
[329] *Uhle* in Maunz/Dürig Rn. 266.
[330] *Degenhart* DÖV 2010, 422 (423): das schließt gesetzliche Verordnungsermächtigungen nicht aus; näher *Erbguth* ZUR 2019, 195 (201); differenzierend *Uhle* in Maunz/Dürig Rn. 275.
[331] Begründung Fraktionsentwurf, BT-Drs. 16/813, 11; aus der Literatur *Degenhart* in Sachs Rn. 40; *Pieroth* in Jarass/Pieroth Rn. 30; *Sannwald* in SHH Rn. 101; *Wollenschläger* in BK Rn. 435; *Zsinka,* Das Zitiergebot für die Abweichungsgesetzgebung, 2017, 91; *Uhle* in Maunz/Dürig Rn. 279 und 282 f., auch zur Unzulässigkeit inhaltsgleicher Wiederholungen und der Abgrenzung zu Kombinationsgesetzen der Länder.
[332] Entwicklung von Kriterien der Abweichung bei unterschiedlichen Normstrukturen bei *Zsinka,* Das Zitiergebot für die Abweichungsgesetzgebung, 2017, 92 ff; Kategorisierungen möglicher Abweichungen als minus, maius, aliud oder Mischform beschrieben in BayVerfGH NVwZ-RR 2017, 673 (674); daran anknüpfend *Uhle* in Maunz/Dürig Rn. 280; in der Sache ebenso *Degenhart* in Heintzen/Uhle Neuere Entwicklungen im Kompetenzrecht, 65 (78 f.).

zumindest kompetenzielle Abweichung akzeptiert,[333] damit aber das Erfordernis einer Abweichung in der Sache aufgegeben.[334] Konkretisierungen oder Ergänzungen von bundesgesetzlichen Regelungen stellen demgegenüber keine Abweichung dar,[335] sind allerdings je nach den Umständen durch den nur partiellen Gebrauch der Vorrangkompetenz[336] nicht gesperrt. Auch eine umfassende Neugestaltung ist von der Abweichungskompetenz gedeckt.[337]

54 Allein eine **negative Gesetzgebung** im Sinne einer Verhinderung der Anwendbarkeit bundesgesetzlicher Regelungen genügt diesen Anforderungen an eine abweichende Regelung noch nicht,[338] sofern sie nicht Ausdruck eines positiv gestaltenden Regelungskonzepts ist.[339] Ein solches Regelungskonzept kann auch darin liegen, eine bundesgesetzliche Regelung, die von bestehendem Landesrecht abweicht, außer Kraft zu setzen.[340] Auch rein redaktionelle Anpassungen bundesrechtlicher Regelungen[341] oder bloße Wiederholungen[342] stellen noch keine abweichende Regelung im Sinne einer inhaltlichen Neuregelung dar. Mit Blick auf den Sinn und Zweck der Abweichungskompetenz dürfte es allerdings zulässig sein, eine inhaltlich neue Konzeption aus bestehenden Elementen bundesrechtlicher Regelungen und abweichenden Landesregelungen in **einem umfassenden Landesgesetz zusammenzufassen.**[343] Jedenfalls fördert ein ausdrücklicher Hinweis auf die bundesrechtlichen Regelungen, von denen abgewichen werden soll, die Klarheit und Rechtssicherheit, auch wenn ein solcher Hinweis mit Blick auf den Wortlaut, die Entstehungsgeschichte[344] sowie den systematischen Vergleich zu Art. 19 Abs. 1 S. 2 und 80 Abs. 1 S. 3[345] keine formelle Voraussetzung einer wirksamen Abweichung darstellt.[346]

---

[333] *Wittreck* in Dreier Rn. 43; *Wollenschläger* in BK Rn. 434 mwN, auch zur Gegenansicht.

[334] *Sannwald* in SHH Rn. 104 f.; *Zsinka,* Das Zitiergebot für die Abweichungsgesetzgebung, 2017, 96 f.

[335] *Erbguth* ZUR 2019, 195 (198).

[336] → Rn. 15 ff.

[337] *Erbguth* ZUR 2019, 195 (198), auch zu vereinzelt vertretenen abweichenden Ansichten; *Oeter* in MKS Rn. 122; *Pieroth* in Jarass/Pieroth Rn. 30; *Sannwald* in SHH Rn. 102 f.; *Wittreck* in Dreier Rn. 41; *Wollenschläger* in BK Rn. 437: keine inhaltlichen Schranken.

[338] *Degenhart* NVwZ 2006, 1209 (1213); *Degenhart* in Sachs Rn. 43; *Erbguth* ZUR 2019, 195 (200); *Mayen* DRiZ 2007, 51 (54); *Köck/Wolf* NVwZ 2008, 353 (356); *Rengeling* in HdbStR VI § 135 Rn. 182; anders unter Hinweis auf die Abweichung in der Rechtsfolge *Gerstenberg,* Zu den Gesetzgebungs- und Verwaltungskompetenzen nach der Föderalismusreform, 2009, 261.

[339] *Uhle* in Maunz/Dürig Rn. 281, insbes. für die Streichung von Verbotsnormen; differenzierend *Zsinka,* Das Zitiergebot für die Abweichungsgesetzgebung, 2017, 95 f.

[340] *Pieroth* in Jarass/Pieroth Rn. 30; *Sannwald* in SHH Rn. 104; *Uhle* in Kluth Föderalismusreform, Rn. 51; *Wittreck* in Dreier Rn. 42; *Wollenschläger* in BK Rn. 434.

[341] Zum Begriff der abweichenden Regelungen in Art. 125b Abs. 1 S. 3 BVerfGE 147, 253 (355, Rn. 235).

[342] *Degenhart* in Heintzen/Uhle Neuere Entwicklungen im Kompetenzrecht, 65 (77 f); *Pieroth* in Jarass/Pieroth Rn. 30; *Uhle* in Kluth Föderalismusreform, Rn. 51; *Wittreck* in Dreier Rn. 43; *Zsinka,* Das Zitiergebot für die Abweichungsgesetzgebung, 2017, 96 f.; anders für ein Verständnis als „kompetentielle Abweichung" *Wollenschläger* in BK Rn. 434; → Rn. 53.

[343] Sowohl für eine deklaratorisch-redaktionelle als auch für eine intentionale Aufnahme in das Landesrecht *Erbguth* ZUR 2019, 195 (198 f.); dagegen *Degenhart* DÖV 2010, 422 (424 f.); *Degenhart* in Sachs Rn. 43; *Mayen* DRiZ 2007, 51 (54); *Rengeling* DVBl. 2006, 1537 (1542); zum BayLplG *Schmitz/Jornitz* DVBl. 2013, 741 (745 ff.).

[344] Näher *Uhle* in Maunz/Dürig Rn. 284.

[345] Dazu eingehend *Zsinka,* Das Zitiergebot für die Abweichungsgesetzgebung, 2017, 113 ff. und 136 ff.

[346] *Haug* DÖV 2008, 851 (854): von der Abweichung betroffene Normen sollten zitiert werden; *Franzius* NVwZ 2008, 492 (493); *Uhle* in Maunz/Dürig Rn. 284; *Wollenschläger* in

3. Karenzzeit (Art. 72 Abs. 3 S. 2). Bundesgesetze auf dem Gebiet der Abweichungsgesetzgebung treten nach der Regelung in Abs. 3 S. 2 frühestens sechs Monate nach ihrer Verkündung in Kraft, soweit nicht mit Zustimmung des Bundesrats etwas anderes bestimmt ist. Der Hintergrund dieser Karenzzeit liegt darin, den Ländern **Gelegenheit zur Prüfung** der Ausübung ihrer Abweichungskompetenz zu geben.[347] Entsprechend dürfte sich die Karenzzeit bei bundesgesetzlichen Regelungen, die nur teilweise auf Kompetenztiteln aus dem Bereich der Abweichungsgesetzgebung beruhen, auch nur auf diese beziehen.[348] Die Regelung zur Karenzzeit legt damit zugleich nahe, dass die Länder auch bereits vor Inkrafttreten eines entsprechenden Bundesgesetzes abweichende Regelungen treffen können,[349] auch um kurzfristige Wechsel in den rechtlichen Rahmenbedingungen zu vermeiden.[350] Maßgeblich für die Bestimmung, bei welchem der Gesetze es sich dann um das spätere im Sinne des Abs. 3 S. 3 handelt, ist dann der Zeitpunkt der Verkündung.[351] Das Erfordernis der Zustimmung des Bundesrats dient der Beteiligung der Länder bei einer etwaigen Verkürzung der Karenzzeit, etwa zur Gewährleistung einer zeitnahen Umsetzung unionsrechtlicher Vorgaben.[352] Etwaige Verlängerungen der Karenzzeit ziehen dementsprechend keine Zustimmungsbedürftigkeit nach sich.[353] 55

4. Anwendungsvorrang der späteren Regelung (Art. 72 Abs. 3 S. 3). Die Regelung in Abs. 3 S. 3 enthält eine gegenüber der allgemeinen Regelung aus **Art. 31 speziellere**[354] **Kollisionsregel** für divergierendes Bundes- und Landesrecht auf dem Gebiet der Abweichungsgesetzgebung: das jeweils spätere Gesetz geht vor. Die Regelung bewirkt mit Blick auf den Wortlaut einen **Anwendungsvorrang** des späteren Gesetzes mit der Folge, dass die früher erlassene Regelung nach einer etwaigen Aufhebung der späteren Regelung wieder auflebt.[355] Die Kollisionsregel stellt zugleich mit- 56

BK Rn. 450; enger *Degenhart* NVwZ 2006, 1209 (1213); *Degenhart* DÖV 2010, 422 (427): bei fehlender Benennung kein Anwendungsvorrang der späteren landesgesetzlichen Regelung; *Degenhart* in Sachs Rn. 43: Bezeichnung sollte aus Gründen der Rechtssicherheit zu fordern sein; für ein ungeschriebenes Zitiergebot, das aus dem Rechtsstaatsprinzip und dem damit verbundenen kompetenzrechtlichen Gebot der Komplexitätsreduktion folgt *Zsinka,* Das Zitiergebot für die Abweichungsgesetzgebung, 2017, 209 ff.; für ein Zitiergebot ohne nähere Einordnung der Konsequenzen eines Verstoßes wohl auch *Schulze-Fielitz* NVwZ 2007, 249 (255) und im Anschluss daran *Köck/Wolf* NVwZ 2008, 353 (357).

347 BT-Drs. 16/813, 11; aus der Literatur *Pieroth* in Jarass/Pieroth Rn. 31; *Sannwald* in SHH Rn. 116; *Uhle* in Maunz/Dürig Rn. 292; *Wollenschläger* in BK Rn. 429; kritisch als faktische Verkürzung der Legislaturperiode eingeordnet bei *Franzius* NVwZ 2008, 492 (493).

348 *Uhle* in Maunz/Dürig Rn. 293.

349 *Degenhart* in Sachs Rn. 40; *Schmitz/Jornitz* DVBl. 2013, 741 (743).

350 BT-Drs. 16/813, 11; *Sannwald* in SHH Rn. 115; zweifelnd *Pieroth* in Jarass/Pieroth Rn. 31.

351 *Degenhart* DÖV 2010, 422 (427); *Erbguth* ZUR 2019, 195 (201); *Gerstenberg,* Zu den Gesetzgebungs- und Verwaltungskompetenzen nach der Föderalismusreform, 2009, 258; *Uhle* in Maunz/Dürig Rn. 298; *Wollenschläger* in BK Rn. 485; *Franzius* ZUR 2010, 346 (349); anders *Franzius* NVwZ 2008, 492 (493): Zeitpunkt des Inkrafttretens; *Sannwald* in SHH Rn. 17: Zeitpunkt des letzten erforderlichen Gesetzesbeschlusses in Bundestag oder Bundesrat.

352 BT-Drs. 16/813, 11; *Pieroth* in Jarass/Pieroth Rn. 31.

353 *Pieroth* in Jarass/Pieroth Rn. 31; *Uhle* in Maunz/Dürig Rn. 297; *Wittreck* in Dreier Rn. 38; *Wollenschläger* in BK Rn. 451.

354 *Pieroth* in Jarass/Pieroth Rn. 32; *Trute* in MKS Art. 84 Rn. 27; *Uhle* in Maunz/Dürig Rn. 301; *Wittreck* in Dreier Rn. 40; als lediglich deklaratorisch eingeordnet bei *Franzius* NVwZ 2008, 492 (493).

355 Begründung Fraktionsentwurf, BT-Drs. 16/813, 11; *Degenhart* in Sachs Rn. 40; *Erbguth* ZUR 2019, 195 (196); *Franzius* NVwZ 2008, 492; *Mayen* DRiZ 2007, 51 (52); *Pieroth*

telbar klar, dass der Bund nicht gehindert ist, im Anschluss an abweichende Regelungen der Länder seinerseits von seiner Gesetzgebungskompetenz durch eine Neuregelung Gebrauch zu machen. Das gilt im Grundsatz auch für den erneuten Erlass des früheren Bundesrechts.[356] Angesichts der ausdrücklichen Ausgestaltung des kompetenzbezogenen Verhältnisses von Bund und Ländern durch die Karenzzeit und die Kollisionsregel steht auch der allgemeine Grundsatz des bundes- und ländertreuen Verhaltens dem erneuten Erlass abweichender Regelungen nicht entgegen.[357]

C. Kritische Würdigung

57 Die beiden zentralen Aspekte des Kompetenztypus der konkurrierenden Gesetzgebung, die Erforderlichkeitsklausel aus Abs. 2 und die in Abs. 3 eröffnete Möglichkeit der Abweichungsgesetzgebung, werden in der Literatur durchaus **unterschiedlich bewertet.** Während weitgehend Einigkeit besteht, dass die Auslegung und gerichtliche Kontrolle der Erforderlichkeitsklausel die Kompetenzverteilung zwischen Bund und Ländern im praktisch bedeutsamen Bereich der konkurrierenden Gesetzgebung prägt, reichen die rechtspolitischen Forderungen von einer erneuten **Ausdehnung des Anwendungsbereichs** bis zur **Abschaffung** der Erforderlichkeitsklausel.[358] Die Beschränkung ihres Anwendungsbereichs auf bestimmte Kompetenztitel hat das Gewicht des Bundes akzentuiert.[359] Hinsichtlich der Kompetenz zur Abweichungsgesetzgebung fällt die Bilanz in der Literatur sowohl bei der Einschätzung ihres praktischen Mehrwerts[360] als auch vor allem in der **Qualität der Regelungen** gemischt aus. Hier stehen eine Reihe von Auslegungsfragen und Zweifeln an der Kohärenz der Regelung[361] schon seit der Föderalismusreform I[362] einer positiven Bewertung der durchaus flexiblen Handlungsoption der Länder[363] gegenüber. Jedenfalls haben die Koordination und Dokumentation der Abweichungsgesetzgebung durch Bund und Länder[364] manchen Bedenken den Wind aus den Segeln genommen.

---

in Jarass/Pieroth Rn. 32; *Sannwald* in SHH Rn. 117; *Uhle* in Kluth Föderalismusreform, Rn. 53; *Uhle* in Maunz/Dürig Rn. 303; aus der Rechtsprechung BVerwG NVwZ-RR 2016, 484 (485); BayVerfGH NVwZ-RR 2017, 673 (674).

356 *Uhle* in Maunz/Dürig Rn. 305; anders *Sannwald* in SHH Rn. 117.

357 *Degenhart* in Sachs Rn. 43; allgemein *Degenhart* in Heintzen/Uhle Neuere Entwicklungen im Kompetenzrecht, 65 (74): Zurückhaltung bei der Korrektur durch den Grundsatz der Bundestreue.

358 Überblick bei *Wollenschläger* in BK Rn. 118; in diesem Zusammenhang zur Justiziabilität *Depenheuer* ZG 2005, 83 (86 ff.).

359 Auch ohne diese Beschränkung schätzen viele in der Literatur den Effekt einer strengen Prüfung der Erforderlichkeitsklausel für den tatsächlichen Umfang der Landesgesetzgebung als eher gering ein, siehe nur *Wittreck* in Dreier Rn. 16.

360 Skeptisch dazu wiederum *Wittreck* in Dreier Rn. 16; positiver die Einschätzung bei *Wollenschläger* in BK Rn. 493: Kompetenz steht nicht nur auf dem Papier.

361 *Degenhart* DÖV 2010, 422 (423 ff.); *Erbguth* ZUR 2019, 195 (197 ff.).

362 *Hoppe* DVBl. 2007, 133 (146); *Klein/Schneider* DVBl. 2006, 1549 (1552 f.); *Knopp* NVwZ 2006, 1216 (1217); *Papier* NJW 2007, 2145 (2147 f.); *Schulze-Fielitz* NVwZ 2007, 249 (253 f.): Gemengelage unübersichtlich, nur begrenzt rational und Ausdruck der heterogenen verfassungspolitischen Intentionen.

363 *Wollenschläger* in BK Rn. 135 und 137.

364 Näher, in der Sache allerdings skeptisch *Zsinka,* Das Zitiergebot für die Abweichungsgesetzgebung, 2017, 225 ff.

Literatur

H. Aust, Grundrechtsdogmatik im Staatsorganisationsrecht?, AöR 141 (2016), 415. – ***T. Barczak,*** Legislativbefugnisse im Lückenbereich – Eine verfassungsrechtliche und rechtstheoretische Kritik an der Verdrängung der Gesetzgebungskompetenz der Länder durch „absichtsvollen Regelungsverzicht", ZG 2016, 154. – ***J. Bauerschmidt,*** Das Bundesverfassungsgericht wagt mehr Föderalismus – Zur Entscheidung des Ersten Senates zum Thüringer Ladenöffnungsgesetz, DÖV 2015, 656 – ***L. Beck,*** Die Abweichungsgesetzgebung der Länder, 2009. – ***C. Calliess,*** Die Justiziabilität des Art. 72 Abs. 2 GG vor dem Hintergrund von kooperativem und kompetitivem Föderalismus, DÖV 1997, 889. – ***C. Calliess,*** Kontrolle zentraler Kompetenzausübung in Deutschland und Europa: ein Lehrstück für die europäische Verfassung, EuGRZ 2003, 181. – ***R. Chandna,*** Das Abweichungsrecht der Länder gemäß Art. 72 Abs. 3 GG im bundesstaatlichen Kompetenzgefüge, 2011. – ***C. Degenhart,*** Die Neuordnung der Gesetzgebungskompetenzen durch die Föderalismusreform, NVwZ 2006, 1209. – ***C. Degenhart,*** Verfassungsrechtliche Rahmenbedingungen der Abweichungsgesetzgebung, DÖV 2010, 422. – ***C. Degenhart,*** Die Charakteristika der konkurrierenden Gesetzgebung des Bundes nach der Föderalismusreform, in: Heintzen/Uhle (Hrsg.), Neuere Entwicklungen im Kompetenzrecht, 2014, 65. – ***O. Depenheuer,*** Vom „Bedürfnis" zur „Erforderlichkeit", ZG 2003, 177. – ***O. Depenheuer,*** Verfassungsgerichtliche Föderalismusreform, ZG 2005, 83. – ***W. Erbguth,*** Zur Föderalismusreform im Bereich Umwelt, insbesondere Raumordnung, in Ipsen/Stüer (Hrsg.), Europa im Wandel. Festschrift für Hans-Werner Rengeling, 2008, 35. – ***W. Erbguth,*** Abweichungsgesetzgebung: verfassungsrechtliche Grundlagen und allgemeine Fragen, ZUR 2019, 195. – ***W. Ewer,*** Kompetenz des Bundesgesetzgebers zur Einführung des Betreuungsgelds?, NJW 2012, 2251. – ***K. Faßbender,*** Eine Absichtserklärung aus Karlsruhe zur legislativen Kompetenzverteilung im Bundesstaat, JZ 2003, 332. – ***P. Fischer-Hüftle,*** Zur Gesetzgebungskompetenz auf dem Gebiet „Naturschutz und Landschaftspflege" nach der Föderalismusreform, NuR 2007, 78. – ***W. Försterling,*** Kompetenzrechtliche Probleme nach der Föderalismusreform, ZG 2007, 36. – ***C. Franzius,*** Die Abweichungsgesetzgebung, NVwZ 2008, 492. – ***W. Frenz,*** Föderalismusreform im Umweltschutz, NVwZ 2006, 742 f. – ***K. F. Gärditz,*** Landesrecht aufhebende Geltungskraft verfassungswidriger Bundesgesetze?, DÖV 2001, 539. – ***K. Gerstenberg,*** Zu den Gesetgebungs- und Verwaltungskompetenzen nach der Föderalismusreform, 2009. – ***A. Glaser,*** Das Jagdrecht im Spannungsfeld bundesstaatlicher Gesetzgebung, NuR 2007, 439. – ***V. Grünewald,*** Die Abweichungsgesetzgebung der Bundesländer – ein Fortschritt im föderalen Kompetenzgefüge des Grundgesetzes?, 2010. – ***U. Häde,*** Zur Föderalismusreform in Deutschland, JZ 2006, 930. – ***B. Hartmann/S. Jansen,*** Die Gleichwertigkeit der Lebensverhältnisse als Verfassungsgebot, Der Staat 58 (2019), 243. – ***V. Haug,*** Die Abweichungsgesetzgebung – ein Kuckucksei der Föderalismusreform?, DÖV 2008, 851. – ***P. M. Huber,*** Die Abweichungsgesetzgebung, in Kluth/Krings (Hrsg.), Gesetzgebung. Rechtsetzung durch Parlamente und Verwaltungen sowie ihre gerichtliche Kontrolle, 2014, § 29, 753. – ***J. Ipsen,*** Die Kompetenzverteilung zwischen Bund und Ländern nach der Föderalismusnovelle, NJW 2006, 2801. – ***H. Jochum,*** Richtungsweisende Entscheidung des BVerfG zur legislativen Kompetenzordnung des Grundgesetzes, NJW 2003, 28. – ***W. Kahl,*** „Gleichwertige Lebensverhältnisse" unter dem Grundgesetz, 2016. – ***O. Klein/K. Schneider,*** Art. 72 GG n. F. im Kompetenzgefüge der Föderalismusreform, DVBl. 2006, 1549. – ***M. Kloepfer,*** Die neue Abweichungsgesetzgebung der Länder und ihre Auswirkungen auf den Umweltbereich, in Pitschas/Uhle/Aulehner (Hrsg.), Wege gelebter Verfassung in Recht und Politik. Festschrift für Rupert Scholz zum 70. Geburtstag, 2007, 651. – ***M. Kment,*** Erstreckung der Abweichungskompetenz auf mitgeschriebene Gesetzgebungskompetenz des Bundes, ZG 2015, 66. – ***L. Knopp,*** Föderalismusreform – zurück zur Kleinstaaterei?, NVwZ 2006, 1216. – ***S. Korte,*** Öffnungszeiten für reisegewerbliche Tätigkeiten, GewArch 2018, 175. – ***M. Kotulla,*** Umweltschutzgesetzgebungskompetenzen und „Föderalismusreform", NVwZ 2007, 489. – ***I. B. Krapp,*** Die Abweichungskompetenzen der Länder im Verhältnis zum Vorrang des Bundesrechts gemäß Art. 31 GG, 2015. – ***J. F. Lindner,*** Zur Änderungs- und Freigabekompetenz des Bundesgesetzgebers nach

Art. 125a II GG, NJW 2005, 399. – ***L. Michael,*** Abweichungsgesetzgebung als experimentelles Element einer gemischten Bundesstaatslehre, JöR 2011, 321. – ***M. Möstl,*** Neuordnung der Gesetzgebungskompetenzen von Bund und Ländern, ZG 2003, 297. – ***H.-J. Papier,*** Aktuelle Fragen der bundesstaatlichen Ordnung, NJW 2007, 2145. – ***C. Pestalozza,*** Die wider Willen sperrende Bundeslücke bei der Sicherungsverwahrung, JZ 2004, 605. – ***A. Petschulat,*** Die Regelungskompetenzen der Länder für die Raumordnung nach der Föderalismusreform. Probleme der Abweichungsgesetzgebung, 2015. – ***A. Petschulat,*** Naturschutz nach der Föderalismusreform: Voraussetzungen der Abweichungsgesetzgebung, NuR 2015, 241. – ***H. W. Rengeling,*** Föderalismusreform und Gesetzgebungskompetenzen, DVBl. 2006, 1537. – ***S. Rixen,*** Hat der Bund die Gesetzgebungskompetenz für das Betreuungsgeld?, DVBl. 2012, 1393. – ***W. Rüfner,*** Ungeschriebene Bundeskompetenzen im Widerstreit, ZG 1999, 366. – ***W. Rüfner,*** Art. 72 Abs. 2 in der Rechtsprechung des BVerfG, in Depenheuer/Heintzen/Jestaedt/Axer (Hrsg.), Festschrift für Josef Isensee, 2007, 389. – ***R. Sannwald,*** Die Reform der Gesetzgebungskompetenzen und des Gesetzgebungsverfahrens nach den Beschlüssen der Gemeinsamen Verfassungskommission von Bundestag und Bundesrat, ZG 1994, 134. – ***E. Schmidt-Jortzig,*** „Abweichungsgesetzgebung" als neues Kompetenzverteilungsinstrument zwischen den Gliederungsebenen des deutschen Bundesstaates, in Härtel (Hrsg.), Handbuch Föderalismus – Föderalismus als demokratische Rechtsordnung und Rechtskultur in Deutschland, Europa und der Welt I, 2012, § 20, 611. – ***H. Schulze-Fielitz,*** Umweltschutz im Föderalismus – Europa, Bund und Länder, NVwZ 2007, 249 f. – ***C. Schulze Harling,*** Das materielle Abweichungsrecht der Länder. Art. 72 Abs. 3 GG, 2011. – ***P. Selmer,*** Die Föderalismusreform – Eine Modernisierung der bundesstaatlichen Ordnung?, JuS 2006, 1052. – ***P. Selmer,*** Folgen der neuen Abweichungsgesetzgebung der Länder – Abschied vom Leitbild „gleichwertiger Lebensverhältnisse"?, ZG 2009, 33. – ***F. Frhr. v. Stackelberg,*** Die Abweichungsgesetzgebung der Länder im Naturschutzrecht, 2012. – ***T. D. Würtenberger,*** Art. 72 II GG: Eine berechenbare Kompetenzausübungsregel?, 2005. – ***E. Zsinka,*** Das Zitiergebot für die Abweichungsgesetzgebung, 2017.

Art. 73 [Gegenstände der ausschließlichen Gesetzgebung]

(1) Der Bund hat die ausschließliche Gesetzgebung über:

1. die auswärtigen Angelegenheiten sowie die Verteidigung einschließlich des Schutzes der Zivilbevölkerung;
2. die Staatsangehörigkeit im Bunde;
3. die Freizügigkeit, das Paßwesen, das Melde- und Ausweiswesen, die Ein- und Auswanderung und die Auslieferung;
4. das Währungs-, Geld- und Münzwesen, Maße und Gewichte sowie die Zeitbestimmung;
5. die Einheit des Zoll- und Handelsgebietes, die Handels- und Schiffahrtsverträge, die Freizügigkeit des Warenverkehrs und den Waren- und Zahlungsverkehr mit dem Auslande einschließlich des Zoll- und Grenzschutzes;
5a. den Schutz des deutschen Kulturgutes gegen Abwanderung ins Ausland;
6. den Luftverkehr;
6a. 6 a. den Verkehr von Eisenbahnen, die ganz oder mehrheitlich im Eigentum des Bundes stehen (Eisenbahnen des Bundes), den Bau, die Unterhaltung und das Betreiben von Schienenwegen der Eisenbahnen des Bundes sowie die Erhebung von Entgelten für die Benutzung dieser Schienenwege;
7. das Postwesen und die Telekommunikation;
8. die Rechtsverhältnisse der im Dienste des Bundes und der bundesunmittelbaren Körperschaften des öffentlichen Rechtes stehende Personen;
9. den gewerblichen Rechtsschutz, das Urheberrecht und das Verlagsrecht;
9a. die Abwehr von Gefahren des internationalen Terrorismus durch das Bundeskriminalpolizeiamt in Fällen, in denen eine länderübergreifende Gefahr vorliegt, die Zuständigkeit einer Landespolizeibehörde nicht erkennbar ist oder die oberste Landesbehörde um die Übernahme ersucht;
10. die Zusammenarbeit des Bundes und der Länder
a) in der Kriminalpolizei,
b) zum Schutze der freiheitlichen demokratischen Grundordnung, des Bestandes und der Sicherheit des Bundes oder eines Landes (Verfassungsschutz) und
c) zum Schutze gegen Bestrebungen im Bundesgebiet, die durch Anwendung von Gewalt oder darauf gerichtete Vorbereitungshandlungen auswärtige Belange der Bundesrepublik Deutschland gefährden,
sowie die Einrichtung eines Bundeskriminalpolizeiamtes und die internationale Verbrechensbekämpfung;
11. die Statistik für Bundeszwecke;
12. das Waffen- und das Sprengstoffrecht;
13. die Versorgung der Kriegsbeschädigten und Kriegshinterbliebenen und die Fürsorge für die ehemaligen Kriegsgefangenen;
14. die Erzeugung und Nutzung der Kernenergie zu friedlichen Zwecken, die Errichtung und den Betrieb von Anlagen, die diesen Zwecken dienen, den Schutz gegen Gefahren, die bei Freiwerden von Kernenergie oder durch ionisierende Strahlen entstehen, und die Beseitigung radioaktiver Stoffe.

(2) Gesetze nach Absatz 1 Nr. 9a bedürfen der Zustimmung des Bundesrates.

Reichsverfassung von 1871

Art. 4. Der Beaufsichtigung Seitens des Reichs und der Gesetzgebung desselben unterliegen die nachstehenden Angelegenheiten:

1. die Bestimmungen über Freizügigkeit, Heimaths- und Niederlassungs-Verhältnisse, Staatsbürgerrecht, Paßwesen und Fremdenpolizei und über den Gewerbebetrieb, einschließlich des Versicherungswesens, soweit diese Gegenstände nicht schon durch den Artikel 3 dieser Verfassung erledigt sind, in Bayern jedoch mit Ausschluß der Heimaths- und Niederlassungs-Verhältnisse, desgleichen über die Kolonisation und die Auswanderung nach außerdeutschen Ländern;
2. die Zoll- und Handelsgesetzgebung und die für die Zwecke des Reichs zu verwendenden Steuern;
3. die Ordnung des Maaß-, Münz- und Gewichtssystems, nebst Feststellung der Grundsätze über die Emission von fundirtem und unfundirtem Papiergelde;
4. die allgemeinen Bestimmungen über das Bankwesen;
5. die Erfindungspatente;
6. der Schutz des geistigen Eigenthums;
7. Organisation eines gemeinsamen Schutzes des Deutschen Handels im Auslande, der Deutschen Schiffahrt und ihrer Flagge zur See und Anordnung gemeinsamer konsularischer Vertretung, welche vom Reiche ausgestattet wird;
8. das Eisenbahnwesen, in Bayern vorbehaltlich der Bestimmung im Artikel 46, und die Herstellung von Land- und Wasserstraßen im Interesse der Landesvertheidigung und des allgemeinen Verkehrs;
   [Nr. 9]
10. das Post- und Telegraphenwesen, jedoch in Bayern und Württemberg nur nach Maßgabe der Bestimmung im Artikel 52;
    [Nr. 11–13]
14. das Militairwesen des Reichs und die Kriegsmarine;
    [Nr. 15,16].

Weimarer Reichsverfassung von 1919

Art. 6. Das Reich hat die ausschließliche Gesetzgebung über:

1. die Beziehungen zum Ausland;
2. das Kolonialwesen;
3. die Staatsangehörigkeit, die Freizügigkeit, die Ein- und Auswanderung und die Auslieferung;
4. die Wehrverfassung;
5. das Münzwesen;
6. das Zollwesen sowie die Einheit des Zoll- und Handelsgebiets und die Freizügigkeit des Warenverkehrs;
7. das Post- und Telegraphenwesen einschließlich des Fernsprechwesens.

Übersicht

A. Allgemeine Bedeutung

Art. 73 führt den zur allgemeinen Regelung aus Art. 71 gehörenden, nicht abschließenden[1] Katalog der ausschließlichen Gesetzgebungszuständigkeiten des Bundes auf.[2] Im Zuge der Föderalismusreform sind einige der im Übrigen im Wesentlichen unveränderten Kompetenztitel[3] neu eingefügt oder ergänzt worden.[4] Zum Teil schlägt sich diese **Kontinuität** methodisch in der Auslegung der einzelnen Kompetenztitel nieder.[5] 1

B. Einzelfragen

I. Ausschließliche Gesetzgebungszuständigkeit des Bundes

Ausschließliche Gesetzgebungszuständigkeit meint die an keine weiteren materiellen Bedingungen geknüpfte Ermächtigung zur förmlichen Gesetzgebung. Wie grundsätzlich bei den Gesetzgebungszuständigkeiten der Art. 70 ff.[6] beinhaltet die Zuständigkeit zur ausschließlichen Gesetzgebung vorbehaltlich anderer verfassungsrechtlicher Pflichten und Grundsätze keine 2

[1] Zur Normierung ausschließlicher Gesetzgebungszuständigkeiten an anderen Stellen des Grundgesetzes → Art. 70 Rn. 26; zu ungeschriebenen ausschließlichen Gesetzgebungskompetenzen des Bundes → Art. 70 Rn. 27 ff.

[2] *Degenhart* in Sachs Rn. 1; zu den verfassungsgeschichtlichen Vorläufern *Heintzen* in MKS Rn. 2 f.

[3] Auflistung der Änderungen vor der Föderalismusreform bei *Wittreck* in Dreier Rn. 3 und *Heintzen* in MKS Rn. 4; zur historischen Kontinuität *Heintzen* in MKS Rn. 3.

[4] Übersicht bei *Degenhart* in Sachs Rn. 1; *Funke* in BK Rn. 6 f.

[5] Zum Stellenwert der Tradition im Rahmen der historischen Auslegung *Heintzen* in MKS Rn. 3.

[6] → Art. 70 Rn. 2.

Pflicht zur Gesetzgebung.[7] Während die einzelnen Kompetenzen nach der Systematik der Art. 70 ff. grundsätzlich keinen materiellen Gehalt, etwa zu bestimmten inhaltlichen Vorgaben an die Gesetzgebung oder zu ihrer Gewichtung bei Kollisionen divergierender verfassungsrechtlich geschützter Interessen, aufweisen,[8] kann einzelnen Kompetenztiteln insbesondere unter Berücksichtigung eines besonderen Entstehungskontextes eine weitergehende Bedeutung zukommen.

II. Die einzelnen Zuständigkeiten

3 **1. Auswärtige Angelegenheiten und Verteidigung (Nr. 1). Auswärtige Angelegenheiten** umfassen im Ausgangspunkt nach der Rechtsprechung des Bundesverfassungsgerichts die „Beziehungen, die sich aus der Stellung der Bundesrepublik als Völkerrechtssubjekt zu anderen Staaten ergeben".[9] Über diesen klassischen Bestandteil[10] geht der Kompetenztitel der auswärtigen Angelegenheiten allerdings in mehrfacher Hinsicht hinaus. Er ist zum einen nicht auf die Beziehungen zu Staaten beschränkt, beinhaltet also auch Beziehungen zu sonstigen Völkerrechtssubjekten einschließlich internationaler Organisationen.[11] Zum anderen setzt der Kompetenztitel nicht zwingend förmliche Rechtsbeziehungen zu anderen Subjekten des Völkerrechts voraus,[12] sondern deckt weitergehend auch sonstige Angelegenheiten im Ausland ab,[13] insbesondere etwa Regelungen über den Bundesnachrichtendienst allgemein[14] sowie die Überwachung des internationalen Telekommunikationsverkehrs durch den BND nach den Regelungen des G 10[15] einschließlich der Weitergabe der Daten.[16]

Verstärkt durch die zunehmende Internationalisierung weist der Kompetenztitel der auswärtigen Angelegenheiten **Überschneidungen** mit einer Reihe von Sachbereichen auf, die Abgrenzungen in Randbereichen erschweren.[17] Danach führt nicht bereits ein irgendwie gearteter Auslandsbezug zur

---

[7] *Rengeling* in HdbStR VI § 135 Rn. 87.

[8] → Art. 70 Rn. 11.

[9] BVerfGE 33, 52 (60); aus der Literatur im Anschluss daran nur *Degenhart* in Sachs Rn. 2; *Uhle* in Maunz/Dürig Rn. 40; zur Gestaltung der Rechtsbeziehungen mit der ehemaligen DDR BVerfGE 36, 1 (22 ff.); *Degenhart* in Sachs Rn. 2; *Umbach/Clemens* in Umbach/Clemens Rn. 18.

[10] Vgl. *Funke* in BK Rn. 16: auswärtiger Verkehr als Kern des Begriffs.

[11] BVerfGE 100, 313 (368 ff.); *Degenhart* in Sachs Rn. 2; *Funke* in BK Rn. 17: sämtliche Beziehungen zu sämtlichen anderen Völkerrechtssubjekten; *Heintzen* in MKS Rn. 8; *Kunig* in v. Münch/Kunig, 6. Aufl. 2012, Art. 73 Rn. 5; *Pieroth* in Jarass/Pieroth Rn. 3; *Rengeling* in HdbStR VI § 135 Rn. 92; *Sannwald* in SHH Rn. 9; *Thiel* in BerlKomm Art. 73 Abs. 1 Nr. 1 Rn. 3 f., auch zu den in Frage kommenden Völkerrechtssubjekten; *Uhle* in Maunz/Dürig Rn. 40; *Wittreck* in Dreier Rn. 11.

[12] *Heintzen* in MKS Rn. 9.

[13] *Degenhart* in Sachs Rn. 5; *Rengeling* in HdbStR VI § 135 Rn. 92; *Sannwald* in SHH Rn. 9.

[14] BVerfGE 133, 277 (319 f., Rn. 101); *Degenhart* in Sachs Rn. 5; nach der jüngeren Rechtsprechung des Bundesverwaltungsgerichts jeweils einschließlich der Annexkompetenz für Auskünfte an die Medien mit Relevanz für die Aufgabenerfüllung, BVerwGE 146, 56 ff. Rn. 22; offen gelassen in BVerfG NVwZ 2016, 50 (51), dazu → Art. 70 Rn. 3.

[15] BVerfGE 100, 313 (369 f.); 133, 277 Rn. 101: auf Auslandsaufklärung bezogener, der Information der Bundesregierung dienender Regelungs- und Verwendungszusammenhang erforderlich; *Degenhart* in Sachs Rn. 5.

[16] BVerfGE 100, 313 (369 f.); *Degenhart* in Sachs Rn. 5.

[17] *Thiel* in BerlKomm Art. 73 Abs. 1 Nr. 1 Rn. 5: umfangreiche Kasuistik.

Einordnung des Sachbereichs als „auswärtige Angelegenheit".[18] Auch der Abschluss eines **völkerrechtlichen Vertrags** macht den jeweiligen Gegenstand per se noch nicht zu einer auswärtigen Angelegenheit.[19] Bei diesen ergibt sich vielmehr die Vertragsabschlusskompetenz allgemein aus Art. 32 Abs. 1 GG, während die Kompetenz zur Transformation von der Einordnung des jeweiligen Sachbereichs abhängt.[20] Ein starkes Indiz für die Einordnung als auswärtige Angelegenheit liegt vor, wenn die Verträge und Transformationsgesetze die spezifische Art und Weise des völkerrechtlichen Verkehrs selbst regeln,[21] auch wenn sich die Kompetenz für auswärtige Angelegenheiten generell nicht auf den rein völkerrechtlichen Verkehr beschränkt.[22] Nach der Rechtsprechung umfasst sie insbesondere auch vertragsunabhängige Aktivitäten wie die Auslandsaufklärung durch den Bundesnachrichtendienst.[23]

Beispiele für den Bereich der auswärtigen Angelegenheiten betreffen den auswärtigen Verkehr, insbesondere die Einrichtung von Auslandsvertretungen und den diplomatischen Verkehr[24] sowie das Konsularrecht,[25] generell die gesamtstaatliche Repräsentation im Ausland,[26] zu der nach überwiegender Ansicht vor allem die Veranstaltung von Rundfunkprogrammen für das Ausland gezählt wird,[27] die Entwicklungszusammenarbeit,[28] die Wirtschaftshilfe,[29] die Rechts- und Amtshilfe[30] sowie je nach Kontext die Auslandsschulen.[31] 4

Die Gesetzgebungskompetenz auf dem Gebiet der **Verteidigung** umfasst im Kern Regelungen zur Abwehr bewaffneter Angriffe auf die Bundesrepublik[32] einschließlich aller zur Vorbereitung erforderlichen[33] oder auf die Ver- 5

---

[18] BVerfGE 100, 313 (368): nicht alle Angelegenheiten mit Auslandsberührung; daran anknüpfend *Funke* in BK Rn. 17; *Heintzen* in MKS Rn. 8; *Pieroth* in Jarass/Pieroth Rn. 3; *Rengeling* in HdbStR VI § 135 Rn. 93; *Uhle* in Maunz/Dürig Rn. 39; *Wittreck* in Dreier Rn. 11.

[19] *Degenhart* in Sachs Rn. 4; *Funke* in BK Rn. 17; *Rengeling* in HdbStR VI § 135 Rn. 94.

[20] *Degenhart* in Sachs Rn. 4; *Funke* in BK Rn. 13 f.; *Heintzen* in MKS Rn. 10; *Rengeling* in HdbStR VI § 135 Rn. 94; *Sannwald* in SHH Rn. 10.

[21] *Degenhart* in Sachs Rn. 4; unter Hinweis auf den „one body"-Gedanken *Funke* in BK Rn. 18 f.; *Heintzen* in MKS Rn. 8: hoheitliche Beziehung zu anderem Völkerrechtssubjekt begriffskonstitutiv.

[22] *Degenhart* in Sachs Rn. 2.

[23] BVerfGE 100, 313 (370); 133, 277 (319 f., Rn. 101 ff.); *Heintzen* in MKS Rn. 9; *Pieroth* in Jarass/Pieroth Rn. 4; *Wittreck* in Dreier Rn. 12; bei Maßnahmen der Telekommunikationsüberwachung zweifelnd *Bäcker* DÖV 2011, 840 (843).

[24] *Degenhart* in Sachs Rn. 3; *Funke* in BK Rn. 20; *Rengeling* in HdbStR VI § 135 Rn. 93; *Wittreck* in Dreier Rn. 12; weitergehend zur Ausbildung des diplomatischen Dienstes *Heintzen* in MKS Rn. 9.

[25] *Heintzen* in MKS Rn. 9; *Thiel* in BerlKomm Art. 73 Abs. 1 Nr. 1 Rn. 5.

[26] *Degenhart* in Sachs Rn. 3; *Heintzen* in MKS Rn. 9; *Pieroth* in Jarass/Pieroth Rn. 4.

[27] *Degenhart* in Sachs Rn. 3; *Heintzen* in MKS Rn. 9; *Funke* in BK Rn. 23; *Wittreck* in Dreier Rn. 12.

[28] *Degenhart* in Sachs Rn. 3; *Funke* in BK Rn. 25; *Heintzen* in MKS Rn. 9.

[29] *Heintzen* in MKS Rn. 9.

[30] *Degenhart* in Sachs Rn. 3; *Funke* in BK Rn. 21.

[31] Unter Hinweis auf die einer konsularischen Begleitung vergleichbare Betreuung Deutscher im Ausland sowie die Erforderlichkeit völkerrechtlicher Grundlagen *Heintzen* in MKS Rn. 9; *Pieroth* in Jarass/Pieroth Rn. 4; zurückhaltend unter Hinweis auf die Kompetenz der Länder für kulturelle Angelegenheiten *Degenhart* in Sachs Rn. 3, je nach Intensität des Auslandsbezugs als Annexkompetenz zu Nr. 1.

[32] *Degenhart* in Sachs Rn. 6; *Thiel* in BerlKomm Art. 73 Abs. 1 Nr. 1 Rn. 12; *Wittreck* in Dreier Rn. 14.

[33] *Rengeling* in HdbStR VI § 135 Rn. 95; in der Rechtsprechung früh als verfassungsrechtliche Grundentscheidung für eine wirksame militärische Landesverteidigung materiell-rechtlich aufgeladen, BVerfGE 12, 45 (50); 28, 243 (261); 32, 40 (46); 48, 127 (159 ff.); 62, 354

teidigung bezogenen Regelungen.[34] Davon umfasst sind neben den Vorgaben zur Aufstellung und Organisation der Streitkräfte[35] auch Regelungen zum militärischen Abschirmdienst[36] sowie zur Einrichtung und Organisation der Hochschulen der Bundeswehr.[37] Inwieweit der Kompetenztitel der Verteidigung auch den Einsatz der Streitkräfte für Maßnahmen nach Art. 35 Abs. 3 oder zur Abwehr terroristischer Angriffe umfasst, ist umstritten.[38] Einerseits legt der auf eine Verteidigung abstellende Wortlaut des Kompetenztitels eine Begrenzung der Kompetenz auf traditionelle Formen bewaffneter Konflikte nahe.[39] Andererseits liegt die Funktion des Kompetenztitels nicht darin, die Aufgaben der Bundeswehr festzulegen,[40] sondern zur rechtlichen Ausgestaltung des Aufgabenbereichs dem Bund die Kompetenz zuzuweisen.[41] In ähnlicher Weise verdeutlicht die Entwicklung des Begriffs der Verteidigung in Art. 87a Abs. 2[42] den Bedarf nach Entwicklungsoffenheit und zugleich die damit verbundenen Schwierigkeiten einer randscharfen Abgrenzung. Die Einrichtung von Hochschulen der Bundeswehr weist auch dann einen für den Kompetenztitel der Verteidigung hinreichenden Bezug zu den Tätigkeiten der Bundeswehr auf, wenn die dort geleistete Ausbildung andernfalls auch in Hochschulen der Länder geleistet wird oder werden könnte, eine Ausbildung in einer eigenen Hochschule der Bundeswehr also nicht zwingend erforderlich wäre.[43]

6 Wegen ihres Bezugs zur Verteidigung beschränkt sich die Kompetenz zur Gesetzgebung im Bereich des **Schutzes der Zivilbevölkerung** auf den Schutz vor Bedrohungen, die mit Angriffen oder den entsprechenden Verteidigungshandlungen in einem weit verstandenen Zusammenhang stehen.[44]

7 **2. Staatsangehörigkeit im Bund (Nr. 2).** Die **„Staatsangehörigkeit im Bunde"** meint in der Sache die deutsche Staatsangehörigkeit[45] in Gegen-

---

(373 f.); 69, 1 (21 f.); näher zu diesem materiellen Gehalt *Heintzen* in MKS Rn. 22 sowie zustimmend *Rengeling* in HdbStR VI § 135 Rn. 97.

[34] *Heintzen* in MKS Rn. 12; *Funke* in BK Rn. 33: Regeln für die Schaffung, Unterhaltung und das Funktionieren der Streitkräfte; *Pieroth* in Jarass/Pieroth Rn. 5; *Rengeling* in HdbStR VI § 135 Rn. 95.

[35] *Degenhart* in Sachs Rn. 6; *Pieroth* in Jarass/Pieroth Rn. 5; *Thiel* in BerlKomm Art. 73 Abs. 1 Nr. 1 Rn. 14; *Uhle* in Maunz/Dürig Rn. 45; *Wittreck* in Dreier Rn. 14.

[36] BVerfGE 133, 277 (319 Rn. 102); *Bäcker* DÖV 2011, 840 (842 f.); *Degenhart* in Sachs Rn. 6; *Uhle* in Maunz/Dürig Rn. 45; *Wittreck* in Dreier Rn. 14.

[37] *Wittreck* in Dreier Rn. 14.

[38] Zum Luftsicherheitsgesetz unter Hinweis auf das Begriffsverständnis in Art. 87a Abs. 2 verneinend BVerfGE 115, 118 (140 f.); offen gelassen in BVerfGE 132, 1 (5 f.); 133, 241; Überblick zum Meinungsstand vor und nach der Entscheidung des BVerfG bei *Broscheit* DÖV 2013, 801 (803, 805); aus der Literatur dagegen vor allem unter Hinweis auf den Wortlaut und die Systematik *Degenhart* in Sachs Rn. 6.

[39] *Degenhart* in Sachs Rn. 6.

[40] Mittelbarer Schluss aus Art. 73 Abs. 1 Nr. 1 auf die verfassungsrechtliche Entscheidung für eine funktionsfähige Landesverteidigung in BVerfGE 48, 127 (138).

[41] *Heintzen* in MKS Rn. 12: Gesetzgebungskompetenzen in Bezug auf die Bundeswehr umfassend; *Sannwald* in SHH Rn. 16; im Ergebnis ebenso *Broscheit* DÖV 2013, 801 (805); *Rengeling* in HdbStR VI § 135 Rn. 95.

[42] *Oldiges* in Ehlers/Fehling/Pünder Besonderes Verwaltungsrecht III, § 74 Rn. 13 ff., Rn. 21 ff.

[43] *Sannwald* in SHH Rn. 15; aA *Heintzen* in MKS Rn. 15.

[44] BVerfGE 115, 118 (140 f.); *Degenhart* in Sachs Rn. 8; *Funke* in BK Rn. 41; *Heintzen* in MKS Rn. 19; *Rengeling* in HdbStR VI § 135 Rn. 96; *Thiel* in BerlKomm Art. 73 Abs. 1 Nr. 1 Rn. 16; *Thiele* in Härtel Handbuch Föderalismus III, § 54 Rn. 22; *Uhle* in Maunz/Dürig Rn. 51 f.; *Wittreck* in Dreier Rn. 15.

[45] *Degenhart* in Sachs Rn. 10; *Heintzen* in MKS Rn. 23.

überstellung zur Staatsangehörigkeit zu den Ländern.[46] Das Grundgesetz verwendet den Begriff der Staatsangehörigkeit an mehreren Stellen[47] in leicht unterschiedlichen Formulierungen, aber inhaltlich identisch,[48] ohne ihn allgemein zu definieren.[49]

In der Sache deckt die Kompetenz insbesondere die Regelung der Voraus- 8
setzungen für den **Erwerb und Verlust der Staatsangehörigkeit** ab.[50] Die damit verbundene Ausgestaltung der Zugehörigkeit zum Staatsvolk[51] stellt einen Zusammenhang zum Demokratieprinzip her.[52]

Unionsrechtlich knüpft die **Unionsbürgerschaft** ergänzend an die Staats- 9
angehörigkeit eines Mitgliedstaates an.[53] Die Rechtsprechung des Europäischen Gerichtshofs hat in einer Entscheidung zum Schutz einer minderjährigen Person vor dem faktischen Zwang zur Ausreise aus der Unionsbürgerschaft einen Kernbestand von Rechten abgeleitet.[54] Auch wenn die unionsrechtliche Verknüpfung von Unionsbürgerschaft und Staatsangehörigkeit eines Mitgliedstaats zu unionsrechtlichen Anforderungen an den nationalen Entzug[55] und die Verleihung[56] führt,[57] dürften die unionsrechtlichen Vorgaben im Schwerpunkt mittelbare Beeinträchtigungen der Freizügigkeit von Personen mit Unionsbürgerschaft, auch in Verbindung mit dem Diskriminierungsverbot, betreffen, beispielsweise durch nationale Regelungen des Namensrechts[58] oder der sozialen Sicherung.[59] Die davon betroffenen nationalen Regelungen fallen regelmäßig nicht in den Kompetenzbereich der Staatsangehörigkeit.

---

[46] *Kunig* in v. Münch/Kunig, 6. Aufl. 2012, Art. 73 Rn. 11, auch zu Art. 74 Nr. 8 GG aF; zur Kompetenz des Reiches zur Regelung des Reichs- und Staatsbürgerrechts *Funke* in BK Rn. 1 ff.; *Wittreck* in Sachs Rn. 17.

[47] Als „deutsche Staatsangehörigkeit" in Art. 16 Abs. 1 S. 1 und 2, als Staatsangehörigkeit eines Mitgliedstaats der Europäischen Union in Art. 28 Abs. 1 S. 3 sowie in Art. 116 Abs. 1 und 2.

[48] *Heintzen* in MKS Rn. 24.

[49] Die Rechtsprechung des Bundesverfassungsgerichts charakterisiert die Staatsangehörigkeit als „Grundbeziehung der mitgliedschaftlichen Verbindung und rechtlichen Zugehörigkeit zur staatlichen Gemeinschaft", BVerfGE 37, 217 (241); im Anschluss daran mit Einordnung der Funktion dieser Charakterisierung *Degenhart* in Sachs Rn. 10 und *Rengeling* in HdbStR VI § 135 Rn. 98; näher ausgeführt als „die rechtliche Voraussetzung für den gleichen staatsbürgerschaftlichen Status, der einerseits gleiche Pflichten, zum anderen und insbesondere aber auch Rechte begründet, durch deren Ausübung die Staatsgewalt in der Demokratie ihre Legitimation erfährt", BVerfGE 83, 35 (51).

[50] BVerfGE 83, 37 (52); zum Verlust durch Rücknahme BVerfGE 116, 24 (51); aus der Literatur *Funke* in BK Rn. 8; *Pieroth* in Jarass/Pieroth Rn. 7; *Wittreck* in Dreier Rn. 18.

[51] BVerfGE 83, 37 (52).

[52] *Funke* in BK Rn. 8; *Wittreck* in Dreier Rn. 18: neben Art. 20 Abs. 2 S. 1 einer der Schlüssel zur Modifikation des Volksbegriffs in Art. 20 Abs. 2 S. 1.

[53] Art. 20 Abs. 1 S. 2 und 3 AEUV.

[54] EuGH C-34/09, Slg. 2011, ECLI:EU:C:2011:124 Rn. 42 – Ruiz Zambrano; dazu *Hailbronner/Thym* NJW 2011, 2008 ff.

[55] Insbesondere zu den Anforderungen an die Verhältnismäßigkeit EuGH C-135/08, Slg. 2010, ECLI:EU:C:2010:104 Rn. 55 – Rottmann; aus der Literatur *Funke* in BK Rn. 10.

[56] *Hilpold* NJW 2014, 1071 (1074).

[57] Zu eng insoweit *Rengeling* in HdbStR VI § 135 Rn. 98.

[58] EuGH C-148/02, Slg. 2003, ECLI:EU:C:2003:539 – Garcia Avello; C-353/06, Slg. 2008, ECLI:EU:C:2008:559 – Grunkin und Paul; C-208/09, Slg. 2010, ECLI:EU:C:2010:806 – Sayn-Wittgenstein; aus der Literatur *Dutta* FamRZ 2016, 1213 ff.

[59] Für einen Überblick über die wechselhafte Entwicklung einschließlich der Folgen für das nationale Aufenthaltsrecht siehe *Thym* NJW 2015, 130 ff. und *Kingreen* NVwZ 2015, 1503 ff.

10 **3. Freizügigkeit, Passwesen, Melde- und Ausweiswesen, Grenzübertritt (Nr. 3).** Der Begriff der **Freizügigkeit** entspricht weitgehend, aber nicht vollständig dem Schutzbereich des Art. 11 Abs. 1.[60] Gemeint ist das Recht, den Ort des Aufenthalts oder der Wohnung selbst zu bestimmen,[61] und zwar unabhängig von Landes- oder Kommunalgrenzen, also selbst innerhalb einer Gemeinde[62] und auch unabhängig von der Staatsangehörigkeit.[63] Auch Regelungen zur Einreise nach oder zur Ausreise aus Deutschland zur Begründung eines Wohnsitzes fallen in diesen Kompetenzbereich der Freizügigkeit,[64] nicht hingegen Maßnahmen, die nur vorübergehend die Bestimmung des Aufenthaltsorts betreffen, auch wenn sie grundrechtlich bereits als Eingriff in den Schutzbereich des Art. 11 Abs. 1 zu qualifizieren sein sollten.[65]

11 Der Kompetenzbereich der **Pässe** erfasst Regelungen in Bezug auf die Erteilung und den Entzug von Pässen, also Personalausweisen, die nach den passrechtlichen Regelungen zum Ausweisen bei der Ein- oder Ausreise grundsätzlich erforderlich sind.[66]

12 Bei der **Ein- und Auswanderung** handelt es sich um Überschreitungen von Grenzen durch natürliche Personen zur Begründung eines Wohnsitzes oder eines anderweitigen dauernden Aufenthalts.[67] Im Zuge der Flüchtlingskrise der Jahre 2015 und 2016 ist in der Literatur dem Kompetenztitel teilweise ein verfassungsrechtlicher Auftrag zur effektiven Kontrolle der Zuwanderung entnommen worden.[68]

13 Ebenso wie in Art. 16 Abs. 2 meint **Auslieferung** die hoheitliche Überführung einer natürlichen Person aus dem Hoheitsbereich der Bundesrepublik in den eines anderen Staates oder Völkerrechtssubjekts, etwa eines Trägers der internationalen Strafgerichtsbarkeit, auf dessen Ersuchen.[69] Von der Bundesrepublik oder einem Land ausgehende Ausweisungen und Abschie-

---

[60] Zu den Unterschieden zwischen dem Begriff der Freizügigkeit in Art. 11 Abs. 1 und dem in mehrfacher Hinsicht weiteren Begriff der Freizügigkeit in Art. 73 Nr. 3 *Heintzen* in MKS Rn. 28; Funke in BK Rn. 10 sowie Rn. 7 ff. zur historischen Entwicklung des Kompetenztitels und den Folgen für die Auslegung; für eine im Grunde einheitliche Auslegung *Wittreck* in Dreier Rn. 21.

[61] Zu Art. 11 Abs. 1 BVerfGE 110, 177 (190 f.); 80, 137 (150); 2, 266 (273); zur umstrittenen Frage, inwieweit wirtschaftliche Regelungen zu Niederlassungen umfasst sind *Funke* in BK Rn. 11 ff.; *Heintzen* in MKS Rn. 8; befürwortend *Rengeling* in HdbStR VI § 135 Rn. 99 f.

[62] *Degenhart* in Sachs Rn. 13.

[63] *Degenhart* in Sachs Rn. 13, *Heintzen* in MKS Rn. 28; *Wittreck* in Dreier Rn. 21; aA unter Hinweis auf entstehungsgeschichtliche Argumente *Funke* in BK Rn. 13.

[64] Zur Einreise BVerfGE 43, 203 (211); 110, 177 (191); aus der Literatur *Degenhart* in Sachs Rn. 13; zur Ausreise *Degenhart* in Sachs Rn. 13; *Kunig* in v. Münch/Kunig, 6. Aufl. 2012, Art. 73 Rn. 14; *Pieroth* in Jarass/Pieroth Rn. 8; *Heintzen* in MKS Rn. 28.

[65] Auf die lokale Begrenzung von Aufenthaltsverboten abstellend *Cremer* NVwZ 2001, 1218 (1223); allgemeiner *Degenhart* in Sachs Rn. 13; näher u. a. zu Meldeauflagen *Funke* in BK Rn. 15; *Heintzen* in MKS Rn. 28.

[66] *Degenhart* in Sachs Rn. 14; *Funke* in BK Rn. 17; *Heintzen* in MKS Rn. 29; *Pieroth* in Jarass/Pieroth Rn. 9; *Rengeling* in HdbStR VI § 135 Rn. 101; *Wittreck* in Dreier Rn. 23; zur Passpflicht und den Ausnahmen §§ 1, 2 PassG.

[67] *Degenhart* in Sachs Rn. 15; *Heintzen* in MKS Rn. 30; *Rengeling* in HdbStR VI § 135 Rn. 103; *Wittreck* in Dreier Rn. 26.

[68] In Verbindung mit Art. 74 Abs. 1 Nr. 4 *Möstl* AöR 142 (2017), 175 (188 f.); kritisch zur Ableitung positiver verfassungsrechtlicher Aufträge aus den Kompetenztiteln → Art. 70 Rn. 32.

[69] Zu Art. 16 Abs. 2 S. 1 BVerfGE 10, 136 (139); aus der Literatur *Degenhart* in Sachs Rn. 16; *Heintzen* in MKS Rn. 31; *Jarass* in Jarass/Pieroth Art. 16 Rn. 16; *Rengeling* in HdbStR VI § 135 Rn. 104; *Wittreck* in Dreier Rn. 27.

bungen fallen hingegen in den Sachbereich des Art. 74 Abs. 1 Nr. 4.[70] Mit Blick auf die materiell-rechtlichen Vorgaben aus Art. 16 Abs. 2 bleibt für die Ausübung der Kompetenz nur die Regelung von Maßnahmen gegen Nicht-Deutsche, Regelungen zur Auslieferung von Deutschen nach Deutschland oder Regelungen zur Auslieferung Deutscher unter den Voraussetzungen des Art. 16 Abs. 2 S. 2.[71]

Die Kompetenz für die Bereiche des **Melde- und Ausweiswesens** ist nach dem Wegfall der Rahmenkompetenz in der Föderalismusreform mit Blick auf den Sachzusammenhang zu Art. 73 Abs. 1 Nr. 3 zur ausschließlichen Gesetzgebungskompetenz geworden,[72] u. a. mit der Folge, dass einzelne Abgrenzungsfragen zwischen Pass- und Ausweiswesen entfallen sind.[73] **Meldewesen** umfasst die an Deutsche gerichteten[74] Meldepflichten bei der Änderung eines Wohnsitzes oder des gewöhnlichen Aufenthalts im Inland, einschließlich Melderegisterabgleich und der entsprechenden Regelungen zur Verarbeitung personenbezogener Daten.[75] Das **Ausweiswesen** beinhaltet die Ausstellung und den Gebrauch von Identitätspapieren im Inland einschließlich des Schutzes personenbezogener Daten sowie der Rechtsfolgen bei Verletzung der Ausweispflicht.[76] 14

4. Währungswesen und Maßwesen (Nr. 4). Der Kompetenztitel zum Währungs-, Geld- und Münzwesen sowie zu Maßen, Gewichten und der Zeitbestimmung enthält zwei voneinander unabhängige Teilbereiche.[77] Als Oberbegriff auch für die Bereiche des Geld- und Münzwesens[78] bezieht sich das **Währungswesen** auf alle Maßnahmen der Währungshoheit,[79] insbesondere auf die Gestaltung des rechtlichen Rahmens gesetzlicher Zahlungsmittel, der Devisenbewirtschaftung, der Ausgabe von Banknoten und der Sicherung des Geldwertes.[80] Nach der weitgehenden Übertragung von Hoheitsrechten für Maßnahmen der Währungspolitik an das Europäische System der Zentralbanken (ESZB) gemäß Art. 23 Abs. 1 S. 2 ist der Gestaltungsspielraum der Bundesrepublik bei der Ausübung der Kompetenz im Bereich des Währungswesens erheblich reduziert.[81] Abzugrenzen ist der nach der Literatur weit zu 15

---

[70] *Degenhart* in Sachs Rn. 16; *Sannwald* in SHH Rn. 40; *Wittreck* in Dreier Rn. 27.

[71] *Heintzen* in MKS Rn. 31.

[72] *Heintzen* in MKS Rn. 32.

[73] *Heintzen* in MKS Rn. 33.

[74] Meldepflichten für Personen aus dem Ausland fallen demgegenüber historisch unter Art. 73 Abs. 1 Nr. 4, *Heintzen* in MKS Rn. 32; *Degenhart* in Sachs Rn. 14; *Pieroth* in Jarass/Pieroth Rn. 10; *Rengeling* in HdbStR VI § 135 Rn. 102; anders *Funke* in BK Rn. 21.

[75] *Degenhart* in Sachs Rn. 14; *Funke* in BK Rn. 21 f.; *Heintzen* in MKS Rn. 32; *Pieroth* in Jarass/Pieroth Rn. 10; *Rengeling* in HdbStR VI § 135 Rn. 102; *Wittreck* in Dreier Rn. 24.

[76] *Funke* in BK Rn. 23; *Heintzen* in MKS Rn. 33; *Pieroth* in Jarass/Pieroth Rn. 11; *Wittreck* in Dreier Rn. 25.

[77] *Heintzen* in MKS Rn. 35; näher zur Tradition *Wittreck* in Dreier Rn. 28.

[78] *Degenhart* in Sachs Rn. 17; *Heintzen* in MKS Rn. 35; *Kunig* in v. Münch/Kunig, 6. Aufl. 2012, Art. 73 Rn. 20; *Uhle* in Maunz/Dürig Rn. 78; *Wittreck* in Dreier Rn. 29.

[79] *Heintzen* in MKS Rn. 36; *Höfling/Engels* in BerlKomm Art. 73 Abs. 1 Nr. 4 Rn. 8; *Pieroth* in Jarass/Pieroth Rn. 14; *Rengeling* in HdbStR VI § 135 Rn. 105; *Sannwald* in SHH Rn. 45; anders dagegen unter Hinweis auf die Entstehungsgeschichte *Niedobitek* in BK Rn. 44 ff., Rn. 49: Veranschaulichung einer Materie, die nicht auf den Begriff zu bringen ist.

[80] *Heintzen* in MKS Rn. 35; *Pieroth* in Jarass/Pieroth Rn. 14; *Wittreck* in Dreier Rn. 29; aus der frühen Rechtsprechung des Bundesverfassungsgerichts BVerfGE 4, 60 (73): nicht nur besondere institutionelle Ordnung der Geldrechnung und der in ihr gültigen Zahlungsmittel, sondern auch die tragenden Grundsätze der Währungspolitik.

[81] *Heintzen* in MKS Rn. 38 f.; *Rengeling* in HdbStR VI § 135 Rn. 105.

fassende[82] Begriff des Währungswesens von den Bereichen der Haushalts-, Konjunktur- und Wirtschaftspolitik.[83] Insbesondere bei der Abgrenzung zu letzterer hat die Auseinandersetzung um die unionsrechtliche Kompetenz für währungspolitische Maßnahmen nach Art. 127 AEUV untrennbare Verflechtungen und wechselseitige Interdependenzen zwischen Wirtschafts- und Währungspolitik verdeutlicht.[84] Entsprechenden Schwierigkeiten begegnen verfassungsrechtliche Kriterien der Kompetenzabgrenzung zwischen Bund und Ländern, die auf die Unmittelbarkeit oder Finalität der Effekte abstellen.[85] Für gesetzliche Regelungen zur Bundesbank kommen neben der Kompetenz für das Währungswesen der ausdrückliche Kompetenztitel aus Art. 88 S. 1 sowie die konkurrierende Kompetenz aus Art. 74 Abs. 1 Nr. 11 in Frage, ohne dass die Abgrenzungsfragen in der Sache zu unterschiedlichen Ergebnissen führen würden.[86] Das Recht der Geschäftsbanken, vor allem das Aufsichtsrecht, fällt hingegen in den Bereich des Rechts der Wirtschaft nach Art. 74 Abs. 1 Nr. 11.[87]

16 **Geld** meint Banknoten und dem Zahlungsverkehr dienende Münzen,[88] nach teilweise vertretener Ansicht auch von Kreditinstituten geschöpftes Geld.[89] Sachlich deckt die Gesetzgebungsbefugnis die Regelung aller Phasen von der Herstellung über die Ausgabe und den Umlauf bis zur Einziehung.[90]

17 Bei dem Begriff der **Maße** handelt es sich um den Oberbegriff des zweiten Teilbereichs, also auch zu Gewichten und Zeitbestimmung.[91] Die Regelungen sollen die Verfügbarkeit verkehrsrelevanter, wissenschaftlich eingeführter Messgrößen absichern.[92] Entsprechend deckt der Kompetenztitel nach Sinn und Zweck auch Regelungen für die Sicherstellung und Kontrolle der rechtlichen Verwendung, etwa des Eichwesens.[93]

18 Die Kompetenz für den Bereich der **Zeitbestimmung** beinhaltet auch Regelungen zur Einführung oder Abschaffung der Sommerzeit oder allgemeine Regelungen zum Kalender,[94] nicht hingegen die Einführung be-

---

[82] *Heintzen* in MKS Rn. 36; *Kunig* in v. Münch/Kunig, 6. Aufl. 2012, Art. 73 Rn. 21; *Uhle* in Maunz/Dürig Rn. 29.

[83] *Heintzen* in MKS Rn. 36; *Degenhart* in Sachs Rn. 17; *Pieroth* in Jarass/Pieroth Rn. 14; *Sannwald* in SHH Rn. 47.

[84] Aus der unionsgerichtlichen und verfassungsgerichtlichen Rechtsprechung EuGH C-493/17, ECLI:EU:C:2018:1000 Rn. 61 – *Weiss;* EuGH C-62/14, Slg. 2015, ECLI:EU:C:2015:400 Rn. 52– *Gauweiler;* EuGH C-370/12, Slg. 2012, ECLI:EU:C:2012:756 Rn. 56 – *Pringle;* BVerfG Vorlagebeschl. v. 18.7.2017 – 2 BvR 859/15, Rn. 108ff., u.a.; aus der Literatur *Heun* JZ 2014, 331 (333); *Lammers* EuZW 2015, 212 (216); *Ludwigs* NJW 2017, 3563 (3566); *Thiele* EuZW 2014, 694 (696).

[85] Für die Unmittelbarkeit als Kriterium *Rengeling* in HdbStR VI § 135 Rn. 105; näher *Heintzen* in MKS Rn. 36.

[86] *Heintzen* in MKS Rn. 37.

[87] *Heintzen* in MKS Rn. 38.

[88] *Degenhart* in Sachs Rn. 18; *Heintzen* in MKS Rn. 40; *Wittreck* in Dreier Rn. 29.

[89] *Heintzen* in MKS Rn. 40; *Rengeling* in HdbStR VI § 135 Rn. 105; *Sannwald* in SHH Rn. 53; *Höfling/Engels* in BerlKomm Art. 73 Abs. 1 Nr. 4 Rn. 12; *Wittreck* in Dreier Rn. 29.

[90] *Heintzen* in MKS Rn. 40.

[91] *Degenhart* in Sachs Rn. 19; *Heintzen* in MKS Rn. 41; *Pieroth* in Jarass/Pieroth Rn. 15; *Wittreck* in Dreier Rn. 32.

[92] *Uhle* in Maunz/Dürig Rn. 87; *Heintzen* in MKS Rn. 41; *Rengeling* in HdbStR VI § 135 Rn. 106; *Wittreck* in Dreier Rn. 32; *Degenhart* in Sachs Rn. 19, mit typischen Beispielen, etwa Maßen zur Bestimmung von Massen, Längen, Flächen, Körpern, Temperaturen, Druck, Helligkeit, Lautstärke oder Radioaktivität, nicht hingegen normative Grenzwerte.

[93] *Degenhart* in Sachs Rn. 19; *Heintzen* in MKS Rn. 41.

[94] *Degenhart* in Sachs Rn. 19; *Heintzen* in MKS Rn. 42; *Rengeling* in HdbStR VI § 135 Rn. 106; *Wittreck* in Dreier Rn. 32.

stimmter Feiertage oder Regelungen zu den Modalitäten der Fristberechnung.[95]

5. Waren- und Zahlungsverkehr mit dem Ausland, Grenzschutz (Nr. 5). Die Kompetenzbereiche der Einheit des Zoll- und Handelsgebiets sowie der Freizügigkeit des Warenverkehrs sind infolge der Herstellung der Wirtschaftseinheit und des Binnenmarkts materiell-rechtlich **weitgehend durch das Unionsrecht geprägt.**[96] Eine in der Literatur teilweise angenommene materiell-rechtliche Wirkung des Kompetenztitels im Sinne eines Verbots von Zöllen und Handelsschranken[97] hat durch die mittelbaren Auswirkungen der Regelungen zum Binnenmarkt nochmals an praktischer Bedeutung verloren.[98] 19

Mit **Zöllen** sind Abgaben im grenzüberschreitenden Warenverkehr nach Maßgabe eines Zolltarifs[99] gemeint. Innerhalb des Gebiets der Bundesrepublik ergibt sich die Einheit der Zolltarife im Grundsatz schon durch die Sperrwirkung der ausschließlichen Kompetenz.[100] Zuordnungs- und Abgrenzungsfragen zur ebenfalls ausschließlichen Gesetzgebungskompetenz für Zölle aus Art. 105 Abs. 1[101] kommen im Ergebnis jedenfalls bei teleologischer Auslegung des Begriffs der Gleichartigkeit von örtlichen Verbrauchs- und Aufwandsteuern nach Art. 105 Abs. 2a keine Bedeutung zu. 20

Die Gesetzgebungskompetenz für **Handels- und Schifffahrtsverträge** bezieht sich auf die Transformation bilateraler oder multilateraler[102] völkerrechtlicher Verträge über die Ein- und Ausfuhr von Waren, die Niederlassung und den Hafenzugang.[103] Dazu zählen auch die Modalitäten der Hafennutzung, soweit sie sich auf den Seehandel beziehen.[104] Aus der Aufteilung zwischen der Kompetenz für den Abschluss völkerrechtlicher Verträge nach Art. 32 Abs. 1 und der Transformation schließen Teile der Literatur, dass die auf die Transformation bezogene ausschließliche Kompetenz aus Art. 73 Abs. 1 Nr. 5 und damit auch die Sperrwirkung gegenüber den Ländern erst nach Abschluss und im Umfang eines entsprechenden völkerrechtlichen Vertrags eingreift.[105] In der Sache dürften abgesehen von den unionsrechtlichen Vorgaben an den Außenhandel allerdings regelmäßig auch die ausschließliche Kompetenz des Bundes für auswärtige Angelegenheiten, Art. 73 Abs. 1 Nr. 1, sowie die konkurrierende Kompetenz für das Recht der Wirtschaft, Art. 74 Abs. 1 Nr. 11, einer Regelung durch die Länder entgegenstehen. 21

---

[95] *Degenhart* in Sachs Rn. 19; *Heintzen* in MKS Rn. 42; *Wittreck* in Dreier Rn. 32.

[96] *Heintzen* in MKS Rn. 44.

[97] *Spranger* in BK Rn. 11 ff.

[98] Dagegen zudem grundsätzlich *Höfling/Engels* in BerlKomm Art. 73 Abs. 1 Nr. 5 Rn. 9.

[99] BVerfGE 8, 260 (268 f.); *Heintzen* in MKS Rn. 45; *Rengeling* in HdbStR VI § 135 Rn. 107; *Spranger* in BK Rn. 9.

[100] *Heintzen* in MKS Rn. 45; zu Delegationen nach Art. 71 für das Gebiet Helgolands → Art. 71 Rn. 1.

[101] Einerseits BVerfGE, 8, 260 (268 f.), andererseits *Heintzen* in MKS Rn. 46 f., entsprechend dort zur Kompetenz für Zollanschluss-, Zollausschluss- und Zollfreigebiete.

[102] *Heintzen* in MKS Rn. 48; *Kunig* in v. Münch/Kunig, 6. Aufl. 2012, Art. 73 Rn. 25.

[103] *Degenhart* in Sachs Rn. 20; *Heintzen* in MKS Rn. 48; *Kunig* in v. Münch/Kunig, 6. Aufl. 2012, Art. 73 Rn. 25; *Pieroth* in Jarass/Pieroth Rn. 17; *Sannwald* in SHH Rn. 64; *Wittreck* in Dreier Rn. 35.

[104] Für Hafengebühren hat die Rechtsprechung des Bundesverfassungsgerichts einen solchen Bezug abgelehnt, BVerfGE 91, 207 (220); aus der Literatur *Heintzen* in MKS Rn. 48; *Rengeling* in HdbStR VI § 135 Rn. 108; *Sannwald* in SHH Rn. 65; *Spranger* in BK Rn. 22.

[105] *Heintzen* in MKS Rn. 49.

Wegen der Notwendigkeit eines grenzüberschreitenden, internationalen Bezugs sind Regelungen der Binnenschifffahrt nicht erfasst.[106]

22 In Abgrenzung zu dem ebenfalls in Art. 73 Abs. 1 Nr. 5 aufgezählten „Waren- und Zahlungsverkehr mit dem Auslande" bezieht sich die zuvor genannte **Freizügigkeit des Warenverkehrs** auf den Warenverkehr im Inland.[107] Die Freizügigkeit des Warenverkehrs überschneidet sich dadurch mit der ebenfalls zuvor genannten „Einheit des Zoll- und Handelsgebietes", ohne dass ihr eine eigenständige Bedeutung zukommt.[108]

23 Die Kompetenzgrundlage für den Bereich des **Waren- und Zahlungsverkehrs mit dem Ausland** bezieht sich mit Blick auf ihren Bezug zum Außenwirtschaftsrecht zum einen auf alle körperlichen Gegenstände, die grundsätzlich für den Handel geeignet sind,[109] und zum anderen auf grenzüberschreitende Zahlungsströme, auch außerhalb eines kommerziellen Kontexts wie etwa Schenkungen, Erbschaften und Rentenzahlungen.[110] Darüber hinaus umfasst der Kompetenztitel den im Sachzusammenhang stehenden Bereich grenzüberschreitender Dienstleistungen[111] sowie den Kapitalverkehr.[112] Gesetzliche Beschränkungen des grenzüberschreitenden Verkehrs können sowohl auf außen- oder wirtschaftspolitische Gründe[113] wie auch auf sonstige Gründe, etwa der Gefahrenabwehr[114] oder des Jugendschutzes, zurückgehen.[115]

24 Trotz des semantischen Zusammenhangs zum Waren- und Zahlungsverkehr mit dem Auslande ist die Gesetzgebungskompetenz für die Bereiche **Zoll und Grenzschutz** nicht auf die unmittelbare Kontrolle des grenzüberschreitenden Handels beschränkt, sondern beinhaltet auch die vom Handel unabhängige Überwachung der Grenzen[116] einschließlich der Infrastruktur mit Grenzbezug wie Flughäfen oder Bahnhöfe.[117] Ein verfassungsrechtlicher

---

[106] *Heintzen* in MKS Rn. 48; *Kunig* in v. Münch/Kunig, 6. Aufl. 2012, Art. 73 Rn. 25; *Sannwald* in SHH Rn. 64; *Spranger* in BK Rn. 23; *Wittreck* in Dreier Rn. 35.

[107] *Degenhart* in Sachs Rn. 20; *Heintzen* in MKS Rn. 50; *Kunig* in v. Münch/Kunig, 6. Aufl. 2012, Art. 73 Rn. 26; *Pieroth* in Jarass/Pieroth Rn. 18; *Rengeling* in HdbStR VI § 135 Rn. 109; *Spranger* in BK Rn. 24; *Wittreck* in Dreier Rn. 36.

[108] *Heintzen* in MKS Rn. 50; *Kunig* in v. Münch/Kunig, 6. Aufl. 2012, Art. 73 Rn. 26; *Spranger* in BK Rn. 25; *Wittreck* in Dreier Rn. 36.

[109] BVerfGE 33, 52 (60); *Heintzen* in MKS Rn. 51; *Kunig* in v. Münch/Kunig, 6. Aufl. 2012, Art. 73 Rn. 27; *Spranger* in BK Rn. 28 sowie eingehend zu Einzelfällen in Rn. 30 ff.

[110] BVerfGE 33, 52 (60); aus der Literatur *Heintzen* in MKS Rn. 51; *Kunig* in v. Münch/Kunig, 6. Aufl. 2012, Art. 73 Rn. 26; *Pieroth* in Jarass/Pieroth Rn. 19: auch Leihverkehr mit ausländischem Kulturgut; *Rengeling* in HdbStR VI § 135 Rn. 110.

[111] BVerfGE 110, 33 (48): aus dem Gesichtspunkt des Sachzusammenhangs wegen der Einheitlichkeit der Lebensvorgänge; *Wittreck* in Dreier Rn. 37; kritisch *Spranger* in BK Rn. 46 ff.: bloße Zweckmäßigkeitserwägung.

[112] *Heintzen* in MKS Rn. 51; aA *Spranger* in BK Rn. 45; für Dienstleistungen *Kunig* in v. Münch/Kunig, 6. Aufl. 2012, Art. 73 Rn. 27.

[113] *Heintzen* in MKS Rn. 51; *Kunig* in v. Münch/Kunig, 6. Aufl. 2012, Art. 73 Rn. 27.

[114] BVerfGE 33, 52 (63 f.): Filmeinfuhrverbote; BVerfGE 110, 33 (48): Verhütung von Straftaten nach dem Außenwirtschaftsgesetz oder Kriegswaffenkontrollgesetz; BVerfGE 110, 141 (158): Einfuhr von Kampfhunden.

[115] *Heintzen* in MKS Rn. 51; *Kunig* in v. Münch/Kunig, 6. Aufl. 2012, Art. 73 Rn. 27; *Rengeling* in HdbStR VI § 135 Rn. 110; *Wittreck* in Dreier Rn. 37: Gründe für Beeinträchtigungen kompetenzrechtlich indifferent.

[116] *Rengeling* in HdbStR VI § 135 Rn. 111; zur Kennzeichenerfassung gegen unerlaubte Grenzüberschreitungen zuletzt BVerfG NVwZ 2019, 381 (384); in der Sache bereits BVerfGE 97, 198 (214).

[117] *Kunig* in v. Münch/Kunig, 6. Aufl. 2012, Art. 73 Rn. 28; *Pieroth* in Jarass/Pieroth Rn. 20; *Rengeling* in HdbStR VI § 135 Rn. 111; *Spranger* in BK Rn. 56 f.; *Wittreck* in Dreier Rn. 38; *Hanning* in Härtel Handbuch Föderalismus III, § 53 Rn. 36; *Heintzen* in MKS

Auftrag zur effektiven Grenzsicherung[118] dürfte sich daraus aber noch nicht ableiten lassen.[119] Nicht umfasst ist hingegen die Regelung von Maßnahmen, die in den Bereich der allgemeinen Polizei der Länder fallen.[120] Die Kompetenz für den Zollschutz beinhaltet die Regelungen zur Absicherung der Einhaltung zollrechtlicher Vorgaben der Bundesrepublik sowie der Europäischen Union.[121]

6. Schutz deutschen Kulturgutes gegen Abwanderung ins Ausland 25
(Nr. 5a). Der an die Kompetenz für den Warenverkehr mit dem Ausland angrenzende Kompetenztitel weist einen bestimmten Aspekt des Schutzes deutscher Kulturgüter[122] dem Bund zu und relativiert dadurch generell-umfassende Vorstellungen einer **Kulturhoheit der Länder.**[123] Die Überführung aus der Kategorie zunächst der konkurrierenden Kompetenz zur Rahmenkompetenz und später zur ausschließlichen Kompetenz[124] hat sich in der Sache auf die Struktur und Dichte der vorhandenen (Bundes-) Regelungen nicht ausgewirkt.[125] Die Kompetenz richtet sich auf den Schutz gegen Abwanderung, also die dauerhafte Verbringung ins Ausland,[126] **unabhängig von** den **Eigentumsverhältnissen.**[127] Darüber hinausgehende, allgemeine Regelungen zum Schutz von Kulturgütern sind nicht erfasst.[128] Zudem kommt dem Kompetenztitel kein materieller Gehalt dahingehend zu, dass rechtliche Regelungen zum Schutz vor Abwanderung verfassungsrechtlich geboten wären.[129]

7. Luftverkehr (Nr. 6). Die Kompetenz für den Bereich des **Luftver-** 26
kehrs umfasst alle rechtlichen Regelungen, die für die Beförderung sowie den Transport über Luftfahrzeuge im weiteren Sinn erforderlich sind.[130] Infolge dieser funktionalen Bestimmung der gegenstandsbezogenen Kom-

---

Rn. 53; dort auch näher zur Differenzierung zwischen materiellem Grenzschutzrecht nach Art. 73 Abs. 1 Nr. 5 und dem Recht der Grenzschutzorganisation nach Art. 87 Abs. 1 S. 2 und dem damit verbundenen Raum für die Ausgestaltung der Landesverwaltung.

[118] So in Reaktion auf die Flüchtlingskrise 2015/2016 *Möstl* AöR 142 (2017), 175 (188 f.).

[119] Zu den Voraussetzungen materiell-rechtlicher Wirkungen der Kompetenztitel → Art. 70 Rn. 32.

[120] Zur Grenzüberschreitung gegen den unerlaubten Aufenthalt und zur Bekämpfung der grenzüberschreitenden Kriminalität als Fall der Landeskompetenz BVerfG NVwZ 2019, 381 (385); *Kingreen/Schönberger* NVwZ 2018, 1825 (1827); zur Begrenzung der Bundeskompetenz bereits BVerfGE 97, 198 (218): „Gepräge als Polizei mit begrenzten Aufgaben"; *Heintzen* in MKS Rn. 53; *Kunig* in v. Münch/Kunig, 6. Aufl. 2012, Art. 73 Rn. 28.

[121] *Heintzen* in MKS Rn. 53.

[122] Zum weiten Begriffsverständnis *Degenhart* in Sachs Rn. 24; *Wittreck* in Dreier Rn. 41.

[123] Vgl. BVerfGE 135, 155 (196 f., Rn. 104); *Heintzen* in MKS Rn. 55.

[124] Näher *Degenhart* in Sachs Rn. 24; *Heintzen* in MKS Rn. 55; *Wittreck* in Dreier Rn. 40.

[125] *Heintzen* in MKS Rn. 55; *Kunig* in v. Münch/Kunig, 6. Aufl. 2012, Art. 73 Rn. 29.

[126] *Heintzen* in MKS Rn. 56; *Rengeling* in HdbStR VI § 135 Rn. 113; *Sannwald* in SHH Rn. 79; *Wittreck* in Dreier Rn. 42.

[127] *Degenhart* in Sachs Rn. 24; *Heintzen* in MKS Rn. 56; *Höfling/Engels* in BerlKomm Art. 73 Abs. 1 Nr. 5 Rn. 11 f.: Bezug zum deutschen Kulturkreis erforderlich; *Pieroth* in Jarass/Pieroth Rn. 21; *Rengeling* in HdbStR VI § 135 Rn. 112; *Wittreck* in Dreier Rn. 41.

[128] *Heintzen* in MKS Rn. 55.

[129] *Heintzen* in MKS Rn. 56; anders *Wittreck* in Dreier Rn. 41, mit der Konsequenz einer nach Relevanz für die deutsche Kultur und für die Öffentlichkeit differenzierenden Auslegung.

[130] *Degenhart* in Sachs Rn. 26; *Heintzen* in MKS Rn. 57: alle mit dem Flugwesen zusammenhängenden Tätigkeiten und Institutionen; *Pabst/Schwartmann* in BK Rn. 6 ff.: mit Flugwesen unmittelbar zusammenhängende Tätigkeiten und Anlagen; im Anschluss an HessStGH DÖV 1982, 320 (321 f.); *Pieroth* in Jarass/Pieroth Rn. 22; *Rengeling* in HdbStR VI § 135 Rn. 114; *Sannwald* in SHH Rn. 83; *Höfling* in BerlKomm Nr. 6 Rn. 4; *Wittreck* in Dreier Rn. 45.

petenz sind eine Reihe vorbereitender Tätigkeiten und Ausgestaltungen des institutionellen Rahmens mit erfasst, neben den eigentlichen Flugleistungen etwa im Bereich der Aufsicht[131] sowie Zulassung sowohl von Personen als auch von Geräten, der Gefahrenabwehr und der Bereitstellung der Infrastruktur.[132] Abgrenzungsschwierigkeiten zu Länderkompetenzen ergeben sich vor allem hinsichtlich der allgemeinen Kompetenz für die Gefahrenabwehr, also bei der Eingrenzung der spezifischen Gefahren, die vom und für den Luftverkehr ausgehen.[133] Über den Wortlaut hinaus besteht eine entsprechende ausschließliche Bundeskompetenz im Ergebnis[134] auch für den **Weltraum.**[135]

27 **8. Eisenbahnen des Bundes (Nr. 6a).** Ebenso wie bei dem Kompetenztitel für den Luftverkehr (Nr. 6) handelt es sich auch bei der ausschließlichen Zuständigkeit für die **Eisenbahnen des Bundes** um einen funktional konzipierten Kompetenztitel, der sämtliche zur Organisation und Durchführung des Eisenbahnverkehrs erlassene rechtliche Regelungen umfasst,[136] also neben den eigentlichen Beförderungsleistungen die Regelung ihrer Modalitäten, zum Personal sowie die Organisation des Eisenbahnverkehrsunternehmens.[137]

28 Die Überführung des Kompetenztitels von der Kompetenz für den Bereich der „Bundeseisenbahnen" in Art. 73 Abs. 1 Nr. 6a in einen **gesonderten Kompetenztitel** wie auch die Differenzierung zwischen dem Eisenbahnverkehr und der Infrastruktur gehen auf die **Privatisierung** zurück, ohne dass damit Änderungen in der Reichweite oder Struktur des Kompetenztitels verbunden wären.[138]

29 Im Unterschied zur Kompetenz für den Bereich des Luftverkehrs weist die Kompetenz für den Bereich der Eisenbahn des Bundes allerdings mehrere Einschränkungen auf. Zum einen schließt der Begriff der Eisenbahn **nicht sämtliche Formen von Schienenbahnen** ein.[139] Zum anderen setzt die Kompetenz einen zumindest **mehrheitlichen Eigentumsanteil** des Bundes voraus, der sich freilich – anders als vom Wortlaut nahegelegt – mit Blick auf die funktionale Konzeption des Kompetenztitels nicht auf den Kapitalanteil, sondern die Verteilung der effektiven **Stimmrechte** richtet.[140]

---

[131] *Degenhart* in Sachs Rn. 26; *Uhle* in Maunz/Dürig Rn. 135 f.

[132] *Heintzen* in MKS Rn. 57; *Pabst/Schwartmann* in BK Rn. 10.

[133] BVerfGE 132, 1 (6 ff.); BVerfGE 133, 241 (261, Rn. 56); aus der Literatur *Heintzen* in MKS Rn. 57; *Pabst/Schwartmann* in BK Rn. 11 f.; *Sannwald* in SHH Rn. 84.

[134] Zu den unterschiedlichen in der Literatur vertretenen Begründungswegen *Heintzen* in MKS Rn. 58; *Pabst/Schwartmann* in BK Rn. 26 f.

[135] *Pabst/Schwartmann* in BK Rn. 27; *Rengeling* in HdbStR VI § 135 Rn. 114; *Sannwald* in SHH Rn. 86; *Wittreck* in Dreier Rn. 45; aA *Uhle* in Maunz/Dürig Rn. 138.

[136] *Heintzen* in MKS Rn. 59; *Sannwald* in SHH Rn. 93; *Wittreck* in Dreier Rn. 50 f.

[137] *Becker* in BK Rn. 20 ff.; *Heintzen* in MKS Rn. 63.

[138] BVerfGE 97, 198 (222); *Heintzen* in MKS Rn. 59; *Rengeling* in HdbStR VI § 135 Rn. 115.

[139] Näher die Aufzählung bei *Becker* in BK Rn. 10 f.; *Degenhart* in Sachs Rn. 27, *Rengeling* in HdbStR VI § 135 Rn. 115; *Sannwald* in SHH Rn. 91 und *Heintzen* in MKS Rn. 60: ausgeschlossen sind etwa Bergbahnen, Straßenbahnen, Magnetschwebebahnen, Zahnradbahnen, Schwebebahnen, Untergrundbahnen, zu letzteren BVerfGE 45, 297 (323); Leitgesichtspunkt der zum Teil nicht randscharfen Abgrenzung soll das „vom Verfassungsgeber vorgefundene, typische Erscheinungsbild der Eisenbahn" sein, *Degenhart* in Sachs Rn. 27; *Uhle* in Maunz/Dürig Rn. 142.

[140] *Heintzen* in MKS Rn. 61; *Pieroth* in Jarass/Pieroth Rn. 23; *Schmidt-Aßmann/Röhl* DÖV 1994, 577 (579); *Wittreck* in Dreier Rn. 49; dagegen für eine Maßgeblichkeit allein der Eigentumsverhältnisse *Sannwald* in SHH Rn. 92; *Bickenbach* in BerlKomm Art. 73 Abs. 1 Nr. 6a Rn. 6; im Kontext unterschiedlicher Organisationsformen auf die Eigentumsverhältnisse abstellend *Degenhart* in Sachs Rn. 27.

Hinsichtlich der **Infrastruktur** umfasst die funktional bestimmte Kompetenz den Betrieb und die Unterhaltung der Anlagen, wie auch vorbereitende Phasen der Errichtung einschließlich der Planung.[141] Auch gegenständlich bezieht sich die Reichweite funktional auf alle erforderlichen Infrastrukturelemente einschließlich der Bahnhöfe.[142] Nicht erfasst sind hingegen Regelungen, die sich zwar auf die Infrastruktur beziehen, aber für die Bereitstellung der Leistungen nicht erforderlich sind.[143] 30

Die im Grundsatz bereits zum Betrieb der Infrastruktur zählende, in Art. 73 Abs. 1 Nr. 6a ausdrücklich herausgestellte Kompetenz für die Erhebung von Entgelten für die **Benutzung der Schienenwege** deckt mit Blick auf die formelle Privatisierung auch privatrechtliche Entgelte ab und zwar gegenüber jedem inländischen wie ausländischen, die Infrastruktur nutzenden Eisenbahnverkehrsunternehmen, auch des Bundes.[144] 31

9. Postwesen und Telekommunikation (Nr. 7). Der ursprünglich als „Post- und Fernmeldewesen" gefasste Kompetenztitel ist 1994 im Zuge der Postreform neu gefasst worden.[145] Die Aufteilung und Privatisierung der einzelnen Teilbereiche der ehemaligen Bundespost lässt die Reichweite der bereits bestehenden, normativ-rezeptiven Gesetzgebungskompetenz für den Bereich des Postwesens im Grundsatz unberührt.[146] Die mit der **Privatisierung** verbundenen Änderungen in den Modalitäten der Leistungsbereitstellung wirken sich freilich auf den Regelungsbedarf aus. Die Kompetenz für das Postwesen enthält insofern auch gegenstandsbezogene, funktionale, faktisch-deskriptive Elemente.[147] Wegen dieser funktional ausgerichteten, faktisch-deskriptiven Dimension lässt sich der Teilbereich der **Postbank,** in dem Leistungen nach der Privatisierung wie durch andere private Kreditinstitute auch erbracht werden, nicht mehr als dem Postwesen zugehörig verstehen, sondern fällt unter den allgemeinen Bereich des Rechts der Wirtschaft (Art. 74 Abs. 1 Nr. 11).[148] 32

Post meint danach die räumliche Beförderung körperlicher Gegenstände in einem von der konkreten Beförderungsleistung unabhängigen und für die Öffentlichkeit bereitgestellten Beförderungssystem.[149] Dazu gehören neben 33

[141] *Heintzen* in MKS Rn. 64; *Rengeling* in HdbStR VI § 135 Rn. 116; *Sannwald* in SHH Rn. 95; aus der Rechtsprechung zur Planung BVerfGE 95, 1.

[142] *Heintzen* in MKS Rn. 64; ebenfalls die Bahnpolizei einschließend *Rengeling* in HdbStR VI § 135 Rn. 116.

[143] Beispiele bei *Heintzen* in MKS Rn. 64 und *Wittreck* in Dreier Rn. 51: Freistellungen der Eisenbahnen des Bundes von Gebühren der Länder (dazu BVerfGE 26, 281), Rückenteignungen zu Lasten der Bundesbahn, Werbeanlagen.

[144] *Becker* in BK Rn. 34, in Abgrenzung zur Verteilung der Entgelte; wohl weiter *Heintzen* in MKS Rn. 65.

[145] Zur Tradition *Wittreck* in Dreier Rn. 53.

[146] *Heintzen* in MKS Rn. 72; *Pieroth* in Jarass/Pieroth Rn. 25.

[147] *Degenhart* in Sachs Rn. 31; *Kühling* in BK Rn. 1: dynamische Interpretation bei traditionellem Ausgangspunkt; *Rengeling* in HdbStR VI § 135 Rn. 118.

[148] Wie hier bereits zum Zeitpunkt der Reform *Gramlich* NJW 1994, 2785 (2788); *Degenhart* in Sachs Rn. 32; *Rengeling* in HdbStR VI § 135 Rn. 118; vorsichtiger unter Hinweis auf das systematische Verhältnis zu Art. 87f Abs. 1 und Art. 143b *Heintzen* in MKS Rn. 69; *Kühling* in BK Rn. 11; *Uhle* in Maunz/Dürig Rn. 158, aA *Sannwald* in SHH Rn. 101; *Wittreck* in Dreier Rn. 54.

[149] Andere begriffliche Verständnisse differenzieren zusätzlich zwischen den einzelnen Gegenständen der Beförderung oder führen die räumliche Komponente eingehender aus, ohne dass sich in der Sache Unterschiede ergeben dürften, etwa *Degenhart* in Sachs Rn. 31 im Anschluss an *Badura* in BK (Stand: 1997), Rn. 10: Beförderung von Personen, Gütern oder Nachrichten von Ort zu Ort oder innerhalb eines Ortes dienende regelmäßige oder

der Beförderung von Briefen, Paketen und Päckchen der Postzeitungsdienst sowie systematisch angebotene Kurierdienste.[150] Die historisch eingeschlossene Beförderung von Personen dürfte mit Blick auf die faktisch-deskriptive Facette inzwischen nicht mehr zu dem Kompetenzbereich zählen.[151] Die Gesetzgebungskompetenz enthält im Gegensatz zum Gewährleistungsauftrag für Universaldienste aus Art. 87f Abs. 1[152] keinen materiellen Gehalt im Sinne einer Verpflichtung.[153]

34 Die auf den Begriff des „Fernmeldewesens" zurückgehende, traditionell technikbezogene Beschreibung[154] der **Telekommunikation** als einer Informationsübermittlung mittels elektromagnetischer Schwingungen hat durch die technische Entwicklung an Beschreibungskraft verloren. Vor allem die zunehmend paketvermittelte, auf Internet-Protokollen basierende Übertragung von Sprache *(voice over IP)* sowie allgemein die Kommunikationsformen über das Internet[155] sind durch das Merkmal elektromagnetischer Schwingungen kaum treffend charakterisiert. Iterative Erweiterungen des anerkanntermaßen entwicklungsoffenen[156] Begriffs dahingehend, dass die Übermittlung analog oder digital, leitungsgebunden oder drahtlos, offen oder verdeckt sowie als Individual- oder Massenkommunikation erfolgen kann,[157] nehmen der technisch orientierten Definition die Konturen und verwandeln sie in eine von technischen Einzelheiten abstrahierende, funktional beim Kommunikationsvorgang ansetzende Beschreibung. Danach ist die Telekommunikation durch die technikbasierte Übermittlung von Informationen gekennzeichnet, die in Abgrenzung zu den Postdiensten nicht verkörpert sind.[158] Erscheinungsformen sind etwa die lineare oder nichtlineare Übertragung audio-visueller oder auditiver Medien über das Internet, Kabel, Satellit oder terrestrisch, technische Formen der Sprachübertragung über das Festnetz, den Mobilfunk oder das Internet sowie allgemein die Kommunikation über das Internet.[159]

35 Diese technische Entwicklung der Kommunikation lässt die kompetenzielle Abgrenzung des Bereichs der Telekommunikation von der Länderkompetenz für den Rundfunk,[160] also die Gegenüberstellung einer technischen und einer inhaltlichen Seite des Kommunikationsvorgangs,[161] im Ausgangspunkt unberührt,[162] kann allerdings bei strukturellen Änderungen der Übertragungsmodalitäten Anpassungen der wechselseitigen Abstimmung, aus rundfunkver-

---

kontinuierliche, vom konkreten Bedürfnis unabhängige Verkehrsverbindung, die dem Publikum gegen Entgelt zugänglich ist.

[150] *Degenhart* in Sachs Rn. 32; *Heintzen* in MKS Rn. 69; *Rengeling* in HdbStR VI § 135 Rn. 118.

[151] Wie hier *Degenhart* in Sachs Rn. 32; *Rengeling* in HdbStR VI § 135 Rn. 118: nur „typische" Postdienste; vorsichtiger *Heintzen* in MKS Rn. 70.

[152] → Art. 87f Rn. 6.

[153] *Degenhart* in Sachs Rn. 32.

[154] Zum Fernmeldewesen BVerfGE 12, 205 (226 f.).

[155] Zu ihnen *Degenhart* in Sachs Rn. 33.

[156] Aus der Literatur nur *Degenhart* in Sachs Rn. 33; *Heintzen* in MKS Rn. 75.

[157] *Degenhart* in Sachs Rn. 33; *Heintzen* in MKS Rn. 74.

[158] *Heintzen* in MKS Rn. 74; *Rengeling* in HdbStR VI § 135 Rn. 119 f.

[159] *Degenhart* in Sachs Rn. 33; *Wittreck* in Dreier Rn. 55.

[160] BVerfGE 12, 205 (225); zuletzt BVerfG NVwZ 2018, 1293 (1294).

[161] Eingehend *Cornils* in Härtel Handbuch Föderalismus III, § 66 Rn. 27 ff.; *Degenhart* in Sachs Rn. 35; *Sannwald* in SHH Rn. 104; *Wittreck* in Dreier Rn. 55; zur Abgrenzung bei der Überwachung von Inhalten durch das NetzDG *Gersdorf* MMR 2017, 439 (440 f.); zum Parlamentsfernsehen *Goerlich/Laier* ZUM 2008, 475 (479).

[162] BVerfGE 125, 260 (314); 130, 151 (185); für die Beibehaltung der Abgrenzung anhand des Regelungszwecks *Bortnikov* MMR 2014, 435 (438 f.).

fassungsrechtlicher Perspektive als der **dienenden Funktion des Telekommunikationsrechts,** erforderlich machen.[163]

Ähnlich wie infolge der Privatisierung der Postdienste[164] lassen sich Regelungen zur **Marktregulierung** im Telekommunikationsrecht, etwa die **Zugangspflichten,** Diskriminierungsverbote sowie die Entgeltregulierung, aus eher funktionaler, faktisch-deskriptiver Perspektive als ein sektorspezifisches Kartellrecht dem Bereich des Rechts der Wirtschaft (Art. 74 Abs. 1 Nr. 11),[165] aus eher normativ-rezeptiver Perspektive noch dem Bereich der Telekommunikation[166] zuordnen. Im Ergebnis dürfte sich die Einordnung allerdings auf die Reichweite der Kompetenz kaum auswirken. 36

10. Dienst des Bundes (Nr. 8). Der Kompetenztitel für den **öffentlichen Dienst des Bundes** knüpft an die Dienstverhältnisse der Bundesrepublik und ihrer öffentlich-rechtlichen juristischen Personen an. Dienstherr können nach Sinn und Zweck neben der Bundesrepublik einschließlich der Bundeswehr[167] und über den auf Körperschaften abstellenden Wortlaut hinaus auch bundesunmittelbare Anstalten und Stiftungen des öffentlichen Rechts sein.[168] Für Bedienstete der ehemaligen Deutschen Bundeseisenbahnen und der Deutschen Bundespost enthalten Art. 143a und 143b gesonderte Regelungen. 37

Im Dienst des Bundes stehen nicht nur **Beamte,** sondern auch **Angestellte** und **Arbeiter.**[169] Zwar können die sonstigen Beschäftigten des Bundes oder einer bundesunmittelbaren juristischen Person sich in einer vergleichbaren Situation befinden wie entsprechende Arbeitnehmerinnen und Arbeitnehmer anderer Arbeitgeber. Jedoch zielt der Kompetenztitel nicht auf die Gewährleistung einer gesetzlichen Grundlage für bestimmte Dienstverhältnisse, sondern auf die Möglichkeit des Bundes, den gesetzlichen Rahmen für alle ihn betreffenden Dienstverhältnisse ausgestalten und dabei insbesondere den besonderen Bindungen der öffentlichen Hand sowie der Kohärenz im Verhältnis aller Gruppen von Angehörigen Rechnung tragen zu können, ab. Zudem sind mit Blick auf den Sinn und Zweck der Regelung sowie der weiten, lediglich auf den Dienst des Bundes abstellenden Formulierung auch Dienstverhältnisse im weiteren Sinn erfasst, die weder dauerhaft sind noch zu einer Weisungsabhängigkeit innerhalb einer behördlichen Hierarchie führen, etwa der Bundesdatenschutzbeauftragte oder Mitglieder des Bundesrates.[170] 38

---

[163] Zur Frequenzvergabe etwa *Ladeur/Gostomzyk* K&R 2011, 777 ff.; *Kühling* in BK Rn. 18 ff., insb. 25; allgemeiner bereits *Ladeur* ZUM 1998, 261 (262 ff.); zu den Konsequenzen für das Verbot der Doppelzuständigkeit und der Mischverwaltung *Cornils* in Härtel Handbuch Föderalismus III, § 66 Rn. 29.

[164] → Rn. 32.

[165] So *Heintzen* in MKS Rn. 76; tendenziell und auch unter Hinweis auf Art. 74 Abs. 1 Nr. 7 und 16 *Degenhart* in Sachs Rn. 37.

[166] *Kühling* in BK Rn. 14 ff.

[167] BVerfGE 39, 128 (141); *Degenhart* in Sachs Rn. 43.

[168] *Degenhart* in Sachs Rn. 42; *Heintzen* in MKS Rn. 83; *Rengeling* in HdbStR VI § 135 Rn. 121; *Wittreck* in Dreier Rn. 57; bei Religionsgemeinschaften fehlt es hingegen jedenfalls an der Bundesunmittelbarkeit, *Heintzen* in MKS Rn. 83 und *Wittreck* in Dreier Rn. 57.

[169] Zum Personalvertretungsrecht BVerfGE 11, 89 (98); 67, 382 (387); *Degenhart* in Sachs Rn. 43; *Höfling* in BK Rn. 24; *Höfling/Engels* in BerlKomm Art. 73 Abs. 1 Nr. 8 Rn. 11; *Pieroth* in Jarass/Pieroth Rn. 30; *Rengeling* in HdbStR VI § 135 Rn. 121; *Wittreck* in Dreier Rn. 57; aA *Schmidt am Busch* GewArch 2011, 1 (6); *Rossi/Lenski* NJW 2006, 2657 (2659); *Heintzen* in MKS Rn. 84: Regelungen für Angestellte sowie Arbeiter fallen mit Ausnahme des Personalvertretungsrechts unter das Arbeitsrecht nach Art. 74 Abs. 1 Nr. 12.

[170] *Degenhart* in Sachs Rn. 43; *Heintzen* in MKS Rn. 85 mit weiteren Beispielen; *Höfling* in BK Rn. 29 ff.; *Rengeling* in HdbStR VI § 135 Rn. 121; *Wittreck* in Dreier Rn. 40; zu Bundesrichtern s. Art. 98 Abs. 1; zu Bundestagsabgeordneten s. Art. 48 Abs. 3 S. 3.

39 Inhaltlich gehören zur Regelung der Rechtsverhältnisse neben ihrer **Begründung** und **Aufhebung** auch alle sich daraus ergebenden Pflichten einschließlich der **Anbahnungs- und Abwicklungsphase.**[171]

40 **11. Gewerblicher Rechtsschutz, Urheberrecht, Verlagsrecht (Nr. 9).** Mit der Kompetenz für gewerblichen Rechtsschutz und Urheberrecht deckt der Kompetenztitel den Bereich des **geistigen Eigentums**[172] ab[173] und ergänzt ihn um die das Verhältnis zu Urhebern betreffenden Aspekte des Verlagsrechts.[174] Die im Kompetenztitel übernommene Differenzierung zwischen dem gewerblichen Rechtsschutz und dem Urheberrecht geht auf die vorgefundene Tradition des deutschen Rechts zurück, das das Urheberrecht durch den Bezug zur Persönlichkeit des Urhebers von dem stärker vermögensrechtlich geprägten gewerblichen Rechtsschutz abgrenzt.[175] In der Sache ist mit der Zusammenfassung von Urheberrechten und gewerblichem Rechtsschutz eine umfassende Kompetenz für Immaterialgüterrechte, beispielhaft das Patent-, Marken- oder Designgesetz, gemeint.[176] Ob der ergänzende lauterkeitsrechtliche Leistungsschutz wegen seiner Sachnähe zu diesen Immaterialgüterrechten[177] ebenfalls unter den Kompetenztitel für den gewerblichen Rechtsschutz zählt[178] und die lauterkeitsrechtlichen Regelungen insgesamt zum Recht der Wirtschaft (Art. 74 Abs. 1 Nr. 11)[179] oder umgekehrt zum gewerblichen Rechtsschutz gehören, ändert im Ergebnis an der Reichweite der Bundeskompetenz nichts. Die Kompetenz für das Urheberrecht umfasst sowohl den Schutz urheberrechtlich geschützter Werke, also persönlicher geistiger Schöpfungen (§ 2 Abs. 2 UrhG), als auch die verwandten (Leistungs-)Schutzrechte, einschließlich der Regelungen zu den Verwertungsgesellschaften,[180] nicht jedoch kulturelle Zwecke verfolgende Belastungen wie die Kurzberichterstattung im Rundfunk[181] oder die Pflicht zur Ablieferung von Pflichtexemplaren.[182] Ebenso bezieht sich die Kompetenz für das Verlagsrecht auf die mit der Einräumung von Verwertungsrechten spezifisch in Zusammenhang stehenden Regelun-

---

[171] BVerfGE, 61, 149 (202): weites Verständnis, das rechtliche Beziehungen zwischen Dienstherr und Dienstnehmer voraussetzt (abgelehnt für staatshaftungsrechtliche Regelung); aus der Literatur *Degenhart* in Sachs Rn. 44; *Heintzen* in MKS Rn. 86; eingehend *Höfling* in BK Rn. 12 ff.; ferner *Pieroth* in Jarass/Pieroth Rn. 29; *Rengeling* in HdbStR VI § 135 Rn. 121; *Sannwald* in SHH Rn. 123 ff.

[172] Zum Begriff *Ohly* JZ 2003, 545 ff.

[173] *Degenhart* in Sachs Rn. 45; *Heintzen* in MKS Rn. 87; *Rengeling* in HdbStR VI § 135 Rn. 122.

[174] Im Gegensatz etwa zu Regelungen einer besonderen, von den allgemeinen kartellrechtlichen Grundsätzen abweichenden Konzentrationskontrolle für Zusammenschlüsse von Verlagen, *Degenhart* in Sachs Rn. 45; *Uhle* in Maunz/Dürig Rn. 204.

[175] Überblick bei *Ohly* JZ 2003, 545 (549).

[176] Nähere Aufzählung bei *Heintzen* in MKS Rn. 88; *Sannwald* in SHH Rn. 131; *Spranger* in BK Rn. 15 ff.; zum Arbeitnehmererfindungsrecht *Bartenbach/Volz* GRUR 2009 220 (221 ff.).

[177] Aus lauterkeitsrechtlicher Perspektive *Ohly* in FS f. Ullmann, 2006, S. 795 (796 ff.); *ders.* FS f. Schricker, 2005, 105 ff.

[178] In diese Richtung *Degenhart* in Sachs Rn. 45; *Spranger* in BK Rn. 25 f.; *Wittreck* in Dreier Rn. 61; offen gelassen bei *Heintzen* in MKS Rn. 88.

[179] So überzeugend mit Blick auf die Zielrichtung des UWG, auch unter Hinweis auf Art. 74 Abs. 1 Nr. 16, *Podszun* WRP 2009, 509 (510).

[180] *Uhle* in Maunz/Dürig Rn. 201; *Wittreck* in Dreier Rn. 61.

[181] Auf den Regelungszusammenhang abstellend BVerfGE 97, 228 (251); dagegen *Spranger* in BK Rn. 39 ff., insb. Rn. 42.

[182] BVerfGE 58, 137 (145); aus der Literatur *Wittreck* in Dreier Rn. 61.

gen des Verhältnisses von Urheber und Verlag.[183] Materiell-rechtlich enthält der Kompetenztitel, im Gegensatz etwa zu den Anforderungen aus Art. 14 Abs. 1,[184] keine Vorgaben an die inhaltliche Ausgestaltung einzelner Schutzrechte.[185]

12. Abwehr von Gefahren des internationalen Terrorismus (Nr. 9a). Der im Zuge der **Föderalismusreform I** eingeführte Kompetenztitel erweitert den Kompetenzbereich des Bundes für spezifische Gefahren, für deren Abwehr die föderale Struktur Nachteile mit sich bringen kann,[186] ohne zum Erlass entsprechender Regelungen zu verpflichten.[187] Da der Kompetenzbereich ausschließlich die Gefahrenabwehr durch das Bundeskriminalpolizeiamt in den Blick nimmt, schließt die Zuständigkeit entsprechende Regelungen der **Länder** zur **Terrorismusabwehr** durch Landesbehörden nicht aus.[188] Eine Weisungsbefugnis des Bundeskriminalamts gegenüber Behörden der Länder entspräche weder der Systematik der Gesetzgebungszuständigkeiten noch dem Wortlaut des Kompetenztitels.[189] 41

Bei dem Begriff des **Terrorismus** knüpft der Verfassungsgesetzgeber an 42
§ 129a Abs. 2 StGB sowie an das primäre und sekundäre Unionsrecht[190] an.[191] Die Bandbreite und Unterschiede zwischen den Katalogtaten und subjektiven Anforderungen, die in § 129a Abs. 1 und 2 StGB sowie dem kürzlich in Kraft getretenen Art. 3 der Terrorismusbekämpfungsrichtlinie vorgesehen sind, legen nahe, dass sich die sachliche Reichweite des Kompetenztitels an dem im Jahr 2006 vorgefundenen Befund orientiert, aber auch in faktisch-deskriptiver Perspektive durch ein entwicklungsoffenes Verständnis von Terrorismus geprägt ist.[192] **International** ist der Terrorismus bei diesem Verständnis schon durch einen grenzüberschreitenden Bezug, wenn die Aktivitäten und die Zielrichtung also nicht von vornherein innerhalb eines

---

183 *Rengeling* in HdbStR VI § 135 Rn. 125.

184 → Art. 14 Rn. 37 ff.

185 *Degenhart* in Sachs Rn. 45; *Heintzen* in MKS Rn. 91; für eine Erweiterung der Institutsgarantie aus Art. 14 Abs. 1 durch eine im Kompetenztitel enthaltene Verbürgung der notwendigen Existenz geistigen Eigentums als selbstständige Eigentumskategorie *Spranger* in BK Rn. 12.

186 Der Gesetzesentwurf der Regierungsfraktionen weist zur Begründung auf eine besondere Bedrohungslage im Bereich des internationalen Terrorismus sowie auf die Notwendigkeit der Aufklärung bei Hinweisen aus dem Ausland ohne örtlichen Bezug zu einem bestimmten Bundesland hin, BT-Drs. 16/813, 12; *Hanning* in Härtel Handbuch Föderalismus III, § 53 Rn. 24; *Rengeling* in HdbStR VI § 135 Rn. 126; *Uhle* DÖV 2010, 989; kritisch *Zabel* JR 2009, 453 (454).

187 *Degenhart* in Sachs Rn. 46; *Heintzen* in MKS Rn. 93: weder Aufgaben- noch Organisationsgehalt.

188 BVerfGE 141, 220 (263, Rn. 88); *Degenhart* in Sachs Rn. 48a; *Heintzen* in MKS Rn. 105; *Rengeling* in HdbStR VI § 135 Rn. 127; zur Kritik aus der Literatur mit Blick auf den Grundsatz der Polizeihoheit der Länder gleichwohl *Tams* DÖV 2007, 367 (370).

189 *Heintzen* in MKS Rn. 106; *Kugelmann* in Härtel Handbuch Föderalismus III, § 52 Rn. 17.

190 Art. 29 Abs. 2, Art. 31 Abs. 1e) EUV sowie EU-Rahmenbeschl. des Rates v. 13.6.2002, ABl. EU Nr. L 164 v. 22.6.2002, 3, ersetzt durch RL (EU) 2017/541 zur Terrorismusbekämpfung, ABl. EU Nr. L 88 v. 31.3.2017, 6 ff.

191 Gesetzesentwurf der Regierungsfraktion, BT-Drs. 16/813, 12; *Hanning* in Härtel Handbuch Föderalismus III, § 53 Rn. 25; *Rengeling* in HdbStR VI § 135 Rn. 127.

192 *Uhle* DÖV 2010, 989 (991); *Degenhart* in Sachs Rn. 46: Terrorismus faktisch wie normativ bestimmt; umschreibende Definition bei *Thiel* in BerlKomm Art. 73 Abs. 1 Nr. 9a Rn. 6.

Staates verbleiben, auch wenn sich die Aktivitäten nicht gegen einen anderen Staat als solchen zu richten brauchen.[193]

43 Die Kompetenz setzt eine der drei geschilderten Situationen voraus. **Länderübergreifend** kann eine Gefahr mit Blick auf den für Terrorismus charakteristischen Schrecken schon dann sein, wenn eine nachhaltige und gewichtige Auswirkung auf die öffentliche Wahrnehmung nicht auf ein Bundesland begrenzt ist.[194] Ein typischer Fall **fehlender Erkennbarkeit der Zuständigkeit einer Landespolizeibehörde** liegt bei örtlich nicht näher eingegrenzten Hinweisen aus dem Ausland auf terroristische Aktivitäten vor.[195]

44 Die Gefahrenabwehr nach diesem Kompetenztitel beschränkt sich nicht auf konkrete oder abstrakte Gefahren im Sinne des materiellen Gefahrenabwehrrechts, sondern deckt mit Blick auf den Hintergrund des Kompetenztitels auch Regelungen von **Maßnahmen im Vorfeld**[196] einschließlich von Maßnahmen zur Verhütung von Straftaten ab.[197] Materiell-rechtliche Begrenzungen, wie sie sich etwa aus dem Rechtstaatsprinzip oder den Grundrechten ergeben können, enthält der Kompetenztitel nicht.[198]

45 Mit Blick auf den für einen Bereich der ausschließlichen Bundeskompetenz hohen Abstimmungsbedarf des Bundes und der für Terrorismusabwehr ebenfalls zuständigen Länder sieht Art. 73 Abs. 2 das Erfordernis einer **Zustimmung des Bundesrats** im Gesetzgebungsverfahren vor.[199]

46 **13. Zusammenarbeit im Bereich der inneren Sicherheit (Nr. 10).** Der Kompetenztitel aus Nr. 10 zielt auf eine institutionalisierte Zusammenarbeit ab,[200] die wechselseitige Unterstützung auf verschiedenen Ebenen[201] und organisatorische Verbindungen umfasst.[202] Zusammen mit den Art. 45d und 87 Abs. 1 S. 2 ist er in der Rechtsprechung zur Begründung der Grundentscheidung für das Sicherheitssystem der Bundesrepublik herangezogen worden, das Verfassungsschutzbehörden und Nachrichtendienste beinhaltet.[203]

47 In der Sache schließt die Kompetenz zur Zusammenarbeit auch erforderliche Exekutivbefugnisse für Sicherheitsaufgaben auf Bundesebene

---

[193] *Degenhart* in Sachs Rn. 47 mit Beispielen; *Uhle* DÖV 2010, 989 (992) nennt einen länderübergreifenden Charakter der Organisation, der Aktivitäten oder der Ziele als Kriterien; *Thiel* in BerlKomm Art. 73 Abs. 1 Nr. 9a Rn. 6.

[194] Tendenziell enger *Uhle* DÖV 2010, 989 (993 f.); nur auf den Ort eines konkreten Anschlags abstellend *Tams* DÖV 2007, 367 (374).

[195] Gesetzesentwurf der Regierungsfraktion, BT-Drs. 16/813, 12; *Degenhart* in Sachs Rn. 48.

[196] *Degenhart* in Sachs Rn. 48; *Thiel* in BerlKomm Art. 73 Abs. 1 Nr. 9a Rn. 12; *Uhle* DÖV 2010, 989 (992 f.); *Uhle* in Maunz/Dürig Rn. 214; *Wolff* DÖV 2009, 597 (599); kritisch *Zabel* JR 2009, 453 (454): dynamisches, kaum noch eingrenzbares Vorfeldrecht.

[197] BVerfGE 141, 220 (263, Rn. 88); *Kugelmann* in Härtel Handbuch Föderalismus III, § 52 Rn. 17.

[198] BVerfGE 141, 220 (263, Rn. 88); *Uhle* DÖV 2010, 989 (990).

[199] Näher zu den Gründen und Gegenargumenten *Heintzen* in MKS Rn. 107.

[200] Zur historischen Entwicklung nach dem Zweiten Weltkrieg *Werthebach/Droste* in BK Rn. 2 ff.

[201] Zu den Adressaten und insbesondere den unterschiedlichen Formen der behördlichen Organisation des Verfassungsschutzes in den Ländern *Werthebach/Droste* in BK Rn. 59 ff.

[202] BVerfGE 133, 277 (317 f., Rn. 97); im Anschluss daran *Degenhart* in Sachs Rn. 49; *Kugelmann* in Härtel Handbuch Föderalismus III, § 52 Rn. 11; *Rengeling* in HdbStR VI § 135 Rn. 128; *Thiel* in BerlKomm Art. 73 Abs. 1 Nr. 10 Rn. 5.

[203] BVerfGE 146, 1 (49 f., Rn. 110); 143, 101 (139, Rn. 126); als institutionelle Garantie der Nachrichtendienste verstanden von *Lindner/Unterreitmeier* DÖV 2019, 165 (167).

ein.[204] Regelungen zur Einbeziehung des Bundesnachrichtendienstes und der Bundespolizei fallen in den Bereich der Nr. 1 (auswärtige Angelegenheiten und Verteidigung) und Nr. 5 (Grenzschutz).[205] Der Kompetenztitel beinhaltet ausnahmsweise auch ausdrücklich die auf die **Behördenorganisation** bezogene, sich mit Art. 87 Abs. 1 S. 2 überschneidende Befugnis für das Bundeskriminal(polizei)amt.[206]

Aufgaben der **Kriminalpolizei** sind die Verhütung,[207] Aufklärung und Verfolgung bedeutsamer Straftaten.[208] Der Begriff der **freiheitlich-demokratischen Grundordnung** ist wie in Art. 18 und 21 Abs. 2 zu verstehen.[209] Eine **Gefährdung des Bestands des Bundes oder der Länder** richtet sich ebenso wie in Art. 21 Abs. 2 gegen ihre territoriale Integrität oder ihre staatliche Unabhängigkeit.[210] Die **Sicherheit des Bundes und der Länder** bildet den Auffangtatbestand[211] der dreiteiligen Legaldefinition des Verfassungsschutzes.[212] Mit Blick auf die anderen beiden Merkmale ist der Begriff der Sicherheit systematisch enger auszulegen als im allgemeinen Polizeirecht.[213] In der Literatur genannte Beispiele betreffen die Spionageabwehr, den Geheimschutz[214] sowie organisierte Kriminalität[215] und Proliferation.[216] Eine **Gefährdung auswärtiger Belange** setzt Beeinträchtigungen von vergleichbarem Gewicht wie die anderen Modalitäten des Kompetenztitels voraus,[217] etwa den Schutz vor gewaltsamen Bestrebungen.[218] **48**

Internationale Verbrechensbekämpfung meint die Verhütung und Verfolgung von Straftaten in internationaler Zusammenarbeit.[219] Die Beschränkung der Kompetenz auf die Zusammenarbeit steht allerdings Regelungen der unmittelbaren Strafverfolgung entgegen.[220] **49**

14. Statistik für Bundeszwecke (Nr. 11). Der gesonderte Kompetenztitel für Statistik bringt den übergreifenden, nicht auf den jeweiligen Sachbereich der betreffenden Daten beschränkten Charakter[221] der Statistik als **50**

---

204 BVerfGE 30, 1 (20, 29); *Degenhart* in Sachs Rn. 52; zur Datenerhebung mit nachrichtendienstlichen Mitteln einerseits *Bäcker* DÖV 2011, 840 (843 f.); andererseits *Risse/Kathmann* DÖV 2012, 555 (556 f.); zu Weisungsbefugnissen *Werthebach/Droste* in BK Rn. 76 ff.; dagegen *Rengeling* in HdbStR VI § 135 Rn. 128.

205 BVerfGE 133, 277 (319 f., Rn. 101 f.); aus der Literatur *Degenhart* in Sachs Rn. 52.

206 *Degenhart* in Sachs Rn. 52; *Heintzen* in MKS Rn. 118.

207 BVerfGE 133, 277 (318, Rn. 98); *Pieroth* in Jarass/Pieroth Rn. 36.

208 *Degenhart* in Sachs Rn. 50; *Heintzen* in MKS Rn. 114; *Pieroth* in Jarass/Pieroth Rn. 36; *Rengeling* in HdbStR VI § 135 Rn. 129; *Sannwald* in SHH Rn. 148; ausführlich *Werthebach/Droste* in BK Rn. 172 ff.

209 BVerfGE 2, 1; *Heintzen* in MKS Rn. 116; *Rengeling* in HdbStR VI § 135 Rn. 130; *Degenhart* in Sachs Rn. 50.

210 *Degenhart* in Sachs Rn. 50; *Heintzen* in MKS Rn. 116; *Werthebach/Droste* in BK Rn. 177 ff.

211 *Heintzen* in MKS Rn. 116.

212 Kritisch zur Legaldefinition *Heintzen* in MKS Rn. 116.

213 *Degenhart* in Sachs Rn. 50: gewichtige, mit den Mitteln des herkömmlichen Sicherheitsrechts nicht zu schützende Belange; *Heintzen* in MKS Rn. 116; *Sannwald* in SHH Rn. 148; *Werthebach/Droste* in BK Rn. 186 ff.

214 *Werthebach/Droste* in BK Rn. 192.

215 *Werthebach/Droste* in BK Rn. 194.

216 *Degenhart* in Sachs Rn. 50; *Werthebach/Droste* in BK Rn. 198.

217 *Degenhart* in Sachs Rn. 51; *Wittreck* in Dreier Rn. 74; zum dabei bestehenden Beurteilungsspielraum des Bundes *Sannwald* in SHH Rn. 154.

218 *Degenhart* in Sachs Rn. 51; näher *Thiel* in BerlKomm Art. 73 Abs. 1 Nr. 10 Rn. 19 f.

219 *Degenhart* in Sachs Rn. 53; *Heintzen* in MKS Rn. 119.

220 *Heintzen* in MKS Rn. 119; *Thiel* in BerlKomm Art. 73 Abs. 1 Nr. 10 Rn. 23.

221 *Uhle* in Maunz/Dürig Rn. 257.

Informationsgrundlage für eine unbestimmte Vielzahl von Kontexten zum Ausdruck.[222] Der im Grundgesetz vorausgesetzte[223] Begriff der Statistik lässt sich daher mit der Literatur als die systematische Erhebung und Sammlung, Aufbereitung und Darstellung sowie Auswertung von Daten[224] verstehen. In der Sache ist eine anlassunabhängige Sammlung von Daten gemeint, die in methodischer Hinsicht geeignet ist, in unterschiedlichen Situationen anlassbezogen kontextualisiert und damit zur Verbesserung der Informationsgrundlage für Entscheidungen unterschiedlicher Art herangezogen zu werden.[225] Zu diesen Daten können auch Einstellungen, Wertungen oder Meinungen der Bevölkerung zählen. Regelungen zu anlassunabhängigen Meinungsumfragen fallen daher im Gegensatz zu einer zielgerichteten Volksbefragung in den Kompetenzbereich der Statistik.[226] Die Einschränkung des Kompetenztitels auf die Verwendung der Statistik für **Zwecke des Bundes** begrenzt schon wegen der unabsehbaren Vielzahl möglicher Kontextualisierungen nicht die Gegenstände der Informationserhebung, etwa auf solche Bereiche, für die der Bund über eine Gesetzgebungskompetenz verfügt.[227] Vielmehr dient eine Statistik Zwecken des Bundes, wenn sie die Aufgabenerfüllung des Bundes, etwa des Gesetzgebers, der Regierung oder der Verwaltung insbesondere bei Prozessen der Planung, fördert.[228] Mit Blick auf die Vielzahl der Verwendungskontexte ändert selbst eine absehbare oder bei der Erhebung berücksichtigte Nutzung der Statistik durch die Länder nichts an der hinreichenden Zwecksetzung für den Bund.[229] Mit der Ausrichtung auf Zwecke des Bundes geht ein öffentlicher, amtlicher Charakter der Statistik einher.[230] Zu den materiellen Voraussetzungen insbesondere der Verarbeitung personenbezogener Daten trifft der Kompetenztitel keine Aussage.[231]

51 **15. Waffen- und Sprengstoffrecht (Nr. 12).** Die Gesetzgebungskompetenz für das Waffen- und Sprengstoffrecht ist im Zuge der Föderalismusreform I von der konkurrierenden in die ausschließliche Gesetzgebungszuständigkeit des Bundes überführt worden.[232] **Waffen** meint als normativ-rezepti-

---

[222] *Ladeur* in Hoffmann-Riem/Schmidt-Aßmann/Voßkuhle Grundlagen des Verwaltungsrechts II, § 21 Rn. 70–84; *Kröger/Pilniok* in Kröger/Pilniok Unabhängiges Verwalten in der Europäischen Union, 131 ff.

[223] *Höfling/Engels* in BerlKomm Art. 73 Abs. 1 Nr. 11 Rn. 6; *Schwartmann* in BK Rn. 5; *Uhle* in Maunz/Dürig Rn. 257.

[224] *Degenhart* in Sachs Rn. 54; *Heintzen* in MKS Rn. 121; *Rengeling* in HdbStR VI § 135 Rn. 134; *Pieroth* in Jarass/Pieroth Rn. 40; *Schwartmann* in BK Rn. 5; *Uhle* in Maunz/Dürig Rn. 257.

[225] Vgl. die in § 1 S. 4 BStatG aufgezählten Verwendungszwecke; in der Rechtsprechung charakterisiert als „dienender Charakter", BVerfGE 8, 104 (111); zur Notwendigkeit automatisierter Datenverarbeitung und Statistik als Informationsgrundlage für angemessene politische Gestaltung BVerfGE 65, 1 (47).

[226] *Degenhart* in Sachs Rn. 54; *Heintzen* in MKS Rn. 122; *Höfling/Engels* in BerlKomm Art. 73 Abs. 1 Nr. 11 Rn. 7; *Rengeling* in HdbStR VI § 135 Rn. 134; *Schwartmann* in BK Rn. 5; *Uhle* in Maunz/Dürig Rn. 258.

[227] Wie hier *Uhle* in Maunz/Dürig Rn. 261, mit Nachweis zur Gegenansicht in Fn. 3.

[228] *Uhle* in Maunz/Dürig Rn. 261 f.; allgemein *Sannwald* in SHH Rn. 165.

[229] BVerfGE 65, 1 (39), unter Hinweis darauf, dass sich die Zuständigkeiten für Gesetzgebung, Verwaltung und Planung von Bund und Ländern vielfach überschneiden; *Degenhart* in Sachs Rn. 54; *Rengeling* in HdbStR VI § 135 Rn. 135; *Schwartmann* in BK Rn. 9; *Uhle* in Maunz/Dürig Rn. 262.

[230] *Uhle* in Maunz/Dürig Rn. 263.

[231] *Degenhart* in Sachs Rn. 54; *Uhle* in Maunz/Dürig Rn. 265.

[232] Näher zu Entwicklung der Zuordnung der beiden ursprünglich zwischen Waffen- und Sprengstoffrecht getrennten Bereiche *Uhle* in Maunz/Dürig Rn. 268.

ver Begriff[233] zunächst in Anlehnung an die Begriffsbestimmung aus dem Waffengesetz neben Schusswaffen auch weitere, als Angriffs- oder Verteidigungsmittel konzipierte oder geeignete Gegenstände wie insbesondere Hieb- und Stoßwaffen,[234] einschließlich der Sport- und Jagdwaffen sowie der Waffen für den dienstlichen Gebrauch.[235] Sowohl durch die Charakterisierung über die Eignung einer Waffe als Angriffs- oder Verteidigungsmittel als auch durch die deskriptiv-gegenstandsbezogene Facette des Kompetenztitels ist der Begriff der Waffe entwicklungsoffen.[236] Für zur Kriegführung bestimmte Waffen sieht Art. 26 Abs. 2 S. 2 eine speziellere ausschließliche Bundeskompetenz vor.

Kennzeichnend für **Sprengstoffe** sind in Anknüpfung an die vorgefundenen gesetzlichen Regelungen ihre Fähigkeit und Neigung zur Explosion.[237] Auch dieser Begriff ist mit Blick auf die funktionale Konzeption entwicklungsoffen und nicht auf eine bestimmte Technik bezogen.[238] **52**

Inhaltlich erfasst der Kompetenztitel sowohl für Waffen als auch für Sprengstoffe **sämtliche regelungsrelevanten Fragen des jeweiligen Gegenstandsbereichs,** also insbesondere sicherheits- und wirtschaftsrechtliche Fragen bei der Produktion, dem Handel einschließlich der Ein- und Ausfuhr[239] oder den Modalitäten der Benutzung.[240] **53**

16. Versorgung der Kriegsbeschädigten und Kriegshinterbliebenen; Fürsorge für ehemalige Kriegsgefangene (Nr. 13). Der im Gegensatz zur Zuständigkeit für Kriegsschäden und Wiedergutmachung (Art. 74 Abs. 1 Nr. 9) im Zuge der **Föderalismusreform I** in die ausschließliche Gesetzgebungszuständigkeit überführte Kompetenztitel knüpft an die Folgen des Kriegs für Beschädigte, Hinterbliebene und ehemalige Gefangene an.[241] **54**

Kriegsbeschädigt sind Personen, die infolge von Kriegshandlungen physische oder psychische Verletzungen erlitten haben, auch wenn sie an den Handlungen nicht aktiv teilgenommen haben oder die Folgen erst nach Kriegsende eintreten,[242] auch unabhängig von der Staatsangehörigkeit.[243] Entsprechend sind **Kriegshinterbliebene** Angehörige einer infolge von **55**

---

[233] *Degenhart* in Sachs Rn. 55; kritisch *Spranger* in BK Rn. 5.

[234] Vgl. § 1 Abs. 2 WaffG, aus der Literatur *Rengeling* in HdbStR VI § 135 Rn. 138; *Uhle* in Maunz/Dürig Rn. 269.

[235] *Höfling/Engels* in BerlKomm Art. 73 Abs. 1 Nr. 12 Rn. 7; *Rengeling* in HdbStR VI § 135 Rn. 138; *Uhle* in Maunz/Dürig Rn. 269; auf die Gefährdungseignung abstellend *Spranger* in BK Rn. 7 f.

[236] Unter Hinweis darauf, dass mit der Rezeption des vorgefundenen Waffenbegriffs keine statische Festlegung verbunden ist, *Uhle* in Maunz/Dürig Rn. 269.

[237] *Rengeling* in HdbStR VI § 135 Rn. 139; *Uhle* in Maunz/Dürig Rn. 275: Inbegriff der explosionsfähigen und explosionsgefährlichen, im Sinne leicht explosionsfähiger Stoffe; dort auch zum älteren gesetzlichen Sprengstoffbegriff und dem zeitlichen Zusammenhang bei Einführung des Kompetenztitels.

[238] *Uhle* in Maunz/Dürig Rn. 275.

[239] Zu Waffen *Degenhart* in Sachs Rn. 55; *Uhle* in Maunz/Dürig Rn. 272; zu Sprengstoffen *Degenhart* in Sachs Rn. 55; *Uhle* in Maunz/Dürig Rn. 276.

[240] Zu Waffen *Degenhart* in Sachs Rn. 55; *Spranger* in BK Rn. 22 f.; *Uhle* in Maunz/Dürig Rn. 271; zu Sprengstoffen *Spranger* in BK Rn. 39; *Uhle* in Maunz/Dürig Rn. 276.

[241] *Breitkreuz* in BerlKomm Art. 73 Abs. 1 Nr. 13 Rn. 4; zum gemeinsamen Hintergrund *Uhle* in Maunz/Dürig Rn. 281.

[242] *Degenhart* in Sachs Rn. 56; *Rengeling* in HdbStR VI § 135 Rn. 141; *Spranger* in BK Rn. 2; *Uhle* in Maunz/Dürig Rn. 284.

[243] *Uhle* in Maunz/Dürig Rn. 285; zur Frage, inwieweit auch durch Auslandseinsätze der Bundeswehr eingetretene Schädigungen erfasst sind, *Spranger* in BK Rn. 4 ff.

Kriegshandlungen verstorbenen Person.[244] Zu den Angehörigen zählen neben Ehe- bzw. Lebenspartnern und Kindern nach historischem Verständnis auch Eltern und Großeltern.[245] Kriegsgefangene können neben Angehörigen von Streitkräften auch in Gefangenschaft geratene Zivilpersonen sein.[246] **Versorgung** meint in Anknüpfung an die Regelungen des Reichsversorgungsgesetzes insbesondere die Krankenbehandlung und Rentenleistungen.[247] Auch wenn die Gegenüberstellung von Versorgung und Fürsorge für ein gegenüber der Fürsorge erhöhtes Niveau der Versorgung spricht,[248] trifft der Kompetenztitel von vornherein keine materiellen Aussagen zu einer Versorgungspflicht oder ihrem Niveau.[249] Der entwicklungsoffene Charakter des Kompetenztitels[250] wirft schließlich die Frage auf, ob und inwieweit die Kompetenz auch Versorgungsregelungen für Fälle bewaffneter Auseinandersetzungen deckt, die nicht dem traditionellen Begriff eines Kriegs entsprechen, etwa weil die kriegerische Auseinandersetzung nicht zwischen Staaten erfolgt.[251] Während Teile der Literatur vor allem unter Hinweis auf den Wortlaut die Kompetenz auf Fälle des Krieges oder kriegerischer Auseinandersetzungen beschränken,[252] sprechen weder der historische Hintergrund und der Wortlaut noch Erwägungen der Kompetenzverteilung zwischen Bund und Ländern gegen eine teleologische Auslegung, die dem Bund angesichts der Ausdifferenzierung der Formen bewaffneter Konflikte die Möglichkeit gewährt, in strukturell ähnlich bedeutsamen Situationen mit deutscher Beteiligung[253] Hilfe zu gewähren.[254]

56 **17. Zivile Nutzung der Kernenergie (Nr. 14).** Der im Zuge der Föderalismusreform I aus dem Katalog der konkurrierenden Zuständigkeit in die ausschließliche Zuständigkeit des Bundes überführte Kompetenztitel[255] ist gegliedert in vier sich zum Teil überlagernde Teilbereiche, die insgesamt im Grundsatz sämtliche regelungsbedürftigen Aspekte der zivilen Nutzung von Kernenergie abdecken sollen,[256] von der grundsätzlichen Entscheidung für oder gegen die Nutzung über die Planung von Standorten und laufende Überwachung, die einzelnen Schritte der Elektrizitätsproduktion[257] bis hin zur Entsorgung und der Haftung.[258] Die **friedliche Nutzung** der Kern-

---

[244] *Degenhart* in Sachs Rn. 57; *Kunig* in v. Münch/Kunig, 6. Aufl. 2012, Art. 73 Rn. 38; *Rengeling* in HdbStR VI § 135 Rn. 141; *Spranger* in BK Rn. 9; *Uhle* in Maunz/Dürig Rn. 285.

[245] *Uhle* in Maunz/Dürig Rn. 285.

[246] *Spranger* in BK Rn. 13.

[247] *Uhle* in Maunz/Dürig Rn. 286.

[248] Zum sozialrechtlichen Begriffsverständnis *Breitkreuz* in BerlKomm Art. 73 Abs. 1 Nr. 13 Rn. 7; näher zur Entstehungsgeschichte zudem *Uhle* in Maunz/Dürig Rn. 286.

[249] *Uhle* in Maunz/Dürig Rn. 282.

[250] *Uhle* in Maunz/Dürig Rn. 287.

[251] Zum tradierten Verständnis des Kriegsbegriffs *Uhle* in Maunz/Dürig Rn. 287.

[252] *Breitkreuz* in BerlKomm Art. 73 Abs. 1 Nr. 13 Rn. 4: Krieg im völkerrechtlichen Sinn; *Uhle* in Maunz/Dürig Rn. 287.

[253] Zu dieser Voraussetzung *Degenhart* in Sachs Rn. 56.

[254] Ähnlich, bereits auf den Auslandseinsatz der Bundeswehr zu friedensschaffenden wie auch zu friedenserhaltenden Einsätzen abstellend *Degenhart* in Sachs Rn. 56.

[255] Zur Entwicklung *Degenhart* in Sachs Rn. 58; *Gundel* in BK Rn. 1 ff.

[256] *Degenhart* in Sachs Rn. 59; *Rengeling* in HdbStR VI § 135 Rn. 144; *Sannwald* in SHH Rn. 179: Gesamtbereich des Kernenergiewesens; *Schwarz* DÖV 2012, 457 (458); *Wittreck* in Dreier Rn. 59.

[257] Abgrenzung zum Abbau von Uranerz als Teil des Kompetenzbereichs für Bergbau nach Art. 74 Abs. 1 Nr. 11 bei *Uhle* in Maunz/Dürig Rn. 297 Fn. 3.

[258] *Uhle* in Maunz/Dürig Rn. 295.

energie bezieht sich größtenteils auf die Energieproduktion, umfasst allerdings ebenfalls sonstige Formen friedlicher Nutzung, etwa zu medizinischen oder Forschungszwecken.[259] Die in der Literatur zum Teil als kompetenzimmanente Schranke[260] bezeichnete Ausklammerung der Nutzung zu militärischen Zwecken einschließlich der Verteidigung schließt nicht aus, Regelungen zur Nutzung der Kernenergie zu Verteidigungszwecken dem Kompetenzbereich des Kompetenztitels für Verteidigung (Nr. 1 2. Alt.) zuzuordnen.[261] Die Kompetenz für die **Errichtung und den Betrieb entsprechender Anlagen** deckt sowohl die Phase der Planung und des Baus als auch des Betriebs sowie schließlich der Stilllegung und des Rückbaus ab.[262] Die Kompetenz zur **Abwehr von Gefahren** beinhaltet sowohl gegenwärtige als auch zukünftige Gefahren und beschränkt sich – ähnlich wie bei der Abwehr von Gefahren des Terrorismus (Nr. 9a)[263] – nicht auf konkrete oder abstrakte Gefahren im polizeirechtlichen Sinn, sondern schließt auch die Regelungen von Vorsorgemaßnahmen einschließlich der Maßnahmen zum laufenden Umgang mit der Unsicherheit ein.[264] Dem Wortlaut sowie Sinn und Zweck nach richtet sich die Kompetenz gegen Gefahren aus jeder Form ionisierender Strahlung, unabhängig von ihrer Verursachung.[265] **Beseitigung radioaktiver Stoffe** meint die dauerhafte Abschirmung des Gefährdungspotentials radioaktiver Stoffe,[266] insbesondere durch Zwischen- und Endlagerung,[267] wiederum einschließlich der Phasen der Planung, des Betriebs und ggf. der Stilllegung. Dem Kompetenztitel kommt insofern ein materiellrechtlicher Gehalt zu, als sich ihm auch nach der verfassungsgerichtlichen Rechtsprechung die Wertung entnehmen lässt, dass die friedliche Nutzung der Kernenergie nicht *per se* aus verfassungsrechtlichen Gründen unzulässig ist.[268] Hingegen folgen daraus umgekehrt weder eine verfassungsrechtlich vorgegebene Entscheidung für die Nutzung[269] noch Konsequenzen für die Verhältnismäßigkeit bei Anforderungen an die Nutzung oder Entscheidungen für ihre Beendigung.

C. Kritische Würdigung

Die Angemessenheit der Zuweisung bestimmter ausschließlicher Gesetzgebungskompetenzen zum Bund ist weitgehend unbestritten. **Abgrenzungsschwierigkeiten in Einzelfällen,** vor allem bei dem Kompetenztitel 57

---

[259] *Rengeling* in HdbStR VI § 135 Rn. 144; *Spranger* in BK Rn. 48; unterschiedlich zur medizinischen Nutzung der Kernenergie, die nicht auf einer Kernspaltung beruht, *Uhle* in Maunz/Dürig Rn. 298 einerseits und Rn. 299 andererseits.

[260] *Uhle* in Maunz/Dürig Rn. 298 im Anschluss an *Stettner* in Dreier, 2. Aufl. mit Supplementum 2007, Art. 73 Rn. 73.

[261] *Uhle* in Maunz/Dürig Rn. 298.

[262] *Degenhart* in Sachs Rn. 59; *Gundel* in BK Rn. 50; *Rengeling* in HdbStR VI § 135 Rn. 145; *Uhle* in Maunz/Dürig Rn. 299.

[263] → Rn. 44.

[264] *Rengeling* in HdbStR VI § 135 Rn. 146; *Thiele* in Härtel Handbuch Föderalismus III, § 53 Rn. 24; *Uhle* in Maunz/Dürig Rn. 300.

[265] *Degenhart* in Sachs Rn. 59; *Gundel* in BK Rn. 57; *Uhle* in Maunz/Dürig Rn. 302.

[266] *Gundel* in BK Rn. 61; *Uhle* in Maunz/Dürig Rn. 303.

[267] Zur Entwicklung der Endlagersuche *Gundel* in BK Rn. 62 ff., Rn. 71 ff., Rn. 75 ff.

[268] BVerfGE 53, 30 (56 f.); aus der Literatur *Degenhart* in Sachs Rn. 58; *Pieroth* in Jarass/Pieroth Rn. 43; *Uhle* in Maunz/Dürig Rn. 304.

[269] *Uhle* in Maunz/Dürig Rn. 304.

für das Postwesen und die Telekommunikation (Nr. 7) und der Kompetenz der Länder für das Rundfunkrecht, ergeben sich nicht nur aus der teilweise dynamischen technologischen Entwicklung, sondern vor allem aus der **Ausdifferenzierung kommerzieller Geschäftsmodelle,** die zu Interferenzen zwischen dem rechtlichen Rahmen kommerzieller Aktivitäten (Recht der Wirtschaft, Art. 74 Abs. 1 Nr. 11) und den inhaltsbezogenen Regelungen des Medienrechts führt. Die Kompetenzzuweisung zum Bundeskriminal(polizei)amt bei der Abwehr von Gefahren des internationalen Terrorismus (Nr. 9a) – relativiert schließlich neben der Polizeihoheit der Länder auch das Konzept der ausschließlichen Zuständigkeit, indem sie die Regelung und damit verbunden die Sperrwirkung auf die Ermächtigung der Bundesbehörde konzentriert und Raum für parallele Regelungen der Länder belässt. In der Sache trägt sie damit freilich einem praktischen Bedürfnis überschneidender Zuständigkeiten Rechnung.

Literatur

Zu Art. 73 insgesamt

W. Försterling, Kompetenzrechtliche Probleme nach der Föderalismusreform, ZG 2007, 36. – ***H. Hofmann,*** Föderalismusreformen im Verfassungsstaat, DÖV 2008, 833. – ***E. Meindl,*** Die Kompetenzen der Länder im Bereich der auswärtigen Gewalt und im EU-Entscheidungsprozess, 2014. – ***H.-W. Rengeling,*** Föderalismusreform und Gesetzgebungskompetenzen, DVBl. 2006, 1537. – S. ferner die Literaturangaben bei Art. 70, 71.

Zu Nr. 1

M. Baldus, Transnationales Polizeirecht. Verfassungsrechtliche Grundlagen und einfach-gesetzliche Ausgestaltung polizeilicher Eingriffsbefugnisse in grenzüberschreitenden Sachverhalten, 2001. – ***M. Baldus,*** Streitkräfteeinsatz zur Gefahrenabwehr im Luftraum, NVwZ 2004, 1278. – ***G. Biehler,*** Auswärtige Gewalt, 2005. – ***J. Broscheit,*** Gesetzgebungsbefugnis des Bundes für Inlandseinsätze der Bundeswehr zu anderen als Verteidigungszwecken, DÖV 2013, 802. – ***O. Depenheuer,*** Zwischen polizeilicher Gefahrenabwehr und militärischer Verteidigung, ZG 2008, 1.– ***U. Fastenrath,*** Kompetenzverteilung im Bereich der auswärtigen Gewalt, 1986. – ***J. Lorse,*** Streitkräftefunktion und Katastrophenschutz, Die Verwaltung 38 (2005), 471. – ***K. Meyer-Teschendorf,*** Fortentwicklung der Rechtsgrundlagen für den Bevölkerungsschutz, DVBl. 2009, 1221. – ***M. Oldiges,*** Wehr- und Zivilverteidigungsrecht, in Ehlers/Fehling/Pünder (Hrsg.), Besonderes Verwaltungsrecht III, 2013, § 74, S. 754. – ***A. Thiele,*** Katastrophenschutzrecht im deutschen Bundesstaat, in Härtel (Hrsg.), Handbuch Föderalismus – Föderalismus als demokratische Rechtsordnung und Rechtskultur in Deutschland, Europa und der Welt, Bd. 3, 2012, § 54, S. 69. – ***A. v. Zimmerman/T. Czepull,*** Zuständigkeiten und Kompetenzen im Katastropheneinsatz, DVBl. 2011, 270. – Vgl. auch die Literatur zu Art. 32, Art. 59 und unter Art. 87a, b.

Zu Nr. 2

K. F. Gärditz, Der Bürgerstatus im Lichte von Migration und europäischer Integration, VVDStRL 72 (2013), 49. – ***K. Hailbronner,*** Optionsregelung und doppelte Staatsangehörigkeit, ZAR 2013, 357. – ***K. Hailbronner/D. Thym,*** Ruiz Zambrano – Die Entdeckung des Kernbereichs der Unionsbürgerschaft, NJW 2011, 2008. – ***P. Hilpold,*** Die verkaufte Unionsbürgerschaft, NJW 2014, 1071. – ***C. Walter,*** Der Bürgerstatus im Lichte von Migration und europäischer Integration, VVDStRL 72 (2013), 7. – S. die Literaturhinweise u. bei Art. 116 sowie zu Art. 16 Abs. 1.

Zu Nr. 3

W. Cremer, Aufenthaltsverbote und offene Drogenszene: Gesetzesvorrang, Parlamentsvorbehalt und grundgesetzliche Kompetenzordnung, NVwZ 2001, 1218. – ***M. Möstl,*** Verfassungsfragen der Flüchlingskrise 2015/2016, AöR 142 (2017), 175. – S. die Literaturhinweise zu Art. 11.

Zu Nr. 4

U. Häde, Geldzeichen im Recht der Bundesrepublik Deutschland, 1991. – ***U. Häde,*** Das Verständnis des Bundesverfassungsgerichts vom Kompetenzgefüge zwischen der EU und den Mitgliedstaaten, in T. Möllers/F.-C. Zeitler (Hrsg.), Europa als Rechtsgemeinschaft – Währungsunion und Schuldenkrise, 2013, 245. – ***H. Hahn/U. Häde,*** Währungsrecht, 2010. –***C. Herrmann,*** Währungshoheit, Währungsverfassung und subjektive Rechte, 2010. – ***C. Ohler,*** Die hoheitlichen Grundlagen der Geldordnung, JZ 20018, 317. – ***C. Ohler,*** Bankenaufsicht und Geldpolitik in der Währungsunion, 2015. – ***C. Ohler,*** Rechtliche Maßstäbe der Geldpolitik nach dem Gauweiler-Urteil des EuGH, NVwZ 2015, 1001.

Zu Nr. 5

V. Epping, Die Außenwirtschaftsfreiheit, 1998.– ***M. Kaltenborn/N. Reit,*** Das Verbot der Aufstellung von Grabsteinen aus Kinderarbeit, NVwZ 2012, 925. – ***T. Kingreen/S. Schönberger,*** Verfassungswidrige Grenzüberschreitung: Die bayerische Grenzpolizei im bundesstaatlichen Niemandsland, NVwZ 2018, 1825. – ***M. Kößler/M. Saage-Maß,*** Extraterritorialer Menschenrechtsschutz durch die Hintertür des Kommunalrechts?, KJ 2014, 461. – ***M. Möstl,*** Verfassungsfragen der Flüchlingskrise 2015/2016, AöR 142 (2017), 175. – ***H.-J. Papier,*** Polizeiliche Aufgabenverteilung zwischen Bund und Ländern, DVBl. 1992, 1. – ***S. Rixen,*** Staatliche Durchsetzung des Mindestlohns, in V. Rieble/A. Junker/R. Giesen (Hrsg.), Mindestlohn als politische und rechtliche Herausforderung, 2011, 103–135. – ***B. Walter,*** Die bayerische Grenzpolizei – zum Dritten, NVwZ 2018, 1685.

Zu Nr. 5a

M. Elmenhorst/M. Wargalla, Sinnloser Behördenaufwand oder drängende Notwendigkeit? Der Entwurf zur Neuregelung des Kulturgüterschutzrechts, ZRP 2016, 15. – ***Th. Köstlin,*** Die Kulturhoheit des Bundes. Eine Untersuchung zum Kompetenz- und Organisationsrecht des Grundgesetzes unter Berücksichtigung der Staatspraxis in der Bundesrepublik Deutschland, 1989. – ***K. Odendahl,*** Kulturgüterschutz, 2005.

Zu Nr. 6

E. Franz, Der Bundeswehreinsatz im Innern und die Tötung Unschuldiger im Kreuzfeuer von Menschenwürde und Recht auf Leben, Der Staat 45 (2006), 501. – ***E. Giemulla,*** Zum Abschuss von Zivilluftfahrzeugen als Maßnahme der Terrorbekämpfung, ZLW 2005, 32. – ***L. Münkler,*** Militarisierung der erweiterten Amtshilfe?, ZG 2013, 376. – ***D. Wiefelspütz,*** Die Plenarentscheidung des Bundesverfassungsgerichts zum Einsatz der Streitkräfte im Innern („Luftsicherheitsgesetz"), NZWehrr 2013, 1.

Zu Nr. 6a

M. Ronellenfitsch, Privatisierung und Regulierung des Eisenbahnwesens, DÖV 1996, 1028. – ***M. Ronellenfitsch,*** Daseinsvorsorge und Wirtschaftlichkeit des Eisenbahnwesens, DVBl. 2008, 201. – ***M. Rossi/S. Lenski,*** Föderale Regelungsbefugnisse für öffentliche Rauchverbote, NJW 2006, 2657. – ***E. Schmidt-Aßmann/H. C. Röhl,*** Grundpositionen des neuen Eisenbahnverfassungsrechts, DÖV 1994, 577. – ***B. W. Wegener,*** Bahnprivatisierung und Eisenbahnverkehrsverwaltung, DÖV 1996, 305. – S. im Übrigen die unten zu Art. 87e angegebene Literatur.

Zu Nr. 7

V. Bortnikov, Die „dienende" Funktion der Telekommunikation, MMR 2014, 435. – ***M. Cornils,*** Maßstabs-, Verfahrens- und Entscheidungskoordination in der föderalen Medienordnung, in Härtel (Hrsg.), Handbuch Föderalismus – Föderalismus als demokratische Rechtsordnung und Rechtskultur in Deutschland, Europa und der Welt, Bd. 3, 2012, § 66, S. 359. – ***C. Degenhart,*** Verfassungsfragen neuer elektronischer Medien, BayVBl. 1986, 584. – ***K. F. Gärditz,*** Gestaltungsspielräume und Gestaltungsverantwortung des nationalen Gesetzgebers im europäischen Telekommunikationsregulierungsrecht, N&R 2011, Beilage 2, 1. – ***H. Gersdorf,*** Hate Speech in sozialen Netzwerken, MMR 2017, 439. – ***H. Goerlich/R. Laier,*** „Parlamentsfernsehen" und Öffentlichkeitsarbeit des Deutschen Bundestages, ZUM 2008, 475. – ***H.-J. Papier,*** Verfassungsrechtliche Fragen des Rechts der Kurzberichterstattung, in Badura/Scholz (Hrsg.), Wege und Verfahren des Verfassungslebens, Festschrift für Peter Lerche zum

65. Geburtstag, 1993, 675. – ***R. Stettner,*** Der verkaufte Verfassungsstaat. Zur Kompetenzabgrenzung zwischen Bund und Ländern bei der Kulturförderung unter besonderer Berücksichtigung der Kulturstiftung des Bundes, ZG 2002, 315. – S. im Übrigen die unten zu Art. 87f angegebene Literatur.

Zu Nr. 8

Ph. Kunig, Das Recht des öffentlichen Dienstes, in Schmidt-Aßmann/Schoch (Hrsg.), Besonderes Verwaltungsrecht, 2013, Kap. 6. – ***H. Lecheler,*** Das Berufsbeamtentum – Verfassungsrecht und Verfassungswirklichkeit, FS 50 Jahre BVerfG, 2001, 359 – ***B. Schmidt am Busch,*** Verfassungsrechtliche Grundlagen des Arbeitsschutzes, GewArch 2011, 1.

Zu Nr. 9

K. Bartenbach/F.-E. Volz, Das Arbeitnehmererfindungsrecht auf der Nahtstelle von Arbeitsrecht und gewerblichem Rechtsschutz, GRUR 2009, 220. – ***F. Fechner,*** Geistiges Eigentum und Verfassung, 1999. – ***E.-R. Hönes,*** Rechtsfragen zum „urheberrechtlichen Denkmalschutz", BauR 2014, 477. – ***H. Hubmann,*** Die Zuständigkeit des Bundes für die Urhebernachfolgevergütung, UFITA 36 (1962), 396. – ***R. Podszun,*** Der „more economic approach" im Lauterkeitsrecht, WRP 2009, 509.

Zu Nr. 9a

C. Enders, Verfassungsgrenzen der „drohenden Gefahr", DÖV 2019, 205. – ***A. Guckelberger,*** Die präventiv-polizeiliche elektronische Aufenthaltsüberwachung, DVBl. 2017, 1121. – ***A. Hanning,*** Föderalismus im Politikbereich Innere Sicherheit, in Härtel (Hrsg.), Handbuch Föderalismus – Föderalismus als demokratische Rechtsordnung und Rechtskultur in Deutschland, Europa und der Welt, Bd. 3, 2012, § 53, S. 47. – ***F. Roggan,*** Das neue BKA-Gesetz, NJW 2009, 257. – ***Ch. Tams,*** Die Zuständigkeit des Bundes für die Abwehr terroristischer Gefahren, DÖV 2007, 367. – ***A. Uhle,*** Die Gesetzgebungskompetenz des Bundes für die Abwehr von Gefahren des internationalen Terrorismus, DÖV 2010, 989. – ***H. Wolff,*** Die Grenzverschiebung von polizeilicher und nachrichtendienstlicher Sicherheitsgewährleistung, DÖV 2009, 597. – ***B. Zabel,*** Terrorgefahr und Gesetzgebung, JR 2009, 453.

Zu Nr. 10

G. P. Aschmann, Europol aus Sicht der deutschen Länder, 2000. – ***M. Bäcker,*** Das G 10 und die Kompetenzordnung, DÖV 2011, 840. – ***M. Baldus,*** Transnationales Polizeirecht, 2001. – ***C. Gusy,*** Das verfassungsrechtliche Gebot der Trennung von Polizei und Nachrichtendiensten, ZRP 1987, 45. – ***H.-U. Evers,*** Die Zentralstellenkompetenz des Bundes, DVBl. 1993, 1117. – ***D. Kugelmann,*** Polizei und Polizeirecht in der föderalen Ordnung des Grundgesetzes, in Härtel (Hrsg.), Handbuch Föderalismus – Föderalismus als demokratische Rechtsordnung und Rechtskultur in Deutschland, Europa und der Welt, Bd. 3, 2012, § 52, S. 3. – ***J. F. Lindner/J. Unterreitmeier,*** Grundlagen einer Dogmatik des Nachrichtendienstes, DÖV 2019, 165. – ***H. Lisken,*** Zum Verhältnis von Länder- und Bundespolizei, NWVBl. 1995, 281. – ***R. Pitschas,*** Europäisches Polizeirecht als Informationsrecht, ZRP 1993, 174. – ***H. Risse/E. Kathman,*** Das G 10 und die Kompetenzordnung, DÖV 2012, 555.

Zu Nr. 11

H. Poppenhäger, Informationelle Gewaltenteilung. Zulässigkeit und Grenzen der Nutzung personenbezogener Daten für statistische Zwecke und Zwecke des Verwaltungsvollzugs, NVwZ 1992, 149. – ***J. Ziekow,*** Kommunale Informationsfreiheit – Anforderungen der Garantie der kommunalen Selbstverwaltung an die Ausgestaltung der amtlichen Statistik, VerwArch 2013, 529.

Zu Nr. 12

F. Bauer/W. Fleck, Die wichtigsten Neuregelungen im Waffengesetz 2009, GewArch 2010, 16. – ***G. Gade,*** Neuere Entwicklungen im Waffenrecht, jM 2018, 467.

Zu Nr. 13

S. Jutzi, Ausländereinsätze der Bundeswehr unter dem Amtshaftungsrecht?, NZWehrr 2015, 177.

Zu Nr. 14

R. Lagoni, Atomtransporte im Hafen, NordÖR 2012, 335. – ***T. Mann/R. Sieven,*** Der Atomausstieg und seine Folgeprobleme im Kontext der Energiewende, VerwArch

2015, 184. – ***F. Ossenbühl,*** Verfassungsrechtliche Fragen eines Ausstiegs aus der friedlichen Nutzung der Kernenergie, AöR 124 (1999), 1. – ***H.-J. Papier,*** Zustimmungsbedürftigkeit eines Gesetzes zur Verlängerung der Laufzeiten von Kernkraftwerken, NVwZ 2010, 1113. – ***K.-A. Schwarz,*** Das Verbot des Umschlags von Kernbrennstoffen in Seehäfen als bundesstaatliches Problem, DÖV 2012, 457.

Art. 74 [Gegenstände der konkurrierenden Gesetzgebung]

(1) Die konkurrierende Gesetzgebung erstreckt sich auf folgende Gebiete:

1. das bürgerliche Recht, das Strafrecht, die Gerichtsverfassung, das gerichtliche Verfahren (ohne das Recht des Untersuchungshaftvollzugs), die Rechtsanwaltschaft, das Notariat und die Rechtsberatung;
2. das Personenstandswesen;
3. das Vereinsrecht;
4. das Aufenthalts- und Niederlassungsrecht der Ausländer;

4a. *(aufgehoben);*

5. *(aufgehoben);*
6. die Angelegenheiten der Flüchtlinge und Vertriebenen;
7. die öffentliche Fürsorge (ohne das Heimrecht);
8. *(aufgehoben);*
9. die Kriegsschäden und die Wiedergutmachung;
10. die Kriegsgräber und Gräber anderer Opfer des Krieges und Opfer von Gewaltherrschaft;

10a. *(aufgehoben);*

11. das Recht der Wirtschaft (Bergbau, Industrie, Energiewirtschaft, Handwerk, Gewerbe, Handel, Bank- und Börsenwesen, privatrechtliches Versicherungswesen) ohne das Recht des Ladenschlusses, der Gaststätten, der Spielhallen, der Schaustellung von Personen, der Messen, der Ausstellungen und der Märkte;

11a. *(aufgehoben);*

12. das Arbeitsrecht einschließlich der Betriebsverfassung, des Arbeitsschutzes und der Arbeitsvermittlung sowie die Sozialversicherung einschließlich der Arbeitslosenversicherung;
13. die Regelung der Ausbildungsbeihilfen und die Förderung der wissenschaftlichen Forschung;
14. das Recht der Enteignung, soweit sie auf den Sachgebieten der Artikel 73 und 74 in Betracht kommt;
15. die Überführung von Grund und Boden, von Naturschätzen und Produktionsmitteln in Gemeineigentum oder in andere Formen der Gemeinwirtschaft;
16. die Verhütung des Mißbrauchs wirtschaftlicher Machtstellung;
17. die Förderung der land- und forstwirtschaftlichen Erzeugung (ohne das Recht der Flurbereinigung), die Sicherung der Ernährung, die Ein- und Ausfuhr land- und forstwirtschaftlicher Erzeugnisse, die Hochsee- und Küstenfischerei und den Küstenschutz;
18. den städtebaulichen Grundstücksverkehr, das Bodenrecht (ohne das Recht der Erschließungsbeiträge) und das Wohngeldrecht, das Altschuldenhilferecht, das Wohnungsbauprämienrecht, das Bergarbeiterwohnungsbaurecht und das Bergmannssiedlungsrecht;
19. Maßnahmen gegen gemeingefährliche oder übertragbare Krankheiten bei Menschen und Tieren, Zulassung zu ärztlichen und anderen Heilberufen und zum Heilgewerbe, sowie das Recht des Apothekenwesens, der Arzneien, der Medizinprodukte, der Heilmittel, der Betäubungsmittel und der Gifte;

19a. die wirtschaftliche Sicherung der Krankenhäuser und die Regelung der Krankenhauspflegesätze;

20. das Recht der Lebensmittel einschließlich der ihrer Gewinnung dienenden Tiere, das Recht der Genussmittel, Bedarfsgegenstände und

Futtermittel sowie den Schutz beim Verkehr mit land- und forstwirtschaftlichem Saat- und Pflanzgut, den Schutz der Pflanzen gegen Krankheiten und Schädlinge sowie den Tierschutz;

21. die Hochsee- und Küstenschiffahrt sowie die Seezeichen, die Binnenschiffahrt, den Wetterdienst, die Seewasserstraßen und die dem allgemeinen Verkehr dienenden Binnenwasserstraßen;

22. den Straßenverkehr, das Kraftfahrwesen, den Bau und die Unterhaltung von Landstraßen für den Fernverkehr sowie die Erhebung und Verteilung von Gebühren oder Entgelten für die Benutzung öffentlicher Straßen mit Fahrzeugen;

23. die Schienenbahnen, die nicht Eisenbahnen des Bundes sind, mit Ausnahme der Bergbahnen;

24. die Abfallwirtschaft, die Luftreinhaltung und die Lärmbekämpfung (ohne Schutz vor verhaltensbezogenem Lärm);

25. die Staatshaftung;

26. die medizinisch unterstützte Erzeugung menschlichen Lebens, die Untersuchung und die künstliche Veränderung von Erbinformationen sowie Regelungen zur Transplantation von Organen, Geweben und Zellen;

27. die Statusrechte und -pflichten der Beamten der Länder, Gemeinden und anderen Körperschaften des öffentlichen Rechts sowie der Richter in den Ländern mit Ausnahme der Laufbahnen, Besoldung und Versorgung;

28. das Jagdwesen;

29. den Naturschutz und die Landschaftspflege;

30. die Bodenverteilung;

31. die Raumordnung;

32. den Wasserhaushalt;

33. die Hochschulzulassung und die Hochschulabschlüsse.

(2) Gesetze nach Absatz 1 Nr. 25 und 27 bedürfen der Zustimmung des Bundesrates.

Weimarer Reichsverfassung von 1919

Art. 7. Das Reich hat die Gesetzgebung über:

1. das bürgerliche Recht;
2. das Strafrecht;
3. das gerichtliche Verfahren einschließlich des Strafvollzugs sowie die Amtshilfe zwischen Behörden;
4. das Paßwesen und die Fremdenpolizei;
5. das Armenwesen und die Wandererfürsorge;
6. das Presse-, Vereins- und Versammlungswesen;
7. die Bevölkerungspolitik, die Mutterschafts-, Säuglings-, Kinder- und Jugendfürsorge;
8. das Gesundheitswesen, das Veterinärwesen und den Schutz der Pflanzen gegen Krankheiten und Schädlinge;
9. das Arbeitsrecht, die Versicherung und den Schutz der Arbeiter und Angestellten sowie den Arbeitsnachweis;
10. die Einrichtung beruflicher Vertretungen für das Reichsgebiet;
11. die Fürsorge für die Kriegsteilnehmer und ihre Hinterbliebenen;
12. das Enteignungsrecht;
13. die Vergesellschaftung von Naturschätzen und wirtschaftlichen Unternehmungen sowie die Erzeugung, Herstellung, Verteilung und Preisgestaltung wirtschaftlicher Güter für die Gemeinwirtschaft;

14. den Handel, das Maß- und Gewichtswesen, die Ausgabe von Papiergeld, das Bankwesen sowie das Börsenwesen;
15. den Verkehr mit Nahrungs- und Genußmitteln sowie mit Gegenständen des täglichen Bedarfs;
16. das Gewerbe und den Bergbau;
17. das Versicherungswesen;
18. die Seeschiffahrt, die Hochsee- und Küstenfischerei;
19. die Eisenbahnen, die Binnenschiffahrt, den Verkehr mit Kraftfahrzeugen zu Lande, zu Wasser und in der Luft, sowie den Bau von Landstraßen, soweit es sich um den allgemeinen Verkehr und die Landesverteidigung handelt;
20. das Theater- und Lichtspielwesen.

Art. 12. Solange und soweit das Reich von seinem Gesetzgebungsrechte keinen Gebrauch macht, behalten die Länder das Recht der Gesetzgebung. Dies gilt nicht für die ausschließliche Gesetzgebung des Reichs.

[Abs. 2]

Übersicht

A. Allgemeine Bedeutung

Art. 74 Abs. 1 enthält eine Aufstellung von Gegenständen, die unter die unterschiedlichen Formen[1] der konkurrierenden Gesetzgebungszuständigkeit des Bundes nach Art. 72 fallen. Die in Art. 74 Abs. 1 aufgezählten Gegenstände decken zwar den wesentlichen Teil der konkurrierenden Gesetzgebungszuständigkeit des Bundes ab. Die Aufzählung ist jedoch weder abschließend[2] noch Ausdruck eines kohärenten, übergreifenden Konzepts.[3] Die einzelnen Titel sind vielmehr in unterschiedlichen Kontexten entstanden. Teilweise reichen sie auf Regelungen und entsprechende materiellrechtliche Begriffsprägungen aus den Reichsverfassungen zurück.[4] Teilweise sind sie unmittelbar nach dem Zweiten Weltkrieg formuliert worden, auch um für Regelungen, die nach 1933 erlassen worden sind und übernommen werden sollten, eine entsprechende Kompetenz des Bundes zu schaffen.[5] Einige Regelungen reagieren schließlich auf Regelungsbedarfe, die durch ökonomische, technische und gesellschaftliche Entwicklungen nach dem Zweiten Weltkrieg entstanden sind.[6] Schließlich sind einige Kompetenztitel vor allem im Zuge der Föderalismusreform I[7] inhaltlich beschränkt[8] oder aus dem Katalog der ehemaligen Rahmenkompetenz in den Katalog der konkurrierenden Gesetzgebungszuständigkeit überführt worden.[9] Nicht zuletzt durch diese Unterschiede in den historischen Hintergründen weichen die einzelnen Kompetenztitel und ihre Begriffe in ihrer Breite sowie in ihrer Art, den jeweiligen Gegenstand zu beschreiben, zum Teil erheblich voneinander ab.[10] Einige Begriffe beziehen sich konkret auf bestimmte Regelungsmaterien, andere bezeichnen nach Art einer Generalklausel bestimmte Rechtsgebiete. Einige Begriffe sind historisch durch einfach-gesetzliche Regelungen geprägt oder beziehen sich zumindest erkennbar auf einen vorgefundenen, wenn auch dynamisch verstandenen Regelungsbestand, bei anderen handelt es sich um neu eingeführte Begriffe, die auf bestimmte Lebensbereiche oder Regelungsbedarfe bezogen sind.[11] Entsprechend hängt 1

[1] → Art. 72 Rn. 6.

[2] *Degenhart* in Sachs Rn. 1; *Niedeobitek* in BK Rn. 27, 31; *Pieroth* in Jarass/Pieroth Rn. 1; *Seiler* in BeckOK GG Rn. 1; zu weiteren konkurrierenden Gesetzgebungskompetenzen → Art. 105 Rn. 45 ff.; → Art. 115c Rn. 3.

[3] Mit Unterschieden in der Bewertung *Niedobitek* in BK Rn. 36 und *Oeter* in MKS Rn. 1; näher zur Entwicklung *Wittreck* in Dreier Rn. 3 ff.

[4] Etwa zum Begriff des Bürgerlichen Rechts oder des Strafrechts, Nr. 1 → Rn. 5, oder des Gewerbes, Nr. 11 → Rn. 39, *Oeter* in MKS Rn. 1.

[5] *Oeter* in MKS Rn. 1; etwa zum Personenstandswesen, Nr. 2 → Rn. 16; zur Energiewirtschaft → Rn. 37.

[6] *Oeter* in MKS Rn. 1; etwa zur Nr. 26 → Rn. 92 ff.

[7] Zur Novelle aus dem Jahr 1994 *Wittreck* in Dreier Rn. 4, *Niedobitek* in BK Rn. 24.

[8] Nr. 11 → Rn. 32 ff.; Nr. 18 → Rn. 65 ff.

[9] Nr. 28 ff. → Rn. 97 ff.

[10] *Oeter* in MKS Rn. 3: pure Kasuistik; *Wittreck* in Dreier Rn. 15: Detailprotokoll von Kompromissen.

[11] Zum Ganzen *Oeter* in MKS Rn. 3; *Wittreck* in Dreier Rn. 15 f.

die Auslegung der einzelnen Begriffe wesentlich von ihrem jeweiligen Entstehungskontext ab.[12]

B. Einzelfragen

I. Bürgerliches Recht, Strafrecht, Justiz (Nr. 1)

2 Der Kompetenztitel für Regelungen zum Bürgerlichen Recht, zum Strafrecht sowie zur Gerichtsverfassung und zum gerichtlichen Verfahren knüpft in wesentlichen Teilen an Regelungen aus beiden **Reichsverfassungen** an.[13] Die Gegenstände des Kompetenztitels sind im Zuge der **Föderalismusreform** aus dem Anwendungsbereich der Erforderlichkeitsprüfung nach Art. 72 Abs. 2 herausgenommen worden.[14]

3 Bei dem Begriff des **Bürgerlichen Rechts** handelt es sich um einen tradierten Begriff,[15] der nach allgemeiner Ansicht entsprechend dem Verständnis zu Zeiten der Weimarer Verfassung ausgelegt wird.[16] Regelungen zum Bürgerlichen Recht enthalten vor allem das Bürgerliche Gesetzbuch, daneben aber auch die sogenannten Nebengesetze,[17] etwa aus dem Bereich des Wohnungseigentums, des Haftungsrechts, des Umwelthaftungsrechts, Insolvenzrecht und Zwangsvollstreckung, soweit nicht Teil des gerichtlichen Verfahrens.[18] In der Sache lässt sich das Bürgerliche Recht durch seine privatrechtliche Wirkung unter Bürgerinnen und Bürgern charakterisieren.[19] Regelungsgegenstand sind der private Status und die rechtlichen Beziehungen Privater untereinander.[20] Mit den vorhandenen Regelungen des Bürgerlichen Rechts vor allem aus dem Bereich des Schuldrechts hat der Bund in weiten Teilen von seiner konkurrierenden Gesetzgebungszuständigkeit abschließend Gebrauch gemacht.[21]

4 Durch die Breite ihres Regelungsbereichs weisen Regelungen des Bürgerlichen Rechts eine Reihe von Berührungspunkten mit Fragen des **Allgemeinwohls** oder der **Erfüllung öffentlicher Aufgaben** auf.[22] Mit Blick auf die damit verbundenen Abgrenzungsfragen beschränken Teile der Literatur den Kompetenztitel auf Regelungen des Bürgerlichen Rechts im engeren Sinn.[23] Im Einzelnen dürfte es auf eine wertende Betrachtung der Regelungsstruktur[24]

[12] *Oeter* in MKS Rn. 3.

[13] *Degenhart* in Sachs Rn. 4; *Pieroth* in Jarass/Pieroth Rn. 3; näher *Niedobitek* in BK Rn. 4 f.; *Oeter* in MKS Rn. 4–8; *Wittreck* in Dreier Rn. 17.

[14] *Oeter* in MKS Rn. 9; *Seiler* in BeckOK GG Rn. 2.

[15] BVerfGE 42, 20 (29); 61, 149 (175); *Oeter* in MKS Rn. 10.

[16] BVerfGE 42, 20 (32); 61, 149 (175); aus der Literatur *Oeter* in MKS Rn. 10; *Pieroth* in Jarass/Pieroth Rn. 3; *Wittreck* in Dreier Rn. 18; *Sannwald* in SHH Art. 72 Rn. 27; *Seiler* in BeckOK GG, Rn. 2; *Niedobitek* in BK Rn. 47.

[17] BVerfGE 42, 20 (31); *Oeter* in MKS Rn. 10; *Seiler* in BeckOK GG Rn. 2.1; *Wittreck* in Dreier Rn. 18.

[18] *Oeter* in MKS Rn. 10; Aufstellung weiterer Einzelfälle bei *Degenhart* in Sachs Rn. 7 und *Seiler* in BeckOK GG Rn. 2.1.

[19] BVerfGE 42, 20 (30 ff.); *Oeter* in MKS Rn. 10.

[20] *Degenhart* in Sachs Rn. 4; *Niedobitek* in BK Rn. 48; *Oeter* in MKS Rn. 10.

[21] *Oeter* in MKS Rn. 11; BVerfGE 78, 132 (144 f.); zu der vom jeweiligen Kontext und Regelungskonzept abhängigen Prüfung des abschließenden Charakters einer Regelung → Art. 72 Rn. 15 ff.

[22] *Oeter* in MKS Rn. 12.

[23] Dafür *Pieroth* in Jarass/Pieroth Rn. 3; *Rengeling* in HdbStR VI § 135 Rn. 195; dagegen *Oeter* in MKS Rn. 12.

[24] Zur Entwicklung des Staatshaftungsrechts von einer deliktsrechtlichen, noch dem bürgerlichen Recht zugehörigen Sonderregelung für bestimmte Berufsgruppen zu einem

und der mit ihr im Schwerpunkt verfolgten Ziele ankommen. Regelungen, die Rechtsbeziehungen unter Privaten ausgestalten oder einen Rahmen für privatautonome Vereinbarungen setzen, verlieren nicht dadurch ihren bürgerlich-rechtlichen Charakter, dass sie – wie etwa mieterschützende Regelungen zur **Wohnraummiete** – auch soziale, gemeinwohlbezogene Ziele verfolgen.[25] Auch dort, wo auf die Erfüllung öffentlicher Aufgaben bezogene Regelungsstrukturen gerade auf die Regelungsgehalte der zivilrechtlichen Eigentumsordnung zurückgreifen, steht allein der Bezug zur öffentlichen Hand einer Zuordnung zum Bürgerlichen Recht nicht entgegen.[26] Folglich ist es den Ländern aus kompetentiellen Gründen verwehrt, erschöpfende Regelungen des Sachenrechts durch neue Rechtsinstitute wie öffentliche Lasten, die mit Blick auf bestimmte öffentliche Aufgaben neu eingeführt werden, zu durchbrechen.[27] Hingegen spricht eine prägende Überlagerung der zivilrechtlichen Befugnisse, etwa bei Regelungen zum Gemeingebrauch an öffentlichen Straßen,[28] gegen eine Zuordnung der eigentumsbezogenen Regelungen zum Bürgerlichen Recht.

Der Begriff des **Strafrechts** reicht ebenfalls auf eine Tradition aus den **5**
Zeiten noch vor der Weimarer Republik zurück.[29] Regelungen des Strafrechts im Sinne der Nr. 1 sind zum einen durch eine Tat als Anknüpfungspunkt und zum anderen durch daran anknüpfende Sanktionen charakterisiert.[30] Das sind in der Formulierung der Rechtsprechung über repressive, vergeltende Sanktionen hinaus all diejenigen Regelungen, durch die **strafwürdiges Verhalten in seinen Voraussetzungen** gekennzeichnet und mit **staatlicher Sanktion** bedroht wird.[31] Dadurch, dass zum einen die Folgen der Straftat nicht auf strafrechtliche Sanktionen im engeren Sinn beschränkt sind und zum anderen auch der Zusammenhang zwischen der Tat als Anlass und der Folge weit verstanden wird,[32] wirft dieser weit verstandene Begriff des Strafrechts in Randbereichen Abgrenzungsfragen auf. Während abgesehen von strafrechtlichen Nebengebieten wie etwa dem **Steuerstrafrecht**[33]

---

allgemein auf die öffentliche Hand bezogenen Konzept der Staatshaftung etwa BVerfGE 61, 149 (174 ff.); aus der Literatur *Niedobitek* in BK Rn. 49; *Oeter* in MKS Rn. 13.

[25] *Degenhart* in Sachs Rn. 6: Einordnung als Bürgerliches Recht auch bei sozialstaatlich motivierten Eingriffen; zu Regelungen, die die Höhe der Miete begrenzen *Schede/Schuldt* NVwZ 2019, 1572 (1574); solche Regelungen des Bürgerlichen Rechts sind nicht auf die Vermeidung grober Übervorteilungen oder die Sicherung des Rechtsfriedens beschränkt, so aber *Tietzsch* WuM 2020, 121 (124).

[26] Zur Begründung des Eigentums an Hochwasserschutzanlagen BVerfGE 24, 367 (386 ff.) oder an herrenlosen Grundstücken BVerfGE 126, 331 (357); aus der Literatur näher *Oeter* in MKS Rn. 12.

[27] BVerfGE 45, 297 (340) zur Einführung einer öffentlichen Last im hamburgischen Enteignungsrecht; aus der Literatur *Degenhart* in Sachs Rn. 8/9.

[28] BVerfGE 42, 20 (31 f.).

[29] Zur entsprechenden Auslegung BVerfGE 22, 1 (9 f.); 23, 113 (123 f.); 27, 18 (32); 109, 190 (213); *Degenhart* in Sachs Rn. 10; *Maiwald* ZRP 2006, 18 (19 ff.); *Niedobitek* in BK Rn. 51; *Oeter* in MKS Rn. 14; *Seiler* in BeckOK GG Rn. 4.

[30] *Degenhart* in Sachs Rn. 10; *Oeter* in MKS Rn. 14: Gesamtheit derjenigen Rechtsnormen, die für eine rechtswidrige und schuldhafte Tat als Rechtsfolge eine Strafsanktion vorsehen; *Pieroth* in Jarass/Pieroth Rn. 5; *Rengeling* in HdbStR VI § 135 Rn. 198; *Wittreck* in Dreier Rn. 192.

[31] BVerfGE 109, 190 (212); daran anschließend *Maiwald* ZRP 2006, 18 (19); *Niedobitek* in BK Rn. 55.

[32] Nach der Rechtsprechung fallen darunter auch Regelungen, die „staatliche Reaktionen anlässlich und auf Grund einer Straftat" vorsehen, BVerfGE 109, 190 (213).

[33] *Degenhart* in Sachs Rn. 16; *Oeter* in MKS Rn. 19.

auch das **Ordnungswidrigkeitenrecht** zum Begriff des Strafrechts in diesem Sinn zählt,[34] fehlt es bei sanktionierenden Regelungen wegen disziplinarrechtlicher Verfehlungen und aus dem Bereich der Selbstverwaltung an der Anknüpfung an eine Straftat.[35] Gleiches gilt für Maßnahmen des Ordnungsrechts.[36] Liegt hingegen eine hinreichende Verbindung zu einer Straftat vor, zählt die Rechtsprechung sanktionsähnliche Folgen unter Hinweis auf das in die Zeit der Weimarer Republik zurückgehende Begriffsverständnis[37] auch dann zum Strafrecht, wenn sie präventive Zwecke verfolgen, sei es als nachträglich angeordnete Sicherungsverwahrung[38] allgemein als Maßregeln der Besserung und Sicherung[39] oder weitergehend als Regelung der Therapieunterbringung, die lediglich an eine strafrechtlich sanktionierte Anlasstat anknüpft und übergangsweise eine strafrechtliche Regelungslücke schließt.[40]

6 Von dem Begriff des Strafrechts umfasst sind zudem im Ausgangspunkt auch **strafrechtliche Bewehrungen landesgesetzlicher Regelungen,** jedenfalls soweit die Regelung der Sanktion nicht als funktionales Äquivalent einer Sachregelung in den Bereich der Gesetzgebungszuständigkeit der Länder fällt.[41] Eine solche mittelbare Ingerenz lässt sich durch eine Beschränkung der Zuständigkeit auf die traditionellen Regelungsbereiche, die im Strafgesetzbuch Niederschlag gefunden haben,[42] vermeiden. In der Sache spricht die Abgrenzung zwischen der Kompetenz zur Regelung der strafrechtlichen Sanktion und des materiell-rechtlichen Konzepts dafür, die Zuständigkeit in diesem Bereich auf blankettartige Tatbestände[43] zu beschränken, denen außer der Strafandrohung kein oder nur untergeordneter inhaltlicher Regelungsgehalt zukommt.[44] Umgekehrt schließt die konkurrierende Zuständigkeit für das Strafrecht landesgesetzlich als Annex zu Sachregelungen vorgesehene Straftatbestände nicht aus, sofern der Bund in der betreffenden Frage von seiner Kompetenz keinen abschließenden Gebrauch gemacht hat.[45]

7 In der Sache umfasst die Zuständigkeit für das Strafrecht **kraft Sachzusammenhangs** auch solche **begleitenden Regelungen,** die das mit der

---

[34] BVerfGE 23, 113 (122 f.); 27, 18 (32); 29, 11 (16); 31, 141 (144); *Degenhart* in Sachs Rn. 11; *Oeter* in MKS Rn. 16; *Wittreck* in Dreier Rn. 19; *Pieroth* in Jarass/Pieroth Art. 72 Rn. 5; *Sannwald* in SHH Rn. 34; *Seiler* in BeckOK GG Rn. 4; *Niedobitek* in BK Rn. 57; *Rengeling* in HdbStR IV § 135 Rn. 198.

[35] *Oeter* in MKS Rn. 17; *Pieroth* in Jarass/Pieroth Rn. 6 und *Seiler* in BeckOK GG Rn. 4.1 nennen insoweit zudem Vertragsstrafen nach §§ 339 ff. BGB und Beugemittel.

[36] *Oeter* in MKS Rn. 17.

[37] BVerfGE 109, 190 (213 f.); 134, 33 (56, Rn. 58): auch rein vorbeugende und sichernde Normen.

[38] BVerfGE 109, 190 (212 ff.); zu den landesrechtlichen Regelungen der Straftäterunterbringung *Peglau* NJW 2001, 2436 (2437 f.).

[39] *Niedobitek* in BK Rn. 53; *Pieroth* in Jarass/Pieroth Rn. 5.

[40] BVerfGE 134, 33 (55, Rn. 55 und 56, Rn. 58); ebenso *Degenhart* in Sachs Rn. 12.

[41] BVerfGE 13, 367 (373); 23, 113 (125); 26, 246 (258); 110, 141 (174); aus der Literatur *Dannecker/Pfaffendorf* NZWiSt 2012, 212 (213); *Pieroth* in Jarass/Pieroth Rn. 7; *Wittreck* in Dreier Rn. 20; zu § 143 Abs. 1 StGB aF (Hundezucht) *von Coelln* NJW 2001, 2834 (2835).

[42] So die Einschränkung in BVerfGE 23, 113 (124); zur Abgrenzung zum Nebenstrafrecht *Degenhart* in Sachs Rn. 15.

[43] *Oeter* in MKS Rn. 19; *Wittreck* in Dreier Rn. 20.

[44] *Degenhart* in Sachs Rn. 16; *Oeter* in MKS Rn. 19: „Minimum", das es zur Umschreibung strafrechtlicher Tatbestände bedarf; *Wittreck* in Dreier Rn. 20.

[45] Zu einer landesgesetzlichen, strafrechtlichen Sanktionierung von Schulpflichtverletzungen BVerfG NJW 2015, 44 (45); *Dannecker/Pfaffendorf* NZWiSt 2012, 212 (213): Kompetenz kraft Sachzusammenhangs; *Oeter* in MKS Rn. 20; *Seiler* in BeckOK GG Rn. 4.4.

Strafnorm verfolgte Schutzkonzept umsetzen, etwa zu den Modalitäten einer im Straftatbestand vorgesehenen Beratung.[46] Zudem erstreckt sich die Zuständigkeit auf Bestimmungen, die die Strafandrohung zeitlich oder inhaltlich eingrenzen,[47] also zur Verjährung oder zur Rehabilitierung.[48]

Durch die Föderalismusreform aus dem Kompetenztitel herausgenommen[49] wurde die Kompetenz für den **Strafvollzug.**[50] Während Anordnungen eines Strafvollzugs einschließlich der Überwachung als Maßnahmen der Strafvollstreckung zum Strafverfahren gehören, beziehen sich die Zuständigkeit für den Strafvollzug auf Regelungen von dessen Modalitäten.[51] Auch der **Untersuchungshaftvollzug** würde systematisch zum Strafverfahren zählen,[52] ist allerdings ausdrücklich von der konkurrierenden Kompetenz für das gerichtliche Verfahren ausgenommen.[53] **8**

Der Begriff der **Gerichtsverfassung** meint die Organisation der rechtsprechenden Gewalt.[54] Dazu zählen zum einen generelle Regelungen zur Organisation, also Regelungen über den Aufbau und die Besetzung der Gerichte einschließlich der Spruchkörper, Organe, Modalitäten der Selbstverwaltung, Geschäftsstellen und der mit ihnen zusammenhängenden Einrichtungen.[55] Ebenfalls zur Organisation gehören für die Justiz spezifische dienstrechtliche Regelungen, wobei Art. 98 für die Rechtstellung der Bundesrichterinnen und Bundesrichter eine spezielle Kompetenzregelung vorsieht.[56] Zudem werden zu den mit der Rechtsprechung zusammenhängenden Stellen die Staatsanwaltschaften und Gerichtsvollzieher gezählt.[57] Abzugrenzen sind diese generellen Regelungen von typischerweise einzelfallbezogenen Regelungen der Organisationszuständigkeit wie die Errichtung von Gerichten, Bestimmungen über ihren örtlichen Sitz oder die Änderung ihrer konkreten Bezirksgrenzen.[58] Eine generelle Ermächtigung gemeinsamer Amtsgerichte einzurichten, fällt hingegen in die konkurrierende Kompetenz des **9**

---

[46] BVerfGE 88, 203 (331): im Strafrecht wurzelndes Schutzkonzept, nicht dagegen die Sicherstellung eines darüber hinausgehenden Angebots an Einrichtungen; BVerfGE 98, 265 (313 f.): alle unmittelbar im Schutzkonzept wurzelnden und für seine Wirksamkeit erforderlichen Regelungen; aus der Literatur *Degenhart* in Sachs Rn. 14; *Oeter* in MKS Rn. 17; *Seiler* in BeckOK GG Rn. 4.3; *Wittreck* in Dreier Rn. 19.

[47] *Oeter* in MKS Rn. 18; *Degenhart* in Sachs Rn. 19; *Wittreck* in Dreier Rn. 19; *Pieroth* in Jarass/Pieroth Rn. 5; *Niedobitek* in BK Rn. 60; *Rengeling* in HdbStR VI § 135 Rn. 199; zu traditionsbedingten Ausnahmen im Presserecht BVerfGE 7, 29 (39); 36, 193 (203); *Degenhart* in Sachs Rn. 19.

[48] Zur Verjährung *Degenhart* in Sachs Rn. 19; zu beidem *Oeter* in MKS Rn. 18; *Niedobitek* in BK Rn. 60; *Wittreck* in Dreier Rn. 19; zu Amnestieregelungen *Degenhart* in Sachs Rn. 21; *Pieroth* in Jarass/Pieroth Rn. 5; *Oeter* in MKS Rn. 21; *Wittreck* in Dreier Rn. 19.

[49] *Oeter* in MKS Rn. 21; *Wittreck* in Dreier Rn. 21.

[50] *Degenhart* in Sachs Rn. 12; *Oeter* in MKS Rn. 21; näher zu den weiteren Fragen des Strafvollzugs *Wittreck* in Dreier Rn. 21.

[51] *Degenhart* in Sachs Rn. 20; *Wittreck* in Dreier Rn. 21.

[52] *Oeter* in MKS Rn. 21.

[53] Näher zum Hintergrund *Wittreck* in Dreier Rn. 21.

[54] *Oeter* in MKS Rn. 2; *Pieroth* in Jarass/Pieroth Rn. 8; *Seiler* in BeckOK GG Rn. 6; *Wittreck* in Dreier Rn. 21.

[55] *Oeter* in MKS Rn. 22; *Degenhart* in Sachs Rn. 22; *Pieroth* in Jarass/Pieroth Rn. 8; *Seiler* in BeckOK GG Rn. 6; *Niedobitek* in BK Rn. 62, *Wittreck* in Dreier Rn. 22.

[56] *Degenhart* in Sachs Rn. 22; *Oeter* in MKS Rn. 22; zudem enthält Art. 94 Abs. 2 für das Bundesverfassungsgericht eine speziellere Regelung, Wittreck in Dreier Rn. 22.

[57] BVerfGE 24, 155 (166 f.); 56, 110 (118 f.) zur grundsätzlichen Bundeskompetenz für Amtsanwälte betreffende Regelungen; *Degenhart* in Sachs Rn. 23; *Oeter* in MKS Rn. 24; *Seiler* in BeckOK GG Rn. 7.1; *Wittreck* in Dreier Rn. 22.

[58] BVerfG 2, 307 (316 ff.), 24, 155 (167); *Oeter* in MKS Rn. 24; *Pieroth* in Jarass/Pieroth Rn. 8; *Sannwald* in SHH Rn. 40; *Wittreck* in Dreier Rn. 22.

Bundes.[59] Weiterhin zur Gerichtsverfassung gehörende Regelungen „nach außen" beziehen sich auf das Verhältnis zu Dritten, etwa zu anderen Gerichten, zu Behörden oder zu Bürgerinnen und Bürgern, etwa die zur Bestimmung des gesetzlichen Richters nach Art. 101 Abs. 1 S. 2 GG relevanten[60] Bestimmungen zur Zuständigkeit.[61]

10 Der Begriff der **Gerichtsverfassung** erstreckt sich über die traditionell zur Gerichtsverfassung zählenden Regelungen des Gerichtsverfassungsgesetzes hinaus auch auf die Regelungen zu den anderen Fachgerichtsbarkeiten, insbesondere zur Verwaltungsgerichtsbarkeit.[62] Ausgenommen sind hingegen zum einen Regelungen zur Landesverfassungsgerichtsbarkeit[63] als Ausdruck der Verfassungsautonomie der Länder sowie Sonderformen wie die Standesgerichtsbarkeit[64] und Disziplinargerichtsbarkeit.[65]

11 Das **gerichtliche Verfahren** umfasst neben dem historisch gemeinten Verfahren der ordentlichen Gerichtsbarkeit[66] alle Gerichtszweige,[67] auch das verwaltungsgerichtliche Verfahren,[68] jeweils von der Verfahrenseinleitung über die Entscheidung bis zur Vollstreckung.[69] Dazu zählen Regelungen zur Rechtsposition der am Verfahren Beteiligten[70] ebenso wie verfahrensvorbereitende, mit dem Verfahren in einem engen sachlichen Zusammenhang stehende Handlungen,[71] etwa aus dem Ermittlungsverfahren[72] oder zu dem in der VwGO vorgesehen Widerspruchsverfahren.[73] Mit den Prozessordnungen der Zivil- und Strafgerichtsbarkeit[74] sowie der Verwaltungsgerichtsbarkeit[75] hat der Bund von seiner Regelungsbefugnis in weiten Teilen abschließend Gebrauch gemacht.

12 Überschneidungen können sich insbesondere bei Regelungen zu **präventiven Maßnahmen** ergeben, die sowohl eine spätere Strafverfolgung vor-

---

[59] BVerfGE 24, 155 (166 f.) zu einer Ermächtigung der Länder durch den Bund; ebenso zu Steuerstrafsachen BVerfGE 30, 103 (106).

[60] *Degenhart* in Sachs Rn. 22; *Oeter* in MKS Rn. 22.

[61] BVerfGE 11, 192 (198 f.); *Oeter* in MKS Rn. 22.

[62] BVerfGE 4, 178 (183); 8, 174 (177); 10, 285 (290); 20, 238 (248); 29, 125 (137); 37, 191 (198); aus der Literatur *Degenhart* in Sachs Rn. 23; *Niedobitek* in BK Rn. 64; *Pieroth* in Jarass/Pieroth Rn. 8; *Seiler* in BeckOK GG Rn. 7; *Wittreck* in Dreier Rn. 22; dagegen die historische Entwicklung betonend *Oeter* in MKS Rn. 23.

[63] *Degenhart* in Sachs Rn. 23, *Niedobitek* in BK Rn. 67; *Seiler* in BeckOK GG Rn. 8; *Pieroth* in Jarass/Pieroth Rn. 8; *Wittreck* in Dreier Rn. 22.

[64] Zu ärztlichen Berufsgerichten BVerfGE 4, 74 (85); *Degenhart* in Sachs Rn. 23; allgemein *Pieroth* in Jarass/Pieroth Rn. 8a.

[65] BVerfGE 29, 125 (137 f.) unter Hinweis auf § 187 Abs. 1 VwGO; *Seiler* in BeckOK GG Rn. 7.1; *Pieroth* in Jarass/Pieroth Rn. 8a.

[66] *Oeter* in MKS Rn. 25; *Seiler* in BeckOK GG Rn. 7.1.

[67] *Seiler* in BeckOK GG Rn. 10; die historische Ausrichtung auf die ordentliche Gerichtsbarkeit betonend *Oeter* in MKS Rn. 25.

[68] BVerfGE 20, 238 (248); 29, 125 (137); 37, 191 (198); 83, 24 (30).

[69] *Niedobitek* in BK Rn. 63; *Oeter* in MKS Rn. 25; *Pieroth* in Jarass/Pieroth Rn. 9.

[70] *Oeter* in MKS Rn. 25.

[71] *Seiler* in BeckOK GG Rn. 11; zu unterschiedlichen gerichtsnahen Formen der Mediation *Guckelberger* NVwZ 2011, 390 (394 f.).

[72] *Degenhart* in Sachs Rn. 26; *Niedobietek* in BK Rn. 63; *Oeter* in MKS Rn. 25, auch zu den Gefahren einer Ausdehnung bei Maßnahmen mit repressivem und zugleich präventivem Charakter; zu Abgrenzungsschwierigkeiten zum Vollzug der Untersuchungshaft *Seiler* in BeckOK GG Rn. 12 und 12.1.

[73] *Degenhart* in Sachs Rn. 26; *Niedobitek* in BK Rn. 66; *Oeter* in MKS Rn. 27; *Wittreck* in Dreier Rn. 23.

[74] *Oeter* in MKS Rn. 26.

[75] BVerfGE 20, 238 (248); 29, 125 (137); 37, 191 (198) zur örtlichen Zuständigkeit; 83, 24 (30); *Oeter* in MKS Rn. 27; *Sannwald* in SHH Art. 72 Rn. 47.

bereiten als auch der Verhütung von Straftaten dienen. Durch die Unterschiede in den beiden konzeptionellen Ansätzen schließt die Inanspruchnahme der konkurrierenden Kompetenz des Bundes eine in der Rechtsfolge ähnliche polizeiliche Regelung der Länder jedoch nicht aus.[76]

Der Begriff der **Rechtsanwaltschaft** ist über die Tätigkeit der Rechtsanwältinnen und Rechtsanwälte definiert als „Beratung und Vertretung in rechtlichen Angelegenheiten“[77], unabhängig von Rechtsgebiet und Situation der Rechtsberatung.[78] Die Regelungskompetenz schließt standesrechtliche Regelungen der Selbstorganisation der Rechtsanwältinnen und Rechtsanwälte[79] einschließlich des Gebührenwesens[80] sowie der Versicherung und berufsständischen Versorgung[81] ein,[82] nicht jedoch Regelungen zur rechtsverbindlichen Kommunikation mit Behörden, etwa über das besondere elektronische Anwaltspostfach.[83] 13

Der Begriff des **Notariats** knüpft an den Regelungsbestand aus der zu Zeiten des Nationalsozialismus erlassenen Reichsnotarordnung an.[84] Vergleichbar mit der Regelungskompetenz für die Rechtsanwaltschaft umfasst der Begriff sowohl Tätigkeiten als auch Aspekte der Selbstorganisation[85] einschließlich der Regelungen zu den Gebühren.[86] Für Änderungen der Einrichtung des Notariats in Bayern und Baden-Würrtemberg sieht Art. 138 die Zustimmungsbedürftigkeit von deren Landesregierung vor, 14

Rechtsberatung meint schließlich die beratende Tätigkeit durch weitere Personen.[87] Insoweit sind hingegen mangels eines entsprechenden freiberuflichen Berufsbilds nur auf die Tätigkeit bezogene Regelungen umfasst.[88] 15

II. Personenstandswesen (Nr. 2)

Das **Personenstandswesen** ist mit Blick auf das während der Zeit des Nationalsozialismus erlassene Personenstandsgesetz[89] bei Erlass des Grundgesetzes als eigenständiger Kompetenztitel aufgenommen[90] und im Zuge der Föderalismusreform I der Vorrangkompetenz zugeordnet worden.[91] **Personenstand** meint das „rechtserhebliche Grundverhältnis einer Person zu 16

[76] *Oeter* in MKS Rn. 25.

[77] *Oeter* in MKS Rn. 28; ebenso *Seiler* in BeckOK GG Rn. 13 sowie in Anlehnung an § 3 Abs. 1 BRAO *Niedobitek* in BK Rn. 69.

[78] *Niedobitek* in BK Rn. 69; *Oeter* in MKS Rn. 28; *Sannwald* in SHH Art. 72 Rn. 51.

[79] *Degenhart* in Sachs Rn. 28; *Oeter* in MKS Rn. 28; *Seiler* in BeckOK GG Rn. 13; *Wittreck* in Dreier Rn. 24.

[80] BVerfGE 17, 287 (292) im Vergleich zu der auf die Zulassung beschränkte Regelung in Art. 74 Abs. 1 Nr. 19; aus der Literatur *Wittreck* in Dreier Rn. 24.

[81] BVerfGE 111, 191 (193); *Oeter* in MKS Rn. 28; *Pieroth* in BeckOK GG Rn. 12.

[82] *Wittreck* in Dreier Rn. 24: grundsätzlich umfassender Zugriff auf das Berufsrecht.

[83] *Bernhardt* NJW-Beil. 2016, 103 (103 f.).

[84] Näher, auch zum Kompromiss mit den süddeutschen Ländern *Oeter* in MKS Rn. 29.

[85] *Oeter* in MKS Rn. 29; *Niedobitek* in BK Rn. 70; *Wittreck* in Dreier Rn. 24.

[86] BVerfGE 47, 285 (313 f.); *Oeter* in MKS Rn. 29.

[87] *Degenhart* in Sachs Rn. 28; *Niedobitek* in BK Rn. 71; *Oeter* in MKS Rn. 30; *Rengeling* in HdbStR VI § 135 Rn. 204; *Seiler* in BeckOK GG Rn. 14; *Wittreck* in Dreier Rn. 25: Steuerberater, Wirtschaftsprüfer, Rechtsbeistände.

[88] *Oeter* in MKS Rn. 30; *Niedobitek* in BK Rn. 71; *Seiler* in BeckOK GG Rn. 14.

[89] Zum vorhergehenden Personenstandsgesetz von 1875 näher *Niedobitek* in BK Rn. 4 ff.

[90] *Oeter* in MKS Rn. 34, auch zur entsprechend weiten Auslegung des Kompetenztitels für Bürgerliches Recht in der Reichsverfassung von 1871 und der Weimarer Reichsverfassung; Hinweis auf eine Tradition rechsrechtlicher Regelung bei *Niedobitek* in BK Rn. 1 ff.; *Wittreck* in Dreier Rn. 27.

[91] *Oeter* in MKS Rn. 34; *Wittreck* in Dreier Rn. 27.

ihrer Umwelt",[92] also Geburt, Eheschließung, Auflösung der Ehe, Nachkommenschaft und Tod.[93] Der Kompetenztitel beinhaltet zudem **Modalitäten der Beurkundung,**[94] von der Zuständigkeit und der Organisation über ihre Wirkung[95] bis hin zu den Feststellungen der Geschlechtszugehörigkeit.[96] Abzugrenzen sind diese registerbezogenen Aspekte jedoch von materiellrechtlichen Fragen, auf die sich die Beurkundung bezieht, etwa von materiell-rechtlichen Bestimmungen zum Namensrecht.[97]

III. Vereinsrecht (Nr. 3)

17 Die konkurrierende Kompetenz für das Vereinsrecht knüpft an eine entsprechende Reichskompetenz der Weimarer Reichsverfassung für das Presse-, Vereins- und Versammlungswesen an.[98] Im Zuge der **Föderalismusreform I** ist die Kompetenz für das Versammlungsrecht aus dem Kompetenztitel herausgenommen worden.[99]

18 Der Begriff **„Verein"** meint im Anschluss an die in Art. 9 Abs. 1 vorgesehene Begrifflichkeit einen freiwilligen und auf gewisse Dauer eingerichteten Zusammenschluss mehrerer natürlicher oder juristischer Personen mit organisierter Willensbildung zur Verfolgung eines gemeinsamen Zwecks.[100] Speziellere Kompetenznormen sehen Art. 21 Abs. 3 für das Recht der politischen Parteien und Art. 140 in Verbindung mit Art. 137 WRV für Religionsgemeinschaften vor.[101] Die konkurrierende Kompetenz für das Vereinsrecht umfasst auch Regelungen zu Gewerkschaften und Arbeitgeberverbänden, soweit typisch vereinsrechtliche, organisationsbezogene Aspekte betroffen sind.[102] Kammern oder Verbände, bei deren Mitgliedschaft es an der Freiwilligkeit fehlt, fallen nicht unter den Kompetenztitel.[103]

19 Wie auch schon unter der Weimarer Reichsverfassung[104] bezieht sich das Vereinsrecht auf die **öffentlich-rechtlichen Regelungen,** während das zivilrechtliche Vereinsrecht einen Teil des Bürgerlichen Rechts bildet.[105] Zu diesem öffentlich-rechtlichen Vereinsrecht zählen Regelungen über die Zulassung und Auflösung sowie der Aufsicht von Vereinen.[106] Dem vor allem

---

[92] *Degenhart* in Sachs Rn. 29; *Oeter* in MKS Rn. 35; *Seiler* in BeckOK GG Rn. 15: öffentlich-rechtliche Seite des Personenstands.

[93] Zur Lebenspartnerschaft BVerfGE 105, 313 (338); aus der Literatur allgemein *Niedobitek* in BK Rn. 23 ff.; *Seiler* in BeckOK GG Rn. 15; *Pieroth* in Jarass/Pieroth Rn. 13; *Oeter* in MKS Rn. 35; *Wittreck* in Dreier Rn. 27: materielles vom Bürgerlichen Recht bestimmt.

[94] *Oeter* in MKS Rn. 35; *Wittreck* in Dreier Rn. 28.

[95] *Oeter* in MKS Rn. 35; *Wittreck* in Dreier Rn. 28.

[96] *Degenhart* in Sachs Rn. 29; *Niedobitek* in BK Rn. 35; *Oeter* in MKS Rn. 35; wohl auch Seiler in BeckOK GG Rn. 15.2; *Wittreck* in Dreier Rn. 28: an der Grenze zum materiellen Recht.

[97] *Oeter* in MKS Rn. 35; *Pieroth* in Jarass/Pieroth Rn. 13; *Seiler* in BeckOK GG Rn. 15.

[98] Näher, auch zur Diskussion bei Erlass des Grundgesetzes *Oeter* in MKS Rn. 37 f.; *Wittreck* in Dreier Rn. 30.

[99] *Niedobitek* in BK Rn. 15 ff.; *Oeter* in MKS Rn. 38; *Wittreck* in Dreier Rn. 30; zur Übergangsregelung → Art. 125a.

[100] *Löwer* in BK Rn. 24; *Oeter* in MKS Rn. 39; *Seiler* in BeckOK GG Rn. 16.

[101] *Oeter* in MKS Rn. 41; *Seiler* in BeckOK GG Rn. 16; anders *Löwer* in BK Rn. 33 ff.

[102] *Oeter* in MKS Rn. 41.

[103] *Degenhart* in Sachs Rn. 30; *Oeter* in MKS Rn. 41; *Sannwald* in SHH Art. 72 Rn. 60; *Seiler* in BeckOK GG Rn. 16.

[104] *Oeter* in MKS Rn. 37.

[105] *Löwer* in BK Rn. 25; *Oeter* in MKS Rn. 40; *Pieroth* in Jarass/Pieroth Rn. 14; *Sannwald* in SHH Rn. 58; *Seiler* in BeckOK GG Rn. 16; *Wittreck* in Dreier Rn. 30.

[106] *Oeter* in MKS Rn. 40.

Fragen des Vereinsverbots regelnden Vereinsgesetz kommt kein abschließender Charakter zu.[107]

IV. Aufenthalts- und Niederlassungsrecht der Ausländer (Nr. 4)

Ausländer im Sinne des Kompetenztitels für das Aufenthalts- und Niederlassungsrecht sind zum einen natürliche Personen, die nicht Deutsche im Sinne des Art. 116 Abs. 1 sind,[108] einschließlich der Personen ohne Staatsangehörigkeit[109] sowie zum anderen ausländische juristische Personen[110] und einer fremden Rechtsordnung unterstehende Personenvereinigungen.[111] **20**

Das **Aufenthaltsrecht** beinhaltet Regelungen zur Einreise und zum Verbleib.[112] Der Begriff des Aufenthalts umfasst dabei im Grundsatz jede Form des Verbleibs, sowohl kurzzeitigen, etwa zur Durchreise, als auch langfristig, etwa mit Wohnsitz.[113] Entsprechend des historischen Vorbilds der „Fremdenpolizei"[114] beschränkt sich der Kompetenztitel auf **ordnungsrechtliche Regelungen,** etwa zu den Aufenthaltstiteln, dem Familiennachzug und der Beendigung des Aufenthalts.[115] Kraft Sachzusammenhangs können dazu Regelungen zur Förderung der Integration zählen, auch wenn oftmals ein stärkerer Bezug zu anderen, vor allem in die Kompetenz der Länder fallenden Sachbereichen vorliegt.[116] Teilweise wird auch das auf den Verbleib bezogene Asylrecht und Asylverfahrensrecht dem Aufenthaltsrecht der Ausländer zugerechnet.[117] **21**

Niederlassungsrecht bezieht sich auf Regelungen zur selbständigen wie auch unselbständigen[118] Erwerbstätigkeit,[119] einschließlich der Tätigkeiten ausländischer juristischer Personen,[120] nicht jedoch auf allgemeine, jedermann betreffende Regelungen der Berufsausübung.[121] Für Unionsbürgerinnen und Unionsbürger, also Personen mit der Staatsangehörigkeit zumindest eines Mitgliedstaats der Europäischen Union,[122] sind diese Regelungen bereits weitgehend unionsrechtlich vorgeprägt.[123] **22**

---

[107] *Oeter* in MKS Rn. 40.

[108] *Degenhart* in Sachs Rn. 32; *Oeter* in MKS Rn. 43; *Rengeling* in HdbStR VI § 135 Rn. 209; *Seiler* in BeckOK GG Rn. 19; *Wittreck* in Dreier Rn. 32; vgl. auch § 2 Abs. 1 AufenthG.

[109] *Oeter* in MKS Rn. 40.

[110] *Degenhart* in Sachs Rn. 32; *Oeter* in MKS Rn. 40; *Rengeling* in HdbStR VI § 135 Rn. 209; *Kimminich* in BK Rn. 3.

[111] *Oeter* in MKS Rn. 40.

[112] *Oeter* in MKS Rn. 44; Beschränkung auf Wohnungsnahme und Erwerbstätigkeit bei *Pieroth* in Jarass/Pieroth Rn. 15.

[113] *Oeter* in MKS Rn. 44; *Degenhart* in Sachs Rn. 32; *Seiler* in BeckOK GG Rn. 18; *Wittreck* in Dreier Rn. 32.

[114] *Oeter* in MKS Rn. 42; *Wittreck* in Dreier Rn. 31; *Seiler* in BeckOK GG Rn. 18.

[115] *Degenhart* in Sachs Rn. 33; *Oeter* in MKS Rn. 44: ordnungsrechtlicher Bezug notwendig; *Sannwald* in SHH Rn. 67; das schließt einen Wandel des Charakters des „Ausländerrechts" von Gefahrenabwehr- zum Migrationsrecht nicht aus, *Wittreck* in Dreier Rn. 31.

[116] *Oeter* in MKS Rn. 44 mit Beispielen.

[117] *Seiler* in BeckOK GG Rn. 20; dagegen für eine Zordnung zu Art. 16a Abs. 3 S. 1, Art. 74 Abs. 1 Nr. 6 oder Art. 73 Nr. 3 *Oeter* in MKS Rn. 50.

[118] *Degenhart* in Sachs Rn. 32; *Kimminich* in BK Rn. 3; *Oeter* in MKS Rn. 45; *Pieroth* in Jarass/Pieroth Rn. 15; *Rengeling* in HdbStR VI § 135 Rn. 210; *Sannwald* in SHH Rn. 66; *Seiler* in BeckOK GG Rn. 21.

[119] *Oeter* in MKS Rn. 45 auf Bestreitung des Lebensunterhalts bezogen.

[120] *Seiler* in BeckOK GG Rn. 21.

[121] *Degenhart* in Sachs Rn. 33, *Oeter* in MKS Rn. 45.

[122] Art. 20 Abs. 1 S. 2 AEUV.

[123] *Degenhart* in Sachs Rn. 33; *Oeter* in MKS Rn. 47; *Wittreck* in Dreier Rn. 33.

V. Angelegenheiten der Flüchtlinge und Vertriebenen (Nr. 6)

23 **Flüchtling** ist nach der sich im Anschluss an den Ersten Weltkrieg entwickelten[124] und in der Genfer Flüchtlingskonvention[125] übernommenen, aber für zukünftige Entwicklungen offenen,[126] Begrifflichkeit, wer „aus begründeter Furcht vor Verfolgung wegen seiner ethnischen Herkunft, Religion, Nationalität oder Zugehörigkeit zu einer sozialen Gruppe oder wegen seiner politischen Überzeugung seinen Aufenthaltsstaat verlassen hat".[127] Über den Entstehungskontext nach dem Zweiten Weltkrieg hinausgehend, ist der Begriff des Flüchtlings weder auf eine bestimmte Staatsangehörigkeit noch auf eine bestimmte Konfliktsituation beschränkt.[128]

24 Mit dem Bereich der **„Angelegenheiten"** eröffnet der Kompetenztitel einen weiten Regelungsbereich, der verschiedene Maßnahmen der Förderung und Integration in unterschiedlichen Bereichen umfasst.[129]

25 Bei **Vertriebenen** handelt es sich nach allgemeiner Auffassung um Personen, die insbesondere durch Zwangsaussiedlung und Vertreibung zur Ausreise veranlasst worden sind,[130] einschließlich der sog. Aussiedler[131] und der noch mit einer Vertreibung in Zusammenhang stehenden Spätaussiedler.[132]

VI. Die öffentliche Fürsorge (Nr. 7)

26 **Öffentliche Fürsorge** ist nach einem engen Verständnis auf die vor allem **materielle Unterstützung** in Notlagen beschränkt, die durch öffentlich-rechtliche Rechtsträger oder Beliehene und aus öffentlichen Mitteln erfolgt.[133] Dazu zählen jedenfalls die zur Gewährleistung des verfassungsrechtlich gebotenen **Existenzminimums**[134] erforderlichen Mittel sowie die weiteren aus öffentlichen Mitteln zur Abfederung von Notlagen gewährten Sozialleistungen,[135] insbesondere die Leistungen zur Sicherung des Lebensunterhalts, das Wohngeld,[136] die Hilfen zur Gesundheit und die Hilfen zur Überwindung besonderer sozialer Schwierigkeiten und anderer Lebenslagen.[137] Weniger eindeutig ist die Zuordnung zu diesem engen Begriffsver-

---

124 *Oeter* in MKS Rn. 49.

125 Art. 1 des Abkommens über die Rechtsstellung der Flüchtlinge vom 28.7.1951.

126 *Degenhart* in Sachs Rn. 34.

127 *Oeter* in MKS Rn. 49; zur Orientierung an der Genfer Flüchtlingskonvention auch *Wittreck* in Dreier Rn. 35.

128 *Degenhart* in Sachs Rn. 34; *Oeter* in MKS Rn. 49 f., auch zur engeren Definition im Bundesvertriebenengesetz; *Sannwald* in SHH Art. 72 Rn. 72; *Pieroth* in Jarass/Pieroth Rn. 16; *Rengeling* in HdbStR VI § 135 Rn. 211; *Seiler* in BeckOK GG Rn. 22; *Wittreck* in Dreier Rn. 35.

129 *Degenhart* in Sachs Rn. 34; *Oeter* in MKS Rn. 50; *Wittreck* in Dreier Rn. 35: denkbar weit; *Seiler* in BeckOK GG Rn. 22.

130 *Oeter* in MKS Rn. 51; die Unterscheidungen der Begriffe betont *Wittreck* in Dreier Rn. 34 f.

131 *Degenhart* in Sachs Rn. 34; *Oeter* in MKS Rn. 51.

132 *Oeter* in MKS Rn. 51; *Seiler* in BeckOK GG Rn. 22; anders *Pieroth* in Jarass/Pieroth Rn. 16; zur Entwicklung der Regelungen des Vertriebenenrechts *Herzog* ZAR 2014, 400 ff.

133 *Axer* in BK Rn. 24; *Degenhart* in Sachs Rn. 35; *Oeter* in MKS Rn. 55; *Reimer* NJW 2012, 1927 (1929); *Seiler* NVwZ 2007, 129 sowie *Seiler* in BeckOK GG Rn. 23: kollektive Unterstützung bei individueller Notlage.

134 BVerfGE 125, 175 ff.

135 *Oeter* in MKS Rn. 55 mit einem Überblick; *Seiler* in BeckOK GG Rn. 24.

136 *Degenhart* in Sachs Rn. 41; *Oeter* in MKS Rn. 58.

137 Vgl. §§ 26 Abs. 1, 28 Abs. 1 SGB I.

ständnis der öffentlichen Fürsorge bei aus öffentlichen Mitteln gewährten Leistungen wie dem **Kindergeld,** die zwar über Steuern finanziert sind,[138] aber den wirtschaftlichen Bedarf nicht mehr im konkreten Fall, sondern typisierend ermitteln.[139] Noch weiter entfernt von einem typisierten Bedarf ist das eher als Anreiz konzipierte, an das vorherige Einkommen anknüpfende Elterngeld.[140]

Die **Rechtsprechung** des Bundesverfassungsgerichts und ein Großteil der Literatur gehen allerdings über das enge Begriffsverständnis in mehrfacher Hinsicht hinaus.[141] Zum einen beschränken sie Bedarfslagen nicht auf Situationen wirtschaftlicher Not oder akuter Hilfsbedürftigkeit.[142] Entsprechend können auch **präventive Maßnahmen** im Vorfeld zur Vermeidung einer Bedarfssituation zur öffentlichen Fürsorge zählen,[143] auch wenn die jüngere Rechtsprechung das Erfordernis einer zumindest poteniellen Bedürftigkeit betont.[144] Dafür soll eine typisierend bezeichnete, nicht notwendig akute Bedarfslage genügen.[145] Zum anderen kommen als Maßnahmen der öffentlichen Fürsorge nicht nur materielle Leistungen, sondern auch **sonstige Maßnahmen** zur Gewährleistung der entsprechenden Schutzgüter wie unter Umständen etwa Zwangsmaßnahmen gegenüber den zu schützenden Personen[146] oder Verpflichtungen Dritter[147] in Betracht.[148] Eine so verstandene öffentliche Fürsorge kann auch eine verpflichtende **Einbindung Privater** einschließlich der Regelungen zur Kostentragung umfassen.[149] Zudem deckt der Kompetenztitel auch entsprechende organisationsrechtliche Regelungen ab.[150] Zusammengefasst beschreibt die Rechtsprechung den sachlichen Anwendungsbereich der öffentlichen Fürsorge mit den auch neuen Lebenssachverhalten, die „in ihren wesentlichen **Strukturelementen** dem Bild entsprechen, das durch die **‚klassische Fürsorge'** geprägt ist".[151] Diese Erweiterungen ziehen insbesondere im Gesundheitsbereich Abgrenzungsprobleme zu den enger gefassten Kompetenztiteln in Nr. 19 und 19a nach sich,[152] die 27

138 Zur Abgrenzung zur Sozialversicherung nach Nr. 12 → Rn. 52 und *Reimer* NJW 2012, 1927 (1929).

139 Ablehnend deshalb *Reimer* NJW 2012, 1927 (1930 f.).

140 *Axer* in BK Rn. 32; *Degenhart* in Sachs Rn. 40; *Oeter* in MKS Rn. 56: erhebliche Bedenken; *Seiler* NVwZ 2007, 129 (130); *Seiler* in BeckOK GG Rn. 24.

141 BVerfGE 88, 203 (329); 106, 62, (133 f.); 137, 108 Rn. 135; 140, 65 Rn. 29; aus der Literatur *Axer* in BK Rn. 17 ff.; *Oeter* in MKS Rn. 59; *Pieroth* in Jarass/Pieroth Rn. 17; *Seiler* NVwZ 2007, 129 (129 f.); anders *Reimer* NJW 2012, 1927 (1929).

142 BVerfGE 106, 62 (133 f.); *Degenhart* in Sachs Rn. 36.

143 BVerfGE 106, 62 (134); *Pieroth* in Jarass/Pieroth Rn. 17; *Oeter* in MKS Rn. 59; *Sannwald* in SHH Rn. 86.

144 BVerfGE 140, 65 Rn. 29: besondere Situation zumindest potenzieller Bedürftigkeit; die Konturisierung befürwortend *Wittreck* in Dreier Rn. 37.

145 BVerfGE 140, 65 Rn. 29; daran anschließend *Seiler* in BeckOK GG Rn. 23.1.

146 BVerfGE 106, 62 (134); 58, 208 (227); *Oeter* in MKS Rn. 61; *Seiler* in BeckOK GG Rn. 24.

147 BVerfGE 57, 139 (159 ff.); *Seiler* in BeckOK GG Rn. 24; *Wittreck* in Dreier Rn. 38.

148 Zu weiteren immateriellen Diensten *Degenhart* in Sachs Rn. 35; *Oeter* in MKS Rn. 60; *Seiler* in BeckOK GG Rn. 24; zur Einrichtung der Contergan-Stiftung BVerfGE 42, 263 (281 f.); *Wittreck* in Dreier Rn. 38.

149 BVerfGE 108, 186 (214).

150 BVerfGE 106, 62 (133 f.).

151 BVerfGE 106, 62 (133); 108, 186 (214); daran anknüpfend *Degenhart* in Sachs Rn. 35; *Oeter* in MKS Rn. 59; *Seiler* NVwZ 2007, 129 (129); *Seiler* in BeckOK GG Rn. 23.

152 *Degenhart* in Sachs Rn. 38; *Oeter* in MKS Rn. 66, dort auch zu weiteren Schwierigkeiten der Abgrenzung zum Titel der Sozialversicherung, Nr. 12, bei aus Steuermitteln finanzierten Sozialleistungen; *Seiler* in BeckOK GG Rn. 25; *Wittreck* in Dreier Rn. 38.

eine klare Konturierung der „wesentlichen Strukturelemente“ öffentlicher Fürsorge erforderlich machen.[153]

28 Das von dem Kompetenztitel ausgenommene **Heimrecht** erfasst die Regelungen, die auf die besonderen Problemlagen des dauerhaften Aufenthalts von älteren und betreuungs- oder pflegebedürftigen Menschen in Einrichtungen[154] ergeben.[155] Dazu zählen neben Vorgaben an die Aufnahme des Betriebs einer Einrichtung, das Personal oder Dokumentationspflichten[156] auch Vorgaben an Pflegetransparenzberichte in Pflegeheimen.[157]

VII. Kriegsschäden und Wiedergutmachung (Nr. 9)

29 Der Kompetenztitel erfasst Regelungen, die durch einen Krieg mit deutscher Beteiligung entstandene Schäden kompensieren.[158] Mit Blick auf die Entstehungsgeschichte bezieht sie sich nach allgemeiner Ansicht allerdings lediglich auf **Sachschäden.**[159] Ebenso wie der Kompetenztitel der Angelegenheiten der Flüchtlinge und Vertriebenen (Nr. 6) und Kriegsgräber und Opfer von Gewaltherrschaft (Nr. 10)[160] ist der Kompetenztitel nicht auf eine konkrete Situation, etwa den Zweiten Weltkrieg, beschränkt.[161] Kausal durch den Krieg verursacht sind nicht nur typische, unmittelbar während des Kriegs entstandene Schäden etwa durch Bomben oder Besetzungen, sondern auch später eintretende Schäden, sofern sie hinreichend spezifische Folge der kriegerischen Handlung sind.[162]

30 Auch der Begriff der **Wiedergutmachung,** historisch verstanden als ein Ausgleich für die vom nationalsozialistischen Regime verursachten Schäden,[163] ist nicht auf den Kontext des Zweiten Weltkriegs beschränkt.[164] Im Gegensatz zu den Kriegsschäden setzt die Wiedergutmachung keine spezi-

---

[153] Vorschläge zur Konkretisierung der Hilfsbedürftigkeit bei *Axer* in BK Rn. 24 ff.; zu den aus Art. 28 Abs. 2 folgenden Grenzen der Garantie kommunaler Selbstverwaltung bei einer Einbindung der Kommunen, die deren interne Organisation und Willensbildung beeinflussen, BVerfGE 137, 108 (163); *Seiler* in BeckOK GG Rn. 25.

[154] Vgl. die einfach-gesetzliche Definition der Heime in § 1 Abs. 1 S. 2 HeimG.

[155] *Axer* in BK Rn. 39; *Degenhart* in Sachs Rn. 37; *Oeter* in MKS Rn. 65; *Pieroth* in Jarass/Pieroth Rn. 19; *Seiler* in BeckOK GG Rn. 26; *Wittreck* in Dreier Rn. 40; zu den zivilrechtlichen Bezügen *Drasdo* NVwZ 2008, 639 (641).

[156] §§ 12 ff. HeimG.

[157] *Oeter* in MKS Rn. 65; *Pieroth* in Jarass/Pieroth Rn. 19; *Wittreck* in Dreier Rn. 40: Gefahr nicht sozialversicherungs- sondern heimtypisch; zu den kompetenzrechtlichen Grenzen von Transparenzvorgaben im SGB XI näher *Geldermann/Hammer* VerwArch 2013, 64 ff.; sowie zum grundrechtlichen Rahmen und den Anforderungen an die Rechtsgrundlage *Kingreen* NVwZ 2013, 846 (847 ff.).

[158] *Degenhart* in Sachs Rn. 42; *Oeter* in MKS Rn. 68; *Pieroth* in Jarass/Pieroth Rn. 20; *Seiler* in BeckOK GG Rn. 28; *Spranger* in BK Rn. 3.

[159] *Degenhart* in Sachs Rn. 42; *Oeter* in MKS Rn. 68; *Rengeling* in HdbStR VI § 135 Rn. 216; *Seiler* in BeckOK GG Rn. 28; *Spranger* in BK Rn. 3; *Wittreck* in Dreier Rn. 43.

[160] → Rn. 31.

[161] *Oeter* in MKS Rn. 68; *Degenhart* in Sachs Rn. 42; *Seiler* in BeckOK GG Rn. 28 f.; *Spranger* in BK Rn. 3; *Wittreck* in Dreier Rn. 43; anders zum Begriff der Kriegsfolgelasten nach Art. 120 Abs. 1 BVerfGE 9, 305 (324).

[162] *Oeter* in MKS Rn. 68; *Spranger* in BK Rn. 4 ff.: Plünderungen oder Besetzungsbedingte Schäden; dagegen Unterbrechung der Zurechnung bei Schäden, die sich nur infolge technischer Weiterentwicklung bemerkbar machen, *Spranger* in BK Rn. 7; *Kunig* in v. Münch/Kunig, 6. Aufl. 2012, Rn. 32, auch zu den mit der Teilung Deutschlands verbundenen Nachteilen; BVerfGE 9, 305 (324): Krieg als entscheidende Ursache einer Kriegsfolgenlast iSd Art. 120 Abs. 1.

[163] *Degenhart* in Sachs Rn. 42; *Maunz* in Maunz/Dürig Rn. 125; *Oeter* in MKS Rn. 69; *Spranger* in BK Rn. 8; *Wittreck* in Dreier Rn. 43.

[164] *Heintzen* DÖV 1994, 413 (414); *Oeter* in MKS Rn. 69.

fische Verknüpfung mit kriegerischen Handlungen voraus, erfasst also auch staatliches Unrecht allgemein, etwa die Wiedergutmachung von SED-Unrecht.[165]

VIII. Kriegsgräber (Nr. 10)

Der Kompetenztitel stellt infolge einer Erweiterung aus dem Jahr 1965[166] **31**
neben die **Kriegsgräber** die **Gräber anderer Opfer des Krieges,** also insbesondere von Zivilpersonen, die bei Angriffen oder in Lagern umgekommen sind.[167] Ebenso wie die Kompetenztitel für Kriegsschäden (Nr. 9) sowie Flüchtlinge und Vertriebene (Nr. 6) erfasst der Kompetenztitel insbesondere mit den Regelungen bezüglich der Opfer von Gewaltherrschaft **nicht lediglich Opfer des Zweiten Weltkriegs.**[168]

IX. Recht der Wirtschaft (Nr. 11)

Auch wenn aus dem Kompetenztitel des Rechts der Wirtschaft im Zuge der **32**
Föderalismusreform I einzelne Bereiche der Länderkompetenz zugewiesen worden sind[169] und die Inanspruchnahme der Kompetenz weiterhin unter dem Vorbehalt der Erforderlichkeit nach Art. 72 Abs. 2 steht, handelt es sich um einen an Regelungsbereichen besonders breiten und bedeutsamen Titel der konkurrierenden Gesetzgebung.[170] Neben der Anzahl und Breite der ausdrücklich genannten Bereiche geht diese Bedeutung nicht zuletzt darauf zurück, dass die Rechtsprechung und der überwiegende Teil der Literatur den Kompetenztitel als eine dynamisch verstandene Generalklausel des Rechts der Wirtschaft verstehen.[171] Deren Inhalt wird durch im **Klammerzusatz** genannte, bei Erlass des Grundgesetzes im Vordergrund stehende[172] Bereiche charakterisiert, aber **nicht abschließend** festgelegt.[173] So legt die ständige Rechtsprechung des Bundesverfassungsgerichts den Begriff weit aus[174] und versteht darunter „die das **wirtschaftliche Leben** und die wirtschaftliche Betätigung als solche regelnden Normen, insbesondere diejenigen, die sich in irgendeiner Form auf die Erzeugung, Herstellung und Verbreitung von Gütern

---

165 *Degenhart* in Sachs Rn. 42; *Heintzen* DÖV 1994, 413 (414); *Pieroth* in Jarass/Pieroth Rn. 20; *Sannwald* in SHH Rn. 100; *Spranger* in BK Rn. 9; *Wittreck* in Dreier Rn. 43, sowie BVerfGE 126, 331 (356) zur Entschädigung nicht auffindbarer Miterben von in der DDR staatlich verwalteten Vermögenswerten; anders *Oeter* in MKS Rn. 69.

166 Näher zur damaligen Nr. 10a *Oeter* in MKS Rn. 71; *Wittreck* in Dreier Rn. 45; zur Entwicklung *Degenhart* in Sachs Rn. 43.

167 *Oeter* in MKS Rn. 71; *Seiler* in BeckOK GG Rn. 30; *Spranger* in BK Rn. 6 ff; *Degenhart* in Sachs Rn. 43: Mitursächlichkeit des Krieges für Tod genügt.

168 *Degenhart* in Sachs Rn. 43; *Oeter* in MKS Rn. 72: umfassende Gräberfürsorge; *Seiler* in BeckOK GG Rn. 30; *Spranger* in BK Rn. 6 ff.; *Wittreck* in Dreier Rn. 45.

169 *Wittreck* in Dreier Rn. 48 und 55; *Rengeling/Szczekalla* in BK Rn. 15 f.

170 *Degenhart* in Sachs Rn. 44; *Oeter* in MKS Rn. 78; *Rengeling* in HdbStR VI § 135 Rn. 220; *Seiler* in BeckOK GG Rn. 31; *Wittreck* in Dreier Rn. 50: fundamentale Bedeutung.

171 *Degenhart* in Sachs Rn. 44; *Pieroth* in Jarass/Pieroth Rn. 20; *Rengeling* in HdbStR VI § 135 Rn. 221; *Rengeling/Szczekalla* in BK Rn. 35 ff.

172 Zur Entstehungsgeschichte *Oeter* in MKS Rn. 73 ff.; *Rengeling/Szczekalla* in BK Rn. 30 f.

173 *Degenhart* in Sachs Rn. 44; *Rengeling* in HdbStR VI § 135 Rn. 222; *Rengeling/Szczekalla* in BK Rn. 29 ff.; *Wittreck* in Dreier Rn. 50; *Seiler* in BeckOK GG Rn. 32, sowie relativierend Rn. 43: keine Gesamtermächtigung des Bundes; im Ergebnis auch *Oeter* in MKS Rn. 85; anders *Pieroth* in Jarass/Pieroth Rn. 22; *Maunz* in Maunz/Dürig Art. 70 Rn. 135.

174 Vgl. nur BVerfGE 135, 155 (196, Rn. 101); 116, 202 (215); 68, 319 (330); 41, 344 (352) mwN.

des wirtschaftlichen Bedarfs beziehen".[175] Diese die wirtschaftliche Betätigung regelnden Normen schließen neben übergreifenden Fragen der Wirtschaftsorganisation auch Regelungen zu einzelnen Branchen oder Personengruppen ein.[176] Eine Auslegung, nach der die im Klammerzusatz aufgezählten Bereiche das Recht der Wirtschaft abschließend konkretisieren,[177] hätte demgegenüber den Anwendungsbereich des Kompetenztitels begrenzt und klarer konturiert.[178] Sie hätte jedoch angesichts der zunehmenden Ökonomisierung, also der Ausdehnung von Marktprozessen und Geschäftsmodellen, zu Regelungslücken trotz eines sachlichen Bedürfnisses bundeseinheitlicher Regelungen geführt.[179] Zugleich reichen in der Folge Aspekte der Wirtschaft in einer ausdifferenzierten Gesellschaft weit in Lebensbereiche hinein, die anderen Kompetenztiteln zugeordnet sind, insbesondere in den Bereichen **Film** und **Medien** sowie im **kulturellen Bereich.**[180] Nach der verfassungsgerichtlichen Rechtsprechung sind auch solche wirtschaftsbezogenen Regelungen von der Bundeskompetenz für das Recht der Wirtschaft gedeckt, die kulturelle Zwecke verfolgen, solange der Gegenstand und Gehalt der Regelungen insgesamt im Wirtschaftsrecht liegen.[181]

33 Die Ökonomisierung macht damit ein **dynamisches Verständnis** des Kompetenztitels des Rechts der Wirtschaft und zugleich aber auch Kriterien einer klaren Abgrenzung erforderlich.[182] Der Ansatz zur Konkretisierung des Begriffs des Rechts der Wirtschaft liegt in der Charakterisierung dessen, was die Dynamik und die mit ihnen einhergehenden Regelungsbedarfe ausmacht.[183] Das Recht der Wirtschaft umfasst danach einerseits Regelungen, die Marktprozesse ermöglichen und gewährleisten, und andererseits etwaige unerwünschte Ergebnisse oder Auswirkungen der Marktdynamik adressieren.[184]

34 Zu diesem rechtlichen Rahmen von Marktprozessen zählen etwa Regelungen über den **Zugang** zu einem **Beruf,**[185] über Modalitäten seiner **Ausübung,**[186]

[175] BVerfGE 135, 155 (196, Rn. 101); 116, 202 (215 f.); 55, 274 (308); im Anschluss daran *Seiler* in BeckOK GG Rn. 32; zur Kritik an der Leistungsfähigkeit dieser Formel für Zwecke der Kompetenzabgrenzung *Oeter* in MKS Rn. 84.

[176] *Seiler* in BeckOK GG Rn. 32.

[177] Dafür *Pieroth* in Jarass/Pieroth Rn. 22.

[178] Zur Unklarheit des Verhältnisses zwischen dem Begriff des Rechts der Wirtschaft und dem nachfolgenden Klammerzusatz eingehend *Oeter* in MKS Rn. 79 ff; *Wittreck* in Dreier Rn. 50.

[179] *Oeter* in MKS Rn. 83.

[180] Zur Filmförderung BVerfGE 135, 155 (196): weitreichende Gesetzgebungskompetenz des Bundes entfällt nicht schon dann, wenn Gesetzgeber mit wirtschaftsbezogenen Regelungen zugleich kulturelle Zwecke verfolgt; allgemein *Oeter* in MKS Rn. 83; *Waldhoff* JZ 2014, 407 (407 f.); eine Kompetenz aus dem Recht der Wirtschaft für das NetzDG verneinend *Gersdorf* MMR 2017, 439 (441) und *Kalscheuer/Hornung* NVwZ 2017, 1721 (1724 f.); dagegen *Schiff* MMR 2018, 366 (366 f.); zur Abgrenzung generell *Rengeling/Szczekalla* in BK Rn. 40; zum Teleshopping bereits Degenhart ZUM 1995, 353 (358).

[181] Zuletzt zur Filmabgabe nach dem Filmförderungsgesetz BVerfGE 135, 155 (196, Rn. 102) mwN; ebenso *Seiler* in BeckOK GG Rn. 32.1.

[182] *Kunig* in v. Münch/Kunig, 6. Aufl. 2012, Rn. 38; *Oeter* in MKS Rn. 83 und 85.

[183] BVerfGE 116, 202 (216): Gesetze mit wirtschaftsregulierendem und wirtschaftslenkendem Charakter; *Oeter* in MKS Rn. 83: Paradigma der Wirtschaftsregulierung und Wirtschaftslenkung.

[184] *Oeter* in MKS Rn. 83.

[185] BVerfGE 13, 97 (123); 21, 173 (180); 26, 246 (255); 37, 1 (17); aus der Literatur *Oeter* in MKS Rn. 82; *Seiler* in BeckOK GG Rn. 32.

[186] BVerfGE 1, 283 (292); 8, 275 (299); 21, 292 (296); 26, 246 (254); 37, 1 (17); 123, 186 (235); *Oeter* in MKS Rn. 82.

der Prägung von **Berufsbildern**[187] einschließlich der damit verbundenen organisationsrechtlichen,[188] versorgungsrechtlichen und abgabenrechtlichen[189] Regelungen.

Bergbau meint mit Blick auf die vom Parlamentarischen Rat vorgefundene einfach-gesetzliche Gesetzeslage[190] den Abbau von Bodenschätzen, also mineralischen Rohstoffen und Gasen, sowohl in der Erde als auch im oder unter dem Meer.[191] Zum Abbau gehören alle für die ökonomische Verwertung erforderlichen Aktivitäten von der Vorbereitung über den laufenden Abbau, die anschließende Verwertung und begleitende Maßnahmen bis hin zu Regelungen für die Folgezeit.[192] **35**

Industrie meint die Herstellung von Gütern in einzelnen Wertschöpfungsstufen unter Einsatz von Maschinen und Kapital.[193] Während die Industrie bislang schon durch die technischen und ökonomischen Rahmenbedingungen des arbeitsteiligen Einsatzes von Maschinen typischerweise durch Massenproduktion gekennzeichnet war,[194] ermöglicht die Digitalisierung zunehmend eine Individualisierung der einzelnen produzierten Güter, ohne dass dadurch der grundsätzliche Charakter der Industrie entfällt. **36**

Mit dem Begriff der **Energiewirtschaft** wird an den Regelungsbestand des 1935 erlassenen Energiewirtschaftsgesetzes angeknüpft.[195] Der Begriff beschränkt sich jedoch nicht auf den damaligen Regelungsbestand, sondern umfasst dynamisch die Erzeugung, Übertragung und Verteilung von Energie aus unterschiedlichen Energieträgern.[196] Die Zunahme des Anteils **erneuerbarer Energien** ändert die Regelungsbedarfe und dadurch die Struktur der Regelungen. Sowohl die Planung der Standorte für Anlagen erneuerbarer Energien als auch vor allem der Ausbau der Übertragungsnetze führt zu Überlappungen mit dem Planungsrecht und damit zu Abgrenzungsschwierigkeiten mit dem Kompetenzbereich der Länder.[197] **37**

---

[187] BVerfGE 21, 173 (180); 26, 246 (254 f.); *Oeter* in MKS Rn. 82; *Rengeling* in HdbStR VI § 135 Rn. 221.

[188] Zuletzt BVerfGE 146, 164 (196, Rn. 83); zuvor bereits BVerfGE 1, 283 (292); 21, 173 (180).

[189] Zu wirtschaftsbezogenen Sonderabgaben BVerfGE 82, 159 (182); 124, 348 (364); zur Finanzierung des Deutschen Weinfonds in Verbindung mit dem Kompetenztitel der Förderung landwirtschaftlicher Erzeugung BVerfGE 136, 194 (241, Rn. 111 ff.); zu den einschränkenden Voraussetzungen der auf den Titel des Rechts der Wirtschaft gestützten Sonderabgaben *Oeter* in MKS Rn. 82.

[190] Näher *Oeter* in MKS Rn. 75 und 87; *Pieroth* in Jarass/Pieroth, Rn. 25.

[191] *Oeter* in MKS Rn. 87; *Rengeling/Szczekalla* in BK Rn. 113; *Pieroth* in Jarass/Pieroth Rn. 25; *Seiler* in BeckOK GG Rn. 34; *Wittreck* in Dreier Rn. 51 nennt zudem den Betrieb der erforderlichen Anlagen.

[192] *Oeter* in MKS Rn. 87: Verladen, Befördern, Abladen, Lagern und Ablagern von Bodenschätzen oder Nebengestein, bergbauliche Betriebsanlagen und Einrichtungen; *Rengeling/Szczekalla* in BK Rn. 116; *Wittreck* in Dreier Rn. 51.

[193] *Kunig* in v. Münch/Kunig, 6. Aufl. 2012, Rn. 41: fabrikmäßige, arbeitsteilige Herstellung und Verarbeitung von Produktions- und Verbrauchsgütern; *Oeter* in MKS Rn. 87; *Pieroth* in Jarass/Pieroth Rn. 25; *Rengeling/Szczekalla* in BK Rn. 118; *Seiler* in BeckOK GG Rn. 35; *Wittreck* in Dreier Rn. 51.

[194] *Oeter* in MKS Rn. 88; *Seiler* in BeckOK GG Rn. 35.

[195] Näher, auch zur Gesetzgebungsgeschichte *Oeter* in MKS Rn. 73 ff und 89; *Wittreck* in Dreier Rn. 48 ff.

[196] *Oeter* in MKS Rn. 89; *Wittreck* in Dreier Rn. 51; zu Integration grenzüberschreitender Kapazitätsmärkte *Laux* EnWZ 2015, 249 (253); ausgenommen ist die Kernenergie, für die Art. 73 Abs. 1 Nr. 14 gesondert eine ausschließliche Zuständigkeit des Bundes vorsieht → Art. 73 Rn. 56.

[197] *Oeter* in MKS Rn. 89; zum Netzausbaubeschleunigungsgesetz Übertragungsnetz *Appel* UPR 2011, 406 (408 ff.); *Durner* NuR 2012, 369 ff.; *Erbguth* NVwZ 2012, 316 (329 ff.);

38 Der Begriff des **Handwerks** knüpft an die 1935 erlassene Handwerksordnung an.[198] In Abgrenzung zur Industrie meint Handwerk eine individuelle, manuelle Herstellung oder Bearbeitung.[199] Allerdings entzieht sich der Begriff des Handwerks infolge der technischen, ökonomischen und gesellschaftlichen Entwicklung einer allgemeingültigen und zugleich konturenscharfen Definition. Entsprechend legt der Gesetzgeber in der Handwerksordnung deren Anwendungsbereich kasuistisch fest und passt ihn an.[200] Die fachgerichtliche Rechtsprechung charakterisiert den Begriff des Handwerks im Kern zum einen durch den Anteil der Handarbeit an der Wertschöpfung **(„qualifizierte Handarbeit")** und zum anderen durch die Notwendigkeit einer bestimmten Qualifikation und entsprechenden Ausbildung.[201] In der Sache deckt der Kompetenztitel alle damit verbundenen Regelungen ab, insbesondere die Ausbildung, Zulassung und Selbstverwaltung in Kammern.[202]

39 Im Sinne der Gewerbeordnung meint **Gewerbe** mit Blick auf den noch vor die Weimarer Zeit zurückreichenden einfachgesetzlichen Regelungsbestand[203] im Ausgangspunkt zumindest eine selbständige, erlaubte, auf Dauer angelegte und auf Gewinnerzielung gerichtete Tätigkeit mit Ausnahme der freien Berufe, der Landwirtschaft und der Urproduktion.[204] Nach der Rechtsprechung ist der verfassungsrechtliche Gewerbebegriff jedoch nicht auf dieses Verständnis festgelegt, sondern weit zu verstehen.[205] Der Begriff „freier Beruf" meint in seiner historisch entstandenen Bedeutung[206] wissenschaftliche, künstlerische und schriftstellerische Tätigkeiten höherer Art sowie persönliche Dienstleistungen, die eine höhere Bildung erfordern.[207] Die fachgerichtliche Rechtsprechung zur Gewerbeordnung nimmt zudem die bloße Verwaltung eigenen Vermögens von dem Gewerbebegriff aus.[208] Zum Gewerbe zählen hingegen auch Tätigkeiten der Kommunen mit Bezug zur Erfüllung öffentlicher Aufgaben, wenn sie nicht allein zur Daseinsvorsorge, sondern mit Gewinnerzielungsabsicht erfolgen.[209] Ebenso wie Literatur und Rechtsprechung zum einfachgesetzlichen Gewerbebegriff[210] versteht bereits die ver-

---

Grigoleit/Weisensee UPR 2011, 401 (402 ff.); zu den Spielräumen der Länder vor allem im Bereich der Energieumweltpolitik *Knauff* ThürVBl. 2015, 257 ff.; zu Konzessionsregelungen für die Nutzung von Windkraft *Schmidt-Eichstaedt* LKV 2018, 1 (7).

[198] Näher *Oeter* in MKS Rn. 90.

[199] *Oeter* in MKS Rn. 90; *Pieroth* in Jarass/Pieroth Rn. 26; *Rengeling* in HdbStR VI § 135 Rn. 229; *Rengeling/Szczekalla* in BK Rn. 124; *Seiler* in BeckOK GG Rn. 37; *Wittreck* in Dreier Rn. 52.

[200] *Oeter* in MKS Rn. 90: dynamischer Handwerksbegriff.

[201] BVerwGE 17, 230 (233); daran anknüpfend *Oeter* in MKS Rn. 90; *Rengeling* in HdbStR VI § 135 Rn. 229.

[202] *Oeter* in MKS Rn. 90.

[203] *Oeter* in MKS Rn. 91.

[204] *Ennuschat* in Tettinger/Wank/Ennuschat, § 1 Rn. 2; *Oeter* in MKS Rn. 91; *Seiler* in BeckOK GG Rn. 38; *Pieroth* in Jarass/Pieroth Rn. 26; *Rengeling/Szczekalla* in BK Rn. 127.

[205] BVerfGE 41, 344 (352): umfassendes, auch Randgebiete abdeckendes Verständnis; aus der Literatur *Wittreck* in Dreier Rn. 52.

[206] BVerfGE 10, 354 (364 f.).

[207] *Ennuschat* in Tettinger/Wank/Ennuschat, § 1 Rn. 2; zu den Schnittstellen zum Bürgerlichen Recht bei der Einführung einer Partnerschaftsgesellschaft mit beschränkter Berufshaftung *Barth* NZG 2018, 94 (96 f.).

[208] BVerwG NJW 2008, 1974.

[209] Zum Betrieb Medizinischer Versorgungszentren *Kingreen/Kühling* DÖV 2018, 890 (895); allgemein zu Krankenhäusern *Kuhla* NZS 2014, 361 (361 f.).

[210] *Ennuschat* in Tettinger/Wank/Ennuschat, § 1 Rn. 2 mwN.

fassungsgerichtliche Rechtsprechung den Begriff des Gewerbes dynamisch und offen für Anpassungen.[211] Beispiele neuer Regelungen oder Vorschläge aus der Literatur betreffend das Carsharing,[212] Straßenrecht,[213] die gewerbliche Lotteriespielvermittlung,[214] Aspekte öffentlich-rechtlicher Dienstleistungskonzessionen[215] oder Bevorrechtigungen für Elektrofahrzeuge im Straßenverkehr.[216] Dem Begriff des „Gewerbes" kann dadurch die Funktion einer Generalklausel für eine Regelungskompetenz des Bundes auf dem Gebiet der Wirtschaft zukommen.[217]

Handel stellt nach allgemeiner Auffassung die entgeltliche und gewerbsmäßige Veräußerung von Waren dar.[218] Ähnlich wie bei den anderen Begriffen, etwa des Handwerks,[219] umfasst die Regelungskompetenz über den unmittelbaren Veräußerungsvorgang hinaus auch begleitende und organisationsbezogene Regelungen, etwa zum Kammerwesen.[220] **40**

Bei dem **Bankwesen** handelt es sich um einen bereits bei Erlass des Grundgesetzes geprägten, aber gleichwohl bereits damals entwicklungsoffen verstandenen Begriff.[221] Mit dem Bankwesen gemeint sind diejenigen vor allem aufsichtsrechtlichen Regelungen, die sich auf die Institute und ihre Aktivitäten beziehen.[222] Dieses aufsichtsrechtlich geprägte Verständnis grenzt den Begriff des Bankwesens zugleich von der ausschließlichen Kompetenz des Bundes für das Währungs-, Geld- und Münzwesen (Art. 73 Nr. 4) ab.[223] Zur Regelungskompetenz zählen auch organisationsbezogene Regelungen mit Ausnahme der traditionell in die Landeskompetenz fallende Organisation der öffentlich-rechtlichen Institute wie Landesbanken und Sparkassen.[224] In dem Maße, in dem der Bund unionsrechtliche Vorgaben, die auch Aspekte der Organisation betreffen[225] für alle Kreditinstitute regelt, ist die Gesetzgebungskompetenz der Länder für die Ausgestaltung der Organisation öffentlich-rechtlicher Institute allerdings gesperrt.[226] **41**

Der Begriff des **Börsenwesens** meint, anknüpfend an das bereits vorkonstitutionell erlassene Börsengesetz und das Gesetz über den Wertpapierhandel, die Ausgestaltung eines institutionalisierten Marktplatzes für Wertpapiere und **42**

---

[211] BVerfGE 5, 25 (29); 41, 344 (352); aus der Literatur *Oeter* in MKS Rn. 93; *Seiler* in BeckOK GG Rn. 38; *Wittreck* in Dreier Rn. 52.

[212] Zum Carsharinggesetz *Brenner* SVR 2017, 361 (364 ff.).

[213] *Kluth* LKV 2018, 112 (114).

[214] *Pieroth/Görisch* NVwZ 2005, 1225 ff.

[215] *Müller* NVwZ 2016, 266 ff.

[216] Kritisch zur Abgrenzung zum Straßenverkehr nach Nr. 22 *Schubert* NZV 2016, 153 (154 f.).

[217] Tendenziell befürwortend zu Ausdehnungen auch in den Bereich der freien Berufe *Rengeling/Szczekalla* in BK Rn. 128 f.; *Oeter* in MKS Rn. 193.

[218] *Oeter* in MKS Rn. 92; *Pieroth* in Jarass/Pieroth Rn. 26; *Rengeling/Szczekalla* in BK Rn. 130, *Seiler* in BeckOK GG Rn. 39; *Wittreck* in Dreier Rn. 52.

[219] → Rn. 138.

[220] *Oeter* in MKS Rn. 92; *Rengeling/Szczekalla* in BK Rn. 130.

[221] *Oeter* in MKS Rn. 93.

[222] *Oeter* in MKS Rn. 93; *Rengeling/Szczekalla* in BK Rn. 133; *Seiler* in BeckOK GG Rn. 40; *Wittreck* in Dreier Rn. 53: Regelungen über die typische Geschäftstätigkeit von Kreditinstituten.

[223] *Pieroth* in Jarass/Pieroth Rn. 27; *Seiler* in BeckOK GG Rn. 40.

[224] *Oeter* in MKS Rn. 93; *Pieroth* in Jarass/Pieroth Rn. 27; *Rengling/Szczekalla* in BK Rn. 134; *Sannwald* in SHH Rn. 131; *Seiler* in BeckOK GG Rn. 40; *Wittreck* in Dreier Rn. 53.

[225] RL 2013/36/EU – Eigenkapitalrichtlinie/CRD IV.

[226] Kritisch zu damit verbundenen Beschränkungen der in der Richtlinie enthaltenen Spielräume *Biesch* DVBl. 2017, 677 (678 ff.).

Waren einschließlich der besonderen Regelungen für Zulassung und Aufsicht.[227]

43 Bei dem **privatrechtlichen Versicherungswesen** handelt es sich ebenfalls um einen entwicklungsoffenen Begriff.[228] Privatrechtlich ist das Versicherungswesen in Abgrenzung zu öffentlich-rechtlichen Versicherungsträgern der Länder[229] dadurch, dass Versicherungsleistungen im Grundsatz wettbewerblich angeboten werden mit der Folge, dass die Höhe der Prämien sich am **Markt,** also unter Bewertung der zu versichernden Risiken und der Marktsituation, bestimmt.[230] Gleichwohl deckt der Begriff auch Regelungen zur **Ausformung neuer Typen von Versicherungen** (Basistarif von Krankenkassen) und damit verbundene Ausgleichsregelungen[231] sowie Verpflichtungen zur Bereitstellung bestimmter Versicherungsangebote im Pflegebereich ab.[232]

44 Der im Zuge der Föderalismusreform aus dem Kompetenztitel herausgenommene Begriff des **Ladenschlusses** betrifft einen Aspekt des Handels[233] und umfasst Regelungen der täglichen Verkaufszeit in Einzelhandelsgeschäften.[234] Bezugspunkt ist das Unternehmen, nicht die Arbeitszeit der Arbeitnehmerinnen und Arbeitnehmer mit der Folge, dass sich der Begriff des Ladenschlusses nicht auf arbeitszeitliche Regelungen wie Begrenzungen der Samstagsarbeit in Verkaufsstellen erstreckt.[235]

45 Der Begriff der **Gaststätten** meint nach dem 2006 vorgefundenen einfachgesetzlichen Gaststättenbegriff Schank- und Speisewirtschaften.[236] Die bis zum 30. Juni 2005 ebenfalls zum Gaststättengewerbe zählenden Beherbergungsbetriebe[237] sollen bei der Herausnahme des Begriffs der Gaststätten aus dem Kompetenztitel im Jahr 2006 nicht gemeint gewesen sein.[238]

46 Bei dem ebenfalls im Zuge der Föderalismusreform aus dem Kompetenztitel ausgeklammerten Begriff der **Spielhallen** ist vor allem umstritten,[239] inwieweit sich der Begriff an der bestehenden Regelung in § 33i GewO

---

[227] *Oeter* in MKS Rn. 94; *Pieroth* in Jarass/Pieroth Rn. 27; *Rengeling/Szczekalla* in BK Rn. 136; *Seiler* in BeckOK GG Rn. 41; *Wittreck* in Dreier Rn. 53.

[228] BVerfGE 123, 186 (235).

[229] BVerfGE 10, 141 (162); *Oeter* in MKS Rn. 95; *Rengling/Szczekalla* in BK Rn. 139.

[230] BVerfGE 103, 197 (216 f.); 123, 186 (235); *Oeter* in MKS Rn. 95; *Pieroth* in Jarass/Pieroth Rn. 27a; *Rengeling/Szczekalla* in BK Rn. 139; *Seiler* in BeckOK GG Rn. 42; *Wittreck* in Dreier Rn. 53.

[231] BVerfGE 123, 186 (235); *Rengeling/Szczekalla* in BK Rn. 141: entwicklungsoffen.

[232] BVerfGE 103, 197 (217 ff.); *Oeter* in MKS Rn. 95.

[233] *Höfling/Rixen* GewArch 2008, 1 ff.

[234] BVerfGE 138, 261 (275, Rn. 32 f.); aus der Literatur *Wittreck* in Dreier Rn. 55; zu den Folgen der Überführung in die Landeskompetenz für die verfassungsrechtlichen Anforderungen an die Gleichbehandlung der Verkaufshallen *Schmitz* NVwZ 2008, 18 (19 ff.).

[235] BVerfGE 138, 261 (275, Rn. 32 f.); *Rengeling/Szczekalla* in BK Rn. 145; *Seiler* in BeckOK GG Rn. 44.1; *Ulber* NVwZ 2015, 1026 (1027 f.); *Wittreck* in Dreier Rn. 55; *Pieroth* in Jarass/Pieroth Rn. 31; zu den Kompetenzen für Reglungen der Öffnungszeiten bei reisegewerblichen Tätigkeiten *Korte* GewArch 2018, 175 (176 ff.).

[236] § 1 Abs. 1 Nr. 1 und 2 GastG; *Pieroth* in Jarass/Pieroth Rn. 31a; *Wittreck* in Dreier Rn. 55: für eine autonomere Bestimmung des verfassungsrechtlichen Begriffs demgegenüber *Rengeling/Szczekalla* in BK Rn. 146; *Seiler* in BeckOK GG Rn. 44.2: lokale Radizierung erforderlich; zur Umsetzung durch die Länder *Glaser* GewArch 2013, 1 (2 ff.).

[237] § 1 Abs. 1 Nr. 3 GastG aF.

[238] *Oeter* in MKS Rn. 91; *Rengeling/Szczekalla* in BK Rn. 151.

[239] Aus der reichhaltigen Literatur zum Begriff der Spielhalle und der Reichweite der entsprechenden Landeskompetenz siehe nur *Degenhart,* Spielhallen und Geldspielgeräte in der Kompetenzordnung des Grundgesetzes, 2014; *Uhle,* Normativ-rezeptive Kompetenzzuweisung und Grundgesetz, 2015, sowie auch zu den grundrechtlichen und unionsrechtlichen Vorgaben die beiden Gutachten von *Hartmann/Pieroth* in Hartmann/Pieroth Spielbanken und Spielhallen zwischen Landes-, Bundes- und Unionsrecht.

orientiert mit der Folge einer entsprechenden Beschränkung der auf die Länder übergegangenen Kompetenz.[240] Nach der Rechtsprechung des Bundesverfassungsgerichts richtet sich der Inhalt des Begriffs nicht in erster Linie nach § 33i GewO, sondern nach dem Lebenssachverhalt des Betriebs von Spielhallen.[241] Demzufolge ist die Kompetenz der Länder im Bereich der Spielhallen nicht auf den Regelungsgehalt des § 33i GewO beschränkt und beinhaltet insbesondere auch Regelungen, die sich nicht lediglich auf einen einzelnen Standort beziehen oder an die Situation vor Ort anknüpfen.[242] Von dem Begriff umfasst sind insbesondere Begrenzungen der Zahl von Spielhallen an einem Standort, Abstandsgebote, Gerätehöchstzahlen je Spielhalle sowie Regelungen zur Aufsicht.[243]

Die Begriffe der **Schaustellung von Personen** sowie der **Messen, Ausstellungen und Märkte** orientieren sich jeweils an dem zum Zeitpunkt der Föderalismusreform vorgefundenen[244] Regelungsbestand.[245] 47

X. Arbeitsrecht sowie Sozialversicherung (Nr. 12)

Die konkurrierende Kompetenz für das **Arbeitsrecht** umfasst sowohl den Bereich des individuellen Arbeitsrechts als auch des Kollektivarbeitsrechts,[246] also im Grundsatz alle Regelungen der Rechtsbeziehungen zwischen Arbeitnehmerinnen und Arbeitnehmern sowie Arbeitgeberinnen und Arbeitgebern.[247] Dazu zählen grundsätzlich auch **Dienstverhältnisse zur Öffentlichen Hand**[248] und nach teilweise vertretener Ansicht auch die **Arbeitsgerichtsbarkeit.**[249] Lediglich Regelungen, die sich gerade auf die spezifischen Eigenheiten des öffentlichen Dienstes beziehen, unterfallen dem spezielleren Kompetenztitel aus Art. 73 Nr. 8 und Art. 74 Nr. 27.[250] Im Einzelnen beinhaltet der Begriff des Arbeitsrechts das Arbeitsvertragsrecht,[251] 48

240 Zum Ganzen einerseits *Dietlein* ZfWG 2008, 12 ff., 77 ff.; andererseits *Degenhart* DVBl. 2014, 416 (421 f.); *Schneider* GewArch 2009, 265 ff.; *Schneider* GewArch 2013, 137 ff.; *Schneider* GewArch 2014, 424 ff.; *Weidemann/Krappel* NVwZ 2013, 673 ff.; für eine Beschränkung auch *Oeter* in MKS Rn. 91.

241 BVerfGE 145, 20 (59, Rn. 100); daran anknüpfend *Pieroth* in Jarass/Pieroth Rn. 31a; *Seiler* in BeckOK GG Rn. 44.3; kritisch *Schneider* NVwZ 2017, 1073 ff.; dagegen *Dietlein* NVwZ 2017, 1667 ff.

242 BVerfGE 145, 20 (60 f., Rn. 103 ff.); *Seiler* in BeckOK GG Rn. 44.3.

243 BVerfGE 145, 20 (58 ff., Rn. 96 ff.).

244 § 33a GewO zu Schaustellungen von Personen, §§ 64 ff. GewO zu Messen, Ausstellungen und Märkten.

245 *Degenhart* NWvZ 2006, 1209 (1214); *Pierroth* in Jarass/Pieroth Rn. 31a. *Wittreck* in Dreier Rn. 55; relativierend *Rengeling/Szczekalla* in BK Rn. 156.

246 *Axer* in BK Rn. 16; *Degenhart* in Sachs Rn. 53; *Oeter* in MKS Rn. 101; *Seiler* in BeckOK GG Rn. 47.1; *Wittreck* in Dreier Rn. 58.

247 *Axer* in BK Rn. 16; *Degenhart* in Sachs Rn. 53; *Oeter* in MKS Rn. 101: *Pieroth* in Jarass/Pieroth Rn. 32; *Seiler* in BeckOK GG Rn. 47: alle Vorschriften zur in abhängiger Tätigkeit geleisteten Arbeit; im Anschluss an BVerfGE 7, 342 (350) *Wittreck* in Dreier Rn. 58: Sonderrecht der unselbstständigen Arbeitnehmer.

248 Zuletzt etwa zum Dienstrecht für Hochschullehrende BVerfG NZA 2019, 302 (303); *Degenhart* in Sachs Rn. 53; *Wittreck* in Dreier Rn. 58.

249 *Oeter* in MKS Rn. 101; *Rengeling* in HdbStR VI § 135 Rn. 236; für eine Zuordnung zur Kompetenz für das gerichtliche Verfahren nach Abs. 1 Nr. 1 dagegen *Axer* in BK Rn. 17; *Pieroth* in Jarass/Pieroth Rn. 32; *Sannwald* in SHH Rn. 149; *Wittreck* in Dreier Rn. 58.

250 *Axer* in BK Rn. 19; *Oeter* in MKS Rn. 101; *Wittreck* in Dreier Rn. 58 → Art. 73 Rn. 38 ff.; → Rn. 96.

251 Zum Kündigungsschutz BVerfG 51, 43 (55 f.); zu Urlaub für Erziehung, Erholung und Weiterbildung BVerfGE 7, 342 (347); 77, 308 (329); 85, 226, (234); zu arbeitsvertraglichen Regelungen in der Ausbildung BVerfGE 106, 62 (133); *Degenhart* in Sachs Rn. 53, *Seiler* in

das Tarifvertragsrecht, Regelungen zu Betriebsvereinbarungen, das Koalitionsrecht und das Recht des Arbeitskampfs,[252] aber auch Regelungen zu Mindestlöhnen.[253] Trotz zum Teil detaillierter bundesrechtlicher Regelungen bleiben manche nicht abschließend geregelte Aspekte und Bereiche.[254]

49 Mit dem Begriff der **Betriebsverfassung** sind in dem Kompetenztitel ein Teil des kollektiven Arbeitsrechts[255] und die damit verbundenen Regelungen vor allem zur institutionalisierten Zusammenarbeit durch Betriebsräte und die Mitbestimmung von Arbeitnehmerinnen und Arbeitnehmern erneut aufgegriffen.[256]

50 Regelungen zum **Arbeitsschutz** beziehen sich auf die Abwehr von Gefahren, die sich für Arbeitnehmerinnen und Arbeitnehmer am Arbeitsplatz oder im Zusammenhang mit der Arbeit ergeben.[257] Nach der Rechtsprechung genügt für diesen Zusammenhang auch eine Gefährdung, die nicht spezifisch aus der jeweiligen Tätigkeit resultiert, sondern sich anlässlich der Tätigkeit ergibt, etwa zum Schutz vor Zigarettenrauch.[258] Mögliche Ansatzpunkte der unter den Arbeitsschutz fallenden Regelungen sind vielfältig, von der Gefahrenabwehr über Regelungen zur Vorsorge bis hin zum Schutz vor bestimmten Gefahren oder von in bestimmter Hinsicht gefährdeten Gruppen.[259]

51 **Arbeitsvermittlung** meint die Förderung des Abschlusses neuer Arbeits- und Ausbildungsverhältnisse, insbesondere durch Unterstützung bei der Suche geeigneter Vertragspartner.[260] Nicht zur Arbeitsvermittlung zählt die Arbeitnehmer-Überlassung, bei der über die Vermittlung von Angebot und Nachfrage hinaus auch Regelungen zu den Rechtsbeziehungen bei Erbringung der Arbeitsleistung erforderlich sind.[261]

52 Der Begriff der **Sozialversicherung** knüpft an den vorkonstitutionellen Regelungsbestand aus dem Sozialversicherungsgesetz an,[262] ist allerdings ähnlich wie die Begriffe der Energiewirtschaft[263] und des Bankwesens[264] entwick-

---

BeckOK GG Rn. 47.1.; zu landesrechtlichen Befristungsregelungen für angestellte Hochschullehrer BAGE 146, 48 ff.; *Gronemeyer* RdA 2016, 24 (25 ff.).

[252] *Degenhart* in Sachs Rn. 53; *Oeter* in MKS Rn. 101; *Seiler* in BeckOK GG Rn. 47.1; *Wittreck* in Dreier Rn. 59 f., jeweils mit weiteren Ausdifferenzierungen.

[253] Zum Umfang von deren Sperrwirkung *Hoppe* NZA 2008, 1110 (1111 f.).

[254] *Oeter* in MKS Rn. 101; *Wittreck* in Dreier Rn. 58; zur Befristung von Arbeitsverhältnissen von Hochschullehrern BVerfG NZA 2019, 302 (303).

[255] *Axer* in BK Rn. 22; *Seiler* in BeckOK GG Rn. 48: deklaratorisch; näher zur Entwicklungsgeschichte *Ulber* RdA 2015, 288 ff.

[256] *Oeter* in MKS Rn. 102; *Seiler* in BeckOK GG Rn. 48; *Wittreck* in Dreier Rn. 60.

[257] *Axer* in BK Rn. 23; *Degenhart* in Sachs Rn. 54; *Oeter* in MKS Rn. 103; *Rengeling* in HdbStR VI § 135 Rn. 239; *Seiler* in BeckOK GG Rn. 49; *Wittreck* in Dreier Rn. 60.

[258] BVerfG 121, 317 (347), zugleich zu den sachlichen Grenzen der abschließenden bundesgesetzlichen Regelungen; aus der Literatur *Oeter* in MKS Rn. 103; *Seiler* in BeckOK GG Rn. 49: Querschnittsmaterie, die notwendig auch andere Kompetenzen berührt; für eine Sperrwirkung der bundesrechtlichen Regelung für Maßnahmen der Länder zum Nichtraucherschutz *Kühn* BB 2010, 120 (122 f.).

[259] Näher *Oeter* in MKS Rn. 103; *Seiler* in BeckOK GG Rn. 49; *Wittreck* in Dreier Rn. 60.

[260] Vgl. BVerfGE 21, 261 (268); *Axer* in BK Rn. 24.; *Pieroth* in Jarass/Pieroth Rn. 34; *Seiler* in BeckOK GG Rn. 50; an die Regelung in § 35 Abs. 1 S. 2 SGB III anknüpfend *Oeter* in MKS Rn. 104.

[261] BVerfGE 21, 261 (269); *Oeter* in MKS Rn. 104; anders wohl *Seiler* in BeckOK GG Rn. 50; dieses einschränkende Verständnis des Begriffs der Arbeitsvermittlung schließt allerdings nicht aus, gesetzliche Verbote der Arbeitnehmerüberlassung auf den Kompetenztitel des Arbeitsrechts zu stützen BVerfGE 77, 84; *Seiler* in BeckOK GG Rn. 50.

[262] *Oeter* in MKS Rn. 105.

[263] → Rn. 37.

[264] → Rn. 41.

lungsoffen angelegt,[265] also nicht auf die traditionellen Bereiche der Kranken-, Renten-, Berufsunfähigkeits- und Unfallversicherung[266] beschränkt.[267] Der Begriff der Sozialversicherung deckt demnach auch Regelungen neuer Lebenssachverhalte ab, sofern sie in ihren **„wesentlichen Strukturelementen"**, insbesondere hinsichtlich der organisatorischen Durchführung und der abzudeckenden Risiken, der klassischen Sozialversicherung entsprechen.[268] Als charakteristische Merkmale der Sozialversicherung führt die Rechtsprechung vor allem die **Deckung des Finanzbedarfs durch Verteilung auf eine organisierte Vielheit** und **Beiträge der Beteiligten**[269] sowie die **organisatorische Durchführung** durch Anstalten oder Körperschaften des öffentlichen Rechts auf.[270] Im Hinblick auf die Beitragsverteilung nimmt die Rechtsprechung auch gewisse Umverteilungen hin.[271] Angrenzungsschwierigkeiten ergeben sich beim Vertragsarztrecht, das sowohl Aspekte des Krankenversicherungsrechts als auch des allgemeinen Berufsrechts für Ärztinnen und Ärzte aufweist.[272]

Der einen Aspekt der Sozialversicherung aufgreifende Begriff der **Arbeitslosenversicherung** ist wie diese dadurch gekennzeichnet, dass ein Bedarf im Wege der Verteilung auf eine organisierte Vielheit gedeckt wird.[273] Weitergehend als der Begriff des Arbeitsrechts umfasst die Arbeitslosenversicherung auch Regelungen zur Absicherung Selbständiger.[274] 53

XI. Ausbildungsbeihilfen und Forschungsförderung (Nr. 13)

Der Begriff der **Ausbildungsbeihilfen** meint Regelungen zur vornehmlich finanziellen Förderung von Individuen in ihrer Ausbildung in Abgrenzung zur Förderung entsprechender Institutionen.[275] Der Begriff der Ausbildung ist nicht auf bestimmte Ausbildungs- oder Studiengänge beschränkt.[276] 54

---

[265] *Oeter* in MKS Rn. 105.

[266] Zu ihnen *Degenhart* in Sachs Rn. 56; *Sannwald* in SHH Rn. 155; *Seiler* in BeckOK GG Rn. 52; zur Pflegeversicherung zudem BVerfGE 103, 197 (215).

[267] *Oeter* in MKS Rn. 105; *Seiler* in BeckOK GG Rn. 52.

[268] BVerfGE 11, 105 (112); 88, 203 (313); zusammenfassend etwa BVerfGE 11, 105 (112) sowie zuletzt BVerfGE 149, 50 (78, Rn. 79): Sozialversicherung umfasst alles, was sich der Sache nach als Sozialversicherung darstellt; aus der Literatur *Axer* in BK Rn. 26 ff.; *Pieroth* in Jarass/Pieroth Rn. 35a; *Oeter* in MKS Rn. 105; *Sannwald* in SHH Rn. 155; *Wittreck* in Dreier Rn. 61; differenzierend zur Entwicklung von Strukturelementen aus historisch entstandenen Sozialversicherungsaufgaben *Schenkel,* Sozialversicherung und Grundgesetz, 2008, 72 ff.

[269] Insoweit in Abgrenzung zur Zuständigkeit für die öffentliche Fürsorge (Nr. 7 → Rn. 26 f.), näher Schenkel, Sozialversicherung und Grundgesetz, 2008, 110 ff.; *Wittreck* in Dreier Rn. 61.

[270] Zuletzt BVerfGE 149, 50 (78, Rn. 79); zuvor etwa BVerfGE 87, 1 (34); 88, 203 (313); 113, 167 (201); *Wittreck* in Dreier Rn. 61; *Axer* in BK Rn. 31 ff.; *Axer,* NZS 2017, 601 (605), *Kuhla* NZS 2014 361 (362).

[271] Zum Risikostrukturausgleich der gesetzlichen Krankenkassen BVerfGE 113, 167 (196 f.); daran anknüpfend BVerfGE 149, 50 (78, Rn. 79); weitergehend auch für die Zurechnung eines steuerfinanzierten Systems zum Begriff der Sozialversicherung *Oeter* in MKS Rn. 105.

[272] Näher *Pestalozza* GesR 2006, 389 (391 ff.); *Prehn* MedR 2015, 560 (563 ff.); *Sodan* NZS 2001, 169 (170 ff.).

[273] BVerfGE 75, 108 (146 f.); *Oeter* in MKS Rn. 106.

[274] BVerfGE 10, 354 (368); 25, 314 (321); 63, 1 (35); 75, 108 (146); aus der Literatur *Axer* in BK Rn. 45; *Degenhart* in Sachs Rn. 58; *Oeter* in MKS Rn. 106; *Seiler* in BeckOK GG Rn. 52.1; dagegen *Sannwald* in SHH Rn. 158.

[275] *Fehling* in BK Rn. 7 und 10; *Oeter* in MKS Rn. 108; *Pieroth* in Jarass/Pieroth Rn. 38; *Seiler* in BeckOK GG Rn. 53; *Wittreck* in Dreier Rn. 64.

[276] *Fehling* in BK Rn. 7 auch zur Abgrenzung von Kindergarten und Hochschule; *Oeter* in MKS Rn. 108; *Pieroth* in Jarass/Pieroth Rn. 38; *Seiler* in BeckOK GG Rn. 53; *Wittreck* in Dreier Rn. 64.

55 Wie auch in Art. 5 Abs. 3[277] meint **wissenschaftliche Forschung** unter Berücksichtigung der Offenheit des Begriffs von Wissenschaft und Forschung[278] eine „geistige Tätigkeit mit dem Ziele, in methodischer, systematischer und nachprüfbarer Weise neue Erkenntnisse zu gewinnen".[279] Regelungen zur Förderung der wissenschaftlichen Forschung können sich sowohl auf Vorhaben einzelner Forschender als auch auf Institutionen oder Verbünde beziehen, in denen Forschung stattfindet.[280] Insbesondere Verknüpfungen der finanziellen Förderung forschender Institutionen mit strukturellen Anforderungen können dazu führen, dass der Bund mittelbar, aber nachhaltig Einfluss auf organisationsbezogene Fragen nimmt, für die es an einer Gesetzgebungskompetenz des Bundes fehlt.[281] Für Kooperationen von Bund und Ländern bei der Forschungsförderung setzt Art. 91b Abs. 1 einen Rahmen.[282] Schließlich gehen von den Maßnahmen und Programmen zur Forschungsförderung der Europäischen Union trotz deren beschränkten Zuständigkeiten erhebliche strukturelle Effekte auf die Forschungsräume der Mitgliedstaaten aus.[283]

XII. Recht der Enteignung (Nr. 14)

56 Entsprechend dem Begriffsverständnis in Art. 14 Abs. 3 GG[284] bezeichnet **Enteignung** die zumindest teilweise Entziehung konkreter subjektiver, Eigentumspositionen zur Erfüllung öffentlicher Aufgaben.[285] Solche Enteignungen können nach der Differenzierung in Art. 14 Abs. 3 als Administrativenteignung oder als Legalenteignung durch Gesetz erfolgen.[286] Entsprechend der eigentumsrechtlichen Dogmatik aus Art. 14 GG fallen hingegen weder Inhalts- und Schrankenbestimmungen noch enteignungsgleiche Eingriffe unter den Begriff der Enteignung.[287] Die Kompetenz zur Enteignung

[277] *Fehling* in BK Rn. 13; *Nolte* DVBl. 2010, 84 (84); *Oeter* in MKS Rn. 109; *Seiler* in BeckOK GG Rn. 54; allerdings sprechen die Unterschiede in den Kontexten und insbesondere in den Finanzierungsbedingungen dafür, Regelungen zur Ressortforschung und die Forschung in Industrieunternehmen den jeweils fachlich einschlägigen Kompetenztiteln zuzuordnen, näher zur Differenzierung zwischen den Forschungsbegriffen in Art. 5 Abs. 3 und Art. 74 Nr. 13 *Trute,* Die Forschung zwischen grundrechtlicher Freiheit und staatlicher Institutionalisierung, 1994, 42 f.

[278] Siehe nur *Kempen* in BeckOK GG Art. 5 Rn. 180 ff.

[279] BVerfGE 35, 79 (113), dort in Anlehnung an den Bundesbericht Forschung III BT-Drs. V/4335, 4; daran anknüpfend *Fehling* in BK Rn. 13; *Kempen* in BeckOK GG Art. 5 Rn. 182; *Oeter* in MKS Rn. 109; eingehend zum Normbereich der Forschung *Trute,* Die Forschung zwischen grundrechtlicher Freiheit und staatlicher Institutionalisierung, 1994, 143 ff.

[280] *Fehling* in BK Rn. 14; *Jauch* NVwZ 2013, 32 (33); *Oeter* in MKS Rn. 109; zu Verknüpfungen mit der Lehre *Nolte* DVBl. 2010, 84 (85 f.).

[281] *Degenhart* in Sachs Rn. 62; *Fehling* in BK Rn. 15 f: „goldene Zügel des Geldes"; *Nolte,* DVBl. 2010, 271 (281 ff.); *Oeter* in MKS Rn. 109; *Pieroth* in Jarass/Pieroth Rn. 38; *Rengeling* in HdbStR VI § 135 Rn. 246; *Sannwald* in SHH Rn. 178; *Seiler* in BeckOK GG Rn. 54; *Wittreck* in Dreier Rn. 65.

[282] Näher *Fehling* in BK Rn. 17 f.; *Löwer* WissR 2017, 263 ff.; *Karpen* ZG 2006, 271 (281 ff.); *Suerbaum/Ratka* RdJB 2017, 11 ff.; → Art. 91b Rn. 12 ff.

[283] *Pilniok,* Governance im europäischen Forschungsförderverbund, 2011, 281 ff.

[284] *Degenhart* in Sachs Rn. 63; *Oeter* in MKS Rn. 111; *Rengeling* in HdbStR VI § 135 Rn. 247; *Seiler* in BeckOK GG Rn. 55; *Wittreck* in Dreier Rn. 68.

[285] BVerfGE 143, 246 (333, Rn. 245); 134, 242 (289, Rn. 161), 204, 119) mwN; *Oeter* in MKS Rn. 111; *Seiler* in BeckOK GG Rn. 54; auf vollständige Entziehung beschränkt bei *Wittreck* in Dreier Rn. 68.

[286] *Oeter* in MKS Rn. 111.

[287] *Oeter* in MKS Rn. 111; *Seiler* in BeckOK GG Rn. 54; *Wittreck* in Dreier Rn. 68.

ist als **Annex-Kompetenz** zu einer anderweitigen Sachkompetenz des Bundes konzipiert.[288]

XIII. Sozialisierung (Nr. 15)

Der Kompetenztitel zur **Überführung von Grund und Boden, Naturschätzen** und **Produktionsmitteln** in **Gemeineigentum** oder in andere Formen der Gemeinwirtschaft schafft die kompetenzrechtliche Grundlage für die in Art. 15 S. 1 vorgesehene **Sozialisierung,**[289] jüngst diskutiert in Form der Vergesellschaftung gewinnorientierter Wohnungsunternehmen.[290] Die Kompetenz steht allerdings unter dem Vorbehalt der Erforderlichkeit nach Art. 72 Abs. 2. Inhaltlich trifft der Kompetenztitel keine materiell-rechtliche Aussage zu Gunsten einer Sozialisierung oder umgekehrt zu Lasten einer Privatisierung.[291] 57

XIV. Verhütung des Missbrauchs wirtschaftlicher Machtstellung (Nr. 16)

Die Verhütung des Missbrauchs wirtschaftlicher Machtstellung bezieht sich auf die **Ausgrenzung unzulässiger Verhaltensweisen aus Marktprozessen** zur Gewährleistung der **Funktionsfähigkeit von Märkten.** Gerade weil Märkten als sozialen Konstrukten keine Normalität innewohnt, von der sich ein abweichendes Verhalten ohne weiteres als „missbräuchlich" abgrenzen ließe, sondern es sich bei der Begrenzung des zulässigen Verhaltens vielmehr um normative Entscheidungen handelt, denen jeweils bestimmte wettbewerbstheoretische Prämissen zu Grunde liegen,[292] beinhaltet der Kompetenztitel insbesondere die Festlegung der Grenzen.[293] Die üblicherweise zur Bestimmung des Missbrauchs herangezogene, einen „normalen Gebrauch" von einer „entarteten Machtausübung" abgrenzende Formel[294] setzt im Grunde genommen die auf der Kompetenz beruhende, gesetzgeberische Entscheidung voraus.[295] Das wird nicht zuletzt bei der Bewertung neuartiger Strategien auf digitalen Märkten[296] deutlich. Trotz des auf eine wirtschaftliche 58

---

[288] *Seiler* in BeckOK GG Rn. 54; *Wittreck* in Dreier Rn. 68; zur Landeskompetenz für die Enteignung zur zwangsweisen Durchsetzung des Baus von Bergbahnen BVerfGE 56, 249 (263).

[289] *Oeter* in MKS Rn. 113; *Schliesky* in BK Rn. 9; *Seiler* in BeckOK GG Rn. 56; *Wittreck* in Dreier Rn. 71.

[290] Zur Initiative und den rechtlichen Rahmenbedingungen *Röhner* KJ 53 (2020), 16 (17 ff.); *Drohsel,* KJ 53 (2020), 30 (32 ff.).

[291] *Degenhart* in Sachs Rn. 64; *Oeter* in MKS Rn. 113; *Rengeling* in HdbStR VI § 135 Rn. 248; *Schliesky* in BK Rn. 9; anders wohl *Wittreck* in Dreier Rn. 71: materielle Konnotation, die bei der gängigen Redeweise von der „wirtschaftspolitischen Neutralität des Grundgesetzes" zu berücksichtigen wer; *Seiler* in BeckOK GG Rn. 56: Kompetenztitel bedeutet, dass aus Allgemeinwohlgründen auf öffentliche Einrichtungen übertragen werden kann; allgemein → Art. 70 Rn. 2.

[292] Vgl. nur *Mestmäcker/Schweitzer,* Europäisches Wettbewerbsrecht, 2004, § 3 Rn. 8 ff.

[293] Zum Einschätzungsspielraum des Gesetzgebers *Oeter* in MKS Rn. 116; *Wittreck* in Dreier Rn. 73.

[294] Vgl. *Kunig* in v. Münch/Kunig, 6. Aufl. 2012, Rn. 62; *Maunz* in Maunz/Dürig Rn. 192; *Oeter* in MKS Rn. 115; *Rengeling* in HdbStR VI § 135 Rn. 249; *Pieroth* in Jarass/Pieroth Rn. 34; *Sannwald* in SHH Rn. 193; zurückhaltend *Wittreck* in Dreier Rn. 73: bedenkenswert.

[295] Zum Teil wird zur Begründung dieses Unwerturteils auf den Zweck, die Mittel oder die Zweck-Mittel-Relation abgestellt, *Schliesky* in BK Rn. 28; *Seiler* in BeckOK GG Rn. 57; *Wittreck* in Dreier Rn. 73.

[296] Dazu nur *Podszun/Kersting* ZRP 2019, 34 ff.; *Schweitzer/Haucap/Kerber/Welker,* Modernisierung der Missbrauchsaufsicht für marktmächtige Unternehmen, 2018; *Schweitzer* ZEuO 2019, 1 ff.

Machtstellung abstellenden Wortlauts umfasst die Kompetenz nach allgemeiner Auffassung auch Regelungen zu Verhaltensweisen wie Kartellen oder abgestimmten Verhaltensweisen, die nicht zwangsläufig auf einer wirtschaftlichen Machtstellung beruhen müssen, sondern eine unzulässige Beschränkung der Verhalten anderer Marktteilnehmer erst hervorbringen.[297] Die Kompetenz ist auf die Gewährleistung von Marktprozessen beschränkt, deckt also keine Regelungen zu Begrenzung des Missbrauchs von Macht in politischen oder sonstigen gesellschaftlichen Kontexten.[298] Abgrenzungsschwierigkeiten ergeben sich, wenn Machtkonzentrationen sich sowohl auf Märkten als auch in anderen Bereichen wie insbesondere auf die Medienvielfalt auswirken. Die Reichweite und Intensität solcher Verknüpfungen dürften infolge der Digitalisierung sowie den für sie charakteristischen mehrseitigen Märkten und übergreifenden Unternehmensstrategien noch zunehmen.[299] Eine wettbewerbsrechtliche Regelung überschreitet den Rahmen des Kompetenztitels nicht bereits dann, wenn sie spezifisch Märkte in bestimmten Branchen adressiert und sich auf die Entwicklung der Kräfteverhältnisse auch über den ökonomischen Kontext hinaus auswirkt. Die Kompetenz setzt jedoch voraus, dass die Regelung in Zielsetzung und Wirkung im Schwerpunkt auf die **Gewährleistung offener Marktprozesse,** also von Handlungsspielräumen der Marktteilnehmer, gerichtet ist.[300] Umgekehrt überschreiten auch landesrechtliche Regelungen etwa aus dem Bereich des Rundfunk- oder Presserechts die Landeskompetenz nicht bereits dadurch, dass sie sich absehbar auch auf die Marktstrukturen auswirken. In der Sache ist der wesentliche Teil des Bereichs bereits von weitgehend abschließenden und unmittelbar anwendbaren Regelungen des europäischen Wettbewerbsrechts erfasst.[301]

XV. Land-, Forst-, Fischereiwirtschaft, Küstenschutz (Nr. 17)

59 Der Kompetenztitel umfasst eine Reihe von Aspekten der Land- und Forstwirtschaft, stellt allerdings schon mit Blick auf die Regelung zur Verbesserung der Agrarstruktur als **Gemeinschaftsaufgabe** in Art. 91a Abs. 1 Nr. 2 **keine generalklauselartige Allgemeinkompetenz** für den Bereich der Agrarpolitik dar.[302]

60 **Land- und forstwirtschaftliche Erzeugung** meint die Urproduktion,[303] unabhängig von den bodenrechtlich relevanten[304] Einschränkungen zur Futterproduktion bei der Tierhaltung.[305] Sich an die Produktion anschließende

---

297 Vgl. nur *Degenhart* in Sachs Rn. 65; *Schliensky* in BK Rn. 14: Beurteilung von Kartellen zeit- und kontextgebunden; *Pieroth* in Jarass/Pieroth Rn. 40; *Oeter* in MKS Rn. 116; *Wittreck* in Dreier Rn. 37: Kompetenzbestimmung der eine Wertung innewohnt.

298 *Oeter* in MKS Rn. 115; *Pieroth* in Jarass/Pieroth Rn. 40; *Wittreck* in Dreier Rn. 73; *Schliesky* in BK Rn. 25 weist zutreffend darauf hin, dass die Marktmacht allerdings auch zu machtfernen Zwecken missbraucht werden kann und in diesem Fall als Marktmacht unter den Kompetenztitel fällt.

299 *Schliesky* in BK Rn. 19; aus der reichhaltigen wettbewerbsrechtlichen Literatur nur *Körber* ZUM 2017, 93 ff.; zu den Facetten privater Regelsetzung auf Plattformen *Schweitzer* ZEuP 2019, 1 (4 ff.).

300 *Oeter* in MKS Rn. 117: bundesrechtliche Regelungen nach Nr. 16 müssen genuin wettbewerbsrechtlichen Zwecken dienen; ebenso *Wittreck* in Dreier Rn. 73.

301 *Mestmäcker/Schweitzer,* Europäisches Wettbewerbsrecht, 2014, § 14 Rn. 5 ff.

302 *Degenhart* in Sachs Rn. 67; *Oeter* in MKS Rn. 119; *Seiler* in BeckOK GG Rn. 58; *Wittreck* in Dreier Rn. 76.

303 *Degenhart* in Sachs Rn. 68; *Oeter* in MKS Rn. 119; *Seiler* in BeckOK GG Rn. 58.

304 Vgl. den Begriff der Landwirtschaft in § 201 BauGB.

305 *Degenhart* in Sachs Rn. 68.

Wertschöpfungsstufen wie etwa Verarbeitung und Handel sind von dem Begriff der Erzeugung nicht mehr umfasst.[306] Hingegen ist der Begriff der land- und forstwirtschaftlichen Erzeugung sachlich nicht auf den Bereich der Ernährung beschränkt.[307] Regelungen zur **Förderung** der Erzeugung können sowohl eine unmittelbar finanzielle Förderung, aber auch mittelbare Formen der Förderung, etwa durch Beratung[308] oder Absatzförderung[309], bis hin zur Ausgestaltung der zu großen Teilen unionsrechtlich geprägten[310] bereichsspezifischen Marktordnungen[311] einschließlich von Sonderabgaben[312] vorsehen.[313]

Die im Zuge der Föderalismusreform aus dem Kompetenztitel herausgenommene **Flurbereinigung** meint in Anknüpfung an die Begriffsbestimmung aus dem Flurbereinigungsgesetz Maßnahmen zur Neuordnung des ländlichen Grundbesitzes zur Verbesserung der Produktions- und Arbeitsbedingungen in der Land- und Forstwirtschaft sowie zur Förderung der allgemeinen Landeskultur und der Landentwicklung.[314] **61**

Der **Sicherung der Ernährung** dienen insbesondere Regelungen zur Beeinflussung der Produktion, auch von Wein,[315] zur Anlegung von Vorräten[316] sowie zur Ausgestaltung der Distribution,[317] etwa durch die Ausgestaltung von Wasserverbänden[318] oder Ablieferungspflichten.[319] Insbesondere mit Blick auf die Produktion und Distribution weist der Bereich der Sicherung der Ernährung Überschneidungen auf zu den Regelungen der **Ein- und Ausfuhr land- und forstwirtschaftlicher Erzeugnisse.**[320] Die weitgehend unionsrechtlich vorstrukturierten[321] Ein- und Ausfuhrregelungen sind allerdings nicht auf den Bereich der Ernährung beschränkt. **62**

Infolge seiner systematischen Stellung steht der Begriff der **Hochsee- und Küstenfischerei** in Nr. 17 in einem Zusammenhang zu den vorhergehenden Begriffen. In Abgrenzung zum Begriff der Hochsee- und Küstenschifffahrt nach Nr. 21[322] und der ausschließlichen Kompetenz des Bundes für auswärtige Angelegenheiten[323] bezieht sich der Begriff der Hochsee- und Küstenfischerei ebenso wie die vorhergehenden Begriffe auf Regelungen der **63**

---

306 *Oeter* in MKS Rn. 119.

307 Zur Pferdezucht BVerfGE 88, 366 (378); aus der Literatur *Degenhart* in Sachs Rn. 67 sowie *Oeter* in MKS Rn. 119: Biosprit und nachwachsende Rohstoffe als weitere Beispiele; *Wittreck* in Dreier Rn. 76.

308 *Oeter* in MKS Rn. 119.

309 *Degenhart* in Sachs Rn. 68; *Wittreck* in Dreier Rn. 76.

310 *Classen* in Oppermann/Classen/Nettesheim, § 24, 425 ff.

311 Aus der Rechtsprechung zuletzt BVerfGE 122, 1 (21; zuvor bereits BVerfGE 37, 1 (17); 18, 315 (329); aus der Literatur *Degenhart* in Sachs Rn. 68; *Oeter* in MKS Rn. 119; *Seiler* in BeckOK GG Rn. 59.1; *Wittreck* in Dreier Rn. 76.

312 BVerfG 136, 194 (241, Rn. 111), zur Finanzierung der Tätigkeit des Deutschen Weinfonds; aus der Literatur *Degenhart* in Sachs Rn. 68; *Oeter* in MKS Rn. 119; *Wittreck* in Dreier Rn. 76: denkbar weit.

313 *Pieroth* in Jarass/Pieroth Rn. 41; *Seiler* in BeckOK GG Rn. 59.

314 § 1 FlurbereinigungsG; *Degenhart* in Sachs, Rn. 68; *Oeter* in MKS Rn. 120.

315 BVerfGE 8, 71 (80), zu den Unsicherheiten bei der Einordnung von Wein als Nahrungs- oder Genussmittel *Degenhart* in Sachs Rn. 69.

316 *Oeter* in MKS Rn. 121.

317 *Degenhart* in Sachs Rn. 69.

318 BVerfGE 58, 45 (61); *Degenhart* in Sachs Rn. 69; *Sannwald* in SHH Rn. 202.

319 *Degenhart* in Sachs Rn. 69; *Oeter* in MKS Rn. 121; *Sannwald* in SHH Rn. 206.

320 *Degenhart* in Sachs Rn. 69.

321 *Oeter* in MKS Rn. 121; *Wittreck* in Dreier Rn. 76.

322 → Rn. 78 f.

323 Art. 73 Abs. 1 Nr. 1 → Art. 73 Rn. 3 ff.

Förderung der Produktion, Sicherung der Ernährung sowie der Ein- und Ausfuhr.[324]

64 Der Begriff des **Küstenschutzes** deckt Regelungen zum Schutz gegen Sturmfluten, sowohl hinsichtlich der Deichanlagen als auch des Hinterlandes, ab,[325] nicht jedoch im Schwerpunkt auf Gewässerverunreinigungen bezogene Regelungen[326] oder weitergehende Regelungen der Gefahrenabwehr[327] oder des Katastrophenschutzes.[328]

XVI. Grundstücksverkehr, Bodenrecht, Wohnungswesen (Nr. 18)

65 Im Zuge der **Föderalismusreform I** ist der Kompetenztitel aus Nr. 18 vor allem im Bereich des Wohnungswesens zu Gunsten der Kompetenz der Länder auf einzelne aufgezählte Bereiche eingegrenzt worden.[329] Die einzelnen im Kompetenztitel enthaltenen Bereiche versteht die **verfassungsgerichtliche Rechtsprechung als nebeneinander stehende, selbständige** Sondermaterien.[330]

66 Das in der Literatur allgemein herangezogene Verständnis des **Grundstücksverkehrs** stellt auf die Veräußerung, den Erwerb, die Belastung und die Verpachtung von Grundstücken ab[331] und deckt dadurch dem Wortlaut nach Sachverhalte ab, die durchweg auch in den Bereich des Bürgerlichen Rechts (Nr. 1) fallen. Gemeint sind in dem Kompetenztitel aus Nr. 18 jedoch im Schwerpunkt nicht die Regelungen der Rechtsbeziehungen unter Privaten, sondern deren öffentlich-rechtliche Nebenbedingungen.[332] Für den Bereich der Enteignung ist zudem in Nr. 14 ein speziellerer Kompetenztitel vorgesehen.[333] Die im Jahr 2006 vorgenommene Begrenzung auf den **städtebaulichen** Grundstücksverkehr soll den landwirtschaftlichen Grundstücksverkehr von der Bundeskompetenz ausklammern.[334]

67 Der Begriff des **Bodenrechts** umfasst nach allgemeiner Auffassung die Regelungen der rechtlichen Beziehungen des Menschen zu Grund und Boden, vor allem der Art und Weise seiner baulichen Nutzbarkeit.[335] Dazu zählen

---

[324] *Degenhart* in Sachs Rn. 69; *Oeter* in MKS Rn. 123; *Seiler* in BeckOK GG Rn. 62; *Wittreck* in Dreier Rn. 76 auch zu den völker- und unionsrechtlichen Vorgaben.

[325] *Degenhart* in Sachs Rn. 70; *Oeter* in MKS Rn. 124; *Seiler* in BeckOK GG Rn. 63; *Pieroth* in Jarass/Pieroth Rn. 42; *Wittreck* in Dreier Rn. 76 weist darauf hin, dass dazu auch Regelungen über die Preisgabe von Land zählen können.

[326] *Oeter* in MKS Rn. 124; *Rengeling* in HdbStR VI § 135 Rn. 255.

[327] *Degenhart* in Sachs Rn. 70; *Oeter* in MKS Rn. 124.

[328] *Oeter* in MKS Rn. 124; *Wittreck* in Dreier Rn. 76.

[329] *Degenhart* in Sachs Rn. 71; zudem zur vorherigen Ausklammerung des Rechts der Erschließungsbeiträge im Jahr 1994 *Oeter* in MKS Rn. 126; *Seiler* in BeckOK GG Rn. 64; *Wittreck* in Dreier Rn. 79.

[330] BVerfGE 3, 407 (414); ebenso *Oeter* in MKS Rn. 127.

[331] *Degenhart* in Sachs Rn. 69; *Oeter* in MKS Rn. 128; *Pieroth* in Jarass/Pieroth Rn. 44; *Rengeling* in HdbStR VI § 135 Rn. 257; *Sannwald* in SHH Rn. 216; *Seiler* in BeckOK GG Rn. 65; *Wittreck* in Dreier Rn. 80.

[332] *Degenhart* in Sachs Rn. 72: wohnungsbau- und verteilungspolitische Komponenten; *Oeter* in MKS Rn. 128; *Pieroth* in Jarass/Pieroth Rn. 44; *Seiler* in BeckOK GG Rn. 65.

[333] *Oeter* in MKS Rn. 128; *Wittreck* in Dreier Rn. 81 → Rn. 56.

[334] Begründung des Fraktionsentwurfs, BT-Drs. 16/813, 32; *Degenhart* in Sachs Rn. 72; *Oeter* in MKS 128; *Sannwald* in SHH Rn. 217.

[335] Aus der Rechtsprechung zuletzt BVerfGE 145, 20 (65, Rn. 115); zuvor bereits BVerfGE 3, 407 (424); 34, 139 (144); 56, 298 (311); aus der Literatur *Degenhart* in Sachs Rn. 73; *Oeter* in MKS Rn. 129; *Pieroth* in Jarass/Pieroth Rn. 45; *Seiler* in BeckOK GG Rn. 66; *Wittreck* in Dreier Rn. 91.

vor allem die Regelungen des Bauplanungsrechts,[336] einschließlich der Baulanderschließung,[337] jedoch ohne das im Jahr 1994 ausdrücklich herausgenommene **Recht der Erschließungsbeiträge.**[338] Für die über einen örtlichen Bezug hinausreichenden Regelungen zur Bodenverteilung und Raumordnung sowie für Regelungen zum Naturschutz und der Landschaftspflege sind seit der Föderalismusreform in Nr. 30, 31 und 32 gesonderte konkurrierende Zuständigkeiten mit Abweichungsmöglichkeit der Länder vorgesehen.[339] Umstritten ist die Reichweite einer konkurrierenden Kompetenz des Bundes für Regelungen zum **Bodenschutz,** denen eine umweltschutzrechtliche und keine verteilungs- oder wohnungsbaupolitische Funktion zukommt.[340]

Mit dem **Wohngeldrecht,** dem **Altschuldenhilferecht,** dem **Woh-** 68
nungsbauprämienrecht, dem **Bergarbeiterwohnungsbaurecht** und dem **Bergmannsiedlungsrecht** sind in dem Kompetenztitel schließlich punktuell einzelne Bereiche aufgezählt, die vor der Föderalismusreform I unter die übergreifende konkurrierende Zuständigkeit des Bundes für das Wohnungswesen fielen.[341] In die Kompetenz der Länder zurückgefallen sind damit Regelungen zur Förderung des Wohnungsbaus einschließlich des sozialen Wohnungsbaus[342] und der Wohnraumbewirtschaftung.[343] Nicht zu dieser im Jahr 2006 an die Länder zurückgefallenen Regelungszuständigkeit zählen öffentlich-rechtliche Regelungen der Entgelte im Sinne eines **„öffentlichen Preisrechts im Mietwohnungswesen“**[344], die die allgemeinen zivilrechtlichen Regelungen überlagern.[345] Vielmehr fallen Regelungen zur Ausgestaltung von Wohnraummietverhältnissen auch dann unter den Begriff des Bürgerlichen Rechts nach Nr. 1, wenn sie wie Regelungen zur Begrenzung der Miethöhe soziale Zielsetzungen verfolgen.[346] Der Begriff des **Altschuldenhilferechts** bezieht sich auf die Regelungsgegenstände des Altschuldenhilfe-

---

336 BVerfGE 56, 298 (311); 74, 264 (291); 77, 288 (299); aus der Literatur *Degenhart* in Sachs Rn. 73.

337 *Degenhart* in Sachs Rn. 74; *Oeter* in MKS Rn. 129.

338 Näher zur damit verbundenen Abweichung von der vorherigen Rechtsprechung *Oeter* in MKS Rn. 129.

339 Zur Abgrenzung näher *Oeter* in MKS Rn. 129.

340 Eine Kompetenz unter dem Gesichtspunkt vor allem des Bodenrechts befürwortend *Erbguth/Stollmann* NuR 1994, 319 ff.; *Papier* JZ 1994, 810 (812); *Peine* NuR 1992, 353 ff.; *Schink* DÖV 1995, 213 (215); für eine Zuordnung zum Umweltrecht dagegen *Degenhart* in Sachs Rn. 77; *Degenhart* ZRP 1997, 397 ff.; differenzierend und im Ergebnis für eine Mosaikkompetenz aus der Zusammenschau der Nr. 11, 24 und 29–32 *Oeter* in MKS Rn. 130.

341 *Degenhart* in Sachs Rn. 81; *Tietzsch* WuM 2020, 121 (122 f.).

342 Aus der Zeit vor der Föderalismusreform BVerfGE 21, 117 (128): Regelung zur Möglichkeit einer vorzeitigen Darlehenstilgung zur Förderung des Wohnungsbaues; BVerfGE 78, 249 (266): Erhebung einer Ausgleichsabgabe von Inhabern einer öffentlich geförderten Wohnung.

343 *Degenhart* in Sachs Rn. 81.

344 So aber *Weber* JZ 2018, 1022 (1027); ähnlich *Weber* ZMR 2019, 389 (392); *Weber* NZM 2019, 878 (879); daran anschließend *Fischer-Lescano/Gutmann* KJ 53 (2020), 3 (15).

345 *Schede/Schuldt* NVwZ 2019, 1572 (1574 f.); *Wolfers/Opper* DVBl. 2019, 1446 ff.; aA *Kloepfer* NJW 2019, 1656 (1659); *Putzer* NVwZ 2019, 283 (284 f.); *Tietzsch* WuM 2020, 121 (124); *Weber* JZ 2018, 1022 (1027); *Weber* ZMR 2019, 389 (392); *Weber* NZM 2019, 878 (879); im Verfahren des einstweiligen Rechtsschutzes offen gelassen in BVerfG NJW 2020, 1202 (1203, Rn. 19).

346 *Degenhart* in Sachs Rn. 81 → Rn. 4; zu Begrenzungen der Miethöhe *Schede/Schuldt* NVwZ 2019, 1572 (1574 f.); aA *Tietzsch* WuM 2020, 121 (124); für eine „Gleitformel“ und eine „kompetenzielle Wechselwirkung“ zwischen Bundeskompetenz für das zivilrechtliche Mietrecht und Länderkompetenz für das öffentliche Preisrecht *Fischer-Lescano/Gutmann* KJ 53 (2020), 3 (6 ff.).

gesetzes.[347] Der Begriff des **Wohnungsbauprämienrechts** greift die Regelungen des Wohnungsbau-Prämiengesetzes auf,[348] das in bestimmten Fällen Prämien für Aufwendungen zur Förderung des Wohnungsbaus vorsieht. Der Begriff des **Bergarbeiterwohnungsbaurechts** bezieht sich auf die Regelungen des Gesetzes zur Förderung des Bergarbeiterwohnungsbaus im Kohlenbergbau,[349] nach dem die Förderung des Bergarbeiterwohnungsbaues aus einem früher gebildeten Treuhandvermögen bereits seit einiger Zeit eingestellt ist.[350] Das **Bergmannsiedlungsrecht** umfasst potentiell Regelungen, wie sie in dem im Jahr 2017 aufgehobenen Gesetz über Bergmannsiedlungen vorgesehen waren.[351]

XVII. Bereich des Gesundheitswesens (Nr. 19)

69 Nr. 19 und 19a enthalten bestimmte Kompetenztitel aus dem Gesundheitsbereich, die jedoch nach einhelliger Ansicht **kein Ausdruck einer allgemeinen Kompetenz** des Bundes für den Bereich des **Gesundheitsrechts** sind.[352]

70 Der Begriff **„Krankheit"** meint im Anschluss an die fachgerichtliche Rechtsprechung einen behandlungsbedürftigen, pathologischen, also regelwidrigen Geistes- oder Körperzustand.[353] Die Bestimmung dieser Regelwidrigkeit des Zustands setzt einen negative Abweichung von dem Normalzustand und damit eine Beeinträchtigung der körperlichen oder geistigen Funktionsfähigkeit voraus.[354] Die **Gemeingefährlichkeit** von Krankheiten kommt darin zum Ausdruck, dass die Krankheit typischerweise geeignet ist, schwere Gesundheitsschädigungen bis hin zum Tod hervorzurufen sowie eine größere Zahl von Menschen oder Tieren zu betreffen,[355] wobei die Gemeingefährlichkeit im Gegensatz zur Übertragbarkeit keine Verbreitung durch Ansteckung voraussetzt. Mit der Ersetzung der Verknüpfung „und" durch die Verknüpfung „oder" im Zuge der Föderalismusreform I ist klargestellt worden, dass die Merkmale der Gemeingefährlichkeit und der Übertragbarkeit nicht kumulativ vorzuliegen brauchen.[356] Zudem genügt es, wenn die Krankheit Mensch oder Tier trifft.[357] Die **Übertragbarkeit** kommt nach der einfach-gesetzlichen Definition der übertragbaren Krankheit aus dem Infektionsschutzgesetz darin zum Ausdruck, dass Krankheitserreger oder deren

---

[347] Gesetz über Altschuldenhilfen für Kommunale Wohnungsunternehmen, Wohnungsgenossenschaften und private Vermieter in dem in Artikel 3 des Einigungsvertrages genannten Gebiet v. 23.6.1993; *Degenhart* in Sachs Rn. 82; *Wittreck* in Dreier Rn. 82; zu den Regelungen des Altschuldenhilfegesetzes näher *Köhler* DtZ 1994, 390 ff.

[348] *Degenhart* in Sachs Rn. 82; *Wittreck* in Dreier Rn. 82.

[349] *Degenhart* in Sachs Rn. 82.

[350] Vgl. § 1 Abs. 1 BergWohnFördG.

[351] Näher *Degenhart* in Sachs Rn. 82; *Wittreck* in Dreier Rn. 83.

[352] *Axer* in BK Rn. 9; *Degenhart* in Sachs Rn. 83; *Oeter* in MKS Rn. 134; *Sannwald* in SHH Rn. 234; *Seiler* in BeckOK GG Rn. 69; *Wittreck* in Dreier Rn. 86.

[353] Aus der fachgerichtlichen Rechtsprechung zuletzt BSG NJW 2020, 708 mwN; aus der verfassungsrechtlichen Literatur *Degenhart* in Sachs Rn. 84; *Oeter* in MKS Rn. 135; *Pieroth* in Jarass/Pieroth Rn. 49; *Rengeling* in HdbStR VI § 135 Rn. 264; *Wittreck* in Dreier Rn. 86.

[354] *Axer* in BK Rn. 14; *Oeter* in MKS Rn. 134; *Wittreck* in Dreier Rn. 86; die fachgerichtliche Rechtsprechung zählt zudem auch eine entstellende Wirkung dazu, BSG NJW 2020, 708.

[355] *Axer* in BK Rn. 15; *Degenhart* in Sachs Rn. 84; *Oeter* in MKS Rn. 135; *Wittreck* in Dreier Rn. 86.

[356] *Degenhart* in Sachs Rn. 84; *Oeter* in MKS Rn. 135; *Pieroth* in Jarass/Pieroth Rn. 49; *Rengeling* in HStR VI § 135 Rn. 264; *Wittreck* in Dreier Rn. 86.

[357] *Seiler* in BeckOK GG Rn. 70.

toxische Produkte unmittelbar oder mittelbar übertragen werden und die Krankheit verursachen.[358] Die von dem Kompetenztitel in Bezug genommenen **Maßnahmen** umfassen sowohl die Bekämpfung als auch vorbeugende Maßnahmen der Prävention wie Impfungen oder Vorsorgeuntersuchungen,[359] einschließlich des Schutzes vor mittelbaren,[360] aber signifikanten Krankheitsursachen wie dem Rauchen.[361] Zu den präventiven Maßnahmen zählen auch Regelungen zur Bevorratung von Medikamenten und mittelbar oder unmittelbar erforderlichen Behandlungsgegenständen[362] sowie Reisebeschränkungen, wie sie **2020** für die **epidemische Lage von nationaler Tragweite** eingeführt worden sind[363]. Die Formulierung in § 5 Abs 2 IFSG, nach der die Ermächtigung des Bundesministeriums für Gesundheit zum Erlass entsprechende Anordnungen und Rechtsverordnungen „unbeschadet der Befugnisse der Länder" ergeht, soll offenbar eine Doppelzuständigkeit von Bund und Ländern begründen[364], die sich allerdings so pauschal nicht herstellen lässt. Immerhin wird man mit Blick auf diese Intention annehmen können, dass allein dem Erlass der Ermächtigung noch keine Sperrwirkung zukommen soll[365], also der Umfang in denen der Bund von seiner Gesetzgebungszuständigkeit Gebrauch gemacht hat, vom Inhalt der später erlassenen Anordnungen und Rechtsverordnungen abhängt[366].

Die Kompetenz für die **Zulassung zu ärztlichen und anderen Heilberufen und zum Heilgewerbe** bezieht sich auf Regelungen des Berufszugangs zu den jeweiligen Berufen.[367] 71

Ärztliche Berufe in diesem Sinn sind nach der Rechtsprechung die Berufe des Arztes, des Zahnarztes und des Tierarztes,[368] mit Blick auf die Einheitlichkeit des Arztberufes nicht jedoch einzelne Spezialisierungen wie Facharzt-Bezeichnungen.[369] **Andere Heilberufe** und das Heilgewerbe umfassen die sonstigen unmittelbar auf die Heilung oder zumindest die Behand- 72

---

[358] § 2 Nr. 3 IfSG; daran anknüpfend *Axer* in BK Rn. 15; *Oeter* in MKS Rn. 135; *Rengeling* in HdbStR VI § 135 Rn. 264; *Seiler* in BeckOK GG Rn. 70: auch Infektionskrankheiten; *Wittreck* in Dreier Rn. 86.

[359] *Axer* in BK Rn. 16: spezieller und unmittelbarer Bezug erforderlich, keine allgemeinen Präventionsmaßnahmen; *Degenhart* in Sachs Rn. 85; *Oeter* in MKS Rn. 135; *Pieroth* in Jarass/Pieroth Rn. 49; *Rengeling* in HdbStR VI § 135 Rn. 264; *Seiler* in BeckOK GG Rn. 70; *Wittreck* in Dreier Rn. 86.

[360] Für eine engere, die Bekämpfung mittelbarer Ursachen in erster Linie der Landeskompetenz zuordnende Auslegung *Sannwald* in SHH Rn. 231.

[361] *Degenhart* in Sachs Rn. 85; *Oeter* in MKS Rn. 135; *Siekmann* NJW 2006, 3382 (3383); *Stettner* ZG 2007, 156 (168 f.); *Wagner,* Die Konkurrenzen der Gesetzgebungskompetenzen von Bund und Ländern, 2011, 285; aA *Försterling* ZG 2007, 36 (46); *Rossi/Lenski* NJW 2006, 2657 (2658); *Wendtland* DÖV 2007, 647 (648).

[362] *Oeter* in MKS Rn. 135; *Wittreck* in Dreier Rn. 86.

[363] §§ 5, 5a IfSG; näher *Meßling* NZS 2020, 321 (322 ff.).

[364] Vgl. Begründung Fraktionsentwurf, BT-Drs. 19/18111, 20: „Diese Anordnungsbefugnisse treten neben die Rechtsetzungs- und Verwaltungsbefugnisse der Länder, gleichgültig ob sie nach diesem Gesetz oder auf Grundlage anderer Vorschriften bestehen. Regelungen der Länder dürfen den Regelungen des Bundes in diesem Rahmen nicht widersprechen. (…)".

[365] Art. 72 Rn. 21.

[366] Dagegen für Sperrwirkung bereits der Verordnungsermächtigung WD BT, WD3–3000-081/20, 4.

[367] *Axer* in BK Rn. 18; *Oeter* in MKS Rn. 136; *Seiler* in BeckOK GG Rn. 71.

[368] BVerfGE 33, 125 (154), im Anschluss daran *Axer* in BK Rn. 17; *Degenhart* in Sachs Rn. 86; *Oeter* in MKS Rn. 136; *Rengeling* in HdbStR VI § 135 Rn. 265; *Seiler* in BeckOK GG Rn. 71; *Wittreck* in Dreier Rn. 88.

[369] BVerfGE 33, 124 (154); *Oeter* in MKS Rn. 136.

lung und Betreuung bezogenen professionellen Tätigkeiten.[370] Dazu zählen insbesondere Heilpraktiker[371] und die sog. Heilhilfsberufe[372] wie die Geburtshilfe, Orthopädik, Krankengymnastik, Physiotherapie und Krankenpflege[373] einschließlich der Altenpflege.[374] Auf der Grundlage dieser weiten Auslegung des Begriffs der Heilberufe, die auch die „helfende Betreuung von Menschen mit gesundheitlichen Problemen" einschließt,[375] sind auch Apotheker und Optiker eingeschlossen,[376] zumal der Teilbereich auch generell die Zulassung zum Heilgewerbe erfasst. **Zulassung** meint die für den Zugang zu den beruflichen Tätigkeiten relevanten Regeln, in der grundrechtlichen Terminologie also die subjektiven und objektiven Berufszugangsschranken im Gegensatz zu den Regelungen der Berufsausübung,[377] etwa der berufsrechtlichen Regelungen zu den Honoraren,[378] der Berufsorganisation[379] und Gerichtsbarkeit[380] oder der Werbung.[381] Zum Begriff der Zulassung zählen insbesondere Regelungen zum Erhalt und Verlust der Approbation[382] einschließlich der approbationsrelevanten Prüfungen,[383] nicht jedoch Regelungen zur Zulassung oder zur näheren Ausgestaltung des Studiums.[384]

73 Der dritte Teilbereich des Kompetenztitels deckt mit dem **Recht des Apothekenwesens,** den **Arzneien,** den **Medizinprodukten,** den **Heilmitteln**, den **Betäubungsmitteln** und den **Giften** Regelungen über den Umgang mit der Behandlung dienenden Stoffen ab.[385] Im Zuge der Föderalismusreform ist das einschränkende Merkmal des „Verkehrs" zur Gewähr-

---

[370] BVerfGE 106, 62 (108); zur weiten Auslegung *Axer* in BK Rn. 17; *Pieroth* in Jarass/Pieroth Rn. 51; *Seiler* in BeckOK GG Rn. 71; *Wittreck* in Dreier Rn. 88; methodisch zur Berücksichtigung der einfach-gesetzlichen Definition der Heilkunde aus § 1 Abs. 2 HeilprG *Jarass* DÖV 2019, 457 (458 f.).

[371] BVerfGE 78, 179 (192); *Degenhart* in Sachs Rn. 86; *Oeter* in MKS Rn. 136; *Rengeling* in HdbStR VI § 135 Rn. 267; *Seiler* in BeckOK GG Rn. 71.1.

[372] *Degenhart* in Sachs Rn. 136; *Oeter* in MKS Rn. 136; *Sannwald* in SHH Rn. 244; *Seiler* in BeckOK GG Rn. 71.1.

[373] *Degenhart* in Sachs Rn. 136; *Oeter* in MKS Rn. 136; *Sannwald* in SHH Rn. 244; *Wittreck* in Dreier Rn. 88 mit weiteren Beispielen.

[374] BVerfGE 106, 62 (105 ff.) in Abgrenzung zu den Altenpflegehelfern; anders *Degenhart* in Sachs Rn. 86; *Gallwas* DÖV 1993, 17 ff.

[375] Zum entsprechenden allgemeinen wie auch fachsprachlichen Wortsinn BVerfGE 106, 62 (108).

[376] *Axer* in BK Rn. 19; *Oeter* in MKS Rn. 136, auch zu der Nr. 11 (Gewerbe) heranziehenden Gegenansicht; *Rengeling* in HdbStR VI § 135 Rn. 267 f.

[377] *Axer* in BK Rn. 18; *Degenhart* in Sachs Rn. 86; *Oeter* in MKS Rn. 136; *Pestalozza* GesR 2006, 389 (395); *Rengeling* in HdbStV VI § 135 Rn. 266; *Sannwald* in SHH Rn. 246 f., 249; *Seiler* in BeckOK GG Rn. 71; *Sodan* NZS 2001, 169 (171); *Wittreck* in Dreier Rn. 87.

[378] BVerfGE 17, 287 (292); 68, 319 (328): Recht der Wirtschaft, Nr. 11; *Degenhart* in Sachs Rn. 86; *Oeter* in MKS Rn. 136.

[379] BVerfGE 7, 59 (60); *Degenhart* in Sachs Rn. 86; *Oeter* in MKS Rn. 136; zur Einführung haftungsbeschränkender Gesellschaftsformen *Barth* NZG 2018, 94 (95 f.).

[380] BVerfGE 4, 74 (83); 17, 287 (292 f.); *Degenhart* in Sachs Rn. 86; *Rehborn* GesR 2004, 170 (170 f.).

[381] BVerfGE 71, 162 (173); *Axer* in BK Rn. 17; *Degenhart* in Sachs Rn. 86; *Oeter* in MKS Rn. 136.

[382] BVerfGE 4, 74 (83 f.); 7, 18 (25); 17, 287 (292); 33, 125 (152 f.); *Degenhart* in Sachs Rn. 86.

[383] *Degenhart* in Sachs Rn. 86; zu den Regelungen der Approbationsordnung näher *Quaas* in Quaas/Zuck/Clemens, § 13 Rn. 13 ff.

[384] *Oeter* in MKS Rn. 136; zu dem insoweit einschlägigen Kompetenztitel für die Hochschulzulassung und die Hochschulabschlüsse (Nr. 33) → Rn. 108; relativierend für Zulassungsregelungen nach Nr. 19 *Degenhart* in Sachs Rn. 86: allenfalls generelle Mindestanforderungen.

[385] Zu den Begrifflichkeiten näher *Axer* in BK Rn. 20 ff.; *Sannwald* in SHH Rn. 252 ff.; *Wittrek* in Dreier Rn. 90.

leistung eines bundesweit einheitlichen Sicherheits- und Schutzniveaus[386] gestrichen[387] und damit die Kompetenz auch auf weitere Aspekte des Umgangs einschließlich der Werberegelungen und der Regelungen zu ärztlich selbst hergestellten Produkten[388] erweitert worden.[389] Bereits der Begriff des Verkehrs umfasste die Wertschöpfungsstufen von der Herstellung über Großhandel bis zum Einzelhandel einschließlich der Regelungen über die Entgeltbildung.[390] Systematisch setzt sich das „Recht des Apothekenwesens" von der Aufzählung der stoffbezogenen Begriffe ab. Entsprechend umstritten ist, ob der Begriff wie vom Wortlaut nahegelegt eine umfassende Regelung des Bereichs abdeckt.[391]

XVIII. Wirtschaftliche Sicherung der Krankenhäuser (Nr. 19a)

Die Kompetenztitel für die wirtschaftliche Sicherung der Krankenhäuser 74
und der Regelung der Krankenhauspflegesätze betreffen mit den **Finanzierungsbedingungen** einen Ausschnitt des Bereichs der Krankenhausversorgung,[392] der rechtlich von Aspekten der inhaltlichen Ausgestaltung wie der Organisation oder der Personalstruktur abgegrenzt ist.[393] Da der Finanzbedarf und die Fragen der näheren Ausgestaltung sich wechselseitig beeinflussen, begründet der auf die wirtschaftliche Sicherung beschränkte Kompetenztitel in zweifacher Hinsicht ein Spannungsverhältnis.[394] Auf der einen Seite können finanzielle Rahmenbedingungen, etwa Fallpauschalen, vor allem bei wirtschaftlichem Druck Anreize zu einem bestimmten Verhalten setzen und dadurch die krankenhausinternen Strukturen und Abläufe mittelbar beeinflussen.[395] Insbesondere bundesgesetzliche Regelungen, die im Sinne einer effizienten Verteilung der finanziellen Ressourcen Qualitätskriterien der Behandlung aufstellen,[396] müssen vor diesem Hintergrund den

---

[386] BT-Drs. 16/813, 13.

[387] *Degenhart* in Sachs Rn. 86; *Oeter* in MKS Rn. 138; *Sannwald* in SHH Rn. 257; *Seiler* in BeckOK GG Rn. 72; *Wittreck* in Dreier Rn. 90.

[388] Anders noch zu Regelungen über die Herstellung von Arzneimitteln, die ärztlich zur Anwendung bei eigenen Patienten hergestellt werden, BVerfGE 102, 26 (36 f.).

[389] *Degenhart* in Sachs Rn. 87; *Oeter* in MKS Rn. 138; *Pieroth* in Jarass/Pieroth Rn. 53; *Seiler* in BeckOK GG Rn. 72.

[390] BVerfGE 114, 196 (222).

[391] Dafür *Axer* in BK Rn. 19; *Degenhart* in Sachs Rn. 87; *Oeter* in MKS Rn. 137, *Pieroth* in Jarass/Pieroth Rn. 52; *Sannwald* in SHH Rn. 250; *Wittreck* in Dreier Rn. 89; Begründung des Fraktionsentwurfs, BT-Drs. 16/813, 13: umfassende, nicht auf die Zulassung oder heilende Aspekte beschränkte Regelung des Rechtsgebiets; zu den Einschränkungen näher *Sannwald* in SHH Rn. 25.

[392] BVerfGE 83, 363 (379 f.); *Axer* in BK Rn. 5, 19 f.; *Degenhart* in Sachs Rn. 88; *Seiler* in BeckOK GG Rn. 73.

[393] Unter Hinweis auf die Entstehungsgeschichte BVerfGE 83, 363 (380); *Degenhart* in Sachs Rn. 88: finanzielle Seite ohne Zuständigkeit für strukturelle Eingriffe; *Kuhla* NZS 2014, 361 (362); *Pieroth* in Jarass/Pieroth Rn. 54, 54a; *Seiler* in BeckOK GG Rn. 73.

[394] *Axer* in BK Rn. 22 f.; *Wittreck* in Dreier Rn. 93; mit Akzent auf der Verwaltungsorganisation *Burgi/Maier* DÖV 2000, 579 (583 f.).

[395] *Ipsen* FS f. Hufen, 2015, 181 ff. (187): Fallpauschalensystem spiegelt Leistungsfähigkeit wider; zur Aufstellung von Qualitätsstandards und Regelungen der Krankenhauspläne durch das Krankenhausstrukturgesetz etwa *Oeter* in MKS Rn. 141; *Bohle* GesR 2016, 605 ff.; *Pitschas* GuP 2016, 161 ff.; *Quaas* GesR 2018, 626 (628 ff.); *Stollmann* NZS 2016, 201 (202 f.): Regelung zur Aufstellung von Krankenhausplänen als Annexkompetenz noch von der Kompetenz aus Nr. 19a gedeckt; *Ternick* NZS 2017, 770 (774).

[396] Vgl. die Begründung im Regierungsentwurf zum Krankenhausstrukturgesetz BR-Drs. 277/15, 41 f.

Ländern einen hinreichenden Spielraum zur Ausgestaltung belassen,[397] zumal die Ausübung der Kompetenz unter dem Erforderlichkeitsvorbehalt nach Art. 72 Abs. 2 steht. Umgekehrt weist der Kompetenztitel dem Bund eine Zuständigkeit für die Absicherung der Finanzierung zu, ohne dass der Bund für wesentliche Kostenfaktoren zuständig ist.[398] In der Sache sind mit dem Begriff der wirtschaftlichen Sicherung der Krankenhäuser Regelungen zu Finanzhilfen und Entgelte für teilstationäre und stationäre Krankenbehandlungen gemeint.[399] Die zumindest teilweise stationäre Behandlung charakterisiert den Begriff des Krankenhauses.[400] Regelungen der Krankenhauspflegesätze sind als entgeltbezogene Regelungen[401] Teil der wirtschaftlichen Sicherung der Krankenhäuser.

XIX. Lebensmittel, Verbrauchsgüter, Pflanzenschutz, Tierschutz (Nr. 20)

75 Ähnlich wie bei dem dritten Teilbereich des Kompetenztitels aus Nr. 19[402] ist hinsichtlich des **Rechts der Lebensmittel, Genussmittel, Bedarfsgegenstände und Futtermittel** im Zuge der Föderalismusreform die Beschränkung auf den „Verkehr" entfallen mit der Folge, dass insbesondere Regelungen zum Verbraucherschutz, etwa durch Verbraucherinformationen,[403] sowie auch Regelungen zum Umgang etwa mit Genussmitteln erfasst sind.[404] Der Teilbereich des Kompetenztitels deckt sowohl Regelungen zur Herstellung, dem Vertrieb, zu den Anforderungen an die Werbung sowie die Produktkennzeichnungen[405] und ist in großen Teilen unionsrechtlich vorstrukturiert.[406] Das **Recht der Lebensmittelgewinnung dienenden Tiere** umfasst auch den Zeitraum vor der eigentlichen Verarbeitung oder sonstigen Lebensmittelgewinnung.[407] In Anknüpfung an das einfachgesetzliche und unionsrechtliche[408] Begriffsverständnis werden **Lebensmittel** als Stoffe oder Erzeugnisse verstanden, die bestimmungsgemäß oder zumindest vorhersehbar in verarbeitetem oder unverarbeitetem Zustand von Menschen aufgenom-

[397] *Axer* in BK Rn. 22; *Stollmann* NZS 2016, 201 (203); *Ternik* NSZ 2017, 770 (774).

[398] *Ipsen* FS f. Hufen, 2015, 181 ff. (185 ff.); *Oeter* in MKS Rn. 141; *Wittreck* in Dreier Rn. 93: strukturell dilemmatisch.

[399] BVerfGE 114, 196 (222); im Anschluss daran *Degenhart* in Sachs Rn. 89; *Oeter* in MKS Rn. 141; *Wittreck* in Dreier Rn. 94; zu Entgelten für die Nutzung der Infrastrukturen durch Ärzte zudem *Seiler* in BeckOK GG Rn. 73.1 im Anschluss an BVerwGE 130, 252 ff.

[400] *Degenhart* in Sachs Rn. 88; *Sannwald* in SSH Rn. 162 ff.; unter Rückgriff auf § 2 Nr. 1 KHG *Axer* in BK Rn. 11 ff.; *Seiler* in BeckOK GG Rn. 73.

[401] *Degenhart* in Sachs Rn. 89; *Oeter* in MKS Rn. 142; *Rengeling* in HdbStR VI § 135 Rn. 269; *Seiler* in BeckOK GG Rn. 74; vgl. § 2 Nr. 4 KHG: Pflegesätze als Entgelte der Benutzer oder ihrer Kostenträger für stationäre und teilstationäre Leistungen des Krankenhauses.

[402] → Rn. 73.

[403] BVerfGE 148, 40 (49 Rn. 23); *Seiler* in BK Rn. 76; zu den damit verbundenen grundrechtlichen Fragen *Wollenschläger* JZ 2018, 980 (982 ff.); zu den Folgen der Gesetzgebungskompetenz für die Verwaltungskompetenz und Zuständigkeiten der Finanzierung von Verbraucherportalen *Kühl* VuR 2017, 379 (381).

[404] *Degenhart* in Sachs Rn. 90; *Oeter* in MKS Rn. 145; *Wittreck* in Dreier Rn. 97.

[405] *Oeter* in MKS Rn. 145, *Pieroth* in Jarass/Pieroth Rn. 55; *Rengeling* in HdbStR VI § 135 Rn. 270; *Wittreck* in Dreier Rn. 97.

[406] *Degenhart* in Sachs Rn. 90; zum Lebensmittelrecht *Schrader/Warncke* LMuR 2014, 82 (83 ff.).

[407] *Degenhart* in Sachs Rn. 90, *Oeter* in MKS Rn. 145; *Sannwald* in SHH Rn. 274; *Wittreck* in Dreier Rn. 97: lückenlöser Zugriff auf die Herkunftskette.

[408] Zum Einfluss des Unionsrechts *Schraden/Warncke* LMuR 2014, 82/83 ff.

men werden.[409] Entsprechend handelt es sich bei **Futtermitteln** in Anlehnung an die im LFGB übernommene, unionsrechtliche Begriffsbestimmung um Stoffe und Erzeugnisse einschließlich von Zusatzstoffen, die verarbeitet, teil- oder unverarbeitet zur oralen Tierfütterung bestimmt sind.[410] Die Kompetenz für Regelungen zu **Genussmitteln,** also Lebensmitteln, die vor allem wegen ihres Geschmacks oder ihrer Wirkung konsumiert werden,[411] wird teilweise auch auf die Vermeidung von Gefahren für Dritte, etwa durch Rauchverbote im öffentlichen Raum, erstreckt.[412] Der Begriff der **Bedarfsgegenstände** meint Sachen, von denen durch ihren bestimmungsgemäßen Kontakt zum menschlichen Körper ein besonderer Regelungsbedarf ausgeht.[413]

Der auf den Schutz beim **Verkehr** beschränkte Teilbereich des **land- und** **76**
forstwirtschaftlichen Saat- und Pflanzenguts bezieht sich auf die Phasen der Herstellung und des Vertriebs, nicht jedoch eigene Herstellung ohne Weitergabe an Dritte.[414] Die konkurrierende Kompetenz für den **Schutz der Pflanzen** ist ausdrücklich auf den **Schutz gegen Krankheiten und Schädlinge** bezogen, beinhaltet also in Abgrenzung zur Kompetenz für den Naturschutz[415] nicht umfassend Maßnahmen des Pflanzenschutzes.[416] Vorbeugende Maßnahmen sind abgedeckt,[417] nicht jedoch ein pflanzenübergreifender Biotopschutz.[418]

Hingegen ist der Kompetenzbereich für den **Tierschutz** umfassend ge- **77**
meint. Er umfasst nach der Rechtsprechung unter Hinweis auf die Gesetzgebungsmaterialien[419] unter anderem die Tierhaltung einschließlich der Beförderung, ihre Schlachtung und Tierversuche,[420] darüber hinaus aber auch Regelungen zur Überwachung und weiteren Förderung des Tierschutzes.[421] Zuchtverbote, die dem Schutz Dritter vor gefährlichen Tieren dienen, fallen nicht darunter.[422]

---

[409] Art. 2 Abs. 1 VO (EG) 178/2002, § 2 Abs. 2 LFGB, *Oeter* in MKS Rn. 145; *Sannwald* in SHH Rn. 273.

[410] Art. 3 Nr. 4 VO (EG) 178/2002, § 2 Abs. 4 LFGB, *Oeter* in MKS Rn. 145; *Seiler* in BeckOK GG Rn. 76; *Wittreck* in Dreier Rn. 97: dienen dem tierischen Verzehr.

[411] *Degenhart* in Sachs Rn. 90; *Wittreck* in Dreier Rn. 97: graduelle Unterschiede.

[412] So *Degenhart* in Sachs Rn. 90; *Pieroth* in Jarass/Pieroth Rn. 55; *Siekmann* NJW 2006, 3382 (3383 f.): Recht der Genussmittel schlechthin.

[413] *Oeter* in MKS Rn. 145; *Pieroth* in Jarass/Pieroth Rn. 55; *Rengeling* in HdbStR VI § 135 Rn. 272; *Wittreck* in Dreier Rn. 97; vgl. die Aufzählung in § 2 Abs. 6 S. 1 LFGB.

[414] *Seiler* in BeckOK GG Rn. 77; *Wittreck* in Dreier Rn. 97.

[415] Nr. 29 → Rn. 100.

[416] *Degenhart* in Sachs Rn. 91; *Oeter* in MKS Rn. 146; *Pieroth* in Jarass/Pieroth Rn. 56; *Sannwald* in SHH Rn. 281 f.; *Wittreck* in Dreier Rn. 98.

[417] *Oeter* in MKS Rn. 146; *Regeling* in HdbStR VI § 135 Rn. 274; *Sannwald* in SHH Rn. 281; *Seiler* in BeckOK GG Rn. 77.

[418] *Degenhart* in Sachs Rn. 91; *Oeter* in MKS Rn. 146; *Pieroth* in Jarass/Pieroth Rn. 56; *Rengeling* in HdbStR VI § 135 Rn. 274, *Wittreck* in Dreier Rn. 98.

[419] Entwurfsbegründung, BT-Drs. VI/1010, 3.

[420] BVerfGE 110, 141 (171); daran anknüpfend *Oeter* in MKS Rn. 147; *Pieroth* in Jarass/Pieroth Rn. 56; *Seiler* in BeckOK GG Rn. 78; *Wittreck* in Dreier Rn. 99; zur Abwägung des Tierschutzes mit der Wissenschaftsfreiheit bei Tierversuchen *Lindner* NordÖR 2009, 329 ff.

[421] BVerfGE 110, 141 (171); *Oeter* in MKS Rn. 147; *Pieroth* in Jarass/Pieroth Rn. 56; *Rengeling* in HdbStR VI § 135 Rn. 275; *Sannwald* in SHH Rn. 284; *Seiler* in BeckOK GG Rn. 78; *Wittreck* in Dreier Rn. 99; weitgehend zu Regelungen einer Verbandsklage im Tierschutzrecht *Caspar* DÖV 2008, 145 (147 f.); zweifelnd insoweit *Seiler* in BeckOK GG Rn. 78.

[422] BVerfGE 110, 141 (171); *Sannwald* in SHH Rn. 285; *Wittreck* in Dreier Rn. 99.

XX. Schifffahrt, Wasserstraßen (Nr. 21)

78 Die einzelnen im Kompetenztitel aufgezählten Unterbereiche decken den Bereich der **Schifffahrt,** verstanden als den Verkehr von Wasserfahrzeugen,[423] weitgehend ab,[424] mit Ausnahme allerdings der Häfen.[425] Die **Hochseeschifffahrt** bezieht sich auf den Bereich außerhalb, die **Küstenschifffahrt** auf den Bereich innerhalb der Territorialgewässer.[426] Die Kompetenz umfasst Regelungen zum Zustand der Fahrzeuge, zur Ausbildung, Qualifikation, Zusammensetzung und Versicherung der Besatzung[427] sowie zu den Regeln des Verkehrs einschließlich des Umgangs mit Unfällen und den Festsetzungen der Entgelte.[428] Nicht zur konkurrierenden Kompetenz für den Schiffsverkehr zählt die allgemeine Abwehr von Gewässerverunreinigungen, es sei denn, die Regelung knüpft spezifisch an den Betrieb eines Wasserkraftfahrzeugs an.[429] Mit Seezeichen sind alle schifffahrtsbezogenen Zeichenanlagen gemeint in Abgrenzung zur Kommunikation unter Schiffen im Rahmen des Verkehrs.[430]

79 Bei den **Seewasserstraßen** handelt es sich um Wasserstraßen im Küstenmeer.[431] Die Regelungskompetenz für Binnenwasserstraßen bezieht sich auf Wasserstraßen, die landeinwärts der Seewasserstraßen liegen und dem **allgemeinen Schiffsverkehr dienen,** also einen gewissen Verkehrsumfang aufweisen.[432] Abweichend von der Begriffsbestimmung nach § 1 Abs. 1 Nr. 1 WaStrG braucht es sich dabei weder zwingend um Bundeswasserstraßen zu handeln, noch kommt allen Bundeswasserstraßen für den allgemeinen Schiffsverkehr eine hinreichende Bedeutung zu.[433] Inhaltlich können sich Regelungen zu den Wasserstraßen sowohl auf den **Verkehr** als auch auf die **Erhaltung** und den **Ausbau der Wasserstraßen** einschließlich ihrer Planfeststellung beziehen.[434] Beim Ausbau kann die auf den Verkehr bezogene konkurrierende Kompetenz mit Kompetenztiteln des Wasserhaushalts in

---

[423] *Degenhart* in Sachs Rn. 93; *Knauff* in BK Rn. 8.

[424] *Degenhart* in Sachs Rn. 93.

[425] Zu den Binnenhäfen BVerfGE 2, 347 (376); allgemein *Degenhart* in Sachs Rn. 93; *Oeter* in MKS Rn. 150; *Pieroth* in Jarass/Pieroth Rn. 57; *Wittreck* in Dreier Rn. 103; anders mit gewichtigen Gründen *Knauff* in BK Rn. 13: für den Verkehr notwendige Infrastruktur im Hinblick auf ihre Verkehrsfunktion erfasst.

[426] *Degenhart* in Sachs Rn. 93; *Knauff* in BK Rn. 9 f.; *Oeter* in MKS Rn. 150, auch zum völkerrechtlichen Kontext; *Pieroth* in Jarass/Pieroth Rn. 58; *Seiler* in BeckOK GG Rn. 80; *Sannwald* in SHH Rn. 290.

[427] *Wittreck* in Dreier Rn. 103.

[428] BVerfGE 15, 1 (12); aus der Literatur *Degenhart* in Sachs Rn. 93; *Knauff* in BK Rn. 11; *Oeter* in MKS Rn. 150; *Pieroth* in Jarass/Pieroth Rn. 58; *Wittreck* in Dreier Rn. 103.

[429] *Oeter* in MKS Rn. 150; *Seiler* in BeckOK GG Rn. 80; *Wittreck* in Dreier Rn. 103; im Anschluss an BVerwG NJW 1991, 2435 (2436).

[430] *Knauff* in BK Rn. 12; *Oeter* in MKS Rn. 105; *Pieroth* in Jarass/Pieroth Rn. 58; *Seiler* in BeckOK GG Rn. 80; *Wittreck* in Dreier Rn. 103; auf optische Zeichen beschränkt bei *Degenhart* in Sachs Rn. 93.

[431] *Degenhart* in Sachs Rn. 94; *Knauff* in BK Rn. 18; *Oeter* in MKS Rn. 105; *Pieroth* in Jarass/Pieroth Rn. 59.

[432] *Knauff* in BK Rn. 20; *Oeter* in MKS Rn. 105; *Seiler* in BeckOK GG Rn. 80.1 mwV zur fachgerichtlichen Rechtsprechung; *Wittreck* in Dreier Rn. 104: überörtliche Verbindung oder überdurchschnittlich intensiver Verkehr; ebenso *Pieroth* in Jarass/Pieroth Rn. 59.

[433] BVerfGE 15, 1 (8); *Degenhart* in Sachs Rn. 94; *Knauff* in BK Rn. 20; *Pieroth* in Jarass/Pieroth Rn. 59; Beispiele bei *Kunig* in v. Münch/Kunig, 6. Aufl. 2012, Rn. 94, und *Oeter* in MKS Rn. 105.

[434] *Degenhart* in Sachs Rn. 94; *Oeter* in MKS Rn. 152; *Pieroth* in Jarass/Pieroth Rn. 59; zu den unionsrechtlichen Vorgaben eingehend *Knauff* in BK Rn. 33.

Konflikt geraten. Diese treten hinsichtlich der unmittelbaren Auswirkungen der verkehrsbezogenen Regelungen zurück.[435]

Der Unterbereich des **Wetterdienstes** steht unabhängig neben den verkehrsbezogenen Bereichen der Schifffahrt, ist also nicht auf Aspekte der Schifffahrt oder des Verkehrs beschränkt.[436] Regelungen des Wetterdienstes können sich etwa auf dessen Organisation, die zum Wetterdienst zählenden Tätigkeiten oder die Konkretisierung von dessen öffentlichen Aufgaben beziehen.[437] **80**

XXI. Straßenverkehr, Straßenbau (Nr. 22)

Der Kompetenztitel für den **Straßenverkehr** schafft eine Grundlage für Regelungen zur Gewährleistung der **Sicherheit und der Leichtigkeit des Verkehrs.**[438] Die Sicherheit des Verkehrs bezieht sich zum einen auf Gefahren, die Verkehrsteilnehmerinnen und Verkehrsteilnehmer untereinander verursachen. Sie bezieht sich zum anderen aber auch auf Gefahren des Verkehrs für Dritte wie auch umgekehrt **Gefahren,** die sich von außen für den Verkehr ergeben,[439] etwa durch Einwirkungen, Behinderungen oder Ablenkungen.[440] Diese Ausrichtung auf die Abwehr verkehrsbezogener Gefahren charakterisiert das Recht des Straßenverkehrs als ein ausnahmsweise der Kompetenz des Bundes unterfallendes Ordnungsrecht.[441] Typische Regelungen betreffen etwa die Anforderungen an die Fahrzeuge, die Verkehrsteilnehmerinnen und Verkehrsteilnehmer sowie das Verhalten im Verkehr[442] oder das Verhalten Außenstehender, soweit es den Verkehr betrifft.[443] Regelungen zur Bevorrechtigung elektrisch betriebener Fahrzeuge insbesondere beim Parken auf öffentlichen Wegen oder Straßen durch das Elektromobilitätsgesetz hat der Gesetzgeber auf den Kompetenztitel für das Recht der Wirtschaft (Nr. 11)[444] gestützt.[445] Durch den Bezug auf den Verkehr grenzt sich das Recht des Straßenverkehrs im Ausgangspunkt klar ab von vorgelagerten Regelungen zur Bereitstellung der verkehrserforderlichen Infrastruktur.[446] Regelungen des **Straßen- und Wegerechts** über die generelle Nutzung, **81**

---

[435] *Oeter* in MKS Rn. 152; *Wittreck* in Dreier Rn. 104: wasserwirtschaftliche Reflexe der verkehrsbezogenen Regelungen.

[436] *Degenhart* in Sachs Rn. 94; *Knauff* in BK Rn. 17; *Pieroth* in Jarass/Pieroth Rn. 60; *Seiler* in BeckOK GG Rn. 60; *Wittreck* in Dreier Rn. 105.

[437] *Knauff* in BK Rn. 16 f.; *Oeter* in MKS Rn. 151; *Seiler* in BeckOK GG Rn. 81; *Wittreck* in Dreier Rn. 105, auch zu den unterschiedlichen Zwecken und Aufgaben.

[438] BVerfGE 32, 319 (326); 40, 371 (379 f.); 67, 299 (314); *Oeter* in MKS Rn. 154; *Pieroth* in Jarass/Pieroth Rn. 61; *Seiler* in BeckOK GG Rn. 82; *Wittreck* in Dreier Rn. 108; weitgehend *Knauff* in BK Rn. 12: alle spezifisch mit dem Verkehr auf Straßen in Zusammenhang stehenden Aspekte.

[439] BVerfGE 32, 319 (326); 40, 371 (379 f.); 67, 299 (314); *Oeter* in MKS Rn. 154; *Seiler* in BeckOK GG Rn. 82; *Wittreck* in Dreier Rn. 108: verkehrsspezifische Gefahr erforderlich.

[440] *Knauff* in BK Rn. 12 *Oeter* in MKS Rn. 154; *Pieroth* in Jarass/Pieroth Rn. 61 f. und *Seiler* in BeckOK GG Rn. 82.1 jeweils mit Beispielen aus der fachgerichtlichen Rechtsprechung zu Lautsprechern, Verkehrshindernissen, Parkplätzen und Werbung.

[441] BVerfGE 40, 371 (380); 67, 299 (314); *Oeter* in MKS Rn. 154.

[442] Zu differenzieren ist allerdings zwischen den materiellrechtlichen Verhaltensvorgaben und den Regelungen zur Verkehrsüberwachung, *Müller* NZV 2016, 254 (255 ff.).

[443] Zu den verbleibenden Gestaltungsspielräumen der Länder *Stollwerk* SRV 2017, 170 (170 ff.).

[444] → Rn. 39.

[445] BT-Drs. 18/3418 S. 12; kritisch *Schubert* NZV 2016, 153 (154); *Brenner* SVR 2017, 361 (364 ff.).

[446] *Degenhart* in Sachs Rn. 95; *Oeter* in MKS Rn. 154; *Sannwald* in SHH Rn. 298; *Wittreck* in Dreier Rn. 108.

etwa die Widmung oder Einstufung, und den Unterhalt der Straße fallen ebenso wenig unter den Begriff des Straßenverkehrs[447] wie Regelungen über öffentliches Eigentum[448] oder die Enteignung zum Straßenbau.[449] In Randbereichen können sich Abgrenzungsprobleme, etwa bei bestimmten Formen verkehrsbeeinträchtigender Sondernutzungen, ergeben.[450]

82 Der Begriff des **Kraftfahrwesens** umfasst Regelungen zur Herstellung und zum Betrieb von Kraftfahrzeugen, insbesondere technische Anforderungen an die Zulassung.[451] Soweit insbesondere die zulassungsbezogenen Regelungen zugleich Aspekte des Wirtschafts- und Gewerberechts nach Nr. 11 betreffen, handelt es sich bei dem Kompetenztitel für das Kraftfahrwesen um die speziellere Norm.[452]

83 Die Kompetenz für den **Bau und die Unterhaltung von Landstraßen für den Fernverkehr** deckt die für die Errichtung und den laufenden Betrieb erforderlichen Regelungen ab, von der Planung einschließlich des Planfeststellungsrechts[453] über Regelungen zur Benutzung[454] und zur laufenden Verkehrssicherung[455] bis hin zur grundsätzlichen rechtlichen Organisation des Trägers im Sinne eines Public Private Partnership.[456] Für die Verwaltung der Bundesautobahnen enthält Art. 90 Abs. 2 S. 6 eine speziellere, ausschließliche Kompetenz des Bundes.[457]

84 Die Kompetenz für die **Erhebung und Verteilung von Gebühren und Entgelten** beschränkt sich nicht auf den Fernverkehr,[458] sondern bezieht sich auf sämtliche **öffentliche Straßen,** also alle zumindest für Teile des Straßenverkehrs geöffneten Flächen.[459] Die Aufzählung von Gebühren und Entgelten[460] verdeutlicht, dass das kostenpflichtige Benutzungsverhältnis sowohl in öffentlich-rechtlicher als auch in **privatrechtlicher Form** ausgestaltet wer-

---

[447] *Knauff* in BK Rn. 39; *Oeter* in MKS Rn. 154; *Pieroth* in Jarass/Pieroth Rn. 63; *Sannwald* in SHH Rn. 298; *Seiler* in BeckOK GG Rn. 82; *Wittreck* in Dreier Rn. 109 mit weiteren Beispielen.

[448] BVerfGE 42, 20 (33); *Oeter* in MKS Rn. 154; *Wittreck* in Dreier Rn. 109.

[449] *Oeter* in MKS Rn. 154; *Wittreck* in Dreier Rn. 109 jeweils mit weiteren Beispielen aus der fachgerichtlichen Rechtsprechung.

[450] Allgemein BVerfGE 67, 299 (314): gesetzgeberische Zuständigkeitsgrenze zwischen Wegerecht und Straßenverkehrsrecht noch nicht abschließend geklärt; *Oeter* in MKS Rn. 154.

[451] *Degenhart* in Sachs Rn. 97; *Knauff* in BK Rn. 17: Rechts- und Wirtschaftsfragen, die sich in Bezug auf und im Zusammenhang mit Kraftfahrzeugen stellen; *Oeter* in MKS Rn. 155; *Pieroth* in Jarass/Pieroth Rn. 64; *Sannwald* in SHH Rn. 299; *Seiler* in BeckOK GG Rn. 83; *Wittreck* in Dreier Rn. 110.

[452] *Oeter* in MKS Rn. 155.

[453] BVerfGE 26, 335 (377); *Degenhart* in Sachs Rn. 97; *Knauff* in BK Rn. 20; *Oeter* in MKS Rn. 156; *Pieroth* in Jarass/Pieroth Rn. 65; *Sannwald* in SHH Rn. 300; *Seiler* in BeckOK GG Rn. 84; *Wittreck* in Dreier Rn. 111.

[454] *Degenhart* in Sachs Rn. 97; *Oeter* in MKS Rn. 156; *Pieroth* in Jarass/Pieroth Rn. 65; *Wittreck* in Dreier Rn. 111.

[455] *Degenhart* in Sachs Rn. 97; *Oeter* in MKS Rn. 156; anders *Seiler* in BeckOK GG Rn. 84.1; *Wittreck* in Dreier Rn. 111 f., jeweils unter Hinweis auf BGHZ 60, 54 (60), dort allerdings offengelassen.

[456] *Oeter* in MKS Rn. 156; näher zur Neufassung des Art. 90 GG und der Einführung eines Public Private Partnership im Fernstraßenwesen *Bauer/Meier* DÖV 2020, 41 (42 ff.); *Reidt/Zwanziger* UPR 2019, 41 ff.

[457] *Seiler* in BeckOK GG Rn. 84 → Art. 90 Rn. 80.

[458] *Oeter* in MKS Rn. 157.

[459] *Knauff* in BK Rn. 22; *Oeter* in MKS Rn. 157; *Seiler* in BeckOK GG Rn. 85; *Wittreck* in Dreier Rn. 112.

[460] Die Variante der „Entgelte" ist im Zuge der Föderalismusreform eingeführt worden, zum Hintergrund BT-Drs. 16/813, 13.

den kann,[461] unter anderem auch in Form der Bereitstellung durch Beliehene.[462] Die Kostenpflicht kann sich auf unterschiedliche Aspekte der Straßennutzung durch Fahrzeuge beziehen, etwa in Form von Parkgebühren[463] oder einer **Maut.**[464] Unter die Regelungskompetenz fallen auch Straßenbenutzungsgebühren, die die örtliche Nutzung regulieren und die Luftqualität verbessern sollen, sog. City-Maut. Solange der Bund von seiner Regelungskompetenz keinen entsprechenden Gebrauch gemacht hat, sind die Länder insoweit zuständig.[465]

XXII. Schienenbahnen (Nr. 23)

Entsprechend der in Art. 73 Nr. 6a vorgesehenen ausschließlichen Kompetenz des Bundes für die Eisenbahnen des Bundes[466] meint der Begriff der **Schienenbahn** Bahnen mit **festem Spurweg.**[467] Neben den im privaten[468] oder kommunalen Eigentum stehenden Eisenbahnen sind davon vor allem weitere Formen der Bahnen erfasst wie Straßenbahnen, Magnetschwebebahnen,[469] Hochbahnen, Untergrundbahnen[470] sowie Zahnradbahnen.[471] Neben den ausdrücklich ausgenommenen Bergbahnen[472] zählen auch Busse mit Oberleitungen[473] sowie Seilbahnen[474] mangels eines Spurwegs nicht zu den Eisenbahnen. Inhaltlich bezieht sich die Kompetenz auf die **Regelungen zum Verkehr,** wegen dessen Abhängigkeit von der Infrastruktur aber auch **Regelungen zu den Schienen** selbst,[475] also insbesondere zum Bau einschließlich einer etwaigen Enteignung[476] und der Benutzung.[477] 85

[461] *Knauff* in BK Rn. 26; *Oeter* in MKS Rn. 157; *Wittreck* in Dreier Rn. 112.

[462] *Oeter* in MKS Rn. 157.

[463] *Degenhart* in Sachs Rn. 97; *Oeter* in MKS Rn. 157; *Pieroth* in Jarass/Pieroth Rn. 66; *Sannwald* in SHH Rn. 305; *Wittreck* in Dreier Rn. 112.

[464] *Knauff* in BK Rn. 21 ff.; *Oeter* in MKS Rn. 157; *Pieroth* in Jarass/Pieroth Rn. 66; *Sannwald* in SHH Rn. 304; *Wittreck* in Dreier Rn. 112; auch zum Verhältnis zu Art. 106 Abs. 1 Nr. 3 *Hofmann* NVwZ 2019, 1257 (1258); *Münzing* NZV 2014, 197 (199); zu den unionsrechtlichen Grenzen EuGH C-591/17, ECLI:EU:C:2019:504; zur vorherigen Entwicklung der Gesetzeslage in Deutschland *Kruhl* NZV 2017, 167 (168 ff.); zu den verfassungsrechtlichen Vorgaben ferner *Langeloh* DÖV 2014, 365 ff.

[465] Näher *Klinger* ZUR 2016, 591 (593 ff.); *Schröder* NVwZ 2012, 1438 (1439 f.).

[466] Art. 73 Abs. 1 Nr. 6a → Art. 73 Rn. 28 ff.

[467] *Becker* in BK Rn. 6; *Oeter* in MKS Rn. 159; *Pieroth* in Jarass/Pieroth Rn. 67; *Sannwald* in SHH Rn. 312; *Schmidt-Aßmann/Röhl* DÖV 1994, 577 (579); *Seiler* in BeckOK GG Rn. 86; *Wittreck* in Dreier Rn. 115.

[468] *Degenhart* in Sachs Rn. 98; *Oeter* in MKS Rn. 159; *Wittreck* in Dreier Rn. 115.

[469] Insoweit anders *Degenhart* in Sachs Rn. 98: kein Rad-Schiene-Prinzip; dagegen zur Differenzierung zwischen Eisenbahn und Schienenbahn *Schmidt-Aßmann/Röhl* DÖV 1994, 577 (579).

[470] BVerfGE 45, 297 (323) zu Regelungen über Enteignungen zum Bau von Untergrundbahnen; *Oeter* in MKS Rn. 159; *Seiler* in BeckOK GG Rn. 86; *Wittreck* in Dreier Rn. 115.

[471] *Becker* in BK Rn. 7; *Degenhart* in Sachs Rn. 98; *Oeter* in MKS Rn. 159; *Pieroth* in Jarass/Pieroth Rn. 67.

[472] Zu landesrechtlichen Regelungen über die Enteignung zum Bau von Bergbahnen BVerfGE 56, 249 (263).

[473] *Degenhart* in Sachs Rn. 98; *Oeter* in MKS Rn. 159; *Pieroth* in Jarass/Pieroth Rn. 67; *Wittreck* in Dreier Rn. 115.

[474] *Oeter* in MKS Rn. 159; *Wittreck* in Dreier Rn. 116.

[475] Dem Straßenverkehr (Nr. 22) gegenüberstellend BVerfGE 15, 1 (14); *Becker* in BK Rn. 10 f.; *Degenhart* in Sachs Rn. 97.

[476] Vgl. BVerfGE 56, 249 (263); *Wittreck* in Dreier Rn. 115.

[477] *Oeter* in MKS Rn. 159.

XXIII. Abfallwirtschaft, Immissionsschutz (Nr. 24)

86 Mit der Abfallwirtschaft, der Luftreinhaltung und der Lärmbekämpfung weist der Kompetenztitel bedeutende **Aspekte des Umweltschutzes** dem Bund zu. Zusammen mit den Kompetenzen für die land- und forstwirtschaftliche Erzeugung,[478] den Schutz der Pflanzen gegen Krankheiten und Schädlinge sowie den Tierschutz[479] und nicht zuletzt den Kompetenzen zur Abweichungsgesetzgebung für den Naturschutz[480] und den Wasserhaushalt[481] ist der Bund damit insgesamt für weite Teile des Umweltrechts zuständig,[482] auch wenn es an einer übergreifenden Kompetenz für das Umweltrecht oder den Umweltschutz fehlt.[483]

87 Sowohl das Verständnis des Begriffs **„Abfall"** als auch die Ausgestaltung der Regelungen hängen von dem Konzept und der damit verbundenen Regelungsstruktur der Kreislaufwirtschaft ab. Der im Zuge der Föderalismusreform an die Stelle des engeren Begriffs der Abfallbeseitigung getretene Begriff der Abfallwirtschaft umfasst damit jedenfalls dem bei Aufnahme des Kompetenztitels[484] im Abfallbeseitigungsgesetz vorgefundenen Konzept den Umgang mit Stoffen, die subjektiv aus Sicht des Besitzers zum Abfall zählen sollen oder objektiv zu entsorgen sind.[485] Der verfassungsrechtliche Begriff der Abfallwirtschaft ist allerdings nicht auf eine mit diesem Begriffsverständnis verbundene Regelungsstruktur festgelegt, sondern deckt dynamisch auch Regelungsstrukturen ab, die beispielsweise in Umsetzung unionsrechtlicher Vorgaben[486] weitergehende Konzepte etwa zur Abfallvermeidung oder zur Identifikation und Entsorgung gefährlicher Stoffe verfolgen.[487] In der Sache zählen zu dieser **umfassend verstandenen Kompetenz für die Abfallwirtschaft**[488] folglich Regelungen über die Entsorgung und Beseitigung von Abfällen ebenso wie über die Vermeidung[489] und Verwertung[490] einschließlich der zu dem Konzept gehörenden begleitenden Regelungen etwa der

[478] Nr. 17 → Rn. 60.

[479] Nr. 20 → Rn. 77.

[480] Nr. 29 → Rn. 100.

[481] Nr. 32 → Rn. 105.

[482] *Oeter* in MKS Rn. 161 und *Seiler* in BeckOK GG Rn. 87, auch zum beabsichtigen Erlass eines Umweltgesetzbuches; näher *Kane,* Die Gesetzgebungskompetenzen des Bundes im Umweltschutz, 2013, 79 ff.

[483] *Degenhart* in Sachs Rn. 99; *Kane,* Die Gesetzgebungskompetenzen des Bundes im Umweltschutz, 2013, 68; *Knauff* in BK Rn. 5; *Oeter* in MKS Rn. 161; *Sannwald* in SHH Rn. 314; *Seiler* in BeckOK GG Rn. 87.

[484] Zur Entstehungsgeschichte des 1972 aufgenommenen Kompetenztitels BVerfGE 110, 370 (384) sowie näher *Oeter* in MKS Rn. 160; *Wittreck* in Dreier Rn. 117.

[485] Sog. subjektiver-objektiver Abfallbegriff, *Oeter* in MKS Rn. 161; *Pieroth* in Jarass/Pieroth Rn. 68, *Seiler* in BeckOK GG Rn. 88; *Wittreck* in Dreier Rn. 118; zudem auf die Nutzung abstellend *Knauff* in BK Rn. 6.

[486] Zum Einfluss des Unionsrechts *Oeter* in MKS Rn. 162.

[487] *Degenhart* in Sachs Rn. 100; *Oeter* in MKS Rn. 162: neuer Abfallbegriff nahezu unbegrenzt; *Rengeling* in HdbStR VI § 135 Rn. 292; *Sannwald* in SHH Rn. 318; Seiler in BeckOK GG Rn. 88: gesamter Bereich; Wittreck in Dreier Rn. 118: umfassendes Abfallkonzept; skeptisch im Fall der Abscheidung und Speicherung von CO_2 *Moewes* NuR 2012, 832 ff.; kritisch zu dieser Offenheit im Hinblick auf die kompetenzübergreifende Funktion *Knauff* in BK Rn. 6.

[488] *Degenhart* in Sachs Rn. 100; *Knauff* in BK Rn. 8; *Kotulla* NVwZ 2007, 489 (490); *Oeter* in MKS Rn. 163: alle Phasen der Abfallentsorgung; *Rengeling* in HdbStR VI § 135 Rn. 292; *Sannwald* in SHH Rn. 318; *Scheidler* UPR 2006, 425 (428); *Wittreck* in Dreier Rn. 118.

[489] *Knauff* in BK Rn. 9; *Oeter* in MKS Rn. 165; *Sannwald* in SHH Rn. 318.

[490] *Knauff* in BK Rn. 10; *Oeter* in MKS Rn. 164; *Pieroth* in Jarass/Pieroth Rn. 68.

Haftung und Entschädigung.[491] Als Folge dieser Breite und Tiefe der Kompetenz setzt ein abschließender, die Landesgesetzgeber ausschließender Gebrauch durch den Bund eine entsprechende Regelungstiefe der bundesgesetzlichen Regelungen voraus.[492] In mehreren Teilbereichen und Teilaspekten dürften dadurch Regelungsspielräume für die Länder verbleiben.[493]

Luftreinhaltung meint nach einhelliger Ansicht den Schutz vor nachteiligen Veränderungen der Luft.[494] Als Beispiele nennt die einfachgesetzliche Definition der Luftverunreinigungen in § 3 Abs. 4 BImSchG Rauch, Ruß, Staub, Gase, Aerosole, Dämpfe und Geruchsstoffe. Dadurch, dass dieser Schutz nicht nur auf den Umgang mit bereits eingetretenen oder die Abwehr unmittelbar bevorstehender Verunreinigungen, sondern auch Maßnahmen der Gefahrenvorsorge im Vorfeld umfasst,[495] ergeben sich Abgrenzungsprobleme zum Klimaschutz.[496] Maßnahmen zur Reduktion der Emission von Treibhausgasen werden in Rechtsprechung und Literatur teilweise auch dann zum Kompetenztitel der Luftreinhaltung gezählt, wenn sie Mensch und Umwelt nicht unmittelbar vor schlechter Luftqualität, sondern über einen Beitrag zur Reduktion der Erderwärmung mittelbar schützen.[497] Die fachgerichtliche Rechtsprechung fasst darunter beispielsweise auch eine bundesrechtliche Ermächtigung zum Anschluss- und Benutzungszwang an eine kommunale Fernwärmeversorgung, die der Reduktion von CO_2-Emissionen dient.[498] Diese Integration des an Treibhausgasemissionen anknüpfenden **Klimaschutzes** in die konkurrierende Kompetenz für Luftreinhaltung wirft neue Abgrenzungsfragen auf, wenn die Maßnahmen zur Reduktion von CO_2-Emissionen im Zuge der Umsetzung der unionsrechtlichen Vorgaben[499] immer vielfältiger werden und querschnittartig eine Reihe unterschiedlicher Lebens- und damit Kompetenzbereiche betreffen.[500] Wenn etwa im Zuge der unionsrechtlichen Klimaschutz-Strategie Umwelt- und Energiepolitik verzahnt[501] oder im Banken-, Kapitalmarkt- und Bilanzrecht CO_2-sensible Taxonomien einschließlich entsprechender Veröffentlichungspflichten entwickelt werden (Green Finance),[502] lässt sich die Bandbreite der Maß- 88

---

[491] Unter dem vorherigen Kompetenztitel für Abfallbeseitigung bereits BVerfGE 110, 370 (385) zu einem abgabenfinanzierten Klärschlamm-Entschädigungsfonds.

[492] Vgl. BVerfGE102, 99 (115): für erschöpfende Regelung ist umfassende und lückenlose Regelung maßgeblich; → Art. 72 Rn. 20; zur Anwendung des Maßstabs im Bereich der Abfallwirtschaft *Oeter* in MKS Rn. 165.

[493] *Oeter* in MKS Rn. 165; im Fall einer landesrechtlichen Lizenzpflicht für die Entsorgung bestimmter Abfälle jedoch angenommen in BVerfGE 102, 99 (114 ff.).

[494] *Degenhart* in Sachs Rn. 102; *Oeter* in MKS Rn. 166; *Pieroth* in Jarass/Pieroth Rn. 69; *Seiler* in BeckOK GG Rn. 89; *Wittreck* in Dreier Rn. 119; für ein von negativen Veränderungen unabhäniges Verständnis *Knauff* in BK Rn. 15.

[495] *Degenhart* in Sachs Rn. 102; *Oeter* in MKS Rn. 166; *Rengeling* in HdbStR VI § 135 Rn. 294; *Seiler* in BeckOK GG Rn. 89; *Sannwald* in SHH Rn. 319.

[496] *Degenhart* in Sachs Rn. 102.

[497] *Degenhart* in Sachs Rn. 102; *Knauff* DV 49 (2016), 233 (237); *Seiler* in BeckOK GG Rn. 89.1 jeweils im Anschluss an BVerwG NVwZ 2017, 61 (63).

[498] BVerwG NVwZ 2017, 61 (63 f.); aus der Literatur *Gläß* NJOZ 2017, 1338 (1341).

[499] KOM (2019) 640 final.

[500] Für eine generelle Zuständigkeit des Bundes für den Klimaschutz *Knauff* in BK Rn. 14; *Pieroth* in Jarass/Pieroth Rn. 69; *Wittreck* in Dreier Rn. 119.

[501] VO (EU) 2018/1999 über das Governance-System für die Energieunion und für den Klimaschutz; aus der Literatur *Schlacke/Knodt* ZUR 2019, 404 ff.; *Gundel/Buckler* GewArch 2020, 41 ff.; zur Umsetzung im nationalen Reformprogramm 2020 BT-Drs. 19/18350, 44 ff.

[502] VO (EU) 2016/1011 über Indizes, die bei Finanzinstrumenten und Finanzkontrakten als Referenzwert oder zur Messung der Wertentwicklung eines Investmentfonds verwendet werden sowie Europäische Kommission, Vorschlag für eine Verordnung zur Änderung der

nahmen nicht allein wegen ihres Beitrags zur Reduktion der CO_2-Emissionen umfassend dem Kompetenzbereich der Luftreinhaltung zuordnen.[503]

89 Der Teilbereich der **Lärmbekämpfung** bezieht sich ausweislich der ausdrücklichen Ausklammerung des Schutzes vor verhaltensbezogenem Lärm auf Geräuschemissionen, die von Anlagen ausgehen.[504] Maßnahmen der Lärmbekämpfung können aktiv an der Quelle ansetzen oder passiv einzelne Bereiche schützen.[505]

90 Bei Anlagen, die für geräuschintensive Aktivitäten von Personen bestimmt sind, etwa Sportplätze oder Spielplätze, handelt es sich bei der Zurechnung von Emissionen zum Verhalten von Personen oder zu einer Anlage um eine **Wertungsfrage.**[506] Für eine Zurechnung zur Anlage spricht es, wenn Emissionen notwendigerweise oder zumindest typischerweise bei dem Betrieb der Anlage entstehen[507] sowie wenn sie durch technische Vorrichtung oder andere Gegebenheiten der Anlage verstärkt oder begünstigt werden.[508] Umgekehrt richten sich Regelungen, die Tätigkeiten in bestimmter Hinsicht einschränken, die Nutzung der Anlage aber im Wesentlichen unberührt lassen, etwa Regelungen zu Ruhezeiten,[509] typischerweise gegen verhaltensbezogenen Lärm. Auch wenn nahe liegt, dass bestimmte Arten von Lärm, etwa Kinderlärm, Sport- oder Freizeitlärm, typischerweise dem verhaltensbezogenen Lärm zuzuordnen sind,[510] kann je nach Kontext der Lärm mehrerer Personen insgesamt auch einer Anlage zuzurechnen sein.[511]

XXIV. Staatshaftung (Nr. 25)

91 Regelungen der **Staatshaftung,** die nicht an einen deliktsrechtlichen Anspruch gegen einen Amtsträger anknüpfen, sondern unmittelbar eine Haftung der öffentlichen Hand vorsehen, können nicht mehr dem Begriff des Bürgerlichen Rechts (Nr. 1) zugeordnet werden.[512] Der im Jahr 1994 eingeführte

---

VO (EU) 2016/1011 in Bezug auf Referenzwerte für CO_2-arme Investitionen und Referenzwerte für Investitionen mit günstiger CO_2-Bilanz, KOM (2018) 355 final; näher *Lotz/Weber/Hadinek* RdF 2019, 180 ff.

[503] Nicht gemeint ist schließlich der Schutz vor lokaler Konzentration von Tabakrauch, *Stettner* ZG 2007, 156 (175); *Wittreck* in Dreier Rn. 119; anders unter Hinweis auf den Wortlaut *Siekmann* NJW 2006, 3382 (3384).

[504] *Degenhart* in Sachs Rn. 103; *Knauff* in BK Rn. 16; *Kotulla* NVwZ 2007, 489 (490); *Oeter* in MKS Rn. 166; *Scheidler* NVwZ 2011, 838 (840); *Seiler* in BeckOK GG Rn. 90; *Wittreck* in Dreier Rn. 120.

[505] *Degenhart* in Sachs Rn. 102; *Knauff* in BK Rn. 18; *Oeter* in MKS Rn. 166.

[506] *Knauff* in BK Rn. 17: für ein autonomes, von den Regelungen des Immissionsschutzrechts gelöstes Verständnis des verfassungsrechtlich geschützten Begriffs *Kiefer* DÖV 2011, 515 (516 ff.); nach dem Adressat der Regelung differenziert *Pieroth* in Jarass/Pieroth Rn. 70.

[507] *Degenhart* in Sachs Rn. 103; *Knauff* in BK Rn. 17; *Oeter* in MKS Rn. 166; *Pieroth* in Jarass/Pieroth Rn. 70.

[508] *Huber/Wollenschläger* NVwZ 2009, 1513 (1519) nennen als Beispiele Tribünen, hohe Anzahl an Parkplätzen und Lautsprecheranlagen; daran anknüpfend *Degenhart* in Sachs Rn. 103.

[509] *Kotulla* NVwZ 2007, 489 (491).

[510] Zum Kinderlärm *Dietrich/Kahle* DVBl. 2007, 18 (26); zum Sport- und Freizeitlärm *Oeter* in MKS Rn. 166; *Sannwald* in SHH Rn. 323; *Seiler* in BeckOK GG Rn. 90.1; siehe aber auch zu den Abgrenzungsproblemen einer Anknüpfung an die Kategorie von Sport- oder Freizeitlärm *Huber/Wollenschläger* NVwZ 2009, 1513 (1517).

[511] *Degenhart* in Sachs Rn. 103, unter Hinweis auf Außengaststätten; *Huber/Wollenschläger* NVwZ 2009, 1513 (1517).

[512] BVerfGE 61, 149 (176); dem folgend die Literatur *Degenhart* in Sachs 106; *Durner* in BK Rn. 10; *Oeter* in MKS Rn. 168: originäre Staatshaftung.

Kompetenztitel schafft aus diesem Grund eine kompetenzielle Grundlage für Regelungen, die eine Haftung der öffentlichen Hand unmittelbar begründen,[513] nachdem über zehn Jahre zuvor das entsprechende Staatshaftungsgesetz vom 26.6.1981 für nichtig erklärt worden ist.[514] Solche Regelungen[515] könnten sowohl eine Haftung für legislatives Unrecht[516] wie auch eine öffentlich-rechtliche Gefährdungshaftung[517] erfassen.[518] **Haftungsadressat** können alle juristischen Personen des öffentlichen Rechts sein, soweit sie nicht privatrechtlich gehandelt haben.[519] Gesetze nach Nr. 25 bedürfen nach Nr. 2 der Zustimmung des Bundesrats.[520]

XXV. Fortpflanzungsmedizin, Gentechnologie, Transplantation (Nr. 26)

Der Kompetenztitel enthält drei voneinander unabhängige Bereiche. Der 92
Begriff der **medizinisch unterstützten Erzeugung menschlichen Lebens** ist im Zuge der Föderalismusreform an die Stelle der vorherigen Formulierung der „künstlichen Befruchtung beim Menschen" gesetzt worden. Mit dieser Änderung sollte ausweislich der Begründung des Fraktionsentwurfs klargestellt werden, dass die Kompetenz „alle Bereiche der modernen **Fortpflanzungsmedizin**" erfasst.[521] Umfasst davon sind alle Formen der künstlichen Befruchtung,[522] aber auch Regelungen zu medizinischen Maßnahmen, die eine natürliche Befruchtung begleiten oder unterstützen, etwa Hormonbehandlungen oder ein Transfer befruchteter Eizellen oder Embryonen.[523] Im Wege der Annexkompetenz umfasst sind zudem auch Regelungen zur Embryonenforschung.[524] Mit Blick auf den mittelbaren Beitrag der Grundlagenforschung zur Unterstützung der Erzeugung mensch-

---

513 *Degenhart* in Sachs Rn. 107; *Durner* in BK Rn. 25; *Grzeszick* ZRP 2015, 162 (163 f.); *Pieroth* in Jarass/Pieroth Rn. 71; Zur Entstehungsgeschichte *Durner* in BK Rn. 11 ff.; *Oeter* in MKS Rn. 167; *Pieroth* in Jarass/Piertoh Rn. 71; *Wittreck* in Dreier Rn. 122.

514 BVerfGE 61, 149 ff.; näher auch zum Staatshaftungsgesetz 1981 *Durner* in BK Rn. 9 f.

515 Zum Reformbedarf *Grzeszick* ZRP 2015, 162 ff.

516 *Degenhart* in Sachs Rn. 106; *Durner* in BK Rn. 37; *Oeter* in MKS Rn. 168; *Pieroth* in Jarass/Pieroth Rn. 71; *Wittreck* in Dreier Rn. 123; de lege lata am Beispiel des Atomausstiegs *Schmitt/Werner* NVwZ 2017, 21 ff.; de lege ferenda gegen eine Haftung für legislatives Unrecht *Grzeszick* ZRP 2015, 162 (165 f.).

517 *Degenhart* in Sachs Rn. 107; *Oeter* in MKS Rn. 168; *Pieroth* in Jarass/Pieroth Rn. 71; *Wittreck* in Dreier Rn. 123; für eine richterliche Rechtsfortbildung vorgeschlagen bei *Kment* NVwZ 2015, 927 (929 ff.).

518 Zum weiten Begriffsverständnis eingehend *Durner* in BK Rn. 14 ff.

519 *Durner* in BK Rn. 25; *Oeter* in MKS Rn. 168; *Pieroth* in Jarass/Pieroth Rn. 71; *Seiler* in BeckOK GG Rn. 91.1; *Wittreck* in Dreier Rn. 123; ohne Einschränkung *Degenhart* in Sachs Rn. 107.

520 Zu Möglichkeiten der teleologischen Reduktion *Linke* DÖV 2005, 289 ff.

521 Begründung Fraktionsentwurf, BT-Drs. 16/813, 14; daran anknüpfend *Degenhart* in Sachs Rn. 109; *Oeter* in MKS Rn. 170; *Sannwald* in SHH Rn. 331; *Seiler* in BeckOK GG Rn. 94; *Spranger* in BK Rn. 2; *Wittreck* in Dreier Rn. 126.

522 Vgl. die Aufstellung bei *Degenhart* in Sachs Rn. 109 und *Oeter* in MKS Rn. 170; *Pieroth* in Jarass/Pieroth Rn. 72; *Seiler* in BeckOK GG Rn. 94; *Spranger* in BK Rn. 3 ff.; *Wittreck* in Dreier Rn. 126.

523 *Degenhart* in Sachs Rn. 109; *Oeter* in MKS Rn. 170; *Spranger* in BK Rn. 3 ff.; *Wittreck* in Dreier Rn. 126.

524 *Oeter* in MKS Rn. 170; *Spranger* in BK Rn. 21; zurückhaltender *Degenhart* in Sachs Rn. 109.

lichen Lebens gilt das auch dann, wenn die Embryonenforschung in keinem unmittelbaren Zusammenhang mit der Fortpflanzung steht.[525]

93 Die Kompetenz zur Regelung der Untersuchung und der künstlichen Veränderung von Erbinformationen stellt in der Sache eine **umfassende Kompetenz** für den Bereich der **Gentechnik** auf,[526] die sich gegenständlich auf Menschen, Tiere wie auch Pflanzen[527] und inhaltlich sowohl Fragen der Forschung als auch des Umgangs mit gentechnisch veränderten Organismen[528] einschließlich organisationsbezogener Regelungen und Regelungen der Haftung[529] bezieht. Schon die Aufzählung sowohl der Untersuchung als auch der künstlichen Veränderung zeigt, dass Untersuchungen unabhängig von etwaigen Veränderungen der Erbinformationen, etwa zu Zwecken der Diagnostik, erfasst sind.[530]

94 Die Kompetenz für Regelungen zur **Transplantation von Organen, Geweben und Zellen** umfasst Regelungen zur Entnahme von Körperteilen zu Zwecken ihrer Übertragung,[531] einschließlich der organisationsbezogenen Regelungen zur Einführung eines Transplantationsbeauftragten.[532] Die Körperteile, zu deren Aufzählung durch die Föderalismusreform 2006 auch der Begriff der Zellen hinzugefügt worden ist, können sowohl von lebenden oder verstorbenen Spendern[533] als auch aus künstlicher Herstellung stammen[534] oder tierischen Ursprungs sein.[535] Erfasst sind auch Bluttransfusionen,[536] über den nicht technisch verstandenen Begriff der Zelle hinaus auch Blutplasma. Nach Wortlaut und Systematik ist die Kompetenz nicht auf menschliche Körper beschränkt,[537] setzt aber die Einsetzung in einen Körper voraus.[538]

XXVI. Statusrechte und -pflichten der Beamten und Richter (Nr. 27)

95 Im Zuge der **Föderalismusreform** ist die konkurrierende Kompetenz aus Art. 74a für die Besoldung und Versorgung der Beamtinnen und Beamten

---

[525] *Kunig* in v. Münch/Kunig, 6. Aufl. 2012, Art. 72 Rn. 109; *Oeter* in MKS Rn. 170; anders *Spranger* in BK Rn. 21 f.

[526] BVerfGE 128, 1 (33 f.); aus der Literatur *Degenhart* in Sachs Rn. 110; *Oeter* in MKS Rn. 171; *Pieroth* in Jarass/Pieroth Rn. 72; *Seiler* in BeckOK GG Rn. 95; *Wittreck* in Dreier Rn. 127; zurückhaltend *Spranger* in BK Rn. 23; sowie zum reproduktiven Klonen → Rn. 17.

[527] BVerfGE 128, 1 (33 f.); *Degenhart* in Sachs Rn. 110.

[528] BVerfGE 128, 1 (34); *Degenhart* in Sachs Rn. 110; *Oeter* in MKS Rn. 170; *Pieroth* in Jarass/Pieroth Rn. 72; *Spranger* in BK Rn. 24; *Wittreck* in Dreier Rn. 127.

[529] Zu Regelungen über ein Standortregister sowie Ansprüchen bei Nutzungsbeeinträchtigungen BVerfGE 128, 1 (34); zu den Möglichkeiten einer landwirtschaftlichen Nutzungsplanung *Winter/Stoppe-Ramadan* NuR 2011, 396.
zur Diskussion um die Reichweite des Kompetenztitels vor der Föderalismusreform *Rahner* ZRP 1990, 63 ff. und *Bark* ZRP 1991, 152.

[530] *Degenhart* in Sachs Rn. 110; *Oeter* in MKS Rn. 171; *Spranger* in BK Rn. 26 ff.

[531] *Degenhart* in Sachs Rn. 110; *Oeter* in MKS Rn. 172; *Seiler* in BeckOK GG Rn. 96.

[532] *Neff* MedR 2013, 82 (85), in Abgrenzung zur Kompetenz der Länder für die Ausgestaltung der Krankenhausorganisation → Nr. 19a Rn. 74.

[533] *Degenhart* in Sachs Rn. 110; *Oeter* in MKS Rn. 172; *Wittreck* in Dreier Rn. 128.

[534] *Oeter* in MKS Rn. 172; offenbar enger *Seiler* in BeckOK GG Rn. 96; *Spranger* in BK Rn. 55.

[535] *Pieroth* in Jarass/Pieroth Rn. 72; *Seiler* in BeckOK GG Rn. 96; *Wittreck* in Dreier Rn. 128.

[536] *Oeter* in MKS Rn. 172.

[537] *Oeter* in MKS Rn. 172; *Pieroth* in Jarass/Pieroth Rn. 72; *Spranger* in BK Rn. 55; *Wittreck* in Dreier Rn. 128.

[538] *Pieroth* in Jarass/Pieroth Rn. 72; *Sannwald* in SHH Rn. 332; *Spranger* in BK Rn. 60; *Wittreck* in Dreier Rn. 128.

der Länder sowie deren Richterinnen und Richter entfallen und die Rahmenkompetenz aus Art. 75 Abs. 1 Nr. 1 für Rechtsverhältnisse in den Kompetenztitel der konkurrierenden Kompetenz überführt worden.[539]

Regelungen zu den **Statusrechten und Statuspflichten** der Beamtinnen und Beamten gestalten einen Teilausschnitt[540] der **hergebrachten Grundsätze des Berufsbeamtentums** nach Art. 33 Abs. 5 näher aus.[541] Die bundesweite Vereinheitlichung der Statusrechte und -pflichten fördert die Möglichkeit von Dienstherrenwechseln zwischen Bund und Ländern sowie unter den Ländern[542] und trägt auch dadurch zur Leistungsfähigkeit[543] und einem einheitlichen Leitbild des Beamtentums insgesamt bei. Zur Konkretisierung des Begriffs der Statusrechte und Statuspflichten nimmt die Begründung des Fraktionsentwurfs auf eine Anlage der damaligen Koalitionsvereinbarung Bezug und zählt Aspekte auf, die sich vor allem auf den **Bestand des Dienstverhältnisses**[544] einschließlich der Dienstherrenfähigkeit, aber auch Abordnungen, Versetzungen sowie Verwendungen im Ausland, statusprägende Pflichten sowie wesentliche Rechte und schließlich den Verteidigungsfall beziehen.[545] Fragen der Laufbahnen, der Besoldung und der Versorgung sind von diesen wesentlichen Rechten und Pflichten ausdrücklich ausgenommen.[546] Der Kompetenztitel bezieht sich neben Richterinnen und Richtern der Länder[547] auf alle Beamtinnen und Beamten der Länder[548] sowie einer ihrer Körperschaften,[549] nicht jedoch der Kirchen.[550] Ebenso wenig unter den Kompetenztitel fallen Regelungen über **sonstige Angehörige des öffent-** 96

[539] Näher *Degenhart* in BK Rn. 17 ff.; *Oeter* in MKS Rn. 176; *Seiler* in BeckOK GG Rn. 97; *Wittreck* in Dreier Rn. 132.

[540] Die teilweise ebenfalls zu den hergebrachten Grundsätzen des Berufsbeamtentums zählenden Aspekte der inhaltlichen Ausgestaltung des Dienstverhältnisses, etwa zu Nebentätigkeiten oder Dienstzeiten, fallen nicht mehr in den Kreis der Statusrechte und -pflichten, *Oeter* in MKS Rn. 177; *Wittreck* in Dreier Rn. 136, → Art. 33 Rn. 134.

[541] *Battis/Grigoleit* ZBR 2008, 1 (1 f.); *Degenhart* in BK Rn. 11; *Oeter* in MKS Rn. 177; *Seiler* in BeckOK GG Rn. 98; zur begrenzten Aussagekraft der hergebrachten Grundsätze des Berufsbeamtentums für die Kompetenzabgrenzung *Wittreck* in Dreier Rn. 136; Aufnahme der Fortentwicklung der hergebrachten Grundsätze des Berufsbeamtentums in Art. 33 Abs. 5 *Koch* DVBl. 2008, 805 ff.

[542] *Oeter* in MKS Rn. 177; Begründung Fraktionsentwurf BT-Drs. 16/813, 14.

[543] *Battis/Grigoleit* ZBR 2008, 1 (4); *Oeter* in MKS Rn. 177.

[544] Genannt sind „Wesen, Voraussetzungen, Rechtsform der Begründung, Arten, Dauer sowie Nichtigkeits- und Rücknahmegründe des Dienstverhältnisses" und „Voraussetzungen und Formen der Beendigung des Dienstverhältnisses (vor allem Tod, Entlassung, Verlust der Beamten- und Richterrechte, Entfernung aus dem Dienst nach dem Disziplinarrecht)", BT-Drs. 16/813, 14.

[545] Begründung Fraktionsentwurf BT-Drs. 16/813, 14; *Pieroth* in Jarass/Pieroth Rn. 74; *Sannwald* in SHH Rn. 335; daran anknüpfend die Literatur, *Degenhart* in BK Rn. 28 ff.; *Degenhart* in Sachs Rn. 114; *Oeter* in MKS Rn. 178; *Seiler* in BeckOK GG Rn. 98 f.; *Wittreck* in Dreier Rn. 135; zum Personalvertretungsrecht näher *Hebler* in Lorenzen/Eckstein/Etzel/Gerhold/Schlatmann/Rehak/Faber, Bundespersonalvertretungsgesetz, § 94 Rn. 14 ff.

[546] Zu ihnen näher *Degenhart* in BK Rn. 40 ff.; *Pieroth* in Jarass/Pieroth Rn. 76; *Wittreck* in Dreier Rn. 137.

[547] Zur Ausgestaltung der Rechtsstellung von Richterinnen und Richtern des Bundes enthält Art. 98 Abs. 1 eine ausschließliche Kompetenz des Bundes vor → Art. 98 Rn. 144.

[548] Für Beamtinnen und Beamte des Bundes vgl. Art. 73 Abs. 1 Nr. 8 → Art. 73 Rn. 38 ff.

[549] *Degenhart* in BK Rn. 25; *Oeter* in MKS Rn. 179; *Pieroth* in Jarass/Pieroth Rn. 77; *Seiler* in BeckOK GG Rn. 97; *Wittreck* in Dreier Rn. 134.

[550] *Degenhart* in BK Rn. 21; *Oeter* in MKS Rn. 179; *Pieroth* in Jarass/Pieroth Rn. 77; *Seiler* in BeckOK GG Rn. 98.2; *Wittreck* in Dreier Rn. 134; zu dem Grundsatz der Trennung von Kirche und Staat sowie den Auswirkungen auf die Landesbeamtengesetze bereits BVerfGE 55, 207 (230 f.).

lichen Dienstes, die nicht verbeamtet sind.[551] Regelungen nach Nr. 27 bedürfen nach Abs. 2 der Zustimmungen des Bundesrats.

XXVII. Jagdwesen (Nr. 28)

97 Das Jagdwesen war vor der **Föderalismusreform** zusammen mit dem Naturschutz und der Landschaftspflege in ein Kompetenztitel der Rahmenkompetenz zugeordnet.[552] Das Jagdwesen sowie der Naturschutz und die Landschaftspflege sind zur Verdeutlichung ihrer Eigenständigkeit[553] in zwei Kompetenztitel aufgeteilt und in die konkurrierende Gesetzgebung in Form der Abweichungsgesetzgebung überführt worden.[554] Abweichungsfest ist allerdings nach Art. 73 Abs. 3 S. 1 Nr. 1 der Unterbereich des Rechts der Jagdscheine.[555]

98 Die konkurrierende Kompetenz für das **Jagdwesen** umfasst nach einhelliger Ansicht **alle mit der Jagd zusammenhängenden Regelungen,**[556] etwa zum jagdbezogenen Artenschutz,[557] der Ausübung der Jagd,[558] den Jagdbezirken und den Hegegemeinschaften,[559] zum Wild- und Jagdschaden,[560] zum Schutz und dem Aussetzen von Tieren[561] sowie zum Erwerb des Jagdscheins.[562] Im Einzelnen weisen die Regegelungen zum Jagdrecht insbesondere im Bereich des jagdbezogenen Artenschutzes **Überschneidungen** zu Regelungen des **Naturschutzes** auf,[563] die ebenfalls unter die Kompetenz für Abweichungsgesetzgebung fallen. Mit dem Bundesjagdgesetz hat der Bund von der Gesetzgebungskompetenz eingehend, wohl über den Umfang der damaligen Rahmengesetzgebungskompetenz hinaus[564] Gebrauch gemacht.

---

[551] Etwa Abgeordnete, Mitglieder der Landesregierungen oder Inhaber von Ehrenämtern oder sonstigen Ämtern, *Degenhart* in BK Rn. 22 f.; *Degenhart* in Sachs Rn. 113; *Oeter* in MKS Rn. 179; *Pieroth* in Jarass/Pieroth Rn. 77; *Wittreck* in Dreier 134.

[552] Art. 75 Abs. 1 S. 1 Nr. 3 GG aF.

[553] Begründung Fraktionsentwurf, BT-Drs. 16/813, 11: Jagdwesen und Naturschutz als getrennte Rechtskreise; näher *Glaser* NuR 2007, 439 (442); *Kloepfer* NuR 2006, 1 (5).

[554] *Glaser* NuR 2007, 439 (439 f.); *Kloepfer* NuR 2006, 1 (2 ff.); *Knauff* in BK Rn. 7 f.; *Köck* ZUR 2015, 589 (590); *Oeter* in MKS Rn. 180, auch zur Entstehungsgeschichte im Anschluss an die NS-Zeit.

[555] → Art. 72 Rn. 10.

[556] *Degenhart* in Sachs Rn. 121; *Knauff* in BK Rn. 10; *Oeter* in MKS Rn. 181; *Pieroth* in Jarass/Pieroth Rn. 78; *Sannwald* in SHH Rn. 340; *Seiler* in BeckOK GG Rn. 100; *Wittreck* in Dreier Rn. 139.

[557] Etwa Regelungen zu den Schonzeiten und den jagdbaren Tieren *Kotulla* NVwZ 2007, 489 (492); *Oeter* in MKS Rn. 181; *Seiler* in BeckOK GG Rn. 100; zum Verhältnis des spezielleren jagdbezogenen Artenschutzes gegenüber der Kompetenz für Naturschutz aus Nr. 29 *Glaser* NuR 2007, 439 (442).

[558] *Kotulla* NVwZ 2007, 489 (492).

[559] *Degenhart* in Sachs Rn. 121; *Kotulla* NVwZ 2007, 489 (492); *Sannwald* in SHH Rn. 340; *Seiler* in BeckOK GG Rn. 100; *Wittreck* in Dreier Rn. 139.

[560] *Knauff* in BK Rn. 11; *Kotulla* NVwZ 2007, 489 (492); offengelassen bei *Wittreck* in Dreier Rn. 139.

[561] *Knauff* in BK Rn. 11; *Kotulla* NVwZ 2007, 489 (492); *Oeter* in MKS Rn. 181; *Pieroth* in Jarass/Pieroth Rn. 78; *Seiler* in BeckOK GG Rn. 100; *Wittreck* in Dreier Rn. 139.

[562] *Knauff* in BK Rn. 11; *Oeter* in MKS Rn. 181; *Wittreck* in Dreier Rn. 139.

[563] *Knauff* in BK Rn. 18; *Köck* ZUR 2015, 589 (590 ff.); *Oeter* in MKS Rn. 181; zur Diskussion *Brocker* NuR 2000, 307 ff., *Brenner* DÖV 2014, 232 (235 ff.); auch zu den unionsrechtlichen Vorgaben *Brenner* NuR 2017, 145 ff. und 217 ff., sowie *Wolf* ZUR 2012, 331 ff.; zur Diskussion im Rahmen der Föderalismusreform *Kloepfer* NuR 2006, 1 (2 ff.), und *Schink* ZG 2004, 1 ff.; auf einfach-gesetzlicher Ebene bereits *Lorz* NuR 1985, 253 ff.

[564] *Oeter* in MKS Rn. 181; *Seiler* in BeckOK GG Rn. 100.1.

XXVIII. Naturschutz und Landschaftspflege (Nr. 29)

Die Bereiche Naturschutz und Landschaftspflege bildeten vor der **Föderalismusreform** gemeinsam mit dem Jagdwesen einen Kompetenztitel der Rahmenkompetenz,[565] der dann geteilt und in den Katalog der konkurrierenden Gesetzgebungszuständigkeit überführt worden ist.[566] Naturschutz und Landschaftspflege zählen zu den Bereichen der Abweichungsgesetzgebung nach Art. 72 Abs. 3 S. 1 Nr. 2, wobei die allgemeinen Grundsätze des Naturschutzes, der Artenschutz sowie der Meeresnaturschutz als abweichungsfeste Kerne der Vorranggesetzgebung zugeordnet sind.[567] **99**

Der Kompetenztitel für Naturschutz und Landschaftspflege machen zentrale Bereiche der konkurrierenden Kompetenz des Bundes auf dem Gebiet des freilich nicht generell in die Kompetenz des Bundes fallenden **Umweltschutzes**[568] aus. Erfasst werden insbesondere Regelungen der **Gefahrenabwehr,** die bestimmte Gebiete oder Arten unter Schutz stellen oder besondere Anforderungen an Gefahrenquellen stellen, aber auch gestaltende Regelungen, etwa zur Renaturierung,[569] sowie schließlich Regelungen zur Nutzung.[570] Gegenständlich umfasst der Kompetenztitel auch die ausdrücklich von der Abweichungsgesetzgebung ausgenommenen Bereiche des Artenschutzes und des Meeresnaturschutzes.[571] Zur Kompetenz zählt zudem der Schutz von **Naturdenkmälern.**[572] Auch wenn der Akzent im Naturschutz auf der Gefahrenabwehr und bei der Landschaftspflege auf der Gestaltung liegen mag,[573] liegen zwischen den beiden Bereichen eher graduelle Unterschiede.[574] **100**

XXIX. Bodenverteilung (Nr. 30)

Das Recht der **Bodenverteilung** bildete vor dem Föderalismusreform 2006 gemeinsam mit der Raumordnung und dem Wasserhaushalt einen Titel im Katalog der Kompetenz für Rahmenvorschriften[575] und ist dann als eigenständiger Titel in die konkurrierende Gesetzgebungskompetenz mit Abweichungsmöglichkeit der Länder überführt worden.[576] In Abgrenzung zum städtebaulichen Grundstücksverkehr und dem Bodenrecht (Nr. 18)[577] einer- **101**

---

565 Art. 75 Abs. 1 S. 1 Nr. 3 GG aF; zur Entstehungsgeschichte der Kompetenztitel für die Rahmengesetzgebung näher *Oeter* in MKS Rn. 182.

566 Näher *Berghoff/Steg* NuR 2010, 17 (10); *Knauff* in BK Rn. 7.

567 → Art. 72 Rn. 11 ff.; kritisch zum Versuch der Konkretisierung durch das BImSchG *Gellermann* NVwZ 2010, 73 (74 f.).

568 → Rn. 86.

569 *Degenhart* in Sachs Rn. 122; *Oeter* in MKS Rn. 183; *Pieroth* in Jarass/Pieroth Rn. 79; *Rengeling* HdbStR VI § 135 Rn. 305; *Seiler* in BeckOK GG Rn. 102; *Wittreck* in Dreier Rn. 142.

570 *Degenhart* in Sachs Rn. 122; *Pieroth* in Jarass/Pieroth Rn. 79; *Seiler* in BeckOK GG Rn. 102.1; zur umfassenden Inanspruchnahme der Kompetenz *Hendler/Brockhoff* NVwZ 2010, 733 ff.

571 Näheres *Franzius* NVwZ 2008, 492 (496); *Köck/Wolf* NVwZ 2008, 353 (358 f.); *Louis* ZUR 2006, 430 (341 f.); *Schulze-Fielitz* NVwZ 2007 249 (257). → Art. 72 Rn. 13.

572 *Oeter* in MKS Rn. 183; *Wittreck* in Dreier Rn. 142.

573 Etwa *Kotulla* NVwZ 2007, 489 (492); im Anschluss daran zurückhaltend *Knauff* in BK Rn. 9; zurückhaltender *Oeter* in MKS Rn. 183.

574 *Oeter* in MKS Rn. 183, auch zur kulturgeschichtlichen Verknüpfung von Erhaltung und Gestaltung; *Seiler* in BeckOK GG Rn. 102; *Wittreck* in Dreier Rn. 141 f.

575 Art. 75 Abs. 1 S. 1 Nr. 4 GG aF.

576 Zur Entstehungsgeschichte näher *Knauff* in BK Rn. 2 ff.; *Oeter* in MKS Rn. 187.

577 → Rn. 66 f.

seits und der Überführung von Grund und Boden in Gemeineigentum (Nr. 15)[578] andererseits handelt es sich bei der Bodenverteilung um eine **übergreifende Änderung der Eigentumsverhältnisse an Boden unter Privaten.**[579]

XXX. Raumordnung (Nr. 31)

102 Als ein Bestandteil der **ehemaligen Rahmenkompetenz** für Bodenverteilung, Raumordnung und den Wasserhaushalt[580] ist die Kompetenz für Regelungen der Raumordnung ebenfalls als eigenständiger Kompetenztitel als konkurrierende Gesetzgebungszuständigkeit des Bundes mit Abweichungsmöglichkeit der Länder eingeführt worden, ohne dass abweichungsfeste Kerne vorbehalten wären.[581] Die Länder haben in unterschiedlichem Umfang von ihrer Abweichungsbefugnis Gebrauch gemacht.[582]

103 Die **Raumordnung** ist in dem Gutachten des Bundesverfassungsgerichts über die Zuständigkeit des Bundes zum Erlass eines Baugesetzes als „überörtliche Planung“ und näher als „zusammenfassende, übergeordnete Planung und Ordnung des Raumes“ beschrieben.[583] Übergeordnet meint in diesem Zusammenhang zum einen den überörtlichen Charakter, zum anderen aber auch die Integration der unterschiedlichen Fachplanungen.[584] Aus der Überörtlichkeit geht damit zugleich implizit die Existenz spezifischer Fachplanungen hervor, die ihrerseits mangels ihrer Eigenschaft als übergeordnete Planung nicht in den Kompetenztitel der Raumordnung fallen, sondern den jeweils bereichsbezogenen Kompetenztiteln zugerechnet werden.[585] Darüber hinaus grenzt die verfassungsgerichtliche Rechtsprechung ebenfalls seit dem Gutachten die überörtliche Planung von der **Raumordnung für das „gesamte Staatsgebiet“** ab, für deren Regelung es eine (ausschließliche) Kompetenz des Bundes kraft Natur der Sache annimmt.[586] Nach der überwiegenden Ansicht in der Literatur ist dieser Kompetenzbereich auch nach der Föderalismusreform von dem Kompetenztitel der Raumordnung ausgenommen und damit der in

---

578 → Rn. 57.

579 *Knauff* in BK Rn. 10 f.; *Oeter* in MKS Rn. 188; *Pieroth* in Jarass/Pieroth Rn. 80; *Sannwald* in SHH Rn. 362; *Seiler* in BeckOK GG Rn. 104; *Wittreck* in Dreier Rn. 145: Agrarreform.

580 Art. 75 Abs. 1 S. 1 Nr. 4 GG aF.

581 *Knauff* in BK Rn. 7; *Oeter* in MKS Rn. 189, auch zur Entstehungsgeschichte nach dem Ende des Zweiten Weltkriegs; kritisch zur Ausgestaltung als Abweichungskompetenz ohne abweichungsfesten Kern *Hoppe* DVBl. 2007, 144 (145 ff.); zu den unterschiedlichen Ansätzen, einzelne Teilbereiche gleichwohl als abweichungsfest zu interpretieren, siehe nur *Battis/Kersten* DVBl. 2007, 152; *Kment* NuR 2006, 217 ff. und *Ritter* ARL-Nachrichten 3/2006, 12 (13 f.).

582 Näheres und kritisch *Schmitz/Jornitz* DVBl. 2013, 741 (742 ff.).

583 BVerfGE 3, 407 (425); im Anschluss daran *Knauff* in BK Rn. 9; *Oeter* in MKS Rn. 190; *Rengeling* in HdbStR VI § 135 Rn. 309; *Sannwald* in SHH Rn. 366; *Seiler* in BeckOK GG Rn. 106; zur Abgrenzung zum Bodenrecht bei der Entscheidung über raumordnungsplanerische Festlegungen *Kümper* ZfBR 2018, 119 (120).

584 BVerfGE 3, 407 (425); *Seiler* in BeckOK GG Rn. 106; Beispiele bei *Oeter* in MKS Rn. 190: Linien- und Netzplanung für Straßen, Eisenbahn, Bundeswasserstraßen, Flughäfen, Energienetze; zu letzteren und dem Spannungsverhältnis zur (Landes-)Raumordnung *Appel* NVwZ 2013, 457 (458 ff.); Überblick über die Bundesfachplanung nach dem Netzausbaubeschleunigungsgesetz bei *Kment* NVwZ 2015, 616 ff.

585 *Oeter* in MKS Rn. 190.

586 BVerfGE 3, 407 (427), aus der Literatur *Oeter* in MKS Rn. 190; *Seiler* in BeckOK GG Rn. 106; *Wittreck* in Dreier Rn. 147; zur Kritik an der Annahme einer Vollkompetenz für Regelungen zur Planung im Hinblick auf die Einheitlichkeit des Territoriums *Battis/Kersten* DVBl. 2007, 152 (153 f.).

Art. 72 Abs. 3 S. 1 Nr. 4 vorgesehenen Abweichungsmöglichkeit[587] entzogen.[588] Für den Kompetenzbereich der Raumordnung verbleiben damit Regelungen für Planungen vor allem auf regionaler und landesweiter Ebene.[589] In der Sache erfasst die entwicklungsoffene[590] Kompetenz Regelungen insbesondere zu den Gegenständen, den Kriterien und dem Verfahren der Planung.[591]

XXXI. Wasserhaushalt (Nr. 32)

Entsprechend der Kompetenz für die Bodenverteilung und die Raumordnung ist die Kompetenz für den Wasserhaushalt im Zuge der **Föderalismusreform** von einem zusammenfassenden Kompetenztitel der Rahmengesetzgebung[592] in einen gesonderten Titel der konkurrierenden Gesetzgebungskompetenz des Bundes überführt worden.[593] Von der grundsätzlich nach Art. 72 Abs. 3 S. 1 Nr. 5 vorgesehenen **Abweichungsmöglichkeit** der Länder sind die stoff- und anlagenbezogenen Regelungen[594] ausdrücklich ausgenommen. **104**

Die Kompetenz für den **Wasserhaushalt** umfasst die Regelungen zur **Bewirtschaftung des Wassers.**[595] Gemeint sind damit einerseits Regelungen zum Schutz der Wasserqualität, etwa vor Verschmutzungen[596] oder zu Wasserschutzgebieten,[597] aber auch zur Verteilung und Verwendung, etwa zur Entnahme,[598] der Errichtung entsprechender Anlagen[599] sowie der Entgelte.[600] Die übrigen, von diesem Ausschnitt des Wasserrechts nicht erfassten Teilbereiche verbleiben in der Regelungskompetenz der Länder.[601] Angrenzende konkurrierende Kompetenzen des Bundes bestehen für den Bereich **105**

587 → Art. 72 Rn. 51 ff.

588 *Battis/Kersten* DVBl. 2007, 152 (158 f.); *Degenhart* in Sachs Rn. 79; *Durner* DVBl. 2008, 69 (75 f.); *Grüner/Kment* UPR 2009, 93 (94 f.); *Kment* NuR 2006, 217 (220 f.); wohl auch *Knauff* in BK Rn. 11; *Pieroth* in Jarass/Pieroth Rn. 81; *Sannwald* in SHH Rn. 371; *Spannowsky* UPR 2007, 41 (42): insoweit abweichungsfester Kern; anders *Erbguth* FS f. Rengeling, 2008,. 35 (46 f.); *Hoppe* DVBl. 2007, 144 (146 f.).

589 *Oeter* in MKS Rn. 190: landesweite Raumordnungspläne, Regionalpläne und regionale Flächennutzungspläne.

590 *Wittreck* in Dreier Rn. 147.

591 *Knauff* in BK Rn. 10; *Oeter* in MKS Rn. 190.

592 Art. 75 Abs. 1 S. 1 Nr. 4 GG aF.

593 Näher zur Entstehungsgeschichte *Knauff* in BK Rn. 7; *Oeter* in MKS Rn. 191; *Wittreck* in Dreier Rn. 149.

594 → Art. 72 Rn. 14.

595 BVerfGE 15, 1 (15): Wasserhaushalt als Wasserwirtschaft; aus der Literatur *Degenhart* in Sachs Rn. 124; *Knauff* in BK Rn. 9 f.; *Oeter* in MKS Rn. 192; *Pieroth* in Jarass/Pietroth Rn. 82; *Sannwald* in SHH Rn. 377; *Seiler* in BeckOK GG Rn. 108; *Wittreck* in Dreier Rn. 150.

596 BVerfGE 15, 1 (14): Regelungen zur Beeinflussung der biologischen und chemischen Beschaffenheit des Wassers; *Degenhart* in Sachs Rn. 124; *Knauff* in BK Rn. 11; *Oeter* in MKS Rn. 192; *Seiler* in BeckOK GG Rn. 108.1.

597 *Oeter* in MKS Rn. 192; *Seiler* in BeckOK GG Rn. 108.1.

598 *Oeter* in MKS Rn. 192; *Sannwald* in SHH Art. 72 Rn. 377; *Wittreck* in Dreier Rn. 150.

599 *Knauff* in BK Rn. 12; zur Planfeststellung *Oeter* in MKS Rn. 192; *Seiler* in BeckOK GG Rn. 108.1.

600 *Degenhart* in Sachs Rn. 125; *Oeter* in MKS Rn. 192; *Seiler* in BeckOK GG Rn. 108.1; zusammenfassend BVerfGE 15, 1 (15): Regeln für die haushälterische Bewirtschaftung des in der Natur vorhandenen Wassers nach Menge und Güte.

601 Zur allgemeinen Gefahrenabwehr etwa *Degenhart* in Sachs Rn. 124; *Seiler* in BeckOK GG Rn. 108; zum Abschnitt „Hochwasserschutz" im Wasserhaushaltsgesetz des Bundes *Faßbender* DVBl. 2007, 926 (929 f.) sowie differenzierend *Mitschang/Arndt/Schnorr* UPR 2018, 361 ff.

des Küstenschutzes (Nr. 17)[602] sowie der Seewasserstraßen und der dem allgemeinen Verkehr dienenden Binnenwasserstraßen (Nr. 21).[603]

XXXII. Hochschulzulassung und Hochschulabschlüsse (Nr. 33)

106 Die konkurrierende Gesetzgebungskompetenz des Bundes für die Hochschulzulassung und die Hochschulabschlüsse ist im Zuge der Föderalismusreform an die Stelle der **bisherigen Rahmenkompetenz** für die allgemeinen Grundsätze des Hochschulwesens[604] getreten.[605] Regelungen des Bundes zu diesen allgemeinen Grundsätzen des Hochschulwesens stießen an kompetenzielle Grenzen sowohl durch die Anforderungen an den Gestaltungsraum der Länder bei Rahmenkompetenzen als auch durch die eingehend kontrollierten Anforderungen an die Erforderlichkeit nach Art. 72 Abs. 2.[606] Die Überführung in den Katalog der konkurrierenden Gesetzgebungszuständigkeit beschränkte die Kompetenz zwar inhaltlich auf die Bereiche der Zulassung und der Abschlüsse, verbesserte aber zugleich die Regelungsmöglichkeiten durch den Wegfall der Beschränkung auf Rahmenvorschriften und der Anforderungen an die Erforderlichkeit einer bundeseinheitlichen Regelung nach Art. 72 Abs. 2.[607]

107 Auch nach der Überführung in die konkurrierende Kompetenz unverändert geblieben ist der Begriff der **Hochschule,**[608] der durch die wissenschaftliche oder künstlerische Ausbildung im Anschluss an eine zur Hochschulzugangsberechtigung führende Ausbildung in der Schule anknüpft.[609] Neben Universitäten und anderen wissenschaftlichen Hochschulen, Kunsthochschulen und Musikhochschulen zählen dazu auch Fachhochschulen[610] sowie auf bestimmte Bereiche spezialisierte Hochschulen wie theologische Hochschulen, die (allerdings dem Kompetenztitel der Verteidigung, Art. 73 Nr. 1, zuzurechnenden) Universitäten der Bundeswehr[611] oder Bergakademien,[612] nicht jedoch Volkshochschulen oder allgemeinbildende Schulen.[613]

---

602 → Rn. 64.

603 → Rn. 79; zur Abgrenzung BVerfGE 15, 1 (15); *Knauff* in BK Rn. 13 ff.

604 Art. 75 Abs. 1 S. 1 Nr. 1a GG aF.

605 Näher zur Entstehungsgeschichte auch des Kompetenztitels der Rahmenkompetenz *Oeter* in MKS Rn. 194; *Rux* in BK Rn. 1 ff.; *Wittreck* in Dreier Rn. 152; zum Hintergrund der Reform *Hansalek* NVwZ 2006, 668 (668 f.); *Rux* in BK Rn. 1 ff.

606 BVerfGE 111, 226 (248 ff., 253 ff.) zur Einführung der Juniorprofessur im damaligen Hochschulrahmengesetz; zur Vorgabe der Gebührenfreiheit des Studiums sowie der Bildung verfasster Studierendenschaften BVerfGE 112, 226 (243 ff.): Verpflichtung des Bundes zur außerordentlich zurückhaltenden Gesetzgebung.

607 *Oeter* in MKS Rn. 194.

608 *Degenhart* in Sachs Rn. 127; *Oeter* in MKS Rn. 195; *Rux* in BK Rn. 35; *Sannwald* in SHH Rn. 382.

609 *Degenhart* in Sachs Rn. 128 und *Oeter* in MKS Rn. 195: wissenschaftliche oder künstlerische Ausbildung im Anschluss an das sekundäre Schulwesen; *Pieroth* in Jarass/Pieroth Rn. 83; näher *Rux* in BK Rn. 31 ff., insbesondere in Abgrenzung zu reinen Forschungseinrichtungen.

610 *Nolte* DVBl. 2010, 84 (89); *Seiler* in BeckOK GG Rn. 110; *Wittreck* in Dreier Rn. 153; zweifelnd für Fachhochschulen des Öffentlichen Dienstes, bei denen Ausbildung und Vorbereitungsdienst für eine bestimmte Laufbahn zusammenfallen, *Degenhart* in Sachs Rn. 128; ablehnend für den nicht gehobenen Dienst, *Rux* in BK Rn. 44.

611 *Degenhart* in Sachs Rn. 128; *Rux* in BK Rn. 42; *Wittreck* in Dreier Rn. 153 → Art. 73 Rn. 6.

612 *Degenhart* in Sachs Rn. 127; *Nolte* DVBl. 2010, 84 (89); *Oeter* in MKS Rn. 195.

613 *Degenhart* in Sachs Rn. 128; *Nolte* DVBl. 2010, 84 (89); *Oeter* in MKS Rn. 195; *Pieroth* in Jarass/Pieroth Rn. 83; *Rux* in BK Rn. 40 und 47; *Sannwald* in SHH Rn. 386; *Seiler* in BeckOK GG Rn. 110; *Wittreck* in Dreier Rn. 153.

Regelungen zur **Hochschulzulassung** betreffen neben der Vergabe von Studienplätzen bei zulassungsbeschränkten Studiengängen[614] auch die Modalitäten der Zulassung allgemein.[615] Dazu zählen auch Regelungen des Hochschulzugangs, verstanden als die Voraussetzungen einer Hochschulzulassung.[616] Während die Anforderungen an das Abitur als die praktisch bedeutsamste Form der Hochschulzugangsberechtigung Gegenstand des Schulrechts sind, zeigt schon die Ausdifferenzierung der weiteren Formen von Hochschulzugangsberechtigungen,[617] dass die teilweise unterstellte Nähe der Regelungen des Hochschulzugangs[618] zum Schulrecht nicht durchgehend besteht.[619] **108**

Regelungen der **Hochschulabschlüsse** sollen einerseits auch mit Blick auf den europäischen Hochschulraum die länderübergreifende Gleichwertigkeit und Vergleichbarkeit der Hochschulabschlüsse gewährleisten.[620] Zur Regelungskompetenz sollen deshalb auch Regelungen zum Abschlussniveau und der Regelstudienzeit zählen.[621] Mittelbar können solche Regelungen zu den Abschlüssen allerdings auch die Inhalte sowie Strukturen der Studiengänge beeinflussen und dadurch in ein Spannungsverhältnis zur entsprechenden Kompetenz der Länder treten,[622] wobei diesen auch im Bereich der Hochschulabschlüsse die Möglichkeit zur Abweichung verbleibt. Nicht zu den Hochschulabschlüssen zählen die nicht oder zumindest nicht ausschließlich in der Verantwortung der Hochschulen stehenden Staatsexamina.[623] **109**

C. Kritische Würdigung

Die technische Eigenart des Kompetenzkatalogs bringt einige Eigenheiten mit sich, die üblicherweise nicht als Ausdruck hoher Qualität einer Norm gelten, aber in dem Typus eines Katalogs zu einem gewissen Grad schon angelegt sind. Das betrifft zum einen den kasuistischen Charakter.[624] Mit der Entwicklung des Kompetenzkatalogs verbunden ist aber auch die Ausdifferenzierung der Entstehungskontexte, die automatisch Unterschiede sowohl in der Breite und Tiefe als auch in der Struktur der einzelnen **110**

---

[614] Als einen nicht abschließenden Regelungsfall der Kompetenz beschrieben in der Begründung des Fraktionsentwurfs, BT-Drs. 16/813, 14; zu den Anforderungen an die Regelungsdichte BVerfGE 147, 253 (321 ff.); zu den Anforderungen an die bundesweit einheitliche Berechnung der Curricularnormwerte im Fach Medizin *Pastor* NVwZ 2018, 119 ff.

[615] *Degenhart* in Sachs Rn. 129; *Hansalek* NVwZ 2006, 668 (669); *Pieroth* in Jarass/Pieroth Rn. 84; *Seiler* in BeckOK GG Rn. 112.

[616] *Nolte* DVBl. 2010, 84 (89); *Rux* in BK Rn. 38 f.; anders *Degenhart* in Sachs Rn. 129; *Hansalek* NVwZ 2006, 668 (669); *Pieroth* in Jarass/Pieroth Rn. 84; *Seiler* in BeckOK GG Rn. 112; *Wittreck* in Dreier Rn. 153; sowie die Begründung des Fraktionsentwurfs, BT-Drs. 16/813, 14.

[617] Zu Reformvorschlägen bereits *Gieseke* WissR 2007, 180 ff.

[618] So BT-Drs. 16/813, 14.

[619] *Nolte* DVBl. 2010, 84 (89); zur Entstehungsgeschichte insoweit auch *Rux* in BK Rn. 58.

[620] BT-Drs. 16/813, 14; *Oeter* in MKS Rn. 197; *Seiler* in BeckOK GG Rn. 113.

[621] BT-Drs. 16/813, 14; *Pieroth* in Jarass/Pieroth Rn. 85; *Rux* in BK Rn. 66 f.; *Sannwald* in SHH Rn. 391; *Wittreck* in Dreier Rn. 391; zu den Regelstudienzeiten auch *Degenhart* in Sachs Rn. 129.

[622] *Oeter* in MKS Rn. 197; *Seiler* in BeckOK GG Rn. 113.1.

[623] *Degenhart* in Sachs Rn. 129; *Rux* in BK Rn. 71; *Wittreck* in Dreier Rn. 153.

[624] *Oeter* in MKS Rn. 3 → Rn. 1.

Kompetenztitel mit sich bringt.[625] Methodisch erfordert die Auslegung des Kompetenzkatalogs dadurch eine besondere Sensibilität für den Entstehungskontext. Diese Relevanz des Entstehungskontexts ist allerdings nicht schematisch mit einer Übernahme der im einfachen Recht vorgefundenen Begrifflichkeiten gleichzusetzen. So zeichnet sich bei den im Zuge der Föderalismusreform I neu gefassten oder eingeführten Kompetenztiteln in der Rechtsprechung ab, dass sie nicht unbedingt durch den Regelungsbestand aus dem Jahr 2006 vorstrukturiert werden, zumal wenn sich der jeweilige Begriff auf einen Lebenssachverhalt bezieht.[626] Gleichwohl ist der sachliche und räumliche Anwendungsbereich der meisten Kompetenztitel bis auf Unschärfen an den Rändern vorhersehbar. Strukturelle Konflikte zwischen interferierenden Zuständigkeiten des Bundes und der Länder[627] oder Abweichungen vom Wortlaut und dem ursprünglich verfolgten Konzept eines Kompetenztitels[628] kommen vor, bleiben aber die Ausnahme. Auch wenn die Entwicklung in der Vergangenheit mehr oder weniger kontinuierlich zu Anpassungen des Kompetenzkatalogs geführt[629] und sich so manche Prognose einer Konsolidierung im Rückblick als unzutreffend erwiesen hat,[630] spricht Manches dafür, dass die Entwicklung des Kompetenztitels seit der Föderalismusreform im Jahr 2006 in eine Ruhephase eingetreten ist.

Literatur

Zu Art. 74 insgesamt

W. Cremer, Ungeschriebene Gesetzgebungszuständigkeiten kraft Sachzusammenhangs?, ZG 2005, 29. – ***C. Degenhart,*** Die Neuordnung der Gesetzgebungskompetenzen durch die Föderalismusreform, NVwZ 2006, 1209. – ***W. Försterling,*** Kompetenzrechtliche Probleme bei der Föderalismusreform, ZG 2007, 36. – ***U. Häde,*** Zur Föderalismusreform in Deutschland, JZ 2006, 930. – ***J. Ipsen,*** Die Kompetenzverteilung zwischen Bund und Ländern nach der Föderalismusnovelle, NJW 2006, 2801. – ***H. Jarass,*** Allgemeine Probleme der Gesetzgebungskompetenz des Bundes, NVwZ 2000, 1089. – ***F. Kirchhof,*** Die neuen Organisationsregeln der Föderalismusreform 2006, NZS 2010, 65. – ***C. Pestalozza,*** Thesen zur kompetenzrechtlichen Qualifikation von Gesetzen im Bundesstaat, DÖV 1972, 181. – ***B. Pieroth,*** Materiale Rechtsfolgen grundgesetzlicher Kompetenz- und Organisationsnormen, AöR 114 (1989), 422. – ***H.-W. Rengeling,*** Föderalismusreform und Gesetzgebungskompetenzen, DVBl. 2006, 1537. – ***R. Stettner,*** Grundfragen einer Kompetenzlehre, 1983.

Zu Nr. 1

W. Achilles. Stiftungsrechtsreform und Gesetzgebungskompetenz des Bundes, ZRP 2002, 23. – ***P. Badura,*** Die Gesetzgebungskompetenz des Bundes für das neue Staatshaftungsgesetz, NJW 1981, 1007. – ***W. Bernhardt,*** Anwaltskommunikation und E-Government, NJW-Beil. 2016, 103. – ***C. von Coelln,*** Keine Bundeskompetenz für § 143 StGB, NJW 2001, 2834. – ***G. Dannecker/R. Pfaffendorf,*** Die Gesetzgebungskompetenz der Länder auf dem Gebiet des Straf- und Ordnungswidrigkeitenrechts, NZWiSt 2012, 212 und 252. – ***K.F. Gärditz,*** Gesetzgebungskompetenzfragen der Straftäterunterbringung, BayVBL. 2006, 231. – ***K. Graulich,*** Strafverfolgungsvorsorge, NVwZ 2014, 685. – ***A. Guckelberger,*** Einheitliches Mediationsgesetz auch für ver-

[625] → Rn. 1.

[626] Zum Recht der Spielhallen etwa BVerfGE 145, 20 (59, Rn. 100); → Rn. 46.

[627] Zum Recht der Wirtschaft → Rn. 32; zur wirtschaftlichen Sicherung der Krankenhäuser, Nr. 19a → Rn. 74.

[628] Zur Luftreinhaltung und dem Klima- sowie Nichtraucherschutz → Rn. 88.

[629] Vgl. nur *Wittreck* in Dreier Rn. 3 ff.

[630] Etwa *Kunig* in v. Münch/Kunig, 5. Aufl. 2000, Rn. 128, sowie korrigierend 6. Aufl. 2012, Rn. 128.

waltungsrechtliche Konflikte?, NVwZ 2011, 390. – ***J. Kinzig,*** Als Bundesrecht gescheitert – als Landesrecht zulässig? – Das neue baden-württembergische Gesetz über die Unterbringung besonders rückfallgefährdeter Straftäter, NJW 2001, 1455. – ***J. Kinzig,*** An den Grenzen des Strafrechts – Die Sicherungsverwahrung nach den Urteilen des BVerfG, NJW 2004, 911. –***M. Köhne,*** Gesetzgebungszuständigkeit für den Strafvollzug, ZRP 2006, 195. – ***T. Lohmann,*** Föderalismusreform: Sachverständigenvotum zur Übertragung der Regelungskompetenz für das Notariat auf die Länder, ZNotP 2006, 298. – ***C. Maiwald,*** Die Gesetzgebungszuständigkeit im Strafrecht, ZRP 2006, 18. – ***J. Peglau,*** Das baden-württembergische Straftäterunterbringungsgesetz – tatsächlich als Landesrecht unzulässig?, NJW 2001, 2436. – ***C. Pestalozza,*** Die wider Willen sperrende Bundeslücke bei der Sicherungsverwahrung, JZ 2004, 605. – ***B. Pieroth,*** Gesetzgebungskompetenz- und Grundrechtsfragen der nachträglichen Sicherungsverwahrung, JZ 2002, 922. – ***J.-R. v. Renesse,*** Ausübung der Sozialgerichtsbarkeit durch besondere Spruchkörper der Verwaltungsgerichte?, NZS 2004, 452.

Zu Nr. 2

C. Ann, Notehen aus der Zeit des Kriegsendes – eine bis heute kaum bewältigte Kriegsfolge, FamRZ 1994, 135. – ***B. Schmidt am Busch,*** Intersexualität und staatliche Schutzpflichten bei geschlechtszuweisenden Operationen, AöR 137 (2012), 441.

Zu Nr. 6

T. Herzog, Die Neuerungen im Vertriebenenrecht durch das Zehnte Gesetz zur Änderung des Bundesvertriebenengesetzes, ZAR 2014, 400. – S. ferner Literatur bei Art. 116.

Zu Nr. 7

P. Axer, Soziale Gleichheit – Voraussetzung oder Aufgabe der Verfassung?, VVDStRL 68 (2009), 177. – ***P. Axer,*** Föderalisierung der Sozialversicherung im unitarischen Sozialstaat, VSSR 2010, 1. – ***K. Dinter,*** Die Entwicklung des Heimrechts auf der Ebene des Bundes und der Bundesländer, 2015. – ***M. Drasdo,*** Der Heimvertrag nach der Föderalismusreform, NVwZ 2008, 639. – ***E. Eichenhofer,*** Betreuungsgeld und Grundgesetz, ZG 2013, 60. – ***W. Ewer,*** Kompetenz des Bundesgesetzgebers zur Einführung des Betreuungsgelds?, NJW 2012, 2251. – ***J. Geldermann/T. Hammer,*** Gesetzgebungskompetenzen als Grenze der Verbraucherinformation durch den Bund, VerwArch 2013, 64. – ***W. Höfling/ S. Rixen,*** Lotterie der Gesetzgebungskompetenzen im Heimrecht?, RsDE 65 (2007), 1. – ***Reimer,*** Keine Bundeskompetenz für das Kindergeldrecht, NJW 2012, 1927. – ***J.-R. v. Renesse,*** Ausübung der Sozialgerichtsbarkeit durch besondere Spruchkörper der Verwaltungsgerichte?, NZS 2004, 452. – ***S. Rixen,*** Hat der Bund die Gesetzgebungskompetenz für das Betreuungsgeld?, DVBl,. 2012, 1293. – ***P. Schmid/R. Wiesner,*** Die Kinder- und Jugendhilfe und die Föderalismusreform, ZKJ 2006, 392. – ***F. Schoch,*** Aufgabenkreation des Bundes, Mehrbelastung der Kommunen, Ausgleichspflicht der Länder, ZG 2018, 97. – ***C. Seiler,*** Das Elterngeld im Lichte des Grundgesetzes, NVwZ 2007, 129. – ***K. Stein,*** Die neuen Kinderbetreuungskonzepte als Kompetenzproblem im Bundesstaat, ZG 2003, 324. – ***U. Zimmermann,*** Sozialversicherung und Privatversicherung im Kompetenzgefüge des Grundgesetzes, 2009.

Zu Nr. 9

M. Heintzen, Verfassungsrechtliche Vorgaben der Wiedergutmachung des SED-Unrechts, DÖV 1994, 413. – ***H. Küpper,*** Länderkompetenzen in der Wiedergutmachung von NS-Unrecht, KJ 1997, 224. – ***G. Robbers,*** Kulturförderung und Kompetenz, DVBl. 2011, 140.

Zu Nr. 10

P. Heinemann, Das Recht der Totensorge für gefallene Wehrmachtssoldaten, NZWehrr 2017, 45. – ***J. Vahle,*** Friedhofs- und Bestattungsrecht, DVP 2011, 316.

Zu Nr. 11

M. Appel, Neues Recht für neue Netze – das Regelungsregime zur Beschleunigung des Stromnetzausbaus nach EnWG und NABEG, UPR 2011, 406. – ***S. Barth,*** Zur (noch) nicht möglichen PartG mbB für Architekten und Ingenieure, NZG 2018, 94. – ***J. Bauerschmidt,*** Das Bundesverfassungsgericht wagt mehr Föderalismus, DÖV 2015, 656. – ***C. Biesok,*** Die verfassungsrechtliche Zulässigkeit von Regelungen für den

Vorstand und den Verwaltungsrat in den Sparkassengesetzen der Länder nach dem CRD IV-Umsetzungsgesetz, DVBl. 2017, 677. – ***C. Degenhart,*** Rechtliche Aspekte des Teleshopping, ZUM 1995, 353. – ***C. Degenhart,*** Spielhallen und Geldspielgeräte in der Kompetenzordnung des Grundgesetzes, 2014. ***C. Degenhart,*** Recht des gewerblichen Gewinnspiels und Recht der Spielhallen in der Kompetenzordnung des Grundgesetzes, DVBl. 2014, 416. – ***J. Dietlein,*** Die Gesetzgebungszuständigkeit der Länder für das Spielhallenwesen, ZfWG 2008, 12 und 77. – ***J. Dietlein,*** Glückspielregulierung und Konsequenzgebot, NVwZ 2017, 1667. – ***W. Durner,*** Vollzugs- und Verfassungsfragen des NABEG, NuR 2012, 369. – ***J. Ennuschat/C. Brugger,*** Gesetzgebungskompetenzen im Spielhallenrecht nach der Föderalismusreform, ZfWG 2006, 292. – ***W. Erbguth,*** Energiewende: großräumige Steuerung der Elektrizitätsversorgung zwischen Bund und Ländern, NVwZ 2012, 326. – ***H. Gersdorf,*** Hate Speech in sozialen Netzwerken, MMR 2017, 439. – ***A. Glaser,*** Gaststättenrecht im Wandel: Zwischen föderaler Vielfalt und rechtsstaatlichen Herausforderungen, GewArch 2013, 1. – ***K. Grigoleit/C. Weisensee,*** Das neue Planungsrecht für Elektrizitätsnetze, UPR 2011, 401. – ***D. Hahn,*** Neuregelungen zum gewerblichen Spielrecht, GewArch 2007, 89. – ***H. Hill,*** Gesetzgebung in der postindustriellen gesellschaft, ZG 1995, 82. – ***W. Höfling/S. Rixen,*** Die Landes-Gesetzgebungskompetenzen im Gewerberecht nach der Föderalismusreform, GewArch 2008, 1. – ***H. Horstmann,*** Neue Gesetzgebungskompetenzen bei Ladenschluss und Arbeitszeit, NZA 2006, 1246. – ***F. Kalscheuer/ C. Hornung,*** Das Netzwerkdurchsetzungsgesetz – Ein verfassungswidriger Schnellschuss, NVwZ 2017, 1721. – ***J. A. Kämmerer,*** Privatisierung. Typologie – Determinanten – Rechtspraxis – Folgen, 2003. – ***J. A. Kämmerer/ G. Thüsing,*** Ladenschlussrecht und Arbeitsrecht, GewArch 2006, 266. – ***T. Kingreen/J. Kühling,*** Kommunen als Trägerinnen Medizinischer Versorgungszentren, DÖV 2018, 890. – ***M. Kloepfer,*** Die Sozialisierung von Wohnungsunternehmen und die Verfassung, NJW 2019, 1656. – ***W. Kluth,*** Das Carsharinggesetz des Bundes und seine Umsetzung auf kommunaler Ebene, LKV 2018, 112. – ***M. Knauff,*** Landesenergiepolitik zwischen Kompetenzgrenzen und Gestaltungs(un)willen, ThürVBl. 2015, 257. – ***S. Korte,*** Öffnungszeiten für reisegewerbliche Tätigkeiten, GewArch 2018, 175. – ***W. Kuhla,*** Gesetzgebungskompetenzen im Krankenhausrecht, NZS 2014, 361. – ***T. Lammers,*** Die Gesetzeskompetenz für Spielhallen vor den Landesverfassungsgerichten, GewArch 2015, 54. – ***M. Laux,*** Gesetzgebungskompetenzen für die Integration von Kapazitätsmärkten im Stromsektor, EnWZ 2015, 249. – ***A. Milkau,*** Bundeskompetenz für ein Umweltenergierecht – dargestellt am Beispiel des Erneuerbare-Energien-Wärmegesetzes, ZUR 2008, 561. – ***I. Mikesic/B. Strauch,*** Stromautobahnen: Ende der Planung auf der Kriechspur?, RdE 2011, 347. – ***H. Müller,*** Öffentlich-rechtliche Dienstleistungskonzessionen künftig ein Beschaffungsvorgang?, NVwZ 2016, 266. – ***B. Pieroth/ C. Görisch,*** Gewerbliche Lotteriespielvermittlung als Gegenstand der konkurrierenden Bundesgesetzgebungskompetenz, NVwZ 2005, 1225. – ***B. Pieroth/T. Lammers,*** Das Berliner Spielhallengesetz und die Kompetenzordnung des Grundgesetzes, GewArch 2012, 1. – ***B. Pieroth/ T. Kingreen,*** Verfassungsrechtliche Grenzen einer Aufhebung der Ladenschlusszeiten, NVwZ 2006, 1221. – ***T. Poschmann,*** Inanspruchnahme konkurrierender Kompetenzen des Bundes und Neuordnung der bundesstaatlichen Ordnung, NVwZ 2004, 1318. – ***M. Putzer,*** Ein Mietendeckel für Berlin, NVwZ 2019, 283. – ***A. Schiff,*** Meinungsfreiheit in mediatisierten digitalen Räumen, MMR 2018, 366. – ***G. Schmidt-Eichstaedt,*** Wem gehört der Wind? oder: Der Wind als Bodenschatz, LKV 2018, 1. – ***H. Schmitz,*** Die Ladenöffnung nach der Föderalismusreform, NVwZ 2008, 18. – ***C. Schnabel,*** Das Zugangserschwerungsgesetz – Zum Access-Blocking als ultima ratio des Jugendschutzes, JZ 2009, 996. – ***H.-P. Schneider,*** Das Recht der „Spielhallen" nach der Föderalismusreform, GewArch 2009, 265 f. – ***H.-P.*** Schneider, Ultra Vires? Kompetenzprobleme im neuen Spielhallenrecht der Länder, GewArch 2013, 137. – ***H. P. Schneider,*** Wächter wider Willen, GewArch 2014, 424. – ***H.-P. Schneider,*** Die Zerschlagung eines (ehemals) freien Gewerbes – Kritische Bemerkungen zum Spielhallen-Beschluss des BVerfG, NVwZ 2017, 1073. – ***U. Schönleiter,*** Föderalismusreform und Gewerberecht, GewArch 2006, 371 – ***R. Schubert,*** Nutzeranreize für Elektrofahrzeuge im Straßenverkehr, NZV 2016, 153. – ***A. Uhle,***

Normativ-rezeptive Kompetenzzuweisung und Grundgesetz, 2015. – ***D. Ulber,*** Verfassungsmäßigkeit des Thüringer Ladenöffnungsgesetzes, NVwZ 2015, 1026. – ***C. Waldhoff,*** Sach- und / oder Personalregulierung im Recht der Spielautomaten?, GewArch 2018, 89. – ***C. Weidemann/T. Krappel,*** Das Recht der Automatenaufstellung nach der Föderalismusreform, NVwZ 2013, 673. – ***M. Wolf,*** Zu den verfassungsrechtlichen Grenzen für eine kartellrechtliche Kontrolle von Gebühren, WuW 2013, 246.

Zu Nr. 12

R. Adam, Die Gesetzgeungskompetenz für das Arbeitsrecht des öffentlichen Dienstes, ZTR 2006, 185. – ***P. Axer,*** Soziale Versicherungsträger als Thema der grundgesetzlichen Kompetenzordnung, FS f. Krause, 2006, 97. – ***P. Axer,*** Etatisierung der sozialen und gemeinsamen Selbstverwaltung?, NZS 2017, 601. – ***K.-J. Biebach,*** Begriff und verfassungsrechtliche Legitimation von „Sozialversicherung", VSSR 2003, 1. – ***W. Binne,*** Gesetzgebungskompetenz des Bundes für eine obligatorische kapitalgedeckte Zusatzvorsorge?, DRV 1999, 598. – ***H. Butzer,*** § 95 SGB V und die Neuausrichtung des ärztlichen Berufsrechts, NZS 2005, 344. – ***S. Gronemeyer,*** Die verfassungsrechtliche Zulässigkeit landesrechtlicher Befristungsregelungen für angestellte Hochschulprofessoren, RdA 2016, 24. – ***T. Hoppe,*** Mindestlohn: Gesetzgebungskompetenz der Länder?, NZA 2008, 1110. – ***H. Horstmann,*** Neue Gesetzgebungskompetenzen bei Ladenschluss und Arbeitszeit, NZA 2006, 1246. – ***F. Kirchhof,*** Verfassungsrechtliche Probleme einer umfassenden Kranken- und Renten-„Bürgerversicherung", NZS 2004, 1. – ***W. Kuhla,*** Gesetzgebungskompetenzen im Krankenhausrecht, NZS 2014, 361. – ***T. Kühn,*** Rauchfreier Arbeitsplatz? Zur Beschäftigung von Arbeitnehmer in Raucherräumen, BB 2010, 120. – ***S. Muckel,*** Verfassungsrechtliche Grenzen der Reformvorschläge zur Krankenversicherung, SGb 2004, 583 und 670. – ***C. Pestalozza,*** Kompetenzielle Fragen des Entwurfs eines Vertragsarztrechtsänderungsgesetzes, GesR 2006, 389. – ***A. Prehn,*** Bedeutung des ärztlichen Berufsrechts für den Vertragsarzt – eine verfassungsrechtliche Analyse, MedR 2015, 560. – ***M. Quaas,*** Qualitätsindikatoren des G-BA als Teil der Krankenhausplanung: eine verfassungsrechtliche Gratwanderung, GesR 2018, 626. – ***M. Rehborn,*** Berufsgerichtliche Verfahren gegen Ärzte – grundlegende Rechtsfragen, GesR 2004, 170. – ***J.-R. v. Renesse,*** Ausübung der Sozialgerichtsbarkeit durch besondere Spruchkörper der Verwaltungsgerichte?, NZS 2004, 452. – ***S. Rixen,*** Staatliche Durchsetzung des Mindestlohns, in: V. Rieble/ A. Junker/R. Giesen, Mindestlohn als politische und rechtliche Herausforderung, 2011. – ***F. Ruland,*** Das Grundgesetz und die Entwicklung des Rentenversicherungsrechts, NZS 2010, 121. – ***J.-E. Schenkel,*** Sozialversicherung und Grundgesetz, 2008. – ***H. Sodan,*** Verfassungsrechtliche Anforderungen an Regelungen gemeinschaftlicher Berufsausübung von Vertragsärzten, NZS 2001, 169. – ***D. Ulber,*** Der Weg der Betriebsverfassung ins Grundgesetz, RdA 2015, 288. – ***D. Ulber,*** Verfassungsmäßigkeit des Thüringer Ladenöffnungsgesetzes, NVwZ 2015, 1026. – ***C. Wendtland,*** Das Rauchen in Gaststätten: Ein Härtetest für die Kompetenzordnung nach der Föderalismusreform, DÖV 2007, 647.

Zu Nr. 13

H. Eikenberg, Der Europäische Forschungsraum: Ein Kompetenzproblem?, EuR 2008 Heft 1, 0125. – O. Jauch, Das Wissenschaftsfreiheitsgesetz des Bundes, NVwZ 2013, 32. – ***O. Jauch,*** Das Wissenschaftsfreiheitsgesetz des Bundes, NVwZ 2013, 32. – ***U. Karpen,*** Bildung, Wissenschaft und Kultur in der Föderalismusreform, ZG 2006, 271. – ***J. Nolte,*** Die Zuständigkeit des Bundes für das Hochschulwesen, DVBl 2010, 84. – ***A. Pilniok,*** Governance im europäischen. Forschungsförderverbund, 2011. – ***E. Schmidt-Aßmann,*** Wissenschaftsrecht im Ordnungsrahmen des öffentlichen Rechts, JZ 1989, 205. – ***S. Sieweke,*** Verfassungsrechtliche Anforderungen an die Fortsetzung der Exzellenzinitiative, DÖV 2009, 946. – ***S. Sieweke,*** Die Verfassungswidrigkeit der Exzellenzinitiative des Bundes und der Länder, DÖV 2011, S. 435 – ***I. Staff,*** Wissenschaftsförderung im Gesamtstaat, 1971. – ***H. Trute,*** Die Forschung zwischen grundrechtlicher Freiheit und staatlicher Institutionalisierung, 1994. – ***H. Wagner,*** Die Verfassungsmäßigkeit der Exzellenzinitiative des Bundes und der Länder, DÖV 2011, 427.

Zu Nrn. 14 und 15

F. Drohsel, Über die Frage der Sozialisierung am Beispiel „Deutsche Wohnung & Co. Enteignen", KJ 2020, 30. – ***A. Fischer-Lescano/A. Gutmann,*** Mietpreisregulierung im Föderalismus, KJ 2020, 3. – ***M. Kloepfer,*** Die Sozialisierung von Wohnungsunternehmen und die Verfassung, NJW 2019, 1656. – ***C. Röhner,*** Eigentum und Vergesellschaftung in der Wohnungskrise, KJ 2020, 16. – ***C. Schede/J.-F. Schuldt,*** Vergesellschaftung von Grund und Boden, ZRP 2019, 78.

Zu Nr. 16

R. Podszun, Der „more economic approach" im Lauterkeitsrecht, WRP 2009, 509. – ***W. Seiler,*** Pressezonzentration und publizistische Vielfalt nach zehn Jahren deutscher Einheit, AfP 2002, 1. – ***M. Wolf,*** Zu den verfassungsrechtlichen Grenzen für eine kartellrechtliche Kontrolle von Gebühren, WuW 2013, 246. – ***B. Wolfers/B. Wollenschläger,*** Gebühren- und Kartellrecht: Was gilt? Zu den verfassungsrechtlichen Grenzen kartellrechtlicher Rechtsfortbildung, DVBl. 2012, 273.

Zu Nr. 17

P. Ehlers, Grundgesetz und Meer, NordÖR 2003, 385. – ***G. Winter/ S. Stoppe-Ramadan,*** Koexistenz gentechnikfreier und gentechniknutzender Landwirtschaft: von individueller zu systemischer Konfliktlösung, NuR 2011, 396.

Zu Nr. 18

C. Degenhart, Bundeskompetenz für ein Bodenschutzgesetz?, ZRP 1997, 397. – ***M. Kloepfer,*** Die Sozialisierung von Wohnungsunternehmen und die Verfassung, NJW 2019, 1656. – ***B. Kümper,*** Raumordnung und Bauleitplanung – Regelungsbefugnisse der Raumordnung und Bindungswirkungen raumordnerischer Festlegungen für die Bauleitplanung, ZfBR 2018, 119. ***C. Langenfeld/C. Weisensee,*** Flüchtlinge ins Gewerbegebiet, ZAR 2015, 132. – ***H.-J. Papier,*** Empfehlen sich ergänzende gesetzliche oder untergesetzliche Regelungen der Altlasten, und welchen Inhalt sollten sie haben?, JZ 1994, 810. – ***M. Putzer,*** Die Zuständigkeit der Länder für ein Mietpreisrecht, NVwZ 2019, 283. – ***C. Schede/J.-F. Schuldt,*** Verfassungswidrigkeit landesrechtlicher Mietendeckel, NVwZ 2019, 1572. – ***A. Schink,*** Die Altlastenregelung des Entwurfs des Bundesbodenschutzgesetzes, DÖV 1995, 213. – ***R. Tietzsch,*** Landesgesetzliche Preisregulierung für Wohnungsmieten, Mietendeckel für Berlin, WuM 2020, 121. – ***J. Wagner,*** Der Weg zur klimafreundlichen und an den Klimawandel angepassten Kommune, UPR 2017, 361. – ***P. Weber,*** Mittel und Wege landesrechtlichen Mietpreisrechts in angespannten Wohnungsmärkten, JZ 2018, 1022. – ***P. Weber,*** Mehrdimensionalität im Wohnungsrecht, ZMR 2019, 389. – ***P. Weber,*** Zwischenruf zum Berliner „Mietendeckel", NZM 2019, 878. –***B. Wolfers/K. U. Opper,*** Ist ein landesrechtlicher „Mietendeckel" mit dem Grundgesetz vereinbar?, DVBl. 2019, 1446.

Zu Nr. 19

S. Barth, Zur (noch) nicht möglichen PartG mbB für Architekten und Ingenieure, NZG 2018, 94. – ***H.-U. Gallwas,*** Kompetenz des Bundes aus Art. 74 Nr. 19 GG zur Regelung der Berufe in der Altenpflege?, DÖV 1993, 17. – ***C. Pestalozza,*** Kompetenzielle Fragen des Entwurfs eines Vertragsarztrechtsänderungsgesetzes, GesR 2006, 389. – ***M. Rossi/C. Lenski,*** Föderale Regelungsbefugnisse für öffentliche Rauchverbote, NJW 2006, 2657. – ***M. Neupert,*** Die konkurrierende Gesetzgebung im Gesundheitswesen am Beispiel der „Regelkompetenz" von Rettungsassistenten, MedR 2004, 134. – ***C. Pestalozza,*** Kompetenzielle Fragen des Entwurfs eines Vertragsarztrechtsänderungsgesetzes, GesR 2006, 389. – ***E. Riedel/U.Derpa,*** Kompetenzen des Bundes und der Länder im Gesundheitswesen, 2002. – ***C. M. Rossi/C. Lenski,*** Föderale Regelungsbefugnisse für öffentliche Rauchverbote, NJW 2006, 2657. – ***H. Siekmann,*** Die Zuständigkeit des Bundes zum Erlass umfassender Rauchverbote nach In-Kraft-Treten der ersten Stufe der Föderalismusreform, NJW 2006, 3382. – ***H. Sodan,*** Verfassungsrechtliche Anforderungen an Regelungen gemeinschaftlicher Berufsausübung von Vertragsärzten, NZS 2001, 169. – ***R. Stettner,*** Zwischenruf: Der flächendeckende Schutz gegen Passivrauchen ist Kompetenz und Pflicht des Bundes, ZG 2007, 156. – ***A. Walus,*** Pandemie und Katastrophennotstand: Zuständigkeitsverteilung und Kompetenzmängel des Bundes, DÖV 2010, 127. – ***C. Wendtland,*** Das Rauchen in Gaststätten: Ein Härtetest für die Kompetenzordnung nach der Föderalismusreform, DÖV 2007, 647.

Zu Nr. 19a

M. Burgi/P. Maier, Kompetenzfragen der Krankenhausplanung: Vom Bundesstaat zum Kassenstaat?, DÖV 2000, 579. – ***J. Ipsen,*** Verfassungsfragen der Krankenhausfinanzierung, in M.-E. Geis/M. Winkler/Ch. Bickenbach, Von der Kulutur der Verfassung, FS f. Hufen, 2015, 181. – ***W. Kuhla,*** Gesetzgebungskompetenzen im Krankenhausrecht, NZS 2014, 361. – ***P. Lerche/C. Degenhart/J. Isensee,*** Krankenhausfinanzierung in Selbstverwaltung, 1990. – ***T. Maunz,*** Krankenhausreform durch Ländergesetze, 1974. ***M. Quaas,*** Qualitätsindikatoren des G-BA als Teil der Krankenhausplanung: eine verfassungsrechtliche Gratwanderung, GesR 2018, 626.

Zu Nr. 20

J. Caspar, Verbandsschutzklage im Tierschutzgesetz durch Landesrecht?, DÖV 2008, 145. – ***B. Kühl,*** Die Finanzierung von Lebensmittelklarheit.de aus kompetenzrechtlicher Sicht, VuR 2017, 379. – ***C. Schrader/M. Warncke,*** Kostenerhebung in der Lebensmittelüberwachung, LMuR 2014, 82.

Zu Nr. 21

R. Mast/ W. Göhner, Wasserwegebau und Denkmalschutz: Die Rechtslage nach dem Urteil des BVerwG vom 25.9.2008, LKV 2009, 65. – ***W. Spannowsky,*** Grenzen landes- und regionalplanerischer Festlegungen gegenüber Verkehrswegplanungen des Bundes, UPR 2000, 418.

Zu Nr. 22

M. Brenner, Die Bevorrechtigung des Carsharing – eine straßenrechtliche oder straßenverkehrsrechtliche Maßnahme?, SVR 2017, 361. – ***E. Hofmann,*** Die gescheiterte Infrastrukturabgabe: Ende eines Irrwegs?, NVwZ 2019, 1257. – ***R. Klinger,*** Landesrechtliche Kompetenzen für eine City-Maut zur Verminderung der Luftbelastung, ZUR 2016, 591. – ***D. Müller,*** Rechtsgrundlagen der staatlichen Verkehrsüberwachung, NZV 2016, 254. – ***H. Münzing,*** Zur Einführung einer Pkw-Maut in Deutschland, NZV 2014, 197. – ***M. Schröder,*** Verbesserung des Klimaschutzes durch Einführung einer City-Maut, NVwZ 2012, 1438. – ***R. Schubert,*** Nutzeranreize für Elektrofahrzeuge im Straßenverkehr, NZV 2016, 153. – ***C. Stollwerk,*** Ergänzende Gesetzgebungskompetenz der Länder für den Straßenverkehr?, SVR 2017, 170. – ***M. Uechtritz/M. Deutsch,*** Die „Lkw-Maut": Ein Schritt zur Nutzerfinanzierung der Verkehrsinfrastruktur, DVBl. 2003, 575. – ***M. Zabel,*** Das Infrastrukturabgabengesetz, NVwZ 2015, 1241.

Zu Nr. 23

S. die u. bei Art. 87e angegebene Literatur – ***U. Kramer,*** Anmerkung zu einer Entscheidung des OVG Lüneburg, Urteil vom 26.8.2016, Az. 7 KS 41/13 – Zur Abgrenzung von Personenbeförderungs- und Eisenbahnrecht, DVBl. 2017, 204. – ***E. Schmidt-Aßmann/H.-C. Röhl,*** Grundpositionen des neuen Eisenbahnverfassungsrechts (Art. 87e GG), DÖV 1994, 577.

Zu Nr. 24

M. Bothe, Zulässigkeit landesrechtlicher Abfallabgaben, NJW 1998, 2333. – ***B. Burkholz,*** Zur Gesetzgebungskompetenz für ein Umweltinformationsgesetz, NVwZ 1994, 124. –***W. Erbguth/M. Schubert,*** Zum Scheitern des Umweltgesetzbuches – Ursachen und Folgen für das nationale Umweltrecht, UTR 104 (2010), 7. – ***W. Förserling,*** Kompetenzrechtliche Probleme nach der Föderalismusreform, ZG 2007, 36. – ***W. Frenz,*** Föderalismusreform im Umweltrecht, NVwZ 2006, 742. – ***H.-C. Fricke/M. Schütte,*** Die Privilegierung des Kinderlärms im Bundes-Immissionsschutzgesetz, ZUR 2012, 89. – ***A.-C. Gläß,*** Fernwärmenutzung als Mittel zur Erreichung eines klimaneutralen Gebäudebestandes?, NJOZ 2017, 1338. – ***A. Guckelberger,*** Geräuschemissionen von Kinder- und Jugendeinrichtungen aus öffentlich-rechtlicher Sicht, UPR 2010, 241. – ***K. Hansmann,*** Die Gesetzgebungskompetenz für die Lärmbekämpfung nach der Föderalismusreform, NVwZ 2007, 17. – ***R. Hendler,*** Die Gesetzgebungskompetenz der Länder zur Erhebung von Sonderabfallabgaben, NuR 1996, 165. – ***P. Huber/F. Wollenschläger,*** Immissionsschutz nach der Föderalismusreform I: Zur veränderten Kompetenzverteilung zwischen Bund und Ländern im Bereich des Lärmschutzes, NVwZ 2009, 1513. – ***C. Jung,*** Der Rechtsrahmen der Verkehrswende – Appelle an den Gesetzgeber in Deutschland und Europa, IR 2017, 220. –

A.-M. Kane, Die Gesetzgebungskompetenzen des Bundes im Umweltschutz, 2013. – ***G. Kiefer,*** Zur Gesetzeskompetenzverteilung zwischen Bund und Ländern bei der Lärmbekämpfung, DÖV 2011, 515. – ***R. Klinger,*** Landesrechtliche Kompetenzen für eine City-Maut zur Verminderung der Luftbelastung, ZUR 2016, 591. – ***M. Kloepfer,*** Föderalismusreform und Umweltrecht, NuR 2004, 759. – ***M. Kloepfer,*** Föderalismusreform und Umweltgesetzgebungskompetenzen, ZG 2006, 250. – ***M. Kotulla,*** Umweltschutzgesetzgebungskompetenzen und „Föderalismusreform", NVwZ 2007, 489. – ***H. Schulze-Fielitz,*** Immissionsschutzrecht als Feld bundesstaatlichen Wettbewerbs?, NuR 2002, 1. – ***H. Schulze-Fielitz,*** Umweltschutz im Föderalismus – Europa, Bund und Länder, NVwZ 2007, 249. – ***R. Stich,*** Immissionsschutzrecht des Bundes und der Länder, 1974. – ***H. Wendenburg,*** Die Abfallwirtschaft in der Föderalismusreform, ZUR 2006, 351.

Zu Nr. 25

H. Bonk, Zum neuen Staatshaftungsgesetz, DVBl. 1981, 801. – ***B. Grzeszick,*** Notwendigkeit und Grundzüge eines Staatshaftungsgesetzes, ZRP 2015, 162. – ***T. Linke,*** Zur Zustimmungsbedürftigkeit bundesrechtlicher Staatshaftungsregelungen – Reduktionsmöglichkeiten von Art. 74 Abs. 1 Nr. 25 und Abs. 2 GG?, DÖV 2005, 289.

Zu Nr. 26

R. Damm, Gesetzgebungsprojekt Gentestgesetz – Regelungsprinzipien und Regelungsmaterien, MedR 2014, 1. – ***H.-G. Dederer,*** Verfassungskonkretisierung im Verfassungsneuland: das Stammzellgesetz, JZ 2003, 986. – ***H. Neft,*** Reform des Transplantationsgesetzes – Weichenstellung für eine bessere Patientenversorgung?, MedR 2013, 82.

Zu Nr. 27

U. Battis/K.J. Grigoleit, Die Statusgesetzgebung des Bundes, ZBR 2008, 1. – ***G. Bochmann,*** Die verfassungsrechtlichen Grundlagen der Reföderalisierung des öffentlichen Dienstrechts und der Entwurf eines Gesetzes zur Regelung des Statusrechts der Beamtinnen und Beamten in den Ländern (Beamtenstatusgesetz – BeamtStG), ZBR 2007, 1. – ***A. Dillenburger,*** Das Beamtenstatusgesetz als neues Beamtenbundesrecht für die Beamtinnen und Beamten der Länder, NJW2009, 1115. –***G. Frank/T. Heinicke,*** Die Auswirkungen der Föderalismusreform auf das öffentliche Dienstrecht – das neue Spannungsfeld von Solidarität, Kooperation und Wettbewerb zwischen den Ländern, ZBR 2009, 34. – ***H. Günther,*** Gesetzgebungskompetenzen für das Beamtenrecht, Kodifikationen des allgemeinen Beamtenrechts – Vom Kaiserreich bis zur Bundesrepublik nach der Föderalismusreform, ZBR 2010, 1. – ***R. Koch,*** Das öffentliche Recht nach der Föderalismusreform, DVBl. 2008, 805. – ***H. Lecheler,*** Die Auswirkungen der Föderalismusreform auf die Statusrechte der Beamten, ZBR 2007, 18. – ***J. Lindner,*** Gibt es ein besoldungsrechtliches Homogenitätsprinzip?, DÖV 2015, 1025. – ***M. Pechstein,*** Wie können die Länder ihre neuen beamtenrechtlichen Kompetenzen nutzen?, ZBR 2006, 285. – ***H. A. Wolff,*** Noch einmal: Verwaltungsstrukturreformen und Beamtenstatusrechte, NVwZ 2009, 632.

Zu Nrn. 28 und 29

M. Appel, Die Befugnis zur einfach-gesetzlichen Ausgestaltung der allgemeinen Grundsätze des Naturschutzes i. S. des Art. 72 III 1 Nr. 2 GG, NuR 2010, 171. – ***G. Beaucamp,*** Gesetzgebungskompetenzen im Naturschutzrecht, JA 2000, 482. – ***B. Becker,*** Das Rechts der Länder zur Abweichungsgesetzgebung (Art. 79 III GG) und das neue WHG und BNarSchG, DVBl. 2010, 754. – ***D. W. Belling,*** Anm. zum Urteil des BGH v. 4.3.2010 (III ZR 233/09; JZ 2010, 1125) – Zur Frage des Wildschadensersatzes an befriedeten Bezirken, JZ 2010, 1128. – ***P. Berghoff/K. Steg,*** Das neue Bundesnaturschutzgesetz und seine Auswirkungen auf die Naturschutzgesetze der Länder, NuR 2010, 17. – ***E. Bohne,*** Das Umweltgesetzbuch vor dem Hintergrund der Föderalismusreform, EurUP 2006, 276. – ***R. Breuer,*** Verrechnungsprobleme der Abwasserabgabe, NVwZ 2012, 200. – ***D. Czybulka,*** Reformnotwendigkeiten des Jagdrechts aus Sicht einer Harmonisierung mit dem europäischen und internationalen Recht der Biodiversität und dem Artenschutzrecht, NuR 2006, 7. – ***P. Fischer-Hüftle,*** Zur Gesetzgebungskompetenz auf dem Gebiet „Naturschutz und Landschaftspflege" nach der Föderalismusreform, NuR 2007, 78. – ***C. Franzius,*** Die Abweichungsgesetzgebung, NVwZ 2008, 492. — ***M. Gellermann,*** Naturschutzrecht nach der Novelle des Bundesnaturschutzgesetzes, NVwZ 2010, 73. – ***A. Glaser,*** Das Jagdrecht im Spannungsfeld bundesstaatlicher Gesetzgebung, NuR 2007, 439. – ***R. Hendler/S. Brockhoff,*** Die Eingriffsregelung des neuen Bundesnaturschutzgesetzes, NVwZ 2010, 733. – ***O. Hendrischke,*** „Allgemeine Grundsätze" als abweichungsfester Kern der Naturschutzgesetzgebung des Bundes, NuR 2007, 454. –***A. M. Kane,*** Die Gesetzgebungskompetenzen des Bundes im Umweltschutz, 2013. – ***M. Kloepfer,*** Umwelt-, Naturschutz- und Jagdrecht – Eine kompetenzrechtliche Betrachtung im Lichte der Föderalismusdebatte, NuR 2006, 1. – ***H.-J. Koch/F. Mechel,*** Naturschutz und Landschaftspflege in der Reform der bundesstaatlichen Ordnung, NuR 2004, 277. – ***M. Kotulla,*** Umweltschutzgesetzgebungskompetenzen und „Föderalismusreform", NVwZ 2007, 489. – ***W. Köck,*** Der Wolf als jagdbare Art? Zur Abgrenzung der Gesetzgebungskompetenzen für die Sachmaterien Naturschutz/Landschaftspflege und Jagdwesen, ZUR 2015, 589. – ***W. Köck/R. Wolf,*** Grenzen der Abweichungsgesetzgebung im Naturschutz, NVwZ 2008, 353. – ***W. Louis,*** Die Gesetzgebungszuständigkeit für Naturschutz und Landschaftspflege nach dem Gesetzentwurf zur Föderalismusreform, ZUR 2006, 340. – ***S. Otto/J. Sanden,*** Verfassungsrechtliche Spielräume für das Naturgesetzbuch des Umweltgesetzbuches, NuR 2007, 802. – ***A. Scheidler,*** Auswirkungen der Föderalismusreform auf das Umweltrecht, UPR 2006, 423. – ***H. Schulze-Fielitz,*** Umweltschutz im Föderalismus – Europa, Bund und Länder, NVwZ 2007, 249. – ***T. Wilrich,*** Verbandsbeteiligung im Umweltrecht, 2002.

Zu Nrn. 30, 31 und 32

J. Albrecht, Die ökologische Neuausrichtung des Wasserrechts durch die Wasserrahmenrichtlinie, EurUP 13 (2015), 96. – ***U. Battis/J. Kersten,*** Die Raumordnung nach der Föderalismusreform, DVBl. 2007, 152. – ***R. Breuer,*** Wasserpreise und Kartellrecht, NVwZ 2009, 1249. – ***W. Durner,*** Auswirkungen der Föderalismusreform auf das Eisenbahnplanungsrecht, DVBl. 2008, 69. –***W. Erbguth,*** Zur Föderalismusreform im Bereich Umwelt, insbesondere Raumordnung, in J. Ipsen/B. Stüer (Hrsg.), Europa im Wandel, FS f. Rengeling, 2008, 35. – ***W. Erbguth,*** Nationales Infrastrukturrecht zur See, DVBl. 2009, 165. – ***W. Erbguth,*** Energiewende: großräumige Steuerung der Elektrizitätsversorgung zwischen Bund und Ländern, NVwZ 2012, 326. – ***K. Faßbender,*** Aktuelle Fragen und Entwicklungen des Hochwasserschutzes, DVBl. 2007, 926. –***J. Grüner/M. Kment,*** Ausnahmen von Zielen der Raumordnung, UPR 2009, 93. – ***W. Hoppe,*** Kompetenz-Debakel für die Raumordnung durch die Föderalismusreform infolge der uneingeschränkten Abweichungszuständigkeit der Länder?, DVBl. 2007, 144. – ***M. Kment,*** Zur angestrebten Änderung der Gesetzgebungskompetenz im Bereich der Raumordnung, NuR 2006, 217. – ***H. Knippenberg,*** Die Kompetenzgrundlagen der Deutschen und Europäischen Raumordnung, 2010. – ***W. Köck,*** Wasserwirtschaft und Gewässerschutz in Deutschland, ZUR 2012, 140. – ***B. Kümper,*** Raumordnung und Bauleitplanung – Regelungsbefugnisse der Raumordnung und Bindungswirkungen raumordnerischer Festlegungen für die Bauleitplanung, ZfBR 2018, 119. – ***S. Mitschang/M. Arndt/M. Schnorr,*** Hochwasserschutz und Bauleitplanung – aktuelle Anforderungen und Auswirkungen nach dem neuen Hochwasserschutzgesetz II, UPR 2018, 361. – ***B. Parakenings,*** Die Gesetzgebungskompetenzen im Raumordnungsrecht nach der Föderalismusreform, NWVBl. 2008, 172. – ***M. Reinhardt,*** Zum Verhältnis von Wasserrecht und Naturschutzrecht, NuR 2009, 517. – ***M. Reinhardt,*** Gesetzgebungskompetenzen im Wasserrecht, AöR 135 (2010), 459. – ***M. Reinhardt,*** Demografischer Wandel im Wasserrecht – Rechtsrahmen für Daseinsvorsorge und Gewässerschutz, LKV 2018, 289. –***M. Ruttloff,*** Die Gesetzgebungskompetenz für das Wasserwirtschaftsrecht nach der Föderalismusreform, UPR 2007, 333. – ***H. Schmitz/P. Jornitz,*** Die Tücken der Abweichungsgesetzgebung – Dargestellt am Beispiel des neuen Bayerischen Landesplanungsgesetzes, DVBl. 2013, 741. – ***W. Söfker,*** Zum Entwurf eines Gesetzes zur Neufassung des Raumordnungsgesetzes (GeROG), UPR 2008, 161. – ***W. Söfker,*** Das Gesetz zur Neufassung des Raumordnungsgesetzes, UPR 2009, 161. –***W. Spannowsky,*** Die Grenzen der Länderabweichungsbefugnis gem. Art. 72 III Nr. 4 GG im Bereich der Raumordnung, UPR 2007, 41.

Zu Nr. 33

J. Ennuschat/K. Ulrich, Neuverteilung der Kompetenzen von Bund und Ländern im Schul- und Hochschulbereich nach der Föderalismusreform, VBl.BW 2007, 121. – ***E. Hansalek,*** Die neuen Kompetenzen des Bundes im Hochschulrecht, NVwZ 2006, 668. – ***U. Karpen,*** Bildung, Wissenschaft und Kultur in der Föderalismusreform, ZG 2006, 271. – ***U. Karpen/B. Rückert,*** Bildung, Wissenschaft und Kultur in der Föderalismusreform, ZG 2006, 271. – ***L. Knopp,*** Föderalismusreform – zurück zur Kleinstaaterei? An den Beispielen des Hochschul-, Bildungs- und Beamtenrechts, NVwZ 2006, 1216. – ***J. F. Lindner,*** Darf der Bund das Hochschulrahmengesetz aufheben?, NVwZ 2007, 180. – ***J. Nolte,*** Die Zuständigkeit des Bundes für das Hochschulwesen, DVBl. 2010, 84. – ***S. Oeter/S. Boysen,*** Wissenschafts- und Bildungspolitik im föderalen Staat – ein strukturelles Problem?, RdJB 2005, 296. – ***T. Pastor,*** Die Einhaltung des Curricularnormwerts im Studiengang Medizin als Problem im Kapazitätsprozess, NVwZ 2018, 119.

Art. 74 a, 75 [Konkurrierende Gesetzgebung; Rahmengesetzgebung]

Art. 74a

(1) Die konkurrierende Gesetzgebung erstreckt sich ferner auf die Besoldung und Versorgung der Angehörigen des öffentlichen Dienstes, die in einem öffentlich-rechtlichen Dienst- und Treueverhältnis stehen, soweit dem Bund nicht nach Artikel 73 Nr. 8 die ausschließliche Gesetzgebung zusteht.

(2) Bundesgesetze nach Absatz 1 bedürfen der Zustimmung des Bundesrates.

(3) Der Zustimmung des Bundesrates bedürfen auch Bundesgesetze nach Art. 73 Nr. 8, soweit sie andere Maßstäbe für den Aufbau oder die Bemessung der Besoldung und Vergütung einschließlich der Bewertung der Ämter oder andere Mindest- oder Höchstbeträge vorsehen als Bundesgesetze nach Absatz 1.

(4) Die Absätze 1 und 2 gelten entsprechend für die Besoldung und Versorgung der Landesrichter. Für Gesetze nach Artikel 98 Abs. 1 gilt Absatz 3 entsprechend.

Art. 75

(1) Der Bund hat das Recht, unter den Voraussetzungen des Artikels 72 Rahmenvorschriften für die Gesetzgebung der Länder zu erlassen über:

1. die Rechtsverhältnisse der im öffentlichen Dienste der Länder, Gemeinden und anderen Körperschaften des öffentlichen Rechts stehenden Personen, soweit Artikel 74 a nichts anderes bestimmt;
1a. die allgemeinen Grundsätze des Hochschulwesens;
2. die allgemeinen Rechtsverhältnisse der Presse;
3. das Jagdwesen, den Naturschutz und die Landschaftspflege;
4. die Bodenverteilung, die Raumordnung und den Wasserhaushalt;
5. das Melde- und Ausweiswesen;
6. den Schutz deutschen Kulturgutes gegen Abwanderung ins Ausland.

Artikel 72 Abs. 3 gilt entsprechend.

(2) Rahmenvorschriften dürfen nur in Ausnahmefällen in Einzelheiten gehende oder unmittelbar geltende Regelungen enthalten.

(3) Erläßt der Bund Rahmenvorschriften, so sind die Länder verpflichtet, innerhalb einer durch das Gesetz bestimmten angemessenen Frist die erforderlichen Landesgesetze zu erlassen.

Art. 74 a und 75 wurden durch das 52. Gesetz zur Änderung des Grundgesetzes vom 28. 8. 2006 (BGBl. I, 2034) aufgehoben.

Art. 76 [Gesetzesvorlagen]

(1) Gesetzesvorlagen werden beim Bundestage durch die Bundesregierung, aus der Mitte des Bundestages oder durch den Bundesrat eingebracht.

(2) [1] Vorlagen der Bundesregierung sind zunächst dem Bundesrat zuzuleiten. [2] Der Bundesrat ist berechtigt, innerhalb von sechs Wochen zu diesen Vorlagen Stellung zu nehmen. [3] Verlangt er aus wichtigem Grunde, insbesondere mit Rücksicht auf den Umfang einer Vorlage, eine Fristverlängerung, so beträgt die Frist neun Wochen. [4] Die Bundesregierung kann eine Vorlage, die sie bei der Zuleitung an den Bundesrat ausnahmsweise als besonders eilbedürftig bezeichnet hat, nach drei Wochen oder, wenn der Bundesrat ein Verlangen nach Satz 3 geäußert hat, nach sechs Wochen dem Bundestag zuleiten, auch wenn die Stellungnahme des Bundesrates noch nicht bei ihr eingegangen ist; sie hat die Stellungnahme des Bundesrates unverzüglich nach Eingang dem Bundestag nachzureichen. [5] Bei Vorlagen zur Änderung dieses Grundgesetzes und zur Übertragung von Hoheitsrechten nach Artikel 23 oder Artikel 24 beträgt die Frist zur Stellungnahme neun Wochen; Satz 4 findet keine Anwendung.

(3) [1] Vorlagen des Bundesrates sind dem Bundestag durch die Bundesregierung innerhalb von sechs Wochen zuzuleiten. [2] Sie soll hierbei ihre Auffassung darlegen. [3] Verlangt sie aus wichtigem Grunde, insbesondere mit Rücksicht auf den Umfang einer Vorlage, eine Fristverlängerung, so beträgt die Frist neun Wochen. [4] Wenn der Bundesrat eine Vorlage ausnahmsweise als besonders eilbedürftig bezeichnet hat, beträgt die Frist drei Wochen oder, wenn die Bundesregierung ein Verlangen nach Satz 3 geäußert hat, sechs Wochen. [5] Bei Vorlagen zur Änderung dieses Grundgesetzes und zur Übertragung von Hoheitsrechten nach Artikel 23 oder Artikel 24 beträgt die Frist neun Wochen; Satz 4 findet keine Anwendung. [6] Der Bundestag hat über die Vorlagen in angemessener Frist zu beraten und Beschluß zu fassen.

Paulskirchenverfassung von 1849

Abschnitt III. Art. III

§ 80. Der Kaiser hat das Recht des Gesetzesvorschlages. [...]

Abschnitt IV. Art. V

§ 99. Das Recht des Gesetzesvorschlages [...] steht jedem Hause [Anm.: Staatenhaus und Volkshaus] zu.

Reichsverfassung von 1871

Art. 16. Die erforderlichen Vorlagen werden nach Maßgabe der Beschlüsse des Bundesrathes im Namen des Kaisers an den Reichstag gebracht, wo sie durch Mitglieder des Bundesrathes oder durch besondere von letzterem zu ernennende Kommissarien vertreten werden.

Art. 23. Der Reichstag hat das Recht, innerhalb der Kompetenz des Reichs Gesetze vorzuschlagen [...].

Weimarer Reichsverfassung von 1919

Art. 68. Die Gesetzesvorlagen werden von der Reichsregierung oder aus der Mitte des Reichstags eingebracht.

[Abs. 2]

Art. 69. Die Einbringung von Gesetzesvorlagen der Reichsregierung bedarf der Zustimmung des Reichsrats. Kommt eine Übereinstimmung zwischen der Reichsregierung und dem Reichsrat nicht zustande, so kann die Reichsregierung die Vorlage gleichwohl einbringen, hat aber hierbei die abweichende Auffassung des Reichsrats darzulegen.

Beschließt der Reichsrat eine Gesetzesvorlage, welcher die Reichsregierung nicht zustimmt, so hat diese die Vorlage unter Darlegung ihres Standpunkts beim Reichstag einzubringen.

Art. 73. [Abs. 1–2]

Ein Volksentscheid ist ferner herbeizuführen, wenn ein Zehntel der Stimmberechtigten das Begehren nach Vorlegung eines Gesetzentwurfs stellt. Dem Volksbegehren muß ein ausgearbeiteter Gesetzentwurf zugrunde liegen. Er ist von der Regierung unter Darlegung ihrer Stellungnahme dem Reichstag zu unterbreiten. Der Volksentscheid findet nicht statt, wenn der begehrte Gesetzentwurf im Reichstag unverändert angenommen worden ist.

[Abs. 4–5]

Art. 165. [Abs. 1–3]

Sozialpolitische und wirtschaftspolitische Gesetzentwürfe von grundlegender Bedeutung sollen von der Reichsregierung vor ihrer Einbringung dem Reichswirtschaftsrat zur Begutachtung vorgelegt werden. Der Reichswirtschaftsrat hat das Recht, selbst solche Gesetzesvorlagen zu beantragen. Stimmt ihnen die Reichsregierung nicht zu, so hat sie trotzdem die Vorlage unter Darlegung ihres Standpunkts beim Reichstag einzubringen. Der Reichswirtschaftsrat kann die Vorlage durch eines seiner Mitglieder vor dem Reichstag vertreten lassen.

[Abs. 5–6]

Übersicht

A. Allgemeine Bedeutung

I. Gesetzgebungsverfahren

Die Art. 76–78, 82 regeln das Gesetzgebungsverfahren für Bundesgesetze. 1
Dabei überlässt das GG einen erheblichen Teil der **Detailregelung** den autonomen **Geschäftsordnungen** der am Gesetzgebungsprozess beteiligten Bundesorgane.[1] Außerdem ist die **politische Praxis** zu berücksichtigen,

[1] Vgl. → Art. 40 Rn. 14 ff. (GO BT); → Art. 52 Rn. 16 (GO BR); → Art. 65 Rn. 57 ff. (GO BReg.); → Art. 77 Rn. 16 ff. (GO VermA); ferner ist die „Gemeinsame Geschäftsordnung der Bundesministerien" zu beachten (GMBl. 2000, 525 idF v. 1.9.2011 GMBl. 2011, 576).

wenn der komplexe Vorgang vom Entwurf bis zur Verkündung eines Gesetzes angemessen erfasst werden soll. Die Regelung wird durch die Skizze auf S. 168 verdeutlicht. Vor Einbringung im BT sind je nach Initianten verschiedene Wege einzuschlagen, und nach dem Gesetzesbeschluss im BT kann das Verfahren je nach Art des Gesetzes und Verhalten der am Gesetzgebungsverfahren Beteiligten unterschiedlich verlaufen, so dass fünf verschiedene Tatbestände zum „Zustandekommen" des Gesetzes führen können (Art. 78).

2 Diese alternativenreiche Regelung ist zum Teil Folge des **Kompromisses über die Stellung des BRats** im ParlRat.[2] Mit der Entscheidung gegen eine gleichberechtigte zweite Kammer und für einen Bundesrat als Vertretung der Landesregierungen war auch die Struktur des Gesetzgebungsverfahrens vorgeprägt. Der BT ist der Gesetzgeber, die Länder wirken im Bundesrat an der Gesetzgebung mit. Das führt sowohl zu unterschiedlichen Verfahren, ja nach Gesetzesinitianten, wie zu unterschiedlichen Bedingungen für das Zustandekommen von Gesetzen. Der Konflikt zwischen Befürwortern einer gleichberechtigten zweiten Kammer und einem BR mit lediglich suspensivem Veto wurde durch die für das gesamte Gesetzgebungsverfahren grundlegende Unterscheidung zwischen Gesetzen, die der Zustimmung des BRates bedürfen („Zustimmungsgesetzen") und anderen Gesetzen („Einspruchsgesetzen") überwunden.[3]

3 Zur verfahrenstechnischen Komplizierung (möglicherweise allerdings zur vereinfachten Lösung politischer Probleme) hat außerdem das **Bestreben des Verfassungsgebers** geführt, **Meinungsverschiedenheiten** zwischen BT und BR möglichst **durch Kompromiss zu lösen.**[4] Dem dient nicht nur die Einschaltung eines besonderen Gremiums („Vermittlungsausschuss"),[5] sondern es erfordert uU auch die wiederholte Beschäftigung der beteiligten Organe mit einem Gesetzesprojekt und das kann – je nach ihren Voten – zu einem langhingezogenen Hin und Her führen.

4 **Mängel im Gesetzgebungsverfahren** führen nur zur Nichtigkeit von Gesetzen, wenn es sich um Verfassungsgebote handelt. Der Verstoß gegen Geschäftsordnungsrecht reicht nicht.[6]

II. Gesetzesbegriff

5 Das Verfahren nach Art. 76–82 gilt nur für Gesetze, nicht für andere Beschlüsse des BT (sog. Schlichte Parlamentsbeschlüsse).[7] Umgekehrt wird der Begriff des Gesetzes gerade durch dieses Verfahren definiert: **Gesetz iSd GG ist nur, aber auch jeder Hoheitsakt, der vom Parlament im dafür vorgesehenen Verfahren in der Form eines Gesetzes erlassen wird** („Formalisierter Gesetzesbegriff").[8] Der überkommene, „gespaltene (doppelte) Gesetzesbegriff" unterschied demgegenüber Gesetze im formellen Sinne,

---

[2] JöR nF 1, 1951, 457 ff.; *Otto,* Staatsverständnis des Parlamentarischen Rates, 1971, 102 ff.; *Bryde* in Schneider/Zeh ParlamentsR § 30 Rn. 2.

[3] Vgl. → Art. 77 Rn. 27 ff.

[4] *Bryde* in Schneider/Zeh ParlamentsR § 30 Rn. 11; *Rubel* in Umbach/Clemens Vorb. Art. 76 Rn. 3.

[5] → Art. 77 Rn. 11 ff.

[6] BVerfG 29, 221 (233); BVerfGE 91, 148 (175); *Dietlein* in BeckOK GG Rn. 7; *Hebeler* in BerlKomm Rn. 15.

[7] Vgl. *Sellmann,* Der schlichte Parlamentsbeschluß, 1966.

[8] Inzwischen wohl hL: vgl. *Stern,* StaatsR II, 1980, § 37 Kap. I 4; *Maurer,* StaatsR I, 2010, § 17 Rn. 3 ff.; *Hesse,* Grundzüge des Verfassungsrechts der BRD, 20. Aufl. 1999, Rn. 506;

die durch ihren Erlass durch das Parlament gekennzeichnet sind, von Gesetzen im materiellen Sinn (jeder Rechtsatz).[9] Diese Unterscheidung stammt aus dem konstitutionellen StaatsR[10] und wird der Verfassungsordnung des GG nicht gerecht.

Das GG hebt die **zentrale Rolle des Gesetzes,** das von der Volksvertretung in einem besonders „qualifizierten Verfahren"[11] hervorgebracht wird, so deutlich hervor, dass die Bezeichnung „Gesetz im materiellen Sinne" für nicht-gesetzliche Normen begriffsverwirrend ist.[12] Ebenso wenig wie „nur materielle" Gesetze, kennt die grundgesetzliche Ordnung „nur formelle" Gesetze.[13] Die Kategorie war Folge eines (gesellschaftlich und politisch begründeten) verengten Rechtssatzbegriffes.[14] Weder die Begrenzung dieses Begriffs auf Eingriffe in Freiheit und Eigentum[15] noch auf die Schrankenziehung zwischen Rechtssubjekten[16] ist unter dem GG aufrechtzuerhalten. Auch die alte[17] Unterscheidung generell-abstrakter Regeln von Einzelakten[18] ist für die Abgrenzung letztlich unergiebig, wie die Diskussion um „Maßnahmegesetze" gezeigt hat.[19] Für das GG ist daher nicht von einem gespaltenen, sondern von einem einheitlichen Gesetzesbegriff auszugehen, der angesichts der Unzulänglichkeit materieller Abgrenzungsversuche nur an Autor, Form und Verfahren des Gesetzes anknüpfen kann.[20] 6

Diese Definition bedeutet keinen Parlamentsabsolutismus, da der **Gesetzgeber an die Verfassung gebunden** ist. Es ist begrifflich nicht ausgeschlossen, solche aus anderen Verfassungsbestimmungen, insbes. den Grundrechten und Spezialvorbehalten der Exekutive und Judikative,[21] folgenden Grenzen in den Gesetzesbegriff aufzunehmen und ihn auf diese Weise inhaltlich aufzufüllen.[22] Insbesondere wegen Art. 3 und Art. 19 Abs. 1 lässt sich auch feststellen, dass Gesetze „in der Regel" generell[23] bzw. so generell wie 7

Schulze-Fielitz, Theorie und Praxis parlamentarischer Gesetzgebung, 1988, 156; *Grawert* Jura 1982, 300 (304); für die WRV: *Heller* VVDStRL 4 (1928), 98 (121 ff.).

[9] Repräsentativ *Thoma* in Anschütz/Thoma DtStaatsR II § 71; zur Begriffsgeschichte vgl. *Stern,* StaatsR II, 1980, § 37 Kap. I 3; *Maurer,* StaatsR I, 2010, § 17 Rn. 7 ff.; *Grawert* Jura 1982, 300 (303 f.); *Böckenförde,* Gesetz und gesetzgebende Gewalt, 1958; *Starck,* Der Gesetzesbegriff des Grundgesetzes, 1970; *Roelleck,* Der Begriff des positiven Gesetzes und das Grundgesetz, 1969.

[10] Grundlegend *Laband,* Das Budgetrecht nach den Bestimmungen der preußischen Verfassungsurkunde, 1871, 3 ff.

[11] *Starck,* Der Gesetzesbegriff des Grundgesetzes, 1970, 175.

[12] Vgl. → Art. 80 Rn. 33.

[13] *Hesse,* Grundzüge des Verfassungsrechts der BRD, 20. Aufl. 1999, Rn. 506; vgl. auch *Stern,* StaatsR II, 1980, § 37 Kap. I 4.

[14] *Böckenförde,* Gesetz und gesetzgebende Gewalt, 1958, 330 ff.; *Heller* VVDStRL 4 (1928), 98 (101 ff.); *Neumann,* Demokratischer und autoritärer Staat, 1967, 31.

[15] *Anschütz,* Die gegenwärtigen Theorien über den Begriff der gesetzgebenden Gewalt, 1901, 169.

[16] *Laband,* Das Staatsrecht des Deutschen Reichs II, 1911, 67; *G. Jellinek,* Gesetz und Verordnung, 1919, 240.

[17] Zur Geschichte vgl. *Starck,* Der Gesetzesbegriff des Grundgesetzes, 1970, 109 ff.

[18] Vgl. *Schmitt,* Verfassungslehre, 1928, 153 ff.; *Forsthoff* GS f. Jellinek, 1955, 221; *Hildegard Krüger* DVBl 1955, 758.

[19] Vgl. → Art. 19 Rn. 27 mwN.

[20] Vgl. Fn. 8.

[21] Dazu BVerfGE 47, 89 (124 f.) – Kalkar; *Starck,* Der Gesetzesbegriff des Grundgesetzes, 1970, 195 ff.

[22] So *Starcks* Definition des „allgemeinen" Gesetzes als Freiheit und Gleichheit verwirklichenden Gesetzes: *Starck,* Der Gesetzesbegriff des Grundgesetzes, 1970, 241.

[23] *Starck,* Der Gesetzesbegriff des Grundgesetzes, 1970, 234 ff.

möglich[24] zu sein haben, ohne dass dies ein Einzelfallgesetz in Ausnahmefällen ausschließt.[25]

8 Von dieser Bestimmung des Gesetzesbegriffs ist die Frage zu unterscheiden, in welchem Umfang Gesetzesvorbehalte durch den Gesetzgeber selbst ausgefüllt werden müssen (sog. „Parlamentsvorbehalt")[26] und wie weit ihre Ausfüllung an den Verordnungsgeber delegiert werden kann. Dieser bleibt jedoch wegen Art. 80 immer eng an das Gesetz gebunden.[27]

III. Gesetzesinitiative

9 Art. 76 regelt das Initiativrecht für Gesetzesvorschläge. Er bestimmt in Abs. 1 Adressaten (BT) und Träger (BReg., BT-Abg. und BR) des Initiativrechts, und in Abs. 2 u. 3 den unterschiedlichen Weg des Gesetzesprojekts je nach Initianten. Bei den Beratungen im Parlamentarischen Rat[28] waren Vorstöße zur Einführung direkt-demokratischer Elemente[29] erfolglos. Art. 76 beschränkt das Initiativrecht auf oberste Bundesorgane. Damit ist vor allem das Volk von einem unmittelbaren Zugang zur Willensbildung des Gesetzgebers ausgeschlossen. Anders als die WRV (Art. 73) und inzwischen alle Landesverfassungen[30] kennt das GG, vom Sonderfall des Art. 29 abgesehen, keine Volksbegehren oder Volksbefragungen. Vielfältige Versuche, dies bei der Verfassungsreform im Anschluss an die Wiedervereinigung zu ändern, blieben erfolglos.[31] Nach der WRV konnte auch der Reichswirtschaftsrat das Gesetzgebungsverfahren in Gang setzen (Art. 165 WRV). Auch hierzu gibt es im GG keine Parallele.[32] Art. 76 wurde mehrfach geändert,[33] um einerseits den beteiligten Organen Zeit für die Beratung zu lassen, aber andererseits eine zügige Behandlung zu garantieren.[34]

B. Einzelfragen

I. Rechtsnatur, Adressat und Träger des Initiativrechts (Art. 76 Abs. 1)

10 **1. Gesetzesvorlagen.** Das **Initiativrecht** wird durch **Einbringen einer Gesetzesvorlage** ausgeübt, dh eines **ausformulierten Gesetzesent-**

---

[24] „Verallgemeinerungsfähig": *Herbert Krüger,* Allgemeine Staatslehre, 1966, 306 f.

[25] *Maurer* VVDStRL 43 (1985), 135 (157 ff.).

[26] Dazu *Stern,* StaatsR II, 1980, § 37 Kap. I 4 mwN.

[27] → Art. 80 Rn. 4, 7.

[28] Für eine ausführliche Darstellung vgl. *Brosius-Gersdorf* in Dreier Rn. 8 ff.

[29] Plenarsitzung v. 9.9.1948 Parl.Rat II, 601; Ablehnung von Anträgen der Zentrumsfraktion und des Abgeordneten Renner (KPD), Hauptausschuss v. 8.12.1948 ParlRat XIV/1, 665 ff.

[30] Art. 59, 60 BWVerf.; Art. 71 ff. BV.; Art. 59 Abs 2, 62 f. BLNVerf; Art. 75 ff. BbgVerf; Art. 69 ff., 123 Abs. 1 BremVerf.; Art. 48, 50 HmbVerf; Art. 116 f., 124 HV.; Art. 55, 59 f. MVVerf Art. 42, 47 ff. NDSVerf.; Art. 67 f. NRW Verf; Art. 108 ff. RhPfVerf.; Art. 98ff. SLVerf.; Art 77, 80 f. LSAVerf; Art. 70 ff. SaVerf.; Art. 44, 48 f. SHVerf; Art. 81 f. ThürVerf.

[31] KomVerfReform BR, BR-Drs. 360/92 Rn. 177 ff.; hess. VerfBeirat, „Die Reform des GG" – Empfehlungen des hess. VerfBeirats, Beschlüsse der GemVerfKom., hrsg. v. Hess. Min. der Justiz, 1993, 31 f.; vgl. auch GemVerfKom., BT-Drs. 12/6000, 83 ff.

[32] Zum ausländischen Recht und zur dt. Diskussion um einen Wirtschafts- und Sozialrat vgl. *Bryde,* Zentrale wirtschaftspolitische Beratungsgremien, 1972, 123 mwN.

[33] 18. G zur Änderung des GG v. 15.11.1968, BGBl. 1968 I 1177; 23. G zur Änderung des GG v. 17.7.1969, BGBl. 1969 I 817; 42. G zur Änderung des GG v. 27.10.1994, BGBl. 1994 I 3147.

[34] Zu Einzelheiten vgl. Rn. 27, 32, 33.

wurfs.[35] Bloße Vorentwürfe oder Aufforderungen des BT an die BReg., einen Gesetzentwurf auszuarbeiten[36] zählen nicht hierher.[37] **Gegenstand des Initiativrechts ist das Recht des Initianten, „daß das Gesetzgebungsorgan sich mit seinem Vorschlag beschäftigt. Es muß darüber beraten und Beschluß fassen".**[38] Der 2. Senat hat dieses Recht in seiner Entscheidung zur Ehe für Alle[39] ins Leere laufen lassen und damit – hoffentlich nicht auf Dauer – praktisch jeden Inhalts beraubt.[40] Neben diesem positiven Recht auf Beratung und Beschlussfassung verlangt das Initiativrecht auch negativ, dass der Bundestag ohne gültige Vorlage keinen Gesetzesbeschluss fasst.[41]

Die **Initiativberechtigten** sind **in** der **Ausübung ihres Initiativrechts** **11** grundsätzlich **frei.** Sie können jedoch in Ausnahmefällen zur Initiative verpflichtet sein (→ Rn. 6) und in einigen Materien steht ein Initiativrecht nur der BReg. zu. Das gilt für Haushaltsgesetze[42] und für Vertragsgesetze,[43] nicht jedoch für sonstige Initiativen auf dem Gebiet der Außenpolitik. Die Initiative eines Berechtigten hindert die anderen nicht, ihrerseits in derselben Materie, uU mit demselben Entwurf tätig zu werden. Bei ihren Vorlagen haben die Initianten das GG zu beachten.[44] Daraus folgt nicht, dass Vorlagen, die dessen Grundsätze (etwa Art. 79 Abs. 3) verletzen, keine gültige Gesetzesvorlagen sind.[45] In der Vorlage von Seiten eines der obersten Bundesorgane liegt immer die Behauptung, dass es sich um eine verfassungsrechtlich zulässige Vorlage handelt, und der Initiant kann auf Grund seines Initiativrechts verlangen, dass der BT sich mit dieser Behauptung auseinandersetzt („berät und beschließt").

Gesetzentwürfe brauchen nicht begründet zu werden.[46] Die Geschäftsord- **12** nungsvorschriften, die eine Begründung verlangen (§ 76 Abs. 2 GO BT, §§ 42 Abs. 1 S. 1, 43 GGO) sind aber auch nicht verfassungswidrigverfas-

---

[35] *Stern,* StaatsR II, 1980, § 37 Kap. III 4a; *Schmidt-Jortzig/Schürmann* in BK Rn. 176; *Rubel* in Umbach/Clemens Rn. 18; *Brosius-Gersdorf* in Dreier Rn 28; *Masing* in MKS Rn. 60; *Hebeler* in BerlKomm Rn. 18.

[36] *Sellmann,* Der schlichte Parlamentsbeschluß, 1966, 102 ff. mit Nachw. zur Praxis.

[37] *Schürmann,* Grundlagen und Prinzipien des legislatorischen Einleitungsverfahrens nach dem Grundgesetz, 1986, 39; *Brosius-Gersdorf* in Dreier Rn. 28.

[38] BVerfGE 1, 144 (153) im Anschluss an *Triepel* AöR 39 (1920), 456 (476); ebenso *Maunz* in Maunz/Dürig Rn. 1; *Masing* in MKS Rn. 76 ff.; *Bryde* in Schneider/Zeh ParlamentsR § 30 Rn. 14, *Rubel* in Umbach/Clemens Rn. 22; *Hebeler* in BerlKomm Rn. 39.

[39] BVerfGE 145, 348.

[40] Verteidigung des Gerichts bei *Dietlein* in BeckOK GG Rn. 12.

[41] *Bryde* JZ 1998, 115 (117); *Schürmann,* Grundlagen und Prinzipien des legislatorischen Einleitungsverfahrens nach dem Grundgesetz, 1986, 44; *Jekewitz* in AK Art. 77 Rn. 6; NdsStGH, Entscheidungen II, 1978/79, 126.

[42] Vgl. → Art. 110 Rn. 40.

[43] *Mosler* FS f. Bilfinger, 1954, 243 (290); *Schürmann,* Grundlagen und Prinzipien des legislatorischen Einleitungsverfahrens nach dem Grundgesetz, 1986, 67 mwN; *Kersten* in Maunz/Dürig Rn 54; *Dietlein* in BeckOK GG Rn. 5; aA *Masing* in MKS Rn. 45 ff.; *Rubel* in Umbach/Clemens Rn. 17.

[44] BVerfGE 1, 144 (153).

[45] So *Mann* in Sachs Rn. 6;; wie hier ausf. *Schürmann,* Grundlagen und Prinzipien des legislatorischen Einleitungsverfahrens nach dem Grundgesetz, 1986, 152 f.; *Masing* in MKS Rn. 81; *Brosius-Gersdorf* in Dreier Rn. 29; *Rubel* in Umbach/Clemens Rn. 18, *Hebeler* in BerlKomm Rn. 41.

[46] *Kersten* in Maunz/Dürig Rn. 22; *Masing* in MKS Rn. 62; *Pieroth* in Jarass/Pieroth Rn 3; *Brosius-Gersdorf* in Dreier Rn 30; *Hebeler* in BerlKomm Rn 26; ders. DÖV 2010, 755; *Schmidt-Jortzig/Schürmann* BK Rn. 181; für eine Begründungspflicht aus dem Rechtsstaatsprinzip: *Mann* in Sachs Rn. 7; *Dietlein* in BeckOK GG Rn. 20 (3).

sungswidrig,[47] sondern sinnvolle Ausfüllung der Autonomie der Organe. Soweit das Bundesverfassungsgericht Gesetze wegen mangelnder Begründung gerügt hat,[48] betrifft das die inhaltliche Begründbarkeit, nicht das Verfahren.[49]

13 Die Initiativberechtigten können **zur Initiative verpflichtet** sein.[50] Eine solche Verpflichtung kann sich aus **völkerrechtlichen Verträgen**[51] oder dem Recht der Europäischen Union ergeben.[52] Soweit aus der Verfassung **Gesetzgebungsaufträge** zu entnehmen sind, sind auch die Initiativberechtigten angesprochen. Eine solche Pflicht trifft daher auch die Regierung. Regelmäßig geht es um Gesetzgebungsprojekte, die nur von der BReg. angemessen vorbereitet werden konnten.[53] Daher stellt auch das BVerfG bei der Beurteilung der angemessenen Frist für solche Aufträge auf die Leistungsfähigkeit der Ministerialbürokratie, nicht des Parlaments ab. Daraus folgt allerdings nur die Verpflichtung der BReg., ihre Ressourcen für einen Gesetzesentwurf einzusetzen;[54] es ist nicht ausgeschlossen, dass die formelle Gesetzesvorlage schließlich vom BR oder aus der Mitte des BT kommt.[55]

Auch wenn der BT die BReg. durch Beschluss zur Vorlage eines Gesetzentwurfes auffordert, dürfte die BReg. lediglich zu ministerieller Aktivität, nicht zur Vorlage eines Gesetzentwurfs verpflichtet sein.[56]

14 **Gesetzesvorlagen können** von den Initianten bis zur Beschlussfassung, dh bis zum Ende der dritten Lesung im BT, **zurückgezogen werden.**[57]

15 **2. Werden beim Bundestage … eingebracht. Adressat** der Gesetzesvorlage ist der BT. Das folgt aus der Ausgestaltung des Gesetzgebungsverfahrens im GG, nach der der BT das eigentliche Gesetzgebungsorgan und Autor des Gesetzesbeschlusses ist.[58] Bei der Behandlung der Gesetzesvorlagen kann der Bundestag das Initiativrecht **auf zweierlei Weisen verletzen.** Zum einen wird das **Initiativrecht verletzt,** wenn die Vorlage **in den Ausschüssen „vergraben“** wird.[59] Nach der Änderung von 1994 ist eine derartige Pflicht zur Beratung und Beschlussfassung des BT für Vorlagen des BRates nunmehr in Abs. 3 S. 6 ausdrücklich festgeschrieben, ohne dass sich daraus ein argumentum e contrario zu Lasten der anderen Initiativberechtigten

---

[47] So aber *Masing* MKS Rn. 62.

[48] BVerfGE 125, 175 (224ff); 130, 263 (301 f.), 132, 134, 162 ff.

[49] So deutlich BVerfGE 132, 134 (162); anders könnte man den 2. Senat in Besoldungsfragen verstehen (BVerfGE 130, 263 (301 f.); dazu kritisch: *Hebeler* in BerlKomm Rn. 30; *Hartmann* ZBR 2014, 228 ff.

[50] Ausf. *Schürmann,* Grundlagen und Prinzipien des legislatorischen Einleitungsverfahrens nach dem Grundgesetz, 1986, 92 ff.; *Mann* in Sachs Rn. 14.

[51] BVerfGE 1, 351 (366).

[52] *Masing* in MKS Rn. 66.

[53] Vgl. nunmehr das Material bei *Schürmann,* Grundlagen und Prinzipien des legislatorischen Einleitungsverfahrens nach dem Grundgesetz, 1986, 113 ff.

[54] Auch diese verneint *Masing* in MKS Rn. 71.

[55] *Brosius-Gersdorf* in Dreier Rn. 39.

[56] AA *Sellmann,* Der schlichte Parlamentsbeschluß, 1966, 105; wie hier: *Schürmann,* Grundlagen und Prinzipien des legislatorischen Einleitungsverfahrens nach dem Grundgesetz, 1986, 108 ff.

[57] *Pieroth* in Jarass/Pieroth Rn. 4; *Masing* in MKS Rn. 72 ff.; *Schmidt-Bleibtreu* in SHH Rn. 31; *Stern,* StaatsR II, 1980, § 37 Kap. III 4; *Schürmann,* Grundlagen und Prinzipien des legislatorischen Einleitungsverfahrens nach dem Grundgesetz, 1986, 47 ff.; aA (Rücknahme nur bis Einbringung) *Kersten* in Maunz/Dürig Rn 59; *Rubel* in Umbach/Clemens Rn. 21; *Hebeler* in BerlKomm Rn. 64; differenzierend *Brosius-Gersdorf* in Dreier Rn. 42 ff.

[58] Vgl. → Art. 77 Rn. 4.

[59] *Pieroth* in Jarass/Pieroth Rn. 4.

gewinnen ließe. Zum anderen folgt aus der Notwendigkeit der Gesetzesvorlage und dem begrenzten Kreis der Initiativberechtigten, dass das **Initiativrecht verletzt** ist, wenn der **Bundestag einen Gesetzesbeschluss ohne gültige Vorlage nach Art. 76 fasst.**[60] Der Bundestag hat zwar einen weiten Spielraum im Umgang mit der Gesetzesinitiative, der Zusammenhang zwischen Gesetzesvorlage und Gesetzesbeschluss muss jedoch gewahrt bleiben.[61] Diese Grenze ist überschritten, wenn ein BT-Ausschuss unter Verletzung von § 62 GO BT eine Gesetzesvorlage um Themen erweitert, die keine Verbindung zum ursprünglichen Entwurf haben.[62]

3. Durch die Bundesregierung. Regierungsvorlagen sind in der Praxis 16
bei weitem der wichtigste Fall der Gesetzesinitiative, insbesondere wenn man auf den Erfolg von Gesetzesentwürfen abstellt.[63] Die Ausarbeitung eines Gesetzgebungsprogramms und seine politische Durchsetzung ist die wichtigste Aufgabe der BReg. In der Bundesrepublik gilt das noch mehr als in anderen parlamentarischen Systemen, da Verwaltung grundsätzlich Sache der Länder ist (Art. 83), so dass eigentliche „Exekutiv-„ (dh Ausführungs-)aufgaben der BReg. hinter ihrer Rolle in der Normgebung (Gesetzesvorbereitung und Verordnungserlass) zurücktreten. Diese zentrale Stellung der „Exekutive“, insbes. der Ministerialbürokratie, im Gesetzgebungsprozess durch die Kontrolle der Gesetzesvorbereitung erscheint angesichts steigender Zahl und Technizität von Gesetzen kaum reversibel.[64] Das Parlament ist im Rechtsetzungsverfahren nie autonom gewesen, sondern stets „nur“ Mitbestimmungsorgan, dem die legitimatorische Verantwortung zukommt.[65]

Das **Initiativrecht** für Regierungsvorlagen steht dem **Kabinett als Gan-** 17
zem, nicht dem Kanzler oder einzelnen Ministern zu.[66] Die Entwürfe entstehen in den einzelnen Ministerien als **Referentenentwürfe.**[67] Die Gemeinsame Geschäftsordnung der Bundesministerien (GGO) sieht eine frühzeitige Beteiligung des Bundeskanzleramts (§ 40), anderer betroffener Ressorts und des Normenkontrollrates (§ 45) sowie der Länder, kommunaler Spitzenverbände, Fachkreise und Verbände (§ 47) vor. Alle Entwürfe sind dem BMJ zuzuleiten, das sie auf ihre Rechtsförmlichkeit zu prüfen hat (§ 46). Die Einschaltung vom Bundeskanzleramt und interessierten Ministerien in der Vorbereitungsphase hat zur Folge, dass die von den Ministerien als **Kabinettsvorlage** beim Bundeskabinett eingebrachten Entwürfe in aller Regel auch als **Kabinettsbeschluss** verabschiedet werden. Gegen Beschlüsse von finanzieller Bedeutung kann der BMF Widerspruch einlegen, wenn sie ohne oder gegen seine Stimme zustande gekommen sind. Dieser Wider-

---

[60] *Schürmann,* Grundlagen und Prinzipien des legislatorischen Einleitungsverfahrens nach dem Grundgesetz, 1986, 44; *Schmidt-Jortzig/Schürmann* in BK Rn. 40, 183; *Jekewitz* in AK Art. 77 Rn. 6.

[61] *Schürmann,* Grundlagen und Prinzipien des legislatorischen Einleitungsverfahrens nach dem Grundgesetz, 1986, 144; *Jekewitz* in AK Art. 77 Rn. 6; *Bryde* JZ 1998, 115 (117).

[62] *Bryde* JZ 1998, 115 (116); aA *Brenner* DAR 1999, 61; vgl. auch *Rubel* in Umbach/Clemens Rn. 24.

[63] Vgl. https://www.bundesrat.de/DE/dokumente/statistik/statistik-node.html ausf. *Schulze-Fielitz,* Theorie und Praxis parlamentarischer Gesetzgebung, 1988, 285 ff.; *Schürmann,* Grundlagen und Prinzipien des legislatorischen Einleitungsverfahrens nach dem Grundgesetz, 1986, 72 ff.; *Maurer,* StaatsR I, 2010, § 17 Rn. 54 ff.

[64] *Brosius-Gersdorf* in Dreier Rn. 51.

[65] *Schulze-Fielitz,* Theorie und Praxis parlamentarischer Gesetzgebung, 1988, 290 ff., 297.

[66] *Masing* in MKS Rn. 24; *Brosius-Gersdorf* in Dreier Rn. 32; *Hebeler* im BerlKomm Rn. 51; *Kersten* in Maunz/Dürig Rn. 28; *Schmidt-Jortzig/Schürmann* in BK Rn. 117.

[67] Zum Verfahren in der Regierung vgl. auch *Maaßen in* Kluth/Krings 13 ff.

spruch kann in einer neuen Abstimmung nur überstimmt werden, wenn der Bundeskanzler mit der Mehrheit stimmt (§ 26 Abs. 1 GO BReg.). Ein entsprechendes Verfahren gilt, wenn BMJ oder BMI (verfassungs-) rechtliche Bedenken gegen einen Entwurf haben (§ 26 Abs. 2 GO BReg).[68] Als Kabinettsbeschluss verabschiedete Gesetzesvorlagen werden mit Begründung dem BR zugeleitet (→ Rn. 26 ff. zur weiteren Behandlung nach Befassung des BRates).

18 Die **Mitwirkung der Landesregierungen** im Vorbereitungsstadium ist in der Regel intensiv[69] und bietet größere faktische Einflussmöglichkeiten als die späteren Beratungen im BR, der vom GG als eigentlicher Ort der Mitwirkung der Länder an der Gesetzgebung angesehen wird (Art. 50). Die rasche und verhältnismäßig reibungslose Behandlung der meisten Gesetzesvorlagen im BR selbst in Zeiten, in denen im BR und BT unterschiedliche Mehrheitsverhältnisse herrschen, ist nur vor diesem Hintergrund verständlich.[70]

19 Gegen die Beteiligung von Verbänden im Entwurfsstadium (früher § 24 GGO Abs. 2, nunmehr § 47 Abs. 3 GGO) sind in der Vergangenheit verfassungsrechtliche Bedenken geltend gemacht worden.[71] Das ist überzogen, da es nicht so sehr Sinn dieser Beteiligung ist, Zugangsmöglichkeiten für Verbände zu schaffen, als vielmehr ohnehin bestehenden Verbandseinfluss in halbwegs geordnete Bahnen zu lenken.

20 Über diese legitime Beteiligung von Interessenverbänden und Sachverstand geht die Praxis, Gesetzentwürfe von Anwaltsfirmen entwerfen zu lassen,[72] hinaus. Sie ist ein verfassungspolitisches Ärgernis, da die Bundesregierung mit ihrer eigenen Bürokratie in der Lage zur Gesetzesvorbereitung sein sollte,[73] ist jedoch nicht verfassungswidrig,[74] da sich die Regierung den so erarbeiteten Gesetzentwurf zu eigen macht und als Initiant die Verantwortung übernimmt.

21 **4. Aus der Mitte des Bundestages […].** Da der BT Adressat der Initiative ist, steht das **Initiativrecht nicht dem BT** als Organ, **sondern** den **Abgeordneten** zu.[75] Das GG überlässt die nähere Regelung der Ausübung dieses Initiativrechts der autonomen Regelung durch die GO des BT.[76] Nach § 76 Abs. 1 GO BT müssen Gesetzesentwürfe von mindestens so vielen Abg. unterschrieben sein, wie dies einer Fraktionsstärke entspricht, dh 5 % der Mitglieder des BT (§ 10 GO BT). Der einzelne Abg. hat also kein Initiativ-

---

[68] Zum Meinungsstand über die Zulässigkeit dieses Vorzugsstimmrechts vgl. *Böckenförde,* Organisationsgewalt im Bereich der Regierung, 1964, 182 ff.

[69] Zur Praxis vgl. *Schulze-Fielitz,* Theorie und Praxis parlamentarischer Gesetzgebung, 1988, 262.

[70] *Jekewitz* in AK Art. 77 Rn. 5; *Schulze-Fielitz,* Theorie und Praxis parlamentarischer Gesetzgebung, 1988, 361.

[71] So *Tomuschat,* Verfassungsgewohnheitsrecht?, 1972, 90; *Abendroth,* Das Grundgesetz, 1975, 81 f.; vgl. auch *Hennis* PVS 1961, 23 (28 ff.).

[72] Dazu *Leven,* Gesetzgebungsoutsourcing, 17 ff.; *Klöpfer* NJW 2011, 131; *Schulze-Fielitz* JZ 2004, 862 ff.

[73] Kritisch *Dietlein* in BeckOK GG Rn 2.1.

[74] *Masing* in MKS Rn 28; *Mann* in Sachs Rn 2; *Brosius-Gersdorf* in Dreier Rn 47; *Hebeler* in BerlKomm Rn. 23; a. A. *Leven,* Gesetzgebungsautsourcing, 45ff; *Kersten* verlangt bessere Transparenz in Maunz/Dürig Rn 41.

[75] BVerfGE 1, 144 (153); *Kersten* in Maunz/Dürig Rn. 46; *Brosius-Gersdorf* in Dreier Rn. 54; *Schmidt-Jortzig/Schürmann* in BK Rn. 118; *Jekewitz* in AK Rn. 15; *Pieroth* in Jarass/Pieroth Rn. 2.

[76] BVerfGE 1, 144 (153).

recht. Diese Beschränkung des Initiativrechts auf eine **zahlenmäßig bestimmte Gruppe** liegt innerhalb der dem BT eingeräumten Autonomie,[77] folgt jedoch nicht zwingend aus Art. 76,[78] der auch ein Initiativrecht einzelner Abg. zulassen würde.[79] Dabei dürfte die zzt. geltende Festlegung auf die Fraktionsstärke an der Obergrenze des Zulässigen liegen. Eine verfassungsgerichtliche Entscheidung hierzu war bisher entbehrlich, weil der BT auch den Gruppen ohne Fraktionsstatus in der 12. und 13. Wahlperiode ein Initiativrecht zubilligte.[80] Da Art. 76 das **Initiativrecht inhaltlich nicht begrenzt,** ist es unzulässig, die Gesetzesinitiative von Abg. an erschwerende Hindernisse zu binden,[81] etwa für kostenwirksame Gesetze einen Deckungsvorschlag zu verlangen.[82] Die von der GO BT nunmehr für solche Vorlagen vorgesehene Verpflichtung, in der Begründung die finanziellen Auswirkungen darzulegen (§ 96 Abs. 3), ist dagegen gerade noch zulässig.[83]

Anders als bei Regierungs- und Bundesratsvorlagen (Abs. 2 u. 3) kennt das GG bei Anträgen aus der Mitte des BT **kein Vorverfahren** zur Anhörung von BR und BReg. Eine frühzeitige Einschaltung dieser Organe wäre rechtlich und technisch möglich (vgl. § 96 Abs. 3 GO BT für Finanzvorlagen). Die Regelung beruht offensichtlich auf dem Gedanken, dass der BT als Adressat der Initiative Herr über die Behandlung von Anträgen aus der eigenen Mitte sein soll.[84] BReg. und BR haben allerdings vielfältige Möglichkeiten (vgl. zB Art. 43 Abs. 2), sich in das Verfahren einzuschalten und ihre Auffassungen bereits im Verfahren vor dem BT zum Ausdruck zu bringen (vgl. auch § 56 GGO). 22

Hinsichtlich ihrer **Bedeutung** treten Initiativen aus der Mitte des BT hinter Regierungsvorlagen zurück.[85] Das wird noch deutlicher, wenn man Entwürfe der Regierungspartei(en) und der Opposition unterscheidet. **Entwürfe aus den Reihen der Regierungspartei(en)** sind oft in den Ministerien ausgearbeitet worden, werden aber nicht von der BReg., sondern von Abg. der Regierungspartei(en) eingebracht, zB, um die Parteien mit einem besonders populären Entwurf zu identifizieren oder um die BReg. nicht mit einem umstrittenen Projekt zu belasten. Da Entwürfe aus der Mitte des BT nicht dem BR zugeleitet zu werden brauchen (Art. 76 Abs. 2), kann auch ein Eilbedürfnis eine Rolle spielen (zur Zulässigkeit dieses Verfahrens → Rn. 31). 23

Gesetzesvorlagen aus den Reihen **der Opposition** haben demgegenüber wenig Aussicht, Gesetz zu werden. Sie haben ihre Bedeutung nicht so sehr in der Ingangsetzung eines Gesetzgebungsverfahrens, sondern sind vielmehr Mittel der Opposition „zur Verdeutlichung und Akzentuierung des eigenen politischen Willens".[86] Das Initiativrecht, das es auch einer 24

---

[77] BVerfGE 1, 144 (153); *Brosius-Gersdorf* in Dreier Rn. 57 mit verfassungsgeschichtlichem Rückblick; *Hebeler* in BerlKomm Rn. 60; A.A. *Kersten* in Maunz/Dürig Rn. 48, der ein Recht jedes Abgeordneten annimmt; krit. auch *Masing* in MKS Rn. 36.

[78] So anscheinend *Stern,* StaatsR II, 1980, § 37 Kap. III 4c.

[79] *Schmidt-Jortzig/Schürmann* in BK Rn. 118; *Mann* in Sachs Rn. 9.

[80] *Masing* in MKS Rn. 37; vgl. auch BVerfGE 84, 304 (328 f.), Initiativrecht einer Gruppe erwägend.

[81] *Mann* in Sachs Rn. 7.

[82] BVerfGE 1, 144 (158 ff.).

[83] *Rubel* in Umbach/Clemens Rn. 18.

[84] *Herrfahrdt* in BK Art. 76, Erstb., Erl. II 3.

[85] Vgl. die statistischen Angaben https://www.bundesrat.de/DE/dokumente/statistik/statistik-node.html.

[86] *H. P. Schneider,* Die parlamentarische Opposition im Verfassungsrecht I, 1974, 241; *Masing* in MKS Rn. 15.

Minderheit ermöglicht, die Diskussion und Beschlussfassung über eine Vorlage zu erzwingen,[87] ist daher gerade für die Opposition wichtig, obwohl sie einen Gesetzesbeschluss als „Endziel der Gesetzesinitiative"[88] selten erreichen wird.

25 **5. Oder durch den Bundesrat […].** Bei BRatsvorlagen ist Träger des Initiativrechts der **BR als Ganzer.** Das bedeutet nach Art. 52 Abs. 3 S. 1, dass der BR eine Gesetzesvorlage nur einbringen kann, wenn dies die Zustimmung der Mehrheit findet. Es gibt kein Initiativrecht einer einzelnen LReg. Entwürfe des BRats sind selten, hatten jedoch in den ersten Legislaturperioden eine hohe Erfolgschance.[89] Dies änderte sich, als im BR und BT unterschiedliche Mehrheiten bestanden. Unter diesen Umständen hatten auch BRatsvorlagen häufig den Charakter oppositioneller Alternativentwürfe.[90] Erfolgsaussichten haben vor allem Vorlagen, die „überparteiliche" länderspezifische Interessen umsetzen oder sich punktuellen Einzelproblemen widmen.[91]

II. Verfahren bei Regierungsvorlagen (Art. 76 Abs. 2)

26 Regierungsvorlagen als der häufigste Fall der Einleitung des Gesetzgebungsverfahrens werden zunächst dem **Bundesrat zur Stellungnahme** zugeleitet (sog. „1. Durchgang").[92] Ein besonderes Verfahren gilt für Haushaltsgesetze, die gleichzeitig BT und BR zugeleitet werden (Art. 110 Abs. 3). Der 1. Durchgang hat einen doppelten Sinn. Durch eine frühzeitige Unterrichtung über die Haltung des BRates kann der BT das voraussichtliche Schicksal des Projektes im 2. Durchgang bei seinen Beratungen berücksichtigen und so Konflikte antizipativ vermeiden. Der zweite Grund ist die Ausnutzung des im BR repräsentierten exekutiven Sachverstands: da die Länder die Gesetze idR ausführen (Art. 83), sollen ihre Auffassungen von vornherein im Gesetzgebungsverfahren berücksichtigt werden.

27 Nachdem die ursprünglich einmal dreiwöchige **Frist** für die Stellungnahme bereits durch das 18. G zur Änd. des GG v. 15.11.1968[93] auf sechs Wochen verlängert worden war, erfolgte durch die Verfassungsreform 1994 auf Drängen des BRates[94] eine erneute Verlängerung: Nunmehr kann der BR aus wichtigem Grund, insbesondere wegen des Umfangs der Vorlage, eine Fristverlängerung auf neun Wochen verlangen (S. 3). Bei Vorlagen zur Änderung des GG und zur Übertragung von Hoheitsrechten nach Art. 23, 24 gilt diese Frist automatisch (S. 5). Bei besonderer Eilbedürftigkeit (S. 4) kann die BReg. die Vorlage nach drei, im Falle eines Verlangens des BRates nach S. 3 aber erst nach sechs Wochen dem BT ohne Stellungnahme des BRates zuleiten. Eine **verspätete Stellungnahme** ist zulässig,[95] die BReg. kann sie auch dem BT zuleiten, sie ist nach allg. Auffassung hierzu jedoch nicht

---

[87] BVerfGE 1, 144 (153); bedauerlich daher die Gefahr des Leerlaufens dieses Rechts aufgrund der Entscheidung des 2. Senates BVerfGE 145, 348.

[88] BVerfGE 1, 144 (154).

[89] Vgl. https://www.bundesrat.de/DE/dokumente/statistik/statistik-node.html.

[90] *Jekewitz* in AK Rn. 18; *Masing* in MKS Rn. 21.

[91] *Schulze-Fielitz,* Theorie und Praxis parlamentarischer Gesetzgebung, 1988, 261.

[92] Krit. zum Begriff *Masing* in MKS Rn. 112.

[93] BGBl. 1968 I 1177.

[94] KomVerfReform BR, BR-Drs. 360/92 Rn. 27 ff.

[95] *Mann* in Sachs Rn. 20; Kersten in Maunz/Dürig Rn. 81; *Schmidt-Jortzig/Schürmann* in BK Rn. 296; *Jekewitz* in AK Rn. 13, *Hebeler* in BerlKomm Rn. 82 f.

verpflichtet.[96] Wenn trotzdem angenommen wird, dass Loyalität ein solches Verhalten gebietet,[97] wäre zu fragen, wieweit Loyalität zwischen obersten Bundesorganen Rechtspflicht ist.[98] In der Praxis wird offensichtlich loyal verfahren.[99]

Die Frist beginnt mit dem Eingang der Regierungsvorlage beim BR und **28**
wird durch einen Beschluss während der Frist gewahrt, selbst wenn die Mitteilung an die BReg. erst nach Fristablauf erfolgt.[100]

Für die **Stellungnahme** des BRats ist **weder Form noch Inhalt fest-** **29**
gelegt. Der BR kann auf eine Stellungnahme verzichten, und zwar sowohl durch Unterlassen wie durch einen förmlichen Beschluss. Nimmt er Stellung, kann er der Vorlage zustimmen, sie ablehnen oder Änderungen vorschlagen. Änderungsvorschläge können bis zu einem Alternativentwurf gehen mit der Konsequenz, dass hierfür das Verfahren erneut zu beachten ist.[101]

Die **Stellungnahme** des BRats ist **nur vorläufig** (vgl. Art. 77 Abs. 2 u. 3) und bindet weder ihn noch andere Organe.[102] Eine Stellungnahme dahingehend, es handele sich um ein zustimmungsbedürftiges Gesetz, ist daher nicht im Organstreitverfahren angreifbar;[103] die **Stellungnahme bedarf der Mehrheit der Stimmen,** Art. 52 Abs. 3 S. 1, § 30 Abs. 1 GO BR.[104]

Für die **Reaktion der BReg.** auf die Stellungnahme des BRates gibt es **30**
verschiedene Möglichkeiten (vgl. § 53 GGO). Sie kann den Gesetzentwurf mit der Stellungnahme des BRates ohne weiteres an den BT weiterleiten oder noch eine eigene Gegenäußerung beifügen. Will sie auf Änderungsvorschläge eingehen, so wird sie dies in ihrer Gegenäußerung deutlich machen, nicht aber den Wortlaut des Gesetzesvorschlages oder die ursprüngliche Gesetzesbegründung ändern,[105] da eine so geänderte Vorlage erneut dem BR zugeleitet werden müsste.[106] Die BReg. kann die Vorlage auch zurückziehen (→ Rn. 14) und gegebenenfalls eine oder mehrere neue Vorlagen zu der fraglichen Materie machen.[107]

Die **Einschaltung des BRates** im „ersten Durchgang" **wird in der** **31**
Praxis wiederholt dadurch **umgangen,** dass die Vorlage über Abgeordnete „aus der Mitte des BT" eingebracht wird.[108] Der Kritik an dieser

---

[96] *Masing* in MKS Rn. 141; *Schmidt-Bleibtreu* in SHH Rn. 43; *Brosius-Gersdorf* in Dreier Rn. 72.

[97] *Schäfer,* Der Bundesrat, 1955, 67.

[98] So *H. Schneider* FS f. Müller, 1970, 421 (422 f.).

[99] Vgl. dazu *Masing* in MKS Rn. 137 ff.

[100] *Rubel* in Umbach/Clemens Rn. 28; aA *Schmidt-Jortzig/Schürmann* in BK Rn. 291 ff.; *Dietlein* in BeckOK GG Rn. 21; *Kersten* in Maunz/Dürig Rn. 80; *Brosius-Gersdorf* in Dreier Rn. 173.

[101] *Masing* in MKS Rn. 107 f.

[102] *Brosius-Gersdorf* in Dreier Rn. 65; *Masing* in MKS Rn. 111; *Kersten* in Maunz/Dürig Rn. 73; *Dietlein* in BeckOK GG Rn. 20.

[103] BVerfGE 3, 12 (17), missverständlich allerdings der Ausdruck von der fehlenden „rechtserheblichen Bedeutung".

[104] *Kersten* in Maunz/Dürig Rn. 72; *Masing* in MKS Rn. 116; *Brosius-Gersdorf* in Dreier Rn. 65; *Pieroth* in Jarass/Pieroth Rn. 6; aA BVerfGE 3, 12 (17) und die ursprüngliche BRatspraxis; vgl. *Kratzer* AöR 77 (1951/52), 266 (273).

[105] *Masing* in MKS Rn. 147; *Stern,* StaatsR II, 1980, Rn. 621.

[106] AA *Zippelius/Würtenberger,* Deutsches Staatsrecht, 32. Aufl. 2008, § 30 Kap. V 2; *Mann* in Sachs Rn. 21.

[107] AA *Pestalozza* ZRP 1976, 153 (154 ff.); vgl. → Art. 77 Rn. 35 zur Teilung von Vorlagen in zustimmungsbedürftige und nichtzustimmungsbedürftige Vorschriften.

[108] Nachw. bei *Goppel,* Die Rechtsstellung des Bundesrats und des Bayerischen Senats bei der Gesetzesinitiative, 1968, 140.

Praxis[109] ist zuzugestehen, dass sie mit dem Sinn der detaillierten, ein etwaiges Eilbedürfnis bereits berücksichtigenden Regelung des Art. 76 Abs. 2 nur schwer zu vereinbaren ist. Auf der anderen Seite ist das Initiativrecht grundsätzlich unbegrenzt. Ein Verbot an die Abg. der Regierungsparteien, die von ihnen gestellte BReg. dadurch zu unterstützen, dass sie sich deren Entwürfe zu Eigen machen, ist aus Art. 76 nicht zu begründen. Das parlamentarische Regierungssystem des GG institutionalisiert Kooperation und personelle Verflechtung von Regierung und Parlamentsmehrheit. Wenn damit derselben politischen Führungsgruppe verfassungsrechtliche Positionen sowohl in Regierung wie im Parlament verliehen werden (im Extremfall könnten bereits die über 30 Minister und parlamentarischen Staatssekretäre das Quorum des § 10 GO BT für Initiativen aus der „Mitte des BT" erfüllen), kann es nicht dem „Sinn" des GG widersprechen, wenn die so verliehenen Handlungsmöglichkeiten je nach politischen Zweckmäßigkeitsgesichtspunkten ausgenutzt werden. Es gibt nicht nur legitime Gründe, ein in der BReg. entstandenes Projekt durch die Regierungsfraktion(en) vertreten zu lassen, sondern umgekehrt kann auch eine Regierungsvorlage auf einflussreiche Abg. zurückgehen, und ebenso könnten sich BT-Abg. den Entwurf einer LReg. zu eigen machen. Die Suche nach dem „materiellen" Autor einer Gesetzesvorlage ist im parlamentarischen Parteienstaat letztlich nicht möglich, so dass die für das Verfahren nach Art. 76 maßgebliche Unterscheidung der Initianten nur formell erfolgen kann. Die **Bedenken gegen die „Umgehung"** des BRates **greifen** daher **nicht durch.**[110] Auch eine analoge Anwendung von Abs. 2[111] ist nicht erforderlich.[112] Dieses Ergebnis wird durch das Scheitern der Versuche des BRates, im Zug der Verfassungsreform 1994 einen „1. Durchgang" bei Vorlagen aus der Mitte des BT einzuführen, bestätigt: Die Möglichkeit, Gesetzgebungsverfahren auf diesem Wege zu beschleunigen, war offensichtlich zu wichtig.

III. Verfahren bei Bundesratsvorlagen (Art. 76 Abs. 3)

32 Das Verfahren bei BRatsvorlagen gleicht dem bei Regierungsvorlagen. Wie bei Regierungsvorlagen der BR, so hat bei BRatsvorlagen die BReg. Gelegenheit zur Stellungnahme, bevor der Entwurf beim BT als dem Adressaten der Initiative eingebracht wird. Der BR hat jedoch weniger Kontrolle über seinen Entwurf als die BReg.[113] Er kann ihn nicht selbst beim BT einbringen; dies ist Sache der BReg. Es ist allerdings verfehlt, von einem lediglich „indirekten" bzw. „mittelbaren" Initiativrecht des BRates zu sprechen,[114] denn es handelt sich bei seiner Initiative um BRatsvorlagen, nicht

[109] „Verfassungswidrig": *Goppel,* Die Rechtsstellung des Bundesrats und des Bayerischen Senats bei der Gesetzesinitiative, 1968, 140; *Kirn* ZRP 1970, 1; *Kutscher* DÖV 1952, 710 (712); *Masing* in MKS Rn. 100 ff.; *Schäfer,* Der Bundesrat, 1955, 70; *Stern,* StaatsR II, 1980, § 37 Kap. III 4b; diff. *Maurer,* StaatsR I, 2010, § 17 Rn. 63.

[110] Wohl auch BVerfGE 30, 250 (261); so auch *Schürmann* AöR 115 (1990), 4 (63) mwN; *Kersten* in Maunz/Dürig Rn. 113; *Jekewitz* in AK Rn. 17; *Rubel* in Umbach/Clemens Rn. 38; *Brosius-Gersdorf* in Dreier Rn. 60; *Hebeler* in BerlKomm Rn. 50; aA *Masing* in MKS Rn. 96 ff.; *Mann* in Sachs Rn. 24 ff., der eine gleichzeitige Initiative der BReg. verlangt.; *Dietlein* BeckOK GG Rn. 30.

[111] So *Masing* in MKS Rn 96 ff., 100; *Dietlein* in BeckOK GG Rn. 30.

[112] *Kersten* in Maunz/Dürig Rn. 113.

[113] *Jaumann* BayVBl. 1975, 489.

[114] So v. *Mangoldt/Klein,* Das Bonner Grundgesetz, 2. Aufl. 1964, Anm. VI 4a; ähnlich *Mann* in Sachs Rn. 27.

auf Anregung des BRates[115] zurückgehende Regierungsvorlagen (anders Art. 69 WRV), und die BReg. ist zur Weiterleitung der Vorlage verpflichtet. Aus den unter → Rn. 11 angegebenen Gründen darf die BReg. den Entwurf auch dann nicht anhalten, wenn sie ihn für unzulässig hält.[116] In der ursprünglichen Fassung des Art. 76 Abs. 3 war für die Weiterleitung keine Frist vorgesehen, was zu erheblichen Streitfragen Anlass bot.[117] Durch das 23. G zur Änd. des GG[118] wurde eine **Dreimonatsfrist** eingeführt. Diese Frist wurde durch die Verfassungsreform 1994 auf sechs Wochen verkürzt, um BR und BReg. im Vorverfahren gleich zu behandeln.[119] Spiegelbildlich zu Abs. 2 kann die BReg. das Bedürfnis nach einer längeren Frist (neun Wochen, S. 3), der BR eine besondere Eilbedürftigkeit gelten machen (S. 4). Ebenfalls parallel zu Abs. 2 werden Vorlagen für Verfassungsänderungen und Hoheitsübertragungen nach Art. 23, 24 automatisch als besonders beratungsbedürftig behandelt (S. 5).

Angesichts der Fristverkürzung wurde die BReg. von der Pflicht, zu jeder BRatsvorlage Stellung zu nehmen, entlastet: S. 2 enthält insoweit anders als die alte Fassung[120] nur noch eine **Soll-Vorschrift.** Neu eingefügt wurde, nach hier vertretener Auffassung nur klarstellend (→ Rn. 15),[121] eine Pflicht des BT, über BRatsinitiativen in angemessener Frist zu beraten und Beschluss zu fassen (S. 6). 33

C. Verhältnis zu anderen Vorschriften

Die Art. 110 (Haushalt) und Art. 115d (Verteidigungsfall) enthalten Sonderregelungen. 34

D. Kritische Würdigung

Der **Verzicht** des GG **auf direkt-demokratische Elemente,** und damit das Monopol der Bundesorgane in der Gesetzesinitiative, ist angesichts der historischen Erfahrungen demagogischen Missbrauchs zwar erklärlich,[122] aber es ist zweifelhaft, ob solche Vergangenheitsorientierung sinnvoll ist. Es spricht manches dafür, dass sich Institutionen der Weimarer Republik unter den sozioökonomischen und politischen Bedingungen der Bundesrepublik bewähren könnten, das GG unter den Bedingungen von Weimar aber versagt hätte. Jedenfalls ist in der Bundesrepublik ein Repräsentationsdefizit feststellbar, das einen Einbau direkt-demokratischer Elemente in das GG zumindest nahelegen könnte. Es ist bedauerlich, dass den vielfältigen Bemühungen im Rahmen der Verfassungsreform kein Erfolg beschieden war. 35

An der **verfahrenstechnischen Konzeption** von Art. 76 stört, dass mit viel Sorgfalt unterschiedliche Verfahren je nach Initianten entworfen werden, 36

---

115 *Maunz* in Maunz/Dürig Rn. 21 f.

116 AA offensichtlich *v. Mangoldt/Klein,* Das Bonner Grundgesetz, 2. Aufl. 1964, Anm. VI 4c.

117 Nachw. bei *v. Mangoldt/Klein,* Das Bonner Grundgesetz, 2. Aufl. 1964, Anm. VI 4c.

118 G v. 17.7.1969 (BGBl. I 817).

119 BT-Drs. 12/6000, 32, Rn. 36 f.: vgl. KomVerfReform BR, BR-Drs. 360/92, Rn. 35 ff.

120 Vgl. *Bryde* in v. Münch/Kunig, 3. Aufl. 1995, Rn. 23.

121 Auch *Hofmann* NVwZ 1995, 134 (137); *Meyer-Teschendorf* DÖV 1994, 766 (769).

122 Vgl. *Otto,* Staatsverständnis des Parlamentarischen Rates, 1971, 159 ff.

obwohl diese in der politischen Praxis austauschbar sind (→ Rn. 21). So ist zB nur schwer einzusehen, warum eine frühzeitige Einschaltung des BRates bei Initiativen aus der Mitte des BT weniger wichtig sein soll als bei Regierungsvorlagen, da die wesentlichen Gründe für den „1. Durchgang", vor allem der „exekutive Sachverstand" des BRates, bei BT-Vorlagen eher noch mehr zutreffen. Auch hier sind die Änderungsvorschläge nicht angenommen worden.

Literatur

Zum Gesetzesbegriff

G. Anschütz, Die gegenwärtigen Theorien über den Begriff der gesetzgebenden Gewalt, 2. Aufl. 1901. – ***E.-W. Böckenförde,*** Gesetz und gesetzgebende Gewalt, 1958. – ***E. Forsthoff,*** Über Maßnahmegesetze, GS f. W. Jellinek, 1955, 221. – ***H. Heller,*** Der Begriff des Gesetzes in der Reichsverfassung VVDStRL 4 (1928), 98. – ***G. Jellinek,*** Gesetz und Verordnung, 1919. – ***H. Krüger,*** Allgemeine Staatslehre, 2. Aufl. 1966. – ***P. Laband,*** Das Budgetrecht nach den Bestimmungen der preuß. Verfassungsurkunde, 1871. – ***P. Laband,*** Das Staatsrecht des Deutschen Reichs II, 5. Aufl. 1911. – ***Ch.-F. Menger/H. Werhahn,*** Das Gesetz als Norm und Maßnahme VVDStRL 15 (1957), 1. – ***F. Neumann,*** Der Funktionswandel des Gesetzes im Recht der bürgerlichen Gesellschaft, in ***F. Neumann,*** Demokratischer und Autoritärer Staat, 1967, 1. – ***G. Roellecke,*** Der Begriff des positiven Gesetzes und das Grundgesetz, 1969. – ***C. Schmitt,*** Verfassungslehre, 1928. – ***H. Schneider,*** Über Einzelfallgesetze, FS f. Schmitt, 1959, 159. – ***Ch. Starck,*** Der Gesetzesbegriff des Grundgesetzes, 1970. – ***R. Thoma,*** Grundbegriffe und Grundsätze, in Anschütz/Thoma DtStaatsR, Bd. II, 1932, § 71.

Zu Art. 76

N. Achterberg, Grundzüge des Parlamentsrechts, 1971. – ***B.-O. Bryde,*** Stationen, Entscheidungen und Beteiligte im Gesetzgebungsverfahren, in Schneider/Zeh, Parlamentsrecht und Parlamentspraxis in der BRD, 1989, § 30. – ***B. Goppel,*** Die Rechtsstellung des Bundesrats und des Bayerischen Senats bei der Gesetzesinitiative, Diss. Würzburg, 1968. – ***R. Grawert,*** Gesetz und Gesetzgebung im modernen Staat Jura 1982, 300. – ***W. Hennis,*** Verfassungsordnung und Verbandseinfluß PVS 1961, 23. – ***J. J. Hesse/Th. Ellwein,*** Das Regierungssystem der Bundesrepublik Deutschland, 7. Aufl. 1992. – ***T. Hebeler,*** Ist der Gesetzgeber verfassungsrechtlich verpflichtet, Gesetze zu begründen? DÖV 2010, 754. – ***H. Hofmann,*** Die Ausgestaltung des Gesetzgebungsverfahrens nach der Reform des Grundgesetzes NVwZ 1995, 134. – ***A. Jaumann,*** Zur verfassungsrechtlichen Bedeutung des Gesetzesinitiativrechts des Bundesrats BayVBl. 1975, 489. – ***M. Kirn,*** Die Umgehung des Bundesrates bei ganz besonders eilbedürftigen Regierungsvorlagen ZRP 1970, 1. – ***J. Kratzer,*** Zustimmungsgesetze AöR 77 (1951/52), 266. – ***K. G. Meyer-Teschendorf,*** Die Vorschläge der Gemeinsamen Verfassungskommission zur Reform des Gesetzgebungsverfahrens DÖV 1994, 766. – ***J. Leven,*** Gesetzgebungsoutsourcing, 2013. – ***H. Mosler,*** Die auswärtige Gewalt im Verfassungssystem der Bundesrepublik Deutschland, FS f. Bilfinger, 1954, 243 – ***Ch. Pestalozza,*** Ausschaltung des Bundesrates durch Einbringung von Gesetzesteilen als Teilgesetze? ZRP 1976, 153. – ***H. Schäfer,*** Der Bundesrat, 1955. – ***H. Schneider,*** Niedergang des Gesetzgebungsverfahrens, FS f.Müller, 1970, 421. – ***H. P. Schneider,*** Die parlamentarische Opposition im Verfassungsrecht, Bd. 1. Grundlagen, 1974. – ***M. Schürmann,*** Grundlagen und Prinzipien des legislatorischen Einleitungsverfahrens nach dem Grundgesetz, 1986. – ***H. Schulze-Fielitz,*** Theorie und Praxis parlamentarischer Gesetzgebung, 1988. – ***K.-A. Sellmann,*** Der schlichte Parlamentsbeschluß, 1966. – ***H. Triepel,*** Der Weg der Gesetzgebung nach der neuen Reichsverfassung AöR 39 (1920), 456. – ***H. Troßmann,*** Parlamentsrecht des Deutschen Bundestages, 1977.

Gang des Gesetzgebungsverfahrens

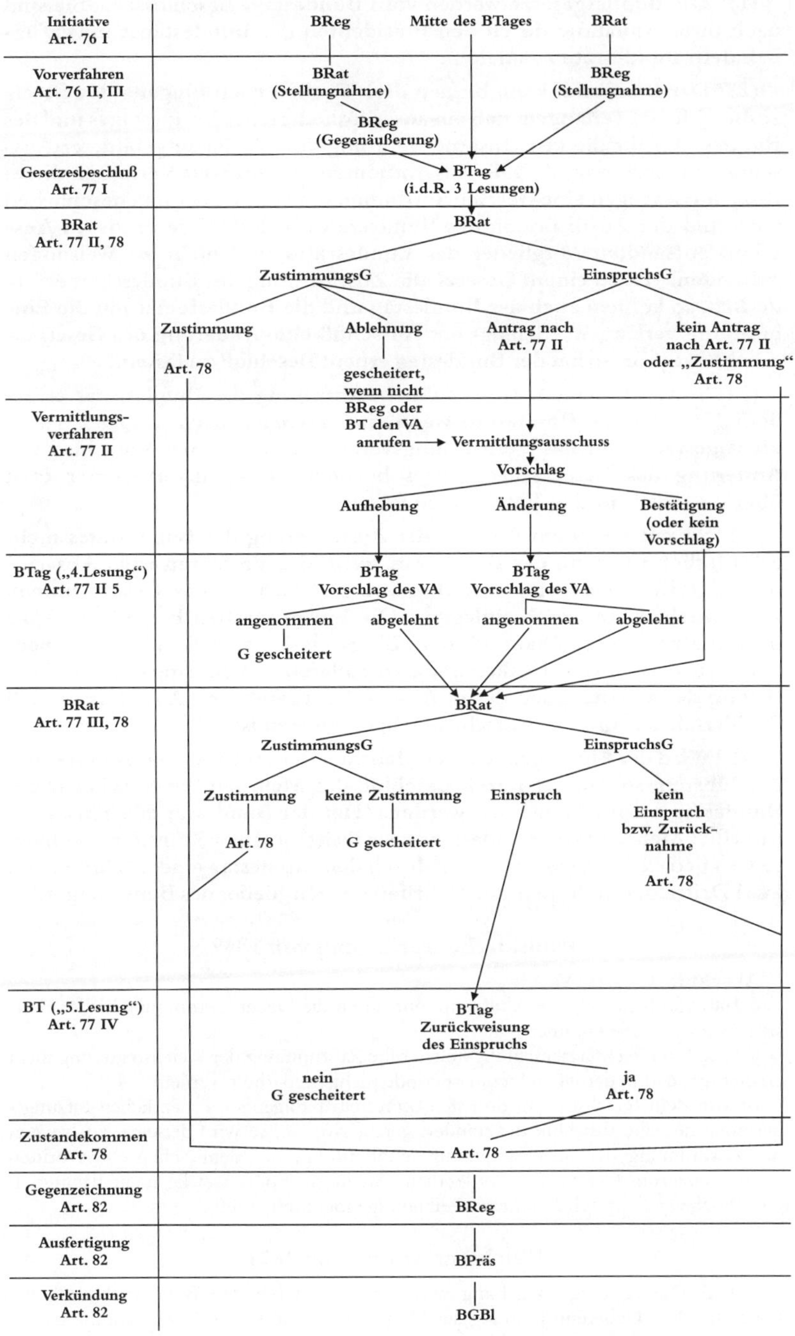

Art. 77 [Verfahren der Gesetzgebung; Mitwirkung des Bundesrates]

(1) [1] Die Bundesgesetze werden vom Bundestage beschlossen. [2] Sie sind nach ihrer Annahme durch den Präsidenten des Bundestages unverzüglich dem Bundesrate zuzuleiten.

(2) [1] Der Bundesrat kann binnen drei Wochen nach Eingang des Gesetzesbeschlusses verlangen, daß ein aus Mitgliedern des Bundestages und des Bundesrates für die gemeinsame Beratung von Vorlagen gebildeter Ausschuß einberufen wird. [2] Die Zusammensetzung und das Verfahren dieses Ausschusses regelt eine Geschäftsordnung, die vom Bundestag beschlossen wird und der Zustimmung des Bundesrates bedarf. [3] Die in diesen Ausschuß entsandten Mitglieder des Bundesrates sind nicht an Weisungen gebunden. [4] Ist zu einem Gesetze die Zustimmung des Bundesrates erforderlich, so können auch der Bundestag und die Bundesregierung die Einberufung verlangen. [5] Schlägt der Ausschuß eine Änderung des Gesetzesbeschlusses vor, so hat der Bundestag erneut Beschluß zu fassen.

(2a) Soweit zu einem Gesetz die Zustimmung des Bundesrates erforderlich ist, hat der Bundesrat, wenn ein Verlangen nach Absatz 2 Satz 1 nicht gestellt oder das Vermittlungsverfahren ohne einen Vorschlag zur Änderung des Gesetzesbeschlusses beendet ist, in angemessener Frist über die Zustimmung Beschluß zu fassen.

(3) [1] Soweit zu einem Gesetze die Zustimmung des Bundesrates nicht erforderlich ist, kann der Bundesrat, wenn das Verfahren nach Absatz 2 beendigt ist, gegen ein vom Bundestage beschlossenes Gesetz binnen zwei Wochen Einspruch einlegen. [2] Die Einspruchsfrist beginnt im Falle des Absatzes 2 letzter Satz mit dem Eingange des vom Bundestage erneut gefaßten Beschlusses, in allen anderen Fällen mit dem Eingange der Mitteilung des Vorsitzenden des in Absatz 2 vorgesehenen Ausschusses, daß das Verfahren vor dem Ausschusse abgeschlossen ist.

(4) [1] Wird der Einspruch mit der Mehrheit der Stimmen des Bundesrates beschlossen, so kann er durch Beschluß der Mehrheit der Mitglieder des Bundestages zurückgewiesen werden. [2] Hat der Bundesrat den Einspruch mit einer Mehrheit von mindestens zwei Dritteln seiner Stimmen beschlossen, so bedarf die Zurückweisung durch den Bundestag einer Mehrheit von zwei Dritteln, mindestens der Mehrheit der Mitglieder des Bundestages.

Paulskirchenverfassung von 1849

Abschnitt IV. Art. V

§ 100. Ein Reichstagsbeschluß kann nur durch die Uebereinstimmung beider Häuser gültig zu Stande kommen.

§ 101. Ein Reichstagsbeschluß, welcher die Zustimmung der Reichsregierung nicht erlangt hat, darf in derselben Sitzungsperiode nicht wiederholt werden.

Ist von dem Reichstage in drei sich unmittelbar folgenden ordentlichen Sitzungsperioden derselbe Beschluß unverändert gefaßt worden, so wird derselbe, auch wenn die Zustimmung der Reichsregierung nicht erfolgt, mit dem Schlusse des dritten Reichstages zum Gesetz. Eine ordentliche Sitzungsperiode, welche nicht wenigstens vier Wochen dauert, wird in dieser Reihenfolge nicht mitgezählt.

Reichsverfassung von 1871

Art. 5. Die Reichsgesetzgebung wird ausgeübt durch den Bundesrath und den Reichstag. Die Uebereinstimmung der Mehrheitsbeschlüsse beider Versammlungen ist zu einem Reichsgesetze erforderlich und ausreichend.

Bei Gesetzesvorschlägen über das Militairwesen, die Kriegsmarine und die im Artikel 35 bezeichneten Abgaben giebt, wenn im Bundesrathe eine Meinungsverschiedenheit stattfindet, die Stimme des Präsidiums den Ausschlag, wenn sie sich für die Aufrechthaltung der bestehenden Einrichtungen ausspricht.

Weimarer Reichsverfassung von 1919

Art. 68. [Abs. 1]

Die Reichsgesetze werden vom Reichstag beschlossen.

Art. 72. Die Verkündung eines Reichsgesetzes ist um zwei Monate auszusetzen, wenn es ein Drittel des Reichstags verlangt. Gesetze, die der Reichstag und der Reichsrat für dringlich erklären, kann der Reichspräsident ungeachtet dieses Verlangens verkünden.

Art. 73. Ein vom Reichstag beschlossenes Gesetz ist vor seiner Verkündung zum Volksentscheid zu bringen, wenn der Reichspräsident binnen eines Monats es bestimmt.

Ein Gesetz, dessen Verkündung auf Antrag von mindestens einem Drittel des Reichstags ausgesetzt ist, ist dem Volksentscheid zu unterbreiten, wenn ein Zwanzigstel der Stimmberechtigten es beantragt.

[Abs. 3 ist vor Art. 76 abgedruckt]

Über den Haushaltsplan, über Abgabengesetze und Besoldungsordnungen kann nur der Reichspräsident einen Volksentscheid veranlassen.

Das Verfahren beim Volksentscheid und beim Volksbegehren regelt ein Reichsgesetz.

Art. 74. Gegen die vom Reichstag beschlossenen Gesetze steht dem Reichsrat der Einspruch zu.

Der Einspruch muß innerhalb zweier Wochen nach der Schlußabstimmung im Reichstag bei der Reichsregierung eingebracht und spätestens binnen zwei weiteren Wochen mit Gründen versehen werden.

Im Falle des Einspruchs wird das Gesetz dem Reichstag zur nochmaligen Beschlußfassung vorgelegt. Kommt hierbei keine Übereinstimmung zwischen Reichstag und Reichsrat zustande, so kann der Reichspräsident binnen drei Monaten über den Gegenstand der Meinungsverschiedenheit einen Volksentscheid anordnen. Macht der Präsident von diesem Rechte keinen Gebrauch, so gilt das Gesetz als nicht zustande gekommen. Hat der Reichstag mit Zweidrittelmehrheit entgegen dem Einspruch des Reichsrats beschlossen, so hat der Präsident das Gesetz binnen drei Monaten in der vom Reichstag beschlossenen Fassung zu verkünden oder einen Volksentscheid anzuordnen.

Art. 75. Durch den Volksentscheid kann ein Beschluß des Reichstags nur dann außer Kraft gesetzt werden, wenn sich die Mehrheit der Stimmberechtigten an der Abstimmung beteiligt.

Übersicht

A. Allgemeine Bedeutung

1 Art. 77 regelt das Zusammenwirken von BT und BR im Gesetzgebungsverfahren. Da dieses Verfahren einen unterschiedlichen Verlauf nehmen kann, ist die Regelung sprachlich wie sachlich kompliziert.[1] Für das Verständnis besonders wichtig ist die Unterscheidung zwischen Gesetzen, die der Zustimmung des BRats bedürfen **(„Zustimmungsgesetze")** und anderen Gesetzen **(„Einspruchsgesetze")**.[2]

2 Die Diskussion der Vorschrift im Parlamentarischen Rat[3] war im Wesentlichen durch die Grundentscheidung über das Verhältnis von Bundestag und Bundesrat geprägt. Die Entscheidung gegen ein echtes Zweikammersystem machte eine unterschiedliche Regelung des Verfahrens für Zustimmungsgesetze und andere Gesetze notwendig. Innovativ war die Einführung eines

---

[1] Vgl. die Skizze auf S. 168.

[2] Vgl. zu Struktur und Grundgedanken des Gesetzgebungsverfahrens → Art. 76 Rn. 1. Zur Enstehungsgeschichte vgl. ausführlich *Brosius-Gersdorf* in Dreier Rn. 5 ff.; zur Änderung 1968 und 1994 ebenda Rn. 14.

[3] Zur Entstehungsgeschichte vgl. ausführlich *Brosius-Gersdorf* in Dreier Rn. 5 ff.

Vermittlungsverfahrens, die verhältnismäßig spät auf Vorschlag des 5erAusschusses erfolgte.[4] Art. 77 ist zweimal geändert worden.[5]

B. Einzelfragen

I. Gesetzesbeschluss des BTages (Art. 77 Abs. 1)

1. Die Bundesgesetze. Art. 77 regelt nur das Verfahren bei Gesetzesbeschlüssen, nicht bei anderen Beschlüssen des BTages. 3

2. Werden vom Bundestag beschlossen. Nach der Konstruktion des GG ist der **BT der eigentliche Gesetzgeber** der Bundesrepublik. Der BR „ist nicht eine zweite Kammer eines einheitlichen Gesetzgebungsorgans, die gleichwertig mit der ‚ersten Kammer' entscheidend am Gesetzgebungsverfahren beteiligt wäre".[6] Der BR wirkt bei der Gesetzgebung lediglich mit (Art. 50), und zwar bei Zustimmungsgesetzen durch Zustimmung, bei anderen Gesetzen durch eine – überstimmbare – Einspruchsmöglichkeit. 4

Das **Verfahren im BT** wird vom GG der autonomen Regelung durch den BT überlassen, wie sie in der GO BT ihren Ausdruck gefunden hat. Danach wird ein Gesetz idR in **drei Lesungen** behandelt (§ 78).[7] Die erste Lesung (§ 79) führt normalerweise zur Überweisung an die zuständigen Ausschüsse (§ 80). An die Ausschussberatungen schließen sich die zweite (§ 81) und dritte Lesung (§ 84) an, die mit der Schlussabstimmung endet (§ 86)[8]. 5

Das Schwergewicht dieses Verfahrens liegt in den **Ausschüssen,** wo – unter maßgeblicher Mitwirkung der Ministerialbeamten – die eigentliche Detailarbeit an den Gesetzen stattfindet.[9] Im Plenum wird relativ wenig debattiert, häufig beschränkt sich die Befassung des Plenums auf die formelle Beschlussfassung über die Verweisung an die Ausschüsse (1. Lesung), die einzelnen Vorschriften (2. Lesung) und die Schlussabstimmung (3. Lesung).[10] 6

Die **drei Lesungen** entsprechen deutscher parlamentarischer Tradition,[11] sind jedoch **nicht von der Verfassung vorgeschrieben.**[12] Die Überweisung von Vorlagen an die Ausschüsse durch das Präsidium ohne erste Lesung wäre ebenso zulässig wie die regelmäßig praktizierte Zusammenfassung von zweiter und dritter Lesung.[13] Allerdings muss dem BT zumindest im Regelfall eine intensive Beschäftigung mit dem Gesetzentwurf möglich sein, wie sie 7

---

[4] ParlRat VII 301.

[5] 18. G zur Änderung des GG v. 15.11.1968, BGBl. 1968 I 1177; 42. G zur Änderung des GG v. 27.10.1994 BGBl., 1994 I 3146. Vgl zu Einzelheiten → Rn. 14, 28, 37.

[6] BVerfGE 37, 363 (380).

[7] Ausnahmen sind Vertragsgesetze (§ 78 Abs. 1 S. 1 iVm Abs. 3 GO BT).

[8] *Hadamek* in Kluth/Krings 28 ff.

[9] *Hesse/Ellwein,* Das Regierungssystem der Bundesrepublik Deutschland, 2012, 369 f.; vgl. zur Ausschussberatung auch *Schulze-Fielitz,* Theorie und Praxis parlamentarischer Gesetzgebung, 1988, 304 ff.; *Masing* in MKS Rn. 29; *Hadamek* in Kluth/Krings 98 ff.

[10] *Vgl.* die Zahlen bei *Hesse/Ellwein,* Das Regierungssystem der Bundesrepublik Deutschland, 2012, 365.

[11] Zur Geschichte vgl. *Jekewitz* RuP 1982, 70.

[12] BVerfGE 1, 144 (151); 29, 221 (234); *Stern,* StaatsR II, 1980, § 37 Kap. III 5; *Kersten* in Maunz/Dürig Rn. 14; *Dietlein* in BeckOK GG Rn. 8; *Brosius-Gersdorf* in Dreier Rn. 23; *Hebeler* in BerlKomm Rn. 24.

[13] *Jekewitz* in AK Rn. 7 ff.; vgl. § 84 lit. a GO BT; nach Vorschlag der Enq.-K. VerfReform 1976 sollten zwei Lesungen der Regelfall werden, vgl. BT-Drs. 7/5924, 80 f.; dieser Vorschlag wurde bei der letzten Verfassungsreform 1993/94 jedoch nicht wieder aufgegriffen.

nur in Ausschussberatungen und mehreren Lesungen möglich ist.[14] Die Verkürzung der regelmäßigen Abstände zwischen den Lesungen ist daher nur unter erschwerten Voraussetzungen möglich (§ 80 Abs. 2, § 81 Abs. 1, § 84 lit. b GO BT).

8 Das GG unterscheidet terminologisch den **Gesetzesbeschluss,** der Sache des BTages ist, vom **Zustandekommen** des Gesetzes, das die Mitwirkung des BRates erfordert (Art. 78). Aus Art. 82 folgt, dass das **Wirksamwerden** eines Gesetzes außerdem Gegenzeichnung, Ausfertigung durch den BPräs., Verkündung im BGBl. und **Inkrafttreten** voraussetzt. Nach einer veralteten Lehre fließen im **Gesetzesbeschluss** die Feststellung des Gesetzesinhalts und die „Sanktion" (Gesetzesbefehl) zusammen, dh die hoheitliche Anweisung, dass das Gesetz befolgt werden soll.[15] Diese Unterscheidung des konstitutionellen Verfassungsrechts, das dem Parlament keine Befehlsgewalt zugestand und daher die Sanktion dem Souverän vorbehielt,[16] hat im Verfassungsrecht des GG ihren Sinn verloren.[17]

9 **3. Sie sind nach ihrer Annahme durch den Präsidenten des Bundestages unverzüglich dem Bundesrate zuzuleiten.** Mit dem Gesetzesbeschluss endet (vorläufig) die Disposition des BTages über das Gesetzesprojekt. Dessen weiteres Schicksal hängt nunmehr vom BR ab. Der BTagspräsident hat lediglich die formelle Funktion, den Beschluss des einen Organs an das andere weiterzuleiten. Der BT kann seinen Beschluss weder ändern noch rückgängig machen.[18] Lediglich im Gesetzesbeschluss enthaltene Druckfehler und andere offenbare Unrichtigkeiten können im Verfahren des § 122 Abs. 3 GOBT, nach Beschlussfassung auch des Bundesrates im Verfahren nach § 61 GGO berichtigt werden.[19] Der Grundsatz der **„Unverrückbarkeit des parlamentarischen Votums",**[20] der darin zum Ausdruck kommt, ist in seiner Geltung auch für das GG allgemein anerkannt.[21] Allerdings ist nur die **selbständige** Abänderung des Beschlusses im jeweiligen Verfahrensstadium unzulässig. Im Vermittlungs- und Einspruchsverfahren kann der BT (wie auch der BR) von seinem ursprünglichen Votum abweichen.

10 Der Grundsatz der Unverrückbarkeit gilt im GG nicht absolut, sondern tritt hinter das Ziel, einen Konsens zwischen BT und BR zu ermöglichen, zurück.

II. Vermittlungsverfahren (Art. 77 Abs. 2)

11 **1. Der Bundesrat kann ... verlangen, dass ein aus Mitgliedern des Bundestages und des Bundesrates für die gemeinsame Beratung von Vorlagen gebildeter Ausschuss einberufen wird.** Bei Meinungsverschiedenheiten zwischen BT und BR über den Inhalt eines Gesetzes ist der vom

[14] *Bryde* in Schneider/Zeh ParlamentsR § 30 Rn. 34; zur Beratungspflicht auch *Kersten* in Maunz/Dürig Rn. 12; vgl. auch *Kokott* in BK Rn. 18 f.

[15] *v. Mangoldt/Klein,* Das Bonner Grundgesetz, Bd. III, 2. Aufl. 1974, Anm. III 3a.

[16] *Laband,* Das Staatsrecht des Deutschen Reiches, Bd. 2, 1911, 29 ff.

[17] *Masing* in MKS Rn. 17; *Kokott* in BK Rn. 6; *Pieroth* Staat 16 1977, 557; *Stern,* StaatsR II, 1980, § 37 Kap. III 6.

[18] *Kersten* in Maunz/Dürig Rn. 25; *Hebeler* in BerlKomm Rn. 29; *Sannwald* in SHH Rn. 10; *Kokott* in BK Rn. 25.

[19] BVerfGE 48, 1 (18); zu den Grenzen nunmehr BVerfGE 105, 313 (334 ff.); *Pieroth* in Jarass/Pieroth Rn. 3; *Kersten* in Maunz/Dürig Rn. 27; *Dietlein* in BeckOK GG Rn. 6; *Hebeler* in BerlKomm Rn. 31.

[20] *Hatschek,* Deutsches und preussisches Staatsrecht, Bd. 2, 1923, 77 ff.

[21] *Kersten* in Maunz/Dürig Art. 78 Rn. 25; *Kokott* in BK Rn. 25; *Dietlein* in BeckOK GG Rn. 6; *Brosius-Gersdorf* in Dreier Rn. 27; *Hebeler* in BerlKomm Rn. 30.

GG angestrebte Regelfall der **Kompromiss,** nicht die Durchsetzung eines der beiden Organe. Tatsächlich zeigt die geringe Zahl der am BR gescheiterten Zustimmungsgesetze bzw. der nur auf Grund der Zurückweisung des Einspruchs des BRats durch den BT (Art. 77 Abs. 4) zustandegekommenen Einspruchsgesetze, dass das vom GG als Neuerung in das deutsche Bundesstaatsrecht eingeführte Vermittlungsverfahren[22] insgesamt erfolgreich war.[23] Zum Zweck der Vermittlung wird für die gemeinsame Beratung von Vorlagen ein Ausschuss aus Mitgliedern von BT und BR gebildet, der seit der Vorläufigen Geschäftsordnung v. 1950 den Namen **Vermittlungsausschuss** (VermA) trägt.[24] Der VermA ist eine **gemeinsame Einrichtung von BT und BR**[25] und weder eine selbständige „Dritte Kammer" noch ein unverbindlicher Diskussionsausschuss (→ Rn. 12). Da er in seiner Existenz an BR und BT gebunden ist, gilt für ihn wie für den BT der **Grundsatz der Diskontinuität.**[26] Das bedeutet, dass das Schicksal eines bei Ende der Legislaturperiode im Vermittlungsverfahren befindlichen Gesetzesprojekts ausschließlich vom BR abhängt. Das Vermittlungsverfahren endet automatisch mit Ende der Legislaturperiode und der BR kann nicht nur Zustimmungsgesetze, sondern auch Einspruchsgesetze endgültig scheitern lassen, da sein Einspruch nicht mehr überstimmbar ist.

Der BR kann die Einberufung des VermA bei allen Gesetzen verlangen.[27] Bei **Einspruchsgesetzen** muss er sie verlangen, bevor er Einspruch einlegen kann (Art. 77 Abs. 3 S. 1). Bei **Zustimmungsgesetzen** (→ Rn. 27) steht die Anrufung in seinem Belieben, was unbedenklich ist, da in diesem Fall auch BReg. und BT ein Anrufungsrecht haben (Art. 77 Abs. 2 S. 4). Der BR kann den VermA auch bei **Vertragsgesetzen** anrufen, obwohl der Vertrag nur im Ganzen angenommen oder verworfen werden kann.[28] Soweit das Ziel des BRates in diesem Fall nicht die Aufhebung des Gesetzesbeschlusses oder Zeitgewinn ist, kann das Vermittlungsverfahren insbes. um die Aufnahme von Präambeln oder Bedingungen in das Vertragsgesetz gehen.[29] 12

Str. ist die Rechtslage, wenn der BR die Anrufung des VermA unterlässt 13
und das Gesetz ausdrücklich ablehnt, weil er es für ein ZustimmungsG hält, obwohl es ein EinspruchsG ist. Eine Umdeutung der Ablehnung in einen Einspruch scheidet schon deshalb aus, weil für den Einspruch die vorherige Anrufung des VermA zwingend erforderlich ist (s. oben). Die Umdeutung der Nicht-Zustimmung in die Anrufung des VermA[30] ist in der Praxis nicht

[22] Zu historischen und ausländischen Parallelen vgl. *Hasselsweiler,* Der Vermittlungsausschuß, 1981, 2 ff.; *Reinert,* Vermittlungsausschuß und Conference Committees, 1966; *Kokott* in BK Rn. 39 f.

[23] Vgl. *Rubel* in Umbach/Clemens Rn. 40; zur Praxis vgl. auch *Koggel* in Kluth/Krings 457 f.

[24] Zur Entstehungsgeschichte vgl. *Wessel* AöR 77 (1951/52), 283.

[25] Ein „ständiges und gemeinsames Unterorgan von Bundestag und Bundesrat": BVerfGE 112, 118 (137) – Vermittlungsausschuss; *Brosius-Gersdorf* in Dreier Rn. 31; *Kersten* in Maunz/Dürig Rn. 33; *Hasselsweiler,* Der Vermittlungsausschuß, 1981, 71: „sektoral verselbständigtes Unterorgan von Bundestag und Bundesrat"; *Bergkemper*, 141 ff.

[26] *Kersten* in Maunz/Dürig Rn. 78; *Hebeler* in BerlKomm Rn. 76; *Wessel* AöR 77 (1951/52), 283 (289).

[27] Zur Anrufung bei Zustimmungsgesetzen vgl. *Hebeler* in BerlKomm Rn. 59.

[28] *Kersten* in Maunz/Dürig Rn. 47.

[29] *Jekewitz* in AK Rn. 18.

[30] So früher *v. Mangoldt/Klein,* Das Bonner Grundgesetz, Bd. III, 2. Aufl. 1974, Art. 78, Anm. IV 2d.

möglich. Da der BR zunächst über die Anrufung, dann über die Zustimmung abstimmt (§ 30 Abs. 2 GO BR), ist der Nicht-Zustimmung in aller Regel ein förmlicher Beschluss, den VermA nicht anzurufen, vorausgegangen. In einem solchen Fall verstreicht die Frist des Art. 77 Abs. 2 ohne Anrufung des VermA, so dass das Gesetz nach Art. 78 zustande kommt, obwohl der BR bei richtiger Bewertung des Gesetzes Mittel in der Hand gehabt hätte, das Zustandekommen zumindest hinauszuschieben.[31] Dieses wenig befriedigende Ergebnis kann in der Praxis dadurch vermieden werden, dass der BR bei Bedenken gegen ein Gesetz auch dann den VermA anruft, wenn er es für ein ZustimmungsG hält. Problematisch ist es in diesem Fall jedoch, wenn der BR die Zustimmung ausdrücklich verweigert und „vorsorglich" den VermA anruft.[32]

14 Der **Anrufungsbeschluss** des BRates bedarf der Mehrheit der Stimmen (Art. 52 Abs. 3 S. 1). Dies gilt auch für verfassungsändernde Gesetze,[33] obwohl bereits ein Drittel der Mitglieder des BRates deren Zustandekommen verhindern kann.[34]

15 Der Anrufungsbeschluss kann sich auf einzelne Vorschriften des Gesetzes beschränken oder gegen das Gesamtprojekt richten.[35] Der BR stimmt über die verschiedenen Anrufungsgründe einzeln ab (§ 31 GO BR), wobei es denkbar ist, dass trotz einer Mehrheit für die Anrufung des VermA kein einziger Anrufungsgrund eine Mehrheit findet und die Anrufung unterbleibt.[36]

16 Der **Anrufungsbeschluss** ist **rücknehmbar.**[37] Dies folgt (a maiore ad minus) aus der Rücknehmbarkeit des Einspruchs, Art. 78.[38] Das Vermittlungsverfahren verliert seinen Sinn, wenn der BR bereit ist, sich dem Votum des BTages anzuschließen. Das Rücknahmerecht erlischt mit der Verabschiedung eines Einigungsvorschlags durch den VermA, da nunmehr dieser Gegenstand des Gesetzgebungsverfahrens ist.

17 **2. Binnen drei Wochen.** Für die Anrufung des VermA durch den BR gilt eine **Frist von drei Wochen.**[39] Die Frist beginnt mit dem Eingang des Gesetzesbeschlusses beim BRatspräs. und wird durch einen Anrufungsbeschluss innerhalb der Drei-Wochen-Frist gewahrt.[40] Nach dem Wortlaut der Vorschrift gilt die Frist auch bei Zustimmungsgesetzen,[41] obwohl dies der Intention der Regelung kaum gerecht wird. Deren Ziel, einen Konflikt zwischen den Voten von BT und BR zu vermeiden, entspricht es nicht, dem

---

[31] *Jekewitz* in AK Rn. 18.

[32] Dazu *Dietlein* AöR 106 (1981), 525 (527 ff.); *Dietlein* in Schneider/Zeh ParlamentsR § 57 Rn. 20; *Kokott* in BK Rn. 76 ff.

[33] *Masing* in MKS Rn. 75; *Kersten* in Maunz/Dürig Rn. 49; *Wessel* AöR 77(1951/52), 283 (313).

[34] Dazu *Bryde,* Verfassungsentwicklung, 1982, 361.

[35] Zur „offenen" Anrufung vgl. *Hasselsweiler,* Der Vermittlungsausschuß, 1981, 52 f.

[36] *Reuter,* Praxishandbuch Bundesrat, 1991, GO § 31 Rn. 12.

[37] *Kersten* in Maunz/Dürig Rn. 49; *Brosius-Gersdorf* in Dreier Rn. 32; *Rubel* in Umbach/Clemens Rn. 31; *Hebeler* in BerlKomm Rn. 68.

[38] *Dietlein* in Schneider/Zeh ParlamentsR § 57 Rn. 26.

[39] Von zwei auf drei Wochen verlängert durch 18. G zur Änd. des GG v. 15.11.1968, BGBl. I 1177.

[40] *Hebeler* in BerlKomm Rn. 61; *Wessel* AöR 77(1951/52), 283 (292); anders (Zugang zum BT innerhalb der Frist) *Brosius-Gersdorf* in Dreier Rn. 33.

[41] *Kersten* in Maunz/Dürig Rn. 51; *Mann* in Sachs Rn. 10; *Wessel* AöR 77 (1951/52), 283 (291); *Dietlein* in Schneider/Zeh ParlamentsR § 57 Rn. 21.

BR nach Fristablauf bei Bedenken nur die Alternative der Ablehnung zu belassen.[42]

3. Geschäftsordnung des VermA (Art. 77 Abs. 2 S. 2). Das GG überlässt Zusammensetzung und Verfahren des VermA weitgehend der Autonomie von BT und BR. Die Geschäftsordnung wird vom BT mit Zustimmung des BRates beschlossen. In der Praxis geht sie auf den Entwurf eines gemeinsamen Ausschusses von BT und BR zurück.[43] Die geltende GO ist mit geringfügigen Änderungen seit April 1951 in Kraft[44] und wird regelmäßig zu Beginn einer Legislaturperiode für die neue Legislaturperiode übernommen.[45] **18**

Für die **Zusammensetzung des VermA** gibt das GG selbst nur wenige Richtlinien. Da der VermA aus „Mitgliedern" der Organe besteht, können die Vertreter des BRats (anders als bei BR-Ausschüssen, § 11 Abs. 2 GO BR) nur Regierungsmitglieder, nicht Beamte sein. Der Sinn der Regelung verlangt auch Parität von BT und BR.[46] Im Übrigen liegt die Zusammensetzung im Belieben von BT und BR,[47] wobei die GO VermA lediglich die Zahl der Mitglieder festlegt (je 16 Mitglieder von BT und BR und die gleiche Anzahl Stellvertreter, §§ 1, 3 GO VermA) und deren Entsendung dem jeweiligen Organ überlässt. **19**

Für die BRatsvertreter ist der Entsendungsmodus durch die Mitgliederzahl vorgezeichnet, die so festgesetzt worden ist, dass **jedes Land ein Mitglied** stellen kann. Dementsprechend wird verfahren (§ 11 Abs. 4 iVm § 11 Abs. 3 GO BR). Das sich daraus ergebende Übergewicht der kleineren Länder ist vertretbar, weil der VermA nur Einigungsvorschläge macht.[48] Das Verfahren ist auf einen mehrheitsfähigen Kompromiss ausgerichtet, so dass die Ausnützung zufälliger Mehrheitspositionen im VermA wenig sinnvoll wäre. **20**

Die Vertreter des BTages werden gem. § 67 Abs. 1 iVm § 12 GO BT von den Fraktionen des BTages im Verhältnis ihrer Stärke bestimmt. Bei der Besetzung der BT-Seite hat der BT eine weite Autonomie.[49] Der BT fasst zu Beginn jeder Wahlperiode einen Beschluss über das Zählverfahren, nach dem die Sitzanteile der Fraktionen in Ausschüssen berechnet werden (vgl. § 57 Abs. 1 iVm § 12 GO BT), wobei nach diesem Verfahren grundsätzlich auch die Vertretung des BT im VermA geregelt wird. Dabei wird das Zählverfahren so gestaltet, dass die politischen Mehrheiten im BT in den Ausschüssen widergespiegelt werden. Das kann beim VermA bei knappen Mehrheiten nach den üblichen Zählverfahren – Hare/Niemeyer, d'Hondt und St. Laguë/Schepers – schwierig werden, da sich anders als bei anderen Ausschüssen die **21**

---

[42] *Pieper,* Die staatsrechtliche Bedeutung des Vermittlungsausschusses gemäß Art. 77 des GG, 1954, 42 ff.; *Rubel* in Umbach/Clemens Rn. 32.

[43] Zur Entstehung *Wessel* AöR 77 (1951/52), 283 (284).

[44] Bekanntmachung v. 5.5.1951 (BGBl. II 103); zuletzt geändert durch Bekanntmachung v.30.4.2003 (BGBl I 677).

[45] Vgl. zu den einzelnen Bestimmungen die Kommentierung von *Dästner/Hoffmann,* Die Geschäftsordnung des Vermittlungsausschusses, 1995; vgl auch *Koggel* in Kluth/Krings 457 ff.

[46] *Masing* in MKS Rn 67; *Dietlein* in BeckOK GG Rn. 23.1; aA *Kesten* in Maunz/Dürig Rn. 35; *Pieroth* in Jarass/Pieroth Rn 9.; *Hebeler* in BerlKomm Rn. 80; zur Zusammensetzung auch *Bergkemper,* 144 ff.; *Koggel* in Kluth/Krings 458 ff.

[47] AA wenig überzeugend *Burghard* DÖV 2005, 815, nach dem die Zusammensetzung für beide Bänke in der GO geregelt werden muss.

[48] BVerfG 112, 118 (214); *Kersten* in Maunz/Dürig Rn. 42; *Brosius-Gersdof* in Dreier Rn. 36; *Hebeler* in BerlKomm Rn. 81.

[49] BVerfGE 96, 264 (282 f.).

Mitgliederzahl praktisch nicht verändern lässt. Auch dann kann der BT im Rahmen seiner Autonomie sicherstellen, dass die Parlamentsmehrheit auch im VermA die Mehrheit der Bundestagsabgeordneten stellt. Eine entsprechende Regelung 2002 wurde vom BVerfG als Verletzung des Gebots der „Spiegelbildlichkeit" beanstandet.[50] Das ist unzutreffend, da die „Spiegelbildlichkeit" politisch gerade das Spiegeln der Mehrheitsverhältnisse im BT nahe legt.[51] Da das Gericht dem BT eine neue Beschlussfassung vorschrieb, zu dieser aber nur unklare Vorgaben gab, blieb es für den Rest der verkürzten Legislaturperiose bei der beschlossenen Regelung[52]

22 Der VermA ist ein **politischer Ausschuss.** Er besteht aus **ständigen** Mitgliedern (die nur viermal während einer Wahlperiode abberufen werden können, § 4 GO VermA), nicht aus Experten für das zur Diskussion stehende Gesetzesprojekt.[53]

23 Sowohl BTags- wie BRatsvertreter müssen ein politisches Gewicht haben, um die Durchsetzung ihrer Beschlüsse möglich zu machen. Von der Möglichkeit, anderen Personen die Teilnahme zu gestatten (§ 6 GO VermA), wird zurückhaltend Gebrauch gemacht, um diesen auf politische Kompromissfindung zielenden Charakter des Ausschusses nicht zu gefährden. Mitglieder der BReg. haben das Recht und auf Anforderung des VermA die Pflicht, an den Sitzungen teilzunehmen (§ 5 GO VermA). Dieses Recht wird in der Praxis auf beamtete und parlamentarische Staatssekretäre erstreckt, nicht jedoch auf Ministerialbeamte. Insgesamt ergibt sich so strenge Vertraulichkeit bezüglich der Beratungen.[54] Die grundsätzlich von der Sache her sinnvolle vertrauliche Arbeitsweise des VermA wird jedoch zum Problem, wenn bei parteipolitischem Patt zwischen BT und BR der VermA eine Hauptrolle im Gesetzgebungsprozess übernimmt und dadurch dessen Öffentlichkeit gefährdet.[55]

24 Das Verfahren ist in der GO VermA sehr knapp geregelt, was angesichts der geringen Mitgliederzahl und vertraulicher Arbeitsweise naheliegt. Den Vorsitz teilen sich je ein Vertreter von BR und BT, die sich vierteljährlich ablösen und gegenseitig vertreten (§ 2 GO VermA). Der VermA fasst seine Beschlüsse mit einfacher Mehrheit der anwesenden Mitglieder (§ 8 GO VermA), also nicht nach „Bänken". Der **Beratungsgegenstand** wird **durch den Anrufungsbeschluss bestimmt.**[56] Der VermA kann nicht von sich aus auf Vorschriften des Gesetzes eingehen, die nicht in unmittelbarem Zusammenhang mit dem Anrufungsthema stehen. Er kann insbesondere nicht selbst ein ihm nicht zukommendes Initiativrecht ausüben und im Plenum nicht erörterte Gegenstände zum Thema des Gesetzgebungsverfahrens machen. Der Beschlussvorschlag des Vermittlungsausschusses ist daher durch die in den Gesetzgebungsorganen erörterten Alternativen begrenzt, damit die Öffentlichkeit des Gesetzgebungsverfahrens in der parlamentari-

---

[50] BVerfGE 112, 118 ff.; *Hebeler* in BerlKomm Rn. 86; *Kämmerer* NJW 2003, 1166; noch strenger *Kersten* in Maunz/Dürig Rn. 38; vgl auch *Bergkemper,* 175 ff.

[51] Vgl. auch die Ausführungen der Sondervoten BVerfGE 112, 148 ff. u. 153 ff.; krit. auch *Pieroth* in Jarass/Pieroth Rn. 9.

[52] *Bergkemper,* 175 ff.

[53] *Dietlein* in Schneider/Zeh ParlamentsR § 57 Rn. 5.

[54] *Dietlein* in Schneider/Zeh ParlamentsR § 57 Rn. 37.

[55] Vgl. *Jekewitz* RuP 1982, 70.

[56] BVerfGE 101, 297 (306 f.); dezidiert wiederholt in BVerfGE 150, 345 (366 ff.); *Pieroth* in Jarass/Pieroth Rn. 13; *Rubel* in Umbach/Clemens Rn. 21; *Dietlein* in BeckOK GG Rn. 31, 39; *Hebeler* in BerlKomm Rn. 73.

schen Demokratie nicht beschädigt wird und Gesetzgebungszuständigkeiten und Verantwortlichkeiten nicht verfälscht werden.[57] Ziel des Verfahrens ist ein Einigungsvorschlag (§§ 10, 11 GO VermA). Dieser geht auf Aufhebung, Änderung oder Bestätigung des Gesetzbeschlusses.[58] Das Verfahren kann auch ohne Einigungsvorschlag enden (vgl. § 12 GO VermA) für Einzelheiten).

4. Die in diesen Ausschuss entsandten Mitglieder des Bundesrates sind nicht an Weisungen gebunden. Um die Verhandlungen im VermA und das Erreichen eines Kompromisses zu erleichtern, gilt für den VermA der Grundsatz der **Weisungsgebundenheit** der BRatsmitglieder (Art. 51 Abs. 3 S. 2) nicht. 25

5. Ist zu einem Gesetz die Zustimmung des Bundesrates erforderlich, so können auch der Bundestag und die Bundesregierung die Einberufung verlangen. Das Recht von BT und BReg., bei „Zustimmungsgesetzen" (→ Rn. 27 ff.) die Einberufung des VermA zu verlangen, ist eine Konsequenz der Tatsache, dass der BR bei Zustimmungsgesetzen den VermA nicht anzurufen braucht, wenn er ein Gesetz ablehnen will. Daher erhalten BT und BReg. ein Instrument, um das Scheitern des Gesetzes durch ein Vermittlungsverfahren zu verhindern. Aus dieser Zielrichtung des Anrufungsrechts folgt, daß der **Vermittlungsantrag von BT und BReg.** (anders als der des BRats) **nicht auf Aufhebung** des Gesetzesbeschlusses gehen kann.[59] Insbesondere kann die BReg. nicht den VermA anrufen, wenn sie ein von BT und BR befürwortetes Gesetz ablehnt.[60] Da auch der BR ein Anrufungsrecht hat (→ Rn. 12), steht dieses Recht bei Zustimmungsgesetzen insgesamt drei Organen zu. Da das Recht des einen Organs durch Anrufung von Seiten eines anderen Organs nicht erlischt, kann der VermA bei Zustimmungsgesetzen insgesamt dreimal angerufen werden.[61] In der Praxis ist eine solche mehrfache Anrufung äußerst selten.[62] 26

Das GG bestimmt für die Anrufung durch BT und BReg. **keine Frist.** Sie muss nicht innerhalb der Drei-Wochen-Frist nach Eingang des Gesetzesbeschlusses beim BR erfolgen, die nach Art. 77 Abs. 2 S. 1 für die Anrufung durch den BR gilt.[63] Die Anrufung ist nämlich, wie aus ihrer Natur als Verteidigungsmittel folgt, an die Ablehnung des Gesetzes durch den BR gebunden die – wie durch den neuen Abs. 2a klargestellt wird – in angemessener, jedoch nicht nach Wochen bestimmter Frist erfolgen soll. Nach Ablehnung durch den BR hat die Anrufung in angemessener Zeit zu erfolgen,[64] und allenfalls für die Bemessung dieser Frist kann man Art. 77 Abs. 2 S. 1 analog heranziehen. Bleibt der BR dennoch untätig, so können BReg. und 27

---

[57] BVerfGE 101, 297 (307); verschärft in BVerfGE 120, 56 (75 f.); BVerfGE 150, 345 (366); *Brosius-Gersdorf* in Dreier Rn. 41; kritisch *Kersten* in Maunz/Dürig Rn. 83 ff.

[58] *Wessel* AöR 77 (1951/52), 283 (303).

[59] *Kersten* in Maunz/Dürig Rn. 55; *Dietlein* in BeckOK GG Rn. 35; *Wessel* AöR 77 (1951/52), 283 (298); *Rubel* in Umbach/Clemens Rn. 44; *Brosius-Gersdorf* in Dreier Rn. 38; aA hinsichtlich der BReg. *Sannwald* in SHH Rn. 28.

[60] *Kersten* in Maunz/Dürig Rn 60; *Brosius-Gersdorf* in Dreier Rn. 38; *Wessel* AöR 77 (1951/52), 283 (298).

[61] *Kokott* in BK Rn. 71.

[62] Vgl. Statistische Angaben Art. 76, Fn. 63 Zeilen 5.1.1 u. 5.1.2.

[63] So aber *Kratzer* AöR 77 (1951/52), 266 (279 f.); wie hier *Masing* in MKS Rn. 79; *Maunz* in Maunz/Dürig Rn. 15; *Wessel* AöR 77 (1951/52), 283 (292).

[64] *Kersten* in Maunz/Dürig Rn. *58; Pieroth* in Jarass/Pieroth Rn. 11.

BT den VermA anrufen, sobald das Verhalten des BRates das Scheitern des Gesetzes deutlich macht.[65]

28 **6. Schlägt der Ausschuss eine Änderung des Gesetzesbeschlusses vor, so hat der Bundestag erneut Beschluss zu fassen.** Der BT muss erneut mit dem Gesetz befasst werden, wenn der VermA in seinem Einigungsvorschlag vorsieht, von dem ursprünglichen Gesetzesbeschluss abzuweichen. Das gilt sowohl für Änderungsvorschläge wie für den Vorschlag, das Gesetz aufzuheben. Zur Abstimmung im BT steht dabei der **Einigungsvorschlag** (§ 10 Abs. 2 GO VermA). Stimmt der BT dem Vorschlag, das Gesetz aufzuheben, zu, ist das Gesetz gescheitert. Stimmt er einem Änderungsvorschlag zu, so unterliegt das Gesetz dem Votum des BRates nunmehr in veränderter Gestalt. Lehnt der BT den Vermittlungsvorschlag (auf Aufhebung oder Veränderung) ab, so hat der BR über den ursprünglichen Gesetzesbeschluss zu befinden. Das gleiche gilt, wenn der BT im Anschluss an das Vermittlungsverfahren nicht eingeschaltet wurde, weil der VermA die Bestätigung des Gesetzes vorgeschlagen oder das Verfahren ohne Ergebnis beendet hat.

III. Verfahren bei Zustimmungsgesetzen

29 Lediglich in zwei Nebensätzen und im neu eingeführten Abs. 2a erwähnt Art. 77 die grundlegende Unterscheidung zwischen Gesetzen, zu denen „die Zustimmung des BRates erforderlich ist" **(„Zustimmungsgesetze")**, und solchen Gesetzen, bei denen der BR lediglich ein Einspruchsrecht hat **(„Einspruchsgesetze");** der ebenfalls verwandte Ausdruck „einfache Gesetze" ist weniger glücklich, da er auch zur Abgrenzung verfassungsändernder Gesetze von anderen Gesetzen gebraucht wird. Während das Verfahren bei Einspruchsgesetzen ausführlich geregelt ist, lässt sich das Verfahren bei Zustimmungsgesetzen nur aus dem Begriff selbst und im Wege des Gegenschlusses aus den für Einspruchsgesetze geltenden Vorschriften folgern.

30 **Zustimmungsgesetze** können nur mit ausdrücklicher Zustimmung des BRates Gesetz werden.[66] Der BR kann dem Gesetz entweder sofort oder nach Abschluss des Vermittlungsverfahrens zustimmen. Eine Ablehnung lässt das Gesetz nicht endgültig scheitern, solange die von Art. 77 Abs. 2 eröffneten, mehrfachen Vermittlungsmöglichkeiten noch nicht erschöpft sind (→ Rn. 16, 17). Nach Beendigung des Vermittlungsverfahrens hat der BR endgültig über das Gesetz zu entscheiden. Dabei ist er an seine früheren Voten nicht gebunden und kann seine Zustimmung auch dann erteilen, wenn das Vermittlungsverfahren nicht zu einer Änderung des Gesetzesbeschlusses geführt hat, und die Zustimmung verweigern, obwohl seine Bedenken voll berücksichtigt worden sind.[67]

31 Da das Gesetz nicht ohne seine Zustimmung zustande kommen kann, könnte der BR es auch durch bloße Untätigkeit scheitern lassen. Es wäre jedoch unerträglich, wenn das Schicksal des Gesetzes auf Dauer in der Schwebe bliebe. Der vom BVerfG für Gesetzesinitiativen aufgestellte Grundsatz, daß der Initiant Beratung und Beschlussfassung verlangen kann,[68] muss

[65] Vgl. *Masing* in MKS Rn. 74; *Kersten* in Maunz/Dürig Rn. 58; *Sannwald* in SHH Rn. 22.
[66] Vgl. → Art. 78 Rn. 3.
[67] *Pieroth* in Jarass/Pieroth Rn. 6.
[68] Vgl. → Art. 76 Rn. 10.

erst recht gelten, nachdem ein Gesetzesbeschluss des BTages vorliegt. Der **BR hat** daher **in angemessener Zeit** ein **endgültiges Urteil** über das Gesetz **abzugeben.**[69] Dies ist inzwischen durch Verfassungsänderung v. 27.10.1994 im neuen Abs. 2a bestätigt.[70]

32 Nach der Konstruktion des GG sind **Einspruchsgesetze** der **Regelfall.** Welche Gesetze demgegenüber der **Zustimmung** des BRates bedürfen, ist nach dem **Enumerationsprinzip** bestimmt.[71] Die Fälle der Zustimmungsbedürftigkeit sind nicht in einem Katalog zusammengestellt, sondern über das ganze GG verstreut jeweils bei der sachlichen Gesetzgebungskompetenz geregelt.[72] IdR betreffen diese Vorschriften Gesetze, die Länderinteressen berühren, insbes. Gesetze, die die grundgesetzliche Kompetenzregelung zwischen Bund und Ländern ändern („Systemverschiebung").[73] Eine ungeschriebene Zustimmungsbedürftigkeit über die ausdrücklich geregelten Fälle hinaus ist nicht völlig ausgeschlossen, kann sich jedoch nur aus der Auslegung einzelner Bestimmungen des GG ergeben, nicht einem allgemeinen Grundsatz, dass Eingriffe in Länderinteressen oder „Systemverschiebungen" zustimmungspflichtig sind.[74]

33 Die **Zahl der ZustimmungsG hat** seit Verkündung des GG bis zur Föderalismusreform 2006 ständig **zugenommen.** Während der ParlRat vom Ausnahmecharakter der Zustimmungsgesetze ausging,[75] war zu diesem Zeitpunkt gut die Hälfte aller Bundesgesetze zustimmungsbedürftig.[76] Verantwortlich dafür war einmal die Vermehrung der Fälle von Zustimmungsbedürftigkeit im Wege der Verfassungsänderung, die vor allem darauf zurückzuführen war, dass der BR seine nach Art. 79 notwendige Zustimmung zu Verfassungsänderungen von der Gewährung zusätzlicher Kompetenzen abhängig gemacht hat.[77] Die Verringerung der Zahl der zustimmungspflichtigen Gesetz insbesondere durch die Änderung des Art. 84 – im Austausch gegen

---

[69] *Bryde* in Schneider/Zeh ParlamentsR § 30 Rn. 47.

[70] *Pieroth* in Jarass/Pieroth Rn. 6; *Meyer/Teschendorf* DÖV 1994, 766 (770); *Masing* in MKS Rn. 97.

[71] BVerfGE 1, 76 (79).

[72] Zzt. handelt es sich um folgende Bestimmungen: Art. 16a Abs. 2 S. 2/Abs. 3 S. 1, Art. 23 Abs. 1 S. 2/Abs. 1a/Abs. 7, Art. 29 Abs. 7, Art. 72 Abs. 3 S. 2, Art. 73 Abs. 2, Art. 74 Abs. 2, Art. 79 Abs. 2, Art. 84 Abs. 1 S. 3, 6/Abs. 2/Abs. 5 S. 1, Art. 85 Abs. 1, Art. 87 Abs. 3 S. 2, Art. 87b Abs. 1 S. 3, 4/Abs. 2 S. 1,2, Art. 87c, 87d Abs. 2, Art. 87e Abs. 5, Art. 87f Abs. 1, Art. 91a Abs. 2, Art. 91c Abs. 4 S. 2, Art. 91e Abs. 3Art. 96 Abs. 5, Art. 104a Abs. 4 S. 2/Abs. 5 S. 2/Abs. 6 S. 4, Art. 104b Abs. 2 S. 1 Art. 105 Abs. 3, Art. 106 Abs. 3 S. 3,6/Abs. 4 S. 2/Abs. 5 S. 2/Abs. 5a S. 2/Abs. 6 S. 5, Art. 106a S. 2, Art 106b S. 2,Art. 107 Abs. 1 S. 2, 4, Art. 108 Abs. 2 S. 2/Abs. 4 S. 1/Abs. 5 S. 2, Art. 109Abs. 4/Abs. 5 S. 3, Art. 109a S. 1Art. 115c Abs. 1 S. 2/Abs. 3, 120a Abs. 1, Art. 134 Abs. 4, Art. 135 Abs. 5, 143a Abs. 1 S. 2/Abs. 3 S. 3, Art. 143b Abs. 2 S. 3, Art. 143c Abs. 4, Art 143d Abs. 2 S. 3,5/Abs 3 S. 2.

[73] Art. 105 des Entwurfs des Verfassungskonvents auf Herrenchiemsee vom 10. bis 23.8.1948 behandelte „Systemverschiebende Gesetze" als eigene Kategorie, vgl. JöR nF 1 (1951), 455.

[74] Vgl. BVerfGE 26, 338 (399); 28, 66 (79); *Friesenhahn* in Der BR als Verfassungsorgan und politische Kraft – Beiträge zum 25jährigen Bestehen des BRates der BRD, 1974, 255 f.; *Bryde* in Schneider/Zeh ParlamentsR § 30 Rn. 40; *Jekewitz* in AK Rn. 12; *Hebeler* in BerlKomm Rn. 46; zudem vgl. → Art. 80 Rn. 60 ff. für Gesetze, die die Zustimmung des BRats zu Verordnungen beseitigen; Art. 84 Rn. 62 ff. für Gesetze, die nicht, wie im GG vorgesehen, die BReg., sondern einen BMin. zum Erlass von Verwaltungsvorschriften ermächtigen.

[75] JöR nF 1 (1951), 457.

[76] Vgl. *Dolzer* VVDStRL 58 (1999), 7 (15); HdbBRat 2001/2002, 294.

[77] *Friesenhahn* in Der BR als Verfassungsorgan und politische Kraft – Beiträge zum 25jährigen Bestehen des BRates der BRD, 1974, 255.

die Verstärkung eigener Gesetzgebungskompetenzen der Länder – war daher eines der Ziele der Föderalismusreform.[78] Erste Erfahrungen deuten auf einen messbaren Rückkgang, allerdings wohl nicht im angestrebten Umfang.

34 Verantwortlich für die hohe Zahl der zustimmungsbedürftigen Gesetze ist aber auch die sog. „Einheitsthese". Obwohl auch die Meinung vertreten wurde, dass beim Zusammentreffen zustimmungsbedürftiger und nicht zustimmungsbedürftiger Vorschriften in einem Gesetzesprojekt nur erstere der Zustimmung des BRates unterliegen,[79] hat sich dem BVerfG folgend die Meinung durchgesetzt, dass eine solche Aufspaltung aus gesetzgebungstechnischen Gründen nicht möglich ist. Da der Beschluss des BRates das ganze Gesetz erfasst, ist nach dieser Auffassung auch **das ganze Gesetz zustimmungsbedürftig, wenn es nur eine einzige zustimmungsbedürftige Vorschrift enthält.**[80] Die berechtigte Kritik an dieser Auffassung ist allerdings nie verstummt und in letzter Zeit wieder stärker geworden.[81]

35 Zumindest ist es nicht zwingend, das gesamte Gesetz für nichtig zu erklären, wenn sich eine isolierte Bestimmung als zustimmungspflichtig erweist. Die Rechtsprechung des BVerfG ist zu einer Zeit entstanden, als das Gericht noch nicht die Verfahren entwickelt hatte, Gesetze soweit wie möglich aufrecht zu erhalten. Sonst wäre vielleicht deutlich gewesen, dass die Beschränkung der Nichtigerklärung auf die die Zustimmung auslösende Bestimmung die Verletzung der Rechte des Bundesrates beseitigt, aber das Gesetz so weit wie möglich schont.

36 **Gesetze, die Zustimmungsgesetze ändern,** sind ihrerseits zustimmungsbedürftig, wenn sie selbst zustimmungsbedürftige Vorschriften enthalten, oder wenn sie Vorschriften ändern, die die Zustimmungsbedürftigkeit des geänderten Gesetzes ausgelöst haben.[82] Dasselbe muss gelten, wenn das ÄndG, ohne solche Vorschriften formell zu ändern, dem geänderten Gesetz in einer Weise einen neuen Inhalt gibt, dass die zustimmungsbedürftigen Vorschriften eine wesentlich andere Bedeutung und Tragweite erhalten.[83] Dagegen ist **nicht jedes Gesetz, das ein Zustimmungsgesetz ändert, allein aus diesem Grunde zustimmungsbedürftig.**[84] Weder aus dem

---

[78] Vgl. *Röttgen/Boehl/Rauber* in Holtschneider/Schön, Die Reform des Bundesstaates, 2007, 17 ff., 36 ff.

[79] *H. Schneider* DVBl 1953, 257 (260 f.); anders nunmehr *H. Schneider* FS f. Müller, 1970, 421, Rn. 145 m. Fn. 44; *Wilke* AöR 98 (1973), 196 (225).

[80] BVerfGE 8, 274 (294) und stRspr, zuletzt BVerfGE 55, 274 (318); offenlassend aber BVerfGE 105, 113 (339); *Masing* in MKS Rn. 51; *Kersten* in Maunz/Dürig Rn. 100; *Dietlein* in BeckOK GG Rn 22; *Hebeler* in BerlKomm Rn. 47; *Stern,* StaatsR II, 1980, § 27 Kap. IV 2b.

[81] Vgl. Minderheitsvoten *Rottmann/Hirsch* BVerfGE 55, 274 (331 ff. bzw. 341 ff.); *Mann* in Sachs Rn. 16; *Maurer,* StaatsR I, 2010,§ 17 Rn. 73; *Brosius-Gersdorf* in Dreier Rn. 48; zur Diskussion vgl. auch *Dolzer* VVDStRL 58 (1999), 7 (29 f.); *Sachs* VVDStRL 58 (1999), 61.

[82] BVerfGE 37, 363 (383).

[83] BVerfGE 37, 363 (383); krit. zu diesem Kriterium: *Hebeler* in BerlKomm Rn 52; *Stern,* StaatsR II, 1980, § 27 Kap. IV 2b.

[84] BVerfGE 37, 363 (383); 39, 1 (33); BVerwGE 28, 36 (43 f.); BayVGH BayVBl. 68, 33; *Masing* in MKS Rn. 54; *Sannwald* in SHH Art. 78 Rn. 12; Dietlein, BeckOK GG Rn. 23; *Kokott* in BK Rn. 44; *Haas* AöR 80 (1955/56), 81 (83); *Bettermann,* Legislative ohne Posttarifhoheit, 1967, 33 ff.; *Hesse,* Die Regelung von Rundfunkleistungen der Post durch Rechtsverordnung, 1966, 26 f.; aA Minderheitsvotum, BVerfGE 37, 401 ff.; st. Praxis des BRats, vgl. BR-Drs. 594/73; *Maunz* in Maunz/Dürig Rn. 9, 10; *v. Mangoldt/Klein,* Das Bonner Grundgesetz, Bd. III, 2. Aufl. 1974, Art. 70 Vorb. V 4a; *Kratzer* AöR 77 (1951/52), 266 (269); *Kutscher* DÖV 1952, 719 (713); *Held* AöR 80 (1955/56), 50 (57 ff.); *Weides* JuS 1973, 337 (341).

Gedanken einer „Mitverantwortung" des BRates für das Gesamtgesetz („Mitverantwortungstheorie")[85] noch aus dem „Eins-Werden" des ÄnderungsG mit dem Gesetz[86] lässt sich herleiten, dass eine nach dem GG nichtzustimmungsbedürftige Materie auf Dauer der Zustimmung des BRates unterliegt, weil sie einmal (zufällig) mit zustimmungsbedürftigen Vorschriften zu einem Gesetz vereint war.[87] Nicht zustimmungsbedürftig ist auch die **Aufhebung** eines zustimmungsbedürftigen Gesetzes, da durch diese lediglich die „Systemverschiebung" zu Lasten der Länder wieder beseitigt wird.[88]

Die Zahl zustimmungsbedürftiger Gesetze kann dadurch verringert werden, dass **Vorschriften, die die Zustimmungsbedürftigkeit auslösen, aus Gesetzesprojekten herausgenommen** werden. Der Verzicht auf solche Vorschriften dürfte in der Regel in der Intention des GG liegen, da eine „Systemverschiebung" unterbleibt.[89] Es ist grundsätzlich auch unbedenklich, wenn ein einheitliches Projekt in zwei (oder mehrere) Gesetze geteilt wird, von denen nur das eine zustimmungsbedürftige Vorschriften enthält.[90] **37**

Äußerste rechtliche Grenzen dieses Verfahrens mögen in einer willkürlichen Zerreißung einer einheitlichen Materie liegen.[91] In der Regel ist jedoch eine Gestaltung, bei der die Zustimmung des Bundesrates auf die im GG vorgesehenen Fälle beschränkt wird, und der Bundestag ansonsten nicht vom Veto des Bundesrates abhängig ist, nicht zu beanstanden. Insbesondere der praktisch wichtigste Fall, nämlich die **Teilung eines Gesetzesentwurfs in materielle und Verfahrensvorschriften** ist **nie willkürlich,** da die nur aus gesetzgebungstechnischen Gründen erfolgte Ausweitung der Zustimmungsbefugnisse des BRates auf das vom GG vorgesehene Maß zurückgeführt wird.[92] Gleichzeitig lassen sich verfassungspolitisch viel beklagte Tendenzen der Entparlamentarisierung („Blockade") auf diesem Wege pragmatisch bewältigen.[93] **38**

IV. Einspruchsverfahren (Art. 77 Abs. 3 u. 4)

1. Soweit zu einem Gesetz die Zustimmung des Bundesrates nicht erforderlich ist, kann der Bundesrat ... gegen ein vom Bundestage beschlossenes Gesetz Einspruch einlegen. Bei allen Gesetzen, bei denen sich aus keiner Vorschrift des GG die Erforderlichkeit der Zustimmung des BRates herleiten lässt (→ Rn. 19–23), hat dieser lediglich ein Einspruchsrecht. Der **Einspruch** ist ein **überstimmbares, aufschiebendes Veto,** mit dessen Hilfe der BR das Zustandekommen des Gesetzes in jedem Fall ver- **39**

[85] Begründet von *Kutscher* DÖV 1952, 710 (713).
[86] BVerfGE 37, 363 (407) – Minderheitsvotum.
[87] BVerwGE 28, 36 (43 f.); *Bettermann,* Legislative ohne Posttarifhoheit, 1967, 33 ff.; *v. Hase* DÖV 1973, 838 (841).
[88] Vgl. BVerfGE 14, 208 (219 f.); *Pieroth* in Jarass/Pieroth Rn. 5; *Dietlein* in BeckOK GG Rn 24; *Bryde* in Schneider/Zeh ParlamentsR § 30 Rn. 42; *Brosius-Gersdorf* in Dreier Rn 49; *Hebeler* in BerlKomm Rn. 53.
[89] *Haas* AöR 80 (1955/56), 81 (83).
[90] BVerfGE 37, 363 (382); 39, 1 (35); 105, 313; BVerwGE 28, 36 (43); *Rubel* in Umbach/Clemens Rn. 22; *Fritz,* Teilung von Bundesgesetzen, 1982, 92 ff.; *Sachs* VVDStRL 58 (1999), 61; aA *Kutscher* DÖV 1952, 710 (713); Bedenken bei *Stern,* StaatsR II, 1980, § 27 Kap. IV 2.
[91] BVerfGE 37, 363 (412) – Minderheitsvotum; vgl. Hinw. bei *Stern,* StaatsR II, 1980, § 27 Kap. IV 2; *Fritz,* Teilung von Bundesgesetzen, 1982, 117 ff.; auf den Grundsatz der Normenklarheit abstellend: *Mann* in Sachs Rn. 19.
[92] So nunmehr nachdrücklich BVerfGE 105, 313.
[93] *Sachs* VVDStRL 58 (1999), 61.

zögern, darüber hinaus aber auch endgültig verhindern kann, wenn dem BT die Zurückweisung des Einspruchs nicht gelingt. Der Einspruch setzt ein vorausgegangenes Vermittlungsverfahren voraus (Art. 77 Abs. 3 S. 1; → Rn. 8). Nach dessen Abschluss ist der BR nicht an seine vorhergehenden Voten gebunden, kann also Einspruch einlegen, obwohl das Vermittlungsverfahren seine Bedenken berücksichtigt hat, und den Einspruch unterlassen, obwohl dies nicht geschehen ist. Der Einspruch bezieht sich auf das Gesetz als Ganzes, nicht auf einzelne Bestimmungen.[94] Nach Abschluss des Vermittlungsverfahrens gibt es also keine Kompromissmöglichkeiten mehr.

2. Binnen einer Frist von zwei Wochen ... Die Einspruchsfrist beginnt im Falle des Absatzes 2 letzter Satz mit dem Eingang des vom Bundestage erneut gefassten Beschlusses, in allen anderen Fällen mit der Mitteilung des Vorsitzenden des in Absatz 2 vorgesehenen Ausschusses, dass das Verfahren vor dem Ausschusse abgeschlossen ist.
40 Durch das 18. G zur Änd. des GG,[95] ist die **Einspruchsfrist** von einer auf zwei Wochen verlängert worden. Gleichzeitig wurde der Beginn klarer definiert. Während bei einem erneuten Beschluss des BTages der Beginn der Einspruchsfrist eindeutig definiert ist, war der Fristbeginn bei ergebnisloser Tätigkeit des VermA zweifelhaft. Nunmehr ist klargestellt, dass die Beendigung des Vermittlungsverfahrens formell mitzuteilen ist.

41 **3. Wird der Einspruch mit der Mehrheit der Stimmen des Bundesrates beschlossen, so kann er durch Beschluss der Mehrheit der Mitglieder des Bundestages zurückgewiesen werden.** Die Zurückweisung des Einspruchs setzt die Mehrheit der gesetzlichen Mitgliederzahl des BTages (Art. 121), also eine gegenüber dem normalen Mehrheitserfordernis (Art. 42 Abs. 2) qualifizierte Mehrheit voraus. Der erste Hs. ist überflüssig, da der BR einen Einspruch anders als mit der Mehrheit seiner Stimmen nicht beschließen kann (Art. 52 Abs. 3). Die Abstimmung im BT ist **formal kein neuer Beschluss** über das Gesetz, sondern über den Einspruch des BRates.[96] Es findet keine Aussprache statt, lediglich Erklärungen sind zugelassen (§ 91 GO BT).

4. Hat der Bundesrat den Einspruch mit einer Mehrheit von mindestens zwei Dritteln seiner Stimmen beschlossen, so bedarf die Zurückweisung durch den Bundestag einer Mehrheit von zwei Dritteln,
42 **mindestens der Mehrheit der Mitglieder des Bundestages.** Findet der Einspruch im BR eine Zwei-Drittel-Mehrheit, muss der BT eine doppelt qualifizierte Mehrheit für die Zurückweisung aufbringen. Allerdings sind im BT nicht zwei Drittel der Mitgliederzahl, sondern **nur der Abstimmenden notwendig,** die jedoch mindestens die Mehrheit der gesetzlichen Mitgliederzahl nach Art. 121 ausmachen müssen.

C. Verhältnis zu anderen Vorschriften

43 Vgl. für besondere, von Art. 77 abweichende Gesetzgebungsverfahren: Art. 81 (Gesetzgebungsnotstand); Art. 115d–e (Verteidigungsfall). Diese sind gegenüber Art. 77 *leges speciales.*

[94] *Kersten* in Maunz/Dürig Rn. 110; *Masing* in MKS Rn. 101; *Dietlein* in BeckOK GG Rn. 54; *Hebeler* in BerlKomm Rn. 110.
[95] G v. 15.11.1968 (BGBl. I 1177).
[96] *Brosius-Gersdorf* in Dreier Rn. 61; *Kersten* in Maunz/Dürig Rn. 115.

D. Kritische Würdigung

Das Gesetzgebungsverfahren ist im GG unnötig kompliziert und alternativenreich geregelt. Die Unterscheidung zwischen Zustimmungs- und Einspruchsgesetzen wird nur in Nebensätzen erwähnt, ist aber für das gesamte Verfahren bis hin zur Form der Beschlüsse und zu den Fristen grundlegend. Das ist insbes. deswegen unglücklich, weil der ParlRat die Unterscheidung von Einspruchs- und Zustimmungsgesetzen offensichtlich für einfach hielt. Tatsächlich ist die **Einordnung oft umstr.**, und eine Falschbewertung etwa von seiten des BRates kann zu schwierigen Umdeutungsfragen und unbefriedigenden Rechtsfolgen führen. Ein einheitliches Verfahren, bei dem das Vermittlungsverfahren Bedingung für jedes ablehnende Votum des BRates wäre, und bei dem die Unterscheidung von Zustimmungs- und Einspruchsgesetzen erst am Ende des Verfahrens für die erforderliche Mehrheit bei der Zurückweisung des „Vetos" des BRates durch den BT von Bedeutung wäre, hätte viele Streitfragen vermeiden können. Eine weitere Vereinfachung könnte durch eine genauere Formulierung der Zustimmungsfälle erreicht werden. Im Rahmen der Verfassungsreform 1993/94 wurden solche großen Schritte nicht gewagt. 44

Die Einrichtung des VermA hat sich bewährt, wenn man auf die Ausräumung von Konflikten zwischen BT und BR abstellt, wie insbes. an der sehr geringen Zahl von Gesetzen zu sehen ist, die an einem Konflikt zwischen BT und BR endgültig scheiterten bzw. nur durch die Zurückweisung des Einspruchs Gesetz wurden. Unter politischen Mehrheitsverhältnissen, wie sie 1969–1982, kurze Zeit 1990, von 1991–1998 und seit Februar 1999 bestanden, kann der VermA jedoch in eine **Schlüsselposition** gelangen, die die Öffentlichkeitsfunktion des Parlaments gefährdet. 45

Literatur

N. Achterberg, Grundzüge des Parlamentsrechts, 1971. – **G. Axer,** Die Kompetenz des Vermittlungsausschusses – zwischen legislativer Effizienz und demokratischer Legitimation, 2010. – ***J. Bergkemper,*** Das Vermittlungsverfahren gemäß Art. 77 II GG, 2008. – ***H. Bismark,*** Grenzen des Vermittlungsausschusses DÖV 1983, 269. – ***B.-O. Bryde,*** Stationen, Entscheidungen und Beteiligte im Gesetzgebungsverfahren, in H. Schneider/W. Zeh, Parlamentsrecht und Parlamentspraxis, 1989, § 30. – Der Bundesrat als Verfassungsorgan und politische Kraft. Beiträge zum 25jährigen Bestehen des Bundesrates, 1974 (hrsg. vom BRat). – ***C. Dästner,*** Die Geschäftsordnung des Vermittlungsausschusses, 1995. – ***M. Dietlein,*** Zulässigkeitsfragen bei Anrufung des Vermittlungsausschusses AöR 106 (1981) 525. – ***M. Dietlein,*** Vermittlung zwischen Bundestag und Bundesrat, in H. Schneider/W. Zeh, Parlamentsrecht und Parlamentspraxis, 1989, § 57. – ***R. Dolzer,*** Das parlamentarische Regierungssystem und der Bundesrat – Entwicklungsstand und Reformbedarf VVDStRL 58 (1999), 7. – ***E. Franßen,*** Der Vermittlungsausschuß – politischer Schlichter zwischen Bundestag und Bundesrat, FS f. Hirsch, 1981, 273. – ***E. Friesenhahn,*** Die Rechtsentwicklung hinsichtlich der Zustimmungsbedürftigkeit von Gesetzen und Verordnungen des Bundes, in Der Bundesrat als Verfassungsorgan und politische Kraft – Beiträge zum 25jährigen Bestehen des Bundesrates der Bundesrepublik Deutschland, 1974, 251. – ***G. Fritz,*** Teilung von Bundesgesetzen, 1982. – ***D. Haas,*** Bundesgesetze über Organisation und Verfahren der Landesbehörden AöR 80(1955/56), 81. – ***W. R. v. Hase,*** Die Mitverantwortungstheorie als Verfassungsdurchbrechung DÖV 1973, 838. – ***E. Hasselsweiler,*** Der Vermittlungsausschuß, 1981. – ***W. v. d. Heide,*** Der Vermittlungsausschuß, Praxis und Bewährung DÖV 1955, 129. – ***K. Held,*** Der autonome Verwaltungsstil der

Länder und das Bundesratsveto nach Art. 84 Abs. 1 des Grundgesetzes AöR 80 (1955/56), 50. – ***P. Henseler,*** Möglichkeiten und Grenzen des Vermittlungsausschusses NJW 1982, 849. – ***J.J. Hesse/Th. Ellwein,*** Das Regierungssystem der Bundesrepublik Deutschland, 7. Aufl. 1992. – ***K. Hesse,*** Die Regelung von Rundfunkleistungen der Post durch Rechtsverordnung, 1966. – ***J. Jekewitz,*** Ein ritualisierter historischer Irrtum – Zur Herkunft, Ausgestaltung und Notwendigkeit von drei Lesungen im parlamentarischen Gesetzgebungsverfahren Der Staat 15 (1976), 537. – ***J. Jekewitz,*** Der Vermittlungsausschuß RuP 1982, 70. – ***J. Kratzer,*** Zustimmungsgesetze AöR 77 (1952/52), 266. – ***H. Kutscher,*** Verfassungsrechtliche Fragen aus der Praxis des Bundesrates DÖV 1952, 710. – ***P. Laband,*** Das Staatsrecht des Deutschen Reiches, Bd. 2, 5. Aufl. 1911. – ***K. G. Meyer-Teschendorf,*** Vorschläge der Gemeinsamen Verfassungskommission zur Reform des Gesetzgebungsverfahrens DÖV 1994, 766. – ***M. Nolte/C. Tams,*** Das Gesetzgebungsverfahren nach dem Grundgesetz Jura 2000, 158. – ***F. Ossenbühl,*** Die Zustimmung des Bundesrates beim Erlaß von Bundesrecht AöR 99 (1974), 369. – ***P. Pieper,*** Die staatsrechtliche Bedeutung des Vermittlungsausschusses gemäß Art. 77 des Grundgesetzes, 1954. – ***B. Pieroth,*** Die Sanktion im Gesetzgebungsverfahren Der Staat 16 (1977), 557. – ***H. Reinert,*** Vermittlungsausschuß und Conference Committees, 1966. – ***K. Reuter,*** Praxishandbuch Bundesrat, 1991. – ***H. Rössler,*** Die Zustimmungsgesetzgebung in der Staatspraxis (1949–1967), 1969. – ***M. Sachs,*** Das parlamentarische Regierungssystem und der Bundesrat – Entwicklungsstand und Reformbedarf, VVDStRL 58 (1999), 61. – ***H. Schäfer,*** Der Bundesrat, 1955. – ***H. Schäfer,*** Der Vermittlungsausschuß, in Der Bundesrat, 1955, 227. – ***H. Schneider,*** Niedergang des Gesetzgebungsverfahrens, FS f. Müller, 1970, 421. – ***H. Schneider,*** Die Zustimmung des Bundesrates zu Gesetzen DVBl 1953, 257. – ***H. Troßmann,*** Parlamentsrecht des Deutschen Bundestages, 1977. – ***F. Wessel,*** Der Vermittlungsausschuß nach Art. 77 des Grundgesetzes AöR 77 (1951/52), 283.

Art. 78 [Zustandekommen von Gesetzen]

Ein vom Bundestage beschlossenes Gesetz kommt zustande, wenn der Bundesrat zustimmt, den Antrag gemäß Artikel 77 Absatz 2 nicht stellt, innerhalb der Frist des Artikels 77 Absatz 3 keinen Einspruch einlegt oder ihn zurücknimmt oder wenn der Einspruch vom Bundestage überstimmt wird.

Hinweis: Vgl. die verfassungsgeschichtlichen Texte vor Art. 77.

A. Allgemeine Bedeutung

1 Art. 78 zieht aus der Konstruktion des Gesetzgebungsverfahrens in Art. 77 die Folgerungen für das „Zustandekommen" der Bundesgesetze. Entsprechend den verschiedenen Wegen, die ein Gesetzentwurf nehmen kann,[1] können **fünf verschiedene Tatbestände** das Zustandekommen eines Gesetzes bewirken.

B. Einzelfragen

I. Ein vom Bundestage beschlossenes Gesetz kommt zustande

2 Nach Art. 78 zustande gekommene Gesetze sind für den Bürger noch nicht verbindlich, da es dafür noch des Wirksamwerdens durch Inkrafttreten nach Ausfertigung und Verkündung bedarf (Art. 82).[2] Sie sind nach dem Grundsatz der **Unverrückbarkeit des parlamentarischen Votums** jedoch der Entscheidungssphäre der Gesetzgebungsorgane entzogen und können von diesen nicht mehr rückgängig gemacht oder geändert werden. Lediglich offenkundige Unrichtigkeiten bei Feststellungen des Gesetzestextes können durch Beschluss berichtigt werden.[3] Der Grundsatz der Unverrückbarkeit gilt auch für die Beschlüsse, die ein Gesetz endgültig scheitern lassen (Ablehnung der Zustimmung nach Abschluss des Vermittlungsverfahrens, Scheitern der Überstimmung des Einspruchs), nicht jedoch für die lediglich aufschiebenden Mittel des Einspruchs und der Anrufung des Vermittlungsausschusses (→ Rn. 4, 6).

II. Wenn der Bundesrat zustimmt

3 **Zustimmung** ist erforderlich, wenn ein Zustimmungsgesetz vorliegt.[4] In diesem Fall führt eine Verweigerung der Zustimmung (Art. 77 Abs. 2a) daher zur Ablehnung des Gesetzes. Auch bei Einspruchsgesetzen kann der BR zustimmen[5], muss es aber nicht, da in diesem Fall auch bloßes Unterlassen zum Zustandekommen des Gesetzes führt. Der BR wird insbes. dann formell zustimmen, wenn die Zustimmungsbedürftigkeit des Gesetzes umstritten ist.[6]

---

[1] Vgl. Skizze auf 169.

[2] Vgl. zur Terminologie → Art. 77 Rn. 5.

[3] BVerfGE 48, 1 (18); 105, 313 (334 ff.); *Brosius-Gersdorf* in Dreier Rn. 12; *Pieroth* in Jarass/Pieroth Art. 77 Rn. 3; *Dietlein* in Beck OK GG Rn. 1; vgl. auch → Art. 77 Rn. 9.

[4] Vgl. → Art. 77 Rn. 27 ff.

[5] *Masing* in MKS Rn. 6; *Kersten* in Maunz/Dürig Rn. 8; *Rubel* in Umbach/Clemens Rn. 8, *Dietlein* in BeckOK GG Rn. 5; aA *Kokott* in BK Rn. 9; *Hebeler* in BerlKomm Rn. 10.

[6] *Schneider* FS f. Müller, 1970, 421.

Die **Zustimmung bedarf** nach Art. 52 Abs. 3 der **Mehrheit der Stimmen.** Enthaltungen reichen daher für das Zustandekommen eines Gesetzes selbst dann nicht aus, wenn die Ja-Stimmen die Nein-Stimmen überwiegen.[7]

4 Die Zustimmung muss **ausdrücklich** erklärt werden.[8] Insbes. kann der Beschluss, den Vermittlungsausschuss nicht anzurufen (→ Rn. 4), nicht in eine Zustimmung umgedeutet werden.[9] Das BVerfG hat zwar bei grundsätzlichem Festhalten am Erfordernis ausdrücklicher Zustimmung in Einzelfällen eine solche Umdeutung vorgenommen,[10] jedoch lassen sich diese Entscheidungen nicht verallgemeinern. Das Gericht hat angesichts des Fehlens von Regeln über Form und Inhalt des Zustimmungsbeschlusses in der seinerzeit geltenden GO BR[11] aus dem Verhalten des BRats, insbes. den im Verfahren gemachten Äußerungen, auf den Zustimmungswillen des BRats geschlossen.[12] Dieses schon unter den damaligen Voraussetzungen bedenkliche Verfahren[13] hat angesichts der seit 1953 klaren Formulierung der GO BR (§ 30) jede Grundlage verloren.[14]

III. Den Antrag gem. Art. 77 Abs. 2 nicht stellt

5 Aus den Ausführungen unter → Rn. 3 folgt, daß die **Nichtanrufung des Vermittlungsausschusses** nur bei Einspruchsgesetzen zum Zustandekommen des Gesetzes führt, und zwar ist dies bei Einspruchsgesetzen der Regelfall. Aus der Rücknehmbarkeit des Einspruchs ist zu folgern, dass auch die Anrufung des Vermittlungsausschusses zurückgenommen werden kann.[15]

IV. Innerhalb der Frist des Art. 77 Abs. 3 keinen Einspruch einlegt

6 Ein (Einspruchs-)gesetz kommt auch zustande, wenn der BR nach Abschluss des Vermittlungsverfahrens keinen Einspruch einlegt.[16]

V. Oder ihn (den Einspruch) zurücknimmt

7 Für den Einspruch des BRates gilt die Unverrückbarkeit des parlamentarischen Votums nicht. Der Einspruch kann bis zur Entscheidung des BTages nach Art. 77 Abs. 4 zurückgenommen werden.

VI. Oder wenn der Einspruch vom BT überstimmt wird

8 Vgl. → Art. 77 Rn. 39 f. für Einzelheiten.

---

[7] Zur Kritik → Rn. 10.

[8] BVerfGE 8, 274 (296 f.); 28, 66 (80); zur umstrittenen BR-Entscheidung über das Zuwanderungsgesetz: BVerfGE 106, 310 ff., wobei das Sondervotum überzeugender ist, als die Mehrheitsmeinung.

[9] *Kokott* in BK Rn. 12; Stern, StaatsR II, 1980, § 37 Kap. III 7b; *Jekewitz* in AK Rn. 5; *Pieroth* in Jarass/Pieroth Rn. 1.

[10] BVerfGE 8, 274 (297 ff.); 28, 66 (80).

[11] BGBl. 1950, 768.

[12] BVerfGE 8, 274 (297 ff.).

[13] *Willigmann* DÖV 1961, 370 (371); *Gräber* DÖV 1969, 883 (894 f.).

[14] Zur Umdeutung einer ausdrücklichen Nicht-Zustimmung bei Einspruchsgesetzen vgl. → Art. 77 Rn. 13.

[15] Vgl. → Art. 77 Rn. 14.

[16] Vgl. zur Frist → Art. 77 Rn. 38.

C. Kritische Würdigung

Wie die gesamte Regelung des Gesetzgebungsverfahrens ist auch Art. 78 sprachlich wenig geglückt. Insbes. hätten **Zweifelsfragen** vermieden werden können, wenn die Unterscheidung von Zustimmungs- und Einspruchsgesetzen in der Formulierung berücksichtigt worden wäre. **9**

Ein zweiter Kritikpunkt betrifft im Grunde Art. 52 Abs. 3, hat aber seine entscheidenden Auswirkungen für das Zustandekommen von Gesetzen nach Art. 78. Bei Zustimmungsgesetzen ist es nicht ohne Problematik, wenn Stimmenthaltungen trotz eines Überwiegens der Ja- über die Nein-Stimmen im BR zum Scheitern des Gesetzes führen. Die Konfrontation zwischen unterschiedlichen Mehrheiten im BR und BT von 1969–1982, kurze Zeit 1990, von 1991–1998 und seit Februar 1999 hätte wesentlich entschärft werden können, wenn das Instrument der Enthaltung zur Verfügung gestanden hätte. Von den BRatsmitgliedern kann weder erwartet noch verlangt werden, daß sie im BR entgegen ihrer als Parteipolitiker öffentlich festgelegten Meinung stimmen. Eine Enthaltung, die die eigene Auffassung vorbehält, ein vom BT beschlossenes Gesetz aber aus Gründen des „bundesfreundlichen Verhaltens" passieren lässt, wäre ein gangbarer, vom GG jedoch versperrter Ausweg. Das gleiche gilt bei unterschiedlichen Koalitionen in Bund und Ländern. Auch hier ist es unglücklich, dass die verabredete Enthaltung tatsächlich keine Enthaltung, sondern eine Nein-Stimme ist. **10**

Literatur

Vgl. die Angaben zu Art. 77.

Art. 79 [Änderung des Grundgesetzes]

(1) [1]Das Grundgesetz kann nur durch ein Gesetz geändert werden, das den Wortlaut des Grundgesetzes ausdrücklich ändert oder ergänzt. [2]Bei völkerrechtlichen Verträgen, die eine Friedensregelung, die Vorbereitung einer Friedensregelung oder den Abbau einer besatzungsrechtlichen Ordnung zum Gegenstand haben oder der Verteidigung der Bundesrepublik zu dienen bestimmt sind, genügt zur Klarstellung, daß die Bestimmungen des Grundgesetzes dem Abschluß und dem Inkraftsetzen der Verträge nicht entgegenstehen, eine Ergänzung des Wortlautes des Grundgesetzes, die sich auf diese Klarstellung beschränkt.

(2) Ein solches Gesetz bedarf der Zustimmung von zwei Dritteln der Mitglieder des Bundestages und zwei Dritteln der Stimmen des Bundesrates.

(3) Eine Änderung dieses Grundgesetzes, durch welche die Gliederung des Bundes in Länder, die grundsätzliche Mitwirkung der Länder bei der Gesetzgebung oder die in den Artikeln 1 und 20 niedergelegten Grundsätze berührt werden, ist unzulässig.

Paulskirchenverfassung von 1849

Abschnitt VII. Art. III

§ 196. Abänderungen in der Reichsverfassung können nur durch einen Beschluß beider Häuser und mit Zustimmung des Reichsoberhaupts erfolgen.

Zu einem solchen Beschluß bedarf es in jedem der beiden Häuser:

1. der Anwesenheit von wenigstens zwei Dritteln der Mitglieder;
2. zweier Abstimmungen, zwischen welchen ein Zeitraum von wenigstens acht Tagen liegen muß;
3. einer Stimmenmehrheit von wenigstens zwei Dritteln der anwesenden Mitglieder bei jeder der beiden Abstimmungen.

Der Zustimmung des Reichsoberhaupts bedarf es nicht, wenn in drei sich unmittelbar folgenden ordentlichen Sitzungsperioden derselbe Reichstagsbeschluß unverändert gefaßt worden. Eine ordentliche Sitzungsperiode, welche nicht wenigstens vier Wochen dauert, wird in dieser Reihenfolge nicht mitgezählt.

Reichsverfassung von 1871

Art. 78. Veränderungen der Verfassung erfolgen im Wege der Gesetzgebung. Sie gelten als abgelehnt, wenn sie im Bundesrathe 14 Stimmen gegen sich haben.

Diejenigen Vorschriften der Reichsverfassung, durch welche bestimmte Rechte einzelner Bundesstaaten in deren Verhältniß zur Gesammtheit festgestellt sind, können nur mit Zustimmung des berechtigten Bundesstaates abgeändert werden.

Weimarer Reichsverfassung von 1919

Art. 76. Die Verfassung kann im Wege der Gesetzgebung geändert werden. Jedoch kommen Beschlüsse des Reichstags auf Abänderung der Verfassung nur zustande, wenn zwei Drittel der gesetzlichen Mitgliederzahl anwesend sind und wenigstens zwei Drittel der Anwesenden zustimmen. Auch Beschlüsse des Reichsrats auf Abänderung der Verfassung bedürfen einer Mehrheit von zwei Dritteln der abgegebenen Stimmen. Soll auf Volksbegehren durch Volksentscheid eine Verfassungsänderung beschlossen werden, so ist die Zustimmung der Mehrheit der Stimmberechtigten erforderlich.

Hat der Reichstag entgegen dem Einspruch des Reichsrats eine Verfassungsänderung beschlossen, so darf der Reichspräsident dieses Gesetz nicht verkünden, wenn der Reichsrat binnen zwei Wochen den Volksentscheid verlangt.

Übersicht

A. Allgemeine Bedeutung

Art. 79 regelt **Verfahren und Schranken der GG-Änderung.** Eine 1
gegenüber dem einfachen Gesetz gesteigerte Geltungskraft durch erschwerte Abänderbarkeit ist in vielen Rechtsordnungen typisches Kennzeichen des

Verfassungsrechts.[1] Die Höhe der Schwelle, die für eine Änderung zu überwinden ist, gibt einen wichtigen Hinweis auf die Bedeutung der geschriebenen Verfassung in Rechtsordnung und politischem System.[2] Insbesondere in der Verfassungsvergleichung ist dieses Merkmal seit *Bryces* klassischer **Unterscheidung von flexibler und rigider Verfassung**[3] von Bedeutung.[4]

2 Der ParlRat hat, nicht zuletzt angesichts historischer Erfahrungen, auf die Normierung der Revisionsbestimmungen erhebliche Sorgfalt verwandt und eine dreifache Sicherung des Verfassungsrechts vorgesehen. Das Erfordernis einer ²/₃-Mehrheit (Abs. 2) knüpft – bei verschärftem Quorum – an die Tradition an (vgl. § 196 Paulskirchenverf., Art. 76 WRV). Dagegen ist das Gebot der Textänderung (Abs. 1) bewusste Reaktion auf die Praxis der „Verfassungsdurchbrechungen" in der Weimarer Republik,[5] und der absolute Schutz für einen Kernbestand der Verfassung (Abs. 3) ist vor allem vor dem Hintergrund „legaler" Verfassungsbeseitigung 1933 zu sehen.[6]

3 Art. 79 bezieht sich nur auf **Verfassungsrecht „im formellen Sinn"** („Das Grundgesetz [...]"), dessen Begriff er gleichzeitig durch das Merkmal erschwerter Abänderbarkeit definiert. Erkennt man daneben Verfassungsrecht „im materiellen Sinn" an,[7] so gilt Art. 79 nicht für jede „Verfassungsänderung", da „Verfassungsrecht" außerhalb des GG entsprechend seinem formellen Normrang (Gesetz, Geschäftsordnung, Gewohnheitsrecht) geändert wird. So könnte das Wahlsystem der Bundesrepublik durch einfaches Gesetz geändert werden, obwohl dies die rechtliche Grundordnung des politischen Systems der Bundesrepublik grundlegender verändern würde als die meisten bisherigen Änderungen des GG.[8]

4 Die **Verfassungsänderung** nach Art. 79 ist von der **Verfassunggebung** zu unterscheiden. Die Verfassungstheorie unterscheidet in Anknüpfung an *Sieyès,*[9] der seinerseits an ältere, insbesondere amerikanische Vorbilder anknüpfen konnte,[10] **pouvoir constituant** und **pouvoirs constitués,** wobei die „verfassungsändernde Gewalt"[11] als **pouvoir constituant constitué**[12] zu den pouvoirs constitués zählt. Diese Unterscheidung gilt auch für das GG, das in Präambel und Art. 146 davon ausgeht, dass die verfassunggebende Gewalt beim Volk als demokratischem Souverän liegt,[13] das die verfassungsändernde Gewalt jedoch in Art. 79 einer qualifizierten Mehrheit von Bundestag und

---

[1] Vgl. die Typologien bei *Bryde,* Verfassungsentwicklung, 1982, 51 ff.; *Loewenstein,* Über Wesen, Technik und Grenze der Verfassungsänderung, 1961, 27 ff.; *Vismann* in AK Rn. 3.

[2] Zur Praxis der Verfassungsänderung vgl. *Trost,* Änderungen des Grundgesetzes, 1963; *Bryde,* Verfassungsentwicklung, 1982, 116 ff.; *Roßnagel,* Änderungen des GG, 1981; *Schaub,* Der verfassungsändernde Gesetzgeber 1949–1980, 1984.

[3] *Bryce,* Studies in History and Jurisprudence, 1901, Vol. 1, 196 ff.

[4] Dazu *Bryde,* Verfassungsentwicklung, 1982, 42 ff.

[5] Vgl. JöR nF 1 (1951), 574 f.

[6] JöR nF 1 (1951), 586.

[7] Zur Begrifflichkeit vgl. *Bryde,* Verfassungsentwicklung, 1982, 59 ff.; *Winterhoff,* Verfassung – Verfassunggebung – Verfassungsänderung, 2007, 50 ff.

[8] Weitere Beispiele bei *Bryde,* Verfassungsentwicklung, 1982, 75 ff.

[9] *Sieyès,* Qu'est-ce que le tiers état, 1788, Kap. V.

[10] Dazu *Zweig,* Lehre vom Pouvoir Constituant, 1909, 6 ff.; *Jellinek,* Allgemeine Staatslehre, 3. Aufl. 1928, 505 ff.

[11] *Winterhoff,* Verfassung – Verfassunggebung – Verfassungsänderung, 2007, 173 ff.

[12] *Burdeau,* Traité de Science Politique, Bd. 3, 1. Aufl. 1953, 203.

[13] *Bryde,* Verfassungsentwicklung, 1982, 234; *Bryde* in Bieber/Widmer L'espace constitutionnel européen/The European constitutional Area, 1995; *Murswiek,* Die verfassungsgebende Gewalt nach dem Grundgesetz für die Bundesrepublik Deutschland, 1978, 97 ff., 143 ff., 155 ff.; *Stern,* StaatsR I, 2. Aufl. 1984, § 5 I 3b; *Böckenförde,* in Böckenförde Staat, Ver-

Bundesrat zuweist. Für das GG ist daher die Auffassung, die verfassunggebende Gewalt gehe im Verfassungsstaat in der Revisionsgewalt auf[14] unzutreffend. Mit der ganz hL ist daran festzuhalten, dass Art. 79 den pouvoir constituant nicht bindet.[15] Str. ist hingegen, ob sich der pouvoir constituant nur revolutionär betätigen kann,[16] oder ob eine legitime Verfassungsneugebung möglich ist.[17] Während Art. 146 aF eine Sonderregelung für die Wiedervereinigung darstellte, die weder in eine Rechtsgrundlage für die Einberufung einer westdeutschen Nationalversammlung umgedeutet werden konnte[18] noch als *argumentum e contrario* ein Tätigwerden des pouvoir constituant in der Bundesrepublik ausschloss,[19] stellt die neue Fassung des Art. 146 die Ersetzbarkeit des GG durch den pouvoir constituant ausdrücklich fest.[20] Revolutionär wäre lediglich der Bruch mit den Grundlagen der rechtsstaatlichen Demokratie als Staatsform der Bundesrepublik.[21] Eine Verfassungsneugebung in diesen Grenzen ist grundsätzlich selbst dann denkbar, wenn sie von Art. 79 Abs. 3 abweicht (→ Rn. 28). Allerdings müssten für eine derartige, in Art. 79 nicht vorgesehene Aktualisierung der verfassunggebenden Gewalt, zunächst die verfassungsrechtlichen Grundlagen durch eine Ergänzung des GG geschaffen werden (→ Rn. 46), wenn sie auch formal legal sein soll.

Anders als die österreichische Verfassung in Art. 44 B-VG und die schweizerische Verfassung in Art. 193 ff. BV unterscheidet das GG in Art. 79 nicht zwischen **Teil- und Gesamtänderung.** Solange Abs. 3 nicht verletzt wird, soll daher auch eine in Form und Inhalt grundlegend neue Verfassung im Wege des Art. 79, also durch qualifizierte Mehrheiten von Bundestag und Bundesrat, eingeführt werden können.[22] Eine derartige „Totalrevision" ohne Aktivierung des pouvoir constituant wäre jedoch bedenklich. Aus der Unterscheidung von verfassunggebender und verfassungsändernder Gewalt folgt, dass der verfassungsändernde Gesetzgeber die Identität der Verfassung zu wahren hat.[23] Eine Verfassungsneugebung würde seine Kompetenzen auch dann überschreiten, wenn er sich in den Schranken des Art. 79 Abs. 3 hielte. In einem solchen Fall müsste Art. 146 GG mobilisiert werden. 5

---

fassung, Demokratie, 1991, 90; *Schneider* in HdbStR VII § 158; *Badura* HdbStR VII § 160 Rn. 17.

[14] So *Steiner,* Verfassungsgeber und verfassungsgebende Gewalt des Volkes, 1966, 209.

[15] *Maunz/Zippelius,* Deutsches Staatsrecht, 30. Aufl. 1998, § 6 Kap. I 2; *Maunz* DÖV 1953, 645; *Bachof,* Verfassungswidrige Verfassungsnormen, 1951, 36; *Hain* in MKS Rn. 31, 36; *Dreier* in Rn. 45; *Stein/Frank,* Staatsrecht, 20. Aufl. 2007, § 20 Kap. II 1b; *Kriele* VVDStRL 29 (1971), 58; *Henke,* Die verfassungsgebende Gewalt des Deutschen Volkes, 1957, 2 ff.; zur Diskussion nunmehr ausf. *Winterhoff,* Verfassung – Verfassunggebung – Verfassungsänderung, 2007, 197 ff.

[16] So *Maunz/Zippelius,* Deutsches Staatsrecht, 30. Aufl. 1998, § 6 Kap. III 2; *Kriele* VVDStRL 29 (1971), 59; *Stern,* StaatsR I, 2. Aufl. 1984, § 5 IV 2.

[17] Dazu *Scheuner* DÖV 1953, 581 (584); *Doehring,* Das Staatsrecht der BRD unter besonderer Berücksichtigung der Rechtsvergleichung und des Völkerrechts, 3. Aufl. 1984, Kap. D III c; *Dichgans* ZRP 1968, 61; *Bryde,* Verfassungsentwicklung, 1982, 246 ff. mwN.

[18] So aber seinerzeit der CDU-Abgeordnete *Dichgans* ZRP 1968, 61.

[19] So aber *Murswiek,* Die verfassungsgebende Gewalt nach dem Grundgesetz für die Bundesrepublik Deutschland, 1978, 144.

[20] Vgl. auch *Bryde* in Bieber/Widmer L'espace constitutionnel européen/The European constitutional area, 1995.

[21] Dazu *Bryde,* Verfassungsentwicklung, 1982, 227 ff.

[22] *Augsberg* in Kluth/Krings Rn. 14; *Herdegen* in Maunz/Dürig Rn. 14; *Stern,* StaatsR I, 2. Aufl. 1984, § 5 IV 7c; *Huber* FS f. Scheuner, 1973, 183 (202 f.).

[23] *Schmitt,* Verfassungslehre, 1928, 104; *Hesse,* VerfR, Rn. 702; *Ehmke,* Grenzen der Verfassungsänderung, 1953, 89; *Bryde,* Verfassungsentwicklung, 1982, 232, mwN.

B. Einzelfragen

I. Gebot der Textänderung (Art. 79 Abs. 1 S. 1)

6 **1. Grundsätze.** Das **Gebot der Textänderung**[24] ist eine bewusste Abkehr von der Weimarer Zeit, in der es – trotz erheblicher Kritik – für zulässig gehalten wurde, von der Verfassung abweichende Gesetze zu erlassen, ohne den Verfassungstext zu ändern, wenn solche Gesetze die für eine Verfassungsänderung nötige Mehrheit fanden.[25] Diese Praxis, für die sich der Begriff „Verfassungsdurchbrechung"[26] eingebürgert hat, ist nach Art. 79 Abs. 1 S. 1 unzulässig. Trotzdem ist es missverständlich, diese Vorschrift als „Verbot der Verfassungsdurchbrechung" zu bezeichnen,[27] da dieser Begriff für unterschiedliche Sachverhalte verwandt wird, die nicht alle durch Abs. 1 S. 1 verboten sind. So wird gelegentlich jede Abweichung von einer Verfassungsnorm für den Einzelfall[28] oder sogar generelle Ausnahmeregelungen zu einer im Übrigen unberührten Verfassungsvorschrift[29] als Verfassungsdurchbrechung bezeichnet, auch wenn solche Ausnahmeregelungen in den Verfassungstext aufgenommen werden.[30] Solche „verfassungsgesetzlichen Verfassungsdurchbrechungen" sind durch Abs. 1 S. 1 nicht ausgeschlossen.[31] Die Zulässigkeit von in den Verfassungstext aufgenommenen Einzelfallregelungen findet ihre Grenze in Extremfällen an Art. 79 Abs. 3 (→ Rn. 48), ist aber nicht generell unzulässig.

7 Das Gebot der Textänderung soll der **Rechtssicherheit** dienen, indem es sicherstellt, dass sich das Verfassungsrecht dem GG entnehmen lässt.[32] Die Weimarer Praxis mutete demgegenüber dem Bürger zu, das Verfassungsrecht aus dem Studium aller Gesetze und deren Entstehungsgeschichte zu erschließen. Gleichzeitig dient die Vorschrift der **Sicherung des GG.** Sie verhindert zufällige, unüberlegte und „heimliche" Eingriffe in das GG, weil sie den Gesetzgeber zwingt, sich über seine Haltung zum geltenden Verfassungsrecht klar zu werden.[33]

8 **2. Das Grundgesetz kann nur durch ein Gesetz geändert werden.** Das GG kann **nur im ordentlichen Gesetzgebungsweg** geändert werden. Eine Änderung durch RVO ist ebenso ausgeschlossen wie diejenige im Wege des Gesetzgebungsnotstands (Art. 81 Abs. 4).

9 Der **Begriff „Ändern"** wird in Art. 79 Abs. 1 S. 1 in zwei verschiedenen Bedeutungen gebraucht. Der erste Halbsatz bezieht sich auf die inhaltliche

---

[24] *Herdegen* in Maunz/Dürig Rn. 19; *Hain* in MKS Rn. 6; *Sannwald* in Schmidt-Bleibtreu/Klein Rn. 1.

[25] Zur Weimarer Diskussion vgl. *Ehmke* AöR 79 (1953/54), 385 (388–392); *Hufeld,* Die Verfassungsdurchbrechung, 1997, 46 ff.

[26] Geprägt von *Jacobi* VVDStRL 1 (1924), 109.

[27] *Schmidt-Bleibtreu* in Schmidt-Bleibtreu/Klein Rn. 5; *Hesse* VerfR Rn. 698.

[28] *Schmitt,* Verfassungslehre, 7. Aufl. 1989, 106 ff.

[29] So *Ehmke* AöR 79 (1953/54), 385 (404 f.).

[30] Für ein materielles Verständnis des Begriffs auch *Hufeld,* Die Verfassungsdurchbrechung, 1997.

[31] *Herdegen* in Maunz/Dürig Rn. 26; *Meyer-Arndt* AöR 82 (1975), 275 (278 f.); *Hain* in MKS Rn. 6, insbes. Fn. 37; *Dreier* in Dreier Rn. 20; aA *Ehmke* AöR 79 (1953/54), 385 (400 ff.).

[32] *Hain* in MKS Rn. 6; *Sannwald* in SHH Rn. 17; *Hesse,* VerfR, Rn. 697; *Badura* in HdbStR, VII § 160 Rn. 23.

[33] *Vismann* in AK Rn. 28; *Hain* in MKS Rn. 6, Fn. 39 aE.

Änderung des GG **(Verfassungsänderung),** der zweite Halbsatz auf die Änderung des Verfassungstextes **(Verfassungstextänderung).** Eine Verfassungsrechtsänderung iSd Hs. 1 kann erfolgen durch die Modifizierung eines bestehenden Verfassungsrechtssatzes, durch die Aufnahme eines neuen Rechtssatzes in die Verfassung (Verfassungsergänzung, Verfassungserweiterung) oder durch die Aufhebung eines Verfassungsrechtssatzes, wobei die Grenzen fließend sind.[34] Diese Rechtsänderungen können gesetzestechnisch im Text dargestellt werden durch „Ändern", „Ergänzen" (iSd Hs. 2) oder (nicht aufgeführt) durch „Streichen" im Wortlaut des GG. Die Trias möglicher Inhaltsänderungen und diejenige von Techniken der Textänderung berühren sich, decken sich aber nicht: Die Aufhebung einer Vorschrift kann zB nicht nur durch deren Streichung, sondern auch durch eine Textergänzung („[…] ist aufgehoben") erfolgen. Umgekehrt kann eine Verfassungserweiterung durch das Streichen einer einschränkenden oder Verbotsklausel vorgenommen werden.

Da das GG nicht das gesamte Verfassungsrecht „im materiellen Sinne" 10
enthält (→ Rn. 2), erfordert die **Schaffung einer neuen staatsrechtlichen Norm** oder Institution nicht schon dann eine GG-Änderung (idR im Wege der Textergänzung), wenn sie materiell verfassungsrechtliche Relevanz hat,[35] sondern nur, wenn sie das geltende formelle Verfassungsrecht („Das Grundgesetz" […]) ändert,[36] sei es weil die Nicht-Regelung im GG als negative Entscheidung zu interpretieren ist,[37] sei es im Hinblick auf Eingriffe in Grundrechte und Kompetenzordnung.[38]

Ziel des Art. 79 Abs. 1 S. 1 ist es, **Verfassungsrechtsänderung und** 11
Textänderung zur völligen Deckung zu bringen, was jedoch nur unvollständig gelingt. Eine Rechtsänderung kann zwar grundsätzlich nur durch eine Textänderung erfolgen, jedoch sind Rechtsänderungen ohne Textänderung nicht auszuschließen (→ Rn. 11, 12). Umgekehrt muss eine Textänderung zwar immer im Verfahren des Art. 79 erfolgen, führt aber nicht notwendig zu einer Rechtsänderung. Das gilt insbes., wenn die Änderung nur eine klarstellende oder symbolische Funktion hat (Beispiel ist die Änderung von Art. 1 Abs. 3 durch die 7. Grundgesetzänderung[39]: auch ohne die Ersetzung von „Verwaltung" durch „vollziehende Gewalt" wäre die Grundrechtsbindung der gesamten Exekutive nicht str. gewesen).

Trotz der eindeutig erscheinenden Bindung jeder Verfassungsänderung an 12
ein textänderndes Gesetz ist eine inhaltliche Änderung des Verfassungssinns ohne Änderung des Verfassungstextes, bei der zu unterschiedlichen Zeiten unterschiedliche Folgerungen aus einem gleichbleibenden Text gezogen wurden **(Verfassungswandel),** nicht ausgeschlossen.[40]

---

[34] Für eine andere Typologie vgl. *Loewenstein,* Erscheinungsformen der Verfassungsänderung, 1931, 110 ff.

[35] Anders, im „Kampf um den Wehrbeitrag", *Forsthoff,* Gutachten, in Kampf um den Wehrbeitrag, II 2, 1953, 312, 322; *Klein,* Gutachten, in Kampf um den Wehrbeitrag, II 2, 1953, 456, 484 ff.; *Loewenstein,* Gutachten, in Kampf um den Wehrbeitrag, II 2, 1953, 237, 345 ff.

[36] *Scheuner,* Gutachten, in in Kampf um den Wehrbeitrag, II 2, 1953, 94, 112 f.; *Maunz,* Gutachten, in Kampf um den Wehrbeitrag, II 2, 1953, 591, 615.

[37] So *Kratzmann,* Die Verfassungsänderung, 1970, 96 f. für die Wehrverfassung.

[38] So richtig für die Wehrverfassung *Menzel,* Gutachten, in Kampf um den Wehrbeitrag, II 2, 1953, 591, 306; *Smend,* Gutachten, in Kampf um den Wehrbeitrag, II 2, 1953, 559, 565 f.

[39] Gesetz zur Ergänzung des Grundgesetzes v. 19.3.1956, BGBl. 1956 I 111.

[40] BVerfGE 2, 380 (401); *Herdegen* in Maunz/Dürig Rn. 32; *Dreier* in Dreier Rn. 38 f.; *Stern,* StaatsR I, 2. Aufl. 1984, § 5 III 2b; Hesse, VerfR, Rn. 40, 45 ff.; *Hesse* FS f. Scheuner,

13 Auch wenn Art. 79 keine Wandlungsverbote enthält, hat die Vorschrift Bedeutung für die Bestimmung der Grenzen legitimen Verfassungswandels,[41] da sie eine besondere Treue zum geschriebenen Wort der Verfassung verlangt,[42] und von einer bestimmten Grenze an die Verfassungsentwicklung dem verfassungsändernden Gesetzgeber vorbehält.

14 Das wird insbesondere im Kompetenz- und Verfahrensrecht ein relativ starres Festhalten am einmal festgelegten Verfassungssinn bedeuten,[43] während im grundsätzlich wandlungsfähigen (und -bedürftigen) Bereich der Gesellschaftsgestaltung durch die Verfassung in Grundrechts- und Staatszielbestimmungen Verfassungswandel neben spezifischen, zB durch Art. 79 Abs. 3 markierten Wandlungsverboten[44] vor allem die Kontinuität der Verfassungsentwicklung zu wahren hat.[45]

15 Auch **„Verfassungsgewohnheitsrecht"** ist durch Art. 79 nicht grundsätzlich ausgeschlossen. Die Meinungsunterschiede in dieser Frage[46] dürften zT auf begrifflichen Unklarheiten beruhen, insbesondere bei der Unterscheidung von Verfassungsrecht im „formellen" und „materiellen" Sinn (→ Rn. 2). Gewohnheitsrecht in vom GG nicht erfassten staatsrechtlichen Materien (consuetudo praeter constitutionem) ist nicht ausgeschlossen, erlangt aber auch nicht die gesteigerte Geltungskraft des formellen Verfassungsrechts. Eine Gewohnheitsrechtsbildung ist jedoch auch im Regelungsbereich des GG denkbar, wenn die Staatspraxis (insbes. mit Zustimmung des BVerfG) eine sprachlich offene Verfassungsnorm endgültig auf eine ihrer möglichen Verständnisvarianten einschränkt (consuetudo intra constitutionem).[47] Demgegenüber ist die gewohnheitsrechtliche Durchsetzung einer dem GG eindeutig widersprechenden Staatspraxis (consuetudo contra constitutionem) ausgeschlossen, weil sie den Art. 79 zu entnehmenden Mindestgrenzen für Inhaltsänderungen ohne Textänderung widerspricht,[48] und weil die für eine Gewohnheitsrechtsbildung erforderliche allg. Rechtsüberzeugung für diesen Fall ohnehin kaum vorstellbar ist.[49]

1973, 123; *Bryde,* Verfassungsentwicklung, 1982, 254 ff. mwN; *Lerche* FS f. Maunz, 1971, 285; *Krüger,* FG f. Smend, 1962, 151; *Fiedler,* Sozialer Wandel, Verfassungswandel, Rechtsprechung, 1972; *Badura* FS f. Scheuner, 1973, 19 ff.; *Badura* in HdbStR VII § 160 Rn. 13; aus der älteren Lit. *Laband,* Wandlungen der deutschen Reichsverfassung, 1895; *Hsü,* Die Verfassungswandlung, 1932.

41 Dazu *Bryde,* Verfassungsentwicklung, 1982, 264 ff.

42 So auch *Hesse* FS f. Scheuner, 1973, 134; *Tomuschat,* Verfassungsgewohnheitsrecht?, 1972, 94.

43 *Bryde,* Verfassungsentwicklung., 1982, 279 ff.

44 Dazu *Bryde,* Verfassungsentwicklung, 1982, 270 ff. mwN.

45 *Bryde,* Verfassungsentwicklung, 1982, 283 ff. mwN; *Lerche* FS f. Maunz, 1971, 293 f.; *Schenke* AöR 103 (1978), 585 (589).

46 Die Möglichkeit von Verfassungsgewohnheitsrecht wird bejaht zB bei BVerfGE 34, 216 (230); *Stern,* StaatsR I, 2. Aufl. 1984, § 1 III 1, § 4 I 6b; *Bachof,* Verfassungswidrige Verfassungsnormen, 1951, 44; aA *Tomuschat,* Verfassungsgewohnheitsrecht?, 1972, 88 ff.

47 *Bryde,* Verfassungsentwicklung, 1982, 446 ff.; BVerfGE 11, 78 (87): „Fixierung" des Verfassungsrechts; *Bachof* in Summum Jus, 1963, 50 f.: „inhaltsdeterminierende" Wirkung der Staatspraxis; vgl. auch *Augsberg* in Kluth/Krings Rn. 18.

48 *Tomuschat,* Verfassungsgewohnheitsrecht?, 1972, 88 ff.; *Bryde,* Verfassungsentwicklung, 1982, 454.

49 Zum Sonderfall der desuetudo durch die Nicht-Ausübung von Kompetenzen vgl. *Bryde,* Verfassungsentwicklung, 1982, 454 ff.; *Dreier* in Dreier Rn. 42; auch die theoretische Möglichkeit der desuetudo durch Nicht-Ausübung wird abgelehnt von *Hain* in MKS Rn. 16.

Ebenfalls nicht durch Art. 79 erfassbar, ist das **Obsolet-Werden** von Verfassungsnormen.[50] Keine Verfassung kann ausschließen, dass ihre Vorschriften durch außerhalb der Macht ihrer Staatsorgane liegende Vorgänge inhaltlich unrichtig werden. 16

Die Abänderung bzw. **Durchbrechung** von Verfassungsnormen ohne Textänderung kann schließlich **durch internationales Recht** erfolgen. Die **allgemeinen Regeln des Völkerrechts** werden durch Art. 25 in ihrem jeweiligen Bestand zum Bestandteil des Bundesrechts gemacht und ihre Fortentwicklung könnte das GG dann ändern, wenn man ihnen Verfassungsrang oder Über-Verfassungsrang einräumt. Gerade wegen Art. 79 Abs. 1 dürfte es jedoch näher liegen, sie über dem einfachen innerstaatlichen Recht aber unterhalb der Verfassungsebene einzuordnen.[51] In der Praxis ist die Frage kaum bedeutend, da die Entwicklung eines allg. Völkerrechtssatzes, der das GG verletzt, schwer vorstellbar ist. Jedenfalls dürfte sich die Bundesrepublik an seiner Entstehung nicht beteiligen, und wäre sogar verpflichtet, gegen einen, ohne ihre Mitwirkung sich bildenden Gewohnheitsrechtssatz im Entstehungsstadium Protest einzulegen, und so seine Geltung für die Bundesrepublik auszuschließen. 17

Materielle Verfassungsänderungen ohne Textänderung können aber durch supranationales Recht, insbesondere Recht der EU erfolgen.[52] Nach Auffassung des EuGH[53] und großen Teilen der Europarechtslehre hat Europarecht Vorrang auch vor dem Verfassungsrecht der Mitgliedstaaten.[54] Die Grenzen dieses Vorrangs nach deutschem Verfassungsrecht waren und sind str.[55] Der neue Art. 23 hat das Problem verfahrensmäßig entschärft, da materielle Änderungen des GG[56] der Mehrheiten des Art. 79 Abs. 2 bedürfen, während auf der Grundlage des Art. 24 der einfache Gesetzgeber den supranationalen Normsetzer zur Durchbrechung der Verfassung ermächtigen konnte (und außerhalb des Rechts der EU immer noch kann). Auf der anderen Seite wurden im Rahmen der Dogmatik des Art. 24 von vielen Autoren Grenzen der Übertragungsgewalt angenommen, die unterhalb der Schranke des Art. 79 Abs. 3 lagen,[57] während nach dem neuen Art. 23 deutlich bis an die Grenze des Art. 79 Abs. 3 gegangen werden kann.[58] 18

3. Das den Wortlaut des Grundgesetzes ausdrücklich ändert oder ergänzt. Die **Änderung des GG muss in** seinem **Text** selbst ihren **Niederschlag finden.** Dagegen ist nicht vorgeschrieben, dass der geänderte Artikel selbst geändert werden muss.[59] Es ist zB möglich, die Ausnahme von 19

---

[50] So auch *Hain* in MKS Rn. 15; *Dreier* in Dreier Rn. 42.

[51] Zum Meinungsstand vgl. → Art. 25 Rn. 45 ff. mwN.

[52] Zur supranationalen Verfassungsänderung vgl. *Hufeld,* Die Verfassungsdurchbrechung, 1997, 114 ff.

[53] Grdl. EuGH C-6/64, Slg. 1964, I-1141, ECLI:EU:C:1964:66 Rn. 1251 ff. – Costa.

[54] Vgl. → Art. 23 Rn. 70 ff.

[55] → Art. 23 Rn. 71 ff.; sowie BVerfGE 89, 155 (174 ff.); 102, 147 (161 ff.).

[56] Zum Streit, ob jede Hoheitsübertragung eine solche Änderung darstellt bzw. einer solchen Änderung gleichgesetzt werden kann, oder ob es noch Hoheitsübertragungen geben kann, die diese Qualität nicht erreichen,*Hufeld,* Die Verfassungsdurchbrechung, 1997, 115 ff.

[57] → Art. 24 Rn. 26 ff.

[58] Zur Problematik für Auslegung von Abs. 3 vgl. unten → Rn. 30 a. E.

[59] *Herdegen* in Maunz/Dürig Rn. 26; *Hain* in MKS Rn. 8; *Meyer-Arndt* AöR 82 (1975), 275 (276 ff.); *Dreier* in Dreier Rn. 22; *Hufeld,* Die Verfassungsdurchbrechung, 1997, 102; aA *Ehmke* AöR 79 (1953/54), 385 (417); DÖV 1956, 42; *Loewenstein* DÖV 1954, 385.

einer Bestimmung in einem anderen Teil des GG zu regeln, wobei sich die Änderung des bisherigen Rechts aus dem Verhältnis von lex specialis zu lex generalis ergibt.[60] Auch für Verfassungsänderungen gelten grundsätzlich die **normalen Auslegungsregeln.** Es ist daher ausreichend (aber auch notwendig), dass sich aus den an beliebiger Stelle des GG eingefügten ändernden Vorschriften die Änderung des bisherigen Rechts durch Auslegung ermitteln lässt.

20 Das **Gebot „ausdrücklicher" Änderung** ist im ParlRat in erster Linie zur Verdeutlichung des Gebotes der Textänderung, nicht als zusätzliches Erfordernis, in das GG aufgenommen worden.[61] Trotzdem geht es zu weit, ihm jede selbständige Bedeutung abzusprechen,[62] da es zumindest das Bekenntnis des Verfassungsgebers zum **Grundsatz der Verfassungsklarheit**[63] bestärkt. An diesem Grundsatz ist auch die Frage zu messen, in welchem Umfang das Gebot der Textänderung durch Verweisung auf Texte außerhalb des GG erfüllt werden kann. Solche Verweisungen sind nicht grundsätzlich unzulässig, da sie dem Gebot der Verfassungsklarheit durchaus entsprechen können.[64] Ein Verbot der lebenslänglichen Freiheitsstrafe „ausgenommenen Taten nach §§ […] des StGB" könnte diese Bedingung erfüllen. Dagegen würden unspezifizierte Globalverweisungen auf umfangreiche Gesetze oder Rechtsmaterien Art. 79 Abs. 1 unterlaufen, da sie genau den unklaren und für den Bürger unzumutbaren Verfassungszustand hervorrufen würden, den diese Vorschrift beseitigen will. Nur von dieser Auslegung her ist auch Abs. 1 S. 2 verständlich (→ Rn. 22), der sonst überflüssig wäre, da das allg. Gebot der Textänderung auch in den dort geregelten Fällen durch die Einfügung einer „Klarstellungsklausel" gewahrt bleibt.[65]

21 Im Zuge der Wiedervereinigung war str., ob die Änderung durch Vorschriften des **Einigungsvertrages**[66] die Voraussetzungen des Art. 79 Abs. 1 erfüllt.[67] Bedenken bestanden einmal, weil der Wortlaut der Verfassungsänderungen nicht im Einigungsvertragsgesetz, sondern nur im Einigungsvertrag enthalten ist, zum anderen weil im parlamentarischen Verfahren bei der Behandlung von Zustimmungsgesetzen nach Art. 59 Abs. 2 keine Änderungsanträge (§ 82 Abs. 2 GO BT) und nur eine globale Zustimmung oder Verwerfung möglich sind.[68] Das BVerfG hat das Verfahren vor allem im Hinblick auf die Besonderheiten der Wiedervereinigung nach Art. 23 gebilligt,[69] ohne die Frage, ob eine Änderung im Wege des Vertragsgesetzes nach Art. 59 Abs. 2 möglich ist, abschließend zu entscheiden. Immerhin hält es die Bedenken gegen die Veröffentlichung des Textes nicht im Zustimmungsgesetz, sondern im beigefügten Vertragsgesetz für formalis-

---

[60] *Meyer-Arndt* AöR 82 (1975), 275 (276).

[61] JöR nF 1 (1951), 576.

[62] So *Meyer-Arndt* AöR 82 (1975), 275 (277 f.).

[63] *Ehmke* DÖV 1956, 449 (452).

[64] *Dreier* in Dreier Rn. 25, Fn. 50; sehr großzügig *Rubel* in Umbach/Clemens Rn. 13 f.; vgl. auch BVerfGE 84, 90 (119); *Bauer/Jestaedt,* Das Grundgesetz im Wortlaut, 1997, 11; *Hain* in MKS Rn. 9; *Augsberg* in Kluth/Krings Rn 33.

[65] Konsequent für Überflüssigkeit: *Meyer-Arndt* AöR 82 (1975), 275 (283 f.); *Bauer/Jestaedt,* Das Grundgesetz im Wortlaut, 1997, 14 ff.; *Hain* in MKS Rn. 19; *Hufeld,* Die Verfassungsdurchbrechung, 1997, 102.

[66] G v. 23.9.1990, BGBl. 1990 II 885.

[67] Ausf. zur Diskussion *Hufeld,* Die Verfassungsdurchbrechung, 1997, 168 ff.

[68] *Maurer* JZ 1992, 183; *Geiger* DRiZ 1991, 131; generell zum Problem von Änderung durch Vertragsgesetz auch *Augsberg* in Kluth/Krings Rn. 26.

[69] BVerfGE 82, 316 (320 f.); 84, 90 (118 ff.).

tisch.[70] Dem in Art. 79 Abs. 1 verkörperten Gebot der Verfassungsklarheit (→ Rn. 14) widerspricht ein solches Vorgehen nicht, da der Vertrag zusammen mit dem Gesetz bekannt gemacht wird.

II. Ausnahmeregelung für bestimmte völkerrechtliche Verträge (Art. 79 Abs. 1 S. 2)

1. Sinn und Zulässigkeit der Ausnahmeregelung. Die sprachlich und inhaltlich verunglückte Ausnahmeregelung für bestimmte Kategorien völkerrechtlicher Verträge ist nur aus einer konkreten historischen Situation heraus zu erklären (**„loi d'occasion"**[71]). Im Streit um die Wiederbewaffnung[72] und die, später nicht in Kraft getretenen, EVG-Verträge von 1952 hatten die Regierungsparteien zunächst deren Verfassungsmäßigkeit behauptet. Nachdem sich diese Auffassung als unhaltbar erwies, wurde statt der eigentlich nötigen Verfassungsänderung durch den neu eingefügten Abs. 1 S. 2 die Möglichkeit eröffnet, die Verträge durch eine verschleiernde „Klarstellung" mit dem GG in Übereinklang zu bringen.[73] 22

Die Regelung stellt eine **Beeinträchtigung des Grundsatzes der Verfassungsklarheit** dar.[74] Sie ist als „Verfassungsdurchbrechung" bezeichnet worden,[75] was jedoch nur auf Grund der mehrdeutigen Terminologie (→ Rn. 5) zu erklären ist, da die Ausnahmeregelung in den Text des GG aufgenommen worden ist. Sie ist auch keine Ermächtigung zur Verfassungsdurchbrechung, da Abweichungen völkerrechtlicher Verträge vom GG auch nach S. 2 einer Textänderung in Form einer Klarstellungsklausel bedürfen. Eine Ausnahmeregelung zu S. 1 liegt lediglich in der Zulassung einer unspezifizierten Globalverweisung, wie sie das Erfordernis „ausdrücklicher" Textänderung verbieten würde (→ Rn. 20). 23

2. Bei völkerrechtlichen Verträgen, die eine Friedensregelung. Eine **Friedensregelung** haben alle **Verträge** zum Gegenstand, **die der Kriegsbeendigung und der Kriegsfolgenbeseitigung dienen,** also nicht nur Friedensverträge im technischen Sinne. Ihrem historischen Zusammenhang nach bezieht sich die Vorschrift auf die Liquidation der Folgen des 2. Weltkrieges. Als Ausnahmevorschrift ist sie **eng auszulegen** und daher auf diesen Zusammenhang zu begrenzen.[76] Die sprachlich mögliche Ausdehnung der Vorschrift auf zukünftige Kriege, selbst solche, an denen die Bundesrepublik nicht beteiligt ist, ist abzulehnen. Das gilt noch mehr für die Einbeziehung der Kriegsverhütung, die einen erheblichen Teil des Friedensvölkerrechts der Ausnahmeregelung unterstellen würde. 24

3. Die Vorbereitung einer Friedensregelung. Neben dem weiten, über Friedensverträge ieS hinausgehenden Begriff „Friedensregelung" hat die „Vorbereitung einer Friedensregelung" keine eigenständige Bedeutung.[77] 25

---

[70] BVerfGE 84, 90 (120); ebenso *Stern* DtZ 1990, 289 (290); *Herdegen* Jura 1992, 21 (25).

[71] *Menzel* in BK, Erstbearb., Nachtrag Erl. 9.

[72] Vgl. dazu auch die Dokumentation „Der Kampf um den Wehrbeitrag" 1952, 1953.

[73] Zur Entstehung vgl. *Roßnagel,* Änderungen des Grundgesetzes, 1981, 98 ff., 114 ff.; *Reimer* in BK Rn. 102.

[74] *Menzel* in BK, Erstbearb., Nachtr. Erl. II 6.

[75] *Menzel* in BK, Erstbearb., Nachtr. Erl. II 4; *Dietlein* in BeckOK GG Rn. 11; *Curtius* DÖV 1954, 705; *Ehmke* AöR 79 (1953/54), 385; *Loewenstein* DÖV 1954, 386; *Sannwald* in SHH Rn. 23.

[76] *Reimer* in BK Rn. 175 ff.; anders *Herdegen* in Maunz/Dürig Rn. 39.

[77] *Reimer* in BK Rn. 177; *Herdegen* in Maunz/Dürig Rn. 39.

26 **4. Oder den Abbau einer besatzungsrechtlichen Ordnung zum Gegenstand haben.** Der Abbau besatzungsrechtlicher Ordnung könnte ebenfalls unter den Begriff der Friedensregelung (Kriegsfolgenbeseitigung) subsumiert werden. Der Abbau des Besatzungsregimes ist vor allem durch den Vertrag zur Regelung aus Krieg und Besatzung entstehender Fragen v. 26.5.1952 idF v. 24.3.1955[78] und das G betreffend das Protokoll v. 23.10.1954 über die Beendigung des Besatzungsregimes in der Bundesrepublik Deutschland[79] abgeschlossen worden.

27 **5. Oder der Verteidigung der Bundesrepublik zu dienen bestimmt sind.** Während die anderen Anwendungsfälle vergangenheitsbezogen sind, hat die Ausnahmeregelung für Verteidigungsverträge bleibende Bedeutung.[80] Auch diese Ausnahmeregelung ist entgegen ihrem weiten Wortlaut eng auszulegen und nach ihrer Entstehungsgeschichte und ihrem Sinn auf die **Integration in Verteidigungs- und Bündnissysteme** zu beschränken und nicht auf sämtliche, mit der Verteidigung zusammenhängenden Verträge (etwa Waffenlieferungsverträge) auszudehnen.[81]

28 **6. Genügt zur Klarstellung, dass die Bestimmungen des Grundgesetzes dem Abschluss und dem Inkraftsetzen der Verträge nicht entgegenstehen, eine Ergänzung des Wortlauts des Grundgesetzes, die sich auf die Klarstellung beschränkt.** Die **Rechtsnatur der „Klarstellung",** zu der Art. 79 Abs. 1 S. 2 ermächtigt, ist schwierig zu bestimmen. Das ist nicht erstaunlich, da es geradezu das Ziel der Vorschrift ist, dem verfassungsändernden Gesetzgeber ein Instrument in die Hand zu geben, das den tatsächlichen Verfassungszustand unklar und in der Schwebe lässt. Durch die „Klarstellungsklausel" wird der **Vorrang eines völkerrechtlichen Vertrags vor dem GG** begründet,[82] ohne dass feststeht, ob und gegebenenfalls in welchen Punkten der Vertrag dem GG tatsächlich widerspricht.[83] Es erfolgt also eine Textänderung, ohne dass feststeht, ob eine Verfassungsrechtsänderung vorliegt. Es handelt sich auch nicht um eine „authentische Interpretation", da dieser Begriff nur dann sinnvoll ist, wenn der Verfassungsgesetzgeber unter mehreren möglichen Auslegungen eine verbindlich festlegt oder ausschließt. Hinter der „Klarstellung" iSd Vorschrift kann sich jedoch die gesamte Spannbreite von möglichen Beziehungen zwischen Vertrag und GG verbergen: von offensichtlicher Übereinstimmung (in diesem Fall hat die Klausel tatsächlich nur eine „klarstellende" Funktion) über Zweifelsfragen (die „authentisch" zugunsten des Vertrages gelöst werden) bis zum evidenten Widerspruch (bei dem man nicht mehr von authentischer Interpretation sprechen kann).

29 Von der Ermächtigung ist bisher nur einmal Gebrauch gemacht worden, und zwar bezüglich der **EVG-Verträge,** die auch Anlass der Einfügung des Art. 79 Abs. 1 S. 2 in das GG waren. Gleichzeitig mit dessen Einfügung wurde das GG durch das G v. 26.3.1954[84] um einen neuen Art. 142a ergänzt, der folgenden Wortlaut hatte:

---

[78] BGBl. 1955 II 405.

[79] G v. 24.3.1955, BGBl. 1955 II 213.

[80] *Herdegen* in Maunz/Dürig Rn. 41; aA *Hain* in MKS Rn. 20.

[81] *Herdegen* in Maunz/Dürig Rn. 41; *Dietlein* in BeckOK GG Rn. 12; *Pieroth* in Jarass/Pieroth Rn. 4; aA *Reimer* in BK Rn. 177.

[82] *Meyer-Arndt* AöR 82 (1975), 275 (296); *Hain* in MKS Rn. 19.

[83] *Reimer* in BK Rn. 179 sieht darin den Ausschluss einer Unvereinbarkeit des Vertrages mit dem GG.

[84] BGBl. 1954 I 45.

„Die Bestimmungen dieses Grundgesetzes stehen dem Abschluss und dem Inkraftsetzen der am 26. und 27. Mai 1952 in Bonn und Paris unterzeichneten Verträge (Vertrag über die Beziehungen zwischen der Bundesrepublik Deutschland und den Drei Mächten und Vertrag über die Gründung der Europäischen Verteidigungsgemeinschaft) mit ihren Zusatz- und Nebenabkommen, insbesondere dem Protokoll v. 26. Juli 1952, nicht entgegen."

Da die EVG-Verträge nie in Kraft traten, blieb diese Bestimmung gegenstandslos und wurde durch das 17. G zur Änd. des GG[85] aufgehoben.

III. Zeitpunkt der Verfassungsänderung

Das GG ist geändert, wenn das verfassungsändernde Gesetz nach Art. 82 in Kraft tritt. Erst von diesem Zeitpunkt an darf von einer durch die Änderung begründeten Ermächtigung Gebrauch gemacht werden.[86] Die Konsequenzen, die aus diesem Grundsatz für das **zeitliche Verhältnis von Änderungsgesetz und auf die Änderung gestützten Gesetzen** zu ziehen sind, sind str. Während ältere Gesetzgebungspraxis[87] und Lehre sogar die gleichzeitige Verkündung beider Gesetze zumindest dann für ausreichend hielten, wenn das Inkrafttretedatum des Änderungsgesetzes vor dem des ausführenden Gesetzes liegt,[88] hat das BVerfG[89] klargestellt, dass die **Ausfertigung**[90] eines auf der Änderung beruhenden Gesetzes **erst nach Inkrafttreten der Verfassungsänderung** erfolgen darf. Damit ist einerseits den Erfordernissen der Gesetzgebungspraxis Rechnung getragen, mit denen es nur schwer vereinbar wäre, bereits den Gesetzesbeschluss oder sogar die Einbringung und Beratung eines solchen Gesetzes von dem vorherigen Inkrafttreten der Verfassungsänderung abhängig zu machen,[91] andererseits ist festgelegt, dass das Gesetzgebungsverfahren nicht abgeschlossen werden darf, bevor die Ermächtigung in Kraft getreten ist.[92] Es ist daher zu bedauern, dass das BVerfG eine praktisch wichtige Ausnahme zulässt: Wenn die gesetzgebenden Körperschaften sich klar darüber sind, dass ein Gesetzgebungsvorhaben nur in der Weise verwirklicht werden kann, dass das beabsichtigte Gesetz gleichzeitig mit einer entsprechenden GG-Änderung beschlossen wird, so soll es ausreichen, wenn das neue Gesetz nach Inkrafttreten der GG-Änderung verkündet wird.[93] Diese Ausnahme ist mit der eigenen Begründung des BVerfG[94] nicht zu vereinbaren[95] und nur aus dem Bestreben zu erklären, die eigene Rspr.[96] nicht zu desavouieren. 30

---

[85] G v. 24.6.1968, BGBl. 1968 I 709.
[86] BVerfGE 34, 9 (21 f.).
[87] Vgl. Nachw. bei *Müller,* Handbuch der Gesetzgebungstechnik, 1963, 276.
[88] *v. Mangoldt/Klein,* Das Bonner Grundgesetz, 2. Aufl. 1974, Anm. III 6b, aa.
[89] BVerfGE 34, 9 (22 f.).
[90] Vgl. → Art. 82 Rn. 32.
[91] Vgl. zu dieser Auffassung *Müller,* Handbuch der Gesetzgebungstechnik, 1963, 277.
[92] Strenger *Hain* in MKS Rn. 22 f., der eine Einbringung eines Gesetzentwurfes erst nach Inkrafttreten des Änderungsgesetzes für zulässig hält, wenn das verfassungsändernde Gesetz eine Bundeskompetenz erst schafft.
[93] BVerfGE 34, 9 (24), die Ausfertigung kann hier also vor dem Inkrafttreten des Änderungsgesetzes liegen.
[94] BVerfGE 34, 9 (21 ff.).
[95] *Augsberg* in Kluth/Krings Rn. 29.
[96] BVerfGE 32, 199 (212).

IV. Verfassungsändernde Mehrheiten (Art. 79 Abs. 2): Ein solches Gesetz bedarf der Zustimmung von zwei Dritteln der Mitglieder des Bundestages und zwei Dritteln der Stimmen des Bundesrates

31 Die Änderung des GG erfolgt nicht durch ein besonderes Organ (Verfassungskonvent) oder in einem besonderen Verfahren (zB obligatorisches Referendum, Zustimmung der Bundesländer), sondern durch den ordentlichen Gesetzgeber (BT mit Zustimmung des BRats) im normalen Gesetzgebungsverfahren der Art. 76–78, 82, lediglich mit erschwerter, qualifizierter Mehrheit. Die erforderliche $^2/_3$-Mehrheit berechnet sich nach der gesetzlichen Mitglieder-[97] bzw. Stimmenzahl.[98] Das qualifizierte Mehrheitserfordernis gilt nur für die Schlussabstimmung, nicht für sonstige Beschlüsse im Gesetzgebungsverfahren, zB Gesetzesinitiative des BRats, Stellungnahme des BRats im 1. Durchgang, Anrufung des VermA, Einzelabstimmung in der 2. und 3. Lesung.[99]

V. Materielle Schranken der Verfassungsrevision (Art. 79 Abs. 3)

32 **1. Verfassungstheoretische Bedeutung. Art. 79 Abs. 3 entzieht** wichtige **Grundprinzipien des GG der Verfassungsänderung.** Vorbilder oder Parallelen für eine derartig umfassende „Ewigkeitsgarantie" gab es in der deutschen Verfassungsgeschichte[100] und im ausländischen Recht[101] allenfalls in Ansätzen.[102] Verfassungstheoretisch konnte das GG dagegen an die wissenschaftliche Diskussion im Bismarck-Reich[103] und in der Weimarer Zeit[104] anknüpfen. Vor allem *Carl Schmitt* vertrat die Auffassung, dass der verfassungsändernde Gesetzgeber nur Einzelbestimmungen („Verfassungsgesetze"), nicht jedoch die „Verfassung" als Gesamt-Entscheidung über Form und Art der politischen Einheit ändern könne, dass vielmehr deren „Identität und Kontinuität" gewahrt bleiben müsse.[105] Neben dem aus der historischen Situation heraus zu erklärenden Bestreben, eine legale Verfassungsbeseitigung nach dem Muster von 1933 zu verhindern und Gegner der Verfassung in die Illegalität zu drängen,[106] liegt in dieser Theorie eine wichtiger Hintergrund

---

[97] BT, Art. 121.

[98] BR, Art. 51 Abs. 2, 3.

[99] So der BT-Ausschuss für GO und Immunität, BT-Drs. I/4454, entgegen einer ursprünglich anderen Auffassung von BT-Präs. *Ehlers,* BT-Prot. I/1288 D – 1289 A; dazu *Bryde,* Verfassungsentwicklung, 1982, 358 ff.; *Hain* in MKS Rn. 26; *Dietlein* BeckOK GG Rn. 13; *Sannwald* in SHH Rn. 31; *Augsberg* in Kluth/Krings Rn 27.

[100] Vgl. aber Verf. von Mecklenburg-Schwerin, 1920, Vorspruch zum Abschnitt Grundrechte; zu den LVerf. nach 1945: *Dreier* in Dreier Rn. 13; *Evers* in BK Rn. 26 ff.; *Möller,* Die verfassungsgebende Gewalt des Volkes und die Schranke der Verfassungsrevision, 2004, 121 ff.

[101] Vgl. dazu *Bryde,* Verfassungsentwicklung, 1982, 49 ff.; *Haug,* Die Schranken der Verfassungsrevision, 1947, 179 ff.; *Zülch,* Das Verbot von Verfassungsänderungen nach dem Bonner Grundgesetz, 1957, 38 ff.; *Evers* in BK Rn. 23 ff.; *Dreier* in Dreier Rn. 12; *Vismann* in AK Rn. 9; *Wittekindt,* Materiell-rechtliche Schranken von Verfassungsänderungen im deutschen und französischen Recht, 1999.

[102] Inzwischen sind derartige Schranken für den verfassungsändernden Gesetzgeber häufig: vgl. *Jackson,* Unconstitutional Constitutional Amendments, FS f. Bryde, 2013, 47 ff.

[103] Dazu *Huber,* Dt. Verfassungsgeschichte seit 1789, Bd. II, 2. Aufl. 1968, 803.

[104] Dazu *Ehmke,* Grenzen der Verfassungsänderung, 1953, 19 ff.; *Haug,* Die Schranken der Verfassungsrevision, 1947, 184 ff.; *Evers* in BK Rn. 13.

[105] *Schmitt,* Verfassungslehre, 1928, 102 ff.

[106] Zur Diskussion im ParlRat vgl. *Bryde,* Verfassungsentwicklung, 1982, 240 f. mwN; *Evers* in BK I.; *Möller,* Die verfassungsgebende Gewalt des Volkes und die Schranke der Verfassungsrevision, 2004, 126 ff.; *Vismann* in AK Rn. 22.

des Art. 79 Abs. 3, ohne die Schmitt'sche Theorie zu positivieren, was dessen Dezisionismus auch geradezu widersprechen würde.[107]

Die Frage, ob eine Verfassung **materielle Schranken** in der Art des Art. 79 Abs. 3 enthalten sollte, ist str.[108] Dabei leidet die Diskussion darunter, dass sie auf unterschiedlichen Argumentationsebenen geführt, und die Frage nach der Existenz materieller Schranken der Verfassungsänderung nicht immer von der Frage nach ihrer Positivierung unterschieden wird. Fragt man abstrakt, ob es dem historischen Verfassungsgeber erlaubt sein kann, nachfolgende Generationen zu binden, ohne zukünftige Lagen voraussehen zu können, so kann die Antwort im Grunde nur negativ sein.[109] Das Problem stellt sich anders, wenn man die Frage auf den Inhalt von Art. 79 Abs. 3 bezieht. Ein Teil der in dieser Vorschrift für unberührbar erklärten Grundsätze, insbes. Menschenwürde und Demokratie, haben eine so hohe Evidenz, dass man kaum ihre selbst nur hypothetische Revidierbarkeit befürworten kann. Konsequenterweise wird daher Art. 79 Abs. 3 zT eine nur deklaratorische Bedeutung beigemessen. Das gilt sowohl für Anhänger der Lehre *Carl Schmitts,* die die Grundentscheidungen der Verfassung der Änderung entziehen,[110] wie auch für Befürworter materialer[111] oder naturrechtlicher[112] Schranken der Verfassungsänderung. Gleiches gilt für die hier vertretene Auffassung über die Schranken der verfassungsändernden Gewalt (→ Rn. 3–4). 33

Allerdings folgt aus der Bejahung von Grenzen der Verfassungsänderung nicht notwendig, dass sie in der Form des Art. 79 Abs. 3 positiviert und geschützt werden sollten.[113] Die genannten Grundsätze sind gerade deswegen als abstrakte Werte konsensfähig, weil konkret ganz unterschiedliche Inhalte mit ihnen verbunden werden. Sie sind offen und auslegungsbedürftig, so dass die Gefahr besteht, dass die Grenzen über die Entscheidung des Verfassunggebers ausgedehnt werden (→ Rn. 64). Diese Auslegung ist vor allem Sache des BVerfG. Damit wird Art. 79 Abs. 3 zum **Kompetenzproblem.** Durch diese Vorschrift wird das Gericht zur letzten Instanz eines auf Volkssouveränität gegründeten Gemeinwesens, während in anderen Ländern mit Verfassungsgerichtsbarkeit der verfassungsändernde Gesetzgeber richterliche Verfassungsfortbildung (→ Rn. 11) zumindest für die Zukunft durch eigene Entscheidungen ersetzen kann. Diese Problematik hat die Auslegung der Vorschrift (→ Rn. 36 f.) wie sein Verhältnis zu Art. 146 (→ Rn. 3) grundlegend zu beeinflussen. 34

---

[107] Zu den Differenzen zwischen der Auffassung von *Schmitt* und der Lösung des Parlamentarischen Rates: *Bryde,* Verfassungsentwicklung, 1982, 236; *Vismann* in AK Rn. 22.

[108] Vgl. die Nachw. insbes. zur älteren Lit. bei *Ehmke,* Grenzen, Grenzen der Verfassungsänderung, 1953, 19 ff.; *Weber,* Die materiellen Schranken für die Änderung des Bonner Grundgesetzes und Art. 79 Abs. 3 GG, 1954, 48 ff.; *Zülch,* Das Verbot von Verfassungsänderungen nach dem Bonner Grundgesetz, 1957, 65 ff.

[109] *Jellinek,* Grenzen der Verfassungsgesetzgebung, 1931, 23; *Loewenstein,* Über Wesen, Technik und Grenze der Verfassungsänderung, 1961, 46 f.; *Tomuschat,* Verfassungsgewohnheitsrecht?, 1972, 110; *Siegenthaler,* Die materiellen Schranken der Verfassungsrevision als Problem des positiven Rechts, 1970, 185; *Wolff* GS f. Jellinek, 1955, 50; *Harbich,* Der Bundesstaat und seine Unantastbarkeit, 1965, 99 f.; *Ipsen,* Über das Grundgesetz, 1950, 28; *Zülch,* Das Verbot von Verfassungsänderungen nach dem Bonner Grundgesetz, 1957, 122; *Ridder* in AK, 2. Aufl. 1989, Rn. 28.

[110] *Henke,* Die verfassungsgebende Gewalt des Deutschen Volkes, 1957, 140.

[111] *Ehmke,* Über Wesen, Technik und Grenze der Verfassungsänderung, 1961, 99 f.; Hesse VerfR Rn. 703.

[112] *Herdegen* in Maunz/Dürig Rn. 12.

[113] Vgl. *Haug,* Die Schranken der Verfassungsrevision, 1947, 190 ff.

35 **2. Eine Änderung dieses Grundgesetzes (durch welche … berührt werden) ist unzulässig. GG-Änderungen, die gegen Art. 79 Abs. 3 verstoßen, sind unzulässig.** Zwar tendieren einige Gegner von Ewigkeitsklauseln dazu, ihre Unwirksamkeit wegen Unmöglichkeit oder wegen Kompetenzüberschreitung des Verfassungsgebers anzunehmen.[114] Aber diese Argumente sind allenfalls für die Frage von Bedeutung, ob Art. 79 Abs. 3 seinerseits revidierbar ist (→ Rn. 36). Zumindest solange der verfassungsändernde Gesetzgeber Art. 79 Abs. 3 selbst unberührt lässt, akzeptiert er die aus dieser Vorschrift folgenden Begrenzungen seiner Revisionsgewalt. Verfassungsändernde Gesetze sind daher an Art. 79 Abs. 3 zu messen und sind nichtig, wenn sie gegen diese Vorschrift verstoßen.[115]

36 Sehr viel schwieriger ist die Frage nach der **Abänderbarkeit von Art. 79 Abs. 3** zu beantworten.[116] Verfassungstheoretische und naturrechtliche Begründungen materieller Schranken der Verfassungsänderung (→ Rn. 34) sind für diese Frage unergiebig, da sie zwar die Unantastbarkeit einiger der in Art. 79 Abs. 3 genannten Verfassungsgrundsätze postulieren, aber nicht zwingend die in dieser Vorschrift gefundene Art ihres Schutzes fordern. Die Aufhebung oder Einschränkung des Art. 79 Abs. 3 ist nicht identisch mit der Beseitigung der in ihm enthaltenen Prinzipien, sondern überträgt deren Schutz vom BVerfG auf den verfassungsändernden Gesetzgeber. Ein als revidierbar verstandener Art. 79 Abs. 3 ist auch nicht entwertet oder gar wertlos,[117] da es politisch sehr viel schwerer (wenn nicht unmöglich) ist, eine 2/3-Mehrheit für seine Revision zu finden als für seine Verletzung im Einzelfall. Das BVerfG dürfte Bewegungsfreiheit gewinnen, wenn es von der Revidierbarkeit des Art. 79 Abs. 3 ausginge, da es der 2/3-Mehrheit der Volksvertretung gegenüber nicht die Unzulässigkeit einer bestimmten Maßnahme „auf ewig" behaupten müsste, sondern sie auf die Möglichkeit der Änderung des Art. 79 Abs. 3 verweisen könnte. Damit dürfte die Maßnahme in Praxis verhindert sein, ohne dass das BVerfG sich das „letzte Wort" anmaßen müsste. Gerade der Verzicht auf die Absolutheit des Art. 79 Abs. 3 würde ihm möglicherweise Effektivität geben. Trotzdem würde eine Änderung des Art. 79 Abs. 3 die Kompetenzen des verfassungsändernden Gesetzgebers überschreiten, da das Konzept einer justiziablen Schranke auch der verfassungsändernden Gewalt Teil der – gerade auf die Verhinderung des Machtmissbrauchs mit Hilfe der Dritten Gewalt gerichteten – Identität der grundgesetzlichen Ordnung ist und daher nur zur Disposition des pouvoir

---

[114] *Jellinek,* Grenzen der Verfassungsgesetzgebung, 1931, 23; *Tomuschat,* Verfassungsgewohnheitsrecht?, 1972, 110; *Siegenthaler,* Die materiellen Schranken der Verfassungsrevision als Problem des positiven Rechts, 1970, 185.

[115] BVerfGE 30, 1 (24); 84, 90 (120 f.); 94, 49 (102 f.); 109, 279 (310 f.); *Dreier* in Dreier Rn. 14; *Hain* in MKS Rn. 41; *Dietlein* in BeckOK GG Rn. 18; *Sannwald* in SHH Rn. 38; *Stern,* StaatsR I, 2. Aufl. 1984, § 5 IV 3; *Bachof,* Verfassungswidrige Verfassungsnormen, 1951, 8; *Dürig* FS f. Maunz, 1971, 42; *Evers* in BK Rn. 107; *Badura* in HdbStR VII, § 160 Rn. 29.

[116] Nicht abänderbar: *Dreier* in Dreier Rn. 59; *Pieroth* in Jarass/Pieroth Rn. 10; *Lücke/Sachs* in Sachs Rn. 80; *Hain* in MKS Rn. 41; *Herdegen* in Maunz/Dürig Rn. 77; *Dietlein* in BeckOK GG Rn. 19; *Stern,* StaatsR I, 2. Aufl. 1984, § 4 II 2a, j; *v. Münch,* Staatsrecht I, 6. Aufl. 2000, Rn. 90; *Ehmke,* Grenzen der Verfassungsänderung, 1953, 101; *Hesse* VerfR Rn. 707; *Murswiek,* Die verfassungsgebende Gewalt nach dem Grundgesetz für die Bundesrepublik Deutschland, 1978, 246 ff.; *Badura* in HdbStR VII § 160 Rn. 28; aA *Haug,* Die Schranken der Verfassungsrevision, 1947, 182 f.; *Tomuschat,* Verfassungsgewohnheitsrecht?, 1972, 110.

[117] So *Ehmke,* Grenzen der Verfassungsänderung, 1953, 101; *Hesse* VerfR Rn. 707.

constituant steht.[118] Der verfassungsändernde Gesetzgeber könnte jedoch die Voraussetzungen für das Tätigwerden des pouvoir constituant schaffen (→ Rn. 3), der dann auch Art. 79 Abs. 3 ändern könnte.[119]

Art. 79 Abs. 3 ist eng auszulegen.[120] Eine extensive, alle Ausprägungen der genannten Grundsätze in den Schutzbereich einbeziehende Auslegung müsste zu einer umfassenden Kontrolle des BVerfG über Rechts- und Verfassungsentwicklung der Bundesrepublik führen, wie sie mit dem Grundsatz der Volkssouveränität unvereinbar wäre. Diese restriktive Auslegung muss bei Abs. 3 ansetzen, nicht den in ihm genannten Grundprinzipien,[121] damit diese nicht aus Rücksicht („judicial restaint") auf den verfassungsändernden Gesetzgeber für den „Alltagsgebrauch" entwertet werden. Im „Abhörurteil"[122] hat das BVerfG die Bedeutung des Abs. 3 dadurch stark reduziert, dass es seinen Sinn darauf beschränkt hat, „zu verhindern, dass die geltende Verfassungsordnung in ihrer Substanz, in ihren Grundlagen auf dem formal-legalistischen Weg eines verfassungsändernden Gesetzes beseitigt und zu nachträglicher Legalisierung eines totalitären Regimes missbraucht werden kann".[123] Von diesem Ansatz aus ist nur die „prinzipielle Preisgabe" der Grundsätze verboten. Wird ihnen „im allgemeinen Rechnung getragen", so sind sie als Grundsätze nicht berührt, wenn sie für eine Sonderlage aus „evident sachgerechten Gründen (bzw. „systemimmanent") modifiziert werden".[124] In dieser Auslegung hat Abs. 3 im Grunde nur für den Fall der Revolution Bedeutung, die er ohnedies nicht verhindern kann (→ Rn. 3). Demgegenüber ist festzuhalten, dass **Abs. 3 auch für den (irrenden) verfassungsloyalen Gesetzgeber gilt.**[125] Die Analyse des unantastbaren Kernbereichs der einzelnen geschützten Grundsätze (→ Rn. 31 ff.) muss daher versuchen, einen Mittelweg zwischen der Minimalisierung des Abs. 3 und „normative[n] Zementierungen"[126] zu finden, die dem (verfassungsändernden) Gesetzgeber keinen Spielraum für die Bewältigung neuer Lagen lassen. In seiner neueren Rechtsprechung zum Art. 79 Abs. 3 hält das BVerfG zutreffend am zweiten Teil der Abhörentscheidung fest und erlaubt dem verfassungsändernden Gesetzgeber die geschützten Grundsätze „aus sachgerechten Gründen zu modifizieren", wiederholt aber ebenso zutreffend nicht die Aussage, nur die „prinzipielle Preisgabe" sei verboten.[127] Dieser Ansatz erlaubt ein abgewogenes Prüfungsprogramm.[128] Wichtiges Instrument ist dabei insbesondere die **Verfas-** 37

[118] *Bryde,* Verfassungsentwicklung, 1982, 251.

[119] AA *Murswiek,* Die verfassungsgebende Gewalt nach dem Grundgesetz für die Bundesrepublik Deutschland, 1978, 250 ff., Pflicht der Verfassungsorgane, Tätigwerden des pouvoir constituant zu verhindern.

[120] BVerfGE 30, 1 (25) – so auch das Minderheitsvotum, BVerfGE 30, 1 (38); 80, 90 (121); *Augsberg* in Kluth/Krings Rn 41; *Dreier* in Dreier Rn. 19; *Meyn,* Kontrolle als Verfassungsprinzip, 1982, 182; *Dietlein* in BeckOK GG Rn. 3; aA *Häberle* JZ 1971, 145 (150); *Alberts,* Die Änderungsbefugnisse der Legislative im Bereich der Verfassungsgerichtsbarkeit, 1972, 29 ff.; vgl. auch *Evers* in BK Rn. 152, 156; *Lücke/Sachs* in Sachs Rn. 26.

[121] Vgl. auch *Hain,* Die Grundsätze des Grundgesetzes, 1999, 165 ff.; *Hain* in MKS Rn. 49 ff.: „Absoluter Gehalt der Prinzipien – Relationale Ermittlung ihrer Berührung".

[122] BVerfGE 30, 1.

[123] BVerfGE 30, 1 (24).

[124] BVerfGE 30, 1 (24).

[125] *Dürig* FS f. Maunz, 1971, 47; BVerfGE 30, 1 (38) – Minderheitsvotum.

[126] *Herdegen* in Maunz/Dürig Rn. 80.

[127] BVerfGE 84, 90 (121); 94, 49 (103); 30, 1(24).

[128] So auch *Dreier* in Dreier Rn. 19.

sungsvergleichung, die für die vielfältigen Konkretisierungen demokratischer Verfassungsstaatlichkeit sensibilisiert.[129]

38 Das BVerfG hat die Entscheidungsgprärogative des verfassungsändernden Gesetzgebers und die eigene Wächterrolle für die Wahrung der Verfassungsprinzipien insbesondere dadurch zum Ausgleich gebracht, dass es Verfassungsänderungen mit Hilfe **„verfassungskonformer Auslegung"** in Übereinstimmung mit Art. 79 Abs. 3 gebracht hat. Das BVerfG hat dieses Instrument erstmals im Abhörurteil eingesetzt[130] und dafür viel Kritik gefunden.[131] Es hat jedoch an dieser Praxis festgehalten, und in der Asylentscheidung sogar die vollständige Beseitigung eines Grundrechts für möglich gehalten, weil der von Art. 1 Abs. 1 geforderten Menschenwürdekern des Schutzes von Asylbewerbern unmittelbar Art. 1 entnommen werden kann.[132] In der Entscheidung zur akustischen Wohnraumüberwachung hat es die Änderung des Art. 13 deshalb akzeptiert, weil es dessen Menschenwürdekern durch Auslegung der neu gefassten Verfassungsvorschrift im Lichte von Art. 1 Abs. 1 als gewahrt ansieht.[133] An dieser Rechtsprechung ist zutreffend, dass auch dem verfassungsändernden Gesetzgeber ein Vorschuss an Vertrauen zu gewähren ist, dh man muss davon ausgehen, dass er kein verfassungswidriges Verfassungsrecht schaffen will. Zumindest die **„Art. 79 Abs. 3 konforme Auslegung"** eines verfassungsändernden Gesetzes ist daher nicht nur unbedenklich, sondern geboten. Darüber hinaus ist aber richtig und unter systematischen Gesichtspunkten sogar zwingend, dass auch eine geänderte Fassung des GG, solange der verfassungsändernde Gesetzgeber Art. 1 u. 20 unberührt lässt, im Lichte dieser Verfassungsprinzipien auszulegen ist. Damit wird der Geltungsbereich von Art. 79 Abs. 3 nicht unzulässig eingeschränkt.[134] Dass eine verfassungsgerichtliche Verwerfung einer Verfassungsänderung damit zum seltenen Ausnahmefall werden dürfte, ist wegen der Ausnahmenatur von Art. 79 Abs. 3 zu begrüßen. Gleichzeitig schafft sich aber das BVerfG unterhalb eines solchen schwerwiegenden und hoch problematischen Eingriffs in den politischen Prozess die Möglichkeit, die Einhaltung der in Art. 79 Abs. 3 geschützten Grundprinzipien auch im Prozess der Verfassungsänderung zu wahren.

39 Diese gebotene enge Auslegung des Art. 79 Abs. 3 ist dadurch gefährdet, dass der Vorschrift seit dem Maastricht-Urteil des BVerfG[135] eine zusätzlich Funktion als Integratiosschranke im Prozess der europäischen Einigung gegeben wurde, die nunmehr auch in Art. 23 Abs. 1 normiert ist. Dabei ist, zum Beispiel im Lissabon-Urteil[136], eine Tendenz zu erkennen, in diesem Fall nicht die gleiche Zurückhaltung zu üben, wie gegenüber dem verfassungsändernden Gesetzgeber.

40 **3. Die Gliederung des Bundes in Länder.** Durch die Garantie der „Gliederung des Bundes in Länder" sind **weder Grenzen noch** auch nur **Bestand der augenblicklich existierenden Bundesländer garantiert.**[137]

---

129 *Hain* in MKS Rn. 58.

130 BVerfGE 30, 1 (17 ff.); 34, 9 (21).

131 BVerfGE 30, 1 (34) – Minderheitsvotum; *Rupp* NJW 1971, 275; *Häberle* JZ 1971, 145 (148); *Erichsen* VerwArch 62 (1971), 231.

132 BVerfGE 94, 49 (103).

133 BVerfGE 109, 279.

134 So aber diss op. BVerfGE 109, 279 (389).

135 BVerfGE 89,155.

136 BVerfGE 123, 267.

137 BVerfGE 1, 14 (48) – Süd-West-Staat.

Das GG selbst geht in dieser Hinsicht von Änderungen aus (Art. 29). Art. 79 Abs. 3 verlangt jedoch das Fortbestehen mehrerer Länder, wobei die in der Literatur gelegentlich als ausreichend bezeichnete Reduzierung auf zwei Länder[138] nicht nur unrealistisch, sondern auch unzulässig sein dürfte, da ein dualistischer Staatsaufbau gegenüber der bundesstaatlichen Ordnung kein minus, sondern ein aliud ist.[139]

Darüber hinaus beinhaltet die Vorschrift die **Garantie der bundesstaatlichen Ordnung,** die auch aus der Garantie der „in den Artikeln 1 und 20 niedergelegten Grundsätze" („demokratischer und sozialer Bundesstaat") folgt. Der Inhalt dieser Garantie kann nicht von einem abstrakten Bundesstaatsprinzip her erschlossen werden, sondern nur von der **Bundesstaatskonzeption des GG.**[140] Das Bundesstaatsprinzip muss daher im Zusammenhang mit Demokratiegebot und Rechtsstaatsprinzip gesehen werden.[141] Garantiert ist der **Bestand „einer Mehrzahl von Zentren demokratisch-legitimer Entscheidung",**[142] denn dieser trägt zur („vertikalen") Gewaltenteilung bei und erhöht die Möglichkeiten demokratischer Partizipation.[143] Art. 79 Abs. 3 sichert daher den Ländern ein Mindestmaß an Eigenständigkeit, dh eigene Entscheidungskompetenzen in Gesetzgebung, Verwaltung und Rechtsprechung und eine eigene Finanzausstattung.[144] Die Kompetenzen der Länder sind nicht an die augenblicklichen Gesetzgebungs- und Verwaltungskataloge gebunden und es ist bis zu einem gewissen Grade offen, auf welchen Gebieten den Ländern Kompetenzen eingeräumt werden. 41

Trotz einer gewissen Austauschbarkeit in der Kompetenzausstattung der Länder gibt es jedoch ein **unentziehbares „Hausgut"** der Länder, zu dem „die freie Bestimmung über (ihre) Organisation einschließlich der in der Landesverfassung enthaltenen organisatorischen Grundentscheidungen sowie die Garantie der verfassungskräftigen Zuweisung eines angemessenen Anteils am Gesamtsteueraufkommen im Bundesstaat" gehören.[145] 42

Die Schuldenbremse in Art. 109 n. F. mit ihren strikten Vorgaben für die Länder lässt von ihrer Eigenstaatlichkeit nur noch wenig über. Nur wegen der hier vertretenen engen Auslegung (→ Rn. 38) ist sie noch nicht als Verletzung des Art. 79 Abs. 3 anzusehen.[146] 43

4. Die grundsätzliche Mitwirkung der Länder bei der Gesetzgebung. Da das Recht eigener Landesgesetzgebung bereits in der Garantie der Bundesstaatlichkeit enthalten ist, bezieht sich die selbständige Garantie der Mitwirkung bei der Gesetzgebung vor allem[147] auf die **Gesetzgebung des Bundes,** an der die Länder zzt. durch den BR mitwirken (Art. 50). Dabei gibt es auch hier **keine Garantie des augenblicklichen Umfangs des Mitwirkungsrechts der Länder.** Die Einteilung in Einspruchs- und 44

---

[138] *Dietlein* in BeckOK GG Rn. 24.

[139] *Dreier* in Dreier Rn. 21.

[140] *Hesse* AöR 98 (1973), 1 (6 f.).

[141] *Evers* in BK Rn. 210.

[142] *Hesse* AöR 98 (1973), 1 (14).

[143] *Hesse* AöR 98 (1973), 1 (12 ff.); *v. Simson* VVDStRL 29 (1971), 20.

[144] BVerfGE 34, 9 (19 f.); *Hesse* AöR 98 (1973), 1 (14 ff.); *Herdegen* in Maunz/Dürig Rn. 93 ff.; *Dreier* in Dreier Rn. 22; *Evers* in BK Rn. 214; *Stern,* StaatsR I, 2. Aufl. 1984, § 5 IV 5a; *Meyn,* Kontrolle als Verfassungsprinzip, 1982, 227.

[145] BVerfGE 34, 9 (20).

[146] So aber *Fassbender* NVwZ 2009, 737; *Schneider,* Gutachten, Föderalismuskommission II, Drs. 134; zur Diskussion vgl. auch *Kube* in Maunz/Dürig Art. 109 Rn. 118.

[147] *Hesse* AöR 98 (1973), 1 (18): nur.

Zustimmungsgesetze kann verändert werden;[148] es dürfte sogar möglich sein, die Kategorie der Zustimmungsgesetze ganz abzuschaffen.[149] Auch die **Zusammensetzung des BRates ist nicht garantiert.**[150] Aus dem Erfordernis der Mitwirkung der „Länder" wird zu Unrecht gefolgert, dass eine **„Senatslösung"**, in der die zweite Kammer durch vom Volk gewählte Abgeordnete gebildet wird, **unzulässig** ist,[151] jedoch sind auch andere Modelle denkbar, die die Mitglieder der zweiten Kammer als Vertreter „der Länder" ausweisen.[152]

45 **5. Die in Art. 1 ... niedergelegten Grundsätze.** Der **Wortlaut von Art. 1 ist in seinem Schutzanspruch so absolut** („unantastbar", „unverletzlich", „unveräußerlich"), dass eine Differenzierung zwischen der Verfassungsänderung zugänglichem Gehalt und nach Art. 79 Abs. 3 unberührbaren „Grundsätzen" kaum möglich erscheint.[153] Trotzdem ist es **bedenklich, Art. 1 unverkürzt** und nicht nur in einem „Kerngehalt" **in den Schutzbereich von Art. 79 Abs. 3 aufzunehmen,** und zwar gerade auch wegen der Effektivität von Art. 1. Der Gehalt von Art. 1 und die nach Art. 79 Abs. 3 unantastbaren Grundsätze dieses Artikels könnten nämlich nur dann vollständig zur Deckung gebracht werden, wenn man Art. 1 so eng interpretiert wie Art. 79 Abs. 3. Wenn das BVerfG im Abhörurteil die Menschenwürde nur als verletzt ansieht, wenn der Mensch „einer Behandlung ausgesetzt wird, die seine Subjektqualität prinzipiell in Frage stellt", eine Behandlung, in der „eine willkürliche Missachtung der Würde des Menschen liegt" und die „Ausdruck der Verachtung des Wertes (ist), der dem Menschen kraft seines Personseins zukommt",[154] verletzt in der Tat jeder Verstoß gegen Art. 1 automatisch Art. 79 Abs. 3. Diese Auslegung ist jedoch in jedem Fall **zu eng.**[155] Insbesondere ist das vom BVerfG eingeführte **subjektive Element abzulehnen,** da die Menschenwürde auch nicht „in guter Absicht" verletzt werden darf.[156] Die Formel, der Mensch dürfe nicht zum **„bloßen Objekt"** gemacht, „wie ein Gegenstand" behandelt werden,[157] ist zwar ihrerseits ausfüllungsbedürftig, gibt aber Kriterien für die Konkretisierung des Menschenwürdegrundsatzes. Menschen sind zwar in vielfältiger Hinsicht auch Objekt, in der Ordnung des GG sind sie aber **nicht bloßes Objekt,** da sie an der staatlichen Willensbildung selbst beteiligt sind (Demokratie) und

---

[148] *Herdegen* in Maunz/Dürig Rn. 100; *Dietlein* in BeckOK GG Rn. 25; *Harbich,* Der Bundesstaat und seine Unantastbarkeit, 1965, 135; *Elgeti,* Inhalt und Grenzen der Föderativklausel des Art. 79 III GG, 1968, 72 f.

[149] So auch *Lücke/Sachs* in Sachs Rn. 46; *Hain* in MKS Rn. 134; *Herdegen* in Maunz/Dürig Rn. 100.

[150] *Herdegen* in Maunz/Dürig Rn. 101.

[151] *Harbich,* Der Bundesstaat und seine Unantastbarkeit, 1965, 133 f.; *Evers* in BK Rn. 220; wie hier *Sachs* in Sachs Rn. 45; *Dreier* in Dreier Rn. 24; *Hain* in MKS Rn. 133; *Rubel* in Umbach/Clemens Rn. 35; *Dietlein* in BeckOK GG Rn. 25; *Stern,* StaatsR I, 2. Aufl. 1984, § 5 IV 5a; *Hesse* AöR 98 (1973), 1 (38 f.); *Elgeti,* Inhalt und Grenzen der Föderativklausel des Art. 79 III GG, 1968, 69 ff; *Herdegen* in Maunz/Dürig Rn. 104 verlangt bei einem Senatsmodell eine Ergänzung durch andere Formen der Mitwirkung, die den Ländern als Gebietskörperschaften Einfluss verschafft.

[152] Noch weitergehend *Meyn,* Kontrolle als Verfassungsprinzip, 1982, 228 f., der auch eine Mitwirkung an der Gesetzgebung ohne bes. Organ ausreichen lässt.

[153] Vgl. Bryde, Verfassungsentwicklung, 1982, S. 244 f.

[154] BVerfGE 30, 1 (26).

[155] BVerfGE 30, 1 (39 ff.) – Minderheitsvotum; *Häberle* JZ 1971, 145 (151 ff.); *Erichsen* VerwArch 62 (1971), 296.

[156] BVerfGE 30, 1 (40) – Minderheitsvotum.

[157] BVerfGE 30, 1 (40) – Minderheitsvotum; 27, 1 (6); → Art. 1 Rn. 33.

sich gegen Eingriffe wehren können (Grundrechte, Rechtsstaat). Damit sie nicht bloßes Objekt der Verhältnisse werden, müssen ihre materiellen Grundbedürfnisse gewährleistet sein (Sozialstaat). Schließlich muss gerade in einer Zeit wachsender sozialer Abhängigkeit ein letzter unantastbarer Bereich menschlicher Freiheit verbleiben,[158] was vor allem den absoluten Schutz einer Intimsphäre und weitestgehende Glaubens-, Gewissen- und Meinungsfreiheit verlangt.

Ein so umschriebener **Schutzbereich von Art. 1 bedarf** im Einzelfall **der Konkretisierung.**[159] Diese ist in erster Linie Sache des Verfassungsgebers (→ Rn. 37), dann die des Gesetzgebers und anderer Staatsorgane. Ein unterschiedlicher Schutzbereich von Art. 1 und Art. 79 Abs. 3 ergibt sich dabei aus einer **unterschiedlichen „Konkretisierungskompetenz"**[160] der handelnden Organe. Kommt die Verletzung der Menschenwürde durch den originären Verfassungsgeber selbst einer „praktischen Unmöglichkeit" nahezu gleich,[161] so kann für den verfassungsändernden Gesetzgeber zwar nicht die gleiche, fast absolute Richtigkeitsvermutung gelten,[162] aber gegenüber der qualifizierten Mehrheit der Volksvertretung ist doch äußerste Zurückhaltung geboten (→ Rn. 29). Dem einfachen Gesetzgeber und noch mehr Exekutive und Judikative kann das BVerfG in sehr viel stärkerem Maße seine eigene Konkretisierung von Art. 1 entgegenhalten. Die Grenzen, die Art. 1 diesen Staatsorganen setzt, gelten daher nicht zwingend auch für den verfassungsändernden Gesetzgeber, der in stärkerem Maße selbst zur Konkretisierung des Menschenwürdegrundsatzes berechtigt ist. Das gilt erst recht für die Funktion des Menschenwürdeprinzips als „tragendem Konstruktionsprinzip" des GG[163] Auslegungsmaxime für die gesamte Rechtsordnung zu sein. Solche Ausprägungen des Menschenwürdegrundsatzes, etwa die Ehrenschutzjudikatur des BGH oder die unter Heranziehung von Art. 1 Abs. 1 gebildeten „Tochtergrundrechte" des Art. 2 Abs. 1,[164] unterfallen nicht der Ewigkeitsgarantie des Art. 79 Abs. 3.[165] **46**

Der Wortlaut des Bekenntnisses zu Menschenrechten in Abs. 2 („darum", „unverletzlich und unveräußerlich") macht deutlich, dass hier unmittelbar aus dem Grundsatz der Menschenwürde fließende Rechte gemeint sind. Gleichzeitig knüpft das GG an die kurz zuvor (1948) beschlossene universelle Erklärung der Menschenrechte der Vereinten Nationen an, öffnet das GG für die internationalen Menschenrechte[166] und enthält ein Bekenntnis, am dynamischen Prozess internationaler Menschenrechtsentwicklung mitzuarbeiten.[167] Das BVerfG sieht darüber hinaus in Abs. 2 zusammen mit Abs. 3 die von der Literatur bisher überwiegend in Abs. 1 oder 3 verortete[168] Garantie einer menschenwürdigen (Mindest-)Grundrechtsordnung.[169] Die **47**

---

[158] BVerfGE 6, 32 (41); 27, 1 (6); 27, 344 (350 f.); 32, 373 (378 f.); 35, 35 (39); 54, 148 (153); 72, 155 (170).

[159] BVerfGE 109, 279 (310), 115, 118 (153).

[160] Dazu *Bryde,* Verfassungsentwicklung, 1982, 299 ff.

[161] BVerfGE 3, 225 (233).

[162] *Dürig* FS f. Maunz, 1971, 42 f.

[163] BVerfGE 12, 45 (53).

[164] Vgl. → Art. 2 Rn. 58 ff.

[165] Eine fruchtbare Unterscheidung zwischen änderungsfestem Minimalbereich und Optimierungsbereich der in Art. 79 Abs. 3 geschützten Grundrechte bei *Rubel* in Umbach/Clemens Rn. 28.

[166] *Denninger* JZ 1998, 1129 (1130 ff.); *Frowein* DÖV 1998, 806 (808).

[167] → Art. 1 Rn. 62.

[168] Das übersieht *Brenner* Der Staat 32 (1993), 493 (500, Fn. 33).

[169] BVerfGE 84, 90 (121); 94, 49 (103).

Bezugnahme auf das Ziel des „Friedens" in dieser Vorschrift erlaubt, die – dem Menschenwürdegrundsatz wohl auch unmittelbar entnehmbare – „Friedensstaatlichkeit" des GG[170] auch dem Schutz des Art. 79 Abs. 3 zu unterstellen.

48 Der **Grundsatz der Menschenwürde** ist **vom Verfassungsgeber** in vielfacher Weise **konkretisiert** worden, so dass sich die Frage nach dem Verhältnis dieser Konkretisierungen und Art. 79 Abs. 3 stellt. Während die Ausprägungen des Menschenwürdegrundsatzes in Demokratie, Rechts- und Sozialstaatsprinzip als „Grundsätze des Art. 20" selbständig geschützt sind, gilt das besonders für die **Grundrechte.** Der einfachste Weg, sie über Art. 1 Abs. 3 in vollem Umfang als miterfasst anzusehen,[171] widerspricht dem eindeutigen Wortlaut von Art. 79 Abs. 3, der von Art. 1 u. 20, nicht Art. 1–20 spricht. Andererseits bleibt der Schutz der „Menschenwürde" ohne die Konkretisierung, die sie in den Einzelgrundrechten gefunden hat, inhaltsleer. Die Grundrechte sind daher unantastbar, soweit sie notwendiger Bestandteil der Menschenwürde sind, dh in ihrem **„Menschenwürdegehalt".**[172] Die Grundrechtsverbürgungen sind „insoweit einer Einschränkung entzogen, als sie zur Aufrechterhaltung einer dem Art. 1 Abs. 1 u. 2 entsprechenden Ordnung unverzichtbar sind".[173] Dieser Menschenwürdegehalt ist nicht identisch mit dem „Wesensgehalt" des Art. 19 Abs. 2,[174] da die Verfassung auch Grundrechte gewähren kann, die von der Menschenwürde nicht geboten sind, die aber auch einen Wesensgehalt haben. So dürfte der „Wesensgehalt" von Art. 14 über seinen „Menschenwürdegehalt" hinausreichen. Daher wird auch Art. 19 Abs. 2 nicht durch Art. 79 Abs. 3 geschützt.[175] Die die Intimsphäre schützenden Grundrechte (Art. 4, 10, 13) sind dagegen besonders umfassend geschützt. Eine zentrale Bedeutung für die Subjekt- und nicht bloße Objektqualität des Bürgers hat der Schutz gegen rechtswidrigen Zwang, insbes. Verhaftung, wie er sich in Art. 2 Abs. 2, 103 und 104 („Justizgrundrechte") findet. Auch der Kern des Asylgrundrechts – der Schutz gegen Abschiebung in Tod und Folter – hat Menschenwürdegehalt,[176] was jedoch nach Auffassung des BVerfG nicht den Schutz gerade durch ein Asylgrundrecht erfordert.[177] Die Grenzen, die das allgemeine Freiheitsrecht (Art. 2 Abs. 1) und der allgemeine Gleichheitssatz (Art. 3 Abs. 1) dem verfassungsändernden Gesetzgeber ziehen, sind schwerer zu bestimmen, da es diesem im Prinzip freisteht, der „verfassungsmäßigen Ordnung" neue Beschränkungen einzufügen, und neue verfassungskräftige Differenzierungen zu begründen. Auch für Verfassungsänderungen gilt aber ein Willkürverbot,[178] dh eine willkürliche Einzelfallregelung wird nicht dadurch zulässig, dass sie in den Text des GG aufgenommen wird. Schließlich unterfallen die besonders hervorgehobenen Verbote willkürlicher Differenzierung in Art. 3 Abs. 2 u. 3

---

[170] Vgl. → Art. 26 Rn. 5 ff.

[171] Theorie der Kettenreaktion: *Wernicke* in BK, Erstbearb., Art. 1 Abs. 3, Erl. II 5b.

[172] *Herdegen* in Maunz/Dürig Rn. 115; *Dietlein* in BeckOK GG Rn. 30; *Stern,* StaatsR I, 2. Aufl. 1984, § 5 IV 5b δ; *Evers* in BK, 173; *Brenner* Der Staat 32 (1993), 493 (501); *Pieroth* in Jarass/Pieroth Rn. 10.

[173] BVerfGE 84, 90 (121); 94, 49 (103); 109, 279 (310).

[174] So aber *Dürig* FS f. Maunz, 1971, 49; wie hier *Herdegen* in Maunz/Dürig Rn. 115.

[175] *Evers* in BK Rn. 174.

[176] BVerfGE 54, 341 (357); 76, 143 (158); *Rothkegel* ZRP 1992, 222 (227); abw. *Brenner* Der Staat 32 (1993), 493 (511).

[177] BVerfGE 94, 49 (103).

[178] BVerfGE 84, 90 (121).

weitgehend dem Menschenwürdegehalt des Gleichheitssatzes. Da die Argumentation des BVerfG aus der Asylentscheidung[179] auf andere Grundrechte übertragbar ist, kann jedoch wohl nie ausgeschlossen werden, dass selbst das vollständige Streichen eines Grundrechts vor Art. 79 Abs. 3 mit der Begründung gerechtfertigt wird, dass der „Menschenwürdegehalt" in diesem Fall unmittelbar durch Art. 1 Abs. 1 garantiert wird.[180]

Die in Art. 1 Abs. 3 enthaltene Grundrechtsbindung aller staatlichen Gewalt verlangt einen **effektiven Schutz der Grundrechte.**[181] Dieser muss **nicht notwendig justizförmig** sein, andere Schutzeinrichtungen (Bürgerausschüsse, Ombudsmann, unabhängige Widerspruchsausschüsse und Kontrollorgane in der Verw.) können einen gleichwertigen Schutz bieten, so dass Art. 19 Abs. 4 nicht unantastbar ist.[182] Im Abhörurteil[183] hätte diese Gleichwertigkeit aber verneint werden müssen.[184] 49

6. In Art. 20 niedergelegte Grundsätze: Republik. Der Begriff **„Bundesrepublik"** in Art. 20 Abs. 1 bezeichnet nicht lediglich den Namen des deutschen Staates, sondern stellt auch ein **Bekenntnis zur republikanischen Staatsform** dar.[185] Damit ist die Berufung des Staatsoberhaupts durch Erbfolge („Monarchie"), darüber hinaus aber auch die Erblichkeit anderer Staatsämter ausgeschlossen. Der Gedanke der Republik lässt sich zwar nicht auf die „Nicht-Monarchie" verkürzen.[186] Aber soweit sich dem Prinzip iSd Art. 79 Abs. 3 geschützte Positionen entnehmen lassen, sind sie mit den hier unter Demokratie diskutierten (→ Rn. 40 ff.) identisch.[187] 50

7. In Art. 20 niedergelegte Grundsätze: Demokratie. Die **Grundentscheidung für die Demokratie** ist in Art. 20 sowohl in Abs. 1 als auch in Abs. 2 niedergelegt. Sie ist an vielen Stellen des GG konkretisiert, zB in Art. 38 (Wahl), Art. 21 (Parteien), im Staatsorganisationsrecht und in den „politischen" Grundrechten (Art. 5, 8, 9). Diese Konkretisierungen sind zwar nicht selbst Bestandteil der Ewigkeitsgarantie,[188] aber andererseits kann der Schutz des Art. 79 Abs. 3 nicht einem abstrakten Prinzip gelten, sondern muss dessen „Realbedingungen"[189] einschließen. 51

Unantastbar ist der **Grundsatz der Volkssouveränität**[190]: „Alle Staatsgewalt geht vom Volke aus". Für sich allein ist dieser Grundsatz jedoch wenig ergiebig. Er verlangt, dass **alles staatliche Handeln demokratisch legitimiert** sein muss, ohne im Einzelnen festzulegen, wie der Vermittlungsprozess zwischen Bürgerwillen und Staatshandeln organisiert zu sein hat. Insbesonde- 52

---

[179] BVerfG 94, 49 (103).

[180] Vgl. aber *Hain* in MKS Rn. 68.

[181] BVerfGE 30, 1 (40) – Minderheitsvotum; *Häberle* JZ 1971, 145 (153); *Dürig* FS f. Maunz, 1971, 49.

[182] BVerfGE 30, 1 (25); offen gelassen in BVerfGE 94, 49 (104); wie hier *Dreier* in Dreier Rn. 34; *Pieroth* in Jarass/Pieroth Rn. 11; *Bachof,* Verfassungswidrige Verfassungsnormen, 1951, 37 f.; *Schneider* FS f. Maunz, 1971, 353.

[183] BVerfGE 30, 1.

[184] BVerfGE 30, 1 (43 ff.) – Minderheitsvotum.

[185] *Dreier* in Dreier Rn. 35.

[186] Kritik an einer entsprechenden Tendenz bei *Frankenberg* in AK Art. 20 I Rn. 12 f.; *Frankenberg* in Bryde/Dubiel/Leggewie Triumph und Krise der Demokratie, 1995, 71 ff.

[187] Weshalb *Hain* in MKS Rn. 142 kein eigenständiges Schutzgut „Republik" im Rahmen des Art. 79 Abs. 3 anerkennt.

[188] *Kriele* VVDStRL 29 (1971), 47; *Schmitt* DÖV 1965, 433.

[189] *Kriele* VVDStRL 29 (1971), 47.

[190] Krit. zum Begriff *Kriele* VVDStRL 29 (1971) 52.

re darf er angesichts des weithin unbestrittenen Grundsatzes, dass mit Hilfe der Art. 20 und Art. 79 Abs. 3 nicht bestimmte dogmatische Demokratiekonzeptionen für unantastbar erklärt werden dürfen,[191] nicht „volksdemokratisch" iS einer Einsetzung eines kryptomonarchischen Staatsoberhaupts „Deutsches Volk" missverstanden werden.[192] Art. 79 Abs. 3 verbietet daher weder transnationale Demokratie (→ Rn. 64), noch die Beteiligung von Ausländern an der politischen Willensbildung (→ Rn. 53) und auch nicht partizipatorische oder selbstverwaltungsorientierte Demokratieformen, bei denen die Staatsgewalt nicht durch das Gesamtvolk, sondern Teile legitimiert wird, was schon aus der Bundesstaatlichkeit und der Selbstverwaltungsgarantie folgt. Das GG selbst nennt unterschiedliche Modelle: Abstimmungen, Wahlen und Handeln durch Repräsentanten, die ihrerseits gewählt oder von den Gewählten ernannt sein können. Das Verhältnis direktdemokratischer und repräsentativer Elemente bleibt ebenso unentschieden wie die Frage, welche Organe unmittelbar vom Volke gewählt, und welche Amtsträger von den Gewählten gewählt oder ernannt werden. Art. 79 Abs. 3 garantiert daher nicht das „parlamentarische System i. e. S.".[193] Ein Präsidialsystem und die Einführung weiterer Wahlämter wäre zulässig.

53 Besonders deutlich wurde die Überforderung des Begriffs der Volkssouveränität im Streit um das Ausländerwahlrecht.[194] Das BVerfG hat in seinen Entscheidungen zum **Ausländerwahlrecht**[195] dem GG eine einseitig nationalstaatlich verengte Demokratietheorie unterstellt, aber es hat immerhin vor einer Subsumtion des Verbots des (kommunalen) Ausländerwahlrechts unter Art. 79 Abs. 3 deutlich Abstand genommen.[196] Für EU-Ausländer ist es inzwischen in Art. 28 Abs. 1 S. 3 verwirklicht. Darauf bezogene Beschwerden hat das BVerfG im Maastricht-Verfahren für unzulässig erklärt.[197] Für Wahlen oberhalb der kommunalen Ebene nimmt eine verbreitete Lehre nicht nur (zu Unrecht) ein Verbot des Ausländerwahlrechts durch Art. 20 an,[198] sondern erstreckt dieses Verbot auch auf den verfassungsändernden Gesetzgeber.[199] Das ist schon deshalb nicht überzeugend, weil es Demokratien mit Ausländerwahlrecht auch auf staatlicher Ebene gibt und gab.[200]

54 Mit einer nur formalen Ableitbarkeit staatlichen Handelns von Entscheidungen des Volkes (eine Bedingung, die auch plebiszitäre Diktaturen erfüllen würden), ist das Demokratiekonzept des GG jedoch nicht hinreichend umschrieben. Das GG geht von einem **offenen Prozess politischer Willensbildung** aus, in dem die **Mehrheit** entscheidet und in der sich die Amtsträger

---

[191] Vgl. → Art. 20 Rn. 45.

[192] *Bryde* StWissStPr. 1994, 305 ff.; *Hain* in MKS Rn. 77.

[193] *Oppermann* VVDStRL 33 (1975), 18.

[194] Vgl. die Dokumentation *Isensee/Schmidt-Jortzig,* Das Ausländerwahlrecht vor dem BVerfG, 1993.

[195] BVerfGE 83, 37 – Schleswig-Holstein, BVerfGE 83, 60 – Hamburg.

[196] BVerfE 83, 37 (59).

[197] BVerfGE 89, 155 (179 f.).

[198] Vgl. die Nachweise → Art. 38 Rn. 36.

[199] *Isensee* VVDStRL 32 (1974), 49 (91 ff.); *Birkenheier,* Wahlrecht für Ausländer, 1976, 91; *Lamers,* Repräsentation und Integration der Ausländer in der BRD, 1977, 45; aA *Dreier* in Dreier Rn. 43; *Hain* in MKS Rn. 79; *Hain,* Grundsätze, 326 ff.; *Pieroth* in Jarass/Pieroth Rn. 11.

[200] Vgl. Nachw. bei *Bryde* in Isensee/Schmidt-Jortzig Das Ausländerwahlrecht vor dem BVerfG, 1993, 238 (251 ff.); zu den USA vgl. *Neumann,* „We are the people": alien suffrage in German and American perspective, 13 Michigan Journal of International Law, 259 ff. (1992).

periodischen **Wahlen** stellen:[201] die Herrschaft in der Demokratie ist **Herrschaft auf Zeit** mit der Chance der Minderheit, Mehrheit zu werden.[202] Eine effektive Garantie dieses Prozesses setzt den **Kern der Wahlrechtsgrundsätze** des Art. 38[203] ebenso voraus wie die **Freiheit der Parteigründung** (Art. 21) und den **Wesensgehalt der „politischen" Grundrechte** (Art. 5, 8, 9).[204]

8. In Art. 20 niedergelegte Grundsätze: Rechtsstaatsgarantien. 55
Art. 20 enthält keine ausdrückliche Erwähnung des Rechtsstaatsprinzips, sondern nur einige besonders wichtige Bestandteile dieses Prinzips (Gewaltenteilung, Verfassungsbindung der Gesetzgebung, Gesetzesbindung von Exekutive und Judikative). Ob man darüber hinaus ein **allgemeines Rechtsstaatsprinzip** in Art. 20 verankern kann, ist str.[205] Das BVerfG hat in ständiger Rechtsprechung mit überwiegender Zustimmung der hL in Art. 20 ein Rechtsstaatsprinzip verortet[206] und darauf vor allem eine differenzierte Vertrauensschutz- und Verhältnismäßigkeitsrechtsprechung aufgebaut (deutlich, dass es, entgegen vielen Versuchen in der Literatur, Vertrauensschutz und Verhältnismäßigkeitsprinzip ausschließlich als Frage der Einzelgrundrechte zu sehen, an einer grundrechtsunabhängigen Prüfung von Rechtsstaatsverstößen festhält: BVerfGE 92, 277 – DDR-Spione). Im Abhörurteil[207] hat es demgegenüber nicht das Rechtsstaatsprinzip, sondern nur die genannten Einzelgarantien als geschützt angesehen. Das war, wie die Folgerechtsprechung zeigt,[208] dem in diesem Urteil geübten judicial restraint gegenüber dem verfassungsändernden Gesetzgeber geschuldet (→ Rn. 37) und braucht weniger widersprüchlich zu sein, als es den Anschein hat: In der Tat ist die Kontroverse um die Verankerung des Rechtsstaatsprinzips in Art. 20 nämlich für Art. 79 Abs. 3 von untergeordneter Bedeutung. Unabhängig von ihrer Herleitung unterfallen richterrechtliche Ausdifferenzierungen eines materiellen Rechtsstaatsprinzips nämlich nicht der Ewigkeitsgarantie. Diese schützt nur die in Art. 20 ausdrücklich genannten Rechtsstaatsgarantien, und auch dies nur in ihren Grundsätzen.

Mit der Unterscheidung „besondere(r) Organe der Gesetzgebung, der voll- 56
ziehenden Gewalt und der Rechtsprechung" (Art. 20 Abs. 2 S. 2) bekennt sich das GG zum **Gewaltenteilungsgrundsatz.**[209] Begrifflich knüpft es dabei an das klassische Dreiteilungsschema Montesquieus[210] an, das sich jedoch von dem parlamentarischen System des GG so grundsätzlich unterscheidet, dass die verbreitete Formulierung, es sei nicht „streng" oder nicht „restlos" verwirklicht[211] die Sache nicht trifft. Im parlamentarischen System ist nur das Parlament unmittelbar durch demokratische Wahl legitimiert, die

[201] Vgl. etwa BVerfGE 2, 1 (12 f.); 5, 85 (140); *Kriele* VVDStRL 29 (1971), 61 ff.; *v. Simson* VVDStRL 29 (1971), 6 f.; *Schmitt* DÖV 1965, 440; *Evers* in BK Rn. 181h.
[202] BVerfGE 5, 85.
[203] *Hain* in MKS Rn. 82; *Dreier* in Dreier Rn. 38.
[204] S. dazu *Oppermann* VVDStRL 33 (1975), 18; *Kriele* VVDStRL 29 (1971), 65; *v. Simson* VVDStRL 29 (1971), 7.
[205] *Kunig,* Das Rechtsstaatsprinzip, 1986.
[206] Nachw. bei *Hain* in MKS Rn. 90.
[207] BVerfGE 30, 1 (24).
[208] Schon im 35. Bd. sieht das Gericht Art. 20 wieder als Sitz des Prinzips: BVerfGE 35, 41 (47).
[209] *Dreier* in Dreier Rn. 50; *Hain* in MKS Rn. 91 ff., 105.
[210] *Montesquieu,* De l'Esprit des Lois, 1749, XI. Buch, Kap. 6.
[211] BVerfGE 9, 268 (279 f.).

anderen Staatsorgane sind in ihrer Entstehung von ihm abhängig und an seine Entscheidungen gebunden. Das Verhältnis der Staatsorgane ist mehr durch Verschränkung und gegenseitige Kontrolle gekennzeichnet als durch Trennung.[212] Maßgebend für Funktionen und Kompetenzen der Staatsorgane ist in erster Linie die Kompetenzordnung des GG, nicht eine rechtstheoretische Ableitung materieller Staatsfunktionen.[213] Das BVerfG[214] sieht daher Art. 20 Abs. 2 S. 2 nur dann als verletzt an, wenn eine Gewalt in den **Kernbereich** der anderen eingreift. Daran wird man auch für die Bestimmung der nach Art. 79 Abs. 3 unantastbaren Grundsätze des Art. 20 anknüpfen können. Für den Bereich der Legislative ist dafür wesentlich, dass die **politischen Leitentscheidungen dem Parlament vorbehalten** sind (→ Rn. 49). Ebenfalls unantastbar ist die Existenz personell und sachlich **unabhängiger Gerichte** und deren Monopol zumindest im Zivil- und Strafprozess.[215] Für den Verfassungs- und Verwaltungsprozess erfordert der dem Gewaltenteilungsprinzip zugrunde liegende Gedanke der Kontrolle und Mäßigung der Machtausübung zwar die Existenz **unabhängiger Kontrollorgane,** aber diese brauchen nicht notwendig in der Justiz lokalisiert zu sein (→ Rn. 38, 48, 50). Schwieriger zu bestimmen ist der **Kernbereich der Exekutive,**[216] insbes. im Verhältnis zum Parlament. Zwar würde eine Übernahme unmittelbarer Ausführungsfunktionen durch das Parlament dem Gewaltenteilungsprinzip widersprechen, aber andererseits hat das Parlament umfassende Kontrollrechte gegenüber der Exekutive. Der Kernbereich der Exekutive kann daher nicht als ein Bereich verstanden werden, der parlamentarischer Einflussnahme unzugänglich ist

57 Die **Bindung des Gesetzgebers an die Verfassung** (Art. 20 Abs. 3) bedeutet die **Höherrangigkeit der Verfassung gegenüber dem einfachen Gesetz** (Bekenntnis zum Typus der „rigiden" Verfassung). Dieser Grundsatz bestimmt die **Grenzen der Änderbarkeit von Art. 79** selbst. Die Revisionsbestimmungen einer Verfassung sind zwar nicht generell unantastbar,[217] aber diejenigen des GG müssen so gestaltet werden, dass das Verfassungsrecht nicht zur Disposition des einfachen Gesetzgebers steht. Die Voraussetzungen des Art. 79 Abs. 2 können daher zwar erschwert, aber kaum noch erleichtert werden.[218] Ihre augenblickliche Ausgestaltung, bei der die Gesetzgebungsorgane alleine, im normalen Gesetzgebungsverfahren, wenn auch mit qualifizierter Mehrheit, über eine Verfassungsänderung entscheiden, liegt bereits an der unteren Grenze von Revisionserschwernissen (→ Rn. 66). Angesichts der generellen Zulässigkeit von Änderungen des Art. 79 bestehen keine Bedenken dagegen, dass mit den Mehrheiten des Abs. 2 und in der Form des Abs. 1 für die Totalrevision des GG eine Konstituante eingesetzt und/oder ein Referendum vorgesehen wird (→ Rn. 3).

58 Die im Zusammenhang mit dem Ende der 9. Legislaturperiode erhobene Forderung, eine etwaige Verfassungsänderung, die die Selbstauflösung des

---

[212] *Meyer* VVDStRL 33 (1975), 85 ff.

[213] Hesse VerfR Rn. 477 ff.

[214] BVerfGE 9, 268 [280]; 22, 106 (111).

[215] *vgl. Dreier* in Dreier Rn. 53; *Dietlein* in BeckOK GG Rn. 49.

[216] BVerfGE 9, 268 (279 f.).

[217] So aber *Schmitt,* Verfassungslehre, 1928, 103; *Nef* ZSR 61 (1942), 108 (133 ff.); wie hier *Maunz* in Maunz/Dürig Rn. 18; *v. Mangoldt/Klein,* Das Bonner Grundgesetz, 2. Aufl. 1974, Anm. VIII 2; *Haug,* Die Schranken der Verfassungsrevision, 1947, 177; *Jellinek,* Grenzen der Verfassungsgesetzgebung, 1931, 13.

[218] *Ehmke,* Grenzen der Verfassungsänderung, 1953, 127.

Parlaments erlaubt, dürfe nicht für die laufende Legislaturperiode gelten,[219] ist als verfassungspolitische Forderung sinnvoll; dem Art. 79 Abs. 3 lässt sich ein solches Verbot an das Parlament, früher als nötig vor das Volk zu treten, nicht entnehmen (anderes dürfte für eine Verlängerung der Legislaturperiode gelten.[220]).

In der Bindung des Gesetzgebers an die Verfassung ist auch die **Effektivität** dieser Bindung **durch** ihre **Kontrolle** mitgedacht. Damit sind aber weder das BVerfG[221] noch die vom GG eröffneten Rechtsmittel garantiert[222]. Eine stärkere Betonung der richterlichen Natur der Verfassungsmäßigkeitskontrolle durch ihre Übertragung an die ordentliche Gerichtsbarkeit wäre ebenso zulässig wie die Betonung ihrer politischen Natur durch die Berufung eines bewusst politisch besetzten Kontrollorgans nach Art des frz. Conseil Constitutionnel. Denkbar wäre auch die Beschränkung des richterlichen Prüfungsrechts auf die konkrete (inzidente) Normenkontrolle nach angelsächsischem Muster oder auf eine präventive Kontrolle nach dem historischen frz. Modell.[223] 59

Das **Gesetzmäßigkeitsprinzip** („[…], die vollziehende Gewalt und die Rechtsprechung sind an Gesetz und Recht gebunden", Art. 20 Abs. 3) verlangt, dass die politischen Leitentscheidungen dem Parlament vorbehalten, und Verw. und Gerichte an diese Leitentscheidungen gebunden sind.[224] Dagegen sind die äußerst umstr.[225] Grenzen des Gesetzesvorbehaltes nicht durch Art. 79 Abs. 3 festgeschrieben. Der Verw. könnte auch ein über das augenblicklich für zulässig erachtete Maß hinausgehender Ermessensspielraum eingeräumt werden. Ein über Art. 80 hinausgehendes Verordnungsrecht der Exekutive[226] wäre ebenfalls unbedenklich, solange die Leitentscheidungen beim Parlament verbleiben. 60

Da die Effektivität des Gesetzmäßigkeitsprinzips **Kontrolle** erfordert, ist die Auffassung des BVerfG,[227] Art. 79 Abs. 3 iVm Art. 20 garantiere nicht den individuellen Rechtsschutz gegen staatliche Gewalt, abzulehnen. Dieser Rechtsschutz braucht jedoch nicht in der augenblicklichen „richterstaatlichen" Form organisiert zu sein (→ Rn. 56 mwN). 61

Art. 79 Abs. 3 nimmt auf Art. 20 in seinem ursprünglichen Inhalt Bezug. Nachträgliche Ergänzungen des Art. 20 können die Bestandsgarantie des Art. 79 Abs. 3 nicht erweitern, so dass **Art. 20 Abs. 4,** durch den im Zuge der Notstandsverfassung 1968 das **Widerstandsrecht** legalisiert wurde, **nicht unantastbar** ist.[228] Das gilt auch dann, wenn man mit der europäischen Naturrechtstradition ein überpositives Widerstandsrecht anerkennt,[229] da die Entscheidung für die Legalisierung des Widerstandsrechts von der Anerkennung eines überpositiven Rechts unabhängig ist. 62

---

[219] So *Maurer* DÖV 1982, 1001 (1007 f.).

[220] Vgl. auch → Art. 39 Rn. 7 mwN.

[221] A. A. *Alberts,* Die Änderungsbefugnisse der Legislative im Bereich der Verfassungsgerichtsbarkeit, 1972, 118.

[222] Diff. *Alberts,* Die Änderungsbefugnisse der Legislative im Bereich der Verfassungsgerichtsbarkeit, 1972, 111 ff.: Garantie der Normenkontrolle, keine Garantie der Verfassungsbeschwerde.

[223] Zum ausländischen Recht vgl. *Bryde,* Verfassungsentwicklung, 1982, 95 ff.

[224] BVerfGE 33, 125 (158); 33, 301 (346); 40, 237 (249 f.).

[225] Vgl. → Art. 20 Rn. 156 ff. mwN.

[226] Vgl. → Art. 80 Rn. 5.

[227] BVerGE 30, 1 (25).

[228] *v. Mangoldt/Klein,* Das Bonner Grundgesetz, 2. Aufl. 1974, Anm. VII 3e; *Isensee,* Das legalisierte Widerstandsrecht, 1969, 96.

[229] BVerfGE 5, 85 (376); Nachw. bei *Isensee,* Das legalisierte Widerstandsrecht, 1969, 8 f.

63 **9. In Art. 20 niedergelegte Grundsätze: Sozialstaat.** Das in Art. 20 („sozialer“ Bundesstaat) niedergelegte **Sozialstaatsprinzip** ist von größter aktueller Bedeutung. Es ist ein dynamisches Prinzip, dessen Anforderungen sich aus den jeweiligen Lagen ergeben, und dessen Gebote sich in erster Linie an den Gesetzgeber richten. Im Auf- und Ausbau des deutschen Sozialstaats nach dem 2. Weltkrieg stellte sich die die Frage nach seinen Grenzen, insbesondere unter der Perspektive des Art. 79 Abs. 3 schon deshalb nicht, weil das darin geforderte verfassungsfeste Minimum ohnehin geschah und nicht im Streit war.[230] Angesichts einer politischen Diskussion, in der offen auch die Abkehr vom Sozialstaat gefordert wird, besteht Anlass, daran zu erinnern, dass auch das Sozialstaatsprinzip in den Schutz des Art. 79 Abs. 3 einbezogen ist. Zu seinen unantastbaren Grundsätzen iSd Art. 79 Abs. 3 zählt die Sicherung eines **menschenwürdigen Existenzminimums**[231] aber darüber hinaus auch die Verpflichtung des Staates zur aktiven Wirtschafts- und Gesellschaftsgestaltung.[232]

64 **10. Schutz der Staatlichkeit?** Zusätzlich zu den anerkannten Grenzen der Verfassungsänderung ist in jüngerer Zeit, zunächst eher unbemerkt,[233] dann im Zuge der Maastricht-Diskussion auf breite Resonanz stoßend[234] die **„Staatlichkeit“** der Bundesrepublik in den Katalog der Unantastbarkeiten aufgenommen worden, mit dem Ziel, den Beitritt der Bundesrepublik zu einem europäischen Bundesstaat verfassungsdogmatisch unmöglich zu machen. Dafür spricht nichts.[235] Das Begriffsargument, Demokratie, Rechts“staat“lichkeit, Sozial“staat“lichkeit setzten die Staatlichkeit voraus, schließt nur aus, die Bundesrepublik in anarchische Verhältnisse zu überführen, nicht in einen anderen Staat, der seinerseits rechts- und sozialstaatliche Demokratie ist. In Sprachen, die anders als die deutsche Terminologie die Verfassungsprinzipien nicht mit dem Zusatz „staat“ versehen (rule of law, social justice), macht das Argument ohnehin keinen Sinn. Im Übrigen muss Art. 79 Abs. 3 in Konkordanz mit Präambel und der Entscheidung für die Integrationsoffenheit schon in Art. 24 und noch deutlicher im neuen Art. 23 ausgelegt werden.[236] Dass für die Verfassungsväter der europäische Bundesstaat ein, wenn auch ferner, Traum war, steht aber fest.[237] Die Entscheidung für den Beitritt zu einem europäischen Bundesstaat lässt sich sicher als verfassunggebende Entscheidung qualifizieren, aber sie ist eine legitime, von der

---

[230] *Bryde* FS f. Zezschwitz, 2005, 324 f.

[231] *Herdegen* in Maunz/Dürig Rn. 157; *Dreier* in Dreier Art. 79 Abs. 3 Rn. 46; *Dietlein* in BeckOK GG Rn. 50; vgl. auch *Hain* in MKS Rn. 74.

[232] „Absage an den Nachtwächterstaat“ *Maunz/Dürig* in Maunz/Dürig, Erstbearb. 1960, Rn. 49.

[233] Grdl. *Kirchhof* in HdbStR II § 21 Rn. 25, 51; *Kirchhof* in HdbStR VII § 183.

[234] *Ossenbühl* DVBl 1993, 629 (633); *Rupp* NJW 1993, 38; *Breuer* NVwZ 1994, 417 (423); *di Fabio* Der Staat 1993, 191 (200 f.); *Murswiek* Der Staat 1993, 161; *P. Huber* StWissStPr. 1992, 360 f.; *Dreier* in Dreier Rn. 55 ff.; *Hain* in MKS Rn. 136; *Randelzhofer* in Maunz/Dürig Art. 24 Abs. 1 Rn. 204; mwN; *Dietlein* in BeckOK GG Rn. 51; *Möller,* Die verfassungsgebende Gewalt des Volkes und die Schranke der Verfassungsrevision, 2004, 242 ff.

[235] Kritisch *Möllers,* Staat als Argument, 2000, 376 ff.; Zweifel auch bei *Dreier* in Dreier Rn. 55 ff.

[236] *Bryde,* Das Maastricht-Urteil des Bundesverfassungsgerichts, 1993, 12 ff.; *Bryde* in Bieber/Widmer, L'espace constitutionnel européen/The European constitutional Area, 1995; *Steinberger* FS f. Bernhardt, 1995, 1324; *Oppermann/Classen* APuZ B 28/93, 11 (18 f.); *Tomuschat* EuGRZ 1993, 489 (496); *Pernice* AöR 120 (1995), 100.

[237] ZB *Schmid* in Der Parlamentarische Rat, II, Verfassungskonvent von Herrenchiemsee, 1981, 206.

Verfassung anvisierte Entscheidung und hat daher eine völlig andere Qualität als die Grenze der Verfassungsänderung in Art. 79 Abs. 3.

C. Verhältnis zu anderen Vorschriften des Grundgesetzes

Zum Verhältnis von Art. 79 und Art. 146 → Rn. 3 f. **65**

D. Kritische Würdigung

In der Verfassungswirklichkeit haben sich die Schranken, die der ParlRat **66** der Verfassungsänderung gesetzt hat, nicht als sehr hoch erwiesen. Das Gebot der Textänderung lässt wichtige Ausnahmen zu, und hat außergesetzliche Verfassungswandel, insbes. durch verfassungsrichterliche Interpretation nicht berührt (→ Rn. 11, 12). Eine $^2/_3$-Mehrheit im BT und BR ist trotz einer starken Opposition zu erreichen, wie 59 Änderungen in 17 Wahlperioden beweisen.[238] Große Koalitionen wie auch die politische Entwicklung zB in Bayern zeigen außerdem, dass eine dem ParlRat angesichts Weimarer Erfahrungen kaum vorstellbare $^2/_3$-Mehrheit der Regierungsparteien in der Bundesrepublik nicht undenkbar ist.

Dieser großen „Flexibilität" des GG im Normalverfahren nach Abs. 2 steht **67** das absolute Änderungsverbot von Abs. 3 gegenüber. Von Beginn an wurde dessen Effektivität in Zweifel gezogen[239] und in der Tat wird das BVerfG (mit Recht) die Konfrontation mit dem verfassungsändernden Gesetzgeber möglichst vermeiden. Mit der verfassungskonformen (bzw. verfassungssystematischen) Auslegung auch von Verfassungsänderungen (→ Rn. 30) und dem unmittelbaren Rückgriff auf Art. 1 GG hat das Gericht jedoch Wege gefunden, auch den verfassungsändernden Gesetzgeber zu kontrollieren.

Die niedrige Änderungsschwelle von Abs. 2 und der Absolutheitsanspruch **68** von Abs. 3 sind gleichermaßen kritikbedürftig. Eine Erschwerung des Änderungsverfahrens durch obligatorisches Referendum (Art. 121 Verf. Schweiz), Beteiligung der Gliedstaatlichen Parlamente (Art. V Verf. USA) oder das Erfordernis der zweimaligen Annahme eines Änderungsgesetzes mit dazwischen liegenden Wahlen (Art. 210 Verf. Niederlande) würde nicht nur den Prozess der Verfassungsentwicklung demokratisieren, sondern würde die Staatsorgane auch einem heilsamen Druck aussetzen, den Versuch zu machen, mit dem GG zu leben, statt bei technischen Schwierigkeiten oder administrativen Unzuträglichkeiten vorschnell nach dem einschneidenden Instrument der Verfassungsänderung zu greifen und dann, sobald eine Änderung erfolgt ist, bereits wieder deren Revision zu diskutieren.[240]

Eine derartige verfahrensmäßige Stabilisierung des Verfassungsrechts dürfte für die Bestandssicherung des GG mehr tun als die anspruchsvolle Ewigkeitsgarantie des Abs. 3, für die sich zwischen der Skylla der richterlichen Anmaßung gegenüber dem Verfassungsändernden Gesetzgeber und der Charybdis der Ineffektivität nur schwer ein sinnvoller Anwendungsbereich bestimmen lässt.

---

[238] Datenhandbuch zur Geschichte des Deutschen Bundestages.

[239] *Herrfahrdt* in BK, Erstbearb., Erl. 3.

[240] Vgl. die Kritik bei *v. Münch* VVDStRL 31 (1973), 56 ff.; *Maurer* FS f. Heckel, 1999, 821 ff.

Literatur

Zu Art. 79 insgesamt (einschl. Verfassungsreform, Totalrevision)

O. Bachof, Verfassungswidrige Verfassungsnormen, 1951. – ***B.-O. Bryde,*** Verfassungsentwicklung, 1982. – ***B.-O. Bryde,*** Verfassunggebende Gewalt des Volkes und Verfassungsänderung im deutschen Staatsrecht, in Bieber/Widmer, L'espace constitutionnel européen/The European constitutional area, 1995. – ***E.-W. Böckenförde,*** Die verfassunggebende Gewalt des Volkes, in ***Böckenförde,*** Staat, Verfassung, Demokratie, 1991, 90. – ***H. Dichgans,*** Vom Grundgesetz zur Verfassung, 1970. – ***D. Grimm,*** Die Revision des deutschen Grundgesetzes, ÖZP 1977, 397. – ***W. Henke,*** Die verfassungsgebende Gewalt des Deutschen Volkes, 1957. – ***M. Herdegen,*** Eigentumsregelungen des Einigungsvertrages vor dem BVerfG, Jura 1992, 21. – ***H. Huber,*** Die Gesamtänderung der Verfassung, FS f. Scheuner, 1973, 183. – ***U. Hufeld,*** Die Verfassungsdurchbrechung, 1997 – ***H. P. Ipsen,*** Zum Schlußbericht der Enquête-Kommission Verfassungsreform, DÖV 1977, 537. – ***H. Kratzmann,*** Die Verfassungsänderung, Diss. Hamburg, 1970. – ***H. Krüger,*** Verfassungsänderung und Verfassungsauslegung, DÖV 1961, 721. – ***K. Loewenstein,*** Erscheinungsformen der Verfassungsänderung, 1931. – ***K. Loewenstein,*** Über Wesen, Technik und Grenze der Verfassungsänderung, 1961. – ***H. Maurer,*** Verfassungsänderung im Parteienstaat, FS f. Heckel, 1999, 821. – ***L. Meyer-Arndt,*** Rechtsfragen der Grundgesetzänderung, AöR 82 (1975), 275. – ***D. Murswiek,*** Die verfassungsgebende Gewalt nach dem Grundgesetz für die Bundesrepublik Deutschland, 1978. – ***A. Roßnagel,*** Änderungen des GG, 1981. – ***S. Schaub,*** Der verfassungsändernde Gesetzgeber 1949–1980, 1984. – ***C. Schmitt,*** Verfassungslehre, 1928. – ***U. Steiner,*** Verfassungsgeber und verfassungsgebende Gewalt des Volkes, 1966. – ***K. Stern,*** Totalrevision des Grundgesetzes, FS f. Maunz, 1971, 391. – ***Ch. Tomuschat,*** Verfassungsgewohnheitsrecht?, 1972. – ***H. Trost,*** Änderungen des Grundgesetzes, Diss. Hamburg, 1963. – ***R. Wahl,*** Empfehlungen zur Verfassungsreform, AöR 103 (1978), 477. – ***Ch. Winterhoff,*** Verfassung – Verfassunggebung – Verfassungsänderung, 2007.

Zu Art. 79 Abs. 1

C. F. Curtius, Die Verfassungsnovelle vom 26. März 1954, DÖV 1954, 705. – ***H. Ehmke,*** Verfassungsänderung und Verfassungsdurchbrechung, AöR 79 (1953/54), 385. – ***H. Ehmke,*** Die Verfassungsnovelle vom 26. März 1954, DÖV 1956, 449. – ***W. Fiedler,*** Sozialer Wandel, Verfassungswandel, Rechtsprechung, 1972. – ***E. Forsthoff,*** Gutachten, in Kampf um den Wehrbeitrag, II 2, 1953, 312. – ***K. Hesse,*** Grenzen der Verfassungswandlung, FS f. Scheuner, 1973, 123. – ***F. Klein,*** Gutachten, in Kampf um den Wehrbeitrag, II 2, 1953, 456. – ***H. Krüger,*** Verfassungswandlung und Verfassungsgerichtsbarkeit, FG f. Smend, 1962, 151. – ***P. Lerche,*** Stiller Verfassungswandel als aktuelles Politikum, FS f. Maunz, 1971, 285. – ***K. Loewenstein,*** Gutachten, in Kampf um den Wehrbeitrag, II 2, 1953, 237. – ***K. Loewenstein,*** Kritische Betrachtungen zur Verfassungsänderung vom 27. März 1954, DÖV 1954, 385. – ***Th. Maunz,*** Gutachten, in Kampf um den Wehrbeitrag, II 2, 1953, 591. – ***E. Menzel,*** Gutachten, in Kampf um den Wehrbeitrag, II 1, 1952, 280. – ***U. Scheuner,*** Gutachten, in Kampf um den Wehrbeitrag, II 2, 1953, 94. – ***R. Smend,*** Gutachten, in Kampf um den Wehrbeitrag, II 2, 1953, 559.

Zu Art. 79 Abs. 3

H. W. Alberts, Die Änderungsbefugnisse der Legislative im Bereich der Verfassungsgerichtsbarkeit, Diss. Marburg, 1972. – ***M. Brenner,*** Möglichkeiten und Grenzen grundrechtsbezogener Verfassungsänderungen, dargestellt anhand der Neuregelung des Asylrechts, Der Staat 32 (1993), 493. – ***G. Dürig,*** Zur Bedeutung und Tragweite des Art. 79 Abs. 3 GG, FS f. Maunz, 1971, 41. – ***H. Ehmke,*** Grenzen der Verfassungsänderung, 1953. – ***A. Elgeti,*** Inhalt und Grenzen der Föderativklausel des Art. 79 Abs. 3 GG, Diss. Marburg, 1968. – ***K.-E. Hain,*** Die Grundsätze des Grundgesetzes, 1999 – ***J. Harbich,*** Der Bundesstaat und seine Unantastbarkeit, 1965. – ***H. Haug,*** Die Schranken der Verfassungsrevision, 1947. – ***K. Hesse,*** Bundesstaatsform und Grenzen der Verfassungsänderung, AöR 98 (1973), 1. – ***J. Isensee,*** Das legalisierte Widerstandsrecht, 1969. – ***V. Jackson,*** Unconstitutional Constitutional Amendments, FS f. Bryde, 2013, 47. – ***W. Jellinek,*** Grenzen der Verfassungsgesetzgebung, 1931. – ***K.-U. Meyn,***

Kontrolle als Verfassungsprinzip, 1982. – ***H. Möller,*** Die verfassungsgebende Gewalt des Volkes und die Schranke der Verfassungsrevision, Diss. Hamburg, 2004. – ***W. Schmitt Glaeser,*** Der Begriff der freiheitlich demokratischen Grundordnung und Art. 79 Abs. 3 des Grundgesetzes, DÖV 1965, 433. – ***P. Siegenthaler,*** Die materiellen Schranken der Verfassungsrevision als Problem des positiven Rechts, 1970. – ***H. H. Weber,*** Die materiellen Schranken für die Änderung des Bonner Grundgesetzes und Art. 79 Abs. 3, Diss. Köln, 1954. – ***Ch. Wittekindt,*** Materiell-rechtliche Schranken von Verfassungsänderungen im deutschen und französischen Recht, 1999. – ***W. Zülch,*** Das Verbot von Verfassungsänderungen nach dem Bonner Grundgesetz, Diss. Marburg 1957.

Art. 80 [Erlass von Rechtsverordnungen, Zustimmung des Bundesrates]

(1) [1]Durch Gesetz können die Bundesregierung, ein Bundesminister oder die Landesregierungen ermächtigt werden, Rechtsverordnungen zu erlassen. [2]Dabei müssen Inhalt, Zweck und Ausmaß der erteilten Ermächtigung im Gesetze bestimmt werden. [3]Die Rechtsgrundlage ist in der Verordnung anzugeben. [4]Ist durch Gesetz vorgesehen, daß eine Ermächtigung weiter übertragen werden kann, so bedarf es zur Übertragung der Ermächtigung einer Rechtsverordnung.

(2) Der Zustimmung des Bundesrates bedürfen, vorbehaltlich anderweitiger bundesgesetzlicher Regelung, Rechtsverordnungen der Bundesregierung oder eines Bundesministers über Grundsätze und Gebühren für die Benutzung der Einrichtungen des Postwesens und der Telekommunikation, über die Grundsätze der Erhebung des Entgelts für die Benutzung der Einrichtungen der Eisenbahnen des Bundes, über den Bau und Betrieb der Eisenbahnen, sowie Rechtsverordnungen auf Grund von Bundesgesetzen, die der Zustimmung des Bundesrates bedürfen oder die von den Ländern im Auftrage des Bundes oder als eigene Angelegenheit ausgeführt werden.

(3) Der Bundesrat kann der Bundesregierung Vorlagen für den Erlaß von Rechtsverordnungen zuleiten, die seiner Zustimmung bedürfen.

(4) Soweit durch Bundesgesetz oder auf Grund von Bundesgesetzen Landesregierungen ermächtigt werden, Rechtsverordnungen zu erlassen, sind die Länder zu einer Regelung auch durch Gesetz befugt.

Paulskirchenverfassung von 1849

Abschnitt III. Art. III

§ 80. [...] Er [der Kaiser] [...] erläßt die zur Vollziehung derselben [der Gesetze] nöthigen Verordnungen.

Reichsverfassung von 1871

Hinweis: Die Reichsverfassung enthielt keine ausdrückliche Regelung der Verordnungsgebung.

Weimarer Reichsverfassung von 1919

Hinweis: Die WRV enthielt keine ausdrückliche Regelung der allgemeinen Verordnungsgebung.

Art. 88. [Abs. 1, 2]

Die Reichsregierung erläßt mit Zustimmung des Reichsrats die Verordnungen, welche Grundsätze und Gebühren für die Benutzung der Verkehrseinrichtungen festsetzen. Sie kann diese Befugnis mit Zustimmung des Reichsrats auf den Reichspostminister übertragen (aufgehoben durch ReichspostfinanzG v. 18.3.1924).

[Abs. 4, 5]

Art. 91. Die Reichsregierung erläßt mit Zustimmung des Reichsrats die Verordnungen, die den Bau, den Betrieb und den Verkehr der Eisenbahnen regeln. Sie kann diese Befugnis mit Zustimmung des Reichsrats auf den zuständigen Reichsminister übertragen.

Übersicht

A. Allgemeine Bedeutung

Rechtsverordnungen nehmen **quantitativ eine herausgehobene Stellung** unter den verschiedenen positiven Rechtssätzen (im Unterschied zu 1

Gesetz, Satzung und Verwaltungsvorschrift) ein, sind die „häufigste [...] Fundstelle für geltende Rechtssätze".[1] Teils wird dieser Befund als Verdrängung parlamentarischer Gesetzgebung gedeutet.[2] Maßstab hierfür ist allerdings ein normatives Idealbild demokratischer Rechtsetzung durch Parlamente und nicht ein historischer oder internationaler Vergleich.[3] In der deutschen Verfassungstradition nahm die exekutive Normsetzung durch den Monarchen bzw. den Reichspräsidenten der Weimarer Republik nicht weniger als heute das weit größere und zudem auch aus der Steuerungsperspektive relevantere Volumen staatlicher Rechtsnormen ein.[4] Im internationalen Vergleich zeigt sich ein ähnliches Bild,[5] das durch die exekutivische Prägung der europäischen Normsetzung noch verstärkt wird.[6]

2 Das Auseinanderfallen von parlamentarisch-demokratischem Ideal und der Praxis exekutiver Rechtsetzung wird mit unterschiedlichen, meist auf die bessere Praktikabilität von Rechtsverordnungen zurückgeführten **Argumenten gerechtfertigt.** Verordnungsgebung sei schneller, sachnäher, flexibler; sie könne externen Sachverstand besser integrieren oder auch unter Wahrung von Geheimhaltungsinteressen sensible Informationen verarbeiten.[7] Mit einem anderen Fokus wird als Grund für die häufige Verwendung der Rechtsverordnung als Rechtsetzungstyp die Entlastung des Parlaments angeführt.[8] Rechtsetzungstechnisch mag die Beschleunigung und größere Flexibilität der Verordnungsgebung zutreffen. Ein normatives Argument für den Vorrang oder gar die Exklusivität der Rechtsverordnung bei bestimmten Materien oder Sachzwängen lässt sich jedoch nicht ableiten. Stattdessen müssten solche Argumente zu einer Anpassung des parlamentarischen Gesetzgebungsverfahrens an diese Herausforderungen führen, um dem normativen Ideal parlamentarischer Demokratie zur Geltung zu verhelfen. Die Berechtigung für Existenz und Verbreitung der Rechtsverordnung folgt deshalb **schlicht** daraus, dass sie **vom GG in Art. 80 vorgesehen** ist.[9]

3 Art. 80 ist deshalb **nicht als Ausnahmeregelung** von einer Zuordnung der Rechtsetzungskompetenz allein zu den Parlamenten zu sehen,[10] son-

[1] *Saurer,* Die Funktionen der Rechtsverordnung, 2005, 19 mwN; *Remmert* in Maunz/Dürig Rn. 1–3 mwN.

[2] *Ossenbühl* in Schuppert, Das Gesetz als zentrales Steuerungselement des Rechtsstaates, 1998, 27 (37); *Di Fabio,* Risikoentscheidungen im Rechtsstaat, 1994, 298 ff.; *Murswiek* VVDStRL 48 (1990), 230 f.; sa bei *Saurer,* Die Funktionen der Rechtsverordnung, 2005, 21; aus der parlamentarisch-demokratischen Kritik der 1960er und 70er Jahre an der verbreiteten Verordnungsgebung vgl. *Hasskarl* AöR 94 (1969), 85 (102 ff.); *Jesch,* Gesetz und Verwaltung, 2. Aufl. 1968, 214 ff.; *Wilke* in v. Mangoldt/Klein, Das Bonner Grundgesetz, 2. Aufl. 1957, Anm. VI 2.

[3] *v. Bogdandy,* Gubernative Rechtsetzung, 2000, 1 ff. spricht von überkommenem Paradigma.

[4] *Mößle,* Inhalt, Zweck und Ausmaß, 1990, 9; *Heckel* FS f. Badura, 2004, 169 (187 ff.); *Remmert* in Maunz/Dürig Rn. 11 ff.

[5] *Bauer* in Dreier Rn. 10; *Brenner* in MKS Rn. 8; *v. Bogdandy,* Gubernative Rechtsetzung, 2000, 1 ff.

[6] *Bauer* in Dreier Rn. 19; *Brenner* in MKS Rn. 8, 10; *Ipsen* FS f. Lerche, 1993, 425.

[7] Als Kriterien für den Vorrang von RVOen: *v. Bogdandy,* Gubernative Rechtsetzung, 2000, 209 ff.; krit. hierzu *Saurer,* Die Funktionen der Rechtsverordnung, 2005, 195 ff.; im Übrigen: *Brenner* in MKS Rn. 8; *v. Danwitz,* Die Gestaltungsfreiheit des Verordnungsgebers, 1989, 51; *Staupe,* Parlamentsvorbehalt und Delegationsbefugnis, 1986, 263.

[8] *Saurer,* Die Funktionen der Rechtsverordnung, 2005, 202 ff. mwN.

[9] *Pegatzky,* Parlament und Verordnungsgeber, 1999, 74 ff.; *v. Danwitz,* Die Gestaltungsfreiheit des Verordnungsgebers, 1989, 48; ebenso *Remmert* in Maunz/Dürig Rn. 6.

[10] Entgegen der Rechtsprechung des BVerfG: BVerfGE 8, 274 (321); 24, 184 (197); 95, 1 (15 f.); entgegen auch *Bryde* in v. Münch/Kunig, 5. Aufl. 2003, Rn. 1.

dern nur als Festlegung des GG über die notwendigen Voraussetzungen einer RVO.[11] Geregelt sind Anforderungen an das Verfahren der Verordnungsgebung, in erster Linie das Erfordernis einer den Vorgaben des Art. 80 Abs. 1 genügenden gesetzlichen Ermächtigungsgrundlage, die Beteiligung des Bundesrates beim Erlass von RVOen (Abs. 2) sowie sein Initiativrecht (Abs. 3). Eine Aufforderung, von dieser Rechtsetzungsform zurückhaltend Gebrauch zu machen, kann dem nicht entnommen werden. Allerdings spiegelt sich in den Verfahrensanforderungen, zuvörderst dem Erfordernis einer gesetzlichen Ermächtigungsgrundlage, aber auch in der verfassungsrechtlichen Sicherung der Gesetzgebungshoheit der Länder im Sachbereich einer bundesgesetzlichen Verordnungsermächtigung an die Landesregierungen (Abs. 4), unzweideutig die staatsrechtliche **Grundentscheidung, originäre Normsetzungsbefugnis den Parlamenten zuzuordnen** (Art. 20 Abs. 2 u. 3) und **exekutivische Rechtsetzung allein delegiert** zuzulassen.

In diesem Sinn ist Art. 80 durchaus eine Konkretisierung von **Demokra- 4
tie-** und **Rechtsstaatsgebot.**[12] Die Zuordnung der originären Normsetzungskompetenz zu den Parlamenten ist Ausdruck des demokratischen Gehalts des Parlamentsvorbehalts, der eine formale, verfahrensmäßige Zuordnung staatlicher Steuerungskompetenzen beinhaltet.[13] In rechtsstaatlicher Perspektive nimmt Art. 80 gewissermaßen die Wesentlichkeitsrechtsprechung des BVerfG[14] vorweg, was aus heutiger Sicht die Frage nach dem eigenständigen Gehalt des Art. 80 Abs. 1 S. 2 aufwirft.[15]

Unzulässig wäre jedoch der Gegenschluss aus den Bezügen zum Demokra- 5
tie- und Rechtsstaatsprinzip, dass es sich bei Art. 80 um einen notwendigen, durch Art. 79 Abs. 3 der Änderung entzogenen Bestandteil dieser Prinzipien handelt.[16] Soweit die **Landesverfassungen** keine entsprechende Bestimmung enthalten, gilt Art. 80 nicht direkt.[17] Das BVerfG hat diesen richtigen Ausgangspunkt in seiner Rspr. jedoch *de facto* aufgegeben, indem es zwar Art. 80 nicht unmittelbar anwendet, aber den Landesgesetzgeber über Art. 28 an die zu Art. 80 entwickelten Regeln als „aus dem rechtsstaatlichen und demokratischen Verfassungssystem folgende Grundsätze" bindet, so dass in der Praxis kaum Unterschiede in der Überprüfung bundesrechtlicher und landesrechtlicher Verordnungsermächtigungen bestehen.[18]

---

[11] Die Feststellung eines Auseinanderfallens von Theorie und Praxis ist dieser Interpretation geschuldet: s. etwa *v. Bogdandy,* Gubernative Rechtsetzung, 2000, 1 ff.; *Schmidt-Aßmann* FS f. Vogel, 2000, 477; *Ossenbühl* ZG 1997, 305; *Bryde* in v. Münch/Kunig, 5. Aufl. 2003, Rn. 1.

[12] Vgl. *Bryde* in v. Münch/Kunig, 5. Aufl. 2003, Rn. 2; *Bauer* in Dreier Rn. 14 mwN; *Remmert* in Maunz/Dürig Rn. 7 betont das Demokratieprinzip.

[13] Zur Auswirkung auf das Bestimmtheitsgebot des Art. 80 Abs. 1 S. 2 → Rn. 40 ff.

[14] BVerfGE 34, 165 (192); 49, 89 (126); 84, 212 (226).

[15] Vgl. deshalb auch die kritische Bewertung bei *Bryde* in v. Münch/Kunig, 5. Aufl. 2003, Rn. 21.

[16] So auch *Bauer* in Dreier Rn. 70.

[17] BVerfGE 34, 52 (58 f.); 41, 251 (266).

[18] BVerfGE 41, 251 (266); 55, 207 (226); noch offengelassen in BVerfGE 41, 88 (116); ebenso mit unterschiedlicher Konsequenz *Pieroth* in Jarass/Pieroth Rn. 4; *Bauer* in Dreier Rn. 18; zur landesverfassungsgerichtlichen Überprüfung von Verordnungsermächtigungen vgl. *W. R. Schenke* in Starck/Stern, Landesverfassungsgerichtsbarkeit III, 1983, 33; vor allem der HessStGH vertritt einen von Art. 80 abweichenden Maßstab: HessStGH, Urteil vom 4.12.1968, ESVGH 19, 140; zust. BVerfGE 34, 52; hierauf wieder bezugnehmend z. B. HessVGH NVwZ-RR 1991, 102; offen gelassen in HessStGH NVwZ 1989, 1153, juris-Rn. 58 ff.

6 Neben dieser Abgrenzung der RVO von der parlamentarischen Gesetzgebung ist die **Grenzziehung zu anderem Exekutivhandeln** für die Erfassung des Instituts der RVO zentral. Art. 80 regelt nur die Entstehung einer RVO, setzt die Qualifikation eines Rechtsakts als RVO daher voraus (→ Rn. 32 ff.). Die Relevanz zeigt sich insbesondere beim **Rechtsschutz.**[19] Weil der verwaltungsgerichtliche Rechtsschutz in der Tradition der gerichtlichen Kontrolle exekutiver Einzelakte steht, bildet die nur beschränkt mögliche Normenkontrolle nach § 47 VwGO einen Fremdköper. Debatten um seine „Rechtsnatur" und das Changieren zwischen subjektiven Rechtsschutzaspekten und objektiver Verwaltungskontrolle[20] stehen hiermit in Zusammenhang. Art. 19 Abs. 4 verlangt jedenfalls Rechtsschutz auch gegen Rechtsnormen, wenn und weil sie eine unmittelbare (Grundrechts-)Beschwer beinhalten können. Dies gilt nicht nur für den im Wege der Gesetzesverfassungsbeschwerde (Art. 93 Abs. 1 Nr. 4a) (→ Art. 93 Rn. 97 ff.) eröffneten Rechtsschutz gegen Parlamentsgesetze, sondern ebenso für RVOen. Die **Verfassungsbeschwerde** ist hierfür aber bereits materiell **nur bedingt geeignet,** weil der Prüfungsmaßstab des Bundesverfassungsgerichts allein die Verletzung spezifischen Verfassungsrechts ist, während RVOen aufgrund ihres Charakters als exekutivische Akte nicht nur an die Verfassung, sondern auch an das (einfache) Gesetz gebunden sind (Art. 20 Abs. 3). Der Vorstoß, im verfassungsgerichtlichen Verfahren als Vorprüfung zunächst die Vereinbarkeit einer RVO mit einfachem Recht zu prüfen, weil sie ansonsten wegen des Nichtigkeitsdogmas unwirksam wäre und keinen Prüfungsgegenstand für die eigentliche verfassungsrechtliche Prüfung bilden könne,[21] ist vereinzelt geblieben.[22] Stattdessen hat das BVerfG wiederholt die Gewährung von verwaltungsgerichtlichem Rechtsschutz gegen RVOen angemahnt,[23] so dass das BVerwG dem schließlich durch Zulassung von **Feststellungsklagen gegen RVOen** nachgekommen ist.[24] Verwaltungsprozessual bleibt die Subsidiarität der Feststellungsklage und damit das Verhindern einer Umgehung spezifischer Klagevoraussetzungen zu beachten. Ob dies mit der Bestimmung des Klagegegenstands als Feststellung des Nichtbestehens eines Normgebungsrechts[25] oder eher kasuistisch[26] erreicht werden kann, scheint noch nicht ausgemacht. Dogmatisch schlüssig

[19] Vgl. dazu *Remmert* in Maunz/Dürig Rn. 139 ff.

[20] Hierzu *Pantzer* in Schoch/Schneider/Bier, VwGO, Stand 2019, Vorbem. zu § 47 Rn. 1.

[21] BVerfGE 101, 1 (30 ff.). Es handelte sich um eine abstrakte Normenkontrolle bzgl. der HennenhaltungsVO; die offensichtliche Unmöglichkeit, im subjektiven Rechtsschutzsystem der VwGO eine Klagemöglichkeit zu finden, wenn ausschließlich Hennen beschwert sind, mag eine Erklärung für diesen dogmatisch zweifelhaften Weg darstellen; zu den Defiziten der Verbandsklage in Deutschland: *Schmidt/Zschiesche/Rosenbaum,* Die naturschutzrechtliche Verbandsklage in Deutschland, 2004, 11; *Radespiel,* Die naturschutzrechtliche Verbandsklage, 2007, 391 ff.; *Schlacke,* Überindividueller Rechtsschutz, 2009.

[22] Dem Weg des BVerfG zust. *Tillmanns* NVwZ 2002, 1466 f.; krit. hingegen *Müller-Terpitz* DVBl. 2000, 232 ff.

[23] BVerfGE 69, 122 (125 f.); 74, 69 (74 f.); BVerfG NVwZ 1998, 169 (170); NVwZ 2006, 922 ff.

[24] BVerwGE 111, 276 (278 f.); darauf Bezug nehmend BVerfGE 114, 196 (222); 115, 81.

[25] Ausdifferenziert *W.-R. Schenke* NVwZ 2016, 720.

[26] Rechtsschutz gegen Flugrouten bilden eine solche Gruppe, vgl. *Rubel* DVBl. 2015, 525; ob RVOen zur Begrenzung privatrechtlicher Vertragsgestaltung, wie etwa die „Mietpreisbremse" in Anlehnung an die Rechtsprechung zur Allgemeinverbindlicherklärung von Tarifverträgen (vgl. BVerwGE 136, 75; explizit BVerwG NVwZ-RR 015, 69; inzwischen durch § 98 ArbGG überholt) eine weitere Gruppe bilden könnten, ist offen, dagegen wohl *Schuldt* NZM 2018, 257.

wäre aber eine **Erweiterung der Normenkontrolle gem. § 47 VwGO auf alle RVOen.**[27]

B. Einzelfragen

I. Verordnungsermächtigung (Abs. 1 S. 1)

1. Durch Gesetz. a) Gesetzesakzessorietät. Rechtsverordnungen müssen auf einer gesetzlichen Ermächtigung beruhen. Art. 80 konkretisiert den rechtsstaatlichen **Gesetzesvorbehalt.** 7

Auch im internationalen Verfassungsvergleich bildet autonome Rechtsetzung der Exekutive die Ausnahme, die gesetzesakzessorische Verordnungsgebung den Regelfall.[28] Das GG sieht ein **selbständiges** Verordnungsrecht der Exekutive **nur als Übergangsregelung** für die Beseitigung von Kriegs- und Besatzungsfolgen (Art. 119, 127, 132 Abs. 4) vor. Jenseits dessen kennt das GG nur die gesetzesakzessorische RVO.[29] 8

In der Normenhierarchie des deutschen Rechts steht die RVO damit im Rang unter dem Gesetz.[30] **Verordnungen mit Gesetzeskraft,** sog. „gesetzesvertretende Verordnungen"[31] sind mit der Rechtsordnung des GG, von Übergangsregelungen (s. o. → Rn. 8) und vom Verteidigungsfall (Art. 115k) abgesehen, **unvereinbar.**[32] Die Gegenmeinung[33] entstammt einerseits einem exekutivischen Staatsverständnis, das in der deutschen Verfassungstradition im monarchischen Prinzip[34] bzw. der sog. Lückentheorie Bismarcks[35] seine typischen Ausprägungen erfahren hat, aber auch in der Ermächtigungspraxis des Parlaments des Deutschen Reichs von 1871 und der Weimarer Republik faktisch gelebt[36] und im Rahmen des Notverordnungsrechts des Reichspräsidenten staatstheoretisch diskutiert[37] wurde. Gerade dieser Tradition erteilt Art. 80, nicht zuletzt auf amerikanische Anregung bei den Verfassungsberatungen hin,[38] eine klare Absage, so dass auch für „Reste gubernativer Herrlichkeit"[39] in Form von RVOen[40] unter dem GG kein Raum ist. 9

---

[27] So zB auch *Hufen* VerwProzR, 11. Aufl. 2019, § 18 Rn. 8; *Saurer,* Die Funktionen der Rechtsverordnung, 2005, 426 f.; *W.-R. Schenke* JZ 2006, 1004 (1013); *Ossenbühl* JZ 2003, 1066 (1068) plädiert mit ähnlicher Absicht für eine verfassungsrechtliche Reform im Bereich der Rechtsetzung; keinen Reformbedarf sieht *Sodan/Ziekow* in NK-VwGO, § 47 Rn. 92 mwN.

[28] *v. Bogdandy,* Gubernative Rechtsetzung, 2000, 261 ff., 304 ff.

[29] *Uhle,* Parlament und Rechtsverordnung, 1999, 156; *Schmidt-Aßmann* FS f. Vogel, 2000, 477 (484 ff.); *Uhle* ZG 2001, 328 (337 f.).

[30] BVerfGE 8, 155 (169 f.): „Vorrang des Gesetzes".

[31] *Ossenbühl* in HdbStR V § 103 Rn. 26.

[32] Vom „gesetzlichen Totalvorbehalt" spricht *Mann* in Sachs Rn. 6; *Brenner* in MKS Rn. 28; differenzierend *Hill/Martini* in Hoffmann-Riem/Schmidt-Aßmann/Voßkuhle, Grundlagen des Verwaltungsrechts II, 2012, § 34 Rn. 24 ff. mwN; *Uhle* in Kluth/Krings, Gesetzgebung, § 24, Rn. 25.

[33] *Wolff* AöR 78 (1952), 194 f.; *Laidig,* Gesetzesvertretende Verordnungen, 1968, 104; *Siegl,* Gesetzesvertretende Verordnungen und Rechtsverordnungen mit unbestimmten Rechtsbegriffen, 1968, 122 ff.

[34] *Saurer,* Die Funktionen der Rechtsverordnung, 2005, 33 f. mwN.

[35] Vgl. dazu *Kotulla,* Deutsche Verfassungsgeschichte, 2008, Rn. 1892 ff.

[36] Näher dazu *Heckel* FS f. Badura, 2004, 169 (188 ff.); *Remmert* in Maunz/Dürig Rn. 11 ff., 20 f.; *Bauer* in Dreier Rn. 3.

[37] Vgl. *Remmert* in Maunz/Dürig Rn. 22.

[38] *Mößle,* Inhalt, Zweck und Ausmaß, 1990, 39 ff.

[39] *v. Bogdandy,* Gubernative Rechtsetzung, 2000, 261.

[40] Zum „Gesetzgebungsnotstand" des Art. 81 als *de facto* Notverordnungsrecht der Exekutive vgl. → Art. 81 Rn. 1.

10 Andererseits ist der Begriff der „gesetzesvertretenden Verordnung" unklar.[41] Versteht man darunter RVOen mit umfassendem materiellem Regelungsanspruch,[42] so verbieten sich diese schon wegen Art. 80 Abs. 1 S. 2. Auch „gesetzesändernde Verordnungen" sind ausgeschlossen, soweit man hierunter Verordnungen versteht, die das vorgehende Gesetzesrecht verdrängen.[43] Unzulässig sind daher Vorschriften, die die Änderung des Gesetzestexts durch RVOen erlauben.[44] **Keine grundsätzlichen Bedenken** bestehen dagegen, dass der Gesetzgeber den Verordnungsgeber zu **Ausnahmeregelungen vom Gesetz** ermächtigt.[45] Da die Ausnutzung eines derartigen Vorbehalts das Gesetz, das ihn enthält, ebenso wenig ändert, wie die Ausnutzung eines grundgesetzlichen Gesetzesvorbehalts das GG, ist der Ausdruck „gesetzesändernde Verordnungen"[46] für diesen Fall missverständlich.

11 Auch die **Rechtsprechung** des BVerfG[47] und im Bereich landesrechtlicher RVOen die Rechtsprechung der Verwaltungsgerichte,[48] die **übergangsweise** eine RVO **trotz fehlender Ermächtigungsgrundlage** bestehen lassen, können nicht als Beleg für verfassungsrechtlich zulässige autonome Verordnungskompetenzen der Exekutive interpretiert werden.[49] Vielmehr handelt es sich um Rechtsfolgenaussprüche der Judikative,[50] die in Normenkontrollverfahren notwendig sind, weil allein die Kassation als klassisches gerichtliches Gestaltungsinstrument zu praktisch unhandhabbaren Ergebnissen führen würde.

12 Es reicht grundsätzlich aus, wenn **zum Zeitpunkt des Inkrafttretens der RVO** eine wirksame Ermächtigung vorliegt.[51] Trotz der Abhängigkeit der Verordnung vom Gesetz tritt sie **nicht automatisch außer Kraft,** wenn die gesetzliche Ermächtigungsgrundlage wegfällt.[52] Die in der Literatur (und in der Voraufl.) gemachten Einschränkungen, dass dies nur gelte, wenn die RVO ohne ihre gesetzliche Grundlage eine sinnvolle Regelung darstellt[53] und nicht der neuen Gesetzeslage widerspricht,[54] lösen sich auf, wenn die Gesetzesänderung als Aufhebung der RVO anzusehen ist. Ob hierfür eine, für die Rechtsklarheit wünschenswerte, förmliche Aufhebung notwendig ist,[55] erscheint offen.

---

[41] *Sinn,* Die Änderung gesetzlicher Regelungen durch einfache Rechtsverordnung, 1971, 9 f.

[42] *Klein,* Die Übertragung von Hoheitsrechten, 1952, 7; *WBSK* VerwR § 25 Rn. 45.

[43] BVerfGE 8, 155 (169 f.); *Sinn,* Die Änderung gesetzlicher Regelungen durch einfache Rechtsverordnung, 1971, 21 f.; *Mußgnug* JuS 1993, 291 (295).

[44] Zu § 10 AWG vgl. *Bryde* in APW BesVerwR Rn. 53.

[45] Sog. Verordnungsvorbehalt, BVerfG NJW 1998, 669 (670), NVwZ 2014, 1219; *Ossenbühl* in HdbStR V § 103 Rn. 27; *Bauer* in Dreier Rn. 20; *Sendler* NJW 2001, 2859 (2861); aA *Uhle,* Parlament und Rechtsverordnung, 1999, 420 ff.; oder *Uhle* in Kluth/Krings, Gesetzgebung, § 24 Rn. 26. Krit. zu § 5 Abs. 2 Nr. 3 IfSG etwa *Gärditz/Abdulsalam* GSZ 2020, 108 (114).

[46] *Sinn,* Die Änderung gesetzlicher Regelungen durch einfache Rechtsverordnung, 1971.

[47] BVerfGE 33, 1 (12 f.); 41, 251 (266 ff.); 79, 245 (250 f.).

[48] BVerwGE 41, 261 (266 f.); 56, 155 (161 f.); 64, 308 (316 ff.).

[49] In diesem Sinne *Ossenbühl* in HdbStR V § 104 Rn. 51 f.

[50] *v. Bogdandy,* Gubernative Rechtsetzung, 2000, 275.

[51] *Remmert* in Maunz/Dürig Rn. 50; *Uhle* in Kluth/Krings, Gesetzgebung, § 24 Rn. 22.

[52] BVerfGE 9, 3 (12); 44, 216 (226); 78, 179 (198); *Bauer* in Dreier Rn. 57; *Uhle* in BeckOK GG Rn. 36; iErg *Brenner* in MKS Rn. 80; zweifelnd *Ossenbühl* in HdbStR V § 103 Rn. 77; aA *Ramsauer* in AK Rn. 77; *Kotulla* NVwZ 2000, 1263 (1264); *Rütz* Jura 2005, 821 (824); *Pieroth* in Jarass/Pieroth Rn. 4.

[53] *Brenner* in MKS Rn. 81; *Bauer* in Dreier Rn. 57.

[54] *Bauer* in Dreier Rn. 57.

[55] Wohl *Remmert* in Maunz/Dürig Rn. 51 ff.

b) Bei Umsetzung europäischen Unionsrechts. Auch für RVOen zur Umsetzung europäischen Unionsrechts erfordert Art. 80 grundsätzlich eine Ermächtigung der deutschen Exekutive durch Gesetz des Bundestages (→ Rn. 48 ff.). Eine **Verdrängung des Art. 80** durch vorrangig anzuwendendes Unionsrecht[56] ist für die Effektivität des Europarechts **nicht erforderlich,** weil Art. 80 nicht das „Ob", sondern allein das „Wie" der Umsetzung regelt.[57] Somit findet Art. 80 Abs. 1 S. 2 auch für Umsetzungsermächtigungen Anwendung.[58] Möglich ist allerdings eine integrationsoffene (Art. 23) Auslegung des Art. 80. **13**

Für die Umsetzung **europäischer Richtlinien** im Wege der RVO[59] bestehen häufig schon deshalb gesetzliche Ermächtigungsgrundlagen iSd Art. 80, da Richtlinien der mitgliedstaatlichen Umsetzung bedürfen und dies typischerweise (auch) durch Gesetz erfolgt. Für **europäische Verordnungen,** die unmittelbare Geltung entfalten, gleichwohl aber auch noch mitgliedstaatlicher Durchführungs- oder Ausführungsregelungen bedürfen können, sieht zB das Marktorganisationsgesetz[60] entsprechende Verordnungsermächtigungen vor.[61] **14**

Problematisch sind Umsetzungs-RVOen, wenn die nationale **Verordnungsermächtigung älter als die europäischen Vorgaben** ist. Die Rechtsprechung interpretiert zunächst entsprechende Verordnungsermächtigungen weit und sieht deshalb sogar noch Übergangsregelungen zu einem neuen Regelungssystem von der alten Ermächtigung als gedeckt an.[62] Auch **dynamische Verweisungen** auf Unionsrecht sind nicht prinzipiell ausgeschlossen, sondern das BVerfG unterzieht das Geflecht aus deutschem Gesetz, (neuer) EU-Verordnung und deutscher RVO (→ Rn. 54)[63] einer Prüfung an den einschlägigen Bestimmtheitsvorgaben des GG, also auch Art. 80 Abs. 1 S. 2 (→ Rn. 48).[64] In der Literatur werden dynamische bzw. pauschale Verweisungen auf europäische Normen ebenfalls überwiegend als grundsätzlich zulässig angesehen und daher als Frage der Bestimmtheit iSd Art. 80 Abs. 1 S. 2 thematisiert (→ Rn. 40 ff.).[65] Teils wird dabei eine **15**

---

[56] *Calliess* NVwZ 1998, 8 (13); *Czychowski* ZUR 1997, 71.

[57] *Klink,* Pauschale Ermächtigungen zur Umsetzung von Europäischem Umweltrecht mittels Rechtsverordnung, 2005, 133 ff.

[58] *Uhle* in Kluth/Krings, Gesetzgebung, § 24 Rn. 60.

[59] Dass Verwaltungsvorschriften zur Umsetzung von europäischen Richtlinien nicht ausreichen, ist zwischenzeitlich geklärt, vgl. EuGH C-361/88, Slg. 1991, I-2567, ECLI:EU:C:1991:224 Rn. 15 ff.; EuGH C-433/93, Slg. 1995, I-2303, ECLI:EU:C:1995:263 Rn. 18; *Schroeder* in Streinz EUV/AEUV, Art. 288 AEUV Rn. 79; *Ruffert* in Calliess/Ruffert EUV/AEUV, Art. 288 AEUV Rn. 32.

[60] MarktorganisationsG, neugef. durch Bek. v. 7.11.2017 (BGBl. 2017 I 3746), zuletzt geändert am 6.5.2019 (BGBl. 2019 I 642).

[61] Weitere Beispiele finden sich bei *Härtel* JZ 2007, 431 (432).

[62] BVerwGE 121, 382.

[63] Zum Zitiergebot bei solchen gemeinsamen Ermächtigungsgrundlagen s. *Kauch/Düsing* AUR 2003, 69; *Remmert* in Maunz/Dürig Rn. 129; *Uhle* in BeckOK GG Rn. 32 mwN auch zur Gegenansicht.

[64] BVerfGK 17, 273; BVerfGE 143, 38: Für zulässig sah das BVerfG eine deutsche Verordnungsermächtigung für die Ausgestaltung der Milchquotenzuordnung zusammen mit unionsrechtlichen Bestimmungen der Gesamtmilchmengen und der Abgabe bei Überschreiten der einzelbetrieblichen Referenzmengen an. Einen Verstoß sowohl gegen Art. 103 Abs. 2 iVm Art. 104 Abs. 1 S. 1 also auch gegen Art. 80 Abs. 1 S. 2 erkannte das BVerfG in einer deutschen Verordnungsermächtigung, die einzelne Normen des unionsrechtlichen Rindfleischettikettierungssystems benennen sollte, deren Missachtung strafbar sein sollte; s. hierzu *Cornelius* NStZ 2017, 682.

[65] *Uhle* in BeckOK GG Rn. 28; *Brenner* in MKS Rn. 43; *Bauer* in Dreier Rn. 10, 37 f.; *Pieroth* in Jarass/Pieroth Rn. 17; *Czychowski* ZUR 1997, 71 (72); *Weber,* Rechtsfragen der

Lockerung des Art. 80 für zulässig gehalten, weil seine Intention, die Verhinderung einer Selbstentmachtung des Parlaments, bei engen europarechtlichen Umsetzungsvorgaben ohnehin ins Leere laufe und sich der BT bereits durch Zustimmung zu den europäischen Verträgen seiner Gesetzgebungshoheit insoweit begeben habe.[66] Als **an Art. 23 orientierte** integrationsoffene Auslegung des Art. 80 dürfte es freilich weniger auf die „Aufgabe" nationaler Gesetzgebungskompetenzen als eher auf eine **Verlagerung des Anspruchs parlamentarischer Steuerung** der Exekutive auf die europäische Ebene ankommen. Dann könnte auf eine detaillierte nationale Verordnungsermächtigung insoweit verzichtet werden, als europäische Normen unter maßgeblicher Beteiligung des europäischen Parlaments zustande gekommen sind, während umgekehrt bei Normen, die allein von Exekutivorganen beschlossen werden, auf der Umsetzungsebene Art. 80 die Mitwirkung des nationalen Parlaments sichert und daher eine nachlaufende Befassung durch Anpassung der Verordnungsermächtigung verlangt. Eine solche **qualitative Bewertung** führt nur bereichsspezifisch zu einer Beschränkung des Art. 80 und eröffnet zugleich die Möglichkeit, europäische Normen als „Gesetz" iSd Art. 80 (iVm Art. 23) anzusehen.

16 **2. (können) die Bundesregierung, ein Bundesminister oder die Landesregierungen.** Art. 80 Abs. 1 S. 1 nennt als mögliche **Ermächtigungsadressaten** BReg, BMin. und LReg. Diese **Aufzählung** ist **erschöpfend.**[67] Andere Stellen kommen als Erstdelegatare nicht in Betracht. Auch Art. 80 Abs. 4 beinhaltet keine direkte Erweiterung des Kreises der Delegatare (→ Rn. 64). Der Kreis von Verordnungsgebern kann allerdings durch Subdelegation nach Abs. 1 S. 4 erweitert werden (→ Rn. 55). Daraus kann jedoch nicht die Zulässigkeit einer „vorweggenommenen Subdelegation" (vgl. u. a. Rn. 55) unmittelbar durch den Gesetzgeber geschlossen werden.[68]

17 Ist die **BReg** zum Erlass einer RVO ermächtigt, so gilt die Ermächtigung für das **Kollegium,** nicht für den zuständigen BMin.[69] Die Beschlussfassung durch die BReg als Kollegium setzt ein Verfahren voraus, das die Zurechnung zum Kollegium als Verordnungsgeber erlaubt. Das in der BReg in der Vergangenheit praktizierte Umlaufverfahren erfüllte diese Voraussetzungen teilweise nicht, weil ein Beschluss schon dann als zustande gekommen galt, wenn kein Widerspruch erhoben wurde.[70]

Durchführung des Gemeinschaftsrechts in der Bundesrepublik, 1988, 25 f.; *Kloepfer/Rehbinder/Schmidt-Aßmann,* UGB-AT, 1990, 470; *Bauer* FS f. Steinberger, 2002, 1061 (1080); *Brand,* Die Vereinbarkeit der Rechtsverordnungsermächtigungen des Bundes zur Durchführung von EG-Rechtsakten und völkerrechtlichen Verträgen auf dem Gebiet des Umweltschutzes mit Art. 80 Abs. 1 S. 2 GG, 2000, 115 ff.; aA *Ossenbühl* DVBl. 1999, 1 (7); *Weihrauch* NVwZ 2001, 265 (268); differenzierend *Härtel* JZ 2007, 431 (434); zurückhaltend auch *Remmert* in Maunz/Dürig Rn. 113 ff. (117).

[66] *Nierhaus* in BK Rn. 317; *Klink,* Pauschale Ermächtigungen zur Umsetzung von Europäischem Umweltrecht mittels Rechtsverordnung, 2005, 143 mwN.

[67] BVerfGE 8, 155 (163).

[68] AA *Obermayer* DVBl. 1959, 354 (357 f.); *Ossenbühl,* Verwaltungsvorschriften und Grundgesetz, 1968, 170 Fn. 72; wie hier *Stern,* StaatsR II, 1980, § 38 III 3a; *Pieroth* in Jarass/Pieroth Rn. 7; *Bauer* in Dreier Rn. 22; *Remmert* in Maunz/Dürig Rn. 74; → Rn. 27.

[69] BVerfGE 11, 77 (84 f.); *Remmert* in Maunz/Dürig Rn. 76; *Brenner* in MKS Rn. 56; *Bauer* in Dreier Rn. 23; *Uhle* in BeckOK GG Rn. 10; *Stern,* StaatsR II, 1980, § 38 III 1a; *Ossenbühl* in HdbStR V § 103 Rn. 30.

[70] BVerfGE 91, 148 (165 ff.); zu den Anforderungen an das Umlaufverfahren: *Nierhaus* in BK Rn. 242, 383 ff.; *Mann* in Sachs Rn. 15; *Brenner* in MKS Rn. 56; abw. noch BVerwGE 89, 121 (124 ff.).

Ist ein **BMin** zum Verordnungserlass ermächtigt, so kann die Ermächtigung **nicht** von der **BReg als Kollegium** ausgeübt werden.[71] Allerdings können mehrere BMin gleichzeitig nebeneinander oder auch gemeinsam ermächtigt werden, was sachlich sinnvoll sein kann.[72] Bei der Auswahl des Delegatars ist das Parlament nicht an die Geschäftsbereiche gebunden.[73] Im Innenverhältnis des Kabinetts trifft den BMin, der zum Verordnungserlass im Geschäftsbereich eines Kollegen ermächtigt ist, allerdings die aus der Kabinettssolidarität[74] folgende Pflicht, sich mit diesem abzustimmen. Im Streitfall müsste das Kabinett entscheiden.[75] Nach § 1 Abs. 1 AnpG gehen bei Neuabgrenzung des Geschäftsbereichs die Zuständigkeiten über.[76] **18**

Die Alleinzuständigkeit des ermächtigten Ministers findet ihre Grenze allerdings an der Richtlinienkompetenz des Bundeskanzlers (Art. 65 S. 1) und der Kabinettsolidarität. Die GO BReg versucht die Koordination der Regierungspolitik dadurch zu sichern, dass Verordnungen, für deren Erlass ein BMin zuständig ist, vom Kabinett beraten und beschlossen(!) werden müssen, wenn sie „von besonderer politischer Bedeutung" sind (§ 15 Abs. 1 lit. c). Dies ist als kabinettsinternes „Binnenrecht"[77] zulässig, kann aber im Außenverhältnis die gesetzlich einem BMin zugewiesene Verordnungskompetenz nicht entziehen. Der zuständige **BMin** bleibt daher nicht nur **formell alleiniger Verordnungsgeber,** nachdem die RVO dem Kabinett vorgelegen hat (so auch § 30 Abs. 1 S. 2 GO BReg), sondern er könnte auch ohne Folgen für die Gültigkeit der RVO vom Kabinettsbeschluss abweichen.[78] Etwas anderes gilt nur bei sog. **Mischverordnungen,** dh Verordnungen, bei denen mehrere Verordnungsgeber auf Grund jeweils eigener Ermächtigung handeln, also im Grunde mehrere RVOen vorliegen, die aus technischen Gründen in einer RVO zusammengefasst werden.[79] **19**

Der Bundesgesetzgeber kann nur die **LReg,** nicht einen einzelnen **LMin** ermächtigen, wie sich aus dem Wortlaut eindeutig ergibt.[80] Damit steht jedoch nur fest, dass bundesgesetzliche Ermächtigungen nicht auf einen bestimmten Minister lauten dürfen. Es ist nicht unbedingt ausgeschlossen, dass ein **LMin** von einer solchen Ermächtigung Gebrauch macht, wenn nach Landesverfassungsrecht unter „Landesregierung" (auch) der einzelne Ressort- **20**

---

[71] *Nierhaus* in BK Rn. 245; *Mann* in Sachs Rn. 16; *Bauer* in Dreier Rn. 26; *Stern,* StaatsR II, 1980, § 38 III 1b.; differenzierend *Remmert* in Maunz/Dürig Rn. 79.

[72] *Brenner* in MKS Rn. 57; *Remmert* in Maunz/Dürig Rn. 79; *Ossenbühl* in HdbStR V § 103 Rn. 34; *Stern,* StaatsR II, 1980, § 38 III 1d.

[73] *Brenner* in MKS Rn. 53; *Ossenbühl* in HdbStR V § 103 Rn. 31.

[74] Dazu *Kröger,* Ministerverantwortlichkeit, 1972, 7 ff.

[75] Art. 65 S. 3; aA *Wilke* in v. Mangoldt/Klein, Das Bonner Grundgesetz, 2. Aufl. 1957, Anm. V 3c, der wegen der Alleinzuständigkeit des ermächtigten BMin. das Vorliegen einer entscheidungsfähigen „Meinungsverschiedenheit" leugnet; wie hier *Stern,* StaatsR II, 1980, § 38 III 1b; *Nierhaus* in BK Rn. 247.

[76] *Pieroth* in Jarass/Pieroth Rn. 7; *Bauer* in Dreier Rn. 24; *Brenner* in MKS Rn. 59; krit. gegen den gesetzlichen Zuständigkeitsübergang *Brandner/Uwer* DÖV 1993, 107 ff.; die Kritik von *Kube* NVwZ 2003, 57, an der Verordnungsermächtigung in (heute) § 2 ZustAnpG geht allerdings am Gesetz vorbei: der Zuständigkeitsübergang findet kraft Gesetzes statt, es bleibt aber bei der „gesetzesändernden Verordnung", die materiell eine „Berichtigung" des Wortlautes ist.

[77] Für Vorrang des Art. 80 Abs. 1 S. 1 auch im Innenverhältnis: *Brenner* in MKS Rn. 58.

[78] *Brenner* in MKS Rn. 58; *Bauer* in Dreier Rn. 24.

[79] Allg. dazu *Brenner* in MKS Rn. 54; *Remmert* in Maunz/Dürig Rn. 79; *Pieroth* in Jarass/Pieroth, Rn. 10.

[80] BVerfGE 11, 77 (85 f.); 88, 203 (332); BVerwGE 29, 93 (100); *Brenner* in MKS Rn. 60; *Remmert* in Maunz/Dürig Rn. 80; *Bauer* in Dreier Rn. 25.

minister verstanden werden kann.[81] Das dürfte zwar im Augenblick in keinem Bundesland der Fall sein,[82] aber wenn das Verfassungsrecht eines Landes eine so konsequente Durchführung des Ressortprinzips vorsähe, dürfte der Bundesgesetzgeber diese Regelung nicht unterlaufen. Der Gesetzgeber kann selbstverständlich mehrere, in der Regel alle,[83] LReg ermächtigen. Die Ermächtigung mehrerer LReg oder einer LReg und einem Bundesorgan zu gemeinsamer Verordnungsgebung soll aber dem Bundesstaatsprinzip widersprechen.[84]

21 **3. können ... ermächtigt werden. a) Ermächtigung und Beschränkungen der Delegatare.** Der Delegatar wird grundsätzlich **ermächtigt, nicht verpflichtet,** von der Verordnungsermächtigung Gebrauch zu machen.[85] Der Gesetzgeber kann ihn jedoch ausdrücklich oder implizit zum Verordnungserlass verpflichten.[86] Umgekehrt dürfte es regelmäßig das Bestimmtheitsgebot (→ Rn. 40 ff.) verletzen, wenn der Gesetzgeber den Erlass einer Verordnung, von der der Vollzug des Gesetzes abhängt, in das freie Belieben des Verordnungsgebers stellt.[87]

22 Nicht nur zum „Ob" eines Verordnungserlasses können also indirekte Bindungswirkungen vorliegen. Auch aus gesetzlichen Vorgaben zum **Erlassverfahren** können faktisch Bindungswirkungen folgen, wenn nämlich **externe,** insbesondere **sachverständige** Stellungnahmen einzuholen sind. Abweichungen hiervon bedürfen regelmäßig einer (politischen) Begründung oder bieten das Risiko (politischer) Kritik an der Verordnung. Solange die Verantwortlichkeit beim Verordnungsgeber bleibt, weil nur Beratung und Beteiligung vorgegeben, aber keine Mitentscheidungsrechte eingeräumt werden, ist dies grundsätzlich zulässig.[88] Die **Grenzen der Einflussnahme Dritter** sind kein spezifisches Problem der Verordnungsgebung, sondern an allgemeinen Maßstäben einerseits des demokratischen Transparenzgebots und andererseits der Effektivität gerichtlicher Kontrolle zu messen.[89] Zustimmungsvorbehalte für andere Gremien als BT (→ Rn. 24 ff.), BR (→ Rn. 23, Rn. 56 ff.) und die genannten Delegatare (→ Rn. 16) sind zudem bereits deshalb unzulässig, weil dadurch andere als die von Art. 80 abschließend genannten Delegatare beim Erlass einer RVO konstitutiv beteiligt würden.[90]

---

[81] BVerfGE 11, 77 (86); *Remmert* in Maunz/Dürig Rn. 80; *Stern,* StaatsR II, 1980, § 38 III 1c; *Pieroth* in Jarass/Pieroth Rn. 7; *Brenner* in MKS Rn. 60.

[82] BVerfGE 11, 77 (86); aA für Bayern *Zippelius* BayVBl. 1960, 311; dagegen *Kalkbrenner* BayVBl. 1960, 309; *Kratzer* BayVBl. 1960, 376.

[83] Zur Frage, ob auch nur bestimmte LReg. ermächtigt werden können s. *Brenner* in MKS Rn. 60; *Remmert* in Maunz/Dürig Rn. 81; *Uhle* in BeckOK GG Rn. 14; *Mann* in Sachs Rn. 19.

[84] *Brenner* in MKS Rn. 60; *Pieroth* in Jarass/Pieroth, Rn. 10; *Remmert* in Maunz/Dürig Rn. 81; *Mann* in Sachs Rn. 19; *Bauer* in Dreier Rn. 26.

[85] *Ossenbühl* in HdbStR V § 103 Rn. 50; *Pieroth* in Jarass/Pieroth Rn. 22; *Brenner* in MKS Rn. 74; *Bauer* in Dreier Rn. 56; *Uhle* in BeckOK GG Rn. 29 f.

[86] *Ossenbühl* in HdbStR V § 103 Rn. 50; *Lepa* AöR 105 (1980), 337 (347 f.); *Brenner* in MKS Rn. 75.

[87] BVerfGE 79, 174 (194); *Brenner* in MKS Rn. 75.

[88] BVerfGE 28, 82 (84); 55, 144 (149); *Stern,* StaatsR II, 1980, § 38 III 1; *Mann* in Sachs Rn. 41; *Bauer* in Dreier Rn. 27.

[89] In diesem Sinne *Schnelle,* Eine Fehlerfolgenlehre für Rechtsverordnungen, 2007, 56; *Bauer* in Dreier Rn. 27.

[90] BVerfGE 4, 193 (203) für Parlamentsausschüsse; *Schnelle,* Eine Fehlerfolgenlehre für Rechtsverordnungen, 2007, 54 ff.; *Brenner* in MKS Rn. 108; *Bauer* in Dreier Rn. 27; aA für Parlamentsausschüsse in *Bryde* in v. Münch/Kunig, 6. Aufl. 2012, Rn. 5; *Stern,* StaatsR II,

Besonders in Abs. 2 geregelt sind die Beteiligungsrechte des **BRs.** Da RVOen zum einen schon aufgrund von Art. 80 Abs. 2 der **Zustimmung** des BRs unterliegen und zum anderen weitere Zustimmungsrechte des BRs durch Gesetz vorgesehen werden können, ist ihm eine **starke Stellung** bei der Verordnungsgebung eingeräumt (→ Rn. 56 ff.). 23

b) Einflussmöglichkeiten des Bundestages bei der Verordnungsgebung. Durch Art. 80 wird die **Gesetzgebungshoheit** des Parlaments nicht beschränkt. Es gibt keine verfassungsrechtliche Pflicht des Parlaments, eine Verordnungsermächtigung zu erlassen. Art. 80 gibt **keine Regelungsbereiche** vor, die **durch RVO** anstatt durch Gesetz **geregelt werden müssten.**[91] 24

Auch gibt der Gesetzgeber durch eine Verordnungsermächtigung sein Zugriffsrecht auf eine Materie nicht auf. Die Ermächtigung ist **nur „zuschiebend", nicht „abschiebend".**[92] Diese fortbestehende Verantwortung des Gesetzgebers für die delegierte Regelungsaufgabe ist entscheidend für die Zulässigkeit der Einflussnahme des Parlaments auf die Verordnungsgebung über die Ermächtigung hinaus.[93] So kann sich der BT eine **Befassung** mit Verordnungsentwürfen, die **Zustimmung** oder auch die **Kassation** von RVOen vorbehalten (über den ausdrücklich geregelten Fall des Art. 109 Abs. 4 S. 4 hinaus)[94] und RVOen durch Gesetz **ändern.**[95] 25

Befassungsrechte des Parlaments sind Vorgaben zum Verfahren der Verordnungsgebung. Sie unterscheiden sich nicht von Vorgaben zur Berücksichtigung anderer – auch externer – Gremien. Weil der Gesetzgeber dadurch die Verordnungsgebung über die Anforderungen des Art. 80 Abs. 1 S. 2 hinaus auch noch in verfahrensmäßiger Hinsicht determiniert, bestehen gegen diese parlamentarische Steuerung keine Bedenken. Die **rechtliche Verantwortung des Verordnungsgebers** für die RVO bleibt **unangetastet.**[96] 26

Zustimmungsvorbehalte für den BT knüpfen die Wirksamkeit einer RVO an eine eigene parlamentarische Entscheidung. Eine solche Konstruktion ist ein **Minus gegenüber der Delegation**[97] und deshalb stets[98] zulässig, 27

1980, § 38 II 4; *Pieroth* in Jarass/Pieroth Rn. 11; *Uhle,* Parlament und Rechtsverordnung, 1999, 517 ff.; *Uhle* in BeckOK GG Rn. 53.

[91] In diese Richtung *Ossenbühl* in Schuppert, Das Gesetz als zentrales Steuerungselement des Rechtsstaates, 1998, 27 (36 f.).

[92] BVerfGE 22, 330 (346); *Klein,* Die Übertragung von Hoheitsrechten, 1952, 46; *Bauer* in Dreier Rn. 48; *Brenner* in MKS Rn. 29; *Remmert* in Maunz/Dürig Rn. 90.

[93] Übersicht bei *Ossenbühl* in HdbStR V § 103 Rn. 58; *Uhle,* Parlament und Rechtsverordnung, 1999, 81 ff.

[94] BVerfGE 8, 274 (321); *Stern,* StaatsR II, 1980, § 38 II 4; *Seiler* ZG 2001, 50 (63 ff.); *Pieroth* in Jarass/Pieroth Rn. 11; *Mann* in Sachs Rn. 8, 42; *Brenner* in MKS Rn. 29; *Uhle* in BeckOK GG Rn. 57; differenzierend *Uhle,* Parlament und Rechtsverordnung, 1999, 482 ff., 505 ff.

[95] BVerfG NVwZ 1997, 261 (262); VGH München NJW 2001, 2905 bzgl. einer auf Landesgesetz beruhenden Verordnung; *Lepa* AöR 105 (1980), 337 (350 f.); *Uhle,* Parlament und Rechtsverordnung, 1999, 467 ff.; einschränkend *Mann* in Sachs Rn. 43; *Brenner* in MKS Rn. 26; aA *Sinn,* Die Änderung gesetzlicher Regelungen durch einfache Rechtsverordnung, 1971, 36; *Seiler* ZG 2001, 50 (51 ff.).

[96] IErg *Bauer* in Dreier Rn. 30; *Brenner* in MKS Rn. 106.

[97] BVerfGE 8, 274 (321); *Mann* in Sachs Rn. 42; *Bauer* in Dreier Rn. 30; *Brenner* in MKS Rn. 29; hingegen schon im Ansatz Mitentscheidungsrechte als Aliud qualifizierend *Uhle* in BeckOK GG Rn. 55; wohl auch *Remmert* in Maunz/Dürig Rn. 108.

[98] Für antizipierte Zustimmungen verneinend *Mann* in Sachs Rn. 42; bejahend *Uhle* in BeckOK GG Rn. 56.

auch wenn damit der Entlastungseffekt für das Parlament geringer ausfällt. Die Einschränkung, dass hierfür ein legitimes Interesse bestehen muss,[99] würde die verfassungsrechtlichen Einflussmöglichkeiten des BTs hinter denen des BRs (vgl. Abs. 2) zurückstehen lassen, ohne dass ein Grund hierfür erkennbar ist.[100] Eine andere, umstrittene Frage ist, in welchem Umfang Zustimmungs- (bzw. Kassations)vorbehalte die Bestimmtheitsanforderungen von Art. 80 Abs. 1 S. 2 (→ Rn. 40 ff.) kompensieren können.[101]

28 **c) Änderungen von Rechtsverordnungen durch den Bundestag. Änderungen** von RVOen sind wegen der bleibenden Kompetenz des BTs grundsätzlich zulässig. Dies ist auch unabhängig davon, ob der Gesetzgeber sich Änderungen ausdrücklich vorbehalten hat, wie etwa in § 67 KrWG.[102] Umstritten ist allerdings erstens, in welchem Verfahren solche Änderungen erfolgen können bzw. müssen, und zweitens für den Fall, dass solche Änderungen im Gesetzgebungsverfahren erfolgten, welche Rechtsnatur sie haben.

29 Zunächst ist strittig, ob der BT Änderungen einer Verordnung **im Verordnungsverfahren** vornehmen kann[103] oder ob ihm nur das Gesetz als **Handlungsform** zur Verfügung steht.[104] Eine auf allgemeine Staatsprinzipien zurückgreifende Argumentation bleibt blass, da die RVO als exekutivische Normsetzung in mehrstufiger Verantwortung von Gesetzgeber (für die Ermächtigungsnorm) und Exekutive (für die VO selbst) gerade zeigt, dass absolute Trennungen dogmatisch nicht begründet werden können. Gewichtiger ist der Einwand, dass der BT damit die Verfahrensregelungen des GG zur Gesetzgebung (vgl. Art. 76 ff.) **umgehen** könnte.[105] Dies dürfte insbesondere für die Beteiligung des BRs relevant sein. Allerdings zeigt die Staatspraxis, dass dies auch gerade umgekehrt möglich ist, wenn nämlich die RVO, nicht hingegen das Änderungsgesetz zustimmungsbedürftig ist.[106] Da seit der Föderalismusreform 2006 die Zustimmungsbedürftigkeit von Gesetzen abgebaut wurde, während die starke Stellung des BRs bei der Verordnungsgebung erhalten blieb (→ Rn. 56 ff.), dürfte dies die praktisch relevantere Konstellation sein. Ein stabiles Argument bildet die Umgehungssorge

---

[99] So noch der Rspr. BVerfGE 8, 274 (321) folgend *Bryde* in v. Münch/Kunig, 5. Aufl. 2003, Rn. 5; anders auf die verbleibenden Gestaltungsspielräume des Delegatars abstellend *Remmert* in Maunz/Dürig Rn. 110 f.

[100] Wie hier *Mann* in Sachs Rn. 41; *Uhle* in BeckOK GG Rn. 55.

[101] Abl. BVerfGE 8, 274 (323); *Seiler* ZG 2001, 50 (64 f.); krit. auch *Schnelle,* Eine Fehlerfolgenlehre für Rechtsverordnungen, 2007, 52 ff.; bejahend und damit praktischen Bedürfnissen entsprechend *Ramsauer* in AK Rn. 49; *Ossenbühl in* HdbStR V § 103 Rn. 63 jeweils mwN; vgl. auch BVerwG DVBl. 1979, 424 (426) zu Art. 47 Abs. 1 aF (= Art. 64 Abs. 1 nF) Bln. Verf.

[102] *Schnelle,* Eine Fehlerfolgenlehre für Rechtsverordnungen, 2007, 55; *Saurer,* Die Funktionen der Rechtsverordnung, 2005, 375 ff.; *Brenner* in MKS Rn. 103; *Bauer* in Dreier Rn. 30.

[103] So *Bryde* in v. Münch/Kunig, 5. Aufl. 2003, Rn. 5; *Lippold* ZRP 1991, 254; *Ossenbühl* in Schuppert, Das Gesetz als zentrales Steuerungsinstrument des Rechtsstaates, 1998, 27 (32 ff.).

[104] *Möllers,* Jura 2007, 932 (936). *Kotulla,* NVwZ 2000, 1263 (1264); *Mann* in Sachs Rn. 43; *Bauer* in Dreier Rn. 49; *Brenner* in MKS Rn. 107; *Remmert* in Maunz/Dürig Rn. 90.

[105] Ablehnend daher noch eindeutig BVerfGE 22, 330 (346); 24, 184 (199); *Rupp* NVwZ 1993, 756 ff.; *Konzak* DVBl. 1994, 1107 ff.; *Conradi* NVwZ 1994, 977; *Jekewitz* NVwZ 1994, 956 ff.; *Studenroth* DÖV 1995, 532 ff.; *Seiler* ZG 2001, 50 (67 ff.); *Bauer* in Dreier Rn. 31; ähnlich *Brenner* in MKS Rn. 107.

[106] Wie das Beitragssatzsicherungsgesetz, dies legitimierend: BVerfGE 114, 196 (232).

also ebenfalls nicht. Daher bleibt für die Beschränkung auf nur eine Handlungsform letztlich nur die dogmatische Klarheit als Selbstzweck.[107]

Für den Fall, dass die Verordnungsänderung durch Gesetz erfolgt, stellt sich die Folgefrage nach der **Rechtsnatur solcher Änderungen.** Ursprünglich ging die Staatspraxis davon aus, dass die Änderungen nicht nur als Gesetz erlassen werden, sondern auch Gesetz bleiben.[108] Dies hat zum einen den eher „ästhetischen"[109] Nachteil, dass in einer RVO nicht unmittelbar erkennbar ist, ob eine konkrete Regelung untergesetzliche Norm oder Gesetz ist. Für Gerichte stellt sich dadurch die Frage nach einer eigenen Verwerfungskompetenz oder Vorlagepflicht. Zum anderen stellt sich die Frage, ob bzw. inwieweit der Verordnungsgeber – gestützt auf die bisherige Ermächtigung – Änderungen der RVO vornehmen kann, die auch die durch Gesetz geänderten Teile betreffen. Regelmäßig wollte der verordnungsändernde Gesetzgeber dies nicht verhindern und räumte daher mit sogenannten „Entsteinerungsklauseln" dem Verordnungsgeber (je nach Sichtweise erneut oder ausdrücklich) die Möglichkeit zur Änderung auch der gesetzlichen Teile der RVO ein. Daran ließ sich wieder kritisieren, dass die Exekutive nicht nur zur Konkretisierung und zur Abweichung innerhalb von im Gesetz vorgesehenen Ausnahmen ermächtigt wurde, sondern zur Änderung eines Gesetzes, was mit der strengen Akzessorietät exekutiver Normsetzung schwer vereinbar wäre (→ Rn. 7 ff.).[110] Durch die neuere Rspr. des BVerfG[111] sind „Entsteinerungsklauseln" nicht mehr erforderlich.[112] Denn auch die im Gesetzgebungsverfahren erfolgten Änderungen sollen den einheitlichen Charakter der sie „umgebenden" RVO annehmen.[113] Der leichtfertige Umgang oder auch Bruch mit dogmatischen Kategorien ist dem BVerfG von vielen Seiten vorgeworfen worden.[114] Neben der Vermeidung eines Konflikts mit der Gesetzesakzessorietät exekutiver Normsetzung liegt der praktische Gewinn dieser Rspr. darin, dass die verwaltungsgerichtliche Verwerfungskompetenz – und damit Unzulässigkeit etwaiger Vorlagen an das BVerfG – eindeutig ist.[115] **30**

Solange im Ergebnis Änderungen von RVO durch das Parlament nicht ausgeschlossen werden sollen, halten sich **Gewinn und Verlust dogmatischer Stringenz** der verschiedenen Positionen die Waage.[116] Denn bei der „Chamäleonkonzeption" des BVerfG verliert die Beschränkung des BTs allein auf die Handlungsform des Gesetzes (→ Rn. 29) ihre Schärfe. Aus der Beschränkung auf nur eine Handlungsform folgt dann keine Beschränkung der Zugriffsmöglichkeiten des Parlaments. Als Feigenblatt wirkt daher das **31**

---

[107] So nunmehr vom BVerfG verlangt: BVerfGE 114, 196 (238).

[108] S. bei *Bauer* in Dreier Rn. 49 ff; *Brenner* in MKS Rn. 30.

[109] S. etwa bei *Mann* in Sachs Rn. 9; zur Auflösbarkeit rechtsstaatlicher Bedenken vgl. *Remmert* in Maunz/Dürig Rn. 97.

[110] Kritisch daher *Uhle* in BeckOK GG Rn. 49 mwN; zum Versuch einer dogmatischen Auflösung *Remmert* in Maunz/Dürig Rn. 91. Zur Praxis s. *Bauer* in Dreier Rn. 50.

[111] Vgl. ihre Darstellung auch bei *Mann* in Sachs Rn. 9; *Bauer* in Dreier Rn. 51; *Brenner* in MKS Rn. 30; *Remmert* in Maunz/Dürig Rn. 89 ff.

[112] BVerfGE 114, 196 (240): sie seien nur klarstellend.

[113] BVerfGE 114, 196 (238 ff.); zum RVO-Charakter auch: *Schneider,* Gesetzgebung, 2002, Rn. 663 f.; *Sendler* NJW 2001, 2859 (2860); *Külpmann* NJW 2002, 3436 (3439).

[114] Zuvörderst im Sondervotum BVerfGE 114, 196 (250 f.); *Brenner* in MKS Rn. 30; *Bauer* in Dreier Rn. 51 ff. (54); *Remmert* in Maunz/Dürig Rn. 94; *Uhle* DÖV 2001, 241 (243); *Brosius-Gersdorf* ZG 2007, 305 (310 ff.).

[115] BVerfGE 114, 196 (239 f.); dies anerkennend *Brenner* in MKS Rn. 30; *Remmert* in Maunz/Dürig Rn. 94.

[116] In diese Richtung auch *Mann* in Sachs Rn. 9.

vom BVerfG aufgestellte Erfordernis, dass die Verordnungsänderung durch Gesetz nur unter der **einschränkenden Voraussetzungen** erlaubt sei, dass sie „im Rahmen einer Änderung eines Sachbereichs durch den Gesetzgeber", also nicht isoliert erfolgt.[117] Die weiteren Folgerungen des BVerfG, insbesondere die Anforderung, dass sich das verordnungsändernde Gesetz im Rahmen der Verordnungsermächtigung halten muss, sind hingegen stringent. Andernfalls verstieße die durch Gesetz geänderte Verordnung ja gegen die Begrenzung der Ermächtigung und wäre nichtig.

32 **4. Rechtsverordnungen zu erlassen. a) Anwendungsbereich des Art. 80: nur für RVOen.** Art. 80 ermächtigt zum Erlass von Rechtsverordnungen. Eine unmittelbare oder analoge **Anwendung auf andere Formen exekutivischer Normsetzung scheidet aus.** Für die allgemeinen Rechtsformen, wie Verwaltungsvorschriften und Satzungen, ist dies allgemein anerkannt.[118] Aber auch für andere Erscheinungsformen exekutiver Normsetzung, wie der Allgemeinverbindlicherklärung von Tarifverträgen[119] oder Kirchensteuerregelungen[120], gilt nichts anderes.[121] Im Bereich des Sozialversicherungsrechts soll hingegen zumindest die Bestimmtheitstrias des Art. 80 Abs. 1 S. 2 für andere untergesetzliche Normen gelten.[122] Auch wenn Reichweite und Rechtsschutz gegen untergesetzliche Normen in diesen Bereichen rechtsstaatliche Fragen aufwerfen,[123] so sind sie durch allgemeine verfassungs- und verwaltungsrechtliche Grundsätze zu lösen,[124] nicht jedoch durch eine verfassungsdogmatische Bereichsausnahme in Form einer Erstreckung des Art. 80 Abs. 1 S. 2 nur auf dieses Rechtsgebiet.

33 **b) Abgrenzung: formalisierter Verordnungsbegriff.** Die Begrenzung des Art. 80 auf RVOen setzt voraus, dass sich diese eindeutig von anderen Normen abgrenzen lassen. RVOen sind exekutivische Rechtsetzung. Deshalb sind sie einerseits gegenüber parlamentarischer Rechtsetzung und andererseits gegenüber anderer exekutivischer Normsetzung abzugrenzen. **Wenig hilfreich** ist hierbei die überkommene Definition der RVO als **„Gesetz im materiellen Sinne"**[125] bzw. „materieller Rechtssatz".[126] Denn sie geht von einem gespaltenen Gesetzesbegriff und materiellem Rechtssatzbegriff aus, der für die Verfahrens- und Formvorgaben des GG ungeeignet ist (vgl. → Art. 76 Rn. 5). Ebenso wenig wie Gesetze sind RVOen auf Eingriffe in Freiheit und

[117] BVerfGE 114, 196 (238).

[118] Für Verwaltungsvorschriften *Brenner* in MKS Rn. 20; *Bauer* in Dreier Rn. 16; für Satzungen: BVerfGE 12, 319 (325) stRspr; *Brenner* in MKS Rn. 21; *Sannwald* in SHH Rn. 21; *Stern,* StaatsR II § 38 I 4b; *Ramsauer* in AK Rn. 37.

[119] BVerfGE 44, 322 (349); 55, 7 (20).

[120] BVerfGE 73, 388 (400).

[121] *Brenner* in MKS Rn. 22; *Uhle* in BeckOK GG Rn. 1; *Remmert* in Maunz/Dürig R. 48; *Pieroth* in Jarass/Pieroth Rn. 3 mit weiteren Beispielen.

[122] *Axer,* Normsetzung der Exekutive in der Sozialversicherung, 2000, 408 f.; für Richtlinien des Gemeinsamen Bundesausschusses (bzw. seines Vorläufers) BSGE 78, 70 (80).

[123] *Schmidt-De Caluwe* in Becker/Kingreen, SGB V, § 92 Rn. 7 ff. mwN auch zur auf das Demokratieprinzip gestützten Kritik.

[124] Ohne direkte Bezugnahme auf Art. 80 für den Rechtsnormcharakter der Richtlinien BSGE 81, 73 (82); entgegen der Überzeugung des BSG (etwa BSGE 96, 261; 97, 190), dass verfassungsrechtliche Fragen der Richtliniengebung durch den Gemeinsamen Bundesausschuss geklärt seien, hat das BVerfG hat in seinem Beschluss vom 10.11.2015, BVerfGE 140, 229 angedeutet, dass die verfassungsrechtliche Legitimation einzelner Richtlinien fraglich sein könnte, vgl. *Wallrabenstein* KrV 2016, 240.

[125] *WBSK* VerwR § 25 Rn. 39; *Stern,* StaatsR II, 1980, § 38 I 4a.

[126] *Brenner* in MKS Rn. 18.

Eigentum oder auf Grenzziehung zwischen selbständigen Rechtssubjekten beschränkt, und ebenso wie Maßnahmegesetze kann es auch Maßnahmeverordnungen geben, wenn Verfassung oder Gesetz die Form einer RVO für einen Einzelakt vorschreiben.[127]

Ein **materieller Verordnungsbegriff,** nach dem RVOen von der Exe- **34**
kutive erlassene gesetzesabhängige Rechtsnormen mit regelmäßig materieller Außenwirkung sind,[128] beschreibt zwar den Gegenstand zutreffend, bietet aber **keine hinreichenden** Kriterien für die **Abgrenzung** der RVO **von anderen exekutiv gesetzten Normen,** insbes. Verwaltungsvorschriften.[129] RVOen und Verwaltungsvorschriften lassen sich nicht nach ihrem Inhalt unterscheiden,[130] da sie sich weitgehend auf die gleichen Gegenstände beziehen können. Nicht nur Verwaltungsorganisation kann in vielen Fällen sowohl durch Gesetz und RVO wie durch Verwaltungsvorschriften erfolgen,[131] auch im Staat-Bürger-Verhältnis („Außenverhältnis“) können zB Gesetz und Verordnungsrecht und die zu seiner Erläuterung erlassenen Verwaltungsvorschriften bis in den Wortlaut hinein dasselbe Thema haben.[132]

Der formalisierte Gesetzesbegriff des GG (→ Art. 76 Rn. 5) ist daher durch **35**
einen **formalisierten Verordnungsbegriff** zu ergänzen, der auf Form und Verfahren der Verordnungsgebung abstellt.[133] Die formelle **Abgrenzung** der RVO **vom Gesetz** ist durch den Autor der Norm (die Exekutive) eindeutig.

Gegenüber dem **konstitutiven Charakter des Ermächtigungszitats** **36**
haben andere formelle Kriterien (Name, Veröffentlichungsweise) nur als Indizien Bedeutung.[134] RVO iSd GG ist daher nur, aber auch jeder von der Exekutive im Verordnungswege und in der Form einer RVO erlassene Hoheitsakt, wobei Bezeichnung und Publikationsform Indizien sind, die erkennbare Berufung auf eine gesetzliche Verordnungsermächtigung aber konstitutiv ist.

c) Abgrenzung im Einzelnen. Für die **Abgrenzung** der RVO **von den** **37**
Verwaltungsvorschriften ist entscheidend, dass die RVO **auf gesetzlicher Verordnungsermächtigung beruht.**[135] Denn Verwaltungsvorschriften be-

[127] *Stern,* StaatsR II, 1980, § 38 I 4; *Nierhaus* in BK Rn. 140 f.; *Achterberg,* Probleme der Funktionslehre, 1970, 131 ff. mwN.

[128] Vgl. *Mann* in Sachs Rn. 13.

[129] *Uhle* in BeckOK GG Rn. 2 will daher auf eine Kombination von materiellen und formellen Kriterien abstellen, was iErg der hier vertretenen Auffassung entspricht.

[130] AA *H. Krüger,* Rechtsverordnung und Verwaltungsanweisung, FS f. Smend, 1952, 211; *Maunz* in Maunz/Dürig (bis 2013) Rn. 11.

[131] BVerfGE 8, 71 (75); 40, 237 (250); BVerwGE 21, 293 (298); *Brenner* in MKS Rn. 14 ff.; *Böckenförde,* Organisationsgewalt im Bereich der Regierung, 1964, 76 f.

[132] *Maurer/Waldhoff,* Allgemeines Verwaltungsrecht, § 24 Rn. 17; für die historische Begriffsbestimmung ähnlich *Remmert* in Maunz/Dürig Rn. 24 ff.

[133] So auch *Pieroth* in Jarass/Pieroth Rn. 2; *Ramsauer* in AK Rn. 31 ff.; *Brenner* in MKS Rn. 19; *Bauer* in Dreier Rn. 16; *Remmert* in Maunz/Dürig Rn. 29 ff.; HessVGH GewArch 1981, 143 f.; *Busch,* Das Verhältnis des Art. 80 Abs. 1 S. 2 GG zum Gesetzes- und Parlamentsvorbehalt, 1992, 111; abl. noch *Stern,* StaatsR II, 1980, § 38 I 4a; *v. Danwitz,* Die Gestaltungsfreiheit des Verordnungsgebers, 1989, 26 f.

[134] Die Bedeutung der Veröffentlichungsweise wird betont von *Schmidt,* Gesetzesvollziehung durch Rechtsetzung, 1969, 92 ff.; *Busch,* Das Verhältnis des Art. 80 Abs. 1 S. 2 GG zum Gesetzes- und Parlamentsvorbehalt, 1992, 111; zur Auslegung anhand der „Indizien“ *Remmert* in Maunz/Dürig Rn. 32.

[135] *Ossenbühl,* Verwaltungsvorschriften und Grundgesetz, 1968, 181; *Ossenbühl* in HdbStR V § 103 Rn. 7; *Hansen,* Fachliche Weisung und materielles Gesetz, 1971, 266 ff.; *Schmidt,* Gesetzesvollziehung durch Rechtsetzung, 1969, 258 f.; *Nierhaus* in BK Rn. 147 f.; *Ramsauer* in AK Rn. 31 ff.

dürfen keiner Ermächtigungsgrundlage,[136] weil ihnen nach heute hM[137] jedenfalls bei grundrechtsrelevantem Handeln keine unmittelbare Außenwirkung zukommt. Soweit Verwaltungsvorschriften eine solche unmittelbare Außenwirkung in den Bereichen zugemessen wird, die nicht dem Gesetzesvorbehalt unterliegen,[138] so folgt dies gerade aus der Entbehrlichkeit einer gesetzlichen Ermächtigungsgrundlage. Weitere Fragen, zuvörderst der verwaltungsgerichtliche Kontrollumfang von Verwaltungsvorschriften,[139] sind für die Abgrenzung zur RVO nicht von Bedeutung. Konsequenterweise macht Art. 80 Abs. 1 S. 3 die Bezeichnung der Ermächtigungsgrundlage zum zwingenden Bestandteil der Rechtsform „Verordnung". Es wäre zwar theoretisch denkbar, RVO und Verwaltungsvorschrift danach abzugrenzen, ob eine Verordnungsermächtigung tatsächlich vorliegt,[140] aber das ist keine Frage der Qualifikation, sondern der Rechtmäßigkeit.[141] Umgekehrt ist eine von der Exekutive erlassene Norm, die nicht erkennbar auf eine gesetzliche Verordnungsermächtigung gestützt ist, keine RVO, auch wenn sie als RVO hätte ergehen können oder – zur Erreichung des vom Normgeber angestrebten Ziels – ergehen müssen. Bedenken, die sich gegen den hier vertretenen formellen Ansatz gerade wegen dieser Definitionsmacht des Normgebers und die damit verbundene Gefahr eines Formenmissbrauchs stützen,[142] sind unberechtigt: Ohne gesetzliche Ermächtigung kann die Exekutive keine rechtmäßige RVO schaffen; wählt sie aber die Form einer Verwaltungsvorschrift, verzichtet sie damit auch auf die „Verordnungswirkung".

38 Von **Satzungen** unterscheiden sich RVOen einerseits durch einen **anderen Autor.** Satzungen werden nicht von Organen der unmittelbaren Staatsverwaltung, sondern von in den Staat eingeordneten juristischen Personen des öffentlichen Rechts erlassen.[143] Andererseits beruhen Satzungen, anders als RVOen, nicht auf der Delegation von Gesetzgebungskompetenz, sondern auf Verleihung von Autonomie,[144] haben ihre Legitimation also im Gedanken der Selbstverwaltung,[145] der Bestandteil des Demokratieprinzips ist.[146] Sie bedürfen daher nicht einer gesetzlichen Ermächtigung zum Normerlass; erst der grundrechtliche Gesetzesvorbehalt fordert eine gesetzliche Ermächtigung, die deshalb aber nicht den Anforderungen des Art. 80, sondern den allgemei-

---

136 Auch wenn sie gesetzlich vorgesehen sein können: *Sannwald* in SHH Rn. 30.

137 Zur Entwicklung der Diskussion vgl. *Bryde* in v. Münch/Kunig, 5. Aufl. 2003, Rn. 9 ff.

138 *Bryde* in v. Münch/Kunig, 5. Aufl. 2002, Rn. 9b; *Stern,* StaatsR II, 1980, § 38 I 5c; *Ossenbühl* in HdbStRV § 104 Rn. 48 ff.; *Wahl* FG BVerwG, 2003, 571.

139 *v. Bogdandy,* Gubernative Rechtsetzung, 2000, 459; *Möstl* in Erichsen/Ehlers AllgVerwR § 19 Rn. 37 ff.

140 *v. Danwitz,* Die Gestaltungsfreiheit des Verordnungsgebers, 1989, 27 f.; so wohl auch *Ossenbühl,* Verwaltungsvorschriften und Grundgesetz, 1968, 181.

141 Wie hier *Busch,* Das Verhältnis des Art. 80 Abs. 1 S. 2 GG zum Gesetzes- und Parlamentsvorbehalt, 1992, 111; *Maurer/Waldhoff,* Allgemeines Verwaltungsrecht, § 24 Rn. 18.

142 *Maunz* in Maunz/Dürig (bis 2013) Rn. 18; *H. Krüger* FS f. Smend, 1952, 211 (227); *Selmer* VerwArch 59 (1968), 114 (126); *W. R. Schenke* DÖV 1977, 27 ff.; DÖV 1986, 190 ff.; *Schwabe* JuS 1977, 663 f.

143 BVerfGE 10, 20 (49 f.); *Brenner* in MKS Rn. 21; *Möstl* in Erichsen/Ehlers AllgVerwR § 20 Rn. 11; WBSK VerwR § 25 Rn. 59; zur Frage, ob unter den Satzungsbegriff auch die GOen von Verfassungsorganen subsumiert werden können, vgl. BVerfGE 1, 144 (148); WBSK VerwR § 25 Rn. 57.

144 WBSK VerwR § 25 Rn. 56.

145 *Badura* GS f. Martens, 1987, 25 (28).

146 BVerfGE 33, 125 (159).

neren Vorgaben der Grundrechte genügen muss.[147] Die Begrenzung der Satzungsbefugnisse erfolgt deshalb nicht über ein dem Art. 80 Abs. 1 S. 2 entsprechendes Bestimmtheitsgebot, sondern über den Zweck und die Reichweite der Autonomie.

Auch von **anderen exekutiven Normsetzungen** (→ Rn. 32) unterscheidet sich die RVO formal durch die begrenzte Autorenschaft sowie durch ihr Erfordernis einer gesetzlichen Ermächtigungsgrundlage. **39**

II. Bestimmtheitsgebot (Abs. 1 S. 2)

Art. 80 Abs. 1 S. 2 stellt den **materiellen Kern** der verfassungsrechtlichen **40** **Bindung der exekutivischen Verordnungsgebung** an eine gesetzliche Ermächtigung dar. Es werden materielle Anforderungen an das Ermächtigungsgesetz gestellt und es wird damit **der parlamentarische Gesetzgeber in die Pflicht genommen.**

1. Konkretisierung des Bestimmtheitsgebots. Der Gesetzgeber selbst **41** muss die Entscheidung treffen, welche Fragen durch Verordnung geregelt werden sollen (Inhalt), er muss die Grenzen einer solchen Regelung festsetzen (Ausmaß) und angeben, welchem Ziel die Regelung dienen soll (Zweck) – **„Selbstentscheidungsformel"**[148] des BVerfG.[149] Aus dem Gesetz selbst muss sich ergeben, welches „Programm" durch die Verordnung erreicht werden soll – **„Programmformel"**[150] des BVerfG,[151] wobei es nach der Rspr. des BVerfG genügen soll, wenn das Gesetz die Grenzen der auf seiner Grundlage möglichen Regelung hinreichend deutlich macht.[152] Die Ermächtigung ist unbestimmt, „wenn nicht mehr vorausgesehen werden kann, in welchen Fällen und mit welcher Tendenz von ihr Gebrauch gemacht wird und welchen Inhalt die aufgrund der Ermächtigung erlassenen Rechtsverordnungen haben können" – **„Vorhersehbarkeitsformel",**[153] des BVerfG.[154]

Trotz dieser Versuche des BVerfG, Art. 80 Abs. 1 S. 2 durch Formeln zu **42** konkretisieren, lässt sich **nur von Fall zu Fall** feststellen, ob eine Ermächtigung hinreichend bestimmt ist.[155] Dabei bezeichnet die „Programmformel" die Anforderungen an die Bestimmtheit einer Ermächtigung am besten.[156] Der **Gesetzgeber selbst muss „die Richtung" bestimmen.** Er muss ent-

---

[147] BVerfGE 33, 125 (160); *Starck* AöR 92 (1967), 449 ff.; *Möstl* in Erichsen/Ehlers AllgVerwR § 20 Rn. 12; *Meyn* DVBl. 1977, 594 (600).

[148] *Hasskarl* AöR 94 (1969), 85 (88).

[149] Im Anschluss an *Wolff* AöR 78 (1952), 194 (198); BVerfGE 2, 307 (334) und öfter, zB BVerfGE 23, 62 (72); 80, 1 (21).

[150] *Hasskarl* AöR 94 (1969), 85 (89); *Pieroth* in Jarass/Pieroth Rn. 13.

[151] Im Anschluss an *Wolff* AöR 78 (1952), 194 (197); BVerfGE 5, 71 (77) und stRspr, zB BVerfGE 58, 257 (277); 80, 1 (21).

[152] BVerfGE 1, 14 (60); 19, 354 (361) und stRspr, zB BVerfGE 58, 283 (291); 78, 249 (272).

[153] *Hasskarl* AöR 94 (1969), 85 (88).

[154] BVerfGE 1, 14 (60) und stRspr, zB BVerfGE 42, 191 (200); krit. *Hansen,* Fachliche Weisung und materielles Gesetz, 1971, 92 f.; abl. mit gewichtigen Argumenten *v. Bogdandy,* Gubernative Rechtsetzung, 2000, 320.

[155] BVerfGE 1, 14 (60); *Brenner* in MKS Rn. 41.

[156] Zur zentralen Bedeutung des Zwecks: *v. Bogdandy,* Gubernative Rechtsetzung, 2000, 333.

scheiden, wie gesellschaftliche Konflikte gelöst werden sollen und welche Politik verfolgt werden soll.[157]

43 **2. Abgrenzung zur Wesentlichkeit.** Hierbei stellt das BVerfG nach einer in der Praxis bereits zuvor lange verfolgten Linie[158] inzwischen auch explizit vor allem auf die **Bedeutung der Materie,** insbes. ihrer **Eingriffsintensität,** ab.[159] Problematisch ist dieser im Grunde richtige Ansatz, weil das BVerfG mit den gleichen Überlegungen die Reichweite des Parlamentsvorbehalts nach der **Wesentlichkeitstheorie** überprüft (→ Art. 20 Rn. 156 ff.).[160] Zwar lassen sich der Maßstab der „Wesentlichkeit" für die Frage der Notwendigkeit eigener Entscheidungen des Gesetzgebers (Parlamentsvorbehalt) und die Bestimmtheit der Verordnungsermächtigung analytisch trennen,[161] aber in der Praxis werden die Wesentlichkeitsargumente bei der Prüfung des Parlamentsvorbehalts weitgehend verbraucht.[162] Das BVerfG tendiert daher dazu, entweder eine Regelung unmittelbar durch den Gesetzgeber zu verlangen, oder, wenn es diese nicht für erforderlich hält, auch keine besonderen Anforderungen an die Bestimmtheit der Ermächtigung mehr zu stellen, so dass Art. 80 Abs. 1 S. 2 seine selbständige Bedeutung zu verlieren droht.[163] Es dürfte daher nicht nur auf größerer Sorgfalt des Gesetzgebers beruhen, dass die zunächst recht häufigen verfassungsrechtlichen Verwerfungen von Verordnungsermächtigungen[164] nach Entwicklung der Wesentlichkeitstheorie weitgehender richterlicher Zurückhaltung gewichen sind.

44 Eine eigenständige Bedeutung der Prüfung des Bestimmtheitsgebots des Art. 80 Abs. 1 S. 2 liegt deshalb nicht in den grundrechtlichen Wesentlichkeitsmaßstäben, sondern in der **demokratischen Zuweisung** politisch wesentlicher Entscheidungen **an das Parlament** und nicht an die Exekutive.[165] Unter der Prämisse, dass nicht staatliche Eingriffe in die vom Staat kategorisch getrennte gesellschaftliche Sphäre dieses Wesentlichkeitskriterium bilden, sondern sich demokratisch wesentliche Entscheidungen aus ihrer Bedeutung auch für das Gemeinwesen ergeben, reicht Art. 80 Abs. 1 S. 2 über die grundrechtlich orientierte Wesentlichkeitsrechtsprechung des BVerfG hinaus.[166] Entscheidungen im Bereich neuer Technologien, zur Sicherung von Nachhaltigkeit oder auch mit internationaler Bedeutung können so eine mitunter gegenüber der Praxis verstärkte Determinierung exekutiver Verordnungstätigkeit durch das Parlament verlangen.[167] Auch wenn das BVerfG in

---

[157] BVerfGE 78, 249 (272).

[158] *Starck,* Der Gesetzesbegriff des Grundgesetzes, 1970, 12, Fn. 14.

[159] BVerfGE 58, 257 (277 f.); 80, 1 (20 f.); *Pieroth* in Jarass/Pieroth Rn. 15; *Brenner* in MKS Rn. 41; *Uhle* in BeckOK GG Rn. 25; *Bauer* in Dreier Rn. 38.

[160] Zum Verhältnis von Parlamentsvorbehalt und Bestimmtheitsgebot vgl. *Wilke* JZ 1982, 785 ff.; *Staupe,* Parlamentsvorbehalt und Delegationsbefugnis, 1986, 142 ff.; *Busch,* Das Verhältnis des Art. 80 Abs. 1 S. 2 GG zum Gesetzes- und Parlamentsvorbehalt, 1992, 113 ff.; *v. Danwitz,* Die Gestaltungsfreiheit des Verordnungsgebers, 1989, 86 ff.; *Nierhaus* FS f. Stern, 1997, 717; *Cremer* AöR 122 (1997), 248; *v. Bogdandy,* Gubernative Rechtsetzung, 2000, 325 ff.; *Brenner* in MKS Rn. 36 f.

[161] *Staupe,* Parlamentsvorbehalt und Delegationsbefugnis, 1986, 145 f.

[162] Krit. *Bauer* in Dreier Rn. 21, 32.

[163] Deutlich etwa in BVerfGE 58, 257 (276 ff.); krit. *Bryde* DÖV 1982, 239; aus dogmatischen Gründen iErg ähnlich *Remmert* in Maunz/Dürig Rn. 69 ff.

[164] Übersicht bei *v. Bogdandy,* Gubernative Rechtsetzung, 2000, 317, Fn. 67.

[165] *Uhle* in BeckOK GG Rn. 18.

[166] Stattdessen grundrechtsorientiert: *Bauer* in Dreier Rn. 38, iErg wohl auch *Uhle* in BeckOK GG Rn. 25.

[167] Differenzierend *Möstl* in Erichsen/Ehlers AllgVerwR § 20 Rn. 3.

entsprechenden Entscheidungen anhand des grundrechtlichen Gesetzesvorbehalts argumentiert, finden sich daneben auch Argumente gestützt auf die allgemeine, über die konkrete Grundrechtsintensität hinausreichende Bedeutung.[168]

3. Anwendung auf Ermächtigungsnorm. Die Bestimmtheit einer Verordnungsermächtigung ist **durch Auslegung zu ermitteln,** und zwar durch Auslegung des **gesamten Gesetzes,** das die Ermächtigung enthält, nicht nur der Ermächtigungsvorschrift.[169] Die Auslegung der Ermächtigung ist von der Frage nach ihrer Bestimmtheit zu unterscheiden.[170] Nachdem das BVerfG zunächst eine „ausdrückliche" Konkretisierung von Inhalt, Zweck und Ausmaß im Gesetz gefordert hatte,[171] also erhöhte Anforderungen nicht nur an die inhaltliche Bestimmtheit der Ermächtigung, sondern auch an ihre gesetzestechnische Formulierung gestellt hatte, hat es später zu Recht[172] für die Frage, ob eine Ermächtigung hinreichend bestimmt ist, die allgemeinen Auslegungsregeln gelten lassen.[173] Eine Ermächtigung ist daher nicht schon dann unbestimmt, wenn sie vage formuliert ist und zu Auslegungsschwierigkeiten Anlass gibt. Vielmehr ist sie mit allen hermeneutischen Mitteln, einschließlich der verfassungskonformen Auslegung[174] zu konkretisieren. Wo grundrechtliche Anforderungen die Regelung weitgehend determinieren, kann das selbst (oder gerade) bei grundrechtsrelevanten Materien offen formulierte Ermächtigungen retten.[175] Auch hier erweist sich der **„Zweck" der Ermächtigung** als eigentlich **zentrale Kategorie,** da „Inhalt" und „Ausmaß" sich in weitem Umfang durch Auslegung erschließen lassen, wenn der Zweck bestimmt ist.[176] 45

Diese großzügigen Auslegungsregeln können zur Folge haben, dass eine nur aufgrund ihres Kontextes hinreichend bestimmte Ermächtigung,[177] trotz Bejahung ihrer Verfassungsmäßigkeit durch das BVerfG, unter **geänderten Umständen** keine wirksame Ermächtigungsgrundlage mehr ist.[178] Dort wo die Grenzen des Bestimmtheitsgebots erreicht sind, dürfte zumindest eine besonders restriktive Auslegung der Ermächtigungsnorm geboten sein.[179] 46

Generelle Regeln darüber, welche Ermächtigungsformulierungen Art. 80 genügen, können also **nicht aufgestellt werden.**[180] Eine Vorschrift, die schlicht zum Erlass von Durchführungsvorschriften eines ganzen Gesetzes ermächtigt, ist idR ungenügend,[181] anderes könnte aber gelten, wenn das Gesetz selbst einen sehr begrenzten Zweck hat. Umgekehrt kann eine Verordnungsermächtigung, die verhältnismäßig präzise Bedingungen für die Verordnungsgebung angibt, trotzdem zu unbestimmt sein, wenn etwa eine 47

---

[168] BVerfGE 49, 89 (127); 90, 286 (381 ff.); 98, 218 (251 f.); 108, 282 (302 f., 310 f.).
[169] BVerfGE 8, 274 (307); 58, 257 (277); 80, 1 (20 f.) und stRspr; BVerwGE 28, 36 (45).
[170] *Hasskarl* AöR 94 (1969), 85 (103); *Uhle* in BeckOK GG Rn. 24.
[171] BVerfGE 2, 307 (334); 4, 7 (21); 5, 71 (77).
[172] Krit. *Wilke* AöR 98 (1973), 230.
[173] BVerfGE 8, 274 (307) und stRspr.
[174] BVerfGE 8, 274 (324); einschränkend BVerfGE 20, 257 (269 f.).
[175] Vgl. als Beispiel BVerfGE 80, 1 (21 f.) zum Prüfungsrecht.
[176] BVerfGE 4, 7 (22); 10, 20 (53); 20, 296 (306); *Hasskarl* AöR 94 (1969), 85 (100).
[177] ZB § 2 PreisG wegen seines Charakters als Übergangsregelung, BVerfGE 8, 274 (310 f.).
[178] BVerfGE 53, 1 (16 f.).
[179] Zu § 5 Abs. 2 Nr. 3 IfSG *Rixen* NJW 2020, 1087 (1102f.).
[180] *Bauer* in Dreier Rn. 35; *Brenner* in MKS Rn. 41; *Uhle* in BeckOK GG Rn. 27.
[181] BVerfGE 1, 14 (59 ff.).

Gesamtanalyse der betreffenden Materie ergibt, dass die Exekutive diese Bedingungen selbst beeinflussen kann.[182] Besonders strenge Voraussetzungen sind schließlich bei Strafbestimmungen zu stellen.[183]

48 **4. Bestimmtheit bei Umsetzung von Unionsrecht.** Strittig sind die Anforderungen an die Bestimmtheit von Verordnungsermächtigungen, die **in genereller Weise zur Umsetzung von Unionsrecht ermächtigen** (→ Rn. 15).[184] Solche Ermächtigungen dienen der Erfüllung europarechtlicher Verpflichtungen, es **spricht** daher jedenfalls **nichts dafür,** sie **strengeren** Anforderungen als nationalen Ermächtigungen zu unterwerfen.[185] Das folgt nicht nur aus der Integrationsoffenheit des GG, sondern auch aus der zweckgerechten Anwendung von Art. 80 Abs. 1 S. 2. Fraglich ist allerdings, ob bei der Umsetzung europäischer Vorgaben der Maßstab des Art. 80 Abs. 1 S. 2 **abgesenkt** ist.[186]

49 Soweit **europarechtliche Normen** als Gesetze iSd Art. 80 Abs. 1 S. 1, also **als eigenständige** oder die nationale Verordnungsermächtigung teilweise ersetzende **Ermächtigungsgrundlage,** anerkannt werden (→ Rn. 14), ist das Bestimmtheitsgebot bereits deshalb unproblematisch gewahrt, weil Voraussetzung für diesen direkten Rückgriff auf die europäische Umsetzungsvorgabe ihre inhaltliche Bestimmtheit ist.[187] Auch in der Praxis ist europäischen Normen eher eine Überprogrammierung denn eine zu große Vagheit vorzuhalten.

50 Bleibt ein Rückgriff auf eine Ermächtigungsnorm des deutschen Gesetzgebers erforderlich, stellt sich die Frage, ob die **europäischen Normen zur Auslegung** so **herangezogen werden können,** dass sich in Verbindung mit ihnen die Bestimmtheit der ansonsten zu pauschalen nationalen Ermächtigungsgrundlage ergibt (→ Rn. 15). Bei Richtlinienumsetzungsgesetzen dürfte dies unproblematisch sein, weil die Ermächtigungsnorm in das Umsetzungsgesetz eingebettet ist oder doch im Kontext der Richtlinienumsetzung interpretiert werden kann. Selbst eine Ermächtigung zum Erlass rückwirkender RVOen soll aus Sinn und Zweck der Ermächtigung entnommen werden können.[188] Die brisante Frage, ob auch dynamische Verweisungen der Verordnungsermächtigung auf das Unionsrecht möglich sind, hat das BVerfG inzwischen indirekt bejaht, indem es das Geflecht[189] aus deutscher Ermächtigungsnorm, europäischer Norm und deutscher RVO an den verschiedenen Bestimmtheitsvorgaben des GG prüft. Neben Art. 80 Abs. 1 S. 2 kommt insbesondere Art. 103 Abs. 2 und 104 Abs. 1 S. 1 Bedeutung zu.[190]

---

[182] So offenbar die Ratio der Entscheidung BVerfGE 23, 208 (226), zu § 19 Milch- und FettG.

[183] BVerfGE 51, 60 (70 f.); BVerfG NJW 1998, 669 (670), iErg jedoch einen Verstoß verneinend.

[184] *Ziekow* JZ 1999, 963; *Bauer* FS f. Steinberger, 2002, 1061 (1068 ff.).

[185] So aber: *Breuer* ZfW 1999, 202 (225 ff.); *Weihrauch* NVwZ 2001, 265 (266 ff.).

[186] *Calliess* NVwZ 1998, 8 (12 f.); aA *Brenner* in MKS Rn. 43; *Mann* in Sachs Rn. 30; *v. Danwitz* Jura 2002, 93 (98 f.); *Weihrauch* NVwZ 2001, 265 (268 f.).

[187] *Calliess* NVwZ 1998, 8 (12 f.); *Nierhaus* in BK Rn. 317 ff.

[188] BVerfG 45, 142.

[189] Sa *Bauer* in Dreier Rn. 37.

[190] BVerfGE 143, 38; zuvor bereits BVerfGK 17, 232 → Rn. 15 mwN.

III. Zitiergebot (Abs. 1 S. 3)

51 Während das Bestimmtheitsgebot des Art. 80 Abs. 1 S. 2 sich an den ermächtigenden Gesetzgeber wendet, ist das Zitiergebot eine Formvorschrift für den Verordnungsgeber selbst. Sie ist für die Bestimmung der Rechtsnatur der RVO **von konstituierender Bedeutung,** da in der grundgesetzlichen Ordnung nur eine exekutive Rechtsnorm, die sich erkennbar auf eine gesetzliche Verordnungsermächtigung stützt, eine RVO sein kann (→ Rn. 32, 34).[191] Die Vorschrift des Abs. 1 S. 3 ist daher keine bloße Ordnungsvorschrift, sondern ihre **Verletzung hat die Nichtigkeit der RVO zur Folge.**[192] Außerdem dient sie der Rechtsklarheit, da sie das Auffinden der Ermächtigungsgrundlage und die Prüfung, ob der Verordnungsgeber sich im Rahmen seiner Ermächtigung gehalten hat, erleichtert.[193]

52 Jede RVO muss ihre Rechtsgrundlage, dh die die Verordnungsermächtigung enthaltende Gesetzesvorschrift, angeben.[194] Werden in sog. **Artikelverordnungen,** in denen unterschiedliche RVOen zusammengefasst werden, die unterschiedlichen Ermächtigungsgrundlagen nur gebündelt im Vorspruch der Gesamt-RVO aufgelistet und nicht den Einzel-RVOen zugeordnet, ist dies unzureichend, da die Kontrollfunktion des Zitiergebots nicht mehr erfüllt wird.[195] Ebenfalls genügt allein die **Nennung** des Gesetzes nicht, vielmehr ist Rechtsgrundlage der RVO die **konkrete Norm,** die entsprechend konkret zitiert werden muss.[196] Eine Angabe der Fundstelle ist zwar hilfreich, jedoch nicht von Art. 80 Abs. 1 S. 3 gefordert.[197]

53 **Kommen mehrere Ermächtigungsgrundlagen in Betracht,** so soll die Nennung aller Rechtsgrundlagen notwendig sein.[198] Dies ist überzogen;[199] stattdessen sollte die konstitutive Bedeutung der Zitierpflicht über die **strenge Orientierung** des Ermächtigungsrahmens **an den** vom Verordnungsgeber **genannten Ermächtigungsgrundlagen** zum Ausdruck kommen. Allein in der Begründung genannte Rechtsgrundlagen führen dadurch nicht zu einer Erweiterung der Verordnungskompetenz, sofern aber die zitierte Ermächtigungsgrundlage die RVO deckt, liegt kein Fehler vor.[200]

54 Dient eine RVO auch der **Umsetzung von Unionsrecht,** genügt die Zitierung der deutschen Ermächtigungsgrundlage.[201] Zwar ist Kritikern zuzugeben, dass die Vergewisserung des Verordnungsgebers über seinen Kompetenzrahmen zumal bei nach der Ermächtigungsnorm erlassenem Unions-

---

[191] So auch *Schwarz* DÖV 2002, 852 mwN; *Mößle* BayVBl. 2003, 577 (582).

[192] BVerfGE 101, 1 (42 f.); HessVGH GewArch 1981, 143; *Brenner* in MKS Rn. 50; *Pieroth* in Jarass/Pieroth Rn. 22; *Schnelle,* Eine Fehlerfolgenlehre für Rechtsverordnungen, 2007, 305.

[193] BVerfGE 101, 1 (41 ff.).

[194] Zur Geltung entsprechender Gebote im Landesverfassungsrecht vgl. *Bartlsperger* VerwArch 58 (1967), 249; *Mößle* BayVBl. 2003, 577 ff.

[195] *Füßer/Stöckel* NVwZ 2010, 414; *Bauer* in Dreier Rn. 45; *Uhle* in BeckOK GG Rn. 32; *Remmert* in Maunz/Dürig Rn. 127.

[196] *Pieroth* in Jarass/Pieroth Rn. 22; *Brenner* in MKS Rn. 47; *Bauer* in Dreier Rn. 45.

[197] BVerwG NJW 1983, 1922; *Brenner* in MKS Rn. 47; *Bauer* in Dreier Rn. 45; *Mann* in Sachs Rn. 31; *Uhle* in BeckOK GG Rn. 32; *Schwarz,* Die Zitiergebote im Grundgesetz, 2002, 155 f.

[198] BVerfGE 101, 1 (41 ff.); zust.: *Bauer* in Dreier Rn. 45; *Brenner* in MKS Rn. 48; *Uhle* in BeckOK GG Rn. 32.

[199] Krit. auch *Roellecke* NJW 1999, 3245; *Müller-Terpitz* DVBl. 2000, 232 (237 f.); *Schwarz* DVBl. 2002, 852 (854 ff.).

[200] Auch *Remmert* in Maunz/Dürig Rn. 128.

[201] BVerwGE 118, 79; 121, 382.

recht dieses einbeziehen muss.[202] Dennoch ist die Interpretation des Zitiergebots, dass es sich nur auf nationale Parlamentsgesetze beziehe, durch die Rechtsprechung normebenensystematisch konsequent.[203]

IV. Subdelegation (Abs. 1 S. 4)

55 Eine Weiterübertragung der Verordnungsermächtigung ist nur möglich, wenn sie **gesetzlich zugelassen** ist. Durch eine derartige Subdelegation können andere als die in Abs. 1 S. 1 genannten Delegatare in den Kreis der Verordnungsgeber gelangen. Es genügt dafür, dass die Möglichkeit der Subdelegation im Gesetz, eventuell auch in einem anderen als dem ermächtigenden, hinreichend deutlich wird.[204] Eine Subdelegation auf nichtstaatliche, private Stellen ist unzulässig.[205] Die Unzulässigkeit der „vorweggenommenen" Subdelegation (→ Rn. 16) schließt nicht aus, dass der Gesetzgeber die möglichen Subdelegatare bezeichnet[206] ohne jedoch dazu verpflichtet zu sein.[207] Die Notwendigkeit der **Verordnungsform für die Übertragung** dient der Rechtssicherheit, da sie eine lückenlose Rückführung der Verordnungsgebung auf die gesetzliche Ermächtigung in amtlichen Publikationsorganen (vgl. → Art. 82 Rn. 36) ermöglicht.

V. Zustimmung des Bundesrates (Abs. 2)

56 **1. Der Zustimmung des Bundesrates bedürfen.** Abs. 2 legt die **Fälle** fest, in denen RVOen der Zustimmung des BRs bedürfen.[208] Es handelt sich um **zwei Gruppen,** die durch die VO-Materie gekennzeichneten **„Verkehrsverordnungen"**[209] (1. Alt.) und die durch die Ermächtigungsgrundlage bestimmten **„Föderativ-Verordnungen"**[210] (Alt. 2 und 3). Die Zustimmungsbedürftigkeit der Verkehrsverordnungen ist vor allem historisch zu erklären,[211] während die der Föderativverordnungen auf Grundprinzipien der Kompetenzordnung des GG aufbaut. Die starke Stellung des BRs wird hier deutlich.

57 Der BR muss über die Zustimmung entsprechend Art. 77 Abs. 2a **in angemessener Frist** Beschluss fassen.[212] Praktisch bedeutsam sind sog. **Maßgabebeschlüsse,** mit denen der BR antizipiert seine Zustimmung erteilt, wenn der Verordnungsgeber bestimmte Änderungen vornimmt. Hiergegen bestehen grundsätzlich keine Einwände. Allerdings darf der BR keine An-

---

[202] *Remmert* in Maunz/Dürig Rn. 129; *Uhle* in BeckOK GG Rn. 32; skeptisch auch *Bauer* in Dreier Rn. 46; *Erbel* DÖV 1989, 338 (341 f.); *Schwarz* DÖV 2002, 852 (853); *Kauch/Düsing* AUR 2003, 69.

[203] IErg trotz rechtspolitischer Kritik ebenso *Bauer* in Dreier Rn. 46; *Brenner* in MKS Rn. 47.

[204] *Brenner* in MKS Rn. 63; *Bauer* in Dreier Rn. 39; *Uhle* in BeckOK GG Rn. 34; *Mann* in Sachs Rn. 33; *Remmert* in Maunz/Dürig Rn. 82; *Uhle* in Kluth/Krings, Gesetzgebung, § 24 Rn. 43.

[205] *Uhle* in Kluth/Krings, Gesetzgebung, § 24 Rn. 44.

[206] *Ramsauer* in AK Rn. 45; *Mann* in Sachs Rn. 33; *Bauer* in Dreier Rn. 40; aA *Brenner* in MKS Rn. 604.

[207] *Remmert* in Maunz/Dürig Rn. 82.

[208] Dazu eing. *Scholz* DÖV 1990, 455 ff.

[209] *Bettermann,* Legislative ohne Posttarifhoheit, 1967, 17.

[210] *Bettermann,* Legislative ohne Posttarifhoheit, 1967, 17; *Uhle* in Kluth/Krings, Gesetzgebung, § 24 Rn. 76.

[211] Vgl. Art. 88 Abs. 2, 91 S. 1 WRV; *Bettermann,* Legislative ohne Posttarifhoheit, 1967, 21 f.

[212] *Brenner* in MKS Rn. 101; *Remmert* in Maunz/Dürig Rn. 179.

forderungen stellen, die gegen höherrangiges Recht, insbes. auch Unionsrecht, verstoßen, oder die nicht von der Verordnungsermächtigung gedeckt sind.[213] Zu eng wäre es hingegen einen hierüber hinausgehenden sachlichen Zusammenhang zu fordern,[214] da Abs. 3 dem BR auch ein VO-Initiativrecht einräumt.[215]

Daneben kann der Erlass von RVOen auch noch von **weiteren Zustimmungserfordernissen** abhängig gemacht werden. Von Befassungs- und Beteiligungsrechten, die die Rechtswirksamkeit einer RVO nicht berühren, ist ein solches Zustimmungserfordernis ebenso zu unterscheiden wie von den Änderungs- und Aufhebungsmöglichkeiten des Gesetzgebers (→ Rn. 24 ff.). Während erstere unter dem Blickwinkel des Art. 80 grundsätzlich keine Probleme aufwerfen, weil die alleinige Verantwortung für den Verordnungserlass beim Verordnungsgeber bleibt, und letztere aus der Gesetzgebungshoheit des Parlaments folgen, so dass die Aufhebung der Verordnungsverantwortung des Verordnungsgebers im Demokratieprinzip seine Stütze findet, bedeutet ein Zustimmungserfordernis eine gemeinsame Verantwortung für die RVO.[216] 58

Neben dem BT und dem in Abs. 2 vorgesehenen BR kommen **als Zustimmungsberechtigte** deshalb **nur** die in Abs. 1 S. 1 vorgesehenen **Erstdelegatare** in Betracht, da sonst der von Art. 80 intendierte *numerus clausus* (→ Rn. 16) unterlaufen würde.[217] RVOen eines BMin dürfen vom Gesetzgeber an die Zustimmung eines anderen BMin oder der BReg, solche der BReg an die Zustimmung eines BMin gebunden werden (sog. Einvernehmensvorbehalte – finden sich zB in § 21 Abs. 1 Lebensmittel- und BedarfsgegenständeG, § 27 Abs. 1 AWG).[218] Demgegenüber soll es das **Bundesstaatsprinzip** verletzen, wenn RVOen von Landesregierungen an die Zustimmung von Bundesorganen, RVOen von Bundesorganen an die Zustimmung von Landesregierungen gebunden werden.[219] Hinsichtlich des ersten Falles spricht für diese Ansicht, dass die Länder im Allgemeinen das Recht haben, „von den ihnen eingeräumten Kompetenzen unabhängig und selbständig Gebrauch zu machen",[220] und dass Ausnahmen („Mischverwaltung") im GG ausdrücklich vorgesehen sein müssen. Weniger eindeutig liegt der zweite Fall: Zwar werden Länderbelange in der Verordnungsgebung grundsätzlich durch die Zustimmungsrechte des BRs gewahrt. Aber es sind Verordnungsermächtigungen denkbar, die nur die Interessen eines oder mehrerer Länder berühren, und gerade für solche Fälle bietet sich eine „sonstige Regelung" iSd Art. 80 Abs. 2 an, die die Zustimmung des BRs durch die der betroffenen Länder ersetzt (vgl. auch Art. 127). 59

2. vorbehaltlich anderweitiger bundesgesetzlicher Regelung. Die Regelung des Abs. 2 steht unter Gesetzesvorbehalt. Die Zustimmungsrechte 60

---

[213] *Bauer* in Dreier Rn. 63; *Brenner* in MKS Rn. 103; *Mann* in Sachs Rn. 39; *Remmert* in Maunz/Dürig Rn. 180; *Uhle* in BeckOK GG Rn. 43.

[214] So *Bauer* in Dreier Rn. 63; *Brenner* in MKS Rn. 103; *Mann* in Sachs Rn. 39.

[215] *Remmert* in Maunz/Dürig Rn. 180.

[216] Generell zu den Motiven für Mitwirkungsvorbehalte *Bauer* in Dreier Rn. 29.

[217] *Bauer* in Dreier Rn. 27.

[218] *Remmert* in Maunz/Dürig Rn. 109 f.; *Stern,* StaatsR II, 1980, § 38 III 1e; *Mann* in Sachs Rn. 41; *Bauer* in Dreier Rn. 27.

[219] *Ossenbühl* in HdbStR V § 103 Rn. 35 mit Bezug auf *Wilke* in v. Mangoldt/Klein, Das Bonner Grundgesetz, 2. Aufl. 1957, Anm. V 6d; *Bauer* in Dreier Rn. 59; *Mann* in Sachs Rn. 36; *Uhle* in BeckOK GG Rn. 41.

[220] BVerfGE 11, 77 (88).76.

des BRs können über die Fälle des Abs. 2 hinaus **ausgedehnt** werden,[221] wozu es, angesichts der weiten Zulässigkeit von Zustimmungsverordnungen (→ Rn. 56 f.), keiner besonderen Vorschrift bedurft hätte.[222]

61 Ebenso ist es zulässig, die Zustimmungsbedürftigkeit zu **beseitigen.**[223] Ein Gesetz, das die Zustimmungsbedürftigkeit nach Abs. 2 beseitigt, bedarf **seinerseits der Zustimmung des BRs.**[224] Eine solche Zustimmung ist allerdings im Wortlaut des Abs. 2 nicht vorgesehen, was, angesichts des für das GG geltenden Enumerationsprinzips für Zustimmungsgesetze (→ Art. 77 Rn. 32), gegen die Zustimmungsbedürftigkeit eines solchen Gesetzes spricht.[225] Ungeachtet dessen, wie tragfähig das naturgemäß nur bedingt belegbare Argument ist, dass das Fehlen eines Zustimmungserfordernisses auf einem Versehen des ParlRats beruht,[226]widerspräche ein Verzicht dem eindeutigen Sinn des Art. 80 Abs. 2. Die vom GG bewusst sehr stark ausgestaltete Stellung des BRs in der Verordnungsgebung darf nicht durch einfaches BundesG ohne Zustimmung des BRs unterlaufen werden.[227]

62 **3. Rechtsverordnungen der Bundesregierung oder eines Bundesministers. Zustimmungsbedürftig sind nur Verordnungen von Bundesorganen,** nicht solche von Landesregierungen. Obwohl sich diese Einschränkung sprachlich nur auf die Verkehrsverordnungen bezieht, gilt sie auch für die Föderativverordnungen.[228] Die Begründung eines Zustimmungsrechts des BRs zu RVOen einer Landesregierung soll sogar unzulässig sein.[229] Über den Wortlaut hinaus gilt die Zustimmungsbedürftigkeit auch für Verordnungen anderer Bundesorgane, die zwar nicht Erstdelegatare, wohl aber Subdelegation nach Abs. 1 S. 4 sein können.[230]

4. (Rechtsverordnungen) über Grundsätze und Gebühren für die Benutzung der Einrichtungen des Postwesens und der Telekommunikation, über die Grundsätze der Erhebung des Entgelts für die Benutzung der Einrichtungen der Eisenbahnen des Bundes, über den
63 **Bau und Betrieb der Eisenbahnen.** Im Zuge der Privatisierung von Bundespost und Bundesbahn[231] musste die Formulierung den neuen Gegebenheiten angepasst werden. Thema des Art. 80 ist nur die Zustimmungs-

---

[221] *Remmert* in Maunz/Dürig Rn. 175; *Brenner* in MKS Rn. 100; *Bauer* in Dreier Rn. 56; *Mann* in Sachs Rn. 38.

[222] *Remmert* in Maunz/Dürig Rn. 175; *Antoni* AöR 114 (1989), 220 (234).

[223] *Remmert* in Maunz/Dürig Rn. 175; *Brenner* in MKS Rn. 100; *Bauer* in Dreier Rn. 56; *Mann* in Sachs Rn. 38.

[224] BVerfGE 28, 66 (76 ff.); *Betterman,* Legislative ohne Posttarifhoheit, 1967, 27 ff.; *Brenner* in MKS Rn. 100; *Bauer* in Dreier Rn. 59; *Ramsauer* in AK Rn. 83a, der zu Recht auf die geringe praktische Relevanz verweist; *Pieroth* in Jarass/Pieroth, Rn. 24 f.

[225] Daher gegen die Zustimmungspflichtigkeit BVerwGE 28, 36 (38 ff.); *Wilke* in v. Mangoldt/Klein, Das Bonner Grundgesetz, 2. Aufl. 1957, Anm. V 7c; *Hesse,* Die Regelung von Rundfunkleistungen der Bundespost durch Rechtsverordnung, 1966, 23; *Pieroth* in Jarass/Pieroth Rn. 18; *Remmert* in Maunz/Dürig Rn. 177.

[226] *Bettermann,* Legislative ohne Posttarifhoheit, 1967, 29; gegen diese Argumentation *Remmert* in Maunz/Dürig Rn. 177.

[227] *Brenner* in MKS Rn. 100; *Bauer* in Dreier Rn. 59.

[228] *Bettermann,* Legislative ohne Posttarifhoheit, 1967, 18; *Remmert* in Maunz/Dürig Rn. 159.

[229] → Rn. 59, Fn. 224; auch *Bettermann,* Legislative ohne Posttarifhoheit, 1967, 18; *Ramsauer* in AK Rn. 83; *Nierhaus* in BK Rn. 741 ff.; *Sannwald* in SHH Rn. 111.

[230] *Bauer* in Dreier, Rn. 59; *Uhle* in BeckOK GG Rn. 41; *Mann* in Sachs Rn. 36; *Remmert* in Maunz/Dürig Rn. 159.

[231] → Art. 87e Rn. 16 u. Art. 87f Rn. 18.

bedürftigkeit von RVOen, er gibt also keine Auskunft darüber, welche Regelungsbefugnisse bestehen. Trotzdem war die Formulierung gerade im Hinblick auf fortbestehende Möglichkeiten öffentlicher Einflussnahme auf die Gebührengestaltung zwischen BReg und Ländern umstritten.[232]

5. Rechtsverordnungen auf Grund von Bundesgesetzen, die der Zustimmung des BRs bedürfen. Zustimmungsbedürftig sind auch RVOen, die auf Grund von Gesetzen ergehen, die der Zustimmung des BRs bedürfen. Nach Auffassung des BVerfG kommt es dabei nicht darauf an, ob die Ermächtigungsnorm zustimmungsbedürftig ist. Es reicht aus, dass die **Ermächtigung** sich **in einem Gesetz** findet, das aus irgendeinem Grund **zustimmungsbedürftig** ist, auch wenn die Verordnungsermächtigung und die die Zustimmungsbedürftigkeit auslösende Vorschrift in keinerlei Zusammenhang stehen.[233] 64

Bis zur **Föderalismusreform 2006**[234] führte dies zur Zustimmungsbedürftigkeit eines Großteils von RVOen, weil im Laufe der Verfassungsentwicklung unter dem GG immer mehr Gesetze selbst zustimmungsbedürftig geworden waren (→ Art. 77 Rn. 33). Durch diese Reform wurden deshalb Zustimmungserfordernisse abgebaut. Insbesondere Art. 84 Abs. 1, der die Zustimmungsbedürftigkeit für alle Gesetze im Landesvollzug vorsah, die Regelungen des Verwaltungsverfahrens enthielten, wurde neu gefasst und an die Stelle der BR-Zustimmung eine verfassungsrechtlich neue Abweichungskompetenz der Länder gesetzt (→ Art. 84 Rn. 17 ff.). Dies bleibt auch für die Zustimmungspflichtigkeit von RVOen aufgrund dieser Gesetze nicht ohne Folgen. Konstellationen, in denen Gesetzesänderungen als Einspruchsgesetze erlassen werden, gleichzeitig aber auf dem Gesetz beruhende RVOen wegen unveränderter Ermächtigungsgrundlage weiterhin der Zustimmung des BRs bedürfen,[235] können deshalb häufiger werden. 65

6. (Rechtsverordnungen auf Grund von Bundesgesetzen), die von den Ländern im Auftrag des Bundes oder als eigene Angelegenheit ausgeführt werden. Dies wirft für die dritte Alternative noch einmal mehr die Frage auf, welche Bedeutung ihr zukommt und welche Berechtigung sie hat. Während nach der Zustimmungskonzeption vor der Föderalismusreform 2006 der **überschießende Gehalt** dieser dritten Alternative gegenüber der zweiten Alternative (dem Zustimmungsbedürfnis zur RVO aufgrund der Zustimmungsbedürftigkeit des Gesetzes selbst) noch insgesamt als Doppelung kritisiert werden konnte,[236] führt dies nun zu einer Kritik an der Föderalismusreform, die auch das Zustimmungsbedürfnis zu RVOen hätte abbauen müssen, die den Landesvollzug regeln. Umgekehrt könnte gerade aus dem Unterlassen einer solchen Anpassung auch die Schlussfolgerung gezogen 66

---

[232] *Schmidt-Aßmann/Röhl* DÖV 1994, 577 (583).

[233] BVerfGE 24, 194 (196 ff.); *Bettermann,* Legislative ohne Posttarifhoheit, 1967, 26; *Brenner* in MKS Rn. 96; trotz Skepsis *Bauer* in Dreier Rn. 41; iErg auch *Remmert* in Maunz/Dürig Rn. 166, 169; aA *Wilke* AöR 98 (1973), 225; *Ossenbühl* AöR 99 (1974), 433; *Mann* in Sachs Rn. 36; *Pieroth* in Jarass/Pieroth Rn. 24 f.

[234] 52. VerfÄndG BGBl. 2006 I 2034.

[235] Vgl. zB die Konstellation des Beitragssatzsicherungsgesetzes, BVerfGE 114, 196 (231 ff.).

[236] Siehe *Bryde* in v. Münch/Kunig, 5. Aufl. 2003, Rn. 26; ähnlich *Nierhaus* in BK Rn. 578 ff.; *Brenner* in MKS Rn. 97; *Remmert* in Maunz/Dürig Rn. 171; *Bauer* in Dreier Rn. 62 heben weiterhin den Auffangcharakter hervor sowie, dass diese Alternative für die meisten Zustimmungserfordernisse verantwortlich ist.

werden, dass der Zustimmung des BRs eine eigenständige Kontrollfunktion über die exekutive Rechtsetzung des Bundes zukommt. In historischer Perspektive mag diese besondere und insoweit vom BT unabhängige Einhegung der Bundesexekutive verständlich sein. Für die GG-Änderungen 2006 lassen sich solche Erwägungen aber nicht mehr plausibel unterstellen.

VI. Abs. 3: Initiativrecht des Bundesrates

67 Abs. 3 geht auf Forderungen der Länder für die Verfassungsreform 1994 zurück.[237] Sie eröffnet im Bereich zustimmungsbedürftiger Verordnungen (Abs. 2) ein **Initiativrecht des BRs in der Verordnungsgebung.** Angesichts der Aufgabenverteilung zwischen Bund und Ländern im Bereich der Ausführung von Bundesgesetzen erscheint das vernünftig,[238] auch wenn die praktische Bedeutung begrenzt geblieben ist.[239] Die BReg muss sich in angemessener Zeit mit der Initiative befassen.[240]

VII. Abs. 4: Verordnungsvertretende Gesetze der Länder

68 Der neue Abs. 4 ist ein Restposten aus einem zunächst sehr umfangreichen Katalog von Maßnahmen, die dem zunehmenden **Funktionsverlust der Landesparlamente** angesichts zunehmender Kompetenzwanderung nach oben (Bund, Europäische Union) **entgegenwirken** sollten.[241] Ein ähnlicher Vorschlag war bereits im Bericht der Enquête-Kommission „Verfassungsreform" des Deutschen Bundestages von 1976[242] enthalten, war aber erst in der Verfassungsreform 1994[243] erfolgreich.

69 Strukturell handelt es sich **nicht** um **eine Erweiterung des Kreises der Ermächtigungsadressaten,** die in Art. 80 Abs. 1 aufgezählt werden, denn die Länderparlamente können nicht unmittelbar durch den Bundesgesetzgeber ermächtigt werden. Vielmehr kann die Legislative die Umsetzung einer Ermächtigungsgrundlage nur an sich ziehen, „soweit […] Landesregierungen ermächtigt werden, Rechtsverordnungen zu erlassen".[244]

70 Auch wenn Bedenken unter dem Gesichtspunkt der Formen- und Kompetenzvermischung[245] und im Hinblick auf Rechtsschutzfragen[246] geäußert worden sind, erscheint diese **Lösung praktikabel:** Da die Länder im föderalistischen System der Bundesrepublik (Verwaltungsföderalismus) ganz überwiegend Verwaltungsaufgaben haben, lässt sich eine Aufwertung des Landesparlamentarismus wohl tatsächlich nur durch die stärkere Befassung der Landesparlamente mit Aufgaben erreichen, die herkömmlich der Exekutive zugeordnet sind. Nimmt man die Entscheidung des verfassungsändernden Gesetzgebers, den Landesgesetzgeber zu stärken, ernst, dann sind – anders als

---

237 Vgl. Bericht der GemVerfKom., BT-Drs. 12/6000, 32 (38).

238 *Brenner* in MKS Rn. 110; *Nierhaus* in BK Rn. 807 ff.; krit. *Jekewitz* RuP 1994, 20 (25); *Hofmann* NVwZ 1995, 134 (137).

239 S. *Brenner* in MKS Rn. 110; *Mann* in Sachs Rn. 49; *Remmert* in Maunz/Dürig Rn. 186.

240 *Bauer* in Dreier Rn. 66; *Brenner* in MKS Rn. 114; *Mann* in Sachs Rn. 47; aA *Hofmann* NVwZ 1995, 134 (137); auf *Hofmann* Bezug nehmend *Sannwald* in SHH Rn. 127.

241 Vgl. die Dokumentation der Vorschläge einer interfraktionellen Arbeitsgruppe in ZParl. 1985, 179.

242 BT-Drs. 7/5924, 90; *Brodersen* GS f. Martens, 1987, 57 (59).

243 BGBl. 1994 I 3146.

244 *Brenner* in MKS Rn. 115; *Uhle* in BeckOK GG Rn. 45.

245 Vgl. zur Kritik *Brodersen* GS f. Martens, 1987, 57 (72); *Ramsauer* in AK Rn. 92 f.

246 *Brenner* in MKS Rn. 125 ff.; auch *Mann* in Sachs Rn. 57; *Bauer* in Dreier Rn. 68.

nach Auffassung des BVerfG zu den Verordnungsänderungen des Bundesgesetzgebers (→ Rn. 28)[247] – die entsprechenden Gesetze auch **als Gesetze** und **nicht als Quasi-Verordnungen** zu behandeln.[248] Bei dieser Beurteilung gilt dann nicht das Zitiergebot,[249] sie unterliegen der Normenkontrolle nach Art. 100[250] und wo die Landesverfassung eine Volksgesetzgebung vorsieht, kann auch diese tätig werden.[251]

C. Verhältnis zu anderen Bestimmungen des Grundgesetzes

Art. 80 wird hins. des Verfahrens der Verordnungsgebung durch Art. 82 ergänzt, der Vorschriften über **Ausfertigung, Verkündung** und **Inkrafttreten von RVOen** enthält. Damit ist das Verfahren der Verordnungsgebung für den Normalfall erschöpfend geregelt. Für das Recht der **globalsteuernden Wirtschaftslenkung** ist zusätzlich Art. 109 zu beachten (→ Art. 109 Rn. 1 f., 18). Sonderregelungen für den **Verteidigungsfall** finden sich in Art. 115k und Art. 115e. Hier sind auch „gesetzesvertretende Verordnungen" (→ Rn. 8 ff.) möglich. Die Sonderregelungen der Art. 119, 127 und Art. 132 Abs. 4, die ein gesetzesunabhängiges (und gesetzesvertretendes) Verordnungsrecht der Exekutive begründen, sind nur noch von historischem Interesse. 71

D. Kritische Würdigung

Die Anforderungen des Art. 80 an Voraussetzungen und Erlassverfahren von RVOen sind **unvollkommen.** Die **zweifache Stoßrichtung,** einerseits dem parlamentarischen Gesetzgeber die Selbstentmachtung durch inhaltliche Regelungspflichten zu verwehren und andererseits dem Verordnungsgeber formale Bindungen aufzuerlegen, haben zu einer **wenig klaren Dogmatik** geführt. Besonders ein fehlendes auf RVOen zugeschnittenes Rechtsschutzsystem ist hierfür (mit)ursächlich. Wenig hilfreich ist zudem die verbreitete Wahrnehmung, es handele sich bei der Verordnungsflut um ein neues, durch internationale Verflechtungen oder neue Risikowahrnehmungen begründetes Phänomen. Tatsächlich nutzen staatliche Normsetzungsakteure gerade hier häufig RVOen, dies liegt aber nicht in der Neuartigkeit der Herausforderungen begründet, sondern vielmehr in der **überkommenen Präferenz exekutiver Normsetzung,** für die Art. 80 Vorgaben macht. Norm und Wirklichkeit entwickeln sich also nicht auseinander, sondern lagen noch nie näher 72

---

[247] Vgl. auf Bundesebene BVerfGE 114, 196.

[248] *Bauer* in Dreier Rn. 69; *Brenner* in MKS Rn. 117; *Remmert* in Maunz/Dürig Rn. 196.

[249] So auch *Ramsauer* in AK Rn. 97; *Pieroth* in Jarass/Pieroth Rn. 22; *Jutzi* ZG 1999, 239 (244); aA *Schütz* NVwZ 1996, 37 (38); *Wagner/Brocker* NVwZ 1997, 759 (760 f.); *Maurer* FS f. Leisner, 1999, 583 (590); *Schwarz* DÖV 2002, 852 (857); *Brenner* in MKS Rn. 119; *Mann* in Sachs Rn. 58; *Uhle* in BeckOK GG Rn.
45; *Bauer* in Dreier Rn. 68; *Remmert* in Maunz/Dürig Rn. 204.

[250] *Ramsauer* in AK Rn. 96; *Maurer* FS f. Leisner, 1999, 583 (591 ff.); *Jutzi* ZG 1999, 239 (243); *Remmert* in Maunz/Dürig Rn. 207; aufgrund daraus resultierender Rechtsschutzeinbußen das Gebrauchmachen von Art. 80 Abs. 4 an strenge Voraussetzungen knüpfend: *Schütz* NVwZ 1996, 37; *Nierhaus* in Macke, Verfassung und Verfassungsgerichtsbarkeit auf Landesebene, 1998, 223 (234 ff.); *Nierhaus* in BK Rn. 882 ff.

[251] *Maurer* FS f. Leisner, 1999, 581 (591); *Jutzi* ZG 1999, 239 (246); *Brenner* in MKS Rn. 122; *Bauer* in Dreier Rn. 68; *Remmert* in Maunz/Dürig Rn. 204; *Pieroth* in Jarass/Pieroth Rn. 9; abl. *Nierhaus* in BK Rn. 868.

zusammen. Deshalb entsprechen parlamentarische Bemühungen, exekutive Normsetzung stärker zu steuern und damit auch nachträglich zu ändern, dem Grundgedanken des Art. 80 und sind auch rechtspolitisch sinnvoll. Nur können die Unterschiede von Gesetz und RVO für Mischformen, wie die Änderung von RVOen durch den Gesetzgeber, nicht zu dogmatisch befriedigenden Lösungen führen, sondern verlangen ausdrückliche verfassungsrechtliche Regelungen.

Literatur

N. Achterberg, Probleme der Funktionslehre, 1970. – ***K.A. Bettermann,*** Legislative ohne Posttarifhoheit, 1967. – ***E.-W. Böckenförde,*** Organisationsgewalt im Bereich der Regierung, 1964. – ***A.v. Bogdandy,*** Gubernative Rechtsetzung, 2000. – ***B. Busch,*** Das Verhältnis des Art. 80 Abs. 1 S. 2 GG zum Gesetzes- und Parlamentsvorbehalt, 1992. – ***T.v. Danwitz,*** Die Gestaltungsfreiheit des Verordnungsgebers, 1989. – ***T.v. Danwitz,*** Rechtsverordnungen, Jura 2002, 93. – ***W. Genzer/W. Einbeck,*** Übertragung rechtsetzender Gewalt im Rechtsstaat, 1952. ***H. Hasskarl,*** Die Rechtsprechung des Bundesverfassungsgerichts zu Art. 80 Abs. 1 Satz 2 GG, AöR 94 (1969), 85. – ***D. Jesch,*** Gesetz und Verordnung, 1961. – ***T. Klink,*** Pauschale Ermächtigungen zur Umsetzung von Europäischem Umweltrecht mittels Rechtsverordnung, 2005. – ***H. Krüger,*** Rechtsverordnung und Verwaltungsanweisung, FSf. Smend, 1952, 211. – ***K. Lange,*** Innenrecht und Außenrecht, in Hoffmann-Riem (Hrsg.), Reform des allgemeinen Verwaltungsrechts, 1993, 307. – ***M. Lepa,*** Verfassungsrechtliche Probleme der Rechtsetzung durch Rechtsverordnung, AöR 105 (1980), 337. – ***V. Mehde,*** Rechtssetzungen der europäischen und nationalen Veraltungen, VVDStRL 71 (2012), 418. – ***W. Mößle,*** Inhalt, Zweck und Ausmaß, Zur Verfassungsgeschichte der Verordnungsermächtigung, 1990. ***F. Ossenbühl,*** Die Zustimmung des Bundesrates beim Erlaß von Bundesrecht, AöR 99 (1974), 369. – ***F. Ossenbühl,*** Gesetz und Verordnung im gegenwärtigen Staatsrecht, ZG 1997, 305. –***J. Saurer,*** Die Funktionen der Rechtsverordnung, 2005. – ***D.H. Scheuing,*** Selbstbindungen der Verwaltung, VVDStRL 40 (1982), 153. – ***E. Schmidt-Aßmann,*** Die Rechtsverordnung in ihrem Verhältnis zu Gesetz und Verwaltungsvorschrift, FSf. Vogel, 2000, 477. – ***H. Schneider,*** Gesetzgebung, 2002. – ***S. Schnelle,*** Eine Fehlerfolgenlehre für Rechtsverordnungen, 2007. – ***C. Seiler,*** Der einheitliche Parlamentsvorbehalt, 2000. – ***P. Selmer,*** Rechtsverordnung und Verwaltungsvorschrift, VerwArch 59 (1968), 114. – ***Ch. Starck,*** Der Gesetzesbegriff des Grundgesetzes, 1970. – ***J. Staupe,*** Parlamentsvorbehalt und Delegationsbefugnis, 1986. – ***U. Stelkens,*** Rechtsetzungen der europäischen und nationalen Verwaltungen, VVDStRL 71 (2012), 369. – ***H. Triepel,*** Delegation und Mandat im öffentlichen Recht, 1942. – ***A. Uhle,*** Parlament und Rechtsverordnung, 1999. – ***A. Uhle,*** § 24 Die Rechtsverordnung, in Krings/Kluth (Hrsg.) Gesetzgebung, 2014. – ***K. Vogel,*** Gesetzgeber und Verwaltung, VVDStRL 24 (1966), 125. – ***D. Volkmar,*** Allgemeiner Rechtssatz und Einzelakt, 1962. – ***D. Wilke,*** Bundesverfassungsgericht und Rechtsverordnungen, AöR 98 (1973), 196. – ***B. Wolff,*** Die Ermächtigung zum Erlaß von Rechtsverordnungen nach dem Grundgesetz, AöR 78 (1952), 194.

Art. 80a [Spannungsfall]

(1) [1]Ist in diesem Grundgesetz oder in einem Bundesgesetz über die Verteidigung einschließlich des Schutzes der Zivilbevölkerung bestimmt, daß Rechtsvorschriften nur nach Maßgabe dieses Artikels angewandt werden dürfen, so ist die Anwendung außer im Verteidigungsfalle nur zulässig, wenn der Bundestag den Eintritt des Spannungsfalles festgestellt oder wenn er der Anwendung besonders zugestimmt hat. [2]Die Feststellung des Spannungsfalles und die besondere Zustimmung in den Fällen des Artikels 12a Abs. 5 Satz 1 und Abs. 6 Satz 2 bedürfen einer Mehrheit von zwei Dritteln der abgegebenen Stimmen.

(2) Maßnahmen auf Grund von Rechtsvorschriften nach Absatz 1 sind aufzuheben, wenn der Bundestag es verlangt.

(3) [1]Abweichend von Absatz 1 ist die Anwendung solcher Rechtsvorschriften auch auf der Grundlage und nach Maßgabe eines Beschlusses zulässig, der von einem internationalen Organ im Rahmen eines Bündnisvertrages mit Zustimmung der Bundesregierung gefaßt wird. [2]Maßnahmen nach diesem Absatz sind aufzuheben, wenn der Bundestag es mit der Mehrheit seiner Mitglieder verlangt.

Übersicht

A. Allgemeine Bedeutung

I. Genese

1 Art. 80a wurde 1968 als Teil der **Notstandsverfassung** in das GG eingefügt.[1] Die ersten Regierungsentwürfe der Notstandsverfassung hatten noch keine vergleichbare Vorschrift enthalten. Erstmals sah der Entwurf des Rechtsausschusses von 1965 vor, dass Maßnahmen der Bundesregierung im Vorfeld des Verteidigungsfalles zwar möglich sein, aber einer parlamentarischen Mitwirkung unterliegen sollten. Dies sollte durch den Gemeinsamen Ausschuss erfolgen und war deshalb in Art. 53a angesiedelt.[2] Erst der Bericht des Rechtsausschusses vom Mai 1968 ersetzte dies durch den vom Bundestag festzustellenden Spannungsfall und verschob die ganze Regelung in den dafür neu geschaffenen Art. 80a.[3] Die Abs. 2 und 3 dieses neuen Artikels fanden ihre endgültige Fassung erst nach weiteren Modifikationen in der zweiten und dritten Lesung im Bundestag.[4]

II. Inhaltsübersicht

2 Art. 80a Abs. 1 führt die **Kategorie des Spannungsfalles** ein. Vorschriften, die auf diesen Artikel verweisen, werden erst mit Feststellung des Spannungsfalles anwendbar. Neben der Feststellung des Spannungsfalles sieht Abs. 1 auch die Möglichkeit vor, dass der Bundestag der Anwendung der Rechtsvorschrift im konkreten Fall zustimmt. Darüber hinaus regelt Abs. 1 das Erfordernis einer qualifizierten Mehrheit für die Feststellung des Spannungsfalles.

3 Abs. 2 verleiht dem Bundestag die Befugnis, die Aufhebung von Maßnahmen zu verlangen, die aufgrund des Spannungsfalles ergangen sind. Abs. 3 stellt dem vom Bundestag feststellten Spannungsfall einen entsprechenden Beschluss von Organen internationaler Bündnisorganisationen gleich. Damit enthält Art. 80a drei grds. gleichwertige Varianten, mit der die Anwendbarkeit darauf bezogener Notstandsregelungen freigegeben werden kann: den **Spannungsfall** (Abs. 1 S. 1 Alt. 1), den **Zustimmungsfall** (Abs. 1 S. 2 Alt. 2) und den **Bündnisbeschlussfall** (Abs. 3).

III. Überstaatliche Bezüge

4 Zu Art. 80a gibt es keine Parallelnormen im Unions- oder Völkerrecht. Gleichwohl hat die Norm eine internationale Dimension – zum einen, weil der Spannungsfall, auf den sie zugeschnitten ist, sich aus einer **internationalen Krisensituation** ergibt; zum anderen, weil gemäß Abs. 3 auch der Beschluss einer internationalen Organisation die Rechtsfolgen des Art. 80a auslösen kann.

---

[1] 17. ÄndG v. 24.6.1968, BGBl. I 709.
[2] BT-Drs. 4/3494.
[3] BT-Drs. 5/2873.
[4] BT-Drs. 5/2917; BT 5. Wahlperiode, 178. Sitzung vom 30.5.1968, StenProt. S. 9620.

B. Einzelfragen

I. Ist in diesem Grundgesetz oder in einem Bundesgesetz … bestimmt (Art. 80a Abs. 1 S. 1 Hs. 1)

Art. 80a kommt nur zum Zuge, wenn das GG oder ein Bundesgesetz bestimmen, dass eine Rechtsvorschrift nur nach Maßgabe dieses Artikels angewandt werden darf. Der Anwendungsbereich des Art. 80a ergibt sich also nicht aus diesem selbst, sondern eröffnet sich erst durch Bezugnahme in anderen Normen (**„Bestimmungsnormen“**[5]). Diese Bezugnahme kann als Verweis auf Art. 80a oder durch Anknüpfung an den Begriff des „Spannungsfalls“ erfolgen (Junktim). 5

Eine solche Bezugnahme findet sich im GG selbst nur in **Art. 12a Abs. 5 S. 1 bzw. Abs. 6 S. 2** zur Begründung von Dienst- und Arbeitspflichten sowie in Art. **87a Abs. 3** zum Inlandseinsatz der Streitkräfte. In beiden Fällen handelt es sich jedoch nur um partielle Bezugnahmen. Art. 12a Abs. 5 und 6 verweisen nur auf Art. 80a Abs. 1, so dass ein Bündnisbeschluss nach Art. 80a Abs. 3 für sie nicht ausreicht. Art. 87a Abs. 3 wiederum knüpft nur an den Spannungsfall an.[6] 6

Ebenso kann eine solche Bezugnahme in einem **Bundesgesetz** erfolgen.[7] Die gegenständliche Einschränkung auf Gesetze über Verteidigung und Zivilschutz entspricht inhaltlich Art. 73 Abs. 1 Nr. 1. Maßgeblich ist der Regelungsgehalt des Gesetzes.[8] Neben genuin verteidigungsbezogenen Gesetzen[9] fallen darunter auch einschlägige Einzelbestimmungen in Gesetzen ohne spezifisch verteidigungspolitische Ausrichtung.[10] 7

Die auf diese Weise benannten Rechtsvorschriften können auch untergesetzliche Rechtsnormen einschließen. Relevant ist dies v. a. für **Rechtsverordnungen,** zu deren Erlass ein Bundesgesetz ermächtigt, deren Anwendung aber von diesem Gesetz zugleich an Art. 80a geknüpft wird. Auch Landesgesetze können auf Art. 80a verweisen, da der Landesgesetzgeber frei darin ist, über die Anwendungsbedingungen des Landesrechts zu entscheiden.[11] 8

Der Gesetzgeber ist – abgesehen von den Fällen des Art. 12a Abs. 5 u. 6 – nicht verpflichtet, notstandsbezogene Regelungen mit Art. 80a zu verknüpfen.[12] Der Weg über Art. 80a ist nur eine **verfassungsrechtliche Option,** keine zwingende Vorgabe. 9

---

[5] *Funke* in BK Rn. 31.

[6] Nach ganz hM sind Inlandseinsätze der Bundeswehr daher im Zustimmungs- oder Bündnisbeschlussfall nicht zulässig; aA *Depenheuer* in Maunz/Dürig Rn. 40.

[7] Überblick bei *Funke* in BK Rn. 43 ff.; *Depenheuer* in Maunz/Dürig Rn. 45 ff.

[8] *Brenner* in MKS Rn. 13.

[9] Auf Art. 80a verweisen § 3 ASG; §§ 2 Abs. 3 u. 14 Abs. 5 VerkSiG; § 2 Abs. 1 WiSiG; ebenso §§ 10 Abs. 1 u. 23 Abs. 2 ZSKG. Eine Verknüpfung mit dem Spannungsfall enthalten § 1 Abs. 1 Nr. 1a ESVG; § 1 Abs. 2 Nr. 1 PTSG; § 2 WPflG; § 11 KDVG.

[10] Vgl. § 20 Abs. 2 BtMG oder § 55 BeamtStG bzw. § 133a BRRG (Bezugnahmen auf Art. 80a) sowie § 95 VwVfG oder § 35 Abs. 4 StVO (Bezugnahmen auf den Spannungsfall).

[11] Dementsprechend enthalten die VwVfGs der Länder Parallelnormen zu § 95 VwVfG. Wie hier *Mertins,* Der Spannungsfall, 2013, 120 u. 161. Die hM will das hingegen nur für derivatives, auf bundesrechtlichen Ermächtigungen beruhendes Landesrecht gelten lassen, so zB *Brenner* in MKS Rn. 14; *Funke* in BK Rn. 40.

[12] BT-Drs. 5/2873, 12; *Funke* in BK Rn. 22; *Brenner* in MKS Rn. 10.

II. So ist die Anwendung außer im Verteidigungsfalle nur zulässig

10 Art. 80a konditioniert nicht den Erlass und das Inkrafttreten, sondern nur die Anwendung bzw. den Vollzug der mit ihm verknüpften Rechtsvorschriften. Im Ergebnis steht die Anwendbarkeit dieser Vorschriften unter der aufschiebenden Bedingung des Eintrittes des Spannungsfalles bzw. seiner Alternativvarianten. Dieser Eintritt bewirkt für die betroffenen Rechtsvorschriften eine **„Entsperrung“.**[13]

III. Wenn der Bundestag den Eintritt des Spannungsfalles festgestellt oder wenn er der Anwendung besonders zugestimmt hat

11 Art. 80a Abs. 1 sieht zwei Varianten der Entsperrung vor: die Feststellung des Spannungsfalles und den Zustimmungsfall. Daneben führt auch der Verteidigungsfall zur Aufhebung der Anwendungssperre. In allen Fällen liegt die Befugnis zur Entsperrung beim Bundestag. Eben in dieser **parlamentarischen Absicherung** der Freigabe von Notstandsbefugnissen liegt die Funktion von Art. 80a.

12 Die Feststellung des Spannungsfalles gibt alle darauf bezogenen Notstandsvorschriften pauschal zur Anwendung frei. Der **Spannungsfall** ist im GG nicht definiert. Es muss sich jedenfalls um eine **Bedrohungslage von außen** handeln. Die Entstehungsgeschichte der Norm und der Begriff des Spannungsfalls weisen ihn klar als zeitliche Vorstufe des Verteidigungsfalles aus, also als internationale Krisensituation, in der ein bewaffneter Angriff auf das Bundesgebiet mit einer erheblichen Wahrscheinlichkeit zu befürchten ist („Spannungslage“).[14] Ob dies ein klassischer militärischer Konflikt sein muss oder auch Bedrohungslagen durch den internationalen Terrorismus oÄ umfassen kann,[15] ist richtigerweise im Kontext von Art. 115a zu diskutieren.

13 Die zweite von Art. 80a Abs. 1 vorgesehene Variante ist die besondere Zustimmung durch den Bundestag. Dieser **Zustimmungsfall** ermöglicht eine differenzierte Entsperrung bestimmter Rechtsvorschriften. Dabei kann der Bundestag sich auf einzelne Notstandsregelungen beschränken, aber auch (ggf. sukzessive) der Anwendung aller mit Art. 80a Abs. 1 verknüpften Rechtsvorschriften zustimmen.[16]

14 Greifbare materielle Anforderungen an den Zustimmungsfall lassen sich dem Wortlaut nicht entnehmen. Zumeist wird eine abgeschwächte[17] **Vergleichbarkeit** der Sachlage mit der Konstellation des Spannungsfalles verlangt[18] bzw. der Zustimmungsfall als Vorstadium des Spannungsfalles ver-

---

[13] *Brenner* in MKS Rn. 9; *Depenheuer* in Maunz/Dürig Rn. 7 u. 14; *Mann* in Sachs Rn. 2.

[14] Mit unterschiedlichen Nuancen *Mertins,* Der Spannungsfall, 2013, 57 ff.; *Brenner* in MKS Rn. 9 u. 18 f.; *Funke* in BK Rn. 18; *Stern,* StaatsR II, 1980, 1439; *Mann* in Sachs Rn. 3; *Funke* in BK Rn. 85; *März* in HdbStR XII § 281 Rn. 10.

[15] So zB *Brenner* in MKS Rn. 18 f.; *Depenheuer* in Maunz/Dürig Rn. 17; *Heun* in Dreier Rn. 3; *Mertins,* Der Spannungsfall, 2013, 65 ff.; Skeptisch *März* in HdbStR XII § 281 Rn. 10; aus kompetentiellen Gründen auch *Funke* in BK Rn. 42.

[16] So auch *Brenner* in MKS Rn. 24 u. 26; *Funke* in BK Rn. 97; *März* in HdbStR XII § 281 Rn. 36; aA *Mann* in Sachs Rn. 3; *Mertins,* Der Spannungsfall, 2013, 94: en bloc-Zustimmung nur durch Feststellung des Spannungsfalles möglich.

[17] Gegen eine solche Relativierung *Rubel* in Umbach/Clemens Rn. 19; *Schmahl* in Sodan Rn. 5; *Funke* in BK Rn. 95.

[18] *Brenner* in MKS Rn. 24; *Heun* in Dreier Rn. 6; *Mann* in Sachs Rn. 3; *März* in HdbStR XII § 281 Rn. 37 f.; *Depenheuer* in Maunz/Dürig Rn. 72.

standen.[19] Jedenfalls ist auch der Zustimmungsfall auf eine äußere Bedrohungslage gemünzt, die den Eintritt des Verteidigungsfalles befürchten lässt. Der Zustimmungsfall kann allerdings weiter ausgreifen als der Spannungsfall, weil er auf *konkrete* vorbereitende Notstandsmaßnahmen abstellt, für die ein Bedürfnis im Einzelfall früher zu bejahen sein mag als für das komplette Regime der Vorsorgegesetzgebung.

Während der Typus der Krisenlage demnach auf das Vorfeld eines Verteidigungsfalles eingegrenzt ist, verfügt der Bundestag hinsichtlich der Frage, ob sich die Krisensituation hinreichend verschärft und verdichtet hat, über eine weitgehende **Einschätzungsprärogative,** die nur einer Missbrauchskontrolle unterliegt.[20] **15**

IV. Die Feststellung des Spannungsfalles und die besondere Zustimmung … bedürfen einer Mehrheit von zwei Dritteln der abgegebenen Stimmen (Art. 80a Abs. 1 S. 2)

Für die Feststellung des Spannungsfalles ist nach Art. 80a Abs. 1 S. 2 eine **Zweidrittelmehrheit** der abgegebenen Stimmen erforderlich. Für den Zustimmungsfall ist hingegen eine einfache Stimmenmehrheit nach Art. 42 Abs. 2 S. 1 ausreichend. Bezieht sich die Zustimmung allerdings auf die Begründung von Dienst- und Arbeitspflichten nach Art. 12a Abs. 5 und Abs. 6, verlangt Art. 80a Abs. 1 S. 2 ausdrücklich dieselbe qualifizierte Mehrheit wie bei der Feststellung des Spannungsfalles. **16**

Das **Initiativrecht** steht der BReg und nach hM auch dem Bundestag zu.[21] Ein Initiativrecht des Bundesrates ist hingegen umstritten.[22] Aus rechtsstaatlichen Gründen ist eine Verkündung der Feststellung erforderlich.[23] **17**

V. Maßnahmen auf Grund von Rechtsvorschriften nach Absatz 1 sind aufzuheben, wenn der Bundestag es verlangt (Art. 80a Abs. 2)

Als Kehrseite seiner Entsperrungsprärogative kann der Bundestag seine Feststellung des Spannungsfalles ebenso wie seine besondere Zustimmung mit einfacher Mehrheit wieder aufheben.[24] Unabhängig davon gibt Abs. 2 dem Bundestag das Recht, jederzeit die **Aufhebung** von Maßnahmen zu verlangen, die aufgrund von nach Abs. 1 entsperrten Rechtsvorschriften ergangen sind. Dafür ist mangels anderweitiger Bestimmung eine einfache Stimmenmehrheit nach Art. 42 Abs. 2 S. 1 ausreichend.[25] **18**

---

[19] *Stern,* StaatsR II, 1980, 1443.

[20] *Heun* in Dreier Rn. 5; *Brenner* in MKS Rn. 19; *Funke* in BK Rn. 87; *Depenheuer* in Maunz/Dürig Rn. 23; *Mertins,* Der Spannungsfall, 2013, 90 f.

[21] Für ein alleiniges Initiativrecht der Bundesregierung *Funke* in BK Rn. 75; *Depenheuer* in Maunz/Dürig Rn. 21.

[22] Bejahend *Daleki,* Art. 80a des Grundgesetzes und die Maßnahmen zur Erhöhung der Verteidigungsbereitschaft, 1985, 43; *Mertins,* Der Spannungsfall, 2013, 95 ff.; *Heun* in Dreier Rn. 5.; aA *Brenner* in MKS Rn. 21 sowie die Nachweise in Fn. 21.

[23] *Brenner* in MKS Rn. 22.

[24] *Brenner* in MKS Rn. 35; *Heun* in Dreier Rn. 11.

[25] In der 2. Lesung zu Art. 80a war vorübergehend das Erfordernis eine Mehrheit der Mitglieder eingefügt worden. Dies wurde in der 3. Lesung jedoch wieder gestrichen.

VI. Der Bündnisbeschlussfall (Art. 80a Abs. 3)

19 **1. Voraussetzungen eines Bündnisbeschlusses (Art. 80a Abs. 3 S. 1).** Abs. 3 S. 1 stellt dem Spannungs- und dem Zustimmungsfall als dritte Variante den Beschluss eines internationalen Organs im Rahmen eines Bündnisvertrages zur Seite **(Bündnisbeschlussfall).** Dies stellt eine Ausnahme von dem sonst geltenden Grundprinzip des Art. 80a dar, dass die Entsperrung der Notstandsvorschriften eine parlamentarische Prärogative ist. Damit sollte eine Beeinträchtigung der Bündnisfähigkeit Deutschlands vermieden werden.[26]

20 Mit einem „Bündnisvertrag" ist primär die **NATO** gemeint. Der Rechtsausschuss hatte aber ausdrücklich auch etwaige andere, ähnliche Verteidigungsbündnisse der Zukunft im Blick.[27] Darunter fallen alle Organisationen kollektiver Selbstverteidigung, die als Militärorganisation mit der Umsetzung der Landes- und Bündnisverteidigung betraut sind und daher über eine operative Verteidigungsplanung verfügen, aus der sich das Erfordernis konkreter Vorbereitungs- und Mobilmachungsschritte ergeben kann. Das ist bis in die Gegenwart nur bei der NATO der Fall. Daher ist das gegenwärtig einzige für diese Norm relevante Bündnisorgan der Nordatlantikrat.

21 Ein „Beschluss" im Sinne dieser Regelung ist nur die förmliche, vertragskonform beschlossene Entscheidung des **zuständigen Bündnisorgans.**[28] Er muss keine völkerrechtliche Verbindlichkeit gegenüber den Mitgliedstaaten entfalten,[29] aber organisationsinterne Bindungswirkung haben und klare Anforderungen zu den erforderlichen Umsetzungsmaßnahmen enthalten.

22 Abzugrenzen ist davon der Beschluss über den „Bündnisfall". Während dieser feststellt, dass ein bewaffneter Angriff auf ein Mitglied des Bündnisses vorliegt, bezieht sich Art. 80a Abs. 3 auf einen Beschluss, der von den Mitgliedstaaten die Aktivierung von Vorbereitungsmaßnahmen zur Herstellung der Verteidigungsbereitschaft verlangt. Dabei spielt es keine Rolle, ob dies mit Blick auf einen (möglichen) Angriff auf Deutschland oder auf einen anderen Bündnispartner erfolgt. Der Bündnisbeschlussfall des Abs. 3 bildet das **Vorfeld des Bündnisfalles,** nicht notwendigerweise des Verteidigungsfalles iSd Art. 115a. Daher steht diese Variante ganz eigenständig neben dem Spannungsfall.[30]

23 Der Beschluss muss mit Zustimmung der Bundesregierung gefasst werden. Art. 80a Abs. 3 bewirkt also **keine Souveränitätsdurchbrechung.**

24 **2. Die Aufhebbarkeit von Maßnahmen auf Grund von Bündnisbeschlüssen (Art. 80a Abs. 3 S. 2).** Ebenso wie Abs. 2 dies für den Spannungs- und Zustimmungsfall vorsieht, kann der BT nach Abs. 3 S. 2 auch die Aufhebung der aufgrund des Bündnisbeschlusses ergangenen Maßnahmen verlangen. Dies hatte der Rechtsausschuss im Interesse der Bündnisfähigkeit zunächst nicht vorgesehen. Erst in der zweiten Lesung zu Art. 80a wurde dieser Satz hinzugefügt. Er kommt dem Bedürfnis nach bündnispolitischer

---

[26] BT-Drs. 2873, 12. Zur Entstehungsgeschichte *Ipsen* AöR 1969, 555 ff.

[27] BT-Drs. 2873, 12.

[28] *Brenner* in MKS Rn. 38 f.; *Heun* in Dreier Rn. 12; *Stern,* StaatsR II, 1980,1448 f.

[29] *Heun* Dreier Rn. 12; *Brenner* in MKS Rn. 41; *Funke* in BK Rn. 120; aA *Grzeszick* in BerlKomm Rn. 10. Der Rechtsausschuss ging freilich noch davon aus, dass entsprechende NATO-Beschlüsse völkerrechtliche Pflichten begründeten, BT-Drs. V/2873, 12.

[30] Ebenso *Stern,* StaatsR II, 1980, 1447; *Brenner* in MKS Rn. 36 f.; *Heun* in Dreier Rn. 12.

Zuverlässigkeit aber insofern entgegen, als in diesem Fall eine **Mehrheit der Mitglieder** für das **Aufhebungsverlangen** erforderlich ist.

C. Verhältnis zu anderen Bestimmungen des Grundgesetzes

Art. 80a ist systematisch ein Baustein des **Notstandsverfassungsrechts** 25
und bildet eine Vorstufe zum Sonderregime des Verteidigungsfalles nach Art. 115a ff. Auf den Grundrechtsschutz wirkt sich Art. 80a nicht aus. Er bewirkt – mit Ausnahme der Art. 12a Abs. 5 u. 6 – keine Verschiebung der materiellen verfassungsrechtlichen Bewertungsmaßstäbe. Die entsperrten Notstandsregelungen müssen sich an den Vorgaben des Normalverfassungsrechts messen lassen. Erst der Verteidigungsfall begründet ein besonderes verfassungsrechtliches Notstandsregime.

Für das **Wehrverfassungsrecht** ist Art. 80a insofern von Bedeutung, als 26
der Spannungsfall die Möglichkeit von Inlandseinsätzen der Streitkräfte nach Art. 87a Abs. 3 eröffnet. Der Verteidigungsauftrag der Streitkräfte hingegen wird von Art. 80a nicht berührt. Auch der Bündnisbeschlussfall nach Abs. 3 betrifft nicht den militärischen Einsatz im Bündnisfall, sondern nur Vorsorgemaßnahmen zur **„zivilen Teilmobilmachung".**[31]

D. Kritische Würdigung

Art. 80a war ein umstrittener Baustein der ohnehin umstrittenen Not- 27
standsverfassungsgebung. Dementsprechend ist er das Abbild eines Kompromisses zwischen Parlamentarisierung auf der einen sowie Flexibilität und Bündnisfähigkeit auf der anderen Seite. Das äußert sich darin, dass er nur die Auslösung, nicht aber die materielle Ausgestaltung des vorbereitenden Notstandsregimes regelt, und dass dieser Auslösungsmechanismus nicht allgemeingültig ist, sondern dem Gesetzgeber nur als Option angeboten wird. In diese Sinne hat Art. 80a lediglich einen rechtstechnischen Gehalt, der Spannungsfall wird nur **„teilkonstitutionalisiert".**[32]

Kritiker der Notstandsverfassung haben daher Art. 80a als unzureichende 28
oder gar verfassungswidrige Schein- oder Verschleierungsnorm angesehen.[33] Jedoch liegt der Wert von Art. 80a darin, dass er dem Gesetzgeber einen **standardisierten Bezugspunkt** bietet, an den dieser beim Erlass notstandsbezogener Vorsorgegesetzgebung anknüpfen kann und dessen Aktivierung dem Parlament vorbehalten ist. Selbst im Bündnisbeschlussfall ist sie dem Belieben der Regierung entzogen. Damit verschafft Art. 80a dem Bundestag ein wirksames, aber flexibles Instrumentarium zur Steuerung des Notstandsrechts im Vorfeld des Verteidigungsfalles.

Literatur

W. Daleki, Art. 80a des Grundgesetzes und die Maßnahmen zur Erhöhung der Verteidigungsbereitschaft, 1985. – ***K. Ipsen,*** Die Bündnisklausel der Notstandsverfassung (Art. 80a Abs. 3 GG), AöR 94 (1969), 554. – ***T. Mertins,*** Der Spannungsfall,

[31] BVerfGE 90, 286 (386).

[32] *Funke* in BK Rn. 22 f.

[33] *Frank* in AK II 1989, Abschn. X a Rn. 26; *Seifert* in Sterzel Kritik der Notstandsgesetze, 2. Aufl. 1969, 161 (179 f.).

2013. – ***J. Seifert,*** Spannungsfall und Bündnisfall, in D. Sterzel (Hrsg.), Kritik der Notstandsgesetze, 2. Aufl. 1969, 161.

Ältere Literatur in v. Münch/Kunig, 6. Aufl. 2012, vgl. im Übrigen die Literaturnachweise zu Art. 87a und Art. 115a ff.

Art. 81 [Gesetzgebungsnotstand]

(1) [1]Wird im Falle des Artikels 68 der Bundestag nicht aufgelöst, so kann der Bundespräsident auf Antrag der Bundesregierung mit Zustimmung des Bundesrates für eine Gesetzesvorlage den Gesetzgebungsnotstand erklären, wenn der Bundestag sie ablehnt, obwohl die Bundesregierung sie als dringlich bezeichnet hat. [2]Das gleiche gilt, wenn eine Gesetzesvorlage abgelehnt worden ist, obwohl der Bundeskanzler mit ihr den Antrag des Artikels 68 verbunden hatte.

(2) [1]Lehnt der Bundestag die Gesetzesvorlage nach Erklärung des Gesetzgebungsnotstandes erneut ab oder nimmt er sie in einer für die Bundesregierung als unannehmbar bezeichneten Fassung an, so gilt das Gesetz als zustande gekommen, soweit der Bundesrat ihm zustimmt. [2]Das gleiche gilt, wenn die Vorlage vom Bundestage nicht innerhalb von vier Wochen nach der erneuten Einbringung verabschiedet wird.

(3) [1]Während der Amtszeit eines Bundeskanzlers kann auch jede andere vom Bundestage abgelehnte Gesetzesvorlage innerhalb einer Frist von sechs Monaten nach der ersten Erklärung des Gesetzgebungsnotstandes gemäß Absatz 1 und 2 verabschiedet werden. [2]Nach Ablauf der Frist ist während der Amtszeit des gleichen Bundeskanzlers eine weitere Erklärung des Gesetzgebungsnotstandes unzulässig.

(4) Das Grundgesetz darf durch ein Gesetz, das nach Absatz 2 zustande kommt, weder geändert, noch ganz oder teilweise außer Kraft oder außer Anwendung gesetzt werden.

Weimarer Reichsverfassung von 1919

Art. 48. [Abs. 1]

Der Reichspräsident kann, wenn im Deutschen Reiche die öffentliche Sicherheit und Ordnung erheblich gestört oder gefährdet wird, die zur Wiederherstellung der öffentlichen Sicherheit und Ordnung nötigen Maßnahmen treffen, erforderlichenfalls mit Hilfe der bewaffneten Macht einschreiten. Zu diesem Zwecke darf er vorübergehend die in den Artikeln 114, 115, 117, 118, 123, 124 und 153 festgesetzten Grundrechte ganz oder zum Teil außer Kraft setzen.

Von allen gem. Abs. 1 oder Abs. 2 dieses Artikels getroffenen Maßnahmen hat der Reichspräsident unverzüglich dem Reichstag Kenntnis zu geben. Die Maßnahmen sind auf Verlangen des Reichstags außer Kraft zu setzen.

Bei Gefahr im Verzuge kann die Landesregierung für ihr Gebiet einstweilige Maßnahmen der in Abs. 2 bezeichneten Art treffen. Die Maßnahmen sind auf Verlangen des Reichspräsidenten oder des Reichstags außer Kraft zu setzen.

Übersicht

A. Allgemeine Bedeutung

1 Der Gesetzgebungsnotstand gemäß Art. 81 hat in der Geschichte der Bundesrepublik bisher **keine Rolle** gespielt und dürfte dies auch auf absehbare Zeit nicht tun. Er ist „nur" eine der Reservebestimmungen des GG für den Fall einer **„Funktionsstörung"** des vorgesehenen parlamentarischen Regierungssystems.[1] Die Folgerung, er sei daher überflüssig, wäre freilich voreilig. Denn Aufgabe einer Verfassungsordnung ist es auch gerade, für Krisensituationen Regelungen bereit zu halten, eine mögliche Krise zu entschärfen und gerade durch diese Vorsorge sie nach Möglichkeit gar nicht erst entstehen zu lassen. Ob Art. 81 bei einer Krise zu ihrer Entschärfung beitragen würde, wird bezweifelt,[2] dessen ungeachtet rechtfertigt dennoch der gewissermaßen psychologische Effekt, für den Krisenfall vorgesorgt zu haben, seine Existenz.[3]

2 Darüber hinaus erschließt sich im historischen Vergleich mit Art. 48 WRV und den Überlegungen im Parlamentarischen Rat, wie sehr das GG für Krisensituationen auf die möglichst **weitgehende Beibehaltung** regulärer Instrumente, auf die Einbindung möglichst **vieler Verfassungsorgane,** auf **retardierende Verfahren** und auf **zeitliche** und **inhaltliche Grenzen** mit der vorgesehenen Rückkehr zum verfassungsrechtlichen Normalzustand setzt.[4]

---

[1] *Klein* in BK Rn. 4; *Brenner* in MKS Rn. 1, 6 f.; *Brosius-Gersdorf* in Dreier Rn. 7; *Pieper* in BeckOK GG Rn. 1.

[2] *Herzog* in Maunz/Dürig Rn. 25 f.; *Brosius-Gersdorf* in Dreier Rn. 8; s. auch die Darstellung der Kritik bei *Klein* in BK Rn. 93 ff.

[3] *Klein* in BK Rn. 2: „Vorwirkung".

[4] *Klein* in BK Rn. 1, 3.

B. Einzelfragen

I. Abs. 1: Verfahrensschritte zum Gesetzgebungsnotstand

1. Gescheiterte Vertrauensfrage. a) S. 1: Wird im Falle des Art. 68 der Bundestag nicht aufgelöst.. Der in Art. 81 geregelte Gesetzgebungsnotstand betrifft die Situation, dass die Bundesregierung auf eine Vertrauensfrage gemäß Art. 68 keine sog. Kanzlermehrheit im Bundestag erhält. Nach Art. 68 hat nun zum einen der Bundeskanzler die Möglichkeit, den Bundespräsidenten um Auflösung des Bundestages zu bitten und damit Neuwahlen herbeizuführen. Zum anderen kann der Bundestag einen neuen Kanzler wählen. Die dritte Möglichkeit besteht darin, dass die bisherige Bundesregierung **ohne parlamentarische Mehrheit weiterregiert.**[5] Für diesen Fall erlaubt Art. 81, auch ohne parlamentarische Mehrheit Gesetze zu erlassen. 3

b) Abs. 1 S. 2: Das gleiche gilt, wenn eine Gesetzesvorlage abgelehnt worden ist, obwohl der Bundeskanzler mit ihr den Antrag des Artikels 68 verbunden hatte. Das gleiche gilt für die zweite Alternative, die in Satz 2 vorgesehen ist. Hat der Bundeskanzler nicht zunächst die Vertrauensfrage gestellt und anschließend ein Gesetzgebungsvorhaben für dringlich erklärt, sondern gleich die Vertrauensfrage mit einer Gesetzesvorlage verbunden, müssen dieselben Verfahrensschritte (→ Rn. 5 ff.) eingehalten werden wie bei der getrennten Vertrauensfrage und Gesetzesvorlage. Allein die **Bezeichnung** der Vorlage **als dringlich entfällt,** weil dies durch die Verbindung mit der Vertrauensfrage bereits zum Ausdruck kommt.[6] 4

2. Einbindung (fast) aller Verfassungsorgane. a) Abs. 1 S. 1: ... so kann der Bundespräsident (...) für eine Gesetzesvorlage den Gesetzgebungsnotstand erklären. Art. 81 erlaubt den Gesetzgebungsnotstand ausdrücklich nur für ein **konkretes Gesetz.** Es wird also kein allgemeiner Notstandsfall erklärt, sondern eine einzelne Maßnahme in einem besonderen Verfahren durchgeführt. Aus Abs. 3 ergibt sich, dass eine solche Maßnahme wiederholt werden kann, allerdings nur in einer zeitlichen Frist von sechs Monaten. 5

Dem **Bundespräsidenten** steht nach dem eindeutigen Wortlaut („kann") ein politisches Ermessen zu, ob er den Gesetzgebungsnotstand erklärt. Seine Entscheidung ist daher verfassungsgerichtlich allenfalls eingeschränkt überprüfbar.[7] Da politische Gestaltungsspielräume des Bundespräsidenten im Übrigen sehr beschränkt sind (→ Art. 82 Rn. 11 f.), ist durchaus bemerkenswert, dass Art. 81 für eine Funktionskrise des parlamentarischen Systems den Bundespräsidenten mit **Gestaltungsmacht** ausstattet.[8] Allerdings beschränkt sie sich **nur auf das „Ob"**[9] und nicht auf die Ausgestaltung des Gesetzes. Die Ausgestaltung liegt allein in der Hand der Bundesregierung. 6

---

5 *Mann* in Sachs Rn. 3; *Brenner* in MKS Rn. 21 f.

6 *Brosius-Gersdorf* in Dreier Rn. 15; *Brenner* in MKS Rn. 26; *Mann* in Sachs Rn. 7.

7 *Brosius-Gersdorf* in Dreier Rn. 14; *Mann* in Sachs Rn. 5; *Pieper* in BeckOK GG Rn. 3.

8 *Klein* in BK Rn. 13, 14; *Brosius-Gersdorf* in Dreier Rn. 37.

9 *Brenner* in MKS Rn. 38, sieht faktisch keinen Spielraum, anders zu Recht *Klein* in BK Rn. 41.

b) Abs. 1 S. 1: … auf Antrag der Bundesregierung mit Zustimmung des Bundesrates (…), wenn der Bundestag sie (die Gesetzesvorlage) ablehnt, obwohl die Bundesregierung sie als dringlich be-
7 **zeichnet hat.** Die Verfahrensschritte, die erfolgen müssen, bevor der Bundespräsident über den Gesetzgebungsnotstand entscheiden kann, bestehen **erstens** darin, dass die **Bundesregierung** eine Gesetzesvorlage als dringlich bezeichnet. Dies kann auch eine Gesetzesinitiative des Bundesrates oder aus der Mitte des Bundestages betreffen,[10] auch wenn die Norm wohl von einer Initiative der Bundesregierung selbst ausgehen dürfte. Die Bundesregierung hierbei an materielle Anforderungen, etwa dass es sich um ein Vorhaben von Bedeutung handeln muss, zu binden,[11] ist unsinnig.[12] Wenn eine Krise besteht, dürften ausfüllungsbedürftige materielle Voraussetzungen zwischen den Organen streitig sein. **Zweitens** muss der **Bundestag** diese Gesetzesvorlage abgelehnt haben. **Drittens** muss die **Bundesregierung** einen Antrag an den Bundespräsidenten auf den Weg bringen, dem **viertens** der **Bundesrat** zustimmen muss.

II. Zustandekommen eines Gesetzes im Gesetzgebungsnotstand

8 **1. Nochmals Bundestag.** Hat nach den in Abs. 1 genannten Verfahrensschritten der Bundespräsident den Gesetzgebungsnotstand für eine Gesetzesvorlage erklärt, bestimmt Abs. 2, wie in diesem Gesetzgebungsnotstand ein Gesetz zustande kommt. Die für ein Gesetz eigentlich konstitutive positive Entscheidung des Bundestages fehlt; dies ist angesichts des zum Gesetzgebungsnotstand führenden Verfahrens geklärt. Gleichwohl wird der **Bundestag erneut** – also ein zweites Mal nach der Vertrauensfrage bzw. der ursprünglichen Befassung mit einer als dringlich bezeichneten Vorlage – mit der Gesetzesvorlage befasst.[13] In diesem Fall sind **drei Varianten** denkbar, die Abs. 2 aufführt.

a) S. 1: Lehnt der Bundestag die Gesetzesvorlage nach Erklärung des Gesetzgebungsnotstands erneut ab oder nimmt er sie in einer für die Bundesregierung als unannehmbar bezeichneten Fassung an (…).
9 Die erste Variante besteht in einer **erneuten Ablehnung.** Die zweite Variante berücksichtigt, dass auch ohne jede Krisensituation ein Gesetz im Beratungsverlauf regelmäßig **Änderungen** unterliegt. Der Funktionsstörung zwischen Bundesregierung und Bundestag entspricht es daher nur, wenn das beschlossene Gesetz **aus Sicht der Bundesregierung unannehmbar** ist. Zwar ließe sich annehmen, dass für die Unannehmbarkeit die Änderungen ein gewisses Gewicht erreichen müssen.[14] Solche Anforderungen gehen aber an der Konzeption des Gesetzgebungsnotstands vorbei. Wenn das aufwendige Verfahren nach Abs. 1 durchlaufen wurde, bedarf es keiner besonderen Hürden mehr. Umgekeht wäre die Krisensituation schon entschärft, wenn die Bundesregierung ein mit Änderungen beschlossenes Gesetz nicht als unannehmbar bezeichnet.

---

[10] *Brosius-Gersdorf* in Dreier Rn. 10.
[11] In diese Richtung *Pieper* in BeckOK GG Rn. 4.1.
[12] *Brosius-Gersdorf* in Dreier Rn. 11 für Beurteilungsspielraum; für politisches Ermessen *Klein* in BK Rn. 25, 76; *Herzog* in Maunz/Dürig Rn. 35; *Brenner* in MKS Rn. 23.
[13] S. *Klein* in BK Rn. 18.
[14] Für politisches Ermessen der Bundesregierung *Klein* in BK Rn. 59; *Brenner* in MKS Rn. 40; *Brosius-Gersdorf* in Dreier Rn. 10.

b) S. 2: Das gleiche gilt, wenn die Vorlage vom Bundestage nicht innerhalb von vier Wochen nach der erneuten Einbringung verabschiedet wird. S. 2 schließt aus, dass das für dringlich angesehene Gesetzesvorhaben im Gesetzgebungsnotstand vom Bundestag durch Nichtbehandlung blockiert werden kann. 10

2. Zustimmung des Bundesrates: S. 1: ... so gilt das Gesetz als zustande gekommen, soweit der Bundesrat ihm zustimmt. Auch der Bundesrat wird ein zweites Mal – nach dem Antrag der Bundesregierung an den Bundespräsidenten auf Erklärung des Gesetzgebungsnotstands – mit dem Gesetz befasst. Denn für ein Gesetz im Gesetzgebungsnotstand bedarf es der Zustimmung der Bundesrates. 11

Ob damit der Bundesrat **an die Stelle des Bundestages als Gesetzgeber** tritt,[15] oder ob die Bundesregierung[16] oder beide gemeinsam „der" Gesetzgeber sind,[17] wird unterschiedlich gesehen. Auch der Bundespräsident, der über den Gesetzgebungsnotstand entscheidet, könnte als (Mit-)Gesetzgeber angesehen werden.[18] Letzteres ist jedenfalls nicht überzeugend, da der Bundespräsident keine politische Verantwortung für die inhaltliche Gestaltung, sondern nur für das Verfahren übernimmt. Aber auch die Qualifikation des Bundesrates als Ersatzgesetzgeber überzeugt nicht. Denn auch er kann das Gesetz nicht gestalten, sondern nur ablehnen.[19] Ein Vermittlungsverfahren zwischen Bundesrat und Bundesregierung ist nicht vorgesehen.[20] Wie auch bei Gesetzen des Bundestages bedeutet die Zustimmung des Bundesrates keine inhaltliche Mitverantwortung des gesamten Gesetzesinhalts (→ Art. 77 Rn. 4), sondern ein Beteiligungsrecht. Gesetzgeber ist daher im Gesetzgebungsnotstand die **Bundesregierung.**[21] 12

Da nach Ausfertigung und Verkündung (→ Art. 82) ein wirksames Gesetz zustande gekommen ist,[22] gilt für sein **weiteres Schicksal** nichts anderes als für ordnungsgemäß im Verfahren der Art. 76 ff. zustande gekommene Gesetze auch. In der Literatur wird einhellig die Auffassung vertreten, dass der Bundestag „während der Dauer des Notstands" ein nach Art. 81 zustande gekommenes Gesetz nicht oder nur dann aufheben oder ändern kann, wenn die Gesetzesinitiative hierfür von der Bundesregierung ausging.[23] Dies folge aus der Funktion des Art. 81, der insoweit eine Sperrwirkung begründe. Die einer solchen Sperrwirkung zugrunde liegende Annahme, dass Art. 81 „den Gesetzgebungsnotstand" für einen Zeitabschnitt einrichtet, widerspricht jedoch der klaren Konzeption der Norm. Fast einhellig ist auch anerkannt, dass sich der Gesetzgebungsnotstand nur jeweils auf ein konkretes Gesetz bezieht und die Frist des Abs. 3 den Zeitraum benennt, in dem weitere Gesetzgebungsnotstän- 13

---

[15] So *Herzog* in Maunz/Dürig Rn. 65.

[16] So *Bryde* in v. Münch/Kunig, 6. Aufl. 2012, Rn. 7.

[17] *Klein* in BK Rn. 61; *Brosius-Gersdorf* in Dreier Rn. 7.

[18] So die abgelehnte Überlegung bei *Bryde* in v. Münch/Kunig, 6. Aufl. 2012, Rn. 7; *Klein* in BK Rn. 61; *Pieroth* in Jarass/Pieroth Rn. 1.

[19] *Klein* in BK Rn. 61; *Brenner* in MKS Rn. 44.

[20] *Brenner* in MKS Rn. 45; anders *Klein* in BK Rn. 55; wohl auch *Pieper* in BeckOK GG Rn. 6.2.

[21] *Bryde* in v. Münch/Kunig, 6. Aufl. 2012, Rn. 7.

[22] *Klein* in BK Rn. 9, 68: daher auch der Standort im Abschnitt Gesetzgebung; *Herzog* in Maunz/Dürig Rn. 7, 13 ff.; *Brenner* in MKS Rn. 14, 46.

[23] *Klein* in BK Rn. 52, 70; *Herzog* in Maunz/Dürig Rn. 71 ff.; *Brenner* in MKS Rn. 9, 46; *Mann* in Sachs Rn. 9; *Pieroth* in Jarass/Pieroth Rn. 1; *Pieper* in BeckOK GG Rn. 6.1; *Bryde* in v. Münch/Kunig, 6. Aufl. 2012, Rn. 8.

de erklärt werden dürfen.[24] Wenn Art. 81 dem Bundestag den Zugriff auf die Gesetzgebung nicht entziehen will, was einhellig verneint wird,[25] so ist vom rechtlichen Normprogramm her hinzunehmen, dass der Bundestag ein gemäß Art. 81 erlassenes Gesetz auch **sofort wieder ändern** könnte. Es bleibt daher eine Frage politischer Klugheit des Bundestages, den Gesetzgebungsnotstand nicht zu konterkarieren. Dass dann für Bundeskanzler und Bundespräsident nur noch die Möglichkeit bliebe, über eine erneute Vertrauensfrage die Auflösung des Bundestages herbeizuführen, muss als Drohkulisse ausreichen.

III. Wiederholung des Gesetzgebungsnotstands: Abs. 3

14 Abs. 3 erlaubt Wiederholungen des Gesetzgebungsnotstands. Lehnt der Bundestag weitere Gesetzesvorlagen ab, kann erneut ein Gesetzgebungsnotstand im Verfahren des Abs. 1 beantragt und nach Abs. 2 beschlossen werden. Unstreitig ist dafür **erneut ein Antrag** der Bundesregierung, hierzu die Zustimmung des Bundesrates und darüber die Entscheidung des Bundespräsidenten erforderlich. Eine **erneute Vertrauensfrage** soll nach einhelliger Meinung entbehrlich sein, ob es jedoch einer **erneuten Dringlicherklärung** für eine Gesetzesvorlage und ihrer Ablehnung durch den Bundestag bedarf, ist umstritten.[26] Es widerspräche aber der Konzeption des Art. 81, den Bundestag nach einem einmaligen Gesetzgebungsnotstand stärker außen vor zu lassen als die anderen Verfassungsorgane. Da die Rückkehr zum vorgesehenen Zustand parlamentarischer Unterstützung der Bundesregierung auch in Art. 81 angelegt ist, muss für die Entscheidung des Bundespräsidenten, erneut einen Gesetzgebungsnotstand zu erklären, feststellbar sein, dass es zu dieser Normalisierung noch nicht gekommen ist. Die Annahme, Abs. 3 erlaube substantielle Verfahrenserleichterungen ist daher nicht zutreffend.

15 Die Bedeutung des Abs. 3 liegt nämlich nicht darin, einen einmal eingetretenen Gesetzgebungsnotstand leichter wiederholen zu können. Umgekehrt enthält er gerade eine unhintergehbare zeitliche Befristung, innerhalb derer solche Wiederholungen zulässig sind. Nach sechs Monaten kann kein erneuter Gesetzgebungsnotstand erklärt werden. Sollte die Bundesregierung das Vertrauen des Bundestages zurückgewinnen, kann auch kein erneuter Gesetzgebungsnotstand erklärt werden.[27] Anders ausgedrückt hat die Bundesregierung nach der erstmaligen Erklärung **sechs Monate Zeit,** wieder zum **Normalzustand parlamentarischer Unterstützung** zurückzufinden.[28] Gleichzeitig hat der Bundestag sechs Monate Zeit, eine **neue Regierung zu wählen** (→ Art. 67). Gelingt keine der beiden Alternativen, bleibt das Regieren einer **Minderheitsregierung,** die ohne Gesetze oder mit punktuellen Mehrheiten agieren muss. Alternativ könnte der Bundeskanzler erneut die **Vertrauensfrage** (→ Art. 68) stellen und die **Auflösung des Bundestages** durch den Bundespräsidenten herbeiführen.[29]

---

[24] *Klein* in BK Rn. 6, 39; *Brenner* in MKS Rn. 34; *Brosius-Gersdorf* in Dreier Rn. 23; anders offenbar ohne Erklärung *Pieper* in BeckOK GG Rn. 7; offen zumindest für die Formulierung *Herzog* in Maunz/Dürig Rn. 47.

[25] *Klein* in BK Rn. 70; *Brosius-Gersdorf* in Dreier Rn. 46; *Brosius-Gersdorf* in Dreier Rn. 22.

[26] Für entbehrlich halten dies *Bryde* in v. Münch/Kunig, 6. Aufl. 2012, Rn. 9; *Brenner* in MKS Rn. 47; für erforderlich *Klein* in BK Rn. 83; *Brosius-Gersdorf* in Dreier Rn. 23.

[27] *Klein* in BK Rn. 91.

[28] *Klein* in BK Rn. 90; zu eng daher *Brenner* in MKS Rn. 48, der nur davon spricht, dass die BReg sechs Monate regieren kann.

[29] *Klein* in BK Rn. 90.

IV. Keine Verfassungsänderung: Abs. 4

Abs. 4 wird allgemein nur **deklaratorische** Bedeutung beigemessen.[30] Da die Anforderungen an verfassungsändernde Gesetze gemäß Art. 79 höher sind, wird diese Norm als spezieller angesehen, so dass Art. 81 diese Anforderungen nicht ersetzen kann.[31] Weitere Einschränkungen bestehen nicht, insbesondere können im Wege des Art. 81 auch **Vertragsgesetze** oder **Haushaltsgesetze** erlassen werden.[32] 16

C. Kritische Würdigung

Art. 81 hat keine praktische Bedeutung. Da er für den Krisenfall einer Funktionsstörung des parlamentarischen Regierungssystems gedacht ist, die Bundesrepublik Deutschland sich aber glücklicherweise zu einem funktionsfähigen Staatswesen entwickelt hat, kann dies auch gar nicht anders sein. Dass die Norm deshalb funktionslos sei, lässt sich jedoch nicht sagen. Zum einen liegt die Funktion von Regelwerken auch gerade darin, für den unerwünschten Fall Vorsorge zu treffen und zwar in einer Weise die dazu beizuträgt, dass er möglichst gar nicht erst eintritt.[33] Zum anderen lässt sich an der Regelung für den Krisenfall erkennen, worein die Mütter und Väter des GG ihre Hoffnung setzten, dass eine Krise gemeistert werden könne.[34] In dieser Hinsicht ist die Botschaft des Art. 81 geradezu das denkbar deutlichste **Gegenprogramm zur WRV.** Während die WRV zwar Parlament und Reichspräsident als zwei gleichrangig demokratisch legitimierte Pfeiler konzipiert hatte, aber für den Krisenfall allein auf den Reichspräsidenten, also die Konzentration aller Macht in einer einzelnen Person, setzte, zieht das GG die Konsequenz aus dem allein über den Bundestag verlaufenden demokratischen Legitimationsstrang aller Staatsgewalt in Art. 81. Fällt diese einzige „Schaltstelle“ krisenbedingt aus, übernehmen alle anderen Verfassungsorgane gemeinsam[35] und unter weiterer Einbindung auch des von der Funktionsstörung betroffenen Parlaments[36] dessen Aufgabe. **Nicht „Leadership“, sondern Zusammenarbeit** ist die Antwort auf Krisen, die sich Art. 81 entnehmen lässt. 17

Literatur

B. Börner, Der Gesetzgebungsnotstand, DÖV 1950, 237. – ***J. Bücker,*** Verbindung der Vertrauensfrage mit einer Gesetzesvorlage. Spaltung des Abstimmungsergebnisses möglich?, ZParl. 1972, 292. – ***J. Henkel,*** Zur Verbindung von Vertrauensfrage und Gesetzesvorlage, in: K. Kremer (Hrsg.), Parlamentsauflösung, 1974, 11. – ***W. Jellinek,*** Kabinettsfrage und Gesetzgebungsnotstand nach dem Bonner GG – Bericht, in: VVDStRL 8 (1950), 3. – ***H. Schneider,*** Kabinettsfrage und Gesetzgebungsnotstand nach dem Bonner GG – Mitbericht, VVDStRL 8 (1950), 21. – ***K. Stern,*** Der Gesetzgebungsnotstand – Eine vergessene Verfassungsnorm, FS F. Schäfer, 1980, 129.

---

[30] *Brosius-Gersdorf* in Dreier Rn. 8: Redundant.
[31] *Brenner* in MKS Rn. 49.
[32] *Brenner* in MKS Rn. 49; *Bryde* in v. Münch/Kunig, 6. Aufl. 2012, Rn. 10.
[33] *Klein* in BK Rn. 3.
[34] *Klein* in BK Rn. 7: „Besinnungspause“.
[35] *Klein* in BK Rn. 34.
[36] *Klein* in BK Rn. 52.

Art. 82 [Ausfertigung, Verkündung und Inkrafttreten der Gesetze]

(1) [1] Die nach den Vorschriften dieses Grundgesetzes zustande gekommenen Gesetze werden vom Bundespräsidenten nach Gegenzeichnung ausgefertigt und im Bundesgesetzblatte verkündet. [2] Rechtsverordnungen werden von der Stelle, die sie erläßt, ausgefertigt und vorbehaltlich anderweitiger gesetzlicher Regelung im Bundesgesetzblatte verkündet.

(2) [1] Jedes Gesetz und jede Rechtsverordnung soll den Tag des Inkrafttretens bestimmen. [2] Fehlt eine solche Bestimmung, so treten sie mit dem vierzehnten Tage nach Ablauf des Tages in Kraft, an dem das Bundesgesetzblatt ausgegeben worden ist.

Paulskirchenverfassung von 1849

Abschnitt III. Art. III

§ 80. [...] Er [der Kaiser] verkündigt die Reichsgesetze [...].

Reichsverfassung von 1871

Art. 17. Dem Kaiser steht die Ausfertigung und Verkündigung der Reichsgesetze und die Überwachung der Ausführung derselben zu. Die Anordnungen und Verfügungen des Kaisers werden im Namen des Reichs erlassen und bedürfen zu ihrer Gültigkeit der Gegenzeichnung des Reichskanzlers, welcher dadurch die Verantwortlichkeit übernimmt.

Weimarer Reichsverfassung von 1919

Art. 70. Der Reichspräsident hat die verfassungsmäßig zustande gekommenen Gesetze auszufertigen und binnen Monatsfrist im Reichs-Gesetzblatt zu verkünden.

Art. 71. Reichsgesetze treten, soweit sie nichts anderes bestimmen, mit dem vierzehnten Tage nach Ablauf des Tages in Kraft, an dem das Reichs-Gesetzblatt in der Reichshauptstadt ausgegeben worden ist.

Übersicht

A. Allgemeine Bedeutung

1 Art. 82 schließt das Kapitel VII. über die Gesetzgebung des Bundes ab. Hierfür bestimmt die Norm die **letzten Schritte,** die notwendig sind, damit ein Gesetz Gültigkeit erlangen kann. Abs. 1 beschreibt die Verfahrensschritte, nämlich die Gegenzeichnung, Ausfertigung und Verkündung eines Gesetzes. Abs. 2 geht auf das materielle Kriterium des Inkrafttretens ein.

2 Von gewisser praktischer Relevanz, aber mehr von verfassungsrechtswissenschaftlichem und insbesondere ausbildungsdidaktischem Interesse[1] ist die Frage, ob und in welchem Umfang der BPräs ein **Prüfungsrecht** im Rahmen des Art. 82 Abs. 1 besitzt. Der **akademische Wert** dieser Fragestellung besteht darin, dass sich anhand der Rolle des BPräs bei der Gesetzgebung seine zurückgenommene staatspolitische Stellung im parlamentarischen Regierungssystem gut erfassen lässt. Die Abkehr von dem semipräsidentiellen System[2] der Weimarer Reichsverfassung, rechtshistorische Bezüge zur konstitutionellen Monarchie[3] oder rechtsvergleichende Unterschiede zu Vetorechten von Präsidenten[4] lassen sich so auch für didaktische Zwecke an aktuellen Fallgestaltungen aufzeigen.[5] Das Prüfungsrecht des BPräs wurde in zahlreichen Monografien und wissenschaftlichen Beiträgen wiederholt diskutiert,[6] nicht selten im Zusammenhang mit einem der praktischen Fälle, in denen der BPräs die Ausfertigung eines Gesetzes verweigert oder eine Verweigerung erwogen hat.[7]

3 In der **Staatspraxis**[8] haben BPräs bisher acht Mal ein Gesetz nicht ausgefertigt.[9] Umgekehrt machten wiederholt BPräs ihre Zweifel an Gesetzen öffentlich, die sie dennoch ausfertigten.[10] Das BVerfG hat in späteren Ver-

---

[1] Aus der umfangreichen Ausbildungsliteratur s. etwa: *Gröpl* Jura 1995, 641; *Schnapp* JuS 1995, 286; *Nolte/Tams* JuS 2006, 1088; *Schoch* Jura 2007, 354; *Wißmann* ZJS 2014, 627; kritisch daher *Meyer* JZ 2011, 602 (602).

[2] Zur Qualifizierung vgl. *Soldner* in Schrenk/Soldner (Hrsg.), Analyse demokratischer Regierungssysteme, 2010, S. 61; deutlich zum Unterschied zwischen Art. 82 GG und Art. 70 WRV *Friesenhahn* in FS f. Leibholz, 1966, 679 (Fn. 1); *Meyer* JZ 2011, 602 (603).

[3] Vgl. *Butzer* in Maunz/Dürig Rn. insb. 16, 23 ff.

[4] Vgl. *Butzer* in Maunz/Dürig Rn. 65 ff. (72 ff.).

[5] *v. Lewinski* in BK Rn. 102 sieht den didaktischen Zweck in der Vermittlung der vier klassischen Auslegungsmethoden, entsprechend Rn. 104 ff.

[6] Vgl. *Albert,* Materielle Prüfungsbefugnisse des BPräs, 1956; *Arndt* DÖV 1958, 604; *Schack* AöR 89 (1964), 88; *Friesenhahn* in FS f. Leibholz, 1966, 679; *Ladenburger,* Die Prüfungszuständigkeit des BPräs bei der Ausfertigung von Gesetzen, 1966; *Rode,* Die Ausfertigung der Bundesgesetze, 1968; *Berger* ZParl 2 (1971), 3; *Friauf* in FS f. Carstens, 1984, 545; *Nierhaus* in FS f. Friauf, 1996, 233; *Hederich* ZG 1999, 123; *Pohl,* Die Prüfungskompetenz des BPräs bei der Ausfertigung von Gesetzen, 2001; *Meyer* JZ 2011, 602.

[7] Z. B. *Hall* JZ 1965, 305; *Heyde* DÖV 1971, 797; *Riedel/Schmidt* DÖV 1991, 371; *Epping* JZ 1991, 1102; *Lehnguth* DÖV 1992, 439; *Lutze* NVwZ 2003, 323; *Guckelberger* NVwZ 2007, 406; *Schoch* ZG 2008, 209.

[8] Vgl. hierzu etwa *Epping* JZ 1991, 1102; *Wißmann* ZJS 2014, 627; *v. Lewinski* in BK Rn. 84.

[9] Vgl. Tabelle im Anhang, vgl. auch *Rau* in FS f. Tsatsos, 2003, 562 (567 f.).

[10] Z. B. 1981 BPräs *Carstens* zum Staatshaftungsgesetz; dreimal BPräs *v. Weizsäcker,* zuletzt 1994 zum Parteienfinanzierungsgesetz (FAZ v. 29.1.1994, S. 1); 1994 BPräs *Herzog* zur Steinkohleverstromung/Atomgesetznovelle; 2002 BPräs *Rau* zum Zuwanderungsgesetz;

fahren teilweise die Gesetze für verfassungswidrig erklärt,[11] teilweise die Zweifel ausgeräumt.[12] Allerdings macht der BPräs verfassungsrechtliche Zweifel keineswegs regelmäßig öffentlich. Vielmehr wird jedes Gesetz im Präsidialamt auf seine Verfassungsmäßigkeit hin geprüft. Bei Bedarf werden Stellungnahmen sowohl von den beteiligten Staatsorganen aber auch darüber hinaus eingeholt.[13] Daher lässt sich trotz der geringen Zahl der streitig diskutierten Fälle festhalten, dass in der Staatspraxis der BPräs trotz Unterschieden in der Handhabung[14] ein umfassendes Prüfungsrecht für sich in Anspruch nimmt. Dies kann auch schon während des Gesetzgebungsprozesses Wirkung entfalten und den BTag zur Berücksichtigung der Bedenken, etwa durch eine Verfassungsänderung oder auch Änderung des Gesetzentwurfs, veranlassen.[15]

B. Einzelfragen

I. Ausfertigung und Verkündung von Gesetzen (Abs. 1 S. 1)

4 **1. Die nach den Vorschriften dieses GG zustande gekommenen Gesetze werden vom BPräs.** Art. 82 **bestimmt die Rolle,** die dem BPräs im Gesetzgebungsverfahren des Bundes zukommt.

5 **a) Staatspraxis.** In der Staatspraxis **nehmen BPräs für sich in Anspruch,** die Gesetze, die der BTag gemäß Art. 76 verabschiedet hat, und die dem BRat gemäß Art. 77, 78 vorlagen, auf ihre Verfassungskonformität hin zu **überprüfen.**

6 Fällt diese Prüfung – wie regelmäßig der Fall – positiv aus, sehen sich die BPräs aus Art. 82 als **verpflichtet** an, das als **verfassungskonform angesehene Gesetz** zeitnah auszufertigen und zu verkünden. Dies schließt

---

2005 BPräs *Köhler* zum Luftsicherheitsgesetz; BPräs *Wulff* 2010 zur Laufzeitverlängerung und 2011 zur Wiederbegrenzung der Atomenergienutzung sowie zum Regelbedarfsermittlungsgesetz und zum Stasiunterlagengesetz; BPräs *Gauck* 2013 zum Betreuungsgeld (http://www.bundespraesident.de/SharedDocs/Pressemitteilungen/DE/2013/02/130215-Betreuungsgeld.html), zum Europawahlgesetz (http://www.bundespraesident.de/SharedDocs/Pressemitteilungen/DE/2013/10/131007-Europa-Wahlgesetz.html) und 2014 zum Diätengesetz (http://www.bundespraesident.de/SharedDocs/Pressemitteilungen/DE/2014/07/140711-Diaetengesetz.html; 2017 BPräs *Steinmeier* zum Artikelgesetz zur Neuordnung der Bund-Länder-Finanzbeziehungen (soweit nicht anders angegeben jeweils abgerufen am 6.7.2019 unter www.bundespraesident.de bzw. http://www.documentarchiv.de/brd.html); zu weiteren öffentlich geäußerten Zweifeln vgl. *Rau* in FS f. Tsatsos, 2003, 562 (568 ff.); *v. Lewinski* in BK Rn. 84 ff., und *Wißmann* ZJS 2014, 627 (628 f.).

[11] Zum Staatshaftungsgesetz: BVerfGE 61, 149; zur Atomrechtsnovelle 1994: BVerfGE 100, 249; zum Zuwanderungsgesetz: BVerfGE 106, 310; zum Luftsicherheitsgesetz: BVerfGE 115,118; zum Europawahlgesetz: BVerfGE 135, 259; zum Betreuungsgeldgesetz: BVerfGE 140, 65; nach *Wißmann* ZJS 2014, 627 (629) wurden zwar praktisch alle öffentlich gemachten Bedenken eines BPräs auch in anschließenden Verfahren vor dem BVerfG aufgegriffen, nur in sechs Fällen (sowie inzwischen zum Betreuungsgeld, vgl. BVerfGE 140, 65) habe das BVerfG die Gesetze letztlich verworfen.

[12] Zu den Atomrechtsnovellen 2010 im Ergebnis: BVerfGE 143, 246; zum Regelbedarfsermittlungsgesetz: BVerfGE 137, 34.

[13] Zur Praxis vgl. die einschlägigen Publikationen des langjährigen Mitarbeiters des Bundespräsidialamtes *Pieper* in BeckOK GG Rn. 17.1; *Pieper* in KK § 20 Rn. 46 ff.

[14] Vgl. *v. Lewinski* in BK Rn. 84 ff., 95.

[15] Vgl. Beispiele bei *v. Lewinski* in BK Rn. 84 ff.; *Wißmann* ZJS 2014, 627 (628) verweist auf weitere Signale, wie die verzögerte Ausfertigung.

freilich nicht aus, dass später das BVerfG zu einer anderen Einschätzung gelangt.[16]

Kommen BPräs hingegen zu dem Ergebnis, das Gesetz sei **verfassungswidrig,** sehen sie sich als **berechtigt** an, die Ausfertigung und Verkündung **zu verweigern.** In der Staatspraxis haben BPräs wiederholt betont, dass sie sich für diese Einschätzung umfassend mit den beteiligten Institutionen beraten haben und auch darüber hinaus haben beraten lassen.[17] 7

Wiederholt haben BPräs als Ergebnis ihrer Prüfung nur **Zweifel** an der Verfassungsmäßigkeit festgestellt. Damit meinten sie keine persönliche Unentschlossenheit, sondern die Anerkennung dessen, dass sowohl die Beurteilung als verfassungswidrig als auch diejenige als verfassungskonform für sie nachvollziehbar war.[18] In diesen Fällen sahen sie sich **zur Verkündung verpflichtet,** auch dann, wenn sie persönlich womöglich die Argumente für eine Verfassungswidrigkeit überzeugender fanden. Denn sie sahen dann keine Befugnis, sich gegen die umgekehrte, aber gleichwohl nachvollziehbare Einschätzung des BTages zu stellen. Gelegentlich wiesen BPräs öffentlich darauf hin, dass sich diese Zweifel im Rahmen eines Verfahrens vor dem BVerfG klären lassen.[19] Zur politischen Einschätzung des Gesetzes sehen sich BPräs – in aller Regel (→ Rn. 9) – nicht berechtigt. In diesem Sinne verstehen sich BPräs als **politisch neutral.**[20] 8

Bisher nur selten, soweit erkennbar 2005 von BPräs *Köhler* zum Luftsicherheitsgesetz und 2017 von BPräs *Steinmeier* zum Gesetz zur Neuordnung des Bund-Länder-Finanzverhältnisses, wurde die **Bedeutung des Gesetzes** als Begründung für eine Ausfertigung trotz Zweifeln herangezogen. Die Zweifel der BPräs in diesen Fällen beruhten offenbar nicht darauf, dass sie eine verfassungskonforme Auslegung des Gesetzes noch für vertretbar hielten. Jedenfalls legten sie nicht dar, was für die Vereinbarkeit mit dem GG sprechen könnte. Vielmehr begründeten sie ihre Entscheidung, trotzdem auszufertigen, damit, dass sie nicht das gesamte Gesetz blockieren wollten und dem BVerfG die Möglichkeit ließen, nur die problematischen Normen für verfassungswidrig zu erklären. BPräs *Köhler* hielt trotz seiner Bedenken gegen die Ermächtigung zum Flugzeugabschuss und die Bundeswehrkompetenzen die weiteren Befugnisse zur Terrorbekämpfung für zu wichtig, um die Ausfertigung zu verweigern. BPräs *Steinmeier* wollte die Neuordnung der Bund-Länder-Finanzbeziehungen und das Unterhaltsvorschussgesetz nicht wegen seiner Bedenken gegen die Länderkompetenzen beim Bundesfernstraßenbau behindern. Der zweite Fall offenbart die **verfassungspolitische Konsequenz** einer solchen Einbeziehung politischer Überlegungen, denn die Bedeutung eines Gesetzes ist kein verfassungsrechtliches, sondern ein politisches Argument: Die unterschiedlichen Regelungsmaterien waren – nicht zuletzt unter Berücksichtigung des ersten Falles – mit dem politischen Kalkül 9

[16] Nach *v. Lewinski* in BK Rn. 84 unter Bezugnahme auf *Strohmeier* ZfP 2008, 175 (180) und *Linke* DÖV 2009, 434 (439 Fn. 55) wurden von fast 7.000 Gesetzen bis zum Jahr 2006 fast 300 für verfassungswidrig erklärt.

[17] Zu Stellungnahmen von Bundesministerien bzw. des Bundespräsidialamts vgl. *Wild,* die Ausfertigung von Gesetzen und Rechtsverordnungen und die Anordnung zu ihrer Verkündung, 1969, Anlage 1 und 2.

[18] Deutlich 1981 BPräs *Carstens* zum Staatshaftungsgesetz; 1991 BPräs *v. Weizsäcker* zum Luftverkehrsgesetz, BT-Drs. 12/67; 2002 BPräs *Rau* zum Zuwanderungsgesetz.

[19] S. insb. 1981 BPräs *Carstens* zum Staatshaftungsgesetz; 2002 BPräs *Rau* zum Zuwanderungsgesetz; 2005 BPräs *Köhler* zum Luftsicherheitsgesetz.

[20] Besonders deutlich 2002 BPräs *Rau* zum Zuwanderungsgesetz.

zu einem Artikelgesetz verbunden worden, dass der BPräs ein so umfassendes Artikelgesetz nicht an einem Einzelproblem scheitern lassen würde. Für eine Regierungskoalition entsteht dadurch die politische Option, das Ringen um Mehrheiten für eine Verfassungsänderung, das die Einbeziehung von Teilen der Opposition verlangt, zu umgehen. Vorgaben des GG werden so innerhalb einer einfachen parlamentarischen Mehrheit verhandelbar. Wenn alle am Gesetzgebungsverfahren Beteiligten keine vertretbare Begründung für die Vereinbarkeit einer einfachgesetzlichen Regelung mit dem GG bieten können und sie stattdessen ein Gesamtpaket schnüren, dessen Bedeutung jedem hinreichend wichtig ist, um einfache Gesetze im Widerspruch zur Verfassung hinzunehmen, so umgehen sie Art. 79. Denn dieser soll gerade die hohen Mehrheitserfordernisse für GG-Änderungen sichern, indem er Verfassungsänderungen durch einfaches Gesetz verbietet. Es ist daher zu hoffen, dass BPräs in Zukunft ihre Ausfertigungsentscheidung nicht von der Bedeutung des Gesetzes abhängig machen.[21]

10 **b) Verfassungsrechtswissenschaft. aa) Prüfungsrecht der Verfassungsmäßigkeit von Gesetzen.** Diese Staatspraxis wird von der Verfassungsrechtswissenschaft im Ergebnis als verfassungskonform angesehen.[22] Dass der BPräs ein Gesetz **überhaupt** (zum Umfang → Rn. 13ff.) auf seine Verfassungsmäßigkeit hin **prüfen darf, ist anerkannt.** Kritik im Einzelfall beruht regelmäßig darauf, dass die Einschätzung des BPräs in der Sache nicht geteilt wird.[23]

11 **bb) Prüfungspflicht, besser Ausfertigungsverweigerungspflicht, bei verfassungswidrigen Gesetzen.** Eine solche Kritik korrespondiert mit der Überzeugung, dass dem BPräs nicht nur ein Prüfungsrecht zusteht, sondern er zur Prüfung auch verpflichtet ist.[24] **Prüfungspflicht** meint dabei präziser, dass der BPräs ein als verfassungswidrig erkanntes Gesetz **nicht ausfertigen darf.**[25] Mit anderen Worten wird dem BPräs **kein Entscheidungsspielraum**[26] und damit auch **kein politisches Prüfungsrecht** zugestanden.[27]

12 Ein solcher Gleichlauf von Prüfungsrecht und Prüfungspflicht folgt aus den verschiedenen **dogmatischen Begründungssträngen,** die für ein Prüfungsrecht des BPräs vorgeschlagen werden. So wird zirkelschlüssig[28] auf den

---

[21] Dass Begründungen, die ein BPräs für sein Verhalten gibt, rasch Angriffsfläche bieten, sieht auch *Meyer* JZ 2011, 602 (607).

[22] Soweit erkennbar, grundsätzlich kritisch nur noch *Linke* DÖV 2009, 434; *Meyer* JZ 2011, 602; trotz grundsätzlicher Ablehnung bereits Ausnahmen für evidente Verfassungsbrüche (→ Rn. 19) akzeptierend *Bryde* in v. Münch/Kunig, 6. Aufl. 2012, Rn. 6f.

[23] Etwa *Schoch* NVwZ 2018, 17 (20).

[24] Anders *Kloepfer,* VerfR I, 2011, § 17 Rn. 128 (136f.), der trotz eines umfassenden Prüfungsrechts eine Pflicht zur formellen und nicht zur materiellen Prüfung annimmt.

[25] Vgl. *v. Lewinski* in BK Rn. 161; *Pieper* in BeckOK GG Rn. 7.1, 15; *Brenner* in MKS Rn. 30; zu eng für die von ihm kritisierten Befürworter eines Prüfungsrechts *Linke* DÖV 2009, 434 (439).

[26] AA *v. Lewinski* in BK Rn. 136ff., 169ff. für den Fall des „Zweifels", dazu → Rn. 8. Ein Widerspruch zu Rn. 162f., wo *v. Lewinski* im Einklang mit der allgemeinen Meinung dem BPräs keinen Entscheidungsspielraum zuspricht, soll deshalb nicht bestehen, weil die Folgenabwägung nur dann zulässig sein soll, wenn der BPräs hinsichtlich des Ergebnisses eines Verfahrens vor dem BVerfG nicht sicher ist. Dies überzeugt nicht, da der Ausgang jeder gerichtlichen Streitigkeit im Vorhinein unsicher ist.

[27] *Bauer* in Dreier Rn. 12; *Wißmann* ZJS 2014, 627 (629); *Pieper* in BeckOK GG Rn. 15.

[28] Wer ein Prüfungsrecht ablehnt, kann logischerweise keinen Verstoß in der Ausfertigung erkennen: *Friauf* in FS f. Carstens II, 1984, 545 (554, 559f.); *Rubel* in Umbach/Clemens Rn. 16; *Meyer* JZ 2011, 602 (605); *Bryde* in v. Münch/Kunig, 6. Aufl. 2012, Rn. 6;

Amtseid gemäß **Art. 56** verwiesen,[29] auf die Sanktion bewusst verfassungswidrigen Verhaltens durch die Präsidentenanklage gemäß **Art. 61,**[30] oder schlicht auf die Verfassungsbindung aller staatlichen Gewalt gemäß **Art. 20 Abs. 3** und **Art. 1 Abs. 3.**[31] Diese Begründungen schließen sich nicht aus, sondern stehen nebeneinander. Allen ist gemeinsam, dass sie eine Pflicht des BPräs zur Ausfertigungsverweigerung deshalb im GG verankern, weil sie zunächst von der grundsätzlichen Pflicht zur Ausfertigung (→ Rn. 6) ausgehen. Nur durch eine andere, ebenfalls verfassungsrechtliche Pflicht kann die Ausfertigungsverweigerung als Auflösung einer Pflichtenkollision gerechtfertigt werden. Aus der **Pflicht, die Ausfertigung zu verweigern,** weil dies eine verfassungswidrige Handlung wäre,[32] wird das **Recht** abgeleitet, das auszufertigende Gesetz **auf seine Verfassungsmäßigkeit hin zu prüfen.**[33] Dadurch wird auch eine Prüfung der politischen Bedeutung, Relevanz oder Brisanz ausgeschlossen, weil der BPräs insoweit nicht verfassungsrechtlich in der Pflicht steht.

cc) Differenzierung zwischen formellem und materiellen Prüfungsrecht. Meist wird zwischen einem formellen und einem materiellen Prüfungsrecht differenziert.[34] Die Abgrenzung ist dabei jedoch **unklar.** Einerseits sind mit einem formellen Prüfungsrecht allein die Voraussetzungen des **Art. 78** gemeint, also ob ein Gesetzesbeschluss des BTages und eine Beteiligung des BRates entsprechend den Anforderungen des Art. 77 vorliegen.[35] Anknüpfend an den Wortlaut des Art. 82 Abs. 1, dessen Formulierung auf Art. 78 verweist, ist dieses enge Verständnis plausibel. Unter formellem Prüfungsrecht lässt sich aber auch die Überprüfung der Voraussetzungen formeller Verfassungsmäßigkeit eines Gesetzes verstehen.[36] Dies orientiert sich an der in Rechtsprechung und Lehre üblichen Differenzierung. Das formelle Prüfungsrecht umfasst dann auch die Zuständigkeit des BTages, also die **Gesetzgebungskompetenz des Bundes.**[37] 13

Letztlich handelt es sich hierbei **nur** um **terminologische** Unterschiede. 14
Denn entgegen der verbreitet zu lesenden Aussage, dass ein formelles Prüfungsrecht allgemein anerkannt, ein materielles Prüfungsrecht hingegen um-

---

allerdings ist es ebenso ein Zirkelschluss, den Befürwortern eines eingeschränkten Prüfungsrechts vorzuwerfen, die Ausfertigung trotz Zweifeln grenze an Art. 61 GG, so *Linke* DÖV 2009, 434 (439).

[29] *Arndt* DÖV 1958, 604 (605).

[30] *Arndt* DÖV 1958, 604 (605).

[31] *Nierhaus,* Entscheidung, Präsidialakt und Gegenzeichnung, 1973, 106; *Stern,* StaatsR II, 1980, 233; *Schoch* ZG 2008, 209 (219); *Pieper* in BeckOK GG Rn. 9; *Butzer* in Maunz/Dürig Rn. 168; *Bauer* in Dreier Rn. 13; *Brenner* in MKS Rn. 27.

[32] Hiergegen *Friesenhahn* in FS f. Leibholz, 1966, 679 (680); *Friauf* in FS f. Carstens II, 1984, 545 (554); *Meyer* JZ 2011, 602 (605).

[33] *Brenner* in MKS Rn. 27.

[34] Etwa *Bryde* in v. Münch/Kunig, 6. Aufl. 2012, Rn. 3 f.; *Pieper* in BeckOK GG Rn. 7.1; *Butzer* in Maunz/Dürig Rn. 187; *Bauer* in Dreier Rn. 12 f.; *Brenner* in MKS Rn. 25, 27; aA *Wißmann* ZJS 2014, 627 (630 ff.); ohne Ertrag für die Prüfungsdichte auch *Rau* in FS f. Tsatsos, 2003, 562 (565).

[35] *Friesenhahn* in FS f. Leibholz, 1966, 679 (680 f.); *Nierhaus,* Entscheidung, Präsidialakt und Gegenzeichnung, 1973, 93 f.; *Ramsauer* in AK-GG Rn. 18; *Meyer* JZ 2011, 602 f.

[36] *Morlok/Michael,* StaatsOrgR, 4. Aufl. 2019, Rn. 890; *v. Lewinski* in BK Rn. 119; *Bauer* in Dreier Rn. 12; dafür offen *Bryde* in v. Münch/Kunig, 6. Aufl. 2012, Rn. 4.

[37] So dezidiert etwa *Schoch* ZG 2008, 209 (215); *Pieper* in BeckOK GG Rn. 7.1, 8.1; *Butzer* in Maunz/Dürig Rn. 188; *Bauer* in Dreier Rn. 12; *Brenner* in MKS Rn. 25; *Degenhart,* StaatsOrgR, 35. Aufl. 2019, Rn. 808 f.

stritten sei,[38] verläuft die Grenze der Einigkeit nicht entlang der Terminologie, sondern entlang der Grenze des Art. 78.[39] Umstritten ist, inwieweit andere Verfassungsverstöße eine Verweigerung der Gesetzesausfertigung begründen können. Wenn man dieses Feld der Auseinandersetzung als materielles Prüfungsrecht bezeichnen will, zählt in diesem Kontext die Gesetzgebungskompetenz des Bundes zum materiellen Prüfungsrecht. Wenn man umgekehrt zum formellen Prüfungsrecht auch die Gesetzgebungskompetenz zählt, ist auch dessen Umfang umstritten.

15 **dd) Differenzierungen des Prüfungsrechts.** Zur Erörterung dieser Auseinandersetzung werden insbesondere in der Ausbildungsliteratur gern die beiden Extrempositionen einander gegenübergestellt, dass kein bzw. ein volles materielles Prüfungsrecht bestehe. Im so angelegten „Meinungsstreit" wird dadurch eine vermittelnde Position als ausgewogenes Ergebnis nahegelegt. Sie soll in einem eingeschränkten Prüfungsrecht bestehen, das nur mit Blick auf evidente Verfassungsverstöße zugebilligt wird.[40] In der Verfassungsrechtswissenschaft werden jedoch **weniger die** beiden **Extrempositionen** vertreten,[41] **als unterschiedliche Konzeptionen des Prüfungsrechts.** Auch wer grundsätzlich keine Prüfung des Gesetzesinhalts für notwendig hält, räumt dem BPräs, der dennoch prüft, in Ausnahmefällen ein Ausfertigungsverweigerungsrecht ein.[42] Wer umgekehrt von einer Pflicht des BPräs zur umfassenden Verfassungsmäßigkeitsprüfung ausgeht,[43] kann die Ausfertigung auch dann für rechtmäßig halten, wenn das Gesetz in der Sache verfassungswidrig ist. Anders wäre schon nicht erklärbar, dass bei Gesetzen, die das BVerfG für verfassungswidrig erklärt, nicht der BPräs zur Verantwortung gezogen wird.[44] Im Ergebnis gehen daher fast alle Autoren von einem **eingeschränkten Prüfungsrecht** aus, verstehen darunter aber Unterschiedliches.[45]

16 Diesen Unterschieden liegt im Kern ein **unterschiedliches Verständnis der Staatsorgane** zugrunde. Wer konsequent den BTag als Gesetzgebungsorgan und damit Inhaber der 1. Gewalt versteht, geht von einer grundsätzlichen Ausfertigungspflicht des BPräs aus. Ihre Verweigerung stellt dann eine Ausnahme dar, für die ein Rechtfertigungsgrund bestehen muss, der mehr Gewicht hat als die Durchsetzung der demokratisch „primär" legitimierten Entscheidung.[46] Die Hürden hierfür sind entsprechend hoch.[47] Wer hingegen

[38] Etwa *Degenhart,* StaatsOrgR, 35. Aufl. 2019, Rn. 808 f.; *Morlok/Michael,* StaatsOrgR, 4. Aufl. 2019, Rn. 890 f.; *Bauer* in Dreier Rn. 12 f.; *Brenner* in MKS Rn. 25, 27 f.

[39] Deutlich *Meyer* JZ 2011, 602 (603); *Linke* DÖV 2009, 434 (441 ff.).

[40] S. etwa *Degenhart,* StaatsOrgR, 35. Aufl. 2019, Rn. 813.

[41] Soweit ersichtlich für ein allein auf den Gegenstand von Art. 78 beschränktes Prüfungsrecht nur noch *Linke* DÖV 2009, 434; *Meyer* JZ 2011, 602; für eine uneingeschränkte Prüfung am ehesten *Schoch* ZG 2008, 209.

[42] *Bryde* in v. Münch/Kunig, 6 Aufl. 2012, Rn. 5 f. mwN zum älteren Schrifttum gegen ein materielles Prüfungsrecht Fn. 21.

[43] *Schoch* ZG 2008, 209 (214); *Haratsch* in Sodan Rn. 6 ff.; *Pieper* in BeckOK GG Rn. 2; *Butzer* in Maunz/Dürig Rn. 187.

[44] Zugespitzt *v. Lewinski* in BK Rn. 107; zum bisher einzigen Fall, in dem der BRat den BPräs wegen der Ausfertigung eines aus Sicht des BRates verfassungswidrigen Gesetzes durch ein Organklageverfahren zur Rechenschaft ziehen wollte, vgl. *Wißmann* ZJS 2014, 627 (Fn. 51 mwN); vgl. auch *Linke* DÖV 434 (438 f.); zu formalistisch hingegen *Meyer* JZ 2011, 602 (604), der daraus, dass das BVerfG ein Gesetz für nichtig und nicht für „nicht zustande gekommen" erklärt, die Grenzziehung des Prüfungsrechts aus Art. 78 herleiten will.

[45] Ähnlich im Befund *Bryde* in v. Münch/Kunig, 6.s Aufl. 2012, Rn. 4.

[46] Vgl. *Friauf* in FS f. Carstens II, 1984, 545 (insb. 561, 563); *Bryde* in v. Münch/Kunig, 6. Aufl. 2012, Rn. 7; *Linke* DÖV 2009, 434 (400).

[47] S. etwa *Friauf* in FS f. Carstens II, 1984, 545 (567 f.); *Meyer* JZ 2011, 602 (605).

den BPräs zum Ausgangspunkt der Überlegung macht, versteht die gesamte Verfassung als Konturierung dieses Amtes. Die Verpflichtung, die Kompetenzen anderer Verfassungsorgane, namentlich des BTages, zu achten, steht dann gleichrangig neben allen anderen Verfassungspflichten.[48] Stellt der BPräs die Verfassungswidrigkeit eines auszufertigenden Gesetzes fest, folgt daraus logisch zunächst ein Ausfertigungsverbot, das erst durch eine Ausfertigungspflicht überspielt werden muss. Welches Gewicht der Durchsetzung der Entscheidung des Gesetzgebers dabei zukommt, ist nicht ausgemacht, so dass Raum für die unterschiedlichsten Überlegungen besteht.[49] Zugespitzt stehen sich eine Affinität zur **Parlamentssouveränität,** die bei der Gesetzesausfertigung durch den Parlamentspräsidenten konsequent verwirklicht wäre,[50] und eine Affinität zum **Präsidialsystem** gegenüber, bei dem das Parlament an der Gesetzgebung nur beteiligt, aber nicht „der" Gesetzgeber wäre.

17 Austragungsort dieser Debatte ist die **Auslegung des Wortlautes des Art. 82 Abs. 1.** Wer die Parlamentshoheit im Zentrum der Gesetzgebung sieht, versteht die Voraussetzung, dass das auszufertigende Gesetz **nach den Vorschriften dieses GG zustande gekommen** ist als Verweis auf Art. 78. Daher prüfe der BPräs im Grundsatz nur, ob ein Beschluss des BTages vorliegt und der BRat gemäß Art. 77 beteiligt war.[51] Weitere Möglichkeiten zur Ausfertigungsverweigerung bedürfen bereits der Rechtfertigung. Wer hingegen den BPräs zum Ausgangspunkt nimmt, legt Art. 82 Abs. 1 losgelöst von Art. 78 aus. Das Zustandekommen nach den Vorschriften dieses GG bedeutet, dass alle Vorschriften des GG eingehalten sein müssen.[52] Erst dann ist die Ausfertigung erlaubt.[53]

18 Verfassungsdogmatisch ist jedoch nicht überzeugend, Art. 82 so aus dem Kontext des Gesetzgebungsverfahrens herauszulösen.[54] Hinzu kommt, dass auch bei einer Gesamtbetrachtung des GG und zumal seiner Entstehungsgeschichte die Abkehr vom semipräsidentiellen System der Weimarer Reichsverfassung und die Betonung des Parlaments als 1. Gewalt nicht zu der präsidialzentrierten Interpretation des Art. 82 Abs. 1 führt. Daher ist nicht die Ausfertigung eines Gesetzes an das positive Ergebnis einer umfassenden Verfassungsüberprüfung geknüpft, sondern umgekehrt die **Ausfertigungsverweigerung ist** als **Ausnahme** von einer grundsätzlichen Ausfertigungspflicht zu rechtfertigen. Die Begründung für eine solche Ausnahme anstelle einer absoluten Ausfertigungspflicht lässt sich gleichwohl nicht mit stichhaltigeren Erwägungen führen, als denen, die für ein umfassendes Prüfungsrecht vorgetragen werden. Der plausibelste Anknüpfungspunkt ist das Prinzip der **checks and balances,** dem das GG an zahlreichen Stellen folgt. Denn es stellt die verschiedenen Verfassungsorgane regelmäßig in ein Beziehungs-

[48] Deutlich etwa bei *Nierhaus* in FS f. Friauf, 1996, 233 (240 f.): „kompetenz*ausübungsbegrenzend*" statt „kompetenz*ausfüllend*" (Hervorh. im Orig.).

[49] *Haratsch* in Sodan Rn. 10; *Pieper* in Kluth/Krings Gesetzgebung, § 20 Rn. 40, 68 f.; *Butzer* in Maunz/Dürig Rn. 206; für *Wißmann* ZJS 2014, 627 (630 ff.), keine Frage der „Breite", sondern der „Tiefe".

[50] Vgl. *Friesenhahn* in FS f. Leibholz, 1966, 679 (682); *Berger* ZParl. 2 (1971), 3 (9, 11).

[51] So konsequent *Meyer* JZ 2011, 602 (604 f.); daneben auch offen für die Gesetzgebungskompetenz des Bundes *Bryde* in v. Münch/Kunig, 6. Aufl. 2012, Rn. 4.

[52] *Wißmann* ZJS 2014, 627 (630 ff.); zur Doktrin der mangelnden Unterscheidbarkeit formeller von materieller Verfassungswidrigkeit aus der Zeit der WRV und ihrer Unmaßgeblichkeit für das GG: *Bryde* in v. Münch/Kunig, 6. Aufl. 2012, Rn. 6.

[53] *Schoch* ZG 2008, 209; *Wißmann* ZJS 2041, 627 (632).

[54] *Meyer* JZ 2011, 602 (602 f.); *Linke* DÖV 2009, 434 (440 ff.).

geflecht zueinander und weist Ermächtigungen nicht verschiedenen Verfassungsorganen isoliert zu. Damit zielt das GG grundlegend darauf, Machtmissbrauch zu verhindern und im Kern die Achtung der Verfassung selbst zu, sichern.[55] Dies spricht gegen absolute scharfe Kompetenzgrenzen und für Ausnahmen von der Regel. Grund und Motiv für eine solche Ausnahme ist, dass ohne sie in der konkreten Konstellation die Missachtung der verfassungsrechtlichen Begrenzungen für die Gestaltungsmacht des Gesetzgebers droht. Ein Indiz hierfür kann etwa sein, dass eine Debatte um die Verfassungswidrigkeit eines Gesetzesvorhabens nicht mit sachlichen, sondern machtpolitischen Argumenten geführt wird.[56]

19 **ee) Voraussetzungen eines eingeschränkten Prüfungsrechts.** Unabhängig davon, ob das eingeschränkte Prüfungsrecht als Einschränkung eines umfassenden Prüfungsrechts oder als Rechtfertigungsgrund für die ausnahmsweise Verweigerung der Ausfertigung verstanden wird, wird als seine Voraussetzung formuliert, dass der Verfassungsverstoß **evident,**[57] **offensichtlich** oder **schwer**[58] sein müsse. Obwohl damit doch sehr unterschiedliche Qualifikationen angesprochen sind, bleiben sie **bemerkenswert unscharf.**[59] Eine präzisierende Auseinandersetzung findet nicht statt.[60] Dabei wirft insbesondere das Kriterium der **Schwere** Fragen auf. Denken lässt sich etwa an die Intensität der Verfassungsverletzung, womöglich die Zahl der Betroffenen, die gesellschaftliche Bedeutung oder die voraussichtlichen Konsequenzen, die im Zeitraum bis zu einer Entscheidung des BVerfGs eintreten und womöglich unumkehrbar wären. Hiermit ließe sich die Verweigerung einer Gesetzesausfertigung als Ausnahme begründen, etwa dann, wenn die individuelle Geltendmachung durch Betroffene nicht möglich oder ihnen unzumutbar ist.[61] Aber auch umgekehrt könnte ein BPräs, der ein Gesetz trotz Zweifeln ausfertigt, erläutern, dass er die Folgen, die eintreten bis das BVerfG eine Klärung herbeiführt, für weniger schwerwiegend einschätzt, als umgekehrt die Folgen, die mit einer Nichtausfertigung verbunden wären.[62] Das Argument der Schwere setzt damit implizit einen Abwägungsspielraum des BPräs voraus, der konzeptionell von keinem der beiden Begründungsansätze gesehen wird (→ Rn. 11) und zudem verfassungspolitisch problematisch ist (→ Rn. 9).[63] Mit **Evidenz** dürfte hingegen das gemeint sein, was BPräs in Erklärungen als **„offensichtlich und zweifelsfrei“** nennen. Damit verwei-

---

[55] Dass dieses status quo stabilisierend wirkt, wie *Meyer* JZ 2011, 602 (606) kritisch anmerkt, ist nicht zu bestreiten.

[56] In diesem Sinne etwa für das Luftverkehrsgesetz *Epping* JZ 1991, 1102 (1108 f.).

[57] Z. B. *Bryde* in v. Münch/Kunig, 6. Aufl. 2012, Rn. 6 mwN; *Wißmann* ZJS 2014, 627 (633); *Degenhart,* StaatsOrgR Rn. 789.

[58] *Pohl,* Prüfungskompetenz des Bundespräsidenten, 2001, S. 193 f.; *Brenner* in MKS Rn. 29.

[59] S. etwa bei *Wißmann* ZJS 2014, 627 (633): Evidenz soll bedeuten, dass der Verstoß für den BPräs offensichtlich ist, zugleich soll dies das Kriterium sein, das zu einer maßvollen und zurückhaltenden Kompetenzausübung führt; letztlich bleibt das Kriterium schillernd; kritisch daher *v. Lewinski* in BK Rn. 128.

[60] Auch bei der Ablehnung bleiben die Autoren undifferenziert, vgl. etwa *Kloepfer,* VerfR I, 2011, § 17 Rn. 128 (136); *Schoch* ZG 2008, 209, der nur zwischen Evidenz (221 ff.) und Schwere (225) differenziert, erstere aber auf „Offensichtlichkeit“ beschränkt.

[61] Vgl. *Bryde* in v. Münch/Kunig, 6. Aufl. 2012, Rn. 2; *Epping* JZ 1991, 1102 (1109) als Hintergrund zur Ausfertigungsverweigerung des Luftverkehrsgesetzes durch BPräs *v. Weizsäcker.*

[62] Ausdrücklich BPräs *Köhler* zum Luftsicherheitsgesetz.

[63] Daher ablehnend auch *v. Lewinski* in BK Rn. 126.

sen sie allerdings nicht etwa darauf, dass ein Verfassungsverstoß sofort ins Auge springt, sondern umschreiben, dass ein anderes Ergebnis als die Verfassungswidrigkeit nicht oder kaum nachvollziehbar erscheint. Ein BPräs, der sich für grundsätzlich verpflichtet hält, ein Gesetz auszufertigen, legt dann, wenn er ausnahmsweise die Ausfertigung verweigert, dar, dass weder in der Gesetzesbegründung noch in den Konsultationen, die er durchgeführt hat, nachvollziehbare Argumente für die Verfassungsmäßigkeit erkennbar wurden.[64] Umgekehrt kann ein BPräs die Ausfertigung sogar dann, wenn er persönlich der Verfassungswidrigkeit zuneigt, damit begründen, dass die Bewertung mit nachvollziehbaren Gründen auch anders ausfallen kann.[65] Angesichts des Nebeneinanders dieser Kriterien besteht für den jeweils amtierenden BPräs Raum, seinem eigenen Amtsverständnis entsprechend die Verfassungsmäßigkeit von auszufertigenden Gesetzen zu prüfen und ggf. seine Entscheidung öffentlich zu erläutern. Für eine verfassungsrechtswissenschaftliche Begründung ist dies jedoch unbefriedigend.

Der Kern der Fragestellung, der letztlich in der nicht aufgelösten Auseinan- **20**
dersetzung um die Herleitung des Prüfungsrechts liegt, wird so verschleiert. Denn es kommt für die Konturierung des Prüfungsrechts nicht darauf an, welche Qualität ein Verfassungsverstoß hat. Vielmehr geht es um die Auflösung eines **Kompetenzkonflikts** zwischen BTag und BPräs,[66] wenn beide zu einer unterschiedlichen Bewertung der Verfassungsmäßigkeit kommen.[67] Ausschlaggebend für ein Prüfungsrecht des BPräs ist, dass **keine nachvollziehbare Begründung für die Verfassungsmäßigkeit** spricht, außer die in diesem Sinne willkürliche, nicht weiter begründbare implizite Aussage des Gesetzesgebers, der für das Gewollte keine Verfassungsänderung gemäß Art. 79 beschlossen hat.[68] Einige BPräs haben in diesem Sinne ihre Bewertung und die daraus folgende Entscheidung als **unausweichlich** beschrieben.[69]

ff) Prüfung der Unionsrechtskonformität. In der Literatur wird zudem **21**
diskutiert, ob dem BPräs auch das Recht zusteht, ein Gesetz auf seine Unionsrechtskonformität hin zu überprüfen, und ob aus der Feststellung eines Unionsrechtsverstoßes auch das Recht und korrespondierend die Pflicht folgt, das Gesetz nicht auszufertigen.[70] Für ein Prüfungs- und Ausfertigungsverweigerungsrecht wird auf die **Integrationsverpflichtung** des **Art. 23 Abs. 1** verwiesen. Unionsrechtswidrige Gesetze sollen gegen dieses Verfassungsgebot verstoßen, so dass die gleichen Folgerungen gelten, wie bereits erörtert. Außerdem wird auf die **Rechtsstaatsverpflichtung** gemäß Art. 20 Abs. 3 abgestellt und argumentiert, unionsrechtswidrige Gesetze verstießen

---

[64] Vgl. 1991 BPräs *v. Weizsäcker* zum Luftverkehrsgesetz, BT-Drs. 12/67.

[65] Vgl. 1981 BPräs *Carstens* zum Staatshaftungsgesetz, oder 2002 BPräs *Rau* zum Zuwanderungsgesetz.

[66] Verfehlt daher die Bemühung einer Kompetenzabgrenzung zwischen BPräs und BVerfG, etwa *Nierhaus* in FS f. Friauf, 1996, S. 233 (245 f.); *Schoch* ZG 2008, 209 (220).

[67] Zutreffend insoweit *Meyer* JZ 2011, 602 (605); *Rau* in FS f. Tsatsos, 2003, 562 (564); *Degenhart,* StaatsOrgR Rn. 788.

[68] Ähnlich iErg *Epping* JZ 1991, 1102 (1108 f.); kritisch hiergegen *Linke* DÖV 2009, 434 (436): „theoretische Ausnahmeerscheinungen […], die ins Reich staatsrechtlicher Fabeln gehören".

[69] 1970 BPräs *Heinemann* zum Architektengesetz, BTDrs. VI/1143; vgl. hierzu aber auch *Scholz/Süskind,* Die Bundespräsidenten, 4. Aufl., 2003, S. 241 f.; 1991 BPräs *v. Weizsäcker* zum Luftverkehrsgesetz, BTDrs. 12/67.

[70] *Neumann* DVBl. 2007, 1335; *Schladebach/Koch* JA 2016, 355; *Hauck* JA 2017, 93; *Pieper* in BeckOK GG Rn. 13; *Pieper* in KK § 20 Rn. 58 ff.; *Butzer* in Maunz/Dürig Rn. 190 ff.

gegen höherrangiges Recht und seien rechtswidrig. Auch der BPräs soll sie daher nicht ausfertigen dürfen.[71] Schließlich soll sich eine Pflicht zur Ausfertigungsverweigerung aus **Art. 4 Abs. 3 EUV** ergeben. Der BPräs soll aus dieser Norm auf ein unionsfreundliches Verhalten verpflichtet sein, das die grundgesetzliche Pflicht zur Gesetzesausfertigung nach Art. 82 verdrängen soll.[72] Die überwiegende Literatur **lehnt** ein unionsrechtliches Prüfungsrecht **ab**[73] und verweist zur Begründung darauf, dass Unionsrechtswidrigkeit nicht zur Nichtigkeit der Norm führe.

22 Weder können die Argumente für ein unionsrechtliches Prüfungsrecht überzeugen, noch beantwortet der Hinweis auf die Rechtsfolge eines Unionsrechtverstoßes die aufgeworfene Frage. Ausschlaggebend ist vielmehr, ob sich aus der europäischen Integration eine Veränderung des vom GG vorgesehenen **Kompetenzverhältnisses der Verfassungsorgane** untereinander ergeben kann. Dies ist **klar zu verneinen.** So misslich es ist, wenn der BTag unionsrechtswidrige Gesetze beschließt, so wenig kann aus der europäischen Integration folgen, dass dem BPräs eine Wächterfunktion gegenüber dem BTag zuwächst. Ist dies politisch erwünscht, so bedarf es einer Verfassungsänderung, etwa vergleichbar zu den Kompetenzerweiterungen der Länder und des BRates gemäß Art. 23.

23 Gleiches gilt auch für ein Gesetz, das gegen **Völkerrecht** verstößt, unabhängig davon, ob es sich um Völkervertragsrecht oder allgemeine Regeln des Völkerrechts i. S. d. Art. 25 Abs. 2 handelt.[74] Auch hier mag ein Ausfertigungsverweigerungsrecht (→ Art. 59 Rn. 23) insbesondere dann zur Durchsetzung des Völkerrechts wünschenswert erscheinen, wenn andere Durchsetzungsmechanismen, insbesondere Rechtsschutz, rechtlich oder faktisch ausscheiden. Die Verschiebung politischer Macht vom BTag zum BPräs kann aber weder durch die Zeichnung eines völkerrechtlichen Vertrages noch durch die Völkerrechtsentwicklung herbeigeführt werden.

24 **gg) Verfassungsprozessuale Relevanz. Bisher** ist die Frage, ob ein BPräs, der die Ausfertigung eines Gesetzes verweigert, durch ein Verfahren vor dem BVerfG zur Ausfertigung gezwungen werden kann, ausschließlich in der **Theorie** erörtert worden.[75] Die Voraussetzungen einer **Organklage** gemäß Art. 93 Abs. 1 Nr. 1 wären gegeben. Dafür ist Art. 82 Abs. 1 eine Pflicht des BPräs zur Ausfertigung der nach den Vorschriften des GG zustande gekommenen Gesetze zu entnehmen und als subjektives Recht des Organs BTag zu verstehen. Dieser Interpretation liegt die Vorstellung des Parlaments als „dem Gesetzgeber" zugrunde, die mit einem engen Verständnis korrespondiert, dass die Ausfertigungsverweigerung nur ausnahmsweise zulässig und hierfür rechtfertigungsbedürftig ist.

---

[71] *Schladebach/Koch* JA 2016, 355 (357 f.); *Pieper* in BeckOK GG Rn. 13.3; *Pieper* in KK § 20 Rn. 60; zu Recht ablehnend *Hauck* JA 2017, 93 (96 f.); *Butzer* in Maunz/Dürig Rn. 191 ff.

[72] *Schladebach/Koch* JA 2016, 355 (358); *Pieper* in KK § 20 Rn. 61; *Hauck* JA 2017, 93 (97); *Butzer* in Maunz/Dürig Rn. 194 f.

[73] *Nierhaus/Mann* in Sachs Rn. 16; *Brenner* in MKS Rn. 31; *v. Lewinski* in BK Rn. 141; *Wißmann* ZJS 2014, 627 (632 Fn. 45).

[74] *Nierhaus/Mann* in Sachs Rn. 17; *Brenner* in MKS Rn. 31; *v. Lewinski* in BK Rn. 142; *Hauck* JA 2017, 93 (99); wohl auch *Butzer* in Maunz/Dürig Rn. 196 ff.; aA *Schladebach/Koch* JA 2016, 355 (359 f.); *Pieper* in BeckOK GG Rn. 13.6.

[75] *Schoch* ZG 2008, 209 (220); *Wißmann* ZJS 2014, 627 (633), auch zum bisher einzigen umgekehrten Fall, als der BRat gegen den BPräs Organklage wegen der Ausfertigung eines Gesetzes erhob, diesen Antrag aber später zurückzog.

In der Praxis sind diese Überlegungen schon aus **Respekt** gegenüber dem Staatsoberhaupt noch nicht ernsthaft erörtert worden.[76] Dass zudem die Voraussetzungen für eine Präsidentenanklage gemäß Art. 61 GG schon deshalb nicht vorliegen, weil der BPräs nicht mit der Absicht einer Verfassungsverletzung handelt, wenn er ein Prüfungsrecht in Anspruch nimmt, das er aus der Verfassung ableitet, sei daher nur der Vollständigkeit halber erwähnt. 25

2. Nach Gegenzeichnung ausgefertigt. a) Gegenzeichnung. Art. 82 Abs. 1 bestimmt, dass die Ausfertigung **nach** Gegenzeichnung durch die BReg erfolgt. Die **praktische Umsetzung** ist in den **Geschäftsordnungen** der BReg, in § 29 GO BReg und §§ 58 ff. GGO geregelt. Danach veranlasst das federführende Ministerium die Herstellung der Urschrift des Gesetzes durch die Schriftleitung des BGBl. Sie wird vom Bundesamt für Justiz ausgeübt, das dabei technisch mit dem Bundesverlag zusammenarbeitet, der später das BGBl. druckt und vertreibt. Das federführende Ministerium ergänzt den parlamentarischen Gesetzesbeschluss gemäß § 58 Abs. 2 GGO um die Schlussformel und leitet die Urschrift zur Gegenzeichnung an das Bundeskanzleramt und ggf. an weitere zuständige Ministerien weiter. 26

Dass § 29 GO BReg die Gegenzeichnung durch **Bundeskanzler und zuständige Minister** vorsieht und insoweit vom Wortlaut des Art. 58 abweicht, der für die Gegenzeichnung entweder Bundeskanzler oder Minister ausreichen lässt, ist zum einen deshalb unschädlich, weil die Geschäftsordnung über das verfassungsrechtlich Vorgesehene hinausgehen kann. Zum anderen hat dieser Unterschied nur dann rechtliche Relevanz, wenn die Gegenzeichnung im Gesetzgebungsverfahren gemäß Art. 82 Abs. 1 als Sonderfall der Gegenzeichnung von Amtshandlungen und Verfügungen gemäß Art. 58 angesehen wird.[77] Überzeugender ist es jedoch, die Gegenzeichnung von Gesetzen gemäß Art. 82 als eigenständig anzusehen. 27

Denn die **Funktion,** die die Gegenzeichnung gemäß Art. 58 hat, kann der Gegenzeichnung nach Art. 82 nicht zugesprochen werden. **Art. 58** soll die parlamentarische Kontrolle auch für Akte des BPräs ermöglichen, indem ein Mitglied der BReg durch Gegenzeichnung die Verantwortung für den Akt des BPräs gegenüber dem BTag übernimmt.[78] Dies macht jedoch bei der Ausfertigung eines Gesetzes, das seinerseits Akt des BTages ist, keinen Sinn.[79] In der Literatur wird daher versucht, für die Gegenzeichnung gemäß Art. 82 einen **anderen Sinn** zu konstruieren. Die BReg soll die **Übereinstimmung** der ausgefertigten Urschrift **mit dem Willen des Gesetzgebers** und zugleich auch die **Verfassungsmäßigkeit des Gesetzes** bescheinigen.[80] 28

Ersteres würde nur dann überzeugen, wenn nicht das Parlament, sondern die Regierung der „eigentliche" Gesetzgeber wäre, weil ihr dann ein überlegenes Wissen zugebilligt werden könnte. Faktisch beschreibt dies zwar die politische Wirklichkeit, in der die meisten Gesetze in den Fachministerien vorbereitet werden und auch im Laufe der parlamentarischen Beratung häufig 29

---

[76] Vgl. *Meyer* JZ 2011, 602 (606).

[77] So *Bryde* in v. Münch/Kunig, 6. Aufl. 2012, Rn. 10; wohl auch *Bauer* in Dreier Rn. 15; aA *Butzer* in Maunz/Dürig Rn. 92; *v. Lewinski* in BK Rn. 65.

[78] Unklar daher *Bauer* in Dreier Rn. 15, der von einem Bedeutungswandel spricht und zugleich den Zweck weiter auch in der Verantwortungsübernahme durch die BReg auch gegenüber dem BTag sieht.

[79] Dies stellt auch *Bryde* in v. Münch/Kunig, 6. Aufl. 2012, Rn. 10 heraus.

[80] *Brenner* in MKS Rn. 20; *Butzer* in Maunz/Dürig Rn. 95, 101 f.; auch *Bauer* in Dreier Rn. 15.

Ministerien Formulierungshilfen geben. Verfassungsrechtlich ist aber gerade nicht die BReg, sondern der BTag Gesetzgeber. Mit der Funktion, den korrekten Gesetzeswortlaut zu bestätigen, wäre die Gegenzeichnung gemäß Art. 82 ein **Fremdkörper.**

30 Die **zweite** der Gegenzeichnung zugewiesene Funktion, eine Bestätigung der Verfassungsmäßigkeit des Gesetzes, entspricht der allgemein geteilten Auffassung, dass die BReg ein verfassungsrechtliches Prüfungsrecht besitzt. Praktisch relevant ist dies jedoch trotz eines Falles in der frühen Bundesrepublik nicht.[81] Da die BReg im parlamentarischen Regierungssystem zumeist hinter einem Gesetzentwurf steht und auch unabhängig hiervon die Blockade eines Gesetzes das Vertrauen des BTages in die BReg gefährden könnte, kann ein Prüfungsrecht der BReg **keine effektive Wirkung** haben.[82] Als Instrument zur Sicherung der Verfassungskonformität eignet sich daher die Gegenzeichnung nicht.

31 **Im Ergebnis** lässt sich also die praktische Funktion der Gegenzeichnung, die Herstellung der korrekten Unterschrift zu dokumentieren, theoretisch nicht begründen, während die Funktion einer Verfassungsmäßigkeitskontrolle, die sich ihr theoretisch zuweisen ließe, praktisch leerläuft. Denn gerade diese theoretisch begründbare Funktion der Gegenzeichnung, die Verfassungsmäßigkeitskontrolle, nimmt in der Staatspraxis der BPräs wahr. Daraus folgt eine **rechtssoziologische Erklärung des Prüfungsrechts des BPräs.** Auch wenn ein substantielles Prüfungsrecht des BPräs in Art. 82 nicht angelegt war,[83] kann die Verfassungsentwicklung, die zu einem eingeschränkten Prüfungsrecht geführt hat, damit begründet werden, dass die theoretisch sinnvolle Funktion der Gegenzeichnung, die Verfassungsmäßigkeitskontrolle, im parlamentarischen Regierungssystem nicht effektiv gelingt, weil die Nähe von Regierung und Parlament zu groß ist. Daher stellt die Wahrnehmung dieser Kontrolle durch den entfernteren BPräs eine **Funktionsverschiebung** dar, die dem Grundgedanken des Art. 82 Rechnung trägt.

32 **b) Ausfertigung.** Nach dem Wortlaut des Art. 82 Abs. 1 ist die Ausfertigung Aufgabe des BPräs. Faktisch beschränkt sich sein Beitrag jedoch auf das **Einfügen des Datums** und seine **Unterschrift.** Denn die Herstellung der Urschrift wird vor der Gegenzeichnung von der BReg übernommen (→ Rn. 26). Auch insoweit ist die Staatspraxis gegenüber der ursprünglichen oder theoretischen Konzeption verschoben. Gegenzeichnung und Ausfertigung werden damit zwischen BReg und BPräs pragmatisch gehandhabt.

33 **3. Und im Bundesgesetzblatt verkündet.** Die Verkündung des Gesetzes wird unter Bezugnahme auf das BVerfG als **„integrierender Bestandteil des Rechtsetzungsaktes selbst“**[84] verstanden.[85] Das BVerfG betont damit die Bedeutung der Publizität, die durch die Verkündung hergestellt wird. Ohne sie kann nach rechtsstaatlichen Grundsätzen in der kontinentaleuropäischen Rechtstradition das Gesetz keine allgemeine Geltung beanspru-

---

[81] Vgl. zum bisher einzigen Fall, der lex Platow, *Berger* ZParl 2 (1971), 3 (4 f.).

[82] Vgl. *Bryde* in v. Münch/Kunig, 6. Aufl. 2012, Rn. 2.

[83] So die Argumentation von *Linke* DÖV 2009, 434; *Meyer* JZ 2011, 602; *Bryde* in v. Münch/Kunig, 6. Aufl. 2012, Rn. 4 ff.

[84] BVerfGE 7, 330 (337).

[85] *Bryde* in v. Münch/Kunig, 6. Aufl. 2012, Rn. 11; *Nierhaus/Mann* in Sachs Rn. 1; *Butzer* in Maunz/Dürig Rn. 1; *Bauer* in Dreier Rn. 8; *v. Lewinski* in BK Rn. 195 spricht von „integraler Bestandteil“.

chen.[86] Zugleich wird damit auch bestätigt, dass der Geltungsgrund des Gesetzes nicht der Wille des Souveräns allein ist. Was sich traditionell gegen einen monarchischen Geltungsbefehl richtet, hat auch in einer Demokratie Bedeutung. Der **Geltungsgrund** des Gesetzes besteht noch nicht im Gesetzesbeschluss als erklärtem Willen des Parlaments, sondern erst in der **Veröffentlichung.**

Praktisch fließen Ausfertigung und Verkündung zusammen, denn mit der 34
Einfügung des Datums und der Unterschrift unter die Schlussformel der Urschrift „Das vorstehende Gesetz wird hiermit verkündet." ordnet der BPräs zugleich die Verkündung an. Dies stellt die Vollziehung – gemeint ist Realisierung – des Gesetzes (§ 29 Abs. 1 GO BReg) dar. Die Verkündungsanordnung wird sodann durch die **Schriftleitung des BGBl.,** die vom Bundesamt für Justiz wahrgenommen wird, ausgeführt. Die Urschrift wird im **Bundesarchiv** verwahrt (§ 60 S. 4 GGO).

Unstreitig gibt Art. 82 Abs. 1 die Veröffentlichung in **schriftlicher** Form 35
vor. Sie wird durch den Bundesanzeiger Verlag gedruckt und vertrieben. Die **Auslieferung** an die regelmäßigen Bezieher des BGBl. ist damit der Vollzug der Verkündung.[87] Die **Online**-Ausgabe des BGBl. stellt nur eine Ergänzung dar. Ebenso sind im Internet zur Verfügung gestellte Gesetze, etwa über www.gesetze-im-internet.de, ohne verbindliche Wirkung.[88] Überlegungen des BMJV, das BGBl. ab 2022 nur noch online in einem Bürgerportal zu veröffentlichen,[89] setzen daher eine Verfassungsänderung voraus. Andere Staaten sind hierfür beispielgebend.[90] In der verfassungsrechtlichen Literatur wird auf damit verbundene Infrastrukturvoraussetzungen verwiesen.[91] Tatsächlich sollte der Wert zahlreicher, leicht zugänglicher Dokumente zur – nicht selten auch früheren – Rechtslage nicht unterschätzt werden. Dies erfordert freilich auch eine entsprechende Handhabung der das BGBl. führenden **Bibliotheken.**

II. Ausfertigung und Verkündung von Rechtsverordnungen (Abs. 1 S. 2)

Die Ausfertigung und Verkündung von Rechtsverordnungen ist **ein-** 36
facher, da der BPräs nicht beteiligt ist und daher auch keine Gegenzeichnung erfolgt. Der Verordnungsgeber, also in der Regel das zuständige Ministerium, fertigt auch rechtlich, nicht nur faktisch (→ Rn. 26), die Verordnungen aus und verkündet sie. Rechtsverordnungen werden entweder im BGBl. oder im Bundesanzeiger veröffentlicht. Dieser erscheint seit 2012 nur noch **online.**

III. Inkrafttreten (Abs. 2)

Nach den formalen Voraussetzungen für das in Geltung Setzen eines 37
Gesetzes bestimmt Abs. 2 die **inhaltliche Voraussetzung,** dass das verkündete Gesetz auch in Kraft tritt.

---

[86] Vgl. *Butzer* in Maunz/Dürig Rn. 5 ff.; im Unterschied hierzu s. den Vergleich zu common Law-Tradtionien *v. Lewinski* in BK Rn. 33 ff.

[87] *Brenner* in MKS Rn. 33.

[88] Vgl. *v. Lewinski* in BK Rn. 218 f.

[89] Vgl. https://www.e-recht24.de/news/sonstige/11217-bundesgesetzblatt-umstellung-auf-digitale-verkuendung.html (Abruf 27.7.2019).

[90] Für die EU: *Butzer* in Maunz/Dürig Rn. 64, zum internationalen Vergleich Rn. 65 ff.; *Bauer* in Dreier Rn. 7; *v. Lewinski* in BK Rn. 15 ff.

[91] Etwa *Guckelberger* DVBl. 2007, 985; grundsätzlich offen *Butzer* in Maunz/Dürig Rn. 245.

38 Da es sich um eine Frage des Gesetzesinhalts handelt, muss sie **vom Gesetzgeber,** d. h. vom BTag beantwortet werden. Er kann diese Entscheidung nicht auf die BReg oder den BPräs delegieren,[92] bzw. müsste hierfür eine Rechtsverordnung gemäß Art. 80 GG vorsehen.[93]

39 Will der Gesetzgeber das Inkrafttreten von zukünftigen Ereignissen abhängig machen, muss die Bedingung den verfassungsrechtlichen Bestimmtheitsanforderungen genügen.[94] Sieht der Gesetzgeber das Inkrafttreten an einem bestimmten **Kalendertag** vor, kann dieser sowohl in der Zukunft, aber auch in der Vergangenheit liegen. Letzteres unterliegt freilich den verfassungsrechtlichen Grenzen für die **Rückwirkung** von Gesetzen. Verbreitet ist die zeitliche Anknüpfung an den bei der Verabschiedung noch unbekannten Tag der Verkündung.

40 Dieser Technik bedient sich auch Abs. 2 S. 2 für den Fall, dass der Gesetzgeber entgegen der **Sollvorschrift** des Abs. 2 S. 1 den Zeitpunkt des Inkrafttretens nicht bestimmt hat. Damit sichert das GG ab, dass ein verabschiedetes Gesetz auch Geltung erlangt.

C. Kritische Würdigung

41 Die verfassungsrechtlichen Vorgaben zum Abschluss des Gesetzgebungsverfahrens sind vom historischen Gesetzgeber **wenig konzeptionell durchdacht** worden. Stattdessen erklären sich die in Art. 82 getroffenen Regelungen maßgeblich durch Rückgriffe auf konstitutionelle Traditionen. Zugleich bleiben zahlreiche Fragen, die sich angesichts des Gewaltengefüges des GG stellen, unbeantwortet. Dies gilt insbesondere für das **Prüfungsrecht** des BPräs und die Funktion der Gegenzeichnung. Die anhaltende und sich dabei kaum weiterentwickelnde Debatte um das Prüfungsrecht lässt sich als Spiegel der **staatsrechtlichen Vorverständnisse** lesen, die zwar gemeinsame Fluchtpunkte wie Rechtsstaatlichkeit und parlamentarische Demokratie haben, aber sich dennoch deutlich unterscheiden. Diese **Offenheit des GG** für ein ganzes Spektrum unterschiedlicher Vorverständnisse ist kein Nachteil. Verfehlt ist der Anspruch, eine einzige dogmatisch richtige Antwort zu finden. Da gerade das Prüfungsrecht des BPräs aller Voraussicht nach nicht Gegenstand einer verfassungsgerichtlichen Entscheidung sein wird, eignet es sich besonders für die Reflektion über die Offenheit des GG und damit zugleich über seine verbindlichen Grundentscheidungen. In diesem Sinne könnte Art. 82 auch für die Juristenausbildung eine wertvolle Funktion haben. Erstaunlich ist außerdem die Hinnahme der offensichtlichen Funktionslosigkeit der **Gegenzeichnung** wie auch der Diskrepanz zwischen den verfassungsrechtlichen Aufgabenzuordnungen und praktischer Handhabung. Auch hier gilt, dass die fehlende verfassungsprozessuale Relevanz erklären kann, warum die Chance wissenschaftlicher Reflexion der Debatte nicht genutzt wird. Im Ergebnis ist daher ein auf Ausnahmen beschränktes Prüfungsrecht des BPräs anzuerkennen, das aber nicht mithilfe bester Auslegungsmethoden Art. 82 entnommen werden kann, sondern das sich als sinnvolle **Funktionsverschiebung** zwischen BReg und BPräs darstellt und

[92] *Bryde* in v. Münch/Kunig, 6. Aufl. 2012, Rn. 16, 18.

[93] *Bryde* in v. Münch/Kunig, 6. Aufl. 2012, Rn. 16.

[94] Skeptisch dazu, dass das BVerfG hierfür einen großzügigen Maßstab anlegt (BVerfGE 4, 264, 84 ff.) *Bryde* in v. Münch/Kunig, 6. Aufl. 2012, Rn. 18.

daher inzwischen seine Geltung aufgrund der Verfassungsentwicklung beanspruchen kann.[95] Damit entfaltet Art. 82 für den BPräs auch (Selbst-) Bindungen für die Ausübung seines Prüfungsrechts, nämlich einerseits die Ausfertigung eines Gesetzes nur dann zu verweigern, wenn seine Verfassungswidrigkeit „offenkundig und zweifelsfrei" ist, und andererseits in einem solchen seltenen Fall die Konsequenzen aus dieser Bewertung auch ohne Rücksichtnahme auf die politische Bedeutung weiterer, für sich genommen verfassungskonformer Gesetzesteile zu ziehen. Da der BPräs für die Ausfertigung keine Begründung angeben muss, ist eine Handhabung des Prüfungsrechts möglich, die der „integrierenden" Funktion des Art. 82 gerecht wird.

Literatur

Zu Abs. 1

E. Albert, Materielle Prüfungsbefugnis des Bundespräsidenten, Diss. Erlangen, 1956. – ***G. Anders,*** Zum Prüfungsrecht des Bundespräsidenten, DÖV 1963, 653. –***C. Arndt,*** Das Prüfungsrecht des Bundespräsidenten, DÖV 1958, 604. – ***S. Berger,*** Materielles Prüfungsrecht des Bundespräsidenten?, ZParl. 2 (1971), 3. – ***H. Biehl,*** Die Gegenzeichnung im parlamentarischen Regierungssystem, 1971. – ***M. Drath,*** Der Verfassungsrang der Bestimmungen über die Gesetzesblätter, GS Jellinek, 1955, 237. – ***V. Epping,*** Das Ausfertigungsverweigerungsrecht im Selbstverständnis des Bundespräsidenten, JZ 1991, 1102. – ***K. H. Friauf,*** Zur Prüfungszuständigkeit des Bundespräsidenten bei der Ausfertigung des Bundesgesetzes, FS f. Carstens, 1984, 545. – ***E. Friesenhahn,*** Zum Prüfungsrecht des Bundespräsidenten, FS f. Leibholz, Bd. 2, 1966, 674. – ***C. Gröpl,*** Ausfertigung, Verkündung und Inkrafttreten von Bundesgesetzen nach Art. 82 GG, Jura 1995, 641. – ***K.-H. Hall,*** Überlegungen zur Prüfungskompetenz des Bundespräsidenten, JZ 1965, 305. – ***H. J. Hallier,*** Die Ausfertigung und Verkündung von Gesetzen und Verordnungen in der Bundesrepublik, AöR 85 (1960), 391. –***J. Hauk,*** Das Prüfungsrecht des Bundespräsidenten im Hinblick auf die Verfassungs-, Europarechts- und Völkerrechtskonformität eines Gesetzes, JA 2017, 93 – ***D. Heckmann,*** Geltungskraft und Geltungsverlust von Rechtsnormen: Elemente einer Theorie der autoritativen Normgeltungsbeendigung, 1997. – ***R. Herzog,*** Entscheidung und Gegenzeichnung, FS f. Gebh. Müller, 1970, 117. – ***W. Heyde,*** Zum Umfang der materiellen Prüfungskompetenz des Bundespräsidenten, DÖV 1971, 797. – ***V. Heydt,*** Die ministerielle Gegenzeichnung von Gesetzen, ZRP 1971, 201. – ***W. Kaltefleiter,*** Die Funktionen des Staatsoberhauptes in der parlamentarischen Demokratie, 1970. – ***O. Kimminich/P. Pernthaler,*** Das Staatsoberhaupt in der parlamentarischen Demokratie, VVDStRL 25 (1967), 2; 95. – ***W. Kluth/G. Krings*** (Hrsg.), Gesetzgebung, 2014. – ***C. Ladenburger,*** Die Prüfungszuständigkeit des Bundespräsidenten bei der Ausfertigung von Gesetzen, Diss. Tübingen, 1966. – ***G. Lehnguth,*** Die Verweigerung der Ausfertigung von Gesetzen durch den Bundespräsidenten und das weitere Verfahren, DÖV 1992, 439. – ***Lindlar,*** Ausfertigung und Verkündung von Gesetzen durch den Bundespräsidenten, Diss. Köln, 1951. – ***H. Maurer,*** Die Gegenzeichnung nach dem Grundgesetz, FS f. Carstens, 1984, 701. – ***H. Meyer,*** Das Prüfungsrecht des Bundespräsidenten, JZ 2011, 602. – ***H. Müller,*** Neuverkündung von Gesetzen, DVBl 1962, 841. – ***M. Nierhaus,*** Entscheidung, Präsidialakt und Gegenzeichnung, 1973. – ***M. Nierhaus,*** Das Prüfungsrecht des Bundespräsidenten bei der Ausfertigung von Bundesgesetzen, FS f. Friauf, 1996 – ***R. C. van Ooyen/ M. H. W. Möllers,*** Der Bundespräsident im politischen System, 2012. – ***S. U. Pieper,*** Die Ausfertigung der Gesetze, KK 2014, § 20. ***W. M. Pohl,*** Die Prüfungskompetenz des Bundespräsidenten bei der Ausfertigung von Gesetzen, 2001. – ***H. Pöttgen,*** Die Gegenzeichnung der Amtshandlungen des Bundespräsidenten nach Art. 58 des Grundgesetzes, Diss. Köln, 1958. – ***D. Rauschning,*** Die Sicherung der Beachtung von Verfassungsrecht, 1969. – ***N. K. Riedel/A. Schmidt,*** Die Nichtausfertigung des Gesetzes zur Privatisierung der Flugsicherung durch den Bundespräsidenten, DÖV 1991, 371. – ***G. Rode,*** Die

[95] Vgl. *Bryde,* Verfassungsentwicklung, 1982, 453, wenn auch mit einem anderen Testszenario.

Ausfertigung der Bundesgesetze, Diss. Bochum, 1966. – *F.* ***Sahlmüller,*** Ausfertigung und Verkündung von Gesetzen in Bund und Ländern, Diss. Würzburg, 1966. – *F.* ***Schack,*** Die Prüfungszuständigkeit des Bundespräsidenten bei der Ausfertigung der Gesetze, AöR 89 (1964), 88. – *F.* ***Schäfer,*** Die Stellung des Staatsoberhauptes in Verfassung und politischer Praxis von Weimar und Bonn, in: Bundeszentrale für politische Bildung (Hrsg.), 1919–1969, Parlamentarische Demokratie in Deutschland, 1970, 55. – ***M. Schladebach/N. Koch,*** Das unions- und völkerrechtliche Prüfungsrecht des Bundespräsidenten, Jura 2016, 355. – ***C. Schmitt,*** Der Hüter der Verfassung, AöR 55 (1929), 161. – ***F. E. Schnapp,*** Ist der Bundespräsident verpflichtet, verfassungsmäßige Gesetze auszufertigen?, JuS 1995, 286. – *F.* ***Schoch,*** Prüfungsrecht und Prüfungspflicht des Bundespräsidenten bei der Gesetzesausfertigung, ZG 2008, 209. – *F.* ***Spath,*** Das Bundespräsidialamt, 5. Aufl. 1993. – ***H. Wißmann,*** Jenseits von Staatsnotar und Staatsleistung: Die Prüfungskompetenz des Bundespräsidenten, ZJS 2014, 627.

Zu Abs. 2

F. ***Giese,*** Der Zeitpunkt der „Verkündung" eines Gesetzes durch „Ausgabe" des Gesetzesblattes, DÖV 1953, 45. – ***Ch. Heinze,*** Der Zeitpunkt des Inkrafttretens von Rechtsvorschriften, NJW 1961, 345; NJW 1965, 524. – ***M. Kloepfer,*** Vorwirkung von Gesetzen, 1974. – ***G. Langner,*** Die Rechtsnatur der Bekanntmachung über das Inkrafttreten völkerrechtlicher Verträge, NJW 1962, 228. – ***R. Mercker,*** Zur Verkündung und zum Inkrafttreten von Gesetzen, BB 1952, 865. – ***J. Salzwedel,*** Das Inkrafttreten von Gesetzen unter aufschiebenden Bedingungen, FS f. Jahrreiß, 1974, 195. – ***U. Severin,*** Das Bundesgesetzblatt, 1962.

VIII. Die Ausführung der Bundesgesetze und die Bundesverwaltung

Vorbemerkungen zu den Art. 83–87

A. Bundes-/länderfreundliches Verhalten

1 Seit Inkrafttreten des GG hat sich als ungeschriebenes Element des Verhältnisses vom Bund zu den Ländern und von den Ländern zum Bund das des bundesfreundlichen Verhaltens eingebürgert.[1] Der Begriff des bundesfreundlichen Verhaltens ist indes nicht geeignet, den vollen Gehalt des Verhältnisses vom Bund zu den Ländern und von den Ländern zum Bund in allen seinen Beziehungen angemessen abzubilden. Vor allem legt er eine Vorrangstellung des Bundes gegenüber den Ländern nahe. Eine solche kommt dem Bund jedoch nicht zu. Er bedarf deshalb der Ablösung. Der Begriff muss durch den des „bundes-/länderfreundlichen Verhaltens" ersetzt werden. Allein dies bringt die Wechselseitigkeit der Wirkung dieses Grundsatzes angemessen zum Ausdruck.[2]

2 Ebenso wenig geht es an, statt von Ländern von „Bundesländern" zu sprechen. Das GG vermeidet zutreffend diese den Status und die Bedeutung der Länder für das Staatsganze in Deutschland herabmindernde Bezeichnung. Schon ein Blick in die Präambel und deren S. 2 gibt Aufschluss darüber, dass mit der Bezeichnung Bundesland oder Bundesländer wesentliche Grundlagen der Organisationsstruktur des GG verfehlt werden.

3 **I. Sinn und Zweck.** Nach stRspr des Bundesverfassungsgerichts verpflichtet der Grundsatz des bundes-/länderfreundlichen Verhaltens Bund und Länder, dem Wesen des Bündnisses entsprechend zusammenzuwirken und zu seiner Festigung und zur Wahrung der wohlverstandenen Belange des Bundes und der Glieder beizutragen.[3] Es handelt sich hierbei um eine dem GG immanente Verfassungsnorm,[4] die aus dem im Wesen des Bundesstaates wurzelnden bundesstaatlichen Prinzip abzuleiten ist.[5] Dieser Grundsatz soll dort eingreifen, wo die Interessen von Bund und Ländern auseinander fallen.[6] Er gebietet wechselseitige Rücksichtnahme auf die Belange und Interessen des Gesamtstaates und der Länder,[7] um zu verhindern, dass sie in unvertretbarer Weise beeinträchtigt oder geschädigt werden,[8] und bindet damit nicht

---

[1] Vgl. zur Bundestreue insbesondere *Bauer* in Dreier Art. 20 Rn. 38 ff.; *Bauer,* Die Bundestreue, 1992; *Bayer,* Die Bundestreue, 1961; *Faller* FS f. Maunz, 1981, 53 ff.; *Stern* StaatsR I § 19 Kap. III 3e ε; *Isensee* in HdbStR VI § 126 Rn. 160 ff.

[2] So überzeugend *U. Müller* VerwArch 94 (2003), 295 (303 f.).

[3] BVerfGE 6, 309 (361); 1, 299 (315) unter Verweis auf *Smend,* FG O. Mayer, 1916, 247 (261).

[4] BVerfGE 6, 309 (361).

[5] BVerfGE 8, 122 (138); 34, 9 (20); vgl. auch *Bauer,* Die Bundestreue, 1992, 234 ff. (insbes. 245 ff.): staatsrechtliche Ausprägung des Grundsatzes von Treu und Glauben; s. zu den unterschiedlichen Ableitungen auch *Wolff,* Ungeschriebenes Verfassungsrecht unter dem Grundgesetz, 2000, 253 f.

[6] BVerfGE 43, 291 (348).

[7] BVerfGE 4, 115 (140); 32, 199 (218); 34, 216 (232); 81, 310 (337); 92, 203 (230); 104, 249 (270); 133, 241 (271) Rn. 87; 139, 321 (353) Rn. 101.

[8] BVerfGE 34, 9 (44); 76, 1 (77).

nur den Bund im Verhältnis zu den Ländern und die Länder im Verhältnis zum Bund, sondern auch die Länder untereinander.[9] Dabei hat er stets das übergreifende Gemeinwohl, die gegenseitige Ergänzung der staatlichen Tätigkeit von Bund und Ländern zu einem stimmigen Ganzen, das Funktionieren als Gesamtheit im Auge.[10] Der Pflicht zu bundes-/länderfreundlichem Verhalten können sich weder Bund noch Länder mit der Behauptung entziehen, der jeweils andere Teil sei seinen eigenen Verpflichtungen nicht nachgekommen.[11] Der Einwand *„tu quoque"* ist ausgeschlossen. Verletzungen der Bund-/Ländertreue implizieren weder einen Schuldvorwurf noch setzen sie den Nachweis von Treulosigkeit oder gar Böswilligkeit voraus.[12]

4 **II. Normativer Gehalt. 1. Akzessorietät.** Nach stRspr des Bundesverfassungsgerichts ist der Grundsatz bundes-/länderfreundlichen Verhaltens akzessorischer Natur,[13] er kann deshalb nur innerhalb eines anderweitig begründeten Rechtsverhältnisses oder einer anderweitig begründeten Rechtspflicht Bedeutung gewinnen.[14] Der Grundsatz bundes-/länderfreundlichen Verhaltens konstituiert und begrenzt Rechte innerhalb eines bestehenden Rechtsverhältnisses, er begründet aber nicht selbständig ein Rechtsverhältnis zwischen Bund und Ländern.[15] Neue Kompetenzen können aus ihm nicht hergeleitet werden.[16] Gegenüber besonderen Regelungen des GG ist er subsidiär.[17] In einem Bund-Länder-Streit kann der Grundsatz des bundes-/länderfreundlichen Verhaltens nur innerhalb eines anderweitig begründeten Verfassungsrechtsverhältnisses zur Geltung kommen, weil diese Streitigkeit ein Bund und Länder umschließendes Verfassungsrechtsverhältnis voraussetzt.[18] Als Anknüpfungspunkt ist insoweit stets eine verfassungsrechtliche Rechtsposition auf der Seite des Rücksichtnahme Fordernden zu verlangen.[19] Mit Blick auf die Eigenart der zu berücksichtigenden Rechtspositionen kommen insoweit vor allem Gesetzgebungskompetenzen,[20] aber auch Verwaltungszuständigkeiten[21] in Betracht.[22]

5 **2. Materielle Pflichten.** Materielle Pflichten des bundes-/länderfreundlichen Verhaltens beziehen sich vor allem auf gegenseitige Information, Abstimmung, Mitwirkung und Zusammenarbeit[23] sowie finanzielle[24] und sonstige Unterstützung. Pflichten zur Koordination und Kooperation finden sich

---

[9] BVerfGE 12, 205 (254 f.); vgl. auch *Bauer* in Dreier Art. 20 Rn. 47; *Sommermann* in MKS Art. 20 Rn. 37.

[10] Vgl. näher *U. Müller* VerwArch 94 (2003), 295 (304) mwN.

[11] BVerfGE 8, 122 (140); *Bauer,* Die Bundestreue, 1992, 337.

[12] Vgl. auch *Bauer* in Dreier Art. 20 Rn. 48.

[13] BVerfGE 13, 54 (75); 21, 312 (326); 42, 103 (117); 95, 250 (266); 103, 81 (88); 104, 238 (248); 110, 33 (52); siehe auch *Sachs* in Sachs Art. 20 Rn. 69; *Stern* StaatsR I § 19 Kap. III 4d; *Isensee* in HdbStR VI § 126 Rn. 166; differenzierend *Bauer,* Die Bundestreue, 1992, 335 f.

[14] BVerfGE 42, 103 (117); 103, 81 (88).

[15] BVerfGE 13, 54 (75).

[16] Vgl. *Sommermann* in MKS Art. 20 Rn. 37.

[17] S. *Isensee* in HdbStR VI § 126 Rn. 166; *Bauer,* Die Bundestreue, 1992, 371 ff.

[18] BVerfGE 103, 81 (88); 104, 238 (248); 110, 33 (52).

[19] BVerfGE 95, 250 (266); 104, 238 (248).

[20] BVerfGE 4, 115 (140); 32, 199 (218 f.); 34, 9 (44 f.).

[21] BVerfGE 76, 1 (77).

[22] S. zu Fragen der Akzessorietät näher *Müller* VerwArch 94 (2003), 295 (305 ff.).

[23] BVerfGE 43, 291 (348 f.); 73, 118 (197); 104, 249 (271).

[24] BVerfGE 1, 117 (131); 12, 205 (254); 72, 330 (397 f.); 86, 148 (263 ff.); 101, 158 (221 f.).

vor allem im Medienrecht,[25] im Finanzverfassungsrecht[26] und im Umweltabgabenrecht[27].[28]

6 **3. Prozedurale Pflichten.** Nach der Rspr des Bundesverfassungsgerichts stehen auch Prozedere und Stil von Verhandlungen zwischen Bund und Ländern unter dem Gebot bundes-/länderfreundlichen Verhaltens.[29] Der Bund darf bei Verhandlungen, die alle Länder betreffen, nicht einzelne ausschließen oder bevorzugen.[30] Die Verpflichtung des Bundes zu prozeduraler Fairness und Gleichbehandlung schließt es regelmäßig auch aus, oppositionelle Landesregierungen zu benachteiligen.[31] Umgekehrt ist es den Ländern untersagt, sich willkürlich-obstruktiv zu verhalten oder gemeinsam zu treffende Entscheidungen ohne sachlich rechtfertigende Gründe zu blockieren.[32]

7 **4. Begrenzung von Rechten und Kompetenzen (Kompetenzausübungsschranke).** In besonderen Fällen kann sich aus der Verpflichtung zu bundes-/länderfreundlichem Verhalten eine Beschränkung von Pflichten und Kompetenzen ergeben.[33] Hierzu zählen insbesondere das Verbot missbräuchlicher[34] oder die Rechtsordnung widersprüchlich[35] machender Kompetenzausübung sowie das Verbot des *venire contra factum proprium*.[36] Aber auch als Kompetenzausübungsschranke für den Bund setzt der Grundsatz bundes-/länderfreundlichen Verhaltens wegen seiner Akzessorietät eine korrespondierende Rechtsposition der Länder voraus. Allein der Umstand, dass ein Land für den Vollzug bestimmter Gesetze zuständig ist, begründet noch keine solche Rechtsposition.[37] Vor allem besteht kein Anspruch des Landes darauf, vom Vollzug von Gesetzen, soweit dieser Landesaufgabe ist, verschont zu bleiben.[38] Ebenso wenig verstößt der Bund gegen seine Verpflichtung zu bundes-/länderfreundlichem Verhalten schon dann, wenn er von den ihm eingeräumten Kompetenzen Gebrauch macht.[39] Weder der Bund noch die Länder können über die ihnen im GG zugewiesenen Kompetenzen verfügen oder sich ihrer Ausübung enthalten. Kompetenzverschiebungen sind selbst mit Zustimmung der Beteiligten nicht zulässig.[40]

8 **III. Rechtsfolgen.** Eine Verletzung des Grundsatzes des bundes-/länderfreundlichen Verhaltens kommt regelmäßig nur bei erheblichen Auswirkungen auf die betroffene Rechtsposition in Betracht, schon um der Gefahr

---

[25] BVerfGE 73, 118 (196 f.).

[26] BVerfGE 39, 96 (111); 86, 148 (265).

[27] BVerfGE 98, 106 (118 ff.).

[28] Siehe auch *Bauer* in Dreier Art. 20 Rn. 49; *Pieroth* in Jarass/Pieroth Art. 20 Rn. 28.

[29] BVerfGE 12, 205 (255); 86, 148 (211 f.); 103, 81 (88).

[30] BVerfGE 12, 205 (255 ff.).

[31] Vgl. näher *Bauer* in Dreier Art. 20 Rn. 50; siehe zum föderativen Gleichbehandlungsgebot auch BVerfGE 122, 1 (38).

[32] BVerfGE 1, 299 (315 f.); 39, 96 (119 f.); 41, 291 (308).

[33] BVerfGE 12, 205 (255); 13, 54 (75); 21, 312 (326); 42, 103 (117); 81, 310 (337); 104, 249 (270); 106, 1 (27); 110, 33 (52); 133, 241 (271) Rn. 87; siehe zur Funktion des bundes-/länderfreundlichen Verhaltens als Kompetenzausübungsschranke *Stern* StaatsR I § 19 Kap. III 4e γ mwN; *Sachs* in Sachs Art. 20 Rn. 70; *Sommermann* in MKS Art. 20 Rn. 37 f.

[34] BVerfGE 104, 249 (270); 106, 1 (27); 106, 225 (243 f.); 110, 33 (52).

[35] BVerfGE 98, 106 (118 ff.); 98, 265 (301).

[36] Vgl. näher *Bauer* in Dreier Art. 20 Rn. 51.

[37] S. hierzu *Müller* VerwArch 94 (2003), 295 (308 f.).

[38] BVerfGE 104, 238 (248).

[39] BVerfGE 104, 249 (270); 106, 1 (27); 110, 33 (52).

[40] BVerfGE 32, 145 (156); 63, 1 (39); 108, 169 (182).

entgegenzuwirken, dass mehr Rücksicht genommen wird, als es die jeweilige Kompetenz oder Zuständigkeit tatsächlich verdient.[41] Die betroffenen Belange müssen entweder „in unvertretbarer Weise" geschädigt werden,[42] eine „schwerwiegende Beeinträchtigung" erfahren[43] oder es muss – noch weitergehend – ein Fall der Überschreitung der äußersten Grenze der Kompetenz oder gar des Missbrauchs vorliegen.[44]

B. Verwaltungsorganisationsrecht als objektives Verfassungsrecht

9 Die Organisationsnormen des GG, die grundlegend Bund und Länder betreffen, so die Art. 20 Abs. 1, 30, 70, 83 und öfter, haben ausschließlich objektiven Gehalt. Ihr Hintergrund ist die vertikale Aufteilung der staatlichen Gewalt zwischen Bund und Ländern nach Kompetenzen und Zuständigkeiten im Sinne einer objektiven Organisation des Staatsganzen. Hierin liegt kein Selbstzweck und schon gar nicht die Konturierung einer subjektiven Rechtsposition des Bundes oder der Länder.[45] Das organisatorische Anliegen des Grundgesetzgebers hat die Einzelnen, dem GG Unterworfenen, im Auge. Weist das GG dem Bund und den Ländern Kompetenzen und Zuständigkeiten zu, so sind diese im Interesse des Gemeinwohls wahrzunehmen.[46] Wie jede Ausübung von Staatsgewalt ist die Wahrnehmung von Rechten und Pflichten aus der Kompetenz- und Zuständigkeitsordnung unter dem Blickwinkel der Volkssouveränität stets nur abgeleitete Gewalt, delegierte Kompetenz, die von der Verfassung eingesetzten Organen zur Ausübung anvertraut ist.[47] Sie ist und bleibt rechtlich gebundene Gewalt, Befugnis, die erst durch die Verfassung entsteht und in ihrer Ausübung an die durch die Verfassung gezogenen Grenzen gebunden ist.[48] Dies schließt eine freie Disposition der politisch Verantwortlichen in Bund und Ländern über die im GG zugewiesenen Kompetenzen von vornherein aus.

10 Kompetenzen und Zuständigkeiten haben ausschließlich altruistischen Charakter; ihnen fehlt jedes Element voluntativer Beliebigkeit.[49] Damit ist zugleich jeder Form einer gemeinwohlwidrigen Inanspruchnahme der Boden entzogen. Aus diesem Grunde ist auch heute noch streng zwischen Kompetenzen und subjektiven Rechten zu unterscheiden.[50] Bund und Länder nehmen die ihnen zugewiesenen Kompetenzen und Zuständigkeiten nicht im Eigeninteresse um ihrer selbst Willen, sondern ausschließlich im objektiven Interesse des Staatsganzen wahr. Sie agieren insoweit (lediglich) als Treuhänder zum Wohle ihrer Bürgerinnen und Bürger.[51]

11 Das Kompetenz- und Zuständigkeitsgefüge des GG ist infolgedessen auch nicht disponibel. Es geht insoweit nicht um Befindlichkeiten der Länder und ihrer politisch Verantwortlichen, sondern um eine wesentliche Ausprägung

---

[41] Vgl. *Müller* VerwArch 94 (2003), 295 (310).

[42] BVerfGE 34, 9 (44); 76, 1 (77).

[43] BVerfGE 34, 216 (232).

[44] BVerfGE 4, 115 (140); 14, 197 (215); 61, 149 (205); 81, 310 (337); 104, 249 (270); 106, 1 (27); 110, 33 (52).

[45] So aber offenbar *Kenntner,* Justitiabler Föderalismus, 2000, 43 (47).

[46] S. hierzu *Stettner,* Grundfragen einer Kompetenzlehre, 1983, 202 ff.

[47] S. *Wagner* VerwArch 93 (2002), 585 (589).

[48] Vgl. *Oeter,* Integration und Subsidiarität im deutschen Bundesstaatsrecht, 1998, 382 mwN.

[49] *Wagner* VerwArch 93 (2002), 585 (589 f.).

[50] So mit Recht *Stettner,* Grundfragen einer Kompetenzlehre, 1983, 338; ausf. 254 ff.

[51] Vgl. näher *Wagner* VerwArch 93 (2002), 585 (598).

des Bundesstaatsprinzips: die vertikale Gewaltenteilung,[52] die nach der Vorstellung des Grundgesetzgebers zugleich auch das Rechtsstaatsprinzip ganz wesentlich berührt. Weder die Länder noch der Bund dürfen über ihre Kompetenzen oder Zuständigkeiten verfügen.[53] Aus diesem Grunde sind zugleich auch alle Versuche abzulehnen, materielle durch das GG eingeräumte Rechtspositionen an Kompetenzen oder Zuständigkeiten abzuschwächen und gleichsam durch prozedurale Pflichten des Bundes ein entsprechendes Äquivalent zu schaffen.[54]

Ebenso wenig kann das Bund-Länder-Verhältnis Schranken für Einwirkungen des Staates in den Rechtskreis des Einzelnen unterworfen werden, die aus dem Rechtsstaatsprinzip abgeleitet sind.[55] Das gilt vor allem für den Grundsatz der Verhältnismäßigkeit, aber auch für die Kriterien, die für die Betätigung des staatlichen Ermessens oder für die Prüfung auf Rechtsmissbrauch entwickelt wurden.[56] Alle diese Kategorien sind für das Bund-Länder-Verhältnis unbehelflich. Die Stellung von Bund und Ländern ist allein aus der jeweiligen durch das GG eingeräumten Verfassungsposition heraus zu entwickeln.[57] Durch ein konsequentes Abstellen auf objektive Rechtspositionen wird zugleich der Gefahr entgegengewirkt, infolge einer ungerechtfertigten subjektiv-rechtlichen Aufladung von Kompetenz- und Zuständigkeitsnormen materiell-rechtlichen Fehleinschätzungen zu erliegen. So kann es beispielsweise nicht Aufgabe des Bundesverfassungsgerichts sein, über die ihm aufgetragene punktuelle Prüfung einer Bundesmaßnahme hinaus stets im Blick zu halten, ob den Ländern noch ein genügendes kompetentiell gesichertes Eigengewicht verbleibt, um ihnen das Proprium der Staatlichkeit attestieren zu können.[58] Für eine solche auf subjektiv-rechtlichen Überlegungen gründende „Verfassungsromantik" ist im Bund-Länder-Verhältnis kein Raum. Die Kompetenznormen des GG bedürfen vielmehr einer strikten,[59] ergebnisoffenen und vor allem ideologiefreien Auslegung. **12**

C. Wettbewerbsföderalismus versus Gemeinwohlverpflichtung

Einem ungezügelten Wettbewerbsföderalismus steht die objektive Organisationsstruktur des GG entgegen. Die Vorstellung eines kompetitiven Bundesstaates[60] ist mit der jeder Kompetenzübertragung innewohnenden Verpflichtung auf das Gemeinwohl[61] unvereinbar. Dem GG liegt der Gedanke eines kooperativen Föderalismus im Sinne einer Verpflichtung aller Beteiligten auf eine bundesstaatliche Solidargemeinschaft zugrunde.[62] Das bündische Prinzip des Einstehens füreinander, das nicht nur im Verhältnis von Bund und Ländern, sondern auch im Verhältnis der Länder untereinander **13**

[52] S. hierzu näher *Hesse,* Verfassungsrecht, § 7 Rn. 231; *Schenke* JuS 1989, 698 ff.
[53] BVerfGE 32, 145 (156); 63, 1 (39); 108, 169 (182); 119, 331 (364 f.); 139, 321 (353).
[54] Beispielhaft hierzu BVerfGE 92, 203 (235 f.).
[55] So zu Recht BVerfGE 81, 310 (338).
[56] Vgl. statt aller *Isensee* in HdbStR VI § 126 Rn. 126 ff. mwN; abl. hingegen *Heusch,* Der Grundsatz der Verhältnismäßigkeit im Staatsorganisationsrecht, 2003, 93 ff., der weitgehend jede Kompetenzausübung unter den Vorbehalt der Verhältnismäßigkeit stellen möchte.
[57] Vgl. näher *Müller* VerwArch 94 (2003), 295 (317); *Broß* FS f. Krämer, 2009, 12 f.
[58] So aber *Löwer* in HdbStR II § 56 Rn. 28.
[59] BVerfGE 55, 274 (319 ff.); 100, 249 (261).
[60] Vgl. etwa *Arndt,* in Männle Föderalismus zwischen Konsens und Konkurrenz, 1998, 31 ff.; *Klatt,* in Meier-Walser/Hirscher Krise und Reform des Föderalismus, 1999, 64 ff.
[61] S. hierzu *Stettner,* Grundfragen einer Kompetenzlehre, 1983, 202 ff.
[62] BVerfGE 72, 330 (386 f.); 86, 148 (214, 264); 101, 158 (221 f.).

Geltung beansprucht, verpflichtet sowohl den Bund als auch die einzelnen Länder – ungeachtet ihrer Eigenstaatlichkeit – auf das Wohl des Gesamten Bedacht zu nehmen. Dies setzt die Sicherstellung eines angemessenen Ausgleichs und damit ein Einstehen des Starken für den Schwachen voraus.[63] Hierzu steht das Prinzip des Konkurrenzföderalismus, das den Wettbewerb zum zentralen Leitmotiv und Gestaltungsgrundsatz erheben will, in fundamentalem Widerspruch.

14 In der bundesstaatlichen Ordnung des GG verfügen die Länder nur über eine relativ geringe Anzahl von Gesetzgebungskompetenzen, mit deren Ausübung sie um Investoren und andere mobile Steuerzahler konkurrieren können. Im System des Wettbewerbsföderalismus bliebe ihnen daher praktisch nur der Gesetzesvollzug, um sich im Standortwettbewerb Vorteile gegenüber den jeweils anderen Ländern zu verschaffen. Dies hätte zwangsläufig zur Folge, dass sie unter einen immer stärkeren Druck gerieten, eine unternehmerfreundliche Umsetzung von Gesetzen zu praktizieren, die in der Tendenz zu einem sich wechselseitigen Unterbieten von Regulierungsstandards („race to the bottom")[64] führen müsste, bei der die Verpflichtung auf das Gemeinwohl – vor allem im Umweltbereich – über kurz oder lang auf der Strecke bliebe, vom Rechtsstaat und seinen für das friedliche Zusammenleben der Menschen unverzichtbaren Prinzipien einmal ganz abgesehen. Auf Grund ungleicher Startbedingungen würde darüber hinaus eine weitere Entsolidarisierung zwischen finanzstarken und finanzschwachen Ländern Platz greifen, die mit dem Grundgedanken der bundesstaatlichen Ordnung als einer Beistands- und Schicksalsgemeinschaft unvereinbar wäre. Zugleich würden sozial schwächere Bevölkerungsgruppen, vor allem in den finanzschwachen Ländern, noch stärker benachteiligt als dies bislang bereits der Fall ist. Die Wahrung eines Mindestmaßes an sozialer Homogenität ist jedoch nicht nur wegen des Sozialstaatsgebots (Art. 20 Abs. 1), sondern gerade auch auf Grund der aus der Bundestreue abzuleitenden Verpflichtung zur Solidarität unabdingbar.[65] In letzter Konsequenz bedeutete der Konkurrenzföderalismus nicht mehr und nicht weniger als den Konkurs der wirtschaftlich schwächeren Länder.[66] Ein solcher „Föderal-Darwinismus" ist mit dem Prinzip des Bundesstaates unvereinbar.

15 Der Wettbewerbsföderalismus findet deshalb innerhalb des Verfassungsrechts der Bundesrepublik Deutschland keine Stütze,[67] er muss vielmehr als eine Verkennung des föderalistischen Prinzips und seiner ideengeschichtlichen Grundlagen begriffen werden. Eine Gesellschaft, die solchen Vorstellungen huldigt, ist zum Scheitern verurteilt. Sie entsolidarisiert sich selbst, gibt ihre gemeinsamen Grundlagen und Überzeugungen preis – löst sich auf. Der föderale Gedanke will lediglich der historisch gewachsenen, landsmannschaftlichen, kulturellen, sozialen und wirtschaftlichen Identität der Länder Raum geben, regionale Vielfalt in staatlicher Einheit wahren[68] und ein Element

---

[63] Vgl. auch BVerfGE 72, 330 (386 f.).

[64] Siehe auch *Benz* VerwArch 97 (2006), 318 (320 ff.); *Schulze-Fielitz* NVwZ 2007, 249 (251; 253 f.); *Kahl* NVwZ 2008, 710 (713) jeweils mwN.

[65] Vgl. auch *Sommermann* in MKS Art. 20 Rn. 30.

[66] So mit Recht *Berlit* in v. Arnim/Färber/Fisch (Hrsg.), Föderalismus – Hält er noch, was er verspricht?, 2000, 63 (81 f.).

[67] So auch *Sommermann* in MKS Art. 20 Rn. 55, jedenfalls soweit damit ein Abschied von den Prinzipien der Kooperation und der Solidarität verbunden wäre. Ähnlich *Isensee* in HdbStR VI § 126 Rn. 333.

[68] S. hierzu näher *Bauer* in Dreier Art. 20 Rn. 24; *Sommermann* in MKS Art. 20 Rn. 29.

zusätzlicher funktionaler (vertikaler) Gewaltenteilung herstellen, das politische Macht verteilt und ihrer Ausübung einen verfassungsrechtlichen Rahmen setzt, der einen Ausgleich widerstreitender Belange ermöglicht,[69] er will keine Konkurrenz alle gegen alle zum Vorteil einiger weniger, aber zum Nachteil des Ganzen.[70]

D. Informelles Verwaltungshandeln und seine Einordnung in das Gefüge der Art. 83 ff.

Das heutige Verwaltungshandeln umfasst nicht nur die traditionellen Formen des Verwaltungs-(Außenrechts)handelns (vor allem den Verwaltungsakt [§ 35 VwVfG] und den öffentlich-rechtlichen Vertrag [§ 54 VwVfG]), sondern auch Absprachen oder sonstige Kontakte zwischen Verwaltung und Bürger vor Erlass oder anstelle einer behördlichen Entscheidung. In der täglichen Verwaltungspraxis kommt es unterhalb der Schwelle rechtsverbindlicher Regelungen zu einer Vielzahl von Kontakten zwischen Behörden und Privaten, zu Absprachen über künftige Entscheidungsinhalte, zu Vereinbarungen über streitige Rechts- und Sachverhaltsfragen, mit deren Hilfe Entscheidungen abgesichert und rechtliche Auseinandersetzungen vermieden werden sollen.[71] Vor diesem Hintergrund ist informales (im Sinne von kooperativem) Verwaltungshandeln vor allem im Wirtschaftsverwaltungs- und Umweltrecht anzutreffen.[72] Das Bundesverfassungsgericht hat den Kooperationsgedanken für das Umweltrecht ausdrücklich anerkannt.[73] Es wäre allerdings verfehlt, hierin zugleich einen allgemeinen Rechtsgrundsatz des Umweltrechts zu sehen.[74] Die Entscheidungen des Bundesverfassungsgerichts betreffen das Abfallabgabenrecht und lassen nicht erkennen, dass verallgemeinernd darüber hinaus Aussagen getroffen werden sollten, die für die Beantwortung der unterbreiteten Rechtsfragen auch nicht erforderlich waren.[75] **16**

Auch wenn die grundsätzliche Zulässigkeit informalen bzw. kooperativen Verwaltungshandelns in den Grenzen der Gesetzesbindung der Verwaltung[76] heute nicht mehr in Zweifel gezogen werden kann, so ist doch mit aller Entschiedenheit weiter daran festzuhalten, dass es informalen Absprachen – mangels eines entsprechenden übereinstimmenden Willens der Beteiligten – von vornherein an jeder rechtlichen Verbindlichkeit fehlt.[77] Selbst rechtmäßige Absprachen begründen deshalb keinen Erfüllungsanspruch.[78] Ein solcher ergibt sich für den Verhandlungspartner der Behörde auch nicht aus dem Gesichtspunkt des Vertrauensschutzes; denn dem Partner war die **17**

---

[69] BVerfGE 55, 274 (318 f.); 108, 169 (181).

[70] Mit Recht abl. auch *Berlit* in v. Arnim/Färber/Fisch (Hrsg.), Föderalismus – Hält er noch, was er verspricht?, 2000, 63 (80 ff.); treffend auch *Bull* DÖV 1999, 269 (275): „Wer den wirtschaftlichen Wettbewerb der Länder zum zentralen Leitmotiv des Föderalismus erhebt, verfehlt Sinn und Zweck der Staatlichkeit selbst."

[71] Vgl. etwa *Remmert* in Ehlers/Pünder AllgVerwR § 17 Rn. 3; § 37 Rn. 5 ff.; *Maurer/Waldhoff* AllgVerwR § 15 Rn. 14 ff.

[72] S. hierzu den Überblick bei *Bauer* VerwArch 78 (1987), 241 (244 ff.).

[73] BVerfGE 98, 106 (120 ff.); siehe auch BVerfGE 98, 83 (101).

[74] Unzutr. insoweit *Di Fabio* NVwZ 1999, 1153 (1157).

[75] Mit Recht abl. *Lübbe-Wolf* NuR 1989, 295; *Schrader* DÖV 1990, 326; ZUR 1998, 152 (154); krit. im Hinblick auf weitere – verfassungsrechtliche – Folgerungen auch: *Bothe* NJW 1998, 2333 (2335 aE); *Wieland* ZUR 2001, 20 (22 f.).

[76] Vgl. *Kunig* DVBl 1992, 1193 (1197 ff.); *Bohne* VerwArch 75 (1984), 343 (350 ff.).

[77] Vgl. *Maurer/Waldhoff,* Allgemeines Verwaltungsrecht, § 15 Rn. 20; *Remmert* in Ehlers/Pünder Allgemeines Verwaltungsrecht, § 37 Rn. 7, jeweils mwN.

[78] S. statt aller *Maurer/Waldhoff,* Allgemeines Verwaltungsrecht, § 15 Rn. 20.

rechtliche Unverbindlichkeit der Absprache von Anfang an bewusst.[79] Das Risiko des Fehlschlags etwaiger Vermögensdispositionen auf Grund der Unverbindlichkeit des behördlichen Versprechens trägt allein der Verhandlungspartner. Nichterfüllung, Schlechterfüllung, Verzug und Unmöglichkeit der Absprache lösen auf Grund der gegebenen rechtlichen Unverbindlichkeit keine Schadensersatzansprüche entsprechend § 62 VwVfG iVm den einschlägigen Vorschriften des BGB aus. Der Bruch (fehlgeschlagener) rechtmäßiger Abreden bleibt daher regelmäßig ohne rechtliche Folgen, allenfalls kommen Ansprüche aus *culpa in contrahendo* in Betracht.[80] Dagegen sind rein faktische Bindungen infolge des mit einem Scheitern verbundenen Verlustes an behördlicher Kompetenz, Ansehen, Glaubwürdigkeit und Vertrauen nicht ausgeschlossen, sondern häufig sogar unvermeidbar.[81] Das darf aber nicht dazu verleiten, rein faktische Bindungen wie rechtliche behandeln zu wollen.[82]

18 Auch das informale Verwaltungshandeln ist an die Zuständigkeitsordnung des GG (Art. 83 u. 30) gebunden. Das gilt jedenfalls dann, wenn es sich zu einer staatlichen Entscheidung oder sonstigen Festlegungen (Maßnahmen) verdichtet und nicht in einem rechtlich unverbindlichen Stadium davor verbleibt.[83] Nur als „anregende Tätigkeiten" bezeichnete Vorgänge unterliegen dagegen nicht der Zuständigkeitsordnung des GG.[84] Sie sind kompetenzfrei. Gleiches gilt für die Erteilung von Empfehlungen und Warnungen im Rahmen der Staatsleitung,[85] für Regierungsberichte und Reden von Bundes- und Landesministern usw, die nicht zu einer besonderen Inanspruchnahme von sächlichen oder personellen Mitteln des Staates führen.[86] Dies hindert den Bund, seine Zuständigkeiten außerhalb der ihm etwa im Rahmen der Bundesauftragsverwaltung zugewiesenen Eingriffsmöglichkeiten (Art. 85 Abs. 3 u. 4) gleichsam „auf kaltem Wege" zu erweitern, indem er sich der Form des informalen Verwaltungshandelns bedient, um seine Ingerenzrechte unmittelbar auf das Außenverhältnis gegenüber Dritten zu erstrecken.

---

[79] Vgl. *Bohne* VerwArch 75 (1984), 343 (360); *Hoffmann-Riem* VVDStRL 40 (1982), 176 (226).

[80] Vgl. *Bohne* VerwArch 75 (1984), 343 (360); *Maurer/Waldhoff*, Allgemeines Verwaltungsrecht, § 15 Rn. 20.

[81] Vgl. *Bohne* VerwArch 75 (1984), 343 (349).

[82] So jedoch iterativ BVerfGE 104, 249 (273 ff.) – Sondervotum *Di Fabio* und *Mellinghoff*.

[83] Hierzu auch *Lerche* in Maunz/Dürig, GG, Voraufl. 1983, Art. 83 Rn. 42, Fn. 154.

[84] BVerfGE 22, 180 (216).

[85] BVerfGE 105, 252 (271); 105, 279 (307).

[86] Vgl. näher *Isensee* in HdbStR VI § 133 Rn. 112.

Art. 83 [Länderexekutive]

Die Länder führen die Bundesgesetze als eigene Angelegenheit aus, soweit dieses Grundgesetz nichts anderes bestimmt oder zuläßt.

Reichsverfassung von 1871

Art. 4. Der Beaufsichtigung seitens des Reichs und der Gesetzgebung desselben unterliegen die nachstehenden Angelegenheiten: [abgedruckt vor Art. 73]

Weimarer Reichsverfassung von 1919

Art. 14. Die Reichsgesetze werden durch die Landesbehörden ausgeführt, soweit nicht die Reichsgesetze etwas anderes bestimmen.

Übersicht

A. Allgemeine Bedeutung

I. Verhältnis von Bund und Ländern

Nach Art. 83 führen die Länder die Bundesgesetze als eigene Angelegenheit aus, soweit das GG nichts anderes bestimmt oder zulässt. Damit trägt Art. 83 dem föderalen Aufbau (Art. 20 Abs. 1) der Bundesrepublik Rechnung.[1] Die Regelung des Art. 83 steht in engem Zusammenhang mit den Vorschriften der Art. 30 u. 70; es handelt sich insoweit um Ausprägungen des dem Grundsatz nach in Art. 20 Abs. 1 niedergelegten föderalistischen Prinzips.[2] Als Grundnorm der Kompetenzverteilung zwischen Bund und Ländern sieht Art. 30 für die Ausübung der staatlichen Befugnisse und für die Erfüllung der staatlichen Aufgaben eine **Vermutung für die Zuständigkeit der Länder** vor.[3] Zugleich weist Art. 70 Abs. 1 den Ländern das Recht der Gesetzgebung zu, soweit das GG nicht dem Bund Gesetzgebungsbefugnisse 1

---

[1] S. zu Entstehung und Entwicklung der Vorschrift *Hermes* in Dreier Rn. 1 ff.; *Trute* in MKS Rn. 2 ff.; *Umbach/Clemens* in Umbach/Clemens Rn. 4 ff.; *Bull* in AK Rn. 1 ff.

[2] Vgl. BVerfGE 6, 306 (354); 12, 205 (229); BVerwGE 22, 299 (307 f.).; siehe auch *Umbach/Clemens* in Umbach/Clemens Rn. 10.

[3] BVerfGE 11, 6 (15); 26, 281 (297); 42, 20 (28); 108, 169 (179); 139, 321 (353); BVerwGE 85, 332 (342); *Gubelt* in v. Münch/Kunig, 6. Aufl. 2012, Art. 30 Rn. 1; *Stern* StaatsR I, § 19 Kap. III 3a; *Bull* in AK- Rn. 5; krit. dagegen *Pieroth* in Jarass/Pieroth Art. 30 Rn. 1; einschränkend auch *Erbgut* in Sachs Art. 30 Rn. 9, lediglich länderfreundliche Auslegungsrichtlinie.

verleiht.[4] Es handelt sich hierbei jeweils um widerlegbare Vermutungen (vgl. Hs. 2), die der **Verfassungswirklichkeit** nicht entsprechen.[5]

2 Das **Schwergewicht** bei der Ausübung staatlicher Befugnisse und der Erfüllung staatlicher Aufgaben liegt **auch nach der Föderalismusreform I beim Bund.** Die Einführung der Abweichungsgesetzgebung (Art. 72 Abs. 3 GG nF) ändert daran nichts. Sie betrifft letztlich nur marginale Bereiche wie das Jagdwesen, den Naturschutz und die Landschaftspflege, die Bodenverteilung, die Raumordnung, den Wasserhaushalt, die Hochschulzulassung und die Studienabschlüsse. Als tatsächlichen Gewinn können die Länder nur die Gesetzgebungszuständigkeit für den Strafvollzug, das Versammlungsrecht, das Heimrecht, den Ladenschluss, das Gaststätten- und Gewerberecht sowie das Laufbahn-, Besoldungs- und Versorgungsrecht der Beamten für sich verbuchen. Dem stehen jedoch erhebliche Verluste gegenüber. Zum einen haben sie für große Teile der konkurrierenden Gesetzgebung das Korrektiv des Art. 72 Abs. 2 GG aF verloren. Die Erforderlichkeitsklausel findet auf die bedeutsamsten Kompetenztitel des Art. 74 Abs. 1 keine Anwendung mehr. Zum anderen wurde eine ganze Reihe von Kompetenztiteln aus dem Bereich der ehemals konkurrierenden in die ausschließliche Gesetzgebungszuständigkeit des Bundes überführt. Mit der Abschaffung der Rahmenkompetenz wurden zudem die meisten Titel des Art. 75 GG aF in die konkurrierende Gesetzgebungszuständigkeit des Bundes verschoben. Sieht man von der neu hinzugewonnenen Kompetenz für das Laufbahn-, Besoldungs- und Versorgungsrecht ab, so ist durch die Föderalismusreform I nicht die Rolle der Länder, sondern wiederum die des Bundes nachhaltig gestärkt worden.[6]

3 Für den Bereich der Verwaltung schließlich enthält Art. 83 eine **Vermutung** für **die Landeszuständigkeit,**[7] so dass auch in diesem Bereich nach der Vorstellung des GG das Schwergewicht der Zuständigkeiten bei den Ländern liegt. Dabei lässt sich der Vorschrift ein **doppeltes Regel-Ausnahme-Verhältnis** entnehmen: Zum einen besitzt der Bund nur dort eine Kompetenz zur Ausführung von Bundesgesetzen, wo sie ihm zugewiesen ist, alles Übrige – der unbenannte Rest – liegt bei den Ländern **(Residualkompetenz).** Zum anderen begründet Art. 83, bezogen auf die im GG normierten Verwaltungstypen,[8] die Regel, dass die Ausführung der Bundesgesetze durch die Länder in **Landeseigenverwaltung** erfolgt, soweit nicht das GG selbst etwas anderes bestimmt oder zulässt.[9] Gegenüber Art. 30 sind die Art. 83 ff. Spezialvorschriften, die diesem vorgehen.

4 Die Aufteilung der Gesetzgebungskompetenzen und der Verwaltungszuständigkeiten verfolgt keinen Selbstzweck. Sie dient auch nicht in erster Linie der Stärkung der Stellung des Bundes gegenüber den einzelnen Ländern oder der eines Landes gegenüber dem Bund. Der tiefere Sinn der Regelun-

---

[4] S. hierzu zB BVerfGE 26, 281 (297).

[5] Vgl. *Gubelt* in v. Münch/Kunig, 6. Aufl. 2012, Art. 30 Rn. 2.

[6] Vgl. zur Reformbilanz auch *Oeter* in Starck, Föderalismusreform, 2007, Rn. 66.

[7] BVerfGE 11, 6 (15); vgl. auch *Hermes* in Dreier Rn. 19; *Trute* in MKS Rn. 12; *Lerche* in Maunz/Dürig, GG, Voraufl. 1983, Rn. 52.

[8] Landeseigene Verwaltung (Art. 84); Bundesauftragsverwaltung (Art. 85) und bundeseigene Verwaltung (Art. 86, 87).

[9] Allg. Auffassung, *Hermes* in Dreier Rn. 19; *Trute* in MKS Rn. 12; *Lerche* in Maunz/Dürig, GG, Voraufl. 1983, Rn. 52; *Pieroth* in Jarass/Pieroth Rn. 12; *Dittmann/Winkler* in Sachs Rn. 1; gegen die Einordnung des Art. 83 als Regelzuständigkeitsnorm jedoch *Heitsch,* Die Ausführung der Bundesgesetze durch die Länder, 2001, 176 ff.

gen liegt vielmehr in der näheren Ausformung des bundesstaatlichen Prinzips und der **Gewährleistung einer funktionalen Gewaltenteilung.**[10] Andererseits sind die Länder verfassungsmäßig verpflichtet, die Bundesgesetze, soweit das GG dies vorsieht, in eigener Verantwortung zu vollziehen.[11] Dies bedingt, dass die Länder ihre Verwaltung nach Art, Umfang und Leistungsvermögen entsprechend den Anforderungen sachgerechter Erledigung des sich aus der Bundesgesetzgebung ergebenden Aufgabenbestandes einrichten[12] und unter Beachtung des **Gebots loyaler Ausführung der Bundesgesetze** einen effektiven Verwaltungsvollzug garantieren.[13] Die Sachregelungskompetenz des Bundes darf von den Ländern nicht konterkariert werden.[14] Ebenso wenig können sich die Länder ihrer Verantwortung für eine effektive Gesetzesausführung entäußern. Wie auch immer die Ausführung im Einzelnen ausgestaltet sein mag (Übertragung auf Private; Verantwortungsteilung zwischen Privaten und dem Staat), die Gewährleistungsverantwortung der Länder bleibt erhalten.[15]

Mit Rücksicht auf die geschilderte, auf den tatsächlichen Gegebenheiten beruhende Verlagerung der Zuständigkeiten zwischen dem Bund und den Ländern bedarf der Hervorhebung, dass die Verwaltungszuständigkeiten von Bund und Ländern in den Art. 83 ff. erschöpfend geregelt und nicht abdingbares Recht sind.[16] Bund und Länder dürfen von der in diesen Bestimmungen vorgeschriebenen „Verwaltungsordnung" nicht abweichen. Insoweit gilt der vom BVerfG bereits 1954 formulierte allgemeine verfassungsrechtliche Grundsatz, dass **weder** der **Bund noch** die **Länder über ihre im GG festgelegten Kompetenzen verfügen** können.[17] Der Grund hierfür liegt nicht allein in dem Gebot des Art. 79 Abs. 1 S. 1, sondern ist zwingend notwendige Voraussetzung dafür, dass die zuvor beschriebene, in der Aufteilung der Verwaltungszuständigkeit zwischen dem Bund und den Ländern liegende funktionale Gewaltenteilung aufrechterhalten bleibt. Die Verschiebung von verfassungsrechtlich zugewiesenen Kompetenzen oder Zuständigkeiten ist deshalb auch nicht mit Zustimmung der Beteiligten zulässig.[18] Der Grundsatz des *volenti non fit iniuria* gilt jedenfalls in diesen verfassungsrechtlichen Bereichen nicht. Welche Gestaltungsmöglichkeiten dem Bund und den Ländern eröffnet sind, bestimmt sich abschließend nach Art. 83 ff.[19] 5

---

[10] BVerfGE 55, 274 (318 f.); vgl. auch BVerfGE 48, 127 (178); *Blümel* in HdbStR IV, § 101 Rn. 1; *Umbach/Clemens* in Umbach/Clemens Rn. 10; *Kirchhof* in Maunz/Dürig Rn. 23; *Gärditz* in BK Vorbem. Art. 83 ff. Rn. 144.

[11] BVerfGE 37, 363 (385); 55, 274 (318); 75, 108 (150); siehe auch *Hermes* in Dreier Rn. 34; *Lerche* in Maunz/Dürig, GG, Voraufl. 1983, Rn. 54; *Dittmann/Winkler* in Sachs Rn. 8; *Pieroth* in Jarass/Pieroth Rn. 13.

[12] BVerfGE 55, 274 (318); 63, 1 (33, 41); *Blümel* in HdbStR IV, § 101 Rn. 1; *Kirchhof* in Maunz/Dürig Rn. 12.

[13] Vgl. auch *Trute* in MKS Rn. 75; *Hermes* in Dreier Art. 83 Rn. 34.

[14] So mit Recht *Trute* in Starck Föderalismusreform, Rn. 158.

[15] So zutr. *Trute* in MKS Rn. 76; *Bull* in AK Vor Art. 83 Rn. 79. Generell ablehnend hinsichtlich einer Übertragung der Vollzugsaufgabe auf Private dagegen *Hermes* in Dreier Rn. 34 a. E.

[16] BVerfGE 32, 145 (156); 39, 96 (120); 41, 291 (311); 63, 1 (39); 108, 169 (182).

[17] BVerfGE 4, 115 (139).

[18] BVerfGE 32, 145 (156); 108, 169 (182); siehe auch *Hermes* in Dreier Rn. 36; *Dittmann/Winkler* in Sachs Rn. 11; *Umbach/Clemens* in Umbach/Clemens Rn. 26; *Gärditz* in BK Vorbem. Art. 83 ff. Rn. 29, 31.

[19] BVerfGE 63, 1 (39).

II. Die Verwaltungsbereiche

6 Die Art. 83 ff. erfassen alle Bereiche staatlicher Verwaltung. Diese Folgerung ergibt sich zwangsläufig aus der zuvor geschilderten Aufteilung staatlicher Befugnisse zwischen dem Bund und den einzelnen Ländern. Anderenfalls hätte der Bund es mit der Wahl der Form zur Erfüllung öffentlicher Aufgaben in der Hand, die im Verhältnis zwischen Bund und Ländern grundsätzlich abschließend festgelegten Kompetenzen oder Zuständigkeiten zu umgehen.[20] Die Art. 83 ff. erfassen sonach die **gesetzesakzessorische** und die **gesetzesfreie** Verwaltung.[21] Unter gesetzesakzessorischer Verwaltung ist die staatliche Tätigkeit zu verstehen, die auf gesetzlicher Grundlage beruht.[22] Demgegenüber wird als gesetzesfreie Verwaltung die ohne gesetzliche Grundlage durchgeführte bezeichnet; sie kann zB auf Verwaltungsvereinbarungen oder Programmen beruhen.[23] Hieran ist in Übereinstimmung etwa mit der 1. Rundfunkentscheidung des BVerfG[24] entgegen der Kritik von *Hermes*[25] festzuhalten. *Hermes* lässt außer Acht, dass zB an Stelle von „Bundesgesetzen" andere Regelungsinstrumente treten können und deshalb – aufgrund einer materiellen Betrachtungsweise – eine entspr. Beurteilung Platz greifen muss. Art. 30 im Besonderen besagt zu einer solchen Konstellation nichts.

7 Die Zuständigkeitsverteilung nach Maßgabe der Art. 83 ff. greift immer dann ein, wenn **öffentliche Aufgaben** inmitten stehen. Dies gilt auch dann, wenn diese privatrechtlich organisiert sind. Zutreffend geht *Gubelt*[26] davon aus, Art. 30 gelte für die gesamte hoheitliche, nicht aber für die **fiskalische Verwaltung.** Letztere wird von dem jeweils betroffenen Hoheitsträger seiner eigenen Interessen wegen wahrgenommen und dient entweder der Deckung seines Eigenbedarfs, zB Personal- oder Sachmittel, oder aber der Teilnahme am Wirtschaftsleben.[27] Bei der Wahrnehmung öffentlicher Aufgaben kann – wie eingangs vertreten – ein Ausweichen in Organisationsformen des privaten Rechts von der Beachtung der Zuständigkeitsordnung nicht entbinden (Schlagwort: unzulässige Flucht ins Privatrecht). Es bleibt dann das Problem, die öffentliche Aufgabe zu definieren. Davon ist die weitere Frage zu scheiden, ob die speziellen grundgesetzlichen Zuweisungen bestimmter Materien an die Bundesverwaltung einen Vollzug in privatrechtlichen Organisationsformen überhaupt gestatten. Letzteres ist eine Auslegungsfrage der maßgeblichen Normen für die Verwaltungstypen der Bundesverwaltung, also vor allem der Art. 86, 87.[28] Nicht der Fiskaltätigkeit im weiteren Sinne zuzurechnen sind die in Art. 89 u. 90 geregelten Bereiche. Die Verwaltung der Bundeswasserstraßen und -autobahnen sowie -straßen, für die Art. 89 u. 90 eine Zuständigkeitsregelung treffen, hat zwar zunächst einen Teil der Ver-

---

[20] S. dazu grdl. *Pestalozza,* Vom Formenmissbrauch des Staates, 1973.

[21] BVerfGE 22, 180 (217); 39, 96 (109); 12, 205 (244); dazu schon *Laforet* DÖV 1949, 221 und BayVGH DVBl. 1962, 341; siehe auch *Bull* in AK Vor Art. 83 Rn. 32.

[22] BVerfGE 12, 205 (246); 22, 180 (217); BVerfG NJW 1967, 1956; siehe auch *Umbach/Clemens* in Umbach/Clemens Rn. 14; *Bull* in AK Vor Art. 83 Rn. 32 ff.

[23] Siehe auch *Müller-Volbehr* NJW 1975, 1115 f.; *Umbach/Clemens* in Umbach/Clemens Rn. 14; *Bull* in AK Vor Art. 83 Rn. 32 ff.

[24] BVerfGE 12, 205 (247).

[25] Dreier Rn. 28.

[26] *Gubelt* in v. Münch/Kunig, 6. Aufl. 2012, Art. 30 Rn. 8.

[27] Einzelheiten hierzu bei *Broß* ZfBR 1990, 255 (257).

[28] Vgl. → Art. 87 Rn. 3.

mögensverwaltung zum Gegenstand. Daneben handelt es sich aber auch um die bedeutende verfassungsrechtliche Befugnis des Bundes (zT einvernehmlich mit dem/den betroffenen Land/Ländern) zur Lenkung von Verkehrsströmen.[29]

III. Ausführung von Landesgesetzen

Nicht in den Anwendungsbereich von Art. 83 fällt die Ausführung von Landesrecht. Für den Vollzug ihrer Gesetze sind gem. Art. 30 allein die Länder zuständig. Die Ausführung von Landesgesetzen durch Bundesbehörden ist deshalb – von bestimmten, eng umgrenzten Fällen der „Zuhilfenahme" bundesbehördlicher Einrichtungen für Zwecke der Landesverwaltung (→ Rn. 17 ff.) abgesehen – nach dem GG unzulässig.[30] Hierfür ist zum einen der Staatscharakter der Länder ausschlaggebend.[31] Dieser hat zur Folge, dass Landesgesetze nur durch Landesbehörden ausgeführt werden können. Zum andern liegt die Kompetenzverteilung zwischen Bund und Ländern bei der Erfüllung hoheitlicher Aufgaben nach Maßgabe der Bestimmungen des GG fest. Für die Ausführung von Landesgesetzen durch Bundesbehörden wäre sonach eine GG-Änderung erforderlich. Es obliegt gem. Art. 30 den Ländern, den Anwendungsbereich ihrer Landesgesetze zu bestimmen.[32] Dieser kann jedoch nicht weiter gehen als der Kompetenzbereich eines Landes. Nimmt somit eine Bundesbehörde ein Landesgesetz in Anspruch, greift sie in die Landeshoheit des betroffenen Landes ein und verletzt damit Art. 30.[33] 8

Vom Bundesvollzug von Landesgesetzen ist das „Beachten" von Landesgesetzen durch Bundesbehörden zu unterscheiden.[34] Das BVerwG erachtet die Bundesbehörden für verpflichtet, beim Vollzug von Bundesgesetzen gültige Landesgesetze zu beachten.[35] Das BVerwG hat für die Ausübung hoheitlicher Tätigkeit diesen Grundsatz dahin eingeschränkt, dass die im Einzelfall kollidierenden öffentlichen Interessen gegeneinander abgewogen werden müssen.[36] 9

IV. Ungeschriebene Zuständigkeiten

Umstr. ist, ob der Bund neben den in Art. 83 ff. vorgesehenen Zuständigkeiten ungeschriebene zur Ausführung von Bundesgesetzen beanspruchen kann.[37] Als Grundlage ungeschriebener Zuständigkeiten kommen die Natur der Sache, der Sachzusammenhang und die Annexzuständigkeit in Betracht.[38] 10

---

[29] S. hierzu zB BVerfGE 102, 167 und vormals zB BayVGH NVwZ 1982, 508.

[30] BVerfGE 21, 312 (325), unter Hinweis auf BVerfGE 12, 205 (221); ausf. dazu *Zeidler* DVBl. 1960, 573 (578 f.); siehe auch *Dittmann/Winkler* in Sachs Rn. 3; *Trute* in MKS Rn. 26; *Bull* in AK Vor Art. 83 Rn. 59; *Umbach/Clemens* in Umbach/Clemens Rn. 18; *Gärditz* in BK Vorbem. Art. 83 ff. Rn. 7.

[31] Vgl. bereits *Zeidler* DVBl. 1960, 573 (580).

[32] BVerfGE 21, 312 (327).

[33] S. dazu auch BVerfGE 21, 362 (370 f.); 12, 205 (221); OVG Lüneburg DVBl. 1974, 206 Nr. 73; zu der vergleichbaren Problematik des Einschreitens von „Polizeibehörden eines Landes gegen Hoheitsträger des Bundes" vgl. anschaulich NdsOVG GewArch 1993, 373.

[34] BVerfGE 6, 309 (329); 21, 312 (327).

[35] BVerwGE 27, 253 (256); 29, 52 (56); 31, 263 (271); 78, 321 (322 f.); BVerwG DVBl. 1989, 1053 (1054).

[36] BVerwGE 44, 351 (358); siehe auch *Blümel* HdbStR IV, § 101 Rn. 17.

[37] Vgl. *Hermes* in Dreier Rn. 39 ff.; *Trute* in MKS Rn. 79 ff.; *Dittmann/Winkler* in Sachs Rn. 12 ff.; *Pieroth* in Jarass/Pieroth Art. 83 Rn. 6; *Kirchhof* in Maunz/Dürig Rn. 49 f.

[38] Vgl. *Wipfelder* DVBl. 1982, 477 ff.

Ungeschriebene Zuständigkeiten werden für den Bereich der Gesetzgebung allgemein bejaht.[39] Eine Zuständigkeit aus der **Natur der Sache** ist begründet nach dem ungeschriebenen, im Wesen der Dinge liegenden, also einer ausdrücklichen Anerkennung durch die Verfassung nicht bedürftigen Rechtssatz, wonach gewisse Sachgebiete vom Bund und nur von ihm geregelt werden können, weil sie ihrer Natur nach eigenste, der Zuständigkeit der Länder *a priori* entrückte Angelegenheiten des Bundes betreffen und aus diesem Grunde nur von ihm geregelt werden können.[40] Wegen der im GG festgelegten Zuständigkeitsbereiche kann eine ungeschriebene Zuständigkeit nur die Ausnahme sein. Das BVerfG[41] fordert deshalb, dass Schlussfolgerungen aus der Natur der Sache begriffsnotwendig sein müssen und eine bestimmte Lösung unter Ausschluss von anderen Möglichkeiten einer sachgerechten Lösung zwingend verlangen. Das ist dann nicht der Fall, wenn sich auch Alternativlösungen mit guten Gründen anbieten.[42] Eine Zuständigkeit kraft **Sachzusammenhangs** ist dann anzunehmen, wenn eine dem Bund ausdrücklich zugewiesene Materie verständlicherweise nicht geregelt werden kann, ohne dass zugleich eine nicht ausdrücklich zugewiesene Materie mitgeregelt wird. Das Übergreifen in eine nicht ausdrücklich zugewiesene Materie muss unerlässliche Voraussetzung für die Regelung einer der Bundesgesetzgebung zugewiesenen Materie sein.[43] Schließlich anerkennt das BVerfG als Sonderfall der Zuständigkeit kraft Sachzusammenhangs die **Annexzuständigkeit**[44] in Fällen, in denen eine nicht einheitliche Materie der Bundeszuständigkeit nicht unterliegt, aber in einem engen Zusammenhang mit einer der Zuständigkeit des Bundes unterliegenden Materie steht und folglich als Annex dieses Sachgebietes angesehen werden kann.

11 Vor diesem Hintergrund erhebt sich die Frage, ob es ungeschriebene Verwaltungszuständigkeiten des Bundes gibt. Nach der stRspr des BVerfG[45] bezeichnet die Gesetzgebungszuständigkeit des Bundes die äußerste Grenze seiner Verwaltungszuständigkeit, dh, die Verwaltungszuständigkeiten folgen den Gesetzgebungszuständigkeiten und es ist deshalb unzulässig, aus einer Verwaltungsbefugnis eine Gesetzgebungszuständigkeit abzuleiten.[46] Gleichwohl hat das **BVerfG** unter engen Voraussetzungen eine **ungeschriebene Verwaltungszuständigkeit anerkannt.** Der Bund kann danach ausnahmsweise auf Gebieten, die nicht zur bundeseigenen Verwaltung nach Art. 86 ff. gehören, Verwaltungsakte erlassen, etwa wenn der Zweck des Gesetzes durch das Verwaltungshandeln eines Landes überhaupt nicht zu erreichen wäre. Gerechtfertigt wird dies mit der Überlegung, dass dem GG bei der in Art. 30 u. 83 ff. getroffenen Regelung die Vorstellung einer reibungslosen und vollständigen Ausführung der Bundesgesetze zugrunde liegt. Allerdings reicht

---

[39] BVerfGE 11, 89 (96).

[40] BVerfGE 11, 89 (99); *Gubelt* in v. Münch/Kunig, 6. Aufl. 2012, Art. 30 Rn. 14 ff.; *Trute* in MKS Rn. 83.

[41] BVerfGE 11, 89 (99).

[42] Bestätigt in BVerfGE 22, 180 (217).

[43] BVerfGE 3, 407 (421); 8, 143 (149); 15, 1 (20); 26, 246 (256 f.); siehe auch *Trute* in MKS Rn. 81; *Umbach/Clemens* in Umbach/Clemens Art. 83 Rn. 23.

[44] Vgl. BVerfGE 8, 149 f.; siehe auch *Trute* in MKS Rn. 82; *Umbach/Clemens* in Umbach/Clemens Rn. 23.

[45] BVerfGE 12, 205 (229); 15, 1 (16); 21, 312 (325); 78, 374 (386); 102, 167 (174).

[46] BVerfGE 12, 205 (229); siehe auch BVerfGE 11, 89 (98 f.); neuerdings durch BVerfGE 102, 167 bestätigt; ausf. dazu *Klein* AöR 88 (1963), 377, der zT Kritik an der Auffassung des BVerfG übt (409 f.); siehe auch bereits *Achterberg* AöR 86 (1961), 63 ff.

allein der Umstand, dass im Einzelfall eine Ausführung des Gesetzes durch den Bund zweckmäßiger wäre, zur Annahme einer ungeschriebenen Verwaltungszuständigkeit nicht aus.[47]

12 Dazu ist Folgendes festzustellen: Die Bejahung ungeschriebener Gesetzgebungskompetenzen für den Bund begegnet ebenso Bedenken wie die Bejahung ungeschriebener Verwaltungszuständigkeiten.[48] Das GG weist gerade in Art. 83 ff. einen detaillierten Katalog von Zuständigkeiten auf. Ohne Zweifel sollte damit eine abschließende Regelung getroffen werden, schon um eine nachhaltige Schwächung der Stellung der Länder im Verfassungsgefüge zu vermeiden. Gleichwohl lässt sich nicht leugnen, dass es durchaus **atypische Fälle** geben kann, in denen sich die Frage einer Inanspruchnahme ungeschriebener Verwaltungszuständigkeiten stellt, etwa dann, wenn das GG die Einzelheiten eines Bereichs wider Erwarten doch nicht erschöpfend geregelt hat.

13 Auch in diesen Fällen ist allerdings ein ungeschriebener Vorbehalt zugunsten des Bundes **nur in engen Grenzen** und unter strikter Beachtung des **Grundsatzes der Subsidiarität** anzuerkennen, sofern die gebotene Einheitlichkeit des Vollzugs weder durch eine Betätigung der Ingerenzrechte aus Art. 84 Abs. 3, Art. 85 Abs. 3[49] noch durch eine Kooperation der Länder untereinander[50] oder die Effektuierung des Gebotes bundes-/länderfreundlichen Verhaltens erreicht werden kann.[51] Ungeschriebene Vollzugskompetenzen des Bundes werden deshalb regelmäßig nur dort in Frage kommen, wo es an Anknüpfungspunkten für eine Landeskompetenz von vornherein fehlt.[52]

V. Überregionaler Verwaltungsakt

14 Die Länder sind bei der Ausführung von Bundesgesetzen auf ihr Gebiet beschränkt. An ihren Grenzen endet ihre Verwaltungshoheit.[53] Trotzdem hat der Verwaltungsakt im ganzen Bundesgebiet Wirkung,[54] weil sich der Kompetenzbereich des Bundesgesetzgebers hierauf erstreckt. Ein Verwaltungsakt hat also überregionale Bedeutung, man spricht auch vom „überregionalen Verwaltungsakt".[55] Allerdings hat diese Problematik nichts mit den oben erwähnten ungeschriebenen Zuständigkeiten zu tun.[56] Die **Überregionalität** ergibt sich zwangsläufig aus dem Bundesstaatsprinzip. Ausschlaggebend ist die **Bindungswirkung einer Verwaltungsentscheidung.** Die Bindungswirkung hat die gleiche Reichweite wie der Kompetenzbereich des Bundesgesetzgebers. Die Art. 83 ff. teilen nur die Zuständigkeiten zwischen dem

---

[47] BVerfGE 11, 6 (17 f.); 22, 180 (217 f.); großzügiger BVerwG DÖV 1982, 826.

[48] Krit. auch *Bull* in AK Rn. 8, 9.

[49] Vgl. BVerfGE 11, 6 (17 f.).

[50] S. BVerfGE 12, 205 (251 f.).

[51] Vgl. näher *Dittmann/Winkler* in Sachs Rn. 17; *Pieroth* in Jarass/Pieroth Rn. 7; *Trute* in MKS Rn. 80; *Umbach/Clemens* in Umbach/Clemens Rn. 22; *Bull* in AK Rn. 8; enger noch *Broß* in v. Münch/Kunig, 6. Aufl. 2012, Rn. 11 f.

[52] So mit Recht *Hermes* in Dreier Rn. 44; zu möglichen Einzelfällen, vgl. *Pieroth* in Jarass/Pieroth Rn. 8 ff.; *Bull* in AK Rn. 13 ff.

[53] Siehe auch OVG Lüneburg DÖV 1973, 683 Nr. 260; OVG Münster NJW 1979, 1057.

[54] BVerfGE 11, 6 (19); 139, 321 (353) Rn. 100; siehe auch *Kirchhof* in Maunz/Dürig Rn. 53.

[55] BVerwGE 22, 299 (306 f.); 22, 117.

[56] Insoweit unscharf *Bull* in AK Rn. 21 ff.; *Lerche* in Maunz/Dürig, GG, Voraufl. 1983, Rn. 47 ff.

Bund und den einzelnen Ländern auf, nicht hingegen die Bindungswirkung der im Vollzug der Bundesgesetze ergehenden Verwaltungsentscheidungen.

VI. Mischverwaltung

15 Das GG kennt nach den Art. 83 ff. nur die Ausführung von Bundesgesetzen als eigene Angelegenheit (Regelfall – näher erläutert in Art. 84), die Ausführung der Bundesgesetze im Auftrage des Bundes (Art. 85) oder die Ausführung der Gesetze durch bundeseigene Verwaltung (Art. 86, 87–90, 108, 114 u. 120a). Die gemeinsame Ausführung von Bundesgesetzen durch Bundes- und Landesbehörden ist als allgemeine Verwaltungsform nicht vorgesehen. Unter dieser Mischverwaltung[57] versteht die hM eine Verwaltungsorganisation, bei der eine Bundes- einer Landesbehörde übergeordnet ist oder bei der ein Zusammenwirken von Bundes- und Landesbehörden durch Zustimmungserfordernisse,[58] Mitplanungs-, Mitverwaltungs- und Mitentscheidungsbefugnisse[59] erfolgt.[60] Das soll auch für den Bereich mittelbarer Staatsverwaltung durch Körperschaften des öffentlichen Rechts gelten.[61]

16 Der so verstandene Begriff der Mischverwaltung diente früher dazu, Einwand, Vorwurf oder Verbot zum Ausdruck zu bringen.[62] Auch das **BVerfG** hat in gefestigter Rechtsprechung von dem „grundgesetzlichen Verbot der so genannten Mischverwaltung" gesprochen,[63] seine Auffassung jedoch im Jahr 1983 zumindest teilweise revidiert und wie folgt gefasst: „Die Verwendung des Begriffs ‚Mischverwaltung' mag zur klassifizierenden Kennzeichnung einer bestimmten Art verwaltungsorganisatorischer Erscheinungsformen sinnvoll sein. Für die Prüfung, ob ein Zusammenwirken von Bundes- und Landesbehörden bei der Verwaltung im konkreten Fall rechtlich zulässig ist, ergibt sich daraus nichts. Allgemeine Regeln lassen sich insoweit nur schwerlich aufstellen. Hierzu sind die organisatorischen Erscheinungsformen, die gemeinhin als Mischverwaltung angesehen werden, zu verschiedenartig. Auch die Kompetenz- und Organisationsnormen, anhand derer die rechtliche Zulässigkeit solcher organisatorischer Ausgestaltungen zu prüfen ist, sind zu unterschiedlich. Klassifizierungen verwaltungswissenschaftlicher Art können die rechtliche Beurteilung nicht ersetzen. Eine verwaltungsorganisatorische Erscheinungsform ist nicht deshalb verfassungswidrig, weil sie als Mischverwaltung einzuordnen ist, sondern nur, wenn ihr zwingende Kompetenz- oder Organisationsnormen oder sonstige Vorschriften des Verfassungsrechts entgegenstehen."[64]

17 Unproblematisch ist eine **Mischverwaltung** danach (nur) dann, wenn sie im GG ausdrücklich vorgesehen ist, so zB in Art. 108 Abs. 1.[65] In allen

---

[57] Vgl. grdl. *Ronellenfitsch,* Die Mischverwaltung im Bundesstaat, 1975; *Loeser,* Theorie und Praxis der Mischverwaltung, 1976; *Hermes* in Dreier Rn. 47 ff.; *Trute* in MKS Rn. 28 ff.; *Lerche* in Maunz/Dürig, GG, 1983, Rn. 85 ff.; *Dittmann/Winkler* in Sachs Rn. 4 f.; *Umbach/Clemens* in Umbach/Clemens Rn. 26; *Bull* in AK Vor Art. 83 Rn. 40 ff.; *Kirchhof* in Maunz/Dürig Rn. 88 ff.

[58] BVerfGE 11, 105 (124).

[59] BVerfGE 32, 145 (156); 39, 96 (120); 41, 291 (311).

[60] Vgl. auch BVerwGE 42, 279 (282); zum Begriff ausf. *Ronellenfitsch,* Die Mischverwaltung im Bundesstaat, 1975, 21 ff.

[61] BVerfGE 11, 105 (124); 32, 145 (156).

[62] *Ronellenfitsch,* Die Mischverwaltung im Bundesstaat, 1975, 49 mwN.

[63] BVerfGE 32, 145 (156); 39, 96 (120); 41, 291 (311).

[64] BVerfGE 63, 1 (38).

[65] Vgl. auch BVerfGE 108, 169 (182); 119, 331 (365).

übrigen Fällen muss sie den durch das Gebot der Kompetenzerhaltung,[66] das Umgehungsverbot[67] und die Grundsätze der eigenverantwortlichen Aufgabenwahrnehmung[68] und der Verantwortungsklarheit[69] gezogenen Rahmen beachten.[70] Unzulässig ist sie deshalb regelmäßig dann, wenn die Letztverantwortlichkeit des nach dem GG an sich zuständigen Verwaltungsträgers nicht mehr gewahrt ist[71] oder das Ausmaß der Kooperation bestimmte Intensitätsstufen überschreitet,[72] so dass die Gefahr einer Umgehung der im GG grundsätzlich abschließend festgelegten Verwaltungstypen entstünde. Entbehrt die „Zuhilfenahme" oder „Betrauung" landesbehördlicher Einrichtungen für Zwecke der Bundesverwaltung unter Wahrung der Letztverantwortlichkeit des an sich zuständigen Verwaltungsträgers dagegen nicht eines besonderen sachlich rechtfertigenden (auch verwaltungsökonomischen) Grundes und bleibt sie darüber hinaus ihrem Ausnahmecharakter entsprechend auf eng umgrenzte Verwaltungsbereiche beschränkt,[73] so ist von Verfassungs wegen regelmäßig nichts gegen sie zu erinnern.[74] Jedenfalls kann von einem generellen Verbot auch nach der Entscheidung des BVerfG v. 20.12.2007[75] nicht gesprochen werden.[76] Der Gesetzgeber bedarf bei der Ausgestaltung der Verwaltung in dem soeben dargestellten Rahmen eines weiten Spielraums, um den verschiedenartigen, sich ständig wandelnden organisatorischen Erfordernissen Rechnung tragen und eine wirkungsvolle und leistungsfähige Verwaltung gewährleisten zu können.[77] Dementsprechend hat das BVerfG 1983 weiter festgestellt, dass die Art. 83 ff. zwar grundsätzlich von einer Unterscheidung zwischen Bundes- und Landesverwaltung ausgehen, zugleich aber auch anerkannt, dass die Verwaltungsbereiche von Bund und Ländern nicht (in jedem Einzelfall) starr voneinander geschieden sind.[78] Zu Recht nimmt das BVerfG deshalb an, dass ein Zusammenwirken von Bund und Ländern bei der Verwaltung in vielfältiger Form vorgesehen ist.[79]

---

[66] BVerfGE 32, 145 (156); 63, 1 (39).

[67] BVerfGE 39, 96 (109 f.).

[68] BVerfGE 63, 1 (41) unter Bezugnahme auf *Grawert,* Verwaltungsabkommen zwischen Bund und Ländern in der Bundesrepublik Deutschland, 1967, 195.

[69] BVerfGE 119, 331 (366) mwN.

[70] S. hierzu grdl. *Trute* in MKS Rn. 28 ff.

[71] Vgl. *Dittmann/Winkler* in Sachs Rn. 5.

[72] Siehe auch *Umbach/Clemens* in Umbach/Clemens Rn. 26.

[73] BVerfGE 63, 1 (41); 119, 331 (367).

[74] Siehe auch *Umbach/Clemens* in Umbach/Clemens Rn. 26.

[75] BVerfGE 119, 331 ff.

[76] So mit Recht auch *Trapp* DÖV 2008, 277 (282); *Kirchhof* in Maunz/Dürig Rn. 88. Von einem grundlegenden Richtungswechsel kann keine Rede sein, so aber *P. M. Huber* DÖV 2008, 844 (846) und *Hermes* in Dreier Rn. 49. Siehe nunmehr auch BVerfGE 127, 165 (191); 137, 108 (144 f.) Rn. 84: „Kein absolutes Verbot".

[77] So zutr. BVerfGE 63, 1 (34); 119, 331 (365).

[78] BVerfGE 63, 1 (39).

[79] Vor diesem Hintergrund war umstritten, ob die nach § 44b Abs. 1 SGB II zwischen der Bundesagentur für Arbeit und den kommunalen Sozialhilfeträgern zu bildenden Arbeitsgemeinschaften (Kernstück der Zusammenlegung von Arbeitslosen- und Sozialhilfe) eine unzulässige Mischverwaltung darstellen. Für Unzulässigkeit plädierten zB *Brosius-Gersdorf* VSSR 2005, 335 (373 ff.); *Henneke* DÖV 2005, 177 (188 f.); *Ruge/Vorholz* DVBl. 2005, 403 (407 f.) jeweils mit der Erwägung, die Arbeitsgemeinschaften verstießen gegen die Grundsätze der eigenverantwortlichen Aufgabenwahrnehmung und der Verantwortungsklarheit. Keine Bedenken unter dem Gesichtspunkt unzulässiger Mischverwaltung sahen hingegen *Quaas* SGb 2004, 723 (725 f.); *Breitkreuz* SGb 2005, 141 (145) und *Kersten* ZfPR 2005, 130 (136): Die Arbeitsgemeinschaft nehme die Aufgaben der jeweiligen Leistungsträger nur im

18 Dies gilt gerade auch im Hinblick auf die so genannte **Organleihe,**[80] die dadurch gekennzeichnet ist, dass das Organ eines Rechtsträgers ermächtigt und beauftragt wird, einen Aufgabenbereich eines anderen Rechtsträgers wahrzunehmen. Bei ihr besteht regelmäßig die Gefahr, dass die Zuständigkeiten von Bund und Ländern verwischt werden. Dieses Institut darf deshalb nicht dazu führen, dass die Zuständigkeitsverteilung der Art. 83 ff. unterlaufen wird. Im Hinblick darauf gilt, dass der Verwaltungsträger, dem durch eine Zuständigkeitsnorm des GG Verwaltungsaufgaben zugewiesen sind, diese Aufgaben grundsätzlich durch eigene Verwaltungseinrichtungen – mit eigenen personellen und sächlichen Mitteln – wahrnehmen muss. Dem Grundgedanken einer Norm, die für eine bestimmte Materie dem Bund die Verwaltungszuständigkeit zuordnet, widerspräche es, würden in weitem Umfang Einrichtungen der Landesverwaltung für Zwecke der Bundesverwaltung herangezogen. Dies gilt selbst dann, wenn eine förmliche Übertragung von Zuständigkeiten nicht erfolgt. Das BVerfG fordert deshalb zu Recht auch bei der Organleihe einen besonderen sachlichen Grund für das Abgehen vom Grundsatz „eigenverantwortlicher Aufgabenwahrnehmung". Ein solcher kann auch in verwaltungsökonomischen Erwägungen liegen. Die Heranziehung an sich unzuständiger Verwaltungseinrichtungen kommt aber stets nur hinsichtlich einer eng umgrenzten Verwaltungsmaterie in Betracht und muss die Ausnahme bleiben.[81] Ferner muss die Letztverantwortlichkeit des an sich zuständigen Verwaltungsträgers (auch bei der Organleihe) gewahrt bleiben. Letzteres hat zur Folge, dass das ausgeliehene Organ aus der Weisungshierarchie des ausleihenden Verwaltungsträgers herausgelöst und in die des entleihenden Verwaltungsträgers eingegliedert werden muss.[82]

19 Zu Recht hat *Blümel*[83] darauf hingewiesen, dass die anerkannten Voraussetzungen für die ausnahmsweise „Zuhilfenahme" landesbehördlicher Einrichtungen für Zwecke der Bundesverwaltung naturgemäß auch für den umgekehrten Fall gelten. Stellt der Bund einem Land zur Erledigung von Landesaufgaben eine Bundesbehörde in Form der Organleihe zur Verfügung, so ist jedes Handeln der Bundesbehörde und ihrer Bediensteten bei der Wahrnehmung von Landesaufgaben dem Land zuzurechnen.[84] Die Bundesbehörden unterliegen in einem solchen Fall den Weisungen des Landes und

Sinne einer gebündelten Komplementärzuständigkeit wahr. Die einzelnen Leistungsträger seien Zurechnungssubjekte der ihnen gesetzlich zugewiesenen Aufgaben geblieben, lediglich die Wahrnehmungszuständigkeit und Durchführungsverantwortung, nicht aber die sachliche Zuständigkeit sei auf die Arbeitsgemeinschaften übergegangen. Eine Einräumung von Mitentscheidungsrechten in Kompetenzbereichen des jeweils anderen Trägers habe nicht stattgefunden. – Letzterem ist zuzustimmen (so auch BSG SGb 2007, 164, SGb 2007, 39). Die Arbeitsgemeinschaften agieren lediglich „als Büro" beider Träger. Mangels eigener Sachentscheidungsbefugnis kann von einer Abweichung vom Grundsatz eigenverantwortlicher Aufgabenwahrnehmung oder einer Verwischung von Verantwortlichkeiten keine Rede sein (anders jedoch BVerfGE 119, 331 (364 ff.); hiergegen Sondervotum *Broß/Osterloh/Gerhardt* BVerfGE 119, 386 ff.). Der verfassungsändernde Gesetzgeber hat den Rechtsirrtum der Senatsmehrheit in Art. 91e GG korrigiert und der *Zweite Senat* des BVerfG hat dieser Korrektur – in weitgehend neuer Besetzung – mit Urteil vom 7. Oktober 2014 – 2 BvR 1641/11 –, BVerfGE 137, 108 (141 ff.) seinen Segen erteilt.

[80] Vgl. näher *Trute* in MKS Rn. 34; *Hermes* in Dreier Rn. 51; *Dittmann/Winkler* in Sachs Rn. 5; *Umbach/Clemens* in Umbach/Clemens Rn. 27; *Bull* in AK Vor Art. 83 Rn. 58.

[81] BVerfGE 63, 1 (41 ff.).

[82] So zutr. *Hermes* in Dreier Rn. 51.

[83] *Blümel* in HdbStR IV § 101 Rn. 13.

[84] BVerwG NJW 1976, 1468.

sie wenden dann das jeweilige Landesrecht (zulässig) an. Es handelt sich in solchen Fällen nicht um eine unzulässige „umgekehrte Auftragsverwaltung".[85]

Verfassungsrechtlich unbedenklich sind darüber hinaus auch die in der Praxis vielfältigen Formen der **Kooperation und Koordination** zwischen Bund und Ländern, sofern sie sich auf rechtlich unverbindliche Empfehlungen und einen allgemeinen Gedanken- und Informationsaustausch beschränken und die Letztverantwortlichkeit des nach dem GG zuständigen Verwaltungsträgers gewahrt bleibt.[86] **20**

B. Einzelfragen

I. Die Länder führen die Bundesgesetze als eigene Angelegenheit aus

Zu den **Bundesgesetzen** in Art. 83 zählen – wie auch in den Art. 84 ff. – **21**
nur förmliche Bundesgesetze und die zu ihrer Ausführung erlassenen RVO.[87] Allerdings muss es sich um solche Gesetze handeln, die Außenwirkung gegenüber dem Bürger entfalten. Vom Anwendungsbereich des Art. 83 ausgenommen sind deshalb Normen, die keinen durch das Gesetz gesteuerten Vollzugsmaßnahmen bedürfen und deshalb nicht ausgeführt, sondern lediglich beachtet werden müssen.[88] Gleiches gilt für solche Vorschriften, die kein erkennbares Programm enthalten und deshalb jeder Vollzugsfähigkeit entbehren.[89] Auch Gesetze, die sich lediglich an die Länder richten, gehören nicht dazu. Letztere haben ausschließlich organisatorischen Gehalt. Der Kritik von *Lerche*[90] ist nicht zu folgen. Die Art. 83 ff. tragen auch dem Grundsatz einer funktionalen Gewaltenteilung Rechnung. Wenn keine, auch nicht wenigstens eine mittelbare Außenwirkung gegenüber dem Bürger in Vollzug des Bundesgesetzes erzielt wird, ist der Regelungsgehalt des Art. 83 nicht berührt.[91]

Unter **Ausführung der Bundesgesetze** versteht das BVerfG[92] die ver- **22**
waltungsmäßige Ausführung und verwendet offensichtlich die Begriffe „Verwalten" und „Ausführen" synonym iSv „Vollziehen der Gesetze" im Gegensatz zu solchen, die keines Vollzugs bedürfen oder fähig sind.[93] Unter den

[85] BVerwG NJW 1976, 1468 (1469).

[86] Vgl. näher *Dittmann/Winkler* in Sachs Rn. 5; *Hermes* in Dreier Rn. 52; *Trute* in MKS Rn. 36 ff.; *Bull* in AK Vor Art. 83 Rn. 51 ff.

[87] Siehe auch *Pieroth* in Jarass/Pieroth Rn. 5; *Dittmann/Winkler* in Sachs Rn. 19; *Kirchhof* in Maunz/Dürig Rn. 122. Fraglich ist, ob auch das GG selbst „Bundesgesetz" iSv Art. 83 ist oder sein kann, dafür *Lerche* in Maunz/Dürig, GG, Voraufl. 1983, Rn. 74; *Pieroth* in Jarass/Pieroth Rn. 5; Sondervotum *Voßkuhle/Hermanns/Müller,* BVerfGE 139, 371 (372 f.) Rn. 3; kritisch: *Bull* in AK Rn. 26; ablehnend: *Heitsch,* Die Ausführung der Bundesgesetze durch die Länder, 2001, 157; *Suerbaum* in BeckOK GG Rn. 15; offen gelassen: BVerfGE 139, 321 (354) Rn. 104. Die Verleihung des Körperschaftsstatus nach Art. 4 Abs. 1 und 2, Art. 140 i. V. m. Art. 137 Abs. 5 S. 2 WRV soll – mangels Kompetenzzuweisung an den Bund im Bereich des Staatskirchenrechts – nicht unter Art. 83 fallen, so ausdrücklich BVerfGE 139, 321 (354 ff.); aA Sondervotum *Voßkuhle/Hermanns/Müller,* BVerfGE 139, 371 (372).

[88] Vgl. *Umbach/Clemens* in Umbach/Clemens Rn. 28; *Bull* in AK Rn. 25 f.; *Dittmann/Winkler* in Sachs Rn. 19 u. 21; *Pieroth* in Jarass/Pieroth Rn. 3 f.; *Heitsch,* Die Ausführung der Bundesgesetze durch die Länder, 2001, 156 f.

[89] Siehe auch *Hermes* in Dreier Rn. 26; *Dittmann/Winkler* in Sachs Rn. 19 u. 21; *Lerche* in Maunz/Dürig, GG, Voraufl. 1983, Rn. 70 ff.

[90] *Lerche* in Maunz/Dürig, GG, Voraufl. 1983, Rn. 72 mit Fn. 254.

[91] A. A. insoweit *Dittmann/Winkler* in Sachs Rn. 21 a. E.

[92] BVerfGE 8, 122 (131); 6, 309.

[93] Siehe auch *Hermes* in Dreier Rn. 31; *Dittmann/Winkler* in Sachs Rn. 21.

Begriff „Ausführen" fällt zB der Erlass von Verwaltungsakten, die Gestaltung des Verwaltungsverfahrens, der Erlass von Verwaltungsvorschriften und bei entsprechender bundesgesetzlicher Ermächtigung (Art. 80 Abs. 1) auch der Erlass von RVO.[94]

23 Es entspricht allg M, dass die **unmittelbar geltenden Normen des Unionsrechts** in entspr. Anwendung der Art. 83 ff. wie „Bundesgesetze" vollzogen werden, soweit keine eigene Zuständigkeit für Behörden der EU begründet ist.[95] Die Annahme einer prinzipiellen Zuständigkeit der Länder aus Art. 30 mit Einwirkungsrechten des Bundes analog Art. 84 nur für den Fall, dass die Sachmaterie – bei innerstaatlicher Betrachtung – in die ausschließliche oder konkurrierende Gesetzgebungskompetenz des Bundes fiele,[96] ist mit der unionsrechtlichen Verpflichtung des Bundes, einen ordnungsgemäßen Vollzug des Unionsrechts auch dann zu gewährleisten, wenn die Sachmaterie nach innerstaatlichem Recht in die ausschließliche Kompetenz der Länder fällt, nicht zu vereinbaren.[97]

24 Der Umstand, dass die Länder die Bundesgesetze als eigene Angelegenheit ausführen, bedingt im Verhältnis der Länder zueinander, dass ein Land nicht durch die Verwaltungsvorschriften eines anderen gebunden wird.[98]

25 Die **Rspr** einschließlich der **Gerichtsorganisation** fällt nicht unter den VIII. Abschnitt des GG.[99] Gleiches gilt für Maßnahmen der Staatsleitung.[100] Im Hinblick auf den Grundsatz der Gewaltenteilung und die Unabhängigkeit der Richter sind alle die Rspr berührenden Fragen wesensmäßig anders einzuordnen als die weisungsgebundene Verwaltungstätigkeit. Nicht zuletzt deshalb ist ihr im GG ein eigener Abschnitt (IX) gewidmet.[101]

26 Die Verwaltungsbereiche des Bundes und der Länder sind voneinander unabhängig.[102] Dabei sind die Länder gegenüber dem Bund in mehrfacher Hinsicht selbständig. Zum einen führen sie – Regelfall – die Bundesgesetze als **eigene Angelegenheit** aus und genießen damit eine größere Unabhängigkeit. Zum andern kann eine eigene Verwaltungszuständigkeit des Bundes nur dann begründet werden, wenn das GG nichts anderes bestimmt oder zulässt. Mit der Formulierung „als eigene Angelegenheit" bringt das GG zum Ausdruck, dass die **Länder** die Bundesgesetze in eigener Verantwortung ausführen. Hierzu sind sie nicht nur berechtigt, sondern auch **verpflichtet.**[103] Sofern der Bund nichts anderes bestimmt (Art. 84 Abs. 1 S. 2), kommt allein den Ländern die Befugnis (Organisationsgewalt) zu, die Einrichtung der Behörden festzulegen, das Verwaltungsverfahren zu regeln und den Personaleinsatz zu bestimmen.[104] Allerdings muss eine **im Wesentlichen einheitli-**

---

[94] Vgl. näher *Bull* in AK Rn. 30; *Dittmann/Winkler* in Sachs Rn. 22 mwN.

[95] Vgl. BVerwGE 102, 119 (125 f.); s. iÜ *Dittmann/Winkler* in Sachs Rn. 20; *Pieroth* in Jarass/Pieroth Rn. 5; *Kirchhof* in Maunz/Dürig Rn. 65 ff. u. 123 ff. jeweils mwN.

[96] S. hierzu *Hermes* in Dreier Rn. 10 mwN; *Suerbaum* in BeckOK GG Rn. 18 f. mwN.

[97] Zutr. *Dittmann/Winkler* in Sachs Rn. 20.

[98] So zutr. etwa BFHE 144, 9.

[99] Vgl. auch *Lerche* in Maunz/Dürig, GG, Voraufl. 1983, Rn. 65; *Pieroth* in Jarass/Pieroth Rn. 4.

[100] BVerfGE 105, 252 (271); 105, 279 (307).

[101] So nimmt das BVerfG – BVerfGE 14, 197 (219) – sogar das Registergericht aus dem Begriff der Verwaltungsbehörde aus und verneint die Anwendung des Art. 84 Abs. 1.

[102] Vgl. näher *Dittmann,* Die Bundesverwaltung, 1983, 81 ff.

[103] BVerfGE 37, 363 (385); 55, 274 (318); 75, 108 (150); siehe auch *Hermes* in Dreier Rn. 34.

[104] S. hierzu *Hermes* in Dreier Rn. 33; *Dittmann/Winkler* in Sachs Rn. 6; *Bull* in AK Art. 83 Rn. 33.

che Verwaltungspraxis gewährleistet sein.[105] Das Gebot loyaler Umsetzung des dem Bundesgesetz zugrundeliegenden (politischen) Programms (→ Rn. 3) darf nicht konterkariert werden. Es kann die Länder sogar zum Erlass von Normen verpflichten, sofern dies zur (effektiven) Ausführung des Bundesgesetzes erforderlich ist.[106]

II. Soweit dieses Grundgesetz nichts anderes „bestimmt" oder „zulässt"

„Bestimmt" iSv Art. 83 ist eine Abweichung dann, wenn sie entweder ausdrücklich oder konkludent angeordnet ist. „Zugelassen" ist sie, wenn sie vom Grundgesetz ausdrücklich oder konkludent ermöglicht wird.[107] 27

Fälle obligatorischer Zuweisung an den Bund zu bundeseigener Verwaltung enthalten Art. 87 Abs. 1 S. 1, Abs. 2 S. 1; Art. 87b Abs. 1 S. 1, Art. 87d Abs. 1 S. 1, Art. 87e Abs. 1, Art. 87f Abs. 2 S. 2, Art. 108 Abs. 1 S. 1 und Art. 120. Fakultativ ist die bundeseigene Verwaltung in Art. 87 Abs. 1 S. 2, Abs. 2, Art. 87b Abs. 1 S. 3, Abs. 2 S. 1 zugelassen. In einigen Fällen sieht das GG die Möglichkeit der Rückübertragung in die Verbandskompetenz der Länder zum Vollzug entweder als eigene Angelegenheit oder im Auftrage des Bundes ganz oder teilweise vor (vgl. Art. 87 Abs. 2 S. 2, Art. 87d Abs. 2, Art. 87e Abs. 1 S. 2, Art. 89 Abs. 2 S. 3 u. 4). Ausnahmen von der Regelvermutung für die Landeseigenverwaltung folgen aus Art. 85 iVm den obligatorischen Fällen der Auftragsverwaltung (Art. 90 Abs. 3, Art. 104a Abs. 2 S. 2 und Art. 108 Abs. 2 S. 1) und den Fällen fakultativer Auftragsverwaltung in Art. 87b Abs. 2, Art. 87c, 87d Abs. 2, Art. 89 Abs. 2 S. 3, 4 und Art. 120a.[108] Stillschweigend zugelassen sind darüber hinaus auch ungeschriebene Verwaltungskompetenzen (→ Rn. 10). 28

C. Kritische Würdigung

Das GG trägt mit der Vorschrift des Art. 83 dem föderalistischen Prinzip in überzeugender Weise Rechnung. Auch anlässlich der Föderalismusreform ist ein Änderungsbedarf nicht deutlich geworden. Die Entscheidung des Grundgesetzes für einen föderalen Aufbau hat notwendigerweise zur Folge, dass die Lebensverhältnisse in den einzelnen Ländern nicht identisch sind. Die Aufteilung der staatlichen Gewalt auf mehrere Träger, den Bund und die Länder, gewährleistet dem Einzelnen einen möglichst großen Freiheitsraum. Der Preis hierfür ist in der Vielfalt der Lebensverhältnisse zu sehen, was jedoch ein stetes Streben nach Gleichwertigkeit im Rahmen der allen staatlichen Entscheidungsträgern obliegenden Verpflichtung auf das Gemeinwohl keineswegs ausschließt. 29

Literatur

N. Achterberg, Strukturen der Geschichte der Verwaltung, DÖV 1979, 577. – ***H. Bauer,*** Die Bundestreue, 1992. – ***G. Baum,*** Föderalismus und Sozialversicherung, BKK 1992, 170. – ***E. Becker,*** Die Ausführung von Bundesgesetzen durch Gemeinden

[105] BVerfGE 11, 6 (18).
[106] Vgl. *Hermes* in Dreier Rn. 34 mwN.
[107] So zutr. *Trute* in MKS Rn. 77.
[108] Vgl. zum Ganzen *Trute* in MKS Rn. 78; zur Frage der Rückübertragung speziell auch *Dittmann/Winkler* in Sachs Rn. 13 f.

und Gemeindeverbände, BayVBl. 1961, 65. – ***W. Bouska,*** Zur Verfassungsmäßigkeit von bundeseinheitlichen Richtlinien der Länder, NJW 1962, 620. – ***T. Breitkreuz,*** Die Leistungsträger nach dem SGB II im System des Sozialverwaltungsrechts, SGb 2005, 141. – ***F. Brosius-Gersdorf,*** Hartz IV und die Grundsicherung für hilfebedürftige erwerbsfähige Arbeitssuchende, VSSR 2005, 335. – ***C.-Th. Brusamm,*** „Bundesbörsen" unter Landesaufsicht, WM 1990, 1265. – ***R. Darmstadt,*** Zur Frage einer Mischverwaltung von Bund und Ländern, 1961. – ***A. P. Deimel,*** Die organisationsrechtliche Ansiedlung der Ämter zur Regelung offener Vermögensfragen, DÖV 1993, 60. – ***U. Di Fabio,*** Die „Dritte Säule" der Union, DÖV 1997, 89. – ***A. Dittmann,*** Die Bundesverwaltung, 1983. – ***H.-U. Erichsen,*** Verfassungsrechtliche Probleme staatlich-kommunaler Mischverwaltung, NWVBl. 2001, 161. – ***R. W. Füßlein,*** Mischverwaltung und Mitverantwortung? DVBl. 1956, 1. – ***R. W. Füßlein,*** Der überregionale Verwaltungsakt, DVBl. 1951, 33. – ***W. Geiger,*** Das Bund-Länder-Verhältnis in der Rechtsprechung des Bundesverfassungsgerichts, BayVBl. 1957, 301, 337. – ***R. Grawert,*** Verwaltungsabkommen zwischen Bund und Ländern in der Bundesrepublik Deutschland, 1967. – ***E. Grabitz,*** Die Rechtsetzungsbefugnis von Bund und Ländern bei der Durchführung von Gemeinschaftsrecht, AöR 111 (1986), 1. – ***R. Groß,*** Die verfassungsrechtliche Würdigung der Kooperationsformen bei Bund und Ländern, NJW 1967, 1001. – ***R. Groß,*** Kooperativer Föderalismus und Grundgesetz, DVBl. 1969, 93, 125. – ***Ch. Gusy,*** Verwaltung durch Information, NJW 2000, 977. – ***K. Heinz,*** Beschneidung der Länderexekutivrechte durch Bundestagsbeschlüsse?, KritV 1989, 226. – ***Ch. Heitsch,*** Die Ausführung der Bundesgesetze durch die Länder, 2001. – ***H.-G. Henneke,*** Aufgabenwahrnehmung und Finanzlastverteilung im SGB II als Verfassungsproblem, DÖV 2005, 177. – ***K. Hesse,*** Der unitarische Bundesstaat, 1962. – ***K. Hesse,*** Aspekte des kooperativen Föderalismus in der Bundesrepublik, FS f. Müller, 1970, 141. – ***P. M. Huber,*** Das Verbot der Mischverwaltung – de constitutione lata et ferenda, DÖV 2008, 844. – ***D. Jaxt,*** Kompetenz der Länder für ein Tempolimit?, NJW 1986, 2228. – ***W. Kahl,*** Europäisches und nationales Verwaltungsorganisationsrecht, Die Verwaltung 29 (1996), 341. – ***H.-B. Kawerau,*** Bundesgesetzliche Ermächtigung zum Erlass von Verwaltungsakten durch Bundesminister, 1970. – ***J. Kersten,*** Arbeitsgemeinschaften (§ 44b SGB II), ZfPR 2005, 130. – ***P. Kirchhof,*** Rechtsmaßstäbe finanzstaatlichen Handelns, JZ 1979, 153. – ***H. Klatt,*** Deutsche Einheit und bundesstaatliche Ordnung, VerwArch 82 (1991), 430. – ***J. Kölble,*** Die hoheitliche Verwaltung des Bundes und die Staatsgewalt der Länder, DÖV 1962, 661. – ***J. Kölble,*** Verwaltungsabkommen zwischen Bund und Ländern, DÖV 1960, 650. – ***A. Köttgen,*** Das Bundesverfassungsgericht und die Organisation der öffentlichen Verwaltung, AöR 90 (1965), 205. – ***F. Kopp,*** Gesetzliche Regelungen zur Bewältigung von Massenverfahren, DVBl. 1980, 320. – ***F. Kopp,*** Beteiligung und Rechtsschutz der Länder in Planfeststellungsverfahren des Bundes, NuR 1991, 449. – ***E. Küchenhoff,*** Ausdrückliches, stillschweigendes und ungeschriebenes Recht in der bundesstaatlichen Kompetenzverteilung, AöR 82 (1957), 413. – ***E. Kurth,*** Überregionalität des deutschen Börsenhandels und die Kompetenzen der Aufsichtsbehörden der Länder, Kreditwesen 1998, 553. – ***W. Leyendecker,*** Föderalismus und Entwicklung der Sozialversicherung, ZfSH 1992, 281. – ***R. Loeser,*** Theorie und Praxis der Mischverwaltung, 1976. – ***H. H. Lohmann,*** Die Praktikabilität des Gesetzesvollzugs als Auslegungstopos im Verwaltungsrecht, AöR 100 (1975), 415. – ***Th. Maunz,*** Die geteilte Verwaltung im Bundesstaat, FS zum 50-jährigen Bestehen des Richard Boorberg Verlags, 1977, 95. – ***B. Münzer,*** Optimismus in ostdeutscher Wirtschaft?, ASP 1992, 26. – ***R. Neuser,*** Die Gesetzgebungskompetenzen für das Verwaltungsverfahren, 1974. – ***M. Oldiges,*** Verbandskompetenz, DÖV 1989, 873. – ***H.-J. Papier,*** Einwendungen Dritter in Verwaltungsverfahren, NJW 1980, 313. – ***K. Pathe,*** Die Ausführung der Bundesgesetze, DVBl. 1951, 681. – ***U. Prutsch,*** Die Bundesverwaltung, VR 1985, 308. – ***G. Püttner,*** Kommunalrecht und Vollzug von Bundesgesetzen durch die Gemeinden, FS aus Anlass des 25-jährigen Bestehens des BVerwG, 1978, 433. – ***M. Quaas,*** Die Arbeitsgemeinschaft nach dem neuen SGB II: Ungelöste Rechtsfragen zur Rechtsnatur der Einrichtung, SGb 2004, 723. – ***M. Rommel,*** Zur Lage der Kommunalverwaltung nach 30 Jahren Grundgesetz, DÖV 1979, 362. – ***M. Rommel,*** Kommunalpolitik im Zeichen der Wiedervereinigung, 1993. – ***M. Ronellenfitsch,*** Die Mischverwaltung im Bundesstaat, 1975. – ***M. Rose,*** Die Altlastenfreistellungsklauseln im Recht der neuen Bundesländer, BB 1991, 2100. – ***K. Ruge/I. Vorholz,*** Verfassungs- und verwaltungsrechtliche Fragestellungen bei der Arbeitsgemeinschaft nach § 44b SGB II. – ***H. H. Rupp,*** Formenfreiheit der Verwaltung und Rechtsschutz, FS aus Anlass des 25-jährigen Bestehens des BVerwG, 1978, 539. – ***D. Scheuing,*** Rechtsproblem bei der Durchsetzung des Gemeinschaftsrechts in der Bundesrepublik Deutschland, EuR 1985, 229. – ***R. Schmidt-De Caluwe,*** Verwaltungsorganisationsrecht, JA 1993, 115. – ***W. Schmitt Glaeser,*** Planung und Grundrechte, DÖV 1980, 1. – ***H. Schmitt-Lermann,*** Der überregionale Verwaltungsakt, DÖV 1962, 667. – ***H. Schnoor,*** Zur Lage der Länderverwatung nach 30 Jaren Grundgesetz, DÖV 1979, 355. – ***Ch. Starck,*** Föderalismusreform, 2007. – ***J. Suerbaum,*** Die Kompetenzverteilung beim Vollzug des Europäischen Gemeinschaftsrechts in Deutschland, 1998. – ***D. B. Trapp,*** Die Kontinuität der bundesverfassungsgerichtlichen Rechtsprechung zur sog. Mischverwaltung, DÖV 2008, 277 – ***H. Vaitl,*** Föderative Struktur einer Sozialversicherung in Deutschland, ZfSH 1990, 630. – ***O. Weingart,*** Der überregionale Verwaltungsakt, BayVBl. 1960, 174. – ***G. Winter,*** Rechtsschutz gegen Weisungen in der atomrechtlichen Bundesauftragsverwaltung, DVBl. 1985, 993. – ***W. Wöhrle,*** Ausführungen von Landesgesetzen durch den Bund, 1967. – ***H. A. Wolff,*** Ungeschriebenes Verfassungsrecht unter dem Grundgesetz, 2000. – ***J. Zech,*** Zuständigkeiten bei der Verwaltung der Bundesfernstraßen durch die Länder und Gemeinden, DVBl. 1987, 1089.

Art. 84 [Länderverwaltung und Bundesaufsicht]

(1) [1]Führen die Länder die Bundesgesetze als eigene Angelegenheit aus, so regeln sie die Einrichtung der Behörden und das Verwaltungsverfahren. [2]Wenn Bundesgesetze etwas anderes bestimmen, können die Länder davon abweichende Regelungen treffen. [3]Hat ein Land eine abweichende Regelung nach Satz 2 getroffen, treten in diesem Land hierauf bezogene spätere bundesgesetzliche Regelungen der Einrichtung der Behörden und des Verwaltungsverfahrens frühestens sechs Monate nach ihrer Verkündung in Kraft, soweit nicht mit Zustimmung des Bundesrates anderes bestimmt ist. [4]Artikel 72 Abs. 3 Satz 3 gilt entsprechend. [5]In Ausnahmefällen kann der Bund wegen eines besonderen Bedürfnisses nach bundeseinheitlicher Regelung das Verwaltungsverfahren ohne Abweichungsmöglichkeit für die Länder regeln. [6]Diese Gesetze bedürfen der Zustimmung des Bundesrates. [7]Durch Bundesgesetz dürfen Gemeinden und Gemeindeverbänden Aufgaben nicht übertragen werden.

(2) Die Bundesregierung kann mit Zustimmung des Bundesrates allgemeine Verwaltungsvorschriften erlassen.

(3) [1]Die Bundesregierung übt die Aufsicht darüber aus, daß die Länder die Bundesgesetze dem geltenden Recht gemäß ausführen. [2]Die Bundesregierung kann zu diesem Zwecke Beauftragte zu den obersten Landesbehörden entsenden, mit deren Zustimmung und, falls diese Zustimmung versagt wird, mit Zustimmung des Bundesrates auch zu den nachgeordneten Behörden.

(4) [1]Werden Mängel, die die Bundesregierung bei der Ausführung der Bundesgesetze in den Ländern festgestellt hat, nicht beseitigt, so beschließt auf Antrag der Bundesregierung oder des Landes der Bundesrat, ob das Land das Recht verletzt hat. [2]Gegen den Beschluss des Bundesrates kann das Bundesverfassungsgericht angerufen werden.

(5) [1]Der Bundesregierung kann durch Bundesgesetz, das der Zustimmung des Bundesrates bedarf, zur Ausführung von Bundesgesetzen die Befugnis verliehen werden, für besondere Fälle Einzelweisungen zu erteilen. [2]Sie sind, außer wenn die Bundesregierung den Fall für dringlich erachtet, an die obersten Landesbehörden zu richten.

Reichsverfassung von 1871

Art. 7. Der Bundesrath beschließt:

1. über die dem Reichstage zu machenden Vorlagen und die von demselben gefaßten Beschlüsse;
2. über die zur Ausführung der Reichsgesetze erforderlichen allgemeinen Verwaltungsvorschriften und Einrichtungen, sofern nicht durch Reichsgesetz etwas Anderes bestimmt ist;
3. über Mängel, welche bei der Ausführung der Reichsgesetze oder der vorstehend erwähnten Vorschriften oder Einrichtungen hervortreten.

Weimarer Reichsverfassung von 1919

Art. 15. Die Reichsregierung übt die Aufsicht in den Angelegenheiten aus, in denen dem Reiche das Recht der Gesetzgebung zusteht.

Soweit die Reichsgesetze von den Landesbehörden auszuführen sind, kann die Reichsregierung allgemeine Anweisungen erlassen. Sie ist ermächtigt, zur Überwachung der Ausführung der Reichsgesetze zu den Landeszentralbehörden und mit ihrer Zustimmung zu den unteren Behörden Beauftragte zu entsenden.

Die Landesregierungen sind verpflichtet, auf Ersuchen der Reichsregierung Mängel, die bei der Ausführung der Reichsgesetze hervorgetreten sind, zu beseitigen. Bei Meinungsverschiedenheiten kann sowohl die Reichsregierung als die Landesregierung die Entscheidung des Staatsgerichtshofs anrufen, falls nicht durch Reichsgesetz ein anderes Gericht bestimmt ist.

Übersicht

A. Allgemeine Bedeutung

1 Art. 84 knüpft mit seiner Regelung des landeseigenen Vollzugs von Bundesgesetzen an die Vorschrift des Art. 83 an, der als Grundsatz bestimmt, dass die Länder die **Bundesgesetze als eigene Angelegenheit** ausführen.[1] Dieser Grundsatz wird nur dann durchbrochen, wenn das GG selbst etwas anderes bestimmt oder zulässt. Mit dieser Systematik bringt Art. 83 iVm Art. 84 Abs. 1 S. 1 zum Ausdruck, dass die Ausführung der Bundesgesetze durch die Länder als eigene Angelegenheit der vom GG vorgesehene Regelfall ist.[2] Von daher ist es folgerichtig, die Gegenstände dieses Verwaltungsbereichs nicht eigens aufzuzählen. Anders verhält es sich dagegen mit der Bundesauftragsverwaltung und der bundeseigenen Verwaltung, deren Gegenstände das GG im Einzelnen aufführt (vgl. zB Art. 90 Abs. 3, Art. 87 Abs. 1). An Gegenständen der Landeseigenverwaltung, die in der Praxis eine erhebliche Bedeutung haben, sind vor allem das Straßenverkehrsgesetz, das Personenbeförderungsgesetz, das Bundes-Immissionsschutzgesetz, das Kreislaufwirtschafts- und Abfallgesetz und das Baugesetzbuch, aber auch das Aufenthaltsgesetz zu nennen.

2 Für den Fall der Ausführung der Bundesgesetze als eigene Angelegenheit legt Art. 84 die Einzelheiten fest. Art. 84 Abs. 1 hat durch die **Föderalis-**

[1] Zu Herkunft, Entstehung und Entwicklung der Vorschrift vgl. *Hermes* in Dreier Rn. 1 ff.; *Umbach/Clemens* in Umbach/Clemens Rn. 5 ff.; *Bull* in AK Rn. 1 ff.

[2] AllgM; vgl. etwa *Blümel* in HdbStR IV § 101 Rn. 20; *Hermes* in Dreier Art. 83 Rn. 19; *Trute* in MKS Art. 83 Rn. 12; *Dittmann/Winkler* in Sachs Art. 83 Rn. 3.

musreform weitreichende Änderungen[3] mit dem Ziel einer Entflechtung der Befugnisse von Bund und Ländern erfahren, um mehr Handlungsmöglichkeiten auf Bundesebene zu schaffen und die erforderlichen Entscheidungsprozesse zu beschleunigen.[4] Der Zustimmungsvorbehalt des Art. 84 Abs. 1 GG aF wurde durch ein **Abweichungsrecht** zugunsten der Länder ersetzt (→ Rn. 17). Diese genießen auch weiterhin eine große Selbständigkeit gegenüber dem Bund, was diesen freilich nicht hindert, von der ihm in Art. 84 Abs. 1 S. 2 Hs. 1 eingeräumten Möglichkeit, im Hinblick auf die Einrichtung der Behörden und das Verwaltungsverfahren – nunmehr ohne Zustimmung des Bundesrates – etwas anderes festzulegen, ausgiebig Gebrauch zu machen. Die Inanspruchnahme dieser Bundeskompetenz unterliegt – sofern die Voraussetzungen hierfür vorliegen – keiner weiteren Rechtfertigung (vgl. näher → Rn. 8). Vor allem lässt sich Art. 84 Abs. 1 nach der Neufassung – anders als früher – kein Anhaltspunkt mehr dafür entnehmen, dass die Ingerenzrechte des Bundes generell als Ausnahme einzustufen, eng auszulegen oder einer erweiternden Auslegung unzugänglich seien.[5] Dies folgt schon daraus, dass die Länder hiervon gem. Art. 84 Abs. 1 S. 2 Hs. 2 abweichende Regelungen treffen dürfen, ohne einer Rechtfertigungspflicht zu unterliegen. Übergangsfragen werden in Art. 125b Abs. 2 behandelt. In Ausnahmefällen kann der Bund das Verwaltungsverfahren – nicht jedoch die Einrichtung der Behörden – **ohne Abweichungsmöglichkeit** für die Länder regeln, **sofern** hierfür ein **besonderes Bedürfnis nach bundeseinheitlicher Regelung** besteht (Art. 84 Abs. 1 S. 5). Nur noch in diesen Fällen bedarf es der Zustimmung des Bundesrates (Art. 84 Abs. 1 S. 6). Dadurch soll eine Reduzierung der Quote zustimmungspflichtiger Gesetze von bisher rund 60 vH auf 35 bis 40 vH erreicht werden.[6] Auf Gemeinden und Gemeindeverbände dürfen durch Bundesgesetz keine Aufgaben (mehr) übertragen werden (Art. 84 Abs. 1 S. 7). Adressat etwaiger Aufgabenübertragungen durch den Bund sind künftig allein die Länder (Art. 83 und Art. 84 Abs. 1 S. 1). Eine Aufgabenübertragung auf die Kommunen kann damit nur noch durch das jeweilige Landesrecht erfolgen.[7] Übergangsfragen regelt Art. 125a Abs. 1.

3 Die in Art. 84 eingeräumten Befugnisse sind abschließender Natur. Die in dieser Vorschrift im Einzelnen normierten Steuerungs- und Kontrollinstrumente sind darauf ausgerichtet, einen wirksamen[8] und ordnungsgemäßen[9] Vollzug sowie eine **im Wesentlichen einheitliche Verwaltungspraxis** zu gewährleisten.[10] Damit ist ein wie auch immer gearteter („materieller") Vollzugspluralismus[11] unvereinbar. So kann beispielsweise die Lage eines Vor-

---

[3] Ausführlich zur Genese der Änderungen *Germann* in Kluth, Föderalismusreformgesetz, 2007, Art. 84, 85 Rn. 19 ff.; siehe auch *Röttgen/Boehl* in Holtschneider/Schön Die Reform des Bundesstaates, 17; *Rauber* in Holtschneider/Schön Die Reform des Bundesstaates, 36.

[4] Vgl. BT-Drs. 16/813, 14 f.; siehe zu den Motiven der Novellierung auch *F. Kirchhof* in Maunz/Dürig Rn. 19 ff.

[5] Vgl. BVerwGE 150, 129 (134) Rn. 11: „Parallele Regelungsbefugnise von Bund und Ländern"; siehe auch *Dittmann/Winkler* in Sachs Rn. 2 mwN.

[6] Vgl. BT-Drs. 16/813, 15; s. zu ersten Erfahrungen: *Hofmann* DÖV 2008, 833 (836 f.) unter Verweis auf BT-Drs. 16/6499.

[7] Vgl. BT-Drs. 16/813, 15.

[8] BVerfGE 22, 180 (210).

[9] BVerfGE 11, 6 (18).

[10] BVerfGE 11, 6 (18); 76, 1 (73; 77 f.).

[11] Für einen solchen jedoch namentlich *Trute* in Starck, Föderalismusreform, Rn. 150; *Trute* in MKS Rn. 6 und *Hermes* in Dreier Rn. 20 Fn. 75, der uns zu Unrecht ein grundlegendes Missverständnis nicht nur von Art. 84 GG, sondern der Art. 83 ff. GG insgesamt

habens im Außenbereich (§ 35 BauGB) in Flensburg nicht grundlegend anders beurteilt werden als in Miltenberg oder Konstanz. Die einheitliche Geltung von Rechtsvorschriften im Bundesgebiet darf nicht dadurch illusorisch gemacht werden, dass ihre Ausführung von Land zu Land erhebliche Verschiedenheiten aufweist.[12] Eine Zweckmäßigkeitskontrolle des Gesetzesvollzugs durch die Länder ist der BReg. allerdings verwehrt. Auf die Zweckmäßigkeit kann jedoch – in Grenzen – durch die allg. Verwaltungsvorschriften nach Art. 84 Abs. 2 sowie im Wege der Einzelweisung nach Art. 84 Abs. 5 eingewirkt werden.

In Art. 84 werden zwei Staatsstrukturprinzipien miteinander verbunden – 4
das föderalistische Prinzip und das Rechtsstaatsprinzip. Das **föderalistische Prinzip** findet in der gegenseitigen Durchdringung von Bundes- und Landesebene seinen Ausdruck. Dabei nimmt Art. 84 gleichzeitig eine vertikale Gewaltenteilung vor, indem er das Schwergewicht beim landeseigenen Vollzug von Bundesgesetzen auf die Länder verlagert. Durch die Rechtskontrolle, die die BReg. ausübt, und die Möglichkeit, ggf. das BVerfG für die gerichtliche Überprüfung der Mängelrüge in Anspruch zu nehmen, trägt die Regelung zugleich auch dem **Rechtsstaatsprinzip** Rechnung.

Die Vorschriften der **Art. 84 Abs. 1 S. 2 Hs. 1, Art. 84 Abs. 1 S. 5 und** 5
Art. 85 eröffnen dem Bund **keine isolierten Kompetenzen** zum Erlass von Gesetzen mit organisatorischem Inhalt. Die Kompetenz zur Regelung eines Sachverhalts in materieller Hinsicht muss sich vielmehr aus den Art. 73, 74 ergeben. Die Befugnis zur Regelung der dazu erforderlichen Organisation und des Verwaltungsverfahrens folgt dagegen unmittelbar aus Art. 84, 85 in Verbindung mit der jeweiligen Sachregelungskompetenz.[13] Diese Bestimmungen haben kompetenzbegründenden Charakter, auch wenn sie lediglich als **Annex** zu einer anderweitig begründeten **Sachregelungsbefugnis** des Bundes zur Anwendung gebracht werden dürfen.[14] Dies schließt „bevorratende" oder „vor die Klammer" gezogene organisationsrechtliche Regelungen mit Blick auf erst künftige materiell-rechtliche Bundesregelungen (man denke nur an das Verwaltungsverfahrensgesetz des Bundes) nicht aus.[15] Der Bund muss von seiner organisationsrechtlichen Kompetenz nicht gleichzeitig mit der Befugnis zur Sachregelung Gebrauch machen.[16] Entscheidend ist allein, dass ein sachlich-inhaltlicher Zusammenhang mit der für die Zukunft geplanten materiell-rechtlichen Regelung besteht.

Die Vorschriften der Art. 83 ff. erstrecken sich auf die **ausschließliche** 6
und die **konkurrierende** Gesetzgebung des Bundes. Ob und inwieweit diese Feststellung auch für den Bereich der Rahmengesetzgebung galt, war um-

---

unterstellt. Auch der föderale Staat und seine Institutionen sind niemals Selbstzweck; sie haben den Bürgerinnen und Bürgern zu dienen.

[12] BVerfGE 11, 6 (18).

[13] BVerfGE 22, 180 (211); 26, 338 (383 f.); 77, 288 (298); BVerwGE 150, 129 (134, Rn. 12); 153, 367 (379, Rn. 43).

[14] Vgl. *Dittmann/Winkler* in Sachs Rn. 5; *Lerche* in Maunz/Dürig, Voraufl. 1985, Rn. 19; *F. Kirchhof* in Maunz/Dürig Rn. 7; *Blümel* in HdbStR IV § 101 Rn. 28; a. A. *Hermes* in Dreier Art. 83 Rn. 21, 24, Art. 84 Rn. 24, 48, der eine umfassende Organisationsgewalt des Bundes – ohne Beschränkung auf die Einrichtung der Behörden und die Regelung des Verwaltungsverfahrens – aus der Sachregelungskompetenz der Art. 70 ff. entnimmt und Art. 84 Abs. 1 (Art. 85 Abs. 1) lediglich als Modifikation begreift.

[15] So zutr. *Dittmann/Winkler* in Sachs Rn. 5; aA *Lerche* in Maunz/Dürig, Voraufl. 1985, Rn. 19, der von Akzessorietät spricht.

[16] *F. Kirchhof* in Maunz/Dürig Rn. 69; a. A. *Pieroth* in Jarass/Pieroth Rn. 5.

stritten.[17] Im Zuge der Abschaffung dieser Gesetzgebungskategorie sind die in Art. 75 GG aF geregelten Materien überwiegend in die konkurrierende Gesetzgebungszuständigkeit verlagert und der Abweichung durch die Länder geöffnet worden (vgl. Art. 72 Abs. 3). Die Frage ist damit obsolet.

B. Einzelfragen

I. Landeseigener Vollzug (Art. 84 Abs. 1 S. 1)

7 Art. 84 Abs. 1 S. 1 regelt den landeseigenen Vollzug von Bundesgesetzen. In der Erl. zu Art. 83[18] wurde ausgeführt, dass der **Vollzug von Landesgesetzen nur von Landesbehörden** wahrgenommen werden darf. In beiden Bereichen – landeseigener Vollzug von Bundesgesetzen und Vollzug von Landesgesetzen – verfügen die Länder über eine weitgehende Unabhängigkeit vom Bund. Lediglich exemplarisch nennt das GG die Einrichtung der Behörden und das Verwaltungsverfahren. Art. 84 Abs. 1 S. 1 baut auf Art. 30 u. 83 auf. Aufgrund dieses Zusammenhangs ist die Vorschrift so zu verstehen, dass die Länder für die Regelung aller im Zusammenhang mit dem landeseigenen Vollzug von Bundesgesetzen auftretenden Probleme zuständig sind. Ihre Organisationsgewalt ist grundsätzlich umfassend.[19] Maßgebend ist regelmäßig das jeweilige Landesrecht. Art. 84 Abs. 1 trifft zur Ausübung der Organisationsgewalt durch die Länder keine Festlegungen. Bindungen durch das GG ergeben sich jedoch durch das Rechtsstaatsprinzip und aus dem allg. Gesetzesvorbehalt (Art. 20 Abs. 3).[20] Bedeutung gewinnt die ausdrückliche Erwähnung der Einrichtung der Behörden und des Verwaltungsverfahrens deshalb erst im Hinblick auf die in Art. 84 Abs. 1 S. 2 Hs. 1 vorgesehene Befugnis des Bundes, etwas anderes zu bestimmen. Nur insoweit ist dem Bundesgesetzgeber eine Kompetenz eröffnet (vgl. dazu unten 2.2).

II. Übertragung der Regelungsbefugnis auf den Bund (Art. 84 Abs. 1 S. 2 Hs. 1)

8 Aus dem Bündel der den Ländern nach Art. 83 zustehenden Befugnisse greift das GG in Art. 84 Abs. 1 S. 2 Hs. 1 iVm Art. 84 Abs. 1 S. 1 beim landeseigenen Vollzug von Bundesgesetzen zwei – die Einrichtung der Behörden und das Verwaltungsverfahren – heraus, die durch Bundesgesetz auf den Bund übertragen werden können, ohne dass dies der – früher erforderlichen – Zustimmung des Bundesrates bedarf. Damit ist ein wesentliches Moment der bisherigen institutionellen Verflechtung von Bund und Ländern entfallen.[21]

9 Die **Inanspruchnahme** der Regelungsbefugnis **durch den Bund unterliegt keinen Begrenzungen.**[22] Sie ist vor allem nicht von einem

[17] Vgl. *Broß* in v. Münch/Kunig, 5. Aufl. 2003, Rn. 5 f.

[18] → Art. 83 Rn. 8.

[19] Vgl. BVerwGE 150, 129 (134, Rn, 10); siehe auch *Dittmann/Winkler* in Sachs Art. 84 Rn. 3; *Bull* in AK Art. 84 Rn. 6.

[20] Vgl. näher *Dittmann/Winkler* in Sachs Rn. 4; *Blümel* in HdbStR IV § 101 Rn. 23.

[21] Vgl. näher *Trute* in Starck Föderalismusreform, C. I. Rn. 156; *Hermes* in Dreier Rn. 7 f.; *Kahl* NVwZ 2008, 710 (711).

[22] So zutr. *Kesper* NdsVBl. 2006, 145 (146); *Dittmann/Winkler* in Sachs Rn. 6; *Hermes* in Dreier Rn. 48 f.; *Ginzky* ZUR 2007, 513 (514); *F. Kirchhof* in Maunz/Dürig Rn. 22 f.; siehe auch BVerwGE 150, 129 (134, Rn. 11).

Bedürfnis nach bundeseinheitlicher Lösung abhängig. Ein solches Verständnis würde die Grenzen zu Art. 84 Abs. 1 S. 5 verwischen.[23] Ebenso wenig ist sie auf Ausnahmefälle beschränkt oder in analoger Anwendung von Art. 72 Abs. 2 von einer Erforderlichkeitsprüfung abhängig. Auch aus dem Gesichtspunkt des Übermaßverbotes ergeben sich keine Einschränkungen.[24] Hierfür fehlt wegen der nunmehr in Art. 84 Abs. 1 S. 2 Hs. 2 vorgesehenen Abweichungsbefugnis der Länder jedes praktische Bedürfnis. Die Ausübung der Bundeskompetenz steht damit allein im politischen Ermessen des Bundes.[25]

Nachdem die Länder gem. Art. 84 Abs. 1 S. 2 Hs. 2 vom Bundesrecht **10** abweichende Regelungen treffen dürfen, besteht für eine restriktive Auslegung der Begriffe „Einrichtung der Behörden" und „Verwaltungsverfahren" kein Raum mehr.[26] Der Begriff **„Einrichtung der Behörden"** selbst ist vielschichtig.[27] Fraglich ist vor allem, welche Teilakte im Zusammenhang mit der Einrichtung einer Behörde unter Art. 84 Abs. 1 fallen. Begrifflich unterschieden werden können die Errichtung, dh die Gründung der Behörde; ihre Einrichtung, die Ausstattung mit personellen und sachlichen Mitteln, der Sitz u. dergleichen mehr sowie die Zuweisung der Aufgaben und die Festlegung der örtlichen, sachlichen und funktionellen Zuständigkeit. Mit der hM ist davon auszugehen, dass die Einrichtung einer Behörde sowohl deren Errichtung (Gründung), Ausgestaltung (Ausstattung mit personellen und sachlichen Mitteln) als auch die Bestimmung ihrer Aufgaben und Befugnisse umfasst.[28] Errichtung, Einrichtung (Ausgestaltung) und Aufgabenzuweisung sind untrennbar miteinander verbunden.[29] Dem steht nicht entgegen, dass das GG die Begriffe Einrichtung und Errichtung wechselweise verwendet, so zB in Art. 85 Abs. 1, Art. 86 S. 2, Art. 87 Abs. 1 S. 2 u. Abs. 3 S. 2. Eine Differenzierung ist darin nicht zu erkennen. Die Festlegung des Aufgabenkreises ist qualitativ zu verstehen; rein quantitative Vermehrungen bereits bestehender Aufgaben greifen nicht in den den Ländern vorbehaltenen Bereich ein.[30]

Die Regelung der Behördeneinrichtung durch den Bund hat grundsätzlich **11** bundeseinheitlich zu erfolgen.[31] Gleiches gilt für das Verwaltungsverfahren

---

[23] IErg ebenso *Dittmann/Winkler* in Sachs Rn. 6.

[24] S. hierzu und zur Rechtslage vor der Änderung des Art. 84 Abs. 1 auch *Dittmann/Winkler* in Sachs Rn. 6 mwN; *F. Kirchhof* in Maunz/Dürig Rn. 68.

[25] So mit Recht *Trute* in Starck Föderalismusreform, C.I Rn. 157; *Trute* in MKS Rn. 6, 22; *Germann* in Kluth Föderalismusreformgesetz, Art. 84, 85 Rn. 63; *Henneke* in SHH Rn. 5.

[26] Anders noch *Broß* in v. Münch/Kunig, 5. Aufl. 2003, Rn. 11.

[27] Vgl. auch *Dittmann/Winkler* in Sachs Rn. 7; *Trute* in MKS Rn. 8 ff.; *Hermes* in Dreier Rn. 33 ff.; *Bull* in AK Rn. 7 ff.

[28] BVerfGE 75, 108 (149 ff.); 105, 313 (331); siehe auch *Trute* in MKS Rn. 9; *Hermes* in Dreier Rn. 35; *Dittmann/Winkler* in Sachs Rn. 7; *Pieroth* in Jarass/Pieroth Rn. 6; *F. Kirchhof* in Maunz/Dürig Rn. 95.

[29] Vgl. *Dittmann/Winkler* in Sachs Rn. 7; *Lerche* in Maunz/Dürig, Voraufl. 1985, Rn. 25; *Haas* AöR 80 (1955/56), 81 (94); *Köttgen* JöR NF 3 (1954), 91; *Rasch* VerwArch 50 (1959), 1 (36); *Rasch* DVBl 1968, 832; *H. Schneider* AöR 83 (1958), 1 (21); *Lerche* BayVBl. 1965, 145; *Becker* BayVBl. 1961, 65; *Lepa* DVBl 1974, 399 (405).

[30] BVerfGE 75, 108 (150); 105, 313 (333); BVerfG NVwZ 2010, 1446 (1447); siehe auch *Dittmann/Winkler* in Sachs Rn. 7; *Pieroth* in Jarass/Pieroth Rn. 6; krit. wohl *Sauter* FS F. Klein, 1994, 561 (564).

[31] So zutr. *Lerche* in Maunz/Dürig, GG, Voraufl. 1985, Rn. 24; *Trute* in Starck Föderalismusreform, C. I. Rn. 161; *Trute* in MKS Rn. 30; *Germann* in Kluth Föderalismusreformgesetz, Art. 84, 85 Rn. 64.

(→ Rn. 14).[32] Differenzierungen sind nur aus sachlich rechtfertigenden Gründen statthaft.[33]

12 Aus dem Behördenbegriff sind weiter die **Arten der Behörden** abzuleiten. Da es sich bei der Einrichtung der Behörden um eine ursprünglich den Ländern zustehende Befugnis handelt, wird dem Bund diese durch das betreffende Gesetz in vollem Umfange übertragen. Art. 84 Abs. 1 S. 2 begründet kein generelles oder grundsätzliches Verbot der Rechtssetzungsdelegation auf der Grundlage des Art. 80 Abs. 1.[34]

13 Der Bund kann zwar iRd Art. 84 Abs. 1 S. 2 Hs. 1 wählen, ob er die **Staatsverwaltung mittelbar oder unmittelbar** organisieren will.[35] Insoweit besteht grundsätzlich ein Ermessen. Der Bund kann aber auch dann, wenn er die Form der mittelbaren Staatsverwaltung wählt, nach Maßgabe des Art. 84 Abs. 1 S. 2 Hs. 1 nur Landesbehörden einrichten, nicht aber Bundesbehörden. Diese Folgerung beruht darauf, dass Art. 84 den Bereich des landeseigenen Vollzugs von Bundesgesetzen regelt und der Bund zu diesem Bereich grundsätzlich keinen Zugang hat.[36]

14 Ein Gesetz regelt das **„Verwaltungsverfahren"**[37] der Landesbehörden im Sinne von Art. 84 Abs. 1, wenn es verbindlich die Art und Weise sowie die Formen ihrer Tätigkeit zur Ausführung seiner Bestimmungen vorschreibt.[38] Das ist nicht der Fall, wenn es an einem eigenständigen Regelungsgehalt fehlt,[39] Interessen der Länder lediglich berührt[40] oder Rechtssätze nur wiederholt[41] werden, ohne dass ein erneuter Einbruch in die Landeszuständigkeit stattfindet.[42] Gleiches gilt, wenn eine Norm einen materiell-rechtlichen Anspruch gewährt und damit zwar ein Handeln der Behörde erzwingt, aber das Verfahren hierfür – auch indirekt – nicht festlegt.[43] Allerdings kann auch eine materiell-rechtliche Regelung eine Ausgestaltung enthalten, die das „Wie" des Verwaltungshandelns verfahrensrechtlich bindend festlegt.[44] In diesem Fall spricht man von „verdeckten" Regelungen des Verwaltungsverfahrens[45] oder auch von „doppelgesichtigen" Normen.[46] Angesichts der Problematik der Abgrenzung von Verwaltungsverfahren und materiellem Recht bereitet eine genaue Begriffsbildung Schwierigkeiten.[47] Mit der Rspr. des BVerfG[48] ist davon auszugehen, dass Vorschriften über das Verwaltungsverfahren iSd

---

[32] Vgl. *Germann* in Kluth Föderalismusreformgesetz, Art. 84, 85 Rn. 64; *Trute* in Starck Föderalismusreform, C. I. Rn. 161; *Trute* in MKS Rn. 30.

[33] In der Tendenz weiter *Dittmann/Winkler* in Sachs Rn. 8.

[34] Vgl. BVerfGE 106, 1 (22).

[35] BVerfGE 22, 180 (209 f.); 39, 96 (109); 75, 108 (150 f.); 77, 288 (299); 114, 196 (223 f.).

[36] So auch *Lerche* in Maunz/Dürig, Voraufl. 1985, Rn. 28.

[37] Siehe auch *Hermes* in Dreier Rn. 36 ff.; *Dittmann/Winkler* in Sachs Rn. 9 ff.; *Trute* in MKS Rn. 11 ff.; *Bull* in AK Rn. 12 ff.; *Pieroth* in Jarass/Pieroth Rn. 7 ff.; *F. Kirchhof* in Maunz/Dürig Rn. 87 ff.

[38] BVerfGE 55, 274 (319); 105, 313 (331); 114, 196 (224).

[39] BVerfGE 114, 196 (225).

[40] BVerfGE 75, 108 (150); 105, 313 (331).

[41] BVerfGE 55, 274 (323 ff.); 114, 196 (225).

[42] BVerfGE 37, 363 (380; 388); 55, 274 (323 f.); 114, 196 (224; 231).

[43] BVerfGE 75, 108 (152).

[44] BVerfGE 55, 274 (321); 75, 108 (152); 105, 313 (331).

[45] So *Dittmann/Winkler* in Sachs Rn. 10.

[46] S. *Lerche* in Maunz/Dürig, Voraufl. 1985, Rn. 41.

[47] Vgl. näher *Hermes* in Dreier Rn. 36 ff.

[48] BVerfGE 37, 363 (385); 55, 274 (319) und Ls. 7; 75, 108 (152); 105, 313 (331); 114, 196 (224); siehe auch BVerwGE 150, 129 (139, Rn. 23).

Art. 84 Abs. 1 jedenfalls solche gesetzlichen Bestimmungen sind, die die Tätigkeit der Verwaltungsbehörden im Blick auf die Art und Weise der Ausführung des Gesetzes einschließlich ihrer Handlungsformen, die Form der behördlichen Willensbildung, die Art der Prüfung und Vorbereitung der Entscheidung, deren Zustandekommen und Durchsetzung sowie verwaltungsinterne Mitwirkungs- und Kontrollvorgänge in ihrem Ablauf regeln.[49] Dies kann auch durch eine gesetzliche Ermächtigung zum Erlass von das Verwaltungsverfahren regelnden Rechtsverordnungen geschehen.[50] Als Regelungen mit verfahrensrechtlichem Gehalt angesehen hat das BVerfG beispielsweise: Antragserfordernisse,[51] Regelungen über die Beweiserhebung,[52] Form- und Fristvorschriften,[53] Offenbarungs- und Verwertungsverbote,[54] Verwaltungsgebühren,[55] Regelungen über die Verkündung von Gemeindesatzungen,[56] Zustellungsvorschriften[57] und Zustimmungserfordernisse.[58]

Die Kompetenz für die **Regelung des Widerspruchsverfahrens** nach §§ 68 ff. VwGO hängt davon ab, ob man dieses als Verwaltungsverfahren ansieht oder zum gerichtlichen Verfahren rechnet. Letzteres ist seit dem Beschluss des BVerfG v. 9.5.1973[59] geklärt. Das BVerfG rechnet das Widerspruchsverfahren zum gerichtlichen Verfahren iSd Art. 74 Abs. 1 Nr. 1, weil es die Voraussetzungen für ein Sachurteil im verwaltungsgerichtlichen Verfahren bestimmt. Nicht zu den Verwaltungsvorschriften gehören auch Bestimmungen über die behördliche Schweigepflicht.[60] **15**

Die Regelung von **Auskunftspflichten und -rechten von Behörden untereinander** gehört ebenfalls nicht zum Verwaltungsverfahren nach Art. 84 Abs. 1, weil dadurch nur die nach Art. 35 ohnehin bestehenden Pflichten konkretisiert werden.[61] Streitig ist hingegen die Einordnung des Datenschutzrechts.[62] **16**

III. Abweichungsbefugnis der Länder (Art. 84 Abs. 1 S. 2 Hs. 2)

Macht der Bundesgesetzgeber von der ihm in Art. 84 Abs. 1 S. 2 Hs. 1 eingeräumten organisationsrechtlichen Kompetenz Gebrauch, die Einrichtung der Behörden und/oder das Verwaltungsverfahren zu regeln, so können die Länder hiervon abweichende Regelungen treffen (Art. 84 Abs. 1 S. 2 Hs. 2). Das **Abweichungsrecht** der Länder ist **grundsätzlich unbeschränkt,**[63] **17**

[49] Siehe auch *Trute* in MKS Rn. 12 ff.; *Hermes* in Dreier Rn. 37; *Dittmann/Winkler* in Sachs Rn. 9; *Pieroth* in Jarass/Pieroth Rn. 7 ff.

[50] BVerfGE 55, 274 (325 f.).

[51] BVerfGE 24, 184 (195); 37, 363 (385 ff.).

[52] BVerfGE 55, 274 (322 ff.).

[53] BVerfGE 24, 184 (195).

[54] BVerfGE 55, 274 (323).

[55] BVerfGE 26, 281 (298); BVerwGE 150, 129 (139 ff., Rn. 23, 25 ff).

[56] BVerfGE 65, 283 (289).

[57] BVerfGE 8, 274 (294).

[58] BVerfGE 1, 76 (79).

[59] BVerfGE 35, 65 (75).

[60] BVerfGE 14, 197 (221).

[61] BVerfGE 10, 20 (49).

[62] Für eine generelle Zuordnung zum Verfahrensrecht zB *Arndt* JuS 1988, 681 (682); für eine Zuordnung zum materiellen Recht, soweit subjektiv-rechtliche Bestimmungen in Rede stehen, zB *Antoni* AöR 113 (1988), 329 (401); s. zum Streitstand näher *Hermes* in Dreier Rn. 38.

[63] Vgl. BVerwGE 150, 129 (134; 137 f., Rn. 11, 16, 19); siehe auch *Kesper* NdsVBl. 2006, 145 (147); *Trute* in Starck Föderalismusreform, Rn. 158; *Trute* in MKS Rn. 23; *Hermes* in Dreier Rn. 49 u. 56; *Dittmann/Winkler* in Sachs Rn. 22; *Germann* in Kluth Föderalismusre-

sofern nicht – ausnahmsweise – der Bund mit Zustimmung des Bundesrates wegen eines besonderen Bedürfnisses nach bundeseinheitlicher Regelung das Verwaltungsverfahren – nicht die Einrichtung der Behörden – ohne Abweichungsmöglichkeit für die Länder regelt (Art. 84 Abs. 1 S. 5 u. 6; s. hierzu unten IV.). Der Sache nach handelt es sich – wie bei Art. 84 Abs. 1 S. 1 – um eine Landesgesetzgebungskompetenz für Vollzugsregelungen. Die Inanspruchnahme des Abweichungsrechts unterliegt ebenso wenig einer Rechtfertigungspflicht wie die Ausübung der Bundeskompetenz aus Art. 84 Abs. 1 S. 2 Hs. 1; vor allem ist sie nicht etwa nur auf landesspezifische regionale oder funktionale Anlässe beschränkt.[64] Die organisationsrechtliche Kompetenz des Bundes aus Art. 84 Abs. 1 S. 2 Hs. 1 ist vielmehr einem jederzeitigen Zugriffsrecht der Länder unterworfen. Voraussetzung ist allerdings eine inhaltlich abweichende Regelung; die bloße Übernahme einer bereits bestehenden bundesgesetzlichen Regelung in Landesrecht ist nicht geeignet, das Bundesrecht zu verdrängen.[65] Insoweit ergibt sich eine Parallele zur Abweichungsgesetzgebungskompetenz der Länder in Art. 72 Abs. 3. Diese können frei entscheiden, ob sie die vom Bund getroffenen organisationsrechtlichen Regelungen akzeptieren oder – durch Landesgesetz[66] – andere an deren Stelle treten lassen wollen. Nur auf Grund dieses umfassenden Zugriffsrechts der Länder ist die Inanspruchnahme der Bundeskompetenz aus Art. 84 Abs. 1 S. 2 Hs. 1 von der bislang erforderlichen Zustimmung des Bundesrates befreit worden.[67]

18 Das Abweichungsrecht des Art. 84 Abs. 1 S. 2 Hs. 2 erlaubt den Ländern jedoch keinen Zugriff auf die Sachregelungen des Bundes. Die **materiell-rechtliche Konzeption des Bundesgesetzes darf** durch die Abweichungsbefugnis der Länder in Fragen des Organisationsrechts **nicht konterkariert werden.**[68] So stehen beispielsweise „doppelgesichtige" Normen, bei denen der materielle Gesetzesbefehl zugleich das „Wie" des Verwaltungshandelns determiniert, nur dann dem Zugriff der Länder offen, wenn zugleich auch die materiell-rechtliche Regelung des Bundesgesetzes selbst nach Art. 72 Abs. 3 einer Abweichung durch die Länder zugänglich wäre.[69] Vielmehr bleiben die Länder auch iRd Art. 84 Abs. 1 S. 2 Hs. 2 an ihre Verpflichtung zum effektiven Vollzug der Bundesgesetze gebunden. Dies schließt jede Form von Illoyalität oder gar Obstruktion gegenüber der Sachregelungsbefugnis des

---

formgesetz, Art. 84, 85 Rn. 69; *Henneke* in SHH Rn. 6; *Ginzky* ZUR 2007, 513 (514); *Kahl* NVwZ 2008, 710 (712 f.); *F. Kirchhof* in Maunz/Dürig Rn. 23.

[64] So zutr. *Trute* in Starck Föderalismusreform, C. I. Rn. 158; *Trute* in MKS Rn. 23.

[65] So zutr. *Dittmann/Winkler* in Sachs Rn. 22; *F. Kirchhof* in Maunz/Dürig Rn. 78; aA *Pieroth* in Jarass/Pieroth Rn. 16.

[66] BT-Drs. 16/813, 15; *Germann* in Kluth Föderalismusreformgesetz, Art. 84, 85 Rn. 70; *Pieroth* in Jarass/Pieroth Rn. 16; a. A. BVerwGE 150, 129 (146 f., Rn. 37 ff.); *Dittmann/Winkler* in Sachs Rn. 23; *F. Kirchhof* in Maunz/Dürig Rn. 71; *Kahl* NVwZ 2008, 710 (712 f.), die die Auffassung vertreten, eine landesgesetzliche Regelung sei nicht zwingend erforderlich, die Abweichungsregelung stehe – jenseits des rechtsstaatlich demokratischen Gesetzesvorbehalts – auch der Exekutive offen. Dies kann jedoch schon auf Grund des aus dem Rechtsstaatsprinzip folgenden Vorrangs des Gesetzes nicht überzeugen.

[67] *Nierhaus/Rademacher* LKV 2006, 385 (392 f.).

[68] So mit Recht *Trute* in Starck Föderalismusreform, C. I. Rn. 158; *Trute* in MKS Rn. 23 ff.; *Hermes* in Dreier Rn. 56; *Henneke* in SHH Rn. 6; *Ginzky* ZUR 2007, 513 (514); *Kahl* NVwZ 2008, 710 (713); *F. Kirchhof* in Maunz/Dürig Rn. 84.

[69] So zutr. *Dittmann/Winkler* in Sachs Rn. 21; *Pieroth* in Jarass/Pieroth Rn. 8 u. 15; *Ginzky* ZUR 2007, 513 (516); *Kahl* NVwZ 2008, 710 (713 f.); *F. Kirchhof* in Maunz/Dürig Rn. 85; a. A. *Hermes* in Dreier Art. 84 Rn. 53: generelle Vermutung zugunsten einer Abweichungsbefugnis der Länder.

Bundes aus. Die materiell-rechtliche Konzeption des Bundes darf nicht mit abweichenden prozeduralen Konzepten unterlaufen werden. Angesichts dessen kann das Abweichungsrecht der Länder nicht guten Gewissens als Facette des Wettbewerbsföderalismus (→ Vorb. Art. 83–87 Rn. 13 ff.) charakterisiert werden.[70] Beim Abweichungsrecht handelt es sich um nicht mehr und nicht weniger als die den Ländern eröffnete Möglichkeit der Rückkehr zum Normalfall des Art. 84 Abs. 1 S. 1.[71]

Auf Grund der in Art. 84 Abs. 1 S. 4 angeordneten **Prioritätsregel** hat das jeweils spätere Gesetz – wie bei der Abweichungsgesetzgebung nach Art. 72 Abs. 3 – Vorrang. Die Vorschrift beinhaltet eine – an sich überflüssige[72] – Ausnahme vom Grundsatz des Art. 31, wonach Bundesrecht (entgegenstehendes) Landesrecht bricht. Im Verhältnis von Bundes- und Landesrecht geht damit stets das jeweils spätere Recht vor.[73] Allerdings wird das ältere Bundes- oder Landesrecht im Falle einer Ausübung des Abweichungsrechts nicht etwa außer Kraft gesetzt, sondern lediglich im Sinne eines Anwendungsvorrangs durch das jüngere Recht überlagert.[74] Dies hat zur Folge, dass bei seiner Aufhebung automatisch wieder das ältere Recht gilt.[75] Es kann deshalb zu mehreren Wellen voneinander abweichender bundes- und landesrechtlicher Organisationsregelungen kommen.[76] Dass ein solches „Ping-Pong-Spiel" möglich ist, folgt aus Art. 84 Abs. 1 S. 3, der für den Fall, dass ein Land eine abweichende Regelung nach Art. 84 Abs. 1 S. 2 Hs. 2 getroffen hat, bestimmt, dass in diesem Land hierauf bezogene spätere bundesgesetzliche Regelungen frühestens sechs Monate nach ihrer Verkündung in Kraft treten, sofern nicht mit Zustimmung des Bundesrates etwas anderes – ein früheres (auch sofortiges) oder späteres Inkrafttreten – bestimmt wurde.[77] Das Zustimmungserfordernis selbst bezieht sich nur auf die abweichende Fristenregelung, nicht auf das Gesetz als Ganzes.[78] Art. 84 Abs. 1 S. 3 gibt den Ministerialverwaltungen der Länder damit eine zumindest kurze Karenzzeit, um gemeinsam mit dem Landesgesetzgeber über eine erneute Betätigung der Abweichungsbefugnis nachzudenken, die jedoch erst nach Inkrafttreten der Bundesregelung in Kraft gesetzt werden kann. Andernfalls ist – schon begrifflich – ein (erneutes) Abweichen nicht möglich.[79] 19

Dem Bund räumt das Grundgesetz eine vergleichbare Verschnaufpause für den Fall des Gebrauchmachens eines Landes von der Abweichungsbefugnis 20

---

[70] So aber *Trute* in Starck Föderalismusreform, Rn. 154; *Trute* in MKS Rn. 3; *Kahl* NVwZ 2008, 710 (713).

[71] Im Ergebnis auch *Dittmann/Winkler* in Sachs Rn. 20: Wiederherstellung der Gestaltungsbefugnis.

[72] Art. 84 Abs. 1 S. 2 ist lex specialis zu Art. 31, so auch *Trute* in Starck Föderalismusreform, C. I. Rn. 160 mwN.

[73] S. hierzu näher *Dittmann/Winkler* in Sachs Rn. 24; *Trute* in Starck Föderalismusreform, C. I. Rn. 160; *Trute* in MKS Rn. 27 u. 29; *Hermes* in Dreier Art. 84 Rn. 57; vgl. auch BVerwGE 150, 129 (147 Rn. 39).

[74] BVerwGE 150, 129 (147) Rn. 39; *Dittmann/Winkler* in Sachs Rn. 24; *Pieroth* in Jarass/Pieroth Rn. 18; *Wolff* in Wolf/Hömig Rn. 9; *Germann* in Kluth Föderalismusreformgesetz, Art. 84, 85 Rn. 39; *F. Kirchhof* in Maunz/Dürig Rn. 63.

[75] S. BT-Drs. 16/813, 11, 15; vgl. auch *Dittmann/Winkler* in Sachs Rn. 24; *Germann* in Kluth Föderalismusreformgesetz, Art. 84, 85 Rn. 68, 90.

[76] Zu Fragen des Rechtsschutzes s. ausf. *Germann* in Kluth Föderalismusreformgesetz, Art. 84, 85 Rn. 53 ff.

[77] Vgl. näher *Trute* in Starck Föderalismusreform, Rn. 162.

[78] Ebenso *Trute* in Starck Föderalismusreform, C. I. Rn. 162; *Trute* in MKS Rn. 32; *Dittmann/Winkler* in Sachs Rn. 19; a. A. *Groß* in BerlKomm GG Rn. 29.

[79] Vgl. zum Ganzen *Häde* JZ 2006, 930 (934); *Ipsen* NJW 2006, 2801 (2805).

nicht ein.[80] Vor allem kann Art. 84 Abs. 1 S. 3 nicht analog auf den Fall eines zweiten Abweichens eines oder mehrerer Länder angewandt werden. Das Grundgesetz vermag das Inkrafttreten eines Landesgesetzes nicht zu suspendieren. Eine solche Anordnung könnte nur die jeweilige Landesverfassung treffen. Gleichwohl ist das betreffende Land auf Grund der Verpflichtung zu bundes-/länderfreundlichem Verhalten[81] gehalten, den Bund und die übrigen Länder von seiner Absicht rechtzeitig in Kenntnis zu setzen, die Befugnis zur Abweichung trotz der bereits beschlossenen – wegen Art. 84 Abs. 1 S. 4 nur noch nicht in Kraft getretenen – Bundesregelung erneut in Anspruch zu nehmen, damit der Bund von seiner Kompetenz nach Art. 84 Abs. 1 S. 2 Hs. 1 – gegebenenfalls unter Ausschluss der Abweichungsbefugnis gem. Art. 84 Abs. 1 S. 5 – erneut Gebrauch machen kann. In diesem Fall greift die Prioritätsregel des Art. 84 Abs. 1 S. 4 iVm Art. 72 Abs. 3 S. 3 zugunsten des Bundes ein.[82]

IV. Ausschluss der Abweichungsbefugnis mit Zustimmung des Bundesrates (Art. 84 Abs. 1 S. 5, 6)

21 Die Abweichungsbefugnis der Länder entfällt nur in Ausnahmefällen, nämlich dann, wenn der Bund ein besonderes Bedürfnis nach bundeseinheitlicher Regelung geltend macht (Art. 84 Abs. 1 S. 5) und der Bundesrat dem entsprechenden Gesetz[83] zustimmt (Art. 84 Abs. 1 S. 6).[84] Gleichwohl abweichendes Landesrecht ist mangels Kompetenz nichtig.[85] Auch im Bereich der abweichungsfesten Kerne gem. Art. 72 Abs. 3 S. 1 kann der Bund keine verfahrensrechtlichen Regelungen ohne Beachtung der in Art. 84 Abs. 1 S. 5 u. 6 aufgestellten Voraussetzungen, vor allem nicht ohne Zustimmung des Bundesrats erlassen.[86] Art. 84 Abs. 1 S. 5 u. 6 sind für den Erlass abweichungsfester Verfahrensregelungen die spezielleren Vorschriften.[87] Verfahrensrechtliche Regelungen werden von den abweichungsfesten Materien nach Art. 72 Abs. 3 nicht umfasst.[88] Aus der ausdrücklichen Bezugnahme auf

---

[80] Im Ergebnis ebenso *Dittmann/Winkler* in Sachs Rn. 17.

[81] → Vorb. Art. 83–87 Rn. 1 ff.

[82] S. näher *Ipsen* NJW 2006, 2801 (2805).

[83] Das Abweichungsrecht der Länder kann nur durch ein (förmliches) Parlamentsgesetz, nicht aber durch eine Rechtsverordnung gesperrt werden, vgl. hierzu näher *Hermes* in Dreier Rn. 62.

[84] Vgl. zum Grundgedanken der Regelung auch *Dittmann/Winkler* in Sachs Rn. 26; *Trute* in Starck Föderalismusreform, C. I. Rn. 151, 163 ff.; *Hermes* in Dreier Rn. 28, 61 ff. Rechtstechnisch kann der Ausschluss des Abweichungsrechts entweder durch einen entsprechenden Zusatz in der betreffenden Norm oder in einer gesonderten Bestimmung am Ende des betroffenen Gesetzes vor der Inkrafttretensvorschrift erfolgen. Das Rundschreiben der Bundesregierung v. 31.8.2006 (BR-Drs. 651/06, 14) schlägt folgende Formulierung vor: „Abweichungen von den in den §§ … enthaltenen Regelungen des Verwaltungsverfahrens durch Landesrecht sind ausgeschlossen." Siehe zum Erfordernis eines ausdrücklichen Ausschlusses des Abweichungsrechts auch BVerwGE 150, 129 (138, Rn. 18 a.E).

[85] Das gilt auch für bereits bestehendes abweichendes Landesrecht, sofern der Bund von seiner Befugnis zum Ausschluss des Abweichungsrechts (Art. 84 Abs. 1 S. 5, 6) erst nachträglich Gebrauch macht. Im Fall einer späteren Aufhebung des Abweichungsverbots lebt dann nur das Abweichungsrecht der Länder, nicht aber das früher verdrängte Landesrecht wieder auf, vgl. hierzu ausf. *Germann* in Kluth Föderalismusreformgesetz, Art. 84, 85 Rn. 80.

[86] Vgl. *Ginzky/Rechenberg* ZUR 2006, 344 (347); *Ginzky* ZUR 2007, 513 (516); *Ruttloff* UPR 2007, 333 (335); *Kahl* NVwZ 2008, 710 (716 f.).

[87] Vgl. BT-Drs. 16/813, 14 f.; *Ginzky/Rechenberg* ZUR 2006, 344 (347); *Kahl* NVwZ 2008, 710 (716 f.).

[88] *Ginzky* ZUR 2007, 513 (514); *Kahl* NVwZ 2008, 710 (716 f.).

das Verwaltungsverfahren in Art. 84 Abs. 1 S. 5 folgt zugleich, dass es hinsichtlich der Behördenorganisation bei der uneingeschränkten Abweichungsmöglichkeit des Art. 84 Abs. 1 S. 2 Hs. 2 zugunsten der Länder selbst dann verbleibt, wenn – aus welchen Gründen auch immer – ein besonderes Bedürfnis nach bundeseinheitlicher Regelung bestünde.[89] Nur unter diesen Voraussetzungen kann der Bundesgesetzgeber die ihm in Art. 84 Abs. 1 S. 2 Hs. 1 zugewiesene Kompetenz gegen eine abweichende organisationsrechtliche Gesetzgebung der Länder „immunisieren".[90]

Das wirft klärungsbedürftige Fragen der Interpretation der einschränkenden Voraussetzungen **„Ausnahmefall"** und **„besonderes Bedürfnis nach bundeseinheitlicher Regelung"** auf. Die amtliche Begründung[91] scheint insoweit – jedenfalls auf den ersten Blick – kaum eine wirkliche Hilfe zu bieten. Sie erschöpft sich weithin in einem – im Übrigen stillosen – Verweis auf Anl. 2, Rn. 31 der Koalitionsvereinbarung zwischen CDU/CSU und SPD v. 18.11.2005, wonach zwischen Bund und Ländern Einigkeit darüber bestehe, dass Regelungen des Umweltverfahrensrechts regelmäßig einen Ausnahmefall iSd Art. 84 Abs. 1 S. 5 darstellen. Gleiches soll nach der Feststellung des Ausschusses für Verkehr, Bau und Stadtentwicklung v. 28.6.2006[92] für die Regelung der Planungsverfahren im Baugesetzbuch gelten. Nahezu unscheinbar, eingebettet in weitere Ausführungen zum Umweltrecht, findet sich in **BT-Drs. 16/813, 15** dann jedoch der folgende, in Verbindung mit der Gesetzessystematik für die Klärung sämtlicher Interpretationsfragen entscheidende Hinweis: „Den Belangen der Länder wird in den Ausnahmefällen des Satzes 4 [jetzt 5] dadurch Rechnung getragen, dass Gesetze des Bundes, die Verfahrensvorschriften ohne Abweichungsmöglichkeiten der Länder enthalten, der Zustimmung des Bundesrates bedürfen." 22

Diese Feststellung des Verfassungsgesetzgebers rechtfertigt die Annahme, dass an das Vorliegen der Voraussetzungen für einen Ausschluss der Abweichungsbefugnis – „Ausnahmefall" und „besonderes Bedürfnis nach bundeseinheitlicher Regelung" – **keine hohen Anforderungen** gestellt werden dürfen und es – der bisherigen Verfassungsrechtslage entsprechend – **maßgeblich** auf die **politische Zustimmung des Bundesrates** ankommen soll.[93] Daraus ergibt sich zugleich, dass dem einzelnen Land im Falle eines vom Bund bejahten besonderen Bedürfnisses nach bundeseinheitlicher Regelung des Verwaltungsverfahrens – anders als bei der Behördenorganisation – ein Minderheitenschutz nicht zukommt. Entscheidend ist vielmehr allein der politische Wille der Mehrheit der im Bundesrat vertretenen Länder. Die entsprechenden Gesetze bedürfen seiner Zustimmung (Art. 84 Abs. 1 S. 6). 23

In Bezug auf die in Art. 84 Abs. 1 S. 5 enthaltenen Kriterien für einen Ausschluss des Abweichungsrechts ergibt sich danach im Einzelnen folgendes Bild:

---

[89] Vgl. BT-Drs. 16/813, 15.

[90] So treffend *Kesper* NdsVBl. 2006, 145 (147).

[91] BT-Drs. 16/813, 15.

[92] BT-Drs. 16/2069, 4.

[93] So auch *Häde* JZ 2006, 930 (934); ähnlich *Dittmann/Winkler* in Sachs Rn. 31: Frage des gesetzgeberischen Ermessens; *Germann* in Kluth Föderalismusreformgesetz, Art. 84, 85 Rn. 76: Entscheidungsprärogative des Gesetzgebers; a. A. *Hermes* in Dreier Rn. 63 ff., der dafür eintritt, die Ausnahmequalität des Zustimmungsmodells ernst zu nehmen, durch inhaltliche Kriterien (besonderes Bedürfnis nach bundeseinheitlicher Regelung, Unerlässlichkeit) zu präzisieren und eine Bildung von Fallgruppen anregt.

24 – Der Begriff **„in Ausnahmefällen"** entfaltet mit Blick auf die weitere Voraussetzung „eines besonderen Bedürfnisses nach bundeseinheitlicher Regelung des Verwaltungsverfahrens" keine zusätzliche – einschränkende – Wirkung.[94] Liegt ein besonderes Bedürfnis nach bundeseinheitlicher Regelung vor, so ist damit regelmäßig zugleich auch ein Ausnahmefall gegeben, der es – mit Zustimmung des Bundesrates – erlaubt, die Abweichungsbefugnis der Länder nach Art. 84 Abs. 1 S. 2 Hs. 2 auszuschließen. Umgekehrt kommt die Annahme eines Ausnahmefalles nicht in Betracht, wenn ein besonderes Bedürfnis nach bundeseinheitlicher Regelung fehlt. Mit anderen Worten: der Begriff des Ausnahmefalls geht im Erfordernis des besonderen Bedürfnisses nach bundeseinheitlicher Regelung auf.[95] Es handelt sich insoweit um eine tautologische Fehlleistung des verfassungsändernden Gesetzgebers, der eine weitere Beachtung nicht zu schenken ist. Keinesfalls kann angenommen werden, dass der Bund selbst bei einem besonderen Bedürfnis nach bundeseinheitlicher Regelung verpflichtet sein soll, im Regelfall die Abweichungsmöglichkeit der Länder zu respektieren.[96] Ebenso wenig kann der Begriff des Ausnahmefalls unter Rückgriff auf die Entscheidung des Bundesverfassungsgerichts zur „Juniorprofessur"[97] restriktiv interpretiert und justitiabel gemacht werden.[98] Wollte man dem folgen, so würde die Vorschrift inoperabel und der in der Entstehungsgeschichte dokumentierte Wille des verfassungsändernden Gesetzgebers, die entscheidende Hürde für einen Ausschluss der Abweichungsbefugnis in der Zustimmung des Bundesrates[99] zu sehen, konterkariert.[100] Der in der Entstehungsgeschichte, namentlich in der amtl. Begründung zum Ausdruck gebrachte Wille des verfassungsändernden Gesetzgebers hat im Zusammenhang mit der Auslegung von Kompetenznormen regelmäßig besonderes Gewicht.[101] Dem ist Rechnung zu tragen.

25 – Von Bedeutung ist damit allein das Vorliegen eines **„besonderen Bedürfnisses nach bundeseinheitlicher Regelung".**[102] Auch insoweit dürfen keine überzogenen Anforderungen gestellt werden; denn ausschlaggebend soll nach dem Willen des verfassungsändernden Gesetzgebers allein die politische Zustimmung des Bundesrates (Art. 84 Abs. 1 S. 6) sein.[103] Dies rechtfertigt die Annahme, dass im Regelfall bereits **vernünftige Erwägungen des Gemeinwohls** ein besonderes Bedürfnis nach bundeseinheitlicher

---

[94] Im Ergebnis auch *Dittmann/Winkler* in Sachs Rn. 28: lediglich „appellativer Charakter"; wohl ebenso *F. Kirchhof* in Maunz/Dürig Rn. 128 f.: „Pleonasmus".

[95] Ähnlich *Bohne* EurUP 2006, 276 (286 f.); *Ginzky* ZUR 2007, 513 (514), die dafür plädieren, beide Voraussetzungen zusammenzuziehen; siehe auch *Oebbecke* in HdbStR VI § 135 Rn. 30.

[96] So aber *Trute* in Starck Föderalismusreform, Rn. 170; *Trute* in MKS Rn. 41 f.; *Kahl* NVwZ 2008, 710 (715); ähnlich *Pieroth* in Jarass/Pieroth Rn. 19: kein ausgiebiges Gebrauchmachen.

[97] BVerfGE 111, 226 (251 f.).

[98] So aber namentlich *Röttgen/Boehl* in Holtschneider/Schön Die Reform des Bundesstaates, 17 (25); *Hermes* in Dreier Rn. 65; zu Recht abl. auch *Trute* in Starck Föderalismusreform, Rn. 170; *Trute* in MKS Rn. 44; *Lehmann-Brauns,* Die Zustimmungsbedürftigkeit von Bundesgesetzen nach der Föderalismusreform, 2008, 166, 180.

[99] Vgl. BT-Drs. 16/813, 15.

[100] Siehe auch *Häde* JZ 2006, 930 (934).

[101] BVerfGE 41, 205 (220).

[102] Ebenso *Dittmann/Winkler* in Sachs Rn. 28; *Bohne* EurUP 2006, 276 (286 f.); *Ginzky* ZUR 2007, 513 (514).

[103] Vgl. BT-Drs. 16/813, 15.

Regelung zu begründen vermögen.[104] Ein solches wird sich regelmäßig dann ergeben, wenn ohne gleichzeitige bundeseinheitliche Regelung des Verwaltungsverfahrens eine effektive Umsetzung des ins Auge gefassten Normprogramms nicht hinreichend gewährleistet erscheint, die Anwendung verschiedenen Verfahrensrechts zu einem unterschiedlichen Vollzug materiellen Bundesrechts führen könnte oder Vorgaben des europäischen Unionsrechts[105] von vornherein nach Bundeseinheitlichkeit drängen.[106] Keinesfalls kann – etwa in analoger Anwendung von Art. 72 Abs. 2 – ein besonderes Bedürfnis nach bundeseinheitlicher Regelung nur dann angenommen werden, wenn und soweit dies zur Herstellung gleichwertiger Lebensverhältnisse im Bundesgebiet oder zur Wahrung der Rechts- oder Wirtschaftseinheit in gesamtstaatlichem Interesse[107] *erforderlich* ist.[108] Hätte der verfassungsändernde Gesetzgeber solches anordnen wollen, so hätte er dies positiv – etwa in Form eines ausdrücklichen Verweises auf Art. 72 Abs. 2 – zum Ausdruck bringen müssen. Dies ist indes nicht geschehen. Im Gegenteil, der Verfassungsgeber hat mit der in Art. 84 Abs. 1 S. 5 gewählten Formulierung „besonderes Bedürfnis nach bundeseinheitlicher Regelung" gerade nicht an die „Erforderlichkeitsklausel" des Art. 72 Abs. 2, sondern an dessen frühere – bis 1994 geltende – Fassung angeknüpft, nach der es (für die konkurrierende Gesetzgebungskompetenz des Bundes) auf das Bestehen eines Bedürfnisses nach bundesgesetzlicher – in der damaligen Auslegung durch das BVerfG[109] auf eine bundes*einheitliche* – Regelung ankam. Der Verzicht des verfassungsändernden Gesetzgebers auf einen Verweis auf Art. 72 Abs. 2 und die ausdrückliche Bezugnahme im Wortlaut des Art. 84 Abs. 1 S. 5 auf die in Art. 72 Abs. 2 GG aF enthaltene *„Bedürfnis"*-Klausel lassen vor dem Hintergrund der allgegenwärtigen Diskussion um die Entscheidungen des BVerfG zur „Altenpflege" und zur „Juniorprofessur" nur einen Schluss zu: Eine solche – theoretisch durchaus mögliche – Anknüpfung war nicht nur nicht gewollt; sie sollte vielmehr bewusst vermieden werden. Andernfalls wäre das vom verfassungsändernden Gesetzgeber verfolgte Ziel, die entscheidende Hürde für einen Ausschluss der Abweichungsbefugnis in der Zustimmung des Bundesrates zu sehen,[110] nicht zu erreichen gewesen.[111]

---

[104] Skeptisch in Bezug auf eine restriktive Wirkung dieser Voraussetzung auch *Dittmann/Winkler* in Sachs Rn. 28.

[105] Vgl. *Ruttloff* UPR 2007, 333 (335). Allerdings kommt ein *automatischer* Ausschluss des Abweichungsrechts bei durch Gemeinschafts- oder Völkerrecht ohne nationalen Umsetzungsspielraum bindend vorgegebenen Verfahrensregelungen nicht in Frage, so aber offenbar das Rundschreiben der Bundesregierung v. 31.8.2006, BR-Drs. 651/06, 11. Derartige Vorgaben können keine Begründung dafür liefern, einen in Art. 84 Abs. 1 nicht normierten Fall verbindlicher bundesrechtlicher Verfahrensregelungen ohne Zustimmung des Bundesrates zu schaffen, so zutr. *Försterling* ZG 2007, 36 (38); *Dittmann/Winkler* in Sachs Rn. 36; a. A. *Pieroth* in Jarass/Pieroth Rn. 21; *Kahl* NVwZ 2008, 710 (715).

[106] Siehe eing. *Dittmann/Winkler* in Sachs Rn. 30; *Lehmann-Brauns,* Die Zustimmungsbedürftigkeit von Bundesgesetzen nach der Föderalismusreform, 2008, 174, 178 u. 179; *F. Kirchhof* in Maunz/Dürig Rn. 131.

[107] S. zur Auslegung und Anwendung dieser Begriffe BVerfGE 106, 62 (145 ff.) „Altenpflege" und BVerfGE 111, 226 (252 ff.) „Juniorprofessur".

[108] In diese Richtung aber offenbar *Trute* in Starck Föderalismusreform, C. II. Rn. 169; *Trute* in MKS Rn. 38.

[109] BVerfGE 18, 407 (415); 26, 338 (383).

[110] Vgl. BT-Drs. 16/813, 15.

[111] IErg ebenso *Häde* JZ 2006, 930 (934).

26 – Damit ist zugleich auch die Frage nach der **Justitiabilität** des Vorliegens eines besonderen Bedürfnisses nach bundeseinheitlicher Regelung des Verwaltungsverfahrens im Sinne der Rechtsprechung des BVerfG zur vormaligen Bedürfnisklausel des Art. 72 Abs. 2 GG aF entschieden.[112] Es handelt sich hierbei um eine Frage, die in das pflichtgemäße Ermessen des Bundesgesetzgebers gestellt, ihrer Natur nach nicht justitiabel und daher der Nachprüfung durch das Bundesverfassungsgericht grundsätzlich entzogen ist.[113] Die Entscheidung darüber, ob ein besonderes Bedürfnis nach bundeseinheitlicher Regelung besteht, liegt zunächst beim Bundesgesetzgeber – dem Deutschen Bundestag – und auf Grund des Zustimmungserfordernisses des Art. 84 Abs. 1 S. 6 – beim Bundesrat. Diese treffen eine politische Vorentscheidung, die das BVerfG grundsätzlich zu respektieren hat. Hat der Bundesgesetzgeber das besondere Bedürfnis nach bundeseinheitlicher Regelung bejaht, so ist das Bundesverfassungsgericht auf die Prüfung beschränkt, ob der Bundesgesetzgeber sein Ermessen missbraucht oder eindeutig und evident überschritten hat.[114] Anders als iRd Art. 72 Abs. 2[115] ist das Bundesverfassungsgericht bei Art. 84 Abs. 1 S. 5 auf eine bloße Vertretbarkeitskontrolle beschränkt.[116] Dies gilt auch insoweit, als Art. 84 Abs. 1 S. 5 über die in Art. 72 Abs. 2 GG aF verwendete Formulierung hinaus ein **besonderes Bedürfnis** verlangt. Die Beurteilung der Frage, ob im Einzelfall ein lediglich einfaches oder nicht doch bereits ein besonderes (qualifiziertes) Bedürfnis nach bundeseinheitlicher Regelung besteht, setzt ebenfalls eine politische Bewertung voraus, die sich ihrer Natur nach einer vollumfänglichen Nachprüfung durch das Bundesverfassungsgericht entzieht.[117] Letzteres kann auch insoweit nur eingreifen, wenn der Bundesgesetzgeber seinen Beurteilungsspielraum missbraucht oder eindeutig und evident überschritten hat.[118] Andernfalls würde der erkennbare Wille des verfassungsändernden Gesetzgebers, die maßgebliche Hürde für einen Ausschluss des Abweichungsrechts – der bisherigen Verfassungsrechtslage entsprechend – in der Zustimmung des Bundesrates zu sehen und damit zugleich einen Minderheitenschutz zugunsten einzelner Länder wirksam auszuschließen, ohne ersichtlichen Grund konterkariert.[119]

27 – Fraglich ist weiterhin, ob der Bundesgesetzgeber verpflichtet ist, die Annahme eines besonderen Bedürfnisses nach bundeseinheitlicher Regelung

---

[112] So auch *Dittmann/Winkler* in Sachs Rn. 31; *Pieroth* in Jarass/Pieroth Rn. 20; im Ergebnis ebenso *Germann* in Kluth Föderalismusreformgesetz, Art. 84, 85 Rn. 76: die verfassungsrechtliche Überprüfung muss sich auf die äußeren Grenzen der Einschätzungsprärogative beschränken; *Groß* in BerlKomm Rn. 28; *Henneke* in SHH Rn. 12; *Ruttloff* UPR 2007, 333 (335); *Suerbaum* in Epping/Hillgruber Rn. 42; a. A. *Kahl* NVwZ 2008, 710 (717); *Oebbecke* in HdbStR VI § 136 Rn. 30; *F. Kirchhof* in Maunz/Dürig Rn. 133 a. E.; *Wolff* in Wolff/Hömig Rn. 10 mit Blick auf den Ausnahmecharakter des Art. 84 Abs. 1 S. 5.

[113] BVerfGE 2, 213 (224); 26, 338 (382 f.); 78, 249 (270).

[114] BVerfGE 2, 213 (225); 26, 338 (382 f.); 78, 249 (270).

[115] BVerfGE 106, 62 (148).

[116] Auch der Verzicht des verfassungsändernden Gesetzgebers, Art. 84 Abs. 1 S. 5 mit einem speziellen Normenkontrollverfahren zu flankieren, wie dies etwa bei Art. 72 Abs. 2 GG nF durch Art. 93 Abs. 1 Nr. 2a geschehen ist, bestätigt die hier vertretene Auffassung, ebenso *Dittmann/Winkler* in Sachs Rn. 31.

[117] So wohl im Ergebnis auch *Dittmann/Winkler* in Sachs Rn. 31, die allerdings aus dem Erfordernis eines *besonderen* Bedürfnisses eine erhöhte Begründungslast entnehmen möchten.

[118] BVerfGE 2, 213 (224); 26, 338 (382 f.); 78, 249 (270).

[119] IErg wohl ebenso *Trute* in Starck Föderalismusreform, C. II. Rn. 172; *Trute* in MKS Rn. 44.

speziell zu begründen,[120] um dem Bundesverfassungsgericht eine effektive Kontrolle zu ermöglichen. Im Zusammenhang mit Art. 72 Abs. 2 wird eine solche Verpflichtung diskutiert.[121] Da das Bundesverfassungsgericht iRd Art. 84 Abs. 1 S. 5 – anders als bei Art. 72 Abs. 2 – aber auf eine bloße Vertretbarkeitskontrolle und Missbrauchsaufsicht beschränkt ist, besteht für eine spezielle **Begründungspflicht** keinerlei Bedürfnis.[122] Ohne ausdrückliche Anordnung des Verfassungsgebers kann eine solche nicht angenommen werden.[123] Sie ergibt sich auch nicht mittelbar aus dem Erfordernis des *besonderen* Bedürfnisses.[124] Der Verfassungsgeber hat eine Justitiabilität in weitestmöglichem Umfang ausschließen wollen. Gegenteiliges darf ihm deshalb nicht aufgezwungen werden, schon gar nicht im Wege der „Wortklauberei". Mangels Festlegung verlässlicher Prüfkriterien durch den Verfassungsgeber selbst müsste jede über eine bloße Missbrauchsaufsicht hinausreichende verfassungsrechtliche Prüfung Gefahr laufen, zum Vehikel für die Durchsetzung rein politischer Interessen zu werden.

Nach allem besteht kein Grund zur Besorgnis, dass Art. 84 Abs. 1 S. 5 zu einem Arbeitsbeschaffungsprogramm für das Bundesverfassungsgericht wird.[125]

Sieht ein Bundesgesetz wegen eines besonderen Bedürfnisses nach bundeseinheitlicher Regelung des Verwaltungsverfahrens keine Abweichungsmöglichkeit für die Länder vor, so ist nach Art. 84 Abs. 1 S. 6 die **Zustimmung des Bundesrats** zu diesem Gesetz insgesamt erforderlich, nicht nur zu der einzelnen, den Ausschluss der Abweichungsbefugnis betreffenden Regelung.[126] Dies folgt zweifelsfrei aus der in Art. 84 Abs. 1 S. 6 verwandten Formulierung „diese Gesetze" bedürfen der Zustimmung – und nicht etwa „diese Bestimmungen". Bundesgesetz iSd Art. 84 Abs. 1 ist damit auch weiterhin das **Gesetz als gesetzgebungstechnische Einheit.**[127] Der verfassungsändernde Gesetzgeber hat damit der sog. Einheitstheorie – gleichsam nachträglich – seinen Segen erteilt.[128] Das Verständnis von der gesetzestech- 28

[120] S. zur Frage einer Begründungspflicht des Gesetzgebers allgemein *Waldhoff* FS f. Isensee, 2007, 325 (341 f.).

[121] Bejahend *Degenhart* in Sachs Art. 72 Rn. 21; *Jarass* NVwZ 2000, 1089 (1092); abl. *Umbach/Clemens* in Umbach/Clemens Art. 72 Rn. 27; *Pieroth* in Jarass/Pieroth Art. 72 Rn. 23.

[122] A. A. aber offenbar *Trute* in Starck Föderalismusreform, C. II. Rn. 170 aE; *Trute* in MKS Rn. 38 aE; *Dittmann/Winkler* in Sachs Rn. 31; *Pieroth* in Jarass/Pieroth Rn. 20; *Henneke* in SHH Rn. 11.; *F. Kirchhof* in Maunz/Dürig Rn. 132.

[123] Gleichwohl geht die Bundesregierung in ihrem Rundschreiben v. 31.8.2006 (BR-Drs. 651/06, 11) davon aus, dass das Vorliegen eines Ausnahmefalles und das besondere Bedürfnis nach einer bundeseinheitlichen Regelung in der Gesetzesbegründung darzulegen seien. Diese Verpflichtung besitzt indes nur einfach-rechtlichen Charakter.

[124] So aber offenbar *Dittmann/Winkler* in Sachs Rn. 31.

[125] So aber *Meyer* Rechtsausschussprotokoll 12, 244 (249).

[126] Ebenso *Dittmann/Winkler* in Sachs Rn. 33; *Hermes* in Dreier Rn. 69; *Germann* in Kluth Föderalismusreformgesetz, Art. 84, 85 Rn. 78; *Groß* in BerlKomm Rn. 29; *Wolff* in Wolff/Hömig Rn. 11; *Kahl* NVwZ 2008, 710 (717); *Rauber* in Holtschneider/Schön Die Reform des Bundesstaates, 36 (49); *Lehmann-Brauns,* Die Zustimmungsbedürftigkeit von Bundesgesetzen nach der Föderalismusreform, 2008, 164, 207 f.; *F. Kirchhof* in Maunz/Dürig Rn. 140 ff.; siehe auch das Rundschreiben der Bundesregierung vom 31.8.2006, BR-Drs. 651/06, 14; a. A. *Trute* in Starck Föderalismusreform, C. II. Rn. 173; *Trute* in MKS Rn. 50; *Henneke* in SHH Art. 84 Rn. 8; *Ginzky* ZUR 2007, 513 (518).

[127] Vgl. bereits BVerfGE 8, 274 (294 f.); 24, 184 (195); 55, 274 (319); 105, 313 (341).

[128] A. A. *Trute* in Starck Föderalismusreform, C. II. Rn. 173; *Trute* in MKS Rn. 50, der zu Unrecht meint, der Verfassungsgesetzgeber habe die Einheitsthese mit der Schaffung des Abweichungsmodells selbst aufgegeben.

nischen Einheit schützt die Gestaltungs- und Entschließungsfreiheit des Bundestages im Gesetzgebungsverfahren. Nur dadurch kann verhindert werden, dass eine vom Bundestag mit einem Ausschluss des Abweichungsrechts versehene Vorlage den Bundesrat mangels Zustimmung unvollständig verlässt und die mit dem Gesetzentwurf verfolgten materiell-rechtlichen Intentionen nicht oder nur eingeschränkt zum Tragen kommen.

29 Der Bundesgesetzgeber ist dadurch allerdings nicht gehindert, einen Gesetzentwurf in einen (ersten) zustimmungsbedürftigen, die Regelung des Verwaltungsverfahrens ohne Abweichungsbefugnis betreffenden Teil und einen zweiten zustimmungsfreien verfahrensrechtlichen Teil mit Abweichungsbefugnis oder gar einen weiteren (dritten) ebenfalls zustimmungsfreien materiell-rechtlichen Teil **aufzuspalten,**[129] um das Zustimmungserfordernis des Bundesrates auf seinen Kernbereich, die Regelung des Verwaltungsverfahrens ohne Abweichungsbefugnis, zu beschränken.[130]

30 Fraglich ist allein, was im Fall der Änderung eines zustimmungsbedürftigen Gesetzes zu geschehen hat. Früher wurde aus der gesetzgebungstechnischen Einheit gefolgert, dass auch jede **Änderung eines solchen Gesetzes** wieder der Zustimmung des BRats bedürfe, unabhängig davon, ob es sich um einen zustimmungsbedürftigen Gegenstand handelte oder nicht (sog. Mitverantwortungstheorie).[131] Demgegenüber differenzierte das BVerfG[132] zu Art. 84 GG aF für den Fall der Änderung eines zustimmungsbedürftigen Gesetzes wie folgt: Nicht jedes Gesetz, das ein mit Zustimmung des BRats ergangenes Gesetz änderte, bedurfte allein aus diesem Grunde erneut der Zustimmung.[133] Dies war vielmehr nur dann der Fall, wenn (1) die Änderung (erneut) das Verwaltungsverfahren betraf oder (2) bei einer Änderung nur materiell-rechtlicher Normen die nicht ausdrücklich geänderten Vorschriften über das Verwaltungsverfahren bei sinnorientierter Auslegung ihrerseits eine wesentlich andere Bedeutung und Tragweite erfuhren.[134] Übertragen auf Art. 84 Abs. 1 S. 6 GG nF bedeutet dies, dass eine Änderung dann zustimmungspflichtig ist, wenn sie (1) das Verwaltungsverfahren betrifft, ohne eine bereits zu beachtende Verfahrensregelung lediglich zu wiederholen oder zu konkretisieren,[135] und wiederum keine Abweichungsmöglichkeit für die Länder vorgesehen ist oder (2) bei fortbestehendem Ausschluss des Abweichungsrechts eine Änderung lediglich materiell-rechtlicher Regelungen die nicht ausdrücklich geänderten, aber nach wie vor vom Abweichungsverbot umfassten Vorschriften über das Verwaltungsverfahren ihrerseits eine wesentlich andere Bedeutung und Tragweite erfah-

---

[129] Vgl. bereits BVerfGE 37, 363 (382); 39, 1 (35); 105, 313 (338); 114, 196 (230).

[130] So auch *Trute* in Starck Föderalismusreform, C. II. Rn. 164; *Dittmann/Winkler* in Sachs Rn. 33; *Germann* in Kluth Föderalismusreformgesetz, Art. 84, 85 Rn. 78; *Pieroth* in Jarass/Pieroth Rn. 22; *Wolff* in Wolff/Hömig Rn. 11; *Kahl* NVwZ 2008, 710 (717); *Lehmann-Brauns,* Die Zustimmungsbedürftigkeit von Bundesgesetzen nach der Föderalismusreform, 2008, 229; a. A. offenbar *Hermes* in Dreier Rn. 69.

[131] Krit. dazu *von Hase* DÖV 1973, 838 (839 ff.); *Haas* AöR 80 (1955/1956), 81 (84); zum Streitstand vor der Entscheidung des BVerfG ausf. *Lepa* DVBl 1974, 399; *H. H. Klein* DÖV 1971, 325 (328); *Scheuner* DÖV 1966, 513 (517 f.).

[132] S. iE BVerfGE 37, 363 (380 ff.).

[133] BVerfGE 37, 363 (379).

[134] BVerfGE 37, 363 (383); 39, 1 (33); 48, 127 (178); siehe auch BVerfGE 44, 227 (240); sowie → Art. 77 Rn. 22.

[135] BVerfGE 114, 196 (224; 231); siehe auch *Wolff* in Wolff/Hömig Rn. 12; in diesen Fällen liegt kein neuer Einbruch in die Verwaltungszuständigkeit der Länder vor, vgl. auch bereits BVerfGE 37, 363 (380; 388); 55, 274 (323 f.).

ren.[136] Die bloße Zunahme des Geschäftsanfalls bei den Landesbehörden reicht für die Annahme einer solchen „Systemverschiebung im föderalen Gefüge" allerdings nicht aus.[137] Keiner Zustimmung des Bundesrats bedarf hingegen die Aufhebung eines Abweichungsverbots.[138]

V. Übergangsregelung (Art. 125b Abs. 2)

Die Abweichungsbefugnis der Länder von bundesgesetzlichen Regelungen, **31** die auf Grund des Art. 84 Abs. 1 in der vor dem 1.9.2006 geltenden Fassung erlassen wurden, richtet sich nach Art. 125b Abs. 2.[139] Die Vorschrift unterscheidet zwischen Regelungen der Behördeneinrichtung und Regelungen des Verwaltungsverfahrens. Während die Länder von bestehenden Regelungen der Behördeneinrichtung sofort abweichen durften, war für Regelungen des Verwaltungsverfahrens eine Übergangsfrist bis zum 31.12.2008 bestimmt worden, innerhalb der die Länder von nach altem Recht bestehenden bundesgesetzlichen Regelungen nur dann abweichende Bestimmungen treffen konnten, wenn der Bund das jeweilige Bundesgesetz im Bereich des Verwaltungsverfahrensrechts geändert hatte.[140] In diesen Fällen erstreckte sich die Abweichungsbefugnis auf alle verfahrensrechtlichen Regelungen des Stammgesetzes.[141] Art. 125b Abs. 2 räumte damit dem Bund für das bereits bestehende Verwaltungsverfahrensrecht eine „Schonfrist" ein, in der er den vorhandenen Normenbestand überprüfen und gegebenenfalls mit Zustimmung des Bundesrates eine Neuregelung ohne Abweichungsbefugnis für die Länder nach Art. 84 Abs. 1 S. 5 vorsehen konnte.[142] Ganz offensichtlich wollte sich die große Koalition in der von ihr selbst gewählten Rolle als Motor der Veränderung und Aktivierung der politischen und wirtschaftlichen Entwicklung in Deutschland nicht sogleich von den „Reformern auf Landesebene" überholen lassen.[143] Diese mussten sich deshalb bis zum 1.1.2009 gedulden, um von ihrer neu gewonnenen Freiheit Gebrauch machen zu können, es sei denn, der Bund entschloss sich, die von ihm erlassenen Verfahrensregelungen bereits vor diesem Zeitpunkt zu ändern.

VI. Aufgabenübertragungsverbot (Art. 84 Abs. 1 S. 7)

Nach dem Wortlaut des Art. 84 Abs. 1 S. 7 dürfen Gemeinden und Ge- **32** meindeverbände durch Bundesgesetz keine Aufgaben (mehr) übertragen werden.[144] Dies gilt auch für Bundesrecht im Rang unter dem Bundesgesetz.[145]

---

[136] Siehe auch *Dittmann/Winkler* in Sachs Rn. 34 aE; *Germann* in Kluth Föderalismusreformgesetz, Art. 84, 85 Rn. 79; *Wolff* in Wolff/Hömig Rn. 12; *Hermes* in Dreier Rn. 70; *Lehmann-Brauns,* Die Zustimmungsbedürftigkeit von Bundesgesetzen nach der Föderalismusreform, 2008, 164f. u. 254f., der jedoch eine Zustimmungspflicht bezüglich der 2. Fallgruppe verneint; ebenso *Groß* in BerlKomm Rn. 29.

[137] BVerfGE 37, 363 (389); siehe auch *Wolff* in Wolff/Hömig Rn. 12.

[138] *Germann* in Kluth Föderalismusreformgesetz, Art. 84, 85 Rn. 79; *Wolff* in Wolff/Hömig Rn. 12; *Hermes* in Dreier Rn. 70.

[139] Vgl. auch *Dittmann/Winkler* in Sachs Rn. 25.

[140] Vgl. amtl. Begründung, BT-Drs. 16/813, 21.

[141] BT-Drs. 16/813, 21; *Koch/Krohn* NuR 2006, 673 (679).

[142] Vgl. amtl. Begründung, BT-Drs. 16/813, 21.

[143] So die treffende Einschätzung von *Kesper* NdsVBl. 2006, 145 (147).

[144] Siehe hierzu nunmehr auch BVerfG, B. v. 7.7.2020 – 2 BvR 696/12 – juris, Rn. 60ff. „Kommunales Bildungspaket".

[145] S. hierzu *Germann* in Kluth Föderalismusreformgesetz, Art. 84, 85 Rn. 109ff.; *Engelken* VBlBW 2008, 457 (458); *F. Kirchhof* in Maunz/Dürig Rn. 159.

Ein Fall des Art. 84 Abs. 1 S. 7 liegt vor, wenn ein Bundesgesetz den Kommunen erstmals eine bestimmte Aufgabe zuweist oder eine damit funktional äquivalente Erweiterung einer bundesgesetzlich bereits zugewiesenen Aufgabe vornimmt.[146] **Aufgabenübertragungen** auf die Kommunen können deshalb **nur noch durch Landesgesetz** erfolgen.[147] Eine **Ausnahme** soll nach dem Willen des Ausschusses für Verkehr, Bau und Stadtentwicklung, dem sich der Rechtsausschuss des Deutschen Bundestages angeschlossen hat, jedoch insoweit gelten, als die Gemeinden und Gemeindeverbände Aufgaben auf Grund der verfassungsrechtlichen Garantie der kommunalen Selbstverwaltung nach Art. 28 Abs. 2 wahrnehmen, insbesondere in der Bauleitplanung.[148] Das Aufgabenübertragungsverbot soll (offenbar) nicht dazu führen, dass die in Art. 28 Abs. 2 GG geregelte Gewährleistung der kommunalen Selbstverwaltung ausgehöhlt wird.[149]

Die Regelung will nicht lediglich die Organisationshoheit der Länder stärken,[150] sondern – und das ist der eigentliche **Zweck** dieser Vorschrift – erreichen, dass im Verhältnis zwischen den Ländern und den Kommunen, die im jeweiligen Landesverfassungsrecht wurzelnden **Konnexitäts**regelungen[151] greifen und die Gemeinden und Gemeindeverbände mit den Aufgaben auch die entsprechenden Finanzmittel erhalten.[152] Gesetzessystematisch handelt es sich um eine Ausnahme von Art. 84 Abs. 1 S. 2 Hs. 1.[153]

33 Die **Staatspraxis der Vergangenheit** war in zahlreichen Fällen, vor allem im sozialen Bereich, von Aufgabendurchgriffen des Bundes auf die Kommunen geprägt. Wies der Bund den Kommunen kostenträchtige Aufgaben unmittelbar durch Bundesgesetz zu, so traf ihn nicht nur keine Pflicht, die hierfür notwendigen Mittel zu erstatten oder hierüber auch nur eine Regelung zu treffen; er hatte hierzu von vornherein nicht einmal die Möglichkeit.[154] Denn das Grundgesetz sieht unmittelbare Finanzbeziehungen zwi-

---

[146] BVerfG, B. v. 7.7.2020 – 2 BvR 696/12 – juris, Rn. 83 u. Ls. 2. Daneben soll die Vorschrift auch bundesgesetzlich angeordnete Vorgaben für die kommunale Verwaltungstätigkeit wie Informations-, Berichts- u. Kontrollpflichten erfassen (vgl. BVerfG, a. a. O., Rn. 84 e contrario Rn. 63; zu Recht insgesamt ablehnend F. Kirchhof, in MID Rn. 162).

[147] Vgl. amtl. Begründung, BT-Drs. 16/813, 15. Das „Ob" und „Wie" der Aufgabenübertragung auf die kommunale Ebene richtet sich nach Landes-(Verfassungs-)recht (vgl. *Dittmann/Winkler* in Sachs Rn. 12 a. E.; *Germann* in Kluth Föderalismusreformgesetz, Art. 84, 85 Rn. 112). Eine bundesgesetzliche Ermächtigung der Landesregierungen, die „zuständigen Behörden" durch (Landes-)Rechtsverordnung zu bestimmen, dürfte nur dann unproblematisch sein, wenn dies mit dem jeweiligen Landesverfassungsrecht in Einklang steht. Ansonsten wäre ein Eingriff in die Verfassungsautonomie der Länder zu besorgen (vgl. zum Ganzen auch *Engelken* VBlBW 2008, 457 (458)).

[148] S. BT-Drs. 16/2069, 4, 13; zust. *Ingold* DÖV 2010, 134 (137 ff.; 732 f.); abl. hingegen *Meßmann* DÖV 2010, 726 (729 ff.); *Engelken* VBl. BW 2008, 457 (466); *Hermes in Dreier* Rn. 72; → Rn. 52 f.

[149] BT-Drs. 16/2069, 4 in diesem Sinne nunmehr wohl auch BVerfG, B. v. 7.7.2020 – 2 BvR 696/12 – juris, Rn. 63.

[150] So aber offenbar *Försterling* ZG 2007, 36 (44).

[151] Vgl. zu den Auswirkungen des Art. 84 Abs. 1 S. 7 auf die landesverfassungsrechtlichen Konnexitätsprinzipien näher *Macht/Scharrer* DVBl 2008, 1150 ff.

[152] Vgl. BVerfG, B. v. 7.7.2020 – 2 BvR 696/12 – juris, Rn. 66 f. BVerwGE 153, 367 (380, Rn. 44); BayVGH GewArch 2014, 177 f.; siehe näher *Burgi* DVBl 2007, 70 (75); *Henneke* DVBl 2006, 867 (869); *Häde* JZ 2006, 930 (939); *Germann* in Kluth Föderalismusreformgesetz, Art. 84, 85 Rn. 106; *Knitter* ZG 2009, 18 (21 f.); *Kallerhoff* DVBl 2011, 6 f.; *F. Kirchhof* in Maunz/Dürig Rn. 152 ff.

[153] S. *Trute* in Starck Föderalismusreform, C. II. Rn. 174.

[154] Vgl. grdl. *Schoch/Wieland,* Kommunale Aufgabenträgerschaft nach dem Grundsicherungsgesetz, 2003, 76 f.

schen Bund und Kommunen – mit Ausnahme des Art. 106 Abs. 8 – nicht vor.[155] Die Kommunen sind verfassungsorganisatorisch Bestandteil der Länder und kommen daher als Ansprechpartner des Bundes nicht in Frage.[156] Auch direkte Finanzhilfen des Bundes sind unzulässig.[157] Ebenso wenig kommt Art. 104a Abs. 2 als Erstattungsgrundlage in Betracht, weil es sich bei den übertragenen Aufgaben überwiegend nicht um Gegenstände der Bundesauftragsverwaltung handelt. Die Sorge um die Gemeindefinanzen fällt vielmehr in die ausschließliche Zuständigkeit der Länder.[158] Sie allein haben gem. Art. 104a Abs. 1 iVm Art. 83 auch die Ausgabenverantwortung für den Vollzug der Bundesgesetze zu tragen, es sei denn, ein Dritter (Kommune) wird zum Aufgaben- und Kostenträger bestimmt.

Die **Pflicht** des jeweiligen **Landes zur Sicherstellung** der notwendigen **kommunalen Finanzausstattung** erstreckt sich zwar auch und gerade auf den Fall der bundesgesetzlichen Aufgabenzuweisung an die Kommunen;[159] denn bundesstaatlich werden die kommunalen Aufgaben und Ausgaben denen des Landes zugerechnet.[160] Allerdings ist die Einstandspflicht der Länder bei bundesrechtlicher Aufgabenzuweisung – mangels entsprechender anderweitiger Regelung in der Landesverfassung[161] – von vornherein auf eine allgemeine Garantenstellung im Rahmen des kommunalen Finanzausgleichs reduziert.[162] Von daher erklärt sich zugleich auch, weshalb die Länder einem Aufgaben- (und Finanzierungs-) Durchgriff des Bundes im Bundesrat nur wenig oder gar keinen Widerstand entgegensetzten. Ihre Zustimmung belastete den Landeshaushalt nicht unmittelbar.[163] **34**

Gegen dieses kollusive Zusammenwirken von Bund und Ländern zu ihren Lasten vermochten sich die Kommunen nicht zu wehren. Nach zutreffender Auffassung war dem Bund die Einrichtung kommunaler Behörden nach alter Verfassungsrechtslage in ähnlich voraussetzungsloser Weise eröffnet wie die anderer Behörden.[164] Ein Eingriff der Bundesgewalt in die Verfassungsordnung der Länder und deren Organisationsgewalt ist zwar entsprechend dem bundesstaatlichen Prinzip nur zulässig, soweit das Grundgesetz dies ausdrücklich bestimmt oder zulässt.[165] Die danach notwendige **Kompetenzzuweisungsnorm** für einen **unmittelbaren Aufgabendurchgriff des Bundes auf die Kommunen** war jedoch – jedenfalls nach alter Verfassungsrechtslage – in **Art. 84 Abs. 1 GG aF** zu sehen.[166] Diese Vorschrift enthielt damit zugleich eine potentielle Einschränkung der ansonsten umfassenden Kompetenz der Länder zur Regelung des Kommunal- **35**

---

155 Siehe auch *Korioth* NVwZ 2005, 503 (504 f.).

156 BVerfGE 39, 96 (109); 119, 331 (364).

157 BVerfGE 39, 96 (122); 41, 219 (313).

158 BVerfGE 26, 172 (181); siehe auch *Korioth* NVwZ 2005, 503 (505).

159 Vgl. *Schoch/Wieland,* Kommunale Aufgabenträgerschaft nach dem Grundsicherungsgesetz, 2003, 77 mwN.

160 BVerfGE 86, 148 (215); BVerwGE 96, 45 (56).

161 Das landesrechtliche Konnexitätsprinzip betrifft nur Ausgaben begründende Landesgesetze, auf Bundesgesetze findet es keine Anwendung, vgl. näher *Korioth* NVwZ 2005, 503 (505).

162 Vgl. *Schoch/Wieland,* Kommunale Aufgabenträgerschaft nach dem Grundsicherungsgesetz, 2003, S. 78.

163 Siehe auch *Korioth* NVwZ 2005, 503 (505).

164 S. hierzu näher *Remmert* VerwArch 94 (2003), 459 (475 ff.); **aA** *Henneke* ZG 2007, 21 (23 ff.) mwN.

165 BVerfGE 88, 203 (332).

166 BVerfGE 22, 180 (209 f.); 77, 288 (298 f.).

rechts.[167] Dies hatte zur Folge, dass sich Restriktionen des Bundesgesetzgebers lediglich aus sonstigen Verfassungsnormen, vor allem aus der grundgesetzlichen Garantie der kommunalen Selbstverwaltung (Art. 28 Abs. 2), ergeben konnten.[168] Letztere bot jedoch gegen die Auferlegung einzelner Ausgabepflichten – auch wenn man eine insgesamt zureichende Finanzausstattung als durch Art. 28 Abs. 2 mitgarantiert ansah, was das Bundesverfassungsgericht stets offen gelassen hat[169] – jedenfalls solange keinen Schutz, wie die allgemeine Finanzausstattung durch den bundesunmittelbaren Aufgabendurchgriff – wie regelmäßig – nicht in Frage gestellt wurde.[170]

36 Der **abweichend** hiervon in **Teilen der Literatur** unternommene Versuch, den bundesgesetzlichen Aufgabendurchgriff auf die kommunale Ebene verfassungsrechtlich zu begrenzen, etwa dadurch, die Einschaltung von Kommunen in den Vollzug eines Bundesgesetzes auf punktuelle Annexregelungen zu einer zur Zuständigkeit des Bundesgesetzgebers gehörenden materiellen Regelung zu beschränken und diese auch nur dann zuzulassen, wenn sie für den wirksamen Vollzug der materiellen Bestimmungen des Gesetzes notwendig war,[171] vermochte nicht zu überzeugen. Vor allem konnte er sich nicht auf die Entscheidungen des Bundesverfassungsgerichts zum „Jugendwohlfahrtsgesetz“[172] und zum „Bundesbaugesetz“[173] stützen.[174] Diese befassen sich allein mit der – weitergehenden – Frage, ob der Bund festlegen durfte, in welchem Wirkungskreis – dem eigenen oder dem übertragenen – die Gemeinde eine Aufgabe zu erfüllen habe.[175] Die dort entwickelten Kriterien – „punktuelle Annexregelung“ und „Erforderlichkeit für einen effektiven Vollzug“ – gaben deshalb für eine generelle verfassungsrechtliche Begrenzung des bundesgesetzlichen Durchgriffs auf die kommunale Ebene nichts her. Lagen die genannten Kriterien nicht vor, so musste der Bund lediglich auf eine Zuweisung in den eigenen Wirkungskreis verzichten. Der Aufgabendurchgriff selbst blieb ihm unbenommen. Geschützt war damit von vornherein nur der eigene Wirkungskreis der Gemeinden und Gemeindeverbände, nicht aber der Bereich der ihnen übertragenen überörtlichen Angelegenheiten.[176]

37 Infolgedessen blieben die Kommunen auf ihre angesichts der überbordenden Aufgaben immer dürftiger werdende allgemeine Finanzausstattung beschränkt. Zugleich lief mangels landesgesetzlicher Aufgabenübertragung das in der Landesverfassung verankerte Konnexitätsprinzip leer. Um diesem Dilemma zu entfliehen, kam in Betracht, entweder dem Bund eine eigene

[167] So mit Recht *Dittmann* in Sachs, 3. Aufl. 2003, Art. 84 Rn. 13.

[168] S. hierzu *Dittmann* in Sachs, 3. Aufl. 2003, Art. 84 Rn. 13.

[169] BVerfGE 26, 172 (181); 71, 25 (36 f.); 83, 363 (386); siehe aber nunmehr auch BVerfG, B. v. 7.7.2020 – 2 BvR 696/12 – juris, Rn. 49, 55 u. 58, wonach künftig von einer Konnexität zwischen Aufgaben- und Finanzmittelzuweisung ausgegangen werden und Art. 28 Abs. 2 im Sinne eines Rechtfertigungserfordernisses zugleich auch vor einer unverhältnismäßigen Aufgabenzuweisung schützen soll.

[170] BVerfGE 23, 353 (369, 371 f.); 26, 228 (244); 83, 363 (386); s. hierzu auch *Korioth* NVwZ 2005, 503 (505).

[171] So insbesondere *Schoch/Wieland,* Kommunale Aufgabenträgerschaft nach dem Grundsicherungsgesetz, 2003, 40 ff.; *Unruh* ZG 2004, 279 (293); *Henneke* ZG 2007, 21 (23 ff.) mwN.

[172] BVerfGE 22, 180.

[173] BVerfGE 77, 288.

[174] So mit Recht auch *Engelken* VBlBW 2008, 457 (463).

[175] Vgl. BVerfGE 22, 180 (210); 77, 288 (301).

[176] Vgl. auch BVerfGE 83, 363 (382).

Konnexitätshaftung gegenüber den Kommunen aufzuerlegen,[177] die Konnexitätshaftung der Länder auf den Aufgabendurchgriff des Bundes zu erstrecken oder ein **Aufgabenübertragungsverbot** vorzusehen.[178] Der verfassungsändernde Gesetzgeber hat sich für Letzteres entschieden und damit gleichsam das „Kinde mit dem Bade ausgeschüttet". Seitdem müssen zu jedem Bundesgesetz zeitgleich weitere sechzehn Landesausführungsgesetze erlassen werden, die die Aufgabenübertragung auf die Kommunen regeln und die landesrechtliche Konnexitätshaftung auslösen, nur um sicherzustellen, dass die Länder ihrer Verpflichtung, für eine ausreichende finanzielle Ausstattung der Gemeinden Sorge zu tragen, auch tatsächlich nachkommen. Dieser **legislatorische Unsinn** hätte vermieden werden können, wenn das Problem dort gelöst worden wäre, wo es nach der Kompetenzverteilung des Grundgesetzes hingehört, nämlich auf die Ebene der für die Finanzausstattung der Kommunen verantwortlichen Länder,[179] hinein in die Landesverfassungen, in eine einklagbare Verpflichtung auf eine alle Ausgaben der Kommunen abdeckende Finanzausstattung.[180] Statt dessen wurde ein apodiktisch und ausnahmefrei formuliertes – jedenfalls dem Wortlaut nach unbeschränktes – Aufgabenübertragungsverbot (Art. 84 Abs. 1 S. 7)[181] geschaffen, das seine gemeinwohlschädliche Wirkung auch dann entfaltet, wenn Aufgaben in Rede stehen, die überhaupt nicht zur Erbringung von Geldleistungen oder geldwerten Sachleistungen gegenüber Dritten verpflichten, und deshalb eine Gefahr für die Finanzausstattung der Kommunen von vornherein nicht besteht. Dies zeigt, dass der gewählte Ansatz, die Problematik der Gewährleistung der finanziellen Leistungsfähigkeit der Kommunen auf der der Finanzverfassung vorgelagerten Ebene der Zulässigkeit bundesgesetzlicher Aufgabenzuweisungen bewältigen zu wollen,[182] von vornherein verfehlt ist. Die dadurch ausgelösten Folgeprobleme sind unabsehbar und werden auch durch die Entscheidung des BVerfG vom 7.7.2020 – 2 BvR 696/12 – „Kommunales Bildungspaket" keiner überzeugenden Lösung zugeführt.

Bereits mit **Rundschreiben v. 31.8.2006**[183] sah sich die damalige Bundes- **38**
regierung unter Bezugnahme auf die eingangs erwähnte Entschließung des Ausschusses für Verkehr, Bau und Stadtentwicklung v. 28.6.2006[184] und die Erklärung der Koalitionsfraktionen im Rechtsausschuss des Deutschen Bun-

177 Hiergegen mit Recht *Korioth* NVwZ 2005, 503 (507): „gravierender Systembruch".

178 S. hierzu näher *Henneke* NdsVBl. 2004, 250 (259 ff.); NdsVBl. 2005, 201 (205 ff.); DVBl 2006, 867 (868); NdsVBl. 2007, 57 (58 ff.); ZG 2007, 21 (27); *Korioth* NVwZ 2005, 503 (506 f.); *Burgi* DVBl 2007, 70 (76).

179 Insoweit zutr. *Korioth* NVwZ 2005, 503 (508 aE).

180 Mit Recht ist zudem darauf hingewiesen worden, dass es gegen die „Spendierlaune" des Bundesgesetzgebers zu Lasten der Kommunen durchaus Mittel und Wege gibt: Im Bundesstaat des Grundgesetzes ist es die vornehmste Pflicht der Länder, ihre Gemeinden vor bundesgesetzlichen Kostenbelastungen zu schützen, indem sie im Bundesrat als deren Sachwalter auftreten und ihre Mitwirkungsrechte entsprechend betätigen, so namentlich *Korioth* NVwZ 2005, 503 (507). Die Verantwortung für die Malaise der Kommunen liegt daher nicht allein beim Bund, sondern mindestens ebenso bei den Ländern, die ihrer Verpflichtung gegenüber den Kommunen kraft Bundes- und Landesverfassungsrechts nicht gerecht geworden sind.

181 Siehe hierzu BVerfGE 119, 331 (359); BVerfG NVwZ 2018, 140 (151, Rn. 123 a. E.) und numehr BVerfG, B. v. 7.7.2020 – 2 BvR 696/12 – juris, Rn. 60: erfasst alle sachlichen Bereiche des Verwaltungshandels und gilt gleichermaßen für hoheitliche, schlichthoheitliche oder privatrechtliche Tätigkeiten.

182 So namentlich *Korioth* NVwZ 2005, 503 (508).

183 BR-Drs. 651/06, 17.

184 BT-Drs. 16/2069, 4.

destages[185] vom selben Tage zu folgendem Hinweis veranlasst: „Eine Aufgabenübertragung dürfte […] nicht vorliegen, wenn gemeindliche Zuständigkeiten für Aufgaben begründet werden, die die Gemeinden auf Grund der verfassungsrechtlichen Garantie der kommunalen Selbstverwaltung (Artikel 28 Abs. 2 Satz 1 GG) wahrnehmen und wahrnehmen müssen, insbesondere nicht die durch das Baugesetzbuch den Gemeinden zugewiesene Zuständigkeit für die Bauleitplanung im Gemeindegebiet."

39 Von Länderseite wurde dem Bund das Recht bestritten, einseitig eine verbindliche Interpretation der im Rahmen der Föderalismusreform geänderten Regelungen vorgeben zu können und die Auffassung vertreten, bereits der Wortlaut des Art. 84 Abs. 1 S. 7 (und des Art. 85 Abs. 1 S. 2) verbiete bundesgesetzliche Aufgabenübertragungen jedweder Art.[186] Es könne deshalb nicht darauf ankommen, ob es sich um Aufgaben im übertragenen Wirkungskreis oder um solche im Rahmen des Kernbereichs der Selbstverwaltung handele.[187]

40 Anlässlich eines **Gesprächs** zwischen Vertretern der **Staats- und Senatskanzleien der Länder** mit Vertretern der **Bundesregierung** am **8.11.2006** konnte einvernehmlich lediglich geklärt werden, dass in Bundesgesetzen geregelte neue Verpflichtungen für staatliche Stellen allgemein an die zuständigen Behörden zu adressieren und die Kommunen im Bundesgesetz nicht als Adressaten zu nennen seien. Die Zuweisung neuer Aufgaben an die Kommunen solle ausschließlich durch die Länder vorgenommen werden.[188]

41 Schon allein dies zeigt, dass die Vorschrift mehr Probleme aufwirft, als sie zu lösen im Stande ist. Sofern der Verfassungsgesetzgeber nicht selbst entsprechende Klarstellungen und Korrekturen vornimmt, stellt sich ernsthaft die Frage, ob das Aufgabenübertragungsverbot nicht praeter legem im Wege einer **teleologischen Reduktion**[189] auf solche Aufgaben beschränkt werden muss, die überhaupt die Gefahr einer Verpflichtung gegenüber Dritten zur Erbringung von Geldleistungen oder geldwerten Sachleistungen begründen.[190] In

---

185 BT-Drs. 16/2069, 13.

186 Vgl. ausf. *Försterling* ZG 2007, 36 (39); *Henneke* NdsVBl. 2007, 57 (64).

187 *Försterling* ZG 2007, 36 (39).

188 S. näher *Försterling* ZG 2007, 36 (39 f.); *Henneke* NdsVBl. 2007, 57 (64).

189 S. hierzu BVerfGE 88, 145 (167); 97, 186 (196).

190 In diese Richtung auch bereits während der Sachverständigenanhörung *Battis* Rechtsausschussprotokoll 12, 190 (191); im Ergebnis ebenso *Pieroth* in Jarass/Pieroth, 9. Aufl. 2007, Rn. 7: „Aufgaben" iSv Art. 84 Abs. 1 S. 7 sind (lediglich) materiell-rechtliche, Kosten verursachende Pflichten, nicht aber zur Ausführung der Bundesgesetze erforderliche Verfahrensregelungen. Ähnlich *Engelken* VBlBW 2008, 457 (460) für kostenneutrale Aufgabenänderungen und *Böhm/Schwarz* DVBl 2012, 540 (542) bezüglich der Einräumung von Handlungsoptionen, die keine rechtlichen Verpflichtungen der Kommunen begründen, wie etwa die Eröffnung der Möglichkeit zur Einführung eines Anschluss- und Benutzungszwangs nach § 16 EEWärmeG (vgl. hierzu *Kahl* VBlBW 2011, 53 (56) und *Kahl/Schmidtchen* LKV 2011, 439 (442 ff.); siehe auch BVerwG NVwZ 2017, 61 (64, Rn. 28) oder der Gründung eines Medizinischen Versorgungszentrums (MVZ) nach § 95 Abs. 1a SGB V (aA insoweit jedoch *Schaks* NZS 2016, 761 (766 f.).
Generell einschränkend auch *F. Kirchhof* in Maunz/Dürig Rn. 162: Art. 84 Abs. 1 S. 7 untersage nicht jegliche Belastung der Kommunen mit Pflichten (namentlich nicht mit internen Informations- und Kontrollpflichten); betroffen seien nur materielle Verwaltungsaufgaben nach außen. Im Ergebnis ebenso *Kahl/Schmidtchen* LKV 2011, 439 (442 f.): Art. 84 Abs. 1 S. 7 beinhalte kein „allgemeines Verpflichtungsverbot". Siehe nunmehr auch BVerwG NVwZ 2017, 61 (64, Rn. 28): Art. 84 Abs. 1 S. 7 „verbietet keine bundesrechtlichen Vorschriften, die nur die Art und Weise der Erledigung bereits bestehender Aufgaben neu bestimmen" und damit lediglich die „Modalitäten der Aufgabenwahrnehmung" betreffen.

ähnlicher Weise hat der Ausschuss für Verkehr, Bau und Stadtentwicklung in seiner 19. Sitzung vom 28.6.2006[191] zum beabsichtigten Regelungsgehalt der Vorschrift des Art. 84 Abs. 1 S. 6 (jetzt 7) festgestellt: „Durch sie sollen die Gemeinden und Gemeindeverbände vor der Übertragung von mit erheblichen Kosten verbundenen Leistungsgesetzen – zum Beispiel in den Bereichen der Jugendhilfe, der Sozialhilfe und der Grundsicherung – geschützt werden." Dies deckt sich mit den nach der Entstehungsgeschichte zutreffenden Ausführungen des an der Neufassung des Art. 84 GG maßgeblich beteiligten Abg. *Dr. Röttgen* anlässlich der Kontroverse um die Nichtausfertigung des Verbraucherinformationsgesetzentwurfs durch den Bundespräsidenten:[192] „Es stand niemals in Rede, dass der Bund nicht Pflichten von Kommunen bei der Ausführung von Gesetzen begründen darf."[193] Angesichts dessen erscheint eine teleologische Reduktion des Anwendungsbereichs des Art. 84 Abs. 1 S. 7 nicht nur vertretbar, sondern geradezu geboten.[194, 195]Die Gemeinden und Gemeindeverbände sollten durch Art. 84 Abs. 1 S. 7 nur vor der Übertragung von mit erheblichen Kostenfolgen verbundenen Leistungsgesetzen geschützt werden – mehr nicht.[196]

Zu gänzlich anderen Schlussfolgerungen aufgrund der Entstehungsgeschichte gelangt hingegen vor allem *Henneke.*[197] Auch er muss jedoch konzedieren, es sei „richtig, dass die für Art. 84 Abs. 1 S. 7, 85 Abs. 1 S. 2 **42**

Dementsprechend wird beispielsweise von der Verpflichtung zur Einrichtung eines Portalverbundes nach dem auf der Grundlage von Art. 91c Abs. 5 GG erlassenen Onlinezugangsgesetz (OZG) auch die kommunale Ebene erfasst (vgl. BT-Drucks. 18/11131, S. 12 u. BT-Drucks. 18/11135 S. 91 ff.), ohne dass dies gegen Art. 84 Abs. 1 Satz 7 verstößt (so zutreffend *Herrmann/Stöber* NVwZ 2017, 1401 (1403); *Siegel* DÖV 2018, 185 (188); im Ergebnis ebenso – allerdings mit missverständlicher Formulierung – die Stellungnahme des Bundesrats, BT-Drucks. 18/11135, S. 138; aA hingegen *Berger* DÖV 2018, 799 (804 ff.).

[191] BT-Drs. 16/2069, 4.

[192] BT-Drs. 16/3866; s. hierzu näher *Henneke* Der Landkreis 2007, 3 f.; NdsVBl. 2007, 57; *Schoch* DVBl 2007, 261 (265 ff.); *Försterling* ZG 2007, 36 (40 ff.); Der Landkreis 2007, 56 (57 f.); *Germann* in Kluth Föderalismusreformgesetz, Art. 84, 85 Rn. 122; *Pieroth* in Jarass/Pieroth Rn. 13 f.

[193] Siehe „Verärgerung in der Koalition über Köhler", FAZ v. 13.12.2006, 2.

[194] AA *Hermes* in Dreier Rn. 73; *Trute* in Starck Föderalismusreform, Rn. 175; *Trute* in MKS Rn. 58, der zu Unrecht meint, eine solche sei weder von der Intention noch vom Text gedeckt.

[195]Widersprüchlich BVerfG, B.v. 7.7.2020 – 2 BvR 696/12 – juris, Rn. 59 ff., das eine weite Auslegung des Aufgabenbegriffs favorisiert (Rn. 60) und eine teleologische Reduktion ebenfalls ablehnt (Rn. 77), allerdings nachdem es zuvor der Sache nach eine solche selbst in Rn. 63 vorgenommen hat: „Soweit seine Gesetzgebungsbefugnisse nach Art. 70 ff. GG reichen, kann der Bund auch weiterhin Aufgaben regeln, deren Durchführung aus anderen Gründen in verfassungskonformer Weise den Kommunen obliegt, und zwar selbst dann, wenn es sich materiell um Angelegenheiten der örtlichen Gemeinschaft im Sinne von Art. 28 Abs. 1 Satz 1 GG handelt [...]. In diesem Rahmen kann er bestehende Regelungen ohne Weiteres ändern, erweitern, verbessern oder konzeptionell neu ausrichten [...], selbst wenn damit Mehrbelastungen für die Kommunen verbunden sein sollten [...]." Quintessenz: Eine teleologische Reduktion darf vorgenommen werden; sie darf nur nicht als solche bezeichnet werden.

[196] Vor diesem Hintergrund erweist sich die Nichtausfertigung des Verbraucherinformationsgesetzentwurfs durch den damaligen Bundespräsidenten zumindest als kühn, abl. auch *Pieroth* in Jarass/Pieroth, 9. Aufl. 2007, Rn. 7; *Groß* in BerlKomm Rn. 22, Fn. 75; Partei für den Bundespräsidenten ergreifen hingegen: *Henneke* Der Landkreis 2007, 3 f.; NdsVBl. 2007, 57; DVBl 2011, 125 (127); *Schoch* DVBl 2007, 261 (265 ff.); *Försterling* ZG 2007, 36 (40 ff.); Der Landkreis 2007, 56 (57 f.); *Germann* in Kluth Föderalismusreformgesetz, Art. 84, 85 Rn. 122.

[197] S. NdsVBl. 2007, 57 (58 ff.; 65): „[...] dass die Gemeinden und Gemeindeverbände nach Art. 84 Abs. 1 S. 7 GG nur ‚vor der Übertragung von mit *erheblichen* Kostenfolgen

GG gefundene Formulierung von allen stets mit der künftigen Unterbindung des Bundesdurchgriffs anstelle der Schaffung eines Konnexitätsprinzips zwischen Bund und Kommunen gleichgesetzt wurde […]".[198] Diese Feststellung vermag eine teleologische Reduktion des Art. 84 Abs. 1 S. 7 ohne weiteres zu tragen. Den Ländern entsteht dadurch kein unangemessener Nachteil: Sagt ihnen die durch Bundesgesetz erfolgte Übertragung auf die kommunale Ebene nicht zu, so haben sie jederzeit die Möglichkeit, hiervon nach Art. 84 Abs. 1 S. 2 Hs. 2 durch Landesgesetz abzuweichen. Die Abweichungsbefugnis kann auch nicht nach Art. 84 Abs. 1 S. 5 ausgeschlossen werden. Diese Regelung betrifft nur das Verwaltungsverfahren. Umgekehrt steht den Kommunen nach richtiger Auffassung weder gegenüber dem jeweiligen Land noch gegenüber dem Bund ein verfassungsrechtlicher Anspruch auf Unterlassung weiterer kostenträchtiger Aufgabenübertragungen zu.[199, 200]

43 Durch den auf der Sitzung der Vertreter der Staatskanzleien und der Bundesregierung am 8.11.2006 gefundenen „Formelkompromiss" der Adressierung „allgemein an die zuständigen Behörden" kann die Problematik jedenfalls nicht gelöst werden.[201] Das Aufgabenübertragungsverbot untersagt nicht nur die direkte (spezifizierte), sondern auch die unspezifizierte Adressierung unter Einschluss der Kommunen.[202] Zudem birgt der „Formelkompromiss" die latente Gefahr, dass die mit Art. 84 Abs. 1 S. 7 verfolgten Intentionen selbst dann leer laufen, wenn es tatsächlich um die Vermeidung einer Belastung der Kommunen mit kostenträchtigen neuen Aufgaben geht. Denn der Bund könnte neue Leistungsgesetze statt an die Gemeinden und Gemeindeverbände einfach allgemein an die „Sozial- und Jugendhilfebehörden" adressieren und die notorisch klammen Länder könnten sich auf den Standpunkt stellen, mit den „Sozialbehörden" seien bereits die Richtigen gemeint, weshalb es eines – die Konnexitätshaftung des Landes auslösenden – Aufgabenübertragungsgesetzes gar nicht mehr bedürfe. Wie immer in solchen Fällen des „Etikettenschwindels", bleiben nicht nur die Kommunen, sondern vor allem die Bürgerinnen und Bürger auf der Strecke, weil sie mangels entsprechender Zuständigkeitsstimmung die in den Bundesgesetzen verheißenen Rechtswohltaten nicht erhalten – ein geradezu groteskes Ergebnis.

44 Ungeachtet dieser grundsätzlichen Kritik wirft **Art. 84 Abs. 1 S. 7 zahlreiche weitere Interpretations- und Abgrenzungsprobleme** auf:[203]

---

verbundenen Leistungsgesetzen' geschützt werden sollten, lässt sich der Entstehungsgeschichte der Vorschrift in keiner Weise entnehmen."

[198] *Henneke* NdsVBl. 2007, 57 (61).

[199] Vgl. NdsOVG NdsVBl. 1994, 18 (19); SaarlVerfGH NVwZ-RR 1995, 153 (154); BVerfG (K), NVwZ 1987, 123; BVerfG (K), LKV 1994, 145; BVerfG (K) NVwZ 1999, 520 (521); aA NRW VerfGH NVwZ-RR 1993, 486 (487); RhPf. VerfGH NVwZ 2001, 912 (914).

[200] Auch die Entscheidung des BVerfG v. 20.12.2007 – 2 BVR 2433/04 ua, BVerfGE 119, 331 begründet keinen solchen Anspruch. Dort wird lediglich festgestellt, dass der Schutzbereich des Art. 28 Abs. 2 auch in Bezug auf Aufgabenzuweisungen eröffnet sein kann, so auch *P. M. Huber* DÖV 2008, 844 (848). Nichts anderes gilt nach der Entscheidung vom 7.7.2020 – 2 BvR 696/12 – auch insoweit wird lediglich ein Rechtfertigungserfordernis begründet (vgl. BVerfG, a. a. O., Rn. 49).

[201] So aber offenbar *Försterling* ZG 2007, 36 (45), der davon ausgeht, dass sich „Verstöße" gegen Art. 84 Abs. 1 S. 7 – wie beim Verbraucherinformationsgesetz – in Zukunft nicht wiederholen.

[202] S. ausdrücklich *Germann* in Kluth Föderalismusreformgesetz, Art. 84, 85 Rn. 121 f.

[203] So mit Recht *Kesper* NdsVBl. 2006, 145 (154); siehe auch *Engelken* VBlBW 2008, 457 (460 ff.).

Zum einen besteht – unabhängig von der soeben erörterten Adressierungsregelung – die Gefahr, dass die Landesgesetzgeber eine an sich gebotene Aufgabenzuweisung mit der Begründung unterlassen, es handele sich bereits um eine vom Kernbestand kommunaler Verantwortung umfasste Aufgabe, nur um ihrer Konnexitätshaftung zu entgehen.[204] Insoweit kann eine Lösung nur im jeweiligen Landesverfassungsrecht gesucht und gefunden werden.[205]

Im Wesentlichen ungeklärt ist auch nach der Entscheidung des BVerfG vom 7.7.2020 – 2 BvR 696/12 – „Kommunales Bildungspaket" zum anderen die Behandlung der sog. **Altfälle.** Darunter versteht man die bereits bestehenden bundesgesetzlichen Aufgabenzuweisungen, die nach **Art. 125a Abs. 1** als Bundesrecht fortbestehen, bis sie – gegebenenfalls – durch Landesrecht ersetzt werden. Von besonderer Bedeutung sind in diesem Zusammenhang die für die Kommunen regelmäßig sehr kostenintensiven Bereiche der Sozial- und Jugendhilfe. Mit ihrer Forderung, die bundesgesetzliche Aufgabenzuweisung von Verfassungs wegen in eine landesgesetzliche umzuwandeln und dadurch die Konnexitätshaftung der Länder für alle künftigen kostensteigernden Rechtsänderungen des Bundes zu begründen, konnten sich die Kommunen im Rahmen der Föderalismusreform nicht durchsetzen.[206] Deshalb stellt sich bei materiellen Rechtsänderungen durch den Bund regelmäßig die Frage, ob es sich (noch) um eine bloße Veränderung der Rahmenbedingungen einer bereits bestehenden kommunalen Aufgabe handelt, oder ob der Bundesgesetzgeber bereits unter Verstoß gegen Art. 84 Abs. 1 S. 7 eine neue Aufgabe begründet hat.[207]

Bei der Entwicklung entsprechender **Abgrenzungsmaßstäbe** ist zu- **45**
nächst die Vorfrage zu klären, ob die in Art. 125a Abs. 1 S. 1 angeordnete Fortgeltung von Recht, das als Bundesrecht erlassen wurde, aber wegen Art. 84 Abs. 1 S. 7 nicht mehr als Bundesrecht erlassen werden könnte, den Bund von jeder weiteren – an die Kommunen adressierten – Rechtssetzung ausschließt und damit eine gleichsam räumlich wirkende Sperre zwischen der Sphäre des Bundes und der der Kommunen begründet oder nicht.[208] Der verfassungsändernde Gesetzgeber selbst hat zu dieser Problematik in der amtl. Begründung[209] Folgendes festgestellt: „Der Bundesgesetzgeber bleibt zur Änderung einzelner Vorschriften im Sinne der Ladenschlussentscheidung des Bundesverfassungsgerichts (BVerfGE 111, 10) sowie dazu befugt, das von ihm erlassene Recht wieder aufzuheben, um ein dauerhaftes Nebeneinander von Landesrecht und partiellem Bundesrecht zu vermeiden". Damit hat sich der Verfassungsgesetzgeber bewusst gegen eine absolute Sperrwirkung des Art. 84 Abs. 1 S. 7 und damit zugleich auch gegen eine Versteinerung des Bundesrechts entschieden.[210] Die abweichend hiervon in der

---

[204] Vgl. näher *Henneke* DVBl 2006, 867 (869 f.); DVBl 2011, 125 (131 ff.); *Kesper* NdsVBl. 2006, 145 (154); *Trute* in Starck Föderalismusreform, C. III. Rn. 177.

[205] Siehe auch *Trute* in Starck Föderalismusreform, C. III. Rn. 177.

[206] Vgl. *Kesper* NdsVBl. 2006, 145 (154); *Henneke* NdsVBl. 2005, 201 (206).

[207] So mit Recht *Kesper* NdsVBl. 2006, 145 (154); *Hermes* in Dreier Rn. 75 ff.; s. hierzu auch *Engelken* VBlBW 2008, 457 (460 ff.) mit umfangreicher Fallgruppenbildung.

[208] S. hierzu näher *Burgi* DVBl 2007, 70 (75); *Schoch* DVBl 2007, 261 (263 ff.); *Henneke* NdsVBl. 2007, 57 (65 ff.); Der Landkreis 2007, 3 (5); ZG 2007, 21 (26 ff.); *Knitter* ZG 2009, 18 (19 ff.); *Kallerhoff* DVBl 2011, 6 (8 ff.).

[209] Vgl. BT-Drs. 16/813, 20.

[210] Im Ergebnis ebenso *Trute* in Starck Föderalismusreform, C. III. Rn. 176; *Hermes* in Dreier Rn. 77; *Zieglmeier* NVwZ 2008, 270 (271); *P. M. Huber* DÖV 2008, 844 (849 f.); *Engelken* VBlBW 2008, 457 (460 ff.); *P. M. Huber/Wollenschläger* VerwArch 100 (2009), 305

Literatur[211] vertretene Auffassung, Art. 125a Abs. 1 S. 1 enthalte einen Kompetenztitel ausschließlich zugunsten der Länder, weshalb der Bund fortan nicht einmal mehr konkurrierend zuständig sei, ist deshalb ohne jede Grundlage. Vielmehr ergibt sich aus der ausdrücklichen Bezugnahme auf BVerfGE 111, 10 (31 ff.) im Einzelnen folgendes Bild:

46 Die **Änderungskompetenz des Bundes ist eng auszulegen** und an die Beibehaltung der wesentlichen Elemente der in dem fortgeltenden **Bundesgesetz** enthaltenen Regelung geknüpft.[212] Diese **darf** vom Bundesgesetzgeber **modifiziert werden.** Eine **grundlegende Neukonzeption** ist ihm jedoch **verwehrt.**[213] Reicht die bloße Modifikation einer bestehenden bundesrechtlichen Regelung auf Grund sachlich gebotener Änderungen nicht mehr aus, so steht die Befugnis zur Bestimmung des Aufgabenträgers allein den Ländern zu,[214] sofern der Bund nicht auf eine Adressierung an die Kommunen verzichtet.[215]

47 Mithin ist (1.) zwischen der **Neubegründung** von Aufgaben im Zusammenhang mit einer grundlegenden Neukonzeption und (2.) einer Erweiterung bereits vorhandener Aufgaben im Rahmen einer bloßen **Modifikation** einer bereits bestehenden bundesrechtlichen Regelung zu unterscheiden. Im ersten Fall ist dem Bund eine Aufgabenübertragung auf die Kommunen nach Art. 84 Abs. 1 S. 7 untersagt. Im zweiten Fall handelt es sich lediglich um eine Veränderung der Rahmenbedingungen einer bereits bestehenden kommunalen Aufgabe, die den Begriff der „Übertragung" in Art. 84 Abs. 1 S. 7 schon gar nicht erfüllt. Entsprechende Maßnahmen des Bundesgesetzgebers begründen deshalb keinen Verstoß gegen Art. 84 Abs. 1 S. 7. Die Festlegung des Aufgabenkreises einer Behörde ist qualitativ zu verstehen; rein quantitative Vermehrungen bereits bestehender Aufgaben greifen nicht in den den Ländern vorbehaltenen Bereich der Aufgabendelegation ein.[216] Anders verhält es sich lediglich dann, wenn eine bereits bestehende Aufgabe nicht nur erweitert, sondern grundlegend neu konzipiert oder qualitativ verändert und ihr damit eine im Wesentlichen andere Bedeutung und Tragweite verliehen wird.[217] Eine Anpassung bundesgesetzlich bereits zugewiesener Aufgaben an

---

(309 f., 335); *Meßmann* DÖV 2010, 726 (728). Nunmehr auch BVerfG, B. v. 7.7.2020 – 2 BvR 696/12 – juris, Rn. 78 ff.

[211] Vgl. namentlich *Schoch* DVBl 2007, 261 (264).

[212] So nunmehr auch BVerfG, B. v. 7.7.2020 – 2 BvR 696/12 – juris, Rn. 80.

[213] Ebenso BVerfG, B. v. 7.7.2020 – 2 BvR 696/12 – juris, Rn. 80 ff. S. zur Problematik allgemein auch *Uhle* in Maunz/Dürig Art. 125a Rn. 27 ff.; *Wolf* in MKS Art. 125a Rn. 23; *Jarass* in Jarass/Pieroth Art. 125a Rn. 7 f.

[214] Insoweit zutr. *Henneke* NdsVBl. 2006, 158 (160); *Hennecke* in SHH Rn. 43.

[215] Von der Aufgabenübertragung und -zuweisung ist die materiell-rechtliche Aufgabenbestimmung, die Ausübung der Bundesgesetzgebungskompetenzen nach Art. 73 ff. GG, strikt zu trennen. Letztere wird, sofern keine grundlegende Neukonzeption unter gleichzeitiger Aufgabenzuweisung an die Kommunen stattfindet, vom Verbot des Art. 84 Abs. 1 S. 7 nicht erfasst, vgl. hierzu *Pieroth* in Jarass/Pieroth Rn. 13; *Oebbecke* in HdbStR VI, § 136 Rn. 33; *Engelken* BayVBl. 2011, 65 (71).

[216] Vgl. BVerfGE 75, 108 (150 f.); 126, 77 (103 ff.); ebenso *Wolff* in Wolff/Hömig Rn. 14; *Zieglmeier* NVwZ 2008, 270 (271); *P. M. Huber* DÖV 2008, 844 (849 f.); *Maiwald* in SHH Art. 125a Rn. 3, 6; *F. Kirchhof* in Maunz/Dürig Rn. 167; im Ergebnis auch *Engelken* VBlBW 2008, 457 (460 ff.), der jedoch – weitergehend – selbst qualitative Aufgabenänderungen nicht von dem Verbot des Art. 84 Abs. 1 S. 7 umfasst sieht.

[217] In diesem Sinne auch *Dittmann/Winkler* in Sachs Rn. 16, allerdings unter missverständlicher Bezugnahme auf *Burgi* und *Henneke.* Siehe auch BVerfGE 126, 77 (103 ff.) zu Art. 87d Abs. 2 GG. Ebenso nunmehr BVerfG, B. v. 7.7.2020 – 2 BvR 696/12 – juris, Rn. 81 u. 82 unter weitgehender Übernahme der hier gefundenen Formulierungen.

veränderte ökonomische und soziale Umstände ist somit gemäß Art. 125a Abs. 1 S. 1 weiterhin zulässig.[218]

Der hiervon abweichenden Auffassung namentlich von *Burgi*[219] und *Henneke*[220], die eine „Übertragung von Aufgaben" immer dann annehmen wollen, wenn eine Zuständigkeit inhaltlich verändert wird, gleichgültig ob die Aufgabe von Null aus übertragen wird oder bereits eine Teilzuständigkeit vorhanden war,[221] kann nicht gefolgt werden.[222] Sie ist mit dem in der amtl. Begründung[223] zum Ausdruck kommenden Willen des Verfassungsgesetzgebers, dem Bund die Befugnis zur Modifikation in dem durch die Ladenschluss-Entscheidung[224] des BVerfG gezogenen Rahmen zu erhalten, nicht zu vereinbaren.[225] *Burgi* und *Henneke* verkennen, dass dem in der Entstehungsgeschichte einer Verfassungsnorm dokumentierten Willen des Verfassungsgebers gerade bei Kompetenznormen besonderes Gewicht beizumessen ist.[226] Dies schließt es aus, dem Bund jegliche Änderungskompetenz abzusprechen.[227] Neubegründungen und Erweiterungen von Aufgaben werden folglich nicht gleichermaßen vom Verdikt des Art. 84 Abs. 1 S. 7 erfasst. Insoweit kann auf die Rechtsposition der Bundesregierung v. 2.1.2007[228] anlässlich der Beantwortung der kleinen Anfrage der FDP-Fraktion v. 13.12.2006[229] verwiesen werden.[230] Das Aufgabenübertragungsverbot des **48**

---

[218] BVerfG, B. v. 7.7.2020 – 2 BvR 696/12 – juris, Rn. 78, 82 u. Ls. 3. Der Bund bleibt danach zur Aufhebung bestehender Regelungen zur Berichtigung des Fachrechts, zu (kleineren) Anpassungen, Aktualisierungen oder zur Verlängerung der Geltungsdauer einer Regelung ermächtigt (a. a. O., Rn. 82).

[219] *Burgi* DVBl 2007, 70 (77).

[220] *Henneke* Der Landkreis 2007, 3 (5); NdsVBl. 2007, 57 (66); ZG 2007, 21 (26 ff.); DVBl 2011, 125 (127 ff.); *Hennecke* in SHH Rn. 41, 43; ebenso *Kallerhoff* DVBl 2011, 6 (8 ff.).

[221] Ähnlich *Knitter* ZG 2009, 18 (24 ff.), die eine unzulässige Aufgabenübertragung unter Betonung des Schutzzwecks des Art. 84 Abs. 1 S. 7 in jeder bundesgesetzlichen Änderungsvorschrift formeller oder materiell-rechtlicher Art erblickt, sofern diese die negative Kostenfolge eines Bundesgesetzes für die Kommunen verstärkt.

[222] Ablehnend nunmehr auch BVerfG, B. v. 7.7.2020 – 2 BvR 696/12 – juris, Rn. 75 u. 79.

[223] Vgl. BT-Drs. 16/813, 20.

[224] BVerfGE 111, 10 (31).

[225] Der Vorschlag von *Henneke* (vgl. NdsVBl. 2006, 158 (162)), Art. 84 Abs. 1 S. 7 in der Gesetzesbegründung dahin zu erläutern, dass dem Bund künftig auch eine Erweiterung bereits bestehender Aufgaben verwehrt sein sollte, wurde im Gesetzgebungsverfahren nicht aufgegriffen, s. hierzu auch *Engelken* VBlBW 2008, 457 (461) und die Stellungnahme des Bundesrates zum Entwurf des KiföG, BT-Drs. 16/10 173, 11: „Die Problematik, dass bestehende bundesrechtliche Aufgabenzuweisungen auch Aufgabenerweiterungen oder sonstige Aufgabenmodifikationen erfassen können, war im Gesetzgebungsverfahren zur Änderung des Grundgesetzes bekannt. Der Verfassungsgeber hat eine geforderte entsprechende Klarstellung aber gerade nicht vorgenommen, mit der Folge, dass bundesgesetzlich entsprechend weit gefasste Zuständigkeitsregelungen auch Aufgabenänderungen erfassen können und dürfen".

[226] BVerfGE 41, 205 (220).

[227] So aber offenbar *Schoch* DVBl 2007, 261 (264); *Kallerhoff* DVBl 2011, 6 (8 ff.).

[228] BT-Drs. 16/3989, 2.

[229] BT-Drs. 16/3882.

[230] Die Rechtsposition der Bundesregierung (BT-Drs. 16/3989, 2) lautet iE wie folgt: „Forderungen, den neuen Artikel 84 Abs. 1 Satz 7 GG in der Begründung dahin gehend zu erläutern, dass dem Bund künftig auch eine Erweiterung bestehender Aufgaben verwehrt sein sollte, wurde im Gesetzgebungsverfahren nicht entsprochen. Danach ist eine Aufgabenerweiterung nicht schlechthin unzulässig. Vielmehr ist an die zum bisherigen Artikel 84 Abs. 1 GG bekannte Unterscheidung zwischen der rein quantitativen Vermehrung bereits bestehender Aufgaben und der Übertragung neuer Aufgaben (vgl. *Pieroth* in Jarass/Pieroth, 8. Aufl. 2006, Art. 84 Rn. 3 m. w. N.) anzuknüpfen.
Nach der hierzu ergangenen Rechtsprechung des Bundesverfassungsgerichts ist die Fest-

Art. 84 Abs. 1 S. 7 wirkt daher nur hinsichtlich einer vollkommenen Neubegründung von Aufgaben und damit letztlich lediglich pro futuro.

49 Die in Teilen der **Kommunalrechtswissenschaft** verfolgte Intention, die Problematik der Gewährleistung der finanziellen Leistungsfähigkeit der Kommunen auf der der Finanzverfassung vorgelagerten Ebene der Zulässigkeit bundesgesetzlicher Aufgabenzuweisungen lösen zu wollen, ist daher **auf der ganzen Linie gescheitert.**[231] Daran vermag auch das entfachte publizistische Feuerwerk[232] nichts zu ändern. So konnte bereits der Ausweitung des in § 24 SGB VIII geregelten Rechtsanspruchs auf einen Kindergarten- bzw. Krip-

---

legung des Aufgabenkreises einer Behörde qualitativ zu sehen. Rein quantitative Vermehrungen bereits bestehender Aufgaben greifen nicht in den den Ländern vorbehaltenen Bereich ein (BVerfG, Beschluss vom 8. April 1987, Az.: 2 BvR 909/82 (BVerfGE 75, 108). Dementsprechend ist auch für den neuen Artikel 84 Abs. 1 Satz 7 GG zwischen einer (unzulässigen) Übertragung qualitativ neuer Aufgaben und einer zulässigen quantitativen Vermehrung bestehender Aufgaben zu unterscheiden. Hierfür spricht auch, dass andernfalls dem Bundesgesetzgeber jede gesetzgeberische Modifikation bestehender kommunaler Aufgaben versagt und damit eine Versteinerung des insoweit bereits geltenden Rechts zu besorgen wäre."

[231] Nach einer ersten, durch das Urteil des VerfGH Nordrhein-Westfalen vom 12.10.2010 – VerfGH 12/09 –, NVwZ-RR 2011, 41 ff. ausgelösten – allerdings unbegründeten – Euphorie (die Entscheidung betraf lediglich einen „Sonderfall") ist inzwischen vollständige Ernüchterung eingekehrt. So hat der VerfGH NW mit Urteil vom 9.12.2014 – VerfGH 11/13 –, DVBl. 2015, 171 ff. für das bevölkerungsreichste Land entschieden, dass eine Veränderung bestehender Aufgaben im Sinne von Art. 78 Abs. 3 S. 2, 2. Alt. LVNRW nur dann konnexitätsrelevant ist, wenn sie durch Landesgesetz oder eine Landesrechtsverordnung unmittelbar verursacht wurde, was bei einer Aufgabenveränderung durch Bundesrecht nicht der Fall sei, sofern sich der Beitrag des Landesgesetzgebers auf eine vorausgegangene allgemeine Zuständigkeitszuweisung beschränke, bei der die in Rede stehende Aufgabenänderung noch nicht absehbar gewesen sei. Der durch Art. 84 Abs. 1 S. 7, Art. 85 Abs. 1 S. 2 beabsichtigte Schutz der Kommunen laufe damit derzeit weitgehend leer. In ebensolcher Weise entschied der VerfGH Rheinland-Pfalz mit Beschluss vom 30.10.2015 – N 65/14 –, DVBl. 2015, 1581 ff., dass die Konnexitätsbestimmungen des Art. 49 Abs. 5 LVerfRP den Kommunen nur dann einen Anspruch auf Regelung der Kostendeckung und Schaffung eines Mehrbelastungsausgleichs gewähren, wenn das Land die Kosten verursacht habe. Hierfür reiche es bei einer Veränderung der gemeindlichen Aufgaben durch Bundesrecht nicht aus, wenn sich der Beitrag des Landesgesetzgebers auf eine mehrere Jahre zuvor erlassene allgemeine Zuständigkeitszuweisung an die Kommunen beschränke und das Land lediglich von einer Rückholung der Aufgabe abgesehen habe. Einzig der VerfGH Brandenburg sieht in seinem Urteil vom 30.4.2013 – 49/11 –, DVBl. 2013, 852 ff. in der Beibehaltung einer ursprünglich lediglich deklaratorischen Zuständigkeitszuweisung eine konnexitätsrelevante Verpflichtung der Kommunen durch den Landesgesetzgeber, vgl. zur Problematik und zur Kritik an den Entscheidungen des VerfGH NRW und des VerfGH RP eingehend *Schoch* DVBl. 2016, 1007 ff. und *Wendt* DÖV 2017, 1 ff; geradezu entwaffnend im Übrigen auch die Feststellung von *Henneke* in seiner Anmerkung zur Entscheidung des VerfGHNW in DVBl. 2015, 176: „.... gut acht Jahre nach dem Inkrafttreten der Föderalismusreform I am 1.9.2006 hat der VerfGH NW ... die Figuren wieder auf Anfang gestellt." Für soviel Optimismus ist indes kein Raum. Richtigerweise müsste es vielmehr heißen, der VerfGH NW hat die Figuren wieder „auf Null" gestellt; denn Art. 84 Abs. 1 S. 7 entfaltet – jedenfalls in Nordrhein-Westfalen und in Rheinland-Pfalz – die mit ihm beabsichtigte Wirkung, das Konnexitätsprinzip der Landesverfassungen zur Anwendung zu bringen, mit Ausnahme des im Urteil des VerfGH NW vom 12.10.2010 – VerfGH 12/09 –, NVwZ-RR 2011, 41 (43) beschriebenen und im Urteil vom 9.12.2014 – VerfGH 11/13 –, DVBl. 2015, 171 (175) näher erläuterten „Sonderfalls", nicht einmal mehr jenseits der sog. „Altfälle".

[232] Vgl. statt aller *Henneke* Der Landkreis 2007, 3 (5); NdsVBl. 2007, 57 ff.; ZG 2007, 21 (26 ff.); DVBl. 2011, 125 ff.; *Hennecke* BayVBl. 2012, 321 ff.; *Hennecke* DVBl. 2013, 856 ff.; *Hennecke* DVBl. 2015, 176 ff.; *Hennecke* DVBl. 2015, 1582 ff.; *Hennecke* Der Landkreis 2016, 393 ff.; aA in ebensolcher Regelmäßigkeit *Engelken* BayVBl. 2011, 713 ff.; *Engelken* DÖV 2011, 745 ff; *Engelken* NWVBl. 2011, 413 ff.; *Engelken* ZKJ 2012, 478 ff.; Engelken VBlBW 2012, 325 ff.; *Engelken* NVwZ 2013, 1529 ff.; *Engelken* DÖV 2015, 184 ff.; *Engelken* NVwZ 2015, 342 ff.; *Engelken* NVwZ 2016, 589 ff.

penplatz[233] Art. 84 Abs. 1 S. 7 nicht entgegengehalten werden.[234] Die bundesrechtlich normierte Zuständigkeitsregelung der Kommunen in § 69 SGB VIII aF (vormals § 69 Kinder- und Jugendhilfegesetz – KJHG) galt gem. Art. 125a Abs. 1 S. 1 als Bundesrecht fort. Sie wurde durch die ab dem 1.8.2013 ins Werk gesetzte Ausweitung des Rechtsanspruchs auf einen Kindergarten- oder Krippenplatz – ab dem vollendeten 1. statt wie zuvor ab dem 3. Lebensjahr – lediglich modifiziert und in ihren Rahmenbedingungen reformiert, nicht aber grundlegend neu konzipiert oder gar qualitativ verändert.[235] Der Ausbau der Kindertagesbetreuung war und ist nichts anderes als die partielle Intensivierung einer bereits bestehenden Aufgabe,[236] eine Anpassung an veränderte ökonomische und soziale Umstände im Sinne des Leitsatzes 3 des Beschlusses des BVerfG vom 7.7.2020 – 2 BvR 696/12 – juris „Kommunales Bildungspaket". Schon allein die insoweit geführte Diskussion belegt die Untauglichkeit des mit Art. 84 Abs. 1 S. 7 verfolgten Regelungsansatzes. Eine Verfassungsnorm, die bereits mit ihrem Inkrafttreten eine Vielzahl von Interpretations- und Abgrenzungsfragen aufwirft und damit mehr Probleme schafft als sie zu lösen imstande ist, ist nicht nur zu nichts nutze; sie überfordert offenbar auch das Interpretationsgeschick des BVerfG.

Während in Leitsatz 3 der Entscheidung des Zweiten Senats vom 7.7.2020 **50**
– 2 BvR 696/12 – zu Recht weiterhin eine Befugnis des Bundes zur Anpassung bundesgesetzlich bereits zugewiesener Aufgaben an veränderte ökonomische und soziale Umstände postuliert wird, wird dem Bund in Rn. 86 der Entscheidungsgründe die Kompetenz zu einer Aufgabenübertragung abgesprochen, wenn er neue Leistungstatbestände schafft, bestehende Leistungstatbestände auf neue Gruppen von Berechtigten ausweitet oder die Dauer des Leistungsbezuges so verlängert, dass damit zugleich dessen Charakter verändert wird. Indes ist ohne Einsatz dieser Regelungsinstrumente eine Anpassung bundesgesetzlich bereits zugewiesener Aufgaben an veränderte ökonomische und soziale Umstände von vornherein unmöglich. Die Entscheidung des BVerfG vom 7.7.2020 – 2 BvR 696/12 – leidet daher nicht nur an einer latenten Inkohärenz zwischen Leitsätzen und Entscheidungsgründen, sie setzt sich zugleich auch über den ausdrücklichen Willen des verfassungsändernden Gesetzgebers hinweg, wonach die Erweiterung bereits bestehender Aufgaben gerade unberührt bleiben sollte (vgl. BT-Drucks. 16/3989, 2).[237] Der verfassungsändernde Gesetzgeber wird deshalb zu entscheiden haben, ob er dieses „übergriffige" Verhalten des Bundesverfassungsgerichts tolerieren oder durch eine entsprechende Klarstellung in Art. 125a

---

[233] Vgl. Gesetz v. 10.12.2008, BGBl. 2008 I 2403 mWv 1.8.2013.

[234] So aber *Henneke* NdsVBl. 2006, 158 (162); DVBl 2011, 125 (128 ff.); *P. M. Huber/Wollenschläger* VerwArch 100 (2009), 305 (336).

[235] Vgl. BVerfGE 111, 10 (31); s. hierzu auch die Stellungnahme des Bundesrates v. 13.6.2008, BR-Drs. 295/08, 7 f.

[236] So zutr. *Engelken* VBlBW 2008, 457 (462) Fn. 47. Es kann deshalb nur verwundern, dass sich der Bund – offenbar auf Druck der Kommunen – zu einer Streichung der Bestimmung der örtlichen Träger in § 69 SGB VIII veranlasst sah (vgl. G v. 10.12.2008, BGBl. I 2403), nur um sich vor dem Hintergrund des Art. 84 Abs. 1 S. 7 die Befugnis zur Regelung „neuer"(?) Aufgaben im Rahmen seiner Gesetzgebungskompetenz zu erhalten, vgl. hierzu näher den Gesetzentwurf der Bundesregierung v. 2.5.2008, BR-Drs. 295/08, 3, 4, 16, 17, 33 sowie die Gegenäußerung der Bundesregierung v. 28.8.2008, BT-Drs. 16/10173, 16 zur Stellungnahme des Bundesrates v. 13.6.2008, BR-Drs. 295/08, 7 f.

[237] Dem in der Entstehungsgeschichte einer Verfassungsnorm dokumentierten Willen des Verfassungsgebers ist gerade bei Kompetenznormen besonderes Gewicht beizumessen, vgl. BVerfGE 41, 205 (220).

Abs. 1 S. 1 GG korrigieren möchte. Unter Übernahme des Leitsatzes 3 der Entscheidung vom 7.7.2020 – 2 BvR 696/12 – bietet sich insoweit folgende Formulierung an: „*Eine Anpassung bundesgesetzlich bereits zugewiesener Aufgaben an veränderte ökonomische und soziale Umstände durch Schaffung neuer Leistungstatbestände, Ausweitung bestehender Leistungstatbestände auf neue Gruppen von Berechtigten und die Verlängerung der Dauer des Leistungsbezuges ist auch weiterhin möglich*". Andernfalls lassen sich die durch die Entscheidung vom 7.7.2020 – 2 BvR 696/12 – hervorgerufenen Abgrenzungsschwierigkeiten zwischen (kleineren) Anpassungen und Aktualisierungen einerseits (Rn. 82) und dem Schaffen neuer Leistungstatbestände sowie der Erweiterung bereits bestehender Tatbestände auf neue Gruppen von Berechtigten andererseits (Rn. 86) auch wohl kaum bewältigen.

VII. Ersetzung durch Landesrecht (Art. 125a Abs. 1 S. 2)

51 Nach Art. 125a Abs. 1 S. 2 kann Recht, das als Bundesrecht erlassen wurde, aber wegen der Einfügung des Art. 84 Abs. 1 S. 7 nicht mehr als Bundesrecht erlassen werden könnte, durch Landesrecht ersetzt werden. Die Regelung eröffnet den **Ländern** – weitgehend voraussetzungslos – **erhebliche Gestaltungsmöglichkeiten** bei der Festlegung der Behördenzuständigkeit. Vor allem können die Landtage künftig auf bislang durch Bundesrecht geprägten Feldern eigenständige Regelungskonzepte entwickeln, die die Grenzen der kommunalen Selbstverwaltung (Art. 28 Abs. 2) anders ausgestalten als bislang üblich[238] – gerade auch im Bereich der Bauleitplanung.[239] Sollte ein entsprechender Gestaltungswille der Länder erwachen, sind die Kommunen dem weitgehend schutzlos ausgeliefert. Art. 28 Abs. 2 garantiert nur einen relativ engen materiellen Kernbereich.[240]

52 Der Bund hat den Ländern durch entsprechende Inkrafttretensvorschriften einen angemessen langen Zeitraum für die eigene Gesetzgebung einzuräumen.[241] Allerdings ist der Begriff **„ersetzt"** mit Bedacht gewählt. Er unterscheidet sich von einer lediglich teilweisen Änderung bei einem Fortbestand der bundesrechtlichen Regelung im Übrigen. Die Ersetzung des Bundesrechts erfordert, dass der Landesgesetzgeber die Materie, gegebenenfalls einen abgrenzbaren Teilbereich, in eigener Verantwortung regelt.[242] Dabei ist er nicht gehindert, ein mit bisherigem Bundesrecht weitgehend gleich lautendes Landesrecht zu erlassen.[243] Es ist ihm jedoch verwehrt, bei einem Fortbestand der bundesrechtlichen Regelung nur einzelne Vorschriften zu ändern.[244] Die

---

[238] S. hierzu *Möllers* Rechtsausschussprotokoll 12, 94.

[239] So zutr. *Hermes* in Dreier Rn. 73; *Meßmann* DÖV 2010, 726 (729 ff.); *Engelken* VBlBW 2008, 457 (466) – jedenfalls solange keine teleologische Reduktion des Art. 84 Abs. 1 S. 7 – → Rn. 41 – erfolgt; aA hingegen *Ingold* DÖV 2010, 134 (137 ff.; 732 f.); s. iÜ → Rn. 52 f.

[240] BVerfGE 56, 298 (312); 76, 107 (118); 79, 127 (146); 107, 1 (12).

[241] Vgl. amtl. Begründung, BT-Drs. 16/813, 20.

[242] BVerfGE 111, 10 (30); siehe auch *K.-A. Schwarz* in Starck Föderalismusreform, Rn. 119; *Degenhart* in Sachs Art. 125a Rn. 6; *Jarass* in Jarass/Pieroth Art. 125a Rn. 8.

[243] BVerfGE 111, 10 (30); BVerwGE 148, 328 (336) Rn. 24; siehe auch *Degenhart* in Sachs Art. 125a Rn. 6.

[244] BVerfGE 111, 10 (29); BVerwG NVwZ-RR 2010, 243 Rn. 7. Ebenso wenig genügt eine bloße Ergänzung fortbestehender bundesrechtlicher Regelungen durch Landesrecht den Voraussetzungen des Art. 125a Abs. 1 S. 2; denn insoweit fehlt es an einem im Gesetz eindeutig bekundeten Rezeptionswillen, der nach außen deutlich machen würde, dass es sich bei den bisher als Bundesrecht fortgeltenden Bestimmungen künftig um Landesrecht handeln soll, vgl. BVerwG NVwZ-RR 2018, 200 Rn. 4 mwN.

andernfalls entstehende Mischlage aus Bundes- und Landesrecht für ein und denselben Regelungsgegenstand im selben Anwendungsbereich müsste im bestehenden System der Gesetzgebung als Fremdkörper erscheinen.[245]

Dies schließt es beispielsweise aus, kleinen Landgemeinden die Befugnis 53 zum Erlass von Bauleitplänen (Flächennutzungs- und Bebauungspläne) für Gewerbegebiete ab einer bestimmten Größe durch Einzelvorschrift abweichend von §§ 2 Abs. 1 S. 1, 5 Abs. 1, 9 Abs. 1 Nr. 1 BauGB iVm § 8 BauNVO zu entziehen und auf die Landkreise zu übertragen – was aus Gründen einer Reduzierung des Flächenverbrauchs und der Schaffung einer nachhaltigen Zentrenstruktur auf Kreisebene dringend geboten wäre –, hindert die Länder jedoch umgekehrt nicht, die **Zuständigkeit der Gemeinden für die Bauleitplanung** insgesamt durch ein Ausführungsgesetz zum BauGB (neu) festzulegen, das zugleich auch eine solche Regelung enthält, im Übrigen aber mit dem bisherigen Bundesrecht weitgehend gleich lautendes Landesrecht setzt.[246]

Der Ausschuss für Verkehr, Bau und Stadtentwicklung hat in seiner Sitzung 54 v. 28.6.2006[247] zwar ausdrücklich festgestellt: „Das in Artikel 84 Abs. 1 Satz 6 [jetzt 7] GG enthaltene Verbot der Übertragung von Aufgaben an Gemeinden und Gemeindeverbände darf nicht dazu führen, dass die in Art. 28 Abs. 2 GG geregelte Gewährleistung der kommunalen Selbstverwaltung ausgehöhlt wird. Daher geht der Ausschuss davon aus, dass das Verbot der Aufgabenübertragung an Gemeinden und Gemeindeverbände nicht solche Aufgaben umfasst, die die Gemeinden auf Grund der verfassungsrechtlichen Garantie der Selbstverwaltung (Artikel 28 Abs. 2 Satz 1 GG) wahrnehmen und wahrnehmen müssen, insbesondere nicht die durch das Baugesetzbuch den Gemeinden zugewiesene Zuständigkeit für die Bauleitplanung im Gemeindegebiet."[248] Adressat dieser von vornherein jeder Verbindlichkeit entbehrenden Erwartung ist jedoch allenfalls der Bund mit Blick auf das in Art. 84 Abs. 1 S. 7 geregelte Aufgabenübertragungsverbot, nicht aber das jeweilige Land im Rahmen der ihm in Art. 125a Abs. 1 S. 2 für bisheriges Bundesrecht eingeräumten Ersetzungsbefugnis. Die Anregung von *Battis,*[249] in Art. 125a „klarzustellen", dass die Regelungen des BauGB ohne Ersetzungsmöglichkeit durch die Länder fortgelten, wurde im Ausschussbericht nicht aufgegriffen.[250]

Nach allem erweist sich die Regelung des Art. 125a Abs. 1 S. 2 als rechts- 55 politisch nicht unproblematisch, begründet und schafft sie doch vor allem die **Gefahr partikularen Rechts.**[251] Umso mehr muss dem Bund die Möglichkeit eröffnet sein, in gesamtstaatlichem Interesse entsprechende Modifikationen ursprünglich bundesgesetzlicher Aufgabendelegationen auf die Kommunen vorzunehmen.[252] Keinesfalls darf die Ausübung der Ersetzungsbefugnis materielles Bundesrecht verkürzen.[253]

---

245 BVerfGE 111, 10 (29).

246 Vgl. auch *Hermes* in Dreier Rn. 73; *Meßmann* DÖV 2010, 726 (729 ff.); *Engelken* VBlBW 2008, 457 (466).

247 BT-Drs. 16/2069, 4.

248 Vgl. in ähnlicher Weise auch den Rechtsausschuss des Deutschen Bundestages, BT-Drs. 16/2069, 13.

249 *Battis* Rechtsausschussprotokoll 12, 190 (191 aE).

250 Vgl. auch *Engelken* VBlBW 2008, 457 (466).

251 So mit Recht *K.- A. Schwarz* in Starck Föderalismusreform, D. II.4. Rn. 127.

252 → Rn. 45 ff.

253 Zutr. *Germann* in Kluth Föderalismusreformgesetz, Art. 84, 85 Rn. 124.

VIII. Erlass allgemeiner Verwaltungsvorschriften (Art. 84 Abs. 2)

56 Art. 84 Abs. 2 ermächtigt die Bundesregierung zum Erlass von allgemeinen Verwaltungsvorschriften,[254] um eine einheitliche Ausführung der Bundesgesetze zu gewährleisten. Die einheitliche Geltung des Bundesrechts darf nicht dadurch illusorisch gemacht werden, dass ihre Ausführung von Land zu Land erhebliche Verschiedenheiten aufweist.[255] Ob die Bundesregierung von dieser Befugnis Gebrauch macht, steht in ihrem freien Ermessen.[256] Als **allgemeine Verwaltungsvorschriften** iSv Art. 84 Abs. 2 sind nur solche Regelungen anzusehen, die für eine abstrakte Vielzahl von Sachverhalten des Verwaltungsgeschehens verbindliche Aussagen treffen, ohne dabei auf eine unmittelbare Rechtswirkung nach außen gerichtet zu sein.[257] Sie beruhen auf der Organisationsgewalt derjenigen Stelle, die die Verwaltungsvorschriften erlässt. Sofern keine besonderen gesetzlichen Bestimmungen bestehen, unterliegt deren Erlass keinerlei Voraussetzungen, so vor allem nicht den für den Erlass von Gesetzen und RVOen (zB Publikation).[258] Der mögliche Inhalt allgemeiner Verwaltungsvorschriften wird durch Art. 84 Abs. 2, soweit die zu regelnden Fragen nicht dem Vorbehalt des Gesetzes unterliegen, nicht eingeschränkt.[259] Bloße Empfehlungen erfüllen die Voraussetzungen des Art. 84 Abs. 2 hingegen nicht.[260] Solche sind nicht von vornherein ausgeschlossen, sie vermögen die Landesorganisationsgewalt jedoch nicht zu binden.[261] Die Verwaltungsvorschriften der Bundesregierung genießen Vorrang vor den Ausführungsgesetzen und Verwaltungsvorschriften der Länder. Dies folgt unmittelbar aus Art. 84 Abs. 2 selbst, zumindest aber aus Art. 31.[262]

57 Problembehaftet ist die Auslegung des Begriffs **„Bundesregierung"** iSv Art. 84 Abs. 2. Mit der Rspr. des BVerfG[263] ist zunächst davon auszugehen, dass darunter das aus dem Bundeskanzler und den BMin. bestehende **Kollegium** zu verstehen ist. Das folgt einmal aus der Legaldefinition des Art. 62 und zum andern aus der Stellung der Länder im Verfassungsgefüge des GG. Im Bund-Länder-Verhältnis begegnen sich nicht einzelne BMin. und ein einzelnes Land, sondern im Regelfall die BReg. und die Länder insgesamt. Weitergehend nahm das BVerfG[264] an, dass auch ein einzelner BMin. durch ein mit Zustimmung des BRats ergangenes Gesetz zum Erlass allg. Verwaltungsvorschriften für den Vollzug von Bundesgesetzen durch die Länder

---

[254] Siehe hierzu auch *Trute* in MKS Rn. 61 ff.; *Hermes* in Dreier Rn. 79 ff.; *Dittmann/Winkler* in Sachs Rn. 37 ff.; *Umbach/Clemens* in Umbach/Clemens Rn. 45 ff.; *Bull* in AK Rn. 31 ff.; *Pieroth* in Jarass/Pieroth Rn. 24 f.; *F. Kirchhof* in Maunz/Dürig Rn. 170 ff.

[255] BVerfGE 11, 6 (18).

[256] Vgl. näher *Dittmann/Winkler* in Sachs Rn. 40; *Hermes* in Dreier Rn. 87; *Bull* in AK Rn. 39.

[257] BVerfGE 100, 249 (258) zum entsprechenden Gesetzesbegriff in Art. 85 Abs. 2 S. 1.

[258] S. dazu *Rupp* NJW 1970, 412 (413); für eine generelle Publikationspflicht *F. Kirchhof* in Maunz/Dürig Rn. 190.

[259] So zutr. *Hermes* in Dreier Rn. 81.

[260] BVerfGE 76, 1 (77).

[261] So zutr. *Trute* in MKS Rn. 67.

[262] Vgl. näher *Hermes* in Dreier Rn. 84 f.; *Dittmann/Winkler* in Sachs Rn. 41; *F. Kirchhof* in Maunz/Dürig Rn. 187.

[263] BVerfGE 26, 338 (395 ff.) = DVBl 1970, 108 mkritAnm *E. Klein,* 109 ff.

[264] BVerfGE 26, 338 (395 ff.).

(Art. 84, 85) ermächtigt werden konnte.[265] Diese Auffassung wurde jedoch inzwischen vom BVerfG aufgegeben.[266] Auch wenn diese Entscheidung zu Art. 85 Abs. 2 S. 1 ergangen ist, kann für die hier in Rede stehende Regelung (erst recht) nichts anderes gelten. Allgemeine Verwaltungsvorschriften kann künftig nur noch die Bundesregierung als Kollegium erlassen.[267] Der Einbruch des Bundes in die Vollzugskompetenz der Länder wird dadurch institutionell und verfahrensmäßig erschwert.[268]

Die **Zustimmung des Bundesrats zum Erlass der Verwaltungsvorschriften** kann durch schlichten Beschluss erteilt werden.[269] Die Form eines Gesetzes ist weder vorgesehen noch erforderlich, da die Verwaltungsvorschriften selbst weder die Form noch die Wirkung eines Gesetzes haben. Würde man die Form eines Gesetzes für den Erlass von Verwaltungsvorschriften verlangen, würde die Stellung des BRats geschwächt; denn für den Erlass von Gesetzen ist stets die Mitwirkung des BT erforderlich (Art. 76 Abs. 1). **58**

Während die allg. Verwaltungsvorschriften nach Art. 84 Abs. 2 eine gleichmäßige Verwaltungsübung gewährleisten sollen und nicht den Einzelfall betreffen, kann der BReg. gem. **Art. 84 Abs. 5 S. 1** durch Bundesgesetz mit Zustimmung des BRats die Befugnis verliehen werden, für besondere Fälle **Einzelweisungen** zu erteilen.[270] Systematisch gehört diese Regelung in den Zusammenhang mit Abs. 2 und bildet für den Einzelfall das Pendant zu den dort genannten Befugnissen. Beim Recht der Einzelweisung handelt es sich um eine Ausnahme, weil es um den landeseigenen Vollzug von Bundesgesetzen geht. Aus diesem Grunde darf diese Befugnis – auch mit Rücksicht auf das föderalistische Prinzip – nicht generell und pauschal verliehen werden.[271] Vielmehr muss das Gesetz den besonderen Fall jeweils kennzeichnen. Mit BReg. ist auch in Art. 84 Abs. 5 S. 1 u. 2 immer das **Kollegium** angesprochen.[272] Sie muss, auch das kennzeichnet den Ausnahmecharakter der Vorschrift, die Einzelweisung an die oberste Landesbehörde richten. Die Ausnahme, dass sie im Dringlichkeitsfall die Einzelweisung sogar an nachgeordnete Behörden geben kann, darf als Sonderfall nur unter engen Voraussetzungen vorgesehen werden. **59**

Die Frage der **Dringlichkeit,** die die BReg. alleine zu entscheiden hat, ist weitgehend eine politische Entscheidung. Sie unterliegt nur einer **Miss-** **60**

---

[265] Siehe auch BVerwG DÖV 1971, 317 (318); NJW 1972, 1773; vgl. auch *Bürgel* NJW 1974, 629 (631); die Auffassung des BVerfG wurde zuvor bereits von *Dux,* Bundesrat und Bundesaufsicht, 1963, 89 ff. vertreten.

[266] BVerfGE 100, 249 (261).

[267] Ebenso *Pieroth* in Jarass/Pieroth Rn. 26; *Dittmann/Winkler* in Sachs Rn. 38; *Trute* in MKS Rn. 68; *F. Kirchhof* in Maunz/Dürig Rn. 181; aA *Heitsch,* Die Ausführung der Bundesgesetze durch die Länder, 2001, 238 f., auch der einzelne Bundesminister.

[268] So zutr. *Dittmann/Winkler* in Sachs Rn. 38 aE.

[269] Ebenso *Umbach/Clemens* in Umbach/Clemens Rn. 44. Der Bundesrat kann der Vorschrift nur in ihrer Gesamtheit zustimmen. Er hat keine Befugnis, Einfluss auf ihre Abfassung zu nehmen oder seine Zustimmung nur unter Auflagen oder Bedingungen zu erteilen, so zutreffend *F. Kirchhof* in Maunz/Dürig Rn. 184.

[270] S. hierzu BVerfGE 49, 24 (49); BVerwGE 42, 279 (284); *Trute* in MKS Rn. 70 ff.; *Hermes* in Dreier Rn. 90 ff.; *Dittmann/Winkler* in Sachs Rn. 42 ff.; *Umbach/Clemens* in Umbach/Clemens Rn. 51 ff.; *Bull* in AK Rn. 42 ff.; *Pieroth* in Jarass/Pieroth Rn. 27 f.

[271] Wie hier auch *Dittmann/Winkler* in Sachs Rn. 42; tendenziell weiter *Hermes* in Dreier Rn. 90.

[272] *Lerche* in Maunz/Dürig, Voraufl. 1985, Rn. 121 mit Fn. 120; *Dittmann/Winkler* in Sachs Rn. 42; *Pieroth* in Jarass/Pieroth Rn. 26 f.: a. A. *Heitsch,* Die Ausführung der Bundesgesetze durch die Länder, 2001, 244 f., auch Einzelweisungskompetenz des einzelnen Bundesministers als „Krisenreaktionsmittel".

brauchskontrolle durch das BVerfG im Verfahren nach Art. 93 Abs. 1 Nr. 3.[273] Bis zur (vorläufigen) gerichtlichen Klärung durch das BVerfG kommt der Einzelweisung der Vorrang zu.[274]

IX. Bundesaufsicht (Art. 84 Abs. 3)

61 Mit der Bundesaufsicht eröffnet das Grundgesetz dem Bund die Möglichkeit, die Verpflichtung der Länder zur loyalen Ausführung der Bundesgesetze durchzusetzen. Gleichzeitig zieht es die Konsequenz aus der Trennung von Gesetzgebungs- und Verwaltungskompetenzen.[275] Gem. Art. 84 Abs. 3 S. 1 umfasst die **Bundesaufsicht nur eine Rechtskontrolle,** nicht dagegen eine Kontrolle der Zweckmäßigkeit.[276] Aus dem Wortlaut folgt ferner, dass es sich um eine **sog. abhängige (gesetzesakzessorische) Bundesaufsicht** handelt.[277] Die Bundesaufsicht kann sich also nur auf den Vollzug von Bundesgesetzen beziehen.[278] Außerhalb ihres Anwendungsbereichs liegen deshalb Fälle, in denen Bundesrecht lediglich „beachtet", aber nicht „ausgeführt" werden muss.[279] Eine selbständige Bundesaufsicht gibt es nicht.[280] Sie kann auch nicht unter Berufung auf den Grundsatz des bundesfreundlichen (hier: bundes-/ länderfreundlichen) Verhaltens bejaht werden. Das BVerfG[281] führt dazu aus: „[…] der dem Bundesverfassungsrecht angehörende Satz von der Pflicht des Bundes und der Länder zu bundesfreundlichem Verhalten kann nicht verwaltungsmäßig als eine Angelegenheit der Länder ausgeführt, er kann nur „beachtet" werden und ist nach dem geltenden Verfassungsrecht von Bund und Ländern bei jeder ihrer Maßnahmen, sei es bei Erlass von Gesetzen, sei es beim Erlass von Regierungs- und Verwaltungsakten zu beachten. Gegen diesen Grundsatz kann sowohl durch ein Tun als auch durch ein Unterlassen verstoßen werden. Was hier in Rede steht, gehört nach der seit *Triepel* hergebrachten Unterscheidung in den Bereich nicht der abhängigen, sondern der sogenannten selbständigen Reichsaufsicht. Eine selbständige Bundesaufsicht kennt das Grundgesetz nicht. Ihre Funktion ist teilweise durch die Möglichkeit ersetzt, dass die Bundesregierung gem. Art. 93 Abs. 1 Nr. 3 das Bundesverfassungsgericht anrufen kann, um eine Entscheidung darüber zu erreichen, ob ein Land außerhalb der Ausführung von Bundesgesetzen sich dem Grundgesetz gemäß verhalten hat."

62 **Adressat** etwaiger Maßnahmen ist das jeweilige Land.[282] Ein Durchgriffsrecht auf die Kommunen steht dem Bund nicht zu. Die Aufsicht über die Durchführung der Bundesgesetze durch die Gemeinden und Gemeindever-

---

[273] Zum Problem der Missbrauchskontrolle s. etwa BVerfGE 4, 115 (127 f.); 14, 197 (215); 26, 338 (382 f.); ausf. in diesem Zusammenhang auch *Dagtoglou* DÖV 1971, 35 ff.

[274] So zutr. *Hermes* in Dreier Rn. 94 mwN.

[275] Vgl. BVerfGE 11, 6 (18); 22, 180 (210); 127, 165 (203); 137, 108 (149) Rn. 95; siehe auch *Hermes* in Dreier Rn. 96.

[276] HM; zB *Bull* in AK Rn. 55; *Lerche* in Maunz/Dürig, Nummer der Voraufl. 1985, Rn. 152; *Dittmann/Winkler* in Sachs Rn. 45; *Trute* in MKS Rn. 82; *Pieroth* in Jarass/Pieroth Rn. 30; *F. Kirchhof* in Maunz/Dürig Rn. 198.

[277] BVerfGE 8, 122 (131); 6, 309 (329); *Bullinger* AöR 83 (1958), 279 (281 ff.); *Bull* in AK Rn. 48; *Umbach/Clemens* in Umbach/Clemens Rn. 59; *F. Kirchhof* in Maunz/Dürig Rn. 201.

[278] Vgl. auch *Trute* in MKS Rn. 76 mwN.

[279] Siehe auch *Hermes* in Dreier Rn. 97.

[280] Zu den Problemen des Art. 37 → Art. 37 Rn. 2.

[281] BVerfGE 8, 122 (131 f.).

[282] Vgl. auch *Umbach/Clemens* in Umbach/Clemens Rn. 62; *Bull* in AK Rn. 52; *F. Kirchhof* in Maunz/Dürig Rn. 197.

bände obliegt dem Land.[283] Eine „Bundeskommunalaufsicht" existiert nicht.[284]

Die in Art. 84 Abs. 3 S. 2 vorgesehene **Entsendung eines Beauftragten**[285] ist nicht das einzig mögliche Aufsichtsmittel. Als milderes Mittel steht das Informationsrecht zur Verfügung. Dieses umfasst nach richtiger Auffassung auch die **Aktenvorlage** bei Bestehen eines konkreten Verdachtsfalls und die Anforderung eines **Berichts**.[286] Grundsätzlich ist der Beauftragte **an** die **oberste Landesbehörde** zu entsenden. Mit deren Zustimmung oder im Falle der Weigerung mit der des BRats kann der Beauftragte auch zu nachgeordneten Behörden entsandt werden. Die **Befugnisse des Beauftragten** sind umfassend; er kann sich an Ort und Stelle informieren, Akten einsehen, Ermittlungen anstellen. Das Recht, eine Einzelweisung zu erteilen, steht ihm allerdings, wie sich aus Art. 84 Abs. 5 ergibt, nicht zu. Da diese Befugnis dort gesondert und nur für die BReg. als Kollegium unter engen Voraussetzungen vorgesehen ist, scheidet sie hier aus.[287] 63

In diesem Zusammenhang ist darauf hinzuweisen, dass es nach dem GG **keine Landesaufsicht über die Bundesverwaltung** beim Vollzug von Bundesgesetzen gibt; sie ist unzulässig.[288]

Maßstab der Bundesaufsicht sind das GG sowie das einfache Bundesrecht einschließlich der nach Art. 84 Abs. 2 erlassenen allgemeinen Verwaltungsvorschriften und der auf der Grundlage des Art. 84 Abs. 5 ergangenen Einzelweisungen,[289] aber auch das Recht des betreffenden Landes.[290] Das ergibt sich aus dem Wesen der Bundesaufsicht als Rechtskontrolle; denn rechtswidrig ist die Ausführung von Bundesgesetzen auch dann, wenn gleichzeitig zu beachtende Landesgesetze nicht berücksichtigt werden. Die Bundesaufsicht ist umfassend. Sie erstreckt sich auf den gesamten Ausstrahlungsbereich des zu vollziehenden Gesetzes, ggf. auch auf eine gesetzwidrige Untätigkeit. Nicht entscheidend ist, ob es sich um hoheitlichen (oder verwaltungsprivatrechtlichen) Bereich handelt. Es kommt allein darauf an, dass Bundesgesetze durch die Länder als eigene Angelegenheit ausgeführt werden. 64

X. Mängelrüge (Art. 84 Abs. 4)

Gem. Art. 84 Abs. 4 S. 1 kann die BReg. die **Beseitigung von Mängeln** bei der Ausführung der Bundesgesetze in den Ländern verlangen. Diese im Anschluss an *Triepel*[291] als **Mängelrüge**[292] bezeichnete Eingriffsmöglichkeit 65

[283] BVerfGE 8, 122 (137).

[284] *Bull* in AK Rn. 53; *Umbach/Clemens* in Umbach/Clemens Rn. 62.

[285] Siehe auch *Trute* in MKS Rn. 85; *Hermes* in Dreier Rn. 103; *Dittmann/Winkler* in Sachs Rn. 47.

[286] Vgl. BVerfGE 127, 165 (221); 137, 108 (149) Rn. 95; siehe auch *Hermes* in Dreier Rn. 104; *Bull* in AK Rn. 59 ff.

[287] AA, aber unzutr. offenbar BVerwGE 42, 279 (283) unter Hinweis auf die Gesetzesmaterialien.

[288] S. dazu BVerwG NJW 1965, 600 mAnm *Borck*.

[289] Vgl. *Dittmann/Winkler* in Sachs Rn. 46; *Trute* in MKS Rn. 82 f.; *Hermes* in Dreier Rn. 98 ff.; *F. Kirchhof* in Maunz/Dürig Rn. 199 ff.

[290] AA *Hermes* in Dreier Rn. 99; *F. Kirchhof* in Maunz/Dürig Rn. 203; *Trute* in MKS Rn. 83; nunmehr auch *Dittmann/Winkler* in Sachs Rn. 46.

[291] *Triepel,* Die Reichsaufsicht, 1917, 646.

[292] Vgl. auch *Trute* in MKS Rn. 86 ff.; *Hermes* in Dreier Rn. 105 ff.; *Dittmann/Winkler* in Sachs Rn. 48 ff.; *Umbach/Clemens* in Umbach/Clemens Rn. 66 ff.; *F. Kirchhof* in Maunz/Dürig Rn. 212 ff.

des Bundes[293] bezieht sich **nur** auf **Rechtsverletzungen;** denn die Vorschrift des Art. 84 Abs. 4 baut auf der des Art. 84 Abs. 3 auf. Dort ist jedoch nur eine Rechts- und keine Zweckmäßigkeitskontrolle vorgesehen. Kommt das betreffende Land dem Verlangen der BReg. nach, ist das Verfahren beendet. Vor allem würde der BReg. und dem beteiligten Land für eine gerichtliche Klärung das Rechtsschutzbedürfnis fehlen. Anders aber, wenn das angesprochene Land dem Verlangen der BReg. nicht nachkommt. Dann haben sowohl die BReg. als auch das Land die Möglichkeit, die Entscheidung des BRats darüber herbeizuführen, ob das Land das Recht verletzt hat.

66 Folgende Punkte sind besonders zu beachten:

Die Mängelrüge und der Antrag beim Bundesrat können nur von der BReg. als Kollegium erhoben werden. Das folgt aus dem Wortlaut und dem staatspolitischen Gewicht der Maßnahme (unstr.). Des Weiteren müsste das GG ausdrücklich einen BMin. als „taugliches" Gegenüber des BRates bezeichnen, wenn es ihn meinen sollte; denn es ist nicht selbstverständlich, dass die Bestimmung der verfassungsrechtlichen Position oberster Staatsorgane auf der verfassungsrechtlichen Ebene und ihre verfassungsrechtlichen Beziehungen zueinander einmal dadurch vorgenommen wird, dass ein Staatsorgan als Ganzes bezeichnet wird und damit auch ohne ausdrückliche Erwähnung ein Mitglied oder Teil desselben gemeint sein soll. Kommt das Land aufgrund der Mängelrüge und einer Überprüfung zu der Einsicht, es habe das Recht verletzt, ist es nach Art. 20 Abs. 3 (Rechtsstaatsprinzip) originär verpflichtet, danach zu handeln. Die Bundesaufsicht gem. Art. 84 Abs. 3 bedeutet nicht, dass die eigenständige Verpflichtung der Länder aus Art. 20 Abs. 3 abgemildert würde; vielmehr bleibt diese voll aufrechterhalten. Wegen der Berührung der Bundes- und der Länderebene iRd Art. 84 Abs. 1 wird die Bundesregierung aber in die Verpflichtung der Länder aus Art. 20 Abs. 3 eingebunden. Zugleich wird hieran auch die „geschickte" Ausbalancierung der staatlichen Gewalten durch das GG deutlich. Vor dem Hintergrund, dass die Aufteilung der Verwaltungszuständigkeiten[294] eine funktionale Gewaltenteilung verfolgt, ist es andererseits wieder erforderlich, die Landesgewalt zu „bändigen". Die Bundesaufsicht eignet sich hierzu wegen des dem Bund und den Ländern je eigenen Staatsinteresses, das die objektive Organisationsstruktur und die darauf gründende jeweilige verfassungsrechtliche Position überlagert. Gibt das Land ausdrücklich oder konkludent (zB durch passives Verhalten) zu erkennen, es werde dem Abhilfeverlangen nicht nachkommen, muss die BReg. prüfen, ob der Antrag beim BR zu stellen ist. Fraglich ist, ob dazu eine Verpflichtung besteht. Zumindest die BReg., nach deren Überzeugung das Land das Recht verletzt hat, ist wegen ihrer eigenen Bindung aus Art. 20 Abs. 3 und wegen ihrer objektiven verfassungsrechtlichen Position zur Stellung des Antrags verpflichtet, weil andernfalls – subjektiv – eine Verletzung des Rechtsstaatsprinzips hingenommen würde, der BReg. insoweit aber keine Dispositionsbefugnis zusteht.[295] Allenfalls kann diese Verpflichtung auf schwerwiegende und weitreichende Fälle beschränkt werden.[296]

67 Wird der BR angerufen, so hat er eine Rechtsentscheidung zu treffen. Sie hat einen feststellenden Inhalt. Dem BR kommt insoweit die Rolle eines

[293] Siehe auch BayVGH nF 16, 21 (24 f.).
[294] → Art. 83 Rn. 1.
[295] AA *Hermes* in Dreier Rn. 105; *Pieroth* in Jarass/Pieroth Rn. 32.
[296] Ebenso *Umbach/Clemens* in Umbach/Clemens Rn. 66.

Mittlers oder Schiedsrichters zu.[297] Stellt der BR eine Rechtsverletzung fest, so ist das Land aufgrund des **Rechtsstaatsprinzips** verpflichtet, dem Abhilfeverlangen der BReg. nachzukommen.[298] Tut es das nicht, ohne gem. Art. 84 Abs. 4 S. 2 das BVerfG anzurufen, verletzt es erneut das Recht.[299] Die BReg. kann dann entweder das **Verfahren nach Art. 37** einleiten oder einen **Antrag nach Art. 93 Abs. 1 Nr. 3** stellen. Dafür besteht ein Rechtsschutzbedürfnis, weil das Verfahren nach Art. 37 nicht ein einfacherer Weg ist.[300] In diesem Fall ruft die BReg. das BVerfG nicht gegen die Entscheidung des BRats an (Verfahren nach Art. 84 Abs. 4 S. 2, für das das Rechtsschutzbedürfnis fehlen würde), sondern wegen einer weiteren Rechtsverletzung durch das Land. Stellt das Land dagegen den Antrag gem. Art. 84 Abs. 4 S. 2 beim BVerfG, tritt eine aufschiebende Wirkung ein. Erst mit der Entscheidung des BVerfG ist der Streit dann endgültig ausgetragen, ob das Land das Recht verletzt hat. Die Entscheidung des BVerfG kann erforderlichenfalls nach den Vorschriften des BVerfGG vollstreckt werden.

Das **Verfahren nach Art. 84 Abs. 4** ist gegenüber dem nach **Art. 93** 68 **Abs. 1 Nr. 3** das speziellere und deshalb von der BReg. vorrangig durchzuführen. Daraus folgt, dass sie bei einer Rechtsverletzung durch ein Land bei der Ausführung von Bundesgesetzen als eigene Angelegenheit die Mängelrüge nach Art. 84 Abs. 4 S. 1 erheben muß und nicht sofort gem. Art. 93 Abs. 1 Nr. 3 Klage zum BVerfG erheben kann. Die Anrufung des BRats iRd Art. 84 ist zwingende Verfahrensvoraussetzung.[301] Das BVerfG geht in ständiger Rechtsprechung[302] zweifelsfrei davon aus, dass die unmittelbare Anrufung des BVerfG nur in den Fällen zulässig ist, in denen es sich nicht um die verwaltungsmäßige Ausführung eines Bundesgesetzes handelt. Art. 84 Abs. 4 ist demnach nur dann anzuwenden, wenn dem Land die verwaltungsmäßige Ausführung des Bundesgesetzes als eigene Angelegenheit obliegt. Sonst kann allerdings die Entscheidung des BVerfG unmittelbar nach Art. 93 Abs. 1 Nr. 3 herbeigeführt werden.[303]

Blümel[304] hebt zutr. hervor, dass die – vor allem aus dogmatischen und 69 gedanklichen Gründen – im Schrifttum ausgiebig erörterten Vorschriften über das Rechtsinstitut der Bundesaufsicht in der Staatspraxis praktisch bedeutungslos sind. Meinungsverschiedenheiten und Streitfragen zwischen dem Bund und den Ländern beim Vollzug von Bundesgesetzen werden in anderen Formen ausgetragen und bereinigt, es sei denn, die Beteiligten meinten, aus politischen Gründen anders – spektakulärer – verfahren zu müssen, zB durch Schriftwechsel oder durch Erörterung in Koordinierungsgremien oder in den Ministerkonferenzen auf Bundes-/Länderebene.

Nachdem immer wieder vom „überbordenden Gerichtsstaat“ gesprochen 70 wird, ist der Hinweis von *Blümel,*[305] dass nicht zuletzt der Ausbau der Fachgerichtsbarkeiten zu einer umfassenden gerichtlichen Kontrolle des Landesvollzugs von Bundesgesetzen geführt hat, an die sich in vielen Fällen noch eine verfassungsgerichtliche Überprüfung anschließt, begrüßenswert. Da die

[297] Vgl. näher *Hermes* in Dreier Rn. 105; *Umbach/Clemens* in Umbach/Clemens Rn. 68.
[298] Siehe auch *Bull* in AK Rn. 63.
[299] Zust. *Umbach/Clemens* in Umbach/Clemens Rn. 67.
[300] So auch *Umbach/Clemens* in Umbach/Clemens Rn. 67.
[301] Vgl. auch *Trute* in MKS Rn. 96.
[302] BVerfGE 6, 309 (328 f.); 8, 122 (130 f.).
[303] BVerfGE 6, 329 f.
[304] *Blümel* in HdbStR IV § 101 Rn. 41.
[305] *Blümel* in HdbStR IV § 101 Rn. 41.

Bundesaufsicht gem. Art. 84 Abs. 3 S. 1 ohnehin nur auf eine Rechtskontrolle beschränkt ist, sind die den Fachgerichten eröffneten – in der Regel umfassenden, auch die Zweckmäßigkeit (zB § 68 VwGO) einer Maßnahme einschließenden – Kontrollen gegenüber der Bundesaufsicht wesentlich wirksamer.

XI. Einzelweisungsrecht (Art. 84 Abs. 5)

71 Das in Art. 84 Abs. 5 vorgesehene **Einzelweisungsrecht der Bundesregierung**[306] ist eine Besonderheit und sehr umstr. Die Befugnis kann in dem betreffenden Gesetz oder in einem besonderen Gesetz für mehrere vorhergehende Gesetze mit Zustimmung des BRates verliehen werden. Den Ausnahmecharakter des Art. 84 Abs. 5 kennzeichnen verschiedene normative Besonderheiten, die ihn von Art. 84 Abs. 2 deutlich unterscheiden. Zunächst ist ein Bundesgesetz erforderlich, mit dem die Befugnis verliehen wird. Ein schlichter Beschluss des BRats – wie im Falle des Art. 84 Abs. 2 – würde also nicht genügen. Des Weiteren ist die Befugnis „für besondere Fälle" zu beschränken. Ferner darf es sich nur um „Einzelweisungen" handeln, so dass auch von daher eine Verallgemeinerung für ganze Verwaltungsbereiche ausscheidet. Der Ausnahmecharakter des Instituts wird weiter dadurch unterstrichen, dass die Einzelweisung an die oberste Landesbehörde gerichtet werden muss (Art. 84 Abs. 5 S. 2) und nur wiederum unter besonderen Voraussetzungen auch an nachgeordnete Landesbehörden gerichtet werden darf. Das Einzelweisungsrecht begründet ein striktes Über- und Unterordnungsverhältnis und greift nachhaltig in die Selbständigkeit der Länder ein. Als „mildere Mittel" einer Einflussnahme des Bundes kommen Zustimmungs-, Einvernehmens- und Anhörungsvorbehalte in Betracht.[307] Diese müssen jedoch ebenfalls von der Bundesregierung als Kollegium ausgeübt werden, um eine unzulässige Umgehung der einschränkenden Voraussetzungen des Art. 84 Abs. 5 zu vermeiden.[308] Die Vorschrift beruht auf einer Anregung des Abg. *Dr. Walter Strauß,* der ihre Bedeutung vor allem in wirtschaftlichen Krisenzeiten für gegeben erachtete.[309] Die Besonderheit dieser Befugnis erkannten auch die Militärgouverneure, die im Genehmigungsschreiben zum GG v. 12.5.1949 erklärten, dass die Bestimmungen des Art. 84 Abs. 5 „dem Bund sehr weitgehende Befugnisse auf dem Gebiet der Verwaltung geben. Die Hohen Kommissare werden der Ausübung dieser Befugnisse sorgfältige Beachtung schenken müssen, um sicherzustellen, dass sie nicht zu einer übermäßigen Machtkonzentration führen."[310]

72 Im Rahmen der Aufsichtsbefugnisse der BReg. nach Art. 84 über die Länder können sich diese nicht auf den **Schutz durch die Grundrechte** berufen. Bund und Länder begegnen sich iRd Art. 84 Abs. 5 als Teil eines verfassungsrechtlichen Beziehungsgeflechts, das sich lediglich nach den in dieser Bestimmung niedergelegten wechselseitigen Befugnissen bestimmt. Dieses Rechtsverhältnis ist ausschließlich organisationsrechtlicher Natur und schließt die Wahrnehmung eigener – subjektiver – Interessen durch Bund

[306] Siehe auch *Trute* in MKS Rn. 70ff.; *Hermes* in Dreier Rn. 90ff.; *Dittmann/Winkler* in Sachs Rn. 42ff.; *Umbach/Clemens* in Umbach/Clemens Rn. 51ff.; *Pieroth* in Jarass/Pieroth Rn. 27f.; *F. Kirchhof* in Maunz/Dürig Rn. 229ff.

[307] Vgl. BVerwGE 42, 279 (284); 67, 173 (175f.).

[308] Siehe auch *Hermes* in Dreier Rn. 92.

[309] S. dazu die Entstehungsgeschichte des GG in JöR nF 1 (1951), 630, 634f.

[310] JöR nF 1 (1951), 636.

und Länder aus. Vor allem den Ländern kommt im Zusammenhang mit Art. 84 Abs. 5 eine eigenständige Rechtsposition gegenüber dem Bund nicht zu. Ein Rechtsschutzverfahren im herkömmlichen Sinne ist nicht vorgesehen. Bei Meinungsverschiedenheiten über die Voraussetzungen des Art. 84 Abs. 5 ist ein Bund-/Länderstreit gem. Art. 93 Abs. 1 Nr. 3 anzustrengen. Die verfassungsgerichtliche Kontrolle ist regelmäßig auf eine Missbrauchsaufsicht beschränkt.[311]

XII. Kosten

Die Art. 83 ff. regeln nicht, wer die Kosten für die Ausführung von Bundesgesetzen trägt. Diese Frage beantwortet Art. 104a. Danach tragen Bund und Länder grundsätzlich gesondert die Ausgaben, die sich aus der Wahrnehmung ihrer Aufgaben ergeben, soweit das GG nichts anderes bestimmt, Art. 104a Abs. 1.[312] Bei der Bundesauftragsverwaltung trägt der Bund gem. Art. 104a Abs. 2 die Ausgaben. 73

XIII. Haftung

Aus den Art. 83 ff. ergibt sich nicht, ob und in welchem Umfang die Länder haften, wenn sie Bundesgesetze nicht ordnungsgemäß ausführen. Einschlägig ist insoweit Art. 104a Abs. 5 S. 1.[313] Nach dieser Vorschrift haften Bund und Länder im Verhältnis zueinander für eine ordnungsgemäße Verwaltung. Die Regelung der Einzelheiten bleibt einem Bundesgesetz vorbehalten, das der Zustimmung des BRats bedarf (Art. 104a Abs. 5 S. 2). Dieses Gesetz steht noch aus. Art. 104a Abs. 5 S. 1 schafft gleichwohl eine unmittelbare Anspruchsgrundlage für Bund und Länder hinsichtlich jeweils vom anderen Verwaltungsträger verursachter Schäden.[314] Damit Art. 104a Abs. 5 S. 2 nicht leerläuft, ist die Haftung aus S. 1 auf schwerwiegende Verletzungen des Kernbereichs dienstlicher Pflichten beschränkt.[315] Der unmittelbar anwendbare Bereich der Haftungsregelung erfasst nur vorsätzliche und grob fahrlässige Pflichtverletzungen.[316] Art. 104a Abs. 5 S. 1 Hs. 2 ist auf den Vollzug von unmittelbar geltendem Unionsrecht – jedenfalls in Fällen einer unionsrechtlichen Anlastung – unmittelbar anwendbar.[317] In diesen (Anlastungs-)Fällen ist die Haftung verschuldensunabhängig.[318] Grundsätzlich gegen eine Haftung zwischen Trägern staatlicher Gewalt, weil auf einem systemfremden, typisch zivilrechtlich geprägten Denken beruhend, *Broß*.[319] 74

---

[311] Vgl. auch *Trute* in MKS Rn. 75.

[312] BVerfGE 39, 96; *Rose* BB 1991, 2100 ff.

[313] Die Regelung ist jedoch für Fälle, die sich von ihrer Einfügung in das GG (1969) ereignet haben, nicht anzuwenden; vgl. BVerwG DÖV 1976, 319 ff.

[314] BVerwGE 96, 45 (50 ff.); 100, 56 (60); 104, 29 (32); 116, 234 (241 f.); siehe auch → Art. 104a Rn. 69 mwN; a. A. wegen fehlender gesetzlicher Ausgestaltung der Haftung *F. Kirchhof* NVwZ 1994, 105; *Hatje* NJ 1997, 285 (287; 289); *Littwin* DVBl 1997, 151 (156).

[315] BVerwGE 96, 45 (54 f.); 104, 29 (32 f.); 116, 234 (241 f.).

[316] BVerwGE 100, 56 (60); 104, 29 (33); 116, 234 (242); a. A. *Stelkens*, Verwaltungshaftungsrecht, 1998, 291 ff., verschuldensunabhängige Haftung für nicht ordnungsgemäße Verwaltung im Sinne eines rein objektiven Maßstabes.

[317] BVerfGE 116, 271 (307; 309 ff.) mwN zum Streitstand.

[318] BVerfGE 116, 271 (322).

[319] *Broß*, Handbuch der kommunalen Wissenschaft und Praxis III, 2. Aufl. 1983, § 68.

C. Kritische Würdigung

75 Der verfassungsändernde Gesetzgeber verband mit der Neufassung des Art. 84 Abs. 1 die Erwartung, dass eine Reduzierung der Quote der zustimmungspflichtigen Gesetze von bisher bis zu rund 60 vH auf rund 35 bis 40 vH erreicht werde, um mehr Handlungsmöglichkeiten auf Bundesebene zu schaffen und die erforderlichen Entscheidungsprozesse durch eine institutionelle Entflechtung von Bund und Ländern zu beschleunigen.[320] Ob sich diese Prognose bewahrheiten würde, wurde von Anfang an bezweifelt.[321] Zwar ergab eine Untersuchung des Wissenschaftlichen Dienstes des Deutschen Bundestages, dass die Quoten zustimmungsbedürftiger Gesetze in der 14. Wahlperiode von 55,2 % auf 25,8 % und in der 15. Wahlperiode von 51,0 % auf 24,0 % gesunken wären, wenn die Neuregelungen bereits in Kraft gewesen wären.[322] Dabei wurde jedoch vorausgesetzt, dass der Bund keine abweichungsfesten Regelungen über Behörden oder das Verwaltungsverfahren erlässt,[323] mit anderen Worten, der „Ernstfall" gar nicht erst eintritt. Im Ergebnis unberücksichtigt geblieben ist insoweit auch, dass mit Art. 104a Abs. 4 ein neuer Zustimmungsvorbehalt für Bundesgesetze, die Pflichten der Länder zur Erbringung von Geldleistungen, geldwerten Sachleistungen oder vergleichbaren Dienstleistungen begründen, zugunsten des Bundesrates geschaffen wurde, der viele der bislang iRd Art. 84 Abs. 1 GG aF streitigen Materien erfasst.[324] Infolgedessen wird der von der Neufassung des Art. 84 Abs. 1 erhoffte Zuwachs an Handlungsspielräumen für den Bund in nicht unerheblichem Maße durch die „Folgekostenklausel" des Art. 104a Abs. 4 kompensiert.[325] Statt an den Schutz der Organisationshoheit knüpft die Zustimmungspflicht des Bundesrates an den Schutz der Finanzhoheit der Länder an.

76 Die gewünschte Wirkung kann auch künftig allenfalls dann eintreten, wenn die Länder von ihrem Abweichungsrecht (Art. 84 Abs. 1 S. 2 Hs. 2) nur in politisch kontroversen – weltanschaulichen – Fragen von grundsätzlicher Bedeutung Gebrauch machen, im Übrigen aber die vom Bund vorgegebenen Regelungen beibehalten, so dass – jedenfalls im Normalfall – kein Anlass besteht, mit Zustimmung des Bundestages abweichungsfeste Bestimmungen zu treffen.[326] Indes erweist sich eine solche Vorstellung im Zeitalter des „Wettbewerbsföderalismus"[327] und einer allgegenwärtigen parteienstaatlichen Überformung und Steuerung des verfassungsrechtlichen Institutionengefüges als geradezu naiv. Weitaus realistischer erscheint hingegen die Gefahr der Rechtszersplitterung auf Grund des den Ländern eingeräumten Abweichungsrechts.[328]

---

[320] Vgl. amtl. Begründung, BT-Drs. 16/813, 7; siehe auch *Trute* in Starck Föderalismusreform, Rn. 147 f.; *Trute* in MKS Rn. 2 ff.

[321] Mit Recht krit. auch *Kesper* NdsVBl. 2006, 145 (147).

[322] Vgl. *Georgii/Borhanian,* Zustimmungsgesetze nach der Föderalismusreform, Deutscher Bundestag – Wissenschaftliche Dienste, 2006, 40 f.

[323] Vgl. *Georgii/Borhanian,* Zustimmungsgesetze nach der Föderalismusreform, Deutscher Bundestag – Wissenschaftliche Dienste, 2006, 3.

[324] So zutr. *Kesper* NdsVBl. 2006, 145 (147).

[325] In diese Richtung auch *Trute* in Starck Föderalismusreform, Rn. 148; *Dittmann/Winkler* in Sachs Rn. 53.

[326] So zutr. *Häde* JZ 2006, 930 (934).

[327] → Vorb. Art. 83–87 Rn. 13 ff.

[328] So mit Recht auch *Trute* in Starck Föderalismusreform, Rn. 150; *Henneke* in SHH Rn. 14; *Ruttloff* UPR 2007, 333 (336); *F. Kirchhof* in Maunz/Dürig Rn. 28, 60 f. u. 115: „normatives Troja".

Dieses birgt nicht nur das Risiko, dass die systematische Konzeption des Bundes durch den partiellen Zugriff der Länder auf das Organisationsrecht durchkreuzt wird; das Abweichungsrecht unterbricht zugleich auch die Zuordnung politischer Verantwortung und zieht darüber hinaus eine Fülle von Auslegungs- und Vollzugsproblemen nach sich. Je mehr die Länder von der ihnen eingeräumten Abweichungsmöglichkeit Gebrauch machen, umso größer wird das Verlangen der Mehrheitsfraktionen des Bundestages, den in den eigenen Reihen nicht selten mühsam gefundenen Kompromiss mittels Anwendung des Art. 84 Abs. 1 S. 5 gegenüber dem Abweichungsrecht der Länder zu immunisieren – jedenfalls dann, wenn man zugleich auch im Bundesrat über die entsprechende Mehrheit „verfügt". Die vom verfassungsändernden Gesetzgeber hierfür in Anknüpfung an die frühere „Bedürfnisklausel" des Art. 72 Abs. 2 GG aF aufgestellte Voraussetzung des „besonderen Bedürfnisses nach bundeseinheitlicher Regelung" (Art. 84 Abs. 1 S. 5) setzt dem keinerlei Widerstand im Sinne eines Minderheitenschutzes zugunsten einzelner Länder entgegen.

Weit über das Ziel hinaus schießt auch weiterhin das Aufgabendurchgriffsverbot des Art. 84 Abs. 1 S. 7. Dem Interesse der Kommunen, von Aufgabenübertragungen ohne gleichzeitige Zuweisung entsprechender Finanzmittel verschont zu bleiben, kann auf der der Finanzverfassung vorgelagerten Ebene bundesgesetzlicher Aufgabenzuweisungen nicht angemessen Rechnung getragen werden. Für die finanzielle Ausstattung der Kommunen haben die Länder Sorge zu tragen. Ausschließlich an diese haben sich die Kommunen zu halten.[329] Entsprechende Fragen sind deshalb auf der Ebene des Landesverfassungsrechts zu lösen. Die Verlagerung der Problematik in das Organisationsrecht des Bundes hat in Verbindung mit dem apodiktisch und ausnahmefrei formulierten Durchgriffsverbot des Art. 84 Abs. 1 S. 7 zur Folge, dass zeitgleich mit dem Bundesgesetz sechzehn Landesausführungsgesetze auch dann erlassen werden müssen, wenn mit der zu übertragenden Aufgabe keinerlei Finanzierungslasten verbunden sind und sich mangels sachlicher Alternativlosigkeit eine Aufgabenzuweisung an die Kommunen durch den Bund geradezu aufdrängt. Führt der verfassungsändernde Gesetzgeber hier keine Klarstellung herbei, muss über eine einschränkende Auslegung auch nach der Entscheidung des Bundesverfassungsgerichts vom 7.7.2020 – 2 BvR 696/12 – weiterhin ernsthaft nachgedacht werden. Vor allem stellt sich die Frage, ob Art. 125a Abs. 1 S. 1 nicht in der oben vorgeschlagenen Weise ergänzt werden sollte, um der in Leitsatz 3 der Entscheidung des Zweiten Senats vom 7.7.2020 postulierten Befugnis des Bundes zur Anpassung bereits zugewiesener Aufgaben an veränderte ökonomische und soziale Umstände die nötige Wirkmächtigkeit zu verleihen. 77

Umgekehrt birgt die in Art. 125a Abs. 1 S. 2 vorgesehene Möglichkeit, zunächst fortgeltendes Bundesrecht weitgehend voraussetzungslos durch Landesrecht ersetzen zu können, erhebliche Gefahren, zum einen für die Kommunen, lieb gewonnene Aufgaben an Behörden der unmittelbaren Landesverwaltung zu verlieren, zum anderen für den Bund, tatenlos zusehen zu müssen, wie seine ursprünglichen mit der Aufgabenzuweisung an die Kommunen verbundenen materiell-rechtlichen Intentionen nachträglich durch die Länder konterkariert werden, ohne dass ihm in bundesstaatlichem Interesse 78

[329] Vgl. *Schoch/Wieland,* Kommunale Aufgabenträgerschaft nach dem Grundsicherungsgesetz, 2003, 92 mwN; *Broß* FS f. Krämer, 2009, 12.

eine adäquate Reaktionsmöglichkeit zur Verfügung steht. Hier sind mögliche Folgewirkungen noch weitgehend unabsehbar, so dass ein sorgsamer Umgang der Länder mit den neu gewonnenen Freiheiten auch weiterhin angemahnt werden muss.

79 Nach allem kann von einem großen Wurf nicht die Rede sein. Jedenfalls drängt sich im Rahmen einer Gesamtbetrachtung ein Mehrwert der Neuregelungen im Vergleich zum vormaligen Rechtszustand nicht auf. Einzig gewachsen ist die rechtliche Komplexität der Vorschriften.[330]

Literatur

M. Antoni, Zustimmungsvorbehalte des Bundesrates zu Rechtsetzungsakten des Bundes, AöR 113 (1988), 329. – ***M. Antoni,*** Zustimmungsvorbehalte des Bundesrates zu Rechtsetzungsakten des Bundes, AöR 114 (1989), 220. – ***F. Becker,*** Gemeinschaftsrechtliche, sozialpolitische, arbeitsmarktpolitische und verfassungsrechtliche Aspekte des Verbots der Arbeitnehmerüberlassung im Baugewerbe, DB 1982, 2348. – ***W. Blümel,*** Bundesstaatsrechtliche Aspekte der Verwaltungsvorschriften, AöR 93 (1968), 200. – ***E. Bohne,*** Das Umweltgesetzbuch vor dem Hintergrund der Föderalismusreform, EurUP 2006, 276. – ***G. Britz,*** Zustimmungsbedürftigkeit von Bundesgesetzen und die Verwaltungshoheit der Länder, DÖV 1998, 636. – ***W. Brohm,*** Situative Gesetzesanpassung durch die Verwaltung, NVwZ 1988, 794. – ***S. Broß,*** Überlegungen zum „materiellen Verfassungsrechtsverhältnis" im Sinne des Staatsorganisationsrechts ausgehend vom Bund-Länder-Streitverfahren und damit zusammenhängenden Fragen, FS Krämer, 2009, 3. – ***M. Burgi,*** Künftige Aufgaben der Kommunen im sozialen Bundesstaat, DVBl 2007, 70. – ***K. Engelken,*** Kommunen und bundesrechtliche Aufgaben nach der Föderalismusreform, VBlBW 2008, 457. – ***W. Erbguth,*** Sicherung des kommunalen Beitragsaufkommens durch Nacherhebungspflicht und schlichte Rechtsanwendung?, NVwZ 1989, 531. – ***W. Erbguth,*** Normenkonkretisierende Verwaltungsvorschriften, DVBl 1989, 473. – ***H. U. Erichsen/Ch. Biermann,*** Die Zustimmungsbedürftigkeit von Bundesgesetzen nach Art. 84 Abs. 1, 85 Abs. 1 GG, Jura 1998, 494. – ***J. Ferger,*** Der Begriff des Verwaltungsverfahrens nach Art. 84 Abs. 1 GG, Diss. Tübingen, 1962. – ***J. Fiedler,*** Zur „Aufspaltung" von Gesetzentwürfen, ZRP 1977, 9. – ***W. Försterling,*** Kompetenzrechtliche Probleme nach der Föderalismusreform, ZG 2007, 36. – ***W. Försterling,*** Das Aufgabenübertragungsverbot nach Art. 84 Abs. 1 Satz 7 GG, Der Landkreis 2007, 56. – ***H. Georgii/S. Borhanian,*** Zustimmungsgesetze nach der Föderalismusreform, Deutscher Bundestag – Wissenschaftliche Dienste, 2006. – ***H. Genzel,*** Zum stationären Versorgungsauftrag der Kommunen, BayVBl. 1984, 449 u. 487. – ***H. Ginzky,*** Zustimmungsbedürftigkeit von Regelungen zum Umweltverfahrensrecht und bei Rechtsverordnungen des Bundes, ZUR 2007, 513. – ***H. Ginzky/J. Rechenberg,*** Der Gewässerschutz in der Föderalismusreform, ZUR 2006, 344. – ***V. Götz,*** Der allgemeine Gleichheitssatz und die Rechtsanwendung im Verwaltungsrecht, NJW 1979, 1478. – ***E. Grabitz,*** Die Rechtsetzungsbefugnis von Bund und Ländern bei der Durchführung von Gemeinschaftsrecht, AöR 111 (1986), 1. – ***Ch. Gramm,*** Gewaltenverschiebung im Bundesstaat, AöR 124 (1999), 212. – ***R. Grawert,*** Die Ordnung des Gerichtsvollzieheramtes vor dem Grundgesetz, DGVZ 1989, 97. – ***U. Häde,*** Zur Föderalismusreform in Deutschland, JZ 2006, 930. – ***Ch. Heitsch,*** Die Ausführung der Bundesgesetze durch die Länder, 2001. – ***H.-G. Henneke,*** KoMbO 2004 – ein Werkstattbericht zur Föderalismusreform, NdsVBl. 2004, 250. – ***H.-G. Henneke,*** Föderalismusreform am Verfassungstag auf Eis gelegt – Bleibt frisch, was bisher an Vernünftigem erreicht wurde?, NdsVBl. 2005, 201. – ***H.-G. Henneke,*** Auf Eis gelegte Föderalismusreform von Großer Koalition wieder aufgetaut – Nicht alles ist frisch geblieben, was an Vernünftigem erreicht wurde, NdsVBl. 2006, 158. – ***H.-G. Henneke,*** Die Kommunen in der Föderalismusreform, DVBl 2006, 867. – ***H.-G. Henneke,*** Bundespräsident verschafft Aufgabenübertra-

[330] Vgl. insoweit auch *Trute* in Starck Föderalismusreform, Rn. 148; *Trute* in MKS Rn. 3; *Germann* in Kluth Föderalismusreformgesetz, Art. 84, 85 Rn. 130.

gungsverbot des Bundes auf die Kommunen Wirksamkeit, Der Landkreis 2007, 3. – ***H.-G. Henneke,*** Durch Bundesgesetze dürfen Gemeinden und Gemeindeverbänden Aufgaben nicht übertragen werden, NdsVBl. 2007, 57. – ***H.-G. Henneke,*** Verpflichtung der Kommunen zur Ausführung neuer oder erweiterter Sozialleistungstatbestände durch den Bund, ZG 2007, 21. – ***H.-G. Henneke,*** Wer der Bestellung zustimmt, muss sie adressieren und bezahlen, DVBl 2011, 125. – ***H. Hofmann,*** Föderalismusreform im Verfassungsstaat, DÖV 2008, 833. – ***R. Holtschneider/W. Schön,*** Die Reform des Bundesstaates, 2007. – ***P. M. Huber/F. Wollenschläger,*** Durchgriffsverbot und landesrechtliches Konnexitätsgebot – Das Beispiel des KiföG –, VerwArch 100 (2009), 305. – ***A. Ingold,*** Das Aufgabenübertragungsverbot des Art. 84 Abs. 1 Satz 7 GG als Hindernis für die bauplanungsrechtliche Gesetzgebung des Bundes, DÖV 2010, 134 – ***A. Ingold,*** Nochmals: Das Aufgabenübertragungsverbot (Art. 84 Abs. 1 Satz 7 GG), DÖV, 2010, 732. – ***J. Ipsen,*** Die Kompetenzverteilung zwischen Bund und Ländern nach der Föderalismusnovelle, NJW 2006, 2801. – ***B. Janson,*** Die Aufspaltung von Bundesgesetzen in einen zustimmungsfreien und einen zustimmungsbedürftigen Teil, DVBl 1978, 318. – ***H. D. Jarass,*** Das Recht der Wirtschaftssubventionen, JuS 1980, 115. – ***H. D. Jarass,*** Bindungswirkung von Verwaltungsvorschriften, JuS 1999, 105. – ***M. Kallerhoff,*** Art. 125a Abs. 1 Satz 1 GG im Zusammenspiel mit dem kommunalen Durchgriffsverbot des Art. 84 Abs. 1 Satz 7, Art. 85 Abs. 1 Satz 2 GG, DVBl 2011, 6. – ***W. Kahl,*** Die Zustimmungsbedürftigkeit von Bundesgesetzen nach Art. 84 I GG unter besonderer Berücksichtigung des Umweltverfahrensrechts, NVwZ 2008, 710. – ***H. Kalkbrenner,*** Zur Verfassungsmäßigkeit des Bundesforschungsministeriums, DVBl 1964, 849. – ***I. Kesper,*** Reform des Föderalismus in der Bundesrepublik Deutschland, NdsVBl. 2006, 145 – ***F. Kirchhof,*** Die Stadtstaatenklausel in Bundesgesetzen, DÖV 1983, 789. – ***F. Kirchhof,*** Die Verwaltungshaftung zwischen Bund und Ländern, NVwZ 1994, 105. – ***M. Kloepfer,*** Der Vorbehalt des Gesetzes im Wandel, JZ 1984, 685. – ***W. Kluth,*** Föderalismusreformgesetz, 2007. – ***J. Knitter,*** Das Verbot der Aufgabenübertragung auf die Kommunen und die Behandlung von Altfällen, ZG 2009, 18. – ***H.-J. Koch/S. Krohn,*** Umwelt in schlechter Verfassung? NuR 2006, 673. – ***T. Koch,*** Der Erlass von Verwaltungsvorschriften nach Art. 84 Abs. 2, 85 Abs. 2 S. 1 GG, Jura 2000, 179. – ***S. Korioth,*** Entlastung der Kommunen durch unmittelbare Finanzbeziehungen zum Bund?, NVwZ 2005, 503. – ***H. Krüger,*** Rechtsfragen im Bereich der Zustimmungsbedürftigkeit von Rahmengesetzen, DVBl 1998, 293. – ***G. Kuckuk,*** Probleme des Vollzugs von Rahmengesetzen, DÖV 1978, 354. – ***R. Lehmann-Brauns,*** Die Zustimmungsbedürftigkeit von Bundesgesetzen nach der Föderalismusreform, 2008. – ***G. Macht/A. Scharrer,*** Landesverfassungsrechtliche Konnexitätsprinzipien und Föderalismusreform, DVBl 2008, 1150. – ***Th. Maunz,*** Rechtsfragen im Bereich von Zustimmungsgesetzen, BayVBl. 1982, 353. – ***A. Meßmann,*** Das Aufgabenübertragungsverbot aus Art. 84 Abs. 1 Satz 7 GG, DÖV 2010, 726. – ***M. Nierhaus/S. Rademacher,*** Die große Staatsreform als Ausweg aus der Föderalismusfalle?, LKV 2006, 385. – ***B. Nutzet,*** Neues Ausbildungsrecht – das Berufsbildungsförderungsgesetz, RdA 1984, 22. – ***M. Oldiges,*** Verbandskompetenz, DÖV 1989, 873. – ***F. Ossenbühl,*** Zur Außenwirkung von Verwaltungsvorschriften, FS aus Anlass des 25-jährigen Bestehens des BVerwG, 1978, 433. – ***F. Ossenbühl,*** Die Zustimmung des Bundesrates beim Erlass von Bundesrecht, AöR 99 (1974), 369. – ***F. Ossenbühl,*** Rechtsverordnungen und Verwaltungsvorschriften als Neben- oder Ersatzgesetzgebung?, Zustand und Perspektiven der Gesetzgebung, 1989. – ***U. Prutsch,*** Die Bundesverwaltung, VR 1985, 308. – ***B. Remmert,*** Die verfassungsrechtliche Stellung der Gemeinden bei der Zuweisung überörtlicher Aufgaben durch Bundesgesetz, VerwArch 2003, 459. – ***L. Renck,*** Bundeskompetenz und verwaltungsgerichtliches Vorverfahren, JuS 1980, 28. – ***L. Ringelmann,*** Grundsätzliche Fragen zur Organisation der Bundesverwaltung, DÖV 1949, 295. – ***H. Rittstieg,*** Einbürgerung als eigene Angelegenheit der Bundesländer, InfAuslR 1989, 307. – ***A. Röhl,*** Finanzverfassungsrechtlicher Dualismus in der Sackgasse?, DÖV 2008, 368. – ***M. Rose,*** Die Altlastenfreistellungsklauseln im Recht der neuen Bundesländer, BB 1991, 2100. – ***M. Ruttloff,*** Die Gesetzgebungskompetenz für das Wasserwirtschaftsrecht nach der Föderalismusreform, UPR 2007, 333. – ***H.-H. Scheffler,*** Wachsende Bedeutung der Verwaltungsvorschriften, DÖV

1980, 236. – ***R. Schmidt,*** Nochmals – die Rechtsstellung des Jugendwohlfahrtsausschusses, BayVBl. 1984, 620. – ***R. Schmidt,*** Die Zustimmungsbedürftigkeit von Bundesgesetzen, JuS 1999, 861. – ***H. Schmuck,*** Kann der Bund im Rahmen der bundeseigenen Verwaltung nach Art. 89 des Grundgesetzes auch auf Bestimmungen des Landesrechts zurückgreifen?, DÖV 1961, 662. – ***D. Schoch,*** Zur Abgrenzung der Befugnisse der Verwaltung des Jugendamtes zum Jugendwohlfahrtsausschuß, ZblJugR 1983, 513. – ***F. Schoch/J. Wieland,*** Kommunale Aufgabenträgerschaft nach dem Grundsicherungsgesetz, 2003. – ***F. Schoch,*** Verfassungswidrigkeit des bundesgesetzlichen Durchgriffs auf Kommunen, DVBl 2007, 261. – ***P. Selmer,*** Die Föderalismusreform – Eine Modernisierung der bundesstaatlichen Ordnung?, JuS 2006, 1052. – ***H. Spanner,*** Organisationsgewalt und Organisationsrecht, DÖV 1957, 640. – ***Ch. Starck,*** Föderalismusreform, 2007. – ***H. Ströer,*** Die verfassungsmäßige Ausführung von Bundesgesetzen, VersorgB 1986, 121. – ***W. Thieme,*** Vierzig Jahre Bundesstaat, DÖV 1989, 499. – ***P. Unruh,*** Zur Zulässigkeit des bundesgesetzlichen Durchgriffs auf die Kommunen – am Beispiel des Grundsicherungsgesetzes, ZG 2004, 279. – ***K. Zeidler,*** Ausführung von Landesgesetzen durch Bundesbehörden, DVBl 1960, 573. – ***Ch. Zieglmeier,*** Das strikte Konnexitätsprinzip am Beispiel der Bayerischen Verfassung, NVwZ 2008, 270. – ***M. Zuleeg,*** Abschluss und Rechtswirkung völkerrechtlicher Verträge in der Bundesrepublik Deutschland, JA 1983, 1. – ***M. Zuleeg,*** Der Jugendwohlfahrtsausschuß im Gefüge der Kommunalverfassung, BayVBl. 1984, 353.

Art. 85 [Landesexekutive im Bundesauftrag]

(1) [1]Führen die Länder die Bundesgesetze im Auftrage des Bundes aus, so bleibt die Einrichtung der Behörden Angelegenheit der Länder, soweit nicht Bundesgesetze mit Zustimmung des Bundesrates etwas anderes bestimmen. [2]Durch Bundesgesetz dürfen Gemeinden und Gemeindeverbänden Aufgaben nicht übertragen werden.

(2) [1]Die Bundesregierung kann mit Zustimmung des Bundesrates allgemeine Verwaltungsvorschriften erlassen. [2]Sie kann die einheitliche Ausbildung der Beamten und Angestellten regeln. [3]Die Leiter der Mittelbehörden sind mit ihrem Einvernehmen zu bestellen.

(3) [1]Die Landesbehörden unterstehen den Weisungen der zuständigen obersten Bundesbehörden. [2]Die Weisungen sind, außer wenn die Bundesregierung es für dringlich erachtet, an die obersten Landesbehörden zu richten. [3]Der Vollzug der Weisung ist durch die obersten Landesbehörden sicherzustellen.

(4) [1]Die Bundesaufsicht erstreckt sich auf Gesetzmäßigkeit und Zweckmäßigkeit der Ausführung. [2]Die Bundesregierung kann zu diesem Zwecke Bericht und Vorlage der Akten verlangen und Beauftragte zu allen Behörden entsenden.

Reichsverfassung von 1871

Art. 7. [abgedruckt oben bei Art. 84 GG].

Weimarer Reichsverfassung von 1919

Art. 15. [abgedruckt oben bei Art. 84 GG].

Übersicht

A. Allgemeine Bedeutung

1 Die Auftragsverwaltung ist der zweite Verwaltungstyp innerhalb des VIII. Abschnitts des GG. Sie zeichnet sich vor allem – und darin liegt der wesentliche Unterschied zur Ausführung der Bundesgesetze als eigene Angelegenheit iSv Art. 84 – in den Möglichkeiten der Einflussnahme durch den Bund aus.[1] Werden die Länder im Auftrage des Bundes tätig, so kann dieser durch die Wahrnehmung der ihm in Art. 85 Abs. 2–4 zugewiesenen Ingerenzrechte sehr intensiv auf die Länder einwirken. Bei der in Art. 85 Abs. 1

[1] S. zu Herkunft, Entstehung und Entwicklung dieses Verwaltungstyps *Hermes* in Dreier Rn. 1 ff.; *Clemens/Umbach* in Umbach/Clemens Rn. 3 ff.; *Bull* in AK Rn. 1 ff.; *F. Kirchhof* in Maunz/Dürig Rn. 1 ff.; *Kluth* in BK Rn. 8.

vorgesehenen Ausführung der Gesetze durch die Länder im Auftrage des Bundes handelt es sich um **echte Landesverwaltung.**[2] Daraus folgt, dass die Länder die Behörden einrichten, die erforderlichen Sachmittel und das notwendige Personal zur Verfügung stellen.

2 Gleichwohl ist die Eigenständigkeit des Landes deutlich begrenzt. Während der Bund im Rahmen der Landeseigenverwaltung nur die Rechtsaufsicht innehat, kommen ihm bei der Auftragsverwaltung weit stärkere Einwirkungsmöglichkeiten zu. So erstreckt sich seine Aufsicht sowohl auf die Gesetzmäßigkeit als auch auf die Zweckmäßigkeit der Gesetzesausführung. Vor allem aber sind die Landesbehörden von vornherein den Weisungen der jeweils zuständigen obersten Bundesbehörden unterworfen. Es besteht insoweit ein echtes hierarchisches Über-/Unterordnungs-Verhältnis, kraft dessen der **Bund** die Gestaltungsmacht der Länder sehr weit einschränken und sich selbst in die Rolle des „Verfahrensherrn" begeben kann.[3] Die **Geschäftsleitungsbefugnis und Direktionsmacht** des Bundes ist umfassend.[4] Ihm allein obliegt es, das Gemeinwohlinteresse letztverbindlich zu definieren und durchzusetzen.[5]

3 Die umfassenden Einwirkungsmöglichkeiten des Bundes lassen die Eigenart der Auftragsverwaltung deutlich hervortreten: Die Wahrnehmung der dieser Verwaltungsform unterliegenden Materien soll zwar bei den Landesbehörden liegen, der Bundeswille soll sich jedoch stets durchsetzen können.[6] Damit eröffnet die Auftragsverwaltung dem Bund – verglichen mit dem Regelvollzug der Bundesgesetze in Landeseigenverwaltung (Art. 84) – erhebliche Einflussmöglichkeiten, die – materiell betrachtet – die Grenzen zur bundeseigenen Verwaltung durchaus verschwimmen lassen können.[7] Art. 85 bildet damit im Gesamtgefüge der Art. 83 ff. „die Brücke" zwischen der Ausführung der Bundesgesetze als eigene Angelegenheit der Länder (Art. 84) und der Ausführung der Bundesgesetze durch die bundeseigene Verwaltung nach Art. 86.[8] Auf diese Weise kann eine verstärkte Einheitlichkeit der Verwaltungstätigkeit erreicht werden, ohne dass es der Einrichtung besonderer Verwaltungseinheiten des Bundes bedürfte.[9]

4 Die Geschäftsleitungsbefugnis, die mittels der in Art. 85 normierten Ingerenzrechte – namentlich durch das Weisungsrecht (Art. 85 Abs. 3) – verliehen wird, kommt dem Bund allerdings nicht per se zu; sie steht im Rahmen der Gesetzesausführung gleichsam „in Reserve".[10] Die Geschäftsleitungsbefugnis ist zwar allgegenwärtig, aber ihrer Art nach eben nur eine

---

[2] BVerfGE 81, 310 (331); siehe auch BVerfGE 63, 1 (39; 42); BayVGH NVwZ 1982, 508 betr. den Rhein-Main-Donau-Kanal; BVerfG NJW 1978, 119; so auch die neuere Literatur, vgl. etwa *Blümel* in Isensee/Kirchhof HdbStR IV § 101 Rn. 49; *Bull* in AK Rn. 3; *Lerche* in Maunz/Dürig, Voraufl. 1987, Rn. 5; *F. Kirchhof* in Maunz/Dürig Rn. 10; *Hermes* in Dreier Rn. 17; *Pieroth* in Jarass/Pieroth Rn. 2; *Tschentscher,* Bundesaufsicht in der Bundesauftragsverwaltung, 1992, 36 ff.; s. zum Meinungsstand und abweichenden Auffassungen im älteren Schrifttum auch *L. Wagner* VerwArch 93 (2002), 585 (591 ff.).

[3] S. hierzu *Trute* in MKS Rn. 5; *Hermes* in Dreier Rn. 18; *Dittmann/Winkler* in Sachs Rn. 4; *Zieger/Bischof* in BK Art. 87c Rn. 53; *Ossenbühl* Der Staat 28 (1989), 31 (36).

[4] Grundlegend hierzu *Ossenbühl* Der Staat 28 (1989), 31 (36).

[5] BVerfGE 81, 310 (332); 104, 249 (265).

[6] So ausdrücklich *Lerche* in Maunz/Dürig, Voraufl. 1987, Rn. 57; *F. Kirchhof* in Maunz/Dürig Rn. 10, 13 u. 14.

[7] So zutr. *Dittmann,* Die Bundesverwaltung, 1983, 84.

[8] S. *Dittmann/Winkler* in Sachs Rn. 5; *Kluth* in BK Rn. 26; ähnlich Stern, StaatsR II, 1980, § 41 VI 2, der von einem „Mittelding" zwischen landeseigener und bundeseigener Verwaltung spricht.

[9] S. zu diesen Überlegungen ferner auch → Art. 87c Rn. 1.

[10] BVerfGE 104, 249 (265).

potentielle, nicht aktuelle Entscheidungsbestimmung durch den Bund.[11] Aktualisiert wird sie erst dann, wenn der Bund von seinem Weisungsrecht (Art. 85 Abs. 3) und damit seiner **administrativen Reservekompetenz** Gebrauch macht und die Entscheidung an sich zieht.[12] Ob und inwieweit er dies tut, steht grundsätzlich in seinem Ermessen.[13]

Übt der Bund seine Befugnis zur Geschäftsleitung und Letztentscheidung aus, so kann dem seitens des betroffenen Landes der Grundsatz der eigenverantwortlichen Aufgabenwahrnehmung[14] nicht entgegenhalten werden. Ebenso wenig unterliegt die Direktionsmacht des Bundes aus dem Rechtsstaatsprinzip abgeleiteten Schranken, insbesondere nicht dem Grundsatz der Verhältnismäßigkeit.[15] Damit ist zugleich jede Form einer wie auch immer gearteten Abwägung von Landesinteressen mit Bundesinteressen ausgeschlossen. Ein Recht des Landes, das der Beurteilungskompetenz des Bundes entgegengesetzt werden könnte, existiert im Rahmen der Bundesauftragsverwaltung nicht.[16] **5**

Im Einzelnen wird zwischen der Wahrnehmungs- und der Sachkompetenz[17] unterschieden.[18] Die **Wahrnehmungskompetenz** umfasst die Befugnis zur Einrichtung der Behörden, die Personalhoheit mit Ausnahme der in Art. 85 Abs. 2 S. 2 u. 3 festgelegten Einwirkungsmöglichkeiten und das Handeln und die Verantwortlichkeit im Verhältnis zu Dritten, die gesetzesvollziehende rechtsfolgenverbindliche Tätigkeit nach außen. Sie ist unentziehbar dem Land zugewiesen.[19] Die Landesbehörden handeln im Namen des Landes, nicht des Bundes. Die getroffenen Verwaltungsmaßnahmen werden – selbst dann, wenn sie in Vollzug einer Weisung des Bundes ergehen – rechtlich dem Land zugerechnet mit der Folge, dass das Land für die Maßnahme als Beklagter gerichtlich in Anspruch genommen werden kann.[20] Gleiches gilt für etwaige Entschädigungs- und Schadensersatzansprüche.[21] Auch die politische Verantwortung liegt im Ausgangspunkt bei den Ländern – einschließlich der parlamentarischen Kontrolle.[22] **6**

---

[11] Vgl. grdl. *Ossenbühl* Der Staat 28 (1989), 31 (36).

[12] BVerfGE 81, 310 (332); 104, 249 (264 f.); siehe auch *Hermes* in Dreier Rn. 19; *Dittmann/Winkler* in Sachs Rn. 23; *Bull* in AK Rn. 5; *Trute* in MKS Rn. 5.

[13] Vgl. *Lerche* in Maunz/Dürig, Voraufl. 1987, Rn. 57; *Tschentscher,* Bundesaufsicht in der Bundesauftragsverwaltung, 1992, 40 (144 ff.); *Steinberg* AöR 110 (1985), 419 (426); *Zieger/Bischof* in BK Art. 87c Rn. 116 f.; aA *Kluth* in BK Rn. 57 u. 58: Eingriffsbefugnis des Bundes nur bei Feststellung eines Mangels im Gesetzesvollzug.

[14] S. hierzu BVerfGE 63, 1 (41, 42) unter Bezugnahme auf *Grawert,* Verwaltungsabkommen zwischen Bund und Ländern in der Bundesrepublik Deutschland, 1967, 195.

[15] BVerfGE 81, 310 (338); siehe auch *Isensee* in Isensee/Kirchhof HdbStRVI § 126 Rn. 126; *Isensee* FS f. Bethge, 2009, 359 ff.; *Lerche* in Maunz/Dürig Voraufl. 1987, Rn. 53; *Trute* in MKS Rn. 31; *Dittmann* in Sachs, 7. Aufl. 2014, Rn. 22; aA nunmehr *Dittmann/Winkler* in Sachs Rn. 29.

[16] Vgl. BVerfGE 81, 310 (338); s. zum Ganzen auch *L. Wagner* VerwArch 93 (2002), 585 (593 ff.) mwN.

[17] BVerfGE 81, 310 (332); 104, 249 (264).

[18] S. näher *Trute* in MKS Rn. 6; *Dittmann/Winkler* in Sachs Rn. 5; *Bull* in AK Rn. 5; *Hermes* in Dreier Rn. 19; *Kluth* in BK Rn. 46 ff.

[19] BVerfGE 81, 310 (332); 104, 249 (264); BVerwG DVBl. 2014, 303; s. zur Begriffsbildung zuvor bereits *Wolst,* Die Bundesauftragsverwaltung als Verwaltungsform, 1974, 47 ff. Unberührt bleibt jedoch die Geltendmachung von Schadensersatzansprüchen durch den Bund wegen der Verletzung von Bundeseigentum vor den Zivilgerichten. Insoweit besteht keine ausschließliche Wahrnehmungskompetenz des Landes, vgl. LG Karlsruhe NVwZ-RR 2014, 750 (751).

[20] BVerwG NVwZ 1983, 471.

[21] S. hierzu *Steinberg,* Bundesaufsicht, Landeshoheit und Atomgesetz, 1990, 42 mwN.

[22] *Steinberg* AöR 110 (1985), 419 (431).

7 Dagegen beinhaltet die **Sachkompetenz** die Befugnis zur Sachbeurteilung und Sachentscheidung. Sie liegt – unter dem Vorbehalt ihrer Inanspruchnahme durch den Bund – zunächst ebenfalls beim Land. Der Bund kann sie nach eigener Entscheidung an sich ziehen, indem er das ihm zuerkannte Weisungsrecht in Anspruch nimmt.[23] Macht der Bund von seiner Geschäftsleitungsbefugnis Gebrauch, so geht die politische Verantwortung vom Land auf den Bund über.[24] Die parlamentarische Kontrolle obliegt insoweit dem Deutschen Bundestag.[25] Das Land trägt für die nach Weisung getroffene Sachentscheidung keine eigene Verantwortung.[26] Die Inanspruchnahme der Sachkompetenz selbst ist nicht weiter rechtfertigungsbedürftig und auch keineswegs nur auf Ausnahmefälle beschränkt;[27] sie ist vielmehr – wie Art. 85 Abs. 3 deutlich erkennen lässt – als „reguläres Mittel" gedacht und an verfassungsrechtliche Tatbestandsvoraussetzungen nicht gebunden.[28] Der Bund kann all diejenigen Maßnahmen treffen, die er für eine sachgerechte und effektive Wahrnehmung seiner grundsätzlich unbeschränkten Direktionsmacht für erforderlich hält; er darf dadurch lediglich die Wahrnehmungskompetenz des Landes – die Befugnis zum rechtsverbindlichen Handeln nach außen – nicht verletzen.[29] Ein Selbsteintrittsrecht des Bundes ist damit ausgeschlossen.[30] Folgerichtig ist es dem Bund verwehrt, gleichsam eine „Schattenverwaltung" aufzubauen, mit der er den Gesetzesvollzug über den Einzelfall hinaus generell durch Kontakte nach außen reguliert.[31] Im Außenverhältnis nimmt allein das betreffende Land die Verwaltung der dem Art. 85 unterworfenen Bereiche wahr. Das Weisungs- und Direktionsrecht ist auf das Innenverhältnis zwischen Bund und Ländern beschränkt. Aus diesem Grunde bedürfen die Sachentscheidungen des Bundes, um Außenwirkung zu erlangen, stets der Umsetzung durch eine Gesetzesausführungsentscheidung des nach außen zuständigen Landes.[32]

8 Die **Gegenstände** der Auftragsverwaltung sind im GG ausdrücklich aufgeführt (Art. 87b Abs. 2, Art. 87c, 87d Abs. 2, Art. 89 Abs. 2, Art. 90 Abs. 3, Art. 104a Abs. 3 S. 2, Art. 108 u. 120a).[33]

B. Einzelfragen

I. Einrichtung der Behörden als Angelegenheit der Länder (Art. 85 Abs. 1)

9 Gem. Art. 85 Abs. 1 richten die Länder die Behörden ein, wenn sie die Bundesgesetze im Auftrage des Bundes ausführen. Die **Verwaltungen von**

---

[23] BVerfGE 81, 310 (332); 104, 249 (264 f.); BVerwG DVBl. 2014, 303 (304).

[24] S. näher *Steinberg,* Bundesaufsicht, Länderhoheit und Atomgesetz, 1990, 41 f.

[25] *Steinberg* AöR 110 (1985), 419 (431).

[26] BVerfGE 81, 310 (333).

[27] AA und damit in Widerspruch zu früheren Aussagen *Ossenbühl,* Die Bundesauftragsverwaltung – gelöste und ungelöste Probleme, FS f. Badura, 2004, 975 (982): die „Bundesweisung ist der Ausnahmefall" und bloßes „Mittel zur Korrektur".

[28] So ausdrücklich BVerfGE 81, 310 (332); 104, 249 (265); siehe auch *Dittmann/Winkler* in Sachs Rn. 23 mwN.

[29] BVerfGE 104, 249 (265); BVerwG DVBl. 2014, 303 (304).

[30] BVerfGE 81, 310 (332); 104, 249 (266); aA *Loschelder,* Die Durchsetzbarkeit von Weisungen in der Bundesauftragsverwaltung, 1998, 134.

[31] BVerfGE 81, 310 (332); 104, 249 (266).

[32] Vgl. zum Ganzen auch *Müller/Mayer/Wagner* VerwArch 94 (2003), 127 (133) mwN.

[33] Zu Art. 90 Abs. 2 a. F. siehe zB *Bartlsperger* DVBl. 1973, 465 (469); BGHZ 16, 95 (99 f.).

Bund und Ländern bleiben in diesem Bereich somit **getrennt.** Kennzeichnend für eine Auftragsverwaltung ist, dass die beauftragte Verwaltung die zugewiesenen Aufgaben als eigene Aufgaben wahrnimmt.[34] Der Begriff **„Einrichtung" der Behörden** ist in Art. 85 Abs. 1 ebenso wie in Art. 84[35] umfassend zu verstehen. Die Einrichtung umfasst das Errichten der Behörde und auch deren Ausstattung mit Sachmitteln und Personal.[36] Nachdem Art. 85 Abs. 1 hinsichtlich des Behördenbegriffs keine Einschränkung aufweist, ist dieser umfassend zu verstehen. Zum **Aufgabenübertragungsverbot** des Art. 85 Abs. 1 S. 2 auf Gemeinden und Gemeindeverbände gilt das zu Art. 84 Abs. 1 S. 7 Gesagte entsprechend (→ Art. 84 Rn. 32 ff.). Die Zuständigkeit der Länder ist hinsichtlich Behörden der Gemeinden unproblematisch, weil die Regelung des Kommunalrechts in ihre Kompetenz fällt.

Eine Schranke für die Errichtung von **Behörden der mittelbaren Staats-** 10
verwaltung durch die Länder folgt aus dem nach Art. 85 Abs. 3 S. 1 u. 2 bestehenden Weisungsrecht des Bundes. Wird dieses durchgängige Weisungsrecht durch die Errichtung von Behörden der mittelbaren Staatsverwaltung nicht mehr gewährleistet, ist deren Errichtung unzulässig. Die Länder dürfen also durch die Ausbildung einer mittelbaren Staatsverwaltung nicht das Weisungsrecht des Bundes unterlaufen.[37]

Der Bund kann nach Art. 85 Abs. 1 S. 1 ebenfalls Behörden errichten. Er 11
hat dabei jedoch das Aufgabenübertragungsverbot des Art. 85 Abs. 1 S. 2 zu beachten. Darüber hinaus bedarf es eines Bundesgesetzes mit Zustimmung des BRats. Die Besonderheit des Art. 85 Abs. 1 S. 1 liegt darin, dass es sich nur um **Behörden des Landes** handeln kann, nicht dagegen um solche des Bundes. Das folgt zum einen aus der Eigenschaft der Auftragsverwaltung als Landesverwaltung. Zum anderen ist das Zustimmungserfordernis zugunsten des BRats ein Korrektiv, damit dem Bund ein ungehinderter Durchgriff in den Landesbereich verwehrt wird.[38] Das Zustimmungserfordernis zugunsten des BRats bringt auch hier das föderalistische Prinzip zum Tragen.[39]

Lange Zeit war umstritten, ob Art. 85 Abs. 1 dem Bund eine **Zuständig-** 12
keit zur Regelung des Verwaltungsverfahrens einräumt, obwohl sie in dieser Vorschrift nicht genannt ist. Das BVerfG[40] führt hierzu näher aus, die Befugnis zur Regelung des Verwaltungsverfahrens ergebe sich – obwohl nicht ausdrücklich erwähnt – aus Art. 85 Abs. 1. Danach handelt es sich um ein Redaktionsversehen. Es ist nämlich nicht ersichtlich, warum die Zuständigkeit des Bundes für die Regelung des Verwaltungsverfahrens bei der ihm näher stehenden Auftragsverwaltung weniger weit gehen sollte als bei der Ausführung von Bundesgesetzen in landeseigener Verwaltung.[41] Auf Art. 85

---

[34] BVerfGE 63, 1 (42).

[35] → Art. 84 Rn. 10.

[36] Vgl. auch *Lerche* in Maunz/Dürig Voraufl. 1987, Rn. 25; *Pieroth* in Jarass/Pieroth Rn. 4; *Dittmann/Winkler* in Sachs Rn. 10; *Hermes* in Dreier Rn. 25.

[37] Zust. *Hermes* in Dreier Rn. 25.

[38] BVerfGE 75, 108 (150); 126, 77 (98 ff.).

[39] Siehe auch *Dittmann/Winkler* in Sachs Rn. 14; *Trute* in MKS Rn. 12.

[40] BVerfGE 26, 338 (385).

[41] Vgl. eing. *Lerche* in Maunz/Dürig, Voraufl. 1987, Rn. 26 ff.; *F. Kirchhof* in Maunz/Dürig Rn. 41 ff.; siehe auch *Blümel* in Isensee/Kirchhof HdbStR IV § 101 Rn. 54; *Hermes* in Dreier Rn. 27; *Pieroth* in Jarass/Pieroth Rn. 4; *Trute* in MKS Rn. 11; *Dittmann/Winkler* in Sachs Rn. 12 f.; *Bull* in AK Rn. 11; *Umbach/Clemens* in Umbach/Clemens Rn. 22; *Suerbaum* in BeckOK GG Rn. 16.

Abs. 1 stützt sich deshalb die Zuständigkeit zur Regelung des § 1 Abs. 1 Nr. 2, Abs. 3 VwVfG, nach dem dieses subsidiär auch für die öffentlich-rechtliche Verwaltungstätigkeit der Behörden der Länder, der Gemeinden und Gemeindeverbände und der sonstigen der Aufsicht des Landes unterstehenden juristischen Personen des öffentlichen Rechts gilt, wenn sie Bundesrecht im Auftrag des Bundes ausführen.

13 Es schließt sich sodann die weitere Frage an, ob im Bereich der Bundesauftragsverwaltung das Verwaltungsverfahren regelnde Bundesgesetze der Zustimmung des BRats bedürfen.[42] Mit der wohl überwiegenden Meinung[43] ist die Zustimmungsbedürftigkeit zu verneinen, da es an einer ausdrücklichen Anordnung fehlt[44] und das Enumerationsprinzip der Annahme ungeschriebener Zustimmungserfordernisse grundsätzlich entgegensteht.[45]

14 Art. 104a Abs. 2 erlegt die **Kostentragungspflicht** dem Bund auf, wenn die Länder in seinem Auftrag handeln. Sie erfasst aber nur die geleisteten Sachausgaben. Dagegen müssen die Länder ihre Verwaltungskosten gem. Art. 104a Abs. 5 S. 1 selbst tragen.

15 In welchem Umfange ein **Haftungsverhältnis** zwischen Bund und Ländern besteht, richtet sich ebenfalls nach Art. 104a Abs. 5 S. 1. Sie haften im Verhältnis zueinander für eine ordnungsgemäße Verwaltung. Was darunter zu verstehen ist, bestimmt im Einzelnen ein Bundesgesetz mit Zustimmung des BRats. Dieses steht noch aus.[46]

II. Erlass allgemeiner Verwaltungsvorschriften usw (Art. 85 Abs. 2)

16 Gem. Art. **85 Abs. 2 S. 1** kann die BReg mit Zustimmung des BRats **allgemeine Verwaltungsvorschriften** erlassen. BReg konnte nach der Rspr. des BVerfG[47] auch ein Bundesminister sein, wenn er dazu durch ein mit Zustimmung des BRats erlassenes Gesetz ermächtigt wurde.[48] Das BVerfG[49] hat diese Rspr. inzwischen aufgegeben. Unter Bundesregierung ist

[42] Zur Darstellung des Meinungsstandes *Blümel* in Isensee/Kirchhof HdbStR IV § 101 Rn. 54; *Lehmann-Brauns,* Die Zustimmungsbedürftigkeit von Bundesgesetzen nach der Föderalismusreform, 2008, 265 f.

[43] S. hierzu etwa *Lerche* in Maunz/Dürig, Voraufl. 1987, Rn. 28; *F. Kirchhof* in Maunz/Dürig Rn. 46; *Pieroth* in Jarass/Pieroth Rn. 4; *Blümel* in Isensee/Kirchhof HdbStR IV, § 101 Rn. 54; *Bull* in AK Rn. 11; *Groß* in BerlKomm Rn. 13; *Umbach/Clemens* in Umbach/Clemens Rn. 23; *Lehmann-Brauns,* Die Zustimmungsbedürftigkeit von Bundesgesetzen nach der Föderalismusreform, 2008, 267.

[44] Zweifelnd allerdings *Trute* in MKS Rn. 12; *Dittmann/Winkler* in Sachs Rn. 14; ablehnend hingegen: *Hermes* in Dreier Rn. 29 unter Hinweis auf Art. 85 Abs. 2 S. 1; *Suerbaum* in BeckOK GG Rn. 18.

[45] So nunmehr auch BVerfGE 126, 77 (100 f.): Keine durchgreifenden Gründe für eine Abweichung. Ebenso wenig drängt sich ein Erst-recht-Schluss von der Zustimmungsbedürftigkeit allgemeiner Verwaltungsvorschriften (Art. 85 Abs. 2 S. 1) auf die Zustimmungsbedürftigkeit bundesgesetzlicher Verfahrensregelungen auf (aA *Britz,* DÖV 1998, 636 (640)). Die Kompetenz zum Erlass von Verwaltungsvorschriften ist – anders als die zur gesetzlichen Regelung des Verwaltungsverfahrens – eine der Exekutive inhärente Befugnis,vgl. BVerfGE 126, 77 (102 f.).

[46] Vgl. zur Haftungsfrage näher → Art. 84 Rn. 73; siehe zur Haftung des Bundes in der Auftragsverwaltung am Beispiel des sog. „Moratoriums für Kernkraftwerke" instruktiv *Schmitt/Wohlrab* NVwZ 2015, 932 ff. u. LG BonnEnWZ 2016, 426 (429 f., Rn. 61 ff.) sowie BVerwG LKV 2012, 24 zu Ersatzansprüchen des Bundes bei Leistungen eines Landes entgegen einer rechtswidrigen Weisung.

[47] BVerfGE 26, 338 (395 ff.).

[48] → Art. 84 Rn. 56.

[49] BVerfGE 100, 249.

daher auch hier das **Kollegium** (Art. 62) zu verstehen.[50] Die allgemeinen Verwaltungsvorschriften umfassen wie in Art. 84 u. 86 die internen Vorschriften an die nachgeordneten Behörden, also auch Ermessensrichtlinien ohne Außenwirkung. Sie können sich insbesondere auf das Verfahren und die Organisation der Verwaltungsabläufe, wie auch auf das materielle Recht beziehen.[51] Aufgrund des umfassenden Weisungsrechts (Art. 85 Abs. 3) und der sich nicht nur auf die Rechtmäßigkeit, sondern zugleich auch auf die Zweckmäßigkeit des Gesetzesvollzugs erstreckenden Aufsichtsrechte des Bundes (Art. 85 Abs. 4) ist ihre Bedeutung für die Gewährleistung einer im Wesentlichen einheitlichen Verwaltungspraxis im Vergleich zu Art. 84 Abs. 2 jedoch eher reduziert.[52]

Ob der Bund gem. Art. 85 Abs. 2 S. 1 zur **Einrichtung von Behörden** **17** befugt ist, wird in der Lit. nur zT erörtert.[53] Art. 85 Abs. 1 nennt für die Einrichtung der Behörden verschärfte Voraussetzungen, nämlich ein Bundesgesetz. Die Voraussetzungen sind deshalb wesentlich enger, weil der BT im Gesetzgebungsverfahren mitwirkt. Anders liegt der Fall des Art. 85 Abs. 2 S. 1. Die **Verwaltungsvorschriften** werden außerhalb des **Gesetzgebungsverfahrens** und nur unter Mitwirkung des BRats erlassen.[54] Es genügt ein schlichter Beschluss. Dieser steht im Ermessen des BRats.[55] Zudem ist Art. 85 Abs. 1 gegenüber Art. 85 Abs. 2 S. 1 lex specialis. Eine Befugnis des Bundes, auf dieser Grundlage Behörden einzurichten, ist deshalb abzulehnen.

Nicht unproblematisch ist die in Art. 85 Abs. 2 S. 2 getroffene Regelung. **18** Danach kann die BReg die einheitliche **Ausbildung der Beamten und Angestellten** regeln.[56] Nicht umfasst ist die Ausbildung der Arbeiter im öffentlichen Dienst, für die idR keine Ausbildungsvorschriften bestehen. Umstr. ist die Frage, ob für die genannten Regelungen die Zustimmung des BRats erforderlich ist. Der Wortlaut spricht dafür, keine Zustimmung des BRats zu verlangen, weil beide Fälle in S. 1 und S. 2 deutlich voneinander abgesetzt sind.[57] Wegen der Tragweite der Regelungsbefugnis und der Einflussmöglichkeiten für den Bund auf die Länder besteht dieselbe Interessenlage wie in Art. 85 Abs. 1 und Abs. 2 S. 1. Da aber die Zustimmungserfordernisse im GG Ausnahmen sind und jeweils einzeln bezeichnet werden, ist eine erweiternde Auslegung unzulässig.

Blümel[58] hebt zu Recht hervor, dass die Befugnis der Bundesregierung gem. **19** Art. 85 Abs. 2 S. 2 in der Praxis keine Rolle spielt.[59]

---

[50] Siehe auch *Dittmann/Winkler* in Sachs Rn. 17; *Pieroth* in Jarass/Pieroth Rn. 5; *Hermes* in Dreier Rn. 30; *F. Kirchhof* in Maunz/Dürig Rn. 51; a. A. *Heitsch,* Die Ausführung der Bundesgesetze durch die Länder, 2001, 238 f.: auch der einzelne Bundesminister.

[51] Vgl. näher *Trute* in MKS Rn. 17.

[52] So zutr. *Trute* in MKS Rn. 15 aE.

[53] ZB nicht von *Blümel* in Isensee/Kirchhof HdbStR IV § 101 Rn. 55; *Bull* in AK Rn. 11; ausf. dagegen *Lerche* in Maunz/Dürig, Voraufl. 1987, Rn. 40 unter krit. Auseinandersetzung mit *Broß* in v. Münch/Kunig, 2. Aufl. 1983, Rn. 10.

[54] Siehe auch *Pieroth* in Jarass/Pieroth Rn. 5. Die Zustimmung muss sich auf die gesamte Verwaltungsvorschrift beziehen, vgl. hierzu *F. Kirchhof* in Maunz/Dürig Rn. 53.

[55] BVerfGE 11, 6 (18).

[56] Siehe auch *Dittmann/Winkler* in Sachs Rn. 18 ff.; *Hermes* in Dreier Rn. 31 ff.; *Trute* in MKS Rn. 19 ff.; *F. Kirchhof* in Maunz/Dürig Rn. 60.

[57] Im Ergebnis ebenso *Dittmann/Winkler* in Sachs Rn. 20; *Pieroth* in Jarass/Pieroth Rn. 6.

[58] *Blümel* in Isensee/Kirchhof HdbStR IV § 101 Rn. 58.

[59] Insoweit *Broß* in v. Münch/Kunig, 2. Aufl. 1983, Rn. 12.

20 Nachdem es sich bei der **Auftragsverwaltung um Landesverwaltung** handelt, liegt die **Personalhoheit** bei den Ländern. Lediglich die **Leiter der Mittelbehörden** sind im Einvernehmen mit der BReg zu bestellen. Für die Erteilung des Einvernehmens ist die Bundesregierung als Kollegium zuständig. Der Anwendungsbereich der Regelung beschränkt sich jedoch von vornherein auf die Mittelbehörden von Sonderverwaltungen, nicht erfasst wird die Mittelstufe der allgemeinen Landesverwaltung. Dies gilt selbst dann, wenn diese auch Auftragsverwaltung wahrnimmt.[60] Die Bestellung des Präsidenten der Oberfinanzdirektion nach Art. 108 Abs. 1 S. 3[61] ist kein Fall des Art. 85 Abs. 2 S. 3 mehr, weil Art. 108 Abs. 1 S. 3 nur noch die wesentlich schwächere Mitwirkungsform des Benehmens verlangt. Die Vorschrift des Art. 85 Abs. 2 S. 3 greift aber zB bei der Bestellung der Leiter von Mittelbehörden der Bundesfernstraßenverwaltung ein, weil Art. 90 Abs. 3 hierfür keine besondere Regelung trifft.

III. Weisungsrecht (Art. 85 Abs. 3)

21 Art. 85 Abs. 3 sieht ein **Weisungsrecht der obersten Bundesbehörden gegenüber den Landesbehörden** vor. Zu den obersten Bundesbehörden rechnen alle Bundesbehörden, die keiner anderen Behörde unterstehen.[62] Es handelt sich im Wesentlichen um alle **Bundesministerien** und zB den **Bundesrechnungshof.** Nicht dazu zählen Bundesoberbehörden, wie das **Bundesaufsichtsamt** für das Kreditwesen, das **Kfz-Bundesamt,** die jeweils noch der Aufsicht durch das zuständige Fachministerium unterliegen.

22 Die Weisung nach **Art. 85 Abs. 3** ist **umfassendes Mittel zur hierarchischen Lenkung und Steuerung des Gesetzesvollzuges** der Länder in all seinen Phasen,[63] auch in jener, in der die Entscheidungsmaßstäbe gewonnen werden.[64] Die prinzipielle Kompetenz des Landes zur Gesetzesausführung wird von einer grundsätzlich unbeschränkten Weisungsbefugnis des Bundes überlagert, der zugleich eine unbedingte Befolgungspflicht der Länder korrespondiert, die ebenfalls in Art. 85 Abs. 3 verortet ist.[65] Die Weisung ist daher ungeachtet ihres Inhalts grundsätzlich bindend.[66] Sie ist nicht auf Ausnahmefälle beschränkt und auch nicht weiter rechtfertigungsbedürftig. Die Weisung ist vielmehr als reguläres Mittel gedacht, damit sich bei Meinungsverschiedenheiten zwischen Bund und Land das vom Bund zu definierende Gemeinwohlinteresse durchsetzen kann.[67]

---

[60] *F. Kirchhof* in Maunz/Dürig Rn. 61; *Suerbaum* in BeckOK GG Rn. 23; *Trute* in MKS Rn. 20 mwN.

[61] S. dazu BVerfGE 32, 145 (151).

[62] Vgl. auch *Dittmann/Winkler* in Sachs Rn. 22; *Lerche* in Maunz/Dürig, Voraufl. 1987, Rn. 59; *Hermes* in Dreier Rn. 46.

[63] So bereits *Steinberg* AöR 110 (1985), 419 (426); siehe auch *Umbach/Clemens* in Umbach/Clemens Rn. 28 ff.; *Trute* in MKS Rn. 21 ff.; *Dittmann/Winkler* in Sachs Rn. 23 f.; *Hermes* in Dreier Rn. 39 f.; *Isensee* FS f. Bethge, 2009, 359 (379 ff.).

[64] BVerfGE 81, 310 (335, 336).

[65] S. hierzu grdl. *Ossenbühl* Der Staat 28 (1989), 31 (37).

[66] BVerfGE 81, 310; 84, 25.

[67] BVerfGE 81, 310 (332); 104, 249 (265); siehe auch *Dittmann/Winkler* in Sachs Rn. 23; *Trute* in MKS Rn. 28; *Hermes* in Dreier Rn. 52; zuvor auch bereits *Lerche* in Maunz/Dürig, Voraufl. 1987, Rn. 57; *F. Kirchhof* in Maunz/Dürig Rn. 62; a. A. nunmehr offenbar *Ossenbühl* FS f. Badura, 2004, 975 (982): die „Bundesweisung ist der Ausnahmefall" und bloßes „Mittel zur Korrektur". Siehe auch *Kluth* in BK Rn. 58: Eingriffsbefugnis des Bundes nur bei Feststellung eines Mangels im Gesetzesvollzug.

Weisung iSd Art. 85 Abs. 3 S. 1 ist **grundsätzlich** die **Einzelweisung.**[68] Das folgt zum einen aus einem Vergleich mit Art. 84 Abs. 5 S. 1 und zum anderen aus dem Gegensatz zu den allgemeinen Verwaltungsvorschriften iSd Art. 85 Abs. 2 S. 1, die für das Verwaltungsverfahren die Grundsätze festlegen und nur von der Bundesregierung als Kollegium mit Zustimmung des BRats erlassen werden dürfen. Andernfalls bestünde die Gefahr, dass Schutzvorschriften zugunsten der Landesorganisationsgewalt umgangen würden.[69] Generelle Weisungen sind dagegen dann zulässig, wenn sie sich auf einen konkreten Sachverhalt oder eine Vielzahl konkreter Einzelfälle beziehen und damit von allgemeinen Verwaltungsvorschriften hinreichend abgrenzbar bleiben[70], so dass die Gefahr einer Umgehung der Zustimmung des BRats von vornherein nicht besteht.[71] 23

Der **sachliche Umfang** des Weisungsrechts ist **prinzipiell unbegrenzt.**[72] Die Weisung kann sich auf jede Gesetzesmaterie beziehen, die vom Land in Auftragsverwaltung auszuführen ist. Art. 85 Abs. 3 sieht keinerlei Einschränkungen vor. Die Weisungsbefugnis erfasst die gesamte Vollzugstätigkeit des Landes.[73] Sie erstreckt sich nicht nur auf die **Rechtmäßigkeit** des Verwaltungshandelns, sondern auch auf die **Zweckmäßigkeit** der Ausführung eines Gesetzes.[74] Gegenstand der Weisung kann deshalb sowohl eine nach außen hin zu treffende verfahrensabschließende Entscheidung wie auch das ihrer Vorbereitung dienende Verwaltungshandeln, die Art und der Umfang der Sachverhaltsermittlung oder die Festlegung auf eine bestimmte Gesetzesauslegung sein.[75] Das schließt nach zutreffender Auffassung auch so genannte **Weisungsvorbehalte** (Zustimmungs-, Einvernehmens- und Anhörungsvorbehalte) außerhalb besonderer gesetzlicher Grundlagen (vgl. etwa § 7 Abs. 4 S. 2 Atomgesetz) als „mildere Formen“ mit ein,[76] sofern sich diese auf ein bestimmtes Einzelverfahren beziehen.[77] Eine natürliche Grenze ist dem Weisungsrecht des Bundes jedoch insoweit gezogen, als seine Gesetzgebungsbefugnis die äußerste Grenze seiner Verwaltungsbefugnisse bildet.[78] Aus diesem Grunde sind bundesaufsichtliche Weisungen unzulässig, wenn sie sich auf Gegenstände des Landesvollzugs von Bundesgesetzen unter Bundesaufsicht (Art. 83, 84) oder des Landesvollzugs von Landesgesetzen beziehen oder Materien betreffen, die den Kommunen vorbehalten sind.[79] 24

Bei der **Ausübung** seiner Weisungsbefugnis unterliegt der Bund sowohl dem Gebot der Weisungsklarheit als auch der Pflicht zu bundes-/länder- 25

---

[68] So mittelbar auch BVerfGE 81, 310 (335–338); ausf. *Tschentscher,* Bundesaufsicht in der Bundesauftragsverwaltung, 1992, 161 ff.; *Hermes* in Dreier Rn. 43; *Kluth* in BK Rn. 120 f.

[69] So auch *Trute* in MKS Rn. 23; *Isensee* FS f. Bethge, 2009, 359 (381 ff.).

[70] Ausführlich hierzu *Lerche* in Maunz/Dürig, Voraufl. 1987, Rn. 50 f.; *Dittmann/Winkler* in Sachs Rn. 24.

[71] In diese Richtung auch *Sommermann* DVBl 2001, 1549 (1554); *Heitsch,* Die Ausführung der Bundesgesetze durch die Länder, 2001, 279 ff.

[72] Siehe auch *Dittmann/Winkler* in Sachs Rn. 25; *Trute* in MKS Rn. 25; *Hermes* in Dreier Rn. 39 ff.; *Pieroth* in Jarass/Pieroth Rn. 8; a. A. offenbar *Kluth* in BK Rn. 58: „Weisungen sind zu begründen und unterliegen dem Grundsatz der Verhältnismäßigkeit.“

[73] BVerfGE 81, 310 (335); 84, 25 (31); 104, 249 (265).

[74] BVerfGE 81, 310 (331); 104, 249 (264 f.).

[75] BVerfGE 81, 310 (335); 104, 249 (264 f.).

[76] Vgl. *Lerche* in Maunz/Dürig, Voraufl. 1987, Rn. 56; *Zieger/Bischof* in BK Art. 87c Rn. 131; *Hermes* in Dreier Rn. 44, 45; *Pieroth* in Jarass/Pieroth Rn. 8; mittelbar auch BVerfGE 104, 249 (268); a. A. *Kluth* in BK Rn. 121.

[77] S. zum Streitstand näher *Müller/Mayer/Wagner* VerwArch 94 (2003), 127 (134 f.) mwN.

[78] BVerfGE 12, 205 (229); 15, 1 (16); 78, 374 (386); 102, 167 (174).

[79] Vgl. näher *Zieger/Bischof* in BK Art. 87c Rn. 164.

freundlichem Verhalten.[80] Dem **Gebot der Weisungsklarheit** ist Rechnung getragen, wenn die angewiesene Behörde erkennen kann, dass ihr gegenüber eine Weisung ergangen ist und welche Vorgaben ihr für welches Verwaltungshandeln aufgegeben werden.[81] Maßgeblich ist der Empfängerhorizont.[82] Die **Verpflichtung zu bundes-/länderfreundlichem Verhalten**[83] verlangt, dass der Bund – außer bei Eilbedürftigkeit – dem Land vor Erlass einer Weisung Gelegenheit zur Stellungnahme einräumt und den Standpunkt des Landes in Erwägung zieht. Um Einvernehmen mit dem Land muss er sich dagegen nicht bemühen.[84] Die Verpflichtung zu bundes-/länderfreundlichem Verhalten vermag an der vom Grundgesetz vorgenommenen Kompetenzverteilung nichts zu ändern. Im Streitfall genügt es, dass der Bund dem Land zu erkennen gibt, er erwäge den Erlass einer Weisung, und dem Land dadurch die Bedeutung des Konflikts sinnfällig vor Augen geführt wird.[85] Der Bund muss das Land nicht schon bei der Willensbildung, sondern erst im Rahmen der Willensäußerung, also unmittelbar vor Weisungserteilung, beteiligen. Auf ein wie auch immer geartetes Interesse des Landes, die Sachentscheidung selbst zu treffen, braucht er keine Rücksicht zu nehmen.[86]

26 Mit der Zuweisung des Weisungsrechts sind dem Bund all diejenigen Instrumente an die Hand gegeben, die für ein sachgerechtes Funktionieren dieses Instituts unabdingbar sind. Dazu gehören auch **weisungsvorbereitende Maßnahmen.**[87] Nach Überleitung der Sachentscheidungsbefugnis darf der Bund deshalb alle Aktivitäten entfalten, die er für eine effektive und sachgerechte Vorbereitung und Ausübung seines grundsätzlich unbeschränkten Direktions- und Weisungsrechts für erforderlich hält, soweit er dadurch die Wahrnehmungskompetenz der Länder nicht verletzt.[88] Hierzu gehören vor allem auch unmittelbare Kontakte nach außen zu (betroffenen) Dritten, einschließlich etwaiger informeller Absprachen.[89] Damit hat das BVerfG in

[80] BVerfGE 81, 310 (336 f.); siehe auch *Dittmann/Winkler* in Sachs Rn. 26; *Hermes* in Dreier Rn. 53, 48; *Trute* in MKS Rn. 28; *Umbach/Clemens* in Umbach/Clemens Rn. 36; *Heitsch,* Die Ausführung der Bundesgesetze durch die Länder, 2001, 277 ff.

[81] Vgl. BVerfGE 81, 310 (336, 337).

[82] BVerfGE 104, 249 (268).

[83] Hierzu allgemein → Vorb. Art. 83–87 Rn. 1 ff.

[84] BVerfGE 81, 310 (337); s. hierzu auch *Umbach/Clemens* in Umbach/Clemens Rn. 37 f.; *Dittmann/Winkler* in Sachs Rn. 26.

[85] Vgl. BVerfGE 81, 310 (338).

[86] BVerfGE 81, 310 (338).

[87] Vgl. *Triepel,* Die Kompetenzen des Bundesstaates und die geschriebene Verfassung, in FG f. Laband, Bd. 2, 1908, 257 ff.; *Köttgen* DÖV 1955, 485 (489); *Lerche* in Maunz/Dürig, GG, Voraufl. 1987, Rn. 56; *Loschelder,* Die Durchsetzbarkeit von Weisungen in der Bundesauftragsverwaltung, 1998, 55 f.; *Trute* in MKS Rn. 34; *Dittmann/Winkler* in Sachs Rn. 25; *Hermes* in Dreier Rn. 40, 51; *Kluth* in BK Rn. 131.

[88] BVerfGE 104, 249 (265).

[89] BVerfGE 104, 249 (265 f.); zust. *Trute* in MKS Rn. 34; *Dittmann/Winkler* in Sachs Rn. 23; *Pieroth* in Jarass/Pieroth Rn. 3; *Hermes* JZ 2002, 1161 (1164); *Hermes* in Koch/Roßnagel Elftes Deutsches Atomrechts-Symposium, 347 (366); *Hermes* in Dreier Rn. 51; *Degenhart* in Koch/Roßnagel Elftes Deutsches Atomrechts-Symposium, 369 (387); *Hentschel/Hebeler* ZUR 2003, 16 (19 ff.); *Wieland* ZUR 2004, 7 (11).; *Isensee* FS f. Bethge, 2009, 359 (386 ff.); a. A. hinsichtlich informeller Absprachen das Sondervotum von *Di Fabio* und *Mellinghoff:* „die Wahrnehmungskompetenz der Länder würde ausgehöhlt, wenn das informale Handeln mit Vollzugsqualität nicht zur Wahrnehmungskompetenz zählte", vgl. BVerfGE 104, 249 (276); ebenso *Frenz* NVwZ 2002, 561 (563); *Reicherzer* DVBl 2002, 557 (558); *Fischer* BayVBl. 2002, 463 (464); *Heitsch* BayVBl. 2002, 726 (728); *Ossenbühl* in Ossenbühl Deutscher Atomrechtstag 2002, 49 ff.; *Jochum* DÖV 2003, 16 (18 ff.); *Janz* JuS 2003, 126 (129); *Shirvani* BayVBl. 2005, 164 (168 ff.); *Kluth* in BK Rn. 58; *Suerbaum* in BeckOK GG Rn. 7; *Groß* in BerlKomm Rn. 27.

Fortführung seiner in der Kalkar II-Entscheidung[90] entwickelten Leitlinien ein Verwaltungs*außen*handeln des Bundes zur Vorbereitung einer Sachentscheidung im Innenverhältnis zum Land – nicht dagegen zum Gesetzesvollzug gegenüber Dritten nach außen – ausdrücklich anerkannt.[91] Gleichzeitig hat es das der Leitentscheidung Kalkar II zugrunde liegende Modell einer strikten Trennung von Innen- und Außenkompetenz für die Phase der Entscheidungsvorbereitung ein Stück weit zurückgenommen und zwischen dem Verwaltungsraum des Bundes zur Vorbereitung und Ausübung seines Weisungs- und Direktionsrechts *nach innen* und dem Verwaltungsraum des Landes betreffend den unmittelbaren Gesetzesvollzug *nach außen* unterschieden.[92]

Dies rechtfertigt sich daraus, dass der Bund im Rahmen der Bundesauftragsverwaltung über einen eigenen Verwaltungsunterbau, dessen er sich bedienen könnte, nicht verfügt, die parlamentarische Verantwortung des jeweils anweisenden Bundesministers gegenüber dem Bundestag jedoch besondere Anforderungen an die Prüfung der Gemeinwohlverträglichkeit des Bundeswillens stellt. Um seine Letztentscheidungskompetenz trotzdem sachgerecht wahrnehmen zu können, kann es deshalb für den Bund erforderlich und geboten sein, Informationen von dritter Seite (auch vom Adressaten einer künftigen Verwaltungsentscheidung) einzuholen, Sachverstand von außen, beispielsweise in Form von Gutachten[93] in Anspruch zu nehmen oder in Vorformung des dem Land gegenüber zu verdeutlichenden Bundeswillens informelle Absprachen mit Dritten zu treffen.[94] **27**

Die zuständige oberste Bundesbehörde kann über Art. 85 Abs. 3 S. 1 den der Landesbehörde eingeräumten Entscheidungsspielraum je nach politischer Überzeugung determinieren[95] und sich hierzu auch des Instruments **informeller Absprachen** bedienen. Unabdingbare Voraussetzung informeller Absprachen, aber auch sonstiger Aktivitäten des Bundes mit Dritten, ist jedoch stets, dass der Bund sein Direktionsrecht auch tatsächlich in Anspruch nimmt und damit die „zunächst" ebenfalls dem Land zustehende Sachentscheidungsbefugnis an sich zieht.[96] Ein Tätigwerden des Bundes ohne jede Anbindung an die in Art. 85 normierten Ingerenzrechte würde nicht nur die Wahrnehmungszuständigkeit des Landes tangieren, sondern auch die Kompetenzordnung des Grundgesetzes untergraben, indem eine verfassungsrechtlich unzulässige „Doppelzuständigkeit"[97] begründet und Art. 85 in seiner **28**

---

[90] BVerfGE 81, 310 (330 ff.).

[91] Für die Zulässigkeit des informationellen Durchgriffs des Bundes nach außen bereits früher *Ossenbühl* in Lukes Reformüberlegungen zum Atomrecht, 27 (99 f.).

[92] Vgl. zum Ganzen näher *Müller/Mayer/Wagner* VerwArch 94 (2003), 127 (138 ff.).

[93] S. hierzu näher *Ossenbühl* in Lukes, Reformüberlegungen zum Atomrecht, 27 (100); *Badura* in Lukes/Birkhofer Neuntes Deutsches Atomrechts-Symposium, 87 (92); a. A. *Steinberg* in Lukes/Birkhofer Neuntes Deutsches Atomrechts-Symposium, 1991, 67 (78): der Bund sei auf die Geltendmachung seiner Informationsrechte gegenüber dem Land beschränkt.

[94] Vgl. näher *Müller/Mayer/Wagner* VerwArch 94 (2003), 127 (141 ff.) mwN; zust. *Trute* in MKS Rn. 34; *Dittmann/Winkler* in Sachs Rn. 23; *Hermes* JZ 2002, 1161 (1164); *Hermes* in Koch/Roßnagel Elftes Deutsches Atomrechts-Symposium, 347 (366); *Hermes* in Dreier Rn. 51; *Degenhart* in Koch/Roßnagel Elftes Deutsches Atomrechts-Symposium, 369 (387); *Hentschel/Hebeler* ZUR 2003, 16 (19 ff.); *Wieland* ZUR 2004, 7 (11); *Oebbecke* in Isensee/Kirchhof HdbStR VI § 136 Rn. 63 f.

[95] S. hierzu *Steinberg* AöR 110 (1985), 419 (430); *Tschentscher,* Bundesaufsicht in der Bundesauftragsverwaltung, 1992, 43.

[96] BVerfGE 104, 249 (265).

[97] BVerfGE 36, 193 (202 f.); 61, 149 (204); 67, 299 (321).

Abgrenzungsfunktion[98] ausgehöhlt würde. Dies muss vermieden werden.[99] Will der Bund eine informelle Absprache mit Dritten treffen, so muss er deshalb entweder zuvor einen weisungsrechtlich begründeten (verfahrensleitenden) Zustimmungsvorbehalt[100] anordnen, kraft dessen das Land vor Erteilung einer Genehmigung die Zustimmung des Bundes einzuholen hat – dadurch zieht er automatisch die Sachentscheidungsbefugnis an sich – oder er muss das Land vor einer Kontaktaufnahme mit dem Dritten darüber in Kenntnis setzen, dass er beabsichtige, das Ergebnis der informellen Absprache zum Gegenstand einer bundesaufsichtlichen Weisung zu machen und dass die Absprache in Vorbereitung der Ausübung dieses Weisungsrechts erfolge.[101]

29 Zu mehr ist der Bund auch unter dem Gesichtspunkt **bundes-/länderfreundlichen Verhaltens**[102] nicht verpflichtet. Vor allem ist es verfassungsrechtlich nicht geboten, dass der Bund seine weiteren Schritte in Wahrnehmung seiner Sachkompetenz dem Land gegenüber offen legt oder es gar hieran beteiligt.[103] Im Gegensatz zur Weisungserteilung selbst betreffen informelle Absprachen die Phase der Meinungs- und Willensbildung vor einer möglichen Weisungserteilung. Erst nach Abschluss dieses Prozesses der Erkenntnisgewinnung und Verarbeitung, in deren Mittelpunkt die Definition des Gemeinwohlinteresses durch den Bund steht, liegt der Wille des Bundes fest und kann gegenüber dem Land, sofern sich eine einvernehmliche Lösung nicht finden lässt, durch eine Weisung nach Art. 85 Abs. 3 verbindlich gemacht werden. Ein Anspruch auf Partizipation an diesem Prozess der Meinungs- und Willensbildung des Bundes kommt dem Land nicht zu. Es soll sich stets der Wille des Bundes, nicht der des Landes durchsetzen können.[104] Eine Beteiligung bereits im Vorfeld der Willensbildung des Bundes ist angesichts des Fehlens jedweder materieller Rechtsposition des Landes nicht nur nicht geboten, sondern sogar kontraindiziert, weil sie latent die Gefahr in sich birgt, dass der Bund bei der Ausübung seiner Sachkompetenz an die Mitwirkung des jeweils betroffenen Landes gebunden und damit das Weisungs- und Direktionsrecht des Art. 85 Abs. 3 der Sache nach im Widerspruch zur verfassungsrechtlichen Struktur der Bundesauftragsverwaltung in eine Landesaufsicht über den Bund umgekehrt würde.[105] Ebenso wenig besteht eine Verpflichtung des Bundes, sich um Einvernehmen mit dem Land zu bemühen und auf dessen Interesse, die Sachentscheidung selbst zu treffen, Rücksicht zu nehmen. Dem Bund steht die einmal übergeleitete und in Anspruch genommene Sachkompetenz ungeschmälert zu; sie ist ihm insbesondere nicht lediglich gefiltert durch eine Beteiligung des Landes eröffnet.[106] Dem Gebot der Rücksichtnahme als Ausprägung des Grundsatzes bundes-/länderfreundlichen Verhaltens ist im Fall einer informalen Absprache des Bundes mit Dritten hinreichend Rechnung getragen, wenn dem Land erst unmittelbar vor Weisungserteilung, nicht aber bereits im Prozess der Vorformung des Bundeswillens Gelegenheit zur Stellungnahme gegeben wird. Der Bund hat das Land erst dann zu hören und dessen

[98] BVerfGE 81, 310 (336).
[99] BVerfGE 104, 249 (267).
[100] S. hierzu näher *v. Danwitz* DÖV 2001, 353 (359).
[101] Vgl. *Müller/Mayer/Wagner* VerwArch 94 (2003), 127 (147).
[102] Hierzu allgemein → Vorb. Art. 83–87 Rn. 1 ff.
[103] So ausdrücklich BVerfGE 104, 249 (272).
[104] BVerfGE 81, 310 (332).
[105] So ausdrücklich BVerfGE 104, 249 (269).
[106] BVerfGE 104, 249 (272).

Standpunkt zu erwägen, wenn sein Wille feststeht und er sich mit dem Gedanken trägt, diesen für das Land durch Erlass einer Weisung verbindlich zu machen.[107]

Die abweichend hiervon im **Sondervotum**[108] von *Di Fabio* und *Mellinghoff* vertretene Auffassung, es sei aus Gründen einer besonderen Gefährdung der Wahrnehmungskompetenz der Länder durch informales Handeln geboten, dass der Bund dem betroffenen Land vor Eintritt einer „faktisch irreversiblen Bindung" entsprechender Absprachen Gelegenheit zu einer Stellungnahme einräume, da andernfalls der Zweck der Anhörung verfehlt würde, vermag nicht zu überzeugen. Sie liefe darauf hinaus, durch das Grundgesetz zugewiesene materielle Rechtspositionen mittels des Aufrichtens prozeduraler Pflichten abzuschwächen oder gar umzukehren, um in der Hand des jeweils rechtsunterworfenen Begünstigten ein in der Verfassung nicht vorgesehenes Äquivalent zu schaffen.[109] 30

Aber auch anlässlich informeller Absprachen gilt: Der **Bund** darf die **Wahrnehmungskompetenz des Landes nicht verletzen.**[110] Letzteres käme allerdings nur dann in Betracht, wenn der Bund nach außen gegenüber Dritten und damit gleichsam an Stelle der auf Grund der Wahrnehmungskompetenz des Landes zur Entscheidung berufenen Landesbehörde *rechtsverbindlich* tätig würde oder durch die Abgabe von Erklärungen, die einer rechtsverbindlichen Entscheidung gleichkommen, die Wahrnehmungskompetenz des Landes an sich zöge.[111] Von entscheidender Bedeutung ist mithin die Frage der Eignung behördlicher Äußerungen, rechtlich relevante Bindungen zu begründen.[112] Da aber informelle Absprachen von vornherein nicht geeignet sind, rechtliche Bindungen zu erzeugen und auch Gesichtspunkte des Vertrauensschutzes Erfüllungsansprüche nicht zu begründen vermögen,[113] kann informales Handeln des Bundes zur Vorbereitung seines Direktionsrechts im Innenverhältnis die Wahrnehmungskompetenz des Landes kaum je verletzen.[114] 31

Damit werden zugleich die **Grenzen informalen Verwaltungshandelns** deutlich: Der Bund kann die informelle Absprache nicht selbst mit Leben erfüllen; er ist hierfür zwingend auf das Land angewiesen. Der Erlass von Verwaltungsakten, der Abschluss öffentlich-rechtlicher Verträge und die Abgabe verbindlicher Zusicherungen bleibt stets dem Land vorbehalten.[115] Ebenso wenig darf der Bund ein paralleles Genehmigungsverfahren zu dem 32

107 Vgl. näher *Müller/Mayer/Wagner* VerwArch 94 (2003), 127 (153).

108 BVerfGE 104, 273 (283).

109 Wie hier im Ergebnis auch *Trute* in MKS Rn. 35; *Dittmann/Winkler* in Sachs Rn. 23; *Degenhart* in Koch/Roßnagel Elftes Deutsches Atomrechts-Symposium, 369 (387); *Hermes* JZ 2002, 1161 (1164); *Hermes* in Dreier Rn. 51; *Wieland* ZUR 2004, 7 (11 f.); *Hentschel/Hebeler* ZUR 2003, 16 (18 f.).

110 BVerfGE 104, 249 (265).

111 BVerfGE 104, 249 (267); zust. *Trute* in MKS Rn. 35; *Hermes* JZ 2002, 1161 (1164); *Wieland* ZUR 2004, 7 (11 f.); weiterreichend *Hentschel/Hebeler* ZUR 2003, 16 (18 f.) unter ausdrücklicher Ablehnung des Merkmals der Abgabe von Erklärungen, die einer rechtsverbindlichen Entscheidung gleichkommen.

112 So zutr. *Degenhart* in Koch/Roßnagel Zwölftes Deutsches Atomrechtssymposium, 409 (427).

113 → Vorb. Art. 83–87 Rn. 17.

114 S. näher *Müller/Mayer/Wagner* VerwArch 94 (2003), 127 (150); ebenso *Degenhart* in Koch/Roßnagel Zwölftes Deutsches Atomrechtssymposium, 409 (426): „rechtliche Bindungen […] nahezu ausgeschlossen"; krit. dagegen insoweit *Trute* in MKS Rn. 35, Fn. 68.

115 BVerfGE 104, 249 (266); siehe auch *Degenhart* in Koch/Roßnagel Elftes Deutsches Atomrechts-Symposium, 369 (387).

von Gesetzes wegen vorgesehenen der Länder durchführen;[116] es ist ihm verwehrt, eine „Schattenverwaltung" neben derjenigen der Länder aufzubauen und den Gesetzesvollzug über den Einzelfall hinaus generell durch Kontakte nach außen zu regulieren.[117]

33 Gleichwohl hat das Land zu halten, was der Bund verspricht. Ihm steht weder ein subjektiv-öffentliches Recht noch eine sonstige wehrfähige Rechtsposition gegen den Bundeswillen zur Seite. Seine Hoheitsrechte sind um die Letztentscheidungskompetenz des Bundes, die ausschließlich ihm zugewiesene Befugnis, das Gemeinwohl zu definieren und durchzusetzen, verkürzt. Dies lässt das **Sondervotum**[118] von *Di Fabio* und *Mellinghoff* außer Acht, wenn es der Mehrheitsmeinung vorwirft, sie lasse das Land als „ohnmächtiges Werkzeug des Bundeswillens" erscheinen. Ebenso wenig wird die im Grundgesetz angelegte vertikale Gewaltenteilung dadurch zur „substantiell entleerten Fassade."[119] Die Weisungsbefugnis des Bundes und die zu ihrer sachgerechten Vorbereitung unternommenen Schritte können die dem Grundgesetz immanente vertikale Gewaltenteilung weder gefährden noch substantiell entleeren; sie sind vielmehr deren Bestandteil. Das Bundesverfassungsgericht hat bereits in der Kalkar II-Entscheidung[120] allen Überlegungen, die auf eine „Machtbalance" zwischen Bund und Ländern in der Auftragsverwaltung hinauslaufen, eine klare Absage erteilt.

34 Im Einzelnen ist zwischen informalem Verwaltungshandeln beim Gesetzesvollzug des Landes und informalem Handeln in Vorbereitung und Ausübung des Direktions- und Weisungsrechts des Bundes zu unterscheiden. Während informales Handeln beim Vollzug eines Gesetzes *nach außen* gerichtet ist und deshalb naturgemäß auch nur dem Land selbst zukommt, entfaltet informales Handeln des Bundes zum Zwecke der Vorbereitung und Ausübung seines Direktions- und Weisungsrechts – etwas anderes ist ihm von vornherein verwehrt – ausschließlich Wirkung *nach innen,* dem betroffenen Land gegenüber. Beides mag sich in der Sache überschneiden oder sogar – wenn auch mit unterschiedlichen Nuancen – auf dasselbe Interesse gerichtet sein; es handelt sich jedoch stets um zwei verschiedene Sachverhalte auf zwei von vornherein von einander getrennten Ebenen. Diesen konstruktiven Ansatz der Mehrheitsmeinung verkennt das **Sondervotum**[121] grundlegend. Auf der einen Seite beruht das informale Handeln auf der in Anspruch genommenen Sachkompetenz des Bundes, auf der anderen auf der Wahrnehmungszuständigkeit des Landes. Entsprechend den „Machtverhältnissen" in der Bundesauftragsverwaltung sind freilich etwaige informelle Absprachen des Landes – ungeachtet ihrer rechtlichen Unverbindlichkeit – zum Scheitern verurteilt, wenn der Bund seine Sachkompetenz in Anspruch nimmt und einen entgegenstehenden Willen bekundet.[122]

35 **Adressat der Weisung** der zuständigen obersten Bundesbehörde ist das Land.[123] Die Weisung ist nach Art. 85 Abs. 3 S. 2 grundsätzlich an die oberste Landesbehörde zu richten, schon um das notwendige Maß an Zurückhaltung

---

[116] Vgl. näher *Ossenbühl* in Lukes, Reformüberlegungen zum Atomrecht, 27 (34); *Steinberg,* Bundesaufsicht, Länderhoheit und Atomgesetz, 1990, 48 f.
[117] BVerfGE 104, 249 (266).
[118] BVerfGE 104, 273 (279).
[119] So aber das Sondervotum, vgl. BVerfGE 104, 273 (279).
[120] BVerfGE 81, 310 (338).
[121] Ebenso *Ossenbühl* FS f. Badura, 2004, 975 (989); *F. Kirchhof* in Maunz/Dürig Rn. 64.
[122] Vgl. zum Ganzen näher *Müller/Mayer/Wagner* VerwArch 94 (2003), 127 (149 f.).
[123] Siehe auch *Dittmann/Winkler* in Sachs Rn. 25; *Hermes* in Dreier Rn. 47.

gegenüber der Geschlossenheit der Verwaltungsorganisation der Länder zu wahren.[124] Im Fall der **Dringlichkeit** kann sie auch an nachgeordnete Behörden gegeben werden,[125] also auch an Selbstverwaltungskörperschaften. Die Entscheidung hierüber ist von der **Bundesregierung als Kollegium** zu treffen.[126] Die Weisung entfaltet im Außenverhältnis zum Bürger keine unmittelbare Wirkung. Sie ist (nur) für die angewiesene Landesbehörde bindend.[127] Dementsprechend ist ein **Anspruch Dritter auf** Erteilung einer **Weisung grundsätzlich ausgeschlossen.**[128] Ebenso wenig erwachsen aus den Ingerenzrechten des Art. 85 drittbezogene Amtspflichten, die für den Fall einer unterlassenen oder fehlerhaften Weisung einen Amtshaftungsanspruch Dritter gegen den Bund begründen könnten.[129] Gem. Art. 85 Abs. 3 S. 3 sind die obersten Landesbehörden verpflichtet, den Vollzug der Weisung sicherzustellen.[130] Ein Selbsteintrittsrecht des Bundes besteht ebenso wenig wie eine Berechtigung zur Ersatzvornahme.[131] Die zuständige oberste Landesbehörde ist im Fall der Nichtbeachtung einer Weisung durch eine Landesbehörde gehalten, gegen diese die nach Landesrecht vorgesehenen Zwangsmittel einzusetzen.[132] Diese Verpflichtung besteht auch gegenüber Behörden der mittelbaren Staatsverwaltung. Erfüllt die oberste Landesbehörde ihre Verpflichtung gem. Art. 85 Abs. 3 S. 3 nicht, kann die BReg diesen Pflichtenverstoß im Wege des Bund/Länderstreitverfahrens gem. Art. 93 Abs. 1 Nr. 3 vom BVerfG klären lassen.[133] Schließlich wäre die **Anwendung von Bundeszwang** gem. Art. 37 gegen das Land ultima ratio.

Die Auslegung des Art. 85 Abs. 3 durch das BVerfG hat weitreichende **36**
Konsequenzen für den verfassungsgerichtlichen **Rechtsschutz** eines Landes, das sich gegen eine Weisung wehrt.[134] Das BVerfG kann nur prüfen, ob die Inanspruchnahme der Weisungsbefugnis als solche oder in ihren Modalitäten gegen Art. 85 Abs. 3 oder sonstige Verfassungsbestimmungen verstößt.[135] Dagegen können die Länder – ungeachtet der gleichwohl bestehenden Bindung des Bundes an Gesetz und Recht – nicht geltend machen, der Bund übe seine im Einklang mit der Verfassung in Anspruch genommene Weisungsbefugnis inhaltlich rechtswidrig aus.[136] In diesem Fall wird in eine

---

[124] BVerfGE 137, 108 (149)Rn. 95; *Trute* in MKS Rn. 27; *Dittmann/Winkler* in Sachs Rn. 31; *Hermes* in Dreier Rn. 47.

[125] Siehe auch *Dittmann/Winkler* in Sachs Rn. 31; *Hermes* in Dreier Rn. 47.

[126] *Dittmann/Winkler* in Sachs Rn. 31; *Hermes* in Dreier Rn. 47.

[127] Vgl. *Dittmann/Winkler* in Sachs Rn. 25; *Trute* in MKS Rn. 26; *Umbach/Clemens* in Umbach/Clemens Rn. 44.

[128] BVerwG JZ 1976, 682 f.

[129] S. hierzu näher *Schulte* VerwArch 81 (1990), 415 (434) mwN.

[130] Vgl. *Hermes* in Dreier Rn. 57.

[131] BVerfGE 81, 310 (332); 104, 249 (264); a. A. *Loschelder,* Durchsetzbarkeit von Weisungen,,1998, 50 ff.

[132] Vgl. näher *Hermes* in Dreier Rn. 57.

[133] Siehe auch *Tschentscher,* Bundesaufsicht in der Bundesauftragsverwaltung, 1992, 247; *Hermes* in Dreier Rn. 62.

[134] Vgl. näher *Tschentscher,* Bundesaufsicht in der Bundesauftragsverwaltung, 1992, 239 ff.; *Pauly,* Anfechtbarkeit und Verbindlichkeit von Weisungen in der Bundesauftragsverwaltung, 1989, 233 ff.; *Lange,* Das Weisungsrecht des Bundes in der atomrechtlichen Auftragsverwaltung, 1990, 95 ff.; *F. Kirchhof* in Maunz/Dürig Rn. 72 f.

[135] BVerfGE 81, 310 (332 f.).

[136] BVerfGE 81, 310 (331 ff.); 84, 25 (31); 102, 167 (172); zuvor bereits *Lerche* in Maunz/Dürig, Voraufl. 1987, Rn. 57; *Ossenbühl* Der Staat 28 (1989), 31 (37); siehe auch *Dittmann* in Sachs, 7. Aufl. 2014, Rn. 23; *Hermes* in Dreier Rn. 55; *Trute* in MKS Rn. 33; *Umbach/Clemens* in Umbach/Clemens Rn. 42; a. A. *Pauly,* Anfechtbarkeit und Verbindlichkeit von Weisungen in der Bundesauftragsverwaltung, 1989, 233 ff.; *Lange,* Das Weisungsrecht des

eigene Sachkompetenz der Länder nicht eingegriffen, weil es an einem verbliebenen Zuständigkeitsrecht gerade dann fehlt, wenn der Bund seine Weisungsbefugnis berechtigterweise in Anspruch genommen hat.[137] Es ist deshalb unzutreffend, in der Erteilung einer Weisung einen Eingriff in den Hoheitsbereich eines Landes zu sehen.[138] Auch eine sonstige wehrfähige Rechtsposition, die durch eine rechtswidrige Weisung verletzt sein könnte, ist nicht ersichtlich: Ein aus dem Gesichtspunkt der „Eigenstaatlichkeit der Länder" (Art. 30, 83) abgeleitetes subjektiv-öffentliches (Kompetenz-)Recht existiert im Rahmen der Bundesauftragsverwaltung nicht[139] und die dem Land unentziehbar verbleibende Wahrnehmungskompetenz begründet von vornherein keine Rechtsposition, die der Beurteilungskompetenz des Bundes entgegengesetzt werden könnte.[140] Ebenso wenig kommt den Ländern gegenüber dem Bund ein einklagbares Recht des Inhalts zu, dass dieser einen Verstoß gegen Grundrechtsbestimmungen unterlässt.[141] Weder sind die Länder Träger von Grundrechten[142] noch können sie insoweit als Sachwalter des Einzelnen agieren.[143] Auch die objektiv-rechtliche Dimension der Grundrechte vermittelt den Ländern keine Garantenstellung für die Beachtung und Durchsetzung dieser Wirkungsweise der Grundrechte.[144] Es verbietet sich jedes Denken in den Kategorien von Freiraum und Eingriff.[145] Damit ist das BVerfG letztlich auf eine **bloße Missbrauchskontrolle** beschränkt.[146] Es kann nur bei einem groben Verfassungsverstoß, bei einer unmittelbaren Gefährdung der Allgemeinheit in Leben und Gesundheit oder bei einer sonstigen Überschreitung der Grenze des verantwortbaren Handelns eingreifen.[147] Bei Meinungsverschiedenheiten hierüber können die Länder wegen ihrer verfassungsrechtlichen Stellung einen Rechtsstreit vor dem BVerfG gem. Art. 93 Abs. 1 Nr. 3 anstrengen.[148]

37 Auch eine inhaltliche Überprüfung der Rechtmäßigkeit der Weisung im Wege eines verwaltungsgerichtlichen Bund-Länder-Streits nach § 50 Abs. 1 Nr. 1 VwGO durch das Bundesverwaltungsgericht kommt nicht in Betracht. Die Weisung nach Art. 85 Abs. 3 hat stets verfassungsrechtliche Qualität, so dass der Verwaltungsrechtsweg nicht eröffnet ist.[149]

Bundes in der atomrechtlichen Auftragsverwaltung, 1990, 91 ff.; *Dittmann/Winkler* in Sachs Rn. 29; *Steinberg,* Bundesaufsicht, Länderhoheit und Atomgesetz, 1990, 66 ff. für grundrechtswidrige Weisungen. Für eine generelle Anwendbarkeit des Verhältnismäßigkeitsprinzips auch *Kluth* in BK Rn. 140, 142.

[137] BVerfGE 81, 310 (333).

[138] So mit Recht bereits zuvor *Ossenbühl* Der Staat 28 (1989), 31 (37).

[139] BVerfGE 81, 310 (335, 338).

[140] BVerfGE 81, 310 (333).

[141] BVerfGE 81, 310 (334).

[142] BVerfGE 61, 82 (103 f.).

[143] BVerfGE 81, 310 (334).

[144] BVerfGE 81, 310 (334).

[145] BVerfGE 81, 310 (338); s. zum Ganzen auch *Broß* FS f. Krämer, 2009, 12 f.

[146] Siehe auch *Dittmann* in Sachs, 7. Aufl. 2014, Rn. 24; *Trute* in MKS Rn. 33; *Umbach/Clemens* in Umbach/Clemens Rn. 38; *Bull* in AK Rn. 20; *Lerche* in Maunz/Dürig, Voraufl. 1987, Rn. 53; *Pieroth* in Jarass/Pieroth Rn. 10; *Hermes* in Dreier Rn. 52 u. 54; a. A. nunmehr *Dittmann/Winkler* in Sachs Rn. 29.

[147] BVerfGE 81, 310 (334 f.); siehe auch BVerfGE 84, 25 (31).

[148] S. etwa BVerfGE 4, 115 (127 f.); 14, 197 (215); 26, 338 (382 f.); 81, 310 (334); 104, 249 (265 ff.); vgl. hierzu auch *Pauly,* Anfechtbarkeit und Verbindlichkeit von Weisungen in der Bundesauftragsverwaltung, 1989, 234 ff.; *Tschentscher,* Bundesaufsicht in der Bundesauftragsverwaltung, 1992, 239 ff., 263 ff.

[149] BVerwG NVwZ 1998, 500; siehe auch *Umbach/Clemens* in Umbach/Clemens Rn. 43.

IV. Bundesaufsicht (Art. 85 Abs. 4)

Art. 85 Abs. 4 S. 1 regelt die **Bundesaufsicht.**[150] Sie ist umfassend und erstreckt sich auf **Gesetzmäßigkeit und Zweckmäßigkeit.**[151] Zum Aufsichtsmaßstab gehören sowohl die allgemeinen Verwaltungsvorschriften als auch etwaige Weisungen nach Art. 85 Abs. 3.[152] Vor dem Hintergrund der umfassenden Aufsichtsbefugnisse verdichtet sich die Bundesaufsicht zur Fachaufsicht.[153] Auch darin wird der Unterschied der Auftrags- zur Eigenverwaltung der Länder deutlich. Nach zutreffender Auffassung handelt es sich bei der **Bundesaufsicht (Art. 85 Abs. 4) und** der **Weisungsbefugnis (Art. 85 Abs. 3)** jeweils um **selbständige Rechtsinstitute.**[154] Die Bundesaufsicht ist ein Instrument repressiver Kontrolle,[155] das Weisungsrecht ein solches präventiver Steuerung.[156] 38

Wer die Bundesaufsicht ausübt, ergibt sich nicht aus Art. 85 Abs. 4 S. 1. Da diese Vorschrift aber mit der des Art. 85 Abs. 3 S. 1 korrespondiert, ist die jeweils **zuständige oberste Bundesbehörde** angesprochen, nicht etwa die BReg. Ihre Zuständigkeit, das hat die Erörterung der Abs. 1–3 von Art. 85 ergeben, ist eine Ausnahme. Diese, schon in den Vorauflagen vertretene Auffassung hat verbreitet Zustimmung erfahren.[157] Die Gegenmeinung[158] übersieht den engen Zusammenhang mit dem Weisungsrecht, das ebenfalls von der obersten Bundesbehörde wahrgenommen wird und die enge Zusammenarbeit zwischen den Fachbehörden des Bundes und der Länder. Dass sich Art. 85 Abs. 4 S. 1 u. 2 unterscheiden, ist erklärlich. Eine allg. Aufsicht benötigt keine Aufsichtsmittel, sondern beschränkt sich auf gegenseitigen Informationsaustausch und kann vor allem auch über die allgemeinen Verwaltungsvorschriften wahrgenommen werden. **Anders** verhält es sich mit den in Art. **85 Abs. 4 S. 2** genannten Aufsichtsmitteln. Sie beschränken die Selbständigkeit der Landesverwaltung und sind deshalb **nur** mit Beschluss der **Bundesregierung** zulässig.[159] Als **Aufsichtsmittel** nennt das GG den Bericht, die Vorlage von Akten und die Entsendung von Beauftragten.[160] 39

Die **Anforderung eines Berichts** ist das mildeste Aufsichtsmittel, während die **Entsendung eines Beauftragten** einen tiefen Einschnitt in die 40

---

[150] Vgl. näher *Pieroth* in Jarass/Pieroth Rn. 12f.; *Dittmann/Winkler* in Sachs Rn. 33ff.; *Hermes* in Dreier Rn. 64ff.; *Trute* in MKS Rn. 36ff.; *F. Kirchhof* in Maunz/Dürig Rn. 77ff.

[151] Siehe auch *Trute* in MKS Rn. 39; *Hermes* in Dreier Rn. 67; *Dittmann/Winkler* in Sachs Rn. 36; *Umbach/Clemens* in Umbach/Clemens Rn. 46.

[152] Vgl. näher *Trute* in MKS Rn. 39.

[153] So auch *Dittmann/Winkler* in Sachs Rn. 36; *Trute* in MKS Rn. 39; *Lerche* in Maunz/Dürig, Voraufl. 1987, Rn. 72; gegen die Annahme von Fachaufsicht: *Hermes* in Dreier Rn. 67.

[154] S. hierzu *Bull* in AK Rn. 26; *Pieroth* in Jarass/Pieroth Rn. 12f.; *Dittmann/Winkler* in Sachs Rn. 34; *Kluth* in BK Rn. 72; a. A. *v. Danwitz* DVBl 1992, 1005 (1007): Weisung nach Art. 85 Abs. 3 lediglich weiteres Mittel der Bundesaufsicht.

[155] AA *Hermes* in Dreier Rn. 23: reine Beobachtungsaufsicht.

[156] Vgl. *Trute* in MKS Rn. 22; *Isensee* FS f. Bethge, 2009, 359 (384ff.); s. zum Ganzen auch *L. Wagner* VerwArch 93 (2002), 585 (595f.) mwN.

[157] *Blümel* in Isensee/Kirchhof HdbStR IV § 101 Rn. 69f.; *v. Danwitz* DVBl 1992, 1005 (1009); *Dittmann/Winkler* in Sachs Rn. 37 Fn. 93; *Umbach/Clemens* in Umbach/Clemens Rn. 48; *Pieroth* in Jarass/Pieroth Rn. 13.

[158] *Lerche* in Maunz/Dürig, Voraufl. 1987, Rn. 80; *Trute* in MKS Rn. 42.

[159] Siehe auch *Dittmann/Winkler* in Sachs Rn. 37; *Pieroth* in Jarass/Pieroth Rn. 13; *Hermes* in Dreier Rn. 68.

[160] Zu den Aufsichtsmitteln näher *Trute* in MKS Rn. 40ff.; *Hermes* in Dreier Rn. 68ff.

Eigenständigkeit eines Landes bedeutet. Die Entsendung von Beauftragten ist gegenüber allen Landesbehörden vorgesehen. Aus diesem Grunde kann auch von allen Landesbehörden Bericht und Vorlage der Akten verlangt werden (arg. a maiore ad minus) und nicht nur von den obersten Landesbehörden.[161]

41 Streitigkeiten über die Ausübung der Bundesaufsicht sind im Wege des **Bund–Länder-Streitverfahrens** gem. Art. 93 Abs. 1 Nr. 3 vor dem BVerfG auszutragen.[162] Das Verfahren der Mängelrüge (Art. 84 Abs. 4) ist von Art. 85 nicht übernommen worden. Für den Bund besteht daher weder die Verpflichtung[163] noch die Möglichkeit,[164] ein solches Verfahren zu betreiben. Dies wäre angesichts des umfassenden Weisungsrechts und der damit verbundenen Letztentscheidungskompetenz des Bundes auch systemwidrig.[165]

C. Kritische Würdigung

42 Die der BReg im Bereich der Auftragsverwaltung verliehenen umfangreichen Befugnisse stoßen auf keine grundsätzlichen Bedenken. Die im Einzelnen im GG aufgeführten Gegenstände der Auftragsverwaltung gewährleisten, dass der Bund nicht in verfassungswidriger Weise auf Kosten der Länder Befugnisse an sich ziehen kann. Andererseits zeigen die den Entscheidungen Kalkar II und Schacht Konrad[166] zugrunde liegenden Sachverhalte, dass der Bund mit seinem Weisungsrecht „Alleingänge" einzelner Länder wirksam beenden kann, die geeignet sind, in das Staatsganze eingebettete globale Entscheidungen zu unterlaufen. In Biblis-Entscheidung[167] hat das BVerfG diese Linie konsequent fortentwickelt. Der Störanfälligkeit der Bundesauftragsverwaltung kann nur mit einer klaren Verantwortungszuweisung begegnet werden, die sich an in der Praxis handhabbaren – formalen – Kriterien orientiert.[168] Die Biblis-Entscheidung trägt dem Rechnung. Die Bedenken des Sondervotums[169] können nicht überzeugen und gehen fehl.

Literatur

P. Badura, Verfassungsrechtliche Fragen – Bundesauftragsverwaltung, in R. Lukes/ A. Birkhofer (Hrsg.), Neuntes Deutsches Atomrechts-Symposium, 1991, 87. – ***Ch. Bushart,*** Die Kontrolle der Bundesauftragsverwaltung durch die Landesparlamente, ZRP 1988, 210. – ***Th. von Danwitz,*** Bundesauftragsverwaltung und Bundesingerenzen nach Art. 85 IV GG, DVBl 1992, 1005. – ***Th. von Danwitz,*** Kompetenzrechtliche Fragen bei der Umsetzung von Sicherheitsstandards, DÖV 2001, 353. – ***Ch. Degenhart,*** Bundes- und länderfreundliches Verhalten im Atomrecht, in H.-J. Koch/A. Roßnagel, Elftes Deutsches Atomrechts-Symposium, 2002, 369. – ***Ch. Degenhart,*** Konsequenzen aus dem Biblis-Urteil des BVerfG für die Bundesauftragsverwaltung, in H.-J. Koch/A. Roßnagel, Zwölftes Deutsches Atomrechtssymposium, 2003, 409. – ***J. Depenbrock,*** Zum Umfang des Weisungsrechts bei der Bundes-

[161] Vgl. auch *Trute* in MKS Rn. 41.
[162] Siehe auch *Dittmann/Winkler* in Sachs Rn. 40 mwN.
[163] So aber *Lerche* in Maunz/Dürig, Voraufl. 1987, Rn. 81.
[164] Dafür jedoch *Bull* in AK Rn. 28.
[165] Ebenso *Dittmann/Winkler* in Sachs Rn. 39.
[166] BVerfGE 84, 25.
[167] BVerfGE 104, 249.
[168] So mit Recht *Hermes* JZ 2002, 1161 (1164); *Hentschel/Hebeler* ZUR 2003, 16 (18 ff.); *Wiegand* ZUR 2004, 7 (11).
[169] BVerfGE 104, 273 ff.

auftragsverwaltung, DÖV 1970, 235. – ***P. Dieners,*** Länderrecht in der Bundesauftragsverwaltung, DÖV 1991, 923. – ***H.-J. Friepe,*** Wem stehen die Kompetenzen des alten Bundesrates zu, ausführende Bestimmungen zu gesetzlichen Vorschriften zu erlassen?, AöR 109 (1984), 76. – ***W. Frenz,*** Atomkonsens und Landesvollzugskompetenz, NVwZ 2002, 561. – ***G. Gornig,*** Die Zulässigkeit einer Weisung des Bundesumweltministers, JZ 1992, 308. – ***D. Haun,*** Die Bundesaufsicht in Bundesangelegenheiten, 1972. – ***Ch. Heitsch,*** Die Ausführung der Bundesgesetze durch die Länder, 2001. – ***A. Hentschel/T. Hebeler,*** Verfassungsrechtliche Grenzen für die Ausführung von Bundesgesetzen in Bundesauftragsverwaltung mittels informalem Verwaltungshandeln, ZUR 2003, 16. – ***G. Hermes,*** Verwaltungskompetenzen und Bund-Länder-Kooperation, in H.-J. Koch/A. Roßnagel, Elftes Deutsches Atomrechts-Symposium, 2002, 347. – ***H. Hüll,*** Normenkonkretisierende Verwaltungsvorschriften, NVwZ 1989, 401. – ***M. Ibler,*** Zur Bindungswirkung der Planungs- und Linienführungsbestimmung des Bundesministers für Verkehr bei der Fernstraßenplanung, DVBl 1989, 76. – ***J. Isensee,*** Das Instrumentarium des Bundes zur Steuerung der Auftragsverwaltung der Länder, in FS Bethge, 2009, 359 – ***N. Janz,*** Art. 85 GG: Die Länder als ohnmächtige Werkzeuge des Bundeswillens? – BVerfG, JuS 2003, 126. – ***H. Jochum,*** Die Bundesauftragsverwaltung im Umbruch: Wie weit reicht die Sachkompetenz des Bundes?, DÖV 2003, 16. – ***A. Köttgen,*** Der Einwand der Mischverwaltung und das Grundgesetz, DÖV 1955, 485. – ***J. Kratzer,*** Zustimmungsgesetze, AöR 77 (1951/1952), 266. – ***K. Lange,*** Das Weisungsrecht des Bundes in der atomrechtlichen Auftragsverwaltung, 1990. – ***P. Lerche,*** Zur Angreifbarkeit von Weisungen des Bundes im Rahmen der Auftragsverwaltung, BayVBl. 1987, 321. – ***F. Loschelder,*** Die Durchsetzbarkeit von Weisungen in der Bundesauftragsverwaltung, 1998. – ***U. Müller/K.-G. Mayer/L. Wagner,*** Wider die Subjektivierung objektiver Rechtspositionen im Bund-Länder-Verhältnis, VerwArch 2002, 585, VerwArch 2003, 129. – ***F. Ossenbühl,*** Weisungen des Bundes in der Bundesauftragsverwaltung, Der Staat 28 (1989), 31. – ***F. Ossenbühl,*** Zum Umfang der Weisungsbefugnis des Bundes gem. Art. 85 III GG im Planfeststellungsverfahren nach § 9b AtG, DVBl 1991, 833. – ***F. Ossenbühl,*** Verfassungsrechtliche Aspekte des atomrechtlichen Planfeststellungsverfahrens, FS Sendler, 1991, 107. – ***F. Ossenbühl,*** Novellierung des Atomgesetzes und Bundesauftragsverwaltung, in R. Lukes (Hrsg.), Reformüberlegungen zum Atomrecht, 1991, 27. – ***F. Ossenbühl,*** Länderkompetenz und Bundesaufsicht, in ***F. Ossenbühl*** (Hrsg.), Deutscher Atomrechtstag 2002, 2003, 49. – ***F. Ossenbühl,*** Die Bundesauftragsverwaltung – gelöste und ungelöste Probleme, in FS Badura, 2004, 975. – ***W. Pauly,*** Anfechtbarkeit und Verbindlichkeit von Weisungen in der Bundesauftragsverwaltung, 1989. – ***N. Piontek,*** Endlager „Schacht Konrad", ZUR 1993, 65. – ***H.-W. Rengeling,*** Staatliche Aufsicht bei dem Betrieb von Bundesendlagern für radioaktive Abfälle, VerwArch 81 (1990), 370. – ***A. Roßnagel,*** Nachbesserungspflichten des Gesetzgebers im Atomrecht, JZ 1985, 714. – ***M. Ruffert,*** Interessenausgleich im Verwaltungsorganisationsrecht, DÖV 1998, 897. – ***H. Schäfer,*** Bundesaufsicht und Bundeszwang, AöR 78 (1952/1953), 1. – ***H. Schäfer,*** Die Bundesauftragsverwaltung, DÖV 1960, 641. – ***M. Schulte,*** Zur Rechtsnatur der Bundesauftragsverwaltung, VerwArch 1990, 415. – ***W. Schulte,*** Bundesfemstraßenbau und Verpflichtung des Bundes zu Kompensationsmaßnahmen nach dem Naturschutz- und Forstrecht der Länder, NuR 1986, 106, 161. – ***H. Sendler,*** Anwendungsfeindliche Gesetzesanwendung, DÖV 1992, 181. – ***F. Shirvani,*** Informales Verwaltungshandeln und Bundesauftragsverwaltung – Zugleich eine Würdigung der Rechtsprechung des Bundesverfassungsgerichts im Biblis-Urteil, BayVBl. 2005, 164. – ***K.-P. Sommermann,*** Grundfragen der Bundesauftragsverwaltung, DVBl 2001, 1549. – ***R. Steinberg,*** Rechtsschutz eines Landes gegen atomrechtliche Weisungen des Bundes, atw 1987, 282. – ***R. Steinberg,*** Handlungs- und Entscheidungsspielräume des Landes bei der Bundesauftragsverwaltung unter besonderer Berücksichtigung der Ausführung des Atomgesetzes, AÖR 110 (1985), 419. – ***R. Steinberg,*** Bundesaufsicht, Länderhoheit und Atomgesetz, 1990. – ***R. Steinberg,*** Verfassungsrechtliche Fragen einer Reform des Atomgesetzes, insbesondere der Verteilung der Verwaltungskompetenzen im Bundesstaat, in R. Lukes/A. Birkhofer (Hrsg.), Neuntes Deutsches Atomrechts-Symposium, 1991, 67. – ***H. Triepel,*** Die Kompetenzen des Bundesstaates und die geschriebene

Verfassung, in FG Laband, 1908, Bd. 2, 257. – ***Th. Tschentscher,*** Bundesaufsicht in der Bundesauftragsverwaltung, 1992. – ***H. Wagner,*** Zum Weisungsrecht des Bundes im atomrechtlichen Genehmigungsverfahren – Voraussetzungen und Rechtsschutz, DVBl 1987, 917. – ***J. Wieland,*** Konsequenzen aus dem Biblis-Urteil des Bundesverfassungsgerichts für die Bundesauftragsverwaltung, ZUR 2004, 7. – ***G. Winter,*** Rechtsschutz gegen Weisungen in der atomrechtlichen Bundesauftragsverwaltung, DVBl 1985, 993. – ***D. Wolst,*** Die Bundesauftragsverwaltung als Verwaltungsform, 1974. – ***J. Zech,*** Zuständigkeiten bei der Verwaltung der Bundesfernstraßen durch die Länder und Gemeinden, DVBl 1987, 1089. – ***B. Zimmermann,*** Die Kontrolldichte gerichtlichen Rechtsschutzes gegen Weisungen in der Bundesauftragsverwaltung – ein Problem der Zuständigkeitsverteilung zwischen BVerfG und BVerwG?, DVBl 1992, 93.

Art. 86 [Bundeseigene Verwaltung]

¹Führt der Bund die Gesetze durch bundeseigene Verwaltung oder durch bundesunmittelbare Körperschaften oder Anstalten des öffentlichen Rechtes aus, so erläßt die Bundesregierung, soweit nicht das Gesetz Besonderes vorschreibt, die allgemeinen Verwaltungsvorschriften. ²Sie regelt, soweit das Gesetz nichts anderes bestimmt, die Einrichtung der Behörden.

Reichsverfassung von 1871

Art. 4. [abgedruckt oben bei Art. 83 GG].

Weimarer Reichsverfassung von 1919

Art. 14. [abgedruckt oben bei Art. 83 GG].

A. Allgemeine Bedeutung

Art. 86 regelt nach Art. 84 u. 85 den dritten Verwaltungstyp des VIII. Abschnitts, die bundeseigene Verwaltung.[1] In diesem Bereich sind die Länder völlig von der Mitwirkung ausgeschlossen.[2] Sie wirken auch nicht über den BR mit.[3] Der Bund kann seine Eigenverwaltung nach Art. 86 unmittelbar durch eigene Behörden – **unmittelbare Bundesverwaltung**[4] – oder aber durch verselbständigte Verwaltungsträger, nämlich bundesunmittelbare[5] Körperschaften[6] oder Anstalten[7] des öffentlichen Rechts, wahrnehmen – **mittelbare Bundesverwaltung.**[8] Den bundesunmittelbaren Körperschaften und Anstalten gleich stehen die Stiftungen des öffentlichen Rechts.[9] 1

Im Einzelnen ist zwischen der **obligatorischen Bundesverwaltung** 2
(Art. 87 Abs. 1 S. 1, Abs. 2, Art. 87b Abs. 1, Art. 87d Abs. 1, Art. 87e Abs. 1 S. 1, Art. 87f Abs. 2 S. 2, Abs. 3, Art. 88, 89 Abs. 2 S. 1, Art. 108

---

[1] Zu Herkunft und Entstehung der Vorschrift *Hermes* in Dreier Rn. 1 ff.; *Lerche* in Maunz/Dürig, Vorauflage 1989, Rn. 20 ff.; *Sachs* in Sachs Rn. 1 ff.; *Umbach/Clemens* in Umbach/Clemens Rn. 6 ff.; *Bull* in AK Rn. 1 ff.; *Ibler* in Maunz/Dürig Rn. 19 ff.; s. zur Bundesverwaltung insgesamt auch *Oebbecke* in HdbStR VI § 136 Rn. 80 ff.

[2] *Hermes* in Dreier Rn. 42; *Burgi* in MKS Rn. 31; differenzierend *Dittmann,* Die Bundesverwaltung, 1983, 83 ff.

[3] *Dittmann,* Die Bundesverwaltung, 1983, 98 ff.; aA *Lerche* in Maunz/Dürig, Vorauflage 1989, Rn. 36.

[4] Vgl. *Hermes* in Dreier Rn. 25 ff.; *Sachs* in Sachs Rn. 13; *Umbach/Clemens* in Umbach/Clemens Rn. 16.; *Ibler* in Maunz/Dürig Rn. 67 ff.

[5] Von Bundesunmittelbarkeit spricht man dann, wenn eine Anstalt oder Körperschaft der Aufsicht des Bundes unterstellt und diesem als ihrem Hauptverwaltungsträger rechtlich zugeordnet ist, s. hierzu näher *Umbach/Clemens* in Umbach/Clemens Rn. 19 mwN.

[6] Körperschaften des öffentlichen Rechts sind eigenständige, der Erfüllung hoheitlicher Aufgaben dienende Verwaltungseinrichtungen mit eigener Rechtspersönlichkeit, die zwar vom Bestand, nicht aber vom Wechsel ihrer Mitglieder abhängen, vgl. näher *Umbach/Clemens* in Umbach/Clemens Rn. 18 mwN.

[7] Anstalten des öffentlichen Rechts sind mit personellen und sächlichen Mitteln ausgestattete öffentlich-rechtliche Verwaltungseinrichtungen, die einem öffentlichen Zweck dauernd zu dienen bestimmt sind. Im Unterschied zu den Körperschaften haben sie keine Mitglieder, sondern Benutzer, s. näher *Umbach/Clemens* in Umbach/Clemens Rn. 18 mwN.

[8] S. hierzu *Hermes* in Dreier Rn. 30 ff.; *Sachs* in Sachs Rn. 14; *Umbach/Clemens* in Umbach/Clemens Rn. 17; *Ibler* in Maunz/Dürig Rn. 67 ff.

[9] Vgl. *Sachs* in Sachs Rn. 44; *Burgi* in MKS Rn. 52; *Hermes* in Dreier Rn. 32; *Pieroth* in Jarass/Pieroth Rn. 1; *Lerche* in Maunz/Dürig, Vorauflage 1989, Rn. 87.

Abs. 1, Art. 114 Abs. 2, Art. 130), bei der eine Übertragung auf die Länder vorbehalten sein kann (Art. 87e Abs. 1 S. 2, Art. 89 Abs. 2 S. 3, 4, Art. 108 Abs. 4 S. 1 Alt. 2, Art. 130 Abs. 1 S. 2), und der **fakultativen Bundesverwaltung** (Art. 87 Abs. 1 S. 2, Abs. 3, Art. 87b Abs. 1 S. 3, Abs. 2 S. 1, Art. 89 Abs. 2 S. 2, Art. 90 Abs. 4, Art. 108 Abs. 4 S. 1 Alt. 3, Art. 120a Abs. 1 S. 1) zu unterscheiden.[10]

B. Einzelfragen

I. Ausführung der Gesetze durch bundeseigene Verwaltung oder durch bundesunmittelbare Körperschaften oder Anstalten des öffentlichen Rechts (Art. 86 S. 1 Hs. 1)

3 Art. 86 betrifft seinem Wortlaut nach zwar nur die **gesetzesausführende Verwaltung,** die Regelung umfasst jedoch nach zutreffender Ansicht auch die verwaltende Tätigkeit ohne konkrete gesetzliche Steuerung – **gesetzesfreie Verwaltung.**[11] Gleiches gilt im Hinblick auf unmittelbar anwendbares Unionsrecht.[12]

4 Umstritten ist dagegen die (analoge) Anwendbarkeit des Art. 86 auf eine Gesetzesausführung durch vom Bund getragene **juristische Personen des Privatrechts** oder **Beliehene.**[13]

5 **Gesetze iSd Art. 86 sind nur Bundesgesetze;** denn die Länder bestimmen über den Vollzug ihrer Gesetze selbst.[14] Das GG kann wegen des föderalistischen Aufbaus der Bundesrepublik nur Bundesgesetze für die Ausführung durch bundeseigene Verwaltung vorsehen.[15]

6 Art. 86 beschränkt mit der Bezeichnung **bundesunmittelbare Körperschaften oder Anstalten** deren Entstehungsvoraussetzungen auf Bundesrecht. Nach Art. 86 ist also ausgeschlossen, dass der Bund Körperschaften nach Landesrecht oder aber kommunale Körperschaften errichtet. Dafür fehlt ihm die Zuständigkeit.[16]

7 Art. 86 weist weder in S. 1 noch in S. 2 eine Vorschrift über die **Organisation der Bundesverwaltung** auf. Es ist nichts darüber gesagt, wie das Verwaltungsverfahren oder der Behördenaufbau zu gestalten ist.[17] Dazu ist auch Art. 87 nichts zu entnehmen.[18]

---

[10] S. hierzu näher *Sachs* in Sachs Rn. 6; *Hermes* in Dreier Rn. 18; *Ibler* in Maunz/Dürig Rn. 17, 62 ff.; *Suerbaum* in BeckOK GG Rn. 10 f.

[11] BVerfGE 12, 205 (246 f.); *Hermes* in Dreier Rn. 20 ff.; *Pieroth* in Jarass/Pieroth Rn. 5; *Sachs* in Sachs Rn. 47; *Bull* in AK Rn. 17; *Ibler* in Maunz/Dürig Rn. 43 ff.; a. A. *Burgi* in MKS Rn. 39.

[12] BVerwGE 102, 119 (125) mwN.

[13] Für teilweise Zulässigkeit unter Berücksichtigung der Eigenheiten privatrechtlicher Formen: *Sachs* in Sachs Rn. 45 f.; *Lerche* in Maunz/Dürig, Vorauflage 1989, Rn. 88 f.; *Ibler* in Maunz/Dürig Rn. 75 ff. u. 80 ff.; gänzlich abl. dagegen *Burgi* in MKS Rn. 26 f., 56; differenzierend *Hermes* in Dreier Rn. 34 ff.

[14] → Art. 83 Rn. 8.

[15] Siehe auch *Sachs* in Sachs Rn. 11; *Burgi* in MKS Rn. 35; *Ibler* in Maunz/Dürig Rn. 28 ff.

[16] Zust. *Lerche* in Maunz/Dürig, Vorauflage 1989, Rn. 84 aE; *Ibler* in Maunz/Dürig Rn. 50.

[17] So auch *Sachs* in Sachs, 7. Auflage 2014, Art. 86 Rn. 48; *Ibler* in Maunz/Dürig Rn. 50.

[18] AA *Dittmann,* Die Bundesverwaltung, 1983, 85 ff.

II. Erlass der allgemeinen Verwaltungsvorschriften durch die Bundesregierung (Art. 86 S. 1 Hs. 2)

Verwaltungsvorschriften sind wie in Art. 84 u. 85 alle Vorschriften, die sich nicht zB in Form einer Norm (G oder RVO) nach außen an den Bürger richten.[19] Sie regeln den **Binnenbereich** einer Behörde, können sich aber auch an mit der Gesetzesausführung befasste bundesunmittelbare Körperschaften und Anstalten des öffentlichen Rechts wenden[20] und enthalten im Wesentlichen Weisungen oder Ermessensrichtlinien. Eine Teildefinition bietet der Beschluss des Zweiten Senats zum Erlass von allgemeinen Verwaltungsvorschriften im Rahmen der Bundesauftragsverwaltung von 1999.[21] 8

Gem. Art. 86 S. 1 erlässt die **Bundesregierung die allgemeinen Verwaltungsvorschriften,** soweit das Gesetz nichts Besonderes vorschreibt. Nach dem eindeutigen Wortlaut ist das **Kollegium** – vgl. Art. 62 – und nicht der einzelne Fachminister zuständig;[22] allerdings ist die Frage streitig.[23] So ergibt zB ein Vergleich mit der Vorschrift des Art. 80 Abs. 1 S. 1, dass das GG durchaus einen einzelnen Bundesminister als solchen bezeichnet, wenn er Adressat einer Ermächtigung sein soll. Hinzu kommt, dass in diesem Fall auch ein *arg. a maiore ad minus* ausscheidet. Verwaltungsvorschriften können vor allem als norminterpretierende[24] oder Ermessensrichtlinien eine wesentlich größere Tragweite entfalten als eine RVO; denn deren Rahmen wird durch Inhalt, Zweck und Ausmaß der erteilten Ermächtigung gem. Art. 80 Abs. 1 S. 2 durch den Gesetzgeber unmittelbar abgesteckt. Die Entscheidung des BVerfG zum Erlass von allgemeinen Verwaltungsvorschriften im Rahmen der Bundesauftragsverwaltung[25] ist insoweit nicht unmittelbar einschlägig; sie ist zu Art. 85 Abs. 2 S. 1 ergangen und der Schutz der Länderhoheit ist iRd Art. 86 nicht angesprochen. 9

Art. 86 S. 1 sieht sonach als Regelfall den **Erlass der allgemeinen Verwaltungsvorschriften** durch die BReg vor. **Abweichungen** können sich aus dem GG selbst ergeben, wenn dieses in einer besonderen Bestimmung über die bundeseigene Verwaltung eine andere Regelung trifft. Diese geht als *lex specialis* der allgemeinen Regelung des Art. 86 vor, so zB Art. 89 Abs. 3. Daneben kann auch das einfache Bundesgesetz Besonderes vorschreiben, etwa dass eine andere Stelle als die BReg die allgemeinen Verwaltungsvorschriften erlässt, so zB ein einzelner Bundesminister oder ein Organ einer Körperschaft.[26] In diesem Fall kann auch eine Mitwirkung 10

---

[19] Vgl. auch *Sachs* in Sachs Rn. 18; *Lerche* in Maunz/Dürig, Vorauflage 1989, Rn. 96; *Ibler* in Maunz/Dürig Rn. 137 ff.

[20] So auch *Lerche* in Maunz/Dürig, Vorauflage 1989, Rn. 97; *Sachs* in Sachs Rn. 19.

[21] BVerfGE 100, 249 (258).

[22] Im Ergebnis ebenso zB *Blümel* in HdbStR IV § 101 Rn. 84; *Sachs* in Sachs Rn. 21; *Bull* in AK-GG Rn. 18; *Umbach/Clemens* in Umbach/Clemens Rn. 23; *Pieroth* in Jarass/Pieroth Rn. 7; differenzierend *Saurer* in BK Rn. 162 ff.

[23] Zum Streitstand und zur gegenteiligen Auffassung *Hermes* in Dreier Rn. 52; *Lerche* in Maunz/Dürig, Vorauf l. 1989, Rn. 94; *Ibler* in Maunz/Dürig Rn. 130 ff.

[24] Vgl. zB BVerwGE 34, 278.

[25] BVerfGE 100, 249.

[26] S. hierzu *Sachs* in Sachs Rn. 25 f.; *Pieroth* in Jarass/Pieroth Rn. 8; *Umbach/Clemens* in Umbach/Clemens Rn. 26; die entgegenstehende Auffassung des BVerwG – BVerwGE 36, 327 (333 f.) –, die generell iRd Art. 86 S. 1 auch einen Bundesminister für zuständig erachtet, geht fehl; denn damit liefe der „Soweit"-Satz leer; bestätigt in BVerwG NJW 1979, 280.

des BR vorgesehen werden.[27] Eine Verpflichtung zum Erlass von Verwaltungsvorschriften besteht nicht.[28] Diese stehen vielmehr im **Ermessen** der BReg.[29]

11 Der erste Teil des S. 1 ist von der Möglichkeit einer anderweitigen Regelung nicht umfasst. Nach dem eindeutigen Wortlaut bezieht sich die Gestaltungsmöglichkeit nur auf den Erlass der Verwaltungsvorschriften und nicht auf die Ausgestaltung der bundeseigenen Verwaltung. So liegt vor allem der Rahmen der mittelbaren Bundesverwaltung durch bundesunmittelbare Körperschaften oder Anstalten des öffentlichen Rechts fest.[30]

12 Für den Erlass der allgemeinen Verwaltungsvorschriften ist eine **Beteiligung des BR nicht vorgesehen** und begrifflich geradezu ausgeschlossen, weil es sich um Eigenverwaltung des Bundes handelt, an der die Länder in keiner Weise beteiligt sind.[31] Die Kritik von *Lerche*[32] geht fehl. Art. 86 besagt ausdrücklich, dass in dem betreffenden Gesetz „Besonderes" vorgeschrieben werden kann, dh ua auch die Mitwirkung des BR. Dieser Vorbehalt in Art. 86 S. 1 ändert aber nichts an dem Grundsatz, dass das GG in Art. 86 keine Mitwirkung des BR vorsieht und diese deshalb begrifflich ausgeschlossen ist, weil es sich um den Vollzug von Bundesgesetzen im Rahmen bundeseigener Verwaltung handelt. Es ist nicht ersichtlich, was ohne ausdrückliche Regelung im GG oder in einem auf Art. 86 S. 1 beruhenden Gesetz die Mitwirkung des BR auslösen könnte. Die hier vertretene Auffassung hat verbreitet Zustimmung gefunden.[33]

13 Art. 86 S. 1 sagt nichts über **Einzelweisungen** aus. Sie sind nach den allgemeinen Grundsätzen aufgrund des hierarchischen Aufbaus der Verwaltung zulässig.[34]

III. Regelung der Einrichtung der Behörden (Art. 86 S. 2)

14 Art. 86 S. 2 ermächtigt die BReg zur **Regelung der Behördeneinrichtung.** Auch dafür ist das **Kollegium** und nicht der einzelne Fachminister zuständig.[35] Die Zuständigkeit erstreckt sich auf die unmittelbare und mittelbare Bundesverwaltung.[36] Der Begriff der Behördeneinrichtung umfasst – wie iRv Art. 84 Abs. 1 und Art. 85 Abs. 1 – sowohl die Errichtung als auch die sachliche, personelle und aufgabenmäßige Zurüstung.[37]

15 Auch insoweit existieren **zahlreiche Sonderregelungen** des GG in Art. 87 ff. Eine anderweitige Regelungsmöglichkeit besteht ebenfalls durch

---

[27] Ebenso *Pieroth* in Jarass/Pieroth Rn. 8; *Bull* in AK Rn. 18; *Umbach/Clemens* in Umbach/Clemens Rn. 26.

[28] So mit Recht *Burgi* in MKS Rn. 65; aA *Lerche* in Maunz/Dürig, Vorauflage 1989, Rn. 95.

[29] Zutreffend *Bull* in AK Rn. 19.

[30] Ebenso *Pieroth* in Jarass/Pieroth Rn. 8.

[31] Vgl. *Dittmann,* Die Bundesverwaltung, 1983, 97 ff.; siehe auch *Blümel* in HdbStR IV § 101 Rn. 82.

[32] *Lerche* in Maunz/Dürig, Vorauflage 1989, Rn. 36 mit Fn. 35; siehe auch *Ibler* in Maunz/Dürig Rn. 151 ff.

[33] S. zB *Sachs* in Sachs Rn. 27 f.; *Hermes* in Dreier Rn. 56; *Pieroth* in Jarass/Pieroth Rn. 8; *Bull* in AK-GG Rn. 18; *Umbach/Clemens* in Umbach/Clemens Rn. 26 Fn. 18.

[34] Vgl. ausf. *Hermes* in Dreier Rn. 43; siehe auch *Lerche* in Maunz/Dürig, Vorauflage 1989, Rn. 101; *Ibler* in Maunz/Dürig Rn. 173 ff.; *Bull* in AK Rn. 20.

[35] Siehe auch *Sachs* in Sachs Rn. 36.

[36] So auch *Sachs* in Sachs Rn. 33; *Bull* in AK Rn. 22.

[37] Vgl. auch *Sachs* in Sachs Rn. 31; *Burgi* in MKS Rn. 76; *Ibler* in Maunz/Dürig Rn. 154 jeweils mwN.

einfaches Bundesgesetz.[38] Dieses kann die Zuständigkeit für die Einrichtung der Behörden auf einen einzelnen Bundesminister übertragen. Zulässig wäre aber auch die Übertragung der Zuständigkeit auf eine andere Stelle oder aber die Regelung unmittelbar durch dieses Gesetz.[39]

Dagegen lässt sich Art. 86 S. 2 nichts zu der Frage entnehmen, ob und **16**
inwieweit der Gesetzgeber zur Regelung der Behördenorganisation verpflichtet ist. Dies ist vielmehr ein **Problem des organisationsrechtlichen Gesetzesvorbehalts,** der seine Grundlage in einer Reihe spezieller Verfassungsnormen findet und in begrenztem Umfang im Rechtsstaatsprinzip wurzelt.[40] Ebenso wenig kann Art. 86 S. 2 die Frage beantworten, ob und inwieweit das GG der Regierung einen gesetzesfesten Kernbereich exekutiver Organisationsgewalt einräumt, der dem Zugriff des Parlaments entzogen ist.[41]

Art. 86 befasst sich nicht mit dem **Verwaltungsverfahren.** Wie iRd **17**
Art. 85 ist dem Bund dessen Regelung jedoch auch hier ohne ausdrückliche Zuständigkeitsfeststellung im Wege der Annexkompetenz zur jeweiligen Sachmaterie gestattet.[42] Es handelt sich dabei allerdings nicht um ein Problem des Bund-Länder-Verhältnisses, weil die Länder in diesem Bereich über den BR überhaupt nicht mitwirken, sondern der **Abgrenzung von Exekutive und Legislative.** Die Festlegung des Verwaltungsverfahrens hat in Gesetzesform zu erfolgen, soweit damit in Rechte des Einzelnen eingegriffen wird. Im Übrigen genügt eine Regelung durch Regierungsanordnung.[43] Grenzen der Regelungsbefugnis können sich nicht nur aus dem Gesetzesvorbehalt, sondern auch aus weiteren grundgesetzlichen Schranken ergeben.[44]

Fraglich ist, ob es innerhalb der Staatsverwaltung Stellen – sog. **ministeri-** **18**
alfreie Räume[45] – gibt oder geben darf, die von der obersten Spitze der Exekutive sachlich unabhängig und deshalb an Weisungen nicht gebunden sind, ihrerseits aber selbständig staatliche Verwaltungsfunktionen ausüben.[46] Die in Art. 86 S. 1 genannten bundesunmittelbaren Körperschaften und Anstalten des öffentlichen Rechts sowie die Kammern und Stiftungen des öffentlichen Rechts rechnen nicht hierzu. Sie unterstehen nur der staatlichen Aufsicht, sind aber infolge ihrer eigenen Rechtspersönlichkeit oder organisatorischen Verselbständigung an Weisungen nicht gebunden.

Relevant wird die Frage vor allem im Bereich der Prüfungs- oder Personal- **19**
ausschüsse. Mit der Rspr. des BVerfG[47] ist ein ministerialfreier Raum nicht grundsätzlich auszuschließen. Es gibt jedoch Regierungsaufgaben, die wegen ihrer politischen Tragweite nicht generell der Regierungsverantwortung entzogen und auf Stellen übertragen werden dürfen, die von Regierung und Parlament unabhängig sind. Den Grund dafür sieht das BVerfG im Grundsatz

---

[38] Zust. etwa *Sachs* in Sachs Rn. 37 ff.; *Hermes* in Dreier Rn. 61; *Burgi* in MKS Rn. 81 ff.; *Lerche* in Maunz/Dürig, Vorauflage 1989, Rn. 106.

[39] S. hierzu *Hermes* in Dreier Rn. 61; *Burgi* in MKS Rn. 83.

[40] Vgl. näher *Hermes* Rn. 62.

[41] So zutreffend *Sachs* in Sachs Rn. 40; *Burgi* in MKS Rn. 85.

[42] Ebenso *Bull* in AK Rn. 24 f.; siehe auch *Ibler* in Maunz/Dürig Rn. 161 f.

[43] So zutreffend *Bull* in AK Rn. 24; *Lerche* in Maunz/Dürig, Vorauflage 1989, Rn. 94.

[44] S. hierzu näher *Sachs* in Sachs Rn. 41; *Ibler* in Maunz/Dürig Rn. 163.

[45] Grundlegend hierzu *Waechter,* Geminderte demokratische Legitimation staatlicher Institutionen im parlamentarischen Regierungssystem, 1994, 19 ff.

[46] Vgl. iÜ auch *Burgi* in MKS Rn. 61; *Sachs* in Sachs Rn. 41; *Pieroth* in Jarass/Pieroth Rn. 3; *Lerche* in Maunz/Dürig, Vorauflage 1989, Rn. 70 ff.; *Bull* in AK Rn. 27 ff.; *Ibler* in Maunz/Dürig Rn. 57 ff.

[47] BVerfGE 9, 268 (281 f.).

der Gewaltenteilung und der Regierungsfunktion. Die Regierung kann die ihr obliegende Verantwortung nicht mehr tragen, wenn nicht kontrollierbare und weder ihr noch dem Parlament verantwortliche Stellen Einfluss auf die Staatsverwaltung gewinnen. Es handelt sich insoweit nicht um eine Frage des Rechtsschutzes, wie man zunächst annehmen könnte. Die Maßnahmen solcher Stellen sind wegen Art. 19 Abs. 4 nach den allgemeinen Regeln anfechtbar; inmitten steht vielmehr ein Problem der Gewaltenteilung. Ministerialfreie Räume lassen sich daher nur sehr begrenzt rechtfertigen. Stets muss es sich um Ausnahmetatbestände handeln, die durch die Eigenart der Materie und die Funktion der jeweiligen Aufgabe spezifisch geprägt sind.[48]

20 Als ministerialfreie Räume **anerkannt** sind die Staatlichen Prüfungsämter und -ausschüsse,[49] der Bundespersonalausschuss,[50] die Bundesprüfstelle für jugendgefährdende Schriften,[51] das Bundeskartellamt, die Bundesbank, der Bundesbeauftragte für den Datenschutz sowie vormals die Musterungsausschüsse und -kammern.[52] Häufig wird der Gegenstand jedoch von großer politischer Tragweite sein und deshalb nach der Rspr. des BVerfG gerade nicht im ministerialfreien Raum erledigt werden dürfen.[53]

Literatur

P. Badura, Zulässigkeit und Grenzen der Gründung von Tochtergesellschaften und des Erwerbs von Beteiligungen durch die Deutsche Bundespost, insbesondere durch die Deutsche Bundespost TELEKOM, ArchPF 1991, 389. – ***B. Becker,*** Zentrale nichtministerielle Organisationseinheiten der unmittelbaren Bundesverwaltung, VerwArch 69 (1978), 149. – ***J.-Th. Blank,*** Regierungsplanung und parlamentarische Kontrolle, DVBl 1978, 193. – ***H. Bonvie,*** Allgemeine Verwaltungsvorschriften – Maßstab der Aufsicht?, BG 1986, 740. – ***T. Brandner,*** Grenzen des ministeriellen Weisungsrechts gegenüber nachgeordneten Behörden, DÖV 1990, 966. – ***A. Dittmann,*** Die Bundesverwaltung, 1983. – ***H.-U. Erichsen,*** Organisation bundesunmittelbarer Körperschaften durch die Länder?, DÖV 1985, 53. – ***H. Fangmann,*** Telekommunikation und Poststrukturgesetz, CR 1989, 647. – ***M. Fuchs,*** Verwalten durch Beauftragte, DÖV 1986, 363. – ***P. Füßlein,*** Ministerialfreie Verwaltung, Diss. Bonn, 1972. – ***E. Giemulla/ Th. Wenzler,*** Zur Verfassungsmäßigkeit der Organisationsform des Flugplankoordinators der Bundesrepublik Deutschland, DVBl 1989, 283. – ***G. Hartkopf,*** Zur Frage der Bundesverwaltung nach 30 Jahren Grundgesetz, DÖV 1979, 349. – ***G. Hermes,*** Zur Kompetenzverteilung bei der Verwaltung von Bundesfernstraßen, JZ 2001, 92. – ***A. Köttgen,*** Der Einfluss des Bundes auf die deutsche Verwaltung und die Organisation der bundeseigenen Verwaltung, JöR n. F. 3 (1954), 67. – ***O. Reigl,*** Landesrecht und Bundesverwaltung, DÖV 1967, 397. – ***G. Thyssen,*** Flugsicherung durch Private?, DÖV 1989, 1073. – ***K. E. von Turegg,*** Bundeseigene Verwaltung, NJW 1951, 868. – ***K. Waechter,*** Geminderte demokratische Legitimation staatlicher Institutionen im parlamentarischen Regierungssystem, 1994. – ***J. Weberling,*** Zur Verfassungsmäßigkeit der beabsichtigten Beleihung von Projektträgern, WissR 1990, 266.

[48] So mit Recht *Lerche* in Maunz/Dürig, Vorauflage 1989, Rn. 70 ff. (74).

[49] BVerwGE 12, 359 (362); aA BremStGH NJW 1974, 2223.

[50] Vgl. *Bull* in AK Rn. 29.

[51] BVerfGE 83, 130 (149 f.).

[52] S. näher *Pieroth* in Jarass/Pieroth Rn. 4; *Bull* in AK Rn. 28 ff.

[53] Durchweg zurückhaltend *Waechter,* Geminderte demokratische Legitimation staatlicher Institutionen im parlamentarischen Regierungssystem, 1994, 19 ff.

Art. 87 [Gegenstände der bundeseigenen Verwaltung]

(1) [1]In bundeseigener Verwaltung mit eigenem Verwaltungsunterbau werden geführt der Auswärtige Dienst, die Bundesfinanzverwaltung und nach Maßgabe des Artikels 89 die Verwaltung der Bundeswasserstraßen und der Schiffahrt. [2]Durch Bundesgesetz können Bundesgrenzschutzbehörden, Zentralstellen für das polizeiliche Auskunfts- und Nachrichtenwesen, für die Kriminalpolizei und zur Sammlung von Unterlagen für Zwecke des Verfassungsschutzes und des Schutzes gegen Bestrebungen im Bundesgebiet, die durch Anwendung von Gewalt oder darauf gerichtete Vorbereitungshandlungen auswärtige Belange der Bundesrepublik Deutschland gefährden, eingerichtet werden.

(2) [1]Als bundesunmittelbare Körperschaften des öffentlichen Rechtes werden diejenigen sozialen Versicherungsträger geführt, deren Zuständigkeitsbereich sich über das Gebiet eines Landes hinaus erstreckt. [2]Soziale Versicherungsträger, deren Zuständigkeitsbereich sich über das Gebiet eines Landes, aber nicht über mehr als drei Länder hinaus erstreckt, werden abweichend von Satz 1 als landesunmittelbare Körperschaften des öffentlichen Rechtes geführt, wenn das aufsichtsführende Land durch die beteiligten Länder bestimmt ist.

(3) [1]Außerdem können für Angelegenheiten, für die dem Bunde die Gesetzgebung zusteht, selbständige Bundesoberbehörden und neue bundesunmittelbare Körperschaften und Anstalten des öffentlichen Rechtes durch Bundesgesetz errichtet werden. [2]Erwachsen dem Bunde auf Gebieten, für die ihm die Gesetzgebung zusteht, neue Aufgaben, so können bei dringendem Bedarf bundeseigene Mittel- und Unterbehörden mit Zustimmung des Bundesrates und der Mehrheit der Mitglieder des Bundestages errichtet werden.

Reichsverfassung von 1871

Art. 41. Eisenbahnen, welche im Interesse der Vertheidigung Deutschlands oder im Interesse des gemeinsamen Verkehrs für nothwendig erachtet werden, können kraft eines Reichsgesetzes auch gegen den Widerspruch der Bundesglieder, deren Gebiet die Eisenbahnen durchschneiden, unbeschadet der Landeshoheitsrechte, für Rechnung des Reichs angelegt oder an Privatunternehmer zur Ausführung konzessionirt und mit dem Expropriationsrechte ausgestattet werden.

Jede bestehende Eisenbahnverwaltung ist verpflichtet, sich den Anschluß neu angelegter Eisenbahnen auf Kosten der letzteren gefallen zu lassen.

Die gesetzlichen Bestimmungen, welche bestehenden Eisenbahn-Unternehmungen ein Widerspruchsrecht gegen die Anlegung von Parallel- oder Konkurrenzbahnen einräumen, werden, unbeschadet bereits erworbener Rechte, für das ganze Reich hierdurch aufgehoben. Ein solches Widerspruchsrecht kann auch in den künftig zu ertheilenden Konzessionen nicht weiter verliehen werden.

Art. 42. Die Bundesregierungen verpflichten sich, die Deutschen Eisenbahnen im Interesse des allgemeinen Verkehrs wie ein einheitliches Netz verwalten und zu diesem Behuf auch die neu herzustellenden Bahnen nach einheitlichen Normen anlegen und ausrüsten zu lassen.

Art. 48. Das Postwesen und das Telegraphenwesen werden für das gesammte Gebiet des Deutschen Reichs als einheitliche Staatsverkehrs-Anstalten eingerichtet und verwaltet.

Die im Artikel 4 vorgesehene Gesetzgebung des Reichs in Post- und Telegraphen-Angelegenheiten erstreckt sich nicht auf diejenigen Gegenstände, deren Regelung nach den in der Norddeutschen Post- und Telegraphenverwaltung maßgebend gewesenen

Grundsätzen der reglementarischen Festsetzung oder administrativen Anordnung überlassen ist.

Art. 50. Dem Kaiser gehört die obere Leitung der Post- und Telegraphenverwaltung an. Die von ihm bestellten Behörden haben die Pflicht und das Recht, dafür zu sorgen, daß Einheit in der Organisation der Verwaltung und im Betriebe des Dienstes, sowie in der Qualifikation der Beamten hergestellt und erhalten wird.

Dem Kaiser steht der Erlaß der reglementarischen Festsetzungen und allgemeinen administrativen Anordnungen, sowie die ausschließliche Wahrnehmung der Beziehungen zu anderen Post- und Telegraphenverwaltungen zu.

Sämmtliche Beamte der Post- und Telegraphenverwaltung sind verpflichtet, den Kaiserlichen Anordnungen Folge zu leisten. Diese Verpflichtung ist in den Diensteid aufzunehmen.

Die Anstellung der bei den Verwaltungsbehörden der Post und Telegraphie in den verschiedenen Bezirken erforderlichen oberen Beamten (z. B. der Direktoren, Räthe, Ober-Inspektoren), ferner die Anstellung der zur Wahrnehmung des Aufsichts- u. s. w. Dienstes in den einzelnen Bezirken als Organe der erwähnten Behörden fungirenden Post- und Telegraphenbeamten (z. B. Inspektoren, Kontroleure) geht für das ganze Gebiet des Deutschen Reichs vom Kaiser aus, welchem diese Beamten den Diensteid leisten. Den einzelnen Landesregierungen wird von den in Rede stehenden Ernennungen, soweit dieselben ihre Gebiete betreffen, Behufs der landesherrlichen Bestätigung und Publikation rechtzeitig Mittheilung gemacht werden.

Die anderen bei den Verwaltungsbehörden der Post und Telegraphie erforderlichen Beamten, sowie alle für den lokalen und technischen Betrieb bestimmten, mithin bei den eigentlichen Betriebsstellen fungirenden Beamten u. s. w. werden von den betreffenden Landesregierungen angestellt.

Wo eine selbstständige Landespost- resp. Telegraphenverwaltung nicht besteht, entscheiden die Bestimmungen der besonderen Verträge.

Weimarer Reichsverfassung von 1919

Art. 78. […]

Art. 79. […]

Art. 83. Die Zölle und Verbrauchssteuern werden durch Reichsbehörden verwaltet.

Bei der Verwaltung von Reichsabgaben durch Reichsbehörden sind Einrichtungen vorzusehen, die den Ländern die Wahrung besonderer Landesinteressen auf dem Gebiete der Landwirtschaft, des Handels, des Gewerbes und der Industrie ermöglichen.

Art. 84. Das Reich trifft durch Gesetz die Vorschriften über:

1. die Einrichtung der Abgabenverwaltung der Länder, soweit es die einheitliche und gleichmäßige Durchführung der Reichsabgabengesetze erfordert;
2. die Einrichtung und Befugnisse der mit der Beaufsichtigung der Ausführung der Reichsabgabengesetze betrauten Behörden;
3. die Abrechnung mit den Ländern;
4. die Vergütung der Verwaltungskosten bei Ausführung der Reichsabgabengesetze.

Art. 88. Das Post- und Telegraphenwesen samt dem Fernsprechwesen ist ausschließlich Sache des Reichs.

Die Postwertzeichen sind für das ganze Reich einheitlich.

[Abs. 3–4]

Verträge über den Verkehr mit dem Ausland schließt allein das Reich.

Art. 89. Aufgabe des Reichs ist es, die dem allgemeinen Verkehre dienenden Eisenbahnen in sein Eigentum zu übernehmen und als einheitliche Verkehrsanstalt zu verwalten.

[…]

Art. 91. Die Reichsregierung erläßt mit Zustimmung des Reichsrats die Verordnungen, die den Bau, den Betrieb und den Verkehr der Eisenbahnen regeln. Sie kann diese Befugnis mit Zustimmung des Reichsrats auf den zuständigen Reichsminister übertragen.

Art. 97. Aufgabe des Reichs ist es, die dem allgemeinen Verkehre dienenden Wasserstraßen in sein Eigentum und seine Verwaltung zu übernehmen.

[Abs. 2]

Bei der Verwaltung, dem Ausbau oder dem Neubau von Wasserstraßen sind die Bedürfnisse der Landeskultur und der Wasserwirtschaft im Einvernehmen mit den Ländern zu wahren. Auch ist auf deren Förderung Rücksicht zu nehmen.

Übersicht

A. Allgemeine Bedeutung

Art. 87 knüpft an die Vorschrift des Art. 86 an und legt die einzelnen **Gegenstände der bundeseigenen Verwaltung** fest.[1] Gegenüber Art. 86 ist Art. 87 teils Komplementärnorm, teils *lex specialis.*[2] Er erfasst sowohl die gesetzesakzessorische als auch die gesetzesfreie Bundesverwaltung.[3] 1

Art. 87 Abs. 1 S. 1 zählt die Gegenstände bundeseigener Verwaltung auf, die **obligatorisch** vom Bund zu führen sind.[4] Das sind der Auswärtige Dienst, die Bundesfinanzverwaltung und nach Maßgabe des Art. 89 die Verwaltung der Bundeswasserstraßen und der Schifffahrt. Bei den genannten Gegenständen handelt es sich um **unmittelbare Bundesverwaltung** mit eigenem regional gegliedertem Verwaltungsunterbau. Dieser ist zwingend vorgeschrieben.[5] Die Einzelheiten ergeben sich aus den Art. 87a–90 und für die Bundesfinanzverwaltung aus Art. 108 sowie aus Art. 143b für das Sondervermögen Deutsche Bundespost. 2

Art. 87 Abs. 1 S. 1 hat durch das G zur Änderung des GG v. 20.12.1993[6] eine einschneidende Änderung erfahren. Gemäß dessen Art. 1 Nr. 4 wurden „die Bundeseisenbahnen" gestrichen. Sie sind nunmehr in Art. 87e eigens geregelt.[7] Die Bundespost wurde durch § 1 Abs. 2 des G über die Unternehmensverfassung der Deutschen Bundespost (Postverfassungsgesetz – PostVerfG v. 8.6.1989[8]) in drei Teilbereiche gegliedert: Postdienst, Postbank, Telekom. Durch das G zur Änderung des GG v. 30.8.1994[9] wurde nunmehr auch „die Bundespost" gestrichen (Art. 1 Nr. 3).[10] 3

Art. 87 Abs. 1 S. 1 erfüllt innerhalb des VIII. Abschnitts gleich mehrere Funktionen. Zum einen weist er dem Bund Gegenstände zur Verwaltung zu 4

[1] Vgl. zur Entstehung der Norm umfassend *Jestaedt* in Umbach/Clemens Rn. 1 ff.; *Hermes* in Dreier Rn. 6 ff.; *Sachs* in Sachs Rn. 1 ff.; *Bull* in AK Rn. 1 ff.; siehe zur Einordnung in das Gesamtgefüge des GG allgemein *Ibler* in Maunz/Dürig Rn. 1–43.

[2] So zutreffend *Jestaedt* in Umbach/Clemens Rn. 30.

[3] Vgl. statt aller *Jestaedt* in Umbach/Clemens Rn. 53 mwN.

[4] S. hierzu auch *Burgi* in MKS Rn. 1; *Jestaedt* in Umbach/Clemens Rn. 32 u. 54 ff.

[5] Vgl. auch *Sachs* in Sachs Rn. 20; *Burgi* in MKS Rn. 5; *Hermes* in Dreier Rn. 23.

[6] BGBl. 1993 I 2089.

[7] Vgl. die Einzelheiten dort.

[8] BGBl. 1989 I 1026.

[9] BGBl. 1994 I 2245.

[10] → Art. 87f Rn. 1.

und weicht damit von der Grundsatznorm des Art. 83 ab.[11] Die Vorschrift gibt dem Bund insoweit nicht nur die Kompetenz, Verwaltungsbehörden für bestimmte Aufgaben zu haben; sie begründet darüber hinaus auch die materielle Verwaltungszuständigkeit für diese Aufgaben[12] und ist damit Kompetenz- und Organisationsnorm zugleich.[13] Zum anderen überträgt sie dem Bund die Pflicht, diese Aufgaben auch wahrzunehmen,[14] wodurch Organisationsbestand und Aufgabenzuordnung in ihrem spezifischen Kernbereich gewährleistet werden.[15] Gegenüber Kompetenzerweiterungen unter dem Gesichtspunkt der Annexzuständigkeit oder kraft Natur der Sache ist Zurückhaltung geboten.[16]

5 Umstritten ist, ob Art. 87 Abs. 1 S. 1 als zwingende Staatsaufgabennorm jeder materiellen **Privatisierung** entgegensteht.[17] Begrifflich ist zwischen der Privatisierung in materiellem Sinne, der Vermögensveräußerung verbunden mit einer Übertragung der bisherigen Staatsaufgaben auf Private, der formellen (Organisations-) Privatisierung, dem Wechsel der Rechtsform bei gleichzeitigem Verbleib der Aufgabe in den Händen des Staates, und der funktionellen Privatisierung, der Erbringung von Leistungen durch Private unter staatlicher Aufsicht, zu unterscheiden.[18] Nach wohl überwiegender Auffassung sind privatrechtliche Organisationsformen unter den folgenden vier Voraussetzungen zulässig: **(1)** Es muss ein besonderer sachlicher Grund vorliegen, **(2)** die betroffenen Aufgaben müssen als abgrenzbare, nicht typusprägende Teilaufgaben innerhalb des betroffenen Verwaltungsbereichs qualifiziert werden können **(3)** der Kernbereich der Verwaltungsmaterie muss bei den Behörden verbleiben und **(4)** die fortdauernde Anbindung an den Staat muss gewährleistet sein.[19] Ohne weiteres zulässig ist dagegen das sog. privatrechtsförmige Verwaltungshandeln.[20]

6 Neben der obligatorischen **Bundesverwaltung** sieht **Art. 87 Abs. 1 S. 2** eine **fakultative** vor.[21] Es handelt sich dabei um die Bundesgrenzschutzbehörden, Zentralstellen für das polizeiliche Auskunfts- und Nachrichtenwesen, Zentralstellen für die Kriminalpolizei und zur Sammlung von Unterlagen für Zwecke des Verfassungsschutzes und des Schutzes gegen Bestrebungen im Bundesgebiet, die durch Gewalt oder darauf gerichtete Vorbereitungshand-

---

[11] Siehe auch *Hermes* in Dreier Rn. 15; *Sachs* in Sachs Rn. 11; *Jestaedt* in Umbach/Clemens Rn. 29; *Ibler* in Maunz/Dürig Rn. 1 ff.

[12] Vgl. näher *Sachs* in Sachs Rn. 11.

[13] Siehe auch *Jestaedt* in Umbach/Clemens Rn. 41 f.; *Ibler* in Maunz/Dürig Rn. 9.

[14] AllgM, vgl. *Pieroth* in Jarass/Pieroth Rn. 2; *Sachs* in Sachs Rn. 16; *Hermes* in Dreier Rn. 20.

[15] *Sachs* in Sachs Rn. 21 ff.

[16] So mit Recht auch *Sachs* in Sachs Rn. 11; → Art. 83 Rn. 10 ff. Allerdings schließt die Gesetzgebungs- und Verwaltungskompetenz des Bundes aus Art. 73 Nr. 10b sowie Art. 87 Abs. 1 S. 2 als Annex beispielsweise die Befugnis ein, Auskunftsansprüche der Presse gegenüber dem Bundesamt für Verfassungsschutz zu regeln, vgl. OVG NRW, NJW 2017, 3458 (3459] Rn. 8–9.

[17] Dafür *Sachs* in Sachs Rn. 19, 23; *Ibler* in Maunz/Dürig Rn. 55; dagegen: *Pieroth* in Jarass/Pieroth Rn. 15.

[18] So zutreffend *Bull* in AK Vor Art. 83 Rn. 79; siehe auch *Kirchhof* in Maunz/Dürig, Art. 83 Rn. 98 ff.

[19] Vgl. näher *Burgi* in MKS Rn. 24; *Pieroth* in Jarass/Pieroth Rn. 16; *Blümel* in HdbStR IV § 101 Rn. 89; *Hermes* in Dreier Rn. 24; *Jestaedt* in Umbach/Clemens Rn. 44, 50 f.; *Ibler* in Maunz/Dürig Rn. 56: nur Hilfstätigkeiten Privater erlaubt.

[20] So auch *Sachs* in Sachs Rn. 19; *Lerche* in Maunz/Dürig, GG, Voraufl. 1992, Rn. 37.

[21] S. hierzu näher *Hermes* in Dreier Rn. 31 ff.; *Burgi* in MKS Rn. 29 ff.; *Jestaedt* in Umbach/Clemens Rn. 32, 74 ff.

lungen auswärtige Belange der Bundesrepublik gefährden. In diesem Bereich besteht im Unterschied zu den in S. 1 genannten Einrichtungen keine über die allgemeine Gemeinwohlbindung hinausreichende Verpflichtung des Bundes[22] zur positiven Wahrnehmung dieser Kompetenz.[23] Als Schranke gegenüber einer – im Übrigen kaum vorstellbaren – Aufgabenprivatisierung kommt Art. 87 Abs. 1 S. 2 nicht in Frage.[24]

Unklar ist die Bedeutung des Begriffs **„durch Bundesgesetz"** in Art. 87 **7**
Abs. 1 S. 2.[25] Man könnte in ihm den Grundsatz des Vorbehalts des Gesetzes niedergelegt sehen oder den Ausschluss des Zustimmungserfordernisses des Bundesrates.[26] Beide Auslegungen werden jedoch der Bedeutung des Art. 87 nicht gerecht. Der Ausschluss des Zustimmungserfordernisses des Bundesrates kann nicht Sinn der Regelung sein, weil im Rahmen der bundeseigenen Verwaltung naturgemäß die Mitwirkung des Bundesrates als Ausdruck des föderativen Elements die Ausnahme ist.[27] Der Vorbehalt des Gesetzes kann nicht angesprochen sein, weil er iRd Art. 87 Abs. 1 S. 1 ebenfalls keine Rolle spielt.[28] Deshalb dürfte der genannten Formulierung wohl nur die Bedeutung zukommen, dass es im Hinblick auf das Verhältnis von Bund und Ländern und deren Stellung im Verfassungsgefüge bei der Inanspruchnahme der Zuständigkeit durch den Bund der Transparenz wegen eines Gesetzes bedarf; denn die in S. 2 genannten Gegenstände erfordern nicht unbedingt eine Zuständigkeit des Bundes für eine effektive Verwaltung.[29]

Art. 87 Abs. 2 bestimmt, dass als **bundesunmittelbare Körperschaften** **8**
des öffentlichen Rechts diejenigen **sozialen Versicherungsträger** zu führen sind, deren Zuständigkeitsbereich sich über das Gebiet eines Landes

---

[22] Vgl. *Sachs* in Sachs Rn. 33; *Burgi* in MKS Rn. 54; *Hermes* in Dreier Rn. 32; s. in diesem Zusammenhang auch *Denninger* ZRP 1981, 231 ff.

[23] Die fakultative, eine Verpflichtung zum Tätigwerden nicht beinhaltende Verwaltungskompetenz des Bundes kann auch dergestalt wahrgenommen werden, dass die jeweilige Aufgabe – etwa der grenzpolizeiliche Schutz des Bundesgebiets – nicht in vollem Umfang durch den Bund oder nicht für alle Länder einheitlich ausgeübt wird (vgl. *Hermes* in Dreier Rn. 33). Allerdings darf das jeweilige Land von Verfassungs wegen – weder der Bund noch die Länder können auf die Ausübung zugeweisener und von Ihnen in Anspruch genommener Kompetenzen verzichten (BVerfGE 32, 145 [156]; 108, 169 [182]) – nur „im Einvernehmen" mit dem Bund tätig werden (vgl. auch § 2 Abs. 1 BPolG: „Der Bundespolizei obliegt der grenzpolizeiliche Schutz des Bundesgebiets (Grenzschutz), soweit nicht ein Land im Einvernehmen mit dem Bund Aufgaben des grenzpolizeilichen Einzeldienstes mit eigenen Kräften wahrnimmt."). Das Verbot der Mischverwaltung setzt die Wahrung der Letztveranwortung des Bundes zwingend voraus (vgl. → Art. 83 Rn. 17).
Dies schließt – ungeachtet der (Völker- und Europa-) Rechtswidrigkeit eines solchen Handelns (vgl. hierzu näher *Winkelmann* in Bergmann/Dienelt, Ausländerrecht, § 18 AsylG Rn. 13 f. u. Rn. 23, 28 u. 41 f. zu) – eine verfahrens- und rechtsschutzlose Zurückweisung von Asylbewerbern an der Grenze durch Landes(polizei)behörden entgegen dem Bundeswillen aus. Soweit der Bund von seiner fakultativen Verwaltungskompetenz Gebrauch macht, ist jedes (eigenmächtige) Handeln der Länder ausgeschlossen (vgl. hierzu auch *Hermes* in Dreier Rn. 33). Letzteres würde zugleich auch deren Verpflichtung zu bundes-/länderfreundlichem Verhalten widersprechen. Die Gesetzgebungskompetenz für den Grenzschutz liegt gemäß Art. 73 Abs. 1 Nr. 5 ausschließlich beim Bund (siehe zur Problemlage – namentlich zur Wiedergeburt der bayerischen Grenzpolizei – allgemein *Kingreen/Schönberger* NVwZ 2018, 1625 ff.).

[24] S. näher *Burgi* in MKS Rn. 54.

[25] Vgl. bereits *Klein* AöR 88 (1963), 377 (406 f.), der letztlich auch keine Lösung anbietet.

[26] So *Dittmann,* Die Bundesverwaltung, 1983, 226.

[27] S. hierzu auch *Sachs* in Sachs Rn. 35: keine Zustimmung des Bundesrates erforderlich.

[28] So zutreffend *Klein* AöR 88 (1963), 377 (406 f.).

[29] Zust. *Lerche* in Maunz/Dürig, GG, Voraufl. 1992, Rn. 121 mit Fn. 15; siehe auch *Sachs* in Sachs Rn. 34 f.; *Hermes* in Dreier Rn. 34; *Ibler* in Maunz/Dürig Rn. 76 ff.

hinaus erstreckt. Es handelt sich um eine Zuständigkeitsnorm für die Verwaltungstätikeit des Bundes, nicht etwa um eine verfassungsrechtliche Garantie der Sozialversicherung.[30] Der Bund ist deshalb nicht gehindert, eine soziale Absicherung, zu der er aufgrund des Sozialstaatsprinzips und der Garantie der Menschenwürde verpflichtet ist, in privatversicherungsrechtlichen Formen anzustreben.[31]

9 Nach der vormals geltenden Fassung des Art. 87 Abs. 2 führte bereits die geringste Zuständigkeitsüberschreitung eines landesunmittelbaren Sozialversicherungsträgers über das Sitzland hinaus dazu, dass der Versicherungsträger automatisch unter die Bundesaufsicht wechselte, also eine bundesunmittelbare Körperschaft wurde. Zu Recht sahen die Kommission Verfassungsreform des Bundesrates und die GemVerfKom. insoweit Korrektur- und Reformbedarf.[32] Nicht jede noch so geringfügige Überschreitung von Ländergrenzen bei der Betreuung von Versicherten dürfe automatisch die Bundesunmittelbarkeit des betreffenden Sozialversicherungsträgers zur Folge haben.

10 Diesem Anliegen hat der Bundesgesetzgeber durch das G zur Änderung des GG v. 27.10.1994[33] Rechnung getragen. Abweichend von S. 1 werden soziale Versicherungsträger, deren Zuständigkeitsbereich sich über das Gebiet eines Landes, aber nicht über mehr als drei Länder hinaus erstreckt, auch dann als landesunmittelbare Körperschaften des öffentlichen Rechts geführt, wenn das aufsichtsführende Land durch die beteiligten Länder bestimmt ist.[34]

11 Der Begriff der juristischen Person des öffentlichen Rechts in Art. 87 Abs. 2 ist umfassend zu verstehen und bezieht auch die rechtsfähigen Anstalten und Stiftungen des öffentlichen Rechts mit ein,[35] so zB die Bundesanstalt (Bundesagentur) für Arbeitsvermittlung und Arbeitslosenversicherung.[36]

12 Es handelt sich um eine obligatorische mittelbare Bundesverwaltung, die mit eigenem Verwaltungsunterbau geführt werden kann, weil andernfalls die gestellten Aufgaben nicht sachgerecht zu erfüllen sind.[37] Eine unmittelbare Verwaltung durch Bundesbehörden ist ausgeschlossen.[38] Dem Einsatz privatrechtlicher Organisationsformen steht der Wortlaut des Art. 87 Abs. 2 („Körperschaften des öffentlichen Rechts") entgegen.[39]

13 Schließlich sieht **Art. 87 Abs. 3 S. 1** eine fakultative Bundesverwaltungskompetenz für Angelegenheiten vor, für die dem Bund die Gesetzgebung zusteht.[40] Die Errichtung dieser Bundesverwaltung setzt ein entsprechendes

---

[30] BVerfGE 39, 302 (314 f.); 77, 340 (344); 113, 167 (201 f.); siehe auch *Sachs* in Sachs Rn. 57; *Hermes* in Dreier Rn. 60; *Burgi* in MKS Rn. 82.

[31] S. hierzu näher *Sachs* in Sachs Rn. 57.

[32] Vgl. BT-Drs. 12/6000, 41 f.; siehe auch *Jahn* DVBl. 1994, 177 (182).

[33] BGBl. 1994 I 3146; Art. 1 Nr. 11.

[34] S. hierzu näher *Sachs* in Sachs Rn. 51.

[35] BVerfGE 37, 1 (24); siehe auch *Pieroth* in Jarass/Pieroth Rn. 10 mwN.

[36] Vgl. auch *Pieroth* in Jarass/Pieroth Rn. 11; *Sachs* in Sachs Rn. 49; abl. hinsichtlich des Arbeitslosengeldes II: *Henneke* ZG 2003, 137 (152 f.).

[37] Zust. *Lerche* in Maunz/Dürig, GG, Voraufl. 1992, Rn. 152; siehe auch *Hermes* in Dreier Rn. 61.

[38] So ausdrücklich BVerfGE 63, 1 (36); siehe auch *Sachs* in Sachs Rn. 53.

[39] Vgl. näher *Hermes* in Dreier Rn. 62; *Burgi* in MKS Rn. 80.

[40] S. hierzu auch *Sachs* in Sachs Art. 87 Rn. 60 ff.; *Hermes* in Dreier Rn. 65 ff.; *Burgi* in MKS Rn. 88 ff.; *Dittmann,* Die Bundesverwaltung, 1983, 251 ff. Instruktiv zur Bundesverwaltungskompetenz nach Art. 87 Abs. 3 S. 1 aus jüngerer Zeit: BFH Urt. v. 8.7.2015 – X R 41/13 –, BFHE 250, 397 ff., betreffend die Übertragung der Zuständigkeit zur Gewährung der Altersvorsorgezulage auf das Bundeszentralamt für Steuern und im Wege der Organleihe auf die Deutsche Rentenversicherung Bund; sowie zum Netzausbaubeschleunigungsgesetz Übertragungsnetz (NABEG), *Durner* DVBl. 2011, 853 (857 f.).

Gesetz voraus. Ein Verwaltungsunterbau ist nicht zulässig, wie sich aus dem Gegensatz zu Art. 87 Abs. 3 S. 2 ergibt.[41] Auch iRd Art. 87 Abs. 3 ist die Statthaftigkeit der Verwendung privatrechtlicher Organisationsformen umstritten.[42]

B. Einzelfragen

I. Art. 87 Abs. 1

Mit der Bestimmung, dass der **Auswärtige Dienst** mit eigenem Verwaltungsunterbau in bundeseigener Verwaltung geführt wird, knüpft das GG an die Vorschrift des Art. 32 Abs. 1 an.[43] Danach ist die Pflege der Beziehungen zu auswärtigen Staaten Sache des Bundes.[44] Die Einrichtung von Botschaften oder Konsulaten ist den Ländern verwehrt.[45] Die Beteiligung eines Landes ist nur unter den besonderen Voraussetzungen des Art. 32 Abs. 2 vorgesehen. 14

Bezüglich der Maßnahmen von Bund und Ländern mit Auslandsberührung kann nicht immer eindeutig die Zuständigkeit des Bundes oder eines Landes/der Länder begründet werden. Im Hinblick darauf kommt der als **„Lindauer Abkommen“** bezeichneten „Verständigung zwischen Bundesregierung und den Staatskanzleien der Länder über das Vertragsschließungsrecht des Bundes vom 14. November 1957“ für die Staatspraxis überragende Bedeutung zu.[46] So rechnen etwa die Goethe-Institute nach Maßgabe des Art. 32 zur Aufgabe des Bundes, da ihm (allein) die Pflege der Beziehungen zu auswärtigen Staaten zukommt. Gleichwohl sind die Goethe-Institute auch im Inland tätig. Bei deren Förderung im Inland durch den Bund ist wegen der grundsätzlich den Ländern allein zukommenden Zuständigkeiten für den Kultusbereich Zurückhaltung geboten.[47] 15

Die Einzelheiten der **Bundesfinanzverwaltung** ergeben sich aus Art. 108.[48] 16

Zur **Verwaltung der Bundeswasserstraßen und der Schifffahrt** s. *Bickenbach,* und Art. 89.[49] 17

Unter den nach **Art. 87 Abs. 1 S. 2** fakultativ einzurichtenden Behörden sind die Zentralstellen und die Bundesgrenzschutzbehörden zu unterscheiden. **Zentralstellen** sind Behörden der bundeseigenen Verwaltung, die 18

[41] Ebenso *Lerche* in Maunz/Dürig, GG, Voraufl. 1992, Rn. 209, 211; siehe auch *Pieroth* in Jarass/ Pieroth Rn. 9, 14; *Sachs* in Sachs Rn. 67 f. Zulässig sind hingegen sog. Außenstellen, vgl. *Hermes* in Dreier Rn. 86.

[42] Grundsätzlich abl. *Sachs* in Sachs Rn. 19; a. A. *Burgi* in MKS Rn. 106 f., kein generelles Verbot, lediglich quantitative Begrenzung – wie → Rn. 5.

[43] Ausführlich hierzu *Lerche* in Maunz/Dürig, GG, Voraufl. 1992, Rn. 55 ff.; *Ibler* in Maunz/Dürig Rn. 64 ff.

[44] Vgl. näher *Dittmann,* Die Bundesverwaltung, 1983, 113 ff.; *Sachs* in Sachs Rn. 25 ff.; *Burgi* in MKS Rn. 10 ff.; *Hermes* in Dreier Rn. 26 ff.; *Jestaedt* in Umbach/Clemens Rn. 64 ff.

[45] → Art. 32 Rn. 18.

[46] Vgl. zu den Einzelheiten → Art. 32 Rn. 49 ff.

[47] Zur Europäischen Union s. → Art. 23.

[48] Vgl. näher *Heintzen* → Art. 108 Rn. 1 ff.; *Hermes* in Dreier Rn. 29; *Burgi* in MKS Rn. 6; *Sachs* in Sachs Rn. 29 ff.; *Dittmann,* Die Bundesverwaltung, 1983, 151 ff.; *Jestaedt* in Umbach/Clemens Rn. 69 ff.; *Ibler* in Maunz/Dürig Rn. 72 ff.

[49] → Art. 89 Rn. 1 ff.; *Sachs* in Sachs Rn. 32; *Hermes* in Dreier Rn. 30; *Dittmann,* Die Bundesverwaltung, 1983, 184 ff. u. 193 ff.; *Jestaedt* in Umbach/Clemens Rn. 71 ff.; *Ibler* in Maunz/Dürig Rn. 73 ff.

bundesweit zuständig sind und keinen Verwaltungsunterbau besitzen.[50] Ihre Aufgabe besteht darin, das Handeln der Länder und des Bundes in einem bestimmten Verwaltungsbereich zu koordinieren.[51] Sie können eingerichtet werden für das polizeiliche Auskunfts- und Nachrichtenwesen, für die Kriminalpolizei, die Sammlung von Unterlagen für Zwecke des Verfassungsschutzes und zum Schutz auswärtiger Belange. Das polizeiliche Auskunfts- und Nachrichtenwesen beinhaltet die Sammlung, Auswertung und Weitergabe von Informationen über alle Fragen der Gefahrenabwehr und Strafverfolgung.[52] Der Begriff Kriminalpolizei umfasst alle Aspekte der Verbrechensbekämpfung – auch der vorbeugenden.[53] Die Sammlung von Unterlagen für Zwecke des Verfassungsschutzes betrifft die Auswertung von Daten und ihre Übermittlung an die entsprechenden Stellen der Länder. Zur Sammlung gehört auch die eigenständige Beschaffung.[54] Polizeiliche oder polizeiähnliche Zwangsmittel kommen dem Verfassungsschutz dagegen nicht zu (§ 8 Abs. 3 BVerfSchG).[55] Die Zentralstellen für das polizeiliche Auskunfts- und Nachrichtenwesen und für die Kriminalpolizei finden sich im Bundeskriminalamt. Die Aufgabe der Unterlagensammlung liegt beim Bundesamt für den Verfassungsschutz. Keine Zentralstellen sind der Bundesnachrichtendienst und der Militärische Abschirmdienst.[56]

19 Umstritten sind die **Exekutivbefugnisse**[57] **des Bundeskriminalamts.**[58] Zutreffend hat *Hermes*[59] darauf hingewiesen dass eine Klärung der Frage nicht ohne Berücksichtigung der Differenzierung erfolgen darf, die Art. 73 Abs. 1 Nr. 10 zwischen der „Zusammenarbeit des Bundes und der Länder" auf der einen und der Kompetenz zur „Einrichtung eines Bundeskriminalpolizeiamtes" auf der anderen Seite trifft. Durch die im Rahmen der Föderalismusreform geschaffene Kompetenz zur Abwehr von Gefahren des internationalen Terrorismus (Art. 73 Abs. 1 Nr. 9a) wird dieser Gesichtspunkt noch einmal verstärkt.[60] Daraus ist zumindest zu schließen, dass die Befugnisse des Bundeskriminalamts über das hinausgehen dürfen, was anderen Zentralstellen gestattet ist.[61] Dessen Kompetenzen umfassen deshalb grundsätzlich auch eine außenwirksame Polizeitätigkeit.[62] Allerdings ist aufgrund der prinzipiellen Polizeihoheit der Länder ein sachlicher Zusammenhang mit dem Zentral-

---

[50] Vgl. *Sachs* in Sachs Rn. 47; *Dittmann,* Die Bundesverwaltung, 1983, 229 f.; *Hermes* in Dreier Rn. 46 ff.; *Burgi* in MKS Rn. 31 ff.; *Ibler* in Maunz/Dürig Rn. 115.

[51] S. hierzu näher *Jestaedt* in Umbach/Clemens Rn. 79. Vgl. zum Erfordernis der Koordination einer föderalen Kooperation auch *Linke* DÖV 2015, 128 (133).

[52] Vgl. näher *Sachs* in Sachs Rn. 41; *Hermes* in Dreier Rn. 50 ff.; *Burgi* in MKS Rn. 48; *Jestaedt* in Umbach/Clemens Rn. 81.

[53] S. näher *Hermes* in Dreier Rn. 50; *Jestaedt* in Umbach/Clemens Rn. 82; *Burgi* in MKS Rn. 48.

[54] Vgl. *Sachs* in Sachs Rn. 43 mwN.

[55] S. hierzu *Jestaedt* in Umbach/Clemens Rn. 83; *Sachs* in Sachs Rn. 45.

[56] Vgl. näher *Jestaedt* in Umbach/Clemens Rn. 83; *Dittmann,* Die Bundesverwaltung, 1983, 236 f.; *Pieroth* in Jarass/Pieroth Rn. 7.

[57] S. hierzu auch das G zur Abwehr von Gefahren des internationalen Terrorismus durch das Bundeskriminalamt v. 25.12.2008, BGBl. 2008 I 3083 ff.

[58] Für eine unmittelbar außenwirksame Polizeitätigkeit namentlich *Sachs* in Sachs Rn. 42; abl. dagegen *Becker* DÖV 1978, 551 (555): Art. 87 verleihe dem Bund lediglich eine Organisationsbefugnis zur Einrichtung von Zentralstellen ohne sachliche Zuständigkeit.

[59] *Dreier* Rn. 52.

[60] S. hierzu *Tams* DÖV 2007, 367 (369).

[61] So zutreffend *Hermes* in Dreier Rn. 52.

[62] In diese Richtung auch *Lerche* in Maunz/Dürig, GG, Voraufl. 1992, Rn. 130, 139; *Ibler* in Maunz/Dürig Rn. 121; *Burgi* in MKS Rn. 47.

stellen-Charakter und dem in Art. 87 Abs. 1 S. 2 Alt. 1 u. 2 umschriebenen Aufgabenbereich des Bundeskriminalamts unabdingbar.[63] Für eine Übertragung zentralstellenfremder Aufgaben vermag Art. 87 Abs. 1 S. 2 keine Verwaltungszuständigkeit des Bundes zu begründen.[64] Verfassungsrechtlich unbedenklich ist eine derartige Aufgabenbetrauung nur dann, wenn dem Bund anderweitig – etwa durch Art. 73 Abs. 1 Nr. 9a u. Nr. 10 – eine Verwaltungskompetenz zugewiesen ist.[65]

Streitig ist außerdem, ob den Zentralstellen aufgrund der Bundeskom- 20
petenz zur gesetzlichen Regelung der Zusammenarbeit des Bundes und der Länder (Art. 73 Abs. 1 Nr. 10) ein **Weisungsrecht gegenüber Landesbehörden** eingeräumt werden darf.[66] Mangels ausdrücklicher Normierung von Weisungsrechten in Art. 87 Abs. 1 S. 2 und Art. 73 Abs. 1 Nr. 10 ist dies zu verneinen. Ein Ausschluss der Landeshoheit bedarf stets förmlicher Anordnung (vgl. Art. 84 Abs. 5, Art. 85 Abs. 3).

In der Betonung des Begriffs „Sammlung von Unterlagen" verwirklicht 21
sich die im „Polizeibrief" der westalliierten Militärgouverneure v. 14.4.1949[67] vorgeschriebene **Trennung der Informationsbeschaffung zum Zwecke des Verfassungsschutzes** oder des Nachrichtendienstes **von den exekutiven Befugnissen.**[68] Daraus folgt indes noch kein verfassungsrechtliches Gebot, polizeiliche von nachrichtendienstlichen Stellen zu trennen.[69] Spezielle Trennungsgebote für den Bereich der Sicherheitsverwaltung können sich jedoch aus anderen Verfassungsnormen, namentlich dem Rechts- und dem Bundesstaatsprinzip oder den Grundrechten ergeben.[70] Aufgrund der Eigenart der Materien der (Kriminal-)Polizei und des Verfassungsschutzes und der Andersartigkeit ihrer Aufgaben und Befugnisse ist jedoch davon auszugehen, dass Zentralstellen, die mit Aufgaben des Verfassungsschutzes befasst sind, nicht mit einer Zentralstelle betreffend das „polizeiliche Auskunfts- und Nachrichtenwesen" oder die „Kriminalpolizei" zusammengelegt werden dürfen.[71]

---

[63] Für Einschränkungen aufgrund des Zentralstellen-Charakters und die Notwendigkeit eines Bezuges zur Koordinierungstätigkeit auch *Sachs* in Sachs Rn. 42; *Burgi* in MKS Rn. 47; *Ibler* in Maunz/Dürig Rn. 121.

[64] So mit Recht *Jestaedt* in Umbach/Clemens Rn. 82.

[65] Ebenso *Jestaedt* in Umbach/Clemens Rn. 82.

[66] Dafür *Lerche* in Maunz/Dürig, GG, Voraufl. 1992, Rn. 129; *Pieroth* in Jarass/Pieroth Rn. 5; *Burgi* in MKS Rn. 47; dagegen *Hermes* in Dreier Rn. 49; *Becker* DÖV 1978, 551 (554); *Stern* StaatsR II § 41 Kap. VII 6c; *Ibler* in Maunz/Dürig Rn. 116 f.: nur koordinationsrechtliches Weisungsrecht.

[67] Abgedruckt bei *Bull* in AK Rn. 65.

[68] So zutreffend *Pieroth* in Jarass/Pieroth Rn. 7; *Ibler* in Maunz/Dürig Rn. 144 mwN.

[69] Vgl. auch *Burgi* in MKS Rn. 35; *Hermes* in Dreier Rn. 35 f.; *Pieroth* in Jarass/Pieroth Rn. 7 jeweils mwN; offen gelassen in BVerfGE 97, 198 (217); 100, 313 (369 f.).

[70] So ausdrücklich BVerfGE 97, 198 (217); siehe zur verfassungsrechtlichen Fundierung eines informationellen Trennungsprinzips im Grundrecht auf informationelle Selbstbestimmung nunmehr BVerfGE 133, 277 (329) Rn. 123: Danach dürfen Daten zwischen den Nachrichtendiensten und Polizeibehörden grundsätzlich nicht ausgetauscht werden. Einschränkungen der Datentrennung sind nur ausnahmsweise zulässig und bedürfen eines herausragenden öffentlichen Interesses, das durch hinreichend konkrete und qualifizierte Eingriffsschwellen definiert und auf der Grundlage normenklarer gesetzlicher Regelungen gesichert ist.

[71] Ebenso *Hermes* in Dreier Rn. 36; *Jestaedt* in Umbach/Clemens Rn. 80; *Sachs* in Sachs Rn. 45 Fn. 74; *Pieroth* in Jarass/Pieroth Rn. 5 jeweils mwN; *Bull* in AK Rn. 85; a. A. *Roewer* DVBl. 1986, 205 (206); *Nehm* NJW 2004, 3289 (3291); *König*, Trennung und Zusammenarbeit von Polizei und Nachrichtendiensten, 2005, 151 ff.

22 Der **Bundesgrenzschutz (die Bundespolizei)**[72] wird in bundeseigener Verwaltung (§ 1 Abs. 1 S. 1 Bundespolizeigesetz) mit Ober-, Mittel- und Unterbehörden geführt. Diese Gliederung des Aufbaus ist unbedenklich.[73] Im Hinblick auf eine Aufgabenausweitung ist die Bundesgrenzschutzentscheidung[74] zu beachten. Danach hat der Bund keine Befugnis zur „Aufgabenfindung." Vielmehr bedarf es stets einer Anbindung der neuen Aufgabe an bestehende Kompetenzen oder Zuständigkeiten des Bundes. Zudem darf das ursprüngliche Gepräge des Bundesgrenzschutzes (besondere Polizei zur Sicherung der Grenzen des Bundes und zur Abwehr bestimmter Gefahrenlagen) nicht aufgegeben werden. Der Bundesgrenzschutz darf vor allem nicht zu einer mit den Landespolizeien konkurrierenden Bundespolizei „aus- und umgebaut" werden und damit sein Gepräge als Polizei mit begrenzten Aufgaben verlieren.[75] Dies gilt gerade auch nach der Umbenennung.[76]

23 Die in Art. 87 Abs. 1 S. 2 neben der Bundespolizei genannten Zentralstellen kann der Bund nebeneinander errichten. Zulässig wäre auch eine Zusammenfassung mehrerer Aufgaben bei einer Zentralstelle,[77] allerdings nur insoweit als die Eigenart der jeweiligen Materien – etwa das Trennungsgebot von (Kriminal-) Polizei und Verfassungsschutz – dem nicht entgegensteht. Ebenso wäre es unbedenklich, mehr als drei Zentralstellen für die genannten drei Bereiche zu gründen, wenn hierfür ein sachlicher Grund vorliegt. Mittel- oder Unterbehörden sind allerdings begriffsnotwendig ausgeschlossen. Der Bund ist insoweit auf die Zusammenarbeit mit den Ländern angewiesen. In Betracht kommen hierfür vor allem die Landeskriminalämter und die Landesämter für Verfassungsschutz. Nach Maßgabe des Art. 73 Abs. 1 Nr. 10 hat der Bund für die genannten Bereiche die ausschließliche Gesetzgebungskompetenz.[78]

II. Art. 87 Abs. 2

24 Die Vorschrift regelt die Führung länderübergreifender **Sozialversicherungsträger als bundesunmittelbare Körperschaften des öffentlichen Rechts.** Sozialversicherungsträger sind diejenigen Träger öffentlicher Verwaltung, die Aufgaben der Sozialversicherung iSd Art. 74 Abs. 1 Nr. 12 wahrnehmen[79] einschließlich der Arbeitslosenversicherung.[80] Art. 87 Abs. 2 S. 1 ist sowohl Kompetenz- als auch Organisationsnorm.[81] Die Vorschrift erfasst nicht nur bereits bei Erlass des GG bestehende Sozialhilfeträger, sondern gilt entsprechend ihrer systematischen Stellung als verfassungsrechtliche

[72] Vgl. Bundespolizeigesetz v. 19.10.1994, BGBl. I 2978; Gesetz zur Umbenennung des Bundesgrenzschutzes in Bundespolizei v. 21.6.2005, BGBl. I 1818.

[73] Zust. *Pieroth* in Jarass/Pieroth Rn. 4; *Lerche* in Maunz/Dürig, GG, Voraufl. 1992, Rn. 127; *Sachs* in Sachs Rn. 39; *Burgi* in MKS Rn. 31 mwN; speziell zur Verfassungsmäßigkeit der Errichtung des Bundespolizeipräsidiums, *Wagner* DÖV 2009, 66.

[74] BVerfGE 97, 198.

[75] BVerfGE 97, 198 (218).

[76] Vgl. zu den Grenzen einer Ausweitung der Aufgaben des Bundesgrenzschutzes (der Bundespolizei) eing. *Hermes* in Dreier Rn. 43 f.; *Ibler* in Maunz/Dürig Rn. 87 ff.

[77] Siehe auch *Sachs* in Sachs Rn. 48; *Stern* StaatsR II § 41 Kap. VII 6b; *Lerche* in Maunz/Dürig, GG, Voraufl. 1992, Rn. 132; *Ibler* in Maunz/Dürig Rn. 144.

[78] Vgl. zu diesem Komplex eing. *Gusy* DVBl. 1993, 1117; siehe auch BVerwG DVBl. 1990, 721.

[79] S. hierzu näher *Hermes* in Dreier Rn. 56; *Bull* in AK Rn. 100; *Dittmann,* Die Bundesverwaltung, 1983, 245 ff.; *Ibler* in Maunz/Dürig Rn. 159 ff.

[80] AA bezüglich des „Arbeitslosengeldes II", *Henneke* ZG 2003, 137 (152 f.).

[81] BVerfGE 21, 362 (371); 39, 302 (315); 63, 1 (35).

Dauerregelung auch für später neu hinzukommende Träger.[82] Der länderübergreifend zuständige Sozialhilfeträger ist (vorbehaltlich des Art. 87 Abs. 2 S. 2) zwingend als bundesunmittelbare Körperschaft des öffentlichen Rechts zu führen. Dies schließt jede unmittelbare Verwaltung durch Bundesbehörden aus.[83] Der Bund kann sich daher nicht selbst durch Gesetz zum Träger der Sozialversicherung machen.[84] Dagegen liegt die Kompetenz für die mittelbare Verwaltung allein beim Bund. Eine Landeskontrolle durch Landesbehörden ist unzulässig.[85] Der Rechtsträger muss eine Körperschaft öffentlichen Rechts sein.[86] Organisationsformen privaten Rechts sind damit ausgeschlossen.[87] Dies gilt auch für beliehene Unternehmen.[88] Ebenso wenig enthält Art. 87 Abs. 2 S. 1 eine Garantie der sozialen Selbstverwaltung. Dafür gibt schon der Wortlaut der Vorschrift – im Vergleich zu Art. 28 Abs. 2 – nichts her.[89]

Die Besonderheit des Art. 87 Abs. 2 S. 1 besteht darin, dass es der Bund weitgehend in der Hand hat, ob die Rechtsfolgen dieser Vorschrift überhaupt eintreten.[90] Wird das Gebiet eines Landes nicht überschritten, greift Art. 87 Abs. 2 S. 1 nicht ein. Es ist auch nicht erforderlich, dass das gesamte Gebiet eines Landes betroffen ist. Vielmehr reicht es aus, wenn sich die Zuständigkeit auf Gebietsteile zweier Länder erstreckt.[91] Da etwa die Zuständigkeit der Künstlersozialkasse über das Gebiet eines Landes hinausreicht, wird sie als bundesunmittelbare Körperschaft des öffentlichen Rechts geführt.[92] Der Zuständigkeitsbereich bestimmt sich nach Sinn und Zweck der Vorschrift danach, woran die Versicherungspflicht anknüpft, also zB den Wohnsitz oder die Beschäftigungsstelle. Nicht entscheidend kommt es darauf an, wohin die Versicherungsleistungen erbracht werden. 25

Die **„Rückholklausel"** des **Art. 87 Abs. 2 S. 2** greift nur ein, wenn sich die Zuständigkeit des Sozialversicherungsträgers auf höchstens drei Länder erstreckt und die beteiligten Länder das aufsichtsführende Land bestimmen.[93] Im Regelfall verbleibt es daher bei der Aufsicht des Bundes.[94] Liegen die Voraussetzungen des Art. 87 Abs. 2 S. 2 vor, werden die Sozialversicherungsträger in landesmittelbarer Verwaltung als landesunmittelbare Körperschaften 26

---

[82] BVerfGE 11, 105 (123); siehe auch *Hermes* in Dreier Rn. 57; *Sachs* in Sachs Rn. 50; *Ibler* in Maunz/Dürig Rn. 171, 203; a. A. *Lerche* in Maunz/Dürig, Voraufl. 1992, Rn. 161.

[83] So ausdrücklich BVerfGE 63, 1 (36).

[84] S. *Hermes* in Dreier Rn. 61; *Sachs* in Sachs Rn. 53.

[85] S. hierzu auch Sachs in Sachs Rn. 52.

[86] BVerfGE 113, 167 (201); siehe auch *Dittmann,* Die Bundesverwaltung, 1983, 94 f., 244; *Sachs* in Sachs Rn. 54.

[87] S. hierzu *Hermes* in Dreier Rn. 62; *Burgi* in MKS Rn. 80; *Sachs* in Sachs Rn. 56; *Ibler* in Maunz/Dürig Rn. 200.

[88] So zutreffend *Pieroth* in Jarass/Pieroth Rn. 10; *Hermes* in Dreier Rn. 62; *Burgi* in MKS Rn. 80; *Ibler* in Maunz/Dürig Rn. 199.

[89] So mit Recht *Sachs* in Sachs Rn. 55; *Ible*r in Maunz/Dürig Rn. 190; siehe auch *Stern* StaatsR II § 41 Kap. VII 5c; für einen Grundbestand an Selbstverwaltungsrechten hingegen *Lerche* in Maunz/Dürig, GG, Voraufl. 1992, Rn. 159; *Burgi* in MKS Rn. 77 f.; *Pieroth* in Jarass/Pieroth Rn. 10.

[90] Die Regelung räumt dem Bund für die Organisation und das Verfahren der Kranken- bzw. Sozialversicherung einen großen Spielraum ein, vgl. BVerfG (K) NVwZ-RR 2017, 169 (170) unter Verweis auf BVerfGE 113, 167 (201).

[91] Vgl. auch *Hermes* in Dreier Rn. 58; *Sachs* in Sachs Rn. 51.

[92] BSGE 69, 259.

[93] Vgl. näher *Sachs* in Sachs Rn. 59; *Burgi* in MKS Rn. 83 ff.; *Hermes* in Dreier Rn. 59; *Jestaedt* in Umbach/Clemens Rn. 94; *Ibler* in Maunz/Dürig Rn. 213.

[94] S. hierzu auch *Sachs* in Sachs Rn. 58.

des öffentlichen Rechts geführt.[95] Können sich die beteiligten Länder bezüglich des aufsichtsführenden Landes nicht einigen, verbleibt es bei der Bundesunmittelbarkeit nach S. 1.[96]

27 Art. 87 Abs. 2 S. 1 sagt nichts über den **Behördenaufbau.** Der Wortlaut lässt diese Frage offen. Die Zulässigkeit eines mehrstufigen Aufbaus ist zu bejahen, weil die verfassungsmäßige Stellung der Länder hierdurch nicht berührt wird.[97] Allerdings dürfen Bundes- und Landesbehörden grundsätzlich nicht in einem gegenseitigen Abhängigkeitsverhältnis zusammen arbeiten, weil dadurch eine unzulässige **Mischverwaltung** entstünde.[98] Die dauernde Einschaltung von Landesstellen in die Verwaltung begegnet jedoch dann keinen verfassungsrechtlichen Bedenken, wenn sie aus einem besonderen sachlichen Grund erfolgt und auf eine eng umrissene Verwaltungsmaterie begrenzt bleibt.[99]

III. Art. 87 Abs. 3

28 Art. 87 Abs. 3 eröffnet dem Bund den fakultativen Zugriff auf alle Verwaltungskompetenzen im Bereich seiner Gesetzgebung.[100] Er kann durch die Errichtung einer Bundesoberbehörde[101] oder die Bildung einer neuen[102] bundesunmittelbaren[103] Körperschaft des öffentlichen Rechts, der er bestimmte Aufgaben zuweist, die für das gesamte Bundesgebiet ohne bundeseigene Mittel- und Unterbehörden zentral wahrgenommen werden können, die Verwaltungszuständigkeit an sich ziehen und insoweit gleichzeitig die Verwaltungshoheit der Länder nach Art. 83 beenden.[104] Die Vorschrift hat

---

[95] Vgl. *Hermes* in Dreier Rn. 59; *Sachs* in Sachs Rn. 58.

[96] Die Länder haben einen Staatsvertrag über die Bestimmung der aufsichtsführenden Länder nach Art. 87 Abs. 2 Satz 2 des Grundgesetzes für die Bundesrepublik Deutschland abgeschlossen, abgedruckt in GV NRW 1996, 566. Dieser ist am 1.6.1997 in Kraft getreten, vgl. Bekanntmachung des Inkrafttretens, GV NRW 1997, 202. S. zu diesem Vertrag näher *Sachs* in Sachs Rn. 59a; *Burgi* in MKS Rn. 85.

[97] S. hierzu auch *Hermes* in Dreier Rn. 61; *Burgi* in MKS Rn. 73; *Sachs* in Sachs Rn. 55; *Ibler* in Maunz/Dürig Rn. 210.

[98] Hierzu ausf. → Art. 83 Rn. 15.

[99] Vgl. grdl. BVerfGE 63, 1 (36 ff.; 41).

[100] S. hierzu näher *Hermes* in Dreier Rn. 65 ff.; *Burgi* in MKS Rn. 88 ff.; *Sachs* in Sachs Rn. 60 ff.; *Ibler* in Maunz/Dürig Rn. 218 ff.

[101] Hierunter werden den Bundesministerien nachgeordnete Bundesbehörden ohne eigenen Verwaltungsunterbau mit Zuständigkeit für das gesamte Bundesgebiet verstanden, die organisatorisch aus den Ministerien ausgegliedert und in bestimmtem, allerdings unterschiedlichem Maße weisungsfrei gestellt sind, so ausdrücklich *Pieroth* in Jarass/Pieroth Rn. 8; siehe auch *Sachs* in Sachs Rn. 64.

[102] Für bereits bestehende bundesunmittelbare Körperschaften und Anstalten des öffentlichen Rechts greift Art. 130 Abs. 3 GG ein, vgl. hierzu näher *Sachs* in Sachs Rn. 67; *Jestaedt* in Umbach/Clemens Rn. 103.

[103] Bundesunmittelbar sind all diejenigen Einheiten mittelbarer Staatsverwaltung, die vom Bund errichtet wurden und unter seiner Aufsicht stehen, s. hierzu näher *Jestaedt* in Umbach/Clemens Rn. 103. Zu Fragen der inneren Organisation dieser Körperschaften, vgl. näher *Jestaedt* in Umbach/Clemens Rn. 104. Ein regional gegliederter Verwaltungsunterbau bundesunmittelbarer Körperschaften des öffentlichen Rechts ist entsprechend Art. 87 Abs. 3 S. 2 ausgeschlossen, so zutreffend *Lerche* in Maunz/Dürig, GG, Voraufl. 1992, Rn. 196; im Ergebnis auch *Sachs* in Sachs Rn. 68; offen gelassen in BVerfGE 10, 20 (48).

[104] BVerfGE 104, 238 (247); 110, 33 (49). Die Vorschrift erfasst auch die Übertragung neuer Aufgaben auf bereits bestehende Bundesoberbehörden und bundesunmittelbare Rechtsträger, vgl. *Pieroth* in Jarass/Pieroth Rn. 14; *Hermes* in Dreier Rn. 77; aA BayVerfGHE 23, 136 (138).
Siehe insoweit exemplarisch die umstrittene Übertragung der Durchführung des Planfeststellungsverfahrens für Höchstspannungsleitungen auf die Bundesnetzagentur durch das

gegenüber den vorangehenden Abs. 1 u. 2 **subsidiären Charakter.**[105] Daran ist trotz der missverständlichen Formulierungen im BVerfG-Beschluss zum Zollkriminalamt[106] weiter festzuhalten. So kann der Bund beispielsweise in Sicherheitsbereichen, in denen Art. 87 Abs. 1 S. 2 lediglich Zentralstellen gestattet, auch weiterhin nicht ohne Weiteres Bundesoberbehörden einrichten.[107] Letzteres kommt vielmehr nur dort in Betracht, wo eine Zentralstelle im Hinblick darauf, dass sie im Wesentlichen auf die Wahrnehmung von Koordinationsaufgaben beschränkt ist, für die Erfüllung einer bestimmten Aufgabe nicht ausreicht.[108] Damit hat das BVerfG das Subsidiaritätserfordernis nicht abgelehnt, sondern – im Gegenteil – gerade bestätigt. Zurückgenommen hat es lediglich seinen Kontrollmaßstab. Dieser ist künftig auf die Feststellung einer etwaigen Sachwidrigkeit beschränkt.[109]

Bei Art. 87 Abs. 3 handelt es sich um **fakultative Bundesverwaltung.**[110] 29
Der Bund ist nicht verpflichtet, die genannten selbständigen Bundesoberbehörden und neuen bundesunmittelbaren Körperschaften und Anstalten des öffentlichen Rechts zu errichten. Diese Maßnahmen stehen vielmehr in seinem pflichtgemäßen Ermessen.[111] Erforderlich ist ein Bundesgesetz.[112] Art. 87 Abs. 3 S. 1 verlangt hierfür nicht die Zustimmung des Bundesrates; es handelt sich sonach um ein Einspruchsgesetz.[113] Art. 87 Abs. 3 S. 1 ist eine Zuständigkeits- und nicht nur eine Organisationsvorschrift. Als solche lässt sie etwas anderes iSv Art. 83 zu.[114] Es ist deshalb nicht erforderlich, dass die Verwaltungszuständigkeit des Bundes an anderer Stelle im GG bereits begründet oder zugelassen ist.[115] Einen Überblick zum gegenwärtigen Bestand dieses Verwaltungsbereichs gibt *Burgi*.[116]

Der Bund kann gem. **Art. 87 Abs. 3 S. 1** nur tätig werden, wenn ihm für 30
die betreffende Materie die **Gesetzgebung** zusteht.[117] Das gilt nur für die **ausschließliche** und die **konkurrierende Gesetzgebung.**[118] Für Materien, bei denen den Ländern die Möglichkeit einer abweichenden Regelung nach

---

Netzausbaubeschleunigungsgesetz Übertragungsnetz (NABEG); ablehnend im Hinblick auf eine Vereinbarkeit mit Art. 87 Abs. 3 S. 1: *Durner* DVBl. 2011, 853 (857 f.); *Moench/Ruttloff* NVwZ 2011, 1040 (1041); a. A. hingegen *Sellner/Fellenberg* NVwZ 2011, 1025 (1032); siehe auch *Appel/Eding* NVwZ 2012, 343 ff.

[105] Ebenso *Hermes* in Dreier Rn. 72; *Sachs* in Sachs Rn. 78; *Jestaedt* in Umbach/Clemens Rn. 96; *Ibler* in Maunz/Dürig Rn. 228 u. 114.

[106] BVerfGE 110, 33 (50 f.).

[107] Vgl. näher *Hermes* in Dreier Rn. 72.

[108] So ausdrücklich BVerfGE 110, 33 (51).

[109] BVerfGE 110, 33 (51).

[110] BVerfGE 104, 238 (247); siehe auch *Hermes* in Dreier Rn. 65; *Burgi* in MKS Rn. 88; *Pieroth* in Jarass/Pieroth Rn. 13; *Ibler* in Maunz/Dürig Rn. 231.

[111] Vgl. näher *Dittmann,* Die Bundesverwaltung, 1983, 251 ff.

[112] S. hierzu näher *Sachs* in Sachs Rn. 71; *Burgi* in MKS Rn. 95 f.; *Ibler* in Maunz/Dürig Rn. 240.

[113] BVerfGE 14, 197 (211); siehe auch *Sachs* in Sachs Rn. 71; *Burgi* in MKS Rn. 96; *Dittmann,* Die Bundesverwaltung, 1983, 252.

[114] BVerfGE 14, 197 (210); 104, 238 (247); 110, 33 (49); s. hierzu auch *Hermes* in Dreier Rn. 66.

[115] BVerfGE 14, 197 (211); 104, 238 (247).

[116] *Burgi* in MKS Rn. 100, 101.

[117] Vgl. näher *Sachs* in Sachs Rn. 61; *Burgi* in MKS Rn. 92; *Hermes* in Dreier Rn. 80; *Ibler* in Maunz/Dürig Rn. 232 ff.

[118] Die frühere Rahmengesetzgebung rechnete nach umstrittener Auffassung nicht hierzu, vgl. *Broß* in v. Münch/Kunig, 5. Aufl. 2003, Rn. 22; a. A. etwa *Pieroth* in Jarass/Pieroth, 8. Aufl. 2006, Rn. 13; *Sachs* in Sachs, 3. Aufl. 2003, Rn. 61; vermittelnd *Hermes* in Dreier, 2000, Rn. 81; so wie hier *Burgi* in MKS Rn. 92.

Art. 72 Abs. 3 eingeräumt ist, kann eine Bundesverwaltungskompetenz nach Art. 87 Abs. 3 S. 1 hingegen nicht begründet werden.[119]

31 Fraglich erscheint, ob der Bund vor oder gleichzeitig mit der **Errichtung einer selbständigen Bundesoberbehörde oder einer neuen bundesunmittelbaren Körperschaft oder Anstalt** die betreffende Sachmaterie bereits geregelt und von seinem Gesetzgebungstitel Gebrauch gemacht haben muss.[120] Mit *Lerche*[121] ist davon auszugehen, dass die Errichtung von Organisationsträgern nur vernünftig ist, wenn ihnen Funktionen zugewiesen werden. Das wird regelmäßig (nicht notwendigerweise) durch das Errichtungsgesetz selbst geschehen. Deshalb ist auch bei der gesetzesfreien Verwaltung üblicherweise eine gesetzliche Grundlage vorhanden. Der Unterschied zur Lage bei der gesetzesakzessorischen Verwaltung wird auf diese Weise stark vermindert. Er besteht nur darin, dass auf eine nähere gesetzliche Durchformung verzichtet wird.

32 Art. 87 Abs. 3 S. 1 erfasst sowohl die unmittelbare als auch die mittelbare Bundesverwaltung.[122] **Mittel- und Unterbehörden sind jeweils unzulässig.**[123] Das ergibt sich zweifelsfrei aus dem Gegensatz zu Art. 87 Abs. 3 S. 2, wo die Mittel- und Unterbehörden ausdrücklich erwähnt sind. **Für** die **Einrichtung von Bundesoberbehörden** ist dann **kein Raum, wenn** die entsprechenden **Aufgaben nicht zentral,** sondern nur unter Inanspruchnahme von Länderverwaltungsbehörden **zu bewältigen** sind.[124] Die Notwendigkeit einer Zusammenarbeit mit anderen Bundeseinrichtungen oder die Inanspruchnahme von Amtshilfe durch Landesverwaltungsbehörden ist dagegen unschädlich.[125]

33 Die Errichtung der in Art. 87 Abs. 3 S. 1 genannten Behörden ist **nicht** an die **Voraussetzungen des Art. 72 Abs. 2** („Erforderlichkeit“) geknüpft.[126] Eine Beschränkung der Errichtungskompetenz ergibt sich jedoch zwangsläufig daraus, dass der Vollzug des betreffenden Bundesgesetzes durch die selbständige Bundesoberbehörde ohne eigenen Mittel- und Unterbau möglich sein muss.[127]

34 Gem. **Art. 87 Abs. 3 S. 2** kann der Bund unter bestimmten Voraussetzungen **bundeseigene Mittel- und Unterbehörden** errichten.[128] Daraus ergibt sich, dass in allen anderen Fällen die Bundesoberbehörden nur die zentrale Verwaltungstätigkeit wahrnehmen dürfen und auf der Mittel- und Unterstufe ausschließlich Landesbehörden zuständig sind.[129] Nach S. 2 handelt es sich um **fakultative Bundesverwaltung.** Eine mittelbare Bundes-

---

[119] So überzeugend *Hermes* in Dreier Rn. 81; a.A. *Ibler* in Maunz/Dürig Rn. 237 ff.; *Suerbaum* in BeckOK GG Rn. 30; *Sachs* in Sachs Rn. 61.

[120] Vgl. *Pieroth* in Jarass/Pieroth Rn. 13; *Sachs* in Sachs Rn. 62; *Hermes* in Dreier Rn. 82; *Burgi* in MKS Rn. 93; *Ibler* in Maunz/Dürig Rn. 235.

[121] *Lerche* in Maunz/Dürig, GG, Voraufl. 1992, Rn. 182; ebenso *Ibler* in Maunz/Dürig Rn. 235.

[122] Vgl. *Burgi* in MKS Rn. 88; *Sachs* in Sachs Rn. 63, 68.

[123] BVerfGE 14, 197 (211); 110, 33 (49); BVerfG (K) NVwZ 2009, 171 (174); siehe auch *Burgi* in MKS Rn. 105; *Hermes* in Dreier Rn. 86.

[124] BVerfGE 14, 197 (211); 110, 33 (49); siehe auch *Burgi* in MKS Rn. 98; *Sachs* in Sachs Rn. 65; *Hermes* in Dreier Rn. 87; *Suerbaum* in BeckOK GG Rn. 28.

[125] BVerfGE 14, 197 (211); 110, 33 (49); s. hierzu auch *Sachs* in Sachs Rn. 65.

[126] BVerfGE 14, 197 (213 f.); siehe auch *Hermes* in Dreier Rn. 89; *Pieroth* in Jarass/Pieroth Rn. 13; *Ibler* in Maunz/Dürig Rn. 242 ff.

[127] BVerfGE 14, 197 (212); 110, 33 (49).

[128] Vgl. auch *Hermes* in Dreier Rn. 95; *Burgi* in MKS Rn. 110 ff.; *Sachs* in Sachs Rn. 73 ff.

[129] S. hierzu bereits *Schneider* AöR 83 (1958), 1 (24).

verwaltung ist unzulässig, da es sich um bundeseigene Behörden handeln muss.[130] Diese Frage ließ das BVerfG in der Entscheidung zur Errichtung der Stiftung „Preußischer Kulturbesitz" (1959)[131] ausdrücklich offen, weil sie nicht entscheidungserheblich war.

Formell bedarf es eines Bundesgesetzes, das mit **Zustimmung des Bundesrates** und der Mehrheit der Mitglieder des Bundestages ergehen muss.[132] Als weitere (materielle) Voraussetzungen nennt das GG **neue Aufgaben** und den **dringenden Bedarf.** Unter Aufgabe ist dabei eine **Verwaltungsaufgabe** zu verstehen. Mit Rücksicht auf den restriktiven Gesamtcharakter der Regelung ist diese nur dann **neu,** wenn sie nach Inkrafttreten des GG entstanden ist und bisher weder vom Bund noch den Ländern wahrgenommen wurde, wobei es auf den Grund nicht ankommt.[133] An dieser Einschränkung wird entgegen verbreiteter Kritik festgehalten. Sie lässt sich aufgrund des föderalistischen Prinzips einsichtig machen. Art. 87 Abs. 3 S. 2 ist deutlich erkennbar als eine Ausnahme von Art. 83 einzuordnen und deshalb mit größter Zurückhaltung zu handhaben. Der Verfassungsgeber hat mit der Regelung lediglich einen „Notbehelf" für beim Erlass des GG nicht absehbare Entwicklungen geschaffen.[134] 35

Die Frage des **dringenden Bedarfs** richtet sich nicht allgemein nach einer Verwaltung durch den Bund. Es kommt vielmehr entscheidend darauf an, dass gerade für eine Verwaltung durch **bundeseigene Mittel- und Unterbehörden** ein dringender Bedarf gegeben ist.[135] Letzteres ist nur dann anzunehmen, wenn mit hinreichender Deutlichkeit feststeht, dass ohne den Einsatz von bundeseigenen Mittel- und/oder Unterbehörden eine effektive Ausführung der Bundesgesetze nicht zu erreichen ist und die Instrumente des Bundes nach Art. 84 nicht ausreichen, um bei einer Aufgabenerledigung durch die Landesbehörden vor Ort das Bedürfnis nach zentraler Steuerung und bundeseinheitlichem Vollzug zu befriedigen.[136] Für das Vorliegen dieser Voraussetzungen trägt der Bund die Darlegungslast.[137] Im Streitfall kann das BVerfG gem. Art. 93 Abs. 1 Nr. 3 prüfen, ob ein dringender Bedarf für die Verwaltung durch bundeseigene Mittel- und Unterbehörden besteht.[138] 36

---

[130] So auch *Burgi* in MKS Rn. 114; *Lerche* in Maunz/Dürig, GG, Voraufl. 1992, Rn. 211; *Ibler* in Maunz/Dürig Rn. 276.

[131] BVerfGE 10, 20 (48).

[132] S. hierzu auch *Hermes* in Dreier Rn. 97; *Burgi* in MKS Rn. 113; *Sachs* in Sachs Rn. 77; *Jestaedt* in Umbach/Clemens Rn. 113; *Ibler* in Maunz/Dürig Rn. 269 ff.

[133] Wie hier *Pieroth* in Jarass/Pieroth Rn. 9; *Ibler* in Maunz/Dürig Rn. 274; im Ergebnis auch *Sachs* in Sachs Rn. 75. Gegen eine Beschränkung auf bisher weder vom Bund noch von den Ländern wahrgenommene Aufgaben jedoch *Hermes* in Dreier Rn. 99; *Hebeler* in Berl-Komm Rn. 68; *Burgi* in MKS Rn. 111, Fn. 88; *Jestaedt* in Umbach/Clemens Rn. 111 und *Lerche* in Maunz/Dürig, GG, Voraufl. 1992, Rn. 213, die eine neue Aufgabe auch dann annehmen wollen, wenn sie bisher von den Ländern erfüllt wurde, nunmehr aber dem Bund zuwächst.

[134] So ausdrücklich *Sachs* in Sachs Rn. 75; *Jestaedt* in Umbach/Clemens Rn. 111.

[135] So etwa auch *Lerche* in Maunz/Dürig, GG, Voraufl. 1992, Rn. 215; *Ibler* in Maunz/Dürig Rn. 275; *Burgi* in MKS Rn. 112; *Sachs* in Sachs Rn. 76; *Hermes* in Dreier Rn. 100.

[136] So zutreffend *Jestaedt* in Umbach/Clemens Rn. 112; *Hermes* in Dreier Rn. 100.

[137] S. hierzu *Jestaedt* in Umbach/Clemens Rn. 112.

[138] Ebenso *Pieroth* in Jarass/Pieroth Rn. 9; *Ibler* in Maunz/Dürig Rn. 275; *Jestaedt* in Umbach/Clemens Rn. 112, der dem Bund jedoch einen Einschätzungs- und Beurteilungsspielraum zugestehen will.

C. Kritische Würdigung

37 Die in Art. 87 Abs. 1 S. 1 aufgeführten Bereiche bundeseigener Verwaltung fielen traditionell in die Zuständigkeit des Reiches. Auch gegen die in Art. 87 Abs. 1 S. 2 getroffene Regelung ist grds. nichts einzuwenden, weil die Länder auf diesen Gebieten nicht mit der gleichen Effektivität tätig werden könnten. Gleichwohl ist darauf zu achten, dass nicht etwa der Bund im Polizeibereich – verstärkt durch die Tendenzen zur Vereinheitlichung der Polizeigesetze des Bundes und der Länder – gegenüber den Ländern in eine beherrschende Rolle hineinwächst, die ihm so nicht zusteht. Zurückhaltung ist gleichfalls iRd Art. 87 Abs. 3 geboten. In Anbetracht des Übergewichts der Bundesgesetzgebung könnte andernfalls das in Art. 83 verankerte Prinzip des Föderalismus und der Gewaltenteilung allmählich ausgehöhlt und damit verfassungsmäßige „Sicherungen" umgangen werden.

38 Im Übrigen besteht Anlass zu grundsätzlicher Kritik:[139] Es ist ein Irrglaube, Private könnten staatliche Aufgaben stets zu geringeren Kosten für die Allgemeinheit erfüllen. Oft ist das Gegenteil der Fall. Von Verfassungs wegen bestehende Aufgaben müssen erfüllt werden. Können das Private wirksamer und billiger, müssen auf staatlicher Seite die diesbezüglichen Defizite ermittelt, aufgedeckt und behoben werden. Wenn Private wirksamer und billiger das Gleiche tun können, hängt dies in zahlreichen Fällen damit zusammen, dass bestehende gesetzliche Vorschriften missachtet oder in irgendeiner Form umgangen werden. Dass der Staat und damit die Bürger häufig letztlich doppelt bezahlen, dafür geben Skandale im mittelbaren staatlichen Bereich einen deutlichen Beleg. Wenn Bahn und Post nach einer Privatisierung und Entlassung aus staatlicher Obhut (unter Freisetzung von zehntausenden von Arbeitsplätzen) angeblich wirksamer und kostengünstiger arbeiten, spricht dies nicht pauschal für eine Privatisierung, sondern liefert gerade auch Argumente dagegen. Zudem bedürfte das stetige Wachsen der Schattenwirtschaft auch insoweit näherer Betrachtung.

Literatur

W. Arnold/K.-W. Knauth, Neues Unternehmen „Postbank" – Noch mehr Staat in der Kreditwirtschaft?, Die Bank 1989, 74. – ***P. Axer,*** Normsetzung der Exekutive in der Sozialversicherung, 2000. – ***B. Becker,*** Zentrale nichtministerielle Organisationseinheiten der unmittelbaren Bundesverwaltung, VerwArch 69 (1978), 149. – ***B. Becker,*** Zentralstellen gemäß Art. 87 Abs. 1 GG, DÖV 1978, 551. – ***J. Blagemann,*** Zur verfassungsrechtlichen Lage bei der Einführung neuer Telekommunikationsdienste, ZUM 1986, 518. – ***J. Blagemann/U. Blachmann,*** Die verfassungsrechtliche Zulässigkeit einer privatrechtlichen Organisation der Deutschen Bundespost, DÖV 1987, 807. – ***W. Boecken,*** Verfassungsrechtliche Fragen einer Organisationsreform der gesetzlichen Rentenversicherung, 2000. – ***E. Brandt,*** Die Aufsicht von Ministerien über Bundesoberbehörden, VR 1982, 181. – ***L. M. Büchner,*** Die Neugliederung der Deutschen Bundespost – Strukturen und Konsequenzen –, JA 1990, 194, 228. – ***A. Bueckling,*** Bundeskompetenz für direktstrahlende TV-Satelliten?, ZUM 1985, 144. – ***G. Böhm,*** Zur Rechtsstellung der Bundesoberbehörde, DVBl. 1950, 746. – ***G. Britz,*** Bundeseigenverwaltung durch selbständige Bundesoberbehörden nach Art. 87 III GG, DVBl. 1998, 1167. – ***P. Cremerius,*** Rechtsstellung und Aufgaben der deutschen Bundespost, DÖV 1957, 174. – ***E. Denninger,*** Verfassungsrechtliche Grenzen polizei-

[139] Vgl. hierzu näher *Broß,* Privatisierung staatlicher Infrastrukturbereiche in der „sozialen Demokratie", 2015.

licher Datenverarbeitung, insbesondere durch das Bundeskriminalamt, CR 1988, 51. – ***A. Dickersbach,*** Die wirtschaftliche Betätigung der öffentlichen Hand im Verhältnis zur Privatwirtschaft aus öffentlich-rechtlicher Sicht, WiVerw. 1983, 187. – ***A. Dittmann,*** Die Bundesverwaltung, 1983. – ***H. Dürr,*** Bahnreform, Schriftenreihe Juristische Studiengesellschaft Karlsruhe, Bd. 209, 1994. – ***A. Eidenmüller,*** Das Gesetz über das Kreditwesen und die Postbank, DIW 1986, 408. –***W. Erbguth/F. Stollmann,*** Erfüllung öffentlicher Aufgaben durch private Rechtssubjekte? – Zu den Kriterien bei der Wahl der Rechtsform –, DÖV 1993, 798. – ***H.-U. Erichsen,*** Organisation bundesunmittelbarer Körperschaften durch die Länder?, DÖV 1985, 53. – ***H.-U. Evers,*** Parlamentarische Kontrolle der Nachrichtendienste, NJW 1978, 1144. – ***H.-U. Evers,*** Rechtsschutz und Verfassungsschutz, ZRP 1980, 110. – ***H. Fangmann,*** Verfassungsrechtliche Rahmenbedingungen der Telekommunikation, RDV 1988, 53. – ***U. Fastenrath,*** Länderbüros in Brüssel, DÖV 1990, 125. – ***H. Franke/K. H. Friauf,*** Das Verhältnis zwischen Selbstverwaltung und Aufsicht, DRV 1982, 113. – ***A. Friesecke,*** Das Bundeswasserstraßengesetz, NJW 1968, 1267. – ***G. Fromm,*** Bundesbahnautonomie und Grundgesetz, DVBl. 1982, 288. – ***G. Fromm,*** Die Reorganisation der Deutschen Bahnen, DVBl. 1994, 187. – ***L. Gramlich,*** Das Unternehmen Deutsche Bundespost Postbank, WM 1989, 973. – ***L. Gramlich,*** „Öffentliche Unternehmungen im Verfassungsstaat" des Grundgesetzes, BB 1990, 1493. – ***W. Groß,*** Sektorale Investitionsschranken der Bundesrepublik Deutschland im Lichte des europäischen Gemeinschaftsrechts, RIW/AWD 1990, 521. – ***Ch. Gusy,*** Bundes- und Landeskompetenzen für den administrativen Verfassungsschutz, BayVBl. 1982, 201. – ***Ch. Gusy,*** Der Bundesnachrichtendienst, DV 17 (1984), 273. – ***Ch. Gusy,*** Die Rechtsstellung der Nachrichtendienste, Jura 1986, 296. – ***Ch. Gusy,*** Die Zentralstellenkompetenz des Bundes, DVBl. 1993, 1117. – ***U. Häde,*** Bankenaufsicht und Grundgesetz, JZ 2001, 105. – ***H. J. Hahn,*** Allfinanz, Kreditwesen 1989, 712. – ***G. Hartkopf,*** Zur Lage der Bundesverwaltung nach 30 Jahren Grundgesetz, DÖV 1979, 349 – ***Ch. Heinze,*** Das Gesetz zur Änderung des Verfassungsrechts der Eisenbahnen vom 20.12.1993, BayVBl. 1994, 266. – ***R. Hendler,*** Organisation und Selbstverwaltung der Sozialversicherung, in B. Baron von Maydell/F. Ruland (Hrsg.), Sozialrechtshandbuch, 1. Aufl. 1988, 224. – ***Von der Heyden,*** Verfassungsrahmen für Eigen- und Tochtergesellschaften der Deutschen Bundespost, ArchPT 1988, 232. – ***J. Hübener,*** Welche rechtlichen Möglichkeiten gibt das Grundgesetz für den Aufbau einer zivilen Luftfahrtverwaltung?, DÖV 1951, 201. – ***F.-A. Jahn,*** Empfehlungen der Gemeinsamen Verfassungskommission zur Änderung und Ergänzung des Grundgesetzes, DVBl. 1994, 177. – ***A. Junker,*** Das internationale Unternehmensrecht des öffentlichen Unternehmens, ZGR 1990, 249. – ***S. Jutzi,*** Organisationskompetenz des Bundes für Bahnpolizei und Luftverkehrssicherung, DÖV 1992, 650. – ***L. Kämmerer,*** Die Rechtsnatur der Bundespost, DVBl. 1966, 357, 396. – ***H. Kalkbrenner,*** Zur Errichtung von Bundesoberbehörden nach Art. 87 III GG, JZ 1963, 210. – ***D. Katzenstein,*** Rechtliche Erscheinungsformen der Machtverschiebung zwischen Bund und Ländern seit 1949, DÖV 1958, 593. – ***E. Kern,*** Das Bundeskriminalpolizeiamt, DVBl. 1950, 257. – ***F. Kirchhof,*** Verfassungsrechtliche Vorgaben der Postbank-Dienste, DV 25 (1992), 55. – ***A. Köttgen,*** Bundesregierung und Oberste Bundesbehörden, DÖV 1954, 4. – ***A. Krölls,*** Verfassungsfragen der unternehmerischen Betätigung der öffentlichen Hand, ZBB 1992, 15. – ***G. Krönes,*** Reform der Postreform – Überlegungen zur Unternehmensverfassung der Deutschen Bundespost, ZögU 1992, 392. – ***H. Krüger,*** Die „bundeseigene Verwaltung" der Bundeseisenbahnen, DÖV 1948/49, 467. – ***K.-H. Ladeur,*** Die Neuordnung der Telekommunikation, KritVj. 1991, 177. – ***H. Lecheler,*** Der Verpflichtungsgehalt des Art. 87 I 1 GG – Fessel oder Richtschnur für die bundesunmittelbare Verwaltung?, NVwZ 1989, 834. – ***W. Leyendecker,*** Art. 87 II und die Aufsicht über die Träger der Sozialversicherung, ZfSH 1990, 568. – ***Th. Maunz,*** Pflicht der Länder zur Uneinigkeit?, NJW 1962, 1641. – ***S. Müller-Franken,*** Die Verwaltung der Arbeitslosenhilfe im System der mittelbaren Bundesverwaltung, VSSR 1998, 133. – ***S. Müller-Franken,*** Verfassungsfragen einer bundesfinanzierten Einbeziehung der Kommunen in die Verwaltung der Arbeitslosenhilfe, VSSR 2000, 155. – ***H.-U. Paeffgen/K. Gärditz,*** Die föderale Seite des „Trennungsgebotes" oder Art. 87 III, 73 GG und das G-10-Urteil,

KritVj. 2000, 65. – ***H.-J. Papier,*** Fernmeldemonopol der Post und Privatrundfunk, DÖV 1990, 217. – ***H.-J. Papier,*** Polizeiliche Aufgabenverteilung zwischen Bund und Ländern, DVBl. 1992, 1. – ***M. Plantholz,*** Funktionelle Selbstverwaltung des Gesundheitswesens im Spiegel der Verfassung, 1998. – ***Th. Puhl,*** Grundrechtsschutz, Bestandsgarantie und Finanzierungsanspruch der Bundesrundfunkanstalten, DVBl. 1992, 933. – ***H.-W. Rengeling,*** Staatliche Aufsicht bei dem Betrieb von Bundesendlagern für radioaktive Abfälle, VerwArch 81 (1990), 370. – ***H. Roewer,*** Trennung von Polizei und Verfassungsschutzbehörden, DVBl. 1986, 205. – ***H. Roewer,*** Geschichtlicher Nachtrag zur Kontroverse um die Trennung von Polizei und Verfassungsschutzbehörden, DVBl. 1988, 666. – ***M. Ronnellenfitsch,*** Der Bundesgrenzschutz als Bahn- und Flugplatzpolizei, VerwArch 90 (1999), 139. – ***J. Rump,*** Die Errichtung selbständiger Bundesoberbehörden und des ihnen unterstellten Verwaltungsunterbaus nach Art. 87 Abs. 3 GG, Diss. Köln, 1978. – ***H. H. Rupp,*** Bemerkungen zur Bundeseigenverwaltung nach Art. 87 III 1 GG, FS Dürig, 1990, 387. – ***W. Schatzschneider,*** Fernmeldemonopol und Verfassungsrecht, MDR 1988, 529. – ***R. Schmidt,*** Die verfassungsrechtliche Grenze der wirtschaftlichen Betätigung der Deutschen Postbank, WM 1992, 1. – ***F. Schuster,*** Unzeitgemäßes Postregal?, DÖV 1957, 522. – ***J. Siebelt,*** Allfinanzunternehmen im Währungs- und Aufsichtsrecht, WM 1989, 1269. – ***G. Sokoll,*** Branchengliederung statt Föderalisierung als Organisationsprinzip der gewerblichen Unfallversicherung, BG 1992, 492. – ***R. Stober,*** Die körperschaftlich organisierten Sozialversicherungsträger, JA 1986, 534. – ***Ch. J. Tams,*** Die Zuständigkeit des Bundes für die Abwehr terroristischer Gefahren, DÖV 2007, 367. – ***H. J. Voges,*** Zur Verfassungsmäßigkeit der „Spitzenorganisation" nach dem Regierungsentwurf des Gesetzes über die Unternehmensverfassung der Deutschen Bundespost, DVBl. 1975, 972. – ***M. Wagner,*** Die Bundespolizeireform 2008: Aufbauorganisation versus Verfassungsrecht, DÖV 2009, 66. – ***J. Weberling,*** Zur Verfassungsmäßigkeit der beabsichtigten Beleihung von Projektträgern, WissR 1990, 226. – ***D. Werthebach/B. Droste-Lehnen,*** Der Verfassungsschutz – ein unverzichtbares Instrument der streitbaren Demokratie, DÖV 1992, 514. – ***F. Wessel,*** Der Kraftomnibusverkehr der Bundespost und das Grundgesetz, DVBl. 1957, 477. – ***F. Wessel,*** Das Bundesbahngesetz, DVBl. 1952, 229. – ***U. Ziegler,*** Art. 12 Abs. 1 des Bonner Grundgesetzes und die Deutsche Bundesbahn, DÖV 1955, 173.

Art. 87a [Aufstellung und Einsatz der Streitkräfte]

(1) [1]Der Bund stellt Streitkräfte zur Verteidigung auf. [2]Ihre zahlenmäßige Stärke und die Grundzüge ihrer Organisation müssen sich aus dem Haushaltsplan ergeben.

(2) Außer zur Verteidigung dürfen die Streitkräfte nur eingesetzt werden, soweit dieses Grundgesetz es ausdrücklich zuläßt.

(3) [1]Die Streitkräfte haben im Verteidigungsfalle und im Spannungsfalle die Befugnis, zivile Objekte zu schützen und Aufgaben der Verkehrsregelung wahrzunehmen, soweit dies zur Erfüllung ihres Verteidigungsauftrages erforderlich ist. [2]Außerdem kann den Streitkräften im Verteidigungsfalle und im Spannungsfalle der Schutz ziviler Objekte auch zur Unterstützung polizeilicher Maßnahmen übertragen werden; die Streitkräfte wirken dabei mit den zuständigen Behörden zusammen.

(4) [1]Zur Abwehr einer drohenden Gefahr für den Bestand oder die freiheitliche demokratische Grundordnung des Bundes oder eines Landes kann die Bundesregierung, wenn die Voraussetzungen des Artikels 91 Abs. 2 vorliegen und die Polizeikräfte sowie der Bundesgrenzschutz nicht ausreichen, Streitkräfte zur Unterstützung der Polizei und des Bundesgrenzschutzes beim Schutze von zivilen Objekten und bei der Bekämpfung organisierter und militärisch bewaffneter Aufständischer einsetzen. [2]Der Einsatz von Streitkräften ist einzustellen, wenn der Bundestag oder der Bundesrat es verlangen.

Paulskirchenverfassung von 1849

Abschnitt II. Art. III

§ 12. Das Reichsheer besteht aus der gesammten, zum Zwecke des Kriegs bestimmten Landmacht der einzelnen deutschen Staaten. Die Stärke und Beschaffenheit des Reichsheeres wird durch das Gesetz über die Wehrverfassung bestimmt.

[Abs. 2, 3]

Abschnitt II. Art. XII

§ 56. Der Reichsgewalt liegt es ob, die Fälle und Formen, in welchen die bewaffnete Macht gegen Störungen der öffentlichen Ordnung angewendet werden soll, durch ein Reichsgesetz zu bestimmen.

Reichsverfassung von 1871

Art. 60. Die Friedens-Präsenzstärke des Deutschen Heeres wird bis zum 31. Dezember 1871 auf Ein Prozent der Bevölkerung von 1867 normirt, und wird pro rata derselben von den einzelnen Bundesstaaten gestellt. Für die spätere Zeit wird die Friedens-Präsenzstärke des Heeres im Wege der Reichsgesetzgebung festgestellt.

Art. 66. [Abs. 1]

Auch steht ihnen [*den Bundesfürsten – HPA*] das Recht zu, zu polizeilichen Zwecken nicht blos ihre eigenen Truppen zu verwenden, sondern auch alle anderen Truppentheile des Reichsheeres, welche in ihren Ländergebieten dislocirt sind, zu requiriren.

Art. 68. Der Kaiser kann, wenn die öffentliche Sicherheit in dem Bundesgebiete bedroht ist, einen jeden Theil desselben in Kriegszustand erklären. […]

Weimarer Reichsverfassung von 1919

Art. 45

[Abs. 1]

Kriegserklärung und Friedensschluß erfolgen durch Reichsgesetz.

Art. 48.
[Abs. 1]
Der Reichspräsident kann, wenn im Deutschen Reiche die öffentliche Sicherheit und Ordnung erheblich gestört oder gefährdet wird, die zur Wiederherstellung der öffentlichen Sicherheit und Ordnung nötigen Maßnahmen treffen, erforderlichenfalls mit Hilfe der bewaffneten Macht einschreiten. […]
Von allen gemäß Abs. 1 oder Abs. 2 dieses Artikels getroffenen Maßnahmen hat der Reichspräsident unverzüglich dem Reichstag Kenntnis zu geben. Die Maßnahmen sind auf Verlangen des Reichstags außer Kraft zu setzen.
[Abs. 4, 5]
Art. 79. Die Verteidigung des Reichs ist Reichssache. Die Wehrverfassung des deutschen Volkes wird unter Berücksichtigung der besonderen landsmannschaftlichen Eigenarten durch ein Reichsgesetz einheitlich geregelt.

Grundgesetz Art. 87a (1956)

Die zahlenmäßige Stärke der vom Bunde zur Verteidigung aufgestellten Streitkräfte und die Grundzüge ihrer Organisation müssen sich aus dem Haushaltsplan ergeben.

Übersicht

A. Allgemeine Bedeutung

I. Genese

1 Das GG enthielt in seiner ursprünglichen Fassung keine Bestimmungen über einen Streitkräfteeinsatz, sondern war die Verfassung eines demilitari-

sierten Staates.[1] Diese Ausrichtung des GG war Konsequenz des totalen Zusammenbruchs deutscher Staatlichkeit nach den Gewaltverbrechen des Nationalsozialismus. Eine Demilitarisierung Deutschlands gehörte dabei zu den Kriegszielen der Alliierten in der Schlussphase des Zweiten Weltkriegs. Zugleich entsprach sie nach Ende der Kampfhandlungen auch der Stimmungslage der deutschen Bevölkerung, was sich auch in den Debatten im Konvent von Herrenchiemsee und im Parlamentarischen Rat niederschlug.

Die „Wiederbewaffnung" der Bundesrepublik erfolgte im Kontext des sich 2
zuspitzenden Ost-West-Konflikts und der Erwartung der westlichen Alliierten, dass auch der westdeutsche Staat seinen „Wehrbeitrag" erbringen würde.[2] Mit dem 7. Gesetz zur Änderung des GG wurde 1956 Art. 87a in einer ersten Fassung in die Verfassung aufgenommen. Zum damaligen Zeitpunkt bestand die Vorschrift nur aus dem Inhalt des heutigen Art. 87a Abs. 1 S. 2.[3] Von Anbeginn an war die Bundeswehr dabei eine in die westliche Bündnisstruktur integrierte Armee.[4] Durch die Formulierung des Art. 87a aF wurde zugleich der auf Friedenswahrung abzielende Charakter des GG unterstrichen: die Streitkräfte wurden „zur Verteidigung" aufgestellt.[5]

Seine heutige Fassung hat Art. 87a durch die sog. „Notstandsverfassung" 3
gefunden, mit der 1968 das GG an verschiedenen Stellen geändert wurde. Die neu in die Vorschrift eingefügten Absätze stehen dabei in einem engen, aber nicht immer eindeutigen systematischen Zusammenhang mit den Bestimmungen des Art. 35 Abs. 2, 3 und den Vorschriften über den inneren Notstand (Art. 91) sowie den Verteidigungsfall (Abschnitt Xa). Mit der Einführung der Regelungen zum Einsatz der deutschen Streitkräfte im Innern war dabei auch beabsichtigt, die Sicherheitsvorbehalte der drei alliierten Mächte abzulösen.[6]

Mit den Regeln der „Notstandsverfassung" wurden die Vorschriften des 4
Art. 59a und Art. 143 abgelöst, wie sie 1956 im Zuge der Wiederbewaffnung ins GG eingeführt worden waren. Art. 143 hatte vorgesehen, dass der Einsatz der Streitkräfte im Innern vom Erlass eines verfassungsändernden Gesetzes nach Art. 79 Abs. 2 abhängig war. Art. 59a regelte die Feststellung des Verteidigungsfalles.

II. Inhaltsübersicht

Die vier Absätze des Art. 87a behandeln insgesamt sechs Regelungskom- 5
plexe: Erstens bestimmt Art. 87a Abs. 1 S. 1, dass der Bund überhaupt Streitkräfte aufstellt und zwar „zur Verteidigung". Damit hat die Aufstellung von

---

[1] Dazu *Wieland* in Wahl Verfassungsänderung, Verfassungswandel, Verfassungsinterpretation, 165; *Fassbender* in HdbStR XI § 244 Rn. 18.

[2] Siehe die Dokumentation bei *von der Heydte,* Der Kampf um den Wehrbeitrag, I-III, 1952/1953/1958; aus der heutigen Literatur *Schorkopf,* Staatsrecht der internationalen Beziehungen, 2017, § 6 Rn. 16; aus einer geschichtswissenschaftlichen Perspektive *Seiller* in Kielmansegg/Krieger/Sohm Multinationalität und Integration, 31 (insbesondere zu den EVG-Plänen und ihren späteren Konsequenzen).

[3] BGBl. 1956 I 111 v. 19.3.1956.

[4] *Fassbender* in HdbStR XI § 244 Rn. 24; *Schmidt-Radefeldt* in Kielmansegg/Krieger/Sohm Multinationalität und Integration, 83 (93); *Gutmann,* Fortschreitende Militärkooperationen, 2020, 153 ff.

[5] *Fassbender* in HdbStR XI § 244 Rn. 26.

[6] *Ule* DVBl. 1967, 865 (867); krit. *Ridder* in Kogon/Abendroth/Ridder/Hannover/Seifert Der totale Notstandstaat, 31.

Streitkräften Verfassungsrang. Der Einsatzzweck der Bundeswehr wird zugleich durch die Verteidigungsfunktion erheblich konkretisiert.[7]

6 Zweitens geht Art. 87a Abs. 1 S. 2 über die allgemeinen Vorschriften für die parlamentarische Kontrolle und das Haushaltsrecht des Bundestages hinaus, indem der Haushaltsplan nicht nur eine bestimmte Summe, sondern auch die zahlenmäßige Stärke der Streitkräfte ebenso wie die Grundzüge ihrer Organisation ausweisen muss. Diese Vorschrift ist ein wichtiger Baustein für die Qualifizierung der Bundeswehr als „Parlamentsheer" (→ Rn. 51 ff.).

7 Drittens folgt aus Art. 87a Abs. 2, dass die Streitkräfte außer zur Verteidigung nur eingesetzt werden dürfen, soweit das GG es ausdrücklich zulässt. Über den territorialen Anwendungsbereich dieser Vorschrift besteht in der Literatur beträchtliche Uneinigkeit. Auch das BVerfG hat es bis heute offen gelassen, ob sich Art. 87a Abs. 2 nur auf den Einsatz der Streitkräfte im Innern bezieht, oder ob auch Auslandseinsätze vom Regelungsgehalt dieser Vorschrift erfasst sind. Die vorliegende Kommentierung geht davon aus, dass sich die Vorschrift auch auf Auslandseinsätze bezieht (→ Rn. 40 ff.). Aus der Völkerrechtsfreundlichkeit des GG folgt in diesem Zusammenhang, dass sich verfassungsrechtliche Einsatzbefugnisse nur soweit erstrecken können, wie das Völkerrecht es zulässt. Ausdrücklich zugelassen durch das GG sind die Verwendungen der Streitkräfte nach Art. 35 Abs. 2 S. 2, Abs. 3 S. 1 sowie Art. 87a Abs. 3 und Abs. 4. Darüber hinaus hat das BVerfG Art. 24 Abs. 2 so interpretiert, dass auch der Einsatz der Bundeswehr im Rahmen und nach den Regeln eines Systems der gegenseitigen kollektiven Sicherheit erlaubt ist, ohne allerdings klar zu bestimmen, ob dies eine ausdrückliche Regelung i. S. v. Art. 87a Abs. 2 ist oder diese beiden Bestimmungen unverbunden nebeneinander stehen.[8]

8 Viertens erlaubt Art. 87a Abs. 3 S. 1 den Streitkräften im Verteidigungs- und Spannungsfall, zivile Objekte zu schützen und Aufgaben der Verkehrspolizei zu übernehmen, soweit dies zur Erfüllung ihres Verteidigungsauftrags erforderlich ist. Damit wird eine Rechtsgrundlage für innerstaatliches Handeln in Fällen des „äußeren Notstands" geschaffen, die zum einen an die Voraussetzungen der Art. 80a bzw. Art. 115a gebunden ist und zum anderen die Streitkräfte zur Vornahme bestimmter, nicht spezifisch militärischer Handlungen ermächtigt, ohne die die Erfüllung ihrer Verteidigungsaufgabe nicht möglich wäre.

9 Darüber hinausgehend sieht, fünftens, Art. 87a Abs. 3 S. 2 für die Situationen des Spannungs- und Verteidigungsfalles auch die Möglichkeit vor, den Streitkräften den Schutz ziviler Objekte, auch zur Unterstützung polizeilicher Maßnahmen, zu übertragen. Nach Art. 87a Abs. 3 S. 2, 2. Hs. wirken die Streitkräfte in diesen Fällen mit den zuständigen Behörden zusammen. Von Art. 87a Abs. 3 S. 1 unterscheidet sich diese Variante dadurch, dass die Tätigkeit der Streitkräfte nicht auf Maßnahmen beschränkt ist, die zur Erfüllung des Verteidigungsauftrags dienen.

10 Schließlich, sechstens, normiert Art. 87a Abs. 4 die auch im Kontext der Diskussionen um die „Notstandsverfassung" besonders umstrittene Möglichkeit des Einsatzes der Bundeswehr zur Bekämpfung organisierter und militärisch bewaffneter Aufständischer.[9] Diese Einsatzmöglichkeit ist an das Vor-

---

[7] *Grzeszick* in BerKomm Rn. 8.

[8] Grundlegend BVerfGE 90, 286 (345).

[9] *Karpinski,* Öffentlich-rechtliche Grundsätze für den Einsatz der Streitkräfte, 1974, 11; *Stern,* StaatsR II, 1980, 1482.

liegen der Voraussetzungen des „inneren Notstands" nach Art. 91 Abs. 2 geknüpft. Es muss eine drohende Gefahr für den Bestand oder die freiheitlich-demokratische Grundordnung des Bundes oder eines Landes bestehen. Ferner darf der Einsatz der Polizei und des Bundesgrenzschutzes (bzw. heute der Bundespolizei) nicht ausreichen, um diese Gefahr zu beseitigen. Damit wird unterstrichen, dass der Einsatz der Streitkräfte im Innern an sehr enge Voraussetzungen geknüpft ist und nicht jede Situation des inneren Notstands nach Art. 91 ausreicht, um eine solche Handlungsmöglichkeit auszulösen.[10] Diese restriktive Grundposition des Art. 87a Abs. 4 ist weiterhin relevant für die Auslegung der Bestimmungen zur Amtshilfe durch die Streitkräfte in Art. 35 Abs. 2 S. 2, Abs. 3 S. 1.[11]

III. Überstaatliche und rechtsvergleichende Bezüge

1. Das völkerrechtliche Gewaltverbot und seine Ausnahmen. Die Vorschrift des Art. 87a steht als „grundlegende Verfassungsnorm" über den Streitkräfteeinsatz[12] in einem engen Zusammenhang mit den völkerrechtlichen Regeln über die Gewaltanwendung. Die Völkerrechtsordnung basiert seit Ende des Zweiten Weltkriegs ganz maßgeblich auf dem Gewaltverbot des Art. 2 Nr. 4 UN-Charta. Damit unterscheidet sich die heutige Rechtslage von früheren historischen Schichten des Völkerrechts, in denen es bis ins 20. Jahrhundert hinein ein freies Kriegsführungsrecht *(„liberté à la guerre")* gegeben hat, das aber gleichwohl zu verschiedenen Zeitpunkten von Gerechtigkeitserwägungen (etwa im Rahmen der Theorien des „gerechten Krieges") eingeschränkt war.[13] Schon seit Mitte des 19. Jahrhunderts entwickelte sich das Rechtsgebiet des humanitären Völkerrechts *(„ius in bello"),* welches die Art und Weise der Kriegsführung reglementiert, sich aber nicht zu Fragen der Rechtmäßigkeit der Gewaltanwendung als solches verhält.[14] Die Fragen des *„ius ad bellum"* wurden auch in der Völkerbundsatzung nur zaghaft angesprochen und im Wesentlichen einem Regime der Prozeduralisierung unterworfen.[15] Der „Briand-Kellogg-Pakt" von 1928 verbot schließlich für die Vertragsparteien das Führen von Angriffskriegen, war aber nicht als umfassendes Gewaltverbot zu verstehen und ließ etwa nach zumindest teilweise vertretener Auffassung die Gewaltanwendung zur Rechtsdurchsetzung als bewaffnete Repressalie weiterhin zu (→ Art. 26 Rn. 9 ff.).[16] 11

Das Gewaltverbot nach Art. 2 Nr. 4 UN-Charta verbietet dagegen jede Gewaltanwendung und -androhung in den internationalen Beziehungen. Die in der Norm enthaltenen Verweise auf die territoriale Unversehrtheit und die politische Unabhängigkeit eines Staates, gegen welche die verbotene Gewalt sich richtet, sind keine einschränkenden Merkmale der Vorschrift, sondern wurden auf der Konferenz von San Francisco in die Charta eingefügt, um besonders schwerwiegende Verstöße gegen das Gewaltverbot zu 12

---

[10] Siehe auch BVerfGE 132, 1 (35, Rn. 84) – abw. Meinung *Gaier.*

[11] *Froese* DVBl. 2017, 546 (548).

[12] *Ipsen* DVBl. 1969, 396; ähnlich *Klein* ZaöRV 34 (1974), 429 (431); *Stern,* StaatsR II, 1980, 1477; *Baldus/Müller-Franken* in MKS Rn. 19; *Depenheuer* in Maunz/Dürig Rn. 59.

[13] Siehe im Überblick *Neff,* War and the Law of Nations, 2005, 159 ff.

[14] Zur Entwicklung dieses Rechtsgebiets *Rensmann* ZaöRV 68 (2008), 111.

[15] Aus der zeitgenössischen Literatur *Schücking/Wehberg* Kommentar zur Satzung des Völkerbundes, Bd. I, 3. A. 1931, 58.

[16] Vgl. *Lesaffer* in Wolfrum MPEPIL, Kellogg-Briand Pact (1928), Online-Ausgabe, 2010, Rn. 11 f.; *Heintschel von Heinegg* in Ipsen Völkerrecht, § 55 Rn. 15.

kennzeichnen.[17] Vom Gewaltverbot, welches auch als Norm des Völkergewohnheitsrechts gilt[18] – und über Art. 25 damit im Rang zwischen dem GG und den einfachen Gesetzen Teil des Bundesrechts wird –, gibt es **zwei anerkannte Ausnahmen:** Erstens kann der UN-Sicherheitsrat im Fall der Feststellung einer Bedrohung des Friedens, eines Bruchs des Friedens oder einer Angriffshandlung **militärische Zwangsmaßnahmen** beschließen (Art. 39, 42 UN-Charta). Handelt die Bundeswehr im Rahmen einer solchen Ermächtigung, liegt ein Fall des Einsatzes im Rahmen und nach den Regeln eines Systems der gegenseitigen kollektiven Sicherheit iSv Art. 24 Abs. 2 vor (→ Art. 24 Rn. 81). Die zweite in der UN-Charta geregelte und ebenfalls im Völkergewohnheitsrecht verankerte Ausnahme betrifft das Recht auf individuelle und kollektive **Selbstverteidigung** nach Art. 51 UN-Charta. Nach der überwiegenden Auffassung in Staatenpraxis und Völkerrechtslehre löst dabei nicht jede Gewaltanwendung das Selbstverteidigungsrecht aus.[19] Vielmehr muss ein bewaffneter Angriff vorliegen, was eine bestimmte Schwere und ein gewisses Ausmaß der Angriffshandlung voraussetzt.[20] Die individuelle Selbstverteidigung betrifft die Verteidigung des Angegriffenen gegen den Angreifer. Kollektive Selbstverteidigung bezeichnet dagegen Fälle der „Nothilfe", in denen einem angegriffenen Staat Hilfe geleistet wird.

13 Kollektive Selbstverteidigung kann im Rahmen von **Regionalorganisationen** nach Kapitel VIII der UN-Charta organisiert und ausgeführt werden. Dementsprechend knüpft Art. 5 NATO-Vertrag den sog. **„Bündnisfall"** an das Vorliegen eines bewaffneten Angriffs auf eine oder mehrere der Vertragsparteien. Handelt die Bundesregierung in einem solchen Fall auf der Grundlage eines Beschlusses des NATO-Rates, so können die entsprechenden Maßnahmen, so sie im Rahmen und nach den Regeln des NATO-Systems der kollektiven Sicherheit erfolgen, als Einsatz der Bundeswehr nach Art. 24 Abs. 2 verstanden werden. Denkbar ist jedoch auch kollektive Selbstverteidigung (zugunsten eines NATO-Staates oder eines Drittstaates) ohne eine solche Einbindung, womit sich die Beteiligung der Bundeswehr an einer solchen Verteidigung dann am Maßstab des Art. 87a Abs. 1 S. 1, Abs. 2 zu messen hat.

14 Nach der Konzeption der UN-Charta sind individuelle wie kollektive Selbstverteidigung subsidiär gegenüber Maßnahmen, die der UN-Sicherheitsrat zur Wiederherstellung des Friedens trifft, Art. 51 S. 1, 2. Hs. UN-Charta.[21] In der Praxis des Sicherheitsrats kann die Grenze zwischen den zwei Ausnahmen verwischen, was der Rechtsklarheit abträglich ist und durch die Debatten um die Auslegung der im November 2015 vom Sicherheitsrat nach den Anschlägen von Paris angenommenen Resolution 2249 unterstrichen wird.[22]

---

[17] Siehe nur *Randelzhofer/Dörr* in Simma/Khan/Nolte/Paulus The UN Charter Art. 2(4) Rn. 37, 39.

[18] *von Arnauld,* Völkerrecht, 2019, Rn. 1030.

[19] *Randelzhofer/Nolte* in Simma/Khan/Nolte/Paulus The UN Charter, 2012, Art. 51 Rn. 20.

[20] IGH, Case Concerning Military and Paramilitary Activities in and against Nicaragua (Nicaragua v. United States of America), Merits, Judgment of 27 June 1986, ICJ Rep. 1986, 14, Rn. 249.

[21] Allgemein zum Verhältnis der beiden Rechtfertigungsgründe *Krisch,* Selbstverteidigung und kollektive Sicherheit, 2001, 137 ff.

[22] UN Doc. S/RES/2249 (2015); kritisch dazu *Payandeh/Sauer* ZRP 2016, 34 (35 f.).

Außerdem sind Selbstverteidigungsmaßnahmen dem UN-Sicherheitsrat gegenüber anzuzeigen, Art. 51 S. 2, 1. Hs. UN-Charta.[23]

Im Lichte der Völkerrechtsfreundlichkeit des GG kann der Begriff der Verteidigung iSv Art. 87a Abs. 1 S. 1, Abs. 2 jedenfalls nicht weiter verstanden werden, als es völkerrechtlich zulässig ist.[24] Theoretisch denkbar wäre ein engeres Verständnis,[25] welches aber ebenfalls nicht unproblematisch wäre, wenn es etwa die Beteiligung Deutschlands an Maßnahmen der kollektiven Selbstverteidigung unmöglich machen würde.[26] Diese Form der Selbstverteidigung dient nicht nur dem Schutz eines einzelnen angegriffenen Staates, sondern auch der Durchsetzung des Gewaltverbots als zentraler Norm der modernen Völkerrechtsordnung.[27] 15

Der Inhalt und die Reichweite des völkerrechtlichen Gewaltverbots und seiner Ausnahmen sind umstritten.[28] Die damit verbundenen Unklarheiten wirken sich auch auf die Verfassungsrechtslage aus. Im Hinblick auf das Selbstverteidigungsrecht nach Art. 51 UN-Charta ist neben der Möglichkeit einer **präventiven Selbstverteidigung**[29] insbesondere umstritten, ob Verteidigungshandlungen auch gegen **nicht-staatliche Akteure,** insbesondere terroristische Gruppierungen gerichtet werden können.[30] Neben der Frage, ob ein bewaffneter Angriff iSv Art. 51 UN-Charta von nicht-staatlichen Akteuren ausgelöst werden kann,[31] ist als Folgeproblem in praktisch jeder denkbaren Sachverhaltskonstellation eine Verteidigungshandlung nur auf dem Territorium eines Drittstaates denkbar. Sind die Angriffshandlungen der nicht-staatlichen Akteure einem Staat nach den völkerrechtlichen Regeln der Staatenverantwortlichkeit zurechenbar (insbesondere über Art. 8 der ILC-Artikel von 2001[32]), so sind Verteidigungshandlungen auch gegen diesen Staat möglich. Fehlt es an der hierfür notwendigen Kontrolle über die nicht-staatlichen Akteure, kommt eine Verteidigung nach der Rechtsauffassung einiger Staaten auch dann in Frage, wenn der Territorialstaat *„unwilling and/or unable"* ist, die Gefahr wirksam zu bekämpfen und zu beseitigen.[33] In der Staatenpraxis hat sich dieser Test, dessen dogmatische Verortung zudem 16

---

[23] Zur Bedeutung der Berichtspflicht siehe IGH, Case Concerning Military and Paramilitary Activities in and against Nicaragua (Nicaragua v. United States of America), Merits, Judgment of 27 June 1986, ICJ Rep. 1986, 14, Rn. 235.

[24] *Baldus/Müller-Franken* in MKS Rn. 40; *Peters* Journal on the Use of Force and International Law 5 (2018), 246 (262).

[25] Siehe etwa *Fassbender* in HdbStR XI § 244 Rn. 49.

[26] Prägnant *Schmidt-Radefeldt* in Kielmansegg/Krieger/Sohm Multinationalität und Integration, 83 (86) mit Verweis auf Probleme einer Inkongruenz zwischen „völkerrechtlichem Können und wehrverfassungsrechtlichem Dürfen".

[27] Zu dieser umstrittenen Funktion und ihren Grenzen *Tams* FS f. Simma, 2011, 379 (392–394).

[28] Für einen instruktiven Überblick über den aktuellen Rechtsstand und die diversen Debatten siehe International Law Association, Sydney Conference (2018), Final Report on Aggression and the Use of Force, abrufbar unter http://www.ila-hq.org (22.3.2019).

[29] Siehe dazu zusammenfassend *Wittke,* The Bush Doctrine Revisited, 2018, 422–431.

[30] *Starski* ZaöRV 75 (2015), 455; *Brunnée/Toope* ICLQ 68 (2017), 263; *Aust/Payandeh* JZ 2018, 633; grundlegend *Kreß,* Gewaltverbot und Selbstverteidigungsrecht nach der Satzung der Vereinten Nationen bei staatlicher Verwicklung in Gewaltakte Privater, 1995.

[31] Ablehnend IGH, Legal Consequences of the Construction of a Wall in the Occupied Palestinian Territories, Advisory Opinion of 9 July 2004, ICJ Rep. 2004, 136, Rn. 139; offen lassend IGH, Armed Activities on the Territory of the Congo (Democratic Republic of the Congo v. Uganda), Judgment of 19.12.2005, ICJ Rep. 2005, 168, Rn. 147.

[32] Articles on the Responsibility of States for Internationally Wrongful Acts, abgedruckt im Anhang zu UN Doc. A/RES/56/83 v. 12.12.2001.

[33] Dazu *Aust/Payandeh* JZ 2018, 633 (636).

umstritten ist, bisher nicht durchgesetzt, auch wenn insbesondere im Kontext des Kampfes gegen den sog. „Islamischen Staat" (IS) die Zahl der Staaten zugenommen hat, die einer solchen Argumentation zuneigen.[34] Die deutsche Bundesregierung hat im Nachgang zu den terroristischen Angriffen in Paris im November 2015 eine differenzierte Rechtsposition vertreten und in ihrem Schreiben an den UN-Sicherheitsrat die Möglichkeit von Selbstverteidigungsmaßnahmen gegen Kräfte des IS auf syrischem Staatsgebiet auch mit der sich damals verfestigenden territorialen Kontrolle des IS begründet.[35] In seinem Beschluss zum Anti-IS-Einsatz hat der BVerfG die Berufung auf das Selbstverteidigungsrecht als „zumindest vertretbar" eingeordnet.[36]

17 Über die Ermächtigung zu Zwangsmaßnahmen durch den UN-Sicherheitsrat und das Gewaltverbot hinaus werden weitere Ausnahmen vom Gewaltverbot teils kontrovers diskutiert. Nicht durchgesetzt haben sich bisher Positionen, die ein Recht auf **humanitäre Intervention** zum Schutz von Nicht-Staatsangehörigen ohne Ermächtigung des UN-Sicherheitsrates anerkennen.[37] Die Kosovo-Intervention 1999, an der sich auch die Bundesrepublik beteiligt hat, wird insofern von der heute ganz überwiegenden Auffassung im völkerrechtlichen Schrifttum als völkerrechtswidrig angesehen.[38] Auch die Entwicklung der Doktrin der sog. **Schutzverantwortung** (*„Responsibility to protect"*, R2P) hat hieran nichts geändert. Vielmehr haben die UN-Mitgliedstaaten 2005 im Konsens bekräftigt, dass über den Einsatz militärischer Gewalt zur Verwirklichung der „R2P" der Sicherheitsrat nach Kapitel VII der UN-Charta zu entscheiden hat.[39] In der jüngeren Völkerrechtspraxis hat insbesondere das Vereinigte Königreich dezidiert die Rechtsposition eingenommen, wonach der Einsatz militärischer Gewalt als humanitäre Intervention in Einzelfällen zulässig sein soll, zuletzt im Kontext der gemeinsam mit den Vereinigten Staaten und Frankreich durchgeführten Luftschläge gegen Einrichtungen des syrischen Militärs in Reaktion auf einen Einsatz von Chemiewaffen, der dem syrischen Regime vorgeworfen wurde.[40] Ein Rechtsinstitut der humanitären Repressalie als Sonderform der humanitären Intervention, wie es vereinzelt in der Literatur bezeichnet wurde,[41] hat sich dadurch jedoch bis auf weiteres nicht herausbilden können, zumal die anderen beteiligten Staaten keine klare Rechtsposition zur Rechtfertigung der Gewaltanwendung artikuliert haben. Dies hat die Bundesregierung nicht

---

[34] *Brunnée/Toope* ICLQ 67 (2018), 263 (269 f.); *Marxsen* in Werkner/Haspel Bündnissolidarität, 101 (105).

[35] Letter dated 10 December 2015 from the Chargé d'affaires a. i. of the Permanent Mission of Germany to the United Nations addressed to the President of the Security Council, UN Doc. S/2015/946.

[36] BVerfGE 152 8 C31, Rn. 50.

[37] *Lowe/Tzanakopoulos* in Wolfrum MPEPIL, Online-Edition, 2011, Humanitarian Intervention, Rn. 47.

[38] So schon früh *Nolte* ZaöRV 59 (1999), 941 (945 ff.); aus dem neueren Schrifttum *Marxsen* in Werkner/Haspel Bündnissolidarität, 101 (120); *Schorkopf,* Staatsrecht der internationalen Beziehungen, 2017, § 6 Rn. 55; für die Position „illegal, aber legitim" *Simma* EJIL 10 (1999), 1 (12, 22); instruktiver Beitrag zu den methodischen Aspekten der Debatte *Byers/Chesterman* in Holzgrefe/Keohane Humanitarian Intervention, 177.

[39] UN Doc. A/RES/60/1 (2005), Rn. 138 f.; zum Einfluss auf die Rechtsentwicklung *Simon* AVR 54 (2016), 1 (28).

[40] Prime Minister's Office, 10 Downing Street, Policy Paper: Syria Action – UK government legal position v. 14.4.2018., https://www.gov.uk/government/publications/syria-action-uk-government-legal-position/syria-action-uk-government-legal-position (19.3.2019).

[41] *Kulick* AVR 56 (2018), 303 (im Ergebnis auch ablehnend); siehe auch *de Guttry* AVR 56 (2018), 472 (483 ff.).

daran gehindert, den Angriff ihrer drei Verbündeten als „angemessen und erforderlich" zu bezeichnen.[42]

Die **Rettung eigener Staatsangehöriger** aus bedrohlichen Situationen im Ausland, insbesondere bei einem Kontrollverlust des Territorialstaats über einzelne Teile seines Staatsgebiets, wird in der völkerrechtlichen Literatur kontrovers diskutiert.[43] Hier nimmt ein nicht unbeachtlicher Teil des Schrifttums an, dass sich eine gewohnheitsrechtliche Ausnahme vom Gewaltverbot herausgebildet habe.[44] Ob gleichwohl eine allgemeine Position der Staatengemeinschaft in dieser Frage existiert, ist weiterhin schwierig zu beurteilen.[45] Im Hinblick auf die *völkerrechtliche* Einschätzung solcher Operationen erscheint es aber jedenfalls vertretbar, von der Zulässigkeit solcher Einsätze in absoluten Notsituationen auszugehen, da betroffene Territorialstaaten gegen Einsätze dieser Art in den letzten Jahren kaum protestiert haben.[46] 18

Schließlich erlaubt das Völkerrecht unter gewissen Voraussetzungen ein **Eingreifen auf Einladung,** wobei es sich hierbei wegen des Vorliegens einer Zustimmung des Territorialstaats zum Einsatz fremder bewaffneter Truppen schon nicht um einen rechtfertigungsbedürftigen Verstoß gegen das Gewaltverbot handelt.[47] Das Völkerrecht knüpft gleichwohl weitere Voraussetzungen an die Zulässigkeit einer solchen Intervention. Die Einladung muss wirksam erteilt werden. Die einladende Regierung muss zudem auch weiterhin über die effektive Kontrolle von nennenswerten Teilen des Staatsgebiets verfügen. Nach umstrittener Auffassung ist es zudem nicht zulässig, in einem Bürgerkrieg auf Einladung zu intervenieren, in dem die Opposition sich auf das Selbstbestimmungsrecht der Völker berufen kann.[48] Die Abgrenzungsfragen sind hier gleichwohl schwierig. Eine Einladung der Regierung entbindet jedenfalls nicht von der Pflicht, anwendbare Regeln des humanitären Völkerrechts und der Menschenrechte zu beachten.[49] Verstöße gegen diese Regeln machen eine erteilte Zustimmung jedoch nicht als solche unwirksam. 19

Für die Rechtslage Deutschlands ergibt sich aus dem „Zwei-plus-Vier-Vertrag" eine Beschränkung der Truppenstärke der Bundeswehr auf maximal 370.000 Personen (Art. 3 Abs. 2). Darüber hinaus bekräftigt der Vertrag, dass „von deutschem Boden nur Frieden ausgehen wird" und dass das vereinte Deutschland „keine seiner Waffen jemals einsetzen wird, es sei denn in Übereinstimmung mit seiner Verfassung und der Charta der Vereinten Nationen" (Art. 2).[50] 20

---

[42] Krit. dazu *Aust/Payandeh* JZ 2018, 633 (641 f.).

[43] Dagegen etwa *Brownlie* in Norton Moore Law and Civil War in the Modern World, 217 ff.; *Beyerlin* ZaöRV 37 (1977), 213 (239); *Dahm/Delbrück/Wolfrum,* Völkerrecht I/3, 2002, 831; *Bothe* in Graf Vitzthum/Proelß Völkerrecht, 8. Abschnitt Rn. 21.

[44] So *Heintschel von Heinegg* in Ipsen Völkerrecht, § 56, Rn. 46 f.; *Kunig* in Wolfrum MPEPIL, Online-Edition, 2008, Intervention, Prohibition of, Rn. 42.

[45] Zweifelnd auch *Epping* AöR 124 (1999), 423 (467).

[46] So auch *Schorkopf,* Staatsrecht der internationalen Beziehungen, 2017, § 6 Rn. 60.

[47] Grundlegend *Nolte,* Eingreifen auf Einladung, 1999, 197 ff.; siehe ferner *Nolte* in Wolfrum MPEPIL, Online-Edition, 2011, Intervention by Invitation, Rn. 15 f.; *Krieger* VVDStRL 75 (2016), 439 (464).

[48] Siehe dazu mwN *Fox* in Weller Oxford Handbook of the Use of Force in International Law, 2015, 816 (827 f.).

[49] Dazu *de Wet* ICLQ 67 (2018), 287 (292 ff.).

[50] Vertrag über die abschließende Regelung in Bezug auf Deutschland vom 12.9.1990, BGBl. 1990 II 1318.

21 **2. Unionsrecht.** Auch das Unionsrecht bekennt sich zu den grundlegenden Regeln und Werten der Völkerrechtsordnung, einschließlich des Gewaltverbots. Nach Art. 3 Abs. 5 S. 2 EUV gehört es zu den Zielen der Union, einen Beitrag zu Frieden und Sicherheit unter den Völkern der Welt zu leisten und zur strikten Einhaltung und Weiterentwicklung des Völkerrechts, insbesondere zur Wahrung der Grundsätze der Charta der Vereinten Nationen, beizutragen (siehe auch Art. 21 Abs. 1 EUV zu den allgemeinen Bestimmungen über das auswärtige Handeln der Union).[51]

22 Die Gemeinsame Sicherheits- und Verteidigungspolitik der Union ordnet sich in diese Zielsetzung ein (Art. 42 Abs. 1 S. 3 EUV). Seit Inkrafttreten des Vertrags von Lissabon sieht das Unionsrecht auch eine gemeinsame **Bündnisklausel** vor, nach der sich die Mitgliedstaaten im Fall eines bewaffneten Angriffs auf das Hoheitsgebiet eines Mitgliedstaates alle in ihrer Macht stehende Hilfe und Unterstützung schulden (Art. 42 Abs. 7 UAbs. 1 S. 1 EUV), wobei unterstrichen wird, dass diese Maßnahmen im Einklang mit Art. 51 UN-Charta zu stehen haben. Außerdem wird in Art. 42 Abs. 7 UAbs. 1 S. 2 EUV betont, dass der besondere Charakter der Sicherheits- und Verteidigungspolitik einiger Mitgliedstaaten unberührt bleibt, womit auf die permanent neutralen Mitgliedstaaten Irland und Österreich verwiesen wird. Art. 42 Abs. 7 UAbs. 2 EUV stellt sicher, dass die Bündnispflicht im Einklang mit den Verpflichtungen aus dem NATO-Vertrag steht. Auch das BVerfG hat in seiner Lissabon-Entscheidung hervorgehoben, dass die Beistandspflicht aus Art. 42 Abs. 7 EUV jedenfalls nicht über diejenige des Art. 5 NATO-Vertrag hinausgeht, bei der den Mitgliedstaaten ein erheblicher Beurteilungsraum hinsichtlich des zu leistenden Beistandes verbliebe.[52] Darüber hinaus hat das BVerfG ebenfalls in der Lissabon-Entscheidung in einem *obiter dictum* der EU die Eigenschaft als System gegenseitiger kollektiver Sicherheit abgesprochen[53], was in der Literatur auf ein überwiegend kritisches Echo gestoßen ist (→ Art. 24 Rn. 89; dort auch näher zur Entwicklung von Verteidigungsfragen im Rahmen der europäischen Integration).[54] Zuletzt hat das Gericht seine Position in dieser Frage ein Stück weit revidiert.[55]

23 **3. Rechtsvergleichende Bezüge.** Im Hinblick auf die Verfassungslage in anderen Staaten ist zunächst hervorzuheben, dass die Zusammenfassung von verschiedenen Regelungskomplexen in Art. 87a einfache Vergleiche und das Identifizieren von ähnlichen Bestimmungen erschwert (→ Rn. 5 ff.).

24 Die **Aufstellung von Streitkräften** an sich ist Gegenstand verfassungsrechtlicher Regeln in einer Vielzahl von Staaten.[56] Eine deutsche Besonderheit ist dagegen die detaillierte Vorschrift über die vom Haushaltsplan über die Größe und Organisation der Streitkräfte vorzusehenden Regelungen.[57]

---

[51] Siehe mwN *Aust* EuR 52 (2017), 106 (109 f.).

[52] BVerfGE 123, 267 (424); siehe auch schon zu Art. 5 NATO-Vertrag BVerfGE 68, 1 (93); *Paulus/Jacobs* FW 87 (2012), 23 (47).

[53] BVerfGE 123, 267 (425 f.).

[54] Siehe hier nur *Calliess* in Maunz/Dürig Art. 24 Rn. 45 ff.; *Classen* in MKS Art. 24 Rn. 94; *Fassbender* in HdbStR XI § 244 Rn. 73 f.; *Schorkopf,* Staatsrecht der internationalen Beziehungen, 2017, § 6 Rn. 39; *Gutmann/Sassenrath* NZWehr 59 (2017), 177 (186); *Peters* Journal on the Use of Force and International Law 5 (2018), 246 (251).

[55] BVerfGE 152, 8 C33, Rn. 52): „vertretbar", die EU als System der gegenseitigen kollektiven Sicherheit einzuordnen.

[56] Für eine Aufzählung siehe *Baldus/Müller-Franken* in MKS Rn. 16 mit Fn. 78.

[57] *Baldus/Müller-Franken* in MKS Rn. 17.

Einsätze im Innern sind Gegenstand verfassungsrechtlicher Regeln in einer nennenswerten Zahl an Staaten.[58] Bestimmungen zur Zulässigkeit von **Auslandseinsätzen** finden sich auch in anderen Verfassungen,[59] wobei schon im europäischen Kontext auffällt, dass beileibe nicht alle Verfassungsordnungen die Verwendungszwecke der Streitkräfte auf Verfassungsebene regeln.[60] **25**

Einen aus deutscher Perspektive interessanten Sonderfall stellt die Verfassung **Japans** dar, welche nach Ende des Zweiten Weltkriegs pazifistisch konzipiert wurde und jede Form der Kriegsführung verbietet (Art. 9 der japanischen Verfassung).[61] Aufgrund dieser Bestimmung hat Japan bis heute nur sog. „Selbstverteidigungskräfte" (SDF) aufgestellt. Nach immer wieder aufkommenden Diskussionen um die Möglichkeiten einer japanischen Beteiligung an UN-Friedensmissionen und anderen vom UN-Sicherheitsrat autorisierten Einsätzen[62] sind im Jahr 2015 auf Initiative der Regierung *Abe* einfach-gesetzliche Normen erlassen worden, die eine Ausübung des Rechts auf kollektive Selbstverteidigung durch die SDF erlauben sollen.[63] Die Vereinbarkeit mit Art. 9 der japanischen Verfassung ist dabei in der Literatur umstritten.[64] **26**

Im Kreis der EU- und NATO-Mitgliedstaaten zeigt sich ein gemischtes Bild hinsichtlich der **Beteiligung des Parlaments** an Entscheidungen über den Streitkräfteeinsatz.[65] In der jüngeren Vergangenheit wird auch in einigen westlichen Staaten vermehrt über die Rolle des Parlaments für die Entscheidung über Auslandseinsätze debattiert, wo diese Frage traditionell der Exekutive überlassen wurde, wie etwa in **Frankreich** und im **Vereinigten Königreich.**[66] In Frankreich wurde 2008 die Verfassung geändert. Seitdem sind Einsätze, die länger als vier Monate andauern, dem Parlament zur Zustimmung vorzulegen (Art. 35 der frz. Verfassung).[67] Im Vereinigten Königreich hat sich eine sog. *„constitutional convention"* herausgebildet, die eine Beteiligung des Unterhauses bei der Entsendung von Streitkräften in bewaffnete Auseinandersetzungen verlangt.[68] Die *„convention"* hat sich aus der Befassung des Parlaments insbesondere mit dem Irak-Krieg 2003 und 2013 mit der Entscheidung über einen möglichen Einsatz in Reaktion auf den Einsatz von Chemiewaffen in Syrien heraus entwickelt.[69] Die genaue Reichweite dieser *„convention"* ist jedoch weiterhin umstritten und die britische Regierung setzt **27**

---

[58] Siehe *Heun* in Dreier Rn. 6.

[59] Siehe die Aufzählung bei *Baldus/Müller-Franken* in MKS Rn. 17 mit Fn. 80 und 81.

[60] Siehe mwN *Nolte/Krieger,* Europäische Wehrrechtssysteme, 2002, 43.

[61] *Sissons* International Affairs 37(1) (1961), 45.

[62] *Fisher* Zeitschrift für japanisches Recht 21 (2016), 165 (168).

[63] *Mori* in Bradley Oxford Handbook on Comparative Foreign Relations Law, 829 (832).

[64] *Akimoto* Zeitschrift für japanisches Recht 21 (2016), 137 (139).

[65] Die Unterschiede sind beträchtlich, für einen instruktiven Überblick *Gutmann* in Kielmansegg/Krieger/Sohm Multinationalität und Integration, 119; grundlegend *Schmidt-Radefeldt,* Parlamentarische Kontrolle der internationalen Streitkräfteintegration, 2005, 140 ff.

[66] Siehe *Forteau* in Bradley Oxford Handbook on Comparative Foreign Relations Law, 811 (812) und *Ziegler,* in Bradley Oxford Handbook on Comparative Foreign Relations Law, 771 (772).

[67] *Vilain/Wendel* in Marsch/Vilain/Wendel Französisches und Deutsches Verfassungsrecht, § 4 Rn. 121; *Forteau* in Bradley Oxford Handbook on Comparative Foreign Relations Law, 811 (815).

[68] House of Commons Library, Briefing Paper CBP 7166, 8 May 2018: Parliamentary Approval for Military Action., abrufbar unter https://researchbriefings.parliament.uk/ResearchBriefing/Summary/CBP-7166#fullreport (22.3.2019).

[69] Dazu *Fikfak/Hooper,* Parliament's Secret War, 2018, Kap. 1; *Ziegler* in Bradley Oxford Handbook on Comparative Foreign Relations Law, 771 (772).

das Militär im Äußeren auch weiterhin in einzelnen Fällen ein, ohne vorher das Parlament um Zustimmung zu bitten. Von einer allgemeinen Parlamentarisierung dieser Frage kann im Hinblick auf das Vereinigte Königreich also nicht gesprochen werden.[70]

28 In den **Vereinigten Staaten** zählt der Streitkräfteeinsatz traditionell zu den Befugnissen des Präsidenten, wobei die *„War Power Resolution"* aus dem Jahre 1973 hier versucht hat, *„checks and balances"* gegenüber einer rein exekutiven Entscheidung zu stärken.[71] Umstritten geblieben ist bis heute die verfassungsrechtliche Zulässigkeit der Resolution im Hinblick auf ihr Verhältnis zur Rolle des Präsidenten als *„commander in chief"*.[72] In der Verfassungspraxis hat diese Resolution zudem jedoch nur eine untergeordnete Rolle gespielt,[73] wurde aber zuletzt Anfang 2019 vom Kongress genutzt, um auf ein Ende der US-amerikanischen Beteiligung am Jemen-Konflikt hinzuwirken,[74] was allerdings aufgrund eines von US-Präsident Trump eingelegten Vetos bis auf Weiteres keine praktischen Konsequenzen zeichnen wird.[75]

B. Einzelfragen

I. Abs. 1 – Aufstellung von Streitkräften

29 **1. Verfassungsauftrag.** Art. 87a Abs. 1 S. 1 normiert zunächst, dass der Bund überhaupt Streitkräfte aufstellt. Die indikative Formulierung unterstreicht, dass es sich hierbei um einen Verfassungsauftrag handelt. Damit kommt der Staat des GG der grundlegenden **Staatsaufgabe** nach, für die Sicherheit seiner Bevölkerung gegenüber Bedrohungen aus dem Ausland zu sorgen.[76] Zu den Streitkräften gehören alle militärischen Verbände der Bundesrepublik, die unter der Befehls- und Kommandogewalt des Verteidigungsministers (Art. 65a) bzw. im Verteidigungsfall des Bundeskanzlers (Art. 115b) stehen.[77] Nicht umfasst sind nach ganz hM die Bundeswehrverwaltung, die Wehrstrafgerichte, die Truppendienstgerichte und die Militärseelsorge ebenso wenig wie bewaffnete Polizeieinheiten von Bund und Ländern.[78] Der Militärische Abschirmdienst wird als Militärgeheimdienst zum Begriff der Streitkräfte gezählt, wofür angesichts der Schwierigkeit der Aufgabenabgrenzung zwischen bewaffneten Streitkräften und nachrichtendienstlicher Tätigkeit im militärischen Bereich gute Gründe sprechen.[79]

---

[70] *Fikfak/Hooper,* Parliament's Secret War, 2018, 100 f.; *Ziegler* in Bradley Oxford Handbook on Comparative Foreign Relations Law, 771 (774).

[71] War Powers Resolution, Pub. L. No. 93–148, 87 Stat. 555 (1973); dazu *Bradley* in Bradley Oxford Handbook on Comparative Foreign Relations Law, 753.

[72] *Bradley,* International Law in the U. S. Legal System, 2015, 297–299.

[73] *Glennon* AJIL 78 (1984), 571; *Glennon* AJIL 103 (2009), 75; *Jensen* Emory International Law Review 29 (2015), 499.

[74] Siehe *The New York Times* v. 13.3.2019, Senate Votes Again to End Saudi War in Yemen, Defying Trump., abrufbar unter https://www.nytimes.com/2019/03/13/us/politics/yemen-saudi-war-senate.html (22.3.2019).

[75] Siehe *The New York Times* v. 16.4.2019, Trump Vetoes Measure to Force End to U. S. Involvement in Yemen War, abrufbar unter https://www.nytimes.com/2019/04/16/us/politics/trump-veto-yemen.html (18.4.2019).

[76] *Grzeszick* in BerlKomm Rn. 2; *Depenheuer* in Maunz/Dürig Rn. 12–15.

[77] *Heun* in Dreier Rn. 9; *Baldus/Müller-Franken* in MKS Rn. 36.

[78] *Krieger* in SHH Rn. 10; *Schmahl* in Sodan Rn. 2; *Karpinski,* Öffentlich-rechtliche Grundsätze für den Einsatz der Streitkräfte, 1974, 12 f.

[79] So auch *Baldus/Müller-Franken* in MKS Rn. 36; *Grzeszick* in BerKomm Rn. 7.

Eine Abschaffung der Bundeswehr oder eine andere Form der kompletten Demilitarisierung der Bundesrepublik ist verfassungsrechtlich nicht zulässig. Zum änderungsfesten Kern des GG gehört das Vorhandensein von Streitkräften jedoch nicht und dies kann auch nicht als Wesensmerkmal von Staatlichkeit in den Anwendungsbereich des Art. 79 Abs. 3 hineininterpretiert werden.[80] Da das GG aber *de constitutione lata* die Existenz von bewaffneten Streitkräften vorsieht, folgt aus dieser Bestimmung auch ein verfassungsrechtlicher Schutz der **Funktionsfähigkeit** der Bundeswehr.[81] Dieses so geschützte Rechtsgut kann insofern in Abwägungssituationen mit anderen Verfassungsrechtsgütern relevant werden.[82] 30

Art. 87a Abs. 1 S. 1 hat zudem eine **föderale Komponente.** Da dem Bund die Aufstellung von Streitkräften ermöglicht wird, ist den Ländern ein solches Vorgehen zugleich versagt. In systematischer Hinsicht ergänzt Art. 87a Abs. 1 S. 1 insofern die Gesetzgebungskompetenz für den Bund aus Art. 73 Abs. 1 Nr. 1, 2. Var.[83] 31

2. „Zur Verteidigung". Art. 87a Abs. 1 S. 1 stellt klar, dass die Streitkräfte „zur Verteidigung" aufgestellt werden. Diese Vorschrift bildet einen wichtigen Bestandteil des grundgesetzlichen **Friedensgebots,** welches im Übrigen aus der Präambel, Art. 24 Abs. 2 und 26 folgt.[84] 32

Weitgehende Einigkeit besteht im Schrifttum dahingehend, dass „Verteidigung" iSv Art. 87a Abs. 1 S. 1 **nicht** auf Fälle des **Verteidigungsfalles** nach Art. 115a Abs. 1 S. 1 **beschränkt** ist.[85] Die Feststellung des Verteidigungsfalls hat Konsequenzen für den Übergang der Befehlsgewalt vom Verteidigungsminister auf den Bundeskanzler (Art. 115b), die Ausübung von Gesetzgebungs- und Verwaltungskompetenzen des Bundes (Art. 115c) und den Ablauf von Gesetzgebungsverfahren (Art. 115d). In institutioneller Hinsicht kann der Gemeinsame Ausschuss die Rechte von Bundestag und Bundesrat wahrnehmen (Art. 115e) und der Bundesregierung stehen mehr Kompetenzen zur Einsetzung des Bundesgrenzschutzes (bzw. nach heutiger Terminologie der Bundespolizei) zur Verfügung (Art. 115f). Sinn und Zweck der Regeln des Abschnitts Xa („Verteidigungsfall") ist es mithin, „den Übergang der innerstaatlichen Rechtsordnung aus ihrer Normallage in den Notstandsfall zu markieren."[86] Nicht jede Verteidigungslage erfordert aber solche staatsorganisationsrechtlichen Modifikationen. Die beiden Begriffe sind mithin strikt getrennt voneinander zu lesen. 33

Die Vorschrift bezieht sich auf die Verteidigung des Bundesgebiets gegen einen Angriff von außen. Nicht unter die Bestimmung des Art. 87a Abs. 1 S. 1 fällt mithin ein Angriff durch nicht-staatliche Akteure, der aus dem Innern des Staates hervorgeht.[87] Für solche Fälle ist die Regelung des inneren Notstands nach Art. 87a Abs. 4 einschlägig (→ Rn. 68 ff.). 34

---

[80] *Baldus/Müller-Franken* in MKS Rn. 22.

[81] BVerfGE 69, 1 (21) verweist zur Herleitung dieses Grundsatzes neben Art. 87a auf Art. 12a, 73 Nr. 1 u. 115b.

[82] *Baldus/Müller-Franken* in MKS Rn. 23.

[83] *Grzeszick* in BerKomm Rn. 3.

[84] *Proelß* in HdbStR XI § 227 Rn. 1 verweist außerdem auf Art. 9 Abs. 2, 25, 79 Abs. 1 S. 2, 115l Abs. 3.

[85] Siehe nur *Depenheuer* in Maunz/Dürig Rn. 100; *Marxsen* JZ 2017, 543 (547 f.); *Schorkopf,* Staatsrecht der internationalen Beziehungen, 2017, § 6 Rn. 26.

[86] *Baldus/Müller-Franken* in MKS Rn. 44; grundlegend *Ipsen* DÖV 1971, 583 (585).

[87] *Baldus/Müller-Franken* in MKS Rn. 53.

35 Für die weitere Konturierung des Begriffs „Verteidigung" in Art. 87a Abs. 1 S. 1 ist im Lichte der Völkerrechtsfreundlichkeit des GG auf das Recht auf individuelle und kollektive **Selbstverteidigung** nach Art. 51 UN-Charta zurückzugreifen (→ Rn. 11 ff.). Dies gilt ungeachtet der Tatsache, dass die Bundesrepublik zum Zeitpunkt der Einfügung des Art. 87a aF in das Grundgesetz und auch zum Zeitpunkt des Erlasses der Notstandsverfassung noch nicht Mitglied der Vereinten Nationen gewesen ist. Das Gewaltverbot und seine Ausnahme aus Art. 51 UN-Charta haben auch eine Grundlage im Völkergewohnheitsrecht.[88] Das Gewaltverbot wird darüber hinaus zum Kreis der Normen des sog. „zwingenden Völkerrechts" gezählt.[89] Es war für die Bundesrepublik also auch 1956 und 1968 geboten, die Organisation ihrer Landesverteidigung an den anwendbaren völkerrechtlichen Vorgaben zu orientieren.[90] Zu Recht wird in der Literatur problematisiert, dass eine vollkommen dynamische und voraussetzungslose Verweisung auf das Völkerrecht hier Probleme aufwerfen könnte, falls sich die völkerrechtlichen Regeln zur Gewaltanwendung zu radikal weiterentwickeln würden.[91] Es dürfe insofern keinen Automatismus geben. Art. 26 müsse mit seiner Ausrichtung auf die Friedensstaatlichkeit der Übernahme völkerrechtlicher Wertungen und Inhalte eine Grenze setzen.[92] Dem ist zuzustimmen, wobei allerdings auch Art. 26 mit dem Verbot des Angriffskrieges wiederum auf die Ebene des Völkerrechts verweist (→ Art. 26 Rn. 9). Solange sich kein Paradigmenwechsel hin zu einer vollkommen uferlosen Möglichkeit der Gewaltanwendung zu Zwecken der Selbstverteidigung ereignet, spricht mithin viel dafür, den Begriff der Verteidigung in Art. 87a Abs. 1 S. 1 im Einklang mit dem jeweiligen **Entwicklungsstand des Völkerrechts** auszulegen.

36 Für die Auslegung des Art. 87a Abs. 1 S. 1 folgt daraus, dass Verteidigung nicht nur defensive Maßnahmen zur Abwehr von Angriffen auf das Territorium der Bundesrepublik, sondern auch die sog. **„Bündnisverteidigung"** erlaubt, auf die auch Art. 80a Bezug nimmt. Darüber hinaus ist vom Begriff der Verteidigung im Rahmen von Art. 87a Abs. 1 S. 1 auch die sog. „Drittstaatennothilfe" erfasst, also die Ausübung des Rechts auf kollektive Selbstverteidigung nach Art. 51 UN-Charta.[93]

37 Dabei kann auch schon im Rahmen des Art. 87a Abs. 1 S. 1 ein Einsatz zur Verteidigung des Staatsgebiets der Bundesrepublik in einen Auslandseinsatz münden. So hat das BVerfG in Bezug auf den Verteidigungsbegriff im Rahmen des NATO-Vertrages ausgeführt, dass bei einem Angriff die Verteidigung nicht an der Bündnisgrenze enden muss: Auch die „langfristige und stabile Pazifizierung" kann der Sicherung eines dauerhaften Friedens dienen,[94] was für die Bestimmung des territorialen Anwendungsbereichs von Art. 87a Abs. 2 weiter zu beachten ist (→ Rn. 40 ff.).

---

[88] IGH, Case Concerning Military and Paramilitary Activities in and against Nicaragua (Nicaragua v. United States of America), Merits, Judgment of 27 June 1986, ICJ Rep. 1986, 14, Rn. 185.

[89] *von Arnauld,* Völkerrecht, 2019, Rn. 1030.

[90] Siehe etwa aus der Debatte um die Wiederbewaffnung das Gutachten von *Menzel* in von der Heydte, Der Kampf um den Wehrbeitrag I, 280 (285) mit Verweis auf den Gleichklang zwischen Art. 26 und dem geltenden völkerrechtlichen Gewohnheitsrecht.

[91] *Schorkopf,* Staatsrecht der internationalen Beziehungen, 2017, § 6 Rn. 31.

[92] *Schorkopf,* Staatsrecht der internationalen Beziehungen, 2017, § 6 Rn. 31.

[93] So auch BVerwGE 127, 302 (311 f.).

[94] BVerfGE 118, 244 (264); siehe auch *Stern,* StaatsR II, 1980, 1477: „Militärische Verteidigung ist in modernen Konflikten keine bloße Grenzsicherungsaufgabe."

3. Zahlenmäßige Stärke und Grundzüge der Organisation. Art. 87a Abs. 1 S. 2 steigert die allgemein für das Haushaltsverfassungsrecht geltenden Anforderungen an die inhaltliche Gestaltung des Staatshaushaltes[95] für den Bereich der Streitkräfte.[96] Das Grundgesetz begründet hier eine „Grundsatzverantwortlichkeit des Parlaments" für die Streitkräfte, die haushaltsrechtliche Steuerungsfunktion ergänzt und verstärkt die allgemeine **parlamentarische Kontrolle.** Insoweit begründet nach dem BVerfG der Art. 87a Abs. 1 S. 2 eine „Regierungsaufgabe des Parlaments."[97] 38

„Grundzüge der Organisation" bezeichnet, dass sich aus dem Haushaltsplan hier auch die Grundzüge der Streitkräftegliederung in Teilstreitkräfte, Korps, Divisionen, Brigaden, Einsatz- und Unterstützungsverbände sowie sonstige Dienststellen ergeben muss.[98] Dem kann nicht entgegengehalten werden, dass hierin eine unzulässige Durchbrechung des sog. „Bepackungsverbots"[99] aus Art. 110 Abs. 4 S. 1 gesehen werden könnte. Vielmehr stellt Art. 87a Abs. 1 S. 2 eine Ausnahme von dieser Norm dar und unterstreicht die Relativität dieses Verbots im heutigen Finanzverfassungsrecht.[100] 39

II. Abs. 2 – Zulässigkeit von Einsätzen „außer zur Verteidigung"

1. Räumlicher Anwendungsbereich der Vorschrift. Der räumliche Anwendungsbereich von Art. 87a Abs. 2 ist **umstritten.** Während einige Stimmen in der Literatur die Vorschrift nur als Begrenzung von Einsatzmöglichkeiten im Innern begreifen,[101] sprechen nach der hier vertretenen Auffassung die besseren Argumente für eine Anwendung auch auf Auslandseinsätze.[102] 40

Der **Wortlaut** der Vorschrift lässt keine Eingrenzung auf Einsätze nur im Innern zu. In **systematischer Hinsicht** wird teilweise vertreten, dass eine Regelung von Auslandseinsätzen im Abschnitt VIII des GG, der Fragen des Gesetzesvollzugs gewidmet ist, sachfremd sei.[103] Das überzeugt nicht, da kaum eine der Regelungen des Art. 87a systematisch in diesen Abschnitt passt, sondern neben Aspekten des Gesetzesvollzugs im weitesten Sinn auch Fragen des Haushaltsrechts in Art. 87a geregelt sind.[104] Der **Sinn und Zweck** von Art. 87a Abs. 2 lässt sich sowohl im Hinblick auf eine Beschränkung auf Einsätze im Innern als auch für die Anwendbarkeit auf Auslandseinsätze konstruieren. Für diese Bestimmung spielt dann auch die **Entstehungs-** 41

---

[95] Siehe nur *Kluckert,* Zuwendung und Gesetz, 2018, 12 (der Haushaltsplan muss alle Ausgaben und Einnahmen beinhalten).

[96] BVerfGE 90, 286 (385); *Grzeszick* in BerKomm Rn. 16.

[97] BVerfGE 90, 286 (385).

[98] *Baldus/Müller-Franken* in MKS Rn. 67; *Heun* in Dreier Rn. 14.

[99] Dazu allgemein *Kluckert,* Zuwendung und Gesetz, 2018, 412 ff.

[100] *Heun* in Dreier Rn. 14.

[101] Siehe etwa *Kokott* in Sachs Rn. 15; *Krieger* in SHH Rn. 25; *Wiefelspütz,* Das Parlamentsheer, 2005, 71–77; *Neubert,* Der Einsatz tödlicher Waffengewalt, 2016, 45–47.

[102] *Klein* ZaöRV 34 (1974), 429 (432); *Baldus/Müller-Franken* in MKS Rn. 72; *Grzeszick* in BerKomm Rn. 19; *Heun* in Dreier Rn. 16; *Schmahl* in Sodan Rn. 6; *Fastenrath* FS f. Wolfrum, 2011, 1935 (1941); *Brunner* ZRP 2011, 207 (208); *Fournier,* Der Einsatz der Streitkräfte gegen Piraterie auf See, 2014, 133.

[103] Grundlegend *Stein* in Frowein/Stein Rechtliche Aspekte einer Beteiligung der Bundesrepublik Deutschland an Friedenstruppen der Vereinten Nationen, 17 (22 f.); siehe ferner *Kokott* in Sachs Rn. 12; *Krieger* in SHH Rn. 27; *Neubert* DÖV 2017, 141 (144).

[104] Siehe ähnlich auch *Lerche* in Frowein/Stein Rechtliche Aspekte einer Beteiligung der Bundesrepublik Deutschland an Friedenstruppen der Vereinten Nationen, 44 (Diskussionsbeitrag); *Baldus/Müller-Franken* in MKS Rn. 18.

geschichte eine wichtige Rolle.[105] Ein beachtliches Argument ist in der Tat der Zusammenhang zwischen der Streichung des Art. 143 aF, der einen Verfassungsvorbehalt für den Einsatz der Streitkräfte im Innern vorsah, und der Einfügung des Art. 87a Abs. 2 als Ersatz für diese Bestimmung.[106] Allerdings ist die Entstehungsgeschichte weniger eindeutig, als es in den Ausführungen, die eine Beschränkung auf den Einsatz im Innern befürworten, angenommen wird.[107] Daraus, dass Auslandseinsätze in den Diskussionen um die Notstandsverfassung praktisch keinerlei Rolle gespielt haben, lassen sich durchaus unterschiedliche Schlüsse ziehen. In der Begründung des Rechtsausschusses des Bundestages wurde ausgeführt, dass Art. 87a „die Bestimmung über den Einsatz der Streitkräfte – abgesehen vom Fall der Katastrophenhilfe – in einem Artikel" zusammenfassen sollte und dabei „auch ... die Regelung über den Einsatz der Streitkräfte im Innern" berücksichtigt werden sollte.[108] Geht man davon aus, dass der Begriff der Verteidigung in Art. 87a Abs. 2 mit demjenigen in Abs. 1 S. 1 der Vorschrift identisch ist, spricht auch die in Fällen der Verteidigung ohnehin schwierige Abgrenzung zwischen Einsätzen im In- und Ausland dafür, hier aus systematischen Gründen von einer Anwendbarkeit ohne Begrenzung auf das Inland auszugehen (→ Rn. 37).

42 In seiner „*Out of area*"-Entscheidung hat das BVerfG es ausdrücklich offen gelassen, ob die Bestimmung als eine Vorschrift zu verstehen ist, die nur den Einsatz der Streitkräfte „nach innen" regeln will.[109] Zwar deutet auch das BVerfG in dieser Entscheidung einen engen Zusammenhang zwischen der Änderung der Bestimmung im Rahmen der Notstandsverfassung auf der einen Seite und dem Einsatz von Streitkräften im Innern an: Danach sei die Aufmerksamkeit der Verfassungsänderung darauf gerichtet, „den Verfassungsvorbehalt des Art. 143 des Grundgesetzes [aF (...)] auszufüllen und im Grundgesetz nunmehr auch die Voraussetzungen zu regeln, unter denen die Streitkräfte im Falle eines inneren Notstands eingesetzt werden dürfen."[110] Allerdings fügte das Gericht sodann auch an, dass durch die Notstandsverfassung weder neue Einsatzmöglichkeiten der Streitkräfte geschaffen noch im Grundgesetz bereits zugelassene beschränkt werden sollten.[111] Maßgeblich gewesen sei das Ziel, „die Möglichkeiten für einen Einsatz der Bundeswehr im Innern durch das Gebot strikter Texttreue zu begrenzen."[112]

43 In der Summe sprechen die besseren Argumente für eine **Erstreckung des Anwendungsbereichs auch auf Auslandseinsätze.** Eine Einschränkung auf Einsätze nur im Innern muss sich letztlich auf ein fragwürdiges systematisches Argument und die mehrdeutige Entstehungsgeschichte stützen. Demgegenüber hat der Wortlaut der Bestimmung ein größeres Gewicht. Es stellt sich zudem die Frage nach der praktischen Bedeutung der Bestimmung des

---

[105] Siehe *Wieland* in Wahl Verfassungsänderung, Verfassungswandel, Verfassungsinterpretation, 165 (168).

[106] *Kokott* in Sachs Rn. 14; *Neubert* DÖV 2017, 141 (145).

[107] *Baldus/Müller-Franken* in MKS Rn. 73.

[108] BT-Drs. V/2873, 12; siehe auch *Gutmann/Sassenrath* NZWehr 60 (2018), 17 (27 f.) mwN zur Diskussion zur „Bündnisverteidigung" bereits im Jahr 1956, was zumindest zeigt, dass Auslandseinsätze nicht gänzlich außerhalb der Vorstellungswelt der beteiligten Akteure standen; in diese Richtung auch *Schorkopf*, Staatsrecht der internationalen Beziehungen, 2017, § 6 Rn. 90.

[109] BVerfGE 90, 286 (355).

[110] BVerfGE 90, 286 (356); siehe auch *Nolte* ZaöRV 54 (1994), 652 (655), der für eine Stärkung dieser Formulierung plädiert.

[111] BVerfGE 90, 286 (356).

[112] BVerfGE 90, 286 (357); 115, 118 (142); 132, 1 (9, Rn. 25).

Anwendungsbereichs. Weitgehende Einigkeit besteht im Schrifttum dahingehend, dass schon aufgrund der Völkerrechtsfreundlichkeit des GG ein Einsatz der Streitkräfte, der nicht mit den Vorgaben des Völkerrechts übereinstimmt, ausscheidet.[113] Angesichts der seit 1994 ständigen Rechtsprechung zum Einsatz der Bundeswehr im Rahmen und nach den Regeln eines Systems der gegenseitigen kollektiven Sicherheit nach Art. 24 Abs. 2 (→ Art. 24 Rn. 73 ff.) und der Auslegung des Art. 87a Abs. 1 S. 1, wonach ein Einsatz „zur Verteidigung" auch Maßnahmen der kollektiven Selbstverteidigung nach Art. 51 UN-Charta abdeckt, hat die Bestimmung des territorialen Anwendungsbereichs von Art. 87a Abs. 2 praktische Relevanz nur für zwei potentiell völkerrechtskonforme Verwendungen der Streitkräfte. Hierbei handelt es sich um das Eingreifen auf Einladung (→ Rn. 19) und die Rettung eigener Staatsangehöriger bei drohender Gefahr im Ausland (→ Rn. 18, 50). In beiden Konstellationen ist es durchaus vertretbar, von einer völkerrechtlichen Zulässigkeit solcher Einsätze auszugehen. Ob solche Einsätze mit dem GG vereinbar sind, hängt sodann davon ab, ob ihre Zulässigkeit an anderer Stelle im GG „ausdrücklich" normiert ist.

2. Ausdrückliche Zulassung des Einsatzes „außer zur Verteidigung". Art. 87a Abs. 2 bindet nicht jede personelle und sachliche Nutzung von Ressourcen der Bundeswehr an eine ausdrückliche grundgesetzliche Regelung. Entscheidende Bedeutung hat insofern der **Einsatzbegriff.** Ein Einsatz liegt vor, wenn die Streitkräfte als Mittel der vollziehenden Gewalt in einem Eingriffszusammenhang gebraucht werden.[114] Dies ist nicht erst bei einem konkreten Vorgehen mit Zwangswirkung der Fall, sondern bereits, wenn personelle oder sachliche Mittel der Streitkräfte „in ihrem Droh- oder Einschüchterungspotential" genutzt werden.[115] Keine Einsätze sind demgegenüber Tätigkeiten nicht-hoheitlicher Natur, etwa bei repräsentativen Veranstaltungen wie feierlichen Gelöbnissen oder Staatsbesuchen.[116] 44

Diese Bestimmung des Einsatzbegriffs ist erkennbar auf den Einsatz der Streitkräfte im Innern zugeschnitten, was insbesondere der Verweis auf den Einsatz als „Mittel der vollziehenden Gewalt in einem Eingriffszusammenhang" verdeutlicht.[117] Daran anknüpfend wird in der Literatur diskutiert, ob der Einsatzbegriff im Ausland anders zu verstehen sein soll. Einsätze wären 45

[113] Siehe nur *Baldus/Müller-Franken* in MKS Rn. 40; *Peters* Journal on the Use of Force and International Law 5 (2018), 246 (262); noch weitergehend *Fassbender* in HdbStR XI § 244 Rn. 49: Das GG sei keine Verfassung, „die es ihren Organen erlaubt, bis an die Grenzen des völkerrechtlich zulässigen zu gehen oder dogmatischen Streit auszunutzen (…)."; aA *Depenheuer* DVBl. 1997, 685 (686) mit dem Verweis darauf, dass es sich bei Völkerrecht und Verfassungsrecht um nicht notwendigerweise deckungsgleiche Regelungsschichten handelt.

[114] BVerfGE 132, 1 (20, Rn. 50); zur Entstehungsgeschichte BT-Drs. V/2873, S. 13; *Karpinski,* Öffentlich-rechtliche Grundsätze für den Einsatz der Streitkräfte, 1974, 15; *Krieger* in SHH Rn. 39.

[115] BVerfGE 132, 1 (20, Rn. 50); vgl. allerdings BVerwG NJW 2018, 716 (722), wonach der Einsatz eines Tornado-Aufklärungsflugzeugs im Vorfeld des G8-Gipfels von Heiligendamm nur „eine technisch-unterstützende" Funktion gehabt habe und keinen Einsatz nach Art. 87a Abs. 2 gewesen sei. Vielmehr sei der Einsatz im Bereich der Amtshilfe nach Art. 35 Abs. 1 verblieben. Wegen des Einschüchterungspotentials nahm das BVerwG gleichwohl einen faktischen Eingriff in die Versammlungsfreiheit nach Art. 8 Abs. 1 an.

[116] Vgl. *Karpinski,* Öffentlich-rechtliche Grundsätze für den Einsatz der Streitkräfte, 1974, 16; *Marxsen* JZ 2017, 543 (545); *Schorkopf,* Staatsrecht der internationalen Beziehungen, 2017, § 6 Rn. 22.

[117] *Fastenrath* FS f. Wolfrum, 2011, 1935 (1946 f.).

dabei nur solche, die aufgrund ihres „militärischen Gepräges" das besondere Eskalationspotential und die damit verbundene Verstrickungsgefahr verwirklichen würden, derentwegen auch der wehrverfassungsrechtliche Parlamentsvorbehalt den Einsatz der Bundeswehr im Ausland an eine Zustimmung des Bundestages bindet.[118] Ein solches Verständnis würde etwa die unilaterale Pirateriebekämpfung durch Schiffe der Bundesmarine ermöglichen, welche ihre völkerrechtliche Grundlage in den Art. 100 ff. SRÜ findet.[119] Fraglich ist jedoch, ob ein derart gespaltener Eingriffsbegriff in der Lage ist, die vielfachen Grenzsituationen, die sich beim Einsatz der Streitkräfte stellen können, angemessen zu verarbeiten. Aus einer völkerrechtlichen Perspektive erscheint zudem problematisch, dass das SRÜ die Befugnisse zum Aufbringen von der Seeräuberei verdächtigen Schiffen im Regelfall gerade Kriegsschiffen vorbehält, also von einem militärischen Gepräge solcher Maßnahmen ausgeht (vgl. Art. 107 SRÜ). An einem einheitlichen Einsatzbegriff für Einsätze im In- wie Ausland ist mithin festzuhalten.[120]

46 Im Hinblick auf den zentralen Regelungsgehalt von Art. 87a Abs. 2 ist weiter zwischen **Einsätzen im Innern und Äußeren** zu unterscheiden. Das BVerfG hat im Hinblick auf die Einsätze im Innern das Erfordernis „strikter Texttreue" unterstrichen. Ausdrücklich zugelassen vom GG sind die Verwendungen der Streitkräfte im Rahmen von Art. 35 Abs. 2 und 3 sowie nach Art. 87a Abs. 3 und 4.[121]

47 Flexibler ist das Gericht jedoch hinsichtlich der Auslegung des „ausdrücklich zuläßt" im Hinblick auf Auslandseinsätze gewesen, wobei in Erinnerung zu rufen ist, dass das BVerfG die Grundfrage, ob Art. 87a Abs. 2 auf Auslandseinsätze überhaupt Anwendung findet, bisher offengelassen hat (→ Rn. 40 ff.). Geht man jedoch davon aus, dass dies der Fall ist, so ist augenscheinlich, dass die Rechtsprechung hinsichtlich der ausdrücklichen Zulassung im Hinblick auf Auslandseinsätze jedenfalls nicht auf der Grundlage einer „strikten Texttreue" basiert.

48 In seiner grundlegenden Entscheidung aus dem Jahr 1994 hat das BVerfG festgehalten, dass der Einsatz von Streitkräften im Rahmen eines Systems gegenseitiger kollektiver Sicherheit gemäß Art. 24 Abs. 2 nicht durch Art. 87a ausgeschlossen wird.[122] Die Ausführungen des Gerichts, wonach die **Mitgliedschaft in einem System gegenseitiger kollektiver Sicherheit** wesensnotwendig auch die Aufstellung von Streitkräften und die Beteiligung an den Aufgaben eines solchen Systems umfassen, sind der Sache nach einleuchtend.[123] Gleichwohl folgt die Zulässigkeit eines Einsatzes der Bundeswehr in solchen Einheiten eher implizit aus der Vorschrift des Art. 24 Abs. 2, als dass man sie ihr ausdrücklich entnehmen könnte.[124]

---

[118] *Fastenrath* FS f. Wolfrum, 2011, 1935 (1947 ff.).

[119] Seerechtsübereinkommen der Vereinten Nationen v. 10.12.1982, in Kraft getreten, auch für die Bundesrepublik Deutschland, am 16.11.1994, BGBl. 1994 II, 1779; zur verfassungsrechtlichen Zulässigkeit von Maßnahmen der Pirateriebekämpfung im Rahmen von Systemen gegenseitiger kollektiver Sicherheit *Schmahl* AöR 136 (2011), 44 (83 f.); ausführlich *Fournier,* Der Einsatz der Streitkräfte gegen Piraterie auf See, 2014, 119 ff.

[120] So im Ergebnis auch *Fournier,* Der Einsatz der Streitkräfte gegen Piraterie auf See, 2014, 143.

[121] BVerfGE 115, 118 (142).

[122] BVerfGE 90, 286 (356); 104, 151 (212 f.).

[123] So auch *Nolte* ZaöRV 54 (1994), 652 (656).

[124] Vgl. auch die kontroverse Diskussion zu dieser Frage aus der Zeit vor dem Urteil von 1994: ablehnend etwa *Klein* ZaöRV 34 (1974), 429 (443); die spätere Entwicklung der Rechtsprechung vorausdenkend *Frowein* in Frowein/Stein Rechtliche Aspekte einer Betei-

Auf der Grundlage dieser Entscheidung ist es zumindest vertretbar, darüber zu diskutieren, ob andere vom Völkerrecht zugelassene und in Teilen sogar erwünschte Verwendungen der Streitkräfte – etwa zur Pirateriebekämpfung oder im Rahmen einer Einladung durch die Regierung eines Drittstaates – ebenfalls insoweit **„ausdrücklich"** vom GG zugelassen werden, als dass sie als **allgemeine Regeln des Völkerrechts** über **Art. 25 Eingang** in die deutsche Rechtsordnung finden.[125] Dies würde dem Gedanken entsprechen, dass der verfassungsändernde Gesetzgeber 1968 keine grundsätzlich völkerrechtlich zulässigen Einsätze der Streitkräfte im Ausland verbieten wollte. Gleichwohl spricht gegen diese Annahme, dass die Formulierung „ausdrücklich" in Art. 87a Abs. 2 mit einem solchen Ansatz nur schwer vereinbar ist.[126] Im Hinblick auf die „Einordnung" in ein System der gegenseitigen kollektiven Sicherheit nach Art. 24 Abs. 2 kann immerhin darauf verwiesen werden, dass diese Einordnung begrifflich mehr meint als den bloßen Beitritt zu einer solchen Organisation (vgl. insoweit den anderen Wortlaut in Art. 24 Abs. 3).[127] Für die angesprochenen Verwendungen der Streitkräfte – Pirateriebekämpfung, Eingreifen auf Einladung – ist es mithin verfassungsrechtlich erforderlich, dass solche Einsätze nicht unilateral, sondern im Rahmen und nach den Regeln eines Systems der gegenseitigen kollektiven Sicherheit erfolgen. 49

Auf Grundlage dieser Position verbleiben **signifikante praktische Probleme** insbesondere im Hinblick auf die völkerrechtlich durchaus vertretbare Rettung eigener Staatsangehöriger aus Notlagen im Ausland (→ Rn. 18). Um eine ausdrückliche verfassungsrechtliche Ermächtigung iSd Art. 87a Abs. 2 zu solchen Einsätzen herzuleiten, werden in der Literatur verschiedene Positionen vertreten. Eine Position erkennt in diesen Konstellationen einen Fall der sog. **„Personalverteidigung"** und betrachtet Angriffe auf deutsche Staatsbürger im Ausland mithin als einen das Selbstverteidigungsrecht auslösenden Moment.[128] Gegen diese Auffassung spricht, dass es völkerrechtlich nicht anerkannt ist, sich bei der Gefährdung eigener Staatsangehöriger auf Art. 51 UN-Charta zu berufen (→ Rn. 18). Andere Stimmen erkennen in einer Rettung eigener Staatsangehöriger dagegen die Verwirklichung einer **staatlichen Schutzpflicht** für das Leben und die körperliche Unversehrtheit aus Art. 2 Abs. 2 S. 1.[129] Gegen diese Position spricht, dass hier grundrechtliche Normen zur Bestimmung wehrverfassungsrechtlicher Kompetenzen herangezogen werden, womit die Systematik der Regelungen in diesem 50

---

ligung der Bundesrepublik Deutschland an Friedenstruppen der Vereinten Nationen, 1 (11); *Doehring,* in Frowein/Stein Rechtliche Aspekte einer Beteiligung der Bundesrepublik Deutschland an Friedenstruppen der Vereinten Nationen, 42f.; im Hinblick auf seinen Aufsatz von 1974 vorsichtig differenzierend dann ebenfalls *Klein* in Frowein/Stein Rechtliche Aspekte einer Beteiligung der Bundesrepublik Deutschland an Friedenstruppen der Vereinten Nationen, 62f.

[125] In diese Richtung etwa *Schorkopf,* Staatsrecht der internationalen Beziehungen, 2017, § 6 Rn. 63, 68.

[126] Zweifelnd auch *Doehring* in Frowein/Stein Rechtliche Aspekte einer Beteiligung der Bundesrepublik Deutschland an Friedenstruppen der Vereinten Nationen, 60 (Diskussionsbeitrag); *Schorkopf,* Staatsrecht der internationalen Beziehungen, 2017, § 6 Rn. 68 diagnostiziert hier „ein spürbares Unbehagen (…) über einen nicht ausgefüllten Gesetzesvorbehalt."

[127] Zur „Einordnung" *Classen* in MKS Art. 24 Rn. 86.

[128] So etwa *Depenheuer* in Maunz/Dürig Rn. 40, 108; *Baldus/Müller-Franken* in MKS Rn. 47; *Kreß* ZaöRV 57(1997), 329 (349ff.); *Neubert,* Der Einsatz tödlicher Waffengewalt, 2016, 44.

[129] Siehe etwa *Fassbender* in HdbStR XI § 244 Rn. 77.

Bereich unterlaufen wird. Fraglich wäre auch, warum dann der Einsatz nur zur Erfüllung von Schutzpflichten aus Art. 2 Abs. 2 S. 1 möglich sein soll, nicht aber zugunsten von anderen Grundrechten.[130] Unilateral durchgeführte Rettungsmissionen sind damit *de constitutione lata* verfassungswidrig, obwohl sie völkerrechtlich durchaus zulässig sein können.[131] Dieses Ergebnis der Auslegung des GG ist in praktischer Hinsicht unbefriedigend. Anzuraten wäre insofern eine **Änderung des GG,** die solche Rettungsoperationen auf eine sichere verfassungsrechtliche Grundlage stellen würde.[132]

51 **3. Beschlussfassung über den Einsatz: wehrverfassungsrechtlicher Parlamentsvorbehalt.** In seiner Grundlagenentscheidung aus dem Jahr 1994 hat das BVerfG einen wehrverfassungsrechtlichen Parlamentsvorbehalt entwickelt. Diesen hat das Gericht aus einer **Gesamtschau** von Bestimmungen des GG abgeleitet und zugleich als **Ausdruck einer deutschen Verfassungstradition** seit 1918 eingeordnet.[133] In Abkehr von der Reichsverfassung von 1871 bestimmte Art. 45 Abs. 2 WRV, dass Kriegserklärung und Friedensschluss durch Reichsgesetz erfolgen. Dem GG entnahm das Gericht eine grundsätzliche Entscheidung für die Bundeswehr als **Parlamentsheer,** was sich an der Mitwirkung des Bundestages an die Streitkräfte betreffenden Fragen in Art. 45a, 45b, 87a Abs. 1 S. 2 und 115a Abs. 1 erkennen lasse.[134] Das BVerfG hat seine Ausführungen aus dem Grundlagenurteil des Jahres 1994 in einer Reihe von weiteren Entscheidungen präzisiert und ergänzt, von denen insbesondere die Fälle zum Neuen Strategischen Konzept der NATO,[135] die Entscheidung zum AWACS-Einsatz im türkischen Luftraum 2003,[136] das Urteil zum Vertrag von Lissabon[137] sowie der Beschluss zur 2011 durchgeführten Evakuierungsoperation „Pegasus“ in Libyen[138] von Relevanz sind.

52 Aus der Rechtsprechung des BVerfG lassen sich dabei **zwei unterschiedliche normative Begründungen** des Parlamentsvorbehalts herauslesen, die sich nicht widersprechen, sondern kombinierbar sind. Einerseits hat das Gericht in mehreren Entscheidungen betont, dass die Entscheidungsgewalt des Bundestages über einen konkreten Streitkräfteeinsatz vor dem Hintergrund der größeren Möglichkeiten der Exekutive steht, über die Weiterentwicklung der völkerrechtlichen Grundlagen der Systeme gegenseitiger kollektiver Sicherheit mitzubestimmen.[139] Durch die Notwendigkeit der Beschlussfassung über den Auslandseinsatz im Einzelfall bleibe der Bundestag an den Entscheidungen auf diesem Gebiet maßgeblich beteiligt. Neben diese **Kompensationsthese** ist als zweiter Strang eine Bezugnahme auf die **Wesentlich-**

---

[130] Siehe umfassend *Epping* AöR 124 (1999), 423 (435 ff.); *Kokott* in Sachs Rn. 27; *Krieger* in SHH Rn. 14; *Payandeh* DVBl. 2011, 1325.

[131] Siehe auch *Schmahl* in Sodan Rn. 7.

[132] So auch der Vorschlag von *Brunner* ZRP 2011, 207 (209).

[133] Krit. dazu *Nolte* ZaöRV 54 (1994), 652 (674), der anmerkt, dass die vom Gericht herangezogenen wehrverfassungsrechtlichen Vorschriften ebenso gut einen Umkehrschluss begründet hätten; siehe auch *Fassbender* in HdbStR XI § 244 Rn. 90 f.

[134] BVerfGE 90, 286 (384 f.).

[135] BVerfGE 104, 151.

[136] BVerfGE 121, 135; vgl. schon vorher die Entscheidung im Verfahren der einstweiligen Anordnung BVerfGE 108, 34.

[137] BVerfGE 123, 167.

[138] BVerfGE 140, 160; s. außerdem zuletzt zum Anti-IS-Einsatz BVerfGE 152, 8.

[139] Dazu BVerfGE 121, 135 (160); 104, 151 (195, 210); 90, 286 (351); 68, 1 (98 f.); 58, 1 (37); aus der Literatur *Paulus/Jacobs* FW 87 (2012), 23 (59); *Kleinlein* AöR 142 (2017), 43 (48).

keitslehre getreten.[140] Ursprünglich eine Fortentwicklung der Lehre vom Vorbehalt des Gesetzes, ist die Wesentlichkeitslehre inzwischen zu einer allgemeinen Theorie erstarkt, die bestimmte, für die Ausübung der Grundrechte besonders maßgebliche Entscheidungen der unmittelbar demokratisch legitimierten Legislative vorbehalten möchte.[141] Anklänge an die Wesentlichkeitslehre finden sich etwa, wenn das BVerfG darauf abstellt, dass der Einsatz bewaffneter Gewalt auch ein erhebliches Risiko für Leben und Gesundheit deutscher Soldaten birgt.[142]

Die Einordnung der Bundeswehr als **„Parlamentsheer"** zielt jedenfalls darauf ab, „die Bundeswehr nicht als Machtpotential allein der Exekutive zu überlassen", sondern sie in die demokratische rechtstaatliche Verfassungsordnung einzufügen.[143] Dies gilt unabhängig davon, ob der Einsatz der Bundeswehr im Rahmen und nach den Regeln eines Systems gegenseitiger kollektiver Sicherheit oder unilateral erfolgt.[144] **53**

Der Parlamentsvorbehalt wird vom BVerfG „parlamentsfreundlich" ausgelegt.[145] Insbesondere könne der Parlamentsvorbehalt nicht unter Berufung auf Gestaltungsspielräume der Exekutive maßgeblich von den politischen und militärischen Bewertungen und Prognosen der Bundesregierung abhängig gemacht werden.[146] **54**

In seiner grundlegenden Entscheidung aus dem Jahr 1994 hat das BVerfG zunächst festgehalten, dass Gegenstand einer Parlamentsbeteiligung „Einsätze bewaffneter Streitkräfte" sind.[147] Das Gericht hat damals zugleich unterstrichen, dass jedenfalls bei Einsätzen im Rahmen von Resolutionen des UN-Sicherheitsrates eine vorherige Zustimmung des Bundestages unabhängig davon erforderlich sei, ob den Streitkräften Zwangsbefugnisse nach Kapitel VII der UN-Charta eingeräumt würden und wie die Kommandostrukturen ausgestaltet seien.[148] Diese Ausführungen standen vor dem Hintergrund, dass die Grenzen zwischen „traditionellen Blauhelmeinsätzen" einerseits und solchen mit einer Befugnis zu „bewaffneten Sicherungsmaßnahmen" andererseits fließend geworden seien[149], was sich als Entwicklung der Resolutionspraxis des UN-Sicherheitsrates seitdem noch weiter verstärkt hat.[150] Schon die Ausführungen des Gerichts im Jahr 1994 legten nahe, dass der zentrale Tatbestand für die Auslösung der Zustimmungspflicht die **„Einbeziehung in bewaffnete Unternehmungen"** ist. Dieser Begriff tauchte allerdings nur mittelbar im Kontext von möglichen Ausnahmen von bestimmten Einsätzen von der Zustimmungspflicht auf. Diese betreffen die Verwendung von Personal der Bundeswehr für Hilfsdienste und Hilfeleistungen im Ausland, wobei **55**

[140] *Kleinlein* AöR 142 (2017), 43 (61); krit. zu diesem Begründungsstrang *Depenheuer* in Maunz/Dürig Rn. 146.

[141] Dazu hier nur *Sommermann* in MKS Art. 20 Rn. 273 ff.

[142] BVerfGE 121, 135 (161); siehe zur Bedeutung der Wesentlichkeitslehre auch *Gutmann,* Fortschreitende Militärkooperationen, 2020, 143 ff., der in BVerfGE 140, 160 eine Abkehr von dem in BVerfGE 121, 135 stark ausgebauten Gedanken der Wesentlichkeitslehre erkennt.

[143] BVerfGE 90, 286 (381 f.); 121, 135 (154).

[144] BVerfGE 140, 160 (188, Rn. 69).

[145] BVerfGE 121, 135 (162).

[146] BVerfGE 121, 135 (162 f.); 140, 160 (188, Rn. 70).

[147] BVerfGE 90, 286 (387).

[148] BVerfGE 90, 286 (387).

[149] BVerfGE 90, 286 (387 f.).

[150] Vgl. *Müller* JCSL 20 (2015), 359 (363 ff.); *Heintschel von Heinegg* in Ipsen Völkerrecht, § 57 Rn. 23.

es auch bei dieser Ausnahme wiederum darauf ankomme, dass die Soldaten nicht in bewaffnete Unternehmungen einbezogen würden.[151]

56 In der Folge wurde der Begriff der Einbeziehung in bewaffnete Unternehmungen vom BVerfG näher konturiert. Eine **zustimmungspflichtige Verwendung** der Streitkräfte liegt demnach nicht erst dann vor, wenn deutsche Soldaten bewaffnete Gewalt tatsächlich anwenden.[152] Entscheidend sei vielmehr, „ob nach dem jeweiligen Einsatzzusammenhang und den einzelnen rechtlichen und tatsächlichen Umständen die Einbeziehung deutscher Soldaten in bewaffnete Auseinandersetzungen konkret zu erwarten ist und deutsche Soldaten deshalb bereits in bewaffnete Unternehmungen einbezogen sind."[153] Ob dies tatsächlich zu erwarten ist, wird in der Rechtsprechung des BVerfG in einer **zweistufigen Prüfung** ermittelt: So sind *erstens* im jeweiligen Einzelfall „Einsatzzweck und Einsatzbefugnisse" näher zu betrachten. Wenn nach dem vorgesehenen Einsatzverlauf von vornherein geplant ist, militärische Gewalt anzuwenden, liegt eine Einbeziehung in bewaffnete Unternehmungen ohne weiteres vor.[154] *Zweitens* muss eine „qualifizierte Erwartung einer Einbeziehung in bewaffnete Auseinandersetzungen" hinzutreten. Diese würde sich in doppelter Hinsicht von der bloßen Möglichkeit des Eintretens bewaffneter Auseinandersetzungen unterscheiden: *Zum einen* bedürfe es „hinreichender greifbarer tatsächlicher Anhaltspunkte dafür, dass ein Einsatz nach seinem Zweck, den konkreten politischen und militärischen Umständen sowie den Einsatzbefugnissen in die Anwendung von Waffengewalt münden kann."[155] *Zum anderen* erforderlich ist eine besondere Nähe der Anwendung von Waffengewalt.[156] Diese kann sich sowohl aus einer zeitlichen Nähe zur bevorstehenden Anwendung von Waffengewalt ergeben, als auch durch das Ingangsetzen integrierter Bündnisabläufe, „die vor der Anwendung von Waffengewalt praktisch kaum mehr reversibel oder jedenfalls politisch nicht mehr zu beeinflussen sind."[157] Anhaltspunkte für eine solche qualifizierte Erwartung können darin liegen, dass deutsche Soldaten im Ausland Waffen mit sich führen und ermächtigt sind, von ihnen Gebrauch zu machen, wobei dies nicht für den Fall der Bewaffnung zum ausschließlichen Zweck der Selbstverteidigung gilt.[158]

57 Der Rechtsprechung des BVerfG lässt sich ferner entnehmen, dass der Parlamentsvorbehalt nicht auf die Zustimmung zum Einsatz der unmittelbar ins Ausland entsandten Streitkräfte beschränkt sein muss. So kann sich eine Zustimmungspflicht auch dadurch ergeben, dass für einen Waffeneinsatz bedeutsame Informationen geliefert werden, Aufklärung betrieben wird oder Befehle zum Waffeneinsatz gegeben werden.[159] Diese Ausführungen stehen insbesondere vor dem Hintergrund der **Realität der militärischen Kooperation:** „Militärische Einsätze im Handlungsverbund integrierter Streitkräfte lassen sich verfassungsrechtlich nicht angemessen erfassen, wenn man die Frage nach der Einbeziehung in bewaffnete Unternehmungen für einzelne Systemkomponenten und personell getrennte Einsatzfunktionen voneinander

---

[151] BVerfGE 90, 286 (388).
[152] BVerfGE 121, 135 (163); 140, 160 (190, Rn. 72).
[153] BVerfGE 121, 135 (164).
[154] BVerfGE 121, 135 (164 f.).
[155] BVerfGE 121, 135 (165).
[156] BVerfGE 140, 160 (191, Rn. 75).
[157] BVerfGE 121, 135 (166).
[158] BVerfGE 121, 135 (167 f.).
[159] BVerfGE 121, 135 (168).

getrennt betrachtet."[160] Diese „realistische" Betrachtungsweise zieht allerdings nicht unerhebliche Schwierigkeiten für die Mitwirkung der Bundeswehr in integrierten Stäben von EU- und NATO-Kräften nach sich, denen ohne eine Mitwirkung der deutschen Kontingente ein Verlust ihrer Arbeitsfähigkeit droht.[161]

Grundsätzlich ist die Zustimmung des Bundestages zu einem Einsatz der Bundeswehr **vor** einem Einsatz der Streitkräfte einzuholen. Anders ist dies bei **Gefahr im Verzug.** Um die „militärische Wehrfähigkeit und die Bündnisfähigkeit" der Bundesrepublik nicht zu beeinträchtigen, darf die Bundesregierung bei Gefahr im Verzug den Einsatz der Streitkräfte vorläufig beschließen und an entsprechenden Beschlüssen in den Bündnissen und internationalen Organisationen mitwirken, wie auch diese vollziehen.[162] In seiner Entscheidung aus dem Jahr 1994 statuierte das Gericht ein **Rückholrecht** des Bundestages bei solchen Einsätzen bei Gefahr im Verzug,[163] was eine Kompensation für die ursprünglich fehlende Zustimmung darstellt.[164] 58

Lange Zeit umstritten war, ob nach einem schon abgeschlossenen Einsatz ohne vorherige Zustimmung des Bundestages eine **nachträgliche Zustimmung** erforderlich sei.[165] Das BVerfG hat diese Frage im Fall der „Operation Pegasus" – einer Evakuierungsoperation in Libyen im Jahre 2011 – abschlägig beantwortet. Das Gericht hat hierzu festgehalten, dass die Wahrnehmung der exekutiven Eilkompetenz zwar stets eine Beeinträchtigung des wehrverfassungsrechtlichen Parlamentsvorbehalts darstellt.[166] Eine unmittelbar nach Beendigung des Einsatzes durchzuführende parlamentarische Befassung habe aber „nicht die Funktion einer Genehmigung mit der Folge, dass im Falle einer Versagung der parlamentarischen Zustimmung der Einsatz von Anfang an rechtswidrig wäre."[167] Für eine parlamentarische Zustimmung sei insofern nur *ex nunc* Raum.[168] Dies wird vom Gericht maßgeblich damit begründet, dass bei einem abgeschlossenen Einsatz „die kompetenzielle Funktion des wehrverfassungsrechtlichen Parlamentsvorbehalts" nicht mehr zum Tragen kommen könne.[169] Der Bundestag könne in einem solchen Fall weder die Fortdauer des Streitkräfteeinsatzes noch dessen Beendigung und die Rückholung der Soldaten anordnen. Außerdem sei der Bundestag auch nicht dazu berufen, über die Rechtmäßigkeit des exekutiven Handelns verbindlich zu urteilen, dies sei dem Bundesverfassungsgericht vorbehalten.[170] Um die Kontrollrechte des Parlaments zu wahren, fordert das Gericht gleichwohl eine unverzügliche und qualifizierte **Unterrichtung** über den abgeschlossenen Streitkräfteeinsatz.[171] 59

Diesen Ausführungen ist grundsätzlich zuzustimmen, auch wenn die Begründung durch das BVerfG nicht in allen Einzelheiten zu überzeugen vermag. Eine nachträgliche Befassung des Bundestages könnte durchaus die 60

[160] BVerfGE 121, 135 (168).
[161] Dazu ausführlich und mwN *Gutmann,* Fortschreitende Militärkooperationen, 2020, 164 ff.
[162] BVerfGE 90, 286 (388).
[163] BVerfGE 90, 286 (388); 121, 135 (154).
[164] *Paulus/Jacobs* FW 87 (2012), 23 (37).
[165] Siehe nur *Payandeh* DVBl. 2011, 1325 (1329); krit. zur Entscheidung des BVerfG in diesem Punkt *Sauer* JZ 2016, 46 (49); *Kleinlein* AöR 142 (2017), 43 (70 ff.).
[166] BVerfGE 140, 160 (195, Rn. 87).
[167] BVerfGE 140, 160 (195, Rn. 87).
[168] BVerfGE 140, 160 (195, Rn. 87).
[169] BVerfGE 140, 160 (200, Rn. 99).
[170] BVerfGE 140, 160 (201, Rn. 99).
[171] BVerfGE 140, 160 (202, Rn. 102).

Funktion haben, eine Übernahme der politischen Verantwortung durch den Bundestag zu signalisieren. Offen bliebe dann allerdings die Frage, welche Konsequenzen eine nicht erteilte „Genehmigung" hätte. Nicht zu überzeugen vermag überdies die Ausführung, das BVerfG allein entscheide über die Rechtmäßigkeit des exekutiven Handelns. Gerade im Hinblick auf Auslandseinsätze der Bundeswehr außerhalb von Systemen gegenseitiger kollektiver Sicherheit gibt es kein geeignetes Verfahren zur Überprüfung der Verfassungsmäßigkeit des Einsatzes, da das Gericht regelmäßig darauf verweist, dass Organstreitverfahren keinen Mechanismus einer allgemeinen Rechtsaufsicht darstellten.[172]

61 Die verfassungsrechtlichen Vorgaben des BVerfG werden im **Parlamentsbeteiligungsgesetz** (ParlBetG) aufgegriffen und teils näher konkretisiert. Schon 1994 stellte das BVerfG fest, dass der Gesetzgeber die Fragen der Zustimmung zum Auslandseinsatz der Bundeswehr näher regeln könne.[173] Das Gericht hat gleichfalls einige Hinweise gegeben, wie eine solche Regelung aussehen könne, etwa im Hinblick auf unterschiedliche Formen der Mitwirkung und einer „Umgrenzung" des Zeitpunkts und der Intensität parlamentarischer Kontrolle, gerade bezüglich einer Abstufung der Beteiligung „im Rahmen völkerrechtlicher Verpflichtungen".[174] Diesem Auftrag ist der Gesetzgeber 2005 mit dem ParlBetG nachgekommen.[175] Das BVerfG nimmt dieses Gesetz zwar regelmäßig zur Kenntnis, hält aber daran fest, dass die entscheidenden Maßstäbe weiterhin dem Grundgesetz im Wege der Auslegung zu entnehmen sind,[176] was die praktische Bedeutung des ParlBetG zumindest in der Rechtsprechung des Gerichts erheblich mindert. Das Gesetz ist aber gleichwohl für die Regierungspraxis von großer Bedeutung und von der Exekutive nach dem Grundsatz des Vorrangs des Gesetzes unmittelbar anwendbarer Maßstab für die politische Entscheidungsfindung.

62 Versuche einer **Reform** des Parlamentsbeteiligungsgesetzes – ua im Rahmen der sog. „Rühe-Kommission" – sind bisher erfolglos geblieben.[177] Die politischen Rahmenbedingungen waren für eine solche Reform bisher nicht günstig. Einerseits werden Forderungen nach einer flexibleren Ermöglichung europäischer Militärkooperation erhoben, was von anderer Seite als bedenkliche Aufweichung des wehrverfassungsrechtlichen Parlamentsvorbehalts zurückgewiesen wird.[178]

63 Versuche einer Weiterentwicklung des Parlamentsvorbehalts haben jedenfalls zu berücksichtigen, dass das BVerfG in seinem Lissabon-Urteil den

[172] BVerfGE 152, 8 C20 f., Rn. 28, vgl. in diesem Zusammenhang auch den Gesetzentwurf von Bündnis 90/Die Grünen aus der 18. Legislaturperiode zur Schaffung eines Verfahrens zur Überprüfung von Entscheidungen über den Einsatz der Bundeswehr im Ausland, BT-Drs. 18/8277; dazu *Ladiges* NZWehrR 58 (2016), 177; siehe auch *Kleinlein* AöR 142 (2017), 43 (58) zum Zusammenspiel von Bundesregierung und Parlament als Erst- und Letztinterpret in diesem Zusammenhang.

[173] BVerfGE 90, 286 (388 f.).

[174] BVerfGE 90, 286 (389).

[175] Dazu *Schröder* NJW 2005, 1401; *Wiefelspütz* NVwZ 2005, 496; *Scherrer,* Das Parlament und sein Heer, 2010, 140 ff.; *Depenheuer* in Maunz/Dürig Rn. 148; *Baldus/Müller-Franken* in MKS Rn. 108 ff.

[176] BVerfGE 121, 135 (156); 140, 160 (190, Rn. 71).

[177] Vgl. den Abschlussbericht der Kommission, BT-Drs. 18/5000; Gesetzentwurf der Fraktionen von CDU/CSU und SPD BT-Drs. 18/7360; vgl. zum vorläufigen Scheitern der Reform *Peters* Journal on the Use of Force and International Law 5 (2018), 246 (277 f.).

[178] *Kleinlein* AöR 142 (2017), 43 (46); vgl. zu verfassungsrechtlichen Spielräumen *Gutmann* Fortschreitende Militärkooperationen, 2020, 195 ff.

konstitutiven Parlamentsvorbehalt als **integrationsfest** bezeichnet hat.[179] Damit sei allerdings, so das Gericht weiter, keine „unübersteigbare Hürde für eine technische Integration eines europäischen Streitkräfteeinsatzes über gemeinsame Führungsstäbe, für die Bildung gemeiner Streitkräftedispositive oder für eine Abstimmung und Koordinierung gemeinsamer europäischer Rüstungsbeschaffungen gezogen. Nur die Entscheidung über den jeweiligen konkreten Einsatz hängt von der konstitutiven Zustimmung des Deutschen Bundestages ab."[180]

Die Einhaltung des wehrverfassungsrechtlichen Parlamentsvorbehalts unterliegt der **vollumfänglichen gerichtlichen Kontrolle** durch das BVerfG. Der ständigen Rechtsprechung des Gerichts kann entnommen werden, dass ein besonderer Beurteilungsspielraum der Bundesregierung, etwa hinsichtlich der Frage, ob „Gefahr im Verzug" vorliegt, nicht vorhanden ist.[181] Zurückhaltend ist das Gericht jedoch im Hinblick auf den Erlass einstweiliger Anordnungen nach § 32 BVerfGG geblieben und hat die außenpolitischen Implikationen des Erlasses einer solchen Anordnung ausdrücklich betont.[182] **64**

III. Abs. 3 – Einsatz der Streitkräfte im Innern in Fällen des „äußeren Notstands"

Art. 87a Abs. 3 ermöglicht den Einsatz der Streitkräfte im Innern im Fall einer Situation des „äußeren Notstandes" nach Art. 80a und 115a Abs. 1. Wenn der Bundestag nach diesen Vorschriften den Spannungs- bzw. Verteidigungsfall feststellt, haben die Streitkräfte automatisch die Befugnis, zivile Objekte zu schützen und Aufgaben der Verkehrssicherung wahrzunehmen, soweit dies zur Erfüllung ihres Verteidigungsauftrags erforderlich ist. Dies ist dahingehend zu verstehen, dass es um den Schutz eines Objekts geht, welches in funktionaler Hinsicht für den Verteidigungsauftrag nötig und militärisch gefährdet ist.[183] Satz 2 ermöglicht darüber hinaus die Übertragung weiterer Aufgaben des Schutzes ziviler Objekte „zur Unterstützung polizeilicher Maßnahmen" losgelöst von der Erfüllung des Verteidigungsauftrags. **65**

Was das **anwendbare Recht** für Einsätze der Bundeswehr nach Art. 87a Abs. 3 angeht, so ist zwischen den beiden Einsatzmöglichkeiten zu differenzieren. Handeln die Streitkräfte auf Grundlage des Art. 87a Abs. 3 S. 1 und insofern zur Erfüllung ihres Verteidigungsauftrags, so können sich Eingriffe der Bundeswehr in individuelle Rechte auf die anwendbaren polizeirechtlichen Regeln (insbes. das UZwGBw[184]) stützen.[185] Dabei sind die Wertungen des humanitären Völkerrechts bei der Auslegung unbestimmter Rechtsbegriffe zu berücksichtigen, soweit es sich um einen bewaffneten Konflikt iSd Genfer Konventionen handelt.[186] Dies wird jedenfalls im „Verteidigungsfall" nach **66**

[179] BVerfGE 123, 267 (361); vgl. aus der Literatur *Paulus/Jacobs* FW 87 (2012), 23 (49) zur Überwindung dieser Grenze durch eine von der Bundeswehr getrennte europäische Armee im eigentlichen Sinn.

[180] BVerfGE 123, 267 (361).

[181] BVerfGE 140, 160 (196 f., Rn. 89 ff.).

[182] BVerfGE 108, 34 (44); dazu *Paulus/Jacobs* FW 87 (2012), 23 (42).

[183] *Heun* in Dreier Rn. 24.

[184] Gesetz über die Anwendung unmittelbaren Zwanges und die Ausübung besonderer Befugnisse durch Soldaten der Bundeswehr und verbündeter Streitkräfte sowie zivile Wachpersonen.

[185] *Kokott* in Sachs Rn. 58 ff.; *Krieger* in SHH Rn. 42.

[186] *Krieger* in SHH Rn. 42.

Art. 115a Abs. 1 S. 1 typischerweise gegeben sein.[187] Für Maßnahmen gegen unmittelbar an den Kampfhandlungen beteiligte Personen können die Regeln des humanitären Völkerrechts auch direkt zur Anwendung kommen.[188]

67 Steht dagegen ein Handeln der Streitkräfte nach Art. 87a Abs. 3 S. 2 im Raum, so handeln die Streitkräfte zur Unterstützung polizeilicher Aufgabenwahrnehmung. Hier ist nach allgemeinen Grundsätzen der **Amtshilfe** das anwendbare Recht maßgeblich, welches den Handlungsrahmen derjenigen Behörde bestimmt, der Hilfe geleistet wird.[189] Dies bedeutet jedoch nicht zwingend, dass die Streitkräfte nur auf den Einsatz solcher Mittel beschränkt wären, die den Polizeibehörden zur Verfügung stehen.[190] Die Unterstützung der Polizei durch die Streitkräfte soll in tatsächlicher Hinsicht zusätzliche Handlungsoptionen eröffnen, die der Polizei nicht zur Verfügung stehen, die sie aus tatsächlichen Gründen ohne die Hilfe der Streitkräfte nicht selbst vornehmen kann.[191] Für Maßnahmen der Verkehrssicherung sind Sonderrechte der Streitkräfte aus § 35 StVO zu beachten.

IV. Abs. 4 – Einsätze der Streitkräfte im Innern in Fällen des „inneren Notstands"

68 Art. 87a Abs. 4 regelt den Einsatz der Streitkräfte in Situationen des „inneren Notstands". Zentraler Regelungsinhalt der Vorschrift ist es, den Einsatz der Streitkräfte insbesondere zur **Unterstützung der Polizei** bei der Bekämpfung organisierter und militärisch bewaffneter Aufständischer zu ermöglichen.[192] Die Vorschrift findet unter **drei Voraussetzungen** Anwendung: *Erstens* ist der Einsatz nur zur Abwehr von Gefahren für den Bestand oder die freiheitlich-demokratische Grundordnung des Bundes oder eines Landes zulässig (was den Voraussetzungen von Art. 91 Abs. 1 entspricht). *Zweitens* müssen die Voraussetzungen des Art. 91 Abs. 2 vorliegen, dh das Land, in dem die Gefahr droht, ist nicht selbst zur Bekämpfung der Gefahr bereit oder in der Lage. *Drittens* ist es erforderlich, dass die Polizeikräfte und der Bundesgrenzschutz (bzw. die Bundespolizei) – auch nach Ausschöpfung der Möglichkeiten des Art. 91 Abs. 2 und damit der Unterstellung dieser Kräfte unter die Weisungen der Bundesregierung – nicht in der Lage dazu sind, die Gefahr abzuwehren.[193] Die Bestimmung ist dabei Ausdruck einer „doppelten Subsidiarität": Grundsätzlich ist es Aufgabe des jeweiligen Landes, eine entsprechende Gefahr zu bekämpfen. Nur wenn das nicht gelingt, kann der Bund nach Art. 91 Abs. 2 die Situation an sich ziehen. Und erst, wenn auch dies nicht ausreicht, kommt ein Einsatz der Streitkräfte in Betracht.[194]

69 Vom BVerfG wurde Art. 87a Abs. 4 in der **ersten Entscheidung zum Luftsicherheitsgesetz** aus dem Jahre 2006 zunächst so verstanden, dass diese Vorschrift die einzige im GG sei, welche den bewaffneten Einsatz der Bundeswehr mit militärischen Mitteln im Innern zulasse.[195] Im Anwendungs-

[187] *Stern,* StaatsR II, 1980, 1480.
[188] *Karpinski,* Öffentlich-rechtliche Grundsätze für den Einsatz der Streitkräfte, 1974, 50 f.
[189] Siehe auch BVerwG NJW 2018, 716 (718).
[190] Vgl. BVerfGE 132, 1 (11, Rn. 30).
[191] So – im Kontext von Art. 35 Abs. 1 – BVerwG NJW 2018, 716 (718).
[192] BVerfGE 132, 1 (17, Rn. 45).
[193] *Lenz,* Notstandsverfassung, 1971, Art. 87a Abs. 4 Rn. 11; *Stern,* StaatsR II, 1980, 1483.
[194] *Stern,* StaatsR II, 1980, 1483.
[195] BVerfGE 115, 118 (148).

bereich des Art. 35 Abs. 2 und 3 sei die Bundeswehr dagegen nach den Grundsätzen der Amtshilfe darauf beschränkt, die anfallenden Aufgaben und Zwangsbefugnisse polizeilicher Natur wahrzunehmen.[196] Der Wortlaut des Art. 35 Abs. 3 S. 1 lege eindeutig nahe, dass der Streitkräfteeinsatz lediglich „zur Unterstützung" der Polizeikräfte erlaubt sei und somit ein „Einsatz mit militärtypischer Bewaffnung" ausgeschlossen sei.[197] Diese Rechtsprechung ist durch die **Plenarentscheidung** und die daran anknüpfende zweite Entscheidung zum Luftsicherheitsgesetz aufgegeben worden.[198]

In der Plenarentscheidung hat das BVerfG unterstrichen, dass die Ver- **70**
fassung einen Streitkräfteeinsatz im Inneren in bewusster Entscheidung auf äußerste Ausnahmefälle begrenzt. Art. 87a Abs. 4 stelle insofern strenge Anforderungen auf, die auch im Fall eines inneren Notstands nach Art. 91 noch nicht automatisch erfüllt seien.[199] Anders als in der Entscheidung des Ersten Senats aus dem Jahre 2006 unterstrich das Gericht, dass auch im Art. 87a Abs. 4 ein Einsatz der Streitkräfte nur „zur Unterstützung" der Landes- und Bundespolizei möglich sei, ohne dass daraus eine Beschränkung auf rein polizeiliche Mittel der Gefahrenabwehr zu folgern sei.[200]

Der Einsatz der Streitkräfte zur Bekämpfung von organisierten und militä- **71**
risch bewaffneten Aufständischen kommt nur als **ultima ratio** in Betracht.[201] Insofern kann er nicht durch jede beliebige Meuterei oder jeden Putschversuch ausgelöst werden.[202] Denkbar ist eine Aktivierung der Vorschrift daher allein in den Fällen eines Militärputsches oder bei bürgerkriegsähnlichen Auseinandersetzungen, die eine erhebliche Intensität erreicht haben.

Im Hinblick auf das in solchen Situationen **anwendbare Recht** ist zu **72**
differenzieren: Grundsätzlich findet ein Einsatz der Bundeswehr in den Fällen des Art. 87a Abs. 4 auf der Grundlage **polizeirechtlicher Normen** statt. Eine Anwendbarkeit auch der **Regeln des humanitären Völkerrechts,** genauer gesagt des Rechts des nicht-internationalen bewaffneten Konflikts, kann jedoch nicht für alle Situationen ausgeschlossen werden.

In der Literatur wird überwiegend davon ausgegangen, dass auch in solchen **73**
Situationen der Einsatz der Streitkräfte *nur* auf der Grundlage polizeirechtlicher Normen stattfinden soll.[203] Anders sei dies nur, falls die Bundesregierung die Aufständischen als Kriegsführende anerkenne.[204] Damit werde allerdings – zumindest nach einigen Stimmen – der Rahmen des Art. 87a Abs. 4 „gesprengt", was einen Übergang in eine dann von Art. 87a Abs. 4 nicht mehr geregelte Situation impliziert.[205]

Somit ist die Frage aufgeworfen, ob unter der Geltung des GG überhaupt **74**
humanitäres Völkerrecht im nicht-internationalen bewaffneten Konflikt zur Bekämpfung von Aufständischen angewandt werden darf. Die Schwelle zum

---

[196] BVerfGE 115, 118 (148, 150 f.).
[197] BVerfGE 115, 118 (151).
[198] BVerfGE 132, 1; 133, 241.
[199] BVerfGE 132, 1 (9 f., Rn. 26).
[200] BVerfGE 132, 1 (11, Rn. 30).
[201] *Ipsen* DVBl. 1969, 396 (398); *Stern,* StaatsR II, 1980, 1482; *Grzeszick* in BerKomm Rn. 41.
[202] *Heun* in Dreier Rn. 31.
[203] Siehe etwa *Depenheuer* in Maunz/Dürig Rn. 178; *Baldus/Müller-Franken* in MKS Rn. 171; *Schmahl* in Sodan Rn. 11; *Heun* in Dreier Rn. 32; *Grzeszick* in BerKomm Rn. 45.
[204] *Epping* in BeckOK Rn. 49; *Hillgruber* in Clemens/Umbach Rn. 64 mit Fn. 72; *Klein* in HdbStR XI § 280 Rn. 53 mit Fn. 136.
[205] *Kokott* in Sachs Rn. 68; *Heun* in Dreier Rn. 32.

nicht-internationalen bewaffneten Konflikt wird im Völkerrecht beim Vorliegen von *„protracted armed violence between governmental authorities and organized armed groups or between such groups within a State"* überschritten.[206] Erforderlich sind mithin Kampfhandlungen von einer gewissen Dauer und Intensität.[207] Die Frage, wann ein bewaffneter Konflikt im modernen Völkerrecht vorliegt, bestimmt sich dabei nach objektiven Kriterien.[208] Dies gilt für den internationalen ebenso wie für den nicht-internationalen bewaffneten Konflikt. Auch wenn sich hier schwierige Abgrenzungsfragen zwischen bloßen inneren Unruhen auf der einen Seite und einem bewaffneten Konflikt auf der anderen Seite stellen können, gibt es Indizien, die in der völkerrechtlichen Lehre anerkannt sind, um diese Frage näher zu bestimmen. So wird ua auf die Existenz von Befehls- und Führungsstrukturen, das Vorhandensein eines Hauptquartiers, die Durchführung konzertierter militärischer Operationen und vor allem die Kontrolle von Teilen eines Staatsgebiets verwiesen.[209] Dies deckt sich insofern mit Art. 1 Abs. 1 des Zweiten Zusatzprotokolls zu den Genfer Konventionen von 1949, der für die Anwendbarkeit des humanitären Völkerrechts verlangt, dass organisierte bewaffnete Gruppen „unter einer verantwortlichen Führung eine solche Kontrolle über einen Teil des Hoheitsgebiets der Hohen Vertragspartei ausüben, dass sie anhaltende, koordinierte Kampfhandlungen durchführen und dieses Protokoll anzuwenden vermögen."[210] Erreicht eine Auseinandersetzung mit organisierten und militärisch bewaffneten Aufständischen mithin die Schwelle des bewaffneten Konflikts, bedarf es zur Anwendbarkeit der Regeln des humanitären Völkerrechts jedenfalls keiner Anerkennung der Aufständischen durch die Regierung einer Hohen Vertragspartei. Das humanitäre Völkerrecht gilt vielmehr in einer solchen Situation automatisch.

75 Art. 87a Abs. 4 erfasst „jene Grenzsituationen (...), in denen ein Rückgriff auf das militärische Machtinstrument zur Sicherung des freiheitlich-demokratischen Rechtsstaats unausweichlich ist."[211] Viel spricht dafür, im Regelfall und nach dem Grundgedanken des Grundsatzes der Verhältnismäßigkeit davon auszugehen, dass stets zunächst der Einsatz der Streitkräfte im Rahmen von Art. 87a Abs. 4 darauf beschränkt ist, die Polizeikräfte nach den Maßgaben des Polizeirechts zu unterstützen. Erreicht der Konflikt aber die Intensität eines bewaffneten Konflikts im Sinne des humanitären Völkerrechts, muss auch die Anwendung der Rechtsregeln dieses Rechtsgebiets zulässig sein.[212] **Andernfalls** droht die Bekämpfung der Aufständischen in eine **Zone**

---

[206] ICTY, The Prosecutor v. Tadić, Appeals Chamber, Jurisdiction, Case No. 211, Rn. 70.

[207] *Geiß/Zimmermann* in MüKo-StGB § 8 VStGB Rn. 108; *Heintschel von Heinegg* in Ipsen Völkerrecht, § 61 Rn. 35.

[208] *Heintschel von Heinegg* in Ipsen Völkerrecht, § 61 Rn. 1.

[209] *Heintschel von Heinegg* in Ipsen Völkerrecht, § 61 Rn. 32.

[210] Zusatzprotokoll zu den Genfer Abkommen vom 12. August 1949 über den Schutz der Opfer nicht internationaler bewaffneter Konflikte (Protokoll II) vom 8.6.1977, in Kraft getreten am 7.12.1978 (für die Bundesrepublik Deutschland am 14.8.1991), BGBl. 1990 II 1637.

[211] *Ipsen* DVBl. 1969, 396 (399).

[212] *Ipsen* in BK Rn. 177; *Karpinski*, Öffentlich-rechtliche Grundsätze für den Einsatz der Streitkräfte, 1974, 34–36; siehe auch schon vor Verabschiedung von Art. 87a Abs. 4 im Kontext der rechtspolitischen Diskussion *Benda*, Die Notstandsverfassung, 1966, 137: „Durch Rechtsnormen kann dabei nicht präzise abgegrenzt werden, wie lange die Streitkräfte als Polizeikräfte, *also nach Polizeirecht*, einzusetzen sind (...)." (Hervorhebung durch den Verfasser).

des nicht-geregelten Ausnahmerechts zu rücken, was dann der Fall wäre, wenn bei einer Anerkennung als „Kriegsführende" der Rahmen des Art. 87a Abs. 4 verlassen würde.[213] Diejenigen Stimmen in der Literatur, die annehmen, dass die Anwendbarkeit des humanitären Völkerrechts durchaus durch eine solche Anerkennung ausgelöst werden kann, aber eine solche Situation dann nicht mehr unter den Art. 87a Abs. 4 subsumieren, können nicht darlegen, inwiefern auf die Bürgerkriegssituation dann noch die Regeln des GG Anwendung finden.

Einer Anwendung der Regeln des humanitären Völkerrechts wird in der Literatur entgegen gehalten, dass die Bundeswehr auch im Rahmen des Art. 87a Abs. 4 nur zur Unterstützung der Polizei zum Einsatz komme.[214] Dieses Argument verkennt aber, dass auch Polizeikräfte zu Kombattanten im Sinne des humanitären Völkerrechts werden können, wenn sie entweder offiziell in die Streitkräfte einbezogen werden oder durch ihr faktisches Verhalten in einem Konflikt sich wie solche verhalten.[215] Dieser Rechtsgedanke findet als solcher nur im internationalen bewaffneten Konflikt Anwendung, da es nur für diese Konfliktform eine strikte Unterscheidung zwischen Kombattanten und Zivilisten gibt. Auch im nicht-internationalen bewaffneten Konflikt sind jedoch Situationen denkbar, in denen Militär und Polizei gemeinsam Aufgaben der Bekämpfung von Aufständischen wahrnehmen und eine klare Abgrenzung der Funktionen nicht eindeutig möglich sein wird. 76

Nimmt die Intensität eines Konfliktes im Anwendungsbereich von Art. 87a Abs. 4 so zu, dass die Schwelle zum bewaffneten Konflikt überschritten wird, kann es mithin dazu kommen, dass die Polizeikräfte auch an die Regeln des humanitären Völkerrechts gebunden sind. Gleiches muss dann auch für die sie unterstützenden Streitkräfte gelten. Denkbar wäre es zwar, hier nur Grenzen für das staatliche Handeln in einem solchen Fall der Aufstandsbekämpfung abzuleiten und das Recht des bewaffneten Konflikts nicht als Grundlage für Eingriffe in die Rechte Einzelner gelten zu lassen.[216] Diese Position würde jedoch letztlich die Aufständischen in eine privilegierte Position versetzen und nicht der Verteidigung der Ordnung des GG dienen. In den zeitgenössischen Debatten um die Einführung der Notstandsverfassung wurde eine Anwendung „des Kriegsrechts" in den Fällen des Art. 87a Abs. 4 auch deswegen abgelehnt, weil damit das „Ziel totaler Vernichtung des ‚Feindes'" einhergehe.[217] Eine solche Sorge würde jedenfalls heute nicht mehr mit der Entwicklung des humanitären Völkerrechts korrespondieren, welches auch für den nicht-internationalen bewaffneten Konflikt weitreichende Schutzstandards für an den Kampfhandlungen unbeteiligte ebenso wie menschenrechtliche Grenzen für die Tötung von an Kampfhandlungen beteiligten 77

---

213 Siehe auch *Ipsen* DVBl. 1969, 396 (399): Art. 87a Abs. 4 weise nunmehr „der bewaffneten Macht" einen „legitime(n) Raum in extremen inneren Auseinandersetzungen zu."

214 *Baldus/Müller-Franken* in MKS Rn. 171; *Depenheuer* in Maunz/Dürig Rn. 178.

215 *Henckaerts/Doswald-Beck,* Customary International Humanitarian Law, 2005, Rule 5.

216 Damit ist die umstrittene Frage verbunden, inwiefern sich aus dem humanitären Völkerrecht eine dem Grundsatz vom Vorbehalt des Gesetzes entsprechende gesetzliche Grundlage für Eingriffe in die Grundrechte ergeben kann, vgl. dazu im Kontext von Auslandseinsätzen *Zimmermann* ZRP 2012, 116 (119); *Baldus/Müller-Franken* in MKS Rn. 116–118; *Krieger* in SHH Rn. 36; *Neubert,* Der Einsatz tödlicher Gewalt, 2016, 290–295.

217 *Hoffmann* in Sterzel Kritik der Notstandsgesetze, 86 (111); in diese Richtung allerdings in der Tat *Karpinski,* Öffentlich-rechtliche Grundsätze für den Einsatz der Streitkräfte, 1974, 32 („den inneren Gegner (…) vollständig zu vernichten.").

Personen kennt.[218] Das humanitäre Völkerrecht wird nicht mehr in klinischer Isolation von den Normen des völkerrechtlichen Menschenrechtsschutzes interpretiert.[219] Diese kennen zwar – wie zB in Art. 15 EMRK – die Möglichkeit der Derogation in Notstandsfällen, sehen aber wiederum selbst Grenzen für dieses Instrument vor, welche es mithin auch im Notstandsfall nicht zulassen, sämtliche menschenrechtliche Bindungen zu suspendieren.[220] Die **parallele Anwendbarkeit von Menschenrechtsschutz und humanitärem Völkerrecht** zeigt zudem, dass es nicht darum geht, „auf die Anwendung des für innere Auseinandersetzungen grundsätzlich maßgeblichen Rechts zu verzichten."[221]

78 Zusammenfassend werden die Streitkräfte also in den Fällen des Art. 87a Abs. 4 bei der Bekämpfung von Aufständischen grundsätzlich auf der Grundlage des Polizeirechts der Länder tätig, die sie unterstützen (bzw. auf Basis der Rechtsgrundlagen der Bundespolizei). Dabei sind sie nicht auf nicht-militärische Mittel beschränkt. Erreichen die Auseinandersetzungen mit den bewaffneten Aufständischen die Schwelle eines nicht-internationalen bewaffneten Konflikts, kommen auch die Regeln des humanitären Völkerrechts zur Anwendung, ohne dass dadurch der Streitkräfteeinsatz im Innern nicht mehr unter Art. 87a Abs. 4 fällt. Auch in diesem Fall bleiben völkerrechtlich geschützte Menschenrechte anwendbar, die zudem nach den Grundsätzen der Rechtsprechung des BVerfG in ihrer Auslegung auf die ebenfalls weiterhin Anwendung findenden Grundrechte des GG einwirken und bei deren Auslegung zu berücksichtigen sind.[222]

79 Schließlich statuiert Art. 87a Abs. 4 S. 2 ein spezifisches „Rückholrecht" von Bundestag oder Bundesrat, die eine Einstellung des Einsatzes der Streitkräfte verlangen können. Es handelt sich dabei um einen „nachgelagerten Parlamentsvorbehalt zur Sicherung der parlamentarischen Kontrolle".[223] Bundestag und Bundesrat können dabei unabhängig voneinander die Einstellung des Einsatzes verlangen, was schon aus dem Wortlaut der Vorschrift („oder") folgt.[224] Für die Entscheidungsfindung gelten die allgemeinen Regeln der Art. 42 Abs. 2 S. 1, 52 Abs. 3 S. 1.

C. Verhältnis zu anderen Bestimmungen des Grundgesetzes

80 Der Einsatz der Streitkräfte kann im In- wie Ausland zu vielfachen Grundrechtseingriffen führen. Aus Art. 87a ergeben sich insofern keine Vorbehalte für Abstriche am grundgesetzlichen Grundrechtsschutz. Insbesondere kann Art. 1 Abs. 3 nicht entnommen werden, dass **Grundrechte** im Auslandseinsatz nicht zur Anwendung kommen.[225] Allerdings kann es bei Sachverhalten mit Auslandsberührung zu Modifikationen des Grundrechtsschutzes

---

[218] *Kleffner* in Clapham/Gaeta/Sassòli The 1949 Geneva Conventions, Ch. 21 Rn. 13.

[219] *Krieger* JCSL 11 (2006), 265 (266 f.); *Heintschel von Heinegg* in Ipsen Völkerrecht, § 62 Rn. 53.

[220] Dazu *Johann* in Karpenstein/Mayer EMRK, Art. 15 Rn. 3, 5, 12; *Schorkopf,* Staatsrecht der internationalen Beziehungen, 2017, § 6 Rn. 112; *Polzin* ZaöRV 78 (2018), 635.

[221] So aber *Stern,* StaatsR II, 1980, 1485.

[222] BVerfGE 111, 307 (317); 128, 326 (367 f.).

[223] *Depenheuer* in Maunz/Dürig Rn. 179.

[224] *Baldus/Müller-Franken* in MKS Rn. 174.

[225] BVerfG NJW 2020, 2235 (Rn. 87 ff.); dazu *Aust* DÖV 2020, 715; *Thym* DÖV 2010, 621 (628 f.); *Schorkopf,* Staatsrecht der internationalen Beziehungen, 2017, § 6 Rn. 90; *Neubert,* Der Einsatz tödlicher Waffengewalt, 2016, 135 ff.

hinsichtlich seiner Reichweite kommen.[226] Dies hat das BVerfG in seiner Zweitregisterentscheidung für den Gesetzgeber dahingehend konkretisiert, dass dies ua dann der Fall sein kann, wenn die Verwirklichung des Grundrechtsschutzes die Rechtsordnung anderer Staaten berührt.[227] Spezifische Bezüge zu einzelnen Grundrechten ergeben sich aus den Bestimmungen des Art. 4 Abs. 3, 12a Abs. 2 zum Recht der Kriegsdienstverweigerung (welches aufgrund der Suspendierung der Wehrpflicht momentan keine praktische Relevanz aufweist) und Art. 9 Abs. 3 S. 3, der einen Einsatz der Streitkräfte gegen Arbeitskämpfe im Sinne dieser Vorschrift ausschließt.

Art. 87a steht sodann in einem engen Zusammenhang mit dem Komplex der Vorschriften des GG, aus denen sich die Entscheidungen des GG für ein Konzept der **offenen Staatlichkeit**[228] und der **Völkerrechtsfreundlichkeit**[229] sowie der **Friedenstaatlichkeit**[230] ablesen lassen (Präambel, Art. 1 Abs. 2, 9 Abs. 2, 23–26, 59). Hierbei sind die systematischen Zusammenhänge nicht immer eindeutig, was insbesondere das schwierig zu bestimmende Verhältnis zwischen Art. 87a Abs. 2 und 24 Abs. 2 verdeutlicht. **81**

Ähnlich komplex ist die Bestimmung des Verhältnisses zwischen Art. 87a auf der einen Seite und den Vorschriften zur **Amtshilfe** nach Art. 35 Abs. 2 und 3 auf der anderen Seite, insbesondere seit das BVerfG in seiner Plenarentscheidung zum Luftsicherheitsgesetz die Begrenzung auf nicht-militärische Mittel im Rahmen der Amtshilfe aufgegeben hat.[231] Das Gericht hält jedoch weiterhin daran fest, dass sich durch die Vorschriften der Art. 35 Abs. 2, 3 keine Umgehung der strikten Voraussetzungen des Art. 87a Abs. 4 ergeben darf.[232] Praktische Bedeutung gewinnt diese Frage insbesondere im Hinblick auf den **Umgang mit terroristischen Bedrohungen.** Diese werden kaum je die Schwelle des Art. 87a Abs. 4 erreichen. Dies hat die Frage aufgeworfen, ob ein (drohender) terroristischer Anschlag einen besonders schweren Unglücksfall iSv Art. 35 darstellen kann.[233] Das BVerfG hat diese Frage in seiner Plenarentscheidung nicht direkt angesprochen, aber Hinweise zur Abgrenzung gegeben, wann dies jedenfalls nicht der Fall ist: „So stellen namentlich Gefahren für Menschen und Sachen, die aus oder von einer demonstrierenden Menschenmenge drohen, keinen besonderen schweren Unglücksfall im Sinne des Art. 35 dar (…).“[234] Vorstellbar ist es demgegenüber, dass ein schwerer Unglücksfall auch bereits dann vorliegt, wenn zwar der zu erwartende Schaden noch nicht eingetreten ist, „der Unglücksverlauf aber bereits begonnen hat und der Eintritt katastrophaler Schäden unmittelbar droht.“[235] Diese Auslegung eines besonders schweren Unglücksfalls lässt es jedenfalls als vertretbar erscheinen, die Streitkräfte bei einem drohenden terroristischen Anschlag auf der Grundlage von Art. 35 Abs. 2, 3 unterstützend zum Einsatz zu bringen. **82**

---

[226] *Krieger* in SHH Rn. 33.

[227] BVerfGE 92, 26 (41 f.); dazu *Thym* DÖV 2010, 621 (629).

[228] Grundlegend *Vogel,* Die Verfassungsentscheidung für die internationale Zusammenarbeit, 1964, 46 f.; *Hobe,* Der offene Verfassungsstaat zwischen Souveränität und Interdependenz, 1998, 418 f., 424.

[229] *Payandeh* JöR nF 57 (2009) 464 (482 f.); *Proelß* in Rensen/Brink Linien der Rechtsprechung I, 553; *Tomuschat* in HdbStR XI § 226 Rn. 8.

[230] Siehe hier nur *Schiedermair,* Der internationale Frieden und das Grundgesetz, 2006, 208 f.

[231] Krit. *Münkler* ZG 2013, 376 (384 ff.).

[232] BVerfGE 132, 1 (16, Rn. 41); dazu *Froese* DVBl. 2017, 546 (548).

[233] Siehe *Froese* DVBl. 2017, 546 (548 f.); *von Danwitz* in MKS Art. 35 Rn. 70 f.

[234] BVerfGE 132, 1 (18, Rn. 46).

[235] BVerfGE 132, 1 (18, Rn. 47).

83 Schließlich steht die Bestimmung in einem engen Regelungszusammenhang mit den Vorschriften zum **Spannungsfall** nach Art. 80a und zum **Verteidigungsfall** nach Art. 115a ff. Diese Normen bilden keine Rechtsgrundlagen bzw. -grenzen für den Einsatz der Streitkräfte, sondern beschäftigen sich mit staatsorganisationsrechtlichen Konsequenzen bestimmter Bedrohungslagen.[236] Anders ist das Verhältnis zu Art. 91 ausgestaltet, welcher den **inneren Notstand regelt.** Die Voraussetzungen des Art. 91 Abs. 2 sind eine der Tatbestandsvoraussetzungen für den Einsatz der Streitkräfte gegen organisierte und militärisch bewaffnete Aufständische nach Art. 87a Abs. 4 (→ Rn. 68).

D. Kritische Würdigung

84 Die Vorschriften über den Streitkräfteeinsatz müssen sich in immer neuen geopolitischen und sicherheitspolitischen Kontexten bewähren. Nach dem **Ende des Kalten Krieges** schien die Aufgabe der Landesverteidigung in den Hintergrund zu rücken und die verfassungsrechtliche wie -politische Aufmerksamkeit konzentrierte sich sehr weitgehend auf Einsätze der Bundeswehr im Rahmen von internationalen Organisationen wie UN und NATO und die Aufgaben, die der Bundeswehr dabei im internationalen Kontext zukommen.[237] Mit den Angriffen des 11. September 2001 wurde dann der **Kampf gegen den internationalen Terrorismus** zum prägenden Paradigma der deutschen Sicherheits- und Verteidigungspolitik. Spätestens seit der völkerrechtswidrigen Annexion der Krim durch Russland im Jahr 2014 hat sich die Aufmerksamkeit wieder verlagert. Dies schlägt sich auch im letzten „Weißbuch" der Bundesregierung aus dem Jahre 2016 nieder, in dem stärker als zuletzt die Balance zwischen globalen und nationalen Aufgaben der Bundeswehr betont wird.[238] Neue Sicherheitsherausforderungen wie Cyberangriffe und Formen einer „hybriden Kriegsführung", die neben klassischer Gewaltanwendung auch stark auf ein Element der Desinformation setzen, tragen dazu bei, dass an die Vorschrift des Art. 87a neue Fragen gestellt werden.[239] Die nicht zuletzt durch richterliche Rechtsfortbildung entwickelte Flexibilität im Umgang mit der Bestimmung des Art. 87a mag einen Umgang mit diesen neuen Herausforderungen auch ermöglichen helfen.[240] Zugleich steht diese Flexibilität in einem eigentümlichen Spannungsverhältnis zur Rigidität anderer Elemente der Karlsruher Rechtsprechung, nicht zuletzt im Hinblick auf den wehrverfassungsrechtlichen Parlamentsvorbehalt. Ungeachtet der nicht immer befriedigenden Verfassungslage ist die Bundeswehr seit Anfang der 1990er Jahre jedenfalls eine **Armee im Einsatz.** Mitte 2019 befand sich die Bundeswehr in zwölf Auslandseinsätzen, die vom Bundestag mandatiert worden sind.[241]

---

[236] *Klein* ZaöRV 34 (1974), 429 (437); *Paulus/Jacobs* FW 87 (2012) 23 (29).

[237] Plastisch *Depenheuer* DVBl. 1997, 685.

[238] *Bundesregierung,* Weißbuch zur Sicherheitspolitik und zur Zukunft der Bundeswehr, 2016.

[239] Siehe hier nur *Marxsen* JZ 2017, 543.

[240] Zur Kreativität im Umgang mit den wehrverfassungsrechtlichen Vorschriften auch *Kleinlein* AöR 142 (2017), 43 (54); kritisch zur Rolle des BVerfG in diesem Kontext *Wieland* in Wahl Verfassungsänderung, Verfassungswandel, Verfassungsinterpretation, 165 (172).

[241] Übersicht über aktuelle Mandate für Auslandseinsätze der Bundeswehr auf der Internetseite des Bundestags, https://www.bundestag.de/auslandseinsaetze (14.11.2019).

Art. 87a wird als die **Zentralnorm** über den Bundeswehreinsatz bezeichnet.[242] Diese Einschätzung ist zutreffend, weist aber zugleich ins Herz der mit dieser Eigenschaft verbundenen Probleme. In den vier Absätzen sind Regelungen verbunden, die auf den ersten Blick systematisch wenig miteinander zu tun haben. Auch diese systematische Unklarheit trägt zu den vielfachen Auslegungsproblemen bei, insbesondere im Hinblick auf den territorialen Anwendungsbereich von Abs. 2. Trotz der Eigenschaft als „Zentralnorm" sind zudem viele Fragen offen geblieben, was das BVerfG zu einem erheblichen Maß an richterlicher Rechtsfortbildung auf diesem Gebiet genutzt hat, so im Hinblick auf den Einsatz der Bundeswehr in Systemen gegenseitiger kollektiver Sicherheit (→ Art. 24 Rn. 73 ff.) und die „Erfindung" des wehrverfassungsrechtlichen Parlamentsvorbehalts als Teil einer verfassungspolitischen Kompromisslösung.[243] **85**

Der wehrverfassungsrechtliche **Parlamentsvorbehalt** ist heute verfassungsrechtlich etabliert[244] und wird in Teilen der Literatur sogar als „Verfassungsgewohnheitsrecht" bezeichnet.[245] An ihm kann zudem spätestens seit dem Lissabon-Urteil selbst mit einer Verfassungsänderung kaum noch gerüttelt werden, ist er doch vom Gericht als „integrationsfest" bezeichnet worden.[246] Gleichwohl stellt sich die Frage, ob das Zustimmungserfordernis des Bundestages politische Verantwortlichkeit nicht eher verschleiert, denn zu Tage fördert. Die Notwendigkeit, für den Einsatz der Bundeswehr die Zustimmung des Bundestages einzuholen, liegt insofern auf einer Linie mit einer spezifischen deutschen Konsensorientierung und der für das geltende Verfassungsrecht typischen Verschränkung der Gewalten. Konsequenz ist, dass alle und damit letztlich niemand für die Folgen eines Streitkräfteeinsatzes verantwortlich sind. Warum sollte eine Regierung ob gravierender Folgen eines Militäreinsatzes zurücktreten? Schließlich wird sie die Legislative auf ihrer Seite wissen – von Einsätzen bei Gefahr im Verzug abgesehen. Damit bleibt als Kontrollinstanz im Regelfall nur das BVerfG übrig, was zu einer weiteren Überspitzung der Erwartungen führt, die an dieses Gericht zur Kompensation eines defizitären politischen Diskurses gerade in Fragen der Außen- und Europapolitik gerichtet werden.[247] Das BVerfG nimmt diese Rolle gerne an und hat in Fragen des Außenverfassungsrechts eine ausgreifende Rechtsprechung entwickelt, in der die Entscheidungen zum wehrverfassungsrechtlichen Parlamentsvorbehalt nur die Avantgarde einer Demokratisierung bzw. „Normalisierung" des Außenverfassungsrechts darstellen. **86**

Literatur

H. P. Aust/M. Payandeh, Praxis und Protest im Völkerrecht – Erosionserscheinungen des Gewaltverbots im Syrien-Konflikt und die Verantwortung der Bundesrepublik, JZ 2018, 633. – ***M. Brunner,*** Zwischen sicherheitspolitischer Herausforderung und Reformbedarf im Wehrverfassungsrecht, ZPR 2011, 207. — ***O. Depenheuer,*** Der verfassungsrechtliche Verteidigungsauftrag der Bundeswehr, DVBl. 1997, 685. – ***V. Epping,*** Die Evakuierung deutscher Staatsangehöriger im Ausland als neues Kapitel der Bundeswehrgeschichte ohne rechtliche Grundlage?, AöR 124 (1999), 423. –

---

242 *Depenheuer* in Maunz/Dürig Rn. 59.
243 *Nolte* ZaöRV 54 (1994), 652 (675); *Paulus/Jacobs* FW 87 (2012), 23 (27).
244 *Schorkopf,* Staatsrecht der internationalen Beziehungen, 2017, § 6 Rn. 84.
245 *Paulus/Jacobs* FW 87 (2012), 23 (35); *Kleinlein* AöR 142 (2017), 44 (45); skeptisch zur Kategorie als solcher *Tomuschat,* Verfassungsgewohnheitsrecht?, 1972.
246 BVerfGE 123, 267 (361).
247 Siehe *Röben* ZaöRV 63 (2003), 585 („bundesrepublikanische Tradition").

I. Fährmann, Die Bundeswehr im Einsatz für Europa, 2010. – ***B. Fassbender,*** Militärische Einsätze der Bundeswehr, in HbdStR XI § 244 – ***U. Fastenrath,*** Zur Verfassungsmäßigkeit unilateraler Pirateriebekämpfung durch die deutsche Marine, in FS f. Wolfrum, 2011, 1935. – ***J. Fournier,*** Der Einsatz der Streitkräfte gegen Piraterie auf See, 2014. – ***J. Froese,*** Bundeswehreinsätze im Inneren zur Terrorismusbekämpfung: Die „terroristische Großlage" als Katastrophennotstand?, DVBl. 2017, 546. – ***J. A. Frowein/T. Stein*** (Hrsg.), Rechtliche Aspekte einer Beteiligung der Bundesrepublik Deutschland an Friedenstruppen der Vereinten Nationen, 2020. – ***C. Gutmann,*** Fortschreitende Militärkooperationen – Neue Herausforderungen für den wehrverfassungsrechtlichen Parlamentsvorbehalt, 2020. – ***C. Gutmann/C.-P. Sassenrath,*** Auslandseinsätze der Bundeswehr ohne Sicherheitsratsmandat: Rahmen und Regeln kollektiver Sicherheitssysteme und die Drittstaatennothilfe unter dem Grundgesetz (Teil 3), NZWehr 60 (2018), 17. – ***S. Graf Kielmansegg/H. Krieger/S. Sohm*** (Hrsg.), Multinationalität und Integration im militärischen Bereich, 2018. – ***E. Klein,*** Rechtsprobleme einer deutschen Beteiligung an der Aufstellung von Streitkräften der Vereinten Nationen, ZaöRV 34 (1974), 429. – ***T. Kleinlein,*** Kontinuität und Wandel in Grundlegung und Dogmatik des wehrverfassungsrechtlichen Parlamentsvorbehalts, AöR 142 (2017), 43. – ***C. Kreß,*** Die Rettungsoperation der Bundeswehr in Albanien am 14. März 1997 aus völker- und verfassungsrechtlicher Sicht, ZaöRV 57 (1997), 329. – ***C. Marxsen,*** Verfassungsrechtliche Regeln für Cyberoperationen der Bundeswehr, JZ 2017, 543. – ***C. Marxsen,*** Bündnissolidarität und Auslandseinsätze der Bundeswehr, in I.-J. Werkner/M. Haspel, Bündnissolidarität und ihre friedensethischen Kontroversen, 2019, 101. – ***C.-W. Neubert,*** Der Einsatz tödlicher Waffengewalt durch die deutsche auswärtige Gewalt, 2016. – ***C.-W. Neubert,*** Bundeswehreinsatz im Südsudan – Evakuierungsmissionen deutscher Streitkräfte im Ausland nach Völker- und Verfassungsrecht, DÖV 2017, 141. – ***G. Nolte,*** Bundeswehreinsätze in kollektiven Sicherheitssystemen, ZaöRV 54 (1994), 652. – ***G. Nolte/H. Krieger,*** Europäische Wehrrechtssysteme, 2002. – ***A. L. Paulus/H. Jacobs,*** Neuere Entwicklungen bei der Parlamentsbeteiligung für den Auslandseinsatz der Bundeswehr, Die Friedens-Warte 87 (2012), 23. – ***M. Payandeh,*** Evakuierungseinsätze der Bundeswehr und Parlamentsbeteiligung, DVBl. 2011, 1325. – ***M. Payandeh/H. Sauer,*** Die Beteiligung der Bundeswehr am Antiterroreinsatz in Syrien, ZRP 2016, 34. – ***A. Peters,*** Between military deployment and democracy: use of force under the German constitution, Journal on the Use of Force and International Law 5 (2018), 246. – ***V. Röben,*** Der Einsatz der Streitkräfte nach dem Grundgesetz, ZaöRV 63 (2003), 558. – ***P. Scherrer,*** Das Parlament und sein Heer, 2010. – ***R. Schmidt-Radefeldt,*** Parlamentarische Kontrolle der internationalen Streitkräfteintegration, 2005. – ***D. Wiefelspütz,*** Das Parlamentsheer, 2005. – ***J. Wieland,*** Die Entwicklung der Wehrverfassung, in R. Wahl, Verfassungsänderung, Verfassungswandel, Verfassungsinterpretation, 2008, 165.

Art. 87b [Aufgaben der Bundeswehrverwaltung]

(1) [1] Die Bundeswehrverwaltung wird in bundeseigener Verwaltung mit eigenem Verwaltungsunterbau geführt. [2] Sie dient den Aufgaben des Personalwesens und der unmittelbaren Deckung des Sachbedarfs der Streitkräfte. [3] Aufgaben der Beschädigtenversorgung und des Bauwesens können der Bundeswehrverwaltung nur durch Bundesgesetz, das der Zustimmung des Bundesrates bedarf, übertragen werden. [4] Der Zustimmung des Bundesrates bedürfen ferner Gesetze, soweit sie die Bundeswehrverwaltung zu Eingriffen in Rechte Dritter ermächtigen; das gilt nicht für Gesetze auf dem Gebiete des Personalwesens.

(2) [1] Im übrigen können Bundesgesetze, die der Verteidigung einschließlich des Wehrersatzwesens und des Schutzes der Zivilbevölkerung dienen, mit Zustimmung des Bundesrates bestimmen, daß sie ganz oder teilweise in bundeseigener Verwaltung mit eigenem Verwaltungsunterbau oder von den Ländern im Auftrage des Bundes ausgeführt werden. [2] Werden solche Gesetze von den Ländern im Auftrage des Bundes ausgeführt, so können sie mit Zustimmung des Bundesrates bestimmen, daß die der Bundesregierung und den zuständigen obersten Bundesbehörden auf Grund des Artikels 85 zustehenden Befugnisse ganz oder teilweise Bundesoberbehörden übertragen werden; dabei kann bestimmt werden, daß diese Behörden beim Erlaß allgemeiner Verwaltungsvorschriften gemäß Artikel 85 Abs. 2 Satz 1 nicht der Zustimmung des Bundesrates bedürfen.

Paulskirchenverfassung von 1849

Abschnitt II. Art. III

§ 13. Die Reichsgewalt ausschließlich hat in Betreff des Heerwesens die Gesetzgebung und die Organisation; sie überwacht deren Durchführung in den einzelnen Staaten durch fortdauernde Controle.

[Abs. 2]

§ 19. [Abs. 1–4]

Der Reichsgewalt liegt die Sorge für die Ausrüstung, Ausbildung und Unterhaltung der Kriegsflotte und die Anlegung, Ausrüstung und Unterhaltung von Kriegshäfen und See-Arsenälen ob.

Über die zur Errichtung von Kriegshäfen und Marine-Etablissements nöthigen Enteignungen, so wie über die Befugnisse der dabei anzustellenden Reichsbehörden, bestimmen die zu erlassenden Reichsgesetze.

Reichsverfassung von 1871

Art. 53. Die Kriegsmarine des Reichs ist eine einheitliche unter dem Oberbefehl des Kaisers. Die Organisation und Zusammensetzung derselben liegt dem Kaiser ob, welcher die Offiziere und Beamten der Marine ernennt [...].

[Abs. 2–5]

Art. 61. [Abs. 1]

Nach gleichmäßiger Durchführung der Kriegsorganisation des Deutschen Heeres wird ein umfassendes Reichs-Militairgesetz dem Reichstage und dem Bundesrathe zur verfassungsmäßigen Beschlussfassung vorgelegt werden.

Art. 63. [Abs. 1, 2]

Der Kaiser hat die Pflicht und das Recht, dafür Sorge zu tragen, daß innerhalb des Deutschen Heeres [...] Einheit in der Organisation und Formation, in Bewaffnung und Kommando, in der Ausbildung der Mannschaften, sowie in der Qualifikation der Offiziere hergestellt und erhalten wird.

[Abs. 4,5]

Hinweis: Die Weimarer Reichsverfassung von 1919 enthielt keine ausdrückliche Bestimmung über die Reichswehr-Verwaltung.

Übersicht

A. Allgemeine Bedeutung

1 Art. 87b wurde 1956 nachträglich durch die „Wehrnovelle"[1] in das GG eingeführt und normiert dabei zwei wesentliche Grundsätze im Bereich der Wehrverwaltung. Zum einen wurde unter dem gemeinsamen Dach des BMVg den Streitkräften eine **eigenständige zivile Bundeswehrverwaltung** (BWV) gegenübergestellt, die eigenverantwortlich und gleichrangig für obligatorische (Abs. 1 S. 2) und fakultative (Abs. 1 S. 3) Aufgaben zuständig ist. Zum anderen wurde die BWV als bundeseigene Verwaltung mit eigenem Verwaltungsunterbau ausgestaltet und soll dem Bund unter Durchbrechung des Grundsatzes der Länderzuständigkeit aus Art. 83, 84 und 86 die Verwaltungskompetenz im Bereich der Verteidigung sichern. Als Ausgleich wurde die Mitwirkung der Länder durch vielfache Zustimmungserfordernisse sichergestellt, wodurch sich der **„föderale Kompromisscharakter"** der Norm offenbart.[2]

2 Die Norm enthält dabei in Abs. 1 zum einen in S. 1 die *obligatorische Bundeseigenverwaltung* und in S. 2 *eigene* und *übertragbare* Aufgaben sowie in S. 3 *Sonderregeln* für bestimmte Gesetzesmaterien.[3] In Abs. 2 ist die sonstige Verteidigungsverwaltung geregelt.

B. Einzelfragen

I. Die Bundeswehrverwaltung (Abs. 1 S. 1)

3 Abs. 1 enthält genaue institutionelle Vorgaben in Bezug auf die BWV. In Verbindung mit Art. 87a ergibt sich eine Trennung der BWV und der

[1] BGBl. 1956 I 111.
[2] *Jess* in BK 1956, I; *Depenheuer* in Maunz/Dürig Rn. 61; *Kokott* in Sachs Rn. 4; vgl. *Schmidt-Radefeldt* in BeckOK GG Rn. 3; *Heun* in Dreier Rn. 2.
[3] Einzelheiten bei *v. Mangoldt/Klein,* Das Bonner Grundgesetz, 2. Aufl. 1957, Anm. II 3; *Schulte,* Die verfassungsrechtliche Stellung der Bundeswehrverwaltung, 1970, 130 ff.; *Stern,* StaatsR II, 1980, § 42 III 5.

Streitkräfte,[4] die aber unter gemeinsamer Spitze des BMVg die zwei (maßgeblichen) Säulen der Bundeswehr (BWehr) bilden.[5] Die BWV übernimmt dabei in organisatorischer, funktioneller und personeller Selbstständigkeit die **zivile Verwaltung der Streitkräfte.**[6] Dieses **Trennungsgebot** gilt dabei sowohl in Friedenszeiten als auch im Verteidigungsfall.[7] Diese auf dem Trennungsgebot basierende Ausgestaltung ist dabei als ausdrückliche Abkehr von der früher vorherrschenden Intendantur- und Militärverwaltung zu verstehen, bei der die Verwaltung ein Teil der Streitkräfte war und somit auch ihrer Kommandogewalt unterstand. Die Trennung verfolgt dabei mehrere Zwecke. So soll eine eigenständige zivile BWV gerade nicht auf dem Befehl- und Gehorsamsprinzip, sondern auf den allgemeinen Grundsätzen des Verwaltungshandelns beruhen, um in letzter Konsequenz einer Machtkonzentration der Streitkräfte vorzubeugen. Auch dient die Entbindung der Streitkräfte von sachfremden Verwaltungsaufgaben der Effektivität der BWehr insgesamt.[8]

1. Das Trennungsgebot. Konkret wird das Trennungsgebot maßgeblich 4
durch den personalen Status gewährleistet, der sich (durch Ausgestaltung des Dienstverhältnisses) in unterschiedlichen Weisungsrechten und Dienstaufgaben manifestiert. Eine organisatorisch-räumliche oder statusrechtliche Trennung wird nicht vorausgesetzt, da das Trennungsgebot so den gegenteilig intendierten Zweck der Vorschrift (nämlich die Ineffektivität der BWehr) zur Folge hätte.[9] In der Praxis sind Verschränkungen und Überschneidungen der Streitkräfte und der Wehrverwaltung unvermeidlich, wozu zum Teil Abgrenzungserlasse in Form von Verwaltungsvorschriften existieren, die in Einzelfällen Abhilfe schaffen sollen.[10] Durch die **Neustrukturierung der BWehr** 2012 wurde dabei nochmals versucht, anhand von Organisationsbereichen eindeutigere Abgrenzungen zu ermöglichen.[11]

---

[4] *Schmidt-Radefeldt* in BeckOK GG Rn. 4; *Kokott* in Sachs Rn. 3; das Trennungsgebot direkt aus Art. 87b Abs. 1 S. 1 abgeleitet: *Durner* VerwArch 2005, 18 (28); *Depenheuer* in Maunz/Dürig Rn. 1, 26; „Wehrverwaltung darf kein Teil oder Annex der Streitkräfte sein" so *Baldus/Müller-Franken* in MKS Rn. 14.

[5] Als weitere Säulen werden dabei die Militärseelsorge und die Rechtspflege der Bundeswehr betrachtet, s. *Raap* VR 2015, 49; Ausführungen zur gemeinsamen obersten Leitungsebene/Spitze: *Baldus/Müller-Franken* in MKS Rn. 14.

[6] *Depenheuer* in Maunz/Dürig Rn. 26; *Baldus/Müller-Franken* in MKS Rn. 14 [mwN.: BVerwGE 86, 140 (141); 86, 166 (169), BGHZ 64, 201 (206 f.); OVG Münster NVwZ 2010, 168 (171)]; *Schmidt-Radefeldt* in BeckOK GG Rn. 4; *Heun* in Dreier Rn. 4.

[7] Der beim Verteidigungsfall verbundene Übergang der Befehls- und Kommandogewalt vom Bundesminister für Verteidigung (Art. 65a) auf den Bundeskanzler (Art. 115b) vermag Art. 87b nicht außer Kraft zu setzen.

[8] *Durner* VerwArch 2005, 18 (28); *Schmidt-Radefeldt* in BeckOK GG Rn. 2, 4; *Depenheuer* in Maunz/Dürig Rn. 26 f.; *Baldus/Müller-Franken* in MKS Rn. 14, 15; *Kokott* in Sachs Rn. 2; *Loosch* DÖV 1961, 206 (2011). Kritisch hierzu *Walz* FS f. Fleck, 2004, 663 (672).

[9] BVerwG BeckRS 2016 46243 Rn. 4; *Schmidt-Radefeldt* in BeckOK GG Rn. 9.

[10] *Baldus/Müller-Franken* in MKS Rn. 20; *Kokott* in Sachs Rn. 9.

[11] So findet sich in den Erläuterungen des BMVg zur Neuausrichtung der Bundeswehr der Verweis, dass funktionsbasierte und nicht strukturbestimmte Faktoren die Organisation der Bundeswehr prägen sollen (S. 79), oder auch die Arbeitserledigung „Hand in Hand" erfolgen solle (S. 100). Am Beispiel der Truppenverwaltung, die als Teil der territorialen Wehrverwaltung, truppenspezifische Aufgaben der BWV, als Truppenteil wahrgenommen hat, wird diese Trennung verdeutlicht. So sind dafür heute die unteren Bundesbehörden der Bundeswehr-Dienstleistungszentren (BwDLZ) zuständig, die dem BAIUDBw nachgeordnet sind (→ Rn. 11 ff.). Die Truppenverwaltung ist heute nicht mehr existent (BMVg (Hrsg.), Die Neuausrichtung der Bundeswehr, 2013).

5 Auch der Ruf nach Ausnahmen des Trennungsgebotes bei zwingend gebotenen Gründen, die sich aus der Erfüllung des Verteidigungsauftrages ergeben können, ist deshalb weiterhin hörbar.[12] So sollen in diesen Einzelfällen auch faktisch (nicht rechtlich), **einheitliche Personalkörper,** bei denen Streitkräfte und Wehrverwaltung gemeinsam Aufgaben wahrnehmen, zulässig sein.[13] Begründet wird diese Durchbrechung des Trennungsgebotes mit einer teleologischen Notwendigkeit, nämlich dem effektiven Verteidigungsauftrag; sie setzt sich dabei aber zugleich in Widerspruch zur Vermeidung einer **faktischen Machtkonzentration der Streitkräfte.** Die ausdrückliche Abkehr von einer Militär- und Intendanturverwaltung war für den verfassungsändernden Gesetzgeber der maßgebliche Grund zur Einführung des Art. 87b, da eine zivile Wehrverwaltung einer potentiellen Abschottung des Militärs vorbeugen soll.[14] Die Effektivität wäre dabei ein zu unbestimmter Gradmesser diesen maßgeblichen Gesetzeszweck zu umgehen, so dass ein Eingriff in den Kernbereich des Trennungsgebotes (der im erwähnten personalen Status besteht) auch nicht erfolgen darf. Erweiterungs- oder Aufweichungsversuche im Hinblick auf das Trennungsgebot bedürften einer verfassungsrechtlichen Anpassung.[15] Einheitliche Personalkörper sind demnach rechtlich nicht möglich.[16] Vereinheitlichungen, die sich tatsächlich bilden, verstoßen unter Wahrung des personalen Status des jeweiligen Personals hingegen nicht gegen Art. 87b.

6 Weiterhin wird die **extraterritoriale Gültigkeit des Trennungsgebotes** diskutiert, da die Herausforderungen zur Einhaltung des Trennungsgebotes im internationalen Vergleich ungleich höher sind.[17] Denn bei Auslandseinsätzen der BWehr muss konsequenterweise das Einsatzkontingent immer auch durch eine darin integrierte Einheit der BWV flankiert werden. Da Auslandseinsätze unter Einsatzbedingungen stattfinden (vergleichbar zum Verteidigungsfall nach Art. 115a), wird zum Teil vertreten, dass die Trennung von militärischem und zivilem Personal hierbei nicht gelten soll.[18] Die Parallelität zum Verteidigungsfall, bei dem sich ebenfalls praktische Herausforderungen im Einsatzfall ergeben, ist dabei offensichtlich und müsste bei dieser Argumentation ebenfalls zur Durchbrechung des Trennungsgebotes führen. Vor diesem Hintergrund bleibt seine Geltung allerdings umso wichtiger, da die

---

[12] So noch 2010 die *Strukturkommission der Bundeswehr,* in „Vom Einsatz her denken: Konzentration, Flexibilität, Effizienz", 2010, 12, 34; *Schmidt-Radefeldt* in BeckOK GG Rn. 9. Ähnlich *Pieroth* in Jarass/Pieroth Rn. 2; *Depenheuer* in Maunz/Dürig Rn. 33; *Grzeszick* in BerlKomm Rn. 12.

[13] *Schmidt-Radefeldt* in BeckOK GG Rn. 9; *Depenheuer* in Maunz/Dürig Rn. 30.

[14] *Baldus/Müller-Franken* in MKS Rn. 15; *Heun* in Dreier Rn. 1; *Cartellieri,* Bundeswehrverwaltung, 4; *Schulte,* Stellung der Bundeswehrverwaltung, 103 ff.; *Walz* FS f. Dau, 301 (309 f.); *Jess* in BK 1956, II 2.

[15] So auch *Kokott* in Sachs Rn. 15a; *Pieroth* NVwZ 2011, 705 (708); *Baldus/Müller-Franken* in MKS Rn. 21.

[16] *Kokott* in Sachs Rn. 15a („Verstoß gegen geltendes Verfassungsrecht"); *Pieroth* NVwZ 2011, 705 (708); *Dreist* NZWehrR 2012, 221 (226); *Schmidt-Radefeldt* in BeckOK GG Rn. 5; *Wolff,* Die Zuständigkeit der Bundeswehrverwaltung für das Personalwesen der Bundeswehr, 2011, 66 f.; *Pieroth* NVwZ 2011, 705 (711); *Baldus/Müller-Franken* in MKS Rn. 16; *Frank* in AK, hinter Art. 87 Rn. 95.

[17] *Depenheuer* in Maunz/Dürig Rn. 47 ff.

[18] *Depenheuer* in Maunz/Dürig Rn. 47 ff.; *Krieger* in SHH Rn. 6; *Schmidt-Radefeldt* in BeckOK GG Rn. 12; *Schmidt-Radefeldt* UBWV 2006, 169; *Baldus/Müller-Franken* in MKS Rn. 24. AA: *Baldus* in MKS (6. Auflage) Rn. 6; *Kokott* in Sachs Rn. 3; *Grzeszick* in BerlKomm Rn. 10; *Walz* NZwehrR 1997, 89 (93, 94 f.); vgl. für Rechtsberater im Verteidigungsfall: *Stauf* NZWehrR 1982, 216 (218).

Machtkonzentration des Militärs im Einsatzfall zunimmt und der zivilen Verwaltung eine faktisch höhere Ausgleichsfunktion zukommt. Die Verhinderung dieser Machtkonzentration ist dabei nicht lediglich innerstaatlich zu verstehen, sondern muss auch extraterritorial gelten.

2. Privatisierungen. Die ausdrücklich imperative Festlegung der BWV als bundeseigene Verwaltung enthält zwei Kernaussagen. Zum einen ist damit eindeutig geregelt, dass Art. 87b eine Spezialvorschrift zur Länderexekutive aus Art. 30, 83 darstellt. Zum anderen schränkt es zugleich die Möglichkeiten der **Privatisierungen** bei der Aufgabenerfüllung der BWV ein.[19] Eine *Aufgabenprivatisierung,* bei der die Aufgabenwahrnehmung durch den Privatsektor erfolgt, ist nach dem Wortlaut des Abs. 1 S. 1 demnach nicht möglich.[20] Demgegenüber denkbar ist eine *Organisationsprivatisierung,* bei der sich die BWV zur Aufgabenerfüllung einer privatrechtlich ausgestalteten Organisationsform bedient.[21] Dabei muss gewährleistet sein, dass die BWV oder das BMVg die Entscheidungen innerhalb der privatrechtlich ausgestalteten Gesellschaft unmittelbar steuern und kontrollieren können muss.[22] Um die faktische Umgehung der Aufgabenauslagerung zu vermeiden muss deshalb stets ein Kernbereich verbleiben, der der Privatisierung entzogen ist.[23] Eine *funktionale Privatisierung,* bei der der Staat die Aufgaben nach außen wahrnimmt, faktisch aber im Inneren von Privaten ausführen lässt, ist unter diesem Aspekt verfassungsrechtlich bedenklich.[24] Denn gerade bei der Ausführung durch Private ist in der Praxis die Gefahr groß die unmittelbare Einflussmöglichkeit zu verlieren, da die staatliche Kontrollmöglichkeit aufgrund eines immanenten Wissensvorsprungs nicht gewährleistet werden kann. Eine rein theoretische Kontrollmöglichkeit wäre dabei nicht ausreichend, vielmehr muss diese Kontrolle auch effektiv ausgeübt werden, was bei der funktionalen Privatisierung bereits so schon nicht angelegt ist. 7

Privatisierungen von staatlichen Aufgaben greifen immer in das sensible demokratische Legitimationsgefüge ein und müssen deshalb die effektive staatliche Kontrolle und Steuerung ermöglichen und die Beibehaltung der lenkenden und planerischen Entscheidungen sicherstellen.[25] Zusätzlich legt Art. 87b der BWV die Pflicht auf, für effektive Dienstleistungen und taugliches Material zur Pflichterfüllung der BWehr zu sorgen, da ihr die **Fürsorge** 8

---

[19] So insbes. auch *Lorse* RiA 2002, 16 (24); vgl. auch *Grzeszick* in BerlKomm Rn. 13.

[20] *M. Baldus/S. Müller-Franken* in MKS Rn. 10; *Krieger* in SHH Rn. 5; *Heun* in Dreier Rn. 5; *Blümel* inHdbStR IV § 101 Rn. 89; *Kokott* in Sachs Rn. 2; *Depenheuer* in Maunz/Dürig Rn. 1; *Grzeszick* in BerlKomm Rn. 13; *Durner* VerwArch 2005, 18 (30).

[21] Dagegen noch *Baldus* in MKS, 6. Auflage 2010, Rn. 4.

[22] IErg zust. *Kokott* in Sachs Rn. 2; *Baldus/Müller-Franken* in MKS Rn. 10; *Grzeszick* in BerlKomm Rn. 13; *Krieger* in SHH Rn. 5; *Schmidt-Radefeldt* in BeckOK Rn. 14, „Rechtfertigungszwang". Zur Privatisierung in der Bundeswehr, darunter auch zu den Rahmenverträgen mit privaten Leistungserbringern und zu Eigengründung, wie etwa der *Gesellschaft für Entwicklung, Beschaffung und Betrieb* (g. e. b. b. GmbH, heute BW Consulting GmbH), *BWehr-Fuhrpark-Service GmbH* und der *LH BWehr-Bekleidungsgesellschaft mbH,* iE *Durner* VerwArch 2005, 18; *Gramm* DVBl. 2003, 1366; *Wieland* NZWehrR 2003, 1; *Lorse* RiA 2002, 16; *Altunay* DÖV 2020, 23; speziell zum Outsourcing des Bekleidungswesens und § 98 Nr. 2 GWB OLG Düsseldorf NVwZ 2003, 1152 mit Bespr. *Dietlein/Hahnemann* NVwZ 2003, 1080; allg. zu den Dimensionen der Privatisierung *Kirchhof* AöR 132 (2007), 215.

[23] *Baldus/Müller-Franken* in MKS Rn. 10; *Schmidt-Radefeldt* in BeckOK GG Rn. 16; *Durner* VerwArch 2005, 18 (33); *Kokott* in Sachs Rn. 2.

[24] Anders *Schmidt-Radefeldt* in BeckOK Rn. 16.

[25] *Depenheuer* in Maunz/Dürig Rn. 58; ähnlich OLG Düsseldorf Beschl. v. 19.3.2013 – VII Verg 55/12.

über die Streitkräfte obliegt. Die Masse der Privatisierungen und die damit aktuell diskutierten Probleme in diesem Bereich[26] lassen die Vermutung zu, dass die Hürden für Privatisierungen aufgrund ökonomischer Erwägungen drastisch gesenkt wurden.[27] Eine deutlich restriktivere Handhabung von Privatisierungen und eine Steigerung der effektiven staatlichen Kontrolle, sind im Hinblick auf das übergeordnete Ziel einer funktionsfähigen Streitkraft dringend angezeigt.

II. Aufgaben der Bundeswehrverwaltung (Abs. 1 S. 2)

9 Abs. 1 S. 2 enthält ausdrückliche Aufgaben, die – verfassungsrechtlich einzigartig – für eine Bundesverwaltung vorgeschrieben sind. Diese Aufgaben umfassen das **Personalwesen** und die **unmittelbare Deckung des Sachbedarfs** für die Streitkräfte. Daraus leitet sich ein *Wahrnehmungsmonopol* der BWV für diese Aufgaben ab.[28] Da Überlappungen der Aufgaben in der Praxis unvermeidbar sind, bedarf es bei einer Aufgabenübernahme durch die Streitkräfte einer zwingend gebotenen Rechtfertigung, die restriktiv zu handhaben ist.[29]

10 Konkret bezieht sich die Aufgabe des **Personalwesens** auf alle im Dienst der BWehr stehenden Personen (Militär- und Zivilbedienstete) sowie das Wehrdisziplinar- und Wehrbeschwerdewesen.[30] Somit ist die gesamte Personalverwaltung unter Abs. 1 S. 2 zu fassen,[31] wobei insbesondere durch die „Neuausrichtung" der BWehr auch die Universitäten der BWehr unter dem Aspekt der akademischen Ausbildung ausdrücklich der BWV zuzurechnen sind.[32] Die **Deckung des Sachbedarfs** der Streitkräfte umfasst das Bereitstellen notwendiger Dienstleistungen und Materialien der Streitkräfte,[33]

---

[26] Zu erheblichen Leistungsmängeln privater Unternehmen bei Auslandseinsätzen vgl. WehrbJB 2007, BT-Drs. 16/8200, 16; WehrbJB 2006, BT-Drs. 16/4700, 15 f.; WehrbJB 2005, BT-Drs. 16/850, 34; insbes. zur Untauglichkeit von Schuhwerk und nach Erstwäsche rosa verfärbten Uniformen *Dreist* UBWV 2004, 281 (289); schon früher zur Privatisierungspraxis in der Bundeswehr *Gramm* NZWehrR 2003, 13 aktuell: *Altunay* DÖV 2020, 23.

[27] In der Praxis wurde bereits 1999 ein Rahmenvertrag („Innovation, Investition und Wirtschaftlichkeit in der Bundeswehr") geschlossen, der Privatisierungen außerhalb des militärischen Kernbereichs ermöglichen sollte. Zu dessen Umsetzung wurde dafür eigens die Gesellschaft für Entwicklung, Beschaffung und Betrieb mbH (g. e. b. b. mbh) gegründet, die seit Januar 2017 in der neuen BwConsulting GmbH aufgegangen ist. In der Folge wurden so unterschiedliche Bereiche wie Dienstleistungen, Entwicklung, Beschaffung, Logistik und Ausbildung verstärkt an den privaten Sektor übergeben.

[28] Zust. *Heun* in Dreier Rn. 7; ebenso *Schmidt-Radefeldt* in BeckOK GG Rn. 7; einschränkend („grundsätzlich") *Kokott* in Sachs Rn. 11; ebenso *Grzeszick* in BerlKomm Rn. 12; *Roellecke* DÖV 1992, 200; *Dittmann,* Die Bundesverwaltung, 1983, 212 (ohne ausdrückliche Nennung des Begriffs); insoweit zust. auch *Lerche* FS f. Dürig, 1990, 401 (402 f.); aA *Reinfried/Steinebach,* Die Bundeswehrverwaltung. Einführung in Struktur, Aufgaben und Organisation, 4. Aufl. 1983, 52; *Kirchhof* in HdStR IV § 84 Rn. 66.

[29] *Kokott* in Sachs Rn. 11; *Schmidt-Radefeld* in BeckOK GG Rn. 9; *Depenheuer* in Maunz/Dürig Rn. 33.

[30] So schon *Jess* in BK 1956, II 2a; zust. *Heun* in Dreier Rn. 8 mwN; zur Personalreduktion durch den Zwei-plus-Vier-Vertrag: Gesetze v. 20.12.1991, BGBl. 1991 I 2376 – Streitkräfte (Personalstärkegesetz); BGBl. 1991 I 2378 – Bundeswehrverwaltung (Bundeswehrbeamtenanpassungsgesetz).

[31] Hierzu im Einzelnen *Baldus/Müller-Franken* in MKS Rn. 33 ff.; *Depenheuer* in Maunz/Dürig Rn. 17.

[32] BMVg (Hrsg.), Die Neuausrichtung der Bundeswehr, 2013, 89; *Kokott* in Sachs Rn. 8; *Raap* VR 2015, 48 (49); *Heun* in Dreier Rn. 8; *Wolff* in Hömig/Wolff Rn. 3; anders hingegen *Schmidt-Radefeld* in BeckOK GG Rn. 21.

[33] *Schmidt-Radefeld* in BeckOK GG Rn. 22; *Depenheuer* in Maunz/Dürig Rn. 73; *Baldus/Müller-Franken* in MKS Rn. 38.

worunter insbesondere das Beschaffungs-, Instandhaltungs-, Lager-, Unterkunfts-, Liegenschafts- und Haushaltswesen zu verstehen ist.[34] Das Merkmal der **Unmittelbarkeit** verlangt die Deckung des Sachbedarfs durch eigene Bereitstellung von Dienstleistungen und Material durch die BWV selbst.

III. Die Bundeswehrverwaltung in bundeseigener Verwaltung

Die BWV wurde durch die **Bundeswehrreform 2012** („Neuausrichtung") grundlegend umstrukturiert.[35] So ist die heutige BWV in die Bereiche „Personal", „Ausrüstung, Informationstechnik und Nutzung" sowie „Infrastruktur, Umweltschutz und Dienstleistungen" unterteilt.[36] **11**

Im Bereich des Personals sind drei Bundesoberbehörden vorgesehen: Das Bundesamt für das Personalmanagement der Bundeswehr **(BAPersBw)** ist für die Personalgewinnung, -führung und -entwicklung zuständig.[37] Verantwortlich für Bildung und Qualifizierung ist eine weitere Bundesbehörde, das Bildungszentrum der Bundewehr **(BiZBw),** dem auch die akademische Bildung in Form der Universitäten in Hamburg und München unterstehen. Letztlich bildet das Bundessprachenamt **(BSprA)** die dritte Bundesoberbehörde, die den fremdsprachlichen Bedarf der BWehr decken soll. **12**

Die Bundesoberbehörde Bundesamt für Ausrüstung, Informationstechnik und Nutzung der Bundeswehr **(BAAINBw)** stellt die Ausrüstung von Wehrmaterial sicher, wozu auch die Entwicklung und Beschaffung sowie das Nutzungsmanagement zählen. Dem unterstellt sind dabei acht Dienststellen, die zuständig sind für Wehrtechnik und Wehrwissenschaft sowie das Zentrum für Informationstechnik der BWehr und das Marinearsenal. **13**

Im dritten Bereich übernimmt die Bundesoberbehörde Bundesamt für Infrastruktur, Umweltschutz und Dienstleistungen der Bundeswehr **(BAIUDBw)** Aufgaben. Konkret ist das BAIUDBw beispielsweise für den Arbeitsschutz, das Gefahrgutwesen, Liegenschaften, das Travelmanagement oder allgemeine Rechtsangelegenheiten zuständig.[38] Ihm unterstellt sind das Zentrum Brandschutz der Bundeswehr, das Verpflegungsamt der Bundeswehr, die Bundeswehrdienstleistungszentren, die Bundeswehrverwaltungsstellen im Ausland sowie in Einsatzgebieten die Einsatzwehrverwaltungsstellen. **14**

Davon organisatorisch zu unterscheiden ist die **Rechtspflege,** die der Abteilung Recht im BMVg als Referat nachgeordnet ist und unabhängig von den Streitkräften und der BWV besteht.[39] **15**

Die **Militärseelsorge** ist ebenfalls von der BWV und den Streitkräften unabhängig und wird vom evangelischen Kirchenamt der Bundeswehr und **16**

---

[34] BVerwG NVwZ 97, (350) 351; *Kokott* in Sachs Rn. 7; *Schmidt-Radefeld* in BeckOK GG Rn. 23; *Grzeszick* in BerlKomm Rn. 7.

[35] *Raap* VR 2015, 48 (48 ff.); *Kokott* in Sachs Rn. 8.

[36] Die davor bestehende Aufteilung der BWV in Territoriale Wehrverwaltung und Rüstungsbereich wurde somit abgelöst. Dazu ausführlich noch *Hernekamp* in v. Münch/Kunig, 6. Aufl. 2012, Rn. 4 f.

[37] Auf regionaler Ebene sollen Karrierecenter und Karrierebüros die Personalgewinnung gewährleisten.

[38] Eine umfassendere Übersicht bei *Raap* VR 2015, 48 (49).

[39] Vgl. ausführlich *Dreist* UBWV 2006, 329; *Dau* NZWehrR 2005, 221; *Oldiges* in EFP BesVerwR § 74 Rn. 171 ff. *Bunzen,* Der Rechtsberater in der Bundeswehr im Auslandseinsatz, 2005; vergleichend innerhalb der NATO *Krisam/Grominus* NZWehrR 2003, 18; eing. auch schon *Laabs* NZWehrR 1997, 186; *Baganz,* Der Rechtsberater in der Bundeswehr, 1994.

dem katholischen Militärbischofsamt wahrgenommen.[40] Auch eine jüdische Militärseelsorge wurde durch das Gesetz über die jüdische Militärseelsorge (JüdMilSeelsG) im Jahr 2020 eingeführt und soll in Zukunft in Form eines Militärrabbinats angeboten werden.[41]

17 **1. Beschädigtenversorgung und Bauwesen (Abs. 1 S. 3).** In den Aufgaben der Beschädigtenversorgung und des Bauwesens (Abs. 1 S. 3) äußert sich der **föderale Kompromisscharakter** besonders deutlich. Denn die Länder wollten bei der Beschädigtenversorgung aufgrund von Überschneidungen zur ländereigenen Kriegsopferversorgung und beim Bauwesen aufgrund von potentiellen Lasten für die Länderverwaltung durch eine eigene BWehr-Bauverwaltung[42] die Zustimmung des BR sicherstellen. Beide Bereiche wären sonst Bestandteil der eigenen Aufgaben aus Abs. 1 S. 2 (Beschädigtenversorgung als Teil des Personalwesens sowie das Bauwesen als Teil der Sachbedarfsdeckung).[43]

18 **2. Zustimmungsbedürftigkeit von Eingriffsermächtigungen zu Lasten Dritter (Abs. 1 S. 4).** Zur Deckung des Sachbedarfes bedient sich die BWV fiskalischer Mittel, kann aber grundsätzlich nicht aus Art. 87b Abs. 1 hoheitlich gegenüber Außenstehenden handeln. Eine dafür abweichende Ermächtigungsgrundlage bedürfte der Zustimmung des BR. Abs. 1 S. 4 Hs. 2 stellt dabei klar, dass sich diese Zustimmungsbedürftigkeit nicht auf die Angehörigen der Streitkräfte erstreckt, da sie nicht „Dritte" nach Abs. 1 S. 4 Hs. 1 sind.[44] Zustimmungsbedürftig ist im Übrigen nur die Vorschrift, die in Rechte Dritter eingreift, und nicht das Gesetz in seiner Gänze („soweit").[45]

IV. Sonstige Verteidigungsverwaltung (Abs. 2)

19 Bei Bundesgesetzen in den Bereichen der **Verteidigung einschließlich des Wehrersatzwesens und des Schutzes der Zivilbevölkerung,**[46] soll eine maximale Flexibilität im Rahmen der Art. 83 ff. hinsichtlich der Wahl des Verwaltungstypus als auch der Ausführungskompetenzen für den einfachen Gesetzgeber möglich sein. Die Gesetze können ganz oder teilweise in **Bundeseigen- oder Bundesauftragsverwaltung** ausgeführt werden, was eine Verwaltung durch bundesunmittelbare Körperschaften und Anstalten als Option mitumfasst.[47] So wird gewährleistet, dass exekutive Mischformen auf horizontaler Ebene möglich sind, vertikal hingegen sind Abweichungen der

---

[40] Ev. Kirchenamt für die BWehr (EKA) unter Leitung des Militärgeneraldekans; Katholisches Militärbischofsamt (KMBA) unter Leitung des Militärgeneralvikars; Näheres bei *Kruk* NZWehrR 1997, 1 ff.; ansonsten *Hiehle* BWV 1979, 281.

[41] Gesetz über die jüdische Militärseelsorge (JüdMilSeelsG) v. 10.7.2020, BGBl. I 1664.

[42] *Kokott* in Sachs Rn. 16; *Meyer-Dahlheuer* DVBl. 1957, 185.

[43] Ebenso *Lerche* FS f. Dürig 1990, 401 (404 f.); zust. *Heun* in Dreier Rn. 7.

[44] Zust. *Kokott* in Sachs Rn. 17; *Umbach/Clemens* in Umbach/Clemens Rn. 22; *Grzeszick* in BerlKomm Rn. 16; *Schmahl* in Sodan Rn. 3.

[45] *Umbach/Clemens* in Umbach/Clemens Rn. 21; *Kokott* in Sachs Rn. 17: „einmalige förderative Sonderform des allg. Vorbehalt des Gesetzes"; *Frank* in AK hinter Art. 87 Rn. 99.

[46] So bspw. die Sicherstellungsgesetze nach Art. 80a, das WehrpflichtG, das KDV-NeuordnungsG das ZivildienstG sowie das ZivilschutzG. Hierzu BGH NJW 1979, 864 bzgl. Beschädigung von gemeindlichen Zivilschutzanlagen; zur gemeindlichen Verwaltungs- und Unterhaltungspflicht für öffentliche Schutzräume BVerwG DÖV 1982, 826; zum KatastrophenschutzG BVerwG NVwZ 1995, 991.

[47] Ebenso schon *Dürig* BayVBl. 1963, 129 (132); zust. *Heun* in Dreier Rn. 11; *Kokott* in Sachs Rn. 18 f.; ebenso *Wolff* in Hömig/Wolff Rn. 7 ff.; weiteres bei *Baldus/Müller-Franken*

behördlichen Instanzen ausgeschlossen. Sowohl die Überführung als auch die Umgestaltung der exekutiven Ausgestaltung in diesen Bereichen unterliegt der Zustimmung des BR.[48]

Für den Fall der Bundesauftragsverwaltung enthält Abs. 2 S. 2 **Sonderregelungen** zu Art. 85, die zustimmungsbedürftig sind. So können nach Abs. 2 S. 2 Hs. 1 die Landesoberbehörden direkt Bundesoberbehörden unterstellt werden, in Abweichung zu Art. 85 Abs. 3. Weiterhin entfällt nach Abs. 2 S. 2 Hs. 2 beim Erlass allgemeiner Verwaltungsvorschriften nach Art. 85 Abs. 2 S. 1 die nochmalige Zustimmungspflichtigkeit des BR. 20

C. Verhältnis zu anderen Bestimmungen des Grundgesetzes

Im Rahmen des Art. 33 Abs. 2 kommt dem Trennungsgebot des Art. 87b kein subjektiv-rechtlicher Charakter zu.[49] 21

Der parlamentarische Kompetenzbereich des Verteidigungsausschusses nach Art. 45a umfasst auch die BWV. Aufgaben des Wehrbeauftragten nach Art. 45b enthalten das gesamte Verteidigungswesen, worunter auch die BWV zu verstehen ist.[50] 22

Die Aufgabenbereiche des Art. 87b Abs. 1 S. 2 schränken die **Ressortbildungskompetenz des Bundeskanzlers** aus Art. 64 Abs. 1 ein, da sie nicht auf andere Ressorts verteilt werden können. Zudem kann der Bundesminister für Verteidigung nicht im Rahmen seiner Ressortkompetenz aus Art. 65 S. 2 Streitkräfte und BWV nach eigenen Kriterien vermengen oder zusammenlegen.[51] Das Zwei-Säulen-Prinzip der BWehr (→ Rn. 3) wird im Zusammenspiel von Art. 65a und Art. 87b gewährleistet. Während Art. 65a den militärischen Teil der Ressortkompetenz des Bundesministers für Verteidigung betrifft, sichert ihm Art. 87b die Ressortkompetenz über die BWV zu.[52] 23

Im Verhältnis zu Art. 83 u. Art. 84 ist Art. 87b *lex specialis,* da die Wehrverwaltung sonst den Ländern zustehen würde.[53] 24

Im Gegensatz zu Art. 65a (→ Art. 65a Rn. 30) berührt Art. 115b **(Verkündung des Verteidigungsfalles)** den zivilen Bereich der BWV des Art. 87b nicht, so dass die Ressortkompetenz aus Art. 87b dadurch nicht beeinträchtigt wird (→ Art. 115b Rn. 9). 25

D. Kritische Würdigung

Die in Art. 87b angelegten Grundsätze machen die Vorschrift verfassungsrechtlich herausfordernd. So resultiert aus der Entstehungsgeschichte ein föderaler Kompromisscharakter der Vorschrift, der zum Teil zu **unübersichtlichen Kompetenzkonflikten** zwischen Bundes- und Landesverwal- 26

---

in MKS Rn. 51 ff.; OVG Hamburg DVBl. 1981, 48 (49); aA: *Dittmann,* Die Bundesverwaltung, 1983, 220 f.; krit. bzgl. THW *Majer* NVwZ 1991, 653 (655).

[48] BVerfGE 48, 127 = NJW 1978, 1245 – Wehrpflichtnovelle 1977.; *Janson* DVBl. 1978, 318 ff. mwN.

[49] BVerwG BeckRS 2016, 46243 Rn. 22; kritisch *Wollf* in Hömig/Wolff Rn. 4.

[50] *Schmidt-Radefeld* in BeckOK GG Rn. 6.

[51] BVerwGE 86, 140 (141, 166, 169).

[52] → Art. 65a Rn. 10 ff.

[53] BVerfGE 48, 127 = NJW 1978, 1245; ebenso *Kokott* in Sachs Rn. 1; *Umbach/Clemens* in Umbach/Clemens Rn. 10; *Krieger* in SHH Rn. 10 *(„lex specialis“).*

tung führt. Auch die Trennung von ziviler Verwaltung und Streitkräften wurde zunächst kritisch eingeschätzt, da man die Effektivität der militärischen Landesverteidigung bedroht sah. Diese Kritik gilt mittlerweile als überholt, da BWV und Streitkräfte in einem austarierten Verhältnis harmonieren. Nichtsdestotrotz wird weiterhin reflexartig versucht dieses **Trennungsgebot** aufgrund von pragmatischen Erwägungen zu beschränken und es sukzessiv an praktische Herausforderungen anzupassen. Das Trennungsgebot soll beispielsweise nicht extraterritorial gelten, was mit neuen Herausforderungen der BWehr in völkervertraglichen Allianzen gerechtfertigt wird. Damit sich diese Ausnahmen mit Art. 87b vereinbaren lassen, bedarf es allerdings großer kreativer Anstrengungen; eine klärende Verfassungsänderung wäre deshalb sinnvoll. Durch geschickte Strukturierungen können auch diese Herausforderungen im Einklang mit dem Trennungsgebot bewältigt werden. Ähnliches gilt für die Grundsätze zu **Privatisierungen** im Organisationsbereich der Wehrverwaltung. Auch hier werden unter maximaler Dehnung des Art. 87b ökonomische Erwägungen in den Vordergrund gestellt, die aber an verfassungsrechtliche Grenzen stoßen. Vor allem die aktuellen Beispiele verfehlter Privatisierungen, die sich sogar nachteilig auf die Funktionsfähigkeit der Streitkräfte auswirken, müssen zu einer Diskussion der geltenden Grundsätze aus Art. 87b führen. Die Kritik an Art. 87b bezieht sich deshalb vielmehr auf die **Unbestimmtheit der Vorschrift** und weniger auf die immanenten Grundsätze, die weiterhin zeitgemäß und sinnvoll sind.

Literatur

A. Altunay, Autarke Verteidigung versus Privatisierung der Bundeswehrverwaltung, DÖV 2020, 23. – ***H. Berchthold,*** Die Bundeswehrverwaltung im Rahmen der Landesverteidigung, BWV 1974, 196. – ***A. Dittmann,*** Die Bundesverwaltung, 1983. – ***W. Durner,*** Rechtsfragen der Privatisierung in der Bundeswehrverwaltung, VerwArch 96 (2005), 18. – ***Ch. Gramm,*** Bundeswehr und Privatisierung in der Praxis, NZWehrR 2003, 13. – ***Ch. Gramm,*** Privatisierung bei der Bundeswehr, DVBl. 2003, 1366. – ***G. Hahnenfeld,*** Bundeswehrverwaltung gestern und heute, BWV 1975, 18. – ***J. Hiehle,*** Streitkräfte, Wehrverwaltung, Militärseelsorge und Rechtspflege in Deutschland, BWV 1979, 281. – ***K. O. Juschka,*** Kriegsvölkerrecht und Bundeswehrverwaltung, BWV 1972, 145, 173. – ***G. Kümmel,*** Weniger Soldaten, mehr Söldner? Die Aussetzung der Wehrpflicht in Deutschland, die Neuausrichtung der Bundeswehr und die Folgen, S+F 2012, 25. – ***P. Lerche,*** Verfassungsfragen der Bundeswehrverwaltung, FS f. Dürig, 1990, 401. – ***J. Lorse,*** Das Verhältnis zwischen Streitkräften und Bundeswehrverwaltung im System des Grundgesetzes, NZWehrR 2004, 177. – ***M. Oldiges,*** Wehrrecht und Zivilverteidigungsrecht, in Ehler/Fehling/Pünder (Hrsg.), Besonderes Verwaltungsrecht Bd. III, 3. Aufl. 2013, § 74. – ***B. Pieroth,*** Die verfassungsrechtliche Trennung zwischen Streitkräfte und Bundeswehrverwaltung, NVwZ 2011, 705. – ***C. Raap,*** Die Wehrverwaltung nach der Neuausrichtung der Bundeswehr, VR 2015, 48 – ***H. Reinfried/N. Steinebach,*** Die Bundeswehrverwaltung, 4. Aufl. 1983. – ***R. Reinhart,*** Die Truppenverwaltung, DVBl. 1977, 473. – ***F. Roellecke,*** Streitkräfte und Bundeswehrverwaltung, DÖV 1992, 200. – ***R. Schmidt-Radefeldt,*** Bundeswehrverwaltung im bewaffneten Konflikt, BWV 2007, 73. – ***H. Schulte,*** Die verfassungsrechtliche Stellung der Bundeswehrverwaltung, 1970. – ***D. Trautmann,*** Die Organisationsgewalt im Bereich der bundeseigenen Verwaltung, 1998. – ***R. Voigt/M. Seybold,*** Streitkräfte und Wehrverwaltung, 2003. – ***D. Walz,*** Die verfassungsrechtlichen Grundlagen der Bundeswehrverwaltung – Abschied von der Zwei-Säulen-Theorie?, FS f. Dau, 1999, 301. – ***D. Walz,*** Auslandseinsätze deutscher Streitkräfte und Art. 87b GG, NZWehrR 1997, 89. – ***P. Wichert,*** Die Wehrverwaltung des Bundes – Eine Verwaltung im Umbruch, NZWehrR 1991, 226. – ***E. Wirmer,*** Die Bundeswehrverwaltung – ein Rückblick. Auch ein Ausblick?, BWV 1974, 193.

Art. 87c [Kernenergieverwaltung]

Gesetze, die auf Grund des Artikels 73 Abs. 1 Nr. 14 ergehen, können mit Zustimmung des Bundesrates bestimmen, daß sie von den Ländern im Auftrage des Bundes ausgeführt werden.

A. Allgemeine Bedeutung

Art. 87c lässt für den Bereich der Kernenergie, abweichend vom Grundsatz landeseigener Verwaltung nach Art. 83, 84, Bundesauftragsverwaltung zu. Die Vorschrift wurde durch G v. 23.12.1959[1] in das GG eingefügt. Für eine Beteiligung des Bundes an der Kernenergieverwaltung sprachen die Notwendigkeit einer zentralen Steuerung der überwachungsbedürftigen neuartigen Technik, die überregionale Bedeutung der Herstellung und Verwendung von Kernenergie sowie das Bedürfnis, die Einhaltung der internationalen Verpflichtungen auf dem Gebiet der Kernenergie (→ Rn. 3) sicherzustellen. Gegen bundeseigene Verwaltung iSv Art. 86 wurde jedoch die Vernetzung mit anderen Verwaltungsbereichen der Länder, wie Wasserrecht, Baurecht und Naturschutz, angeführt.[2] Man begnügte sich daher, im GG eine **fakultative Bundesauftragsverwaltung** vorzusehen. Die Kompetenz zur Aufgabenwahrnehmung verbleibt so in jedem Fall beim Land, während der Bund gegebenenfalls wesentlichen Einfluss auf inhaltliche Fragen nehmen kann (→ Rn. 7). Im Zuge der Föderalismusreform wurde die Gesetzgebungskompetenz des Bundes für das Atomrecht von einer konkurrierenden[3] in eine ausschließliche umgewandelt.[4] Zugleich wurde die Verweisung in Art. 87c angepasst, ohne dass damit der Regelungsgehalt der Norm verändert worden wäre. 1

Art. 87c macht gemeinsam mit Art. 73 Abs. 1 Nr. 14[5] deutlich, dass die friedliche Nutzung der Kernenergie als solche nicht gegen das GG verstößt.[6] Insbesondere stellen Schutzpflichten aus Art. 2 Abs. 2 sowie der Auftrag aus Art. 20a zwar hohe Anforderungen an die Ausgestaltung des Atomrechts,[7] verbieten aber grundsätzlich nicht die Nutzung der Kernenergie. Andererseits lässt sich dem GG **kein Verfassungsauftrag** zur Atomkraftnutzung entnehmen, der einem Ausstieg aus der Kernenergienutzung durch einfaches Gesetz entgegenstünde.[8] Art. 87c regelt die Kompetenzabgrenzung zwischen Bund 2

---

[1] BGBl. I 813.

[2] S. die Begründung der BReg. zu § 24 AtomG, BT-Drs. 3/759, 34 f.; *Ossenbühl* in Lukes Reformüberlegungen zum Atomrecht, 1991, 27 (30); *Cartellieri* BB 1960, 1 (4).

[3] Art. 74 Abs. 1 Nr. 11a GG aF.

[4] 52. ÄndG v. 28.8.2006, BGBl. I 2034.

[5] → Art. 73 Rn. 56.

[6] BVerfGE 53, 30 (56); *Rengeling* in HdbStR VI § 135 Rn. 18; *Roßnagel,* Grundrechte und Kernkraftwerke, 1979, 37 ff.; krit. *Becker* DÖV 2002, 397 (403 f.), der auf das fehlende Problembewusstsein des Verfassungsgebers 1959 abstellt; allg. zur legitimierenden Wirkung von Kompetenznormen *Stettner,* Grundfragen einer Kompetenzlehre, 1983, 54 ff., 327 ff.

[7] BVerfGE 53, 30 (57 f.); *Degenhart* DVBl 2006, 1125 (1126 f.); zur Vorsorge gegen Terrorangriffe *Koch* in Koch/Roßnagel 12. Deutsches Atomrechtssymposium, 2004, 167 (175); allg. → Art. 2 Rn. 127 f.; → Art. 20a Rn. 21 ff.

[8] *Bull* in AK-GG Rn. 5a; *Windthorst* in Sachs Rn. 5; *Borgmann,* Rechtliche Möglichkeiten und Grenzen des Ausstiegs aus der Kernenergie, 1994, 222 ff.; *Di Fabio,* Der Ausstieg aus der wirtschaftlichen Nutzung der Kernenergie, 1999, 76 ff.; *Ossenbühl* AöR 124 (1999), 1 (3); *Rengeling* in HdbStR VI § 135 Rn. 18; sa BVerfGE 53, 30 (56): zur Grundsatzentscheidung für oder gegen die friedliche Nutzung der Kernenergie ist allein der Gesetzgeber berufen; aA *Sante,* Verfassungsrechtliche Aspekte eines vom Gesetzgeber angeordneten Ausstiegs aus der

und Ländern, lässt aber offen, ob überhaupt einschlägige Behörden geschaffen werden. Zudem bleiben auch nach einem Ausstieg aus der Kernenergie zumindest im Bereich des Strahlenschutzes Verwaltungsaufgaben bestehen, die von Art. 87c erfasst würden.[9]

3 Deutschland unterliegt im Bereich der Kernenergie **internationalen Bindungen.**[10] Neben der Mitgliedschaft in der Europäischen Atomgemeinschaft (EAG)[11] sind vor allem die Überwachungsmechanismen der Internationalen Atomenergiebehörde (IAEA) zu nennen.[12] Auf die Herstellung und den Erwerb von Kernwaffen hat Deutschland völkerrechtlich verbindlich verzichtet.[13] Für die Auslegung von Art. 87c haben diese Bindungen keine unmittelbare Bedeutung.

B. Einzelfragen

I. Gesetze, die auf Grund des Art. 73 Abs. 1 Nr. 14 ergehen

4 Art. 87c betrifft die Ausführung von Gesetzen, die gem. Art. 73 Abs. 1 Nr. 14[14] „die **Erzeugung und Nutzung der Kernenergie zu friedlichen Zwecken,** die Errichtung und den Betrieb von Anlagen, die diesen Zwecken dienen, den Schutz gegen Gefahren, die bei Freiwerden von Kernenergie oder durch ionisierende Strahlen entstehen, und die Beseitigung radioaktiver Stoffe“ regeln. Art. 87c bezieht sich nur auf die friedliche Nutzung der Kernenergie und ihre Folgen einschließlich der Abwicklungsaufgaben bei einem Ausstieg aus der Kernenergienutzung.[15] Dabei wird auch die Abwehr von Gefahren erfasst, die von terroristischen Anschlägen auf entsprechende Anlagen ausgehen.[16] Für die Abwehr von Gefahren aus einer militärischen Verwendung gilt hingegen Art. 87b Abs. 2.[17]

5 Art. 87c meint **nur Bundesgesetze,**[18] einschließlich der auf ihnen beruhenden Verordnungen.[19] Unmittelbar geltende EAG-Normen sind ihnen

---

friedlichen Nutzung der Kernenergie, 1990, 54 ff.; allg. zur direktiven Kraft von Kompetenznormen *Stettner,* Grundfragen einer Kompetenzlehre, 1983, 60 ff.

[9] → Art. 73 Rn. 56; zu grundrechtlichen Aspekten des Ausstiegs und insbes. Fragen des Vertrauensschutzes BVerfGE 143, 246, Rn. 112 ff.; zu den staatshaftungsrechtlichen Folgen *Schmitt/Werner,* NVwZ 2017, 21 ff.

[10] Im Überblick *Fischerhof,* Deutsches Atomgesetz und Strahlenschutzrecht, Bd. I, 2. Aufl. 1978, Vor § 3Rn. 7 ff.; *Bischof,* Strahlenschutzvorsorgegesetz, 1989, 37 ff.; *Kimminich,* Atomrecht, 1974, 184 ff.

[11] Zur europäischen Regulierung des Atomsektors *Hermes* in Koch/Roßnagel 12. Deutsches Atomrechtssymposium, 2004, 37; zum Beitritt zur EAG → Rn. 10; zu den Kompetenzen der EU *Kahl* EuR 2009, 601 ff.

[12] S. die IAEA-Satzung v. 26.10.1956, BGBl. 1957 II 1357; BGBl. 1958 II 4; dazu *Kimminich* ZaöRV 33 (1973), 636; *Lohmann,* Die rechtliche Struktur der Sicherungsmaßnahmen der IAEO, 1993; *Siegmund* in Pelzer Deutsches Atomenergierecht im internationalen Rahmen, 1992, 39.

[13] Art. 2 des Vertrages über die Nichtverbreitung von Kernwaffen v. 1.7.1968, BGBl. 1974 II 785; Art. 3 Abs. 1 des „Zwei-plus-Vier“-Vertrages v. 12.9.1990, BGBl. II 1318; Protokoll Nr. III zum Brüsseler Vertrag v. 23.10.1954, BGBl. 1955 II 266, BGBl. 1986 II 1129; dazu *Deiseroth* AVR 28 (1990), 113.

[14] → Art. 73 Rn. 56.

[15] *Horn* in MKS Rn. 15.

[16] So aus fachrechtlicher Perspektive *Sendler* NVwZ 2002, 681 gegen *Ossenbühl* NVwZ 2002, 290.

[17] Zum völkerrechtlichen Kernwaffenverzicht → Rn. 3.

[18] Unstr.; *Bull* in AK-GG Rn. 11; *Horn* in MKS Rn. 33; *Schwarz* in Maunz/Dürig Rn. 32.

[19] *Gundel* in BK Rn. 5; *Hermes* in Dreier Rn. 7; *Schwarz* in Maunz/Dürig Rn. 33.

ggf. gleichzustellen.[20] Gesetzesfreie Verwaltung wird von Art. 87c nicht erfasst.[21] Es kann sich um **ein oder mehrere Gesetze** oder auch lediglich um Teile von Gesetzen handeln.[22] Auch müssen sich die materiellen Bestimmungen, um deren Ausführung es geht, nicht in demselben Gesetz befinden, das die Auftragsverwaltung anordnet.[23] Denkbar ist auch, dass Auftragsverwaltung nur für **Teile eines Gesetzes** angeordnet wird. Stützt sich ein Gesetz auf mehrere Kompetenznormen, gilt Art. 87c nur für die Teile, die auf Art. 73 Abs. 1 Nr. 14 beruhen.[24]

II. Können mit Zustimmung des Bundesrates bestimmen

Gesetze nach Art. 87c sind Zustimmungsgesetze iSv Art. 77, 78. Zustimmungsbedürftig ist nur das Gesetz, das die Bundesauftragsverwaltung anordnet. Sind die materiellen Bestimmungen in einem anderen Gesetz enthalten (→ Rn. 5), ist dieses grundsätzlich nicht zustimmungsbedürftig.[25] Der Zustimmung des BRats bedarf aber auch die Änderung materieller Bestimmungen, wenn dadurch mittelbar der Bereich der Auftragsverwaltung wesentlich verändert oder erweitert wird,[26] was auch bei einer gesetzlichen Verlängerung von Kraftwerkslaufzeiten der Fall sein kann.[27] Die Aufhebung eines Gesetzes nach Art. 87c ist nicht zustimmungsbedürftig. Schutzwürdige Belange der Länder werden dadurch nicht berührt, da dann wieder der Regelfall landeseigener Verwaltung nach Art. 83, 84 eintritt.[28] 6

III. Dass sie von den Ländern im Auftrage des Bundes ausgeführt werden

Art. 87c lässt die Anordnung von Bundesauftragsverwaltung zu, regelt diesen Verwaltungstyp aber nicht, sondern verweist mit dem Begriff der Auftragsverwaltung auf Art. 85.[29] Art. 87c schließt eine funktionale Privatisierung der entsprechenden Landesbehörden nicht von vornherein aus,[30] doch müssten dabei die allgemeinen Anforderungen namentlich der Art. 33 7

---

[20] *Gundel* in BK Rn. 5; *Horn* in MKS Rn. 26.

[21] *Horn* in MKS Rn. 24; *Schwarz* in Maunz/Dürig Rn. 32; *Tschentscher,* Bundesaufsicht in der Bundesauftragsverwaltung, 1992, 62.

[22] *Horn* in MKS Rn. 29 ff.

[23] AllgM; *Gundel* in BK Rn. 7; *Schwarz* in Maunz/Dürig Rn. 31; zur Reichweite des Zustimmungsvorbehalts zugunsten des BRats in solchen Fällen → Rn. 6.

[24] *Horn* in MKS Rn. 14 ff.; *Schwarz* in Maunz/Dürig Rn. 34; sa *Gundel* in BK Rn. 5 f.

[25] *Hermes* in Dreier Rn. 11; *Horn* in MKS Rn. 42; *Gundel* in BK Rn. 38.

[26] BVerfGE 126, 77 (105 f.); dazu *Kendzia* NVwZ 2010, 1135 f., ferner *Wolff* in Hömig/Wolff Rn. 3.

[27] *Funke* VerwArch 2012, 290 (309–312); *Geulen/Klinger* NVwZ 2010, 1118 ff.; *Papier* NVwZ 2010, 1113 ff.; *Wieland* UPR 2011 1 (4 ff.); aA *Burgi* NJW 2011, 561 (564 ff.), mit dem wichtigen Argument, dass die Anordnung von Auftragsverwaltung anstatt landeseigener Verwaltung Länderinteresse weniger stark berühre als die Übertragung einer ansonsten des Bundesverwaltung obliegenden Aufgabe auf die Länder gemäß Art. 87d Abs. 2; aA auch *Gundel* in BK Rn. 42 f.; *Krings* in SHH Rn. 9; *Scholz/Moench* ZG 2011, 31 ff.; *Schwarz* JZ 2010, 1118 ff.; zwei diesbezügliche Normenkontrollanträge wurden 2018 zurückgenommen, s. BVerfG, Einstellungsbeschl. v. 13.11.2018 – 2 BvF 1/11 u. a. ; zur Zustimmungsbedürftigkeit nach Art. 74 Abs. 2 *Gaßner/Kendzia* ZUR 2010, 456 ff.

[28] Krit. dazu *Horn* in MKS Rn. 49.

[29] *Horn* in MKS Rn. 51; *Windthorst* in Sachs Rn. 27; *Gundel* in BK Rn. 4; sa BVerfGE 81, 310 (330); zur Ausgestaltung der Auftragsverwaltung s. iE *Broß* oben Art. 85, sowie speziell in Hinblick auf die Umsetzung atomrechtlicher Sicherheitsstandards *v. Danwitz* DÖV 2001, 353 (354 ff.).

[30] *Horn* in MKS Rn. 10; *Schwarz* in Maunz/Dürig Rn. 12.

Abs. 4, Art. 85 gewahrt bleiben. Für die Atomverwaltung spielt das Weisungsrecht des Bundes nach Art. 85 Abs. 3 eine besondere Rolle. Die damit verbundenen Rechtsfragen sind für die Praxis seit dem Kalkar-Urteil des BVerfG v. 22.5.1990[31] im Wesentlichen geklärt. Danach steht die **Wahrnehmungskompetenz** bei der Bundesauftragsverwaltung unentziehbar dem Land zu, während der Bund die **Sachkompetenz** an sich ziehen kann, indem er das ihm zuerkannte Weisungsrecht in Anspruch nimmt[32] oder seine „Reservezuständigkeit" auf andere Weise aktualisiert.[33] Entscheidungen gegenüber Dritten sind stets allein dem Land vorbehalten. Ein Selbsteintrittsrecht besitzt der Bund nicht; Weisungen wirken nur im Verhältnis zwischen Bund und Land.[34] Daher ist der Bund bei einem atomrechtlichen Streit mit Dritten auch **nicht notwendig beizuladen** iSv § 65 Abs. 2 VwGO.[35] Das schließt nicht aus, dass sich der Amtshaftungsanspruch eines Dritten bei rechtswidriger Weisung direkt gegen den Bund richtet.[36] Auch ist es dem Bund nach dem Biblis-Urteil des BVerfG nicht verwehrt, im Rahmen seines Aufsichtsrechts mit Dritten in Kontakt zu treten und ggf. sogar informelle Absprachen zu treffen.[37] Eine Weisung des Bundes verletzt Rechte des Landes nur dann, wenn gerade die Inanspruchnahme der Weisungsbefugnis gegen das GG verstößt, nicht aber dann, wenn die Weisung inhaltlich fehlerhaft ist, da die Verantwortung insoweit allein beim Bund liegt.[38] Soweit das BVerfG kompetenzrechtliche Grenzen für straßenrechtliche Weisungen aufgezeigt hat,[39] lässt sich das auf atomrechtliche Weisungen nicht übertragen. Verfahrensrechtlich unterliegt die Weisungsbefugnis insbes. dem Gebot der Weisungsklarheit; zudem muss der Bund dem Land vor Erlass einer Weisung grundsätzlich Gelegenheit zur Stellungnahme geben.[40] Bei der Auftragsverwaltung trägt der Bund nach Art. 104a Abs. 2 GG die **Finanzierungsverantwortung.**[41]

8 Der Bund hat von der Ermächtigung des Art. 87c in § 24 Abs. 1 S. 1 AtomG und § 10 Abs. 1 S. 1 StrVG Gebrauch gemacht. Wesentliche Teile des **Atomgesetzes** und des **Strahlenschutzvorsorgegesetzes** sowie der auf ihnen beruhenden Rechtsverordnungen werden danach von den Ländern im

[31] BVerfGE 81, 310; bestätigt durch BVerfGE 84, 25 (31) – Schacht Konrad; BVerfGE 104, 249 (264 f.) – Biblis; im Überblick *Ipsen* DVBl 2006, 585 (588).

[32] BVerfGE 81, 310 (332).

[33] BVerfGE 104, 249 (265–267); zur Möglichkeit, die Sachkompetenz durch einen fachgesetzlichen Zustimmungsvorbehalt an sich zu ziehen, krit. *Huber* DVBl 2003, 157 (160 f.).

[34] BVerfGE 104, 249 (264); OVG Magdeburg NuR 1999, 164 (165); anders *Loschelder,* Die Durchsetzbarkeit von Weisungen in der Bundesauftragsverwaltung, 1998, 45 ff., der dem Bund bei Verweigerung des Weisungsvollzuges eine Eintrittsbefugnis zusprechen will; dagegen *Sommermann* DVBl 2001, 1549 (1555).

[35] BVerwG NVwZ 1999, 296.

[36] AA *Janz,* Das Weisungsrecht nach Art. 85 Abs. 3 GG, 2003, 506 f., der allerdings außer Acht lässt, dass ein weisungsgemäß handelnder Organ- oder Amtswalter des Landes keine Amtspflicht iSv § 839 Abs. 1 BGB, Art. 34 S. 1 GG verletzt.

[37] BVerfGE 104, 249 (265–267); zust. *Oebbecke* in HdbStR VI § 136 Rn. 63; *Wieland* in Koch/Roßnagel 12. Deutsches Atomrechtssymposium, 2004, 393 (406 ff.) = ZUR 2004, 7 (11 f.); aA Sondervotum *Di Fabio/Mellinghoff* BVerfGE 104, 273 (275 ff.); *Frenz* NVwZ 2002, 561 (562 f.); krit. auch *Janz* JuS 2003, 126; *Jochum* DÖV 2003, 16; *Klüppel* Jura 2003, 262.

[38] BVerfGE 81, 310 (332 f.).

[39] BVerfGE 102, 167 (173–175); → Art. 90 Rn. 59.

[40] BVerfGE 81, 310 (336 f.); iE → Art. 85 Rn. 25.

[41] → Art. 104a Rn. 40; ferner *Papier* FS f. Blümel, 1999, 421; zur Haftung *Janz,* Das Weisungsrecht nach Art. 85 Abs. 3 GG, 2003, 301 ff.

Auftrag des Bundes ausgeführt. Die Aufsichtsrechte des Bundes nach Art. 85, 87c erstrecken sich auch auf die **Umweltverträglichkeitsprüfung** als unselbständigen Teil des atomrechtlichen Verwaltungsverfahrens.[42] Entsprechendes soll gelten, soweit im Rahmen einer **Verfahrenskonzentration** andere Fachgesetze in das atomrechtliche Verwaltungsverfahren einbezogen werden.[43]

C. Verhältnis zu anderen Bestimmungen des Grundgesetzes

Streitig ist, ob im Bereich der Kernenergie **Bundesbehörden nach Art. 87 Abs. 3** errichtet werden können.[44] *Maunz*[45] fasst Art. 87c als Spezialregelung auf, die die Anwendung von Art. 87 Abs. 3 vollkommen ausschließe, während andere Art. 87 Abs. 3 für uneingeschränkt anwendbar halten.[46] Zutreffend erscheint eine dritte Ansicht, die zwischen Abs. 3 S. 1 und Abs. 3 S. 2 differenziert.[47] Nur Art. 87 Abs. 3 S. 2 wird durch Art. 87c ausgeschlossen. „Neue Aufgaben", die nach Art. 87 Abs. 3 S. 2 einen dringenden Bedarf für bundeseigene Mittel- und Unterbehörden begründen könnten, sind im Bereich der Kernenergie nicht mehr denkbar, nachdem sich der Verfassungsgesetzgeber mit dieser Materie eigens befasst und einen Gesetzesvollzug in Bundesauftragsverwaltung als ausreichend erachtet hat.[48] Hingegen wird die Befugnis des Bundes nicht berührt, für einzelne Aufgaben unter den Voraussetzungen des Art. 87 Abs. 3 S. 1[49] Bundesoberbehörden oder bundesunmittelbare Körperschaften oder Anstalten ohne eigenen Verwaltungsunterbau zu errichten.[50] Ohne Verfassungsänderung wäre es allerdings weder mit Art. 87 Abs. 3 S. 1 noch mit Art. 87c vereinbar, die Atomaufsicht insgesamt in Bundeseigenverwaltung zu überführen.[51] Bundesoberbehörden nach Art. 87 Abs. 3 S. 1 mit atom- und strahlenschutzrechtlichen Aufgaben sind das **Bundesamt für Strahlenschutz** (§ 23 AtomG)[52] und das 9

---

[42] BVerfGE 84, 25 (32); diff. *Ossenbühl* in Lukes Reformüberlegungen zum Atomrecht, 1991, 74 ff.

[43] *Badura* in Lukes/Birkhofer 9. Deutsches Atomrechts-Symposium, 1991, 87 (95 f.); *Hermes* in Dreier Rn. 14; *Ossenbühl* in Lukes Reformüberlegungen zum Atomrecht, 1991, 71–73; *Ossenbühl* FS f. Sendler, 1991, 107; *Steinberg,* Bundesaufsicht, Länderhoheit und Atomgesetz, 1990, 29 f.; *Blümel* in HdbStRIV § 101 Rn. 65; *Tschentscher,* Bundesaufsicht in der Bundesauftragsverwaltung, 1992, 134 f.; *Winter* DVBl 1985, 993 (994); aA *Ibler* DVBl 1989, 76 (84 f.); für eine Begrenzung der Auftragsverwaltung *de lege ferenda Becherer/Schmidt-Eriksen* in Steinberg, Reform des Atomrechts, 1994, 185 (200 f.).

[44] Zu den verschiedenen Grundanschauungen *Oebbecke* in HdbStR VI § 136 Rn. 133.

[45] *Maunz* in Maunz/Dürig, Erstbearb. 1958, Rn. 6; ebenso *Burgi* NVwZ 2005, 247 (250 f.); *Degenhart* DVBl 2006, 1125 (1131 f.); *Hermes* in Dreier Rn. 20; *Leidinger/Zimmer* DVBl 2004, 1005 (1007 ff.).

[46] *Gundel* in BK Rn. 20 f.; *Horn* in MKS Rn. 56; *Durner* in BerlKomm Rn. 31.

[47] *Bull* in AK-GG Rn. 16; *Grapperhaus,* Die verfassungsrechtlichen Grundlagen der Verwaltungskompetenzen im Atomgesetz, 2002, 197–216; *Pieroth* in Jarass/Pieroth Rn. 1; *Schwarz* in Maunz/Dürig Rn. 57; *Windthorst* in Sachs Rn. 31 ff.; *Steinberg,* Bundesaufsicht, Länderhoheit und Atomgesetz, 1990, 69–72.

[48] *Leidinger/Zimmer* DVBl 2004, 1005 (1012 f.); aA *Gundel* in BK Rn. 21.

[49] Dazu BVerwGE 124, 47 (68); *Burgi* NVwZ 2005, 247 (251 f.); *Leidinger/Zimmer* DVBl 2004, 1005 (1010 ff.); → Art. 87 Rn. 36.

[50] So auch BVerfGE 104, 238 (247); BVerfGK NVwZ 2009, 171 (174); BVerwG NVwZ 2007, 88.

[51] Sa *Burgi* NVwZ 2005, 247 (251–253); zum grundsätzlichen Vorrang der Bundesauftragsverwaltung *Reicherzer* NVwZ 2005, 875 (879).

[52] BVerfGK NVwZ 2009, 171 (173–175).

Bundesausfuhramt (§ 22 AtomG). Auch die Errichtung eines Endlagerungsverbandes als bundesunmittelbare Körperschaft[53] erscheint grundsätzlich möglich.[54] Davon zu trennen ist die abgabenrechtliche Frage, ob Anlagenbetreiber über eine Zwangsmitgliedschaft im Verband zu den Kosten der Endlagerung und der diesbezüglichen Standortsuche herangezogen werden können.[55]

10 Unstreitig betrifft Art. 87c nicht die Ministerialebene.[56] Die Zuständigkeit für die Sicherheit kerntechnischer Anlagen und Strahlenschutz ist im Bundeskabinett dem **Bundesministerium für Umwelt, Naturschutz und nukleare Sicherheit** übertragen. Der entsprechende Organisationserlass des BKanzlers v. 5.6.1986[57] findet seine Grundlage in der Organisationsbefugnis des BKanzlers nach Art. 64 Abs. 1.[58] Aufgabe des Bundesministeriums ist namentlich die Wahrnehmung der Aufsichts- und Weisungsrechte nach Art. 85, aber auch die Aufsicht über die in → Rn. 9 genannten Bundesoberbehörden. Mit den präzisen Organisationsvorgaben der Art. 87c sowie 87 Abs. 3 S. 1 wäre es nicht vereinbar, einem Bundesministerium unmittelbar Vollzugsaufgaben zuzuweisen.[59] Die Organisationsgewalt des Bundesministers[60] deckt hingegen die Errichtung von wissenschaftlichen Beiräten wie der **Reaktorsicherheitskommission** und der **Strahlenschutzkommission.**[61] Diese Gremien haben nur beratende Funktion, keine Entscheidungsbefugnisse.[62] Sie bedürfen deshalb keiner gesetzlichen Grundlage.[63] Art. 87c schließt nicht aus, dass der Bund Aufgaben der Kernenergieverwaltung nach Art. 23 Abs. 1, Art. 24 Abs. 1 auf **zwischenstaatliche Einrichtungen** überträgt. Dies ist 1958 mit der Gründung der **Europäischen Atomgemeinschaft** geschehen.[64]

D. Kritische Würdigung

11 Wenn einzelne Länder Weisungen des Bundes nach Art. 85 Abs. 3 aus politischen Gründen missachten,[65] droht dem Föderalismus in Deutschland politischer Schaden, auch wenn die klare Rechtsprechung des BVerfG zum Umfang des Weisungsrechts (→ Rn. 7) den Ländern eine Verzögerungstaktik

[53] Dazu *Selmer* in Ossenbühl, Deutscher Atomrechtstag 2004, 2005, 139, 146 f.

[54] Krit. *Waldhoff* in Ossenbühl, Deutscher Atomrechtstag 2004, 2005, 153, 156–162.

[55] Grundlegend *Kirchhof* in Koch/Roßnagel 12. Deutsches Atomrechtssymposium, 2004, 311; dagegen *Ossenbühl* DVBl 2004, 1132 (1138 ff.); *Selmer* in Ossenbühl, Deutscher Atomrechtstag 2004, 2005, 139 ff.; *Waldhoff* in Ossenbühl, Deutscher Atomrechtstag 2004, 2005, 153, 162–167; allg. → Art. 105 Rn. 23.

[56] *Bull* in AK Rn. 17; *Gundel* in BK Rn. 31–33; *Horn* in MKS Rn. 9.

[57] BGBl. I 864; der aktuelle Name ergibt sich aus dem Organisationserlass der BKanzlerin v. 14.3.2018, BGBl. I 374.

[58] → Art. 64 Rn. 9.

[59] S. *Oebbecke* in HdbStR VI § 136 Rn. 93.

[60] → Art. 65 Rn. 32.

[61] *Gundel* in BK Rn. 32.

[62] *Jarass* in Lukes Reformüberlegungen zum Atomrecht, 1991, 367 (407 ff.).

[63] *Ossenbühl* in Lukes/Birkhofer 9. Deutsches Atomrechts-Symposium, 1991, 42 f.; anders *Steinberg* in Steinberg, Reform des Atomrechts, 1994, 82, 94–96 unter Hinweis auf die faktisch regelsetzende Funktion der Gremien.

[64] S. insbes. Art. 77 ff. EAGV; zur neueren Entwicklung des Euratom-Rechts *Grunwald* ZEuS 1998, 275; zu Vorgaben für das deutsche Recht *Pernice* in Steinberg, Reform des Atomrechts, 1994, 25; *Pernice* EuZW 1993, 497.

[65] S. etwa den Sachverhalt, der der Entscheidung BVerfGE 84, 25 – Schacht Konrad – zugrunde lag.

erschwert.[66] Der mittlerweile konsentierte Atomausstieg hat das **Potential für Konflikte zwischen Bund und Ländern** freilich erheblich entschärft.

Literatur

W. Bayer/P. M. Huber (Hrsg.), Rechtsfragen zum Atomausstieg, 2000. – ***M. Burgi,*** Die Überführung der Atomaufsicht in die Bundeseigenverwaltung aus verfassungsrechtlicher Sicht, NVwZ 2005, 247. – ***ders.,*** Das Atomrecht, der Bundesrat und die Verwaltungsorganisation, NJW 2011, 247, 561. – ***Ch. Degenhart,*** Standortnahe Zwischenlager, staatliche Entsorgungsverantwortung und grundrechtliche Schutzpflichten im Atomrecht, DVBl 2006, 1125. – ***T. Grapperhaus,*** Die verfassungsrechtlichen Grundlagen der Verwaltungskompetenzen im Atomgesetz, 2002. – ***J. Ipsen,*** Die Ausführung des Atomgesetzes als föderalistisches Paradigma, DVBl 2006, 585. – ***R. Steinberg*** (Hrsg.), Reform des Atomrechts, 1994.

[66] *Sommermann* DVBl 2001, 1549 (1555 f.).

Art. 87d [Luftverkehrsverwaltung]

(1) [1]Die Luftverkehrsverwaltung wird in Bundesverwaltung geführt. [2]Aufgaben der Flugsicherung können auch durch ausländische Flugsicherungsorganisationen wahrgenommen werden, die nach Recht der Europäischen Gemeinschaft zugelassen sind. [3]Das Nähere regelt ein Bundesgesetz.

(2) Durch Bundesgesetz, das der Zustimmung des Bundesrates bedarf, können Aufgaben der Luftverkehrsverwaltung den Ländern als Auftragsverwaltung übertragen werden.

Übersicht

A. Allgemeine Bedeutung

1 Art. 87d regelt die **Verwaltungszuständigkeit** für den Bereich des Luftverkehrs. Art. 87d Abs. 1 S. 1 stellt als Sonderregelung zu Art. 83 den Grundsatz der Bundesverwaltung auf, wobei der Gesetzgeber nach Maßgabe von Art. 87d Abs. 1 S. 2 auch ausländische Flugsicherungsorganisationen mit Verwaltungsaufgaben betrauen darf. Art. 87d Abs. 2 gestattet die Aufgabenübertragung auf die Länder als Auftragsverwaltung iSv Art. 85. Eine Infrastrukturverantwortung des Bundes begründet Art. 87d, anders als Art. 87e Abs. 4, Art. 87f Abs. 1 für Bahn, Post und Telekommunikation, nicht.

2 Der heutige Art. 87d Abs. 1 S. 1 sowie Abs. 2 wurden durch das 11. GGÄndG v. 6.2.1961[1] eingefügt.[2] Bei Inkrafttreten des GG 1949 fiel die Luftverkehrsverwaltung noch in den ausschließlichen Vorbehaltsbereich der Besatzungsmächte. Das GG regelte daher nur die Gesetzgebungszuständigkeit in Art. 73 Abs. 1 Nr. 6, verzichtete aber auf eine spezielle Regelung der Ver-

[1] BGBl. 1961 I 65.

[2] Zur Entstehungsgeschichte *Windthorst* FS f. Berg, 2011, 522 (524–534).

waltungszuständigkeit. Nach Beendigung des Besatzungsregimes am 5.5.1955 eröffnete das GG die Wahl zwischen **landeseigener Verwaltung** nach Art. 83 und **bundeseigener Verwaltung** im Rahmen von Art. 87 Abs. 3. Da diese Rechtslage als unbefriedigend empfunden wurde, wurde Art. 87d geschaffen.[3]

Art. 87d Abs. 1 wurde durch G v. 14.7.1992[4] ergänzt, um die **Organisationsprivatisierung der Flugsicherung** durch ein 10. ÄndG des Luftverkehrsgesetzes (LuftVGÄndG) zu ermöglichen. Hintergrund der Privatisierungsbemühungen war insbes. der Wunsch, durch eine attraktivere Vergütung qualifiziertes Personal zu gewinnen, ohne beamtenrechtliche Strukturen verändern zu müssen.[5] Der Änderung des GG war ein Versuch vorausgegangen, die Flugsicherung ohne Änderung der Verfassung zu privatisieren.[6] Das Vorhaben scheiterte, weil der BPräs. unter Inanspruchnahme seines materiellen Prüfungsrechts[7] die Ausfertigung verweigerte.[8] Der allein einfachgesetzlichen Änderung stand vor allem Art. 33 Abs. 4[9] entgegen. Danach war die Flugsicherung als sonderpolizeiliche Aufgabe grundsätzlich Beamten vorbehalten, so dass die geplante vollständige Übertragung auf Angestellte einer GmbH ausschied.[10] Zudem war zweifelhaft, ob Art. 87d über die Kompetenzverteilung zwischen Bund und Ländern hinaus eine Entscheidung für eine öffentlich-rechtliche Organisationsform zu entnehmen war.[11] Ein neuer Art. 87d Abs. 1 S. 2 klärte die Rechtslage, indem er dem Fachgesetzgeber ausdrücklich die Wahl zwischen öffentlich-rechtlicher und privat-rechtlicher Organisationsform einräumte. 3

Durch G v. 29.7.2009 wurde Art. 87d Abs. 1 S. 1 erneut geändert und um zwei neue Sätze ergänzt.[12] Der bisherige S. 2 aus dem Jahr 1992, der die Organisationsprivatisierung der Flugsicherung ermöglicht hatte, entfiel. Mit der Reform sollte der Weg für eine leistungsfähige, **grenzüberschreitende Flugsicherung im europäischen Rahmen** frei gemacht werden. Flugbewegungen beschränken sich regelmäßig nicht auf den deutschen Luftraum. Die Zersplitterung des europäischen Luftraums entlang nationaler Grenzen führt zu erheblichen Behinderungen im europäischen Luftverkehr. Versuche, die Flugsicherung in die Hände einer supranationalen, europäischen Überwachungsbehörde zu legen,[13] sind an nationalen Widerständen gescheitert. Daher verfolgt die **EU** nun mit dem Konzept des ***Single European Sky* (SES)** einen anderen Ansatz, der auf einem System staatlich „zertifizierter" und überwachter Flugsicherungsorganisationen beruht. Grundlegend ist ein Ver- 4

---

[3] Zur Entstehungsgeschichte *Jess* in BK Anm. I.

[4] BGBl. 1992 I 1254.

[5] S. die Begründung zum 10. LuftVGÄndG, BT-Drs. 12/1801, 13 (19); *Blanke/Sterzel* AuR 1993, 265 (267); krit. dazu *Pestalozza* Jura 1994, 561 (572); *Möschel* FS f. Gernhuber, 905 (911 f.) sowie das 9. Hauptgutachten der Monopolkommission 1990/91, BT-Drs. 12/3031, 24.

[6] S. die Gesetzentwürfe BT-Drs. 11/6261 und BT-Drs. 11/6745.

[7] → Art. 82 Rn. 10 ff.

[8] S. das Schreiben des BPräs. v. 22.1.1991, BT-Drs. 12/67; dazu *Epping* JZ 1991, 1102 ff.; *Riedel/Schmidt* DÖV 1991, 371; *Schneider,* Gesetzgebung, 2. Aufl. 1991, Rn. 471.

[9] → Art. 33 Rn. 104 ff.; *Burgi* FS f. Maurer, 2001, 581 (590 f.).

[10] *Epping* JZ 1991, 1102 (1104); *Riedel/Schmidt* DÖV 1991, 371 (375); *Trampler,* Verfassungs- und unternehmensrechtliche Probleme der bundesdeutschen Flugsicherung, 1993, 125 ff.; krit. dagegen *Graumann* ZLW 1990, 247; sa *Thyssen* DÖV 1989, 1073 (1075 f.).

[11] Dafür *Riedel/Schmidt* DÖV 1991, 371 (375); *Epping* JZ 1991, 1102 (1104); sa *Trampler,* Verfassungs- und unternehmensrechtliche Probleme der bundesdeutschen Flugsicherung, 1993, 103–124.

[12] BGBl. 2009 I 2247.

[13] → Rn. 28 zu EUROCONTROL.

ordnungspaket aus dem Jahr 2004,[14] das mittlerweile ergänzt und teilweise ersetzt worden ist.[15] Danach soll der obere Luftraum in funktionale Luftraumblöcke eingeteilt werden, die Staatsgrenzen überschreiten können.[16] Für jeden Luftraumblock sind eine oder ggf. mehrere Flugsicherungsdienstleister zu benennen.[17] Der deutsche Luftraum ist dem Luftraumblock „Europe Central" zugeordnet worden, der auch die Benelux-Staaten, Frankreich und die Schweiz umfasst,[18] ohne dass allerdings ein einheitlicher Flugsicherungsdienstleister für den gesamten Block benannt worden wäre.

5 Europarecht legt weder die Organisations- noch die Handlungsform der Flugsicherungsorganisation fest. Damit bleibt eine öffentlich-rechtliche Ausgestaltung der Flugsicherung zulässig. Allerdings müssen Aufsichtsbehörde und Flugsicherungsorganisation voneinander **funktional unabhängig** sein,[19] wie es nun mit dem Bundesaufsichtsamt für Flugsicherung und der Deutschen Flugsicherung GmbH der Fall ist (→ Rn. 14 f.). Außerdem lässt sich die Flugsicherung in den angestrebten grenzüberschreitenden Luftraumblöcken leichter in den Formen des Privatrechts verwirklichen.[20] Die GG-Änderung war nötig geworden, nachdem der BPräs. die Ausfertigung des Gesetzes zur Neuordnung der Flugsicherung 2006 unter anderem mit der zutreffenden Begründung verweigert hatte, dass die Flugsicherung als Hoheitsaufgabe nicht von einem Unternehmen mit Sitz im Ausland wahrgenommen werden dürfe.[21]

B. Einzelfragen

I. Luftverkehrsverwaltung als Bundesverwaltung und durch ausländische Flugsicherungsorganisationen (Art. 87d Abs. 1)

6 **1. Die Luftverkehrsverwaltung.** Der Begriff des **Luftverkehrs** findet sich bereits in Art. 73 Abs. 1 Nr. 6;[22] er ist in beiden Vorschriften inhalts-

---

[14] Bis heute gelten VO (EG) Nr. 549/2004 v. 10.3.2004 zur Festlegung des Rahmens für die Schaffung eines einheitlichen europäischen Luftraums, ABl. 2004 L 96, 1 (RahmenVO); VO (EG) Nr. 550/2004 v. 10.3.2004 über die Erbringung von Flugsicherungsdiensten im einheitlichen europäischen Luftraum, ABl. 2004 L 96, 10 (FlugsicherungsdiensteVO); VO (EG) Nr. 551/2004 v. 10.3.2004 über die Ordnung und Nutzung des Luftraums im einheitlichen europäischen Luftraum, ABl. 2004 L 96, 20 (LuftraumVO); VO (EG) Nr. 552/2004 v. 10.3.2004 über die Interoperabilität des europäischen Flugverkehrsmanagementnetzes, ABl. 2004 L 96, 26 (InteroperabilitätsVO); jeweils geändert durch VO (EG) Nr. 1070/2009, ABl. 2009 L 300, 34; zum Verordnungspaket *Scherer* EuZW 2005, 268; allg. zum Single European Sky *Simoncini* E. L. Rev. 38 (2013), 209; *Windthorst* FS f. Berg, 2011, 522 (535 ff.).

[15] Insbes. VO (EU) 2018/1139 zur Festlegung gemeinsamer Vorschriften für die Zivilluftfahrt und zur Errichtung einer Agentur der Europäischen Union für Flugsicherheit, ABl. 2018 L 212, 1, berichtigt ABl. 2018 L 296, 41; VO (EU) Nr. 255/2010 zur Festlegung gemeinsamer Regeln für die Verkehrsflussregelung im Flugverkehr, ABl. 2010 L 80, 10 idF der DurchführungsVO (EU) Nr. 2017/2159, ABl. 2017 L 304, 45; DurchführungsVO (EU) Nr. 391/2013 zur Festlegung einer gemeinsamen Gebührenregelung für Flugsicherungsdienste, ABl. 2013 L 128, 31, berichtigt ABl. 2015 L 90, 23.

[16] Art. 5 LuftraumVO; dazu *Bues,* Der Single European Sky, 2012, 128 ff.

[17] Art. 8 Abs. 1, 5 FlugsicherungsdiensteVO (EG) Nr. 550/2004.

[18] Vertrag über die Errichtung des Funktionalen Luftraumblocks „Europe Central" (FABEC-Vertrag) v. 2.12.2010, BGBl. 2012 II, 634; dazu *Bethkenhagen/Nitschke/v. Elm* ZLW 2011, 412.

[19] Art. 4 Abs. 2 RahmenVO (EG) Nr. 549/2004, ABl. 2004 L 96, 1.

[20] S. *Uerpmann-Wittzack* FS f. Steiner, 2009, 872 (876 f.).

[21] Unterrichtung durch den BPräs., BT-Drs. 16/3262, 2; ebenso *Droege* DÖV 2006, 861 (866); → Rn. 14.

[22] → Art. 73 Rn. 26.

gleich. Erfasst sind demnach alle Tätigkeiten und Anlagen, die unmittelbar mit der Luftfahrt zusammenhängen, neben den Luftfahrzeugen also auch Flughäfen. Art. 87d erfasst zumindest den Durchflug von Raumfahrzeugen durch den Luftraum.[23]

Art. 87d meint die Luftverkehrsverwaltung als **wirtschaftsverwaltungsrechtliche und sonderpolizeiliche Ordnungsaufgabe.** Ebenso wie Art. 87e zwischen Eisenbahnverkehrsverwaltung und Eisenbahnwirtschaftsunternehmen unterscheidet,[24] sind hier die Luftverkehrsverwaltung und die Führung von Luftverkehrsunternehmen zu trennen; Art. 87d erfasst nur erstere.[25] Die Umschreibungen der Luftverkehrsverwaltung im Schrifttum unterscheiden sich im Einzelnen, stimmen aber im Kern überein.[26] Aufgabe der Luftverkehrsverwaltung ist es danach, die Sicherheit und Leichtigkeit des Luftverkehrs zu gewährleisten und Gefahren, die vom Luftverkehr ausgehen, abzuwehren. Zur Luftverkehrsverwaltung gehören insbes.: 7
- die **Flugsicherung** (→ Rn. 17 f.);
- die Zulassung, Registrierung und Überwachung von **Luftfahrzeugen;**
- die Genehmigung von **Bodenanlagen,** insbes. Flugplätzen, unter Einschluss der Planfeststellung;
- die Genehmigung und Überwachung von **Luftfahrtunternehmen;**
- die Prüfung und Zulassung von **Piloten** und Fluglehrern.

Zu den Aufgaben der Luftverkehrsverwaltung gehört als Annex auch die **Abwehr von Angriffen auf die Sicherheit** des Luftverkehrs (sog. Luftsicherheit).[27] Davon ist insbes. die Kontrolle der Fluggäste und des Reisegepäcks sowie der Objektschutz auf dem Flugplatzgelände und ggf. an Bord von Luftfahrtzeugen umfasst.[28] Während die materiellen Vorgaben inzwischen weitgehend unionsrechtlicher Natur sind,[29] bleibt die Umsetzung deutschen Stellen überlassen. Wie bei den Aufgaben der Bahnpolizei[30] handelt es sich um sonderpolizeiliche Aufgaben, die wegen der engen organisatorischen Verbundenheit mit den Aufgaben des jeweiligen Sachgebietes in die Kompetenz des Bundes fallen und nicht in die allgemeine polizeirechtliche Zuständigkeit der Länder.[31] Die Annexkompetenz für die **Gefahrenabwehr** zeigt sich auch in § 18a LuftVG, der dem Luftfahrtbundesamt die abschließende Entscheidung darüber zuweist, ob Luftsicherungseinrichtungen durch Windkrafträder oder andere Bauwerke gestört werden können.[32] 8

Die Luftverkehrsverwaltung ist Eingriffsverwaltung. Betroffen sind insbes. die Berufsfreiheit (Art. 12 Abs. 1) sowie die allgemeine Handlungsfreiheit (Art. 2 Abs. 1), bei Personen- und Gepäckkontrollen auch unter persönlichkeitsrechtlichen Aspekten. Insoweit unterliegt die Verwaltungstätigkeit dem **Gesetzesvorbehalt.** Gesetzesfreie Luftverkehrsverwaltung ist kaum vorstell- 9

---

[23] Zur Raumfahrt → Art. 73 Rn. 26.

[24] → Art. 87e Rn. 6.

[25] *Bull* in AK Rn. 6; *Horn* in MKS Rn. 20; aA *Stindt,* Luftrettung in der Bundesrepublik Deutschland, 1982, 150 ff., 184 f.: auch Leistungsverwaltung.

[26] S. etwa *Hermes* in Dreier Rn. 21; *Bull* in AK Rn. 5 f.

[27] BVerfGE 97, 198 (225); BVerwGE 95, 188 (191); *Schreiber* DVBl 1992, 589 (594).

[28] Genauer *Heesen,* Die Polizei, 1993, 105 (106).

[29] VO (EG) Nr. 300/2008 über gemeinsame Vorschriften für die Sicherheit in der Zivilluftfahrt, ABl. L 97, 72 idF der VO (EG) Nr. 18/2010, ABl. 2010 L 7, 3; *Leininger* ZLW 2010, 335, 485.

[30] → Art. 87e Rn. 8.

[31] → Art. 73 Rn. 26.

[32] Dazu auch NdsOVG NuR 2015, 265 (274 f.).

bar, würde aber ebenfalls von Art. 87d Abs. 1 erfasst.[33] Für unmittelbar anwendbares Unionsrecht gilt Art. 87d Abs. 1 entsprechend.[34] Aus Art. 87d folgt dabei weder die Befugnis zur Führung eines Luftfahrtunternehmens noch zum Bau und Betrieb bundeseigener Flughäfen.[35] Insbes. konnte der Betrieb der **Deutschen Lufthansa AG,** deren Kapital sich bis Mitte 1994 mehrheitlich in der Hand des Bundes befand, nicht auf Art. 87d gestützt werden.[36] Die Vereinbarkeit des Bundesunternehmens mit Art. 30, 83 GG war zweifelhaft.[37]

10 **2. Wird in Bundesverwaltung geführt.** Art. 87d Abs. 1 S. 1 trifft als Sondervorschrift zu Art. 83 eine Entscheidung für die Bundesverwaltung. Eine Ausführung durch die Länder als eigene Angelegenheit ist damit ausgeschlossen, nicht aber eine Aufgabenübertragung auf die Länder als Bundesauftragsverwaltung nach Art. 87d Abs. 2 (→ Rn. 23 ff.). Zur Bundesverwaltung zählt die unmittelbare Bundesverwaltung durch Bundesoberbehörden mit oder ohne eigenen Verwaltungsunterbau[38] ebenso wie **die mittelbare Bundesverwaltung** durch eine bundesunmittelbare Anstalt oder Körperschaft des öffentlichen Rechts. Zweifel, die durch die frühere Festlegung auf eine bundeseigene Verwaltung entstanden waren,[39] sind mit der Neufassung des Art. 87d Abs. 1 2009 entfallen. Das vor der Schaffung des Art. 87d nach Art. 87 Abs. 3 S. 1 errichtete **Luftfahrt-Bundesamt**[40] findet seine Rechtsgrundlage nun ebenso in Art. 87d Abs. 1 S. 1 wie das 2009 geschaffene **Bundesaufsichtsamt für Flugsicherung (BAF).**[41] Art. 87d Abs. 1 erfasst **nicht die Ministerialebene;** insoweit greift die Organisationsgewalt des Bundeskanzlers und des zuständigen Bundesministers ein.[42]

11 Behörde der Luftverkehrsverwaltung iSv Art. 87d Abs. 1 ist auch die **Bundespolizei,** soweit ihr nach §§ 4, 4a Bundespolizeigesetz der Schutz vor Angriffen auf die Sicherheit des Luftverkehrs obliegt (→ Rn. 8). Der Einsatz der Bundespolizei ist verfassungsrechtlich nicht zu beanstanden.[43] Zwar darf die Bundespolizei, die aus dem Bundesgrenzschutz hervorgegangen ist, nicht zu einer allgemeinen, mit den Landespolizeien konkurrierenden Bundespolizei ausgebaut werden, doch überschreitet der Schutz vor Angriffen auf die Sicherheit des Luftverkehrs angesichts seines begrenzten Umfangs diese Schranke nicht.[44] Bei einem besonders schweren Unglücksfall gestattet Art. 35 Abs. 2 und 3[45] in engen Grenzen auch einen Einsatz der **Bundeswehr** mit dem Ziel, ein unmittelbar drohendes, katastrophales Schadens-

---

[33] *Horn* in MKS Rn. 19; *Hermes* in Dreier Rn. 21; sa BVerfGE 12, 205 (247).

[34] *Horn* in MKS Rn. 19.

[35] *Hermes* in Dreier Rn. 23; *Pabst/Schwartmann* in BK Rn 16.

[36] *Steiner* in HbdStR III § 81 Rn. 8; *Bull* in AK Rn. 6.

[37] *Dickersbach* WiVerw 1983, 187 (192–195); *Ronellenfitsch* in HbdStR IV § 98 Rn. 3 f.

[38] *Hermes* in Dreier Rn. 32.

[39] Dazu *Uerpmann* in v. Münch/Kunig, 5. Aufl. 2003, Rn. 8.

[40] G v. 30.11.1954, BGBl. 1954 I 354, idF des G v. 23.2.2017, BGBl. 2017 I 298.

[41] G über die Errichtung des Bundesaufsichtsamtes für Flugsicherung (BAFG), erlassen als Art. 1 des G v. 29.7.2009, BGBl. 2009 I 2424, geändert durch VO v. 31.8.2015, BGBl. 2015 I 1474.

[42] → Art. 64 Rn. 9; → Art. 65 Rn. 32.

[43] BVerfGE 97, 198 (225 f.); *Schreiber* DVBl 1992, 589 (593–595); *Jutzi* DÖV 1992, 650; zur unentgeltlichen Mitnahme durch Fluggesellschaften gemäß § 62 Abs. 2 Nr. 2 BPolG BGH NJW 2018, 2718.

[44] BVerfGE 97, 198 (218); aA zuvor *Papier* DVBl 1992, 1 (7 ff.) sowie zunächst der BR in der Stellungnahme v. 5.7.1991, BT-Drs. 12/1091, 13 f.

[45] → Art. 35 Rn. 49 ff.

ereignis zu verhindern.[46] Darüber hinaus können die Streitkräfte im Wege der Amtshilfe gemäß Art. 35 Abs. 1 herangezogen werden, solange sie nicht „als Mittel der vollziehenden Gewalt in einem Eingriffszusammenhang" verwendet werden.[47] Im Übrigen käme ein Einsatz der Bundeswehr für Aufgaben der Luftverkehrssicherheit nur in den engen Grenzen des Art. 87a Abs. 2[48] in Betracht. Den Abschuss einer Passagiermaschine, die unschuldigen Fluggästen das Leben nehmen würde, hat der 1. Senat des BVerfG unter Rückgriff auf Art. 1 Abs. 1 GG kategorisch ausgeschlossen.[49] Zur Einbeziehung Privater in die Gewährleistung der Luftsicherheit → Rn. 16.

Die 1992 eingefügte Option für eine **privatrechtliche Organisationsform** wurde 2009 wieder aus dem Verfassungstext gestrichen (→ Rn. 3 f.). Damit könnte zweifelhaft sein, ob die 1992/1993 erfolgte Organisationsprivatisierung der Flugsicherung (→ Rn. 15) noch zulässig ist. Betrachtet man allein Art. 87d Abs. 1 S. 1 leben die in → Rn. 3 geschilderten Bedenken wieder auf. Wenn aber nach Art. 87d Abs. 1 S. 2 sogar ausländische Flugsicherungsorganisationen betraut werden können, muss dies erst recht für inländische Organisationen gelten. Indem Art. 87d Abs. 1 S. 2 inländische juristische Personen des Privatrechts nicht erfasst, setzt er voraus, dass diese bereits nach Art. 87d Abs. 1 S. 1 als Teil der Bundesverwaltung eingesetzt werden können. Zudem belegen die Materialien, dass der verfassungsändernde Gesetzgeber die Organisationsprivatisierung nicht rückgängig machen wollte.[50] Demnach können sowohl **juristische Personen** des Privatrechts als auch einzelne **natürliche Personen**[51] mit Aufgaben der Luftverkehrsverwaltung und insbes. der Flugsicherung beliehen[52] werden; die Beliehene ist als Behörde anzusehen.[53] 12

Wird eine juristische Person des Privatrechts beliehen – meist wird es sich um eine GmbH oder eine AG handeln –, stellt sich die Frage nach den **Eigentumsverhältnissen.** Der Entscheidung für die Bundesverwaltung lässt sich nicht entnehmen, dass die juristische Person zwingend im Eigentum des Bundes stehen muss. Ebenso wie die Aufgaben einer natürlichen Person übertragen werden können, kann eine juristische Person gewählt werden, die sich in privater Hand befindet.[54] Dies bestätigt auch ein Erst-Recht-Schluss aus Art. 87d Abs. 1 S. 2. Mischformen privater und öffentlicher Kapitalbeteiligung sind gleichfalls denkbar. 13

Entscheidend ist, dass die natürliche oder juristische Person solchen öffentlich-rechtlichen oder privatrechtlichen Bindungen unterliegen muss, so dass der **Einfluss des Bundes** auf die Verwaltungstätigkeit jederzeit gewährleistet ist. Nur dann handelt es sich um Bundesverwaltung iSv Art. 87d Abs. 1 14

---

46 BVerfGE 133, 241, Rn. 62 ff. in Anknüpfung an BVerfGE 132, 1, Rn. 24 ff.; anders für den Einsatz von militärischen Waffen noch BVerfGE 115, 118 (146–148, 159 f.).

47 BVerfGE 133,241 Rn. 80 in Anknüpfung an BVerfGE 132, 1 Rn. 50.

48 → Art. 87a Rn. 40 ff.

49 BVerfGE 115, 118 (151–160).

50 Begründung der BReg., BT-Drs. 16/13105, 6; *Horn* in MKS Rn. 26; iE auch *Bues,* Der „Single European Sky", 2012, 198 f.; *Remmert* in BeckOK GG Rn. 6 f.; sa *Pabst/Schwartmann* in BK Rn. 30: „systematische[r] Bruch".

51 Dazu *Hermes* in Dreier Rn. 37.

52 *Pabst/Schwartmann* in BK Rn. 36; allg. *Maurer/Waldhoff,* AllgVerwR, § 23 Rn. 63 ff.

53 VG Frankfurt a. M. NVwZ 1995, 410.

54 *Remmert* in BeckOK GG Rn. 17; *Schwarz* in Maunz/Dürig Rn. 31; *Bues,* Der „Single European Sky", 2012, 205–216; ebenso schon zur tendenziell strengeren Festlegung auf bundeseigene Verwaltung bis 2009 *Droege* DÖV 2006, 861 (865 f.); aA seinerzeit *Baumann* DVBl 2006, 332 (335 f.); *Tams* NVwZ 2006, 1226 (1228 f.).

S. 1.[55] Ausnahmen von einer umfassenden Fachaufsicht bedürfen daher einer besonderen Rechtfertigung.[56] Folgerichtig unterstellt § 31d Abs. 2 S. 2 Luftverkehrsgesetz (LuftVG)[57] die Deutsche Flugsicherung GmbH der Rechts- und Fachaufsicht des in → Rn. 10 genannten BAF. Darüber hinaus ist der notwendige Zugriff des Bundes nur gewährleistet, wenn die juristische Person ihren **Sitz in Deutschland** hat;[58] für ausländische Unternehmen wie die schweizerische Skyguide gilt Art. 87d Abs. 1 S. 2 (→ Rn. 17 ff.). Eine Ausrichtung an privatwirtschaftlichen Zielen, wie sie durch Art. 87e Abs. 3 S. 1 und Art. 87f Abs. 2 S. 1 für Bahn und Post vorgeschrieben sind, ist im Bereich der Luftverkehrsverwaltung nicht möglich. Dem Streben nach einer effizienten, kostendeckenden Aufgabenerfüllung muss das nicht entgegenstehen. Von den Organisationsvorgaben des Art. 87d Abs. 1 unberührt bleibt die Möglichkeit, bestimmte Aufgaben als private Dienstleistungen auszugestalten und so aus dem Bereich der Luftverkehrsverwaltung auszugliedern (→ Rn. 18).

15 Im Rahmen von Art. 87d Abs. 1 ist vor allem die **Deutsche Flugsicherung GmbH** (DFS) mit Aufgaben der Luftverkehrsverwaltung beliehen.[59] Soweit die Beamten der früheren Bundesanstalt für Flugsicherung (BFS) nicht freiwillig in ein Angestelltenverhältnis zur DFS gewechselt sind,[60] sind sie gem. Art. 7 § 1 des 10. LuftVGÄndG[61] Beamte des Luftfahrt-Bundesamts geworden und nehmen Aufgaben der Flugsicherung bei der DFS wahr. Die Zuweisung von vorhandenen Beamten der ehemaligen BFS zur DFS erscheint verfassungsrechtlich zulässig, obgleich das GG hierfür, anders als etwa in Art. 143a Abs. 1 S. 3 für Bahnbeamte,[62] **keine beamtenrechtliche Sonderregelung** enthält. Allerdings muss die Verantwortung des Bundes als Dienstherr mindestens ebenso gewahrt bleiben wie bei Bahnbeamten.[63] Anderenfalls hätte es einer besonderen Regelung bedurft, wie sie Art. 143b Abs. 3 S. 2 für Postbeamte enthält.[64] Angestellte Fluglotsen unterliegen naturgemäß nicht mehr dem beamtenrechtlichen Streikverbot.[65] Art. 87d Abs. 1 S. 1 gestattet auch, eine Privatperson als **Flughafenkoordinator** mit der Zuweisung von Start- und Landezeiten (sog. Slots) zu beauftragen.[66] Dasselbe gilt für die Beleihung Privater mit Luftsicherungsaufgaben nach § 5 Abs. 5 LuftSiG.

---

[55] *Baumann* DÖV 2003, 790 (792 f.); DVBl 2006, 332 (337); sa *Giemulla* DVBl 2007, 719 (723) mit einer Parallele zur Bundesauftragsverwaltung nach Art. 87d Abs. 2; ferner *Nitz,* Private und Öffentliche Sicherheit, 2000, 441 f.; *Mayer,* Die Bundespost, 1990, 79 f.

[56] *Baumann* DÖV 2003, 790 (794); sowie *Pabst/Schwartmann* DÖV 1998, 315 mit einer krit. Würdigung *de lege lata* eingeschränkter Aufsichtsbefugnisse nach dem LuftVG; weniger streng *Hermes* in Dreier Rn. 36; allg. BremStGH NVwZ 2003, 81 (83 f.); *Schmidt am Busch* DÖV 2007, 533 (539 f.).

[57] Bekanntmachung v. 10.5.2007, BGBl. 2007 I 698, idF des G v. 24.8.2009, BGBl. 2009 I 2942.

[58] Unterrichtung durch den BPräs., BT-Drs. 16/3262, 2; *Droege* DÖV 2006, 861 (866).

[59] Vgl. § 31b LuftVG sowie die VO v. 11.11.1992, BGBl. 1992 I 1928.

[60] Dazu *Blanke/Sterzel* AuR 1993, 265 (269).

[61] BGBl. 1992 I 1370.

[62] → Art. 143a Rn. 4 ff.

[63] → Art. 143a Rn. 6; enger noch *Uerpmann-Wittzack* in v. Münch/Kunig, 6. Aufl. 2012, Rn. 13.

[64] → Art. 143b Rn. 11.

[65] Zu den damit verbundenen Problemen *Heberer* BayVBl. 2017, 109, 148.

[66] S. § 31a LuftVG sowie die VO v. 17.12.1992, BGBl. 1992 I 2072; zu früheren Zweifeln *Giemulla/Wenzler* DVBl 1989, 283; *Epping* JZ 1991, 1102 (1104 f.).

Verstärkte Bedeutung gewinnt die **Einbeziehung Privater in die Gefahrenabwehr.** Neben der Beleihung (→ Rn. 12–15) kommt der Einsatz als **Verwaltungshelfer** in Betracht.[67] Soweit Flughafen- oder Luftfahrtunternehmen nach §§ 8 f. LuftSiG zu eigenen Sicherheitsmaßnahmen verpflichtet werden, ist diese sog. **Inpflichtnahme** als Berufsausübungsregelung in den Grenzen von Art. 12 Abs. 1 zulässig.[68] Inpflichtgenommene nehmen keine Verwaltungsaufgaben iSv Art. 87d wahr. Zwangsmittel stehen Privaten, außer im Rahmen straf- oder zivilrechtlicher Notrechte, nur im Falle der Beleihung zu.[69] 16

3. Aufgaben der Flugsicherung. Die Flugsicherung ist traditionell eine Kernaufgabe der Luftverkehrsverwaltung. Mit der Neufassung von Art. 87d Abs. 1 wird der Begriff erstmals ins Grundgesetz aufgenommen. Im Mittelpunkt der Flugsicherung steht die **Überwachung des Flugverkehrs** ieS einschließlich der Regelung von Start und Landung sowie der Benutzung von Flugschneisen und Luftverkehrsstraßen. Die fachrechtlichen Definitionen haben sich im Laufe der Zeit verändert. Der verfassungsändernde Gesetzgeber hatte 2009 vor allem die Definitionen der EG-RahmenVO Nr. 549/2004[70] vor Augen.[71] Danach gehören zur Flugsicherung neben den Flugverkehrsdiensten als Flugsicherung ieS auch sog. Kommunikations-, Navigations- und Überwachungsdienste sowie Flugberatungsdienste, wobei letztere unter Marktbedingungen,[72] also im Wettbewerb, organisiert werden sollen, was eine hoheitliche Ausgestaltung ausschließt.[73] 17

Art. 87d Abs. 1 S. 2 bildet eine Ausnahme zu S. 1 und bezieht sich damit nur auf **Verwaltungsaufgaben.** Soweit Luftsicherungsaufgaben nicht hoheitlicher Natur sind, werden sie von Art. 87d Abs. 1 nicht erfasst.[74] Dabei lässt sich der ausdrücklichen Erwähnung der Flugsicherung in Art. 87d Abs. 1 S. 2 entnehmen, dass ein Kern an Flugsicherungsaufgaben hoheitlich ausgestaltet sein muss.[75] Die Vorschrift schreibt aber nicht den *status quo* fest.[76] Vielmehr zeigt bereits der europarechtliche Entstehungszusammenhang, dass es möglich ist, einzelne Flugsicherungsdienste wie Kommunikations-, Navigations-, Überwachungs- und Flugberatungsdienste, die in der Vergangenheit hoheitlich organisiert waren,[77] in Zukunft privatrechtlich auszugestalten.[78] 18

---

[67] S. BVerwGE 95, 188 (197); *Baumann* DÖV 2003, 790 (795) zum früheren § 29 Abs. 1 S. 3 LuftVG.

[68] S. auch VGH Mannheim NVwZ-RR 2006, 840 (841); → Art. 12 Rn. 109 ff.

[69] Zu Verfassungsfragen einer Privatisierung von Sicherheitsaufgaben allg. *Nitz,* Private und öffentliche Sicherheit, 2000, 310 ff.; zu Privatisierungen im Flughafenbereich *Tetzlaff,* TransportR; 2002, 7.

[70] RahmenVO (EG) Nr. 549/2004, ABl. 2004 L 96, 1.

[71] S. die Begründung des GGÄndG, BT-Drs. 16/13 105, 7.

[72] S. Erwägungsgrund Nr. 13 der EG-FlugsicherungsdiensteVO Nr. 550/2004, ABl. 2004 L 96, 10.

[73] So auch die Begründung zum GGÄndG, BT-Drs. 16/13105, 7.

[74] AA *Hüttel,* Rechtsfragen des einheitlichen europäischen Luftraums, 2014, 223 f. mit Fn. 581.

[75] Ähnlich *Remmert* in BeckOK GG Rn. 14 ff.; *Schwarz* in Maunz/Dürig Rn. 12; iErg ebenso *Bues,* Der „Single European Sky", 2012, 242 263–266; sa *Herber,* BayVBl. 2017, 109 (115).

[76] AA zur Rechtslage vor der GG-Änderung 2009 *Baumann* DVBl 2006, 332 (334 f.): Verfassungsänderung erforderlich; abl. auch *Durner* in BerlKomm Rn. 16.

[77] Zur deutschen Regelungstradition *Giemulla* DVBl 2007, 719 (721 f.).

[78] *Bues,* Der „Single European Sky", 2012, 183–185; iE ebenso *Windthorst* FS f. Berg 2011, 522 (545–547); zu einer möglichen Privatisierung der Flugsicherung schon vor der GG-Änderung 2009 *Baumann,* Private Luftfahrtverwaltung, 2002, 293; *Baumann* DVBl 2006,

Mit der **Aufgabenprivatisierung**[79] verbleibt als Hoheitsaufgabe iSv Art. 87d Abs. 1 die Regulierung der privaten Anbieter und Dienstleistungen. Demgegenüber dürfen Flugverkehrsdienste als Kern der hoheitlichen Flugsicherung *de constitutione lata* grundsätzlich nicht privatisiert werden. Zum Anwendungsvorrang des Europarechts → Rn. 29.

19 **4. Können auch durch ausländische Flugsicherungsorganisationen wahrgenommen werden.** Die Überwachung des Flugverkehrs in einem Sinne kann nun teilweise oder auch vollständig[80] auf ausländische Flugsicherungsorganisationen übertragen werden. Die Regelung war erforderlich geworden, weil die Beleihung eines Privaten mit Hoheitsrechten an sich eine effektive Rechts- und Fachaufsicht durch deutsche Behörden voraussetzt, wie sie sich bei einem Unternehmen mit **Sitz im Ausland** nicht realisieren lässt (→ Rn. 14). Vor diesem Hintergrund ist eine Flugsicherungsorganisation dann als ausländisch anzusehen, wenn sie ihren Sitz im Ausland hat. Es ist also ebenso wie in Art. 19 Abs. 3 die Sitztheorie zugrunde zu legen.[81] Der Begriff der **Flugsicherungsorganisation** ist aus dem EU-Recht übernommen. Nach der Legaldefinition in Art. 2 Abs. 5 der EG-RahmenVO 549/2004[82] kann es sich um eine „öffentliche oder private Stelle" handeln. Mit der Übernahme des weiten Begriffs zeigt der verfassungsändernde Gesetzgeber, dass juristische Personen des Privatrechts ebenso erfasst werden wie ausländische Hoheitsträger. Da die Flugsicherung im Rahmen von Art. 87d Abs. 1 S. 2 als Hoheitsaufgabe ausgestaltet bleibt, bedarf auch die ausländische Flugsicherungsorganisation einer Beleihung nach deutschem Recht;[83] in diesem Sinn bleibt die Organisation Teil der Bundesverwaltung iSv Abs. 1 S. 1.[84] Art. 87d Abs. 1 S. 2 modifiziert aber die **Aufsichtspflicht.**[85] Es genügt danach, wenn die Aufsicht durch deutsche Behörden und durch die Behörden des ausländischen Sitzstaates gemeinsam durchgeführt wird, wie es Art. 2, Art. 7 Abs. 7 EG-FlugsicherungsdiensteVO 550/2004[86] vorsehen.[87]

20 **5. Die nach Recht der Europäischen Gemeinschaft zugelassen sind.** Art. 87d Abs. 1 S. 2 enthält eine dynamische Verweisung auf das jeweils geltende Recht der EU, in der die EG mit dem Vertrag von Lissabon aufgegangen ist (→ Art. 23 Rn. 12). Derzeit ist die Zulassung in **Art. 7 EG-Flugsiche-**

332 (334 f.); *Graumann* ZLW 1990, 247; *Wieland,* Zur zukünftigen Ausgestaltung der Flugsicherung in Deutschland, Gutachten im Auftrag der DFS, 2007, II 2 B sowie III 1, mit der Parallele zum Fahrdienstleiter im Bahnverkehr; zu den Privatisierungsmodellen aus wirtschaftswissenschaftlicher Sicht *Saß,* Die Privatisierung der Flugsicherung, 2005, 125 ff.

[79] Zum Begriff *Burgi* in HbdStR IV § 75 Rn. 9; sowie *Maurer* FS f. Steiner, 2009, 528 (533), der von materieller Privatisierung spricht.

[80] *Remmert* in BeckOK GG Rn. 13; aA *Bues,* Der „Single European Sky", 2012, 246–248.

[81] → Art. 19 Rn. 89; sa Art. 7 Abs. 2 EG-FlugsicherungsdiensteVO Nr. 550/2004, ABl. 2004 L 96, 10, der eine Flugsicherungsorganisation dem Staat zuordnet, in dem sie ihre Hauptbetriebsstätte und ggf. ihren eingetragenen Sitz hat.

[82] RahmenVO (EG) Nr. 549/2004, ABl. 2004 L 96, 1.

[83] Dahingehend auch *Remmert* in BeckOK GG Rn. 11 f.; zur fachrechtlichen Ausgestaltung als Unterbeauftragung durch die DFS gemäß § 31b Abs. 6 LuftVG *Bues,* Der „Single European Sky", 2012, 248–251.

[84] So auch *Hüttel,* Rechtsfragen des einheitlichen europäischen Luftraums, 2014, 210–225, der darin allerdings einen Systembruch sieht; aA wohl *Schwarz* in Maunz/Dürig Rn. 10, 33.

[85] IE ebenso *Bues,* Der „Single European Sky", 2012, 242–246.

[86] FlugsicherungsdiensteVO (EG) Nr. 550/2004, ABl. 2004 L 96, 10.

[87] Zur Umsetzung im FABEC-Vertrag *Bethkenhagen/Nitschke/v. Elm* ZLW 2011, 412 (425–427).

rungsdiensteVO Nr. 550/2004[88] geregelt (sog. Zertifizierung). Das Unionsrecht regelt zunächst die Zulassung von Flugsicherungsorganisationen mit Sitz in einem anderen EU-Mitgliedstaat. Nach Art. 7 der EG-RahmenVO Nr. 549/2004 kann das Konzept eines einheitlichen europäischen Luftraums jedoch auf andere europäische Staaten ausgedehnt werden, was für die Schweiz mWv 1.12.2006 geschehen ist.[89] In diesem Rahmen konnte die Überwachung eines Teils des südwestdeutschen Luftraums am Bodensee durch die **schweizerische Skyguide,** die zuvor verfassungswidrig war,[90] legalisiert werden.

6. Das Nähere regelt ein Bundesgesetz. Art. 87d Abs. 1 S. 3, der sich auf die vorangehenden Sätze 1 und 2 bezieht, räumt dem Bund die **ausschließliche Gesetzgebungskompetenz** über die Organisation der Luftverkehrsverwaltung durch Bundesbehörden und ausländische Flugsicherungsorganisationen ein und ergänzt damit Art. 73 Abs. 1 Nr. 6, der dem Bund die entsprechende Sachkompetenz zuweist. Wird hingegen von der Möglichkeit der Aufgabenübertragung auf die Länder nach Art. 87d Abs. 2 Gebrauch gemacht, richtet sich die Verwaltungsorganisation allein nach Art. 85. Darüber hinaus stellt Art. 87d Abs. 1 S. 3 die Wahl der Organisationsform unter **Gesetzesvorbehalt.** Die Entscheidung zwischen bundesunmittelbarer Verwaltung, der Betrauung einer bundesunmittelbaren Anstalt oder Körperschaft sowie der Beleihung einer juristischen Person des Privatrechts, einer natürlichen Person oder einer ausländischen Flugsicherungsorganisation bleibt einem Gesetz im formellen Sinn vorbehalten. Dass sich der Gesetzesvorbehalt seit der Neufassung 2009 auch auf die Organisation der Bundesverwaltung nach Art. 87d Abs. 1 S. 1 erstreckt, ändert nichts daran, dass die Behördenorganisation innerhalb der unmittelbaren Bundesverwaltung gem. Art. 86 S. 2 grundsätzlich in die Organisationsgewalt der Bundesregierung fällt.[91] Das hindert den Gesetzgeber nicht, auch die Organisation der bundesunmittelbaren Verwaltung zu regeln.[92] Insoweit gilt jedoch lediglich der Vorrang des Gesetzes nach Art. 86 S. 2. Anders als das Übertragungsgesetz nach Art. 87d Abs. 2 bedarf das Organisationsgesetz nach Abs. 1 S. 3 **nicht** der **Zustimmung des BRats.** 21

Gesetz iSv Abs. 1 S. 3 sind nicht nur die Errichtungsgesetze des Luftfahrt-Bundesamts und des BAF (→ Rn. 10), sondern auch die Regelungen des **LuftVG.** Abs. 1 S. 3 entfaltet keinen Formalismus dergestalt, dass die Regelungen in einem einzigen Gesetz zusammengefasst werden müssten. § 31 Abs. 1 S. 1 LuftVG hält am Grundsatz fest, dass die Flugsicherung der DFS als GmbH im alleinigen Eigentum des Bundes übetragen ist,[93] doch stellt ein ausdrücklicher Vorbehalt zugunsten des vorrangig anzuwendenden Europarechts Unionsrechtskonformität her. 22

II. Luftverkehrsverwaltung als Auftragsverwaltung (Art. 87d Abs. 2)

1. Durch Bundesgesetz, das der Zustimmung des Bundesrates bedarf. Art. 87d Abs. 2 gestattet die Aufgabenübertragung auf die Länder, stellt diese aber unter **Gesetzesvorbehalt,** verleiht dem Bund die entsprechende 23

[88] FlugsicherungsdiensteVO (EG) Nr. 550/2004, ABl. 2004 L 96, 10.
[89] Beschluss Nr. 2/2006 des Luftverkehrsausschusses Gemeinschaft/Schweiz, ABl. 2006 L 298, 25.
[90] LG Konstanz BeckRS 2007, 11147 zu A VI 4; dazu *Rupp* JZ 2006, 1033.
[91] Zur früheren Rechtslage s. *Uerpmann* in v. Münch/Kunig, 5. Aufl. 2003, Rn. 15.
[92] → Art. 86 Rn. 15.
[93] Zu untergeordneten Ausnahmen *Bethkenhagen/Nitschke/v. Elm* ZLW 2011, 412 (422).

Gesetzgebungskompetenz und macht das Gesetz von der **Zustimmung des BRats** abhängig. Es ist grundsätzlich auch statthaft, nur einzelnen Ländern Aufgaben zu übertragen. Eine solche Ungleichheit zwischen einzelnen Bundesländern widerspricht nicht dem GG, wie die entsprechenden Regelungen in Art. 89 Abs. 2 S. 3, 4; Art. 90 Abs. 3 zeigen.[94]

24 Art. 87d Abs. 2 verlangt nicht, dass sich die Aufgabenübertragung und die zu vollziehende Regelung in demselben Gesetz befinden. Enthält ein Gesetz **bloß materielle Bestimmungen,** ist zu differenzieren. Geht die materielle Gesetzesregelung dem ÜbertragungsG nach Art. 87d Abs. 2 voraus, ist allein das zweite Gesetz zustimmungsbedürftig. Werden hingegen nach Erlass des ÜbertragungsG materielle Regelungen geändert oder neu erlassen, ist das entsprechende Gesetz zustimmungsbedürftig, wenn es die den Ländern übertragenen Aufgaben wesentlich ändert, wobei die Änderung grundsätzlich qualitativer Natur sein muss.[95]

25 Die **Rückholung einer übertragenen Aufgabe** in Bundesverwaltung bedarf als *actus contrarius* ebenfalls einer gesetzlichen Grundlage, wobei sich die Gesetzkompetenz wiederum aus Abs. 2 ableiten lässt.[96] Allerdings soll die Norm die Länder ausschließlich vor einer qualitativen Mehrbelastung schützen, die in der Übertragung neuer Aufgaben liegt.[97] Daher bedarf das Gesetz, das die Übertragung aufhebt, nicht der Zustimmung des BRats.[98] Ebenso kann das Gesetz die Entscheidung über den Rückfall der Verwaltungskompetenz auf den Bund an das zuständige Ministerium delegieren[99] oder einem **Verwaltungsabkommen** zwischen Bund und Land vorbehalten.[100]

26 **2. Können Aufgaben der Luftverkehrsverwaltung den Ländern als Auftragsverwaltung übertragen werden.** Art. 87d Abs. 2 stellt eine **Ausnahme** vom Grundsatz der Bundesverwaltung nach Art. 87d Abs. 1 dar. Die Vorschrift enthält keine Aussage über den Umfang der Übertragung. Insbes. kann Art. 87d Abs. 2 nicht entnommen werden, dass den Ländern nur einzelne Aufgaben übertragen werden dürften.[101] Die gegenteilige Auffassung[102] beruht vor allem auf einer Überinterpretation des Verfassungswortlauts. Allerdings ist die Frage praktisch irrelevant, weil eine vollständige Übertragung der Luftverkehrsverwaltung auf die Länder angesichts des überregionalen Charakters der Zivilluftfahrt wenig sinnvoll wäre. Art. 87d Abs. 2 stellt die Aufgabenübertragung in das **Ermessen** des Gesetzgebers. In Betracht kommt allerdings nur eine Übertragung als Bundesauftragsverwaltung iSv Art. 85. Damit ist vor allem eine **Übertragung der Wahrnehmungskompetenz** verbunden, während das zuständige Bundesministerium die Sach-

---

[94] BVerfGE 97, 198 (227 f.).

[95] BVerfGE 126, 77 (105 f.); *Horn* in MKS Rn. 50; krit. in Hinblick auf den Zweck des Zustimmungserfordernisses *Funke* VerwArch 103 (2012), 290 (304–308).

[96] BVerfGE 133, 241, Rn. 56.

[97] Dahin gehend BVerfGE 126, 77 (105 f.); krit. *Funke* JURA 2012, 127 (132); *ders.* VerwArch 103 (2012), 290 (305–306).

[98] BVerfGE 126, 77 (110 f.); zust. *Funke* JURA 2012, 127 (132); anders noch *Uerpmann-Wittzack* in v. Münch/Kunig, 6. Aufl. 2012, Rn. 20; skeptisch *Horn* in MKS Rn. 51.

[99] So § 16 Abs. 3a S. 2, 4 LuftSiG.

[100] So § 31 Abs. 2 Nr. 11a LuftVG; zur Zulässigkeit BVerfGE 97, 198 (226 f.); zust. *Thiery,* Die Luftverkehrsverwaltung im Auftrag des Bundes, 110 f.

[101] *v. Mangoldt/Klein,* Das Bonner Grundgesetz, 3. Aufl. 1985, Anm. V 2b aa; im Grundsatz ebenso BVerwGE 75, 214 (218); sa BVerfGE 37, 363 (383).

[102] *Hermes* in Dreier Rn. 49; *Horn* in MKS Rn. 40; *Pieroth* in Jarass/Pieroth Rn. 4; *Schwarz* in Maunz/Dürig Rn. 39; *Windthorst* in Sachs Rn. 31; wohl auch BVerwGE 95, 188 (192): „einzelne Aufgaben".

kompetenz im Wege der Fachaufsicht nach Art. 85 Abs. 3, 4 jederzeit an sich ziehen kann.[103]

Von der Ermächtigung des Art. 87d Abs. 2 hat der Gesetzgeber durch § 31 Abs. 2 LuftVG Gebrauch gemacht. Die Bundesauftragsverwaltung erstreckt sich auch auf die **Planfeststellung für Flughäfen,** die § 10 Abs. 1 S. 1 LuftVG den Ländern zuweist.[104] 27

C. Verhältnis zu anderen Bestimmungen des Grundgesetzes

Art. 87d Abs. 1 schließt nicht aus, dass der Bund Aufgaben der Luftverkehrsverwaltung im Rahmen von Art. 23 auf eine EU-Einrichtung oder gem. Art. 24 Abs. 1 auf eine **zwischenstaatliche Einrichtung** überträgt. Letzteres ist durch die Gründung von EUROCONTROL[105] in begrenztem Umfang geschehen.[106] Der obere Luftraum in Norddeutschland wird nach diesem Abkommen von der EUROCONTROL-Kontrollzentrale im niederländischen Maastricht überwacht. Ursprünglich unterstand auch die Kontrollstelle in Karlsruhe EUROCONTROL. Sie wurde jedoch infolge des Änderungsprotokolls v. 12.2.1981[107] von der Bundesanstalt für Flugsicherung, der heutigen DFS (→ Rn. 15), übernommen.[108] Art. 24 Abs. 1 deckt nicht die Übertragung auf einen ausländischen Hoheitsträger oder auf eine juristische Person des Privatrechts[109] wie das Schweizer Unternehmen Skyguide;[110] beides ist nur im Rahmen von Art. 87d Abs. 1 S. 2 möglich. 28

Art. 87d Abs. 1 S. 2 dürfte Konflikte mit EU-Recht weitgehend ausschließen. Sollte die Verpflichtung auf eine Bundesverwaltung dennoch mit europarechtlichen Vorgaben kollidieren, gehen letztere vor. Der **Anwendungsvorrang des Europarechts** ist durch Art. 23 Abs. 1 abgesichert.[111] Bei der Änderung von Art. 87d Abs. 1 war dies unstreitig. Diskutiert wurde lediglich, den Vorrang in Art. 87d Abs. 1 S. 1 klarzustellen, was schließlich für überflüssig gehalten wurde.[112] 29

D. Kritische Würdigung

Die Vorschrift hat sich im Wesentlichen bewährt. Sie trägt einerseits dem unabweisbaren Bedürfnis nach einer überregionalen Überwachung des Luft- 30

---

[103] → Art. 85 Rn. 7; zu Weisungsmöglichkeiten im Rahmen der Flughafenplanung *Giemulla* ZLW 2012, 572.

[104] BVerwGE 75, 214 (217) mwN; zu möglichem Reformbedarf *Thiery,* Die Luftverkehrsverwaltung im Auftrag des Bundes, 2018, 191 ff.

[105] Übereinkommen v. 13.12.1960, BGBl. 1962 II 2273.

[106] → Art. 24 Rn. 26, 57; *Remmert* in BeckOK GG, Rn. 22; zur Verzahnung mit dem Single European Sky der EU *Bues,* Der Single European Sky, 2012, 75–79; das Protokoll über den Beitritt der EU zu EUROCONTROL v. 8.10.2002, ABl. 2004 L 304, 210=BGBl. 2017 II, 138, ist noch nicht in Kraft.

[107] BGBl. 1984 II 69 (71).

[108] Zu Stand und Entwicklung der europäischen Flugsicherung s. *Schwenk/Schwenk* ZLW 1993, 123.

[109] → Art. 24 Rn. 11.

[110] Dazu *Hobe/Plingen* ZLW 2007, 349 (357 ff.); → Rn. 20.

[111] → Art. 23 Rn. 70.

[112] S. den ursprünglichen Entwurf mit einer Diskussion zwischen BReg. und BR, BT-Drs. 16/13105, 5 (5–7, 9 f.) sowie den Bericht des BT-Innenausschusses, BT-Drs. 16/13217, 4.

verkehrs Rechnung. Andererseits eröffnet sie die Möglichkeit, Entscheidungen mit geringem oder ohne überregionalen Bezug auf die ortsnähere Landesebene zu verlagern. Mit der Neufassung von Art. 87d Abs. 1 wurden 2009 die Weichen für die dringend notwendige **Europäisierung der Flugsicherung** gestellt. Bei sachgerechter Auslegung wird der erfreulich knapp und offen gehaltene Art. 87d Abs. 1 seinen Zweck erfüllen können. Tatsächlich kommt der Aufbau des Single European Sky allerdings nur schleppend voran, weil die Mitgliedstaaten auf ihrer nationalen Lufthoheit beharren.[113] Man mag im Übrigen bedauern, dass sich die EU-Mitgliedstaaten mit den SES-Verordnungen für ein kompliziertes System aus Privatisierung und zwischenstaatlicher Zusammenarbeit entschieden haben, anstatt die europäische Flugsicherung einer gemeineuropäischen Einrichtung wie EUROCONTROL zu übertragen,[114] was nach Art. 23, 24 Abs. 1 GG ohne Weiteres möglich wäre.

Literatur

K. Baumann, Private Luftfahrtverwaltung, 2002. – ***K. Baumann,*** Private Sicherheitsgewähr unter staatlicher Gesamtverantwortung, DÖV 2003, 790. – ***K. Baumann,*** Bundeseigenverwaltung und Wettbewerb?, DVBl 2006, 332. – ***K. Bethkenhagen/D. Nitschke/D. v. Elm,*** Der Staatsvertrag zur Errichtung des Funktionalen Luftraumblocks „Europe Central" (FABEC), ZLW 2011, 412. – ***M. M. Bues,*** Der „Single European Sky", 2012. – ***E. M. Giemulla,*** Flugsicherung und Verfassungsrecht, DVBl 2007, 719. – ***E. Grabherr/R. Reidt/P. Wysk,*** Luftverkehrsgesetz, Kommentar, Loseblattsammlung, Stand 2019.– ***F. Oschmann/R. Stober,*** Lufsicherheit, 2007. – ***W. Schwenk/E. Giemulla,*** Handbuch des Luftverkehrsrechts, 5. Aufl. 2019. – ***S. H. Thiery,*** Die Luftverkehrsverwaltung im Auftrag des Bundes, 2018. – ***H.-P. Trampler,*** Verfassungs- und unternehmensrechtliche Probleme der bundesdeutschen Flugsicherung, 1993. – ***R. Uerpmann-Wittzack,*** Beteiligung Privater im Bereich der Bundesverkehrsinfrastruktur: Deutsche Flugsicherung und Deutsche Bahn, in G. Manssen/M. Jachmann/C. Gröpl, Nach geltendem Verfassungsrecht: FS f. Steiner, 2009, 872. – ***K. Windthorst,*** Die Flugsicherung im Spiegel von Europarecht und Grundgesetz, in U. Hösch, Zeit und Ungewissheit im Recht, Liber amicorum zum 70. Geburtstag von Wilfried Berg, 2011, 522.

[113] S. *Europäische Kommission,* Commission Staff Working Document, Impact Assessment, SWD (2017) 182 final v. 8.6.2017, 19.

[114] Krit. auch *Bethkenhagen/Nitschke/v. Elm* ZLW 2011, 412 (429).

Art. 87e [Eisenbahnen des Bundes]

(1) [1]Die Eisenbahnverkehrsverwaltung für Eisenbahnen des Bundes wird in bundeseigener Verwaltung geführt. [2]Durch Bundesgesetz können Aufgaben der Eisenbahnverkehrsverwaltung den Ländern als eigene Angelegenheit übertragen werden.

(2) Der Bund nimmt die über den Bereich der Eisenbahnen des Bundes hinausgehenden Aufgaben der Eisenbahnverkehrsverwaltung wahr, die ihm durch Bundesgesetz übertragen werden.

(3) [1]Eisenbahnen des Bundes werden als Wirtschaftsunternehmen in privat-rechtlicher Form geführt. [2]Diese stehen im Eigentum des Bundes, soweit die Tätigkeit des Wirtschaftsunternehmens den Bau, die Unterhaltung und das Betreiben von Schienenwegen umfaßt. [3]Die Veräußerung von Anteilen des Bundes an den Unternehmen nach Satz 2 erfolgt auf Grund eines Gesetzes, die Mehrheit der Anteile an diesen Unternehmen verbleibt beim Bund. [4]Das Nähere wird durch Bundesgesetz geregelt.

(4) [1]Der Bund gewährleistet, daß dem Wohl der Allgemeinheit, insbesondere den Verkehrsbedürfnissen, beim Ausbau und Erhalt des Schienennetzes der Eisenbahnen des Bundes sowie bei deren Verkehrsangeboten auf diesem Schienennetz, soweit diese nicht den Schienenpersonennahverkehr betreffen, Rechnung getragen wird. [2]Das Nähere wird durch Bundesgesetz geregelt.

(5) [1]Gesetze auf Grund der Absätze 1 bis 4 bedürfen der Zustimmung des Bundesrates. [2]Der Zustimmung des Bundesrates bedürfen ferner Gesetze, die die Auflösung, die Verschmelzung und die Aufspaltung von Eisenbahnunternehmen des Bundes, die Übertragung von Schienenwegen der Eisenbahnen des Bundes an Dritte sowie die Stillegung von Schienenwegen der Eisenbahnen des Bundes regeln oder Auswirkungen auf den Schienenpersonennahverkehr haben.

Paulskirchenverfassung von 1849

Abschnitt II. Art. VI

§ 28. Die Reichsgewalt hat über die Eisenbahnen und deren Betrieb, soweit es der Schutz des Reiches oder das Interesse des allgemeinen Verkehrs erheischt, die Oberaufsicht und das Recht der Gesetzgebung. Ein Reichsgesetz wird bestimmen, welche Gegenstände dahin zu rechnen sind.

§ 29. Die Reichsgewalt hat das Recht, soweit sie es zum Schutze des Reiches oder im Interesse des allgemeinen Verkehrs für nothwendig erachtet, die Anlage von Eisenbahnen zu bewilligen, so wie selbst Eisenbahnen anzulegen, wenn der Einzelstaat, in dessen Gebiet die Anlage erfolgen soll, deren Ausführung ablehnt. Die Benutzung der Eisenbahnen für Reichszwecke steht der Reichsgewalt jederzeit gegen Entschädigung frei.

§ 30. Bei der Anlage oder Bewilligung von Eisenbahnen durch die einzelnen Staaten ist die Reichsgewalt befugt, den Schutz des Reiches und das Interesse des allgemeinen Verkehrs wahrzunehmen.

Reichsverfassung von 1871

Art. 41. Eisenbahnen, welche im Interesse der Vertheidigung Deutschlands oder im Interesse des gemeinsamen Verkehrs für nothwendig erachtet werden, können kraft eines Reichsgesetzes auch gegen den Widerspruch der Bundesglieder, deren Gebiet die Eisenbahnen durchschneiden, unbeschadet der Landeshoheitsrechte, für Rechnung des Reichs angelegt oder an Privatunternehmer zur Ausführung konzessionirt und mit dem Expropriationsrechte ausgestattet werden.

Jede bestehende Eisenbahnverwaltung ist verpflichtet, sich den Anschluß neu angelegter Eisenbahnen auf Kosten der letzteren gefallen zu lassen.

Die gesetzlichen Bestimmungen, welche bestehenden Eisenbahn-Unternehmungen ein Widerspruchsrecht gegen die Anlegung von Parallel- oder Konkurrenzbahnen einräumen, werden, unbeschadet bereits erworbener Rechte, für das ganze Reich hierdurch aufgehoben. Ein solches Widerspruchsrecht kann auch in den künftig zu ertheilenden Konzessionen nicht weiter verliehen werden.

Art. 42. Die Bundesregierungen verpflichten sich, die Deutschen Eisenbahnen im Interesse des allgemeinen Verkehrs wie ein einheitliches Netz verwalten und zu diesem Behuf auch die neu herzustellenden Bahnen nach einheitlichen Normen anlegen und ausrüsten zu lassen.

Art. 43. Es sollen demgemäß in thunlichster Beschleunigung übereinstimmende Betriebseinrichtungen getroffen, insbesondere gleiche Bahnpolizei-Reglements eingeführt werden. Das Reich hat dafür Sorge zu tragen, daß die Eisenbahnverwaltungen die Bahnen jederzeit in einem die nöthige Sicherheit gewährenden baulichen Zustande erhalten und dieselben mit Betriebsmaterial so ausrüsten, wie das Verkehrsbedürfniß es erheischt.

Art. 44. Die Eisenbahnverwaltungen sind verpflichtet, die für den durchgehenden Verkehr und zur Herstellung ineinander greifender Fahrpläne nöthigen Personenzüge mit entsprechender Fahrgeschwindigkeit, desgleichen die zur Bewältigung des Güterverkehrs nöthigen Güterzüge einzuführen, auch direkte Expeditionen im Personen- und Güterverkehr, unter Gestattung des Überganges der Transportmittel von einer Bahn auf die andere, gegen die übliche Vergütung einzurichten.

Art. 45. Dem Reiche steht die Kontrole über das Tarifwesen zu. Dasselbe wird namentlich dahin wirken:

1. daß baldigst auf allen Deutschen Eisenbahnen übereinstimmende Betriebsreglements eingeführt werden;
2. daß die möglichste Gleichmäßigkeit und Herabsetzung der Tarife erzielt, insbesondere, daß bei größeren Entfernungen für den Transport von Kohlen, Koaks, Holz, Erzen, Steinen, Salz, Roheisen, Düngungsmitteln und ähnlichen Gegenständen ein dem Bedürfniß der Landwirthschaft und Industrie entsprechender ermäßigter Tarif, und zwar zunächst thunlichst der Einpfennig-Tarif eingeführt werde.

Art. 46. Bei eintretenden Nothständen, insbesondere bei ungewöhnlicher Theuerung der Lebensmittel, sind die Eisenbahnverwaltungen verpflichtet, für den Transport, namentlich von Getreide, Mehl, Hülsenfrüchten und Kartoffeln, zeitweise einen dem Bedürfniß entsprechenden, von dem Kaiser auf Vorschlag des betreffenden Bundesraths-Ausschusses festzustellenden, niedrigen Spezialtarif einzuführen, welcher jedoch nicht unter den niedrigsten auf der betreffenden Bahn für Rohprodukte geltenden Satz herabgehen darf.

Die vorstehend, sowie die in den Artikeln 42 bis 45 getroffenen Bestimmungen sind auf Bayern nicht anwendbar.

Dem Reiche steht jedoch auch Bayern gegenüber das Recht zu, im Wege der Gesetzgebung einheitliche Normen für die Konstruktion und Ausrüstung der für die Landesvertheidigung wichtigen Eisenbahnen aufzustellen.

Art. 47. Den Anforderungen der Behörden des Reichs in Betreff der Benutzung der Eisenbahnen zum Zweck der Vertheidigung Deutschlands haben sämmtliche Eisenbahnverwaltungen unweigerlich Folge zu leisten. Insbesondere ist das Militair und alles Kriegsmaterial zu gleichen ermäßigten Sätzen zu befördern.

Weimarer Reichsverfassung von 1919

Art. 89. Aufgabe des Reichs ist es, die dem allgemeinen Verkehre dienenden Eisenbahnen in sein Eigentum zu übernehmen und als einheitliche Verkehrsanstalt zu verwalten.

Die Rechte der Länder, Privateisenbahnen zu erwerben, sind auf Verlangen dem Reiche zu übertragen.

Art. 90. Mit dem Übergang der Eisenbahnen übernimmt das Reich die Enteignungsbefugnis und die staatlichen Hoheitsrechte, die sich auf das Eisenbahnwesen beziehen. Über den Umfang dieser Rechte entscheidet im Streitfall der Staatsgerichtshof.

Art. 91. Die Reichsregierung erläßt mit Zustimmung des Reichsrats die Verordnungen, die den Bau, den Betrieb und den Verkehr der Eisenbahnen regeln. Sie kann diese Befugnis mit Zustimmung des Reichsrats auf den zuständigen Reichsminister übertragen.

Art. 92. Die Reichseisenbahnen sind, ungeachtet der Eingliederung ihres Haushalts und ihrer Rechnung in den allgemeinen Haushalt und die allgemeine Rechnung des Reichs, als ein selbständiges wirtschaftliches Unternehmen zu verwalten, das seine Ausgaben einschließlich Verzinsung und Tilgung der Eisenbahnschuld selbst zu bestreiten und eine Eisenbahnrücklage anzusammeln hat. Die Höhe der Tilgung und der Rücklage sowie die Verwendungszwecke der Rücklage sind durch besonderes Gesetz zu regeln.

Art. 93. Zur beratenden Mitwirkung in Angelegenheiten des Eisenbahnverkehrs und der Tarife errichtet die Reichsregierung für die Reichseisenbahnen mit Zustimmung des Reichsrats Beiräte.

Art. 94. Hat das Reich die dem allgemeinen Verkehre dienenden Eisenbahnen eines bestimmten Gebiets in seine Verwaltung übernommen, so können innerhalb diese Gebiets neue, dem allgemeinen Verkehre dienende Eisenbahnen nur vom Reiche oder mit seiner Zustimmung gebaut werden. Berührt der Bau neuer oder die Veränderung bestehender Reichseisenbahnanlagen den Geschäftsbereich der Landespolizei, so hat die Reichseisenbahnverwaltung vor der Entscheidung die Landesbehörden anzuhören.

Wo das Reich die Eisenbahnen noch nicht in seine Verwaltung übernommen hat, kann es für den allgemeinen Verkehr oder die Landesverteidigung als notwendig erachtete Eisenbahnen kraft Reichsgesetzes auch gegen den Widerspruch der Länder, deren Gebiet durchschnitten wird, jedoch unbeschadet der Landeshoheitsrechte, für eigene Rechnung anlegen oder den Bau einem anderen zur Ausführung überlassen, nötigenfalls unter Verleihung des Enteignungsrechts.

Jede Eisenbahnverwaltung muß sich den Anschluß anderer Bahnen auf deren Kosten gefallen lassen.

Art. 95. Eisenbahnen des allgemeinen Verkehrs, die nicht vom Reiche verwaltet werden, unterliegen der Beaufsichtigung durch das Reich.

Die der Reichsaufsicht unterliegenden Eisenbahnen sind nach den gleichen vom Reiche festgesetzten Grundsätzen anzulegen und auszurüsten. Sie sind in betriebssicherem Zustand zu erhalten und entsprechend den Anforderungen des Verkehrs auszubauen. Personen- und Güterverkehr sind in Übereinstimmung mit dem Bedürfnis zu bedienen und auszugestalten.

Bei der Beaufsichtigung des Tarifwesens ist auf gleichmäßige und niedrige Eisenbahntarife hinzuwirken.

Art. 96. Alle Eisenbahnen, auch die nicht dem allgemeinen Verkehre dienenden, haben den Anforderungen des Reichs auf Benutzung der Eisenbahnen zum Zwecke der Landesverteidigung Folge zu leisten.

Übersicht

A. Allgemeine Bedeutung

I. Genese

1 Art. 87e wurde durch G v. 20.12.1993[1] im Zuge der **Bahnreform** in das GG eingefügt. Bis dahin waren die „Bundeseisenbahnen", dh die Deutsche Bundesbahn und seit dem 3.10.1990 auch die Deutsche Reichsbahn, als Sondervermögen des Bundes gem. Art. 87 Abs. 1 S. 1 in bundeseigener Verwaltung geführt worden.[2] Die Neuregelung des Art. 87e wurde im Wesentlichen von drei Zielen getragen: der Trennung von hoheitlicher Verwaltung und Wirtschaftstätigkeit, der Überführung der wirtschaftlichen Tätigkeit in eine private Organisationsform und dem Rückzug des Bundes aus der Ver-

[1] BGBl. 1993 I 2089.

[2] *Kunz* MDR 1989, 588; zur geschichtlichen Entwicklung *Burger,* Zuständigkeit und Aufgaben des Bundes für den öffentlichen Personenverkehr nach Art. 87e GG, 1998, 17 ff.; *Kilian/Hesse* DV 1994, 175; *Schmidt-Aßmann/Fromm,* Aufgaben und Organisation der Deutschen Bundesbahn in verfassungsrechtlicher Sicht, 1986, 14 ff.; *Vesting* in AK Rn. 1 ff.

antwortung für den Eisenbahnnahverkehr.[3] Dadurch sollten die Bahnen wirtschaftlich saniert und der Bundeshaushalt entlastet werden.[4] Erst auf Druck des BRats wurde im Rechtsausschuss des BT[5] die Infrastruktur- und Gewährleistungsverantwortung des Bundes in Art. 87e Abs. 3 S. 2, 3 sowie Abs. 4 aufgenommen. Das Ergebnis ist ein politischer Kompromiss, der gegenläufige Ziele zu vereinbaren sucht.[6]

Ob eine **Privatisierung** der Bundeseisenbahnen auch ohne Verfassungsänderung möglich gewesen wäre, war umstritten.[7] Auch die Aufgabenverteilung im Bereich des **Schienenpersonennahverkehrs** war vor der Verfassungsänderung unklar.[8] Im Hintergrund standen finanzielle Interessen von Bund, Ländern und Gemeinden.[9] Die Verfassungsänderung hat die Diskussion um den organisations- und aufgabenrechtlichen Gehalt des Art. 87 Abs. 1 S. 1 für die Bahn erledigt.[10] Art. 87e enthält detaillierte Regelungen der Organisationsform (Abs. 1–3) und der Gewährleistungsverantwortung (Abs. 4). 2

II. Überstaatliche Bezüge

Mit der GG-Änderung sollte zudem **europarechtlichen Anforderungen** Rechnung getragen werden. Im Vordergrund stand die Richtlinie 91/440/EWG v. 29.7.1991.[11] Ihr Art. 4 verpflichtete Deutschland, die Unabhängigkeit der Geschäftsführung der Eisenbahnen zu gewährleisten. Nach Art. 6 mussten in der Rechnungsführung die Bereiche „Infrastruktur“ und „Verkehrsleistungen“ getrennt werden.[12] Mittlerweile ist der unionsrechtliche Rahmen durch vier sog. Eisenbahnpakete ausgestaltet worden.[13] Ziel ist es, die **nationalen Eisenbahnnetze** für Anbieter aus anderen Mitgliedstaaten zu **öffnen.** Die technische Harmonisierung, die die Interoperabilität der europäischen Bahnsysteme sicherstellen soll,[14] wird dazu durch Wettbewerbsregelungen ergänzt. Eisenbahnunternehmen, dürfen sich zwar, wie die DB AG, in Staatshand befinden, müssen aber unabhängig wie ein Wirtschaftsunternehmen handeln können.[15] In integrierten Konzernen, wie der DB AG, 3

[3] *Heinze* BayVBl. 1994, 266.

[4] S. die Begründung zum EisenbahnneuordnungsG (ENeuOG), BT-Drs. 12/4609 (neu), 53; ferner *Dürr,* Bahnreform, 1994, 10 f.; aus wirtschaftswissenschaftlicher Sicht *Brenck* in Allemeyer/Brenck/Wittenbrink/v. Stackelberg Privatisierung des Schienenverkehrs, 37; zum politischen Entscheidungsprozess *Lehmkuhl/Herr* PVS 1994, 631.

[5] Beschlussempfehlung BT-Drs. 12/6280.

[6] *Fehling* DÖV 2002, 793 (800 ff.); *Möstl* FS f. Scholz, 2007, 833 (833–835); *Möstl* in Maunz/Dürig Rn. 8–17.

[7] Verneinend *Schmidt-Aßmann/Fromm,* Aufgaben und Organisation der Deutschen Bundesbahn in verfassungsrechtlicher Sicht, 1986, 99 f., 113 ff.; *Lecheler* NVwZ 1989, 834; *Ehlers,* Verwaltung in Privatrechtsform, 1984, 117 f.; aA *Dittmann,* Die Bundesverwaltung, 1983, 87 f. (170); *Schoch* DVBl 1994, 962 (969).

[8] Dazu *Schmidt-Aßmann/Fromm,* Aufgaben und Organisation der Deutschen Bundesbahn in verfassungsrechtlicher Sicht, 1986, 73–80, *Berg,* Föderative Kooperation im öffentlichen Schienenpersonennahverkehr, 1993, 38–44.

[9] *Fromm* DVBl 1994, 187 (193); sa *Lehmkuhl/Herr* PVS 1994, 631 (642 ff.).

[10] *Fromm* DVBl 1994, 187 (191); zweifelnd *Raschke* LKV 2009, 21 (22).

[11] ABl. 1991 L 237, 25; aufgehoben durch RL 2012/34/EU zur Schaffung eines einheitlichen europäischen Eisenbahnraums, ABl. 2012 L 343, 32.

[12] Dazu *Berschin* DVBl 2002, 1079; *Ronellenfitsch* DVBl 2002, 657.

[13] *Staebe* EuZW 2018, 146 f.

[14] S. insb. RL (EU) 2016/797 über die Interoperabilität des Eisenbahnsystems in der EU, ABl. 2016 L 138, 44; RL (EU) 2016/798 über Eisenbahnsicherheit, ABl. 2016 L 138, 102.

[15] Art. 4 f. RL 2012/34/EU zur Schaffung eines einheitlichen europäischen Eisenbahnraums, ABl. 2012 L 343, 32 idF des Delegierten Beschl. (EU) 2017/2075, ABl. 2017 L 295, 69.

müssen zudem Infrastrukturbetreiber und Verkehrsunternehmen entflochten werden, um die Unabhängigkeit des Infrastrukturbereibers zu gewährleisten.[16] Zur finanziellen Entflechtung gehört auch, dass der Infrastrukturbetreiber keine Dividende an die integrierte Muttergesellschaft ausschütten darf.[17]

4 Die europarechtlichen und die verfassungsrechtlichen Regelungen decken sich nur zum Teil. Die europarechtlich geforderte Marktöffnung und Harmonisierung wird **rein fachrechtlich umgesetzt.** Während die staatsunabhängige Geschäftsführung der Eisenbahnunternehmen Art. 87e Abs. 3 Satz 1 entspricht (→ Rn. 17), gebietet Art. 87e nicht die unionsrechtlich gebotene und wettbewerbsrechtlich sinnvolle Entflechtung von Eisenbahnverkehrs- und –infrastrukturunternehmen. Andererseits geht Art. 87e Abs. 3 S. 1 mit der Organisationsprivatisierung der DB AG über das europarechtlich Geforderte hinaus.[18]

5 Mittlerweile wurde auf Unionsebene eine **Europäische Eisenbahnagentur** gegründet.[19] Sie ist mit verschiedenen Verwaltungsaufgaben betraut, darunter die Genehmigung des Inverkehrbringens von Fahrzeugen und Fahrzeugtypen.[20] Diese unionale Verwaltungstätigkeit findet ihre verfassungsrechtliche Grundlage in Art. 23 Abs. 1 Satz 2.

B. Einzelfragen

I. Eisenbahnverkehrsverwaltung (Art. 87e Abs. 1, 2)

6 **1. Die Eisenbahnverkehrsverwaltung für Eisenbahnen des Bundes.** Der Begriff der Eisenbahn ist aus Art. 73 Abs. 1 Nr. 6a[21] übernommen. Er ist in beiden Bestimmungen identisch.[22] Mit Eisenbahnverkehr ist nicht nur der Verkehr ieS gemeint, sondern das gesamte Eisenbahnwesen, das Bau und Betrieb von Eisenbahnen umfasst.[23] Unter Eisenbahnverkehrsverwaltung ist die Wahrnehmung der **wirtschaftsverwaltungsrechtlichen Ordnungs- und Steuerungsaufgaben** zu verstehen, die mit dem Eisenbahnwesen zusammenhängen.[24] Die Eisenbahnverkehrsverwaltung ist zu unterscheiden von den Eisenbahnwirtschaftsunternehmen nach Art. 87e Abs. 3 S. 1. Der Betrieb von Eisenbahnverkehrs- oder -infrastrukturunternehmen (→ Rn. 20) fällt nicht unter Abs. 1.

7 Zur Eisenbahnverkehrsverwaltung gehören etwa die Bahnaufsicht, die Entscheidung über Betriebsgenehmigungen, die Genehmigung von Beförderungstarifen, die Regulierung des Netzzugangs sowie die Planfeststellung von Schienenwegen. Bei Planungs- und Aufsichtsentscheidungen in Hinblick auf **Bahnhofsgebäude** ist zu differenzieren. Soweit die Gebäude den Zugang zu den Gleisen ermöglichen oder Bahneinrichtungen beherbergen, ist die Bundeseisenbahnverwaltung zuständig. Soweit sie anderen Zwecken dienen

---

[16] Art. 7 ff. RL 2012/34/EU (Fn. 17).
[17] Art. 7d RL 2012/34/EU (Fn. 17).
[18] *Gersdorf* in MKS Rn. 42.
[19] VO (EU) 2016/796 über die Eisenbahnagentur der EU, ABl. 2016 L 138, 1.
[20] Art. 22 f. sowie Art. 17, 23 VO (EU) 2016/796.
[21] → Art. 73 Rn. 27 ff.
[22] *Gersdorf* in MKS Rn. 13.
[23] *Gersdorf* in MKS Rn. 15; *Heinze* BayVBl. 1994, 266 (267).
[24] *Schmidt-Aßmann/Röhl* DÖV 1994, 577 (583); *Studenroth* VerwArch 87 (1996), 97 (100–102).

und etwa den Charakter eines Einkaufszentrums annehmen, haben Landesbehörden anhand allgemeinen Baurechts zu entscheiden.[25]

Zur Eisenbahnverkehrsverwaltung gehört als Annex auch die **Bahnpolizei,** das heißt die Abwehr von Angriffen auf die Sicherheit des Bahnverkehrs.[26] Diese sonderpolizeiliche Aufgabe fällt wegen ihrer engen organisatorischen Verbundenheit mit den Aufgaben der Eisenbahnverkehrsverwaltung traditionell in die Kompetenz des Bundes und nicht in die allgemeine polizeirechtliche Zuständigkeit der Länder.[27] Die Organisationsprivatisierung des Verkehrsunternehmens nach Art. 87e Abs. 3 hat an der Verwaltungszuständigkeit insoweit nichts geändert.[28] Die Zuständigkeit der Bahnpolizei ist von Verfassungs wegen nicht räumlich, sondern final begrenzt; bei spezifischen Gefahrenlagen im Zusammenhang mit dem Bahnverkehr kann sie sich beispielsweise auch auf den Bahnhofsvorplatz erstrecken.[29] Andererseits schließt die Bundeskompetenz nicht aus, dass die Landespolizei nach allgemeinem Polizeirecht auch auf Bahngelände und in Bahnanlagen tätig wird.[30] 8

Art. 87e regelt nur den Vollzug von **Bundesrecht.** Für den Vollzug von Landesrecht sind nach Art. 30 allein die Länder zuständig, auch wenn es sich beispielsweise in Form naturschutzrechtlicher Regelungen auf den Bahnbetrieb auswirkt.[31] 9

Art. 87e Abs. 1 erfasst nur die Verwaltung für **Eisenbahnen des Bundes.** Dabei handelt es sich nach der Legaldefinition in Art. 73 Abs. 1 Nr. 6a[32] um Eisenbahnen, die ganz oder mehrheitlich im Eigentum des Bundes stehen. Gibt der Bund seine Mehrheitsbeteiligung an Eisenbahnwirtschaftsunternehmen auf, was bei Eisenbahnverkehrsunternehmen grundsätzlich möglich ist,[33] entfällt die Verwaltungszuständigkeit des Bundes nach Art. 87e Abs. 1 S. 1. Diese Verschiebung der Verwaltungszuständigkeit, die dem GG sonst fremd ist, ist auf Kritik gestoßen.[34] Ein Verstoß gegen das Bundesstaatsprinzip oder gegen sonstiges höherrangiges Verfassungsrecht ist darin jedoch nicht zu erblicken.[35] Einem plötzlichen Übergang der Verwaltungszuständigkeit bei einer Änderung der Kapitalmehrheiten kann durch einfachgesetzliche Zuständigkeitsübertragungen nach Art. 87e Abs. 1 S. 2, Abs. 2 begegnet werden (→ Rn. 14f.). 10

[25] *Ronellenfitsch* DÖV 1996, 1028 (1034); die Zuständigkeiten des Bundes noch enger ziehend *Grigoleit/Otto* DÖV 2000, 182 (185); zur Erstreckung der gemeindlichen Planungshoheit auf Grundstücke, die für Eisenbahnzwecke nicht mehr benötigt werden, BVerwG NVwZ-RR 1998, 542 (542f.); aus fachrechtlicher Sicht *Kuschnerus* ZfBR 2000, 300; sa *Buchner,* Eisenbahnrechtliche Planfeststellung und kommunale Planungshoheit, 2001; *Leitzke/Schreppel* DVBl 2010, 885ff.; zur Multifunktionalität von Bahnhöfen auch *Fenger,* Der Bahnhof als öffentliches Forum, 2018, 171ff.

[26] *Möstl* in Maunz/Dürig Rn. 149; *Riegel* DÖV 1995, 317 (319); ebenso, doch ohne Rückgriff auf die Figur der Annexkompetenz, *Nitz,* Private und öffentliche Sicherheit, 2000, 436f.

[27] BVerfGE 97, 198 (218ff.).

[28] AA *Hecker* NVwZ 1998, 707 (708).

[29] *Grigoleit/Otto* DÖV 2000, 182 (186); s. allerdings die fachrechtliche Begrenzung auf Bahnanlagen in § 3 Abs. 1 BPolG.

[30] *Gusy,* Polizeirecht, 10. Aufl. 2017, Rn. 47; sa § 1 Abs. 7 BPolG.

[31] OVG NRW NuR 2005, 660 (662–663).

[32] → Art. 73 Rn. 29.

[33] Zum Veräußerungsverbot für Infrastrukturunternehmen → Rn. 21.

[34] *Fromm* DVBl 1994, 187 (192); *Wegener* DÖV 1996, 305 (306f.).

[35] *Gersdorf* in MKS Rn. 17.

11 **2. Wird in bundeseigener Verwaltung geführt.** Art. 87e Abs. 1 S. 1 trifft als lex specialis zu Art. 83 eine Entscheidung für die bundeseigene Verwaltung, was eine einfachrechtliche Aufgabenübertragung auf die Länder nach Abs. 1 S. 2 nicht ausschließt. Wie im früheren Art. 87d Abs. 1 S. 1[36] ist unter bundeseigener **auch mittelbare Bundesverwaltung** zu verstehen.[37] Anders als Art. 86 S. 1, 87, die zwischen bundeseigener Verwaltung und mittelbarer Bundesverwaltung unterscheiden, regelt Art. 87e Abs. 1 S. 1 nämlich nicht die Organisationsform der Bundesverwaltung, sondern grenzt lediglich die Verwaltungskompetenzen von Bund und Ländern gegeneinander ab. Dieses weite Verständnis wird durch Art. 87e Abs. 2 bekräftigt, der die Übertragung von Verwaltungskompetenzen auf den Bund vorsieht, ohne die Verwaltungsform näher zu bestimmen. Auch sonst enthält Art. 87e Abs. 1 S. 1 keine Vorgaben für den **Behördenaufbau.** Zulässig wäre insbesondere auch ein eigener Verwaltungsunterbau.[38] Unzulässig wäre eine **privat-rechtliche Organisationsform;**[39] denn Eisenbahnverkehrsverwaltung ist nach dem in → Rn. 6 Gesagten Hoheitsverwaltung, die nach Art. 33 Abs. 4 in der Regel Beamten vorbehalten ist,[40] was eine öffentlich-rechtliche Organisationsform voraussetzt. Das schließt die **Beleihung Privater** mit einzelnen Hoheitsaufgaben nach allgemeinen Regeln[41] nicht aus.[42] Art. 87e Abs. 1 regelt nicht die Kompetenzabgrenzung zwischen Exekutive und Legislative.[43]

12 Behörde der Eisenbahnverkehrsverwaltung ist insbesondere das **Eisenbahn-Bundesamt** als selbständige Bundesoberbehörde.[44] Seit 2006 nimmt auch die Bundesnetzagentur (BNetzA) Aufgaben der Eisenbahnverkehrsverwaltung im Bereich des Netzzugangs wahr.[45] Ähnlich wie Art. 87f gestattet es Art. 87e, die BNetzA ggf. von ministeriellen Weisungen freizustellen.[46] Zur Zulässigkeit des mit Vertretern von BT und BR besetzten Infrastrukturbeirats der BNetzA[47] gilt das zum allgemeinen Beirat Gesagte[48] entsprechend. Behörde der Eisenbahnverkehrsverwaltung iSv Art. 87e Abs. 1 S. 1 ist auch die **Bundespolizei,** soweit sie nach § 3 BPolG bahnpolizeiliche Aufgaben

---

[36] *Uerpmann-Wittzack* in v. Münch/Kunig, 5. Aufl. 2003, Art. 87d Rn. 8.

[37] AA *Becker* in BK Rn. 101–106; *Gersdorf* in MKS Rn. 27; *Möstl* in Maunz/Dürig Rn. 153, 157; *Pieroth* in Jarass/Pieroth Rn. 1; *Windthorst* in Sachs Rn. 22.

[38] *Windthorst* in Sachs Rn. 23; zweifelnd *Becker* in BK Rn. 107; *Heinze* BayVBl. 1994, 266 (268).

[39] *Gersdorf* in MKS Rn. 27.

[40] → Art. 33 Rn. 104 ff.

[41] Dazu *Schmidt am Busch* DÖV 2007, 533; *Maurer/Waldhoff,* AllgVerwR, 2017, § 23 Rn. 63 ff.

[42] *Windthorst* in Sachs Rn. 21; *Nitz,* Private und öffentliche Sicherheit, 2000, 443; aA *Becker* in BK Rn. 126–128; gegen eine Übertragung der Unfalluntersuchung auf Private auch *Ronellenfitsch* NVwZ 1998, 1021; allg. zur Auslagerung einzelner Aufgaben der Eisenbahnverkehrsverwaltung auf Private *Möstl* in Maunz/Dürig Rn. 158.

[43] Zur Planung einer Eisenbahnstrecke durch Gesetz s. BVerfGE 95, 1 (15 ff.) – „Südumfahrung Stendal".

[44] § 2 BEisenbahnverkehrsverwaltungsG (BEVVG); zu den Aufgaben des Bundesamts *Burger,* Zuständigkeit und Aufgaben des Bundes für den öffentlichen Personenverkehr nach Art. 87e GG, 1998, 149 ff.; *Grupp* DVBl 1996, 591; *Studenroth* VerwArch 87 (1996), 97; BVerwG NVwZ 1995, 380 (381).

[45] § 4 BEVVG, §§ 66 ff. Eisenbahnregulierungsgesetz (ERegG); dazu *Frenzel* NZV 2006, 57 (61).

[46] → Art. 87f Rn. 32; *Möstl* in Maunz/Dürig Rn. 156; sa *v. Lewinski* in Ronellenfitsch/Eschweiler/Hörster Aktuelle Probleme des Eisenbahnrechts XX, 9 ff.

[47] §§ 4 Abs. 4 BEVVG, 35 Allgemeines Eisenbahngesetz (AEG).

[48] → Art. 87f Rn. 33.

(→ Rn. 8) wahrnimmt. Der Einsatz der Bundespolizei ist verfassungsrechtlich nicht zu beanstanden.[49] Zwar darf die Bundespolizei nicht zu einer allgemeinen, mit den Landespolizeien konkurrierenden, Bundespolizei ausgebaut werden, doch überschreitet die Übertragung bahnpolizeilicher Aufgaben angesichts ihres begrenzten Umfangs diese Schranke nicht.[50] Soweit Bahnunternehmen nach § 3 Abs. 2 BPolG für Leistungen der Bundespolizei einen Ausgleich zahlen müssen, ist dies politisch bedenklich, weil den Straßenverkehr keine vergleichbaren Belastungen treffen. Art. 87e trifft dazu jedoch keine Regelung. Auch Art. 3 Abs. 1 ist nicht verletzt, da die tatsächliche und rechtliche Ausgangslage zu verschieden ist.[51]

Weist das Unionsrecht Aufgaben der Eisenbahnverwaltung einem unionalen Verwaltungsträger wie der **Europäischen Eisenbahnagentur** zu (→ Rn. 5), verdrängt das vorrangig anzuwendende Unionsrecht[52] die Verwaltungszuständigkeit aus Art. 87e Abs. 1. 13

3. Durch Bundesgesetz können Aufgaben der Eisenbahnverkehrsverwaltung den Ländern als eigene Angelegenheiten übertragen werden. Art. 87e Abs. 1 S. 2 ermächtigt den Bund, Aufgaben der Eisenbahnverkehrsverwaltung abweichend von S. 1 durch Gesetz, das nach Abs. 5 S. 1 der Zustimmung des BRats bedarf, den Ländern zu übertragen. Die Länder führen die Gesetze dann nach Maßgabe von Art. 84 als eigene Angelegenheiten aus. Es handelt sich um den einzigen Fall **fakultativer Landeseigenverwaltung** im GG. Die Vorschrift ermöglicht es ebenso wie Art. 87e Abs. 2, die starre Automatik des Zuständigkeitswechsels bei Änderung der Kapitalmehrheiten an Eisenbahnunternehmen nach Abs. 1 S. 1 (→ Rn. 10) abzufedern. Darüber hinaus bietet sich eine Übertragung vor allem bei Aufgaben von regionaler Tragweite an, etwa im Bereich des Schienenpersonennahverkehrs.[53] Ebenso wie bei Art. 87d Abs. 2[54] wäre aber theoretisch auch eine weitergehende Übertragung zulässig.[55] Allerdings darf sich der Bund dadurch nicht der Instrumente entäußern, deren er zur Wahrnehmung seiner Verantwortung nach Art. 87f Abs. 4 (→ Rn. 28 ff.) bedarf.[56] 14

4. Der Bund nimmt die über den Bereich der Eisenbahnen des Bundes hinausgehenden Aufgaben der Eisenbahnverkehrsverwaltung wahr, die ihm durch Bundesgesetz übertragen werden. Die Eisenbahnverkehrsverwaltung für andere als Eisenbahnen des Bundes wird nach Art. 83 in landeseigener Verwaltung geführt. Art. 87e Abs. 2 gibt dem Bund die Möglichkeit, durch einfaches Gesetz, das nach Abs. 5 S. 1 der Zustimmung des BRats bedarf, diese Aufgaben ganz oder teilweise an sich zu ziehen. Sinn 15

---

[49] BVerfGE 97, 198 (224 f.); *Schreiber* DVBl 1992, 589 (593 f.); *Jutzi* DÖV 1992, 650; *Ronellenfitsch* VerwArch 90 (1999), 139 (153 ff.); sa *Riegel* DÖV 1995, 317 (320).

[50] BVerfGE 97, 198 (218) noch vor der Umbenennung des Bundesgrenzschutzes in Bundespolizei; aA vor der Entscheidung des BVerfG *Papier* DVBl 1992, 1 (7 ff.).

[51] AA *Isensee* FS f. Vogel, 2000, 93 (110 ff.); zum Verbot einer Differenzierung zwischen der DB AG und Wettbewerbern BVerwGE 126, 60 Rn. 44 f.

[52] → Art. 23 Rn. 70.

[53] Dahin gehend die Begründung der BReg. BT-Drs. 12/5015, 7.

[54] → Art. 87d Rn. 26.

[55] AA *Burger,* Zuständigkeit und Aufgaben des Bundes für den öffentlichen Personenverkehr nach Art. 87e GG, 1998, 180; einschränkend *Gersdorf* in MKS Rn. 28; *Wieland* in Dreier Rn. 23; *Möstl* in Maunz/Dürig Rn. 162; *Windthorst* in Sachs Rn. 26.

[56] *Möstl* in Maunz/Dürig Rn. 162; sa *Becker* in BK Rn. 115.

der Regelung ist es vor allem, einen ungewollten **Wechsel der Verwaltungszuständigkeit,** der bei einer Kapitalprivatisierung von Eisenbahnen des Bundes gem. Abs. 1 S. 1 eintreten würde (→ Rn. 10), verhindern zu können.[57] Darüber hinaus lässt sich eine Zuständigkeitszersplitterung vermeiden, die sich sonst bei einem Verkehr unterschiedlicher Unternehmen auf demselben Netz ergeben könnte. Die weitgefasste Bestimmung ließe aber auch eine vollständige **Konzentration der Eisenbahnverkehrsverwaltung** beim Bund zu. Art. 87e Abs. 2 enthält keine näheren Vorgaben für die **Organisation der Bundesverwaltung.** Es gilt daher das zu Abs. 1 S. 1 Gesagte entsprechend (→ Rn. 11).

II. Eisenbahnunternehmen des Bundes (Art. 87e Abs. 3)

16 **1. Eisenbahnen des Bundes werden … in privatrechtlicher Form geführt.** Art. 87e Abs. 3 S. 1 gebietet eine **Organisationsprivatisierung**[58] der Eisenbahnen des Bundes. In Betracht kommen nur **Kapitalgesellschaften.**[59] Nur sie können „im Eigentum des Bundes stehen" (so Art. 73 Abs. 1 Nr. 6a) und nur an ihnen kann der Bund „Anteile" halten (so Art. 87e Abs. 3 S. 3). Zu denken ist vor allem an die Rechtsform der AG;[60] auch eine GmbH kommt in Frage. Rechtsverhältnisse mit der Bahn einschließlich möglicher Abwehransprüche wegen Umweltgefahren sind damit grundsätzlich privatrechtlicher Natur.[61] Die Organisationsvorgabe des Art. 87e Abs. 3 S. 1 setzt eine Umwandlung der zuvor als Sondervermögen des Bundes geführten Bundeseisenbahnen (Deutsche Bundesbahn und Deutsche Reichsbahn) voraus. Dafür verleiht Art. 143a Abs. 1 S. 1 dem Bund die Gesetzgebungszuständigkeit. Der Gesetzgeber hat die Umwandlung durch das EisenbahnneuordnungsG (ENeuOG) v. 27.12.1993[62] mWv 1.1.1994 vollzogen. Art. 87e Abs. 3 S. 1 verlangt lediglich die Organisationsprivatisierung, trifft aber keine Aussage über eine mögliche Kapitalprivatisierung. Letzterer werden vielmehr durch Abs. 3 S. 2, 3 Grenzen gesetzt (→ Rn. 20–23). Zur Organisation **kommunaler Verkehrsbetriebe** oder solcher der Länder sagt Art. 87e GG nichts aus.[63]

17 **2. Als Wirtschaftsunternehmen.** Art. 87e Abs. 3 S. 1 grenzt den Betrieb der Eisenbahnverkehrs- und infrastrukturunternehmen von der Eisenbahnverkehrsverwaltung iSv Abs. 1 ab (→ Rn. 6). Die Eisenbahnen des Bundes sind damit nicht in die öffentliche Verwaltung integriert, sondern organisatorisch, wirtschaftlich und finanziell verselbständigt.[64] In der Festlegung auf eine Führung als Wirtschaftsunternehmen liegt die Entscheidung für eine **kaufmännische Führung,** die **wettbewerbs- und gewinnorientiert** ist.[65] Der

[57] So die Begründung der BReg., BT-Drs. 12/5015, 7.

[58] Zum Begriff *Burgi* in HdbStR IV § 75 Rn. 8; *Schoch* DVBl 1994, 962; sa *Gersdorf* JZ 2008, 831 (832).

[59] *Heinze* BayVBl. 1994, 266; aA *Becker* in BK Rn. 158.

[60] *Becker* in BK, Rn. 159; *Menges,* Die Rechtsgrundlagen für die Strukturreform der Deutschen Bahnen, 1997, 176–178; *Windthorst* in Sachs Rn. 40.

[61] *Roth* NVwZ 2001, 34 (36); BGH NJW 1997, 744 (744 f.); VG Darmstadt NJW 1998, 71 (71 f.).

[62] BGBl. 1993 I 2378.

[63] *Fehling* DV 2001, 25 (30, 44).

[64] BVerfGE 129, 356 (367 f.).

[65] BVerwGE 126, 60 (Rn. 44); *Hommelhoff/Schmidt-Aßmann* ZHR 160 (1996), 521 (532 ff.); *Vesting* in AK Rn. 37.

2. Senat des BVerfG sprach in einem Beschluss von 2011 von einem „Bereich unternehmerischer Selbstbestimmung",[66] der eine parlamentarische Einflussnahme jenseits der legislativen Mitgestaltungsmöglichkeiten ausschließe.[67] Die Unternehmensführung unterliegt damit nicht mehr dem immanenten Gemeinwohlauftrag, der staatlicher Verwaltung eigen ist.[68] Insoweit lässt sich von einer Aufgabenprivatisierung[69] sprechen, auch wenn der Bund Eigentümer bleibt. Wenn der 2. Senat des BVerfG dagegen 2017 den demokratischen Wert einer direkten politischen Einflussnahme auf das operative Geschäft betont,[70] lässt er seinen vorangehenden Beschluss von 2011[71] außer Betracht und unterschätzt die normative Kraft des Abs. 3 S. 1 sowie die Logik einer Trennung zwischen politischer Zielvorgabe im Rahmen von Abs. 1 S. 1, Abs. 4 einerseits und autonomer operativer Umsetzung nach Abs. 3 S. 1 andererseits.[72] Eine solche Trennung gebieten im Übrigen auch Art. 4 f. RL 2012/34/EU zur Schaffung eines einheitlichen europäischen Eisenbahnraums (→ Rn. 3).

Hingegen lässt sich aus der Gleichstellung mit Privaten nicht ableiten, dass Eisenbahnen des Bundes abweichend von Art. 19 Abs. 3[73] Träger von Grundrechten wären.[74] Eine **Grundrechtsberechtigung** ist für die Verwirklichung einer unternehmerischen Bahn nicht erforderlich; es würde sich lediglich um eine zusätzliche Absicherung handeln, die in Abs. 3 S. 1 nicht hinreichend angelegt ist.[75] Mangels verfassungsgerichtlicher Durchsetzbarkeit gibt es auch keinen Anlass, den Eisenbahnen des Bundes aus Abs. 3 eine spezielle subjektive Rechtsposition zuzusprechen.[76] Vielmehr bleibt es dabei, dass die Eisenbahnen des Bundes als Unternehmen in Staatshand **grundrechtsverpflichtet** sind.[77] 18

---

[66] BVerfGE 129, 356 (368); sa BVerwGE 155, 230, Rn. 24: unternehmerische Handlungsfreiheit.

[67] BVerfGE 129, 356 (368 f.).

[68] *Becker* in BK Rn. 150–154; *Möstl* in Maunz/Dürig Rn. 80; *Ruge* AöR 131 (2006), 1 (11 f.); *Schmidt-Aßmann/Röhl* DÖV 1994, 577 (581); differenzierend *Burgi* NVwZ 2018, 601 (606 f.); speziell für Infrastrukturunternehmen *Wilkens,* Wettbewerbsprinzip und Gemeinwohlorientierung bei der Erbringung von Eisenbahndienstleistungen, 2006, 132–141. Sa BVerwGE 155, 230 Rn. 24, 26: keine öffentliche Aufgabe; sehr problematisch dagegen BVerwG NVwZ 2017, 1775 Rn. 43. Der Bahnbetrieb ist entgegen *Raschke* LKV 2009, 21 (22), keine staatliche Aufgabenerfüllung iSv Art. 30; Bahnbedienstete sind entgegen *Radtke* in MüKoStGB I § 11 Rn. 60 keine Amtsträger iSv § 11 Abs. 1 Nr. 2 Buchst. c StGB. AA *Bickenbach* in BerlKomm Rn. 25.

[69] So zB *Möstl* in Maunz/Dürig Rn. 80; zum Begriff *Burgi* in HdbStR IV § 75 Rn. 9; gegen eine Verwendung im vorliegenden Zusammenhang *ders.* NVwZ 2018, 601 (606).

[70] BVerfGE 147, 50, Rn. 220–225; grundsätzlich zustimmend *Burgi* NVwZ 2018, 601 ff.

[71] BVerfGE 129, 356 (368 f.).

[72] Sehr krit. daher auch *Gersdorf* DÖV 2018, 789 ff.; *Möstl* in Maunz/Dürig Rn. 198; von einem Etatisierungsschub spricht *Burgi* NVwZ 2018, 601 (601, 605, 609), die Bedeutung einer Trennung der Handlungsrationalitäten betont *ders.* NVwZ 2018, 601 (607); sa *Hommelhoff* ZHR 182 (2018), 296.

[73] → Art. 19 Rn. 85.

[74] BVerfGE 147, 50, Rn. 271–274; zust. *Burgi* NVwZ 2018, 601 (602); s. auch schon BVerwG NVwZ 2017, 1775 Rn. 54 für die DB Netz AG; aA *Möstl* in Maunz/Dürig Rn. 101–103, 198; anders auch noch *Uerpmann-Wittzack* in v. Münch/Kunig, 6. Aufl. 2012, Rn. 10 m. w. N.

[75] BVerfGE 147, 50, Rn. 271, 274.

[76] So aber *Möstl* in Maunz/Dürig Rn. 175, 197; *Windthorst* in Sachs Rn. 48; dagegen BVerfGE 147, 50, Rn. 275–280.

[77] BVerfGE 147, 50 Rn. 241–243; zust. *Burgi* NVwZ 2018, 601 (602); aA *Möstl* in Maunz/Dürig Rn. 102.

19 Anders als Art. 87f Abs. 2 S. 1[78] trifft Art. 87e Abs. 3 S. 1 **keine Entscheidung für den Wettbewerb.**[79] Der Versuch, Art. 87f ein entsprechendes ordnungspolitisches Leitbild zu entnehmen,[80] scheitert am Kompromischarakter der Vorschrift (→ Rn. 1). Regelungen, die den Wettbewerb einschränken oder ausschließen sind daher lediglich nach allgemeinen Regeln an Grundrechten, insbes. an Art. 12 Abs. 1, sowie an europarechtlichen Vorgaben (→ Rn. 3) zu messen.

20 **3. Diese stehen im Eigentum des Bundes, soweit die Tätigkeit des Wirtschaftsunternehmens den Bau, die Unterhaltung und das Betreiben von Schienenwegen umfasst.** Der Bestimmung des Art. 87e Abs. 3 S. 2 liegt die Unterscheidung von **Eisenbahnverkehrsunternehmen** und **Eisenbahninfrastrukturunternehmen** zugrunde. Dahinter steht die europarechtliche Trennung der Sparten Infrastruktur und Verkehrsleistungen (→ Rn. 3). Zur Infrastruktur zählen neben den eigentlichen Schienenwegen die für ihren Betrieb notwendigen Anlagen und namentlich die zugehörigen Betriebsleit- und Sicherheitssysteme.[81] Demgegenüber ist das rollende Material den Verkehrsbetrieben zuzurechnen. Während die Richtlinie RL 2012/34/EU eine weitgehende organisatorische Verselbständigung von Infrastrukturunternehmen vorschreibt (→ Rn. 3 f.), enthält das GG keine diesbezüglichen Organisationsvorgaben.[82] Die Aufgaben können auf mehrere Unternehmen verteilt werden, müssen es aber nicht; auch ein integrierter Konzern ist zulässig.[83] Der wechselnde Gebrauch von Plural und Singular in Art. 87e Abs. 3 S. 1 und S. 2 hat keine rechtliche Bedeutung.[84] Verfassungsrechtlich bedeutsam ist die Unterscheidung nur insoweit, als Art. 87e Abs. 3 Unternehmen, die zumindest auch Tätigkeiten eines Infrastrukturunternehmens wahrnehmen, besonderen Regelungen unterwirft.

21 Nach Art. 87e Abs. 3 S. 2 müssen diese Unternehmen **im Eigentum des Bundes** stehen (sog. Infrastruktur- oder **Schienenwegevorbehalt**). Die Bestimmung ist missverständlich, weil sich die Vorschrift allein auf Eisenbahnen des Bundes bezieht, die nach der Legaldefinition des Art. 73 Abs. 1 Nr. 6a stets im Eigentum des Bundes stehen. Werden sie veräußert, hören sie auf, Eisenbahnen des Bundes zu sein, so dass Art. 87e Abs. 3 nicht mehr anwendbar ist. Ziel des Art. 87e Abs. 3 S. 2 ist es demgegenüber, Infrastrukturunternehmen einem **Veräußerungsverbot** zu unterwerfen. Dieses ist in Abs. 3 S. 3 im Einzelnen geregelt, so dass S. 2 nur die Funktion einer Definitions- und Grundsatznorm hat.

22 Infrastrukturunternehmen bleiben auch dann Eisenbahnen des Bundes, wenn der Verkehr auf ihren Schienenwegen ausschließlich durch Verkehrs-

---

[78] → Art. 87f Rn. 20.

[79] *Brosius-Gersdorf* DÖV 2002, 275 (282 f.); *Gersdorf* in MKS Rn. 37, 50; sa *Becker* in BK Rn. 48 ff.; *Heise,* Die Deutsche Bahn AG zwischen Wirtschaftlichkeit und Gemeinwohlverantwortung, 2013, 289–293; zweifelnd *Vesting* in AK Rn. 47 ff.; aA *Wilkens,* Wettbewerbsprinzip und Gemeinwohlorientierung bei der Erbringung von Eisenbahndienstleistungen, 2006, 112 f.; differenzierend *Möstl* FS f. Scholz, 2007, 833 (835–839); *Möstl* in Maunz/Dürig Rn. 65 ff.

[80] So *Möllers/Schäfer,* Verfassungs- und bilanzrechtliche Prüfung des Gesetzentwurfs „Kapitalprivatisierung Deutsche Bahn AG" des Bundesministeriums für Verkehr, Bau und Stadtentwicklung, Rechtsgutachten im Auftrag des BDI, 2007, 7 ff.

[81] S. iE *Pommer,* Bahnreform und Enteignung, 2002, 115–118.

[82] *Möstl* in Maunz/Dürig Rn. 128.

[83] *Möstl* FS f. Scholz, 2007, 833 (852).

[84] *Schmidt-Aßmann/Röhl* DÖV 1994, 577 (580).

unternehmen abgewickelt wird, die nicht Eisenbahnen des Bundes sind. Anders als der Wortlaut des Art. 73 Abs. 1 Nr. 6a vermuten lassen könnte, gehört zu den Eisenbahnen des Bundes also **nicht nur die Infrastruktur für Eisenbahnverkehrsunternehmen des Bundes.** Anderenfalls hätte es der Bund in der Hand, durch eine – mit Art. 87e Abs. 3 vereinbare – Veräußerung seiner Verkehrsunternehmen das Veräußerungsverbot für die Infrastruktur gem. Abs. 3 S. 2, 3 zu umgehen. Das Ziel dieser Vorschrift, iVm Abs. 4 die dauerhafte Verantwortung des Bundes für die Eisenbahninfrastruktur sicherzustellen, würde verfehlt. Da sich Abs. 3 S. 2 nur auf Eisenbahnen des Bundes bezieht, schließt er die Gründung von Infrastrukturunternehmen durch **Private** oder durch juristische Personen des öffentlichen Rechts auf Landes- oder kommunaler Ebene mit dem Ziel, neue Strecken zu errichten, nicht aus.[85] Etwas missverständlich ist es daher, von einem „Aufgabenvorbehalt zu Gunsten öffentlicher Unternehmenstätigkeit“ zu sprechen.[86] Auch die Stilllegung oder Veräußerung einzelner Strecken der Eisenbahnen des Bundes ist möglich (→ Rn. 31).

Das Eigentum nach Art. 87e Abs. 3 S. 2 muss kein Alleineigentum sein, 23
wie sich aus der Möglichkeit einer Teilprivatisierung nach Art. 87e Abs. 3 S. 3 ergibt (→ Rn. 25 f.). Notwendig ist aber **Volleigentum.** Bloßes Sicherungseigentum oder eine andere Eigentumshülse, bei der die wesentlichen Eigentümerbefugnisse auf einen Privaten übertragen werden, genügt den Anforderungen nicht.[87] Art. 87e Abs. 3 flankiert die Infrastrukturverantwortung des Bundes nach Art. 87e Abs. 4 vielmehr dadurch, dass er eine dauerhafte zivilrechtliche Herrschaft des Bundes über die Eisenbahninfrastrukturunternehmen festschreibt. Leitbild für das notwendige Eigentum des Bundes sind die wesentlichen Befugnisse, die einem Eigentümer nach § 903 BGB bzw. die einem Mehrheitsaktionär nach dem Aktienrecht[88] zustehen.

Art. 87e Abs. 3 trifft keine Aussage über das **Grundeigentum am Schie-** 24
nennetz und der übrigen Infrastruktur selbst.[89] Dieses könnte **auch direkt beim Bund** verbleiben, sofern nur Betrieb und Unterhalt einem Unternehmen nach Art. 87e Abs. 3 S. 1, 2 übertragen werden.[90] Allerdings unterliegt auch eine Veräußerung des Grundeigentums an Private den Schranken des Art. 87e Abs. 3, da anderenfalls der Sicherungszweck dieser Norm ausgehöhlt würde (→ Rn. 31). Eine Ausnahme gilt nur für **einzelne Grundstücke,** die nicht mehr als Infrastruktur benötigt werden.[91]

4. Die Veräußerung von Anteilen des Bundes an den Unternehmen 25
nach Satz 2 erfolgt auf Grund eines Gesetzes. Art. 87e Abs. 3 S. 3 Hs. 1 stellt die Veräußerung von Anteilen an Infrastrukturunternehmen unter **Gesetzesvorbehalt.** Aus Abs. 3 S. 4 ergibt sich, dass es sich um ein Bundesgesetz handeln muss, das nach Abs. 5 S. 1 der Zustimmung des BRats bedarf.

---

[85] *Uechtritz* DVBl 2002, 739 (744); sa *Kühling,* Sektorspezifische Regulierung in den Netzwirtschaften, 2004, 550 f.

[86] So *Britz* NVwZ 2001, 380 (387).

[87] Sa *Wieland* in Dreier Rn. 18 f.

[88] *Masing,* Rechtsgutachten zur Verfassungsmäßigkeit des Entwurfs des Bundesministeriums für Verkehr, Bau und Stadtentwicklung für ein Gesetz zur Neuordnung der Eisenbahnen des Bundes, 2007, 16 ff.; sa *Stamm,* Eisenbahnverfassung und Bahnprivatisierung, 2010, 173 ff.

[89] *Raschke,* Die Regionalisierung als Voraussetzung der Entwidmung von Bahnanlagen, 2007, 258.

[90] *Möstl* in Maunz/Dürig Rn. 134.

[91] Sa BVerfGE 129, 356 (369 f.); zur Streckenstilllegung → Rn. 31, 36.

Der Gesetzesvorbehalt bezieht sich nur auf Veräußerungen, nicht auf Kapitalerhöhungen.[92] Materielle Einschränkungen der Veräußerungsbefugnis ergeben sich in Hinblick auf Infrastrukturunternehmen aus Abs. 3 S. 2 und Abs. 3 S. 3 Hs. 2 (→ Rn. 21 u. 26). Die Veräußerung von Eisenbahnverkehrsunternehmen steht vorbehaltlich fachgesetzlicher Regelungen im Ermessen der Exekutive. Die Entscheidung, innerhalb des DB-Konzerns die Verkehrsunternehmen in einer Zwischenholding zusammenzufassen und nur diese „DB Mobility and Logistics AG" zu 24,9 % für privates Kapital zu öffnen,[93] war damit auch ohne gesetzliche Grundlage verfassungsrechtlich unproblematisch. Ein Gebot zur **Kapitalprivatisierung,** also zur Veräußerung an Private, lässt sich aus Art. 87e jedoch nicht ableiten.[94] Angesichts der Regelungen in Art. 87e, die Eisenbahnverkehrsunternehmen des Bundes ohne zeitliche Beschränkung vorsehen, wird man davon ausgehen müssen, dass eine Kapitalprivatisierung auch nicht grundrechtlich geboten ist.[95]

26 **5. Die Mehrheit der Anteile an diesen Unternehmen verbleibt beim Bund.** Nach Art. 87e Abs. 3 S. 2, 3 muss der Bund die Herrschaft über Infrastrukturunternehmen (zum Begriff → Rn. 20) behalten.[96] Das bedeutet, dass ihm eine Kapitalmehrheit bleiben muss, die ihm die **Stimmenmehrheit** in der Haupt- oder Gesellschafterversammlung sichert.[97] Er muss diese Mehrheit nicht direkt halten. Auch **Schachtelbeteiligungen,** etwa über eine Holding, sind zulässig.[98] Sie müssen aber so ausgestaltet sein, dass der Bund einen hinreichenden Einfluss auf die konkrete Tätigkeit der Infrastrukturunternehmen behält, der sich nach den typischen Einflussmöglichkeiten eines unmittelbaren Mehrheitseigentümers nach Aktienrecht bemisst (→ Rn. 23). Werden Infrastrukturunternehmen indirekt über eine Aktiengesellschaft wie die DB AG als Muttergesellschaft gehalten, muss der Bund über seine Aktienmehrheit zumindest alle Arbeitgebervertreter im Aufsichtsrat bestimmen können, um über seine Mehrheit Einfluss auf den Konzernvorstand und damit auf die Infrastrukturtochter nehmen zu können.[99]

27 **6. Das Nähere wird durch Bundesgesetz geregelt.** Art. 87e Abs. 3 S. 4 stellt die Organisation der Eisenbahnen des Bundes ebenso wie die Veräußerung von Eisenbahninfrastrukturunternehmen unter **Gesetzesvorbehalt,** weist dem Bund insoweit die ausschließliche Gesetzgebungszustän-

---

[92] *Becker* in BK Rn. 196 f.; *Gersdorf* in MKS Rn. 57.

[93] S. *Ehlers* FS f. Steiner, 2009, 136 (148–150) sowie den Beschlussantrag BT-Drs. 16/9070.

[94] *Kämmerer,* Privatisierung, 2001, 314 ff.; *Kühling,* Sektorspezifische Regulierung in den Netzwirtschaften, 2004, 552 f.; *Möstl* in Maunz/Dürig Rn. 110; aA *Battis/Kersten* WuW 2005, 493 (496 f.).

[95] Dahin gehend aber *Menges,* Die Rechtsgrundlagen für die Strukturreform der Deutschen Bahnen, 1997, 102–116.

[96] S. *Schmidt-Aßmann/Röhl* DÖV 1994, 577 (585).

[97] Zu den gesellschaftsrechtlichen Einflussmöglichkeiten *Burger,* Zuständigkeit und Aufgaben des Bundes für den öffentlichen Personenverkehr nach Art. 87e GG, 1998, 72 ff.; *Scholz/Aulehner* ArchPT 1993, 221 (244); *Leisner* WiVerw 1983, 212 (216 ff.).

[98] Grundlegend *Schmidt-Aßmann/Röhl* DÖV 1994, 577 (579).

[99] S. *Ehlers* FS f. Steiner, 2009, 136 (142 f.); *Masing,* Rechtsgutachten zur Verfassungsmäßigkeit des Entwurfs des Bundesministeriums für Verkehr, Bau und Stadtentwicklung für ein Gesetz zur Neuordnung der Eisenbahnen des Bundes, 2007, 27 ff.; *Möllers/Schäfer,* Verfassungs- und bilanzrechtliche Prüfung des Gesetzentwurfs „Kapitalprivatisierung Deutsche Bahn AG" des Bundesministeriums für Verkehr, Bau und Stadtentwicklung, Rechtsgutachten im Auftrag des BDI, 2007, 25; sowie *Uerpmann-Wittzack* FS f. Steiner, 2009, 872 (879 f., 883 f.).

digkeit zu und erteilt dem Bundesgesetzgeber einen entsprechenden Regelungsauftrag. Aus Abs. 3 S. 4 folgt, dass die wesentlichen Entscheidungen in der parlamentarischen Gesetzgebung getroffen werden müssen. Das bedeutet allerdings nicht, dass das Gesetz beispielsweise einen genauen Zeitplan für eine Kapitalprivatisierung vorgeben müsste.[100] Vielmehr genügt es, wenn die Rahmenbedingungen hinreichend abgesteckt werden. Gesetze nach Abs. 3 S. 4 bedürfen gem. Abs. 5 S. 1 der Zustimmung des BRats.

III. Verantwortung des Bundes (Art. 87e Abs. 4)

1. Der Bund gewährleistet. Art. 87e Abs. 4 S. 1 normiert eine **staatliche Grundverantwortung** für das Eisenbahnwesen. Die Vorschrift begründet kein subjektives Recht,[101] hindert aber nicht daran, solche Rechte fachrechtlich einzuräumen.[102] Die Verantwortung trifft den Bund als solchen, nicht die als Wirtschaftsunternehmen (→ Rn. 17) zu führenden Eisenbahnen des Bundes.[103] Sie bindet den Gesetzgeber und, im Rahmen fachrechtlicher Vorgaben, die Verwaltung[104] und ist vor allem mit den **Mitteln des Eisenbahnverwaltungsrechts** wahrzunehmen. Dazu zählen namentlich Regelungen über den Netzzugang, Genehmigungsverfahren für Streckenstilllegungen,[105] sowie ggf. eine Entgeltregulierung,[106] aber auch Finanzhilfen für die Infrastruktur und der Einkauf gemeinwirtschaftlicher Leistungen im Wege der öffentlichen Auftragsvergabe.[107] Insoweit ist ggf. auch der Haushaltsgesetzgeber durch Art. 87e Abs. 4 S. 1 gebunden.[108] 28

Fraglich ist, ob der Bund seine Verantwortung auch dadurch erfüllen kann oder sogar muss, dass er gesellschaftsrechtlich auf die unternehmerischen Entscheidungen der von ihm gehaltenen Eisenbahnunternehmen Einfluss nimmt.[109] Dies wird vor allem unter Hinweis auf die Entstehungsgeschichte insbesondere für Eisenbahninfrastrukturunternehmen vertreten.[110] Ein solcher **gesellschaftsrechtlicher Einfluss** kann der Festlegung der Eisenbahnunternehmen auf eine kaufmännische Führung nach Abs. 3 S. 1 (→ Rn. 17) widersprechen. Daher wird man bei systematischer Auslegung davon ausgehen müssen, dass der Bund die Eisenbahnunternehmen über seine Eigentümerstellung nur zu solchen Handlungen veranlassen darf, die im Rahmen des 29

[100] Dahin gehend aber *Masing,* Rechtsgutachten zur Verfassungsmäßigkeit des Entwurfs des Bundesministeriums für Verkehr, Bau und Stadtentwicklung für ein Gesetz zur Neuordnung der Eisenbahnen des Bundes, 2007, 40 f.

[101] *Sommer,* Staatliche Gewährleistung im Verkehrs-, Post- und Telekommunikationsbereich, 2000, 82 f.

[102] ZB Rechte von Wettbewerbern gegen Streckenstilllegungen: *Kramer,* Das Recht der Eisenbahninfrastruktur, 2001, 283 ff.; sowie *Spoerr* DVBl 1997, 1309 (1313 ff.) gegen VGH Kassel NVwZ 2001, 105.

[103] *Fehling* AöR 121 (1996), 59 (78).

[104] *Gersdorf* in MKS Rn. 73.

[105] Dazu *Spoerr* DVBl 1997, 1309 sowie *Frotscher/Kramer* NVwZ 2001, 24 (30–32).

[106] Insoweit Freiheitsrechte betonend *Ludwigs* NVwZ 2008, 954 (957–959).

[107] *Gersdorf* JZ 2008, 831 (838); zum diesbezüglichen legislativen Gestaltungsspielraum *Gersdorf* DVBl 2010, 746 (748 f.); BVerwGE 155, 230 Rn. 26; sa § 15 AEG.

[108] *Sommer,* Staatliche Gewährleistung im Verkehrs-, Post- und Telekommunikationsbereich, 2000, 123 f.

[109] Zum gesellschaftsrechtlichen Instrumentarium *Menges,* Die Rechtsgrundlagen für die Strukturreform der Deutschen Bahnen, 1997, 153 ff.

[110] So *Menges,* Die Rechtsgrundlagen für die Strukturreform der Deutschen Bahnen, 1997, 58 ff.; dies auf alle Eisenbahnunternehmen des Bundes ausweitend *Burger,* Zuständigkeit und Aufgaben des Bundes für den öffentlichen Personenverkehr nach Art. 87e GG, 1998, 71–83, 139; *Wieland* in Dreier Rn. 21.

allgemeinen Gesellschaftsrechts mit einer kaufmännisch vernünftigen Unternehmensführung vereinbar sind.[111] Das schließt es nicht aus, punktuell Sondergesellschaftsrecht für Eisenbahnen des Bundes zu schaffen.[112] Diese Auslegung wahrt die Festlegung des Art. 87e Abs. 3 S. 1; zur Verwirklichung des Abs. 4 S. 1 bleiben dem Bund hinreichende Mittel vor allem wirtschaftsverwaltungsrechtlicher Art.[113] Insbesondere besteht keine Notwendigkeit, unmittelbar aus Art. 87e eine Verpflichtung der Eisenbahninfrastrukturunternehmen zur Netzöffnung abzuleiten.[114]

30 **2. Dass dem Wohl der Allgemeinheit, insbesondere den Verkehrsbedürfnissen, ... Rechnung getragen wird.** Mit den genannten Mitteln hat der Bund zu gewährleisten, dass die an sich privatwirtschaftlich orientierten Entscheidungen der Eisenbahnunternehmen die öffentlichen Infrastrukturinteressen hinreichend berücksichtigen. Dabei kann eine **Abwägung unterschiedlicher Interessen** erforderlich sein,[115] bei der erhebliche Einschätzungsspielräume bestehen.[116] Neben den ausdrücklich angesprochenen Verkehrsinteressen kommen auch Belange des Umweltschutzes sowie Wirtschaftlichkeitserwägungen in Betracht.[117]

31 **3. Beim Ausbau und Erhalt des Schienennetzes der Eisenbahnen des Bundes.** Die Gewährleistungsverantwortung des Bundes erstreckt sich zunächst auf das **Schienennetz** unter Einschluss des Netzbetriebs.[118] Zum Schienennetz gehören alle Anlagen, die unmittelbar oder mittelbar zur Abwicklung des Schienenverkehrs erforderlich sind, also etwa auch Signalanlagen oder Bahnsteige. Hingegen werden andere Einrichtungen, wie Verwaltungsgebäude oder Fahrkartenschalter, nicht erfasst.[119] Aus Abs. 4 S. 1 folgt **keine Bestandsgarantie für einzelne Strecken,** aber eine Entscheidung für den Erhalt des Netzes als solches.[120] Unzulässig wäre ein massiver oder kontinuierlicher Abbau des Schienennetzes. Darüber hinaus spricht Abs. 4 S. 1 vom Ausbau des Schienennetzes. Dieser Netzausbau umfasst nicht nur den Ausbau vorhandener Strecken, sondern auch den Streckenneubau.[121] Die Wendung „Ausbau und Erhalt" zielt tendenziell auf eine **Vergrößerung**

---

[111] Sa *Burgi* NVwZ 2018, 601 (607 f.); *Gersdorf* in MKS Rn. 52, 73, 78–82; *Heise,* Die Deutsche Bahn zwischen Wirtschaftlichkeit und Gemeinwohlverantwortung, 2013, 308 ff.; *Homelhoff/Schmidt-Aßmann* ZHR 160 (1996), 521 (554 ff.); *Kramer* in Bayreuther Betriebliche Sozialeinrichtungen und ihre Rechtsstellung, 115 (120 f.); *Möstl* in Maunz/Dürig Rn. 91 ff.

[112] *Möstl* in Maunz/Dürig Rn. 174.

[113] IErg ebenso *Burgi* NVwZ 2018, 601 (608).

[114] So aber *Möstl* FS f. Scholz, 2007, 833 (850 f.).

[115] *Sommer,* Staatliche Gewährleistung im Verkehrs-, Post- und Telekommunikationsbereich, 2000, 74 f.; *Windthorst* in Sachs Rn. 63.

[116] *Gersdorf* in MKS Rn. 72, 75; krit. *Vesting* in AK Rn. 59.

[117] S. iE *Burger,* Zuständigkeit und Aufgaben des Bundes für den öffentlichen Personenverkehr nach Art. 87e GG, 1998, 112 ff.; zur Abwägung im Rahmen von Gemeinwohlentscheidungen allg. *Uerpmann-Wittzack,* Das öffentliche Interesse, 1999, 285 ff.

[118] *Kühling,* Sektorspezifische Regulierung in den Netzwirtschaften, 2004, 557 f.

[119] S. *Burger,* Zuständigkeit und Aufgaben des Bundes für den öffentlichen Personenverkehr nach Art. 87e GG, 1998, 102–104.

[120] Dahin gehend auch *Burger,* Zuständigkeit und Aufgaben des Bundes für den öffentlichen Personenverkehr nach Art. 87e GG, 1998, 108; die Begrenztheit der Gewährleistungsklausel betont hingegen *Lerche* FS f. Friauf, 1996, 251 (256–258); zur Stilllegung von Nahverkehrsstrecken → Rn. 34.

[121] Sa *Burger,* Zuständigkeit und Aufgaben des Bundes für den öffentlichen Personenverkehr nach Art. 87e GG, 1998, 108 f.; *Etzold,* Die Gewährleistungsverantwortung des Bundes für die Schienenwege, 2010, 104.

und Verbesserung des Netzes ab.[122] Das bedeutet nicht, dass der bisherige Netzumfang unabhängig von den Verkehrsbedürfnissen festgeschrieben wäre.[123] Die Verkehrsbedürfnisse lassen sich aber nicht auf die Belange aktueller Bahnfahrgäste und -kunden reduzieren. Ziel ist vielmehr eine ausgewogene Verkehrspolitik, die ökonomisch und ökologisch vertretbar ist. Dazu ist auch eine Verlagerung von Verkehrsströmen auf die Schiene ins Auge zu fassen. Abs. 4 verbietet es zudem, Schienenwege in größerem Umfang auf Dritte zu übertragen, da sie dann nicht mehr Teil des von Abs. 4 geschützten Schienennetzes der Eisenbahnen des Bundes wären. Das ergibt sich auch aus Abs. 3 S. 2, 3 (→ Rn. 24). Das dort geregelte Veräußerungsverbot für Infrastrukturunternehmen darf nicht durch eine Veräußerung der Schienenwege umgangen werden.[124] Das schließt eine Veräußerung einzelner Strecken nicht aus, wie die Regelung des Abs. 5 S. 2 zeigt.

4. Sowie bei deren Verkehrsangeboten auf diesem Schienennetz. 32
Die Gewährleistungsverantwortung nach Art. 87e Abs. 4 S. 1 erstreckt sich zudem auf die **Verkehrsangebote.** Daraus ergibt sich **keine Privatisierungsschranke für Eisenbahnverkehrsunternehmen** des Bundes.[125] Art. 87e Abs. 3 S. 2, 3 zeigen deutlich, dass nur die Veräußerung von Eisenbahninfrastrukturunternehmen beschränkt sein soll. Andererseits kann sich der Bund seiner Verantwortung nach Abs. 4 S. 1 nicht durch eine Veräußerung seiner Eisenbahnverkehrsunternehmen entziehen. Die Vorschrift kann nach Wortlaut und Stellung im GG **nicht als Übergangsvorschrift** für die Zeit bis zu einer Kapitalprivatisierung angesehen werden.[126] Hält man sich streng an den Verfassungstext, müsste zwar die Gewährleistungspflicht für Verkehrsunternehmen im Falle ihrer Veräußerung entfallen.[127] Eine solche Interpretation würde aber die fortbestehende Gewährleistungsverantwortung für die nach Abs. 3 S. 2 und 3 unveräußerliche Infrastruktur aushöhlen. Deshalb muss der Bund **dauerhaft** ein **angemessenes Verkehrsangebot** sicherstellen,[128] wobei es ihm freisteht, ob er dies mit eigenen Unternehmen bewerkstelligt.

---

[122] Enger wohl *Etzold,* Die Gewährleistungsverantwortung des Bundes für die Schienenwege, 2010, 106: Vorhalten „eines funktionstüchtigen Schienennetzes".

[123] *Sommer,* Staatliche Gewährleistung im Verkehrs-, Post- und Telekommunikationsbereich, 2000, 76; sa *Kersten* DVBl 2006, 942 (946 f.).

[124] *Kühling,* Sektorspezifische Regulierung in den Netzwirtschaften, 2004, 551; *Möstl* in Maunz/Dürig Rn. 135.

[125] *Gersdorf* in MKS Rn. 62; damit verträgt sich allerdings nicht, wenn *Gersdorf* DVBl 2010, 746 (749 ff.) eine verfassungsunmittelbare Universaldienstverantwortung der Eisenbahnverkehrsunternehmen des Bundes annimmt.

[126] So aber *Schmidt-Aßmann/Röhl* DÖV 1994, 577 (582, 584); dem folgend, doch mit verfassungspolitischen Bedenken *Gersdorf* in MKS Rn. 68 f.; wie hier *Lackner,* Gewährleistungsverantwortung und Verkehrsverwaltung, 2004, 285 f.; *Schulz,* Das Eisenbahnwesen des Bundes und die Stellung der deutschen Bahnen auf dem Europäischen Binnenmarkt, 1995, 98; *Sommer,* Staatliche Gewährleistung im Verkehrs-, Post- und Telekommunikationsbereich, 2000, 81; *Wieland* in Dreier Rn. 23.

[127] So *Becker* in BK Rn. 221 f.; *Brosius-Gersdorf* DÖV 2002, 275 (281); *Heise,* Die Deutsche Bahn AG zwischen Wirtschaftlichkeit und Gemeinwohlverantwortung, 2013, 283–287; *Kühling,* Sektorspezifische Regulierung in den Netzwirtschaften, 2004, 562; *Möstl* in Maunz/Dürig Rn. 108 f., 188; ebenso *Wilkens,* Wettbewerbsprinzip und Gemeinwohlorientierung bei der Erbringung von Eisenbahndienstleistungen, 2006, 184–186, die dies allerdings selbst als paradox bezeichnet.

[128] Sa *Bickenbach* in BerlKomm Rn. 41, der diese Pflicht allerdings außerhalb von Art. 87e Abs. 4 verankert sieht.

33 **5. Soweit diese nicht den Schienenpersonennahverkehr betreffen.** Die Verantwortung des Bundes für die Verkehrsangebote erstreckt sich **nicht** auf den **Schienenpersonennahverkehr.** Dabei handelt es sich um den schienengebundenen Teil des Öffentlichen Personennahverkehrs (ÖPNV). Der Begriff des ÖPNV hat sich seit den sechziger Jahren herausgebildet.[129] Er wird nun in § 2 des Regionalisierungsgesetzes definiert.[130] In Anlehnung an diese Begriffsbestimmung umfasst der Schienenpersonennahverkehr den Stadt-, Vorort- und Regionalverkehr, in dem die Fahrgäste in der Regel Fahrstrecken von nicht mehr als 50 Kilometer zurücklegen oder nicht länger als eine Stunde unterwegs sind.[131] Abs. 4 S. 1 beschränkt nicht das Recht der Eisenbahnen des Bundes, Nahverkehrsleistungen anzubieten. Sind sie unternehmerisch nicht sinnvoll, ist es nach Art. 30, 104a Abs. 1 Sache der Länder und Gemeinden, solche Leistungen anzufordern bzw. auszuschreiben und zu finanzieren. Abgrenzungsprobleme ergeben sich daraus, dass Fern- und Nahverkehrszüge bis zu einem gewissen Grad austauschbar sind, wie die Abschaffung des Interregio zugunsten des Regionalexpress zeigt.[132] Es verletzt Länderrechte, wenn der Bund auf diese Weise seine Pflicht zur Gewährleistung eines hinreichenden Fernverkehrs auf die Länder abwälzt.[133] Freilich ist eine genaue Abgrenzung der Verantwortungssphären praktisch kaum möglich.

34 Von der Gewährleistungsverantwortung des Bundes sind schon vom Wortlaut her nur die Verkehrsangebote des Nahverkehrs ausgenommen, nicht das zugehörige Streckennetz,[134] zumal dieses etwa beim Regionalverkehr zum Teil nicht vom Fernverkehrsnetz zu trennen ist. Damit liegt die Verantwortung für ein hinreichendes **Nahverkehrsschienennetz** beim Bund.[135] Namentlich hat der Bund dafür Sorge zu tragen, dass Nahverkehrsstrecken, deren Betrieb unwirtschaftlich ist, nicht ohne weiteres stillgelegt werden. Besteht nach Abwägung aller Belange ein Bedürfnis für den Erhalt der Strecke, steht der Bund vielmehr gem. Art. 104a Abs. 1 in der **Finanzierungsverantwortung.**[136] Ein solches Bedürfnis wird insbesondere dann anzunehmen sein, wenn das Land bereit ist, ein substanzielles Verkehrsangebot auf der Strecke zu finanzieren. Angesichts der engen **Verflechtung von Bundes- und Landeskompetenzen** im Bereich des Schienenpersonennahverkehrs kommt dem Grundsatz des bundestreuen Verhaltens[137] besondere Bedeutung zu. Insbesondere wird der Bund vor der Entwidmung einer Nahverkehrsstrecke auf die Belange des jeweiligen Landes Rücksicht nehmen[138]

---

[129] *Burger,* Zuständigkeit und Aufgaben des Bundes für den öffentlichen Personenverkehr nach Art. 87e GG, 1998, 50 ff.

[130] Erlassen als Art. 4 ENeuOG, BGBl. 1993 I 2378.

[131] Für eine konkret-situationsabhängige Abgrenzung hingegen *Oebbecke* NVwZ 2016, 1084 ff.

[132] Dazu *Knecht* NVwZ 2003, 932.

[133] *Möstl* in Maunz/Dürig Rn. 143; entgegen *Raschke* LKV 2009, 21 (22), ergibt sich daraus allerdings kein Mitspracherecht der Länder bei der unternehmerischen Führung der Eisenbahn des Bundes.

[134] *Burger,* Zuständigkeit und Aufgaben des Bundes für den öffentlichen Personenverkehr nach Art. 87e GG, 1998, 53; *Hidien* DVBl 1997, 595 (596).

[135] *Möstl* in Maunz/Dürig Rn. 142; *Neumann,* Daseinsvorsorgeaufgabe Schienenpersonennahverkehr, 2015, 143 f.

[136] *Raschke,* Die Regionalisierung als Voraussetzung der Entwidmung von Bahnanlagen, 2007, 395 ff., auch zur abweichenden Rechtspraxis.

[137] → Art. 20 Rn. 101.

[138] *Raschke,* Die Regionalisierung als Voraussetzung der Entwidmung von Bahnanlagen, 2007, 422 ff.

und eine Abstimmung versuchen müssen.[139] Dagegen gibt das GG keinen hinreichenden Anhalt für einen Funktionsübergang dergestalt, dass entwidmete Nahverkehrsstrecken in das Eigentum des Landes fallen.[140]

Abs. 4 S. 1 erstreckt die Verantwortung des Bundes auch auf den **Ausbau des Nahverkehrsnetzes.** Das spricht dafür, dass den Bund gegenüber den Ländern gemäß Art. 104a Abs. 1 auch insoweit die Finanzierungsverantwortung trifft, so dass eine **Kofinanzierung** durch die Länder unzulässig wäre.[141] Das BVerwG sieht dies anders, stellt dabei aber zu Unrecht auf die nichtöffentliche Aufgabe des Wirtschaftsunternehmens DB AG aus Abs. 3 S. 1 ab und nicht auf die Aufgabe des Bundes aus Abs. 4 S. 1.[142] Allerdings lässt Abs. 4 den Ländern die Freiheit, unabhängig von den Eisenbahnen des Bundes gemäß Art. 30, 104a Nahverkehrsnetze zu errichten und zu finanzieren. Das spricht dafür, dass sie sich an einem Ausbau des DB Netzes beteiligen dürfen.[143] 35

6. Das Nähere wird durch Bundesgesetz geregelt. Art. 87e Abs. 4 S. 2 beauftragt den Bundesgesetzgeber, die notwendigen Regelungen zu erlassen, damit der Bund seiner Verantwortung nach S. 1 nachkommen kann. Dieser **Regelungsauftrag** hat zugleich den Charakter eines **Gesetzesvorbehalts.** Wesentliche Regelungen muss der Gesetzgeber treffen.[144] Das gilt insbesondere auch für die **Stilllegung von Strecken.** Diese müssen durch Gesetz oder nach einem gesetzlich geregelten Verfahren erfolgen.[145] Das folgt auch aus Abs. 5 S. 2, der Gesetze, welche die Stilllegung von Schienenwegen der Eisenbahnen des Bundes betreffen, von der Zustimmung des BRats abhängig macht. Die Beteiligung des BRats liefe leer, wenn eine Übertragung ohne gesetzliche Grundlage möglich wäre.[146] Der Gesetzesvorbehalt erstreckt sich ebenfalls auf die nach Abs. 4 S. 1 eingeschränkte Befugnis, einzelne Schienenwege Dritten zu übertragen. Das ergibt sich wiederum aus Abs. 5 S. 2, der entsprechende Gesetze von der Zustimmung des BRats abhängig macht. 36

Der Gesetzesvorbehalt schließt es nicht aus, dass der Bund seiner Verantwortung aus Art. 87e Abs. 4 S. 1 durch den Abschluss einer **Leistungs- und Finanzierungsvereinbarung** mit den entsprechenden Eisenbahnunternehmen nachkommt.[147] Dafür bedarf es aber nach Art. 87e Abs. 4 S. 2 einer gesetzlichen Grundlage, die die wesentlichen Inhalte und Grundlinien der vertraglichen Regelung vorgibt. Problematisch ist zudem die Bindung der Gesetzgebung auch zukünftiger Legislaturperioden, die mit einer vertraglichen Regelung verbunden ist. Bei der Laufzeit ist daher das Interesse des Eisenbahnunternehmens an Planungssicherheit mit dem Interesse an fort- 37

---

[139] Zur ähnlichen Situation im Straßenrecht s. BVerfGE 102, 167; → Art. 90 Rn. 59.

[140] So aber *Raschke,* Die Regionalisierung als Voraussetzung der Entwidmung von Bahnanlagen, 2007, 440, 499 f.

[141] *Speck* N&R 2018, 34 ff.

[142] BVerwGE 155, 230, Rn. 17–27 im Anschluss an *Gersdorf* ZG 2011, 248 (257 ff.); sa *Pauly/Becker* NVwZ 2013, 334 (336) mit einem engen Verständnis von Abs. 4.

[143] Ähnlich *Dolde/Porsch* NVwZ 2011, 833 (836), die allerdings nicht berücksichtigen, dass die Länder Netze außerhalb der Eisenbahnen des Bundes errichten dürfen.

[144] Skeptisch *Möstl* in Maunz/Dürig Rn. 190.

[145] S. die Stellungnahme des BRats, BT-Drs. 12/5015, 11.

[146] *Heinze* BayVBl. 1994, 266 (268).

[147] Dazu und insbes. zur Kontrolle durch den Bundesrechnungshof *Schuppert/Meinel* VerwArch 102 (2011), 459 ff.

dauernder legislativer Gestaltungsfreiheit zum Ausgleich zu bringen. Angemessen erscheint ein Zeitraum von zehn bis fünfzehn Jahren.[148]

IV. Mitwirkung des Bundesrats bei der Gesetzgebung (Art. 87e Abs. 5)

38 **1. Gesetze auf Grund der Absätze 1–4 bedürfen der Zustimmung des Bundesrates.** Art. 87e Abs. 5 S. 1 macht Gesetze nach Art. 87e Abs. 1 S. 2, Abs. 2, Abs. 3 S. 3, 4, Abs. 4 S. 2 von der **Zustimmung des BRats** abhängig. Eine zur Ausführung von Art. 87e Abs. 4 geschlossene **Leistungs- und Finanzierungsvereinbarung**[149] ist kein Gesetz und daher nicht nach Art. 87e Abs. 5 zustimmungsbedürftig. Sie ist aber ein funktionales Äquivalent zu einer **Ausführungsverordnung,** die nach Art. 80 Abs. 2[150] grundsätzlich zustimmungsbedürftig wäre. Die Bindung ist sogar insoweit stärker als bei einer Verordnung, als der Bund während der Laufzeit an einer einseitigen Änderung gehindert ist. Daher ist die Vereinbarung analog Art. 80 Abs. 2 zustimmungsbedürftig, soweit die fachgesetzliche Ermächtigung nicht ausdrücklich anderes vorsieht.

39 **2. Andere zustimmungsbedürftige Gesetze.** Art. 87e Abs. 5 S. 2 unterwirft über die Fälle des S. 1 hinaus bestimmte Gesetze der Zustimmung des BRats. Art. 87e Abs. 5 S. 2 verleiht dem Bund **keine Gesetzgebungskompetenzen,** sondern setzt sie nach seinem Wortlaut voraus.[151] Der Zustimmung des BRats bedürfen Gesetze, durch die Eisenbahnunternehmen des Bundes **aufgelöst, verschmolzen oder aufgespalten** werden. Die Gesetzgebungszuständigkeit ergibt sich insoweit aus Art. 74 Abs. 1 Nr. 1 oder Art. 87e Abs. 3 S. 4. Im zweiten Fall ergäbe sich die Zustimmungsbedürftigkeit bereits aus Art. 87e Abs. 5 S. 1. Aus dem Zustimmungserfordernis folgt, dass Eisenbahnen des Bundes, obgleich sie als Kapitalgesellschaften organisiert sind, nicht nach den allgemeinen gesellschaftsrechtlichen Vorschriften umgewandelt werden können, sondern dass ein besonderes **Umwandlungsgesetz** erforderlich ist.[152] Der Sinn der Regelung ist zweifelhaft, da es der Bund andererseits in der Hand hat, diese Unternehmen, soweit es sich nicht um Eisenbahninfrastrukturunternehmen handelt,[153] ohne besondere gesetzliche Grundlage zu veräußern mit der Folge, dass sie aufhören, Eisenbahnen des Bundes zu sein, und dann vollständig dem allgemeinen Gesellschaftsrecht unterliegen.

40 Soweit nach Art. 87e Abs. 5 S. 2 die **Übertragung oder Stilllegung von Schienenwegen** zustimmungsbedürftig ist, ergibt sich die Bundeskompetenz aus Abs. 4 S. 2.[154] Damit folgt die Zustimmungsbedürftigkeit allerdings schon aus Abs. 5 S. 1; Abs. 5 S. 2 ist insoweit überflüssig. Zustimmungsbedürftig sind schließlich alle Gesetze, die **Auswirkungen auf den Schienenper-**

---

[148] Tendenziell noch strenger *Möllers/Schäfer,* Verfassungs- und bilanzrechtliche Prüfung des Gesetzentwurfs „Kapitalprivatisierung Deutsche Bahn AG" des Bundesministeriums für Verkehr, Bau und Stadtentwicklung, Rechtsgutachten im Auftrag des BDI, 2007, 20; sa *Stamm,* Eisenbahnverfassung und Bahnprivatisierung, 2010, 206–215.

[149] → Rn. 37.

[150] → Art. 80 Rn. 56ff.

[151] AA *Heinze* BayVBl. 1994, 266 (267).

[152] IErg ebenso *Heinze* BayVBl. 1994, 266 (268).

[153] → Rn. 26.

[154] → Rn. 36.

sonennahverkehr haben. Dieser Tatbestand ist in hohem Maße unbestimmt. Bei einer weiten Auslegung würde er das Personenbeförderungsgesetz ebenso erfassen wie etwa das Bauplanungsrecht, soweit es eine Trennung verschiedener Nutzungsarten anstrebt und dadurch Verkehrsströme erzeugt. Die Bestimmung ist daher **eng auszulegen.** Beachtlich sind nur spezifische, insbesondere beabsichtigte Auswirkungen eines Gesetzes auf den Schienenpersonennahverkehr.

C. Kritische Würdigung

Art. 87e ist Ausdruck einer Tendenz, Antworten auf neue Rahmenbedingungen nicht innerhalb des Öffentlichen Rechts zu suchen, sondern diese Rechtsform zugunsten des **Privatrechts** aufzugeben.[155] Es ist kritisiert worden, dass Art. 87e Abs. 4 S. 1 eine **konkrete staatliche Aufgabe mit Verfassungsrang** ausstattet, während entsprechende Aufgabenzuweisungen für andere, zumindest ebenso wichtige Aufgaben, namentlich die staatliche Verantwortung für sonstige Infrastruktureinrichtungen, wie Straßen und Wege, im GG fehlen.[156] Dagegen ist einzuwenden, dass eine Verfassung nicht das Selbstverständliche regeln soll, sondern das Problematische, Gefährdete oder Erhoffte und deshalb der förmlichen Festschreibung Bedürftige.[157] Zu diesen kritischen Themen gehört die Stellung der Bahn im Rahmen des Verkehrswesens. Das rechtfertigt eine relativ eingehende verfassungsrechtliche Normierung.[158] Ähnlich ausführliche Regelungen enthielten die Reichsverfassungen von 1849, 1871 und 1918. **41**

Allerdings ist zu beachten, dass Art. 87e allein schon wegen seines Kompromisscharakters nicht ausreicht, um eine gute Verkehrspolitik zu gewährleisten. Eine Festlegung auf den **Wettbewerb,** wie sie Art. 87f Abs. 2 S. 1 für den Post- und Telekommunikationssektor trifft, fehlt in Art. 87e.[159] Effektivem Wettbewerb steht die enge Verzahnung von Schienennetz und Verkehrsleistungen auf diesem Netz entgegen.[160] Solange sich beides in einer Hand befindet, wird die DB AG geneigt sein, Wettbewerber von ihrem Netz fernzuhalten.[161] Zudem besteht die Gefahr, dass das 2017 ergangene Urteil des BVerfG zur Stellung der DB AG als Staatsunternehmen (→ Rn. 17) einen **Etatisierungsschub** auslöst, der die Grundidee der Bahnreform von 1994 konkterkarrieren könnte.[162] Im Übrigen wird die Bahn nur dann konkurrenzfähig gegenüber anderen Verkehrsmitteln sein, wenn der Staat, ähnlich wie beim Straßenverkehr, dauerhaft die Kosten des Schienennetzes trägt und damit seiner Verantwortung aus Art. 87e Abs. 4 S. 1 nachkommt.[163] Recht- **42**

---

[155] Zur Parallele bei der Flugsicherung → Art. 87d Rn. 3.

[156] *Fromm* DVBl 1994, 187 (192); *Schmidt-Aßmann/Röhl* DÖV 1994, 577 (584).

[157] So *Isensee* in HdbStR III, 1. Aufl. 1988, § 57 Rn. 106.

[158] Sa *Hermes,* Staatliche Infrastrukturverantwortung, 1998, 353 f., der die Regelung als Konkretisierung einer allgemeinen staatlichen Infrastrukturverantwortung begreift.

[159] → Rn. 19.

[160] Sa *Herr/Lehmkuhl* DV 1997, 396 (416); *Kramer,* Das Recht der Eisenbahninfrastruktur, 2001, 343 ff.; skeptisch demgegenüber *Fehling* DÖV 2002, 793 (799).

[161] S. *Gersdorf* ZHR 2004, 576 (583 f.); aus wirtschaftswissenschaftlicher Sicht *Munzert,* Das Schienennetz in Deutschland nach der Bahnreform, 2001, 89 ff., 123–125.

[162] Gegen eine solche Lesart des BVerfG-Urteils *Burgi* NVwZ 2018, 601 ff.

[163] Sa *Frotscher/Kramer* NVwZ 2001, 24 (34): „Verstaatlichung" des Schienennetzes als bessere Lösung; aA aus wirtschaftswissenschaftlicher Sicht *Munzert,* Das Schienennetz in Deutschland nach der Bahnreform, 2001, 208 ff.

lich lässt sich das kaum durchsetzen.[164] Art. 87e weist zudem **gesetzgebungstechnische Mängel** auf, die die Auslegung erschweren. Das gilt insbesondere für Teile der vom BT auf Empfehlung des Rechtsausschusses (BT-Drs. 12/6280) vorgenommenen Änderungen.[165]

Literatur

F. ***Brosius-Gersdorf,*** Wettbewerb auf der Schiene?, DÖV 2002, 275. – ***B. Burger,*** Zuständigkeit und Aufgaben des Bundes für den öffentlichen Personenverkehr nach Art. 87e GG, 1998. – ***M. Burgi,*** Die Deutsche Bahn zwischen Staat und Wirtschaft, NVwZ 2018, 601. – ***R. D. Etzold,*** Die Gewährleistungsverantwortung des Bundes für die Schienenwege, 2010. – ***M. Fehling,*** Zur Bahnreform, DÖV 2002, 793. – ***G. Fromm,*** Die Reorganisation der Deutschen Bahnen, DVBl 1994, 187. – ***H. Gersdorf,*** Dogmatische Neujustierung des Art. 87e GG?, DÖV 2018, 789. – ***Ch. Heinze,*** Das Gesetz zur Änderung des Verfassungsrechts der Eisenbahnen vom 20.12.1993, BayVBl. 1994, 266. – ***E. Heise,*** Die Deutsche Bahn AG zwischen Wirtschaftlichkeit und Gemeinwohlverantwortung, 2013. – ***I. Knecht,*** Streichungen beim Schienenpersonenfernverkehr – welche Pflichten hat der Bund?, NVwZ 2003, 932. – ***U. Kramer,*** Das Recht der Eisenbahninfrastruktur, 2001. – ***J. Kühling,*** Sektorspezifische Regulierung in den Netzwirtschaften, 2004. – ***P. Lerche,*** Infrastrukturelle Verfassungsaufträge, in R. Wendt, FS f. Friauf, 1996, 251. – ***E. Menges,*** Die Rechtsgrundlagen für die Strukturreform der Deutschen Bahnen, 1997. – ***M. Möstl,*** Grundweichenstellungen des deutschen Eisenbahnverfassungsrechts, in R. Pitschas, FS f. Scholz, 2007, 833. – ***S. Pommer,*** Bahnreform und Enteignung, 2002. – ***D. Raschke,*** Die Regionalisierung als Voraussetzung der Entwidmung von Bahnanlagen, 2007. – ***E. Schmidt-Aßmann/ H. Ch. Röhl,*** Grundpositionen des neuen Eisenbahnverfassungsrechts, DÖV 1994, 577. – ***S. Sommer,*** Staatliche Gewährleistung im Verkehrs-, Post- und Telekommunikationsbereich, 2000. – ***S. Stamm,*** Eisenbahnverfassung und Bahnprivatisierung, 2010. – ***R. Uerpmann-Wittzack,*** Beteiligung Privater im Bereich der Bundesverkehrsinfrastruktur: Deutsche Flugsicherung und Deutsche Bahn, in G. Manssen/M. Jachmann/ C. Gröpl, FS f. Steiner, 2009, 872. – ***S. Wilkens,*** Wettbewerbsprinzip und Gemeinwohlorientierung bei der Erbringung von Eisenbahndienstleistungen, 2006.

---

[164] Krit. insofern auch *Burger,* Zuständigkeit und Aufgaben des Bundes für den öffentlichen Personenverkehr nach Art. 87e GG, 1998, 185.

[165] Art. 87e Abs. 3 S. 2, 3, Abs. 4 S. 1, Abs. 5 S. 2.

Art. 87f [Post und Telekommunikation]

(1) Nach Maßgabe eines Bundesgesetzes, das der Zustimmung des Bundesrates bedarf, gewährleistet der Bund im Bereich des Postwesens und der Telekommunikation flächendeckend angemessene und ausreichende Dienstleistungen.

(2) [1] Dienstleistungen im Sinne des Absatzes 1 werden als privatwirtschaftliche Tätigkeiten durch die aus dem Sondervermögen Deutsche Bundespost hervorgegangenen Unternehmen und durch andere private Anbieter erbracht. [2] Hoheitsaufgaben im Bereich des Postwesens und der Telekommunikation werden in bundeseigener Verwaltung ausgeführt.

(3) Unbeschadet des Absatzes 2 Satz 2 führt der Bund in der Rechtsform einer bundesunmittelbaren Anstalt des öffentlichen Rechts einzelne Aufgaben in bezug auf die aus dem Sondervermögen Deutsche Bundespost hervorgegangenen Unternehmen nach Maßgabe eines Bundesgesetzes aus.

Paulskirchenverfassung von 1849

Abschnitt II. Art. VIII

§ 41. Die Reichsgewalt hat das Recht der Gesetzgebung und die Oberaufsicht über das Postwesen, namentlich über Organisation, Tarife, Transit, Portotheilung und die Verhältnisse zwischen den einzelnen Postverwaltungen.

Dieselbe sorgt für gleichmäßige Anwendung der Gesetze durch Vollzugsverordnungen, und überwacht deren Durchführung in den einzelnen Staaten durch fortdauernde Controle.

Der Reichsgewalt steht es zu, die innerhalb mehrerer Postgebiete sich bewegenden Course im Interesse des allgemeinen Verkehrs zu ordnen.

§ 42. Postverträge mit ausländischen Postverwaltungen dürfen nur von der Reichsgewalt oder mit deren Genehmigung geschlossen werden.

§ 43. Die Reichsgewalt hat die Befugniß, insofern es ihr nöthig scheint, das deutsche Postwesen für Rechnung des Reiches in Gemäßheit eines Reichsgesetzes zu übernehmen, vorbehaltlich billiger Entschädigung der Berechtigten.

§ 44. Die Reichsgewalt ist befugt, Telegraphenlinien anzulegen, und die vorhandenen gegen Entschädigung zu benutzen, oder auf dem Wege der Enteignung zu erwerben.

Weitere Bestimmungen hierüber, so wie über Benutzung von Telegraphen für den Privatverkehr, sind einem Reichsgesetz vorbehalten.

Reichsverfassung von 1871

Art. 48. Das Postwesen und das Telegraphenwesen werden für das gesammte Gebiet des Deutschen Reichs als einheitliche Staatsverkehrs-Anstalten eingerichtet und verwaltet.

Die im Artikel 4 vorgesehene Gesetzgebung des Reichs in Post- und Telegraphen-Angelegenheiten erstreckt sich nicht auf diejenigen Gegenstände, deren Regelung nach den in der Norddeutschen Post- und Telegraphenverwaltung maßgebend gewesenen Grundsätzen der reglementarischen Festsetzung oder administrativen Anordnung überlassen ist.

Art. 49. Die Einnahmen des Post- und Telegraphenwesens sind für das ganze Reich gemeinschaftlich. Die Ausgaben werden aus den gemeinschaftlichen Einnahmen bestritten. Die Überschüsse fließen in die Reichskasse (Abschnitt XII).

Art. 50. Dem Kaiser gehört die obere Leitung der Post- und Telegraphenverwaltung an. Die von ihm bestellten Behörden haben die Pflicht und das Recht, dafür zu sorgen, daß Einheit in der Organisation der Verwaltung und im Betriebe des Dienstes, sowie in der Qualifikation der Beamten hergestellt und erhalten wird.

Dem Kaiser steht der Erlaß der reglementarischen Festsetzungen und allgemeinen administrativen Anordnungen, sowie die ausschließliche Wahrnehmung der Beziehungen zu anderen Post- und Telegraphenverwaltungen zu.

Sämmtliche Beamte der Post- und Telegraphenverwaltung sind verpflichtet, den Kaiserlichen Anordnungen Folge zu leisten. Diese Verpflichtung ist in den Diensteid aufzunehmen.

Die Anstellung der bei den Verwaltungsbehörden der Post und Telegraphie in den verschiedenen Bezirken erforderlichen oberen Beamten (z. B. der Direktoren, Räthe, Ober-Inspektoren), ferner die Anstellung der zur Wahrnehmung des Aufsichts- u. s. w. Dienstes in den einzelnen Bezirken als Organe der erwähnten Behörden fungirenden Post- und Telegraphenbeamten (z. B. Inspektoren, Kontroleure) geht für das ganze Gebiet des Deutschen Reichs vom Kaiser aus, welchem diese Beamten den Diensteid leisten. Den einzelnen Landesregierungen wird von den in Rede stehenden Ernennungen, soweit dieselben ihre Gebiete betreffen, Behufs der landesherrlichen Bestätigung und Publikation rechtzeitig Mittheilung gemacht werden.

Die anderen bei den Verwaltungsbehörden der Post und Telegraphie erforderlichen Beamten, sowie alle für den lokalen und technischen Betrieb bestimmten, mithin bei den eigentlichen Betriebsstellen fungirenden Beamten u. s. w. werden von den betreffenden Landesregierungen angestellt.

Wo eine selbstständige Landespost- resp. Telegraphenverwaltung nicht besteht, entscheiden die Bestimmungen der besonderen Verträge.

Art. 51. Bei Überweisung des Überschusses der Postverwaltung für allgemeine Reichszwecke (Art. 49) soll, in Betracht der bisherigen Verschiedenheit der von den Landes-Postverwaltungen der einzelnen Gebiete erzielten Reineinnahmen, zum Zwecke einer entsprechenden Ausgleichung während der unten festgesetzten Übergangszeit folgendes Verfahren beobachtet werden.

Aus den Postüberschüssen, welche in den einzelnen Postbezirken während der fünf Jahre 1861 bis 1865 aufgekommen sind, wird ein durchschnittlicher Jahresüberschuß berechnet, und der Antheil, welchen jeder einzelne Postbezirk an dem für das gesammte Gebiet des Reichs sich darnach herausstellenden Postüberschusse gehabt hat, nach Prozenten festgestellt.

Nach Maßgabe des auf diese Weise festgestellten Verhältnisses werden den einzelnen Staaten während der auf ihren Eintritt in die Reichs-Postverwaltung folgenden acht Jahre die sich für sie aus den im Reiche aufkommenden Postüberschüssen ergebenden Quoten auf ihre sonstigen Beiträge zu Reichszwecken zu Gute gerechnet.

Nach Ablauf der acht Jahre hört jene Unterscheidung auf, und fließen die Postüberschüsse in ungetheilter Aufrechnung nach dem im Artikel 49 enthaltenen Grundsatz der Reichskasse zu.

Von der während der vorgedachten acht Jahre für die Hansestädte sich herausstellenden Quote des Postüberschusses wird alljährlich vorweg die Hälfte dem Kaiser zur Disposition gestellt zu dem Zwecke, daraus zunächst die Kosten für die Herstellung normaler Posteinrichtungen in den Hansestädten zu bestreiten.

Art. 52. Die Bestimmungen in den vorstehenden Artikeln 48 bis 51 finden auf Bayern und Württemberg keine Anwendung. An ihrer Stelle gelten für beide Bundesstaaten folgende Bestimmungen.

Dem Reiche ausschließlich steht die Gesetzgebung über die Vorrechte der Post und Telegraphie, über die rechtlichen Verhältnisse beider Anstalten zum Publikum, über die Portofreiheiten und das Posttaxwesen, jedoch ausschließlich der reglementarischen und Tarif-Bestimmungen für den internen Verkehr innerhalb Bayerns, beziehungsweise Württembergs, sowie, unter gleicher Beschränkung, die Feststellung der Gebühren für die telegraphische Korrespondenz zu.

Ebenso steht dem Reiche die Regelung des Post- und Telegraphenverkehrs mit dem Auslande zu, ausgenommen den eigenen unmittelbaren Verkehr Bayerns, beziehungsweise Württembergs mit seinen dem Reiche nicht angehörenden Nachbarstaaten, wegen dessen Regelung es bei der Bestimmung im Artikel 49 des Postvertrages vom 23. November 1867 bewendet.

An den zur Reichskasse fließenden Einnahmen des Post- und Telegraphenwesens haben Bayern und Württemberg keinen Theil.

Weimarer Reichsverfassung von 1919

Art. 88. Das Post- und Telegraphenwesen samt dem Fernsprechwesen ist ausschließlich Sache des Reichs.

Die Postwertzeichen sind für das ganze Reich einheitlich.

Die Reichsregierung erläßt mit Zustimmung des Reichsrats die Verordnungen welche Grundsätze und Gebühren für die Benutzung der Verkehrseinrichtungen festsetzen. Sie kann diese Befugnis mit Zustimmung des Reichsrats auf den Reichspostminister übertragen.

Zur beratenden Mitwirkung in Angelegenheiten des Post-, Telegraphen- und Fernsprechverkehrs und der Tarife errichtet die Reichsregierung mit Zustimmung des Reichsrats einen Beirat.

Verträge über den Verkehr mit dem Ausland schließt allein das Reich.

Übersicht

A. Allgemeine Bedeutung

Art. 87f hat die verfassungsrechtlichen Weichen für die sog. **Postreform II** gestellt.[1] Die Vorschrift wurde durch G v. 30.8.1994[2] in das GG eingefügt. Sie löst eine Bestimmung in Art. 87 Abs. 1 S. 1 GG aF ab, derzufolge die Bundespost in bundeseigener Verwaltung mit eigenem Verwaltungsunterbau zu führen war. Hierauf gestützt wurde die Deutsche Bundespost bis 1994 als Sondervermögen des Bundes geführt. Aufgrund von 1

[1] Zur geschichtlichen Entwicklung *Kühling* in BK Rn. 1 ff.; *Vesting* in AK Rn. 1 ff.

[2] BGBl. 1994 I 2245.

Art. 3 § 1 PostneuordnungsG (PTNeuOG) v. 14.9.1994[3] ist sie am 1.1.1995 in ihren wesentlichen Teilen in **drei Aktiengesellschaften** (Deutsche Post AG [DP AG], Deutsche Postbank AG, Deutsche Telekom AG) überführt worden. Die Reform sollte die Wettbewerbsfähigkeit und Effizienz der Postunternehmen stärken.[4]

2 Art. 87f ist auch vor dem Hintergrund der **europarechtlichen Liberalisierung** der Post- und Telekommunikationsmärkte zu sehen.[5] Die Regulierung des Telekommunikationssektors wird derzeit vor allem durch ein Richtlinienpaket v. 7.3.2002 europaweit harmonisiert.[6] Im Postwesen schreitet die europäische Liberalisierung erheblich langsamer voran.[7] Die Postreform II ging über das europarechtlich Geforderte hinaus und war Ausdruck einer allgemeinen Tendenz zur **Privatisierung von Verwaltungsaufgaben.**[8]

3 Art. 87f Abs. 1 begründet die Verantwortung des Bundes für eine flächendeckende Grundversorgung. Abs. 2 S. 1 trifft die Organisationsentscheidung für eine privatwirtschaftliche Aufgabenwahrnehmung. Lediglich Hoheitsaufgaben sind in bundeseigener Verwaltung öffentlich-rechtlich wahrzunehmen (Abs. 2 S. 2). Abs. 2 S. 1 setzte voraus, dass die zuvor öffentlich-rechtliche Post nach Art. 143b Abs. 1 in eine private Rechtsform überführt wurde (sog. **Organisationsprivatisierung**).[9] Abs. 2 S. 1 ging über die bloße Organisationsprivatisierung hinaus, indem er die Unternehmen in Staatshand schon vor ihrer materiellen Privatisierung mit Privaten gleichstellte.[10] Insofern lässt sich von einer Aufgabenprivatisierung sprechen.[11] Andererseits forderte Art. 87f keine Kapitalprivatisierung dergestalt, dass der Bund die organisationsprivatisierten Unternehmen an Private hätte veräußern müssen (→ Rn. 18). Der weitgehend bedeutungslose Abs. 3 sieht als weiteren Akteur eine Bundesanstalt vor, die einzelne nicht-hoheitliche Aufgaben wahrnehmen soll. Weitere Übergangsbestimmungen enthält Art. 143b Abs. 2, 3.

---

[3] BGBl. 1994 I 2325; dazu *Gramlich* NJW 1994, 2785.

[4] S. den Bericht des BT-Ausschusses für Post und Telekommunikation, BT-Drs. 12/8060, 174–176; sowie *Gramlich* NJW 1994, 2785 (2785 f.).

[5] Zur Rechtsentwicklung *Klein,* Die Liberalisierung des Telekommunikationsmarktes in der Europäischen Union, 2000, 25 ff.

[6] RL 2002/21/EG über einen gemeinsamen Rechtsrahmen für elektronische Kommunikationsnetze und -dienste, ABl. 2002 L 108, 33; RL 2002/19/EG über den Zugang zu elektronischen Kommunikationsnetzen und zugehörigen Einrichtungen sowie deren Zusammenschaltung, ABl. 2002 L 108, 7; RL 2002/20/EG über die Genehmigung elektronischer Kommunikationsnetze und -dienste, ABl. 2002 L 108, 21; alle idF der RL 2009/140/EG, ABl. 2009 L 337, 37; RL 2002/22/EG über den Universaldienst und Nutzerrechte bei elektronischen Kommunikationsnetzen und -diensten, ABl. 2002 L 108, 51 idF der VO (EU) 2015/2120, ABl. 2015 L 310, 1; *Kühling/Schall/Biendl,* Telekommunikationsrecht, 2014, Rn. 7 ff.; zur weltweiten Liberalisierung im Rahmen der WTO *Krystofiak,* WTO und Telekommunikation, 2008; *Moos,* Die Bindung der Telekommunikationsregulierung durch das GATS-Abkommen, 2003.

[7] *Paulweber/Weinand* EuZW 2001, 232 (241); eine fachrechtliche Reformagenda entwickeln *Koenig/Hasenkamp/Kolbe* N&R 2011, 20 ff.

[8] Dazu *Möschel* FS f. Gernhuber, 1993, 905; *Lecheler* BayVBl. 1994, 555; zum politischen Hintergrund der Postreform sa *Blanke/Sterzel* KJ 1993, 278; zu ordnungspolitischen Aspekten *Wieland* DV 1995, 315.

[9] Zum Begriff *Burgi* in HdbStR IV § 75 Rn. 8; *Schoch* DVBl 1994, 962.

[10] *Gersdorf* in MKS Rn. 54.

[11] *Möstl* in Maunz/Dürig Rn. 36, 50; zum Begriff *Burgi* in HdbStR IV § 75 Rn. 9; sa *Gersdorf* JZ 2008, 831 (832).

B. Einzelfragen

I. Verantwortung des Bundes (Art. 87f Abs. 1)

1. Im Bereich des Postwesens und der Telekommunikation. Die Begriffe Postwesen und Telekommunikation werden auch in Art. 73 Abs. 1 Nr. 7 gebraucht.[12] Sie haben in beiden Vorschriften dieselbe Bedeutung.[13] Bei beiden Begriffen geht es im Kern um die **Nachrichtenvermittlung.** Das **Postwesen** umfasst die typischen Postdienste außerhalb der Telekommunikation,[14] also insbesondere die Brief- und Paketbeförderung.[15] Bis zur GG-Änderung 1994 zählten zum Postwesen auch untypische, aber traditionell von der Postverwaltung wahrgenommene Dienste, insbesondere der Postscheck- und Postsparkassendienst.[16] Diese Begriffsausdehnung war nur zu rechtfertigen, solange die Post als einheitliche Organisation mit einem traditionellen Aufgabenbereich bestand. Mit der Aufteilung der einzelnen Postsparten und ihrer Organisationsprivatisierung nach Art. 87f Abs. 2 S. 1, Art. 143b Abs. 1 S. 1 lässt sich die Zuordnung der Postbank zum Postwesen nicht länger aufrechterhalten.[17] Art. 87f Abs. 1, 2 finden auf die Postbank – anders als Abs. 3 – keine Anwendung.[18] 4

Statt **Telekommunikation** hieß es in Art. 73 Nr. 7 GG aF bis 1994 **Fernmeldewesen.** Mit dem Begriffswechsel passt sich das GG dem international üblichen Sprachgebrauch an. Eine inhaltliche Änderung ist damit nicht verbunden.[19] Gemeint ist die körperlose Informationsübermittlung.[20] Dazu gehört auch die technische Infrastruktur des Internet, nicht aber die Erbringung von Diensten mit Hilfe von Telekommunikationsdiensten.[21] Wichtig ist wie bisher vor allem die **Abgrenzung zum Rundfunk,** der in die Gesetzgebungs- und Verwaltungshoheit der Länder fällt. Die Verantwortung des Bundes nach Art. 87f erstreckt sich nur auf das Wie der Übertragung, nicht aber auf den programmlich-organisatorischen Bereich des Rundfunks.[22] 5

---

[12] → Art. 73 Rn. 32 ff.

[13] *Möstl* in Maunz/Dürig Rn. 29.

[14] → Rn. 5.

[15] *Möstl* in Maunz/Dürig Rn. 30.

[16] Zu den Abgrenzungsschwierigkeiten *Großfeld,* Deutsche Bundespost POSTBANK, 1990, 17 ff.; *Kirchhof,* Tätigkeitsfelder der Deutschen Bundespost POSTBANK, 1990, 43 ff.; *Lerche/Pestalozza,* Die Deutsche Bundespost als Wettbewerber, 1985, 32 ff.; *Ossenbühl,* Bestand und Erweiterung des Wirkungskreises der Deutschen Bundespost, 1980, 42 ff.

[17] *Gersdorf* in MKS Rn. 11; *Möstl* in Maunz/Dürig Rn. 30.

[18] Ebenso für Abs. 1 *Sommer,* Staatliche Gewährleistung im Verkehrs-, Post- und Telekommunikationsbereich, 2000, 106–108; für Abs. 2 BVerwG NVwZ-RR 2015, 818, Rn. 44; zweifelnd *Gramlich* NJW 1994, 2785 (2788); sa *Lerche* FS f. Kreile, 1994, 377 (387).

[19] *Rottmann* ArchPT 1994, 193 (195); *Scherer* CR 1994, 418 (422) im Anschluss an die Begründung der BReg., BT-Drs. 12/7269, 4.

[20] BVerfG NJW 2016, 3508 Rn. 30; *Gersdorf* in MKS Rn. 12; *Möstl* in Maunz/Dürig Rn. 31; → Art. 73 Rn. 34.

[21] *Kühling* in BK Rn. 24, 66; *Mayen* in BerlKomm Rn. 97; zu weit BVerfG NJW 2016, 3508 Rn. 31.

[22] *Möstl* in Maunz/Dürig Rn. 31; *Papier* DVBl 1990, 217; *Scherer* CR 1994, 418 (422); sa BVerfGE 12, 205 (225 ff.); speziell zur Abgrenzung im Bereich der Frequenzverwaltung *Scherer* K&R 1999, Beil. 2, 6; zur Frage einer Inpflichtnahme bei der Bereitstellung von Fernsehkabelkanälen VGH München DVBl 2006, 1604 (1604 f.).

6 **2. Gewährleistet der Bund.** Der **Infrastruktursicherungsauftrag** des Art. 87f Abs. 1 trifft den Bund als solchen, nicht die Postunternehmen.[23] Die Wahl der Mittel obliegt dem Gesetzgeber.[24] In Betracht kommt vor allem eine Marktregulierung mit Instrumenten des **Wirtschaftsverwaltungsrechts** nach Abs. 2 S. 2. Dazu gehören etwa die Auferlegung von Leistungsverpflichtungen im Rahmen des sog. Universaldienstes (→ Rn. 14), die Genehmigung von Leistungsentgelten[25] und unter Umständen auch ein Genehmigungsvorbehalt für den Betrieb.[26] Denkbar sind auch der Einkauf von Leistungen, Subventionen oder andere finanzielle Instrumente.[27] Diskutiert wird, ob der Bund daneben seine **Eigentümerstellung** einsetzen darf, um seinen Infrastrukturauftrag mit gesellschaftsrechtlichen Mitteln zu erfüllen.[28] Angesichts der Festlegung der Unternehmen auf eine privatwirtschaftliche Tätigkeit (→ Rn. 20) sind einer solchen Instrumentalisierung jedenfalls enge Grenzen gesetzt.[29] §§ 68 f. TKG, die das Recht zur **unentgeltlichen Nutzung öffentlicher Wege** für Telekommunikationslinien regeln, sind ebenfalls ein geeignetes Mittel, die Infrastrukturverantwortung zu erfüllen.[30] Die Garantie der kommunalen Selbstverwaltung wird dadurch nicht berührt.[31] Wegerechtliche Fragen können ggf. kraft Sachzusammenhangs mitgeregelt werden.[32] Eine Pflicht, Dienstleistungen durch **bundeseigene Postunternehmen** anzubieten, folgt aus Art. 87f Abs. 1 nur, wenn anders kein hinreichendes Angebot sichergestellt werden kann.[33] Insoweit ist auch ein Erwerb neuer Beteiligungen zulässig.[34] Im Übrigen steht Art. 87f einer Kapitalprivatisierung der organisationsprivatisierten Unternehmen nicht entgegen.[35]

7 Art. 87f Abs. 1 enthält einen objektiv-rechtlichen Verfassungsauftrag, gewährt aber **keine Individualrechte.**[36] Allerdings lässt sich der Vorschrift eine

---

[23] *Gersdorf* in MKS Rn. 29; *Königshofen* ArchPT 1995, 112 (119 f.); *Küppers* ArchPT 1995, 109 (110); *Möstl,* Grundrechtsbindung öffentlicher Wirtschaftstätigkeit, 1999, 153–160.

[24] *Scherer* CR 1994, 418 (421 f.); → Rn. 16.

[25] Vgl. §§ 19 ff. PostG; §§ 27 ff. TKG.

[26] BGH GRUR 2003, 250 (251) zum Remailing.

[27] *Sommer,* Staatliche Gewährleistung im Verkehrs-, Post- und Telekommunikationsbereich, 2000, 111; zur Universaldienstabgabe → Rn. 15.

[28] Abl. *Cannivé,* Infrastrukturgewährleistung in der Telekommunikation zwischen Staat und Markt, 2001, 71 ff.

[29] *Cornils* AöR 131 (2006), 378 (414 ff.); *Gersdorf* in MKS Rn. 48; *Herdegen* in Beck PostG VerfGrdl. Rn. 16 f., 26; das Erfordernis einer gesetzlichen Grundlage, die mit Zustimmung des BRats zustande gekommen ist, betont *Windthorst,* Der Universaldienst im Bereich der Telekommunikation, 2000, 357; zur Parallelfrage bei der Bahnprivatisierung → Art. 87e Rn. 29.

[30] BVerwG NVwZ 2005, 821 (822); VGH München BayVBl. 2001, 747; *Averhaus,* Gemeinden in der Telekommunikation, 2001, 313–317; zum öffentlich-rechtlichen Charakter entsprechender Vereinbarungen BGH MMR 2005, 306 (306 f.); BVerwG NVwZ-RR 2009, 308 (309 f.); zur diesbezüglichen Gesetzgebungskompetenz *Scholz* ArchPT 1996, 95 (101 ff.); differenzierend *Freund,* Infrastrukturgewährleistung in der Telekommunikation, 2002, 232 f.; *Schacke/Rosin* DVBl 1997, 471.

[31] BVerfGK NVwZ 1999, 520; *Averhaus,* Gemeinden in der Telekommunikation, 2001, 322 ff.; sa *Scholz* ArchPT 1996, 95 (107 ff.).

[32] Dies andeutend, aber offenlassend BVerfGE 108, 169 (183); iE auch BVerwGE 152, 87 Rn. 16.

[33] Sa *Fehling* AöR 121 (1996), 59 (81): „Reservestellung" des Staates.

[34] *Cornils* AöR 131 (2006), 378 (417 ff.).

[35] *Kühling,* Sektorspezifische Regulierung in den Netzwirtschaften, 2004, 574 f.; zu einer obsoleten Privatisierungsschranke für den früheren Bereich Postdienst → Art. 143b Rn. 4 f.

[36] VG Hannover NdsRpfl. 1999, 223 (224); *Herdegen* in Beck PostG Rn. 27; *Sommer,* Staatliche Gewährleistung im Verkehrs-, Post- und Telekommunikationsbereich, 2000, 112; *Windthorst,* Der Universaldienst im Bereich der Telekommunikation, 2000, 309–311.

verfassungsrechtliche Grundentscheidung für eine Infrastruktursicherung entnehmen, die eine **Einschränkung von Grundrechten** zu rechtfertigen vermag. Rechte auf Mitbenutzung von Kabelschächten (§ 70 TKG) und auf Nutzung privater Grundstücke (§ 76 TKG)[37] sind daher Ausdruck der Sozialbindung des Grundeigentums.

Aus der ausdrücklichen Aufgabenzuweisung an den Bund folgt, dass die Grundversorgung im Bereich von Post und Telekommunikation **keine Aufgabe kommunaler Daseinsvorsorge** ist.[38] Allerdings beschränkt Abs. 1 die Verantwortung des Bundes auf eine bloße Grundversorgung. Das eröffnet einen kommunalen Aufgabenbereich jenseits der Grundversorgung, in dem eine Gemeinde beispielsweise ein kostenloses öffentliches **W-LAN**[39] finanzieren kann.[40] Allerdings bleibt der Betrieb eines entsprechenden örtlichen Netzes gemäß Abs. 2 S. 1 privatrechtlich organisierten Unternehmen vorbehalten (→ Rn. 18). Auch beim **Breitbandausbau** dürfen Länder und Gemeinden mit Förderprogrammen tätig werden, wenn sie die vom Bund im Rahmen von Abs. 1 definierte Grundversorgung (→ Rn. 12) überschreiten wollen.[41] Allerdings bietet Art. 87e Abs. 4 iVm Art. 104a keine Grundlage für ein Tätigwerden von Ländern und Gemeinden mit dem Ziel, unzureichende Anstrenungen des Bundes im Rahmen von Art. 87e Abs. 4 auszugleichen. 8

3. Flächendeckend angemessene und ausreichende Dienstleistungen. Der Infrastruktursicherungsauftrag bezieht sich auf **Dienstleistungen.** Denselben Begriff enthält Art. 87f Abs. 2 S. 1. Er ist abzugrenzen von den Hoheitsaufgaben iSv Abs. 2 S. 2,[42] die in bundeseigener Verwaltung wahrgenommen werden. Entsprechende Unterscheidungen finden sich im GG für den Luftverkehr[43] und die Bahn.[44] Zu den Dienstleistungen im Bereich des Postwesens zählt vor allem die Beförderung von Briefen und Paketen. Dienstleistungen im Bereich der Telekommunikation sind im Wesentlichen das Bereitstellen von Telekommunikationsnetzen, -diensten und ggf. -endeinrichtungen.[45] Gemeint sind Beförderungs- und Telekommunikationsdienstleistungen, die gegenüber Kunden erbracht werden. Leistungen, die durch Telekommunikation oder auf dem Postweg übermittelt werden, sind nicht erfasst.[46] Ob die Dienstleistungen kostenpflichtig sind[47] und das Angebot der Gewinnerzielung dient, spielt keine Rolle. Ausgenommen sind lediglich 9

[37] Zur Vorläuferregelung des § 57 Abs. 1 Nr. 1 TKG 1996: BVerfGK NJW 2001, 2960; BGHZ 145, 16 (25–27); zur Bestimmtheit der Norm BVerfGK NJW 2003, 196 (197); zu § 57 Abs. 1 Nr. 2 TKG 1996 BVerfGK NJW 2000, 798; zum Geldausgleich BVerfGK NVwZ-RR 2005, 741 (742 f.); *Hamm* MMR 2005, 358.

[38] BVerwGE 121, 192 (201); *Stephan,* Die wirtschaftliche Betätigung der Gemeinden auf dem privatisierten Telekommunikationsmarkt, 2009, 72 ff.; *Stober* NJW 2003, 2357 (2361 f.); aA OLG Düsseldorf GRUR-RR 2003, 161 (162 f.); *Averhaus,* Gemeinden in der Telekommunikation, 2001, 178–206; *Möstl* in Maunz/Dürig Rn. 91.

[39] Dazu *Haack* VerwArch 99 (2008), 197 ff.

[40] *Pünder* DVBl 1997, 1353 (1358); tendenziell noch weitergehend OLG München NZBAu 2011, 380 (383); *Holznagel/Beine* MMR 2015, 567 (569 f.); anders noch *Uerpmann-Wittzack* in v. Münch/Kunig, 6. Aufl. 2012, Art. 87f Rn. 7.

[41] *Holznagel/Beine* MMR 2015, 567 (569 ff.); ähnlich *Kühling* in BK Rn. 80 ff.; bedenklich weit *Mayen* in BerlKomm Rn. 108.

[42] → Rn. 28.

[43] → Art. 87d Rn. 7.

[44] → Art. 87e Rn. 6.

[45] *Scherer* CR 1994, 418 (420).

[46] *Gersdorf* in MKS Rn. 13, 18; *Windthorst,* Der Universaldienst im Bereich der Telekommunikation, 2000, 266 f.

[47] AA wohl *Mayen* in BerlKomm Rn. 93.

interne Angebote, die dem Betrieb einer Einrichtung dienen, wie beispielsweise universitärer Netz- und E-Mail-Zugang für Studierende.

10 Ziel der Regulierung nach Art. 87f Abs. 1 ist ein flächendeckend angemessenes und ausreichendes Angebot an Dienstleistungen. Es geht um die Nutzungsinteressen der Allgemeinheit, nicht um die Unterstützung individuell Bedürftiger.[48] Einen Ausgleich behinderungsbedingter Nachteile insbes. bei Hörbehinderungen thematisiert Art. 3 Abs. 3 S. 2,[49] nicht Art. 87 f.[50] Es geht um die Telekommunikationsinfrakstruktur, die durchschnittliche Nutzer benötigen, um am gesellschaftlichen und wirtschaftlichen Leben teilzuhaben.[51] Der Bund muss nach Art. 87f Abs. 1 eine **Grundversorgung** gewährleisten,[52] gerade auch in ländlichen und strukturschwachen Gebieten. Mit dem Merkmal „flächendeckend" verleiht Art. 87f Abs. 1 einem **regionalpolitischen Ziel** Verfassungsrang.[53] So wird von einer Pflicht zum nachlaufenden flächendeckenden Lückenschluss gesprochen.[54] Andererseits ist der Auftrag insoweit nicht räumlich beschränkt, als er auch die Vernetzung mit ausländischen Diensten, zB im Rahmen des Weltpostvereins, umfasst.[55] Ein Optimalzustand ist nicht gefordert.[56] Es handelt sich um einen Mindeststandard, den der Gesetzgeber nicht unter-, aber überschreiten darf.[57] Während es bei der Angemessenheit der Leistungen in erster Linie um die **Qualität** geht, bezieht sich „ausreichend" eher auf die **Quantität.**[58] Die beiden Begriffe lassen sich jedoch nicht scharf gegeneinander abgrenzen.

11 Bei der Angemessenheit geht es auch um die Abwägung zwischen Leistung und **Preis.**[59] Eine ausreichende Versorgung muss für den Einzelnen finanziell zumutbar sein, auch wenn er in einem dünn besiedelten, strukturschwachen Teil Deutschlands lebt. Man wird von einem öffentlichen Interesse an einem gleichen Preisniveau ausgehen können,[60] ohne dass verfassungsrechtlich orts- und entfernungsunabhängige **Einheitstarife** zwingend geboten wären.[61]

---

[48] *Eifert,* Grundversorgung mit Telekommunikationsleistungen im Gewährleistungsstaat, 1998, 177 ff.; *Kühling,* Sektorspezifische Regulierung in den Netzwirtschaften, 2004, 586 f.

[49] → Art. 3 Rn. 194 ff.

[50] AA *Karenfort* MMR 2003, 137 (138).

[51] *Lindner,* Die Gewährleistung des Internetzugangs im Grundgesetz, 2014, 107.

[52] So im Anschluss an die Regierungsbegründung (BT-Drs. 12/7269, 4, 5) *Gramlich* NJW 1994, 2785 (2787); *Möstl* in Maunz/Dürig Rn. 65; zweifelnd *Scherer* CR 1994, 418 (421): eher „umfassender Regelungsauftrag"; Parallelen zur rundfunkrechtlichen Grundversorgung zieht *Sommer,* Staatliche Gewährleistung im Verkehrs-, Post- und Telekommunikationsbereich, 2000, 97 ff.; dagegen *Gersdorf* in MKS Rn. 25.

[53] AA anscheinend *Herdegen* ZRP 1999, 63 (67), der dem ausführenden Fachrecht eine entsprechende Zielsetzung abspricht; sa NdsOVG NVwZ 2003, 1538 (1539), wonach die Verpflichtung zur flächendeckenden Leistungserbringung eine Heranziehung zu örtlichen Fremdenverkehrsbeiträgen ausschließt.

[54] *Kühling/Biendl* DÖV 2012, 409 (414).

[55] *Herdegen* ArchPT 1997, 181 (189).

[56] *Lerche* FS f. Friauf, 1996, 252 (254 ff.).

[57] *Mayen* in BerlKomm Rn. 146.

[58] So die Begründung der BReg., BT-Drs. 12/7269, 10 sowie der Bericht des BT-Rechtsausschusses, BT-Drs. 12/8108, 6; ferner *Rottmann* ArchPT 1994, 193 (194).

[59] *Cannivé,* Infrastrukturgewährleistung in der Telekommunikation zwischen Staat und Markt, 2001, 63 f.; *Möstl* in Maunz/Dürig Rn. 72; *Windthorst,* Der Universaldienst im Bereich der Telekommunikation, 2000, 272, 302–304; aA in einer überspitzten historischen Auslegung *Adler,* Universaldienstleistungen nach dem TKG, 2000, 48 f.

[60] So *Stern* DVBl 1997, 309 (312).

[61] *Cannivé,* Infrastrukturgewährleistung in der Telekommunikation zwischen Staat und Markt, 2001, 67; *Kühling* in BK Rn. 78; *Möstl* in Maunz/Dürig Rn. 71; gegen ein Gebot der „Flächengleichheit" auch *Windthorst,* Der Universaldienst im Bereich der Telekommunikation, 2000, 269–271; ferner *Vesting* in AK Rn. 56.

Entgegen *Herdegen*[62] gibt Art. 87f Abs. 1 aber Spielräume, die in Abwägung mit Unternehmensgrundrechten auch die Festsetzung eines Einheitstarifs rechtfertigen können.[63]

Zur Bestimmung des qualitativ und quanditativ Gebotenen können auch grundrechtliche Wertungen herangezogen werden.[64] So muss die Grundversorgung insbes. Raum für die Entfaltung der **Kommunikationsgrundrechte** des Art. 5 GG bieten.[65] Was geboten ist, hängt vom Stand der Kommunikationstechnik ab und unterliegt dem zeitlichen Wandel.[66] So ist mittlerweile zu diskutieren, ob ein breitbandiger Internetzugang zur Grundversorgung gehört.[67] Andererseits lässt sich angesichts schwindender Bedeutung des klassischen Briefverkehrs diskutieren, ob die Briefzustellung am Samstag oder Montag aus der Grundversorgung ausgeklammert werden kann. 12

Eine Grundversorgung muss auch dann gewährleistet sein, wenn sich dies nicht gewinnbringend oder wenigstens kostendeckend bewerkstelligen lässt.[68] Entgegen *Herdegen*[69] greift die Gewährleistungspflicht gerade dort ein, wo absehbar ist, dass eine Grundversorgung auf längere Sicht nicht im Wettbewerb abzudecken ist.[70] Freilich kann der Gesetzgeber dann verpflichtet sein, einen **finanziellen Ausgleich** zu gewähren.[71] Im Übrigen hindert Art. 87f Abs. 1 den Bund nicht, im Rahmen der Regulierung nach Abs. 2 S. 2 aus unionsrechtlichen oder rein politischen Gründen ein Versorgungsniveau zu gewährleisten, das über eine bloße Grundversorgung hinausgeht.[72] 13

Der Gesetzgeber kommt seinem Infrastruktursicherungsauftrag vor allem mit den Regeln über den **Universaldienst** nach.[73] Das Konzept des Universaldienstes ist allerdings weitgehend durch europarechtliche Vorgaben geprägt.[74] Der Verfassungsauftrag tritt demgegenüber in den Hintergrund, ohne dass eine Unterschreitung des durch Art. 87f Abs. 1 Gebotenen erkennbar würde.[75] Insbesondere lässt sich Art. 87f nicht entnehmen, dass der Gesetzgeber im 14

---

[62] *Herdegen* ZRP 1999, 63 (67).

[63] *Badura* FS f. Großfeld, 1999, 35 (45); zur Grundrechtsbindung → Rn. 25.

[64] S. auch *Hoffmann-Riem* JZ 2014, 53 (58), der Fragen der Datensicherheit in den Gewährleistungsauftrag einbeziehen will; zust. *Ullrich* DVBl 2015, 204; dagegen *Mayen* in BerlKomm Rn. 161.

[65] Sa *Bortnikov,* Netzneutralität und Bedingungen kommunikativer Selbstbestimmung, 2013, 58–66; *Lindner,* Die Gewährleistung des Internetzugangs im Grundgesetz, 2014, 57 f.; *Ziebarth,* Die Netzneutralität des Grundgesetzes, 2016, 174–176.

[66] *Sommer,* Staatliche Gewährleistung im Verkehrs-, Post- und Telekommunikationsbereich, 2000, 101 ff.; *Windthorst,* Der Universaldienst im Bereich der Telekommunikation, 2000, 277 f.

[67] S. *Fetzer* MMR 2011, 707 (709): 2–4 Mbit/s; *Kühling* in BK Rn. 72 ff.: 10–12 Mbit/s; sa *Möstl* in Maunz/Dürig Rn. 5.

[68] *Müller-Using* ArchPT 1995, 46 f.; *Wieland* in Dreier Rn. 18.

[69] *Herdegen* ZRP 1999, 63 (65) sowie *Herdegen* in Beck PostG VerfGrdl. Rn. 24.

[70] Sa BVerfGE 108, 370 (393).

[71] *Badura* FS f. Großfeld, 1999, 35 (45).

[72] Skeptisch *Neumann/Sickmann* N&R Beilage 1/2018, 1 (8–10).

[73] *Freund,* Infrastrukturgewährleistung in der Telekommunikation, 2002, 67 ff.; §§ 78 ff. TKG, §§ 11 ff. PostG; Grundversorgung und Universaldienst begrifflich gleichsetzend *Kühling* in BK Rn. 59.

[74] Zum Telekommunikationsrecht *Cornils* AöR 131 (2006), 378 (384 ff.); *Cornils* in Beck TKG Vor § 78 Rn. 11 ff.; zum Postrecht *v. Danwitz* in Beck PostG § 11 Rn. 9–13; zum anglo-amerikanischen Ursprung des Universaldienstkonzepts *Windthorst,* Der Universaldienst im Bereich der Telekommunikation, 2000, 112 ff.

[75] Zu gewissen Defiziten bei der Sicherstellung lizenzfreier Universaldienstleistungen *de lege lata* aber *Cannivé,* Infrastrukturgewährleistung in der Telekommunikation zwischen Staat und Markt, 2001, 119 ff.

gesamten Bereich des Postwesens und der Telekommunikation ständig ein Instrumentarium zur Universaldienstverpflichtung vorhalten müsste.[76] Soweit eine dem Standard des Art. 87f Abs. 1 entsprechende Versorgung mit Marktmechanismen oder anderen Instrumenten wie zB Subventionen gewährleistet erscheint, darf der Gesetzgeber von Verfassungs wegen auf eine Universaldienstregelung verzichten. Der schleppende Ausbau der Breitband- und Mobilfunknetze weckt allerdings Zweifel an der normativen Kraft des Art. 87f Abs. 1. Weitergehende europarechtliche Vorgaben[77] werden von Art. 87f Abs. 1 nicht berührt. Daher wäre es falsch, Art. 87f als europarechtswidrig zu bezeichnen.[78] Unionsrechtliche Anforderungen sind ggf. fachgesetzlich umzusetzen. Eine Aufnahme entsprechender Standards in das GG fordert das Unionsrecht nicht.

15 Zur Finanzierung etwaiger Universaldienstverpflichtungen sehen § 83 TKG, § 16 PostG eine Ausgleichsabgabe bestimmter Marktteilnehmer vor.[79] Bei dieser **Universaldienstabgabe** handelt es sich um eine **Sonderabgabe.** Ihre verfassungsrechtliche Rechtfertigung ist zweifelhaft.[80] Art. 87f Abs. 1 weist die Verantwortung für die Sicherstellung des Universaldienstes dem Bund zu. Dem widerspricht es, eine Gruppenverantwortung der Post- und Telekommunikationsunternehmen für die Infrastruktur anzunehmen, die eine Sonderabgabe rechtfertigen könnte.[81] Diese Unternehmen werden vielmehr nach Art. 87 Abs. 2 S. 1 als Wettbewerber im Rahmen grundrechtlicher Freiheitsausübung tätig (→ Rn. 25). Verfassungsrechtlich ist damit eine Finanzierung aus Steuermitteln geboten.[82] Praktische Relevanz haben die Rechtsfragen nicht erhalten, da die entsprechenden Vorschriften bislang nicht angewandt wurden.

16 **4. Nach Maßgabe eines Bundesgesetzes, das der Zustimmung des Bundesrates bedarf.** Der Infrastruktursicherungsauftrag richtet sich an den Bundesgesetzgeber. Die Legislative besitzt dabei einen **Prognose- und Gestaltungsspielraum,** dessen Ausübung das BVerfG nur eingeschränkt überprüfen kann.[83] Es steht dem Gesetzgeber frei, über den in Art. 87f Abs. 1 verbürgten Mindeststandard hinauszugehen, soweit Grundrechte nicht ent-

---

[76] So aber *v. Danwitz* in Beck PostG § 11 Rn. 52–56.

[77] Dazu *v. Danwitz* in Beck PostG § 11 Rn. 72–75.

[78] So aber *Adler,* Universaldienstleistungen nach dem TKG, 2000, 65 f.

[79] Zu den wirtschaftswissenschaftlichen Grundlagen dieses Konzepts *Blankart/Knieps* in Berger/Knauth, Liberalisierung und Regulierung der Postmärkte, 1996, 201.

[80] Abl. *Cannivé,* Infrastrukturgewährleistung in der Telekommunikation zwischen Staat und Markt, 2001, 187 ff.; *Cornils* in Beck TKG § 83 Rn. 8 ff.; *v. Danwitz* NVwZ 2000, 615; *Freund,* Infrastrukturgewährleistung in der Telekommunikation, 2002, 182 ff.; *Freund* NVwZ 2003, 408 (412 f.); *Pohl,* Universaldienst in der Telekommunikation, 1998, 147 ff.; am Beispiel des Breitbandausbaus *Kühling/Biendl* DÖV 2012, 409 (414–416); für die Verfassungskonformität hingegen *Gersdorf* FS f. Selmer, 2004, 351 (366 ff.); *Lege* DÖV 2001, 969; *Möstl* in Maunz/Dürig Rn. 81.

[81] *Cannivé,* Infrastrukturgewährleistung in der Telekommunikation zwischen Staat und Markt, 2001, 228–231; *v. Danwitz* NVwZ 2000, 615 (620 f.); aA *Ruffert* AöR 124 (1999), 237 (273 f.).

[82] Art. 13 Abs. 1 der Universaldienstrichtlinie 2002/22/EG (ABl. 2002 L 108, 51; idF der VO (EU) 2015/2120, ABl. 2015 L 310, 1) lässt diese Option im Telekommunikationsrecht zu; sa *Cornils* in Beck TKG § 83 Rn. 3; zur europarechtlichen Zulässigkeit im Postrecht *Elicker* ArchPT 1998, 201 (203 f.).

[83] *Gersdorf* in MKS Rn. 31; *Möstl* in Maunz/Dürig Rn. 65; *Pieroth* in Jarass/Pieroth Rn. 6; den organisationsrechtlichen Ausgestaltungsauftrag betonend *Eifert,* Grundversorgung mit Telekommunikationsleistungen im Gewährleistungsstaat, 1998, 198 ff.; zur Abwägung mit Freiheitsrechten → Rn. 25.

gegenstehen.[84] **Verwaltung und Fachgerichte** sind gehalten, einfaches Bundesrecht im Lichte der Verfassungsnorm auszulegen und anzuwenden.[85] Das gilt beispielsweise für die Beurteilung der bauplanungsrechtlichen Zulässigkeit von Anlagen, die der Erbringung von Post- oder Telekommunikationsdienstleistungen dienen.[86] Art. 87f Abs. 1 enthält einen Gesetzgebungsauftrag und regelt zugleich die Gesetzgebungskompetenz, die sich allerdings ohnehin aus Art. 73 Abs. 1 Nr. 7 ergäbe. Soweit die Vorschrift von „einem" Gesetz spricht, ist „ein" unbestimmter Artikel, nicht Zahlwort.[87] Es kann sich also **auch** um **mehrere Gesetze** handeln.[88]

Solche Gesetze bedürfen der **Zustimmung des BRats.** Zustimmungs- 17
bedürftig ist auch die Aufhebung von Gesetzen, die der Infrastruktursicherung dienen, da Länderinteressen dadurch ebenso betroffen werden wie durch den Erlass der Gesetze. Eine vollständige, ersatzlose Aufhebung der Gesetze nach Art. 87f Abs. 1 scheidet ohnehin aus, da der Bund verpflichtet ist, gesetzliche Maßnahmen zur Infrastruktursicherung zu ergreifen. Werden einzelne Vorschriften aufgehoben, verändert sich zugleich das Gesamtbild der Infrastruktursicherung, die nach Art. 87f Abs. 1 der Zustimmung des BRats unterliegt. Für Gesetze, die über das nach Art. 87f Abs. 1 Gebotene hinausgehen, findet sich die Bundeskompetenz allein in Art. 73 Abs. 1 Nr. 7.[89] Sie sind nicht zustimmungsbedürftig. In Ausführung seines Regulierungsauftrags hat der Bund namentlich das Telekommunikationsgesetz (TKG), das Postgesetz (PostG) und, in Vorsorge für Krisen- und Katastrophenfälle, das Post- und TelekommunikationssicherstellungsG erlassen. Die Zustimmungsbedürftigkeit post- und telekommunikationsrechtlicher Rechtsverordnungen bemisst sich nach Art. 80 Abs. 2.[90]

II. Postunternehmen (Art. 87f Abs. 2 S. 1)

1. Dienstleistungen im Sinne des Absatzes 1 werden [...] durch die 18
aus dem Sondervermögen Deutsche Bundespost hervorgegangenen Unternehmen und durch andere private Anbieter erbracht. Art. 87f Abs. 2 S. 1 regelt die Erbringung von Dienstleistungen (→ Rn. 9) im Bereich des Postwesens und der Telekommunikation (→ Rn. 4 f.). Die Vorschrift erfasst auch neue Post- und Telekommunikationsdienstleistungen[91] sowie solche, die nicht zur Grundversorgung iSv Art. 87f Abs. 1 gehören.[92] Als Anbieter solcher Dienstleistungen nennt Abs. 2 S. 1 zunächst die durch Umwandlung nach Art. 143b Abs. 1 entstandenen Nachfolgeunternehmen

---

[84] So iErg wohl auch *Gersdorf* in MKS Rn. 36; enger *Schütz/Cornils* DVBl 1997, 1146 (1148), die dann von Unverhältnismäßigkeit ausgehen; zur Grundrechtsbindung noch → Rn. 19.

[85] Zur gestuften Bindungswirkung der drei Gewalten *Cannivé,* Infrastrukturgewährleistung in der Telekommunikation zwischen Staat und Markt, 2001, 65-61; *Freund,* Infrastrukturgewährleistung in der Telekommunikation, 2002, 50–53; aus gerichtlicher Perspektive beispielhaft LG Mainz NJW-RR 2001, 637 (638).

[86] → Rn. 21 zu Postgebäuden; ferner VG Neustadt/Weinstraße BeckRS 2006, 26926; zum Naturschutzrecht; sehr zurückhaltend, wenngleich iErg zutreffend OVG NRW NVwZ-RR 2004, 404 (405 f.); NVwZ 2013, 86 (88 f.) zu Mobilfunkanlagen.

[87] Ebenso die Äußerung der BReg., BT-Drs. 12/7269, 10, sowie der Bericht des BT-Rechtsausschusses, BT-Drs. 12/8108, 6.

[88] *Windthorst* in Sachs Rn. 20.

[89] *Gersdorf* in MKS Rn. 43; *Kühling* in BK Rn. 102 f.

[90] → Art. 80 Rn. 56 ff.

[91] So zutr. BVerwGE 119, 282 (302 f.).

[92] *Gersdorf* N&R Beil. 2/2008, 1 (10); *Möstl* in Maunz/Dürig Rn. 35.

des Sondervermögens Deutsche Bundespost. Daneben sieht Art. 87f Abs. 2 S. 1 andere private Anbieter vor. Ein Postmonopol ist demnach nicht mehr zulässig.[93] Die sonstigen Anbieter müssen, wie die Nachfolgeunternehmen des Sondervermögens, **privatrechtlich organisiert** sein. Da die „anderen" Privaten den Nachfolgeunternehmen in Bundeshand gleichgestellt sind, lässt sich aus dem Wort „privat" nicht schließen, dass sie sich vollständig in privater Hand befinden müssten.[94] Denkbar sind auch fiskalische **Beteiligungen der öffentlichen Hand,** sei es des Bundes oder anderer öffentlicher Stellen und namentlich von Gemeinden, soweit diese nicht durch andere Vorschriften ausgeschlossen sind.[95] Im Übrigen ist es Hoheitsträgern nach Art. 87f Abs. 2 S. 1 verwehrt, selbst Dienstleistungen im Bereich des Postwesens und der Telekommunikation anzubieten.[96] Wollen Gemeinden jenseits der Grundversorgung iSv Abs. 1 (→ Rn. 8) im Rahmen der **Daseinsvorsorge** Leistungen wie ein öffentliches W-LAN bereitstellen, müssen sie damit private Anbieter iSv Abs. 2 S. 1 beauftragen (→ Rn. 21).

19 Da die Infrastruktur des Internet zur Telekommunikation gehört, sind auch die Denic e. G., die die country code Top Level Domain (ccTLD).de verwaltet, sowie allgemein die Anbieter von **Internetzugang und Internetdiensten** privater Anbieter iSv Art. 87f Abs. 2 S. 1. Der Bund könnte die Vergabe von Internet-Domain-Namen allerdings ebenso wie die Vergabe von Telefonnummern zur Hoheitsaufgabe machen und nach Art. 87f Abs. 2 S. 2 der Bundesnetzagentur oder einer anderen Bundesbehörde übertragen.[97] *De lege lata* schließt § 66 Abs. 1 S. 4 TKG dies freilich ausdrücklich aus (→ Rn. 30). Länder und Kommunen dürfen eine eigene Second Level Domain wie.regensburg.de oder eine TLD wie.berlin für eigene Zwecke nutzen, da sie dadurch nicht zum Anbieter von Telekommunikationsdienstleistungen werden. Wollen Sie ihre Domain jedoch für ihre Bürger öffnen, können sie dies nur mit Hilfe eines privaten Anbieters iSv Art. 87f Abs. 2 S. 1.[98]

20 **2. Als privatwirtschaftliche Tätigkeiten.** Die Dienstleistungen sind als privatwirtschaftliche Tätigkeit zu erbringen. Die Wortwahl betont den Gegensatz zur gemeinwohlorientierten Staatswirtschaft.[99] Das BVerfG hebt den Grundsatz der Wirtschaftlichkeit und der Gewinnorientierung hervor.[100] Eine bedingungslose Festlegung auf die Schaffung von Wettbewerb soll damit nach

[93] → Art. 143b Rn. 3.

[94] *Ebsen* DVBl 1997, 1039 (1942).

[95] *Averhaus,* Gemeinden in der Telekommunikation, 2001, 109–138; *Möstl* in Maunz/Dürig Rn. 58 ff.; *Vesting* in AK Rn. 95 ff.; dagegen schließt *Windthorst,* Der Universaldienst im Bereich der Telekommunikation, 2000, 203–205, 217 f. juristische Personen aus, die aufgrund eines Anteilseigentums der öffentlichen Hand von 25 % oder mehr maßgeblicher staatlicher Einflussnahme ausgesetzt sind; aA auch *Müller-Terpitz* NWVBl. 1999, 292 (295); offen BGHZ 156, 379 (390 f.).

[96] *Windthorst,* Der Universaldienst im Bereich der Telekommunikation, 2000, 217.

[97] Völkerrechtlich bedürfte es dazu der Mitwirkung der *Internet Corporation for Assigned Names and Numbers (ICANN),* doch ist das Entscheidungsrecht des jeweiligen Staates mittlerweile international anerkannt, s. die *Principles and Guidelines for the Delegation and Administration of Country Code Top Level Domains* des Beratenden Regierungsausschusses von *ICANN* v. 5.4.2005 (abrufbar unter: https://gac.icann.org/principles-and-guidelines/principles-cctlds.pdf (8.1.2020)); sowie *Uerpmann-Wittzack* GLJ 2010, 1245 (1257 f.).

[98] S. ausf. und krit. *v. Lewinski* VerwArch 98 (2007), 473 (489 ff.); zu namensrechtlichen Problemen *Koch/Koenig* K&R 2006, 495; zu vergaberechtlichen Fragen *Maaßen/Schreiber* MMR 2011, 363 ff.

[99] *Gersdorf* in MKS Rn. 52; ähnlich *Windthorst,* Der Universaldienst im Bereich der Telekommunikation, 2000, 197–200.

[100] BVerfGE 108, 370 (393).

Auffassung des BVerfG nicht verbunden sein.[101] Indem Art. 87 Abs. 2 S. 1 den Nachfolgeunternehmen der Deutschen Bundespost „andere“ Anbieter gegenüberstellt, trifft die Vorschrift jedoch eine **Grundentscheidung für** einen chancengleichen **Wettbewerb** auf den Post- und Telekommunikationsmärkten.[102] Dem entspricht jedenfalls für eine Übergangszeit eine sog. asymmetrische Regulierung, die die ehemaligen Monopolisten besonderen Pflichten unterwirft.[103] Namentlich führt die Liberalisierung dazu, dass die Deutsche Post AG als Nachfolgeunternehmen der Deutschen Bundespost keine Ausschließlichkeitsrechte an der Bezeichnung „Post“ beanspruchen kann.[104] Allgemein ist eine Einschränkung des Wettbewerbs im Rahmen des staatlichen Gewährleistungsauftrags nicht ausgeschlossen.[105]

Nicht nur „sonstige“ private Anbieter, sondern auch die Nachfolgeunter- 21
nehmen des Sondervermögens sind als **Wirtschaftsunternehmen** zu führen.[106] Die Postunternehmen unterliegen damit **nicht mehr** dem immanenten **Gemeinwohlauftrag,** der staatlicher Verwaltung eigen ist.[107] Folgerichtig sieht das BVerwG Flächen für Postgebäude nur noch als Gemeinbedarfsflächen iSv § 9 Abs. 1 Nr. 5 BauGB an, soweit sie der Erbringung von staatlich normierten Universaldienstleistungen iSv Art. 87f Abs. 1 dienen.[108] Die Festlegung auf eine privatwirtschaftliche Tätigkeit gilt ebenso für „sonstige“ Anbieter. Auch Telekommunikationsunternehmen in kommunaler Hand dürfen nach Art. 87e Abs. 2 S. 1 nicht mit einem Gemeinwohlauftrag versehen werden.[109] Soweit Abs. 1 ein **Tätigwerden der Gemeinden** im Rahmen der Daseinsvorsorge nicht ausschließt (→ Rn. 8), können sie aber entsprechende Dienstleistungen bei privaten Anbietern einschließlich kommunaler Unternehmen bestellen, sofern sie sie zu Marktpreisen vergüten.

Mittlerweile hält der Bund direkt sowie über die staatliche Kreditanstalt für 22
Wiederaufbau nur noch Minderheitsanteile an der Deutschen Telekom AG und der Deutschen Post AG.[110] Damit sind beide Unternehmen unstreitig nach allgemeinen Regeln **grundrechtsfähig** (→ Art. 19 Rn. 86). Frühere Streitfragen haben sich weitgehend erledigt.[111] Telekommunikationsunternehmen, die sich mehrheitlich in kommunaler Hand befinden, wird man nach dem Urteil des BVerfG zur fehlenden Grundrechtsfähigkeit der Deutschen Bahn AG nicht als grundrechtsfähig ansehen können.[112]

---

[101] BVerfGE 108, 370 (393); zu einer etwaigen grundrechtlichen Pflicht zum Schutz von Wettbewerbern BVerwGE 117, 93 (106 f.).

[102] BVerwG MMR 2003, 734 (739); NZA-RR 2015, 494 Rn. 52; OVG Bln-Bbg NVwZ-RR 2011, 587 (589); *Kühling,* Sektorspezifische Regulierung in den Netzwirtschaften, 2004, 576 ff.; *Möstl* in Maunz/Dürig Rn. 38; sa BVerwGE 119, 282 (302).

[103] BVerwGE 114, 160 (180); 119, 282 (302); 120, 54 (63 f.); *Möstl* in Maunz/Dürig Rn. 48.

[104] BGH NJW 2008, 2653 (2655); *Kunz-Hallstein* GRUR Int. 2004, 751 (754).

[105] BVerwG MMR 2019, 259 Rn. 69 zum Vektoring; sa *Wieland* in Dreier Rn. 18; tendenziell strenger *Kühling/Biendl* DÖV 2012, 409 (414).

[106] *Lerche* FS f. Kreile, 1994, 377 (379 f.); → Art. 87e Rn. 17 zur Parallele bei den Eisenbahnen des Bundes.

[107] *Königshofen* ArchPT 1995, 112 (118–120); allg. zur staatlichen Gemeinwohlverpflichtung *Ronellenfitsch* in HdbStR IV § 98 Rn. 40.

[108] BVerwGE 121, 192 (194 ff.); 121, 205 (208).

[109] *Möstl* BayVBl. 1999, 547 (550–552).

[110] Bundesministerium der Finanzen, Beteiligungsbericht 2018, 2019, 29, 33.

[111] Die Grundrechtsfähigkeit aufgrund von Art. 87f II 1 bejahend BVerwGE 114, 160 (189); *Uerpmann-Wittzack* in v. Münch/Kunig, 6. Aufl. 2012, Art. 87f Rn. 17 mwN.

[112] BVerfGE 147, 50 Rn. 271–274; → Art. 87e Rn. 18.

23 Im Rahmen seiner Verantwortung nach Art. 87f Abs. 1 kann der Bund Post- und Telekommunikationsunternehmen **öffentlich-rechtlichen Bindungen unterwerfen.**[113] Diese sind aber grundsätzlich an Art. 12 Abs. 1 GG zu messen;[114] Eingriffe unterliegen dem grundrechtlichen Gesetzesvorbehalt. Anderes gilt, soweit Postunternehmen kraft Beleihung Hoheitsaufgaben wahrnehmen, also bei der Ausübung von Dienstherrenbefugnissen[115] und bei der Zustellung von Schriftstücken nach § 33 Abs. 1 PostG.[116] Grundrechtsschutz aus Art. 14 kommt insbesondere dem Netzeigentum zu.[117] Dabei unterliegt allerdings das Festnetz der Deutschen Telekom AG ähnlich dem Grundeigentum einer **besonderen Sozialbindung,** soweit und solange Konkurrenten nur mit unverhältnismäßigem Aufwand eigene Leitungen legen können.[118] Das BVerwG hat die Sozialbindung auch daraus abgeleitet, dass das Netz unter dem Schutz eines staatlichen Monopols und mit öffentlichen Mitteln entstanden sei,[119] doch tritt dieser Aspekt im Laufe der Zeit zurück.[120] Eingeschränkt war der Grundrechtsschutz auch, solange der DP AG noch Monopolrechte[121] zustanden.[122] Zu Belastungen, die sich aus der Verantwortung für Postbeamte ergeben, → Art. 143b Rn. 7.

24 Spätestens seit der Veräußerung der Kapitalmehrheit des Bundes (→ Rn. 22) gehören die Nachfolgeunternehmen **nicht mehr** zu den **Grundrechtsverpflichteten** nach Art. 1 Abs. 3.[123] Auch Art. 10 wirkt nicht als Abwehrrecht gegen die Post- und Telekommunikationsunternehmen. Vielmehr verpflichtet das Grundrecht den Staat, den Schutz des **Post- und Fernmeldegeheimnisses** zu gewährleisten.[124]

25 Nach der Konzeption des Art. 87f Abs. 2 S. 1 ist die privatwirtschaftliche Tätigkeit verschiedener Anbieter, die im Wettbewerb stehen, **Ausübung grundrechtlicher Freiheit,** vor allem aus Art. 12 Abs. 1. So entspricht es nach Auffassung des BVerwG dem Ziel der Privatwirtschaftlichkeit, den Zugang zum Netz von Wettbewerbern vorrangig privatautonomen Individualvereinbarungen zu überlassen.[125] Regulierungsmaßnahmen, die der Bund in Ausführung seines Infrastrukturauftrags trifft, müssen sich an Grundrechten messen lassen. Dabei ist die grundrechtliche Freiheit mit dem Verfassungsauftrag in Art. 87f Abs. 1 zu einem angemessenen Ausgleich zu bringen.[126]

---

[113] *Königshofen* ArchPT 1995, 112 (119 f.).

[114] BVerfGE 115, 205 (229 ff.); → Rn. 25.

[115] → Art. 143b Rn. 11.

[116] *Wirth,* Grundrechtsberechtigung und Grundrechtsverpflichtung öffentlicher und gemischt-wirtschaftlicher Unternehmen, 2000, 52–55.

[117] *Kühling,* Sektorspezifische Regulierung in den Netzwirtschaften, 2004, 486 ff.

[118] *Gersdorf* N&R Beil. 2/2008, 1 (6); *Möstl* in Maunz/Dürig Rn. 43; sa *Kurth* MMR 2006, 573 (574).

[119] BVerwGE 114, 160 (192 f.); 119, 282 (304); differenzierend nun BVerwG NVwZ 2010, 1359 Rn. 49.

[120] BVerfGE 115, 205 (242).

[121] → Art. 143b Rn. 3.

[122] *Lang* NJW 2004, 3601 (3603 f.); *Möstl,* Grundrechtsbindung öffentlicher Wirtschaftstätigkeit, 1999, 161 f., 174–176, 179; aA *Herdegen* in Beck PostG VerfGrdl. Rn. 83.

[123] Zur Rechtslage vor der materiellen Privatisierung *Uerpmann-Wittzack* in v. Münch/Kunig, 6. Aufl. 2012, Rn. 18.

[124] *Groß* JZ 1999, 326 (330 ff.); *Möstl,* Grundrechtsbindung öffentlicher Wirtschaftstätigkeit, 1999, 186–200; *Wirth,* Grundrechtsberechtigung und Grundrechtsverpflichtung öffentlicher und gemischt-wirtschaftlicher Unternehmen, 2000, 97–101; → Art. 10 Rn. 87 ff.

[125] BVerwG MMR 2004, 50 (52 f.) mzustAnm *Attendorn,* 52 f.

[126] Sa *Stern* DVBl 1997, 309 (315 f.) zur Herstellung „praktischer Konkordanz"; sowie *Windthorst,* Der Universaldienst im Bereich der Telekommunikation, 2000, 332–336.

Namentlich schließen es Grundrechte nicht aus, die privatwirtschaftliche Tätigkeit einem **präventiven Verbot mit Erlaubnisvorbehalt** zu unterwerfen.[127] Die Erlaubnis hat aber rein ordnungsrechtlichen Charakter. Sie verleiht dem Empfänger keinen Vorteil, der ihm nicht schon kraft Grundrechts zustünde. Der vom Fachgesetzgeber gewählte Begriff der **Lizenz**[128] ist daher missverständlich. Die fachgesetzlichen Anforderungen an die Genehmigungserteilung sind als subjektive Berufszulassungsvoraussetzungen an Art. 12 Abs. 1 zu messen. Den Charakter einer echten Lizenz hat die Vergabe knapper Funkfrequenzen. Auch sie ist vorrangig an Art. 12 Abs. 1 zu messen, was namentlich am Beispiel der Versteigerung der Lizenzen im Universal Mobile Telecommunications System (UMTS) diskutiert wurde.[129]

Im Rahmen der Verhältnismäßigkeit ist es zudem zulässig, **Preise** zu regulieren,[130] **marktbeherrschende Anbieter** zu verpflichten, Konkurrenten bestimmte Leistungen anzubieten,[131] oder Telekommunikationsunternehmen zu verpflichten, **Einrichtungen für staatliche Abhörmaßnahmen** auf eigene Kosten vorzuhalten.[132] Grundrechte stecken auch den Rahmen für eine staatliche Regelung der **Netzneutralität** ab.[133] Zur Vorbereitung von Regulierungsentscheidungen kann das Ziel des Art. 87f Abs. 1 im Rahmen einer Abwägung zudem eine Pflicht zur Offenlegung von Geschäfts- und Betriebsgeheimnissen rechtfertigen.[134] Bemerkenswert ist § 6 Abs. 3 S. 1 Nr. 3 PostG, der verlangt, dass die üblichen Arbeitsbedingungen in dem betreffenden Sektor nicht erheblich unterschritten werden. Als wettbewerbsregulierende Vorschrift ist diese Regelung angesichts der besonderen Belastung der DP AG durch übernommenes Personal für eine Übergangszeit mit Grundrechten vereinbar.[135] Grundrechtliche Verhältnismäßigkeitsanforderungen sind insbes. auch dann zu wahren, wenn der Bund ein über die durch Art. 87f Abs. 1 sowie Unionsrecht gebotene Grundversorgung hinausgehes Versorgungsniveau[136] gewährleisten will.[137] Insbes. wird der Bund die diesbezüglichen **Finanzierungslasten** nur eingeschränkt auf die Post- und Telekommunikationsunternehmen abwälzen können (→ Rn. 13, 15). 26

Soweit zur Deckung der Verwaltungskosten **Gebühren** erhoben werden, ist dies verfassungsrechtlich grundsätzlich unbedenklich.[138] Hingegen wäre eine Ausgestaltung als Verleihungsgebühr, mit der der wirtschaftliche Wert 27

---

[127] *Badura* in Beck PostG vor §§ 5–10 Rn. 18.

[128] §§ 5 ff. PostG.

[129] Dazu BVerwG MMR 2012, 130 Rn. 28; zur Versteigerung von Mobilfunkfrequenzen zum Aufbau von 5G-Netzen VG Köln BeckRS 2019, 3583 Rn. 5 ff.; *Fetzer* NVwZ 2018, 190 (192 f.); zur Lizenzrücknahme BVerwGE 140, 221 Rn. 28 ff.

[130] Insoweit Freiheitsrechte betonend *Ludwigs* NVwZ 2008, 954 (957–959); zum Anfechtungsrecht von Kunden BVerwGE 152, 355 Rn. 23.

[131] S. *Stab,* Offener Netzzugang im deutschen Postwesen aus Sicht des Europäischen Gemeinschaftsrechts und des deutschen Verfassungsrechts, 2000, 240 ff. zu §§ 28 f. PostG; zum Zugang zu G5-Mobilfunknetzen *Rossi/Sandhu* MMR 2019, 90 (93).

[132] Im einzelnen *D. Friedrich,* Die Verpflichtung privater Telekommunikationsunternehmen, die staatliche Überwachung und Aufzeichnung der Telekommunikation zu ermöglichen, 2001, 164–191; s. ferner *Schenke* AöR 125 (2000), 1 (37 ff.).

[133] *Gersdorf* AfP 2011, 209 (212).

[134] BVerfGE 115, 205 (241 ff.); noch weiter zuvor BVerwGE 118, 352 (359 ff.); sa *v. Danwitz* DVBl 2005, 597 (602 ff.).

[135] *Jochum,* Zur Frage der Verfassungsmäßigkeit des Lizenzversagungsgrundes § 6 Abs. 3 S. 1 Nr. 3 PostG, 2001, gegen *Ruffert* AöR 124 (1999), 237 (268 f.).

[136] → Rn. 10.

[137] *Neumann/Sickmann* N&R Beilage 1/2018, 1 (10).

[138] Zu den Grenzen de lege lata BVerwG NVwZ 2002, 858.

des Marktzuganges abgeschöpft werden soll, grundsätzlich verfassungswidrig. Nach deutschem Verfassungsrecht erscheint es freilich nicht ausgeschlossen, den wirtschaftlichen Wert bei der Gebührenbemessung mitzuberücksichtigen.[139] Im Telekommunikationsbereich wird der verfassungsrechtliche Spielraum allerdings europarechtlich eingeschränkt. Nach Art. 12 Abs. 1 der Genehmigungsrichtlinie 2002/20/EG v. 7.3.2002[140] wird die Gebührenhöhe durch den Kostendeckungsgrundsatz beschränkt.[141] Demgegenüber lässt Art. 13 der Genehmigungsrichtlinie bei Funkfrequenzen (→ Rn. 25) und Rufnummern[142] als **knappen Gütern** eine Verleihungsgebühr zu. Die Ertragshoheit folgt bei Gebühren der Verwaltungshoheit und liegt damit gem. Art. 87f Abs. 2 S. 2 beim Bund.[143]

III. Regulierung (Art. 87f Abs. 2 S. 2)

28 **1. Hoheitsaufgaben im Bereich des Postwesens und der Telekommunikation.** Art. 87f Abs. 2 S. 2 beschränkt die Verwaltung auf die Wahrnehmung von **Hoheitsaufgaben,** während die Erbringung von Post- und Telekommunikationsdienstleistungen keine Verwaltungstätigkeit mehr darstellt. Abs. 2 S. 2 meint die **wirtschaftsverwaltungsrechtlichen Ordnungs- und Steuerungsaufgaben** im Bereich des Postwesens und der Telekommunikation.[144] Es wird auch von Regulierung gesprochen.[145] Dabei geht es namentlich um die Aufgaben, die sich aus dem Infrastruktursicherungsauftrag des Art. 87f Abs. 1[146] ergeben,[147] aber auch um die Sicherstellung des Wettbewerbs, den Abs. 2 S. 1 anstrebt. Zu den Hoheitsaufgaben gehören etwa die Erteilung von Betriebserlaubnissen,[148] die Genehmigung von Leistungsentgelten, die Auferlegung von Pflichtleistungen[149] sowie, im Bereich der Telekommunikation, die Zuteilung von Funkfrequenzen.

29 Die wichtigsten Regulierungsgesetze sind das Telekommunikationsgesetz (TKG) sowie das Postgesetz (PostG). Die Regelung des § 50 Abs. 4 TKG 1996, wonach die Kompetenz, einer **Wegebenutzung** zuzustimmen, in bestimmten Fällen vom Wegebaulastträger auf die Regulierungsbehörde des Bundes übergehen sollte, hat das BVerfG als widersprüchlich verworfen.[150] Überlässt der Bund die Zustimmung zur Wegemitbenutzung vollständig **Landesbehörden,** wie es nun mit § 68 Abs. 3 TKG geschehen ist, entspricht dies dem Regelfall landeseigener Verwaltung nach Art. 83 GG und erscheint verfassungsrechtlich zulässig.[151] Allerdings setzt Art. 84 Abs. 1 der

---

[139] *Möstl* NVwZ 2001, 735 (738).

[140] ABl. 2002 L 108, 21, idF der RL 2009/140/EG, ABl. 2009 L 337, 37.

[141] Dazu auch *Möstl* NVwZ 2001, 735 (738 f.); sowie OVG NRW K&R 2000, 92 (93).

[142] Zu den unionsrechtlichen Vorgaben iE EuGH– C-327/03, C-328/03, Slg. 2005, I-8877, ECLI:EU:C:2005:622, NJW 2006, 37 – Deutschland/ISIS Multimedia Net GmbH und Co. KG ua; BVerwG BeckRS 2006, 20622.

[143] BVerfGE 105, 185 (193).

[144] → Rn. 4 f.

[145] Dazu ausf. *Ruffert* AöR 124 (1999), 237 (241 ff.); sa *v. Danwitz* DÖV 2004, 977; *Möstl* in Maunz/Dürig Rn. 4.

[146] → Rn. 6.

[147] *Rottmann* ArchPT 1994, 193 (194).

[148] In der Terminologie des PostG: Lizenzen; → Rn. 25.

[149] Sog. Universaldienstverpflichtung; → Rn. 14.

[150] BVerfGE 108, 169 (183 f.).

[151] Dahingehend BVerfGE 108, 169 (184); aA VG Darmstadt NVwZ-RR 2006, 291 (293 f.); zur Zulässigkeit der Gebührenerhebung BVerwG TMR 2002, 468; NVwZ 2005, 821 (822 ff.); aA VG Mainz BeckRS 2006, 27564.

Zuweisung an eine bestimmte Landesbehörde Grenzen.[152] Eine vollständige Zuweisung an die Bundesnetzagentur bedürfte einer besonderen Rechtfertigung.[153] Bei der Regulierung unterliegen Gesetzgebung und Verwaltung selbstverständlich der **Grundrechtsbindung** (→ Rn. 25).

Hoheitsaufgaben sind alle Tätigkeiten, die nicht als Dienstleistungen iSv Art. 87f Abs. 2 S. 1 zu qualifizieren sind. Bei der Zuordnung besitzt die Gesetzgebung einen gewissen Spielraum. So ist es verfassungsrechtlich nicht zu beanstanden, dass § 66 TKG die Zuweisung von Telefonnummern den Hoheitsaufgaben,[154] die Vergabe von **Internet-Domain-Namen** aber gem. Abs. 1 S. 4 dem privatwirtschaftlichen Bereich zuordnet, wenngleich eine Ausgestaltung als Hoheitsaufgabe ebenso denkbar wäre.[155] Zu den Hoheitsaufgaben gehört auch die Herausgabe amtlicher **Postwertzeichen.**[156] Als bloße Hilfsmittel zur Erbringung von Beförderungsleistungen zählen sie entgegen *Bohnert*[157] nicht zu den Dienstleistungen nach Art. 87e Abs. 2 S. 1 iVm Abs. 1, die privatwirtschaftlicher Tätigkeit vorbehalten sind. Ihr öffentlich-rechtlicher Charakter begründet die Zuordnung zu Abs. 2 S. 2. *Gramlich* betont die Funktion als Geldersatzzeichen.[158] Die Bedeutung amtlicher Postwertzeichen liegt im völkerrechtlichen Bereich. Nach Art. 5 des Weltpostvertrages v. 14.9.1994[159] ermöglichen die von den Postverwaltungen ausgegebenen Postwertzeichen die Weiterleitung von Sendungen durch ausländische Postverwaltungen. 30

2. Werden in bundeseigener Verwaltung ausgeführt. Die Hoheitsaufgaben sind in **bundeseigener Verwaltung** wahrzunehmen. Die Gegenüberstellung von bundeseigener Verwaltung in Abs. 2 S. 2 und mittelbarer Bundesverwaltung durch eine bundesunmittelbare Anstalt des öffentlichen Rechts in Abs. 3 zeigt, dass mit bundeseigener Verwaltung hier wie in Art. 86, 87 Abs. 1[160] **nur unmittelbare Bundesverwaltung** gemeint ist.[161] Anders als bei der Luftverkehrsverwaltung nach Art. 87d Abs. 1[162] und bei der Eisenbahnverkehrsverwaltung nach Art. 87e Abs. 1, 2[163] wäre es grds. unzulässig, Aufgaben der Post- und Telekommunikationsverwaltung auf rechtlich verselbständigte Verwaltungsträger zu übertragen. Art. 87f Abs. 2 S. 2 grenzt also nicht nur die Verwaltungszuständigkeiten von Bund und Ländern gegeneinander ab, sondern regelt zugleich die Organisationsform. Das schließt die **Beleihung Privater** mit einzelnen Hoheitsaufgaben nach allgemeinen Regeln[164] 31

[152] Im Ansatz zutr., aber zu eng VG Darmstadt NVwZ-RR 2006, 291 (294).

[153] Offen BVerfGE 108, 169 (183).

[154] S. BVerwG MMR 2003, 741 (745); damit verbietet sich die Annahme des LG Bonn NVwZ 2004, 1152, die Deutsche Telekom AG sei Vertragspartnerin eines von der Deutschen Bundespost geschlossenen öffentlich-rechtlichen Vertrages über die Nummernvergabe geworden.

[155] → Rn. 19.

[156] AA *Schmidt* NJW 1998, 200; *Stern* in Beck PostG § 43 Rn. 23, 53 ff.

[157] *Bohnert* NJW 1998, 2979 (2880).

[158] *Gramlich* DVBl 1998, 741 (742); sa *Gramlich,* Postrecht im Wandel, 1999, 74; ähnlich *Cantzler,* Strafrechtliche Auswirkungen der Privatisierung von Verwaltungsaufgaben, 2002, 121–123.

[159] BGBl. 1998 II 2135.

[160] → Art. 87 Rn. 2.

[161] *Gersdorf* in MKS Rn. 82 f.; *Möstl* in Maunz/Dürig Rn. 101; *Pieroth* in Jarass/Pieroth Rn. 1; aA *Vesting* in AK Rn. 70.

[162] → Art. 87d Rn. 10.

[163] → Art. 87e Rn. 11, 15.

[164] Dazu *Schmidt am Busch* DÖV 2007, 633; *Maurer/Waldhoff,* AllgVerwR, 2017, § 23 Rn. 63 ff.

nicht aus.[165] *Oertel*[166] weist darauf hin, dass diese Art der rechtlichen Verselbständigung zulässig ist, weil und soweit der Bund über hinreichende Einwirkungsmöglichkeiten verfügt.

32 Verwaltungsbehörde iSv Art. 87f Abs. 2 S. 2 ist vor allem die aus der Regulierungsbehörde für Telekommunikation und Post (RegTP) hervorgegangene **Bundesnetzagentur (BNetzA)** nach §§ 116 ff. TKG, §§ 44 ff. PostG iVm dem BNetzAG.[167] Art. 87f gibt auf die Frage nach der **Weisungsabhängigkeit** der BNetzA keine eindeutige Antwort. Nach allgemeinen Grundsätzen müssen Behörden hierarchisch dem zuständigen Ministerium unterstellt sein, das die parlamentarische Verantwortung übernimmt.[168] Sog. ministerialfreie Räume bedürfen einer besonderen Rechtfertigung. Eine solche Rechtfertigung ist in Art. 87f Abs. 2 angelegt.[169] Abs. 2 S. 1 zielt darauf ab, die Nachfolgeunternehmen der Deutschen Bundespost von der Tagespolitik abzukoppeln. Das spricht dafür, die Regulierung nach Abs. 2 S. 2 so auszugestalten, dass Regulierungsentscheidungen einem punktuellen Eingreifen der politischen Organe entzogen werden. Art. 87f Abs. 2 gebietet danach keine Weisungsfreiheit, gestattet dem Gesetzgeber aber eine entsprechende Regelung.[170] Die Besonderheiten des in Art. 87f Abs. 1 enthaltenen Regulierungsauftrages gestatten es grundsätzlich auch, der BNetzA **Beurteilungsspielräume** oder **planerische Gestaltungsfreiheit** einzuräumen.[171] Der Verwaltungskompetenz folgt die Kompetenz zur **Erhebung von Gebühren und Beiträgen.**[172] Sonderabgaben sind demgegenüber nur ausnahmsweise zu rechtfertigen.[173]

33 Zur Wahrung von Länderinteressen wurde bei der BNetzA ein Beirat gebildet, der je zur Hälfte mit Mitgliedern des BT und Vertretern des BRats besetzt ist.[174] Dies ist mit dem Verbot der **Mischverwaltung**[175] vereinbar, weil der Beirat nicht mit Vertretern der Länder, sondern mit Vertretern des Bundesorgans BR besetzt ist und weil er nach § 120 TKG, § 44 PostG

---

[165] *Möstl* in Maunz/Dürig Rn. 103; aA *Windthorst,* Der Universaldienst im Bereich der Telekommunikation, 2000, 374.

[166] *Oertel,* Die Unabhängigkeit der Regulierungsbehörde nach §§ 66 ff. TKG, 2000, 197.

[167] G v. 7.7.2005, BGBl. 2005 I 1970 idF des G v. 17.7.2017, BGBl. 2017 I 2503; dazu *Kühling/Schall/Biendl,* Telekommunikationsrecht, 2014, Rn. 685 ff.; *Schmidt* NVwZ 2006, 907; *Uechtritz* NVwZ 2013, 906 (911).

[168] *Loschelder* in HdbStR V § 107 Rn. 38 ff.; sa *Oertel,* Die Unabhängigkeit der Regulierungsbehörde nach §§ 66 ff. TKG, 2000, 197 ff. speziell zur unmittelbaren Bundesverwaltung.

[169] Ausf. *Oertel,* Die Unabhängigkeit der Regulierungsbehörde nach §§ 66 ff. TKG, 2000, 261 ff.; ferner *Holznagel/Schumacher* JURA 2012, 501 (503 f.); *Kühling* in BK Rn. 161–166; *Möstl* in Maunz/Dürig Rn. 94, 102; *Vesting* in AK Rn. 63 ff.; zum Vergleich mit US-amerikanischem Recht auch *Löhr* in Demel/Hausrotter/Heybein Funktionen und Kontrolle der Gewalten, 135 (153 ff.).

[170] *Oertel,* Die Unabhängigkeit der Regulierungsbehörde nach §§ 66 ff. TKG, 2000, 344 f.; allg. *v. Lewinski* DVBl 2013, 339 ff.

[171] Dazu *Herdegen* MMR 2006, 580 (581 f.); *Ladeur/Möllers* DVBl 2005, 525 (531–534); *Kurth* MMR 2006, 574 (574); krit. *Attendorn* DVBl 2008, 1408 (1410 f.); *Kühling* in BK Rn. 167–179; aus fachrechtlicher Sicht BVerwGE 130, 39 Rn. 25, 28–31; BVerwGE 131, 41 Rn. 14 ff.

[172] Allg. *Kirchhof* in HdbStR V § 119 Rn. 59–61, 68; zur Gebührenhöhe → Rn. 27; zur Versteigerung von Mobilfunkfrequenzen → Rn. 25.

[173] S. *Roth* MMR 2005, 424 (426 ff.) zum Telekommunikationsbeitrag; sowie → Rn. 14 zur Universaldienstabgabe.

[174] § 5 BNetzAG.

[175] → Art. 83 Rn. 15 ff.; zum früheren Regulierungsrat *Lerche* FS f. Kreile, 1994, 377 (386).

lediglich beratende Funktionen hat. Eigenen Entscheidungsbefugnissen des mit Parlamentariern besetzten Beirats stünde auch der Grundsatz der Gewaltenteilung entgegen.[176]

IV. Bundesanstalt Post (Art. 87f Abs. 3)

Art. 87f Abs. 3 garantiert den Bestand der öffentlich-rechtlichen **Bundesanstalt Post,** obwohl es für solch eine Anstalt kaum sinnvolle Aufgaben gibt. Die in → Rn. 28 beschriebenen Regulierunsaufgaben dürfen der Bundesanstalt nicht übertragen werden;[177] denn Art. 87f Abs. 2 S. 2, wonach solche Aufgaben in bundeseigener Verwaltung auszuführen sind (→ Rn. 31), bleibt von Abs. 3 ausdrücklich unberührt. Die Erbringung von Dienstleistungen iSd Abs. 1, dh die Tätigkeit gegenüber Postkunden, ist gem. Abs. 2 S. 1 den privatrechtlich organisierten Postunternehmen vorbehalten.[178] Tatsächlich hat die Bundesanstalt mittlerweile fast nur noch **beamtenrechtliche Aufgaben** in Hinblick auf die den Nachfolgeunternehmen des Sondervermögens Deutsche Bundespost zugewiesenen Beamten sowie ehemalige Postbeamte wahrzunehmen.[179] Auch diese Aufgaben werden sich allmählich durch Zeitablauf erledigen. 34

Art. 87f Abs. 3 ist **missglückt.** Die verfassungsrechtliche Garantie einer Anstalt des öffentlichen Rechts wäre nur dann sinnvoll gewesen, wenn eine starke Holding gewollt gewesen wäre, die die Tätigkeit ihrer Unternehmen maßgeblich hätte beeinflussen können. Dem stehen jedoch die in Abs. 2 S. 1 getroffene Festlegung auf eine privatwirtschaftliche Tätigkeit der Postunternehmen[180] sowie die in Art. 143b Abs. 2 S. 2, 3 ausdrücklich angelegte[181] und mittlerweile vollzogene[182] materielle Privatisierung der Nachfolgeunternehmen entgegen. 35

Da die Bundesanstalt Post auch für pensionierte Postbeamte zuständig ist, wird sie noch einige Jahre sinnvoll arbeiten können. Danach wird sie trotz ihrer verfassungsrechtlichen **Bestandsgarantie**[183] obsolet werden. Damit trägt Abs. 3 trotz seiner Stellung im VIII. Abschnitt des GG und seines Wortlauts Züge einer **Übergangsregelung.** Die Vorschrift wird sinnvollerweise weder gebieten können, eine funktionslos gewordene Anstalt als leere Hülle zu erhalten, noch Aufgaben für die Anstalt zu erfinden, nur um ihr eine Funktion zu geben.[184] 36

C. Kritische Würdigung

Art. 87f war Grundlage für die **bahnbrechende Liberalisierung** des Telekommunikationssektors Mitte der 1990er Jahre. Mittlerweile erscheint 37

---

[176] *Schmidt* NVwZ 2006, 907 (909).

[177] *Möstl* in Maunz/Dürig Rn. 106; *Scherer* CR 1994, 418 (421).

[178] *Gersdorf* in MKS Rn. 87; *Möstl* in Maunz/Dürig Rn. 106.

[179] S. das Bundesanstalt-Post-G v. 14.9.1994, BGBl. 1994 I 2325 idF des G v. 23.12.2016, BGBl. 2016 I 3234.

[180] → Rn. 15 ff.

[181] → Art. 143b Rn. 4 f.

[182] → Rn. 22.

[183] *Rottmann* ArchPT 1994, 193 (195).

[184] *Kühling* in BK Rn. 183; *Möstl* in Maunz/Dürig Rn. 108; iE ebenso *Pieroth* in Jarass/Pieroth Rn. 2; aA *Windthorst,* Der Universaldienst im Bereich der Telekommunikation, 2000, 387, demzufolge dann das GG zu ändern wäre.

eine Rückkehr zum einstigen Post- und Telekommunikationsmonopol nicht nur angesichts unionsrechtlicher Vorgaben unvorstellbar. Art. 87d Abs. 2 S. 1 regelt damit aus heutiger Sicht Selbstverständliches. Art. 87f Abs. 1 stattet eine konkrete staatliche Aufgabe mit Verfassungsrang aus. Das könnte angesichts der besonderen strukturpolitischen Bedeutung leistungsfähiger Telekommunikationsnetzzugänge auch im ländlichen Raum sinnvoll erscheinen. Allerdings vermag die Vorschrift **kaum normative Kraft** zu entfalten. So bewegen sich Förderprogramme der Länder zur Bereitstellung von Breitbandanschlüssen im ländlichen Raum außerhalb des normativen Programms von Art. 87 f. Die Zuweisung von Regulierungsaufgaben an die Bundesnetzagentur im Rahmen von Abs. 2 S. 2 erscheint sinnvoll, während der Regulierungsrahmen im Übrigen weitgehend durch Unionsrecht abgesteckt wird.

38 Art. 87f Abs. 3 trägt Züge eines nur historisch zu verstehenden **politischen Kompromisses.**[185] Die Bundesanstalt für Post und Telekommunikation spielt keine Rolle, die eine verfassungsrechtliche Absicherung rechtfertigen würde.

Literatur

R. Averhaus, Gemeinden in der Telekommunikation, 2001. – ***P. Badura,*** Wettbewerbsaufsicht und Infrastrukturgewährleistung durch Regulierung im Bereich der Post und der Telekommunikation, in U. Hübner, FS f. Großfeld, 1999, 35. – ***P. Badura/T. v. Danwitz ua*** (Hrsg.), Beck'scher PostG-Kommentar, 2. Aufl. 2004. – ***J. Basedow*** (Hrsg.), Das neue Wirtschaftsrecht der Postdienste, 1995. – ***K. Cannivé,*** Infrastrukturgewährleistung in der Telekommunikation zwischen Staat und Markt, 2001. – ***C. Cornils,*** Staatliche Infrastrukturverantwortung unter kontingenten Marktvoraussetzungen, AöR 131 (2006), 378. – ***M. Eifert,*** Grundversorgung mit Telekommunikationsleistungen im Gewährleistungsstaat, 1998. – ***M. Freund,*** Infrastrukturgewährleistung in der Telekommunikation, 2002. – ***M. Freund,*** Infrastrukturgewährleistung in der Telekommunikation, NVwZ 2003, 408. – ***M. Geppert/R. Schütz*** (Hrsg.), Beck'scher TKG-Kommentar, 4. Aufl. 2013 – ***H. Gersdorf,*** Verfassungsrechtlicher Schutz der Wettbewerber beim Netzzugang, N&R Beil. 2/2008, 1. – ***L. Gramlich,*** Von der Postreform zur Postneuordnung, NJW 1994, 2785. – ***L. Gramlich,*** Postrecht im Wandel, 1999. – ***H. D. Jarass,*** Die verfassungsrechtliche Stellung der Post- und TKUnternehmen, MMR 2009, 223. – ***Th. Königshofen,*** Die Deutsche Telekom im Spannungsfeld der Ordnungspolitik, ArchPT 1995, 112. – ***J. Kühling,*** Sektorspezifische Regulierung in den Netzwirtschaften, 2004. – ***P. Lerche,*** Einige Verfassungsfragen der Postreform II, in J. Becker, FS f. Kreile, 1994, 377. – ***G. Manssen,*** Das Telekommunikationsgesetz (TKG) als Herausforderung für die Verfassungs- und Verwaltungsrechtsdogmatik, ArchPT 1998, 236. – ***G. Manssen*** (Hrsg.), Telekommunikations- und Multimediarecht, Loseblatt, 2018. – ***M. Möstl,*** Grundrechtsbindung öffentlicher Wirtschaftstätigkeit. Insbesondere die Bindung der Nachfolgeunternehmen der Deutschen Bundespost an Art. 10 GG nach der Postreform II, 1999. – ***K. Oertel,*** Die Unabhängigkeit der Regulierungsbehörde nach §§ 66 ff. TKG, 2000. – ***M. Rottmann,*** Zu den verfassungsrechtlichen Aspekten der Postreform II, ArchPT 1994, 193. – ***M. Ruffert,*** Regulierung im System des Verwaltungsrechts, AöR 124 (1999), 237. – ***F. J. Säcker,*** Berliner Kommentar zum Telekommunikationsgesetz, 3. Aufl. 2013. – ***J. Scherer,*** Postreform II: Privatisierung ohne Liberalisierung, CR 1994, 418. – ***R. Scholz/J. Aulehner,*** „Postreform II" und Verfassung – Zu Möglichkeiten und Grenzen einer materiellen oder formellen Privatisierung der Post –, ArchPT 1993, 221. – ***S. Sommer,*** Staatliche Gewährleistung im Verkehrs-, Post- und Telekommunikationsbereich, 2000. – ***K. Windthorst,*** Der Universaldienst im Bereich der Telekommunikation, 2000.

[185] *Rottmann* ArchPT 1994, 193 (195); *Lerche* FS f. Kreile, 1994, 377 (380 ff.); krit. auch *Scherer* CR 1994, 418 (421).

Art. 88 [Bundesbank]

¹Der Bund errichtet eine Währungs- und Notenbank als Bundesbank. ²Ihre Aufgaben und Befugnisse können im Rahmen der Europäischen Union der Europäischen Zentralbank übertragen werden, die unabhängig ist und dem vorrangigen Ziel der Sicherung der Preisstabilität verpflichtet.

Übersicht

A. Allgemeine Bedeutung

Mit Art. 88 findet erstmals in der deutschen Geschichte die nationale **Zentralbank** verfassungsrechtliche Erwähnung. Die Vorgängerverfassungen des GG begnügten sich mit der Auflistung von Gesetzgebungszuständigkeiten des Reiches für das Münz- und Bankwesen und die Ausgabe von Papiergeld (Art. 4 Nr. 3 RV 1871; Art. 7 Nr. 14 WRV). Die Deutsche Reichsbank wurde 1875 auf der Basis eines einfachen Reichsgesetzes errichtet (Bankgesetz v. 14.3.1875[1]), ohne dass hierfür eine verfassungsrechtliche Ermächtigung bestand.[2] Die verfassungsrechtliche Stellung und Bedeutung der Bundesbank werden durch S. 1 nur unvollkommen umrissen. Die Vorschrift begnügt sich damit, sie in fast lakonischer Kürze als „Währungs- und Notenbank“ zu beschreiben, ohne konkrete Aufgaben abzustecken. Auch zur Einordnung der Bundesbank in die Hierarchie der Bundesverwaltung (→ Rn. 6, 18) findet sich in S. 1 keine Aussage. 1

Abermals ein konstitutionelles Novum brachte die **Ergänzung** des Art. 88 um S. 2 im Jahre 1992[3] mit sich. Mit dieser Ergänzung ist die verfassungs- 2

---

[1] RGBl. 1875, 177, im Jahre 1924 ersetzt durch das Bankgesetz v. 30.8.1924, RGBl. II 235.

[2] Vgl. *Hahn/Häde,* Währungsrecht, 2. Aufl. 2010, § 10; *Häde* in BK Rn. 47 ff.; *Herdegen* in Maunz/Dürig Rn. 10 ff.; *James* in Deutsche Bundesbank Fünfzig Jahre Deutsche Mark, 29 ff.

[3] BGBl. 1992 I 2086.

rechtliche Grundlage für die Vergemeinschaftung der währungspolitischen Befugnisse der Bundesbank geschaffen worden.[4] Sie erfolgte – auf der Grundlage des Änderungsvertrags von Maastricht (→ Rn. 24 ff.) mit Wirkung zum 1.1.1999. Der Übergang der zentralen Aufgaben und Befugnisse der Bundesbank auf die Europäische Zentralbank (EZB) und die Eingliederung der Bundesbank in das Europäische System der Zentralbanken (ESZB) bzw. das Eurosystem (→ Rn. 28) gehen mit einer Relativierung der verfassungsrechtlichen Stellung der Bundesbank i. S. v. Art. 88 S. 1 einher: Sie agiert heute nur noch in sehr eingeschränktem Maße – als Bestandteil des ESZB und unter Ägide der EZB (→ Rn. 36) – als Währungs- und Notenbank. Art. 88 S. 2 als qualifizierte Integrationsklausel, die dies gestattet, ist im europäischen Verfassungsvergleich fast ohne Parallele.[5] Art. 88 S. 2 ist die einzige Vorschrift des GG, die ein konkretes Unionsorgan die (EZB) zum Adressaten einer Kompetenzübertragung bestimmt. Zugleich ist Art. 88 S. 2 eine verfassungsrechtliche Struktursicherungsklausel für die EZB (der nun konstitutionelle Dignität zuteil wird), deren Verpflichtung auf Preisstabilität und Unabhängigkeit mit einer Art grundgesetzlicher Rückversicherung ausgestattet wird (→ Rn. 49 ff., 63 ff.). Diese strahlt wiederum auf die Bundesbank in ihrer Eigenschaft als Teil des ESZB zurück, die durch S. 1 jedenfalls nicht explizit mit solchen Garantien ausgestattet worden ist (→ Rn. 56, 66).

B. Einzelfragen

I. Errichtung einer Bundesbank

3 **1. Der Bund errichtet.** Der Bund wird durch S. 1 zur Errichtung einer Bundesbank verpflichtet. Diesem **Verfassungsauftrag**[6] kam der Bund erst mit dem G über die Deutsche Bundesbank v. 26.7.1957[7] (BBankG) nach. Die Bundesbank trat an die Stelle der von den Besatzungsmächten gegründeten Bank deutscher Länder (BdL), die als gemeinsame Einrichtung (eine Art Tochterorganisation[8]) der nach dem Zweiten Weltkrieg errichteten Landeszentralbanken fungierte und damit über eine körperschaftliche Organisation verfügte.[9] Ihre föderale Struktur bestand trotz Art. 88, der dem Bund die Zentralbankzuständigkeit zuwies, auch nach 1949 zunächst fort. Die Bundesbank entstand aus der BdL, die hierfür mit den Landeszentralbanken und der Berliner Zentralbank verschmolzen wurde.[10] Die Landeszentralbanken erloschen ohne Abwicklung; sie wurden durch rechtlich unselbständige Hauptverwaltungen ersetzt, die den Namen „Landeszentralbank" jedoch bis 29.4.2002 noch beibehielten.[11]

4 Mit der Erfüllung des Verfassungsauftrags wandelte sich Art. 88 S. 1 zu einer institutionellen **Bestandsgarantie** zugunsten der Bundesbank.[12] Die

---

4 Siehe *Janzen,* Der neue Artikel 88 Satz 2 des Grundgesetzes, 1996, 34 ff.

5 Vgl. *Heun* in Dreier Rn. 11.

6 *Herdegen* in Maunz/Dürig Rn. 14.

7 BGBl. 1957 I 745.

8 *Siebelt,* Der juristische Verhaltensspielraum der Zentralbank, 1988, 89 f.

9 *Prost* DÖV 1952, 237 (239); *Stern,* StaatsR II, 1980, § 35 Kap. I 4b; vgl. auch *Hahn/Siebelt* DÖV 1989, 233 (240 f.).

10 § 1 BBankG aF.

11 §§ 8, 38 Abs. 1 S. 2 BBankG aF.

12 Ganz hM, vgl. stellvertretend *Häde* in BK Rn. 118; *Pieroth* in Jarass/Pieroth Rn. 2; aA nur *Faber* in AK, 2. Aufl. 1989, Rn. 1; *Becker* DÖV 2010, 909 (913).

Pflicht des Bundes, eine Zentralbank als Bundesbank zu unterhalten, wird jedoch durch den 1992 eingefügten S. 2 (→ Rn. 30 ff.) relativiert.[13] Dieser lässt die Übertragung ihrer währungs- und notenbankrechtlichen Aufgaben und Befugnisse auf die EZB ohne inhaltliche Beschränkung zu. Selbst die vollständige Entziehung dieser Kompetenzen der Bundesbank wäre hiernach verfassungsrechtlich zulässig.[14] Zwar erfolgte die verfassungsrechtliche Verankerung der Bestandsgarantie für die Bundesbank zur Sicherung ihrer währungs- und notenbankrechtlichen Aufgaben, doch wird dieser funktionale Konnex durch S. 2 nunmehr durchbrochen. Die Bestandsgarantie würde, wenn die Bundesbank auch die ihr innerhalb des ESZB verbliebenen Befugnisse an die EZB verlöre, ohne funktionalen Bezug fortbestehen; ihr Verlust würde dann eine Abschaffung der Bundesbank durch Verfassungsänderung nahelegen.

Die Forderung, der Bundesbank müssten in einer solchen Situation Aufgaben anderer Art (zB der Finanzmarktaufsicht oder Forschung) kompensationshalber zugewiesen werden, überzeugt aufgrund der Abstraktion der Bestandsgarantie von den in Art. 88 S. 1 genannten Aufgaben nicht.[15] Der Fortbestand der nationalen Zentralbanken (und damit der Bundesbank) ist einstweilen jedoch unionsrechtlich abgesichert, da sie neben der EZB als integrale Bestandteile des ESZB fungieren (Art. 282 Abs. 1 AEUV; Art. 14 ESZB/EZB-Satzung; vgl. auch Art. 127 Abs. 1 AEUV). Art. 88 S. 2 ersetzt als eine auf das ESZB bezogene und insofern den Fortbestand der Bundesbank implizierende Vorschrift (→ Rn. 34 ff.) die unmittelbare Bestandgarantie des S. 1 für die Zeit des Bestehens der Europäischen Währungsunion durch eine unionsrechtlich vermittelte verfassungsrechtliche Bestandsgarantie.[16] Eine „Reservefunktion" fällt Art. 88 S. 1 für den unwahrscheinlichen Fall einer Auflösung der EZB bzw. des ESZB insoweit zu, als er den Wiedereintritt der Bundesbank in ihre an die EZB abgegebenen Befugnisse verfassungsrechtlich absichert. 5

Die Übertragung zentralbankrechtlicher Befugnisse auf die EZB hebt die institutionelle Zugehörigkeit der Bundesbank zum Bund nicht auf (siehe aber → Rn. 34). Dies zeigt sich auch darin, dass das Europarecht – von der Bezugnahme auf den Präsidenten der jeweiligen nationalen Zentralbank abgesehen – keine Organisationsvorgaben statuiert.[17] Die Bundesbank ist Bestandteil der mittelbaren **Bundesverwaltung.** § 2 S. 1 BBankG gestaltet sie als „bundesunmittelbare juristische Person des öffentlichen Rechts" aus. Der Vorstand – mit seiner Zentrale am Frankfurter Sitz der Bundesbank – hat die Stellung einer obersten Bundesbehörde, die Hauptverwaltungen und Filialen die Stellung von Bundesbehörden (§ 29 Abs. 1 S. 1 BBankG; → Rn. 18). 6

Eine bestimmte **Organisationsform** schreibt das GG für die Bundesbank nicht vor. In Ermangelung mitgliedschaftlicher Strukturen ist sie als rechtsfähige Anstalt des öffentlichen Rechts zu qualifizieren.[18] Art. 88 S. 1 würde 7

---

[13] Vgl. *Beisse* BB 1992, 645 (648); *Janzen,* Der neue Artikel 88 Satz 2 des Grundgesetzes, 1996, 189.

[14] So auch *Ruge* in SHH Rn. 3; noch weitergehend *Hahn/Häde,* Währungsrecht, 2. Aufl. 2010, Rn. 9 f.; aA *Heun* in Dreier Rn. 24.

[15] *Häde* in BK Rn. 118; *Blanke/Pilz* in MKS Rn. 4, 38; aA *Gaitanides* in BerlKomm Rn. 15, 55.

[16] *Häde* in BK Rn. 99 f.; siehe auch *Heun* in Dreier Rn. 16.

[17] Vgl. *Häde* WM 2005, 205 (212).

[18] Ganz hM; vgl. *Stern,* StaatsR II, 1980, § 35 Kap. I 4b; *Samm* WM Beil. 5/1984, 4 mwN; *Schmidt* inHdbStR V § 117 Rn. 30; *Häde* in BK Rn. 106; etwas anders *v. Spindler/*

auch eine privatrechtliche Organisationsform (mit einzelnen Eingriffsbefugnissen zu beleihende Kapitalgesellschaft in der Hand des Bundes) nicht ausschließen.[19] Selbst wenn man Art. 86 ff. eine organisationsrechtliche Grundaussage zugunsten der (jedenfalls im Kern) öffentlich-rechtlichen Ausgestaltung der Bundesverwaltung zuspricht,[20] muss aus der besonderen Stellung der Zentralbank im Verwaltungsgefüge, ihrer banktypischen, vorwiegend marktorientierten und eingriffsarmen Handlungsweise gefolgert werden, dass Art. 88 S. 1 dem Gesetzgeber eine Einschätzungsprärogative für die Wahl der Organisationsform belässt.[21]

8 Mit Inkrafttreten des 7. ÄndG zum BBankG (v. 23.3.2002[22]) am 30.4.2002 ist an die Stelle der Organmehrheit aus Zentralbankrat, Direktorium und Vorständen der Landeszentralbanken (§§ 5 ff. BBankG aF) der Vorstand als einziges **Organ** der Bundesbank getreten; ihm ist die Aufgabe zugewiesen, die Bank zu leiten und zu verwalten (§ 7 Abs. 1 BBankG). Der Vorstand ist durch das 8. ÄndG v. 16.7.2007[23] verkleinert worden: Außer dem Präsidenten und dem Vizepräsidenten umfasst er nicht mehr sechs, sondern nur noch vier weitere Mitglieder (§ 7 Abs. 2 S. 1 BBankG).

9 Die **Gesetzgebungszuständigkeit des Bundes** für die Errichtung der Bundesbank folgt nicht aus Art. 73 Abs. 1 Nr. 4, der dem Bund nur eine materielle Regelungs- und nicht auch eine Verwaltungszuständigkeit verleiht, sondern unmittelbar aus Art. 88.[24] Als spezielle Regelung verdrängt dieser Art. 87 Abs. 3. Daraus folgt nicht nur, dass das BBankG keiner Zustimmung des Bundesrates bedarf,[25] sondern auch, dass die Errichtung der Bundesbank keinem Gesetzesvorbehalt unterlag; denn Art. 88 S. 1 schreibt die Gesetzesform dafür nicht vor.[26] Auch entfällt der – zumindest bei Art. 87 Abs. 3 S. 2 manifeste – Sinn und Zweck des institutionellen Gesetzesvorbehalts, die Landesorganisationsgewalt zu schützen,[27] wenn das GG – was bei Art. 88 der Fall ist – allein dem Bund die Verwaltungshoheit zuweist. Andererseits entsprach die gesetzliche Errichtung deutscher Rechtstradition,[28] die indes nicht zu einem Gesetzesvorbehalt kraft Verfassungsgewohnheitsrechts erstarkt ist. Nur soweit der Bundesbank Eingriffsbefugnisse eingeräumt wurden (zB in § 18 BBankG – statistische Erhebungen), war eine gesetzliche Regelung unumgänglich.[29] Auch aus Art. 23 Abs. 1 S. 2, der jedenfalls für die Übertragung nach Art. 88 S. 2 ein Gesetz fordert, ergibt sich heute die Notwendigkeit, die Kompetenzen der Bundesbank gesetzlich zu bestimmen.

Becker/Starke, Die Deutsche Bundesbank, 4. Aufl. 1973, 168 (170), „anstaltsähnliche Einrichtung".

[19] *Wilke* in v. Mangoldt/Klein Das Bonner Grundgesetz, 2. Aufl. 1974, Anm. IV 2a; *Herdegen* in Maunz/Dürig Rn. 54; *Stern* in Deutsche Bundesbank, Fünfzig Jahre Deutsche Mark, 141 (151); *Häde* in BK Rn. 103.

[20] Str.; vgl. dazu *Kämmerer,* Privatisierung, 2001, 207 ff. mwN.

[21] AA *Siekmann* in Sachs Rn. 11.

[22] BGBl. 2002 I 1159.

[23] BGBl. 2007 I 1382; zur Begründung (Effizienzgesichtspunkte) vgl. BT-Drs. 16/4971.

[24] BVerfGE 14, 197 (213, 215); *Häde* in BK Rn. 110; *Siekmann* in Sachs Rn. 7; aA *Samm* WM Beil. 5/1984, 181 mwN; *Wilke* in v. Mangoldt/Klein Das Bonner Grundgesetz, 2. Aufl. 1974, Anm. II 4a bb; dahingestellt gelassen bei *Heintzen* in MKS Art. 73 Rn. 35.

[25] So BVerfGE 14, 197 (215).

[26] AA *Herdegen* in Maunz/Dürig Rn. 29; *Siekmann* in Sachs Rn. 6 mwN.

[27] Vgl. *Krebs* in HdbStR V § 108 Rn. 71.

[28] Vgl. dazu *Bauer* in v. Münch/Kunig, 3. Aufl. 1996, Rn. 6.

[29] Vgl. auch *Gaitanides* in BerlKomm Rn. 17; zu Unrecht auf die „Wesentlichkeitstheorie" abstellend *Häde* in BK Rn. 104.

10 **2. Eine Währungs- und Notenbank.** Die Bundesbank ist eine **Bank,** sie agiert als Kreditinstitut. Zur Erfüllung ihrer Aufgaben als Zentralbank bzw. Währungs- und Notenbank bedient sie sich vornehmlich banktypischer Handlungsinstrumente. Art. 88 S. 1 gebietet allerdings nicht, der Bundesbank alle banktypischen Geschäfte zu erlauben, sondern nur die Verwendung derjenigen Instrumente, die für ihre Funktion als Währungsbank (→ Rn. 12) unerlässlich sind.[30] Zur Einräumung eines konkreten Befugniskanons verpflichtet S. 1 den Bund nicht,[31] und erst recht vermittelt ein vages „vorkonstitutionelles Gesamtbild" der Zentralbank keinen solchen.[32] Mit Wirksamwerden der Kompetenzübertragung auf die EZB gem. S. 2 ist verfassungsrechtlich kein Mindestbestand von Befugnissen der Bundesbank mehr gewährleistet. An die Stelle der vormals umfassenden währungshoheitlichen Befugnisse der Bundesbank ist ihre Teilnahme am ESZB und an der Willensbildung im EZB-Rat durch den Präsidenten der Bundesbank (→ Rn. 47) getreten. Die Überantwortung von Bankaufgaben ohne Zentralbankbezug, Aufgaben im Zusammenhang mit der Aufsicht über Kreditinstitute (→ Rn. 16, 60) und Aufgaben der Finanzverwaltung (→ Rn. 16) wird durch Art. 88 weder vorgeschrieben noch verwehrt.

11 Als **Währungsbank** obliegt der Bundesbank die Versorgung der Volkswirtschaft mit Geldmitteln durch Vergabe von Krediten und Steuerung des Geldumlaufs sowie die Sicherung des Geldwertes bzw. der Kaufkraft.[33] Das Gesetz wies der Bundesbank bis 1998 eine Trias politischer Hauptinterventionsinstrumente – Offenmarktpolitik, Refinanzierungspolitik, Mindestreservepolitik – zu,[34] welche die Bundesbank nach Art. 18 ff. ESZB/EZB-Satzung heute auch weiterhin, aber nur noch als Teil des ESZB unter EZB-Ägide, innehat. Mit der Vergemeinschaftung der Geldpolitik entfiel das Refinanzierungsinstrument des Rediskontkredits (bei Ankauf von Wechseln) einschließlich des hierfür festgelegten Zinssatzes (Diskontsatz) ersatzlos. Andere Währungsbankbefugnisse sind – zT unter Modifikationen – auf die EZB übergegangen; ihre Wahrnehmung durch die Bundesbank erfolgt nur noch in ausführender Funktion (→ Rn. 36 f.).

12 Kraft ihrer Rolle als Währungsbank hat die Bundesbank in erster Linie die Sicherung des **Geldwertes** (Preisstabilität) zu verfolgen.[35] So gesehen folgt die vorrangige Pflicht zur Wahrung der Preisstabilität bereits aus Art. 88 S. 1 und wurde nicht erst durch die Einfügung von S. 2 festgeschrieben.[36] Keine mit dem Begriff der Währungsbank untrennbar verbundene und damit verfassungskräftig vorgegebene Aufgabe ist hingegen die Sorge um die Außenstabilität der Währung (Wechselkursstabilität), schon weil sie nur in engen

---

[30] Vgl. BVerwGE 41, 334 (350); *Herdegen* in Maunz/Dürig Rn. 46; *Stern* in Deutsche Bundesbank Fünfzig Jahre Deutsche Mark, 141 (144); ähnlich *Häde* in BK Rn. 118; *Remmert* in BeckOK GG Rn. 8.

[31] Str.; wie hier *Wilke* in v. Mangoldt/Klein Das Bonner Grundgesetz, 2. Aufl. 1974, Anm. III 7a aa; aA etwa *Hahn* BayVBl. 1982, 70 (72); *Herdegen* in Maunz/Dürig Rn. 46.

[32] *Siebelt,* Der juristische Verhaltensspielraum der Zentralbank, 1988, 95 ff., 102; *Stern,* StaatsR II, 1980, § 35 Kap. II 2a; *Endler,* Europäische Zentralbank und Preisstabilität, 1998, 268, vgl. jedoch BT-Drs. II/2781, 25.

[33] BVerwGE 41, 334 (349); *Häde* in BK Rn. 116; *Blanke/Pilz* in MKS Rn. 11; *Herdegen* in Maunz/Dürig Rn. 43 f.

[34] Vgl. *Deutsche Bundesbank,* Die Geldpolitik der Bundesbank, 1995, 100 ff.

[35] Vgl. BT-Drs. II/2781, 23.

[36] BVerwGE 41, 334 (349); *Janzen,* Der neue Artikel 88 Satz 2 des Grundgesetzes, 1996, 177; *Stern,* StaatsR II, 1980, § 35 Kap. II 2b β; *Siekmann* in Sachs Rn. 18; *Gaitanides* in BerlKomm Rn. 19.

Grenzen dem regulierenden Zugriff der Zentralbank zugänglich ist.[37] Zwar war sie der Bundesbank bis 1998 einfachgesetzlich anvertraut, hatte aber bereits mit dem Übergang zu flexiblen Wechselkursen 1971/72 an Bedeutung eingebüßt. Die Sicherung der Preisstabilität ist nunmehr – unionsweit und mit Vorrang gegenüber anderen Unionszielen – dem ESZB übertragen (Art. 127 Abs. 1 S. 1, 282 Abs. 2 S. 2 AEUV), wirkt jedoch im Umfang der Beteiligung der Bundesbank am ESZB und am Eurosystem (Art. 282 Abs. 1 AEUV) auf diese zurück und wird insoweit auch durch Art. 88 S. 2 explizit verfassungsrechtlich abgesichert (→ Rn. 63 ff.).

13 Die Tätigkeit der Bundesbank als **Notenbank** ergänzt die ihr als Währungsbank zugewiesene Aufgabe, den Geldumlauf zu steuern. Aus der Funktion als Notenbank folgte nicht zwingend auch ein Notenmonopol der Bundesbank; dieses bestand nur (seit 1936) kraft einfachen Rechts.[38] Seit 1999 teilt sich die Bundesbank das gemeinschaftsrechtlich vorgeschriebene Noten(ausgabe)monopol[39] mit der EZB gemäß § 14 BBankG, Art. 128 Abs. 1 S. 2 AEUV. Seit dem 1.1.2002 lauten die ausgegebenen **Banknoten** auf Euro[40] und sind im Jahr 2020 in neunzehn EU-Mitgliedstaaten gesetzliches Zahlungsmittel (Art. 128 Abs. 1 S. 3 AEUV). Die notenbankrechtlichen Befugnisse der Bundesbank sind ebenfalls insoweit auf die EZB übergegangen, als diese nach Art. 128 Abs. 1 S. 1 AEUV das ausschließliche Recht zur Genehmigung der Ausgabe von Banknoten innerhalb der Union hat. Die Ausgabe von **Münzen,** deren Umfang ebenfalls unter Genehmigungsvorbehalt der EZB steht (Art. 128 Abs. 2 AEUV), ist keine Notenbankaufgabe, sondern eine dem Geschäftsbereich des Bundesministers der Finanzen unterfallende Bundesangelegenheit (Münzhoheit des Bundes, sog. „Münzregal“[41]). Die Bundesbank ist nach § 7 Abs. 1 Münzgesetz jedoch verpflichtet, deutsche Euro-Münzen gegen Gutschrift des Nennbetrages zu übernehmen und in Verkehr zu bringen.

14 Die Befugnis der Bundesbank zur **Rechtssetzung** ist von ihrer Stellung als Währungs- und Notenbank nicht schon automatisch umschlossen, sondern steht unter dem Vorbehalt gesetzlicher Ermächtigung.[42] Von den vormals umfänglichen Rechtssetzungsbefugnissen der Bundesbank als Währungs- und Notenbank[43] sind ihr nur Rudimente verblieben, zB Anordnung und Durchführung statistischer Erhebungen, § 18 BBankG; Aufruf von Noten zur Einziehung, § 14 Abs. 2 S. 1 BBankG. Für die zentralen geldpolitischen Entscheidungen liegt die Rechtssetzungsbefugnis nunmehr bei der EZB, vgl. Art. 132 AEUV (→ Rn. 44).

15 Neben ihrer Tätigkeit als Währungs- und Notenbank nimmt die Bundesbank **sonstige Aufgaben** wahr, teils kraft Bundesrechts, teils kraft Europa-

---

[37] Vgl. *Herdegen* in Maunz/Dürig Rn. 44.

[38] Str.; vgl. *Häde* in BK Rn. 70, 121; von der Notwendigkeit eines Notenmonopols zur Währungssicherung und somit seines verfassungsrechtlichen Gebotenseins ausgehend *Siekmann* in Sachs Rn. 22.

[39] *Siekmann* in Sachs Rn. 22.

[40] § 14 Abs. 1 S. 2 BBankG idF des ÄndG v. 16.12.1999 (= Art. 3 Drittes Euro-Einführungsgesetz – Drittes EuroEG), BGBl. 1999 I 2402.

[41] Vgl. die Bestimmungen des Münzgesetzes (= Art. 2 Drittes EuroEG) v. 16.12.1999, BGBl. 1999 I 2402. Krit. dazu *Siekmann* in Sachs Rn. 20.

[42] Vgl. nur BVerwGE 41, 334 (351); *Bauer* in v. Münch/Kunig, 3. Aufl. 1996, Rn. 18 mwN.

[43] Rechtsnatur zT str., offen gelassen von BVerwGE 41, 334 (351); nach verbreiteter Auffassung grds. „Rechtssätze eigener Art“, vgl. *Samm* WM Beil. 5/1984, 205 ff.; *Hahn* FS f. Mann, 1977, 731 (749 f.) mwN; *Häde* in BK Rn. 232.

rechts und insoweit im Zusammenwirken mit den anderen Mitgliedern der ESZB.[44] Diese Aufgaben genießen nicht den Schutz des Art. 88. Sie dürfen der Bundesbank auch nur übertragen werden, wenn sie mit ihrer Funktion als Währungs- und Notenbank (und damit als Kreditinstitut) nicht im Widerspruch stehen[45] und weder die Unabhängigkeit noch den Primat der Preisstabilität gefährden können. Die ESZB/EZB-Satzung (Art. 14.4) erklärt die Wahrnehmung satzungsfremder Aufgaben durch nationale Zentralbanken für zulässig, solange nicht der EZB-Rat anderes mit einer Mehrheit von zwei Dritteln der abgegebenen Stimmen beschließt.

Manche der nicht-geldpolitischen Aufgaben sind im BBankG selbst verankert, wie entgeltlich angebotene Dienstleistungen – Kontoführung, Zahlungsabwicklung, Vermögensverwaltung, Schuldenmanagement – für die öffentliche Hand (§ 20 BBankG, vgl. auch Art. 5.1 ESZB/EZB-Satzung).[46] Darüber hinaus ist die Bundesbank unmittelbar oder mittelbar in die **Bankenaufsicht** einbezogen.[47] Insoweit ist zwischen der Beaufsichtigung „bedeutender" und „weniger bedeutender" Kreditinstitute nach Maßgabe von Art. 4 und 6 der Verordnung über die Einrichtung eines einheitlichen Aufsichtsmechanismus (Single Supervisory Mechanism (SSM))[48] im Rahmen der Europäischen Bankenunion zu unterscheiden. Kreditinstitute, die aufgrund ihrer Aktiva, ihrer Stellung im Mitgliedstaat oder der Einbindung in ein Programm des Europäischen Stabilitätsmechanismus (ESM) als bedeutend gelten, werden hinsichtlich der meisten Belange, insbes. Banklizenzen und Eigenkapitalanforderungen, direkt von der EZB beaufsichtigt.[49] Die **Zuständigkeitsübertragung auf die EZB** wurde auf Art. 127 Abs. 6 AEUV gestützt, ihre Zuständigkeit ist gemäß Art. 4 SSM-Verordnung für die dort genannten Aufsichtsbefugnisse „ausschließlich". Die hiergegen im Wege von Verfassungsbeschwerden geltend gemachten *Ultra-vires*-Einwände wies das BVerfG mit Urteil vom 30.7.2019 zurück.[50] Auch in die Wahrnehmung der ausschließlichen EZB-Zuständigkeiten ist die Bundesbank ua insoweit eingebunden, als sie – gemeinsam mit der Bundesanstalt für Finanzdienstleistungsaufsicht (BaFin) und der EZB – an gemeinsamen Aufsichtsteams (Joint Supervisory Teams, JST) beteiligt ist.[51] Die Zuständigkeit für die Beaufsichtigung weniger bedeutender Kreditinstitute ist der EZB nur punktuell, ua für die Zulassung von Kreditinstituten, übertragen und verbleibt im Übrigen, ebenso wie die makroprudenzielle Aufsicht (Art. 5 SSM-Verordnung), bei den nationalen Aufsichtsbehörden. Die kompetenzielle Einordnung dieser **16**

---

[44] *Stern,* StaatsR II, 1980, § 35 Kap. II 2c; Auflistung bei *Häde* in BK Rn. 137 ff.; *Hahn/ Häde,* Währungsrecht, 2. Aufl. 2010, § 12 Rn. 76 ff.; vgl. zu den Aufgaben der Bundesbank außerhalb des ESZB *Geerlings* DÖV 2003, 322 (326 f.); zum Problem der Einordnung bauaufsichtsrechtlicher Befugnisse vgl. *Hirdina* BKR 2001, 135 (138 f.).

[45] *Stern,* StaatsR II, 1980, § 35 Kap. II 2c; *Becker* DÖV 2010, 909 (913).

[46] Näher hierzu *Gaitanides* in BerlKomm Rn. 24.

[47] Siehe etwa *Hirdina* BKR 2001, 135; eingehend zum Mitwirken der Bundesbank im Baseler Ausschuss für Bankenaufsicht *Möllers* ZaöRV 2005, 351 (367 ff.).

[48] Verordnung (EU) Nr. 1024/2013 des Rates vom 15. Oktober 2013 zur Übertragung besonderer Aufgaben im Zusammenhang mit der Aufsicht über Kreditinstitute auf die Europäische Zentralbank, ABl. 2013 L 287, 63.

[49] *Zagouras* in Schimansky/Bunte/Lwowski Bankrechts-Handbuch, 5. Aufl. 2017, § 124b Rn. 31 ff.

[50] BVerfG Urt. v. 30.7.2019 – 2 BvR 1685/14 – 2 BvR 2631/14, Rn. 157 ff.

[51] *Buscher/Hannemann/Wagner/Weigl,* Institutsvergütungsverordnung, 2014, Teil I 5.2.3.; siehe zu den JST auch *Ohler,* Bankenaufsicht und Geldpolitik in der Währungsunion, 2015, § 5 Rn. 69.

Regelungen ist umstritten: Während der EuGH von der dezentralisierenden Wahrnehmung einer ausschließlichen EZB-Zuständigkeit ausgeht,[52] handelt die nationale Behörde aus Sicht des BVerfG – was im Lichte der Begrenztheit der nach Art. 127 Abs. 6 zulässigen Kompetenzübertragung konsequent erscheint[53] – in Ausübung ihrer ursprünglichen, nicht auf die Union übertragenen Zuständigkeit.[54] Auch hier ist die Bundesbank involviert: Die BaFin ist zwar die eigentliche Bankaufsichtsbehörde, sie arbeitet aber bei einigen ihrer Aufgaben mit der Bundesbank zusammen (vgl. § 7 Abs. 1 KWG: Auswertung der eingereichten Unterlagen, Prüfungsberichte und Jahresabschlussunterlagen; Durchführung und Auswertung der bankgeschäftlichen Prüfungen zur Beurteilung der angemessenen Eigenkapitalausstattung und Risikosteuerungsverfahren; Bewerten von Prüfungsfeststellungen). Mit Blick darauf sprach ihr das BVerfG „eine Schlüsselstellung im Kreditapparat der Bundesrepublik" zu.[55] Die rechtspolitisch zeitweise erwogene Übertragung noch weiterer Aufsichtszuständigkeiten für das Kreditwesen auf die Bundesbank[56] würde sich, soweit kein notwendiger Zusammenhang mit der Währungssicherung besteht, nach Art. 87 Abs. 3 bestimmen; Art. 88 S. 1, der keine abschließende Aufgabenenumeration vornimmt, steht ihr zumindest nicht entgegen.[57]

17 Für solche **nicht-geldpolitischen Aufgaben** der Bundesbank oder der EZB wirkt die verfassungsrechtlich abgesicherte unionsrechtliche **Garantie der Unabhängigkeit** (→ Rn. 49 ff.) **nicht;** denn sie dient der Wahrung der Preisstabilität[58], die jedoch nicht der unmittelbare Zweck der oben genannten Aufgaben ist. Auch das BVerfG vertritt ein restriktives, auf den Aufgabenkern beschränktes Verständnis der Unabhängigkeitsgarantie für die EZB, wonach Art. 88 S. 2 die Unabhängigkeit der Zentralbank jenseits ihres währungspolitischen Mandats nicht abdeckt[59]; es hat jedoch eine Rechtfertigung der Begrenzung demokratischer Kontrolle, die mit der Unabhängigkeit der Bundesbank als Behörde einhergeht, auch außerhalb der Geldpolitik (konkret: bei der Bankenaufsicht) in engen Grenzen für verfassungsrechtlich legitimierbar erachtet.[60] (Näheres zur Unabhängigkeit bei anderen als währungspolitischen Aufgaben, welche die Bundesbank nach Maßgabe von Unionsrecht wahrnimmt, und ihren verfassungsrechtlichen Grenzen → Rn. 57).

18 **3. Als Bundesbank.** Die Bundesbank ist eine Einrichtung des Bundes und, wie die Stellung des Art. 88 im VIII. Abschn. erkennen lässt, Teil seiner

---

[52] EuGH Urt. v. 8.5.2019, C-450/17P, ECLI:EU:C:2019:372 Rn. 36 ff. – Landeskreditbank Baden-Württemberg.

[53] Vgl. *Kämmerer* ZBB 2017, 317 (320 ff.) („Mythos von der ausschließlichen Aufsichtskompetenz der EZB").

[54] BVerfG Urt. v. 30.7.2019 – 2 BvR 1685/14 – 2 BvR 2631/14, Rn. 188 ff. Dies ist Teil seiner „strikten Auslegung", bei der die Unionsrechtsakte für nicht kompetenzwidrig erachtet werden.

[55] BVerfGE 14, 197 (212).

[56] Nachw. bei *Herdegen* WM 2000, 2121 (2121); das Gesetz über die integrierte Finanzdienstleistungsaufsicht v. 22.4.2002, BGBl. I 1310 führte hingegen vor allem eine Konkretisierung der Zuständigkeitsregelungen herbei.

[57] AA *Herdegen,* WM 2000, 2121 (2123 f.); ebenfalls abl. *Häde* in BK Rn. 132 f.; vgl. auch bereits *Starke* DÖV 1957, 606 (609).

[58] *Stern,* StaatsR II, 1980, § 35 Kap. V 3a; siehe auch *Möllers* ZaöRV 2005, 351 (356).

[59] BVerfGE 134, 366 (400, Rn. 59); 146, 210 (257 f., Rn. 60); BVerfG, Urt. v. 30.6.2019, 2 BvR 1685/14 und 2631/14, Rn. 210.

[60] BVerfG, Urt. v. 30.6.2019, 2 BvR 1685/14 und 2631/14, Rn. 223 ff.

Exekutivgewalt,[61] also – ebenso wie ihre Untergliederungen, dh Hauptverwaltungen und Filialen, § 29 Abs. 1 S. 2 BBankG – eine **Bundesbehörde** (→ Rn. 6 f.). Ihre Beamten sind gem. § 31 Abs. 3 S. 1 BBankG Bundesbeamte. Die Hauptverwaltungen (§ 8 BBankG) und Filialen (§ 10 BBankG) sind als Mittel- und Unterbehörden der Bundesbank anzusehen; Art. 88 S. 1 gestattet – gebietet jedoch nicht – deren Errichtung, die nicht den Voraussetzungen des Art. 87 Abs. 3 S. 2 unterliegt.[62] Die frühere gesetzliche Bezeichnung „Landeszentralbanken" für die Hauptverwaltungen war nur Ausdruck vertikaler Dekonzentration der Entscheidungsebenen (unter Orientierung an der Länderstruktur) und nicht im Sinne einer – verfassungsrechtlich unzulässigen – föderalen Gliederung der Bundesbank zu verstehen. Insofern ist auch die 1992 aufgegebene (vgl. § 8 Abs. 1 BBankG) gleichmäßige Verteilung der Hauptverwaltungen auf die Länder verfassungsrechtlich nicht geboten.[63] Ein gewisses Maß an mittelbarer Einflussnahme der Länder wird durch das in § 7 Abs. 3 S. 2 Hs. 2 BBankG verankerte Recht des Bundesrates gesichert, für die Besetzung von drei der vier weiteren Mitglieder des Vorstands Vorschläge abzugeben; unzulässig wäre es hingegen, den Ländern echte Mitwirkungsrechte zu gewähren.[64]

Die Bundesbank ist **kein Verfassungsorgan.** Weder hat sie staatskonstitutive Bedeutung – das GG setzt ihre Existenz nicht voraus, sondern ordnet nur die Kreation „einer" Bundesbank an –, noch ist Art. 88 tragender Bestandteil der Verfassungsstruktur.[65] Der Name „Deutsche Bundesbank" ist durch Art. 88 S. 1 nicht vorgegeben, sondern steht zur Disposition des Gesetzgebers. Kann die Bundesbank also nicht als Verfassungsorgan gelten, ist sie doch auch **keine typische Bundesbehörde.**[66] Kraft ihrer funktionalen Besonderheiten – geringe Einbindung in den Gesetzesvollzug, marktbezogenes Agieren, fehlende Weisungsunterworfenheit – wurde der Zentralbank eine „einzigartige Stellung" unter den Bundesbehörden attestiert.[67] Manche rechnen die Bundesbank den „obersten exekutiven Staatsorganen" zu und rücken sie in die Nähe der Gubernative.[68] Diese (nicht wirklich weiterführende) Zuordnung lässt die Möglichkeit der Betrauung der Bundesbank mit hoheitlichen Aufgaben, die ihre Stellung als Bundesbehörde erlaubt, unberührt. Sie unterliegt den gleichen Voraussetzungen wie bei anderen Stellen der öffentlichen Verwaltung.[69] **19**

[61] *Stern,* StaatsR II, 1980, § 35 Kap. I 3b.

[62] BVerfGE 14, 197 (215).

[63] Vgl. *Häde* in BK Rn. 169; krit. *Gramlich* ThürVBl. 1993, 241 (247).

[64] AA *Becker* DÖV 1954, 358 (359).

[65] Vgl. *Samm* WM Beil. 5/1984, 136 ff. mwN; *Stern,* StaatsR II, 1980, § 35 Kap. I 3a; BVerfG JöR 6 (1957), 197 f.; *Hahn* BayVBl. 1982, 70 (73) mwN; andere Begründung – Fehlen einer „umfassenden Verantwortlichkeit für das Staatsganze" – *Häde* in BK Rn. 178, *Blanke/Pilz* in MKS Rn. 7; aA *Starke* DÖV 1957, 606 (608); *Samm* WM Beil. 5/1994, 13 f., mit Blick auf BVerfGE 62, 169 (183).

[66] Sinngemäß auch *Herdegen* in Maunz/Dürig Rn. 56: keine Bundesbehörde „im eigentlichen Sinne".

[67] BVerwGE 2, 217 (218), für die BdL.

[68] *Stern,* StaatsR II, 1980, § 35 Kap. I 3b; zust. *Schmidt* in HdbStR III, 2. Aufl. 1996, § 82 Rn. 18.

[69] So auch *Gaitanides* in BerlKomm Rn. 27; aA *Herdegen* in Maunz/Dürig Rn. 51 mwN; vermittelnd *Hahn,* Währungsrecht, 1990, 2. Aufl. 2010, § 20 Rn. 16 ff.; *Siebelt,* Der juristische Verhaltensspielraum der Zentralbank, 1988, 218 f.: administrative Lenkungsmittel als *ultima ratio.*

20 Die Kontroverse darüber, ob bereits **Art. 88 S. 1 die Unabhängigkeit der Bundesbank** vorschreibe, hat nach der Eingliederung der Bundesbank in das ESZB an Bedeutung eingebüßt. Denn der normative Gehalt des Art. 130 AEUV, der die Unabhängigkeit nicht nur der EZB, welche Art. 282 Abs. 3 S. 3 und 4 AEUV bekräftigen soll, sondern auch der beteiligten nationalen Zentralbanken für die Mitgliedstaaten verbindlich anordnet, wird nunmehr durch Art. 88 S. 2 verfassungskräftig abgesichert (→ Rn. 56). Art. 131 AEUV verpflichtet Deutschland zur Implementierung der Vorgaben des Art. 130 AEUV. Die Frage nach der Vereinbarkeit der Zentralbank-Unabhängigkeit mit dem Demokratieprinzip hat sich mit der Vergemeinschaftung der Währungszuständigkeiten allerdings nicht erledigt. Sie stellt sich unter unionsrechtlichem Vorzeichen (Art. 2 EUV) nun auch für die EZB und (vor dem Maßstab der Art. 20 Abs. 1, Abs. 2 iVm Art. 79 Abs. 3) für die verfassungsrechtliche Bekräftigung ihrer Unabhängigkeit durch Art. 88 S. 2 (→ Rn. 57). Nur insoweit, als § 12 S. 1 BBankG die Bundesbank nicht nur für die ihr als integralem Bestandteil des ESZB obliegenden Aufgaben (§ 3 BBankG) für weisungsunabhängig von der Bundesregierung erklärt, sondern auch für solche, die ihr nur durch das BBankG zugewiesen sind (was auf einige der in § 19 BBankG genannten Befugnisse zutrifft), hat die Frage nach der Ableitbarkeit der Unabhängigkeit aus Art. 88 S. 1 noch eine gewisse Bedeutung.

21 Mit Blick auf Art. 88 GG aF vertraten manche die Ansicht, die Unabhängigkeit der Bundesbank kraft ihrer Stellung als Zentral- bzw. Währungsbank sei verfassungsrechtlich vorgegeben.[70] Gegen die begriffliche Verknüpfung von Unabhängigkeit und Zentralbankeigenschaft wurde mit Recht eingewandt, dass die Deutsche Reichsbank bis zur gesetzlichen Unabhängigstellung 1922/24,[71] die meisten europäischen Zentralbanken gar bis 1992, ihre Funktionen auch in (selten praktisch gewordener) Weisungsabhängigkeit zu erfüllen vermochten.[72] Die hM leitete aus Art. 88 S. 1 insofern lediglich eine Ermächtigung ab, der Bundesbank durch einfaches Gesetz Unabhängigkeit zu gewähren.[73] Anders als ein Teil der Lehre, der diesen Ausschluss von Weisungsbefugnissen als unvereinbar mit dem Demokratieprinzip ansah, da Akte der Exekutive parlamentarischer Kontrolle entzogen würden,[74] billigte die hM die Abweichung vom Demokratieprinzip. Dabei wurde vornehmlich auf die freiheitssichernde Funktion der

[70] Etwa *Samm* WM Beil. 5/1984, 181 ff., Begründung aus dem Rechtsstaatsprinzip; *Samm* WM Beil. 5/1984, 6 ff. (13); *Uhlenbruck,* Die verfassungsmäßige Unabhängigkeit der Deutschen Bundesbank und ihre Grenzen, 1968, 26 f.; *Studt,* Rechtsfragen einer europäischen Zentralbank, 1993, 86 f.; *Herdegen* in Maunz/Dürig Rn. 63; unklar BVerfGE 62, 169 (183) – beiläufiger Hinweis auf die „verfassungsrechtlich(e) unabhängig(e) Stellung" der Bundesbank; krit. *Hahn/Häde,* Währungsrecht, 2. Aufl. 2010, § 12 Rn. 23 mwN.

[71] Zu Hintergründen und Auswirkungen vgl. *Reinhardt,* Die Reichsbank in der Weimarer Republik, 2000, 85 ff., 163 ff., 167 ff.

[72] Vgl. *Stern,* StaatsR II, 1980, § 35 Kap. V 2b mwN; *v. Bonin,* Zentralbanken zwischen funktioneller Unabhängigkeit und politischer Autonomie, 1978, 93 ff., 202 ff.

[73] BVerwGE 41, 334 (354 ff.); *v. Bonin,* Zentralbanken zwischen funktioneller Unabhängigkeit und politischer Autonomie, 1978, 176 f.; *Stern,* StaatsR II, 1980, § 35 Kap. V 2b mwN; *Hahn* BayVBl. 1982, 33 (35); *Häde* in BK Rn. 205 ff. mwN.

[74] *v. Bonin,* Zentralbanken zwischen funktioneller Unabhängigkeit und politischer Autonomie, 1978, 169 ff., 235 ff.; krit. auch *Klein,* Die verfassungsrechtliche Problematik des ministerialfreien Raumes, 1974, 130, 215; diff. *Müller* JuS 1985, 497 (508); allgemein zum Problem des ministerialfreien Raumes *Geerlings,* Verfassungs- und verwaltungsrechtliche Probleme bei der Finanzierung parteinaher Stiftungen, 2003, 202 f.

Geldwertstabilität abgestellt,[75] aber auch auf andere Gesichtspunkte, wie zB die Überforderung der gewählten Repräsentanten bzw. das überlegene „Risikowissen" der Bundesbank.[76]

Unter der bis 1992 geltenden Rechtslage war umstritten, ob die Bundesbank im **Organstreit** (Art. 93 Abs. 1 Nr. 1) parteifähig war. Nach der hier vertretenen Auffassung erfüllt sie nicht die Qualität eines obersten Staatsorgans, so dass nur ein Antragsrecht als „anderer Beteiligter" in Betracht kommt. Eine verbreitete Auffassung lehnte dies unter Hinweis darauf ab, dass die Rechte der Bundesbank ausschließlich durch das BBankG und nicht durch das GG begründet worden seien.[77] Kein hinreichend subjektiviertes Recht wird der Bundesbank durch die verfassungsrechtliche Bestandsgarantie vermittelt.[78] Eine Rechtszuweisung verkörpert zwar die an eine Befugnispalette (→ Rn. 10) gekoppelte Funktion der Bundesbank als Währungsbank;[79] an einer Verletzung der hierdurch vermittelten Rechte wird es jedoch in aller Regel mangeln.[80] 22

Die Übertragung zentraler währungshoheitlicher Befugnisse auf die EZB hat insoweit Entscheidendes geändert. Art. 88 S. 2 spricht der Bundesbank seither eine **unionsrechtlich vermittelte verfassungsrechtliche Unabhängigkeitsgarantie** zu (→ Rn. 56). Die Kontroverse um die Deutung des Art. 88 S. 1 hat sich damit im Wesentlichen erledigt. Mit der Unabhängigkeit wird der Bundesbank zugleich ein Recht eingeräumt, das ihre Parteifähigkeit im Organstreit sichert. Gegen eine geldpolitische Weisung der Bundesregierung könnte sich die Bundesbank vor dem BVerfG erfolgreich wehren.[81] Nicht parteifähig ist hingegen der Präsident der Bundesbank, auch nicht, soweit er in seinem Recht zur Mitwirkung im Rat der EZB (Art. 10 ESZB/EZB-Satzung) betroffen ist. Bei der Mitwirkung an EZB-Entscheidungen übt die Bundesbank unbeschadet ihrer Doppelrolle als nationale und europäische Behörde (→ Rn. 34) keine deutsche Staatsgewalt,[82] sondern unionale Hoheitsgewalt aus.[83] Der Präsident selbst würde durch etwaige (durch Art. 130 und 282 Abs. 3 AEUV verbotene) Weisungen der Bundesregierung dabei nicht als durch das GG mit eigenen Rechten ausgestatteter Beteiligter, sondern als durch das Unionsrecht mit Rechten versehener Teil eines europäischen Beschlussgremiums betroffen. Allerdings würde durch eine solche Weisung auch das Recht der Institution Bundesbank auf ungehinderte Mitwirkung an ESZB-Beschlüssen und damit wiederum ihre verfassungsrechtlich garantierte Unabhängigkeit beeinträchtigt. Dieses steht als ver- 23

---

[75] *Fichtmüller* AöR 91 (1966), 297 (299, 346 ff.); vgl. auch BVerwGE 41, 334 (356); *Oebbecke,* Weisungs- und unterrichtungsfreie Räume in der Verwaltung, 1986, 170 ff.; *Hahn/Siebelt* DÖV 1989, 233 (234) mwN.

[76] So *Ladeur* StWissStPr. 1992, 487 (497 ff.).

[77] *Schmidt* in HdbStR III, 2. Aufl. 1996, § 82 Rn. 17; *Stern,* StaatsR II, 1980, § 35 Kap. I 3c; *Bauer* in v. Münch/Kunig, 3. Aufl. 1996, Rn. 2; *Pieroth* in Jarass/Pieroth Art. 93 Rn. 12; aA *Uhlenbruck,* Die verfassungsmäßige Unabhängigkeit der Deutschen Bundesbank und ihre Grenzen, 1968, 83 f.; *Herdegen* in Maunz/Dürig Rn. 71; *Remmert* in BeckOK GG Rn. 11.1.

[78] AA *Blanke/Pilz* in MKS Rn. 8.

[79] So auch *Herdegen* in Maunz/Dürig Rn. 46.

[80] Vgl. *Blanke/Pilz* in MKS Rn. 8.

[81] Ebenso *Heun* in Dreier Rn. 53; anders *Hahn/Häde,* Währungsrecht, 2. Aufl. 2010, § 12 Rn. 30 f.

[82] AA *Herdegen* in Maunz/Dürig Rn. 75, 83.

[83] *v. Borries* ZEuS 1999, 281 (298); vgl. auch BVerfGE 92, 203 (227).

fassungsmäßiges Organrecht nur der Bundesbank als Institution, nicht ihrem Präsidenten zu; sie allein ist im Organstreitverfahren parteifähig.

II. Die Bundesbank im Europäischen System der Zentralbanken

24 **1. Europäisierung der Währungszuständigkeiten durch die Wirtschafts- und Währungsunion.** Gem. Art. 3 Abs. 4 EUV errichtet die Union „eine Wirtschafts- und Währungsunion, deren Währung der Euro ist" (Art. 3 Abs. 4 EUV). Die daran teilhabenden Staaten, darunter Deutschland, haben die Währungshoheit durch Übertragung auf die EU „vergemeinschaftet". Während sich der Bezeichnung **„Wirtschafts- und Währungsunion"** (WWU oder EWWU) nur wenige Vertragsbestimmungen, wie zB Art. 60, 136, 38 Abs. 1, 140 Abs. 1 AEUV, bedienen, ist der einschlägige Titel VIII des Dritten Teils des AEUV schlichter mit „Die Wirtschafts- und Währungspolitik" überschrieben. Der seit 1989 (Vorlage des sog. *Delors*-Berichts) stufenweise betriebene Ausbau des Europäischen Währungssystems (EWS) zur WWU[84] kulminierte am 1.1.1999 im Übergang zur sog. **dritten Stufe der WWU:** Die von Art. 88 S. 1 erfassten zentralen geldpolitischen Kompetenzen der Bundesbank gingen auf die bereits am 1.6.1998 gegründete EZB über (Art. 121 Abs. 4 S. 1, 123 Abs. 1 S. 3 iVm Art. 105 ff. EG) und der Euro wurde – zunächst in Form einer Buchwährung – als gemeinsame europäische Währung eingeführt.[85] Die beteiligten Mitgliedstaaten, auch Deutschland, büßten den überwiegenden Teil ihrer währungshoheitlichen Befugnisse ein.[86] Mit der Etablierung fester Wechselkurse[87] waren die nationalen Währungen fortan nur noch Denominationen des Euro.[88] Die auf Euro lautenden Banknoten und Münzen sind seit dem Tag ihrer Einführung (1.1.2002) in Deutschland alleiniges gesetzliches Zahlungsmittel.[89]

25 Zur Einführung des Euro (bzw. nach früherer Terminologie zur Teilnahme an der dritten Stufe der WWU) bedarf es unionsrechtlicherseits der Erfüllung der vier in Art. 121 Abs. 1 S. 3 EG (jetzt Art. 140 Abs. 1 S. 3 AEUV) aufgeführten und durch Art. 1–4 eines dem Maastrichter Vertrag beigegebenen Protokolls (Nr. 21; jetzt Prot. Nr. 13 zum Lissabon-Vertrag) konkreti-

---

[84] Vgl. dazu Deutsche Bundesbank, Die europäische Wirtschafts- und Währungsunion, 2008; *Siebelt* DÖV 1990, 362 (363 ff.); *Stadler,* Der rechtliche Handlungsspielraum des Europäischen Systems der Zentralbanken, 1996, 34 ff.; *Weber* JZ 1994, 53 (54 ff.); *Endler,* Europäische Zentralbank und Preisstabilität, 1998, 303 ff., 346 ff.; *Studt,* Rechtsfragen einer europäischen Zentralbank, 1993, 17 ff.; *Geiger,* Das Währungsrecht im Binnenmarkt der Europäischen Union, 1996, 67 ff.; *Weinbörner,* Die Stellung der Europäischen Zentralbank, 1998; *Bernholz* in Deutsche Bundesbank Fünfzig Jahre Deutsche Mark, 773 (815 ff.); *Weber,* Die Umsetzung der Bestimmungen über die Europäische Währungsunion in das deutsche Verfassungsrecht, 2000, 90 ff., 125 ff.; *Selmayr,* Das Recht der Wirtschafts- und Währungsunion I, 2002.

[85] Grundlage: VO (EG) Nr. 974/98 v. 3.5.1998, ABl. 1998 L 139, 1; eingehend zur Vergemeinschaftung der Währungspolitik: *Nestler* WM 2001, 2425.

[86] Etwas zu weit gehend *Blanke/Pilz* in MKS Rn. 42: „weitreichende Entnationalisierung und Entpolitisierung der Geldpolitik".

[87] Gemeinsames Kommuniqué der Minister und Zentralbankpräsidenten der Mitgliedstaaten v. 3.5.1998 zur Festlegung der unwiderruflichen Umrechnungskurse für den Euro, ABl. 1998 C 160, 1.

[88] Art. 2, 3, 6 Abs. 1 VO (EG) 974/98 des Rates v. 3.5.1998 über die Einführung des Euro, ABl. 1998 L 139, 1.

[89] Art. 10, 15 VO (EG) 974/98, ABl. 1998 L 139, 1; sowie (1.) Euro-Einführungsgesetz (EuroEG) v. 9.6.1998, BGBl. 1998 I 1242; vgl. ferner das DM-Beendigungsgesetz (DMBeEndG) v. 16.12.1999 = Art. 1 des Dritten EuroEG, BGBl. 1999 I 2402 – sog. „Big Bang"; vgl. *Schorkopf* NJW 2001, 3734 ff.; *Kilb* EuZW 2002, 1 (7, 9).

sierten **Konvergenzkriterien** durch die Mitgliedstaaten. Diese erfordern: einen hohen Grad an Preisstabilität (Art. 1 Prot. Nr. 3),[90] eine auf Dauer tragbare Finanzlage der öffentlichen Hand (dh keine Feststellung eines übermäßigen Defizits durch den Rat, Art. 2 Prot. Nr. 13), die Einhaltung der Bandbreiten des EWS-Wechselkursmechanismus in den der Prüfung vorausgehenden zwei Jahren (Art. 3 Prot. Nr. 13 – was die Teilnahme des Mitgliedstaats am EWS II während mindestens dieses Zeitraums voraussetzt[91]) sowie die Konvergenz der langfristigen Normalzinssätze (Art. 4 Prot. Nr. 13).[92] Diese Konvergenzkriterien wurden flankiert durch einen aus einer Entschließung des Europäischen Rates und zwei Verordnungen zusammengesetzten „Stabilitäts- und Wachstumspakt".[93] Zu den erwähnten ökonomischen Konvergenzkriterien (Konvergenz „im engeren Sinne") kommen Anforderungen an rechtliche Konvergenz (Art. 140 Abs. 1 S. 1, 2 AEUV), also zur Anpassung ihrer innerstaatlichen Rechtsvorschriften an die europäischen Verträge und die ESZB/EZB-Satzung sowie die Beachtung von Art. 130 und 131 AEUV.[94]

Die Entscheidung darüber, welche Mitgliedstaaten sich an der dritten Stufe **26** der WWU beteiligen durften, traf gem. Art. 121 Abs. 4 EG am 3.5.1998 der Rat.[95] Dieser ist nach Art. 140 Abs. 2 AEUV weiterhin zuständig dafür, Mitgliedstaaten, die seitdem die Konvergenzkriterien erfüllen, die Einführung des Euro zu gestatten. Dies geschieht in der Weise, dass die – nicht individuell gewährte, sondern von Primärrecht in Form der Legalausnahme ausgesprochene[96] – **„Ausnahmeregelung"** für den fraglichen Mitgliedstaat aufgehoben wird. Bis dahin behalten die nationalen Zentralbanken dieser Mitgliedstaaten ihre währungspolitischen Befugnisse nach nationalem Recht (Art. 43.2 ESZB/EZB-Satzung),[97] und an den geldpolitischen Leitentscheidungen haben diese Staaten nicht teil (vgl. Art. 139 Abs. 3 AEUV).

Solange es Mitgliedstaaten mit einer solchen Ausnahmeregelung (Art. 139 **27** AEUV) gibt, welche die Konvergenzkriterien des Art. 140 Abs. 1 UAbs. 1 AEUV nicht erfüllen und sich damit für die Einführung des Euro noch nicht qualifiziert haben,[98] bleibt die ausschließliche Zuständigkeit der Union für die Währungspolitik auf die Mitgliedstaaten beschränkt, deren Währung der Euro

---

[90] Gefordert sind sowohl „anhaltende Preisstabilität" als auch eine Abweichung der Inflationsrate um nicht mehr als 1,5 Prozentpunkte von derjenigen der drei Mitgliedstaaten mit der niedrigsten Inflationsrate.

[91] Vgl. *Kämmerer* in Frankfurter Kommentar EUV, GRC und AEUV, 2017, Art. 140 Rn. 58 mwN.

[92] Die Zinssätze dürfen nicht mehr als 2 Prozentpunkte über den entsprechenden Sätzen der drei Mitgliedstaaten mit der höchsten Preisstabilität liegen.

[93] Vgl. *Hentschelmann,* Der Stabilitäts- und Wachstumspakt, 2009; *Konow,* Der Stabilitäts- und Wachstumspakt, 2002; *Hahn* JZ 1997, 1133 ff.; *Selmayr,* Recht der WWU I, 351 ff. – Die zum Pakt zählende VO (EG) Nr. 1466/97 (ABl. 1997 L 209, 1) wurde durch VO (EG) Nr. 1055/2005 (ABl. 2005 L 174, 1) in der Weise abgemildert, dass bei der Haushaltsdisziplin in stärkerem Maße auf das „mittelfristige Haushaltsziel" abgestellt wird; krit. dazu Deutsche Bundesbank, Monatsbericht April 2005, 15, 20; vgl. allgemein *Gumboldt* DÖV 2005, 499 (504 f.); *Wieland* JZ 2006, 751 (754).

[94] Näher *Kämmerer* in Frankfurter Kommentar EUV, GRC und AEUV, 2017, Art. 140 Rn. 9 ff.

[95] Entscheidung 317/98/EG, ABl. 1998 L 139, 30.

[96] Vgl. nur *Kämmerer* in Frankfurter Kommentar EUV, GRC und AEUV, 2017, Art. 139 Rn. 6.

[97] Vgl. *Zilioli/Selmayr* YEL 1999–2000, 347 ff. (378); *Häde* in Calliess/Ruffert EUV/AEUV, 5. Aufl. 2016, Art. 139 AEUV Rn. 3 ff.

[98] Siehe *Häde* in Calliess/Ruffert EUV/AEUV, 5. Aufl. 2016, Art. 140 AEUV Rn. 6 ff.

ist (Art. 3 Abs. 1 lit. c AEUV). Bei der gemeinsamen Wirtschaftspolitik ist die Union auf Assistenzbefugnisse für die wirtschaftspolitische Koordination der Mitgliedstaaten (Art. 5 AEUV) beschränkt, für welche die Bezeichnung „Wirtschaftsunion" nicht angemessen erscheint.

28 Die Terminologie, welcher sich die Gründungsverträge für die Europäisierung der Währungshoheit und ihres Ergebnisses bedienen, ist facettenreich: Das ESZB umfasst neben der EZB die Zentralbanken sämtlicher Mitgliedstaaten (Art. 282 Abs. 1 S. 1 AEUV), also auch derjenigen, die über eine Ausnahmeregelung verfügen, oder wie Dänemark, kraft Vertragsprotokolls von der Pflicht zur Einführung des Euro dispensiert sind.[99] Repräsentiert sind sie allerdings nur im Erweiterten Rat der EZB (Art. 45 ESZB/EZB-Satzung; Art. 141 AEUV), einem lediglich beratenden Organ ohne Entscheidungsbefugnisse. Die Zentralbanken der Mitgliedstaaten, deren Währung der Euro ist, die also die Währungshoheit auf die Union übertragen haben, bilden gemeinsam mit der EZB das **Eurosystem** (Art. 282 Abs. 1 S. 2 AEUV). Dieser zuvor nur inoffiziell verwendete Terminus[100] ist durch den Lissabon-Vertrag in den AEUV aufgenommen worden. Die **Euro-Gruppe** umfasst die Minister der Mitgliedstaaten, deren Währung der Euro ist (Art. 137 AEUV). Für den räumlichen Anwendungsbereich seiner Regeln hat sich der Begriff „Euro-Zone"[101] (bzw. Eurozone[102]) eingebürgert,[103] der jedoch keine vertragliche Dignität besitzt.

29 Der Prozess der Vergemeinschaftung der Wirtschafts- und Währungszuständigkeiten ist als „unumkehrbar" bezeichnet worden (Abs. 1 Prot. über den Übergang zur 3. Stufe der WWU). Dies gilt grundsätzlich nicht nur für die Währungsunion als solche, sondern auch für die Teilhabe an ihr. Aus der Zusammenschau von Art. 139 und 140 AEUV ergibt sich eine Pflicht aller Mitgliedstaaten, bei Erfüllung der Konvergenzkriterien den Euro einzuführen und auf die Erfüllung der Konvergenzkriterien auch hinzuwirken.[104] Da es keine „Euro-Mitgliedschaft" als wesensgleiches Minus zur EU-Mitgliedschaft gibt, kann sich ein Mitgliedstaat nicht in analoger Anwendung des Art. 50 EUV von der Unionswährung lösen und die Währungshoheit zurückholen.[105] Ein Mitgliedstaat, der dies gleichwohl erstrebt, bedarf einer vertraglichen Vereinbarung mit allen anderen Mitgliedstaaten, die sich als „Herren der Verträge" im Einzelfall über die Grundfinalität des AEUV hinwegsetzen können. Verfassungsrechtlich ist in Art. 23 Abs. 1, Art. 88 S. 2 GG die Unumkehrbarkeit der Befugnisübertragung nicht angeordnet; die Vorschriften stehen einer Lösung Deutschlands vom Euro nicht entgegen.[106] Das BVerfG hat einen solchen Schritt als *ultima ratio* vorbehalten für den Fall, dass in der Praxis die Grundlagen der WWU (Unabhängigkeit, Preisstabilität) keine Beachtung mehr finden,[107] sich zu den verfahrensrechtlichen Voraus-

---

[99] *Häde* in Calliess/Ruffert EUV/AEUV, 5. Aufl. 2016, Art. 282 AEUV Rn. 6ff.

[100] Vgl. *Deutsche Bundesbank,* Die Europäische Wirtschafts- und Währungsunion, 2004, 46; *EZB* Jahresbericht 2006, 195; *Schmidt* in HdbStR V § 117 Rn. 30.

[101] Siehe etwa *Thym* EuZW 2011, 167.

[102] Siehe etwa *Potacs* EuR 2013, 133 (134); *Pilz* EuZW 2017, 637.

[103] Vgl. *Mögele* in Streinz EUV/AEUV, 3. Aufl. 2018, Art. 3 AEUV Rn. 8.

[104] Vgl. *Göttlinger* in von der Groeben/Schwarze/Hatje Europäisches Unionsrecht, 7. Aufl. 2015, Art. 139 AEUV Rn. 8.

[105] Näher *Hanschel* NVwZ 2012, 995 (997f.; 1000).

[106] Siehe *Scholz* in Maunz/Dürig Art. 23 Rn. 60; *Herdegen* in Maunz/Dürig Rn. 27f.

[107] BVerfGE 89, 155 (204); 123, 267 (395f.); 132, 195 (286f.); zusammenfassend *Häde* in BK Rn. 700ff.

setzungen einer Rückholung der Währungszuständigkeit allerdings nicht geäußert.

2. Ihre Aufgaben und Befugnisse können im Rahmen der Europäischen Union [...] übertragen werden. Zur Herstellung der verfassungsrechtlichen Voraussetzungen für die **Übertragung von Bundesbank-Kompetenzen auf die EZB** wurde dem Art. 88 durch verfassungsänderndes G v. 21.12.1992[108] ein S. 2 angefügt. Er bestätigt die Konzeption der WWU als „Stabilitätsgemeinschaft", die laut BVerfG „Grundlage und Gegenstand des deutschen Zustimmungsgesetzes" war.[109] Die Kontroverse darüber, ob bereits Art. 24 Abs. 1 die Übertragung der währungshoheitlichen Befugnisse legitimiert hätte,[110] erledigte sich mit der Rezeption eines vom Sonderausschuss „Europäische Union (Vertrag von Maastricht)" eingebrachten Vorschlags, die vorliegende Entwurfsfassung des Art. 88 S. 2 um materielle Übertragungsbedingungen (Unabhängigkeit der EZB sowie vorrangige Verpflichtung auf Preisstabilität) anzureichern[111] und sie so zur qualifizierten Übertragungs- und Struktursicherungsklausel zu erheben.[112] Insofern weist die Bestimmung materialiter sowohl über Art. 24 Abs. 1 als auch über den zeitgleich mit Art. 88 S. 2 erlassenen Art. 23 Abs. 1 GG hinaus. 30

Die Kompetenzübertragung hat „im Rahmen der **Europäischen Union**" zu erfolgen. Das Rechtsverhältnis zwischen EU und EG war umstritten,[113] erst der Lissabonner Vertrag führte eine institutionelle Einheit unter der Bezeichnung „Europäische Union" herbei. Die in Art. 88 S. 2 ausgesprochene Ermächtigung schließt diese neu gestaltete EU ein, obwohl diese mit der EG als der zum Zeitpunkt der Kompetenzübertragung bestehenden Zielinstitution rechtlich nicht identisch ist, sondern ihre Rechtsnachfolge antritt (Art. 1 Abs. 3 S. 3 EUV 2007). 31

Art. 88 S. 2 erteilte unter der Voraussetzung, dass die Europäische Zentralbank unabhängig und dem vorrangigen Ziel der Preisstabilität verpflichtet sei, die grundgesetzliche Ermächtigung zur **Partizipation Deutschlands** am Integrationsakt, mit dem die Begründung der WWU einherging.[114] Von ihr machte der Bundesgesetzgeber durch das G zum Vertrag v. 7.2.1992 über die Europäische Union v. 28.12.1992 Gebrauch.[115] Von Gemeinschaftsrechts wegen war der Kompetenzübergang auf die EZB sowohl aufschiebend bedingt (durch die Erfüllung der Konvergenzkriterien [→ Rn. 24 f.] durch Deutschland) als auch aufschiebend befristet (Art. 121 Abs. 4 EG). Erst mit Erfüllung dieser Voraussetzungen wurde die Anpassung des BBankG an die neue Gemeinschaftsrechtslage erforderlich.[116] 32

---

[108] BGBl. 1992 I 2086.

[109] BVerfGE 89, 155 (205); vgl. auch *Kirchhof* FS f. Klein, 1994, 61 (68); vgl. auch BT-Drs. 12/3895, 17 f.

[110] So *Weikart* NVwZ 1993, 834 (837 f.); *Gramlich,* Europäische Zentralbank und Art. 24 Abs. 1 GG, 1979, 150 ff., 159 ff.; aA *Scholz* NVwZ 1993, 817 (819); *Müller* DVBl 1992, 1249 (1254); *Janzen,* Der neue Artikel 88 Satz 2 des Grundgesetzes, 1996, 38.

[111] Dazu *Häde* in BK Rn. 31 ff. mwN.

[112] *Heun* in Dreier Rn. 13, 39.

[113] Vgl. allg. *Calliess* in Calliess/Ruffert EUV/EGV, 3. Aufl. 2007, Art. 1 EUV Rn. 2 ff.; *v. Bogdandy* NJW 1995, 2324.

[114] „Verfassungsrechtlich legitimierte Fortbildung der Union", BVerfGE 97, 350 (372).

[115] BGBl. 1992 II 1251 – Maastricht-Zustimmungsgesetz.

[116] Insbes. durch das 6. ÄndG v. 22.12.1997, BGBl. 1997 I 1666, und das 7. ÄndG v. 23.3.2002, BGBl. I 1159.

33 In materieller Hinsicht kam die Übertragung der Währungshoheit auf die EU einer Verfassungsänderung gleich und bedurfte daher gem. Art. 23 Abs. 1 S. 3 der **qualifizierten Mehrheiten** des Art. 79 Abs. 2 (→ Rn. 61 f.). Dessen Abs. 3 stand ihr nicht entgegen, da die Währungshoheit nicht zum änderungsfesten Grundbestand des GG zählt. Auch mit Blick auf die „souveräne Staatlichkeit" der Bundesrepublik Deutschland[117] ergibt sich nichts anderes: Weder geht die Vergemeinschaftung der Währungshoheit schon mit dem Übergang der Souveränität auf die EU einher, noch genießt die Souveränität Deutschlands den Schutz des Art. 79 Abs. 3, da sie von Staatseigenschaft und -struktur abstrahiert werden kann.[118]

34 Seit dem 1.1.1999 handelt die Bundesbank nicht mehr allein als Organ bzw. Bank des Bundes, sondern agiert – als integraler Bestandteil des ESZB (Art. 282 Abs. 1 AEUV) – zugleich als (im funktionalen, nicht organisatorischen Sinne) europäische Behörde.[119] Durch diese **Doppelfunktion**[120] („dédoublement fonctionnel"[121]) hebt sich die Bundesbank von den anderen Organen der Bundesverwaltung ab. Der „europarechtliche Status" der Bundesbank ergänzt den ihr verfassungsrechtlich zugewiesenen, ersetzt ihn jedoch nicht.[122]

35 **Aufgaben und Befugnisse** sind solche, die der Tätigkeit der Bundesbank als Zentralbank bzw. Währungs- und Notenbank (Art. 88 S. 1) entsprechen. Sonstige, durch einfaches Gesetz begründete Aufgaben und Befugnisse der Bundesbank unterliegen Art. 88 nicht und können, solange für sie eine geteilte Zuständigkeit der Union und ihrer Mitgliedstaaten besteht, durch EU-Gesetzgebungsakt auf die Union übergehen. Dass der Einheitliche Aufsichtsmechanismus der EU-Bankenunion zu Recht auf Art. 127 Abs. 6 AEUV und ihr Einheitlicher Abwicklungsmechanismus in wesentlichen Teilen auf Art. 114 AEUV gestützt werden durfte, wurde zwar mit guten Gründen bezweifelt;[123] das BVerfG[124] sah allerdings bei Zugrundelegung einer „strikten Auslegung" weder einen grundgesetzerheblichen *Ultra-vires*-Akt noch eine Verletzung der deutschen Verfassungsidentität für gegeben an. Der Übergang der geld- bzw. währungspolitischen Befugnisse bedeutet nicht deren Versteinerung zum Zeitpunkt des Zuständigkeitswechsels: Die Begründung neuer geldpolitischer Instrumente (uU durch den Rat der EZB selbst, Art. 20 ESZB/EZB-Satzung) ist zulässig. Den Umfang der Übertragung lässt das GG offen; verfassungsrechtlich zulässig ist also ebenso die Übertragung eines Teils der Bundesbank-Befugnisse (wie geschehen) wie die Übertragung aller wesentlichen Befugnisse der Bundesbank (materielle Durchbrechung der Bestandsgarantie → Rn. 4).[125]

---

[117] BVerfGE 123, 267 (343, 406).

[118] Vgl. *Kämmerer,* Privatisierung, 2001, 154 ff. mwN; anders etwa *Schilling* AöR 116 (1991), 32 (54 f.).

[119] *Siekmann* in Sachs Rn. 47; aA *Häde* in BK Rn. 625; ebenfalls aA *Gaitanides* in BerlKomm Rn. 40.

[120] *Manger-Nestler* EuR 2008, 577 (582).

[121] Grundlegend *Scelle* FS f. Wehberg, 1956, 324 ff.; *Cassese* EJIL 1990, 210 (232 ff.); vgl. auch *Seiler* EuR 2004, 52 (61 ff.); *Zilioli/Selmayr,* The Law of the European Central Bank, 2001, 76 ff.; *Louis* CMLR 35 (1998), 33 (56 f., 73); vgl. auch *Bauerschmidt,* Die Rechtsperson der Europäischen Union im Wandel, 2019, 104 ff.

[122] *Häde* in BK Rn. 625 f.

[123] *Kämmerer* NVwZ 2013, 830 (832 ff.) (zum Einheitlichen Aufsichtsmechanismus); kritisch auch *Wolfers/Voland* BKR 2014, 177 (179 f.); aA zur unionsrechtlichen Kompetenz für die Errichtung des Einheitlichen Abwicklungsmechanismus *Wojcik/Ceyssens* EuZW 2014, 893 (897).

[124] BVerfG Urt. v. 30.7.2019 – 2 BvR 1685/14 – 2 BvR 2631/14.

[125] So auch *Gaitanides* in BerlKomm Rn. 42; *Remmert* in BeckOK GG Rn. 20.

Anders als 1957 die deutschen Landeszentralbanken verloren die nationalen Zentralbanken und mit ihnen die Bundesbank durch den Kompetenzübergang auf die EZB nicht ihre rechtliche Selbständigkeit. Sie sind **dem ESZB als „integraler Bestandteil"** (Art. 14.3 ESZB/EZB-Satzung) **eingegliedert;** der EZB steht es frei, Zentralbankaufgaben selbst zu erfüllen oder – wie es praktisch vorwiegend geschieht – sie den nationalen Zentralbanken zur Ausführung zu übertragen.[126] Diese sind den Leitlinien und Weisungen der EZB unterworfen (Art. 12.1 UAbs. 2 S. 2 sowie 14.3 ESZB/EZB-Satzung). Umgekehrt wirken die nationalen Zentralbanken (ausgenommen jene, die nicht an der dritten Stufe der WWU teilhaben) kraft der Mitgliedschaft ihrer Präsidenten im EZB-Rat (Art. 283 Abs. 1 AEUV) an geldpolitischen Entscheidungen der EZB mit. Sie sind ferner alleinige Zeichner und Inhaber des EZB-Kapitals (Art. 28.2 ESZB/EZB-Satzung); für den Bund als Inhaber des Grundkapitals der Bundesbank (§ 2 S. 2 BBankG) ergibt sich daraus eine mittelbare Kapitalbeteiligung an der EZB. 36

Die **EZB** nimmt anstelle der Bundesbank, innerhalb des ESZB aber mit ihrer Unterstützung, grundlegende **Währungs- und Notenbankfunktionen** wahr. Zur Sicherung der Preisstabilität (Art. 127 Abs. 1, Art. 282 Abs. 2 S. 2 AEUV) ist dem ESZB die Aufgabe übertragen, die Geldpolitik der EU festzulegen (Leitlinie EZB/2000/7 v. 31.8.2000)[127] und auszuführen. Seine Glieder führen ferner Devisengeschäfte durch, halten und verwalten die Währungsreserven der Mitgliedstaaten und fördern das reibungslose Funktionieren der – auch, wie TARGET (Trans-European Automated Real-Time Gross Settlement Express Transfer), durch Leitlinien der EZB eingeführten[128] – Zahlungssysteme (Art. 3.1 ESZB/EZB-Satzung; Art. 127 Abs. 2 Spstr. 4 AEUV). Soweit die nationalen Zentralbanken keine „akzidentiellen" Aufgaben (Art. 14.4 ESZB/EZB-Satzung) wahrnehmen, unterliegen sie den Leitlinien und Weisungen der EZB (Art. 14.3 iVm Art. 12.1 UAbs. 1 ESZB/EZB-Satzung, gerichtlich durchsetzbar im Verfahren nach Art. 258, 271 lit. d AEUV[129]). Die von der EZB aufgestellten „allgemeinen Grundsätze" (Art. 18.2 ESZB/EZB-Satzung) für die Offenmarkt- und Kreditgeschäfte engen den Handlungsspielraum der nationalen Zentralbanken gleichermaßen ein. 37

In der ESZB/EZB-Satzung findet sich eine – nicht abschließende (Art. 20 ESZB) – Auflistung der **geldpolitischen Instrumente** der EZB, die allesamt dem Grundsatz der Marktorientierung folgen. Im Mittelpunkt stehen die **Offenmarkt- und Kreditpolitik** (Art. 18.1 ESZB/EZB-Satzung[130]), die 38

---

[126] Art. 9.2, 12.1 UAbs. 3 ESZB/EZB-Satzung; sog. dezentraler Ansatz, vgl. *EZB,* Die einheitliche Geldpolitik, 1998, 2; *Weber,* Die Kompetenzverteilung im Europäischen System der Zentralbanken bei der Festlegung und Durchführung der Geldpolitik, 1995, 126 ff., 175; *Seiler* EuR 2004, 52 (56 f., 62 ff.); krit. *Selmayr* AöR 124 (1999), 357 (377); *Selmayr* WM 1999, 2429 (2441).

[127] ABl. 2000 L 310, 1; zuletzt geändert durch Leitlinie v. 20.9.2007, ABl. 2007 L 284, 34. Sa *EZB,* Die Geldpolitik der EZB, 2004.

[128] Zu TARGET (durch Leitlinie EZB/2007/2 vom 26.4.2007, ABl. 2007 L 237, 1, wurde der Übergang zu „TARGET2" beschlossen, hierzu vgl. *Deutsche Bundesbank,* Monatsbericht Oktober 2007, 69 ff., ferner *EZB,* Monatsbericht, 10 Jahre EZB, 2008, 121) insbes. *Goetze,* Die Tätigkeit der nationalen Zentralbanken in der Wirtschafts- und Währungsunion, 1999, 139 ff.; vgl. iÜ *EZB* Monatsberichte 2004, 65 ff.; *Louis* CMLR 41 (2004), 575 ff. (591 ff.).

[129] Vgl. nur *Goetze,* Die Tätigkeit der nationalen Zentralbanken in der Wirtschafts- und Währungsunion, 1999, 103 ff.; *Hahn/Häde* ZHR 2001, 30 (38 f.).

[130] Vgl. *Schill/van Riet* JbEI 1998/99, 99 (102), *Heun* JZ 1998, 866 (871); *Nagel,* Wirtschaftsrecht der Europäischen Union, 4. Aufl. 2003, 262.

mit der **Zinspolitik** (Festsetzung der Leitzinssätze für Kreditgeschäfte) verwoben sind.

39 **Offenmarktgeschäfte** sind Kauf und Verkauf von Wertpapieren (und ebenso Edelmetallen) für eigene Rechnung am offenen Markt (vgl. den Offenmarktgeschäfte einschließenden § 19 Nr. 1 BBankG), insbes. aber ihre Annahme als Sicherheit für Kredite, die Geschäftsbanken gewährt werden. Solche Geschäfte (Art. 18.1 ESZB/EZB-Satzung) darf neben der EZB auch die Bundesbank vornehmen, wenn auch im Rahmen von der EZB aufgestellter „allgemeiner Grundsätze" und zusätzlich beschränkt durch ihre Richtlinien und Weisungen (→ Rn. 36 f.). Mit öffentlichen Verwaltungen und Privaten können keine Offenmarktgeschäfte getätigt werden (§§ 20, 22 BBankG), umso mehr als Art. 123 Abs. 1 AEUV öffentlichen Stellen die Aufnahme von Zentralbankkrediten und den Zentralbanken den unmittelbaren Erwerb von Schuldtiteln – gemeint sind vor allem Staatsanleihen – von jenen untersagt. Die meisten anderen Bankgeschäfte (Annahme von Geldeinlagen, Verwahrung von Wertgegenständen, Übernahme von Schecks zum Einzug etc.) unterliegen nicht diesen Restriktionen.[131] Die Abgrenzung zwischen Offenmarktgeschäften und wirtschaftspolitischen Maßnahmen – für welche die EZB nicht zuständig ist – kann im Einzelfall Schwierigkeiten bereiten und muss im Zweifelsfall nach dem Zweck einer Maßnahme im Verbund mit den zur Zielverfolgung eingesetzten Mitteln vorgenommen werden. Insoweit zweifelte das BVerfG im OMT-Vorlagebeschluss an der Berechtigung der EZB zum selektiven Ankauf von Staatsanleihen derjenigen EU-Mitgliedstaaten, die vom Europäischen Stabilitätsmechanismus (ESM) unterstützt werden, in der es eine fiskalpolitische Unterstützungsmaßnahme sah,[132] wohingegen der EuGH (insoweit der EZB folgend) den Offenmarktcharakter des Programms damit untermauerte, dass es einer Störung des geldpolitischen Transmissionsmechanismus entgegenwirken solle.[133] Zum PSPP-Urteil → Rn. 42.

40 Im vollen Umfang auf die EZB übergegangen ist die **Zins-** bzw. **Refinanzierungspolitik,** also die Befugnis zur Liquiditätssteuerung durch Festlegung der **Leitzinssätze** (vgl. Art. 12.1 S. 2 ESZB/EZB-Satzung) für die wichtigsten geldpolitischen Instrumente. Neben dem sog. Hauptrefinanzierungsinstrument bestehen zwei ständige Fazilitäten: die – den Lombardsatz ersetzende – Spitzenrefinanzierungs-Fazilität für kurzfristig nachgesuchte Kredite und die Einlagefazilität für kurzfristige Einlagen bei der EZB. Der Basiszinssatz des § 247 BGB ist mit dem Hauptrefinanzierungssatz nicht identisch, orientiert sich jedoch an diesem. Ehemals war Bezugsgröße der von der Bundesbank festgelegte Diskontsatz (zu seiner normativen Ersetzung vgl. das Diskontsatz-Überleitungsgesetz v. 9.6.1998[134]).

41 Im Rahmen der (früher in § 16 BBankG verankerten) **Mindestreservepolitik** gebot die Bundesbank den Kreditinstituten, einen Teil ihrer Einlagen (die „Mindestreserven") auf Girokonten bei der Bundesbank zu unterhalten; sie steuerte hierdurch den Zentralgeldbedarf der Kreditinstitute (Nachfragesteuerung) und federte Liquiditätsschwankungen ab.[135] Mindestreserve-

---

[131] Krit. *Gaitanides* in BerlKomm Rn. 45.

[132] BVerfGE 134, 366 (Rn. 63 ff.) – anders dann im Urteil BVerfGE 142, 143 (Rn. 56).

[133] EuGH Urt. v. 16.7.2015, C-62/14, ECLI:EU:C:2015:400 Rn. 46 ff. – Gauweiler.

[134] BGBl. 1998 I 1242; vgl. dazu *Kilb* JuS 1999, 10 (13).

[135] Vgl. *Jarchow* FS f. Kuhn, 1998, 23 (26); *Buchheim* in Deutsche Bundesbank Fünfzig Jahre Deutsche Mark, 1998, 91 (128 ff.).

politik ist interventionistisch und daher nicht marktorientiert,[136] vermag allerdings auf die Zinsentwicklung stabilisierend einzuwirken. Obschon in der Praxis die Mindestreservekonten noch immer bei den nationalen Zentralbanken unterhalten werden (vgl. Art. 19.1 ESZB/EZB-Satzung), ist die politische Entscheidungsmacht auf die EZB übergegangen.[137] Bei Nichterfüllung der Mindestreserve- oder anderer Pflichten kann die EZB Sanktionen gegen Geschäftsbanken verhängen.[138]

Auch wenn die Geldpolitik den Kern der Zuständigkeit als Währungsbank 42 bildet, ist der Begriff definitorisch nirgendwo klar umrissen. Bei den Programmen zum **Ankauf von Staatsanleihen** (insbes. der vom ESM unterstützten „Programmstaaten", wie beim OMT-Programm, sowie darüber hinaus beim „Public Sector Purchase Programme" – PSPP) und Unternehmensanleihen, welche die EZB nach der Finanzkrise mit dem erklärten Ziel auflegte, **Störungen des „geldpolitischen Transmissionsmechanismus"** zu beheben, sind BVerfG und EuGH uneins darüber, ob und inwieweit es sich um unkonventionelle geldpolitische Maßnahmen handelt, die in die (ausschließliche, Art. 3 Abs. 1 Buchst. c AEUV) Zuständigkeit der Union und damit auch der EZB fallen, oder im Gegenteil um Maßnahmen, die als nicht mehr geld-, sondern wirtschaftspolitische aus dem Zuständigkeitsrahmen der EZB herausfallen.[139] Das im Rahmen verschiedener Verfassungsbeschwerden zur **Ultra-vires-Prüfung** von Anleihekaufprogrammen der EZB aufgerufene BVerfG hat dem EuGH zweimal gemäß Art. 267 AEUV ua die Frage vorlegt, ob die jeweiligen EZB-Ankaufbeschlüsse (es handelte sich um die selektiven, also nicht Anleihen aller Mitgliedstaaten erfassenden **„Outright Monetary Transactions" [OMT]** und sodann um ein umfassendes Programm für den Erwerb öffentlicher Anleihen in und von allen Staaten der Eurozone, **Public Sector Purchase Programme [PSPP]**) kompetenzgemäß oder nicht vielmehr „ultra vires" erlassen worden waren. In beiden Fällen bejahte der EuGH die Einhaltung des Kompetenzrahmens – anders als das BVerfG, das im OMT-Fall die Verfassungsbeschwerden nur deswegen zurückwies, weil der Kompetenzverstoß (der EZB und auch des sie bestätigenden EuGH) jedenfalls nicht offenkundig und erheblich gewesen sei, während PSPP aus seiner Sicht diese Schwelle überschritt und es den Verfassungsbeschwerden daher stattgab.[140] Traditionell werden Wertpapiere bei Offenmarktgeschäften als Sicherungen für an Banken ausgereichte Kredite angenommen. Die bislang von der EZB aufgelegten selektiven Programme (wie OMT) dürften, soweit sie primär der Stabilisierung der Unionswährung dienen und die Unterstützung einzelner Mitgliedstaaten nur ein Nebeneffekt bleibt, zumindest allein deshalb

---

[136] Vgl. *Gaitanides* in BerlKomm Rn. 48.

[137] AA offenbar *Potacs* EuR 1993, 23 (36) – Rechtsgrundlagen: VO (EG) Nr. 1745/2003 der EZB, ABl. 2003 L 250, 10, sowie VO (EG) Nr. 2531/98 des (EU-)Rates v. 23.11.1998, ABl. 1998 L 318, 1.

[138] VO (EG) Nr. 2157/1999 der EZB v. 23.9.1999, ABl. 1999 L 264, 21; VO (EG) Nr. 2532/98 des Rates v. 23.11.1998, ABl. 1998 L 318, 4; sowie VO (EG) Nr. 985/2001, ABl. 2001 L 137, 24.

[139] BVerfGE 134, 366 (398 ff.); EuGH Urt. v. 16.7.2015, C–62/14, ECLI:EU:C:2015:400 Rn. 46 ff. – Gauweiler; eingehend zum Dialog zw. EuGH und BVerfG in diesem Fall *Steinbach* JZ 2016, 1045.

[140] EuGH Urt. v. 16.7.2015, C–62/14, ECLI:EU:C:2015:400 – Gauweiler; C-493/17, ECLI:EU:C:2018:1000 – Weiss; BVerfGE 142, 123 (221 ff.); BVerfG, Urt. v. 5.5.2020 – 2 BvR 859/15, 2 BvR 1651/15, 2 BvR 2006/15, 2 BvR 980/16, Rn. 117 ff.

noch nicht aus dem Begriff der Geldpolitik herausfallen.[141] Es gibt aber gute andere Gründe, neue Ankaufprogramme für kompetenzwidrig anzusehen: weil die offenmarkttypische Verbindung von Leistung und Gegenleistung inhaltlich praktisch keine Rolle mehr spielt, aber auch, weil es vom Willen der Vertragsstaaten kaum erfasst gewesen sein dürfte, dass eine Institution den Märkten Mittel zur Verfügung stellt, deren Volumen die meisten (von den Parlamenten verantworteten) Staatshaushalte weit übersteigt, sie selbst dabei gegen parlamentarische Kontrolle durch institutionelle Unabhängigkeit so gut wie immun ist.[142] Die Begründung, mit der das BVerfG seinen „Ultra-vires"-Befund unterlegt, kann aber methodisch-dogmatisch schon deswegen nicht überzeugen, weil der Befund des Kompetenzverstoßes aus der mangelnden Verhältnismäßigkeit (bzw. genau genommen nur ungenügenden Ausführungen des EuGH zu bestimmten Verhältnismäßigkeitsparametern) abgeleitet wird; die Verhältnismäßigkeit setzt jedoch eine bestehende Kompetenz rechtslogisch bereits voraus.[143] Die dem Bundestag und Bundesrat auferlegte Verpflichtung, auf die EZB einzuwirken, um einen neuen Anleihenkaufbeschluss zu erwirken, missachtet die Unabhängigkeit der Institution, da das Parlament der EZB auf solche Weise seine eigene Vorstellung von Geldpolitik und ihren Grenzen zum Maßstab machen könnte. Zudem setzt sich das BVerfG über ein von ihm selbst beantragtes und es damit unabhängig von seiner inhaltlichen Richtigkeit bindendes Urteil des nach Art. 19 Abs. 1 EUV zur Auslegung des EU-Rechts berufenen EuGH hinweg.[144]

43 Diese Kritik an Tenor und Entscheidungsfindung des PSPP-Urteils lässt den verfassungsrechtlichen Ausgangspunkt unberührt: Die ausschließliche Zuständigkeit der EZB gilt für die Geldpolitik; zu – im Kern – wirtschaftspolitischem Handeln, für das die Union nur eine schwach ausgebildete Kompetenz verfügt (Art. 5, 120 AEUV), ist die EZB weder durch die Gründungsverträge ermächtigt noch aus verfassungsrechtlicher Sicht des Art. 88 S. 2 ermächtigt. Dass die Bundesbank grundsätzlich nicht im EZB-Rat positiv mitwirken und sie nicht umsetzen darf,[145] ist ein gleichermaßen verfassungsrechtliches wie europarechtliches Gebot. Das BVerfG muss, wenn es den EuGH anruft, dessen unionsrechtliches Auslegungsprimat auch bei seinen verfassungsbezogenen Folgerungen respektieren.

44 Ob die Anleihenkäufe der EZB mit dem Verbot der monetären Haushaltsfinanzierung im Einklang stehen, ist keine Kompetenzfrage, sondern bestimmt sich nach Art. 123 AEUV; auch diese Frage lässt sich aber auf Art. 88 S. 2 zurückführen, da eine Mitgliedstaaten finanziell stützende Zentralbank nicht den Anforderungen der Vorschrift an deren Unabhängigkeit genügt (→ Rn. 49 ff.). Der EuGH hat wie das BVerfG zur Einhaltung des Art. 123 AEUV die Erfüllung bestimmter Prämissen (wie einer Karenzfrist zwischen

---

[141] So im Ergebnis auch BVerfGE 142, 123 (215 ff.); wie hier auch *Lammers* EuZW 2015, 212 (217).

[142] Für *Nettesheim* NJW 2020, 1631 (1631), hat die EZB die ihr im Maastricht-Vertrag verliehene Rolle „gesprengt"; zu den Volumina der Anleihekäufe siehe *Schalast* RdF 2019, 27 (28).

[143] Ähnlich *Karpenstein* EuZW 2019, 705 (706).

[144] EuGH Urt. v. 16.7.2015, C–62/14, ECLI:EU:C:2015:400, Rn. 16 – Gauweiler; siehe allgemein zur Bindungswirkung von Entscheidungen des EuGH in Vorabentscheidungsverfahren *Wegener* in Calliess/Ruffert, EUV/AEUV, 5. Aufl. 2016, Art. 267 AEUV Rn. 49.

[145] BVerfGE 134, 366 (394).

Erwerb durch die Bank und Weitergabe) verlangt; in den Details sind sich die Gerichte aber auch insoweit nicht einig.[146]

45 Auf die EZB übergegangen sind auch Befugnisse der Bundesbank als **Notenbank.** Die EZB ist formal zwar nur neben den nationalen Zentralbanken zur Notenausgabe berechtigt; kraft des ausschließlichen Rechts der EZB, die Ausgabe von Banknoten zu genehmigen (vgl. Art. 128 Abs. 1 AEUV), ist die Bundesbank allerdings auch in ihrer Funktion als Notenbank weitgehend auf ein Ausführungsorgan der EZB reduziert.[147]

46 Die Übertragung von Zentralbankkompetenzen auf die EZB schließt ihre Ausstattung mit **Rechtssetzungsbefugnissen** ein.[148] Die Überschreitung des der Bundesbank insoweit gezogenen Rahmens wird durch Art. 88 S. 2 nicht ausgeschlossen, solange die eingeräumten Rechtssetzungsbefugnisse noch in den von S. 1 umrissenen Aufgabenbereich einer Zentralbank bzw. Währungs- und Notenbank fallen. Art. 132 Abs. 1 Spstr. 1 AEUV räumt der EZB das Recht ein, Verordnungen zu erlassen, die in allen der „Euro-Zone" zugehörigen Mitgliedstaaten verbindlich sind und darin materiell einem Gesetz gleichen. Beschlüsse der EZB (Art. 132 Abs. 1 Spstr. 2 AEUV) sind nur für die Adressaten, Empfehlungen und Stellungnahmen (Art. 132 Abs. 1 Spstr. 3 AEUV) überhaupt nicht verbindlich. Bei Nichtbefolgung rechtlicher Verpflichtungen kann die EZB Sanktionen (Geldbußen, Zwangsgelder) verhängen (Art. 132 Abs. 3 AEUV), denen das Primärrecht die Funktion vollstreckbarer Titel zuweist (Art. 299 Abs. 1 AEUV).[149] Nur innerhalb des ESZB wirkendes „Binnenrecht" sind demgegenüber die erwähnten (→ Rn. 36 f.) Leitlinien und Weisungen.[150] Ob „Beschlüsse" (etwa betreffend die Zinssätze oder die Kapitalerhöhung) Rechtsakte eigener Art sind oder jeweils einer der vorstehenden Rechtskategorien unterfallen, ist umstritten.[151]

47 **3. Der Europäischen Zentralbank.** Mit der Gestattung der Kompetenzübertragung auf „die" unabhängige und vorrangig der Preisstabilität verpflichtete Europäische Zentralbank bezieht sich Art. 88 S. 2 nicht auf eine abstrakte, diese Kriterien erfüllende Institution, sondern orientiert sich an der seinerzeit gem. Art. 8 und 105 ff. EG errichteten, also in das ESZB eingebundenen EZB.[152] Das Kooperationsverhältnis zwischen der EZB und den nationalen Zentralbanken, innerhalb dessen der AEUV Unabhängigkeit (Art. 130) und die Aufgabe, Preisstabilität zu wahren (Art. 127 Abs. 1, 282 Abs. 2), allen Teilen des ESZB zuweist, gebietet eine weite Auslegung des Begriffs „Europäische Zentralbank" in Art. 88 S. 2, die das **ESZB mit umschließt.**[153] Veränderungen dieses Systems, insbes. die Beteiligung Deutsch-

---

[146] Siehe EuGH Urt. v. 16.7.2015 C–62/14, ECLI:EU:C:2015:400 Rn. 102 ff. – Gauweiler sowie BVerfGE 134, 366 (411 ff.); 142, 123 (225 ff.).

[147] Vgl. *Seiler* EuR 2004, 52 (66 ff.); *Remmert* in BeckOK GG Rn. 6.

[148] Dazu ua *Gaitanides,* Das Recht der Europäischen Zentralbank, 2005, 173; *Herdegen* in Maunz/Dürig Rn. 50; *Hahn/Häde* ZHR 2001, 30 (36 ff.); *Schütz* EuR 2001, 291; *Louis* CMLR 35 (1998), 33 (54 ff.).

[149] *Gaitanides* in BerlKomm Rn. 51, hebt dies als „einzigartig" hervor.

[150] Zur Abgrenzung *Hahn/Häde* ZHR 2001, 30 (38 f.); *Weber,* Die Kompetenzverteilung im Europäischen System der Zentralbanken bei der Festlegung und Durchführung der Geldpolitik, 1995, 151 ff.

[151] Vgl. einerseits *Endler,* Europäische Zentralbank und Preisstabilität, 1998, 515; andererseits *Schütz* EuR 2001, 291 (303); diff. *Hahn/Häde* ZHR 2001, 30 (37 f.); vgl. auch *Gaitanides* in BerlKomm Rn. 50: Rang einer Verordnung unter dem GG.

[152] *Häde* in BK Rn. 246.

[153] Ebenso *Blanke/Pilz* in MKS Rn. 48; *Häde* in BK Rn. 31 ff., 246; zu den Auswirkungen auf die Tragweite der Unabhängigkeitsgarantie → Rn. 47 ff.

lands an einer stärker zentralistisch geprägten Zentralbankordnung (ggf. unter Abschaffung der nationalen Zentralbanken), werden durch Art. 88 S. 2 schon deshalb nicht untersagt, weil die Bestimmung der Übertragung von Aufgaben und Befugnissen der Bundesbank keine Grenze setzt (→ Rn. 4).[154]

48 Obwohl nur ein Organ der Union (Art. 13 Abs. 2 EUV), verfügt die EZB – anders als das ESZB, das nur eine Sammelbezeichnung für seine Bestandteile ist[155] – über **Rechtspersönlichkeit** (Art. 282 Abs. 3 S. 1 AEUV, Art. 9.1 ESZB/EZB-Satzung).[156] Die Organstellung (welche die EZB vor Inkrafttreten des Lissabon-Vertrags als in den Gemeinschaftsrahmen eingefügte Einrichtung nach hM noch nicht innehatte[157]) beeinträchtigt die Unabhängigkeit der EZB nicht. Auch die Bundesbank ist als Bundesbehörde ein Staatsorgan. Weder folgt die Unabhängigkeit der EZB aus einem spezifischen Rechtsstatus noch erzwingt sie ihn.[158]

49 Mit dem Direktorium und dem EZB-Rat verfügt die EZB über zwei personell verflochtene Beschlussorgane (Art. 129 Abs. 1, Art. 283 Abs. 1, 2 AEUV). Der **Rat der EZB** (oder EZB-Rat – beide Bezeichnungen finden sich im Unionsprimärrecht) ist das aus den Mitgliedern des **Direktoriums der EZB** (Art. 11 ESZB/EZB-Satzung; Art. 283 Abs. 2 UAbs. 1, 2 AEUV) und den Präsidenten der nationalen Zentralbanken der zur „Euro-Zone" gehörenden Mitgliedstaaten zusammengesetzte zentrale Beschlussorgan (Art. 283 Abs. 1 und Art. 132 AEUV, Art. 10 ESZB/EZB-Satzung). Die Beteiligung der nationalen Zentralbankpräsidenten eröffnet den Mitgliedstaaten – praktisch allerdings nur ihren (unabhängigen) Zentralbanken – Wege der sachlichen (und auch personellen) Einflussnahme. Solange nicht alle Mitgliedstaaten die dritte Stufe der WWU erreicht haben, operiert als drittes Beschlussorgan der **Erweiterte Rat der EZB,** dem außer dem Präsidenten und dem Vizepräsidenten der EZB die Zentralbankpräsidenten sämtlicher Mitgliedstaaten angehören (Art. 141 AEUV; Art. 44, 45, 47 ESZB/EZB-Satzung) und der als Beratungs- und Koordinierungsgremium fungiert (s. Art. 47 ESZB/EZB-Satzung[159]). Das ESZB richtete gem. der in Art. 9 der EZB-Geschäftsordnung enthaltenen Ermächtigung **Ausschüsse** ein, die sich aus jeweils weisungsgebundenen Vertretern der EZB und der nationalen Zentralbanken zusammensetzen. Der starke Einfluss der nationalen Zentralbanken innerhalb der Ausschüsse widerspricht nicht der Unabhängigkeitsgarantie der Art. 130 AEUV, 88 S. 2, die EZB und ESZB gleichermaßen gewährt ist und im Verhältnis der EZB zu den mitgliedstaatlichen Zentralbanken keine Geltung beansprucht. Zudem werden die Ausschüsse nur beratend tätig und verfügen nicht über materielle Entscheidungskompetenzen.[160]

---

[154] Vgl. *Häde* in BK Rn. 247; *Gaitanides* in BerlKomm Rn. 55.

[155] Vgl. *Häde* in BK Rn. 580.

[156] Vgl. zur Rechtspersönlichkeit als Grundvoraussetzung der Zentralbankunabhängigkeit *Smits,* The European Central Bank, 1997, 155.

[157] Vgl. *Calliess* in Calliess/Ruffert EUV/AEUV, 5. Aufl. 2016, Art. 13 EUV Rn. 4.

[158] IdS auch *Gaitanides,* Das Recht der Europäischen Zentralbank, 2005, 54; *Beutel,* Differenzierte Integration in der Europäischen Wirtschafts- und Währungsunion, 2006, 338; krit. hingegen *Deutsche Bundesbank,* Monatsbericht November 2003, 67 (69); *Gramlich/Nestler* EuZW 2005, 193; ebenso EZB-Präsident *Trichet,* der insbes. den Verzicht des Reformvertrages auf die Einordnung der EZB als „sonstiges Organ" bemängelt, vgl. Schreiben an Ratspräsident *Manuel Lobo Antunes* vom 2.8.2007 (www.ecb.int/pvb/pdf/other/jct1080en.pdf; dazu auch EZB Jahresbericht 2007, 2008, 135).

[159] Sa *Schmidt* in HdbStR V § 117 Rn. 31.

[160] AA *Selmayr* WM 1999, 2429 (2441); skeptisch auch *Seidel* EuZW 2000, 552 (553 f.).

Das **ESZB** (Art. 282 Abs. 1 S. 1 AEUV) stellt sich als institutionalisierter **Kooperationsmechanismus eigener Art** zwischen der gemeinschaftlichen und der mitgliedstaatlichen Ebene dar.[161] Es ist nicht rechtsfähig (Umkehrschluss aus Art. 282 Abs. 3 S. 1 AEUV). Vom Bundesbank-System unterscheidet sich das ESZB durch die umrissenen quasi-föderalen Elemente der Organstruktur, denen jedoch – anders als zB bei der BdL – ein hoher Zentralisierungsgrad in puncto geldpolitische Kompetenzen gegenübersteht.[162] So agieren die nationalen Zentralbanken vorwiegend als „operative Arme" der EZB und nehmen nur in beschränktem Umfang autonome Befugnisse wahr. Art. 88 S. 2 nimmt auf diese durch den Maastricht-Vertrag geschaffenen Strukturen Bezug, ohne den Fortbestand der Legitimation der Kompetenzübertragung an ihren Erhalt zu knüpfen (zu verfassungsrechtlichen Schranken → Rn. 54 ff.). Die weitere, möglicherweise die Beseitigung der Bundesbank nach sich ziehende Zentralisierung der geldpolitischen Befugnisse ist verfassungsrechtlich nicht ausgeschlossen (→ Rn. 4). 50

4. Die unabhängig ist. Während umstritten war, ob Art. 88 GG aF die Unabhängigkeit der Bundesbank erforderte, ja überhaupt zuließ (→ Rn. 20), erhebt Art. 88 S. 2 die Unabhängigkeit der EZB zur **Voraussetzung für die Vergemeinschaftung** der Aufgaben und Befugnisse der Bundesbank. Die Vorgabe bindet nur den Bund, nicht die EZB und die EU-Organe.[163] Unabhängigkeit bedeutet Freiheit von Einflüssen anderer politischer Entscheidungsträger auf geldpolitische Entscheidungen. Die Garantie der Unabhängigkeit lässt sich zurückführen auf die Grundannahme, dass Geldwertstabilität notwendigerweise die Freiheit der Geldpolitik von Einflussnahme seitens der Politik voraussetze.[164] Mitunter wird die rechtliche Absicherung der Zentralbankautonomie im gemeinschaftlichen Primärrecht als „quasi-verfassungsrechtlich" bezeichnet.[165] 51

Der Begriff der Unabhängigkeit geht über die Freiheit von Weisungen und anderen Arten der Beeinflussung noch hinaus, die Art. 130 AEUV der EZB und dem ESZB bei der Wahrnehmung der ihnen durch den EU-Vertrag und die ESZB/EZB-Satzung übertragenen Aufgaben, Befugnisse und Pflichten zuerkennt. Die so umrissene **sachlich-institutionelle** Unabhängigkeit[166] spiegelt sich in der Rechtspersönlichkeit der Zentralbanken (Art. 282 Abs. 3 S. 1 AEUV, § 2 S. 1 BBankG). In **finanzieller** Hinsicht wird die Unabhängigkeit durch eine vom allgemeinen EU-Haushalt getrennte Kapitalausstattung und Finanzverwaltung garantiert (Art. 282 Abs. 3 S. 3 AEUV; Art. 28 ESZB/EZB-Satzung). Um nicht durch personalpolitische Entscheidungen unterlaufen zu werden, sind diese Gewährleistungen von Elementen **persönlicher** Unabhängigkeit der ESZB-Repräsentanten flankiert (ua einvernehmliche Auswahl und Ernennung der EZB-Amtsträger auf acht Jahre ohne Wiederwahl, Art. 283 Abs. 3 AEUV sowie Art. 11.2 ESZB/EZB-Satzung; 52

---

[161] Vgl. *v. Borries* ZEuS 1999, 281 (289 ff.); *Seiler* EuR 2004, 52, bezeichnet das ESZB als einen Verantwortungsverbund.

[162] So auch *Gaitanides* in BerlKomm Rn. 57; *Zilioli/Selmayr* YEL 1999–2000, 347 ff. (367 ff.); *Selmayr* WM 1999, 2429 (2430 f.): Vergemeinschaftung auch der nationalen Zentralbanken; ebenso *Blanke/Pilz* in MKS Rn. 34; iErg ebenso *Gleske* FS f. Semler, 1993, 895 (898).

[163] *Weikart* NVwZ 1993, 834 (840); *Sommermann* DÖV 1994, 596 (602); *Janzen,* Der neue Artikel 88 Satz 2 des Grundgesetzes, 1996, 171.

[164] *Stark* WM 1999, 125.

[165] *Schmidt* in HdbStR V § 117 Rn. 39; *Schefold* FS f. Stein, 2002, 201 (209).

[166] Vgl. zu diesem Begriff *Hafke* FS f. Kümpel, 2003, 185 (186 f.).

Inkompatibilitätsregeln, Art. 11.1 S. 3 ESZB/EZB-Satzung; keine Amtsenthebung aus politischen Gründen, Art. 11.2 und 11.4, ferner 14.2 ESZB/EZB-Satzung; Vertraulichkeit der Sitzungsprotokolle, Art. 10.4 ESZB/EZB-Satzung[167]). Alle diese Spielarten der Unabhängigkeit[168] sind für die Erfüllung des in Art. 127 Abs. 1 S. 1 und Art. 282 Abs. 2 S. 2 AEUV festgeschriebenen Zieles unabdingbar und unterliegen dem verfassungsrechtlichen Schutz des Art. 88 S. 2.

53 Der durch Art. 282 Abs. 3 S. 3 und 4 flankierte Art. 130 AEUV **untersagt** als zentrale Unabhängigkeitsgewährleistung der EZB und den in das ESZB eingebundenen nationalen Zentralbanken, **Weisungen** von EU-Organen, Regierungen der Mitgliedstaaten oder anderen Stellen (ein Auffangtatbestand, der auch Private einschließt)[169] einzuholen oder entgegenzunehmen (Verbot der Einflussgewährung). Umgekehrt verpflichten Art. 130 S. 2 und Art. 282 Abs. 3 S. 4 AEUV die Mitgliedstaaten, den Grundsatz der Weisungsfreiheit zu beachten und nicht einmal den Versuch der Beeinflussung der EZB (durch Weisungen, Genehmigungen, Konsultationserfordernisse, Zensurmaßnahmen oÄ[170] oder die Aufforderung zum Amtsverzicht) oder der nationalen Zentralbanken zu unternehmen (Verbot der Einflussnahme). Die Pflicht der Mitgliedstaaten zur Anpassung ihrer nationalen Rechtsvorschriften an diese Vorgaben (Art. 131 AEUV) kann im Wege des Vertragsverletzungsverfahrens (Art. 258 AEUV) gerichtlich durchgesetzt werden. Die Weisungsfreiheit bezieht sich auf alle der EZB und den nationalen Zentralbanken nach dem AEUV und der ESZB/EZB-Satzung übertragenen Befugnisse, Aufgaben und Pflichten. Zulässig ist nur die (freiwillige oder pflichtige) argumentative „Wechselrede" zwischen den genannten Institutionen und der EZB, verboten jede Form unmittelbarer oder mittelbarer, imperativer oder manipulativer Beeinflussung.[171] Auch die wirtschaftspolitische Vorschrift des Art. 123 AEUV, die Mitgliedstaaten die Unterhaltung von Fazilitäten bei den Zentralbanken und diesen den unmittelbaren Erwerb staatlicher Schuldtitel von deren Emittenten verbietet, ist eine Ausprägung zentralbankrechtlicher Unabhängigkeit.[172] Die Unabhängigkeit ist der EZB nicht um ihrer selbst eingeräumt, sondern dient der Sicherung der Preisstabilität[173] und findet darin auch ihre Grenze (→ Rn. 17).

54 In erster Linie betrifft die Unabhängigkeit das Verhältnis zur **Exekutivgewalt.** Die EZB und ebenso die Bundesbank sind im Bereich ihrer währungspolitischen Aufgaben nicht nur Weisungen, sondern jeglicher Rechts- und Fachaufsicht entzogen.[174] Umstritten ist, was aus der Unabhängigkeitsgarantie

---

[167] Vgl. zu diesen Vorgaben *v. Borries* ZEuS 1999, 281 (302 ff.).

[168] Vgl. nur *Janzen,* Der neue Artikel 88 Satz 2 des Grundgesetzes, 1996, 89 ff.; *Blanke/Pilz* in MKS Rn. 51 ff.; *Gaitanides* in BerlKomm Rn. 59 ff.; *Smits,* The European Central Bank, 1997, 152 ff.; *Sparve* in EZB Legal Aspects of the European System of Central Banks, 271 (274 ff.).

[169] *Louis* CMLR 35 (1998), 33 (43); *Häde* in Calliess/Ruffert EUV/AEUV, 5. Aufl. 2016, Art. 130 AEUV Rn. 13; aA *Kempen* in Streinz EUV/AEUV, 3. Aufl. 2018, Art. 130 AEUV Rn. 6.

[170] Vgl. EWI-Konvergenzbericht, März 1998, BT-Drs. 13/10250, 241 (262, 675 ff.).

[171] Vgl. EWI-Konvergenzbericht, März 1998, BT-Drs. 13/10250, 241 (676); *Stadler,* Der rechtliche Handlungsspielraum des Europäischen Systems der Zentralbanken, 1996, 124.

[172] *Tutsch* in von der Groeben/Schwarze/Hatje Europäisches Unionsrecht, 7. Aufl. 2015, Art. 123 AEUV Rn. 6 ff.

[173] Vgl. *Roth* EuR-Beiheft 1/1994, 45 (65 f.).

[174] Vgl. – für Art. 88 GG aF – *Hahn/Häde,* Währungsrecht, 2. Aufl. 2010, § 12 Rn. 24; *Herdegen* in Maunz/Dürig Rn. 65; aA *Breuer* VVDStRL 44 (1986), 211 (239) mwN;

für die Abberufung von Mitgliedern der Beschlussorgane der Bundesbank folgt, die gesetzlich nicht geregelt ist. Art. 11.4 ESZB/EZB-Satzung regelt nur die Entlassung von Mitgliedern des Direktoriums der EZB, die auf Antrag des Rates oder des Direktoriums durch den Gerichtshof des Amtes enthoben werden können. Die Amtsenthebung von EZB-Ratsmitgliedern, die nicht dem Direktorium angehören – also den Präsidenten der nationalen Zentralbanken –, ist nicht geregelt, sondern fällt in die Zuständigkeit der Mitgliedstaaten.[175] Um der Unabhängigkeit der Bundesbank willen kann für die Entlassung ihres Präsidenten oder anderer Vorstandsmitglieder gegen deren Willen jedoch kein anderer Maßstab als der des Art. 11.4 ESZB/EZB-Satzung gelten.[176] Das Fehlen einer Zuständigkeitsregelung im BBankG ist verfassungsrechtlich bedenklich, da bei gravierenden Verfehlungen der Funktionsträger ein Mechanismus bereitstehen muss, der die Funktionsfähigkeit der Bundesbank und die Erfüllung ihrer Aufgaben gem. Art. 88 S. 2 gewährleistet. Während die Zuständigkeit für die Aushändigung der Entlassungsurkunde dem Bundespräsidenten zugeschrieben werden muss, dem nach § 7 Abs. 3 S. 1 BBankG auch die Bestellung obliegt, entzieht sich das Vorschlagsrecht wegen des komplexen Auswahlmechanismus im Gefüge zwischen Bund und Ländern jedenfalls bei den drei unter Mitwirkung der Länder berufenen Vorstandsmitgliedern einer *actus-contrarius*-Anknüpfung.[177] Der Gesetzgeber ist aufgerufen, die offenen Zuständigkeitsfragen zu beantworten.

Die Unabhängigkeit schließt die **richterliche Kontrolle** von EZB-Rechts- 55
akten vor dem EuGH (und solchen der Bundesbank vor deutschen Gerichten einschließlich des BVerfG) auch im Bereich der geldpolitischen Zuständigkeiten nicht aus. Dies ergibt sich für die EZB eindeutig aus Art. 263 Abs. 1 und 265 Abs. 1 S. 1 AEUV, auch wenn Umfang und Intensität gerichtlicher Kontrolle mit Rücksicht auf die Unabhängigkeit beschränkt bleiben müssen.[178] Bei grundlegenden geldpolitischen Entscheidungen, wie der Festsetzung der Zinssätze, ist der EZB ein Einschätzungsspielraum zuzuerkennen, der gerichtlicher Überprüfung entzogen ist.[179] Umgekehrt ist der EZB durch Art. 263 Abs. 3 AEUV und Art. 265 Abs. 1 S. 2 AEUV das Recht eingeräumt, sich gegen Beeinträchtigungen ihrer Unabhängigkeit vor dem EuGH zu wehren.[180]

---

v. Bonin, Zentralbanken zwischen funktioneller Unabhängigkeit und politischer Autonomie, 1978, 186 ff.

[175] Vgl. *Häde* WM 2005, 205 (212).

[176] Zustimmungswürdig insoweit *Häde* WM 2005, 205 (212, 214).

[177] Skeptisch auch *Remmert* in BeckOK GG Rn. 12.3; *Zeitler* NJW 2002, 2293 f.; *Manger-Nestler,* Par(s) inter pares?, 2008, 196; dagegen *Häde* WM 2005, 205 (212).

[178] Vgl. EuGH C-11/00, Slg. 2003, I-7147, ECLI:EU:C:2003:395 Rn. 134 f. – Kommission/EZB; zum Rechtsschutz gegen die Bundesbank vor dem Maastricht-Vertrag *Hahn* BayVBl. 1982, 33 (36); zu Rechtsschutzmöglichkeiten gegen EZB-Akte *Hahn/Häde* ZHR 2001, 30 (40 ff.); *Selmayr* AöR 124 (1999), 357 (393 ff.); *Gaiser* EuR 2002, 517 (526 ff.); *Baur,* Die Haftung der Europäischen Zentralbank, 2001, 245 ff.; vgl. auch EuGH 29/77, Slg. 1977, I-1835, ECLI:EU:C:1977:164 Rn. 19, 20 – S. A. Roquette Frères/Frankreich.

[179] Vgl. *Manger-Nestler,* Par(s) inter pares?, 2008, 169; ferner *Gaitanides,* Das Recht der Europäischen Zentralbank, 2005, 259; *Tschekuschina,* Rechtliche Aspekte der geldpolitischen Instrumente des Europäischen Systems der Zentralbanken, 2008, 134; *Hänsch,* Gesamtwirtschaftliche Stabilität als Verfassungsprinzip, 2002, 272; *Endler,* Europäische Zentralbank und Preisstabilität, 1998, 389 ff., 518; sehr weitgehend *Heun* JZ 1998, 866 (874), der eine gerichtliche Überprüfung in inhaltlicher Hinsicht für ausgeschlossen erachtet; vgl. zum politischen Charakter der EZB-Entscheidungen *Griller* in Grabitz/Hilf/Nettesheim Das Recht der Europäischen Union, 65. EL 2018, Art. 127 AEUV Rn. 28 ff.

[180] Vgl. *Tschekuschina,* Rechtliche Aspekte der geldpolitischen Instrumente des Europäischen Systems der Zentralbanken, 2008, 111 ff.

56 Die Unabhängigkeit bietet keinen Schutz gegen eine Änderung der gemeinschafts- und verfassungsrechtlichen Grundlagen der Zentralbanktätigkeit durch die **Legislative.** Art. 88 S. 2 GG iVm Art. 130 S. 2 AEUV stehen nur ihrer Einflussnahme qua Normsetzung auf konkrete geldpolitische Entscheidungen entgegen;[181] dieses Verbot folgt innerstaatlich zugleich auch aus Art. 88 S. 1, der geldpolitische Befugnisse ausschließlich der Bundesbank zuweist.[182] Der insoweit verfassungsrechtlich bedenkliche Entwurf zu einer Gesetzesbestimmung, die dem Bundestag das Recht einräumen sollte, auf der Grundlage des Berichts einer Wirtschaftsprüfung Empfehlungen für Verbesserungen der Effizienz bei der Bundesbank zu geben,[183] ist nicht geltendes Recht geworden.

57 Die Unabhängigkeit entbindet die EZB und die Institutionen des ESZB nicht von der notwendigen sachlichen und persönlichen **Zusammenarbeit** mit Organen der Union und der Mitgliedstaaten, in welcher sich der Grundsatz der Organtreue manifestiert.[184] So ist den Gliedern des ESZB, sofern dadurch das Ziel der Preisstabilität nicht beeinträchtigt wird, die Pflicht auferlegt, die allgemeine Wirtschaftspolitik in der EU[185] zu unterstützen (Art. 127 Abs. 1 S. 2 AEUV). Analog hierzu hat die Bundesbank die allgemeine Wirtschaftspolitik (dh die wirtschaftspolitischen Grundlinien[186]) der Bundesregierung zu unterstützen (§ 12 S. 2 BBankG). Die Unabhängigkeit der Zentralbanken wird hinlänglich dadurch gewahrt, dass die Preisstabilität (als ihre Ratio) im Konfliktfall Vorrang gegenüber dem Gebot institutioneller Kohärenz genießt (Art. 127 Abs. 1 S. 2 Hs. 1 AEUV; § 12 S. 2 BBankG). Der EZB ist ferner eine Berichtspflicht gegenüber den EU-Organen auferlegt (Art. 284 Abs. 3 AEUV[187]), der Bundesbank im Verhältnis zur Bundesregierung die Pflicht zur Beratung in wichtigen währungspolitischen Angelegenheiten und zur Auskunftserteilung (§ 13 Abs. 1 BBankG; vgl. auch das Recht des Ratspräsidenten und eines Kommissionsmitglieds auf Teilnahme an EZB-Ratssitzungen sowie auf Antragstellung, Art. 284 Abs. 1 AEUV). Den Anforderungen des Art. 88 S. 2 an die Unabhängigkeit widersprechen diese Vorgaben noch nicht, da den Zentralbanken keine Rechenschaftspflicht iS einer Rechtfertigungslast für ihre währungspolitischen Entscheidungen aufgebürdet wird; man wird die Kooperationspflichten vielmehr als Ausprägung der Mindestanforderungen an demokratische Kontrolle (Art. 6 Abs. 1 EUV) ansehen müssen.[188] Indirekt kommen die Kooperationsvorgaben der Unabhängigkeit auch zugute, da sie die Entstehung von Konflikten zwischen den Institutionen unterbinden.[189]

---

[181] AA *Selmayr* WM 1999, 2429 (2435): keinerlei Rechtsunterworfenheit der EZB gegenüber sekundärem Gemeinschaftsrecht.

[182] Vgl. auch *Stern,* StaatsR II, 1980, § 35 Kap. V 3a; zu den Grenzen in Bezug auf Art. 17 u. 44 s. *Siebelt,* Der juristische Verhaltensspielraum der Zentralbank, 1988, 184 ff.

[183] BT-Drs. 14/6879, dort § 26 Abs. 6 S. 2; vgl. die Stellungnahme der EZB v. 2.8.2001 zum Entwurf des 7. ÄndG, CON/2001/17, 4 f., wo auf den daraus resultierenden politischen Druck hingewiesen wird.

[184] Vgl. *Herdegen* in Maunz/Dürig Rn. 66; für die Bundesbank *Hahn* BayVBl. 1982, 33 (36); vgl. ferner EuGH C-11/00, Slg. 2003, I-7147, ECLI:EU:C:2003:395 Rn. 135 – Kommission/EZB.

[185] Gemeint ist die der Mitgliedstaaten, soweit sie mit den unionsrechtlichen Vorgaben übereinstimmt, vgl. *Kempen* in Streinz EUV/AEUV, 3. Aufl. 2018, Art. 127 AEUV Rn. 5.

[186] Vgl. *Stern,* StaatsR II, 1980, § 35 Kap. V 3b α; *Sodan* NJW 1999, 1521 (1522).

[187] Zur Praxis *Hahn* JZ 1999, 957 ff.

[188] Vgl. *v. Borries* ZEuS 1999, 281 (307); *Manger-Nestler,* Par(s) inter pares?, 2008, 172 f.

[189] Vgl. auch *Hahn/Häde,* Währungsrecht, 2. Aufl. 2010, § 21 Rn. 2 ff., 12.

Art. 88 S. 2 nimmt auf die EZB-Unabhängigkeit nicht nur als materielle Voraussetzung für die Kompetenzübertragung von der Bundesbank Bezug. Er gebietet zudem, dass die eingeräumte Unabhängigkeit bestehen bleibt,[190] und schützt als verfassungsrechtliche **Struktursicherungsklausel**[191] die Unabhängigkeit der EZB daher auch nach dem Übertragungsakt. Unmittelbare Bindungswirkung für Einrichtungen der Union bzw. Gemeinschaft vermag die Bestimmung nicht zu entfalten. Andererseits beschränkt sich die Schutzwirkung des Art. 88 S. 2 nicht auf die EZB; vielmehr ist die Norm über ihren Wortlaut hinaus als Unabhängigkeitssicherung für das gesamte ESZB und seine Teile zu verstehen. Innerhalb des gemeinsamen Systems zur Währungssicherung – des ESZB – sind die Zuständigkeiten von EZB und Bundesbank aufeinander bezogen und institutionell miteinander verflochten. Die erlittenen Kompetenzeinbußen werden durch die Einbindung der Bundesbank in das ESZB zwar nicht ausgeglichen. Kraft dieser Einbindung hat die Bundesbank jedoch an der gemeinschaftsrechtlichen Unabhängigkeitsgarantie teil, die Art. 130 AEUV (und ebenso Art. 7 ESZB/EZB-Satzung) nicht nur der EZB gewährt, sondern auch den dem ESZB als „integraler Bestandteil" (Art. 14.3 ESZB/EZB-Satzung) angehörenden nationalen Zentralbanken (Art. 282 Abs. 1 AEUV). Die Umsetzung dieser Vorgaben durch die Mitgliedstaaten (Art. 131 AEUV) erfordert einen „Gleichklang von vertraglichen und verfassungsrechtlichen Standards"[192]). Die verfassungsrechtliche Absicherung der gemeinschaftsrechtlich verankerten Zentralbankunabhängigkeit wirkt insofern auf die Bundesbank zurück. Damit stellt sich Art. 88 S. 2 als **unionsrechtlich vermittelte, verfassungsrechtliche Unabhängigkeitsgarantie auch für die Bundesbank** dar.[193] Die Frage, ob Art. 88 die Unabhängigkeit der Bundesbank garantiere oder nicht, ist *de constitutione lata* nun im erstgenannten Sinne entschieden. Deshalb ist nicht nur Art. 130 AEUV, sondern auch Art. 88 S. 2 verletzt, wenn der Bund der Bundesbank oder ihren Vertretern Weisungen erteilt, aber auch, wenn er nicht das Erforderliche tut, um Maßnahmen der EU zu vereiteln, welche die Unabhängigkeit der EZB (und ebenso ihre prioritäre Ausrichtung auf Preisstabilität) untergraben.[194] Erst mit der Auflösung der „institutionellen Verflechtung"[195] zwischen Bundesbank und EZB würde die verfassungsrechtliche Unabhängigkeitsgarantie für die Bundesbank entfallen. 58

[190] *Häde* in BK Rn. 257.

[191] In der Literatur wird von einer „fortwährende(n) Struktursicherungsverantwortung" auf den Gebieten des Art. 73 Abs. 1 Nr. 5 gesprochen, vgl. *Kämmerer* in März An den Grenzen des Rechts, 81; *Schmidt* in HdbStR V § 117 Rn. 5; vgl. auch – für Art. 23 – BT-Drs. 12/3896, 17 und 12/6000, 20, 28.

[192] *Herdegen* in Maunz/Dürig Rn. 55: „Symmetrie zwischen der staatsrechtlichen Autonomie und dem gemeinschaftsrechtlichen Unabhängigkeitspostulat".

[193] Vgl. *Häde* in BK Rn. 253; *Hahn/Häde,* Währungsrecht, 2. Aufl. 2010, § 12 Rn. 26 f.; *Blanke/Pilz* in MKS Rn. 33; *Stern* in Deutsche Bundesbank Fünfzig Jahre Deutsche Mark, 141 (181); *Herdegen* in Maunz/Dürig Rn. 64; *Gaitanides* in BerlKomm Rn. 28; *Remmert* in BeckOK GG Rn. 15; wohl auch *Siekmann* in Sachs Rn. 70 („mittelbare(n) verfassungsrechtliche(n) Garantie auch für die Bundesbank"); ähnlich *Heun* in Dreier Rn. 40; *Badura* FS f. Schambeck, 1994, 887 (904); diff. *Brosius-Gersdorf,* Deutsche Bundesbank und Demokratieprinzip, 1997, 387 f.; krit. *Schwarze* JZ 1993, 585 (587); anders *Janzen,* Der neue Artikel 88 Satz 2 des Grundgesetzes, 1996, 174 ff.; *Herrmann,* Währungshoheit, Währungsverfassung und subjektive Rechte, 2010, 182.

[194] Vgl. *Häde* in BK Rn. 257; *Siekmann* in Sachs Rn. 77; *Gaitanides* in BerlKomm Rn. 53, zu weitgehend jedoch insofern, als aus jeder Überschreitung des gemeinschaftsvertraglichen Rahmens eine Verletzung des Art. 88 S. 2 abgeleitet wird.

[195] *Herdegen* in Maunz/Dürig Rn. 64.

59 Inwieweit das Demokratieprinzip **„ministerialfreie Räume"** billigt, war mit Blick auf § 12 BBankG bereits vor der Novellierung des Art. 88 umstritten (→ Rn. 21).[196] Dass S. 2 die Weisungsfreiheit der Bundesbank nun auch verfassungsrechtlich absichert, führt nicht zur Erledigung der Kontroverse. Da die EZB als Unionsinstitution keine deutsche Staatsgewalt ausübt, können ihre Rechtshandlungen nicht unmittelbar am GG gemessen werden.[197] Nicht schon die Gewährleistung ihrer Unabhängigkeit durch Art. 130 AEUV muss den Anforderungen des Art. 79 Abs. 3 iVm Art. 20 Abs. 2 genügen, sondern nur Art. 88 S. 2 als Kompetenzübertragungs- und Struktursicherungsklausel des GG. Soweit Art. 88 S. 2 auch der Bundesbank Unabhängigkeit zuspricht, bezieht er sich – zumindest auch – auf die Ausübung deutscher Staatsgewalt, für die Art. 20 Abs. 2 unmittelbar gilt.

60 Das BVerfG[198] **verneint** die Frage, ob die Unabhängigkeitsgarantie des Art. 88 S. 2 als nach Art. 79 Abs. 3 **verfassungswidriges Verfassungsrecht** zu gelten habe. Dabei rekurriert es auf Erwägungen, auf welche auch die Unabhängigkeit der Bundesbank gestützt wurde.[199] Nach seiner stRspr verbietet Art. 79 Abs. 3 nur die „Preisgabe" der besonders geschützten Verfassungsgrundsätze, nicht aber ihre Modifikation aus evidentermaßen sachgerechten Gründen.[200] Zwar modifiziere die Unabhängigkeit der EZB das Demokratieprinzip, doch sei dies „vertretbar" mit Blick auf die freiheitssichernde Funktion eines stabilen Geldwertes, der durch eine unabhängige und damit dem „Zugriff von Interessengruppen und an der Wiederwahl interessierter politischer Mandatsträger" entzogene Zentralbank eher gewährleistet werden könne als durch tagespolitischen Entscheidungen verpflichtete Organe.[201] Insofern genüge die Verselbständigung der Wirtschaftspolitik in der Hoheitskompetenz einer unabhängigen EZB, die sich nicht auf andere Politikbereiche übertragen lasse, den verfassungsrechtlichen Anforderungen.[202] Im Ergebnis ist dem beizupflichten. Allerdings widersetzt sich das Demokratieprinzip aus strukturellen Gründen jeglicher „Modifikation"; dogmatisch vorzuziehen ist daher die Erklärung, dass dem Demokratieprinzip im Hinblick auf Zentralbanken insbes. um der effizienten, freiheitssichernden Preisstabilität willen auch dann genügt ist, wenn sich die parlamentarische Kontrolle auf Information und Konsultation reduziert, solange die Zentralbank selbst – was bei EZB und Bundesbank der Fall ist[203] – über eine

---

[196] Umfassende Darstellung des Meinungsstandes bei *Gaitanides* in BerlKomm Rn. 29 ff.

[197] Vgl. *Gaitanides* in BerlKomm Rn. 71; *Siekmann* in Sachs Rn. 111; *Classen* AöR 119 (1994), 238 (241) mwN; anders etwa *Brosius-Gersdorf,* Deutsche Bundesbank und Demokratieprinzip, 1997, 334 f.; teilweise wird auch ein Verstoß gegen das im Gemeinschaftsrecht verankerte Demokratieprinzip angenommen, vgl. *Stark* WM 1999, 125; allgemein hierzu *Dutzler* Der Staat 41 (2002), 495.

[198] BVerfGE 89, 155 (208 f.).

[199] Vgl. bzgl. der Bedenken zur Verfassungsmäßigkeit des Art. 88 S. 2 auch BT-Drs. 12/3896, 21 f.

[200] BVerfGE 30, 1 (24); ferner BVerfGE 22, 106 (113 f.).

[201] Zur Frage, inwieweit die Gewährleistung von Preisstabilität *condicio sine qua non* für den Gebrauch grundrechtlicher Freiheiten ist, vgl. *Kämmerer* in März, An den Grenzen des Rechts, 79 (81); empirische Belege für die Notwendigkeit einer unabhängigen Zentralbank für die Sicherstellung von Geldwertstabilität vgl. *Liebscher* in Simmert/Welteke Die Europäische Zentralbank, 71 (82, 84); vgl. umfassend *Papaschinopoulou,* The Legal Articulation of Central Bank Independence, 2002, 82 ff.

[202] So auch *Häde* in BK Rn. 282; *Heun* in Dreier Rn. 42 f.; *Remmert* in BeckOK GG Rn. 24; *Schütz* EuR 2001, 291 (296); *Sodan* NJW 1999, 1521 (1522); *Janzen,* Der neue Artikel 88 Satz 2 des Grundgesetzes, 1996, 138 ff.

[203] Vgl. *Janzen,* Der neue Artikel 88 Satz 2 des Grundgesetzes, 1996, 140 f.

zumindest mittelbare demokratische Legitimation in personeller und sachlicher Hinsicht verfügt.[204]

Sonstige Aufgaben, die der Bundesbank und/oder der EZB (bzw. dem ESZB) durch einfaches Bundesgesetz oder EU-Sekundärrechtsakt zusätzlich zu deren währungs- und notenbankrechtlichen Befugnissen iSv Art. 88 S. 1 zugewiesen sind, sind von der verfassungsrechtlichen **Unabhängigkeitsgarantie des Art. 88 S. 2 nicht erfasst** (→ Rn. 17). Vielmehr kann die Überantwortung **anderer als währungspolitischer Aufgaben** sogar eine **Gefahr für die Unabhängigkeit** der Bundesbank und den Primat der Preisstabilität im Bereich ihrer geldpolitischen Befugnisse darstellen. So ist gegen die Übertragung von Aufgaben der Bankenaufsicht auf die EZB eingewandt worden, dass eine Zentralbank, welche Kreditinstitute beaufsichtige, nicht mehr unvoreingenommen Kredite vergeben könne.[205] Überzeugender erscheint die Gegenposition, wonach detaillierte Kenntnisse der Kreditinstitute eine verantwortungsvolle Zinspolitik erleichtern.[206] Befürchtungen, dass die geldpolitische Unabhängigkeit durch die Übertragung von Bankaufsichtsaufgaben im Einheitlichen Aufsichtsmechanismus der Bankenunion (SSM) Schaden nehmen könne, ist durch eine organintern Trennung zwischen dem Aufsichtsgremium und geldpolitischen Entscheidungsträgern Rechnung getragen worden.[207] 61

Eine andere Frage ist, ob der Bundesbank und/oder der EZB in verfassungskonformer Weise auch für **nicht-geldpolitisches Handeln Unabhängigkeit eingeräumt** werden *darf.* Der auf die währungs- bzw. geldpolitischen Kernaufgaben beschränkte Art. 88 S. 2 beantwortet diese Frage nicht (→ Rn. 17). Maßstab ist allein das (unions- oder verfassungsrechtliche) Demokratieprinzip und die Frage, in welchem Umfang es aus zwingenden Gründen ministerialfreie Räume gestattet.[208] Durch Art. 19 SSM-Verordnung ist die EZB ebenso wie die nationalen Aufsichtsbehörden (zu denen teils auch die Bundesbank zählt) bei der Wahrnehmung ihrer bankaufsichtsrechtlichen Funktionen für unabhängig erklärt worden. Dagegen kann man einwenden, dass die bloße Wahrnehmung von Aufsichtsfunktionen Ministerialfreiheit nicht erfordert. Aus Sicht der hM und auch des BVerfG ist sie gleichwohl auch primärrechtlich festgeschrieben, da Art. 130 (und in ähnlicher Weise Art. 282 Abs. 3 S. 3) AEUV die EZB und das ESZB bei der Wahrnehmung der ihnen durch die Verträge und die ESZB/EZB-Satzung übertragenen Befugnisse, Aufgaben und Pflichten für unabhängig erklärt, was die Übertragung besonderer Befugnisse bei der Bankenaufsicht, zu der Art. 127 Abs. 6 AEUV ermächtigt, einschließe.[209] Zwingend ist diese Deutung nicht, da das Primärrecht die bankaufsichtsrechtlichen Befugnisse der EZB nicht vorschreibt, sondern nur zu deren Ausstattung mit Aufsichtsbefugnissen auf sekundärrechtlicher Grundlage ermächtigt, sind diese durch den Vertrag selbst nicht vorgegeben. Ist – aus dieser Warte – die Unabhängigkeit 62

---

[204] Ähnlich *Schmidt* in HdbStR V § 117 Rn. 40; für eine dahingehende verfassungskonforme Auslegung des Art. 79 Abs. 3 plädierend *Siekmann* in Sachs Rn. 112.

[205] Vgl. *Becker* DÖV 2010, 909 (916); *Wolfers/Voland* BKR 2014, 177 (182).

[206] Siehe *Thiele,* Finanzaufsicht, 2014, 199 mwN.

[207] Siehe *Zagouras* in Schimansky/Bunte/Lwowski Bankrechts-Handbuch, 5. Aufl. 2017, § 124b Rn. 13 ff.

[208] Vgl. BVerfG Urt. v. 30.6.2019, 2 BvR 1685/14, 2631/14, Rn. 222 ff.

[209] BVerfG Urt. v. 30.7.2019 – 2 BvR 1685/14, 2 BvR 2631/14, Rn. 208; *Herdegen* WM 2012, 1889 (1894); *Ohler,* Bankenaufsicht und Währungsunion, 2015, § 5 Rn. 82 ff.; siehe auch *Gentzsch/Brade* EuR 2019, 602 (606 f.).

der EZB bzw. des ESZB bei der Aufsicht über Banken weder ein primärrechtlicher noch ein verfassungsrechtlicher Imperativ, streitet dies zumindest für eine restriktivere Interpretation der auf Sekundärebene gewährten Unabhängigkeit in dem Sinne, dass jedenfalls eine Rechtsaufsicht nicht vollständig ausgeschlossen sein darf.[210] Das BVerfG, das dies, wie bereits erwähnt, anders sah, musste begründen, warum die „Absenkung des demokratischen Legitimationsniveaus" auch in Aufsichtsfragen auf das „unbedingt Erforderliche" und verfassungsrechtlich damit noch Hinnehmbare beschränkt worden sei; auch dies verband es aber mit dem Postulat eines „Mindestmaßes an demokratischer Rückbindung".[211] Die insoweit attestierten „Einflussknicke" wurden mit Blick darauf als noch hinnehmbar eingestuft, dass weitgehender Rechtsschutz gegen Maßnahmen der EZB im Rahmen des SSM ermöglicht sei und Rechenschafts- und Berichtspflichten gegenüber EU-Organen und nationalen Parlamenten bestünden.[212] Die Unabhängigkeit des im Januar 2011 als Bestandteil des Europäischen Finanzaufsichtssystems (ESFS) bei der EZB eingerichteten Europäischen Ausschusses für Systemrisiken (ESRB), dessen Verwaltungsrat sich mehrheitlich aus den Präsidenten der nationalen Zentralbanken zusammensetzt, ist nur deswegen unbedenklich, weil seine Beschlüsse lediglich empfehlenden Charakter haben.[213]

63 Im **Verhältnis zu Art. 23** wirkt Art. 88 S. 2 als *lex specialis,*[214] der jedoch dessen formelle und materielle Voraussetzungen[215] unberührt lässt.[216] Aus diesem Grunde hatte das „materiell verfassungsändernd" wirkende Zustimmungsgesetz zum Maastricht-Vertrag, das auch den Kompetenzübergang auf die EZB regelte, den Anforderungen des Art. 23 Abs. 1 S. 2 iVm Art. 79 Abs. 2, 3 zu genügen. Bei den seit dem 6. ÄndG vorgenommenen Modifikationen des BBankG handelt es sich idR um Folgemaßnahmen der bereits konsentierten Kompetenzübertragung.

64 Die Beschränkung oder gar Beseitigung der EZB-Unabhängigkeit durch **Änderung der Art. 130 und Art. 282 Abs. 3 S. 3, 4 AEUV** würde die in Art. 88 S. 2 ausgesprochene Gewährleistung derogieren. Das deutsche Zustimmungsgesetz bedürfte wegen Art. 23 Abs. 1 S. 3 jedenfalls der für Verfassungsänderungen erforderlichen Mehrheit des Art. 79 Abs. 2.[217] Umstrit-

[210] Für das verfassungsrechtliche Erfordernis sogar einer Weisungsmöglichkeit *Hahn/Häde,* Währungsrecht, 2. Aufl. 2010, § 12 Rn. 96; *Gramlich,* Bundesbankgesetz/Währungsgesetz/Münzgesetz, 1988, BBankG § 12 Rn. 6, 17; *v. Spindler/Becker/Starke,* Die Deutsche Bundesbank, 4. Aufl. 1973, 266; *Siebelt,* Der juristische Verhaltensspielraum der Zentralbank, 1988, 179 f.; siehe auch *Herdegen* in Maunz/Dürig Rn. 51.

[211] BVerfG Urt. v. 30.7.2019 – 2 BvR 1685/14, 2 BvR 2631/14, Rn. 211, 218; siehe allgemein auch *Groß* JZ 2012, 1087 (1092), sowie – zu den Ermessensspielräumen der EZB im SSM – *Almhofer,* Die Haftung der Europäischen Zentralbank für rechtswidrige Bankenaufsicht, 2018, 212 ff.

[212] BVerfG Urt. v. 30.7.2019 – 2 BvR 1685/14 – 2 BvR 2631/14, Rn. 212 ff.; näher zu diesem Punkt *Ludwigs/Pascher/Sikora* EWS 2020, 1 (4 f.).

[213] Vgl. Art. 6 und 7 VO (EU) Nr. 1092/2010 des Europäischen Parlaments und des Rates vom 24.11.2010 über die Finanzaufsicht der Europäischen Union auf Makroebene und zur Errichtung eines Europäischen Ausschusses für Systemrisiken, ABl. 2010 L 331, 1.

[214] Vgl. *Scholz* NVwZ 1993, 820; *Blanke/Pilz* in MKS Rn. 69; *Heun* in Dreier Rn. 55.

[215] Deren Auslegung kontrovers ist, vgl. *Streinz* in Sachs Art. 23 Rn. 54 ff., 76 ff. mwN.

[216] Vgl. BT-Drs. 12/6000, 6; *Janzen,* Der neue Artikel 88 Satz 2 des Grundgesetzes, 1996, 73 f.; *Pieroth* in Jarass/Pieroth Rn. 4; *Gaitanides* in BerlKomm Rn. 85; *Remmert* in BeckOK GG Rn. 22; *Ohler* in SHH Rn. 2; diffuser BVerfGE 97, 350 (372); *Häde* in BK Rn. 278; aA *Weber,* Die Umsetzung der Bestimmungen über die Europäische Währungsunion in das deutsche Verfassungsrecht, 2000, 463 ff., 467 ff.

[217] So auch *Gaitanides* in BerlKomm Rn. 76.

ten hingegen ist die Erforderlichkeit einer (vorherigen) ausdrücklichen Änderung des Art. 88 S. 2. Einem Teil der Lehre, der darin eine verfassungsrechtlich nicht gebotene, wenngleich wünschenswerte Formsache sieht,[218] ist zu erwidern, dass die Beschneidung der EZB-Unabhängigkeit nicht lediglich eine das „Funktions- und Machtverteilungsgefüge, wie es im Grundgesetz angelegt ist", verändernde „materielle Verfassungsänderung" iSd Art. 23 Abs. 1 S. 3 verkörpern würde. Sinn und Zweck dieser Bestimmung ist, verfassungsrelevante Kompetenzübertragungen Art. 79 Abs. 2, 3 zu unterwerfen, auch wenn (und gerade weil) mangels einer Einwirkung auf die grundgesetzliche Kompetenzverteilung eine förmliche Verfassungsänderung nicht in Frage kommt.[219] Zu weit aber geht der Umkehrschluss, wonach es einer solchen dann niemals bedürfe;[220] ein Widerspruch zwischen Verfassungstext und -inhalt ist nicht hinzunehmen. Aus verfassungsrechtlicher Sicht dürfte Deutschland einer Beschränkung der Unabhängigkeit der EZB insofern nur nach Änderung des Art. 88 S. 2 zustimmen.[221] Findet sich hierfür keine Mehrheit, könnte sich Deutschland zum Rückzug aus der „unumkehrbaren" WWU veranlasst und in letzter Konsequenz auch dem BVerfG verpflichtet sehen (→ Rn. 29).[222] Ein derartiger Rückzug lediglich aus der Währungsunion, die kein „wesensgleiches Minus" der EU-Mitgliedschaft darstellt, kann ohne primärrechtliche Regelung bzw. Änderung der Verträge aber nicht ins Werk gesetzt werden kann.

5. Und dem vorrangigen Ziel der Sicherung der Preisstabilität verpflichtet. Weitere materielle Voraussetzung für die Übertragung von Kompetenzen der Bundesbank auf die EZB war deren Verpflichtung auf das „vorrangige Ziel" der Sicherung der Preisstabilität. Die Erfüllung dieser Verpflichtung wird durch die Unabhängigkeit gesichert, sodass zwischen beiden Übertragungsvoraussetzungen eine **finale Verkettung** hergestellt ist. Die tatsächliche Preisentwicklung in den Staaten der WWU ist nur indirekt eine Voraussetzung für den Übertragungsakt, da die Partizipation an der dritten Stufe der WWU an sie geknüpft ist. **65**

Art. 88 S. 2 dient nur der Sicherung des in Art. 127 Abs. 1 S. 1, Art. 282 **66** Abs. 2 S. 2 AEUV[223] festgesetzten **Primats der Preisstabilität** bei der Aufgabenerfüllung durch die EZB (bzw. das ESZB) und gebietet – ungeachtet der unklaren Formulierung – nicht ihren allgemeinen Vorrang vor anderen Gemeinschaftszielen. Eine den gesamten Vertrag erfassende Grundentscheidung für den Vorrang der Preisstabilität gibt es nicht.[224] Art. 127 Abs. 1 S. 1 und Art. 282 Abs. 2 S. 2 AEUV begrenzen das Vorrangpostulat auf das ESZB, dessen Glieder sich im Übrigen an die wirtschaftlichen Zielvorgaben des Art. 119 AEUV zu halten haben. Über Art. 120 AEUV wird auch die Wirtschaftspolitik der Mitgliedstaaten dem Ziel der Preisstabilität (vgl.

---

[218] Vgl. auch bereits *Thieme* VVDStRL 18 (1960), 50 (55 f.) mwN.

[219] Vgl. BT-Drs. 12/6000, 21; ferner BVerfGE 58, 1 (36) für Art. 24 Abs. 1.

[220] Etwa *Janzen,* Der neue Artikel 88 Satz 2 des Grundgesetzes, 1996, 41; vgl. dagegen *König,* Die Übertragung von Hoheitsrechten, 2000, 92 f.

[221] Ebenso von *Simson/Schwarze,* Europäische Integration und Grundgesetz, 1992, 57; *Gaitanides* in BerlKomm Rn. 76.

[222] BVerfGE 89, 155 (204); vgl. auch BVerfGE 132, 195 (286 f.); siehe aber auch BVerfGE 134, 366, Sondervotum Lübbe-Wolff (Rn. 129 f.).

[223] Nach *Herdegen* CMLR 35 (1998), 9 (21), ist sie eine „Grundnorm" der EU.

[224] *Häde* in Calliess/Ruffert EUV/AEUV, 5. Aufl. 2016, Art. 119 AEUV Rn. 24 mwN; aA wohl *Sodan* NJW 1999, 1521 (1523); *Gaitanides,* Das Recht der Europäischen Zentralbank, 2005, 16.

Art. 119 Abs. 2 AEUV) unterworfen, dem – flankierend – überdies Art. 123 AEUV – Verbot monetärer Haushaltsfinanzierung[225] – sowie Art. 126 Abs. 1 AEUV – Verbot übermäßiger Haushaltsdefizite mit Defizitkontrollverfahren – dienen. Als allgemeiner, auch in Art. 3 Abs. 2 UAbs. 1 S. 2 EUV verankerter Grundsatz des Unionsrechts steht Preisstabilität jedoch in einer Spannungsbeziehung zu anderen dort und in Art. 119 AEUV aufgeführten Prinzipien und nimmt anders als beim ESZB keine Priorität ein.

67 Der Vorrang, welcher dem Ziel der Preisstabilität innerhalb der Aufgabenerfüllung des ESZB eingeräumt ist, relativiert die Pflicht der Zentralbanken zur **Unterstützung der allgemeinen Wirtschaftspolitik** in der Union, die nur besteht, soweit die Unterstützung ohne Beeinträchtigung des Zieles der Preisstabilität möglich ist (Art. 127 Abs. 1 S. 2 AEUV; vgl. für die Bundesbank § 12 S. 2 BBankG).[226] Der Primat der Preisstabilität gilt nicht nur für die Geldpolitik des ESZB, sondern auch für andere Aufgaben, die ihm bzw. der EZB nach den Verträgen obliegen.[227] Sonstige Aufgaben dürfen dem ESZB/der EZB nur übertragen werden, wenn die Ausrichtung auf die Preisstabilität im Bereich der vertraglichen Aufgaben dadurch nicht gefährdet wird. Insoweit geht Art. 282 Abs. 2 S. 2 AEUV dem allgemein gefassten Art. 3 Abs. 3 UAbs. 1 S. 2 EUV vor. Kraft Art. 88 S. 2 darf der Bund keine Entscheidung mittragen, durch welche diese Bindung der EZB an das Ziel der Preisstabilität oder seine Vorrangigkeit beseitigt wird.

68 Die Verpflichtung auf „Preisstabilität" besteht gem. Art. 127 Abs. 1 S. 1 und Art. 282 Abs. 2 S. 2 AEUV **auch für die Bundesbank** und tritt terminologisch klarstellend an die Stelle des allgemeiner gefassten Auftrags zur „Währungssicherung". Als Bestandteil des ESZB partizipiert die Bundesbank nicht nur an der durch Art. 88 S. 2 ausgesprochenen verfassungsrechtlichen Garantie der Unabhängigkeit, sondern auch an der hierdurch festgeschriebenen Stabilitätsaufgabe. Insofern wird die bereits mit ihrer Eigenschaft als „Währungsbank" (Art. 88 S. 1) einhergehende vorrangige Pflicht zur Gewährleistung stabiler Preise (→ Rn. 12) verfassungsrechtlich zusätzlich untermauert. Als allgemeines Staatsziel ist jedoch die Preisstabilität – seit der Föderalismusreform II (2009) mit funktionalem Bezug auf die haushaltsrechtlichen Stabilitätskriterien des Art. 126 Abs. 1, 2 AEUV– in Art. 109 Abs. 2 verankert. Ein stabiles Preisniveau bildet einen der vier Eckpunkte des überkommenen „magischen Vierecks", § 1 Gesetz zur Förderung der Stabilität und des Wachstums der Wirtschaft (StWG).

69 Was das **Verhältnis zwischen Art. 109 Abs. 2 und Art. 88 S. 2** betrifft, lässt der in Art. 88 S. 2 verankerte Primat der Preisstabilität bei der Aufgabenerfüllung der Bundesbank Bedeutung und Tragweite des Art. 109 Abs. 2 unberührt und zeitigt daher für andere Institutionen des Bundes und der Länder keine Wirkung.[228] Eine andere Frage ist, ob umgekehrt die Bundes-

[225] Vgl. *Hattenberger* in Schwarze/Becker/Hatje/Schoo EU-Kommentar, 4. Aufl. 2019, Art. 120 AEUV Rn. 1 ff.

[226] Siehe auch *Schmidt* JZ 2015, 317 (319 f.); *Dutzler* Der Staat 41 (2002), 495 (510), ordnet den Vorrang als lediglich relativen ein.

[227] So auch *Gaitanides* in BerlKomm Rn. 77; aA *Herdegen* in Maunz/Dürig Rn. 37.

[228] Wie hier *Häde* in BK Rn. 269 f.; aA *Herdegen* in Maunz/Dürig Rn. 38; *Ohler* in SHH Rn. 27; vgl. auch *Stern* in Deutsche Bundesbank Fünfzig Jahre Deutsche Mark, 141 (188), der aus Art. 88 S. 1 (Existenz einer Währungsbank) auf eine mittelbare Inpflichtnahme anderer Staatsorgane für die währungspolitischen Ziele und Funktionen schließt; *Weber,* Die Umsetzung der Bestimmungen über die Europäische Währungsunion in das deutsche Verfassungsrecht, 2000, 513.

bank an die Vorgaben des Art. 109 Abs. 2 gebunden sein kann. Prinzipiell besteht Gleichrang zwischen den von Art. 109 Abs. 2 erfassten wirtschafts- und finanzpolitischen Zielen.[229] Die Gegenauffassung, wonach das europäische Primärrecht durch einen auch für die Auslegung des „magischen Vierecks" maßgeblichen Primat der Preisstabilität bestimmt sein soll,[230] dürfte die *rechtliche* Bedeutung dieses Zieles im Gesamtkontext der WWU überzeichnen: Auch nach der Neufassung ist Art. 109 Abs. 2 auf Staatsverschuldung und nicht primär auf Preisstabilität fokussiert. Gleichrang von Stabilitätszielen, wie Art. 109 Abs. 2 ihn demnach voraussetzt, lässt sich mit dem in Art. 88 S. 2 fixierten Vorrang der Preisstabilität jedenfalls nicht in Einklang bringen, weshalb Art. 109 Abs. 2 für die Bundesbank allenfalls mit Einschränkungen (Pflicht zur Beachtung aller Ziele des „Vierecks", vorrangig aber der Preisstabilität) verbindlich werden könnte. Dagegen spricht aber bereits, dass es sich bei Art. 109 Abs. 2 um eine haushaltsrechtliche Vorschrift handelt, wohingegen die Bundesbank keine Haushalts-, sondern Staatsfinanzwirtschaft betreibt.[231] Die budgetäre Zielrichtung des Art. 109 Abs. 2 bleibt auch nach der Streichung des Passus „bei ihrer Haushaltswirtschaft" im verfassungs- und europarechtlichen Kontext der Vorschrift klar ablesbar.[232] Davon abgesehen, verbleiben der Bundesbank nach der Übertragung ihrer geld- und währungspolitischen Befugnisse auf die EZB keine von Art. 88 erfassten Zuständigkeiten nach nationalem Recht, bei denen die gesamtwirtschaftlichen Ziele des Art. 109 Abs. 2 Berücksichtigung erfordern würden.[233] Eine – in diesem Fall unbeschränkte – Bindung der Bundesbank an Art. 109 Abs. 2 im Rahmen der sonstigen Aufgaben (→ Rn. 15 f.) ist dagegen möglich, sofern sie – wie zB bis 2009 die Mitwirkung an der bei der Bundesbank angesiedelten Bundesanstalt für Finanzmarktstabilisierung, die ihrerseits den Finanzmarktstabilisierungsfonds („SoFFin") zur „Bankenrettung" verwaltete[234] – haushaltsrechtliche Bezüge aufweisen. Schon unter der alten Rechtslage konnte im Übrigen aus Art. 88 S. 1 („Währungsbank") und § 3 BBankG für den Bereich gemeiner Zentralbankaufgaben ein Vorrang der Preisstabilität gegenüber den anderen Stabilitätszielen bei der Tätigkeit der Bundesbank abgeleitet werden.[235]

Der Begriff der Preisstabilität ist **eng zu verstehen.**[236] ISd Art. 127 Abs. 1 **70**
S. 1 AEUV und Art. 88 S. 2 bedeutet Preisstabilität allein die Stabilität des Binnenwertes der Gemeinschaftswährung.[237] Die Außenwert- bzw. Wechselkursstabilität ist nicht eingeschlossen.[238] Zwar steht der Bundesbank und der

---

229 Vgl. nur *Gaitanides* in BerlKomm Rn. 86.

230 Für eine Modifikation des Art. 109 Abs. 2 durch allgemeinen Vorrang der Preisstabilität im Europarecht – *Badura* FS f. Stern, 1997, 409 (419); *Sodan* NJW 1999, 1521 (1523).

231 *Gaitanides* in BerlKomm Rn. 86; iE auch *Weikart* NVwZ 1993, 834 (841); aA *Kirchhof* FS f. Klein, 1994, 61 (65); *Brosius-Gersdorf,* Deutsche Bundesbank und Demokratieprinzip, 1997, 213.

232 Beschlüsse der Kommission von Bundestag und Bundesrat zur Modernisierung der Bund-Länder-Finanzbeziehungen v. 5.3.2009, Kommissions-Drs. 174, S. 40 f.

233 *Rodi* in BK Art. 109 Rn. 161.

234 Grundlage war das Finanzmarktstabilisierungsgesetz (FMStG) v. 17.10.2008 (BGBl. 2008 I 1982).

235 Vgl. *Hahn/Häde* in BK Rn. 268 ff. mwN; *Stern,* StaatsR II, 1980, § 35 Kap. III 1.

236 Etwas anders (teleologische Reduktion) noch *Kämmerer* in v. Münch/Kunig, 6. Aufl. 2012, Rn. 35.

237 Vgl. *Griller* in Grabitz/Hilf/Nettesheim Das Recht der Europäischen Union, 65. EL 2018, Art. 127 AEUV Rn. 17; *Ohler* in SHH Rn. 25.

238 *Selmayr* WM 1999, 2429 (2431) mwN; *Blanke/Pilz* in MKS Rn. 65; *Gaitanides* in BerlKomm Rn. 80.

EZB die Möglichkeit der Einflussnahme auf die Wechselkurse (insbes. durch Deviseninterventionen) offen. Mit der Fixierung der Wechselkurse zwischen dem Euro und anderen Währungen ist die EZB aber nicht betraut; sie ist gem. Art. 219 Abs. 1 AEUV Aufgabe des (Minister-)Rates. Soweit die Wechselkurse frei „floaten", stellt dieser „allgemeine Orientierungen" für die Wechselkurspolitik auf. Die Unabhängigkeit der – auf Konsultativbefugnisse beschränkten (Art. 219 Abs. 1 UAbs. 2, Abs. 2, 3 AEUV) – EZB wird hierdurch nicht beeinträchtigt.[239] Der Gegenschluss aus Art. 219 Abs. 3 AEUV, der vom Rat getroffene internationale Währungsvereinbarungen auch für die EZB für bindend erklärt, legt nahe, dass allgemeine Orientierungen keine Bindungswirkung entfalten sollen.[240] Auch die unwiderrufliche und dauerhafte Festlegung der Wechselkurse unter den in den Euro eingegangenen Währungen zum 1.1.1999 erfolgte durch den Rat, Art. 123 Abs. 4 S. 1 EG. Unter allen diesen Umständen, die dem verfassungsändernden Gesetzgeber bekannt waren, ist das restriktive, nur auf den Binnenwert bezogene, gemeinschaftsrechtliche Verständnis des Begriffes der Preisstabilität auch für Art. 88 S. 2 maßgeblich.

71 Umstritten ist, ob Preisstabilität **statisch** aufzufassen ist, also nur bei einem absolut gesetzten Maximalwert besteht, oder ob es sich um eine **dynamische** Größe handelt, die von anderen wirtschaftlichen Faktoren mitbestimmt wird. Ein Teil der Lehre leitet va aus der praktischen Notwendigkeit flexiblen Handelns der EZB einen dynamischen bzw. relativen Stabilitätsbegriff ab.[241] Ein solches relatives Verständnis liegt zwar offenkundig Art. 140 Abs. 1 S. 3 Spstr. 1 AEUV zugrunde („hoher Grad an Preisstabilität", gemessen an der Inflationsrate der Mitgliedstaaten mit der höchsten Preisstabilität);[242] indes erschöpft sich die Bedeutung der Bestimmung in der Eröffnung des Zugangs zur „Euro-Zone".[243] Für die Deutung der Preisstabilität als absolute Größe wird insbes. angeführt, dass die durch Art. 127 Abs. 1 S. 1 und Art. 282 Abs. 2 S. 3 AEUV angeordnete Vorrangigkeit der Preisstabilität vor anderen wirtschafts- und finanzpolitischen Zielen begriffslogisch keine Relativierung des Stabilitätsniveaus durch solche Ziele zulasse.[244] Diese Erwägung wird namentlich von jenen geteilt, die absolute Preisstabilität mit einer Quasi-Nullinflation gleichsetzen;[245] dann könnte die EZB, wenn sie eine auch nur minimale Inflationsrate als effektives Ziel anpeilt, ihre Pflicht verletzen, Preisstabilität anzustreben. Ferner wird teilweise angeführt, ein relatives Verständnis von Preisstabilität würde unweigerlich zu einem Glaubwürdigkeitsverlust aufseiten der EZB führen.[246]

---

[239] Vgl. *Heun* JZ 1998, 866 (875).

[240] Vgl. *Hahn* BayVBl. 1999, 741 (743 f.).

[241] *Nicolaysen,* Rechtsfragen der Währungsunion, 1993, 39 f.; *Janzen,* Der neue Artikel 88 Satz 2 des Grundgesetzes, 1996, 158 f.; ferner auch *Potacs* in Schwarze/Becker/Hatje/Schoo EU-Kommentar, 4. Aufl. 2019, Art. 127 AEUV Rn. 5 ff.; *Kempen* in Streinz EUV/AEUV, 3. Aufl. 2018, Art. 127 AEUV Rn. 3.

[242] *Horn* ZBB 1997, 314 (315); *Palm* in Grabitz/Hilf/Nettesheim Das Recht der Europäischen Union, 65. EL 2018, Art. 140 AEUV Rn. 21.

[243] AA *Selmayr* WM 1999, 2429 (2432), wonach dieser „Inflationskorridor" auch für die EZB maßgeblich sein soll.

[244] *Endler,* Europäische Zentralbank und Preisstabilität, 1998, 394; *Herdegen* in Maunz/Dürig Rn. 31; ähnlich *Schütz* EuR 2001, 291 (298); *Blanke/Pilz* in MKS Rn. 71 konstatieren mögliche Zielkonflikte von Preis- und Finanzstabilität.

[245] Etwa *Herdegen* in Maunz/Dürig Rn. 31, 33; siehe auch *Koch* in Lenz/Borchardt EU-Verträge, 6. Aufl. 2012, Art. 127 AEUV Rn. 2 f.

[246] Insbes. *Manger-Nestler,* Par(s) inter pares?, 2008, 176; *Endler,* Europäische Zentralbank und Preisstabilität, 1998, 395.

Die praktische Bedeutung der Streitigkeit ist begrenzt. Da der Geldwert nicht allein von der Geldpolitik der Zentralbank abhängt, ist sie für Geldwertverluste nicht schlechterdings verfassungsrechtlich verantwortlich. Überdies muss dem ESZB eine Einschätzungsprärogative darüber, wie es zu Preisstabilität gelangen will, zugestanden werden.[247] Wenn beispielsweise zur Stärkung der Wirtschaft vorübergehend Inflationsraten bis zu mittleren einstelligen Werten in Kauf genommen oder gar angestrebt werden (wie bei der in der Vergangenheit von zahlreichen Notenbanken verfolgten „Strategie des direkten Inflationsziels", zumindest mittelbar aber auch bei der Geldmengenstrategie mit monetärem Zwischenziel der Bundesbank[248]), ist dies so lange nicht zu beanstanden, wie derartige Maßnahmen auf mittlere Sicht der Preisstabilität zugutekommen können.[249] **72**

Die EZB hat ihrer Verpflichtung, für Preisstabilität zu sorgen, nach alledem also bereits genügt, wenn innerhalb des ESZB alle erforderlichen und vertretbaren Maßnahmen zur Dämpfung der Inflation ergriffen worden sind.[250] Die Vorgaben des EZB-Rates folgen Praktikabilitätserwägungen und genügen insofern diesem Erfordernis: Er definiert Preisstabilität als einen „Anstieg des harmonisierten Verbraucherpreisindexes (HVPI) für das Euro-Währungsgebiet von unter 2 % gegenüber dem Vorjahr" bzw. **unter, aber „nahe 2 %";** anzustreben sei sie auf mittlere Sicht.[251] Diese Zielsetzung, die Deflation gänzlich ausschließt, steht im Einklang mit der bisherigen Praxis der meisten Zentralbanken der Euro-Zone.[252] Mit der Definition eines „Stabilitätskorridors" wendet sich die EZB sowohl gegen die Gleichsetzung von Preisstabilität und Nullinflation als auch im Grundsatz gegen eine relative Deutung des Begriffs. Zugleich werden statistische Ungenauigkeiten und Ungewissheit über einfließende Daten bei der Feststellung des HVPI einkalkuliert[253] und Rücksicht auf die potenziell preistreibende Wirkung von Innovationen genommen. **73**

---

[247] Vgl. *Roth* EuR-Beiheft 1/1994, 45 (69); ähnlich *Griller* in Grabitz/Hilf/Nettesheim Das Recht der Europäischen Union, 65. EL 2018, Art. 127 AEUV Rn. 26 ff.; so iErg *Endler,* Europäische Zentralbank und Preisstabilität, 1998, 396.

[248] Vgl. *Jarchow* FS f. Kuhn, 1998, 23 (28 f.).

[249] So iErg auch *Roth* EuR-Beiheft 1/1994, 45; krit. zur Rechtslage unter § 3 BBankG aF, wonach ein „gewisser Grad an Inflation" durch Notenbankgesetze „geradezu vorprogrammiert" sei, *v. Schelling* ZRP 1999, 138 (139).

[250] *Kempen* in Streinz EUV/AEUV, 3. Aufl. 2018, Art. 127 AEUV Rn. 4; aA *Endler,* Europäische Zentralbank und Preisstabilität, 1998, 399: Preisstabilität sei dauerhaft aufrechtzuerhalten.

[251] *EZB,* Monatsbericht Januar 1999, 50 ff.; *EZB,* Monatsbericht, 10 Jahre EZB, 2008, 37; dazu *Schill/van Riet* JbEI 1998/99, 99 (101); krit. hierzu *Svensson,* Briefing Paper for ECON, Mai 2003. Der EZB-Rat hat seine Definition am 2003 dahingehend präzisiert, es sei eine „Preissteigerungsrate nahe 2 % beizubehalten", vgl. Pressemitteilung v. 8.5.2003; vgl. zum Auslegungsspielraum der EZB *Griller* in Grabitz/Hilf/Nettesheim Das Recht der Europäischen Union, 65. EL 2018, Art. 127 AEUV Rn. 22 ff.

[252] *EZB,* Monatsbericht Januar 1999, 51; vgl. auch Stellungnahme der Bundesbank BFHE 89, 422 (426 f.): keine Geldwertverminderung bis 1 % Inflation, Erhöhung des Verbraucherpreisindexes bis 2 % nur Indiz für Geldwertverlust (grds. zust. *Weber,* Die Umsetzung der Bestimmungen über die Europäische Währungsunion in das deutsche Verfassungsrecht, 2000, 531); zur – str. – Bewertung von Deflation *Stadler,* Der rechtliche Handlungsspielraum des Europäischen Systems der Zentralbanken, 1996, 104 mwN in Fn. 30; *v. Schelling* WM 1976, 782 (788).

[253] Vgl. *EZB,* Monatsbericht Januar 1999, 51.

C. Verhältnis zu anderen Bestimmungen des Grundgesetzes

74 Art. 88 S. 2 Hs. 2 „modifiziert" mit der Unabhängigkeitsgarantie für die EZB das in Art. 23 Abs. 1 i. V. m. Art. 20 Abs. 1, 2 für die Kompetenzübertragung auf die EU und für die Wahrnehmung auf die EU übertragener Kompetenzen geltende **Demokratieprinzip** (→ Rn. 59 ff.; Art. 20 Rn. 119 f.) In Relation zur allgemeinen „Integrations-„ bzw. „Struktursicherungsklausel" des Art. 23 wirkt Art. 88 auch im Übrigen als *lex specialis,* lässt die von Art. 23 Abs. 1 aufgestellten formellen und materiellen Voraussetzungen für die Übertragung von Befugnissen auf die EU bzw. EG jedoch unberührt (→ Rn. 61). Keine Spezialität besteht im Verhältnis zu Art. 109 Abs. 2, der auf die Bundesbank insoweit nicht anwendbar ist (→ Rn. 67).

75 Die vorrangige Verpflichtung von Bundesbank und EZB, Preisstabilität zu wahren, kommt mittelbar auch dem **Grundrechtsschutz,** insbes. dem des Geld- und Sacheigentums (Art. 14 Abs. 1 S. 1) als Grundlage eigenverantwortlicher Lebensgestaltung zugute. Das BVerfG hat zwar die Begründung der Wirtschafts- und Währungsunion als „Stabilitätsgemeinschaft" auch an Art. 14 Abs. 1 S. 2 überprüft, da der Währungswechsel den Inhalt des Geldeigentums betreffe, und diese Maßnahmen im Ergebnis – prognostisch – als einen Beitrag zur objektiv-rechtlichen Sicherung des Geldwertes gewürdigt.[254] Es wendet sich jedoch gegen die Deutung des Art. 14 Abs. 1 als Individualrecht auf Geldwertstabilität mit der Begründung, der Geldwert sei „in besonderem Maße gemeinschaftsbezogen und gemeinschaftsabhängig" und könne, anders als die institutionelle Grundlage, individuelle Zuordnung und Verfügbarkeit des Geldes, durch den Staat nicht garantiert werden.[255] Hiergegen lässt sich zwar erinnern, dass die Einbeziehung des Geldwertes in den Schutzbereich des Eigentums nicht von seiner Fähigkeit abhängen kann, ihn zu gewährleisten.[256] Doch auch dann wird den Zentralbanken eine Verletzung des Eigentumsgrundrechts (die überdies an europäischen Grundrechten gemessen werden müsste) aufgrund diffuser Kausalitätsstränge sowie angesichts konkurrierender Zielvorgaben und weiter Einschätzungsprärogativen praktisch nie angelastet werden können.[257] Mit dem Anliegen, Einkommensbezieher, besonders solche ohne Sachvermögen, vor Geldentwertung zu schützen, wird immerhin auch eine Brücke zum Sozialstaatsprinzip geschlagen.[258]

D. Kritische Würdigung

76 Das Bemühen Deutschlands um Stabilität der Unionswährung hat dazu beigetragen, dass die EZB und ihre Befugnisse, insbes. aber ihre unabhängige

---

[254] BVerfGE 97, 350 (376).

[255] BVerfGE 105, 17 (30); 97, 350 (370 f.); vgl. auch *Kirchhof* FS f. Klein, 1994, 81; *Seidel* FS f. Börner, 1992, 417 (418); *Weikart,* Geldwert und Eigentumsgarantie, 1993; *Kämmerer* FS f. Stern, 2012, 1419 (1429 ff.).

[256] Krit. insbes. *Herrmann,* Währungshoheit, Währungsverfassung und subjektive Rechte, 2010, 345 ff. mwN; siehe auch *Pagenkopf* NVwZ 2011, 1473 (1475 f.).

[257] Eingehend *Häde,* WM 2008, 1717 (1721 ff.); wie hier auch *Forkel* ZRP 2011, 140, der insoweit allerdings den in Art. 3 Abs. 1 verankerten Grundsatz der Besteuerungsgleichheit in Anschlag bringen möchte.

[258] Vgl. *Sodan* NJW 1999, 1521 (1522).

Stellung, weitgehend nach dem Modell der Bundesbank gestaltet wurden. Mit der – ungewöhnlichen – grundgesetzlichen Gewährleistung der einschlägigen gemeinschaftsrechtlichen Vorgaben in Art. 88 S. 2 sucht der Verfassungsgesetzgeber das auf Gemeinschaftsebene „exportierte" Modell verfassungsrechtlich rückzuversichern. **Art. 88 S. 1** ist als institutionelle Gewährleistung zugunsten der Bundesbank **praktisch obsolet** geworden.

Rechtspolitische Bedenken gegen Art. 88 S. 2 wurzeln darin, dass die **77** einseitige verfassungsrechtliche Fixierung auf die Sicherung europäischer Preisstabilität den wirtschafts- und finanzpolitischen Kontext der Geldwertsicherung ausblendet.[259] Die Bestimmung spiegelt insofern das **strukturelle Manko einer unfertigen WWU,** die im Gegensatz zur weitgehend vergemeinschafteten Währungspolitik eine gemeinsame Wirtschaftspolitik nur in Ansätzen kennt, woran auch der Lissabonner Vertrag (Art. 119 ff. AEUV) nichts Grundlegendes änderte. Finanz- und Staatsschuldenkrisen seit 2008 haben dieses Manko verdeutlicht. Um die WWU zu stabilisieren, flankierte die Union die Geldpolitik der EZB durch institutionelle und materiellrechtliche Mechanismen, die jedoch mit Ausnahme des ESM (Änderung des Art. 136 AEUV) durch Sekundärrechtsakte begründet wurden. Inwieweit der Union hierfür die Kompetenz zustand, ist umstritten.[260] Dies gilt auch für die Übertragung weiter Bereiche der Bankenaufsicht auf die EZB, die auf Art. 127 Abs 6 AEUV und damit eine Ermächtigung gestützt wurde, die für eine solche umfassende Kompetenzverschiebung nicht geschaffen ist.[261]

Der Mangel an tatsächlicher Konvergenz zwischen den Mitgliedstaaten **78** veranlasste auch die EZB zu einer **Flexibilisierung ihres Instrumentariums,** die eine Akzeptanz- und Legitimationskrise zur Folge hatte. Das Fehlen einer wirklichen „Fiskalunion" veranlasste die EZB im Kampf gegen die Schuldenkrise, zur Sicherung ua der Liquidität der Finanzmärkte selbst unkonventionelle Maßnahmen zu ergreifen – insbes. Erwerb von Staatsanleihen mit niedriger Bonität –, was ihr rechtliche Kritik und politische Zweifel an ihrer Unabhängigkeit eintrug.[262] Maßnahmen der EZB sind wiederholt dem BVerfG zur Ultra-vires-Prüfung und Identitätskontrolle unterbreitet worden.[263] Spätestens seitdem das BVerfG im Mai 2020 erstmals ein von der EZB beschlossenes Ankaufprogramm für kompetenzwidrig erklärt und der Bundesbank die weitere Mitwirkung an diesen Maßnahmen für den Fall untersagte, dass die von ihm geforderten Korrekturen unterblieben (→ Rn. 42), markiert Art. 88 eine Bruchstelle im Staaten- und Verfassungsverbund zwischen Union und Deutschland als Mitgliedstaat sowie im Kooperationsverhältnis zwischen EuGH und BVerfG. Deutlich wird insbes. nach den disruptiven Ereignissen der Jahre 2008 (Finanzkrise) und 2020 (Corona-Krise) jedoch auch, dass die EZB in einem disparateren und volatileren Umfeld als zuvor die Bundesbank agiert und dass das unionale Kompetenzgefüge mit

---

[259] Eingehende Diskussion bei *Hasse* in Hasse/Schenk/v. Czege Herausforderungen der Europäischen Währungsunion, 35.

[260] Siehe *Calliess/Schoenfleisch* JZ 2015, 113 (120) (zum Einheitlichen Abwicklungsmechanismus); zur streitigen Frage, ob Kompetenzen von Unionsagenturen auch dann noch auf Art. 114 AEUV gestützt werden können, wenn sie originäre Befugnisse gegenüber Dritten statuieren, siehe nur *Korte* in Calliess/Ruffert EUV/AEUV, 5. Aufl. 2016, Art. 114 AEUV Rn. 25.

[261] Vgl. *Kämmerer* NVwZ 2013, 830 (833 ff.); *Mayer/Kollmeyer* DVBl 2013, 1158 (1159).

[262] Kritik etwa bei *Schmidt* JZ 2015, 317 (323, 327); aA *Herrmann* EuZW 2012, 805 (810 f.); *Simon* EuR 2015, 107 (128 ff.); *Steinbach* NVwZ 2013, 918 (920 f.).

[263] BVerfGE 134, 366; 142, 123; 146, 216.

dem deutschen nur bedingt korrespondiert. Auch wenn nach Art. 88 S. 2 die auf die EZB übertragenen Kompetenzen diejenigen der Bundesbank sind, müssen diese Befugnisse dynamisch angepasst und entwickelt werden. Die simple Fortführung des „Modells Bundesbank" ist, selbst wenn sie dem Verfassungsgesetzgeber ursprünglich vorgeschwebt haben sollte, im heutigen europäischen Umfeld, angesichts globalisierter Finanzmärkte und vor dem Hintergrund schwerwiegender gesamtwirtschaftlicher und gesamtgesellschaftlicher Krisen nicht möglich.[264]

Literatur

M. Almhofer, Die Haftung der Europäischen Zentralbank für rechtswidrige Bankenaufsicht, 2018. – ***I. Baur,*** Die Haftung der Europäischen Zentralbank, 2001. – ***F. Becker,*** Die Reform der Finanzmarktaufsicht – Verfassungsrechtliche Vorgaben für eine Neuordnung der Bankenaufsicht, DÖV 2010, 909. – ***H. Berger/K.Rübsamen,*** Bundesbankgesetz, 2. Aufl. 2014. – ***J. Beutel,*** Differenzierte Integration in der Europäischen Wirtschafts- und Währungsunion, 2006. – ***K. v. Bonin,*** Zentralbanken zwischen funktioneller Unabhängigkeit und politischer Autonomie, 1978. – ***R. v. Borries,*** Die Europäische Zentralbank als Gemeinschaftsinstitution, ZEuS 1999, 281. – ***F. Brosius-Gersdorf,*** Deutsche Bundesbank und Demokratieprinzip, 1997. – ***Deutsche Bundesbank,*** Die Geldpolitik der Bundesbank, Oktober 1995. – ***Deutsche Bundesbank*** (Hrsg.), Fünfzig Jahre Deutsche Mark. Notenbank und Währung in Deutschland seit 1948, 1998. – ***B. Dutzler,*** Der Status des ESZB aus demokratietheoretischer Sicht, Der Staat 41 (2002), 495. – ***J. Endler,*** Europäische Zentralbank und Preisstabilität, 1998. – ***Europäische Zentralbank,*** Die einheitliche Geldpolitik in Stufe 3. Allgemeine Regelungen für die geldpolitischen Instrumente und Verfahren des ESZB, September 1998. – ***C. P. Fichtmüller,*** Zulässigkeit ministerialfreien Raums in der Bundesverwaltung, AöR 91 (1966), 297. – ***H.-W. Forkel,*** Staatsschuldenkrise, Geldentwertung, Grundgesetz: Gibt es einen Grundrechtsschutz gegen staatlich herbeigeführte Inflation?, ZRP 2011, 140. – ***A. S. Gaiser,*** Gerichtliche Kontrolle im Europäischen System der Zentralbanken, EuR 2002, 517. – ***C. Gaitanides,*** Das Recht der Europäischen Zentralbank, 2005. – ***G. Galahn,*** Die Deutsche Bundesbank im Prozess der europäischen Währungsintegration – Rechtliche und währungspolitische Fragen aus deutscher Sicht, 1996. – ***J. Geerlings,*** Die neue Rolle der Bundesbank im Europäischen System der Zentralbanken, DÖV 2003, 322. – ***M. Gentzsch/A. Brade,*** Die Bankenunion vor dem Bundesverfassungsgericht. Neue Impulse für grundlegende Fragestellungen des Verfassungs- und Unionsrechts, EuR 2019, 602. – ***H. Goetze,*** Die Tätigkeit der nationalen Zentralbanken in der Wirtschafts- und Währungsunion, 1999. – ***Th. Groß,*** Unabhängige EU-Agenturen – eine Gefahr für die Demokratie?, JZ 2012, 1087. – ***U. Häde,*** Bankenaufsicht und Grundgesetz, JZ 2001, 105. – ***U. Häde,*** Zur Abberufung von Vorstandsmitgliedern der Deutschen Bundesbank, WM 2005, 205. – ***U. Häde,*** Der verfassungsrechtliche Schutz des Geldwertes, WM 2008, 1717. – ***H. Ch. Hafke,*** Einige rechtliche Anmerkungen zur Praxis der Autonomie im System der Europäischen Zentralbanken, FS f. Kümpel, 2003, 185 – ***H.J. Hahn,*** Die Deutsche Bundesbank im Verfassungsrecht, BayVBl. 1982, 33/70. – ***H.J. Hahn,*** Der Stabilitätspakt für die Europäische Währungsunion, JZ 1997, 1133. – ***H.J. Hahn/U. Häde,*** Die Zentralbank vor Gericht. Rechtsschutz und Haftung in der Europäischen Wirtschafts- und Währungsunion, ZHR 2001, 30. – ***H.J. Hahn/U. Häde,*** Währungsrecht, 2. Aufl. 2010. – ***H.J. Hahn/J. Siebelt,*** Zur Autonomie einer künftigen Europäischen Zentralbank, DÖV 1989, 233. – ***D. Hanschel,*** Der Rechtsrahmen für den Beitritt, Austritt und Ausschluss zu bzw. aus der Europäischen Union und Währungsunion, NVwZ 2012, 995.– ***R. H. Hasse,*** Verknüpfung von politischer Union und WWU oder wieviel politische Union braucht eine WWU?, in Hasse/Schenk/von Czege, Herausforderungen der Europäischen Währungsunion, 1999, 35. – ***T. S. Heller,*** Gewinn und

[264] Vgl. schon *Palm,* Preisstabilität in der Europäischen Wirtschafts- und Währungsunion, 2000, 183 ff.

Verlust der Bundesbank, 2019. – ***M. Herdegen,*** Bundesbank und Bankenaufsicht: Verfassungsrechtliche Fragen, WM 2000, 2121. – ***M. Herdegen,*** Europäische Bankenunion: Wege zu einer einheitlichen Bankenaufsicht, WM 2012, 1889. – ***C. Herrmann,*** Währungshoheit, Währungsverfassung und subjektive Rechte, 2010. – ***C. Herrmann,*** Die Bewältigung der Euro-Staatsschulden-Krise an den Grenzen des deutschen und europäischen Währungsverfassungsrechts, EuZW 2012, 805. – ***Ch. Hettinger,*** Die Rechtskontrolle der Geldpolitik der Europäischen Zentralbank in der Eurokrise, 2019. – ***W. Heun,*** Die Europäische Zentralbank in der Europäischen Währungsunion, JZ 1998, 866. – ***R. Hirdina,*** Verfassungsrechtliche Aspekte zur Funktion einer reformierten Bundesbank bei der Allfinanzaufsicht, BKR 2001, 135. – ***D. Janzen,*** Der neue Artikel 88 Satz 2 des Grundgesetzes, 1996. – ***H.-J. Jarchow,*** Von der Deutschen Bundesbank zur Europäischen Zentralbank, FS f. Kuhn, 1998, 23. – ***J. A. Kämmerer,*** Die EZB als Hüterin der Gemeinschaftswährung, in W. März, An den Grenzen des Rechts, 2003, 79. – ***J. A. Kämmerer,*** Preisstabilität und Grundrechtsschutz: Randnotizen zur europäischen Staatsschuldenkrise, FS f. Stern zum 80. Geburtstag, 2012, 1419. – ***J. A. Kämmerer,*** Bahn frei der Bankenunion?, NVwZ 2013, 830. – ***W. Kilb,*** Rechtsgrundlagen des Euro, JuS 1999, 10. – ***P. Kirchhof,*** Die Mitwirkung Deutschlands an der Wirtschafts- und Währungsunion, FS f. Klein, 1994, 61. – ***E. Klein,*** Die verfassungsrechtliche Problematik des ministerialfreien Raumes, 1974. – ***L. Lammers,*** Die Politik der EZB an den Grenzen ihres Mandats?, EuZW 2015, 212. – ***K. Liebscher,*** Stabilitätsauftrag und Zentralbankunabhängigkeit, in D. B. Simmert/E. Welteke, Die Europäische Zentralbank, 1999, 71. – ***J.-V. Louis,*** A Legal and Institutional Approach for Building a Monetary Union, CMLR 35 (1998), 33. – ***M. Ludwigs/T. Pascher/P. Sikora,*** Das Bankenunion-Urteil als judikativer Kraftakt des BVerfG – Wegweisendes zu Kontrollvorbehalten und Europäischem Verwaltungsrecht (Teil I), EWS 2020, 1. – ***C. Manger-Nestler,*** Par(s) inter pares? – Die Bundesbank als nationale Zentralbank im Europäischen System der Zentralbanken, 2008. – ***C. Manger-Nestler,*** Die Rolle der Bundesbank im Gefüge des ESZB, EuR 2008, 577. – ***F. C. Mayer/D. Kollmeyer,*** Sinnlose Gesetzgebung? Die Europäische Bankenunion im Bundestag, DVBl. 2013, 1158. – ***S. Mee,*** Central Bank Independence and the Legacy of the German Past, 2019. – ***Ch. Möllers,*** Transnationale Behördenkooperation – Verfassungs- und völkerrechtliche Probleme transnationaler administrativer Standardsetzung, ZaöRV 2005, 351. – ***B. Nagel,*** Wirtschaftsrecht der Europäischen Union, 2003. – ***M. Nettesheim,*** Das PSPP-Urteil des BVerfG – ein Angriff auf die EU?, NJW 2020, 1631. – ***G. Nicolaysen,*** Rechtsfragen der Währungsunion, 1993. – ***C. Nestler,*** Stellung der Bundesbank in der europäischen Integration – Vom Bretton-Woods-System zur Europäischen Währungsunion, WM 2001, 2425. – ***Ch. Ohler,*** Bankenaufsicht und Geldpolitik in der Währungsunion, 2015. – ***M. Pagenkopf,*** Schirmt das BVerfG vor Rettungsschirmen?, NVwZ 2011, 1473. – ***S. Pilz,*** Ein Schatzamt für die Eurozone?, EuZW 2017, 637. – ***M. Potacs,*** Nationale Zentralbanken in der Wirtschafts- und Währungsunion, EuR 1993, 23. – ***M. Potacs,*** Die Europäische Wirtschafts- und Währungsunion und das Solidaritätsprinzip, EuR 2013, 133. – ***W.-H. Roth,*** Der rechtliche Rahmen der Wirtschafts- und Währungsunion, EuR-Beiheft 1/1994, 45. – ***C.-Th. Samm,*** Die Stellung der Deutschen Bundesbank im Verfassungsgefüge, 1967. – ***C.-Th. Samm,*** Verfassungsgarantierte Bundesbankautonomie, WM Beil. 5/1984. – ***D. Schefold,*** Zwischen Preisstabilität und gesamtwirtschaftlichem Gleichgewicht, FS f. Stein, 2002, 201. – ***F. W. v. Schelling,*** Verpflichtung der Bundesbank zur Preisstabilität, ZRP 1976, 138. – ***R. Schmidt,*** Geld und Währung, in Isensee/Kirchhof HdbStR V § 117. – ***R. Schmidt,*** Die entfesselte EZB, JZ 2015, 317. – ***R. Scholz,*** Europäische Union und Verfassungsreform, NJW 1993, 1690. – ***C. Schütz,*** Die Legitimation der Europäischen Zentralbank zur Rechtsetzung, EuR 2001, 291. – ***M. Seidel,*** Probleme der Verfassung der Europäischen Gemeinschaft als Wirtschafts- und Währungsunion, FS f. Börner, 1992, 417. – ***M. Seidel,*** Im Kompetenzkonflikt: Europäisches System der Zentralbanken (ESZB) versus EZB, EuZW 2000, 552. – ***Ch. Seiler,*** Das Europäische System der Zentralbanken (ESZB) als Verantwortungsverbund, EuR 2004, 52. – ***M. Selmayr,*** Die Wirtschafts- und Währungsunion als Rechtsgemeinschaft, AöR 124 (1999), 357. – ***M. Selmayr,*** Wie unabhängig ist die Europäische Zentralbank?, WM 1999, 2429. –

M. Selmayr, Das Recht der Wirtschafts- und Währungsunion, Bd. I, 2002. – ***J. Siebelt,*** Der juristische Verhaltensspielraum der Zentralbank, 1988. – ***H. Siekmann,*** Die Einstandspflicht der Bundesrepublik Deutschland für die deutsche Bundesbank und die europäische Zentralbank, in FS f. Baums, Bd.2, 2017, 1145. – ***S. Simon,*** „Whatever it takes“: Selbsterfüllende Prophezeiung am Rande des Unionsrechts?, EuR 2015, 107. – ***R. Smits,*** The European Central Bank, 1997. – ***H. Sodan,*** Die funktionelle Unabhängigkeit der Zentralbanken, NJW 1999, 1521.– ***J. v. Spindler/ W. Becker/O.-E. Starke,*** Die Deutsche Bundesbank, 4. Aufl. 1973. – ***R. Stadler,*** Der rechtliche Handlungsspielraum des Europäischen Systems der Zentralbanken, 1996. – ***J. Stark,*** Notenbankunabhängigkeit in der Wirtschafts- und Währungsunion, WM 1999, 125. – ***O.-E. Starke,*** Das Gesetz über die Deutsche Bundesbank und seine wichtigsten öffentlich-rechtlichen Probleme, DÖV 1957, 606. – ***A. Steinbach,*** Die Rechtmäßigkeit der Anleihekäufe der Europäischen Zentralbank, NVwZ 2013, 918. – ***A. Steinbach,*** Die EZB-Krisenpolitik nach dem OMT-Urteil des Bundesverfassungsgerichts, JZ 2016, 1045. – ***D. Studt,*** Rechtsfragen einer europäischen Zentralbank, 1993. – ***C.-L. Thiele,*** Die (Rolle der) Bundesbank in der Finanzkrise, in W. F. Ebke/ Ch. Seagon/M. Blatz, Unternehmensrestrukturierung im Umbruch?!, 2017, 33. – ***D. Thym,*** Euro-Rettungsschirm: zwischenstaatliche Rechtskonstruktion und verfassungsgerichtliche Kontrolle, EuZW 2011, 167. – ***T. Tschekuschina,*** Rechtliche Aspekte der geldpolitischen Instrumente des Europäischen Systems der Zentralbanken, 2008. – ***D. Uhlenbruck,*** Die verfassungsmäßige Unabhängigkeit der Deutschen Bundesbank und ihre Grenzen, 1968. – ***A. Weber,*** Die Wirtschafts- und Währungsunion nach dem Maastricht-Urteil des BVerfG, JZ 1994, 53. – ***L. B. Weber,*** Die Umsetzung der Bestimmungen über die Europäische Währungsunion in das deutsche Verfassungsrecht, 2000. – ***M. Weber,*** Die Kompetenzverteilung im Europäischen System der Zentralbanken bei der Festlegung und Durchführung der Geldpolitik, 1995. – ***Th. Weikart,*** Die Änderung des Bundesbank-Artikels im Grundgesetz im Hinblick auf den Vertrag von Maastricht. Entstehen und Rechtswirkungen einer reformierten Norm, NVwZ 1993, 834. – ***S. Weinbörner,*** Die Stellung der Europäischen Zentralbank (EZB) und der nationalen Zentralbanken in der Wirtschafts- und Währungsunion nach dem Vertrag von Maastricht, 1998. – ***B. Wolfers/T. Voland,*** Europäische Zentralbank und Bankenaufsicht – Rechtsgrundlage und demokratische Kontrolle des Single Supervisory Mechanism, BKR 2014, 177. – ***G. Zagouras,*** EU-Bankenunion, in Schimansky/Bunte/Lwowski, Bankrechts-Handbuch, 5. Aufl. 2017. – ***C. Zilioli/ M. Selmayr,*** The Constitutional Status of the European Central Bank, 44 CMLR (2007), 355. – ***C. Zilioli/M. Selmayr,*** The Law of the European Central Bank, 2001. – ***C. Zilioli/M. Selmayr,*** The European Central Bank: An Independent Specialized Organization of Community Law, 37 CMLR (2000), 591. – ***C. Zilioli/M. Selmayr,*** The European Central Bank, its System and its Law, YEL 1999–2000, 347. – ***B. Zimmermann,*** Die nationalen Zentralbanken als Bestandteile des Europäischen Systems der Zentralbanken, 2000.

Art. 89 [Bundeswasserstraßen, Schifffahrtsverwaltung]

(1) Der Bund ist Eigentümer der bisherigen Reichswasserstraßen.

(2) [1]Der Bund verwaltet die Bundeswasserstraßen durch eigene Behörden. [2]Er nimmt die über den Bereich eines Landes hinausgehenden staatlichen Aufgaben der Binnenschiffahrt und die Aufgaben der Seeschiffahrt wahr, die ihm durch Gesetz übertragen werden. [3]Er kann die Verwaltung von Bundeswasserstraßen, soweit sie im Gebiete eines Landes liegen, diesem Lande auf Antrag als Auftragsverwaltung übertragen. [4]Berührt eine Wasserstraße das Gebiet mehrerer Länder, so kann der Bund das Land beauftragen, für das die beteiligten Länder es beantragen.

(3) Bei der Verwaltung, dem Ausbau und dem Neubau von Wasserstraßen sind die Bedürfnisse der Landeskultur und der Wasserwirtschaft im Einvernehmen mit den Ländern zu wahren.

Paulskirchenverfassung von 1849

Abschnitt II. Art. IV

§ 20. Die Schifffahrtsanstalten am Meere und in den Mündungen der deutschen Flüsse (Häfen, Seetonnen, Leuchtschiffe, das Lootsenwesen, das Fahrwasser u. s. w.) bleiben der Fürsorge der einzelnen Uferstaaten überlassen. Die Uferstaaten unterhalten dieselben aus eigenen Mitteln.

Ein Reichsgesetz wird bestimmen, wie weit die Mündungen der einzelnen Flüsse zu rechnen sind.

§ 21. Die Reichsgewalt hat die Oberaufsicht über diese Anstalten und Einrichtungen.

Es steht ihr zu, die betreffenden Staaten zu gehöriger Unterhaltung derselben anzuhalten, auch dieselben aus den Mitteln des Reiches zu vermehren und zu erweitern.

§ 22. Die Abgaben, welche in den Seeuferstaaten von den Schiffen und deren Ladungen für die Benutzung der Schifffahrtsanstalten erhoben werden, dürfen die zur Unterhaltung dieser Anstalten nothwendigen Kosten nicht übersteigen. Sie unterliegen der Genehmigung der Reichsgewalt.

Abschnitt II. Art. V

§ 24. Die Reichsgewalt hat das Recht der Gesetzgebung und die Oberaufsicht über die in ihrem schiffbaren Lauf mehrere Staaten durchströmenden oder begrenzenden Flüsse und Seen und über die Mündungen der in dieselben fallenden Nebenflüsse, sowie über den Schifffahrtsbetrieb und die Flößerei auf denselben.

Auf welche Weise die Schiffbarkeit dieser Flüsse erhalten oder verbessert werden soll, bestimmt ein Reichsgesetz.

Die übrigen Wasserstraßen bleiben der Fürsorge der Einzelstaaten überlassen. Doch steht es der Reichsgewalt zu, wenn sie es im Interesse des allgemeinen Verkehrs für nothwendig erachtet, allgemeine Bestimmungen über den Schifffahrtsbetrieb und die Flößerei auf denselben zu erlassen, so wie einzelne Flüsse unter derselben Voraussetzung den oben erwähnten gemeinsamen Flüssen gleich zu stellen.

Die Reichsgewalt ist befugt, die Einzelstaaten zu gehöriger Erhaltung der Schiffbarkeit dieser Wasserstraßen anzuhalten.

§ 25. Alle deutschen Flüsse sollen für deutsche Schifffahrt von Flußzöllen frei sein. Auch die Flößerei soll auf schiffbaren Flußstrecken solchen Abgaben nicht unterliegen. Das Nähere bestimmt ein Reichsgesetz.

Bei den mehrere Staaten durchströmenden oder begrenzenden Flüssen tritt für die Aufhebung dieser Flußzölle eine billige Ausgleichung ein.

Abschnitt II. Art. VI

§ 32. Die Reichsgewalt hat das Recht, soweit sie es zum Schutze des Reiches oder im Interesse des allgemeinen Verkehrs für nothwendig erachtet, zu verfügen, daß

Landstraßen und Kanäle angelegt, Flüsse schiffbar gemacht oder deren Schiffbarkeit erweitert werde.

Die Anordnung der dazu erforderlichen baulichen Werke erfolgt nach vorgängigem Benehmen mit den betheiligten Einzelstaaten durch die Reichsgewalt.

Die Ausführung und Unterhaltung der neuen Anlagen geschieht von Reichswegen und auf Reichskosten, wenn eine Verständigung mit den Einzelstaaten nicht erzielt wird.

Abschnitt II. Art. VII

§ 38. Die Reichsgewalt hat das Recht der Gesetzgebung über den Handel und die Schifffahrt, und überwacht die Ausführung der darüber erlassenen Reichsgesetze.

Verfassung des Norddeutschen Bundes von 1867

Art. 4. Der Beaufsichtigung Seitens des Bundes und der Gesetzgebung desselben unterliegen die nachstehenden Angelegenheiten:

[Nr. 1–6]

7. Organisation eines gemeinsamen Schutzes des Deutschen Handels im Auslande, der Deutschen Schiffahrt und ihrer Flagge zur See und Anordnung gemeinsamer konsularischer Vertretung, welche vom Bunde ausgestattet wird;
8. das Eisenbahnwesen und die Herstellung von Land- und Wasserstraßen im Interesse der Landesvertheidigung und des allgemeinen Verkehrs;
9. der Flößerei- und Schiffahrtsbetrieb auf den mehreren Staaten gemeinsamen Wasserstraßen und der Zustand der letzteren, sowie die Fluß- und sonstigen Wasserzölle;

[Nr. 10–15]

Verfassung des Deutschen Reiches von 1871

Art. 4. Der Beaufsichtigung Seitens des Reichs und der Gesetzgebung desselben unterliegen die nachstehenden Angelegenheiten:

[Nr. 1–6]

7. Organisation eines gemeinsamen Schutzes des Deutschen Handels im Auslande, der Deutschen Schiffahrt und ihrer Flagge zur See und Anordnung gemeinsamer konsularischer Vertretung, welche vom Reiche ausgestattet wird;
8. das Eisenbahnwesen, in Bayern vorbehaltlich der Bestimmung im Artikel 46, und die Herstellung von Land- und Wasserstraßen im Interesse der Landesvertheidigung und des allgemeinen Verkehrs;
9. der Flößerei- und Schiffahrtsbetrieb auf den mehreren Staaten gemeinsamen Wasserstraßen und der Zustand der letzteren, sowie die Fluß- und sonstigen Wasserzölle;

[Nr. 10–16]

Art. 54. Die Kauffahrteischiffe aller Bundesstaaten bilden eine einheitliche Handelsmarine.

Das Reich hat das Verfahren zur Ermittelung der Ladungsfähigkeit der Seeschiffe zu bestimmen, die Ausstellung der Meßbriefe, sowie der Schiffscertifikate zu regeln und die Bedingungen festzustellen, von welchen die Erlaubniß zur Führung eines Seeschiffes abhängig ist.

In den Seehäfen und auf allen natürlichen und künstlichen Wasserstraßen der einzelnen Bundesstaaten werden die Kauffahrteischiffe sämmtlicher Bundesstaaten gleichmäßig zugelassen und behandelt. Die Abgaben, welche in den Seehäfen von den Seeschiffen oder deren Ladungen für die Benutzung der Schiffahrtsanstalten erhoben werden, dürfen die zur Unterhaltung und gewöhnlichen Herstellung dieser Anstalten erforderlichen Kosten nicht übersteigen.

Auf allen natürlichen Wasserstraßen dürfen Abgaben nur für die Benutzung besonderer Anstalten, die zur Erleichterung des Verkehrs bestimmt sind, erhoben werden. Diese Abgaben, sowie die Abgaben für die Befahrung solcher künstlichen Wasserstraßen, welche Staatseigenthum sind, dürfen die zur Unterhaltung und gewöhnlichen Herstellung der Anstalten und Anlagen erforderlichen Kosten nicht übersteigen. Auf die Flößerei finden diese Bestimmungen insoweit Anwendung, als dieselbe auf schiffbaren Wasserstraßen betrieben wird.

Auf fremde Schiffe oder deren Ladungen andere oder höhere Abgaben zu legen, als von den Schiffen der Bundesstaaten oder deren Ladungen zu entrichten sind, steht keinem Einzelstaate, sondern nur dem Reiche zu.

Weimarer Reichsverfassung von 1919

Art. 97. Aufgabe des Reichs ist es, die dem allgemeinen Verkehre dienenden Wasserstraßen in sein Eigentum und seine Verwaltung zu übernehmen.

Nach der Übernahme können dem allgemeinen Verkehre dienende Wasserstraßen nur noch vom Reiche oder mit seiner Zustimmung angelegt oder ausgebaut werden.

Bei der Verwaltung, dem Ausbau oder dem Neubau von Wasserstraßen sind die Bedürfnisse der Landeskultur und der Wasserwirtschaft im Einvernehmen mit den Ländern zu wahren. Auch ist auf deren Förderung Rücksicht zu nehmen.

Jede Wasserstraßenverwaltung hat sich den Anschluß anderer Binnenwasserstraßen auf Kosten der Unternehmer gefallen zu lassen. Die gleiche Verpflichtung besteht für die Herstellung einer Verbindung zwischen Binnenwasserstraßen und Eisenbahnen.

Mit dem Übergange der Wasserstraßen erhält das Reich die Enteignungsbefugnis, die Tarifhoheit sowie die Strom- und Schiffahrtspolizei.

Die Aufgaben der Strombauverbände in bezug auf den Ausbau natürlicher Wasserstraßen im Rhein-, Weser- und Elbegebiet sind auf das Reich zu übernehmen.

Art. 98. Zur Mitwirkung in Angelegenheiten der Wasserstraßen werden bei den Reichswasserstraßen nach näherer Anordnung der Reichsregierung unter Zustimmung des Reichsrats Beiräte gebildet.

Art. 101. Aufgabe des Reichs ist es, alle Seezeichen, insbesondere Leuchtfeuer, Feuerschiffe, Bojen, Tonnen und Baken in sein Eigentum und seine Verwaltung zu übernehmen. Nach der Übernahme können Seezeichen nur noch vom Reiche oder mit seiner Zustimmung hergestellt oder ausgebaut werden.

Art. 171. Die Staatseisenbahnen, Wasserstraßen und Seezeichen gehen spätestens am 1. April 1921 auf das Reich über.

Soweit bis zum 1. Oktober 1920 noch keine Verständigung über die Bedingungen der Übernahme erzielt ist, entscheidet der Staatsgerichtshof.

Übersicht

A. Allgemeine Bedeutung

1 Wasserstraßen gehören zur Verkehrsinfrastruktur. Ihre Verwaltung ist daher **Infrastrukturverwaltung.**[1] Wie Fernstraßen für Kraftfahrzeuge (→ Art. 90 Rn. 1), Eisenbahnen und Flughäfen tragen sie maßgeblich dazu bei, das Staatsgebiet der Bundesrepublik Deutschland zu erschließen und zu beherrschen. Sie ermöglichen den Transport von Gütern[2] sowie Personen und bilden ein **natürliches Monopol.**[3] Im Gegensatz zu anderen netzgebundenen Infrastrukturen (Eisenbahn, Energieversorgung, Telekommunikation und Post) war ihre Nutzung jedoch nie primär eine staatliche Aufgabe, sondern Privaten überlassen. Das Recht der Wasserstraßen ist als **öffentliches Sachenrecht** deutlich älter als das privatisierungsfolgengetriebene Regulierungsrecht.

2 In föderalen Verfassungen spiegeln Umfang und Inhalt der Infrastrukturnormen das Verhältnis zwischen Zentralgewalt und Gliedstaaten wider.[4] Grenzüberschreitender Handel und Verkehr per Schiff verlangen nach eben solchen Infrastrukturen und möglichst einheitlichen Regelungen, deren Administrierung mit wenig Aufwand verbunden ist. Wasserstraßenverwaltung ist daher ein Gradmesser für die Ausgestaltung der **Bundesstaatlichkeit.** In der Europäischen Union gehören Wasserstraßen zu den **transeuropäischen Netzen** (→ Rn. 13).

I. Genese

3 Das GG ist nicht die erste deutsche Verfassung, die den Wasserstraßen und der Schifffahrt Rechnung trägt.[5] Die **Paulskirchenverfassung** versuchte diesbezüglich einen Ausgleich herzustellen zwischen den spätestens mit der Gründung des Deutschen Zollvereins 1834[6] sichtbaren Bestrebungen des liberalen Bürgertums nach wirtschaftlicher Homogenität und politischer Einheit sowie den Interessen der Länder, denen bis dato die Gesetzgebungs- und Verwaltungskompetenzen zukamen.[7] Die Länder blieben als Eigentümer zuständig für die Verwaltung der Wasserstraßen und der Schifffahrt.[8] § 25 verbot jedoch Flusszölle. § 24 räumte der Reichsgewalt ua das Recht der Gesetzgebung und die Oberaufsicht über die schiffbaren landesgrenzüberschreitenden und landesgrenzbildenden Flüsse sowie über die Schifffahrt auf diesen Gewässern ein. Außerdem durfte sie allgemeine Bestimmungen für den

[1] Zum Begriff Infrastruktur, *O. Dörr* VVDStRL 73 (2014), 323 (330); zum Begriff Infrastrukturverwaltung ausf. *Faber,* Allgemeines Verwaltungsrecht, 1995, § 31.

[2] Ein Fünftel des binnenländischen Güterverkehrs wird auf Bundeswasserstraßen abgewickelt, *R. Reinhardt/Schäfer* in NomosOK WaStrG Einl. Rn. 1; andere Zahl bei *Kreuter,* Die Befugnisse des Bundes zur Verwaltung der Wasserstraßen in Deutschland, 2014, 15, knapp 10 %.

[3] *Uerpmann-Wittzack* in HdbStR IV § 89 Rn. 3.

[4] Ähnl. *Gröpl* in Maunz/Dürig Rn. 2.

[5] Überblick bei *Kreuter,* Die Befugnisse des Bundes zur Verwaltung der Wasserstraßen in Deutschland, 2014, 28 ff.

[6] Hierzu *Huber,* Deutsche Verfassungsgeschichte seit 1789, Bd. II, 1988, 282 ff.; *Willoweit/Schlinker,* Deutsche Verfassungsgeschichte, 2019 § 30 V Rn. 13 f.

[7] *Grimm,* Deutsche Verfassungsgeschichte 1776–1866, 1988, 201 f.; *Schnabel,* Deutsche Geschichte im neunzehnten Jahrhundert, Bd. III, 1950, 393 ff.

[8] Zur inneren Verwaltung des Reichs *Huber,* Deutsche Verfassungsgeschichte seit 1789, Bd. II, 1988, 826.

Schifffahrtsbetrieb auch für die übrigen Wasserstraßen erlassen, wenn sie dies im Interesse des allgemeinen Verkehrs für notwendig erachtete. Wie für Eisenbahnen (§§ 28–31) hatte die Reichsgewalt zudem weitergehende Kompetenzen, wenn der Schutz des Reiches oder die Interessen des allgemeinen Verkehrs in Rede standen (§ 32). Sie durfte dann auch den Bau von Wasserstraßen oder ihre Ertüchtigung verlangen.

Entsprechend ihrer die Staatlichkeit der Gliedstaaten schonenden und betonenden Struktur wies die **Verfassung von 1871** dem Reich für die Wasserstraßen und die Schifffahrt weniger Gesetzgebungs- und Verwaltungskompetenzen zu (→ Art. 90 Rn. 7).[9] Sie waren grds. Sache der Länder. Gem. Art. 4 hatte das Reich aber – wie schon in der Paulskirchenverfassung vorgesehen – Gesetzgebungs- und Aufsichtskompetenzen, wenn der Bau im Interesse der Landesverteidigung[10] oder des allgemeinen Verkehrs geboten war. Entsprechende Kompetenzen des Reichs bestanden auch für den Zustand von gemeinsamen Wasserstraßen mehrerer Staaten und den Schifffahrtsbetrieb auf solchen Wasserstraßen sowie für die Fluss- und Wasserzölle. Auch hierin glich die Reichsverfassung der Paulskirchenverfassung. 4

Die Verfassungswirklichkeit des Deutschen Reiches war geprägt von der wachsenden Bedeutung des Reichstages und der Reichsleitung.[11] Gleichzeitig betraf die mit der wirtschaftlichen Entwicklung und Verflechtung einhergehende und die Bedeutung der Gliedstaaten schwächende **Unitarisierung** auch die Wasserstraßen und die Schifffahrt. Sie erfolgte zunächst im Wege der Gesetzgebung.[12] Nach 1914 zog das Reich kriegsbedingt die Verwaltung der Schifffahrt nach und nach an sich.[13] 5

Das Kriegsende änderte nichts an der Zentralisierung der Wasserstraßenverwaltung, sondern die Reichskompetenzen wurden durch die **Weimarer Reichsverfassung** sanktioniert und verstärkt.[14] Art. 97 Abs. 1 WRV verpflichtete das Reich, alle dem allgemeinen Verkehr dienenden Wasserstraßen in sein Eigentum und seine Verwaltung zu übernehmen.[15] Gem. Art. 97 Abs. 5 WRV erhielt das Reich mit dem Übergang auch die Enteignungsbefugnisse, die Tarifhoheit sowie die Strom- und Schifffahrtspolizei. Die Rechtsposition der Länder wurde dadurch erheblich geschwächt. Allerdings schützte Art. 97 Abs. 3 WRV nahezu gleichlautend zum heutigen Art. 89 Abs. 3 (→ Rn. 56 ff.) ihre Interessen durch ein Einvernehmenserfordernis bezüglich der Bedürfnisse der Wasserwirtschaft und der Landes- 6

---

[9] Zum bundesstaatlichen Charakter der Verfassung von 1871 *Hesse,* Der unitarische Bundesstaat, 1962, 4, 12; zur Reichsstruktur *Huber,* Deutsche Verfassungsgeschichte seit 1789, Bd. III, 1988, 788 f.

[10] Auf dieser Grundlage wurde zwischen 1886 und 1895 der Kaiser-Wilhelm-Kanal (heute: Nord-Ostsee-Kanal) gebaut, s. G v. 16.3.1886, RGBl. 1886 58 f.

[11] *Stern,* StaatsR V, 2000, § 128 III 5 u. IV 2; *Frotscher/Pieroth,* Verfassungsgeschichte, 2019, Rn. 494.

[12] G betreffend den Ausbau der deutschen Wasserstraßen und die Erhebung von Schifffahrtsabgaben v. 24.12.1911, RGBl. 1911 1137.

[13] Ausführlich *Lassar* JöR 14 (1926), 1 (208).

[14] *Dittmann,* Die Bundesverwaltung, 1983, 43; *Reinheimer,* Das Verbindungskonzept der Bundeswasserstraßenverwaltung, 2008, 42 ff.

[15] Die Übernahme erfolgte durch den Staatsvertrag betreffend den Übergang der Wasserstraßen von den Ländern auf das Reich v. 19.7.1921 (G v. 29.7.1921, RGBl. 1921 961; 1. ErgänzungsG v. 18.2.1922, RGBl. 1922 222; 2. ErgänzungsG v. 22.12.1928, RGBl. 1929 II 1); dazu *Friesecke,* Bundeswasserstraßengesetz, Einl. Rn. 19; *Schulze* NVwZ 1999, 1289 f.; zeitgenössisch *Muhs,* Zum Übergang der verkehrswichtigen Wasserstraßen in das Eigentum des Reiches, 1927.

kultur.[16] Zu einer Reichswasserstraßenverwaltung mit eigenem Verwaltungsunterbau kam es jedoch nicht, sondern die Länder verwalteten die Wasserstraßen für das Reich durch eigene Behörden.[17]

7 Während der **NS-Zeit** wurde durch Art. 2 Abs. 1 des G über den Neuaufbau des Reiches auch die Wasserstraßenverwaltung zentralisiert („Die Hoheitsrechte der Länder gehen auf das Reich über").[18] Wie zwischen 1914 und 1918 waren die weiteren Entwicklungen kriegsbedingt. Die **Reichswasserstraßenverordnung**[19] führte 1943 eine einheitliche Reichswasserstraßenverwaltung ein und trieb die Vereinheitlichung des Reichswasserstraßenrechts voran.[20]

8 Die zeitweilige Aussetzung der Staatsgewalt auf Reichsebene[21] in Folge der bedingungslosen Kapitulation der Streitkräfte und der **Besatzungsherrschaft** der Alliierten führte nach der Reorganisation bzw. Neubildung der Länder zu einer treuhänderischen Verwaltung der Wasserstraßen durch die Landesverwaltungen.[22]

9 Anders als 1918 befanden sich die Länder daher in einer besseren Position, die sich in ihrem Bestreben ausdrückte, Wasserstraßen dezentral in Eigenverwaltung führen zu dürfen. Der Verfassungsentwurf von Herrenchiemsee sah diese an einen Antrag gebundene Übertragung („soll") vor.[23] Im **Parlamentarischen Rat** konnten sich die Länder nicht durchsetzen.[24] Vielmehr blieb es bei der zentralen bundeseigenen Verwaltung, die jedoch als Kompromiss eine fakultative Bundesauftragsverwaltung („kann") erlaubt.[25] Hierzu ist es bisher nicht gekommen, zumal die Verwaltung der Wasserstraßen durch den Bund grds. sachgerecht ist (→ Rn. 1, 76).[26] Im Übrigen perpetuiert Art. 89 Abs. 1 die auf der Basis von Art. 97 Abs. 1 WRV entstandene Eigentumssituation (→ Rn. 30). Art. 89 Abs. 3 ist wortgleich mit Art. 97 Abs. 3 S. 1 WRV. Art. 89 ist seit Inkrafttreten des GG nicht geändert worden.

---

[16] Zur Reichweite der Norm *Anschütz,* Die Verfassung des Deutschen Reiches vom 11.8.1919, 14. Bearb. 1933, Art. 97 Anm. 7.

[17] *Durner* in BerlKomm Rn. 4 mwN.

[18] G v 30.1.1934, RGBl. 1934 I 75.

[19] RGBl. 1943 II 131; dazu auch *Gröpl* in Maunz/Dürig Rn. 8.

[20] *Salzwedel* in Jeserich/Pohl/v. Unruh, Deutsche Verwaltungsgeschichte, Bd. IV, 1985, 911 (923).

[21] *Frotscher/Pieroth,* Verfassungsgeschichte, 2019, Rn. 699.

[22] Nachweise bei *Maunz* in Maunz/Dürig 1962, Rn. 3 mit Fn. 3; sa *Durner* in BerlKomm Rn. 5.

[23] „**Art. 118.** (1) Der Bund ist Eigentümer der dem allgemeinen Verkehr dienenden bisherigen Reichswasserstraßen. (2) Der Bund soll auf Antrag die Verwaltung einer solchen Wasserstraße für die Strecke, in der sie lediglich das Gebiet eines einzigen Landes berührt, auf dieses Land übertragen. Wenn sich eine Wasserstraße über das Gebiet von zwei oder mehr Ländern erstreckt oder es berührt, kann der Bund nach Anhörung aller beteiligten Länder mit der Verwaltung dieser Wasserstraße ein von ihm zu bestimmendes Land beauftragen, falls dieses Land bereit ist, die Verwaltung zu führen. Länder, denen die Verwaltung einer Wasserstraße übertragen ist, müßen dabei den Bedürfnissen aller an der Wasserstraße beteiligten Länder und des Bundes Rechnung tragen und die Weisungen des Bundes befolgen." Zu den Beratungen vgl. Der Parlamentarische Rat, Bd. 2, 1981, 266, 606 ff.

[24] Zur Entstehungsgeschichte des Art. 89 JöR nF 1 (1951), 654 ff.; *Gröpl* in Maunz/Dürig Rn. 11; *Reinheimer,* Das Verbindungskonzept der Bundeswasserstraßenverwaltung, 2008, 63 ff.

[25] Krit. *Hermes* in Dreier Rn. 7; *Durner* in BerlKomm Rn. 6; *Dittmann,* Die Bundesverwaltung, 1983, 184.

[26] *Präsident des Bundesrechnungshofes,* Modernisierung der Verwaltungsbeziehungen von Bund und Ländern, 2007, 73 f. (83 ff.).

II. Inhaltsübersicht

Art. 89 Abs. 1 weist dem Bund *ipso iure* das **Eigentum** an den bisherigen Reichswasserstraßen zu (→ Rn. 17 ff.). Vom Eigentum zu unterscheiden ist die Verwaltung, die für Bundeswasserstraßen (→ Rn. 43 ff.) gem. Art. 89 Abs. 2 S. 1 iVm Art. 87 Abs. 1 S. 1 Var. 3 in **bundeseigener Verwaltung** zu erfolgen hat (→ Rn. 47 f.). Auf Antrag eines Landes kann gem. Art. 89 Abs. 2 S. 3, 4 ein Wechsel zur Bundesauftragsverwaltung erfolgen (→ Rn. 49 ff.). Art. 89 Abs. 3 schützt die durch die Wasserstraßenverwaltung des Bundes berührten Interessen der Länder (→ Rn. 56 ff.). Hiervon zu unterscheiden ist Art. 89 Abs. 2 S. 2,[27] der eine Verwaltung der länderübergreifenden Schifffahrt durch den Bund erlaubt (→ Rn. 66 ff.) und für den Art. 89 Abs. 3 nicht gilt.[28] 10

Wichtig für das Verständnis der Norm und der zur Konkretisierung erlassenen Gesetze sind der Art. 89 vorausliegende „**Dualismus** zwischen bürgerlich-rechtlichem Eigentum und öffentlich-rechtlicher Sachherrschaft“[29] sowie die nicht trennscharfe **wasserrechtliche Trias:** Wasserstraßenrecht (Wegerecht), Wasserverkehrsrecht (Schifffahrtsrecht)[30] und Wasserhaushaltsrecht (Bewirtschaftungsrecht); zur Gesetzgebungskompetenz (→ Rn. 37). 11

III. Überstaatliche Bezüge

Wasserstraßen bilden oder durchschneiden häufig Staatsgrenzen. Eine im Sinne ihrer dauerhaften wirtschaftlichen Nutzbarkeit gute Verwaltung erfordert daher eine auch inter- und supranationale Verwaltung.[31] Seit der Errichtung des europäischen Binnenmarktes gem. Art. 3 Abs. 3 UAbs. 1 S. 1 EUV und wegen der Bedeutung des grenzüberschreitenden Umweltschutzes stellt das Unionsrecht hierfür eine wichtige Rechtsquelle dar. Weitere bedeutende, teilweise schon sehr alte **Rechtsquellen** für Binnen-[32] und Seewasserstraßen[33] finden sich im Völkerrecht. 12

Aus dem **Primärrecht** sind va Art. 170–172 AEUV für das Wasserstraßenrecht sowie Art. 90 iVm Art. 100 AEUV für das Wasserverkehrsrecht bedeutsam. **Transeuropäische Netze** und **Verkehr** fallen gem. Art. 4 Abs. 2 lit. g) und h) iVm Art. 2 Abs. 2 AEUV in die **geteilte Zuständig-** 13

---

[27] Zur Unsystematik der Norm *Gröpl* in Maunz/Dürig Rn. 1.

[28] *Hermes* in Dreier Rn. 7.

[29] *Gröpl* in Maunz/Dürig Rn. 1.

[30] Unterscheidung zwischen Wasserwege- und Wasserverkehrsrecht bei *Kment* in Jarass/Pieroth Rn. 2 ff.

[31] Ausf. *Kreuter,* Die Befugnisse des Bundes zur Verwaltung der Wasserstraßen in Deutschland, 2014, 227 ff.; *Vec* ZNR 30 (2008), 221.

[32] Rheinschifffahrtsakte v. 31.3.1831, abgedr. in *Meyer/Zoepfl,* Corpus juris confoederationis Germanicae, Bd. I, 1858, 408; abgelöst durch die Revidierte Rheinschifffahrtsakte (sog. „Mannheimer Akte“) v. 17.10.1868 (idF des Abk. v. 1969, BGBl. 1969 II 598) nebst Zusatzprotokollen (ausf. *Sendmeyer* in Schulze/*Janssen*/Kadelbach, Europarecht, 2020, § 35 Rn. 124), dann durch Art. 354 ff. des Versailler Vertrages v. 28.6.1919 (dazu *Lassar,* JöR 14 [1926], 1 [214 ff.]); für die Donau: Beitritt zum Übereinkommen über die Regelung der Schifffahrt auf der Donau v. 18.8.1948 (Belgrader Donaukonvention) durch G. v. 26.7.1999 zum Zusatzprotokoll vom 26.3.1998, BGBl. 1998 II 578; ferner *Hartenstein* TranspR 2007, 385.

[33] Seerechtsübereinkommen der Vereinten Nationen v. 10.12.1982, G v. 2.9.1994, BGBl. 1994 II 1798. Es regelt die räumlichen Grenzen der nationalen Hoheitsgewalt in Meeresgewässern und die Benutzung der internationalen Gewässer durch die deutsche Handelsflotte.

keit. Die Union ist gem. Art. 170 Abs. 1 AEUV verpflichtet, zur Verwirklichung des Binnenmarktes (Art. 26 AEUV) und zur Stärkung ihrer inneren Strukturen einen Beitrag[34] zum Auf- und Ausbau ua der transeuropäischen Verkehrsnetze zu leisten.[35] „Transeuropäische Netze sind miteinander verbundene grenzüberschreitende Infrastruktureinrichtungen", die mehr als zwei Mitgliedstaaten miteinander verbinden.[36] Ziel der Union ist die Herstellung eines wettbewerbsorientierten und ressourcenschonenden Verkehrssystems.

14 Hierzu **koordiniert** die Union das Handeln der Mitgliedstaaten und leistet **finanzielle Unterstützung** jeweils auf der Grundlage von **Leitlinien** (Art. 171 Abs. 1 Spstr. 1 AEUV), „in denen die Ziele […] der im Bereich der transeuropäischen Netze in Betracht gezogenen Aktionen erfasst werden." Die Bindungswirkung der Leitlinien hängt von ihrer Rechtsform und ihrem Inhalt ab. Gem. Art. 172 Abs. 1 AEUV werden sie im ordentlichen Gesetzgebungsverfahren festgelegt, können daher wegen Art. 289 Abs. 1 AEUV der Form nach als Richtlinie, Verordnung oder Beschluss ergehen. Derzeit sind sie als Verordnung gefasst.[37]

15 Die **Union** hat trotz der Möglichkeit, im Rahmen der Leitlinien Vorhaben von gemeinsamem Interesse auszuweisen und der Pflicht, die Interoperabilität der Netze zu gewährleisten, nur eine sehr **begrenzte Planungskompetenz.**[38] Diese liegt wie die zum Bau und Betrieb der Wasserstraßen weiterhin bei den Mitgliedstaaten, zumal gem. Art. 172 Abs. 2 AEUV Leitlinien und Vorhaben von gemeinsamem Interesse, die das Hoheitsgebiet eines Mitgliedstaats betreffen, der Billigung des betroffenen Mitgliedstaats bedürfen. Bei der Ausübung des Planungsermessens sind die Leitlinien jedoch zu beachten.[39] Hierfür spricht neben ihrer Rechtsform ihr Sinn und Zweck,[40] das Handeln der Mitgliedstaaten auf die genannten Ziele hin zu koordinieren. Der Kommission kommt dabei eine Schlüsselfunktion zu.

16 Zur Trias des Wasserrechts (→ Rn. 11) existieren zahlreiche **Sekundärrechtsakte,** die Vorgaben für das nationale Recht enthalten oder es verdrängen. Sie betreffen insbes. das Wasserverkehrsrecht (Art. 89 Abs. 2 S. 2) und dienen der Harmonisierung des Binnenmarktes sowie der Verwirklichung der Grundfreiheiten im Binnen-[41] und Seewasserverkehr.[42] Außer-

---

[34] Zur kompetenzbegrenzenden Bedeutung des Wortlautes *Gröpl* in Maunz/Dürig Rn. 125.

[35] Allg. *Voet van Vormizeele* in Schwarze EU-Kommentar, AEUV Art. 170 Rn. 6 f.; *Kotzur* in Geiger/Khan/Kotzur EUV/AEUV, Art. 170 AEUV Rn. 1 f.

[36] *Ibler* in MKS Rn. 86, dort auch das Zitat.

[37] VO (EU) Nr. 1315/2013 v. 11.12.2013 über Leitlinien der Union für den Aufbau eines transeuropäischen Verkehrsnetzes und zur Aufhebung des Beschlusses Nr. 661/2010/EU, ABl. 2013 L 358, 1, dort zur Binnenschifffahrtsinfrastruktur Art. 14 ff. und zur Seeverkehrsinfrastruktur Art. 22 f.; zu den Vorgängerregelungen *Calliess* in Calliess/Ruffert EUV/AEUV, Art. 171 AEUV Rn. 26.

[38] *Kreuter,* Die Befugnisse des Bundes zur Verwaltung der Wasserstraßen in Deutschland, 2014, 249; *Bogs,* Die Planung transeuropäischer Verkehrsnetze, 2002, 34 ff., 62 ff., 92 ff.

[39] *Kreuter,* Die Befugnisse des Bundes zur Verwaltung der Wasserstraßen in Deutschland, 2014, 255 ff.

[40] *Schäfer/Schröder* in Streinz EUV/AEUV, Art. 171 AEUV Rn. 6 f.; *Calliess* in Calliess/Ruffert EUV/AEUV, Art. 171 AEUV Rn. 3 f.

[41] VO (EWG) Nr. 2919/85 des Rates v. 17.10.1985 zur Festlegung der Bedingungen für die Inanspruchnahme der Regelung, die aufgrund der revidierten Rheinschifffahrtsakte den Schiffen der Rheinschifffahrt vorbehalten ist, ABl. 1985 L 280, 4; VO (EWG) Nr. 3921/91 des Rates v. 16.12.1991 über die Bedingungen für die Zulassung von Verkehrsunternehmen zum Binnenschiffsgüter- und -personenverkehr innerhalb eines Mitgliedstaats, in dem sie nicht ansässig sind, ABl. 1991 L 373, 1; VO (EG) Nr. 1356/96 des Rates v. 8.7.1996 über

dem betreffen viele Umweltrechtsakte zum Wasserhaushaltsrecht zugleich die Planung, den Bau und den Betrieb von Wasserstraßen. Dies gilt va für die **FFH-RL**[43] und die **WasserrahmenRL,**[44] die mit dem Verschlechterungsverbot in Art. 4 Abs. 1 lit a) i) den Ausbau von Wasserstraßen deutlich erschwert.[45]

B. Einzelfragen

I. Zuordnung des Eigentums (Art. 89 Abs. 1)

1. Der Bund ist Eigentümer. Der Bund, dh die Bundesrepublik Deutschland,[46] hat durch die Vorschrift *ipso iure* **zivilrechtliches Eigentum** an den bisherigen Reichswasserstraßen erlangt.[47] Rechte und Pflichten ergeben sich aus den §§ 903 ff. BGB sowie anderen Inhalts- und Schrankenbestimmungen, nicht jedoch aus Art. 14, weil die Eigentumsfreiheit ihrem Wesen nach (Art. 19 Abs. 3) nicht auf den Bund als Körperschaft des öffentlichen Rechts anwendbar ist.[48] Die Konstruktion eines mit hoheitlichen Rechten und Pflichten verbundenen öffentlichen Eigentums, wie sie O. Mayer vertrat,[49] hat sich bis auf Ausnahmen (Hamburg) nicht durchgesetzt. 17

Die sachbezogenen **öffentlich-rechtlichen** Befugnisse und Bindungen folgen aus der **Sachherrschaft** des Bundes gem. der Theorie vom modifizierten Privateigentum,[50] die das Recht der öffentlichen Sachen und Einrichtungen prägt und dem Bundeswasserstraßengesetz (WaStrG),[51] dem Wasser- 18

---

gemeinsame Regeln zur Verwirklichung der Dienstleistungsfreiheit im Binnenschiffsgüter- und -personenverkehr zwischen Mitgliedstaaten, ABl. 1996 L 175, 7; RL 87/540/EWG des Rates v. 9.11.1987 über den Zugang zum Beruf des Unternehmers im innerstaatlichen und grenzüberschreitenden Binnenschiffsgüterverkehr und über die gegenseitige Anerkennung der Diplome, Prüfungszeugnisse und sonstigen Befähigungsnachweise für diesen Beruf, ABl. 1987 L 322, 20; vgl. *Sendmeyer* in Schulze/Janssen/Kadelbach, Europarecht, 2020, § 35 Rn. 126 ff.

[42] Etwa VO (EWG) Nr. 4055/86 des Rates v. 22.12.1986 zur Anwendung des Grundsatzes des freien Dienstleistungsverkehrs auf die Seeschifffahrt zwischen Mitgliedstaaten sowie zwischen Mitgliedstaaten und Drittländern, ABl. 1986 L 378, 1; VO (EWG) Nr. 3577/92 des Rates v. 7.12.1992 zur Anwendung des Grundsatzes des freien Dienstleistungsverkehrs auf den Seeverkehr in den Mitgliedstaaten, ABl. 1992 L 364, 7; zum Ganzen ausf. *Sendmeyer* in Schulze/Janssen/Kadelbach, Europarecht, 2020, § 35 Rn. 147 f.

[43] RL 92/43/EWG des Rates vom 21.5.1992 zur Erhaltung der natürlichen Lebensräume sowie der wildlebenden Tiere und Pflanzen (Fauna-Flora-Habitat [FFH]-RL), ABl. 1992 L 206, 7; hierzu *Wickel/Bieback* BayVBl. 2004, 353.

[44] RL 2000/60/EG des Europäischen Parlaments und des Rates v. 23.10.2009 zur Schaffung eines Ordnungsrahmens für Maßnahmen der Gemeinschaft im Bereich der Wasserpolitik, ABl. 2000 L 327, 1; zu den Anforderungen für die Bewirtschaftung der Bundeswasserstraßen *Möckel* DVBl. 2010, 618.

[45] EuGH Rs. C-461/13, ECLI:EU:C:2015:433 – Weservertiefung, nachgehend BVerwGE 156, 20; BVerwGE 158, 1 – Elbvertiefung.

[46] *Sachs* in Sachs Rn. 8.

[47] *R. Reinhardt/Schäfer* NomosOK WaStrG Einl. Rn. 5; *Gröpl* in Maunz/Dürig Rn. 21, 28; *Sachs* in Sachs Rn. 9, 12; *Ibler* in MKS Rn. 27.

[48] *Ibler* in MKS Rn. 19; *Gröpl* in Maunz/Dürig Rn. 23; *Remmert* in BeckOK GG Rn. 2.

[49] *O. Mayer,* Verwaltungsrecht, Bd. II, 1924, 39 ff.

[50] Ausf. *Kluth* in Wolff/Bachof/Stober/Kluth Verwaltungsrecht, Bd. II, § 76 Rn. 2 ff.; *Breuer/Gärditz,* Wasserrecht, 2017 Rn. 283 ff.; BGHZ 110, 148 (149).

[51] IdF d. Bek. v. 23.5.2007 (BGBl. 2007 I 962; BGBl. 2008 I 1980), zuletzt geändert durch Art. 335 der VO v. 19.6.2020 (BGBl. 2020 I 1328).

haushaltsgesetz (WHG)[52] und den Landeswassergesetzen[53] zu Grunde liegt.[54] Mit der Widmung (§ 2 Abs. 1 WaStrG) zusammenhängend, von ihr aber zu unterscheiden sind Art und Reichweite der öffentlich-rechtlichen Verantwortung des Bundes für die Wasserstraßen, die ihrerseits auf der Verkehrswegefunktion beruht; zur Möglichkeit der Privatisierung (→ Rn. 25 ff.).

19 Das **Eigentum** des Bundes ist mit Inkrafttreten des GG, dh gem. Art. 145 Abs. 2 mit Ablauf des 23.5.1949 entstanden (anders formuliert in § 1 WaStrVermG:[55] mit Wirkung vom 24. Mai 1949). Es **umfasst** die Wasserstraßen in ihrer gesamten seitlichen Ausdehnung einschließlich des Ufers und des für die Verwaltung erforderlichen Zubehörs, des Gewässerbettes, der darunter liegenden Bodenschätze sowie der „fließenden Welle".[56] § 4 Abs. 1 S. 1 WHG iVm Art. 89 Abs. 1 ist *lex specialis* bzw. *lex superior* zu § 4 Abs. 2 WHG.

20 Für den **Erwerb** des Eigentums durch Art. 89 Abs. 1 kam es nicht darauf an, ob das Reich bereits zuvor Eigentümer war, sondern dass es sich **funktional** um **Reichswasserstraßen** handelte; zu den damit verbundenen Unsicherheiten (→ Rn. 22). Art. 89 Abs. 1 verdrängt, soweit das Reich Eigentümer war, als *lex specialis* Art. 134[57] und schließt alle Einwendungen möglicher vorheriger Eigentümer sowie denkbare Entschädigungsansprüche aus.[58]

21 Das Eigentum an den Wasserstraßen begründet **Rechte** und **Pflichten,** wie sie jeder andere Eigentümer auch hat (→ Rn. 17). Insbes. steht dem Bund das Recht aus §§ 1004, 823 BGB zu, umgekehrt unterliegt er dem WHG,[59] haftet für den Zustand[60] und ist verkehrssicherungspflichtig.[61] Der Bund kann, soweit nicht Gesetze oder Rechte Dritter entgegenstehen, mit seinen Wasserstraßen nach Belieben verfahren und andere von jeder Einwirkung ausschließen, § 903 S. 1 BGB. Daher darf er Teile Privaten zum Gebrauch überlassen.[62] Er ist Inhaber des Jagdrechts,[63] das er an Dritte verpachten kann.[64] Kommt es zu Anlandungen, zB durch das Anschwemmen von Sand oder Schlick, erwirbt er hieran Eigentum.[65] Wird er auf Grund

---

[52] IdF d. Bek. v. 31.7.2009 (BGBl. 2009 I 2585), zuletzt geändert durch Art. 1 des G v. 19.6.2020 (BGBl. 2020 I 1408).

[53] Übersicht bei *Wendenburg* in Berendes/Frenz/Müggenborg WHG, Einl. Rn. 48.

[54] *Hermes* in Dreier Rn. 9, 14; *Sachs* in Sachs Rn. 9; *Gröpl* in Maunz/Dürig Rn. 28; *Remmert* in BeckOK GG Rn. 2.1; *Durner* in BerlKomm Rn. 15; ausf. *Ibler* in MKS Rn. 15 ff.; *Friesecke,* Bundeswasserstraßengesetz, Einl. Rn. 21; *Reinheimer,* Das Verbindungskonzept der Bundeswasserstraßenverwaltung, 2008, 55.

[55] G v. 21.5.1951, BGBl. 1951 III Gliederungsnr. 940-4, zuletzt geändert durch Art. 521 der VO v. 31.8.2015, BGBl. 2015 I 1474.

[56] BGHZ 110, 148 (149 f.); BGHZ 28, 34 (37); *Gröpl* in Maunz/Dürig Rn. 31; *Ibler* in MKS Rn. 19 f.; *Remmert* in BeckOK GG Rn. 2; ausf. *Friesecke,* Bundeswasserstraßengesetz, Einl. Rn. 30.

[57] *Gröpl* in Maunz/Dürig Rn. 27; *Remmert* in BeckOK GG Rn. 3.

[58] *Ibler* in MKS Rn. 20; *Gröpl* in Maunz/Dürig Rn. 24 f.

[59] *Faßbender* EurUP 2016, 17 (32 f.).

[60] BGH NJW 1968, 598 (599); BVerwGE 87, 181 (186 f.); BVerwG NVwZ 2003, 1252; *Durner* in BerlKomm Rn. 14; *Remmert* in BeckOK GG Rn. 1; krit. *Friesecke* VerwArch 82 (1991), 565 ff.; *Friesecke,* Bundeswasserstraßengesetz, Einl. Rn. 27; beachte auch § 4 Abs. 1 S. 2 WHG; zur polizeirechtlichen Zustandsverantwortlichkeit *Ibler* in MKS Rn. 25.

[61] *Gröpl* in Maunz/Dürig Rn. 68.

[62] BVerwGE 87, 169 (174); BGHZ 102, 1 (3); BGHZ 28, 34 (53); zur Überlassung an die Länder § 1 Abs. 3 S. 1 WaStrG.

[63] BGHZ 84, 59 (60 f.).

[64] *Ibler* in MKS Rn. 24 mwN.

[65] *Friesecke,* Bundeswasserstraßengesetz, Einl. Rn. 23; *Gröpl* in Maunz/Dürig Rn. 32; beachte aber § 1 Abs. 3 S. 2 WaStrG, krit. u. einschränkend *Ibler* in MKS Rn. 32.

seiner Eigentümerstellung als Geschäftsführer ohne Auftrag für Schiffseigner tätig, hat er Anspruch auf Ersatz seiner Aufwendungen.[66] Das Eigentum berechtigt nicht, hoheitliche Schifffahrtsabgaben zu erheben, sondern nur zivilrechtliche Nutzungsentgelte.[67]

22 **2. der bisherigen Reichswasserstraßen.** Der Wortlaut birgt temporäre, va aber materiell-rechtliche **Unsicherheiten.** Der Streit, ob sich Art. 89 Abs. 1 auf den Bestand am 8.5.1945[68] oder am 23.5.1949[69] bezieht, ist praktisch ohne Bedeutung, weil es währenddessen nicht zu Veränderungen gekommen ist.[70] Anders verhält es sich mit den materiell-rechtlichen Unsicherheiten. Grds. sind Reichswasserstraßen jene Wasserstraßen, die das Reich 1921 durch Staatsvertrag als Eigentum übernommen hat (→ Rn. 6) oder die im Eigentum Dritter standen, aber der Reichsverwaltung unterstanden, weil sie funktional als Reichswasserstraßen dienten.[71] Da jedoch nie ein verbindliches Verzeichnis der Reichswasserstraßen erstellt wurde, führt die „Vergangenheitsbezogenheit des Abs. 1"[72] zu anhaltenden Rechtsunsicherheiten.

23 Art. 89 Abs. 1 erfasst seit dem 3.10.1990 auch die auf dem **Gebiet Berlins** und der **ehemaligen DDR** gelegenen Reichswasserstraßen.[73] Die Gegenauffassung, der zufolge sich die Norm nur auf den Geltungsbereich des GG 1949 bezieht und stattdessen auf Art. 21 Abs. 1 S. 1 EVertr. verweist,[74] widerspricht der Rechtsprechung des BVerfG zum Fortbestand des Reiches bis zur Wiedervereinigung.[75] Das GG erlangte auf dem Gebiet der DDR zwar erst mit dem Beitritt nach Art. 23 aF Geltung, weshalb die dort gelegenen Reichswasserstraßen zuvor auch nicht im Eigentum der Bundesrepublik standen. Mit der Wiedervereinigung kam es aber zur Kongruenz zwischen der mit dem Reich bis dato rechtsidentischen Bundesrepublik und der Organisation des gesamten Staatsgebietes durch das GG.

24 Für Bundeswasserstraßen (zum Begriff → Rn. 43 ff.), an denen der Bund **nach dem 23.5.1949** Eigentum erlangt hat, gilt Abs. 1 nicht (siehe auch → Rn. 19), sondern nur die Abs. 2 und 3. Dies hervorzuheben ist notwendig, weil der Eigentumserwerb gem. Art. 89 Abs. 1 in der Diskussion über Möglichkeiten der Privatisierung von Bundeswasserstraßen eine Rolle spielt (→ Rn. 28 ff.). Bundeswasserstraßen, die nach dem 23.5.1949 diesen Status erlangt haben, müssen nicht im Eigentum des Bundes stehen. Für sie gilt

---

66 BGH LM Nr. 24 zu § 683 BGB; BGHZ 65, 384.

67 Allg. *Ibler* in MKS Rn. 16; BGHZ 180, 372 (381).

68 BVerwGE 9, 50 (53); *Hermes* in Dreier Rn. 11; *Sachs* in Sachs Rn. 11.

69 *Gröpl* in Maunz/Dürig Rn. 17; *Ibler* in MKS Rn. 7; *Maiwald* in SHH Rn. 3; offen gelassen bei *Reinheimer,* Das Verbindungskonzept der Bundeswasserstraßenverwaltung, 2008, 27.

70 *Durner* in BerlKomm Rn. 11.

71 *Durner* in BerlKomm Rn. 8; *Gröpl* in Maunz/Dürig Rn. 14; *Ibler* in MKS Rn. 6; ausf. *Friesecke,* Bundeswasserstraßengesetz, Einl. Rn. 20.

72 *Ibler* in MKS Rn. 1.

73 *Durner* in BerlKomm Rn. 18; BVerwGE 102, 74 (77); *Reinheimer,* Das Verbindungskonzept der Bundeswasserstraßenverwaltung, 2008, 90 f.

74 *Gröpl* in Maunz/Dürig Rn. 18; *Hermes* in Dreier Rn. 12; *Sachs* in Sachs Rn. 17; *Ibler* in MKS Rn. 12, der auf Art. 8 EVertr. Anl. I Kap. XI Sachgebiet E Abschn. III Nr. 7 lit. b (für West-Berlin: 6. ÜberleitungsG v. 25.9.1990, BGBl. 1990 I 2106) sowie die darauf gestützte VO v. 13.11.1990, BGBl. 1990 I 2524 verweist; *Kreuter,* Die Befugnisse des Bundes zur Verwaltung der Wasserstraßen in Deutschland, 2014, 66, *Erbguth/Erbguth* NordÖR 2005, 229 (230); so im Ergebnis auch *Friesecke,* Bundeswasserstraßengesetz, Einl. Rn. 20, 38 ff.; *Friesecke* LKV 1991, 129 mwN.

75 BVerfGE 36, 1 (16 f.).

Art. 89 Abs. 1 nicht.[76] Wortlaut und Genese schließen auch eine analoge Anwendung aus.

25 **3. Möglichkeit der materiellen Privatisierung.** Hinsichtlich der bisherigen Reichswasserstraßen ist umstritten, ob und ggf. in welcher Form der Bund sie privatisieren darf. Der Streit betrifft letztlich aber alle **Bundeswasserstraßen,** weil hierfür nicht nur die Form (der Zeitpunkt) des Eigentumserwerbs wichtig ist, sondern zuvörderst die **Funktion** als **Verkehrsweg.** Privatisierungsdiskussionen folgen politisch-ökonomischen Diskurszyklen.[77] Die Diskussion über eine Privatisierung der Bundeswasserstraßen und/oder der Bundeswasserstraßenverwaltung könnte jedoch unabhängig davon wegen der Neufassung des Art. 90 Abs. 2 (→ Art. 90 Rn. 13ff.) an Intensität gewinnen.

26 **Privatisierung** bedeutet **Aufgabenverlagerung** von der öffentlichen Hand auf Private.[78] Dabei ist idealtypisch zwischen verschiedenen **Formen** zu unterscheiden.[79] Eine materielle Privatisierung (Aufgabenprivatisierung) bedeutet den Rückzug des Staates aus öffentlichen Aufgaben. Die Erfüllung übernehmen Private. Eine formelle Privatisierung (Organisationsprivatisierung) zeichnet aus, dass Verwaltungsträger öffentliche Aufgaben nicht mehr durch Behörden wahrnehmen, sondern in privatrechtlicher Form, oft durch Eigengesellschaften oder Beliehene. Der öffentliche Charakter der Aufgaben und die Verantwortung der Verwaltungsträger für die ordnungsgemäße Erfüllung bleiben bestehen. Der Oberbegriff funktionale Privatisierung (Durchführungsprivatisierung) erfasst verschiedene Modelle der Kooperation zwischen Verwaltungsträgern und Privaten,[80] die kennzeichnet, dass Private mit der Vorbereitung und/oder Durchführung bestimmter Aufgaben betraut werden, ohne dass die öffentliche Verantwortung für die Aufgabe erlischt. Mit einer Vermögensprivatisierung, zB durch den Verkauf von Grundstücken oder Unternehmensanteilen, gibt die öffentliche Hand Vermögen und die Befugnis zur Vermögensverwaltung ab. Sie kann mit einer materiellen Privatisierung verbunden sein.

27 Das **Unionsrecht** steht Privatisierungen grds. nicht entgegen. Bundeswasserstraßen gehören zu den transeuropäischen Verkehrsnetzen (Art. 170 Abs. 1 AEUV). Daraus ist zu schließen, dass das Unionsrecht die Existenz funktions- und verbundfähiger Wasserstraßen voraussetzt bzw. fördert, nicht jedoch, dass es Privatisierungen verbietet. Aus der Sicht der Union kommt es auf die Leistungsfähigkeit der Netze an. Gleiches gilt für die Mitgliedstaaten untereinander, die sich koordinieren müssen (Art. 171 Abs. 2 S. 1 AEUV).[81] Privatisierungen können Interessen anderer Mitgliedstaaten berühren, ein Abstimmungsgebot begründet aber noch kein Verbot. Anders verhält es sich mit Privatisierungen, die mit Entwidmungen einhergehen und dadurch Wasserstraßen anderer Mitgliedsstaaten vom transeuropäischen Netz abschneiden würden. Sie widersprechen nicht nur den Zielen des Unionsrechts, sondern werden regelmäßig auch nicht die gem. Art. 172 Abs. 2 AEUV notwendige Billigung des betroffenen Mitgliedsstaats finden.

---

[76] Unstr., s. nur *Remmert* in BeckOK GG Rn. 6.

[77] *Eilfort/Jursch* APuZ 2017, 18f.

[78] *Bauer,* Privatisierung von Verwaltungsaufgaben, VVDStRL 54 (1995), 243 (250).

[79] *Schulze-Fielitz* in Hoffmann-Riem/Schmidt-Aßmann/Voßkuhle Grundlagen des Verwaltungsrechts, Bd. I, 2012, § 12 Rn. 108ff.; *Gröpl* in Maunz/Dürig Rn. 90ff.

[80] Ausf. *Gröpl* in Maunz/Dürig Rn. 93ff.

[81] Dazu *Kadelbach* FS f. Hoppe, 2000, 897.

De lege lata sind **weitreichende Privatisierungen** der Bundeswasserstraßen(verwaltung) **verfassungswidrig.**[82] Ob sich dies für Bundeswasserstraßen, die ehemalige Reichswasserstraßen sind, bereits aus dem Wortlaut „ist Eigentümer" ergibt,[83] ist jedoch fraglich. Art. 89 Abs. 1 hat einen Zustand begründet, bedeutet aber nicht zwangsläufig, dass der Bund auf ewig an sein Eigentum gebunden ist. § 903 S. 1 BGB schließt die Befugnis zur dinglichen Übertragung ein, „soweit nicht das Gesetz oder Rechte Dritter entgegenstehen." Art. 89 Abs. 2 S. 1 ist eine solche Norm, die als Privatisierungsschranke wirkt. **Hürden** sind die als bestehend vorausgesetzte Eigenschaft Bundeswasserstraße und die Anordnung ihrer Verwaltung durch den Bund.[84] Daneben wirkt Art. 89 Abs. 1 als Privatisierungsschranke. Der Bestand einer einzelnen Bundeswasserstraße ist jedoch nicht garantiert. 28

Als **Ausgangspunkt** erlaubt die Theorie vom modifizierten Privateigentum das Auseinanderfallen von Eigentum und öffentlicher Sachherrschaft (→ Rn. 18). Danach dürfte der Bund sein Eigentum auf Private übertragen, ohne seine Rechte und Pflichten aus der öffentlichen Sachherrschaft durch Entwidmung aufzugeben. Dies würde sowohl für Bundeswasserstraßen gelten, die nach dem 23.5.1949 entstanden sind, als auch für solche, die Reichswasserstraßen waren. Der Bund muss nicht Eigentümer sein, um eine Bundeswasserstraße als solche zu widmen. 29

Eine Vermögensprivatisierung widerspricht jedoch der **staatlichen Infrastrukturverantwortung.**[85] **Funktionsgebundenes Eigentum verpflichtet.** Verkehrswege sichern die Beherrschung des Staatsgebiets (→ Rn. 1) und sind Voraussetzung für die Wahrnehmung mehrerer Grundrechte (Freizügigkeit, Berufsfreiheit, Handlungsfreiheit). Auch Wasserstraßen dienen der öffentlichen Daseinsvorsorge. Diese Aufgabe können sie nur erfüllen, wenn sie permanent funktionstüchtig sind. Die beste Gewähr hierfür bietet gegenwärtig und zukünftig die Eigentümerstellung des Staates.[86] Sollte es zB auf Grund langfristiger klimatischer Veränderungen vermehrt zu Perioden der Wasserknappheit kommen, dürfte – wenn überhaupt – nur der Staat Willens und in der Lage sein, die für ein Wasserstandsmanagement notwendigen baulichen Anlagen zu finanzieren. Will sich der Staat seiner Infrastrukturverantwortung entledigen, braucht es hierfür stets eine Verfassungsänderung. 30

Neben die staats- und grundrechtstheoretischen Argumente tritt ein praktisches. Planung, Bau, Betrieb und Unterhalt lassen sich mangels **Interessenkollisionen** zwischen Eigentümer und Sachherr am besten gewährleisten, wenn Eigentum und öffentliche Sachherrschaft zusammenfallen.[87] Art. 89 Abs. 1 stellt dies gegenstandsadäquat in der Hand eines leistungsstarken Verwaltungsträgers sicher. 31

---

[82] *Pechstein* DÖV 2013, 85 (86 f.); *Kment,* in Jarass/Pieroth Rn. 3; *Hermes* in Dreier Rn. 21 f.

[83] So *Ibler* in MKS Rn. 28; aA *Sachs* in Sachs Rn. 15.

[84] *Uerpmann-Wittzack* in HdbStR IV § 89 Rn. 53.

[85] AA *Kreuter,* Die Befugnisse des Bundes zur Verwaltung der Wasserstraßen in Deutschland, 2014, 151; *Gröpl* in Maunz/Dürig Rn. 38, bezogen auf das Eigentum; ähnl. *Hermes* in Dreier Rn. 15, der Art. 89 Abs. 1 GG va als Übergangsvorschrift ansieht.

[86] Zur Vernachlässigung der Infrastrukturverantwortung durch den Bund mangels ausreichender Investitionen *H. M. Müller* UPR 2015, 453. Die Infrastrukturverantwortung des Bundes ist va eine Instandhaltungs- und Instandsetzungsverantwortung.

[87] Für einen entsprechenden rechtlichen Grundsatz *Maiwald* in SHH Rn. 2, 5; *Reinheimer,* Das Verbindungskonzept der Bundeswasserstraßenverwaltung, 2008, 21 ff.; ähnl. *Remmert* in BeckOK GG Rn. 6.

32 Die mit der Eigentümerstellung einhergehenden Pflichten schließen nicht das Recht des Bundes aus, Privatisierungen und Entwidmungen vorzunehmen, wenn eine Wasserstraße **keine Bedeutung** mehr für den **allgemeinen** Verkehr hat.[88] Dann ist die Infrastrukturverantwortung insoweit erloschen.[89] Auch dies gilt sowohl für Bundeswasserstraßen, die unter Art. 89 Abs. 1 fallen, als auch für solche, die erst nach dem 23.5.1949 Eigentum des Bundes geworden sind.

33 Von der Veräußerung des Eigentums an Bundeswasserstraßen ist die materielle Privatisierung der Verwaltung zu unterscheiden. Art. 89 Abs. 2 S. 1 setzt die **Existenz** einer **Bundeswasserstraßenverwaltung** voraus. Eine Privatisierung der damit verbundenen Aufgaben würde der Norm ihr Substrat entziehen und den Sinn nehmen. Somit besteht aus Art. 89 Abs. 2 S. 1 eine **Aufgabenwahrnehmungspflicht.**[90] § 7 Abs. 1 und § 12 Abs. 1 WaStrG bringen dies zum Ausdruck. Dem Bund ist es daher ebenfalls verwehrt, sich seiner Verantwortung für die Verwaltung der Wasserstraßen, die dem allgemeinen Verkehr dienen, zu entziehen. An Art. 89 Abs. 2 S. 1 iVm Art. 87 Abs. 1 S. 1 Var. 3 scheitert auch eine formelle Privatisierung,[91] weil die Verwaltung durch eigene Behörden erfolgen muss (→ Rn. 47).

34 An funktionalen Privatisierungen (Verwaltungshilfe, PPPs) ist der Bund nicht gehindert, solange es nicht zu einer verdeckten materiellen Privatisierung kommt (→ Rn. 42).[92] § 7 Abs. 2 und § 12 Abs. 5 WaStrG sind verfassungsrechtlich unbedenklich, gestatten aber **keine Aushöhlung** der durch Art. 89 Abs. 2 S. 1 iVm Art. 87 Abs. 1 S. 1 Var. 3 angeordneten bundeseigenen Verwaltung (→ Rn. 47).[93]

II. Bundeswasserstraßenverwaltung (Art. 89 Abs. 2, 3)

35 **1. Der Bund verwaltet.** Art. 89 liegt ein **materieller Verwaltungsbegriff** zu Grunde. Im Sinne der Negativdefinition erfasst er alle Tätigkeiten, die nicht Staatsleitung, Gesetzgebung oder Rechtsprechung sind.[94] Umfasst sind alle Arten der Verwaltung, Eingriffsverwaltung, Leistungsverwaltung und Infrastrukturverwaltung, im Rahmen der (grund-)gesetzlichen Anforderungen alle Handlungsformen und alle Organisationsformen, soweit nicht insbes. Art. 89 Abs. 2 S. 1 bestimmte Modi der Aufgabenerledigung und Organisation ausschließt (→ Rn. 47). Soweit in Abs. 3 der Ausbau und der Neubau neben der Verwaltung genannt sind, handelt es sich um eine überflüssige Verdoppelung.[95]

36 Ob die Verwaltung einem **Vorbehalt des Gesetzes** unterliegt, richtet sich nach den allgemeinen Grundsätzen. Eingriffe in Rechte Dritter einschließlich anderer Verwaltungsträger bedürfen einer parlamentsgesetzlichen Grundlage oder Ermächtigung, Maßnahmen ohne belastende Wirkung hingegen nicht.[96]

---

[88] *Remmert* in BeckOK GG Rn. 6; *Durner* in BerlKomm Rn. 19; *Gröpl* in Maunz/Dürig Rn. 37; *Sachs* in Sachs Rn. 13; *Maiwald* in SHH Rn. 6.

[89] Für das Bestehen einer solchen Verantwortung auch *Remmert* in BeckOK GG Rn. 14.

[90] *Hermes* in Dreier Rn. 22; *Ibler* in MKS Rn. 46; *Durner* in BerlKomm Rn. 32; *Gröpl* in Maunz/Dürig Rn. 90; *Pechstein,* DÖV 2013, 85 (87 f.).

[91] *Uerpmann-Wittzack* in HdbStR IV § 89 Rn. 53; *Hermes* in Dreier Rn. 21; *Gröpl* in Maunz/Dürig Rn. 91; *Ibler* in MKS Rn. 46; *Sachs* in Sachs Rn. 22.

[92] *Gröpl* in Maunz/Dürig Rn. 99; *Pechstein* DÖV 2013, 85 (90 f.).

[93] *Durner* in BerlKomm Rn. 35.

[94] *O. Mayer,* Verwaltungsrecht, Bd. I, 1924, 7.

[95] *Sachs* in Sachs Rn. 20.

[96] Ähnl. *Durner* in BerlKomm Rn. 24.

Die Unterscheidung zwischen „gesetzesakzessorischer" und „gesetzesfreier" Verwaltung sollte nicht fortgeführt werden.[97] Sie suggeriert das Fortbestehen einer „Freiheit" aus der Zeit der konstitutionellen Monarchie, die es unter dem GG nicht mehr gibt.[98]

Erfasst sind (nur) die **verkehrswegebezogenen Verwaltungsaufgaben,** 37
die sich aus dem Bundesrecht ergeben,[99] konkret zB die Planung, der Neu- und Ausbau, der Betrieb und der Unterhalt der Bundeswasserstraßen (→ Rn. 43 ff.). Planung und Bau von Bundeswasserstraßen sind typischerweise mit **Enteignungen** verbunden. Daher ist **§ 44 Abs. 3 WaStrG,** der hierfür eine Zuständigkeit der Landesbehörden begründet, **verfassungswidrig.**[100] Art. 89 verdrängt insoweit Art. 83 bis 85, zumal der Bund auch von Art. 89 Abs. 2 S. 3 keinen Gebrauch gemacht hat. An der Wirksamkeit formell bestandskräftiger Enteignungen ändert dies nichts.[101] Umgekehrt sind Bundesbehörden nicht befugt, Landesrecht, zB die Landeswassergesetze, zu vollziehen.[102] Vielmehr sind sie an Landesrecht gebunden.[103] Die äußerste Grenze der Verwaltungskompetenzen des Bundes sind seine Gesetzgebungskompetenzen.[104] Art. 74 Abs. 1 Nr. 21 beschränkt die Gesetzgebungskompetenz auf die Seewasserstraßen und die dem allgemeinen Verkehr dienenden Binnenwasserstraßen.

Soweit im Kontext von Bundeswasserstraßen **andere** als verkehrswegebe- 38
zogene **Aufgaben** anfallen, zB wasserhaushaltsrechtliche, abfallrechtliche, bodenschutzrechtliche, naturschutzrechtliche oder landschaftsrechtliche, fallen diese in die Zuständigkeit der **Landesbehörden,** auch wenn die Aufgaben auf Bundesrecht beruhen.[105] Dies ergibt sich aus Art. 83 bis 85 und ist der verfassungsrechtliche Normalfall; zum Ausnahmefall der Wasserverkehrsverwaltung nach Art. 89 Abs. 2 S. 2 (→ Rn. 66 ff.). Insbes. die Abgrenzung zwischen Wasserstraßenrecht (Wegerecht) und Wasserhaushaltsrecht (Bewirtschaftungsrecht) ist mitunter schwierig, weil sich die Nutzungen überschneiden können.[106] So war umstritten, ob der Bund auf der Grundlage des Wasserhaushaltsrechts Entnahmegebühren an das zuständige Land entrichten muss, wenn die Entnahme dem Ausbau einer Bundeswasserstraße dient.[107]

---

[97] Krit. auch *Ibler* in MKS Rn. 44.

[98] *Hesse,* Grundzüge des Verfassungsrechts der Bundesrepublik Deutschland, 1995, Rn. 348; noch umfassender *H. H. Rupp,* Grundfragen der heutigen Verwaltungsrechtslehre, 1991, 143, dort allerdings in Bezug auf das Verhältnis zum Bürger.

[99] *Gröpl* in Maunz/Dürig Rn. 62 ff.; *Maiwald* in SHH Rn. 9, 11; BVerfGE 15, 1 (9, 16); BVerfGE 21, 312 (320, 325); *Friesecke,* Bundeswasserstraßengesetz, Einl. Rn. 8; *R. Reinhardt/Schäfer* in NomosOK WaStrG Einl. Rn. 2.

[100] So auch *Gröpl* in Maunz/Dürig Rn. 67; aA *Friesecke,* Bundeswasserstraßengesetz, § 44 Rn. 6; *Ibler* in MKS Rn. 56; *Durner* in BerlKomm Rn. 29; *Kment* in Jarass/Pieroth Rn. 3.

[101] Allg. *Gerhard,* Die Rechtsfolgen prinzipaler Normenkontrollen für Verwaltungsakte, 2008, 43.

[102] *Durner* in BerlKomm Rn. 27.

[103] *Gröpl* in Maunz/Dürig Rn. 121; BVerwG NVwZ-RR 2007, 750.

[104] *Friesecke,* Bundeswasserstraßengesetz, Einl. Rn. 8; *Reinheimer,* Das Verbindungskonzept der Bundeswasserstraßenverwaltung, 2008, 119 ff.; krit. *Faßbender* EurUP 2016, 17 (23 ff.).

[105] *Gröpl* in Maunz/Dürig Rn. 119 ff.; BVerfGE 15, 1; BVerfGE 21, 312 (320 f.); *Friesecke,* Bundeswasserstraßengesetz, Einl. Rn. 8; *R. Reinhardt/Schäfer* in NomosOK WaStrG Einl. Rn. 2; aA *Faßbender* EurUP 2016, 17 (25 ff.).

[106] BVerfGE 15, 1 (9 ff.); BVerfGE 21, 312 (320), eine „Bundeswasserstraße ist immer zugleich Verkehrsweg und Wasserspender und Vorfluter."

[107] Bestätigt durch BVerwG NVwZ-RR 2007, 750 (751 f.).

39 Grds. sind die Länder zuständig für die Abwehr von Gefahren für die Sicherheit und Ordnung.[108] Für Bundeswasserstraßen ist jedoch zwischen der **Hafenpolizei,** der **Schifffahrtspolizei** und der **Strompolizei** zu unterscheiden. Die Hafenpolizei ist grds. Ländersache (vgl. auch § 24 Abs. 3 WaStrG).[109] Gem. Art. 89 Abs. 2 S. 2 iVm § 1 Abs. 1 Nr. 2 BinSchAufgG bzw. § 1 Abs. 1 Nr. 2 SeeAufgG fällt die Abwehr verkehrsspezifischer Gefahren auf dem Gebiet der Binnen- und Seeschifffahrt in die Zuständigkeit des Bundes (Schifffahrtspolizei, → Rn. 72).[110] Das Ergreifen von Gefahrenabwehrmaßnahmen, um Bundeswasserstraßen in einem für die Schifffahrt erforderlichen Zustand zu halten (Strompolizei), ist gem. § 24 Abs. 1 WaStrG ebenfalls Sache des Bundes.[111]

40 Die **Bundespolizei** ist zuständig, soweit (Bundes-)Wasserstraßen in ihrer Funktion als Staatsgrenze der Bundesrepublik betroffen sind oder ein Gewässer diese Grenze durchschneidet. § 2 Abs. 1, 3 BPolG erlaubt die Wahrnehmung von Aufgaben des grenzpolizeilichen Einzeldienstes durch ein Land im Einvernehmen mit dem Bund; zur Organleihe durch den Bund (→ Rn. 73).

41 Ob die Verwaltung des Eigentums an Bundeswasserstraßen, dh die **Vermögensverwaltung,** nach Abs. 1, Abs. 2 oder nur konkludent dem Bund zugewiesen ist, ist umstritten,[112] jedoch im Ergebnis ohne Belang. Solange eine Bundeswasserstraße dem allgemeinen Verkehr dient und der Bund Eigentümer ist, liegt es nahe, sie auf Abs. 1 und Abs. 2 zu stützen. Verliert eine Bundeswasserstraße ihre Verkehrsfunktion durch Entwidmung, verliert der Bund seine funktionsbezogene Verwaltungskompetenz (Abs. 2), nicht jedoch seine Kompetenz zur Vermögensverwaltung (Abs. 1), weil dann die in Abs. 1 verankerte eigentumsakzessorische Befugnis zur Vermögensverwaltung greift. Soweit der Bund nicht Eigentümer einer Bundeswasserstraße ist (zu dieser Möglichkeit → Rn. 24), ist die Vermögensverwaltung erfasst, soweit sie für eine effektive Verwaltung der Verkehrswege notwendig ist. Die mögliche **„Zweigleisigkeit"** der Vermögensverwaltung folgt aus der Theorie vom modifizierten Privateigentum (→ Rn. 18).

42 Ob und inwieweit der **Bund** seine **Aufgaben selbst erfüllen** (→ Rn. 47) muss oder sich hierzu nach innen und/oder außen im Wege funktionaler Privatisierung (→ Rn. 26) privater Dritter bedienen darf, ist einzelfallabhängig. Der Wortlaut von Art. 87 Abs. 1 S. 1 Var. 3 steht jedoch einer flächendeckenden Betrauung Privater mit substanziellen Aufgaben entgegen. Sonst stünde der Verwaltungstyp „bundeseigene Verwaltung" inhaltlich zur Disposition.[113] Kooperationen, zB in Form von Betreiber- oder Konzessionsmodellen, müssen daher Einzelfälle bleiben, bei denen der Bund sich zudem vertraglich alle **substantiellen Selbsteintritts-, Kontroll- und Rückholrechte** vorbehalten muss.[114] Wegen der Komplexität

[108] Zur Polizeipflichtigkeit des Bundes im Bereich der Wasserstraßenverwaltung *Kreuter,* Die Befugnisse des Bundes zur Verwaltung der Wasserstraßen in Deutschland, 2014, 185 ff.

[109] *Gröpl* in Maunz/Dürig Rn. 105, Fn. 4, dort auch zu § 1 Abs. 4 Nr. 1 WaStrG; *R. Reinhardt/Schäfer* in NomosOK WaStrG § 24 Rn. 4.

[110] BVerwGE 87, 181 (183).

[111] *R. Reinhardt/Schäfer* in NomosOK WaStrG § 24 Rn. 1 f.

[112] S. nur *Gröpl* in Maunz/Dürig Rn. 65; *Ibler* in MKS Rn. 43; *Durner* in BerlKomm Rn. 25; *Kreuter,* Die Befugnisse des Bundes zur Verwaltung der Wasserstraßen in Deutschland, 2014, 92 ff.

[113] *Gröpl* in Maunz/Dürig Rn. 98.

[114] *Gröpl* in Maunz/Dürig Rn. 99; *Remmert* in BeckOK GG Rn. 15.

und Laufzeit der Verträge ist unsicher, ob der Bund durch Kooperationen Haushaltsmittel spart.

2. die Bundeswasserstraßen. Art. 89 Abs. 2 definiert nicht, welche Wasserstraßen Bundeswasserstraßen sind. Art. 74 Abs. 1 Nr. 21 und Art. 97 Abs. 1 WRV legen nahe, dass Bundeswasserstraßen die **Seewasserstraßen** und **die dem allgemeinen,** dh dem gewerblichen **Verkehr dienenden Binnenwasserstraßen** sind.[115] Diese(r) Auslegung entspricht § 1 Abs. 1 Nr. 1 und 2 WaStrG. In der Literatur wird teilweise gefordert, nur die Seewasserstraßen zu den Bundeswasserstraßen zu zählen, die dem allgemeinen Verkehr dienen.[116] Ob es Bundeswasserstraßen geben darf, die nicht dem allgemeinen Verkehr dienen, ist umstritten (sa→ Rn. 45).[117] 43

§ 1 Abs. 1 Nr. 1 und Abs. 4 **WaStrG konkretisieren,** welche Gewässerteile auch zu den Binnenwasserstraßen bzw. welche weiteren Einrichtungen zu den Bundeswasserstraßen gehören.[118] § 1 Abs. 2 S. 1 WaStrG definiert Seewasserstraßen als die Fläche bis zur seewärtigen Begrenzung des Küstenmeeres (Zwölf-Seemeilen-Zone, Art. 3 SRÜ).[119] § 1 Abs. 2 S. 2 WaStrG nimmt Hafeneinfahrten, weitere Bauwerke und Anlagen sowie trockenfallende Badestrände aus. 44

Inhaltlich sind Reichs- und Bundeswasserstraßen nicht identisch. Bisherige Reichswasserstraßen können ihre Bedeutung für den allgemeinen Verkehr verloren haben, nach 1949 sind neue Bundeswasserstraßen entstanden.[120] **Sinkt** eine Binnenwasserstraße in ihrer **Verkehrsbedeutung herab,** weil sie nur noch dem Freizeitverkehr dient, ist der Bund verpflichtet, eine Bestandsänderung gem. § 2 Abs. 1 S. 2 WaStrG anzustreben. Erzwingen kann er eine solche wegen § 2 Abs. 1 S. 1 WaStrG zwar nicht,[121] der Bund soll aber nicht ohne entsprechende Bemühungen Wasserstraßen verwalten, für die er die Verwaltungskompetenz wegen der tatsächlichen Änderung der Verhältnisse nicht mehr haben darf.[122] Die ursprünglich insoweit kompetenzgemäß verabschiedete Anlage 1 zum WaStrG ändert daran nichts. Die Fortgeltung ermöglicht, solange die Anlage 1 nicht geändert wird,[123] die gesetzmäßige, 45

---

[115] *Kreuter,* Die Befugnisse des Bundes zur Verwaltung der Wasserstraßen in Deutschland, 2014, 78 ff.; *Faßbender* EurUP 2016, 17 (28), unter Hinweis auf die mit Föderalismusreform I 2006 erweiterten Gesetzgebungskompetenzen des Bundes; ähnl. bereits *Möckel* DVBl. 2010, 618 (624); zur Gesetzgebungskompetenz des Bundes im Wasserrecht *Reinhardt* AöR 135 (2010), 459.

[116] *Sachs* in Sachs Rn. 19; aA *Ibler* in MKS Rn. 43; BGHZ 108, 110 (114); BVerwGE 87, 169 (174).

[117] Dagegen *Kupsch* NuR 2005, 285 (290); *Durner* in BerlKomm Rn. 23, zur Gegenauffassung dort Fn. 75, der auch *Faßbender* EurUP 2016, 17 (24) folgt.

[118] Sa *Gröpl* in Maunz/Dürig Rn. 52 f.

[119] BGHZ 108, 110 (114), dort noch Drei-Seemeilen-Zone; BVerwGE 87, 169 (174); *Gröpl* in Maunz/Dürig Rn. 15, 54 f, 126.

[120] *Durner* in BerlKomm Rn. 21; *Remmert* in BeckOK GG Rn. 8.

[121] *Kreuter,* Die Befugnisse des Bundes zur Verwaltung der Wasserstraßen in Deutschland, 2014, 177.

[122] *Gröpl* in Maunz/Dürig Rn. 56 f., „dynamischer Charakter". Der Bundesrechnungshof hat empfohlen, verfassungsrechtlich die Möglichkeit zu schaffen, den Ländern gegen Zahlung eines Ablösungsbetrages die Verwaltung zwangsweise zu übertragen, vgl. *Präsident des Bundesrechnungshofes,* Modernisierung der Verwaltungsbeziehungen von Bund und Ländern, 2007, 83 f. Hintergrund ist, dass die Länder aus Kostengründen die Verwaltung „herabgesunkener" Wasserstraßen nicht vom Bund übernehmen wollen, dazu bereits *Schulze* NVwZ 1999, 1289 (1290).

[123] BGBl. 2007 I 977–984; zur konstitutiven Bedeutung, *R. Reinhardt/Schäfer,* in NomosOK WaStrG § 1 Rn. 2, unwiderlegliche Vermutung.

dh verkehrswegebezogene Weiterverwaltung, nicht jedoch eine Verwaltung unter umweltrechtlichen Aspekten (→ Rn. 38).

46 **Binnenwasserstraßen,** die nicht mehr in Anlage 1 des WaStrG geführt werden, weil sie keine allgemeine Verkehrsbedeutung mehr haben, darf der Bund nur noch unter vermögensrechtlichen Aspekten verwalten. Explizit **eigentumsbezogenen Pflichten** muss er nachkommen (→ Rn. 21). Sie gehören jedoch nicht zu den Aufgaben der Wasserstraßen- und Schifffahrtsverwaltung, sondern der Bundesvermögensverwaltung.[124] Eine wasserwirtschaftliche oder umweltrechtliche Verwaltung mit Gestaltungsfunktion ist dem Bund wegen Art. 89 Abs. 2 S. 1 verwehrt, solange seine Verwaltungskompetenzen nicht durch eine Verfassungsänderung (→ Rn. 77) oder im Wege des Art. 87 Abs. 3 erweitert werden.[125]

47 **3. durch eigene Behörden.** Die in Art. 87 Abs. 1 S. 1 genannten Gegenstände der Bundeseigenverwaltung sind durch eigene Behörden zu verwalten **(bundeseigene Verwaltung mit eigenem Verwaltungsunterbau).**[126] Aufgaben dürfen nur begrenzt auf Private übertragen werden (→ Rn. 28 und 42). Das ansonsten weite Organisationsermessen des Bundes ist zudem in dreierlei Hinsicht eingeschränkt. Erstens muss ein mindestens zweistufiger Behördenaufbau existieren.[127] Zweitens sind alle Formen der mittelbaren Bundesverwaltung ausgeschlossen.[128] Drittens ist eine formelle Privatisierung der Bundeswasserstraßenverwaltung verboten, zB die Gründung einer privatrechtlichen Infrastrukturgesellschaft (anders jetzt → Art. 90 Rn. 61 ff.).[129] Hierfür bedürfte es wie im Fall von Art. 87d Abs. 1 S. 1 und Art. 90 Abs. 2 S. 1 einer Verfassungsänderung („Bundesverwaltung").

48 Bis zum 30.4.2013 wurden die Bundeswasserstraßen durch das für Verkehr zuständige Bundesministerium, sieben Wasser- und Schifffahrtsdirektionen, 39 Wasser- und Schifffahrtsämter, Neubauämter und Wasserstraßen-Neubauämter sowie die in § 45 Abs. 3 WaStrG genannten fachtechnischen Behörden verwaltet.[130] Durch ministeriellen Erlass wurden die Wasser- und Schifffahrtsdirektionen aufgelöst und als neue Mittelbehörde die Generaldirektion Wasserstraßen und Schifffahrt (GDWS) mit Sitz in Bonn plus Außenstellen an bisherigen Standorten der Direktionen errichtet.[131] Für diese Neuorganisationen bedurfte es keines Gesetzes.[132]

---

[124] *Kreuter,* Die Befugnisse des Bundes zur Verwaltung der Wasserstraßen in Deutschland, 2014, 86; *Gröpl* in Maunz/Dürig Rn. 65; aA *Hermes* in Dreier Rn. 19; *Faßbender* EurUP 2016, 17 (26).

[125] Hierzu *Faßbender* EurUP 2016, 17 (23); *Maiwald* in SHH Rn. 9; gegen eine Anwendbarkeit des Art. 87 Abs. 3 GG *Hermes* in Dreier Rn. 8, Art. 89 Abs. 2 GG als Spezialregelung.

[126] Zu diesem Typus vgl. *Dittmann,* Die Bundesverwaltung, 1983, 82; *Stern,* StaatsR II, 1980, § 41 Kap. VII 3b α, 5.

[127] *Durner* in BerlKomm Rn. 33; aA *Oebbecke* in HdbStR VI § 136 Rn. 89; *Maiwald* in SHH Rn. 9.

[128] *Remmert* in BeckOK GG Rn. 10; *Gröpl* in Maunz/Dürig Rn. 59.

[129] *Uerpmann-Wittzack* in HdbStR IV § 89 Rn. 53; *Gröpl* in Maunz/Dürig Rn. 91; *Ibler* in MKS Rn. 46.

[130] *Gröpl* in Maunz/Dürig Rn. 61.

[131] *Remmert* in BeckOK GG Rn. 10.1; zur Behördenstruktur sa https://www.gdws.wsv.bund.de/DE/gdws/01_ueber-uns/organigramm/Organigramm_WSV_pdf.pdf?__blob=publicationFile&v=23 (zuletzt abgerufen am 26.8.2020); *Nehab* DVBl. 2014, 156 (157), dort zu der Frage, ob der Erlass durch die Bundesregierung hätte erfolgen müssen.

[132] Dagegen *Durner* in BerlKomm Rn. 33; *Nehab* DVBl. 2014, 156 (158); allg. zur Organisation der Bundesverwaltung *Oebbecke* in HdbStR VI § 136 Rn. 80 ff.

4. Möglichkeit der Landesverwaltung (Art. 89 Abs. 2 S. 3, 4). Art. 89 Abs. 2 S. 3 und 4 gestattet, die **bundeseigene Verwaltung** teilweise durch **Bundesauftragsverwaltung** (Art. 85) zu **ersetzen.** Wasserwege- und Wasserwirtschaftsverwaltung lägen dann bei einem Verwaltungsträger.[133] Allerdings bestünde für die Wasserwegeverwaltung wegen Art. 85 Abs. 3 ein Weisungsrecht des Bundes. Dieser wäre weiterhin sachverantwortlich[134] und hätte die Kosten aus Art. 104a Abs. 2, nicht aber aus Abs. 5 zu tragen. Die Vorschriften sind bisher nicht zur Anwendung gekommen.[135] 49

Handelt es sich um eine ländergrenzenüberschreitende Wasserstraße, ist die **Mitverwaltung** durch ein anderes Land gem. S. 4 zulässig. Diese bedarf eines einvernehmlichen Antrags (→ Rn. 53), so dass sie nicht aufgezwungen werden kann. 50

Ob die Übertragung einem **Gesetzesvorbehalt** unterliegt oder ein schlichthoheitlicher Übertragungsakt der Bundesregierung[136] ausreicht, ist **umstritten.** Gegen einen Gesetzesvorbehalt spricht das *argumentum e contrario* aus S. 2. Wenn aber die Übertragung von Aufgaben auf den Bund einem Gesetzesvorbehalt unterliegt, ist nicht einzusehen, warum für die Übertragung auf die Länder nicht gleiches gelten soll. Die Begründung der Wahrnehmungskompetenz, die nicht nur begünstigend wirkt (Wahrnehmungspflicht), spricht für das Erfordernis einer gesetzlichen Grundlage.[137] 51

Gegenstand der Übertragung kann jeweils nur die Verwaltung bestimmter, nicht aller Bundeswasserstraßen in einem Lande sein. S. 4 ist insoweit klarer gefasst als S. 3 („von", nicht „der"). Die Übertragung kann sich auf ein Teilstück oder auf Teilaufgaben beschränken *(argumentum a maiore ad minus)*.[138] 52

Verfahrensrechtlich ist die Übertragung mitwirkungsbedürftig. Das betroffene (S. 3) bzw. die betroffenen Länder (S. 4) müssen einen Antrag stellen. Die Organkompetenz hiefür richtet sich nach dem Landesverfassungsrecht. Eine bestimmte **Form** ist nicht vorgeschrieben, die Schriftform ist aber rechtsstaatlich geboten,[139] weil die Bundesauftragsverwaltung die Länder auch belastet (→ Rn. 49 und 51). 53

Ob der Bund einem Antrag stattgibt, liegt in seinem **Ermessen.** Leitend ist das Interesse der Allgemeinheit an einer effizienten rechtskonformen Verwaltung. Daher ist fraglich, ob ein Anspruch auf ermessensfehlerfreie Entscheidung besteht.[140] Das Bund-Länder-Verhältnis (Bundestreue) gibt dafür nichts her, weil es keine Pflicht des Bundes begründet „Verwaltungskompetenzen zu leisten." 54

---

[133] *Dittmann,* Die Bundesverwaltung, 1983, 185.

[134] BVerfGE 81, 310 (333); *Hermes* in Dreier Rn. 24.

[135] Ob die Verwaltung der Elbe in Hamburg einen Anwendungsfall darstellt, ist str., *Ibler* in MKS Rn. 64, vorkonstitutionelle Rechtskonstruktion gem. § 45 Abs. 5 WaStrG; anders *Durner* in BerlKomm Rn. 38; *Dittmann,* Die Bundesverwaltung, 1983, 186, Bundesauftragsverwaltung nach verfassungskonformer Auslegung; skeptisch *Gröpl* in Maunz/Dürig Rn. 88; *Hermes* in Dreier Rn. 23.

[136] Die Übertragung betrifft die Geschäftsbereiche mehrerer Ressorts (Umwelt, Verkehr, Wirtschaft).

[137] So im Ergebnis auch *Gröpl* in Maunz/Dürig Rn. 80; *Hermes* in Dreier Rn. 23; aA *Ibler* in MKS Rn. 68; *Sachs* in Sachs Rn. 26, unter Hinweis auf den in S. 1 und S. 3, 4 identischen Wortlaut „der Bund" = Bundesexekutive.

[138] *Durner* in BerlKomm Rn. 38; *Ibler* in MKS Rn. 66, 71; *Remmert* in BeckOK GG Rn. 12.

[139] *Ibler* in MKS Rn. 67; *Gröpl* in Maunz/Dürig Rn. 76.

[140] AA *Gröpl* in Maunz/Dürig Rn. 79.

55 Die **Rückübertragung** in bundeseigene Verwaltung unterliegt den gleichen Voraussetzungen wie die Übertragung (Antragserfordernis durch das Land und Aufhebung des Bundesgesetzes).[141]

56 **5. Inhaltliche Anforderungen und Einvernehmen der Länder (Abs. 3).** Art. 89 Abs. 3 ist eine Ausprägung des Grundsatzes der Bund-Länder-Treue.[142] Er ist wortgleich mit Art. 97 Abs. 3 S. 1 WRV und dient wie die Vorgängervorschrift dem **Schutz** der **Interessen** der **Länder.**[143] Aus einem Vergleich mit Art. 91a ff. ist zu schließen, dass auch Art. 89 Abs. 3 eine Ausnahme vom grds. Verbot der **Mischverwaltung** vorsieht.[144]

57 Hintergrund der Regelung ist die oft schwierige Trennung von Wasserwege- und Wasserwirtschaftsverwaltung.[145] Bundeswasserstraßen sind nicht nur Verkehrswege, sondern auch Wasserspender und Vorfluter.[146] Besonders deutlich wird das Abstimmungsbedürfnis bei Maßnahmen, die über Betrieb und Unterhalt hinausgehen. Ausbau und Neubau fallen zwar unter den Oberbegriff Verwaltung (→ Rn. 35), die Auswirkungen auf die Länder können dann aber außerordentlich groß sein. **Bund** und **Länder** müssen daher va bei Planungen **verfahrensrechtlich** und **inhaltlich kooperieren.**

58 Indem die Norm das Einvernehmen der von einem Vorhaben konkret betroffenen Länder fordert,[147] begründet sie ein **formelles Beteiligungsrecht.**[148] Sie dient dem Schutz der Länder, deren Interessen beeinträchtigt sein können, nicht aller Anrainer oder gar Dritter. Zudem erfasst die Norm nur Beeinträchtigungen von einigem Gewicht **(„Bedürfnisse“).**[149]

59 **Einvernehmen** meint nicht Benehmen. Die **Länder müssen** nicht nur angehört werden, sondern **zustimmen.**[150] §§ 4, 7 Abs. 4, 13 Abs. 1 und 14 Abs. 3 WaStrG wiederholen und konkretisieren diese verfassungsrechtliche Vorgabe.[151]

60 Das Einvernehmenserfordernis gilt sinngemäß auch für den – bisher theoretischen (→ Rn. 49) – Fall der **Bundesauftragsverwaltung** nach Abs. 2 S. 3, 4. Maßnahmen des Bundes gem. Art. 85 Abs. 3 sind an Art. 89 Abs. 3 zu messen.[152]

61 Die Folgen eines **versagten Einvernehmens** sind im GG nicht geregelt. Ist der Bund der Auffassung, das Land könne sich nicht auf Art. 89 Abs. 3 berufen, darf er das Einvernehmen nicht ersetzen oder sich hinwegsetzen,[153]

---

[141] *Gröpl* in Maunz/Dürig Rn. 85 ff.; *Remmert* in BeckOK GG Rn. 11.

[142] *Durner* in BerlKomm Rn. 40; *Friesecke* NuR 2000, 81 (82); *Gröpl* in Maunz/Dürig Rn. 129.

[143] *Anschütz,* Die Verfassung des Deutschen Reiches vom 11.8.1919, Kommentar, 14. Bearb., 1933, Art. 97 Anm. 7.

[144] *Friesecke* NuR 2000, 81 (85).

[145] Für die Wasserverkehrsverwaltung gilt Art. 89 Abs. 3 GG nicht, *Hermes* in Dreier Rn. 25.

[146] *Remmert* in BeckOK GG Rn. 17.

[147] *Durner* in BerlKomm Rn. 43; *Ibler* in MKS Rn. 83; *Gröpl* in Maunz/Dürig Rn. 144.

[148] *Kment* in Jarass/Pieroth Rn. 5; *Gröpl* in Maunz/Dürig Rn. 141.

[149] *Friesecke,* Bundeswasserstraßengesetz, § 4 Rn. 4; *Ibler* in MKS Rn. 78; *Gröpl* in Maunz/Dürig Rn. 139 f.

[150] BVerwG NVwZ 2002, 1239 (1242); *Gröpl* in Maunz/Dürig Rn. 141; *Ibler* in MKS Rn. 79; *Durner* in BerlKomm Rn. 44, „Vetorecht“.

[151] Ausf. *Friesecke,* Bundeswasserstraßengesetz, § 14 Rn. 69 ff.

[152] *Durner* in BerlKomm Rn. 41; *Gröpl* in Maunz/Dürig Rn. 132; *Hermes* in Dreier Rn. 25.

[153] BVerwGE 116, 175 (185), eine „Versagung des Einvernehmens bindet auch dann, wenn sie rechtswidrig ist.“

sondern muss im Wege eines Bund-Länder-Streits nach Art. 93 Abs. 1 Nr. 3, §§ 13 Nr. 7, 68–70 BVerfGG oder eines Verwaltungsprozesses (§§ 40 Abs. 1 S. 1, 50 Abs. 1 Nr. 1 VwGO) eine Verurteilung zur Erteilung des Einvernehmens anstreben.[154] Umgekehrt kann ein Land das BVerfG anrufen oder um verwaltungsgerichtlichen Rechtsschutz nachsuchen, wenn es das Einvernehmen für notwendig hält.[155] Ein erforderliches, aber fehlendes Einvernehmen ist ein absoluter Verfahrensfehler, für den § 46 VwVfG nicht gilt.[156]

Materiellrechtlich schützt Art. 89 Abs. 3 (nur) die Bedürfnisse der **Lan- 62 deskultur** und der **Wasserwirtschaft.**[157] Für die Reichweite der Vorschrift ist daher die Auslegung der Begriffe entscheidend. Bereits unter der Geltung von Art. 97 Abs. 3 S. 1 WRV wurden unter Landeskultur die Angelegenheiten der Forst- und Landwirtschaft einschließlich der Fischerei verstanden.[158] Die Bodenwirtschaft zählt ebenfalls dazu.[159] Wasserwirtschaft bezeichnet die rechtliche Ordnung des Wasserhaushaltes. Hierzu zählen insbes. Fragen der Be- und Entwässerung, der Wasserversorgung, der Wasserkraft und des Deichwesens.[160]

Während die **Definition** der Wasserwirtschaft unproblematisch ist, ist der 63 Begriff **Landeskultur** wegen der Weite des Kulturbegriffs deutlich unbestimmter, seine Auslegung entsprechend **umstritten.** Fraglich ist va, ob und inwieweit der Denkmal- und der Naturschutz umfasst sind. Denkmalschutz hat kulturelle Bedeutung. Dies gilt auch für Naturdenkmäler. Kulturlandschaften gehören zum kulturellen Erbe. Ihr Schutz lässt sich zugleich dem umweltrechtlichen Landschaftsschutz zuordnen.

Trotzdem verbietet es sich, den Begriff Landeskultur denkmal- und umwelt- 64 schutzrechtlich aufzuladen.[161] Anderenfalls würde er als „**Trojanisches Pferd**" in der föderalen Kompetenzordnung wirken. Der Vollzug des Umweltrechts einschließlich des Wasserhaushaltsrechts (Art. 74 Abs. 1 Nr. 24, 29, 32) obliegt den Ländern. Könnten diese über Art. 89 Abs. 3 außerdem umfänglich auf die Wasserwegeverwaltung einwirken, würde dies der Anordnung der bundeseigenen Verwaltung ihren Sinn nehmen. Die Systematik der Verwaltungskompetenzen spricht daher für eine enge Auslegung des Begriffs Landeskultur.[162] Der Denkmalschutz wird über § 7 Abs. 4 WaStrG gewährleistet.

---

[154] *R. Reinhardt/Schäfer* in NomosOK WaStrG § 14 Rn. 5.

[155] *Kreuter,* Die Befugnisse des Bundes zur Verwaltung der Wasserstraßen in Deutschland, 2014, 134 f.; *Ibler* in MKS Rn. 82; *Durner* in BerlKomm Rn. 44; *Gröpl* in Maunz/Dürig Rn. 147 f.; aA *Hermes* in Dreier Rn. 26, der unabhängig vom Streitgegenstand von einem Bund-Länder-Streit ausgeht. Insbes. Gerichtsprozesse zu PFBen dürften jedoch als im Verwaltungsrecht „wurzelnd" anzusehen sein, zumal das WaStrG Art. 89 Abs. 3 GG zwar auch, aber nicht nur deklaratorisch wiederholt.

[156] BVerwGE 116, 175 (185 f.), für § 14 Abs. 3 S. 1 WaStrG.

[157] *Gröpl* in Maunz/Dürig Rn. 143.

[158] Str. für die Fischerei, BVerwGE 102, 74 (79); *Friesecke,* Bundeswasserstraßengesetz, § 4 Rn. 2; *Hönes* NuR 2005, 279 (280 f.).

[159] BVerwGE 116, 175 (180).

[160] BVerwGE 116, 175 (178); *Friesecke,* Bundeswasserstraßengesetz, § 4 Rn. 3; ferner *Gröpl* in Maunz/Dürig Rn. 136.

[161] Für eine enge Auslegung auch *Kreuter,* Die Befugnisse des Bundes zur Verwaltung der Wasserstraßen in Deutschland, 2014, 131; *Maiwald* in SHH Rn. 16; großzügiger für den Natur- und Landschaftsschutz *Sachs* in Sachs Rn. 34; *Ibler* in MKS Rn. 76; *Remmert* in BeckOK GG Rn. 18; *Durner* in BerlKomm Rn. 42; *Gassner* NuR 1996, 130 (133 f.); für den Denkmalschutz *Hönes* NuR 2005, 279 (283 f.).

[162] BVerwGE 116, 175 (181 f.); *R. Reinhardt/Schäfer* in NomosOK WaStrG § 4 Rn. 1; *Kment* in Jarass/Pieroth Rn. 6, zurückhaltend auch *Gröpl* in Maunz/Dürig Rn. 135; zur Intention der Bundesregierung *Schulze* NVwZ 1999, 1289 (1291).

65 Die **Wahrung** der Landesbelange verpflichtet den Bund zu größerer **Rücksichtnahme** als eine bloße Berücksichtigung. Er muss einen angemessenen Ausgleich zwischen den Interessen der Länder und den gesamtstaatlichen Verkehrsinteressen herstellen. Zugleich verbietet die Pflicht zur Interessenwahrung, die Interessen der Länder selbst wahrzunehmen.[163] Der Bund darf nicht die Landeskultur und die Wasserwirtschaft verwalten.[164]

III. Allgemeine Aufgaben der Schifffahrtsverwaltung (Art. 89 Abs. 2 S. 2)

66 Art. 89 Abs. 2 S. 2 und Art. 89 Abs. 3 müssten ihre Stellung tauschen, damit die innere Systematik der Norm stimmig wäre, denn Abs. 2 S. 2 behandelt nicht die Wasserwegeverwaltung, sondern die **Wasserverkehrsverwaltung** (Schifffahrtsverwaltung). Zudem handelt es sich nicht um obligatorische, sondern um **fakultative Bundeseigenverwaltung** (vergleichbar mit Art. 87 Abs. 1 S. 2, Abs. 3, Art. 87b Abs. 2, Art. 90 Abs. 4, Art. 120a).[165] Der Standort der Norm gilt daher allgemein als missglückt.[166]

67 Für die **Übertragung** der Aufgaben ist ein **förmliches Bundesgesetz** notwendig.[167] Anders als von Art. 89 Abs. 2 S. 3, 4 (→ Rn. 49) hat der Gesetzgeber von Abs. 2 S. 2 Gebrauch gemacht. Der Bund hat für die Seeschifffahrt durch das Seeaufgabengesetz (SeeAufgG)[168] und für die Binnenschifffahrt durch das Binnenschifffahrtsaufgabengesetz (BinSchAufgG)[169] weitreichende Verwaltungskompetenzen erhalten. Eine Rückübertragung auf die Länder würde wiederum ein förmliches Bundesgesetz notwendig machen.

68 Art. 89 Abs. 2 S. 2 ist einer doppelten **teleologischen Reduktion** zu unterziehen. Die Norm regelt trotz des Wortlautes nicht das Betreiben von Binnenschifffahrt und Seeschifffahrt durch den Bund, sondern deren Verwaltung.[170] Auch die Verwaltung der Seeschifffahrt bezieht sich nur auf staatliche Aufgaben.[171]

69 Die Norm erfasst für die Binnenschifffahrt nur die über den Bereich eines **Landes hinausgehenden** staatlichen **Aufgaben.** Angesichts des regelmäßig grenzüberschreitenden Schiffsverkehrs begrenzt dies aber praktisch nicht die Verwaltungskompetenz des Bundes für die Verkehrsordnung auf dem Wasser.[172] Die Verwaltung der Seeschifffahrt ist der Natur der Sache nach länderübergreifend.

---

[163] So *Friesecke,* Bundeswasserstraßengesetz, § 4 Rn. 5.

[164] *Gröpl* in Maunz/Dürig Rn. 146; *Ibler* in MKS Rn. 84; aA *Sachs* in Sachs Rn. 34, auch Förderung wegen Art. 97 Abs. 3 S. 2 WRV.

[165] Hierzu *Dittmann,* Die Bundesverwaltung, 1983, 251 ff.; *Stern,* StaatsR II, 1980, § 41 Kap. VII 3b β, 6; *Oebbecke* in HdbStR VI § 136 Rn. 126.

[166] *Durner* in BerlKomm Rn. 46.

[167] *Gröpl* in Maunz/Dürig Rn. 107.

[168] G über die Aufgaben des Bundes auf dem Gebiet der Seeschifffahrt (Seeaufgabengesetz – SeeAufgG) idF d. Bek. v. 17.6.2016, BGBl. 2016 I 1489, zuletzt geändert durch Art. 337 d. VO v. 19.6.2020 (BGBl. 2020 I 1328).

[169] G über die Aufgaben des Bundes auf dem Gebiet der Binnenschifffahrt (Binnenschifffahrtsaufgabengesetz – BinSchAufgG) idF d. Bek. v. 5.7.2001, BGBl. 2001 I 2026, zuletzt geändert durch Art. 336 d. VO v. 19.6.2020 (BGBl. 2020 I 1328); zum Anwendungsbereich *Kupsch* NuR 2005, 285 (286 ff.).

[170] *Gröpl* in Maunz/Dürig Rn. 105.

[171] *Gröpl* in Maunz/Dürig Rn. 105.

[172] *Ibler* in MKS Rn. 58.

Für die fakultative Bundeseigenverwaltung gelten die gleichen **Vorgaben** 70
und **Einschränkungen** des **Organisationsermessens** wie für die obligatorische, weil der Verwaltungstyp im Übrigen identisch ist und Art. 87 Abs. 1 S. 1 auch die Schifffahrt nennt. Die Wasserverkehrsverwaltung muss mindestens zweistufig aufgebaut sein (→ Rn. 47). Privatisierungen sind nur in engen Grenzen zulässig (→ Rn. 42).[173] Regelmäßig erfolgt die Verwaltung der Schifffahrt durch die Behörden, die auch die Wasserwege verwalten (§ 1 Abs. 2 S. 1 BinSchAufgG, § 3 SeeAufgG, § 45 Abs. 1, 3 WaStrG). Hinzu kommt als Sonderbehörde das Bundesamt für Seeschifffahrt und Hydrographie (§ 5 Abs. 1 SeeAufgG).[174]

Zu den **Aufgaben** der Schifffahrtsverwaltung (§ 1 BinSchAufgG, § 1 See- 71
AufgG) gehören ua die Förderung der deutschen Binnen- bzw. Handelsflotte, die Schifffahrtspolizei, die technische Überwachung des Schiffsverkehrs, die Schiffszulassung und -vermessung sowie die Seenotrettung. **Hervorzuheben** sind die Schifffahrtspolizei und die Seenotrettung.

Schifffahrtspolizei (→ Rn. 39) meint die Abwehr verkehrsspezifischer 72
Gefahren auf dem Gebiet der Binnen- und Seeschifffahrt.[175] Hierzu gehören gem. § 1 Abs. 1 Nr. 2 BinSchAufgG bzw. § 1 Abs. 1 Nr. 2 SeeAufgG ua die Abwehr von Gefahren für die Sicherheit und Leichtigkeit des Verkehrs sowie die Verhütung von der Schifffahrt ausgehender Gefahren, nicht jedoch die Beseitigung von Verschmutzungen, die durch Schiffe entstanden sind.[176]

Der Bund nimmt diese Aufgaben regelmäßig nicht selbst wahr, sondern 73
bedient sich im Wege einer – verfassungsrechtlich bedenklichen – **Organleihe** der **Wasserschutzpolizeien** der Länder.[177] Diese überwachen daneben den gewerblichen Güterverkehr auf dem Wasser sowie die Freizeitschifffahrt, nehmen Schiffsunfälle auf und ermitteln hierzu und verfolgen Ordnungswidrigkeiten zB auf dem Gebiet des Umwelt- und Fischereirechts. Welche dieser Aufgaben sie als Landesbehörden und welche sie als Organ des Bundes erfüllen, kann im Einzelfall schwierig zu bestimmen sein. Soweit sie Gefahren für die Schifffahrt beseitigen, indem sie die Bundeswasserstraßen in einem für die Schifffahrt erforderlichen Zustand halten (§ 24 Abs. 1 WaStrG), werden sie ebenfalls im Wege einer Organleihe als Strompolizei (→ Rn. 39) tätig.

Die Vorsorge für den in **Seenotfällen** erforderlichen Such- und Rettungs- 74
dienst (SAR: Search and Rescue) ist gem. § 1 Nr. 7 SeeAufgG Sache des Bundes. Faktisch wahrgenommen wird diese Tätigkeit seit ihrer Gründung 1865 jedoch von der Deutschen Gesellschaft zur Rettung Schiffbrüchiger (DGzRS). Ein gesetzesförmiger Beleihungsakt existiert nicht, sondern nur eine Vereinbarung zwischen dem Bund und der Gesellschaft vom 11.3.1982.[178] Dieser Rechtszustand ist unbefriedigend, weil die Übertragung hoheitlicher Aufgaben, zumal solcher der Gesundheitsvorsorge und Gefahrenabwehr, auf private Dritte/Hilfsorganisationen einer gesetzlichen Grund-

---

[173] *Gröpl* in Maunz/Dürig Rn. 118; zur Einbindung Privater in die Verwaltung der Seeschifffahrt *Busche* DVBl. 2017, 1136.

[174] *Gröpl* in Maunz/Dürig Rn. 114.

[175] BVerwGE 87, 181 (183).

[176] BVerwGE 87, 181 (185); *Uerpmann-Wittzack* in HdbStR IV § 89 Rn. 54.

[177] Ausf. *Gröpl* in Maunz/Dürig Rn. 115 ff.

[178] Siehe die Ausarbeitung des Wissenschaftlichen Dienstes des Deutschen Bundestages „Registrierung von Schiffen zur Seenotrettung" vom 20.9.2018, Aktenzeichen: WD 5 – 3000 – 124/18, 8 f., https://www.bundestag.de/blob/570268/80d4cf54d18c1a041506e66ef941b489/wd-5-124-18-pdf-data.pdf (zuletzt abgerufen am 26.8.2020).

lage bedarf,[179] wie sie vergleichbar in den Landesrettungsdienstgesetzen geregelt ist (zB in § 10 Abs. 1 BbgRettG, § 5 Abs. 1 BlnRDG). Gleichwohl ist die Vereinbarung wirksam, weil kein Fall des § 59 VwVfG vorliegt.

C. Verhältnis zu anderen Bestimmungen des Grundgesetzes

75 Art. 89 ist va zusammen zu lesen mit Art. 73 Abs. 1 Nr. 21, Nr. 32, Art. 83 bis 87 sowie Art. 134 Abs. 1. Im Verhältnis zu Art. 134 Abs. 1 ist Art. 89 Abs. 1 *lex specialis,* wenn das Reich Eigentümer der Reichswasserstraßen war. Soweit nur eine Verwaltung durch das Reich erfolgte, hat Art. 89 Abs. 1 eigenständigen Gehalt. Art. 89 Abs. 2, 3 stellt eine Ausnahme zu Art. 83 und einen Anwendungsfall des Art. 86 dar und führt Art. 87 Abs. 1 S. 1 aus. Die Reichweite der Verwaltungskompetenz des Bundes wird durch Art. 73 Abs. 1 Nr. 21 bestimmt, wobei umstritten ist, ob die darin liegende Begrenzung wegen Art. 73 Abs. 1 Nr. 32 noch Wirkung entfaltet.

D. Kritische Würdigung

76 Die Verwaltung der Bundeswasserstraßen im Wege der bundeseigenen Verwaltung mit eigenem Verwaltungsunterbau hat sich bewährt. Für weitreichende Privatisierungen gleich welcher Art besteht weder Grund noch gesetzgeberischer Spielraum. Daher ist eine Verfassungsänderung nicht angezeigt. Die Infrastrukturverwaltung des Bundes spricht vielmehr für die Beibehaltung seiner Aufgaben- und Erfüllungsverantwortung.

77 Hinsichtlich der Reichweite der Verwaltungskompetenz des Bundes besteht Handlungsbedarf. Mit der Föderalismusreform I hat der Bund 2006 größere Gesetzgebungskompetenzen auf dem Gebiet des Wasserwirtschaftsrechts erhalten, so dass nicht mehr die Gefahr einer „überschießenden" Verwaltungskompetenz besteht. Art. 89 Abs. 2 S. 1 sollte entweder wie folgt gefasst werden: „Der Bund verwaltet die Seewasserstraßen und die dem allgemeinen Verkehr dienenden Binnenwasserstraßen durch eigene Behörden."; oder: „Der Bund verwaltet alle Bundeswasserstraßen durch eigene Behörden." Variante 1 würde eine Perpetuierung der überkommenen Auslegung bedeuten. Variante 2 würde dem Bund erstens rechtssicher erlauben, auch die „Freizeitwasserstraßen" zu verwalten, zweitens den Vollzug des WaStrG und WHG deutlich harmonisieren. Welche Gewässer „Bundeswasserstraßen" sein sollen, wäre einfachgesetzlich mit Zustimmung des Bundesrates festzulegen.

Literatur

S. zunächst das allgemeine Schrifttum bei Art. 83, 85–87 GG; ***E. Beckert/G. Breuer,*** Öffentliches Seerecht, 1991. – ***E. Bogs,*** Die Planung transeuropäischer Verkehrsnetze, 2002. – ***R. Breuer,*** Die Bundeswasserstraßen im Spannungsfeld der Wasserwege- und Wasserwirtschaftskompetenzen von Bund und Ländern, DVBl. 1974, 268. – ***R. Breuer/ F. Gärditz,*** Öffentliches und Privates Wasserrecht, 4. Aufl. 2017. – ***P. Busche,*** Verfassungsrechtliche Grenzen von Verwaltung in Privatrechtsform im Bereich der Seeschifffahrt, DVBl 2017, 1136. – ***M. Czychowski,*** Das Bundeswasserstraßengesetz, DVBl. 1968, 573. – ***K. Faßbender,*** Die Zuständigkeit des Bundes für die Umsetzung der Wasserrahmenrichtlinie an den Bundeswasserstraßen, EurUP 2016, 17. – ***U. Fastenrath/***

[179] *Burgi* in HdbStR IV § 75 Rn. 24.

B. Simma, Die Rhein-Main-Donauverträge, DVBl. 1983, 8. – ***A. Friesecke,*** Das Recht der Bundeswasserstraßen, 1962. – ***A. Friesecke,*** Das Eigentum an den Seewasserstraßen, DVBl. 1962, 202. – ***A. Friesecke,*** Bundeswasserstraßengesetz, 7. Aufl. 2020. – ***A. Friesecke,*** „Konkurrierende Verwaltungskompetenz" für Bundeswasserstraßen, ZfW 1975, 29. – ***A. Friesecke,*** Die Überleitung des Wasserstraßenrechts in die ehemalige DDR und nach Berlin (West), LKV 1991, 129. – ***A. Friesecke,*** Die ordnungsrechtliche Zustandshaftung als Instrument zur Reinhaltung der Bundeswasserstraßen, VerwArch 82 (1991), 565. – ***R. Hoffmann,*** Infrastrukturfinanzierung des Bundes, 2011. – ***E.-R. Hönes,*** Der Begriff „Landeskultur" im deutschen Recht, NuR 2005, 279. – ***G. Hoog,*** Flüsse und Kanäle der Bundesrepublik Deutschland, AVR 25 (1987), 202. – ***U. Jenisch,*** Hoheitliche Aufgaben für Polizei und Umweltschutz vor den deutschen Küsten, NuR 2000, 193. – ***B. Koch-Schweisfurth,*** Die strompolizeilichen Aufgaben und Befugnisse des Bundes an den Bundeswasserstraßen, Diss. München, 1972. – ***S. Kupsch,*** Die verkehrsbezogene Verwaltung der Binnenwasserstraßen des Bundes, die nicht dem allgemeinen Verkehr dienen, NuR 2005, 285. – ***S. Möckel,*** Bewirtschaftung von Bundeswasserstraßen gemäß der Wasserrahmenrichtlinie, DVBl. 2010, 618. – ***T. Nehab,*** Die Errichung der Generaldirektion Wasserstraßen und Schifffahrt – Erster Schritt zur Reform der Wasser- und Schifffahrtsverwaltung, DVBl. 2014, 156. – ***M. Pechstein,*** Umbau der Wasser- und Schifffahrtsverwaltung von einer Ausführungsverwaltung zu einer Gewährleistungsverwaltung?, DÖV 2013, 85. – ***S. Petersen,*** Deutsches Küstenrecht, 1989. – ***K. Reinhardt,*** Berechtigung und Bedeutung des Eigentums an Wasserläufen nach deutschem Wasserrecht, Diss. Bonn, 1960. – ***R. Reinhardt,*** Rechtsverhältnisse der Binnenwasserstraßen des Bundes, die nicht dem allgemeinen Verkehr dienen, ZfW 1989, 60. – ***R. Reinhardt,*** Zum Status der Wasserstraßen im Gebiet der ehemaligen DDR und des Landes Berlin, BinSchiff 1991, 590. – ***S. Reinheimer,*** Das Verbindungskonzept der Bundeswasserstraßenverwaltung, 2008. – ***J. Salzwedel,*** Wasserwegerecht an Bundeswasserstraßen, DÖV 1968, 103. – ***W.-R. Schenke,*** Probleme der Unterhaltungs- und Verkehrssicherungspflichten auf öffentlichen Wasserstraßen, VersR 2001, 533. – ***H.-O Schulze,*** Das Erste Gesetz zur Änderung des Bundeswasserstraßengesetzes, NVwZ 1999, 1289 – ***J. Sudmeyer,*** Zum Begriff der Bundeswasserstraße, NJW 1991, 25. – ***K.-U. Thomas,*** Der Bund als Usurpator? Zur Zuständigkeit für die Regelung des Schiffsverkehrs auf den Binnenwasserstraßen des Bundes, die nicht dem allgemeinen Verkehr dienen, ZfW 2009, 143. – ***M. Wichmann,*** Das Jagdausübungsrecht auf den natürlichen und künstlichen Bundeswasserstraßen, JZ 1982, 793. – ***H. Wiedemann,*** Zum räumlichen Umfang der Bundeswasserstraßen, DVBl. 1965, 17. – ***W. Wirth,*** Bundeswasserstraßengesetz, Handkommentar, begründet von K. Mintzel, fortgeführt von H. O. Schulze, 2. Aufl. 1998.

Art. 90 [Bundesstraßen des Fernverkehrs]

(1) Der Bund bleibt Eigentümer der Bundesautobahnen und sonstigen Bundesstraßen des Fernverkehrs. 2 Das Eigentum ist unveräußerlich.

(2) Die Verwaltung der Bundesautobahnen wird in Bundesverwaltung geführt. 2 Der Bund kann sich zur Erledigung seiner Aufgaben einer Gesellschaft privaten Rechts bedienen. 3 Diese Gesellschaft steht im unveräußerlichen Eigentum des Bundes. 4 Eine unmittelbare oder mittelbare Beteiligung Dritter an der Gesellschaft und deren Tochtergesellschaften ist ausgeschlossen. 5 Eine Beteiligung Privater im Rahmen von Öffentlich-Privaten-Partnerschaften ist ausgeschlossen für Streckennetze, die das gesamte Bundesautobahnnetz oder das gesamte Netz sonstiger Bundesfernstraßen in einem Land oder wesentliche Teile davon umfassen. 6 Das Nähere regelt ein Bundesgesetz.

(3) Die Länder oder die nach Landesrecht zuständigen Selbstverwaltungskörperschaften verwalten die sonstigen Bundesstraßen des Fernverkehrs im Auftrage des Bundes.

(4) Auf Antrag eines Landes kann der Bund die sonstigen Bundesstraßen des Fernverkehrs, soweit sie im Gebiet dieses Landes liegen, in Bundsverwaltung übernehmen.

Paulskirchenverfassung von 1849

Abschnitt II. Art. VI

§ 31. Die Reichsgewalt hat über die Landstraßen die Oberaufsicht und das Recht der Gesetzgebung, soweit es der Schutz des Reiches oder das Interesse des allgemeinen Verkehrs erheischt. Ein Reichsgesetz wird bestimmen, welche Gegenstände dahin zu rechnen sind.

§ 32. Die Reichsgewalt hat das Recht, soweit sie es zum Schutze des Reiches oder im Interesse des allgemeinen Verkehrs für nothwendig erachtet, zu verfügen, daß Landstraßen und Kanäle angelegt, Flüsse schiffbar gemacht oder deren Schiffbarkeit erweitert werde.

Die Anordnung der dazu erforderlichen baulichen Werke erfolgt nach vorgängigem Benehmen mit den betheiligten Einzelstaaten durch die Reichsgewalt.

Die Ausführung und Unterhaltung der neuen Anlagen geschieht von Reichswegen und auf Reichskosten, wenn eine Verständigung mit den Einzelstaaten nicht erzielt wird.

Verfassung des Deutschen Reiches von 1871

Art. 4. Der Beaufsichtigung seitens des Reichs und der Gesetzgebung desselben unterliegen die nachstehenden Angelegenheiten:

[Nr. 1–7]

8. das Eisenbahnwesen, in Bayern vorbehaltlich der Bestimmung im Artikel 46, und die Herstellung von Land- und Wasserstraßen im Interesse der Landesvertheidigung und des allgemeinen Verkehrs;

[Nr. 9–16]

Art. 90 GG aF (1949–2017)

(1) Der Bund ist Eigentümer der bisherigen Reichsautobahnen und Reichsstaßen.

(2) Die Länder oder die nach Landesrecht zuständigen Selbstverwaltungskörperschaften verwalten die Bundesautobahnen und die sonstigen Bundesstraßen des Fernverkehrs im Auftrage des Bundes.

(3) Auf Antrag eines Landes kann der Bund Bundesautobahnen und sonstige Bundesstraßen des Fernverkehs, soweit sie im Gebiet dieses Landes liegen, in bundeseigene Verwaltung übernehmen.

Übersicht

A. Allgemeine Bedeutung

Fernstraßen gehören zur **Verkehrsinfrastruktur.** Ihre Verwaltung ist daher Infrastrukturverwaltung.[1] Wie Eisenbahnen, Wasserstraßen (→ Art. 89 Rn. 1) und Flughäfen tragen sie maßgeblich dazu bei, das Staatsgebiet der Bundesrepublik Deutschland zu erschließen und zu beherrschen. Sie haben **überragende Bedeutung** für den Transport von Gütern und Personen. Ihr Vorhandensein ist eine Grundrechtsvoraussetzung.[2] Wie andere netzgebun- 1

[1] Zum Begriff Infrastruktur, *Dörr* VVDStRL 73 (2014), 323 (330); zum Begriff Infrastrukturverwaltung ausf. *Faber,* Allgemeines Verwaltungsecht, 1995, § 31.

[2] Ähnl. *Herber* in Kodal Straßenrecht, 2010, Kap. 2 Rn. 1.5, 8; ohne Straßen kein Gemeingebrauch daran, sa BVerwGE 30, 235 (238); *Gröpl* ZG 2017, 114 (120).

dene Infrastrukturen bilden sie ein natürliches Monopol.[3] Das Recht der Fernstraßen gehört zum Straßenrecht, dem Referenzrechtsgebiet für das **Recht** der **öffentlichen Sachen.**

2 Die tatsächliche Bedeutung begründet eine **staatliche Infrastrukturverantwortung** für ein leistungsfähiges öffentliches Fernstraßennetz.[4] Art. 90 bringt diese Verantwortung zum Ausdruck, verpflichtet aber weder Regierungen noch Verwaltungen zu konkreten Planungen oder Maßnahmen. Vielmehr besteht ein großer politischer und gesetzlicher Gestaltungs- und Einschätzungsspielraum.

3 In föderal aufgebauten Gemeinwesen spiegeln Umfang und Inhalt der Infrastrukturnormen das Verhältnis zwischen Zentralgewalt und Gliedstaaten wider. Grenzüberschreitende Freizügigkeit verlangt nach eben solchen Infrastrukturen. Fernstraßenverwaltung ist daher ein Gradmesser für die Ausgestaltung der **Bundesstaatlichkeit.** In der Europäischen Union gehören Fernstraßen zu den **transeuropäischen Netzen** (→ Rn. 21).

4 Infrastrukturnormen können, wie sich an Art. 87e, Art. 87f und nunmehr auch an Art. 90 zeigt, zudem ein Gradmesser für **Diskussionen** über die **Privatisierung** öffentlicher Infrastrukturen und von Aufgaben der Daseinsvorsorge sein. Dabei ist zwischen Privatisierungen der Infrastruktureinrichtungen und der Infrastrukturverwaltung zu unterscheiden (→ Rn. 47 und Rn. 61).

I. Genese

5 Fernstraßen, so wie sie sich heute darstellen, sind erst im Laufe des 20. Jahrhunderts als Folge der immer weiteren Verbreitung von Kraftfahrzeugen entstanden. Die Bedeutung von Landstraßen für ein funktionierendes und wehrhaftes **Staatswesen** war jedoch bereits viel früher bekannt. Als Gegenstand hoheitlicher Interessen fand ihre Verwaltung folglich auch Eingang in die Reichsverfassungen des 19. Jahrhunderts.

6 Das Reich sollte gem. § 31 **Paulskirchenverfassung** über bestehende Landstraßen die Aufsicht führen und die Gesetzgebung ausüben, soweit dies dem Schutz des Reiches oder dem Interesse des allgemeinen Verkehrs entsprach. Aus den gleichen Gründen sollte die Reichsgewalt gem. § 32 von den Einzelstaaten den Bau von Landstraßen verlangen dürfen. Diese Aufsicht hätte das Potential gehabt, tief in die Landesverwaltung eingreifen zu können.[5]

7 Die **Verfassung** von **1871** sah weniger Kompetenzen für das Reich vor (→ Art. 89 Rn. 4). Dies galt auch für das Straßenwesen. Das Reich hatte gem. Art. 4 Nr. 8 die Gesetzgebungskompetenz nur für den Bau neuer Landstraßen im Interesse der Landesverteidigung und des allgemeinen Verkehrs. Die Aufsicht des Reiches war gleichermaßen beschränkt. Nach umstrittener Auffassung war sie allerdings nicht davon abhängig, ob das Reich von seinen Gesetzgebungskompetenzen Gebrauch gemacht hatte und umfasste die Landesgesetzgebung und die Landesverwaltung.[6]

8 Die **WRV** gab dem Reich gem. Art. 7 Nr. 19 die **Gesetzgebungskompetenz** für den Verkehr mit Kraftfahrzeugen zu Lande sowie den Bau von

---

[3] *Uerpmann-Wittzack* in HdbStR IV § 89 Rn. 3.

[4] *Hermes,* Staatliche Infrastrukturverantwortung, 1998, 188 ff.; *Durner* in BerlKomm Rn. 27.

[5] *Huber,* Deutsche Verfassungsgeschichte seit 1789, Bd. II, 1988, 826, „unitarischer Zug"; *Faßbender* in BK Rn. 24, „vergleichbar mit der heutigen Rechts- und Fachaufsicht".

[6] *Huber,* Deutsche Verfassungsgeschichte seit 1789, Bd. III, 1988, 1025 ff.

Landstraßen, soweit es sich um den allgemeinen Verkehr und die Landesverteidigung handelte.[7] Die **Verwaltung** der Straßen war Ländersache.[8] Diese „Leerstelle" auf der Reichsebene führte wegen der stark steigenden Bedeutung des Kraftfahrzeugverkehrs zu einem länderübergreifenden Koordinierungsbedarf mit der Folge, dass sich bereits 1921 der „Deutsche Straßenbauverband" gründete.[9] Die erste autobahnähnliche Straße, die AVUS (Automobil-Verkehrs- und Übungsstraße), entstand ebenfalls 1921 in Berlin.[10]

Dem **NS-Regime** diente der reichsfinanzierte Straßenbau, speziell der Autobahnbau, von Beginn an als **Konjunkturmaßnahme** und **Propagandainstrument.**[11] Grundlagen hierfür waren zum einen das G über die Errichtung eines „Unternehmens Reichsautobahnen"[12] und später das Reichsautobahngesetz,[13] zum anderen wurde bereits 1933 das Amt eines Generalinspekteurs für das deutsche Straßenwesen geschaffen, der zuständig war für die reichsübergreifenden Verkehrsplanungen.[14] Nach dem Zusammenbruch des 3. Reiches wurden die Autobahnen treuhänderisch durch die Länder verwaltet.[15] 9

Im Prozess der **Grundgesetzentstehung** war die Fernstraßenverwaltung umstritten.[16] Der Verfassungsentwurf des Herrenchiemsee-Konvents enthielt hierzu keinen Vorschlag.[17] Der Parlamentarische Rat orientierte sich im Wesentlichen an einem Gutachten der Verkehrsverwaltung, das die einheitliche Verwaltung der Reichsautobahnen und der sonstigen Fernstraßen befürwortete. Der Vorschlag, die Autobahnen durch den Bund verwalten zu lassen, fand keine Mehrheit.[18] Vielmehr wurde ein Modell gewählt, dass einerseits an die WRV angelehnt war (Verwaltung durch die Länder), andererseits aber über Art. 85 Abs. 3 dem Gesamtstaat wie schon die Verfassung von 1871 ein inhaltliches Weisungsrecht einräumte (im Auftrag des Bundes). Art. 90 blieb bis 2017 unverändert. 10

Die Fernstraßenverwaltung avancierte zum Prototyp der **Bundesauftragsverwaltung.** Trotzdem war zunehmend **umstritten,** ob sie gegenstandsadäquat war.[19] Wegen Art. 104a Abs. 2 fielen die Finanzierungslast (Ausgaben) und die Wahrnehmungskompetenz (Aufgaben) auseinander. Insbes. der **Bundesrechnungshof** forderte mehrfach eine Verfassungsänderung.[20] Er kriti- 11

---

[7] Dazu *Bartlsperger,* Das Fernstraßenwesen in seiner verfassungsrechtlichen Konstituierung, 2006, 29.

[8] *Gröpl* in Maunz/Dürig Rn. 25; *Faßbender* in BK Rn. 27.

[9] *Hermes* in Dreier Rn. 13.

[10] *Faßbender* in BK Rn. 26.

[11] *Salzwedel* in Jeserich/Pohl/v. Unruh, Deutsche Verwaltungsgeschichte, Bd. IV, 1985, 911 (918 ff.).

[12] G v. 27.6.1933, RGBl. 1933 II 509.

[13] G v. 29.5.1941, RGBl. 1941 I 313; zum Reichsstraßenrecht *Kromer* in Müller/Schulz, FStrG, 2013, Einl. Rn. 3.

[14] Hierzu *Sachs* in Sachs Rn. 2; *Durner* in BerlKomm Rn. 3; *Salzwedel* in Jeserich/Pohl/v. Unruh, Deutsche Verwaltungsgeschichte, Bd. IV, 1985, 911 (914, 918 ff.); zu seiner Zuständigkeit vgl. § 5 Reichsautobahngesetz.

[15] *Durner* in BerlKomm Rn. 4.

[16] *Fischer/Weidmann* ZRP 2005, 57 (58).

[17] *Sachs* in Sachs Rn. 4.

[18] Zur Entstehungsgeschichte JöR nF 1 (1951), 657 ff.; *Hermes* in Dreier Rn. 3.

[19] Dazu *Faßbender* in BK Rn. 42 ff.; *ders.* DVBl. 2018, 1585 f.; *Herber* in Kodal, Straßenrecht, 2010, Kap. 2 Rn. 65 ff.; für Bundesauftragsverwaltung noch *Witting* in Müller/Schulz, FStrG, 2013, Vor § 1. Rn. 40.

[20] *Präsident des Bundesrechnungshofes,* Gutachten zur Neuordnung der Verwaltung im Bundesfernstraßenbau, 2004, 43 ff., https://www.bundesrechnungshof.de/de/veroeffentlichun-

sierte, dass der Bund seine den partikular-regionalen Interessen der Länder entgegenstehende großräumige Verkehrsplanung mangels Fachkompetenz und geeigneter Kontrollinstrumente nicht immer ausreichend durchsetzen könne.[21] Dies hemme eine wirksame und sparsame Verwaltung.[22] Hinzu komme eine gegenläufige Entwicklung: Während vielen Bundesstraßen nur noch regional Bedeutung zukomme, so dass sie eigentlich abzustufen seien, seien Bundesautobahnen zunehmend transnational zu betrachten.[23] Sachgerecht sei daher die Verwaltung der Bundesstraßen durch die Länder als eigene Angelegenheit und die der Bundesautobahnen im Wege bundeseigener Verwaltung.[24]

12 Die Kritik blieb nicht wirkungslos. Die Fernstraßenverwaltung wurde 2016 in die Verhandlungen über die Neuordnung des Bund-Länder-Finanzausgleichs einbezogen.[25] Das Ergebnis war Teil eines **föderalen Tauschgeschäfts.** Im Gegenzug für finanzielle Zugeständnisse des Bundes stimmten die Länder der Verwaltung der Bundesautobahnen durch den Bund zu. Durch Art. 1 Nr. 1 des 62. G zur Änderung des GG vom 13.7.2017 erhielt Art. 90 seine seit dem 20.7.2017 geltende Fassung.[26] Die Bundesauftragsverwaltung darf gem. Art. 143e Abs. 1 S. 1 längstens bis zum 31.12.2020 fortgeführt werden (→ Art. 143e Rn. 4).

13 Viel mehr öffentliche Aufmerksamkeit als die Neuordnung der Verwaltungskompetenz erregte jedoch, dass **Privatisierungen** der Bundesautobahnverwaltung ermöglicht werden sollten.[27] Art. 90 Abs. 2 (E) sollte nach den Vorstellungen der Bundesregierung lauten: „Die Verwaltung der Bundesautobahnen wird in Bundesverwaltung geführt. Der Bund kann sich zur Erledigung einer Gesellschaft privaten Rechts bedienen. Diese Gesellschaft steht im unveräußerlichen Eigentum des Bundes. Das Nähere regelt ein Bundesgesetz."[28] Diese Fassung hätte zusammen mit den im Begleitgesetz[29]

---

gen/gutachten-berichte-bwv/berichte/langfassungen/2004-bwv-gutachten-neuordnung-der-verwaltung-im-bundesfernstrassenbau (zuletzt aufgerufen am 27.8.2020); *Präsident des Bundesrechnungshofes,* Modernisierung der Verwaltungsbeziehungen von Bund und Ländern, 2007, 60 ff., https://www.bundesrechnungshof.de/de/veroeffentlichungen/gutachten-berichte-bwv/berichte/langfassungen/2007-bwv-gutachten-modernisierung-der-verwaltungsbeziehungen-von-bund-und-laendern (zuletzt aufgerufen am 27.8.2020); zur Position des Bundesrechnungshofs ferner *Fischer/Weidmann* ZRP 2005, 57 (59 f.).

[21] *Präsident des Bundesrechnungshofes,* Gutachten zur Neuordnung der Verwaltung im Bundesfernstraßenbau, 2004, 33 ff.; *Präsident des Bundesrechnungshofes,* Modernisierung der Verwaltungsbeziehungen von Bund und Ländern, 2007, 70 f., 217 ff.

[22] *Bundesrechnungshof,* Bemerkungen zur Haushalts- und Wirtschaftsführung des Bundes, 2001, 142, https://www.bundesrechnungshof.de/de/veroeffentlichungen/bemerkungen-jahresberichte/jahresberichte/1-archiv/2001-bemerkungen-gesamtbericht-pdf (zuletzt aufgerufen am 27.8.2020).

[23] *Präsident des Bundesrechnungshofes,* Gutachten zur Neuordnung der Verwaltung im Bundesfernstraßenbau, 2004, 21, 26 f.

[24] *Präsident des Bundesrechnungshofes,* Gutachten zur Neuordnung der Verwaltung im Bundesfernstraßenbau, 2004, 43 ff.; *Präsident des Bundesrechnungshofes,* Modernisierung der Verwaltungsbeziehungen von Bund und Ländern, 2007, 60 ff.; für eine Konzentration des Bundes auf die Autobahnen bereits *Kommission Verkehrsinfrastrukturfinanzierung („Pällmann-Kommission"),* Schlussbericht v. 5.9.2000, 35; dazu *Weidmann* VR 2006, 264.

[25] *Hermes* in Dreier Rn. 6; *Ibler* in MKS Rn. 2.

[26] BGBl. 2017 I 2347 (2349).

[27] Befürwortend zuvor zB *Präsident des Bundesrechnungshofes,* Gutachten des Bundesbeauftragten für Wirtschaftlichkeit der Verwaltung zur Neuordnung der Verwaltung im Bundesfernstraßenbau, 2004, 6, 48 f.; *Axer* in Schoch BesVerwR, 2018, Kap. 6 Rn. 8.

[28] BT-Drs. 18/11131, 7, 15 f.

[29] BT-Drs. 18/11135, 36 ff., 99 ff.

vorgesehenen Regelungen weitreichende funktionale und materielle Privatisierungen erlaubt (dazu → Rn. 61 ff.), die die Verwaltung der Bundesautobahnen einer wirtschaftlichen Betätigung angenähert und Anlagemöglichkeiten für privates Kapital geboten hätten.[30]

Welche Möglichkeiten bestanden hätten und auch beabsichtigt waren, lässt sich aus der Begründung zum **Regierungsentwurf** des **Begleitgesetzes** ersehen. Die Gesellschaft sollte „perspektivisch über ein sich selbst tragendes Geschäftsmodell verfügen" mit dem Ziel, eine vollständige Nutzerfinanzierung „aus eigenem Recht" aufzubauen.[31] Hierzu sollte ihr ua durch Einräumung von Rechten, insbes. Nießbrauchsrechten und Rechten zur Nutzziehung, das wirtschaftliche Eigentum an den Bundesautobahnen übertragen sowie das Aufkommen aus der Lkw-Maut und der Infrastrukturabgabe (Pkw-Maut) zugewiesen werden. Die **Gesellschaft,** nicht mehr der Bund, sollte **Infrastrukturanbieter** sein. Hierfür hätte sie sich auch am Kapitalmarkt verschulden dürfen, ohne an haushaltsrechtliche Regelungen gebunden zu sein.[32] 14

Die **Verfassungskonformität** der geplanten **Konstruktion** darf bezweifelt werden. Der Bund hätte sein Eigentum weder verwalten noch nutzen dürfen. Art. 90 Abs. 1 (E) wäre leergelaufen.[33] Zudem wäre das in Art. 90 Abs. 2 angelegte Verhältnis zwischen dem Bund als Verantwortlichen für die Straßeninfrastruktur und der Gesellschaft als Verwaltungshelfer ins Gegenteil verkehrt worden.[34] Va aber wären wegen der vorgesehenen Rechtsform (GmbH) die parlamentarischen Einfluss- und haushaltsrechtlichen Kontrollmöglichkeiten deutlich beschränkt bzw. nicht vorhanden gewesen. Außerdem hätte eine Umgehung der Art. 109 Abs. 3 und Art. 115 Abs. 2 gedroht.[35] Kurzum: Sowohl die Erfüllungs- als auch die Finanzierungsverantwortung des Bundes wären negiert worden. 15

Die Bundesregierung konnte ihre Vorstellungen im Bundestag nicht durchsetzen,[36] sondern musste im **Gesetzgebungsverfahren** angesichts der politisch kontrovers und sehr grds. geführten Debatte zur Privatisierung von Infrastrukturen sowie der Zweifel an der Verfassungsmäßigkeit beträchtliche **Zugeständnisse** machen,[37] die sich in der Erstreckung des Beteiligungsverbots Privater auf Tochtergesellschaften (→ Rn. 69 ff.) und in Schranken für funktionale Privatisierungen widerspiegeln (→ Rn. 72 ff.). Dem **sperrigen** 16

---

[30] *Wulfhorst* Straße und Autobahn 2017, 636 (637); *Engharter* APuZ 2017, 12 (13); zu Fondmodellen als Mittel zur privaten Finanzierung von kommunalen Infrastrukturvorhaben *Kneuper/v. Kaler* NVwZ 2017, 195.

[31] BT-Drs. 18/11135, 113, dort auch die Zitate.

[32] *Hermes* in Dreier Rn. 6; *Wulfhorst* Straße und Autobahn 2017 636 (637); *Eilfort/Jursch* APuZ 2017, 18 (23).

[33] *Gröpl* ZG 2017, 114 (116).

[34] *Gröpl* ZG 2017, 114 (117).

[35] *Gröpl* ZG 2017, 114 (118 ff.).

[36] Ausf. zum Gesetzgebungsverfahren *Hermes* in Dreier Rn. 6 ff., der angesichts der Pläne der Bundesregierung in einer Stellungnahme vom 23.3.2017 für die öffentliche Anhörung durch den Haushaltsausschuss des Deutschen Bundestages am 27.3.2017 das verbleibende privatrechtliche Eigentum an den Bundesautobahnen als „leere Hülle" bezeichnet hatte; ähnl. *Gröpl,* ZG 2017, 114 (116), „nudum ius."

[37] Skeptisch auch der *Präsident des Bundesrechnungshofes,* Gutachten zu Organisationsformen und Finanzierungsvarianten für die Bundesfernstraßen, 2017, 35, https://www.bundesrechnungshof.de/de/veroeffentlichungen/gutachten-berichte-bwv/gutachten-bwv-schriftenreihe/langfassungen/2016-bwv-gutachten-organisationsformen-und-finanzierungsvarianten-fuer-die-bundesfernstrassen (zuletzt abgerufen am 27.8.2020).

Wortlaut ist seine Kompromisshaftigkeit ebenso anzumerken wie Art. 87e Abs. 3, Art. 16a oder Art. 13 Abs. 3 bis 6.[38]

17 Im **Begleitgesetz,** dem G zur Neuregelung des bundesstaatlichen Finanzausgleichssystems ab dem Jahr 2020 und zur Änderung haushaltsrechtlicher Vorschriften,[39] wurden ua die Übertragung des wirtschaftlichen Eigentums auf die Gesellschaft, die Berechtigung zur Kreditaufnahme am Kapitalmarkt und die Verfügungsbefugnis für die Mauteinnahmen gestrichen sowie im Gegenzug die Budgethoheit des Bundestages und die Prüfungsmöglichkeiten durch den Bundesrechnungshof gestärkt;[40] zur Verfassungswidrigkeit der fakultativen Zuständigkeit der Länder für die Planfeststellung von Bundesautobahnen (→ Rn. 60).

II. Inhaltsübersicht

18 Art. 90 Abs. 1 S. 1 ordnet das **Eigentum** an den Bundesautobahnen und sonstigen Bundesstraßen des Fernverkehrs dem Bund zu (→ Rn. 26 ff.). Welcher Bestand zu welchem Zeitpunkt gemeint war bzw. ist, erschließt sich durch einen Vergleich zwischen Art. 90 Abs. 1 aF und nF (→ Rn. 49). Art. 90 Abs. 1 S. 2 verbietet dem Bund, sein funktionsgebundenes Eigentum zu veräußern (→ Rn. 52). Von der Zuordnung und Verwaltung des Eigentums zu unterscheiden ist die Verwaltung der **Bundesautobahnen** (→ Rn. 43), die gem. Art. 90 Abs. 2 S. 1 in **Bundesverwaltung** zu erfolgen hat (→ Rn. 53 ff.). Erfolgt diese nach S. 2 fakultativ in Privatrechtsform, gelten hierfür gem. S. 3 bis 5 Privatisierungsschranken (→ Rn. 68 ff.). Gem. Art. 90 Abs. 3 verwalten die Länder oder die nach Landesrecht zuständigen Selbstverwaltungskörperschaften die **sonstigen Bundesstraßen des Fernverkehrs** im **Auftrage** des **Bundes** (→ Rn. 81 ff.). Abweichend davon kann der Bund gem. Art. 90 Abs. 4 **auf Antrag** eines Landes sonstige Bundesstraßen des Fernverkehrs, die im Gebiet des Landes liegen, in **Bundesverwaltung** übernehmen (→ Rn. 99 ff.). Art. 143e Abs. 2 ordnete bis zum 31.12.2018 im Falle eines Antrags eine Übernahmepflicht an.

19 Wichtig für das Verständnis der Norm und der zur Konkretisierung erlassenen Gesetze sind der Art. 90 vorausliegende **Dualismus** zwischen bürgerlich-rechtlichem Eigentum und öffentlicher Sachherrschaft[41] sowie die Unterscheidung zwischen Straßenrecht (Wegerecht) und Straßenverkehrsrecht; zu den Gesetzgebungskompetenzen (→ Rn. 42 und Rn. 46). Die **Konkretisierung** erfolgt ua durch das FStrG.[42] Der Verfassungsinterpret steht dabei vor dem Problem, dass Art. 90 Begriffe (zB Bundesautobahn, Bundesstraße) enthält, die einfachgesetzlich etabliert sind, der Vorrang der Verfassung jedoch eine eigenständige Interpretation gebietet.[43]

---

[38] Allg. *Isensee,* Vom Stil der Verfassung, 1999, 25 ff.; *Depenheuer* in Kluth/Krings, Gesetzgebung, § 6 Rn. 45 Fn. 93.

[39] BGBl. 2017 I 3122, dort insbes. Art. 13 G zur Errichtung einer Infrastrukturgesellschaft für Autobahnen und andere Bundesfernstraßen (Infrastrukturgesellschaftserrichtungsgesetz – InfrGG), Art. 14 Gesetz zur Errichtung eines Fernstraßenbundesamtes (Fernstraßen-Bundesamt-Errichtungsgesetz – FStrBAG), Art. 15 Gesetz zu Überleitungsregelungen zum Infrastrukturgesellschaftserrichtungsgesetz und zum Fernstraßen-Bundesamt-Errichtungsgesetz sowie steuerliche Vorschriften (Fernstraßen-Überleitungsgesetz – FernstrÜG). Des Weiteren wurden ua das VIFGG, FStrG, FStrVermG, StrFinG, FStrPrivFinG, BStrMG und das InfrAbG geändert.

[40] *Hermes* in Dreier Rn. 8.

[41] *Gröpl* in Maunz/Dürig Rn. 1.

[42] BGBl. 2007 I 1206, zuletzt geändert durch Art. 2 G v. 8.8.2020, BGBl. 2020 I 1795.

[43] Zur Unterscheidung zwischen faktisch-deskriptiver und normativ-rezeptiver Verfassungsauslegung *Peters* ZfWG Sonderbeilage 2/2017, 2 (4 f.), dort für Kompetenznormen.

III. Überstaatliche Bezüge

Grenzüberschreitende Fernstraßen sind für den europaweiten Güter- und Personenverkehr unerlässlich. Den Rechtsrahmen hierfür bildet das **Unionsrecht.** Die **Grundfreiheiten** und die **allg. Freizügigkeit,** die durch den AEUV garantiert sind, sind ohne ein modernes, leistungsfähiges Straßennetz deutlich eingeschränkt. Zu ihrer Verwirklichung bedarf es daher einer ebenfalls modernen, leistungsfähigen Fernstraßenverwaltung, die ihr Augenmerk nicht nur auf die nationalen, sondern genauso auf die inter- und supranationalen Belange richtet und sich mit den Verwaltungen anderer Staaten sowie der Union in einer Verbundstruktur koordiniert. 20

Aus dem **Primärrecht** sind va Art. 170–172 AEUV für das Fernstraßenrecht bedeutsam. **Transeuropäische Netze** fallen gem. Art. 4 Abs. 2 lit. g und h iVm Art. 2 Abs. 2 AEUV in die **geteilte Zuständigkeit.** Die Union ist gem. Art. 170 Abs. 1 AEUV verpflichtet, zur Verwirklichung des Binnenmarktes (Art. 26 AEUV) und zur Stärkung ihrer inneren Strukturen einen Beitrag[44] zum Auf- und Ausbau ua der transeuropäischen Verkehrsnetze zu leisten.[45] „Transeuropäische Netze sind miteinander verbundene grenzüberschreitende Infrastruktureinrichtungen des Verkehrs."[46] Ziel der Union ist die Herstellung eines wettbewerbsorientierten und ressourcenschonenden Verkehrssystems. 21

Hierzu **koordiniert** die Union das Handeln der Mitgliedstaaten und leistet **finanzielle Unterstützung** jeweils auf der Grundlage von **Leitlinien** (Art. 171 Abs. 1 Spstr. 1 AEUV), „in denen die Ziele [...] der im Bereich der transeuropäischen Netze in Betracht gezogenen Aktionen erfasst werden." Die Bindungswirkung der Leitlinien hängt von ihrer Rechtsform ab. Gem. Art. 172 Abs. 1 AEUV werden sie im ordentlichen Gesetzgebungsverfahren festgelegt, können daher wegen Art. 289 Abs. 1 AEUV der Form nach als Richtlinie, Verordnung oder Beschluss ergehen. Derzeit sind sie als Verordnung gefasst.[47] 22

Die **Union** hat trotz der Möglichkeit, im Rahmen der Leitlinien Vorhaben von gemeinsamem Interesse auszuweisen und der Pflicht, die Interoperabilität der Netze zu gewährleisten, nur eine sehr **begrenzte Planungskompetenz.**[48] Diese liegt, wie auch die zum Bau und Betrieb der Fernstraßen, weiterhin bei den Mitgliedstaaten, zumal gem. Art. 172 Abs. 2 AEUV Leitlinien und Vorhaben von gemeinsamem Interesse, die das Hoheitsgebiet eines Mitgliedstaats betreffen, der Billigung des betroffenen Mitgliedstaats bedürfen. Bei der Ausübung des Planungsermessens sind die Leitlinien jedoch zu beachten. Hierfür sprechen neben ihrer Rechtsform ihr Sinn und Zweck,[49] das Handeln der Mitgliedstaaten auf die genannten Ziele hin zu koordinieren. Der Kommission kommt dabei eine Schlüsselfunktion zu. 23

---

[44] Zur kompetenzbegrenzenden Bedeutung *Gröpl* in Maunz/Dürig Rn. 163.

[45] Allg. *Voet van Vormizeele* in Schwarze, EU-Kommentar, AEUV Art. 170 Rn. 6 f.; *Kotzur* in Geiger/Khan/Kotzur, EUV/AEUV, Art. 170 AEUV Rn. 1 f.

[46] *Ibler* in MKS Rn. 188.

[47] VO (EU) Nr. 1315/2013 v. 11.12.2013 über Leitlinien der Union für den Aufbau eines transeuropäischen Verkehrsnetzes und zur Aufhebung des Beschlusses Nr. 661/2010/EU, ABl. 2013 L 358, 1, dort zur Fernstraßeninfrastruktur Art. 17–19; zu den Vorgängerregelungen *Calliess* in Calliess/Ruffert EUV/AEUV, Art. 171 AEUV Rn. 26.

[48] *Bogs,* Die Planung transeuropäischer Verkehrsnetze, 2002, 34 ff., 62 ff., 92 ff.

[49] *Schäfer/Schröder* in Streinz EUV/AEUV, Art. 171 AEUV Rn. 6 f.; *Calliess* in Calliess/Ruffert EUV/AEUV, Art. 171 AEUV Rn. 3 f.

24 Das Unionsrecht beeinflusst die Fernstraßenverwaltung aber durch das **Umwelt**- und das **Vergaberecht.** Bei der Planung, dem Bau und dem Betrieb von Fernstraßen sind zahlreiche naturschutz- und immissionsschutzrechtliche Vorgaben zu beachten, die auf Sekundärrecht beruhen.[50] Zu den wichtigsten zählen die Fauna-Flora-Habitat-RL,[51] die Vogelschutz-RL,[52] die Luftqualitäts-RL[53] und die Umgebungslärm-RL.[54] Für die Vergabe von Bauaufträgen und Betriebskonzessionen sind va die Vergabe-RL,[55] die Sektoren-RL[56] und die Konzessionsvergabe-RL[57] zu beachten.

25 Auch der **Straßenverkehr** ist durch das Unionsrecht stark determiniert. **Primärrechtlich** stehen hierfür die Art. 90 ff. AEUV, Art. 21 Abs. 1 AEUV sowie das allgemeine Diskriminierungsverbot aus Art. 18 Abs. 1 AEUV, das Zugangsbenachteiligungen, wie sie durch Mautregelungen drohen, für EU-Ausländer verbietet.[58] Hinzu kommt ggf. die Pflicht der Mitgliedstaaten, den (Waren-)Verkehr vor Behinderungen durch Dritte zu schützen,[59] auch wenn sich diese auf Grundrechte berufen können.[60] **Sekundärrechtlich** sind der gewerbliche Personen- und Güterverkehr liberalisiert bzw. harmonisiert worden.[61]

B. Einzelfragen

I. Zuordnung des Eigentums (Art. 90 Abs. 1)

26 **1. Der Bund bleibt Eigentümer.** Art. 90 Abs. 1 S. 1 bezieht sich mit der Formulierung „bleibt Eigentümer" auf eine im Zeitpunkt des Inkrafttretens (→ Rn. 12, 33) **bestehende Rechtslage,** setzt somit einen Rechtsbestand voraus, ist aber zugleich **zukunftsgerichtet.** Daher ist es notwendig,

---

[50] Sa *Faßbender* in BK Rn. 19 f.

[51] RL 92/43/EWG des Rates vom 21.5.1992 zur Erhaltung der natürlichen Lebensräume und der wildlebenden Tiere und Pflanzen, ABl. 1992 L 206, 7.

[52] RL 2009/147/EG des Europäischen Parlaments und des Rates vom 30.11.2009 über die Erhaltung der wildlebenden Vogelarten (kodifizierte Fassung), ABl. 2010 L 20, 7.

[53] RL 2008/50/EG des Europäischen Parlaments und des Rates vom 21.5.2008 über Luftqualität und saubere Luft für Europa, ABl. 2008 L 152, 1.

[54] RL 2002/49/EG des Europäischen Parlaments und des Rates vom 25.6.2002 über die Bewertung und Bekämpfung von Umgebungslärm, ABl. 2002 L 189, 12.

[55] RL 2014/24/EG des Europäischen Parlaments und des Rates vom 26.2.2014 über die öffentliche Auftragsvergabe und zur Aufhebung der Richtlinie 2004/18/EG, ABl. 2014 L 94, 65.

[56] RL 2014/25/EG des Europäischen Parlaments und des Rates vom 26.2.2014 über die Vergabe von Aufträgen durch Auftraggeber im Bereich der Wasser- Energie- und Verkehrsversorgung sowie der Postdienste und zur Aufhebung der Richtlinie 2004/17/EG, ABl. 2014 L 94, 243.

[57] RL 2014/23/EG des Europäischen Parlaments und des Rates vom 26.2.2014 über die Konzessionsvergabe, ABl. 2014, L 94, 1.

[58] Hierzu *Boehme-Neßler* NVwZ 2014, 97; *Zabel* NVwZ 2015, 186; *ders.* NVwZ 2015, 1241; *Hillgruber* DVBl. 2016, 73; *Faßbender* in BK Rn. 8.

[59] EuGH, C-265/95, Slg. 1997, I-6959, ECLI:EU:C:1997:595, Rn. 56 – Kommission / Frankreich.

[60] EuGH, C-112/00, Slg. 2003, I-4921, ECLI:EU:C:2003:333, Rn. 79 ff. – Schmidberger.

[61] *Hermes* in Dreier Rn. 10; s nur die VO (EG) Nr. 1370/2007 des Europäischen Parlaments und des Rates über öffentliche Personenverkehrsdienste auf Schiene und Straße und zur Aufhebung der Verordnungen (EWG) Nr. 1191/69 und (EWG) Nr. 1107/70 des Rates, ABl. 2007, L 315, 1.

zwischen den Zeiträumen vor (→ Rn. 27 ff.) und nach der Verfassungsänderung (→ Rn. 49) sowie dem Zeitpunkt selbst zu unterscheiden.

Art. 90 Abs. 1 aF wies dem Bund, dh der Bundesrepublik Deutschland, **ipso iure zivilrechtliches Eigentum** an den im Deutschen Reich gebauten Fernstraßen zu.[62] Damit war er die Parallelnorm zu Art. 89 Abs. 1 (→ Art. 89 Rn. 17), hatte jedoch größere Bedeutung für die Veränderung der Eigentumsverhältnisse. Die Reichswasserstraßen waren wegen Art. 97 Abs. 1 WRV in der Regel bereits Reichseigentum (→ Art. 89 Rn. 6). Hingegen standen die Reichsfernstraßen zwar unter Reichsverwaltung, gehörten aber teilweise anderen Hoheitsträgern (Gliedstaaten, Kommunen) oder Privatpersonen. **27**

Räumlich erfasst waren die im Geltungsbereich des GG liegenden Reichsautobahnen, dh alle gem. § 2 Reichsautobahngesetz[63] ausschließlich für den allgemeinen Verkehr mit Kraftfahrzeugen gewidmeten Wege, und alle im Straßenverzeichnis als Reichsstraßen geführten Straßen.[64] Ob es **zeitlich,** vergleichbar mit den Reichswasserstraßen (→ Art. 89 Rn. 22), einen Unterschied machte, ob der Bestand vom 8.5.1945[65] oder 23.5.1949[66] gemeint war, ist unklar, weil nicht feststeht, ob es währenddessen zu Bestandsänderungen kam. **28**

Das Eigentum entstand **mit Inkrafttreten** des GG, dh gem. Art. 145 Abs. 2 GG mit Ablauf des 23.5.1949 (anders formuliert in § 1 FStrVermG:[67] mit Wirkung vom 24. Mai 1949). Gleichzeitig verloren die bisherigen Eigentümer ihr Eigentum.[68] Für den Erwerb kam es nicht darauf an, ob das Reich Eigentümer war, sondern dass es sich funktional um Reichsautobahnen und Reichsstraßen handelte. Art. 90 Abs. 1 aF verdrängte, soweit das Reich Eigentümer war, als *lex specialis* Art. 134[69] und schloss alle Einwendungen der bisherigen Eigentümer sowie alle gem. Art. 14 Abs. 3 denkbaren Entschädigungsansprüche aus (→ Art. 89 Rn. 20). **29**

Nach verbreiteter Auffassung galt Art. 90 Abs. 1 aF nicht für das Gebiet der **ehemaligen DDR,**[70] weil eine so späte Überleitung nicht dem Sinn und Zweck der Norm entsprochen habe. Vielmehr seien die Staatsstraßen der DDR durch Anl. I Kap. XI Sachgebiet F Abschn. III Nr. 1 lit. b des Einigungsvertrages auf den Bund übertragen worden.[71] Wie im Fall der Reichswasserstraßen (→ Art. 89 Rn. 23) widerspricht dies der Rechtsprechung des BVerfG zum Fortbestand des Reiches bis zur Wiedervereinigung.[72] Das GG erlangte auf dem Gebiet der DDR zwar erst mit dem Beitritt nach Art. 23 GG aF Geltung, weshalb die dort gelegenen ehemaligen Reichsautobahnen und Reichsstraßen zuvor auch nicht im Eigentum der Bundesrepublik standen. Mit der Wiedervereinigung kam es aber zur Kongruenz zwischen der **30**

---

62 *Gröpl* in Maunz/Dürig Rn. 6; *Durner* in BerlKomm Rn. 14; *Hermes* in Dreier Rn. 12.

63 Vgl. G v. 27.6.1933, RGBl. 1933 II 509.

64 *Sachs* in Sachs Rn. 8 ff.

65 *Sachs* in Sachs Rn. 11; *Durner* in BerlKomm Rn. 8.

66 *Gröpl* in Maunz/Dürig Rn. 2.

67 G v. 2.3.1951, BGBl. 1951 I 157.

68 *Gröpl* in Maunz/Dürig Rn. 6; dazu, dass diese verfassungsunmittelbare Enteignung im Gegensatz zu Art. 89 Abs. 1 auch praktisch bedeutsam war, vgl. *Marschall* DÖV 1950, 6.

69 In den anderen Fällen hatte Art. 90 Abs. 1 aF einen eigenständigen Regelungsgehalt.

70 *Gröpl* in Maunz/Dürig Rn. 2.

71 Vgl. *Sachs* in Sachs Rn. 15.

72 BVerfGE 36, 1 (16 f.).

mit dem Reich bis dato rechtsidentischen Bundesrepublik und der Organisation des gesamten Staatsgebietes durch das GG.[73]

31 Anders als die Bundeswasserstraßen sind die meisten **Bundesfernstraßen** erst **nach 1949** bzw. **nach** der **Wiedervereinigung** entstanden.[74] Auf Grund des ökonomischen Wachstums, veränderter Produktionsprozesse, des Transitverkehrs und des wirtschaftlichen Strukturwandels, des unterbliebenen Ausbaus in der DDR sowie veränderter Bedürfnisse an den Individualverkehr und an den Lärmschutz setzte eine bis heute anhaltende Planungs- und (Aus-) Bautätigkeit ein. Die entstandenen Bundesfernstraßen stehen wegen § 2 Abs. 2 iVm § 5 Abs. 1 FStrG regelmäßig, jedoch nicht ausnahmslos im Eigentum des Bundes (→ Rn. 35), unter Art. 90 Abs. 1 aF fielen sie jedoch nicht (→ Rn. 27).[75]

32 Auf Grund des Vergangenheitsbezugs war die **Bedeutung** von Art. 90 Abs. 1 aF begrenzt. Dies hat sich durch die **Neufassung** geändert, weil Art. 90 Abs. 1 nF einen deutlich größeren Regelungsgehalt hat und nunmehr materielle Privatisierungen (→ Rn. 47) sowie Eigentumsübergänge verhindert. Umstritten ist jedoch, ob hiervon nur der Eigentumsbestand am 20.7.2017 erfasst ist oder auch künftige Bundesfernstraßen. Eine historisch-systematische Auslegung spricht für eine Stichtagsregelung,[76] eine grammatikalisch-systematische und telelogische Auslegung für eine prospektive Regelung (hierzu → Rn. 49).

33 Gem. dem **Entwurf** der **Bundesregierung** sollte Abs. 1 wie folgt gefasst werden: „Der Bund ist Eigentümer der Bundesautobahnen und sonstigen Bundesstraßen des Fernverkehrs. Das Eigentum ist unveräußerlich."[77] Im Gesetzgebungsverfahren wurde aus dem „ist" ein „bleibt", weil sonst Art. 90 Abs. 1 S. 1 nF die Rechtsfolge gehabt hätte, die Art. 90 Abs. 1 aF 1949 hatte – der Bund wäre *ipso iure* Eigentümer geworden,[78] Einwendungen und Entschädigungen wären ausgeschlossen gewesen. Der Bund blieb daher Eigentümer der Bundesfernstraßen, die ihm am 20.7.2017 gehörten, ein Erwerb fremden Eigentums, zB an den Ortsdurchfahrten, erfolgte nicht.[79]

34 Trotzdem und unabhängig von dem Stichtagsproblem führt die gesetzgewordene Fassung zu **Rechtsunsicherheit.**[80] Ausgeschlossen ist damit nämlich auch für alle bis dato gewidmeten Bundesfernstraßen der spätere Verlust des Eigentums, zB nach §§ 5, 6 FStrG. Diese Regelungen sind verfassungswidrig, soweit sie zu einem Eigentumswechsel führen würden. Der Wortlaut schließt auch Veräußerungen durch Gesetz aus (→ Rn. 35).[81] Der Übergang öffentlich-rechtlicher Pflichten, zB der Wechsel der Straßenbaulast, lässt sich daher nicht mehr mit dem Übergang des Eigentums verbinden. Art. 90 Abs. 1 nF **perpetuiert** somit jedenfalls den im Zeitpunkt des Inkrafttretens **bestehenden Eigentumsbestand** des Bundes an Bundesfernstraßen.[82]

35 Dagegen lässt sich nicht einwenden, der Bund habe auch schon 1951 durch §§ 5, 7 FStrVermG das **Eigentum** an den **Ortsdurchfahrten** ehemaliger

---

[73] So im Ergebnis auch *Durner* in BerlKomm Rn. 8.
[74] Veraltete, aber noch aussagekräftige Zahlen bei *Fischer/Weidmann* ZRP 2005, 57 (58).
[75] *Sachs* in Sachs Rn. 12 f.
[76] *Remmert* in BeckOK GG Rn. 5, 9; dezidiert *Faßbender* in BK Rn. 72.
[77] BT-Drs. 18/11131, 7.
[78] *Sachs* in Sachs Rn. 13.
[79] Ausf. BT-Drs. 18/12588, 32.
[80] *Ibler* in MKS Rn. 3.
[81] *Sachs* in Sachs Rn. 15.
[82] *Remmert* in BeckOK GG Rn. 6 f.

Reichsstraßen abgeben dürfen. Angesichts des Wortlautes von Art. 90 Abs. 1 aF war zweifelhaft, ob dies verfassungsgemäß war. Grund für die Eigentumsübertragung war, dass größere Gemeinden ursprünglich Straßenbaulastträger für diese Straßenabschnitte waren und wieder werden sollten.[83] Die Zuordnung der Ortsdurchfahrten zu den kommunalen Straßenbauaufgaben mag daher sach- und lastengerecht (gewesen) sein.[84] Art. 90 Abs. 1 aF und nF weichen in ihrem Wortlaut jedoch so stark ab, dass für eine derartige Begründung kein Raum mehr ist.[85]

Die Neufassung hat nichts daran geändert, dass das Eigentum der Bundesrepublik Deutschland an den Bundesfernstraßen **zivilrechtliches Eigentum** ist (→ Rn. 27).[86] Rechte und Pflichten ergeben sich aus den §§ 903 ff. BGB[87] sowie anderen Inhalts- und Schrankenbestimmungen, nicht jedoch aus Art. 14, weil die Eigentumsfreiheit ihrem Wesen nach (Art. 19 Abs. 3) nicht auf den Bund als Körperschaft des öffentlichen Rechts anwendbar ist.[88] Die Konstruktion eines mit hoheitlichen Rechten und Pflichten verbundenen öffentlichen Eigentums, wie sie *O. Mayer* vertrat,[89] hat sich nicht durchgesetzt. 36

Die sachbezogenen **öffentlich-rechtlichen** Befugnisse und Bindungen, zB die Straßenbaulast und die Zulassung des Gemeingebrauchs, folgen aus der **Sachherrschaft** des Bundes gem. der „Theorie vom modifizierten Privateigentum",[90] die das Recht der öffentlichen Sachen und Einrichtungen prägt und dem Bundesfernstraßengesetz (FStrG)[91] sowie den Landesstraßengesetzen zu Grunde liegt. Mit der Widmung (§ 2 Abs. 1 FStrG) zusammenhängend, von ihr aber zu unterscheiden sind Art und Reichweite der öffentlich-rechtlichen Verantwortung des Bundes für die Fernstraßen, die ihrerseits auf der Verkehrswegefunktion beruht; zur Möglichkeit der Privatisierung (→ Rn. 61 ff.). 37

Das Eigentum begründet **Rechte** und **Pflichten,** wie sie jeder andere Eigentümer auch hat. Insbes. steht dem Bund das Recht aus §§ 1004, 823 BGB zu, umgekehrt unterliegt er dem FStrG, haftet für den Zustand und ist verkehrssicherungspflichtig.[92] Der Bund kann, soweit nicht Gesetze oder Rechte Dritter entgegenstehen, mit seinen Fernstraßen nach Belieben verfahren und andere von jeder Einwirkung ausschließen, § 903 S. 1 BGB. Daher darf er Teile Privaten vertraglich zum Gebrauch überlassen (sog. sonstige Nutzungen bzw. privatrechtliche Sondernutzungen), soweit dadurch 38

---

[83] Hierzu *Gröpl* in Maunz/Dürig Rn. 7 f.; *Sachs* in Sachs Rn. 14.

[84] *Präsident des Bundesrechnungshofes,* Modernisierung der Verwaltungsbeziehungen von Bund und Ländern, 2007, 69 f.; ausf. *Herber* in Kodal, Straßenrecht, 2010, Kap. 2 Rn. 75 ff.

[85] So auch *Sachs* in Sachs Rn. 14.

[86] *Remmert* in BeckOK GG Rn. 1; *Ibler* in MKS Rn. 21. Dies darf nicht zu dem Missverständnis verleiten, der Bund könne privatautonom handeln, s *Hesse,* Grundzüge des Verfassungsrechts der Bundesrepublik Deutschland, 20. Aufl. 1995, Rn. 348.

[87] BGHZ 9, 373 (382 ff.); *Sachs* in Sachs Rn. 7; *Ibler* in MKS Rn. 24; *Kment* in Jarass/Pieroth Rn. 3.

[88] *Remmert* in BeckOK GG Rn. 3; *Maiwald* in SHH Rn. 4; *Gröpl* in Maunz/Dürig Rn. 16.

[89] *Mayer,* Verwaltungsrecht, Bd. II, 1924, 39 ff.

[90] Ausf. *Kluth* in Wolff/Bachof/Stober/Kluth, VerwR Bd. II, 2010, § 76 Rn. 2 ff.

[91] IdF v. 28.6.2007, BGBl. 2007 I 1206, zuletzt geändert durch Art. 2 G v. 8.8.2020, BGBl. 2020 I 1795.

[92] *Ibler* in MKS Rn. 51; *Gröpl* in Maunz/Dürig Rn. 100; *Faßbender* in BK Rn. 81, 85; Die Länder haben zT – in kompetenzrechtlich nicht unzweifelhafter Weise (dazu *Gröpl* in Maunz/Dürig Rn. 101) – die Verkehrssicherungspflicht öffentlich-rechtlich ausgestaltet.

nicht öffentlich-rechtlich gestattete Nutzungen beeinträchtigt werden.[93] Das Eigentum berechtigt nicht, hoheitliche Nutzungsabgaben (Maut) zu erheben. Hierzu ist wegen der belastenden Wirkung für Bürger und Unternehmen eine gesetzliche Grundlage notwendig.

39 Neben die zivilrechtliche Verantwortlichkeit tritt die öffentlich-rechtliche. Der Bund kann als **Zustandsstörer** von den Polizei- und Ordnungsbehörden der Länder und Kommunen in Anspruch genommen werden, wenn von seinem Eigentum Gefahren für die öffentliche Sicherheit und Ordnung ausgehen.[94]

40 Das **Eigentum umfasst** neben der Grundstücksfläche, auf der sich die Straße befindet, gem. § 1 Abs. 4 FStrG als Sachgesamtheit den Straßenkörper einschließlich der Sachbestandteile und der zugehörigen Infrastruktur, den Luftraum über dem Straßenkörper, das Zubehör, zB Verkehrszeichen, Einrichtungen zur Erhebung der Maut und zur Kontrolle der Mautpflicht, die Nebenanlagen und die Nebenbetriebe zu den Bundesautobahnen.[95] Diese Konkretisierung (→ Rn. 19) ist verfassungsgemäß, weil sie die Sachnutzung sicherstellt.[96]

41 Funktional nicht zum Straßenkörper gehören die darin befindlichen Versorgungsleitungen, die folglich auch **nicht** gem. §§ 93, 94 BGB im Eigentum des Bundes stehen, sondern auf die § 95 Abs. 1 BGB Anwendung findet.[97] Gleiches gilt für das Eigentum an Straßenbeleuchtungseinrichtungen.[98]

42 **2. Der Bundesautobahnen und sonstigen Bundesstraßen des Fernverkehrs.** Gemeinsamer **Oberbegriff** für Bundesautobahnen und sonstige Bundesstraßen des Fernverkehrs ist **Bundesfernstraße.** Das GG setzt (nur) die Existenz dieser beiden historisch überkommenen Fernstraßenkategorien voraus,[99] enthält sich aber ansonsten jeglicher Definition.[100] Die Kompetenz hierfür hat gem. Art. 74 Abs. 1 Nr. 22 („Fernverkehr") der Bundesgesetzgeber, der wiederum gem. § 2 Abs. 6 FStrG und § 2 Abs. 1 S. 1 Nr. 1 FStrBAG die Widmung in die Hände der Exekutive gelegt hat. Fernverkehr ist Verkehr, der erhebliche Strecken überwindet.[101]

43 Bundesfernstraßen sind in § 1 Abs. 1 S. 1 FStrG **legaldefiniert** als öffentliche Straßen, die ein zusammenhängendes Verkehrsnetz bilden und einem weiträumigen Verkehr dienen oder zu dienen bestimmt sind. Die Vorschrift ist wie § 1 Abs. 4 FStrG (→ Rn. 40) ebenfalls eine verfassungskonforme Konkretisierung (→ Rn. 19) von Art. 90.[102] Gem. § 1 Abs. 2 FStrG gliedern

---

93 *Durner* in BerlKomm Rn. 12.

94 *Durner* in BerlKomm Rn. 13; *Ibler* in MKS Rn. 48 ff., dort auch zu den Eingriffsbefugnissen; zur Unterscheidung zwischen materieller und formeller Polizeipflicht *Denninger* in Lisken/Denninger, HdBPolR, 2012, D, Rn. 96 ff.

95 AA *Reidt/Zwanziger* UPR 2019, 41 (44), nur die streckenmäßige Verbindung.

96 *Gröpl* in Maunz/Dürig Rn. 13 f. Das Eigentum an Betriebsgrundstücken darf daher nicht mehr für die Dauer der Laufzeit eines Konzessionsvertrags auf den Konzessionsnehmer übertragen werden; aA *Reidt/Zwanziger* UPR 2019, 41 (45 f.), die aber zu wenig berücksichtigen, dass der verfassungsändernde Gesetzgeber die wirtschaftliche Aushöhlung des privatrechtlichen Eigentums an den Bundesfernstraßen verhindern wollte. Der (Mehr-)Wert des Streckennetzes ist aber auch von der Verfügungsbefugnis ua über die Nebenbetriebe abhängig.

97 BGHZ 37, 353 (359); 138, 266 (271 f.); *Ibler* in MKS Rn. 16.

98 *Ibler* in MKS Rn. 17.

99 Vgl. § 2 Reichsautobahngesetz (oben Fn. 13).

100 Krit. *Ibler* in MKS Rn. 11.

101 *Sachs* in Sachs Rn. 19.

102 *Remmert* in BeckOK GG Rn. 4.

sich Bundesfernstraßen in Bundesautobahnen (§ 1 Abs. 3 FStrG) und Bundesstraßen mit den Ortsdurchfahrten (§ 5 Abs. 4 FStrG); zu den Ortsdurchfahrten (→ Rn. 35).

Finanzierung, Planung, Bau, Benutzung und Unterhalt der Bundesfernstraßen sind ua **geregelt** im Bundesfernstraßengesetz (FStrG → Rn. 37), Fernstraßen-Bundesamt-Errichtungsgesetz (FStrBAG),[103] Infrastrukturgesellschaftserrichtungsgesetz (InfrGG),[104] Verkehrsinfrastrukturfinanzierungsgesellschaftsgesetz (VIFGG),[105] Fernstraßenbauprivatfinanzierungsgesetz (FStrPrivFinG),[106] Bundesfernstraßenmautgesetz (BFStrMG)[107] und Infrastrukturabgabengesetz (InfrAbG).[108] 44

Inwieweit viele sonstige Bundesstraßen des Fernverkehrs, also Bundesfernstraßen, die keine Bundesautobahnen sind, noch das Merkmal der **Weiträumigkeit** erfüllen, ist fraglich. Neu- und Ausbau des Bundesautobahnnetzes haben dazu geführt, dass der Güter- und Personenfernverkehr fast ausschließlich auf den Bundesautobahnen stattfindet. Bundesstraßen dienen heute im Wesentlichen regionalen Zwecken,[109] zumal dann, wenn sie parallel zu Bundesautobahnen verlaufen. An der für Art. 90 maßgeblichen Einstufung ändert dies nichts, wirft aber die Frage nach Abstufungen auf (→ Rn. 59 und Rn. 94). 45

Landesfernstraßen kennt das geltende Recht **nicht.** Der Bund hat auf der Grundlage von Art. 74 Abs. 1 Nr. 22 den Lebensbereich Fernstraßen im FStrG abschließend geregelt. Wegen Art. 72 Abs. 1 wäre der Bund aber nicht gehindert, den Ländern diese Gesetzgebungskompetenz zurückzugeben.[110] 46

3. Das Eigentum ist unveräußerlich. Der zu Art. 90 Abs. 1 aF bestehende Streit,[111] ob der Bund dauerhaft an sein Eigentum gebunden ist (zum Parallelproblem im Fall ehemaliger Reichswasserstraßen → Art. 89 Rn. 28 ff.), hat sich mit der Neufassung erledigt. Art. 90 Abs. 1 S. 2 verbietet dem Bund, sein Eigentum an Bundesautobahnen und sonstigen Bundesstraßen des Fernverkehrs auf Dritte zu übertragen, wirkt somit als **Schranke** für materielle bzw. vermögensbezogene **Privatisierungen.** 47

Sachenrechtliche Übereignungen und sonstige Verfügungen (→ Rn. 50) sind **ausgeschlossen,**[112] selbst wenn die Übertragung auf eine 48

[103] G v. 14.8.2017, BGBl. 2017 I 3143, zuletzt geändert durch Art. 7 G v. 29.6.2020, BGBl. 2020 I 1528.

[104] G v. 14.8.2017, BGBl. 2017 I 3141, zuletzt geändert durch Art. 6 G v. 29.6.2020, BGBl. 2020 I 1528.

[105] G v. 28.6.2003, BGBl. 2003 I 1050, zuletzt geändert durch Art. 16 G v. 14.8.2017, BGBl. 2017 I 3122, außer Kraft getreten am 1.8.2019 durch die Bekanntmachung über das Außerkrafttreten des VerkehrsinfrastrukturfinanzierungsgesellschaftsG vom 16.8.2019, BGBl 2019 I 1376.

[106] G v. 6.1.2006, BGBl. 2006 I 49, zuletzt geändert durch Art. 20 G v. 14.8.2017, BGBl. 2017 I 3122, zuletzt geändert durch Art. 142 G v. 20.11.2019, BGBl. 2019 I 1626.

[107] G v. 12.7.2011, BGBl. 2011 I 1378, zuletzt geändert durch Art. 21 G v. 14.8.2017, BGBl. 2017 I 3122, zuletzt geändert durch Art. 5 G v. 29.6.2020, BGBl. 2020 I 1528.

[108] G v. 8.6.2015, BGBl. 2015 I 904, zuletzt geändert durch Art. 22 G v. 14.8.2017, BGBl. 2017 I 3122, zuletzt geändert durch Art. 145 G v. 20.11.2019, BGBl. 2019 I 1626.

[109] Zu den Veränderungen der Dichte des Fernstraßennetzes seit 1949 *Bundesministerium für Verkehr, Bau und Stadtentwicklung,* Straßenbaubericht 2007, 2007, 36 f.; *Kommission Verkehrsinfrastrukturfinanzierung („Pällmann-Kommission"),* Schlussbericht v. 5.9.2000, 10; *Präsident des Bundesrechnungshofes,* Modernisierung der Verwaltungsbeziehungen von Bund und Ländern, 2007, 60, 63.

[110] *Sachs* in Sachs Rn. 19.

[111] Vgl. *Boysen* in v. Münch/Kunig, 6. Aufl. 2012, Art. 90. Rn. 21 ff.

[112] *Ibler* in MKS Rn. 63; *Remmert* in BeckOK GG Rn. 6.

juristische Person erfolgen soll, die der Bund beherrscht.[113] Unerheblich ist auch, ob die Übereignung bzw. Verfügung rechtsgeschäftlich oder gesetzlich erfolgt, denn Zweck der Vorschrift ist in Zusammenschau mit Abs. 2, dass sich der Bund weder rechtlich noch wirtschaftlich seines Eigentums entledigen kann.

49 Welcher **Eigentumsbestand** gemeint ist, hängt davon ab, ob Art. 90 Abs. 1 S. 1 nur für Bundesfernstraßen gilt, die am 20.7.2017, dem Tag des Inkrafttretens der Neufassung (→ Rn. 12), dem Bund gehörten oder auch künftige Bundesfernstraßen erfasst, die auf Grundstücken errichtet werden, die dem Bund gehören oder sich auf Grundstücken befinden, an denen der Bund nach dem Bau Eigentum erlangt. Die besseren Argumente sprechen für die Einbeziehung **künftiger Bundesfernstraßen** und gegen eine „Stichtagsauslegung."[114] Die Genese der Vorschrift (→ Rn. 13 ff.) lässt zwar zunächst eine Beschränkung auf den Eigentumsbestand am 20.7.2017 vermuten, das Veräußerungsverbot in S. 2 und die Privatisierungsschranken in Abs. 2 würden aber mit fortschreitender Bautätigkeit an Substanz verlieren, wenn S. 1 neben der Perpetuierung bestehenden Eigentums nicht auch **prospektiv** wirkt. Daher lässt sich der Wortlaut „bleibt Eigentümer" nicht so verstehen, dass durch die Neufassung nur keine verfassungsunmittelbaren Übertragungen herbeigeführt werden sollten (→ Rn. 33). Der im Zuge der Neufassung angefügte S. 2 stützt diese Auslegung, weil er keinen eigenen Regelungsgehalt hätte, wenn er sich nur auf die Bundesfernstraßen erstrecken würde, die dem Bund am 20.7.2017 gehörten. Die prospektive Wirkung verpflichtet daher den Bund, vor dem Bau neuer Bundesfernstraßen das Eigentum an den dafür notwendigen Grundstücken zu erwerben bzw. nachträglich öffentliche Sachherrschaft und Eigentum in seiner Person zu vereinen;[115] siehe auch § 2 Abs. 2 FStrG.

50 Art. 90 Abs. 1 S. 2 **verbietet** neben Verfügungen über das Eigentum dem Bund auch, sein Eigentum mit **dinglichen Rechten** zu Gunsten Dritter zu **belasten.** Die Einräumung zB von Nießbrauchsrechten oder Grunddienstbarkeiten ist daher ebenfalls ausgeschlossen.[116] Die Begründung zum Entwurf der Bundesregierung[117] und der Unterschied zwischen unveräußerlich und unbelastbar sprechen zwar *prima facie* gegen dieses Ergebnis. Die Entwurfsfassung des Art. 90 Abs. 2 enthielt jedoch viel weniger Privatisierungsschranken, weil zugleich in der Entwurfsfassung des Begleitgesetzes die Gesellschaft „perspektivisch über ein sich selbst tragendes Geschäftsmodell verfügen" sollte mit dem Ziel, eine vollständige Nutzerfinanzierung „aus eigenem Recht" aufzubauen.[118] Hierzu sollten ihr Nießbrauchsrechte und Rechte zur Nutzziehung eingeräumt werden können. Dazu ist es nicht gekommen (→ Rn. 17). Die Intentionen der Bundesregierung bezüglich möglicher Belastungen des Eigentums bezogen sich somit auf eine anders geplante Rechtslage. **Nicht erfasst** vom Belastungsverbot sind die schon vor der Neufassung

---

[113] *Remmert* in BeckOK GG Rn. 7 ff., mit Hinweis auf die Entstehungsgeschichte; *Hermes* in Dreier Rn. 25 f.

[114] *Hermes* in Dreier Rn. 24; aA *Faßbender* in BK Rn. 72, 91.

[115] So auch *Hermes* in Dreier Rn. 24; *Gröpl* in Maunz/Dürig Rn. 21.

[116] *Kment* in Jarass/Pieroth Rn. 3; *Hermes* in Dreier Rn. 26; *Ibler* in MKS Rn. 63; *Remmert* in BeckOK GG Rn. 8; *Maiwald* in SHH Rn. 4; *Faßbender* DVBl. 2018, 1585 (1588); aA *Sachs* in Sachs Rn. 15.

[117] BT-Drs. 18/11131, 15.

[118] BT-Drs. 18/11135, 113, dort auch die Zitate.

zulässigen Sondernutzungen (sonstige Nutzungen), zB für Leitungen.[119] Die Einräumung derartiger Rechte ist weiterhin zulässig.

Art. 90 Abs. 1 bezweckt, dass zivilrechtliches Eigentum und öffentlich- **51**
rechtliche Befugnisse und Bindungen grds. nicht getrennt sein sollen, sondern gemeinsam beim Bund liegen und dort auch verbleiben.[120] Dies hat auch den praktischen Vorteil, dass es nicht zu **Interessenkollisionen** zwischen Eigentümer und Sachherr kommt.

Das Übertragungs- und Belastungsverbot ist **funktionsgebunden.**[121] Es **52**
besteht, solange die Straße als Bundesfernstraße gewidmet ist. Verliert eine Straße ihre überregionale Bedeutung, weil sie nicht mehr einem weiträumigen Verkehr dient, ist sie entweder einzuziehen, falls sie jede Verkehrsbedeutung verloren hat, oder abzustufen (§ 2 Abs. 4 FStrG). Grundstücke, auf denen sich eine entwidmete Bundesautobahn befindet, dürfen daher veräußert werden; zur Vermögensprivatisierung (→ Rn. 62).

II. Bundesverwaltung und Möglichkeiten der Privatisierung (Art. 90 Abs. 2)

1. Verwaltung der Bundesautobahnen in Bundesverwaltung. Die **53**
Bundesautobahnen werden spätestens ab dem 1.1.2021 durch den Bund verwaltet (→ Art. 143e Rn. 4). Art. 86 sieht hierfür entweder bundeseigene oder bundesunmittelbare Verwaltung vor. Art. 90 Abs. 2 ordnet jedoch wie Art. 87d Abs. 1 S. 1 GG Bundesverwaltung an und gibt damit dem Bund nicht nur die Freiheit, zwischen den in Art. 86 vorgesehenen Formen zu wählen,[122] sondern Verwaltungsaufgaben auch auf juristische Personen des Privatrechts zu übertragen. Die Anordnung von Bundesverwaltung erlaubt im Gegensatz zu bundeseigener Verwaltung (in Form der unmittelbaren Bundesverwaltung) diese Ausgestaltung.[123] Die Möglichkeit der Organisationsprivatisierung hätte zwar auch im Fall mittelbarer Bundesverwaltung nach Art. 86 bestanden.[124] Außerdem besteht aber, falls der Bund bundeseigene Verwaltung einrichtet, keine Bindung an Art. 87 Abs. 3.[125] Für die Organisation der Bundesautobahnverwaltung hat der Bund daher einen beträchtlichen **Gestaltungsspielraum,** der wegen Art. 90 Abs. 2 S. 6 (→ Rn. 80) dem Bundestag, nicht der Bundesregierung zusteht.

Art. 90 Abs. 2 liegt ein **materieller Verwaltungsbegriff** zu Grunde. **54**
Nach der Negativdefinition erfasst er alle Tätigkeiten, die nicht Staatsleitung, Gesetzgebung oder Rechtsprechung sind.[126] Umfasst sind alle Arten der Verwaltung, Eingriffs-, Leistungs- und Infrastrukturverwaltung. Gleiches gilt im Rahmen der (grund-)gesetzlichen Anforderungen für die Handlungs- und Organisationsformen,[127] soweit die Norm nicht bestimmte Modi der Aufgabenerledigung und Organisation ausschließt.

---

[119] *Hermes* in Dreier Rn. 26.
[120] *Hermes* in Dreier Rn. 16, 24.
[121] *Ibler* in MKS Rn. 9, 64; *Maiwald* in SHH Rn. 4; *Faßbender* DVBl. 2018, 1585 (1588).
[122] S die Überschrift zum VIII. Abschnitt des Grundgesetzes; *Sachs* in Sachs Rn. 16.
[123] *Ibler* in Maunz/Dürig, Art. 86 Rn. 84.
[124] Str., ausf. *Ibler* in Maunz/Dürig, Art. 86 Rn. 85 ff.; *Krebs* in HStR V, § 108 Rn. 69; *Oebbcke* in HdbStR VI § 136 Rn. 102 ff.
[125] *Gröpl* in Maunz/Dürig Rn. 32; *Hermes* in Dreier Rn. 41.
[126] *Mayer,* Verwaltungsrecht, Bd. I, 3. Aufl. 1924, 7.
[127] Ähnl. *Faßbender* in BK Rn. 111.

55 Ob die Bundesautobahnverwaltung einem **Vorbehalt des Gesetzes** unterliegt, richtet sich nach den allgemeinen Grundsätzen. Eingriffe in Rechte Dritter einschließlich anderer Verwaltungsträger bedürfen einer gesetzlichen Grundlage oder Ermächtigung, Maßnahmen ohne belastende Wirkung hingegen grds. nicht. Die Unterscheidung zwischen „gesetzesakzessorischer" und „gesetzesfreier" Verwaltung sollte nicht fortgeführt werden.[128] Sie suggeriert das Fortbestehen einer „Freiheit" aus der Zeit der konstitutionellen Monarchie, die es unter dem GG nicht mehr gibt.[129]

56 Erfasst sind **verkehrswegebezogene Verwaltungsaufgaben,** die sich aus dem Bundesrecht, speziell aus dem FStrG ergeben, konkret zB die Planung einschließlich Enteignungen, der Aus- und Neubau sowie der Betrieb, die Finanzierung und der Unterhalt (Straßenbaulast) der Bundesautobahnen sowie die widmungs- und nutzungsbezogenen Aufgaben.[130] Mit dem Wechsel von der Bundesauftragsverwaltung zur Bundesverwaltung stellt sich für die Planung von Bundesautobahnen nicht mehr die Frage der Verfassungsmäßigkeit des § 16 Abs. 1 FStrG (für die sonstigen Bundesstraßen des Fernverkehrs → Rn. 96 ff.).

57 Ob die **Vermögensverwaltung** unter Abs. 1 oder Abs. 2 fällt, ist für Bundesautobahnen in der Regel ohne Belang. Solange eine Widmung besteht und der Bund Eigentümer der Grundstücke ist, liegt es nahe, sie auf Abs. 1 und Abs. 2 zu stützen. Verliert eine Bundesautobahn ihre Verkehrsfunktion durch Entwidmung, verliert der Bund seine funktionsbezogene Verwaltungskompetenz (Abs. 2), nicht aber seine eigentumsakzessorische Befugnis zur Vermögensverwaltung (Abs. 1). Soweit der Bund nicht Eigentümer von Grundstücken ist, auf denen sich eine Bundesautobahn befindet, ist die Vermögensverwaltung erfasst, soweit sie für eine effektive Verwaltung als Fernstraße notwendig ist.

58 **Nicht** durch Art. 90 Abs. 2 erfasst ist der Vollzug des **Straßenverkehrsrechts.**[131] Art. 74 Abs. 1 Nr. 22 weist dem Bund zwar auch das Straßenverkehrsrecht zu, eine Verwaltungskompetenz würde sich daher innerhalb der Grenzen der Gesetzgebungskompetenz bewegen (→ Rn. 42 und Rn. 46).[132] Für das Straßenverkehrsrecht gilt aber Art. 83. Bundesbehörden sind zudem nicht befugt, Landesrecht zu vollziehen. Vielmehr sind sie daran gebunden.

59 Das Problem der **Abstufung** nach § 2 Abs. 4 FStrG stellt sich für Bundesautobahnen im Gegensatz zu sonstigen Bundesstraßen des Fernverkehrs (→ Rn. 42 f.) in der Regel nicht, weil sie durch parallel gebaute neue Bundesfernstraßen nicht in ihrer tatsächlichen Bedeutung für den Fernverkehr herabsinken.[133] Durch das BVerfG ist geklärt, dass eine Abstufung von sonstigen Bundesstraßen des Fernverkehrs durch Weisung die Gesetzgebungs- und Verwaltungskompetenz der Länder verletzen würde (→ Rn. 94). Der Bund ist daher auf ihre Entwidmung beschränkt oder muss mit dem Land eine Vereinbarung zur Übernahme schließen.[134]

---

[128] Krit. auch *Ibler* in MKS Rn. 80; anders *Sachs* in Sachs Rn. 20; *Hermes* in Dreier Rn. 29; *Gröpl* in Maunz/Dürig Rn. 104.

[129] *Hesse,* Grundzüge des Verfassungsrechts der Bundesrepublik Deutschland, 1995, Rn. 348; noch umfassender *Rupp,* Grundfragen der heutigen Verwaltungsrechtslehre, 1991, 143, dort allerdings in Bezug auf das Verhältnis zum Bürger.

[130] *Hermes* in Dreier Rn. 28 f.

[131] *Remmert* in BeckOK GG Rn. 11; *Hermes* in Dreier Rn. 28.

[132] BVerfGE 102, 167 (174).

[133] Allg. zur Umstufung von Straßen *von Ritter* NVwZ 1993, 22.

[134] BVerfGE 102, 167 (175); *Remmert* in BeckOK GG Rn. 12.1.

Art. 90 Abs. 2 S. 1 sieht keine Ausnahmen von der Bundesverwaltung vor.[135] Behördliche Maßnahmen oder Handlungen juristischer Personen müssen daher dem Bund zuzurechnen sein. Soweit **§ 3 Abs. 3 FStrBAG** abweichend von § 2 Abs. 1 Nr. 4 FStrBAG vorsieht, dass eine nach Landesrecht zuständige Behörde Anhörungs- und Planfeststellungs- bzw. Plangenehmigungsbehörde sein kann, war diese Regelung bis zum Einfügen von Art. 143e Abs. 3 (fakultative Bundesauftragsverwaltung, → Art. 143e Rn. 13) verfassungswidrig,[136] denn aus § 3 Abs. 3 S. 7 FStrBAG ist zu folgern, dass Landesverwaltung besteht, wenn eine Landesbehörde nach Landesrecht tätig wird. Das Ziel der Reform der Bundesautobahnverwaltung, Aufgabenverantwortung und Ausgabenlast zu vereinen, wird durch die mögliche Ausnahme von der Bundesverwaltung konterkariert.[137] 60

2. Der Bund kann sich zur Erledigung seiner Aufgaben einer Gesellschaft privaten Rechts bedienen. Art. 90 Abs. 2 S. 2 hat eine klarstellende und einleitende Funktion. Die Vorschrift stellt klar, dass die Bundesverwaltung auf privatrechtliche Organisationsformen zurückgreifen darf und bestätigt damit die dazu im Schrifttum bestehende Auffassung zur Zulässigkeit formeller Privatisierungen der Bundesfernstraßenverwaltung.[138] Dogmatisch ist sie daher überflüssig,[139] zugleich aber grammatikalische Grundlage für die in den S. 3 bis 5 folgenden Privatisierungsschranken. Die **Möglichkeit** der **formellen Privatisierung** und die entstehungsgeschichtlich (→ Rn. 16) zu erklärenden Privatisierungsschranken sind vor dem Hintergrund unterschiedlicher Privatisierungsformen zu sehen,[140] die bereits die Neuformulierung von Art. 90 Abs. 1 beeinflusst haben; zu den unionsrechtlichen Vorgaben für Privatisierungen (→ Art. 89 Rn. 27). 61

Privatisierung meint „die Verlagerung von Angelegenheiten, die bisher von der öffentlichen Hand wahrgenommen wurden, in den privaten Bereich."[141] Eine formelle Privatisierung (Organisationsprivatisierung) zeichnet aus, dass Verwaltungsträger öffentliche Aufgaben nicht mehr durch Behörden wahrnehmen, sondern in privatrechtlicher Form, oft durch Eigengesellschaften oder Beliehene. Der öffentliche Charakter der Aufgaben und die Verantwortung der Verwaltungsträger für die ordnungsgemäße Erfüllung bleiben bestehen. Eine materielle Privatisierung (Aufgabenprivatisierung) bedeutet den Rückzug des Staates aus öffentlichen Aufgaben. Die Erfüllung übernehmen Private.[142] 62

---

[135] *Schoch* NVwZ 2018, 17 (18).

[136] *Schoch* NVwZ 2018, 17 (19); *Remmert* in BeckOK GG Rn. 14.3; *Meier* DÖV 2018, 268 (272); Art. 143e Abs. 3 GG wurde durch Art. 1 Nr. 5 des G zur Änderung des Grundgesetzes v 28.3.2019, BGBl I 404, angefügt.

[137] *Schoch* NVwZ 2018, 17 (21).

[138] Allg. zur Bundesfernstraßenprivatisierung s *Rösch,* Das A-Modell im Bundesautobahnbau, 2008; *Burgi* DVBl. 2007, 649; *Byok/Jansen* NZBau 2005, 241; *Neumann/Müller* NZBau 2003, 299; *Uechtritz* DVBl. 2002, 739; *Kämmerer,* Privatisierung, 2001, 343 ff.; *Stabreit* NVwZ 1999, 965; *Schmitt,* Bau, Erhaltung, Betrieb und Finanzierung von Bundesfernstraßen durch Private nach dem FStrPrivFinG, 1999.

[139] *Remmert* in BeckOK GG Rn. 14.

[140] Idealtypische Unterscheidung durch *Schulze-Fielitz* in Hoffmann-Riem/Schmidt-Aßmann/Voßkuhle, Grundlagen des Verwaltungsrechts, Bd. I, 2012, § 12 Rn. 108 ff.

[141] *Bauer,* Privatisierung von Verwaltungsaufgaben, VVDStRL 54 (1995), 243 (250); sa *Kämmerer,* Privatisisierung, 2001, 562, „jede Form der Abgabe von Rechtsmacht durch den Staat zugunsten von Personen des Privatrechts, juristische Personen im Eigentum der öffentlichen Hand eingeschlossen."

[142] Gegen die Dichotomie von formeller und materieller Privatisierung *Kämmerer* in Ehlers/Fehling/Pünder Besonderes Verwaltungsrecht Bd. 1, 2019, § 13 Rn. 7 f., auch die

Der Oberbegriff funktionale Privatisierung (Durchführungsprivatisierung) erfasst verschiedene Modelle der Kooperation zwischen Verwaltungsträgern und Privaten,[143] die kennzeichnet, dass Private mit der Vorbereitung und/oder Durchführung bestimmter Aufgaben betraut werden, ohne dass die öffentliche Verantwortung für die Aufgabe erlischt. Mit einer Vermögensprivatisierung, zB durch den Verkauf von Grundstücken oder Unternehmensanteilen, gibt die öffentliche Hand Vermögen und die Befugnis zur Vermögensverwaltung ab.[144] Sie kann mit einer materiellen Privatisierung verbunden sein.

63 Während Art. 90 Abs. 1 eine Vermögensprivatisierung funktionsgebundener Grundstücke ausschließt (→ Rn. 52), lässt Art. 90 Abs. 2 S. 2 offen, welche seiner **Aufgaben** der Bund auf die **Gesellschaft** privaten Rechts übertragen darf. Anhaltspunkte hierfür liefert ein Vergleich zwischen § 1 Abs. 1 InfrGG und § 2 Abs. 1 und Abs. 2 FStrBAG.[145] Insbes. Linienführung, Planfeststellung, Plangenehmigung, Widmung, Umstufung und Einziehung (Entwidmung) sowie die Rechts- und Fachaufsicht gehören danach zu den Aufgaben des Fernstraßen-Bundesamtes in Leipzig.[146] Hierbei handelt es sich um (Abwägungs-)Entscheidungen, die typischerweise mit Belastungen für Bürger verbunden sind, die daher aus rechtsstaatlichen Gründen öffentlich-rechtlich verfassten Stellen vorbehalten sind. Dies kommt auch im Wort „bedienen" zum Ausdruck. Die Gesellschaft ist ein Werkzeug, kein Substitut. Die Verwaltung muss wesentliche Funktionen selbst erfüllen.

64 Hingegen ist es möglich, Aufgaben der **Straßenbaulast** auf die Gesellschaft zu übertragen,[147] dh die Planung, den Bau, den Betrieb, die Erhaltung, die Finanzierung und die vermögensmäßige Verwaltung (§ 1 Abs. 1, § 5 Abs. 1, § 6 InfrGG), solange eine **öffentlich-rechtliche Verantwortung** besteht (→ Rn. 74). Letztere ist notwendig, weil die Straßenbaulast die wichtigste öffentlich-rechtliche Pflicht des Bundes als Straßeneigentümer ist. § 5 Abs. 2 InfrGG steht daher im Grundsatz nicht im Belieben des Gesetzgebers, vielmehr wiederholt er die verfassungsrechtliche Infrastrukturverantwortung des Bundes deklaratorisch. Die Anordnung der Bundesverwaltung bedeutet die Pflicht, wesentliche Aufgaben selbst zu erfüllen oder öffentlich-rechtlich verantwortet wahrnehmen zu lassen;[148] zur Auslegung der Begriffe „Öffentlich-Private-Partnerschaften", „wesentliche Teile" (→ Rn. 75 ff.).

65 Art. 90 Abs. 2 S. 2 erlaubt folglich eine **partielle formelle Privatisierung** der Bundesautobahnverwaltung in Form der Gründung einer **Eigengesellschaft** und ihre Beleihung.[149] Die **Rechtsform** der Gesellschaft ist verfassungsrechtlich nicht vorgegeben. § 2 Abs. 1 S. 1 InfrGG sieht eine GmbH vor. Eine AG ist jedoch – wie auch die Ausgestaltung von Art. 87e Abs. 3 belegt – nicht ausgeschlossen, solange der Bund über ausreichende Einfluss- und Kontrollmöglichkeiten verfügt. Andere Gesellschaftsformen

---

Organisationsprivatisierung lasse sich als Aufgabenübertragung verstehen. Gegen die Assoziierung des Begriffs Privatisierung mit Aufgabenübertragung *ders.*, Privatisierung, 2001, 34.

[143] Ausf. *Gröpl* in Maunz/Dürig Rn. 62 ff.

[144] Als charakteristisch für Vermögensprivatisierungen sieht *Burgi* in HdbStR IV § 75 Rn. 1, an, dass es keine Veränderung der Aufgabenebene gibt.

[145] Sa *Faßbender* in BK Rn. 151.

[146] Hierzu *Stüer* DVBl. 2018, 1402 (1405).

[147] *Maiwald* in SHH Rn. 6.

[148] *Bartlsperger,* Das Fernstraßenwesen in seiner verfassungsrechtlichen Konstituierung, 2006, 106 ff.

[149] Ob damit zugleich eine partielle materielle Privatisierung vorliegt, ist vom Verständnis der Privatisierungsarten abhängig; dafür *Faßbender* in BK Rn. 138, 151.

sind ausgeschlossen, weil es sich um Einpersonen-Gesellschaften handeln muss;[150] zum Verbot materieller (→ Rn. 68 ff.) und der Reichweite funktionaler Privatisierungen (→ Rn. 76 ff.).

Als Eigengesellschaft ist die Gesellschaft unabhängig davon, ob sie als Beliehene hoheitlich oder als Privatrechtssubjekt zivilrechtlich handelt, wegen Art. 1 Abs. 3 umfassend an die **Grundrechte** Dritter **gebunden.** Zugleich ist sie selbst **nicht grundrechtsfähig.**[151] 66

Die Entscheidung, ob sich der Bund einer Gesellschaft privaten Rechts bedient, steht im **Ermessen** („kann") des Gesetzgebers (→ Rn. 80).[152] Dieser hat in Gestalt des InfrGG von seinem Entschließungsermessen Gebrauch gemacht und den zuständigen Bundesminister in § 1 Abs. 1 InfrGG zur Übertragung verpflichtet. Ermessensleitend muss die Erwartung sein, dass die gewählte Organisationsform der Verwaltung die Infrastrukturverantwortung des Bundes für die Autobahnen zum Wohle der Allgemeinheit möglichst gut und wirtschaftlich zur Geltung bringt.[153] Im Ergebnis kommt dem Bund ein erheblicher Gestaltungsspielraum zu. 67

3. Gesellschaft im unveräußerlichen Eigentum des Bundes. Art. 90 Abs. 2 S. 3 verbietet eine **materielle Privatisierung** der Gesellschaft. Alle Gesellschaftsanteile müssen beim Bund verbleiben. Auch eine Teilprivatisierung ist somit ausgeschlossen. Diese Privatisierungsschranke war bereits im Entwurf der Bundesregierung vorgesehen (→ Rn. 13). Gesellschaftsrechtlich ist die Vorschrift unpräzise, weil Eigentum gem. § 90 BGB nur an Sachen begründet werden kann.[154] Gemeint sind Anteile (Geschäftsanteile, Aktien) an der Gesellschaft. 68

4. Keine Beteiligung Dritter an der Gesellschaft und deren Tochtergesellschaften. Aus Art. 90 Abs. 2 S. 4 ergibt sich indirekt, dass die Gesellschaft regionale und funktionale Tochtergesellschaften haben darf,[155] deren Rechtsform verfassungsrechtlich ebenfalls nicht vorgegeben ist. Hauptsächlich konkretisiert die Vorschrift jedoch die in S. 3 enthaltene **Privatisierungsschranke** und dehnt sie aus. Die Vorschrift stellt klar, dass neben einer Veräußerung von Anteilen auch stille Beteiligungen untersagt sind.[156] Das Verbot und seine Erstreckung auf Tochtergesellschaften waren weder in Art. 90 Abs. 2 (E) noch im Entwurf des Begleitgesetzes enthalten. § 4 Abs. 2 InfrGG (E) sah nur vor, dass die Tochtergesellschaften im unveräußerlichen Eigentum des Bundes stehen sollten.[157] Ein Beteiligungsverbot war nicht vorgesehen. Die für die Tochtergesellschaften geplante Privatisierungsschranke wäre nicht nur unbestimmter bzw. weniger streng, sondern auch nur einfachgesetzlich geregelt gewesen (→ Rn. 14 ff.). 69

Während des parlamentarischen Verfahrens kam es zu einer Verschärfung und **„Hochzonung"** (→ Rn. 16). Art. 90 Abs. 2 S. 4 ist ein Kompromiss und ein Zeugnis des Misstrauens, denn er verhindert, dass die Beschränkun- 70

---

150 *Hermes* in Dreier Rn. 43.

151 *Faßbender* in BK Rn. 155; *Ibler* in MKS Rn. 129 f.; BVerfGE 147, 50 (153); 143, 246 (314); 128, 226 (244, 246 f.).

152 *Maiwald* in SHH Rn. 6.

153 *Remmert* in BeckOK GG Rn. 16; *Burgi* in DJT 67, 2008, Gutachten D 84 ff.

154 *Maiwald* in SHH Rn. 6. Eine solche Ungenauigkeit darf dem Verfassungsgesetzgeber nicht passieren, zumal Art. 87e Abs. 3 korrekt formuliert ist.

155 *Hermes* in Dreier Rn. 43; *Faßbender* in BK Rn. 154.

156 *Remmert* in BeckOK GG Rn. 13.

157 BT-Drs. 18/11135, 37.

gen mit einfacher Mehrheit gelockert oder verschärft werden können. Tochtergesellschaften im Sinne der Norm sind auch „Enkelgesellschaften" und alle weiteren Beteiligungskonstruktionen, weil sonst die Privatisierungs- und Beteiligungsschranke umgangen werden könnte.[158] Das Gebot einer extensiven Auslegung wird durch die Entstehungsgeschichte bestätigt, die von den Debatten über Verschärfungen geprägt war.

71 Die Vorschrift gilt nicht nur für **Private,** sondern auch für juristische Personen des öffentlichen Rechts (zB Länder, Kommunen).[159] Anders als Art. 90 Abs. 2 S. 5 GG, der nur für Private gilt, spricht Art. 90 Abs. 2 S. 4 generell von **Dritten.**

72 **5. Beschränkte Beteiligung Privater im Rahmen von Öffentlich-Privaten-Partnerschaften.** Art. 90 Abs. 2 S. 5 erlaubt **funktionale Privatisierungen,**[160] begrenzt sie aber zugleich auch. Die Vorschrift ist problematisch, weil sie zu unbestimmte Rechtsbegriffe enthält (→ Rn. 75 und → Rn. 78). Zudem ist die gesetzliche Konkretisierung misslungen (→ Rn. 79). Daher ist unsicher, in welchem Maße Private an der Durchführung der Bundesverwaltung beteiligt werden dürfen. Auch S. 5 ist ein erst während des Gesetzgebungsverfahrens gefundener Kompromiss. Die Norm steht für den Versuch, die Infrastrukturgewährleistungsverantwortung[161] des Bundes zu konkretisieren, ist aber wiederum ein Zeugnis des Misstrauens (→ Rn. 70).

73 Art. 90 Abs. 2 S. 1 setzt eine Bundesautobahnverwaltung voraus. Privatisierungen entziehen der Norm Substanz, nehmen ihr so teilweise ihren Sinn. Art. 90 Abs. 2 S. 2 erlaubt im begrenzten Umfang eine formelle Privatisierung, solange die Aufgabenverantwortung beim Bund verbleibt (→ Rn. 74). Art. 90 Abs. 2 S. 3 und S. 4 GG sichern diese Verantwortung, indem sie materielle Privatisierungen einschließlich unmittelbarer oder mittelbarer Beteiligungen verbieten (→ Rn. 70). Art. 90 Abs. 2 S. 1 bis 4 enthält daher trotz der bisweilen sperrigen und unbestimmten Formulierungen eine **Aufgabenwahrnehmungspflicht.**

74 Dem Bund ist es verwehrt, sich seiner Verantwortung für die Verwaltung der Autobahnen zu entziehen. Er muss die Aufgaben jedoch nicht gänzlich selbst erfüllen, sondern kann gem. S. 5 Private beauftragen, solange er gewährleistet, dass die Durchführung ordnungsgemäß und wirtschaftlich erfolgt. Die Erfüllungsverantwortung wandelt sich dann zu einer Überwachungs- bzw. **Gewährleistungsverantwortung,**[162] wenn der Private mehr ist als nur ein Verwaltungshelfer. Die Wahrnehmung dieser Verantwortung ist jedoch rechtlich und politisch schwierig, daher häufig defizitär.[163] Meistens verfügt der Bund nicht über effektive Rückholmittel („Heimfall")[164] und eigene Ressourcen.

---

[158] *Maiwald* in SHH Rn. 6; *Remmert* in BeckOK GG Rn. 15; *Hermes* in Dreier Rn. 45; *Faßbender* in BK Rn. 146.

[159] *Hermes* in Dreier Rn. 45.

[160] Allg. *Burgi,* Funktionale Privatisierung und Verwaltungshilfe, 1998, passim; *Burgi* in HdbStR IV § 75 Rn. 7; speziell zum Verkehrssektor ausf. *Lackner,* Gewährleistungsverwaltung und Verkehrsverwaltung, 2004, 104 ff.

[161] Zum Begriff *Bartlsperger,* Das Fernstraßenwesen in seiner verfassungsrechtlichen Konstituierung, 2006, 127 ff.; *Lerche* FS f. Friauf, 1996, 251.

[162] *Hermes,* Staatliche Infrastrukturverantwortung, 1998, 152 ff.; *Voßkuhle* VVDStRL 62 (2003), 266 (285 ff.); *Burgi* in HdbStR IV § 75 Rn. 18; zum Begriff an sich *ders.* in DJT 67, Gutachten D 94 ff.

[163] Krit. auch *Remmert* in BeckOK GG Rn. 17.

[164] Zum Begriff s *Burgi* in DJT 67, 2008, Gutachten D 104.

Die Auslegung des im Verwaltungsrecht eingeführten, in Art. 90 Abs. 2 S. 5 erstmals im GG verwendeten Begriffs **„Öffentlich-Private-Partnerschaft"** (ÖPP) muss den Privatisierungsschranken Rechnung tragen. Gemeint ist regelmäßig eine vertraglich geregelte, längerfristige Zusammenarbeit zwischen der öffentlichen Hand und Privaten zur gemeinsamen Erfüllung öffentlicher Aufgaben.[165] Der Begriff entzieht sich einer genauen Definition, weil die Erscheinungsformen sehr vielfältig sind.[166] 75

Soweit laut Begründung zum Regierungsentwurf des InfrGG eine funktionale Privatisierung nicht intendiert gewesen sei,[167] war das sogar ehrlich, denn beabsichtigt war langfristig eine verdeckte materielle Privatisierung (→ Rn. 13 ff.), jedoch trotzdem falsch, weil Öffentlich-Private-Partnerschaften in der Regel zu funktionalen Privatisierungen führen. In Gestalt **gemischt-wirtschaftlicher Unternehmen** sind sie zugleich materielle Teilprivatisierungen, denn die öffentliche Hand und Private gründen hierzu gemeinsam ein Unternehmen, an dem sie jeweils beteiligt sind. 76

Art. 90 Abs. 2 S. 4 untersagt dem Bund, der Gesellschaft und allen weiteren vertikal integrierten Gesellschaften gemischt-wirtschaftliche Unternehmen zu gründen. Das **Ergebnis** ist **paradox.** Einerseits sind Öffentlich-Private-Partnerschaften im Fernstraßenwesen erstmals durch das GG ausdrücklich erlaubt, anderseits ist eine gängige Form langfristiger Kooperation (institutionelle Öffentlich-Private-Partnerschaften) untersagt.[168] Bereits durch Art. 90 Abs. 1 ausgeschlossen sind Leasingmodelle.[169] Sanktioniert sind hingegen grds. die schon praktizierten Formen Öffentlich-Privater-Partnerschaften, dh insbes. das durch das FStraPrivFinG[170] geregelte F-Modell, andere Betreibermodelle wie das Konzessions- oder das Mautmodell sowie das Ausbaumodell (A-Modell).[171] In allen Fällen handelt es sich um funktionale Privatisierungen. Bestätigt wird dies durch § 5 Abs. 2 S. 1 und S. 2 InfrGG. Danach kann sich die Gesellschaft zur Erfüllung ihrer Aufgaben Dritter bedienen, die Aufgabe selbst darf aber nicht übertragen werden, weil dies eine materielle Privatisierung bedeuten würde. 77

Öffentlich-Private-Partnerschaften sind nicht nur der **Form,** sondern auch dem **Umfang** nach **beschränkt.** Sie dürfen in der Summe nicht das gesamte Netz oder wesentliche Teile davon ausmachen. Bezugsgröße ist jeweils das Bundesautobahnnetz oder das Netz sonstiger Bundesstraßen des Fernverkehrs in einem Land.[172] Problematisch ist, was „wesentliche Teile" sind. Laut 78

---

[165] *Storr* in Ruthig/Storr, Öffentliches Wirtschaftsrecht, Rn. 609; *Hermes* in Dreier Rn. 34.

[166] Ausf. *Stober* in Wolff/Bachof/Stober/Kluth, VerwR Bd. II, 2010, § 93; sa *Kämmerer* in Ehlers/Fehling/Pünder Besonderes Verwaltungsrecht Bd 1, § 13 Rn. 27.

[167] BT-Drs. 18/11135, 100.

[168] Vereinfacht gesagt: vertragsbasierte Kooperationen sind erlaubt, aber nicht solche, die zu institutionalisierten Kooperationen führen; zu dieser Unterscheidung *Burgi* in DJT 67, 2008, Gutachten D 31, 33 ff.; *Ibler* in MKS Rn. 134.

[169] Ausf. *Gröpl* in Maunz/Dürig Rn. 70 ff.

[170] Gesetz über den Bau und die Finanzierung von Bundesfernstraßen durch Private (Fernstraßenbauprivatfinanzierungsgesetz – FStrPrivFinG) idF d. Bek. v. 6.1.2006, BGBl. I 49; zuletzt geändert durch Art. 142 G v. 20.11.2019, BGBl. I 1626; gem. § 3 Abs. 1 S. 1 Nr. 1 FStrPrivFinG ist das F-Modell bei Bundesautobahnen auf Brücken, Tunnel und Gebirgspässe beschränkt.

[171] Zu den Modellen *Gröpl* in Maunz/Dürig Rn. 73 ff.; *Faßbender* in BK Rn. 131 ff.; *Reidt/Zwanziger* UPR 2019, 41; *Meier* DÖV 2018, 268 (273); *Neumann/Müller* NZBau 2003, 299 ff.; *Kommission Verkehrsinfrastrukturfinanzierung („Pällmann-Kommission"),* Schlussbericht v. 5.9.2000, 43 f.; *Lackner,* Gewährleistungsverwaltung und Verkehrsverwaltung, 2004, 191 ff.

[172] *Hermes* in Dreier Rn. 37; für eine getrennte Betrachtung der Netze wegen der verschiedenen Verwaltungskompetenzen auch *Maiwald* in SHH Rn. 7.

InfrGG dürfen Private nur mitwirken, wenn der Vertrag insgesamt weniger als 100 Kilometer umfasst. Für mehrere Vorhaben besteht indes ein Verbindungsverbot.

79 § 5 Abs. 2 S. 3, 4 InfrGG ist als Umgehungsverbot **untauglich,** als Konkretisierung partiell **verfassungswidrig.**[173] Eine Verbindung zwischen Vorhaben besteht schon dann nicht, wenn auch nur auf einem Kilometer dazwischen keine Öffentlich-Private-Partnerschaft beteiligt ist. In Stadtstaaten mit zB weniger als 100 Kilometern Bundesautobahnnetz greift die Privatisierungsschranke nicht. Das ganze Netz wäre einfachgesetzlich „öpp-fähig". Art. 90 Abs. 2 S. 5 schließt dies jedoch aus. Eine verfassungskonforme Auslegung scheitert am klaren Wortlaut „100 Kilometer".[174] Eine teleologische Reduktion auf Flächenstaaten würde dazu führen, dass in Stadtstaaten insoweit keine Öffentlich-Privaten-Partnerschaften zulässig wären. Eine materielle Betrachtung (wesentlich = verkehrsbedeutend) hätte den Nachteil, dass nur verkehrsärmere, damit aber wirtschaftlich unattraktivere Strecken öpp-fähig wären. Als wesentlich erst mehr als die Hälfte eines Netzes anzusehen,[175] ist ebenfalls problematisch, weil 49,9 % nicht mehr unwesentlich sind. Als unwesentlich nur Einzelprojekte einzustufen[176], ist in der Sache angemessen, kommt aber wiederum im Wortlaut von § 5 Abs. 2 InfrGG nicht zum Ausdruck. Im Ergebnis führt Art. 90 Abs. 2 S. 5 zu erheblicher Rechts- und damit Investitionsunsicherheit.[177]

80 **6. Das Nähere regelt ein Bundesgesetz.** Art. 90 Abs. 2 S. 6 begründet eine ausschließliche Gesetzgebungskompetenz[178] des Bundes für die Ausgestaltung der Verwaltung der Bundesautobahnverwaltung, ist damit *lex specialis* zu Art. 74 Abs. 1 Nr. 22. Das Gesetz ist nicht zustimmungsbedürftig.[179] Der Bund hat von dieser Kompetenz ua durch den Erlass des Infrastrukturgesellschaftserrichtungsgesetzes (InfrGG)[180] Gebrauch gemacht. Die Kompetenzzuweisung ist nicht zu verwechseln mit dem Gesetzgebungsauftrag in Art. 143e Abs. 1 S. 2 (→ Art. 143e Rn. 7), der sich auf die Umwandlung der Bundesauftragsverwaltung in Bundesverwaltung bezieht.

III. Bundesauftragsverwaltung (Art. 90 Abs. 3)

81 **1. Die Länder oder die nach Landesrecht zuständigen Selbstverwaltungskörperschaften.** Art. 90 Abs. 3 nF entspricht Art. 90 Abs. 2 aF, jedoch werden nur noch die sonstigen Bundesstraßen des Fernverkehrs in Bundesauftragsverwaltung geführt. Die **Fortexistenz** führt dazu, dass neben der neu geschaffenen Bundesverwaltung der Bundesautobahnen, der Landes- und Kommunalverwaltung der Landes- und Kommunalstraßen die **Bundesauftragsverwaltung** fortbesteht – mit allen Stärken und Schwächen dieser Form der Fernstraßenverwaltung (→ Rn. 11).

---

173 AA *Hermes* in Dreier Rn. 38; *Gröpl* in Maunz/Dürig Rn. 67.
174 AA *Faßbender* in BK Rn. 161.
175 *Reidt/Zwanziger* UPR 2019, 41 (45); *Meier* DÖV 2018, 268 (274); *Faßbender* DVBl. 2018, 1585 (1591).
176 Hierfür *Gröpl* in Maunz/Dürig Rn. 67.
177 Krit. auch *Remmert* in BeckOK GG Rn. 19 f.
178 So auch *Faßbender* in BK Rn. 101.
179 *Remmert* in BeckOK GG Rn. 16.
180 G v. 14.8.2017, BGBl. I 3141, zuletzt geändert durch Art. 6 G v. 29.6.2020, BGBl. 2020 I 1528.

Die Länder oder die nach Landesrecht zuständigen Selbstverwaltungskörperschaften **verwalten** die sonstigen Bundesstraßen des Fernverkehrs **im eigenen Namen.** Sie sind insoweit Träger der Aufgabe Fernstraßenverwaltung.[181] Nach außen haben sie die Wahrnehmungskompetenz.[182] Nur im Innenverhältnis darf der Bund intervenieren.[183] Wenn der Bund trotzdem bisher auch im Außenverhältnis aufgetreten ist, mag dies praktisch gewesen sein, war aber bestenfalls informelles Verwaltungshandeln.[184] Ob sich diese Praxis durch die Änderung der Verwaltungskompetenz für die Bundesautobahnen ändert, bleibt abzuwarten. 82

Die Erwähnung der **Selbstverwaltungskörperschaften** ist historisch bedingt. Der Parlamentarische Rat wollte verfassungsrechtlich die Möglichkeit eröffnen, dass die ehemalige Zuständigkeit der preußischen Provinzialverbände für Fernstraßen auch unter der Geltung des GG fortbestehen kann.[185] Die Ausformulierung ist wegen Art. 85 Abs. 1 S. 1 überflüssig.[186] Praktisch bedeutsam ist die Fernstraßenverwaltung durch Selbstverwaltungskörperschaften derzeit nur für Ortdurchfahrten in Gemeinden mit bis zu 80.000 Einwohnern.[187] 83

Art. 90 Abs. 3 begründet auch im Fall einer Landesregelung **keine Bundesunmittelbarkeit** der Kommunen,[188] sondern die kommunale Verwaltung sonstiger Bundesstraßen des Fernverkehrs war und ist mittelbare Landesverwaltung. Macht der Bund seine Sachkompetenz durch Weisungen geltend, sind diese auch dann an das Land zu adressieren, wenn Selbstverwaltungskörperschaften zuständig sind (Art. 85 Abs. 3 S. 1, 2). Wegen Art. 85 Abs. 3 S. 3 sind die Länder daran gehindert, die Verwaltung der sonstigen Bundesstraßen des Fernverkehrs als Selbstverwaltungsaufgabe zu übertragen. Vielmehr muss eine Fachaufsicht bestehen,[189] weil sonst die Sachkompetenz des Bundes nicht durchgehend gewährleistet ist. § 20 FStrG gibt daher den nach Landesrecht zuständigen Aufsichtsbehörden die Befugnis, den Kommunen auch inhaltliche Weisungen zu erteilen.[190] 84

Seit dem Einfügen von Art. 85 Abs. 1 S. 2 2006 dürfen Kommunen durch **Bundesgesetz** keine **Aufgaben** übertragen werden.[191] Soweit dies dennoch, zB durch § 5 Abs. 2 S. 1 oder § 8 Abs. 1 S. 2 FStrG, geschieht, macht Art. 90 Abs. 3 hiervon keine Ausnahme. Vielmehr gelten die bis zur Föderalismusreform I erlassenen Regelungen gem. Art. 125a Abs. 1 S. 1 fort,[192] bis sie durch Landesrecht ersetzt werden.[193] Ob § 5 Abs. 2 S. 1 FStrG gegen 85

---

[181] *Durner* in BerlKomm Rn. 22; *Ossenbühl* Der Staat 28 (1989), 31 (35).

[182] Zum Begriff *Heitsch,* Die Ausführung der Bundesgesetze durch die Länder, 2001, 249 f.

[183] *Durner* in BerlKomm Rn. 22 ff.

[184] *Nicolaus* NVwZ 2003, 929 (930).

[185] *Durner* in BerlKomm GG Rn. 18.

[186] *Remmert* in BeckOK GG Rn. 22, „deklaratorisch".

[187] *Remmert* in BeckOK GG Rn. 22.

[188] *Ibler* in MKS Rn. 175; aA *Herber* in Kodal, Straßenrecht, 2010, Kap. 2 Rn. 60 ff.; *Sachs* in Sachs Rn. 25; *Faßbender* in BK Rn. 175.

[189] *Hermes* in Dreier Rn. 51; *Remmert* in BeckOK GG Rn. 22; *Gröpl* in Maunz/Dürig Rn. 93; anders noch *Zech* DVBl. 1987, 1089 (1095).

[190] *Grupp* in Marschall, FStrG, 2012, § 20 Rn. 3; *Witting* in Müller/Schulz, FStrG, 2013, § 20 Rn. 9; *Ibler* in MKS Rn. 175; aA *Faßbender* in BK Rn. 174; *Herber* in Kodal, Straßenrecht, 2010, Kap. 2 Rn. 75.4, nur Rechtsaufsicht.

[191] *Trute* in Starck, Föderalismusreform, 2007, Rn. 174 ff., 182 f.

[192] Allg. *Trute* in Starck, Föderalismusreform, 2007, Rn. 176.

[193] *Gröpl* in Maunz/Dürig Rn. 92; *Faßbender* in BK Rn. 173.

Art. 90 Abs. 2 aF bzw. Art. 90 Abs. 3 nF verstieß bzw. verstößt („nach Landesrecht"), ist ungeklärt.[194]

86 Die Aufgabenzuordnung verpflichtet zur Aufgabenwahrnehmung. Länder und Selbstverwaltungskörperschaften sind daher nicht frei darin, Aufgaben auf Private zu übertragen.[195] Dies widerspräche nicht nur ihrer vom GG zugewiesenen Wahrnehmungskompetenz, sondern würde auch der Sachkompetenz des Bundes entgegenstehen, wenn und weil Private Vertragspartner und grundrechtsberechtigt sind. Die Bundesauftragsverwaltung unterliegt somit grds. den gleichen **Privatisierungsschranken** wie die Bundesverwaltung (→ Rn. 61 ff.), ein striktes gesellschaftsrechtliches Beteiligungsverbot, wie es Art. 90 Abs. 2 S. 4 für die Verwaltung der Bundesautobahnen vorsieht, besteht jedoch nicht. Daher sind projektbezogene Öffentlich-Private-Partnerschaften in **Form** gemischt-wirtschaftlicher Unternehmen erlaubt.

87 Hingegen gelten die Beschränkungen des **Umfangs** durch Art. 90 Abs. 2 S. 5 trotz abweichender Terminologie[196] („sonstige Bundesfernstraßen" statt „sonstige Bundesstraßen des Fernverkehrs").[197] S. 5 erfasst, entgegen der Systematik des Absatzes, beide Fernstraßenkategorien. § 5 Abs. 2 InfrGG ist jedoch nur anwendbar, wenn zuvor eine Übernahme in die Bundesverwaltung gemäß Art. 90 Abs. 4 oder Art. 143e Abs. 2 erfolgt ist. Was für die Bundesverwaltung gilt, gilt auch für die Bundesauftragsverwaltung. Verfassungsrechtlich sind keine Ausnahmen vorgesehen (→ Rn. 60), und die Gesellschaft gem. § 2 InfrGG, auf die sich § 5 Abs. 2 InfrGG bezieht, ist ein Instrument der Bundesverwaltung.

88 Die grds. Nichtanwendbarkeit des § 5 Abs. 2 InfrGG ist kein Verlust, weil die Norm missglückt ist (→ Rn. 79). Für die sonstigen Bundesstraßen des Fernverkehrs ist die Rechtslage bezüglich **Privatisierungen** durch die Neufassung des Art. 90 somit nicht klarer geworden. Art. 90 Abs. 2 S. 5 gilt zwar, sorgt aber für **Rechtsunsicherheit** (→ Rn. 79).

89 **2. verwalten die sonstigen Bundesstraßen des Fernverkehrs.** Für den Verwaltungsbegriff gilt das zu Abs. 2 Gesagte (→ Rn. 54). Gleiches gilt für die Reichweite des Vorbehalts des Gesetzes (→ Rn. 55). Art. 90 Abs. 3 erfasst die **verkehrswegebezogenen Verwaltungsaufgaben,** die sich aus dem Bundesrecht, speziell aus dem FStrG ergeben, konkret zB die Planung einschließlich Enteignungen, den Aus- und Neubau sowie den Betrieb, die Finanzierung und den Unterhalt (Straßenbaulast) der sonstigen Bundesstraßen des Fernverkehrs sowie die widmungs- und nutzungsbezogenen Aufgaben sowie die Behördenorganisation und die Straßenaufsicht.[198] Keine verkehrswegebezogene Verwaltungsaufgabe ist der Vollzug des Straßenverkehrsrechts,

---

[194] Für ein spezielles Aufgabenübertragungsverbot *Maiwald* in SHH Rn. 9, ohne jedoch § 5 Abs. 2 S. 1 FStrG zu erwähnen.

[195] *Sachs* in Sachs Rn. 24; *Ibler* in MKS Rn. 147 ff.

[196] *Remmert* in BeckOK GG Rn. 20.

[197] Zu einem anderen Ergebnis kommt, wer nicht nach Straßenkategorien (Wortlaut) und Zweck, sondern nach Verwaltungskompetenzen und Normsystematik unterscheidet. Dann gilt S. 5 nur auf der Basis des Art. 90 Abs. 4 oder Art. 143e Abs. 2; zweifelnd *Remmert* in BeckOK GG Rn. 20; wie hier *Hermes* in Dreier Rn. 33; anders *Faßbender* in BK Rn. 160, 200; ders. DVBl. 2018, 1585 (1591); *Ibler* in MKS Rn. 181, 137.

[198] BVerfGE 102, 167 (173); *Sachs* in Sachs Rn. 20; *Hermes* in Dreier Rn. 50; *Durner* in BerlKomm Rn. 25.

für den aber ebenfalls die Länder zuständig sind (→ Rn. 58); zum Begriff sonstige Bundesstraßen des Fernverkehrs (→ Rn. 43).

Inwieweit Art. 90 Abs. 3 die **Vermögensverwaltung** umfasst, ist umstritten.[199] Dagegen spricht, dass es sich nicht um eine verkehrswegebezogene Verwaltungsaufgabe handelt. Zudem betont Art. 90 Abs. 1 die Eigentümerstellung des Bundes. Gegen eine eigentumsakzessorische Zuordnung spricht jedoch die Ausrichtung des Fernstraßenrechts auf die Sachnutzung (→ Rn. 40). Die Vermögensverwaltung ist daher erfasst, soweit sie für eine effektive Verwaltung als Fernstraße notwendig ist. Hierzu gehört auch die Prozessführungsbefugnis.[200] **90**

3. Im Auftrage des Bundes. Die Länder verwalten die sonstigen Bundesstraßen des Fernverkehrs nicht gem. Art. 83 als eigene Angelegenheit, sondern gem. Art. 85 im Auftrag des Bundes (→ Rn. 81). Bis zur Einführung der Bundesverwaltung für die Bundesautobahnen war dies der wichtigste Fall einer Bundesauftragsverwaltung.[201] Die Verwaltung im Auftrage des Bundes ist **obligatorisch,** es sei denn, Art. 90 Abs. 4 kommt zur Anwendung (→ Rn. 99 ff.). **91**

Kennzeichen der Auftragsverwaltung ist, dass die **Wahrnehmungskompetenz** (→ Rn. 82) und zunächst auch die **Sachkompetenz** bei den Landesbehörden liegen, gem. Art. 85 Abs. 3 S. 1 das zuständige Bundesministerium jedoch die Sachkompetenz an sich ziehen kann. Die Landesbehörden unterliegen daher nicht nur der Rechtsaufsicht des Bundes, sondern auch seiner Fachaufsicht.[202] **92**

Kennzeichen der Auftragsverwaltung ist außerdem, dass die Länder gem. Art. 85 Abs. 1 S. 1 grds. die **Behörden** einrichten, der Bund aber die Gesetzgebungskompetenz für das **Verwaltungsverfahren** (§§ 17 ff. FStrG, § 1 Abs. 1 Nr. 2 VwVfG) hat[203] sowie gem. Art. 85 Abs. 2 S. 1 allgemeine **Verwaltungsvorschriften** erlassen kann.[204] Letztere haben allerdings eine geringe Bedeutung,[205] im Gegensatz zu den „Allgemeinen Rundschreiben Straßenbau" des Bundesverkehrsministers. Diese sind rechtlich unverbindlich,[206] weil sie ohne Beteiligung des Bundesrates entstehen. Das Bundesverkehrsministerium koordiniert sich vielmehr informell unmittelbar mit den Landesministerien.[207] Die Verwaltungsvorschriften der Länder ähneln sich daher stark.[208] **93**

Die Gesetzgebungskompetenz des Bundes ist äußerste **Grenze** seiner **Verwaltungskompetenz** (→ Rn. 58).[209] Dies gilt nicht nur für die Bundesverwaltung, sondern auch für die Reichweite der Aufsichtsrechte für die Bun- **94**

---

199 Dafür BVerfGE 102, 167 (173); BVerwGE 52, 226 (228 f.); 62, 342 (344); *Sachs* in Sachs Rn. 21; *Hermes* in Dreier Rn. 28, 50; *Maiwald* in SHH Rn. 8; *Ibler* in MKS Rn. 145, 78; *Sauthoff* NVwZ 2004, 674 (674); *Durner* in BerlKomm Rn. 24.

200 BGH NJW 2014, 2874.

201 *Durner* in BerlKomm Rn. 16.

202 *Gröpl* in Maunz/Dürig Rn. 114 ff.; ausf. *Janz,* Das Weisungsrecht nach Art. 85 Abs. 3 GG, 2003.

203 BVerfGE 26, 338 (385). Wegen fehlender Regelung in Art. 85 GG handelt es sich um eine ungeschriebene Annexkompetenz.

204 Dazu iE *Herber* in Kodal, Straßenrecht, 2010, Kap. 2 Rn. 37 ff.

205 Krit. *Blümel* FS König, 2004, 295 (300).

206 *Ibler* in MKS Rn. 169; BVerwG NVwZ 1982, 502 (503).

207 *Zech* DVBl. 1987, 1089 (1093 f.).

208 *Durner* in BerlKomm Rn. 31.

209 BVerfGE 12, 205 (229); 15, 1 (16); 78, 374 (386); *Stern* StaatsR II, 1980, § 41 Kap. IV 5a.

desauftragsverwaltung. Inhaltlich nicht mehr zum Bau und zur Unterhaltung von Landstraßen[210] für den Fernverkehr (Art. 74 Abs. 1 Nr. 22) gehört die **Abstufung** sonstiger Bundesstraßen des Fernverkehrs durch Weisung zu Landesstraßen,[211] denn für letztere haben gem. Art. 70 die Länder die Gesetzgebungskompetenz. Der Bund darf daher in ihrer Verkehrsbedeutung herabgesunkene sonstige Bundesstraßen des Fernverkehrs nicht einseitig abstufen (→ Rn. 59),[212] sondern muss sich entweder mit den betroffenen Ländern einigen oder die Straßen entwidmen.[213]

95 Die **Rechtslage** ist **unbefriedigend.** Für eine Entwidmung bestehen rechtliche Hürden (§ 2 Abs. 4 FStrG), und eine einvernehmliche Abstufung scheitert regelmäßig an der Kostenfrage. Für Landesstraßen liegt wegen Art. 30, 83 die Ausgabenlast bei den Ländern (Art. 104a Abs. 1), für im Auftrage des Bundes verwaltete Straßen hingegen beim Bund (Art. 104a Abs. 2). Im Ergebnis führt der Bund daher im erheblichen Umfang Straßen als sonstige Bundesstraßen des Fernverkehrs, obwohl sie nicht mehr dem weiträumigen, sondern nur noch dem regionalen Verkehr dienen.[214]

96 Der Wahrnehmungskompetenz der Länder widerspricht § 16 FStrG, der die Entscheidung über **Planung** und **Linienführung** für Bundesfernstraßen dem zuständigen **Bundesministerium** überträgt. Die Verfassungsmäßigkeit der Vorschrift ist umstritten. Gleiches gilt für die Bezeichnungs-, Zustimmungs- und Beteiligungsrechte in §§ 1 Abs. 5 S. 2, 2 Abs. 6, 5 Abs. 4 S. 4 FStrG. Durch die Einführung der Bundesverwaltung für Bundesautobahnen ist das Problem entschärft, aber nicht beseitigt worden.

97 Zur Begründung der Verfassungsmäßigkeit von **§ 16 FStrG** ist Art. 90 aF eine ungeschriebene Verwaltungskompetenz entnommen worden, soweit die Aufgabenzuordnung zum Bund für die Funktionsfähigkeit und Einheitlichkeit des deutschen Fernstraßennetzes notwendig sei.[215] Auch wird angenommen, dass sich die Bundeszuständigkeit wegen der notwendigerweise überregionalen Koordinierung aus der Natur der Sache ergebe[216] bzw. dass die Norm eine abstrakt-generelle Regelung des Weisungsrechts aus Art. 85 Abs. 3 S. 1 sei.[217]

98 Sämtliche Argumente überzeugen nicht. Die Bundesauftragsverwaltung ist eine Ausnahme vom Vollzug der Bundesgesetze durch die Länder als eigene Angelegenheit, die ausdrücklich im GG vorgesehen sein muss (Art. 83). Dies gilt erst recht für eine Ausnahme von der Ausnahme, die zu einer ungeschriebenen Bundeskompetenz führen soll, die selbst eine Ausnahme ist. Nach der

---

[210] Der Begriff „Landstraßen" soll den Gegensatz zu Wasserstraßen ausdrücken, gemeint sind nicht Landesstraßen.

[211] BVerfGE 102, 167 (174); *Hermes* JZ 2001, 92; *Maiwald* in SHH Rn. 8.

[212] BVerfGE 102, 167 (172 ff.); *Durner* in BerlKomm Rn. 34; *Herber* in Kodal, Straßenrecht, 2010, Kap. 2 Rn. 32.2; *Sauthoff* DÖV 2009, 974; *Witting* DVBl. 2010, 408.

[213] BVerfGE 102, 167 (175).

[214] *Präsident des Bundesrechnungshofes,* Modernisierung der Verwaltungsbeziehungen von Bund und Ländern, 2007, 68 f.; *Herber* in Kodal, Straßenrecht, 2010, Kap. 2 Rn. 65 ff.

[215] *Bartlsperger,* Das Fernstraßenwesen in seiner verfassungsrechtlichen Konstituierung, 2006, 41.

[216] BVerwGE 62, 342 (344 f.) unter Berufung auf BVerfGE 11, 6 (17); *Faßbender* in BK Rn. 114; *Remmert* in BeckOK GG Rn. 24; *Maiwald* in SHH Rn. 13; *Hermes* in Dreier Rn. 55; *Rinke* in Grupp, Rechtsfragen der Bundesauftragsverwaltung bei Bundesfernstraßen, 2002, 18 ff.; *Bartlsperger,* Das Fernstraßenwesen in seiner verfassungsrechtlichen Konstituierung, 2006, 42, 122.

[217] *Ibler* in MKS Rn. 164; ähnl. *Gröpl* in Maunz/Dürig Rn. 106 ff.; BVerwGE 48, 56 (60).

Neufassung des Art. 90 gilt dies umso mehr, weil nur die Verwaltung der Bundesautobahnen in Bundesverwaltung überführt wurde. Hierin eine stillschweigende Billigung durch den verfassungsändernden Gesetzgeber sehen zu wollen, ist nicht möglich, weil damit das stärkste Argument für eine ungeschriebene Bundeszuständigkeit weggefallen ist. Auch Art. 85 Abs. 3 S. 1 scheidet als Rechtfertigung aus, weil Weisungen konkret-individuell ergehen[218] und ihre abstrakt-generelle Form, die Verwaltungsvorschrift, bereits in Art. 85 Abs. 2 S. 1 geregelt ist. § 16 FStrG ist daher, soweit er sich auf sonstige Bundesstraßen des Fernverkehrs bezieht, **verfassungswidrig.**[219] Bund und Länder müssen – und dürfen – sich vielmehr informell koordinieren.[220]

IV. Fakultative Bundesverwaltung (Abs. 4)

1. Bundesverwaltung der sonstigen Bundesstraßen des Fernverkehrs. Art. 90 Abs. 4 gestattet, die Bundesauftragsverwaltung sonstiger Bundesstraßen des Fernverkehrs in **Bundesverwaltung** zu **überführen.** Die Vorschrift entspricht im Wesentlichen Art. 90 Abs. 3 aF. Naturgemäß sind die Bundesautobahnen nicht mehr erwähnt, und die Übernahme erfolgt nicht mehr in bundeseigene Verwaltung, sondern in Bundesverwaltung;[221] zum damit verbundenen Organisationsspielraum (→ Rn. 53). Für übernommene sonstige Bundesstraßen des Fernverkehrs gilt Abs. 2 komplett, nicht nur S. 5, weil es wenig sinnvoll erscheint, die Bundesverwaltung insoweit aufzuspalten.[222] **99**

Wegen Art. 104a Abs. 2 besteht für die Länder wenig Anreiz, von Art. 90 Abs. 4 Gebrauch zu machen.[223] Art. 90 Abs. 3 aF kam daher nur zweimal zur Anwendung, jedoch nicht streckenbezogen.[224] Die als Gegenleistung für das Recht zur Nutzung der Autobahnnebenbetriebe (zB Raststätten, Tankstellen) gem. § 15 Abs. 3 FStrG zu entrichtende Konzessionsabgabe wird seit der Privatisierung durch das Bundesamt für Güterverkehr eingezogen.[225] Gleiches gilt gem. § 4 Abs. 1 BFStrMG für die „Lkw-Maut".[226] Durch die Neuzuordnung der Verwaltungskompetenz für Bundesautobahnen liegt die Sach- und Wahrnehmungskompetenz beim Bund, so dass Art. 90 Abs. 4 nur noch für die sonstigen Bundesstraßen des Fernverkehrs Bedeutung hat. **100**

Die Übernahme erfasst **alle** auf dem jeweiligen Hoheitsgebiet gelegenen sonstigen **Bundesstraßen** des Fernverkehrs. Sowohl Art. 90 Abs. 4 als auch Art. 143e Abs. 2 (→ Art. 143e Rn. 1) bringen dies abweichend von Art. 90 **101**

---

[218] Allg. *Heitsch,* Die Ausführung der Bundesgesetze durch die Länder, 2001, 279 ff.

[219] Wie hier iE *Tzschaschel,* Rechtfertigungserfordernisse für die straßenrechtliche Planfeststellung, 1994, 82; skeptisch auch *Sachs* in Sachs Rn. 22; offen gelassen bei *Durner* in BerlKomm Rn. 35.

[220] *Oeter,* Integration und Subsidiarität im deutschen Bundesstaatsrecht, 1998, 441 ff.

[221] Aufl. *Gröpl* in Maunz/Dürig Rn. 154 ff.

[222] Hierzu ausf. *Ibler* in MKS Rn. 181, der im Ergebnis anderer Auffassung ist; wie hier hingegen *Faßbender* DVBl. 2018, 1585 (1589).

[223] Zur Kostentragung *Durner* in BerlKomm Rn. 28; *Hermes* in Dreier Rn. 56; iE *Herber* in Kodal, Straßenrecht, 2010, Kap. 2 Rn. 59.1 ff., dort auch zur Abgrenzung zwischen Sachausgaben und Verwaltungskosten, die unter Art. 104a Abs. 5 fallen.

[224] *Maiwald* in SHH Rn. 12.

[225] Vgl. BT-Drs. 13/5292; dazu *Gröpl* in Maunz/Dürig Rn. 148, 160; *Lackner,* Gewährleistungsverwaltung und Verkehrsverwaltung, 2004, 235 ff.

[226] Gem. § 4 Abs. 3 S. 1 BFStrMG kann das Bundesamt für Güterverkehr einem Privaten die Errichtung und den Betrieb eines Systems zur Erhebung der Maut übertragen oder diesen beauftragen, an der Erhebung der Maut mitzuwirken (Betreiber). Dies ist derzeit die Toll Collect GmbH.

Abs. 3 aF („sonstige Bundesstraßen") mit der Formulierung „die sonstigen Bundesstraßen" zum Ausdruck. Daher kann sich die Übernahme nicht mehr auf eine oder wenige Straßen beziehen.[227] Ob sie die gesamte Fernstraßenverwaltung erfassen muss oder – wie bisher allg. vertreten[228] – weiterhin die Übernahme nur einzelner Aufgaben möglich sein soll,[229] ist der Genese nicht zu entnehmen. Dies spricht gegen eine Änderungsintention.

102 **2. Auf Antrag eines Landes.** Das Land muss für die Übernahme einen Antrag stellen. Die Organkompetenz hiefür richtet sich nach dem Landesverfassungsrecht. Eine bestimmte **Form** ist nicht vorgeschrieben, Schriftform aber aus Gründen der Rechtsklarheit und Rechtssicherheit geboten.[230] Der Antrag ist an keine Voraussetzungen gebunden.

103 Ob der Bund einem Antrag stattgibt, liegt in seinem **Ermessen.** Leitend ist das Interesse der Allgemeinheit an einer wirtschaftlich und rechtskonform agierenden Verwaltung, nicht das Interesse des Landes. Daher ist fraglich, ob ein Anspruch auf ermessensfehlerfreie Entscheidung besteht.[231] Das Bund-Länder-Verhältnis (Bundestreue) gibt dafür nichts her, weil es keine Pflicht des Bundes begründet, Verwaltungskompetenzen zu übernehmen. Hinzu kommt, dass es sich um eine Entscheidung der Legislative handelt (→ Rn. 104). Von Art. 143e Abs. 2, der befristet einen Übernahmeanspruch begründet hat, hat – soweit ersichtlich – kein Land Gebrauch gemacht (→ Art. 143e Rn. 12).

104 Die Übernahme unterliegt gem. Art. 143e Abs. 1 S. 2 dem **Vorbehalt** eines **zustimmungsbedürftigen Gesetzes** (→ Art. 143e Rn. 7).[232] Die zuvor umstrittene Frage nach der Organkompetenz ist damit beantwortet.[233] Der Gesetzesvorbehalt spricht neben dem Wortlaut von Art. 90 Abs. 4 (→ Rn. 101) dafür, dass die Übernahme jeweils alle sonstigen Bundesstraßen des Fernverkehrs erfassen muss. Anderenfalls wäre kaum zu rechtfertigen, die Entscheidung Bundestag und Bundesrat zuzuweisen.

105 Eine **Rückübernahme** in Bundesauftragsverwaltung ist möglich. Sie unterliegt den gleichen Voraussetzungen wie die Übernahme (Antrag durch das Land).[234] Ein Anspruch auf Rückübertragung besteht nicht. Sie liegt wiederum im Ermessen des Bundes; zum Gesetzesvorbehalt (→ Rn. 103).

C. Verhältnis zu anderen Bestimmungen des Grundgesetzes

106 Art. 90 ist va zu lesen mit Art. 73 Abs. 1 Nr. 22, Art. 83 bis 87, Art. 104a Abs. 2 sowie Art. 143 e. Art. 143e Abs. 1 S. 1 ermöglicht, die Verwaltung der Bundesautobahnen im Auftrage des Bundes zeitlich begrenzt fortzu-

---

[227] Sa BT-Drs. 18/11131, 16; *Hermes* in Dreier Rn. 57; *Ibler* in MKS Rn. 180; aA *Faßbender* in BK Rn. 204 f., der zu wenig beachtet, dass der Wortlaut nicht unverändert geblieben ist.

[228] *Durner* in BerlKomm Rn. 40.

[229] Dagegen *Gröpl* in Maunz/Dürig Rn. 149.

[230] *Maiwald* in SHH Rn. 11.

[231] Dafür *Herber* in Kodal, Straßenrecht, 2010, Kap. 2 Rn. 63; *Gröpl* in Maunz/Dürig Rn. 150; dagegen *Sachs* in Sachs Rn. 26.

[232] Für einen Gesetzesvorbehalt auch *Hermes* in Dreier Rn. 58, wesentliche Entscheidung; ähnl. *Gröpl* in Maunz/Dürig Rn. 151; aA *Maiwald* in SHH Rn. 11; für einen Gesetzesvorbehalt auch *Faßbender* in BK Rn. 210 f., der jedoch Art. 143e Abs. 1 S. 2 GG als eine reine Übergangsregelung ansieht.

[233] So auch *Sachs* in Sachs Rn. 26.

[234] *Gröpl* in Maunz/Dürig Rn. 159.

führen, bis der Bund die notwendigen Organisationsstrukturen vorbereitet bzw. aufgebaut hat. Art. 143e Abs. 1 S. 2 ist ebenfalls eine Übergangsvorschrift, soweit sie sich auf Art. 90 Abs. 2 bezieht. Für Abs. 4 gilt sie dauerhaft und begründet im Übrigen für beide Fälle Organ-, Form- und Zustimmungsvorbehalte. Art. 90 Abs. 2 stellt eine Ausnahme zu Art. 83 dar. Art. 90 Abs. 3 ist ein Anwendungsfall des Art. 85. Art. 90 ist zudem *lex specialis* zu Art. 87 Abs. 3. Für den Bau- und den Unterhalt der sonstigen Bundesstraßen des Fernverkehrs hat gem. Art. 104a Abs. 2 der Bund die Kosten zu tragen. Die Reichweite der Verwaltungskompetenz des Bundes wird durch Art. 73 Abs. 1 Nr. 22 bestimmt.

D. Kritische Würdigung

Die Bewertung der grundgesetzlichen Regelung der Fernstraßenverwal- **107**
tung fällt ambivalent aus. Zu begrüßen ist das durch die Neufassung 2017 erreichte Ziel, für die Bundesautobahnen Aufgabenverantwortung und Ausgabenlast in einer Bundesverwaltung zusammenzuführen. Damit hat der Verfassungsgesetzgeber einem wesentlichen Kritikpunkt Rechnung getragen. Die Reform war jedoch halbherzig, weil die Verwaltung der sonstigen Bundesstraßen des Fernverkehrs weiterhin durch die Länder erfolgt. Die Bundesauftragsverwaltung wurde nicht vollständig abgelöst, sondern neben sie und die Landesstraßenverwaltung (einschließlich der Kommunalverwaltung) ist ein dritter Straßenverwaltungstyp getreten. Gleichzeitig wurde eines der Hauptprobleme der Auftragsverwaltung, die Abstufung sonstiger Bundesstraßen des Fernverkehrs, die nicht mehr einem weiträumigen Verkehr dienen, nicht gelöst. Ein Land kann eine solche Abstufung nach wie vor blockieren.

Auch die Organisation der Bundesverwaltung ist kritisch zu bewerten. Die **108**
Aufgaben werden teilweise durch das Fernstraßen-Bundesamt wahrgenommen, teilweise durch die Gesellschaft gem. Art. 90 Abs. 2. Hierdurch besteht die Gefahr von Doppelstrukturen und Reibungsverlusten, die die durch die formelle Privatisierung angestrebten Effizienzgewinne zunichtemachen können. Zugleich ist die Neuregelung mit Rechtsunsicherheiten verbunden, die va Art. 90 Abs. 2 S. 5 betreffen. Weder verfassungs- noch einfachgesetzlich ist hinreichend sicher geklärt, in welchem Umfang Öffentlich-Private-Partnerschaften zulässig sind. Zudem bestehen erhebliche Zweifel daran, dass ÖPP stets „bbb“ (billiger, besser, bürgernäher) sind, wie das Beispiel Toll Collect gezeigt hat. Im Gesetzgebungsverfahren ist es gelungen, die Möglichkeit einer verdeckten materiellen Privatisierung der Gesellschaft gem. Art. 90 Abs. 2 zu verhindern. Der mit dem Kompromiss verbundene Verlust an Regelungsklarheit war jedoch groß. Daher besteht kein Grund, (selbst-)zufrieden zu sein. Vielmehr sollten *de lege ferenda* alle Straßen, die tatsächlich einem weiträumigen Verkehr dienen, in bundeseigener Verwaltung mit eigenem Verwaltungsunterbau geführt werden. Politische Verantwortung und demokratische Legitimation wären klar adressiert, projektbezogene funktionale Privatisierungen weiterhin zulässig. Für eine solche Verfassungsänderung braucht es kein Lehrbuch des Verfassungsrechts, sondern nur politischen Willen und etwas Sachverstand.

Im Ergebnis sind die verfassungsrechtlichen Grundlagen der Infrastruktur- **109**
verwaltung (Luftfahrt, Eisenbahnen, Post- und Telekommunikation, Wasser-

straßen, Fernstraßen) „normative Inseln" geworden. Systematische und inhaltliche Gemeinsamkeiten sind immer schwerer erkennbar.

Literatur

S. zunächst das allgemeine Schrifttum bei Art. 83, 85–87 GG; ***J.-H. Arndt,*** Die Privatisierung von Bundesfernstraßen, 1998. – ***R. Bartlsperger,*** Das Fernstraßenwesen in seiner verfassungsrechtlichen Konstituierung, 2006. – ***H. Bauer/M. Meier,*** Freie Fahrt für PPP auf deutschen Autobahnen?, DÖV 2020, 41. – ***E. Bogs,*** Die Planung transeuropäischer Verkehrsnetze, 2002. – ***A. Bucher,*** Privatisierung von Bundesfernstraßen, 1996. – ***A. Dittmann,*** Die Bundesverwaltung, 1983. – ***T. Dünchheim/ S. Gräler,*** Die (Un)veräußerlichkeit des Eigentums an Bundesautobahnen und ihrer Nebenbetriebe, DVBl. 2019, 877. – ***K. Faßbender,*** Verfassungsfragen der neuen Regelungen zu den Bundesautobahnen und zu den sonstigen Bundesstraßen des Fernverkehrs, DVBl 2018, 1585. – ***H. C. Fickert,*** Bundesfernstraßengesetz, 1976. – ***Ch. Fischer/Th. Weidmann,*** Neuregelung der Auftragsverwaltung im Bundesfernstraßenbau, ZRP 2005, 57. – ***J. Frerich/G. Müller,*** Europäische Verkehrspolitik, Bd. III, 2006. – ***M. Gottschewski,*** Zur rechtlichen Durchsetzung von europäischen Straßen, 1998. – ***C. Gröpl,*** Über das Ziel hinaus: zur geplanten Privatisierung der Bundesautobahnen nach dem Regierungsentwuf vom Februar 2017, ZG 2017, 114. – ***K. Grupp,*** Rechtsfragen der Bundesauftragsverwaltung bei Bundesfernstraßen, 2002. – ***K. Grupp*** (Hrsg.), Straßenplanung in Europa, 2001. – ***Ch. Heitsch,*** Die Ausführung der Bundesgesetze durch die Länder, 2001. – ***Ch. Heitsch,*** Verfassungswidrigkeit des Bundesgesetzes als Grenze des Weisungsrechts in der fernstraßenrechtlichen Auftragsverwaltung?, DÖV 2002, 368. – ***G. Hermes,*** Zur Kompetenzverteilung bei der Verwaltung von Bundesfernstraßen, JZ 2001, 92. – ***H. D. Jarass,*** Bedeutung des einfachen Rechts für die Bestimmung verfassungsrechtlicher Begriffe, DÖV 2019, 457. – ***K. Kodal*** (Begr.), Straßenrecht, 7. Aufl. 2010. – ***E. A. Marschall,*** Bundesfernstraßengesetz, 6. Aufl. 2012. – ***M. Meier,*** Beteiligung Privater im Fernstraßenbau – Infrastrukturgesellschaft und Öffentlich-Private Partnerschaften auf dem Prüfstand – DÖV 2018, 268. – ***T. Lämmerzahl,*** Die Beteiligung Privater an der Erledigung öffentlicher Aufgaben – Eine Untersuchung ihrer verfassungs- und verwaltungsrechtlichen Möglichkeiten und Grenzen, 2007. – ***H. Müller/G. Schulz*** (Hrsg.), Bundesfernstraßengesetz, 2. Aufl. 2013. – ***D. Neumann/H. Müller,*** Privat- und Benutzerfinanzierung der Bundesfernstraßen, NZBau 2003, 299. –– ***H.-J. Pabst,*** Verfassungsrechtliche Grenzen der Privatisierung im Fernstraßenbau, 1997. – ***O. Reidt/X. Zwanziger,*** Wem gehören die Autobahnen? – Rechtliche Konsequenzen aus der Änderung von Artikel 90 GG für die Beteiligung von Privaten an der Errichtung und dem Betrieb von Bundesfernstraßen, UPR 2019, 41. – ***P. Reimer,*** Infrastruktur zwischen ÖPP und Nutzerprinzip: Reformansätze der Bundesfernstraßenfinanzierung und die neue „Pdw-Maut", DVBl 2015, 1405. – ***S. Rinke,*** Die Privatisierung der Nebenbetriebe auf den Bundesautobahnen – eine Zwischenbilanz, FS Bartlsperger, 2006, 515. – ***O. Freiherr v. Ritter,*** Die Umstufung von Straßen, NVwZ 1993, 22. – ***A. Rösch,*** Das A-Modell im Bundesautobahnbau, 2008. – ***F. Roth,*** Erstes Betreibermodell für den privaten Betrieb und Ausbau von Autobahnen in Deutschland, NVwZ 2003, 1056. – ***M. Sauthoff,*** Die Abstufung nicht fernverkehrsrelevanter Bundesfernstraßen, DÖV 2009, 974. – ***F. Schoch,*** Verfassungswidrige Organisation der Bundesautobahnverwaltung, NVwZ 2018, 17. – ***S. Schmitt,*** Bau, Erhaltung, Betrieb und Finanzierung von Bundesfernstraßen durch Private nach dem FStrPrivFinG, 1999. – ***E. Stabreit,*** Das Betreibermodell im Fernstraßenbau, NVwZ 1999, 965. – ***M. Uechtritz,*** Möglichkeiten für private Verkehrsinfrastrukturbetreiber außerhalb der öffentlichen Haushalte, DVBl 2002, 739. – ***B. Witting,*** Einstufung und Umstufung öffentlicher Straßen, DVBl 2010, 408. – ***D. Wolst,*** Bundesauftragsverwaltung als Verwaltungsform, 1974. – ***R. Wulfhorst,*** Die neue Bundesautobahnverwaltung: Strukturen – Aufgaben – Finanzierung – Umsetzung, Straße und Autobahn 2017, 636. – ***J. Zech,*** Zuständigkeiten bei der Verwaltung der Bundesfernstraßen durch die Länder und Gemeinden, DVBl 1987, 1089. – ***F. Zillmer,*** Rechtsschutz der Länder gegen bundesfernstraßenrechtliche Weisungen, DÖV 1995, 49.

Art. 91 [Innerer Staatsnotstand]

(1) Zur Abwehr einer drohenden Gefahr für den Bestand oder die freiheitliche demokratische Grundordnung des Bundes oder eines Landes kann ein Land Polizeikräfte anderer Länder sowie Kräfte und Einrichtungen anderer Verwaltungen und des Bundesgrenzschutzes anfordern.

(2) [1] Ist das Land, in dem die Gefahr droht, nicht selbst zur Bekämpfung der Gefahr bereit oder in der Lage, so kann die Bundesregierung die Polizei in diesem Lande und die Polizeikräfte anderer Länder ihren Weisungen unterstellen sowie Einheiten des Bundesgrenzschutzes einsetzen. [2] Die Anordnung ist nach Beseitigung der Gefahr, im übrigen jederzeit auf Verlangen des Bundesrates aufzuheben. [3] Erstreckt sich die Gefahr auf das Gebiet mehr als eines Landes, so kann die Bundesregierung, soweit es zur wirksamen Bekämpfung erforderlich ist, den Landesregierungen Weisungen erteilen; Satz 1 und Satz 2 bleiben unberührt.

Paulskirchenverfassung von 1849

Abschnitt II. Art. XII

§ 54. Der Reichsgewalt liegt die Wahrung des Reichsfriedens ob.

Sie hat die für die Aufrechterhaltung der innern Sicherheit und Ordnung erforderlichen Maaßregeln zu treffen:

1. […]
2. wenn in einem deutschen Staate die Sicherheit und Ordnung durch Einheimische oder Fremde gestört oder gefährdet wird. Doch soll in diesem Falle von der Reichsgewalt nur dann eingeschritten werden, wenn die betreffende Regierung sie selbst dazu auffordert, es sei denn, daß dieselbe dazu notorisch außer Stande ist oder der gemeine Reichsfrieden bedroht erscheint;
3. wenn die Verfassung eines deutschen Staates gewaltsam oder einseitig aufgehoben oder verändert wird, und durch das Anrufen des Reichsgerichtes unverzügliche Hülfe nicht zu erwirken ist.

§ 55. Die Maaßregeln […] sind: 1. Erlasse, 2. Absendung von Commissarien, 3. Anwendung von bewaffneter Macht. […]

Reichsverfassung von 1871

Art. 66. [Abs. 1]

(abgedruckt vor Art. 87a).

Art. 68. Der Kaiser kann, wenn die öffentliche Sicherheit in dem Bundesgebiete bedroht ist, einen jeden Theil desselben in Kriegszustand erklären. […]

Weimarer Reichsverfassung von 1919

Art. 66. […]

(2) (abgedruckt vor Art. 87a).

(3) Bei Gefahr im Verzuge kann die Landesregierung für ihr Gebiet einstweilige Maßnahmen der in Abs. 2 bezeichneten Art treffen. Die Maßnahmen sind auf Verlangen des Reichspräsidenten oder des Reichstags außer Kraft zu setzen.

Art. 48. [Abs. 1–3]

Bei Gefahr im Verzuge kann die Landesregierung für ihr Gebiet einstweilige Maßnahmen der in Abs. 2 bezeichneten Art treffen. Die Maßnahmen sind auf Verlangen des Reichspräsidenten oder des Reichstags außer Kraft zu setzen.

[Abs. 5]

Übersicht

A. Allgemeine Bedeutung

1 Neu gefasst durch die „Notstandsnovelle“,[1] bildet Art. 91 als Sonderfall der Amtshilfe nach Art. 35 den Schwerpunkt für die polizeiliche Abwehr des sog. **„Inneren Staatsnotstandes“**, dessen Eskalationsspitze Art. 87a Abs. 4 bildet.[2] Art. 91 enthält kein eigenständiges „Ausnahmerecht“.[3] Ermöglicht wird eine kräftekonzentrierende Kompetenzverlagerung zugunsten der Bundesgewalt, der die Wahrung der Gesamtverfassung anvertraut ist.[4] Art. 91 ist daher ein wesentliches Element der **„wehrhaften“** bzw. **„streitbaren Demokratie“** im GG.[5]

---

[1] 17. ÄndG v. 24.6.1968 (BGBl. 1968 I 709); Nachw. zur Vor- und Entstehungsgeschichte zB bei *Evers* in BK Abschn. I, *Brede/Geis* in Umbach/Clemens Rn. 7 ff.; *Volkmann* in MKS Rn. 2 ff.

[2] Zur Entwicklung des StaatsnotstandsR allg. *Stern* StaatsR II § 52; *Klein* in HdbStR XII, § 280 Rn. 9 ff. Einzelheiten bei *Esklony,* Das Recht des inneren Notstandes, 2000. Zweifelnd an der Unterscheidbarkeit von innerer und äußerer Sicherheit nach 9/11 zB *Krings/Burkiczak* DÖV 2002, 501.

[3] *Böckenförde* NJW 1978, 1881; *Klein* in HdbStR XII, § 280 Rn. 15; *Volkmann* in MKS Rn. 10; *Windthorst* in Sachs Rn. 2; ausführlich auch *Kersten* JuS 2016, 193.

[4] BVerfGE 13, 54 (79); zust. *Brede/Geis* in Umbach/Clemens Rn. 11.

[5] BVerfGE 39, 334 (349); ebenso *Windthorst* in Thiel Wehrhafte Demokratie, 365; *Krämer* UBWV 2009, 11.

Gesetzliche Regelungen für den Polizeieinsatz nach Art. 91 enthalten die PolizeiG aller Bundesländer.[6] Für die Bundespolizei[7] gilt auf der Basis des G zur Neuregelung der Vorschriften über den BGS[8] nunmehr das **BPolG** idF v. 16.5.2017.[9] Das BGSG gilt in seiner Fassung v. 31.8.2015[10] rudimentär fort in seinen §§ 49–61 betr. die Grenzschutzdienstpflicht, zB auch im Verteidigungsfall sowie unter den Bedingungen des Art. 91. 2

B. Einzelfragen

I. Gefahrenabwehr unter Landesverantwortung (Art. 91 Abs. 1)

Abs. 1 wahrt das Bundesstaatsprinzip auch in politischen Ausnahmesituationen. Das gilt zum einen für den Grundsatz der **Subsidiarität,** dh des unbedingten Vorrangs zunächst landeseigener Gefahrenabwehr auch für Bundes-Rechtsgüter,[11] zum anderen für das durch die Staatsqualität der Länder[12] bedingte völkerrechtsanaloge Prinzip der **Nichteinmischung** in fremde innere Angelegenheiten, wie es sich darin äußert, dass landesfremde Polizeikräfte grds. (Abs. 2) nur auf Anforderung, dh auf ausdrücklichen eigenen Wunsch des betroffenen Landes, dort tätig werden können.[13] 3

1. Zur Abwehr einer drohenden Gefahr für den Bestand oder die freiheitliche demokratische Grundordnung des Bundes oder eines Landes … (Art. 91 Abs. 1 Hs. 1). Art. 91 schützt, genügenderweise auf Initiative nur eines einzigen Landes, zunächst den **Bestand des Bundes.** Neben dessen territorialer Integrität[14] als Teil der „Drei-Elemente-Lehre" umfasst dies auch die – nur entspr. Art. 23 und 24 disponible – Souveränität nach außen und innen.[15] Letzteres nicht erstreckt auf die Gesamtordnung des 4

---

[6] Vgl. §§ 78 f. PolG Baden-Württemberg, Art. 11 POG Bayern, § 8 ASOG Berlin, § 76 PolG Brandenburg, § 81 BremPolG Bremen, § 30a SOG Hamburg, § 102 HSOG Hessen, § 9 SOG Mecklenburg-Vorpommern, § 103 NPOG Niedersachsen, §§ 8 f. POG Nordrhein-Westfalen, § 86 POG Rheinland-Pfalz, § 88 SPolG Saarland, §§ 104 f. SächsPVDG Sachsen, §§ 91 f. LSA Sachsen-Anhalt, §§ 170 f. LVwG Schleswig-Holstein, §§ 11 f. ThürPOG Thüringen.

[7] Der „Bundesgrenzschutz" wurde bereits 2005 in „Bundespolizei" umbenannt, G v. 21.6.2005 (BGBl. 2005 I 1818); Überblick bei *Scheuring* NVwZ 2005, 903.

[8] BGBl. 1994 I 2978. Zur Entwicklung des Bundesgrenzschutzes *Willich,* Historische und aktuelle Probleme der Rechtsstellung des Bundesgrenzschutzes, seiner Aufgaben und Befugnisse, 1977; zur Reform von 1994 BT-Drs. 12/7562, 43; *Gröpl* DVBl. 1995, 329; *Riegel* DÖV 1995, 317; *Schreiber* NVwZ 1995, 521; aktueller *Ebert* LKV 2017, 10 und *Kingreen/Schönberger* NVwZ 2018, 1825.

[9] BGBl. 2017 I 1066; Zur Abgrenzung von sonstigen Sicherheitsbehörden des Bundes (BAmt fürVerfSchutz, BND, MAD) *Würtenberger* in APW BesVerwR, Bd. II, § 21 Rn. 55.

[10] BGBl. 2015 I 1474.

[11] Zust. zB *Windthorst* in Sachs Rn. 6 mwN; *Brede/Geis* in Umbach/Clemens Rn. 12.

[12] BVerfGE 1, 14 (34).

[13] Dazu *Volkmann* in MKS Rn. 23; vgl. auch § 53 Abs. 1 ME PolG (dazu ausführlich *Kaiser/Struzina* ZG 2018, 142).

[14] Was einvernehmliche Grenzveränderungen nicht ausschließt, so auch *Volkmann* in MKS Rn. 14; ähnlich *Pieroth* in Jarass/Pieroth Art. 21 Rn. 34; *Windthorst* in Sachs Rn. 12.

[15] Zust. *Heun* in Dreier Rn. 8; *Brede/Geis* in Umbach/Clemens Rn. 17; *Denninger* in HdbVerfR § 16 Rn. 38; ebenso *Stern* StaatsR II § 56 Kap. III 4a; *Volkmann* in MKS Rn. 15; *Windthorst* in Sachs Rn. 11; *Grzeszick* in BerlKomm Rn 4 f.; differenzierend *Dederer* in Maunz/Dürig Rn. 56; *Klein* in Maunz/Dürig Art. 21 Rn. 520 ff.

Art. 20,[16] sondern nur gemeint als Sicherung speziell der **Bundesstaatsgewalt**, dies allerdings lediglich in deren durch Art. 79 Abs. 3 garantiertem Kernbereich.[17]

5 Dem **Bestand eines Landes** (oder mehrerer) kommt jedenfalls grenzterritorial wegen des Vorbehalts in Art. 29 sowie der Identität von Bundes- und Landesterritorium keine eigenständige Bedeutung mehr zu.[18] Selbständig geschützt ist aber immerhin die auf einem Kernbestand an Eigenstaatlichkeit beruhende **„Bundesstaatsfähigkeit"** der existierenden Länder.[19] Bestandsgefährdend für die territoriale Bundes- wie Landes-Integrität wäre allerdings eine terroristisch herbeigeführte Unbewohnbarkeit oder Unregierbarkeit ganzer Regionen (ABC-Kontamination, Cyber-Attacken).[20]

6 Von Art. 91 ferner geschützt ist die **freiheitliche demokratische Grundordnung des Bundes oder eines Landes.** Dies meint mindestens den von Art. 79 Abs. 3 garantierten Fundamentalbestand an Freiheit und Demokratie iSd nach Art. 1 u. 20 legitimierten Rahmens für die Ausübung von Staatsgewalt nach innen.[21] Das BVerfG hat dabei maßgeblich in den Urteilen zum SRP-Verbotsurteil, zum KPD-Verbotsurteil und zuletzt im zweiten NPD-Urteil im Rahmen des Art. 21 Abs. 2 einen Auslegungsmaßstab entwickelt, der die Kategorisierung der freiheitlichen demokratischen Grundordnung ermöglicht, aber nicht abschließend zu verstehen ist.[22] Auch wenn das BVerfG die bisherigen Prinzipien grundsätzlich bestätigt, konkretisiert es darüber hinaus, dass die Würde des Menschen (Art. 1 Abs. 1), das Demokratieprinzip und das Rechtsstaatsprinzip die zentralen Grundprinzipien der freiheitlichen demokratischen Grundordnung sind.[23] Damit geht zugleich der Anwendungsbereich des Art. 79 Abs. 3 über den Mindestgehalt eines freiheitlichen demokratischen Verfassungsstaates hinaus, da eine freiheitliche demokratische Grundordnung nicht zwingend die Prinzipien der Republik und des Bundesstaates umfasst.[24] Im Sinne des Art. 91 scheint diese Feststellung im Hinblick auf einen Coup d'État insoweit fragwürdig.[25]

7 Die Würde des Menschen ist als oberster Wert des GG Ausgangspunkt der freiheitlichen demokratischen Grundordnung.[26] Damit bilden die Grundrechte das notwendige **freiheitliche** Element einer solchen demokratischen Grundordnung, wie sie Art. 1 materiell (Abs. 1, 2) und formell (Abs. 3) gewährleistet. Ihnen fällt hier die Aufgabe zu, der nur mehrheitlich legitimierbaren Staatsgewalt zugunsten des Einzelnen Grenzen zu setzen mit dem Ziel, die **physische** (Art. 2 Abs. 2, 102, 104), die **soziale** (Art. 3, 6; 9 Abs. 3, 12, 13, 14), die **politische** (Art. 5, 8, 9 Abs. 1) **und die prozessuale**

[16] So aber *Ipsen* in BK Art. 87a Rn. 139.
[17] Ebenso *Evers* in BK Rn. 18.
[18] Zust. *Heun* in Dreier Rn. 8.
[19] Ebenso *Klein* in HdbStR XII § 280 Rn. 17; *Windthorst* in Sachs Rn. 12; *Brede/Geis* in Umbach/Clemens Rn. 18; aA *Ipsen* in BK Art. 87a Rn. 140.
[20] Ähnlich *Volkmann* in MKS Rn. 14; zur Terrorgefahr insbes. *Linke* AöR 129 (2004), 489 und *Bäumler/Schneider* NVwZ 2017, 189.
[21] BVerfGE 30, 1 (45 f.); 144, 20 (203 ff.); zust. *Heun* in Dreier Rn. 9; krit. *Windthorst,* in Thiel Wehrhafte Demokratie, 401; *Windthorst* in Sachs Rn. 14; *Brede/Geis* in Umbach/Clemens Rn. 20.
[22] BVerfGE 2, 1; 5, 85; 144, 20 (204); *Windthorst* in Sachs Rn. 14 (→ Art. 21 Rn. 102 ff.).
[23] BVerfGE 144, 20 (206 ff.).
[24] BVerfGE 144, 20 (206).
[25] Dazu ausführlich *Dederer* in Maunz/Dürig Rn. 66. Zum Gegenargument eines einheitlichen Begriffsverständnisses siehe *Klein* in Maunz/Dürig Art. 21 Rn. 519 mwN.
[26] BVerfGE 144, 20 (206 f.).

(Art. 19 Abs. 4, 101, 103) **Chance zur ungehinderten Artikulation des Willens der Beherrschten** zu garantieren.[27]

Ausgehend vom normativen Grundanspruch der **Demokratie,** Herrschaft nicht gegen den Willen der Beherrschten zu sein, wird man unter das demokratische Minimum[28] nach Art. 20 Abs. 2 jedes geordnete Gefüge von Institutionen und Kompetenzen fassen können, das es iSd Volkssouveränität den Bürgern garantiert, auf die sie betreffenden Entscheidungen der Staatsorgane Einfluss nehmen zu können, sei es **mittelbar** durch Zugriff auf die entscheidungsbefugten Organwalter im Wege institutionalisierten Machtwechsels (Wahlen, Abberufungsrecht), sei es **unmittelbar** durch Zugriff auf die Entscheidungsergebnisse selbst im Wege von Volksbegehren und Volksentscheiden.[29] Auch das **Rechtsstaatsprinzip** mit seiner Verankerung in Art. 20 Abs. 2 S. 2 und Abs. 3 dient dem Schutz der individuellen Freiheit und zählt deshalb ebenfalls zum unverzichtbaren Teil der freiheitlichen demokratischen Grundordnung.[30] 8

Mithin ist der **Schutzbereich** der „freiheitlichen demokratischen Grundordnung" jedenfalls dann betroffen, wenn objektiv zB die parlamentarische Willensbildung behindert wird, Grundrechtsverletzungen nicht mehr frei justitiabel sind oder manipulierte Wahlen die Macht-Rotation zwischen Mehrheit und Minderheit unterbinden. 9

„Drohende Gefahr" als auslösendes Moment für einen Polizei-Einsatz kann ungeachtet möglicher Ursachen nur das objektive Bevorstehen einer konkreten Rechtsgutverletzung bedeuten.[31] Das ist iSd klassischen **polizeirechtlichen Definition** „eine Sachlage, die bei ungehindertem Ablauf zu einem Schaden führen würde", was – *ex ante* zu beurteilen – nicht „unmittelbar bevorstehen"[32], aber wenigstens „mit hinreichender Wahrscheinlichkeit" gegeben sein muss.[33] Da die Schutzgüter des Abs. 1 letztlich die Legitimationsbasis für jedes staatliche Handeln in Bund und Ländern bilden, kann eine konkrete Verletzung auch nur in der ungerechtfertigten Beeinträchtigung dieser Schutzgüte liegen. Die polizeiliche Gefahrenschwelle wird daher jedenfalls spätestens dort anzusetzen sein, wo absehbar die Bildung oder das Funktionieren von Organen nachhaltig gestört wird, die diese Legitimationsgrundlagen in letztinstanzlicher Kompetenz verantworten, zB bei Vereitelung von Parlaments- oder Kommunalwahlen, Lahmlegung von Parlamenten, Behinderung oberster Bundes- oder Landesbehörden, Repressalien gegen Gerichte, dagegen nicht schon bei Einzelfällen demonstrativ zivilen Ungehorsams.[34] Welche Motive dahinter stehen, ist gleichgültig.[35] 10

---

[27] Zust. *Heun* in Dreier Rn. 9 mwN.

[28] Krit. zu diesem Ansatz *Klein* in HdbStR XII, § 280 Rn. 18; *Volkmann* in MKS Rn. 18.

[29] Dazu *Degenhart* Der Staat 31 (1992), 77; rechtsvergleichend Schweiz/Deutschland schon *Hernekamp,* Formen und Verfahren direkter Demokratie, 1979.

[30] BVerfGE 144, 20 (210).

[31] Ebenso *Wolff* in Hömig/Wolff Rn. 1; wohl auch *Epping* in BeckOK GG Rn. 2f.; eing. *Evers* in BK Rn. 17ff.

[32] BVerwGE 45, 51.

[33] PrOVGE 87, 301 (310); eine „hohe" Wahrscheinlichkeit fordert *Ipsen* in BK Art. 87a Rn. 144; ähnlich *Epping* in BeckOK GG Rn. 3 mwN; wie hier *Evers* in BK Rn. 25; *Brede/Geis* in Umbach/Clemens Rn. 21; *Stern* StaatsR II § 56 Kap. II 4c; *Pieroth* in Jarass/Pieroth Rn. 1; *Haratsch* in Sodan Rn. 5; *Volkmann* in MKS Rn. 20; *Ruge* in SHH Rn. 10.

[34] So zutr. *Hase* in AK Rn. 19; *Volkmann* in MKS Rn. 15; vgl. auch *Evers* in BK Rn. 27 („Massenungehorsam"); zust. auch *Heun* in Dreier Rn. 10.

[35] Unstr., vgl. zB *Epping* in BeckOK GG Rn. 2. Zur polizeilichen Bekämpfung des politischen Terrorismus vgl. schon die Beiträge in Tophoven, Politik durch Gewalt. Guerilla

11 Unerheblich ist, von wem die Gefahr ausgeht. Der Schutz des Art. 91 wirkt auch gegen einschlägige Aktionen einzelner oder mehrerer Privater in- wie ausländischer Herkunft, politischer Parteien[36] sowie eigener oder fremder Hoheitsträger.[37] Einer besonderen (parlamentarischen) Zustimmung analog Art. 80a, 115a bedarf die Ingangsetzung von Maßnahmen nach Art. 91 nicht.[38]

12 **2. Kann ein Land Polizeikräfte anderer Länder sowie Kräfte und Einrichtungen anderer Verwaltungen und des Bundesgrenzschutzes anfordern (Art. 91 Abs. 1 Hs. 2).** Durch welches Organ ein **Land** bei der Anforderung repräsentiert wird (Landesregierung., Ministerpräsident, Landesminister, Landesparlament) richtet sich allein nach **Landesverfassungsrecht.** Gleiches gilt umgekehrt auch für den Anforderungs**adressaten,** für den Bundespolizei-Einsatz außer nach Art. 35 Abs. 3 für das Bundesministerium des Inneren, § 11 Abs. 1 Nr. 3, Abs. 3 BPolG.[39]

13 Die **Kann-**Bestimmung stellt gleichwohl die Anforderung nicht in das freie politische Belieben des Landes (zB Schonung eigener Ressourcen). Vielmehr handelt es sich um die Wahrnehmung einer Kompetenz, die Art. 30 iVm Art. 91 Abs. 1 mangels anderweitiger Regelung den Ländern zuweist; die Entscheidung hierüber kann nur eine bundesstaatlich dimensionierte, in Wahrung des Art. 9 Abs. 3 S. 3 rechtlich gebundene Ermessensentscheidung sein.[40] Sie hat sich daher, was das **eigene** Einschreiten angeht, bei Gefahr für **Landes**-Rechtsgüter am Homogenitätsgebot des Art. 28 Abs. 1, bei Gefahr für **Bundes**-Rechtsgüter an der Bundestreue zu orientieren.[41] Was die Anforderung von **Fremdhilfe** angeht, ist das bundesstaatliche Subsidiaritätsprinzip zu wahren.[42] Letztlich wird dies auf eine Anforderungspflicht hinauslaufen.[43]

14 Das Land ist nicht gezwungen, die Erosion eigener Kräfte zu riskieren. Ob dies mit dem Kriterium der „Erforderlichkeit"[44] oder dem des „absehbaren Scheiterns"[45] begründet wird, ist letztlich gleichgültig.[46]

15 **Anfordern** bedeutet nicht „heranholen", sondern Verlangen nach Verfügungsgewalt, schließt also auch die Inanspruchnahme stationärer Einrichtungen wie Computerzentren, Schulen für Notunterkünfte etc ein.[47]

---

und Terrorismus heute, 1976; zusf. insbesondere *Rabert,* Links- und Rechtsterrorismus in der Bundesrepublik Deutschland von 1970 bis heute, 1995; zur Situation gleich nach 9/11 *Tomuschat* EuGRZ 2001, 535; in Bezug auf die „Flüchtlingskrise" *Schwarz* in Depenheuer/Grabenwarter Der Staat in der Flüchtlingskrise 75 (78 ff.).

[36] *Evers* in BK Rn. 29; *Brede/Geis* in Umbach/Clemens Rn. 22.

[37] Zust. *Heun* in Dreier Rn. 11; *Windthorst* in Sachs Rn. 9; aA *Evers* in BK Rn. 31.

[38] So auch *Brede/Geis* in Umbach/Clemens Rn. 24 mwN; *Klein* in HdbStR XII, § 280 Rn. 19; krit. *Hesse* VerfR Rn. 770.

[39] Zust. *Heun* in Dreier Rn. 14; *Windthorst* in Sachs Rn. 16; iE ebenso *Epping* in BeckOK GG Rn. 7.2.

[40] Anders *Pieroth* in Jarass/Pieroth Rn. 2; krit. zur Ermessensterminologie in diesem Zusammenhang *Heun* in Dreier Rn. 12 gegen *Windthorst* in Sachs Rn. 15, 17.

[41] Ebenso *Heun* in Dreier Rn. 12; *Windthorst* in Sachs Rn. 22; *Grzeszick* in BerlKomm Rn. 14.

[42] Zust. *Heun* in Dreier Rn. 13; Einzelheiten bei *Evers* in BK Rn. 34 ff.; *Stern* StaatsR II § 56 Kap. III 4.

[43] *Heun* in Dreier Rn. 12; *Windthorst* in Sachs Rn. 18; *Epping* in BeckOK GG Rn. 8 f.

[44] *Evers* in BK Rn. 41; ebenso *Pieroth* in Jarass/Pieroth Rn. 1; *Windthorst* in Sachs Rn. 18.

[45] Ähnl. schon v. Mangoldt/Klein Anm. III 5a; *Klein* in HdbStR XII, § 280 Rn. 22.

[46] Zur Auswahl der in Abs. 1 genannten Kräfte → Rn. 23.

[47] Zust. *Volkmann* in MKS Rn. 23; *Windthorst* in Sachs Rn. 15; *Epping* in BeckOK GG Rn. 7.

Da Art. 91 Abs. 1 nur ein Sonderfall der allgemeinen Amtshilfe ist, korrespondiert mit dem Anforderungsrecht **keine unbedingte Hilfspflicht** der ersuchten Instanzen.[48] Das Anfordernkönnen begrenzt gleichwohl das Ablehnendürfen auf die Ausnahmefälle vordringlichen Eigenbedarfs.[49] Dem tragen die einschlägigen Landesgesetze durchweg Rechnung.[50] Die Vordringlichkeitsgründe müssen sich allerdings am Rang der zu schützenden Rechtsgüter in Abs. 1 messen lassen. **16**

Die Anforderung rechtlich und tatsächlich **nachzuprüfen,** ist zulässig, darf aber nicht die von der Bundestreue gebotene Effizienz der Hilfeleistung unterlaufen.[51] Landesgesetzlich muss durchweg die Anforderung bereits alle für die Entscheidung wesentlichen Merkmale des Einsatzauftrags enthalten, so zB in § 89 Abs. 2 S. 2 PolG Saarl.; ebenso § 53 Abs. 2 ME; § 11 Abs. 4 BPolG. **17**

Abgesehen von der exekutiven Möglichkeit des Bundeszwanges sind rechtliche Zweifelsfragen zu den einschlägigen bundesstaatlichen Verpflichtungen erforderlichenfalls nach Art. 93 Abs. 1 Nr. 3 bzw. 4 iVm § 32 BVerfGG zu klären.[52] **18**

Da die Anforderung nur zur **Abwehr** der in Abs. 1 genannten Gefahren dienen soll, endet infolge dieser Zweckbestimmung die Hilfeleistungspflicht frühestens, wenn die Gefahr sich als Irrtum erweist oder unter die Anforderungsschwelle sinkt und spätestens mit ihrem endgültigen Fortfall.[53] Ein während der Hilfeleistung entstandener Eigenbedarf eines Landes berechtigt bei entsprechender Dringlichkeit ebenfalls zum Rückruf.[54] Dennoch steht jedenfalls das Subsidiaritätsprinzip nicht entgegen, wenn aus Effektivitätsgründen stattdessen direkt Bundeshilfe angefordert wird. **19**

Angefordert werden können **Polizeikräfte anderer Länder.** Gemeint ist „Polizei" hier – wie auch in Abs. 2 – im formellen Sinn des Polizeivollzugsdienstes einschließlich sächlicher Mittel. Dabei scheiden – abgesehen von der Bundespolizei – **Bundes-**Polizeivollzugsdienste (Zollgrenzdienst, Bundeskriminalamt) aus, nicht dagegen etwa bestehende Gemeindepolizeien.[55] Zum Einsatz nach Art. 91 kommt namentlich die **Bereitschaftspolizei,** die die Länder nach dem Verwaltungsabkommen zwischen Bund und Ländern über die Errichtung von Bereitschaftspolizeien der Länder v. 27.10.1950[56] jeweils aufgrund eigener bilateraler Abkommen mit dem Bund zu unterhalten haben.[57] Hierzu gehören auch die **MEK** (Mobile Einsatzkommandos) nach dem Vorbild der BGS-GSG 9 zur Bekämpfung terroristischer und sonstiger Schwerstkriminalität. **20**

---

48 So auch schon BT-Drs. V/2873, 15.

49 Zust. *Heun* in Dreier Rn. 15; *Volkmann* in MKS Rn. 25; *Windthorst* in Sachs Rn. 21.

50 → Rn. 2.

51 Ebenso schon v. Mangoldt/Klein, Das Bonner Grundgesetz, 2. Aufl. 1966, Anm. III 7b; *Klein* in HdbStR XII, § 280 Rn. 20.

52 Ebenso *Ruge* in SHH Rn. 4; *Epping* in BeckOK GG Rn. 10; *Heun* in Dreier Rn. 15; *Windthorst* in Sachs Rn. 23; eing. *Volkmann* in MKS Rn. 31; krit. zum Bundeszwang *Hase* in AK Rn. 25.

53 Zust. *Heun* in Dreier Rn. 15.

54 So auch *Evers* in BK Rn. 47; schon v. Mangoldt/Klein, Das Bonner Grundgesetz, 2. Aufl. 1966, Anm. III 8.

55 *Heun* in Dreier Rn. 16; *Windthorst* in Sachs Rn. 24; *Ruge* in SHH Rn. 14.

56 Fundstelle zB GVBl. SchlH 1951, 106.

57 Etwa § 6 BayPolG; Einzelheiten bei *Rachor/Rogan* in Lisken/Denninger Handbuch des Polizeirechts, Kap. C III Rn. 62 f.

21 **Kräfte und Einrichtungen anderer Verwaltungen** sind Personal und Material sämtlicher Behörden von Bund, Ländern, Gemeinden und weiterer mittelbarer Staatsverwaltung,[58] ohne die Streitkräfte, Art. 87a Abs. 2, Abs. 4,[59] also zB Zivilschutzkorps, THW, Sanitätseinrichtungen, Fahrzeuge, Verfassungsschutz-Stellen, auch zB einzelne Spezialisten.[60] Personal und Material können nötigstenfalls auch funktionsfremd eingesetzt werden.[61]

22 Schließlich kann auch die **Bundespolizei**[62] angefordert werden. Bundesseits ist der Anforderung der Bundespolizei, unter dem Vorbehalt der Abkömmlichkeit (§ 11 Abs. 4 S. 1 BPolG), zu entsprechen.

23 Die **Reihenfolge** bei der Auswahl dieser Fremdkräfte ist entsprechend dem Subsidiaritätsprinzip lediglich insoweit verbindlich, als die Bundespolizei nur zuletzt angefordert werden darf, während die Reihenfolge von Polizei- und sonstigen Fremdkräften der Verwaltung sich nach der Abwehraufgabe richten kann.[63]

24 Alle angeforderten Fremdkräfte **unterstehen** – unbeschadet ihrer originären dienstrechtlichen Unterstellung – soweit und solange sie in den Abwehrauftrag des anfordernden Landes integriert sind, dessen jeweils **zuständigen Organen** wie auch dem vor Ort geltenden Landes- wie (ggf. vorrangigen) Bundesrecht, denn sie nehmen eine Kompetenz des Einsatzlandes wahr.[64]

25 Die **Kosten** der Hilfeleistung nach Abs. 1 fallen, soweit nicht vertraglich anders vereinbart, dem anfordernden Land zur Last.[65]

II. Gefahrenabwehr unter Bundesverantwortung (Art. 91 Abs. 2)

26 Nach Art. 91 Abs. 2 kann der Bund die Gefahrenabwehr an sich ziehen, unabhängig davon, ob bei der Gefahr für die Schutzgüter des Abs. 1 nur ein einziges Land in Rede steht **(regionaler Notstand)** oder ob mehrere Länder betroffen sind **(überregionaler Notstand).**

27 **1. Ist das Land, in dem die Gefahr droht, nicht selbst zur Bekämpfung der Gefahr bereit oder in der Lage (Art. 91 Abs. 2 S. 1 Hs. 1).** Jede Eigeninitiative des Bundes nach Abs. 2 setzt alternativ voraus, dass das betroffene Land (bzw. die Länder) zum Schutz der Rechtsgüter des Abs. 1 entweder **nicht bereit** (subjektiver Risikofaktor) oder **nicht in der Lage ist** (objektiver Risikofaktor). Das erstere wird jedenfalls dann anzunehmen sein, wenn die Abwehrmöglichkeiten nach Abs. 1 nicht ausgeschöpft werden.[66] Die zweite Alternative meint die objektive Absehbarkeit eines Scheiterns trotz Ausschöpfung des Abs. 1, wobei unerheblich ist, ob dieses Scheitern auf menschlicher oder materieller, auf qualitativer oder quantitativer **Unzulänglichkeit** der Abwehrorgane, oder auch nur auf **verweigerter Hilfeleistung**

[58] *Evers* in BK Rn. 46.
[59] *Grzeszick* in BerlKomm Rn. 18.
[60] Zust. *Windthorst* in Sachs Rn. 29; *Ruge* in SHH Rn. 15.
[61] Für das Personal aA *Brede/Geis* in Umbach/Clemens Rn. 29.
[62] → Rn. 2.
[63] Ebenso *Haratsch* in Sodan Rn. 7; anders *Volkmann* in MKS Rn. 22; *Windthorst* in Sachs Rn. 19.
[64] Unstr., vgl. zB *Heun* in Dreier Rn. 17; *Epping* in BeckOK GG Rn. 7.1; *Volkmann* in MKS Rn. 27 mwN; *Windthorst* in Sachs Rn. 25, 28 mwN.
[65] *Heun* in Dreier Rn. 17; *Brede/Geis* in Umbach/Clemens Rn. 36; ebenso schon v. Mangoldt/Klein, Das Bonner Grundgesetz, 2. Aufl. 1966, Anm. VII 1.
[66] Unstr., vgl. *Evers* in BK Rn. 50 und *Klein* in HdbStR XII, § 280 Rn. 24.

beruht.[67] Ein Blick allein auf die Exekutive genügt nicht. Abwehrunfähig kann ein Land auch durch legislative oder judikative Paralysierung geworden sein.

Diese Feststellung, der nötigstenfalls durch Befragung der betreffenden Instanz des (souveränen) Landes der Weg geebnet werden kann, kennt von daher weder einen Beurteilungsspielraum,[68] noch ein Ermessen.[69] Bei abweichender Lagebeurteilung bleiben dem betroffenen Land Korrekturchancen nur nach Art. 91 Abs. 2 S. 2 Hs. 2 (Bundesrat) bzw. Art. 93 Abs. 1 Nr. 3; § 32 BVerfGG.[70] 28

2. So kann die Bundesregierung die Polizei in diesem Lande und die Polizeikräfte anderer Länder ihren Weisungen unterstellen, sowie Einheiten des Bundesgrenzschutzes einsetzen (Art. 91 Abs. 2 S. 1 Hs. 2). Die Bundesregierung **kann** nach pflichtgemäßem – allerdings angesichts des Ranges der gefährdeten Rechtsgüter sehr reduziertem – Ermessen nicht nur entscheiden, **ob,** sondern auch **wie,** dh mit welchen der in S. 1 genannten Kräften sie einschreiten will; das Wort „und" meint auch „oder".[71] Allerdings ist ihr – anders als einem Land nach Abs. 1 – die **Reihenfolge** der zu mobilisierenden **ausschließlich polizeilichen** Kräfte verbindlich vorgeschrieben.[72] 29

Die Entscheidung, die Gefahrenabwehr selber zu übernehmen, ist, von Abs. 2 S. 2 als „Anordnung" verstanden, **undelegierbar**[73] von der **Bundesregierung als Kollegium** zu treffen, Art. 62 iVm §§ 15 ff. GO BReg.[74] Im Gegensatz zur Weisungsunterstellung ist jedoch die Kompetenz, für den Einsatz **Einzelweisungen** zu erteilen, **delegierbar,** idR liegt sie beim Bundesministerium des Inneren. Die Anordnung bedarf klarstellungshalber wegen der veränderten Führungsverhältnisse zulasten der Landessouveränität einer förmlichen Bekanntmachung.[75] 30

Das Weisungsrecht der Bundesregierung ist **inhaltlich beschränkt** ausschließlich auf den Zweck der **Gefahrenabwehr** und personell auf „die Polizei", erfasst also nicht deren parlamentarisch verantwortliche Spitze; diese hat die Weisungen zu dulden und ihre (zB auch technische) Durchsetzbarkeit zu gewährleisten.[76] Es umfasst neben konkreten Weisungen an die Leitung der jeweils unterstellten Kräfte auch zwecknotwendige dienstrechtliche Maß- 31

---

[67] Zust. *Heun* in Dreier Rn. 18; *Brede/Geis* in Umbach/Clemens Rn. 43; aber → Rn. 34.

[68] So aber *Stern* StaatsR II § 56 Kap. III 5a; *Volkmann* in MKS Rn. 34; *Windthorst* in Sachs Rn. 38; *Heun* in Dreier Rn. 18 „Einschätzungsspielraum".

[69] So aber *Evers* in BK Rn. 54; vgl. auch *Brede/Geis* in Umbach/Clemens Rn. 44; *Pieroth* in Jarass/Pieroth Rn. 2; für einen „temporalen Entscheidungsvorrang der BReg" *Epping* in BeckOK GG Rn. 14.

[70] Zust. *Windthorst* in Sachs Rn. 39; *Brede/Geis* in Umbach/Clemens Rn. 45; ebenso *Epping* in BeckOK GG Rn. 14.

[71] Unstr., vgl. zB schon v. Mangoldt/Klein, Das Bonner Grundgesetz, 2. Aufl. 1966, Anm. IV 9b cc; ebenso *Windthorst* in Sachs Rn. 41 mwN.

[72] So schon v. Mangoldt/Klein, Das Bonner Grundgesetz, 2. Aufl. 1966, Anm. IV 9c; aA *Hase* in AK Rn. 30; *Pieroth* in Jarass/Pieroth Rn. 2; *Stern* StaatsR II § 56 Kap. III 5a; *Volkmann* in MKS Rn. 36; *Windthorst* in Sachs Rn. 43; *Klein* in HdbStR XII § 280 Rn. 25 gibt der „effektiven Aufgabenerledigung" den Vorrang.

[73] *Evers* in BK Rn. 54; *Volkmann* in MKS Rn. 35; *Windthorst* in Sachs Rn. 42.

[74] *Grzeszick* in BerlKomm Rn. 25; *Dederer* in Maunz/Dürig Rn. 110. Zu erweitetern Einsatzmöglichkeiten der Bundeswehr im Innern *Dietz* ZG 2017, 325.

[75] *Evers* in BK Rn. 55; *Stern* StaatsR II § 56 Kap. III 5a; *Heun* in Dreier Rn. 29; *Windthorst* in Sachs Rn. 42 mwN.

[76] Ebenso *Dederer* in Maunz/Dürig Rn. 109; *Heun* in Dreier Rn. 20; *Wolff* in Hömig/Wolff Rn. 8.

nahmen (Urlaubssperre, Suspendierung etc), nicht dagegen ein allgemeines Verordnungsrecht.[77]

32 Die den Weisungen der Bundesregierung unterstellten Landes- bzw. Länderpolizeikräfte verlieren dadurch nicht etwa ihre **landesorganschaftliche Funktion.**[78] Die Länderkompetenz zur Gefahrenabwehr (→ Rn. 13) wird entsprechend dem „soweit"-Vorbehalt der Art. 30, 83 von Art. 91 Abs. 2 nur durch die subsidiäre Weisungsbefugnis der Bundesregierung „anders geregelt". Im Ergebnis werden daher Länderaufgaben nach Weisung des Bundes wahrgenommen.[79]

33 Für die weisungsunterstellten Landespolizeikräfte gibt es bundeseinheitlich eine nur noch vollzugsrechtliche Grundlage (§ 15 UZwG); die frühere auch materiell-rechtlich bundeseinheitliche Grundlage (§ 66 BGSG aF) ist ins neue Recht nicht übernommen worden.[80] Es bleibt insoweit beim Recht des Einsatzlandes.[81] Soweit, falls Bundesländern auf Art. 91 Abs. 2 weisende landesgesetzliche Befugnisnormen fehlen, sie aber auf Bundesrecht verweisen, gleichwohl eine Regelungslücke konstatiert wird,[82] wäre direkt auf Art. 91 Abs. 2 zu rekurrieren[83] oder, wie im Übrigen auch bei abwehruntauglichem Landesrecht, die Bundespolizei einzusetzen, und zwar beim Schutz von Bundes- wie Landesrechtsgütern nach Art. 91 Abs. 1 gleichermaßen in Anwendung des BPolG, §§ 14 ff. Bei den vorsorglichen organisatorischen Bundesmaßnahmen wirkt mit auch der nach dem Abk. v. 27.10.1950 berufene **„Inspekteur der Bereitschaftspolizeien der Länder"** beim Bundesministerium des Inneren.[84]

34 Die **interne Kostenverteilung** richtet sich nach Art. 104a. Dabei ist jedoch entgegen der hL zu differenzieren nicht nach den eingesetzten Kräften,[85] sondern danach, ob der Bund **mangels Bereitschaft** oder **wegen Unterlegenheit** der jeweiligen Landesseite eingegriffen hat. Im ersteren Fall kompensieren seine Weisungen bzw. der Bundespolizeieinsatz nur ein korrespondierendes **Führungsdefizit** der Landesseite iSd Art. 91 Abs. 1. Die Maßnahmen von Bundespolizei und angewiesenen Länderpolizeikräften sind daher dem abwehrverweigernden Land uneingeschränkt zuzurechnen, mit der Folge, dass deren Kosten nach Art. 104a Abs. 1 der **Landesseite** zur Last fallen. Das hat bei selbst zu verantwortender Unfähigkeit analog zu gelten. Der genannte Kompensationseffekt entfällt jedoch, wenn die Landesseite ihre Aufgaben **nur unter Bundesverantwortung** überhaupt sinnvoll erfüllen **kann.** Hier kann das Handeln der angewiesenen Länderpolizeikräfte der **Auftragsverwaltung iSd** Art. 104a Abs. 2 gleichgestellt werden mit der

---

[77] Ebenso *Heun* in Dreier Rn. 20; *Volkmann* in MKS Rn. 36; *Brede/Geis* in Umbach/Clemens Rn. 55; zu Einzelheiten *Evers* in BK Rn. 73 ff.

[78] So iE auch *Evers* in BK Rn. 70 ff.; *Epping* in BeckOK GG Rn. 16; zust. auch *Heun* in Dreier Rn. 20; *Dederer* in Maunz/Dürig Rn. 114; aA *Kölble* Die Polizei 1960, 5 (44); *Wacke* JZ 1962, 137 (203 f.).

[79] Ebenso *Windthorst* in Sachs Rn. 45 mwN; aber → Rn. 34.

[80] Dazu BT-Drs. 12/7562, 33; *Heun* in Dreier Rn. 20 mwN.

[81] Ebenso zB *Brede/Geis* in Umbach/Clemens Rn. 51; vgl. auch § 53 Abs. 2 ME.

[82] *Volkmann* in MKS Rn. 38.

[83] So zB § 78 Abs. 1 Nr. 2 PolG BW; § 86 Abs. 1 Nr. 2 POG RLP.

[84] Dazu *Rachor/Roggan* in Lisken/Denninger Handbuch des Polizeirechts, Kap. C VI Rn. 91 ff.

[85] So *Dederer* in Maunz/Dürig Rn. 120; *Brede/Geis* in Umbach/Clemens Rn. 57; *Evers* in BK Rn. 82; *Haratsch* in Sodan Rn. 13; *Hase* in AK Rn. 32; *Epping* in BeckOK GG Rn. 19; *Klein* in HdbStR XII § 280 Rn. 29; wie hier *Stern* StaatsR II § 56 Kap. III 5d; *Volkmann* in MKS Rn. 40.

Folge, dass der **Bund** die Kosten der Bundespolizei wie auch des Länderpolizeieinsatzes trägt.

3. Beendigung der Gefahrenabwehr unter Bundesverantwortung (Art. 91 Abs. 2 S. 2). Mit **„Anordnung"** ist nicht nur die Weisungsunterstellung, sondern nach der *ratio legis* auch die Entscheidung über den Bundespolizeieinsatz gemeint.[86] Die **Beseitigung der Gefahr** meint daher den spätesten Aufhebungszeitpunkt, wobei dessen Fixierung rechtlicher Überprüfung zugänglich ist, weil auch die „drohende Gefahr" einen Rechtsbegriff darstellt.[87] 35

Das **Aufhebungsverlangen** gibt dem Bundesrat die Möglichkeit, eine eventuelle Überdehnung zentralstaatlicher Ausnahmekompetenzen föderativ zu korrigieren.[88] Erfasst sind Aufhebung oder Einschränkung nur der **undelegierbaren** Entscheidungen der **Bundesregierung,** nicht dagegen von Detailmaßnahmen im Einsatz.[89] Dass nach § 28 Abs. 3 GO BR jedes betroffene Land bei der Mehrheitsentscheidung nach Art. 52 Abs. 3 S. 1 stimmberechtigt ist, begegnet keinen Bedenken, da dies ohnehin durch Art. 52 Abs. 3 S. 2 gedeckt ist.[90] 36

4. Sonderbefugnisse der Bundesregierung im überregionalen Notstand (Art. 91 Abs. 2 S. 3 Hs. 1). Die besonderen Bedingungen einer mehrere Länder betreffenden Gefahrenlage können es gebieten, nicht nur Länderpolizeikräfte, sondern entspr. Abs. 1 den gesamten Bereich einer oder mehrerer Landesverwaltungen in den Abwehrauftrag einzubeziehen. Dem dient das Recht der Bundesregierung, den **Landesregierungen** (und nur diesen, nicht einzelnen Ministerien oder nachgeordneten Stellen),[91] gleichgültig, ob es sich um helfend oder hilfsbedürftig beteiligte Landesregierungen handelt, als den obersten Koordinationsorganen **Weisungen** zu erteilen; dies allerdings nur, „soweit es zur **wirksamen Bekämpfung erforderlich** ist", wofür die Bundesregierung die Darlegungslast trägt. Bei unterschiedlicher Lagebeurteilung bleibt den betroffenen Landesregierungen jedoch wiederum nur der Weg zum BVerfG.[92] **Allgemeine Verwaltungsvorschriften iSv** Art. 84 Abs. 2 und Art. 85 Abs. 2 kann die Bundesregierung in diesem Zusammenhang ebenso wenig erlassen wie Rechtsverordnungen.[93] 37

5. Satz 1 und Satz 2 bleiben unberührt (Art. 91 Abs. 2 S. 3 Hs. 2). Hs. 2 stellt lediglich klar, dass das besondere Weisungsrecht der Bundesregierung gegenüber den Landesregierungen im überregionalen Notstand nur eine **weitere Alternative** zu den Möglichkeiten des Polizeieinsatzes nach S. 1 38

---

[86] Zust. *Windthorst* in Sachs Rn. 54.

[87] Zum Bekanntmachungsbedarf → Rn. 30.

[88] Zust. *Volkmann* in MKS Rn. 44; *Windthorst* in Sachs Rn. 56; *Grzeszick* in BerlKomm Rn. 34; krit. *Dederer* in Maunz/Dürig Rn. 125 ff.

[89] Ebenso *Evers* in BK Rn. 59; *Windthorst* in Sachs Rn. 53.

[90] Ebenso im Erg. *Heun* in Dreier Rn. 22; *Epping* in BeckOK GG Rn. 22; aA *Kölble* Die Polizei 1960, 5 (90).

[91] *Evers* in BK Rn. 73 ff.; *Heun* in Dreier Rn. 21 mwN; *Epping* in BeckOK GG Rn. 20.

[92] So schon v. Mangoldt/Klein, Das Bonner Grundgesetz, 2. Aufl. 1966, Anm. V 4c; *Volkmann* in MKS Rn. 45; zu rechtswidrigen Weisungen *Epping* in BeckOK GG Rn. 21 mit Hinweis auf BVerfGE 81, 310.

[93] Ebenso *Hase* in AK Rn. 31; zust. *Heun* in Dreier Rn. 21; *Volkmann* in MKS Rn. 43; *Windthorst* in Sachs Rn. 52; zu Einzelheiten *Evers* in BK Rn. 78 ff.; v. Mangoldt/Klein, Das Bonner Grundgesetz, 2. Aufl. 1966, Anm. IV 10.

darstellt.[94] Demnach muss auch diese Alternative unter dem **gleichen Aufhebungsvorbehalt** (S. 2) stehen.

C. Verhältnis zu anderen Bestimmungen des Grundgesetzes

39 Art. 9 Abs. 3 nimmt die dort genannten **Arbeitskämpfe** von den Tatbestandsmerkmalen des Art. 91 Abs. 1 aus, wertet sie also im Ergebnis als Bestandteile der freiheitlichen demokratischen Grundordnung.[95]

40 Materiell-rechtliche Einschränkungen nach Art. 11 Abs. 2[96] bleiben von der rein Bund/Länder–bezogenen Kompetenznorm des Art. 91 unberührt; zeitliches Zusammenfallen ändert daran nichts.[97]

41 Zu Art. 35 Abs. 1 ist Art. 91 Abs. 1 als Sonderfall der Amtshilfe *lex specialis.*[98] Gegenüber Art. 35 Abs. 2 S. 1 reduziert sich dieses Spezialitätsverhältnis darauf, dass Art. 91 Abs. 1 nur für die dort genannten spezifisch **verfassungsrelevanten** polizeilichen Gefahren gilt.[99] Auch möglicherweise **militante Großveranstaltungen** ohne diese besondere Intention fallen daher nicht unter Art. 91 Abs. 1, der deshalb auch nicht die Grundlage bildet für gemeinsame Länderpolizei- und BPol-Einsätze bei Großdemonstrationen.[100]

42 Art. 37 kann entgegen der hM[101] als *lex generalis* von der Bundesregierung ebensowenig eingesetzt werden, um **Kooperationsmängel** der Landesseite im Rahmen des Art. 91 zu beheben, wie es unzulässig wäre, mit den Mitteln des Art. 91 Abs. 2 die Mitwirkung des Bundesrates beim Bundeszwang zu unterlaufen. Hat sich (in diesen Sonderfällen von Bundespflichtverletzungen) die Bundesregierung entschlossen, die fehlende Bereitschaft eines Landes – sei es zur Hilfeleistung nach Abs. 1, sei es zur Gefahrenabwehr überhaupt (Abs. 2) – mit ihren Befugnissen nach Art. 91 Abs. 2 wettzumachen, gehen diese, zur möglichst effektiven Abwehr der besonderen Gefahrenlage nach Art. 91 Abs. 1 eingeräumten Sonderbefugnisse allen anderen Möglichkeiten vor. Im Verhältnis zu Art. 83 lässt das GG mit Art. 91 Abs. 2 etwas „anderes" zu.[102]

Keine Normkonkurrenz besteht mit Art. 87a Abs. 4. Dort geht es, anders als in Art. 91, um den **Einsatz der Streitkräfte,** wobei Art. 91 Abs. 2 nur ein Tatbestandsmerkmal unter anderen ist.[103]

---

[94] Zust. *Windthorst* in Sachs Rn. 50; ebenso *Epping* in BeckOK GG Rn. 21.

[95] Ebenso *Haratsch* in Sodan Rn. 5.

[96] Zu Einschränkungen der Freizügigkeit nach Art. 48 Abs. 3, 56 Abs. 1 EGV vgl. *Bongen,* Schranken der Freizügigkeit aus Gründen der öffentlichen Ordnung und Sicherheit im Recht der EWG, 1975.

[97] Zust. *Heun* in Dreier Rn. 23; *Volkmann* in MKS Rn. 9; *Windthorst* in Sachs Rn. 2.

[98] Zust. *Heun* in Dreier Rn. 24; *Volkmann* in MKS Rn. 9, 11; *Windthorst* in Sachs Rn. 3; *Haratsch* in Sodan Rn. 2.

[99] Vgl. dazu auch v. Mangoldt/Klein, Das Bonner Grundgesetz, 2. Aufl. 1966, Anm. II 8; *Windthorst* in Sachs Rn. 3 (→ Art. 35 Rn. 82).

[100] *Heun* in Dreier Rn. 24; zum Einsatz der Bundeswehr *Sprenger* NJW 1999, 1003.

[101] Vgl. v. Mangoldt/Klein, Das Bonner Grundgesetz, 2. Aufl. 1966, Anm. II 9 mwN; *Volkmann* in MKS Rn. 11; wie hier *Heun* in Dreier Rn. 25; *Windthorst* in Sachs Rn. 4.

[102] Ebenso *Windthorst* in Sachs Rn. 32.

[103] Ebenso *Windthorst* in Sachs Rn. 5.

D. Kritische Würdigung

Neben seiner systematischen Stellung[104] hat Art. 91 vor allem wegen des Eingriffs- und Entscheidungsmonopols der Bundesregierung nach Abs. 2 Kritik geweckt.[105] Das nur nachträgliche Kassationsbegehren des Bundesrates dürfte aber immerhin wegen der Möglichkeit oppositioneller Mehrheiten eine schärfere Waffe sein, als zB das Parallelrecht des Bundestages nach Art. 80a Abs. 3 S. 2. **43**

Im Übrigen zeichnet sich Art. 91 durch einen beachtlichen Reichtum an „Kann"-Bestimmungen aus. Die daraus resultierenden Schwierigkeiten nötigenfalls judikativer Kontrolle dürften allerdings der Preis sein für die notwendige Elastizität eines **innenpolitischen crisis management.** Gerade in einem Ernstfall, den neu erwachter nationaler wie internationaler Extremismus und Terrorismus wieder in den Blick gerückt haben, wird Art. 91 sich in besonderem Maße erweisen als Nagelprobe für einen auch in Wahrnehmung seiner Rolle innerhalb der wehrhaften Demokratie kooperativen Föderalismus. **44**

Literatur

M. Bäumerich/M. Schneider, Terrorismusbekämpfung durch Bundeswehreinsätze im Innern: Eine neue alte Diskussion, NVwZ 2017, 189. – ***E. W. Böckenförde,*** Der verdrängte Ausnahmezustand, NJW 1978, 1881. – ***K. H. Friauf,*** Polizei- und Ordnungsrecht, in E. Schmidt-Aßmann (Hrsg.), Besonderes Verwaltungsrecht, 11. Aufl. (1999), 105. – ***J. Froese,*** Bundeswehreinsätze im Innern zur Terrorismusbekämpfung. Die „terroristische Großlage" als Katastrophennotstand?, DVBl. 2017, 546. – ***R. Hoffmann,*** Innerer Notstand, Naturkatastrophen und Einsatz der Bundeswehr, in D. Sterzel (Hrsg.), Kritik der Notstandsgesetze, 2. Aufl. 1969, 86. – ***D. Keidel,*** Polizei und Polizeigewalt im Notstandsfall, 1973. – ***J. Kersten,*** Ausnahmezustand?, JuS 2016, 193. – ***P. Kirchhof,*** Sicherungsauftrag und Handlungsvollmachten der Polizei, DÖV 1976, 449. – ***P. Koch,*** Zum Notstand in Bund und Ländern nach Art. 91 GG, Die Polizei 1982, 179. – ***J. Kölble,*** Das Einschreiten des Bundes bei Staatsnotständen nach Art. 91 Abs. 2 GG, Die Polizei 1960, 5. – ***U. Krämer,*** Die freiheitlich-demokratische Grundordnung und ihr Schutz durch die „wehrhafte Demokratie", UBWV 2009, 11. – ***J. Kühling,*** Kosten für den Einsatz der Polizei, DVBl. 1981, 315. – ***H. Laufer,*** Die freiheitliche demokratische Grundordnung und ihre Grenzen, FS BayVerfGH (1972), 73. – ***H. Lisken/E. Denninger,*** Handbuch des Polizeirechts, 6. Aufl. 2018. – ***H. M. Parche,*** Der Einsatz von Streitkräften im Inneren Notstand, Diss. Münster 1974. – ***H.-J. Rungweber,*** Kompetenzverschiebungen im Bereich der Exekutive im Rahmen der Notstandsverfassung, 1979. – ***R. Schikowski,*** Rechtsfragen der Abwehr einer drohenden Gefahr für den Bestand oder die freiheitliche demokratische Grundordnung des Bundes oder eines Landes, Diss. Würzburg 1972. – ***W. Schreiber,*** Aufgaben und Befugnisse des Bundesgrenzschutzes auf neuer gesetzlicher Grundlage, NVwZ 1995, 521. – ***G. Wacke,*** Das Bundesgesetz über unmittelbaren Zwang, JZ 1962, 137. – ***B. Walter,*** Einsatz der Streitkräfte im Innern – Anmerkungen aus polizeirechtlicher Sicht, NVWehrR 2010, 101. – ***M. Willich,*** Historische und aktuelle Probleme der Rechtsstellung des Bundesgrenzschutzes, seiner Aufgaben und Befugnisse, 1977. – ***K. Windthorst,*** Der Notstand, in M. Thiel (Hrsg.), Wehrhafte Demokratie, 2003, 365. – ***Th. Würtenberger,*** Polizei- und Ordnungsrecht, in Achterberg/G. Püttner/Th. Würtenberger, Besonderes Verwaltungsrecht 2. Aufl. 2000, Bd. II, 381 (§ 21).

Ältere Literatur in den Vorauflagen. Vgl. im Übrigen die Literaturhinweise bei Art. 35 und 87 a.

---

[104] Dazu v. Mangoldt/Klein, Das Bonner Grundgesetz, 2. Aufl. 1966, Anm. II 1.

[105] *Hoffmann,* Innerer Notstand, Naturkatastrophen und Einsatz der Bundeswehr, in D. Sterzel, Kritik der Notstandsgesetze, 2. Aufl. 1969, 86 (96); zusf. *Volkmann* in MKS Rn. 10.

VIIIa. Gemeinschaftsaufgaben, Verwaltungszusammenarbeit

Art. 91a [Mitwirkung des Bundes bei Gemeinschaftsaufgaben]

(1) Der Bund wirkt auf folgenden Gebieten bei der Erfüllung von Aufgaben der Länder mit, wenn diese Aufgaben für die Gesamtheit bedeutsam sind und die Mitwirkung des Bundes zur Verbesserung der Lebensverhältnisse erforderlich ist (Gemeinschaftsaufgaben):

1. Verbesserung der regionalen Wirtschaftsstruktur,

2. Verbesserung der Agrarstruktur und des Küstenschutzes.

(2) Durch Bundesgesetz mit Zustimmung des Bundesrates werden die Gemeinschaftsaufgaben sowie Einzelheiten der Koordinierung näher bestimmt.

(3) [1]Der Bund trägt in den Fällen des Absatzes 1 Nr. 1 die Hälfte der Ausgaben in jedem Land. [2]In den Fällen des Absatzes 1 Nr. 2 trägt der Bund mindestens die Hälfte; die Beteiligung ist für alle Länder einheitlich festzusetzen. [3]Das Nähere regelt das Gesetz. [4]Die Bereitstellung der Mittel bleibt der Feststellung in den Haushaltsplänen des Bundes und der Länder vorbehalten.

GG in der Fassung des 21. Änderungsgesetzes vom 12.5.1969

Art. 91 a. (1) Der Bund wirkt auf folgenden Gebieten bei der Erfüllung von Aufgaben der Länder mit, wenn diese Aufgaben für die Gesamtheit bedeutsam sind und die Mitwirkung des Bundes zur Verbesserung der Lebensverhältnisse erforderlich ist (Gemeinschaftsaufgaben):

1. Ausbau und Neubau von Hochschulen einschließlich der Hochschulkliniken,
2. Verbesserung der regionalen Wirtschaftsstruktur,
3. Verbesserung der Agrarstruktur und des Küstenschutzes.

(2) Durch Bundesgesetz mit Zustimmung des Bundesrates werden die Gemeinschaftsaufgaben näher bestimmt. Das Gesetz soll allgemeine Grundsätze für ihre Erfüllung enthalten.

(3) Das Gesetz trifft Bestimmungen über das Verfahren und über Einrichtungen für eine gemeinsame Rahmenplanung. Die Aufnahme eines Vorhabens in die Rahmenplanung bedarf der Zustimmung des Landes, in dessen Gebiet es durchgeführt wird.

(4) Der Bund trägt in den Fällen des Absatzes 1 Nr. 1 und 2 die Hälfte der Ausgaben in jedem Land. In den Fällen des Absatzes 1 Nr. 3 trägt der Bund mindestens die Hälfte; die Beteiligung ist für alle Länder einheitlich festzusetzen. Das Nähere regelt das Gesetz. Die Bereitstellung der Mittel bleibt der Feststellung in den Haushaltsplänen des Bundes und der Länder vorbehalten.

(5) Bundesregierung und Bundesrat sind auf Verlangen über die Durchführung der Gemeinschaftsaufgaben zu unterrichten.

Übersicht

A. Allgemeine Bedeutung

I. Genese

1 Gemeinschaftsaufgaben sind in föderalen Systemen verbreitetet[1] und überbrücken die vertikale Kompetenzverteilung. Gleichwohl ist der mit Gemeinschaftsaufgaben (GA) übertitelte Abschn. VIII a des GG erst zwei Dekaden später durch Art. 1 Nr. 1 des 21. ÄndG zum GG v. 12.5.1969[2] eingefügt und im Zuge der **Föderalismusreform** durch das 52. ÄndG mWz 1.9.2006[3] neugefasst worden. Zum Zeitpunkt seiner Einführung enthielt der Abschnitt lediglich Art. 91a und 91b. Art. 91c u. 91d sind durch das 57. ÄndG hinzugefügt worden und korrespondierend ist der Titel um den Begriff „Verwaltungszusammenarbeit" ergänzt worden (G v. 29.7.2009, BGBl. 2009 I 2248). Mit dem 58. ÄndG ist sodann Art. 91e (G v. 21.7.2010, BGBl. 2010 I 944) hinzugetreten.

2 In der Entwicklungsgeschichte des Abschnitts lassen sich grundsätzlich drei Phasen unterscheiden.[4] Zunächst kam es nach 1949 zu einer Intensivierung der administrativen Kooperation zwischen Bund und Ländern sowie den Ländern untereinander, die jedoch einer verfassungsrechtlichen Grundlage entbehrten. Diese **parakonstitutionellen Kooperationsformen** in Gestalt von informellen Absprachen, Verwaltungsabkommen und Staatsverträgen[5]

[1] Vgl. → Rn. 8.

[2] BGBl. 1969 I 359.

[3] BGBl. 2006 I 2034.

[4] Zur Entstehungsgeschichte s. ausf. *Marnitz,* Die Gemeinschaftsaufgaben des Art. 91a GG als Versuch einer verfassungsrechtlichen Institutionalisierung der bundesstaatlichen Kooperation, 1974, 28 ff.

[5] Dazu mwN *Heun* in Dreier Rn. 2.

führten zu einer ständig anwachsenden Fonds- und Dotationswirtschaft des Bundes und dessen daraus erwachsende Einflussnahme auf die Politik der Länder, die auf Grundlage des sog. „Troeger-Gutachtens“[6] in einer **Konstitutionalisierung des kooperativen Föderalismus** mündete. Sie sollte zwei tendenziell konfligierende Ziele miteinander vereinen: Einerseits die Wahrung der **Eigenstaatlichkeit und Eigenverantwortlichkeit der Länder,** andererseits **die kooperative Erfüllung von Infrastrukturmaßnahmen mit überregionaler Bedeutung** und erheblichem Kostenaufwand im Interesse der Effizienz des Einsatzes staatlicher Mittel wie auch der **Gleichwertigkeit der Lebensverhältnisse.**[7]

Ungeachtet dieser konstitutionellen Begründung und Begrenzung der Gemeinschaftsaufgaben sah sich der kooperative Föderalismus heftiger Kritik ausgesetzt, die summarisch unter dem Begriff **„Politikverflechtung“**[8] firmiert, und insbesondere Intransparenz, mangelnde Zurechenbarkeits- und Verantwortungszusammenhänge, Defizite demokratischer Kontrolle und Machtverschiebungen von der Legislative zur Exekutive sowie Ineffizienz und Inflexibilität anprangerte.[9] **3**

Die dritte Phase ist durch **Reformierung(sversuche)** gekennzeichnet, deren reaktiver Charakter sich in dem Ziel der **„Entflechtung“** der Verantwortungsbereiche von Bund und Ländern sowie der Reduzierung der Mischfinanzierungen offenbart.[10] Nachdem die erste, 2003 eingesetzte, Föderalismuskommission an einem unüberwindbaren Dissens in bildungspolitischen Fragen gescheitert war, konnte **2006** Einigung in Gestalt der inhaltlich sehr begrenzten **Föderalismusreform I** erzielt werden.[11] Die wesentliche Neuerung bestand in der – nicht minder kritisierten[12] – **Streichung** der bisherigen Gemeinschaftsaufgabe des Art. 91a Abs. 1 Nr. 1aF „**Ausbau und Neubau von Hochschulen** einschließlich der Hochschulkliniken“, bei gleichzeitiger Normierung modifizierter Kooperationsmöglichkeiten im Wissenschaftsbereich im geänderten Art. 91b Abs. 1 Nr. 2 u. 3.[13] **Übergangsregelungen** zur Kompensation nunmehr fehlender Mittel fanden in Art. 125c u. 143c Niederschlag. Eine weitere Änderung besteht in der **„Dekonstitutionalisierung“:** Bisher verfassungsrechtlich geregelte Vorgaben für die Form des Zusammenwirkens sind in die Kompetenz des einfachen Gesetzgebers verlagert worden. Die Streichung der Rahmenplanung aus dem Verfassungstext bedeutet nicht deren Abschaffung als Instrument des Zusammenwirkens,[14] sondern stellt deren Verwendung in die Disposition des einfachen Gesetzgebers. **4**

---

[6] Vgl. *Kommission für die Finanzreform,* Gutachten über die Finanzreform in der Bundesrepublik Deutschland, 1966, 34 ff.; *Rietdorf* DÖV 1972, 513.

[7] *Volkmann/Kaufhold* in MKS Rn. 1.

[8] Vgl. dazu *Hesse* FS f. Müller, 1970, 141 ff.; *Scharpf/Reissert/Schnabel,* Politikverflechtung, Theorie und Empirie des kooperativen Föderalismus in der Bundesrepublik, 1976; *Hesse,* Politikverflechtung im föderativen Staat, 1978; *Heinze* FS Forsthoff, 1972, 119 (133 ff.); *Pietzcker* in Starck, Zusammenarbeit der Gliedstaaten im Bundesstaat, 1988, 60 (72 ff.); sa Bitburger Gespräche, Jahrbuch 1999/II, 50 Jahre Grundgesetz – 50 Jahre Föderalismus, Stand und Entwicklung; *Renzsch* StWissStPr 1997, 87 ff.; *Korioth* in Verhandlungen des 65. DJT, Bd. II/1, 2004, 104 ff.; *Breuer* FS f. Krause, 2006, 325 ff.

[9] *Volkmann/Kaufhold* in MKS Rn. 5 mwN.

[10] *Siekmann* in Sachs Rn. 8.

[11] *Kröning* RuP 2006, 9 (12); sa *Hellermann* in Starck, Föderalismusreform, 2007, Rn. 279.

[12] Drastisch *Speiser* DÖV 2014, 555.

[13] Vgl. dazu → Art. 91b Rn. 12 ff.

[14] *Hellermann* in Starck, Föderalismusreform 2006, Rn. 290; *Schmidt-De Caluwe* in Kluth Föderalismusreformgesetz, Rn. 10.

5 Darüber hinaus boten die Wiedervereinigung und die Einbeziehung des sog. **Beitrittsgebiets** eine besondere Gelegenheit zur Bewährung der GA und haben eine Verschiebung in der Verteilung der Mittel bewirkt, die jedoch verfassungsrechtlich folgenlos blieb. Auswirkungen bis zur verfassungsrechtlichen Ebene hat dagegen der signifikante **Einfluss des Europarechts,** das in den von Art. 91a erfassten Sachbereichen – Agrar- und regionale Wirtschaftsstruktur – determinierend auf die Mitgliedstaaten einwirkt (→ Rn. 20 ff.). Da den GA im Zusammenhang der europäischen Strukturpolitik somit eine unverzichtbare Koordinierungsfunktion zukommt, ergab sich schon hieraus ein weiterhin gültiges, gewichtiges Argument gegen die Abschaffung der Bund-Länder-Kooperation in den Bereichen der regionalen Wirtschaftsförderung und der Verbesserung der Agrarstruktur.[15]

II. Inhaltsübersicht

6 Art. 91a Abs. 1 begründet und begrenzt Gemeinschaftsaufgaben in Gestalt eines verpflichtenden **Verfassungsauftrages**[16] für den Bund unter zwei **kumulativ** zu erfüllenden **Bedingungen** – **Gesamtbedeutsamkeit** und **Mitwirkungserforderlichkeit** – in den genannten Sachbereichen.[17] Die vereinzelt gebliebene Qualifizierung als Staatszielbestimmung[18] vermittelt demgegenüber weder zusätzlichen Aufschluss über Inhalt und Wirkungsweise der Vorschrift,[19] noch scheint sie sachgerecht.[20] Abs. 2 weist dem Bund eine Gesetzgebungskompetenz zur Konkretisierung und Koordinierung zu. Abs. 3 trifft rechtsfolgengleich Anordnungen zur Finanzierung der Gemeinschaftsaufgaben.

III. Überstaatliche Bezüge

7 Die Verbesserung der Agrarstruktur und die regionale Wirtschaftsförderung als Gemeinschaftsaufgabe sind stark europarechtlich determiniert und bilden ihrerseits auf europäischer Ebene den haushaltsrechtlichen Schwerpunkt der Union. Weiterhin unterliegen beide GA-Bereiche der **beihilferechtlichen Aufsicht** nach **Art. 107 ff. AEUV** – für die Landwirtschaft gem. Art. 42 AEUV modifiziert – und sind durch umfassende unionale Kompetenzen nach **Art. 38 ff AEUV** geprägt.[21] Hinzu treten eine Vielzahl an **Europäischen Förderfonds**[22] sowie die Regionalpolitik der EU.[23]

8 Auch einzelne europäische Staaten wie etwa **Österreich** (Art. 15a Abs. 1 S. 1 Bundes-Verfassungsgesetz) oder Belgien – dort allerdings nicht in die Verfassung inkorporiert – verfügen über entsprechende Vorschriften zu Gemeinschaftsaufgaben und Kooperation.[24] Der Verfassung der **Vereinigten**

---

[15] Vgl. BT-Drs. 16/813, 7.

[16] BT-Drs. V/2861, Tz. 259; *Heun* in Dreier Rn. 8; *Schwarz* in Maunz/Dürig Rn. 17; kritisch *Siekmann* in Sachs Rn. 29.

[17] So auch *Heun* in Dreier Rn. 11; *Schwarz* in Maunz/Dürig Rn. 7 spricht hingegen insofern von drei, als dass er die Rechtsfolgenseite sachbereichsspezifischer Mitwirkung als Voraussetzung sieht; *Siekmann* in Sachs spricht von drei Tatbestandsmerkmalen Rn. 22.

[18] So *Liesegang* in v. Münch/Kunig, 2. Auflage 1983, Rn. 5.

[19] Abl. *Tiemann* DÖV 1970, 725 (728); *Majer* in AK Rn. 22.

[20] Zu Staatszielbestimmungen *Scheuner* FS f. Forsthoff, 1972, 325 ff.; *Sommermann,* Staatsziele und Staatszielbestimmungen, 1997.

[21] *Heun* in Dreier Rn. 4 f.

[22] Kritisch zu deren Leistungen *Evans,* The E. U. Structural Funds, 1999.

[23] *Siekmann* in Sachs Rn. 40 f.

[24] *Volkmann/Kaufhold* in MKS Rn. 22 ff.

Staaten von Amerika kommt auch in dieser Hinsicht mit der general welfare clause in Artikel I § 8 eine Vorbildfunktion zu, wenngleich deren (verfassungsgerichtlich abgesicherte) weite Nutzung auf vielfältige Kritik gestoßen ist.[25] Die **Schweiz** als ebenfalls grundlegend föderal organisierter Staat (vgl. Art 3 Schweizer Bundesverfassung) normiert in Art. 44 Abs. 1 BV ein aus der Bundestreue abgeleitetes Kooperationsgebot,[26] stellt als Instrument die Programmvereinbarungen in Art. 46 Abs. 2 BV zur Verfügung und regelt in Art. 48 Abs. 1 und 2 BV weitere Formen partnerschaftlicher Zusammenarbeit bei „Aufgaben von regionalem Interesse".[27] Die rechtsvergleichende Perspektive verdeutlicht insgesamt, dass die im GG normierten Kooperationsformen relativ begrenzt sind.[28]

IV. Systematischer Zusammenhang

Art. 91a stellt eine Ausnahme zum „Grundsatz der eigenverantwortlichen Aufgabenwahrnehmung"[29] dar. Insofern handelt es sich um eine **Sonderregelung** gegenüber Art. 30, 83, 84 und 104a Abs. 1.[30] Abs. 2 und 3 weisen dem Bund gesonderte Gesetzgebungskompetenzen zu. Die in den engen Grenzen des Art. 91a konstituierte **Verantwortungseinheit**[31] lässt aber die Gesetzgebungskompetenzen von Bund und Ländern gem. Art. 70 ff. darüber hinaus unberührt. 9

B. Einzelfragen

I. Der Begriff der Gemeinschaftsaufgaben

Mit der Einfügung des Abschn. VIII a in das GG wurde der schon vorher mit unterschiedlicher Bedeutung verwendete Begriff der GA[32] als **Rechtsbegriff** etabliert.[33] Der Umstand, dass der Begriff sowohl in der Abschnittsüberschrift als auch als **Legaldefinition** in Art. 91a vorkommt, führt im Zusammenhang mit den Novellierungen des Abschnittes zu einer gewissen Unübersichtlichkeit, die mittels der Differenzierung in „echte" und „unechte" Gemeinschaftsaufgaben[34] bzw. solchen im weiteren und im engeren Sinne aufgelöst wird. Als GA im engeren Sinne wurde nur die neuartige integrative Form der Kooperation zwischen Bund und Ländern bezeichnet, die unter 10

[25] Allgemein dazu *Tucker* Virgina Law Review 1922, 167 ff.; *Stone/Seidman/Sunstein/Tushnet* Constitutional Law, 2013, 301 ff.; *Chemerinsky,* Constitutional Law, 2019, § 3.5.1 sowie § 3.5.3.

[26] *Schweizer* in Die Schweizerische Bundesverfassung St. Galler Kommentar Art. 44 Rn. 7.

[27] *Jaag* AJP 2013, 774 ff.; *Häfelin/Haller/Keller/Thurnherr,* Schweizerisches Bundesstaatsrecht, 2016, §§ 42, 43.

[28] *Volkmann/Kaufhold* in MKS Rn. 20.

[29] BVerfGE 63, 1 (41); 119, 331 (364 f.).

[30] *Siekmann* in Sachs Rn. 20.

[31] *Volkmann/Kaufhold* in MKS Rn. 26 mit Verweis auf *Marnitz,* Die Gemeinschaftsaufgaben des Art. 91a GG als Versuch einer verfassungsrechtlichen Institutionalisierung der bundesstaatlichen Kooperation, 1974, 23 ff.

[32] Vgl. zur Begriffsverwendung *Tiemann,* Gemeinschaftsaufgaben von Bund und Ländern in verfassungsrechtlicher Sicht, 1970, 29 ff.; *Marnitz,* Die Gemeinschaftsaufgaben des Art. 91a GG als Versuch einer verfassungsrechtlichen Institutionalisierung der bundesstaatlichen Kooperation, 1974, 31 ff.; *Volkmann/Kaufhold* in MKS Rn. 1.

[33] Vgl. nur *Tiemann* DÖV 1970, 725 (728); *Schwarz* in Maunz/Dürig Rn. 18.

[34] So *Volkmann/Kaufhold* MKS Rn. 27.

Art. 91a oder 91b subsumiert werden kann,[35] der Begriff der GA, wie er als Titel des Abschn. VIII a verwendet wird, bildet jene iwS. Mit der Ergänzung der Abschnittsüberschrift um den Begriff „Verwaltungszusammenarbeit" im Zusammenhang mit der Einfügung von Art. 91c u. 91d lässt sich die Frage nach dem Begriff der „Gemeinschaftsaufgabe" in Abgrenzung zum Begriff der „Verwaltungszusammenarbeit" neu stellen, ohne dass eine solche Begriffssystematik von praktischer Bedeutung wäre. Möglich ist es, den Begriff der Gemeinschaftsaufgabe nunmehr nur noch für Art. 91a zu verwenden und die anderen Formen des Zusammenwirkens unter den offeneren Begriff der Verwaltungszusammenarbeit zu fassen. Hierfür spricht der Wortlaut („zusammenwirken"), dagegen jedoch die historische Auslegung, wonach der Begriff der Gemeinschaftsaufgabe (iwS) Art. 91b umfasst. Eine andere Möglichkeit besteht darin, alle Vorschriften des Abschnitts, die eine Modifikation der allgemeinen Vorschriften über die Verteilung der Verwaltungskompetenzen enthalten oder erlauben, zu den Gemeinschaftsaufgaben (iwS) zu zählen. Dann bezieht sich der Begriff der Verwaltungszusammenarbeit allein auf Art. 91d, denn Art. 91c ermöglicht mit der Erlaubnis von Mehrheitsentscheidungen die begrenzte Übertragung von Verwaltungskompetenzen und der später eingefügte Art. 91e dient gerade der Rechtfertigung einer zuvor vom Bundesverfassungsgericht für unzulässig gehaltenen Mischverwaltung. Zu den GA im weiteren (untechnischen) Sinne wurde auch Art. 104a Abs. 4 aF und wird nunmehr Art. 104b gezählt.[36]

11 Art. 91a Abs. 1 enthält eine konturenschwache und gesetzestechnisch misslungene[37] **Legaldefinition** der GA im engeren Sinne, deren Struktur und spezifischer Gehalt sich erst durch die Einbeziehung der weiteren Absätze erschließt. Danach stellt eine GA eine gemeinschaftliche Wahrnehmung bestimmter Aufgaben durch Bund und Länder im Wege gemeinsamer Koordinierung und gemeinsamer Finanzierung dar.

12 **1. Der Bund wirkt auf folgenden Gebieten bei der Erfüllung von Aufgaben der Länder mit.** Unter **Abweichung** von dem im Verhältnis von Bund und Ländern grds. geltenden **Trennprinzip**[38] bzw. „Grundsatz eigenverantwortlicher Aufgabenwahrnehmung"[39] ordnet Art. 91a Abs. 1 für den Bund die Mitwirkung „bei der Erfüllung von Aufgaben der Länder" an. Die Formulierung macht deutlich, dass es sich bei den in Abs. 1 aufgezählten Sachgebieten um Kompetenzbereiche der Länder handelt.[40] Der Inhalt der Mitwirkungsbefugnisse bzw. -verpflichtungen ergibt sich aus den folgenden Absätzen des Art. 91a. Entscheidend sind die inhaltliche **Koordinierung** und die **anteilige Finanzierung.** Die Vorbereitung der Planung wie auch die Durchführung der Maßnahmen (Detailplanung, Mittelvergabe, Überwachung der Begünstigten, Erstellung der Schlussabrechnungen) bleibt Sache der Länder.[41]

---

[35] *Stern,* StaatsR II, 1980, § 41 VIII 3.

[36] *Schwarz* in Maunz/Dürig Rn. 15; *Heintzen* in v. Münch/Kunig, 6. Auflage 2012, Art. 104a Rn. 66; → Art. 104b Rn. 30.

[37] *Siekmann* in Sachs Rn. 14f.

[38] BVerfGE 63, 1 (41); 119, 331 (364f.).

[39] Zu dessen dynamischer vefassungsgerichtlicher Anwendung *Volkmann/Kaufhold* in MKS Rn. 30 und insbesondere Fn. 80.

[40] *Schwarz* in Maunz/Dürig Rn. 20; *Kment* in Jarass/Pieroth Rn. 2; *Kienemend* in Hömig/Wolff Rn. 2; *Volkmann/Kaufhold* in MKS Rn. 42; *Majer* in AK Rn. 20.

[41] Vgl. zur alten Rechtslage *Marnitz,* Die Gemeinschaftsaufgaben des Art. 91a GG als Versuch einer verfassungsrechtlichen Institutionalisierung der bundesstaatlichen Kooperation, 1974, 159; *Tiemann* DÖV 1970, 161 (164); *Schwarz* in Maunz/Dürig Rn. 19; s. zum

13 Das Präsens „wirkt mit" ist imperativ zu verstehen, also nicht nur als Berechtigung, sondern auch als Verpflichtung des Bundes.[42] Im Gegenzug schwächen die weiteren Begriffselemente der Legaldefinition „Gemeinschaftsaufgaben" mit ihren **weiten Beurteilungsspielräumen** (→ Rn. 10 f.) diese Pflicht jedoch deutlich ab.[43] Die Qualifizierung des Art. 91a als Verfassungsauftrag zum Zusammenwirken (→ Rn. 6, 56) erlaubt deshalb nicht die Herleitung konkreter Pflichten von Bund und Ländern für einzelne Projekte.[44] Eine verfassungsrechtliche Grenze ist damit nur gegen die Beendigung jeglichen Zusammenwirkens in den genannten Sachbereichen bei Vorliegen der Tatbestandsvoraussetzungen gezogen.[45]

14 **2. Wenn diese Aufgaben für die Gesamtheit bedeutsam sind und die Mitwirkung des Bundes zur Verbesserung der Lebensverhältnisse erforderlich ist (Gemeinschaftsaufgaben).** Die beiden konstruktiven Begriffselemente der Legaldefinition GA – „für die Gesamtheit bedeutsam" und „Mitwirkung des Bundes für die Verbesserung der Lebensverhältnisse erforderlich" – müssen, wie der Wortlaut bereits aufzeigt, **kumulativ** vorliegen.[46] Was diese konstitutiven Tatbestandsmerkmale konkret erfordern, ist angesichst ihrer Vagheit unklar. Gemeinhin wird eine Aufgabe als für die Gesamtheit bedeutsam angesehen, wenn sie einen überregionalen Bezug hat (also mehr als nur ein Land betrifft), und wenn die Erfüllung der Aufgabe vordringlich ist.[47] Zweifelhaft an diesem vorherrschenden Verständnis bleibt die fehlende logische Brücke vom unmissverständlichen Erfordernis der Bedeutsamkeit für die Gesamtheit zu einem schon ausreichenden überregionalen Bezug respektive zur Betroffenheit mehrerer Länder. Fraglich ist zudem, ob nicht grundsätzlich auch Szenarien denkbar sind, in denen das Anfallen in einem Land Bedeutsamkeit für die Gesamtheit haben kann.[48] Das Merkmal der „Vordringlichkeit" ist als Merkmal der Bedeutsamkeit im Hinblick auf das Ziel eines effektiven Einsatzes der begrenzten Mittel zu interpretieren.[49]

15 Die Mitwirkung des Bundes zur Verbesserung der Lebensverhältnisse ist nach herrschendem Verständnis erforderlich, wenn ohne das Zusammenwirken von Bund und Ländern eine Verbesserung nicht erreicht werden kann.[50] Was mit Verbesserung gemeint ist, bleibt umstritten. Von manchen wird darin die Behebung eines Mangelzustandes gesehen.[51] Das vermag nicht recht

---

geltenden Recht § 6 Abs. 1 G über die GA „Verbesserung der regionalen Wirtschaftsstruktur" (GRWG), § 9 Abs. 1 G über die GA „Verbesserung der Agrarstruktur und des Küstenschutzes" (GAKG).

[42] → Rn. 6, 56„Verfassungsauftrag".

[43] AllgM s. nur *Schwarz* in Maunz/Dürig Rn. 8 f.; *Selmer,* Gestaltungsmöglichkeiten des Bundesgesetzgebers für die Gemeinschaftsaufgabe Hochschulbau nach Art. 91a GG, 2000, 16; *Volkmann/Kaufhold* in MKS Rn. 41; *Majer* in AK Rn. 24; *Kment* in Jarass/Pieroth Rn. 2; *Oebbecke* in HdbStR VI § 136 Rn. 147; aA *Siekmann* in Sachs Rn. 15 f.

[44] *Schwarz* in Maunz/Dürig Rn. 19.

[45] *Schwarz* in Maunz/Dürig Rn. 20.

[46] BT-Drs. V/2861, 261; *Schwarz* in Maunz/Dürig Rn. 7 f.; *Heun* in Dreier Rn. 11; *Volkmann/Kaufhold* in MKS Rn. 41; *Heun* in Dreier Rn. 11.

[47] BT-Drs. V/2861, 262; *Schwarz* in Maunz/Dürig Rn. 7.

[48] Diesen Fall ausschließend *Suerbaum* BeckOK GG Rn. 14 mit Verweis auf *Schlegel* in Umbach/Clemens Rn. 20.

[49] Zust. *Selmer,* Gestaltungsmöglichkeiten des Bundesgesetzgebers für die Gemeinschaftsaufgabe Hochschulbau nach Art. 91a GG, 2000, 35; s. dazu aus finanzwissenschaftlicher Sicht *Füchsel,* Gemeinschaftsaufgaben, 1985, 163.

[50] *Schwarz* in Maunz/Dürig Rn. 7.

[51] *Suerbaum* in BeckOK GG Rn. 19.

zu überzeugen, da dem Begriff der Verbesserung nicht notwendig ein vorausgehender Mangel anhaftet, sondern lediglich eine positive Zustandsänderung zum Referenzpunkt beschreibt. Andere folgern aus dem Umstand, dass eine Verbesserung der Lebensverhältnisse theoretisch *ad infinitum* denkbar ist, dass der Maßstab die Angleichung der Lebensverhältnisse auf einem möglichst hohen Niveau in der gesamten Bundesrepublik ist.[52] Da auch partielle Angleichung nach oben eine Verbesserung sein kann, scheint das ebenso schlüssig wie ein Ausschluss des Erhalts des *status quo.*[53]

16 Angesichts der Unbestimmtheit der genannten Begriffselemente wird allg. von einer nur **eingeschränkten Justitiabilität** ausgegangen, vergleichbar dem aus Art. 72 Abs. 2 aF abgeleiteten Maßstab.[54] Auch in dieser Hinsicht sind Zweifel angebracht, weil die Unbestimmtheit von Begriffselementen nicht zwangsläufig zur Einschränkung judikativer Kontrolle führt.[55] Mag dies *de facto* auch der Fall sein, folgt sie nicht aus der Unbestimmtheit *per se,* deren Auflösung oftmals gerade der Judikative aufgegeben ist, sondern allenfalls aus einem *judicial self-restraint.* Als verbindlicher Gehalt gilt zumindest ein gewisses Finanzvolumen,[56] und, dass zweitrangige oder regional beschränkte Bagatellvorhaben aus dem Begriff der GA ausgeschieden werden sollen. Der Mitwirkungsbereich des Bundes erfährt somit „quantitative Beschränkung und qualitative Aufwertung".[57] Nähere Vorgaben für die Abgrenzung der GA von getrennt wahrzunehmenden Aufgaben enthalten die auf der Grundlage von Art. 91a Abs. 2 erlassenen Gesetze; konkret erfolgte sie bisher in den Rahmenplänen und im Bereich der regionalen Wirtschaftsförderung auf der Grundlage des neugefassten G über die GA „Verbesserung der regionalen Wirtschaftsstruktur" (GRWG) im gemeinsamen Koordinierungsrahmen.[58] Die äußerste Grenze der Konkretisierungsbefugnis ergibt sich aus dem Wortlaut der enumerativ festgelegten Sachgebiete.[59]

II. Die einzelnen Gemeinschaftsaufgaben

17 In welchen Sachbereichen der Bund an der Erfüllung von Länderaufgaben mitwirkt, ist – entgegen dem Vorschlag der mit der Vorbereitung der Finanzreform 1969 befassten Troeger-Kommission, die GA generalklauselartig zu umreißen und die Bestimmung der Sachgebiete dem Bundesgesetzgeber zu überlassen –[60] in den Nr. 1 u. 2 des Abs. 1 **abschließend** aufgezählt (zur Frage der Abgeschlossenheit und Sperrwirkung → Rn. 57 ff.). Der BReg.-Entwurf eines 1. Teils des Finanzreformprogramms enthielt noch die Auflistung von neun Sachgebieten. Sie umfasste neben den drei 1969 (Ver-

---

[52] *Mager* in v. Münch/Kunig 6. Auflage 2012, Rn. 9.

[53] *Volkmann/Kaufhold* in MKS Rn. 44.

[54] BVerfGE 13, 239 (233 f.); 39, 96 (115); 78, 249 (270); sa *v. Münch* VVDStRL 31 (1973), 51 (63); *Schwarz* in Maunz/Dürig Rn. 8 ff.; *Majer* in AK Rn. 24; *Volkmann/Kaufhold* in MKS Rn. 41.

[55] Mit Verweis auf die ergangene Rspr. für eine vollumfängliche Justiziabilität eintretend nur *Siekmann* in Sachs Rn. 23.

[56] In diese Richtung *Heun* in Dreier Rn. 12.

[57] *Tiemann* DÖV 1970, 725 (726).

[58] → Rn. 16, 31 f.

[59] *Marnitz,* Die Gemeinschaftsaufgaben des Art. 91a GG als Versuch einer verfassungsrechtlichen Institutionalisierung der bundesstaatlichen Kooperation, 1974, 67; *Tiemann* DÖV 1970, 161 (162).

[60] Art. 85a des Entwurfs der Troeger-Kommission (abgedr. bei v. Mangoldt/Klein, Das Bonner Grundgesetz, 2. Auflage 1957/1974, Vorb. V 3b).

fassungs-)Gesetz gewordenen Materien den Ausbau der Verkehrseinrichtungen im gemeindlichen Bereich, die Ausbildungsförderung, die Wohnungsbauförderung, die Städtebauförderung, den Krankenhausaus- und -neubau sowie die Förderung des Baus von Turn- und Sportstätten. Die finanzielle Beteiligung des Bundes in diesen Bereichen, die keinen Eingang in Art. 91a gefunden haben, erfolgte auf der Grundlage von Art. 104a Abs. 4 aF[61] und richtet sich seit dem 1.9.2006 nach Art. 104b. Ein im jeweiligen Sachgebiet liegender Grund für die Zuordnung der Materien zu den Gemeinschaftsaufgaben ieS oder zu Art. 104a Abs. 4 aF bzw. Art. 104b ist nicht ohne Weiteres erkennbar.[62]

Bereits Anfang der 70er Jahre befasste sich die **Enquête-Kommission Verfassungsreform** erneut mit dem Thema der GA. Nach ihrer Auffassung sollten Art. 91a u. 91b sowie Art. 104a Abs. 4 aF durch eine generalklauselartig umschriebene und durch Bundesgesetz zu konkretisierende Planungskompetenz von Bund und Ländern ersetzt und die verschiedenen Mitfinanzierungskompetenzen in einer gemeinsamen Rechtsgrundlage für Investitionsbeiträge zusammengefasst werden.[63] Dieser Vorschlag stieß aus ähnlichen Gründen wie der Entwurf der Troeger-Kommission auf Kritik. Dieser Kritik ist zuzustimmen: Das Festhalten an einer enumerativen Festlegung der Sachgebiete, die als GA wahrzunehmen sind, entspricht der für die Kompetenzverteilung zwischen Bund und Ländern üblichen Regelungstechnik des GG, und sie ist im Interesse der Eigenstaatlichkeit der Länder geboten.[64] 18

Vorschläge, den Katalog der GA zu ergänzen, blieben bisher ohne Erfolg.[65] Gestrichen wurde im Zuge der Föderalismusreform 2006 die Gemeinschaftsaufgabe „Ausbau und Neubau von Hochschulen einschließlich der Hochschulkliniken“. Damit zieht sich der Bund jedoch nicht vollständig aus der Finanzierung von Hochschulinvestitionen zurück. Sie erfolgen nunmehr, nach Inhalt, Umfang und Form modifiziert, auf der Grundlage von Art. 91b Abs. 1 Nr. 2 u. 3. Eine Übergangsfinanzierung regelt Art. 143c. 19

1. Verbesserung der regionalen Wirtschaftsstruktur. Vor Einführung der GA förderte der Bund die regionale Wirtschaft durch Hilfsprogramme für Notstandsgebiete, später Sanierungsgebiete genannt, und sog. Bundesausbaugebiete (Bundesausbauorte). Hinzu kam die Zonenrandförderung. Das daraus entstandene Förderungsgemenge wurde noch vor 1969 in den Regionalen Aktionsprogrammen geordnet, die die Grundlage für die alte GA Nr. 2 und jetzige GA Nr. 1 bildeten.[66] 20

Die Inhaltsbestimmung der Aufgabe „Verbesserung der regionalen Wirtschaftsstruktur“ lässt sich in drei Komponenten gliedern: Telos („Verbesserung“) sowie sachliche („Wirtschaftsstruktur“) und räumliche („regionalen“) Bestandteile, wobei der räumlichen Komponente durch den Begriff **„regional“** die Aufgabe zukommt, Maßnahmen der gesamtstaatlichen Wirt- 21

[61] Vgl. *Heintzen* in v. Münch/Kunig, 6. Auflage 2012, Art. 104a Rn. 65.

[62] *Kirchhof,* Gutachten D, in Verhandlungen des 61. DJT, Bd. I, 1996, 76 f. weist auf die zwischen Art. 91a Abs. 1 Nr. 2 (aF, nunmehr Nr. 1) und Art. 104a Abs. 4 (aF, nunmehr Art. 104b) bestehende „strukturelle Identität“ hin; zust. *Oebbecke* in HdbStR VI, § 136 Rn. 138.

[63] Vgl. dazu BT-Drs. 7/5924, 150 ff.; *Stern* FS f. Hoppe, 2000, 271 ff.

[64] Für eine Enumeration auch *Tiemann* DÖV 1970, 161 (162, 166); *Maunz* FS f. v. d. Heydte, 1977, 1052 (1055).

[65] Vgl. *Rohlf* NuR 1991, 473 (476 ff.) zum Naturschutz; sa BT-Drs. 11/3387 zu Kinderbetreuungseinrichtungen; BT-Drs. 11/1273 zum Alpenschutz.

[66] Vgl. zur Vorgeschichte *Becker* DV 1972, 59 (60 ff.); *Majer* in AK Rn. 4a, 11.

schaftsförderung zu solchen der sektoralen Wirtschaftsförderung abzugrenzen.[67] Es geht um den Abbau oder die Verhinderung wesentlicher Unterschiede in der Wirtschaftskraft verschiedener Regionen.[68] Eine bundesweite Wirtschaftsförderung soll danach ebenso ausgeschlossen sein wie die von mehr als zwei Dritteln aller Länder.[69] Das Planungssystem muss vielmehr insgesamt selektiv wirken und Schwerpunktbildung zugunsten der strukturschwachen Regionen ermöglichen.[70]

22 In **sachlicher** Hinsicht gehören zu der GA nur solche Maßnahmen, die unmittelbar der Förderung und Entwicklung der gewerblichen Wirtschaft dienen, nicht solche zur Verbesserung der allgemeinen Lebensverhältnisse.[71] **Ziel** muss die Verbesserung der Wirtschaftsstruktur einer Region sein, was zunächst erneut die Frage nach dem, was eine Verbesserung ausmacht, aufwirft.[72] Zum anderen ist angesichts des hier wie auch in Nr. 2 verwendeten Strukturbegriffes fraglich, ob dadurch die einzelbetriebliche Förderung ausgeschlossen ist. Angesichts komplexer Großbetriebe mit bedeutenden Zulieferindustrien ist ein solcher Ausschluss sachlich nicht zwingend.[73] Die Art der Maßnahmen lässt sich angesichts der rechtlichen und wirtschaftlichen Unschärfe der Begriffe nicht unmittelbar aus Art. 91a Abs. 1 Nr. 1 ableiten.[74] Eine nähere Eingrenzung enthält das **G über die GA „Verbesserung der regionalen Wirtschaftsstruktur" – GRWG** – v. 6.10.1969.[75]

23 Nach Maßgabe des EVertr. (vgl. Art. 7 Abs. 4, Art. 28 Abs. 2, Anl. I Kap. V Abschn. II Nr. 1, Abschn. III Nr. 1) waren für das sog. **Beitrittsgebiet** wegen der besonderen strukturpolitischen Erfordernisse befristet Abweichungen von den nach dem GRWG geltenden Maßnahmen, Grundsätzen und Förderungsarten sowie eine gesonderte Zuteilung von Bundesmitteln möglich.[76] Inzwischen sind die Sonderregelungen ausgelaufen,[77] was nicht hindert, dass die neuen Bundesländer einschließlich Berlin auch weiter nach Maßgabe der allgemeinen Regeln in erheblichem Umfang Fördermittel erhalten.[78]

24 Die Planungs- und Finanzierungskompetenz nach Art. 91a Abs. 1 Nr. 1 wird in großem Umfang durch das **Europarecht** mitbestimmt. Als staatliche Beihilfen unterliegen die Maßnahmen der regionalen Wirtschaftsförderung der **Beihilfenaufsicht** nach Art. 107 f. AEUV mit der Folge, dass der Rah-

---

67 AllgM; s. nur *Schwarz* in Maunz/Dürig Rn. 21; *Volkmann/Kaufhold* in MKS Rn. 43 f.; s. zum Begriff der regionalen Strukturpolitik ausf. *Neupert,* Regionale Strukturpolitik als Aufgabe der Länder, 1986, 51 ff.

68 BT-Drs. V/2861, 88 ff.; sa den 36. Rahmenplan BT-Drs. 16/5215, 8 sowie den Koordinierungsrahmen ab 2009, BT-Drs. 16/13950, 7.

69 *Majer* in AK Rn. 38; *Schwarz* in Maunz/Dürig Rn. 21; *Heun* in Dreier Rn. 14.

70 Zu den Zielen der regionalen Strukturpolitik im gesamtwirtschaftlichen Zusammenhang s. zB den 36. Rahmenplan, BT-Drs. 16/5215, 8 ff.; sowie den Koordinierungsrahmen ab 2009, BT-Drs. 16/13950, 7, 10.

71 *Schwarz* in Maunz/Dürig Rn. 38; s. die Konkretisierung im 36. Rahmenplan BT-Drs. 16/5215, 16 ff.; sowie den Koordinierungsrahmen ab 2009, BT-Drs. 16/13950, 10.

72 → Rn. 15 f.

73 S. dazu *Majer* in AK Rn. 35.

74 *Schwarz* in Maunz/Dürig Rn. 21.

75 BGBl. 1969 I 1861, zuletzt geändert durch das Zweite Gesetz zum Abbau bürokratischer Hemmnisse in der mittelständischen Wirtschaft v. 7.9.2007 (BGBl. 2007 I 2246).

76 S. zur Umsetzung dieser Maßgaben iE die Rahmenpläne seit 1991: BT-Drs. 12/895; 12/2599; 12/4850; 12/7175; 13/1376; s. aus jüngerer Zeit BT-Drs. 15/861; 15/2961; 15/5141; 16/1790; 16/5215 jeweils Gliederungsnr. 2.2 u. 5.1.

77 Vgl. 36. Rahmenplan BT-Drs. 16/5215, 19.

78 Vgl. 36. Rahmenplan BT-Drs. 16/5215, 8; sowie den Koordinierungsrahmen ab 2009, 17 f.

menplan bzw. nunmehr der gemeinsame Koordinierungsrahmen der Genehmigung durch die Europäische Kommission bedarf.[79] Anlass für Streitigkeiten zwischen der Kommission und Deutschland hat insoweit immer wieder der Ausnahmetatbestand des heutigen Art. 107 Abs. 3 lit. a AEUV (Art. 87 Abs. 3 lit. a EG aF) gegeben.[80] Die Kommission erzwang mehrfach die Reduzierung von Fördergebieten.[81] Auch nach den Leitlinien bis Ende 2010 waren jedoch zumindest die neuen Bundesländer mit Genehmigung der Kommission insgesamt Fördergebiet der GA mit europäischem Höchstförderstatus.[82] Für den folgenden Zeitraum wird eine Überprüfung infolge des statistischen Effekts durch die Erweiterung der EU von 15 auf nunmehr 27 Mitgliedstaaten erforderlich.[83]

Nicht nur das europäische Beihilfenrecht, auch die **EU-eigene regionale Strukturpolitik,** inzwischen auf der Grundlage der Art. 174–178 AEUV, beeinflusst in erheblichem Maße Spielraum, Umfang und Wirkung der regionalen Wirtschaftsförderung nach Art. 91a Abs. 1 Nr. 1.[84] Während Mittel aus dem 1975 gegründeten Europäischen Fonds für Regionale Entwicklung[85] zunächst ausschließlich, seit 1979 überwiegend und auch bis 1988 noch zu 80 %, zur Unterstützung nationaler Regionalfördermaßnahmen vergeben wurden, war mit Inkrafttreten der VO (EWG) 2052/88[86] und VO (EWG) 4253/88[87] am 1.1.1989 eine eigenständige europäische Regionalpolitik möglich geworden. Sie beruht auf der Koordinierung der bestehenden Strukturfonds (neben dem EFRE ist dies der Europäische Sozialfonds sowie der Europäische Ausrichtungs- und Garantiefonds für die Landwirtschaft) und war seit der Reform von 1993[88] ausgerichtet auf sechs, mit Beitritt von Österreich, Finnland und Schweden dann auf sieben regionalpolitische Ziele.[89] Mit der **Strukturfondsreform** von 1999 wurden diese Ziele zu drei vorrangigen Zielen zusammengefasst.[90] Das neue Ziel 1 sollte der Entwicklung und der strukturellen Anpassung von Regionen mit Entwicklungsrückstand dienen; das neue Ziel 2 diente ländlichen oder industriellen Regionen mit Umstrukturierungsbedarf, das neue Ziel 3 sollte die Entwicklung der Humanressourcen fördern.[91] Eine weitere Reform mit drei neuen bzw. modifizierten Zielen ist 25

---

[79] *Hesse/Benz/Benz/Backhaus-Maul,* Regionalisierte Wirtschaftspolitik, 1991, 17; sa BT-Drs. 14/8463, 16 f.

[80] S. zu diesem Streit *Püttner/Spannowsky,* Das Verhältnis der europäischen Regionalpolitik zur deutschen Regionalpolitik, 1986, 2 ff., 200 ff.; *Schneider* in Magiera/Merten Bundesländer und EG, 233 (245 ff.); s. zur Auslegung des Art. 87 (ex 92) EG auch die Entscheidung des EuGH 14.10.1987; dazu *Leibrock* NJW 1989, 1416 ff. Vgl. auch BT-Drs. 12/4850, 17; s. die Kritik von *Stoiber* EA 19 (1987), 543 (547).

[81] BT-Drs. 12/7175, 4; sa BT-Drs. 13/1376; 31. Rahmenplan BT-Drs. 14/8463, 17, 23; EuGH NVwZ 2002, 975, im Tatsächlichen sehr instruktiv.

[82] BT-Drs. 16/5215, 19, 30 sowie Koordinierungsrahmen ab 2009, BT-Drs. 16/13950; s. die Leitlinien in ABl. 2006 C 54, 13.

[83] BT-Drs. 16/5215, 19, 30 sowie Koordinierungsrahmen ab 2009, 19, BT-Drs. 16/13950.

[84] S. dazu *Ast* DÖV 1998, 535 ff.; *Volkmann/Kaufhold* in MKS Rn. 12 f.; *Puttler* in Calliess/Ruffert, EUV/AEUV Art. 174 AEUV Rn. 5 ff.

[85] VO (EWG) Nr. 724/75.

[86] ABl. 1988 L 185, 9.

[87] ABl. 1988 L 374, 1.

[88] VO (EWG) Nr. 2081/93 ABl. 1993 L 193, 5 ff.

[89] S. zur Entwicklung der Strukturfondsförderung *Schöndorf-Haubold,* Die Strukturfonds der EG, 2005, 46 ff., zur Neuausrichtung seit 1988 *Schöndorf-Haubold,* Die Strukturfonds der EG, 2005, 56 ff.; sa *Mager* in v. Münch/Kunig, 6. Auflage 2012, Rn. 24.

[90] VO (EG) Nr. 1260/1999, ABl. 1999 L 161, 1.

[91] S. *Schöndorf-Haubold,* Die Strukturfonds der EG, 2005, 61 ff.

für die Förderperiode 2007–2013 erfolgt. Bei den Förderzielen standen Konvergenz, regionale Wettbewerbsfähigkeit und Beschäftigung sowie territoriale Zusammenarbeit im Mittelpunkt.[92] Für den Zeitraum 2014 –2020 ist eine Ausrichtung an den elf thematischen Schwerpunkten der Wettbewerbsstrategie „Europa-2020" erfolgt (→ Rn. 40).[93]

26 Die Umsetzung der europäischen Förderung folgt den Prinzipien der **Partnerschaft und der Komplementarität der Mittelbereitstellung.**[94] Die Ergänzung der europäischen Mittel mit denen aus der GA Nr. 1 ist rechtlich und tatsächlich möglich, aber nicht zwingend. Sie bietet sich an, soweit die europäischen und nationalen Förderungsziele übereinstimmen; anderenfalls bewirkt sie eine Verengung der umfassenderen europäischen Förderungsmöglichkeiten.[95]

27 Nicht vom Anwendungsbereich erfasst sind **steuerliche Fördermaßnahmen** nach dem InVZulG, Förderungen aus dem ERP-Sondervermögen und jene der Länder und kommunalen Gebietskörperschaften.[96]

28 **2. Verbesserung der Agrarstruktur und des Küstenschutzes.** In engem Zusammenhang mit der GA Nr. 1 und noch stärker als diese unter dem Einfluss des Europarechts steht die GA Nr. 2 „Verbesserung der Agrarstruktur und des Küstenschutzes". Vorläufer der ehemaligen GA Nr. 3 und jetzigen GA Nr. 2 war der sog. Grüne Plan auf der Grundlage des Landwirtschaftsgesetzes v. 5.9.1955.[97] Die darin enthaltenen Maßnahmen wurden in das **G über die GA „Verbesserung der Agrarstruktur und des Küstenschutzes"** – **GAKG** – v. 3.9.1969[98] weitgehend übernommen.[99]

29 Gemäß der einfachgesetzlichen Konkretisierung in § 1 GAKG umfasst der Begriff der **Agrarstruktur** die landwirtschaftlichen einschließlich der forst- und fischwirtschaftlichen Erzeugungs-, Arbeits- und Absatzbedingungen sowie Wasserwirtschaft und Kulturbautechnik. In Anlehnung an den weitgefassten Begriff der „Agrarstruktur" nach EU-Recht sind auch Fördermaßnahmen für die typischen Erstabnehmer landwirtschaftlicher Erzeugnisse (Mühlen, Raffinerien, Molkerei, Sägewerke) umfasst.[100]

30 Unter Art. 91a Abs. 1 Nr. 2 fallen dagegen zweifelhafter Weise **nicht** Maßnahmen der **Natur- und Landschaftspflege** oder des **Umweltschutzes.**[101] Allerdings hat die Änderung des GAKG v. 21.7.1988[102] infolge der

---

[92] VO (EG) Nr. 1080/2006, ABl. 2007 L 210, 1; s. dazu den 36. Rahmenplan BT-Drs. 16/5215, 27 f.; zur Abgrenzung der Fördergebiete nach diesen Zielen siehe Karte 3 im 36. Rahmenplan BT-Drs. 16/5215 aE; *Schöndorf-Haubold,* Die Strukturfonds der EG, 2005, 73 ff.; *Heller* in Piduch, Bundeshaushaltsrecht, 2013, Art. 91a Rn. 16.

[93] Vgl. dazu https://www.bmwi.de/Redaktion/DE/Publikationen/Europa/europa-solidarisch-innovativ-fokussiert.pdf?__blob=publicationFile&v=5, letzter Abruf am 15.7.2020.

[94] *Priebe/Mögele* in Dauses HdB des EU-Wirtschaftsrechts, Loseblattsammlung, Stand 2009, Agrarpolitik Rn. 143; sa *Schöndorf-Haubold,* Die Strukturfonds der EG, 2005, 118 f.; sowie zum Prinzip der Partnerschaft ausf. 437 ff.

[95] *Ast* DÖV 1998, 535 (537).

[96] *Siekmann* in Sachs Rn. 28; *Heun* in Dreier Rn. 16.

[97] BGBl. 1955 I 565.

[98] BGBl. 1969 I 1573.

[99] Vgl. *Majer* in AK Rn. 4b.

[100] *Schwede,* Entwicklungen und Wandel des Rechts der Agrarstruktur nach 1945, 1980, 167; vgl. auch Art. 38 Abs. 1 S. 2 AEUV; VO (EWG) Nr. 17/64, ABl. 1964 L 182; iE ebenso, aber ohne EU-Bezug *Schwarz* in Maunz/Dürig Rn. 23; zust. *Henneke* in SHH Rn. 16 f.

[101] BT-Drs. 13/1718, 17; GAK-Rahmenplan 2010–2013, 12; vgl. auch *Schwarz* in Maunz/Dürig Rn. 23; *Kment* in Jarass/Pieroth Rn. 4; *Henneke* in SHH Rn. 12; zur Forde-

Reform der europäischen Landwirtschaftspolitik immerhin auch eine stärkere ökologische Ausrichtung der GA bewirkt.[103] Dementsprechend sind zumindest Mehrkosten, die durch eine ökologische Ausrichtung der Verbesserung der Agrarstruktur veranlasst sind, über die GA finanzierbar.[104]

Die GA darf nicht als umfassendes Instrument zur Förderung des ländlichen Raumes oder der Lebensbedingungen auf dem Lande missverstanden werden. Es muss vielmehr ein enger Bezug zur Agrarwirtschaft bestehen. Deshalb wird das seit 1977 über die GA Nr. 2 finanzierte Dorferneuerungsprogramm zu Recht überwiegend als nicht mehr unter Art. 91a subsumierbar bewertet.[105] Noch problematischer erscheint die mit G v. 8.8.1997 ermöglichte **Förderung von Maßnahmen land- und forstwirtschaftlicher Betriebe zur Umnutzung ihrer Bausubstanz** (§ 1 Nr. 3 GAKG), sofern die angestrebte Nutzung nicht ihrerseits eine land- oder forstwirtschaftliche ist. 31

Anders als bei der regionalen Wirtschaftsförderung ist für die **Agrarstrukturförderung** die Notwendigkeit einer Regionalisierung und Schwerpunktbildung von Verfassungs wegen nicht vorgegeben und trotz einer entsprechenden Sollvorschrift in § 2 Abs. 2 GAKG („Bei der Erfüllung der GA sollen räumliche und sachliche Schwerpunkte gebildet werden.") in der Praxis auch nicht gelungen.[106] Die Verteilung der Mittel auf die Länder erfolgt vielmehr nach feststehenden Quoten.[107] 32

Der Begriff **„Verbesserung des Küstenschutzes"** umfasst alle Maßnahmen zum Schutz der deutschen Nordsee- und Ostseeküste durch den Bau von Sperrwerken und Deichen sowie alle Maßnahmen an den fließenden oberirdischen Gewässern im Tidegebiet gegen Sturmfluten (§ 1 Abs. 1 Nr. 5 (vormals 4) GAKG). Das Ziel der Maßnahmen muss **Flächenschutz** sein, **nicht Objektschutz.** Dementsprechend wurden die nach der Sturmflut im Januar 1976 für erforderlich gehaltenen Objektschutzmaßnahmen in Hafengebieten im Rahmen von Art. 104a Abs. 4 aF finanziert.[108] Seit 2009 ist dem GAK-Rahmenplan ein Sonderrahmenplan „Maßnahmen des Küstenschutzes in Folge des Klimawandels" beigefügt, der den fünf Küstenländern Sondermittel zur Verfügung stellt, um dem steigenden Meeresspiegel mit hinreichenden Schutzmaßnahmen begegnen zu können. 33

Der Begriff der **Verbesserung** ist im Rahmen der GA Nr. 2 ebenso zu verstehen, wie für die Legaldefinition ausgeführt (→ Rn. 15 f.). Da eine Verbesserung notwendig eine positive Veränderung beinhaltet, gelten Maßnahmen zur Erhaltung des *status quo* wie zB Einkommenssubventionen oder Erhaltungsmaßnahmen als nicht im Rahmen der GA finanzierbar.[109] Für den Küstenschutz bedeutet dies, dass nur der **Neu- und Ausbau** von Küsten- 34

---

rung nach Erweiterung der GA auf diesen Bereich s. *Rohlf* NuR 1991, 473 ff.; der BMF hat eine entspr. Erweiterung abgelehnt, krit. auch *Volkmann/Kaufhold* in MKS Rn. 46.

[102] BGBl. 1988 I 1053.

[103] Vgl. § 2 Abs. 2 S. 2 GAKG; GAK-Rahmenplan 2010–2013, 12, 13.

[104] *Henneke* in SHH Rn. 16 f.; *Kienemund* in Hömig/Wolff Rn. 4; *Volkmann/Kaufhold* in MKS Rn. 46; aA *Heun* in Dreier Rn. 17; krit. *Majer* in AK Rn. 8.

[105] *Schwarz* in Maunz/Dürig Rn. 23; *Majer* in AK Rn. 45; *Henneke* in SHH Rn. 12; *Kment* in Jarass/Pieroth Rn. 4, 6; s. aber unberührt von dieser Kritik GAK-Rahmenplan 2010–2013, 14.

[106] *Majer* in AK Rn. 43.

[107] *Majer* in AK Rn. 12.

[108] *Schwarz* in Maunz/Dürig Rn. 24; sa *Henneke* in SHH Rn. 19.

[109] *Schwarz* in Maunz/Dürig Rn. 23.

schutzanlagen, **nicht** aber **Reparaturen** von der GA umfasst sind.[110] Das mutet indes insofern zweifelhaft an, als dadurch ein Verfallenlassen inzentiviert wäre, um anschließend eine finanzierbare „Verbesserung" durch Neubau zu erzielen. Aus dem Gebot der sparsamen Mittelverwendung und dem Umstand, dass auch die Reperatur einer Dysfunktion eine Verbesserung zum *status quo ante* darstellt, ließe sich insofern auch der Einschluss von Erhaltungsmaßnahmen begründen. Die Abgrenzung zwischen Ausbau und Reparatur ist im Einzelfall nicht leicht und ist Aufgabe des Gesetzgebers, im Rahmen der gesetzlichen Vorgaben sodann Aufgabe des Planungsausschusses.

35 Der **EU** kommen im Bereich der Landwirtschaft gem. Art. 38 ff. AEUV umfangreiche Kompetenzen zu. Sie hat nicht nur die Befugnis zur Beihilfenkontrolle nach Art. 107 f. AEUV, modifiziert durch Art. 42 AEUV, sondern ebenso die Kompetenz zur Errichtung einer Gemeinsamen Marktorganisation und zu eigener Agrarstrukturpolitik. Die normative Umsetzung der EU-Rechtsakte in innerstaatliches Recht erfolgt – soweit erforderlich – im Wesentlichen auf der Grundlage der Gesetzgebungskompetenzen des Bundes nach Art. 74 Abs. 1 Nr. 11, 17, 19, 20. Hinsichtlich des Vollzugs der finanzwirksamen EU-Rechtsakte bzw. der innerstaatlichen Umsetzungsnormen ist zu unterscheiden: Da die Durchführung als GA Gestaltbarkeit und Planbarkeit voraussetzt, fallen europarechtlich veranlasste Maßnahmen, die sich unter den Begriff der „Verbesserung der Agrarstruktur" subsumieren lassen, nur dann unter das GAKG, wenn die Höhe einer Leistung nicht bereits durch eine gemeinschaftsrechtliche Verordnung oder Richtlinie festgelegt worden ist; sie sind demnach nicht als GA durchführbar und finanzierbar, wenn sie dem Grunde und der Höhe nach einen bestimmten oder bestimmbaren Anspruch auf eine Leistung gewähren.[111] Lassen europarechtliche Rechtsakte im sachlichen Bereich der Agrarstrukturförderung Spielraum für Planung, so wird die Maßnahme als GA durchgeführt, mit der Folge, dass die Fördergrundsätze des Rahmenplans an die europarechtlichen Vorgaben angepasst werden müssen.[112]

36 Trotz Einigkeit über diese Grundsätze wurden allerdings auch EU-Maßnahmen mit Rechtsansprüchen in den Rahmenplan aufgenommen, die nach der innerstaatlichen Kompetenzverteilung (Art. 83, 104a Abs. 1) entweder von den Ländern zu finanzieren oder nach Art. 104a Abs. 3 S. 2 aF als ein mehr als zur Hälfte vom Bund finanziertes Geldleistungsgesetz im Wege der Auftragsverwaltung durchzuführen gewesen wären. Auf diese Weise wurde der Auffassung der Länder, dass der Bund nicht zu ihren Lasten auf Gemeinschaftsebene Verpflichtungen eingehen könne, wenigstens teilweise Rechnung getragen, ohne dass die Länder auf der anderen Seite Einbußen ihrer Verwaltungskompetenz durch Vollzug im Bundesauftrag hinnehmen mussten.[113]

---

[110] *Schwarz* in Maunz/Dürig Rn. 23; diff. *Volkmann/Kaufhold* in MKS Rn. 46; *Oebbecke* in HdbStR VI § 136 Rn. 145.

[111] So auch *Kienemund* in Hömig/Wolff Rn. 8 mit Hinweis auf BVerfGE 116, 271 (309 f.).

[112] *Schwede,* Entwicklungen und Wandel des Rechts der Agrarstruktur nach 1945, 1980, 176; *Blaschke* in Scharpf/Reissert/Schnabel Politikverflechtung, Theorie und Empirie des kooperativen Föderalismus in der Bundesrepublik, 44 (45); *Pruns* DÖV 1973, 217 (222); vgl. auch BT-Drs. 11/7977, 2; GAK-Rahmenplan 2010–2013, 11.

[113] S. die Klarstellung der unterschiedlichen Rechtsauffassungen von Bund und Ländern in den Rahmenplänen von 1974–1988 zur Finanzierung der EG-Prämienregelung für die Umstellung von Milchkuhbeständen auf Bestände zur Fleischerzeugung (VO (EWG) Nr. 1353/73) sowie die EG-Obstbaumrodung (VO (EWG) Nr. 194/76) im Wege der GA;

Selbst Maßnahmen, die an sich nicht der GA unterfallen (zB die in erster Linie der direkten Einkommensübertragung dienende RL über die Landwirtschaft in Berggebieten und bestimmten benachteiligten Gebieten),[114] wurden aus diesem Grunde nach Maßgabe der GA finanziert und in den Rahmenplan eingestellt.[115]

Infolge der Neuausrichtung der europäischen Landwirtschaftspolitik mit dem Ziel des Abbaus von Überkapazitäten und der Haushaltskonsolidierung erfolgte 1988 eine Änderung des GAKG,[116] wodurch als **neuer Fördergrundsatz** anstelle der „Vergrößerung" **„die Anpassung land- und forstwirtschaftlicher Betriebe an die Marktentwicklung"** befristet bis zum 30.6.1993 in den Maßnahmekatalog des § 1 GAKG eingefügt wurde. Damit wurde die Grundlage geschaffen, um die europarechtlich geforderten Maßnahmen[117] im Wege der GA bei einer Bundesbeteiligung von 70 % (statt der für die Agrarstrukturförderung im Übrigen geltenden 60 %) zu finanzieren. Für diese Maßnahmen der Marktentlastung (zB Stilllegung von Ackerflächen, Umstellung der Erzeugung auf nicht überschüssige Erzeugnisse) wurde ein Sonderrahmenplan für den Zeitraum von 1988–1993 erstellt.[118] Die Länder betonten jedoch im Sonderrahmenplan, dass ihrer Auffassung nach Maßnahmen der Marktentlastung in die Finanzzuständigkeit der EG und des Bundes gehörten.[119] Durch das 2. ÄndG zum GAKG v. 11.11.1993[120] tauschte der Gesetzgeber den bisherigen Fördergrundsatz durch den **Grundsatz der „markt- und standortangepassten Landbewirtschaftung"** aus. Ein Teil der bisher im Sonderrahmenplan aufgeführten Maßnahmen konnte damit in den regulären Rahmenplan übernommen werden.[121] Eine Erhöhung des Bundesanteils auf 80 % speziell für die Förderung von Maßnahmen nach diesem Grundsatz sowie für den Ausgleich natürlicher Standortnachteile (§ 1 Abs. 1 Nr. 1b und c GAKG) hat das G zur Modulation von Direktzahlungen im Rahmen der Gemeinsamen Agrarpolitik und zur Änderung des GAKG v. 2.5.2002[122] ermöglicht (§ 10 Abs. 1 Nr. 3 GAKG). Das Gesetz dient der Durchführung der VO (EG) 1259/1999 des Rates v. 17.5.1999 zur Festlegung von Gemeinschaftsregeln für Direktzahlungen im Rahmen der Gemeinsamen Agrarpolitik.[123] Diese VO eröffnete den Mitgliedstaaten Spielräume für die Erreichung umweltpolitischer Ziele im Rahmen der Agrarstrukturpolitik. 37

Zur Umsetzung der Strategie „Europa-2020" sind im Jahre 2013 die Verordnungen sämtlicher **Europäischer Struktur- und Investitionsfonds** (ESI), d. h. des Europäischen Fonds für regionale Entwicklung (EFRE), des Europäischen Sozialfonds (ESF), des Kohäsionsfonds, des Europäischen Landwirtschaftsfonds für die Entwicklung des ländlichen Raumes (ELER) und des 38

---

zum Problem *Blaschke* in Scharpf/Reissert/Schnabel Politikverflechtung, Theorie und Empirie des kooperativen Föderalismus in der Bundesrepublik, 44 (45 f.).

114 RL 75/268/EWG, ABl. 1975 L 128, 1.

115 *Pruns* in Götz/Kroeschel/Winkler Handwörterbuch des Agrarrechts, Sp. 763; *Schwarz* in Maunz/Dürig Rn. 23 Fn. 3.

116 BGBl. 1988 I 1053.

117 Vgl. VO (EWG) Nr. 1094/88, ABl. 1988 L 106, 28.

118 BT-Drs. 11/7717.

119 Vgl. BT-Drs. 11/7717, 7.

120 BGBl. 1993 I 1865.

121 BT-Drs. 12/8478.

122 BGBl. 2000 I 1527.

123 ABl. 1999 L 160, 113.

Europäischen Meeres- und Fischereifonds (EMFF) sowie die Europäische Territoriale Zusammenarbeit (ETZ) für die Förderperiode 2014–2020 neu gefasst worden.[124] Sie bilden aktuell die rechtlichen Grundlagen der Strukturpolitik auf europäischer Ebene.[125]

III. Durch Bundesgesetz mit Zustimmung des Bundesrates werden die Gemeinschaftsaufgaben sowie Einzelheiten der Koordinierung näher bestimmt

39 Art. 91a Abs. 2 enthält eine **ausschließliche Gesetzgebungskompetenz** des Bundes[126] mit der Ermächtigung und dem Auftrag, den Inhalt der Gemeinschaftsaufgaben sowie die Einzelheiten der Koordinierung näher zu bestimmen.

40 Die Kompetenz ist nicht durch Erlass eines einzigen Bundesgesetzes erschöpft; zulässig ist vielmehr auch der Erlass von einzelnen Gesetzen jeweils für die verschiedenen GA, wie in der Praxis ausgerichtet an den ursprünglichen drei GA des Art. 91a Abs. 1 aF in drei entsprechenden **Ausführungsgesetzen** geschehen. Inhaltlich soll der Gesetzgeber GA von den Aufgaben abgrenzen, die den Ländern verbleiben, wobei sein Gestaltungsspielraum rechtlich im Wesentlichen durch den Wortlaut des Art. 91a Abs. 1 begrenzt ist. Inhaltliche Regelungsbefugnisse für die genannten Sachgebiete kommen dem Gesetzgeber auf der Grundlage des Art. 91a dagegen nicht zu; in diesem Sinne ist die Gesetzgebungskompetenz „formal".[127] Der Gesetzgeber soll zum anderen „die Einzelheiten der Koordinierung", dh Einrichtungen, Organisation und Verfahren für die Zusammenarbeit festlegen, was einem **Regelungsauftrag**[128] entspricht.

41 Aus den verfassungsrechtlichen Bestimmungen für den Gesetzesinhalt ergibt sich, dass als Adressaten nicht die Bürger, sondern allein die planenden und ausführenden Einrichtungen und Behörden von Bund und Ländern in Betracht kommen.[129] Es handelt sich um **föderatives Innenrecht,**[130] das in erster Linie an die Exekutive gerichtet ist.

42 Aus der Einflussnahme auf die Aufgaben- und Finanzlastverteilung zwischen Bund und Ländern folgt systemgerecht die **Zustimmungsbedürftigkeit** der Gesetze durch den BR, wie Abs. 2 sie anordnet. Dabei gilt das Mehrheitsprinzip nach Art. 52 Abs. 3 S. 1.[131]

43 Der Bund hat auf der Grundlage des Art. 91a Abs. 2 alter wie neuer Fassung die bereits bei der Erörterung der Sachgebiete erwähnten Gesetze erlassen, namentlich das **GRWG** und das **GAKG.** Das Hochschulbauför-

---

[124] Vgl. dazu das entsprechende Bluebook abrufbar unter https://ec.europa.eu/regional_policy/sources/docgener/guides/blue_book/blueguide_de.pdf, letzter Abruf am 30.8.2020.

[125] Gemeinsame Bestimmungen, die für alle ESI-Fonds gelten, sind in VO (EU) Nr. 1303/2013 niedergelegt; spezielle Regelungen finden sich in VO (EU) Nr. 1301/2013 (EFRE) und VO (EU) Nr. 1299/2013 (ETZ), VO (EU) Nr. 1304/2013 (ESF); VO (EU) Nr. 1300/2013 (Kohäsionsfonds); VO (EU) Nr. 1306/2013 (ELER) und VO (EU) Nr. 508/2014 (EMFF).

[126] *Kment* in Jarass/Pieroth Rn. 5.

[127] Krit. zu dieser Kennzeichnung *Volkmann/Kaufhold* in MKS Rn. 31.

[128] *Suerbaum* in BeckOK GG Rn. 22; *Siekmann* in Sachs Rn. 31.

[129] *Schwarz* in Maunz/Dürig Rn. 14, 47; vgl. auch BVerwGE 59, 334 (340); 75, 109 (116).

[130] So MM, Erl. zu Art. 91a; zust. *Oebbecke* in HdbStR VI, § 136 Rn. 129.

[131] *Heun* in Dreier Rn. 20.

derungsG ist gem. Art. 125c Abs. 1 zum 31.12.2006 außer Kraft getreten. Während das GAKG bisher auch nach der Verfassungsänderung unverändert weiter gilt, so dass die Koordinierung nach wie vor in den Strukturen und Formen der Rahmenplanung stattfindet, ist das GRWG im Jahre 2007[132] an die neue Verfassungsrechtslage angepasst worden.

Die dem Gesetzgeber aufgegebene **Abgrenzung** der gemeinsam zu erfüllenden **Aufgaben** von den bei den Ländern verbleibenden Aufgaben erfolgt in beiden Gesetzen nach wie vor durch einen Katalog von gemeinsam zu erfüllenden Maßnahmearten (vgl. § 1 GRWG; § 1 GAKG). **44**

Die **„Einzelheiten der Koordinierung"** sind in beiden Gesetzen nunmehr unterschiedlich geregelt. Das gemäß dem GAKG weiter geltende alte Verfahren der Rahmenplanung stellt jedoch auch eine Koordinierung im Sinne der Neufassung dar. Als Organ der gemeinsamen Rahmenplanung sieht § 6 GAKG einen **Planungsausschuss** vor. Es handelt sich um ein gemeinsam von Bund und Ländern zu besetzendes Organ, in dem jedes Bundesland eine Stimme hat und der Bund soviel Stimmen wie die Länder gemeinsam respektive je 16. Vorsitzender ist der fachlich zuständige BMin. Mitglied aller Planungsausschüsse ist außerdem der BMF. Die Repräsentation der Länder erfolgt durch die zuständigen Länderminister/-senatoren, wobei eine Vertretung möglich ist. Aufgabe der Planungsausschüsse ist es, die alljährlich fortzuschreibenden Rahmenpläne zu erstellen. Zu diesem Zweck melden die zuständigen Länderbehörden beim zuständigen BMin. bis zum 1.3. eines jeden Jahres die Vorhaben bzw. Maßnahmen an, deren Aufnahme in den Rahmenplan sie begehren. Die Anmeldefrist endete ursprünglich bereits am 1.2. Durch G vom 23.12.1971[133] wurde sie jedoch verschoben, um eine bessere Beteiligung der Länderparlamente zu ermöglichen. Ein späterer Anmeldungszeitpunkt als der 1.3. kommt nicht in Betracht, da die für die GA veranschlagten Mittel in die Haushaltsentwürfe von Bund und Ländern eingestellt werden müssen. Das BMEL legt die Anmeldungen und seine eigenen Vorschläge sodann dem Planungsausschuss vor. **45**

Im neuen GRWG tritt an die Stelle des Planungsausschusses der **Koordinierungsausschuss** (§ 5 GRWG), an die Stelle des Rahmenplans der **gemeinsame Koordinierungsrahmen** (§ 4 GRWG). Die im Verfahren der Rahmenplanung bestehende explizite Verkoppelung mit der Finanzplanung ist aufgehoben. Für die Abstimmung über den gemeinsamen Koordinierungsrahmen ist – ebenso wie für die Abstimmung über den Rahmenplan – jeweils eine **Mehrheit von $^3/_4$ der Stimmen** erforderlich, wobei der Bund seine Stimmen einheitlich abzugeben hat. Letzteres ist verfassungsrechtlich nicht zwingend, regelt aber nur das, was für den Bund allein interessengerecht ist und auch über die Ausübung der Richtlinienkompetenz gem. Art. 65 S. 1 erreicht werden könnte.[134] Damit bedarf es neben den Stimmen des Bundes der einfachen Mehrheit der Länderstimmen, um insgesamt die erforderliche $^3/_4$-Mehrheit zu erlangen (25 von 32 Stimmen). Andere Mehrheitsregelungen, auch eine schwächere Ausgestaltung des Bundeseinflusses, sind denkbar. Angesichts der finanziellen Verpflichtungen, die sich aus dem Rahmenplan für den Bund ergeben, wäre eine Mehrheitsregelung, die ermöglichte, den Bund zu überstimmen, jedoch unzulässig.[135] **46**

---

[132] BGBl. 2007 I 2247.
[133] BGBl. 1971 I 2140.
[134] So *Kisker,* Kooperation im Bundesstaat, 1974, 290 Fn. 1102.
[135] *Schwarz* in Maunz/Dürig Rn. 13.

47 Die Rechtsnatur des Rahmenplanes wurde als **staatsleitender Gesamtakt,**[136] zT als **Regierungsplanung**[137] gekennzeichnet. Nichts anderes gilt für den gemeinsamen Koordinierungsrahmen. Den Planungen kommt weder Gesetzesqualität noch Gesetzeskraft zu.[138] Aus dem Haushaltsvorbehalt zugunsten der Parlamente (Art. 91a Abs. 3) ergibt sich, dass der Rahmenplan bzw. der gemeinsame Koordinierungsrahmen rechtlich nur die an der Planung beteiligten Regierungen von Bund und Ländern bindet, nicht aber die Parlamente und auch nicht die Bürger.[139]

48 Gem. § 4 Abs. 2 GAKG ist der Rahmenplan für den **Zeitraum der Finanzplanung** aufzustellen. Dieser Zeitraum umfasst, unter Einbeziehung des laufenden Haushaltsjahres, fünf Jahre (§ 9 Abs. 1, 14 Stabilitäts- und WachstumsG; § 50 Abs. 1, 2 HaushaltsgrundsätzeG). Der Rahmenplan ist jedes Jahr sachlich zu prüfen, der Entwicklung anzupassen und fortzuführen. Die mehrjährige Finanzplanung des Bundes und der Länder ist zu berücksichtigen. Das GRWG enthält keine vergleichbaren Regelungen für die Aufstellung des gemeinsamen Koordinierungsrahmens.

IV. Finanzierung

49 **1. Die Beteiligungsquoten des Bundes.** Art. 91a Abs. 3 ordnet als Rechtsfolge[140] bei Vorliegen einer GA nach Abs. 1 das Zusammenwirken bei deren Finanzierung an und bildet damit ein Kernelement dieser.[141] Die (mindestens) paritätische Verteilung der Kosten der Aufgabenerfüllung zwischen Bund und Ländern wird zutreffend als **Ausdruck partnerschaftlicher Gleichberechtigung** gewertet.[142] Diese verfassungsrechtliche Vorgabe vermeidet Auseinandersetzungen über die Beteiligungsquoten und ein etwaiges Scheitern der Erfüllung von GA allein aus diesem Grunde. Trotz einer finanzwissenschaftlich nachgewiesenen[143] und vom BVerfG[144] für den Fall der extremen Haushaltsnotlage eines Landes anerkannten Finanzausgleichsfunktion des Art. 91a Abs. 3 wird durch die festen Beteiligungsquoten auch eine Verlagerung des Finanzausgleichs aus Art. 107 in die GA unterbunden.[145]

50 Hinsichtlich der GA Nr. 2 ist dem Gesetzgeber Spielraum bei der Festsetzung der Quote gelassen. Die Beteiligung darf allerdings 50 % nicht unterschreiten und ist für alle Länder einheitlich durch das G festzulegen. Der Grundsatz der gleichen Beteiligung aller Länder bezieht sich auf die prozentuale Beteiligung des Bundes an jeder einzelnen Maßnahme der Länder. Ihm steht daher nicht entgegen, dass selbstverständlich nur Küstenländer Förderungen für den Küstenschutz erhalten.[146] Der Grund für die Abweichung von der im Übrigen hälftigen Kostenaufteilung liegt darin, dass die Förderung

---

[136] *Heun* in Dreier Rn. 28: Akt der Staatsleitung.
[137] So *Schwarz* in Maunz/Dürig Rn. 2; diff. *Majer* in AK Rn. 18.
[138] BVerwGE 75, 109 (116); OVG LSA DÖV 2001, 170.
[139] Vgl. *Tiemann* DÖV 1970, 161 (164).
[140] *Siekmann* in Sachs Rn. 15.
[141] So treffend *Heun* in Dreier Rn. 23; ähnlich *Siekmann* in Sachs Rn. 34.
[142] *Tiemann* DÖV 1970, 165.
[143] Enquete-Kommission, BT-Drs. 7/5924, 157 f.; vgl. auch *Füchsel,* Gemeinschaftsaufgaben, 1985, 267, 305.
[144] BVerfGE 86, 148 (265).
[145] *Siekmann* in Sachs Rn. 34.
[146] Sa den Sonderrahmenplan Küstenschutz seit 2009, der sich naturgemäß auf die fünf Küstenbundesländer beschränkt.

im Rahmen dieser Sachgebiete besonders kostspielig ist und – insbesondere im Hinblick auf den Küstenschutz – vor allem finanzschwache Länder trifft.[147] Der Gesetzgeber hat sich bei der **Agrarstrukturförderung** für eine **60%-Beteiligung,** beim **Küstenschutz** für eine **70%-Beteiligung** des Bundes entschieden (§ 10 GAKG).

Für beide GA gilt, dass der Bund sich **nur** an den **Investitionskosten** beteiligt, nicht an den Verwaltungs- und anderen Folgekosten – insoweit gilt Art. 104a Abs. 1, 5 (sog. **Anfinanzierung**).[148]

Die Bundesmittel werden gem. § 10 Abs. 2 GAKG in der Weise gewährt, **51**
dass der Bund auf den erst mit Beendigung des Vorhabens oder der Maßnahme fälligen Erstattungsanspruch der Länder entsprechend dem Stand der Dinge Vorauszahlungen leistet. Auf der Grundlage der alljährlich von den Ländern zu erstellenden Abrechnungen leistet der Bund **Nachzahlungen** oder erstatten die Länder dem Bund überzahlte Mittel zurück. Das neue GRWG überlässt die Zahlungsabwicklung im Rahmen der haushaltsrechtlichen Vorschriften des Bundes der Konkretisierung durch den Koordinierungsausschuss.

2. Die Bereitstellung der Mittel bleibt der Feststellung in den Haus- **52**
haltsplänen des Bundes und der Länder vorbehalten. Art. 91a Abs. 3 S. 4 enthält die **rechtliche Sicherung der Haushaltshoheit der Parlamente,** indem er die Bereitstellung der Mittel davon abhängig macht, dass der BT und die Länderparlamente die entsprechenden Ansätze in den Haushaltsentwürfen der Regierungen im Wege des Gesetzgebungsverfahrens billigen. Eine Verpflichtung zur Bewilligung ergibt sich allenfalls aus vorangegangenem Tun, insoweit als die Jahresleistungen für die bereits zuvor gebilligten und in Angriff genommenen Maßnahmen grds. weiter bewilligt werden müssen.[149] Äußerste, vage Grenzen vermögen Bundestreue und Vertrauenschutz zu ziehen.[150]

Versagt der BT Mittel für die Durchführung der GA, so bleibt den Ländern **53**
nur die Möglichkeit der Eigenfinanzierung. Soweit ein oder mehrere Landesparlamente Mittel nicht bewilligen, schlägt das Vorhaben oder die Maßnahme in diesem Land bzw. diesen Ländern fehl. Nicht nur wegen der grds. politischen Übereinstimmung zwischen Parlamentsmehrheit und Regierung ist der Fall, dass die Parlamente sich mit ihrer Haushaltshoheit gegen die Regierungen stellen, äußerst selten.[151] Neben **faktischen Zwängen** kann ein einzelnes Land es sich in der Regel nicht leisten, auf Bundesmittel zu verzichten, die die anderen Länder entgegennehmen. Die Art. 91a Abs. 3 S. 4 zu entnehmende Notwendigkeit der **Parlamentsbeteiligung** kann daher **effektiver im Vorfeld der Arbeit des Planungsausschusses** erfüllt werden.[152] Um den Länderparlamenten Einfluss auf die Anmeldungen der

---

[147] BT-Drs. V/2861, 102 u. 280.

[148] *Schwarz* in Maunz/Dürig Rn. 31; sa *Majer* in AK Rn. 19; krit. dazu *Soell* FS f. Forsthoff, 1972, 397 (404 ff.).

[149] Vgl. dazu *Zitzelsberger* DÖV 1990, 724 (730 f.); sa *Heun* in Dreier Rn. 25; *Kment* in Jarass/Pieroth Rn. 6.

[150] *Heun* in Dreier Rn. 25 mwN.

[151] Ein Beispiel bei *Blümel* in HdbStR IV, 1. Auflage 1990, § 101 Rn. 149.

[152] S. zum Problem *Böhringer* ZParl. 1 (1970), 173 ff.; *Liesegang/Plöger* DÖV 1971, 228 (232 ff.); *Marnitz,* Die Gemeinschaftsaufgaben des Art. 91a GG als Versuch einer verfassungsrechtlichen Institutionalisierung der bundesstaatlichen Kooperation, 1974, 150 ff.; *Soell* FS f. Forsthoff, 1972, 397 (419 ff.); *Goroncy* ZRP 1972, 61 ff.; *Liesegang* ZRP 1972, 259 ff.; *Frowein* VVDStRL 31 (1973), 13 (24 f.); *Becker* ZParl. 5 (1974), 167 ff.; *Linck* ZParl. 6 (1975), 154 ff.

Länderregierungen und damit auf die ländereigenen Vorplanungen zu ermöglichen, wurde durch G v. 23.12.1971[153] der jährliche Anmeldetermin vom 1.2. auf den 1.3. verlegt. Die **Beteiligungsrechte sind in den Landeshaushaltsordnungen** (LHO) normiert (s. jeweils § 10 der LHO mit Ausnahme von Bremen). Die Bundeshaushaltsordnung enthält keine derartige Bestimmung. Entsprechende parlamentarische Initiativen haben jedoch zu einer Beteiligung auf der Grundlage einfacher BT-Beschlüsse geführt.[154] Wie die parlamentarische Beteiligung sich im Rahmen der weniger formalisierten Koordinierung gestaltet, bleibt abzuwarten. Bemerkenswert ist insoweit, dass § 6 Abs. 3 GRWG erstmalig eine **Berichtspflicht** des Vorsitzenden des Koordinierungsausschusses **gegenüber** dem **Bundestag** enthält.

54 Die bisher verfassungsrechtlich verankerten Berichtspflichten der Landesregierungen gegenüber BReg. und BT bestehen einfachgesetzlich fort (§ 9 Abs. 2 GAKG; § 6 Abs. 2 GRWG).

V. Abschließende Regelung und Sperrwirkung

55 Die in Art. 91a niedergelegte Form der integrativen Kooperation zwischen Bund und Ländern ist auf die aufgezählten Sachgebiete beschränkt. Fraglich ist, ob und inwieweit Art. 91a darüber hinaus eine abschließende Regelung im Hinblick auf kooperatives Zusammenwirken zwischen Bund und Ländern enthält oder eine Sperrwirkung gegenüber anderweitigen Aktivitäten von Bund oder Ländern in den Sachgebieten der GA entfaltet.[155]

56 Die Erörterung von Formen und Grenzen kooperativen Handelns zwischen Bund und Ländern gehört zur rechtswissenschaftlichen Durchdringung des Bundesstaatsprinzips, wie es sich auf der Grundlage des GG darstellt. Art. 91a enthält insoweit eine besondere Regelung, erteilt lediglich einen spezifischen Verfassungsauftrag zur Kooperation, der jedoch über die Zulässigkeit anderer Formen weder positiv noch negativ eine Aussage trifft.[156] Die Frage, ob es sich bei Art. 91a (und Art. 91b)[157] um abschließende Regelungen handelt, geht deshalb in der Frage auf, wo die Grenzen der Bund-Länder-Kooperation ohne ausdrückliche verfassungsrechtliche Ermächtigung verlaufen. Insoweit gilt, dass sich der Verfassung **kein grds. Verbot von Bund-Länder-Kooperationen** entnehmen lässt.[158] Rechtsprechung und Literatur haben dem viel berufenen „Verbot der Mischverwaltung" als einem zu groben Raster mittlerweile eine Absage erteilt.[159] Die verfassungsrechtlichen Schranken der Kooperation ergeben sich vielmehr aus dem Erfordernis je eigener Kompetenzgrundlagen, der Beachtung des grundrechtlichen wie institutionellen Vorbehalts des Gesetzes sowie insbesondere der eigenverant-

[153] BGBl. 1971 I 2140.

[154] S. *Marnitz,* Die Gemeinschaftsaufgaben des Art. 91a GG als Versuch einer verfassungsrechtlichen Institutionalisierung der bundesstaatlichen Kooperation, 1974, 148 ff.; *Kienemund* in Hömig/Wolff Rn. 9.

[155] Dazu *Majer* in AK Rn. 28, 46a ff.

[156] *Schwarz* in Maunz/Dürig Rn. 7 f.; *Majer* in AK Rn. 28: nicht abschließend.

[157] Dazu → Art. 91b Rn. 35 f.

[158] *Scheuner* DÖV 1972, 585 (589); *Tiemann* DÖV 1971, 86; aA wohl *Heinze* FS f. Forsthoff, 1972, 119 (127) mwN.

[159] BVerfGE 63, 1 (36 ff.); 108, 168 (182); strikter aber BVerfGE 119, 331 (364 ff.); aus der Lit. s. *Ronellenfitsch,* Die Mischverwaltung im Bundesstaat, 1975, 256 f.; *Loeser,* Theorie und Praxis der Mischverwaltung, 1976, 97 ff.; zur alten Auffassung s. v. Mangoldt/Klein Das Bonner Grundgesetz, 2. Auflage 1957/1974, Vorb. VI.

wortlichen Aufgabenwahrnehmung im Sinne eindeutiger Verantwortungszurechnung entsprechend der Kompetenzlage.[160] Art. 91a erweist sich vor diesem Hintergrund als Befugnis zu einer von diesen Anforderungen abweichenden integrativen Kooperationsform und entfaltet abschließende Wirkung nur insoweit, als gerade diese Kooperationsform, nicht aber Kooperation schlechthin, auf die aufgezählten Materien begrenzt ist.

Unter dem Stichwort **„Sperrwirkung"** geht es demgegenüber um die **57**
Frage, ob die Länder – auch die Kommunen – außerhalb der gemeinsamen Rahmenpläne Vorhaben in den Bereichen der GA in eigener Planung und eigener Finanzierung verwirklichen dürfen. Während der Wortlaut letztlich unergiebig ist,[161] spricht die historische Auslegung gegen eine strikte Sperrwirkung. In der Erläuterung des damaligen Entwurfs zu den GA heißt es: „auch im Bereich der GA können die Länder außerhalb der gemeinsamen Pläne noch nach eigenem Befinden Aufgaben wahrnehmen. Sie müssen dann jedoch dafür auch die Ausgaben allein tragen".[162] Auch die systematische Betrachtung, nach der es sich bei den relevanten Materien unmissverständlich um Länderaufgaben handelt, spricht für eine verbleibende Autonomie der Länder. Die hM lehnt dem folgend eine Sperrwirkung ab.[163] Angesichts von Sinn und Zweck der gemeinsamen Rahmenplanung, im Interesse eines effektiven Mitteleinsatzes die Länderpläne aufeinander abzustimmen und an gemeinsamen Zielen auszurichten, ergibt sich als Grenze ländereigener Betätigung jedoch das **Gebot, die gemeinsam entwickelten Planungsziele nicht zu konterkarieren.**[164] Nicht mehr unmittelbar aus Art. 91a ableitbar, aber auf das Prinzip der **Bundestreue** zu stützen, ist dagegen die Pflicht der Länder, im Rahmen der Kooperationsverfahren auf eigene Förderungsprogramme und Pläne hinzuweisen, damit deren Vereinbarkeit mit den Zielen der GA erörtert werden kann.[165]

In der Praxis ist die Feststellung konterkarierender Effekte naturgemäß **58**
schwierig.[166] Im Rahmen der Aufgabe „regionale Wirtschaftsförderung" gilt eine ländereigene Förderung als zulässig, sofern sie deutlich unterhalb der Förderung aus GA-Mitteln bleibt.[167] Der verbleibende Spielraum der Länder wird zusätzlich durch das EU-Recht beschränkt (→ Rn. 7). Im Tatsächlichen setzt die jeweilige **Finanzkraft** Grenzen. Im Hinblick auf eine eigenständige

---

[160] *Köstlin,* Die Kulturhoheit des Bundes, 1989, 209 ff.; → Art. 83 Rn. 15 ff.

[161] *Kisker,* Kooperation im Bundesstaat, 1974, 288 f.

[162] BT-Drs. V/2861, 275.

[163] *Zitzelsberger* DÖV 1990, 724 (726); *Hesse/Benz/Benz/Backhaus-Maul,* Regionalisierte Wirtschaftspolitik, 1991, 31; s. schon *Frowein* VVDStRL 31 (1973), 13 (34); *v. Münch* VVDStRL 31 (1973), 51 (73); *Soell* FS f. Forsthoff, 1972, 397 (409); *Kisker,* Kooperation im Bundesstaat, 1974, 288; für die Möglichkeit der Sperrwirkung *Goroncy* DÖV 1970, 109 (112); diff. *Majer* in AK Rn. 38 ff., 46 ff.; ausf. zum Problem *Neupert,* Regionale Strukturpolitik als Aufgabe der Länder, 1986, 253 ff.; *Kalinna,* Die Rahmenplanung und der Rahmenplan nach Art. 91a GG, 1985, 68 ff.

[164] AllgM, s. nur *Schwarz* in Maunz/Dürig Rn. 26; *Majer* in AK Rn. 38 ff.; *Stern,* StaatsR II, 1980, § 41 VIII 3; *Volkmann/Kaufhold* in MKS Rn. 49; Dieses Gebot folgt bereits aus Art. 91a selbst, so dass für die Heranziehung der Verpflichtung zur Bundestreue – so *Kisker,* Kooperation im Bundesstaat, 1974, 288; in Erwägung gezogen auch von *Goroncy* DÖV 1970, 109 (113) – kein Raum ist, ebenso *v. Münch* VVDStRL 31 (1973), 51 (73); *Marnitz,* Die Gemeinschaftsaufgaben des Art. 91a GG als Versuch einer verfassungsrechtlichen Institutionalisierung der bundesstaatlichen Kooperation, 1974, 84 ff.

[165] Vgl. *Frowein* VVDStRL 31 (1973), 13 (34); *Bauer,* Die Bundestreue, 1992, 346 ff.

[166] *Majer* in AK Rn. 38.

[167] Vgl. BT-Drs. 12/7175, 8; 14/8463, 8, 13.

regionale Wirtschaftsförderung der Kommunen gelten die dargelegten Grundsätze entsprechend.[168]

59 Die Frage, inwieweit Art. 91a gegenüber Aktivitäten des Bundes **Sperrwirkung** entfaltet, ist eine Frage des Verhältnisses von Art. 91a zu anderen Kompetenzvorschriften (zB Art. 74 Abs. 1 Nr. 11 u. 17) und daher in diesem Zusammenhang zu erörtern (→ Rn. 55 ff.). Ausgeschlossen ist in den von Art. 91a aufgeführten Bereichen jedenfalls die Annahme ungeschriebener Bundeskompetenzen.

C. Verhältnis zu anderen Bestimmungen des Grundgesetzes

60 Eine thematische Überschneidung zwischen GA und **Gesetzgebungsbefugnissen** des Bundes besteht im Bereich der GA Nr. 1 in Hinblick auf die konkurrierende Gesetzgebungsbefugnis des Bundes nach Art. 74 Abs. 1 Nr. 11 (Recht der Wirtschaft) sowie im Bereich der GA Nr. 2 im Hinblick auf Art. 74 Abs. 1 Nr. 17 (Förderung der land- und forstwirtschaftlichen Erzeugung, die Sicherung der Ernährung, die Ein- und Ausfuhr land- und forstwirtschaftlicher Erzeugnisse, die Hochsee- und Küstenfischerei, der Küstenschutz). Angesichts der nur „formalen" Gesetzgebungsbefugnisse des Bundes im Bereich der GA (→ Rn. 38) kommt eine Verdrängung des Art. 74 Abs. 1 Nr. 11 bzw. 17 im Wege der Spezialität nicht in Betracht.[169] Es stellt sich allerdings die Frage, welche Folgerungen daraus zu ziehen sind, dass die regionale Wirtschaftsförderung ebenso wie die Verbesserung der Agrarstruktur und der Küstenschutz laut Art. 91a Abs. 1 als **Länderaufgabe** einzuordnen sind. Verstünde man den Begriff der Länderaufgabe so, dass sowohl die ausschließliche Gesetzgebungsbefugnis als auch die Verwaltungsbefugnis bei den Ländern liegen muss, so verlöre vor allem Art. 74 Abs. 1 Nr. 17 in Teilen seinen Sinn. Der Begriff der Länderaufgabe lässt sich jedoch auch so verstehen, dass eine solche vorliegt, solange der Bund im Bereich der konkurrierenden Gesetzgebung von seiner Gesetzgebungsbefugnis noch keinen Gebrauch gemacht hat bzw. soweit er davon gem. Art. 72 Abs. 2 keinen Gebrauch machen kann. Schließlich könnte man für den Begriff der Länderaufgabe genügen lassen, dass den Ländern nach dem Grundsatz des Art. 83 nur die **Verwaltungskompetenz** zukommt. Art. 91a wäre dann als eine spezielle Vorschrift im Rahmen der Verwaltungskompetenzen zu lesen.

61 Eine Lösung dieser Auslegungsfrage muss berücksichtigen, dass es sich bei den GA um die Planung und Finanzierung einer Fördermittel vergebenden Leistungsverwaltung handelt. Solches Verwaltungshandeln ist auch heute noch nach überwiegender Auffassung im Wesentlichen ohne gesetzliche Grundlage zulässig.[170] Es liegt die Vermutung nahe, dass der Verfassungsgesetzgeber ein Konkurrenzverhältnis zwischen Gesetzgebungskompetenzen und den GA gar nicht gesehen hat. Das Verhältnis lässt sich daher nicht einfach zugunsten der einen oder anderen Norm auflösen.[171] Die Normen stehen vielmehr im **Verhältnis gegenseitiger Beschränkung** zueinander.

---

168 *Schwarz* in Maunz/Dürig Rn. 25; sa 36. Rahmenplan, BT-Drs. 16/5215, 15; sehr krit. zur Zulässigkeit kommunaler Wirtschaftsförderung *Majer* in AK Rn. 41 f.

169 Vgl. auch *Schwarz* in Maunz/Dürig Rn. 7.

170 *Schnapp* in v. Münch/Kunig, 6. Auflage 2012, Art. 20 Rn. 73 ff.

171 AA *Blümel* in HdbStR IV, 1. Auflage 1990, § 101 Rn. 126: Art. 70 ff. bleiben unberührt; *Kment* in Jarass/Pieroth Rn. 1; *Heun* in Dreier Rn. 31.

So kann der Gesetzgeber auf der Grundlage des Art. 74 Abs. 1 Nr. 17 Regelungen über den Küstenschutz erlassen; er darf jedoch die GA „Küstenschutz" nicht aushöhlen.[172] Soweit möglich muss er Raum für Planung lassen, damit der Gesetzesvollzug im Verfahren der GA stattfinden kann. **Für die Einordnung als Länderaufgabe genügt** also auch, **dass den Ländern nur die Verwaltungskompetenz** zukommt.[173] Dies wird bestätigt durch den systematischen Anschluss der GA an den Abschnitt des GG über die Verwaltungskompetenzen, zumal Art. 91a eine Norm ist, die in erster Linie die Verwaltungskompetenzen des Bundes erweitert.[174] Soweit der Bundesgesetzgeber auf der Grundlage von materiellen Gesetzgebungsbefugnissen Gesetze im Bereich der GA erlässt, gelten grundsätzlich die **Art. 83 ff.** Art. 91a ist nach der hier vertretenen Auffassung jedoch als Spezialvorschrift zu lesen, die zur Anwendung gelangt, soweit Raum für gemeinsame Planung besteht.

Die begrenzten Gesetzgebungsbefugnisse des Bundes nach Art. 91a Abs. 2, **62**
Abs. 3 S. 3 sind keine ausreichende Grundlage für den Erlass von Verwaltungsvorschriften nach Art. 84 Abs. 2, ebenso wenig für die Einrichtung von Bundesbehörden nach Art. 87 Abs. 3.[175]

Fraglich ist, welche Auswirkungen Art. 91a auf die **Gesetzgebungs-** **63**
befugnisse der Länder hat. Eine ausdrückliche Schmälerung ergibt sich aus der Vorschrift angesichts der begrenzten Gesetzgebungsbefugnisse des Bundes (→ Rn. 38 ff.) nicht. Soweit die Länder jedoch auf eine Mitfinanzierung durch den Bund nicht verzichten wollen, müssen auch Landesgesetze auf den Gebieten der GA Planungsspielräume gewähren; es darf sich maW nicht um anspruchsgewährende Leistungsgesetze handeln. Angesichts der durch das Anmeldeverfahren letztlich bei den Ländern liegenden Konkretisierungsbefugnis hinsichtlich der im Wege des Art. 91a zu erfüllenden GA enthält Art. 91a Abs. 1 trotz seiner rechtlichen Einordnung als Verfassungsauftrag (→ Rn. 6, 56) tatsächlich keine Beschränkung der Länder in ihrer Gesetzgebungskompetenz.[176]

Im Verhältnis zur Finanzierungsgrundnorm des **Art. 104a Abs. 1** ist **64**
Art. 91a eine Vorschrift des GG, die „anderes bestimmt".[177] Ein Konkurrenzverhältnis zu **Art. 104a Abs. 3** besteht nicht, da es im Rahmen dieser Vorschrift um anspruchsgewährende Bundesgesetze geht, die GA jedoch gerade nicht auf der Grundlage solcher Gesetze durchgeführt werden.[178] Kompliziert ist dagegen das Verhältnis zwischen Art. 91a und **Art. 104a Abs. 4 aF, nunmehr Art. 104b.** Die mit Investitionshilfen zu verfolgenden Ziele „Ausgleich unterschiedlicher Wirtschaftskraft im Bundesgebiet" oder „Förderung des wirtschaftlichen Wachstums" entsprechen den Zielen der GA. Soweit eine „Störung des gesamtwirtschaftlichen Gleichgewichts" abgewehrt werden soll, handelt es sich dagegen um ein außerhalb der GA liegendes Ziel. Da Art. 104b eine Ermessensvorschrift ist, Art. 91a dagegen ein Verfassungsauftrag (→ Rn. 6, 56), ist die letztgenannte Vorschrift als spezielle Norm vor-

---

[172] Sa *Schwarz* in Maunz/Dürig Rn. 14; BVerwGE 59, 327 (332 f.).

[173] Anders v. Mangoldt/Klein Das Bonner Grundgesetz, 2. Aufl. 1957/1974, Anm. IV 1b aa, Verwaltungsaufgaben im gesetzesfreien Raum, für welche die Länder zur Gesetzgebung zuständig sind.

[174] Vgl. *Ronellenfitsch,* Die Mischverwaltung im Bundesstaat, 1975, 175.

[175] *Schwarz* in Maunz/Dürig Rn. 14.

[176] *Schwarz* in Maunz/Dürig Rn. 14.

[177] *Schwarz* in Maunz/Dürig Rn. 41; *Heun* in Dreier Rn. 31; sa *Volkmann/Kaufhold* in MKS Rn. 46.

[178] *Schwarz* in Maunz/Dürig Rn. 17.

rangig, soweit nicht das Störungsabwehrziel verfolgt werden soll. Zur Abwehr einer Störung des gesamtwirtschaftlichen Gleichgewichts kann der Bund dagegen auch in den Sachgebieten der GA auf der Grundlage des Art. 104b tätig werden.[179]

65 Im Hinblick auf das in **Art. 28 Abs. 2** normierte Selbstverwaltungsrecht der Gemeinden und Gemeindeverbände für örtliche Angelegenheiten gilt: Der Ansatz der GA ist – auch soweit es um regionale Wirtschaftsförderung geht – ein überörtlicher. Dennoch beeinflussen die Fördermaßnahmen auf der Grundlage der GA die kommunalen Fördermaßnahmen. Diese dürfen den Zielen der GA nicht zuwiderlaufen (→ Rn. 34 f.). Art. 28 Abs. 2 verlangt daher eine Einbeziehung der Gemeinden in die Planung.

D. Kritische Würdigung

66 Kritik und Gegenkritik der Gemeinschaftsaufgabe begleiten diese seit jeher und auch die verfassungsrechtliche Positivierung hat diesem Umstand keinen Abbruch getan.[180] Hintergrund ist ein dieser Rechtsfigur **immanentes Paradoxon.** Die Gemeinschaftsaufgabe im föderalen Staat basiert auf entgegengesetzten Axiomen: Autonomie versus Heteronomie. Diese lassen sich nicht friktionslos durch das Etikett einer Unitarisierung[181] oder eines kooperativen Föderalismus verbinden. Der dynamische Prozess von verfassungsrechtlicher Positivierung, Reformierung und partieller Dekonstitutionalisierung, von „Verflechtung" und „Entflechtung", bildet die Gegensätzlichkeit im Ursprung ab und zeigt, dass bald Proponenten des einen, bald des anderen Lagers obsiegen. Die eigentliche Aufgabe wird in der zT polarisierenden Diskussion[182] dabei ausgeblendet bzw. bleibt weitestgehend ungelöst. Bei der Gemeinschaftsaufgabe qua verflechtender Kooperation handelt es sich zwar nicht um eine zwingend alternativlose,[183] aber mindestens im Grundsatz sinnvolle Rechtsfigur. Ihre Notwendigkeit spiegelt sich in den Tatbestandvoraussetzungen der Erforderlichkeit, den Kapazitätsgrenzen der Länder und der Gemeinwohlorientierung wider. Dass damit kein „Sündenfall"[184] erfolgt ist, wie es manche Proponenten eines bundesstaatlichen Purismus sehen, indiziert auch

[179] So *Maunz* in Maunz/Dürig Art. 104a Abs. 4 GG aF Rn. 18; weiter gehend *Blümel* in HdbStR IV, 1. Auflage 1990, § 101 Rn. 136 f. am Beispiel des StrukturhilfeG v. 20.12.1988 (BGBl. 1988 I 2358); für grds. Nebeneinander *Volkmann/Kaufhold* in MKS Rn. 46.

[180] *v. Münch* VVDStRL 31 (1973), 54 (54 ff.); *Kisker,* Kooperation im Bundesstaat, 1974, 288 ff.; *Barbarino* in Politikverflechtung zwischen Bund, Ländern und Gemeinden, Vorträge und Diskussionsbeiträge der 42. Staatswissenschaftlichen Fortbildungstagung der Hochschule für Verwaltungswissenschaften Speyer Bd. 55, 90 ff.; *Soell* FS f. Forsthoff, 1972, 397 ff.; *Heinze* FS f. Forsthoff, 1972, 119 (135 ff.); *Wagener* VVDStRL 37 (1979), 213 (238 ff.); *Blümel* in HdbStR IV, 2. Auflage 1999, § 101 Rn. 125; *Hillgruber* JZ 2004, 837 (843), *Häde* JZ 2006, 930 (935).

[181] Zu diesem Konzept grdlg. *Hesse,* Der unitarische Bundesstaat, 1962.

[182] *Starck,* FS f. Öhlinger, 2004, 254 (270): „greifen die Landesstaatlichkeit im Kern an"; *Grzeszick* in Maunz/Dürig Art. 20 Abs. 4, Rn. 151 spricht von einem „trojanischen Pferd des Bundesstaates"; *Breuer* FS f. Krause, 2006, 325 (333 f.) nennt es eine „Crux" des Bundesstaates; siehe *Siekmann* in Sachs Rn. 6.

[183] Grundsätzlich kommt alternativ eine selbstständige Aufgabenerledigung der Länder unter besserer Finanzausstattung oder eine Neugliederung der Länder zur kapazitätsgerechten Aufgabenerfüllung in Betracht, siehe *Mager* in v. Münch/Kunig, 6. Auflage 2012, Rn. 57; *Huber* plädiert etwa dafür, Investitionshilfen des Bundes basierend auf einer Generalklausel zu erhöhen, *Huber,* Gutachten 65. DJT Bd. I, 2004, S. D. 87, 97 ff., 146; Kritik bei *Hillgruber* JZ 2004, 837 (844).

[184] Zutreffend zugespitzt *Hillgruber* JZ 2004, 837 (843), *Häde* JZ 2006, 930 (935).

der Rechtsvergleich (→ Rn. 8) mit anderen föderalen Staaten, die alle samt dieses Institut kennen. Zudem ergibt die Rechtsvergleichung auch, dass der Gegenstand der Gemeinschaftsaufgabe auf dem Boden des Grundgesetzes relativ **restriktiv** ausfällt. Anzuerkennen ist ebenfalls, dass die gemeinschaftliche Aufgabenwahrnehmung durchaus auch eine **Erfolgsgeschichte** zu verzeichnen hat. So lässt sich aus finanzwissenschaftlicher Sicht belegen, dass die gemeinschaftliche Wahrnehmung der in Art. 91a Abs. 1 genannten Aufgaben zur **Angleichung der Lebensverhältnisse** in der Bundesrepublik beigetragen hat.[185] Auch im Zuge der **Wiedervereinigung** konnten sich die Gemeinschaftsaufgaben noch einmal besonders bewähren.[186] Nicht zuletzt der **Hochschulaus- und -neubau,** der bis 1992 den Empfehlungen des Wissenschaftsrates entsprach, war jedenfalls bis zu diesem Zeitpunkt insgesamt als Erfolg gemeinsamer Aufgabenwahrnehmung zu verbuchen und hat unmittelbar Voraussetzungen für die Realisierung grundrechtlicher Freiheit geschaffen.[187]

Berechtigt sind indes jedenfalls dem Grunde nach auch die vorgetragenen **67** **Kritiken** etwa an der Entmachtung der Parlamente, der Verwischung der Verantwortlichkeiten und der Bürokratisierung. Diesen ist zwar durch bessere Beteiligung der Länderparlamente und Informationspflichten versucht worden zu begegnen, doch reichten die Versuche weder hin, um das Problem im Kern zu lösen, noch die Kritik zu besänftigen.

Im Ergebnis verbleibt die eigentliche Frage **nicht, *ob*** kooperativer Födera- **68** lismus in Gestalt der Gemeinschaftsaufgabe bestehen soll, **sondern *wie*** dieser – die Kritik konstruktiv aufgreifend – transparenter, nachvollziehbarer, effektiver und legitimer ausgestaltet werden soll. Beispielhaft für das bisherige Misslingen dieser Reformvorschläge und Reformversuche ist die Streichung der Hochschulförderung aus Art. 91a respektive deren reformative „Verschiebung" in Art. 91b[188] und sogar die Schaffung neuer Mischaufgaben in Art. 91e. Eine politische Auseinandersetzung mit bzw. Streichung der zweifelhaften Gemeinschaftsaufgabe des Küstenschutzes ist hingegen unterblieben.[189]

Jenseits des benannten immanenten Grundkonfliktes verbleibt die Bewer- **69** tung des Art. 91a **zeit- und kontextgebunden.** Art. 91a ist ein **Produkt der Planungseuphorie** der sechziger Jahre,[190] die ihrerseits auf dem Glauben an die Herstellbarkeit eines gesamtwirtschaftlichen Gleichgewichts durch staatliche **Globalsteuerung** beruhte. Seit Anfang der achtziger Jahre wuchs dagegen der Glaube an die Vorzüge der **Deregulierung und Privatisierung,**[191] der jedoch seinerseits den Deutungshöhepunkt überschritten hat. Eine eindeutig vorzugswürdige Alternative, die auch politisch realisierbar ist, steht nicht im Raum.[192] Die gemeinsame Aufgabenkompetenz verbleibt jedenfalls, wenn es sich um ein „mehrdimensionales öffentliches Gut" han-

---

[185] *Füchsel,* Gemeinschaftsaufgaben, 1985, 267, 305; *Stober* BayVBl. 1989, 97.

[186] *Henneke* in SHH Rn. 5; *Heller* in Piduch Bundeshaushaltsrecht, 2013, Art. 91a Rn. 3.

[187] Zu diesem Aspekt sa *v. Münch* VVDStRL 31 (1973), 51 (82).

[188] Treffend *Heun* in Dreier Rn. 9, der die falsche Gemeinschaftsaufgabe für entfallen hält; *Speiser* DÖV 2014, 555, qualifiziert es als die „dümmste politische Weichenstellung der letzten Zeit".

[189] *Füchsel,* Gemeinschaftsaufgaben, 1985, 225, der sich aus finanzwissenschaftlicher Sicht ausdrücklich für die Beibehaltung der anderen GA ausspricht (315).

[190] Statt vieler *Maunz* FS f. v. d. Heydte, 1977, 1052 (1059); *Majer* in AK Rn. 5.

[191] *Klatt* VerwArch 78 (1987), 189 (202 f.); *Gramm* WissR 1993, 198 (209).

[192] So auch *Majer* in AK Rn. 16; *Schmidt-De Caluwe* in Kluth Föderalismusreformgesetz, 2007, Rn. 6 f.

delt, dh ein öffentliches Gut, „dessen räumliche Breitenwirkung Ziele zentraler und dezentraler Körperschaften gleichzeitig berührt“,[193] **gegenüber einer Alleinverantwortung** der Länder oder des Bundes **überlegen.**[194] Das entbindet aber nicht von Reformen, sondern erfordert diese insbesondere im Hinblick auf effektive Verfahrensgestaltung und sachgerechte Mittelverteilung.

Literatur

I. Gemeinschaftsaufgaben allgemein

W. P. Becker, Möglichkeiten einer Beteiligung der Parlamente an der staatlichen Planung, ZParl. 5 (1974), 167. – ***A. Böhringer,*** Zur Mitwirkung der Landesparlamente im Bereich der Gemeinschaftsaufgaben, ZParl. 1 (1970), 173. – ***R. Breuer,*** Gemeinschaftsaufgaben und Mischfinanzierung – eine Crux des Bundesstaates, FS f. Krause, 2006, 325. – ***J. Depenbrock,*** Überregionale Länderaufgaben – ein Prüfstein des Föderalismus, FS f. Hefermehl, 1972, 37. – ***Deutscher Bundestag/Bundesrat, Öffentlichkeitsarbeit*** (Hrsg.), Zur Sache 1/2005, Dokumentation der Kommission von Bundestag und Bundesrat zur Modernisierung der Bundesstaatlichen Ordnung, 2005, 483. – ***K. H. Friauf,*** Gemeinschaftsaufgaben und Sonderbelastungsausgleich, VerwArch 66 (1975), 99. – ***J. A. Frowein,*** Gemeinschaftsaufgaben im Bundesstaat, VVDStRL 31 (1973), 13. – ***W.-D. Füchsel,*** Gemeinschaftsaufgaben, 1985. – ***R. Goroncy,*** Der Mitwirkungsbereich des Bundes bei den Gemeinschaftsaufgaben nach Art. 91a und 91b des Grundgesetzes, DÖV 1970, 109. – ***R. Goroncy,*** Gemeinschaftsaufgabe und Parlamente, ZRP 1972, 61. – ***R. Goroncy,*** Mitwirkungsbereich und Zusammenwirken bei den Gemeinschaftsaufgaben, DÖV 1971, 85. – ***Ch. Heinze,*** Kooperativer Föderalismus und die Umbildung der Verfassung, FS f. Forsthoff, 1972, 119. – ***J. J. Hesse*** (Hrsg.), Politikverflechtung im föderalen Staat, 1978. – ***K. Hesse,*** Aspekte des kooperativen Föderalismus in der Bundesrepublik, FS f. Müller, 1970, 141. – ***E. Kalinna,*** Die Rahmenplanung und der Rahmenplan nach Art. 91a GG, 1985. – ***R.-D. Kammer,*** Finanzkontrolle und Finanzierungskompetenz des Bundes, DVBl 1990, 555. – ***G. Kisker,*** Kooperation im Bundesstaat, 1974. – ***H. Klatt,*** Interföderale Beziehungen im kooperativen Bundesstaat, VerwArch 78 (1987), 186. – ***W. Kluth*** (Hrsg.), Föderalismusreformgesetz, 2007. – ***Kommission für die Finanzreform,*** Gutachten über die Finanzreform in der Bundesrepublik Deutschland, 2. Aufl. 1966. – ***H. C. F. Liesegang,*** Die Beteiligung der Parlamente bei der Aufstellung von Plänen durch die Exekutive, ZParl. 3 (1972), 161. – ***H. C. F. Liesegang,*** Zum Entwurf eines Gesetzes über die parlamentarische Kontrolle der Regierungsplanung, ZRP 1972, 259. – ***H. C. F. Liesegang /R. Plöger,*** Schwächung der Parlamente durch den kooperativen Föderalismus?, DÖV 1971, 228. – ***J. Linck,*** Anspruch und Wirklichkeit parlamentarischer Kontrolle im Bereich der Gemeinschaftsaufgaben, ZParl. 6 (1975), 154. – ***S. Marnitz,*** Die Gemeinschaftsaufgaben des Art. 91a GG als Versuch einer verfassungsrechtlichen Institutionalisierung der bundesstaatlichen Kooperation, 1974. – ***I. v. Münch,*** Gemeinschaftsaufgaben im Bundesstaat, VVDStRL 31 (1973), 51. – ***J. Pietzcker,*** Landesbericht Bundesrepublik, in Ch. Starck, Zusammenarbeit der Gliedstaaten im Bundesstaat, 1988, 60. – ***J. Riebel,*** Reduzierung von Mischfinanzierungen und Abbau von Gemeinschaftsaufgaben, in R.Holtschneider/W.Schön,Die Reform des Bundesstaates, 2007, 320. – ***F. Rietdorf,*** Die Gemeinschaftsaufgaben – ein Schritt zur gemeinsamen Aufgabenplanung von Bund- und Ländern?, DÖV 1972, 513. – ***O. Runde,*** Gemeinschaftsaufgaben/Mischfinanzierungen, in R.Holtschneider/W.Schön, Die Reform des Bundesstaates, 2007, 297. – ***F. W. Scharpf/B. Reissert/F. Schnabel*** (Hrsg.), Politikverflechtung, Theorie und Empirie des kooperativen Föderalismus in der Bundesrepublik, 1976. – ***F. W. Scharpf/B. Reissert/F. Schnabel*** (Hrsg.), Politikverflechtung, Berichte aus der Praxis, 1977. – ***U. Scheuner,*** Kooperation und Konflikt, Das Verhältnis von Bund und Ländern im Wandel, DÖV 1972, 585. – ***R. Seckelmann/S. Lange/T. Horstmann*** (Hrsg.), Die Gemeinschaftsaufgaben von Bund und Ländern in der

[193] *Füchsel,* Gemeinschaftsaufgaben, 1985, 225.

[194] *Heun* in Dreier Rn. 9.

Wissenschafts- und Bildungspolitik, 2010. – ***H. Soell,*** Sind die Gemeinschaftsaufgaben nach Art. 91a GG ein geeignetes Instrument zur Weiterentwicklung des föderativen Systems?, FS f. Forsthoff, 1972, 397. – ***Staatswissenschaftlichen Fortbildungstagung der Hochschule für Verwaltungswissenschaften Speyer,*** Politikverflechtung zwischen Bund, Ländern und Gemeinden, Vorträge und Diskussionsbeiträge der 42. Staatswissenschaftlichen Fortbildungstagung der Hochschule für Verwaltungswissenschaften Speyer, Schriftenreihe Bd. 55, 1974. – ***Ch. Starck*** (Hrsg.), Föderalismusreform, 2007. – ***K. Stern,*** Die Idee der politischen Planung mit besonderer Berücksichtigung der Vorschläge der Enquete-Kommission Verfassungsreform, FS f. W. Hoppe, 2000, 271. – ***R. Stober,*** Zur wirtschaftlichen Bedeutung des Bundesstaatsprinzips, BayVBl. 1989, 97. – ***B. Tiemann,*** Der Beteiligungsgrad des Bundes an den Gemeinschaftsaufgaben, DÖV 1971, 86. – ***B. Tiemann,*** Die neuen Gemeinschaftsaufgaben (Art. 91a, b GG) im System des Grundgesetzes, DÖV 1970, 161. – ***B. Tiemann,*** Gemeinschaftsaufgaben und bundesstaatliche Kompetenzordnung, DÖV 1970, 725. – ***B. Tiemann,*** Gemeinschaftsaufgaben von Bund und Ländern in verfassungsrechtlicher Sicht, 1970.

Sa die Literatur zu Art. 91 b.

II. Art. 91a Abs. 1 Nr. 1 (Regionale Wirtschaftsförderung)

S. Ast, Institutionelle Anpassungsreaktionen im europäischen Mehrebenensystem – Das Beispiel regionaler Strukturpolitik in Deutschland, DÖV 1998, 535. – ***P. Becker,*** Die Gemeinschaftsaufgabe „Verbesserung der regionalen Wirtschaftsstruktur", DV 1972, 59. – ***H. H. Eberstein/H. Karl*** (Hrsg.), Handbuch der regionalen Wirtschaftsförderung, 3. Aufl. 1996, Loseblattsammlung, Stand Nov. 2001. – ***T. Falkenkötter,*** Die Auswirkungen der Kohäsionspolitik der Europäischen Gemeinschaft auf die Gemeinschaftsaufgabe „Verbesserung der regionalen Wirtschaftsstruktur" nach Art. 91a Abs. 1 Nr. 2 GG, 2000. – ***J. J. Hesse/A. Benz/A. Benz/H. Backhaus-Maul,*** Regionalisierte Wirtschaftspolitik, 1991. – ***L. Jung,*** Die Neuordnung der deutschen und europäischen Regional-/Strukturförderung vor dem Hintergrund der Beihilfenkontrolle und der Agenda 2000, DÖV 2000, 190. – ***P. Letixerant,*** Die Einbeziehung isolierter und alternierender Telearbeitsplätze in die gewerbliche Investitionsförderung der Gemeinschaftsaufgabe „Verbesserung der regionalen Wirtschaftsstruktur", Betrieb und Wirtschaft 1997, 465. – ***F. Nägele,*** Die „graue Eminenz" der regionalen Wirtschaftspolitik, StWissStPr 1997, 109. – ***P. Nahmowitz,*** Effektivität wirtschaftsrechtlicher Steuerung, KJ 20 (1987), 411. – ***H. Neupert,*** Regionale Strukturpolitik als Aufgabe der Länder, 1986. – ***M. Pfeifer,*** Investitionszulagengesetz und Rahmenplan der Gemeinschaftsaufgabe „Verbesserung der regionalen Wirtschaftsstruktur", DVBl 1975, 323. – ***A. Poth-Mögele,*** Das Prinzip der „Partnerschaft" in der Strukturpolitik der Europäischen Gemeinschaft, 1993. – ***G. Püttner/W. Spannowsky,*** Das Verhältnis der europäischen Regionalpolitik zur deutschen Regionalpolitik, 1986. – ***G. Püttner,*** Regionale Wirtschaftspolitik als zentrales Aufgabenfeld eigenverantwortlicher Landespolitik und das Beihilfen-Kontroll-Regime der EG, in B. Vogel/G. Öhringer, Föderalismus in der Bewährung, 1992. – ***B. Schöndorf-Haubold,*** Die Strukturfonds der Europäischen Gemeinschaft, 2005. – ***W. Spannowsky,*** Der Handlungsspielraum und die Grenzen regionaler Wirtschaftsförderung des Bundes, 1987. – ***F. Tetsch/U. Benterbusch/P. Letixerant,*** Die Bund-Länder-Gemeinschaftsaufgabe „Verbesserung der regionalen Wirtschaftsstruktur", Leitfaden zur regionalen Wirtschaftsförderung in Deutschland, 1996. – ***K. Toepel,*** Regionale Strukturpolitik in den neuen Bundesländern unter Berücksichtigung des EU-Engagements, APuZ Beih. 49/1995, 31. – ***K. Toepel,*** Zusammenwirken von nationaler und europäischer Regionalpolitik in den neuen Bundesländern, 1997.

III. Art. 91a Abs. 1 Nr. 2 (Agrarstruktur und Küstenschutz)

H. Pruns, Gemeinschaftsaufgabe „Verbesserung der Agrarstruktur und des Küstenschutzes", Erfahrungen und Probleme der Rahmenplanung, DÖV 1973, 217. – ***Th. C. Schwede,*** Entwicklungen und Wandel des Rechts der Agrarstruktur nach 1945, 1980.

Art. 91b [Forschungsförderung, Bildungsevaluation]

(1) [1] Bund und Länder können auf Grund von Vereinbarungen in Fällen überregionaler Bedeutung bei der Förderung von Wissenschaft, Forschung und Lehre zusammenwirken. [2] Vereinbarungen, die im Schwerpunkt Hochschulen betreffen, bedürfen der Zustimmung aller Länder. [3] Dies gilt nicht für Vereinbarungen über Forschungsbauten einschließlich Großgeräten.

(2) Bund und Länder können auf Grund von Vereinbarungen zur Feststellung der Leistungsfähigkeit des Bildungswesens im internationalen Vergleich und bei diesbezüglichen Berichten und Empfehlungen zusammenwirken.

(3) Die Kostentragung wird in der Vereinbarung geregelt.

GG in der Fassung des 21. Änderungsgesetzes vom 12.5.1969

Art. 91b [Bildungsplanung und Forschungsförderung]. Bund und Länder können auf Grund von Vereinbarungen bei der Bildungsplanung und bei der Förderung von Einrichtungen und Vorhaben der wissenschaftlichen Forschung von überregionaler Bedeutung zusammenwirken. Die Aufteilung der Kosten wird in der Vereinbarung geregelt.

Übersicht

A. Allgemeine Bedeutung

I. Genese

1 Forschung und Bildung sind – zumal in einem rohstoffarmen Hochtechnologie- und Industriestaat – von **eminenter Bedeutung** und **verwirklichen Grundrechte** sowie das Ziel der Sozialstaatlichkeit. Folglich beteiligte sich der finanzkräftigere Bund schon frühzeitig an den bildungspolitischen, vor allem aber an den forschungsfördernden Aktivitäten der Länder, ohne jedoch über eine ausreichende verfassungsrechtliche Grundlage zu verfügen.

2 Vor Einführung des Art. 91b haben auch im Bereich der Forschungsförderung zunächst die Länder untereinander kooperiert. So schlossen sie ein erstes Verwaltungsabkommen über die Finanzierung wissenschaftlicher Forschungseinrichtungen bereits 1949 ab.[1] Die Zusammenarbeit zwischen Bund und Ländern begann 1957 mit dem Verwaltungsabkommen über die Einrichtung des **Wissenschaftsrates.**[2] Basierend auf diesem Abkommen, partizipierte der Bund an der Erarbeitung eines Gesamtplanes zur Förderung der Wissenschaft inklusive dessen Finanzierung. Im Jahre 1964 schlossen Bund und Länder das Verwaltungsabkommen zur Förderung von Wissenschaft und Forschung v. 4.6.1964, welches 1968 verlängert wurde.[3]

3 Art. 91b ist ebenso wie Art. 91a durch das 21. G zur Änderung des GG v. 12.5.1969[4] in das GG eingefügt worden, um die bis dahin vorherrschende, verfassungsrechtlich **umstrittene Staatspraxis** durch eine ausdrückliche grundgesetzliche Ermächtigung **abzusichern.**[5] Neben dem Legalisierungsmotiv dieser Praxis vereinigen sich in Art. 91b aber auch die **Planungs- und die Bildungseuphorie** jener Zeit.[6] Diese kommt etwa im Bildungsgesamtplan von 1973 zum Ausdruck, dessen Fortschreibung jedoch rund eine Dekade später aufgrund unüberbrückbarer Differenzen scheiterte.[7] Seit der Grundgesetzänderung durch das 21. Änderungsgesetz vom 12.5.1969 erfolgte die Förderung der Wissenschaft auf der Grundlage des Art. 91b GG aF, die in der Rahmenvereinbarung zwischen Bund und Ländern über die gemeinsame Förderung der Forschung nach Art. 91b v. 28.11.1975 (RV-Fo)

---

[1] Königsteiner Staatsabkommen v. 30./31.3.1949, Hess. GVBl. 37/1950, 179 ff.; verlängert 1954, GVBl. NRW 1954, 119, und 1959, GVBl. NRW 1960, 85; abgedr. bei *Staff,* Wissenschaftsförderung im Gesamtstaat, 1971, 159 ff.

[2] Verwaltungsabkommen über die Einrichtung des Wissenschaftsrates v. 5.9.1957, GMBl. 533, seither regelmäßig verlängert, die aktuelle, ab dem 1.1.2008 geltende, Fassung ist abrufbar unter: https://www.wissenschaftsrat.de/download/archiv/Verwaltungsabkommen.pdf?__blob=publicationFile&v=2, letzter Abruf am 30.8.2020.

[3] GMBl. 315 u. GMBl. 98, jeweils abgedr. bei *Staff,* Wissenschaftsförderung im Gesamtstaat, 1971, 171 ff.; zur Frage der Verfassungsmäßigkeit s. *Staff,* Wissenschaftsförderung im Gesamtstaat, 1971, 123.

[4] BGBl. 1969 I 359.

[5] BT-Drs. V/2861, 106; *Schwarz* in Maunz/Dürig Rn. 1; zur Frage der Verfassungsmäßigkeit der Bund-Länder-Kooperation vor Einführung der Gemeinschaftsaufgaben (GA) ausf. *Grawert,* Verwaltungsabkommen zwischen Bund und Ländern in der BRD, 1967, 131 ff., 239 ff.; *Tiemann,* Gemeinschaftsaufgaben von Bund und Ländern in verfassungsrechtlicher Sicht, 1970, 104 ff.; *Kisker,* Kooperation im Bundesstaat, 1971, 158 ff.; *Knöpfle,* Der Staat 8, 1969, 79 ff.; *Köttgen,* Fondsverwaltung in der Bundesrepublik, 1965, 38 ff.; *Kölble* DÖV 1964, 592 ff.

[6] *Heun* in Dreier Rn. 1.

[7] *Volkmann/Kaufhold* in MKS Rn. 1.

sowie den dazu ergangenen Ausführungsvereinbarungen konkretisiert worden waren.[8]

4 Im Zuge der **Föderalismusreform** 2006 wurden Teile der bisherigen GA Art. 91a Abs. 1 Nr. 1 GG aF in den Art. 91b überführt,[9] Voraussetzung ist weiterhin die überregionale Bedeutung des Förderungsgegenstands. Infolge der Verfassungsänderungen ist die RV-Fo gem. Art. 10 Abs. 2 Nr. 2 GWK-Abkommen mit Ablauf des Jahres 2007 außer Kraft getreten. Die gemeinsame Förderung wird seit dem 1.1.2008 auf der Grundlage des GWK-Abkommens und den dazu ergangenen Ausführungsvereinbarungen fortgesetzt.[10] Mit dem 60. Gesetz zur Änderung des Grundgesetzes v. 23.12.2014[11] ist Art. 91b abermals refomiert worden. Zentrales Anliegen war es, die Grundfinanzierung der Hochschulen zu verbessern, indem nunmehr auch die institutionelle Förderung der Hochschulen mit Bundesmitteln ermöglicht werden sollte.[12] Insgesamt sind dadurch die Kooperationsformen grundlegend erweitert worden.

5 Der Entwurf des Finanzreformgesetzes, mit dem Art. 91b GG als Element des Abschnitts VIIIa in das GG eingefügt werden sollte, sah noch eine Beschränkung auf die Förderung der Forschung vor, die zwar in den nachfolgenden Beratungen um die **Bildungsplanung** ergänzt wurde, deren Bedeutung jedoch stets hinter ersterem Anliegen zurückblieb.[13] Erst die alarmierenden Ergebnisse der **PISA**-Studie zur Jahrtausendwende führten zu einer gewissen (Re-)Fokussierung auf die Kooperation im Bildungsbereich und einer Renaissance der Bildungsplanung.[14] Schon die Einfügung dieses Sachbereichs war Folge eines Kompromisses: Die Länder verwahrten sich gegen eine Rahmengesetzgebungskompetenz des Bundes für die Bildungsplanung angesichts des Charakters einer genuinen Länderangelegenheit.[15] Die innerstaatliche Mobilität und sozialstaatlich verbürgte Grundrechtsgehalte[16] verlangten hingegen nach länderübergreifender Koordination der Bildungsplanung. Art. 91b schien einen möglichen Ausweg aus dem Konflikt zu weisen.[17]

6 Im Zuge der **Föderalismusreform I** im Jahr 2006 ist das Zusammenwirken im Bereich der Forschungsförderung grundlegend umgestaltet wor-

---

[8] Vgl. zur Forschungsförderung und zur Rolle der BLK und des Wissenschaftsrates *Trute,* Die Forschung zwischen grundrechtlicher Freiheit und staatlicher Institutionalisierung, 1994, 452 ff. und 702 ff.; zu GWK und Wissenschaftsrat *BMBF,* Bundesbericht Forschung und Innovation, 2008, 51 f.; zur Rolle der BLK auch *Blümel* in HdbStR IV, 1. Auflage 1990, § 101 Rn. 166; zum Wissenschaftsrat insbes. auch *Berger,* Zur Stellung des Wissenschaftsrates bei der wissenschaftspolitischen Beratung von Bund und Ländern, 1974, 15 ff. (28 ff.); *Röhl,* Der Wissenschaftsrat, 1994, 54 ff.

[9] → Rn. 4.

[10] *GWK,* Gemeinsame Forschungsförderung des Bundes und der Länder – Finanzströme im Jahre 2007, 3 Fn. 1; das GWK-Abkommen sowie die Ausführungsvereinbarungen finden sich in der von der GWK herausgegebenen Broschüre: Grundlagen der GWK 2009, 9 ff.

[11] BGBl. 2014 I 2438.

[12] *Suerbaum* in BeckOK GG Rn. 4a.

[13] *Volkmann/Kaufhold* in MKS Rn. 1.

[14] *Volkmann/Kaufhold* in MKS Rn. 2.

[15] BVerfGE 6, 309 (346 f.): „Kulturhoheit als Kernstück der Eigenstaatlichkeit der Länder".

[16] Zur Unitarisierung durch Grundrechte s. *Glotz/Faber* in BMV VerfassungsR-HdB, § 28 Rn. 36 ff.

[17] Vgl. zur Entstehungsgeschichte ausf. *Poeppelt,* Zum Bildungsgesamtplan der Bund-Länder-Kommission, 1978, 30 ff.; *Dittmann,* Bildungsplanung als Gemeinschaftsaufgabe, 1975, 33 ff.

den, ohne jedoch nachhaltig zu überzeugen und bestehen zu können. Zum einen wurde die **Bildungsplanung** als Gemeinschaftsaufgabe (GA) im Sinne des Entflechtungsgedanken und als Konsequenz der seit den 1980ger Jahren ausgebliebenen Praxis **eliminiert.** Stattdessen ist die Möglichkeit der **Bildungsevaluation im internationalen Vergleich normiert** worden. Zum anderen sind Teile der früheren Gemeinschaftsaufgabe (GA) des Art. 91 Abs. 1 Nr. 1 GG aF „Ausbau und Neubau von Hochschulen einschließlich der Hochschulkliniken" in den Art. 91b überführt worden. Nachdem der auf der Grundlage von Art. 91a Abs. 1 Nr. 1 GG aF geleistete quantitative Aufbau als vollendet gilt, sollte mit den flexibleren Formen des Art. 91b in den Qualitätsausbau von Wissenschaft und Forschung investiert werden.[18]

Keine 10 Jahre später ist, ua bedingt durch Förderprogramme wie die 7
Exzellenzinitiative, den Hochschulpakt 2020 und das Professorinnenprogramm, deren verfassungsrechtliche Zulässigkeit angesichts der damals geltenden engen Kooperationsmöglichkeiten zweifelhaft erschien,[19] eine erneute **Novellierung** erfolgt, durch die Art. 91b seine heute geltende Form erhielt.[20] Von den signifikant **ausgeweiteten Kooperationsmöglichkeiten**[21] ist auch etwa in Gestalt der Exzellenzstrategie, dem Programm zur Förderung des wissenschaftlichen Nachwuchses und der Förderinitiative „Innovative Hochschule" Gebrauch gemacht worden.[22]

II. Inhaltsübersicht

Art. 91b ist wie Art. 91a Ausdruck des kooperativen Föderalismus und 8
ermöglicht das Zusammenwirken von Bund und Ländern auf dem Gebiet der Forschungsförderung und des Leistungsvergleichs im Bildungswesen. Art. 91b Abs. 1 bestimmt Wissenschaft, Forschung und Lehre als ein Gebiet des Zusammenwirkens, überregionale Bedeutung vorausgesetzt, und gibt als Form die Vereinbarung vor, worin eine gewisse Gleichberechtigung zum Ausdruck kommt.[23]Art. 91b Abs. 2 ermächtigt in gleichen Formen zur Kooperation, um die internationale Leistungsfähigkeit des Bildungswesens festzustellen und darauf bezogene Berichte und Empfehlungen zu erstellen. Insofern ist Abs. 2 zugleich enger und weiter als Abs. 1. Weiter ist er dahingehend, dass er das Bildungswesen in seiner Gesamtheit erfasst, enger insofern, als er lediglich die Ermittlung und Evaluation, nicht jedoch die Förderung erfasst.[24] Art. 91b Abs. 3 bestimmt, dass Bund und Länder in der

---

[18] *Mager* RdJB 2005, 312 (315, 320 f.); *Henneke* in SHH Rn. 2; *Hellermann* in Starck, Föderalismusreform 2006, 2007, Rn. 284; *Schmidt-De Caluwe* in Kluth, Föderalismusreformgesetz, Rn. 3 ff.; zur Entstehung der sehr umstrittenen Neufassung s. *Schmidt-Aßmann* FS f. Isensee, 2007, 405 (414 ff.); *Sager* in Holtschneider/Schön Die Reform des Bundesstaates, 117 (125 ff.); *Böhmler* in Holtschneider/Schön Die Reform des Bundesstaates, 139 (145 ff., 152 f.); *Runde* in Holtschneider/Schön Die Reform des Bundesstaates, 297 (316 f.); *Riebel* in Holtschneider/Schön Die Reform des Bundesstaates, 320 (325 f.).

[19] Vgl. etwa den Disput zwischen *Sieweke* DÖV 2009, 946 ff. und *Sieweke* DÖV 2011, 435 ff. mit *Wagner,* DÖV 2011, 427 ff.; so auch *Heun* in Dreier Rn. 4.

[20] BGBl. 2014 I 2438; BT-Drs. 18/2710; Entwurf BT-Drs. 17/10956; *Seckelmann* ZRP 2013, 82 ff.

[21] *Wolff* DÖV 2015, 771 ff.

[22] *Volkmann/Kaufhold* in MKS Rn. 7.

[23] So *Volkmann/Kaufhold* in MKS Rn. 18.

[24] So *Volkmann/Kaufhold* in MKS Rn. 31.

Vereinbarung der Kostentragung – anders als in Art. 91a, der eine konkrete Kostenteilung anordnet – frei sind.

III. Überstaatliche Bezüge

9 Die **EU** ist ausweislich der Art. 165 f. AEUV auf die Entwicklung eines hohen Bildungsstandards verpflichtet und verfügt zur **Entwicklung eines europäischen Forschungsraumes** über eine Vielzahl eigenständiger Forschungsförderungsinstrumente (Art. 179–190 AEUV), die zum Status einer „scientific superpower" beitragen sollen.[25] Diese Instrumente tragen jedoch komplementären Charakter und kollidieren demnach nicht mit dem Regelungsgehalt des Art. 91b. Indes sind insbesondere aufgrund der zunehmenden Ökonomisierungstendenzen von bestimmten Wissenschaftssektoren Kollisionen mit dem **Beihilferegime** der Art. 107 ff. AEUV – etwa im Zuge von sog. Auftragsforschung – nicht kategorisch ausgeschlossen.[26]

10 Kooperationsmöglichkeiten und Kooperationspflichten im Bildungs- und Forschungsbereich bestehen auch in anderen föderalen Staaten wie etwa in der **Schweiz** (Art. 61a Abs. 1, 2, Art. 63a Abs. 3 BV).[27] Demgegenüber sind die angloamerikanischen Staaten primär durch eine stärker privatwirtschaftliche und mäzenatische Bildungs- und Forschungslandschaft geprägt, so dass Ähnlichkeiten gering ausfallen.[28]

11 Die durch die **OECD** nunmehr seit zwei Dekaden im dreijährigen Turnus durchgeführten **PISA-Studien** zur internationalen Messung von Schul- und Bildungsleistungen haben sich etabliert und sind ungeachtet der zT berechtigten Kritik zu einem maßgeblichen Faktor bildungspolitischer Entscheidungen avanciert.[29] Die stetige Internationalisierung im Bildungsbereich war auch ein Grund für die Schaffung der neuen Gemeinschaftsaufgabe Bildungsevaluation im internationalen Bereich.[30]

B. Einzelfragen

I. Zusammenwirken von Bund und Ländern bei der Förderung von Wissenschaft, Forschung und Lehre (Abs. 1)

12 **1. Gegenstand der Kooperation. a) Bund und Länder können … zusammenwirken.** Art. 91b hat mit Art. 91a gemein, dass er weitreichende Kooperationen zwischen Bund und Ländern ermöglicht und somit eine **Ausnahme** zu dem für die Kompetenzordnung grundlegenden **Trennprin-**

---

[25] Allgemein dazu *Ohlenschläger,* Das Forschungsförderungsrecht der Europäischen Union, 2012; *Pilniok,* Governance im europäischen Forschungsförderverbund: eine rechtswissenschaftliche Analyse der Forschungspolitik und Forschungsförderung im Mehrebenensystem, 2011; *Delanghe/Muldur/Soete* (Hrsg.), European Science and Technology Policy: Towards Integration or Fragmentation?, 2010.

[26] *Volkmann/Kaufhold* in MKS Rn. 8 mit Verweis auf Unionsrahmen für staatliche Beihilfen zur Förderung von Forschung, Entwicklung und Innovation, Abl. 2014 C 198/1, 17.

[27] Zum Vergleich mit Deutschland *Ehrenzeller* VVDStRL 73 (2014), 7.

[28] *Heun* in Dreier Rn. 6.

[29] *Bogdandy/Goldmann,* The Exercise of International Public Authority Through National Policy Assessment: The OECD's PISA-Policy as a Paradigm for a New International Standard Instrument, IOLR, Bd. 5 (2008) Nr. 2, 241 ff.

[30] Dazu *Volkmann/Kaufhold* in MKS Rn. 2.

zip bildet. Jenseits dieser Gemeinsamkeit lässt sich Art. 91b jedoch vor allem im Unterschied zu Art. 91a charakterisieren: Anders als Art. 91a enthält Art. 91b keinen Auftrag zur Zusammenarbeit, sondern eröffnet nur die ins **Ermessen** gestellte Möglichkeit dazu.[31] „Mitwirkung" unterscheidet sich nicht nur begrifflich von „Zusammenwirken". Bund und Länder bleiben im Rahmen des Art. 91b freier und flexibler in den Gestaltungsmöglichkeiten, die von Fall zu Fall variieren. In dem Begriff des **Zusammenwirkens kommt zudem die Gleichberechtigung** von Bund und Ländern zum Ausdruck, was auch eine Mitwirkung der Länder an Bundesaufgaben einschließt.[32]

Art. 91b erlaubt Bund und Ländern, in den genannten Sachgebieten über den Rahmen der jeweils eigenen Kompetenzen hinaus zu kooperieren. Während sich eine eigene Kompetenzgrundlage des Bundes für den Sachbereich der Forschungsförderung auch schon vor Einfügung des Art. 91b für die Gesetzgebung aus Art. 74 Abs. 1 Nr. 13, für die Verwaltung in Bezug auf gesamtstaatlich bedeutsame Großforschung aus der Natur der Sache ableiten ließ,[33] fiel dies für den Bereich der Bildungsplanung schwer.[34] Für Bildungsevaluationen im internationalen Vergleich lässt sich eine Kompetenz zur Koordination dagegen aus der Bundeskompetenz für die Außenpolitik (Art. 32) ableiten. **13**

Das Zusammenwirken gestattet eine **Institutionalisierung** der Kooperation, wie dies zunächst in der Bund-Länder-Kommission für Bildungsplanung und Forschungsförderung geschehen war.[35] Infolge der Neufassung des Art. 91b hat die BLK mWz 31.12.2007 ihre Arbeit beendet. Nachfolgerin ist die **Gemeinsame Wissenschaftskonferenz** (GWK).[36] Umstritten ist in dieser Hinsicht, ob Bund und Länder auf gemeinsam gebildete Gremien Hoheitsbefugnisse in der Weise übertragen dürfen, dass sie zur Fassung verbindlicher Beschlüsse befugt sind,[37] oder ob dieses Recht bei Bund und Ländern verbleiben muss.[38] Während die dauerhafte, irrevisible Abtretung von Befugnissen an institutionalisierte Kooperationsgremien als unzulässig zu qualifizieren ist, da diese de facto eine Verfassungsänderung bewirkten,[39] erlauben der offene Wortlaut und die angestrebte Flexibilisierung sonst eine weitgehende Übertragung. Weitere Grenzen können sich allerdings aus der **14**

[31] AllgM, s. nur BT-Drs. V/2861, 287; *Meusel,* Außeruniversitäre Forschung im Wissenschaftsrecht, 1992, 135 mwN; *Schwarz* in Maunz/Dürig Rn. 8 f.; *Siekmann* in Sachs Rn. 29.

[32] Vgl. *Kienemund* in Hömig/Wolff Rn. 3; *Siekmann* in Sachs Rn. 5; *Heun* in Dreier Rn. 6; *Volkmann/Kaufhold* in MKS Rn. 14 f.

[33] Überregionalität und gesamtstaatliche Bedeutung für die sog. Großforschung; s. dazu auch das Entwurf gebliebene sog. Flurbereinigungsabkommen von 1971, abgedr. bei *Faber/Gieseke/Gramm/Wesseler,* Gemeinschaftsaufgaben von Bund und Ländern im Hochschulbereich, 1991, 15 ff.; zur Verwaltungskompetenz kraft Natur der Sache wegen Überregionalität in Anlehnung an BVerfGE 22, 180 (217) s. *Jakob* Der Staat 24 (1985), 527 (553 f.); krit. *Tiemann,* Gemeinschaftsaufgaben von Bund und Ländern in verfassungsrechtlicher Sicht, 1970, 164 ff.; *Köstlin,* Die Kulturhoheit des Bundes, 1989, 51 ff.

[34] Vgl. *Goroncy* DVBl. 1970, 310 (311); *Meusel,* Außeruniversitäre Forschung im Wissenschaftsrecht, 1992, 135.

[35] *Schwarz* in Maunz/Dürig Rn. 15; *Kment* in Jarass/Pieroth Rn. 3.

[36] http://www.gwk-bonn.de, letzter Abruf 30.8.2020.

[37] So *Dittmann,* Bildungsplanung als Gemeinschaftsaufgabe, 1975, 157; *Köstlin,* Die Kulturhoheit des Bundes, 1989, 227.

[38] *Tiemann,* Gemeinschaftsaufgaben von Bund und Ländern in verfassungsrechtlicher Sicht, 1970, 248, 253; *Tiemann* DÖV 1970, 725 (729); *Kment* in Jarass/Pieroth Rn. 3.

[39] S. dazu auch *Kisker,* Kooperation im Bundesstaat, 1971, 208 ff., 212; *Depenbrock* FG f. Hefermehl, 1972, 37 (50); BVerwGE 23, 194 (198).

Form der Vereinbarung ergeben, da Verwaltungsabkommen lediglich Bindungswirkung für die Exekutive entfalten und entsprechend keinen Inhalt aufweisen können, der über den Kompetenzbereich der Exekutive hinausreicht.[40]

15 Die Auffassung, in Art. 91b sei hinsichtlich der erforderlichen **Mehrheiten** das traditionelle **Einstimmigkeitsprinzip** erhalten geblieben, ist zutreffend, soweit es um den Abschluss von Vereinbarungen auf der Grundlage von Art. 91b geht. Im Übrigen ist es jedoch der jeweiligen Vereinbarung überlassen, welche **Mehrheiten** für die Durchführung erforderlich sein sollen.[41] Das Erfordernis der Zustimmung aller Länder in Art. 91b Abs. 1 S. 2 für Vereinbarungen, die im Schwerpunkt Hochschulen betreffen, stellt keine Mehrheitsregelung dar, sondern eine Beteiligungsregelung.[42] Das Erfordernis verschärft den **Grundsatz der Gleichbehandlung** aller Länder,[43] denn dieser bedeutet gerade nicht, dass der Bund Vereinbarungen stets mit allen Ländern schließen muss. Vielmehr verlangt er nur einen sachlichen Grund für Differenzierungen.[44] Für den Abschluss von Vereinbarungen auf der Grundlage von Art. 91b gilt folglich das Einstimmigkeitsprinzip, soweit der Kreis der Beteiligten reicht. Für Vereinbarungen auf der Grundlage von Art. 91b Abs. 1 S. 2 ist zudem die Beteiligung aller Bundesländer gefordert. Innerhalb solcher Vereinbarungen können die Beteiligten – wie gesagt – die nötigen Mehrheitserfordernisse festlegen.

16 Aus dem Prinzip der Bundestreue folgt bezüglich der Umsetzung der Vereinbarungen eine **wechselseitige Unterrichtungspflicht.**[45]

17 **b) Aufgrund von Vereinbarungen.** Die Vereinbarungen, auf deren Grundlage die Zusammenarbeit stattfindet, können ihrer Rechtsnatur nach **Verwaltungsabkommen** oder **Staatsverträge** sein.[46] In der Staatspraxis handelt es sich bisher ausschließlich um Verwaltungsabkommen.[47] Anders als die der parlamentarischen Ratifizierung bedürftigen Staatsverträge binden sie nur die beteiligten Regierungen, ohne jedoch Verbindlichkeit für die Parlamente oder Außenwirkung zu erlangen.[48] Hinsichtlich der grundrechtsrelevanten Forschungsförderung bestehen Zweifel, ob die ohne parlamentarische Beteiligung geschlossenen Vereinbarungen verfassungsgemäß sind. Es

---

[40] *Dittmann,* Bildungsplanung als Gemeinschaftsaufgabe, 1975, 157; sa *Kienemund* in Hömig/Wolff Rn. 4.

[41] *Dittmann,* Bildungsplanung als Gemeinschaftsaufgabe, 1975, 159 ff.; *Köstlin,* Die Kulturhoheit des Bundes, 1989, 227; aA *Schwarz* in Maunz/Dürig Rn. 26 mit nicht tragfähigem Gegenschluss zu Art. 91a; *Kienemund* in Hömig/Wolff Rn. 3 als Folgerung aus dem Begriff des Zusammenwirkens.

[42] Sa *Kienemund* in Hömig/Wolff Rn. 4; *Heun* in Dreier Rn. 9; *Hellermann* in Starck, Föderalismusreform 2006, 2007, Rn. 302.

[43] BVerfGE 12, 205 (255); 39, 119 (zu Art. 104a Abs. 4 aF); 41, 305 (308).

[44] *Goroncy* DVBl. 1970, 310 (316); *Schwarz* in Maunz/Dürig Rn. 35; *Majer* in AK Rn. 25; *Kment* in Jarass/Pieroth Rn. 3; *Heun* in Dreier Rn. 9; *Kienemund* in Hömig/Wolff Rn. 3 ff.; *Siekmann* in Sachs Rn. 23; *Henneke* in SHH Rn. 4.

[45] *Majer* in AK Rn. 21; sa *Bauer,* Die Bundestreue, 1992, 346 ff. sowie BVerfGE 39, 96 (127); 41, 291 (313).

[46] *Schwarz* in Maunz/Dürig Rn. 34; *Oebbecke* in HdbStR VI, § 136 Rn. 154; *Kment* in Jarass/Pieroth Rn. 2; aA *v. Mangoldt/Klein,* Das Bonner Grundgesetz, 2. Auflage 1957/1974, Anm. IV 5: nur Verwaltungsabkommen; zur Abgrenzung Verwaltungsabkommen – Staatsvertrag s. *Grawert,* Verwaltungsabkommen zwischen Bund und Ländern in der BRD, 1967, 31 ff.

[47] *Kienemund* in Hömig/Wolff Rn. 3 ff.; *Heun* in Dreier Rn. 8.

[48] *Kment* in Jarass/Pieroth Rn. 2 mit Hinweis auf VerfG Bbg LVerfGE 5, 94 (111).

spricht viel dafür, dass der Vorbehalt des Gesetzes die Form des Staatsvertrages fordert.[49] Jedenfalls bedürfen die Vereinbarungen[50] aufgrund ihrer Bedeutung der **Schriftform** im Sinne des § 126 Abs. 1 BGB.[51]

c) In Fällen überregionaler Bedeutung. Voraussetzung und Rechtfertigung für die Möglichkeit eines Zusammenwirkens von Bund und Ländern im Rahmen des Art. 91b ist nach wie vor die überregionale Bedeutung des Förderungsgegenstandes. Diese Voraussetzung ist erfüllt, wenn die Einrichtung oder das Vorhaben für den Gesamtstaat oder für mehrere Länder bedeutsam ist.[52] Ob Bund und Ländern diesbezüglich ein (weiter) **Beurteilungsspielraum** zukommt, ist umstritten.[53] Als Bagatellgrenze, die mangelnde Überregionalität indiziert, sind für Forschungsbauten 5 Millionen EUR vorgesehen,[54] bei Großgeräten liegt sie je nach Hochschultyp bei 100.000 bzw. 200.000 EUR.[55] 18

d) Bei der Förderung von Wissenschaft, Forschung und Lehre. Bis zur Neufassung des Art. 91b im Zuge der Föderalismusreform war das zulässige Zusammenwirken von Bund und Länder auf folgende Bereiche bezogen: Einrichtungen und Vorhaben der wissenschaftlichen Forschung außerhalb von Hochschulen (Nr. 1), Vorhaben der Wissenschaft und Forschung an Hochschulen (Nr. 2) und Forschungsbauten an Hochschulen einschließlich Großgeräten (Nr. 3). Der novellierte Text differenziert nicht mehr zwischen der Förderung von Einrichtungen und Vorhaben an Hochschulen und außerhalb von Hochschulen. Auch wurde die pleonastisch anmutende Wendung „wissenschaftliche Forschung" (Art. 91b I 1 Nr. 1 aF) eliminiert und durch die Trias Wissenschaft, Forschung und Lehre als Förderungsgegenstände ersetzt. Damit ist nunmehr auch explizit die **Lehre** als Förderungsgegenstand erfasst.[56]. Ob für Forschung jenseits des Oberbegriffes Wissenschaft eine Bedeutung verbleibt, ist zweifelhaft.[57] 19

Aufgrund der erweiterten Neufassung dürfen nunmehr auch Einrichtungen und Vorhaben im Bereich von Hochschulen langfristig gefördert werden.[58] Somit ist die sog. **institutionelle Förderung** jetzt zulässig, und zwar sowohl von selbstforschenden Einrichtungen sowie von Einrichtungen zur Forschungsförderung wie es etwa die DFG zur Aufgabe hat.[59] 20

---

[49] *Köstlin,* Die Kulturhoheit des Bundes, 1989, 226, 243 ff.; vgl. auch *Trute,* Die Forschung zwischen grundrechtlicher Freiheit und staatlicher Institutionalisierung, 1994, 461 ff.; *Brünneck* JA 1989, 165 (171); aA *Volkmann/Kaufhold* in MKS Rn. 14.

[50] Zu den auf der Grundlage von Art. 91b im Einzelnen geschlossenen Vereinbarungen siehe www.gwk-bonn.de, Grundlagen der GWK 2009, letzter Abruf am 30.8.2020.

[51] BVerfGE 41, 291 (305 f.) zu Art. 104a Abs. 4 aF; *Schwarz* in Maunz/Dürig Rn. 25; *Siekmann* in Sachs Rn. 23; *Volkmann/Kaufhold* in MKS Rn. 14; *Oebbecke* in HdbStR VI, § 136 Rn. 154; für förmliche Vertragsurkunden *Schlegel* in Umbach/Clemens Rn. 10; *Henneke* in SHH Rn. 3; *Heun* in Dreier Rn. 8.

[52] BT-Drs. V/2861, 286 zur aF; s. zur nF BT-Drs. 16/813, 17; krit. zur dortigen Formulierung *Siekmann* in Sachs Rn. 12.

[53] *Schwarz* in Maunz/Dürig Rn. 23; *Volkmann/Kaufhold* in MKS Rn. 24; explizit dagegen etwa *Siekmann* in Sachs Rn. 13; s. auch die Mahnung des BRH in BT-Drs. 9/978, 96 f. Tz. 41.3 bzgl. Anerkennung von Großforschungseinrichtungen.

[54] § 3 Abs. 3 Nr. 3 AV-FuG (Ausführungsvereinbarung Forschungsbauten an Hochschulen einschließlich Großgeräten) v. 21.5.2007, BAnz. 2007 Nr. 5863; s. schon BT-Drs. 16/813, 17; zur Förderungsfähigkeit von Großgeräten s. § 8 AV-FuG.

[55] Vgl. § 8 Abs. 3 Nr. 2 AV-FuG.

[56] BT-Drs. 18/2710, 7.

[57] So *Siekmann* in Sachs Rn. 15 mit Verweis auf BVerfGE 35, 79 (113).

[58] BT-Drs. 18/2710, 7.

[59] *Siekmann* in Sachs Rn. 16.

21 Die ursprüngliche Bezugnahme auf die **Hochschulen** ist zwar nicht gänzlich aufgegeben worden, hat aber deutlich an Prominenz eingebüßt und findet sich nur noch im Kontext des Zustimmungsbedürfnisses in S. 2. Für die Zulässigkeit des Zusammenwirkens kommt es nunmehr allein darauf an, ob Wissenschaft gefördert werden soll. **Fachhochschulen** als Einrichtungen der angewandten Wissenschaft sind demnach vom Anwendungsbereich erfasst.[60] Kunst- und Musikhochschulen sind zwar begrifflich Hochschulen, doch könnte ihre Wissenschaftlichkeit bezweifelt werden. Wissenschaft, verstanden als geistige Tätigkeit mit dem Ziel, in methodischer, systematischer und nachprüfbarer Weise neue Erkennisse zu gewinnen, wird aber sicherlich auch an Musik- und Kunsthochschulen, kirchlichen Hochschulen und auch an Bundeswehrhochschulen praktiziert.

22 Schließlich erlaubt die Neufassung, anders als der Art. 91b I aF, die gemeinsame Förderung eines **Zusammenschlusses** von Hochschulen und außerhochschulischen Einrichtungen (sog. „Zwittereinrichtungen").[61]

23 **2. Zustimmungserfordernis der Länder (Abs. 1 S. 2, 3). a) Vereinbarungen, die im Schwerpunkt Hochschulen betreffen, bedürfen der Zustimmung aller Länder (Abs. 1 S. 2).** Das durch die Föderalismusrefom I eingeführte **Zustimmungserfordernis aller Länder,** das eine indirekte Steuerung durch den Bund vermöge der begründeten **Vetoposition** verhindert, ist auch in die Neufassung des Art. 91b Abs. 1 S. 2 aufgenommen worden, inhaltlich aber auf solche Vereinbarungen beschränkt, die sich schwerpunktmäßig auf Hochschulen beziehen.[62]

24 **b) Dies gilt nicht für Vereinbarungen über Forschungsbauten einschließlich Großgeräten (Abs. 1 S. 3).** Der neugefasste Art. 91b Abs. 1 S. 3 enthält Teilelemente der alten GA „Ausbau und Neubau von Hochschulen einschließlich von Hochschulkliniken"[63] und lässt für Vereinbarungen über Forschungsbauten einschließlich Großgeräten das Zustimmungerfordernis aller Länder aus Art. 91b Abs. 1 S. 2 entfallen.

25 Die ausführenden Regelungen zu Art. 91b Abs. 1 S. 3 finden sich in § 3 Abs. 2 GWK-Abkommen und der Ausführungsvereinbarung über die Förderung von Forschungsbauten an Hochschulen einschließlich Großgeräten (AV-FuG). Das Entflechtungsgesetz enthält die näheren Regelungen zu den Kompensationen auf der Grundlage von Art. 143c.[64]

26 Problematisch und auch in der Ausführungsvereinbarung nicht geklärt ist der Begriff **Forschungsbauten.**[65] Die meisten Bauten an den Hochschulen dienen nicht allein der Forschung, sondern auch der Lehre. Dies ist angesichts des Auftrags zu Forschung und Lehre auch sachgerecht. Zur Vermeidung unsinniger Planungen ist der Begriff im Rahmen von Sinn und Zweck der Regelung weit auszulegen, so dass allein Gebäude zu reinen Lehrzwecken sowie Nebengebäude wie Mensen uä eindeutig nicht erfasst sind.[66] Histori-

---

[60] *Siekmann* in Sachs Rn. 17.

[61] *Siekmann* in Sachs 19.

[62] *Suerbaum* in BeckOK GG Rn. 14/14a mit Verweis auf *Speiser* DÖV 2014, 555 (558) und *Kluth* RdJB 2008, 257 (261).

[63] *Siekmann* in Sachs Rn. 20.

[64] Dazu → Art. 143c Rn. 2 ff.

[65] Vgl. die Kritik von *Knopp* NVwZ 2006, 1216 (1219).

[66] Vgl. *Hellermann* in Starck, Föderalismusreform 2006, 2007, Rn. 305; *Heun* in Dreier Rn. 13; *Henneke* in SHH Rn. 15; S. zur Abgrenzung nach alter Rechtslage auf der Grundlage von Art. 91a Abs. 1 Nr. 1 *Mager* in v. Münch/Kunig, 6. Auflage 2012, Art. 91a Rn. 16.

sche Aspekte sprechen hingegen für eine enge Auslegung.[67] Von manchen wird auf eine „Schwerpunktbetrachtung" verwiesen.[68] Im Übrigen muss die Bedeutung des Gebäudes für die Forschung gewichtet werden.[69]

II. Zusammenwirken von Bund und Ländern bei der Feststellung der Leistungsfähigkeit des Bildungswesens (Abs. 2, 3)

1. Bund und Länder können auf Grund von Vereinbarungen zur Feststellung der Leistungsfähigkeit des Bildungswesens im internationalen Vergleich und bei diesbezüglichen Berichten und Empfehlungen zusammenwirken (Abs. 2). In Anbetracht des Scheiterns der 27 Bildungsplanung auf der Grundlage des Art. 91b GG aF[70] und des sog. PISA-Schocks[71] wurde im Zuge der Förderalismusreform I anstatt der Gemeinschaftsaufgabe eine neue Kompetenzgrundlage für die Überprüfung der Leistungsfähigkeit des Bildungswesens im internationalen Vergleich geschaffen. Deren Verankerung war angesichts der politischen Aufgabe, die internationale Wettbewerbsfähigkeit des deutschen Bildungswesens und damit die Wettbewerbsfähigkeit des Hochtechnologie- und Industriestandortes eines rohstoffarmen Landes zu sichern, konsensfähig.[72]

Der **Begriff des Bildungswesens** umfasst sämtliche Institutionen des 28 Lehrens und Lernens vom Kindergarten bis zur Erwachsenenweiterbildung einschließlich der Weiterbildung im Sinne der Fortsetzung oder Wiederaufnahme organisierten Lernens nach Abschluss einer ersten Bildungsphase und nach Aufnahme einer Berufstätigkeit.[73]

Für all diese Bereiche erlaubt der neu gefasste Art. 91b Abs. 2, Daten zu 29 erheben und **Informationen** zu **sammeln,** um Erkenntnisse über das bestehende System zu erlangen, die eine Bewertung im internationalen Vergleich ermöglichen. Wenngleich die zukunftsgerichtete Bildungsplanung nicht mehr Gegenstand des Zusammenwirkens ist, dienen die damit erstrebten Erkenntnisse doch der besseren Fundierung bildungspolitischer Entscheidungen und damit letztlich der Planung, die jedoch in die alleinige Kompetenz der Länder fällt.[74] Im Ergebnis ist deshalb die ursprüngliche gemeinsame Bildungsplanung auf das Planungsfundament der zutreffenden Erfassung des Ist-Zustands verkürzt worden, zugleich aber eine Erweiterung der rein nationalen Betrachtung auf den internationalen Vergleich erfolgt.

Die kooperative Feststellung der Leistungsfähigkeit wird ergänzt durch die 30 Zusammenarbeit bei der Erstellung von Berichten und in Bezug auf Empfehlungen.[75] Die bestehende nationale **Bildungsberichterstattung** wird da-

[67] *Siekmann* in Sachs Rn. 21.

[68] So etwa *Oebbecke* in HdbStR VI, § 136 Rn. 151.

[69] Vgl. *Kment* in Jarass/Pieroth Rn. 4; sa *Oebbecke* in HdbStR VI, § 136 Rn. 151.

[70] *Blümel* in HdbStR IV, 2. Auflage 1999, § 101 Rn. 156.

[71] *Volkmann/Kaufhold* in MKS Rn. 35.

[72] Vgl. dazu *Guckelberger* RdJB 2008, 267 (269); *Guckelberger,* in Seckelmann/Lange/Horstmann Die Gemeinschaftsaufgaben von Bund und Ländern in der Wissenschafts- und Bildungspolitik, 215 ff.

[73] Vgl. den ersten Bildungsgesamtplan BT-Drs. 7/1474; sa *Dittmann,* Bildungsplanung als Gemeinschaftsaufgabe, 1975, 61; *Schwarz* in Maunz/Dürig Rn. 2.

[74] *Henneke* in SHH Rn. 16; *Kienemund* in Hömig/Wolff Rn. 9; *Siekmann* in Sachs Rn. 22.

[75] Diese Dreigliedrigkeit der Kompetenz zum Zusammenwirken wird in BT-Drs. 16/813, 17 betont.

durch nicht berührt. Sie kann als notwendige Grundlage für die Feststellung der Leistungsfähigkeit im internationalen Vergleich durchaus in den Anwendungsbereich des Art. 91b Abs. 2 einbezogen werden.[76] Die Überprüfung von Bildungsstandards im Ländervergleich oder innerhalb eines Landes ist dagegen nicht Gegenstand der Kooperation.[77] Die gemeinsame Berichterstattung soll dazu dienen, die Grundinformationen einschließlich der Finanz- und Strukturdaten über das deutsche Bildungswesen zu erlangen.[78] Art. 91b stellt dagegen keine Grundlage dar, um über das Leitbild des lebenslangen Lernens die Menschen rundum zu beobachten. Erhebungen außerhalb des institutionalisierten Bildungssektors sind daher auf der Grundlage von Art. 91b Abs. 2 nur zulässig, soweit sie für den internationalen Vergleich unabdingbar sind.[79] Art. 91b Abs. 2 dispensiert zudem selbstverständlich nicht vom **Gesetzesvorbehalt** für Eingriffe in das Grundrecht auf informationelle Selbstbestimmung.[80]

31 Inwieweit die Kompetenz zum Zusammenwirken bei Empfehlungen praktische Wirksamkeit entfaltet, bleibt abzuwarten. Rechtliche Verbindlichkeit kommt solchen Empfehlungen jedenfalls nicht zu.

32 **2. Die Kostentragung wird in der Vereinbarung geregelt (Abs. 3).** Art. 91b ordnet zwingend die Regelung der Kostentragung in der Vereinbarung zwischen Bund und Ländern an. Im Gegensatz zur alten Fassung[81] erlaubt die Norm nunmehr auch die **einseitige Kostentragung** durch einen der Vertragspartner,[82] überlässt im Übrigen aber die **Quotelung** der Vereinbarung **im Einzelfall,** wodurch eine höhere **Flexibilisierung** und projektadäquate Kostenverteilung ermöglicht wird. Gleichwohl finden sich für zahlreiche größere Einrichtungen feste Finanzierungsschlüssel zwischen Bund und Ländern, die von Parität bis hin zu 90/10 reichen, in § 1 Abs. 2, § 2 der Anlage zum **GWK-Abkommen** in Verbindung mit den Ausführungsvereinbarungen der GWK.[83] Für andere Einrichtungen und Vorhaben bleibt die Kostenvereinbarung frei gestaltbar.

33 Die in Verwaltungsabkommen getroffenen Vereinbarungen zur Kostentragung binden lediglich die beteiligte Exekutive, während deren Durchführung eine entsprechende parlamentarische Feststellung im Haushaltsgesetz erfordert. Ein ausdrücklicher **Parlamentsvorbehalt** war deshalb nicht erforderlich.[84] Zwar sind die Parlamente dem Druck ausgesetzt, dass in Aussicht gestellte Bundesmittel verloren gehen, sofern sie dem von der Regierung erstellten Haushaltsentwurf nicht zustimmen,[85] doch wachsen die Einflussmöglichkeiten des Parlaments dementsprechend im Vorfeld der Vereinbarung. Eine äußerste Grenze für den Entscheidungsspielraum der Parlamente

---

[76] *Guckelberger* RdJB 2008, 267 (276). S. den Bericht: *Konsortium Bildungsberichterstattung,* Bildung in Deutschland, 2006; sa *Henneke* in SHH Rn. 16.

[77] *Guckelberger* RdJB 2008, 267 (275); *Oebbecke* in HdbStR VI, § 136 Rn. 157.

[78] BT-Drs. 16/813, 17; sa *Guckelberger* RdJB 2008, 267 (277); *Kienemund* in Hömig/Wolff Rn. 9.

[79] So mit Recht *Guckelberger* RdJB 2008, 267 (279).

[80] *Guckelberger* RdJB 2008, 267 (279).

[81] AllgM angesichts der Verwendung des Begriffs „Aufteilung", s. nur *Oppermann* DÖV 1972, 591 (592).

[82] BT-Drs. 16/813, 16; zust. *Hellermann* in Starck, Föderalismusreform 2006, 2007, Rn. 310; *Henneke* in SHH Rn. 3, 18; *Kienemund* in Hömig/Wolff Rn. 10; *Siekmann* in Sachs Rn. 33; *Schmidt-De Caluwe* in Kluth, Föderalismusreform, 2007, Rn. 15.

[83] *Siekmann* in Sachs Rn. 35; *Blümel* in HdbStR IV, § 101 Rn. 163.

[84] *Kment* in Jarass/Pieroth Rn. 7; *Siekmann* in Sachs Rn. 36.

[85] Skeptisch zur Wirksamkeit dieses Drucks *Maunz* FS f. v. d. Heydte, 1977, 1052 (1061).

ist vereinzelt wenig überzeugend aus dem Prinzip der **Bundestreue** abgeleitet worden.[86]

34 Umstritten ist mitunter die Beantwortung der Frage, welche Kosten von Art. 91b erfasst werden. Typischerweise wird auch hier zwischen Sach- bzw. Zweckausgaben und Verwaltungskosten unterschieden und zT lediglich eine Vereinbarung der Kostenteilung mit Blick auf die Zweckausgaben für zulässig erachtet, zu denen vereinzelt auch Personalkosten gezählt werden.[87] Als Grund wird auf Art. 104a Abs. 5 verwiesen, der lex specialis sein soll. Da dieser ohne Ausnahme Bund und Ländern die Verwaltungskosten zuweist, die bei ihren jeweiligen Verwaltungsbehörden entstehen, könne Art. 91b Abs. 3 insoweit nicht zur Anwendung gelangen. Diese Auffassung findet indes weder in der Systematik noch in der Entstehungsgeschichte Rückhalt und liefe dem Flexibilisierungsgedanken zuwider.[88] Überdies lassen sich Sach- und Verwaltungskosten in der Praxis kaum sinnvoll trennen.

III. Abschließende Regelung und Sperrwirkung

35 Da Art. 91b eine **fakultative Ermächtigung zur Zusammenarbeit normiert,** kann der Norm selbst keine Sperrwirkung für andere Formen der Aufgabenerfüllung zukommen.[89] Zugleich ist aber zu bedenken, dass die Ermächtigung zur Kooperation erst aus Art. 91b folgt und die verfassungsrechtliche Kompetenzordnung im Übrigen nicht zur Disposition steht.[90] Ein Zusammenwirken außerhalb der Gemeinschaftsaufgaben kommt demnach nur in Betracht, soweit Bund und Ländern auf der Grundlage und im Rahmen je eigener Kompetenzen und unter Wahrung des je eigenen Verantwortungsbereichs handeln.[91]

36 Im Übrigen gilt der Grundsatz der **Bundestreue,** dh eigene Wissenschafts- und Forschungsförderung sowie eigene Bildungsevaluationen dürfen gemeinsam getroffenen Vereinbarungen nicht konterkarieren.

C. Verhältnis zu anderen Bestimmungen des Grundgesetzes

37 Art. 91b ist ebenso wie Art. 91a lex specialis gegenüber den allgemeinen Kompetenznormen Art. 30, 83 f.[92] Da Art. 91b nur fakultative Kompetenzen begründet, bleiben die **Gesetzgebungsbefugnisse von Bund** (insbes. Art. 74 Abs. 1 Nr. 13) **und Ländern** auf den genannten Sachgebieten **unberührt.**[93] Bundes- wie landesgesetzliche Regelungen gehen Vereinbarungen nach Art. 91b vor,[94] wobei die Geltung von Landesgesetzen naturgemäß auf

[86] *Oppermann* DÖV 1972, 591 (594); sa *Dittmann,* Bildungsplanung als Gemeinschaftsaufgabe, 1975, 187.

[87] *Schwarz* in Maunz/Dürig Rn. 39; *Glaser* in BK Rn. 50; *Suerbaum* in BeckOK GG Rn. 17; *Oebbecke* in HdbStR VI, § 136 Rn. 156; *Kment* in Jarass/Pieroth Rn. 7.

[88] So zu Recht *Volkmann/Kaufhold* in MKS Rn. 37.

[89] *Siekmann* in Sachs Rn. 40; *Volkmann/Kaufhold* in MKS Rn. 12.

[90] Sa *Meusel,* Außeruniversitäre Forschung im Wissenschaftsrecht, 1992, 134 mwN; aus der Rspr. BVerfGE 32, 145 (156); 39, 96 (108, 121); 41, 291 (311); 63, 1 (39).

[91] → Rn. 2 mwN; zu undifferenziert *Majer* in AK Rn. 28: wegen Fakultativität keine abschließende Regelung; aA *Schwarz* in Maunz/Dürig Rn. 7: Art. 91b enthalte eine abschließende Regelung; ähnlich wie hier *Siekmann* in Sachs Rn. 37; *Henneke* in SHH Rn. 19.

[92] *Heun* in Dreier Rn. 20; *Suerbaum* in BeckOK GG Rn. 5.

[93] *Schwarz* in Maunz/Dürig Rn. 13.

[94] *Schwarz* in Maunz/Dürig Rn. 9, 10.

das jeweilige Bundesland beschränkt ist.[95] Denkbar ist auch die finanzielle Umsetzung einer gesetzlichen Regelung auf der Grundlage von Art. 91b.[96] Das Verhältnis des Art. 91b zu Art. 104a, der als allgemeine Lastenverteilungsregel verdrängt wird,[97] ist bereits dargestellt worden (→ Rn. 34).

38 Mit der Neufassung der Art. 91a u. 91b sind die zuvor existenten Überschneidungen zwischen den beiden verschiedenen Arten von Gemeinschaftsaufgaben eliminiert worden.[98]

D. Kritische Würdigung

39 Auch im Regelungsbereich des Art. 91b bildet sich der Konflikt um Möglichkeiten und Grenzen des **kooperativen Föderalismus** ab,[99] wenngleich er wegen der lediglich fakultativen Zusammenarbeit schwächer ausfällt. Die Befürchtung einer Ausdehnung der Bundeskompetenzen bei gleichzeitiger Aushöhlung von Länderkompetenzen[100] bestätigte sich zunächst nicht. Die zunehmende Ökonomisierung der Hochschulen hat den Einfluss des Bundes allerdings ganz beträchtlich erhöht.[101] Herausforderungen durch stetig steigende Studierendenzahlen, gewollten globalisierten Wissens- und Bildungswettbewerb sowie kostenintensive Forschungsinfrastruktur, können die Länder mangels angemessener Finanzausstattung[102] nicht begegnen, so dass sich die **Stellung des Bundes verstärkt** hat. Der Kompromiss zwischen Mitwirkung des Bundes und Kulturhoheit der Länder als integraler Bestandteil ihrer geschützen Eigenstaatlichkeit nach Art. 79 Abs. 3[103] wird damit nicht aufgelöst, erhält jedoch ein anderes Gepräge.

40 Problematisch ist zudem auch hier die Verstärkung der klare Verantwortungszusammenhänge unterbindenden **Politikverflechtung,**[104] die dem eigentlichen Anliegen der Föderalismusrefom I zuwiderläuft.

41 Ein Zusammenwirken im Bereich der Bildungsevaluation im internationalen Vergleich erscheint zwar mit Blick auf die Bedeutung und Wirkung etwa der PISA-Studien sachgerecht und zeitgemäß. Ob die bloße Möglichkeit einer solchen Zusammenwirkung zur Evaluation indes **Verfassungsdignität** hat, mag bezweifelt werden.

42 Aus Perspektive des **Demokratieprinzips** ergeben sich schließlich – wie auch bei Art. 91a – Bedenken mit Blick auf die faktische **Schwächung parlamentarischer Mitwirkung, die auf das Etatrecht und Einflussnahme im Vorfeld reduziert wird.**[105] Positiv ist hervorzuheben, dass Art. 91b einerseits Rechtsklarheit herbeiführt, ohne andererseits reglementierend in den Prozess bundesstaatlicher Kooperation einzugreifen.

---

[95] *Schwarz* in Maunz/Dürig Rn. 10.
[96] *Schwarz* in Maunz/Dürig Rn. 13.
[97] *Volkmann/Kaufhold* in MKS Rn. 12 und Rn. 37.
[98] *Volkmann/Kaufhold* in MKS Rn. 12; *Heun* in Dreier Rn. 20.
[99] → Art. 91a Rn. 2 ff.
[100] *Kisker,* Kooperation im Bundesstaat, 1971, 293, 301; sa die Nachweise bei *Meusel,* Außeruniversitäre Forschung im Wissenschaftsrecht, 1992, 133 Fn. 28.
[101] Vgl. dazu *Mager* VVDStRL 65 (2006), 274 (309).
[102] In diese Richtung *Seckelmann* in Seckelmann/Lange/Horstmann Die Gemeinschaftsaufgaben von Bund und Ländern in der Wissenschafts- und Bildungspolitik, 65 (71).
[103] Dazu *Heun* in Dreier Rn. 7.
[104] *Scharpf/Reissert/Schnabel,* Politikverflechtung, 1976.
[105] *Wimmer* ZRP 1970, 199 f.; *Siekmann* in Sachs Rn. 42.

Literatur

R. Berger, Zur Stellung des Wissenschaftsrates bei der wissenschaftspolitischen Beratung von Bund und Ländern, 1974. – ***R. Böhmler,*** Bildung und Kultur, in Holtschneider/Schön (Hrsg.), Die Reform des Bundesstaates, 2007, 139. – ***C. D. Classen,*** Wissenschaftsfreiheit außerhalb der Hochschule, 1994. – ***Deutscher Bundestag/Bundesrat, Öffentlichkeitsarbeit*** (Hrsg.), Zur Sache 1/2005, Dokumentation der Kommission von Bundestag und Bundesrat zur Modernisierung der Bundesstaatlichen Ordnung, 2005, 483. – ***B. Ehrenzeller,*** Der Bildungsföderalismus auf dem Prüfstand, VVDStRL 73 (2014), 7ff. ***K. Faber/L. Gieseke/G. Gramm/M. Wesseler,*** Gemeinschaftsaufgaben von Bund und Ländern im Hochschulbereich, 1991. – ***P. Glotz/K. Faber,*** Grundgesetz und Bildungswesen, in BMV VerfassungsR-HdB, § 28. – ***R. Goroncy,*** Das Zusammenwirken von Bund und Ländern bei den Gemeinschaftsaufgaben nach Art. 91b des Grundgesetzes, DVBl 1970, 310. – ***R. Goroncy,*** Die Bundeskompetenzen für die Forschungsförderung nach dem Entwurf des sog. Flurbereinigungsabkommens, WissR 1972, 135. – ***R. Grawert,*** Verwaltungsabkommen zwischen Bund und Ländern in der Bundesrepublik Deutschland, 1967. – ***A. Guckelberger,*** Bildungsevaluation als neue Gemeinschaftsaufgabe gemäß Art. 91b Abs. 2 GG, RdJB 2008, 267. – ***P. Huber,*** „Vom Kindergarten zur Habilitation" – Der Bund als Gewinner der Reform im Bildungswesen, RdJB 2007, 40. – ***W. Jakob,*** Forschungsfinanzierung durch den Bund, Der Staat 24 (1985), 527. – ***U. Karpen,*** Bildung, Wissenschaft und Kultur in der Föderalismusreform, ZG 2006, 271. – ***G. Kisker,*** Kooperation im Bundesstaat, 1971. – ***H. Klatt,*** Interföderale Beziehungen im kooperativen Bundesstaat, VerwArch 78 (1987), 186. – ***W. Kluth,*** Die Auswirkungen der Neufassung von Art. 91b GG auf die Wissenschaftsförderung in Deutschland, RdJB 2008, 257. – ***W. Kluth*** (Hrsg.), Föderalismusreform, 2007. – ***L. Knopp,*** Föderalismusreform – zurück zur Kleinstaaterei? – An den Beispielen des Hochschul-, Bildungs- und Beamtenrechts, NVwZ 2006, 1216. – ***J. Kölble,*** Bildungs- und Forschungsförderung als Aufgabe von Bund und Ländern, DÖV 1964, 592. – ***S. Korioth/T. Schwabenbauer,*** Gestaltungsmöglichkeiten gemeinsamer Forschungsfinanzierung von Bund und Ländern nach Art. 91b Abs. 3 GG, Jahrbuch für öffentliche Finanzen, 2013, 429. – ***T. Köstlin,*** Die Kulturhoheit des Bundes, 1989. – ***U. Mager,*** Die Neuordnung der Kompetenzen im Bereich von Bildung und Forschung – Eine kritische Analyse der Debatte in der Föderalismuskommission, RdJB 2005, 312. – ***R. W. Maier,*** Bildung und Forschung im kooperativen Föderalismus, DÖV 2003, 796. – ***E. J. Meusel,*** Außeruniversitäre Forschung im Wissenschaftsrecht, 1992. – ***T. Oppermann,*** Gemeinsame Bildungs- und Forschungsfinanzierung durch Bund und Länder nach Art. 91b und Art. 104a Grundgesetz, DÖV 1972, 591. – ***T. Oppermann,*** Kulturverwaltungsrecht, 1969. – ***H. C. Röhl,*** Der Wissenschaftsrat, 1994. – ***K. Sager,*** Auswirkungen der Föderalismusreform auf Bildung und Wissenschaft, in Holtschneider/Schön (Hrsg.), Die Reform des Bundesstaates, 2007, 117. – ***E. Schmidt-Aßmann,*** Die Bundeskompetenzen für die Wissenschaftsförderung nach der Föderalismusreform, FS Isensee, 2007, 405. – ***M. Seckelmann,*** „Renaissance" der Gemeinschaftsaufgaben in der Föderalismusreform II?, DÖV 2009, 747. – ***M. Seckelmann,*** Föderalismusreform III im Wissenschaftsbereich? – Zur Ermöglichung weiterer föderaler Kooperation, NVwZ 2015, 248 – ***M. Seckelmann/S. Lange/T. Horstmann*** (Hrsg.), Die Gemeinschaftsaufgaben von Bund und Ländern in der Wissenschafts- und Bildungspolitik, 2010. – ***G. Speiser,*** Der neue Art. 91b GG – zentrale Regelungen und praktische Bedeutung, RuP 2015, 86 – ***G. Speiser,*** Der deutsche Wissenschaftsföderalismus auf dem Prüfstand – der neue Art. 91b Abs. 1 GG, 2016. – ***I. Staff,*** Wissenschaftsförderung im Gesamtstaat, 1971. – ***C. Starck*** (Hrsg.), Föderalismusreform, 2006, 2007. – ***B. Tiemann,*** Gemeinschaftsaufgaben von Bund und Ländern in verfassungsrechtlicher Sicht, 1970. – ***H.-H. Trute,*** Die Forschung zwischen grundrechtlicher Freiheit und staatlicher Institutionalisierung, 1994. – ***A. Wallrabenstein,*** Der Bildungsföderalismus auf dem Prüfstand, VVDStRL 73 (2014), 43ff. – ***J. Wolff,*** Der neue Art. 91b GG – Erweiterte Kooperation im Wissenschaftsföderalismis, DÖV 2015, 771. – Sa die Literatur zu Art. 91a.

Art. 91c [Informationstechnische Systeme]

(1) Bund und Länder können bei der Planung, der Errichtung und dem Betrieb der für ihre Aufgabenerfüllung benötigten informationstechnischen Systeme zusammenwirken.

(2) [1] Bund und Länder können auf Grund von Vereinbarungen die für die Kommunikation zwischen ihren informationstechnischen Systemen notwendigen Standards und Sicherheitsanforderungen festlegen. [2] Vereinbarungen über die Grundlagen der Zusammenarbeit nach Satz 1 können für einzelne nach Inhalt und Ausmaß bestimmte Aufgaben vorsehen, dass nähere Regelungen bei Zustimmung einer in der Vereinbarung zu bestimmenden qualifizierten Mehrheit für Bund und Länder in Kraft treten. [3] Sie bedürfen der Zustimmung des Bundestages und der Volksvertretungen der beteiligten Länder; das Recht zur Kündigung dieser Vereinbarungen kann nicht ausgeschlossen werden. [4] Die Vereinbarungen regeln auch die Kostentragung.

(3) Die Länder können darüber hinaus den gemeinschaftlichen Betrieb informationstechnischer Systeme sowie die Errichtung von dazu bestimmten Einrichtungen vereinbaren.

(4) [1] Der Bund errichtet zur Verbindung der informationstechnischen Netze des Bundes und der Länder ein Verbindungsnetz. [2] Das Nähere zur Errichtung und zum Betrieb des Verbindungsnetzes regelt ein Bundesgesetz mit Zustimmung des Bundesrates.

(5) Der übergreifende informationstechnische Zugang zu den Verwaltungsleistungen von Bund und Ländern wird durch Bundesgesetz mit Zustimmung des Bundesrates geregelt.

Übersicht

A. Allgemeine Bedeutung

I. Dogmatische Funktion im föderalen Staat

Art. 91c reagiert auf ein Paradoxon: Einerseits wächst die Bedeutung der Informationstechnologie (IT) als Instrument der Verwaltung. Das löst unabweislich das Bedürfnis nach einer Kooperation der Verwaltungsträger des Bundes und der Länder aus. Andererseits liegt den Art. 83 ff. als wichtiges verfassungsrechtliches Grundprinzip die Vorstellung zugrunde, dass die Verwaltungsbereiche des Bundes und der Länder separiert sind. Dieses Trennungsprinzip findet im **Verbot der Mischverwaltung** seinen rechtsdogmatischen Kristallisationspunkt.[1] 1

Das Verbot der Mischverwaltung spricht die Verfassung nicht ausdrücklich aus, setzt es aber voraus. Aus ihm hatte das BVerfG Ende 2007 unmittelbar vor Erlass des Art. 91c *prima facie* hohe Hürden für jede Form der Verwaltungszusammenarbeit herausgelesen:[2] Es stellte klar, dass **Ausnahmen** vom Verbot der Mischverwaltung – soweit sie das GG nicht selbst vorsieht –[3] nur dann zulässig sind, wenn (1.) ein besonderer sachlicher Grund vorliegt und sie (2.) nur eine eng umgrenzte Verwaltungsmaterie betreffen.[4] 2

Mit Blick auf seine Funktion, dem Bürger Verantwortungszurechnung zu ermöglichen, reicht der Wirkradius des Verbots der Mischverwaltung aber weniger weit, als der Begriff insinuiert: Es bezieht sich in der Sache nur auf **Letztentscheidungen** der Verwaltung gegenüber dem Empfänger der Verwaltungsleistung. Unzulässig ist eine Zusammenarbeit daher erst dann, wenn sich eine Sachentscheidung im außenwirksamen Handeln der Verwaltung gegenüber dem Bürger nicht mehr hinreichend klar auf den tatsächlich handelnden zuständigen Verwaltungsträger zurückführen lässt. Bund und Länder wären daher auch ohne Art. 91c nicht daran gehindert, gemeinsam Software zu entwickeln oder Hardware betreiben, solange sich eine solche Zusammenarbeit auf den Innenbereich der Verwaltung beschränkt und der jeweils zuständige Verwaltungsträger die *Verfahrensherrschaft* und die *Entscheidungskompetenz* behält. 3

Bei der Regelung der IT-Zusammenarbeit des Bundes und der Länder ging der verfassungsändernde Gesetzgeber aber den Weg der Vorsicht: Er 4

[1] Vgl. grds. BVerfGE 119, 331 (363 ff.); auch BVerfGE 137, 108 (143 f.); krit. dazu *Trute* in MKS Art. 83 Rn. 28 ff.; *Seckelmann* DÖV 2009, 747 (755).
[2] Vgl. BVerfGE 63, 1 (41); 119, 331 (363 ff.).
[3] BVerfGE 119, 331 ff.; *Siegel* DÖV 2009, 181 (183).
[4] BVerfGE 119, 331 (367); *Schulz* DÖV 2008, 1028 ff.

unterstellt, dass **Steuerung durch IT** Konflikte mit dem Verbot der Mischverwaltung heraufbeschwören kann. Denn als **Querschnittsmaterie** birgt IT immer auch das Risiko, die Sachentscheidung eines anderen Verwaltungsträgers, etwa durch vorstrukturierte Entscheidungsmöglichkeiten sowie Standardisierungserfordernisse, zu steuern und dadurch Verantwortungsbereiche zu vermischen.[5]

5 Dem verfassungsrechtlichen Risiko unzulässiger Mischverwaltung beugt Art. 91c vor, indem er die IT-Kooperation auf eine eigene legitimierende Grundlage stellt, die Rechtsklarheit schaffen soll. Wie die Kooperation praktisch erfolgen sollte, ließ der Verfassungsgeber jedoch offen. Er legt sich insbesondere weder auf ein spezifisches Gremium noch auf Kooperationspflichten fest. Die Grenze für Sonderwege von Bund und Ländern markiert damit unverändert das Prinzip der Bundestreue.[6]

6 Mit Blick auf die zunehmende Bedeutung des E-Governments und die Regelungsdichte, die damit einhergeht, kommt Art. 91c auch ein **programmatischer Gehalt** zu: Er misst der Bedeutung funktionsadäquater IT-Kooperationsstrukturen für das Gemeinwesen verfassungsrechtlich eine besondere Aufmerksamkeit bei. So hat die Norm in ihrer gesamten Breite insgesamt eher staatsorganisationsrechtlich-absichernden als unmittelbar infrastrukturregelnden Charakter.[7]

II. Genese

7 Art. 91c Abs. 1 bis 4 ist am 1.8.2009 in Kraft getreten. Er entstand auf Vorschlag der **Föderalismuskommission II**[8]. Dieser stand klar vor Augen, dass eine gut funktionierende, vernetzte und wirkende Verwaltung auf einheitliche und verbindliche Schnittstellenstandards angewiesen ist. Zwar bestand zu diesem Zeitpunkt bereits eine lose Kooperation von Bund und Ländern im Bereich IT. Die Kommission stufte die bestehenden Gremien aber als „zu vielfältig und unübersichtlich" ein,[9] dem verfassungsändernden Gesetzgeber erschienen sie gar als „ineffizient" und „im Ansatz überholt"[10].

8 Obgleich Bund und Länder in dem Willen geeint waren, die IT-Kooperation zu reformieren, standen bei der Suche nach dem besten Weg zum Ziel einander zwei Lager gegenüber:[11] Die **Bundesregierung** hatte eine ausschließliche Bundesgesetzgebungskompetenz für die „Informationstechnik öffentlicher Stellen des Bundes und der Länder" vor Augen.[12] Ein Teil der **Länder** erkannte darin jedoch einen massiven Einschnitt in ihre Eigenstaatlichkeit. Sie drängten darauf, die IT-Zusammenarbeit im GG lediglich als Kann-Regelung zu verankern und konkrete Vereinbarungen staatsvertraglichen Regelungen zu überantworten.[13] Gegen diesen Widerstand konnte sich der Bund mit seinem unitarischen Vorschlag iE nicht durchsetzen. Als mehrheitsfähig entpuppte sich am Ende lediglich der Vorschlag der Föderalismus-

[5] Für die Notwendigkeit einer verfassungsrechtlichen Regelung: *Heun/Thiele* in Dreier Rn. 6; *Ruge* in SHH Rn. 9 ff.; *Siekmann* in Sachs Rn. 4 f.; aA *Gröpl* in Maunz/Dürig Rn. 8.

[6] Vgl. BT-Drs. 16/12410, 9.

[7] Vgl. *Ruge* in SHH Rn. 10.

[8] S. zu Einsetzung und Aufgaben BT-Drs. 16/3885; sa *Schliesky* ZSE 2008, 304 (308 ff.).

[9] *Deutscher Bundestag/Bundesrat,* Die gemeinsame Kommission von Bundestag und Bundesrat zur Modernisierung der Bund-Länder-Finanzbeziehungen, 2010, 176.

[10] Vgl. BT-Drs. 16/12410, 7.

[11] Vgl. Föderalismuskommission II, Arbeitsunterlage 42 (Fachdiskurs 1), 3 ff.

[12] Komm.-Drs. 98, 7 ff.

[13] *Schliesky* ZSE 2008, 304 (308 ff.); *Sichel* DVBl 2009, 1014 f.

kommission II vom 5.3.2009. Er orientierte sich stark am Vorschlag der Länder[14] und legte das Fundament für die heutige Regelung.[15]

Von punktuellen neuen Bundeskompetenzen abgesehen, etabliert Art. 91c iE eine reine **Kooperationskompetenz** des Bundes und der Länder. In der Sache entspricht dies weitgehend einer staatsvertraglichen Lösung. Sie soll nach dem Willen des verfassungsändernden Gesetzgebers durch Vereinbarungen und gemeinsame Abstimmungen der institutionalisierten, dauerhaften und „planvollen" Zusammenarbeit den Boden bereiten.[16] 9

Bis zum Jahr 2017 blieb Art. 91c unverändert. Ebenso wie das deutsche E-Government schien er sich in einem Dornröschenschlaf zu befinden. Der verfassungsändernde Gesetzgeber sah jedoch – erneut im Zuge der Neuordnung der Bund-Länder-Finanzbeziehungen[17] – das Bedürfnis, der Digitalisierung der Verwaltung neuen Schub zu verleihen. Zu diesem Zweck hat er dem Art. 91c einen Abs. 5 angefügt.[18] Die neue Vorschrift führt die IT-Zusammenarbeit weg von der gleichberechtigten Partnerschaft hin zu einer bundesrechtlichen Steuerungskompetenz: Sie verleiht dem Bund die ausschließliche Gesetzgebungskompetenz, eine übergreifende Zugangsinstanz für digitale Verwaltungsleistungen aus der Taufe zu heben → Rn. 69 ff. Damit greift Abs. 5 nicht nur in die bisherige Kooperationsstruktur, sondern zugleich tief in das Kompetenzgefüge des GG selbst ein. 10

III. Systematik der Norm

Art. 91c konzipiert die IT-Systeme des Bundes und der Länder als **verbundene, aber dennoch eigenständige Infrastrukturen.**[19] Da Netze und ihre Sicherheitsarchitektur Basissysteme sind, die sich unabhängig von der jeweiligen Fachaufgabe nutzen lassen, ist es Bund und Ländern grds. weiterhin möglich, ihre IT-Infrastruktur weiterzuentwickeln, ohne die jeweiligen Sachkompetenzen anzutasten.[20] In dem so geschaffenen normativen Infrastrukturrahmen treten sich Bund und Länder wie auch die Länder untereinander im Grundsatz als gleichberechtigt und lediglich ermächtigt, nicht aber verpflichtet gegenüber. Die Struktur des Art. 91c schließt es auch von vorneherein aus, Gremien einer dritten föderalen Ebene zu schaffen, die einzelne Länder und deren Gewalten überstimmen könnten. Immerhin gesteht die Norm den Kooperationsmechanismen aber auch das Recht zu, bindende Beschlüsse mit **Mehrheitsbeschluss** zu treffen (Abs. 2 S. 2). 11

Die Generalklausel des **Abs. 1** verleiht Bund und Ländern eine Kooperationsermächtigung. Sie ermöglicht es ihnen, die IT-Systeme, die sie für ihre Aufgaben benötigen, aufgabenadäquat zu planen, zu errichten und zu betreiben. **Abs. 2** konkretisiert die Verfahrensweise, in der Bund und Länder solche Standards und Sicherheitsanforderungen festlegen können, die für die Kommunikation zwischen ihren IT-Systemen erforderlich sind. **Abs. 3** beschreibt hingegen (deklaratorisch) die Möglichkeit der Länder, horizontal (dh 12

[14] Beschlüsse der Kommission von Bundestag und Bundesrat zur Modernisierung der Bund-Länder-Finanzbeziehungen, 5.3.2009, Komm.-Drs. 174, 68 ff.

[15] Vgl. BT-Drs. 16/12410 und BR-Drs. 262/09.

[16] BT-Drs. 16/12410, 8.

[17] Zur Genese des Art. 91c Abs. 5 GG *Martini/Wiesner* ZG 2017, 193 (195 ff.).

[18] Art. 1 des Gesetzes zur Änderung des Grundgesetzes (Art. 90, 91c, 104b, 104c, 107, 108, 109a, 114, 125c, 143d, 143e, 143f, 143g), BGBl. 2017 I 2347.

[19] BT-Drs. 16/12410, 8.

[20] BT-Drs. 16/12410, 8.

ohne Beteiligung des Bundes) zusammenzuwirken. IE statuieren die Abs. 1 bis 3 somit eine fakultative Gemeinschaftsaufgabe.

13 Im Unterschied zu Art. 91c Abs. 1 bis 3, weisen die Abs. 4 und 5 dem **Bund** eine **kompetenzielle Sonderrolle** zu.[21] **Abs. 4** trägt dem Bund namentlich die Aufgabe auf, ein Verbindungsnetz zu errichten, das die Netze des Bundes und der Länder miteinander verknüpft. **Abs. 5** greift deutlich tiefer in das Kompetenzgefüge ein: Er räumt dem Bund das Recht ein, einen Verbund zwischen den Verwaltungsportalen des Bundes und der Länder zu schaffen. Die Vorschrift etabliert damit keine Kooperations-, sondern eine Verpflichtungsermächtigung. Sie soll nach der Vorstellung des Verfassungsgebers als Treibriemen der Verwaltungsdigitalisierung wirken.

IV. Überstaatliche Bezüge

14 Die Europäische Union setzt zunehmend (meist gestützt auf die Binnenmarktkompetenz) auch im Bereich der Verwaltungsausübung Recht. Art. 91c steht deswegen auch im Kontext einer stetig zunehmenden Verwaltungskooperation der EU sowie des Grundrechts auf eine gute Verwaltung aus Art. 41 GRCh und den Anforderungen der Dienstleistungsrichtlinie[22]. Einen wichtigen Schritt, die Verwaltungsleistungen im Binnenmarkt zu harmonisieren, unternimmt in jüngerer Zeit die VO (EU) 2018/1724. Sie verschreibt sich dem Ziel, ein **einheitliches digitales Zugangstor** *(Single Digital Gateway)* in die unionale Verwaltungsarchitektur zu integrieren. Mit seiner Hilfe soll jeder EU-Bürger aus jedem Mitgliedstaat unkompliziert Leistungen der anderen mitgliedstaatlichen Verwaltungen in Anspruch nehmen können. Dieser Metaportalverbund firmiert unter dem Label „Ihr Europa" (**„Your Europe"**, Art. 22 Abs. 1 VO (EU) 2018/1724). Er lässt die Zuständigkeiten der mitgliedstaatlichen Behörden unberührt. Seine Schnittstelle soll vielmehr nationale E-Government-Angebote verklammern und zugleich auf unionale Adressaten ausweiten. Er flankiert damit die nationalen Bemühungen des Art. 91c Abs. 5.[23]

B. Einzelfragen

I. „Bund und Länder können […] zusammenwirken" (Abs. 1)

15 Abs. 1 ist als **Generalklausel** des Art. 91c konzipiert. Er erlaubt Bund und Ländern, zusammenzuwirken (b), um **IT-Systeme** (a) zu **planen,** zu **errichten** und zu **betreiben.**

16 **1. Informationstechnische Systeme.** Zu **IT-Systemen** iSd Abs. 1 zählen alle technischen Mittel, die dazu geeignet und bestimmt sind, Informationen elektronisch zu verarbeiten und zu übertragen.[24] Den Topos hat der Verfassungsgeber bewusst weit gefasst.[25] Er soll eine offene und flexible Grundlage schaffen, die es ermöglicht, auf sich schnell wandelnde technische

[21] BT-Drs. 18/11131, 16; *Heun/Thiele* in Dreier Rn. 7.

[22] RL 2006/123/EG, insbes. Kap. II „Verwaltungsvereinfachung" (Art. 5–8), va Art. 8 Abs. 3; sa *Seckelmann* DÖV 2009, 747 (756); *Siegel* DÖV 2009, 181 (182).

[23] Näher dazu *Martini/Wiesner* in VRW Hdb Verwaltungsreform, 639 (648); *Siegel* NVwZ 2019, 905 (906 ff.); *Pilz* EuZW 2017, 922 ff.

[24] Vgl. BT-Drs. 16/12410, 8.

[25] *Seckelmann* in BerlKomm Rn. 21.

Anforderungen und Entwicklungen sowie unionale Vorgaben für das Zusammenwirken im IT-Bereich zu reagieren.[26] Der Terminus ist damit enger als der Begriff des informationstechnischen Netzes iSd § 2 Abs. 1 IT-NetzG.[27]

2. Zusammenwirken. „Zusammenwirken" zwischen Bund und Ländern umfasst (nach Wortlaut und systematischer Auslegung im Lichte der Abs. 2 und 3) nicht nur die Kooperation zwischen dem Bund und allen, einzelnen oder mehreren Ländern. Es schließt vielmehr auch die **Kooperation zwischen den Ländern** ein.[28] Das Zusammenwirken kann sich dabei in vielen unterschiedlichen Spielarten vollziehen – insbesondere durch Staatsverträge, Verwaltungsabkommen sowie einfache Verwaltungsabsprachen.[29] „Zusammenwirken" schließt auch ein, Gremien für die Zusammenarbeit zu gründen und institutionell zu verankern.[30] Gemeint ist mithin sowohl die tatsächliche wie auch die rechtliche Form der Kooperation. 17

3. Der IT-Planungsrat als Herzkammer der Zusammenarbeit. Konkrete rechtliche Gestalt haben Bund und Länder ihrer Zusammenarbeit in dem **IT-Staatsvertrag** (IT-StV) zur Ausführung des Art. 91c verliehen.[31] Er errichtet einen **IT-Planungsrat.** Dessen Aufgabe ist es, die Zusammenarbeit zwischen Bund und Ländern bei der Digitalisierung von Verwaltungsleistungen zu koordinieren und zu unterstützen (§ 1 Abs. 1 S. 1 Nr. 1, Nr. 3), IT-Interoperabilitäts- und Sicherheitsstandards zu beschließen (Nr. 2), E-Government-Projekte zu steuern (Nr. 4) sowie die Aufgaben für das Verbindungsnetz zu übernehmen (Nr. 5 iVm § 3). Paradigmatischer Ausdruck dieses Zusammenwirkens ist der Versuch, E-Government-Basisfunktionen, wie das Bezahlsystem ePayBL oder X-KfZ, zu entwickeln. 18

Dem Gremium gehören der Beauftragte der Bundesregierung für IT sowie jeweils ein Vertreter jedes Landes an; Gemeindevertreter und der Bundesbeauftragte für Datenschutz sind mit beratender Stimme vertreten (§ 1 Abs. 2). Der IT-Planungsrat ist damit als **Schnittstelle zwischen politischen Akteuren und administrativem Sachverstand** konzipiert.[32] Als operative Geschäftsführungsebene bauen Bund und Länder unter dem Namen **FITKO**[33] gegenwärtig eine Organisationseinheit mit Sitz in Frankfurt am Main auf, die den IT-Planungsrat organisatorisch, fachlich und bei der Koordination der IT-Zusammenarbeit sowie bei IT-Interoperabilitäts- und IT-Sicherheitsstandards unterstützen, föderale IT-Strategien erarbeiten und umsetzen sowie Transparenz in der Verwaltungszusammenarbeit herstellen soll (§ 5 ff.).[34] Die FITKO hat zum 1.1.2020 ihre Arbeit aufgenommen. Ihre Kostenlast teilen sich Bund und Länder grds. nach dem Königsteiner Schlüs- 19

---

[26] BT-Drs. 16/12410, 9; *Ruge* in SHH Rn. 15.

[27] Er versteht darunter „die Gesamtheit von Übertragungssystemen und gegebenenfalls Vermittlungs- und Leitwegeinrichtungen sowie anderweitigen Ressourcen, die die Übertragung von Signalen ermöglichen. Ausgenommen sind Telemedien, Rundfunk sowie Sprechfunk- und Telefonnetze".

[28] BT-Drs. 16/12410, 9.

[29] *Ruge* in SHH Rn. 18; *Wischmeyer* in MKS Rn. 16.

[30] BT-Drs. 16/12410, 9.

[31] Er trat zum 1.4.2010 in Kraft (§ 12 Abs. 1 S. 1 IT-StV). Zu seiner Genese s. *Heckmann* K&R 2009, 1 (2); *Sichel* DVBl 2009, 1014 (1016).

[32] *Wischmeyer* in MKS Rn. 17.

[33] Das Akronym steht für „Föderale IT-Kooperation" (§ 5 Abs. 1 S. 2 IT-StV).

[34] Das Nähere regelte der IT-Planungsrat in einem Gründungsbeschluss (§ 5 Abs. 1 S. 4); s. a. https://www.fitko.de.

sel[35] (erweitert um einen festen Finanzierungsanteil des Bundes iHv 25 Prozent [§ 9 Abs. 4 S. 1]).

20 **4. Grenzen der Ermächtigung.** Abs. 1 soll die Zusammenarbeit zwischen Bund und Ländern rechtlich absichern, um Rechtsunsicherheiten zu vermeiden, die aus dem Verbot der Mischverwaltung für den Aufbau und Betrieb gemeinsamer IT-Systeme erwachsen. Mit dieser Zielsetzung formuliert er auch eine Sonderregelung zum Trennungsprinzip des Art. 104a Abs. 1. Er gibt das hergebrachte Kompetenzgefüge des GG für Digitalisierungsaufgaben zugleich aber nicht generell auf. Aus ihm erwächst insbesondere **keine umfassende „Digitalisierungs(finanzierungs)kompetenz"**, die dem Bund eine Blankettermächtigung erteilt, jegliche Materie im Dunstkreis der digitalen Transformation an sich zu ziehen.

21 Zu Recht hat der Bundestag daher von anfänglichen Überlegungen Abstand genommen, den **„Digitalpakt Schule"**, also die finanzielle Unterstützung der deutschen Schulen iHv rund 5 Milliarden EUR aus Bundesmitteln, auf Art. 91c zu stützen. Ein Eckpunktepapier der Kultusministerkonferenz aus dem Jahr 2017[36] hatte das noch vorgeschlagen (vgl. nunmehr Art. 104c).

II. Inhalt und Modus des Zusammenwirkens (Abs. 2)

22 **1. Vereinbarungen über Standards und Sicherheitsanforderungen (S. 1).** Abs. 2 konkretisiert die Zusammenarbeit, die Abs. 1 dem Grunde nach gestattet, in zweierlei Hinsicht: Er zeichnet als **Handlungsform** „Vereinbarungen" vor und benennt als ihren **Inhalt** „Standards und Sicherheitsanforderungen", die notwendig sind, damit die IT-Systeme des Bundes und der Länder reibungsfrei interagieren können.

23 **a) Form. „Vereinbarungen"** umfassen schon begrifflich nicht nur Staatsverträge.[37] Bund und Länder können vielmehr im Grundsatz auch Verwaltungsvereinbarungen schließen. Eine Grenze ist dieser Handlungsform lediglich dort gezogen, wo ihr Inhalt die Schwelle zum Parlamentsvorbehalt überschreitet, also die Parlamente als Herzkammer des demokratischen Willensbildungssystems zur Entscheidung berufen wären.

24 Bund und Länder füllen die Ermächtigung, eine „Vereinbarung" über „notwendige Standards und Sicherheitsanforderungen" abzuschließen, gegenwärtig durch den **IT-StV** aus (→ Rn. 18 f.). Er trägt dem IT-Planungsrat auf, die IT-Standardisierungsentscheidungen zu treffen (§ 2 Abs. 1).

25 **b) Inhalt. aa) Standards.** Der IT-Kontext als Regelungsgegenstand des Abs. 1 S. 1 legt nahe, dass einheitliche **Standards** insbesondere **technische Vorgaben** meinen, also Datenformate und technische Instrumente für das Verfahren der Datenübertragung.[38] „Standards" können aber ebenso Gestaltungsvorgaben sein, wie die Kommunikation von IT-Systemen zu organisie-

---

[35] Der Königsteiner Schlüssel ist eine jährlich neu berechnete Kostenschlüsselung, die eine Lastenverteilung auf der Basis der Einwohnerzahl und der Steuerkraft der Länder organisiert; s. dazu *Sichel* DVBl 2009, 1014 (1017); *Suerbaum* in BeckOK GG Rn. 17; vgl. allgemein *Grzeszick* in Maunz/Dürig Art. 20 Rn. 114.

[36] Gemeinsame Erklärung von BMBF und KMK vom 1.6.2017 zum DigitalPakt Schule, S. 2.

[37] *Vedder*, Intraföderale Staatsverträge, 1996, 156 ff.

[38] BT-Drs. 16/12410, 9.

ren ist und abzulaufen hat **(„prozessuale Standards“).** Auch **allgemeine Leitlinien und Vorgaben,** welche die Interoperabilität zwischen den Systemen sicherstellen, können darunter fallen.[39] Eine wichtige Voraussetzung müssen die Standards jedoch erfüllen: Sie müssen sich auf die **IT-Kommunikation „zwischen“ Bund und Ländern** beziehen, also einen Übermittlungsbezug aufweisen und dem medienbruchfreien Datenaustausch sowie der Interoperabilität zwischen Bund und Ländern dienen.[40]

bb) Sicherheitsanforderungen. Sicherheitsanforderungen haben die Aufgabe, wie ein Schutzdamm die jeweiligen Netze und deren Kommunikationsaustausch gegen unberechtigten Zugriff von außen zu verteidigen. In einer Welt anschwellender digitaler Datenströme wächst ihnen eine immer größere Bedeutung zu. Zum einen verlangt die **Sensibilität der Daten,** die Bund und Länder verwalten, besondere Schutzmechanismen, welche die Integrität und Vertraulichkeit des Informationsaustausches sicherstellen. Zum anderen sehen sich besonders Hoheitsträger (auch gerade deshalb) immer **häufiger Angriffen** durch Computerviren und Erpressungstrojaner etc. auf ihre Systeme ausgesetzt. Der Hacker-Angriff auf den Deutschen Bundestag im Jahr 2015 hat der Öffentlichkeit paradigmatisch schmerzlich ins Bewusstsein gerückt, wie leicht es professionellen Akteuren fällt, in das „Herz“ der Demokratie vorzudringen. Auch zahlreiche Angriffe auf öffentliche Institutionen, zB das Berliner Kammergericht, auf Kommunalverwaltungen sowie Universitäten, machten im Jahr 2019 den Bürgern die Verletzlichkeit solcher öffentlicher Infrastrukturen, auf die sie in ihrem individuellen Lebensalltag angewiesen sind, erfahrbar und unterstrichen damit die neue Dimension der Bedrohungslage. 26

Gemeinsame föderale Sicherheitsanforderungen des Bundes und der Länder sind unter diesen Rahmenbedingungen unter zwei Gesichtspunkten sinnvoll: Zum einen ist in Systemen eines Informationsaustauschs die Sicherheit des einen Partners immer auch die Sicherheit des anderen. Zum anderen können Bund und Länder Synergien bei der Angriffsabwehr heben, indem sie ihre technischen Kompetenzen bündeln. Dazu bekennt sich Abs. 2 S. 1 ausdrücklich. 27

Ebenso wie bei den „Standards“ ist die Kompetenz bei **Sicherheitsanforderungen** dadurch begrenzt, dass es sich um solche Vorgaben handeln muss, die der Kommunikation **„zwischen“** den IT-Systemen von Bund und Ländern dienen. 28

cc) Erforderlichkeit. Nach dem Willen des Verfassungsgebers müssen die Interoperabilitätsstandards „notwendig“, also nicht nur zweckmäßig, sondern auch **unerlässlich** sein, um das erwünschte technische, wirtschaftliche und föderale Ziel sicherer zu erreichen und interoperable Netze herzustellen.[41] Dieser Vorgabe eingedenk, weist der IT-StV dem IT-Planungsrat die Aufgabe zu, derartige Standards in einem Verfahren zu beschließen, das eine antragsgebundene Erforderlichkeitsprüfung integriert **(§ 2 Abs. 1 und 3 IT-StV).** Um die Netze des Bundes und der Länder nicht in eine „Splendid Isolation“ zu führen, gibt er Bund und Ländern zugleich die Vorgabe mit auf den Weg, primär auf solche Standards zurückzugreifen, die am Markt vor- 29

[39] *Schliesky* in BK Rn. 48; *Wischmeyer* in MKS Rn. 24.
[40] BT-Drs. 16/12410, 9; *Sichel* DVBl 2009, 1014 (1016).
[41] BT-Drs. 16/12410, 7 f.; *Sichel* DVBl 2009, 1014 (1016).

handen sind **(§ 2 Abs. 1 S. 2 IT-StV).** Vergabe- und wettbewerbsrechtlich haben Bund und Länder dabei die **Hersteller- und Produktneutralität** zu wahren.[42]

30 **2. Ermächtigung, Sonderregeln für Mehrheitsbeschlüsse zu treffen, S. 2 und 3.** S. 2 formuliert eine Rarität der föderalen Ordnung. Er lässt eine Abweichung vom Konsensprinzip zu, das die Zusammenarbeit zwischen Bund und Ländern prägt: Für die IT-Zusammenarbeit dürfen Bund und Länder Vereinbarungen durch **(qualifizierten) Mehrheitsentscheid** treffen. Der IT-StV macht von dieser Ermächtigung Gebrauch (§ 2 Abs. 2).

31 Von dem Einstimmigkeitsprinzip abzurücken, greift tief in die Grundfesten des föderalen Selbstverständnisses ein: Dieser Modus der Entscheidungsfindung kann einer Fremdregentschaft der Mehrheit den Weg ebnen, die der **föderalen Autonomie** als Ausdruck der Staatlichkeit des Bundes und der Länder widerstreitet. Umgekehrt entspricht die Abkehr vom Einstimmigkeitsprinzip bei der IT-Zusammenarbeit zugleich rationaler Einsicht in eine Notwendigkeit. Denn der Zwang zur Einstimmigkeit verhindert vielfach konstruktive, in die Zukunft weisende Lösungen: Schon das (auch sachlich nicht gerechtfertigte) Veto nur eines Beteiligten reicht für eine Blockade aus. Dies erzeugt zwar auf der einen Seite einen Einigungsdruck, bringt auf der anderen Seite aber zu häufig Formelkompromisse auf dem kleinsten gemeinsamen Nenner hervor, die dem **Anpassungs- und Standardisierungsdruck der dynamischen IT-Welt** nicht standhalten. Diese Erfahrung haben Bund und Länder in vielen Kontexten ihrer Zusammenarbeit in Gremienstrukturen, die nur schwerfällig Entscheidungen hervorbrachten, schmerzlich sammeln müssen. Darauf reagiert Abs. 2 S. 2, indem er den Entscheidungsprozess abkürzt: Trifft die Mehrheit eine Entscheidung, bindet diese den Bund und die Länder unmittelbar rechtlich.[43]

32 Die Verfassung erteilt Bund und Ländern aber **keine Carte blanche,** vom Einstimmigkeitsprinzip abzuweichen. Schon die Ewigkeitsgarantie des **Art. 79 Abs. 3** gestattet dies nur insoweit, als Mehrheitsentscheide nicht zentrale Strukturentscheidungen der Eigenstaatlichkeit der Länder aus den Angeln heben. Dies stellt Art. 91c Abs. 2 S. 2 dadurch sicher, dass er Mehrheitsentscheidungen auf **„einzelne nach Inhalt und Ausmaß bestimmte Aufgaben"** beschränkt. Als zusätzlicher Flankenschutz stellt S. 3 die Grundlagenvereinbarung unter den Vorbehalt der Einstimmigkeit, unterwirft sie also einer **Passerelle-Klausel.**

33 Der Passus **„nach Inhalt und Ausmaß bestimmt"** nimmt eine unverkennbare sprachliche Anleihe bei der Delegationsermächtigung des Art. 80 Abs. 1 S. 2. Beide teilen die Funktion, einem ausufernden Verzicht auf alleinige Entscheidungshoheit (sc der Entscheidung durch das Parlament bzw. Entscheidung in Einstimmigkeit) durch ein normatives Sicherungsinstrument entgegenzuwirken.

34 In Art. 91c Abs. 2 S. 2 lässt sich die Wendung grammatikalisch bei weiter Deutung als rein deklaratorischer **Verweis auf die begrenzte Aufgabenumschreibung des S. 1** verstehen. Die Möglichkeit, vom Einstimmigkeitsprinzip abzuweichen, erstreckt sich dann auf den gesamten Bereich denkbarer Zusammenarbeitsvereinbarungen des S. 1 („für die Kommunikation zwi-

---

[42] *Henneke* Der Landkreis 2009, 223 (228); *Ruge* in SHH Rn. 24.

[43] *Wischmeyer* in MKS Rn. 23; *Ruge* in SHH Rn. 27.

schen ihren informationstechnischen Systemen notwendigen Standards und Sicherheitsanforderungen").[44]

S. 2 nimmt jedoch nicht nur auf die „Grundlagen der Zusammenarbeit" nach S. 1 Bezug. Er fordert vielmehr *zusätzlich* ausdrücklich, dass die Mehrheitsregel „für einzelne nach Inhalt und Ausmaß bestimmte Aufgaben" gelten soll. Sie soll damit gerade nicht für alle Gegenstände des Abs. 2 S. 1 pauschal zur Anwendung gelangen können. Sie ist vielmehr in **doppelter Hinsicht beschränkt:**[45] zum einen auf Festlegungen, die für die „Kommunikation zwischen [...] informationstechnischen Systemen [des Bundes und der Länder] notwendige Standards und Sicherheitsanforderungen" formulieren (S. 1), zum anderen auf „einzelne nach Inhalt und Ausmaß bestimmte Aufgaben" (S. 2).[46] Pauschal vom Einstimmigkeitsprinzip abzurücken, gestattet auch der **IT-StV** nicht. Er begrenzt bindende Mehrheitsbeschlüsse[47] auf solche Konstellationen, die für den „bund-länderübergreifenden Datenaustausch oder zur Vereinheitlichung des Datenaustauschs der öffentlichen Verwaltung mit Bürgern und Wirtschaft notwendig" sind **(§ 2 Abs. 2).** Der IT-StV beschränkt die Gegenstände, für die das Prinzip der qualifizierten Mehrheit gilt, damit **qualitativ und quantitativ,** also nach Inhalt und Ausmaß, wie es Abs. 2 S. 2 gebietet. 35

Um dem Demokratieprinzip und der Eigenstaatlichkeit des Bundes und der Länder Rechnung zu tragen, dürfen Vereinbarungen zu Mehrheitsentscheidungen das **Kündigungsrecht** nicht abbedingen **(Abs. 2 S. 3).**[48] Dessen eingedenk gesteht § 11 Abs. 2 S. 1 IT-StV Bund und Ländern die Möglichkeit zu, den Vertrag mit einer zweijährigen Frist zum Jahresende zu kündigen. 36

Anders als der Vertragsschluss bedarf die Kündigung keiner parlamentarischen Beteiligung.[49] Diese (auf den ersten Blick überraschende) Differenzierung gründet auf der Zweckbestimmung parlamentarischer Mitwirkungsrechte: Der Zustimmungsvorbehalt bei **Vertragsschluss** verschafft der Legislative die Freiheit, ihre Hoheitsrechte zu wahren, bevor vertragliche Bindungen entstehen. Bei der **Kündigung** ist die Sachlage hingegen genau 37

---

[44] *Ruge* in SHH Rn. 24; *Suerbaum* in BeckOK GG Rn. 15; iE ebenso *Wischmeyer* in MKS Rn. 23; aA *Seckelmann* in BerlKomm Rn. 28; *Gröpl* in Maunz/Dürig Rn. 31 ff. und*Siekmann* in Sachs Rn. 16, die danach entscheiden, ob es sich um grundlegende Fragen oder technisch allgemeine Fragen handelt.

[45] So auch *Gröpl* in Maunz/Dürig Rn. 32; *Heun/Thiele* in Dreier Rn. 17; aA *Wischmeyer* in MKS Rn. 23; so iE auch *Ruge* in SHH Rn. 28 und *Suerbaum* in BeckOK GG Rn. 15, die den Passus allerdings für rein deklaratorisch halten.

[46] Ein noch weiter gehendes Verständnis sieht Mehrheitsentscheidungen sogar auf „die Grundlagen der Zusammenarbeit" beschränkt: Nur grundlegende Standards und Sicherheitsanforderungen, nicht aber Detailfragen dürften durch Mehrheit entschieden werden, so *Gröpl* in Maunz/Dürig Rn. 32.

[47] § 2 Abs. 2 S. 1 knüpft diese an die Zustimmung des Bundes und einer Mehrheit von elf Ländern, welche mindestens zwei Drittel ihrer Finanzierungsanteile nach dem Königsteiner Schlüssel abbildet. Die Beteiligten müssen diesen bindenden Beschluss (Art. 91c Abs. 2 S. 2) in ihren jeweiligen Verwaltungsräumen fristgerecht umsetzen (§ 2 Abs. 2 S. 2 IT-StV). Vgl. auch „Gemeinsames Grundverständnis der technischen und organisatorischen Ausgestaltung der Bund-Länder-Zusammenarbeit bei dem Verbindungsnetz und der IT-Steuerung", Anhang zum IT-StV, Teil B. 6 Spstr. 2.

[48] Dazu BT-Drs. 16/12410, 9; vgl. auch BVerfGE 90, 60 (104); *Sichel* DVBl 2009, 1014 (1016).

[49] Vgl. dazu auch den Wortlaut der Landesverfassungen, zB Art. 72 Abs. 2 BV „nach vorheriger Zustimmung [...] abgeschlossen"; Art. 101 S. 2 RhPfVerf: „Staatsverträge" – nicht ihre Kündigung – bedürfen der „Zustimmung des Landtags durch Gesetz".

umgekehrt: Da diese die vertragliche Bindung aufhebt, gewinnt das Parlament dadurch seinen gesetzgeberischen Entscheidungsspielraum innerstaatlich voll zurück.[50]

38 **3. Kostentragung (S. 4).** Damit die Vereinbarungen des Bundes und der Länder ihre Kostenfolgen nicht offenlassen, müssen sie auch regeln, wer die Kosten trägt. Das gibt S. 4 verbindlich vor.[51] Bund und Länder können frei vereinbaren, wie sie die Kosten aufteilen.[52] Die Vorschrift formuliert damit systematisch eine Ausnahme zu Art. 104a Abs. 1.[53]

III. Gemeinschaftlicher Betrieb von Einrichtungen (Abs. 3)

39 Während die anderen Absätze des Art. 91c das Verhältnis zwischen Bund und Ländern adressieren, richtet Abs. 3 einen besonderen Fokus auf das **Verhältnis der Länder zueinander.** Die Vorschrift stellt klar, dass die Länder bei informationstechnischen Systemen zusammenwirken können.[54] Dies eröffnet nicht nur den gemeinschaftlichen Betrieb von IT-Systemen. Es schließt auch die Möglichkeit ein, zu diesem Zweck privat- wie öffentlich-rechtliche Organisationen zu gründen.[55] Eine entsprechende Kompetenz erwächst bereits aus der Eigenstaatlichkeit der Länder.[56] Insoweit ist Abs. 3 **deklaratorisch.**[57] Grenzen erwachsen der Zusammenarbeit zwischen den Ländern aber aus dem jeweiligen Landesverfassungsrecht.

40 Als der verfassungsändernde Gesetzgeber Abs. 3 erließ, hatte er insbesondere das Ziel vor Augen, die IT-Kooperation öffentlicher Stellen verfassungsrechtlich gegen EU-Vergaberechtsvorgaben abzusichern.[58] Ihn trieb die Sorge um, dass vertikale und horizontale IT-Verwaltungskooperation, insbesondere gemeinsame IT-Dienstleistungen der Verwaltung, in den Klammergriff der Ausschreibungspflicht des EU-Vergaberechts fallen. Unterdessen hat der EuGH aber klargestellt, dass IT-Kooperationen der Verwaltung keine Leistungen am Markt beschaffen: Sie repräsentieren rein interne Verwaltungsorganisationsentscheidungen, die **keine vergaberechtliche Relevanz entfalten,** soweit nicht Private eingebunden sind.[59]

---

[50] Vgl. zum Ganzen BVerwGE 60, 162 (176).

[51] BT-Drs. 16/12410, 9.

[52] Die Kosten der neuen Organisation „FITKO" (→ Rn. 19) bürdet der IT-StV dem Bund und den Ländern nach Maßgabe des Wirtschaftsplans und ihrer jeweiligen Haushalte auf (§ 9 Abs. 1 IT-StV); für die Aufteilung der Kosten unter den Ländern gilt dabei der Königsteiner Schlüssel (§ 9 Abs. 4 S. 1 IT-StV).

[53] Ob Abs. 2 auch Art. 104a Abs. 5 vorgeht und damit nicht nur die Zweckausgaben, sondern auch die Verwaltungsausgaben frei verteilt werden können, darüber gehen die Meinungen auseinander; abl.: *Suerbaum* in BeckOK GG Rn. 17; befürwortend: *Gröpl* in Maunz/Dürig Rn. 39; *Ruge* in SHH Rn. 31; *Wischmeyer* in MKS Rn. 25 (mit Fn. 27).

[54] BT-Drs. 16/12410, 9.

[55] BT-Drs. 16/12410, 9.

[56] *Heun/Thiele* in Dreier Rn. 20; *Ruge* in SHH Rn. 36; *Sichel* DVBl 2009, 1014 (1018); *Suerbaum* in BeckOK GG Rn. 18; aA *Schliesky* in BK Rn. 64 ff.

[57] *Seckelmann* in BerlKomm Rn. 45; *Siegel* NVwZ 2009, 1128 (1130); aA *Schliesky* in BK Rn. 64.

[58] S. zum Problem ausf. *Schliesky* ZSE 2008, 304 (321 ff.); *Sichel* DVBl 2009, 1014 (1018); *Seckelmann* in BerlKomm Rn. 46.

[59] Vgl. EuGH, NVwZ 2009, 898 (899 f.); dazu *Frenz* NVwZ 2010, 609 f.; *Ruge* in SHH Rn. 37; *Wischmeyer* in MKS Rn. 10; *Struve* EuZW 2009, 805 (807 f.).

IV. Verbindungsnetz (Abs. 4)

Abs. 4 trägt dem Bund die verfassungsrechtliche Pflicht auf („errichtet"), eine dauerhafte, sichere und bund-/länderübergreifende Plattform für den Datenaustausch zu errichten und zu betreiben.[60] Diesem **Verbindungsnetz**[61] fällt die Aufgabe zu, die (bereits bestehenden) IT-Netze des Bundes und der Länder zusammenzuführen und damit den föderalen Datenaustausch zu verbessern. Die Verwaltungsträger des Bundes und der Länder sollen dadurch dauerhaft und möglichst sicher füreinander erreichbar sein und miteinander kommunizieren können.[62] **41**

1. Reichweite der Kompetenz. Abs. 4 begründet nicht nur eine Pflicht. Er gesteht dem Bund auch eine zusätzliche Kompetenz zu,[63] nämlich eine **Gesetzgebungs-** (S. 2) und **Verwaltungskompetenz** (S. 1).[64] Da das Verbindungsnetz technisch substanziell auf die Hoheit der Länder ausstrahlt, hat der Verfassungsgeber die Gesetzgebungskompetenz des Bundes jedoch unter den Vorbehalt der **Länderzustimmung** gestellt. Das soll ihnen hinreichende Mitspracherechte sichern. Von seiner Kompetenz hat der Bund mit dem **IT-NetzG** im Jahr 2009 Gebrauch gemacht. Es schreibt fest, dass der Datenaustausch zwischen Bund und Ländern über das Verbindungsnetz erfolgt (§ 3 IT-NetzG). Für die Netze, die nicht Teil des Verbindungsnetzes sind, sondern an dieses lediglich gegenständlich angeschlossen sind, bleibt die Verwaltungskompetenz vollständig bei den jeweiligen Ländern.[65] **42**

Anders als S. 2 (der ausdrücklich sowohl die „Errichtung [als auch den] Betrieb des Verbindungsnetzes" nennt), spricht S. 1 zwar nur von „errichtet", nicht auch von **„betreibt".** Sowohl die Verwaltungs- als auch die Gesetzgebungskompetenz erstrecken sich jedoch ihrem Sinn nach auf beides:[66] Wenn der Bund schon die Gesetzgebungskompetenz für das Verbindungsnetz innehat, ist es nicht nur sachgerecht, sondern auch geboten, ein einheitliches Verbindungsnetz des Bundes auch einheitlich zu verwalten. **43**

Auch auf die **Planung** des Netzes erstreckt sich die Gesetzgebungskompetenz nicht ausdrücklich. Die Planung eines Netzes ist aber eine logische Vorstufe, um es im Anschluss zu errichten und sodann zu betreiben. Planung und Errichtung lassen sich kaum trennen. Das streitet dafür, die Kompetenz weit zu verstehen und den Bund nicht darauf zu verweisen, sich mit den Ländern bei der Netzplanung nach Maßgabe der Abs. 1 und 2 abzustimmen.[67] **44**

Die **Systematik der Norm** widerstreitet dem indes: **Abs. 1** differenziert feinsäuberlich zwischen „der Planung, der Errichtung und dem Betrieb", während sich **Abs. 4** auf die „Errichtung und [den] Betrieb des Verbindungsnetzes" beschränkt. Diese normative Entscheidung hat auch einen guten Grund: Die technische Planung des Verbindungsnetzes gibt vor, *wie* die **45**

---

[60] *Ruge* in SHH Rn. 38; *Schliesky* in BK Rn. 73; iS eines Verfassungsauftrags *Siekmann* in Sachs Rn. 24; *Seckelmann* in BerlKomm Rn. 49.

[61] Vgl. zu den Begriffen „Verbindungsnetz" und „informationstechnisches Netz" die Legaldefinition in § 2 Abs 1 und 2 IT-NetzG sowie *Ruge* in SHH Rn. 39 f.

[62] BT-Drs. 16/12410, 9 f.

[63] BT-Drs. 16/12410, 9.

[64] *Seckelmann* in BerlKomm Rn. 48; *Suerbaum* in BeckOK GG Rn. 19.

[65] BT-Drs. 16/12410, 10.

[66] BT-Drs. 16/12410, 9; *Seckelmann* in BerlKomm Rn. 53; *Suerbaum* in BeckOK GG Rn. 19; *Ruge* in SHH Rn. 38; aA *Pieroth* in Jarass/Pieroth Rn. 5.

[67] So iE *Siekmann* in Sachs Rn. 25; *Pieroth* in Jarass/Pieroth Rn. 5.

Netze der Länder anzuschließen sind, und wirkt damit auch unmittelbar in den Netzverkehr der Länder hinein. Eine **gemeinsame** Planung des Netzes hielt der Verfassungsgeber daher für sachgerecht, um die Bedürfnisse von Bund und Ländern hinreichend zu sichern.[68] Er wollte diese Aufgabe nicht exklusiv in die Hände des Bundes legen.[69]

46 Ebenso wenig wie die Planung hat der Verfassungsgeber die **Nutzung** des Verbindungsnetzes eigenständig geregelt. Auch insoweit besteht keine Verwaltungs- und Gesetzgebungskompetenz des Bundes. Vielmehr greifen dafür die allgemeinen IT-Kooperationsregeln der Abs. 1 und 2. Die praktischen Auswirkungen dieser Limitierung sind jedoch begrenzt. Denn der Bundesgesetzgeber hat im **IT-NetzG** alle relevanten Fragen ohnedies dem kooperativ organisierten IT-Planungsrat (§§ 1, 4 IT-NetzG, § 4 IT-StV) als Koordinierungsgremium übertragen.

47 **2. Ausgestaltung des Verbindungsnetzes.** Als Verbundnetz für den Datenaustausch nutzen Bund und Länder das sog. **DOI-Netz,** das der Bund verwaltet.[70] Seit dem 1.1.2019 verantwortet die Bundesanstalt für den Digitalfunk der Behörden und Organisationen mit Sicherheitsaufgaben **(BDBOS)** mit Sitz in Berlin dieses Verbundnetz. Es firmiert unter dem Namen „Netz des Bundes" (NdB).

48 Anders als für die Vereinbarungen iSd Abs. 2 (→ Rn. 40) steht die Verteilung der **Kostenlast** für das Verbindungsnetz nicht zur Disposition des Bundes und der Länder. Sie bestimmt sich vielmehr nach der allgemeinen Kostenlastregel des Verteilungsschlüssels aus **Art. 104a Abs. 1:** Der Bund trägt die Kosten, die anfallen, um das Netz zu errichten und zu betreiben; die Länder stemmen hingegen die Kosten, um ihre Netze an das Verbindungsnetz anzuschließen (so auch ausdrücklich § 7 Abs. 2 IT-NetzG).[71]

V. Ausschließliche Gesetzgebungskompetenz des Bundes für den „übergreifende[n] informationstechnischen Zugang zu den Verwaltungsleistungen von Bund und Ländern" (Abs. 5)

49 Abs. 5 reagiert auf den erkannten großen **Nachholbedarf Deutschlands,** die Digitalisierung der Verwaltung voranzutreiben. Freiwillige interföderale Lösungen hatten zuvor keinen Durchbruch erzielt.[72] Obgleich sich das Angebot elektronischer Verwaltungsleistungen langsam erweitert hatte, sanken bzw. stagnierten zuletzt nicht nur die **Nutzungshäufigkeit,** sondern auch die **Zufriedenheit** der Bürger mit dem bestehenden Angebot digitaler Verwaltungsleistungen.[73] Den Nationalen Normenkontrollrat veranlasste dies im Jahr 2015 gar zu der markanten (wenn auch etwas übertriebenen) These: „E-Government in Deutschland gibt es nicht"[74]. Im Jahr 2016 setzte der verfassungsändernde Gesetzgeber daraufhin zu einem Paukenschlag für das deutsche E-Government an: Er gestand dem Bund eine weitreichende Gesetz-

---

[68] *Ruge* in SHH Rn. 41; *Suerbaum* in BeckOK GG Rn. 21; aA *Seckelmann* in BerlKomm Rn. 52; *Siekmann* in Sachs Rn. 25.

[69] *Wischmeyer* in MKS Rn. 31.

[70] Ausf. dazu *Wischmeyer* in MKS Rn. 30.

[71] BT-Drs. 16/12410, 10.

[72] Vgl. BT-Drs. 18/11131, 16.

[73] *Initiative D21,* D21-eGovernment Monitor 2017, 8.

[74] *Fromm/Welzel/Nentwing/Weber,* E-Government in Deutschland: Vom Abstieg zum Aufstieg, 2015, Rn. 5.

gebungskompetenz für das E-Government zu, indem er dem Art. 91c einen neuen Abs. 5 anfügte.

1. Entwicklungsgeschichte. Den Auftakt zur Genese des Abs. 5 setzte ein Beschluss der Ministerpräsidentenkonferenz und der Bundeskanzlerin vom Oktober 2016. Er sah ein **„zentrales Bürgerportal"** zu den Verwaltungsleistungen des Bundes und der Länder vor.[75] Auf dieser Grundlage schlug der Bund zunächst einen neuen **Art. 74 Abs. 1 Nr. 34** vor. Dieser gestand ihm eine *konkurrierende* Gesetzgebungskompetenz zu. Damit stieß er jedoch bei den Ländern auf Widerstand. Diese fürchteten, dass eine solche prominent platzierte Regelung das Gefüge der Gesetzgebungskompetenzen aus den Fugen geraten lasse. Die Regelungsbemühungen verlagerten sich deshalb alsbald darauf, Art. 91c um einen neuen Abs. 5 zu erweitern. Inhaltlich ging der Bund mit seinem neuen Vorschlag aber noch deutlich über eine konkurrierende Kompetenz hinaus: Sein Gesetzesentwurf gestand ihm (nach dem Vorbild des Abs. 4 S. 2) eine ***ausschließliche*** Gesetzgebungskompetenz zu.[76] 50

Zeitgleich bereitete der Bund das Ausführungsgesetz zur neuen Kompetenznorm vor: das **Onlinezugangsgesetz (OZG).** Es etabliert einen Portalverbund als Tor zu allen föderalen Verwaltungseinheiten, also eine standardisierte und medienbruchfreie Schnittstelle zu den digitalen Verwaltungsleistungen des Bundes und der Länder (vgl. § 3 Abs. 1 OZG). Das Gesetz gibt allgemeine Standards und Strukturen vor, welche die Verwaltungsleistungen des Bundes und der Länder von einem Ort aus für jedermann unkompliziert zugänglich machen sollen. 51

2. Reichweite der Gesetzgebungskompetenz. Auf den ersten Blick wirkt der Fortschritt, den Abs. 5 der Digitalisierung der Verwaltung vermittelt, klein. Denn auch schon bisher stand Bund und Ländern (auf der Grundlage des Abs. 1) verfassungsrechtlich der Weg offen, ihre Verwaltungsleistungen auf einem Portal zu verknüpfen. Den Verfassungsgeber hatte jedoch der Glaube daran verlassen, dass Bund und Länder sich zeitnah *im Wege von Vereinbarungen* auf eine solche Lösung verständigen. Abs. 5 vertraut deshalb dem Bund die Aufgabe an, eine **Verbundlösung** zu etablieren, welche die bestehenden Leistungsbausteine der föderalen Ebenen aufrechterhält, sie aber zu einer **übergreifenden, leicht erreichbaren Einheit** verzahnt. Mit dieser Zielrichtung legt die Norm die Kompetenz, den „übergreifenden informationstechnischen Zugang" (aa) „zu den Verwaltungsleistungen" (bb) zu regeln, in die Hände des Bundes. 52

a) Übergreifender Zugang. Obgleich Abs. 5 dem Bund gestattet, in die Verwaltungskompetenz der Länder intensiv hineinzuwirken, gesteht er ihm *nicht* die Befugnis zu, selbst Verwaltungsleistungen, die bisher die Länder angeboten haben, aus eigener Hand elektronisch anzubieten. Er darf vielmehr nur verklammernde, standardisierende Regelungen erlassen, welche die Interoperabilität der Portale herstellen. Denn erst der Zentralbegriff **„übergreifender Zugang"** des Abs. 5 verleiht dem Regelungsgehalt der Norm Kontur: Er schränkt die Kompetenz auf den Bereich der **Schnittstelle Verwaltung-Bürger** ein. 53

[75] Beschluss, Konferenz der Regierungschefinnen und Regierungschefs von Bund und Ländern v. 14.10.2016.

[76] *Herrmann/Stöber* NVwZ 2017, 1401 (1402).

54 Die Kompetenz erstreckt sich mithin darauf, diejenigen Vorgaben zu treffen, die aus einer Vielzahl von Einzelportalen der Verwaltung erst einen Portalverbund machen und seine Benutzung bestimmen. Hierzu gehören die nötigen **Kommunikationsstandards** und (jedenfalls kraft Sachzusammenhangs bzw. Annexes) auch **Sicherheitsstandards, Funktionen eines Bürgerkontos** (für die übergreifende Authentifikation; → Rn. 70) und andere zwingend **interoperable Portalfunktionen,** wie ein Postfach und ein Dokumentensafe (vgl. §§ 3 ff. OZG).[77] Einzelfragen der konkreten elektronischen Verwaltungsleistung bestimmen die jeweiligen Verwaltungsträger nach den Grundsätzen der Art. 70 Abs. 1, 83 ff., 85 f. demgegenüber weiterhin selbst.

55 Für diejenigen Sachmaterien, die seine eigene Verwaltung (Art. 86 f.) bzw. den Vollzug von Bundesrecht betreffen, hätte der Bund diese Vorgabe schon auf der Grundlage des **Art. 84 Abs. 1 S. 5, Art. 85 Abs. 1, 2** bzw. als Annex zur jeweiligen Sachmaterie (wenn auch unter höherem Rechtfertigungsaufwand) regeln können. Erst die ausdrückliche Normierung des Art. 91c Abs. 5 ermöglicht es dem Bund aber, den Ländern einen **Anschluss an das Portal** auch für solche elektronischen Verwaltungsangebote vorzugeben, mit denen sie **Landesrecht vollziehen.**

56 **aa) Schnittstellenfunktion.** Wie die Schnittstelle zwischen Verwaltung und Bürger technisch aussehen soll, lässt der Normtext bewusst offen. Der Verfassungsgeber wollte eine flexible Grundlage schaffen, die es ermöglicht, auf dynamische technische Anforderungen und Entwicklungen angemessen zu reagieren. Erst aus der Gesetzesbegründung ergibt sich, dass er von der technischen Lösung eines Portals ausgeht, um den Zugang zu übergreifenden IT-Systemen zu gewährleisten.[78] Einzig das Prinzip der Verklammerung von Einzelangeboten ist schon im Begriff „übergreifend" angelegt. Das Portal operiert damit in der Vorstellung des Verfassungsgebers als (großer) digitaler Zwillingsbruder der einheitlichen Behördenrufnummer („115").

57 **bb) Digitalisierungspflicht?** Ob die Anschlusspflicht an das Portal auch eine Pflicht begründet, analoge Verwaltungsleistungen digital vorzuhalten, oder sich auf diejenigen beschränkt, welche die Länder *kraft eigener Entscheidung* digital anbieten, lässt Abs. 5 weitgehend offen. Der **Wortlaut** lässt sich in beide Richtungen deuten: übergreifender „Zugang zu den Verwaltungsleistungen" kann sowohl die digital *vorgehaltenen* als auch jegliche digital *anbietbaren* Verwaltungsleistungen meinen. Semantisch setzt der Zugang immerhin aber voraus, dass bereits etwas vorhanden ist, was sich anschließen lässt: Zu Leistungen, die bisher noch nicht informationstechnisch verfügbar sind, lässt sich grds. noch kein übergreifender informationstechnischer Zugang herstellen.[79] „Übergreifender Zugang" impliziert daher, dass eine Leistung bereits digital verfügbar ist, um den Weg zu ihr bahnen zu können.

58 Der Bund versteht Abs. 5 demgegenüber weit: Sein **Gesetzesentwurf** verlieh der Überzeugung Ausdruck, dass Art. 91c Abs. 5 dem Bund auch die Befugnis vermittelt, den Ländern eine Digitalisierung nicht digitalisierter Ver-

---

[77] *Martini/Wiesner* ZG 2017, 193 (208 ff.).

[78] Vgl. BT-Drs. 18/11131, 16.

[79] *Martini/Wiesner* ZG 2017, 193 (200 f.); aA *Seckelmann* in BerlKomm Rn. 56; *Wischmeyer* in MKS Rn. 33 f.; *Gröpl* in Maunz/Dürig Rn. 62 ff.; *Siegel* DÖV 2018, 185 (187): wie hier aber wohl *Siekmann* in Sachs Rn. 30.

waltungsleistungen abzuverlangen.[80] Dieses Verständnis hat auch im OZG Niederschlag gefunden: Es legt den Ländern die Pflicht auf, bislang alle Verwaltungsleistungen fortan auch elektronisch anzubieten **(§ 1 Abs. 1 OZG).**

Die verfassungsgebenden Organe waren sich darin jedoch nicht einig. Der **Bundesrat** widersprach der Lesart der Bundesregierung im Gesetzgebungsverfahren zu Art. 91c Abs. 5. Er trat mit Nachdruck für eine restriktive Deutung der Norm ein:[81] Der Kompetenzgehalt finde seine „Grundlage und Grenze“ darin, „die über das Internet von Bund und Ländern *angebotenen*[82] Verwaltungsleistungen aufzufinden.“[83] In diesem Lichte seien die Vorschrift und ihre spätere Auslegung zu lesen. Ein einheitlicher gesetzgeberischer Wille, in Abs. 5 eine Digitalisierungspflicht hineinzulegen, existierte danach nicht.[84] Der Bundesrat hat dem OZG samt seiner Digitalisierungspflicht (§ 1 Abs. 1) zwar zugestimmt. Die einfachgesetzliche Norm heranzuziehen, um den Inhalt der Verfassungsnorm zu ergründen,[85] wäre jedoch methodisch unsauber: Eine Zustimmung zu einem einfachen Gesetz kann den Inhalt einer Verfassungsnorm nicht verändern. 59

Den Ländern eine Digitalisierungspflicht für genuin landesrechtliche Verfahren bundesrechtlich vorzugeben, durchbricht das **Prinzip der Eigenstaatlichkeit der Länder** (Art. 30, 70 Abs. 1). Eine solche einschneidende Kompetenz lässt sich zwar mit Art. 79 Abs. 3 in Einklang bringen.[86] Sie muss im Grundgesetz jedoch klar und unzweideutig ihre Verankerung finden. Anderenfalls setzt sich im Zweifelsfall die Grundregel des Art. 70 Abs. 1 durch: Die Länder entscheiden selbst über die Gestaltung ihres Verwaltungsverfahrens. Art. 91c Abs. 5 etabliert eine solche Kompetenz, den Ländern eine verpflichtende Digitalisierung aller ihrer Verwaltungsleistungen abzuverlangen, nicht in hinreichend klarer Weise (obgleich das sinnvoll wäre, um die Digitalisierung der Verwaltung voranzutreiben). Im Spannungsverhältnis zwischen verfassungsrechtlich verbürgter Eigenstaatlichkeit der Länder und effizienten gesamtstaatlichen Verbundlösungen reicht die Bundeskompetenz aus Art. 91c Abs. 5 daher nur so weit, wie **Regelungen erforderlich** sind, **um den** „übergreifenden Zugang“, also **den Portalverbund, zu errichten.** 60

Dass aus Abs. 5 keine Kompetenz des Bundes folgt, den Ländern eine Digitalisierung ihrer Verwaltungsleistungen aufzuerlegen, **versteinert** auch nicht den Status quo der Digitalisierung.[87] Denn die Vorschrift verpflichtet nicht lediglich dazu, diejenigen Verwaltungsleistungen an das Portal anzuschließen, welche die Länder in dem Zeitpunkt digital vorhielten, als Art. 91c Abs. 5 in Kraft trat. Er verlangt vielmehr, alle digital angebotenen Verwaltungsleistungen, die künftig hinzukommen, fortlaufend an das Portal anzuschließen. 61

cc) Rolle der Kommunen. Ob Art. 91c Abs. 5 auch die Verwaltungsleistungen der Kommunen einschließt, stieß bereits in der Gesetzgebungsphase auf unterschiedliche Einschätzungen. Klar war nur, dass ein Portalverbund ohne die Gemeinden als **wichtigste lokale Operationsbühnen des Ver-** 62

---

[80] Vgl. BT-Drs. 18/11131, 16.
[81] BT-Drs. 18/11131, 24 f.
[82] Hervorhebung d. Verf.
[83] BT-Drs. 18/11131, 24 f.
[84] AA *Seckelmann* in BerlKomm Rn. 56; *Siegel* DÖV 2018, 185 (187).
[85] Vgl. *Siegel* DÖV 2018, 185 (187); *Siekmann* in Sachs Rn. 30.
[86] *Martini/Wiesner* ZG 2017, 193 (205 mit Fn. 62).
[87] AA *Siegel* DÖV 2018, 185 (187).

waltungshandelns einen weitgehend sinnfreien Torso schüfe. Nur zusammen mit den kommunalen Angeboten entsteht ein lückenloses und lebenslagenorientiertes digitales Verwaltungsangebot eines One-Stop-Government.

63 Art. 91c Abs. 5 bezieht die Kommunen iE gleichwohl **nicht unmittelbar** ein. Er gesteht dem Bund insbesondere keine Kompetenz zu, sie unmittelbar legislativ zu binden. Das hat seinen guten verfassungsrechtlichen Grund: Art. 84 Abs. 1 S. 7 und Art. 85 Abs. 1 S. 2 versagen es dem Bund, den Gemeinden unmittelbar Aufgaben zuzuweisen.

64 Gleichwohl sind die Gemeinden **mittelbar** in den Portalverbund einbezogen. Denn die Länder können und müssen die Pflichten, die ihnen Art. 91c Abs. 5 aufträgt, an ihre mittelbare Staatsverwaltung, namentlich die Kommunen, weiterreichen, soweit diese staatliche Aufgaben wahrnehmen:[88] Die Kommunen sind staatsorganisationsrechtlich Teil der Länder. Ihre Verwaltungsleistungen sind folglich (gleich ob im eigenen oder übertragenen Wirkungskreis) ebenfalls solche der Länder.[89]

65 Der Bund hat den Kommunen im **OZG** auch **keine Bereichsausnahmen** zugestanden. Vielmehr trägt es den Ländern eine umfassende Digitalisierungspflicht sämtlicher Verwaltungsleistungen – und damit auch der kommunalen Leistungen – auf. Die Frage nach Ausnahmen und möglichen Ausgleichsmaßnahmen der Länder, um Härten für klamme Kommunen abzupuffern, stellt sich daher erst in der Beziehungsebene Länder-Kommunen, namentlich dann, wenn das Land den Gemeinden die Pflicht auferlegt, ihre Verwaltungsleistungen, insbesondere ihre Selbstverwaltungsangebote, zu digitalisieren und an das Portal anzuschließen. Die neue Vorschrift Art. 91c Abs. 5 schränkt das Selbstverwaltungsrecht der Kommunen (Art. 28 Abs. 2 S. 1) mithin iE nicht selbst ein.[90] Es misst vielmehr lediglich die Grenzen für die Leistungspflicht der Länder aus.

66 Wie stark die Länder die Gemeinden im Gefolge der Verpflichtungen belasten, die ihnen aus dem OZG erwachsen, insbesondere ihre Organisationshoheit strapazieren, liegt in ihrer Verantwortung.[91] Die rote Linie einer zulässigen kommunalen Belastung mit Organisationsvorgaben überschreiten sie erst dann, wenn sie der Kommune gleichsam „die Luft zum Atmen" nehmen.[92] Die Länder – gefangen zwischen dem Gebot der Bundestreue und der Selbstverwaltungsgarantie der Gemeinden – müssen dann ggf. Kompensationsmaßnahmen ergreifen und finanzieren, um ein solches „Ersticken" zu verhindern. Landesverfassungsrechtliche **Konnexitätsansprüche** der Gemeinden entstehen jedoch grds. nicht. Denn die Pflicht, Verwaltungsleistungen digital anzubieten und an einen Portalverbund anzuschließen, trägt den Gemeinden **keine neue Sachaufgabe** auf. Sie trifft vielmehr eine **Verfahren**svorgabe.[93]

67 **b) Verwaltungsleistungen.** Was Abs. 5 unter „Verwaltungsleistungen" versteht, präzisiert er nicht näher. Er meint damit in der Sache jedes Angebot,

---

[88] So bereits *Martini/Wiesner* ZG 2017, 193 (214); zust. *Ruge* in SHH Rn. 45; *Seckelmann* in BerlKomm Rn. 57.

[89] Vgl. aber BT-Drs. 18/11135, 138.

[90] So aber *Ruge* in SHH Rn. 50; *Siegel* DÖV 2018, 185 (189) plädiert dafür, Selbstverwaltungsaufgaben vom Digitalisierungszwang auszunehmen.

[91] Dazu *Martini/Wiesner* ZG 2017, 193 (216 ff.); *Siegel* DÖV 2018, 185 (188 f.).

[92] *Martini/Wiesner* ZG 2017, 193 (217); krit. *Siegel* DÖV 2018, 185 (192).

[93] Dazu und zu den unterschiedlichen landesverfassungsrechtlichen Ausgangspunkten *Martini/Wiesner* ZG 2017, 193 (221).

das die Verwaltung für Bürger oder Unternehmen als Teil ihres staatlichen Handlungsauftrags vorhält, also jegliche Verfahren iSd § 9 VwVfG (Anzeige-, Antrags-, Genehmigungs- sowie sonstige Verfahren).[94] Maßnahmen der **Eingriffsverwaltung,** zB Versammlungsverbote, fallen ebenso wenig darunter wie **Handlungen anderer Staatsgewalten,** namentlich der Judikative und der Legislative, oder rein verwaltungsinterne Vorgänge.[95]

Abs. 5 nimmt zugleich keine Verwaltungsleistungen aus – auch nicht solche, die sich für eine Digitalisierung entweder der Sache nach nicht eignen (zB die Eheschließung) oder deren Digitalisierung **unwirtschaftlich** ist.[96] Ausgeschlossen sind aber solche Handlungen, die einem Online-Service ihrer Natur nach nicht zugänglich sind, weil sie bspw. eine reine Realhandlung repräsentieren. **68**

c) Portalverbund und Bürgerkonto. Das OZG als einfachgesetzliche Ausformung des Abs. 5 setzt Bund und Länder unter beträchtlichen Zeitdruck: Sie müssen ihre Verwaltungsleistungen bis Ende 2022 vollständig elektronisch über Portale anbieten (§ 1 Abs. 1 OZG) und diese Portale zum **Portalverbund** verknüpfen (§ 1 Abs. 2 OZG). Die (ambitionierte) Frist enzuhalten, entpuppt sich aber – insbesondere für die Länder und Kommunen – zunehmend als kaum stemmbare Herkulesaufgabe. Nur wenige Behörden gehen gegenwärtig davon aus, die Zielmarke rechtzeitig zu erreichen.[97] **69**

Um den Kontakt mit dem Bürger über das Portal herstellen und Leistungen abwickeln zu können, sollen **Kommunikations- und Sicherheitsstandards** (§§ 5, 6 OZG) sowie **Nutzerkonten** („Front-End", § 3 Abs. 2 iVm § 2 Abs. 5 OZG) entstehen, welche die Interoperabilität der einzelnen Verbundleistungen („Back-End") sicherstellen. Das Konto ermöglicht dann jedem Nutzer, sich an jedem einzelnen verknüpften Verwaltungsportal in Deutschland anzumelden und zu authentifizieren. Von dort aus kann er auf laufende digitale Verwaltungsverfahren zugreifen, sich mittels eID-Funktion des Personalausweises für neue Verfahren anmelden und behördliche Dokumente ablegen. Das ebnet den Weg zu einer **Once-only-Policy** der Verwaltung:[98] Hat der Bürger seine Daten – etwa Adresse oder Geburtsdatum – einmal eingegeben, braucht er sie bei künftigen Verfahren nicht erneut eintragen, sondern kann sie der Verwaltung unkompliziert freigeben. Jede angeschlossene Behörde muss die Kontoanmeldung als Authentifizierung akzeptieren (§ 7 Abs. 3 OZG). **70**

C. Verhältnis zu anderen Bestimmungen des GG

Art. 91c fällt im System der Verfassung die Aufgabe zu, das Bundesstaatsprinzip *sub specie* der Digitalisierung der Verwaltung zu konkretisieren bzw. zu modifizieren. Die Vorschrift geht den **Art. 30, 70, 83 ff.** und **104a** **71**

---

[94] In diesem Sinne versteht auch § 2 Abs. 3 OZG den Begriff einfachrechtlich.

[95] Dazu bereits *Martini/Wiesner* in VRW Hdb Verwaltungsreform, 639 (644 ff.).

[96] Der Entwurf für das OZG hatte zunächst noch solche Verwaltungsleistungen aus seinem Handlungsbereich ausgeklammert, die aus rechtlichen oder tatsächlichen Gründen nicht digitalisierbar sind. Der Haushaltsausschuss des Bundestages hat die Bereichsausnahme jedoch gestrichen. Dazu *Martini/Wiesner* ZG 2017, 193 (196).

[97] *Achtert/Breit/Kunze/Seidel/Drengwitz,* IT-Konsolidierung in der öffentlichen Verwaltung, 2019, 18.

[98] Zum Once-only-Prinzip: *Martini/Wenzel* DVBl. 2017, 749 ff.

Abs. 1 (insbesondere hinsichtlich der beiden Gesetzgebungskompetenzen in Abs. 4 und 5) als *Lex specialis* vor.

72 Zu der kommunalen Selbstverwaltungsgarantie des Art. 28 Abs. 1 S. 2 löst Art. 91c **Abs. 5** *prima vista* dogmatische Spannungen aus. Die Kommunen sind jedoch nicht direkte, sondern nur mittelbare Adressaten der Norm; Eingriffe erwachsen erst auf Sekundärebene aus landesgesetzlichen Regelungen. Die Vorschrift verstößt deshalb auch nicht gegen die Aufgabenübertragungsverbote aus **Art. 84 Abs. 1 S. 7** und **Art. 85 Abs. 1 S. 2:** Art. 91c Abs. 5 ermächtigt den Bund, der Verwaltung Verfahrensvorgaben zu machen, nicht aber Sachaufgaben zu übertragen.

D. Kritische Würdigung

73 Art. 91c ist **Abbild des Mühens und Scheiterns föderalistisch koordinierter IT-Anstrengungen.** Das föderale System, insbesondere sein klares Bekenntnis zur verfahrensrechtlichen Eigenständigkeit der Länder, erschwert einerseits dringend benötigte Kooperationen und Schnittstellen. Andererseits will die Verfassung einer zeitgemäßen Digitalisierung der Verwaltung auch keine unüberwindbaren Hürden entgegensetzen. Von diesen widerstreitenden Zielrichtungen angeleitet, sucht die Vorschrift einen Ausweg aus diesem strukturellen Dilemma. Mit Blick auf die Gefahr, dass sich Verwaltungs- und Verantwortungsbereiche unzulässig vermischen, hielt der Verfassungsgeber es zu Recht für sachgerecht, der IT-Zusammenarbeit zwischen Bund und Ländern in der Verfassungsarchitektur eine Absicherung zu verschaffen. Die Norm verleiht damit zugleich dem gestiegenen Bewusstsein dafür Ausdruck, dass die Digitalisierung vor der deutschen Verwaltung keinen Halt machen darf. Die **Effizienzerfordernisse** einerseits und die **Anforderungen des Demokratie- und Bundesstaatsprinzips** andererseits versöhnt die Regelung insgesamt im Grundsatz in defensiver, aber gelungener Weise. Inwieweit Art. 91c den Ländern eine Digitalisierungspflicht auferlegt, lässt die Vorschrift unglücklicherweise offen. Darin liegt eines ihrer größten Versäumnisse.

Literatur

A. Berger, Die Digitalisierung des Föderalismus, DÖV 2018, 799 – ***D. Heckmann,*** Grundgesetz 2.0: Staat und IT in guter Verfassung?, K&R 2009, 1. – ***H.-G. Henneke,*** Kommunalrelevanz der Finanz- und Verwaltungsthemen in der Föderalismusreform II, Der Landkreis 2009, 223. – ***M. Martini/C. Wiesner,*** Der Portalverbund als Tor zur digitalen Verwaltung, – ***M. Martini/C. Wiesner,*** Art. 91c Abs. 5 GG und das neue Zugangsregime zur digitalen Verwaltung – Quantensprung oder zu kurz gesprungen?, ZG 2017, S. 139 ff. – ***M. Schallbruch/M. Städler,*** Neuregelung der Bund-Länder-Zusammenarbeit bei der IT durch Art. 91c GG, CR 2009, 619. – ***U. Schliesky,*** Die Aufnahme der IT in das Grundgesetz, ZSE 2008, 304. – ***S. E. Schulz,*** Macht Art. 91c GG E-Government Gesetze der Länder erforderlich?, DÖV 2010, 225. – ***S. E. Schulz/M. Tallich,*** Rechtsnatur des IT-Staatsvertrages und seiner Beschlüsse, NVwZ 2010, 1338. – ***M. Seckelmann,*** „Renaissance" der Gemeinschaftsaufgaben in der Föderalismusreform II?, DÖV 2009, 747. – ***C. Sichel,*** Informationstechnik und Benchmarking – Neue Gemeinschaftsaufgaben im Grundgesetz, DVBl 2009, 1014. – ***T. Siegel,*** Der Europäische Portalverbund – Frischer Digitalisierungswind durch das einheitliche digitale Zugangstor („Single Digital Gateway"), NVwZ 2019, 905 – ***T. Siegel,*** Auf dem Weg zum Portalverbund – Das neue Onlinezugangsgesetz (OZG), DÖV 2018, 185. – ***T. Siegel,*** IT im Grundgesetz, NVwZ 2009, 1128.

Art. 91d [Leistungsvergleich]

Bund und Länder können zur Feststellung und Förderung der Leistungsfähigkeit ihrer Verwaltungen Vergleichsstudien durchführen und die Ergebnisse veröffentlichen.

A. Allgemeine Bedeutung

I. Genese

Art. 91d ist Produkt der zweiten Föderalismuskommission, die Vorschläge für die „Effizienzsteigerung und Zusammenarbeit der öffentlichen Verwaltung" unterbreiten sollte[1] und wurde sodann im Rahmen der **Föderalismusreform II** in das GG eingefügt.[2] Wenngleich die Konstitutionalisierung einer solchen Leistungsvergleichsmöglichkeit ein (weltweites) **Novum** darstellte[3] und derartige Benchmarking-Konzepte der deutschen Verwaltungstradition eher fremd sind,[4] waren sie dennoch nicht gänzlich unbekannt.[5] Von einem flächendeckenden und förderlichen Einsatz sind sie nach wie vor weit entfernt. Ursprünglich war beabsichtigt, das Instrument der Leistungsvergleiche mit höherer Direktionskraft als sog. Soll-Vorschrift zu normieren, doch erhielt die Vorschrift bereits im Abschlussbericht der Föderalismuskommission II den dann übernommenen Charakter einer bloßen Möglichkeitsnorm **(Kann-Vorschrift).**[6] Ebenso wenig durchsetzen konnte sich die Vorstellung des Bundes, die Evaluierungen einer Benchmarking-Agentur anzuvertrauen.[7] Als Vorbild der Norm diente in gewisser Weise Art. 91b Abs. 2,[8] der das Zusammenwirken von Bund und Ländern im Bereich der Bildungsevaluation im internationalen Vergleich ermöglicht. 1

II. Inhaltsübersicht

Mit der Vorschrift soll eine verfassungsrechtliche Grundlage für das Zusammenwirken von Bund und Ländern bei Leistungsvergleichen in der öffentlichen Verwaltung geschaffen werden.[9] Art. 91d soll die **Bereitschaft fördern,** dieses **Instrument** zur Verbesserung der Effektivität und Effizienz der Verwaltung **einzusetzen.**[10] Insofern ist die Norm Element bzw. Voraussetzung eines **kompetitiven Föderalismus.** Leistungsvergleiche bilden zudem ein wesentliches Element der „Offenen Methode der Koordinierung", einem „weichen" Instrument zur Umsetzung von EU-Politiken.[11] Da Art. 91d die Grundlage für ein rein freiwilliges Zusammenwirken bildet, 2

---

[1] BT-Drs. 16/3885; BT-Drs. 16/12410, 5.
[2] BGBl. 2009 I 2248.
[3] *Gröpl* in Maunz/Dürig Rn. 1; BT-Drs. 16/12410, 8.
[4] So BT-Drs. 16/12 410, 8.
[5] Zu Vorläufern *Seckelmann* KDIR 2012, 20 f.; *Henneke* Der Landkreis 2009, 223 (229).
[6] *Suerbaum* in BeckOK GG Rn. 1.
[7] *Gröpl* in Maunz/Dürig Rn. 1.
[8] *Suerbaum* in BeckOK GG Rn. 1.
[9] BT-Drs. 16/12410, 2.
[10] BT-Drs. 16/12410, 8; *Suerbaum* in BeckOK GG Rn. 2.
[11] Dazu *Mager* Die Verwaltung Beiheft 10, 2010, 11 (36 f.) mwN.

kommt der Norm lediglich **deklaratorischer Charakter** zu.[12] Sie stellt nichts anderes als eine **politische Absichtserklärung** dar.[13]

III. Überstaatliche Bezüge

3 **Leistungsvergleiche,** sog. **Performance Measurement** und **Benchmarking,** sind ursprünglich der betriebswirtschaftlichen Wettbewerbsanalyse entstammende Praktiken, die insbesondere im **angelsächsischen** Raum als Instrument der Verwaltungskontrolle und -modernisierung etabliert sind.[14] Art. 170 der Schweizer Bundesverfassung enthält zumindest einen Auftrag zur Leistungsevaluation von Maßnahmen des Bundes, nicht jedoch zum Leistungsvergleich.[15] Die Bundesrepublik ist somit wohl weltweit der erste und einzige Föderalstaat, der Leistungsvergleiche in seiner Verfassung verankert.[16]

IV. Systematischer Zusammenhang

4 Art. 91d begründet eine Gemeinschaftsaufgabe im weiteren Sinne, lässt als bloße Kooperationsmöglichkeit die Zuständigkeitsverteilung gem. Art. 30, 83 ff. GG unberührt und bildet eine Ausnahme zu Art. 104a Abs. 1 GG.[17] Art. 91b Abs. 2 geht ihr als lex specialis vor.[18]

B. Einzelfragen

5 Dem Normtext sind keine konkreten Kooperationsformen zu entnehmen, doch zielt die Vorschrift darauf, dass **Vereinbarungen** zwischen Bund und (einzelnen) Ländern, zwischen Ländern untereinander oder einzelnen Behörden zum Leistungsvergleich getroffen werden.[19] „Gegenstand solcher Vereinbarungen können insbesondere die generelle und einzelfallbezogene Beauftragung einer durch Kompetenz und Unabhängigkeit ausgewiesenen Einrichtung mit der Durchführung von Leistungsvergleichen, die Bestimmung des Gegenstands und der Methoden der Vergleichsstudien, die teilnehmenden Verwaltungen, die Art und Weise der Veröffentlichung der Ergebnisse und der Kostentragung sein."[20] **Eine spezifische Form** ist für diese Vereinbarungen nicht vorgegeben.[21] Wie Wortlaut und Genese der Norm unmissverständlich belegen, bleibt die Zusammenarbeit in jeder Hinsicht **freiwillig.**[22]

---

[12] *Sichel* DVBl. 2009, 1014 (1019).
[13] So auch *Sichel* DVBl. 2009, 1014 (1019).
[14] BT-Drs. 16/12 410, 8; *Kuhlmann* Die Verwaltung Bd. 44 2011, 155, 163 ff.
[15] *Gröpl* in Maunz/Dürig Rn. 1.
[16] *Sichel* DVBl. 2009, 1014 (1020).
[17] *Heun* in Dreier Rn. 7.
[18] *Gröpl* in Maunz/Dürig Rn. 3.
[19] BT-Drs. 16/12410, 10.
[20] BT-Drs. 16/12410, 10.
[21] *Henneke* Der Landkreis 2009, 223 (229).
[22] *Henneke* Der Landkreis 2009, 223 (229); *Sichel* DVBl. 2009, 1014 (1019).

C. Kritische Würdigung

Leistungsvergleiche werden grundsätzlich mit einer Vielzahl **positiver Effekte** assoziiert, wie etwa Transparenz-, Effizienz-, Effektivitäts- und Responsibilitätssteigerungen durch Identifikation von Stärken und Schwächen sowie Best Practice-Ansätzen. Letztlich könnte dadurch auch das Vertrauen in die Zufriedenheit der Bürger mit der Verwaltung gestärkt werden. Gleichwohl hängt der tatsächliche Nutzen von der Vergleichbarkeit der Gegenstände und der Rationalität der Vergleichsparameter ab. Je nachdem kann das Instrument der Leistungsvergleiche von Nutzen, sinnlos oder im schlimmsten Fall sogar schädlich sein.[23] Ein Automatismus zwischen Benchmarking und Benchlearning besteht ohnehin nicht. Unabhängig vom Nutzen des Instruments fällt die verfassungsrechtliche Würdigung kritisch aus.[24] Dem Regelungsgehalt des Art. 91d kommt **keine Verfassungsdignität** zu, er ist Beispiel par excellence für eine **„Überkonstitutionalisierung“.** Methoden oder gar Moden der Verwaltungssteuerung gehören nicht in eine Verfassung. Die Norm ist letztlich schlicht **überflüssig.**[25] 6

Literatur

S. Kuhlmann, Messung und Vergleich von Verwaltungsleistungen: Benchmarking-Regime in Westeuropa, Die Verwaltung Bd. 44 2011, 155. – ***T. Hammer,*** Leistungsvergleiche im Bundesstaat und föderale Kompetenzverteilung, DVBl. 2012, 525. – ***H.-G. Henneke,*** Kommunalrelevanz der Finanz- und Verwaltungsthemen in der Föderalismusreform II, Der Landkreis 2009, 223. – ***M. Seckelmann,*** „Renaissance“ der Gemeinschaftsaufgaben in der Föderalismusreform II?, DÖV 2009, 747. – ***M. Seckelmann,*** Wettbewerb per Grundgesetz? Die Leistungsvergleiche nach Art. 91d GG, DVBl. 2010, 1284. – ***M. Seckelmann,*** Informationen durch Performance Measurement – Die Leistungsvergleiche nach Art. 91d GG, Karlsruher Dialog zum Informationsrecht (KDIR) II, 2012. – ***N. Schneider,*** Benchmarking im öffentlichen Sektor Deutschlands, 2016. – ***C. Sichel,*** Informationstechnik und Benchmarking – Neue Gemeinschaftsaufgaben im Grundgesetz, DVBl. 2009, 1014. – ***A. Thau,*** Benchmarking in öffentlichen Verwaltungen, Theoretische Fundierung und mögliche Weiterentwicklung eines Modernisierungsinstruments, 2009.

---

[23] S. *Henneke* Der Landkreis 2009, 223 (229).
[24] Positiver *Seckelmann* DÖV 2009, 747 (756 f.); *Seckelmann* DVBl. 2010, 1284 (1291).
[25] *Henneke* Der Landkreis 2009, 223 (229)

Art. 91e [Arbeitsagenturen, Optionskommunen]

(1) Bei der Ausführung von Bundesgesetzen auf dem Gebiet der Grundsicherung für Arbeitsuchende wirken Bund und Länder oder die nach Landesrecht zuständigen Gemeinden und Gemeindeverbände in der Regel in gemeinsamen Einrichtungen zusammen.

(2) [1]Der Bund kann zulassen, dass eine begrenzte Anzahl von Gemeinden und Gemeindeverbänden auf ihren Antrag und mit Zustimmung der obersten Landesbehörde die Aufgaben nach Absatz 1 allein wahrnimmt. [2]Die notwendigen Ausgaben einschließlich der Verwaltungsausgaben trägt der Bund, soweit die Aufgaben bei einer Ausführung von Gesetzen nach Absatz 1 vom Bund wahrzunehmen sind.

(3) Das Nähere regelt ein Bundesgesetz, das der Zustimmung des Bundesrates bedarf.

A. Allgemeine Bedeutung

I. Genese

1 Die Einfügung des Art. 91e in das GG im Jahre 2010[1] als jüngste Erweiterung des kooperativen Föderalismus geht auf einen doppelten Hintergrund zurück. Mittelbar findet sie ihren Ursprung in der Reformierung staatlicher Fürsorgesysteme im Zuge der **Agenda 2010** von 2004.[2] Unmittelbar geht sie auf ein **BVerfG-Urteil** vom 20.12.**2007** zurück,[3] in dem Elemente jener Reform für verfassungswidrig erklärt worden sind.

2 Das Vierte Gesetz für moderne Dienstleistungen am Arbeitsmarkt (Hartz IV) führte die bis dato historisch und sachlich getrennten Sozialtransfersysteme Arbeitslosenhilfe und Sozialhilfe im Interesse von größerer Transparenz, Effizienz und Bürgerfreundlichkeit[4] in einer neuen **„Grundsicherung für Arbeitsuchende"** zusammen.[5] Administrativ sollten die Leistungen zukünftig **„aus einer Hand"** stammen und kompromisshaft einigte man sich ausnahmsweise auf eine experimentelle, ausschließliche kommunale Aufgabenerfüllung durch 69 sog. **Optionskommunen (§ 6a SGB II aF),** jenseits dessen aber verpflichtete man die beiden zuständigen Träger, **Bundesagentur für Arbeit** (§ 6 Abs. 1 Nr. 1 SGB II) und **Kommunen** (§ 6 Abs. 1 Nr. 2 SGB II),[6] zu einer Kooperation in gemeinsamen **Arbeitsgemeinschaften** (§ 44b Abs. 1 SGB II).

3 Der **Kooperationszwang** mit der Bundesagentur für Arbeit provozierte sodann **kommunale Verfassungsbeschwerden** von elf Landkreisen, mit denen erfolgreich **Verletzungen des Rechts auf kommunale Selbstverwaltung** aus Art. 28 Abs. 2 GG als Garantie eigenverantwortlicher Aufgabenverwaltung gerügt wurden.[7] Dieser widerspreche „dem Grundsatz ei-

---

[1] BGBl. 2010 I 944.

[2] Näher zum Hintergrund *Suerbaum* in BK Rn. 4 ff.

[3] BVerfGE 119, 331.

[4] BT-Drs. 15/1516, 1.

[5] *Hermes* in Dreier Rn. 1 ff.; zu der Historie ausführlich *Stolleis,* Geschichte des Sozialrechts in Deutschland, 2003.

[6] Die Regelleistungen zum Lebensunterhalt und Leistungen zur Eingliederung in Arbeit werden von der Bundesagentur für Arbeit, die sozial-flankierenden Leistungen und die Leistungen für Unterkunft und Heizung von den Kommunen erbracht, s. BT-Drs. 17/1555, 1.

[7] BVerfGE 119, 331 (364).

genverantwortlicher Aufgabenwahrnehmung, der den zuständigen Verwaltungsträger verpflichtet, seine Aufgaben grundsätzlich durch eigene Verwaltungseinrichtungen, also mit eigenem Personal, eigenen Sachmitteln und eigener Organisation wahrzunehmen."[8] In Folge der Entscheidung v. 20.12.2007 kam es zu einer mehrjährigen Diskussion, wie sich ein verfassungskonformer Zustand herstellen ließe, der schließlich vor Ablauf der vom BVerfG gesetzten Frist zur Neuregelung in der zwar einfachsten, aber nicht präferablen Lösung einer Fixierung dieser bis dato verfassungswidrigen Mischverwaltung per Grundgesetzänderung mündete.[9] Anpassungen im Detail enthält das gem. Art. 91e Abs. 3 erlassene Gesetz zur Weiterentwicklung der Organisation der Grundsicherung für Arbeitsuchende (GSiWOrg) v. 3.8.2010,[10] das am 1.1.2011 in Kraft trat.

II. Inhaltsübersicht

Art. 91e Abs. 1 ordnet die Kooperation von Bund und Ländern oder Kommunen in gemeinsamen Einrichtungen als Regelfall an und normiert somit eine Durchbrechung des sog. Verbots der Mischverwaltung sowie des Verbots der Aufgabenübertragung durch Bundesgesetz auf Gemeinden aus Art. 84 Abs. 1 S. 7.[11] Abs. 2 normiert als Ausnahme zur Regel des Abs. 1 die Möglichkeit einer Alleinwahrnehmung einzelner Gemeinden unter bestimmten Voraussetzungen. Abs. 3 überantwortet die nähere Ausgestaltung einem Zustimmungsgesetz. 4

III. Überstaatliche Bezüge

Die Reformen der Agenda 2010 im Zuge der *„New Politics of Welfare"* lassen **Rezeptionsprozesse** von im (europäischen) Ausland erprobten Praktiken erkennen. So finden sich ungeachtet einer genuin eigenen, sozialdemokratischen Prägung Ähnlichkeiten zum angelsächsischen Wohlfahrtsstaatsmodell und der in den Niederlanden vorherrschenden Praxis, ohne dass man eine funktionale Privatisierung der Arbeitsvermittlung wie in Australien nachgeahmt hat.[12] Kooperativer Föderalismus in Gestalt von Koexistenzmodellen der Arbeitsvermittlung sind auch anderenorts existent. 5

Auf europäischer Ebene verfügt die EU gegenwärtig noch nicht über eigene Kompetenzen im Hinblick auf soziale Fürsorge- und Sicherungssysteme, obgleich diese als Komplement zu den Grundfreiheiten für deren aktive Inanspruchnahme dienlich wären. Ungeachtet dieser Defizite eines genuin europäischen Sozialsystems, finden sich in den **Art. 151 ff. AEUV** die Ziele und Maßnahmen sowie Anwendungsgebiete und -formen einer gemeinsam koordinierten Sozialpolitik niedergelegt.[13] Darüber hinaus entspringen rechtlich unverbindliche, lediglich politisch-autoritative Verpflichtungen aus der **Europäischen Sozialcharta** von 1961 und der **Gemeinschaftscharta der** 6

[8] BVerfGE 119, 331 (Ls.).
[9] Zu den einzelnen Vorschlägen *Henneke* Der Landkreis 2010, 159; *Nakielski* SoSo 2010, 165 ff.; s. auch BT-Drs. 17/1554, 1 u. 4.
[10] BGBl. 2010 I 1112 und dazu BT-Drs. 17/1555; 17/1940; 17/2188.
[11] So auch *Siekmann* in Sachs Rn. 12.
[12] *Hermes* in Dreier Rn. 19; *Sell,* Modernisierung und Professionalisierung der Arbeitsentwicklung, 2006, 93 ff.; *Bruttel,* Die Privatisierung der öffentlichen Arbeitsvermittlung: Australien, Niederlande und Großbritannien, 2005; *Frick,* Arbeitsvermittlung im Wandel – Erfahrungen aus 15 Ländern im Vergleich, 2002.
[13] *Eichenhofer* in Streinz EUV/AEUV Art. 151 Rn. 2.

sozialen Grundrechte der Arbeitnehmer von 1989. **Art. 34** der **Grundrechtecharta** erkennt zwar einen Achtungsanspruch der sozialen Sicherheit und Unterstützung an, verweist jedoch in Abs. 1 explizit auf die unionalen Maßstäbe und einzelstaatlichen Regelungen zurück.

B. Einzelfragen

I. Ausführung von Bundesgesetzen auf dem Gebiet der Grundsicherung für Arbeitsuchende

7 Von Art. 91e erfasst ist lediglich die Ausführung von Bundesgesetzen „auf dem Gebiet der Grundsicherung für Arbeitsuchende“, also der verwaltungsmäßige Gesetzesvollzug. Die konkurrierende Gesetzgebungskompetenz für dieses Gebiet, das als eigene Rechtsmaterie erst mit der Reform zum 1.1.2005 geschaffen wurde, folgt aus Art. 74 Abs. 1 Nr. 7 sowie aus Art. 74 Abs. 1 Nr. 12. Da zumindest Art. 74 Abs. 1 Nr. 7 unter dem Erforderlichkeitsvorbehalt des Art. 72 Abs. 2 steht, ist nicht ausgeschlossen, dass einzelne Elemente der Grundsicherung zukünftig auch landesgesetzlich geregelt werden.[14] Der Begriff „Bundesgesetze“ erfasst auch untergesetzliche Normen, die auf der Grundlage der entsprechenden formellen Bundesgesetze erlassen werden. Die Bundesgesetze auf dem Gebiet zur Grundsicherung für Arbeitsuchende finden sich im SGB II.

II. Zusammenwirken von Bund und Ländern bzw. Gemeinden oder Gemeindeverbänden

8 Art. 91e gibt das **Zusammenwirken** von Bund und Ländern **als Ausnahme zu** dem in **Art. 83** enthaltenen Grundsatz der getrennten Verwaltungszuständigkeiten[15] und als verdrängende **Spezialregelung zu Art. 84** auf.

9 Die Alternative, dass der Bund entweder mit den Ländern oder mit den nach Landesrecht zuständigen gemeindlichen Selbstverwaltungskörperschaften zusammenwirkt, hält die Möglichkeit einer Mischverwaltung zwischen Bund und unmittelbarer Landesverwaltung offen, die allerdings gegenwärtig weder besteht noch beabsichtigt ist. Die Formulierung „oder den nach Landesrecht zuständigen Gemeinden [...]“ist nicht dahin zu verstehen, dass es den Ländern überlassen bleibt zu entscheiden, ob der Bund unmittelbar mit den Ländern oder mit den Kommunen zusammenwirkt und auf diese Weise der Tatsache Rechnung tragen, dass die Kommunen den Ländern zugeordnet sind.[16] Eine solche Auslegung entspräche nicht dem Ziel dieser Verfassungsänderung und stünde im Widerspruch zur Vor- und Entstehungsgeschichte der Regelung. Vielmehr eröffnet Art. 91e Abs. 1 in Verbindung mit der Ermächtigung zu näherer gesetzlicher Regelung in Abs. 3 dem Bundesgesetzgeber die Möglichkeit als **Ausnahme zu Art. 84 Abs. 1 S. 7** den Gemeinden im Bereich der Grundsicherung für Arbeitsuchende unmittelbar Aufgaben zu übertragen.[17]

---

[14] *Hermes* in Dreier Rn. 27.

[15] S. zu diesem Grundsatz BVerfGE 119, 331 (364 f.).

[16] BVerfGE 119, 331 (364): „Die Gemeinden und Gemeindeverbände sind staatsorganisationsrechtlich und finanzverfassungsrechtlich den Ländern zugeordnet (vgl. BVerfGE 39, 96 [109])“.

[17] BT-Drs. 17/1554, 4; *Hermes* in Dreier Rn. 31.

III. In der Regel in gemeinsamen Einrichtungen

Als Organisationsform des Zusammenwirkens ordnet die Vorschrift die Bildung gemeinsamer Einrichtungen an. Der grundsätzlich gestaltungsoffene Begriff[18] der **gemeinsamen Einrichtung** ist auch im GSiWOrg übernommen, wobei es sich im Wesentlichen um eine **Umbenennung** der bisherigen **Arbeitsgemeinschaften** gem. § 44b SGB II aF mit einigen organisatorischen Neuerungen handelt.[19] Die Anordnung des Zusammenwirkens in einer gemeinsamen Einrichtung als Regel in Abs. 1 enthält die Öffnung für die in Abs. 2 konkretisierte Ausnahme. Alle Grundsicherungsstellen, gemeinsame Einrichtungen wie die sog. Optionskommunen, führen gem. § 6d SGB II die Bezeichnung **„Jobcenter"**. 10

IV. Ausnahmsweise alleinige Wahrnehmung durch eine begrenzte Anzahl von Gemeinden oder Gemeindeverbänden

Art. 91e Abs. 2 S. 1 perpetuiert die ursprünglich in § 6a SGB II aF enthaltene, bis zum 31.12.2010 befristete Experimentierklausel, die es einer begrenzten Anzahl von Gemeinden und Gemeindeverbänden ermöglichte, die Grundsicherung aus einer Hand allein in kommunaler Trägerschaft zu erproben. Die Sinnhaftigkeit dieser Ausnahme von der Regel in Abs. 1 und insbesondere der Kontingentierung nach Abschluss der Versuchsphase bleibt zweifelhaft.[20] Der einfache Gesetzgeber hat die in dem Wortlaut „begrenzte Anzahl" fixierte Kontingentierung in Übereinstimmung mit der Gesetzesbegründung[21] dahingehend konkretisiert, dass sich **maximal ein Viertel der Grundsicherungsstellen in alleiniger kommunaler Trägerschaft** befinden dürfen – § 6a Abs. 2 S. 4 SGB II. Das Selbstverwaltungsrecht der Gemeinden aus Art. 28 Abs. 2 ist durch das Antragserfordernis, die Landesverwaltungszuständigkeit durch das Erfordernis der Zustimmung der obersten Landesbehörde gewahrt. Im Hinblick auf letzteres ist unklar, ob es sich um eine „Ermessensentscheidung" handelt.[22] Die Voraussetzungen für die Zulassung zur Verwaltung in alleiniger Trägerschaft sind in **§ 6a SGB II** iVm der Verordnung zur Feststellung der Eignung als zugelassener kommunaler Träger der Grundsicherung für Arbeitsuchende **(KtEfV)**[23] geregelt. Als verfassungsrechtlicher Maßstab sind der Gleichbehandlungsgrundsatz und das Willkürverbot zu beachten.[24] 11

V. Kostentragung

Art. 91e Abs. 2 S. 2 normiert die Finanzierung der Optionskommunen und begründet eine Kostentragungspflicht des Bundes, soweit die Aufgabenwahrnehmung gem. Abs. 1 auf diesen entfällt. Dies führt zu einer dreifachen **Modifikation** der üblichen Finanzierungsverantwortung gemäß der Grundsätze des **Art. 104a Abs. 1, 3, 5.**[25] Zunächst stellt es eine Abweichung vom 12

[18] S. *Siekmann* in Sachs Rn. 17; *Hermes* in Dreier Rn. 36 ff.
[19] *Ruschmeier/Oschmiansky* ZfF 2010, 169 ff. Abschn. 3.
[20] *Hermes* in Dreier Rn. 40.
[21] BT-Drs. 17/1554, 4.
[22] *Henneke* Der Landkreis 2010, 371 (379).
[23] BGBl. 2010 I 1155.
[24] *Hermes* in Dreier Rn. 42.
[25] *Hermes* in Dreier Rn. 50; BVerfGE 137, 108 (147).

Grundsatz der Konnexität von Aufgabenverantwortung und Aufgabenlast dar, bürdet ausnahmsweise dem Bund auch die Verwaltungskosten auf und erlaubt sonst unzulässige unmittelbare Finanzbeziehungen zwischen Bund und Kommunen.[26] Die Regelung ist nicht unmittelbar Anspruch begründend, sondern bedarf der gesetzlichen Ausgestaltung auf der Grundlage von Art. 91e Abs. 3.[27]

VI. Bundesgesetzliche Regelung

13 Art. 91e Abs. 3 enthält eine **ausschließliche Bundesgesetzgebungskompetenz** und einen **Regelungs-** sowie **Gesetzgebungsauftrag,** der sich auf die beiden vorherigen Absätze bezieht. Damit ist dem einfachen Gesetzgeber nahezu die gesamte Ausgestaltung überantwortet. Die Kompetenz umfasst laut Gesetzesbegründung in Bezug auf die gemeinsamen Einrichtungen nach Art. 91e Abs. 1 „Regelungen zu den Aspekten Organisation, Behördeneinrichtung, Verwaltungsverfahren, Wahrnehmung von Dienstherrnbefugnissen, Übergang und Rechtsstellung des Personals sowie Personalvertretung, Aufsicht, Zielvereinbarungen, Mittelbewirtschaftung, Finanzkontrolle, Rechnungsprüfung und Leistungsbewertung." In Bezug auf die Optionskommunen nach Art. 91e Abs. 2 werden in nicht abschließend zu verstehender Aufzählung Regelungen zur Festlegung der Anzahl der Optionskommunen, zu den Kriterien für die Zulassung von Optionskommunen, zu Übergang und Rechtsstellung des Personals der Optionskommunen und zu Kostentragung, Aufsicht, Zielvereinbarungen, Mittelbewirtschaftung, Finanzkontrolle, Rechnungsprüfung und Leistungsbewertung sowie Übergangsbestimmungen bei Veränderung der Organisation der Gesetzesdurchführung genannt.[28] Der Gesetzgeber ist durch Erlass des GSiWOrg tätig geworden, dessen umstrittene Elemente mittlerweile vom BVerfG als verfassungskonform qualifiziert worden sind.[29] Die Zustimmungsbedürftigkeit ist angesichts der Betroffenheit der Verwaltungszuständigkeiten der Länder zwingend.

C. Verhältnis zu anderen Vorschriften des GG

14 Art. 91e bildet einen Kontrapunkt zum grundgesetzlichen Aufgabengefüge und ist als „abschließende Sonderregelung" zu klassifizieren.[30] Als solche ist sie lex specialis gegenüber bzw. präkludiert oder verdrängt Art. 30, 83, 84 Abs. 1 S. 7 und 85 Abs. 1 S. 2[31] sowie Art. 104a Abs. 1, 3 und 5.

D. Kritische Würdigung

15 Art. 91e ist ein unnötiges und unwürdiges Produkt des verfassungsändernden Gesetzgebers in Reaktion auf die Entscheidung des BVerfG.[32] Ebenso wie Art. 91d – wenngleich aus anderen Gründen – **mangelt** es dieser Vor-

[26] So *Siekmann* in *Sachs* Rn. 21.
[27] *Hermes* in Dreier Rn. 50.
[28] BT-Drs. 17/1554, 5; BR-Drs. 186/10, 5.
[29] BVerfGE 137, 108 (141 ff.).
[30] BVerfGE 137, 108 Rn. 86 ff.; *Meyer* NVwZ 2015, 116.
[31] Deren Anwendbarkeit wurde explizit ausgeschlossen, s. BT-Drs. 17/1554, 4.
[32] BVerfGE 119, 331 (386 ff.). Ob die Verfassungswidrigkeit der Reform zwingend zu erklären war ist zu bezweifeln, vgl. die Sondervoten der Richter *Broß* und *Gerhard* sowie der Richterin *Osterloh;* krit. auch *Volkmann/Kaufhold* in MKS Rn. 3.

schrift schlicht an der **verfassungsrechtlichen Dignität.** Sie ist emblematisch für ein „Verfassungsverwaltungsrecht".[33] Unabhängig von der umstrittenen Bewertung der sog. Hartz-IV-Reformen wäre deren zentrales Ziel einer Vereinheitlichung der Leistungen ohne weiteres verfassungskonform auf einfacher Gesetzesebene realisierbar gewesen.[34] Statt entweder eine kommunaldezentrale Lösung oder eine Alleinträgerschaft des Bundes hat der politische Prozess letztlich den denkbar schlechtesten Ausweg in Gestalt einer grundgesetzlichen Legalisierung dieser Kooperations- und Organisationsform gewählt.[35] Die nunmehr erfolgte Konstitutionalisierung einer weiteren Form der Mischverwaltung ist zwar **nicht** unbedingt als **„verfassungswidriges Verfassungsrecht"** zu qualifizieren,[36] **unterminiert** indes die Kernanliegen der auf Entflechtung und Transparenz zielenden **Föderalismusreformen.** Ferner wird das Grundgesetz als Grundordnung, die nur gesellschaftliche und politische Grundprinzipien enthalten sollte, unnötig **mit Detailregelungen überfrachtet.**[37] Schließlich führt diese nunmehr dem verfassungsändernden Gesetzgeber vorbehaltene Wandelbarkeit zu **Flexibilitäts- und demokratischen Mitbestimmungsverlusten,** die für die in Rede stehende, technische und dynamische Sachmaterie unangemessen sind.

Literatur

H. Dreier, Verfassungsänderung, leicht gemacht, ZSE Jahrgang 6, 2008, 399. – ***H.-G. Henneke,*** Von Argen zu GemEinen bei kontingentierten Optionen, Der Landkreis 2010, 159. – ***P. M. Huber,*** Das Verbot der Mischverwaltung – de constitutione lata et ferenda, DÖV 2008, 844. – ***S. Korioth,*** Leistungsträgerschaft und Kostentragung bei der Grundsicherung für Arbeitsuchende (SGB II) – Aufgabenwahrnehmung aus „einer Hand" zwischen reformiertem Grundgesetz und Bundesverfassungsgericht, DVBl. 2008, 812. – ***B. Küchenhoff,*** Die verfassungsrechtlichen Grenzen der Mischverwaltung, 2010. – ***A. v. Mutius/F. v. Mutius,*** Grundsicherung für Arbeitsuchende unter einem Dach – Zur Neustrukturierung der SGB II-Verwaltung ohne Grundgesetzänderung, KommJur 2008, 201. – ***H. Nakielski,*** Bleiben Hartz-IV-Berechtigte auf der Strecke? – Die Neuorganisation der Grundsicherungsverwaltung, SozSich 2010, 165. – ***R. Ruschmeier/F. Oschmiansky,*** Die Würfel sind gefallen! Organisationsnovelle des SGB II – Die Neuregelungen im Überblick, ZfF 2010, 169. – ***F. Ullrich,*** Die Neuorganisation im Bereich des SGB II – Auswirkungen auf die Zusammenarbeit von Bund, Ländern und Kommunen, 2012. – ***I. Vorholz,*** Was lange währt, wird endlich gut? Die neuen SGB II-Gesetzentwürfe aus kommunaler Sicht, Der Landkreis 2010, 164. – ***V. Wahrendorf/C. Karmanski,*** Koordination statt Kooperation – zu neuen Organisationsstrukturen im SGB II nach dem Urteil des Bundesverfassungsgerichts vom 20. Dezember 2007, NZS 2008, 281. – ***C. Worms,*** Verwaltung der Grundsicherung für Arbeitsuchende. – Aufgabenzuständigkeit und Verwaltungsverantwortung nach dem Grundgesetz und dem SGB II, 2012. – ***C. Zieglmeier,*** Verfassungsrechtliche (Neu-) Organisation der Grundsicherung für Arbeitssuchende in Art. 91e GG, KommJur 2010, 441.

[33] *Kersten* DVBl. 2011, 585 (587).

[34] So *Siekmann* in Sachs Rn. 27 f.

[35] *Hermes* in Dreier Rn. 13; eine Mitschuld des BVerfG sehen *Volkmann/Kaufhold* in MKS Rn. 2 f.

[36] Dazu *Mehde* in BeckOK GG Rn. 36 ff; *Siekmann* in Sachs Rn. 11.

[37] *Huber* DÖV 2008, 844 (850); *Dreier* ZSE 2008, 399 (404).

IX. Die Rechtsprechung

Art. 92 [Gerichtsorganisation]

Die rechtsprechende Gewalt ist den Richtern anvertraut; sie wird durch das Bundesverfassungsgericht, durch die in diesem Grundgesetze vorgesehenen Bundesgerichte und durch die Gerichte der Länder ausgeübt.

Weimarer Reichsverfassung von 1919

Siebenter Abschnitt. Die Rechtspflege

Art. 102. Die Richter sind unabhängig und nur dem Gesetz unterworfen.

Art. 103. Die ordentliche Gerichtsbarkeit wird durch das Reichsgericht und durch die Gerichte der Länder ausgeübt.

Art. 104. – S. Art. 97 Abs. 2 GG

Art. 105. – S. Art. 101 GG

Art. 106. – S. Art. 96 Abs. 2 GG

Art. 107. Im Reiche und in den Ländern müssen nach Maßgabe der Gesetze Verwaltungsgerichte zum Schutze der Einzelnen gegen Anordnungen und Verfügungen der Verwaltungsbehörden bestehen.

Art. 108. Nach Maßgabe eines Reichsgesetzes wird ein Staatsgerichtshof für das Deutsche Reich errichtet.

Vertrag über die Europäische Union

Art. 19 Abs. 1. Der Gerichtshof der Europäischen Union umfasst den Gerichtshof, das Gericht und Fachgerichte. Er sichert die Wahrung des Rechts bei der Auslegung und Anwendung der Verträge.

Konvention zum Schutze der Menschenrechte und Grundfreiheiten

Art. 19. Um die Einhaltung der Verpflichtungen sicherzustellen, welche die Hohen Vertragsparteien in dieser Konvention und den Protokollen dazu übernommen haben, wird ein Europäischer Gerichtshof für Menschenrechte, im folgenden als „Gerichtshof" bezeichnet, errichtet. Er nimmt seine Aufgaben als ständiger Gerichtshof wahr.

Übersicht

A. Allgemeine Bedeutung

Der **Text** liegt seit dem 16. G zur Änd. des GG v. 18.6.1968[1] in der heutigen Fassung vor. Die Sprache des **Art. 92 Hs. 1** verwendet gehäuft **elementare Begriffe** (rechtsprechende Gewalt, Richter, anvertraut sein), deren Bedeutung nicht aus anderen Begriffen des GG hergeleitet werden 1

[1] BGBl. 1968 I 657.

kann. Das weist darauf hin, dass es hier um Grundentscheidungen geht, welche die rechtliche Bedeutung von **„Rechtsprechung"** (iSv Art. 1 Abs. 3, „20 Abs. 2, 3, 97, 101 Abs. 1 S. 2, 94 Abs. 1 S. 1, 98 Abs. 1, 3) und nicht zuletzt den in Art. 28 Abs. 1 S. 1 anerkannten **„Rechtsstaat iS dieses GG"** mitprägen, dessen Anforderungen auch die Länderverf entsprechen müssen.[2] Es liegt **keine „Blankettformel"** vor.[3] Der Auslegungsbedarf ist im Vergleich zu anderen GG-Artikeln eher begrenzt.

2 Auf den ersten Blick scheint seine Bedeutung sogar klar zu sein. Seit langem war es in Deutschland so, dass im Zivil- und Strafrecht **„unabhängig"** genannte **Gerichte durch Richter** Recht gesprochen, Streitigkeiten entschieden oder Angeklagte verurteilt oder freigesprochen hatten.

3 **1949** war es aber noch **erlebte Geschichte,** dass jene **Staatsgewalt,** die sich auch im **NS-Einheitsstaat „Rechtsprechung"** nannte, weithin ***der vollziehenden Gewalt*** des „Führers" und seiner Willkür ***untergeordnet*** war.[4] „Rechtsprechung" wurde durch **Pseudorichter,** nämlich durch Diktatoren und ihre „Gerichtsherren", sowie durch von diesen beauftragte Funktionäre aus allen Lebensbereichen **(„totaler Staat")** ausgeübt. Darunter befanden sich auch viele scheinbare „Spitzenjuristen", die nicht selten technisch-juristisch hervorragten, rechtlich-juristisch aber wie die anderen „NS-Juristen" das **Recht und seine Anforderungen** krass verfehlten oder sogar Soziopathen waren. Die „Spruchtätigkeit der Gerichte durch Richter" wurde personell und inhaltlich gesteuert von den Funktionären der gesetzgeberischen und exekutiven Einheitsgewalt; denn „der Führer" war ua auch „oberster Richter". Neben den scheinbar unabhängigen Gerichten gab es **Pseudogerichte** (Volksgerichtshof, Ausnahmegerichte, Standgerichte etc). Auch die **scheinbar noch „normalen/unabhängigen Richter"** waren überwiegend und weitgehend **„gleichgeschaltet"** durch NS-Juristenausbildung, durch Organisation parteigetreuer Richter und Justizbeamten, durch bevorzugte Beförderungen NS-höriger Richter und Druck auf die Un- oder Wenigerwilligen. Diese „Pseudorechtsprechung" war schließlich ins Barbarische pervertiert.[5]

4 Das **GG** antwortet darauf (in **Art. 1**) mit der inhaltlichen Neuorientierung aller Staatsgewalt, daher auch mit der strikten **Bindung aller Rechtsprechung** an die Menschenwürde jeder Person, an deren unverletzliche und unveräußerliche Menschenrechte, an weltweite menschliche Gemeinschaft in Frieden und ***Gerechtigkeit*** und darum an die positivierten **GR** des **GG.** Sie verbürgen idR Normklarheit und Normsicherheit und rechtlichen **Schutz** gegen ideologische/willkürliche/rechtswidrige **physische und psychische Gewalt.** Auch die gesetzgebende und die vollziehende Gewalt des vom GG-Geber begründeten **Rechtsstaats** sind genauso rechtlich gebunden.

5 Die grundgesetzliche **Erschwerung eines erneuten Absturzes des deutschen Staates** in einen Unrechtsstaat oder sogar wieder in die Barbarei, in der nur ein „Scheinstaat als Organisation" besteht, aber darin iW nur die rohe (rechtlose) Gewalt einer Minderheit oder ideologisierten Masse herrscht,

---

[2] Zust. *Achterberg* in BK Rn. 47; *Stern,* StaatsR II, 1980, 892; *Wassermann* in AK Rn. 9.

[3] So aber *Detterbeck* in Sachs Rn. 2.

[4] Informativ die Gesamtschau aus den Beiträgen in *Schumann,* Kontinuitäten und Zäsuren, Rechtswissenschaft und Justiz im „Dritten Reich" und in der Nachkriegszeit, 2008. Ähnl. geschah auch in der SBZ/DDR. In diesem Einheits- und Doppelstaat war der Wille des Zentralkomitees des Politbüros der SED, genauer: der darin führenden Person, für alle Staatsgewalt allein maßgeblich, soweit nicht die Besatzungsmacht UdSSR anderes anordnete.

[5] Übersichtlich, aber gelegentlich überzeichnend *Böttcher* ver.dikt 1.06, 18; anschaulich *Frank* DRiZ 2011, 2 ff.; *Kastner* DRiZ 2011, 5 ff.

setzte auch im Bereich der rechtsprechenden Gewalt **grundlegend neu** an. Aufgrund der „spezifisch deutschen Erfahrungen" mit Richtern und Gerichten, die man seit der autoritären Kaiserzeit über die kaum veränderte Situation in der „Weimarer Zeit" und insbesondere mit der „NS-Justizpervertierung" gemacht hatte, musste (nach **der inhaltlichen Neuorientierung** aller Staatsgewalt) eine neue Fundierung in **den Rollen** der Akteure der Rechtsprechung und eine strikte Abgrenzung von den anderen Staatsgewalten erfolgen.

Der **GG-Geber, das deutsche Staatsvolk, ordnete dazu an:** 6

1. Eine strikte **Trennung** der Rechtsprechung von den anderen Staatsgewalten und ihren Organen und Organwaltern **(Art. 20 Abs. 2 S. 2, Art. 92 Hs. 1, 97 Abs. 1).**
2. Die **bundesstaatliche Verteilung** der rechtsprechenden Gewalt auf die einzelnen Länder bei begrenzter Gerichtshoheit des Bundes (Art. 30, 92 Hs. 2).
3. Das **Verbot von Ausnahmegerichten** und einen Gesetzesvorbehalt für Sondergerichte (Art. 101 Abs. 1 S. 1, Abs. 2).
4. Ein"**Rechtsprechungsmonopol" der unbeteiligten gesetzlichen Richter** (Art. 92 Hs. 1, Art. 101 Abs. 1 S. 2).
5. Die ausnahmslose **Verfassungs- und Gesetzesbindung** der rechtsprechenden Gewalt (Art. 1 Abs. 3, 20 Abs. 3, 97 Abs. 1).
6. Die **Neutralität und Unparteilichkeit** der Rechtsprechung.
7. Die ausschließliche **Gesetzesunterworfenheit/Gesetzesbindung des gesetzlichen Richters,** derentwegen jeder gesetzliche **Richter sachlich und persönlich unabhängig** sein muss (Art. 97).
8. Die **rechtsprechende Staatsgewalt ist ausschließlich den gesetzlichen Richtern anvertraut.**

Art. **92 Hs. 1** konkretisiert die **Funktionentrennung im Bund und in den Ländern,** indem er die rechtsprechende Staatsgewalt schlechthin den (gesetzlichen) Richtern als „besonderen Organen" anvertraut (Art. 20 Abs. 2 S. 2). Dies geschieht **auf grundsätzlich neue Weise.**[6] Art. 92 Hs. 1 sagt gerade nicht, dass die rechtsprechende Gewalt den Gerichten anvertraut ist und durch Richter ausgeübt wird, sondern dass die Rechtsprechung **den Richtern anvertraut ist und durch die Gerichte ausgeübt** wird.[7] Das ist für das Verständnis der Vorschrift entscheidend und darf durch angebliche Auslegung nicht in das Gegenteil verkehrt werden. Dieses **Anvertrauen** erfolgt durch Art. 92 selbst und ohne Vorbehalt („ist"). Es ist daher allenfalls durch andere GG-Normen und nur in Fällen notwendiger praktischer Konkordanz durch ein GG-änderndes Parlamentsgesetz einschränkbar. 7

Aufgrund des **Justizgewährungsrechts** und **Art. 19 Abs. 4** hat jedes Rechtssubjekt grundsätzlich das Recht, den gesetzlichen Richter anzurufen, wenn es seine Rechte und Ansprüche gegen andere rechtlich klären, durchsetzen oder behauptete Pflichten abwehren will. Grundsätzlich ist wegen dieser **„Rechtsweggarantie"** für jedes Rechtsschutzgesuch vorab ein gesetzlicher Richter bestimmt, ein „Rechtsweg" gegeben. Rechtsprechung durch Organe/Amtswalter der vollziehenden Gewalt oder Gesetzgebung gibt es „eigentlich" nicht mehr. 8

---

[6] Stellvertretend für den historisch gewollten Neuanfang: *Zinn,* Verh. des 37. DJT, 1950, 46 (57 ff.).

[7] Unklar *Schulze-Fielitz* in Dreier Rn. 16: „obliegt [...] staatlichen Gerichten und ihren [sic!] Richtern".

9 Das **BVerfG** hat jedoch das **„Rechtsprechungsmonopol" besonderer Organe der Rechtsprechung,** durch die das Staatsvolk seine rechtsprechende Gewalt ausübt, durchbrochen. Es hat im Zusammenhang mit der Notstandsgesetzgebung und der Ablösung von einigen Besatzungsrechten 1969 den an sich **GG-widrigen Ausschluss der Rechtsprechung bei bestimmten GR-Eingriffen** in das Fernmeldegeheimnis durch die Einfügung des **S. 2 in Art. 10 Abs. 2** unzutreffend für **verfassungsgemäß** erklärt.[8] Dazu hat es ua auch noch zwei nach **Art. 79 Abs. 3** der Änderung durch den Verfassungsgesetzgeber schlechthin entzogenen **„unberührbaren" Grundsätze durchbrochen,** deren Änderung der GG-Geber sich selbst vorbehalten hatte. Erstens hat es, entgegen Wortlaut, Entstehungsgeschichte, Systematik und Zweck dieser Vorschrift, die **These** aufgestellt, sie verbiete nicht etwa jede „Berührung" der dort genannten Grundsätze, die der Kerngehalt des GG sind und den Vorbehalt des Verfassungsgebers ausfüllen. Sie untersage **bloß eine prinzipielle Preisgabe,** was immer das bedeuten mag. Sie hindere jedoch nicht, auch **elementare Verfassungsgrundsätze** durch **verfassungsänderndes Gesetz systemimmanent zu modifizieren.** Ferner durchbrach es auch noch Art. 20 Abs 2 S. 2, 92, 101 Abs. 1 S. 2 mit der These, das **Prinzip der Gewaltenteilung erlaube,** dass **Rechtsschutz** gegenüber Maßnahmen der Exekutive **ausnahmsweise nicht durch Gerichte,** sondern durch vom Parlament bestellte oder gebildete unabhängige Institutionen innerhalb des Funktionsbereichs der Exekutive gewährt wird (G10-Kommission). Diese **„politikorientierte" Auslegung**" tritt (inzwischen zunehmend) neben die verfassungsorientierte und die verfassungskonforme und **verdrängt** sie, sobald das BVerfG dies für **politisch zwingend** erachtet. Sie ist mit dem GG nicht vereinbar und wird hier nicht weiter in rechtliche Überlegungen eingebunden.

10 Hingegen hat das **BVerfG** mehrfach bestätigt, **Art. 20 Abs. 2 S. 2** verlange, dass die Rechtsprechung durch „besondere", das heißt von den Organen der Gesetzgebung und der vollziehenden Gewalt verschiedene Organe des Staates ausgeübt wird.[9] Dies werde durch das in **Art. 92 Hs. 1** begründete **Rechtsprechungsmonopol der Richter** konkretisiert. Dabei verlange die funktionsbedingt erforderliche Unabhängigkeit und Unparteilichkeit der rechtsprechenden Gewalt eine striktere Trennung der Rechtsprechung von den übrigen Gewalten, als sie durch das in Art. 20 Abs. 2 S. 2 normierte, Gewaltenverschränkungen erlaubende allgemeine Organisations- und Funktionsprinzip der Gewaltenteilung gefordert wird. Näher hierzu bei Art. 97.

11 **Art. 92 GG** verknüpft die Ausübung der rechtsprechenden Gewalt unauflöslich mit ihrer Wahrnehmung durch die gesetzlichen Richter. Daher ist eine **scheinbare „Rechtsprechung" durch andere Staatsorgane** oder unter bestimmender Mitwirkung anderer Organe niemals verfassungsgemäße Ausübung rechtsprechender Gewalt. Umgekehrt schließt dies nicht aus, dass den Richtern durch Parlamentsgesetz auch Aufgaben zugewiesen werden, die **keine materiellen Rechtsprechungsaufgaben** sind (dazu näher bei Art. 97, 98). Da Art. 92 nur **objektives Staatsfunktionenrecht** regelt, enthält er aus sich heraus keine subjektiven Rechte der Richter oder anderer Rechtssubjekte. Sein objektiver Inhalt kann aber, wie der des Art. 97 Abs. 1,

---

[8] BVerfGE 30, 1 ff.; 67, 157 (170 f) „G10 Kommission ist kein Gericht"; das Ergebnis deutlich durch gerichtsähnliche Anforderungen an die G10 Kommission modifizierend 100, 313 (361); zuletzt 143, 01 ff.; BVerfG Urt. v 19.5.2020, 1 BvR 2835/17 –, juris Rn. 275 ff.

[9] BVerfGE 148, 69 (88); 18, 241 (254).

im Zusammenhang mit Grundrechten der Richter und mit Art. 33 Abs. 5 sowie uU bei Organstreitverfahren gerichtlich durchgesetzt werden. Zu den organisations-, amts- und dienstrechtlichen Vorgaben des GG und den Problemen ihrer Befolgung ohne die vom GG gebotenen besonderen Gesetze über die Rechtsstellung der Richter siehe bei Art. 97 und 98.

Art. 92 Hs. 2 iVm Art. 93 bis 96 (zu diesen Vorschriften siehe die jeweilige Kommentierung dort) teilt im Bund-Länderverhältnis (vergleichbar mit Art. 70 ff. u. 83 ff. GG) die rechtsprechende **Staatsgewalt** auf **Bund und Länder** als Spezialregelung zu **Art. 30** auf, nach dem die Ausübung der Staatsgewalt bei den Ländern liegt, soweit das GG keine andere Regelung trifft oder zulässt. Die Vorschrift beschränkt die Ausübung rechtsprechender Gewalt des Bundes auf das BVerfG und die im GG selbst genannten Bundesgerichte. Nach Inhalt, Umfang und Bedeutung für den alltäglichen Rechtsverkehr liegt die rechtsprechende Gewalt iW bei den Ländern. 12

Jedoch wird dem Bund der **Zugriff auf die rechtsprechende Gewalt der Länder** und auf deren Gerichtshoheit an anderer Stelle erlaubt. Denn er hat nach **Art. 74 Abs. 1 Nr. 1** die von keiner weiteren Voraussetzung abhängige **konkurrierende Gesetzgebungskompetenz** für die **Gerichtsverfassung** und das **gerichtliche Verfahren.** Sie erstreckt sich **nicht** auf die **VerfG der Länder,** weil diese Staatsqualität haben und einem eigenständigen Verfassungsrechtskreis angehören. Der Bundesgesetzgeber darf bestimmen, welche Gerichtsbarkeiten mit welchen **Gerichten und Instanzen die Länder** einführen und unterhalten müssen. Die Rechtswege und Gerichtsbarkeiten werden aber insbesondere nicht durch die Institutionalisierung der fünf obersten Bundesgerichte in Art. 95 grundgesetzlich vorgeschrieben. 13

Mit der Grundregelung des **Art. 92 Hs. 2** wäre es ohne **Verfassungsänderung** gerechtfertigt, es **den Ländern zu überlassen,** welche Gerichtsbarkeiten sie vorsehen wollen. Denn die Vorschrift bestimmt nur, dass es Gerichte der Länder geben muss, durch die die Richter der Länder deren rechtsprechende Staatsgewalt ausüben. Lediglich die **Existenz einer ordentlichen Gerichtsbarkeit,** nicht deren tradierte Ausgestaltung, also einer Gerichtsbarkeit je für das Zivil- und das Strafrecht, ist auch für die Länder zwingend. Denn Art. 14 Abs. 3 S. 4, Art. 15 S. 2, Art. 19 Abs. 4 S. 2 und Art. 34 S. 3 setzen sie notwendig als auch in den Ländern bestehend voraus. **Gerichte für besondere Sachgebiete,** die in Art. 95, 96 nicht angesprochen sind, dürfen ohnehin nur durch Gesetz errichtet werden (Art. 101 Abs. 2). 14

Art. 92 regelt nur die rechtsprechende Gewalt **des Staates.** Er betrifft die **staatliche Gerichtsbarkeit** einschließlich der mittelbaren Staatsgerichtsbarkeit[10] Eine **„Privatisierung"** der Rechtsprechungsfunktion[11] ist auch durch Art. 92 verboten.[12] 15

Die Zulässigkeit einer **privaten Gerichtsbarkeit** (Schiedsgerichtsbarkeit, Vereinsgerichtsbarkeit, Verbandsgerichtsbarkeit) ergibt sich aus den Grundrechten und dem sonstigen verfassungsgemäßen positiven Recht.[13] Die private Gerichtsbarkeit muss aber die Grenzen der Privat- oder Verbandsautonomie einhalten. Kein Gesetz darf ausschließen, dass ein Privater die Einhaltung dieser Grenzen durch staatliche Gerichte überprüfen lassen kann, 16

[10] BVerfGE 27, 312; 48, 300.
[11] *Voit* JZ 1997, 120.
[12] Zust. *Wilke* in HdbStR V, 3. Aufl. 2007, § 112 Rn. 90.
[13] *Wilke* in HdbStR V, 3. Aufl. 2007, § 112 Rn. 91–93; *Achterberg* in BK Rn. 173–194.

wenn er sich nicht freiwillig der privaten Entscheidungsstelle unterworfen oder wenn diese elementaren rechtsstaatlichen Verfahrensgrundsätze missachtet hat. Die Vorschriften über das schiedsrichterliche Verfahren **(§§ 1025–1065 ZPO),** die entsprechend auch für private Schiedsgerichte gelten, die nicht durch Vertrag angeordnet werden (§ 1066 ZPO), dürften bzgl. vermögensrechtlicher Ansprüche allenfalls[14] noch gerade die Grenze zum verbotenen Ausschluss staatlicher Gerichtsbarkeit nicht überschreiten.

17 Der Weg zum staatlichen Richter darf auch bei anderen, nicht an der Maßgeblichkeit staatlich anerkannten Rechts orientierten, also **rechtsprechungslosen Arten „alternativer Streitschlichtung"** und bei der außergerichtlichen und gerichtlichen **Mediation**[15] (§ 278 Abs. 5 ZPO) nicht ausgeschlossen werden. Denn ein solcher Ausschluss würde nicht nur das **„Justizgewährungsrecht"** und **Art. 19 Abs. 4,** sondern auch die alleinige **oberste Maßgeblichkeit staatlichen Rechts,** dessen Geltungs- und Durchsetzungsgarantie, verletzen. Soweit hierfür durch Gesetz Richter als „Streitschlichter" etc eingesetzt sind, handelt es sich inhaltlich nicht um Rechtsprechung, da das Recht hier nicht angewandt, nicht „gegeben/gesprochen" wird. Dabei handelt ein solcher Richter kraft gesetzlicher Anordnung nicht in Gesetzesbindung, aber in richterlicher Unabhängigkeit; es handelt sich nur formal um Rechtsprechung. Er darf deshalb den Rechtsstreit nicht entscheiden. Zu den damit verbundenen Aspekten exekutiver Rechtsprechungslenkung bei Art. 97, 98.

18 Die von § 14 PartG vorgesehenen **Parteischiedsgerichte** entscheiden grds. abschließend. Nur mit der begründeten Willkürrüge kann das Parteimitglied das staatliche Gericht anrufen.[16] Die **kirchliche Gerichtsbarkeit** ist gem. Art. 140 in den Grenzen des Art. 137 Abs. 3 WRV garantiert.[17] Dies ist ua für die Frage erheblich, ob bei innerkirchlichen Entscheidungen der staatliche Justizgewährungsanspruch ausgeschlossen oder nur in seiner Intensität eingeschränkt ist.[18] Ein Ausschluss staatlicher Gerichte dürfte nur bei rein innerkirchlichen Themen zu rechtfertigen sein.[19]

19 Bei der **„Betriebsjustiz"** oder **„Warenhausjustiz"** liegt ein Aufhebungsgrund (§ 1059 ZPO) nahezu immer vor. Denn es fehlt regelmäßig an der Neutralität des „Richtenden", an einem fairen Verfahren und an der erforderlichen „Freiwilligkeit" der Unterwerfung unter den Schiedsspruch. Dies ist **„Selbstjustiz",** der sich der Betroffene wegen einer Drohung mit einem empfindlichen Übel unterwirft. Sie kann nicht zum Ausschluss der staatlichen Gerichtsbarkeit führen und von ihr nicht anerkannt und nicht mit einem Vollstreckungstitel belohnt werden.[20]

---

[14] S. dagegen *Detterbeck* in Sachs Rn. 29.

[15] Näher *Eidenmüller/Prause* NJW 2008, 2737; *Prütting* JZ 2008, 847; *Sarhan* JZ 2008, 280; *Spindler* DVBl. 2008, 1016; Beschlüsse des 67. DJT (2008), 33; *Grasnick* FAZ v. 30.11.2008, 8; economag. Magazin 2009, Nr. 5, „Streitkultur"; *Bercher/Engel* JZ 2010, 226; *Wimmer/Wimmer* NJW 2007, 3243; *v. Bargen* DVBl. 2004, 468; zutreffend *Berchtold* NZS 2011, 401 (406 f.); *Unberath* JZ 2010, 975 (977 ff.) zur „alternativen Konfliktlösung". Sa die „Mediations"-Richtlinie 2008/52/EG v. 21.5.2008, ABl. 2008 136, 3.

[16] *Kunig* in HdbStR III, 3. Aufl. 2005, § 40 Rn. 121.

[17] Dazu *Hollerbach* in HdbStR VI, 1. Aufl. 1989, § 138 Rn. 148 ff.; *Wilke* in HdbStR V, 3. Aufl. 2007, § 112 Rn. 90.

[18] BVerfGE 111, 1 (5 f.); abwM BVerfGE 111, 1 (7); BVerfG NJW 1999, 349 (350); BGH NJW 2000, 1555; BGHZ 154, 306.

[19] Weitergehend *Goerlich* JZ 2004, 793.

[20] Stellvertretend *Henn* BB Beil. 17/1993, 13; *Stern.* StaatsR II, 1980, 920 ff.

B. Einzelfragen

20 Die **Richter** sollten nach der Vorstellung des ParlRat **die alleinigen Träger der rechtsprechenden Gewalt** des Staates sein.[21] Mit „Gerichten" meinte er nur die „Gerichtsanstalten", also die organisatorisch-technischen Institutionen, durch welche die Richter Recht sprechen.[22] Dies hat er sprachlich klar im GG-Text verlautbart. Es ist daher **mit Verfassungstext und Entstehungsgeschichte nicht vereinbar,** im GG nicht einmal erwähnte „Spruchkörper" oder die Gerichte als Organe der Rechtsprechung und die Richter nur als Organwalter dieser Spruchkörper anzusehen.

21 Davon zu unterscheiden ist, dass die **von der Gerichtsverwaltung strikt zu trennende Rechtsprechungsorganisation „Gericht",** die ua die Bestellung der Spruchkörper und deren Besetzung mit Richtern und die Verteilung der Rechtssachen auf diese regelt, hierbei selbst gesetzlicher Richter ist, ebenso die so eingerichteten Spruchkörper und jeder so bestellte Richter. Es sind jedoch allein die als gesetzliche Richter bestellten Richterpersonen, denen die rechtsprechende Gewalt anvertraut ist und die durch diese Organisation das allein von ihnen zu sprechende Recht verlautbaren.

22 Die **verwaltungsrechtlichen Konzepte und Begriffe,** welche für die Organe der hierarchisch geordneten vollziehenden Gewalt gelten,[23] dürfen nur begrenzt und allenfalls analog auf das Organisationsrecht der rechtsprechenden Gewalt angewandt werden. Denn die Rechtsprechung der Richter unterliegt gerade nicht dem Prinzip der parlamentarischen Verantwortung.[24] Ihre Aufgabenwahrnehmung ist prinzipiell anders als die der Staatsbeamten.[25] Richter sprechen durch die Gerichte Recht.[26] Hierzu näher bei Art. 97, 98.

I. Die rechtsprechende Gewalt

23 Der Ausdruck „die **rechtsprechende Gewalt**" hat in Art. 92 eine **eigenständige Bedeutung.**[27] Er ist **keine Sammelbezeichnung,** welche die sonst im GG vorhandenen Aufgabenzuweisungen an Richter, Gerichte oder Rechtspflege bündelt. Der Wortlaut meint ausschließlich das, was nach Art. 20 Abs. 2 S. 2 durch besondere Organe auszuüben ist. Der Bedeutungsgehalt des Wortes gerade in Art. 92 kann mit den Rastern eines formellen, materiellen und/oder herkömmlich funktionalen Rechtsprechungsbegriffs[28] **nicht** erfasst werden. Er bezeichnet hier die **„dritte staatliche Rechtsmacht",** also die staatliche Hoheit zur staatsfunktional **letztverbindlichen Antwort** auf jede Frage, was nach der staatlichen Rechtsordnung rechtens ist.

24 Der Text des **Art. 92** muss so ausgelegt werden, dass die **Maßstabsnorm** deutlich wird, welche die Entscheidung erlaubt, ob ein Gesetz ihr widerspricht.

---

[21] Hauptausschuss des ParlRat in der 3. Lesung, 50. Sitzung v. 10.2.1949, Kurzprotokolle, Drs. Nr. 615.

[22] Vgl. *Achterberg* in BK Rn. 40–45.

[23] Dazu *Dreier,* Hierarchische Verwaltung im demokratischen Staat, 1991, 121 ff.

[24] Anders *Mayen* DÖV 2004, 45; *Priepke* DRiZ 1992, 50.

[25] Vgl. *Zinn* DÖV 1949, 278; *Jellinek,* Allgemeine Staatslehre, 3. Aufl. 1914, 592.

[26] Zust. *Pieroth* in Jarass/Pieroth Rn. 10 mwN.

[27] BVerfGE 22, 49 (73 ff.); aA *Herzog* in Maunz/Dürig, GG, 1971, Rn. 49 f., 147.

[28] Dazu *Wilke* in HdbStR V, 3. Aufl. 2007, § 112 Rn. 56–80.

25 Dies kann **kein rein formeller Begriff** leisten, der alles als Rechtsprechung erfasst, was in einem Gesetz als richterliche oder gerichtliche Entscheidung vorgesehen ist. Daran ändert sich wenig, wenn man nur auf die grundgesetzlichen Rechtsprechungszuweisungen abstellt. Denn dann wäre Art. 92 schlicht überflüssig, weil sich die Bedeutung von „Rechtsprechung" schon aus den anderen Vorschriften ergäbe und dieser Text nichts anordnete, was nicht auch ohne ihn schon gälte.

26 Ein traditioneller **funktionaler Rechtsprechungsbegriff,** der alle Aufgaben erfasst, die bis 1949 typischerweise von Gerichten erfüllt wurden, fügt in das GG bloß einfachgesetzliche Zuweisungen als Inhaltsbestimmung ein. Das ist unzulässig und machte einfaches Recht grundsätzlich gesetzesfest. Nur der Verfassungsgesetzgeber könnte dies wieder beseitigen. Das hat 1949 niemand gewollt. Zugleich schafft dies durch Unschärfe neue Abgrenzungsprobleme.

27 Ein herkömmlich **materieller Begriff,** der auf die rechtlich geordneten Lebensbereiche abstellt, über die vor 1949 von als solchen bezeichneten Gerichten streitentscheidend Recht gesprochen wurde, wäre **zirkulär,** unscharf und ließe ebenfalls den damals zugewiesenen Bestand „versteinern", wenn man ihn nicht „typisierend" aufweichen wollte und damit eine Maßstabsnorm verfehlte. Auch er würde es dem einfachen Gesetzgeber nehmen, die Sachmaterien der Rechtsprechung zu verändern, sogar wenn es „eigentlich nur" um Gerichtsverwaltungsaufgaben gehen könnte.

28 Das **BVerfG**[29] hat zuletzt zusammengefasst, dass **die rechtsprechende Gewalt iSd Art. 92,** die den Richtern anvertraut ist, **konkretisiert** wird durch **Rechtsbindung** und **Gesetzesunterworfenheit.** Es geht hier um die Staatsfunktion „dritte Gewalt", nicht um den gesetzlichen Richter. Die **Staatsfunktion** ist damit in wesentlicher Hinsicht von der Gesetzgebung und ihren Organen sowie von der vollziehenden Gewalt und ihren Organen getrennt. Sie hat keinen eigenen Gestaltungsauftrag und darf nur nach gesetzlichen Rechtsvorgaben handeln. Das aber reicht für den eigenständigen Rechtsprechungsbegriff nicht aus.

29 Zuvor hatte das **BVerfG** die Ausübung der **Strafgerichtsbarkeit** als sicher zu den Funktionen der „Dritten Gewalt" gehörend bezeichnet. Damit hat es ohne normbezogenen Obersatz eine Abgrenzung zur Exekutive nach traditionell **„materiellen"** Gesichtspunkten vorgenommen und erklärt,[30] nur ein materielles Verständnis des Rechtsprechungsbegriffs werde dem Sinn des Art. 92 gerecht. Es sei ein **typischer Kern** des Rechtsprechungsbegriffs des Art. 92 zu erkennen. Nur bei einer materiellen Betrachtungsweise könne sich die Frage stellen, ob eine Veränderung zB des materiellen Strafrechts mit Art. 92 vereinbar ist.

30 Hierüber ist das **BVerfG** dann etwas hinausgegangen. Es hat eingeräumt, dass der **Begriff** durch seine Rechtsprechung **nicht abschließend** geklärt ist.[31] Es meinte, ob die ***Wahrnehmung einer Aufgabe als Rechtsprechung iSv Art. 92 anzusehen*** sei, hänge wesentlich von verfassungsrechtlichen Vorgaben sowie von **traditionellen oder durch den Gesetzgeber vorgenommenen Qualifizierungen** ab. Aus der **Organisation einer Entscheidungsstelle** durch Bestellung von Richtern und Gerichten zu Entscheidern könne

---

[29] BVerfGE 111, 307 (325).
[30] BVerfGE 22, 49 (73 ff.).
[31] BVerfGE 103, 111 (136 ff.) auch zum Folgenden.

nicht auf staatliche Rechtsprechung iSv Art. 92 geschlossen werden. Die Vorschrift gebiete nur, dass die staatliche rechtsprechende Gewalt allein von gesetzlichen Richtern ausgeübt werde. Aber nicht alles, was Richter beruflich tun (und das ist nicht nur Rechtsprechung), werde dadurch schon zur Rechtsprechung. Die Art. 92–104 sollen eine besondere Eigenständigkeit und Unabhängigkeit der Willensbildung im System der Gewaltenteilung gewährleisten.

Jedoch geht es im Kern nur darum, ob das, was der Gesetzgeber den Richtern zuweist oder wegnimmt, unter den grundgesetzlichen Rechtsprechungsbegriff fällt, den der Gesetzgeber nicht beeinflussen kann. Denn er kann den Inhalt des GG durch einfaches Bundesgesetz nicht regeln. Die Annäherung des **BVerfG**[32] an einen funktionalen Rechtsprechungsbegriff lautete dann: „Zu den wesentlichen Begriffsmerkmalen der Rechtsprechung in diesem Sinne gehört das Element der **Entscheidung, der letztverbindlichen, der Rechtskraft fähigen Feststellung und des Ausspruchs dessen, was im konkreten Fall rechtens ist.**[33] Nach Art. 92 ist es Aufgabe der Gerichte, Rechtssachen mit verbindlicher Wirkung zu entscheiden, und zwar in Verfahren, in denen durch Gesetz die erforderlichen prozessualen Sicherungen gewährleistet sind und der verfassungsrechtlich geschützte Anspruch auf rechtliches Gehör besteht.“ 31

Für die **staatliche Rechtsprechungsfunktion** kommt es, wie richtig betont wird, **gerade nicht** auf den jeweiligen sachlichen (materiellen) Gegenstand des Streitverfahrens an. Kennzeichen rechtsprechender Tätigkeit sei, so das BVerfG, typischerweise die **letztverbindliche hoheitliche Klärung der Rechtslage** in einem Streitfall im Rahmen eines gerichtsförmigen Verfahrens.[34] Dies ist um die zutreffenden Sätze[35] zu **ergänzen,** dass Art. 92 nur eine Rechtsprechung durch gesetzliche Richter kennt, die den Vorgaben für ein rechtsstaatliches Verfahren genügt, also eine **Staatsfunktion „Rechtsprechung“, die „rechtsstaatlich“ iSd GG** ist. 32

Es geht begrifflich um die **Abgrenzung der Rechtsprechung von Gesetzgebung und vollziehender Gewal**t. Deren Organen und Organwaltern darf etwas, was Rechtsprechung ist, nicht zugewiesen werden (Rechtsfolge des Art. 92 Hs. 1). **Erkenntnisse über das „Wesen“ von Rechtsprechung setzt die Norm nicht voraus.** Insbesondere muss im Tatbestand des Art. 92 nicht geklärt werden, ob die speziellen grundgesetzlichen Einzelzuweisungen von Aufgaben an Gerichte und Richter dem staatsfunktionalen Rechtsprechungsbegriff iSd Art. 20 Abs. 2 S. 2, 92 genügen. 33

Nach der **staatsfunktionalen Betrachtung** unterscheidet sich die Rechtsprechungsfunktion von den beiden anderen Staatsfunktionen zuerst durch ihren Hauptzweck, das geltende Recht gegenüber den Rechtsuchenden auszusprechen und festzustellen. Das muss in strikter, zur **Gesetzesunterworfenheit** gesteigerten Rechts- und Gesetzesbindung erfolgen. Die Rechtsprechungsfunktion hat ausschließlich den Zweck, dieses Recht zur Wirkung zu bringen. Sie darf dabei keine anderen Zwecke verfolgen und muss das **Recht zum alleinigen Maßstab** ihrer Entscheidungen nehmen. Sie hat daher grundsätzlich keine originäre Befugnis zur **Verfahrensinitiative,** außer wenn das Gesetz sie ihr einräumt. 34

---

[32] BVerfGE 103, 111 (137 f.).
[33] BVerfGE 7, 183 (188 f.); 31, 43 (46); 60, 253 (269 f.).
[34] Krit. *Wilke* in HdbStR V, 3. Aufl. 2007, § 112 Rn. 75 ff.
[35] BVerfGE 103, 111 (139 f.); 60, 175 (214); 87, 68 (85).

35 Insbesondere in den **Verwaltungsgerichtsbarkeiten** gilt das die Funktionentrennung schützende Verbot, sich an die Stelle der Verwaltung zu setzen, wenn dies gesetzlich nicht erlaubt ist. Während die anderen Staatsfunktionen das Gemeinwesen gestalten sollen, also eigene Ziele anstreben, muss die Rechtsprechung von einem **unbeteiligten Dritten** ausgeübt werden, der neutral, also nicht selbst an einem bestimmten Ausgang des Verfahrens interessiert, unparteilich und unabhängig ist.

36 Die Rechtsprechung entscheidet **im konkreten Fall letztverbindlich.** Dies gilt auch für Zwischenentscheidungen, einstweilige Anordnungen, Beweissicherungssicherungsverfahren, bei präventiven Richterentscheidungen über die Erlaubnis zu GR-Eingriffen, zB nach StPO oder bei Fesselung. Die Letztverbindlichkeit steht dem Instanzenzug in den Gerichtsbarkeiten nicht entgegen, weil jedes Gerichtsverfahren auch nach mehreren Instanzen mit nur einem Ausspruch als Antwort der Rechtsprechung auf das eine Rechtsschutzgesuch/die Anklage endet. Die **Letztverbindlichkeit** bezieht sich in Art. 92 GG nur auf das **Verhältnis zu den anderen Staatsfunktionen.** Im „Rechtsprechungsfall" sind die anderen Funktionen ausgeschlossen; sie haben keine Kompetenz, eine gerichtliche Entscheidung zu ändern.[36] Letztverbindlichkeit des „letzten Wortes" der Rechtsprechung dient zudem der Rechtsklarheit, Verhaltenssicherheit und Rechtssicherheit, mithin dem „Rechtsfrieden", einer unverzichtbaren Funktion der Rechtsprechung.[37]

37 Ein **Definitionsversuch**[38]: **„Rechtsprechung" iSv Art. 92** bedeutet die pflichtig zu treffende, funktional letztverbindliche Entscheidung durch einen strikt rechts- und gesetzesgebundenen gesetzlichen Richter als unbeteiligten Dritten darüber, welche Rechtsfolge für die Rechtsuchenden allein nach Maßgabe des nach dem GG gültigen Rechts gilt.[39]

38 Dieser **Begriff** beschreibt nicht den Idealzustand von Rechtsprechung, den Art. 92–104 verwirklicht sehen wollen, sondern **nur die tatbestandlichen Voraussetzungen des Art. 92,** an deren Vorliegen die Rechtsfolgen dieser Norm, aber auch die der anderen Vorschriften anknüpfen. Hingegen kommt es nicht darauf an, über welche Lebenssachverhalte nach welchen **Rechtsnormen** zu entscheiden ist.

39 Genügen Gesetze, die Richtern Aufgaben zuweisen, ihm nicht, betreffen sie aber Möglichkeiten, anhängige Rechtssachen anders zu bearbeiten oder zu erledigen als nach Maßgabe des Rechts **(bloß formale Rechtsprechung),** wird vorbehaltlich eines anderen Auslegungsergebnisses regelmäßig davon auszugehen sein, dass der Gesetzgeber die Aufgabenwahrnehmung den für die Ausübung von Rechtsprechung durch gesetzliche Richter geltenden Regeln unterstellen wollte. Betreffen Gesetze den Bereich der **Gerichts-/Justizverwaltung** und damit herkömmlich eng verbundene Tätigkeiten, liegt keine Rechtsprechung vor. Es gilt Verwaltungsrecht, dessen Wahrnehmung die Trennung von der Rechtsprechung strikt zu beachten hat, aber ausnahmsweise von Richtern neben dem Richteramt erfolgen darf. Er kann den Gerichten grundsätzlich auch **sonstige Aufgaben** zuweisen. Dann aber wird idR **kein Richter sie wahrnehmen dürfen.** Denn die funktionsbedingte Unabhängigkeit und Unparteilichkeit der rechtsprechenden Gewalt

---

[36] Das begnadigungsrecht des Staatsoberhaupts ändert kein Urteil.

[37] *Hillgruber* in Maunz/Dürig Rn 8.

[38] Mit anderem Ansatz, iE ähnlich *Classen* in MKS Art. 92 Rn 10 bis 13, mwN. Auch in Rn. 6 bis 9.

[39] Vgl BVerfGE 60, 165 (214); dies umfasst auch alle privatrechtlichen Rechtsfolgen.

gebietet eine **striktere Trennung der Rechtsprechung von den übrigen Gewalten,** als sie durch das Funktionsprinzip der Gewaltenteilung gefordert wird. **Ausnahmen** hiervon sind **lediglich in geringem Umfang zulässig,** wenn der Charakter der Gerichte als besonderer Organe der Staatsgewalt nicht beeinträchtigt wird.[40]

Bei unklarer terminologischer Lage[41] fallen hierunter die Bereiche der Rechtsfürsorge/Rechtspflege. **Rechtspflege** im engeren Sinn betreffen ergebnisorientierte Tätigkeiten mit Außenwirkung im Nahbereich der Rechtsprechung vor allem in der freiwilligen Gerichtsbarkeit. Durch das **FamFG** dürfte jedoch zumindest für eine Reihe der dort geordneten Rechtssachen die Grenze zur streitentscheidenden Rechtsprechung überschritten sein. Die **Freiheitsentziehungssachen** (§§ 415–432 FamFG), die Art. 104 GG betreffen, sind ebenso Rechtsprechung wie die Verfahren nach §§ 43 ff. WEG.[42] 40

Die **Gerichts- und Justizverwaltung**[43] gehören zur **materialen Verwaltung.** Hier muss der Richter als Verwaltungsagent „des Staates" die von dessen Exekutivfunktion formulierten Interessen weisungsgebunden verwirklichen.[44] 41

In der **Gerichtsverwaltung** (§ 4 Abs. 2 Nr. 1 DRiG), der Verwaltung der Gerichte, nehmen Richter Aufgaben in Personal-, Haushalts-, Ausbildungs-, Beihilfe- und Fürsorgefragen war, befassen sich mit der Verwaltung und Renovierung der Dienstgebäude, führen die Dienstaufsicht vor Ort durch, bearbeiten Eingaben der Bürger und Amtshilfe-, nicht Rechtshilfeersuchen, verwalten Bibliotheken, Dokumentationsstellen und IT-Fragen, erstellen vorbereitende Gutachten zu Verwaltungsfragen, vertreten das Gericht nach Außen und repräsentieren es fachlich und protokollarisch etc. 42

In der **Justizverwaltung,** der Verwaltung durch Gerichte, geht es uU um andere Verwaltungsaufgaben im Bereich der Justiz, die keinen Bezug zur Rechtsprechungsorganisation „Gericht" haben. Solche Aufgaben können den Gerichten und Richtern aufgrund eines Bundes- oder Landesgesetzes zugewiesen werden (deklaratorisch § 4 Abs. 2 Nr. 2 DRiG). In Betracht kommt die Verwaltung von Strafanstalten, die Abnahme von Prüfungen für nichtanwaltliche rechtsberatende Berufe etc. 43

II. Ist den Richtern anvertraut

Die Vorschrift enthält **keinen Standesvorbehalt.**[45] Überhaupt ist die Rede vom **„Richtervorbehalt"** in vermeintlicher Parallele zum Gesetzes- oder Verwaltungsvorbehalt eher irreführend. Alles, was rechtsprechende Gewalt iSd Art. 92 ist, muss von Richtern und darf von keinem anderen wahrgenommen werden.[46] Dies ist der Kern der in Art. 92 zusammengefassten Ge- und Verbote. 44

---

[40] BVerfGE 148, 69 (99).
[41] Vgl. *Hopfauf* in SHH Rn. 10–13.
[42] Ebenso *Hopfauf* in SHH Rn. 12.
[43] Zur Unterscheidung zwischen diesen und zum Folgenden *Wittreck* BayVBl. 2005, 385.
[44] Insoweit zutr. *Smid,* Rechtsprechung – zur Unterscheidung von Rechtsfürsorge und Prozeß, 1990, 397 (468 ff.).
[45] AA insoweit *Smid,* Rechtsprechung – zur Unterscheidung von Rechtsfürsorge und Prozeß, 1990, 242.
[46] *Rennert* JZ 2015, 529 ff.

45 Hiervon zu unterscheiden ist das **nicht** dem Bereich der vollziehenden Gewalt zuzuordnende besondere **dienstrechtliche Rechtsverhältnis** zwischen dem Dienstherrn (Bund oder Land, § 3 DRiG) und dem jeweiligen Richter. Es ist grundgesetzlich geprägt von der zwingend zu beachtenden persönlichen Unabhängigkeit des Richters **(Art. 97 Abs. 2)** und den vielfältigen Auswirkungen seiner absoluten Gesetzesbindung **(Art. 97 Abs. 1).** Diese wirken sich weithin auf alle Bereiche des Dienstrechts aus und begründen eine besondere „Rechtsstellung der Richter", die nach **Art. 98 Abs. 1, 3** je durch ein „besonderes Gesetz" von Bund und jedem Land ua auch zur Regelung der vielen und tiefgreifenden Konfliktbereiche zwischen Exekutive und Judikative zu erlassen sind. Sie gibt es aber auch 70 Jahre nach Inkrafttreten des GG noch nicht. Näher zu diesen Themen bei Art. 98, 97.

III. Sie wird durch Bundes- und Landesgerichte ausgeübt

46 Art. 92 regelt die staatliche Ausübung der rechtsprechenden Gewalt durch staatlich bestellte, aber **„staatsunabhängige" gesetzliche Richter.** Als **staatliche Gerichte,** durch die Richter Recht sprechen, erkennt das BVerfG[47] auch Gerichte in der Trägerschaft von juristischen Personen des öffentlichen Rechts an (mittelbare Staatsgerichte). Voraussetzung ist, dass sie staatliche Aufgaben erfüllen, ihre Verfassung und ihr Verfahren durch Gesetz geregelt sind und der Staat bei der Berufung der Richter maßgeblichen Einfluss ausüben kann.[48] Letztlich sind auch diese Gerichte in den Instanzenzug zu einem obersten Gerichtshof einbezogen.

47 Da die Länder aufgrund und in den Grenzen ihrer Verfassungshoheit Staaten sind, üben sie ihre rechtsprechende Gewalt durch ihre eigenen Gerichte aus, die sie selbst errichten, einrichten und verwalten. Sie sprechen Recht durch ihre Landesrichter, die für weit mehr als 90 vH aller Rechtssachen als „letzte Instanz" entscheiden. Auf der Arbeit der Landesrichter bauen die wenigen Bundesgerichte auf, die kaum erstinstanzliche Zuständigkeiten haben.

C. Kritische Würdigung

48 Art. 92 gründet die Staatsfunktion **„Rechtsprechung"** nach den Erfahrungen mit der Rechtsprechungslenkung im autoritären Kaiserstaat, dem Fehlschlag einer Neuorientierung in der Weimarer Republik und den traumatischen Erlebnissen mit der NS-Justizbarbarei inhaltlich, **funktional und organisatorisch neu.** Die strikte und „unberührbare" (Art. 1 Abs. 3) inhaltliche Bindung der Rechtsprechungsfunktion an die „unberührbaren" Grundsätze des Art. 1, die **eine Gewaltenverschränkung nicht zulassende Gewaltentrennung** mittels „besonderer Organe" der Rechtsprechung, die durch **strikte Gesetzesgebundenheit und Gesetzesunterworfenheit** geprägt ist, lassen „eigentlich" ein „Weitermachen" im alten Stil, als Richter nur eine Unterart der Beamten waren, nicht zu. Jedoch wurden die vom GG 1949 ausdrücklich vorgeschriebenen „besonderen Gesetze" bisher nicht erlassen. Das liegt aber sicher nicht an den Vorschriften, sondern (auch hier) am Mangel an Willen, das GG zu befolgen.

[47] BVerfGE 48, 300 (315 ff.) st. Rspr.
[48] Krit. dazu *Bettermann* AöR 92 (1967), 496 (538 ff.).

Literatur

O. Bachof, Grundgesetz und Richtermacht, 1959. – ***J. M. v. Bargen,*** Gerichtsinterne Mediation, 2008. – ***F. Brosius-Gersdorf,*** Dritte Gewalt im Wandel, Veränderte Anforderungen an Legitimität und Effektivität? VVDStRL 74 (2015), 169 ff. – ***W. Distler,*** Private Schiedsgerichtsbarkeit und Verfassung, 2000. – ***Ch. Dorn,*** Justizgewährungsanspruch und Grundgesetz, 2005. – ***A. v. Feuerbach,*** Die hohe Würde des Richteramtes, 1817, in Deutsches Rechtsdenken, Heft 7/1948, 5. – ***P. van Husen,*** Die Entfesselung der Dritten Gewalt, AöR 78 (1952), 49. – ***M. Kaltenborn,*** Streitvermeidung und Streitbeilegung im Verwaltungsrecht – Verfassungsrechtlicher Rahmen und verfahrensrechtliche Ausgestaltung der außergerichtlichen Konfliktschlichtung im Verhältnis zwischen Verwaltung und Privaten, 2007. – ***G.-K. Kaltenbrunner,*** (Hrsg.), Auf dem Weg zum Richterstaat, 1979. – ***W. Krebs,*** Kontrolle in staatlichen Entscheidungsprozessen, 1984. – ***Ch. Möllers,*** Die drei Gewalten, 2008. – ***Ch. Möllers,*** Gewaltengliederung, 2005. – ***B. Rüthers,*** Methodenfragen als Verfassungsfragen, Rechtstheorie 40 (2009), 253 – ***C. Schütz,*** Der ökonomisierte Richter, 2005. – ***A. Voßkuhle,*** Rechtsschutz gegen Richter, 1993. – ***F. Wittreck,*** Die Verwaltung der Dritten Gewalt, 2006. – ***F. Wittreck,*** Dritte Gewalt im Wandel, Veränderte Anforderungen an Legitimität und Effektivität? VVDStRL 74 (2015), 115.

Art. 93 [Bundesverfassungsgericht, Zuständigkeit]

(1) Das Bundesverfassungsgericht entscheidet:

1. über die Auslegung dieses Grundgesetzes aus Anlaß von Streitigkeiten über den Umfang der Rechte und Pflichten eines obersten Bundesorgans oder anderer Beteiligter, die durch dieses Grundgesetz oder in der Geschäftsordnung eines obersten Bundesorgans mit eigenen Rechten ausgestattet sind;
2. bei Meinungsverschiedenheiten oder Zweifeln über die förmliche und sachliche Vereinbarkeit von Bundesrecht oder Landesrecht mit diesem Grundgesetze oder die Vereinbarkeit von Landesrecht mit sonstigem Bundesrechte auf Antrag der Bundesregierung, einer Landesregierung oder eines Viertels der Mitglieder des Bundestages;

2a. bei Meinungsverschiedenheiten, ob ein Gesetz den Voraussetzungen des Artikels 72 Abs. 2 entspricht, auf Antrag des Bundesrates, einer Landesregierung oder der Volksvertretung eines Landes;

3. bei Meinungsverschiedenheiten über Rechte und Pflichten des Bundes und der Länder, insbesondere bei der Ausführung von Bundesrecht durch die Länder und bei der Ausübung der Bundesaufsicht;
4. in anderen öffentlich-rechtlichen Streitigkeiten zwischen dem Bunde und den Ländern, zwischen verschiedenen Ländern oder innerhalb eines Landes, soweit nicht ein anderer Rechtsweg gegeben ist;

4a. über Verfassungsbeschwerden, die von jedermann mit der Behauptung erhoben werden können, durch die öffentliche Gewalt in einem seiner Grundrechte oder in einem seiner in Artikel 20 Abs. 4, 33, 38, 101, 103 und 104 enthaltenen Rechte verletzt zu sein;

4b. über Verfassungsbeschwerden von Gemeinden und Gemeindeverbänden wegen Verletzung des Rechts auf Selbstverwaltung nach Artikel 28 durch ein Gesetz, bei Landesgesetzen jedoch nur, soweit nicht Beschwerde beim Landesverfassungsgericht erhoben werden kann;

4c. über Beschwerden von Vereinigungen gegen ihre Nichtanerkennung als Partei für die Wahl zum Bundestag;

5. in den übrigen in diesem Grundgesetze vorgesehenen Fällen.

(2) [1]Das Bundesverfassungsgericht entscheidet außerdem auf Antrag des Bundesrates, einer Landesregierung oder der Volksvertretung eines Landes, ob im Falle des Artikels 72 Abs. 4 die Erforderlichkeit für eine bundesgesetzliche Regelung nach Artikel 72 Abs. 2 nicht mehr besteht oder Bundesrecht in den Fällen des Artikels 125a Abs. 2 Satz 1 nicht mehr erlassen werden könnte. [2]Die Feststellung, dass die Erforderlichkeit entfallen ist oder Bundesrecht nicht mehr erlassen werden könnte, ersetzt ein Bundesgesetz nach Artikel 72 Abs. 4 oder nach Artikel 125a Abs. 2 Satz 2. [3]Der Antrag nach Satz 1 ist nur zulässig, wenn eine Gesetzesvorlage nach Artikel 72 Abs. 4 oder nach Artikel 125a Abs. 2 Satz 2 im Bundestag abgelehnt oder über sie nicht innerhalb eines Jahres beraten und Beschluss gefasst oder wenn eine entsprechende Gesetzesvorlage im Bundesrat abgelehnt worden ist.

(3) Das Bundesverfassungsgericht wird ferner in den ihm sonst durch Bundesgesetz zugewiesenen Fällen tätig.

Weimarer Reichsverfassung von 1919

Die Texte der einschlägigen Art. 19 und 108 WRV sind unten bei Art. 94 (108 WRV) und 99 (19 WRV) abgedruckt.

Übersicht

A. Allgemeine Bedeutung

I. Thematischer Geltungsbereich

Der zum Beginn des 24.5.1949 in Kraft getretene **Text**[1]wurde mehrfach 1
ergänzt. Er hat seine heutige Gestalt **(11.7.2012)** so gefunden:

Art. 93 Abs. 1 Nr. 2: IdF d. Art. 1 Nr. 3 G v. 8.10.2008 (BGBl. I 1926), gem. Art. 2 mWv 1.12.2009 (s. Bek. v. 13.11.2009 <BGBl. II 1223>).

Art. 93 Abs. 1 Nr. 2a: Eingef. d Art. 1 Nr. 12 G v. 27.10.1994 (BGBl. I 3146) mWv 15.11.1994.

Art. 93 Abs. 1 Nr. 4a u. **4b:** Eingef. durch Art. 1 Nr. 1 G v. 29.1.1969 (BGBl. I 97).

Art. 93 Abs. 1 Nr. 4c: Eingef. d Art. 1 G v. 11.7.2012 (BGBl. I 1478).

Art. 93 Abs. 2: Eingef. d Art. 1 Nr. 14 lit. a G v. 28.8.2006 (BGBl. I 2034) mWv 1.9.2006.

Art. 93 Abs. 3: Früher Abs. 2 gem. Art. 1 Nr. 14 lit. b G v. 28.8.2006 (BGBl. I 2034) mWv 1.9.2006.

Art. 93 regelt **Rechtsprechungs-Aufgaben des BVerfG,** die es als ein 2
oberstes Staatsorgan der Bundesrepublik Deutschland (ein oberstes Bundesorgan) für diesen Staat aufgrund GG-unmittelbarer **pflichtiger Zuweisungen** oder kraft Bundesgesetzes (Abs. 3) wahrzunehmen und zu erfüllen hat.

---

[1] Zur Entstehungsgeschichte JöR nF 1 (1951), 669 bis 682.

3 **Art. 93** regelt aufzählend und damit zugleich **abschließend**[2], welche im Rang des GG garantierten **„Rechtswege"** zum BVerfG eröffnet sind. Er ermächtigt ferner den einfachen Bundesgesetzgeber, dem Gericht sonstige „Fälle" zuzuweisen.

4 Auch beim BVerfG ist zwischen der (bildhaft sog) **Rechtswegeröffnung** (=Anwendbarkeit eines ProzessG) und den konkreten Verfahrensarten zu unterscheiden. **Art. 92** schrieb bereits vor, dass es ein BVerfG als Gericht des Bundes geben muss (Einrichtungsanordnung). **Art. 94 Abs. 2 S. 1** ermächtigt und verpflichtet den einfachen Bundesgesetzgeber, Gerichtsverfassung und Verfahren zu regeln.

5 Die **LVerfG** bilden einen eigenständigen Landesrechtsweg. Denn sie beruhen auf der Verfassungshoheit der Länder als Staaten.[3]

II. Das BVerfG als ein rechtsprechendes oberstes Bundesorgan

6 Das **GG bindet alle Organe des Staates,** auch die obersten Bundesorgane und unter ihnen auch das **BVerfG,** an die verfassungsmäßige Ordnung (Verfassungsbindung; Art. 20 Abs. 3 Regelung 1). Zudem **bindet das GG** die vollziehende Gewalt und auch **jede rechtsprechende Gewalt** an Gesetz und Recht (Gesetzesbindung; Art. 20 Abs. 3 Regelung 2).

7 **Alle gesetzlichen Richter** sind bei ihrer Rechtsprechung durch den auch für den Verfassungsgesetzgeber „unberührbaren" **Art. 1 Abs. 1, 2, 3** nicht nur an diesen gebunden, sondern ausdrücklich auch an die **„nachfolgenden Grundrechte".** Das **GG ermächtigt kein Staatsorgan,** auch nicht das BVerfG, sich von diesen Bindungen der Art. 1 und 20 zu lösen oder sogar **diese GG-Schranken zu durchbrechen,** indem man sie – vermeintlich – **„systemimmanent modifiziert".**

8 Auch der **Verfassungsgesetzgeber** darf dies nach **Art. 79, 146** nicht. Andernfalls greift er unter Überschreitung seiner Änderungskompetenz in den **Kernvorbehalt des GG-Gebers,** des deutschen Staatsvolks, ein, von dem allein alle Staatsgewalt ausgeht und die es ua durch das BVerfG ausübt. Dieses gehört nach Art. 92, 93, 94, 99, 100 ausschließlich der rechtsprechenden Gewalt an.[4] Zudem bindet nach Art. 1 Abs. 3 das **GR** aller Rechtsunterworfenen auf eine **ausschließlich gesetzesgebundene Richterentscheidung** aus Art. 2 Abs. 1 iVm Art. 97 Abs. 1 auch die gesetzlichen Richter des BVerfG.[5]

9 Da das GG **alle obersten Staatsorgane derart rechtsgebunden** hat, war zu entscheiden, ob Rechtskonflikte um die Auslegung und Anwendung des GG primär im politischen Prozess **politisch** entschieden **oder durch Gerichte,** iW von den „ordentlichen Gerichten", etwa vom vorgesehenen Obersten Bundegericht, mitentschieden oder aber insgesamt oder bestimmte Arten einem besonderen VerfG zugewiesen werden sollten. Trotz einer gewissen Furcht vor einer „Richterherrschaft" entschied sich der **ParlRat** für ein **BVerfG**[6] mit grundgesetzlichen Rechtsprechungskompetenzen nur für

[2] Allerdings hängt der Zugang zum BVerfG auch von dessen Interpretation dieser Zuweisungen und ebenso des materiellen GG-Rechts ab, wie sich insbesondere bei der Verfassungsbeschwerde zeigt.

[3] Art. 28 Abs. 1; BVerfGE 36, 342 (360 ff.); *Friesenhahn* FG 25 Jahre BVerfG I, 1976, 748.

[4] Hierzu Art. 97 Rn. 1 bis 5, Art. 100 Rn. 10 bis 25, Art. 92 Rn. 2 ff., 8 f.

[5] BVerfGE 148, 69 (88 ff.).

[6] Dazu vergleichend *Häberle* FS 50 Jahre BVerfG I, 2001, 311.

bestimmte Arten von Verfassungskonflikten. Diese „staatsrechtlichen" Konflikte waren in der deutschen Rechtsgeschichte seit Jahrhunderten zunehmend in „staatlichen" Gerichten des Reichs und der Länder entschieden worden. Die vom **ParlRat** auch schon geprüfte **Verfassungsbeschwerde** wurde erst 1969 in Art. 93 eingefügt, war dem BVerfG aber vorher schon durch das **BVerfGG** 16.4.1951 bundesgesetzlich zugewiesen worden. Deshalb wurde enumerativ geregelt, bei welchen Arten von Zweifeln oder Streitigkeiten das BVerfG letztverbindlich[7] entscheiden soll, was das GG vorschreibt.

Die Einrichtung eines **VerfG** ist mithin nicht die einzig mögliche Antwort.[8] Das **GG weist dem BVerfG** die Aufgabe der repressiven Verfassungsbewahrung allein durch Rechtserkenntnis zu, falls es zulässig angerufen wird.[9] Nur dann nimmt es kompetenzgemäß an der Aufgabe teil, das GG „zu hüten". Ihm kommt dadurch **in der Rechtsprechung** eine **zentrale Bedeutung zu.**[10] Die Bezeichnung **„Verfassungsorgan"** und die Funktion des **„obersten Hüters der Verfassung"** haben sich die ersten Richter des BVerfG in ihrer verfassungspolitischen **sog. Status-Denkschrift**",[11] die **erst** am **27.6.1952** veröffentlicht wurde, und die seither[12] ständig wiederholt wird, eigenmächtig zuerkannt.[13] 10

Diese Sprachgebilde sind juristisch **problematisch,** da sie, wie **„Verfassungsorgan",** vom GG wegführen oder, wie **„oberster Hüter der Verfassung"** mit dem GG inhaltlich in Konflikt stehen. Jahrzehntelange Gewöhnung an sie macht die Sachlage nicht besser. Der Ausdruck **„Verfassung" ist vieldeutig**[14]; es gibt juristisch [15]sehr viele unterschiedliche Arten von „Verfassungen" (ua Vereins-, Betriebs-, Rats-, Kommunal-, Gerichts-, Wehr-, UN- oder EU-Verfassung etc). Setzt man ihn hier mir „GG" gleich, führt das zu Unklarheiten, weil **„GG" ein exakter Begriff** ist, „Verfassung" jedoch nicht. Dasselbe gilt für das Wort **„Organ",** das in den verschiedenen juristischen Kontexten nur eines gemeinsam hat, dass es immer (bildersprachlich) um ein **„Organ eines Rechtssubjekts"** geht. **„Verfassung"** bezeichnet aber **kein Rechtssubjekt. „Verfassungsorgan"** scheint eher eines jener verschwommenen Wörter zu sein, mit dessen unbestimmten Inhalt man das GG „weichspülen" kann. 11

---

[7] Dazu *Schulze-Fielitz* FS 50 Jahre BVerfG I, 2001, 385 (387 ff.).

[8] *Wahl* Der Staat 20 (1981), 485.

[9] *Wahl* JuS 2001, 1041.

[10] Weitergehend die hM, vgl. BVerfGE 6, 300 (304); 40, 88 (93); *Stern* in BK Rn. 37–38; *Benda/Klein* VerfProzR, 2. Aufl. 2001, 4 ff.; s. schon die grundlegenden Beiträge von *Kelsen,* Wer soll Hüter der Verfassung sein?, 1. Aufl. 2008.

[11] JöR nF 6 (1957), 144 ff.; als Verf gilt *Gerhard Leibholz;* Gegengutachten *v. Thoma* JöR nF 6 (1957), 161–194; Auflistung der kontroversen Fragen bei *Stern,* StaatsR II, 1980, 341, zu Recht krit. *Roellecke* NJW 2001, 2924 (2927 f.).

[12] BVerfGE 1, 184 (195, 197), stRspr.

[13] Zur nur teilweise begründeten Sonderstellung der Richter des BVerfG siehe bei Art. 98 Rn. 4 bis 10.

[14] Zu den Bedeutungen dieses Wortes stellvertretend *Bethge* in MSKB BVerfGG § 63 Rn. 14–19 mwN.

[15] Politikwissenschaftlich deskriptiv wird „Verfassungsorgan" umschrieben als eine organisatorisch verselbständigte Einheit, welche die „Verfassung" als solche in ihrer Existenz, ihrer Stellung im Verfassungsgefüge und in den für sie grundlegenden Kompetenzen derart begründet, dass sie durch ihr Vorhandensein und ihre Funktion die Verfassungswirklichkeit inhaltlich mitbestimmt, insbesondere auf die oberste Staatsleitung Einfluss nimmt. So auch bei *Starck,* FS 50 Jahre BVerfG I, 2001, 4, der seine Rechtsfolgerungen als nicht „begriffsjuristisch" einordnet. Vgl. *Stern* in BK Rn. 22–25.

12 Das Wort **„Hüter"** hat **keine juristische Bedeutung.** Assoziativ klingen „Hirte"/„Herrscher"/„Patriarch" etc an, also mythische Vorstellungen von einer mächtigen und wohlwollenden Person, die das unmündige Volk wie eine Herde von Schafen hütet und vor bösen Wölfen schützt (wie man zB von Königen oder manchen Reichspräsidenten behauptete). Durch den Zusatz **„oberster"** Hüter stellt sich das BVerfG eigenmächtig über die anderen obersten Staatsorgane, die es notfalls auf den „rechten Weg" leiten will.

13 Jedoch ist nach dem GG **jedes Staatsorgan** im Rahmen seiner ihm zugewiesenen Kompetenzen verpflichtet, das GG zu befolgen, also „**Diener des GG**", genauer, **des deutschen Staatsvolks,** zu sein, von dem nach dem GG alle Staatsgewalt ausgeht. Das **Staatsvolk** ist, in dieser mythologischen Sprache, „oberster Hüter des GG" und muss im äußersten Notfall **sein GG** auch **gegen das BVerfG** durch „Widerstand" iSv Art. 20 Abs. 4 „hüten". Das GG verwendet den Ausdruck „Verfassungsorgan" nicht. Aus der faktischen (politischen) Stellung als Letztentscheider über „Verfassungsfragen" dürfen insbesondere keine Kompetenzerweiterungen hergeleitet werden.[16]

14 Art. 93 macht die materiale GG-Bindung aller Staatsgewalt einer Nachprüfung durch unabhängige Richter in einem gerichtlichen Verfahren allein am Maßstab spezifisch des GG zugänglich. Die daraus hervorgehende rechtserkennende Entscheidung hat innerstaatliche **für das Entschiedene Letztverbindlichkeit.** Das besagt nur, dass andere oberste Staatsorgane das Entschiedene nicht rückwirkend abändern dürfen.

15 Die vom BVerfG gelegentlich betonte[17] **„richterliche Zurückhaltung"** ist als Erklärung des „Willens" zur **Organtreue** zu begrüßen, rechtlich aber mangels überprüfbarer Kriterien für die betroffenen obersten Bundesorgane nicht verhaltensrelevant, weil nicht einschätzbar. Zudem ist der **Ansatz bedenklich,** weil das Gericht sich nur zurückhalten darf, wenn das GG ihm das vorschreibt oder erlaubt. Spiegelbildlich darf das BVerfG auch in besonders schwierigen politischen Lagen nicht zu einem seine Kompetenzen überschreitenden oder sie nicht wahrnehmenden „Nothelfer" werden.[18] Eine leider nicht ganz selten zu beobachtende **„politikorientierte GG-Auslegung/Einlegung"** ist idR GG-widrig.

16 Das BVerfG entscheidet unvermeidbar (gegenständlich) auch über **politische Fragen,** weil die Normen, die es maßstäblich anwenden muss, aber auch die Sachverhalte, aus denen der Streit entsteht, in aller Regel politisch weitreichende Bedeutung haben. Es darf jedoch allein nach den Maßstäben des GG entscheiden.

17 Allerdings sind die Texte des GG meist weit gefasst und häufig vage. Sie bedürfen einer **Auslegung,** die im Rahmen ihres Wortlauts vor dem Kontext ihrer Entstehungsgeschichte und ihrer verfassungshistorischen Bezüge ihre Systematik erkennt und aus diesen Vorgaben ihren Zweck erschließt. Dabei

---

[16] BVerfGE 1, 396 (409); 2, 341 (346); das ist inzwischen wohl in der Theorie allgemein anerkannt. „Verfassungswandel" iSd inhaltlichen Änderung der GG-Normen fällt nicht in die Kompetenz des BVerfG. Das GG „wandelt" sich nicht, die Normen werden durch Änderung ihrer Bezugstatsachen nicht geändert. Nur der Verfassungsgeber und ggf. der Verfassungsgesetzgeber dürfen sie ändern.

[17] Ua BVerfGE 36, 1 (14); 59, 360 (377).

[18] Zutreffend BVerfGE 21, 52 (53); 22, 293 (298); 38, 121 (137); *Pieroth* in Jarass/Pieroth Rn. 3; *Hopfauf* in Schmidt-Bleibtreu/Klein Rn. 78.

können als **Kontext** auch eine in sich GG-gemäße **Staatspraxis** der anderen obersten Staatsorgane, ggf eintretende Auswirkungen auf diese und, soweit objektiv feststellbar, auch der konkrete Zustand der tatsächlichen Verhältnisse berücksichtigt werden, auf welche die Entscheidung einwirken könnte.

Für die **Verfassungsauslegung**[19] bedarf es im Grunde **keiner „besonderen" Methodik der Rechtsfindung.**[20] Das GG weist kaum intensivere sprachliche Defizite auf als das einfache Recht.[21] Jedoch imponieren Nüchternheit und Zurückhaltung der Sprache,[22] wenn man von den späteren umfangreichen „Konkretisierungen" einzelner Bestimmungen absieht. Das GG schreibt dem BVerfG keine **bestimmte Auslegungsmethode** vor.[23] Es darf aber nur Methoden anwenden, die GG-gemäß sind.[24] 18

Methodisch bedenklich ist die Übertragung der nur ansatzweise gegebenen **inneren Harmonie des GG**[25] auf andere Bereiche, ebenso eine begriffsjuristischen Herleitung von Rechtsfolgen aus dem Topos der **Einheit der Verfassung** als logisch-teleologisches Sinngebilde.[26] Damit wird man der inneren Spannung der GG-Texte nicht gerecht, die oft auf widersprüchlichen Vorstellungen vom guten Gemeinwesen beruhen, und die manchmal nicht, oft nur durch formelhafte Kompromisse überbrückt wurden.[27] 19

Auch die **Widerspruchsfreiheit** der Rechtsordnung hat Grenzen.[28] Nicht selten wechselt das BVerfG je nach der von ihm bestimmten besonderen Rechtsnatur des Prüfungsgegenstandes den von ihm ohnehin noch nicht geklärten Rang seiner Methoden.[29] Diese richten sich damit nach dem in der jeweiligen Problemdefinition des Gerichts angelegten Ergebnis. Das BVerfG hat keine bestimmte Methodik der Rechtsfindung entwickelt oder für sich akzeptiert.[30] Jedoch ist es auch nicht seine Aufgabe, in seinen Entscheidungsgründen etwas anderes darzulegen als die **Gründe des Spruchs.** Sein möglicherweise rechtswissenschaftlich-methodisch sauberer **Weg zum Spruch** wäre jedenfalls anders darzustellen als die (rhetorische) Begründung der (methodisch) gefundenen Entscheidung. 20

III. Das BVerfG und die Gesetzgebung

Der GG-Grundsatz der parlamentarischen Demokratie gibt dem **Parlament keine Kompetenz-Kompetenz** über die **GG-Kompetenzen** der anderen **obersten Staatsorgane** und begründet keinen umfassenden Vorrang seiner Beschlüsse vor kompetenzgemäßen Entscheidungen anderer oberster Staatsorgane.[31] **Dasselbe gilt** umgekehrt auch für das **BVerfG.** Es 21

[19] Dazu stellv. BVerfGE 113, 167 (200 ff.); *Herdegen* JZ 2004, 873; *Bullinger* JZ 2004, 209.

[20] IE ebenso *Kriele,* Theorie der Rechtsgewinnung, 1976, 338 ff.; sa *Kunig,* Das Rechtsstaatsprinzip, 1986, 49 ff.; *Möllers,* Juristische Methodenlehre, 2019, 1 bis 38 und passim; zur Auslegung unten Art. 97 Rn. 108–116, zur Rechtsfortbildung Rn. 100–107.

[21] Vgl. *Lamprecht* NJW 1994, 3272.

[22] Richtig *Hilf* in HdbStR VII, 1. Aufl. 1992, § 161 Rn. 60.

[23] *Kranenpohl* Der Staat 48 (2009), 387.

[24] BVerfGE 1, 14 (32); 55, 274 (300); *Kaltenborn* FS f. Schnapp, 2008, 779.

[25] BVerfGE 6, 309 (361).

[26] BVerfGE 19, 206 (220); 44, 37 (49).

[27] Vgl. *Niclauß,* Der Weg zum Grundgesetz, 1998, 317 ff.

[28] BVerfGE 98, 83; 98, 106; krit. *Brüning* NVwZ 2002, 33.

[29] Näher *Roellecke* FG 25 Jahre BVerfG II, 1976, 22.

[30] BVerfGE 122, 248; abw. *Lerche* FS 50 Jahre BVerfG I, 2001, 333 (336 ff., 349 ff.).

[31] Vgl. *Quaritsch* Staat 17 (1978), 421 (428).

hat aber faktisch die rechtswirksame Macht, seine Kompetenzen selbst zu formulieren. Es kann faktisch den **„Ersatzverfassungsgesetzgeber"**, sogar den **„Verfassungsgeber"** spielen. In diese Rollen wird es nicht selten gedrängt. Es übernimmt sie aber manchmal auch ohne Zwang.[32] Jedoch sind die grundgesetzlichen Kompetenzen der anderen obersten Staatsorgane auch Schranken der Kompetenz des BVerfG.

22 Das BVerfG **betont** die rechtlichen **Grenzen** seiner Aufgaben und Kompetenzen. Art. 93 ist keine generalklauselartige Rechtswegeröffnung.[33] Grundsätzlich gilt keine Offizialmaxime, sondern der **Dispositionsgrundsatz.** Es gibt **kein Eigeninitiativrecht** des BVerfG. Es ist beschränkt auf die ihm zugewiesenen Verfahrens- und Antragsarten, die grundsätzlich **nicht durch Analogie erweitert** werden dürfen.[34] Im Verhältnis zu den **„Fachgerichtsbarkeiten"** ist es grundsätzlich auf die Nachprüfung **spezifischer Verfassungsverstöße**[35] oder auf die Abwehr von Verletzungen des Bundesrechts begrenzt.[36] Es muss wichtige Verfassungsfragen ungeprüft lassen, wenn niemand es zulässigerweise anrufen darf.[37] Es hält sich im Bereich der wirtschaftspolitischen und fachlich gebotenen **Prognose- und Planungsentscheidungen** und bei der **prognostischen Außenpolitik** in besonderem Maße zurück.[38]

23 Jedoch entscheidet es über **zurückgenommene Verfassungsbeschwerden** oder über **zurückgenommene Anträge auf Normenkontrolle,** wenn es sein dringendes öffentliches Interesse an der Fortführung des Verfahrens für wichtiger hält als das Recht des Bürgers, den Richter nicht mehr anrufen zu wollen.[39] Das ist im Einzelfall nachvollziehbar, aber GG-widrig. Eine von ihm beanspruchte Befugnis, eine **einstweilige Anordnung von Amts wegen** zu erlassen,[40] sieht § 32 BVerfGG nicht vor und steht dem BVerfG wegen seiner Stellung als Gericht auch nicht zu.[41] Anders liegt es bei „Zwischenverfügungen" im anhängigen Verfahren.

24 Das BVerfG war **nicht** als **„politisches Organ"**, sondern **als echtes Gericht gewollt,**[42] wenn auch für **„politisch infiziertes" Recht.**[43] Damit wurde Unmögliches angestrebt. Denn der Inhalt politischer Gestaltungsakte der Gesetzgebung oder der Regierung ist kein „Verfassungsvollzug". Er kann nur selten aus dem GG abgeleitet werden.[44] Jedoch wird die rechtsstaatlich fundamentale Trennung von Rechtsschöpfung (Rechtssetzung) und Rechtserkenntnis aufgehoben, wenn die politische Fruchtbarkeit der Lösung,[45] die

---

32 Vgl. *Steiner* NJW 2001, 2919.

33 BVerfGE 1, 396 (408).

34 BVerfGE 21, 52 (53 f.).

35 BVerfGE 18, 85 (92); dazu *Papier* FG 25 Jahre BVerfG I, 1976, 432; *Starck* FS 50 Jahre BVerfG I, 2001, 12; *Korioth* FS 50 Jahre BVerfG I, 2001, 55 (60 ff.).

36 *Broß* BayVBl. 2000, 513; *Jestaedt* DVBl. 2001, 1309.

37 BVerfGE 22, 293 (298); 21, 52 (53 f.); vgl. aber BVerfGE 24, 299 (300); 83, 175 (181).

38 BVerfGE 115, 276 (309); 95, 267 (309); 94, 115 (143 f.): 40, 141 (156 ff.); 55, 349 (364 ff.).

39 BVerfGE 87, 152; 8, 183; 25, 308; 87, 152; 89, 327; *Wagner* NJW 1998, 2638.

40 BVerfGE 3, 267 (277); 42, 103 (119 f.).

41 *Klein* FS 50 Jahre BVerfG I, 2001, 507 (524).

42 Näher auch zur geschichtlichen Entwicklung *Roellecke* in HdbStR III, 3. Aufl. 2005, § 67 Rn. 1 ff.

43 Vgl. *Arndt* DVBl. 1951, 297.

44 Vgl. *Schmitt,* Das Reichsgericht als Hüter der Verfassung (1929), in Verfassungsrechtliche Aufsätze, 1958, 63 (79).

45 Vgl. *Krüger,* Allgemeine Staatslehre, 2. Aufl. 1966, 709.

Vernünftigkeit seines Entscheidungsprogrammes[46] oder die Stabilisierung des politischen Prozesses mit Hilfe des „Verfassungsrechts" als der eigentliche Maßstab des BVerfG angesehen, wird. Das GG enthält zumeist keine eindeutigen Handlungsvorgaben für Legislative und Exekutive, sondern **politische Gestaltungsräume.** Dann ist entscheidend, ob die verantwortlichen Organe das maßgebliche GG-Recht gesehen, es iW richtig verstanden und beachtet und sachlich vertretbar gehandelt haben.[47]

Das Gericht erkennt eine **besondere Gestaltungsfreiheit des Gesetzgebers** an, der verfassungsgemäße Zwecke grundsätzlich mit allen ihrer Art nach verfassungsgemäßen und nicht offenkundig ungeeigneten, nicht erforderlichen oder nicht angemessenen/unverhältnismäßigen Mitteln verfolgen darf.[48] Es prüft aber jeweils, ob dem Gesetzgeber gerade im jeweiligen Regelungsbereich eine Gestaltungsfreiheit eingeräumt ist und wie weit diese reicht.[49] Es geht also nicht von dem gegenteiligen Grundsatz aus, dass der demokratische Gesetzgeber alles regeln darf, soweit das GG nicht entgegensteht. Ferner will es durch seine Entscheidung den Willen des Gesetzgebers möglichst wenig beeinträchtigen.[50] Damit bekennt es sich wohl nur zu seiner Aufgabe, wahrheitsgemäß zu erkennen, was die Verfassung für den Gesetzgeber vorentschieden hat, worin dieser also nicht „gestaltungsfrei" ist.[51] 25

Daher hält es in stRspr im Ansatz zutreffend die **sog. verfassungskonforme Auslegung** für geboten, wenn ein Gesetz mehrere methodisch begründbare Auslegungsergebnisse zulässt und von diesen nur eines verfassungsgemäß ist, während alle anderen verfassungswidrig sind.[52] Die verfassungskonforme Auslegung im strengen Sinn ist von der stets erforderlichen **verfassungsorientierten Auslegung** abzugrenzen. Bei ihr geht es darum, von zumindest **zwei möglichen und nicht verfassungswidrigen Auslegungen** die vorzuziehen, die mit den Vorgaben und Werten des GG besser übereinstimmt. Das aber ist primär Aufgabe des Gesetzgebers und der Fachgerichte. Auf beiden Wegen besteht die Gefahr, den gesetzgeberischen „Willen" zu verfremden.[53] In den Fällen der verfassungsorientierten Auslegung hat daher auch das BVerfG diesen „Spielraum" zu achten. 26

Richtigerweise verlangt es auch von den anderen obersten Staatsorganen **keinen Verfassungsperfektionismus,** sondern nur die ihnen nach den jeweiligen tatsächlichen Umständen mögliche Annäherung an den verfassungsgewollten Zustand.[54] Eine **Verfassungsoptimierung** ist außerhalb der Bereiche des nachprüfbar verfassungsrechtlich Gebotenen oder Verbotenen keine originäre Aufgabe des BVerfG oder der Fachgerichte, sondern den anderen „Verfassungsorganen" zugewiesen. 27

---

[46] *Engländer,* Diskurs als Rechtsquelle?, 2002, 10 ff.; *Alwart* JZ 2000, 227.

[47] BVerfGE 33, 224 (229); 36, 1 (17).

[48] BVerfGE 40, 196 (218 ff.); 54, 237 (250 f.); 53, 135 (145); näher *Benda* DÖV 1979, 465; *Ossenbühl* FG 25 Jahre BVerfG I, 1976, 548; *Rupp* FG 25 Jahre BVerfG II, 1976, 364; *Schneider* FG 25 Jahre BVerfG II, 1976, 90.

[49] BVerfGE 1, 14 (32).

[50] BVerfGE 4, 331 (350).

[51] *Hwang* AöR 113 (2008), 607.

[52] BVerfGE 2, 266 (282); 54, 251 (273); näher *Zippelius* FG 25 Jahre BVerfG II, 1976, 108 ff.

[53] BVerfGE 8, 210 (221); 46, 166 (184).

[54] BVerfGE 27, 253 (281); 26, 116 (139); 37, 104 (114 ff.).

28 Soweit nach Ansicht des BVerfG das **Recht keine Bestimmungsgröße** für das staatliche Handeln sein kann wie beim **Gnadenerweis,** sieht es auch keine Rechtsschutzmöglichkeit.[55] Andererseits wird Rechtsschutz gegen den Widerruf des Gnadenerweises eröffnet.[56]

29 Ferner hat das Gericht bei Entscheidungen über die GG-Gemäßheit von Gesetzen (zT ohne gesetzliche Grundlage) eine **Skala von** (elf?) **Entscheidungsaussprüchen** entwickelt: Feststellung der Verfassungsmäßigkeit; Nichtigerklärung; Teilnichtigerklärung; Teilnichtigerklärung ohne Berührung des Wortlauts; Unvereinbarkeitserklärung; Anordnung der Weiteranwendung für Übergangszeit; Verpflichtung des Gesetzgebers zur Beseitigung des verfassungswidrigen Zustandes; Feststellung, das Gesetz sei noch verfassungsmäßig, ggf. mit Appell an den Gesetzgeber zur Nachbesserung; Vereinbarkeitsfeststellung oder nur (Teil-)Nichtigerklärung aufgrund verfassungskonformer Auslegung.

30 Als Grund hierfür gab es vor allem an, es wolle unter Beachtung der jeweils konkreten unabweisbaren Erfordernisse des Gemeinwohls den gesetzgeberischen Willen ohne inhaltliche Verbiegung möglichst weitgehend zur Geltung kommen lassen. So sieht es zB von einer Nichtigerklärung ab,[57] beschränkt sich auf die Feststellung der Verfassungswidrigkeit[58] des Handelns oder Unterlassens oder begrenzt sich auf den Appell an den Gesetzgeber, derzeit „noch verfassungsgemäße" Lagen[59] von vorhandenen Verfassungsfehlern zu befreien.[60]

31 Diese „Regeln der Selbstbeschränkung" sind nicht immer eingehalten, gelegentlich ganz außer Acht gelassen und von GG und BVerfGG so nicht vorgesehen worden.[61] Die angenommene **Befugnis zur Normvariation** ist rechtlich nicht gegeben und, soweit staatspolitisch unvermeidbar, jeweils nur für eine Übergangszeit bis zu einer Neuentscheidung des Gesetzgebers tolerabel.

32 Angesichts der **Bedingungen der Gesetzesentstehung** im parlamentarischen Bundesstaat mit europarechtlichen Verpflichtungen verlautbaren die beschlossenen **Gesetzestexte** nicht selten **Erklärungskompromisse der beteiligten politischen Kräfte,** die bei einer auch nur geringen Änderung des insoweit in der Schwebe gebliebenen Normgehaltes entweder nicht mit dem vom BVerfG „aufrechterhaltenen" Inhalt oder überhaupt nicht zustande gekommen wären. Das Ziel, den „Willen des Gesetzgebers"[62] (eine bildersprachliche Ausdrucksweise, die gerade hier besonders in die Irre führt) zu bewahren, kann dann bedeuten, dass das BVerfG eine Norm schafft, die der BT nicht oder nicht mit diesem Inhalt beschlossen hätte. Das ist **positive Gesetzgebung** im Rechtsprechungsgewand.[63]

---

[55] BVerfGE 25, 352 (357 ff.), abw. A. von vier Richtern ab 367.

[56] BVerfGE 30, 108 (110 f.); BVerwG JZ 1983, 495, dazu *Bachof* JZ 1983, 469.

[57] BVerfGE 35, 193 (195); 36, 1 (15).

[58] BVerfGE 5, 369 (379); 55, 100 (113 f.).

[59] Näher *Pestalozza* FG 25 Jahre BVerfG I, 1976, 519.

[60] BVerfGE 43, 291 (321); 54, 11 (34 ff.); nur Appell trotz Verfassungswidrigkeit in BVerfGE 21, 12 (39 ff.).

[61] Vgl. *Schlaich* VVDStRL 39 (1981), 99 (106 ff.).

[62] Dazu *Sehl,* Was will der Gesetzgeber? Ziele und Methoden rationaler Argumentation mit Gesetzesmaterialien, 2019, 32 ff. und passim.

[63] Vgl. *Simon* in Benda/Maihofer/Vogel VerfassungsR-HdB, § 34 Rn. 53; zum Aspekt „negativer" Gesetzgebung bei der Normenkontrolle *Bettermann* DVBl. 1982, 91.

IV. Das BVerfG – EU-Recht – Knickung ua der Demokratie iSd GG

Das **BVerfG** ist **in Europa**[64] in ein spannungsreiches Gerichtsgefüge[65] vor allem mit dem **EuGH**[66] (und dem EGMR)[67] einbezogen. Dieses schränkt seine ihm durch das GG zugewiesenen Aufgaben aber nur in begrenztem Umfang ein. Inhaltlich muss es die völkervertraglich im **Primärrecht** der EU **GG-gemäß** auf diese Gerichte übertragenen Rechtsprechungskompetenzen beachten. Inhaltlich maßstäblich muss es insoweit die Vorgaben dieses Primärrechts zugrunde legen. Die Verträge gelten innerstaatlich im Rang der Regelungen in den Zustimmungsgesetzen als einfaches Bundesgesetz oder, falls und soweit der Verfassungsgesetzgeber zuständig war, ggf im Rang eines verfassungsändernden Gesetzes, soweit es nicht ausnahmsweise bestimmte Grenzen überschreitet (dazu unten). 33

Das gilt bei vertragskonformem **Sekundärrecht** der EU-Organe nur eingeschränkt. Das Sekundärrecht verdrängt deutsches Recht zwar „grundsätzlich", entgegen hA richtigerweise aber nur im Range eines über den einfachen Parlamentsgesetzen, aber unter dem GG stehenden Rechts (vgl. Art. 25 S. 2). Der **Vorrang greift nur,** wenn es Mindestvoraussetzungen erfüllt. Es muss nach primärem EU-Recht formell und materiellwirksam sein, also **vertragsgemäß** sein. Ferner muss es auf einer GG-gemäßen Hoheitsübertragung iS einer **begrenzten Einzelermächtigung** beruhen, die **Grenzen dieser Einzelermächtigung** einhalten, die **Subsidiarität** wahren und darf die deutsche Staatsgewalt nur **verhältnismäßig** einschränken. Ferner darf das Sekundärrecht den **Kerngehalt des GG nicht berühren** (zu eng: „Identität der Verfassung"), zudem darf es keine staatsrechtlichen Vorgaben des GG abändern. Denn der Verfassungsgesetzgeber kann verfassungsändernde Gewalt nicht auf andere Rechtssubjekte übertragen, sondern nur das GG selbst ändern. 34

Werden diese **Grenzen nicht eingehalten,** darf der deutsche Staat die mit dem GG nicht zu vereinbarenden sekundären EU-Regeln grundsätzlich nicht anwenden. Es ist mit dem GG schwerlich vereinbar, dass das BVerfG dazu den EU-Organen, insbesondere dem **EuGH,** der zum EU-Recht im Zweifel stets zuerst zu befragen ist, eingeräumt hat, bei der Auslegung von solchen GG-widrigen EU-Normen eine „EU-Auslegung" in einem **weiten Vertretbarkeitsspektrum** zu setzen, die dann grundsätzlich Vorrang hat. Denn ob 35

---

[64] Zur neuesten Entwicklung und zum Problemkreis (zT aA): BVerfGE 152, 152 ff. – Vergessen I; 152, 216 ff. – Vergessen II; 151, 202 – EU-Bankenunion; BVerfG Urt. v 5.5.2020 – 2 BvR 859/15, Rn. (1–237) – EZB-Anleihekäufe; BVerfG Beschl. v 13.2.2020 – 2 BvR 739/17 – Einheitliches Patentgericht; *Ruffert* JuS 2020, 574; *Kahl,* Ein Befreiungsschlag, FAZ+ Einspruch v. 19.5.2020; *Graf Kielmannseeg,* Eine Kriegserklärung?, FAZ+ Einspruch v. 19.5.2020; *Grimm,* Jetzt war es soweit, FAZ+ Einspruch v. 18.5.2020; *Ludwigs,* Zeit für Ehrlichkeit, Kein Kooperationsverhältnis zwischen BVerfG und EuGH, FAZ+ Einspruch v. 15.5.2020; *Hillgruber,* Viel Lärm um nichts? FAZ+ Einspruch v. 18.5.2020; hib – heute im bundestag Nr. 533 v. 26.5.2020 (juris), Europaausschuss des BT:"Experten kritisieren Karlsruher EZB-Urteil", die dort vertretenen Thesen erwecken nach dem Bericht den Anschein extremer GG-Fremdheit; *Kämmerer,* Ein problematisches Urteil, FAZ+ Einspruch exklusiv v. 6.6.2020 ohne am GG orientierte Kritik. Bei den Feiern zum *70. Jahrestag des GG* wurde nicht betont, dass das GG (nach unterschiedlichen Schätzungen) derzeit für bis zu 50 vH der in Deutschland getroffenen Rechtsentscheidungen für nicht anwendbar gehalten wird. Man feiert die faktisch hälftige Beseitigung des GG auch gern als „seine Anpassungsfähigkeit", ohne seine Anpassungsvorschriften genau zu befolgen.

[65] *Voßkuhle* NVwZ 2010, 1; *Jaeger/Broß* EuGRZ 2004, 1.

[66] *v. Bogdandy* NJW 2010, 1.

[67] *Streng* JZ 2011, 827 ff.; *Grabenwerter* JZ 2010, 857 (859 ff.).

die nach deutschem Recht gezogenen Übertragungsgrenzen verletzt sind, die sogar iW in den Art. 4, 5 EUV EU-rechtlich anerkannt sind, darf in letzter Instanz nur das **BVerfG** feststellen. Die Rücknahme der GG-Vorgaben auf Fälle **„offensichtlich unvertretbarer" Auslegung** („ultra vires"; dazu unten) ist durch positive Normen des GG nicht gedeckt. Der verschwommene und im GG auch zu Recht nicht auffindbare Ausdruck **„Integrationsverantwortung"** kann positives GG-Recht nicht verdrängen. Er fungiert aber als ein „Weichspüler". Die **Rechtsfolgen** einer Unvereinbarkeitsfeststellung von EU-Sekundärrecht mit den genannten Vorgaben kann und muss „europafreundlich" nach den rechtlichen Zusammenhängen und Verhältnissen im betroffenen Sachbereich gestaltet werden. Soweit der Gesetzgeber diese für die „staatliche Gemeinschaft" wesentliche Fragen nicht regelt, muss das BVerfG übergangsweise „aushelfen".

36 **Neuerdings** hat das **BVerfG** anerkannt,[68] dass die **Anwendung** von nach den vorgenannten Kriterien wirksamem EU-Sekundärrecht durch deutsche Staatsorgane in jedem Einzelfall die GR des GG nicht antasten darf, soweit sie durch die EU-Norm nicht zwingend vorgeschrieben ist. Verletzungen von GR gerade durch die Anwendung von nur teildeterminierenden EU-Normen dürfen wieder mit der Verfassungsbeschwerde angefochten werden, wie es „eigentlich" immer vom GG geboten wurde. Zu den „Solange-Entscheidungen" des BVerfG siehe unten.

37 Das gilt nur dann nicht, wenn das anwendbare **sekundäre EU-Recht die deutsche Rechtsanwendung „vollständig determiniert".** Denn dann ist schon bei der Frage, ob der Anwendungsvorrang des EU-Rechts greift, zu entscheiden, ob die Vorschrift in Deutschland anzuwenden ist. Dabei ist die Vereinbarkeit mit EU-Primärrecht zu prüfen. Dazu gehört, ob die EU-Organe bei der Normsetzung ua auch die nach **Art. 6 der EU-GRCh für sie bindenden EU-GR** eingehalten haben.

38 Das **BVerfG** hat sich für diese Fälle ohne ausdrückliche Grundlage im GG und ohne in Art. 47 EU-GRCh genannt zu sein, zum **„europäischen GR-Gericht"** erklärt. Art. 93 Abs. 1 Nr. 4a versteht unter „GR" nur die des GG.[69] Da das BVerfG aber durch seine Solange-Rechtsprechung im praktischen Ergebnis die Verfassungsbeschwerde in allen Fällen der Anwendung von EU-Recht abgeschafft hatte, ist **verfassungspolitisch eine große Rechtsschutzlücke geschlossen** worden. Die volldeterminierende EU-Norm fällt völlig unter die EU-GR, wenn sie nicht nur ein **Sachprogramm abschließend** vorgibt, sondern auch den mitgliedstaatlichen Behörden im Einzelfall auch ein komplettes, also zB auch das Verfahrensrecht regelnde Durchführungsprogramm vorschreibt. Das Letztgenannte ist aber wohl nur selten der Fall.

39 Beruht die gerügte **GR-Verletzung** auf dem wirksam geregelten **EU-Recht,** ist Maßstab die **EU-GRCharta.** Beruht sie **aber auf deutschem Recht,** für das nach der EU-Norm ein Freiraum zur „Umsetzung" bestand, gelten die **GR des GG.** Diese gelten auch dann, wenn der GR-Verstoß **allein durch Ausführungshandlungen deutscher Stellen** bewirkt wird, die von der EU-Norm nicht determiniert waren.

---

[68] Dazu BVerfG Beschl. v 6.11.2019 – 1 BvR 16/13 – Vergessen I = BVerfGE 152, 152 ff.; BVerfG Beschl. v. 6.11.2019 – 1 BvR 276/17 – Vergessen II = BVerfGE 152, 216 ff.; ferner bei Art. 100 Rn. 10 bis 25.

[69] BVerfGE 115, 276 (295).

Das **BVerfG** jedoch darf selbst **nicht abschließend** entscheiden, ob sekundäres europäisches **Unionsrecht und Akte von EU-Organen mit dem primären Unionsrecht vereinbar** sind, da es sich hierbei allein um den EU-Rechtskreis handelt und nicht um einen eigenen Akt deutscher Staatsgewalt.[70] Das ist dem **EuGH** nach Art. 19 EUV, 256, 263 AEUV vorbehalten. Bei Verstößen gegen EU-Recht kann nach Art. 263 Abs. 4 AEUV eine **Individualnichtigkeitsklage zum EuGH** gegen Gesetzgebungsakte und andere außenwirksame Rechtsakte der EU-Organe erhoben werden. 40

Zudem sieht **Art. 47 der EU-GR Ch** ein Recht jeder Person auf einen wirksamen Rechtsbehelf bei einem Gericht vor, wenn EU-Rechte oder -Freiheite verletzt sind. Zu einem solchen Gericht hat sich das BVerfG selbst ernannt. Der Verfassungsgesetzgeber sollte das in Art. 93 klären. 41

Zutreffend hat das BVerfG[71] sich stets für befugt gehalten in **„Reservekompetenz"**[72] („Lissabon-Vertrag") zu entscheiden, ob Rechtsakte der europäischen Organe und Einrichtungen ersichtlich **ausbrechende Rechtsakte** (Kompetenzüberschreitungen) sind.[73] Das deutsche Gericht (auch das BVerfG) hat dabei zunächst die (nur) europarechtlich verbindliche Auslegung des EU-Aktes durch den EuGH anzustreben. Ist diese erfolgt, muss geprüft werden. ob der nun **vom EuGH geprüfte EU-Rechtsakt** in dessen Auslegung ein ausbrechender Rechtsakt, ein Akt **„ultra vires"**, ist. Es ist hierbei denkbar und wohl die Regel, dass der den EU-Rechtsakt auslegende EuGH selbst nicht „ultra vires" auslegt, der Akt aber dennoch aus dem Vertragsrahmen etc ausbricht. Dann ist der Rahmen deutscher Hoheitsübertragung überschritten. 42

Das ist zudem immer der Fall, wenn das EU-Recht den **Kerngehalt des GG,** den nur der Verfassungsgeber, das deutsche Staatsvolk, nicht aber der Verfassungsgesetzgeber ändern kann, **„berührt" (Verfassungsidentität des GG).** Allerdings hat das BVerfG sich selbst von der Bindung auch an Art. 20 Abs. 1 und Abs. 2 ua dadurch befreit und ist selbst an die Stelle des Staatsvolks getreten, dass es behauptet, diese nach dem GG „unberührbaren" Vorschriften seien **„offen für begrenzte Modifikationen der demokratischen Legitimationsvermittlung, durch die Einflussknicke"**[74]. Die „Entdemokratisierung der Staatsgewalt" findet schon im Übertragungsakt auf die EU oder einer ihrer Untergliederungen statt, nicht erst später im Staatenverbund. Das BVerfG meint zudem, diese „Knicke" des Staatskerns des GG könnten durch Maßnahmen „kompensiert", die den durch GG-Knick entdemokratisierten Institutionen und ihren Amtswaltern keinerlei Pflichten auftragen, sich gegenüber dem Staatsvolk zu verantworten. Auch hier findet sich iW „demokratiefrei organisierte Verantwortungslosigkeit".[75] Der Verfassungsgesetzgeber kann auch niemanden ermächtigen, das GG zu ändern. Der **Kerngehalt des GG wird vom BVerfG und in Art. 23 Abs. 1 S. 3 nur unvollständig beschrieben,** da nur auf Art. 79 Abs. 3 Bezug genommen 43

---

[70] BVerfGE 118, 79 (95).

[71] BVerfGE 123, 267 (328 ff.); 142, 123 ff.

[72] BVerfGE 123, 267 (401); *Nettesheim* NJW 2010, 177 ff.; *Frenz* VerwArch 2009, 475 ff.

[73] BVerfGE 58, 1 (30 f.); 75, 223 (235, 242); 89, 155 (188) dort zum „ausbrechenden Rechtsakt".

[74] BVerfGE 151, 202 (292 Rn. 130 ff); zum „verbogenen" Rechtsstaatsprinzip BVerfGE 126, 286 ff. mit abweichender Meinung des Richters Landau ab S. 318.

[75] *Voßkuhle,* Das Kompensationsprinzip, 1999 (Habilitationsschrift) ist in manchen Bereichen der Verwaltung ein guter Ansatz, aber keine Grundlage, den Kern des GG außer Kraft zu setzen. Zur Krise der konstitutionellen Demokratie: *Volkmann,* Der Staat 58 (2019) 643 ff.

wird.[76] Auch ist nach Art. 267 AEUV eine vorherige „Selbstinterpretation" des EU-Aktes durch den **EuGH** einzuholen.[77] Dieser hat insbesondere zu beantworten, ob der EU-Akt nach seiner Vertragsauslegung Art. 4 Abs. 2 EUV (ua Pflicht zur Achtung der nationalen Identität) verletzt. Bejaht er dies, ist die Norm nicht wirksam. Verneint er einen solchen Verstoß, ist allein das BVerfG berufen und verpflichtet zu entscheiden, ob der EU-Akt, auch in der Auslegung des EuGHs, dem Kerngehalt des GG widerspricht. Das ist eigentlich unabhängig von der Frage, ob der EuGH die Verträge offensichtlich unvertretbar ausgelegt hat. Nur das Ergebnis seiner Auslegung ist mit den „Identitätsnormen des GG" zu vergleichen. Widerspricht es ihnen, ist der Hoheitsakt nicht durch das deutsche Zustimmungsgesetz zum einschlägigen EU-Vertrag gedeckt. Auch hier kann eine den Rechtsstrukturen und Sachlagen angemessene Rechtsfolgenregelung für eine Übergangszeit erforderlich sein. Scheitern alle Bemühungen um eine einvernehmliche europafreundliche Lösung, muss letztlich ein **Anwendungsverbot** erlassen werden.

44 Diese **GG-Selbstverständlichkeit „vergisst"**, wer den Kerngehalt des GG vorbei am GG und am deutschen Staatsvolk,[78] scheibchenweise durch den bloßen Staatenverbund EU ersetzen und diesem erlauben will, ohne grundgesetzkonform (Art. 146) erteilte demokratische Befugnis außerhalb der ihr abgezählt übertragenen begrenzten Hoheitsgewalt wie ein Staat zu agieren, obwohl diese internationale Organisation faktisch „demokratiefrei" organisiert ist und ihr Demokratiedefizit nicht mehr verdecken kann.

45 Eine **weitere Ebene der Gefährdung** der EU und des GG ergibt sich aus Konstruktionsfehlern des EUV/AEUV, die nur durch Notmaßnahmen EU-rechtlich dubioser Art teilweise abgemildert werden konnten (Schuldenkrise, Euro-Krise, Bankenkrise II, Griechenlandhilfe, Flüchtlingskrise, Brexit, Coronakrise etc). Das BVerfG findet fast immer Wege, kompetenzüberschreitende oder kerngehaltbeeinträchtigende Akte der EU passieren zu lassen. Im Blick auf die **Haushaltsautonomie des BT** war zB die Übernahme von finanziellen Gewährleistungen durch die BReg grundsätzlich an die Zustimmung des Haushaltsausschusses gebunden. Das gilt (wichtig auch für die Coronakrise) nicht, wenn die BReg zwingende Gründe dafür sieht, eine eigenmächtige Gewährleistungsübernahme zu erklären. Immerhin ist der Versuch, statt des Haushaltsausschusses einen „Mini-Ausschuss" einzusetzen, durch eine einstweilige Anordnung gehindert worden.[79]

46 Die **EU ist kein Bundestaat,** sondern eine **„Vertragsunion souveräner Staaten",** ein „Staatenverbund". Sie kann auch nicht „unter der Hand" ohne den (die) **Verfassungsgeber** zu einem Staat[80] „umfunktioniert" werden.[81] Dieser mögliche Konflikt bei den Übertragungsgrenzen bedürfte drin-

---

[76] Dazu bei Art. 97 Rn. 1 bis 4.

[77] BVerfGE 113, 273 (296); *Murswiek* JZ 2010, 702–708.

[78] S. *Janssen* DÖV 2010, 949 (954 f.).

[79] BVerfGE 129, 124 ff. (Haushaltshoheit); BeckRS 2011, 53837 Rn. 139–141; BVerfG BeckRS 2011, 55325 Rn. 83, 84; *Denninger* JZ 2010, 969 ff.; *Graf Kielmannsegg* FAZ 24.2.2011, 8 auch zum Problem, dass sich die deutsche Europapolitik noch nie dem Votum der Bürger gestellt hat oder sich hätte stellen müssen; *Lorz* FAZ 24.2.2011, 24.

[80] Zu den Bedingtheiten und Bedingungen eines Staates *Schröder* JZ 2010, 869–875; zu den Veränderungen des Verständnisses der Bedeutung des Wortes „Staat": Verabschiedung und Wiederentdeckung des Staates im Spannungsfeld der Disziplinen, in: Der Staat, Beiheft 21 (2013), hrgg vn Voßkuhle/Bumke/Memel.

[81] Hier stellen sich im neuen Gewand die anfänglichen Fragen der Europabewegungen erneut, ob mit den „Federalisten" ein Bundesstaat Europa ggf. auch ohne die Verfassungsgeber eingerichtet werden soll, oder ob mit den „Unionisten" eine Union selbständiger

gend einer Klärung auf Vertragsebene. Dabei käme uU die Ermöglichung eines innerstaatlichen **„Nachübertragungsverfahrens“** oder beim „Kerneingriff“ eines **nachträglichen Vertragsvorbehalts** des Mitgliedstaates in Betracht. Auch für die EU gilt: Wer eine Pflanze nicht mit Geduld wässert und düngt, wird ihr Wachstum nicht dadurch fördern, dass er sie am Stängel hochzieht.

Das BVerfG hatte in seinem **(Honeywell/Mangold-)**Beschluss v. 6.7.2010,[82] wie der Richter Landau[83] in seiner abwM zutreffend ausführt, bei den Kompetenzüberschreitungen die der „Lissabon-Entscheidung“ zugrunde liegende zutreffende Rechtsansicht aufgegeben. Danach war und ist die vom Grundgesetz gebotene **demokratische Legitimation eine zwingende Voraussetzung für die Ausübung aller hoheitlichen Gewalt, auch für die durch die EU.** Dem widerspricht jede Kompetenzverletzung. 47

Das **BVerfG** hat für einen ausbrechenden Rechtsakt der EU die Anforderungen erhöht. Es fordert seither nicht nur einen offensichtlichen, sondern zudem einen materiell **„hinreichend qualifizierten“ Kompetenzverstoß.** ***Ultra vires*** sei ein EU-Akt nur, wenn die Kompetenzüberschreitung **offensichtlich sei** und inhaltlich **zu einer strukturell bedeutsamen Verschiebung im Kompetenzgefüge zwischen den Mitgliedstaaten und der supranationalen Organisation führe.** Das geht über eine europarechtsfreundliche Ausgestaltung der Ultra-vires-Kontrolle weit hinaus. Sie lässt eine Ausübung hoheitlicher Gewalt durch die EU ohne demokratische Legitimation grundgesetzwidrig zu. Dies ist korrekturbedürftig, ungeachtet dessen, ob der Ausgangsfall „richtig“ entschieden wurde, was mit Landau zu verneinen ist. 48

Durch die eigenständige Existenz und die Kompetenzen der **Landesverfassungsgerichte** wird das BVerfG nicht eingeschränkt.[84] Beide Rechtswege sind grundsätzlich nebeneinander eröffnet.[85] Nur ausnahmsweise ist das BVerfG befugt, die Landesverfassung als Prüfungsmaßstab anzulegen.[86] 49

B. Einzelfragen

Art. 93 Abs. 1 Nr. 1 bis 4c, Abs. 2 weist dem BVerfG die GG-**unmittelbare Zuständigkeiten** zu. 50

Art. 93 Abs. 1 Nr. 5 ergänzt die Aufzählung durch eine unbenannte Verweisung auf die im GG selbst geregelten weiteren Aufgaben: Art. 18 S. 2, Art. 21 Abs. 2 S. 2, Art. 41 Abs. 2, Art. 61, Art. 84 Abs. 4 S. 2, Art. 98 Abs. 2, Art. 99, 100, 126.

Art. 93 Abs. 3 ermächtigt ferner den Bundesgesetzgeber, dem BVerfG weitere unbenannte Rechtsprechungsaufgaben **durch Bundesgesetz** zu übertragen, soweit diese im Kern Verfassungsrechtsprechung umfassen (zB § 50 Abs. 3 VwGO, § 39 Abs. 2 SGG).

Staaten als Staatenverbund entstehen soll, die sich ihm unter Wahrung ihrer Staatlichkeit nur insoweit unterstellen, wie sie abgezählte und begrenzte Hoheitsrechte auf ihn nach ihrer jeweiligen Verfassung wirksam übertragen haben.

[82] BVerfGE 126, 286 (301 ff.) = NJW 2010, 3422 ff.; dazu *Karpenstein/Johann* NJW 2010, 3405 ff.; *Preis/Temming* NZA 2010, 185 ff.

[83] BVerfG NJW 2010, 3422 (3428 f.), Beschlusstext ab Rn. 94 ff..

[84] *Lange* FS 50 Jahre BVerfG I, 2001, 289 (290 ff.).

[85] BVerfGE 36, 342 (368).

[86] BVerfGE 11, 89; 41, 88; vgl. *Hesse* JZ 1995, 265 (269); *Sander* NVwZ 2002, 45.

51 Der genaue Umfang der Zuständigkeiten ergibt sich ua wesentlich aus der Handhabung des materiellen GG-Rechts, dessen Durchsetzungschancen durch die des Verfassungsprozessrechts.[87]

I. Organstreitigkeiten (Art. 93 Abs. 1 Nr. 1)

52 **Nach Nr. 1** entscheidet das BVerfG in sog. **Organstreitigkeiten innerhalb des Bundes,**[88] um die grundgesetzliche Kompetenzordnung zu bewahren.[89] Dadurch wird reflexartig auch Minderheitenschutz gewährt.[90] Es dient der Abgrenzung der Kompetenzen von obersten Bundesorganen oder ihren Teilen.[91] Es erlaubt nicht eine davon losgelöste Kontrolle der objektiven GG-Gemäßheit eines bestimmten Organhandelns[92] und auch keine davon abstrahierte Normenkontrolle.[93]

53 Der Bundesgesetzgeber hat in den §§ 13 Nr. 5, 63–67 BVerfGG das **Modell des streitigen Prozesses** gewählt, in dem Antragsteller und Antragsgegner vor dem BVerfG **„kontradiktorisch"** um den Umfang ihrer „Rechte und Pflichten" (Aufgaben, Kompetenzen und Befugnisse)[94] ringen. Der Kompetenzstreit zwischen obersten Organen ist für das BVerfG nur der **„Anlass",** über „die Auslegung des GG zu entscheiden".[95] Daher kann das Gericht kein Organ zu einem bestimmten Verhalten verpflichten; es stellt nur die Verletzung oder Nichtverletzung von Organpflichten fest.[96]

54 Antragsteller und Antragsgegner müssen zueinander in einem **verfassungsrechtlichen Rechtsverhältnis** stehen.[97] Aus ihm muss sich Kompetenzstreit ergeben.[98]

55 Es muss sich auf beiden Seiten um **oberste Bundesorgane** oder Beteiligte handeln, die durch das GG oder in der GO eines obersten Bundesorgans mit eigenen Rechten ausgestattet sind. Ständige Teile eines solchen Organs können, soweit sie **beteiligungsfähig** sind, in **Prozessstandschaft** für ihr Organ handeln.[99] Grundsätzlich muss das antragstellende Organ ein eigenes Rechtsschutzbedürfnis haben.[100] Einstweilige Anordnungen nach § 32 BVerfGG sind möglich.[101]

56 Die **Abgrenzung zur abstrakten Normenkontrolle** hängt davon ab, ob ein Organ iW begehrt, ein bestimmtes Verhalten eines anderen obersten Bundesorgans zu prüfen, ob es damit seine Kompetenzen verletzt hat. Ein

---

87 *Schorkopf* AöR 130 (2005), 465.

88 Nicht des Landes: BVerfGE 111, 286 (288); *Schlaich* in Schlaich/Korioth BVerfGG, Teil 1, Einf. Rn. 7; übersichtlich *Geis/Meier* JuS 2011, 699 ff.

89 BVerfGE 1, 351 (359); 2, 79 (86); *Lorenz* FG 25 Jahre BVerfG I, 1976, 225.

90 *Pietzcker* FS 50 Jahre BVerfG I, 2001, 587 (589).

91 Anschaulich *Ehlers* Jura 2003, 315.

92 BVerfGE 118, 244 (257); *Renck* DÖV 2004, 1035.

93 Vgl BVerfGE 150, 194 ff.

94 *Krebs* FS f. Schnapp, 2008, 141.

95 Vgl. *v. Mangoldt,* Das Bonner Grundgesetz, 1. Aufl. 1953, Anm. 3; *Goessl,* Organstreitigkeiten innerhalb des Bundes, 1961, 37 ff.

96 BVerfGE 1, 208 (232); 1, 351 (371); 20, 119 (129).

97 Übersichtlich *Herrmann* Jura 2006, 576.

98 BVerfGE 84, 290 (299).

99 BVerfGE 2, 143 (160 ff.); 13, 54 (84); anschaulich *Ingold* JuS 2020,118 ff.

100 BVerfG, Beschl. v 17.9.2019, 2 BvE 2/18, juris = NVwZ 2019, 1669 ff, 1755 ff; Besprechungen von *Sachs* JuS 2020, 187ff; *Hillgruber* JA 2020, 71ff; *Brocker* NVwZ 2019, 1759 ff.

101 BVerfGE 89, 38 (43).

Begehren auf abstrakte Normenkontrolle liegt vor, wenn in erster Linie die Gültigkeit einer Norm geprüft werden soll.[102] Das BVerfG entscheidet im Organstreit nicht über eine abstrakte Rechtsfrage, sondern über den konkreten Rechtsstreit.[103]

Antragsteller und Antragsgegner sind der Art nach abschließend aufgezählt. 57
Nach **§ 63 BVerfGG** sind **beteiligtenfähig** nur der BPräs, der BT, der BR und die BReg sowie die im GG oder in GO des BT oder des BR mit eigenen Rechten ausgestatteten Teile dieser Organe. Jedoch kann das einfache Gesetz die grundgesetzlichen Vorgaben, die in § 13 Nr. 5 BVerfGG wiederholt sind, nicht ausräumen.[104]

Beteiligtenfähig sind: Die Staatsorgane des Bundes, die keinem ihnen 58
gemeinsam übergeordneten Bundesorgan unterstehen. Dies kann aber auch bei Teileinheiten dieser Organe gegeben sein, wie § 63 BVerfGG, gestützt auf die Ermächtigung in Art. 94 Abs. 2 S. 1, verfassungsgemäß regelt. Einen eigenen Organstatus haben und beteiligtenfähig sein können über § 63 BVerfGG hinaus der Bundestagspräsident, der Bundesratspräsident, die Bundesversammlung (Art. 54) und der Gemeinsame Ausschuss (Art. 53a), das Mitglied des Bundesrates, der Bundeskanzler, der einzelne Bundesminister, Fraktionen des BT,[105] Ausschüsse des BT[106] und (Minderheits-)Fraktionen in den Ausschüssen,[107] der Ältestenrat,[108] eine anerkannte Gruppe im BT beim Streit um ihre Rechte aus der GOBT, der einzelne Abgeordnete,[109] der Vermittlungsausschuss (Art. 77 Abs. 2), die Parteien,[110] soweit es um ihre durch Art. 21 geschützte Rechtsstellung geht,[111] nicht aber „vorgebliche Parteien", die nach Abs. 1 Nr. 4c vorgehen können.[112] Als „Kandidaten" werden zu Unrecht auch diskutiert der Wehrbeauftragte, der Bundesrechnungshof und die Bundesbank.[113] Sie haben aber keine verfassungsrechtlichen Kompetenzen zur Beteiligung an der Staatsleitung.

Nicht beteiligtenfähig sind Abstimmungsmehrheiten oder -minderhei- 59
ten, weil das GG der jeweiligen Mehrheit oder Minderheit keine Aufgaben zur Wahrnehmung übertragen hat.[114] Die G 10-Kommission fungiert als Kontrollorgan eigener Art.[115] Das Staatsvolk (Bundesvolk) als Gesamtheit der Aktivbürger ist kein zugelassener Beteiligter, weil es als unmittelbarer Träger jeglicher Staatsgewalt selbst Verfassungsgeber, also nicht durch sein eigenes GG konstituiert ist und alle seine Handlungen unmittelbar und originär solche des konkreten Staates selbst sind.[116] Der einzelne Staatsbürger ist nicht beteiligtenfähig, weil weder das GG noch eine GO ihm eine verfassungs-

---

[102] BVerfGE 44, 125 (137 ff.); 45, 1.
[103] BVerfGE 45, 1 (29); 1, 208 (221); 2, 347 (365).
[104] Vgl. *Robbers* JuS 1994, 129 (130 f.).
[105] BVerfGE 2, 143 (160); 90, 286 (336); 142, 25 (46 ff.);146, 1 (36f).
[106] BVerfGE 67, 100 (124).
[107] Vgl BVerfGE 143, 101 (123 ff.).
[108] BVerfGE 68, 1 (77).
[109] BVerfGE 118, 277 (317).
[110] BVerfGE 121, 30 (57).
[111] BVerfGE 84, 290; 82, 322; 82, 353; krit. etwa *Krebs* in v. Münch/Kunig Art. 19 Rn. 46.
[112] BVerfGE 74, 44; 74, 96; 79, 379.
[113] Stellvertretend *Pietzcker* FS 50 Jahre BVerfG I, 2001, 587 (592) Fn. 17; zum Landesrechtskreis BVerfGE 92, 130 (132).
[114] BVerfGE 2, 143 (160 f.); 90, 286 (341 f.).
[115] BVerfGE 143, 1 (8 ff).
[116] BVerfGE 13, 54 (85); anders *Böckenförde* FS f. Wolff, 1973, 293 (295 ff.).

rechtliche Aufgabe übertragen hat.[117] Auch die Länder und deren oberste Staatsorgane scheiden wegen Abs. 1 Nr. 3 u. 4 als mögliche Beteiligte im Verfahren nach Nr. 1 aus.

60 **Verfahrensgegenstand** ist, ob ein verfassungsrechtlich erhebliches Verhalten des Antragsgegners die verfassungsgemäße Kompetenzausübung des Antragstellers ungerechtfertigt beeinträchtigt hat.[118] Die Abgrenzung eines **aktiven Übergriffs** von einer **gebotswidrigen Unterlassung** ist dabei letztlich eine Frage der Wertung im Einzelfall.[119] Ein gebotswidriges Unterlassen setzt einen „Anspruch" eines anderen Organs auf ein bestimmtes Handeln voraus.[120] Daher kann diese Streitlage nur bei auf gegenseitige Mitwirkung angelegten Aufgabengebieten eintreten.[121]

61 Für das BVerfG ist die **Klärung** der **grundgesetzlichen Kompetenzordnung** einziger Erkenntnisgegenstand.[122] Geprüft wird aber wegen der dem BVerfG gezogenen Grenzen seiner eigenen Kompetenz nur der **gerügte Kompetenzverstoß,** nicht allgemein die Verfassungsmäßigkeit der angegriffenen Maßnahme.

II. Abstrakte Normenkontrolle (Abs. 1 Nr. 2)

62 **Art. 93 Abs. 1 Nr. 2** lehnt sich an Art. 13 Abs. 2 WRV an, der auf die Durchsetzung des Reichsrechts gegen das Landesrecht zielte.[123] Die abstrakte Normenkontrolle durch das BVerfG soll den **Vorrang des GG** vor allem innerstaatlichen Recht und den Anwendungsvorrang des Bundesrechts vor dem Landesrecht (Art. 31) sichern, also die Normenhierarchie des GG.[124] Die Verfahrensvorschriften finden sich in den **§ 13 Nr. 6, §§ 76–79 BVerfGG.**

63 Die endgültige Klärung der Gültigkeit oder Nichtigkeit eines Gesetzes[125] schafft **Rechtsgewissheit** auch iS einer Befriedung im Streit zwischen Staaten und Staatsorganen:[126] Auf den Antragsinhalt oder auf Rechte oder Interessen der Antragsberechtigten kommt es nicht an. **Es dient allein „dem öffentlichen Interesse".**[127]

64 Die **abstrakte Normenkontrolle** ist eine vom Vorliegen eines Antrags abhängige, **letztverbindliche objektive Erkenntnis** durch einen neutralen Dritten, ob eine bestimmte Norm gültiger Bestandteil der durch das GG begründeten Rechtsordnung ist. Wie diese Normenkontrolle verfassungspolitisch („verfassungstheoretisch") angemessen einzuordnen sein mag, ist verfassungsrechtlich irrelevant.

65 Das GG gestaltet sie **nicht als Akt richterlicher Gesetzgebung** aus. Die von § 78 BVerfGG vorgeschriebene Nichtigkeitserklärung eines verfassungs-

---

[117] BVerfGE 60, 175 (200 f.).
[118] BVerfGE 68, 1 (72 ff.); 103, 81; 97, 408; 96, 264; 94, 351; 90, 286.
[119] BVerfGE 1, 351; 1, 372; 2, 347; 24, 184; 24, 300.
[120] BVerfGE 96, 264.
[121] BVerfGE 103, 81.
[122] BVerfGE 90, 286 (336 ff.).
[123] BVerfGE 1, 396 (400 ff.).
[124] BVerfGE 1, 184 (195 ff.).
[125] BVerfGE 20, 56 (86).
[126] BVerfGE 116, 327 (375); *Babel,* Probleme der abstrakten Normenkontrolle, 1965, 20 f.; *Söhn* FG 25 Jahre BVerfG I, 1976, 292; *Stern,* StaatsR II, 1980, 983 ff.; *Stern* in BK Rn. 189–326.
[127] Einführend *Mückl* Jura 2005, 463.

oder bundesrechtswidrigen förmlichen oder materiellen Gesetzes ist die rechtserkennende Feststellung der Unwirksamkeit des Gesetzes wegen eines Verstoßes gegen die grundgesetzlichen Geltungsregeln, **keine „negative Gesetzgebung".** Das BVerfG wird durch diese Aufgabe nicht zur „Dritten Kammer", auch nicht zu einem Organ der „ausschlaggebenden Minderheit" *(H. Heller).*

Das **Verfahren** kommt durch einen nicht fristgebundenen **Antrag** der ausschließlich **antragsberechtigten** Staatsorgane BReg, Landesregierung oder ein **Viertel** der Mitglieder des BT[128] in Gang. Es handelt sich um ein rein objektives Verfahren prinzipaler Normenkontrolle: Es dient nicht dem Schutz der Rechtsstellung der Antragsteller und kennt **keinen Antragsgegner**[129] und keine Beitrittsberechtigten.[130] Daher hat der Antrag nur verfahrensrechtliche Bedeutung. Das BVerfG muss den in § 77 BVerfGG genannten äußerungsberechtigten Bundes- und Landesorganen Gelegenheit zur Äußerung geben (Äußerungsberechtigte). Den **Äußerungsberechtigten** sollten die verfahrensrechtlichen Befugnisse von Beteiligten zustehen,[131] damit sie den Gang des Verfahrens und die Entwicklung der Rechtsfindung des Gerichts rechtlich geregelt fördern können. 66

Das **BVerfG** sieht sich, in manchen Fällen nachvollziehbar, aber unberechtigterweise befugt, es **von Amts wegen** sogar dann **fortzuführen,** wenn der **Antrag unzulässig** war oder **zurückgenommen** oder das Ruhen des Verfahrens beantragt wurde, falls es zwingende Gründe des öffentlichen Interesses für einen nicht nachgesuchten Richterspruch erkennt.[132] Die abstrakte Normenkontrolle ist gegenüber allen anderen Verfahren **nicht subsidiär.**[133] 67

Für dieses **rein objektive Kontrollverfahren**[134] ist als **Antragsgrund** nur erforderlich, dass **„Meinungsverschiedenheiten oder Zweifel"** über die förmliche und sachliche Vereinbarkeit von BuRecht oder LaRecht mit diesem GG oder die Vereinbarkeit von Landesrecht mit sonstigem Bundesrecht geltend gemacht werden, also hierzu rechtliche Unklarheiten bestehen.[135] Entgegen **§ 76 BVerfGG nF** ist nach Art. 93 Abs. 1 Nr. 2 nicht erforderlich, dass der Antragsteller die Norm iSd vom BVerfG ausgefeilten Rechtsfolgenarten gerade für nichtig oder gültig hält. Es reicht jede Art der Unvereinbarkeit. Jedoch muss ein objektives Interesse an der Klarstellung der Gültigkeit einer Norm bestehen **(Klarstellungsinteresse).**[136] Ein subjektiv motiviertes Rechtsschutzbedürfnis ist folgerichtig nicht erforderlich.[137] Bei einem Antrag auf **Normverwerfung** (§ 76 Abs. 1 Nr. 1 BVerfGG) hat der Antragsteller ein Klarstellungsinteresse, wenn er von der Unvereinbarkeit der Norm mit höherrangigem Bundesrecht überzeugt ist. Im **Normbestätigungsverfahren**[138] ist es gegeben, wenn die Rüge der Nichtanwendung einer Norm (§ 76 Abs. 1 Nr. 2 BVerfGG) ausschließlich darauf gestützt wird, 68

---

[128] BVerfGE 21, 52 (53); *Schmidt-Jortzig* FS f. Schnapp, 2008, 271 ff.
[129] BVerfGE 1, 208 (219 f.); 1, 396 (407); 20, 56 (95).
[130] BVerfGE 68, 346.
[131] So zutreffend *Szczepanski* JZ 2000, 486.
[132] BVerfGE 89, 327 (328).
[133] BVerfGE 8, 104 (110); 32, 199 (211).
[134] *Stephan,* Das Rechtsschutzbedürfnis, 1967, 88.
[135] BVerfGE 119, 394 (408 f.).
[136] BVerfGE 113, 167 (193); 6, 104 (110); 52, 63 (80).
[137] BVerfGE 83, 37 (49); 100, 249.
[138] BVerfGE 114, 196 (255 f.).

dass die Nichtanwendung mit höherrangigem Bundesrecht nicht vereinbar ist.[139] Der Antragsgrund kann auch noch nach Außerkrafttreten der Norm vorliegen, sofern sie noch Rechtswirkungen äußern kann.[140]

69 Für die Statthaftigkeit des Antrags ist unerheblich, zwischen welchen Organen die Meinungsverschiedenheiten entstanden sind oder wer außer dem Antragsteller noch Zweifel an der Vereinbarkeit einer Norm hat. Es müssen aber **konkrete** Meinungsverschiedenheiten oder Zweifel bestehen.[141] **Rein wissenschaftliche Kontroversen reichen nicht aus.** Unter die **Nichtanwendung** einer Norm nach § 76 Nr. 2 BVerfGG fällt auch die Rüge einer **fehlerhaften verfassungskonformen Auslegung.**[142] Weitere inhaltliche Beschränkungen der Antragsbefugnis aus **§ 76 BVerfGG** stehen im Widerspruch zu Art. 93 Abs. 1 Nr. 2. Jedoch hat diese Unvereinbarkeit wegen der sie ausräumenden Rspr. des BVerfG keine praktische Bedeutung erlangt.[143]

70 Möglicher **Prüfungsgegenstand** sind alle Parlamentsgesetze des Bundes und der Länder, die auch nach Art. 100 Abs. 1 vom Fachgericht vorgelegt werden können, hier aber auch **vorkonstitutionelles Recht**[144] und **Landesverfassungsrecht.**[145] Ferner kommen auch alle anderen materiell-rechtlichen Normen, die „Geltung" zwischen verschiedenen Rechtssubjekten „beanspruchen", aber auch Haushaltsgesetze[146] in Betracht.[147] Hierzu müssen außer den RVO[148] und Satzungen, inzwischen auch jene Parlamentsbeschlüsse gezählt werden, durch die Parlamentsvorbehalte ausgeübt oder förmliche Gesetze „ersetzt" werden.[149] **Sekundäres EU-Recht** kann jetzt ausnahmsweise und nur nach einem Vorlageverfahren beim EuGH und ggf nur wegen der Überschreitung der oben genannten grundgesetzlichen Grenzen seiner Wirksamkeit vorgelegt werden.[150] Dasselbe gilt **für deutsche Gesetze, die ohne Entscheidungsspielräume nur EU-Recht umsetzen.** *Soweit* aber eine **EU-VO oder EU-Richtlinie** dem deutschen Gesetzgeber **Regelungsfreiräume lassen,** übt er originäre deutsche Gesetzgebungsgewalt aus. Insoweit können solche Gesetze Prüfungsgegenstand sein.[151] Da ein Normentwurf (noch) kein Recht ist und auch keine Gewissheit besteht, dass er so jemals Recht wird, kann es grundsätzlich **keine vorbeugende Normenkontrolle** geben. Sie ist erst nach **Abschluss** des Normsetzungsverfahrens zulässig. Grundsätzlich kommt es auf die amtliche Verkündung der Norm an. Die Normenkontrolle kann aber schon vor dem Inkrafttreten der Norm statthaft sein. Das **BVerfG** lässt eine **noch frühere Verfahrenseröffnung zu, wenn die Norm ausnahmsweise sog. Vorwirkung** hat, die bei Vertragsgesetzen nach Art. 59, 23 in Betracht kommt.[152] **Außer Kraft getrete-**

---

139 BVerfGE 96, 133.
140 BVerfGE 5, 25 (28).
141 BVerfGE 39, 96 (106); 12, 205 (220 ff.).
142 BVerfGE 119, 247 (258 f.); *Roth* NVwZ 1998, 563.
143 BVerfGE 1, 184 (196); 6, 104 (110); *Winkler* NVwZ 1999, 1291.
144 BVerfGE 103, 111 (124).
145 Seit BVerfGE 2, 124 (131).
146 BVerfGE 119, 96 (117).
147 BVerfGE 1, 396 (400 ff.).
148 BVerfGE 114, 303 (311); 106, 1 (12).
149 BVerfGE 90, 60; *Heun* FS 50 Jahre BVerfG I, 2001, 615 (620); *Butzer* AöR 119 (1994), 61 (101).
150 BVerfGE 118, 79 (95).
151 BVerfGE 121, 1 (20 f.).
152 BVerfGE 1, 396 (411 ff.); 36, 1 (15).

ne Normen können Prüfungsgegenstand sein, wenn sie noch über ihren formellen Geltungszeitraum hinaus rechtliche Wirkungen äußern,[153] **geänderte Vorschriften,** soweit der Inhalt des geänderten Textes im Wesentlichen gleich geblieben ist.[154]

Prüfungsmaßstab ist für **Bundesrecht allein das GG, für Landesrecht alles sonstige BuRecht.** Bei RVO des Bundes prüft das BVerfG als Vorfrage, ob eine gültige Ermächtigungsgrundlage vorhanden ist und ob der Inhalt der RVO in dieser Ermächtigung eine Grundlage findet.[155] Solche Unvereinbarkeiten unterliegen der inzidenten Gültigkeitsprüfung.[156] Das BVerfG hat die zulässig zur Kontrolle gestellte Norm in jeder Hinsicht umfassend[157] und am gesamten GG[158] zu prüfen. Es ist an den Antragsinhalt nicht gebunden.[159] **Keinen Prüfungsmaßstab** bilden das Völkerrecht (Ausnahme: Art. 25), grundsätzlich das Europarecht und das Landesverfassungsrecht.[160] **70a**

Gem. **§ 78 BVerfGG** hat das BVerfG die kontrollierte Norm für **nichtig** zu erklären, falls es zu der Überzeugung kommt, dass sie mit dem GG oder ggf. dem sonstigen Bundesrecht unvereinbar ist. Trotz des Wortlauts, der eine **Nichtigerklärung** gebietet, hat das BVerfG die oben genannten elf **unterschiedlichen Aussprüche** entwickelt. Die strikte Gesetzesfassung trägt den verfassungsrechtlichen Problemen nicht ausreichend Rechnung, die sich bei einer Nichtigerklärung einstellen können. Diese kann zB in den Funktionsbereich der Legislative übergreifen oder zu nicht hinnehmbaren Nachteilen für die Allgemeinheit führen, weil sie keine eine Anpassung ermöglichende **Übergangszeit/Übergangsregelung** einräumt.[161] **71**

Ob ein mit dem GG unvereinbares Gesetz nichtig/unwirksam oder ob die Unvereinbarkeit zu einer anderen Rechtsfolge führt, ist in einem rechtsmetaphysisch geschlossenem System klar zu beantworten: ein solches Gesetz kann wegen des Widerspruchs zu höherrangigem Recht nicht Bestandteil derselben Rechtordnung sein. Im wandelbaren positiven Recht kann die Unvereinbarkeit zu anderen Rechtsfolgen führen, wenn Nichtigkeit Rechtsgüter von öffentlichem oder privatem Interesse unverhältnismäßig beeinträchtigte. Beim Streit über eine Nichtigkeit kommt es auf die Rechtserkenntnis des Entscheiders an und auf seine rechtliche Beurteilung ihrer Auswirkungen. Da keine Rechtsordnung Normen auf Dauer als geltend behalten kann, die ihrem höherrangigem Recht widersprechen, andererseits rechtswidrige Akte nicht allein deshalb stets nichtig sind (zB rechtswidrige Einzelfallentscheidungen, VA), muss die Unvereinbarkeit zwar festgestellt werden, kann aber, soweit geschützte Güter der Festsetzung der Nichtigkeit entgegenstehen, für eine Übergangszeit oder mit Modifikationen in Kauf genommen werden. Im Grundsatz ist daher von der Nichtigkeitslehre auszugehen, aber die Rechtsfolge der Unvereinbarkeit kann auch anders lauten. **72**

---

[153] BVerfGE 110, 33 (44 ff.).
[154] BVerfGE 110, 33 (45); 5, 25 (28); 6, 104 (109 f.).
[155] BVerfGE 101, 1 (30 ff.); krit. Tillmanns DÖV 2001, 728.
[156] Wie hier jetzt auch *Löwer* in HdbStR III, 3. Aufl. 2005, § 70 Rn. 66 mit Nachweisen zum Meinungsstand.
[157] BVerfGE 1, 14 (41).
[158] BVerfGE 12, 205 (222).
[159] BVerfGE 40, 296 (309 f.).
[160] BVerfGE 2, 307 (366).
[161] *Heun* FS 50 Jahre BVerfG I, 2001, 615 (632 ff.).

Der Streit dieser Lehre mit der Vernichtbarkeitstheorie ist in den Texten des GG und des BVerfG nicht eindeutig entschieden worden.

73 Eine **ex-tunc- und ipso-jure-Nichtigkeit GG-widriger Normen** wird dort **nicht angeordnet** und auch nicht vorausgesetzt.[162] Die Nichtigkeit einer GG-widrigen Norm versteht sich nicht von selbst. Daher hat das BVerfG iErg gut daran getan, das Gebot, die Nichtigkeit auszusprechen, je nach Sach- und Rechtslage zu modifizieren und weniger schwerwiegende Folgen auszusprechen.

74 § 78 S. 2 BVerfGG gibt dem Gericht unbedenklich die Kompetenz Kompetenz,[163] weitere, vom Verfahrensantrag nicht unterbreitete Normen des gleichen Gesetzes für nichtig zu erklären **(Nichtigkeitserstreckung).**[164] Der Bewältigung der Folgen einer **Unvereinbar- oder Nichtigerklärung** dient § 79 BVerfGG. Hinsichtlich der **„Gesetzeskraft“**, „Bindungswirkung“ und Rechtskraft auch der Normenkontrollentscheidung nach § 31 BVerfGG s. unten bei Art. 94. Das BVerfG kann eine Norm auch ausdrücklich für **„vereinbar“** erklären (§ 31 Abs. 2 S. 2 BVerfGG).

75 Die **antragsbefugten Organe** sind **nicht verpflichtet,** einen Normenkontrollantrag zu stellen, wenn sie eine Norm für ungültig halten. Man befolgt sie nicht, bis man verklagt wird.

III. Erforderlichkeit eines Bundesgesetzes (Abs. 1 Nr. 2a, Abs. 2)

76 **Art. 93 Abs. 1 Nr. 2a** wurde durch die GG-Novelle v. 27.10.1994[165] auf Vorschlag der GemVerfKom von BT und BR[166] eingefügt. Die frühere „Bedürfnisklausel“ in Art. 72 Abs. 2 war vom BVerfG[167] vor der Wiedervereinigung praktisch auf eine gerichtlich nicht nachprüfbare (Schein-) Begrenzung der Gesetzgebungskompetenz des Bundes reduziert worden. Die Neufassung des **Art. 72 Abs. 2 GG**[168] brachte die „Erforderlichkeitsklausel“, welche die rechtliche Bindung des Bundes stärken sollte.[169] Daher hat das BVerfG zu Recht die frühere Rechtsprechung aufgegeben[170] und prüft die Vereinbarkeit mit Art. 72 Abs. 2 GG[171] uneingeschränkt.[172]

77 Das BVerfG entscheidet bei Meinungsverschiedenheiten, ob ein BundesG den Voraussetzungen des **Art. 72 Abs. 2** entspricht, auf Antrag des Bundesrates, einer Landesregierung oder der Volksvertretung eines Landes. Nach Art. 72 Abs. 2 hat der Bund auf den Gebieten des Artikels 74 Abs. 1 Nr. 4, 7, 11, 13, 15, 19a, 20, 22, 25 und 26 das Gesetzgebungsrecht, wenn und soweit die **Herstellung gleichwertiger Lebensverhältnisse im Bundesgebiet** [173]oder die **Wahrung der Rechts- oder Wirtschaftseinheit** im gesamtstaatlichen Interesse eine bundesgesetzliche Regelung erforderlich macht.

---

[162] So die wohl hA, s. *Löwer* in HdbStR III, 3. Aufl. 2005, § 70 Rn. 114 ff. mit umfassenden Nachweisen zum Meinungsstreit.

[163] BVerfGE 4, 178 (183).

[164] BVerfGE 40, 296 (309 f.).

[165] BGBl. 1994 I 3146.

[166] BT-Drs. 12/6000, 36.

[167] BVerfGE 2, 213 (224); 33, 224 (229).

[168] Dazu BVerfGE 106, 62 (136 ff).

[169] BVerfGE 110, 11 (30 f.); skeptisch *Isensee* FS 50 Jahre BVerfG II, 2001, 719 (744 f.).

[170] *Depenheuer* ZG 2003, 177.

[171] *Lechleitner* Jura 2004, 746.

[172] BVerfGE 106, 62 (142).

[173] *Hartmann/Jansen* Der Staat 58 (2019), 243 ff.

Die Vorschrift enthält eine **spezielle Normenkontrolle** über eine Tatbestandsvoraussetzung einer konkurrierender Bundesgesetzgebung, ob nämlich der Erlass eines Bundesgesetzes iSv Art. 72 Abs. 2 erforderlich war.[174] Im Verhältnis zu Nr. 2 handelt es sich bei Nr. 2a **thematisch** um eine **Klarstellung,** weil diese Prüfungsfrage schon nach Nr. 2 vorgelegt werden kann. Daher ist das Verfahrensrecht sachgerecht in **§§ 13 Nr. 6a, 76 Abs. 2, 77 Nr. 2 BVerfGG** zusammen mit dem für die Nr. 2 geregelt worden. 78

Prüfungsmaßstab ist nur Art. 72 Abs. 2.[175] Der **Antrag** setzt ein **objektives Klärungsinteresse** voraus. **Antragsberechtigt** sind nur die einzelnen Landesregierungen, der BR und jedes Länderparlament. Der Antragsteller muss in eine **Meinungsverschiedenheit** über das Vorliegen der Voraussetzungen des Art. 72 Abs. 2 bei einem bestimmten Bundesgesetz geraten sein. Entgegen § 76 Abs. 2 BVerfGG muss er das Gesetz nicht für nichtig halten.[176] Verfassungs**politisch** besteht Sachnähe zu den Bund-Länder-Streitigkeiten iSv Abs. 1 Nr. 3 u. 4 Regelung 1. 79

Ergänzt wird die Norm durch **Art. 93 Abs. 2** (Kompetenzfreigabeverfahren). Danach entscheidet das BVerfG, ob im Falle des Art. 72 Abs. 4 (Ersetzung eines Bundesgesetzes durch Landesrecht) die Erforderlichkeit für eine bundesgesetzliche Regelung nach Art. 72 Abs. 2 nicht mehr besteht oder Bundesrecht in den Fällen des **Art. 125a Abs. 2 S. 1** (Ersetzung von nur noch übergangsweise als Bundesrecht geltendes Gesetz durch Landesrecht) nicht mehr erlassen werden könnte.[177] 80

Der **BT** hat eine **Begründungslast** und muss dartun, dass eine erhebliche, das bundesstaatliche Gefüge beeinträchtigende Auseinanderentwicklung der Lebensverhältnisse, eine Rechtszersplitterung durch Gesetzesvielfalt in den Ländern oder eine erhebliche Gefährdung der Funktionsfähigkeit des Wirtschaftsraums vorliegt.[178] 81

Das Verfahrensrecht ergibt sich aus Art. 93 Abs. 2 selbst und ergänzend aus den **§ 13 Nr. 6b, §§ 97, 76–79 BVerfGG.** Antragsbefugt sind der BR, jede Landesregierung und jedes Landesparlament[179]. Besteht keine Erforderlichkeit mehr, stellt es dies durch gesetzesvertretenden Feststellungsausspruch fest. 82

IV. Bund-Länder-Streitigkeiten (Abs. 1 Nr. 3, 4 Regelung 1)

Art. 93 Abs. 1 Nr. 3 u. 4 legen die Verfahrensarten fest, in denen das BVerfG spezifisch zur Klärung der **bundesstaatlichen Ordnung** des GG angerufen werden kann, aber meist nicht angerufen wird.[180] Das GG unterscheidet nach den beteiligten Rechtssubjekten zwischen: dem Bund-Land-Streit,[181] (Bund-Länder-Streit), dem Land-Land-Streit **(Zwischenländerstreit)**[182] und dem öffentlich-rechtlichen **Streit innerhalb eines Landes.**[183] Ferner wird **nach dem Rechtsmaßstab** zwischen **verfassungsrechtlichen** und anderen Streitigkeiten unterschieden. 83

---

174 Übersichtlich *Renck* JuS 2004, 770.
175 BVerfGE 140, 65 ff.
176 *Winkler* NVwZ 1999, 1291.
177 Dazu BVerfGE 111,10 (30 f).
178 BVerfGE 106, 62 (104 ff.).
179 BVerfGE 136, 1 (7 ff).
180 *Isensee* FS 50 Jahre BVerfG II, 2001, 719 (726 f.).
181 BVerfGE 84, 9; 81, 310.
182 BVerfGE 62, 295; 4, 250; 3, 267.
183 Art. 99; BVerfGE 85, 353; 66, 107; 60, 319.

84 **Nr. 3** eröffnet den Weg zum BVerfG bei Meinungsverschiedenheiten zwischen dem Bund und mindestens einem Land über Rechte oder Pflichten des Bundes und der Länder (Aufgaben, Kompetenzen, Befugnisse), insbesondere bei der **Ausführung von Bundesgesetzen durch die Länder** und **bei der Bundesaufsicht.**[184] Zumeist geht es hier um Rechte und Pflichten,[185] wenn eine Maßnahme oder eine Unterlassung eine verfassungsrechtliche Rechtsposition des Landes oder des Bundes verletzen oder unmittelbar gefährden können.[186]

85 Die schon in Art. 15 Abs. 3 S. 2 WRV konzipierte **„Mängelrüge" (Art. 84 Abs. 4)** des Bundes ist ein spezifischer **Streit zwischen Bund und Land** über die ordnungsgemäße Ausführung von Bundesgesetzen durch die Länder. Über ihn entscheidet zunächst der **Bundesrat** und erst auf Antrag der dort unterlegenen Bundes- oder Landesregierung das **BVerfG.** Von Nr. 3 werden auch verfassungsrechtliche Streitigkeiten bei der Ausübung der **Bundesaufsicht** erfasst.[187] **Verfahrensrechtlich** werden die Mängelrüge und der Bund-Land-Streit nach Nr. 3 ausgestaltet durch **§§ 13 Nr. 7, 68–70 iVm §§ 64–67 BVerfGG.**[188]

86 **Beteiligtenfähig** sind nur der Bund und die einzelnen Länder.[189] Wegen des Interessengegensatzes steht der Bund notwendig allein; kein Land kann auf Seiten des Bundes dem Rechtsstreit beitreten.[190] Als **Antragsteller** für den Bund muss die BuReg, für das Land die LaReg auftreten; nur diese Organe können auch „Antragsgegner" sein.[191] Soweit landesverfassungsrechtlich ein anderes Organ zur Vertretung des Landes nach außen berufen ist, wird das Landesrecht verdrängt. Die **„Prozessfähigkeit"** dieser Organe setzt einen Beschluss der jeweiligen Regierung als Kollegialorgan voraus.[192]

87 Es handelt sich um ein **kontradiktorisches Streitverfahren.** Es geht um Rechte und Pflichten, die im bundesstaatlichen Verfassungsrechtskreis begründet sind.[193] Dafür reicht eine bloße „Meinungsverschiedenheit" nicht aus. Das Verfassungsrechtsverhältnis kann sich nur ergeben, soweit eine grundgesetzliche Grundlage bundesstaatlicher Ausprägung besteht. Grundsätzlich reicht die Berufung auf die Grundrechte oder die auf das Gebot föderaler Gleichbehandlung nicht aus.

88 Die **Antragsbefugnis** liegt vor, wenn sich aus dem Sachvortrag des Antragstellers als mögliche Rechtsfolge ergibt, dass ein Recht verletzt oder gefährdet ist, welches sich aus einem materiellen bundesstaatlichen Verfassungsrechtsverhältnis ergibt, das Bund und Land umschließt.[194] Die Rechtsposition muss dem Antragsteller gerade in der von ihm geltend gemachten Art zustehen.[195] Nur in diesem Sinn ist Nr. 3 eine limitierte General-

---

[184] BVerfG NVwZ 2011, 1512 Rn. 32 ff. mwN; *Selmer* FS 50 Jahre BVerfG I, 2001, 563 (567 ff.); *Leisner* FG 25 Jahre BVerfG I, 1976, 260; *Rudolf* FG 25 Jahre BVerfG II, 1976, 233; *Stern,* StaatsR II, 1980, 995 ff.; *Stern* in BK Rn. 327–378.

[185] *Müller/Mayer/Wagner* VerwArch 2003, 295.

[186] BVerfGE 116, 271 (297 f.); 13, 54 (72); 81, 310 (329); 92, 203 (226); 95, 250 (262); 104, 238 (245).

[187] BVerfGE 102, 167.

[188] Zu den prozessrechtlichen Problemen *Robbers* JuS 1994, 670.

[189] BVerfGe 129, 108 (115f).

[190] BVerfGE 12, 308; zum Beitritt auf Länderseite BVerfGE 92, 203.

[191] BVerfGE 129, 108 (120 ff).

[192] BVerfGE 6, 309 (323).

[193] BVerfGE 6, 309 (326); 20, 18; 92, 203; 95, 250.

[194] BVerfGE 81, 310 (329).

[195] BVerfGE 84, 25.

klausel.[196] Länder können sich nach Nr. 3 als Prozessparteien nicht gegenüberstehen.[197]

Das **Rechtsschutzbedürfnis** darf nicht fehlen.[198] Die Antragsfrist von sechs Monaten nach § 64 Abs. 3 BVerfGG ist eine Ausschlussfrist.[199] Der Antrag kann vor der mündlichen Verhandlung mit verfahrensbeendigender Wirkung in der Hauptsache einseitig zurückgenommen werden.[200] Auch im Bund-Länder-Streit können **einstweilige Anordnungen** ergehen (§ 32 Abs. 1 BVerfGG).[201] **89**

Streitgegenstand ist die Frage, ob **verfassungsrechtliche** Rechte und Pflichten der Beteiligten verletzt sind.[202] Wenigstens eine entscheidungserhebliche Frage muss dem bundesstaatlichen Verfassungsrechtskreis zuzuordnen sein.[203] Rein verwaltungsrechtliche Streitigkeiten, wie etwa die um die Rechtmäßigkeit eines Verwaltungsaktes,[204] ergeben sich nicht aus dem Verfassungsrechtsverhältnis zwischen Bund und Land. **90**

Die Rechte und Pflichten müssen auch **„gegenseitig"** sein. Nur Regelungen über die Aufteilung der Ausübung von „Staatsgewalt" zwischen Bund und Ländern können solche gegenseitigen Rechte und Pflichten begründen. Bund und Land sind nämlich innerhalb ihrer Verbandskompetenz „staatsautonom". **91**

Prüfungsmaßstab ist das GG, vor allem sind es dessen Kompetenzvorschriften.[205] Maßstab kann aber auch das auf dem GG beruhende und auf dieses bezogene **materielle föderative Verfassungsrecht** sein, wie zB der verfassungsrechtliche Teil des EVertr.[206] Die Verhaltenspflichten, die sich aus dem Grundsatz des gegenseitigen **bundesfreundlichen Verhaltens** ergeben, können bestehende verfassungsrechtliche Rechte und Pflichten abändern.[207] Die **Grundrechte** begründen auch in ihrer Funktion als sog. „objektive Wertordnung" **keine** bundesstaatlichen „gegenseitigen" Rechte und Pflichten.[208] Anderes gilt nur, wenn ein Grundrecht selbst eine kompetenzverteilende Komponente im Bund-Länder-Verhältnis hat. Dies mag beim BVerfG[209] mitgespielt haben, als es der in Art. 5 garantierten **Freiheit des Rundfunk**s für das gesamte Verfassungsleben in den Ländern eine derart fundamentale Bedeutung zusprach, dass die Länder gegen den Bund einen Anspruch darauf hätten, diese Freiheit unangetastet zu lassen. **Kein Prüfungsmaßstab** sind verwaltungsrechtliche Staatsverträge oder einfache Gesetze.[210] **92**

Nach **Abs. 1 Nr. 4 Regelung 1** entscheidet das BVerfG in anderen öffentlich-rechtlichen Streitigkeiten zwischen dem Bunde und den Ländern, soweit nicht ein anderer Rechtsweg gegeben ist. Das liegt vor, wenn die **93**

---

[196] BVerfGE 6, 309 (329 f.).
[197] BVerfGE 12, 308 (310).
[198] BVerfGE 41, 291 (303 f.).
[199] BVerfGE 99, 361.
[200] BVerfGE 85, 164.
[201] BVerfGE 80, 74.
[202] BVerfGE 109, 1 (5 f.); 13, 54 (72); 20, 18 (23).
[203] BVerfGE 6, 309 (326).
[204] BVerfGE 21, 312 (328).
[205] BVerfGE 21, 312 (319, 326).
[206] BVerfGE 94, 297.
[207] BVerfGE 42, 103 (111, 117).
[208] BVerfGE 81, 310 (333).
[209] BVerfGE 12, 205 (259); 13, 54 (80).
[210] BVerfGE 81, 310 (332 f.); 95, 250; 103, 81.

Bund-Länder-Streitigkeit zwar öffentlich-rechtlich, aber **nicht verfassungsrechtlicher Art** ist[211] und für sie **kein anderer Rechtsweg** gegeben ist.[212] Hier wird „subsidiär" der Weg zum BVerfG eröffnet. **Verfahrensrechtlich** umgesetzt wird dies in **§§ 71 Abs. 1 Nr. 1, Abs. 2, 72 BVerfGG.** Diese Vorschrift ist wegen der verwaltungsgerichtlichen Generalklausel **praktisch ohne Relevanz.**[213]

V. Streitigkeiten zwischen Bundesländern (Abs. 1 Nr. 4 Regelung 2)

94 Auch im **„Zwischenländerstreit"** (Land gegen Land) ist der Weg zum BVerfG für alle öffentlich-rechtlichen[214] **Streitigkeiten zwischen den Bundesländern** eröffnet.[215] Infolge der **Subsidiaritätsklausel** und der einfachgesetzlichen Rechtswegeröffnungen zur Verwaltungsgerichtsbarkeit bei öffentlich-rechtlichen Streitigkeiten nichtverfassungsrechtlicher Art kann das BVerfG **nur über verfassungsrechtliche Streitigkeiten zwischen den Ländern entscheiden.** Die **Auslegungskontroverse** zur Bestimmung des Begriffs der öffentlich-rechtlichen Streitigkeit iSd Nr. 4 ist ohne ernsthafte praktische und wissenschaftliche Bedeutung.[216]

VI. Streitigkeiten innerhalb eines Landes (Abs. 1 Nr. 4 Regelung 3)

95 Nach **Nr. 4 Regelung 3** ist das BVerfG auch „in anderen öffentlich-rechtlichen Streitigkeiten **innerhalb eines Landes**" **subsidiär** zuständig, soweit kein anderer Rechtsweg gegeben ist. Damit die Bindung der Landesstaatsorgane an die LVerf auch im Innenbereich des Landes zur gerichtlichen Prüfung gestellt werden kann, wird lückenfüllend der Weg zum BVerfG eröffnet. Das BVerfG wird als **„subsidiäres Landesverfassungsgericht"** zuständig, solange kein LVerfG besteht und von Art. 99 kein Gebrauch gemacht wurde oder wenn **das Landesrecht für Organstreitigkeiten keine Zuständigkeit des LVerfG vorsieht** oder wenn das **Landesrecht** den Kreis der **antragsberechtigten Organe enger fasst** als Art. 93 Abs. 1 Nr. 4 iVm § 71 Abs. 1 Nr. 3 BVerfGG.[217] Diese **„Ersatzzuständigkeit"**[218] betrifft „Organstreitigkeiten" zwischen obersten Landesorganen etc entsprechend Art. 93 Abs. 1 Nr. 1. Diese Begrenzung kann nicht durch Umstieg auf die Verfassungsbeschwerde umgangen werden.[219]

96 **Beteiligtenfähig** sind „die obersten Landesorgane" und ihre durch Landesverfassung oder Geschäftsordnung mit eigenen Rechten ausgestatteten Teile. Die **Antragsbefugnis** setzt voraus, dass der Kompetenzträger die Verletzung oder unmittelbare Gefährdung eigener (keine Prozessstandschaft) landesverfassungsrechtlicher „Rechte und Pflichten" durch den Antragsgegner schlüssig darlegt.[220] Es muss ein **Rechtsschutzbedürfnis** bestehen.[221] **Streitgegen-**

[211] Vgl. § 40 Abs. 1 VwGO; BVerfGE 31, 371 (377); 49, 10 (13).
[212] BVerfGE 1, 208 (218) – Art. 99.
[213] Sie war Grundlage für BVerfGE 1, 299.
[214] BVerfGE 62, 295 (312 ff.).
[215] BVerfGE 3, 267 (279); 4, 250 (267); 22, 221 (229); 42, 103 (110 ff.).
[216] Stellvertretend *Stern,* StaatsR II, 1980, 1002 f.
[217] BVerfGE 102, 245 (250 ff.); 60, 319 (323 ff.): aA stellvertretend *Voßkuhle* in MKS Rn. 159.
[218] *Zierlein* AöR 118 (1993), 66.
[219] BVerfGE 96, 231.
[220] BVerfGE 85, 353 (358); 88, 63; 91, 246; 102, 245.
[221] BVerfGE 99, 332.

stand ist die Verletzung der landesverfassungsrechtlichen Aufteilung der Staatsgewalt durch Kompetenzüber- oder -unterschreitung des Antragsgegners gegen den Antragsteller. **Prüfungsmaßstab** ist die nach dem GG gültige LVerf einschließlich der Normen des GG, die selbst unmittelbar Geltung im LVerf beanspruchen.[222] Ob ein **„anderer Rechtsweg"** gegeben ist, bedarf konkreter Prüfung im Einzelfall. Es kommt darauf an, ob der Antragsteller ohne die **Subsidiaritätsklausel** ein statthaftes Begehren vor dem LVerfG oder nach Art. 99 vor dem BVerfG zulässig zur Entscheidung stellen kann.[223]

VII. Verfassungsbeschwerde (Abs. 1 Nr. 4a)

Durch die Verfassungsbeschwerde wird die **materiale Grundrechtsbindung aller staatlichen Gewalt** aus Art. 1 Abs. 3 für die Grundrechtsträger verfahrensrechtlich bewehrt.[224] Die Vorschrift gibt dem Grundrechtsinhaber ein **subjektives Verfahrensrecht** auf Zugang zum BVerfG und Prüfung seines Vortrags, ein Organ der öffentlichen Gewalt habe ihn in einem Grundrecht oder grundrechtsgleichen Recht verletzt, falls er die vom Bundesgesetzgeber gem. Art. 94 Abs. 2 in den **§§ 13 Nr. 8a, 90 bis 95 BVerfGG** geregelten Verfahrensvoraussetzungen erfüllt.[225] 97

Mit der Verfassungsbeschwerde (als Rechtsinstitut) ist die **Klärung des objektiven Verfassungsrechts** verbunden.[226] Hauptfunktion der Verfassungsbeschwerde ist der **Individualgrundrechtsschutz,** weshalb dem Beschwerdeführer eine gewisse Dispositionsfreiheit zukommt, sekundär dient sie der **Fortbildung des Verfassungsrechts.**[227] Die Beschwerde ist ein **„außerordentlicher Rechtsbehelf",**[228] sie **gehört nicht zum „Rechtsweg"**.[229] Sie hat **keinen „Suspensiveffekt",** hemmt also die Rechtskraft eines Urteils nicht.[230] Das Beschwerdeverfahren ist **nicht „kontradiktorisch".**[231] Damit ist sie prinzipiell etwas anderes als die aus deutscher Tradition bekannten „Eingaben" an den Inhaber der höchsten Staatsgewalt (Kaiser, Reichspräsident, „Führer", Staatsratsvorsitzenden). Sie ist auch kein Sonderfall der Petition (Art. 17). 98

Beteiligter kann außer dem Beschwerdeführer nur ein in § 94 BVerfGG genanntes Verfassungsorgan sein, wenn es dem Verfahren nach § 94 Abs. 5 S. 1 BVerfGG beitritt. § 94 BVerfGG bestimmt im Übrigen, wen das BVerfG anzuhören hat. Soweit die Zulässigkeit der Beschwerde in Art. 93 Abs. 1 Nr. 4a geregelt ist, setzt sie erstens die **Beteiligtenfähigkeit** (Beschwerdefähigkeit) voraus. 99

Beteiligtenfähig ist **„jedermann",** also jeder, der Inhaber von Grundrechten und grundrechtsgleichen Rechten sein kann, also **grundrechtsfähig,** ist.[232] Soweit eine inländische juristische Person des Privatrechts Ver- 100

---

[222] BVerfGE 1, 208 (236); 66, 107 (114); aA *Maurer* JuS 1992, 297.
[223] BVerfGE 102, 245 (250 ff.); 99, 1.
[224] *Zacher* FG 25 Jahre BVerfG I, 1976, 396; *Stern,* StaatsR II, 1980,1015 ff.; *Stern* in BK Rn. 403 ff.; *Rinken* in AK Rn. 38, 40; *Simon* in Benda/Maihofer/Vogel VerfassungsR-HdB, § 34 Rn. 21 f.
[225] AA *Kau* ZRP 1999, 319.
[226] BVerfGE 81, 278 (290); 81, 109 (113).
[227] *Gusy* FS 50 Jahre BVerfG I, 2001, 641 (644 ff.); *Wagner* NJW 1998, 2638.
[228] BVerfGE 49, 252 (258).
[229] BVerfGE 79, 365 (367); 94, 166.
[230] BVerfGE 93, 381 (385); *Pieroth* in Jarass/Pieroth Rn. 45.
[231] *Robbers* JuS 1993, 737 (739).
[232] BVerfGE 115, 205 (227); 39, 302 (312).

fassungsbeschwerde erhebt, gelten zu ihren Gunsten die Grundrechte, soweit sie ihrem Wesen nach auf die juristische Person anwendbar sind (Art. 19 Abs. 3). Gleiches gilt für ausländische juristische Personen mit Sitz in einem EU-Staat, wenn sie durch ihre Tätigkeit einen, soweit nach dem GR erforderlich, **grundrechtsrelevanten Inlandsbezug** haben.[233]

101 Beschwerdefähig ist, wer grundrechtsfähig ist, **Grundrechtsmündigkeit** ist **nicht erforderlich,** da **jeder Mensch Träger der Menschenwürde** ist, zu deren Schutz die GR positiviert wurden und die der Staat immer zu achten hat. Die **Bindung der deutschen Staatsgewalt an die Grundrechte nach Art. 1 Abs. 3 ist nicht auf das deutsche Staatsgebiet begrenzt.**[234] Der Schutz der einzelnen Grundrechte kann sich allerdings im Inland und Ausland unterscheiden. Daher kann jede Person sich auf das das GR aus Art. 1 und alle seine GR-Ausprägungen berufen, wenn die deutsche Staatsgewalt, gleich wo auf der Welt, sie in ihrer Menschenwürde und ihren darauf bezogenen GR verletzt.

102 Bei **Deutschengrundrechten** sind Ausländer grundsätzlich nicht beschwerdefähig. Bei Unionsbürgern mit Inlandsbezug kommt weniger eine Einbeziehung in Deutschenrechte als eine auf Gleichbehandlung zielende weite Auslegung der formalen GR-Menschenrechte in Betracht. Zumindest schützt Art. 2 Abs. 1 oder ein sachnäheres GR-Menschenrecht. Die **Beteiligtenfähigkeit erlischt** regelmäßig mit dem Tod. Fortwirkungen der Menschenwürde Verstorbener[235] geben grundsätzlich keinem Lebenden Beschwerdefähigkeit aus dem Recht des Verstorbenen. Grundsätzlich ist ein anhängiges Verfahren einzustellen. Dies kann **ausnahmsweise** fortgeführt werden, zB wenn es um **noch offene, auf Erben übergegangene Ansprüche geht.**[236] Ungeborene Kinder sind als Träger von Menschenwürde grundrechtsfähig und insoweit auch beschwerdefähig.[237] Für **Gemeinden und Gemeindeverbände** ist die **Kommunalverfassungsbeschwerde** (Art. 93 Abs. 1 Nr. **4b**) verdrängende **Spezialregelung.** Soweit **politische Parteien** und Abgeordnete aus ihrem besonderen verfassungsrechtlichen Status Rechtsschutz suchen, ist ausschließlich der **Organstreit** nach Abs. 1 Nr. 1 eröffnet.

103 **Jeder Beschwerdefähige** ist grundsätzlich auch **grundrechtsmündig (prozessfähig), falls** er nach den allgemeinen Vorschriften des bürgerlichen oder öffentlichen Rechts für das streitgegenständliche Verhalten **geschäftsfähig/handlungsfähig** ist. Bei nicht Handlungsfähigen ist die **Grundrechtsmündigkeit** für jedes Grundrecht gesondert zu prüfen. Es kommt darauf an, ob die Person gerade für das jeweilige Grundrecht verfahrensfähig ist. Bei Minderjährigen ist die individuelle Einsichtsfähigkeit entscheidend.[238] **Anwaltszwang** besteht **nur in der mündlichen Verhandlung**. Im Übrigen ist „jedermann" gem. § 22 Abs. 1 S. 1 BVerfGG postulationsfähig.

104 Der Beschwerdeführer muss „behaupten", durch **„die öffentliche Gewalt" in einem seiner Grundrechte oder grundrechtsgleichen Rechte**

---

[233] BVerfG NJW 2011, 3428 Rn. 56–58 mAnm *Ritter; Zuck* EuGRZ 2008, 680.

[234] BVerfG Urt. v 19.5.2020 – 1 BvR 2835/17, juris, = BGBl I 2020, 1326 (Entscheidungsformel); EuGRZ 2020, 319 bis 365; NJW 2020, 2235 bis-2269.

[235] BVerfGE 6, 398 (442); 69, 188 (201).

[236] BVerfGE 6, 398 (442 f.); differenzierend *Rauber* DÖV 2011, 637 ff.

[237] Offen gelassen in BVerfGE 39, 1 (41 f.).

[238] BVerfGE 72, 122 (132 f.); 1, 87 (89); 28, 243 (254 f.); 65, 317 (321); 75, 201 (215).

verletzt zu sein.[239] **„Öffentliche Gewalt"** ist jedes Verhalten eines Amtswalters des Staates (Bund oder Land) oder einer seiner Untergliederungen, das einem dieser Hoheitssubjekte rechtlich zuzurechnen ist. Gemeint sind **alle Staatsfunktionen,** also gesetzgebende, vollziehende und rechtsprechende Gewalt des Bundes und jedes Landes sowie aller unterstaatlichen Körperschaften, Anstalten und Stiftungen des öffentlichen Rechts.[240] Es kommt **nicht** auf die **Rechtsform** der Einrichtung oder der Tätigkeit, sondern darauf an, ob es sich **inhaltlich um Ausübung von Staatsgewalt handelt.**

Beliehene fallen hierunter, wenn sie die ihnen übertragene Aufgabe ver- 105
richten. **Kirchen und** Religionsgemeinschaften haben sogar als Körperschaften des öffentlichen Rechts **keine Staatsgewalt.** Das gilt auch für **Parteigerichte**. Tritt die **Staatsgewalt** dem **Grundrechtsinhaber** nicht in der **für die Grundrechtssituation typischen Gefährdungslage,** sondern im Rahmen freiwilliger Vereinbarungen gegenüber, liegt keine Ausübung öffentlicher Gewalt vor. Das angegriffene Verhalten kann in der Vornahme einer grundrechtserheblichen Handlung, ihrer echten oder unechten Unterlassung[241] oder in der Bewirkung tatsächlicher Folgen bestehen.[242] Es muss deutscher Staatsgewalt rechtlich zurechenbar sein.[243] Das **BVerfG** und alle Gerichte sind selbst an die Grundrechte gebunden. Eine Verfassungsbeschwerde gegen **Entscheidungen des BVerfG** (einschließlich der Kammern) gibt es aber nicht.[244] Eine „Gegenvorstellung" beim BVerfG bleibt unbenommen.[245]

Beschwerdegegenstände, die in ein GR eingreifen, können auch 106
sein: Zustimmungsgesetze zu völkerrechtlichen Verträgen;[246] andere Parlamentsgesetze; verfassungsändernde Gesetze; Übertragungsgesetze nach Art. 23 Abs. 1; das schutzpflichtwidrige Unterlassen einer gebotenen Amtshandlung; [247] deutsche Umsetzungsakte zu EU-Verordnungen und Richtlinien, soweit ein gesetzgeberischer oder exekutiver Gestaltungsspielraum besteht. Beschwerden gegen die Folgewirkungen eines Hoheitsaktes setzen grundrechtliche Verantwortlichkeit des deutschen Hoheitsträgers gerade für diese Folgewirkung voraus.[248]

Das GG setzt voraus, dass der Beschwerdeführer die Möglichkeit[249] einer 107
Grundrechtsverletzung behauptet **(Beschwerdebefugnis).** Er muss Tatsachen vortragen, aus denen sich die Möglichkeit ergibt, dass er durch den angegriffenen Akt der deutschen öffentlichen Gewalt in ihm zustehenden und von ihm gerügten Grundrechten beeinträchtigt ist,[250] und zwar selbst, gegenwärtig und unmittelbar.[251] „Popularklagen" im vermeintlichen All-

---

[239] § 90 Abs. 1 BVerfGG; BVerfGE 40, 141 (156); 17, 252 (258); *Spanner* FG 25 Jahre BVerfG I, 1976, 374.
[240] BVerfGE 96, 231, zu LVerfG.
[241] Zu den Problemen fachgerichtlicher Untätigkeit *Huerkamp/Wielpulz* JZ 2011, 139–144.
[242] BVerfGE 50, 16 (24); 18, 203 (213).
[243] BVerfGE 1, 10 (11); stRspr.
[244] BVerfGE 1, 89 (90); stRspr.
[245] BVerfGE 72, 84 (88).
[246] BVerfGE 77, 170 (209).
[247] BVerfGE 59, 360 (375); 77, 170 (214).
[248] BVerfGE 66, 39 (56 ff.).
[249] Einführend *Hartmann* JuS 2003, 897.
[250] BVerfGE 112, 363 (367).
[251] BVerfGE 83, 162 (169).

gemeininteresse sind ausgeschlossen.[252] Eine Grundrechtsverletzung darf nicht von vornherein ausgeschlossen sein.[253]

108 **ZB** fehlt die Möglichkeit einer Grundrechtsverletzung des beschwerdeführenden Wählers, der die vorzeitige Auflösung des Deutschen Bundestages wegen seines grundrechtsgleichen Rechts aus Art. 38 anficht, weil sich daraus ein individuelles Abwehrrecht gegen vorzeitige Bundestagsauflösungen nicht herleiten lässt.[254] Bei Wahlen zu Volksvertretungen in den Ländern kann kein Bürger Verfassungsbeschwerde wegen Verstoßes gegen die fünf Wahlrechtsgrundsätze gestützt auf Art. 3 Abs. 1 zum BVerfG erheben.[255] Die Möglichkeit einer Grundrechtsbeeinträchtigung besteht nicht, wenn durch nationales Gesetz in Rechtspositionen eingewirkt wird, die ausschließlich durch Unionsrecht verliehen worden sind. Dies bedürfte einer Änderung des Art. 93 Abs. 1 Nr. 4a und des § 90 Abs. 1 BVerfGG.[256] Bei der neuen Rolle des **BVerfG als EU-GR-Gericht** geht es um EU-Akte, die in Eu-GR eingreifen.

109 **Prüfungsmaßstäbe** sind die in Art. 93 Abs. 1 Nr. 4a, § 90 Abs. 1 BVerfGG genannten **Grundrechte** und **grundrechtsgleichen Rechte** und sonstiges Verfassungsrecht, ggf auch die **EU-GRCh**. Das **BVerfG** kann die angegriffene Norm unter jedem in Betracht kommenden Gesichtspunkt auf ihre verfassungsrechtliche Unbedenklichkeit hin prüfen.[257] Die **EMRK-Rechte,** die innerstaatlich im Rang eines Bundesgesetzes gelten, sind als solche isoliert keine Maßstabsnormen im Verfassungsbeschwerdeverfahren, können aber in ihrer Ausdeutung durch den EGMR wegen der Völkerrechtsfreundlichkeit des GG Auslegungshilfen sein.[258]

110 Der Beschwerdeführer muss nach Art. 93 Abs. 1 Nr. 4a **behaupten, „durch den" Akt der öffentlichen Gewalt** in einem **„seiner"** Grundrechte **„verletzt"** zu **„sein".**

111 **„Selbstbetroffenheit"** liegt vor, wenn das angegriffene Verhalten sich gerade gegen den Beschwerdeführer richtet. **Andernfalls** (Beschwerdeführer ist nicht Adressat) muss das Verhalten ihn **rechtlich** betroffen, nicht nur mittelbar faktisch beeinträchtigt haben.[259] Eine **Prozessstandschaft** ist **ausgeschlossen.**[260] Organisationen können nur im Blick auf ihre eigenen Grundrechte selbst betroffen sein.

112 **Gegenwärtige Betroffenheit** liegt vor, wenn der Akt der öffentlichen Gewalt „aktuell", im Zeitpunkt der Entscheidung des BVerfG, noch rechtlich/faktisch die geschützte Grundrechtsposition des Beschwerdeführers beeinträchtigt. Eine „virtuelle" Betroffenheit genügt nicht.[261] Die behauptete Grundrechtsbeeinträchtigung darf nicht erst irgendwann in der Zukunft eintreten, sie darf auch nicht nur in der Vergangenheit bestanden haben. Deswegen liegt eine Rechtsbeeinträchtigung „gegenwärtig" vor, wenn der Akt der öffentlichen Gewalt zwar erst später Rechtsfolgen zeitigt, den Betroffenen

[252] BVerfGE 79, 1 (14).
[253] BVerfGE 52, 303 (327).
[254] BVerfGE 62, 397.
[255] BVerfGE 99, 1 unter Aufgabe bisheriger Rspr.
[256] BVerfGE 110, 141 (155); aA *Frenz* DÖV 1995, 414.
[257] BVerfGE 123, 148 (177); stRspr.
[258] BVerfG JuS 2011, 854 Rn. 86 ff. mAnm *Sachs;* enger BVerfGE 111, 307 (317); 64, 135 (157); 84, 384 (395).
[259] BVerfGE 83, 1 (12).
[260] BVerfGE 77, 263 (269); 79, 1 (19); krit. *Cornils* AöR 125 (2000), 45.
[261] BVerfGE 60, 360 (370).

aber jetzt schon nötigt, nicht mehr korrigierbare Entscheidungen oder Dispositionen zu treffen.[262]

Unmittelbare Betroffenheit durch den Akt der öffentlichen Gewalt ist gegeben, wenn dieser selbst die behauptete Grundrechtsbetroffenheit ohne Zwischenschaltung eines anderen Hoheitsaktes oder sonstigen Ausführungshandelns herbeiführt. Dies ist bei Beschwerden gegen **Rechtsnormen** regelmäßig problematisch. Das BVerfG modifiziert die Bedeutung von „unmittelbar" ggf. nach prozessrechtlicher Zweckmäßigkeit.[263] Ist ein Zwischenakt der öffentlichen Gewalt rechtlich geboten, faktisch notwendig oder aber auch nur nach der Praxis üblich, muss erst der konkreteste Staatsakt abgewartet werden. Dann kann er in der Fachgerichtsbarkeit angefochten werden. Sie ist schon wegen des Vorrangs des fachgerichtlichen Grundrechtsschutzes zur Grundrechtsprüfung (Inzidentkontrolle) und, soweit ihre Verwerfungskompetenz nicht ausreicht, uU zur Vorlage an das BVerfG verpflichtet (Art. 100 Abs. 1).[264] So dient das Erfordernis der unmittelbaren Betroffenheit als Weichenstellung in die Fachgerichtsbarkeit und damit auch zur Steuerung der Belastung des BVerfG. Wird jedoch ein **scheinbarer Vollzugsakt** provoziert, um die allenfalls erst später eintretende Grundrechtsbetroffenheit schon jetzt „aktuell" zu machen, fehlt es auch bei einer Verfassungsbeschwerde gegen ein letztinstanzliches Urteil an der gegenwärtigen Betroffenheit.[265] **113**

Zusätzlich ist ein **Rechtsschutzbedürfnis** erforderlich. Das Ziel der Beschwerde darf nicht auf andere Weise leichter erreicht werden können. Es muss grundsätzlich noch im Zeitpunkt der Entscheidung des BVerfG bestehen und entfällt regelmäßig mit der Erledigung der angegriffenen Maßnahme, etwa durch Erfüllung des Sachbegehrens. Es kann aber trotzdem noch fortbestehen: Bei faktischem Fortwirken der rechtlich erledigten Maßnahme, bei Wiederholungsgefahr, bei einem besonders intensiven Eingriff oder bei einem Eingriff in besonders wichtige Grundrechte, bei einem Interesse an der Klärung einer allgemein bedeutsamen verfassungsrechtlichen Frage oder wenn infolge der Belastung des BVerfG eine unzulässige Verkürzung des Grundrechtsschutzes zu befürchten ist. **114**

Der Bundesgesetzgeber hat von den Ermächtigungen in **Art. 94 Abs. 2 S. 2 BVerfGG** Gebrauch gemacht. Er hat eine **„Rechtswegerschöpfung"** (außer bei Parlamentsgesetzen) vorgeschrieben, die einen Spezialfall der **Subsidiarität** des Rechtsschutzes durch das BVerfG gegenüber den Fachgerichten ausgestaltet. **Subsidiarität**[266] verlangt zudem, dass der Beschwerdeführer, über die bloße formelle Erschöpfung des Rechtswegs hinaus, vor Erhebung der Verfassungsbeschwerde alle nach Lage der Sache zur Verfügung stehenden prozessualen Möglichkeiten ergreifen muss, um die geltend gemachte Grundrechtsverletzung in dem unmittelbar mit ihr zusammenhängenden sachnächsten Verfahren zu verhindern oder zu beseitigen. **115**

Ferner hat er ein **Annahmeverfahren** eingeführt (**§§ 93a bis 93d BVerfGG**). Jede **zulässige** Verfassungsbeschwerde bedarf gesondert der Annahme zur Entscheidung. Dies setzt voraus, dass **a)** ihr grundsätzliche verfassungsrechtliche Bedeutung zukommt, oder **b**), die Annahme zur Durchsetzung der in § 90 Abs. 1 BVerfGG genannten Rechte angezeigt ist; dies **116**

---

262 BVerfGE 75, 246 (263).
263 BVerfGE 70, 35.
264 BVerfGE 74, 33 (37).
265 BVerfGE 72, 1.
266 BVerfGE 112, 50 (60) mwN; *Linke* NJW 2005, 2190.

kann auch der Fall sein, wenn dem Beschwerdeführer durch die Versagung der Entscheidung zur Sache ein besonders schwerer Nachteil entsteht. Also kann es sein, dass das BVerfG auch eine zulässige und begründete Beschwerde nicht zur Entscheidung annimmt.

117 Die **Beschwerdefrist** ergibt sich aus § 93 BVerfGG, das Schriftformerfordernis aus § 23 Abs. 1 S. 1 BVerfGG. In der **Begründung** muss der Beschwerdeführer die tatsächlichen Vorgänge, aus denen er die Verletzung seiner Grundrechte herleitet, so deutlich schildern, dass erkennbar wird, durch welchen Vorgang er sich in welchem Grundrecht verletzt sieht. Die Begründungsanforderungen sind grundsätzlich außerordentlich hoch. Erforderlich ist eine substantiierte Darlegung,[267] die innerhalb der Beschwerdefrist von einem Monat (Rechtssatzbeschwerde ein Jahr) beim BVerfG eingehen muss. Grundsätzlich ist der Beschwerdeführer nicht (auch nicht zur Wahrung der Subsidiarität) dazu verpflichtet, in seiner Begründung darzutun, dass er die von ihm gerügte Grundrechtsverletzung schon klar und eindeutig vor den Fachgerichten geltend gemacht hat. Jedoch gibt es einige Ausnahmen.[268] Die ordnungsgemäß eingelegte Verfassungsbeschwerde bedarf, wie gesagt, der Annahme zur Entscheidung durch den Senat.[269] Ein Großteil der Beschwerden scheitert bereits in der **Vorprüfung, die idR zum Richter auf befähigte „Präsidialräte“** des BVerfG (§ 16 GO BVerfG) im Rahmen des **„Allgemeinen Registers“** durchführen.[270]

118 Die Verfassungsbeschwerde ist **begründet,**[271] wenn der angegriffene Akt der öffentlichen Gewalt in ein GR eingreift und spezifisch mit Verfassungsrecht nicht vereinbar ist. Nur bei der Prüfung von Beschwerden unmittelbar gegen ein Gesetz („Rechtssatzbeschwerden“) darf und muss das Gericht selbst sämtliche möglichen Auslegungen des einfachgesetzlichen Prüfungsgegenstandes feststellen und am GG messen. Im Übrigen kann der Beschwerdeführer nach Rechtswegerschöpfung bestimmen, ob er die Beschwerde nur gegen die letztinstanzliche Entscheidung oder gegen alle Gerichtsentscheidungen und ggf. auch gegen den Exekutivakt richtet; er kann sich aber nicht auf die erstinstanzliche Entscheidung oder die Verwaltungsmaßnahme allein beschränken.[272]

119 Das BVerfG umschreibt den Umfang und die **Intensität** seiner **verfassungsgerichtlichen Kontrolle** aufgrund einer **„Urteilsbeschwerde“,** mit der Formel, der „Prüfungsumfang“ sei auf die **Verletzung „spezifischen Verfassungsrechts“** begrenzt.[273] Damit ist das **Erkenntnisziel** der Bemühungen des BVerfG richtig umschrieben. Es sieht sich grundsätzlich zu Recht nicht dazu berufen, die „Richtigkeit“ der Auslegung und Anwendung einfachen Gesetzesrechts durch die dafür zuständigen Gerichte auf ihre Gesetzmäßigkeit nachzuprüfen. Das gilt nicht, soweit diese für ihre Auslegung des Gesetzes Verfassungsrecht heranziehen, sie bindendes Verfassungsrecht nicht oder nicht richtig anwenden, das einfache Recht (ihr „Maßstabsrecht“)

---

[267] BVerfGE 9, 109 (114 f.); stRspr.

[268] BVerfG NJW 2011, 3428 Rn. 60–63 mAnm *Ritter;* BVerfGE 77, 275 (282).

[269] Zum Wirken der Kammern *Herms* FS 50 Jahre BVerfG I, 2001, 725; zum „Annahmeverfahren“ *Uerpmann* FS 50 Jahre BVerfG I, 2001, 673.

[270] § 63 Abs. 2a, § 64 Abs. 1 u. 2 GO des BVerfG; dazu *Gusy* FS 50 Jahre BVerfG I, 2001, 641 (667 ff.).

[271] *Scherzberg/Mayer* Jura 2004, 663.

[272] BVerfGE 54, 53 (64 f.); 19, 377 (389).

[273] BVerfGE 62, 338 (343); stRspr; stellvertretend *Gusy* FS 50 Jahre BVerfG I, 2001, 641 (663 ff.); *Lechner/Zuck* in Lechner/Zuck BVerfGG-Komm. § 90 Rn. 90–112.

offensichtlich **objektiv willkürlich** (Art. 3 Abs. 1) „auslegen" oder die entscheidungserheblichen Tatsachen willkürlich (Art. 3 Abs. 1) verfahrensfehlerhaft feststellen (ausbrechende Richterakte)[274]. Nur dann ist eine verfassungsgerichtliche Prüfung der fachrichterlichen Auslegung, Tatsachenfeststellung und Würdigung des Einzelfalls erlaubt, aber auch geboten.[275]

Es geht hier um die **Abgrenzung der Letztentscheidungskompetenzen** von BVerfG einerseits und den obersten Gerichtshöfen des Bundes andererseits. Das BVerfG ist **weder rechtlich noch faktisch dafür ausgestattet, die Aufgaben eines Revisionsgerichts zu übernehmen.** Es gehört aber zu seiner Funktion zu entscheiden, ob die Gerichte ihre Grundrechtsbindung nach Umfang und Intensität beachtet haben. Dies spricht dafür, das Thema schon bei der Zulässigkeit der Verfassungsbeschwerde einzuordnen. Wird nämlich allein die Fehlerhaftigkeit einer (gemessen an den anerkannten Auslegungsmethoden) objektiv nicht willkürlichen und nicht dem Übermaßverbot widersprechenden, also materiell vertretbaren Auslegung oder Anwendung eines verfassungsgemäßen Gesetzes gerügt, fehlt es schon an der Organkompetenz des BVerfG. Außerdem fehlt die Beschwerdebefugnis, weil die Möglichkeit einer Grundrechtsverletzung nicht schon dann besteht, wenn eine nur einfachgesetzlich andere und vielleicht besser vertretbare („richtige") Auslegung oder Anwendung möglich ist. 120

Bloß „einfachgesetzlich falsche" Entscheidungen der Fachgerichte sind nicht schon deshalb verfassungswidrig. Es trifft schon im Ansatz nicht zu, dass die richterliche Rechtserkenntnis und die Anwendung von Gesetzen stets oder auch nur überwiegend „Verfassungsanwendung" sind.[276] Das GG ist sehr weit und offen; andernfalls hätte auch der „Gesetzgeber" keinen weiten Gestaltungsraum. Soweit der **„einfache" Gesetzgeber** regeln darf, **sind grundsätzlich die „Fachgerichte" zur Letztentscheidung** berufen. 121

Im Übrigen verhelfen weder hypothetische Maximen noch Gesichtspunkte der Eingriffsintensität zur abstrakt-generellen Klärung der Letztentscheidungskompetenz. Wenig brauchbar ist die von Ekkehard Schumann[277] als Kriterium erarbeitete Frage, ob die vom Fachgericht konkretisierte und als Maßstab zugrunde gelegte Norm vom Gesetzgeber ohne Grundrechtsverstoß erlassen werden könnte **(„Schumannsche Formel").** Sie erfasst nur fachgerichtliche Obersätze, führt zu einer hypothetischen Normenkontrolle und hängt auch von sprachlichen Zufälligkeiten bei der Bildung des Obersatzes ab. Gebräuchlicher, aber wenig weiterführend ist die auf Karl Heck[278] zurückgehende Frage, ob das angegriffene Urteil auf einer grundsätzlich unrichtigen Anschauung von der Bedeutung des Grundrechts beruht, insbesondere auf einer Fehleinschätzung des Umfangs und der Intensität des Grundrechtsschutzes oder des Gewichts des Fehlers für den konkreten Rechtsfall **(„Heck'sche Formel").** Dies nähert sich schon dem häufig gebrauchten Merkmal der „Eingriffsintensität" an, das auf die Nachhaltigkeit des Eingriffs in die Grundrechtssphäre abstellt.[279] Immerhin bieten diese Ansätze Wer- 122

---

[274] Zum „ausbrechenden Richterakt" → Art. 97.

[275] BVerfGE 63, 266 (297).

[276] *Gusy* FS 50 Jahre BVerfG I, 2001, 641 (663 ff.).

[277] *Schumann,* Verfassungs- und Menschenrechtsbeschwerde gegen richterliche Entscheidungen, 1963, 179 ff., weiterentwickelt von *Steinwedel,* „Spezifisches Verfassungsrecht" und „einfaches Recht", 1976, 91 ff.

[278] Von *Heck* als Berichterstatter entwickelt in BVerfGE 18, 85 (92 f.).

[279] Stellvertretend BVerfGE 98, 365 (389); 82, 272 (280 f.); *Scherzberg,* Grundrechtsschutz und „Eingriffsintensität", 1989, 23 ff., 224 ff.

tungsgesichtspunkte, welche die Ausübung der faktischen „Kompetenz-Kompetenz" des BVerfG über die Letztentscheidungsbefugnis im Einzelfall ein wenig überprüfbar machen.

VIII. Kommunalrechtliche Verfassungsbeschwerde (Abs. 1 Nr. 4b)

123 **Abs. 1 Nr. 4b** verleiht[280] den Gemeinden und Gemeindeverbänden eine **Verfassungsbeschwerde** wegen **Verletzung des Rechts auf Selbstverwaltung** aus Artikel 28 Abs. 2 durch ein **Gesetz,** bei Landesgesetzen jedoch nur, soweit nicht Beschwerde beim Landesverfassungsgericht erhoben werden kann.

124 Im Rahmen einer **Kommunalverfassungsbeschwerde** können andere Verfassungsnormen als Art. 28 Abs. 2 nur insoweit als Prüfungsmaßstab herangezogen werden, als sie ihrem Inhalt nach das verfassungsrechtliche Bild der Selbstverwaltung mitzubestimmen geeignet sind.[281] Die Rüge einer Verletzung von Art. 84 Abs. 1 oder Vorschriften über die Gesetzgebung des Bundes können nur in dem Rahmen erhoben werden, den der Garantiegehalt des Art. 28 Abs. 2 eröffnet; sie ist akzessorisch.

125 Geschieht der **Eingriff durch Landesgesetze,** besteht diese Möglichkeit nur, soweit eine Beschwerde beim **LVerfG** nicht erhoben werden kann (Subsidiarität). Das Verfahren ist ausgestaltet in **§§ 13a, 91, 90–95 BVerfGG.**[282]

126 Man streitet, ob dieser Rechtsbehelf „Verfassungsbeschwerde" oder „abstrakte Normenkontrolle mit gegenständlich begrenzter Antragsbefugnis"[283] oder „Bund-Länder-Streit" heißen sollte.[284] Das Gesetz hat ihn wie eine GR-Verfassungsbeschwerde ausgestaltet. Da aus **Rechtsbegriffen** neue Rechtsfolgen nicht gewonnen werden können, kommt es auf die „Richtigkeit" der Benennung nicht an, sondern nur auf ihre Zweckmäßigkeit und Klarheit. Die Beschwerde ist der prozessuale „Flankenschutz" gegen Direkteingriffe der Legislative. Rechtsschutz gegen **konkrete Vollziehungsakte** gewährt die Verwaltungsgerichtsbarkeit. Gegen Steuerung und Planung in Gesetzesform hilft diese Beschwerde.[285]

127 **Beschwerdefähig** sind nur **Gemeinden** und Gemeindeverbände mit eigener Zuständigkeit für „örtliche Angelegenheiten", nicht aber kommunale Zweckverbände. Soweit **Gemeinden GR-Träger** sind,[286] verdrängt die allgemeine Verfassungsbeschwerde die kommunale Beschwerde.[287] **Prüfungsgegenstand** sind Parlamentsgesetze und vor allem auch RVO und Raumordnungspläne.[288] **Prüfungsmaßstab** ist die Selbstverwaltungsgarantie (Art. 28 Abs. 2). Hierzu gehören auch alle Rechtsregeln des GG, soweit sie den Inhalt der gemeindlichen Selbstverwaltung ausgestalten oder ihre Einordnung in die Verfassungsordnung mitbestimmen.[289] Die **Beschwerde-**

---

[280] Schon § 184 der Paulskirchenverfassung gewährte den Gemeinden als „Grundrechte ihrer Verfassung" abgezählt die „Grundrechte", die heute in Art. 28 Abs. 2 S. 1 generalklauselartig umschrieben sind.

[281] BVerfGE 119, 331 (357).

[282] Dazu *Robbers* JuS 1994, 129; *Ipsen* NdsVBl. 2005, Sonderheft, 16.

[283] *Stern,* StaatsR II, 1980, 1023 f.

[284] *Burmeister* JA 1980, 17 (22).

[285] *Blümel* VerwArch 84 (1993), 123; BVerfGE 86, 90, dazu *Mecking* JA 1993, 345.

[286] BVerfGE 61, 62 (100).

[287] Vgl. *Bethge* Jura 1993, 545.

[288] BVerfGE 110, 370 (383); 78, 331 (340); *Kment* DVBl. 2004, 214.

[289] BVerfGE 71, 25 (37).

befugnis muss schlüssig dargelegt werden. Hierzu gehört auch, dass sich aus dem Vorbringen die **gegenwärtige und unmittelbare Selbstbetroffenheit** ergibt.

Gegen **Gesetze des Landesrechtskreises** kann Beschwerde zum BVerfG nur lückenfüllend erhoben werden, soweit eine solche beim LVerfG nicht möglich ist. Der Rechtsschutz vor dem **LVerfG** muss gerade dem Schutz des Selbstverwaltungsrechts dienen. Diese Rechtssatzverfassungsbeschwerde ist auch gegenüber einem Normenkontrollverfahren subsidiär, weil alle Arten vom Staat erlassener abstrakt-genereller Rechtsnormen, die Außenwirkung gegenüber Gemeinden entfalten, ihr Angriffsgegenstand sein können.[290] 128

IX. Entscheidung über den Parteistatus einer Vereinigung (Abs. 1 Nr. 4c)

Das BVerfG entscheidet auch über Beschwerden von Vereinigungen gegen ihre **Nichtanerkennung als Partei für die Wahl zum Bundestag.** Das „Nichtanerkennungsverfahren ist in **§§ 13 Nr. 3a, 96a bis 96d BVerfGG** geregelt. Danach sind Beschwerdeberechtigt Vereinigungen und Parteien, denen die **Anerkennung als wahlvorschlagsberechtigte Partei** nach § 18 Absatz 4 des BWahlG versagt wurde. Damit können Vereinigungen, die vom Wahlausschuss abgelehnt wurden, weil er sie nicht als Partei ansah, und die deshalb keine Wahlvorschläge wirksam einreichen konnten, schon rechtzeitig vor der Wahl durch das BVerfG klären lassen, ob sie teilnahmeberechtigte Parteien sind. Das richtet sich materiell ua nach § 2 ParteiG. Danach sind Parteien Vereinigungen von Bürgern, welche die dort genannten Kriterien einer Partei erfüllen. **Abs. 1 Nr. 4c** schließt eine Rechtsschutzlücke. Eine nachträgliche Wahlprüfung wird hiervon nicht berührt. 129

X. Sonstige Zuständigkeiten (Art. 93 Abs. 1 Nr. 5 und Abs. 3)

Nach Art. 93 Abs. 1 Nr. 5 „entscheidet“ das BVerfG in den übrigen **im GG** vorgesehenen Fällen. Hierbei handelt es sich nicht um einen als solchen rechtlich überflüssigen Hinweis auf anderweitig begründete Kompetenzen. Vielmehr wird alles, was dem BVerfG im GG als Aufgabe zugewiesen ist, ihm als Teil **gerade seiner Rechtsprechungsaufgabe** zugeordnet. In diesem Sinne entscheidet das BVerfG: 130

Über die Verwirkung von Grundrechten **(Art. 18),** ein Parteiverbot **(Art. 21 Abs. 2),** über Wahlprüfungsbeschwerden **(Art. 41 Abs. 2),** eine Präsidentenanklage **(Art. 61 Abs. 1),** die bundesstaatliche Mängelrüge **(Art. 84 Abs. 4),** über Richteranklagen **(Art. 98 Abs. 2 u. 5),** als Landesverfassungsgericht kraft Organleihe **(Art. 99),**[291] über die Verwerfung von nachkonstitutionellen Parlamentsgesetzen **(Art. 100 Abs. 1),** über Geltung und Inhalt von Regeln des Völkerrechts als Bestandteil des Bundesrechts **(Art. 100 Abs. 2),** über landesverfassungsgerichtliche Divergenzvorlagen **(Art. 100 Abs. 3)** und über die Fortgeltung von Recht als Bundesrecht **(Art. 126).** Vgl. die Aufzählung in **§ 13 Nr. 1 bis 14 BVerfGG.** 131

Nach **Art. 93 Abs. 3** (§ 13 Nr. 15 BVerfGG) „wird“ das BVerfG ferner in den ihm sonst **durch Bundesgesetz** zugewiesenen Fällen „tätig“.[292] Der 132

[290] BVerfGE 76, 107.
[291] BVerfGE 120, 82 (101).
[292] BVerfGE 121, 266 (290 f.).

Bundesgesetzgeber ist also ermächtigt, dem BVerfG weitere Streitentscheidungskompetenzen zuzuweisen. Wegen des schon in Art. 92 enthaltenen Verbots, die Rechtsprechungsorganisationen („Gerichte") im Wege der Aufgabenzuweisung derart auszugestalten, dass die Richteramtswalter die ihnen kraft Verfassung zugewiesenen Rechtsprechungsaufgaben nicht effektiv wahrnehmen können, ist die Zuweisungskompetenz von vornherein begrenzt und dürfte sich auf besondere, gerade mit der Verfassungsrechtsprechung zusammenhängende Aufgaben beschränken. Im Übrigen hat der Verfassungsgeber die in Art. 95 Abs. 1 genannten Fachgebiete nicht dem BVerfG, sondern den obersten Gerichtshöfen des Bundes zugeordnet.[293] Von der Ermächtigung ist mehrfach Gebrauch gemacht worden.[294]

C. Kritische Würdigung

133 Art. 93 Abs. 1 legt die Rechtsprechungsaufgaben und -pflichten des BVerfG fest. Er schreibt eine Verfassungsgerichtsbarkeit vor, die sich in 70 Jahren überwiegend als Stütze des demokratischen Rechtsstaats erwiesen hat. Den Versuchungen der Macht, des Zeitgeistes und der eigenen politischen Wünsche ist sie immer stärker ausgesetzt und leider manchmal auch schon erlegen. Daher bedarf sie ständiger kritischer Begleitung und einer Richterschaft, die zuhört.[295]

134 Wegen seiner Letztbeurteilungsmacht in verfassungspolitischen Grundfragen des Gemeinwesens steht das BVerfG **punktuell, politisch, nicht verfassungsrechtlich, über allen anderen Staatsorganen.** Ein politischer, verfassungsgerichtlich originärer **Jurisdiktionsstaat droht noch nicht,** eher ein richterlicher Abbau des GG-Staats. Zudem weisen die Ereignisse des letzten Jahrzehnts in die Richtung, dass „Karlsruhe" zunehmend unter bestimmenden Einfluss der von Minderheiten in selbst ernannten „Eliten" getriebenen Politik und von wirtschaftlichen Großinteressen gerät. Mit den jüngsten Entscheidungen zur GR-Kontrolle deutscher Staatsakte, die in Anwendung nicht völlig determinierten sekundären EU-Rechts ergehen, hat das Gericht eine von ihm selbst (rechtswidrig) eröffnete GR-Schutzlücke wieder geschlossen, allerdings nur iVm seiner eigenmächtig übernommenen Rolle als Gerichtshof für EU-GR. Hier müsste der Verfassungsgesetzgeber den Art. 93 Nr. 4a ergänzen. Immerhin prüft das Gericht jetzt wieder GR-Schutz gegen EU-Akte. Die Präzisierung der Überprüfung des primären, insbesondere aber auch des sekundären **EU-**Rechts zeigt die eigentlich nach dem GG maßgeblichen Grenzen des sog „Anwendungsvorrangs des EU-Rechts. Sie sind zugleich die wichtigsten grundgesetzlichen Schranken gegen die Abschaffung des GG mittels Verfassungsdurchbrechungen zugunsten eines weithin „demokratie- und verantwortungsfrei" organisierten Staatenverbundes. Dieser zeichnet sich nach dem **„Brexit-Desaster"**[296] durch eine Anzahl von Mitgliedstaaten aus, die populistisch-nationalistisch- diktatorisch „illiberale Demokratien", ein Widerspruch in

[293] Vgl. *Stern* in BK Rn. 851 f.

[294] S. die Darstellung bei *Stern* in BK Rn. 837–850.

[295] Vgl. *Voßkuhle* JZ 2009, 917.

[296] Dieser ist Symptom und Folge einer grundlegenden Änderung in Europa und weithin in der Welt. Die „westlichen Werte" wurden in der Staatenwelt verkündet, aber kaum gelebt. Jetzt schwindetinternational die Resonanz. Dazu: *Di Fabio,* Schwankender Westen, 2018, 15 ff.

sich, sind[297] und denen zB auch rechtsstaatliche Grundsätze, Menschenwürde und solidarische Zusammenarbeit wenig bedeuten. Es wird wichtig vorzubeugen, dass das Verdunsten der scheinbaren „Wertegemeinschaft“ EU nicht auf die Wertordnung des GG durchschlägt.

Der „soziale Rechtsstaat“ iSd GG (Art. 20, 28 Abs. 1 S. 1), in dem das Recht der Politik und den Wirtschafts- und Finanzinteressen vorgeht, wird derzeit ebenso heftig angegriffen wie die repräsentative Demokratie und erst recht die verfassungsgebende Gewalt des deutschen Volkes. Diese ist keine „Ideologie“, sondern – entgegen „postdemokratischen“ Attacken – das Fundament dieses Staates und der Demokratie. Wird „Karlsruhe“ hier „gefügig“, ist auch die zweite deutsche Republik, bedrängt von autoritären Ideologien, bald am Ende. Der verfassungspolitischen Frage ist hier nicht nachzugehen. **135**

Positiv-verfassungsrechtlich fehlt eine **demokratische Rückbindung** der Entscheidungen des Gerichts insbesondere über Parlamentsgesetze.[298] **„Wesentliches“ muss der (Verfassungs-)Gesetzgeber, nicht das BVerfG entscheiden.** Aber es ist nur schwer vorstellbar, wie eine handhabbare Regelung aussehen könnte, die die Aufgabe des BVerfG nicht zu sehr beeinträchtigen würde. Allerdings steht eine Änderung des Art. 93 dem Verfassungsgesetzgeber offen. **136**

Einfachgesetzlich fehlt eine hinreichende materiell-rechtliche Regelung der Rechtsfolgen, wenn die **Verfassungswidrigkeit** eines **Parlamentsgesetzes** festgestellt wird. **Rechtsmethodisch** ist das BVerfG inzwischen in erheblichem Umfang „Argumentationstheorien“, „Abwägungslehren“ und „Kompensationsanschauungen“ nahegekommen, die eine „unbegrenzte Einlegung“ erlauben. Einige richterliche „Begriffsschöpfungen“ führen strikt vom GG weg. **137**

Im Grundrechtsbereich sind zwar gewisse Argumentationsschemata erkennbar, aber ob es sonstige für die Richter – und von diesen anerkannte – verbindliche **Rechtsmaßstäbe** gibt, erscheint zweifelhaft. Eine allzu sehr am Topos der Abwägung orientierte Rechtsprechung des BVerfG könnte die dem positiven Recht eigene Verbindlichkeit als Regelgefüge (weiter) verschleißen. Eine Rückbesinnung auf die für die Rechtsprechung entscheidende kategoriale Erfassung der Gesetze, auch des GG, als Regeln hat wohl angefangen.[299] Im Ergebnis weisen die funktionell-rechtlichen Erwägungen von *Rinken*[300] in die richtige Richtung. Allerdings sah sich eine überstimmte Minderheit von Richtern in einer „abweichenden Meinung“ sogar gezwungen, festzustellen: „Die Senatsmehrheit hat sich damit – objektiv betrachtet – der Bindung an Recht und Gesetz entzogen.“[301] **138**

Die Stimmen, die vor den Eigenwilligkeiten und der Macht des BVerfG **warnten,** sind in den Jahren bis zur Finanz- und jetzigen Staatsschuldenkrise ruhiger geworden. Gleichwohl sind sie in Erinnerung zu behalten. So wurde angemahnt, das BVerfG sei nicht zur „Supergesetzgebung“[302] berufen. Bedenklich sei, wenn das BVerfG in seinen Entscheidungsgründen selbst positiv gestalte; das sei ein „Übergriff in den Kompetenzbereich des Gesetz- **139**

---

[297] Auch in Deutschland gibt es solche Entwicklungen: *Koppetsch,* Die Gesellschaft des Zorns. Rechtspopulismus im globalen Zeitalter, 2019.

[298] Vgl. *Steiner* DVP 2004, 177.

[299] BVerfGE 109, 190 (252); kritischer als hier *Offenloch* JZ 1992, 438.

[300] *Rinken* in AK Vor Art. 93 Rn. 106–126.

[301] Vgl. für den Bereich der Kontrolle prozessualer Willkür *Höfling* JZ 1991, 955.

[302] *Hesse* JZ 1995, 265 (267).

gebers".[303] Es dürfe bei der Überprüfung gerichtlicher Entscheidungen das im konkreten Fall anzuwendende einfache Recht nicht dem Regime des Verfassungsrechts und damit dem eigenen des BVerfG unterwerfen, weil dies einen zu hohen Preis haben könne. Schon der **Gesinnungswandel eines Richters oder eine Neubesetzung im BVerfG** könne der Grund sein, **„wenn aus Unrecht Recht wird".**[304] **„Wie mit Worten das Recht verändert werde", sei am Beispiel des BVerfG zu erkennen,** das „als Motor des Zeitgeistes ungeeignet" sei.[305] Ua im Recht der Presse- und Meinungsfreiheit werde die Frage „Quis judicabit?" vom BVerfG nicht funktions- und sachgerecht beantwortet.[306] Die Aushöhlung des in der Menschenwürde wurzelnden Schutzes der Ehre wurde jüngst etwas zurechtgerückt, als eine Kammer eine Prüfungsfolge für Verletzungen der Meinungsfreiheit vorstellte.[307]

140 Dieser Staat braucht ein BVerfG mit ungebrochenem Ansehen. Deshalb, und weil es sonst niemand mit direkter Wirkung tun kann, müssen die Richter des BVerfG selber darauf achten, dass das Gericht in Gewaltenteilung und Gewaltenkontrolle eingeordnet bleibt. Ferner muss das Gericht seine Verfassungs- und Gesetzesbindung auch methodisch akzeptieren und seine nur deswegen bestehende Unabhängigkeit auch in „Krisenzeiten" wahren. Nach Art. 93 und durchgehend im GG ist das BVerfG entgegen der von ihm früher benutzten und auch hier irreführenden Bildersprache des ***C. Schmitt***[308] kein „Hüter der Verfassung", sondern, GG-normativ betrachtet, einer der **wichtigsten Diener des GG.** Zu hoffen bleibt, dass jener ihm treu bleibt.

141 Das **BVerfG** steht faktisch wegen seiner Letztentscheidungskompetenz über das GG an der **Spitze des Rechtsstabes.** Es kontrolliert den Zufluss von „neuem Recht", das im politischen System geschaffen wird; es kann auch die Rechtsfortbildung innerhalb des Rechtssystems beschränken oder vorantreiben. Außerdem befindet es sich an einer der Schleusen der Entwicklung eines EU-europäischen Rechtssystems. Da muss um jenes Mindestmaß an „Bürgernähe"[309] gerungen werden, die gerade auch ein solch mächtiges Gericht braucht.

Literatur

K. Adler, Alle Macht den Kammern? Die Kompetenzverteilung zwischen Senaten und Kammern im Annahmeverfahren und ihre praktische Handhabung am Bundesverfassungsgericht, 2013. – ***R. Allewedt,*** BVerfG und Fachgerichtsbarkeit, 2006. – ***R. Grote,*** Der Verfassungsorganstreit, 2010. – ***Ch. Gusy,*** Die Verfassungsbeschwerde, FS 50 Jahre BVerfG I, 2001, 641. – ***W. Heun,*** Normenkontrolle, FS 50 Jahre BVerfG I, 2001, 615. – ***M. Jestaedt/O. Lepsius/Chr. Möllers/Chr. Schönberger,*** Das entgrenzte Gericht, Eine kritische Bilanz nach 60 Jahren BVerfG, 2011. – ***M. Kau,*** United States Supreme Court und BVerfG, 2007. – ***H. Kelsen,*** Wesen und Entwicklung der Staatsgerichtsbarkeit, VVDStRL 5 (1929), 30. – ***W. Krebs,*** Kontrolle in staatlichen Entscheidungsprozessen, 1984. – ***F. V. Lange,*** Stärkung von Verfassungsgerichtsbarkeit und Grundrechten in Frankreich, DVBl 2008, 1427. – ***J. Pietzcker,*** Organstreit, FS 50 Jahre BVerfG I, 2001, 587. – ***P. Selmer,*** Bund-Länder-Streit, FS

[303] AbwM des Richters Böckenförder zum Beschl. des 2. Senats v. 22.6.1995, BVerfG NJW 1995, 2615 (2620) = BVerfGE 93, 121 ff., abw. Meinung ab S. 149 ff.
[304] *Schroeder,* FAZ Nr. 104 v. 5.5.1995, 16.
[305] *Rüthers,* FAZ Nr. 132 v. 9.6.1995, 10.
[306] *Ossenbühl* JZ 1995, 633 (640 f.).
[307] BVerfG, Stattgeb. Kammerbeschl. vm 19.5.2020 – 1 BvR 362/18, juris.
[308] Dazu *Kodalle* Der Staat 58 (2019), 171 ff.
[309] *Zuck* DÖV 2008, 322.

50 Jahre BVerfG I, 2001, 563. – ***H. Triepel,*** Wesen und Entwicklung der Staatsgerichtsbarkeit, VVDStRL 5 (1929), 2. – ***K. Uerpmann,*** Annahme der Verfassungsbeschwerde zur Entscheidung, FS 50 Jahre BVerfG I, 2001, 673. – ***A. Voßkuhle/ Ch. Bumke/F. Meinel,*** Verabschiedung und Wiederentdeckung des Staates im Spannungsfeld der Disziplinen, Beiheft 21 zu Der Staat, 2913. – ***H.A. Wegewitz,*** Verfassungsunmittelbare Bindungswirkung abstrahierbarer Auslegungen des GG, 2003.

Art. 94 [Bundesverfassungsgericht, Zusammensetzung]

(1) [1]Das Bundesverfassungsgericht besteht aus Bundesrichtern und anderen Mitgliedern. [2]Die Mitglieder des Bundesverfassungsgerichtes werden je zur Hälfte vom Bundestage und vom Bundesrate gewählt. [3]Sie dürfen weder dem Bundestage, dem Bundesrate, der Bundesregierung noch entsprechenden Organen eines Landes angehören.

(2) [1]Ein Bundesgesetz regelt seine Verfassung und das Verfahren und bestimmt, in welchen Fällen seine Entscheidungen Gesetzeskraft haben. [2]Es kann für Verfassungsbeschwerden die vorherige Erschöpfung des Rechtsweges zur Voraussetzung machen und ein besonderes Annahmeverfahren vorsehen.

Weimarer Reichsverfassung von 1919

Art. 108. Nach Maßgabe eines Reichsgesetzes wird ein Staatsgerichtshof für das Deutsche Reich errichtet.

Übersicht

A. Allgemeine Bedeutung

1 Das Gebot, ein **„BVerfG" als Bundesgericht** zu **errichten,** ist schon in **Art. 92** enthalten. Dessen **Aufgaben** sind in **Art. 93** umschrieben. Regelungsthemen des Art. 94 sind **Organisation** und **Verfahren** des BVerfG.[1]

2 **Art. 94 Abs. 1**[2] gibt iW vor: Das **BVerfG** besteht aus **Richtern** als seinen **Mitgliedern, wie alle Gerichte unter dem GG.** Von ihnen müssen einige **Bundesrichter** sein. Deren Zahl ist nicht vorgeschrieben, sie muss aber zur Vermittlung spezifisch bundesrichterlicher Erfahrungen erheblich sein. Das GG schreibt nicht vor, dass die anderen Mitglieder die Befähigung zum Richteramt haben müssen. Dies verlangt § 3 Abs. 2 BVerfGG. Das ist gerechtfertigt, da nicht denkbar ist, dass die zumeist besonders komplexen Rechtsprobleme, die dem BVerfG vorgetragen werden, ohne diese Befähigung sachgerecht bearbeitet werden können.[3] Die

[1] Zum Folgenden vgl.: *Säcker,* Das Bundesverfassungsgericht, 2003.

[2] Der Text liegt in dieser Form seit dem 19. G zur Änderungs des GG v 29.1.1969 (BGBl. I 97) vor; durch dessen Art. 1 Nr. 2 wurde Abs. 2 S. 2 angefügt.

[3] Zutreffend *Wieland* in Dreier Rn. 8.

Mitglieder des Gerichts sind **je zur Hälfte von BT bzw. BR zu wählen**[4] (anders Art. 95 Abs. 2 GG). Sie dürfen neben diesem Richteramt kein Amt in einem obersten Staatsorgan des Bundes oder eines Landes innehaben **(Inkompatibilität).**

Art. 94 Abs. 2 gibt dem einfachen Bundesgesetzgeber auf, das für das BVerfG maßgebliche **Gerichtsverfassungs- und Prozessrecht** durch **einfaches Bundesgesetz** zu regeln. Es muss wenigstens für eine Art von Entscheidungen **Gesetzeskraft vorsehen,** also Allgemeinverbindlichkeit des Entscheidungsausspruchs im Range eines Bundesgesetzes. Der BT hat selbst zu bestimmen, in welchen Fällen sie eintreten soll. Ferner darf der BT die Zulässigkeit einer **Verfassungsbeschwerde** (Art. 93 Abs. 1 Nr. 4a und b)[5] von der **Rechtswegerschöpfung** abhängig machen[6]. Außerdem ist er befugt, ein besonderes **Annahmeverfahren** vorzusehen, mithin das BVerfG zu ermächtigen, nach im Bundesgesetz zu bestimmenden Kriterien[7] selbst darüber zu entscheiden, ob der zuständige Senat des BVerfG in voller Besetzung (oder durch eine Kammer) über eine Verfassungsbeschwerde überhaupt entscheiden muss. Damit wird ua aus Überlastungsgründen der prozessrechtliche Grundsatz durchbrochen, dass ein gesetzlicher Richter (nur dann und nur soweit) ermächtigt und verpflichtet ist, über ein Rechtsmittel zur Sache zu entscheiden, wenn es zulässig ist. Hingegen muss das BVerfG über eine zulässige Verfassungsbeschwerde nur entscheiden, wenn es zusätzlich die Annahmevoraussetzungendes § 93a BVerfGG bejaht. 3

Nach Art. 94 Abs. 2 S. 1 hat der Bund (Art. 74 Abs. 1 Nr. 1 verdrängend) die **ausschließliche Gesetzgebungskompetenz,** Verfassungs und Verfahren dieses Gerichts zu regeln. Für die **VerfG der Länder** folgt dies aus deren eigener Staatlichkeit.[8] Das **BVerfGG** konkretisiert diese Themen und gestaltet sie aus. Auch das geschieht zumeist so, dass dem BVerfG ein Auslegungs- und Gestaltungsspielraum verbleibt. 4

Die **Richter** des BVerfG sind nur dem Gesetz unterworfen und deshalb sachlich und persönlich **unabhängig (Art. 97).** Die Mitwirkung von **Bundesrichtern** (Berufsrichtern an den obersten Gerichtshöfen des Bundes) soll dem Gericht ein Mindestmaß an richterlich-professioneller Fachkompetenz sichern.[9] Sie sollen den ihnen eigenen besonderen Erfahrungsschatz und die damit verbundenen Kenntnisse und Fähigkeiten in die Senate einbringen.[10] Die **„anderen Mitglieder"** müssen die Befähigung zum Richteramt haben, können aber aus beliebigen Berufen kommen.[11] 5

Die Festschreibung der **Wahlgremien** (BT und BRat jeweils als Organ) ermöglicht vor allem den Hauptbetroffenen der Rechtsprechungskompeten- 6

[4] Das ist endlich nach langem Zögern nicht zuletzt auf Werbung durch den PräsBT aD *Lammert* rechtswirklich geworden; der problematische „Wahlausschuss" des BT wurde ein „vorbereitendes" Gremium.

[5] §§ 90–95 BVerfGG.

[6] § 90 Abs. 2 BVerfGG.

[7] §§ 93a–93d BVerfGG.

[8] BVerfGE 96, 345 (368).

[9] Nach § 2 Abs. 2 BVerfGG je Senat drei Bundesrichter, die jeweils zuvor wenigstens drei Jahre am obersten Gerichtshof gedient haben sollen.

[10] BVerfGE 65, 152 (157).

[11] § 3 Abs. 2 BVerfGG; weitere persönliche Voraussetzungen für alle Kandidaten: Nach § 3 Abs. 1 BVerfGG müssen sie wenigstens 40 Jahre alt und zum BT wählbar sein, sowie sich zur Amtsübernahme bereit erklärt haben. Natürlich gilt (theoretisch und als Argumentationshülse) auch Art. 33 Abs. 1–3.

zen des BVerfG, die Einstellungspolitik zu gestalten und dadurch einer von ihnen nicht gewünschten Entwicklung der Rechtsprechung des BVerfG entgegenzuwirken. Die **Richterwahl**[12] dient der sog. demokratischen, bundesstaatlichen und politischen **Legitimation.** Sie wird dem BVerfG durch die Wahlorgane BT und BRat sowie mittels Ernennung durch den BPräs[13] vermittelt.[14]

7 Der **Verfassungsgeber,** der noch **keine Verfassungsbeschwerde** vorgesehen hatte, konnte in allen in Art. 94 Abs. 1, 2 <jetzt> S. 1 nicht ausdrücklich geregelten Fragen **keine Einigung** erzielen. Er hielt eine weitere Klärung der Fragen auf Verfassungsebene auch nicht für erforderlich.[15] Er hat sich also „bewusst" auf diese drei Grundnormen beschränkt. Daher hat der **BT** ggf. auch bei wesentlichen Änderungen dieser Regeln grundgesetzlich denselben grundgesetzlichen Entscheidungsraum.

8 Eine **„originäre Geschäftsordnungsautonomie" des BVerfG** erwähnt das GG nicht. § 1 Abs. 3 BVerfGG gibt dem Gericht einfachgesetzlich eine **sekundäre** Autonomie.[16] Sie ist wegen der sehr begrenzten Regelungsdichte des BVerfGG[17] deutlich inhaltsreicher als bei den obersten Gerichtshöfen des Bundes. Sie ist vom Plenum des BVerfG wahrzunehmen, das aus allen Richtern des BVerfG besteht.[18] Auch bezüglich dieses Gerichtsverfassungsrechts steht das allen wirksamen Gesetzen unterworfene (Art. 97 Abs. 1). **BVerfG nicht über (dem GG und) dem einfachen Gesetzgeber,** dem der Verfassungsgeber ausdrücklich deren Regelung durch Bundesgesetz überantwortet hat.

9 Andererseits macht die Garantie (mindestens) einer „Entscheidungen mit Gesetzeskraft" deutlich, dass auch der parlamentarische **Gesetzgeber** (wegen seiner eigenen Verfassungsbindung) **nicht** in jeder Hinsicht **über dem BVerfG** steht. So ist auch Art. 94 als scheinbar bloß formell-rechtliche Norm Ausdruck dafür, dass das Grundgesetz über die strikte rechtliche **Funktionentrennung** hinaus („Kant") eine machtpolitische **Gewaltenteilung** („Montesquieu") in einem möglicherweise spannungsreichen Miteinander der wohl unterschiedenen Staatsorgane anstrebt.

10 **Verfassung des Gerichts**" meint seine Gerichtsverfassung. Sie umfasst seine Rechtsstellung im Staatsaufbau,[19] seine Rechtsprechungsaufgaben,[20] Rechtsprechungsorganisation,[21] und Geschäftsverteilung,[22] Wahl, Ernennung

---

[12] §§ 5–9 BVerfGG.

[13] § 10 BVerfGG.

[14] BVerfGE 40, 356 (366).

[15] Vgl. JöR nF I 682 ff; *Stern,* StaatsR II, 1980, § 32 337 ff.

[16] Vgl. die gleichlautende Geschäftsordnungsautonomie des Plenums des BGH und, in entsprechender Anwendung, der anderen obersten Gerichtshöfe des Bundes in § 140 GVG; BVerfGE 6, 300; 60, 175; 88, 382; *Weiland* FS f. Mahrenholz, 1994, 885; *Roellecke* in HsbStR III § 67 Rn. 16 f.

[17] „Nur sehr lückenhafte Regelungen", so *Walter* in Maunz/Dürig Rn. 1.

[18] S. GO des BVerfG v. 19.11.2014, (BGBl. 2015 I 286).

[19] § 1 Abs. 1 BVerfGG: „Das BVerfG ist ein gegenüber allen übrigen Verfassungsorganen selbständiger und unabhängiger Gerichtshof des Bundes." Hier wird das BVerfG einfachgesetzlich als „Verfassungsorgan" anerkannt, ein Ausdruck, den das GG nicht gebraucht.

[20] § 13 BVerfGG: „Zuständigkeiten" des Gerichts; § 16: Plenarentscheidungen bei Divergenz.

[21] § 1 Abs. 1 BVerfGG: „Das BVerfG ist ein gegenüber allen übrigen Verfassungsorganen selbständiger und unabhängiger Gerichtshof des Bundes." Hier wird das BVerfG einfachgesetzlich als „Verfassungsorgan" anerkannt, ein Ausdruck, den das GG nicht gebraucht.

[22] § 2 BVerfGG: Zwei Senate zu je acht Richtern; Geschäftsverteilung und Beschlussfähigkeit §§ 14–15a BVerfGG; mindestens sechs Richter des Senats oder gesetzlich ermittelte

und Entlassung der Richter,[23] Wahl des Präsidenten und Vizepräsidenten[24] und die Gerichtsverwaltung (Gerichtsbehörde).

Unter **„Verfahren des Gerichts"** ist das für seine Spruchstellen (Senate, 11
Kammern) verbindliche Prozessrecht zu verstehen.[25] Das **BVerfG** ist befugt, die Gültigkeit (Verfassungsmäßigkeit) des im BVerfGG geregelten Organisations- und Verfahrensrechts selbst zu prüfen, soweit es gerade dafür grundgesetzliche Vorgaben für den BT gibt, und darf sie ggf. auch verwerfen. Da es gegen Entscheidungen des BVerfG keine andere Abhilfe [26]gibt, kommt dem Gericht verfassungsrechtlich unvermeidbar die **rechtswirksame Macht** zu, seine Organisation und sein Verfahren „lückenfüllend" selbst zu bestimmen. Insoweit kann von einer verfassungsfunktionalen und **subsidiären Geschäftsordnungs-** und **Verfahrensautonomie** des BVerfG gesprochen werden.[27]

Der Bundesgesetzgeber ist dem Verfassungsauftrag im Wesentlichen durch 12
das **Bundesverfassungsgerichtsgesetz** v. 12.3.1951[28] idF der Bekanntmachung v. 11.8.1993 (BGBl. I 1473) nachgekommen, das zuletzt durch Art. 4 des G v. 20.11.2019 (BGBl. I 1724) geändert wurde. Dazu gehört auch das **Gesetz über das Amtsgehalt der Mitglieder des Bundesverfassungsgerichts** v. 28.2.1964 (BGBl. I 133), das zuletzt durch Art. 15 Abs. 6 des G v. 5.2.2009 (BGBl. I 160) geändert worden ist.

Das BVerfG hat die Lücken „autonom" gefüllt durch die **GO des BVerfG,** zuletzt v. 19.11.2014 (BGBl. 2015 I 286).

B. Einzelfragen

I. Mitglieder des BVerfG

Zur **Rechtsstellung der Richter des BVerfG** und deren Abgrenzung 13
von derjenigen der anderen Bundesrichter iSv Art. 95, 96 siehe unten bei Art. 98, Rn 4 bis 12. Sie sind **Richteramtswalter** eines ihnen auf Zeit übertragenen[29] konkret-funktionalen Richteramtes, das eigenständig und von jedem anderen Richteramt am BVerfG unabhängig ist.[30] Die **Dienstpflicht,** sich bei der Rechtsprechung ausschließlich dem Gesetz zu unterwerfen (Art. 97 Abs. 1) gilt auch für Richter des BVerfG uneingeschränkt.[31]

Vertreter müssen anwesend sein. Abstimmungsquoren in § 15 Abs. 4 und § 16 Abs. 2 BVerfGG: Grundsätzlich Mehrheit der Mitwirkenden, soweit das Gesetz nichts anderes bestimmt; eine Mehrheit von zwei Dritteln ist erforderlich, wenn bei Verwirkung von Grundrechten, Parteiverbot, Präsidentenanklage oder Richteranklage eine dem Antragsgegner nachteilige Entscheidung ergehen soll. Vgl. *Schmidt* JZ 2003, 133 ff.

[23] §§ 5–8 BVerfGG zur Wahl; §§ 10–12, 98–105 BVerfGG zu Ernennung, Vereidigung, Amtsübernahme, Entlassung und Versetzung in den Ruhestand, § 102 verweist für Versorgungs- und Beihilferecht des Richters des BVerfG ergänzend auf die für Bundesrichter geltenden Vorschriften.

[24] Nach § 9 BVerfGG werden sie im Wechsel von BT und BR gewählt.

[25] Nach § 17 BVerfGG gelten die Titel 14–16 des GVG über Öffentlichkeit, Sitzungspolizei, Gerichtssprache, Beratung, Abstimmung entsprechend.

[26] Es sei denn im Extremfall durch GG-Änderung seitens des Verfassungsgebers, limitiert des Verfassungsgesetzgebers oder nach Art. 20 Abs. 4 GG.

[27] BVerfGE 1, 396 (408); 50, 381 (384).

[28] BGBl. 1951 I 243.

[29] § 4 BVerfGG: 12 Jahre, höchstens bis zur Altersgrenze von 68 Jahren bzw. bis zur Ernennung des Nachfolgers, Wiederwahl ausgeschlossen.

[30] S. dazu *Kischel* in HdbStR III § 69 Rn. 85–88.

[31] Unklar *Stern,* StaatsR II, 1980, § 44 946 f.

14 Nach dem GG ist es zulässig, aber nicht geboten, dass § 2 BVerfGG die Bildung von **zwei Senaten** zu je acht Richterämtern anordnet. Ein Bundesgesetz könnte auch eine grundlegend andere Organisation der Spruchstellen (Richterämter/Spruchkörper) einführen. Daher war die Einführung von Kammern je Senat erlaubt.[32]

15 **Jeder Senat** ist im Rahmen seiner Zuständigkeiten[33] **„das BVerfG" („Zwillingsgericht").**[34] Das **Plenum des BVerfG** trifft nach § 16 BVerfGG auf Divergenzvorlage eine beide Senate bindende Entscheidung.[35] Es gibt innerhalb des BVerfG **keine „Instanzen",** die ein bei einer Kammer oder einem Senat unterlegener Beteiligter anrufen könnte. Das gilt auch für das Plenum.[36] Die Kammer (früher: der Ausschuss) tritt im Rahmen ihrer Kompetenz an die Stelle des Senats und ist insoweit der gesetzliche Richter.[37] Die Senate sind iÜ als Spruchkörper gesetzliche Richter, ebenso wie die Richter, die gesetzlich zur Mitwirkung berufen sind; das gilt für das Plenum und seine Richter ebenso.[38]

II. Wahl der Bundesverfassungsrichter

16 Die Mitglieder „des BVerfG" müssen je zur **Hälfte** vom BT und vom BR direkt gewählt werden.[39] **Bezugspunkt ist die Gesamtzahl der Richter.**[40]. Die eine Körperschaft wählt also mehr Berufsrichter, die andere wählt mehr „andere Mitglieder" in einen Senat.[41] Im **BT** werden die zu Wählenden gem. § 6 Abs. 1 BVerfGG **auf Vorschlag** seines **Wahlausschusses**[42] vom BT direkt und geheim gewählt. Zusammensetzung und Verfahren des Wahlausschusses regelt § 6 Abs, 2 bis 5 BVerfGG. Das BVerfG hatte an der früheren Wahl allein durch den BT-Ausschuss keinen Anstoß genommen,[43] dies manchmal nicht einmal geprüft.[44] Der **BR** wählt gem. § 7 BVerfGG die von ihm zu berufenden Richter mit zwei Dritteln seiner Stimmen. Das **BVerfG** hat auf Aufforderung des ältesten Mitglieds des Wahlausschusses oder des Präsidenten des BR ein die Wahlgremien nicht bindendes **Vorschlagsrecht,** falls nach Ausscheiden eines Richters nicht rechtzeitig gewählt wird.[45] Das in der Öffentlichkeit stets angesprochene **„Besetzungsrecht"** bestimmter Parteien gibt es rechtlich nicht, ist aber, solange eine kleine Zahl an Parteien den Ausschlag gibt, **machtpolitisch** sehr wirksam

17 Das **Wahlverfahren** ist für die Öffentlichkeit **undurchschaubar.** Die **Vorauswahl** der Kandidaten gleicht einer **Geheimsache.** Hier wirken (natürlich nur im Rahmen des Art. 33 Abs. 2) unterschiedliche interessierte Kreise auf die für Richterwahlen Verantwortlichen der Parteien, möglichst

---

[32] § 15a BVerfGG.
[33] § 14 BVerfGG und GO BVerfG.
[34] BVerfGE 1, 14 ff. (29); 2, 79 (95), stRspr.
[35] BVerfGE 2, 79 (90).
[36] BVerfGE 1, 89 (91).
[37] BVerfGE 19, 88 (92); das kann zu kaum lösbaren Problemen führen zB: *Schwabe,* Desaster im Versammlungsrecht; Zwei irreführende Kammerentscheidungen des BVerfG DÖV 2010, 720 ff.
[38] § 16 BVerfGG.
[39] Näher *Koch* ZRP 1996, 41 ff.
[40] BVerfGE 19, 88 (91 f.).
[41] Zur Kritik des Wahlverfahrens auch *Schneider* NJW 1997, 2030.
[42] Näher *Morgenthaler* in BeckOK GG Rn. 3 bis 5.
[43] Ausdrückliche Bejahung der Grundgesetzgemäßheit in BVerfGE 131, 230.
[44] BVerfGE 65, 152 (154 ff.).
[45] § 7a BVerfGG.

auf höchste Führungskräfte und häufig sogar „parteienübergreifend" ein, um einen ihnen genehmen BVerfG-Richter zu bekommen und unangenehme Mitbewerber auch mittels der Medien auszuschalten. Wichtig ist für die „Grobauswahl" ua, ob der Bewerber einer „besetzungsbefugten" Partei rechtzeitig beitreten ist oder aber als „Unparteilicher" gebraucht wird. Sobald sich ein überschaubarer Kandidatenkreis gebildet hat, kann manchmal die Presse Teileinblicke erhalten. Nicht selten wird in höchsten politischen Führungskreisen auch ein „Berufungsfahrplan" beschlossen, der dann auch zur Wahl sonst unbekannter, insbesondere zu versorgender Kandidaten führen kann. Mancher Bewerber kann sich durch „Mehrfachloyalitäten" einen Vorteil verschaffen, aber auch „durchfallen". Gleiches gilt im Übrigen auch für die Wahl von deutschen Richtern zum EuGH, EG und zum EGMR.[46]

Auch die **politische Kritik** ist nicht ungerechtfertigt, die Wahlgremien vollzögen nach der Vorauswahl nur noch Vorentscheidungen, die außerhalb getroffen worden seien. Entscheidend sei der **Parteienproporz;** freigewordene Stellen würden als **Erbhöfe** nur in den eigenen Reihen weitergegeben. Fachliche Qualifikation und föderative Gesichtspunkte seien nachrangig. Die Besetzung des Gerichts spiegele allenfalls die Mitte des durch die etablierten Parteien repräsentierten politischen Spektrums wieder.[47] Es bestehe die Gefahr, eine Gerichtsbesetzung zu schaffen, welche die politischen Machtpositionen der „ausschlaggebenden Minderheit" nicht so leicht in Frage stelle.[48] Es gehe inzwischen um die Besetzung von **„Parteiplanstellen"**, in die auch angeblich Neutrale, aber „Parteinahe" eingebunden seien.[49] 18

Hingegen haben allein schon die **Mehrheitserfordernisse** dazu geführt, dass im Großen und Ganzen juristisch und persönlich befähigte Richter ins Amt kamen. [50] Über die Jahrzehnte lagen die meisten Entscheidungen im Mittelbereich der sich wandelnden Weltanschauungen und Meinungen der tonangebenden Schichten. Diese **„Ausgewogenheit"** dürfte in der Vergangenheit für die breite Anerkennung des BVerfG wichtig gewesen sein. Nicht ausgeschlossen war früher, dass sogar „kantige" Personen gewählt wurden. 19

Ist erst einmal gewählt, sind die **Möglichkeiten der Rechtsprechungslenkung** gegenüber dem BVerfG durch Parteien und andere Staatsorgane, anders als in den anderen Gerichtsbarkeiten (dazu bei Art, 98, 97), sehr begrenzt. Eine Fortsetzung der Parteipolitik im Gewande der Verfassungsrechtsprechung darf nicht einmal angestrebt[51] werden, könnte aber von richterlichen „Parteisoldaten" praktiziert werden, wenn die anderen Richter mitmachen. Sie kann von den Parteien, von Regierungen und von mächtigen Lobbyistengruppen mangels „politischer Belohnungen" auch faktisch kaum durchgesetzt werden, es sei denn, ein Richter strebe nach seinem Ausscheiden (derzeit spätestens nach zwölf Jahren) weitere politische Staatsämter oder besser dotierte Posten zB in Vorständen oder Aufsichtsräten etc von interessierten Rechtssubjekten an. 20

---

[46] Dazu *Sven-Frederik* ZRP 2006, 54 ff.
[47] Vgl. *Rinken* in AK Rn. 7–9; *Wieland* in Dreier Rn. 9–16.
[48] Vgl. *Landfried* FAZ v. 27.8.2009, 8.
[49] Dies war der Hintergrund des Gesetzentwurfs der Fraktion Bündnis 90/Die Grünen zu einem „Gesetz zur Verbesserung des Verfahrens zur Wahl der Bundesverfassungsrichterinnen und Bundesverfassungsrichter", BT-Drs. 16/9628.
[50] Vgl. *Simon* in BMV VerfassungsR-HdB § 34 Rn. 39.
[51] Vgl. *Lamprecht* NJW 1995, 2531 ff.

III. Inkompatibilitäten

21 Die Richter **können** keinem obersten Staatsorgan des Bundes oder eines Landes angehören. Da dies die strikte Unabhängigkeit des Gerichts als dessen Funktionsvoraussetzung sichern soll, ist die durch § 3 Abs. 4 BVerfGG erfolgte Erstreckung auf jede andere berufliche Tätigkeit als die eines deutschen Hochschullehrers trotz des Eingriffs in die Berufsfreiheit verfassungsrechtlich gerechtfertigt. Ein **Beamter, Richter** oder **sonstiger Inhaber eines öffentlichen Amtes** scheidet mit der Ernennung aus diesem Amt aus, seine Rechte und Pflichten ruhen (Ausnahme: bewilligtes Heilverfahren). Bei **Rechtsanwälten** ruhen die Rechte aus der Zulassung, bei **Notaren** die Rechte und Pflichten aus der Bestellung.[52] Nur bei **Hochschullehrern** ruhen lediglich deren Pflichten aus diesem Amt, nicht aber die Rechte.

22 „Eigentlich" lässt die **objektive Überlastung des Gerichts** eine anderweitige berufliche Haupt- oder erhebliche Nebentätigkeit nicht zu.[53] **Nebentätigkeiten** sind jedoch nicht ausdrücklich **verboten** und gelten auch nicht als anzeige- oder genehmigungspflichtig. Dies soll aus der besonderen Stellung des Gerichts folgen, obwohl auch der Richter des BVerfG verpflichtet ist, sich ganz seinem Richteramte zu widmen. Er darf sich wissenschaftlichen, künstlerischen, schriftstellerischen und vortragenden Tätigkeiten nur zuwenden, soweit sie nach Inhalt und Umfang mit seinem Richteramt zu vereinbaren sind. Sonst verstößt er gegen § 3 Abs. 4 BVerfGG. Er ist stets zu besonderer **Zurückhaltung** verpflichtet.[54] Verstöße sind nicht sanktionsgefährdet. Man kann allerdings „Befangenheitsgründe" schaffen.[55] Das **Verbot anderweitiger beruflicher Betätigung** wird auch abgesichert durch das Gesetz über das **Amtsgehalt** der Mitglieder des BVerfG sowie über die Versorgungsregelungen der §§ 98 ff. BVerfGG.

IV. Rechtskraft, Gesetzeskraft, Bindungswirkung

23 Die genannte Uneinigkeit im ParlRat, aber danach auch beim Verfassungsgesetzgeber, hat zu **(Formel-)Kompromissen** bei den überbrückten Streitfragen geführt.[56] Sie ergeben sich vor allem aus den unterschiedlichen Auffassungen über den **Status des BVerfG** als sog „Verfassungsorgan". Dieser GG-fremde, aus verfassungspolitischen Theorien oder Staatslehren verschiedener Art und für jene zutreffend entwickelte Begriff birgt grundgesetzlich betrachtet Sprengstoff, der aber wohl erst dann für den auf das GG gegründeten Staat gefährlich werden kann, wenn es von solchen „Theorien" und Begriffen weichgespült wird oder wenn es einem Verfassungskonflikt zwischen dem BVerfG und den obersten Staatsorganen iSd GG oder den Bundesländern kommen sollte. Methodisch gibt es hier (zB neben der"Verfassungswandel" und ua „Integrationsverantwortung" bei der EU-Thematik)[57] ein weiteres Spannungsfeld, in dem beobachtet werden kann, wie vom Text

[52] §§ 101, 104 BVerfGG; § 70 DRiG.

[53] Allerdings kann eine kleine, anregende Nebentätigkeit gerade in solchen Situationen „Luft" und dann neue Freude an den Richteraufgaben schaffen.

[54] BVerfGE 20, 1 (5 f.); 20, 9 (14 f.); 46, 34 ff.; stRspr.

[55] Vgl BVerfGe 148, 1 ff Befangenheit des Richters Müller, vormals Ministerpräsident; BVerfGE 142, 302, abgelehnter Befangenheitsantrag gegen den Richter Müller.

[56] S. die Auflistung bei *Stern,* StaatsR II, 1980, § 32, 16 streitig gebliebene Themen auf S. 341.

[57] Ua dazu bei Art. 97 Rn. 1 bis 4, Art. 100 Rn. 10 bis 26.

des Verfassungsgesetzes gelöste „Verfassungstheorien" eingesetzt werden können, um positive GG-Regeln zu „überspielen".[58] Jedenfalls sollte sich kein „Verfassungsorgan" über seine Verfassung und deren Verfassungsgeber stellen.

1. Rechtskraft. Alle Entscheidungen des BVerfG sind **unanfechtbar** und damit formell rechtskräftig. Soweit in der Sache entschieden wurde, haben sie auch materielle **Rechtskraft.**[59] Sie bedeutet die inhaltliche Maßgeblichkeit der gerichtlichen Entscheidung für die rechtliche Beurteilung des Verfahrens-/Streitgegenstandes durch andere **(sachliche Grenze).** Sie gilt aber **nur zwischen den am Rechtsstreit Beteiligten** (auch Nebenbeteiligten durch Beiladung, Streitverkündung etc) und solchen Personen, auf welche sie durch gültige Rechtsnorm erstreckt worden ist **(persönliche Grenze).** Sie dauert nur an, solange die gerichtliche Entscheidung rechtswirksam ist **(zeitliche Grenze).** 24

Sie hindert jedes Gericht daran, über denselben Streitstoff zwischen den durch die Rechtskraft Gebundenen nochmals in der Sache zu entscheiden **(Verfahrenshindernis).**[60] Für Personen, auf welche die Rechtskraft nicht erstreckt worden ist (unbeteiligte Dritte), entfaltet sie keine Wirkungen (nur ***„inter partes"***). Diese Grundsätze gelten auch für die Entscheidungen des BVerfG.[61] 25

Soweit das BVerfG in der Sache entschieden hat, ist das Entschiedene für die Adressaten allein **maßgeblich, solange das BVerfG es nicht aufgehoben hat.** 26

Neue Tatsachen einschließlich einer Änderung der Rechtslage[62] können rechtfertigen, dem BVerfG (scheinbar) denselben Antrag nochmals vorzulegen. Voraussetzung ist eine erhebliche Änderung im Objektbereich, auf den die Maßstabsnorm bezogen wurde, und diese verfassungsgerichtlich noch nicht geprüft worden ist. Eine **erhebliche Änderung im Objektbereich** liegt auch vor, wenn eine für grundgesetzgemäß erklärte Norm nachträglich anders konkretisiert und angewendet wird. Dasselbe gilt, wenn eine für nichtig erklärte Norm durch eine im Wesentlichen inhaltsgleiche ersetzt wird. In beiden Fällen ist die konkret umstrittene Norm verfassungsgerichtlich noch nicht geprüft worden. 27

Anders, wenn das BVerfG die **Auslegung** der **Verfassungsnorm ändert,** die es selbst in einer rechtskräftigen Entscheidung maßstäblich zugrunde gelegt hat, falls niemand beteiligt ist, der von der Rechtskraft der früheren Entscheidung erfasst wird. Dieser **Wandel der Verfassungsrechtsauffassung** berührt die Rechtskraft der früheren Entscheidung nicht. Er kann aber einen neuen Entscheidungsantrag eines der durch die Rechtskraft Gebundenen ermöglichen, wenn diese noch Rechtswirkungen für die Zeit nach den neuen Entscheidungen zeitigt. Denn das Dauerrechtsverhältnis ist insoweit in 28

[58] Vgl. die Darstellung der Kontroversen um die rechtliche Stellung des BVerfG bei Stern StaatsR II § 32 S. 341 ff.; zu Rechtskraft, Gesetzeskraft und Bindungswirkung unter dem Aspekt der Durchsetzung der Entscheidungen *Gaier* JuS 2011, 961 ff.

[59] Weiterführend zu den folgenden Themen *Lechner/Zuck,* BVerfGG, Einl. Rn. 18–38, 39–60.

[60] BVerfGE 1, 89 (90) st. Rspr.

[61] BVerfGE 4, 31 (38); 20, 56 (86); 22, 387 (404); 33, 199 (203); *Schnapp/Henkenötter* JuS 1994, 121 ff.

[62] Vgl. §§ 41, 47, 96 BVerfGG; nach BVerfG JuS 2011, 854 Rn. 82 mAnm *Sachs* mwN, kann auch eine Entscheidung des EGMR einer solchen Änderung der Rechtslage gleichstehen.

der früheren Entscheidung anhand des neuen Maßstabs noch nicht geprüft worden.[63]

29 **2. Gesetzeskraft.** Gesetzeskraft bedeutet, dass die **Entscheidungsformel „allgemeinverbindlich"** gesetzt wird. Sie gilt dann für alle Rechtssubjekte, auch für den von der Rechtskraft und der Bindungswirkung der Entscheidung nicht betroffenen Adressatenkreis. Die Entscheidungsformel muss einen für die am Verfahren nicht beteiligte Dritten erkennbaren Inhalt haben. Dieser muss so klar sein, dass sie verpflichtet werden können, ihn als rechtlich maßgeblich zu beachten.[64] Der **BJMin** muss diese Entscheidungsformel im **BGBl.** veröffentlichen.[65]

30 Der **Gesetzgeber** wird durch Art. 94 Abs. 2 S. 1 **ermächtigt** zu regeln, in welchen Fällen Gesetzeskraft eintritt. Er muss nach dem GG wenigstens einer Art von Entscheidungen „Gesetzeskraft" zuerkennen, ist aber grundgesetzlich nicht verpflichtet, dies bei mehreren anzuordnen. **Hintergrund** waren die kontroversen Beratungen im ParlRat über die Frage, welche Entscheidungswirkungen anerkannt und im GG festgeschrieben werden sollten.[66] Der Kompromiss bestand darin, die Frage auf Verfassungsebene offen- und die Ausgestaltung dem einfachen Gesetzgeber zu überlassen.[67] Jedoch sollte das GG definitiv entscheiden, dass es solche Entscheidungen mit Gesetzeskraft geben müsse.[68] Falls es sich nicht schon nach der Natur der Sache von selbst verstünde, dass die Verneinung der Wirksamkeit des Gesetzes für den Adressatenkreis des Gesetzes gleichfalls gilt, bestünde die Unklarheit, ob es für die Nichtbeteiligten doch weiter gilt. Hier wurde der einfache Gesetzgeber verpflichtet, sachgerechte Regelungen der Gesetzeskraft zu entwickeln.

31 Nach **§ 31 Abs. 2 S. 1 BVerfGG** haben Entscheidungen des BVerfG über die Nichtigkeit, Vereinbarkeit oder Unvereinbarkeit eines Parlamentsgesetzes **Gesetzeskraft in den folgenden Fällen** (§ 13 Nr. 6, 6a, 11, 12, 14, ggf. 8a BVerfGG):

- aufgrund einer abstrakten Normenkontrolle (Art. 93 Abs. 1 Nr. 2),
- einer abstrakten Normenkontrolle wegen Erforderlichkeit eines Bundesgesetzes nach Art. 72 Abs. 2 (Art. 93 Abs. 1 Nr. 2a),
- einer konkreten Normenkontrolle (Art. 100 Abs. 1),
- eines Streits um Inhalt oder innerstaatliche Wirksamkeit einer Regel des Völkerrechts (Art. 100 Abs. 2) und
- eines Streits um die Fortgeltung von Recht als Bundesrecht (Art. 126GG).
- ggf. der Individual- und der Kommunalverfassungsbeschwerde (Art. 93 Abs. 1 Nr. 4a und b), wenn das BVerfG ein Gesetz als mit dem GG vereinbar oder unvereinbar oder für nichtig erklärt.

32 Gesetzeskraft kommt allerdings nach dem Normtext den **„Entscheidungen"**, nicht bloß der **Entscheidungsformel** zu. Gleichwohl wird[69] lediglich der **Tenor von der Gesetzeskraft umfasst,** die nur in der subjektiven Erweiterung der Bindungswirkung des Art. 31 Abs. 1 BVerfGG besteht. Dies

---

[63] BVerfGE 70, 242 (249 f.).
[64] So wohl BVerfGE 1, 14 (64).
[65] § 31 Abs. 2 S. 3 BVerfGG.
[66] JöR nF I (1951), 682 ff.
[67] Vgl *Stern* in BK Rn. 127 – „Ermessen des Gesetzgebers".
[68] Vgl. *Vogel* FG 25 Jahre BVerfG I, 1976, 69 ff.
[69] Stellv. *Voßkuhle* in MKS Rn. 36.

Ergebnis ist richtig, weil eine „gesetzesgleiche Wirkung" der Entscheidungsgründe schon mangels Normqualität ausgeschlossen ist.

Die **Publikation im BGBl.** ist zwingende Voraussetzung der **Außenwirksamkeit.**[70] Eine vom Gesetzgeber erlassene, aber noch nicht ordnungsgemäß verkündete Norm ist noch nicht rechtlich „drittwirksam". Für einen Richterspruch darüber, ob ein Gesetz gültig ist, kann nichts anderes gelten. Durch die Bekanntgabe der Entscheidung an die Beteiligten wird sie nur diesen gegenüber wirksam. Die **Wirksamkeit des Richterspruchs für alle („inter omnes")** setzt voraus, dass die Entscheidungsformel den Dritten so bekannt gemacht wird, wie zuvor die Vorschrift selbst. Der BJMin hat, wie bei einem Gesetz, die Rechtsmacht, den Zeitpunkt der Verkündigung der Entscheidungsformel zu bestimmen.[71] 33

Der **Richterspruch** wird durch die Gesetzeskraft allgemein verbindlich, aber **nicht selbst zum Gesetz.**[72] Die „Gesetzeskraft" des Richterspruchs gibt daher keinen rechtsdogmatischen, nur rechtspolitischen Anlass zu Erörterungen seines Ranges in der Hierarchie der Rechtsnormen. Er ist auch keine Rechtsquelle. Er enthält (kraft Gesetzes rechtswirksame) Thesen über eine Objektnorm, und steht daher auf einer anderen Ebene als diese. 34

3. Bindungswirkung. Nach **§ 31 Abs. 1 BVerfGG binden** die Entscheidungen des BVerfG die Verfassungsorgane des Bundes und der Länder sowie alle Gerichte und Behörden. 35

Art. 94 GG schreibt dem BT eine solche Regelung **nicht** vor und ermächtigt ihn auch nicht dazu. Diese Anordnung ist nicht allein schon deshalb erlaubt, weil die **„Bindung"** weniger weit über die **persönliche Grenze** der Rechtskraft hinausgeht (ein Minus) als die **„Gesetzeskraft".** Sie bindet nicht alle Rechtssubjekte, sondern „nur" **alle anderen Staatsorgane.** Problematisch erscheint, dass sie für alle Entscheidungen des BVerfG angeordnet ist, nicht nur für jene mit Gesetzeskraft. 36

Zudem hat das Gesetz auch **alle obersten Staatsorgane des Bundes und der Länder der Bindung** unterworfen. „Verfassungsorgane" sind im Rechtssinne aber nur die obersten Staatsorgane, die in ihrer funktionsbezogenen „Willensbildung" rechtlich von keinem anderen obersten Staatsorgan abhängen. Der **einfache Bundesgesetzgeber** könnte also ohne grundgesetzliche Ermächtigung die höherrangige grundgesetzliche Organqualität der obersten Staatsorgane beseitigt haben. 37

Die Regelung dürfte aber **bei restriktiver Auslegung des Begriffs der „Bindung" „verfassungskonform"** zu rechtfertigen sein. Der **materiellrechtliche Vorrang der Verfassung** aus Art. 1 Abs. 3, 20 Abs. 3, der alle Verfassungsorgane in gleicher Reichweite und Intensität bindet, wird durch die verfassungsunmittelbare Errichtung eines BVerfG und durch die verfassungsunmittelbaren Aufgabenzuweisungen an dieses Gericht **institutionell konkretisiert.** Verhindert wird, dass das für das Verhalten aller obersten Staatsorgane maßgebliche rechtliche Verständnis des GG nur von jedem Organ für sich festgelegt wird. § 31 Abs. 1 BVerfGG folgert daraus prozessrechtlich, dass dem BVerfG die verbindliche Auslegung des GG obliegt. **Oberste Staatsorgane** sind daher nur bei ihrer **Funktionswahrnehmung** 38

[70] Stellv. *Voßkuhle* in MKS Rn. 36; aA *Rennert* in Umbach/Clemens, 2. Aufl. 2005, BVerfGG § 31 Rn. 110.

[71] Vgl. Art. 82 Abs. 1 S. 2 GG; *Götz* FG 25 Jahre BVerfG II, 1976, 421 (448 ff.).

[72] *Benda/Klein* VerfProzR, 2. Aufl. 2001, 509 Rn. 1227.

an tragende Gründe von **Entscheidungen des BVerfG über den Inhalt des GG** gebunden.[73] Dasselbe gilt daher auch für andere (nachgeordnete) Staatsorgane.

39 Es ist noch nicht völlig geklärt,[74] **worauf sich die Bindungswirkung bezieht.** Betrifft sie allein den in der Entscheidungsformel ausgedrückten konkreten Streitgegenstand[75] oder umfasst sie auch die tragenden Gründe der Entscheidung, soweit diese Ausführungen (obiter dicta?) zur Auslegung der Verfassung enthalten?[76]

40 **Personal** erstreckt sie sich über die nur die Beteiligten treffende Rechtskraft[77] hinaus auf alle (anderen) Staatsorgane. Nur das **BVerfG** sieht sich im Ergebnis zu Recht durch den Befehl des einfachen Gesetzgebers in § 31 Abs. 1 BVerfGG **nicht gebunden.** Die Bindungswirkung ist von der Rechtskraftwirkung, die auch für das BVerfG gilt, zu unterscheiden.[78] Sie entfaltet **keine Sperrwirkung für eine Neubefassung,** soweit sich diese nicht schon aus der Rechtskraft ergibt.

41 Unstreitig bindet die **Entscheidungsformel.** Im Übrigen und im Einzelnen ist nahezu alles umstritten.[79] Jede rechtsdogmatische Annäherung an den Problembereich muss jedoch die **rechtswirksame Machtposition des BVerfG** ausblenden. Sie besteht darin, dass in der **praktischen Rechtsanwendung** das BVerfG als nicht mehr kontrollierbare Instanz in jedem Einzelfall selbst bestimmen kann, ob es eine Bindungswirkung einer früheren Entscheidung bejaht oder ablehnt.

42 Bindungswirkung kann nur **Entscheidungen** zukommen, die ein **Senat** oder das **Plenum** oder eine **Kammer, die einer Verfassungsbeschwerde stattgibt**, getroffen haben. Heute werden hierzu grundsätzlich alle Senatsentscheidungen, nicht mehr nur die im Urteilsverfahren, gezählt. Jedoch fallen hierunter grundsätzlich nur **Sachentscheidungen,** nicht Prozessentscheidungen, in denen nur die verfassungsprozessualen Voraussetzungen des Antrags abgelehnt wurden.[80] Ferner muss die **Entscheidung zu einem konkreten Vorgang,** nicht nur über eine abstrakte Rechtsfrage getroffen sein.[81] Daher erstreckt sich die Bindung nicht auf die zu Inzidentfragen entwickelten Rechtsansichten, die das Gericht zur Abweisung eines Antrags aus prozessrechtlichen Gründen bestimmen,[82] und auch nicht auf einzelne Fallgestaltungen, die das Gericht als dem Gesetzgeber mögliche Lösungen erörtert.[83]

43 **„Bindung"** ist grundsätzlich die **Rechtsfolge** des **Bindungstatbestands,** nämlich dass der Adressat „die Entscheidung" des BVerfG zum maßgeblichen Rechtsmaßstab für sein künftiges Verhalten nehmen muss. Je nach dem Bindungstatbestand kann es unterschiedliche **Rechtspflichten** aus der Bin-

---

[73] Der Verfassungsgesetzgeber ist nur an die tragenden Thesen zum Kerngehalt des GG gebunden, das Staatsvolk iSd GG iW nur an Art. 1. Aber auch GG-widrige Thesen des BVerfG werden so – faktisch – bindend.

[74] BVerfGE 115, 97 (109).

[75] BVerfGE 104, 151 (197).

[76] BVerfGE 40, 88 (93 f.) mwN.

[77] BVerfGE 4, 31 (38).

[78] BVerfGE 20, 56 (86 f.); 33, 199 (203); 70, 242 (249).

[79] Stellv. s. *Löwer* in HdbStR III § 70 Rn. 103–113.

[80] BVerfGE 107, 339 (360).

[81] BVerfGE 2, 79 (88); 23, 191 (207); 78, 320 (328).

[82] BVerfGE 2, 181 (191); 78, 320 (328).

[83] BVerfGE 80, 297 (309).

dung geben. Sie umfassen die **Befolgung** der geklärten verfassungsrechtlichen Pflicht, das **Unterlassen** des so Verbotenen, die **Folgenbeseitigung** eines nun als verfassungswidrig geklärten Eingriffs und die **Unterlassung einer Wiederholung** des Verhaltens.

Fraglich ist, ob das **Wiederholungsverbot** auch **für den parlamentarischen Gesetzgeber beim Gesetzeserlass** gilt. Der 2. Senat des BVerfG[84] hat auch den parlamentarischen Gesetzgeber, also das Hauptorgan der gesetzgebenden Gewalt, einbezogen. Der 1. Senat[85] hat iE richtigerweise davon Abstand genommen[86]. Er hat gemeint, die entgegenstehenden Thesen des 2. Senats seien keine tragenden Gründe gewesen. Die Bindungswirkung beruht jedoch nur auf einfachem Bundesgesetz. Die Feststellung der Ungültigkeit eines Gesetzes kann deshalb sogar durch späteres einfaches und inhaltsgleiches Bundesgesetz aufgehoben und auch durchbrochen werden. Zur Vermeidung der Brüskierung des Verfassungsorgans BVerfG muss der Gesetzgeber nach dem Gebot der Organtreue im neuen Gesetzgebungsverfahren verdeutlichen, dass er die Gründe des BVerfG geprüft und aus welchen Sachgründen er sie nicht für überzeugend gehalten hat. Es wird auch erheblich sein, ob relevante Änderungen eingetreten sind. **Eine Selbstkorrektur des BVerfG ist ebenfalls nicht ausgeschlossen.** 44

„Parallelnormen", also Rechtsnormen in anderen Gesetzen, die mit der verfassungsgerichtlich geprüften Norm nach Wortlaut und/oder Inhalt übereinstimmen, werden von der Bindungswirkung **nicht erfasst.**[87] 45

Im Kern geht es um den **Bindungstatbestand,** also um die Frage, was eigentlich die Rechtsfolge „Bindung" auslöst, **woran man genau gebunden** ist. 46

Für die **materielle Rechtskraft** ist unstreitig, dass es auf den **Entscheidungsausspruch** ankommt. Dessen Unklarheiten sind anhand der Entscheidungsgründe, die den Verfahrensbeteiligten bekannt gemacht wurden, auszulegen. Bei der **„Gesetzeskraft"** kommt es auf die später im BGBl. veröffentlichte Entscheidungsformel an. 47

Nach st. Rspr. des **BVerfG**[88] entfalten Bindungswirkung „die **sich aus dem Tenor und den tragenden Gründen** der Entscheidung ergebenden **Grundsätze für die Auslegung der Verfassung**".[89] Dem liegt die Ansicht zugrunde, das BVerfG sei der maßgebliche Interpret und Hüter der Verfassung, die verbindliche Instanz in Verfassungsfragen.[90] Dies beschreibt den machtpolitischen faktischen Zustand zutreffend, nicht aber die normativ vorgegebene Lage. Daher wird ihm die jeweils vorgelegte Frage, was im Streitfall verfassungsrechtlich rechtens ist, zum bloßen Anlass, seine (vermeintlich) eigentliche Aufgabe wahrzunehmen, nämlich das Verfassungsrecht fortzubilden und dessen Inhalt (abstrakt) verbindlich festzulegen,[91] also uU ohne 48

[84] BVerfGE 1, 14 (36 f.); 69, 112 (115 ff.); vertiefend *Detterbeck* in Sachs, Rn. 13 mwN.

[85] BVerfGE 74, 84 (103 f.); zögernd 96, 260 (263); 102, 127 (141f); *Schlaich/Korioth,* Das Bundesverfassungsgericht, 350 ff. mwN auch zur Gegenansicht.

[86] AA *Benda/Klein* VerfProzR, 2. Aufl. 2001, 518 ff. (Rn. 1253 ff.) wie hier im Grundsatz wohl hA, stellv. *Vosskuhle* in MKS Rn. 33, der die Grenze der Normwiederholung im Gebot der Organtreue sieht.

[87] Pestalozza VerfProzR, 3. Aufl. 1991, § 20 Rn. 85.

[88] BVerfGE 112, 268 (277); 1, 14 (36 f.); 19, 377 (392); 79, 256 (264).

[89] BVerfGE 96, 375 (404); dagegen BVerfGE 96, 409 ff.

[90] BVerfGE 40, 88 (93) – stRspr.

[91] Zust. *Voßkuhle* in MKS Rn. 32.

Änderung des Verfassungstextes der Sache nach GG-widrig- **„Verfassungsgesetzgebung"** zu betreiben.

49 Eine **Bindung an die tragenden Gründe** wirft erhebliche Unsicherheiten für die anderen Staatsorgane auf, was denn zu den tragenden Gründen einer Entscheidung des BVerfG gehört. Auffällig ist, dass sich die beiden Senate des BVerfG gerade auch bei Entscheidungen mit weitreichenden Folgen keineswegs einig sind, was der andere Senat tragend entschieden hat. Da eine **Divergenz** die „bewusste" Abweichung, das Aufstellen eines anderen Auslegungssatzes über den Inhalt derselben Norm, voraussetzt,[92] müsste tragend das sein, worauf der andere Senat seine Entscheidung nach seinen von ihm genannten Gründen tatsächlich gestützt hatte.

50 Demgegenüber wird gelegentlich vom Senat, der eine eigene Abweichung prüft, eine „obergerichtliche" Nachprüfung der Entscheidung des anderen Senats durchgeführt und gefragt, wie der andere Senat hätte richtig begründen müssen, um zu seinem Ergebnis zu kommen. Da er wohl zu unkundig war, den richtigen Weg zu erkennen, hat er Dinge gesagt, die er hätte nicht ansprechen müssen; also obiter dicta geäußert, jedenfalls keine tragenden Gründe. [93]

51 Der 1. Senat[94] hat die **Anrufung des Plenums im „Kind als Schaden-Fall" abgelehnt:** Tragend seien nur jene Rechtssätze, die nicht hinweggedacht werden können, ohne dass das konkrete Ergebnis nach dem in der Entscheidung zum Ausdruck gekommenen Gedankengang entfiele. Nicht tragend seien dagegen bei Gelegenheit einer Entscheidung gemachte Rechtsausführungen, die außerhalb des Begründungszusammenhangs zwischen genereller Rechtsregel und konkreter Entscheidung stehen. Es sei von der niedergelegten Begründung in ihrem objektiven Gehalt auszugehen. Die rechtlich bindenden Aussagen müssten auf den auch für Außenstehende erkennbaren Gehalt beschränkt sein. Es kommt nicht darauf an, ob den Richtern bestimmte Rechtsauffassungen wichtig erscheinen, sondern ob sie erkennbar im Begründungszusammenhang für die Entscheidung des Falles erheblich geworden sind.

52 Da es sehr unterschiedliche Formen der Darstellung von rechtlichen Folgerungsbeziehungen in einem **Urteil** gibt, muten die ersten Sätze eher befremdlich an. Mit den letzten Sätzen werden die Aussagen des anderen Senats nicht ernst genommen, dem es freisteht, wie er komplexe Gruppen systemischer Folgerungsbeziehungen sprachlich und in der Darstellung miteinander verbindet. Insgesamt wird allenfalls vage eine Richtung angegeben, aber kein Prüfwerkzeug geliefert.

53 Die **Leitsätze** des BVerfG sind keine Entscheidungsbestandteile und schon deshalb höchstens eine vorläufige Orientierung, wo im Text Normthesen zu finden sind, die vielleicht bindend wirken können.[95]

54 Nur auf Grund dieser Unklarheiten darüber, was „tragend" ist, ist zu verstehen, dass das BVerfG[96] sich eine **Kompetenz** zuerkannt hat, **vorab selbst zu bestimmen, was in seiner Entscheidung bindend** sein soll. Dies kann durch eine ausdrückliche **Bindungsanordnung** erfolgen, aber auch durch die Erklärung, ein Gesetz sei „nach Maßgabe der Gründe der

[92] BVerfGE 96, 375 (404).
[93] Unklar BVerfGE 20, 56 (88); BVerfGE 88, 203, dagegen BVerfGE 96, 375 (403 ff.).
[94] BVerfGE 96, 375 (404).
[95] AA BVerwGE 73, 263 (268), Rn. 24.
[96] ZB BVerfGE 36, 1 (369).

Entscheidung" gültig oder ungültig.[97] Das „bindet" aber den anderen Senat nicht. Der muss ggf. das Plenum bemühen. Eine verfassungsrechtliche oder auch nur einfachgesetzliche Ermächtigung, ihn zu binden, ist nicht dargetan.[98]

Da das BVerfG meint, hierzu befugt zu sein, wäre ein die Rechtssicherheit fördernder Weg, jedem Sachurteil eine **Verbindlichkeitserklärung** darüber beizufügen, woran die anderen Staatsorgane gebunden sein sollen. Demgegenüber müssen Staatsorgane und Bürger die „tragenden Gründe" jeweils durch ein vertieftes Studium nicht nur des jeweiligen Sachurteils, sondern der einschlägigen Rechtsprechung insgesamt ermitteln, sehr häufig mit unterschiedlichen Ergebnissen. Dies erschwert es den Staatsorganen, sich verfassungsgemäß zu verhalten und fördert die Überlastung des BVerfG, das allein die Unklarheit über die Erheblichkeit seiner Thesen beseitigen kann. 55

Eine Bindung an alle „tragenden" Thesen über das GG erhöht die **Anzahl der Gebote** ins **Unüberschaubare.** Zwar sind die Normthesen des BVerfG nicht selbst Teile der Verfassung. Aber für die „Behörden und Gerichte des Bundes und der Länder" enthalten alle „letztverbindlichen" Thesen über die Normen der Verfassung, neue ungeschriebene „Verfassungsnormen". Zudem führt diese Ausweitung zu einer **„Hartleibigkeit" des Verfassungsrechts,**[99] die zwar nicht die Wissenschaft, wohl aber die Staatspraxis trifft. Nicht nur die Vielzahl bindender Entscheidungen, sondern auch deren oft kaum verdeckte **Unvereinbarkeit** tragen zur Rechtsunsicherheit und Prozessflut bei. Reizvoll ist, wenn ein Senat, erklärtermaßen beiläufig, den bindenden Kern einer Kammerentscheidung aus dem anderen Senat grundsätzlich in Frage stellt. 56

Hält man jedoch die **Normthesen des BVerfG** in seinen („tragenden") Gründen für „bindungsfähig", kann es sich nur um solche über das Verfassungsrecht[100] handeln, die zugleich den Inhalt von als Maßstabsnormen angewandten Verfassungsnormen oder deren Erheblichkeit für die Beurteilung des Prüfungsgegenstandes betreffen. Soweit nämlich in den Entscheidungsgründen **Aussagen zum Inhalt der Maßstabsregel** und deren Anwendbarkeit enthalten sind, „tragen" sie den verlautbarten Entscheidungssatz.[101] Dies gilt auch für die Bindung bei einer verfassungskonformen Auslegung. 57

V. Rechtswegerschöpfung, Annahmeverfahren, Subsidiarität (Abs. 2 S. 2)

Art. 94 Abs. 2 S. 2 **ermächtigt** den Gesetzgeber, die Zulässigkeit der Individual- und Kommunalverfassungsbeschwerden (Art. 93 Abs. 1 Nr. 4a u. b) von der Erschöpfung des Rechtswegs und von einer Annahme der Beschwerde durch das BVerfG abhängig zu machen.[102] Schon 1951 hatte § 90 Abs. 2 BVerfGG die Voraussetzung der Rechtswegerschöpfung eingeführt. Dies wurde grundgesetzlich abgesichert. Das Annahmeverfahren ist in den §§ 93a–93d BVerfGG ausgestaltet. 58

[97] ZB BVerfGE 123, 267 (270).

[98] *Schnapp/Henkenötter* JuS 1994, 121 (125): evidente Durchbrechung des verfassungsrechtlichen Funktionsauftrages.

[99] Dazu schon *Hoffmann-Riem* Der Staat 13 (1974), 335 ff.

[100] BVerfGE 40, 88 (94); 72, 119 (121).

[101] BSGE 86, 262 (288 f.); ähnlich BVerwGE 108, 355 (361).

[102] Gesetz v. 29.1.1969, BGBl. I 97.

59 Die **Rechtswegerschöpfung** konkretisiert verfahrensrechtlich die **Subsidiarität** des GR-Schutzes durch das BVerfG.[103] Die Verfassungsbeschwerde ist ein außerordentlicher Rechtsbehelf, der dem Staatsbürger zur Verteidigung seiner Grundrechte zusätzlich zu einem ausgebauten Rechtsschutzsystem „als letzte Mittel" gewährt ist. Sie soll rechtskräftige Entscheidungen der Gerichte nur bei einem verfassungsspezifischen Grundrechtsverstoß ausnahmsweise in Frage stellen.[104] Sie ist nicht erforderlich, solange ein Betroffener die von ihm behauptete Grundrechtsverletzung durch Einlegen von Rechtsmitteln oder Rechtsbehelfen bei den Fachgerichten abwenden oder auf andere zumutbare Weise ohne Anrufung des Bundesverfassungsgerichts beseitigen kann.[105] Der Betroffene muss zuerst die ihm gesetzlich zur Verfügung stehenden, nicht offensichtlich unzulässigen Rechtsbehelfe ergreifen und den Instanzenzug durchlaufen.[106] Neben den Subsidiaritätsgedanken tritt auch noch ein Aspekt des **originären Informationsdefizits des BVerfG.** Durch die umfassende fachgerichtliche Prüfung wird dem BVerfG im Regelfall ein geprüftes Tatsachenmaterial unterbreitet und ihm die Fallanschauung und Rechtsauffassung der Gerichte, insbesondere der obersten Gerichtshöfe vermittelt.[107]

60 Jedoch reicht der **Subsidiaritätsgrundsatz** weiter. Es enthält zugleich eine grundsätzliche Aussage über das **Verhältnis der Fachgerichte zum BVerfG.** Es obliegt primär den Fachgerichten die Aufgabe, die Grundrechte zu wahren und durchzusetzen.[108] Dem Gebot der Erschöpfung des Rechtswegs entspricht die Pflicht der Gerichte, Grundrechtsverstöße selbst zu beseitigen.

61 Seitdem das Plenum des BVerfG[109] den Grundsatz der **Rechtsmittelklarheit** zutreffend hervorgehoben hat, ist der **Rechtsweg dann erschöpft,** wenn der Betroffene alle gesetzlich ausgestalteten Rechtsmittel und -behelfe erfolglos eingelegt hat, ohne die Erfolglosigkeit durch eigene Verfahrensfehler verursacht zu haben. Daher sollte niemand, der den Rechtsweg erschöpft hat, gleichwohl aus Subsidiaritätsgründen abgewiesen werden.[110] Demgemäß ist die gesetzlich ausgestaltete **Anhörungsrüge** ggf. ein Teil des Rechtswegs, die Gegenvorstellung und andere nur durch Richterrecht gestaltete außerordentliche Rechtsbehelfe sind es nicht.[111]

62 Nach Art. 94 Abs. 2 S. 2 GG durfte der Gesetzgeber die **Beschwerde unmittelbar** eröffnen, wenn sie von allgemeiner Bedeutung ist oder dem Beschwerdeführer ein schwerer und unabwendbarer Nachteil entstünde, falls er zuvor den Rechtsweg durchliefe. § 90 Abs. 2 S. 2 BVerfGG ist unbedenklich, zumal diese Ausnahmen der Subsidiarität entsprechen. Trotz der zwingenden Rechtsfolge besteht hier ein Abwägungsraum, der dem zugelassenen Annahmeverfahren nahekommt.

63 Soweit gegen eine **Rechtsnorm, die in GR eingreift,** kein einfachgesetzlicher Rechtsschutz vorgesehen ist, ist die Verfassungsbeschwerden als

---

[103] BVerfGE 68, 376 (379 f.).
[104] BVerfGE 22, 287 (291).
[105] BVerfGE 51, 130 (139).
[106] BVerfGE 22, 287 (290); 28, 1 (6); 4, 193 (198); 8, 222 (225 f.); 31, 364 (368); 57, 170 (180).
[107] BVerfGE 8, 222 (227); 9, 3 (7).
[108] BVerfGE 68, 376 (380); 55, 244 (247); 49, 255 (258); 47, 144 (145).
[109] BVerfGE 107, 395 (397, 416 ff.).
[110] Zust. *Hopfauf* in SHH Rn. 68; vgl. aber BVerfGE 77, 381 (401); 63, 77 (78).
[111] BVerfGE 122, 190 (197 ff.).

Rechtssatzbeschwerde statthaft.[112]. Dies trifft auf Parlamentsgesetze zu, aber idR auch auf rangniedrigere Rechtsnormen, die „sich selbst vollziehen". Gibt es aber einen fachgerichtlichen Rechtsschutz, muss dieser grundsätzlich erschöpft werden.[113]

Das besondere **Annahmeverfahren** ist ebenfalls Ausdruck der funktionalen Subsidiarität. Die §§ 93a–93d BVerfGG gestalten es verfassungsgemäß aus.[114] Danach bedarf auch die zulässige Verfassungsbeschwerde der **Annahme zur Entscheidung.** 64

Sie setzt voraus, dass der Beschwerde grundsätzliche verfassungsrechtliche Bedeutung zukommt oder es zur Durchsetzung der Grundrechte angezeigt ist. Dies ist regelmäßig der Fall, wenn dem Beschwerdeführer durch eine Versagung der Annahme (und somit einer späteren Sachentscheidung) ein besonders schwerer Nachteil entstünde.[115] Die **Annahmepflicht** unterscheidet dieses eigenständige „Gerichts-Zugangsverfahren"[116] von „freien" Annahmeverfahren nach Ermessen des Gerichts, wie sie aus dem anglo-amerikanischen Rechtskreis bekannt sind.[117] 65

Eine **Kammer** entscheidet **einstimmig** entweder auf Nichtannahme oder auf Stattgabe der Beschwerde. Kann die Kammer nicht einstimmig entscheiden oder handelt es sich um die Nichtigkeit eines Gesetzes oder dessen Unvereinbarkeit mit Bundesrecht, hat der **Senat** über die Annahme zu befinden, die schon erfolgt, wenn **wenigstens drei Richter ihr zustimmen.** 66

Das Annahmeverfahren soll der **Entlastung des BVerfG** und der Trennung von „Spreu und Weizen" dienen und rasche Entscheidungen in einfachen Fällen ermöglichen. Allerdings ist die Letztentscheidungskompetenz einer Kammer nicht unbedenklich.[118] Zwar ist sie nur erlaubt, wenn die maßgebliche Frage durch Senatsrechtsprechung bereits entschieden wurde und nach diesem Maßstab die Sache offensichtlich begründet ist, so dass theoretisch im Verfassungsrelevanten nur ein Nachvollzug erforderlich ist. Jedoch ist nicht ausgeschlossen, dass sich untereinander und gegenüber den Senaten unterschiedliche „Kammerrechtsprechungen" entwickeln und die Rechtsunsicherheit vergrößern. 67

C. Kritische Würdigung

Die Vorschrift bedeutet gegenüber dem Rechtszustand nach Art. 108 WRV einen Fortschritt. Sie gewährleistet aber nicht, dass im Parlament vertretene Minderheiten mit Erfolg an einer offen und fair vorbereiteten Wahl der Mitglieder des Gerichts mitwirken. Reformbedürftig sind auch die Vorauswahl und die Kriterien der Richterwahl. Eine gesetzliche Klärung der Voraussetzungen und Folgen der Bindungswirkung wäre angezeigt. Da hier aber das tradierte Selbstverständnis des BVerfG betroffen wird, dürften Klarstellungen schwierig sein. 68

---

[112] Dazu *Detterbeck* DÖV 1990, 558.
[113] BVerfG, Erster Senat, 1. Kammer, NVwZ 1998, 169 (170).
[114] Zur Verfassungsmäßigkeit BVerfG NJW 1997, 2229; NJW 1998, 3483.
[115] Zur vorgeschlagenen Annahme nach Ermessen *Kau* ZRP 1999, 319.
[116] So *Lechner/Zuck* BVerfGG Vor § 93a Rn. 5.
[117] „Writ of certiorari".
[118] *Lechner/Zuck,* 5. Aufl. 2006, BVerfGG Vor § 93a Rn. 11; zust. *Voßkuhle* in MKS Rn. 41.

Literatur

K. Adler, Alle Macht den Kammern? Die Kompetenzverteilung zwischen Senaten und Kammern im Annahmeverfahren und ihre praktische Handhabung am Bundesverfassungsgericht, 2013. – ***C. Görisch/B. J. Hartmann,*** Grundrechtsrüge und Prüfungsumfang bei der Verfassungsbeschwerde, NVwZ 2007, 1007. – ***P. Heinrichsmeier,*** Probleme der Zulässigkeit der Verfassungsbeschwerde im Zusammenhang mit fachgerichtlichen Anhörungsrügeverfahren, NVwZ 2010, 228. – ***Ch. Gusy,*** Parlamentarischer Gesetzgeber und BVerfG, 1985. – ***A. von Mutius,*** Allgemeine Bindungswirkung verfassungskonformer Gesetzesinterpretation durch das Bundesverfassungsgericht, VerwArch 67 (1976), 403. – ***W. Rupp-von Brünneck,*** Verfassungsgerichtsbarkeit und gesetzgebende Gewalt, AöR 102 (1977) 1. – ***N. Schreier,*** Demokratische Legitimation von Verfassungsrichtern, 2016 – ***M. Schröder,*** Verfassungsrichterwahl im transparenten Konsens?, ZG 2015, 150 – ***I. J. Tegebauer,*** Die Anhörungsrüge in der verfassungsgerichtlichen Praxis, DÖV 2008, 954 ff. – ***U. Wesel,*** Die Hüter der Verfassung, 1976. – ***G. Zembsch,*** Verfahrensautonomie des Bundesverfassungsgerichts, 1971.

Art. 95 [Oberste Bundesgerichtshöfe]

(1) Für die Gebiete der ordentlichen, der Verwaltungs-, der Finanz-, der Arbeits- und der Sozialgerichtsbarkeit errichtet der Bund als oberste Gerichtshöfe den Bundesgerichtshof, das Bundesverwaltungsgericht, den Bundesfinanzhof, das Bundesarbeitsgericht und das Bundessozialgericht.

(2) Über die Berufung der Richter dieser Gerichte entscheidet der für das jeweilige Sachgebiet zuständige Bundesminister gemeinsam mit einem Richterwahlausschuß, der aus den für das jeweilige Sachgebiet zuständigen Ministern der Länder und einer gleichen Anzahl von Mitgliedern besteht, die vom Bundestag gewählt werden.

(3) [1] Zur Wahrung der Einheitlichkeit der Rechtsprechung ist ein Gemeinsamer Senat der in Absatz 1 genannten Gerichte zu bilden. [2] Das Nähere regelt ein Bundesgesetz.

Grundgesetz von 1949

Art. 95. Zur Wahrung der Einheit des Bundesrechts wird ein Oberstes Bundesgericht errichtet.

Das Oberste Bundesgericht entscheidet in Fällen, deren Entscheidung für die Einheitlichkeit der Rechtsprechung der oberen Bundesgerichte von grundsätzlicher Bedeutung ist.

Über die Berufung der Richter des Obersten Bundesgerichts entscheidet der Bundesjustizminister gemeinsam mit einem Richterwahlausschuß, der aus den Landesjustizministern und einer gleichen Anzahl von Mitgliedern besteht, die vom Bundestage gewählt werden.

Im übrigen werden die Verfassung des Obersten Bundesgerichts und sein Verfahren durch Bundesgesetz geregelt.

Art. 96. Für das Gebiet der ordentlichen, der Verwaltungs-, der Finanz-, der Arbeits- und Sozialgerichtsbarkeit sind obere Bundesgerichte zu errichten.

Auf die Richter der oberen Bundesgerichte findet Artikel 95 Absatz 2 mit der Maßgabe Anwendung, dass an die Stelle des Bundesjustizministers und der Landesjustizminister die für das jeweilige Sachgebiet zuständigen Minister treten. Ihre Dienstverhältnisse sind durch besonderes Bundesgesetz zu regeln.

[Abs. 3-s.bei Art. 96 GG.]

Weimarer Reichsverfassung von 1919

S. Art. 92.

Übersicht

A. Allgemeine Bedeutung

1 Art. 95 hat seine jetzige Gestalt durch das 16. Gesetz zur Änderung des GG v. 18.6.1968[1] erhalten. Die Art. 95, 96 aF wurden geändert. Die Bestimmungen über das **„Oberste Bundesgericht"** (Art. 95 aF) wurden aufgehoben. Dabei spielte auch die (nicht unbegründete) Furcht vor einer „entgrenzten rechtsprechenden Gewalt", einem „Jurisdiktionsstaat" mit. Art. 96 Abs. 1 und 2 aF wurde inhaltsgleich und sprachlich nur wenig verändert zu Art. 95. Statt „obere Bundesgerichte" heißt es nun **„oberste Gerichtshöfe des Bundes".** Diese waren schon in Art. 92 festgeschrieben und wurden nun als oberste Bundesgerichte nochmals namentlich herausgehoben. Die Richterwahl durch den **Richterwahlausschuss** wurde eigenständig in Abs. 2 normiert. Das Nähere regelte der BT im RichterwahlG.[2] Art. 96 Abs. 2 S. 2 aF wurde aufgehoben. Art. 95 konzentriert die Themen, die in Art. 95 und Art. 96 Abs. 1 u. 2 geregelt waren. Zur Wahrung der Einheitlichkeit der Rechtsprechung wurde ein **Gemeinsamer Senat dieser obersten Gerichtshöfe des Bundes** festgeschrieben. Dessen nähere gesetzliche Ausgestaltung[3] erfolgte schon am 19.6.1968.[4]

2 Im Kern geht es hier um die **Ausübung der höchsten** (nicht auf verfassungsrechtliche Streitigkeiten beschränkten) **rechtsprechenden Gewalt** des Bundes durch Bundesrichter und um deren inhaltliche Einheitlichkeit.[5] Sie folgt organisatorisch dem **„Fachgerichtsprinzip".** Die rechtsprechende Gewalt liegt grundsätzlich (Art. 30) bei den Ländern. Nach Art. 92 übt der Bund sie nur dann aus, wenn die Bundesrichter an einem der darin oder in Art. 96 genannten Bundesgerichte nach dem GG oder nach den Prozessgesetzen des Bundes zur Entscheidung angerufen werden. Die **„fünf Rechtswege"**[6] sollen die Rechtsuchenden zu **Bundesrichtern** führen, die in ihren jeweiligen **Rechtsprechungsorganisationen,** dh den **„Gerichten"** im eigentlichen Sinn, aus ihrem Kreis letztlich durch Geschäftsverteilungspläne die „gesetzlichen Richter" bestellt haben, die allein zur Klärung und Entscheidung befugt sind. Natürlich können auch diese Bundesrichter den Geschäftsanfall nur mit Hilfe der jeweiligen **Gerichtsverwaltung,** der **Gerichtsbehörde,** bewältigen.

3 Die Bundesrichter werden durch den **Richterwahlausschuss** gewählt, der aus den für den Sachbereich des jeweiligen Gerichts zuständigen Landesministern und einer gleichen Zahl vom Bundestag gewählter Mitglieder

---

[1] BGBl. 1968 I 657; BVerfGE 143, 22 (32).

[2] RichterwahlG v. 25.8.1950, BGBl. 1950 I 368.

[3] G zur Wahrung der Einheitlichkeit der Rechtsprechung der obersten Gerichtshöfe des Bundes, BGBl. 1968 I 661.

[4] Zur Normtextentwicklung *Stern,* StaatsR II, 1980, 373 ff., 383 ff.; *Voßkuhle* in MKS Rn. 14–19; *Achterberg* in BK (Stand 1985) Rn. 41–103.

[5] Zur Entwicklung der höchsten Gerichtsbarkeit in Deutschland seit dem ausgehenden Mittelalter kurz und prägnant *Voßkuhle* in MKS Rn. 5–13; *Achterberg* in BK (Stand 1985) Rn. 1–40.

[6] Es handelt sich dabei um sechs Prozessgesetze des Bundes, die unter den darin geregelten Voraussetzungen den Rechtsuchenden zu einem dieser obersten Bundesgerichte führen können, falls sie anwendbar sind, wenn also, bildlich gesprochen, der jeweilige „Rechtsweg" eröffnet ist (BGHZ: § 13 GVG iVm §§ 1 ff. ZPO; BGHSt: § 13 GVG iVm §§ 1 ff.: BAG: §§ 1, 2, 2a,3 ArbGG; BVerwG: § 40 VwGO; BSG: § 51 SGG; BFH: § 33 FGO. Die Gerichtssitze sind: BGH in Karlsruhe, mit zwei Strafsenaten in Leipzig; BAG in Erfurt, BVerwG in Leipzig, BSG in Kassel, BFH in München.

besteht. Das Wahlergebnis bedarf der **Zustimmung des zuständigen Bundesministers.** Dadurch wirken jeweils indirekt der BT, die Landesregierungen sowie die Bundesregierung an der Berufung jedes Bundesrichters mit. Die inhaltliche Einheitlichkeit der Rechtsprechung der obersten Bundesgerichte wird funktional durch einen besonderen, mit Richtern der fünf Bundesgerichte (zT fallweise) besetzten Spruchkörper, den **„Gemeinsamen Senat"** der obersten Gerichtshöfe des Bundes, (mit begrenzter Wirkung) geschützt.

Art. 95 Abs. 1 regelt, welche obersten Bundesgerichte – außer dem BVerfG – das GG für welche Sachbereiche garantiert. Der Bund muss sie demgemäß nur noch durch seine Gesetzgebung und vollziehende Gewalt ausgestaltend errichten und ausstatten. Zugleich wird den Gerichten ein im typischen Kern gegenüber dem Gesetzgeber „änderungsfester" Bereich an Rechtsprechungsaufgaben zugewiesen. Drittens wird die **Berufung der (berufsrichterlichen) Bundesrichter** organisatorisch sowie kompetenz- und verfahrensrechtlich gestaltet. Viertens wird ein gerichtsübergreifender Spruchkörper gebildet, der bei drohenden Divergenzen die **Einheitlichkeit der Auslegung** des konkret maßstäblichen Bundesrechts mit Bindungswirkung (nur) für die betroffenen Spruchkörper der Bundesgerichte sichern soll. 4

Zugleich geht es (Art. 30, 92) um die Verteilung der **Ausübungskompetenz** zwischen **Bund und Ländern** im Bereich der fachgerichtlichen rechtsprechenden Gewalt. Dies geschieht in prinzipiell anderer Weise als in der Gesetzgebung (Art. 70 ff.) und bei der Verwaltung (Art. 83 ff.), nämlich grundsätzlich **nicht nach Sachgebieten.** Der Rechtsstaat wird in seiner Rechtsprechungsfunktion als Einheit und als Wahrer der Einheit der Rechtsordnung[7] angesehen. Eine thematisch-gegenständliche bundesstaatliche Aufteilung der rechtsprechenden Gewalt zwischen Bund und Ländern nach Sachgebieten bzw. Lebensbereichen wäre damit nicht vereinbar und praktisch nicht durchzuhalten. Die **rechtsprechende Gewalt** auch über **Bundesrecht** steht den **Ländern** zu, soweit vor allem Art. 92 und 96 und Art. 74 Abs. 1 Nr. 1 nichts anderes vorsehen oder zulassen. Umgekehrt verbietet das GG dem **Bund** nicht, auf bundesrechtlicher Rechtsgrundlage (oder über Art. 99 kraft landesrechtlicher Ermächtigung) **Landesrecht** maßstäblich anzuwenden. 5

Die Aufzählung der „obersten" Gerichtshöfe ist abschließend. Sie stehen als **unmittelbar verfassungsrechtlich begründete Institutionen** und direkte **Bundesorgane gleichrangig**[8] **nebeneinander.** Es wäre irreführend, sie als **„Verfassungsorgane"** zu bezeichnen, also mit einem Ausdruck, der dem GG selbst ohnehin fremd war und ist. Auch Art. 93 Abs. 1 Nr. 1 spricht nur von „**obersten Bundesorganen**". 6

Diese **Gerichtshöfe** sind **keine „obersten" Bundesorgane** im Staatsgefüge, sondern **„besondere" Bundesorgane.** Das GG selbst stattet sie nämlich generell nicht mit eigenen originären „Rechten oder Pflichten" gegenüber „obersten Bundesorganen" aus, die im Staatsgefüge bei der organschaftlichen Wahrnehmung der ihnen verfassungsrechtlich zugewiesenen Aufgaben keinem Weisungsrecht eines anderen Bundesorgans unterliegen. Die **Gerichtshöfe** sind zwar auch von vornherein schlechthin **„besonders"**, 7

[7] Vgl. *Degenhart* in HdbStRV § 114 Rn. 14–48.
[8] BVerfGE 12, 326 (333 ff.); 26, 72 (76 f.); 55, 372 (388 ff.); *Wassermann* in AK II Rn. 17; zu den nachfolgenden Aspekten auch bei → Art. 97, 92 GG.

da sie nach dem GG keinen fachlichen Weisungen oder inhaltlichen Einflussnahmen auf ihre rechtsprechende Tätigkeit unterliegen dürfen. Anders als bei dem **BVerfG** als **„Staatsgerichtshof"** und **„Fachgericht für Bundesverfassungsstreitigkeiten"** betreffen ihre Rechtsprechungsaufgaben iW nicht die verfassungsrechtlichen Beziehungen der obersten Bundesorgane untereinander, die Prüfung der Verfassungsmäßigkeit ihrer Aufgabenwahrnehmung oder die Gewährleistung der grundgesetzlichen Bestimmungs- und Mitwirkungsrechte der Staatsbürger im Staat bei Wahlen und Abstimmungen und durch ihre Parteien. Die Gerichtshöfe sprechen iW Recht über privatrechtliche Beziehungen von Privatrechtssubjekten, über staatliche Strafansprüche gegen angeklagte Personen, über verwaltungsrechtliche Streitigkeiten nichtverfassungsrechtlicher Art zwischen Rechtssubjekten („natürlichen" oder „juristischen" Personen) und den Organen der vollziehenden Gewalt des Bundes, der Länder oder unterstaatlicher Rechtssubjekte und zwischen diesen. **Verfassungsrechtliche Streitigkeiten** zwischen obersten Bundesorganen kommen bei den Gerichtshöfen nicht als zu entscheidender Streitgegenstand, sondern allenfalls als „Vorfrage" in einem nichtverfassungsrechtlichen Streit ins Blickfeld.[9] Wird die Antwort auf eine solche „Vorfrage" ggf. doch entscheidungserheblich, muss der Gerichtshof sie dem BVerfG vorlegen (Art. 100). Allerdings haben in erster Linie die Fachgerichte der Länder und die **Gerichtshöfe** den **Schutz der grundgesetzlichen Grundrechte** zu gewährleisten. Die Verfassungsbeschwerde ist nur ein außerordentlicher Rechtsbehelf. Streitigkeiten um Grundrechtsverletzungen betreffen aber als solche grundsätzlich nicht direkt die Wahrnehmung verfassungsrechtlicher Staatsaufgaben durch oberste Bundesorgane, sondern den Individualrechtsschutz. Es geht um die **individuelle Verletzung** grundrechtlicher Abwehr-, Mitwirkungs-, Teilhabe- sowie ggf. von Leistungsrechten bestimmter Rechtssubjekte. Zur und bei der Erfüllung dieser Rechtsprechungsaufgaben garantiert das GG den Gerichtshöfen ua schon durch Art. 20 Abs. 2 S. 2 einen **besonderen Status.** Dieser sichert ihnen als Rechtsprechungsorganisation, nicht als Gerichtsbehörde, für die Wahrnehmung der nur ihnen zugewiesenen komplexen gerichtsinternen Aufgaben, die der gesetzesgeleiteten Geschäftsverteilung und der Bestimmung der gesetzlichen Richter iSd Art. 101 Abs. 1 S. 2 dienen, **„institutionelle Unabhängigkeit".** Diese verbietet Weisungen und Einflussnahmen ua von obersten Bundesorganen auf diese gerichtsinternen Entscheidungsprozesse. Nur so kann die **„richterliche Unabhängigkeit"** (Art. 97) **der einzelnen (gesetzmäßigen) Bundesrichter** bei Ausübung der allein ihnen anvertrauten rechtsprechenden Gewalt (Art. 92) grundgelegt werden (→ Rn. 11).

8 Dieser **„besondere Status"** macht die Gerichtshöfe nicht zu obersten Bundesorganen. Zwar umfasst die komplexe interne **Sonderkompetenz zur Konkretisierung des „gesetzmäßigen Richters"** (nach Aufgabenkreis und Person) eine für den Rechtsstaat fundamentale organisatorische Entscheidungsmacht. Die Gerichtshöfe sind durch sie zudem befugt, den Schutzbereich des Art. 101 Abs. 1 S. 2 für alle Grundrechtsinhaber abschließend zu konkretisieren, eine Kompetenz, die sonst iW allein dem Gesetzgeber vorbehalten ist.

[9] Das gilt iW auch, wenn der BGH über Beweiserhebungsanträge entsprechend der StPO in Verfahren eines Untersuchungsausschusses judiziert stellv., BGH-Ermittlungsrichter Beschl. v. 30.8.2018, 1 BGs 408/18 1 – ARs 1/18; BGH Beschl. v. 6.2.2019, 3 ARs 10/18.

Jedoch handelt es sich insoweit allein um eine **„immanente" Kompetenz,** die sich aus der **Besonderheit** der rechtsprechenden Gewalt als Funktion der „neutralen Letztentscheidung über Rechtsstreitigkeiten" ergibt. Sie **grenzt nur von den anderen Staatsfunktionen** ab, weil ein Gericht, das die gesetzlichen Richter nach Weisung oder auch nur unter nennenswerter Einflussnahme ua von Organen einer anderen Staatsgewalt bestimmt, von diesen institutionell abhängig und kein rechtsstaatliches Gericht iSd GG ist. Die unter Einwirkung **„organfremder Staatsgewalt"** bestimmten Richter sind **keine „gesetzlichen Richter"** iSd GG. 9

Die **einzelnen Richterämter der Bundesrichter** an diesen Gerichtshöfen sind augenfällig erst recht **keine „obersten Bundesorgane"**[10]. Sie sind mit keinen originären grundgesetzlichen Rechten und Pflichten gegenüber obersten Bundesorganen versehen. 10

Jedoch sind die Gerichtshöfe bei der Bestimmung der gesetzlichen Richter auf die **„Ausstattungshilfe"** der obersten Organe der Gesetzgebung und Verwaltung angewiesen und deshalb von diesen insoweit auch für ihren Aufgabenkernbereich funktionell abhängig. Denn sie können die gesetzlichen Richter nur aus den ihnen zugeordneten Richtern und nur im Rahmen der Möglichkeiten des ihnen zugewiesenen Verwaltungspersonals sowie der Sachausstattung bestellen. Deshalb gibt ihnen das GG selbst und unmittelbar gegen die Organe der anderen Gewalten zwei reaktive Rechte (dazu sogleich). 11

Hinsichtlich der **„Gerichte" als Rechtsprechungsorganisationen der Richter** ergeben sich jedoch uU in **zwei Fallgestaltungen** unmittelbare **grundgesetzliche Rechte** dieser Gerichte gegen den Bund, das jeweils zuständige oberste Bundesorgan. 12

Erstens haben die Gerichtshöfe ein **Recht auf ein Mindestmaß an personell und sachlich funktionsgerechter Ausstattung.**[11] Die oberste Bundesorgane der vollziehenden und der gesetzgebenden Gewalt sind objektivrechtlich verpflichtet, die Gerichtshöfe personell und sachlich so auszustatten, dass sie ihre **grundgesetzlichen** Pflichten gut erfüllen können, möglichst gesetzmäßig, effektiv (und zeitnah) Recht zu sprechen (Art. 1 Abs. 3, Art. 20 Abs. 2 S. 2, Art. 19 Abs. 4, Art. 92, Art. 95 Abs. 1, 3, Art. 96 Abs. 3). Die **Gerichtshöfe sind keine nachgeordneten Behörden** des jeweiligen Bundesministeriums, das ein Organ der „vollziehenden Gewalt" ist. Sie sind vielmehr **kraft GG „besondere Organe" der rechtsprechenden Gewalt,** durch die, wie das GG sagt, das Staatsvolk diese Staatsgewalt ausübt, seine gesetzmäßigen Richter für jeden Streitfall zu bestimmen. Sie sind **verfassungsunmittelbare Institutionen der „dritten Gewalt",** denen das GG selbst „Besonderheit" gegenüber allen anderen Bundesorganen und nicht nur einen Sachbereich an Rechtsprechungsaufgaben garantiert, sondern auch eine dafür ausreichende und angemessene Ausstattung. Sie sind die „begünstigten" Adressaten der sich hieraus ergebenden grundgesetzlichen Pflichten der obersten Bundesorgane. Deren „Schlechterfüllung" greift in ihre grundgesetzliche Aufgabenwahrnehmungspflicht ein und kann von niemand anderem als von ihnen abgewehrt werden. 13

[10] BVerfGE 143, 22 (29 f.).

[11] Der BFH Beschl. v. 14.3.2019, Az. V B 34/17, hat eine Verletzung des Rechts auf ein gesetzlichen Richter auf Landesebene bejaht, als ein Richter zeitlich als Präsident eines FG und des OVG agierte und an beiden Gerichten zusammen fünf Senaten vorsaß. Das ist „sparsame Justiz".

14 Zwar haben die obersten **Bundesorgane** bei der Ausstattung der Gerichtshöfe einen **erheblichen Gestaltungsraum.** Dieser verengt sich jedoch auf ein **Recht des Gerichtshofs,** falls durch Nicht- oder Fehlausstattungen eine dringende **Gefahr** entsteht, dass er das grundgesetzlich garantierte Mindestmaß an Rechtsprechung, insbesondere an effektivem Rechtsschutz, nicht mehr gewährleisten kann. Denn dann wird die **rechtsprechende Gewalt** durch verfassungswidriges Handeln der obersten Bundesorgane grundgesetzwidrig behindert oder gar **ausgeschaltet.**

15 Das zweite Recht entsteht, sobald die **institutionelle Unabhängigkeit des Gerichts** als Rechtsprechungsorganisation **durch irgendeine Einwirkung eines obersten Bundesorgans** insbesondere auf die Regelung der gesetzlichen Richter erfolgt. Jede Einflussnahme einer anderen Staatsgewalt hierauf ist grundgesetzwidrig und eine **Rechtsverletzung.** Es ist allein der Rechtsprechungsorganisation „Gericht" vorbehalten, die gesetzlichen Richter für bestimmte Arten von Streitigkeiten abstrakt zu bestimmen und ihnen die Rechtsprechungstätigkeit faktisch zu ermöglichen. Aus dem Eingriff in die „dritte Gewalt" ergibt sich jeweils ein gegen das eingreifende Bundesorgan gerichteter **Abwehranspruch des Gerichtshofs.**

16 Die institutionelle **Unabhängigkeit des Gerichts** als „besonderes Staatsorgan" von den obersten Bundesorganen ist von der nur gesetzesunterworfenen **„Unabhängigkeit der Richter"** (Art. 97) strikt zu unterscheiden. Diese betrifft die rechtsprechende Bearbeitung der dem einzelnen Richter vom Gerichtshof als Rechtsprechungsorganisation abstrakt zugewiesenen Rechtsprechungsaufgaben. Die Unabhängigkeit des einzelnen gesetzlichen Richters ist ua auch gegen die allfälligen Eingriffe der in der Rechtsprechungsorganisation des Gerichtshofs tätigen Richterpersonen in die Rechtsprechungstätigkeit des Richters, nicht etwa nur gegen die Gerichtsbehörde („Dienstaufsicht") oder andere richterliche oder „von außen" kommende „Störer" gerichtet.

17 Die **institutionelle Unabhängigkeit** des Gerichtshofs schützt hingegen insbesondere **gegen jede „Aus- und Gleichschaltung" der Gerichte, also auch gegen die indirekte Gefügigmachung der Rechtsprechung.** Jede **Einflussnahme** zB eines Bundesministeriums auf die **rechtsprechungsrelevanten gerichtsinternen Vorgänge** verletzt die grundgesetzlich in Art. 20 Abs. 2 S. 2 Hs. 2, 92, 95 Abs. 1 garantierte **„Besonderheit" der Gerichte.** Zu denken ist an Einwirkungen bei der Besetzung von Spruchkörpern, der Zuweisung von Rechtsprechungsaufgaben an diese und bei der Bestellung der gesetzlichen Richter, auf die Wahlen und die Geschäftstätigkeit des Präsidiums oder des Präsidialrats etwa bei „Beförderungen" oder Richterberufungen oder auf die (prozessrechtlich nicht erfasste) Richterversammlung, soweit sie solche Themen erörtert. Die **Richter** müssen pflichtig als deren **Mitglieder** all diese Aufgaben in **„Eigenregie"** nach gesetzlichen Vorgaben (auch als einzelne in richterlicher Unabhängigkeit) wahrnehmen, damit ein „gesetzlicher Richter" iSv Art. 101 Abs. 1 S. 2 bestimmt werden kann, der die ausschließlich ihm anvertraute rechtsprechende Gewalt (Art. 92) in völliger Unterwerfung allein unter das Gesetz (Art. 97) ausüben kann.

18 Nur hinsichtlich dieser beiden **verfassungsunmittelbaren,** aber **nur fallbezogenen und reaktiven Organrechte** in diesen beiden Konstellationen stehen die **Gerichtshöfe den obersten Bundesorganen begrenzt gleich.** Es ist keineswegs ausgeschlossen, dass die obersten Bundesorgane der anderen

Gewalten das Mindestmaß an **Ausstattung** den Gerichtshöfen trotz intensiver Hinweise und Gespräche nicht gewähren.

19 Die **Unabhängigkeit der Institution „Gericht"** ist eine **eigenständige rechtsstaatlich notwendige und unerlässliche Voraussetzung für die richterliche Unabhängigkeit** des einzelnen gesetzlichen Richters. Sofern das BVerfG die obersten Gerichtshöfe ausschließlich in derartigen Fällen nicht als „Beteiligte, die vom GG mit eigenen Rechten ausgestattet sind" (so Art. 93 Abs. 1 Nr. 1) anerkennt und ihnen den Organstreit eröffnet, müsste der BT den Wortlaut des § 63 BVerfGG klarstellend an diesen Text des GG anpassen.

20 Die Gerichtshöfe haben im **Verhältnis zum BVerfG** einen anderen, sich nur teilweise mit ihm überschneidenden Aufgabenbereich und stehen grundsätzlich gesondert neben ihm. Das **BVerfG** wird, anders als sie, in **bloß bildhafter didaktischer Beschreibung** wegen seiner Kompetenzen aus dem GG im Kern zutreffend als **„gerichtliches Verfassungsorgan"** bezeichnet. Denn es ist als **Fachgericht für Bundesverfassungsstreitigkeiten** auf Grund seiner abgezählten Zuständigkeiten in Verfassungsstreitigkeiten zwischen Bund und Ländern, unter Ländern und Bundesorganen sowie wegen seiner Verwerfungsbefugnis bei Parlamentsgesetzen **„Staatsgerichtshof"** sowie als letztverbindlicher Interpret der grundgesetzlichen Grundrechte das auch rechtlich maßgebliche **„Grundrechtsgericht".** Es erfüllt die Kriterien eines obersten Bundesorgans, ist aber als Organ der rechtsprechenden Gewalt „besonders", also grundgesetzlich von ihnen abgesondert und deshalb zweckmäßigerweise anders zu benennen.

21 Es ist aber gegenüber den obersten Gerichtshöfen **keine „Superrevisionsinstanz".**

22 Deren Entscheidungen darf es nur aufheben, soweit es konkret tragend und rechtsmaßstäblich auf die Auslegung und Anwendung von **Bundesverfassungsrecht** ankommt; **obiter dicta des BVerfG binden nicht.** Bindung besteht auch, soweit des BVerfG auf der Grundlage einfachen Rechts **verfassungsrechtliche Rechtsfolgen** ausspricht. Das ist zB der Fall, wenn das BVerfG einen bestimmten Grundrechtsinhalt feststellt und diesen aus einem inhaltsbestimmenden oder regelnden einfachen Bundesgesetz herleitet, das es nicht verfassungskonform ausgelegt hat. Der oberste Gerichtshof ist an die Feststellung des Grundrechtsinhalts gebunden. Beruht diese aber auf einer fehlerhaften und nicht verfassungskonformen Auslegung des einfachen Bundesgesetzes, darf der Gerichtshof insoweit der fehlerhaften Auslegung des BVerfG nicht folgen. Nimmt das BVerfG hingegen eine **verfassungskonforme Auslegung** des einfachen Bundesrechts vor, sind die obersten Gerichte insoweit daran gebunden. Soweit aber allein **„einfaches" Recht** tragend und maßstäblich ist, binden seine bloß einfachgesetzlichen Auslegungen die „Fachgerichte" nicht. Sie können und dürfen das einfache Bundesrecht auch anders als das BVerfG verstehen und von dessen Auslegung abweichen und müssen ihr ggf. widersprechen.[12]

23 Art. 95 Abs. 1 garantiert **nicht** die Existenz von fünf Gerichtsverwaltungen, also von fünf **Gerichtsbehörden.** Er steht einer **bloßen verwaltungsorganisatorischen Zusammenlegung** von Aufgaben ihrer **gerichtlichen Hilfsverwaltung** sowie ihrer **Justizverwaltung** (zB Haushaltsführung,

---

[12] Vgl. Stellv. BSGE 92, 113 ff. = SozR 4 – 2600, § 46 Nr. 1; *Zuck* in Lechner/Zuck BVerfGG, 5. Aufl. 2006, Einl. Rn. 41 ff.

nichtrichterlicher Dienst, Bibliotheken- und IT-EDV-Verwaltung, rechtspflegende Verwaltung etc) nicht im Wege. Diese Verwaltungsbehörden sprechen ohnehin kein Recht, wenn es im jeweiligen „Gericht" verfassungsgemäß zugeht. Sie gehören nicht zur Rechtsprechungsfunktion und werden ohnehin vom **Gerichtspräsidenten** geleitet. Dieser ist derzeit statusrechtlich ein Richter, als „Behördenchef" aber nur ein **Funktionsträger der Exekutive.** Er ist für das Verwaltungspersonal, anders als für die Richter, Vorgesetzter und Dienstvorgesetzter mit dienstlicher und amtlicher Weisungsgewalt. Er ist Chef der zur vollziehenden Gewalt gehörenden **Gerichtsbehörde.**[13] Die Zusammenfassung nur der Verwaltungsabteilungen, der Gerichtsbehörden der obersten Gerichte, etwa im Verantwortungsbereich eines **Rechtspflegeministeriums**[14] ist ohne Verfassungsänderung zulässig. Dies gilt dann auch für den obersten Verwaltungsbeamten einer vereinigten Gerichtsbehörde, der kein Richter sein sollte. Ob ein gemeinsames **„Verwaltungsamt der obersten Gerichtshöfe"** politisch-funktional vorzugswürdig wäre, ist keine verfassungsrechtliche Frage.

24 Von der **verwaltungsrechtlichen hierarchischen Gerichtsbehörde** ist das **„Gericht" im eigentlichen Sinn** als körperschaftlich strukturierte **Rechtsprechungsorganisation** zu unterscheiden. Dessen **Mitglieder** sind die an diesem Gericht mit einem Richteramt betrauten Richter.[15] Art. 95 Abs. 1 wäre verletzt, wenn die gesonderten gerichtlichen Rechtssprechungsorganisationen, also die „Gerichte" im eigentlichen Sinn, als eigenständige Träger der Rechtsprechungsfunktion nicht mehr bestünden. Denn Abs. 1 verpflichtet den Bund, die Rechtsprechungsgewalt auf die fünf eigenständigen Gerichte (und die im GG sonst genannten Bundesgerichte), nicht aber auf fünf Gerichtsbehörden zu verteilen.[16] Die Norm schreibt keine verwaltungsorganisatorische, sondern nur eine **rechtsprechungsfunktionale Trennung der Gerichtshöfe** vor.

25 Die jeweiligen **Fachgebiete der Gerichtshöfe** sind nur im Kern, nicht aber in allen Randbereichen festgeschrieben. Daher steht dem BT ein Handlungsspielraum zu, **die fünf Gerichtsbehörden** und nach Art. 74 Abs. 1 Nr. 1 auch die **Verfahrensordnungen zu vereinheitlichen.** Jedoch widerspräche eine Zusammenlegung der Gerichtshöfe (als „Gerichte") zu einem Obersten Gerichtshof dem Wortlaut der Norm, ihrer Entstehungsgeschichte und ihrem Sinn, für die fünf historisch gewachsenen Hauptsachgebiete auch fünf spezialisierte und den differenzierten Anforderungen angepasste oberste Gerichte zu gewährleisten. Hierin liegt ein nicht unwesentliches Stück faktischer **„Gewaltenteilung" im Bereich der dritten Staatsgewalt** selbst. Dies wirkt einem durchaus denkbaren Machtmissbrauch eines „obersten Gerichtshofs", ferner einer übergroßen Verfügungsgewalt der Staatsleitung über alle obersten Bundesgerichte und einer Gefährdung der Rechtsprechungshoheit der Länder entgegen.

26 Die **Zusammenlegung der drei Verwaltungsgerichtsbarkeiten** sowie der Arbeits- und Zivilgerichtsbarkeit ist daher auf Bundesebene, dh allein im Blick auf die obersten Gerichtshöfe des Bundes als „Gerichte", ohne Ver-

---

[13] Zur Organisationsreform *Strempel/Abel* DÖV 1991, 530 ff.

[14] Dazu *Leutheusser-Schnarrenberger* FS f. Klein, 1994, 993 ff.; wie hier *Voßkuhle* in MKS Rn. 23–29 auch zum Folgenden.

[15] Stellv. § 125 GVG.

[16] Ähnlich *Degenhart* in HdbStR V § 114 Rn. 21 ff.; in der Sache wohl wie hier *Stern,* StaatsR II, 1980, 387 Fn. 86.

fassungsänderung nicht erlaubt.[17] Verfassungsrechtlich zwingende Vorgaben für die einfachgesetzliche Ausgestaltung des bundesrechtlichen **Gerichtsverfassungs- und Prozessrechts** (Art. 74 Abs. 1 Nr. 1) für die **Gerichtsbarkeit der Länder** ergeben sich daraus nicht, soweit es nicht um den **Zugang zu den fünf obersten Gerichtshöfen** geht. Dies spricht allerdings für den grundsätzlichen Fortbestand der bisherigen Gerichtsorganisation, die ebenfalls auf dem „Fachgerichtsprinzip" beruht. Eine Zentralisierung der Gerichtsorganisation und eine Konzentrierung auf ein „Einheitsgericht" wäre iE schwer mit der Arbeit der fünf Bundesgerichte vereinbar. Das schließt nicht aus, dass der Bund ohne Änderung des Art. 95 oder anderer GG-Bestimmungen den Ländern freistellt, Aufgaben aus einer Gerichtsbarkeit zeitweilig zur Wahrnehmung den Gerichten einer anderen, sachnahen Gerichtsbarkeit zur Ausübung zu übertragen, wenn die Revision zu dem „eigentlich" zuständigen Bundesgericht führt.[18] Dabei muss die Existenz der in verschiedenen GG-Normen genannten „ordentlichen" Gerichtsbarkeit gewährleistet bleiben. Die Länder konnten somit auf bundesgesetzlicher Grundlage Rechtsprechung zu bestimmten Büchern des SGB auf Gerichte der Verwaltungsgerichtsbarkeit übertragen; die Revision ging ggf. zum BSG.[19]

B. Einzelfragen

I. Einzelne Gerichtszweige (Art. 95 Abs. 1)

Oberste Gerichtshöfe sind – wie schon ihr Name sagt – **grundsätzlich** 27
höchstinstanzliche Gerichte,[20] die hauptsächlich und soweit es um die Auslegung und Anwendung von Bundesrecht **grundsätzlich als Revisionsgerichte** tätig werden sollen.[21] Ihnen können aber aus besonderen Sachgründen in begrenztem Umfang **auch erst- oder zweitinstanzliche Aufgaben** zugewiesen werden.[22] Ebenso können Landesgerichte letztinstanzlich, auch als Revisionsinstanz, tätig werden.[23] Art. 95 Abs. 1 sichert dem Bund, dass seine obersten Gerichte grundsätzlich die Kompetenz zur letztverbindlichen Entscheidung über Streitigkeiten aus dem Bundesrecht haben. Hauptzwecke dieser Revisionskompetenz des Bundes sind die Wahrung der **Rechtseinheit** im Bundesstaat und im jeweiligen Sachbereich, die **Rechtsfortbildung** und die **Gewährleistung der Prozessgrundrechte** in den Gerichtsverfahren der Landesgerichtsbarkeiten.[24] Bedeutsam ist auch, dass faktisch primär die Fachgerichte der Länder den **Grundrechtsschutz** zu gewährleisten haben, wofür (bei zulässiger Revision/Beschwerde) eine bun-

[17] IW wie hier *Schenkel* DÖV 2011, 481 ff.; stellv. *Stüber/Hermanns* DÖV 2001, 505; *Stüber/Hermanns* ZRP 2002, 164; dafür gibt es auch nur wenige diskussionswürdige Argumente, dazu *Becker* SGb 2009, 589 ff.

[18] §§ 50a–c, 52 SGG aF erlaubten den Ländern, Sozialgerichtsbarkeit durch besondere Spruchkörper der Verwaltungsgerichtsbarkeit mit dem BSG als Revisionsgericht ausüben zu lassen.

[19] Zum Streit: *Hufen* DV 2009, 405; *Wittreck* DVBl. 2005, 211; *Redeker* NJW 2004, 496; *Nakielski* SozSich 2004, 214; *v. Renesse* NZS 2004, 452; *Brand/Fleck* NZS 2004, 173; *Kruschinsky* RuP 2004, 73; zutreffend *Schenkel* DÖV 2011, 481 ff.

[20] *Bettermann* JZ 1958, 235 schon zu damaligen oberen Bundesgerichten.

[21] BFH BFH/NV 2000, 869; *Fischer* JZ 2010, 1077 ff.

[22] BVerfGE 92, 365 (410); 8, 174 (176 f.); *Paetow* NVwZ 2007, 36.

[23] S. schon BVerfGE 6, 45 (51 f.).

[24] S. BVerfGE 10, 285 (295); *Heyde* in Benda/Maihofer/Vogel VerfassungsR-HdB, 1579 (1589).

desgerichtliche Überprüfung auch zur Entlastung des BVerfG dringend angezeigt ist.

28 Der Bund hat ferner die **Gesetzgebungskompetenz** aus Art. 74 Abs. 1 Nr. 1 unter Berücksichtigung dieser Grundentscheidung wahrzunehmen und die Zuständigkeitsabgrenzung zwischen Bundes- und Landesgerichten, deren Träger (Gerichtsherr) immer das Land ist, im Einzelnen zu regeln.[25] Er hat daher vorzugswürdig in seinem Gerichtsverfassungs- und Prozessrecht für jedes seiner obersten Gerichte im Regelfall mindestens eine nicht notwendig völlig gleichartig ausgestaltete Fachgerichtsbarkeit auf Landesebene vorzusehen. Ferner darf er den Zugang zum obersten Gerichtshof des Bundes bei Bundesrechtsstreitigkeiten grundsätzlich nicht ausschließen, wenn die Sache **grundsätzliche Bedeutung** hat, eine **Divergenz** des Landes- vom obersten Bundesgericht vorliegt oder **verfassungsrechtliche Verfahrensgrundrechte** verfassungsspezifisch verletzt sind. Er hat aber unter dieser Voraussetzung grundsätzlich dem Land die nähere Gestaltung seiner Gerichtsorganisation überlassen. Insoweit weist Art. 95 jedoch darauf hin, dass es bei Streitigkeiten um Bundesrecht grundsätzlich (mindestens) zwei Instanzen geben muss.[26]

29 Der Bund **errichtet** die grundgesetzlich garantierten obersten Gerichtshöfe, dh er hat die sachlichen, personellen und normativen Grundlagen der Rechtsprechungstätigkeit dieser Gerichte auszugestalten. Ihm kommt daher als **Gerichtsherrn** eine insoweit pflichtig wahrzunehmende Gesetzgebungs- und Verwaltungskompetenz zu. Er muss garantieren, dass die Bundesrichter durch die Gerichte in den sechs Sachbereichen die rechtsprechende Gewalt des Bundes effektiv ausüben können. Dazu muss er auch institutionell umfassend die **institutionelle Unabhängigkeit** jedes **der „Gerichte"** von den Bundesministerien, den Parteien und Fraktionen und von sonstigen sachfremden Einflüssen sichern.

30 Für die **Gebiete** dieser Gerichtsbarkeiten werden die Gerichtshöfe errichtet. Die Gebiete selbst sind verfassungsrechtlich nicht genau gegeneinander abgegrenzt. Das GG verwendet aber die Namen der Gerichtsbarkeiten, die als Fachausdrücke zur typologischen Abgrenzung der Kernbereiche der Rechtsmaterien im Gebrauch sind. Dadurch und durch die abgeschlossene Aufzählung wird klargestellt, dass der **Typenkern** jeder Gerichtsbarkeit an **der Verfassungsgarantie fachlich spezialisierter oberster Gerichte** teilnimmt.[27] Der Gesetzgeber hat bei der Abgrenzung einen Entscheidungsspielraum. Er darf auch unnötige und rechtssystematisch unerwünschte Zuweisungen vornehmen, solange er den Typenkern des Sachgebiets nicht unverhältnismäßig einschränkt.

31 Bedenklich ist aber auch, wenn er auf dem jeweiligen Sachgebiet weitreichenden Änderungen rechtlicher oder tatsächlicher Art nicht Rechnung trägt. Der Bund hat den Wandlungen des Typus „Sozialrecht" im Jahr 2005 Rechnung getragen. Durch die Kodifizierung des Sozialgesetzbuchs (SGB), das der Ausgestaltung der sozialen Rechte iSd §§ 1–10 SGB I dient, war das Fürsorgerecht (Grundsicherung für Arbeitssuchende = SGB II, allgemeinen Sozialhilfe = SGB XII und das Asylbewerberleistungsgesetz) materiell, verfahrens- und organisationsrechtlich neu geordnet worden. Deshalb wurden

[25] S. BVerfGE 8, 174 (177).
[26] BVerfGE 42, 243 (248); 54, 277 (291).
[27] S. BVerfGE 4, 387 (398 f.).

diese Materien vom BVerwG auf das BSG verlagert. Für den Bereich des öffentlich-rechtlich geprägten „Sozialrechts" ist die Sozialgerichtsbarkeit geschaffen worden.[28]

II. Richterwahlausschuss (Art. 95 Abs. 2)

Das **Wahlverfahren**[29] betrifft die **Berufung** der **Berufsrichter** der obersten Gerichtshöfe durch die **Wahlorgane,** nicht aber deren **Ernennung** durch den **BPräs** nach Art. 60 Abs. 1.[30] Der Bund könnte das auch für die in Art. 96 genannten Bundesrichter an „einfachen" Bundesgerichten einführen,[31] weil die Länder nach Art. 98 Abs. 4 das für ihre Landesrichter dürfen. Bei der Berufung der **ehrenamtlichen Richter** muss der Ausschuss nicht mitwirken.[32] 32

Das Wahlverfahren wird näher ausgestaltet durch das **RichterwahlG.** Die Entscheidung über die Berufung eines Richters treffen der **Richterwahlausschuss,** der einen Bewerber für das Amt zur Berufung auswählt, im Zusammenwirken mit dem für das jeweilige Sachgebiet zuständigen **Bundesministerium,** der **im Wahlausschuss den Vorsitz hat, aber dort nicht stimmberechtigt** ist, und dessen **Zustimmung Berufungsvoraussetzung** ist. Dabei ist der Bundesminister grundsätzlich, aber nicht stets verpflichtet, der Wahl des Ausschusses zuzustimmen. Es besteht latent und bei Nichtzustimmung im Ansatz ein **faktischer Einigungszwang,** der kompetenzrechtlich nicht völlig aufzulösen ist (dazu sogleich). 33

Sachlich zuständig ist der **Bundesminister,** der die Dienstaufsicht über das zu besetzende Gericht führt und bei dem es nach dem Haushaltsplan ressortiert. Im Richterwahlausschuss sind die **Landesminister Mitglieder kraft Amtes,** zu deren Geschäftsbereich die dem zu besetzenden obersten Gerichtshof im Instanzenzug zugeordneten Gerichte des Landes gehören. In gleicher Zahl werden die **Mitglieder kraft Wahl** vom BT nach dem Höchstzahlverfahren (d'Hondt) bestimmt. **Vorschlagsberechtigt** sind der jeweils zuständige Bundesminister und jedes Mitglied des Wahlausschusses. Der **Ausschuss** tagt nicht öffentlich und erhält über den Bundesminister, von diesem ausgewertet in „Wahlvorschlagsbögen", die vollständigen Personalakten des jeweiligen Landes über jeden Kandidaten einschließlich der Dienstzeugnisse und der Bewerbungsunterlagen, ferner die Stellungnahme des Präsidialrats[33] des jeweiligen Bundesgerichts und ggf. Aktenvermerke über die mit dessen Präsidenten geführten Gespräche. Zwei **Berichterstatter** aus seinem Kreis legen Voten vor. Er trifft seine Entscheidung in **geheimer Abstimmung** mit der Mehrheit der abgegebenen Stimmen. 34

Rechtszwecke des Wahlverfahrens sind die Sicherung der Rechtstreue und der Neutralität der Dritten Gewalt,[34] parlamentarische Kontrolle, demo- 35

---

[28] AA *Silberkuhl* NVwZ 1993, 46 f.

[29] Eingehend BVerfGE 143, 22 (27 ff. mit umfassenden Nachw.); die Kommentierung, die auch in den Vorauflagen hier iVm Art. 97, 92 insoweit gleichsinnige Thesen vertreten hat, stimmt dem BVerfG in den Ergebnissen iW zu, in den Begründungen nicht immer, ohne dabei ihm zu widersprechen; s. schon auch *Baur* DRiZ 1971, 401 ff.; *Heinemann* FG f. Kunze, 1969, 3 ff.; *Ipsen* DÖV 1971, 467 ff.; *Scholz* FG 50 Jahre BVerwG, 2003, 151.

[30] *Busse* DÖV 1965, 467 ff.

[31] So auch *Voßkuhle* in MKS Rn. 31; wohl auch *Schulze-Fielitz* in Dreier Rn. 24.

[32] BVerfGE 26, 186; zur Stellung eines für die Wahl offiziell vorgeschlagenen OVG-Richters Schleswig NJW 2001, 3459; 2001, 3210; 2001, 3206; *Bertram* NJW 2001, 3167.

[33] Zu dessen Mitwirkung näher *Bowitz* DÖV 2016, 638 (640 ff.).

[34] *Stern,* StaatsR II, 1980, 399 ff.

kratische und föderale „Legitimation“, bundesstaatliche Kooperation sowie die Aktivierung von Fachkunde aus verschiedenen Lebensbereichen mit dem **Ziel der fachlichen und persönlichen Bestenauslese.**

36 **Art. 33 Abs. 2** ist anwendbar, auch wenn der Erkenntnisprozess bei der Bestenauslese durch die gebotene Auswahl durch Wahl und zudem durch 32 Wahlpersonen modifiziert wird. Der **Bundesminister** ist bei seiner Entscheidung, ob er dem Wahlergebnis zustimmt, grundsätzlich an Art. 33 Abs. 2 gebunden. Das führt zu keinen Problemen, wenn der Wahlausschuss eine auch von ihm für vorzugswürdig erachtete Person vorschlägt. Andernfalls kann das Problem nicht verfahrensrechtlich aufgelöst werden. Insbesondere kann der Bundesminister dem Wahlausschuss keinen ihm genehmen Vorschlag durch eine Kette von Ablehnungen seiner Zustimmung aufzwingen.

37 Auch **jedes Mitglied des Wahlausschusses** ist an diese Vorgaben der Bestenauslese gebunden. Es muss sich durch **Kenntnisnahme** von allen Unterlagen einen Eindruck verschaffen von Eignung, Befähigung und fachlicher Leistung der Kandidaten. Dies wird primär durch Lektüre der idR vom **Bundesminister** vorgelegten und ausgearbeiteten **„Wahlvorschlagsbögen“** erfolgen, darf aber dabei nicht stehenbleiben. Denn sonst würde keine vom Bundesminister unbeeinflusste Eignungsprüfung erfolgen. Das Ausschussmitglied muss also mindestens prüfen, ob der Minister die Unterlagen vollständig und richtig gesichtet und zutreffend in den Bogen aufgenommen hat. Insoweit muss mindestens eine Sichtung der Personalakten und Bewerbungsunterlagen erfolgen, die ua Zusammenstellungen ihrer Zeugnisse, dienstlichen Beurteilungen und der sie betreffenden Präsidialratsstellungnahmen enthalten. Die Einhaltung dieser Anforderung durch jedes Mitglied des Wahlausschusses muss in einer Niederschrift, für den Bundesminister nachvollziehbar festgehalten werden.

38 Die im RichterwahlG nicht angesprochene **Beurteilung des Präsidialrats** des jeweils betroffenen Gerichtshofs (§§ 55–57 DRiG), die auch ein „Ranking“ umfassen kann und den Personalakten schriftlich beiliegt, hat für den Ausschuss und den Bundesminister keine Bindungswirkung. Sie kann aber für den Ausschuss eine sachlich wichtige Orientierungshilfe bieten. Nahezu alle Kandidaten werden – bezogen auf ihren jeweiligen Entsendebereich – von den Ländern als (dort) überdurchschnittlich gut oder noch besser geeignet beurteilt. Der Präsidialrat kann dazu nach den Anforderungen des Gerichtshofs uU erkennbare qualitative Unterschiede in der Eignung für das Bundesrichteramt auch zwischen „Hervorragenden“ aufzeigen. Objektive (harte) Kriterien stehen für die Qualifikationsbeurteilung aber nur sehr begrenzt zur Verfügung.[35] Aber auch beim Präsidialrat, der meist präsidentennah besetzt ist, muss mit der Möglichkeit maßstabsfremder Einflüsse gerechnet werden. Der Gerichtspräsident und die Mehrheit im Präsidialrat können zB parteilich oder weltanschaulich durch die Mehrheitsmeinungen „im Hause“ und die Ansichten und „Beförderungserwägungen“ des zuständigen Ministeriums (etc) voreingenommen sein.

39 **Jede Wahlperson muss den wählen, den sie selbst für den besten hält.** Aber in einer Wahl nach dem formalen Mehrheitsprinzip ist mit angelegt, dass es zu unterschiedlichen Beurteilungen der Eignung kommen kann, deren materielle Vorzugswürdigkeit untereinander nicht feststellbar ist. Es wird in Kauf genommen, dass sich der **Wahlausschuss** durch die Mehr-

[35] *Maniotis* ZZP 1992, 63 ff.; *Sendler* NJW 1983, 1449 (1455).

heit der Wahlpersonen uU für jemanden entscheidet, den ein „allwissender objektiver Beobachter", der meist nicht zur Verfügung steht, nicht für den Besten hält. Weicht der **Mehrheitsvorschlag** von der Ansicht des **Bundesministers** ab, ergibt sich nach dem Wortlaut der Norm ein Dilemma, das allenfalls nach den Vorgaben des Art. 95 Abs. 2 **kompetenzrechtlich** teilweise aufgefangen werden kann.

Die **materiellrechtlichen Voraussetzungen des Art. 33 Abs. 2** sind bei dieser Konstellation **wenig hilfreich.** Jeder Deutsche hat nach seiner Eignung, Befähigung und fachlichen Leistung gleichen Zugang zu jedem öffentlichen Amt. Die Richterwahl darf von jeder Wahlperson grundsätzlich nur auf diese Kriterien und nur auf Fakten gestützt werden, die sie unmittelbar betreffen.[36] Dieses grundrechtsgleiche Recht dient dem öffentlichen Interesse an der bestmöglichen Besetzung des jeweiligen öffentlichen Amtes und dem Interesse der Bewerber an einer ermessens- und beurteilungsfehlerfreien Auswahlentscheidung. Die Beurteilung der **Eignung** für das zu besetzende Richteramt betrifft die **künftige Amtstätigkeit.** Sie erfordert eine konkrete und einzelfallbezogene Würdigung der gesamten Persönlichkeit des Bewerbers und muss vorausschauend betrachten, ob er die ihm in diesem Amt obliegenden Pflichten erfüllen wird. Bei dieser Prognose hat der Auswählende einen weiten Beurteilungsspielraum. Der **verfahrensrechtliche Bewerberanspruch** wird (gerichtlich entscheidungserheblich) nur **verletzt,** wenn die Ausschussmehrheit oder der Bundesminister von einem **unrichtigen Sachverhalt** ausgegangen ist, den dienst- und verfassungsrechtlichen **Rahmen seiner Auswahlentscheidung** verkannt, **allgemein gültige Wertmaßstäbe** nicht beachtet oder **sachfremde Erwägungen** angestellt hat.[37] 40

Nur bei gleicher Eignung können **inhaltlich diskriminierende Auswahlgründe** ausnahmsweise erlaubt sein: die **Landeszugehörigkeit** entsprechend Art. 36 Abs. 1 S. 1 als bundesstaatlicher Belang, eine (Schwer-) **Behinderung** wegen Art. 3 Abs. 3 S. 2 und das **Geschlecht** in den Grenzen von Art. 3 Abs. 2 S. 2. Hingegen sind Parteimitgliedschaft oder -affinität, Gewerkschaftszugehörigkeit, Weltanschauung oder Religion oder ähnliche Eigenschaften rechtlich verbotene, faktisch jedoch gewichtige und leicht zu kaschierende Auswahlkriterien. 41

Art. 33 Abs. 2 wird durch **Art. 95 Abs. 2** nicht eingeschränkt und nicht unter Gesetzesvorbehalt gestellt. Jedoch wird der **Prozess der Erkenntnis,** wer der Beste ist, **modifiziert.** Während der **Bundesminister** herkömmlich für seinen Bereich allein entscheidet, wen er für den Besten hält, legt das GG diese Erkenntnis für den Wahlvorschlag des Ausschusses in die Hand von **32 Wahlpersonen,** die jede für sich „gewissenhaft" prüfen und entscheiden muss, welchen sie für den Besten hält. Damit wird gebilligt, dass uU viele unterschiedliche Überzeugungen in das Wahlergebnis eingehen. Zudem wird keine (wirklichkeitsfremde) Einstimmigkeit verlangt. Das aber wäre mindestens erforderlich, wenn der **Wahlausschuss** selbst als Gremium wie ein „Alleinentscheider" vorgehen dürfte. Damit billigt das GG, dass der Wahlvorschlag auf einer **Mehrheitsentscheidung** beruht; deren Ergebnis entspricht dem Art. 33 Abs. 2 „mehr oder minder", wenn man die Möglichkeit der Erkenntnis eines einzig richtigen Ergebnisses kontrafaktisch unterstellen 42

[36] BVerfGE 143, 22 (26); 139, 19 (49 Rn. 59, 55 f. Rn. 76); 141, 56 (68 Rn. 31).
[37] BVerfGE 141, 56 (78 Rn. 56) mwN.

will. Der **Wahlausschuss** muss seine Entscheidung als „Wahlorgan" **nicht begründen,** da der Wahlakt nicht gerichtlich angreifbar ist.

43 Das GG hat dem **Wahlausschuss keine bloß beratende Funktion** beigemessen, sondern ihm allein die **kreative Kompetenz** übertragen, einen **Berufungsvorschlag** zu beschließen; das darf der Bundesminister nicht. Schon deshalb ist die Kompetenz des **Bundesministers** auf die Prüfung des Wahlergebnisses zurückgedrängt, das er grundsätzlich hinzunehmen hat. Zudem **repräsentiert** der Wahlausschuss in seiner Besetzung sowohl den **BT** als auch die Landesregierungen und die **Länder.** Der Bundesminister muss dem Vorschlag nicht nur dann zustimmen, wenn der nach seiner Auffassung Beste gewählt worden ist. Andernfalls wäre die Einrichtung des Richterwahlausschusses ihrerseits weitgehend sinnentleert und die politische Verantwortung für die Entscheidung läge entgegen der Intention des Art. 95 Abs. 2 ausschließlich beim Bundesminister.

44 Daher **hat der Bundesminister dem Wahlergebnis grundsätzlich zuzustimmen, es sei denn,** er stellt nach pflichtgemäßer Prüfung fest, dass der Gewählte die formellen Ernennungsvoraussetzungen nicht (mehr) erfüllt, der Ausschuss die verfahrensrechtlichen Vorgaben, insbesondere die der nachvollziehbaren Niederschrift über die Kenntnisnahme seiner Mitglieder von den Unterlagen, nicht eingehalten hat oder er hält (nun) den Wahlvorschlag anhand der Vorgaben der „Bestenauslese" unter Abwägung aller Fakten für nicht mehr nachvollziehbar.

45 Bei seiner nachgehenden **Prüfung des Wahlergebnisses** hat der **Bundesminister** der die Punkte eins und drei stets auch schon vor der Sitzung des Wahlausschusses nach damaligem Erkenntnisstand für sich geklärt hat, unter anderem auch die Stellungnahmen des **Präsidialrats**[38] gemäß § 57 Abs. 1 S. 1 DRiG sowie die dienstlichen Beurteilungen der Kandidaten (nochmals) zu berücksichtigen. Er ist **an keine Rangfolge** der Benotungen der dienstlichen Beurteilungen, auch nicht an eine durch den Präsidialrat etwa vorgenommene Reihung („Ranking") und sogar auch nicht an die Einstufung einzelner Bewerber als **ungeeignet** gebunden. Allerdings ist er verpflichtet, alle aus den Stellungnahmen des Präsidialrats und aus den dienstlichen Beurteilungen abzuleitenden Anhaltspunkte für die Eignung, Befähigung und fachliche Leistung einzubeziehen und diese erforderlichenfalls zu begründen.

46 Der **Bundesminister** muss **seine Zustimmung** zum Berufungsvorschlag des Ausschusses zwar kurz, grundsätzlich aber nicht eingehend **begründen,** da er grundsätzlich zustimmen muss. Jedoch ist eine **eingehende Begründung sogar bei einer Zustimmung** geboten, wenn es sich aufdrängt, dass der Richterwahlausschuss relevante Aspekte zur Eignung, Befähigung und fachlichen Leistung **der Vorgeschlagenen,** also **auch der nicht gewählten** Bewerber, in einer den Spielraum des Art. 95 Abs. 2 überschreitenden Weise missachtet hat.

47 Betrifft die **Zustimmung** einen nach der Stellungnahme des Präsidialrats oder nach den dienstlichen Beurteilungen nicht geeigneten **(„ungeeigneten") Kandidaten,** liegt eine Wahl vor, die dem Anschein nach den Eignungsanforderungen der Bestenauslese klar nicht genügt. Dann muss der Bundesminister nachvollziehbar begründen, weshalb dieser Anschein trügt und das Wahlergebnis verfassungsgemäß ist.

---

[38] Sie ist „isoliert" nicht gerichtlich angreifbar; so zutreffend BVerwG Urt. v. 13.11.2019 – 2 C 35/18.

Wenn der **Bundesminister** hingegen **nicht zustimmen will,** muss er dies **eingehend begründen.** Dadurch schafft er die argumentative Grundlage für die Gespräche mit dem Ausschuss über eine **Einigung.** Zugleich ermöglicht diese Begründung der von ihm abgelehnten Person die Grundlage für die Beurteilung, ob sie ihr grundrechtsgleiches Recht als verletzt erkennt und auf dem Rechtsweg verteidigen soll, falls man sich nicht doch noch auf sie einigen kann. 48

Verweigert der Bundesminister seine Zustimmung, hat er nach dem Konzept des Art. 95 Abs. 2 darauf hinzuwirken, dass eine **„Einigung"** gefunden wird, so dass eine gemeinsame Berufung eines Kandidaten erfolgt, der dem BPräs zur Ernennung vorgeschlagen werden kann. In dieser **„Pattsituation"** ist der Versuch einer Einigung auf den Gewählten eher selten erfolgreich. Meist geht es um die Suche nach einem gemeinsamen, also anderen Kandidaten. Dann wird es nicht der zuerst Gewählte, obwohl das Wahlorgan ihn für den Besten hält. Gelingt eine Einigung auf einen anderen, wird dieser allenfalls Zweitbeste zum Besten gewählt und mit Zustimmung des Bundesministers berufen. Geht auch das nicht, bleibt die Stelle am Gerichtshof unbesetzt, bis man sich einigt. 49

Einen **Organstreit** nach Art. 93 Abs. 1 Nr. 1 zwischen dem obersten Bundesorgan Bundesminister und dem vom GG unmittelbar mit eigenen **„Organrechten"** ausgestatteten **Richterwahlausschuss** hat man noch nicht einzuleiten versucht. Lieber ließ man den jeweiligen Gerichtshof lange Zeit unbesetzt. Anders als beim BVerfG kann das dazu führen, dass ein Gerichtshof seine Aufgaben nicht mehr „effektiv" erfüllen kann, insbesondere, wenn mehrere Richterämter vakant sind. 50

Der **Berufungsvorschlag des Ausschusses** ist **nicht gerichtlich angreifbar,** sondern **nur die Entscheidung des Bundesministers** über die Erteilung bzw. endgültige Verweigerung seiner Zustimmung. Dann wird aus der Sicht eines nicht berufenen Konkurrenten vor der (allg.) Verwaltungsgerichtsbarkeit nur eine Verletzung des verfahrensrechtlichen Bewerberanspruchs unter den vorgenannten Aspekten geprüft, ob der Bundesminister die erteilte Zustimmung hätte ausnahmsweise verweigern müssen, weil der Ausschuss seine Prüfungspflichten im genannten Sinn „krass" und zu Lasten des klagenden Konkurrenten verletzt hat.[39] Gegen eine drohende Ernennung des Berufenen durch den BPräs kann allenfalls eine einstweilige Anordnung nach § 123 VwGO helfen.[40] 51

Das **RichterwahlG** kann den Eindruck machen, es sei verfassungsrechtlich gemessen an Art. 33 Abs. 2 defizitär, weil es die materiellen Auswahlmaßstäbe nicht bereichsspezifisch konkretisiert. Allerdings ist nicht erkennbar, welche materiellen Kriterien insbesondere in dem durch Art. 95 Abs. 2 modifizierten Anwendungsbereich „gesetzesreif" sein könnten. Jedoch könnte das Auswahlverfahren in allen Phasen, zB schon für Stellenausschreibungen, Selbstbewerbungen und Qualitätsbeurteilungen, genauer und transparenter sowie gerichtlich überprüfbar gestaltet werden, ohne das „Mehr" der Wahl gegenüber einem „Alleinentscheider" aufzugeben. 52

Ein Wahlverfahren, das entscheidend auf eine **Kooptation** durch richterlich besetzte Gremien abstellte, wäre **verfassungswidrig.**[41] Die alte Forde- 53

[39] BVerwGE 105, 89 (91); 99, 371 (374); HessVGH DVBl. 1990, 306 ff.; *Lovonz* ZRP 2001, 465; *Bertram* NJW 2001, 1838.

[40] *Maniotis* ZZP 1992, 63 ff.; *Sendler* NJW 1983, 1449 (1455).

[41] Stellv. *Stern,* StaatsR II, 1980, 404.

rung nach obligatorischer Mitwirkung gewählter **Richter im Wahlausschuss,**[42] die zwar bei deren Wahl durch den BT nicht verfassungswidrig wäre, verdunkelt aber die Problemlage und schafft in den Gerichten neue Abhängigkeiten. Auch Richtervertretungen und gewählte Richter werden häufig ua parteipolitisch festgelegt sein und/oder Interessen einer „Richterkaste" oder sogar Privatbelange verfolgen. Insbesondere unterliegen sie nicht der demokratischen Kontrolle durch den BT.

54 Nach § 1 Abs. 3 **RichterwahlG** werden auch die von der BReg nach **Art. 253 AEUV** zur Ernennung zu Richtern und Generalanwälten des **EuGHs** und die von ihr nach **Art. 254 AEUV** zur Ernennung zu Mitgliedern des **EuGs** vorzuschlagenden Personen im **Einvernehmen** mit dem **Richterwahlausschuss** benannt.

III. Gemeinsamer Senat der obersten Gerichtshöfe des Bundes (Art. 95 Abs. 3)

55 Die **Aufgabe** des **Gemeinsamen Senates** der obersten Gerichtshöfe besteht in der Sicherung einer einheitlichen Rechtsprechung dieser Gerichte.[43] Das **BVerfG** hat – abgesehen von der sog. verfassungskonformen Auslegung – grundsätzlich keine rechtliche Kompetenz, einfaches Bundesrecht letztverbindlich auszulegen, dh aus der regelmäßig vorhandenen Mehrzahl vertretbarer Auslegungshypothesen diejenige festzusetzen, die, weil vorzugswürdig, maßgeblich sein soll. Divergenzen iSv Art. 95 Abs. 3 sind daher beim BVerfG praktisch ausgeschlossen. Es wird von dieser Norm nicht betroffen.[44]

56 Eine **Vorlagepflicht** besteht für einen obersten Gerichtshof bei **Rechtsprechungsdivergenz.** Der Gemeinsame Senat entscheidet, wenn ein oberster Gerichtshof in einer Rechtsfrage von der Entscheidung eines anderen obersten Gerichtshofs oder des Gemeinsamen Senats abweichen will. Die **Divergenzvorlage** ist nur zulässig, wenn der Senat, von dessen Entscheidung abgewichen werden soll, auf die zu begründende Anfrage des vorlagebereiten Senats erklärt hat, dass er an seiner Rechtsauffassung festhält.[45] Sitz des Gemeinsamen Senates ist **Karlsruhe,** „beim BGH". Er besteht grundsätzlich aus den fünf Präsidenten der obersten Gerichtshöfe. Sie sind Mitglieder kraft Amtes. Hinzukommen fallabhängig die Vorsitzenden Richter der beteiligten Senate und je ein weiterer Richter aus diesen Spruchkörpern. Seine Entscheidung, die **nur zur Rechtsfrage** ergeht, ist **nur für den vorlegenden Senats bindend.**[46]

57 Der Gemeinsame Senat ist **„gesetzlicher Richter"** iSv Art. 101 Abs. 1 S. 2.[47] Die – letztverbindlich – dem BVerfG obliegende Wahrung dieses Prozessgrundrechts umfasst nicht, dass ihm auch die umfassende Entscheidungskompetenz über die einfachrechtliche Vorfrage zusteht, ob eine Divergenz iSv Abs. 3 überhaupt vorliegt (also objektiv eine „Umgehungslage"

---

[42] *Groß* ZRP 1999, 361; *Groß* DRiZ 1993, 285; *Priepke* DRiZ 1989, 229.

[43] S. schon *Maetzel* MDR 1968, 797 ff.; *Schmidt-Räntsch* DRiZ 1968, 325 ff.

[44] *Miebach* DÖV 1969, 745 ff.; *Miebach,* Der Gemeinsame Senat der Obersten Gerichtshöfe des Bundes, 1971, 86 (174 ff.); BVerfG NVwZ 1993, 1077 ff.

[45] Vgl. *Odersky* FS f. Klein, 1994, 1013.

[46] Zu den Problemen, Divergenzen schon im Vorfeld zu vermeiden *Odersky* FS f. Klein, 1994, 1013 ff.; zum „horror pleni" vor Großen Senaten *Offerhaus* FS f. Klein, 1994, 623 ff.; zu Umgehungstendenzen *Späth* BB 1977, 153 (157 ff.).

[47] BVerfG DVBl. 1985, 566 f.; *Achterberg* in BK Rn. 320; *M. Schulte,* Rechtsprechungseinheit als Verfassungsauftrag, 1986, 150 (153).

besteht). Soweit ein Oberster Gerichtshof dies mit Gründen verneint hat, die nicht objektiv willkürlich sind, hat das BVerfG dies hinzunehmen. Es hat hier nur eine sehr eingeschränkte Prüfungskompetenz, die sich darauf konzentrieren muss, ob eine **„willkürlich unrichtige“** Anwendung der entsprechenden Verfahrensvorschriften vorliegt.[48]

C. Verhältnis zu anderen Bestimmungen des GG

Die Beziehungen der Absätze des Art. 95 zu anderen Vorschriften des GG **58** wurden im jeweiligen laufenden Text angesprochen.

D. Kritische Würdigung

Bei der **Wahl** der hauptamtlichen Bundesrichter vermag Art. 95 Abs. 2 **59** nicht voll zu befriedigen. Die **BT-Fraktion der Grünen** hat am 17.2.2016 einen Antrag eingebracht, die BReg solle einen Gesetzentwurf **zur Reform der Bundesrichterwahl** vorlegen.[49] Die Antragsbegründung stimmt in vielen Bedenken mit den hier vorgetragenen überein, weicht aber auch zT erheblich davon ab. Insbesondere stimmt die zu weit gehende Einschränkung der Eignungsbeurteilung durch den Präsidialrat[50] bedenklich, während die bundesweite Ausschreibung, die Einführung eines Interessenbekundungsverfahrens, die Zuordnung je eines Berichterstatters zu jedem zur Auswahl vorgeschlagenen, die vorbereitenden Beratungen mit Anhörungen gute Reformansätze zu bieten scheinen. Die Vorschläge wurden im Rechtsausschuss unterschiedlich aufgenommen. Ein Gesetzentwurf liegt, soweit ersichtlich noch nicht vor.

Nach usprünglicher Planung sollte sich der **73. DJT 2020** in Hamburg in **60** der Abteilung **Fachprogramm Justiz** mit dem Thema befassen: **Empfehlen sich Regelungen zur Sicherung der Unabhängigkeit der Justiz bei der Besetzung von Richterpositionen?** – Aufgrund der Covid19-Pandemie sind die Diskussionen nun auf den Bonner Juristentag 2022 verschoben. Im Mittelpunkt soll dann stehen, durch wen und auf welche Weise Rechtsprechungsämter zu besetzen sind, um die im GG und im Recht der EU garantierte Unabhängigkeit der Richter zu gewährleisten. Es sollen alle Entscheidungen über Richtereinstellungen in allen Instanzen, über sog. „Beförderungen“ mit höherem Endgrundgehalt und über alle „Spitzenämter“ in der Justiz in Bund und in den Ländern.

Trotz aller Bemühungen der Mitglieder des Wahlausschusses zeigen die **61** Wahlerfahrungen, dass die Furcht vor einer einseitigen parteipolitisch-weltanschaulichen sowie milieukonformen **„Harmonisierung der Richterschaft“**[51] oder aber zumindest einer gezielten derartigen Mehrheitsbildung in den Gerichtshöfen“ nicht völlig ohne Grund besteht, zB wegen des starken

[48] So auch *Voßkuhle* in MKS Rn. 45 mwN; aA zur Superrevisionsinstanzfrage *Schulte,* Rechtsprechungseinheit als Verfassungsauftrag, 1986, 157 (161); ein Beispiel für eine Verletzung des Art. 103 Abs. 1 durch das BVerfG schildert *Felix* BB 1992, 253 f.

[49] BT-Drs. 18/7548, Reform der Wahl für die obersten Bundesgerichte“; siehe auch *Rath* DRiZ 2016, 258; manche Stimme im Rechtsausschuss sah auch überhaupt keinen Reformbedarf.

[50] Zur Bedeutung des Präsidialrats *Hermann* DÖV 2016, 638.

[51] *Schmidt-Hieber/Kieswetter* NJW 1992, 1790 ff.

Einflusses der Parteien und Ministerien auf die Auswahl, Ernennung und Beförderung von Richtern.[52] Hinzu kommen zahlreiche äußere Einflüsse aus anderen Bereichen. Das derzeit praktizierte Verfahren der Richterwahl nebst ministerieller Zustimmung ist aber einer **einseitigen Berufung** durch den Minister und jeder Form einer **Kooptation** durch die Richterschaft vorzuziehen.

62 Die **Verfahrensvorgaben** sind allerdings wenig konkret und eher **intransparent.**[53] Auch das kann Misstrauen hinsichtlich der **Neutralität** und **Unabhängigkeit der Rechtsprechung** insbesondere bei den „Hausgerichtsbarkeiten" BSG, BAG und BFH begründen.

63 Bedenklich ist, dass **„Anforderungsprofile",** die im jeweils „gerichtszuständigen" Ministerium **für Ministerialbeamte** entwickelt wurden, ohne gründliche Anpassung an die **andersartigen Anforderungen an Bundesrichter** auf diese übertragen werden. Gute Verwaltungsbeamte, die den politischen Willen ihrer Vorgesetzten „nach"-denkend vollziehen, sind gerade deshalb keine guten Richter in einer nur dem Gesetz unterworfenen Rechtsprechung. Die vom Richter verlangte Unterwerfung allein unter das Gesetz erfordert keine „biegsame, verdrehbare" Wirbelsäule. Wenn die Bereitschaft, anderen Personen zu gehorchen und deren Willen nach unten mit Durchsetzungskraft zu vollstrecken, eine Qualifikation für ein Bundesrichteramt wird, sind unabhängige Gerichte und nur gesetzesunterworfene Richter bald kaum noch zu finden.

64 **„Führerpersonen mit anerkannter Durchsetzungskraft"** sind mangels der notwendigen **richterlichen Demut** (Art. 97 Abs. 1) **als Bundesrichter eher ungeeignet.** Bundesrichter und Vorsitzende Richter sollen nicht primär fähig sein, ihre eigenen Rechtsansichten in Beratung und Entscheidungsfindung gegen die anderen Richter im Senat durchzusetzen. Sie müssen umgekehrt stets beachten, dass auch sie sich irren können und der andere näher beim Gesetz stehen könnte. Sie müssen also argumentativ und kooperativ mit den anderen nach der gesetzlich vorzugswürdigsten Lösung suchen und mit der eigenen Irrtumsanfälligkeit rechnen.

65 Nicht auszuschließen ist ferner eine Bereitschaft zur Bevorzugung der jeweils herrschenden politischen Orientierungen, welche angesichts der Bedeutung der Obersten Gerichtshöfe auch zu jeweils entsprechenden politisch konformen Änderungen der Rechtsprechung führen können. Außerdem kann sich so in einer **„harmonisch" gewählten Richterschaft** eines obersten Gerichtshofes ein bürgerfernes **„herrschendes Milieu" mit politischem Gestaltungswillen** etablieren. Dieser könnte, falls er offen gelegt würde, dem Rechtsbewusstsein einer erheblichen Minderheit oder sogar der Mehrheit des BT und des Staatsvolkes widersprechen. Derartige Befürchtungen wurden schon früh laut.[54] Sie sollten dem Gesetzgeber Anlass sein, das Richterberufungsverfahren vor allem verfahrensrechtlich konkreter und transparenter auszugestalten.

66 Bedenklich ist beim **Gemeinsamen Senat** (Abs. 3) die geborene, **ständige Mitgliedschaft** der fünf **Gerichtspräsidenten.** Zusammen haben sie ferner zumeist die Mehrheit gegenüber den „Nur-Richtern". Die **Gefahr**

---

[52] *Gilles* DRiZ 1983, 41 ff. *Stern,* StaatsR II, 1980, 399 (404).

[53] Nach *Rödel* LTO v. 13.3.2019, bestimmt die Politik die Justiz undurchsichtig, abrufbar unter https://www.lto.de/recht/justiz/j/wahlen-bundesrichter-richterwahlausschuss-politik-kriterien-intransparent/ (26.4.2020).

[54] *Weber,* Spannungen und Kräfte im westdeutschen Verfassungssystem, 3. Aufl. 1970, 89.

indirekter Steuerung der Rechtsprechung ist gerade bei diesem „einfachgesetzlich" höchsten Spruchkörper von vornherein gesetzlich auszuschließen. Findet eine solche nicht statt, kann der Eindruck entstehen, es folge eine nicht primär an der Suche nach der gesetzesnächsten Lösung orientierte **„Kompromiss-Judikatur"**, der sich auch infolge anderer Elemente der Zusammensetzung nicht verflüchtigt. Er wird verstärkt, wenn die wirklichen Bestimmungsgründe den Entscheidungsgründen nicht (mehr) hinreichend zu entnehmen sind.[55] Allerdings wird dieser Spruchkörper sehr selten angerufen.

Literatur

C. Arndt, Richterauswahl für die Obersten Bundesgerichte, RuP 2002, 23. – ***E. W. Böckenförde,*** Verfassungsfragen der Richterwahl, 2. Aufl. 1998. – ***P. Busse,*** Die Ernennung der Bundesrichter durch den Bundespräsidenten, DÖV 1965, 469. – ***T. E. Dietrich,*** Richterwahlausschüsse und demokratische Legitimation, 2007. – ***D. Ehlers,*** Verfassungsrechtliche Fragen der Richterwahl, 1998. – ***A. Flüchter,*** Der Multifunktionsrichter – Das Modell der Zukunft?, FS f. M. Löwisch, 2007, 115. – ***P. Gilles,*** Richterliche Unabhängigkeit und parteipolitische Betätigung von Richtern, DRiZ 1983, 41. – ***K. J. Grigoleit/A. Siehr,*** Die Berufung der Bundesrichter: Quadratur des Kreises?, DÖV 2002, 455. – ***P. Hanau,*** Die verfassungsrechtliche Bestandsgarantie der Arbeitsgerichtsbarkeit, FS f. K. Bartenbach, 2004, 647. – ***K. Ipsen,*** Die Richterwahl in Bund und Ländern, DÖV 1971, 469. – ***O. R. Kissel,*** Der Gemeinsame Senat der obersten Gerichtshöfe des Bundes, 75 Jahre Reichsfinanzhof – Bundesfinanzhof, 1993, 591. – ***J. Kühling,*** Spruchkörper für Sozialrecht bei Verwaltungsgerichten-Zusammenlegung von Fachgerichten, SozSich 2004, 170. – ***Th. Rasehorn,*** Um die „Bestenauslese" bei der Richterwahl, RuP 2002, 29. – ***K. Redeker,*** Vereinheitlichung der öffentlich-rechtlichen Gerichtsbarkeiten?, NJW 2004, 496. – ***M. Reinhardt,*** Konsistente Jurisdiktion, 1997. – ***P. Rieß,*** Zur Reform der öffentlich-rechtlichen Gerichtsbarkeit in der Bundesrepublik Deutschland, 1991. – ***W. Schmidt-Hieber/W. Kieswetter,*** Parteigeist und politischer Geist in der Justiz, NJW 1992, 1790. – ***M. Schulte,*** Rechtsprechungseinheit als Verfassungsauftrag, 1986. – ***W. Späth,*** Der Gemeinsame Senat der obersten Gerichtshöfe des Bundes, BB 1977, 153. – ***F. Wittreck,*** Die *Verwaltung* der Dritten Gewalt, 2006; – ***F. Wittreck,*** Auftakt zu einer neuen Runde – die Vereinheitlichung der öffentlich-rechtlichen Fachgerichtsbarkeiten, DVBl. 2005, 211. – ***J. Zätsch,*** Richterliche Unabhängigkeit und Richterauswahl in den USA und Deutschland, 1999. – ***R. Zuck,*** Verfassungsrechtliche Probleme eines Rechtspflegeministeriums, NJW 1969, 1099.

---

[55] AA *Schulte,* Rechtsprechungseinheit als Verfassungsauftrag, 1986, 78 ff.

Art. 96 [Bundesgerichte]

(1) Der Bund kann für Angelegenheiten des gewerblichen Rechtsschutzes ein Bundesgericht errichten.

(2) [1]Der Bund kann Wehrstrafgerichte für die Streitkräfte als Bundesgerichte errichten. [2]Sie können die Strafgerichtsbarkeit nur im Verteidigungsfalle sowie über Angehörige der Streitkräfte ausüben, die in das Ausland entsandt oder an Bord von Kriegsschiffen eingeschifft sind. [3]Das Nähere regelt ein Bundesgesetz. [4]Diese Gerichte gehören zum Geschäftsbereich des Bundesjustizministers. [5]Ihre hauptamtlichen Richter müssen die Befähigung zum Richteramt haben.

(3) Oberster Gerichtshof für die in Absatz 1 und 2 genannten Gerichte ist der Bundesgerichtshof.

(4) Der Bund kann für Personen, die zu ihm in einem öffentlich-rechtlichen Dienstverhältnis stehen, Bundesgerichte zur Entscheidung in Disziplinarverfahren und Beschwerdeverfahren errichten.

(5) Für Strafverfahren auf den folgenden Gebieten kann ein Bundesgesetz mit Zustimmung des Bundesrates vorsehen, dass Gerichte der Länder Gerichtsbarkeit des Bundes ausüben:

1. Völkermord;
2. völkerstrafrechtliche Verbrechen gegen die Menschlichkeit;
3. Kriegsverbrechen;
4. andere Handlungen, die geeignet sind und in der Absicht vorgenommen werden, das friedliche Zusammenleben der Völker zu stören (Artikel 26 Abs. 1);
5. Staatsschutz.

Weimarer Reichsverfassung von 1919

Art. 105. Ausnahmegerichte sind unstatthaft. Niemand darf seinem gesetzlichen Richter entzogen werden. Die gesetzlichen Bestimmungen über Kriegsgerichte und Standgerichte werden hiervon nicht berührt. Die militärischen Ehrengerichte sind aufgehoben.

Art. 106. Die Militärgerichtsbarkeit ist aufzuheben, außer für Kriegszeiten und an Bord der Kriegsschiffe. Das Nähere regelt ein Reichsgesetz.

Übersicht

A. Allgemeine Bedeutung

Art. 96 Abs. 1–4 weisen dem Bund **vier grundgesetzliche Kompetenzen** zur Errichtung von **fakultativen** einfachen **Bundesgerichtsbarkeiten** für bestimmte Sachbereiche zu. Die vier Sachgebiete sind abschließend aufgezählt. Er darf also dafür **bundesunmittelbare „Sondergerichtsbarkeiten"** begründen. Weitere Sondergerichte des Bundes sind unzulässig, da der Kreis der Bundesgerichte in den Art. 92, 93, 95, 96 abschließend bestimmt ist. 1

Demgegenüber ermächtigt **Art. 101 Abs. 2,** der primär Eingriffe der Exekutive in die gesetzlich vorgeschriebene Organisation und Aufgabenwahrnehmung der Gerichte als Rechtsprechungsorganisation abwehren soll,[1] Bund und (uU) die Länder durch Gesetz gerichtsverfassungsrechtlich **„Gerichte für besondere Sachgebiete"** zu errichten. Diese **Sondergerichte** können keine Bundesgerichte, sondern müssen zumindest erstinstanzlich **Landesgerichte** sein. Der **Instanzenweg** muss grundsätzlich letztinstanzlich zu einem obersten Gerichtshof des Bundes führen können. Sondergerichte dürfen **nie für bestimmte Personengruppen als solche,** sondern nur für bestimmte Sachgebiete errichtet werden.[2] 2

Die fakultativen Sondergerichte des Bundes gehören neben dem BVerfG und den obersten Gerichtshöfen als **dritte Art der Bundesgerichtsbarkeit** an. Sie stehen aber im Instanzenzug unter den für ihr Sachgebiet zuständigen Gerichtshöfen. 3

Abs. 1–3 erhielten ihre heutige Gestalt durch das 16. Gesetz zur Änderung des GG v. 18.6.1968.[3] Darin wurden die **Einrichtung** eines **Obersten Bundesgerichts aufgegeben** und durch die eines **Gemeinsamen Senats** ersetzt, der nur über drohende Divergenzen in der Rechtsprechung der obersten Gerichtshöfe zu entscheiden hat **(Art. 95 Abs. 3).** Dabei spielte auch mit ein „Unwohlsein" bei der Vorstellung einer im Namen dieses Gerichts anklingenden **obersten Rechtsprechungsgewalt,** über deren Inhalt sich man seit 1949 nicht hatte verständigen können, und die (nicht unbegründete) Furcht vor einer **„entgrenzten rechtsprechenden Gewalt", einem „Jurisdiktionsstaat".** Allerdings hatte zu diesem Zeitpunkt bereits das **BVerfG** in seiner „Denkschrift" (dazu Art. 93) eine nahezu grenzenlose (nicht: „entgrenzte") oberste Rechtsprechungsgewalt als selbsternanntes **„Verfassungsorgan" über alle obersten Bundesorgane** (auch über den **Verfassungsgesetzgeber** und im Ergebnis sogar auch über den **Verfassungsgeber**) angemeldet. In diesem Fahrwasser erkannten dann auch oberste Gerichtshöfe, später auch die Ländergerichte, dass die von **Art. 97** allen Richtern zwingend und abschließend gebotene **„Unterwerfung des Richters unter das Gesetz"** (und unter das Recht) vom **rechtsgestaltenden Willen der Richter** eines Spruchkörpers politisch „erfolgreich modifiziert" werden kann, soweit dessen **Letztentscheidungsbefugnis** im Rechtsprechungssystem des Staates reicht. Denn jeder Versuch, auch der von obersten Bundesorganen, solche **„Richterpolitik"** demokratisch zu kor- 4

[1] BVerfGE 22, 49 (73).
[2] BVerfGE 26, 186 (192).
[3] BGBl. 1968 I 657.

rigieren, steht unter der Kontrolle des je „Obersten Richters", letztlich des BVerfG, und kann nur mit dessen „Erlaubnis" wirksam werden.

5 Die übrigen Regelungen des vormaligen Art. 96 wurden in Art. 95 übertragen. Dabei wurden die Texte sprachlich angepasst (zB in Abs. 3: „Oberster Gerichtshof"). Der bisherige Art. 96a wurde zu Art. 96 Abs. 1–4. Dabei wurde die bisherige Regelung über ein Bundesdisziplinar- und Bundesbeschwerdegericht in öffentlich-rechtlichen Dienstverhältnissen durch das 22. Änderungsgesetz zum GG v. 12.5.1969[4] **in Abs. 4** neu formuliert, iW ohne grundsätzliche Inhaltsänderung.

6 **Abs. 5 Nr. 5** ermächtigt den Bund, durch zustimmungspflichtiges Bundesgesetz anzuordnen, dass in **strafrechtlichen Staatsschutzsachen „Gerichtsbarkeit des Bundes"** scheinbar **auf Länder übertragen** und in einer Art „Organleihe" durch Gerichte der Länder für den Bund ausgeübt wird. Dies wurde durch das 26. Änderungsgesetz zum GG v. 26.8.1969[5] eingeführt.[6] Durch das Gesetz zur Änderung des GG v. 26.7.2002[7] wurde der Text neu gefasst durch um die Nr. 1–4 um **völkerstrafrechtliche Materien** erweitert. Hierfür bildeten die Errichtung eines **Internationalen Strafgerichtshofes** und die Einführung des **Völkerstrafgesetzbuches** den Hintergrund.[8]

7 Soweit der Bund von diesen Ermächtigungen des Art. 96 **keinen Gebrauch** macht, ist bei den **Abs. Nr. 1–4** alleinige **Rechtsfolge,** dass es solche **Bundesgerichte nicht gibt.** Der **Rechtsschutz und der Rechtsfrieden** würden dadurch **nicht beeinträchtigt.** Denn das berührte das Recht einer Person nicht, nach den allgemeinen prozessrechtlichen Regeln sein Recht auf den „normalen Rechtswegen" zu suchen. Hier ist **kein Rückgriff** auf einen in der Bezeichnung irreführenden sog **„allgemeinen Justizgewährungleistungsanspruch"** erforderlich, der kein „Anspruch" im juristischen Sinn ist, sondern ein Statusrecht jedes Rechtssubjekts, das in Deutschland wirksame Rechtsnormen zu befolgen hat.[9]

8 Der **soziale Rechtsstaat** iSd GG (so ausdrücklich Art. 28 Abs. 1 S. 1) behält sich ua grundsätzlich ein Gewaltmonopol auch als Rechtsfeststellungs- und Rechtsdurchsetzungsmonopol vor, ist aber selbst „rechtsunterworfen", also verpflichtet, das von ihm oder von Privatrechtssubjekten wirksam gesetzte Recht festzustellen und notfalls durchzusetzen. Er verlangt von allen seiner Gewalt Unterworfenen grundsätzlich, sich freiwillig rechtmäßig zu verhalten. Er wäre kein „dem Recht untergeordneter Staat" mehr, wenn er nicht das **positive Statusrecht jeder Person auf effektiven Rechtsschutz** anerkännte. Sie hat das Recht, bei ihm Rechtsfeststellung und Rechtsdurchsetzung zu suchen, falls sie sich in privaten oder öffentlichen Rechten durch ihn

---

[4] BGBl. 1969 I 263.

[5] BGBl. 1969 I 1357.

[6] Zum geschichtlichen Hintergrund *Schulze-Fielitz* in Dreier Rn. 6.

[7] BGBl. 2002 I 2863.

[8] BT-Drs. 14/8994; 14/9425; BR-Drs. 222/02; übersichtlich *Meyer* DRiZ 2011, 19 ff.

[9] Der rechtspolitische Sprachgebrauch ist aber derart eingefahren, dass der dogmatische Unterschied zwischen Status, subjektivem Recht und dem konkreten Anspruch in Vergessenheit gerät. Das schlägt vom Verfassungsrecht in viele Teilrechtsgebiete (zB, aber keineswegs nur, im Sozialverwaltungsrecht des SGB) derart durch, dass viele Rechtsprobleme nicht mehr zutreffend eingeordnet und sachgerecht erörtert werden, sondern ein „Problembrei" angerichtet wird. Was man daraus als angebliche Lösung „rechtswissenschaftlich" herausfischt, ist allenfalls zufällig richtig. Recht ist dann, was beliebt. Vor diesem Hintergrund zum Thema: stellv. BVerfGE 116, 135 (149 f.); *Voßkuhle* in MKS Art. 96 Rn. 3; *Jachmann-Michel* in Maunz/Dürig Rn. 3.

oder ein anderes Rechtssubjekt verletzt sieht, oder wenn sie sich in Rechtsstreitigkeiten darüber befindet, ob sie oder ein anderes Rechtssubjekt sich rechtmäßig zu verhalten hat.

Aus diesem Statusrecht folgt für sie aber **kein Anspruch** auf konkrete Gesetzgebung und auch **kein Anspruch gegen einen Spruchkörper eines staatlichen Gerichts,** sich ihres Rechtsanliegens anzunehmen. Der Rechtsstaat ist „nur" abstrakt-generell dazu angehalten, geeignete Rechtsschutzformen ausreichend bereitzustellen. Diese abstrakt-generelle Aufgabe erfüllt der Staat iW durch seine Prozessgesetze. Ein **„Anspruch" gegen den Staat** oder eine seiner Untergliederungen wird daraus aber erst, wenn staatliche Gesetze Prozessrechte des Bürgers gegen staatliche gesetzliche Richter in institutionell unabhängigen Gerichten ausgestaltet haben. Der seltene Fall einer gesetzgeberischen Pflichtverletzung mag vorkommen, dass alle Prozessgesetze für ein rechtsstaatlich geschütztes Prozessinteresse einer Person keine ausformulierte Rechtsschutzmöglichkeit vorsehen. Die Lücke ist aber nahezu immer durch richterliche Auslegung, durch analoge Rechtsanwendung oder durch uU noch weitergehende vorsichtige Rechtsfortbildung zu schließen. Notfalls muss das BVerfG auf Vorlage eine bestimmte Lücke feststellen und den Gesetzgeber anhalten, sie zu schließen. **Art. 19 Abs. 4** und die unterschiedlichen **grundrechtlichen Verfahrensgarantien** enthalten bereichsspezifische subjektive Verfahrensrechte gegen die daraus verpflichteten Rechtssubjekte bzw. deren Organe. Auch diese bedürfen prozessgesetzlicher Ausgestaltung, dass daraus verfahrensrechtliche „Ansprüche" gegen jemanden entstehen können. Ein Nichtgebrauch der Ermächtigung berührt also Status, Rechte oder Ansprüche der Bürger nicht. 9

Bei **Abs. 5 Nr. 5** hätte eine **Nichtausübung** der Gesetzgebungskompetenz, vorzusehen, dass „Gerichte der Länder Gerichtsbarkeit des Bundes ausüben", **nur zur Folge,** dass das **Begnadigungsrecht bei den Ministerpräsidenten** der Länder läge und deren Staatsanwaltschaft, **nicht die Bundesanwaltschaft,** die Ermittlungsverfahren leitete und die Anklage verträte. 10

Die fakultativen **Bundesgerichte** sind als „Sondergerichte" **keine Ausnahmegerichte.** Solche Spruchkörper sind **„Scheingerichte",** die **nicht in institutionell unabhängige Gerichte eingegliedert und/oder nicht mit gesetzlichen Richtern besetzt** sind. Sie sind **schlechthin verboten** (Art. 101 Abs. 1 S. 1). 11

Sie sind an Folgendem zu erkennen: Ein im weitesten Sinn staatlich eingesetzter Spruchkörper darf nach individueller Anordnung über bestimmte Einzelfälle oder über abgegrenzte Fallgruppen entscheiden. Jedoch wurde bei seiner Einsetzung, bei seiner personellen Besetzung und/oder bei der Zuweisung der zu entscheidenden Rechtsfälle an den Spruchkörper/an dessen Richter von den gesetzlichen abstrakt geregelten Gerichtszuständigkeiten oder von den Regeln der Geschäftsverteilung innerhalb unabhängiger Gerichte abgewichen, die in den gesetzlich zuständigen Gerichten zur Bestimmung der gesetzlichen Richter erlassen waren. 12

Hingegen dürfen **„Sondergerichte"** als (**Landes**-) **Gerichte für besondere Sachgebiete** durch einfaches Bundesgesetz und (uU) durch Landesgesetz eingerichtet werden, wenn sie alle Voraussetzungen der Bestimmung der „gesetzlichen Richter" auf den Ebenen der Prozessgesetze und der gerichtlichen Geschäftsverteilungspläne erfüllen. Sondergerichte dürfen **nicht für bestimmte Personengruppen** geschaffen werden. Die **Ehrengerichtsbarkeiten** einiger „verkammerter Berufe" wie zB der Rechtsanwälte betrifft 13 das Sachgebiet des anwaltlichen Berufsrechts und nur dadurch vermittelt die Rechtssubjekte, die Rechtsanwälte sind, werden wollen oder waren. Die **Errichtung von Sondergerichten** steht unter institutionellem Gesetzesvorbehalt (Art. 101 Abs. 2), also einem **Parlamentsvorbehalt,** da es um wesentliche Grundentscheidungen für die Gerichtsverfassung und für das grundrechtsgleiche Recht auf den gesetzlichen Richter geht.[10]

B. Einzelfragen

I. Bundesgericht für Angelegenheiten des gewerblichen Rechtsschutzes (Art. 96 Abs. 1 GG)

14 Gem. **Abs. 1** kann der Bund nach seinem **Ermessen** entscheiden, ob er für Angelegenheiten des gewerblichen Rechtsschutzes ein Bundesgericht errichtet und welche Rechtsstreitigkeiten er ihm ggf. zuweist. **„Gewerblicher Rechtsschutz“**[11] (Art. 73 Abs. 1 Nr. 9 Var. 1) umfasst alle Rechtssätze, die das **geistige Schaffen auf gewerblichem Gebiet** (Erfindungen, Werbeideen) schützen sollen. Hierzu zählen zB das Patent-, Gebrauchsmuster-, Design-, Gebrauchs-, Markenzeichen-, Warenzeichen- und Wettbewerbsrecht. Das Urheber- und Verlagsrecht steht neben dem gewerblichen Rechtsschutz, für den allein die Ermöglichung eines besonderen Bundesgerichts beabsichtigt war.

15 Der Bund hat von dieser Ermächtigung durch Errichtung des **Bundespatentgerichts** (§§ 65 ff. PatG) teilweise Gebrauch gemacht. Er hat das **Deutsche Patent- und Markenamt** umgestaltet, das früher zT und fälschlich als Gericht angesehen wurde,[12] jedoch eine selbständige Bundesoberbehörde im Geschäftsbereich des Justizministeriums ist. Diese Verwaltungsbehörde entscheidet iW über die Erteilung, den Widerruf und die Beschränkung von Patenten oder über Zwangslizenzfragen und über ihm spezialgesetzlich zugewiesene Aufgaben der Feststellung von Schutzrechten. Für den Rechtsschutz gegen diese Verwaltungsentscheidungen wurde das **Bundespatentgericht** (Sitz in München) als besonderes Bundesgericht erster Instanz geschaffen. Gegen dessen Entscheidungen kann der **BGH** mit Rechtsbeschwerden, Berufungen und Beschwerden angerufen werden.[13]

16 Im **Bundespatentgericht**[14] wirken **„rechtskundige Mitglieder“** und „**technische Mitglieder**“ als Richter in fachspezifisch unterschiedlicher Zusammensetzung in den Spruchkörpern mit. Sie werden iÜ als gesetzliche Richter nach den allgemeinen gesetzlichen Regeln für die Geschäftsverteilung in den Gerichten in Geschäftsverteilungsplänen bestimmt. Das Gericht entscheidet in (öffentlich-rechtlichen) **„Patentsachen“,** nicht über Ansprüche aus Schutzrechtsverletzungen, durch **Beschwerdesenate** (§§ 73 ff. PatG) und durch **Nichtigkeitssenate** (§§ 81 ff. PatG).

17 Diese entscheiden über Klagen wegen Erklärung der **Nichtigkeit** des **Patents** oder des ergänzenden Schutzzertifikats oder wegen Erteilung oder

[10] Ähnlich *Voßkuhle* in MKS Rn. 2.
[11] BT-Drs. 1961 III/1748, 3.
[12] Dagegen zutr. BVerwGE 8, 350 ff.
[13] §§ 100 ff., 110 ff., 122 PatG.
[14] Zum Bundespatentgericht *Schmieder* NJW 1986, 1715; zur „Mischbesetzung“ *Pakuscher* FS f. Bundespatentgericht, 1986, 10 ff.; *Bender* GRUR 1998, 969 ff.

Rücknahme der **Zwangslizenz** oder wegen der Anpassung der durch Urteil festgesetzten Vergütung für eine Zwangslizenz.

Jene entscheiden über **Beschwerden gegen Beschlüsse** der Prüfungsstellen und Patentabteilungen **des Patentamts.** Sie haben zudem auch über Beschwerden gegen die Beschlüsse in spezialgesetzlich dem Patentamt zugewiesenen Sachen zu entscheiden, iW der Gebrauchsmusterstelle und der Gebrauchsmusterabteilungen (§ 18 Abs. 1 GebrMG), der Markenstellen und Markenabteilungen (§§ 66 Abs. 1, 133 S. 1 MarkenG), des Patent- und Markenamtes in Designangelegenheiten (§ 23 Abs. 4 S. 1 DesignG) sowie des Patentamtes in Topographieschutzsachen (§ 4 Abs. 4 S. 3 HalblSchG) zu entscheiden. Man kann von einem **„Patentrechtsweg"** sprechen.[15] **18**

Das Patengericht ist **nicht zuständig für „Patentstreitsachen",** also zB nicht bei Patentverletzungen oder Ersatzansprüchen aus einer Verletzung eines Lizenzvertrags.[16] **19**

Der **gewerbliche Rechtsschutz im Übrigen** liegt schwerpunktmäßig **bei der ordentlichen (Landes-)Gerichtsbarkeit.** Sie entscheidet über die Ansprüche aus der Verletzung gewerblicher Schutzrechte.[17] **20**

Patente und andere Schutzrechte haben auch **internationale Bedeutung** und werden daher inzwischen auch international geschützt. Das 1977 gegründete **Europäische Patentamt (EPA)** in München ist das Exekutivorgan der **Europäischen Patentorganisation,** einer internationalen Organisation mit 38 Mitgliedstaaten, zu denen auch Deutschland gehört. Seine Tätigkeiten und sein Budget werden vom Verwaltungsrat überwacht, der sich aus den Delegierten der Mitgliedstaaten zusammensetzt. Es arbeitet auf der Grundlage des 1973 unterzeichneten **Europäischen Patentübereinkommens (EPÜ)** und soll dem Schutz von Erfindungen dienen und auf ein einheitliches Patenterteilungsverfahren hinwirken. **21**

Das **EPA** umfasst auch **Beschwerdekammern,** deren Mitglieder in sachlicher, aber nicht in richterlicher Unabhängigkeit entscheiden. Am 19.2.2013 wurde ua deshalb in einem völkerrechtlichen Vertrag vereinbart, ein **„Einheitliches Patentgericht" (EPGÜ)** zu schaffen. Dem sollte auch deutsche rechtsprechende Gewalt übertragen werden. Das nach Art. 59 Abs. 2 erforderliche **deutsche Zustimmungsgesetz** wurde vom **BVerfG** am 13.2.2020 für **nichtig** erklärt. Es enthielt einen Verstoß gegen das „Demokratiegrundrecht" aus Art. 38 Abs. 1 S. 1 iVm Art. 20 Abs. 1, 2 und Art. 79 Abs. 3, da die formellen Übertragungsvoraussetzungen für einen Gesetzesbeschluss, die in Art. 79 Abs. 2 geforderten Zwei-Drittel-Mehrheiten, nicht erfüllt waren, auf die auch Art. 23 Abs. 1 S. 3 verweist.[18] Das trifft iE zu. **22**

II. Wehrstrafgerichtsbarkeit (Art. 96 Abs. 2 GG)

Abs. 2 gibt dem Bund die Kompetenz, Wehrstrafgerichte durch BundesG einzurichten. Er begrenzt deren Zuständigkeitsbereich inhaltlich auf die **Strafgerichtsbarkeit** über **Angehörige der Streitkräfte** (Soldaten und **23**

---

[15] *Ehlers* in Schoch/Schmidt-Aßmann/Pietzner, 16. Aufl. 2008, VwGO § 40 Rn. 704.

[16] ZB § 15 PatG, § 22 GebrMG, § 31 GeschmMG, § 30 MarkenG; s. §§ 17 Abs. 1, 18 GWB.

[17] Vgl. zB § 143 PatG, § 27 GebrMG, § 140 MarkenG, § 11 Abs. 2 HalblSchG in Verbindung mit § 27 GebrMG, § 52 DesignG).

[18] BVerfG, Beschl. des Zweiten Senats v. 13.2.2020 – 2 BvR 739/17, Rn. 92 ff. mit 5:3 Stimmen und mit abw. Meinung, die Beschwerde sei unzulässig gewesen; zum Thema schon *Möschel* JZ 2000, 61.

Kombattanten) und in persönlicher Hinsicht sogar **auf diese nur im Verteidigungsfall** (Art. 115a ff.) sowie auf die **ins Ausland entsandten** oder **an Bord von Kriegsschiffen eingeschifften.** Andere Personen, insbesondere **Zivilisten** oder auch die Bundespolizei und die Angehörigen der Bundeswehrverwaltung, dürfen ihr nie unterworfen werden.[19]

24 Der Bund hat von der ihm erteilten Ermächtigung noch **keinen Gebrauch** gemacht. Das **Wehrstrafgesetzbuch** v. 30.3.1957 idF d. Bek. v. 24.5.1974[20] enthält nur materielles Recht.[21]

25 Der Bund kann mehrere Bundesgerichte als Wehrstrafgerichte errichten. Gegen deren Entscheidungen muss aber grundsätzlich und im Regelfall der **BGH** als **oberste Instanz** angerufen werden können. Sie ressortieren beim Bundesministerium der Justiz und für Verbraucherschutz. Dies soll eine Entwicklung zu einer **Militärgerichtsbarkeit unseligen Andenkens** unmöglich machen und auch im Verteidigungsfall einen rechtsstaatlichen Rechtsschutz durch gesetzliche und juristisch zum Richteramt befähigte Richter gewährleisten.[22]

26 Gebraucht der Bund diese Einrichtungskompetenz nicht, bleibt es bei der Zuständigkeit der ordentlichen Strafgerichtsbarkeit.

27 **Abs. 2 sperrt nicht** die reguläre Gesetzgebungskompetenz des Bundes für das Gerichtsverfassungsrecht (Art. 74 Abs. 1 Nr. 1). Er kann daher auch bei den **allgemeinen Strafgerichten** zentrale **Zuständigkeiten** für völkerstrafrechtliche **Prozesse gegen Soldaten** und Kombattanten vorsehen. Dies wäre ein milderer Eingriff in das Recht auf Gleichheit vor dem Gericht.[23]

28 Solche Bundesgerichte werden **nur** zur **Strafrechtspflege** tätig, dh sie dürfen nur Kriminalstrafrecht anwenden. Dass ihnen auch die Entscheidung über Ordnungswidrigkeiten zugewiesen werden dürfte, findet im Wortlaut („Strafgerichtsbarkeit“) keine Stütze. Denn Abs. 2 spricht nicht von „Strafrecht“, stellt nicht auf dieses in **Art. 74 Abs. 1 Nr. 1** gebrauchte Wort ab.

29 Dort werden „Gegenstände der konkurrierenden Gesetzgebung“ geregelt. Aufgrund der Normentwicklung steht dort fest, dass der Terminus „Strafrecht“ das **Kriminalstrafrecht** und das vormalige **„Übertretungsstrafrecht“** umfasst. Das wurde 1977 als **„Verwaltungsunrecht“** aus dem StGB genommen und als **Ordnungswidrigkeitenrecht** im OwiG eigenständig geregelt. Aber nur die Entscheidung über Anklagen wegen Verstößen gegen das **Kriminalstrafrecht** sind den gesetzlichen Richtern vorbehalten **(präventiver Richtervorbehalt).**[24] Das Kriminalstrafrecht bei Kriegseinsätzen im Verteidigungsfall und bei Auslandseinsätzen oder auf Kriegsschiffen ist ein eigenständiger Sachbereich und hat qualitativ sowie in tatsächlicher Hinsicht wenig mit dem Verwaltungsunrecht allgemeiner Art gemein. Abs. 2 soll es

---

[19] Vgl. schon *Beyersdörfer* BwVerw. 1976, 30 ff., und unten → Fn. 20.

[20] BGBl. 1974 I 1213.

[21] Richter, Staatsanwälte und Rechtspfleger wurden abstrakt auf freiwilliger Grundlage den noch zu errichtenden Wehrstrafgerichten zugeteilt, materialmäßig ausgerüstet und seit 1962 bis in die 80er Jahre geschult: vgl. *Heuer* NZWehrR 1991, 189 ff.; *Dillmann* DRiZ 1982, 181; *de With* PlProt. 9/82, 4873 ff. = DRiZ 1982, 192 f.

[22] Zur Diskussion um die Einführung dieser Gerichtsbarkeit *Zieglwalner* Forum Recht 1991, 56; *Tondorf* StV 1983, 388; *Berg* DRiZ 1986, 128; *Günter* DRiZ 1986, 112.

[23] Zum Amtshaftungs-Schadensersatz bei Auslandseinsätzen BGHZ 212, 173 ff. – Kunduz; das BVerfG, Nichtannahmebeschl. *v.* 19.5.2015 – 2 BvR 987/11 –, hat die Beschwerde gegen die Einstellung der Ermittlungen hinsichtlich einer Straftat nach dem VStGB nicht angenommen.

[24] BVerfGE 22, 49 (73 ff.).

dem Bund ermöglichen, **Strafanklagen,** die aufgrund der Sondersituationen (kriegerischer Verteidigungsfall, Einsatz im Ausland oder an Bord von Kriegsschiffen) erhoben werden, schnell, sachgerecht und lebensnah durch eine mit den Vorgängen in den Streitkräften vertraute, aber von diesen **institutionell und persönlich unabhängige Richterschaft** beurteilen zu können. Die Umstände, die zur Anklage führen, unterscheiden sich typischerweise drastisch vom gewöhnlichen „Friedensalltag". Die **Zuständigkeit** dieser Sondergerichte darf daher **nicht extensiv,** sondern muss im Rahmen des Wortlauts der Norm restriktiv bestimmt werden. Sie entscheiden dann aber auch über Anklagen aus dem gesamten Bereich des StGB.[25]

Die **Wehrdisziplinargerichtsbarkeit** wird nicht von Abs. 2, sondern von 30
Abs. 4 erfasst.

Problematisch erscheint die Unterstellung von (militärischen) **Kriegs-** 31
gefangenen unter eine gemäß der Kompetenz errichtete Wehrstrafgerichtsbarkeit. Diese dürfte für jene nach dem Wortlaut der Kompetenznorm eher nicht errichtet werden, da die Kriegsgefangenen keine Angehörigen der deutschen Streitkräfte, sondern gegnerischer Streitkräfte sind. Die Unterstellung dieser Kriegsgefangenen ist aber nach Art. 84 des 3. **Genfer Abkommen** v. 12.8.1949 über **die Behandlung von Kriegsgefangenen,** dem die Bundesrepublik Deutschland durch Gesetz v. 21.8.1954 beigetreten ist,[26] eine völkerrechtliche Pflicht des Bundes, falls er eine solche besondere Strafgerichtsbarkeit für seine eigenen errichtet und nicht angeordnet hat, das für dieselben Deliktsarten für beide die zivile Strafgerichtsbarkeit eingreift. Bei den Änderungen des Art. 96 Abs. 2 bis 1969 war dem BT diese völkerrechtliche Pflicht bekannt.

Ihr steht der Wortlaut des Art. 96 Abs. 2 nicht zwingend entgegen, der sich 32
nur über die Befugnis zur Errichtung einer Wehrstrafgerichtsbarkeit ausspricht. Der Text des Abs. 2 lässt zwar auch noch erkennbar werden, dass der Verfassungsgesetzgeber konkret wohl nur an Sondergerichte für deutsche Soldaten gedacht haben dürfte, obwohl die völkerrechtliche Pflicht schon bestand.

Die **Normen** liegen jedoch **auf unterschiedlichen Ebenen.** Die bundes- 33
staatliche Kompetenzzuweisung an den Bund, besondere Bundesstrafgerichte errichten zu dürfen, berührt nicht seine Kompetenz aus Art. 32, sich völkerrechtlich zu verpflichten, diese Bundesorgane, falls er sie geschaffen hat, auch zur Erfüllung völkerrechtlicher Pflichten des Bundes einzusetzen. Denn die völkervertragsrechtliche Pflicht begründet oder verändert keine Bundeskompetenzen. Der Bund kann die deutschen Wehrstrafgerichte errichten, muss es nach Völkerrecht aber nicht. Wenn er sie kompetenzgemäß errichtet, braucht es für die Gleichbehandlung von Kriegsgefangenen keines neuen Errichtungsakts. **Eine Änderung des Art. 96 Abs. 2 ist nicht erforderlich,** da mit der Errichtung des Sondergerichts nur eine Kompetenz rechtmäßig ausgeübt wird. Daran knüpft das Völkerrecht nur an, das dem Bund eine zusätzliche Nutzung des Gerichts für Fälle aufgibt, die mit der gegebenen Gerichtszuständigkeit sachlich eng zusammenhängen und ohnehin ihrer Sachnatur nach unter dem GG nur vom Bund entschieden werden können. Eine

[25] Zu der seit der Wiedervereinigung herbeigeführten Situation der militärischen Verteidigung und zu den Auslandseinsätzen in „Friedenszeiten" und im Rahmen von UNO, NATO und EU näher *Heun* in Dreier Art. 12a Rn. 11 ff., 14 ff.

[26] Gesetz v. 21.8.1954, BGBl. 1954 II 781.

Zuständigkeit der Landesgerichtsbarkeiten ist bei ausländischen Kriegsgefangenen schlicht unmöglich.

34 Ferner spiegeln die Normen unterschiedliche Erfahrungen mit der Militärgerichtsbarkeit und unterschiedliche **Schutzzwecke** wider. Die verfassungsrechtliche Begrenzung der besonderen Bundes-Wehrstrafgerichte dient dem Schutz der Zivilisten und Soldaten vor einer im Kriegszustand uU schwer kontrollierbaren Militärgerichtsbarkeit. Demgegenüber sichert die völkerrechtliche Einbeziehung der Kriegsgefangenen in die Militärgerichtsbarkeit deren Rechtsschutz: Gleichbehandlung mit den gegnerischen Soldaten, Schutz vor Zivilgerichten des Feindes, die mit dem Kriegsgeschehen wegen der Existenz einer Militärgerichtsbarkeit nicht vertraut und möglicherweise durch Kriegspropaganda beeinflusst sind und auch das Los der eigenen Kriegsgefangenen eher aus den Augen verlieren. Beide Zwecke sind in einer rechtsstaatlich geprägten deutschen Wehrstrafgerichtsbarkeit vereinbar.[27]

35 Die **Spruchkörper** dieser Gerichte müssen zumindest auch mit **hauptamtlichen Richtern** besetzt sein, welche die **Befähigung zum Richteramt** nach den allgemeinen Vorgaben des DRiG haben. Anders ausgebildete Personen und solche, die ein anderes Hauptamt ausüben (zB Offiziere) können bei ihnen nicht hauptamtlich, sondern nur als **ehrenamtliche Beisitzer** eingesetzt werden. Das GG sagt nicht ausdrücklich, wieviele haupt- und ehrenamtliche Richter in einem Spruchkörper beteiligt sein müssen. Allerdings ist eine Überzahl der ehrenamtlichen Richter hier kaum verfassungsgemäß. Denn Art. 96 Abs. 2 sieht diese Gerichte gerade als **vom Militär gesonderte,** zivile Gerichte an, in denen Militärangehörige ohne Befähigung zum Richteramt nur ihre besondere Kenntnis der militärischen Besonderheiten einbringen können, aber, wie Schöffen, auch über nichtmilitärisch geprägte Straftaten entscheiden müssen. Wenn die hauptamtlichen Richter selbst Soldaten sind, bedürfte es besonderer Beisitzer aus diesem Bereich nicht. Sind die hauptamtlichen Richter Zivilisten, steht in jeder Abstimmung die institutionelle Unabhängigkeit des Spruchkörpers in Frage, falls die militärischen Beisitzer die Stimmenmehrheit haben.

III. Zuständigkeit des Bundesgerichtshofs (Art. 96 Abs. 3 GG)

36 **Abs. 3** legt den Umfang der letztinstanzlichen **Zuständigkeiten des BGH** nicht abschließend fest. Grundsätzlich kann der BT für den **gewerblichen Rechtsschutz** nach Abs. 1 eine reine Rechtskontrolle vorsehen und der Art nach objektiv weniger wichtige Fallgruppen sogar davon ausnehmen.

37 Auch die **Wehrstrafgerichtsbarkeit** muss ggf. nach Abs. 3 ein **rein ziviles oberstes Gericht** haben, den **BGH.** Daher scheidet bei diesem die Hinzuziehung militärisch hauptamtlicher Beisitzer auch dann aus, wenn sie die Befähigung zum Richteramt haben. **Abs. 2 S. 5** ist ausdrücklich auf die Richter der einfachen Wehrstrafgerichte („Ihre" …) beschränkt. Für den BGH gilt auch als oberstes Wehrstrafgericht allein Art. 95 Abs. 2.[28]

---

[27] Zust. zur Voraufl. mit näherer Darstellung des Diskussionsstandes *Voßkuhle* in MKS Rn. 12; wie hier schon *Arndt,* Ausschuss für Rechtswesen und Verfassungsrecht des Bundestages, Prot. der 114. Sitzung v. 24.2.1956, 32 (35).

[28] Ähnlich *Voßkuhle* in MKS Rn. 14; früher schon *Hamann* in Hamann/Lenz Bem. B 5. Mit *Voßkuhle* in MKS Art. 95 Rn. 32 spricht viel dafür, dass entgegen der hA auch die Wahl ehrenamtlicher Richter an den obersten Gerichtshöfen dem Art. 95 Abs. 2 unterfällt; aA BVerfGE 26, 186 (201 ff.).

38 Soweit dennoch, vermutlich im Blick auf § 80 der hier nicht einschlägigen Wehrdisziplinarordnung (WDO), vertreten wird, es bedürfe ggf. auch beim **BGH** als oberster Instanz der ggf. zu errichtenden **Wehrstrafgerichtsbarkeit** ehrenamtlicher oder gar hauptamtlicher militärischer Richter,[29] die ohne Mitwirkung des Richterwahlausschusses vom Justizminister berufen würden,[30] kann das auf der Grundlage des GG nicht nachvollzogen werden. **Art. 95 Abs. 2** regelt die Berufung von Bundesrichtern an einen Gerichtshof abschließend, jedenfalls die von **Berufsrichtern.** Dazu gibt es im GG keine Ausnahme. Eine Berufung von hauptamtlichen Bundesrichtern allein durch den Justizminister (oder einen anderen Bundesminister) bricht die Verfassung.

39 Hinsichtlich der **ehrenamtlichen Richter** hat das BVerfG sich früh festgelegt, sie fielen nicht unter Art. 95 Abs. 2. Das ergibt sich aus der Vorschrift zumindest nicht zwingend, die es dem Richterwahlgesetz bloß überlässt, nur die Einzelheiten der Richterwahl zu regeln. Aber wenn man dem folgt, ergibt sich die Mitwirkung von ehrenamtlichen Richtern und deren Bestellung aus einfachen Bundesgesetzen. Soweit diese eine solche Mitwirkung vorsehen, erfolgt die Auswahl durch gesetzliche Gremien aufgrund von Vorschlagslisten unter maßgeblicher Mitwirkung eines Bundesministers bei den Wehrdienstsenaten (nicht: Wehrstrafsenaten) des BVerwG aus unter den in Betracht kommenden „Ehrenamtlichen" der Vorinstanz, zB am Truppendienstgericht, uU auch durch Losentscheid. Für den **BGH** als **oberste Strafrechtsinstanz** gibt es keine gesetzlichen Bestimmungen, nach denen ehrenamtliche Richter ohne Befähigung zum Richteramt mitwirken dürften. Insbesondere gibt es keine verfahrensrechtliche Komplettierung des **WehrStrG,** die dem BGH solche ehrenamtlichen Richter vorschriebe.

40 Bei der **Wehrstrafgerichtsbarkeit** muss der Gesetzgeber aber ggf. stets den Zugang zum BGH zumindest soweit eröffnen, dass außer der materiellen Rechtmäßigkeitskontrolle zudem eine wirksame Kontrolle der Einhaltung der Verfahrensgrundrechte gewährleistet ist. Andernfalls wäre die Einbindung dieser Gerichte in das „normale" rechtsstaatliche Rechtsprechungsgefüge defizitär.

41 **Abs. 3** erstreckt sich **nicht** auf die Gerichte für **dienstrechtliche Materien** des **Abs. 4.** Daher begegnet die (zT erst-, zumeist) letztinstanzliche Zuständigkeit des **BVerwG** in der **Disziplinargerichtsbarkeit** für Beamte wie auch in den zwei **Wehrdienstsenaten** für Soldaten keinen Bedenken.[31]

IV. Dienstgerichte (Art. 96 Abs. 4 GG)

42 **Abs. 4** ermächtigt den Bund zur Errichtung eigener **Bundesdisziplinargerichte** und eigener **Bundesbeschwerdegerichte.**

43 **Personell** beschränkt ist die Ermächtigung auf alle **Dienstnehmer,** deren **Dienstherr der Bund** ist und die zu ihm in einem öffentlich-rechtlichen Dienstverhältnis stehen: Bundesbeamte, Soldaten, Bundesrichter, Ersatzdienstleistende etc. Die Disziplinargerichtsbarkeit über Soldaten ist verfassungsgemäß.[32]

---

[29] So wohl *Heusch* in SHH Rn. 8; *Jachmann* in Maunz/Dürig Rn. 31 und Art. 93 Rn. 24.

[30] Dazu *Spring,* Brauchen wir in Deutschland eine Militärgerichtsbarkeit? 2008, 121 ff., 125 ff.

[31] Im Ansatz ähnlich *Stern,* StaatsR II, 1980, 394.

[32] BVerwGE 93, 287 ff.

44 **Sachlich** beschränkt ist die Errichtungsbefugnis auf Disziplinarverfahren und Beschwerdeverfahren. **Disziplinarverfahren** sind die Verfahren zu einer Entscheidung über einen Verstoß gegen Normen, welche besondere Sanktionen für die Verletzung von Rechtspflichten anordnen, die aus dem öffentlich-rechtlichen Dienstverhältnis entspringen. Es handelt sich also um ein Vorgehen des Dienstherrn gegen den Dienstnehmer aus dem Dienstverhältnis. **Beschwerdeverfahren** sind demgegenüber alle Klagen des Dienstnehmers gegen den Dienstherrn aus dem Dienstverhältnis.[33]

45 Für die Disziplinar- und Beschwerdeverfahren zwischen dem Bund und den dem BundesbeamtenG unterliegenden **Beamten** und Ruhestandsbeamten hat der Bund durch das **Bundesdisziplinargesetz** (BDG) die Zuständigkeit der **Verwaltungsgerichtsbarkeit** begründet.[34] Auch Zivildienstleistende können gegen Disziplinarmaßnahmen die Verwaltungsgerichte anrufen.[35] Beim **BVerwG** ist ein Disziplinarsenat einzurichten; inzwischen hat ein Revisionssenat diesen Geschäftsbereich mit übernommen. Ein besonderes Bundesdisziplinargericht besteht seit 2003 nicht mehr. Für **Soldaten** sind in Disziplinar- und Beschwerdesachen die **Truppendienstgerichte** zuständig, die keine Dienststellen der Bundeswehr, sondern unabhängige Gerichte sind.[36] Als **Rechtsmittelgericht** fungiert das **BVerwG.** Dieses entscheidet durch zwei **Wehrdienstsenate.** Sie entscheiden in der Besetzung von drei Richtern und zwei ehrenamtlichen Richtern, bei Beschlüssen außerhalb der Hauptverhandlung in der Besetzung von drei Richtern.

46 Deren **(Berufs-)Richter** werden nach **§ 80 Abs. 2 WDO** wie folgt bestimmt:

47 In den Wehrdienstsenaten **können nur Richter mitwirken, die vom Bundesjustizminister hierfür bestimmt** sind. Die Bestimmung wird bei der Übertragung des Richteramtes beim Bundesverwaltungsgericht getroffen. Sie kann auf Vorschlag oder mit Zustimmung des Präsidiums des Bundesverwaltungsgerichts auch später ergehen oder aufgehoben werden.

48 **Kein Verstoß gegen Art. 95 Abs. 2** läge vor, wenn der Bundesjustizminister nur nach dieser Vorschrift vom Richterwahlausschuss gewählte, mit Zustimmung des Bundesjustizministers berufene und vom BPräs ernannte Richter bei der Übertragung des Richteramts am BVerwG zu Mitgliedern eines Wehrdienstsenats bestimmte. Ohne Anwendung dieses Artikels wäre die Regelung der WDO allein schon deshalb verfassungswidrig.

49 **Grundgesetzlich äußerst bedenklich** ist sie aber aus einem anderen Grund. Der Bundesjustizminister wird hier ermächtigt, abweichend von den allgemeinen Vorschriften über die **Bestimmung der gesetzlichen Richter im „Gericht“** durch das Präsidium direkt selbst festzulegen, wer in einem Wehrdienstsenat gesetzlicher, hier aber „verwaltungsbestimmter“ Richter ist. Das ist ein **Eingriff in den ua durch Art. 20 Abs. 2 S. 2 geschützten Kernbereich der institutionellen Unabhängigkeit** der rechtsprechenden Gewalt, hier des BVerwG. Eine Rechtfertigung ist nicht ersichtlich.[37]

50 Die **ehrenamtlichen Richter** werden gemäß **§ 80 Abs. 4 S. 1 WDO** von einem Richter eines Wehrdienstsenats aus den Soldaten oder früheren

---

[33] *Jachmann-Michel* in Maunz/Dürig Rn. 44.

[34] §§ 45 ff. BDG v. 9.7.2001 – BGBl. 2001 I 1910. Das Bundesdisziplinargericht wurde mit Ablauf des 31.12.2003 aufgelöst.

[35] § 66 ZDG.

[36] BVerwG Buchholz 311, § 17 WBO Nr. 28 = Beschl. *v.* 13.10.1998 – 1 WB 47/98.

[37] *Brunn* Betrifft Justiz 2005, 189 ff. sieht darin einen Verstoß gegen Art. 95 Abs. 2 GG.

Soldaten ausgelost, die den Truppendienstgerichten als ehrenamtliche Richter benannt sind, bevor diese auf die Truppendienstkammern aufgeteilt werden. Sofern Art. 95 Abs. 2 nicht auf ehrenamtliche Bundesrichter an obersten Gerichtshöfen angewandt wird, ist das verfassungsrechtlich unbedenklich.

Für die **Bundesrichter** an Bundesgerichten (Art. 96) und an obersten **51** Gerichtshöfen des Bundes (Art. 95), nicht für Richter des BVerfG,[38] ist als **Dienstgericht des Bundes** ein **besonderer Senat beim BGH** eingerichtet, der zugleich als Revisionsgericht gegen Entscheidungen der Dienstgerichte der Länder dient.[39] Das Dienstgericht des Bundes ist ua Disziplinargericht und insbesondere zur Prüfung von behaupteten Eingriffen in die richterliche Unabhängigkeit (Art. 97 Abs. 1 GG, §§ 25, 26 DRiG) berufen, seine Kompetenzen sind in § 62 DRiG abschließend aufgezählt.[40]

V. Bundesgerichtsbarkeit auf sonstigen Gebieten (Art. 96 Abs. 5 GG)

Abs. 5 räumt scheinbar konstitutiv dem Bund die Möglichkeit ein, in **52** bestimmten abschließend aufgezählten Strafsachen durch Gesetz Rechtsprechungsorgane der Länder mit angeblichen ausschließlichen Rechtsprechungsaufgaben des Bundes zu betrauen (Aufgabenübertragung auf die Länder mit gleichzeitiger „Organleihe").[41] Es gibt aber keine Art. 92 abändernde Verfassungsnorm, welche dem Bund die Rechtsprechung auf diesen Gebieten als eigene Aufgabe ausschließlich zuweist.

Dies beruht auf der **Fehlvorstellung** einer **„ausschließlichen Recht-** **53** **sprechungskompetenz des Bundes".** Sie beruht bloß darauf, dass der **BGH** früher nach einfachem Gesetz auf den Gebieten des Art. 26 Abs. 1 und des Staatsschutzes allein und insbesondere **erstinstanzlich** zuständig war. Deshalb lag damals das Begnadigungsrecht beim BPräs und die Ermittlungs- und Anklagezuständigkeit beim Generalbundesanwalt. Man wollte nun „Zweistufigkeit" des Rechtsschutzes einführen, aber man wollte die Zuständigkeiten des BPräs und der Bundesanwaltschaft erhalten.

Der **Verfassungstext des Abs. 5 Nr. 5,** der anfangs alleinstand, befasst **54** sich deshalb sprachlich mit einem juristischen **Scheinproblem.**[42] Man hätte es bezüglich der Bundesanwaltschaft iW einfachgesetzlich durch verfahrensrechtliche Änderungen lösen können, aber beim Begnadigungsrecht des BPräs das GG ändern müssen. **Abs. 5** gibt vor dem Hintergrund seiner Entstehungsgeschichte noch andeutungsweise die **Rechtsnormen** zu erkennen, die er verlautbaren soll. In Wirklichkeit regelt die Norm nämlich folgende **zwei Fragen:**

- Darf durch Bundesgesetz angeordnet werden, dass der **Generalbundesanwalt** in Strafverfahren auf den genannten Gebieten vor einem Landesgericht mitwirkt?
- Steht das **Begnadigungsrecht** in solchen Strafverfahren, wenn erstinstanzlich ein Landesgericht zuständig ist, dem Ministerpräsidenten des Landes oder dem **BPräs** zu?

---

[38] Gem. §§ 69, 70 DRiG; vgl. *Stern* in BK Rn. 15.

[39] §§ 61 ff., 79 ff. DRiG.

[40] BGHZ 90, 41 ff.

[41] Vgl. zum folgenden *Kohlhaas* NJW 1970, 20 ff.; *Fischer* NJW 1969, 449 ff.

[42] Ähnlich *Stern,* StaatsR II, 1980, 394; wie hier BR-Beschl. *v.* 26.4.2002, BR-Drs. 222/02.

55 Der Verfassungsgesetzgeber hat also sachliche **Probleme der** Zuständigkeit der **vollziehenden Gewalt des Bundes** (BPräs, Generalbundesanwalt) sachlich falsch im sprachlichen Gewand einer Kompetenzregelung für die Gesetzgebung im Bereich der rechtsprechenden Gewalt behandelt. Um die Rechtsnormen zu erkennen, darf man deshalb (vgl. § 133 BGB) nicht auf den buchstäblichen Sinn der sprachlichen Hülle abstellen, sondern man muss den „wirklichen Willen" erforschen. Dann muss man auch **keinen „Systembruch"** annehmen[43], der sich „optisch" zwar aufdrängt, was allerdings einem schweren Fehler in der Problemverortung und in der Mittelwahl eine übergroße Bedeutung zumisst.

56 Bei der **Beratung des Gesetzes** zur allgemeinen Einführung eines zweiten Rechtszuges in **Staatschutz-Strafsachen** v. 8.9.1969[44] ging es darum, zur Verbesserung des Rechtsschutzes anstelle der bisherigen alleinigen Zuständigkeit des BGH zwei Instanzen einzurichten. Erste Instanz wurde das OLG, in dessen Bezirk der Regierungssitz des jeweiligen Landes liegt, als Revisionsinstanz wurde nun der BGH eingesetzt. Eine zentrale Verfolgung dieser Taten ist aber in der Regel nicht ohne den **Generalbundesanwalt** möglich, dessen Mitwirkung in erster Instanz gesichert werden musste. Ferner bestimmt sich das **Begnadigungsrecht des BPräs** für den Bund gemäß überkommener Auffassung nach dem erstinstanzlichen zuständigen Gericht, so dass es nach dieser Reform auf strafrechtlichem Gebiet völlig leergelaufen wäre.

57 In der Begründung der **Regierungsvorlage** heißt es ausdrücklich, dass der neue Art. 96 Abs. 5 beide Fragen verfassungsrechtlich klären werde (BT-Drs. V/4085, 3). Ein Alternativvorschlag des BR, der beide Probleme im Text ausdrücklich ansprach, wurde abgelehnt, weil eine Festschreibung des zweistufigen Verfahrens befürchtet wurde (BT-Drs. V/4254, 1 f.). Die **Entstehungsgeschichte** spricht somit ebenfalls nicht dafür, dass Abs. 5 überhaupt die Frage einer „ausschließlichen" bzw. „mittelbaren" Rechtsprechungskompetenz regelt. Letztlich wird auch aus dem Zusammenhang der Art. 95 u. 96 deutlich, dass die „Zurechnung" der Rspr. der OLG auf den genannten Gebieten zum Bund oder zum Land verfassungsrechtlich kein Problem ist, sondern nur durch die künstliche Sprache des Abs. 5 als solches erscheint. Denn nach Art. 95, 74 Abs. 1 Nr. 1 war der Bund keineswegs gehindert, ein zweistufiges Verfahren einzuführen, wobei das OLG für das Land und der BGH für den Bund die rechtsprechende Gewalt ausübt.

58 Abs. 5 schafft also weder eine ausschließliche Bundeskompetenz, noch ermächtigt er zu deren Übertragung. Die bei der letzten Änderung des Abs. 5 vom **BR** vorgeschlagene Verbesserung der verfassungsrechtlichen Struktur der Vorschrift aus den vorgenannten Gründen wurde von der Bundesregierung abgelehnt, weil jedenfalls **„die klarstellende Funktion" des Textes,** der das Gegenteil davon bietet, bisher nicht bezweifelt worden sei.[45]

59 **Regelungsinhalt der Vorschrift** ist: „Der Bund darf durch BundesG mit Zustimmung des BR für Strafverfahren auf den aufgezählten Gebieten ein Landesgericht für erstinstanzlich zuständig erklären und anordnen, dass der Generalbundesanwalt die Ermittlungen leitet und die Anklage vertritt; das Begnadigungsrecht liegt dann beim BPräs." Die gegenteilige Ansicht, die von

---

[43] So die hA: stellv. *Voßkuhle* in MKS Rn. 24.
[44] BGBl. 1969 I 1582.
[45] BT-Drs. 14/8994, Anl. 3.

einer sachlich eigenständigen „Gerichtsbarkeit des Bundes" in Strafsachen ausgeht, versteht den falschen sprachlichen Ausdruck des Abs. 5 sinnwidrig als Rechtsgebot.[46]

Die Zuständigkeiten des **Generalbundesanwalts** ergeben sich aus §§ 120, 74a, 142a I GVG, das **Begnadigungsrecht** des BPräs folgt aus Art. 60 Abs. 2 GG iVm § 452 S. 1 StPO. 60

Abs. 5 Nr. 1 bis 3 wurden im Zusammenhang mit dem Inkrafttreten des **Völkerstrafgesetzbuchs (VStGB)**[47] durch das 51. Gesetz zur Änderung des GG vom 26.7.2002[48] eingefügt. Es regelt eine Vielzahl von Straftaten, die **keiner Verfolgungs- oder Vollstreckungsverjährung unterliegen.** 61

Abs. 5 Nr. 1 verweist sinngemäß auf **§ 6 VStGB,** der als **Völkermord** schwerste Angriffe mit lebenslanger Freiheitsstrafe bedroht, die in der Absicht begangen werden, eine nationale, rassische, religiöse oder ethnische Gruppe als solche ganz oder teilweise zu zerstören. 62

Abs. 5 Nr. 2 bezieht sich auf **§ 7 VStGB,** der als **Verbrechen gegen die Menschlichkeit** eine lange Liste von menschenverachtenden Verbrechen aufstellt, die im Rahmen eines ausgedehnten oder systematischen Angriffs gegen eine Zivilbevölkerung stattfinden. 63

Abs. 5 Nr. 3 verweist auf **§ 8 VStGB,** der in einer langen Liste drei Gruppen von **Kriegsverbrechen gegen Personen** mit (Regel-)Freiheitsstrafen von drei Jahren bis lebenslang bedroht. Es geht hier um Menschen, die nach humanitärem Völkerrecht besonders geschützt sind, um Kinder unter 15 Jahren, um Kriegsgefangene, wehrlose Feinde, um Verwundete, Kranke, Schiffbrüchige, unbeteiligte Zivilpersonen etc. 64

Abs. 5 Nr. 4 enthält dazu einen für die beiden Zuständigkeitsreservierungen hinreichend bestimmten **Auffangtatbestand.** Sie soll auch gelten für **andere Handlungen** als die vom VStGB geregelten, **die geeignet sind und in der Absicht vorgenommen werden, das friedliche Zusammenleben der Völker zu stören (Artikel 26 Abs. 1).** Konkretisierend ist auf die nicht gesondert genannten **§§ 9 bis 13 VStGB** abzustellen, die vier weitere Arten von Kriegsverbrechen und das **Verbrechen der Aggression** (Angriffskrieg) mit Strafen bedrohen. 65

C. Kritische Würdigung

Die Regelungen der Abs. 1–4 geben zu wesentlichen verfassungskritischen Beanstandungen über die im Text genannten hinaus keinen Anlass. Zu Abs. 5 darf man nicht hoffen, dass ein so krasser Gesetzgebungsfehler nur wegen einer „Rechtskosmetik" beseitigt werden wird, obwohl das praktische Ziel auch so erreicht wurde und auf ähnliche Fallgestaltungen übertragbar ist; denn: *ex falso quodlibet.* 66

Die rechtsstaatlich gebotene Normenklarheit verbietet „eigentlich" die Handhabung einer bloß gedachten Verfassungsnorm, deren Existenz zwar im politischen System allgemein geglaubt wird, die sich aber nicht aus dem 67

[46] Vgl. *Herzog* in Maunz/Dürig (Vorauflage) Rn. 46 ff.; *Stern,* StaatsR II, 1980, 394.

[47] Mit §§ 1–15 als Artikel 1 des ZustimmungsG *v.* 26.6.2002 (BGBl. 2002 I 2254), in Kraft getreten am 30.6.2002 geändert durch Gesetz v. 22.12.2016 (BGBl. 2016 I 3150) mWv 1.1.2017.

[48] BGBl. 2002 I 2863.

Verfassungstext ergibt. Ein weiteres Beispiel wie sogar der Verfassungsgesetzgeber am GG vorbei regeln kann.

Literatur

H. G.Bachmann, Unzulässige Einflussnahme des BMVg auf die Besetzung der Wehrdienstsenate?, NZWehrR 2010, 89. – ***S.Broß,*** Einheitspatent und Einheitliches Patentgericht im europäischen Integrationsprozess – verfassungsrechtliche Perspektive, ZGE/IPJ Band 6 (2014). – ***M. Kohlhaas,*** Das Gesetz über die Einführung eines zweiten Rechtszuges in Staatsschutzsachen, NJW 1970, 20. – ***B. Lorenz,*** Behörden und Gerichte für gewerbliche Schutzrechte, Jura 2010, 46. – ***H. Satzger,*** Das neue Völkerstrafgesetzbuch – eine kritische Würdigung, NStZ 2002, 125. – ***K. H. Schnarr,*** Innere Sicherheit – die Zuständigkeit des Generalbundesanwalts nach § 120 II 1 Nr. 2 GVG, MDR 1993, 589. – ***A. Poretschkin,*** Die NS-Militärjustiz, NZWehrR 1994, 195. – ***F. Stam,*** Strafverfolgung bei Straftaten von Bundeswehrsoldaten im Auslandseinsatz, 2014. – ***E. Steinkamm,*** Die Wehrstrafgerichtsbarkeit im Grundgesetz der Bundesrepublik Deutschland. Eine Untersuchung des Art. 96 Abs. 2 GG aus rechtsgeschichtlicher, staats- und völkerrechtlicher Sicht, 1974. – ***H. G. Schwenck,*** Wehrstrafrecht im System des Wehrrechts und in der gerichtlichen Praxis, 1976. – ***G. Werle,*** Völkerstrafrecht und deutsches Völkerstrafgesetzbuch, JZ 2012, 373. – ***A. Zimmermann,*** Auf dem Weg zu einem deutschen Völkerstrafgesetzbuch, ZRP 2002, 97.

Art. 97 [Unabhängigkeit der Richter]

(1) Die Richter sind unabhängig und nur dem Gesetze unterworfen.

(2) [1] Die hauptamtlich und planmäßig endgültig angestellten Richter können wider ihren Willen nur kraft richterlicher Entscheidung und nur aus Gründen und unter den Formen, welche die Gesetze bestimmen, vor Ablauf ihrer Amtszeit entlassen oder dauernd oder zeitweise ihres Amtes enthoben oder an eine andere Stelle oder in den Ruhestand versetzt werden. [2] Die Gesetzgebung kann Altersgrenzen festsetzen, bei deren Erreichung auf Lebenszeit angestellte Richter in den Ruhestand treten. [3] Bei Veränderung der Einrichtung der Gerichte oder ihrer Bezirke können Richter an ein anderes Gericht versetzt oder aus dem Amte entfernt werden, jedoch nur unter Belassung des vollen Gehaltes.

Weimarer Reichsverfassung von 1919

Art. 102. Die Richter sind unabhängig und nur dem Gesetz unterworfen.

Art. 104. Die Richter der ordentlichen Gerichtsbarkeit werden auf Lebenszeit ernannt. Sie können wider ihrer Willen nur kraft richterlicher Entscheidung und nur aus den Gründen und unter den Formen, welche die Gesetze bestimmen, dauernd oder zeitweise ihres Amtes enthoben oder an eine andere Stelle oder in den Ruhestand versetzt werden. Die Gesetzgebung kann Altersgrenzen festsetzen, bei deren Erreichung Richter in den Ruhestand treten.

Die vorläufige Amtsenthebung, die kraft Gesetzes eintritt, wird hierdurch nicht berührt.

Bei einer Veränderung in der Einrichtung der Gerichte oder ihrer Bezirke kann die Landesjustizverwaltung unfreiwillige Versetzungen an ein anderes Gericht oder Entfernungen vom Amte, jedoch nur unter Belassung des vollen Gehalts, verfügen.

Auf Handelsrichter, Schöffen und Geschworene finden diese Bestimmungen keine Anwendung.

Übersicht

A. Allgemeine Bedeutung

1 Die **rechtsprechende Gewalt** des deutschen **Staates**, die das GG seinen Richtern anvertraut hat, darf Streitigkeiten darüber was rechtens ist, **ausschließlich nach Maßgabe seines GG sowie** nach **(„Außen"-)Recht** entscheiden, das nach den kompetenz- und verfahrensrechtlichenVorgaben und materiellrechtlichen Maßstäben des GG gültig/wirksam gesetzt wurde und noch gültig ist und nach nichts anderem **(Herrschaft des Gesetzes).**[1]

2 Die für die Rechtsprechung **ausschließliche Maßgeblichkeit** von **Verfassung** und **Gesetz,** ihre **Gesetzmäßigkeit/Legalität,** ist die notwendige **Grundbedingung**

– für die Selbstbehauptung des deutschen demokratischen Staates iSd GG, der ausschließlich von seinem **Staatsvolk**[2] und von dessen **Willen** getragen wird, als **gleichberechtigtes Glied** in einem **vereinten Europa** dem **Frieden der Welt** zu dienen, und das deshalb in seiner **Verantwortung vor Gott und den Menschen** kraft **seiner** verfassungsgebenden Gewalt ***sich dieses* GG** gegeben hat,

– für den sozialen **Rechtsstaat** iSd GG, als ein freies, rechtsgeleitetes **Völkerrechtssubjekt,** das dauerhafter **Selbstbestimmung** des deutschen Staatsvolks unterliegende **Rechtsbeziehungen** mit und in **anderen Völkerrechtssubjekten** begründet und pflegt,

– für seine Existenz als **freiheitlicher, föderaler, demokratischer und sozialer Rechtsstaat** in Sicherheit nach außen und innen gegen den stets lauernden populistischen/nationalistischen **Willkür- und Gewaltstaat** und gegen eine über dem GG und dem Gesetz schwebende Oligarchie selbsternannter (Schein-) „Eliten" (zB einer entwurzelten pseudo-„europäisch-universalistischen Schicht" oder auch einer ortlosen pseudo-„globalisierten" Figuration von „Reichen und Mächtigen"),

– für den **Vorrang des Rechtssystems** gegenüber allen gesellschaftlichen **Subsystemen,** insbesondere dem der **Politik,** die stets versucht ist, sich über das auch für sie gültige Gesetz außergesetzlich zu erheben,

– für die **demokratische Legitimität** des nur dem **Staatsvolk** verantwortlichen **legalen Richterspruchs** und

– für die **Rechtssicherheit der Staatsbürger** und aller Miteinwohner iSd Verlässlichkeit von Verfassung und Gesetz einschließlich der Absicherung schutzwürdigen Vertrauens in staatliches Handeln, gerade auch gegen **grundgesetzwidrige Einwirkungen** durch die anderen Staatsgewalten und durch Organe internationaler Organisationen (zB der **EU**).

---

[1] Zur Geschichte und Problematik dieses Begriffs *Iser/Strecker* Politische Vierteljahresschrift 42 (2001), 265–273.

[2] Es besteht aus den „Deutschen" iSd Art. 116, also aus deutschen Staatsbürgern und den Flüchtlingen und Vertriebenen, die im damaligen, inzwischen fast völlig obsolet gewordenen Sinn „deutscher Volkszugehörigkeit" waren und im früheren Reichsgebiet aufgenommen worden waren (nebst Familienangehörigen), sowie aus den vom Nationalsozialismus Verfolgten, denen die deutsche Staatsbürgerschaft aberkannt worden war, die aber trotz allem wieder in Deutschland als Deutsche wohnen. Das GG, das in der Verantwortung vor Gott und allen Menschen auf den Humnanismus der Menschenwürde jedes Menschen gegründet ist, schließt jede Deutung des Begriffs des „Deutschen Volkes/Deutschen Staatsvolkes" iSd GG schlechthin als verfassungsfeindlich aus, die vom Rassenwahn oder sonst rassistisch/„völkisch" geprägt ist. Wer solches praktiziert, handelt wie ein Feind des Deutschen Staatsvolks.

Zum **Recht,** das **nach Maßgabe des GG** vom deutschen Richter rechtsmaßstäblich anzuwenden oder als Prüfungsobjekt zu kontrollieren ist, gehören auch die gültigen Normen des **Völkerrechts** einschließlich die des **europäischen Rechts.** Dies betrifft insbesondere das **Recht der EU,** soweit es **innerstaatlich** und **nicht nur „zwischenstaatlich“,** also nur zwischen den Mitgliedstaaten als den Herren der EU-Verträge und des EU-Primärrechts, wirkt.[3] Da die **EU kein Staat,** nicht einmal ein Staatenbund, sondern nur ein **bloßer Staatenverbund** ist, der nicht über dem GG steht, gilt auch das sekundäre EU-Recht nur, falls jeweils ein **nach dem GG gültiger** bundesgesetzlicher (uU verfassungsändernder) **Anwendungsbefehl** dies vorschreibt und nur nach dessen Vorgaben und nur in dessen Grenzen. 3

Es ist zu ergänzen: Auch nach einem solchen Anwendungsbefehl anzuwendendes **EU-Recht** gilt in Deutschland nur, soweit es dem **Kerngehalt des GG** nicht widerspricht.[4] Die Rechtsmacht diesen zu verändern, liegt ausschließlich beim deutschen **Verfassungsgeber** selbst, dem **deutschen Staatsvolk.** Dieses[5] hat aber bisher zu keinem die EU oder ihre Vorgänger betreffenden Verträge gesprochen noch hat es dazu überhaupt sprechen können. Diesen **Kernvorbehalt des Verfassungsgebers** darf sogar der **Verfassungsgesetzgeber** (ua als Autor des Art. 23) nicht einmal antasten, **nicht „berühren“** (so Art. 79 Abs. 3). 4

---

[3] BVerfGE 111, 307 (315 ff.); bei rein mitgliedstaatlichen Rechtsstreitigkeiten ggf. auch mit EU-Organen über die Auslegung und Anwendung der EU-Verträge entscheidet der EuGH nach Art. 19 EUV.

[4] Der vom Verfassungsgeber bestimmte, von niemand anderem abänderbare Kerngehalt des GG unterscheidet sich wesentlich von einer dem GG unbekannten *„Verfassungsidentität“,* die eine richterrechtliche Erfindung ist.

[5] Zum Problemkreis (zT aA): BVerfGE 151, 202 – EU-Bankenunion; BVerfG Urt. v. 5.5.2020 – 2 BvR 859/15, Rn. 1–237 – EZB-Anleihekäufe; BVerfG Beschl. v. 13.2.2020 – 2 BvR 739/17 –Einheitliches Patentgericht; *Ruffert* JuS 2020, 574; FAZ+ Einspruch v. 19.5.2020, Ein Befreiungsschlag, abrufbar unter https://www.faz.net/einspruch/exklusiv/ezb-urteil-ein-befreiungsschlag-16776946.html (25.6.2020); FAZ+ Einspruch v. 19.5.2020, Eine Kriegserklärung?, abrufbar unter https://www.faz.net/einspruch/exklusiv/der-konflikt-mit-dem-eugh-ist-in-der-eu-foermlich-angelegt-16776878.html (25.6.2020); FAZ+ Einspruch v. 18.5.2020, Jetzt war es soweit, abrufbar unter https://www.faz.net/einspruch/justiz/ezb-urteil-jetzt-war-es-so-weit-16773982.html (25.6.2020); FAZ+ Einspruch v. 15.5.2020, Zeit für Ehrlichkeit, Kein Kooperationsverhältnis zwischen BVerfG und EuGH, abrufbar unter https://www.faz.net/einspruch/exklusiv/das-kooperationsverhaeltnis-von-bverfg-und-eugh-gab-es-nie-16771513.html (25.6.2020); FAZ+ Einspruch v. 18.5.2020, Viel Lärm um nichts?, abrufbar unter https://www.faz.net/einspruch/ezb-urteil-viel-laerm-um-nichts-16775424.html (25.6.2020); Newsletter *heute im bundestag* Nr. 533 v. 26.5.2020, Europaausschuss des BT: „Experten kritisieren Karlsruher EZB-Urteil“, die dort vertretenen Thesen erwecken nach dem Bericht den Anschein extremer GG-Fremdheit; FAZ+ Einspruch v. 6.6.2020, Ein problematisches Urteil, abrufbar unter https://www.faz.net/einspruch/bverfg-zum-anleihenkauf-ein-problematisches-urteil-16804066.html (25.6.2020) ohne am GG orientierte Kritik.
Unter die ausschließliche Verfügungshoheit des Verfassungsgebers fallen insbesondere:
Die alleinige verfassungsgebende Gewalt des Deutschen Volkes als Verfassungsgeber über das GG als Ganzes, über jede Berührung der in den Art. 1 und 20 niedergelegten Grundsätze, über jede Berührung der bundesstaatlichen Gliederung, über jede Berührung der grundsätzlichen Mitwirkung der Länder bei der Gesetzgebung des Bundes, über das Verbot der Verfassungsdurchbrechung mittels GG-Änderung ohne Änderung des Wortlauts des GG und über die dem Verfassungsgesetzgeber gesetzten Quoren in BT und BRat für die Wirksamkeit eines verfassungsändernden Gesetzes. Auch die (defizitären) Regelungen des Verfassungsgesetzgebers in Art. 23 Abs. 1 und 2 ff. sind hieran zu messen und, soweit sie zB die Grundsätze des Art. 20 auch nur *„berühren“* oder sogar „knicken“ oder „auf ein Mindestmaß“ reduzieren, materiell iW unwirksame GG-Durchbrechungen.

5 Der **Vorbehalt des Verfassungsgebers** umfasst den Inhalt der Präambel des GG, insbesondere nach S. 1 die Sinnanordnung, das deutsche Volk wolle als gleichberechtigtes Glied in einem vereinten Europa dem Frieden der Welt dienen. Soweit zu diesem Ziel GG-Änderungen erwogen werden, bleibt dieser **GG-Kern für den Verfassungsgesetzgeber unantastbar.** Die in der Präambel und in den Art. 1, 20, 79, 146 niedergelegten Grundsätze darf kein verfassungsänderndes Gesetz (Art. 79 Abs. 1 S. 1, Abs. 3) anrühren oder entgegen Abs. 1 dieser Vorschrift einfach „durchbrechen". Das GG erlaubt ua nach Art. 146 keiner anderen „Stelle" als dem Verfassungsgeber, diese Stufigkeit der Befugnisse zur Änderung/Anpassung des GG zu verändern. Auch das **BVerfG** darf den Kernvorbehalt des Verfassungsgebers nicht berühren; es ist auch darüber hinaus strikt an die GG-Normen gebunden, die seine Aufgaben und Befugnisse festlegen. **Verfassungsändernde Gewalt darf** ua nach dem Vorbehalt des Verfassungsgebers **keinem anderem Völkerrechtssubjek**t (auch nicht der EU) **übertragen werden,** zB auch nicht unter dem Vorwand, einen „Kompetenzgerichtshof der EU" zu schaffen[6].

6 Zudem muss auch jede **sekundärrechtliche** (binnen-eu-rechtlich: „überstaatliche") **EU-Vorschrift** und **EU-Organhandlung** die **Vorgaben des Anwendungsbefehls beachten.** Nur durch ihn werden **bestimmte einzelne deutsche Hoheitsrechte** auf diese internationale Organisation **zur subsidiären Ausübung** unter Beachtung der **Verhältnismäßigkeit** einer insoweit ggf. punktuell notwendigen Beschränkung der innerstaatlichen Anwendung deutschen Rechts übertragen. Nur im Rahmen wirksamer Übertragung kommt ein formaler Anwendungsvorrang von sekundärem EU-Recht im Rang eines speziellen Bundesgesetzes in Betracht. Alle **Akte von EU-Organen** müssen diese Vorgaben beachten und dürfen die **Grenzen dieser Übertragung** nicht überschreiten. Ob das uU vom **EuGH** zuvor für die EU-Organisation und nur insoweit für deren Mitglieder verbindlich ausgelegte EU-Recht sich in diesen grundgesetzlichen Übertragungsrahmen, der für Deutschland im Letzten ausschließlich maßgeblich ist, ggf. nach einer im grundgesetzlichen Sinn eu-freundlichen Auslegung, einfügt und nur dann in Deutschland anwendbar ist, entscheidet **allein** das **GG** durch das **BVerfG.**

7 Jedoch kann das GG „durch die Hintertür" außer Kraft gesetzt und sogar **weitgehend abgeschafft** werden, ohne seinen Text zu ändern, soweit das **BVerfG** ggf. sogar Eingriffe in den Vorbehalt des Verfassungsgebers oder andere fundamentale **GG-Widrigkeiten** zB mit Gesetzeskraft oder in tragenden Entscheidungsgründen als GG-konform erachtet. Dann sind nach **§ 31 BVerfGG** alle Verfassungsorgane des Bundes und der Länder sowie alle Gerichte und Verwaltungsbehörden **einfachgesetzlich** an solche Entscheidungen gebunden. Dies gilt nicht für die **Rechtswissenschaft,** die auch nicht zum **„BVerfG-Positivismus"** verpflichtet ist. Sie ist ggf. der einzige/letzte Schutz gegen „oligarchisch" oder „populistisch" durchgesetzte **Verfassungsdurchbrechungen.**[7] Dann bleibt vom GG kaum mehr als seine alte

[6] So jetzt angeregt von *Weber,* LTO v. 25.5.2020, Ein „Kompetenzgerichtshof" für die EU?, abrufbar unter https://www.lto.de/recht/nachrichten/n/bverfg-eugh-ezb-urteil-kompetenzgerichtshof-einrichtung-eu-vertragsverletzungsverfahren-deutschland/ (26.6.2020).

[7] Bei den Feiern zum 70. Jahrestag des GG wurde nicht betont, dass das GG (nach unterschiedlichen Schätzungen) derzeit für bis zu 50 vH der in Deutschland getroffenen Rechtsentscheidungen für nicht anwendbar gehalten wird. Man feiert die faktische Beseiti-

Texthülle. **Demokratisch prekär** sind insoweit nicht nur die fast „demokratiefreien" Handlungen von EU-Organen, sondern auch die des deutschen Verfassungsgesetzgebers (zB Art. 23 Abs. 1 S. 2, 3, Abs. 3, 4 ff.) und zu viele der Handlungen von Bund und Ländern nach Art. 23 Abs. 2 ff. Dazu noch → Art. 92, 93.

I. Rechtsprechung – besondere Organe – gesetzliche Richter

Art. 97 gilt in seiner heutigen Fassung seit dem 24.5.1949. Im **Parlamentarischen Rat,** der Manches aus der Thematik des Art. 97 bei den Beratungen zum heutigen Art. 98 erörterte, wurde für die Textfassung des Art. 97 besonders diskutiert, ob es heißen sollte: „Die Richter sind unabhängig und nur dem Gesetz und ihrem Gewissen unterworfen". Der zweite Halbsatz **(„Gewissen")** wurde nicht ins GG übernommen. Er hätte uU falsch als Lockerung der Gesetzesbindung verstanden werden können, sollte aber iW dem Richter erlauben, sich von **Unrechtsgesetzen** nicht bestimmen zu lassen, wie man sie gerade erlebt oder vor Augen hatte (zB des deutschen Nazi-Staats oder des sowjetischen „DDR" genannten SED-Staats). 8

Die „Gewissensproblematik" wird dadurch weitgehend entschärft, dass S. 1 der **Präambel des GG, Art. 1, die Grundrechte** und die **in Art. 20 niedergelegten Grundsätze** sowie **Art. 79 Abs. 1–3** ein weitreichendes und tiefes Gefüge an rechtlichen und rechtsethischen, auf **„Gerechtigkeit"** ausgerichteten Vorgaben für den republikanischen, demokratischen, sozialen und rechtsstaatlichen Bundesstaat enthalten (sog **„Wertordnung" des GG**). Deshalb scheint für eine Kontrolle des positiven Gesetzes durch das **Gewissen des Richters,** das bei dieser gesetzeskorrigierenden Normprüfung ggf. am Naturrecht/Vernunftrecht/göttlichem Recht auszurichten ist, kein, allenfalls in den Fällen des **Widerstandsrechts** iSv **Art. 20 Abs. 4,** Raum zu sein. Solange und soweit die „Staatsorgane" sich den GG-Vorgaben unterordnen und sie nicht durch eigene bzw. „Zeitgeistregeln" ersetzen, muss der Richter fast immer „nur" gewissenhaft prüfen, ob das Gesetz formell und materiell mit höherrangigem positiven Recht vereinbar ist. Zur Selbstablehnung eines Richters aus Gewissensgründen unten → Rn. 45 ff. 9

Zutreffend weist das **BVerfG** darauf hin, dass der Richter stets nach seiner eigenverantwortlich unabhängig gewonnenen **Rechtsüberzeugung** und nach seinem **Gewissen** entscheiden muss.[8] Denn der Richter muss **„sich persönlich"** vom richtigen oder vorzugswürdigen Rechtsgehalt der anzuwendenden Normen, von der Wahrheit des Vorliegens der erheblichen Tatsachen und von der Normgerechtigkeit der so gewonnenen Entscheidung über die Rechtsfolge **„überzeugen".** Das ist ein Erkenntnisbemühen, das im Grunde und in den einzelnen Schritten auf rechtliche und faktische **Wahrheit** ausgerichtet ist. Dabei sind die jeweiligen gesetzlichen Richter nicht austauschbare Personen, die als Ausübende staatlicher Rechtsprechungsgewalt **allein dem Gesetz** folgen müssen und sich hierbei von keiner anderen Macht als ihrer gesetzmäßig gewonnenen **Überzeugung** leiten lassen dürfen. 10

---

gung des GG auch gern als „seine Anpassungsfähigkeit", ohne seine Anpassungsvorschriften genau zu befolgen.

[8] BVerfGE 139, 64 ff.; 145, 1 ff.

11 **Art. 97 regelt** den **staatsorganisationsrechtlichen Kerngehalt** der **„besonderen Organe der Rechtsprechung"** (Art. 20 Abs. 2 S. 2), nämlich das, was sie wesentlich und abschließend von den beiden anderen Staatsfunktionen der Gesetzgebung und der vollziehenden Gewalt unterscheidet.[9] Das ist die **alleinige Wahrnehmung** der nur den Richtern anvertrauten **Rechtsprechung in ausschließlicher Gesetzesbindung** aller mit der **Organisation, Verteilung und Wahrnehmung von Rechtsprechungsaufgaben befassten Richter,** die zudem nach **Art. 92, 101 Abs. 1 S. 2** ausnahmslos selbst ein konkretes Richteramt als **„gesetzliche Richter"** an einem **„Gericht"** als Rechtsprechungsorganisation **mit institutioneller Unabhängigkeit** ausüben müssen.[10] Das **BVerfG** hält daher die „Unabhängigkeit der Richter" zutreffend durch Art. 20 Abs. 2, 3, Art. 92 (und Art. 97) für **unabänderbar** gewährleistet.[11]

12 **Art. 97** dient primär der Garantie der **alleinigen und absoluten Gesetzesunterworfenheit der Rechtsprechung** durch strikte **Trennung** dieser Staatsgewalt von beiden anderen **(ohne „Gewaltenverschränkung").** Die Hauptmittel hierzu sind die **Unterwerfung** aller Rechtsprechungshandlungen jedes Richteramtswalters **ausschließlich unter das Gesetz** und zu deren Sicherung die **Unabhängigkeit der Richter** in der Ausübung der Rechtsprechung.

13 Die **vollziehende Gewalt** hat nach Art. 97 iVm Art. 101 Abs. 1 S. 2 GG **keine originäre Organisationsgewalt** im Bereich der **Rechtsprechungsorganisation,** die den Parlamentsgesetzen und im letzten Schritt den gesetzlichen Richtern als Mitgliedern des Gerichts vorbehalten ist.[12] Dies gilt auch für alle wesentlichen Regelungen über eine Veränderung der Einrichtung der Gerichte oder ihrer Bezirke.

14 Deshalb hat die Exekutive auch **keine originäre Personalhoheit im Bereich der Rechtsprechung.** Sie darf den „richterlichen Personaleinsatz" nicht beeinflussen. Die gesetzlichen Richter bestimmen durch das von ihnen gewählte **Präsidium,** wer gesetzlicher Richter ist, und ggf. in den Spruchkörpern, die ebenfalls gesetzliche Richter sind, von ihnen welche Rechtsprechungsaufgaben wahrzunehmen hat. Das **Amtsrecht jedes gesetzlichen Richters** (Zuständigkeiten, Handlungspflichten, Formen und Verfahren) wird durch die gerichtsinternen Geschäftsverteilungspläne, durch das Gerichtsverfassungsrecht des GVG und der Prozessgesetze und durch deren Verfahrensrecht **abschließend geregelt.** Seine Entscheidungsinhalte müssen ggf. aus dem anzuwendenden materiellen Recht folgen.

15 Jedoch haben die **Minister (idR) unbeschränkten Zugriff** darauf, welche Personen einem Gericht als Richter, Vorsitzender, Vizepräsident oder

---

[9] Ebenso BVerfG 148, 69 (86).

[10] § 1 GVG idF gilt seit 1877: „Die richterliche Gewalt wird durch unabhängige, nur dem Gesetz unterworfene Gerichte ausgeübt." Er muss allerdings unter dem GG verfassungskonform ausgelegt werden, da das GG keine „richterliche Gewalt" kennt und die „rechtsprechende Gewalt" nicht den Gerichten, sondern nur den Richtern anvertraut ist. Aber schon „zu Kaisers Zeiten" ahnte man etwas von der „institutionellen Unabhängigkeit der Gerichte" als Rechtsprechungsorganisationen in Abgrenzung von der Gerichtsbehörde, die zur Verwaltung/vollziehenden Gewalt gehört.

[11] BVerfGE 122, 248 (282); 60, 253 (296).

[12] Hier wird von einer uU ausnahmsweise wohl zulässigen punktuellen Veränderung einer Gerichtseinrichtung oder eines Gerichtsbezirks durch eine Landes-RVO abgesehen, die aufgrund einer hinreichend bestimmten parlamentsgesetzlichen Verordnungsermächtigung erlassen werden kann.

Präsident zugeordnet werden, zumal insoweit stets statt der von Art. 98 gebotenen besonderen Gesetze über die Rechtsstellung der Richter allgemeines Beamtenrecht angewendet wird. Daher bestimmen sie über die wichtigsten Einflusspositionen in den Gerichten, über Beförderungen von Richtern, über „Besoldungsbeförderungen", über die Ausstattung der Gerichte etc. Sie haben also die Gerichte so in der Hand, dass sie leicht **„leitenden Einfluss auf den Inhalt der Rechtsprechung"** gewinnen können. Dazu → Art. 98.

Der **Gesetzgeber** im Bund und in jedem Land muss gemäß **Art. 98 Abs. 1, 3** alles für die **dienstrechtliche Rechtsstellung** der Richter Wesentliche durch **je ein besonderes Gesetz** selbst regeln. Den **anderen Staatsgewalten** verbietet Art. 97 **alle Einwirkungen** (mit engen und nur organisatorisch unvermeidbaren Ausnahmen) auf die Rechtsprechungsorgane „Gericht", Spruchkörper und speziell auf den einzelnen gesetzlichen Richter. 16

Das **Verbot** gilt auch für alle **indirekten Einflussnahmen.** Daher schließt **Art. 97 Abs. 2** einige besonders **schwere Eingriffe** in den Bestand und in die Änderung des Inhalts des Amts- und **Dienstverhältnisses** („Grundverhältnisses") der meisten Berufsrichter grundsätzlich aus, die durch Entlassung, Amtsenthebung, Entfernung aus dem Amt oder Versetzung drohen könnten.[13]

Diese **Vorgaben** prägen die gesamte amtliche und dienstrechtliche **Rechtsstellung** jedes gesetzlichen Richters. Sein **Amtswalterverhältnis** unterscheidet sich nach dem GG, zu häufig nicht in der Alltagspraxis, fundamental von dem der Beamten oder anderer Staatsdiener. Es ist allein von gültigen gesetzlichen Normen (und den Geschäftsverteilungsplänen) bestimmt. Ihnen allein muss er bei seiner Rechtsfindung gehorchen. Das durchdringt auch sein **persönliches Dienstverhältnis** zum Staat, seinem **Dienstherrn,** der ihm gegenüber nur durch seine Gesetzgebungs- und Verwaltungsorgane und Amtswalter handeln kann. Diese Organe und Amtswalter dürfen in keiner Weise Einfluss auf seine Amtstätigkeit als gesetzlicher Richter nehmen. 17

II. Ausübung des Richteramts – Spannungsfelder zur Exekutive

Art. 97 regelt nur **Teilaspekte** der weiten **Konflikt**-, **Überlappungs-** und **Spannungsfelder** zwischen den Aufgaben und Amtswaltern insbesondere der **vollziehenden Gewalt** (Ministerium/Gerichtsverwaltung) und dem **gesetzlichen Richter.** Er formt zwar die generellen und insbesondere die alltäglichen Auswirkungen in den „Überlappungsbereichen" beider Staatsfunktionen grundsätzlich, regelt aber keine bereichsspezifischen **Ermächtigungsgrundlagen** für Einwirkungen der Exekutive auf die Amtstätigkeit des Richters. Ebenso fehlen gesetzliche Regelungen von spezifischen **Abwehrmitteln** der Gerichte, Spruchkörper und der einzelnen Richter gegen grundgesetzwidrige Einwirkungen der Exekutive. § 26 Abs. 3 DRiG mit seiner Anfechtung nur von „Maßnahmen der Dienstaufsicht" ist viel zu eng und erfasst die meisten Einflussnahmen schon vom Ansatz her nicht. IE bedeutet dies, dass der einzelne Richter alleinsteht, wenn es um die Abwehr von Eingriffen des Ministeriums und seiner Gerichtsverwaltungsamtswalter in die Gesetzesbindung geht. Die Gerichte können ihre institutionelle Unabhängigkeit nicht rechtlich verteidigen, sind somit wehrlos und ohnehin in ihrer Spitze weitgehend in der Hand der Ministerien. 18

[13] Nicht bei Auftrags- und Proberichtern.

19 Hier setzt **Art. 98 Abs. 1, 3** an. Leider hat **kein Parlament** in Bund und Land auch 70 Jahre nach dem Inkrafttreten des GG seine **verfassungsrechtliche Pflicht**[14] auch nur ansatzweise **erfüllt,** die Rechtsstellung der Richter insgesamt und insbesondere hinsichtlich der Konfliktbereiche mit der Exekutive durch **je ein besonderes Gesetz** zu regeln.

20 Für die vielen praktizierten Einwirkungen der **Exekutive** gibt es keine **Ermächtigungsgrundlagen.** Hierzu wird auf die **Kommentierung zu Art. 98 GG** verwiesen. Dort finden sich ua auch **Problemskizzen** der besonders typischen **Spannungsbereiche:**

B. II.	Zum „Besonderen" am Status des gesetzlichen Richters	18
B. III.	Konfliktzonen exekutiver Einwirkung auf die Rechtsprechung	26
B. IV.	Persönliche Unabhängigkeit – dienstrechtliche Einwirkung	42
B. V.	Allgemeine Dienstpflichten und Disziplinargewalt	45
B. VI.	Amtsbezeichnungen – Anstellung	48
B. VII.	Beförderungsämter – Besoldungssteigerung – Erledigungsdruck	54
B. VII.	1 Beförderungsämter	55
B. VII.	2 Besoldungssteigerung	59
B. VII.	3 Erledigungsdruck	66
B. VII.	4 Hierarchie der Richterämter	82
B. VIII.	Personalführung – Bewerbungsverfahren – Beurteilung	89
B. IX.	Besondere Richtergesetze	105
B. X.	Verfassungstreuepflicht	111
B. XI.	Richterwahlausschuss Landesrichter	115

Auf diese Themen wird im Folgenden grundsätzlich nicht mehr näher eingegangen.

B. Einzelfragen

I. Gesetzesbindung – Richter – „formale Rechtsprechung"

21 **Art. 97 Abs. 1** ordnet an, dass die (gesetzlichen) **Richter** die ihnen übertragene **materielle Rechtsprechung allein an Gesetz und Recht** ausrichten müssen.[15]

22 Sie haben, als das Recht letztverbindlich auf den Einzelfall „zuspitzender **Mund des Gesetzes**", anhand der gesetzlich „vorgegebenen" **Normen** zu einer von bestimmten **Tatsachen** geprägten Lage den Parteien zu sagen, wie sie sich „rechtlich richtig" **zu verhalten haben,** ggf., was für sie daraus folgt, wenn sie sich anders entscheiden. Sie müssen also die Parteien auf das jeweils maßgebliche Recht „ausrichten". Deshalb muss die (materielle) **Rechtsprechung** zu Menschen von **Menschen,** nicht von „Cyber-Humanoiden" oder „KI-Algorithmen", ausgeübt werden. Denn es müssen die spezifischen menschenorientierten Gehalte der Rechtsnormen auf die Lebenslagen konkreter Personen „verstehend" angewendet werden.[16]

[14] Unlängst nochmals betont von BVerfGE 148, 69.

[15] BVerfGE 107, 395 (402 f.) – Plenum.

[16] Das schließt nicht aus, dass in allen Abschnitten der Rechtsfindung auch „schematisierbare" Teilstücke aus nach richterlicher Prüfung vorläufig übernommener Judikatur oder Wissenschaft und daraus uU jeweils anschließende logische Folgerungen und inhaltliche Beziehungen sowie gespeichertes Tatsachen- und Erfahrungswissen jeweils „probeweise" durch Rechner und ggf. Algorithmen beschleunigt zusammengefügt werden könnten.

Die Richter müssen **sich selbst persönlich** völlig und ausschließlich **dem Gesetz unterwerfen.** Sie dürfen sich nicht von eigenen Vorstellungen oder Vorurteilen leiten und von nichts und niemand anderem bestimmen lassen und oder bestimmt werden. Sie müssen notfalls ihre Karrierewünsche, persönlichen Vorlieben und Anpassungsbedürfnisse hintanstellen. Das stellt außergewöhnliche Anforderungen an **Selbstdistanzierung** und **Selbstdisziplin.** 23

„Gesetz" bedeutet außer dem **GG** alles **gültige** unterverfassungsrechtliche **Außenrecht.** Das sind die **Parlamentsgesetze** einschließlich der bundesgesetzlichen Anwendungsbefehle für Völker- und EU-Recht, das deshalb anwendbare sekundäre EU-Recht, soweit sich dies in den Grenzen der verfassungsgemäß übertragenen Hoheitsrechte hält,[17] und einschließlich der im Rang eines Bundesgesetzes geltenden ***EMRK*** in ihrer Auslegung durch den EGMR,[18] die gültigen **Rechtsverordnungen,**[19] gültige **Satzungen von Selbstverwaltungskörperschaften** und ggf. deren sonstiges an ihre Mitglieder gerichtetes **autonomes Recht,**[20] alle anderen Außenwirkung[21] gegenüber einem anderen (voll- oder teilrechtsfähigen) Rechtssubjekt beanspruchenden gültigen Rechtsnormen.[22] 24

Ferner soll, falls es das gibt, nach hA ***auch maßgeblich*** sein: Vorkonstitutionelles ***Gewohnheitsrecht***[23] und, soweit kein Gesetzes- oder Parlamentsvorbehalt besteht,[24] zudem im Rahmen der grundgesetzlichen Kompetenzverteilung,[25] später entstandenes ***Gewohnheitsrecht,*** das von der Rechtsprechung anerkannt ist. **Keine Gesetze** sind jene **Verwaltungsvorschriften** oder sonstige generell-abstrakte Anweisungen eines Hoheitsträgers oder eines seiner Organe, die nur innerhalb des Rechtssubjekts die eigene Norminterpretation der Verwaltung, Richtlinien für ihre Ermessensbetätigung oder das verwaltungsinterne Verhalten nachgeordneter Organe sowie Ämter und das amtliche Verhalten ihrer Amtswalter regeln.[26] Allerdings darf der parlamentarische Gesetzgeber uU **statisch** auf hinreichend veröffentlichte Texte in Verwaltungsvorschriften, insbesondere bei rein technischen Normen, inkorporierend **verweisen,** soweit dadurch der Gesetzestext selbst insgesamt hinreichend bestimmt ist. 25

Richterpersonen müssen insbesondere **unparteilich** und **neutral** sein, dürfen also nicht schon vor dem Abschluss fachgerechter Rechtsfindung per 26

Jedoch muss der Richter für die rechtliche Richtigkeit jedes Teilstücks der Argumentation, deren logische Folgerichtigkeit und deren gesetzesethische Vorzugswürdigkeit sowie für die Wahrheit der Tatsachen- und Erfahrungssatzbehauptungen eigenverantwortlich einstehen, sie insbesondere abschließend, umfassend, und persönlich nach dem Gesetz bewerten. Zu alltäglichen Möglichkeiten und Grenzen zB *Risse/Morawietz,* Prozesskostenrisikoanalyse, 2017, 1–120. Die Grundausbildung in den Möglichkeiten und Grenzen der Arbeit mit „Legal Tech" und in der Kontrolle ihrer Anwendung sollte schon im Vorbereitungsdienst beginnen. Dass ein Hackerangriff zB das Kammergericht für Monate lahmlegen konnte, weist auf die vielen noch ungelösten Fragen auch des elektronischen Rechtsverkehrs und elektronischer „Akten" hin.

[17] BVerfGE 123, 267 (400).

[18] BVerfGE 111, 307 (325 f.).

[19] BVerfGE 18, 52 (59).

[20] BVerfGE 78, 214 (227); 10, 20 (49 f.).

[21] Dazu BVerfGE 101, 312 (323 f.); 116, 135 (153 ff.); 76, 107 (114); 80, 257 (265).

[22] Zur Problematik der Rechtsetzung durch Private *Rennert* JZ 2009, 976.

[23] BVerfGE 22, 114 (121 f.); 60, 215 (229).

[24] BVerfGE 90, 60 (85).

[25] BVerfGE 61, 149 (203 f.).

[26] BVerwGE 78, 214 (227).

Vorurteil („gesundes Judiz") die „Lösung" zu kennen meinen. Sie dürfen am Ausgang des Rechtsstreits nicht persönlich interessiert sein, aber auch nicht von den Interessen einer Streitpartei oder eines Dritten beeinflusst oder beeinflussbar sein. Das gilt auch für die politischen/wirtschaftlichen oa Interessen des **Staates** oder **Dienstherrn (Neutralitätsprinzip).** Der verbreitet praktizierte Satz: „Nur die für den Staat kostengünstigste Auslegung ist gesetzmäßig", ist rechtsstaatswidrig.

27 **Keine (materielle) Rechtsprechung** iSv Art. 1 Abs. 3, 20 Abs. 2, 3, 92, sondern **bloße „formelle Rechtsprechung"** iSv nicht rechtsgeleiteter **Konfliktbeilegung** wird vom Richter verlangt, wenn es den Verfahrensbeteiligten im Kern nicht darum geht zu erfahren, wie man sich in bestimmten Situationen rechtlich (und damit idR auch moralisch) richtig zu verhalten hat, sondern der Wille zur Durchsetzung des eigenen Interesses dominiert. Dann wird ein machiavellistischer **Machtkonflikt** ausgetragen, in dem das **Gesetz nur ein Kampfmittel** und der „Richter" allenfalls nur als „Entscheider" oder „Moderator" benutzt wird.

28 Im staatlichen und gesellschaftlichen **Machtgefüge** besteht die **Unabhängigkeit** auch **einer Richterperson** nur, soweit sie bei ihrem Verhalten von der (faktischen oder Rechts-)Macht eines anderen nicht abhängt. **„Macht"** bedeutet bekanntlich die Fähigkeit und Möglichkeit, das Denken und Verhalten anderer im eigenen Sinn und Interesse zu verändern. Deshalb ist jeder **mächtig,** wenn und soweit er fähig ist, sich fremden Machtzumutungen nicht zu unterwerfen und sein Verhalten selbst zu steuern.[27]

29 Der Gesetzgeber kann für bloße Machtkonflikte, die in allen Rechtsgebieten zu finden sind, („kostensparend", „beschleunigend") **andere Entscheidungs- „Mechanismen"** außerhalb der materiellen Rechtsprechung der „Gerichte" einführen. Er darf sie auch **gesetzlichen Richtern** übertragen, soweit dies ihre Rechtsprechungsaufgaben nicht beeinträchtigt. Diese üben dann vollziehende Gewalt nur in der Form der **sog „formelle" Rechtsprechung** aus; dafür wird zT ihrer Entscheidungsbefugnis in der materiellen Rechtssache selbst ausgeschaltet (zB „Güteverhandlung", § 278 ZPO, Mediation oder „anderes Verfahren der außergerichtlichen Konfliktbeilegung", § 278a ZPO). Das **Recht ist hier nicht entscheidend.** Es kommt nur auf das Geschick und auf die „Verhandlungsmacht" der Parteien an. Daher stimmen die Ergebnisse allenfalls rein zufällig mit dem überein, was rechtlich geboten ist.

30 Da es das Gesetz ist, das hier den Richter gesetzlich zum **„Agenten"** bloßer außerrechtlicher Konfliktbeilegung bestellt, fällt dies **amtsrechtlich** in seinen Aufgabenkreis als **gesetzliche Richter.** Deshalb handeln sie **sachlich unabhängig,** aber gerade **nicht in strikter Gesetzesbindung.** Diese „angehängte" Verwaltungstätigkeit fällt nur deshalb auch noch unter **Art. 97 Abs. 1,** weil sie die richterliche Gesetzesbindung in der eigentlichen/materiellen Rechtsprechungstätigkeit nicht beeinträchtigen darf. Demgegenüber

[27] Zu den Relationen zwischen dem barbarischen, wahrheitsindifferenten Machtdiskurs, dem „machiavellistischen", utilitaristisch geprägten, aber schon ansatzweise wahrheitsafinen Machtdiskurs, dem machtinklusiven, aber wahrheitsbezogenen Rechtsanspruchskonflikt zwischen Prozessgegnern und dem argumentativen wahrheitsbezogenen Rechtsdiskurs über wahrheitsfähige Aussagen über Rechtsinhalte vertiefend *Fetzer,* Mächtige sind Wir, 2018, 738 ff. Der Richter darf sich bei der Bildung des fallbezogenen Obersatzes aus den anwendbaren Normen grundsätzlich nur auf der vierten Ebene bewegen, muss aber für die Tatsachenfeststellung auf die dritte Ebene hinab; tiefer darf er jedoch nicht sinken.

kann der **„gerichtliche Vergleich"** (in seiner „Doppelnatur") nur unter bestimmten rechtswahrenden Voraussetzungen im Rahmen der rechtlichen Dispositionsbefugnisse der Parteien wirksam abgeschlossen werden. Die Parteien können dadurch die erkannten faktischen und rechtlichen Ungewissheiten und Prozessrisiken gesetzesorientiert ausräumen. Natürlich kann der Gesetzgeber auch **„Vergleiche" aus bloßen Machtkonflikten** zu einem **Vollstreckungstitel** erheben, soweit er dadurch nicht in Widerspruch zu Kernelementen seiner rechtsstaatlich geprägten Vollstreckungsgesetze und ihren Zwangsmitteln gerät.

Jedoch wird **kein „Recht" iSd Rechtsstaats** gesprochen, Richter als Instrumente einer fast völlig „materiell-rechtslosen" Durchsetzung finanzieller und wirtschaftlicher Machtinteressen nach betriebs- und finanzwirtschaftlichen **„Neuen Steuerungsmodellen"**[28] (zu „NSM" unten) benützt werden und das nicht zuletzt aus Gründen des grundgesetzwidrigen „Wettbewerbs zwischen verschiedenen Streitbeilegungsformen". Dann muss der Output der Gerichte deutlich und möglichst kostengünstig und mit geringerem Ressourcenverbrauch als nach alter „rechtsstaatlicher Art" gesteigert werden.[29] 31

Allerdings ist die **Zurückdrängung der Gesetzesbindung** zugunsten je nach Machtlage „ausgehandelter" Streitbeilegungen für die Beteiligten und für die gesetzlichen Richter sowie für den Rechtsstaat **gefährlich.**[30] 32

a) Die **Beteiligten,** insbesondere der nach Machtlage schwächere, müssen im Letzten noch die Rechtsmacht behalten, ein außerrechtliches Streitbeilegungsverfahren ohne rechtliche Nachteile zu beenden und eine Rechtsprechung durch den gesetzlichen Richter zu verlangen (wohl gerade noch ausreichend bei Schiedsgerichten §§ 1025, 1059 ff. ZPO, die auf einer rechtlich wirksamen Vereinbarung beruhen). Denn **Art. 19 Abs. 4** und der rechtsstaatliche sog **„Justizgewährungsanspruch",** der ein subjektives Recht auf verpflichtende Anrufung der besonderen Organe der staatlichen Rechtsprechungsgewalt ist, dürfen nicht beeinträchtigt werden. 33

b) Für die **Richter** ist gefährlich, dass diese inhaltlich nicht durch das Gesetz geprägten Verfahrensbeendigungen „im Hause" meist zusätzliche **„einfache Erledigungen"** (zB ohne Beweiserhebungen oder schriftlich zu begründende Entscheidung) bringen, sie also **leichter mehr erledigen** können. Schon mancher Richter hat gegenüber Beteiligten den Eindruck erweckt, genau dies sei der Hauptzweck seiner „Streitschlichtung". Seine **Grundtugend,** die Unterwerfung unter das Gesetz, wird durch diese Verfahrensarten sicher nicht gestärkt. Das ist aber ganz im Sinn der **„Output-Optimierung".** 34

c) Aber zugleich wird der vom **kostensparenden Staat** begrüßte „Erfolg" erreicht, dass mehr „Gerichtsverfahren" erledigt, aber nicht mehr Richter eingesetzt werden. Die „Produktivität der Richterschaft" wird gesteigert. Bei ohnehin steigendem **Erledigungsdruck** (dazu → Art. 98 Rn. 66–81) wird hier als zynische Verballhornung des Zügigkeitsgebots des Art. 19 Abs. 4 die grundgesetzwidrige Parole gestärkt: „Nur schnelles Recht ist gutes Recht, 35

---

[28] Unklar, aber wohl vorsichtig begrüßend *Classen* in MKS Rn. 29 mit umfangreichen Nachweisen zur Diskussion in Rn. 126.

[29] Strukturell gleichartige „Ideen" zur Rechtsprechung durch Gerichte hatte man in Deutschland auch schon vor dem 9.5.1949, nur ging es damals nicht primär um Profitmaximierung.

[30] Das gilt zB auch für „Deals" nach § 257c StPO sowie für Verfahrenseinstellungen nach §§ 153 ff. StPO.

nur der schnelle Richter ist gut", obwohl in den Streibeilegungsverfahren der Staat gar kein „Recht gibt". Der fachgerecht sorgfältig arbeitende Richter mit fachgerechtem Zeitmanagement droht in den Erledigungszahlen hinter den flinken „Streitbeileger" zurückzufallen. Die **Erledigungszahl** ist aber für das Ministerium und seine Gerichtsverwaltung zumeist ein besonders wichtiges Kriterium ua für **„Beförderungswürdigkeit".** Motto: „Wer mehr (Erledigungen) produziert, muss auch besser bezahlt werden."

36 **d)** Zudem wird dem **Staatsvolk** der Eindruck vermittelt, **rechtsstaatliche Rechtsprechung** sei iW **auch bloß nur Streitentscheidung,** was aber nur in „Räuberbanden" und in den barbarisch/ utilitaristischen Staaten, nicht aber im Rechtsstaat des GG zutrifft. Deshalb ist ein Wettkampf darum, welche Gerichte welcher Bundesländer untereinander und welche Gerichte in Handels- und Wirtschaftssachen schneller als ausländische entscheiden, im Kern **rechtsstaatsfeindlich.**

37 Davon zu unterscheiden sind Versuche, **Organisation und Arbeitsabläufen in der Gerichtsverwaltung** und ferner auch deren Zusammenwirken mit der Rechtsprechungsorganisation und deren Organen bei der technischen Vorbereitung und Abwicklung äußerer richterlicher Arbeitsabläufe effizient zu gestalten. Was aber **in der Rechtsprechung „überflüssige Kosten"** sein könnten, kann allenfalls indirekt und sehr pauschal geschätzt werden, wobei Kostenvergleiche uU erste Anhaltspunkte geben könnten, wo genauer zu prüfen sein könnte. Jedoch **entscheiden allein die gesetzlichen Richter,** was im Einzelfall und für die fachgerechte Bearbeitung der Aufgaben eines objektiven Richteramtes gesetzlich geboten ist und deshalb (ohne vorherige Kostengenehmigung durch die Gerichtsverwaltung) durchzuführen ist.[31] Das **NSM** enthält allerdings auch eine spezielle Ideologie, welche die materielle Rechtsprechung in alleiniger Gesetzesbindung fast unmöglich macht.

II. Richterverhältnisse – Gerichte – Gerichtsverwaltung

38 Das **BVerfG**[32] hat nunmehr die **Grundsätze der Besonderheit der Rechtsstellung der Richter** nach Art. 20 Abs. 2 S. 2, 92, 97, 98, 101 Abs. 1 S. 2 systematisch zusammenfassend zutreffend **geklärt.**

39 In der **abweichenden Meinung** der Richterin Hermanns[33] wird § 18 VwGO auch in der Beschränkung des Senats auf einen einmaligen festen Zeitraum der Richteranstellung eines Beamten wegen Verstoßes gegen Art. 97 für verfassungswidrig erachtet. Hier werden die Grundsätze zu beiden Absätzen pointiert iSv den Unabhängigkeitsschutz verstärkenden Argumenten verstanden, denen man beipflichten kann. Sie werden dabei auf andere

[31] Auch hier sind extreme Ausnahmefälle denkbar. ZB: In einem Rechtsstreit waren vor Jahrzehnten nach dem Gesetz erstinstanzlich etwa 6000 Beschäftigte einer AG notwendig beizuladen. Weder diese Beiladungen noch eine mündliche Verhandlung mit Zutrittsmöglichkeit aller war mit den normalen Mitteln des Gerichts zu bewerkstelligen, von Kosten nicht zu reden. Hier wurde in Anlehnung an Andeutungen älterer höchstrichterlicher Rechtsprechung und nach Besprechungen mit den Hauptbeteiligten sowie dem Betriebsrat eine rechtliche Lösung gefunden, welche die Rechte aller wahrte und eine rechtskräftige Entscheidung ermöglichte.

[32] BVerfGE 148, 69; diese Rspr. stimmt mit den in diesem Kommentar seit 1978 iW zu den Art. 92,93, 97, 98 unter Einbeziehung von Art. 101 Abs. 1 S. 2 und 20 Abs. 2 in verschiedenen Ansätzen vorgetragenen Thesen weithin überein. Sie bezieht die bisherige Rspr. des BVerfG mit deren zT überholtem Sprachgebrauch ein.

[33] BVerfGE 148, 69 (133 ff.).

Elemente der Problematik der „lückenfüllenden" Verwendung von **Beamten als Richter auf Zeit** in der Verwaltungsgerichtsbarkeit anlässlich der „Flüchtlingskrise" bezogen, so dass die Abweichung folgerichtig ist und fallbezogen uU vorzugswürdig erscheint. Denn wenn zB, wie die Senatsmehrheit zutreffend sagt, der Richter ein völlig anderes Rollenverständnis von seinem Amt haben muss als ein Beamter, müsste dieser die Eigenschaften eines Chamäleons haben, um für eine auf zwei Jahre begrenzte Richtertätigkeit in Asylbewerbersachen diesen Rollenwechsel sofort zu schaffen. Wäre das ein Richter und wird den Klägern gleichwertiger richterlicher Rechtsprechungsschutz gewährt? Darauf ist aber hier nicht weiter einzugehen, da die Grundsatzunterschiede systematisch „nur" solche in der intensiveren Stärke des Unabhängigkeitsgebots liegen.

Das **Richterverhältnis** ist die **einzige Form** eines öffentlich-rechtlichen Dienst- und Treueverhältnisses, in der Aufgaben der **staatlichen Rechtsprechung** wahrgenommen werden dürfen (sog **„richterliches Rechtsprechungsmonopol"**).[34] Verwaltungsbeamte oder andere öffentlich-rechtlich Bedienstete dürfen rechtsprechende Gewalt des Staates nicht gleichzeitig ausüben. 40

Als Richter fungieren neben den **Berufsrichtern** nach § 1 DRiG auch die nach den speziellen Gesetzen berufenen **ehrenamtlichen Richter** (§§ 44–45a DRiG). 41

Art. 97 hat den „hauptamtlichen", nicht den „ehrenamtlichen" Richter als typisches Richterbild vor Augen, schließt den „ehrenamtlichen" aber nicht aus. **Hauptamtlich** angestellt sind Richter, die keine andere Haupttätigkeit als die des Richters ausüben. Nach **§ 28 DRiG** müssen grundsätzlich auf Lebenszeit angestellte Richter tätig werden; ihnen ist auch der Vorsitz in Spruchkörpern vorbehalten. 42

Ehrenamtliche Richter wirken iW bei Entscheidungen aufgrund mündlicher Verhandlung und uU bei der Zulassung von Rechtsmitteln mit, indem sie mitberaten und mit gleichem Stimmengewicht wie die Berufsrichter mitentscheiden. Sie leisten als **„Schöffen"** in der Strafgerichtsbarkeit, in der Kammer für Handelssachen als **„Handelsrichter"** und als **„ehrenamtliche Richter"** in anderen Gerichtsbarkeiten, insbesondere in der Arbeits- und in der Sozialgerichtsbarkeit, dort jeweils in allen drei Instanzen, Richterdienste in richterlicher Unabhängigkeit. Ehrenamtliche Richter finden sich zB auch in einigen Spruchkörpern beim BVerwG, beim BGH und in Verfassungsgerichten einiger Länder. In jedem Fall **repräsentieren sie das Staatsvolk,** das durch sie auch rechtsprechende Gewalt ausübt. Sie bringen etwas an **„Bürgerkontrolle"** in das professionell-abgehobene Rechtsfindungsgeschehen bei den Gerichten. 43

Handelsrichter und die Ehrenamtlichen ieS, insbesondere die in den höheren Instanzen, bringen häufig außer **Berufs- und Lebenserfahrung** auch **besondere Kenntnisse** und politische Erfahrungen auf dem jeweiligen Gebiet manchmal auch die Befähigung zum Richteramt mit. Von den Berufsrichtern wird regelmäßig nach Außen der Wert der Ehrenamtlichen insbesondere in „Sonntagsreden" hervorgehoben. Diese können in einer Vielzahl von Spruchkörpern aufgrund ihrer Anzahl und des gleichen Stimmrechts die **Entscheidung bestimmen,** und zwar allein oder zusammen mit einem der Berufsrichter. Jedoch erfahren sie von der jeweiligen Rechtssache idR 44

---

[34] BVerfGE 148, 69 (92).

erst zu Beginn der mündlichen Verhandlung. Auch werden sie von den Berufsrichtern zu oft sofort damit konfrontiert, dass deren Entscheidung schon feststeht, das Urteil schon vor der Beratung geschrieben und der Pressebericht bereits formuliert ist, alles „natürlich" unter dem Vorbehalt, man wolle ihre Gedanken hören und notfalls all das noch ändern.[35]

45 **Art. 101 Abs. 1 S. 2** gewährleistet jedem Rechtssubjekt das **Recht** auf eine **Entscheidung** seiner Rechtssache **durch den hierfür vom Gesetz vorgesehenen Richter.** Dies soll Eingriffe in die Rechtsprechung verhindern und der Gefahr vorbeugen, dass sie durch Manipulation der rechtsprechenden Organe sachfremden Einflüssen ausgesetzt wird.[36] Das soll auch das Vertrauen der Rechtsuchenden und des Staatsvolks in ihre Unparteilichkeit und Sachlichkeit sichern.[37]

46 **Gesetzlicher Richter** im funktionalen Sinn sind das **Gericht** als rechtsprechungsorganisatorische Einheit, insbesondere das dieses leitende **Gerichtsorgan „Präsidium"**, ggf. der **Spruchkörper** und jeder Amtswalter eines objektiven Richteramts als für den Einzelfall zur Entscheidung berufener **Richter.**[38] **Garantiert wird der Richter,** der durch die allgemeinen Vorschriften der Gesetze und durch die Regelungen im Geschäftsverteilungsplan des Gerichts und ggf. in dem Geschäftsverteilungsplan des Spruchkörpers grundsätzlich vor Beginn des Kalenderjahres, jedenfalls aber vor Eingang einer Streitsache festgelegt wurde.[39] Die **Parteien** haben das subjektive Recht auf einen den **Anforderungen des GG genügenden, dh auch hinreichend rechtskundigen Richter,** der den objektiv-rechtlichen Organisationsvorschriften der **Art. 92 und 97** an die Ausübung rechtsprechender Gewalt gerecht wird und die Voraussetzung der **Unparteilichkeit** erfüllt.

47 Über die erforderliche **juristische Befähigung** des Richters und über das **Zahlenverhältnis** von Berufsrichtern zu ehrenamtlichen Richtern sagt Art. 97 nichts. Das GG überlässt solche Themen der Regelung durch Gesetz. Das ist im DRiG, GVG und in den Prozessgesetzen erfolgt.

48 Die **Institution,** innerhalb derer der Richter zu entscheiden hat, muss ein gesetzlich vorgeschriebenes und eingerichtetes und **institutionell unabhängiges Gericht** als **Organ der Rechtsprechung** sein (zur Gerichtsunabhängigkeit unten). Seine von seinem organisationsrechtlichen Organ **„Präsidium"** zu regelnden **Aufgaben**[40] bestehen primär darin, die dem Gericht

---

[35] Proberichter, die zB bei den Sozialgerichten als Kammervorsitzende dienen (§ 11 Abs. 3 SGG), wurden eingewiesen, falls sie von den „Laien" überstimmt würden, sollten sie das im Urteil für ihre Beurteilungsbelange verdeutlichen. Sie sollten etwa zuerst die nach ihrer Ansicht richtigen, aber nicht beschlossenen Gründe und das daraus folgende („richtige") Ergebnis darstellen, dann aber zB schreiben: „Jedoch hat die Kammer in voller Besetzung dies anders gesehen." Sich von „Laien" überstimmen zu lassen oder mit „Laien" gegen die anderen Berufsrichter zu stimmen, gilt bei zu vielen Richtern als schwerer Verstoß gegen die „gute Ordnung". Mit „Gesetz und Recht" ist so etwas aber nicht vereinbar.

[36] BVerfGE 17, 294 (299); 48, 246 (254); 95, 322 (327).

[37] Vgl. BVerfGE 4, 412 (416); 95, 322 (327); BVerfG Beschl. v. 15.6.2015 – 1 BvR 1288/14 Rn. 11.

[38] Vgl. BVerfGE 18, 344 (349).

[39] BVerfG Beschl. v. 28.9.2017 – 1 BvR 1510/17 Rn. 14.

[40] Die weiteren Gerichtsorgane *„Präsidialrat"* und *„Richterrat"* haben nur indirekt mit Rechtsprechung zu tun, sind keine Rechtsprechungsorgane, aber von gesetzlichen Richtern in Unabhängigkeit zu erledigende „Nebenaufgaben". Die *Mitgliederversammlung* des Gerichts, die *„Richterversammlung"*, hat derzeit keine gesetzlichen Aufgaben und nur indirekten Einfluss auf die Rechtsprechungsorganisation. Sie berät die besonderen Organe und die Gerichtsverwaltungsspitze, aber auch andere staatliche Stellen, zB den BP bei der Prüfung der Regeln über die Amtstracht an Gerichtshöfen.

zugehenden Rechtsschutzgesuche in konkrete Teilaufgabenbereiche (objektive Richterämter) so zu untergliedern, dass sie von einer Richterperson allein oder in einem Spruchkörper fachgerecht bearbeitet werden können. Sodann muss das Präsidium jedem Richteramt/Spruchkörper Richter als gesetzliche Richter zuordnen. Auch jeder **Spruchkörper** ist ein **Organ der Rechtsprechung.** Er muss die Geschäftsverteilung unter seinen Mitgliedern vornehmen. **Ferner ist er direktes Rechtsprechungsorgan** und somit („doppelt") gesetzlicher Richter. Zudem ist auch das **einzelne** durch Gesetz und Geschäftsverteilungspläne geschaffene **objektive Richteramt** als Aufgabenkomplex ein **Organ der Rechtsprechung,** das nur von der **Person des gesetzlichen Richters** wahrgenommen werden darf, der durch Gesetz und Geschäftsverteilungsplan allein dazu bestellt ist (als Einzelrichter oder ggf. als Mitglied eines Spruchkörpers). Die Person muss wirksam zum **Richter** ernannt sein und entsprechend dem Grundsatz der Gewaltenteilung die ihm anvertraute rechtsprechende Gewalt in **institutioneller Unabhängigkeit** des **Gerichts** wahrnehmen. Der Richter muss **auch persönlich und sachlich unabhängig** sein und die Gewähr für Neutralität und Distanz gegenüber den Verfahrensbeteiligten bieten.

Die **fundamentalen Anforderungen des GG** an die vorgenannten **drei Organe der rechtsprechenden Gewalt** sind: 49

a) Die Rechtsschutzsuchenden sollen darauf vertrauen können, dass der für sie zuständige Richter gesetzlich ordnungsgemäß bestellt und allein dem Gesetz verpflichtet ist, **b)** nicht staatlich oder von anderen Kräften gelenkt wird und 50

c) als unbeteiligter Dritter seine eigene Freiheit von Vorurteil und Parteinahme und damit die Sachlichkeit und Objektivität der Entscheidung gewährleistet. 51

Diese Vorgaben **binden** auch den jeweiligen **Gesetzgeber.** Auch ihm ist eine sachfremde Einflussnahme auf die drei rechtsprechenden Organe verboten.[41] Verstößt er hiergegen und wird ein **Richter** auf der Grundlage des **grundgesetzwidrigen Gesetzes rechtsprechend tätig,** handelt er **nicht als gesetzlicher Richter.** Allein schon deshalb muss seine Entscheidung aufgehoben werden.[42] 52

Das **GG** gibt aber auch das Entscheidende zum **Verhältnis** zwischen den drei Rechtsprechungsorganen und ihren **gesetzlichen Richtern (objektives Richteramt,** Spruchkörper und Gericht) **gegenüber der vollziehenden Gewalt** und ihren Amtswaltern vor. Auch hierzu hat nun das **BVerfG**[43] das Wichtigste zutreffend zusammengefasst. 53

Der Grundsatz der **Gewaltenteilung** (Art. 20 Abs. 2 S. 2) verlangt, dass die Rechtsprechung durch „besondere", von den Organen der Gesetzgebung und der vollziehenden Gewalt **unterschiedene Organe** des Staates ausgeübt wird. Dazu konkretisiert **Art. 92 Hs. 1** das **Rechtsprechungsmonopol** der ***Richter.*** Die erforderliche Unabhängigkeit und Unparteilichkeit der rechtsprechenden Gewalt gebieten eine **striktere Trennung der Organe und Amtswalter** der Rechtsprechung von den übrigen Gewalten. Eine Gewaltenverschränkung ist hier grundsätzlich nicht erlaubt. **Ausnahmen** sind nur in geringem Umfang aus zwingenden Gründen zulässig, soweit – wie etwa 54

---

[41] Vgl. BVerfGE 118, 212 (239).
[42] Vgl. BVerfGE 27, 355 (364).
[43] BVerfGE 148, 69 (88 f.).

im Ansatz bei der Betrauung von Richtern mit den Geschäften der Gerichtsverwaltung/Justizverwaltung – der Charakter der Gerichte als besonderer Organe der Rechtsprechung des Staates nicht beeinträchtigt wird.

55 Allerdings wird gerade hier eine faktisch tiefgehende Durchbrechung des Trennungsgebots praktiziert, die der Exekutive prägenden Einfluss auf die richterliche Rechtsprechung ermöglicht, da es fast keine gesetzlich ausgestalteten oder faktischen Schranken für Verwaltungseingriffe gibt (dazu unten und → Art. 98).

56 Für die Unabhängigkeit der Rechtsprechung ist das **Gebot der organisatorischen Trennung** von Rechtsprechung und Verwaltung von herausgehobener Bedeutung. Dies gilt zuerst iSd **institutionellen Unabhängigkeit des Rechtsprechungsorgans „Gericht".**[44] Nur wenn die Gerichte als besondere, von der Exekutive getrennte Institutionen ausgestaltet sind, kann eine **Rechtsprechung gegenüber dem Staat** oder seinen **Behörden** im Sinne des **Art. 19 Abs. 4** wie durch einen unbeteiligten Dritten verwirklicht werden. Insbesondere besteht ein **striktes Verbot für die Verwaltung,** Rechtsprechungsfunktionen auszuüben oder auf sie einzuwirken.[45]

57 **Richterämter** dürfen **nur bei den Gerichten,** nicht bei Verwaltungsbehörden eingerichtet werden. Jede organisatorische Verbindung von Gerichten mit Organen anderer Gewalten, vor allem den Verwaltungsbehörden, **ist unzulässig.** Auch das **Parlament und die Regierung** dürfen – vorbehaltlich einer verfassungsrechtlichen Anordnung – selbst keine Rechtsprechungsaufgaben wahrnehmen oder anderen staatlichen Stellen als den Gerichten zuweisen.

58 Das Gebot, die **Rechtsprechung** durch **„besondere"** Organe des Staates auszuüben, **verbietet** eine **personelle Verflechtung** zwischen der **Gerichtsbarkeit** und den **anderen Staatsgewalten.**[46] Es gilt der **Grundsatz der personellen Trennung** zwischen den Gewalten. Die **richterliche Neutralität** darf nicht durch eine mit diesem Grundsatz unvereinbare persönliche Verbindung zwischen Ämtern der Rechtsprechung und der Verwaltung oder der Gesetzgebung in Frage gestellt werden.

59 **Verboten** ist insbesondere eine **zu enge personelle Verzahnung** zwischen den Organen der rechtsprechenden und der vollziehenden Gewalt. Das **personelle Trennungsprinzip** ist jedoch **in der „Gerichtsverwaltung/Justizverwaltung" verletzt.**

60 Nach **§ 4 Abs. 1 DRiG** darf ein Richter Aufgaben der Rechtsprechung und solche der Gesetzgebung oder der Exekutive **nicht zugleich** wahrnehmen.

61 Jedoch darf[47] er nach **Abs. 2** zugleich wahrnehmen: **Aufgaben der Gerichtsverwaltung/Justizverwaltung,** andere Aufgaben, die auf Grund ei-

---

[44] S. *Tschentscher,* Demokratische Legitimation der dritten Gewalt, 2006, 162.

[45] Stellv. *Schulze-Fielitz* in Dreier, Art. 92 Rn. 42.

[46] BVerfGE 148, 69 (89).

[47] *Nicht: „muss".* Er darf die Übernahme solcher Verwaltungsämter grundsätzlich und idR ablehnen. § 46 DRiG iVm § 98 BBG für Bundesrichter und gleichartige Ländersvorschriften (zB § 2 Abs. 2 LRiStaG iVm § 48 LBG NW) greifen nicht, da die dort geregelte Pflicht zur Übernahme mancher Verwaltungsämter grundsätzlich nicht entsprechend anwendbar ist, weil sie direkt auf das objektive Richteramt und mindestens auf das unabhänhgige Dezernatsmanagement einwirkt. *Denkbare Ausnahme:* In extremen Lagen ist zB kein anderer Richter vorhanden, der fähig und bereit ist, in das Verwaltungsamt „einzuspringen" und dieses muss zur Funktionsfähigkeit des Gerichts bis zur dauerhaften Neubesetzung von einem Richter geführt werden; dann kann der Richter als Mitglied der Rechtsprechungsorganisation zur vorübergehenden Übernahme uU verpflichtet sein. Die *Ablehnung einer Anfrage* „des Präsidenten", ein solches Amt zu übernehmen, ist idR ein absoluter *„Karrierekiller".* Übernimmt

nes Gesetzes Gerichten oder Richtern zugewiesen sind **(formelle Rechtsprechung, Rechtspflege),** Aufgaben der Forschung und Lehre an einer wissenschaftlichen Hochschule, öffentlichen Unterrichtsanstalt oder amtlichen Unterrichtseinrichtung, **(Justiz-) Prüfungsangelegenheiten** sowie den Vorsitz in Stellen iSd § 104 S. 2 des BPersVG.

Gerichtsverwaltung, die in der Zivil- und Strafgerichtsbarkeit **„Justizverwaltung“** heißt, ist verwaltungsbehördliche Tätigkeit als **Teil der vollziehenden Gewalt.** Zu ihren **Aufgaben** gehören ua: Die Einrichtung der **Gerichte;** deren Ausstattung mit **Personal-** und **Sachausstattung** (zB mit Gebäuden, Bibliotheken, IT etc); der Erlass von **Justizverwaltungsakten** iSd § 23 EGGVG. 62

a) „Gerichtsverwaltung“ ist aber auch: Die exekutive **Dienstaufsicht über Richter** (§§ 25, 26 DRiG); die **Auswahl** unter Amtsbewerbern; **Entscheidungen** über Dauer und Erfolg von Probezeiten, Richterernennungen, Richterbeurteilungen, Richterstatusbeförderungen, Besoldungsbeförderungen in ein besser bezahltes Richteramt ohne neuen Statustitel; über **Abordnungen** an ein anderes überlastetes Gericht, an ein Obergericht zur **„Eignungserprobung“** („3. Staatsexamen“) als idR Grundvoraussetzung für „Beförderungen“; die Auswahl für besonders karrierefördernde **Abordnungen** an einen **Gerichtshof** oder zum **BVerfG;** die **Zuweisung von nichtrichterlichen Mitarbeitern,** von **Sachmitteln, IT** und **Arbeitszimmer** (etc); **Urlaubsentscheidungen; Fortbildungsteilnahmeentscheidungen;** alle anderen Entscheidungen über alle das Grundverhältnis zum Dienstherrn betreffenden Fragen. **Sämtliche** berufliche und persönliche **Belange eines Richters** liegen **in der Hand der Exekutive.** 63

b) Hinzukommt, dass diese Aufgaben der Gerichtsverwaltung **von Richtern** wahrgenommen werden, die bei deren Erledigung **weisungsgebunden** agieren, also gerade **nicht unabhängig** sind. 63

Der **Gerichtspräsident** ist Richter mit mindestens zwei Richterämtern als gesetzlicher Richter, als Vorsitzender eines Spruchkörpers und als gesetzlicher Vorsitzender des Präsidiums. Zugleich ist er Behördenleiter der Gerichtsverwaltung, wozu auch die Außenvertretung des „Gesamtgerichts“ als organisationstechnische Einheit gehört. Er stützt sich nicht allein auf die **Beamten** und Angestellten der **Gerichtsverwaltung.** Für alle rechtsprechungsafinen Bereiche hat er **als weisungsgebundene Dezernenten** Richter (einen oder mehrere **„Präsidialrichter“**), die in ihrem objektiven Richteramt bis zu hälftig entlastet sind und zugleich als „Verwaltungsbeamte“ fungieren. Diese Gruppe wie auch die Mitglieder „seines“ Spruchkörpers bestehen idR aus vom Präsidenten nach dessen jeweiligen „Kriterien“ „handverlesenen“ Personen mit dadurch grundsätzlich verbesserter Aufstiegschance. Sie nehmen erheblichen Einfluss auf die Wahlen der Mitglieder des ***Präsidiums,*** damit für den Regelfall eine dem Präsidenten genehme Mehrheit besteht.[48] Diese 65

man das Verwaltungsamt und berührt die Mehrbelastung die Bearbeitung der richterlichen Aufgaben erheblich, kommt eine Anfrage der Verwaltung beim Präsidium infrage, ob es den Richter entsprechend entlastet. Das ist kein Eingriff in die Unabhängigkeit des Präsidiums. Dieses kann aber nach pflichtgemäßem Ermessen den Antrag des Gerichtspräsidenten auch ablehnen, wenn es die Kompetenz des Richters im Rechtsprechungsbereich uneingeschränkt erhalten will. In der Praxis wird alles „abgesprochen“.

[48] Ähnlich liegt es bei dem für Stellungnahmen zu Beförderungen zuständigen *Präsidialrat* und auch beim *Richterrat,* dem für soziale Personalangelegenheiten der Richter zuständigen Beratungsorgan.

„Verwalter“ halten im Rahmen der Vorgaben des Präsidenten auch „beobachtenden und beratenden“ Kontakt zu den einzelnen Richtern, soweit der Präsident das nicht selbst pflegt und bereiten die Beurteilungen vor.

66 **c) Spitze der Gerichtsverwaltung** ist jedoch der **Justizminister** oder der zuständige **Ressortminister,** der alles in der Rechtsprechungsorganisation Gericht direkt oder indirekt lenken oder beeinflussen kann. Innerhalb des Gerichts ist **sein primärer Weisungsempfänger der Gerichtspräsident.**[49] Im Bereich der **Gerichtsverwaltung/Justizverwaltung,** liegt der **Schwerpunkt der Konflikt-** und Übergriffsfelder zwischen Exekutive und Rechtsprechung gerade im Bereich der Gerichtsverwaltung, in der das **Trennungsprinzip verletzt** ist (dazu → Art. 98).

67 Das **BVerfG** hat das grundgesetzliche Verbot zeitgleicher personeller Verflechtung bekräftigt. Es hat dabei allein **§ 4 Abs. 1 DRiG**[50] zitiert, der diesen Grundsatz wiederholt. Auf die **problematischen Ausnahmen** des **§ 4 Abs. 2 DRiG** ist es nicht eingegangen, weil das für den zu entscheidenden Fall nicht erheblich war, da der auf Zeit zum Richter bestellte Beamte beide Ämter nicht gleichzeitig verrichtet hatte. Hierzu fehlen deutlich die besonderen Gesetze des Art. 98 Abs. 1, 3.

68 Ein „Nebenfeld“ ist das Gebiet der **„Nebentätigkeiten“** von Richtern. Hierzu verweisen das DRiG und Landesrichtergesetze pauschal auf das Beamtenrecht. Eine gesetzliche Regelung, welche die besondere Rechtsstellung der Richter beachtet, fehlt. Es kommt jeweils im Einzelfall, also machtbegründend für die Exekutive, darauf an, dass die „Analogiefähigkeit“ der Bestimmungen des BBG (§§ 97–105), der LBG und der dazu jeweils ergangenen „Nebentätigkeitsverordnungen“ (NVN) anhand des Art. 97 gründlich geprüft wird und bejaht werden muss. **„Nebentätigkeit“** ist grundsätzlich jede Wahrnehmung eines Nebenamtes oder die Ausübung einer Nebenbeschäftigung neben dem Hauptamt. Es gibt genehmigungspflichtige (vgl. § 99 BBG) und genehmigungsfreie (vgl. § 100 Abs. 1 BBG) Nebentätigkeiten. Dennoch sind einige von ihnen „anzeigepflichtig“, wenn man zB durch Vorträge oder Gutachten „Nebenverdienste“ erzielt. Dazu kann die Regierung in der NVO ua anordnen, dass gewisse Verdienste an den Dienstherrn abzuführen sind (vgl. § 6 NVO). Auch dem Richter ist **kein „Zweitberuf“** erlaubt, da auch er sich, insoweit wie Beamte, den Pflichten aus seinem Hauptamt mit voller Hingabe widmen muss. Grundsätzlich kann jede Nebentätigkeit untersagt werden, die mit der Erfüllung der Haupt- und Nebenpflichten aus dem Richteramt nicht zu vereinbaren ist.

69 **„Rechtspflege“ iwS** umfasste traditionell auch die **materielle Rechtsprechung,** die seit 1949 allein den **Richtern** anvertraut ist. Dieser **Sprachgebrauch ist vorkonstitutionell;** er wird der nach dem GG völlig andersartigen Bedeutung der rechtsprechenden Gewalt und der besonderen Rechtsstellung der Richter nicht gerecht.

70 **Rechtspflege ieS** ist die sonstige Tätigkeit, die von Gerichten und andere „Organen der Rechtspflege“ für den Staat oder freiberuflich ausgeübt wird. Sie umfasst insbesondere die im **FamFG** geregelten Angelegenheiten der **freiwilligen Gerichtsbarkeit,** die keine Rechtsprechung ist, und die dem

[49] IdR die Präsidenten der Gerichtshöfe und die der oberen Landesgerichte (zB OLG, LSG, OVG etc), die selbst gegenüber den Gerichtspräsidenten/Direktoren der ihnen nachgeordneten Gerichte weisungsbefugt sind; ein „Durchgriff“ des Ministers ist hier keineswegs ausgeschlossen.

[50] BVerfGE 148, 69 (106 Rn. 93).

Rechtspfleger, einem grundsätzlich weisungsfrei gestellten Beamten, sonst übertragenen Aufgaben (§§ 1–10 RPflG). Auch die **Staatsanwaltschaft** „pflegt das Recht", die eine **weisungsgebundene,** teilweise aus der Verwaltung ausgegliederte spezielle Strafverfolgungsbehörde nichtgerichtlicher/nichtrichterlicher Art ist. ZB gehören auch zur Rechtspflege ieS die **Zwangsvollstreckung** durch **Gerichtsvollzieher,** die **Rechtsberatungshilfe Armer** durch zB **Rechtsanwälte,** die „Organe der Rechtspflege" sind (§ 1 BRAO) etc. **„Vorsorgende Rechtspflege"** findet ggf. durch **Notare** statt, denen uU nach Landesrecht ein Teil der freiwilligen Gerichtsbarkeit übertragen ist. Rechtsprechungsgewalt und „Rechtspflege" sind strikt auseinanderzuhalten.

III. Gesetzesunterworfenheit – Unabhängigkeit

Nach **Art. 97 Abs. 1** sind die Richter unabhängig und nur dem Gesetz 71 unterworfen. Das Wort „sind" ist **präskriptiv** zu verstehen. Der vordergründige sprachliche Indikativ hebt die Ausnahmslosigkeit des Imperativs hervor (vgl. Art. 1 Abs. 1 S. 1). Die Norm verpflichtet die Richter dazu, sich bei ihrer Rechtsfindung (grundsätzlich vorbehaltlos) allein dem Gesetz zu unterwerfen. Dieses **Unterwerfungsgebot** enthält ihre **oberste Amts- und Dienstpflicht,** die von außen **nicht einschränkbar** ist.

Auch hierzu hat das **BVerfG**[51] das Wichtigste zutreffend zusammengefasst. 72 Die **richterliche Unabhängigkeit** ist mit dem Konzept des **Rechtsstaates unlösbar** verbunden.[52] Nur so ist die Gewährung effektiven Rechtsschutzes nach **Art. 19 Abs. 4** oder aufgrund des sog **„allgemeinen Justizgewährungsanspruchs"** möglich, der ein wesentlicher Bestandteil des Rechtsstaates iSd GG ist.[53]

Die verfassungsrechtlich garantierte **Unabhängigkeit** hat **konstitutive** 73 **Bedeutung für den Richterstatus** und unterscheidet den Richter vom Beamten. Der Beamte ist in die Behördenhierarchie eingegliedert und unterliegt den Weisungen seiner Vorgesetzten. Demgegenüber ist der Richter nur dem Gesetz unterworfen.

Art. 97 verpflichtet auch die parlamentarischen **Gesetzgeber in Bund** 74 **und Ländern.** Sie müssen den Regelungsauftrag des **Art. 98 Abs. 1, 3** durch **„besondere Gesetze"** über die (besondere) Rechtsstellung der Richter erfüllen. Dabei müssen sie den besonderen verfassungsrechtlichen Richterstatus der sachlichen und persönlichen Unabhängigkeit konkretisieren und entfalten. Dic **Unterschiede zu den Beamten** dürfen weder durch ein einheitliches Amts- oder Dienstrecht noch durch gesetzgeberisches Unterlassen eingeebnet werden.

Die **Garantie der sachlichen Unabhängigkeit** des gesetzlichen Richters 75 bei Rechtsfindung und Rechtsentscheidung in **Art. 97 Abs. 1** ist weit umfassender und komplexer als die Weisungsfreiheit von bestimmten Beamten für bestimmte Sachaufgaben. Sie soll sicherstellen, dass die **Gerichte ihre Entscheidungen allein an Gesetz und Recht ausrichten.**[54] Auch soll das

---

[51] BVerfGE 148, 69 (89 ff.).

[52] So schon *Simon,* Die Unabhängigkeit des Richters, 1975, 9.

[53] Vgl. BVerfGE 107, 395 (401).

[54] Vgl. schon BVerfGE 107, 395, (402 f.); zu den Konflikt-, Spannungs- und Überlappungsfeldern mit der Exekutive hierzu und zum Folgenden → Art. 98 ab Rn. 12 ff.).

Vertrauen der Rechtsuchenden und der Öffentlichkeit in die Objektivität und Sachlichkeit der Gerichte gefestigt werden.

76 Kritisches, praktisch wichtigstes und regelungsbedürftiges **Konfliktfeld** für die sachliche Unabhängigkeit der gesetzlichen Richter ist das Verhältnis der **Richter zu** den (bestimmenden „richterlichen") weisungsgebundenen Amtswaltern in der Gerichtsverwaltung. Dieser wurde die Unabhängigkeit „seit Kaisers Zeiten" zunächst stückweise durch § 1 GVG 1877 nur für die Gerichtsinstitution abgerungen, die den preußischen Justizminister Adolph Leonhardt (zu Recht) nicht beunruhigte, solange er über die Beförderungen der Richter entschied, wie **ab Februar 1933** jemand anderes.

77 Die Gewährleistung der sachlichen **Unabhängigkeit** wirkt aber auch **innerhalb der Gerichtsbarkeit** in den **Beziehungen der gesetzlichen Richter untereinander.**[55] Dies betrifft primär das **Innenverhältnis eines Kollegialspruchkörpers,** aber auch zB das Verhältnis zwischen dem einzelnen Richter und den Mitgliedern des Präsidiums oder des Präsidialrats.[56] Das Unabhängigkeitsgebot dient schließlich auch dem **Schutz vor privaten und gesellschaftlichen Einflussnahmen,** die der Richter mit Hilfe der Beteiligten oder der Gerichtsverwaltung abwehren kann. Schon aus Art. 92 ist abzuleiten, dass Aufgabe, Leistung und Verantwortung aller Mitglieder eines gerichtlichen Spruchkörpers bei der Rechtsfindung im konkreten Fall völlig gleich sind. In ihrer Funktion als Richter müssen alle gemeinsam zur Entscheidung berufenen Richter gleichgestellt sein.[57]

78 Die Garantie der sachlichen Unabhängigkeit bedeutet **für die vollziehende Gewalt,** dass der Exekutive **jede Einflussnahme auf die Rechtsprechung verboten** ist, die zur Erhaltung der Funktionsfähigkeit der Gerichte nicht unbedingt erforderlich ist.

79 **Direkte Weisungen von Amtswaltern der Exekutive** werden heute idR **nicht mehr in nachweisbarer Form ausgeteilt** (zB früher: der Ministerialdirigent schreibt dem Richter seiner ihm nachgeordneten Hausgerichtsbarkeit: „Sie haben die Klage abzuweisen!" oder: In „Richtergesprächen" des Gerichtspräsidenten mit einer Gruppe von Proberichtern wird erklärt, man solle aus Kostengründen in einer bestimmten Art von Rechtsstreitigkeiten keine Gutachten mehr einholen; falls das aber im Einzelfall unvermeidbar zu sein scheine, solle man dies vor einem Beweisbeschluss mit dem Präsidenten oder seinem Vertreter absprechen). Zu den aktuellen Feldern der Rechtsprechungsleitung → Art. 98. Aber auch **jede andere Form der vermeidbaren Einflussnahme** auf die rechtsprechende Gewalt ist **verboten.** Hierher zählen auch mittelbare, subtile und psychologische Einflussnahmen. Das sind heute die Standardwege der nicht nachweisbaren Beeinflussung (dazu → Art. 98).

80 Die **Reichweite des Schutzes vor Weisungen** und vor anderen Einwirkungen auf die richterliche Rechtsfindung, wird durch den **Zweck der Gesetzesbindung** und Gesetzesunterworfenheit des gesetzlichen Richters umrissen. Zu vermeiden ist schon der „böse Schein" der Abhängigkeit des Richters von jemandem oder etwas anderem als dem Gesetz.[58] Schon dieser

---

[55] Anders noch BVerfGE 12, 67 (71): Schutz nur gegen Eingriffe der Exekutive und Legislative.

[56] Vgl. schon BVerfG Beschl. v. 29.2.1996, – 2 BvR 136/96 Rn. 17; *Wittreck,* Die Verwaltung der Dritten Gewalt, 2006, 183 ff.

[57] BVerfGE 148, 69 (115).

[58] Vgl. schon BVerfGE 12, 81 (97); VerfGH NW Urt. v. 9.2.1999, 11/98 Rn. 56 f.

kann das Vertrauen in die Objektivität und Sachlichkeit der Gerichte beeinträchtigen. Daher dürfen im Gericht nur möglichst flache Herrschaftsstrukturen („Hierarchien“) und nur soweit unverzichtbar existieren. Dies muss auch bei den Amtsstiteln der Richter beachtet werden, wenn sie als gesetzliche Richter fungieren (dazu → Art. 98).

Art. 97 Abs. 1 schützt auch die **persönliche Unabhängigkeit** des Richters auch gegen exekutive Maßnahmen, die direkt (scheinbar) lediglich auf seinen persönlichen Status als Richter einwirken, aber mittelbar die richterlichen Entscheidungen beeinflussen (sollen). Er erfasst **alle Bereiche der persönlichen Unabhängigkeit,** die mit den ausdrücklichen Statusregelungen des **Art. 97 Abs. 2** nicht abschließend geregelt sind.[59] **Exekutives „Belohnen“ oder „Abstrafen“** eines bestimmten Rechtsfindungsverhaltens des Richters ist **verboten,** aber im Alltag der gerichtlichen Instanzen gut bekannt (zu Belohnungssystemen etc → Art. 98). 81

Die richterliche Unabhängigkeit entbindet natürlich nicht von der **Dienstpflicht zur Aufgabenwahrnehmung,** sondern soll deren Erfüllung erst ermöglichen. Der Richter muss jeden Rechtsstreit, der ihm zugewiesen ist, unverzüglich, fachgerecht, fair und unter Wahrung aller Rechte der Beteiligten nach Maßgabe des Gesetzes bearbeiten. Bei der Auslegung und Anwendung des Gesetzes darf er sich persönlich nur an **„Wahrheit und Gerechtigkeit“** orientieren, wie der **Amtseid** verlangt. 82

Deshalb hat **jeder Richter** das „Aufgaben- und Zeitmanagement“ für sein **Dezernat** und alle seine Rechtssachen grundsätzlich allein in seiner Hand. Das wird im **Spruchkörper** durch die Pflicht, Rechtsprechung gemeinsam auszuüben, dahin modifiziert, dass koordinierende **Absprachen** zwischen den Mitgliedern über die Reihenfolge der Beratungen und Terminierungen von Streitsachen zu treffen sind (kein Weisungsrecht des Vorsitzenden), an die jedes Mitglied sich halten muss. 83

a) Der Richter muss **für alle** Streitsachen seines Dezernats einen **effektiven und zügigen** (möglichst zeitnahen) **Rechtsschutz** ermöglichen (Art. 19 Abs. 4, sog Justizgewährungsanspruch). Deshalb muss er **„sein Dezernat kennen“,** also zB wissen, welche rechtlichen und tatsächlichen Probleme jeder rechtshängige Fall bereitet, welches Ausmaß die Beweiserhebungen voraussichtlich haben werden, wie dringlich die Entscheidung für den Rechtsschutz der Beteiligten ist und wann sie spätestens ergehen muss, damit das Rechtsschutzziel noch verwirklicht werden kann, welche Rechtsgüter wie intensiv betroffen sind und welche Wertigkeit ihnen das GG zumisst etc. 84

Daraus muss er einen stets anpassbaren **Bearbeitungs- und Entscheidungsplan** entwickeln, in dem er die Dringlichkeit und die Priorität der Fallbearbeitungen beachtet. **b)** Da der **Richter Amtswalter eines Rechtsprechungsorgans** ist, darf er nur nach den Grundsätzen fachgerechter Rechtsprechung arbeiten, zügig, aber mit der von der Sache gebotenen Zeit (zum Erledigungsdruck → Art. 98). Er muss also stetig korrigierbare sachbezogene, nicht vom Außendruck bestimmte höchstpersönliche Prioritätsentscheidungen treffen. Sein notwendiger Zeitaufwand für die Bearbeitung jeder einzelnen Sache und für das Dezernatsmanagement ist vom Inhalt der Streitsachen und von seinen fachlichen und persönlichen Fähigkeiten bestimmt. Das kann allenfalls er selbst grob einschätzen. Ferner kann sich der Zeitaufwand während und infolge der Fallbearbeitung oder durch eilige/zeit- 85

[59] BVerfGE 148, 69 (91) mwN.

intensive Neueingänge oder andere nicht vorhersehbare Umstände für jeden einzelnen Fall, aber auch für die gesamte Dezernatsbewältigung plötzlich und drastisch verändern.

86 **c)** Das **Präsidium** darf sich bei seiner als gesetzlicher Richter unabhängigen pflichtgemäßen Einschätzung, was ein von einem Richter im kommenden Jahr bearbeitbares Pensum sein dürfte, **ua** nach den bisherigen Erledigungszeiten für thematisch gleichartige Sachen und auch an der für **Beamte geltenden Arbeitszeitordnung** orientieren, auch wenn es die für die zugewiesenen Sachen und das Dezernat **erforderliche Bearbeitungszeit allenfalls prognostisch und nur grob pauschalierend einschätzen** kann. Fehleinschätzungen muss es korrigieren.[60] Hieraus kann sich zB je nach der Arbeitsweise und der Einarbeitung des Richters in das jeweilige Rechtsgebiet sowie dem Schwierigkeitsgrad der jeweils künftig eingehenden Rechtsstreitigkeiten ein längerer oder auch kürzerer tatsächlicher Zeitaufwand ergeben, und zwar bei jeder einzelnen Sache und aufgrund der vorher nicht erkennbaren Struktur der anfallenden Dezernatsarbeit.

87 **d)** Der **Richter** muss demnach, soweit seine Anwesenheit in der Dienststelle nicht durch bestimmte Tätigkeiten (abgesprochene Beratungen, Sitzungsdienst, Bereitschaftsdienst, Gerichtsverwaltungsdienst) geboten ist, seine Dienstgeschäfte nicht innerhalb bestimmter Dienstzeiten und nicht in der Dienststelle erledigen. Eine allgemein gültige Festlegung der Dienstzeiten ist zudem wegen der Verschiedenartigkeit des jeweiligen, dem Richter verliehenen konkreten Richteramts, und der ihm durch die Geschäftsverteilung zugewiesenen Aufgaben nicht möglich.[61]

88 **Niemand** ist ermächtigt, dem gesetzlichen Richter feste **Dienstzeiten** vorzuschreiben.[62] Weil er in ausschließlicher Gesetzesbindung bei jedem Fall und im Dezernatsmanagement aller Fälle insgesamt höchstpersönlich über alle Schritte in Gesetzesbindung entscheiden muss, **sind pflichtige Höchst- oder Mindestzeiten für seinen Dienst Eingriffe in den Kernbereich der Rechtsprechung.** Der Richter muss aber grundsätzlich im Gerichtsgebäude sein, soweit seine Rechtsprechungsaufgaben, die Teilnahme an der richterlichen Selbstregulierung oder die Wahrnehmung eines zusätzlich übertragenen Amtes der Verwaltung dies erfordern: Im Bereich „materialer" Rechtsprechung liegt eine „indirekte" gesetzliche Dienstzeit- und Anwesenheitsbestimmung vor, wenn das Gesetz gebietet, dass der Richter bestimmte Rechtsprechungsaufgaben anlassbezogen und ortsgebunden zu erfüllen hat (zB Ortstermin). Hingegen ist das Interesse von Vertretern einer Streitpartei, den Fall einseitig mit dem Richter telefonisch oder in seinem Amtszimmer zu besprechen, idR ein prozessfremdes Anliegen, da der Richter nur recht wenig „einseitig" mit einer Partei in Abwesenheit der anderen „besprechen" darf.

89 Hiervon zu unterscheiden ist das Thema von **pflichtigen Anwesenheitszeiten** im Gerichtsgebäude überhaupt. Das hängt davon ab, ob der Richter dort auch noch **Verwaltungsaufgaben** der Gerichtsverwaltung/Justizverwaltung oder der „**Rechtspflege ieS**" zu verrichten, also in bloß formeller Rechtsprechung inhaltlich **Verwaltungsaufgaben** auszufüllen hat (zum

[60] Vgl. BGH Urt. v. 3.12.2009 – RiZ(R) 1/09.

[61] BVerwGE 78, 211 ff. unter Bezugnahme auf seine st. Rspr.; BGH Beschl. v. 11.1.2012, 2 StR 346/11.

[62] BGH Urt. v. 25.9.2002, RiZ(R) 2/01, NJW 2003, 282 mwN; BGH Urt. v. 16.11.1990, RiZ 2/90, NJW 1991, 1103; aA *Classen* in MKS Rn. 29 mit Nachw. zum kontroversen Meinungsstand im Schrifttum, ferner *Pieroth* in Jarras/Pieroth Rn. 6 mwN.

Bereitschaftsdienst unten). In der Gerichtsverwaltung handelt er nicht in richterlicher Gesetzesbindung und Unabhängigkeit als gesetzlicher Richter. Er ist ein weisungsgebundener Verwaltungsagent, der den **Weisungen des Gerichtspräsidenten** als Verwaltungschef (oder der Minister) oder der ihm im Gericht vorgesetzten (richterlichen) Verwaltungsamtswaltern zu gehorchen hat, soweit es sich nicht um Einwirkungen auf sein Rechtsprechungsamt handelt. Hier kann eine Anwesenheitspflicht zu bestimmten Tageszeiten geboten werden, wenn und soweit nach seiner uU vertretbaren Einschätzung genügend Zeit für seine gesetzliche Richtertätigkeit bleibt. Da es dafür keine Dienstzeiten geben darf, ist faktisch stets eine gegenseitige Abstimmung erforderlich; ggf. kann das Präsidium eine verhältnismäßige Entlastung bei richterlichen Aufgaben einrichten oder der Richter die Übernahme des Verwaltungsamts in diesem Umfang ablehnen.

Ein **richterlicher Bereitschaftsdienst *muss*** eingerichtet sein, soweit ein grundgesetzlicher oder einfachgesetzlicher **präventiver Richtervorbehalt** gebietet, dass rechtzeitig vor einem Rechtseingriff jederzeit ein Richter bereitsteht, zB nach der **StPO** oder zur **Grundrechtssicherung.** Dann muss das **Präsidium** dafür gesetzliche Richter in der Geschäftsverteilung bestellen und die **Gerichtsverwaltung** das faktisch ermöglichen. ZB sieht **§ 22c GVG** eine **Verordnungsermächtigung** für die LandesReg im Bereich der Amtsgerichte vor. Falls von dieser kein Gebrauch gemacht wurde, müssen die **Präsidien** gleichwohl in den Fällen präventiver Richtervorbehalte „aus eigener Befugnis" Bereitschaftsdienste einrichten, **zB** wenn es um einen Eingriff in das Grundrecht auf **Freiheit der Person** (Art. 2 Abs. 2 S. 2 iVm Art. 104)[63] oder in die **Unverletzlichkeit der Wohnung** (Art. 13)[64] geht. Solche Fälle und sofort entscheidungsbedürftige Eilfälle kann es durchaus auch in anderen Gerichtsbarkeiten geben. Diese und die weiteren gleichartigen Vorbehalte verpflichten den Richter zur schnellen Entscheidung, zur vorbeugenden Prüfung und uU zu nachgehendem Schutz. Der bestellte Richter muss diesen Dienst rechtzeitig iSd GG leisten. 90

Solche Bereitschaftsdienste erfordern die **uneingeschränkte Erreichbarkeit eines Richters bei Tage, auch außerhalb der üblichen Dienststunden.** Die Tageszeit umfasst dabei ganzjährig die Zeit zwischen 6 und 21 Uhr. Während der **Nachtzeit** ist richterlicher Bereitschaftsdienst jedenfalls bei einem Bedarf einzurichten, der über seltenen Ausnahmefälle hinausgeht. (Grund-)**Gesetzwidrige ministerielle Erlasse** entbinden von dieser gesetzlichen Pflicht nicht. Es muss im Rahmen des Möglichen sichergestellt werden, dass für die Masse der „Alltagsfälle" die **Regelzuständigkeit des Richters verwirklicht** wird. 91

Art. 97 Abs. 1 verpflichtet ferner die **Gesetzgeber,** eine **hierarchische Strukturierung der Richterschaft** durch Beförderungsämter nach Art des beamtenrechtlichen Laufbahnprinzips zu vermeiden und **möglichst wenige Beförderungsämter** vorzusehen[65] (dazu → Art. 98). Aus **Art. 97 Abs. 1** sind zudem auch die entscheidenden Maßgaben für die Besonderheiten der **Richterbesoldung** herzuleiten.[66] Die finanzielle Absicherung der Richter muss für den Regelfall so ausgestaltet sein, dass der Richter nicht gedrungen ist, neben seinem Richterdienst durch andere (uU dienstrechtswidrige) Be- 92

[63] BVerrfGE 149, 239 ff.
[64] BVerfGE 151, 67 ff.
[65] BVerfGE 148, 69 (92) mwN.
[66] So ansatzweise auch schon BVerfGE 139, 64 (121 f. Rn. 120 f.) zu Art. 33 Abs. 5.

schäftigungen oder Erwerbstätigkeiten seinen und seiner Familie (angemessenen) Lebensunterhalt zu sichern oder sich in andere wirtschaftliche Abhängigkeiten zu begeben (dazu → Art. 98). Die Besoldung hat dazu beizutragen, dass der Richter sich ganz seinem Amt widmen und frei von anderen wirtschaftlichen Abhängigkeiten nur nach dem Gesetz Recht sprechen kann. Im **Besoldungsrecht** ist ein **Ermessen** der Justizverwaltung, Richter mit gleichem Amt und gleicher Richterfunktion in Planstellen unterschiedlicher Besoldungsgruppen einzuweisen, verfassungswidrig.

93 **Art. 97 Abs. 1** verpflichtet die **Gesetzgeber** von Bund und Ländern und deren **Organe der vollziehenden Gewalt** dazu, alle erforderlichen Bedingungen dafür zu schaffen, die es dem gesetzlichen Richter ermöglichen, seine Rechtsentscheidungen unbeeinflusst zu finden und auch seine innere Unabhängigkeit, **seine innere Freiheit,**[67] zu entfalten. Die **gesetzliche Ausgestaltung der besonderen Rechtsstellung der Richter ist Pflicht der Gesetzgeber,** die diese trotz des ausdrücklichen Auftrags in **Art. 98 Abs. 1, 3** immer noch nicht erfüllt haben. Die verfassungsmäßige **Handhabung** des (noch grundgesetzgemäß auszugestaltenden) Dienstrechts der Richter ist jedenfalls teilweise Sache auch der **Exekutive.** Hierzu muss Manches in den künftigen besonderen Gesetzen neu konzipiert werden.

94 Beide „Gewalten" müssen zusammenwirkend die **Gerichte sachlich und personell so ausstatten,** dass sie ihre Rechtsprechungsaufgaben ohne sachwidrigen Erledigungsdruck fachgerecht in reiner Gesetzesbindung erfüllen können. Die Alltagswirklichkeit in den Gerichten wird dem keineswegs immer gerecht. Die Konfliktfelder sind immer noch ungeregelt; also kann auch in den Gerichten der „Mächtige" sich idR glatt durchsetzen, während das Gesetz nicht „mächtig" ist und der Richter uU lernen muss, es zu werden.

IV. Verteidigung der Unabhängigkeit

95 Die sachliche Unabhängigkeit ist die strukturelle Voraussetzung einer objektiven, unbeeinflussten Entscheidung des Richters. Sie bietet jedoch **keinen absoluten Schutz. Gefährdungen** der alleinigen Gesetzesbindung des Richters können nur hingenommen werden, soweit sie durch gewichtige Gründe gerechtfertigt sind und ein vertretbares Maß nicht überschreiten. Andernfalls **muss der Richter sie abwehren.**[68] Denn **Beeinträchtigungen** seiner Gesetzesbindung sind fast ausnahmslos **verboten.**

96 Die **Prüfung,** ob eine noch hinnehmbare **bloße Gefährdung vorliegt,** hat **in drei Schritten** zu erfolgen.

97 Zuerst ist zu klären, ob das fragliche Verhalten **überhaupt eine Gefährdung** für die unabhängige richterliche Entscheidungsfindung des Richters bei der Bearbeitung des ihm nach der Geschäftsverteilung zugewiesenen Dezernats ist. Das ist fraglich, soweit sich die Einwirkung der Verwaltung nur auf die äußere Ausführung der richterlichen Geschäfte, zB auf die Zuweisung von Arbeitsmitteln, auf die vorbereitende oder abwickelnde Zusammenarbeit mit der Geschäftsstelle oder die Einordnung in den Sitzungsverteilungsplan des Gerichts bezieht.

98 Sodann ist die Wahrscheinlichkeit des Eintritts einer Störung der Unabhängigkeit zu beurteilen, ob sich diese Gefährdung realisieren, also zur Beeinträchtigung entwickeln wird. Dabei ist zu beachten, ob es „Schutzmaßnah-

---

[67] *Eichenberger,* Die richterliche Unabhängigkeit als staatsrechtliches Problem, 1960, 50 ff.
[68] So ausdrücklich BVerfGE 148, 69 (92 f.).

men" gibt, die der Richter oder der Gefährder noch nutzen könnten, um den Eingriff zu vermeiden.

Drittens muss geprüft werden, falls der Eingriff wahrscheinlich bevorsteht, ob es ein **rechtlich überwiegendes Interesse** gibt, dass die **Gefährdung uU rechtfertigt.** Das ist nur der Fall, wenn die konkrete fragliche **Gefährdungshandlung** als solche nach Zweck und Intensität rechtmäßig, geeignet, erforderlich und **angemessen** ist. Das heißt, die Gefährdung der Unabhängigkeit muss einem besonders gewichtigen Rechtszweck dienen, der sie gegenüber der wahrscheinlich beeinträchtigten richterlichen Handlung auch nach Abwägung mit dem überragenden rechtsstaatlichen Interesse an einer Rechtsfindung, die in alleiniger Gesetzesbindung unabhängig erfolgt, ausnahmsweise rechtfertigt **(„konkrete praktische Konkordanz").** Damit wird eine Beeinträchtigung der Gesetzesbindung im wahrscheinlichen Realisierungsfall billigend in Kauf genommen. 99

Auch hier kann bis zu einer gesetzlichen Regelung uU die grob typisierende Unterscheidung weiterhelfen, ob die **Gefährdung** einem besonders wichtigen der Funktionsfähigkeit des Gerichts sichernden Zweck oder aber einem alltäglichen Verwaltungsbelang dient und ob sie dem Kernbereich der **Rechtsprechung** oder der in die Gerichtsorganisation eingebundenen äußeren richterlichen Geschäftsabwicklung gegenübersteht. Die Anordnung des Präsidenten, die Sitzung sofort zu unterbrechen und das Gerichtsgebäude zu verlassen, weil ein Feueralarm erfolgte, dürfte nicht zu beanstanden sein. Dasselbe Gebot mit dem Ziel, die wöchentliche Reinigung des Sitzungssaals zu ermöglichen, wäre idR ein rechtswidriger Übergriff. 100

In den vielen **regelungsbedürftigen Konfliktbereichen** (dazu → Rn. 13 und → Art. 98) muss jeweils der Gesetzgeber die wesentlichen Abwägungsvorgaben der praktischen Konkordanz selbst setzen. **Gesetzgeber und Verwaltung** dürfen nicht in die Rechtsprechung eingreifen und müssen die gesetzlichen Richter **vor Versuchen Dritter schützen,** unzulässigen Einfluss zu nehmen. 101

Die **Richter haben die Amtspflicht, ihre Unabhängigkeit zu verteidigen** und müssen sich gegen alle Versuche unzulässiger Einflussnahme, von wem auch immer, wehren. Sie müssen sich freimachen von Einflüssen und Erwartungshaltungen Dritter, seien es Parteien, Amtswalter der Dienstaufsicht, der Gerichtsverwaltung der Ministerien, der politischen Parteien, der „Öffentlichkeit", ihrer Angehörigen oder von ihren eigenen Vorurteilen etc. Sie dürfen und müssen nur für das von ihnen als recht- und gesetzmäßig Erkannte eintreten. Das gilt auch für jeden Richter in einem **Spruchkörper** (dazu → Art. 98). 102

Der **Gesetzgeber** muss[69] Verfahrensregelungen vorsehen, die es ermöglichen, im Einzelfall die Neutralität und Distanz der zur Entscheidung berufenen Richter zu sichern. Dem dienen die Regelungen über die **Ausschließung** von Richtern und ihre **Ablehnung** wegen einer begründeten **Besorgnis der Befangenheit** (stellv. §§ 41–49 ZPO). Für die Befangenheit genügt bereits der **„böse Schein"** mangelnder Objektivität, der in der Außenwahrnehmung das Vertrauen in die Richterrolle beeinträchtigt. 103

Liegt einer der **Ausschlussgründe** vor, ist der Richter **kraft Gesetzes ausgeschlossen** und für diese Rechtssache kein gesetzlicher Richter. Als **„Befangen"** gilt ein Richter, wenn ein **Grund vorliegt, der geeignet ist,** 104

[69] BVerfGE 148, 69 (97) mwN.

Misstrauen gegen die Unparteilichkeit eines Richters zu rechtfertigen.[70] Nach einem nicht offensichtlich unzulässigen **Ablehnungsgesuch** darf der Richter grundsätzlich nur noch unaufschiebbare Maßnahmen treffen. Über das Gesuch, das jeder Beteiligte einreichen kann, entscheidet der zuständige Spruchkörper **ohne** den abgelehnten Richter. Der für Entscheidungen über Ablehnungsgesuche zuständige Spruchkörper hat nach § 49 ZPO auch zu entscheiden, wenn **(Selbstablehnung)** ein Richter ein Verhältnis anzeigt, das seine Ablehnung rechtfertigen könnte, oder, wenn aus anderer Veranlassung Zweifel darüber entstehen, ob ein Richter kraft Gesetzes ausgeschlossen ist. Die **„Selbstablehnung"** muss (entgegen der hA) auch die seltenen Situationen erfassen, in denen der Richter im **Einzelfall** nach gewissenhafter und fachgerechter Prüfung zu dem Ergebnis kommt, der hier gebotene Ausspruch der Rechtsfolge einer verfassungskonformen Vorschrift führe zu einem **Zustand, den er vor seinem Gewissen nicht verantworten kann.**[71] Er muss dies nach § 49 ZPO anzeigen und die **Gewissensentscheidung** glaubhaft begründen. Er kann sich als Organwalter, der, wie das BVerfG sagt, amtlich verpflichtet ist, nach seiner **Überzeugung** und seinem **Gewissen** zu entscheiden, insoweit sogar auf die Gewissensfreiheit des Art. 4 Abs. 1 berufen, da er nur ein Gewissen hat.

105 Die Befähigung zur Eingriffsabwehr und zum Einstehen allein für das Gesetz ist ein Element der **Eignung für den Richterdienst,** die nach **Art. 33 Abs. 2** für die Berufung in jedes Richteramt maßgeblich ist. Es hängt von der **Persönlichkeit** und vom **Amtsethos** des Richters gleichermaßen ab, ob er dieser lebenslangen Daueraufgabe in einem dieser Amtspflicht oft nicht „wohlgesonnenen" Umfeld gerecht wird. Die **richterliche Tätigkeit** verlangt jedoch von jedem Richter ein grundsätzlich anderes Rollenverständnis als die Tätigkeit eines weisungsabhängigen und in eine Hierarchie eingeordneten Beamten, dem jedenfalls nach geltendem Recht das Bemühen um sachliche Gesetzesorientierung in Neutralität und in gewisser Unabhängigkeit ebenfalls nicht völlig fremd sein sollte.

106 Soweit ersichtlich, gibt es immer noch **keine Richterschulungen in „Eingriffsabwehr".** In (Beförderungs-)**Beurteilungen** wurde, soweit bekannt, **noch nie lobend hervorgehoben,** der Richter habe sich gegen Einwirkungen auf seine Rechtsprechungstätigkeit zB durch die Gerichtsverwaltung, uU sogar gerichtlich, gewehrt. In der **Praxis** sind womöglich schon verbale Abwehrversuche „Karrierekiller" (→ Art. 98 Rn. 26 f., 46 f.).

107 Der gesetzliche Richter hat nach bisheriger Praxis nur als Privatperson (dazu → Art. 98 Rn. 18 ff.) eine verfahrensrechtliche Abwehrmöglichkeit gegen uU **unzulässige Eingriffe der Dienstaufsicht,** der sonstigen **Gerichtsverwaltung,** des Präsidiums, des Ministeriums oder anderer staatlicher Stellen in sein objektives Richteramt oder in seine Rechtsstellung. Das gilt auch, soweit der Eingriff nur sein **objektives Richteramt** als Rechtsprechungsorgan seine **Organwalterstellung** betrifft. Es gibt **keine Rechtsschutzmöglichkeit des Organs** gegen den Organeingriff. Die Sache wird sachwidrig „privat abgemacht".

---

[70] Der Richter muss sich nicht befangen fühlen; der Befangenheitsgrund muss aber für einen Erfolg des Befangenheitsantrags, für dessen Zulässigkeit er nur glaubhaft zu machen ist, zur Überzeugung der Richter des entscheidenden Spruchkörpers objektiv vorliegen.

[71] Zu gewissensrelevanten Situationen: *Radbruch,* Anh. Nr. 4 zur Rechtsphilosophie, 6. Aufl. 1963, 347 ff.; *Alexy,* Begriff und Geltung des Rechts, 1992, 201 ff.; *Schmitt* DRiZ 1995, 175.

Gegen einen **Eingriff der Dienstaufsicht** in das **Rechtsprechungsorgan** kann er „privat“, ggf. nach einem „beamtenrechtlichen Widerspruch“, gemäß § 26 Abs. 3 DRiG die **Dienstgerichtsbarkeit** anrufen, wenn und soweit er sich **spezifisch** durch eine **„Maßnahme der Dienstaufsicht“** in seiner Unabhängigkeit verletzt sieht. Gegen die Vielzahl der Einwirkungen anderer Art und auch von anderen Stellen ist die **Verwaltungsgerichtsbarkeit** eröffnet. **108**

Die eher sachwidrige **Spaltung des „Rechtswegs“** kann zu schwierigen Abgrenzungsfragen führen, wenn zB zu klären ist, ob und wieweit eine Beurteilung durch den Präsidenten auch Maßnahmen der Dienstaufsicht (dann insoweit Dienstgericht, iÜ VG) enthält. Die Anweisung eines Ministerialdirigenten die Klage abzuweisen, kann man uU bei klarem Abwehrverhalten auch ohne Anrufung des VG abwehren, notfalls aber muss es gerichtlich gehen. Das gilt dann derzeit als privater Prozess, den der Richter „privat“ bestreiten (und bezahlen) muss, nicht als Wahrnehmung der jetzt auch vom **BVerfG** festgestellten **öffentlich- rechtlichen Amtspflicht jedes gesetzlichen Richters als Rechtsprechungsorgan.**[72] Diese **grundgesetzwidrige Lage** muss schnell beseitigt werden. **109**

Dasselbe gilt zB auch für den gerichtsinternen **Streit zwischen** dem **Gerichtsorgan „Präsidium“,** das bei der Geschäftsverteilung als gesetzlicher Richter agiert, und dem **Gerichtsorgan „Spruchkörper“,** der ebenfalls ein zusammengesetztes objektives Richteramt (und funktional ein gesetzlicher Richter) ist, und seinen Mitgliedern, von denen jeder ein **Gerichtsorgan „Richteramt“** repräsentiert. Wenn das Präsidium dem Spruchkörper und damit dessen Mitgliedern grundgesetzwidrig[73] für sieben Monate fast keine Rechtssachen zuteilt (durchschnittliche Höchstarbeitszeit pro Woche etwa 60 Minuten für alle Richter), liegt ein krasser **Organeingriff** vor. Einen **gerichtsverfassungsrechtlichen Organstreit,** wie ihn zB sogar das Kommunalrecht („kommunalrechtlicher Verfassungsorganstreit vor dem VG) kennt, mit dem **Kompetenzübergriffe feststellend abgewehrt** werden könnten, ist in den allgemeinen Prozessgesetzen und im DRiG nicht vorgesehen. **110**

Auch hier muss ggf. mindestens einer der Richter **„privat“** vor dem VG klagen, notfalls bis zum BVerfG gehen. Das VG muss ebenfalls entscheiden, wenn das **Präsidium,** vertreten durch den **Gerichtspräsidenten, gegen den Minister klagen würde,** falls dieser „seinen Wunsch nachhaltig und uU sogar unter Hinweis auf Konsequenzen formuliert“, bestimmte Richter nicht/oder doch in bestimmten Rechtsprechungsbereichen einzusetzen (etc). Das **„Klagerecht“** ergibt sich aus **Art. 97 Abs. 1,** der die **Unabhängigkeit des Gerichts gegen Ministerialeingriffe schützt** und eine **Abwehrpflicht aller gesetzlichen Richter** statuiert. Prozessrechtlich „besonders“ ausgestaltet ist auch dies nicht. **111**

Aber wer würde ernsthaft annehmen, es gäbe in Deutschland zB ein solches **Präsidium** und einen solchen Gerichtspräsidenten, der seine grundgesetzli- **112**

---

[72] Jeder pflichtbewusste Richter braucht dafür eine Rechtsschutzversicherung. Der Sache nach müsste die Verteidigung der Unabhängigkeit gegen Eingriffe anderer Gewalten und Organe eine ggf. vom Gericht zu tragendeRechtssache sein, die vom Gericht auch zur Verteidigung seiner institutionellen Unabhängigkeit nach außen und beim innergerichtlichen Organstreit letztlich als solcher geführt werden muss.

[73] Schon BVerfGE 17, 252 (259 ff.).

che Abwehrpflicht gegen „sein ihm übergeordnetes“ Ministerium zu erfüllen versuchte?

113 Auch prozessrechtlich fehlen die „besonderen Gesetze“ von Bund und Land (Art. 98 Abs. 1, 3). Die **prozessrechtlichen Befugnisse** der gesetzlichen Richter, ihre grundgesetzliche **Abwehrpflicht** mittels eines **effektiven Rechtsschutzes** zu erfüllen, müssten in diesen Gesetzen unter Beseitigung der Rechtswegspaltung geregelt werden.

114 **Art. 97** enthält **kein Grundrecht** iSd **Art. 93 Abs. 1 Nr. 4a.** eine Verfassungsbeschwerde kann man also nicht darauf stützen. Jedoch gehören die richterliche Gesetzesunterworfenheit in Unabhängigkeit von jeglicher anderer Bestimmungsmacht und die Abwehrpflicht zu den sog **hergebrachten Grundsätzen des richterlichen Amtsrechts** iSv **Art. 33 Abs. 5,** wie es sich seit 1877, insbesondere aber seit dem Inkrafttreten des GG entwickelt hat und vom Staat zu **beachten,** nicht nur zu berücksichtigen, ist. [74] Art. 33 (Abs. 5) ist in Art. 93 Abs. 1 Nr. 4a als **„verfassungsbeschwerdefähiges“** grundrechtsgleiches Recht genannt.

115 Die dargestellte sachliche **Unabhängigkeit** mit Abwehrpflicht ist **nicht das Primäre,** sondern eine **notwendige Folge des Unterwerfungsgebots,** der strikten und ausschließlichen **Gesetzesbindung.** Jene reicht, soweit dieses gilt. Die richterliche Unabhängigkeit wird durch die Gesetzesunterworfenheit nicht „begrenzt“. Sie besteht nur, **soweit die Gesetzesunterwerfung bedroht sein kann und zu ihrem Schutz.** Sie wird durch gesetzliche Bindungen an obergerichtliche tragende Rechtsauffassungen nicht einmal berührt.[75]

116 Daher ist der Richter stets für seine Rechtsprechung selbst und allein verantwortlich. Er kann seine Verantwortung, anders als ein Beamter, durch „keine „Remonstration“ bei jemand anderem ablegen. Die **Unabhängigkeit des Richters ist seine zu einem Abwehrrecht subjektivierte Gesetzesbindung,** dessen Schutzgehalt sich allein aus dem Inhalt der geschützten Amtspflicht ergibt. Sie ist kein „Privileg“[76], sondern dessen Gegenteil, eine umfassende Gesetzesbindung, wie sie keinen anderen juristischen Beruf trifft. Unterwerfungsgebot und Unabhängigkeit gelten auch für **ehrenamtliche Richter** in ihrem besonderen Richteramt.[77]

V. Persönliche Unabhängigkeit – Mindestgarantien

117 **Art. 97 Abs. 2 S. 1** garantiert den hauptamtlich und planmäßig endgültig angestellten Richtern einen besonderen Schutz ihrer **persönlichen** Unabhängigkeit.[78] Sie sind grundsätzlich für die Dauer ihrer gesetzlich geregelten Amtszeit **unabsetzbar** und **unversetzbar.**

118 Nach **§ 8 DRiG** können Personen nur als **Richter auf Lebenszeit,** als **Richter auf Zeit** (einen gesetzlich festgelegten Zeitraum von von mindestens zwei Jahren), als **Richter auf Probe** (zwecks Eignungserprobung) oder können Beamte mit dem Ziel, Richter auf Lebenszeit zu werden, zum **Richter kraft Auftrags** berufen werden (dazu näher §§ 9–15 DRiG). Ferner sehen zB §§ 11 Abs. 4 SGG, 16 VwGO, 15 FGO eine Anstellung von

[74] Stellv. schon BVerfGE 48, 246 (263); 55, 372 (391 f).

[75] BVerfGE 111, 307 (325).

[76] AA *Hoffmann-Riem,* 66. DJT 2006, These 1 seines Gutachtens über „Die Unabhängigkeit der Dritten Gewalt“.

[77] BVerfGE 119, 309 (329).

[78] Zum Folgenden BVerfGE 148, 69 (93 ff.).

Lebenszeitrichtern anderer Gerichte oder von Universitätsprofessoren als **„Richter im Nebenamt" auf Zeit** vor. Aus **Art. 97** ergibt sich **nicht,** dass Richter idR **nur auf Lebenszeit** anzustellen sind.[79]

Hauptamtlich angestellt sind Richter, die keine andere Haupttätigkeit als die des Richters ausüben. **Planmäßig** angestellt sind Richter, die auf eine (besoldungsrechtliche) „Planstelle" in ein abstraktes Richteramt bei einem bestimmten Gericht berufen sind. **Endgültig angestellt** sind die Richter **„auf Lebenszeit"** und die für eine **durch Parlamentsgesetz**[80] **bestimmte Amtsdauer** ernannten **Richter auf Zeit.** Bei den Richtern auf Probe und den Richtern kraft Auftrags (ebenfalls „Erprobung") ist noch offen, ob sie „endgültig" als Richter angestellt werden. Der an ein anderes Gericht zur richterlichen Dienstleistung **abgeordnete Richter,** wird in dem durch die (nur vorübergehende) Abordnung übertragenen Richteramt (soweit das **Abordnungsverhältnis** reicht) nicht durch Art. 97 Abs. 2 geschützt, behält aber sein „Ausgangsamt". Der **Richter im Nebenamt** auf Zeit (zB Universitätsprofessoren) und **ehrenamtliche Richter** sind als Richter schon nicht „hauptamtlich" tätig. 119

Die Garantien der **persönlichen Unabhängigkeit** in der nicht abschließenden Regelung des Art. 97 Abs. 2 S. 1 sollen die sachliche Unabhängigkeit der Richter absichern. Sie sollen vor **dienstrechtlichen „Strafen"** durch Amtsenthebung, Entlassung, Versetzung oder Beurlaubung schützen, mit denen unliebsame richterliche Entscheidungen besonders schwer sanktioniert werden könnten. Niemand soll einem Gericht mit Misstrauen begegnen, weil dessen Richter im Hinblick auf den Bestand ihres Richterdienstverhältnisses **von der Exekutive abhängig** sind. Noch drängender als bei den Hausgerichtsbarkeiten stellt sich das Thema, wenn der Richter über Akte gerade derjenigen Behörde zu entscheiden hat, die ihrerseits über Versetzung und Abberufung des gesetzlichen Richters befindet oder maßgebenden Einfluss darauf hat. Das trifft zB insbesondere auf die **Disziplinarspruchkörper in der Dienstgerichtsbarkeit** zu, die regelmäßig nur auf die gegen einen anderen Richter gerichtete Disziplinarklage des Ministers tätig werden, der über den richterlichen Werdegang der (uU einiger) Disziplinarrichter bestimmt. Die sachliche Unabhängigkeit ist nur effektiv, wenn ein Richter nicht befürchten muss, dass seine Rechtsprechung negative Auswirkungen auf sein Dienstverhältnis („Grundverhältnis") haben wird.[81] 120

Der Schutz erstreckt sich auch auf **jede andere Maßnahme, die inhaltlich einer Entlassung,** dauernden oder zeitweisen Amtsenthebung oder Versetzung an eine andere Stelle oder in den Ruhestand **gleichkommt.** Der Schutz besteht auch gegenüber **Maßnahmen der gerichtlichen Selbstregulierung. Andere Einwirkungen** auf die persönliche Rechtsstellung des Richters und auf sein Dienstverhältnis, werden von **Art. 97 Abs. 1** abgewehrt. 121

Die **Ämter der gesetzlichen Richter** sind grundsätzlich mit hauptamtlich und planmäßig endgültig angestellten Richtern zu besetzen. Die **Verwendung von anderen Richtern** ist nur in sachlich zwingend begründeten **Ausnahmen** erlaubt. 122

---

[79] Eingehend zur „Lebenszeitanstellung" BVerfGE 148, 69 (100 ff.).
[80] Schon BVerfGE 27, 355 (363).
[81] Vgl. *Wittreck* DRiZ 2007, 356 (359).

123 Das GG setzt als **Normalfall den unversetzbaren und unabsetzbaren Richter** voraus.[82] Haben bei einer Entscheidung ohne zwingende Gründe Richter mitgewirkt, die nicht hauptamtlich und planmäßig endgültig angestellt sind, so ist das Recht auf den gesetzlichen Richter gemäß **Art. 101 Abs. 1 S. 2** verletzt. Die Entscheidung muss allein schon deshalb aufgehoben werden.

124 Proberichter, Richter kraft Auftrags und abgeordnete Richter haben nach Art. 97 Abs. 2 nicht in vollem Umfang persönliche Unabhängigkeit. Sie dürfen deshalb nur aus zwingenden Gründen und auf das unverzichtbare Maß beschränkt als Richter fungieren. **Richter auf Probe** dürfen in den Grenzen der Notwendigkeit, „Richternachwuchs" heranzubilden, eingesetzt werden. Die **Abordnung zur „Eignungserprobung"** (sog 3. Staatsexamen) zwingt sogar zum richterlichen Einsatz idR in der höheren Instanz. **Unvermeidbare Vertretungslücken** können zum Einsatz solcher Richter nötigen, wenn **vorübergehend ausfallende planmäßige Richter** durch die im Geschäftsverteilungsplan bestimmten Vertreter nicht hinreichend ersetzt werden können. Gleiches kann gelten, wenn ein unvorhersehbarer zeitweiliger **außergewöhnlicher Arbeitsanfall** aufzuarbeiten ist.

125 **Keine Rechtfertigung** für den Einsatz persönlich nicht umfassend geschützter Richter besteht, wenn die Arbeitslast des Gerichts nicht bewältigt werden kann, weil es **unzureichend mit Planstellen ausgestattet** ist oder weil die **Justizverwaltung es versäumt hat, offene Planstellen binnen angemessener Frist zu besetzen.**[83]

126 **Art. 97 Abs. 2** garantiert allen Berufsrichtern, dass sie **wider ihren Willen** vor Ablauf ihrer Amtszeit nur unter den **gesetzlich** bestimmten Voraussetzungen und nur auf Grund **richterlicher** Entscheidung **entlassen,** ihres Amtes **enthoben** oder **versetzt** werden können (sog Grundsatz der richterlichen Inamovibilität).[84] Dasselbe gilt im Grundsatz nach **§ 44 DRiG** auch für **ehrenamtliche Richter.** Die Abberufungsgründe finden sich in § 44b DRiG. Für ehrenamtliche Richter gibt die Verfassung keine Altersgrenzen vor.[85]

127 **§ 21 DRiG** regelt die Entlassungsgründe näher; Richter auf Lebenszeit und Richter auf Zeit gelten erst mit Rechtskraft des „Entlassungsurteils" als ausgeschieden. **§§ 22, 23 DRiG** regeln die Entlassung bei den Richtern auf Probe und kraft Auftrags entsprechend dem Erprobungziel beider Richterverhältnisse. **§ 24 DRiG** knüpft an drei Arten von rechtskräftigen ***strafgerichtlichen*** Urteilen gegen einen Richter (zB Freiheitsstrafe von mindestens einem Jahr wegen vorsätzlicher Tat) und an die Feststellung der Verwirkung eines Grundrechts durch das **BVerfG** nach Art. 18 die Beendigung des Richterverhältnisses kraft Gesetzes.

128 Der Schutz gegen **wirkungsgleiche Maßnahmen** erfasst zB die Vorenthaltung einer amtsangemessenen Beschäftigung durch Nichtzuweisung von Geschäften.[86]

129 Die **Amtsenthebung** oder **Versetzung** in ein anderes Amt oder in den Ruhestand eines Richters auf Lebenszeit oder auf Zeit kann ohne seine

[82] So schon BVerfGE 4, 331 (345).
[83] Vgl. schon BVerfGE 14, 156 (164 f.).
[84] BVerfGE 14, 56 (70); 26, 186 (198 f.); 42, 206 (209 f.).
[85] BVerwG Buchholz 310, § 20 VwGO Nr. 1.
[86] BVerfGE 17, 252 (259 f.).

schriftliche Zustimmung nur erfolgen im Verfahren über die **Richteranklage (Art. 98 Abs. 2 und 5),** im **gerichtlichen Disziplinarverfahren** (vgl. §§ 63, 64, 77 ff. DRiG),[87] im **Interesse der Rechtspflege,** wenn Tatsachen außerhalb seiner richterlichen Tätigkeit eine Maßnahme dieser Art zwingend gebieten, um eine schwere Beeinträchtigung der Rechtspflege abzuwenden **(§ 31 DRiG)** oder wegen **Dienstunfähigkeit** in den Ruhestand versetzt werden **(§ 34 DRiG).**

Bei Erreichen der gesetzlichen **Regelaltersgrenze** tritt der Richter kraft Gesetzes in den Ruhestand. Kennt das Gesetz besondere Altersgrenzen, wird der Richter (nur) **auf seinen Antrag** durch VA in den Ruhestand versetzt. **130**

Bei **Veränderung in der Einrichtung der Gerichte**[88] oder **ihrer Bezirke (§ 32 DRiG)** kann einem Richter dieser Gerichte ein anderes Richteramt übertragen werden. Ist eine Verwendung mit gleichem Endgrundgehalt nicht möglich, so kann ihm ein Richteramt mit geringerem Endgrundgehalt übertragen werden. Ist auch dies nicht möglich, so kann der Richter seines Amtes enthoben werden. Ihm kann jederzeit ein neues Richteramt, auch mit geringerem Endgrundgehalt, übertragen werden. **131**

§ 33 DRiG sichert ihm grundsätzlich die **Belassung des vollen,** vor der Änderung zuerkannten **Gehalts.** **132**

Die **Veränderungen** in der Einrichtung der Gerichte oder ihrer Bezirke müssen schon wegen der Statuseingriffe in das unabhängige Rechtsprechungsorgan Gericht und in die anderen unabhängigen objektiven Richterämter in allen für die Änderung wesentlichen Fragen durch **Parlamentsgesetz** geregelt sein;[89] lediglich für Detailfragen, die sich beim Änderungsgeschehen ergeben können, darf eine RVO-Ermächtigung erteilt werden. Eine **Bezirksveränderung** betrifft die **Gerichtsstände** mindestens zweier Gerichte und muss mit einer nennenswerten Verlagerung von Geschäften zwischen diesen verbunden sein. Eine bloße „Grenzkorrektur" im Niemandsland reicht nicht. Keine **„Veränderung der Einrichtung"** liegt vor, wenn das Land für jedes Gericht jeweils die Zahl der Richterstellen festschriebe, so dass jede Verlagerung der Planstelle zur Folge hätte, dass nun auch einer der Richter versetzt werden dürfte.[90] **133**

Falls diese gesetzlichen Regelungen nicht alle Schutzzwecke des Art. 97 Abs. 2 erfassen sollten, müssten sie ggf. verfassungskonform erweiternd ausgelegt werden. Sofern auch dann noch Durchbrechungen der Unabhängigkeit nicht auszuschließen sind, muss stets subsidiär der **Schutz der persönlichen Unabhängigkeit** des gesetzlichen Richters aus **Art. 97 Abs. 1** geprüft werden, der die ausschließliche Gesetzesbindung des Richters umfassend sichert. **Art. 97** schützt so die Gesetzesbindung der rechtsprechenden Gewalt umfassend und lückenlos. **134**

---

[87] BVerfG-K NJW 1996, 2150.

[88] BGH NVwZ 2004, 467 – Auflösung des Bundesdisziplinargerichts.

[89] BVerfGE 2, 307 (313 f.); BVerfGE 24, 155 (166); *Pieroth* in Jarras/Pieroth Rn. 12.

[90] *Wittreck* ThürVBl. 2005, 245 ff.; *Neumann* DRiZ 2006, 1 ff.; aA *Gröschner,* Reichweite richterlicher Amovilität im Verfassungsstaat des Grundgesetzes, 2005, mit bedenklicher „praktischer Konkordanz" zur Ermöglichung verfassungskonformer Auslegung solcher Praktiken: *Gröschner* NJW 2005, 3691 ff.

VI. Unabhängigkeit des Gerichts

135 Die **Unabhängigkeit der Gerichte** als Rechtsprechungsorganisationen hat in letzter Zeit in der **EU** (zB Polen, Ungarn etc), in **Europa** (zB in Großbritannien) und weltweit zunehmend thematische Aufmerksamkeit erregt (dazu → Art. 92). Trotz der seit 1877 in Deutschland durch § 1 GVG dem Namen nach bekannten „Unabhängigkeit der Gerichtsbarkeit" kann auch hier nicht als gesichert gelten, dass es keine erheblichen Einwirkungen der vollziehenden Gewalt, aber durch grundgesetzwidriges (Art. 98 Abs. 1, 3) Unterlassen auch der Gesetzgeber und schließlich gesellschaftlicher/medialer Kräfte auf die Rechtsprechung gibt. Dem europäischen Recht entsprechen aber die oben genannten Grundsätze über die Gesetzesbindung der Rechtsprechung und ihrer Organe, der gesetzlichen Richter, die sich aus Art. 20 Abs. 2, 92, 97 und 101 Abs. 1 S. 2 ergeben. Sie stimmen mit **Art. 6 Abs. 1 EMRK** und der dazu ergangenen Rspr. des **EGMR** überein.[91] Die EMRK hat den innerstaatlichen Rang eines inhaltlich menschenrechtsspeziellen einfachen Bundesgesetzes.[92]

136 Nach **Art. 6 EMRK** (Recht auf ein faires Verfahren) hat jede Person primär ein Recht darauf, dass über Streitigkeiten ua in Bezug auf ihre zivilrechtlichen Ansprüche und Verpflichtungen oder über eine gegen sie erhobene strafrechtliche Anklage von einem **unabhängigen** und **unparteiischen, auf Gesetz beruhenden** Gericht in einem **fairen Verfahren,** öffentlich und innerhalb angemessener Frist verhandelt wird. Das Urteil muss öffentlich verkündet werden.

137 **Zivilrechtlich** iSd Vorschrift kann nach der Rspr. des EGMR auch nach inländischem Recht als öffentlich-rechtlich qualifizierter Streit zwischen einem Bürger und dem Staat wegen eines Hoheitsakts sein, über den die Verwaltungsgerichte entscheiden.

138 **„Auf Gesetz"** beruht ein **Gericht,** wenn sichergestellt ist, dass die „Justizorganisation" nicht im Belieben der Exekutive steht, sondern direkt durch Parlamentsgesetz geregelt wird. Die **Unabhängigkeit des Gerichts** hängt von der Art und Weise der Bestellung seiner Mitglieder und der Dauer ihrer Amtszeit ab, ferner von den Schutzvorkehrungen gegen äußeren Druck, aber auch vom äußeren Erscheinungsbild, dem Anschein der Unabhängigkeit („appearence of independence").[93] Zur Unabhängigkeit gehören danach die grundsätzliche Unabsetzbarkeit, die Unversetzbarkeit und die Weisungsfreiheit der Richter sowie der Schutz gegen Einflussnahme von außen, insbesondere durch Exekutive oder Parteien. **Maßgeblich** ist jeweils nicht die Regelung, sondern deren **Anwendung in der Praxis.**[94]

139 **„Unparteilichkeit"** bedeutet die Abwesenheit von Vorurteil und Parteinahme. Auf den Richter bezogen, kommt es auf dessen persönliche Überzeugung und auf sein Verhalten an. Seine **subjektive Unparteilichkeit** wird bis zum Beweis des Gegenteils vermutet.

---

[91] BVerfGE 148, 69 (97 ff.) mwN auch zum Folgenden.

[92] Zur Funktion der EMRK und der Rspr. des EGMR für die Verfassungsauslegung vgl. BVerfGE 128, 326 (366 ff.).

[93] Vgl. EGMR 25.2.1997 – 22107/93, Rn. 73 – Findlay; 3.3.2005 – 54723/00, Rn. 38 – Brudnicka.

[94] Vgl. EGMR 28.6.1984 –7819/77 ua, Rn. 80 – Campbell and Fell; 26.2.2002 – 38784/97, Rn. 68 – *Morris.*

Für die **objektive Unparteilichkeit** ist entscheidend, ob strukturelle oder funktionale Gründe der Unparteilichkeit entgegenstehen. Maßgeblich ist, ob das Gericht insbesondere durch seine Zusammensetzung ausreichende Gewähr dafür bietet, jeden legitimen Zweifel an seiner Unparteilichkeit auszuschließen. **140**

Der **Anschein** der Unparteilichkeit/Parteilichkeit hat besondere Bedeutung. Denn entscheidend ist, ob die Rechtsunterworfenen (in einer demokratischen Gesellschaft) den Gerichten **Vertrauen** entgegenbringen („Justice must not only be done, it must also be seen to be done"). Die konkreten Umstände des Einzelfalles sind ebenfalls stets zu berücksichtigen. **141**

Wendet man die **grundgesetzlichen Grundsätze** an, gelangt man iW zu denselben Voraussetzungen einer die absolute Rechtsbindung der Rechtsprechung sichernden Unabhängigkeit der Gerichte als Rechtsprechungsorgane, die eine Grundvoraussetzung ausschließlich gesetzesgebundener, neutraler Rechtsprechung des gesetzlichen Richters ist. Für die objektive Unabhängigkeit des Gerichts kommt es auch nach dem GG weniger auf den Text gesetzlicher Regelungen an, die hier nach Art. 98 Abs. 1, 3 in wesentlichen Teilen noch fehlen, sondern auf die **alltägliche Praxis,** die sich auf die Rechtsprechung auswirkt oder sie unangetastet lässt. In den geschilderten **Konfliktbereichen** vor allem zwischen Ministerial- und Gerichtsverwaltung einerseits und den Rechtsprechungsorganen andererseits ist auch hier sehr fraglich, ob es wirklich so gut um die gerichtliche Unabhängigkeit steht, wie diejenigen ständig behaupten, die Macht und Gelegenheit haben, die Rechtsprechung zu „leiten" und zu „lenken". **142**

VII. Unabhängige richterliche Rechtsfindung

Die strikte Gesetzesbindung mit persönlicher Gesetzesunterworfenheit schützt die rechtsstaatliche Demokratie insbesondere vor oligarchischer Verfremdung durch Herrschaft **mittels** der oder durch die Richter. **143**

1. Drittbeeinflussungen – Richteroligarchie. Die seit 1949 mehrfach diskutierte Möglichkeit eines **„oligarchischen Richterstaats"** („Jurisdiktionsstaates") sollte man bedenken und sich vorsehen, zumal wenigstens das **BVerfG** über gesetzestechnische Mittel verfügt, das GG weitgehend außer Kraft zu setzen, wenn es dabei von den wirtschaftlich/politisch/gesellschaftlich tonangebenden Gruppen hinreichend mitgetragen wird. Auch oberste **Gerichtshöfe** haben unter solchen Voraussetzungen der „Außenunterstützung" erhebliche Spielräume für Aktivitäten jenseits der Grenzen der gesetzesgebundenen Rechtsprechung. Das wäre ggf. ein Zerrbild des Rechtsstaates iSd GG.[95] Ein solcher „Richterstaat" besteht aber derzeit trotz der in wenigen, aber nicht unwichtigen Themenbereichen des GG problematischen Rspr. des BVerfG nicht. Die oligarchische Macht liegt inzwischen deutlich woanders. Nach dem historisch – empirischen **„oligarchischen Gesetz"** gilt zwar: **„Wie auch immer die äußere Staatsform genannt wird: Zu allen Zeiten lauert eine Oligarchie hinter der Fassade".**[96] In Deutschland stellt sich zum Rechtsstaat nur die Frage, welche Gruppen sind das derzeit (vgl. oben → Rn. 1, Nr. 3) und hängt „Rechtsprechung" von ihnen ab? **144**

---

[95] *Rüthers* JZ 2002, 365; dagegen *Hirsch* JZ 2007, 853 ff.
[96] *Syme,* Die römische Revolution, 1939/1992, 13.

145 Es kann durchaus **unerlaubte „Normsetzung" durch Richter** geben. Ihnen wird in vielen gesetzlich ungeregelten Lebensbereichen (nicht nur im Arbeitsrecht) die Aufgabe eines **„Ersatzgesetzgebers"** zugewiesen. Dann müssen sie auf „Klage" Recht sprechen, aber zugleich die maßgeblichen Maßstabsnormen anhand von **Rechtsgrundsätzen** des jeweiligen Rechtsgebiets und von **Verfassungsprinzipien** selbst gestaltend „schöpfen". Aber auch im gesetzlich Geregelten gibt es Raum zu kreativer „Rechtsfindung". Bei derart „schwacher Bindung" sind „die Gesetzesfesseln" schnell abgefallen.[97]

146 Die zT direkte, meist komplexe **parteipolitische Beeinflussung der Richter** in den „gehobenen Ämtern" in den Ländern und im Bund ist iW unvermeidbar.

147 Ein wahrhaftiges (kritisches) **parteipolitisches Engagement von Richtern** als Staatsbürger in einer demokratischen Partei ist jedenfalls grundrechtlich geschützt. Der Richter darf auch seine rechtspolitische **Meinung** öffentlich äußern, ohne dafür (ausdrücklich oder konkludent) seine Amtsautorität in Anspruch zu nehmen oder auf ein schwebendes Streitverfahren einzuwirken.[98] Er darf aber selbst keinen Befangenheitsgrund setzen. Dies gilt auch bei den freigestellten wissenschaftlichen Arbeiten und Vorträgen.

148 Den Rufen nach einer **Entpolitisierung der Rechtspflege**[99] ist aber auch noch aus anderen Gründen entgegenzutreten. Rechtsunterwerfung und Unabhängigkeit erfordern keine „unpolitischen" Richter. Insbesondere kann man auf diesem Weg die **parteipolitischen „Geheimniskrämer"** nicht verhindern. Sie verhalten sich in Gericht und Umfeld stets „neutral" bis situationsbezogen „scheinafin". Erst wenn der Zeitpunkt gekommen ist, in dem der Eintritt in die dafür gerade „richtige" Partei erforderlich wird, um die angestrebte Einstellung, Beförderung, Wahl zum Gerichtshof, zum BVerfG oder zu einem europäischen Gericht zu erreichen, „bekennen" sie ihre „wahre" politische Überzeugung. Allerdings erwarten dann gewisse Parteienfunktionäre von „ihren" Richtern ein parteikonformes Entscheidungsverhalten; sie sind nur begrenzt „enttäuschungsresistent", sehen aber auch oft ihre Erwartungen erfüllt. Es gibt aber auch andere, nicht weniger ambitionierte angehende **„Aufstiegsrichter",** die alle Geheimniskrämer und auch die „parteilich" engagierten Richter übertreffen, weil sie außer fehlgeleitetem Ehrgeiz keinen besonderen Ansporn zu vorauseilendem Gehorsam brauchen.

149 **Parteipolitische** Einflussnahme kann in der **„Parteiendemokratie"** sogar schlechthin nicht ausgeschlossen werden. **Gerichte** üben **staatliche Macht aus.** Sie werden von Parteien/Politikern nicht in erster Linie als Horte neutraler und unabhängiger Rechtserkenntnis wahrgenommen, sondern als Machtstörer. Das erkannte gültige Recht kann Parteien/Politiker ganz erheblich stören, zumal dann, wenn eine „abändernde" Mehrheit für sie nicht in Sicht ist. **„Man" braucht wirksamen Einfluss darauf,** dass sofort **das „richtige Recht" gefunden wird.**

150 **Das gelingt am Effektivsten,** wenn man das für ein Gericht zuständige Ministerium führt, die Mehrheit im Richterwahlausschuss und die maßgeblichen Gerichtspräsidenten stellt, die Mehrheit der Richter einer Gerichts-

---

[97] ZB: Für das von *Willy Brand* 1972 angekündigte *„Arbeitsgesetzbuch"* liegen seit Jahren (mindestens) zwei in sich ausgereifte Entwürfe vor. Obwohl es um für das Gemeinwohl wesentliche Fragen und Grundrechte geht, übt der Gesetzgeber sich (auch hier) dauerhaft in verfassungswidrigem Unterlassen.

[98] BVerfG NJW 1983, 2691; BVerfG DVBl. 1988, 782; BVerwGE 78, 216 ff.

[99] So schon *Rotberg* DRZ 1947, 107 ff.

barkeit als Mitglieder hat und dadurch zumeist auch die Präsidien in die „richtige Sicht“ einbinden kann.

Es hieße aber den Teufel durch Beelzebub auszutreiben, wenn man diese Gefahren durch eine **„autonome Selbstverwaltung der Justiz“** beseitigen wollte. Dies würde (endgültig) die **„Oligarchie in jedem Gericht“** etablieren. Grundgesetzwidrig wäre insbesondere die Einführung eines **„Kooptationsmodells“**, nach dem die („Häuptlings-“) Richter über die Einstellung und Beförderung aller Richter entscheiden dürften. Das ist ua mit den oben gezeigten unabänderbaren Grundsätzen des Art. 20 Abs. 2 S. 2 über die absolute Gesetzesbindung der durch unabhängige Richter ausgeübten rechtsprechenden Gewalt unvereinbar. Faktisch würde zudem der Einfluss der Parteien iE kaum gemindert. Man müsste nämlich die Richterschaft selbst auch noch von ihren bestehenden Parteiverbindungen „reinigen“ und für die Zukunft „abschotten“. Es entstünde iW ein demokratie- und parlamentsfreier Raum **unkontrollierbarer „Gerichtsverwaltung“** mit erhöhtem „Binnendruck“ auf die diesem System unterworfenen Richter, sich nur diesem, nicht aber dem Gesetz, zu unterwerfen. **151**

Politiker, Lobbyisten und andere amtlich oder unerlaubt an der Gesetzgebung Beteiligte können vor allem gegenüber obersten Gerichten auch noch durch gezielte Maßnahmen der Mitteilung oder Zurückhaltung von Informationen sowie durch Versprechen von Druck oder Belohnung **Einfluss** auf die richterliche Meinungsbildung nehmen wollen. Es gibt sogar uU kaum getarnte Lobbyveranstaltungen zB bei Gerichtshöfen. Hier wird die Urteilskraft, die innere Unabhängigkeit, der Mut, nicht zu gefallen, und die Demut des Richters vor dem Gesetz besonders gefordert. **152**

2. Richterliche Grenzüberschreitungen? Grenzüberschreitungen durch Verletzung der Gesetzesbindung liegen **nicht** schon dann vor, wenn der Richter aus der Sicht eines Dritten (Beteiligten, Dienstaufsicht, andere gesetzliche Richter, Kollegen, Öffentlichkeit) eine **„falsche“ Rechtsfolge** ausspricht, der er nach dessen Einschätzung des Falles nicht oder nicht so hätte ausurteilen dürfen, sei es aus tatsächlichen oder aus rechtlichen Gründen. Sogar die Dienstaufsicht, die ein in jeder Hinsicht **offensichtliches Fehlurteil** annimmt und dies dem Richter (ohne die erforderliche gesetzliche Ermächtigung) vorhält, kann irren (dazu und zum Folgenden <bis unten Rn. 77> → Art. 98 Rn. 28–38). Eine **Rechtsbeugung** ist immer eine Grenzüberschreitung, da der Richter sich vorsätzlich von seiner Gesetzesbindung gelöst hat. Ein **„ausbrechender Richterakt“** liegt aber schon vor, wenn der Richter („bloß“) **objektiv willkürlich** entscheidet. Das ist der Fall, wenn ungeachtet seiner subjektiven Handlungstendenz seine Entscheidung ihren Zusammenhang mit Verfassung, Gesetz und Recht nicht mehr erkennen lässt. **153**

Die Vorschriften über **Rechtsbeugung (§ 339 StGB)**[100] und **Regress** gegen den Richter bei **Amtshaftung** nach **§ 839 BGB**[101] beeinträchtigen weder die richterliche Unabhängigkeit noch die Gesetzesunterworfenheit. Beide Normen sind durch einen Richterspruch tatbestandlich ua nur erfüllt, wenn die fragliche Entscheidung **objektiv willkürlich** ist, also nach jeder in **154**

---

[100] Dazu *Marsch* DRiZ 2009, 209 f.; *Spendel* JZ 1995, 375 ff.

[101] Zum Richterspruchprivileg in § 839 Abs. 2 S. 1 BGB s. *Scheffler* NVwZ 2010, 425 ff.; *Brüning* NJW 2007, 1094 ff.; *Storr* DÖV 2004, 545 ff.; *Wollweber* DVBl. 2004, 511 f.; *Tietjen* EWS 2007, 15 ff.; BGH DVBl. 2004, 1544; BGH DRiZ 1984, 77 ff.

Rechtsprechung und Rechtswissenschaft argumentativ vertretbaren Ansicht **ohne ernsthaften Zweifel auf einer Gesetzesverletzung** beruht. Das kann in diesem Sinn auf einer offensichtlich unhaltbaren Rechtsauslegung der maßstäblichen Gesetzesnorm und ihrer Rechtsfolge oder auf einer offensichtlich rechtswidrigen Tatsachenerhebung beruhen. Beim Einzelrichter wie bei dem Spruchkörper greift aber auch hier[102] das über die allgemeine dienstrechtliche Verschwiegenheitspflicht hinausgehende **Beratungsgeheimnis nach § 43 DRiG** ein. Es schützt speziell präventiv die Unabhängigkeit des Vorgangs der Entscheidungsfindung gegen jede nachträgliche „Inhaltskontrolle" durch andere Stellen, ermöglicht also erst den offenen und unbefangenen Dialog in der Beratung des Spruchkörpers und das tastende Suchen des vorurteilsfreien Einzelrichters.

155 Gesetzesverletzungen liegen auch vor, wenn der Richter eine nach dem Gesetz **unzulässige Klage als zulässig behandelt,** weil er etwas gerade zu den Parteien, dem Fall oder zu dem von diesem aufgeworfenen Rechtsproblem sagen will. Die **Gesetzesbindung** besteht auch bei **Prozessgesetzen.**[103] Sie verlautbaren den **Willen des Gesetzgebers,** dass der gesetzliche Richter nur unter den gesetzlichen Voraussetzungen überhaupt ein Verfahren durchführen und ***Staatsgewalt*** **gegenüber Kläger und Beklagtem ausüben** darf. Sie sind also grundsätzlich abschließend geregelte **Ermächtigungsgrundlagen** für die Ausübung der rechtsprechenden Gewalt durch gesetzliche Richter. Zugleich **grenzt das Gesetz** die Bereiche der **Staatsfunktionen** der Gesetzgebung und der Rechtsprechung voneinander und nicht nur in den Verwaltungsgerichtsbarkeiten auch von der vollziehenden Gewalt ab. Beides wird durch das grundrechtsgleiche Recht des Bürgers gegen die Richter auf effektiven Rechtsschutz nur mit Bezug zur Gesetzgebung modifiziert, nicht aufgehoben (dazu unten → Rn. 78).

156 Zwar unterliegt das **Recht des Bürgers auf Zugang zum gerichtlichen Rechtsschutz** als solches keinem Gesetzesvorbehalt (Art. 19 Abs. 4 S. 2). Jedoch obliegt die Abgrenzung der Ausübung von Staatsgewalt durch die besonderen Organe, soweit nicht im GG geregelt, primär dem Gesetzgeber. Da die Entscheidungen der Rechtsprechungsorgane stets (iE unterschiedlich) **grundrechtsrelevant** sind, muss das Gesetz **„Zuständigkeit, Verfahren und Handlungsformen"** der gesetzlichen Richter grundsätzlich selbst regeln, überdies aber iW auch materiellrechtlich, ob, wieweit und wie intensiv die Richter andere Staatsfunktionen und sogar Grundrechte von Verfahrensbeteiligten beeinträchtigen dürfen.[104] Eine nur auf das Rechtsschutzrecht des Bürgers gestützte „lückenfüllende Rechtsschöpfung" durch den Richter kommt nur im Verfahrensrecht uU in Betracht.

---

[102] Es gilt bis zur Klärung des objektiven Merkmals der „objektiven Willkür"; deren Feststellung bedeutet auch, dass keine rechtsbezogene „Beratung" stattgefunden hat.

[103] Unter Richtern ist häufig das Motto zu hören: *„Prozessrecht ist bloß dienendes Recht",* mit dem man „locker umgehen" darf. Das ist grundgesetzwidrig. Das *„Zuständigkeitsrecht"* der „Prozessgesetze bestimmt den gesetzlichen Richter, ein Verstoß führt absolut zur Aufhebung des Richterakts. Das *Verfahrensrecht* konkretisiert, wie der rechtsstaatliche Prozess zu führen ist, und ist fast stets absolut zwingend, wenn auch Verstöße, die nicht absolut und nicht von Amts wegen zu berücksichtigen sind, manchmal mangels hinreichender Rüge oder mangels Auswirkung auf das Ergebnis hingenommen werden. Der Richter hat, außer durch eine spezielle gesetzliche Ermächtigung (zB § 495a ZPO) keine Befugnis, sein „eigenes Verfahrensrecht" zu erfinden. Das *Recht der „Handlungsformen"* bestimmt abschließend, welche Staatsakte der Richter unter welchen Voraussetzungen erlassen darf.

[104] Dies grenzt an die etwas „verschoben" geführte Debatte um die sog *„Drittwirkung" mancher Grundrechte* an und überschneidet sich zT mit ihr.

Diese Art von Grenzüberschreitungen gibt es **nicht** nur selten, überdies in allen Gerichtsbarkeiten und Instanzen. Das ist bei **Verfassungsbeschwerden** zT anders zu sehen (dazu → Art. 94 Abs. 2 S. 2 /§ 93a BVerfGG), die keine Rechtsmittel, sondern außerordentliche (finale) Rechtsbehelfe zur Abwehr von Grundrechtsverletzungen aller drei Staatsfunktionen durch das Verfassungsgericht sind. In den seltenen Fällen der sog „doppelt qualifizierten" Zulässigkeitsvoraussetzungen könnte über die Zulässigkeit bezüglich einer Voraussetzung nur nach materieller Feststellung ihres Vorliegens entschieden werden, so dass der Richter sie in der Zulässigkeit „unterstellen" darf. **157**

Art. 19 Abs. 4 und der sog Justizgewährungsanspruch gebieten dem Richter die gesetzlichen Zulässigkeitsvoraussetzungen nicht zu eng oder so zu interpretieren, dass der Zugang des Bürgers entgegen dem ggf. verfassungskonform verstandenen Willen des Prozessgesetzgebers unnötig erschwert wird. Ferner **muss er** über das zulässig erhobene Rechtsschutzbegehren **inhaltlich und nach „Gesetz und Recht" entscheiden.** Dies kann zu richterlicher Rechtsfortbildung befugen (dazu → Rn. 91 ff.). **158**

Andererseits gibt zB ein über Jahrzehnte erfolgender krasser Rückgang von zulassungsbedürftigen Rechtsmitteln auf weniger als ein Drittel den Richtern keine Rechtfertigung, die gesetzlich gebotene Prüfung der Zulässigkeitsvoraussetzungen des Rechtsmittels oder einer Nichtzulassungsbeschwerde per „gerichtlicher Hausmeinung" weitgehend auszusetzen. **159**

Weitere Grenzüberschreitungen (außerhalb eines Strafverfahrens, das nach § 155 StPO geführt wird, bzw. eines „Deals" nach § 275 StPO und der §§ 153–153f., 154–154 f. StPO) erfolgen, wenn der Richter bei zulässiger Klage sich von dem Streitgegenstand löst, den der Kläger aufgrund seiner **Dispositionsbefugnis** mit seinem Antrag und dessen tatsächlicher Begründung befugtermaßen (hinreichend bestimmt) festgelegt hat, und der Richter sich auch im Verfahren nicht auf ihn zurückführen lässt. Er entscheidet dann **gesetzwidrig/grundrechtswidrig** über etwas, was die Parteien **seiner Entscheidungsmacht nicht unterstellt** haben. **160**

Das gibt es auch in der Weise, dass ein Richter „aus Anlass des Falles" gleich auch noch etwas **zu einer anderen Fallgestaltung „entscheiden"** will, die ersichtlich nicht vorliegt, zB um anderen Richtern mit seiner Meinung eine davon abweichende Entscheidung zu erschweren, auf den Rechtsverkehr einzuwirken oder schlicht, um Parteien zu „belehren". Das sind dann **gesetzwidrige Ausführungen**, weil der Richter für sie konkret kein gesetzlicher Richter ist, da sie die Entscheidung über den Streitgegenstand nicht betreffen. Sie sind zudem **keine Gerichtsentscheidungen,** weil sie nicht im Tenor „auftauchen", sondern nur in den Gründen und nichts zum Tenor sagen. Kein gesetzlicher Richter ist befugt, den Parteien ohne prozessgesetzliche Ermächtigung und ohne deren Einwilligung ungewollten Rechtsrat oder „Lebenshilfe" zu erteilen. **161**

Solche Verletzungen der Gesetzesbindung sind keine „obiter dicta" (beiläufige Bemerkungen). Diese sind nur begründungsergänzende Rechtsbemerkungen, welche die rechtliche Begründung nicht „tragen", also „beiläufig" sind, aber diese inhaltlich ergänzen. Sie können die tragenden Gründe in einen Verstehenshorizont einordnen, sie in einen Rechtsprechungszusammenhang stellen oder ihre Folgerichtigkeit zusätzlich erläutern etc. Vorsichtig und geschickt gebraucht, können sie die Akzeptanz bei den Parteien fördern. **162**

163 Den „obiter dicta“ steht eine **„Ankündigung einer Rechtsprechungsänderung“**[105] nahe, die nur ausnahmsweise und begrenzt gesetzmäßig sein kann. Es geht iW darum, dass Gerichte bei der Verkündung eines Urteils zugleich mitteilen, sie beabsichtigten eine tragende Rechtsnorm **zukünftig in anderer Auslegung** (oder nicht mehr) anzuwenden. Als Typen sind die starke und die schwache Ankündigung zu unterscheiden.

164 Bei einer sog „starken“ Ankündigung hat das Gericht die im konkreten Fall anzuwendende Gesetzesvorschrift in der **bisherigen ständigen Auslegung** angewandt, aber erkannt, dass sie mit dem Gesetz nicht (mehr) vereinbar ist und durch eine bestimmte andere Auslegung ersetzt werden müsse, die zu einem anderen Ergebnis führen würde. Die neue Auslegung hat es aber nicht angewandt, da dem entgegenstehe, dass die Beteiligten noch **rechtsstaatlich schutzwürdiges Vertrauen** in die bisherige Auslegung investiert hätten. In der Begründung wird mitgeteilt, weshalb man die alte Auslegung angewandt hat, obwohl sie nicht vorzugswürdig sei.[106] Bis hierhin ist das – strukturell gesetzmäßige – Rechtsprechung.

165 Nun kündigt das Gericht an, es werde „ex nunc“ **in allen zukünftigen Streitsachen** die neue Auslegung anwenden, auf die man sich einstellen könne.

166 In manchen gesetzlich nicht oder nur lückenhaft geregelten Rechtsgebieten kann es aus richterlicher Sicht rechtspolitisch tunlich sein, so auf das Verhalten von Rechtsteilnehmern/Verwaltungsträgern einzuwirken. Es gibt jedoch dafür **keine** (grund-)gesetzliche **Grundlage.** Es wird sogar **Rechtsunsicherheit** geschaffen, weil es insbesondere **keine (grund-)gesetzliche Garantie** dafür gibt, dass das Gericht künftig das jetzt Angekündigte wirklich anwenden wird. Der Richter ist auch in Zukunft unabhängig und nur dem Gesetz unterworfen, nicht aber früheren Ankündigungen. Es kann sein, dass zB künftig ein anderer Richter gesetzlich zuständig ist oder derselbe Spruchkörper (nach gerichtsinternen Bedürfnissen oder von außen gesteuert in neuer Besetzung oder) nach erneuter Prüfung künftig zur alten Auslegung zurückkehrt oder einen dritten Weg wählt.

167 Bei der **„schwachen“ Ankündigung** hält das Gericht es nur für mehr oder weniger möglich, dass die Auslegung künftig in noch zu klärender Weise geändert wird und spricht dies an. Das schafft nur **Rechtsunsicherheit** und steht allenfalls als eine „beiläufige Verunsicherungsbemerkung“ neben der tragenden Begründung. Das ist typischerweise nicht einmal ein obiter dictum und idR eine Grenzüberschreitung. Denn die Gesetzesauslegung eines Richters ist kein Gesetz; seine Erklärungen, was er künftig auslegen werde, haben keine gesetzliche (und keine gesicherte faktische) Grundlage, sie schweben ohne Rechtsgrundlage in der Luft.

---

[105] Weiterführend *Bittner* JZ 2013, 645 ff. mwN; zB eine sofortige Rspr.-Änderung: BGH Urt. v. 29.4.2020 – VIII ZR 355/18: Eine (bisher vom BGH als solche beurteilte) Zulässigkeitsvoraussetzung wird direkt zur Frage der Begründetheit gemacht.

[106] Richterliche Entscheidungen (Rechtsfolgenfestsetzungen) können rechtlich richtig, rechtlich falsch oder mehr oder minder *gesetzesnah,* also in unterschiedlichem Grad rechtlich „vorzugswürdig“ sein. Eine richtige Auslegung einer abstrakt-generellen Vorschrift garantiert nicht die Richtigkeit der Einzelfallentscheidung, die zumeist überwiegend von den (ggf. rechtmäßig) festgestellten entscheidungserheblichen Tatsachen abhängt und allenfalls bei Einzelfallgesetzen/Einzelpersonengesetzen nahezu „eindeutig“ aus der Norm allein folgerichtig hergeleitet werden kann. Aus rechtlich falschen Obersätzen folgt rechtlich nichts; das Urteil kann aber uU iE zufällig richtig sein.

Richterliche Grenzüberschreitungen drohen stets, wenn **Richter vergessen,** dass sie bei jeder ihrer hoheitlichen Handlungen gegenüber Personen im Prozess **selbst grundrechtsgebunden** sind. Sie handeln grundrechtswidrig, falls sie in die Schutzbereiche der Grundrechte der Beteiligten eingreifen, ohne von Schranken dazu wirksam ermächtigt zu sein, die dem jeweiligen Grundrecht genügen. 168

Nach **Art. 1 Abs. 3** binden die (nachfolgenden) **Grundrechte** auch die **„Rechtsprechung"** als **unmittelbar geltendes Recht.** Jede prozessrechtliche Verhaltensanordnung eines Richters an einen Beteiligten oder Dritten ist „automatisch" eine Beeinträchtigung eines Grundrechts-Schutzbereichs.[107] Jede Handlung steht unter den Schrankenvorbehalten der jeweils dadurch beeinträchtigten Grundrechte. 169

Die **Abweisung einer Klage als unzulässig** ist, falls richtig beurteilt, ggf. durch die Prozessgesetze gedeckt; hier wird idR das Recht auf Rechtsschutz, uU aber auch prozessrechtlicher Gehalt eines Grundrechts berührt. Sind die gesetzlichen Regelungen grundgesetzgemäß und reichen die Tatsachen für die Zulässigkeit nicht aus, hat der Richter für den Streitfall **keine Entscheidungsmacht.** Ist die **Klage unzulässig, darf er nicht zur Sache entscheiden.** Tut er dies (an Rechtsbeugung grenzend erklärtermaßen mit Vorsatz) gleichwohl, verletzt er seine Gesetzesbindung. Er nutzt Staatsgewalt, die ihm nicht übertragen wurde. Das „grenzt" an „Amtsanmaßung".[108] Diese selbständige objektive Grundrechtsverletzung kann uU nachträglich festgestellt werden. 170

Die **Verurteilung des Beklagten,** den ausgeurteilten Betrag zu zahlen, beeinträchtigt (zumindest) dessen Grundrecht auf allgemeine Handlungsfreiheit aus **Art. 2 Abs. 1.** Der Richter darf dieses **Handlungsgebot** nur auferlegen, wenn dies **in Bindung an ein Gesetz** (iS einer unter dem GG wirksamen Rechtsnorm zB aus nach dem BGB als wirksam anerkannten Vertrag) erfolgt, das Bestandteil der **verfassungsmäßigen Ordnung** ist. Das Prozessrecht und auch die materiellen Rechtsnormen, auch die des Zivilrechts,[109] genügen idR den Anforderungen dieser („einfachen") Schrankenbestimmung. Das könnte aber bei anderen Grundrechten durchaus problematischer sein. 171

„Vor jedem Gericht" können letztlich alle **„Gesetzesvorbehalte"** und **„Vorbehalte des Gesetzes"** für das amtliche Verhalten der **Richter** (auch gegenüber zB Zeugen und Sachverständigen etc) erheblich werden und uU die „Richtermacht" erheblich begrenzen. Alle staatlichen Gesetze und die von ihnen als rechtswirksam anerkannten privatautonom gesetzten Normen sind stets auch an die Organe der Rechtsprechung adressiert, die sie im Rechtsstreit vor Gericht auf ihre rechtliche Wirksamkeit und Anwendbarkeit prüfen und ggf. als Rechtsmaßstäbe anwenden müssen. Der Richter überschreitet seine Grenzen, wenn er ohne hinreichende (grund-)gesetzliche 172

---

[107] Das liegt für Beklagte, andere Beteiligte und Dritte auf der Hand, gilt aber auch für die Kläger, da diese allenfalls über ihre Befugnis zur Grundrechtsausübung verfügen können, nicht jedoch über den objektiven staatsadressierten Verpflichtungsgehalt des Grundrechts.

[108] *§ 132 StGB* schützt nur die augenscheinliche „Autorität" des Staates. Diese ist erst verletzt, wenn der Richter die Grenzen seiner Amtsbefugnisse bewusst derart überschreitet, dass seine Amtshandlung nach außen so erscheint, als nehme er ein anderes Amt wahr. Vgl. schon RGSt 58, 173 (176); BGHSt 3, 241 (244); 12, 85 (86).

[109] Alle hoheitlich und privatautonom gesetzten Regelungen, welche das Gesetz als wirksam anerkennt, sind Bestandteile des positiven Rechts, an das, soweit anwendbar, auch die Organe der Rechtsprechung als Maßstabsnormen gebunden sind (Art. 20 Abs. 3 Var. 3).

Bindung (analog zur „Ermächtigung") durch richterliche Akte in Grundrechte einer Person eingreift.

173 Solche Verletzungen drohen bei **allen Arten von Anordnungen** des verfahrensführenden Richters, aber auch bei sonstigem Amtshandeln **als faktischer Grundrechtseingriff,** zB in mündlichen Verhandlungen. Sie erfolgen bei der Gesetzesauslegung, falls zB die (im Zivilrecht sog **Dritt-) Wirkung von Grundrechten,** die Gebote zur strikten **Gesetzesbindung,** zur **verfassungsorientierten** oder sogar **verfassungskonformen** Auslegung oder die Grenzen einer Rechtsfortbildung nicht beachtet werden.

174 Bei der Normanwendung auf den Sachverhalt muss er die rechtsstaatlichen Vorgaben des Rechts auf **rechtliches Gehör** aus Art. 103 Abs 1, die anderen **„Justiz-Grundrechte",** die grundrechtsgleichen Rechte auf **Rechtsschutzgleichheit** und auf **prozessuale „Waffengleichheit"** (Art. 3 Abs. 1 iVm Art. 20 Abs. 3) und den rechtsstaatlichen Grundsatz der **Fairness** befolgen. Ferner muss er für einen **Rechtsfolgenausspruch,** der eine Partei zu einem Handeln verpflichtet, ua stets prüfen, ob die Anwendung der gesetzlichen Rechtsfolge im Einzelfall zB mit dem **Verhältnismäßigkeitsprinzip/ Übermaßverbot** zu vereinbaren ist. Nicht zuletzt sind alle **„Fachgerichte"** grundgesetzlich verpflichtet, den **primär ihnen obliegenden Grundrechtsschutz** rechtzeitig und effektiv zu gewährleisten.

175 Deshalb muss der Richter auch in Verfahren wegen **einstweiligen/vorläufigen Rechtsschutzes** grundsätzliche **„Waffengleichheit"** herstellen und auch dann die Gegenseite vorher einbeziehen **(anhören),** wenn die Entscheidung besonders dringlich ist und darum sogar ohne mündliche Verhandlung ergehen darf.[110]

176 Auch im **PKH-Verfahren** darf der Richter, trotz allen Drucks der Gerichtsverwaltung zur „kostengünstigen und möglichst schnellen Erledigung", das **für alle Bürger gleiche Recht auf Rechtsschutz** nicht verletzen. Er darf es nicht dazu benutzen, die Hauptsache „summarisch" bereits hier zu entscheiden, in dem er die „Erfolgsaussichten" in anderen als den wenigen offensichtlichen Fällen verneint oder gar „Mutwilligkeit" bejaht. Das PKH-Verfahren soll den sog **Justizgewährungsanspruch** jedes Bürgers, auch des Armen, nicht selbst erfüllen, sondern dessen Durchsetzung erst **ermöglichen.**[111] Deshalb dürfen bislang **ungeklärte Rechts- und Tatfragen** nicht im PKH-Verfahren entschieden werden, es sei denn, dass sich ausnahmsweise eine „eindeutig" klare Antwort schon aus dem Gesetz oder vorhandener Rechtsprechung aufdrängt.[112]

177 Verletzungen der Gesetzesbindung drohen stets auch bei sog **„richterlicher Rechtsfortbildung",** durch die der Richter sich selbst neue Maßstabsnormen gibt.

178 Das Bedeutungsfeld dieses Ausdrucks umfasst iW **zwei Grundtypen**[113] von **Rechtsprechungsänderungen,** die gesetzesimmanenten und die gesetzesergänzenden. Gemeinsam ist ihnen, dass der Richter eine in der Rechtsprechung bisher anerkannte richterliche Behauptung über das Bestehen oder den Inhalt einer Norm in einer bestimmten Rechtslage wegen einer Änderung in den für jene relevant gewesenen Umständen abändert oder ersetzt.

---

[110] BVerfG Beschl. v. 3.6.2020 – 1 BvR 1246/20, Rn. 1–28.
[111] Vgl. BVerfGE 81, 347 (357).
[112] BVerfG stattgeb. Kammerbeschl. v. 17.2.2020 – 1 BvR 3182/15, Rn. 13–15.
[113] In der tatsächlichen Anwendung überschneiden sich die Grenzbereiche der beiden Typen.

Bei einer **gesetzesimmanenten Rechtsfortbildung** entnimmt er dem **unveränderten Gesetzestext** nun wegen solcher Änderungen **andere Norminhalte.**[114] 179

Bei der **gesetzesergänzenden Rechtsfortbildung** erkennt der Richter aufgrund veränderter Umstände, dass ihm nun eine rechtlich gebotene gesetzliche Maßstabsregelung zur Fallentscheidung fehlt. Sodann entwickelt er aus Rechtsgrundsätzen des jeweiligen Rechtsgebiets und ggf. aus solchen des GG/der LVerf eine **neue Maßstabsnorm,** die er zwecks Wahrung der Rechtsanwendungsgleichheit wie eine gesetzliche Norm seiner Rechtsprechung zugrunde legt. 180

Beim ersten Grundtyp verhält sich der **Richter** wie ein weiterdenkender Reparaturgehilfe des Gesetzgebers, indem er das Gesetz „anwendbar" hält. Beim zweiten Grundtyp handelt er wie ein Ersatzgesetzgeber, der eine Maßstabsnorm zur Ausübung der ihm vom GG anvertrauten Rechtsprechung benötigt, sie aber vom zuständigen Gesetzgeber nicht/nicht rechtzeitig erhält. Er wirkt dadurch in beiden Fällen auf das faktische Rechtsleben der durch seine „Rechtsfortbildungen" Betroffenen ein. Dadurch wird er aber **nicht zum „Gesetzgeber".** Denn nach dem GG/den LVerf kann nur das gewählte Parlament Gesetze beschließen, niemand sonst.[115] Die Richter können keinen Gesetzesbeschluss fassen, sondern nur **„einstweilig"** sich **„maßstabsersetzende Hilfsnormen"** bilden oder gesetzliche Vorgaben „abrunden", bis der Gesetzgeber ggf. selbst handelt. 181

Eine **Verletzung der Gesetzesbindung „durch Rechtsfortbildung"** liegt vor, wenn der Richter seine Entscheidung auf eine von ihm unzulässig ergänzte, begrenzte oder gebildete Maßstabsnorm stützt. Dadurch greift er zugleich grundrechtswidrig jedenfalls in die **Handlungsfreiheit** des Bürgers ein. Denn **Art. 2 Abs. 1** gewährleistet jedem Bürger iVm **Art. 20 Abs. 3,** dass die ihnen gegenüber ergehenden Entscheidungen auf eine richterliche Rechtsauffassung gestützt sind, die sich in den Grenzen vertretbarer Auslegung und zulässiger richterlicher Rechtsfortbildung bewegt.[116] 182

3. Rechtsfortbildung – Auslegung – Gesetzesbindung. Das **Grundrecht auf gesetzesgebundene Richterentscheidung** (Art. 2 Abs. 1, 20 Abs. 3) schützt den Bürger vor richterlicher Eigenmacht. 183

Es ist verletzt, wenn der Richter seine Entscheidung (außer auf rechtmäßig festgestellte Tastsachen) auf (mindestens) einen normativen Obersatz stützt, der sich **nicht** aus einer „vertretbaren Gesetzesauslegung" oder „zulässigen Rechtsfortbildung" logisch folgerichtig ergibt. 184

Die Rechtsprechungsorgane müssen zwar uU das gültige Recht in Bindung an Gesetz und Recht **„fortbilden".** Dies ist zB den Gerichtshöfen des Bundes sogar ausdrücklich durch die Prozessgesetze aufgegeben. Der **Gesetzgeber muss** aber deshalb **nicht** auf einen von Richtern angenommenen „Änderungsbedarf" an einem Gesetz oder einer Rechtslage **direkt regelnd reagieren,** es sei denn, es geht in der richterlichen Norminhaltsveränderung um Grundrechtseingriffe oder Einwirkungen in die grundgesetzlichen Kom- 185

[114] Hierzu gehören auch typisch die Fälle der „Reduktionen" und der sog „Gesetzesanalogie", aber auch die meisten Fälle der sog „Rechtsanalogie", die beide an einen „planwidrig lückenhaften", aber vorhandenen Gesetzestext anknüpfen, soweit sie nicht nur auf „Lückenschließung", sondern wegen der Ändeungen auf Fortbildung des „lückenhaften" Gesetzes gerichtet sind.

[115] Vgl. Art. 77 Abs. 1 S. 1, Abs. 2 S. 5, 78.

[116] Vgl. BVerfGE 149, 126 (154 ff.); 128, 193 (206 ff.); 132, 99 (127 Rn. 73).

petenzen und andere Vorbehalte der Gesetzgebung und in die Verwaltungskompetenz der vollziehenden Gewalt. **Er darf und muss** die richterlichen Rechtsfortbildungen darauf **kontrollieren,** ob sie mit Art. 20 Abs. 3, 97 vereinbar sind, ihre Entwicklungen **beobachten** und ggf. grundrechtswidrig gewordene oder ihm unerwünschte Rechtsentwicklungen **korrigieren.**[117] Die **Rechtsprechungsorgane dürfen** jedoch **nie** ihre eigene materielle Gerechtigkeitsvorstellung an die Stelle derjenigen des Gesetzgebers setzen.[118]

186 Der **erkennbare Wille des demokratischen Gesetzgebers darf nie,** weder bei der Gesetzesauslegung noch bei einer rechtsfortbildenden Auslegungsänderung, also in keinem Fall, **übergangen oder verfälscht werden.**[119] Die Gerichte dürfen sich nicht dem vom Gesetzgeber, dh vom BT/LT, festgelegten Sinn und Zweck des Gesetzes entziehen, sondern müssen die gesetzgeberische Grundentscheidung respektieren. Jede mit dem Willen des Gesetzgebers unvereinbare Auslegung greift grundgesetzwidrig in die Kompetenzen des Gesetzgebers ein. Denn sie behauptet wahrheitswidrig, er habe etwas anderes angeordnet, als er in dem von ihm beschlossenen Gesetzestext tatsächlich verlautbart hat. Die **Gesetzesbindung des Richters** besteht in der Unterwerfung an unter die im Normtext zum Ausdruck gebrachte demokratische Entscheidung des Gesetzgebers, dessen Erwägungen zumindest teilweise in den Materialien dokumentiert sind.

187 Für die Erkenntnis dessen, was das vom BT/LT beschlossene Gesetz, das unter Mitwirkung anderer Staatsorgane zustande gekommene **Gesetz** zu welchem Zweck anordnet, und seines zugrunde liegenden Regelungskonzepts, kommt es zuerst auf den semantisch-grammatikalisch-sprachlogisch nachzuvollziehenden **Gesetzeswortlaut** an, dessen **auslegungsrelevanter Kontext** sich zum einen aus der rechtlichen **Gesetzessystematik** ergibt, in die er gestellt wurde, zum anderen und insbesondere aus seiner **Entstehungsgeschichte** im Gesetzgebungsverfahren an. Sie ist es, die idR erst den Verständnishorizont für den Wortlaut öffnet und iVm mit ihm den Änderungs- oder Bewahrungswillen des BT/LT erkennen lässt. Denn das parlamentarische Gesetz bezieht seine **Geltungskraft aus der demokratischen Legitimation der Volksvertretung,** dessen im Gesetzestext artikulierter, im Gesetzgebungsverfahren geformter Wille, den Inhalt des Gesetzes daher entscheidend bestimmt.

188 Die **Erkenntnis des Gesetzeszwecks/des Telos einer Norm** („teleologische Auslegung") steht nicht am Anfang der Auslegung, sondern fachgerecht immer erst am Ende des Auslegungsprozesses. Die Zweckfeststellung muss sich grundsätzlich folgerichtig aus richtiger Interpretation des Wortlauts, der Entstehungsgeschichte und der rechtlichen Systematik ergeben.

189 Jede Rechtsnorm, gleich welcher Rechtsquelle, zielt (Gesetzeszweck/Teleologie) für einen von ihr mehr oder minder genau umschriebenen Lebenssachverhalt darauf ab, dass er vom Adressaten in der durch die Rechtsfolge beschriebenen Art und Weise geändert oder gegen Veränderung bewahrt wird.

190 Bei defizitären Normsetzungen (Wortlaut: zB Formelkompromisse, im Vermittlungsausschuss (ohne bekannte Begründung entstandene) unklare Texte etc) oder (Entstehungsgeschichte: zB bei Irrtümern oder gezielten

[117] Vgl. BVerfGE 132, 99 (127 Rn. 74).

[118] BVerfGE 149, 126 (154 ff.); 118, 212 (243); 128, 193 (210); 132, 99 (127 f. Rn. 75); 134, 204 (238 Rn. 115).

[119] Dazu und zum Folgenden: BVerfGE 149, 126 (154) mwN; 128, 19 ff.; 122, 248 ff.

Täuschungen über Tatsachen etc) oder (Systematik: zB bei Verkennung des bisherigen Gesetzeszustandes oder der seit Jahren einheitlichen Rspr., bei Übersehen bindender/gesetzeskräftiger Entscheidungen des BVerfG zum Regelungsthema etc) muss der **Richter** notfalls verfassungskonform die verschiedenen Aspekte mit dem Ziel abwägen, den Text so auszulegen, dass der **Wille des historischen Gesetzgebers,** soweit erkennbar, möglichst weit zur Geltung kommt. Den Vorgang muss er in den Entscheidungsgründen offenlegen, damit der BT ggf. beurteilen kann, ob er mit dieser Auslegung einverstanden ist, sie auf Zeit duldet oder aber für die Zukunft abändert. Falls nicht einmal das möglich ist, muss er zum gleichen Zweck „rechtsfortbildend" eine Hilfsnorm als Maßstab formulieren und dies dem BT (LT) deutlich machen.

Für die **Prüfung der Entstehungsgeschichte** („historische Auslegung") **191** [120] sind idR insbesondere die Entwicklungen ua des Normtextes, der verschiedenen Sichten der Verfahrensbeteiligten auf die Problematik des Regelungsthemas und die von ihnen diskutierten Alternativen von Bedeutung.

Zu prüfen ist die **Begründung eines Gesetzgebungsantrags** eines Ini- **192** tiativberechtigten, insbesondere dann, wenn der vorgeschlagene Gesetzestext unverändert verabschiedet wurde. Das bedeutet aber, auch wenn der Antrag von der BReg kam und „deren Parlamentsmehrheit" zugestimmt hat, noch nicht, dass die BT-Mehrheit sich auch die dort genannten Antragsgründe zu eigen gemacht hat. Deshalb sind auch die darauf bezogenen **Stellungnahmen** von **BRat** (Art. 76 Abs. 2 S. 2) und **BReg** (Art. 76 Abs. 3 S. 2) sowie die **Stellungnahmen, Beschlussempfehlungen und Berichte der Ausschüsse** auszuwerten. Dasselbe gilt für die **Debattenbeiträge der Abgeordneten** in den Lesungen des BT. In solchen Materialien finden sich regelmäßig die im Verfahren als wesentlich erachteten Vorstellungen der am Gesetzgebungsverfahren beteiligten Organe und Personen. Sie lassen sich auch meistens der am Ende entstandenen Gesetzgebungsmehrheit oder der jeweiligen Minderheit zuordnen.

In der **Alltagspraxis** findet sich hierzu viel zu häufig nur die **grund-** **193** **gesetzwidrige** Annahme, die Gesetzesmaterialien bestünden nur aus der Antragsbegründung der BReg.

Auch jede **„Rechtsfortbildung"** genannte Änderung oder Ergänzung **194** einer Gesetzesauslegung muss sich in **die Zielvorstellung des Gesetzgebers einfügen,** die insbesondere in der historischen Auslegung gefunden wurde. Daher ist bei „neuen Gesetzen" praktisch idR sehr wenig Raum für Rechtsfortbildung. Bei **älteren Regelungen** zumal im privatrechtlichen Bereich kann es aufgrund von Änderungen der gesellschaftlichen Umstände, auf die ein Gesetz typisierend abgestellt hatte, dazu kommen, dass der **„Zweck des Gesetzes"** ohne anpassende Deutung von Tatbestandsmerkmalen oder von Rechtsfolgen nicht mehr so erreicht werden kann, **wie der Gesetzgeber ihn angestrebt hatte.** Gleiches kann bei gesellschaftlichen Wertvorstellungen geschehen, soweit das Gesetz diese wirklich in Bezug genommen hatte. Bei bloßer richterlicher Unwilligkeit, eine von manchen „Eliten" oder von Richtern nicht mehr geteilte Wertvorstellung gesetzmäßig auszuurteilen, läge Gesetzesungehorsam vor; dieser führte ggf. zu einer unzulässigen, grundrechtseingreifenden „Rechtsfortbildung".

---

[120] Zur Auslegung des Wortlauts → Rn. 110 ff.

195 Bei **„Rechtsfortbildung im GG"**[121] muss jeder Richter, auch das primär an das GG gebundene **BVerfG**[122], beachten, dass das GG **inhaltliche Änderungsbefugnisse nur abgestuft und begrenzt verliehen** hat.

196 Der **Verfassungsgeber** hat **alleinige Verfügungsmacht** über alle Bestimmungen des GG, auch über die für alle anderen Staatsorgane inhaltlich schlechthin „überführbaren" Normen des Kerngehalts des GG (dazu → Rn. 1–3). Verfassungsgeber ist ausschließlich das **Deutsche Staatsvolk.**

197 Der **Verfassungsgesetzgeber** darf den Kerngehalt des GG **nicht** einmal „berühren" (ua **Art. 79 Abs. 3**), er darf kein Grundrecht in seinem Wesensgehalt antasten **(Art. 19 Abs. 2)**, keine verfassungsdurchbrechenden Gesetze erlassen **(Art. 20 Abs. 3 Var. 1, 79 Abs. 1)** und muss deshalb verfassungsändernde Gesetze ausdrücklich mit einer Änderung des GG-Textes verbinden. Er muss GG-Änderungen mit mindestens den Mehrheiten nach **Art. 79 Abs. 2** beschließen und darf auch sonst im GG keine Normen setzen, welche die in Art. 1, 20 und 79 (gerade einschließlich Abs. 1) niedergelegten Grundsätze auch nur anrühren. Erst recht ist jedes „Knicken" des GG, ob mit oder ohne „Kompensation", vom GG verboten.[123]

198 Der **einfache Gesetzgeber** darf das GG **überhaupt nicht ändern,** auch dann nicht, wenn das GG ihn ermächtigt, durch Gesetz Näheres zu GG-Reglungen zu bestimmen. Falls ein Richter eine **Maßstabsnorm** bildet und seiner Rechtsprechung zugrunde legt, die **inhaltlich vom GG abweicht,** ist das **verboten.** Das gilt auch für das **BVerfG.** Soweit das BVerfG solches tun sollte, greift es inhaltlich in den Vorbehaltsbereich des Verfassungsgesetzgebers ein, bei Inhaltsänderungen zur Präambel und zu Art. 1, 20, 79, 146 setzt es sich **an die Stelle des Verfassungsgebers. Falls so etwas „aus der Not geboren" wäre,** müsste es begrenzt und auf Vorläufigkeit geschehen und **unverzüglich der Entscheidung des Verfassungsgebers** bzw. **des Verfassungsgesetzgebers unterworfen** werden. Es ist fraglich, ob in diesen Bereichen der teilweisen Ausschaltung des Kerns des GG und der gesetzesgebundenen Demokratie noch eine „Fehlerheilung" möglich sein wird.

199 Der **Richter** hat zu entscheiden, ob er die **streitige Rechtsfolge,** deren Ausspruch der Kläger aufgrund eines **konkreten Sachverhalts** von ihm begehrt, gesetzmäßig auszuurteilen hat. Seine **Maßstabsnorm** darf er wegen seiner ausschließlichen Gesetzesbindung nur in **„vertretbarer Auslegung"** oder nach **„zulässiger Rechtsfortbildung"** allein „dem Gesetz" entnehmen. Dabei ist die **erste Hauptfrage,** die er zu beantworten hat: **„Was wollte, was will der Gesetzgeber?"**[124] Welche **Lebenssachverhalte** wollte

---

[121] BVerfGE 113, 167 (200 ff.); 149, 126 (154 f.).

[122] Stellv. BVerfGE 89, 155 ff.

[123] Zu dieser zu wenig beachtenden Rspr. BVerfGE 151, 202; 142, 12 ff.; 131, 152 ff.; 129, 124 ff.; 126, 286 ff.; 123, 267 ff.; ferner bei Art. 93, 92.

[124] Dazu eingehend *Sehl,* Was will der Gesetzgeber? – Ziel und Methode rationaler Argumentation mit Gesetzesmaterialien, 2019, 197 ff. Allerdings ist diese den Kern treffend kennzeichnende Formulierung *„metaphorisch"* geprägt, da es keine natürlichen Rechtssubjekte gibt, die selbst „Gesetzgeber" sind. Das sind im strengen Sinn (außer dem Deutschen Staatsvolk) nur die Staatsorgane BT und LT, die aber keinen „Willen" haben. Sie können nur Texte beschließen, die einen normativen Sinn durch Anordnung einer Veränderung des Bestehenden oder deren Ablehnung haben, die sich aber fast immer nicht eindeutig allein aus dem Text erschließt. Von besonderer Bedeutung ist daher die Entstehungsgeschichte, die den primären für die Wortlautauslegung nötigen Kontext bietet. Dieser wird ggf. durch die tastende Einordnung in den Zusammenhang des Gesetzes (der Rechtslage) so weit komplettiert, dass man die Richtigkeit/Vorzugswürdigkeit von Auslegungshypothesen beurteilen kann.

er (abstrakt-generell) mit dem Normtatbestand erfassen und welche Änderung oder Abwehr einer Änderung dieser Sachverhalte wollte er mit der (hier umstrittenen) Rechtsfolge anordnen?

Bei der **Anwendung des Gesetzes** auf den **streitbegründenden Sachverhalt,** stehen dem Richter die möglicherweise erheblichen Tatsachen, wenn auch noch nicht endgültig festgestellt, schon bei der **normativen Maßstabsbildung** stets als Kriterium der möglichen Entscheidungserheblichkeit vor Augen. Umgekehrt kann sich mit fortschreitender **Auslegung** auch der Kreis der potentiell erheblichen **Tatsachen** verändern. Steht die aus dem Gesetzestext gewonnene Maßstabsnorm fest und hat er die nach den Prozessgesetzen erforderlichen und zulässigen Beweise erhoben und gesetzmäßig gewürdigt, stellt sich ihm die **zweite Hauptfrage:** „Erfüllen die aus der normativen Sicht entscheidungserheblichen und festgestellten **Tatsachen den Tatbestand?**". Ist dies der Fall, kann sich uU noch die Frage anschließen, ob es dem Gesetzeszweck entspricht, die (abstrakt gebotene) Rechtsfolge im konkreten Fall auszusprechen. 200

Dies darf der Richter erst nach Abschluss seiner fachgerechten (abstrakten und anwendungsbezogenen) Auslegung der vom Normgeber gesetzten Norm und nach gesetzmäßiger Feststellung der einzelnen normerheblichen Tatsachen beantworten. Dann hat er die Norm auf diesen Sachverhalt (abschließende Subsumtion) anzuwenden.[125] Erst jetzt hat er die sog „**demokratische Legitimation**", sein Urteil **„im Namen des Volkes"** zu sprechen. 201

Die Gesetzesbindung des Richters erfordert eine klare **Trennung der Funktionssphären a)** der **Rechtsschöpfung** (Rechtssetzung- und Rechtsänderung), die den nach dem GG anerkannten **Normsetzern** vorbehalten ist, von **b)** denen der **Rechtsprechung im Streitfall** (Rechtserkenntnis und Rechtsanwendung), die den **Richtern** anvertraut ist. Die **Exekutive** hat zur rechtmäßigen Verwaltung ebenfalls das geltende Recht zu erkennen und anzuwenden, muss dies jedoch primär unter den Vorgaben ihres Gestaltungsauftrags tun, den die Richter bei der Rechtsprechung nicht haben.[126] Falls Richter dem Gesetz eigenmächtig Norminhalte „einlegen", handelt es sich um „Kuckuckseier", welche die demokratische Identität und Legalität des Richterspruchs auch dann untergraben, wenn sie zB mit einem „höheren **diskursethischem Richtigkeitsanspruch**" auftreten.[127] 202

Die Gefahr der **Eigenmächtigkeit des Richters** gegenüber dem Gesetz ist schwierig abzuwehren, weil der Rechtsstaat auf die Unabhängigkeit der Richter angewiesen ist. **Weisungs- und Selbsteintrittsrechte** von Agenten „des Normgebers" oder der Gerichtsverwaltung etc wären eine **Rechtsregression.** Solches kommt (zB nach dem preußischen „Müller Arnold- 203

[125] Zu den einzelnen Themen und Abläufen von Auslegung und konkretisierender Anwendung im Rechtsstreit weiterführend *Möllers,* Juristische Methodenlehre, 2. Aufl. 2019, 107 ff., 253 ff., 477 ff.; der Richter wird die Gültigkeit eines ParlamentG wegen Art. 100 Abs. 1, 3 nur prüfen, falls diese Frage am Ende entscheidungserheblich ist; s. sehr kritisch zur Alltagpraxis im Rechtsstaat *Theurer,* Die Kunst, mit dem Gesetz umzugehen, 2019, 39 ff., 107 ff.

[126] Zu dieser schon von *Max Weber* herausgehobenen Unterscheidung *Gephart,* Gesellschaftstheorie und Recht, 1993, 517 ff.

[127] ZB *Alexy,* Theorie der juristischen Argumentation, 2. Aufl. 1991, 259 ff.; *Alexy,* Theorie der Grundrechte, 1986, 71 ff.; *Alexy,* Begriff und Geltung des Rechts, 1992, 46 ff.; *Alexy,* Juristische Interpretation, in Recht, Vernunft, Diskurs (Aufsatzsammlung), 1995, 71 ff. und *passim;* ähnlich etwa *Schwintowski* JA 1992, 102 ff.

Fall")[128] „eigentlich" nicht mehr in Betracht. Insbesondere sind die aus absoluten Herrschaftsordnungen bekannten Formen einer **„authentischen Interpretation"** unter dem GG verboten[129]. Zwar darf das Gesetzgebungsorgan Interpretationsnormen erlassen, in denen bestimmt wird, wie sein früheres Gesetz jetzt unterstellt als von Anfang an dies besagend zu verstehen sein soll. Aber auch ein solches Interpretationsgesetz unterliegt dem **„Rückwirkungsverbot"**[130].

204 Der **einzelne „einfache" Richter,** der sich mit einer eher übergroßen Anzahl von zu erledigenden Fällen und einer darauf drängenden Gerichtsverwaltung konfrontiert sieht, will fast nie selbst gegenüber dem Gesetz „eigenmächtig" handeln. Sein Trachten ist in erster Linie auf eine Erledigung einer erwarteten Zahl von Fällen in den Formen und Denkweisen gerichtet, die am jeweiligen Gericht und in der Gerichtsbarkeit als angemessene Routine anerkannt sind. Ferner will er seine Fälle idR nach seinem Erfahrungsstand und Rechtsgefühl gerecht entscheiden. Er will „seinen Dienst" verrichten.

205 Er ist beeinflussbar und sucht, insbesondere bei schwierigeren Fällen, nach Hilfe, insbesondere von „Autoritäten". Es besteht aber grundsätzlich **keine Bindung** an die **Rechtsprechung höherer Instanzen,** außer in den durch das Gesetz bestimmten Fällen, oder an eine **„herrschende Meinung".**[131] Er muss also seine Entscheidung „höchstpersönlich" verantworten. Fehlentwicklungen können auch mit der gerichtlichen **„Routine"** verbunden sein. Ein „**gesundes Judiz**" kann nur durch immer wieder erneut fachgerecht geprüfte Fälle mit kritisch kontrollierten Gewohnheiten erworben werden. Jedoch kann eine **ungeprüfte Routine** verbunden mit einer als „Judiz" missverstandenen **vorurteilsbehafteten Denkfaulheit** auch heute noch mit „Richter Adam" beim Zerbrechen des Kruges wetteifern.

206 **Trennungsscharfe Kriterien** für die Grenze einer „***vertretbaren Auslegung*** des Gesetzes" (einer „zulässigen Rechtsfortbildung) sind noch nicht entwickelt worden. Denn die richterliche **Rechtsfindung ist** durch die **Gesetze nicht determiniert.** Gesetze, die jedenfalls keine Einzelpersonen-/Einzelfallgesetze sind, **speichern keine Einzelfallentscheidungen.** Der normative Obersatz (Maßstab) für den Richterspruch ergibt sich idR nicht schon aus der Lektüre des Gesetzestextes. **Normen** sind mit den **Gesetzestexten nicht identisch.** Gesetzestexte scheinen eindeutig zu sein, wenn und solange sie von allen Auslegern gleich verstanden werden. **Eindeutigkeit** liegt nicht im isolierten Text, sondern wird ggf. durch die Ausleger erst **hergestellt.**[132]

207 Die **Gesetzesauslegung** nach Wortlaut, Entstehungsgeschichte, Systematik und Gesetzeszweck ist bei neuen Vorschriften zumeist ein vielschichtiger **Erkenntnisprozess,** in den idR auch **wertende Entscheidungen** einge-

[128] 1778/1779; er trug indirekt zu Art. 86 der Preußischen Verf. von 1850 bei, in dem die Unabhängigkeit der *Gerichte* dort erstmals positiviert wurde, vgl. § 1 GVG 1877.

[129] So auch BVerfGE 135, 1 (15 ff.); dazu näher *Meyer* FS 50 Jahre BSG, 2004, 221–244 mwN.

[130] Näher *Meyer* FS f. Schnapp, 2008, 153–179.

[131] BVerfGE 12, 67 (71); *Bergmann* EuR 2006, 101 ff.

[132] Dazu umfassend *Bock* Rechtstheorie 36 (2005), 449 ff.; skeptisch zur Möglichkeit rechtswissenschaftlicher Erkenntnis aufgrund eines unzweckmäßig verengten Wissenschaftsbegriffs *Kiesow* JZ 2010, 585 ff.; sachnäher *Hoerster* Rechtstheorie 41 (2010), 12 ff. (18); grdl. und anschaulich *Schnapp* JURA 2011, 422 ff.; diskursiv-verfahrensbezogene Vorschläge bei *Gruschke* Rechtstheorie 41 (2010), 35 ff.

bunden sind. Hinzu kommt, dass Gesetze **Normen sehr unterschiedlicher Natur** verlautbaren können.

Der Richter trifft schon bei der Bildung des Obersatzes aus dem Gesetzestext auf Schwierigkeiten, die er häufig nur durch einen **kreativen Nachvollzug** der Rechtsschöpfung des Normsetzungsorgans bewältigen kann. Die durch die Texte der Verfassung und der Gesetze verlautbarten je einzelnen **Normen** stehen von Anfang an nicht isoliert nebeneinander. Sie bilden ein **Normengeflecht** des positiven Rechts, das ihre jeweilige konkrete Bedeutung mitbestimmt **(normativer Kontext).** ZB ist anhand der **Entscheidungsregeln**[133] zu klären, ob der Richter der gesetzliche Richter und zur Sachentscheidung befugt ist. Sodann hat er es im Rahmen der Zulässigkeit mit den für die Streitbeteiligten maßgeblichen **Verhaltensregeln** zu tun, die für ihn **Maßstabsnormen** zur Beurteilung des Rechtsschutzbegehrens in der Sache sind. 208

Die **Auslegung des Wortlauts** birgt uU viele Fallstricke. Kein Text hat Bedeutung ohne seinen Kontext. Die **alltagssprachliche Klarheit** eines Gesetzestexts (zB Art. 3 Abs. 1) darf nicht mit der gebotenen **Normenklarheit** verwechselt werden. Gesetzestexte sind häufig sprachlich unklar. Sätze und die darin verwendeten Ausdrücke weisen oft hinsichtlich ihrer Bedeutungen **Mehrdeutigkeiten, Vagheiten**[134] oder keinen feststellbaren **semantischen Gehalt** auf oder sind sprachlich unvollständig, insbesondere schon grammatikalisch, häufig auch semantisch unterbestimmt. Gelegentlich werden **wertausfüllungsbedürftige Begriffe** verwendet, so dass der Richter insoweit die Norm erst selbst fertigen soll. Gelegentlich enthalten Gesetzestexte überhaupt keine Rechtsnorm. 209

Wenn ein Gesetzestext **sprachlich logisch klar** ist, kann gleichwohl **unklar** sein, **welche Norm er** verlautbart. Zur **Normenunklarheit** führt das Fehlen rechtlich notwendiger Bestandteile einer einfachsten Verhaltensregel (**normative Unterbestimmtheit**). Dass alle Menschen vor dem Gesetz **gleich** sind („emphatischer Indikativ" = sollen, zB Art. 3 Abs. 1), lässt offen, in welcher Hinsicht nach welchem Maß die nie ausräumbare reale Ungleichheit rechtlich unbeachtlich sein, abgelehnt oder sogar beseitigt werden soll. **Mindestkriterien** einer einfachsten **Verhaltensregel** sind die Kennzeichnung der Ausgangslage, des normerheblichen Handelns und des Zustands, der dadurch herbeigeführt oder beibehalten werden soll. Aus dem Gesetz muss sich aber auch noch der **Maßstab** ergeben, nach dem beurteilt werden soll, ob der Verhaltensadressat sich normgemäß verhalten hat. Diese Frage kann nur dann ohne Maßstabsregel beantwortet werden, wenn der Normadressat nicht einmal ansatzweise versucht hat, der Norm nachzukommen. 210

Man **kann jede Verhaltensregel nur mehr oder minder gut oder schlecht erfüllen,** zB das Rechtsfahrgebot.[135] **Mindestvoraussetzung** einer 211

---

[133] Hier ist noch nicht erheblich, ob man diese in Ermächtigungs-, Organisations- und Personalnormen unterscheiden sollte, wie *Adomeit/Hähnchen* vorschlagen: *Adomeit/Hähnchen,* Rechtstheorie für Studenten, 5. Aufl. 2008, 30 ff. mwN; denn alle Entscheidungsregeln haben höherstufige Geltungsregeln, deren Verletzung den von ihren Adressaten gesetzten Rechtsakt unabhängig von dessen Inhalt bereits als nicht zur Rechtsordnung gehörend, also als rechtswidrig, aber nicht notwendig als nichtig ausweist. Denn speziellere oder höherrangige Entscheidungsregeln können sogar die Wirksamkeit rechtswidriger Normen anordnen.

[134] Stellv. dazu *Schnapp,* Stilfibel für Juristen, 2004, 18 ff. mwN.

[135] Schon deshalb ist die Unterscheidung zwischen Verhaltensregeln und als Optimierungsgebote verstandenen Prinzipien schon im Ansatz verfehlt.

Maßstabsregel ist, dass zusätzlich zu den Voraussetzungen einer Verhaltensregel die **Maxime** (Vorzugsregel) verdeutlicht wird. Sie ist die **normative Regel,** die bewertet, weshalb der angestrebte Endzustand dem Ausgangszustand und weshalb das normerhebliche Verhalten anderem Verhalten vorzuziehen ist. Erst die Maxime ermöglicht die Beurteilung, ob ein Verhalten noch rechtmäßig ist, obwohl es von einer idealen Erfüllung des Normgebots mehr oder minder abweicht. In den Gesetzestexten wird der **Sach- oder Rechtsgrund der Vorzugsregel** selten ausdrücklich benannt, zumeist nur angedeutet. Allein dieser Grund ermöglicht die Bestimmung des **Grundsatzes,** der die Generalisierung der Maxime und deren Erstreckung auf andere Lebensbereiche und eine Gesetzesanalogie erlauben kann. Für eine **Rechtsanalogie,**[136] soweit diese nicht verboten ist, muss zuvor aus den Grundsätzen mindestens ein noch allgemeineres **Prinzip** gewonnen worden sein, dessen Wertung auch den zu entscheidenden Fall erfasst. IdR ermöglichen erst **Maxime und Grundsatz** die normativ hinreichend begründete folgerichtige Rechtsanwendung im Streitfall.

212 Die Anwendung des Grundsatzes der **„Einheit der Rechtsordnung"** darf bei der Auslegung nicht aus dem Blick geraten. Bei **Verweisungen auf andere Normensysteme** (zB Sittengesetz/Handelsbräuche etc) hat der Richter selbst systemfremde Normen festzustellen und, soweit rechtlich zulässig, in das Gesetz zu übernehmen. **Regelungslücken**[137] tun sich aber auch bei scheinbar abschließenden Gesetzen auf. **Widersprüche** unterschiedlicher Natur zeigen sich im Normengeflecht, logischen Widersprüche, die Wertungswidersprüche, Regelkonflikte zwischen verschiedenen Normen und reale Unvereinbarkeiten bei der faktischen Regelbefolgung. Dazu gehören auch die **normativen Auslegungsvorgaben,** die den Auslegungskontext mitbestimmen, zB die Ausgangsvermutung, dass der BT kein launischer Monarch ist, sondern seine Gesetze in das vorhandene Gefüge gültiger Rechtsregeln einordnet, soweit er es nicht erklärtermaßen verändert. Zudem muss der Richter selbst wertend beurteilen, ob einer dieser Mängel vorliegt.

213 Wegen des faktischen Vorrangs der Entscheidungsregeln vor den Erkenntnisregeln (sog **Präponderanz der Entscheidungsregeln**)[138] verschwimmen in der richterlichen Alltagspraxis die Grenzen zwischen Rechtserkenntnis und Rechtsschöpfung. Es gibt also faktisch einen **Graubereich,** der manchen zu methodischer Beliebigkeit verleitet. Gegen vorsätzliche bewusste oder unbewusste fahrlässige Gesetzesverletzungen des Richters hilft natürlich keine Methodik.

214 Der Richter muss auch die ihm eingeräumten Freiräume[139] zur **Normenkonkretisierung** ausgestalten, soweit nicht Verfassung und Gesetze dies anderen Staatsorganen vorbehalten.[140] Dies steht grundsätzlich ebenfalls unter dem Erfordernis der **Wahrheit.**[141] Nach der Eigenart dieses Erkenntnisvorgangs gibt es hier einen **Wahrheitsraum,** in dem es mehr oder minder wahre Auslegungshypothesen gibt, weil es für manche von mehr oder weniger gute juristische Sachgründe gibt.

---

[136] Vgl. *Hemke,* Methodik der Analogiebildung im öffentlichen Recht, 2006.
[137] *Kudlich/Christensen* JZ 2009, 943–949.
[138] Stellv. *Schnapp,* Amtsrecht und Beamtenrecht, 1977, 109 ff. (112) mwN.
[139] Stellv. *Brohm* JZ 1995, 8 ff.
[140] Vgl. *Thienel,* Kritischer Rationalismus und Jurisprudenz, 1991, 165 ff., 183 ff.
[141] *Jung* JZ 2009, 1129 ff.; destruktiv zur „Wahrheit im Recht" *Patterson,* Recht und Wahrheit, 1999, (Law and Truth;1996), 53 ff.; *Meyer* JuS 1973, 202–204.

Daher kann **jede rechtsdogmatische These** inhaltlich **wahr, unwahr** 215
oder **mehr oder weniger wahr** sein.[142] Demgegenüber muss der Richter zweiwertig entscheiden, ja oder nein, die begehrte Rechtsfolge aussprechen oder dies (ganz oder teilweise) ablehnen. Diese **Reduktion** der Komplexität darf aber **erst im Richterspruch** stattfinden, nicht schon bei der Rechtssuche. Die **Auslegung,** die den Richterspruch trägt, ist im Einzelfall **materiell vertretbar,** wenn sie weder unwahr/falsch noch nach der Maßstabsregel unzweifelhaft weniger wahr als jede andere ist. Auf jeder Ebene der **Aussagen über Normen und Gesetzestexte** gilt auch für den Richter das Gebot der **logischen Wahrheit,** der Folgerichtigkeit (sog Denkgesetze).[143]

Der Richter muss somit idR seinen **normativen Obersatz** für seine Fall- 216
entscheidung aus dem auslegungsbedürftigen Gesetzestext entwickeln. Man kann daher bildhaft sagen, dass bei dessen Herstellung das (vorrangige) Normsetzungsorgan und der Richter insoweit gestuft „arbeitsteilig zusammenarbeiten".[144]

Eine rechtswissenschaftliche **juristische Methodik**[145], die den Richter 217
(oder seinen Kritiker) relativ **sicher zum „richtigen" oder jedenfalls vertretbaren Rechtsfolgenausspruch führen** könnte, ist nicht vorhanden.[146] Die auf Friedrich Carl von Savigny[147] zurückgehenden vier juristischen „Auslegungsmethoden" (historische, grammatische, logische und systematische) und die später hinzugefügte „teleologische Methode" sind keine wissenschaftlichen „Methoden", sondern Prüfungsaufforderungen. Diese **„anerkannten juristischen Methoden"**[148] deuten **Auslegungsaufgaben** an, zeigen aber keinen sicher beschreitbaren Weg zu deren Lösung auf.

„Gesetz und Recht" iSv Art. 20 Abs. 3 bilden **keine Tautologie,** 218
Art. 97 Abs. 1 verkürzt die Rechtsbindung des Richters nicht.[149] Die Abweichung des Textes von Art. 102 WRV (und von § 26 DRiG) ist nicht

---

[142] *Schuhr* JZ 2008, 603 ff.

[143] Stellv. dazu *Schneider/Schnapp,* Logik für Juristen,7. Aufl. 2016, 93 ff.; *Röhl/Röhl,* Allgemeine Rechtslehre, 3. Aufl. 2008, 123 ff. Für Schlüsse zwischen Aussagen über Normen oder Gesetzestexte reicht die „klassische Logik" im Regelfall des juristischen Alltags aus, deren Folgerichtigkeit zu beurteilen. Soweit die Aussagen aber über logische Beziehungen zwischen den Sollensinhalten der Normen gemacht werden, kann deren logische Wahrheit nur nach deontischer Logik beurteilt werden.

[144] Insoweit zutr. *Christensen,* Was heißt Gesetzesbindung? 1989, 290 ff.; *Müller,* Juristische Methodik, 4. Aufl. 1990, 138: Gesetzesbindung als methodische Erschwerung und Disziplinierung der Herstellung der Rechtsnorm.

[145] Der aktuelle Stand findet sich bei *Möllers,* Juristische Methodenlehre, 2. Aufl. 2019, 10 ff., der sie primär als *Legitimations- und Argumentationslehre* versteht, also primär gerade nicht den Weg zum Auslegungsergebnis anzielt, sondern die nachträgliche „Überzeugungsvermittlung", also die Rhetorik zur Akzeptanz des Entschiedenen und dessen „Vorwirkungen" verdeutlicht; *Sehl,* Was will der Gesetzgeber? – Ziel und Methode rationaler Argumentation mit Gesetzesmaterialien, 2016, 44 ff.

[146] Stellv. *Hassemer* Rechtstheorie 39 (2008), 1 ff.; *v. Arnauld* Rechtstheorie 32 (2001), 465 ff.; *Rüthers* Rechtstheorie 40 (2009), 253 ff.; *Rüthers* JZ 2006, 53 ff.; *Rüthers* JZ 2008, 446 ff.; *Dahl* ZSteu 2006, 334 ff.; *Müller,* Juristische Methodik, 4. Aufl. 1990, 21 ff.; *Bydlinski,* Juristische Methodenlehre und Rechtsbegriff, 2. Aufl. 1991; *Pawlowski,* Methodenlehre für Juristen, 2. Aufl. 1991; *Smid,* Richterliche Rechtserkenntnis, 1989; *Thienel,* Kritischer Rationalismus und Jurisprudenz, 1991, 183 ff.

[147] *Jochum* NJW 2004, 568 (570 f.).

[148] Sie werden im Jura-Kurzstudium kaum noch gelehrt und geübt: *Rüthers* JuS 2011, 865 ff. Weg von der richterlichen Gesetzesunterworfenheit führen die fachfremden „Methoden" der ökonomischen und/oder ökologischen „Analyse" des Rechts; s. dazu stellv. *Wielsch* JZ 2009, 67 ff.; *Möllers,* Juristische Methodenlehre, 2. Aufl. 2019, 191 ff.

[149] Stellv. BVerfGE 1, 14 (18); 22, 387 (423).

zufällig und „tendiert“[150] auch nicht zu einer Tautologie. Auch die in GG-Texte gegossenen, von manchen als „Glaubensbekenntnisse“ gewerteten Rechtsansichten des Verfassungsgebers (oder des GG-gemäß handelnden Verfassungsgesetzgebers), müssen als geltendes Verfassungsrecht aufgefasst werden, denn unter **„Recht“** sind hier alle unter dem GG gültig gesetzten Normen und das damit vereinbare Richterrecht sowie nicht zuletzt die im Einzelnen unbenannten, unverletzlichen und unveräußerlichen Menschenrechte[151] iSd Art. 1 Abs. 2 zu verstehen, die das GG auch als Grundlage des deutschen Staates anerkennt.

219 Darüber hinaus wurde gegen einen **weltanschaulichen Rechtspositivismus** Stellung genommen, dem man im Wesentlichen zu **Unrecht** den Rechts- und Moralverfall vieler „führender“ Juristen in der Nazidiktatur anlastete. Die aber waren dem wissenschaftlich-methodologischen Ansatz dieser Rechtstheorie faktisch ohnehin nicht gefolgt. Das Recht erschöpft sich nicht in der Normsetzung und Normanwendung. Der Satz „Gesetz ist Gesetz“ greift zu kurz. Denn das „Gesetz“ ist „nicht nur Gesetz“, sondern enthält unter dem GG eine moralischen Aufforderung.[152] Die Bindung **auch** an das Recht verpflichtet den **Richter,** mit der **Möglichkeit von Gesetzen ohne Rechtswert** zu rechnen, sie nach den Vorgaben des Grundgesetzes zu behandeln und im Extremfall, welcher der Widerstandssituation entspricht, auch nicht zu befolgen.[153]

C. Kritische Würdigung

220 In Art. 97 hat der **Verfassungsgeber** die absolute Gesetzesbindung des Richters, aller Rechtsprechungsorgane, und damit der rechtsprechenden Gewalt als Kernelement des Rechtsstaats iSd GG als Konkretisierung der Art. 20 Abs. 2 S. 2, 101 Abs. 1 S. 2 im Grundsätzlichen umfassend in Gesetzesunterworfenheit und sie schützender Unabhängigkeit ausgestaltet. Das **BVerfG** hat inzwischen nahezu alles Grundsätzliche hierzu geklärt.

221 Leider wird diese Grundsatznorm **verfassungswidrig** immer noch nicht durch die nach Art. 98 Abs. 1, 3 gebotenen **besonderen Gesetze über die Rechtsstellung der Richter** in Bund und Land vervollständigt. Die weiten Felder der exekutiven Rechtsprechungssteuerung, die Regelung der Abgrenzung uU zulässiger Eingriffe der anderen Gewalten, die Verteidigung der Unabhängigkeit aller Rechtsprechungsorgane gegen Übergriffe in die Aufgabenbereiche dieser Organe, die wichtigen Themen der Zusammenarbeit von Gericht und Gerichtsverwaltung, die Beförderungs- und Beteiligungsprobleme und vieles mehr harrt der spezialgesetzlichen Regelung.

222 Damit die **Steuerung der Rechtsprechung** durch andere staatliche Stellen (immer besser) funktioniert und der indirekte und direkte Einfluss durch Dritte möglichst erhalten bleibt, scheint es besser zu sein, die gebotenen Gesetze nicht zu erlassen und alles iW bei den Machtzuständen zu belassen, die „seit Kaisers Zeiten“ im deutschen „Justizwesen“ herrschen.

[150] So *Schnapp* in v. Münch/Kunig, 6. Aufl. 2012, Art. 20 Rn. 61.

[151] Zur ungeklärten Natur: *Schilling* Der Staat 59 (2020), 75 ff.

[152] Zu einigen theoretischen Hintergründen: *Detjen,* Pluralismus und Naturrecht, GS f. *Tröndle* 2019, 41 ff.; *Hoerster* Der Staat 58 (2019), 389 ff.; *Höffe* Der Staat 58 (2019), 275 ff.

[153] Dieser Befehl wirkt sich nur dann als Rechtfertigungsgrund aus, wenn die Situation wirklich vorliegt und soweit die grundgesetzliche Ordnung sich, vor allem iE, durchsetzt.

Darum wird Art. 97 eine **Fundamentalnorm,** wie eine schlichte Regelung zur Einzelentscheidung benützt, denn Streitentscheidungsnormen fehlen. 223

Es wird so sein, dass es um die absolute Gesetzesbindung der **Richter in anderen Staaten,** auch in vielen europäischen Staaten, deutlich schlechter bestellt ist als derzeit noch in Deutschland. 224

Jedoch ist der Maßstab des GG aufgrund der **spezifisch deutschen Erfahrungen mit der Rechtsprechung** im „Kaiser- und im Führerreich" deutlich höher und strenger angelegt. Für ein weiteres Zaudern der vom GG zur Gesetzgebung verpflichteten Gesetzgeber gibt es keine Rechtfertigung. 225

Literatur

A. von Arnauld, Justizministerium und Organisationsgewalt, AöR 124 (1999), 658. – ***P. Burow,*** Justiz am Abgrund, 2018. – ***R. Christensen,*** Was heißt Gesetzesbindung? 1989. – ***Ch. Dästner,*** Selbstverwaltung der Gerichte als Voraussetzung ihrer Unabhängigkeit im schlanken Staat?, RuP 2002, 106. – ***D. O. Effer-Uhe,*** Die Bindungswirkung von Präjudizien, 2008. – ***K. Eichenberger,*** Die richterliche Unabhängigkeit als staatsrechtliches Problem, 1960. – ***A. Engländer,*** Diskurs als Rechtsquelle? 2002. – ***Th. Fischer,*** Über das Strafen, 2018. – ***J. Gnisa,*** Das Ende der Gerechtigkeit, 2017. – ***T. H. Groß,*** Ökonomisierung der Verwaltungsgerichtsbarkeit und des Verwaltungsprozessrechts, VerwArch 34 (2001), 371. – ***E. Hirsch,*** Zur juristischen Dimension des Gewissens und der Unverletzlichkeit der Gewissensfreiheit des Richters, 1979. – ***S.-P. Hwang,*** Die Bindung des Richters an Gesetz und Recht: Richterliche Entscheidung nach dem richtigen Recht oder der rechtlichen Rahmenordnung, Rechtstheorie 38 (2007), 451 ff. – ***P. Kaufmann,*** Zur Konstruktion des Richterberufs durch Richterbilder, 2003. – ***M. Klatt,*** Theorie der Wortlautgrenze, 2004. – ***B. Kramer,*** Das neue Steuerungsmodell und die Unabhängigkeit der Richter, ZZP 114 (2001), 267. – ***B. Kramer,*** Modernisierung der Justiz – Das Neue Steuerungsmodell, NJW 2001, 3449. – ***E. A. Kramer,*** Juristische Methodenlehre, 3. Aufl. 2010. – ***U. Kranenpohl,*** Die Bedeutung von Interpretationsmethoden und Dogmatik in der Entscheidungspraxis des Bundesverfassungsgerichts, Der Staat 48 (2009), 387 ff. – ***W. Krawietz/M. Morlok*** (Hrsg.), Vom Scheitern und der Wiederbelebung juristischer Methodik im Rechtsalltag – ein Bruch zwischen Theorie und Praxis?, Sonderheft Rechtstheorie 32 (2001) Heft 2/3, 141 ff. – ***R. Lamprecht,*** Vom Mythos der Unabhängigkeit. Über das Dasein und Sosein deutscher Richter, 1995. – ***J. Neuner,*** Die Rechtsfindung contra legem, 1992. – ***N. Oberheiden,*** Das Richterbild des Common Law, DRiZ 2009, 332 ff. – ***G. Oberto,*** Richterliche Unabhängigkeit – Rechtsvergleichende Betrachtung einer institutionellen Ausgestaltung in den Ländern Europas, ZRP 2004, 207 ff. – ***R. Ogorek,*** Richterkönig oder Subsumtionsautomat? 1986. – ***A. Ohly,*** Generalklausel und Richterrecht, AcP 201 (2001), 1. – ***M. Reinhardt,*** Konsistente Jurisdiktion, 1997. – ***M. Rheinstein,*** Wer wacht über die Wächter?, JuS 1974, 409. – ***H. K. J. Ridder,*** Empfiehlt es sich, die vollständige Selbstverwaltung aller Gerichte im Rahmen des GG gesetzlich einzuführen?, Verhandlungen des 40. DJT, Band I, 1953, 91. – ***G. Roellecke,*** Die Bindung des Richters an Gesetz und Verfassung, VVDStRL 34 (1976), 7. – ***K. F. Röhl/H. Ch. Röhl,*** Allgemeine Rechtslehre, 3. Aufl. 2008, 10. Kapitel, Zur juristischen Methode. – ***B. Rüthers,*** Demokratischer Rechtsstaat oder oligarischer Richterstaat?, JZ 2002, 365. – ***Th. Schleif,*** Urteil:Ungerecht, 2019. – ***C. Schütz,*** Der ökonomisierte Richter, 2005. – ***R. Seinecke,*** Richtige Reinheit oder reine Richtigkeit? – Rechtslehren nach *Hans Kelsen* und *Karl Larenz,* JZ 2010, 279 ff. – ***D. Simon,*** Die Unabhängigkeit des Richters, 1975. – ***Ch. Starck,*** Die Bindung des Richters an Gesetz und Verfassung, VVDStRL 34 (1976), 43. – ***G. Steinberg,*** Richterliche Gewalt und individuelle Freiheit, 2010. – ***K. Stern,*** Die Rechtsprechung als Rechtsvollzug und als Rechtsschöpfung, in N. Achterberg (Hrsg.), Rechtsprechungslehre, 1986, 491. – ***A. Wallkamm,*** Generalklauseln – Normen im Spannungsfeld von Flexibilität und Rechtsstaatswidrigkeit, Rechtstheorie 39 (2008), 507 ff. – ***H.-J. Wassermann,*** Ein Kodex der Minimalgrundsätze richterlicher Unabhängigkeit, DRiZ 1982, 338. – ***F. Wittreck,*** Die Verwaltung der Dritten Gewalt, 5. Teil, Selbstverwaltung der Dritten Gewalt als Königsweg?, 2006.

Art. 98 [Rechtsstellung der Richter]

(1) Die Rechtsstellung der Bundesrichter ist durch besonderes Bundesgesetz zu regeln.

(2) [1] Wenn ein Bundesrichter im Amte oder außerhalb des Amtes gegen die Grundsätze des Grundgesetzes oder gegen die verfassungsmäßige Ordnung eines Landes verstößt, so kann das Bundesverfassungsgericht mit Zweidrittelmehrheit auf Antrag des Bundestages anordnen, daß der Richter in ein anderes Amt oder in den Ruhestand zu versetzen ist. [2] Im Falle eines vorsätzlichen Verstoßes kann auf Entlassung erkannt werden.

(3) Die Rechtsstellung der Richter in den Ländern ist durch besondere Landesgesetze zu regeln, soweit Artikel 74 Abs. 1 Nr. 27 nichts anderes bestimmt.

(4) Die Länder können bestimmen, dass über die Anstellung der Richter in den Ländern der Landesjustizminister gemeinsam mit einem Richterwahlausschuss entscheidet.

(5) [1] Die Länder können für Landesrichter eine Absatz 2 entsprechende Regelung treffen. [2] Geltendes Landesverfassungsrecht bleibt unberührt. [3] Die Entscheidung über eine Richteranklage steht dem Bundesverfassungsgericht zu.

Weimarer Reichsverfassung von 1919

Zu Art. 104 s. vor Art. 97

Übersicht

A. Allgemeine Bedeutung

I. Gewaltentrennung – Keine Verschränkung mit Rechtsprechung

Art. 98 ergänzt die **Grundlagennormen** des **Art. 97.**[1] Dieser regelt den **staatsorganisationsrechtlichen Kerngehalt** der **„besonderen Organe der Rechtsprechung"** (Art. 20 Abs. 2 S. 2), nämlich das, was sie wesentlich und abschließend unterscheidet von den beiden anderen Staatsfunktionen der Gesetzgebung und der vollziehenden Gewalt. Das ist die alleinige Wahrnehmung von Rechtsprechung in ausschließlicher Gesetzesbindung aller mit der Organisation, Verteilung und Wahrnehmung von Rechtsprechungsaufgaben befassten Richter, die zudem nach **Art. 92, 101 Abs. 1 S. 2** ausnahmslos selbst ein konkretes Richteramt als **„gesetzliche Richter"** ausüben müssen (der Rechtsprechungseinheit **„Gericht" mit institutioneller Unabhängigkeit**)[2]. 1

Art. 97 dient primär der Garantie der **alleinigen und absoluten Gesetzesunterworfenheit der Rechtsprechung** durch strikte Trennung dieser Staatsgewalt von beiden anderen (ohne „Gewaltenverschränkung") und mittels Unterwerfung aller Richteramtswalter ausschließlich unter das Gesetz. Die **vollziehende Gewalt hat keine Organisationsgewalt und keine originäre Personalhoheit im Bereich der Rechtsprechung.** Alles für die Rechtsprechung Wesentliche muss der Gesetzgeber in besonderen Gesetzen regeln, gerade auch die gesamte Rechtsstellung der Richter. Den anderen Staatsgewalten werden alle Einwirkungen Dritter (mit engen und organisatorisch unvermeidbaren Ausnahmen) auf die Rechtsprechungsorgane „Gericht", Spruchkörper und auf den einzelnen gesetzlichen Richter verboten, einschließlich aller indirekten Einflussnahmen. Daher schließt **Art. 97 Abs. 2** insbesondere auch **schwere individuelle Eingriffe in den Bestand und in die Änderung des Inhalts des Amtswalterverhältnis grundsätzlich aus,** die durch die vollziehende Gewalt und Gesetzgebung mittels Entlassung, Amtsenthebung oder Versetzung drohen könnten.[3] 2

Diese **Vorgaben prägen die gesamte persönliche Rechtsstellung** jedes gesetzlichen Richters. Sein **Amtswalterverhältnis** unterscheidet sich fundamental von dem der Beamten oder anderer Staatsdiener, da es allein von Gerichtsverfassungs- und Prozess- und materiell-rechtlichen Gesetzen sowie von anderen gültigen Normen bestimmt ist; ihnen allein muss er gehorchen. Das durchdringt auch sein **persönliches Dienstverhältnis** zum Staat, seinem Dienstherrn, der nur durch seine Gesetzgebungs- und Verwaltungsorgane und Amtswalter handeln kann. Diese Organe und Amtswalter dürfen in keiner Weise Einfluss auf seine Amtstätigkeit als gesetzlicher Richter nehmen. 3

Das **GG** regelt nur **Teilaspekte** der **Konflikt**- und **Spannungsfelder** zwischen den Aufgaben und Amtswaltern insbesondere der vollziehenden Gewalt und dem gesetzlichen Richter. Es lässt die generellen und insbesondere die alltäglichen Auswirkungen im **„Überlappungsbereich"** beider Staatsfunktionen unbehandelt. 4

[1] Ebenso BVerfG 148, 69 (86).

[2] § 1 GVG idF seit 1877, der allerdings unter dem GG insgesamt nur nach verfassungskonformer Auslegung gültig ist, kennt schon den Ausdruck „unabhängige Gerichte".

[3] Nicht bei Auftrags- und Proberichtern.

5 Hier setzt **Art. 98** an. Er gebietet Bund und den Ländern, (nicht etwa „Gesetze", sondern) **jeweils ein besonderes Gesetz** über die Rechtsstellung ihrer Richter zu erlassen, in dem sie gerade auch die kritischen „Überlappungsbereiche" spezifisch ausgestalten müssen. Art. 97 enthält eine objektiv-rechtliche **Verpflichtung für den parlamentarischen Gesetzgeber,** bei **Erfüllung des Regelungsauftrags gemäß Art. 98 Abs. 1, 3** den besonderen verfassungsrechtlichen Status der sachlichen und persönlichen Unabhängigkeit zu konkretisieren und zu entfalten.[4]

6 Ergänzt wird dies durch die Festschreibung der **Verfassungstreuepflicht** aller Richter, die mit der **Richteranklage** vor dem BVerfG sanktioniert wird. Zudem wird allen Ländern erlaubt, einen **Richterwahlausschuss** bei der Anstellung der **Landesrichter** gemeinsam mit dem Landesminister entscheiden zu lassen.

7 **Art. 98** gilt seit dem Beginn des 24.5.1949 in der heutigen Fassung, mit Ausnahme des **Abs. 3 Hs. 2,** an dessen Stelle anfangs ein S. 2 stand: „Der Bund kann Rahmenvorschriften erlassen". Im **Parlamentarischen Rat** wurden insbesondere die **Rechtsstellung der Bundesrichter,** die **Richtertreuepflichten mit Richteranklage** und die Beteiligung von **Richterwahlausschüssen** in den Ländern intensiv diskutiert. Dem Parlamentarischen Rat und der folgenden Systematik der Art. 92 bis 100 standen bei den Abs. 1, 2 **alle hauptamtlichen Bundesrichter** iSv Art. 94, 95 und 96 vor Augen, soweit nicht in Art. 94 Abs. 1, 95 Abs. 2 Spezialregelungen vorgesehen waren, also auch die Bundesrichter am BVerfG und am geplanten Obersten Bundesgericht. **Art. 94 Abs. 2** spricht iÜ selbst nicht davon, dem Bund eine gesonderte Gesetzgebungskompetenz darüber zu verleihen, die Rechtsstellung der Bundesrichter am BVerfG anders als die der anderen Bundesrichter und gesondert davon zu regeln.

II. Grundgesetzliche Sonderstellung der Bundesrichter am BVerfG?

8 Die spätere weitgehende **Herausnahme der Bundesrichter am BVerfG** aus dem Art. 98 Abs. 1 und 2 erfolgte erst aufgrund der Beratungen, die zum **BVerfGG v. 16.4.1951** führten und in denen die Erwägungen bereits erheblich wurden, welche die Bundesrichter am BVerfG später („rechtsgutachtlich") in der **„sog Status-Denkschrift"** vortrugen, die **erst** am **27.6.1952** veröffentlicht wurde[5]. Deren Inhalt wurde schon vorher der BReg und dem BT vorgestellt und von Verfassungsrichtern erläutert.

9 Darin erkannten die ersten **Bundesverfassungsrichter** dem BVerfG und sich selbst als dessen Richteramtswaltern eine **herausgehobene Sonderstellung im Staatsgefüge** und auch gegenüber den anderen Richtern zu. Sie kennzeichneten die Sonderstellung des BVerfG, das nach dem GG **„Staatsgerichtshof"** war und (damals noch nicht, dann einfachgesetzlich durch § 90 BVerfGG, schließlich durch Art. 93 Abs. 1 Nr. 4a GG) **„letztverbindliches GR-Gericht"** wurde, mit der grundgesetzfremden **Bezeichnung** des BVerfG als **„Verfassungsorgan",** das ein allen übrigen „Verfassungsorganen" gegenüber selbständiger und unabhängiger Gerichtshof des Bundes sei (so dann auch § 1 Abs. 1 BVerfGG).

10 Die „Sonderstellung" wurde iW aus den **„Hauptfunktionen" des Gerichts im Staatsgefüge** und daraus gezogenen Thesen „hergeleitet". Nur

[4] BVerfGE 148, 69 (90).
[5] JöR nF 6 (1957), 144.

dieses Gericht müsse iW über das **für die „anderen Verfassungsorgane“** (=obersten Bundesorgane und uU deren Unterorgane) **verbindliche Verfassungsrecht** abschließend entscheiden. Das erfordere gerade auch die **besondere institutionelle Unabhängigkeit des BVerfG** gegenüber allen obersten Bundesorganen. Dessen Richter seien deshalb besonders gegen Einwirkungen aus diesem Bereich abzusichern. Als **Mitglieder des BVerfG** hätten sie ihr Amt **unabhängig** (so ohnehin Art. 97) wahrzunehmen und dürften deshalb **keiner Dienstaufsicht** unterliegen, die es sonst Organwaltern der Exekutive erlaubt, Richtern ggf. (unter Wahrung ihrer sachlichen Unabhängigkeit) eine ordnungswidrige Art der Ausführung eines Amtsgeschäfts vorzuhalten und zu deren ordnungsgemäßer, unverzögerter Erledigung zu ermahnen.[6] Insbesondere dürfe es **keine Disziplinargewalt** über die Richter des BVerfG geben, wie sie für sonst alle Richter geregelt ist.[7]

Davon übernahm der **BT** wesentliche Grundvorstellungen in das im Rang unter dem GG stehende **BVerfGG.** Es griff die teilweise berechtigten Anliegen dieses **verfassungspolitischen** Gutachtens jener Bundesrichter auf und regelte das Thema der **„Rechtsstellung“** der Richter des BVerfG – planvoll „lückenhaft“ – in dem auf Art. 94 Abs. 2 S. 1 gestützten **BVerfGG**[8] in dessen §§ 1 bis 12 und 98 ff. und durch das Gesetz über das **Amtsgehalt** der Mitglieder des BVerfG vom selben Tag.[9] 11

Es ist aber bezüglich der im GG (außer ihrer Wahl) als solche nicht normierten **„Sonderrolle“ der Bundesrichter am BVerfG** zu bedenken, dass alle Bundesrichter (und auch alle anderen gesetzlichen Richter) die primäre Aufgabe haben, den **Grundrechtsschutz** durch ihre Rechtsprechung zu gewährleisten.[10] Sie müssen nicht nur dabei stets die **Gültigkeit der Rechtsnormen,** die sie für uU anwendbar erachten, prüfen und klären, ob die **„obersten Staatsorgane“** oder Untergliederungen des Staates als Normgeber kompetenzgemäß sowie formell und materiell verfassungsgemäß gehandelt haben. Wenn sie das in einer entscheidungserheblichen Frage verneinen, müssen sie die **Ungültigkeit der Norm** mit Wirkung für den Streitfall[11] festzustellen und sie bei ihrer Entscheidung unbeachtet lassen. Nur bei **Parlamentsgesetzen** haben sie **keine Verwerfungskompetenz,** die Art. 100 Abs. 1, 3 aus guten Gründen den Verfassungsgerichten vorbehält. Der Verfassungsgesetzgeber (und erst recht der Verfassungsgeber) könnte hierfür aber auch ganz andere Lösungen finden. 12

Alle **(Bundes-)Richter** sind ebenfalls **Mitglieder der Gerichte**, an denen ihnen ein Richteramt übertragen wurde. Die **institutionelle Unabhängigkeit aller „Gerichte“** als nach ua Art. 20 Abs. 2 S. 2 „besonderen“ Organen der rechtsprechenden Gewalt ist (ua auch „europarechtlich“[12]) die **Grundvoraussetzung** für jede **„unabhängige“**, dh **allein dem Gesetz unterworfene Rechtsprechung.** Zudem kann nur die institutionelle Unabhängigkeit des Gerichts gewährleisten, dass insbesondere die Letztbestimmung 13

---

[6] § 26 Abs. 2 DRiG.

[7] §§ 63, 64 DRiG; daher ist § 69 DRiG iW eine inhaltsleere Verweisungs-Blankettnorm, falls sie überhaupt anwendbar ist, obwohl das BVerfGG nicht auf das DRiG verweist.

[8] V. 16.4.1951, BGBl. 1951 I, 243.

[9] V. 16.4.1951, BGBl. 1951 I, 254, zuletzt geändert durch G v 5.2.2009, BGBl. 2009 I, 160.

[10] Auch nach st. Rspr. des BVerfG ist der Grundrechtsschutz primär Sache der Fachgerichte.

[11] Anders bei Normenkontrollverfahren, zB § 47 Abs. 5 S. 2 VwGO.

[12] Art. 6 Abs. 1 EMRK.

der gesetzlichen Richter und ihrer Amtsgeschäfte ohne **gesetzesfremde Einwirkung anderer Staatsorgane** erfolgt. Das ist auch in Deutschland keineswegs gesichert. Es herrschen zwar (noch?) keine polnischen oder ungarischen oä Verhältnisse. Aber in Gerichten/Gerichtshöfen sind die Richter und ihre „Geschäfte" keineswegs selten so verteilt, dass das zuständige Ministerium in allen ihm wichtigen politischen Belangen, abgesehen von rasch korrigierbaren „Ausreißern", mit einer seinen Vorstellungen jedenfalls nahekommenden „Rechtsprechung" auch dann rechnen darf, wenn der Gesetzgeber eigentlich etwas Anderes angeordnet hat.[13]

14 Allerdings gilt **auch für die Mitglieder des BVerfG** die materielle **Verfassungstreuepflicht** des Art. 98 Abs. 2 S. 1 Hs. 1. Erstaunlich ist, dass sie in der Sanktionsnorm des **§ 105 BVerfGG** nicht genannt ist. Ein **Treueverstoß** dürfte aber dort wohl unter den Begriff der **„groben Pflichtverletzung"** einzuordnen sein, die zur Entlassung aus dem Amt führen soll, wenn sie **„so grob"** und **„schuldhaft"** war, dass ein Verbleiben im Amt ausgeschlossen ist. Ferner gibt es (kaum nachvollziehbar) **kein Antragsrecht des BT.**

15 Nur das **Plenum des BVerfG** kann nach den **§§ 49 bis 54 GOBVerfG** (die nur auf der Normsetzungsermächtigung des § 1 Abs. 3 BVerfGG beruht) auf Antrag von sechs Mitgliedern über die Einleitung eines Verfahrens entscheiden; die Eröffnung erfordert acht Stimmen. Ein **Beschluss,** den **BP** zu **„ermächtigen"** den **Richter zu versetzen** oder **zu entlassen,** muss nach § 105 Abs. 4 BVerfGG von mindestens zwei Dritteln der Richter getragen sein. Der Wortlaut des Gesetzes stellt das Plenum des **BVerfG** über den **BP,** der nach Art. 60 Abs. 1 die Bundesrichter entlässt. Grundsätzlich hat er die die ihm vorgeschlagene **Entlassung** ua eines Bundesrichters auszusprechen, da die eignungsbeurteilende Personalhoheit von anderen Stellen der Exekutive ausgeübt wird. Dabei hat er aber die Kompetenz, die Entlassung ggf. aus Rechtsgründen oder uU zur Abwehr schwerer Gefahren für das Gemeinwohl zu verweigern. Das wird hier durch die vom BVerfG ausgesprochene (verpflichtende) **„Ermächtigung"** (jedenfalls faktisch) verdrängt.

16 Diesem **„Ermächtigungsbeschluss"** des BVerfG liegt ein **rechtsstaatlich nicht unbedenkliches Verfahren** zugrunde. Nach der GOBVerfG ist entsprechend §§ 54 Abs. 1, 55 Abs. 1, 4 bis 6 BVerfGG zu verfahren (zB fakultative Voruntersuchung; mündliche, aber grundsätzlich keine öffentliche Verhandlung; keine geregelte Begründung des Beschlusses). Diese Vorschriften betreffen in direkter Anwendung die **Anklage gegen den BP.** Sie schützen nicht primär das Ansehen des Angeklagten, sondern des **Amtes des BP als Staatsoberhaupt.**

17 Es ist erstaunlich, dass das Plenum des BVerfG **in seiner Geschäftsordnung jedes Richteramt im BVerfG** dem **Amt des BP gleichstellt;** das GG und das BVerfGG geben das nicht vor und von richterlicher Amtsdemut zeugt das auch nicht. Zudem ist jeder BVerfG-Richter nach § 11 BVerfGG verpflichtet, seinen **Amtseid** vor dem **BP** zu leisten, der ihn danach ggf. gem. § 10 BVerfGG ernennt. Fraglich ist besonders auch, wie solches Verfahrensrecht, das einer internen **„Kammerjustiz" im betroffenen Spruchkörper** nahekommt, gegen einen Berufsrichter, der Grundrechtsträger gerade auch gegenüber dem Plenum ist, grundrechtskonform, rechts-

[13] So wird auch heute noch den og „vorkonstitutionellen" Bedenken im Parlamentarischer Rat faktisch Rechnung getragen.

staatlich und transparent gehandhabt werden könnte, zumal es bei einer Verfassungstreuepflichtverletzung eines Bundesverfassungsrichters reaktiv und präventiv um eine die **„Allgemeinheit" wesentlich berührende Frage** gehen dürfte.

Zudem ist das **Verfahren** nach § 54 Abs. 1 GOBVerfG **einzustellen,** gibt es also **keinen Beschluss des Plenums,** wenn ein **treuwidrig handelnder Richter am BVerfG** nach **§ 12 BVerfGG** sofort und damit **sanktionslos** ausscheidet. Gerade aber beim BVerfG läge im Falle einer GG-fernen und ideologisch/parteipolitisch fixierten Wahl oder Persönlichkeitsentwicklung eines Richters eine **besondere Gefahr** für die verfassungsmäßige Ordnung nahe, deren Realisierung verbindlich festgestellt werden müsste. Hier sieht **Art. 98 Abs. 2** eine klare Regelung vor, die in den **§§ 58 bis 62 BVerfGG,** welche die **Richteranklage** ausgestalten, zudem wesentlich „rechtsstaatsnäher" konkretisiert wird. 18

B. Einzelfragen

I. Kerninhalte der Absätze 1 bis 5

Abs. 1 gibt dem Bund eine **spezielle ausschließliche Bundesgesetzgebungskompetenz** zur Regelung der **Rechtsstellung der Bundesrichter** durch ein besonderes BundesG. Sie verdrängt insoweit die allgemeine ausschließliche Bundeskompetenz aus **Art. 71, 73 Abs. 1 Nr. 8,** die Rechtsverhältnisse der (aller) im Bundesdienst stehenden Personen zu regeln. 19

Abs. 1 begründet zugleich die **Pflicht des Bundes,** die (gesamte) Rechtsstellung der hauptamtlichen Bundesrichter durch „**ein besonderes**" **Bundesgesetz** zu regeln. Ein diese Pflicht erfüllendes BundesG gibt es bis heute nicht, wie ua schon die grundsätzliche Verweisung auf das Beamtenrecht in § 46 DRiG zeigt. 20

Abs. 2 verbietet jedem **Bundesrichter (Verfassungstreuepflicht),** dienstlich oder privat gegen die Grundsätze des GG oder die verfassungsmäßige Ordnung eines Landes zu verstoßen. Als **Sanktion** wird die **Richteranklage** bestimmt, das BVerfG muss ggf. auf **Antrag des BT** anordnen, den Richter zu versetzen oder, bei vorsätzlicher Tat, ihn zu entlassen. Diese Institution wird auch dem GG-Grundsatz der **„wehrhaften Demokratie"** zugeordnet. 21

Abs. 3 weist den **Ländern,** deren Hoheitsmacht die Rechtsverhältnisse der Bundesrichter ohnehin nicht unterliegen, die **Pflicht** zu, die Rechtsstellung ihrer Landesrichter durch besondere Landesgesetze, jeweils ein besonderes G, zu regeln. Diese Pflicht haben auch die Länder allenfalls ansatzweise erfüllt. Sie haben zB nicht nur sachnah die ehrenamtlichen Richter einbezogen, sondern auch die Staatsanwälte als gerichtsnahe Amtswalter der Exekutive.[14] Eher schlimm ist **nach „70 Jahre GG",** dass auch sie, wie der Bund, die grundsätzliche Geltung des Beamtenrechts solange 22

[14] Vgl. LRiStaG NRW v. 8.12.2015, GV.NRW 812; § 1 S. 1 lautet: „Grundsatz – Die rechtsprechende Gewalt ist den Richterinnen und Richtern anvertraut. Richterinnen und Richter sind unabhängig und nur dem Gesetz unterworfen. Sie sprechen Recht im Namen des Volkes. Es gilt für ehrenamtliche Richterinnen und Richter sowie für Staatsanwältinnen und Staatsanwälte, soweit dies besonders bestimmt ist."

anordnen, bis die besondere Rechtsstellung der Richter besonders geregelt wird.[15]

23 Diese spezielle **Landeskompetenz** aus Abs. 3 ist aber durch **Art. 72 Abs. 1, 74 Abs. 1 Nr. 27** eingeschränkt. Danach hat der **Bund** eine **konkurrierende Gesetzgebungskompetenz,** die Statusrechte und -pflichten ua der **Landesrichter** zu regeln.

24 Das gilt aber **nicht** für das Recht der **Laufbahnen, Besoldung** und **Versorgung** der Landesrichter. Für diese drei Materien besteht eine **ausschließliche Kompetenz der Länder,** die auch kompetent bleiben, vom Bund nicht geregelte konkurrierende Themen, selbst zu gestalten.

25 **Abs. 3** wurde im 28. Gesetz zur Änd. des GG v. 18.3.1971[16] durch Einfügung von Abs. 3 S. 2 Hs. 2 mit einer Verweisung auf Art. 74a Abs. 4 aF ergänzt; dadurch sollte damals die Bundeskompetenz zu einer einheitlichen Besoldungsgesetzgebung für Richter geklärt werden. Seit dem 1.9.2006 verweist **Abs. 3** auf **Art. 74 Abs. 1 Nr. 27.**[17] Seither ist die Rechtsstellung der **Landesrichter,** jedenfalls hinsichtlich „Laufbahnen", Besoldung und Versorgung durch besondere **Landesgesetze** zu regeln; die sachwidrige Geld-Konkurrenz um befähigte Richterpersonen ist also eröffnet.

26 **Abs.** 4 **ermächtigt** die **Länder,** bei der **Anstellung** ihrer Landesberufsrichter **Richterwahlausschüsse** gemeinsam mit dem Landesjustizminister entscheiden zu lassen. Sie sind dazu nicht verpflichtet. Abweichendes und weitergehendes **LVerfassungsR bleibt unberührt.**

27 Die Institution des Richterwahlausschusses iS dieser Vorschrift ist mit der in Art. 95 Abs. 2 geregelten funktional identisch, die Besetzung des Wahlausschusses muss auch hier durch das Parlament erfolgen, jedoch kann jeder Landtag selbst entscheiden, wie er das Gremium organisiert und personell besetzt.

28 **Abs. 5 S. 1, 3** befugen die Länder, eine **Richteranklage** gegen Landesrichter **entsprechend Abs. 2** vor dem BVerfG einzuführen. Nach Abs. 5 S. 2 bleibt allerdings insoweit **geltendes LVerfassungsR unberührt,** wenn dieses die Richteranklage zu einem Gericht des Landes eröffnet oder zulässt.

29 Im Hintergrund der Beratungen des **Parlamentarischen Rat** standen **sehr unterschiedliche Auffassungen** über die **Aufgaben** und den **Status der Richter im Staat.**[18]

30 Dabei wurde die in **Art. 97** genannte **Unabhängigkeit** betont, die sie ua von den Beamten unterscheide und eine „besondere" gesetzliche Regelung der Rechtsstellung der Richter gebiete (Abs. 1 und 3). Man befürchtete aber auch deren **Überdehnung,** die angesichts der Erfahrungen mit richterlicher „Einlegung" demokratie- und rechtsstaatsfeindlicher ideologischer Inhalte in die Gesetze und mit richterlicher Willkür bei Tatsachenfeststellung und ihrer Bewertung zu bösartigem Rechtsbruch und zu gefährlichen **Fremdräumen im Staatsgefüge** führen könne.

31 Daher war die **Verfasssungstreuepflicht der Bundesrichter** festzuschreiben. Kein Bundesrichter ist bei seiner Amtsausübung und in seinem Privatleben jemals von der Treue zu den Grundsätzen der demokratisch- und

[15] Vgl. § 46 DRiG; § 2 Abs. 2 LRiStaG NRW verweist auf das Beamtenrecht und enthält nur den Vorbehalt abweichender Bestimmungen des DRiG, aber keine Aussicht auf die grundgesetzlich vorgeschriebene „Besondere" Regelung.

[16] BGBl. 1971 I 207.

[17] Föderalismusreform (I); 52. G zur Änd. des GG v. 28.8.2006, BGBl. 2006 I 2034.

[18] JöR nF 1 (1951), 719 ff.

sozial-rechtsstaatlichen Verfassung entbunden (Abs. 2, 5). Jedoch gab es als gewichtig angesehene Bedenken bezüglich der Ermächtigung der **Länder, Richterwahlausschüsse** gemeinsam mit dem zuständigen **Landesjustizminister** über die Anstellung von Richtern entscheiden zu lassen. Denn dadurch werde die **Verantwortung des Landesjustizminister für seine Richter geschwächt.** Dieses **„vorkonstitutielle" Bedenken** setzte sich aber an dieser Stelle nicht durch.

II. Zum „Besonderen" am Status des gesetzlichen Richters

Art. 98 Abs. 1, 3 (Spezialgesetze zu Art. 73 Abs. 1 Nr. 8 für den Bund bzw. zu Art. 70 Abs. 1 für das Land)[19] bestimmen pflichtig, **wer** im **Dienst- und Amtsrecht der Richter** die Folgen aus dem hier inhaltlich vorausgesetzten **„Besonderen"** des **Richterstatus** jeweils durch **besonderes Gesetz** zu regeln hat. 32

Auch bei zu ernennenden/ernannten „Richtern" ist grundsätzlich zwischen ihrem persönlichen **„Dienstverhältnis"** zu ihrem Dienstherrn (Bund oder Land) und ihrem **„Amtswalterverhältnis"** mit dem Staat zu unterscheiden. Das entseht dadurch, dass der Staat ihnen mit der **Anstellung** auf einer (Besoldungs-)**Planstelle** einen nur abstrakt umschriebenen Aufgabenbereich idR in einem Gericht **(abstraktes Amt)** zuweist und ihnen dann dort die Wahrnehmung abgegrenzter bestimmter Staatsaufgaben **(Amt im konkreten Sinn)** übertragt. 33

Den **verfassungsrechtlichen Kern des besonderen Amtsrechts** des gesetzlichen Richters iSd **Art. 101 Abs. 1 S. 2** regeln primär **Art. 97 Abs. 1** (ausschließliche Gesetzesunterworfenheit des Richteramtswalters) und ua **Art. 20 Abs. 2 S. 2** („durch besondere Organe der Rechtsprechung"), ferner für die Anstellung der Bundesrichter **Art. 94 Abs. 1 S. 2** (BVerfG-Richter) und **Art. 95 Abs. 2** (Bundesrichter an den Gerichtshöfen durch Richterwahlausschuss). **Art. 101 Abs. 1 S. 2** bindet auch den Gesetzgeber.[20] Dieser ist ebenfalls Adressat des Verbots sachfremder Einflussnahme auf die rechtsprechenden Organe.[21] 34

Der **grundgesetzliche Kern des besonderen Dienstrechts** des gesetzlichen Richters findet sich in **Art. 97 Abs. 1, 2,** in den Zugangsvoraussetzungen des **Art. 33 Abs. 2, 3** und in den hergebrachten Grundsätzen des Richterrechts entsprechend **Art. 33 Abs. 5,** soweit diese mit dem neuen grundgesetzlichen besonderen Richterstatus vereinbar und deshalb zu beachten sind. 35

Das **besondere Gesetz** muss die ausschließliche Gesetzesbindung der Entscheidung des gesetzlichen Richters sichern, insbesondere die Reichweite des **Schutzes** des gesetzlichen Richters vor Weisungen und allen anderen **Einwirkungen.** Auch jede mittelbare **Einflussnahme** auf die konkrete Rechtsfindung ist verboten. Dasselbe gilt für solche Einwirkungen, die nicht schon für sich genommen eine unberechtigte Einflussnahme sind, aber die Gefahr einer solchen mit sich bringen. Denn sie können den **„bösen Schein" der Abhängigkeit** begründen und das Vertrauen in die Objektivität und Sachlichkeit der Gerichte beeinträchtigen.[22] 36

[19] *Haratsch* in Sodan Rn. 2 mwN.

[20] BVerfGE 148, 69 (87); 9, 223 (226); 10, 200 (213).

[21] Vgl. BVerfGE 118, 212 (239).

[22] So auch BVerfGE 148, 69 (91) mwN; VerfGH NRW, Urt. v. 9.2.1999, 11/98, Rn. 56 f.

37 Alle Personen, welche die **Bezeichnung „Richter"** tragen, werden auf einer (haushaltsrechtlichen) **Besoldungsplanstelle** geführt.[23] Aber nicht alle hiervon haben ein abstraktes und konkretes Richteramt an einem Gericht. Wer dort ein **abstraktes Richteramt** hat, hat grundsätzlich ein **Recht auf Zuteilung** eines seinem abstrakten Amt angemessenen **konkreten Richteramts** als „gesetzlicher Richter". Das gibt **keinen Anspruch** auf Zuweisung bestimmter Rechtsangelegenheiten.

38 Bund oder Land, der jeweilige Träger der rechtsprechenden Staatsgewalt, nehmen die (unterschiedlich ausgewählte und) iSv Art. 33 Abs. 2 für den Richterberuf qualifizierte Person durch zustimmungsbedürftigen Verwaltungsakt in ein Richterdienstverhältnis, ein **öffentlich-rechtliches Dienst- und Treueverhältnis,** auf.

39 Sie ist dann ein **„Richter" im dienstrechtlichen Sinn.** Es treffen sie die allgemeinen, nicht von einem bestimmten Amt abhängigen **Dienstpflichten** (Unparteilichkeit; Unabhängigkeit von politischen Parteien; uneigennützige, gerechte, dem Gemeinwohl dienende Amtsführung, Fortbildungspflicht etc). Sie hat die allgemeinen Rechte (zB im Blick auf das künftige Richteramt angemessene Alimentation etc).

40 Diese „Richterperson" ist aber ein bloßer **„Titularrichter",** solange der Staat ihr kein abstrakt-funktionales (Status-)Richteramt an einem bestimmten Gericht übertragen und das Gerichtspräsidium ihr **kein konkretes Richteramt** als gesetzlicher Richter in einem bestimmten Gericht zugewiesen hat. In diesem Stadium **droht kein Eingriff** der Exekutive in die Rechtsprechung. Die Person kann also wie ein Beamter zB auch in der Staatsanwaltschaft, einem Ministerium oder einer Finanzbehörde mit Aufgaben der vollziehenden Gewalt betraut werden. Wenn dies geschieht, stehen die **Titularrichter** in einem öffentlich-rechtlichen **„Amtswalterverhältnis"** der Vollziehenden Gewalt. Das ist **kein „Richteramtsverhältnis".**[24]

41 Als Amtswalter exekutiver Staatsaufgaben für das zuständige Exekutivorgan unterliegt sie dem amtlichen **Weisungsrecht** ihrer **Vorgesetzten** mit der verpflichtenden Befugnis zur **Remonstration** bei rechtswidrigen Weisungen.[25] Auch wenn manche **Beamte** aufgrund von Spezialgesetzen bei bestimmten Aufgaben an Weisungen nicht gebunden und nur dem Gesetz unterworfen sind, also gewissermaßen „sachlich unabhängig" agieren,[26] haben sie **keine persönliche Unabhängigkeit.** Insbesondere nehmen sie **keine Rechtsprechungsaufgaben** wahr.

42 Die **„Fremdverwendung" des Titularrichters** wird häufig zur Vermittlung von Erfahrung und insbesondere zum Erwerb und Nachweis von erwünschten („richtigen"?) Einstellungen in den Bundesländern unterschiedlich praktiziert. Sie muss aber noch zeit- und sachnah auf den Richterdienst in einem künftigen konkreten Richteramt bezogen sein. Ähnlich ist ein gesetzlicher **Richter** bloß „Titularrichter", falls er mit seiner Zustimmung durch **Abordnung**[27] abgezogen und **in ein Amt der Exekutive** bei einem

---

[23] Das kann auch eine Besoldungsstelle für Beamte sein.

[24] Bei Verwendung im Staatsanwaltsdienst trägt sie trotz „Richterverhältnis" die Bezeichnung „Staatsanwalt".

[25] ZB §§ 60 bis 63 BBG.

[26] Art. 114 Abs. 2 S. 1 garantiert den *Mitgliedern des BRH* nach § 3 BRHG „richterliche Unabhängigkeit; dazu stellv. BGH, Urteil v 16.11.1990 – RiZ 2/90; vgl. § 62 Abs. 1 S. 2 BBG.

[27] § 37 DRiG.

Träger von vollziehender Gewalt eingewiesen wird. Auch er übt keine Rechtsprechung und deshalb **kein „Richteramt"** aus.

Das „Besondere" der Rechtsstellung der Richterperson (in ihrem Amtswalterverhältnis und davon abhängig wesentlich auch in ihrem besonderen Dienstverhältnis) gründet allein erstens auf dem **verfassungsunmittelbaren Inhalt** des **konkreten Richteramts** des gesetzlichen Richters und zweitens auf der grundgesetzlich gebotenen **institutionellen Unabhängigkeit der Gerichte,** die insbesondere über die innergerichtliche Aufteilung der Rechtsprechungsaufgaben und die Bestimmung der gesetzlichen Richter entscheiden. 43

Das **Richteramtsrecht** unterscheidet sich grundlegend vom allgemeinen Amts- und Dienstrecht aller anderen staatlichen Amtswalter, insbesondere von dem der Beamten.[28] **Nur dem gesetzlichen Richter ist die rechtsprechende Gewalt anvertraut** (Art. 92). Er darf nur nach Maßgabe des gesetzlichen Organisations-, Prozess- und materiellen Rechts handeln, das sein „Amtsrecht" ist. 44

Alle direkten und indirekten **Eingriffe der Gerichtsverwaltung** und des **Ministers** ua in die Geschäftsverteilung, die regelt, welcher Richter welche Rechtsprechungsaufgaben wahrzunehmen hat, sind als **Verletzung der institutionellen Unabhängigkeit** des Gerichts stets verfassungswidrig. Im Bereich der „indirekten Eingriffe" mittels dienstrechtlicher Maßnahmen, durch die heute die „Rechtsprechung" vornehmlich „angeleitet" wird, liegt ein Schwerpunkt der Probleme, die das gebotene „besondere" Gesetz lösen müsste. Dafür reichen die „seit Kaisers Zeiten" geltenden §§ 25, 26 DRiG nicht. 45

Als **einziger „Staatsbediensteter"** ist allein der gesetzliche Richter verpflichtet, sich **bei jeder Amtsausübung** in jeder Hinsicht **ausschließlich dem Gesetz** zu unterwerfen (Art. 97 Abs. 1). Für das Zustandekommen und den Inhalt seiner **Entscheidungen** gibt es **keine andere Autorität** als deren **Gesetzmäßigkeit.** 46

Der Richter hat zu entscheiden, ob er die **streitige Rechtsfolge,** deren Ausspruch der Kläger aufgrund eines **konkreten Sachverhalts** von ihm begehrt, gesetzmäßig auszuurteilen hat. Seine **Maßstabsnorm** darf er wegen seiner ausschließlichen Gesetzesbindung nur „dem Gesetz" entnehmen. Dazu muss er idR die in den einschlägigen **Gesetzestexten** verlautbarte Norm, die allein der jeweilige Normgeber als „Verfasser" festgelegt hat, durch Auslegung erkennen. Dabei ist die **erste Hauptfrage,** die er zu beantworten hat: **„Was wollte, was will der Gesetzgeber?"**[29] Welche **Lebenssachverhalte** wollte er (abstrakt-generell) mit dem Normtatbestand erfassen und welche Änderung oder Abwehr einer Änderung dieser Sachverhalte wollte er mit der (hier umstrittenen) Rechtsfolge anordnen? 47

---

[28] BVerfGE 87, 68 (87 f.); 26, 141 (154); 32, 199 (213).

[29] Dazu eingehend *Sehl,* Was will der Gesetzgeber? – Ziel und Methode rationaler Argumentation mit Gesetzesmaterialien, 2019, 197 ff. Allerdings ist diese den Kern treffend kennzeichnende Formulierung „metaphorisch" geprägt, da es (außer den „natürlichen Personen", die selbst als Zurechnungsendsubjekte handeln) keine natürlichen Rechtssubjekte gibt, die selbst „Gesetzgeber" sind. Das sind im strengen Sinn (außer dem Deutschen Staatsvolk) nur die Staatsorgane BT und LT, die aber keinen „Willen" haben. Sie können nur Texte beschließen, die einen normativen Sinn durch Anordnung einer Veränderung des Beststehenden oder deren Ablehnung haben, der sich aber fast immer nicht eindeutig allein aus dem Text erschließt.

48 Bei der **Anwendung des Gesetzes** auf den **streitbegründenden Sachverhalt,** stehen dem Richter die möglicherweise erheblichen Tatsachen, wenn auch noch nicht endgültig festgestellt, schon bei der **normativen Maßstabsbildung** stets als Kriterium der möglichen Entscheidungserheblichkeit vor Augen. Umgekehrt kann sich mit fortschreitender **Auslegung** auch der Kreis der potentiell erheblichen **Tatsachen** verändern. Steht die aus dem Gesetzestext gewonnene Maßstabsnorm fest und hat er die nach den Prozessgesetzen erforderlichen und zulässigen Beweise erhoben und gesetzmäßig gewürdigt, stellt sich ihm die **zweite Hauptfrage:** „**Welche** aus der normativen Sicht entscheidungserheblichen **Tatsachen liegen/liegen nicht vor?**

49 Dies darf der Richter erst nach Abschluss seiner fachgerechten (abstrakten und anwendungsbezogenen) Auslegung der vom Normgeber gesetzten Norm und nach gesetzmäßiger Feststellung der einzelnen normerheblichen Tatsachen beantworten. Dann hat er die Norm auf diesen Sachverhalt (abschließende Subsumtion) anzuwenden.[30] Erst jetzt hat er die sog „**demokratische Legitimation**", sein Urteil **„Im Namen des Volkes"** zu sprechen. Dabei ist jeder gesetzliche Richter (einzeln oder im Kollegialorgan) ein direkter **„Repräsentant des Staatsvolkes".** Der gesamte Vorgang dieser Rechtsfindung ist den beiden anderen „Gewalten" entzogen.

III. Konfliktzonen exekutiver Einwirkung auf die Rechtsprechung?

50 Der gesetzliche **Richter** ist für seine Rechtsentscheidungen gegenüber der **vollziehenden Gewalt** und dem **Parlament rechtlich nicht verantwortlich.**

51 Er muss den Beteiligten in seinen Entscheidungsgründen **Rechenschaft** geben, weshalb er so entschieden hat und warum er seine Entscheidung als gesetzmäßig erachtet. Das muss grundsätzlich sofort bei der Urteilsverkündung mündlich erfolgen,[31] nachgehend auch schriftlich. Das Rechtsprechungsorgan Gericht hat eine Obliegenheit, die Entscheidungen anonymisiert der Öffentlichkeit zugänglich zu machen. UU muss sich der Richter auch selbst Anfragen aus der Öffentlichkeit stellen. Demgegenüber gilt:

52 **Jeder Stelle der Exekutive** ist **jede direkte und indirekte vermeidbare Einflussnahme** auf die rechtsprechende Gewalt untersagt. Sie darf also auf die Rechtsfindung des gesetzlichen Richters in einer konkreten Streitsache nicht einwirken, vorher nicht und nachher nicht. Hierher zählen auch **mittelbare, subtile und psychologische Einflussnahmen.** Die Begrenzung der Einwirkungsmöglichkeiten wirkt der stets bestehenden **Gefahr des „Belohnens"** oder **„Abstrafens"** für ein bestimmtes Entscheidungsverhalten entgegen. **Kein Gesetz** darf daher der Exekutive eine **Einflussnahmebefugnis** zur Einwirkung auf die rechtsprechende Tätigkeit des Richters erteilen, es sei denn, diese Ermächtigung ist zur Erhaltung der Funktionsfähigkeit der Gerichtsorganisation und ihrer für die Rechtsprechung notwendigen Funktionsabläufe erforderlich.[32]

---

[30] Zu den einzelnen Themen und Abläufen von Auslegung und konkretisierender Anwendung im Rechtsstreit weiterführend *Möllers,* Juristische Methodenlehre, 2019, 107 ff., 253 ff., 477 ff.; der Richter wird die Gültigkeit eines ParlamentG wegen Art. 100 Abs. 1, 3 nur prüfen, falls diese Frage am Ende entscheidungserheblich ist; zur Auslegung s. Art. 97 Rn. 108 ff.

[31] Es ist im Grundsatz rechtsstaatswidrig, wenn Richter ohne zwingenden Rechtsgrund ohne mündliche Verhandlung mit Rechtsgespräch entscheiden und versuchen, der mündlichen Mitteilung der Entscheidungsgründe zu entfliehen.

[32] So auch BVerfGE 148, 69 (90 f.).

Die **vollziehende Gewalt** trägt daher mangels irgendeiner Einwirkungsbefugnis auf diesen Kernbereich der Rechtsprechung für die Rechtsfindung der gesetzlichen Richter **keine rechtliche oder politische Verantwortung** gegenüber dem Parlament oder sonst einem Rechtssubjekt. Für den gesetzlichen Richter gibt es aufgrund seiner ausschließlichen Gesetzesbindung **keine andere „Legitimität"** als seine Gesetzesbefolgung. Er ist **nur dem deutschen Staatsvolk verantwortlich.** 53

Deshalb hat der gesetzliche Richter, wie das **BVerfG**[33] ebenso betont, die **Amtspflicht,** sich gegen derartige **Versuche von Einwirkungen** sowie gegen alle Einflussnahmen und Erwartungshaltungen Dritter **zur Wehr zu setzen.** Ihnen obliegt zugleich, sich von alldem frei zu machen und für das von ihnen als recht- und gesetzmäßig Erkannte einzutreten. Ob der Richter das schafft, hängt von seiner **Persönlichkeit** und seinem **Amtsethos** ab. Seine **Befähigung zur Verteidigung** seiner ausschließlichen Gesetzesbindung ist ein wesentliches Element seiner **Eignung für den Richterdienst.** Sie ist nach Art. 33 Abs. 2 eine Grundvoraussetzung für die Berufung in ein Richteramt. 54

Allerdings wird zumeist unterschätzt, dass die praktisch **größte externe Gefahr für die Gesetzesbindung** des Richters **von anderen Richtern ausgeht,** die zB als Vorsitzende ihre Ansicht unbedingt „durchsetzen" und auch sonst Macht ausüben wollen, die die Gerichtsverwaltung leiten (oder führend darin mitwirken) und alle Richter, die wesentlichen Einfluss haben auf die Geschäftsverteilung, Beförderungen, Belohnungen vielfacher Art etc. Sie stehen zudem idR in direkten Beziehungen und in Weisungslinien zum Präsidenten/Ministerium (oder zu anderen Gerichtspräsidenten). Die **Verbindung von Verwaltungsämtern und Richterämtern in der Gerichtsorganisation** mit maßgeblichem Einfluss der Verwaltung auf die Rechtsprechungsorganisation und ergänzenden Privilegien ist „seit Kaisers Zeiten" der wichtigste Grund, weshalb man **politisch** den Richtern **„ihre sogenannte Unabhängigkeit"** zugesteht. 55

Diese **zweckgebundene Unabhängigkeit des** Richters in seiner Amtsführung gibt ihm einen **äußerst weiten eigenverantwortlichen Handlungsraum,**[34] den kein Amtswalter der Exekutive hat und in den kein anderer eingreifen darf. Daher muss auch das **Dienstrecht** jede Möglichkeit einer Einwirkung durch andere Rechtssubjekte oder andere Staatsamtswalter verhindern. 56

Eine zumindest gleichgroße **Gefahr** für die Gesetzesbindung des Richters kann **von ihm selbst** ausgehen, wenn er sich nicht ausschließlich dem Gesetz unterwirft (dazu bei **Art. 97**). Das besondere **Richtergesetz** muss zugleich möglichst verhindern, dass Richter diesen Handlungsraum, der **kein privates Privileg** ist, eigennützig missbrauchen. Denn gerade der Richter muss sich selbst als Person bei jeder Amtshandlung kritisch selbstdistanzierend völlig und allein dem **Gesetz unterwerfen.** Insbesondere darf er durch sein Verhalten die Grundlage seiner „Unabhängigkeit", das Gesetzmäßigkeitsgebot, nicht selbst verletzen. Er darf **keine seine Legitimationsgrundlage zerstörenden Fehler** machen. 57

---

[33] BVerfGE 148, 69 (92).

[34] Die Kategorie des „Handlungsspielraums" ist hier schlechthin unangebracht. IÜ gibt es richtige, falsche und mehr oder weniger gesetzesnahe Entscheidungen.

58 Jedoch ist es auch bei größter Sorgfalt nahezu **unvermeidbar,** dass Richter **Fehler** machen. Nicht nur dem Strafrichter, sondern **jedem Richter** wird nicht selten vorgeworfen, er habe ein „**Fehlurteil**[35] gefällt". Er habe den – aus der (nachträglichen) Sicht eines Dritten (Betroffene, Presse, Dienstaufsicht etc) objektiv wirklich gegebenen Sachverhalt nicht richtig festgestellt sowie das Recht nicht richtig erkannt und die Rechtsfolge zu Unrecht ausgesprochen.

59 Allerdings muss der Richter bei Abschluss des Verfahrens nach seiner **zu diesem Zeitpunkt** rechtmäßig gebildeten **Überzeugung** entscheiden. Außen vor bleibt hier der Fall der (vorsätzlichen) **Rechtsbeugung,** bei dem er sich ja die behauptete Überzeugung gerade nicht gebildet hat. Es gibt jedoch aus der Drittsicht des die Sach- und Rechtslage völlig durchschauenden **„objektiven Beobachters",** der leider dem Richter „selten" zur Verfügung steht, stets eine **Vielzahl von** (vermeintlichen) **„Fehlurteilen".**

60 Sie **entstehen** zB aufgrund einer Verkennung des zu Entscheidenden, infolge von ungeprüften Vorurteilen („gesundem Judiz"), durch unzureichende oder rechtswidrige Sachaufklärung, durch Fehler in der Beweiswürdigung, Verkennung des erforderlichen Beweisgrades etc oder schlicht durch falsche Rechtsauslegung oder logisch falsche Rechtsanwendung.

61 Zur **Korrektur einer Fehlentscheidung** sind ggf. allein die **Rechtsmittelinstanzen** berufen, die allerdings auch selbst „Fehlurteile" fällen können. Die Frage: **Wer wacht über die Wächter?** verliert nach Abschluss der letzten Instanz (vorbehaltlich eines „Wiederaufnahmeverfahrens") ihren juristischen Sinn, da keiner mehr ein rechtskräftiges Urteil „korrigieren" darf. Es bleibt ggf. die Kontrolle durch die **Öffentlichkeit** (oder ein **„Gnadenakt"** des Staatsoberhaupts).

62 Insbesondere die **Exekutive** ist **nicht zur „Korrektur" der Rechtsprechung ermächtigt.** Staatsbedienstete, die befugt sind, die **„Dienstaufsicht"** im Gericht für den Gerichtspräsidenten/Minister auszuüben, dürfen den Richter nur bei den **äußeren Abläufen** seiner Bearbeitungsvorgänge durch **Vorhalt** oder **Ermahnung** zu einem anderen Verhalten zu bewegen versuchen. Voraussetzung ist, dass diese Abläufe die Ordnung der Geschäftsabwicklung im Gericht stören. Denn jeder Richter kann seine Aufgabe nur erfüllen, wenn er sich grundsätzlich an die den Mitarbeitern der Gerichtsverwaltung vorgegebene Ordnung ihrer Arbeitsabläufe anpasst, soweit Besonderheiten der gesetzmäßigen Fallbearbeitung im Einzelfall nicht anderes verlangen. Richter, die gegenüber den Angehörigen der Gerichtsverwaltung allenfalls ein von der **Gerichtsverwaltungs-GO** übertragenes begrenztes Weisungsrecht haben, sind stets auf diese angewiesen.[36]

63 Zu einer **„unverzögerte(n) Erledigung der Amtsgeschäfte"** darf die ministeriell verantwortete „Dienstaufsicht" aber seit dem Inkrafttreten des **ÜGG**[37] nur anhalten, soweit **kein Anwendungsfall** dieses Gesetzes vorliegt.

---

[35] Begrifflich weiterführend *Kotsoglou* Myops 39 (2020), 50 ff.

[36] Der Richter ist zur effektiven und zeitnahen Erledigung der Rechtsprechungsaufgaben von den Mitarbeitern (und Sach- und Personalausstattung des Gerichts) „abhängig". Daher kann man uU sogar durch die „Personalpolitik" im Mitarbeiterbereich oder durch Ausstattungsentscheidungen Einfluss auf Richter in ihrer Rechtsprechung gewinnen. Das sind unzulässige Einwirkungen, aber keine Maßnahmen der Dienstaufsicht. Soweit es um „Ausstattungsmängel" des Gerichts geht, liegt uU ein Eingriff in die institutionelle Unabhängigkeit des Gerichts vor, den allenfalls dieses abwehren könnte. Anschaulich BGH, Urt. v. 3.11.2004, RiZ (R) 2/03.

[37] V. 24.11.2011, BGBl. 2011 I 2302; s. §§ 198 bis 201 GVG.

Denn das legt es in die Hand des Rechtssuchenden, einer von ihm angenommenen **„unangemessenen Dauer des Gerichtsverfahrens“** durch eine **„Verzögerungsrüge“**[38] entgegenzuwirken. Zu einer inhaltlichen Einmischung der Exekutive in ein laufendes Verfahren sind die Amtswalter der exekutiven Dienstaufsicht nicht befugt.

Allerdings wird dienstaufsichtsführenden Exekutivfunktionären „seit Kaisers Zeiten“ zugestanden, **ohne gesetzliche Ermächtigung** in den **Kernbereich der Rechtsprechung einzugreifen.** Das ist dann der Fall, wenn sie eine **rechtliche Fehlerhaftigkeit der Sachbehandlung** und/oder **der Entscheidung** rügen wollen, sogar ohne dass Rechtsbeugung im Raume steht. Diese gesetzlose Eingriffsvoraussetzung wird angenommen, falls die Handlung des gesetzlichen Richters **nach** strafgerichtlicher Feststellung eine **Rechtsbeugung** iSd **§ 339 StGB** war oder wenn eine **„offensichtliche Rechtswidrigkeit“** der **Richteramtsausübung** vorliegt. Diese wird nur kraft **Richterrechts** angenommen, wenn der gerügte Rechtsverstoß im Zeitpunkt der Handlung nach dem Meinungsstand in Rechtsprechung und Rechtswissenschaft nach jeder Betrachtungsweise **zweifelsfrei falsch/**unvertretbar ist.[39] Dann werde idR auch deutlich, dass der Richter sich nicht habe dem Gesetz unterwerfen wollen. 64

Jedoch ist diese bloß „vorkonstitutionell überkommene“ Eingriffsmöglichkeit grundgesetzlich „gewaltenteilig“ auf **„letztinstanzliche“ Amtshandlungen** begrenzt, die der Betroffene mangels statthafter Rechtsmittel nicht angreifen kann. Denn die **Korrektur** auch von „anscheinend/scheinbar offensichtlich fehlerhaften“ Gerichtsentscheidungen ist den besonderen Organen der **Rechtsprechung im Instanzenzug vorbehalten,** die ggf. auch Verfahrenshandlungen des Richters überprüfen, welche die Entscheidung in der Sache nur vorbereiten. Allenfalls in instanzlosen Fällen kommt eine **subsidiäre Rüge** durch die Exekutive bei einer unzweifelhaft offensichtlichen Entfernung vom Gesetz in Betracht. In jedem Fall fehlt aber grundgesetzwidrig ein besonderes, diese Thematik der Gewaltenübergriffigkeit abwägende Gesetz, das derartige Einwirkungen erst erlauben müsste.[40] 65

Auch in einem **kollegialen Spruchkörper** (Kammer, Senat) wird die **Letztverantwortung jedes gesetzlichen Richters** für die Gesetzmäßigkeit seiner Rechtsfindung und Entscheidung bei der Abstimmung nach der Schlussberatung **nicht berührt.** Alle **Mitglieder des Spruchkörpers** sind bei der Wahrnehmung der Rechtsprechungsaufgaben **gleichberechtigt,** soweit das Gesetz nicht dem als Vorsitzenden fungierenden Richter oder dem Berichterstatter besondere Einzelbefugnisse vorbehält. Es gibt hier keinen Vorgesetzten. **Aufgabe, Leistung und Verantwortung** aller Mitglieder 66

---

[38] § 198 Abs. 3 S. 1 GVG.

[39] Anschaulich, wenn auch nach dem mitgeteilten Sachverhalt nicht abschließend beurteilbar, BGH Urt. v. 27.11.1976, RiZ (R) 3/75, = BGHZ 67, 184 ff.

[40] Auch Minister/Gerichtspräsidenten können **„offensichtlich falsch“** liegen. Einmal erließ ein Senat eines Gerichtshofs ein auch politisch bedeutsames Urteil (BSGE 72, 50 ff.), in dem er die wichtigste Norm nach GG-Vorgaben restriktiv interpretierte. Auf Geheiß des Ministers („Haben Sie ihre Leute nicht im Griff?“) wurden die Richter zum Präsidenten bestellt, der ihnen ua Rechtsbeugung vorwarf. Sodann entschied das BVerfG Urt. v. 7.7.1993, 1 BvR 620/93), der Senat habe durch seine verfassungskonforme Reduktion einer Schlüsselnorm den gerügten Grundrechtsverstoß gerade vermieden. Der Präsident des BVerfG, nun als BP, erklärte später spontan vor der Richterversammlung des Gerichtshofs, das sei eine ausgezeichnete weiterführende Entscheidung gewesen. Eine Anklage wegen Rechtsbeugung erfolgte nicht; die Entschuldigung des Gerichtspräsidenten wurde angenommen.

eines gerichtlichen Spruchkörpers sind bei der Rechtsfindung im konkreten Fall völlig **gleich.**[41] Die Bestimmung der **gesetzlichen Richter im Spruchkörper** und die interne Geschäftsverteilung werden durch Beschluss aller Richter der Kammer/des Senats geregelt.[42] Insbesondere hat der **Vorsitzende Richter kein Weisungsrecht.**[43] Er darf eine ihm missliebige Rechtssuche eines anderen Richters weder behindern noch hintertreiben, zB indem er die Geschäftsstelle anweist, Beweisbeschlüsse des dafür nach einem Gesetz allein zuständigen Berichterstatters nicht zu versenden.

67 Im Spruchkörper ist nur der **Rechtsfindungsprozess modifiziert.** Kein anderer Richter, kein Präsidium, kein Gerichtspräsident, kein Minister, keine Regierung und keine Volksvertretung darf auf seine Entscheidungsfindung einwirken. Das dürfen aber die Richter, die im **kollegialen Spruchkörper** zusammenwirken, der als solcher **ebenfalls gesetzlicher Richter** ist. Auch hier muss jeder Richter sich in jedem Fall allein dem Gesetz unterwerfen, nicht den anderen Richtern des Spruchkörpers. Gesetzlich angelegt ist der Spruchkörper auf die **argumentativ-dialogische gemeinsame Rechtssuche,** bei der jeder in jedem Stadium seinen Erkenntnisstand mit den anderen teilt, Argumente und Gedanken austauscht sowie nach einer gemeinsam getragenen Entscheidung sucht.[44] Natürlich ist **keine Einstimmigkeit im Ergebnis** geboten; jeder muss in jedem Zwischenschritt und bei der Schlussabstimmung für die nach seiner Überzeugung gesetzmäßige Entscheidung stimmen.[45]

68 Die **Unabhängigkeit des Kollegialspruchkörpers** und des **einzelnen Richters in ihm** wird (nur) bei der Rechtsfindung durch das besondere **Beratungsgeheimnis** nach **Art. 97 Abs. 1 GG** iVm **§ 43 DRiG absolut und gegenüber jedermann geschützt.** Es ist eng, aber streng zu verstehen. Es umfasst nur, aber alles amtliche Handeln der beteiligten Richter im Vorgang der kollegialen Rechtsfindung, der Beratung einer bestimmten Rechtssache, bei der Abstimmung und der Absetzung der Entscheidung, wozu alle verfahrensbeendenden Akte zählen. Zum **„Hergang der Beratung"** gehören auch die Vorberatungen des Spruchkörpers nebst Zwischenabstimmungen und nachgehend die Beratung und Beschlussfassung über die schriftliche Fassung der Entscheidungsgründe. Die **Unterschriften** der beteiligten Richter unter das Urteil bestätigen nur, dass deren Mehrheit beschlossen hat, der Text gebe die damals beratenen und beschlossenen Gründe zutreffend wie-

---

[41] Vgl. schon BVerfGE 26, 72 (76); Beschl. v. 23.5.2012, 2 BvR 610/12, Rn. 23; *Schulze-Fielitz* in Dreier, Art. 92 Rn. 58; *Hopfauf* in SHH Art. 92 Rn. 93; *Sodan* in HdbStRV § 113 Rn. 53.

[42] § 21 f. GVG.

[43] Der Vorsitzende kann ua bei Beförderungen durch einen „Beurteilungsbeitrag" und durch „informelle Beratung" des Präsidenten einen nicht unerheblichen Einfluss auf „die Karriere" haben.

[44] Jedoch findet sich zu häufig die eher verfassungsferne Übung, dass der Berichterstatter und der Vorsitzende nach dem traditionellen „Vier-Augen-Prinzip" die Sache und ihre Entscheidung regeln und die anderen Richter nur kurz vor der Verhandlung durch Voten oder Urteilsentwürfe über die Ergebnisse ihrer Erwägungen informieren. Diese kommen zu häufig nur dann auf den Gedanken, die Sache eigenständig zu durchdenken, wenn sie schon auf diesem Informationsstand schwere Bedenken gegen das Ergebnis oder die tragende Begründung haben. Da es, anders als beim BVerfG, kein Recht auf ein *Sondervotum* gibt und das „Mehr-Augen-Prinzip" Mehraufwand an Zeit und Kosten sowie an Unmut bringt, wird uU die „Überzeugungsbildung verschlankt", auf eine eigenständige Prüfung der Akten verzichtet.

[45] §§ 194 bis 197 GVG.

der.[46] Jedoch ist die **Mitteilung** von **anonymisierten Abstimmungsergebnissen** ausschließlich über die Zulässigkeit des Rechtsschutzgesuchs und über das Endergebnis **nicht geheim,** da sie nichts über das Verhalten des einzelnen Richters im Kollegium verraten können. Das BVerfG praktiziert dies; im GVG und in den Prozessgesetzen ist das weder erlaubt noch verboten worden.

Dieses Geheimnis schützt auch die nicht-öffentliche Entscheidungsfindung und Abstimmung der Richtergremien über die Gestaltung der Rechtsprechungsfunktionen im Gericht, zB **Geschäftsverteilungspläne,** im Rahmen der institutionellen Unabhängigkeit. Da aber hier idR jeweils der Chef der Gerichtsverwaltung oder sein Vizepräsident den Vorsitz hat, greift das Beratungsgeheimnis eher kurz; das Ministerium hat Zugang zu anderen Quellen.[47] **69**

Kein mitberatender Richter darf als **Zeuge** über den Hergang der Beratung und der Abstimmung sowie über die von den mitwirkenden Richtern vorgetragenen Argumente aussagen.[48] Dasselbe gilt für jeden mitberatenden Richter, falls er selbst als **Angeklagter** wegen unter das Beratungsgeheimnis fallender Handlungen strafrechtlich oder disziplinarisch angeklagt ist.[49] Insbesondere darf er unter das Beratungsgeheimnis fallende Vorgänge den Amtswaltern der exekutiven **Dienstaufsicht** nicht offenbaren. **70**

Das Beratungsgeheimnis ist von der **Verschwiegenheitspflicht** iSv **§ 67 BBG** zu unterscheiden, die nicht die konkrete Prüfung/Beratung eines Rechtsschutzgesuchs durch den gesetzlichen Richter (Einzelrichter oder Spruchkörper) betrifft. Die Richter haben, insoweit wie die Beamten, **Verschwiegenheit über die (sonstigen) dienstlichen Angelegenheiten** zu bewahren, die ihnen durch oder bei Gelegenheit ihrer amtlichen Tätigkeit, die selbst nicht in der „Beratung einer Rechtssache" besteht, bekannt gewordenen sind. Da dies den Kernbereich der Rechtsprechung nicht beeinträchtigt, ist diese Vorschrift auf Richter im Grundsatz entsprechend anwendbar, bedarf aber im Überlappungsbereich strukturierender Abgrenzungen durch das „besondere G". **71**

Verletzungen des Beratungsgeheimnisses und der Verschwiegenheitspflicht werden durch **§ 353b StGB** mit **Strafe** bedroht.[50] Dasselbe gilt auch für alle anderen Personen, die bei der Beratung rechtmäßig anwesend sein wollen, ohne mitberaten zu dürfen, aber zur Geheimhaltung verpflichtet sind (§ 193 GVG). **72**

---

[46] Deshalb kann aus der Unterschrift eines Richters nicht geschlossen werden, er mache sich die These von der Übereinstimmung der Gründe mit dem früheren Beratungsergebnis oder gar den Inhalt des Urteils zu eigen. Ob die These stimmt, kann niemand ohne eine Verletzung des Beratungsgeheimnisses durch einen Geheimnisträger erkennen.

[47] So kann zB infolge des InformationsfreiheitsG uU zufällig dokumentiert werden, dass ein Bundesminister, der die Richter eines bestimmten Senats aus einem Rechtsgebiet entfernen will, im Frühjahr beim Gerichtshofspräsidenten anfragt, wann das endlich geschehen wird, und er die sofortige Antwort dieses Verwaltungschefs erhält, das werde im Geschäftsverteilungsplan für das nächste Jahr geschehen.

[48] BGH Beschl. v. 25.6.1993 – 3 StR 90/93; BGH Urt. v. 24.7.1990, 5 StR 221/89 = BGHSt 37, 141 ff.; BGH Urt. v. 3.12.1965, 4 StR 573/65 = BGHSt 20, 298 ff.; RGSt 26, 202 (204).

[49] Beim sog NS-Volksgerichtshof handelte es nach grundgesetzlichen Maßstäben um ein „Scheingericht" und um „Scheinrichter". Der gesetzliche Richter kann als Angeklagter uU in eine Notstandslage iSv §§ 34 oder 35 StGB geraten.

[50] *Fischer,* StGB, 63. Aufl. 2016, § 353b Rn. 11 mwN auch zur Gegenmeinung.

73 Auf das **Beratungsgeheimnis** ist **§ 67 BBG nicht entsprechend anwendbar,** weil die Organe der Exekutive schlechthin nicht über den Kernbereich der Rechtsprechung, die Rechtsfindung und Rechtsentscheidung in einem konkreten Fall verfügen dürfen. Daher kann niemand, anders als bei der allgemeinen Verschwiegenheitspflicht, eine **Aussagegenehmigung** über dem Beratungsgeheimnis unterliegende Tatsachen erteilen. ZB geht § 28 Abs. 2 BVerfGG insoweit ins Leere, ist § 54 Abs. 1 StPO insoweit verfassungsgemäß zu reduzieren.[51]

74 Im herkömmlich als (beamten-)**dienstrechtlich** angesehenen **persönlichen Bereich** gibt es auch bei Richtern eine **organisationsrechtliche Verantwortungskette** von Exekutivamtswaltern bis hinauf zum Parlament. Sie gibt es zB (zu weitreichend) bei den Entscheidungen über die **Anstellung** eines Richters, uU bei der **Zuweisung eines abstrakten Richteramts** an einem bestimmten Gericht, zumeist bei einer sog **„Beförderung"** oder bei der Zuweisung eines Amtes mit Funktionszuschlag, bei einem **Wechsel des Dienstherrn** (Landesrichter wird Bundesrichter oder umgekehrt) etc. Dabei wirken iW die zuständigen **Minister** (ihre Gerichtspräsidenten, die Gerichtspräsidien, die Präsidialräte, uU Richterräte uvm) und ggf. **Richterwahlausschüsse** mit.

75 Der **Minister,** der nur für die Rechtmäßigkeit seiner Entscheidungen gegenüber dem Parlament verantwortlich ist, **entscheidet** bei der Anstellung/„Beförderung"/Ernennung von Präsidenten/Vizepräsidenten/Vorsitzenden Richtern etc **letztlich allein,** falls er nicht an die Auswahl/Zustimmung eines Richterwahlausschusses gebunden ist.[52]

76 Das **„Beförderungssystem"** (dazu unten) ist, wie „zu Kaisers Zeiten", das **wichtigste Lenkungsmittel der Exekutive,** für eine im Zweifel ihrem „Gesetzesverständnis" zuneigende Rechtsprechung gerade dann zu sorgen, wenn sie von dem, „was der Gesetzgeber wollte", abweicht.

77 Darüber hinaus gibt es zahlreiche anpassungsfördernde **innergerichtliche „Belohnungssysteme",** durch die Gerichtspräsidenten und ihre von ihnen ausgewählten „engsten Mitarbeiter" ihnen und dem Ministerium genehme (also mindestens „gute" Richter) ua durch Aufgabenübertragung in der Gerichtsverwaltung „fördern" können. Dabei kann es um Dienstaufsicht mit Erstbeurteilung von Kollegen, Pressesprechertätigkeiten, Tagungsvorbereitungen, IT-Beauftragte etc gehen. Zudem kann man **Anreizgefüge** für strebsame Richter bilden, sich auch anderem zu unterwerfen als nur dem Gesetz, insbesondere den „im Hause" herrschenden Meinungen. Dazu können beitragen **zB** erfreuliche Honorare für Stellen in gerichtlichen Herausgebervereinen, für Vorträge bei Verbänden etc, für „von oben" vermittelten Veröffentlichungen in vom Präsidenten mit herausgegebenen Fachzeitschriften, insbesondere zwecks Kritik an dem Präsidenten ungenehmen Ansichten, von Mitarbeit an Kommentaren etc, die Ermöglichung von Selbstpräsentationen auf Tagungen etc sowie die „Vermittlung" von im Hause oder außerhalb angesehenen Positionen. Das kann manchmal auch sachlich begründet sein, ist dies aber zu häufig für alle im Gericht erkennbar nicht. Diese Systeme

---

[51] BVerfGE 54, 86 (92) brauchte über die Zulässigkeit der Verwertung einer das Beratungsgeheimnis verletzenden dienstlichen Richteräußerung nicht zu entscheiden; nach BVerfGE 112, 185 (192) sperrt das Beratungsgeheimnis die Darlegung der Beratungsqualität im Spruchkörper.

[52] Der 73. DJT 2020/21 wird sich in der Abteilung Justiz mit der Sicherung der Unabhängigkeit „der Justiz" bei der Besetzung von „Richterpositionen" beschäftigen.

wirken spätestens dann einprägsam **„leitend“ und „erziehend“**, wenn sie mit indirekter, aber für jeden Richter klarer Anzeige des und der „vom Hause“ Gewünschten/Unerwünschten bis hin zum Mobbing verbunden werden.

Hier liegt eine weitere **offene Flanke der Gesetzesbindung** des Richters auf der Hand, die auch praktisch erheblich genutzt wird. Zudem wirken einige **„kostensparende“ Änderungen im Prozessrecht** tendenziell so auf den Richter ein, dass sogar der BT anzeigt, dass die Gesetzmäßigkeit der Sachbehandlung auch für ihn nicht mehr unbedingt das Wichtigste ist (zu „Deal“, „gütliche Streitbeilegung“ oder „Mediation“[53] → Art. 92 und 97). **78**

IV. Persönliche Unabhängigkeit und dienstrechtliche Einwirkungen

Die **persönliche Unabhängigkeit** ist in **Art. 97 Abs. 2 nicht abschließend geregelt.**[54] Sie wird aber auch durch Art. 97 Abs. 1 geschützt. Die durch **Art. 98 Abs. 1, 3** gebotenen **„besonderen Gesetze“** über die Rechtsstellung der Richter müssten auch die wichtigsten **„dienstrechtlichen“ Einwirkungsmöglichkeiten der Exekutive,** die auch im Grundverhältnis ungeregelten „Überlappungsbereiche“, beseitigen und die Schutzbereiche der persönlichen Unabhängigkeit ausgestalten. **Art. 97 Abs. 2** garantiert die **persönliche Unabhängigkeit** der meisten Richter. Er schützt aber nur personal und inhaltlich **begrenzt.** Gesichert werden die **hauptamtlichen,** keine andere Haupttätigkeit als die des Richters ausübenden, und die **planmäßig** endgültig angestellten, also auf eine bei einem Gericht eingerichtete Planstelle berufenen Richter (auf Lebenszeit oder auf Zeit), nicht die Richter auf Probe oder kraft Auftrags.[55] **79**

Diese Vorschrift schützt nur in einem **Mindestmaß** gegen **behördlich verhängte Versetzungen** und **Entlassungen.** Eine Entlassung[56] oder eine Versetzung[57] (außer infolge einer Gerichtsneuorganisation) kann nur **aufgrund gesetzlich bestimmter Tatbestände** und nur **infolge** oder **mittels** einer rechtskräftigen **richterlichen Entscheidung** wirksam werden. Die **Konkretisierung** dieses Mindestschutzes und die Ausgestaltung der anderen **Problembereiche** der speziellen Gewaltentrennung durch Art. 97 Abs. 1 und 2 werden den **besonderen „Richtergesetzen“** übertragen, die Bund und Länder seit 70 Jahren erlassen müssen, aber nicht, teilweise nur dem Namen nach, erlassen haben. **80**

Es ergeben sich regelungsbedürftige dienstrechtliche **Gefahren für die Unabhängigkeit der Rechtsprechung** und der Richter aus mehreren **Aufgaben** der Exekutive im Gerichtsbereich, für die es jedoch **keine** bzw. keine hinreichend bestimmten **Durchsetzungsermächtigungen** gibt. **81**

Dies gilt insbesondere für die folgenden dienstrechtlichen **Themenkreise:** Schon bei der **Anstellung eines Richters** kann es zu steuernden Einwirkungen auf dessen künftige Rechtsprechung kommen. Die unbenannten **allgemeinen Dienstpflichten** des Richters treten sehr häufig in „Konkurrenz“ zu seinen **Amtspflichten.** Die Grenzen der **Disziplinargewalt gegen Richter** gegenüber dem eingriffsfesten Kern der Rechtsprechung sind ge- **82**

[53] §§ 278, 278a ZPO, § 257c StPO.
[54] BVerfGE 148, 69 (91).
[55] Vgl. §§ 8, 10 bis 14, 22, 23 DRiG.
[56] §§ 21, 24 DRiG.
[57] §§ 30 bis 35 DRiG.

setzlich nicht konkretisiert. Die Befugnisse der Verwaltung im „Laufbahnrecht" zu sog **„Beförderungen"** können tief verändernd in die Rechtsprechungsstruktur eines Gerichts einwirken; für den Begünstigten bedeuten sie stets eine **Gehaltserhöhung,** für manche anderen eine Verengung ihrer Karrierechancen. Sie führen auch zu „höheren" **Amtsbezeichnungen.** Diese Maßnahmen setzen persönliche **Beurteilungen** aller Bewerber für das jeweilige Amt durch den Präsidenten und seinen richterlichen Zuarbeitern voraus, die selbst allen Richtern im Haus deutliche Hinweise geben, welche Rechtsprechungslinie und welche „Vitamin-B"- Verbindungen „förderlich" und welche „unerwünscht" sind.

83 Da eine „höhere" **Amtsbezeichnung** für die Außenwahrnehmung (soziales **Ansehen**) wie auch für die Selbsteinschätzung mancher Richter eine erhebliche Bedeutung hat, „sehr gute" **Beurteilungen** den Weg zur Beförderung ebnen können und jede **Beförderung** auch „mehr Geld" bedeutet, sind gerade diese Verwaltungsmaßnahmen die „goldenen Zügel" zur (indirekten) Lenkung der angeblich „unabhängigen Rechtsprechung", wie es schon 1877 der preußische Justizminister erkannte.[58]

V. Allgemeine Dienstpflichten und Disziplinargewalt

84 Die **„unbenannten" Dienstpflichten des gesetzlichen Richters** sind als **Nebenpflichten** zu seinen **primären Amtspflichten** zu verstehen, also inhaltlich abhängig von dieser Funktion, in die kein Dienstherr eingreifen darf.[59] Die Nebenpflichten sind keine Pflichten, welche speziell die richterliche Verrichtung konkreter Rechtsprechungsaufgaben steuern. Aber es gibt im Alltag auch hier sehr viele Situationen, in denen beide Pflichtenbereiche sich überlappen, aber gleichzeitig zu beachten sind. Der mehrfach verpflichtete Richter muss dann eine „praktische Konkordanz" seiner Pflichtenerfüllung herstellen, ohne den grundgesetzlichen Vorrang seiner Amtspflichten zu verletzen. Hier darf die Gerichtsverwaltung nur auf Anfrage beraten, aber Informationen und Beratung anbieten. Daher müsste das **„besondere Gesetz"** den **Vorrang der konkreten Amtspflichten** des gesetzlichen Richters vor den sie begleitenden, unterstützenden oder entgegengesetzten Nebenpflichten und zugleich für die verschiedenen Überlappungsbereiche **spezifische Rahmen der praktischen Konkordanz** vorgeben. Dazu gehörte ua auch das Thema einer **„zulässigen" Beratung.**

85 Die **Disziplinargewalt** des Dienstherrn (Bund oder Land) **gegen Richter** wird[60] materiellrechtlich identisch wie jene gegen die Beamten geregelt, damit aber für das richterliche Dienstverhältnis viel zu **unbestimmt.** Es gibt grundsätzliche Verweisungen auf die „entsprechende" Anwendung des jeweiligen BeamtenG und DisziplinarG.

86 **Beamte** begehen ein **Dienstvergehen**/eine **Dienstpflichtverletzung,** wenn sie schuldhaft eine ihnen gegenüber dem Dienstherrn obliegende Pflicht verletzen. Insbesondere sind sie **gehorsamspflichtig** gegenüber den

[58] § 1 GVG v. 27.1.1877 lautete: „Die richterliche Gewalt wird durch unabhängige, nur dem Gesetze unterworfene *Gerichte* ausgeübt." Das wurde nie geändert und muss heute mehrfach verfassungskonform ausgelegt werden. Denn es gibt nach dem GG keine „richterliche Gewalt", sondern nur die rechtsprechende Gewalt des Staates. Insbesondere hat das GG diese rechtsprechende Gewalt nicht den Gerichten anvertraut, sondern allein den Richtern. Der vorkonstitutionelle Text des § 1 GVG verwirrt auch heute noch das Rechtsbewusstsein.

[59] Zu den allgemeinen Pflichten der Bundesbeamten §§ 60 bis 77 BBG.

[60] Von dieser hat das BVerfG sich ausgenommen.

amtlichen Weisungen des Vorgesetzten und den Verwaltungsvorschriften, die für die Behörde gelten.

Das gibt es im **Amtsrecht des Richters** nicht; er darf **nur dem Gesetz gehorchen.** Die entsprechende Anwendung des Beamtendisziplinarrechts kann inhaltlich iÜ als gerade noch verfassungsgemäß gelten, soweit es um die in den BeamtenG ausgeprägten allgemeinen Pflichten dieser Dienstnehmer (ohne die Gehorsamspflicht) geht, solange davon die **vorrangigen Amtspflichten** des gesetzlichen Richters nicht berührt werden. Aber die Überlappung der Pflichtenbereiche ist ebenfalls nicht gesetzlich geregelt. Schon bei der Amtsverschwiegenheit gibt es Unterschiede. Denn das **Beratungsgeheimnis** gilt für den Richter absolut auch gegenüber Dienstvorgesetzten (der Richter hat keine Vorgesetzten), die allgemeine **Amtsverschwiegenheit** gilt ebenfalls, gerade auch gegenüber **anderen Richtern,** die dem Spruchkörper nicht angehören, aber nicht gegenüber den Amtswaltern der **Dienstaufsicht,** falls diese wirksam und ausdrücklich zur Wahrnehmung der Dienstaufsicht bestellt sind und deren Aufgaben zulässig wahrnehmen. Jedoch darf auch die Dienstaufsicht nicht in das Beratungsgeheimnis eingreifen.[61] 87

Es gibt demgemäß für Richter auch **keine hinreichend bestimmten Disziplinarstraftatbestände,** keine Pflichtentatbeständen und **keine bestimmte Rechtsfolgenanordnung,** also keine Zuordnung konkreter disziplinarer Sanktionen zu bestimmten Amts- oder Dienstpflichtverstößen (genauer sogar in Art. 98 Abs. 2). **Was weshalb mit welcher** der fünfstufig [62] nach Eingriffsschwere gestaffelten **Disziplinarmaßnahme** geahndet werden darf, ist im Gesetz nicht einmal andeutungsweise festgelegt.[63] Der **Dienst-** 88

[61] Das kann bei der Beurteilung von einzelnen Richtern, die in Spruchkörpern mitwirken, problematisch sein.

[62] ZB § 5 Abs. 1 BDG: „Disziplinarmaßnahmen gegen Beamte sind: 1. Verweis (§ 6), 2. Geldbuße (§ 7), 3. Kürzung der Dienstbezüge (§ 8), 4. Zurückstufung (§ 9), und 5. Entfernung aus dem Beamtenverhältnis (§ 10).

[63] So kann sich ein BE in einem LSG-Senat uU einer Disziplinaranklage ausgesetzt sehen, weil er als für vorbereitende Beweiserhebungen alleiniger gesetzlicher Richter (§ 155 Abs. 4 SGG), anders als es die „Hausübung" in diesem und in anderen Senaten vorsah, zahlreich Beweis zur angeblichen Zwangsarbeit in Ghettos (1.9.1939 bis 31.8.1943) durch persönliche Anhörungen der NAZI-Opfer und durch geschichtswissenschaftliche Gutachten durchführte. Das wurde vom Vorsitzenden, den anderen Senatsmitgliedern und von Dienstaufsichtführenden abgelehnt, die Beweisbeschlüsse zT durch Anweisungen an Mitarbeiter iE nicht ausführen ließen und andere in kurzen Krankheitszeiten als Vertreter aufhoben. Zudem gäbe es zwischen dem LSG und einem Rentenversicherungsträger eine „Nichtbearbeitungsvereinbarung"; danach sollten sehr zahlreiche Prozesse monatelang vom LSG nicht bearbeitet werden. Der BE, der dies für rechtswidrig hielt, befand sich in Übereinstimmung mit der Rechtsprechung des BSG (Urteil v. 14.12.2006, B 4 R 29/06 R, BSGE 98, 48 ff. = SozR 4–5075 § 1 Nr. 3; BSG, Urteil v. 19.5.2009, B 5 R 26/06 R; BSG, Urteil v. 3.6.2009, B 5 R 26/08 R, BSGE 103, 220 ff. = SozR 4–5075 § 1 Nr. 8; Urteil v. 2.6.2009, B 13 R 81/08 R, BSGE 103, 190 ff. = SozR 4–5075 § 1 Nr. 7). Das Disziplinarverfahren endete 2016 ohne Urteil. Das DG NRW (DG 7/2011) hatte schon die Abwehrklage des BE gegen die Einwirkungen Dritter am 4.2.2012 abgewiesen, weil die nur in Mails dokumentierten fraglichen Erklärungen nach Zeugenaussagen der Absender und Empfänger anders zu verstehen seien. Der Richter wurde im israelischen Parlament staatlich geehrt und ausgezeichnet. Seine Beweiserhebungen hatten Einfluss auf das BSG und den BT. Der sog Fall *„von Renesse"* wurde in den Medien breit aufgegriffen, international sogar zT als ein Schandfleck für die BRD gewertet, führte zu einigen diplomatischen Interventionen bei der BReg sowie letztlich (2014) zur gesetzlichen Neugestaltung des Rechtsgebiets. Der Fall ist nicht der einzige seiner Art, aber in vieler Hinsicht ein Musterfall für die vom *BVerfG* bekräftigte Amtspflicht jedes Richters, wahrgenommene Eingriffe in seine Rechtsfindung abzuwehren. Der abwehrbereite Richter muss auch in Deutschland das Ende seiner Karriere, Benachteiligungen, Ausgrenzungen bis hin zum Mobbing und uU blanken Hass gewärtigen. Übersichtlich: *Beck-*

herr, eine Stelle der Exekutive, darf dem Richter als tatbestandslose Disziplinarmaßnahme[64] einen **Verweis** erteilen. Das Gesetz sagt nicht, ob das auch beim Tadel einer Rechtsprechungshandlung bzw. im Überlappungsbereich gelten soll. Die höherstufigen tatbestandslosen Eingriffe sind den **Dienstgerichten**[65] vorbehalten, die sie auf **Disziplinaranklage** der obersten **Dienstbehörde** (idR Minister) verhängen, welche zugleich Letztentscheider über seine dienstrechtliche Entwicklung ist. Gegen Bundesrichter an einem Obersten Gerichtshof darf ggf. nur auf **Geldbuße** oder **Entlassung** aus dem Amt entschieden werden. Auch hier findet sich nichts zur Rechtsfindung und zur tatbestandlichen Abgrenzung im Überlappungsbereich.

VI. Amtsbezeichnungen – Anstellung

89 Die **Richteramtsbezeichnungen**[66] gehören zum **Statusrecht** der Richter. Der Bund hat dafür die **Gesetzgebungskompetenz** nach Art. 98 Abs. 1 iVm Art. 72, 73 Abs. 1 Nr. 27. Jeder Richter hat ein **Recht** auf eine seinem Richteramt **angemessene Amtsbezeichnung.** Sie muss „wirklichkeitsgerecht" und „anredefähig" sein. Man muss sie unverkürzt im Alltag gebrauchen können und sie muss den sog „Ort seines Amtes im Gefüge des Gerichtsaufbaus" zutreffend bezeichnen. Die Bundesrichter am **BVerfG** werden gesetzlich, ohne spezifische Zuweisung eines Amtstitels, meist als „Richter des BVerfG" bezeichnet.[67] Die **fünf Amtstitel** aller anderen **Richter** sind in **§ 19a DRiG** geregelt und lauten: „Richter", „Vorsitzender Richter", „Direktor"[68], „Vizepräsident" oder „Präsident", jeweils mit einem das Gericht bezeichnenden Zusatz („am AG" etc).

90 Nach der Ansicht des **BVerfG** (1974) bestehen wesentliche **Unterschiede** zB zwischen der **Stellung des Leiters eines Gerichts,** seines Stellvertreters, der Vorsitzenden Richter und der **übrigen Richter,** die es verbieten, **erböten,** ihnen **dieselbe Amtsbezeichnung** zu geben. Es trifft zu, dass zB der PräsAG Richter, Vorsitzender des Präsidiums und auch Chef der Gerichtsverwaltung, außenvertretungsberechtigter Repräsentant von Gericht und Gerichtsverwaltung, „Dienstvorgesetzter" der Richter und im Gericht der „Dienstaufsichtsführende" ist. Deswegen wird er in seinem konkreten Richteramt, das er sich auswählen darf, besonders stark entlastet. Das Präsidium besteht aus „normalen" und aus vorsitzenden Richtern.[69] Er hat daher durchaus vor allem andere, nicht richterliche Funktionen, jedoch auch vielseitige Aufgaben in der Rechtsprechungsorganisation. Das mag auch noch auf seinen Vertreter zutreffen. Die prozessrechtlichen Sonderbefugnisse des Vorsitzenden sind aber nicht an den jeweiligen Status-Titel gebunden, sondern nur an

Newsletter v. 11.3.2016; *Lehnstaedt* Vierteljahreshefte für Zeitgeschichte 2013, 363 ff. mit nahezu vollständiger Klärung der Hintergründe dieses *Justizskandals.* Zum *gesetzlichen Richter* bei Entscheidungen nach § 155 Abs. 3, 4 SGG BVerfG, Stattgeb. Kammerbeschl. v. 28.9.2017, 1 BvR 1510/17 = NJW 2018, 40 ff.; ua BSG Urt. v. 23.8.2007, B 4 RS 2/06 R = SozR 4–1500 § 155 Nr. 1;schon zum früheren Untersuchungsrichter BVerfGE 25, 336 (345 ff.): unzutreffend BSG Urt. v. 16.7.2019, B 12 KR 6/18 R=SozR 4–2400 § 7a Nr. 12 Rn. 15: gesetzlich begründete Zuständigkeiten von BE bei der Vorbereitung fielen nicht unter Art. 101 Abs. 1 S. 2, in einem Fall eines bloßen BE-Wechsels.

[64] Vgl. zB §§ 62 bis 64 DRiG; §§ 5 bis 10 LDG NRW.

[65] §§ 30 bis 32 DRiG.

[66] BVerfGE 38, 1 (8 ff.), Beschl. v. 27.6.1974.

[67] § 11 BVerfGG; § 1a Abs. 3 BVerfGAmtsGehG; dazu: PräsBVerfG/VPräsBVerfG.

[68] Bezeichnung des „Gerichtschefs" bei einem kleineren Gericht.

[69] §§ 21a, 21c GVG.

die Funktion bei Verrichtung der Rechtsprechungsaufgaben. Sie stehen jedem anderen Richter ebenfalls zu, der konkret als „Vorsitzender“ des Spruchkörpers fungiert. Gerichtsbezogene Unterschiede mögen **„höhere“ Amtstitel** für den Alltagsgebrauch nach außen als **zweckmäßig** erlauben, erzwingen sie aber nicht.

Die („höheren“) **Amtsbezeichnungen dürfen** jedoch über die Gleichwertigkeit der rechtsprechungsbezogenen Richterämter bei der Rechtsfindung im konkreten Fall nicht hinwegtäuschen und der Öffentlichkeit und den Richtern **eine „Subordination im Richteramt“** suggerieren. Das drängt, und nicht einmal wirklich zu Unrecht, den **bösen Schein der Abhängigkeit** der anderen Richter (zumal in einem Kollegialspruchkörper) auf. **Grundgesetznäher** (und keine willkürliche/sozialistische/populistische etc „Gleichmacherei“) ist es, wenn jeder gesetzliche Richter **ausschließlich den Titel „Richter“** führt, wenn er seine Amtspflichten aus dem Richteramt wahrnimmt. Das BVerfG praktiziert dies vorbildlich, auch wenn der Senatsvorsitzende, wie das BVerfGG insoweit zu Unrecht vorgibt, noch besonders gekennzeichnet wird. Eine „höhere“ Amtsbezeichnung als „Richter“ kennen Art. 92, 97, 98, 101 Abs. 1 S. 2 für den Bereich der rechtsprechenden Gewalt nicht. 91

Die **BO** der **Länder,** welche die ausschließliche Gesetzgebungskompetenz für die **Besoldung** ihrer Richter haben, kennen in den ersten Instanzen bei Richtern ferner die mit Zulagen verbundenen **Zusatzbezeichnungen** „als weiterer aufsichtsführender Richter“ und „als ständiger Vertreter des Direktors“. Diese Zusatzbezeichnungen haben nur besoldungsrechtliche Bedeutung; sie sind **keine „Statustitel“** für deren Normierung den Ländern die Gesetzgebungskompetenz fehlt. 92

Auch für die **Anstellung der Richter,** also die (idR erstmalige) Begründung eines Dienstverhältnisses und die Zuweisung eines abstrakten und konkreten Richteramts (gleich welcher Instanz), gibt es keine originäre Personalhoheit der vollziehenden Gewalt. Das Wichtige hierfür muss der Gesetzgeber selbst festlegen. Die **Anstellung von Bundesrichtern** wird in Art. 94 Abs. 1 S. 2 für die **Wahl** der Richter des **BVerfG** je hälftig direkt durch den BT[70] und BRat und in Art. 95 Abs. 2 für die Auswahl der Bundesrichter der obersten **Gerichtshöfe** durch den Richterwahlausschuss und deren **Berufung** gemeinsam mit dem Bundesminister geregelt. Für die Anstellung von Bundesrichtern an **fakultativen Bundesgerichten** iSv **Art. 96** und auch für Richter an Sondergerichten gibt es im GG, aber grundgesetzwidrig auch sonst **im Bundesrecht keine besondere Regelung.** 93

Das **Verfahren** und die **Qualitätskriterien** zur Auswahl der Richter (bei Anstellung, „Beförderung“, Entlassung) werden vom BT **entgegen Art. 98 Abs. 1** ebenfalls nicht besonders geregelt, abgesehen davon, dass jede Person die Befähigung zum Richteramt (§§ 5, 9 DRiG) haben und den Voraussetzungen des Art. 33 Abs. 2 genügen muss. Ansonsten gelten nach **§ 46 DRiG** für die Rechtsverhältnisse der **Richter im Bundesdienst** bis **zu einer besonderen Regelung** die Vorschriften für **Bundesbeamte** entsprechend; darin findet sich aber nichts zu dem Thema; seit Jahrzehnten steht die angekündigt „besondere Regelung“ aus. 94

[70] Die Wahl der vom BT zu wählenden Hälfte der Richter jedes Senats erfolgt direkt durch den BT, nicht mehr durch einen von ihm gewählten Ausschuss, der politisch ebenfalls „Richterwahlausschuss“ genannt wurde.

95 Soweit ersichtlich haben bisher **neun Bundesländer Richterwahlausschüsse** eingerichtet, die **deutlich unterschiedliche Kompetenzen** haben. Die Mitentscheidung eines Landtags bzw. eines von ihm gewählten Ausschusses bei Anstellungen und Beförderungen ist selten vorgesehen (zB in Rheinland-Pfalz). Auch in diesen Ländern gibt es keine (ausreichenden) besonderen gesetzlichen Regelungen über ein rechtsstaatliches Ausschreibe-, Bewerbungs-, Beurteilungs- und Auswahlverfahren. In NRW zB ist der gesamte Vorgang intransparent und allein von der Exekutive bestimmt, von welcher jeder Landesrichter in seinem gesamten Dienstverlauf völlig abhängig ist.[71]

96 Der BT und die Landtage vermitteln ganz überwiegend den Eindruck, als läge ihnen wenig an der Unabhängigkeit der Rechtsprechung von der Exekutive. Jedoch bedarf es einer gesetzlichen Regelung, welche die **statusbestimmenden Entscheidungen nicht allein oder letztentscheidend in die Macht der Exekutive** legt, die darüber entscheiden könnte, wer über die Rechtsmäßigkeit ihres Handelns zu urteilen hat und zugleich persönlich von ihr abhängt.

VII. Beförderungsämter – Besoldungssteigerung – Erledigungsdruck

97 Die materiellen Voraussetzungen einer **„Beförderung"** von **Richtern** sind durch **kein besonderes Bundesgesetz** nach Art. 98 Abs. 1 und durch **kein besonderes Landesgesetz** iSd Art. 98 Abs. 3 spezifisch geregelt. Es finden sich nur kleine, **nicht „analogiefähige" Puzzleteile in Beamtengesetzen.** Diese erfassen die für den besonderen Richterstatus wesentlichen Probleme nicht einmal entsprechend und überlassen sie iÜ allenfalls indirekt und entgegen dem Delegationsverbot bloß beamtenrechtlichen RVO und Verwaltungsvorschriften. Diese werden von der Exekutive erlassen, gegen deren Einwirkung in die Rechtsprechung das besondere Richterdienstrecht gerade schützen soll. „Der Bock" wird hier „zum Gärtner" gemacht. Faktisch ist die **Erledigungszahl** in den Eingangsstufen zumeist das **wichtigste Kriterium** für **Beförderungswürdigkeit,** der **Erledigungsdruck** ein erprobtes Lenkungsmittel.

98 **1. Beförderungsämter.** Die **Institution der „Beförderung"** von **Bundesrichtern** ist bundesgesetzlich nur in den Rechtsfolgen des „höheren Amtstitels" und der „höheren Besoldung" ausgestaltet. Dieser Ausdruck wird im DRiG für Bundesrichter **nicht definiert.** Hier gilt sofort, „bis zu einer besonderen Regelung" nach § 46 DRiG das allgemeine Beamtenrecht „ent-

[71] Solch ein „altpreußisches" System garantiert ein den Zwecken der politischen Führung im Großen und Ganzen genügendes „Verantwortungsgefüge" der Rechtsprechungsleitung durch Verwaltung/Ministerium. Es kann aber nicht alle „Ausreißer" verhindern. Das mag erhellen, weshalb uU gegen eine besonders unbeliebte Rechtsfindung in einer politisch relevanten Thematik exekutiv durch dazu bestellte Richter strikt vorgegangen wird. Auch bei der *Anstellung* kann es zur diesbezüglichen „Vorfilterungen" kommen. Ein Bewerber wurde zum Anstellungsgespräch in die Staatskanzlei geladen. Dort fand ein sachliches Gespräch mit acht Personen statt. Das wurde unterbrochen, damit zwei dieser Personen mit dem Bewerber Näheres erörtern könnten. Diese wiesen „unter sechs Augen" sofort darauf hin, sie gehörten der die Regierung tragenden Partei an. Dann fragten sie, ob der Bewerber, der ausweislich der Akten einer anderen Partei angehörte, nicht jetzt in die „regierende" Partei wechseln wolle. Als er, über die Zumutung erschrocken, dies scharf ablehnte, wurde ihm entgegnet: „Aber sie wollen doch hier Richter werden". Daraufhin brach der Bewerber das Gespräch mit der Erklärung ab, unter solchen Bedingungen wolle er in diesem Land nicht Richter werden. Die große Runde wurde fortgesetzt, der Bewerber wurde schließlich ohne Parteiwechsel angestellt.

sprechend". Nach § 10 Abs. 1 Nr. 3 BBG bedarf es zur **„Verleihung eines anderen Amtes mit anderem Endgrundgehalt und anderer Amtsbezeichnung"** einer Ernennung. Die in § 9 BBG genannten **„Auswahlkriterien"** sind bloß von **Art. 33 Abs. 2** abgeschrieben. Ihr beständiges Vorliegen ist grundsätzlich (bis zum Beginn des 51. Lebensjahres) durch **dienstliche Regelbeurteilungen** nach § 21 S. 1 BBG zu kontrollieren; das ist auf Bundesrichter **nicht** entsprechend anwendbar, für Landesrichter nur teilweise gesetzlich ausgeschlossen. Die Vorgaben des Art. 33 Abs. 2 GG, die § 22 Abs. 1 BBG wiederholt, sind ohnehin kraft GG die Grundlagen jeder Beförderung. In **Abs. 2** heißt es dort: „**Beförderungen,** die mit einer höherwertigen Funktion verbunden sind (iW mit „B 6" bis „B 9" besoldete Funktionen), setzen eine mindestens sechsmonatige Erprobungszeit voraus". Es gibt im **Beamtenrecht** danach auch **„Beförderungen" ohne Übertragung einer höherwertigen Verwaltungsfunktion.**

Nirgendwo finden sich im Gesetz gestaltete inhaltliche **Kriterien für die** 99
„Wertigkeit" einer Verwaltungsfunktion. Auch fast 50 Jahre nach der Entfernung der grundgesetzfernen Rechtsfigur des **„besonderen Gewaltverhältnisses",**[72] die durch Einschränkung der Anwendung von Grundrechten und insbesondere von Gesetzesvorbehalten die Exekutive vor grundgesetzgemäßen Einwirkungen der Legislative „schützen" sollte, sind (für Beamte) **grundrechtswesentliche** Themen noch nicht im **Parlamentsgesetz** selbst geregelt oder abgewogen vorgestaltet worden. Das genügt erst recht nicht den Anforderungen an ein besonderes **Richterdienstgesetz.**

Es gibt (schon „immer") grundsätzlich **vier Beamtenlaufbahnen** (§ 17 100
BBG) mit unterschiedlichen Ausbildungs- und Zugangsprofilen vom „einfachen" bis zum „höheren" Dienst und mit einem vom Grundgehalt aus ansteigendem **Gehalt („A"). Darüber** stehen die Beamten mit den „festen" **Gehalt („B").** Die Ämter der Beamten und ihre Besoldungsgruppen werden nach § 20 BBesG in den BBO geregelt. Dabei müssen die Ämter den Besoldungsgruppen nach ihrer – im Gesetz nicht geklärten – **Wertigkeit** (unter Berücksichtigung der gemeinsamen Belange aller Dienstherren) zugeordnet werden. Für Beamte gelten die BBO A und B. Für **Richter** und die beamteten Staatsanwälte gilt nach § 37 BBesG die **BBO R** (dazu unten).

Die offenbar für „Beförderung" nicht begriffsnotwendige **„höhere Wer-** 101
tigkeit" des durch die „Beförderung" übertragenen **Verwaltungsamts** wird gesetzlich bloß durch den **höheren Sold** und die **höhere Amtsbezeichnung** „qualifiziert". Über die den **„erhöhenden Wertunterschied"** ausmachenden inhaltlich qualifizierenden Anforderungen des besser bezahlten und höher betitelten Amtes sagt kein Bundesgesetz etwas, also auch **nichts „Analogiefähiges".** Allenfalls kann man erkennen, dass der gehorsamspflichtige Verwaltungsamtswalter nun nach oben und unten eine andere Stellung im Weisungsgefüge erhält. Es geht hier auch nur um die **„Wertigkeit für die Exekutive",** nicht um eine „objektive" für das „Staatsganze" oder gar für das Gemeinwohl. Diese Wertigkeit kann grundsätzlich die **Exekutive am Besten** beurteilen. Die Verwaltungsspitze (Minister) trägt nämlich grundsätzlich für jede ihr untergeordnete Verwaltungstätigkeit einer Behörde und ihrer Amtswalter die **Verantwortung** nach Außen (iW gegenüber dem Parlament) und nach Innen.

[72] BVerfGE 33, 1.

102 Sie ist aufgrund ihrer **Organisationsgewalt im Bereich der Verwaltung** fast immer weisungsbefugt. Deshalb ergibt sich die **Wertigkeit** der von ihr eingerichteten **Verwaltungsstufen** aus den zugewiesenen Aufgaben und Kompetenzen, soweit es nicht um Zuständigkeiten und Befugnisse gegenüber dem außenstehenden Bürger geht, die das Parlament zu bestimmen hat. Deshalb kann die Exekutivspitze auch selbst die Wertigkeit der Ämter für sich selbst allein bestimmen. Das Amt des Beamten als Amtswalter ist Teil dieser Organisation. Da Beförderungen und Besoldung sein Dienstverhältnis („Grundverhältnis") betreffen, müssen solche Aspekte insoweit auch bei den Beamten durch Gesetz oder, was dort ausreicht, aufgrund eines Gesetzes geregelt werden.

103 „Problematisch" ist, dass dies alles iW für die Rechtsprechung und auf Richterämter und die Rechtsstellung der Richter nicht zutrifft. **Im Bereich der Rechtsprechung** hat die **Verwaltungsspitze** (Regierung/Minister) als Teil der Exekutive **keine originäre Organisationsgewalt/Personalhoheit.** Sie trägt gegenüber niemandem Verantwortung für die Rechtsprechung, in die sie sich nicht einmischen darf. Alles Wesentliche der Organisation der Rechtsprechung muss der Gesetzgeber selbst regeln. Insbesondere muss er selbst festlegen, ob, wie und wieweit er der Exekutive und ihren Amtswaltern erlaubt, auf die Gerichte und Richter organisatorisch/personalpolitisch einzuwirken, ohne die Rechtsprechung irgendwie zu beeinflussen, und welche **Kontrollbefugnisse** über die Gesetzmäßigkeit des Handelns der Exekutive im Verhältnis zur Rechtsprechung das Parlament selbst oder von ihm gewählte Ausschüsse haben sollen. Nur der **Gesetzgeber** kann und darf die **Wertigkeit von Richterämtern** festlegen und den **Wechsel in andere Richterämter** in Tatbestand und Rechtsfolge gestalten, aber auch er nur bis an die auch für ihn geltende Grenze der Unabhängigkeit der Rechtsprechung in Institutionen (Gerichten) und jedem Richteramt.

104 Für **Landesrichter** gilt iW dasselbe. Die Länder haben die alleinige Gesetzgebungskompetenz im Besoldungsrecht. Für sie heißt **„Beförderung"** nach §§ 49 Nr. 2, 75 DRiG, der nur die Beteiligung des Präsidialrates regelt, die „Ernennung eines Richters für ein **Amt mit höherem Endgrundgehalt** als dem eines Eingangsamts". Ein höherer **Titel** hängt aber auch daran. Hierzu hat der **Präsidialrat,** der von den Richtern des Gerichts oder aller Gerichte einer „Fachgerichtsbarkeit" gewählt wird und immer einen Gerichtspräsidenten[73] als Vorsitzenden haben muss, eine schriftlich begründete **Stellungnahme** über die **persönliche und fachliche Eignung** des Richters abzugeben. IÜ gelten nach § 71 DRiG für das Statusrecht der Richter im Landesdienst „bis zu einer besonderen Regelung der Rechtsverhältnisse der Richter" die Vorschriften des **Beamtenstatusgesetzes des Bundes** entsprechend, in dem die Rechtsverhältnisse der Landes- und Kommunalbeamten geregelt sind. Hier findet sich **keine** auf die Beförderung von Richtern **„analogiefähige"** gesetzliche Regelung. Ein angekündigtes „besonderes Gesetz" existiert nicht.

105 **2. Besoldungssteigerung.** Besonders problematisch sind die vielen **Besoldungsstufen** und die **laufbahnartigen „Besoldungsbeförderungen"**.

[73] Sonst könnte das Ministerium die Kontrolle verlieren.

Das **BVerfG**[74] hatte zunächst verneint, dass **Besoldung** und **Versorgung** der Richter unter **Art. 98 Abs. 1 und 3** fielen und ein besonderes Gesetz erforderten, dies dann aber offengelassen.[75] Zwischenzeitlich hatte das **BVerfG**[76] dieses Thema nicht angesprochen. Es hatte eine „Besoldungsrechtsprechung" entwickelt, mit der es sich bemühte, den besonderen **Eigenarten der Richterbesoldung** durch richterliche Konkretisierung von Maßstäben aus **Art. 33 Abs. 5** Rechnung zu tragen, was eigentlich Aufgabe des Gesetzgebers ist. Der vom Gesetzgeber zu beachtende Alimentationsgrundsatz sei ein grundrechtsgleiches Recht der Richter auf einen amtsangemessenen Lebensunterhalt, dessen Höhe auch in Bezug zum allgemeinen Lebensstandard und zur finanziellen Leistungsfähigkeit des Dienstherrn stehe. Der Gesetzgeber habe einen weiten Ermessensspielraum. Das **BVerfG** prüfe nur auf evidente Sachwidrigkeit. Das Gesetz müsse ua auch die **richterliche Unabhängigkeit durch die Besoldung** der Richter **gewährleisten.** Die Regelung von Besoldung und Versorgung, die kein Entgelt für konkrete Dienstleistungen des Richters sind, sei von ganz erheblicher Bedeutung für das innere Verhältnis des Richters zu seinem Amt und für die Unbefangenheit, mit der er sich seine richterliche Unabhängigkeit bewahrt. Eine **Besoldung in amtsangemessener Höhe** gewährleiste, dass der Richter **unabhängig nach Gesetz und Gewissen** entscheiden kann. Hierzu befremdet die These, dass Gesetzestreue und Gewissensentscheidung sowie die Unabhängigkeit (auch) von der Höhe des „Soldes" abhängen. Personen, auf die das zuträfe, sind im Kern für das Richteramt ungeeignet.

Nunmehr hat das **BVerfG**[77] unter ausdrücklicher Betonung des **Regelungsauftrags** aus **Art. 98 Abs. 1, 3, ua** auch für die **„Besoldung",** selbst **Normvorgaben** aus **Art. 97** für die **wichtigsten Regelungsthemen der besonderen Gesetze** konkretisiert. Die Gesetzgeber in Bund und Land können und müssen sie nur noch aufgreifen und hinsichtlich der vielen „Berührungs- und Überlappungsbereiche" zwischen Exekutive und Rechtsprechung spezifisch auswerten und gestalten. 106

Auch die **Maßstäbe** für die **Besoldung** der Richter sind **aus Art. 97 Abs. 1** herzuleiten.[78] Die wirtschaftliche Absicherung der Richter soll der Gefahr vorbeugen, dass sie durch einen Druck, außerhalb der Richtertätigkeit zusätzlich für ihren Lebensunterhalt zu sorgen, in Abhängigkeiten von Dritten geraten. Insgesamt hat der **Gesetzgeber** durch die **Ausgestaltung des Richterstatus** und die **Exekutive** durch die Handhabung des Dienstrechts Bedingungen zu schaffen, die eine **unbeeinflusste Entscheidungsfindung** und jedem Richter die **Entfaltung auch seiner inneren Unabhängigkeit** sichern.[79] 107

Grundgesetzlich **ausgeschlossen** ist jegliches **Ermessen der Exekutive,** Richter mit gleichem Amt und gleicher Richterfunktion in Planstellen unterschiedlicher Besoldungsgruppen einzuweisen.[80] Die Wesentlichkeit des 108

---

[74] BVerfGE 26, 141 (155).

[75] BVerfGE 32, 199 (212, 213); 55, 372 (385).

[76] BVerfG Urteil v. 5.5.2015, 2 BvL 17/09 = BVerfGE 139, 64; folgend BVerfG Beschluss v. 17.1.2017, 2 BvL 1/10= BVerfGE 145, 1.

[77] BVerfGE 148, 69 (91 ff.).

[78] Vgl. BVerfGE 139, 64 (121 f. Rn. 120 f.) zu Art. 33 Abs. 5.

[79] So schon *Eichenberger,* Die richterliche Unabhängigkeit als staatsrechtliches Problem, 1960, 50 ff.: „innere Freiheit des Richters"; dazu schon bereits *Grünhut* Monatsschrift für Kriminalpsychologie und Strafrechtsreform, Beiheft 3, 1930, 1 (23).

[80] BVerfGE 32, 199 (213); 26, 79 (93 ff.).

Beihilferechts als Alimentation bei Krankheit und Pflegebedürftigkeit für die Unabhängigkeit hatte das BVerwG[81] schon für die Beamten zutreffend betont.

109 Schon mangels einer besonderen gesetzlichen Regelung der objektiven Wertigkeit der mit den Amtstiteln verbundenen Statusämter der Richter unter dem GG ist die **Übernahme** der „seit Kaisers Zeiten" nach vorkonstitutionellen Nützlichkeiten für die Exekutive geschaffenen **„beamtenrechtlichen" Ämterstufungen** in die Richterbesoldung zumindest problematisch. Auf Bundesebene finden sich in der **BBO R** (Anlage III des BBesG) für die statusrechtlichen **fünf Richteramtsbezeichnungen sechs Richterbesoldungsgruppen** (R 2, 3, 5, 6, 8, 10). Davon entfallen R 2, 3, 5 auf Bundesrichter iSd Art. 96 GG, 6, 8, 10 auf Bundesrichter iSd Art. 95. Die Bundesrichter des **BVerfG** (Art. 94) werden im Grundgehalt gemäß **R10** besoldet, der PräsBVerfG wie ein Bundesminister, der Vizepräsident erhält sieben Sechstel des Gehalts eines Staatssekretärs. Die weiteren deutlichen Zulagen und Besserstellungen finden sich im BVerfGAmtsGehG. Die BO der **Länder** haben Besoldungsgruppenstufen für Richter und beamtete Staatsanwälte von R1 bis (unterschiedlich) R8, uU bis R11. In den **Besoldungstabellen** weisen Bund bzw. Land den Besoldungsgruppen in den einzelnen BO der Beamten und Richter jeweils bestimmte **Soldbeträge** zu.

110 Für **fünf Statustitel** gibt es somit in den sechs „ordentlichen" Gerichtsbarkeiten des Art. 95 insgesamt etwa **zehn Stufen der „Besoldungsbeförderung";** dabei bleiben die Amtszulagen für stellvertretende Leiter außer Betracht (zB für Vizepräsidenten eines Gerichtshofs). Nirgendwo wird gesetzlich geregelt, **welche Merkmale objektiv die Höherwertigkeit (für wen?) eines Amtes begründen** und welche aus Art. 33 Abs. 2 vom Gesetzgeber bereichsspezifisch zu konkretisierenden Voraussetzungen ein (Beamter oder gar ein) Richter für eine Beförderung erfüllen muss. Das entscheidet im Einzelfall faktisch die Verwaltung/das Ministerium in bloß scheinbarer „unmittelbarer Anwendung" des Art. 33 Abs. 2.

111 Jedoch ist ein **Schluss von der Besoldungshöhe auf die Wertigkeit** eines Richteramtes schlechthin ausgeschlossen, da, verfassungsgerichtlich geklärt, die Besoldung sich am Rechtsinhalt des Richteramtes ausrichten muss, nicht umgekehrt.

112 Bei der Konkretisierung von **„Beförderungsvoraussetzungen" für Richterämter** ist zu berücksichtigen, dass es in der Verrichtung spezifisch des Rechtsprechungsdienstes **kein „höherwertiges Rechtsprechungsamt"** im eigentlichen Sinne gibt. Inhalt jedes funktionalen Richteramts in jeder Instanz ist allein die gesetzesunterworfene Ausübung der rechtsprechenden Gewalt über das konkrete Rechtsschutzgesuch, sonst nichts. Da hierbei nur das Gesetz bestimmt, was der Richter zu tun hat, gibt es „im Gericht" keine inhaltlich gestufte Hierarchie von Richterämtern, also keine Über-/Unterordnung von Ämtern mit Weisungsbefugnissen der übergeordneten Stellen.

113 Die **höheren Instanzen** dürfen **„Fehlurteile"** uU ganz oder teilweise aufheben und die Sache an die Vorinstanz zurückverweisen sowie ggf. diese dabei an ihre maßstäbliche Rechtsauffassung binden, ihr aber nicht vorgeben, wie genau zu entscheiden ist. Wäre ihnen diese Anordnung erlaubt, könnte die untere Instanz nicht mehr selbst allein in Gesetzesunterworfenheit Recht

[81] BVerwGE 121, 103 (105).

sprechen. Wenn die obere meint, es sei eine bestimmte Entscheidung zu treffen, muss sie es dann selbst tun. Der Vorsitzende ist kein **Vorgesetzter**[82], er darf den anderen Richtern im Spruchkörper keine dienstlichen (=amtlichen) Anordnungen erteilen. Die exekutive Dienstaufsicht darf sich nicht einmischen.

Im **Instanzenzug** ändert sich der **Inhalt des Richteramtes** nicht. Er ist in der Eingangs- und in der Revisionsinstanz derselbe, denn es ist iW jeweils über denselben Antrag nach Gesetz und Recht zu entscheiden. Jedoch kann sich „der Fall" im Instanzenzug in tatsächlicher und rechtlicher Hinsicht „entfalten" und neue Probleme schaffen. Allerdings ist das, vor allem in den Verfahren mit Untersuchungsmaxime, häufig auch schon im ersten Rechtszug der Fall. **114**

3. Erledigungsdruck. Allerdings sind die **Dienstleistungsbedingungen in den Instanzen** bei gleicher richterlicher Aufgabe sehr **unterschiedlich.** Die zur **„Massenabfertigung"** genötigten, dafür aber personell und sachlich nur unzureichend ausgestatteten Gerichte/Richter der **Eingangsinstanz** haben idR fast keine hinreichende Zeit, den einzelnen Fall juristisch fachgerecht eigenständig zu bearbeiten. Dies verbessert sich für die **Berufungsinstanz.** Die erforderlichen Möglichkeiten, sich dem Fall fachgerecht zuzuwenden, bietet das Richteramt in der **Revisionsinstanz.** **115**

Die grundsätzlichen Probleme unzureichender zeitlicher, personeller und sachlicher Ausstattung gehören aber primär in den Bereich der **institutionellen Unabhängigkeit der Gerichte,** die dadurch besonders gefährdet ist, dass diese faktisch völlig vom **Wohlwollen der Exekutive,** aber auch vom **„kostensparenden" Gesetzgeber** der „Ideologie vom schlanken Staat" abhängen. Die rechtlichen **Abwehrinstrumente,** mit denen die Gerichte diesen „Würgegriff" des **„Erledigungsdrucks" der Exekutive** abwenden oder wenigstens mildern können, müssen die „besonderen Gesetze" iSd **Art. 98 Abs. 1, 3** überhaupt erst noch entwickeln. Dem Präsidium müssen für die Aufteilung der Rechtsprechungsaufgaben ausreichend Richter so zur Verfügung stehen, dass diese sie in strikter Gesetzesbindung nach Rechtsmaßstäben fachgerecht bearbeiten können. Rechtsschutzgesuche sind für Gericht und Richter kein bloßer **„Input für Humanoiden",** die primär in möglichst kurzer Zeit Entscheidungen (=Erledigungen) „ausspucken"/„produzieren" müssen und bald durch KI-Algorithmen zu ersetzen sind. **116**

Nach der primär auf **kostensenkende „Output-Steigerung"** gerichteten „Personalwirtschaftslogik" funktioniert das von einem „Wirtschaftsberatungsunternehmen" erfundene **PEBB§Y** („Personalbedarfsberechnungssystem" – „Peppsi"). Es benennt ohne die geringste rechtliche Substanz iW die Erledigungszeiten für einzelne Verfahrenshandlungen eines Richters anscheinend auch seiner bloß formalen Streitbeilegungen (oder Staatsanwalts) aus angeblich jeweils gemessenen Zeitaufwänden, summiert sie und rechnet sie auf fiktive „Arbeitszeiten" des „durchschnittlichen" Richters um. Das ist schon im Ansatz, der naiv-schlichten empirischen Quantifizierung (von nach dem GG ausschließlich) qualitativ-normativ geprägten Rechtsfindungsakten, wissenschaftstheoretisch betrachtet, pseudowissenschaftlicher Unsinn. **117**

---

[82] Begriff: § 3 Abs. 3 BBG, in Abgrenzung vom Dienstvorgesetzten, der für Entscheidungen über die persönlichen Angelegenheiten der ihm nachgeordneten Beamten (Richter) zuständig ist.

118 Der **BGH**[83] als **DG des Bundes** hat insoweit zutreffend klargestellt, dass die wie auch immer gewonnenen **„Durchschnittszahlen“** nur angeben können, was andere Richter tatsächlich erledigt haben. Sie können **nicht** zeigen, ob die Richter sie mit dem dienstrechtlich geschuldeten Mindest- oder mit einem überobligationsmäßigen Einsatz erreicht haben. Sie sagen insbesondere **nichts darüber,** ob die Richter die Sachen **rechtsstaatlich sachgerecht** nach ihrer **fachgerecht gewonnenen Überzeugung und nach ihren Gewissen** entschieden haben, wie es **Art. 97 Abs. 1** verlangt, oder aber zB durch **verfassungswidrige „Deals“** oder auf **andere gesetzwidrige Weise.** Daher werden die **tatsächlichen Erledigungszahlen** dienstrechtlich nur relevant, wenn zudem festgestellt ist, dass (fast) alle diese Erledigungen von anderen Richtern auf sachgerecht-rechtsstaatlicher Bearbeitung beruhen. Soweit ersichtlich, gab es zu diesem Thema noch keine wissenschaftliche Untersuchung. Die Exekutive unterstellt dies für den „Durchschnitt der Erledigungen“ ungeprüft.

119 **Voraussetzung einer sachgerechten Bearbeitung** ist **erstens,** dass Gesetzgeber und Exekutive die **Gerichte personell** und **sachlich so ausgestattet** haben, dass die Verteilung der Aufgaben auf die Richter **ohne Überlastung** erfolgen kann.

120 **Zweitens** müssen die **Richter/Spruchkörper** für jeden Fall im Durchschnitt genügend Zeit für eine **rechtsstaatlich sachgerechte Bearbeitung** haben. Sie müssen jeden Fall nach den **juristischen Rechtsprechungsstandards** bearbeiten, die in der Rechtsprechung des **BVerfG,** der **Gerichtshöfe** und in der aktuell hA in der **Rechtswissenschaft** prozess- und materiellrechtlich als geboten anerkannt sind.

121 **Faktisch** verteilt das **Präsidium** (gewichtet und differenziert) durch den **Geschäftsverteilungsplan** grundsätzlich für das nächste Kalenderjahr den noch nicht erledigten Bestand und die vermuteten Neueingänge der Rechtsbereiche auf die Zahl der zur Verfügung gestellten Richter. Die Anzahlen der in den zurückliegenden Jahren erledigten und der in den nächsten Jahren ggf. zu erledigenden Fälle liegen auf der Hand; man weiß, was ein **Durchschnittsrichter** in einem Bereich durchschnittlich erledigt hat und was er, je nach Beschleunigungsziel, künftig durchschnittlich erledigen müsste. Unterstellt man nun ungeprüft in **normativer** Bewertung, der Durchschnitt der Erledigungen beruhe auf rechtsstaatlich sachgerechter Bearbeitung, liegt der **Fehlschluss** nahe, jeder Richter müsse die Durchschnittszahl für sein Gebiet schaffen, wenn keine außergewöhnlichen Umstände eintreten.

122 Die dem Richter rechtsstaatlich gebotenen **Bearbeitungsstandards unterscheiden sich** in den verschiedenen Rechtsgebieten, in ihren Untergebieten, in und zwischen den Instanzen uU deutlich. Zudem werfen die **einzelnen Fälle** nach Quantität und Qualität sehr **unterschiedliche** tatsächliche und rechtliche **Probleme** auf. Sie bedingen uU differente Verfahrensführungen. Dem entspricht eine unterschiedliche Arbeitsintensität mit fallbezogen individuellem Zeitaufwand. Zudem hat **Rechtsprechung** iSd GG einen vom Richter zu beachtenden **grundgesetzlichen Zeitbezug.** Der Rechtsschutz muss **zügig** und **effektiv** gewährt werden. Die Verfahren müssen ohne sachlich unbegründete Verzögerungen und so rechtzeitig been-

[83] BGH, Urt. v. 7.9.2017 = RiZ (R) 2/15 Rn. 31; eine im Kern bezüglich mancher Ansätze des DG berechtigte Kritik bietet *Wittreck* NJW 2012, 3287 ff.; BVerfG Nichtannahmebeschl. v. 9.3.2018, 2 BvR 174/18, hält den Ausgang des dienstgerichtlichen Verfahrens für noch offen. Jetzt: Urteil v. 12.5.2020, Fn. 97.

det werden, dass die rechtswidrige Beschwer auch faktisch noch wirksam beseitigt werden kann. Zudem muss der Richter/Spruchkörper die ggf. besondere **Eilbedürftigkeit** einer Entscheidung und die **Intensität des angefochtenen Rechtseingriffs** in seiner Verfahrensführung und in der Terminierung berücksichtigen. Das zwingt zu Durchbrechungen des **Prioritätsprinzips.** Jeder Richter/Spruchkörper muss also grundsätzlich seinen gesamten Bestand kennen, ebenso das, was er davon im laufenden Kalenderjahr des Geschäftsverteilungsplans fachgerecht terminieren/entscheiden kann. Sieht er sich quantitativ überlastet, muss er dies unverzüglich dem Präsidium anzeigen.

Das komplexe, vom jeweiligen Bestand an Rechtssachen abhängige **„Zeitmanagement“** ist **„wesentlicher Bestandteil“** der **juristisch fachgerechten Rechtsprechung.** Es obliegt jedem einzelnen Richter in seinem Dezernat, im Spruchkörper darüber hinaus auch der gemeinsamen Verantwortung seiner Mitglieder, wobei dem Vorsitzenden wegen seiner prozessualen Sonderbefugnisse eine Schlüsselrolle zukommt. Die **Exekutive darf nicht in das Zeitmanagement** des Richters/Spruchkörpers **eingreifen,** da es zB von der rechtlichen Bewertung der einzelnen Fälle und ihrer relativen Dringlichkeit untereinander abhängt.[84] **123**

Nach **§ 26 Abs. 2 DRiG** darf jedoch die exekutive **Dienstaufsicht** ggf. den Richter „ermahnen, seine Amtsgeschäfte unverzögert zu erledigen“, soweit nicht seine Unabhängigkeit beeinträchtigt wird. Eine **„verzögerte Erledigung der Amtsgeschäfte“** setzt im Bereich der **Rechtsprechung** voraus, dass der gesetzliche Richter aufgrund seiner Gesetzesbindung etwas bis zu einem bestimmten Zeitpunkt hätte tun müssen, aber nicht getan hat, ohne dass es für das Unterlassen einen Sachgrund gibt, der seiner Befugnis zur unabhängigen Rechtsfindung in dieser Rechtssache unterfällt. **124**

Die auf jeden einzelnen zugewiesenen Fall bezogene Bearbeitungspflicht wird verletzt, dh aus anderen Gründen als denen sachgerechter Rechtsfindung nicht erfüllt. Das ist der Fall, wenn der Richter einen Fall von vornherein nicht bearbeitet oder ab einem späteren Zeitpunkt schlicht unbeachtet lässt oder wenn er ohne erkennbaren Bearbeitungsplan jede inhaltliche Förderung der Erledigung einstellt. ZB.: Ein Proberichter arbeitet geheim als Fernfahrer und leitet lange nur die Posteingänge weiter./Ein BE stapelt seine „schwierigen“ Akten unbearbeitet im Schrank./Ein Vorsitzender erlässt in votierten Sachen über Monate „Schubverfügungen“ (Wv), weil er sich vor deren Verhandlung fürchtet./Ein Richter trägt Sachen als „aaW“ erledigt aus, obwohl sie nicht erledigt sind./ Ein Richter hält sich nach Durchsicht seiner Sachen für völlig überlastet, zeigt dies aber nicht an und verschiebt die Bearbeitungen. **Keine Verletzung der Bearbeitungspflicht** liegt vor, wenn der BE in seiner votierten Sache bis zu der dem Vorsitzenden vorbehaltenen Terminierung/Ladung „Schubverfügungen“ macht, wenn der Spruchkörper zB einen späteren „Sammeltermin“ zu einer Fallgruppe plant. **125**

Für die beobachtende **Dienstaufsicht** wird eine Verzögerung ua erkennbar, wenn sich nach den monatlichen Übersichten eine überdurchschnittliche Anzahl von unerledigten Fällen desselben Eingangsjahres abzeichnet, die ersichtlich[85] seit dem jeweils letzten Eingang über mindestens sechs Monate **126**

---

[84] Die Dienstaufsicht darf aber nachfragen, ob eine Zeitplanung besteht, falls nach den ihr sonst zugänglichen Daten eine erhebliche Verzögerung vorliegen könnte.

[85] Erkennbar am Fehlen von Verfügungen oder an einer Reihe von „Schubverfügungen“.

nicht bearbeitet wurden. Das kann auch zu Störungen der Abläufe in den Geschäftsstellen führen und Nachfragen der Dienstaufsicht rechtfertigen. Jedoch ist die Exekutive nicht Sachwalter des Interesses der Beteiligten an der **„Beschleunigung des Verfahrens".** Seit dem **ÜGG** haben diese es selbst in der Hand, eine **überlange Verfahrensdauer** abzustellen.[86]

127 Eine **verzögerte Erledigung der Amtsgeschäfte** ist keine (vorhaltbare) Pflichtverletzung, wenn sie von der zum Kern der Rechtsprechung gehörenden Befugnis des gesetzlichen Richters gedeckt ist, in jedem einzelnen Fall seine Rechtsfindung auch im Zeitmanagement unabhängig zu gestalten.

128 Die **„sachliche" Unabhängigkeit** ist **kein subjektives Statusrecht der Richterperson,** sondern eine **fallbezogene Amtspflicht und Amtsbefugnis** zur Sicherung der allein gesetzesgebundenen Rechtsfindung. Sie umfasst nicht die Befugnis, die **eigene** Dienstleistungspflicht allein aufgrund einer Einschätzung des eigenen Leistungsvermögens einseitig auf einen Teil der zugewiesenen Rechtssachen zu mindern und insoweit eine „subjektive Überlastung" anzuzeigen. Deshalb kann die Erklärung eines **Richters,** er sei überlastet, weil er von vornherein nur einen Teil der ihm zugewiesenen Fälle nach den gebotenen Standards sachgerecht bearbeiten könne, von seiner sachlichen Unabhängigkeit nicht gedeckt sein.[87] Anders wäre es nur, wenn ihm ein bestimmter Bearbeitungszeitraum vorgegeben gewesen wäre und er alle zugewiesenen Fälle geprüft und daraus jeweils belegt hätte, dass die konkrete Fallbearbeitung in jeder einzelnen Sache auch bei zweckmäßigem Fall- und Zeitmanagement den Zeitrahmen bei jeder oder bei einem Teil von ihnen sprengten. Auf **„Durchschnittszahlen"** kommt es hier nur „indiziell", aber nicht normativ entscheidend an.

129 Der **Grundmangel** besteht darin, dass es auch **bezüglich der zeitlichen Dimension keine gesetzlich konkretisierten Kriterien** für die **Grenzen der „Sachgerechtigkeit"** der „eingriffsfesten" richterlichen Rechtsfindung gibt. Auch der **BGH** klärt das nicht; er meint, er könne sich dafür „auf eigene Erfahrungen" berufen,[88] die aber kein Gesetz ersetzen kann. Schon deshalb ist ein **Vorhalt, bloße Durchschnittswerte** seien unterschritten worden, ein **schlechthin unzulässiger Eingriff der Exekutive in die Rechtsprechung.**[89]

130 Gleichwohl dienen die Durchschnittszahlen von „Peppsi" der Exekutive insbesondere der Länder als Mittel zur **Berechnung des Bedarfs** des Staates an Richtern und als effektives Druckmittel. Grundgesetzwidrig wird das, wenn die derart sachfremd gewonnene nur scheinbar **empirische „durchschnittliche Erledigungszahl"** von der Exekutive als **normativer „Maßstab"** für einen in zeitlicher Hinsicht **„sachgerechten Richterdienst"** missbraucht wird. Unter vielen **Mängeln** drängt sich ua die Frage auf, weshalb die **2005** scheinbar gemessenen Erledigungszeiten auf einer den Anfor-

---

[86] Wenn aber eine solche rechtskräftig festgestellt ist, kann dies uU auch dem Richter vorgehalten werden, dem sie zuzurechnen ist.

[87] Nur iE zutreffend BGH, DG des Bundes, Urt. v. 12.5.2020 – RiZ (R) 3/19, („Kellinghaus") nach Mitteilung d. Pressestelle Nr. 057/2020 v. 12.5.2020, jedoch nach Durchschnitts- und Vergleichszahlen, dazu → Fn. 87; dazu *van Linden,* „Gängelung". FAZ+ Einspruch, 13.5.2020; *van Linden,* „Streit um richterliches Arbeitstempo beendet", FAT+ Einspruch, 12.5.2020; *van Linden:* „Die Richterschaft ist nicht nur in Polen und Ungarn unter Druck", FAZ+ Einspruch, 9.5.2020.

[88] Allerdings müsste er diese „Erfahrungen" spätestens in der mündlichen Verhandlung den Beteiligten vorstellen.

[89] So zutreffend BGH → Fn. 87, Rn. 30.

derungen der **Art. 97, 98** genügenden **„sachgerechten" Rechtsfindung,** nicht aber auf schon damals grundgesetzwidrigem **sachfremdem Erledigungsdruck** beruhten. Insbesondere besteht ein **institutioneller parlamentarischer Gesetzesvorbehalt** ua durch **Art. 97 Abs. 1, 98 Abs. 1, 3** für das Thema der **„Sachgerechtigkeit der Rechtsfindung durch den gesetzlichen Richter"** insbesondere, ob und wieweit die vollziehende Gewalt hinreichend **ermächtigt** ist zu entscheiden, ob die Rechtsfindung „sachgerecht" ist.

Im Zusammenhang mit dem sog **Deal** nach **§ 257c StPO** hat das **BVerfG** betont, dass das von ihm festgestellte **„erhebliche Vollzugsdefizit bei der Anwendung des Verständigungsgesetzes"** mit **Höchstwerten des Rechtsstaats unvereinbar** und nicht zu dulden ist.[90] Die Richter hatten sich anscheinend durch einen (ihrer Ansicht nach wohl „entschuldigenden") **Erledigungsdruck** für befugt gehalten, elementare rechtsstaatliche Grundsätze des GG und gesetzliche Vorgaben zu verletzen. Das **BVerfG** hat die **grundgesetzliche Selbstverständlichkeit** betont, der Richter dürfe sich bei seiner Rechtsfindung nicht von seinem Ziel der im Rahmen der Gesetze bestmöglichen Erforschung der materiellen Wahrheit sowie der ihm bestmöglichen neutralen und unabhängigen rechtlichen Beurteilung abbringen lassen. Sachverhaltsermittlung und rechtliche Beurteilung stehen im Rechtsstaat nicht zur Disposition der Richter. 131

Bis heute verstoßen dennoch Richter immer wieder gegen das GG und gegen **§ 257c StPO.**[91] Anscheinend sehen sich die Mitglieder der Spruchkörper (auch deren Vorsitzenden) durch **schwerste Vorwürfe des Rechts- und Verfassungsbruchs seitens des BVerfG,** wohl mangels dienstaufsichtsrechtlichen Vorhaltungen, persönlich weniger ungünstig betroffen als wenn sie sich rechtstreu verhielten.[92] 132

Spiegelbildlich entsprechend der **Wirkweise des Erledigungsdrucks,** wird einem Richter nach **§ 26 Abs. 2 DRiG** eine **zu zeitaufwändige Rechtsfindung** vorgehalten, die er nur auf einen Teil der ihm zugewiesenen Sachen begrenze.[93] Zwar sei eine Festlegung von „Arbeitszeiten" für Richter verboten. Der vom Richter dem Staat geschuldete Einsatz sei daher nach dem **durchschnittlichen Erledigungspensum vergleichbarer Richter** zu bemessen, wie das BVerwG 1982 entschieden habe.[94] Er unterschreite das (empirische) Durchschnittspensum erheblich, auch den großzügigen Toleranzbereich.[95] 133

Richter, die jährlich zB 550 verwaltungsrechtliche oder mehr als 700 zivilrechtliche Fälle erledigen müssen, um als **„durchschnittlich"** beurteilt zu werden, haben pro Fall vom ersten Blick in die Klageschrift bis zum letzten Federstrich unter die Abschlussverfügung **durchschnittlich höchstens vier Stunden Bearbeitungszeit.** Sie kommen daher bei juristisch fachgerechter Rechtsfindung kaum auf den erwarteten „Ausstoß", wenn sie neben den 134

---

[90] BVerfG Urt. v. 19.3.2013, 2 BvR 2628/10 = BVerfGE 133, 168 ff.

[91] Zuletzt BVerfG stattgeb. Kammerbeschl. v. 4.2.2020, 2 BvR 900/19.

[92] So wohl der Vorhalt im Fall „Kellinghaus", der nur etwa 70 vH seiner Rechtssachen, diese aber nur nach seiner fachgerecht gewonnenen Rechtsüberzeugung abschließen will und damit deutlich langsamer und in der Summe deutlich weniger erledigt als vergleichbare andere OLG-Richter.

[93] Skizziert nach BGH Urt. v. 7.9.2017, = RiZ (R) 2/15.

[94] BVerwG Beschl. v. 21.9.1982, 2 B 12/82 = NJW 1983, 62, Rn. 3 aE; damals gab es „Peppsi" oder ähnlich Sachfernes noch nicht.

[95] Zum Fall → Fn. 91.

anderen allgemeinen Dienstpflichten immerhin etwa acht Zeitstunden pro Tag an „ihren Fällen" arbeiten. Aber man kann ja auch zehn und mehr Stunden und am Wochenende arbeiten. So können sich „von oben" vermittelte „Hausmeinungen" und Routinen als nützlich erweisen.

135 Die **Erledigungszahl** ist zumeist das **wichtigste Kriterium** für **Beförderungen.** In zynischer Verhunzung des Rechts auf zügigen Rechtsschutz ua aus **Art. 19 Abs. 4** wird dann „von oben" der Slogan propagiert: **„Nur schnelles Recht ist gutes Recht"**, ein „guter Richter" also besonders schnell.

136 Der **Erledigungsdruck** der Exekutive schränkt die **Gesetzesbindung** schon aus sich heraus deutlich ein. Verbunden mit der **Beförderungsthematik** entsteht zudem ein **Anpassungsdruck,** zB an „hilfreich" vermittelten „Hausmeinungen". Bekanntlich gilt: „Predjudice is a great time saver. You can form opinions without having to get the facts."[96]

137 **4. Hierarchie der Richterämter. Art. 97 Abs. 1** verpflichtet den **Gesetzgeber** zum Schutz der richterlichen Unabhängigkeit **keine hierarchische Strukturierung** der Richterschaft einzurichten. Er darf keine Beförderungsämter nach Art des beamtenrechtlichen Laufbahnprinzips schaffen. Er muss grundsätzlich **möglichst wenige Beförderungsämter** vorsehen.[97]

138 Die **fünf statusrechtlichen Amtstitel** der Richter indizieren eine Ordnung, die diesem Verfassungsgebot grundsätzlich Rechnung tragen könnte, die rund **zwölf „Besoldungsbeförderungsstufen"** für Richter widersprechen ihm jedenfalls tendenziell. Der fünfstufige Aufbau umfasst die kleine Gruppe der Gerichts- und Gerichtsbehördenleiter und ihrer Vertreter, den deutlich größeren Kreis der einem Spruchkörper mit Berufsrichtern vorsitzenden Richter und die iW „nur" die Aufgaben eines Rechtsprechungsamts wahrnehmenden „bloßen" Richter. Nimmt man „aus Tradition" **drei Instanzen** als Wertigkeitsstufen hinzu, ergeben sich pro Instanz vier Arten von Richterämtern (Richter, Vorsitzende, Stellvertreter, Leiter). Jeder „R1-Richter" könnte daher im theoretischen Modell elfmal bis zum Gerichtshofpräsidenten (R10) „befördert" werden.[98] Das sind **nicht „möglichst wenig Beförderungsämter".** Die nur besoldungsrechtlich erheblichen „Zulagenämter" bleiben hier, trotz kräftiger Anreizwirkung, außer Betracht.

139 Die in den **fünf Amtstiteln** erfassten **drei Funktionsgruppen** von Personen, die als gesetzliche Richter tätig sind und zT Zusatzfunktionen für die Rechtsprechung wahrnehmen, können noch als **Grundlage einer „möglichst flachen Strukturierung"** der Richterämter erachtet werden. Denn der **Gerichtsleiter** (und idR in verringertem Maße sein Vertreter) hat zusätzlich zur Wahrnehmung seines konkreten Richteramtes als gesetzlicher Richter eine Fülle komplexer Aufgaben der Leitung des Gerichts und der Gerichtsbehörde zu erfüllen; die Verwaltungsleitung könnte gesetzlich auf einen **beamteten Kanzler** übertragen werden. Der Leiter muss führend bei der Ausgestaltung der institutionellen Unabhängigkeit des Gerichts, deren Verteidigung gegen unerlaubte Einwirkungen der Exekutive oder Dritter und bei der Außenvertretung von Gericht und Gerichtsbehörde erfüllen. Dazu muss er verschiedene von Richtern gewählte Gremien, insbesondere

---

[96] Nach *E. B. White.*

[97] BVerfGE 148, 69 (92); leider ist das Gegenteil wirklich der Fall.

[98] Allerdings hat kaum einer „den Marschallstab im Tornister".

das Gerichtspräsidium leitend unterstützen. Ihm obliegt es, Vorschläge zum Einsatz der Richter in bestimmten Aufgabenbereichen zu erarbeiten und dies sowie die Vorstellungen der Richter vorab zu klären. Er muss „Beförderungsverfahren" für Richter durchführen und zudem für eine gute Personalführung der Mitarbeiter im nichtrichterlichen Dienst etc sorgen. Die Erfüllung dieser Aufgaben (nicht notwendig durch einen „obersten Richter") ist eine **fundamentale Voraussetzung** für die rein gesetzesunterworfene Rechtsfindung der anderen Richter, **falls,** solange und soweit der **Gerichtspräsident** (eher ausnahmsweise) **nicht** als **„verlängerter Arm des Ministeriums"** fungiert. Das Aufgabenfeld rechtfertigt auch die Zulagenberechtigung der **Vertreter.** Allerdings könnte das Gesetz die Vermischung von Verwaltung und Rechtsprechung in der Gerichtsleitung durch eine klare **Trennung der Verwaltungs- von der Rechtsprechungsorganisation** beseitigen und so insbesondere die schleichenden Einwirkungen auf die Rechtsprechung deutlich mindern.

Grenzwertig ist die statusrechtliche **Hervorhebung** der **Vorsitzenden** 140
Richter, die als Mitglied eines auch andere Berufsrichter umfassenden Spruchkörpers diesem vorsitzen. In den Prozessgesetzen haben sie einige spezielle Befugnisse zur Verfahrensleitung. Diese hängen aber in der einzelnen Rechtssache nicht vom statusrechtlichen Amt ab, sondern allein davon, ob der jeweilige Richter diese „Vorsitzendenfunktionen" als gesetzlicher Richter auszuführen hat, etwa in Vertretungs- oder in Vakanzzeiten. Jedoch stellen die Gerichtsverfassungs- und Prozessgesetze, also der **BT,** auf das **abstrakt-funktionale Vorsitzendenamt** ab. Hier könnte man zwar das Statusamt aufheben und an eine bloße Funktionszuweisung an einen Richter des Spruchkörpers denken. Aber die amtliche **Aufgabe** der Vorsitzenden Richter geht über die „Spezialbefugnisse" im Verfahren hinaus. Er muss insbesondere den anderen Richtern als erfahrene Ansprechpartner in der Rechtsfindung, als Diskussionsleiter und als Moderator in schwierigen Lagen zur Verfügung stehen sowie als Stütze kontinuierlicher Rechtsprechungsentwicklung des Spruchkörpers fungieren und diesen gesetzlichen Richter nach Außen, auch gegenüber der Gerichtsleitung und der Gerichtsbehörde sowie im Verhältnis zu den Mitarbeitern vertreten.

Die **Richterämter der „bloßen" Richter** werden ebenfalls gestuft, näm- 141
lich durch dem Amtstitelzusatz: „Richter am …". Daraus ergeben sich gemäß den Instanzen für jeden Amtstitel **drei weitere „Ämterstufen",** da die erstinstanzlichen Richterämter (außer in der Finanzgerichtsbarkeit) durch die **Länder** als gleichwertig in die Besoldungsgruppe **„R1"** eingeordnet sind. Sie können im Land in **„R2"** aufsteigen, nur nach Art. 95 Abs. 2 in die **Bundesinstanz („R6").**

Daraus ergeben sich **viele Beförderungsämter,** es gibt **keine „Vermei-** 142
dung einer hierarchischen Struktur". Die meisten Richter sind in R1, deutlich weniger in R2 eingestuft. Bei beiden Stufen handelt es sich um eine problematische **Laufbahnbesoldung.** Sie enthalten mit den nach Dienstalter, jetzt **„Erfahrungsstufen"**[99] genannten **„aufsteigenden Gehältern"** beamtenrechtliche „Laufbahnversorgungen" wie A13 bis A16. Die R1-Besoldung erreicht zumeist erst in ihren Endstufen die Beitragsbemessungsgrenze der gesetzlichen Rentenversicherung, die für alle entgeltlich Beschäftigten

---

[99] Keine Bedenken gegen diese Besoldungsbeförderung der Richter nach „Stufen hat BVerwG Beschl. v. 27.6.2019, 2 B 7/18; darin wird das BVerfG, → Fn. 98, nicht erwähnt.

gilt. Etwas mehr Sold gibt es etwas früher in der Besoldungsstufe R2.[100] Der **R1-Richter** kann sich mit seinem Amt in Erwartung „automatischer Gehaltssteigerungen" bis zur Entgelthöhe zB eines besonders hoch qualifizierten Facharbeiters begnügen. Will er „weiterkommen", muss er danach streben, möglichst rasch von der Exekutive zum **R2-Richter** „befördert" zu werden. Das ist für viele sachlich Engagierte das berufliche Endziel. **„R2"** ist aber idR auch die **„Ausgangsbasis"** für den **„weiteren Aufstieg".** Diese beiden Besoldungsgruppen unterliegen gelegentlich einem „Sparzugriff" des „kostensparenden Gesetzgebers".[101]

143 Das **besondere Gesetz** läge näher am Verfassungsgebot, wenn es die **„Besoldungsbeförderung"** weitgehend **abschaffte** und zB nur **sechs Ämterstufen** für hauptamtlich und auf Lebenszeit angestellte Richter einführte. Die Leitungsfunktionen könnten als Zusatz zum Richtertitel angegeben werden; dafür wäre eine angemessene Verwaltungs- Funktionszulage vorzusehen. Für die Richterämter (Richter am …; VRi am …) wäre ein „festes Gehalt" mit „Dynamisierung", ausreichend.

144 Jedenfalls sind der Erledigungs- und Anpassungsdruck iVm der Besoldungsbeförderung[102] als „goldene Zügel" der Exekutive deren besonders wirksame Mittel zur indirekten Beeinflussung der Richtertätigkeit.

145 Die besonderen **Gesetze** iSv **Art. 98 Abs. 1, 3** müssen die **inhaltlichen Voraussetzungen von Richterbeförderungen selbst** ausgestalten. Dazu sind **Kriterien** zu klären, die es erlauben zu beurteilen, ob (und in welchem Maß) der Bewerber die komplexen **Anforderungsprofile** des jeweilig zu vergebenden abstrakten Richteramts („Statusamt") erfüllt, also zB welche Aufgaben sich allen Vorsitzenden Richtern in einer Instanz bei Ausübung dieser Funktion stellen. Vorab muss der **Gesetzgeber** die **normativen „Beförderungsvoraussetzungen"** des **Art. 33 Abs. 2** (Eignung, Befähigung und fachliche Leistung) für die „wesentlich andersartige Rechtsstellung" der Richter **bereichsspezifisch ausdifferenzieren** und präzisieren. Ob die (dann gesetzlichen) normativen Vorgaben von einem Bewerber erfüllt werden, kann nur nachvollziehbar geprüft und beurteilt werden, wenn zuvor die objektiven, von allen Bewerbern zu erfüllenden **empirischen Anforderungsprofile,** die das jeweilige abstrakte Richteramt typisch prägen, zeitnah umfassend und möglichst eindeutig konkret festgestellt sowie nachvollziehbar dargestellt sind. Die nicht empirisch gestützte bloße **Vermutung,** jeder wisse doch, was ein Vorsitzender oder „bloßer" Richter einer Instanz in den Ämtern dieser Art zu tun hat, stellt sich schon bei wenigen Nachfragen sehr häufig und zumindest teilweise als Selbsttäuschung heraus.

VIII. Personalführung – Bewerbungsverfahren – Beurteilung

146 Die **Personalpolitik** und **Personalführung** im Bereich der **Ernennung** und **„Beförderung"** der gesetzlichen Richter liegen grundsätzlich und nahezu umfassend in den Händen der Amtswalter der vollziehenden Gewalt,

---

[100] In NRW hat die Besoldungsgruppe „R1" elf „Erfahrungs"-Stufen, die „R2" zehn. Sie steigen jeweils mit dem Dienstalter an, bis zur fünften Stufe nach je zwei Jahren, bis zur neunten Stufe nach je drei Jahren, bis zur 12. Stufe nach je vier Jahren.

[101] Zu diesen Problemen zT noch unter primärer Prüfung nach Art. 33 Abs. 5 stellv., BVerfG Beschl. v. 16.10.2018, 2 BvL 2/17 = BVerfGE 149, 382; BVerfG, Beschl. v. 23.5.2017, 2 BvR 883/14 = BVerfGE 145, 304; BVerfG, Urteil v. 5.5.2015, 2 BvL 17/09 = BVerfGE 139, 64.

[102] Die „Belohnungs- und Anreizsysteme" in den Gerichten runden diese Instrumente ab.

soweit nicht gerichtliche Präsidialräte oder vereinzelt Richterwahlausschüsse mitwirken. Erst wenn ein Richter **nach Ernennung/Beförderung durch die Exekutive** von ihr in ein abstrakt-funktionales Richteramt bei einem Gericht eingewiesen wurde, greift die der **institutionellen Unabhängigkeit** unterfallende **gerichtsinterne richterliche Verteilung** von Rechtsprechungsaufgaben an diesen Richter ein, durch die er zum gesetzlichen Richter mit einem konkret-funktionalen Richteramt bestellt wird. Nur insoweit hängt sein Dienstverhältnis **von den gewählten anderen Richtern des Gerichts,** aber auch hier wesentlich von dem **„janusköpfigen" Gerichtsleiter als Richter und Verwaltungsfunktionär** ab.

Der **Gerichtspräsident,** der in der Rechtsprechung ein Vorsitzender Richter ist, weist sich selbst sein Richteramt (Fachgebiet und Spruchkörper) zu, bestellt sich also selbst zum „gesetzlichen" Richter. Eine Rechtfertigung für diese seit 1877 gegebene **Selbsternennungsbefugnis** ist nicht auszumachen. Im Spannungsfeld zwischen Gerichtsverwaltung und Rechtsprechung entspräche „praktischer Konkordanz" eher eine **Vetobefugnis** gegen die Zuweisung eines Richteramts im Geschäftsverteilungsplan, das ihn trotz Entlastung im Richteramt voraussichtlich so sehr beanspruchen würde, dass er seine Leitungsaufgaben nicht mehr angemessen versehen könnte. **147**

Dienstherr des Richters ist allein der **Staat.** Dieser lässt sich, mangels eines „besonderen Gesetzes" über die Rechtsstellung der Richter, **kraft traditioneller Identifikation mit der vollziehenden Gewalt** durch ein Regierungsmitglied (Minister) mit seinem Ministerium „vertreten". Dieses tritt faktisch als „Dienstherr" auf. Jeder Richter weiß, von wem sein berufliches Schicksal abhängt. **148**

Soweit ein **Justizminister** für die Richter zuständig ist, wird darin (nicht völlig zu Unrecht) eine gewisse Anerkennung der funktionalen Unabhängigkeit der Gerichte vermutet. Soweit **Fachminister** (Finanzen, Arbeit und Soziales nebst Gesundheit etc) für einige Gerichtszweige zuständig sind oder zB (oberste) **Gerichtshöfe als nachgeordnete Behörden ihrer Ministerien** führen, zeichnet sich schon strukturell ein **Spannungsverhältnis zur alleinigen Gesetzesbindung** dieser Fachgerichtsbarkeiten ab. Denn das Ministerium hat ein Interesse daran, dass zB die von ihm über die Reg initiierten Gesetze von „seinen Gerichten" harmonisch so ausgelegt und angewandt werden, wie der **Minister** sie verstanden wissen will. Das weicht zuweilen deutlich von dem, was der **Gesetzgeber** mit dem beschlossenen Gesetzestext anordnen will. Nur das darf der **Richter** aussprechen. **149**

Das **Interesse des Ministeriums** kann zB wirksam so **gefördert** werden, dass „seinem Hause" **wohlgesonnene Personen,** Gerichtspräsidenten und Vorsitzende, aber auch möglichst viele „einfache Richter", die in Präsidium und Präsidialrat überwiegen, ernannt und ge- sowie befördert werden. Mit ihnen kann man sich uU auf kurzem Weg und so abstimmen, dass dies erstens unbeweisbar ist und zweitens unliebsame Rechtsprechung weitgehend verhindert. Man kann so auch **„Hausmeinungen"** vermitteln. **„Richterbriefe"** unseligen Andenkens sind nicht nötig. Gibt es dennoch einen **„Ausreißer",** hebt man dies als Beweis der Unabhängigkeit der Rechtsprechung hervor und „korrigiert" später in „Person und Sache". Aber auch manche **Richter** scheinen die Nähe der „höheren Gerichtsverwaltung" oder des Ministeriums zu suchen, indem sie in Fällen mit bekanntem oder vermutetem erhöhtem Interesse „der Oberen" oder in entsprechenden „allgemeinen Themen" dort um „Rat" fragen. **150**

151 **Hauptmittel der exekutiven Personalpolitik,** mit der man strukturell und personell auf den Gang der Rechtsprechung einwirken kann, sind **Ernennung** und **Beförderung** von Richtern.[103] Die **Entscheidung** darüber liegt bei dem **Minister,** soweit nicht Befugnisse eines Richterwahlausschusses oder des Parlaments gesetzlich anderes bestimmen. „Seine" Gerichtsverwaltung hat ihm einen Vorschlag zu unterbreiten.

152 **Faktisch** findet zuerst eine **informelle Vorprüfung** statt. Der Entscheider, kann meist langfristig absehen, wann „Beförderungen" anstehen. Er wird, falls er noch keinen „privaten" Besetzungsplan hat, möglichst frühzeitig klären (bzw. durch den Präsidialrichter oa klären lassen), wer nach seinen Vorstellungen für die Stelle infrage kommt. Er sagt, wen er in den engeren Kreis lässt. Hat er seine Präferenz festgelegt (evtl. in Rangstufen), kann er schon jetzt den Personen verdeutlichen, welche Beförderungschancen sie nach seinem jetzigen „Leistungsbild" in absehbarer Zeit haben. Insbesondere kann er Unerwünschte „motivieren", sich nicht „formell" zu bewerben.

153 Falls sich **spontan mehrere Bewerber** melden, die er, bis auf den einen, nicht alle zur Rücknahme ihres Antrags bewegen kann, oder wenn eine **Stellenausschreibung** untergesetzlich geboten ist, wird nach **beamtenrechtlichem Verwaltungsbeförderungsrecht** gehandelt. Denn es gibt **kein besonderes Gesetz,** das die Rechtsstellung der Richter zum Thema „Ernennung/Beförderung" materiellrechtlich oder auch nur verfahrensrechtlich spezifisch ausprägte.

154 Außer Betracht bleiben hier die **„Spitzenämter",** also die am **BVerfG,** die Vorschläge für den **EuGH** und für andere Gerichte der Internationalen Organisationen sowie die **Präsidenten**/Vizepräsidenten an den obersten **Gerichtshöfen.** Diese werden iW im politischen Prozess vergeben.

155 Der Präsident muss (ggf. nach gerichtsinterner oder landesweiter Ausschreibung) das **Bewerberanspruchsverfahren** einleiten. Das Recht der Bewerber auf ein solches Verfahren folgt aus **Art. 33 Abs. 2.** Spezifische richtergesetzliche Regelungen hierzu gibt es entgegen **Art. 98 Abs. 1, 3** nicht. Das BVerfG[104] und das BVerwG[105] bemühen sich, ausgehend von der rein beamtenrechtlich geprägten traditionellen Auslegung, richterrechtlich Oberbegriffe zu präzisieren, die dem andersartigen Richterstatus ein wenig Rechnung tragen.

156 Auch die **Richterämter** sind nach Maßgabe des Grundsatzes der **Bestenauslese** zu besetzen.[106] Die Entscheider dürfen sich grundsätzlich nur auf Gesichtspunkte stützen, die unmittelbar Eignung, Befähigung und fachliche Leistung der Bewerber betreffen. Dabei begründet Art. 33 Abs. 2 ein **grundrechtsgleiches Recht,** dass die Auswahl unter den einzubeziehenden Bewerbern **ermessens- und beurteilungsfehlerfrei** erfolgt. Da die Entschei-

---

[103] Die dem preußischen Justizminister *Leonhardt* zugeschriebene Sentenz beschreibt auch heute noch die verhaltenslenkende Wirksamkeit der Beförderungsbefugnis: „Solange ich über die Beförderungen bestimme, bin ich gern bereit, den Richtern ihre sogenannte Unabhängigkeit zu konzedieren"; zitiert nach *Schiffer,* Die Deutsche Justiz, 2. Aufl. 1949, 245. Die These von *Stern,* dieser Satz sei widerlegt oder widerlegbar (StaatsR II, 1980, 395 Fn. 151), ist wirklichkeitsfern und kaum nachvollziehbar. Fast jeder Richter wird, öffentlich befragt, standesloyal die Richtigkeit der Einsicht Leonhardts als für ihn und heute insgesamt nicht mehr gültig bezeichnen. Die gelebte Praxis sieht bei zu vielen deutlich anders aus.

[104] Stellv. BVerfGE 143, 22 ff.

[105] ZB BVerwG Beschl. v. 10.5.2016, 2 VR 2/15 = BVerwGE 155, 152 ff.; BVerwG Beschl. v. 21.12.2016, 2 VR 1/16 = BVerwGE 157, 168 ff.

[106] BVerfGE 143, 22 (28).

dung prognostisch mitgeprägt ist, dürfen und müssen die Gerichte insoweit prüfen, ob der jeweilige Entscheider von einem **unrichtigen Sachverhalt** ausgegangen ist, den **richter- und verfassungsrechtlichen Rahmen verkannt,** allgemein gültige **Wertmaßstäbe** nicht beachtet oder **sachfremde Erwägungen** angestellt hat. Das BVerfG spricht auch bei Richtern gelegentlich von „beamtenrechtlichen" Vorgaben, um die es nach seiner inhaltlichen Rechtsprechung hier gerade nicht geht.

Die tatsächlichen **Grundlagen** der Bewertungen und die Gründe von Abwägungsentscheidungen sind gründlich so zu **dokumentieren,** dass den **Gerichten** auch schon im einstweiligen Rechtsschutz ein prüfender Nachvollzug möglich ist. 157

Schon das Verwaltungsverfahren muss so ausgestaltet sein, dass es den gerichtlichen Rechtsschutz nicht vereitelt oder unzumutbar erschwert.[107] Nach Art. 33 Abs. 2 iVm Art. 19 Abs. 4 muss der (letztverantwortliche) Entscheider seine wesentlichen **Auswahlerwägungen schriftlich niederlegen.** Nur dann kann sich der unterlegene Bewerber Kenntnis ggf. durch Akteneinsicht verschaffen und kann der Mitbewerber erkennen, ob er Anhaltspunkte für eine Verletzung seines Anspruchs auf faire und chancengleiche Behandlung hat. 158

Jedoch genügt auch diese **richterrechtliche** Herausarbeitung von einigen **Verfahrensgrundsätzen** für Richterernennungen/Beförderungen nicht den Konkretisierungsanforderungen an ein „besonderes Gesetz". **DRiG, BBG, BeamtStG** und (soweit ersichtlich) **Landesgesetze** enthalten keine Ermächtigungsgrundlagen und keine Verfahrensregeln für Beförderungsentscheidungen der **Exekutive über Richter,** soweit es nicht bei einigen um Mitwirkungsakte von Ausschüssen geht. 159

Gleiches gilt auch für die **Beurteilungen.** Im **Beamtenrecht** von Bund und Ländern werden gesetzlich nur die Institute der Ernennung und Beförderung unter Übernahme des Textes des Art. 33 Abs. 2 genannt; **Regelbeurteilungen** für Beamte (bis zum 50. Lebensjahr) werden grundsätzlich vorgeschrieben. Eine Beurteilung ist zB nach § 22 S. 2 BBG keine zwingende Voraussetzung einer Beamtenbeförderung. Geregelt wird die Beurteilung zB in den §§ 48 bis 50 der **Bundeslaufbahnverordnung** (BLV), die auf Ermächtigungen im **BBG** beruht und ausdrücklich Geltung nur für Beamte beansprucht. Die Rechtsstellung der Richter wird nicht angesprochen. 160

Auf Bundes- und Landesebene finden sich von Ministern erlassene, **bloße Verwaltungsvorschriften.**[108] Sie beruhen auf „gesetzlichen Ermächtigungen", die iW tatbestandslos sind und Inhalt, Zweck und Ausmaß der Einwirkung der Exekutive auf die Rechtsstellung der Richter nicht regeln. In solchen Beurteilungsrichtlinien legt der Minister iW das sonst für Beamte Angeordnete nochmals fest, bereinigt um wenige offensichtlich nicht „entsprechend" anwendbare Aspekte. 161

Eine **dienstliche Beurteilung** („Anlassbeurteilung"), ob und in welchem Maß ein Richter für ein (abstraktes) Richteramt an einem Gericht iwS 162

---

[107] Vgl. BVerfG stattgebender Kammerbeschl. v. 25.11.2015, 2 BvR 1461/15; BVerfG 23.6.2015, 2 BvR 161/15, Rn. 38.

[108] ZB *Brandenburg:* „Dienstl. Beurteilung der Richterinnen und Richter, Staatsanwältinnen und Staatsanwälte" v. 20.6.2005 (JMBl/05, [Nr. Sondernummer I], 4), zuletzt geändert durch *Allgemeine Verfügung* v. 29.8.2011 (JMBl/11, [Nr. 9], 107); *NRW:* AV d. JM v. 2.5.2005 (2000 – Z. 155) – JMBl. NRW 121, zuletzt geändert durch AV d. JM vom 4.7.2016.

geeignet und ggf. besser geeignet ist als ein anderer Bewerber, wird stets von „seinem" **Gerichtspräsidenten** als nächstem Dienstvorgesetzten erstellt. Ihm wird „kraft Amtes" die **„Beurteilungskompetenz"** unterstellt. Der **nächsthöhere Gerichtspräsident** des Landes kann aber, kraft höheren Amtes höher befähigt, eine „Überbeurteilung" erstellen und vom Erstbeurteiler abweichen. **Wirkt kein Ausschuss** mit, trifft der „höhere" Präsident auch die (Auswahl-)Entscheidung, wer dem Minister zur Ernennung vorgeschlagen wird (ggf. in Rangstufen). Grundsätzlich entscheidet der **Minister** allein.

163 Auch bei **Richter-Beurteilungen** geht es iW um die primär **rückschauende** Feststellung von Tatsachen über die bisherigen fachlichen Leistungen, um die erfahrenen persönlichen Eigenschaften des Kandidaten, um seine Verfassungstreue, um seine für das neue Amt ggf. qualifizierenden Fähigkeiten und um eine **Prognose,** ob er den abstrakten wesentlichen und typischen Anforderungen des angestrebten Amtes gerecht werden kann. Der Beurteilende muss also die Personen recht genau kennen, ebenso das Anforderungsprofil des neuen Amtes. Er muss sodann ein bewertendes Urteil mit dem prognostischen Urteil verbinden.

164 Die **Beurteilungsrichtlinien** der **Exekutive** gehen davon aus, dass **am besten ein Amtswalter der vollziehenden Gewalt** beurteilen kann, ob der Kandidat den **wichtigsten Aufgaben der Rechtsprechung im künftigen Richteramt** gerecht werden wird. Zu beurteilen ist daher, ob er das Amt im Sinne strikter Gesetzesbindung, alleiniger Unterwerfung unter das Gesetz und mit Abwehrbereitschaft gegen jede Einwirkung der (beurteilenden) Exekutive auf die Rechtsfindung besser als andere Kandidaten ausüben kann. Fast nie findet man in den Beurteilungen etwas zu diesen **Kernkompetenzen eines Richters,** die von den gehorsamspflichtigen Verwaltungsbeamten gerade nicht verlangt werden.

165 Der beurteilende/entscheidende Amtswalter der Exekutive erhält zuvor noch den Rat des **Präsidialrats,** aber meist gibt es keine Mitwirkung eines vom Parlament bestellten **Ausschusses.**

166 Es ist zur Wahrung der **Unabhängigkeit der „besonderen Organe der Rechtsprechung"** iSd Art. 20 Abs. 2 S. 2 dringend angezeigt, gesetzlich eingehend zu regeln, dass bei Ernennungen und „Beförderungen" von Richtern das jeweilige Parlament oder ein von ihm bestellter **Ausschuss** das (vom Minister nur vorbereitete) transparente Auswahlverfahren durchführt, die **Auswahl** trifft und **gemeinsam** mit dem zuständigen **Minister** (insoweit wie in Art. 95 Abs. 2) dem jeweiligen Staatsoberhaupt zur Anstellung/Ernennung vorschlägt.

167 Die **wesentlichen Themen** und insbesondere die entscheidenden Fragen nach den vom **BVerfG** betonten **„richterlichen Tugenden"** der Gesetzesunterwerfung, der Bereitschaft zur strikten Gesetzesbindung, der Abwehrbereitschaft gegen Exekutiveingriffe, die Wahrung von Beratungsgeheimnissen etc werden in den untergesetzlichen RVO/Richtlinien nicht erwähnt. Sie sehen gleichwohl **Eingriffe in die Kernbereiche** der Rechtsprechung vor.

168 Es geht hier, wie „zu Kaisers Zeiten", ersichtlich **nur um „Richter" genannte Beamte** mit einem gewissen Sonderstatus bei einzelnen Sachentscheidungen.

IX. Besondere Richtergesetze

Der **besondere funktionale Amtsstatus** benötigt ein seinen Erfordernissen angepasstes **„bereichsspezifisches" besonderes Bundes-** oder **LandesG.** 169

Art. 97 enthält dazu, wie das BVerfG betont hat, eine objektiv-rechtliche Verpflichtung für den parlamentarischen Gesetzgeber. Insbesondere bei Erfüllung des **Regelungsauftrags gemäß Art. 98 Abs. 1, 3** hat er den besonderen verfassungsrechtlichen Status der sachlichen und persönlichen Unabhängigkeit **zu konkretisieren und zu entfalten.**[109]

Die **Unterschiede zu den Beamten** dürfen nicht durch ein einheitliches Amts- oder Dienstrecht, aber auch nicht durch das **Unterlassen** der vom GG gebotenen „besonderen Gesetze" eingeebnet werden.[110] Das besondere ParlamentsG muss das **Wesentliche der Rechtsstellung** des Richters **selbst** regeln. Insoweit besteht ein **Delegationsverbot.** Nur Zeit- und Wandelbedingtes darf auf den VO-Geber delegiert werden.[111] Das GG hat sich ausdrücklich gegen die tradierte, aber immer noch dominierende Praxis entschieden, die Richter bloß als Sondergruppe der Beamten zu behandeln. 170

Der **Sinn des Vorbehalts** besteht **nicht** darin, das im GG bloß im Kern festgelegte „Besondere" lediglich abzuschreiben oder zu umschreiben. Vielmehr muss die **Erste Gewalt** selbst abwägend regeln, wie die gegen **Eingriffe** der vollziehenden Gewalt geschützten Bereiche der institutionellen Unabhängigkeit der Gerichte und der allein gesetzesunterworfenen Rechtsfindung der gesetzlichen Richter gegen Interventionen der Exekutive gesichert und wie deren Befugnisse abgegrenzt werden. Der **Gesetzgeber** muss die **Ermächtigungsgrundlagen** tatbestandlich und in den Rechtsfolgen konkretisieren, die den Amtswaltern der **Exekutive,** soweit unvermeidbar, erlauben, allenfalls ausnahmsweise auf die Ausübung des Richteramts und auch nur begrenzt auf das Richterdienstverhältnis einzuwirken. 171

Das **DRiG** enthält eine traditionelle **Mischung von dienstrechtlichen und amtsrechtlichen** Regelungen. Sie ergänzen nur teilweise die **amtsrechtlichen Vorschriften,** die sich **zT** im **GVG** sowie in den **Prozessordnungen finden.** Diese regeln wesentlich auch, wie die abstrakten Aufgabengebiete gerichtsintern eingeteilt und auf Richterpersonen und Spruchkörper aufgeteilt werden. 172

DRiG, GVG und Prozessordnungen zusammen regeln **Teile des Rahmens** der Amtspflichten des gesetzlichen Richters und einige Aspekte des richterlichen Dienstrechts. Diese Gesetze konkretisieren aber **nicht die Besonderheiten der Rechtsstellung** der Richter **im Verhältnis zur Exekutive.** Die oben angesprochene Vielzahl an Spannungsfeldern und **Überlappungsbereichen mit besonderem Regelungsbedarf** werden allenfalls 173

---

[109] BVerfGE 148, 69 (90).

[110] BVerfGE 148, 69 (90); vgl. *Schulze-Fielitz* in Dreier Rn. 29.

[111] Zum Parlamentsvorbehalt/Wesentlichkeitsvorbehalt für Einschränkungen des Beihilferechts BVerwG Beschl. v. 30.3.2016, 5 B 11/1, Rn 12, 13; zuvor schon BVerwGE 121, 103 (105); unklar *Classen* in MKS Rn. 6; *Haratsch* in Sodan Rn. 5; im Kern wie hier *Detterbeck* in Sachs Rn. 4 bis 11; iW besteht Übereinstimmung mit *Schulze-Fielitz* in Dreier Rn. 22 bis 31.25; *Pieroth* in Jarass/Pieroth Rn. 2 legt sich zum Umfang von RVO-Ermächtigungen nicht fest.

teilweise und nur am Rande angesprochen. Weitere wichtige Teile des besonderen Richterdienstrechts, die auch Auswirkungen auf die institutionelle Unabhängigkeit der Gerichte und insbesondere auf die Gesetzesunterworfenheit der gesetzlichen Richter haben, werden durch pauschale Verweisungen auf **Beamtengesetze und untergesetzliches Beamtenrecht** abgetan.[112]

174 Ein **gesondertes** und die **gesamte Rechtsstellung** der Bundes- bzw. der Landesrichter jeweils **abschließend regelndes Buch** in einem kodifizierten Gesetzbuch des Öffentlichen Dienstrechts dürfte den Anforderungen des Art. 98 Abs. 1, 3 wohl noch genügen. Eine gesonderte Kodifikation der in die Bundeskompetenzen fallenden Gesetzgebung über die Rechtsstellung der Richter mit stimmig ergänzenden Landesgesetzen entspräche dem **Art. 98 Abs. 1, 3** mehr.

175 Die **derzeitige Rechtslage,** die alles Wesentliche (sekundärem) Recht der Exekutive überlässt und sehr zersplittert ist, verschleiert, dass die Rechtsprechung nur durch die **faktische Herrschaft der Exekutive** über die meisten Richter funktioniert. Sie ist grundgesetzlich „krass" defizitär.

X. Verfassungstreuepflicht

176 Nach **Art. 98 Abs. 2** hat jeder **Berufsrichter des Bundes** die Dienstpflicht zur **Treue** gegenüber den Grundsätzen des GG im Dienst und außerhalb des Amtes[113]. Die **Richteranklage** durch den **BT** wird eingeführt. Art. 98 Abs. 5 geht davon aus, dass auch die **Landesrichter** diese Pflicht haben, und ermächtigt jedes Land, unbeschadet seiner LVerf., eine **Richteranklage** zum **BVerfG** einzurichten.[114] Auf die Rn. 2, 3, 8 bis 11, 13, 16, 17 wird verwiesen.

177 **„Grundsätze des GG"** und **„verfassungsmäßige Ordnung eines Landes"** meinen iW angesichts der Homogenitätsklausel des Art. 28 Abs. 1 S. 1 dasselbe. Die „Grundsätze" umfassen nicht alle Verfassungsbestimmungen, aber auch nicht nur die „unabänderbaren" Regelungen der Art. 1, 20 und Art. 79. Ein **Verstoß** gegen die Grundsätze des GG liegt erst dann vor, wenn das Verhalten eines Richters unter Abwägung aller Grundentscheidungen der Verfassung nach Inhalt oder Form eine aggressiv-kämpferische Haltung gegen die **freiheitlich-demokratische Grundordnung** des Bundes oder eines Landes erkennen lässt, wobei **von einem Richter besondere Verfassungstreue** zu erwarten ist. Das V**erfahrensrecht** ist in den §§ 58 bis 62 BVerfGG ausgestaltet.

178 Sogar bei **vorsätzlicher Verfassungsuntreue** ist die **Entlassung** des Richters nicht zwingend vorgeschrieben. Das **BVerfG** hat anhand des Übermaßverbotes im Einzelfall abzuwägen, ob die **Versetzung in ein anderes Amt** oder in den Ruhestand als Sanktion des Pflichtverstoßes verhältnismäßig ist. Das GG selbst hält es also immerhin für denkbar, dass Richter, die vorsätzlich gegen Grundsätze des GG verstoßen haben, dennoch ein anderes staatliches Amt ausüben dürfen. Dieser Aspekt, sollte auch bei der **Einstellung** von jungen Bewerbern in den öffentlichen Dienst, die „einschlägige Jugendsünden" begangen, aber diese überwunden haben, nicht unberücksichtigt bleiben.[115]

---

[112] Zum Regelungsbedarf beim DRiG schon *Marqua* DRiZ 1988, 386.
[113] *Arndt* DRiZ 1972, 41 ff.; *Priepke* DRiZ 1991, 4 ff.
[114] BVerfGE 28, 36 (48).
[115] Vgl. BVerfGE 39, 334 (346 ff.); BVerfG NJW 1998, 2590; BVerfGE 46, 43 (52).

Auch die **ehrenamtlichen Richter,** auf die Art. 33 Abs. 2, 5, Art. 98 Abs. 2, 5 nicht direkt anwendbar sind, unterliegen einer **besonderen Pflicht zur Verfassungstreue.** Denn sie sind dann, wenn sie zur Mitentscheidung mit Berufsrichtern bestellt sind, **insoweit auch gesetzliche Richter** mit Fragebefugnis, Mitberatungsrecht und gleichem Stimmrecht. Sie können uU allein oder mit einem Berufsrichter die anderen Richter überstimmen. Zum ehrenamtlichen Richter darf nur ernannt werden, wer nach seinem Persönlichkeitsbild und seiner fachlichen Befähigung – einschließlich seiner Einstellung zu den Grundentscheidungen des GG – die Gewähr dafür bietet, dass er die ihm von Verfassungs- und Gesetzes wegen obliegenden, durch den **Eid** bekräftigten richterlichen Pflichten jederzeit uneingeschränkt erfüllen wird. Entfällt diese Voraussetzung, sind sie des Ehrenamtes zu **entheben.**[116] 179

XI. Richterwahlausschuss

Abs. 4 sichert den Ländern die **Kompetenz,** im Rahmen ihrer „Justizhoheit" zu bestimmen, dass über die Anstellung der Richter **Richterwahlausschüsse** gemeinsam mit dem Landesjustizminister entscheiden.[117] Es gelten die zu Art. 95 Abs. 2 dargelegten Grundsätze entsprechend. Statt des „Landesjustizministers" kann ein anderer bereichszuständiger Minister eingesetzt werden. Die Meinung der Vorauflage, es sei unzulässig, den **Landtag** an die Stelle eines des **Richterwahlausschusses** zu setzen, wird aufgegeben. Denn Art. 98 Abs. 4 soll die verfassungsrechtlichen Befugnisse der Länder gegenüber engeren Bundesgesetzen erweitern, nicht aber verhindern, dass die erste Gewalt selbst der zweiten bei Einwirkungen auf die dritte Grenzen setzt. Im Grundsatz gilt das zu **Art. 95 Abs. 2** oben Gesagte. 180

Die **Richterschaft** selbst ist bei Wahl, Ernennung oder „Beförderung" eines Richters nach Maßgabe der §§ 55, 75 DRiG bzw. Landesrecht – unverbindlich – durch die **Präsidialräte** beteiligt, in denen letztlich die Richter mit Verwaltungsamt den Ausschlag geben können. 181

C. Kritische Würdigung

Art. 98 ist keine hinreichende dienst- und organisationsrechtliche Komplementierung der funktionen- und organrechtlich neuartigen Stellung des Richters (Art. 1 Abs. 3, 20 Abs. 2 S. 2, 28 Abs. 1 S. 1, 92, 101 Abs. 1 S. 2); er ist auf die **Komplettierung durch Parlamentsgesetze** angelegt, die bis heute nicht ergingen. Er hat keine hinreichende Vorsorge dafür getroffen, dass die den besonderen Gesetzen überlassene genaue Abgrenzung der Befugnisse der Exekutive gegenüber der Rechtsprechung tatsächlich von den Parlamenten aufgegriffen wird. Durch **70-jährige Nichtbefolgung der Regelungsaufträge** zum Erlass besonderer Gesetze über die Rechtsstellung der Richter ist weitgehend der Zustand restauriert worden, der schon vor Inkrafttreten des GG bestand. 182

Nachdem das **BVerfG** nun klargestellt hat, dass diese Gesetzgebungsaufträge erfüllt werden müssen und welche grundsätzlichen Schranken für die Exekutive im Verhältnis zur Judikative bestehen, können die Parlamente die 183

---

[116] Zutr. BVerfG NJW 2008, 2568 ff.
[117] BVerfGE 41, 1 (10).

oben skizzierten Überlappungs- und Problemfelder (und noch weitere) prüfen und sie in einem Gesetz über die Rechtsstellung der Richter regeln. Nach den Feiern zum **70. Tag des GG** müsste eigentlich Zeit sein, es zu befolgen.

Literatur

E.-W. Böckenförde, Verfassungsfragen der Richterwahl, 2. Aufl. 1998. – ***D. Ehlers,*** Verfassungsrechtliche Fragen der Richterwahl, 1998. – ***V. Epping,*** Die demokratische Legitimation der Dritten Gewalt der Europäischen Gemeinschaften, in Der Staat 36 (1997), 349. – ***K. F. Gärditz,*** Richterwahlausschüsse für Richter im Landesdienst – Funktion, Organisation, Verfahren und Rechtsschutz, ZBR 2011, 109. – ***Th. Dietrich,*** Richterwahlausschüsse und demokratische Legitimation, 2007. – ***R. Wassermann,*** Der politische Richter, 1972. – **H. Sodan,** Der Status des Richters, in HbdStR V § 113. – ***F. Wittreck,*** Die Verwaltung der Dritten Gewalt, 2006.

Art. 99 [Verfassungsstreit innerhalb eines Landes]

Dem Bundesverfassungsgerichte kann durch Landesgesetz die Entscheidung von Verfassungsstreitigkeiten innerhalb eines Landes, den in Artikel 95 Abs. 1 genannten obersten Gerichtshöfen für den letzten Rechtszug die Entscheidung in solchen Sachen zugewiesen werden, bei denen es sich um die Anwendung von Landesrecht handelt.

Weimarer Reichsverfassung von 1919

Art. 19. Über Verfassungsstreitigkeiten innerhalb eines Landes, in dem kein Gericht zu ihrer Erledigung besteht, sowie über Streitigkeiten nichtprivatrechtlicher Art zwischen verschiedenen Ländern oder zwischen dem Reiche und einem Lande entscheidet auf Antrag eines der streitenden Teile der Staatsgerichtshof für das Deutsche Reich, soweit nicht ein anderer Gerichtshof des Reichs zuständig ist.

Der Reichspräsident vollstreckt das Urteil des Staatsgerichtshofes.

A. Allgemeine Bedeutung

1 Art. 99 gilt seit dem Inkrafttreten des GG mit Beginn des 24.5.1949. Der heutige **Text** („den in Art. 95 Abs. 1 genannten obersten Gerichtshöfen") wurde erst durch Art. 1 Nr. 5 des 16. Gesetzes zur Änderung des GG vom 18.6.1968 eingeführt,[1] als das zuvor in Art. 95 Abs. 1 geregelte Projekt eines Obersten Bundesgerichts endgültig aufgegeben wurde.[2]

2 Der Parlamentarische Rat wollte den Ländern die **Errichtung eigener Verfassungsgerichte** ersparen. Ferner sollte den Wünschen einiger neugebildeter Länder entsprochen werden, ein einheitliches **Gericht letzter Instanz auf Bundesebene** für die Streitigkeiten über Recht anrufen zu können, das schon vor 1945 gegolten hatte und nicht als Bundesrecht (Art. 123 – 125), sondern in mehreren Ländern als **Landesrecht** weitergalt. Allerdings wurde der Normtext nicht auf diese Fallgruppen beschränkt. Die Länder wurden ermächtigt, die Entscheidung in allen Streitigkeiten um die Anwendung von Landesrecht für den letzten Rechtszug „den oberen Bundesgerichten" zuzuweisen. Über die Frage, ob nach Art. 123 fortgeltendes Recht als Bundesrecht weiter gilt, hatte und hat nach Art. 126 ohnehin das BVerfG zu entscheiden. Der Rat ging ua davon aus, dass die Regelung über die „Inanspruchnahme" des BVerfG nicht etwa deshalb „überflüssig" sei, weil das BVerfG nach Art. 93 Abs. 1 Nr. 4 Var. 3 für „andere öffentlich-rechtliche" Streitigkeiten innerhalb eines Landes zuständig ist, falls dafür kein anderer Rechtsweg existiert.

3 Diese Vorschrift soll einen lückenlosen Rechtsschutz für die am Verfassungsleben eines Landes Beteiligten gegen alle Verletzungen ihrer eigenen verfassungsmäßigen Rechte gewährleisten.[3] Auf diese Weise wird die Auffangklausel zu einem Mittel bundesgerichtlicher Kontrolle der Verfassungslage in den Ländern, die sich dem nur dadurch etwas entziehen können, dass sie von Art. 99 Alt. 1 Gebrauch machen und für Organstreitigkeiten den Beteiligtenkreis nicht enger als in § 73 Abs. 1 BVerfGG ziehen.

---

[1] BGBl. 1968 I 657 f.

[2] Dazu und zu Rn. 2 vgl. JöR nF 1 (1951), 733 f.

[3] BVerfGE 102, 224 (231); 102, 245 (250 f.); *Korioth* in Schlaich/Korioth Das Bundesverfassungsgericht, Rn. 108.

4 Art. 99 enthält für jedes Bundesland **zwei Ermächtigungen.**[4] Es darf erstens auf verfassungsrechtlicher Ebene dem BVerfG landesverfassungsrechtliche Streitigkeiten zur Entscheidung mit Bindungswirkung für das Land als pflichtige Aufgabe zuweisen.[5] Zweitens darf es auf einfachgesetzlicher Ebene für landesrechtliche Streitigkeiten einen (mehrere oder jeden) obersten Gerichtshof zur „letzten Instanz", also grundsätzlich als Revisionsinstanz bestimmen, wenn nach Maßgabe des Landesrechts zu entscheiden ist und der Streit seiner Art nach in den bundesrechtlich geregelten Zuständigkeitsbereich des Bundesgerichts fällt.[6]

5 Dies erlaubt jedem Land, **landesrechtliche rechtsprechende Gewalt** auf Bundesrichter zur Ausübung im Namen des Landes und als Repräsentanten des Landesstaatsvolks und nach Maßgabe des Landesrechts zu übertragen.[7] Jedes Bundesland darf insoweit die Rechtsprechungsaufgaben der Bundesgerichte **ohne Mitwirkung des Bundes** um die genannten landesrechtlichen Streitsachen erweitern. Das hat der Bund grundsätzlich hinzunehmen, falls das Land nach Intensität und Quantität der Übertragungen nicht gegen das Gebot zum bundesfreundlichen Verhalten verstößt. Art. 99 sieht **keine Kostenerstattung** zugunsten des Bundes vor. Dies schließt aber nicht aus, dass Bund und Land sich bei Bedarf einverständlich hierüber vertragen.

6 Jeder landesrechtliche Übertragungsakt bedarf zur **Ausführung** des Zusammenwirkens von Bund und Land. Die betroffenen Justizministerien und die Gerichtsverwaltungen müssen sich über eine Vielzahl von **exekutiven Detailfragen** ihrer Zusammenarbeit und derjenigen der Instanzgerichte mit dem Bundesgericht einigen. **Prozessrechtliche Regelungen** auf Landesebene müssen vom Landesgesetzgeber erlassen werden. Steht danach rechtswirksam fest, was von welchem Bundesgericht nach Landesrecht entschieden werden soll, muss innerhalb jeder bundesgerichtlichen Institution nicht die jeweilige **Gerichtsverwaltung,** sondern allein die davon strikt zu unterscheidende **Rechtsprechungsorganisation „Gericht"** darüber entscheiden bzw. feststellen, wer für welche Streitigkeiten gesetzlicher Richter iSv Art. 101 Abs. 1 S. 2 ist. Denn die rechtsprechende Gewalt ist nach Art. 92 ausschließlich den (gesetzlichen) Richtern anvertraut. Beim **BVerfG** richtet sich auch die Verteilung von ggf. nach Art. 99 zugewiesenen Landesverfassungsstreitigkeiten (§ 13 Nr. 10 BVerfGG) auf die Senate grundsätzlich nach den Verteilungsregeln des § 14 Abs. 1–3 BVerfGG; bei Zweifeln entscheidet der Richterausschuss nach Abs. 5. In beiden Senaten, deren Mitglieder direkt hineingewählt werden und dadurch stets gesetzliche Richter sind, wird die Mitwirkung der einzelnen Richter bei der Vorbereitung der Beratungen und der Entscheidungen durch den senatsinternen „Geschäftsverteilungsplan" geregelt. Bei den **obersten Gerichtshöfen** des Bundes erfolgt die Geschäftszuweisung und die Bestellung der gesetzlichen Richter primär durch den gerichtlichen Geschäftsverteilungsplan. Dieser wird vom Präsidium des Gerichts (ggf. nach Anhörung der Vertretung der ehrenamtlichen Richter)

[4] Vgl. *Schultze-Fielitz* in Dreier Rn. 5.

[5] Dazu *Friesenhahn* FS 50 Jahre BVerfG, I, 2001, 748 ff. mwN; *Karpenstein* in BeckOK BVerfGG § 73 Rn. 1.

[6] Der Bund kann nach Art. 74 Abs. 1 Nr. 1 GG bestimmen, das Landesrecht mit der Revision zu einem obersten Gerichtshof angegriffen werden kann (zB § 127 Nr. 2 BRRG, § 137 Abs. 1 Nr. 2 VwGO).

[7] Zur Wahrnehmung der rechtsprechenden Gewalt ausschließlich durch gesetzliche Richter als direkte Repräsentanten des Staatsvolks siehe Art. 92 GG passim.

beschlossen. Die Präsidiumsmitglieder werden, bis auf den Präsidenten des Gerichts, von den dem Gericht zugeordneten Berufsrichtern gewählt, die die wahlberechtigten Mitglieder des Gerichts sind.

Die „Bundesgerichte" haben bei der Wahrnehmung von Rechtsprechung nach Maßgabe von Landesrecht eine **„Doppelnatur"; organisatorisch** bleiben sie Bundesgerichte; die gesetzlichen Bundesrichter üben **funktional** Landesstaatsgewalt aus.[8] Die gesamte Organisationseinheit aus Gerichtsverwaltung und Rechtsprechungsorganisation bleibt eine Einrichtung des Bundes. Träger, Kostenträger und „Gerichtsherr" ist der Bund. Die Verwaltungsbediensteten bleiben sein Personal. Die Bundesrichter bleiben status- und dienstrechtlich Bundesrichter. Die Länder haben nach Art. 99 nur die Rechtsmacht, dieser Organisationseinheit des Bundes bestimmte landesrechtliche Streitigkeiten zur Entscheidung nach Landesrecht zu übertragen, also den Aufgabenkreis insoweit für das Bundesgericht pflichtig zu erweitern. Da das übertragene Landesrecht ist und nicht zu Bundesrecht wird, ermächtigt und verpflichtet das Land den Bund und sein Bundesgericht, nach Maßgabe von Landesrecht im Namen des Landes mit Bindungswirkung für das Land rechtsprechende Gewalt des Landes auszuüben. Das kann und darf nur durch (gesetzliche) Bundesrichter geschehen, die dabei für das Land und als von ihm ermächtigte Repräsentanten des Landesstaatsvolks Recht sprechen. Diese „Doppelnatur" muss auch gegenüber den Rechtssuchenden deutlich gemacht werden. 7

B. Einzelfragen

I. Zuweisung an das BVerfG

„Verfassungsstreitigkeiten" sind jedenfalls alle Streitigkeiten aus dem Landesverfassungsrecht, die ihrer Art nach für den Bund in Art. 93, 100 ausgestaltet sind.[9] Der Begriff ist weit zu verstehen, auch unter Einbeziehung des im BVerfGG zum Ausdruck gekommenen Verständnisses der Kerninhalte dieser Vorschriften. Er erfasst außer den Organstreitigkeiten und abstrakten Normenkontrollen auch konkrete Normenkontrollen[10] sowie Verfassungsbeschwerden, Ministeranklagen, Richteranklagen[11] und Wahlprüfungsverfahren.[12] Da es um die Zuweisung von **Landesverfassungsstreitigkeiten** geht, umfasst er zudem alles, was das grundsätzlich „verfassungsautonome" Land seinem „ersparten" Landesverfassungsgericht als Rechtsstreit aus seinem Landesverfassungsrecht aus grundgesetzlicher Sicht[13] noch vertretbar zuweisen könnte.[14] Die einfachgesetzliche Regelung der Beteiligtenfähigkeit in § 73 Abs. 1 BVerfGG, die wie beim Organstreit auf die obersten Landesorgane und auf deren durch Verfassung oder Geschäftsordnung mit eigenen „Rechten" ausgestatteten Organe beschränkt ist, kann gegenüber dem höherrangigen Art. 99 keine Sperr- oder Änderungswirkung entfalten. Andernfalls wäre ua 8

[8] In der Sache wohl wie hier *Löwer* in HdbStR III § 70 Rn. 53 f.

[9] Dies legt schon die Autonomie der beiden Verfassungsbereiche nahe.

[10] BVerfGE 7, 77 (82 f.); 38, 258 (267).

[11] Vgl. dazu allerdings Art. 98 Abs. 2 u. 5 und § 62 BVerfGG.

[12] *Walter* in Maunz/Dürig Rn. 11 ff.; *Löwer* in HdbStR III § 70 Rn. 54, stellt die Auffassungsunterschiede zum Begriff der Verfassungsstreitigkeit dar, lässt sie aber als „bloß akademisch" auf sich beruhen.

[13] Auf die „limitative" Funktion des Begriffs weist *Walter* in Maunz/Dürig Rn. 9 zutreffend hin.

[14] Gleichsinnig *Bethge* in Maunz/Schmidt-Bleibtreu/Klein/Bethge BVerfGG § 73 Rn. 1.

der Zweck des Art. 99, die Länder könnten sich ein Landesverfassungsgericht „sparen“, nicht erreichbar. Ob eine Landesverfassungsstreitigkeit iSd Art. 99 vorliegt, bemisst sich im Kern an den auf Bundesebene anerkannten, in den Art. 93 und 100 GG und in § 13 BVerfGG geregelten Streitsachen, ist aber nicht darauf beschränkt.[15] In jedem Fall kann es nur um Streitigkeiten gehen, in denen zu entscheiden ist, ob ein Handeln oder Unterlassen des Landes oder eines seiner Staatsorgane mit dem Landesverfassungsrecht vereinbar ist.[16]

9 **Innerhalb eines Landes** muss die zugewiesene Art der Verfassungsstreitigkeiten wurzeln,[17] dh dass um Rechtsfolgen aus dem jeweiligen Landesverfassungsrecht gestritten werden muss. Erfasst wird auch, dass objektiver Klärungsbedarf in einer landesverfassungsrechtlichen Frage besteht. Zum **Landesverfassungsrecht** gehören alle Grundrechte, Grundentscheidungen und Grundsätze, die aus dem Text und dem Gesamtinhalt der Verfassung abzuleiten sind, einschließlich der Verfassungsnormen des Bundesrechts, die in die Landesverfassung hineinwirken, ohne sie irgendwie zu determinieren, und insoweit Bestandteile des Landesverfassungsrechts sind.[18] Dies kann aber nur mit der Maßgabe gelten, dass der Kern des Streits nicht die Frage betrifft, ob **Landesrecht gegen Bundesrecht** verstößt.[19] Das ist nach Art. 93 Abs. 1 Nr. 2, Art. 100 Abs. 1 S. 1 Alt. 2, S. 2, 3, Abs. 3 ohnehin dem BVerfG vorbehalten und kein möglicher Übertragungsgegenstand.[20] Denn Art. 99 kann dem Land keine Übertragungskompetenz für Streitigkeiten verleihen, die dieses nach dem GG seinem „ersparten“ Landesverfassungsgericht nicht zuweisen dürfte.[21]

10 Wegen der „Doppelnatur“ bleibt der Bund für sein Gericht nach Art. 94 Abs. 2 GG befugt, **Verfahrensvorschriften** (§§ 13 Nr. 10, 73–75 BVerfGG) zu erlassen. Zwingendes bundesrechtliches Verfahrensrecht findet sich iW in den §§ 17 bis 35e BVerfGG und für den landesverfassungsrechtlichen Organstreit in § 73 Abs. 1 S. 1 BVerfGG. Das Land darf iÜ, also soweit für eine Verfahrensart kein zwingendes Bundesverfahrensrecht vorliegt, selbst Verfahrensregelungen treffen und bundesrechtliche Normen ggf. konkretisieren, abändern, streichen oder ergänzen.[22] Das Land bestimmt, ob und wieweit es den landesrechtlichen Rechtsweg zum BVerfG eröffnet, welche Rechtsprechungsaufgaben dieses also für das Land wahrnehmen muss, welche Rechtsschutzbegehren mit welchen Verfahrensarten zulässig sind und welchen Inhalt und welche Reichweite seine Entscheidungen für den Landesrechtskreis haben.[23]

11 Eine verfassungswidrige **„Mischrechtsprechung“** wird dadurch nicht begründet. Nach Art. 28 Abs. 1 S. 1 genießen die Länder Verfassungsautonomie. Soweit das Grundgesetz nicht besondere Anforderungen statuiert, können sie ihr Verfassungsrecht und ihre Verfassungsgerichtsbarkeit nach eigenem Ermessen ordnen.[24] Der Bereich der Verfassungsgerichtsbarkeit der

---

[15] *Zuck* in Lechner/Zuck BVerfGG, 5. Aufl. 2006, Vor § 73 Rn. 2.
[16] Zustimmend *Schulze-Fielitz* in Dreier Rn. 9.
[17] *Sieckmann/Hermanns* in MKS Rn. 2.
[18] BVerfGE 1, 208 (232); 23, 33 (39).
[19] BVerfGE 103, 332 (347 ff.).
[20] Auch für eine bloße Bestätigung fehlt den Ländern die Rechtsmacht.
[21] BVerfGE 27, 240 (246); 60, 175 (199 f.).
[22] Vgl. zB § 74 BVerfGG; ebenso *Morgenthaler* in BeckOK GG Rn. 4.
[23] BVerfGE 102, 176 (184); 106, 51 (56).
[24] BVerfGE 147, 185 (210); vgl. BVerfGE 4, 178 (189); 36, 342 (361); 60, 175 (207 f.); 96, 345 (368f); 103, 332 (350).

Länder soll möglichst unangetastet bleiben.[25] Die Landesverfassungsgerichtsbarkeit soll nicht in größere Abhängigkeit vom BVerfG gebracht werden, als es nach dem Bundesverfassungsrecht unvermeidbar ist. Dies bedeutet, dass die Länder – abgesehen von den Fällen der Art. 99 und Art. 100 Abs. 3 – durch eine eigene Verfassungsgerichtsbarkeit über die Vereinbarkeit von Landesgesetzen mit der Landesverfassung entscheiden und diese grundsätzlich ohne (inhaltliche) Kontrolle durch das Bundesverfassungsgericht auslegen können.[26] Bei einer Übertragung von Landesverfassungsstreitigkeiten auf das BVerfG nach Art. 99 ist grundsätzlich eindeutig, welchem Rechtssubjekt die Rechtsprechungstätigkeit der Richter am BVerfG zuzurechnen ist, nämlich dem Land und nicht dem Bund. Denn die **Zurechnung der Rechtsprechungstätigkeit** zu einem Zurechnungsendsubjekt ist von der organisationsrechtlichen Stellung als Bundesorgan bzw. Amtswalter zu unterscheiden. Sie richtet sich bei „januskӧpfigen" Amtswaltern nach der ausgeübten **Funktion,** dh nach dem, wozu sie konkret tätig wurden (vgl. Art. 34 S. 1). Als Entscheider über landesinterne Verfassungsstreitigkeiten übt das BVerfG Rechtsprechungsgewalt des Landes aus,[27] dem seine Tätigkeit zuzurechnen ist.[28] Das „entliehene" BVerfG wird „als" Verfassungsgericht für das Land tätig.[29] Art. 99 eröffnet den Weg zum BVerfG ohne Vorbehalt.[30] Diese Zuweisung ist zugleich ein „anderer Rechtsweg" innerhalb des Landes iSv Art. 93 Abs. 1 Nr. 4 aE.[31]

Derzeit gibt es **keine Zuweisung** nach Art. 99 **an das BVerfG mehr.**[32] 12
Von der Zuweisungsbefugnis hatte nur das Land Schleswig-Holstein in Art. 44 seiner Landesverfassung (1990; einengend gegenüber Art. 37 seiner früheren Landessatzung) Gebrauch gemacht. Die übrigen Bundesländer haben sich für eigene Landesverfassungsgerichte entschieden. Seit dem 1.5.2008 hat auch Schleswig-Holstein ein eigenes LVerfG. Damit bleibt das den Bund bindende Angebot[33] des Art. 99, die Länder könnten sich auf seine Kosten eine eigene Verfassungsgerichtsbarkeit ersparen, derzeit ohne Nachfrage der Begünstigten. Nicht ausgeschlossen ist allerdings, dass ein Land trotz eigenen Verfassungsgerichts bestimmte Landesverfassungsstreitigkeiten dem BVerfG überträgt. So hatte zB NRW bis Ende 2018 zwar die Grundrechte des GG durch Art. 4 NRW Verf in seine Verfassung inkorporiert, kannte aber keine Verfassungsbeschwerde zu seinem VGH. Diese Lücke hat es zum 1.1.2019 nicht durch eine Übertragung auf das BVerfG geschlossen, sondern durch die Einführung einer Individualverfassungsbeschwerde in §§ 53 – 61 VGHG NW.

II. Zuweisung an oberste Gerichtshöfe des Bundes

Die Befugnis zur Zuweisung einer „letztinstanzlichen" Zuständigkeit in 13
Streitigkeiten aus dem einfachen Landesrecht an die **obersten Gerichtshöfe**

[25] Vgl. BVerfGE 36, 342 (357); 41, 88 (119); 60, 175 (209); 96, 231 (242); 107, 1 (10).
[26] BVerfGE 147, 185 (210).
[27] BVerfGE 103, 332.
[28] In der Sache wohl wie hier: *Löwer* in HdbStR III § 70 Rn. 53 f.
[29] So BVerfGE 27, 240 (244).
[30] BVerfGE 1, 208 (218).
[31] *Sieckmann/Hermanns* in MKS Rn. 1 *„lex specialis"*.
[32] *Lechner/Zuck* in Lechner/Zuck BVerfGG, Vorbemerkung vor §§ 73 ff., Rn. 1 empfehlen deshalb die Aufhebung der Var. 1 und rufen ihr ein „RiP" zu.
[33] So zutreffend *Detterbeck* in Sachs Rn. 1.

des Bundes[34] schließt die Gesetzgebungskompetenzen des Bundes aus Art. 72 Abs. 2 iVm Art. 74 Abs. 1 Nr. 1 bzw. Art. 108 Abs. 6 nicht aus und schränkt sie nicht ein. Art. 99 Hs. 2 hat daher insoweit nur eigenständige Bedeutung, als der Bund von seiner Gesetzgebungskompetenz keinen Gebrauch gemacht hat.[35]

14 **Für den letzten Rechtszug** kann die Zuständigkeit dieser Bundesgerichte begründet werden. Damit ist grundsätzlich ihre Einsetzung als Revisionsinstanzen gemeint. Jedoch ist nicht ausgeschlossen, dass sie als letzte Instanz zugleich **einzige Instanz** sein können. Ein einziger erster Rechtszug ist auch ein „letzter Rechtszug", da es keinen weiteren Rechtszug gibt. Dies kann aus Landessicht zur Herbeiführung einer einheitlichen Rechtsprechung geeignet und erforderlich sein, weil zB ein Oberstes Landesgericht nicht existiert oder es um die Klärung von Rechtsfragen aus Länderstaatsverträgen geht, die nur aufgrund eines Zustimmungsgesetzes des jeweiligen Landtags in jedem beteiligten Land gelten; dafür gibt es natürlich kein gemeinsames oberstes Gericht.[36] Da im Bundesrecht erstinstanzliche Zuständigkeiten der obersten Gerichtshöfe vorgesehen sind, kann es auch in jedem Bundesland Rechtsprechungsaufgaben geben, bei denen eine konzentrierende „Hochzonung" auf ein Bundesgericht „als oberstes Landesgericht" angezeigt ist. Das Verfahren vor dem jeweils zuständigen obersten Gerichtshof richtet sich ausschließlich nach Bundesrecht.[37]

15 Das Land kann von der gerichtsverfassungsrechtlichen Befugnis des Art. 99 nur durch die Landesverfassung selbst oder durch förmliches Landesgesetz als **Handlungsformen** Gebrauch machen, weil hierbei im Bundesstaat eine wesentliche Grundentscheidung rechtlicher und politischer Natur ansteht.[38] Es kann die Revisionszuständigkeit nur in derselben Form auch wieder beseitigen.[39] Für die Übertragung reicht eine **allgemeine oder subsidiäre Verweisung** im Landesgesetz lediglich auf ein bundesrechtliches Prozessgesetz nicht aus, das unter bestimmten Voraussetzungen den Gang zu einem obersten Gerichtshof ermöglicht. Die Übertragung muss in Verfassung oder Gesetz **explizit** erfolgen. Art. 99 Hs. 2 ist **nicht analog** anwendbar. Es handelt sich um eine spezielle und abschließende Ermächtigung allein an das Land.

Das Bundesgericht darf die landesrechtlichen Streitigkeiten nur nach Maßgabe des Landesrechts bzw. des Staatsvertrages entscheiden. Falls eine Verletzung von Bundesrecht im Streit ist, ergibt sich dessen Entscheidungskompetenz nicht aufgrund Art. 99 Alt. 2.[40]

16 Von Art. 99 Alt. 2 hatten anfangs Schleswig-Holstein,[41] Nordrhein-Westfalen,[42] Bayern[43] und Berlin[44] Gebrauch gemacht. Die Länder haben inzwi-

---

[34] Näher schon *Werthauer* NJW 1957, 1387 ff.

[35] BVerfGE 10, 285 (292 ff.); *Stern* in BK Rn. 49 ff. mwN.

[36] ZB Art. 66 S. 2 NRW Verf; wie hier *Pieroth* in Jarass/Pieroth Rn. 4; *Walter* in BK Rn. 23; aA *Schulze-Fielitz* in Dreier Rn. 13; jedoch steht im GG nicht „als Revisionsinstanz", sondern „als letzte Instanz".

[37] BGHZ 16, 160.

[38] Vgl. *Stern* in BK Rn. 34, 57 mwN; *Pieroth* in Jarass/Pieroth Rn. 1.

[39] BFH BFH/NV 1996, 506.

[40] Vgl. BFHE 96, 155.

[41] § 304 des G v. 18.4.1960 (SchlHGVBl. 1967, 131) = Verwaltungsverfahrensgesetz mit Zuweisung an das BVerwG.

[42] G v. 12.1.1954 (NRWGVBl. 1954, 37) über das gerichtliche Verfahren für Bodenreformsachen.

[43] Art. 97 BayVwVfG.

[44] § 5 AGVwGO.

schen vor allem in ihrem Dienst- und Disziplinarrecht[45] und in Zustimmungsgesetzen zu Staatsverträgen (Rundfunkanstalten, Mediendienste, Glücksspiel, Hochschulen etc) die Revisionszuständigkeit des BVerwG nach Art. 99 begründet.

C. Verhältnis zu anderen Bestimmungen des GG

Die **Alt. 1** begründet, soweit das Land das BVerfG „einschaltet", einen „anderen Rechtsweg" iSv Art. 93 Abs. 1 Nr. 4 Var. 3. Diese Sonderkompetenz geht den unmittelbaren Ersatzzuständigkeiten des BVerfG aus Art. 93 Abs. 1 Nr. 4 Var. 3 vor. **17**

Die **Alt. 2** greift nicht, soweit die Revision schon durch ein Bundesgesetz nach Art. 74 Abs. 1 Nr. 1 eröffnet ist. Daher durfte und darf § 127 Nr. 2 BRRG die **Revision** zum BVerwG auch in solchen beamtenrechtlichen Angelegenheiten zulassen, in denen Landesrecht anzuwenden ist; die Landesbehörden und Landesgerichte können das nicht verhindern. Alt. 2 geht aber als spezielle Verfassungsnorm im Bund-Länderverhältnis dem Gebot zur einheitlichen Regelung der Finanzgerichtsbarkeit in Art. 108 Abs. 6 vor, schließt also zusätzliche Zuweisungen von gleichartigen landesrechtlichen Streitigkeiten im letzten Rechtszug nicht aus. **18**

D. Kritische Würdigung

Alt. 1 ist eine eigenständige, auch für die Rechtsauslegung anderer GG-Normen systematische und nicht nur akademische **Bedeutung** zuzuerkennen von derzeit allerdings ausgesetzter Bedeutung für die Rechtsanwendung. Aber auch das kann sich ändern. Art. 93 Abs. 1 Nr. 4 Var. 3 hatte trotz seines Wortlauts, der alle „anderen" öffentlich-rechtlichen Streitigkeiten innerhalb eines Landes subsidiär erfasst, damals wohl nur „staatsrechtliche" Streitigkeiten im jeweiligen Land vor Augen, für die ein „Staatsgerichtshof" angeboten wurde. Art. 99 Alt. 1 war historisch dann durch das Land Schleswig-Holstein Grundlage für verfassungsrechtliche Entwicklungen, die unvorhergesehen weit über das Thema landesverfassungsrechtlicher Organstreitigkeiten hinausgingen und die Klärung einiger grundsätzlicher bundesverfassungsrechtlicher Probleme ermöglichten. **Alt. 2** hat im öffentlich-rechtlichen Dienstrecht und insbesondere bei den Länderstaatsverträgen im Rundfunk-, Medien- und Hochschulbereich erhebliche Bedeutung. **19**

Literatur

A. Arndt, Landesrecht vor Bundesgerichten?, DVBl 1957, 566. – ***E.-W. Böckenförde/R. Grawert,*** Kollisionsfälle und Geltungsprobleme im Verhältnis von Bundesrecht und Landesverfassung, DÖV 1971, 119. – ***H. Friesenhahn,*** Zur Zuständigkeitsabgrenzung zwischen Bundesverfassungsgerichtsbarkeit und Landesverfassung, in Ch. Starck, Bundesverfassungsgericht und Grundgesetz, FS 25 Jahre BVerfG, 1976, 748. – ***W. Geiger,*** Die Bundesverfassungsgerichtsbarkeit in ihrem Verhältnis zur Landesverfassungsgerichtsbarkeit und ihre Einwirkung auf die Verfassungsordnung der Länder, FS f. Laforet, 1952, 251. – ***J. Gundel,*** Neue Wege zur Auslegung von Landesrecht durch das BVerwG – Die Neubelebung von Art. 99 Alt. 2 GG durch Länder-Staatsverträge, NVwZ 2000, 408. – ***W.-Ch. F. Menger,*** Landesrecht vor Bundesgerich-

[45] BVerwG Beschl. v. 13.3.2018 – 2 B 16/18; BVerwG Urt. v. 5.4.2017 – 8 C 16/16.

ten, 1962. – ***A. Schmidt,*** Grenzen der Überprüfbarkeit gerichtlicher Entscheidungen durch das Landesverfassungsgericht, NJW 1975, 289. – ***H. Scholtissek,*** Zur Zuständigkeit des Bundesverfassungsgerichts aus Art. 93 Abs. 1 Nr. 4 Grundgesetz, FS f. G. Müller, 1971, 461. – ***K.-G. Zierlein,*** Die Ersatzzuständigkeit des Bundesverfassungsgerichts in landesverfassungsrechtlichen Organstreitverfahren, AöR 118 (1993), 66.

Art. 100 [Verfassungswidrigkeit von Gesetzen]

(1) [1]Hält ein Gericht ein Gesetz, auf dessen Gültigkeit es bei der Entscheidung ankommt, für verfassungswidrig, so ist das Verfahren auszusetzen und, wenn es sich um die Verletzung der Verfassung eines Landes handelt, die Entscheidung des für Verfassungsstreitigkeiten zuständigen Gerichtes des Landes, wenn es sich um die Verletzung dieses Grundgesetzes handelt, die Entscheidung des Bundesverfassungsgerichtes einzuholen. [2]Dies gilt auch, wenn es sich um die Verletzung dieses Grundgesetzes durch Landesrecht oder um die Unvereinbarkeit eines Landesgesetzes mit einem Bundesgesetz handelt.

(2) Ist in einem Rechtsstreite zweifelhaft, ob eine Regel des Völkerrechtes Bestandteil des Bundesrechtes ist und ob sie unmittelbar Rechte und Pflichten für den Einzelnen erzeugt (Artikel 25), so hat das Gericht die Entscheidung des Bundesverfassungsgerichtes einzuholen.

(3) Will das Verfassungsgericht eines Landes bei der Auslegung des Grundgesetzes von einer Entscheidung des Bundesverfassungsgerichtes oder des Verfassungsgerichtes eines anderen Landes abweichen, so hat das Verfassungsgericht die Entscheidung des Bundesverfassungsgerichtes einzuholen.

Übersicht

A. Allgemeine Bedeutung

I. Verwerfungsmonopol – Prüfungspflicht aller Gerichte

Art. 100[1] Abs. 1 konzentriert beim BVerfG die Kompetenzen, die **Gültigkeit** oder die **GG-Widrigkeit** eines nachkonstitutionellen **Parlaments-** 1

[1] Er liegt seit dem G v. 18.6.1968 in der heutigen Fassung vor (BGBl. 1968 I 657), Art. 1 Nr. 6; Abs. 3 Hs. 2 wurde gestrichen, da er die Existenz des nun aufgegebenen Projekts eines „Obersten Bundesgerichts" voraussetzte. Zur Entstehungsgeschichte JöR nF 1 (1952), 734.

gesetzes des Bundes, von Vorschriften einer **LVerf,** eines Landesparlamentsgesetzes oder von sonstigem Landesrecht, außerdem auch die **Unvereinbarkeit** eines **Landesparlamentsgesetzes** mit einem **Bundesgesetz** verbindlich festzustellen und die sich daraus ergebenden Rechtsfolgen festzusetzen (sog **Verwerfungsmonopol**).

2 Zudem ordnet er in **Satz 1 Hs. 1** im Bund-Länderverhältnis zwingend eine **Vorlagepflicht** der Ländergerichte an das jeweilige **LVerfG** an, wenn es um die Verletzung einer **LVerf** durch ein Landesparlamentsgesetz geht.[2] Gesichert wird der Vorrang des GG vor allem gesetzlichen und untergesetzlichem Recht, auch gegenüber dem „Verfassungsgesetzgeber", zudem der Geltungsvorrang von Bundesgesetzen vor Landesgesetzen, ferner die **Einheitlichkeit** der **Rechtsprechung über das** (jeweilige) **Verfassungsrecht.**[3]

3 **Abs. 2** verpflichtet alle **Gerichte,** eine Entscheidung des **BVerfG** einzuholen, wenn in einem Rechtsstreit zweifelhaft wird, ob es eine bestimmte **allgemeine Regel des Völkerrechts iSd Art. 25** gibt (und ggf mit welchem Regelungsgehalt), die Bestandteil des BuRechts ist und den Bundesgesetzen vorgeht und die Rechte oder Pflichten unmittelbar für die Bewohner des Bundesgebietes erzeugt. Das **BVerfG** muss feststellen, ob der Tatbestand des Art. 25 erfüllt ist, und ggf, welche Rechtsfolgen deswegen abstrakt-generell vorgegeben sind.

4 **Abs. 3** schränkt zudem die **Verfassungsgerichtshoheit** der **Länder** insoweit ein, wie es zur einheitlichen Auslegung und Anwendung der **Grundrechte des GG** im ganzen Bundesgebiet nötig ist. Wenn ein LVerfG in einer Streitsache ein GG-GR in anderer Auslegung anwenden will, als dies bisher vom BVerfG oder von einem anderen LVerfG ausgelegt wurde, muss es die Sache dem BVerfG vorlegen, das die Einheit der Auslegung der GRe garantieren muss.

5 Die **Vorlagepflicht** bestätigt das **richterliche „Prüfungsrecht",**[4] das eine verpflichtende **Prüfungskompetenz,** eine **Prüfungspflicht** des gesetzlichen Richters ist. Sie war unter der WRV wegen seiner Vermischung mit der sog Verwerfungskompetenz umstritten[5], wurde aber vom Reichsgericht anerkannt.[6] Jedes Gericht hat die Vorränge des Gesetzes und der Verfassung zu beachten und deshalb stets (zumindest ansatzweise, bei Anhaltspunkten gründlich) zu bedenken, ob eine Rechtsnorm, auf die es seine Entscheidung stützen muss, gültig (wirksam) oder GG-widrig und deshalb idR ungültig (nichtig) ist. Das gegen den Richter gerichtete **GR auf eine gesetzesgebundene Richterentscheidung** aus Art. 2 Abs. 1 iVm Art. 97 Abs. 1 (dazu bei Art. 97) ist bei Anwendung ungültiger Normen stets verletzt.

6 Die jeweils „gesetzlich" bestimmten Richter in den Spruchkörpern der Gerichtsorganisationen des **BVerfG** und ggf des **LVerfG** sind für diese Entscheidungen die **einzigen gesetzlichen Richter.** Verletzt ein Gericht die Vorlagepflicht, so entzieht es den Parteien den gesetzlichen Richter.

---

[2] Ein LVerfG kann die Gültigkeit von Landesgesetzen selbst abschließend nur prüfen, wenn diese nicht (auch) von Bundesrecht abhängt. Denn es kann als Maßstab für die Gültigkeit nur Landesrecht anwenden, sonst muss es nach Art. 100 Abs. 1 S. 1 Hs. 2, S. 2, dem BVerfG vorlegen; so BVerfGE 69, 112 (118); 103, 332 (350 f).

[3] BVerfGE 1, 184 (197 ff.); 2, 124 (128 ff.); 6, 55 (63); 30, 170 (172); ähnlich *Sieckmann/Kessal-Wulf* in MKS Art. 100 Rn. 1 bis 3 mwN.

[4] BVerfGE 121, 233 (237 f.).

[5] *Bettermann* FG 25 Jahre BVerfG I, 1976, 323 (326 ff.); *Kempry* JZ 2010, 974–978.

[6] RGZ 111, 320.

Deshalb **darf kein Fachgericht,** auch kein oberstes Bundesgericht, in keinem Fall[7] ohne Vorlage selbst die Nichtigkeit eines Parlamentsgesetzes feststellen.[8] Es darf auch nicht von einer Vorlage mit der Begründung absehen, das Parlamentsgesetz sei nicht nichtig, sondern nur verfassungswidrig und für einen begrenzten Zeitraum bis zu einer vom Gericht für nötig gehaltenen Neuregelung noch eingeschränkt anwendbar.[9] 7

Erfolgt die **Nichtvorlage objektiv-willkürlich,** wird **Art. 101 Abs. 1 S. 2** verletzt. Dafür genügt es allerdings nicht, dass eine Rechtsvorschrift ***möglicherweise*** verfassungswidrig ist. Der GR-Verstoß des Fachgerichts liegt erst vor, wenn sich ihm die Verfassungswidrigkeit der Norm in einer Weise aufdrängen musste, dass es unter jeder verständigen Betrachtung objektiv willkürlich wäre, von einer Vorlage abzusehen.[10] Eine objektiv-willkürliche Nichtvorlage kann als Entziehung des gesetzlichen Richters mit der Verfassungsbeschwerde erfolgreich gerügt werden, wenn die angefochtene Entscheidung des Fachgerichts darauf beruhen kann, wenn also das BVerfG im Falle der Vorlage die GG-Gemäßheit der fraglichen Norm aus grundgesetzlichen Gründen anders beurteilt hätte.[11] 8

Kein Gericht darf die Vorlagepflicht durch eine **ungerechtfertigte verfassungskonforme Auslegung** umgehen, indem es die fragliche Norm extensiv oder reduktiv „interpretiert" und so den **„Willen des Gesetzgebers"**[12] in Wirklichkeit leerlaufen lässt.[13] Unterlässt das Fachgericht hingegen die Prüfung einer verfassungskonformen Auslegung bzw behauptet es deren Unmöglichkeit, muss es dies eingehend begründen, sonst ist eine Vorlage unzulässig bzw seine ohne Vorlage ergangene Durchentscheidung der Verfassungsbeschwerde wegen Verletzung zweier Grundrechte ausgesetzt. 9

Das ergänzende **einfachgesetzliche Prozessrecht**[14] findet sich in den §§ 80–85 BVerfGG. 10

II. Vorrang des GG – Maßstab für alle Prüfungsobjekte

Die richterliche **Prüfungspflicht** aller Gerichte sichert die **Maßgeblichkeit** der **Rechtserzeugungs-** und inhaltlichen **Geltungsregeln des GG,** also der Rechtsregeln über die Setzung und materielle Gültigkeit des deutschen Rechts. Dies gilt gerade auch gegenüber dem an das GG gebundenen **Parlament,** auch soweit es als **„Verfassungsgesetzgeber"** tätig wird und dabei den Kerngehalt des GG nicht einmal „berühren" darf. 11

Deshalb muss der Fachrichter auch die **GG-Gemäßheit** von Bundes- oder Landesgesetzen prüfen, mit denen die Parlamente Rechtsvorschriften von EU-Organen, die nicht vollständig determinieren, mit eigenem Entscheidungsspielraum ergänzt oder entfaltet haben, die aber insgesamt nach außen als deutsche Gesetze verlautbart sind.[15] Zuerst sind die Gesetzgebungskompetenz und die sonstigen Vorgaben für das Zustandekommen eines Gesetzes 12

[7] Zutr. BSGE 101, 106 RN 28 ff.

[8] Unzutreffend daher BGH DRiZ 2008, 287. mit abl. Anm. *Glauben* DRiZ 2008, 289.

[9] Unzutreffend BGH JZ 2004, 934; dazu kritische Besprechung *Pawlowski* JZ 2004, 719.

[10] BVerfGE 117, 330 (340).

[11] BVerfGE 96, 68 (76); sa BVerfGE 66, 313 (319).

[12] Dazu eingehend *Sehl,* Was will der Gesetzgeber? – Ziel und Methode rationaler Argumentation mit Gesetzesmaterialien, 2019, 32 ff., 149 ff., 235 ff.

[13] BVerfGE 119, 247 (259); 96, 133 (138).

[14] Dazu stellv. *Korioth* in Schlaich/Korioth Das Bundesverfassungsgericht, 119 ff.

[15] BVerfG, Beschl. v. 6.11.2019 – 1 BvR 16/13 – „Recht auf Vergessen I" = BVerfGE 152, 152 ff.

fachgerichtlich am GG (LVerf) zu messen.. Die fremd- und die selbstbestimmten Gesetzesteile lassen sich dafür ohnehin nicht trennen. Für diese eigenverantwortlichen Teile greift der GG-Maßstab auch materiellrechtlich durch, ggf modifiziert um Vorgaben der zwingenden EU-Norm. Mithin ist die **GG-Gemäßheit** der vom Parlament selbstbestimmten Vorschriften **auch** an den **GR des GG** zu messen. Hingegen gelten für den von den EU-Organen inhaltlich völlig bestimmten Gesetzesteil dann die **Gültigkeits- und Anwendungsregeln für vollständig determinierende Rechtsakte** dieser Organe der EU.[16]

13 Die Frage nach der **Gültigkeit** von vollständig vereinheitlichenden sekundären Normen, wie zumeist in einer EU-VO oder zT in einer EU-Richtlinie, ist nicht anhand einzelner mitgliedstaatlicher GR zu beurteilen. Die **Gültigkeit** ***für die EU*** hängt von der Beachtung des (völkerrechtlichen) EU-Vertragsrechts (Primärrechts) und des EU-Binnenrechts sowie von der jeweiligen innerstaatlichen Gültigkeit der primären Verträge ab. Die **Gültigkeit** völlig vereinheitlichter Sekundärnormen ***für die Mitgliedsstaaten*** hängt außerdem davon ab, ob auch deren weiteren eigenen Rechtsakte der Hoheitsübertragung auf die EU nach den Vorgaben ihrer Verfassungen, hier also des GG und insbesondere seines Kerngehalts, wirksam waren (und sind).

14 Die **Anwendbarkeit** völlig determinierenden sekundären EU-Rechts in den Mitgliedsstaaten ist nach St. Rspr. des BVerfG („nur") grundsätzlich und idR nicht am **GG** somit auch **nicht** an seinen **GR** zu messen. Diese Nichtanwendung des GG und der deutschen GR beruht allein auf der Anerkennung eines **„Anwendungsvorrangs des Unionsrechts".** Dieser war bis zum EUV-Vertrag nie in den Verträgen erwähnt, sondern beruhte iW auf rechtspolitischen und Nützlichkeitserwägungen des EuGHs, der ihn schon 1964, seine Kompetenzen ausdehnend, behauptete. Richtig ist, dass im **Binnenbereich der Organisation** zwischen ihren sie tragenden Mitgliedern und den Organen des Staatenverbunds faktisch erforderlich ist, nur ein einheitlich verstandenes Vertragsrecht und ein damit zu vereinbarendes Sekundärrecht anzuwenden. Soweit Sekundärrecht aber **nach außen** das staatliche Verhalten der Mitgliedstaaten determinieren soll, bedürfte es differenzierender Regelungen in den Verträgen selbst.

15 Dies ist ua schon deshalb dringend geboten, weil die **„Gesetzgebungsakte" der Organe der EU** nebst den diese „durchführenden Rechtsakten (Art. 288 bis 291 AEUV) eine **demokratische Legitimation**[17] beanspruchen (Art. 10 EUV), die sie in Wirklichkeit allenfalls in „Spurenelementen" haben.[18] Die Arbeitsweise der **EU** beruht gerade **nicht** auf „der **repräsentativen Demokratie**", die Unionsbürger sind gerade nicht „unmittelbar" und erst recht nicht „demokratisch" vertreten. Beides folgt ua schon daraus, dass die allein für die Begründung einer demokratischen Repräsentation der Bürger maßgebliche Wahl nach Art. 14 Abs. 2, 3 EUV nicht nach demo-

[16] Bei einem solchen „januskopfigem" Gesetz handelt es sich ***materiell*** um einen bloßen ***„Etikettenschwindel",*** da der deutsche „Gesetzgeber" nur den Schein eines von ihm beschlossenen Gesetzes gesetzt hat. Denn er hat den von einem anderen Hoheitssubjekt („demokratiefrei") beschlossenen Rechtsinhalt nur in deutscher Sprache und in der äußeren Form eines deutschen Gesetzes wiedergegeben und ihm den bloßen Schein eines nach den Vorschriften des GG beratenen und beschlossenen Rechtsakts gegeben, ohne insoweit rechtliche oder auch nur politische Verantwortung zu tragen.

[17] Übersichtlich *Voßkuhle/Kaiser* JuS 2009, 803 (Grundwissen); *Pieroth* JuS 2010, 473.

[18] Dazu und zum Folgenden vgl: *Sydow* in Sydow/Wittreck Deutsches und Europäisches Verfassungsrecht I, 2019, 17 ff., 82 ff., 112 ff. mwN.

kratischen Grundsätzen durchgeführt wird. Denn es fehlt schon die **Gleichheit der Wahl,** das demokratische Kernmerkmal, das eine prinzipielle Gleichwertigkeit der abgegebenen Stimmen aller Bürger für die Besetzung eines Parlaments garantiert, aber in Art. 14 EUV nicht einmal erwähnt wird.[19] Das Stimmgewicht der Bürger der verschiedenen Mitgliedsstaaten ist so krass verzerrt, dass die Wahlgleichheit völlig ausgeschlossen ist.

Die **„Unionsbürger"** haben zudem mit ihrer Stimme **keinen Einfluss** 16
auf die Besetzung des gesamten EU-Parlaments, da Kandidaten aus anderen Mitgliedsstaaten nicht wählbar sind. Daher kann keine Rede davon sein, dass „die Unionsbürger" unmittelbar im EU-Parlament vertreten sind. Kein Wähler wird durch Unionsbürger aus anderen Mitgliedsstaaten repräsentiert. Die Wähler können nur die Zusammensetzung der in Art. 14 Abs. 2 EUV ihrem Mitgliedsstaat zugewiesenen Anzahl an Abgeordneten beeinflussen. Diese sind nur von ihren Staatsvölkern gewählte **„Staatsvolksvertreter",** keine „Repräsentanten aller Unionsbürger". Weshalb ein Maltesischer oder aus einem anderen Land gewählter Abgeordneter den deutschen Wähler in der EU „repräsentieren" könnte, ist unerfindlich. Weshalb ein französischer Abgeordneter oder ein deutscher sich politisch (oder rechtlich) vor spanischen Wählern zwecks Wiederwahl verantworten müsste, ist nicht erkennbar. Denn diese haben auf seine Wahl keinen Einfluss. Hier liegt ein (inzwischen in der EU leider nicht das einzige) Teilstück **demokratiefrei organisierter Verantwortungslosigkei**t vor.

Allerdings ist die **EU allenfalls als** Staatenverbund (in deskriptiver Bedeu- 17
tung) errichtet, hat keine eigene staatsnotwendige größte Macht im nur gedachten, bloß aus der Summe der Staatsgebiete der Mitgliedsstaaten bestehenden „EU-Gebiet" und schon deshalb keine eigene Staatsgewalt, sondern nur begrenzt übertragene einzelne Hoheitsrechte der Mitgliedstaaten. Diese haben auch allein die Kompetenz, das Primärrecht (Vertragsrecht) zu ändern (Art. 48 EUV) oder es als „Herren der Verträge" völlig aufzuheben.[20] Sie-können sich durch Austritt (Art. 50 EUV) jederzeit[21] der Einflussnahme der EU und ihrer Organe entziehen.

Der Staatenverbund „EU" hat keine staatsanaloge Herrschaftsmacht und 18
bedarf schon deshalb für seinen „Binnenbereich" anders als für Eingriffe in den Hoheitsbereich der Mitgliedsstaaten, nur eines sehr **geringen Grades an demokratischer Legitimation.** Ob sie durch die **Exekutivvertreter** der Mitgliedstaaten im Europäischen oder im (Minister-)Rat noch hinreichend vermittelt wird, obwohl deren eigene nur durch viele Auswahlakte anderer „mediatisiert" und zersplittert vorliegt, und auch sie für ihre Handlungen in der EU von den Heimatwählern faktisch nicht zur Verantwortung gezogen werden können, ist mindestens fraglich. Die **27 Gruppen von Staatsvolksvertretern** haben zwar jeweils eine demokratische Legitimation, falls sie, was angesichts autoritär bis diktatorisch regierter EU-Mitgliedsstaaten heute bei manchen ebenfalls eher zu verneinen ist, in ua „gleichen und freien" Wahlen im demokratischen, nicht aber populistischen, nationalistischen oder schlim-

---

[19] Nur auf *Orwells* „Farm der Tiere" galt nach dem populistischen Putsch in der Diktatur der Grundsatz: „Alle Tiere sind gleich, aber einige sind gleicher".

[20] Natürlich steht das nicht im EUV, folgt aber aus dem Selbstbestimmungsrecht der Vertragspartner, die einvernehmlich erklären dürfen (Art. 54 lit. b WÜRV), sie wollen das „Unternehmen EU" nicht weiter fortführen.

[21] Mit vertraglich ggf. vereinbarter Übergangszeit, sonst zwei Jahre nach der Austrittserklärung.

meren Sinn, in ihrer Heimat gewählt wurden. Aber diese Legitimation bezieht nur auf Ihre eigene Mitwirkung in jenem EU-Organ als Repräsentanten ihres Staatsvolks.

19 Wenn es jedoch darum geht, durch sekundäres EU-Organrecht demokratisch legitimierte Verfassungen und Gesetze zu verdrängen, reicht das nicht aus. Es wirkt **demokratiezerstörend**[22], schafft Rechtsunsicherheit, die Gefahr, die Staatsbürger von ihren Demokratien zu entfremden und „EU-Feindlichkeit".

20 Richtig ist, dass eine **Versammlung von Gruppen von „Staatsvolksvertretern"** sich **insgesamt nicht vor den Unionsbürgern verantworten** muss. Jede Gruppe muss dies aber (soweit „frei und gleich gewählt") in sich differenziert gegenüber den Wählern in ihrem Staat, soweit sie sich. zur Wiederwahl stellt. Jedoch sind diese „Vertreter" faktisch für keinen „Gesetzgebungsakt" verantwortlich zu machen. Denn hier haben (jedenfalls im „ordentlichen Gesetzgebungsverfahren") die **Exekutivspitzen der Mitgliedsstaaten** im („Minister"-) Rat (Art. 16 EUV) auf Rat oder Vorschlag der der Kommission zu entscheiden, die allein die Befugnis zur Gesetzgebungsinitiative hat. Das **„Parlament"** kann beraten, aber rechtlich **iE** nur zustimmen oder mit absoluter Mehrheit ablehnen. Unter 750 Abgeordneten haben zB die 96 Vertreter des deutschen Staatsvolks, selbst wenn sie einheitlich abstimmten, ersichtlich keine Mehrheit. Sie müssten gegenüber ihren Wählern immer wesentlich fremde Entscheidungen verantworten, die sie auch nicht korrigieren können. Zudem gibt der **Europäische Rat,** das Organ aus den **exekutivischen** Staats- und Regierungschefs der Mitgliedstaaten (Art. 15 EUV) zwar keine Gesetze, aber er legt über bloße Impulse hinaus für die EU und deren anderen Organe, auch für die Kommission[23], verbindlich die allgemeinen politischen Ziele fest und bestimmt, mit welchen Prioritäten sie zu verfolgen sind (bindende „Richtlinienkompetenz"). Offenkundig ist auch nicht ausgeschlossen, dass die „Regierungschefs" mehr als geringen Einfluss auf ihre Fachminister in der jeweiligen Zusammensetzung des „Rats" nehmen können. In dieser Union sind ***„demokratisch unmittelbar repräsentiert"*** allein die **Staatsvölker** in sehr ungleichem Maß und ohne bestimmende Rechtsmacht.

21 Der im Grundsatz für die EU faktisch notwendige und anerkannte, in der rechtlichen Ausgestaltung defizitäre und demokratisch kaum legitimierte **Anwendungsvorrang sekundären EU-Rechts** (in den durch die Notwendigkeit gezogenen Grenzen) wird erstmals in der Erklärung Nr. 17 angesprochen, die der Schlussakte zum Vertrag von Lissabon (nebst einer juristischen Kurzstellungnahme zur bisherigen Praxis) beigefügt wurde. Sie ist eine Beschreibung der Ansichten des EuGH, die sie (bloß) wiedergibt.[24]

22 Die vom GG gebotene Kontrolle wird dadurch nicht berührt. Der Grund und die **Grenze für die Geltung des Rechts der EU in Deutschland** ist der im Zustimmungsgesetz enthaltene Rechtsanwendungsbefehl, der nur im

---

[22] Für den Brexit gab es gute „demokratische" Gründe, auch wenn die für einen Verbleib und eine Mitarbeit an der ausstehenden grundlegenden Reform der EU wohl schwerer hätten wiegen sollen.

[23] Sie ist keine EU-Regierung, auch wenn nicht nur deren Präsidenten, sondern auch die „Fraktionen des Parlaments" diesen täuschenden Eindruck zu erwecken suchen („Spitzenkandidaten" aufstellen trotz Art. 17 Abs. 7 EUV, die dann ggf aus derselben Parteiengruppe hintenherum zu Fall gebracht werden).

[24] Und mit diesem Inhalt „Bestandteil der Verträge" nach Art. 51 EUV.

Rahmen des GG erteilt werden kann.[25] Auch die Geltung der GR des GG bleibt als solche unberührt. Soweit sie nicht anwendbar sind, bleiben sie ruhend in Kraft. Der **Anwendungsvorrang** steht daher jedenfalls **unter drei grundgesetzlichen Vorbehalten,** unter der „ultra-vires-Kontrolle", unter der sog „Wahrung der Verfassungsidentität" und hinsichtlich der GG-GR unter dem der gleichwertigen Schutzwirkung der EU-GR[26].

23 Der Anwendungsvorrang kann die Überprüfung sekundären vollständig determinierenden EU-Rechts an den **GR des GG** nur ausschließen, wenn der Grundrechtsschutz durch die stattdessen zur Anwendung kommenden **EU-GR** hinreichend wirksam ist. Für diese **Beurteilung** hat der Fachrichter jedes im Einzelfall betroffene GR des GG in abstrakt-genereller Sicht auf seinen Schutz nach Umfang, Intensität und Wirkung in Fallgruppen der fraglichen Art mit dem Schutz des einschlägigen EU-GR in der Auslegung durch den EuGH zu vergleichen. Allerdings geht das BVerfG in st. Rspr. (bedenklich) davon aus, dass grundsätzlich ein gleichwertiger Schutz besteht. Deshalb werden höchste Darlegungsanforderungen an eine Vorlage (oder Verfassungsbeschwerde) gestellt, die konkret zu einem anderen Ergebnis kommt. Der ***Fachrichter*** darf aber die **„Reservefunktion" der GR des GG** auch deshalb nicht übersehen, weil **Rechte** betroffen sein können, die über Art. 1 und 20 geschützt sind und zum nicht übertragbaren Kernbereich des GG gehören (zB **„unverletzliche und unveräußerliche" Menschenrechte** iSv Art. 1 Abs. 2, „Wesensgehaltsgarantie" iSv Art. 19 Abs. 2), also immer zu beachten sind (sog. „Identitätskontrolle").[27] Stellt sich dem Fachrichter bei der Prüfung der EU-GR eine Auslegungs- oder Gültigkeitsfrage iSv Art. 267 Abs. 1 AEUV, kann er sie nach Art. 267 Abs. 2 oder muss er sie nach Abs. 3 AEUV dem **EuGH** vorlegen.[28] Auf die beiden weiteren Vorbehalte ist gleich einzugehen.

24 Die **Prüfungspflicht** besteht auch gegenüber einfachen oder **verfassungsändernden Bundesgesetzen,** die selbst das GG ändern oder die grundgesetzliche **Hoheitsrechte auf Internationale** Organisationen übertragen oder sie innerstaatlich beschränken, insbesondere nach Art. 23 Abs. 1 S. 2, 3, Art. 24 oder nach Art. 59 Abs. 2. Besonders dringlich zu kontrollieren sind GG-Änderungsgesetze, die solchen **Völkerrechtssubjekten Inhaltsänderungen oder Ergänzungen des GG ermöglichen,** da hier ständig die Gefahr droht, dass der unberührbare und für den Verfassungsgesetzgeber unabänderliche und daher nicht übertragbare Kerngehalt des GG verletzt wird.

25 Daher muss der Fachrichter, der an das GG und an das Gesetz gebunden ist (Art. 20 Abs. 3, 97 Abs. 1), bei von **EU-Organen** aufgrund einer **begrenzten Einzelermächtigung** erlassenen Normen des sekundären EU-Rechts die **GG-Gemäßheit** dieses Vorgangs prüfen. Wenn diese in einer der drei nachgenannten Problemgruppen zu verneinen ist, muss der Richter (uU **nach** einer in einem solchen Fall ggf. wegen der Subsidiarität des GR-Schutzes durch das BVerfG sogar schon nach deutschem Recht pflichtigen

---

[25] BVerfG, Urt. v. 30.6.2009, 2 BvE 2/08, = BVerfGE 123, 267 ff. – Lissabon mwN.

[26] Zum „ausbrechenden Rechtsakt" bereits BVerfGE 37, 271 (285) – Solange I.

[27] BVerfGE 140, 317 ff., v. 15.12.2015, 2 BvR 2735/14 – EU-Haftbefehl-Menschenwürde mwN.

[28] BVerfG Beschl. v. 6.112019 – 1 BvR 276/17 – Vergessen II = BVerfGE 152, 216 ff., unter Hinweis auf BVerfGE 73, 339 (387); 102, 147 (162 ff.); 118, 79 (95 ff.); 121, 1 (15); 123, 267 (335); 125, 260 (306 f.); 129, 78 (103); 129, 186 (199).

Vorlage zum EuGH nach oder analog zu Art. 267 AEUV) die Sache nach **Art. 100 Abs. 1 S. 1 Hs. 2** dem **BVerfG** vorlegen.[29]

26 Zuerst kommt es darauf an, ob die **bundesgesetzliche Norm zur Übertragung eines Hoheitsrecht** formell und materiell grundgesetzkonform war, insbesondere, ob dabei der Vorbehalt des Verfassungsgebers beachtet wurde. War der deutsche **Übertragungsakt grundgesetzwidrig,** sind die darauf gestützten EU-Vorschriften im Grundsatz in Deutschland nicht anwendbar, uU vorbehaltlich anderer konkret im jeweiligen Tatsachen- und Rechtszusammenhang herzuleitender („europarechtsfreundlicher")Rechtsfolgen.

27 Zweitens, wenn der **deutsche Übertragungsakt GG-konform** war (und es noch ist), ist zu prüfen[30], ob die **EU-Norm** sich

a) im Rahmen der durch Bundesrecht erteilten begrenzten Einzelermächtigung hält,

b) die gebotene Subsidiarität zum mitgliedsstaatlichen Eigenverantwortungsbereich wahrt und

c) die mit der Einwirkung verbundene Zurückdrängung der mitgliedsstaatlichen Hoheitsmacht verhältnismäßig, insbesondere zur Erreichung des Normziels angemessen ist. Falls eine dieser Voraussetzungen nicht erfüllt ist, wurde die EU-Norm „ermächtigungslos", also „ultra vires" erlassen.[31]

28 Ist die **EU-Rechtsnorm „ermächtigungskonform"** ergangen, stellt sich die Frage, ob sie gleichwohl den nicht auf die EU (oder andere Organisationen) übertragbaren **Kerngehalt des GG „berührt",** über den nur der **Verfassungsgeber** verfügen kann, der aber bisher zu diesem Themenkreis **niemals befragt** worden ist. Beim Kerngehalt des GG geht es, metaphorisch gesprochen, um die **„Identität des GG",** genauer, um die elementaren und fundamentalen Rechtsgrundsätze, die das **deutsche Staatsvolk *sich*** gegeben und deren Änderung es ***sich*** vorbehalten hat.

29 **Ausschließlich der Verfassungsgeber,** das deutsche Staatsvolk, darf den **Kerngehalt des GG „berühren".** Er ist jeder Änderung sogar durch den Verfassungsgesetzgeber entzogen (dazu bei Art. 97). Dieser darf und kann daher auch niemandem als Hoheitsrecht eine Kompetenz zur inhaltlichen oder ergänzenden Änderung des Kerngehalts des GG übertragen.

---

[29] BVerfGE 149, 126ff., Rn. 29 mwN.

[30] Vgl Art. 5 Abs. 1 EUV, Abs. 2 (zur begrenzten Einzelermächtigung), Abs. 3 (zur Subsidiarität), Abs. 4 (zur Verhältnismäßigkeit).

[31] Der „ultra vires"-Topos ist aus der Sicht des (eigentlich nicht nur für das BVerfG allein, sondern für alle deutschen Staatsorgane erstrangig maßgeblichen) GG ein Unterfall der grundsätzlich stets vom GG gebotenen Entscheidung, ob eine „Hoheitsübertragung" wirksam war und ob der ermächtigte „Hoheitsträger" Inhalt und Grenzen der Ermächtigung inklusive Subsidiarität und Verhältnismäßigkeit beachtet hat. Liegt danach eine fehlerhafte EU-Norm vor, kann die Rechtsfolge, je nach Rechts- und Sachzusammen hang entsprechend den vom BVerfG bei festgestellter GG-Widrigkeit entwickelten Abstufungen differenzierend „verhältnismäßig" ausfallen, wenn sichergestellt wird, dass der EU-Übergriff in angemessener Zeit beseitigt wird (wofür es schon heute mehrere Möglichkeiten gäbe). Als *letztes Mittel* müsste aber ein ausdrückliches *Anwendungsverbot* ausgesprochen werden. Stets gebietet das GG, streng zu prüfen, ob die ermächtigungskonforme EU-Hoheitsausübung (dennoch) eine schlechthin verbotene „Berührung" des unantastbaren Kerngehalts des GG bewirkt hat. Ggf ist hier auf strikte Behebung des Übergriffs zu erkennen. Eine richterliche „Kompensation" für die Verfassungsdurchbrechungen mittels von der EU „geknickter" Fundamentalgrundsätze des Kerngehalts des GG ist ausgeschlossen, da auch das BVerfG nach dem GG nicht über dem GG steht. Wenn hier (ebenfalls nach europarechtsfreundlichem aktivem „Abwarten") ein angemessener Zeitraum zur Beseitigung des Eingriffs erfolglos verstrichen ist, kommt nur ein ausdrückliches Anwendungsverbot in Betracht.

Das vom BVerfG bemühte, im GG nicht erwähnte Bild einer **„Verfassungsidentität“**, welches wohl den änderungsfesten, also nur vom Staatsvolk selbst berührbaren **Kerngehalt des GG** „ummalen“ könnte, erfasst ihn aber nur im Ansatz. Nach **Art. 79 Abs. 3** sind für den Verfassungsgesetzgeber **unberührbar** die Staatlichkeit der Bundesrepublik und ihrer Länder, die oberste Staatsgewalt des deutschen Staatsvolks, die in Art. 1, 20, 79 Abs. 3 niedergelegten („unberührbaren“) Grundsätze, Art. 146 sowie die Organisation der Verfassungsänderungsgesetzgebung in Art 79 Abs. 1, 2. 30

„Unberührbar“ ist entgegen dem BVerfG und Art. 23 Abs. 1 S. 3 aE auch das **Zitiergebot** des Art. 79 Abs. 1 S. 1, der eine **zwingende Rechtsfolge aus dem Vorrang des GG** vor jedem anderen Gesetz (Art. 20 Abs. 3 Regelung 1) positiviert, nämlich das **Verbot der Verfassungsdurchbrechung.** Der **Text des GG** muss jederzeit den wahren Bestand an gültigen und anwendbaren Verfassungsnormen der Bundesrepublik Deutschland authentisch verlautbaren. Daher muss jede Rechtsnorm, die das GG inhaltlich ändert oder ergänzt, diesen neuen Inhalt in dessen Wortlaut „ausdrücklich“ aussprechen.[32] **Dies definiert das verfassungsändernde Gesetz iSd GG.** Nur dadurch wird der Aushöhlung des GG durch welche Ideologie auch immer eine Transparenzschranke gesetzt, die rechtmäßig schwer zu durchbrechen ist. Verfassungsdurchbrechungen (unter der Hand) sind böse Erfahrungen nicht nur unter der sie nicht ausschließenden WRV. Sie sind stets eine Verletzung der vom Verfassungsgeber erlassenen **gestuften** Rangordnung der Kompetenzen zur **GG-Änderung**, des Mindestmaßes an demokratischer Transparenz und, wenn es um den Kerngehalt des GG geht, ein Eingriff in den Bereich der obersten Staatsgewalt des deutschen Staatsvolks. 31

Die spätere Anfügung des ***Art. 79 Abs. 1 S. 2*** hatte nichts mit dem Thema der verbotenen Verfassungsdurchbrechung zu tun. Dieser Zusatz ließ (vor der Wiedervereinigung zum 3.10.1990 und dem Erlöschen aller durch die occupatio bellica 1945 erlangten und stets bewahrten obersten deutschen Rechtsmacht der vier Besatzungsmächte über Deutschland als Ganzes am 15.3.1991) für Verträge über diese Themen eine „Klarstellung“ genügen, dass das GG diesen Verträgen, von denen sein Bestand abhängig war, nicht entgegenstehe. 32

Das verfassungsgerichtliche **Verwerfungsmonopol** schützt die **Maßgeblichkeit der Parlamentsentscheidungen** vor einer uneinheitlichen und uU sogar unzutreffenden fachrichterlichen Konkretisierung der GG-Bindungen des Parlaments. Schon zur Verhinderung **demokratischer Dysfunktionalität** soll verhindert werden, dass jeder Richter sich über den Willen des demokratischen nachkonstitutionellen Gesetzgebers hinwegsetzen kann. Die allgemein verbindliche Klärung verfassungsrechtlicher Fragen durch das BVerfG (LVerfG) schützt auch den Bürger vor grundgesetzwidrigen Gerichtsentscheidungen und verhindert divergierende Entscheidungen der Gerichte, Rechtsunsicherheit und Rechtszersplitterung.[33] Man kann die Schutzzwecke des Verwerfungsmonopols bildersprachlich als solche der „Integrität“ der Verfassungsrechtsprechung[34] und der Autorität des parlamentarischen Gesetzgebers gegenüber der Rechtsprechung[35] bezeichnen. 33

[32] Das ist auch bei Zustimmungsgesetzen zu EU-Verträgen kein unüberwindliches Hindernis und zwingt dazu, jede GG-Änderung genau zu sichten.
[33] So schon BVerfGE 1, 184 (197 f.); 2, 124 (129).
[34] BVerfGE 42, 42 (49); 43, 27 (32 f.).
[35] BVerfGE 6, 55 (63); 97, 117 (122).

34 Art. 100 **Abs.** 1 iVm Art. 97 Abs. 1 statuiert für jeden **Fachrichter** eine **Pflicht,** die formelle und materielle Gültigkeit jedes Parlamentsgesetzes **zu prüfen.** Die **Kompetenz,** die GG-Widrigkeit eines solchen Gesetzes ***verbindlich festzustellen*** und Rechtsfolgen daraus zu ziehen, wird ihm aber hier[36] versagt. Stattdessen wird ihm die Pflicht auferlegt, sein Verfahren **auszusetzen** und die Frage der GG-Widrigkeit dem BVerfG **vorzulegen,** wenn es für seine Entscheidung darauf unabweisbar ankommt. Das ist nur der Fall, wenn er nach Klärung aller sonstigen Tat- und Rechtsfragen diese Frage notwendig beantworten muss, er das Gesetz nicht verfassungskonform auslegen kann und er von dessen GG-Widrigkeit auch subjektiv überzeugt ist. Dies muss in der Begründung der Vorlage dargelegt werden.

35 Jeder **Richter** iSd GG, dem die **rechtsprechende Gewalt des deutschen Staates** anvertraut ist (Art. 92) darf wegen seiner (auch grundrechtlichen) Bindung an das Gesetz (Art. 97 Abs. 1 iVm Art. 2 Abs. GG) nur solche Rechtsnormen anwenden, die nach Maßgabe des GG in Deutschland gültiges und anwendbares Recht sind, für die also iE ein nach dem GG gültiger Anwendungsbefehl des GG oder des Parlaments vorliegt. Deshalb muss er die GG-Gemäßheit jeder Rechtsnorm prüfen, sofern auch nur ansatzweise Anhaltspunkte bestehen, es könne sich anders verhalten. **GG- und GR-Schutz ist primär Aufgabe der Fachgerichte.** Ist der Richter von der GG-Widrigkeit einer Norm überzeugt, darf er sie nicht anwenden **(Anwendungsverbot).**

36 **Dies modifiziert Abs. 1** und entscheidet den unter der WRV letztlich nicht geklärten Streit, wer das letzte Wort über die GG-Gemäßheit von Parlamentsgesetzen hat, nämlich das BVerfG (bzw das LVerfG).

37 Das **Verwerfungsmonopol** des BVerfG gilt zur Wahrung des Vorrangs des GG vor jeder LVerf auch bei der GG-Widrigkeit einer ***LVerf*** und zum Schutz des Vorrangs der Parlamentsgesetze des Bundes auch bezüglich der **Vereinbarkeit** von **sonstigem Landesrecht** mit **Bundesgesetzen.**

38 Nach **Abs.** 1 S. 1 Hs. 1steht wegen der **Verfassungshoheit der Bundesländer** bei rein landesinternen Verfassungsfragen das **Verwerfungsmonpol** allein dem jeweiligen **LVerfG** zu, wenn der Richter ein „nachkonstitutionelles" Landesgesetz für unvereinbar mit der LVerf hält. Unter den genannten Voraussetzungen muss der Landes-Fachrichter auch hier nach grundgesetzlicher Anordnung aussetzen, vorlegen und die Entscheidung des LVerfG abwarten.

III. Zwischenverfahren – Aussetzung – Eilverfahren

39 Dieses **Zwischenverfahren** ist in den Prozess eingeschoben, der beim vorlegenden Gericht an- und rechtshängig bleibt. Der Richter muss daher den Prozess auch in dieser Zeit beobachten, ob neue Umstände in der Sach- und Rechtslage es erfordern, den Vorlagebeschluss aufzuheben **(Beobachtungspflicht).** Das **Zwischenverfahren** liegt auf einer **anderen Rechtsebene** und hat einen anderen Verfahrensgegenstand als das Hauptverfahren. In diesem geht es um die streitigen Rechte der Parteien. Der Fachrichter hat anhand der jeweils anzuwendenden Maßstabsnorm zu beurteilen, ob aufgrund des Sachverhaltes die begehrte Rechtsfolge auszusprechen ist. Diese **fachgerichtliche Maßstabsnorm** ist aber aufgrund der Vorlage **für das BVerfG** die **Objektnorm,** also **Prüfungsgegenstand,** der anhand der

[36] Anders als bei allen unter dem Parlamentsgesetz stehenden Normen.

Maßstabsnorm der Verfassung (oder des Bundesgesetzes) auf seine Vereinbarkeit mit der höheren Maßstabsnorm geprüft wird.

Deswegen ist das Zwischenverfahren selbst nur ein **objektives Verfahren,** in dem das VerfG allein über die Vereinbarkeit seiner Objektnorm(= Maßstabsnorm im fachgerichtlichen Hauptverfahren) mit der höherrangigen Norm (= Maßstabsnorm für das VerfG) entscheidet. Eine unzulässige **Vermischung der Verfahrensebenen** liegt vor, wenn ein Fachgericht die objektive Normprüfung verweigerte, weil nur ein Einzelfall betroffen sei.[37] 40

Aussetzung und **Vorlage** erfolgen von Amts wegen durch einen (unanfechtbaren) Beschluss; ein hierauf gerichteter „Antrag“ einer Partei ist nur eine Anregung.[38] 41

Jedoch beantragen die Hauptbeteiligten des fachgerichtlich Verfahrens etwa bei sog. **unechten Musterprozessen (Mehrfachvorlagen bezüglich derselben Rechtsnorm)** nicht selten unter Berufung auf Rechtsgedanken des § 148 ZPO übereinstimmend, das **Ruhen des Verfahrens** anzuordnen. Dem darf der Richter aber nur stattgeben, wenn er erstens weiß, dass es für seine Entscheidung nach Klärung aller sonstigen Rechts- und Tatsachenfragen unabweisbar auf die GG-Gemäßheit der von ihm anzuwendenden Maßstabsnorm ankommt. Zweitens darf er noch nicht davon überzeugt sein, dass diese Norm, ggf in dem bei ihm entscheidungserheblichen Teil, GG-widrig ist. Denn andernfalls greift grundsätzlich die zwingende Aussetzungs- und Vorlagepflicht ein, da nur noch diese dem VerfG vorbehaltene Zwischenentscheidung ergehen muss, damit er selbst abschließend entscheiden kann. Davon kann dieser Richter allenfalls absehen, wenn ihm amtlich und auch den Beteiligten bekannt ist, dass die dem VerfG vorgelegten Fälle iW Lebenssachverhalte der gleichen Art betreffen[39] und nach den Bearbeitungsplänen des VerfG in einer absehbar kurzen Zeit mit einer Entscheidung zu rechnen ist. 42

Hat der Richter aber die für eine eigene Vorläge notwendig zu klärenden Fragen noch nicht beantwortet und streiten die Verfahrensbeteiligten über die GG-Widrigkeit eines Parlamentsgesetzes, auf das es ankommen könnte, und liegen dem VerfG zu dieser Norm bereits mehrere Vorlagen anderer Gerichte oder Verfassungsbeschwerden oder abstrakte Normenkontrollanträge vor, kann der Richter nach Prüfung der Gleichartigkeit der vorgelegten Sachen aus Gründen der Prozessökonomie anregen, das fachgerichtliche Verfahren zum Ruhen zu bringen. Das macht es dem VerfG nicht unmöglich, eine hinreichend breite Fallanschauung der Zusammenhänge zu gewinnen, die den Kontext der fraglichen Norm bilden. Zugleich wird eine untunliche Anhäufung gleicher Fälle beim VerfG verhindert.[40] 43

Die Vorlagepflicht kann beim **einstweiligen Rechtsschutz** in **Anwendungskonflikte** mit der Pflicht zur Gewährung effektiven Rechtsschutzes geraten.[41] Kann nämlich nur eine sehr zeitnahe vorläufige Regelung einen 44

---

[37] So beiläufig, aber unklar, BVerfGE 42, 42 (52, unter Nr. 2), allerdings nach vorangehender Prüfung der aus anderen Gründen ohnehin unzulässigen Vorlage; zutreffend dagegen BVerfGE 57, 295 (317); *Pieroth* in Jarass/Pieroth Rn. 1.

[38] Vgl. § 80 Abs. 3 BVerfGG.

[39] ZB, wenn er aus einer großen Fallgruppe bereits rechtlich und faktisch iW gleiche Fälle vorgelegt hat.

[40] BVerfGE 3, 58 (74 f.); 32, 319 (324); BAG NZA 1989, 228 f.; *Sachs* JuS 1995, 72; enger *Korioth* in Schlaich/Korioth Das Bundesverfassungsgericht, 138 Rn. 159 mwN.

[41] BVerfGE 63, 131 (141); NJW 1988, 961; zum einstweiligen Rechtsschutz beim Vorlagegericht: BVerfGE 86, 382 (389 f.); *Sachs* JuS 1993, 419.

endgültigen Rechtsverlust verhindern und kann der Richter trotz der Zeitnot zu einer Überzeugung von der Unvereinbarkeit des von ihm dabei anzuwendenden Gesetzes gelangen, würde eine Vorlage den effektiven Rechtsschutz verhindern.

45 Eine **Vorlagepflicht im Eilverfahren** ist **zu bejahen,** wenn die Eilentscheidung faktisch endgültige Zustände schaffte, wenn sie also das Ergebnis der Hauptsacheentscheidung vorwegnähme,[42] oder wenn ein nachfolgendes Hauptsacheverfahren nicht vorgesehen ist.[43] Aber genau diese **„Vorwegnahme" kann ein Grundrecht gebieten,** zB wenn es um die sofortige tägliche Sicherung des menschenwürdigen Existenzminimums geht. Daher ist dann ein Anwendungsvorrang des effektiven Rechtsschutzes vor der Vorlagepflicht gegeben. Hier ist zu bedenken, ob in solchen Fällen ein **Nachverfahren** mit einer nachträglichen Normenkontrolle[44] die Prüfungslücke füllen kann.

46 Hingegen muss der **Richter** vorlegen, wenn er im Eilverfahren einem Bürger eine im materiellen Gesetz nicht vorgesehene Pflicht (zB Zahlung von im Unterhaltsrecht nicht vorgesehenem Betreuungsunterhalt) auferlegen will, also **ohne hinreichende Ermächtigung** handelt.[45]

IV. Zur Machtstellung des BVerfG

47 Das Verwerfungsmonopol des BVerfG bedeutet **Kontrolle gegenüber dem Gesetzgeber** und **den anderen obersten Staatsorganen,** nicht über die anderen Gerichte.[46] Die darin wurzelnde Problematik, folgt aus der Entscheidung für einen demokratisch-gewaltenteiligen, jedoch zugleich **an das GG gebundenen „Staat".**[47] In ihm ist das GG die Grundlage, der äußerste Rahmen und auch die Grenze der demokratischen gesetzgebend Gewalt.

48 Wenn aber das **VerfG letztverbindlich entscheidet,** ob das Parlament und die anderen obersten Staatsorgane ihre GG-Bindungen verletzt haben, ergibt sich eine institutionelle[48] **Gefahr** für die **Demokratie,** die **„Richterherrschaft".** Das GG hat das BVerfG ausschließlich als rechtsanwendendes Gericht ausgestaltet. Es muss und darf, wenn es nach dem GG zulässig angerufen wird, ausschließlich Rechtserkenntnisse über das Verfassungsrecht verbindlich aussprechen.

49 Jedoch hat das **BVerfG** in seiner „Berlin-Entscheidung" (wie schon in seiner Denkschrift[49]) sich selbst ausdrücklich[50] als ein Organ des Bundes gekennzeichnet, das iSd angelsächsischen Terminus „Government" höchste politische Staatsgewalt des Bundes ausübt:

„Die verfassungsrechtliche Stellung des BVerfG ist eine andere als die der ober(st)en Bundesgerichte. Es ist als **Gericht** zugleich ein oberstes Verfassungsorgan. Seine Entscheidungen würden unmittelbar in die Berliner Legislative und Exekutive eingreifen. Berlin würde in einem eminent politischen Sinn durch ein Verfassungsorgan des Bundes „regiert" werden – im Sinne des englischen „to govern" –, wenn das BVerfG nach Art. 100 Abs. 1 mit allgemeiner Verbindlichkeit über Gültigkeit oder Ungültig-

---

[42] BVerfGE 46, 43 (51).
[43] BVerfGE 63, 131 (141).
[44] Vorschlag von *Th. Schmitt,* Richtervorlagen im Eilverfahren? 1997, 301 ff.
[45] BVerfG NJW 2006, 1339 = BVerfGK 6, 323 bis326.
[46] So wörtlich BVerfGE 7, 1 (15).
[47] Dazu *Badura* FG 25 Jahre BVerfG II, 1976, 1.
[48] Sie besteht ungeachtet dessen, dass bisher anscheinend alle Richter des BVerfG rechtstreue Demokraten waren und sind.
[49] Sog. Status-Denkschrift", veröffentlicht am 27.6.1952, JöR nF 6 (1957), 144.
[50] BVerfGE 7, 1 (14 f.).

keit von Berliner Gesetzen entscheiden und gegebenenfalls solche Gesetze mit Gesetzeskraft für nichtig erklären würde. Das Verwerfungsmonopol des BVerfG nach Art. 100 Abs. 1 bedeutet Kontrolle des BVerfG gegenüber dem Gesetzgeber, nicht aber Kontrolle des BVerfG über die anderen Gerichte."

Schon Richard Thoma[51] hat zutreffend auf die **Rechtstatsache** hingewiesen, dass das **BVerfG faktisch die Macht hat,** „aus eigener politischer Meinung heraus das geltende Recht zu biegen und zu beugen". Da seine Entscheidungen nach einfachem Gesetzesrecht (§ 31 BVerfGG) zT „Gesetzeskraft" haben und ihre tragenden Gründe stets Bindungswirkung für die (anderen) „Verfassungsorgane" des Bundes, der Länder und für alle Behörden und Gerichte in Bund und Ländern entfalten (§ 31 BVerfGG), gibt es bei diesem Verständnis der Aufgaben und Kompetenzen des BVerfG, außer dem Verfassunggeber und vielleicht dem Verfassungsgesetzgeber, niemanden, der der Macht des BVerfG wirksame rechtlich Schranken setzen könnte. Politische Schranken und insbesondere die „Besetzungshoheit" von BT und BRat führen allenfalls zu gesteigerter politischer, weniger zu rechtlich-gerichtlicher Orientierung dieser notwendigen Institution. **50**

Die Verwerfungskompetenz ist aber aus Gründen der Achtung vor der **Autorität des Parlaments,**[52] zum Zwecke des **Schutzes der gesetzgebenden Gewalt,**[53] zur Wahrung der **Einheitlichkeit der Verfassungsrechtsprechung**[54] und zum **objektiv-rechtlichen Schutz des Bürgers vor der Anwendung verfassungswidriger Gesetze**[55] bei den VerfG monopolisiert worden. Auch kein Parlament darf ohne vorherige GG-Änderung das Entscheidungsmonopol durchbrechen.[56] **51**

Das **BVerfG** ist selbst an die Grundrechte gebunden, an die verfassungsmäßige Ordnung sowie an Gesetz und Recht und zugleich Richter darüber, ob und wieweit es daran gebunden ist. Es liegt eine **„Rollenfusion"**[57] vor. Dabei ist das BVerfG zwar rechtlich auf **reine Rechtserkenntnis** beschränkt,[58] hat aber faktisch die rechtswirksame Macht, seine rechtliche Kompetenz auf das „Politische" auszudehnen, also eine Art von **politischer „Kompetenz-Kompetenz".** Hinzu kommt, dass die zu beantwortenden Fragen selbst häufig „hochpolitischer Natur" sind, so dass die Rechtserkenntnisse des BVerfG erhebliche politische Auswirkungen haben. Dies darf aber seine Rechtsfindung nicht prägen, wogegen es keine Sicherung gibt. **52**

Eine institutionelle oder verfahrensrechtliche **Verringerung dieser Gefahr** ist ohne Einschränkung des grundgesetzlich vorgegebenen Maßes der Überprüfbarkeit der Verfassungsbindung des Parlaments durch den Verfassungsgesetzgeber und damit politisch kaum denkbar.[59] Jedoch könnte eine durch Art. 94 Abs. 2 S. 1 erlaubte **Begrenzung der Gesetzeskraft und der Bindungswirkung** Gewichte zugunsten des demokratisch gewählten Parlaments zurechtrücken. **53**

---

[51] So zutr. schon *Thoma* JöR nF 6 (1957), 161 (171).
[52] BVerfGE 1, 184 (195, 197); 42, 42 (49).
[53] BVerfGE 10, 124 (127 f.); 24, 170 (173); 48, 40 (44).
[54] BVerfGE 6, 55 (63).
[55] BVerfGE 43, 27 (32 f.).
[56] BVerfGE 6, 222 (236, 242).
[57] So *Isensee* in HdbStR VII, 1. Aufl. 1992, § 162 Rn. 53.
[58] *Isensee* in HdbStR VII, 1. Aufl. 1992, § 162 Rn. 85–89.
[59] Die in der Vorauflage gemachte Anregung, die Wirksamkeit von Nichtigkeitsfeststellungen des BVerfG von einer qualifizierten Zustimmung des Bundestages abhängig zu machen, fiel und fällt natürlich gleichfalls unter diesen Satz.

54 Im Wesentlichen wird die **Grenze der rechtswirksamen und dadurch auch faktischen Macht des BVerfG** durch das Rechtsbewusstsein seiner Richter, die noch nicht hinreichend transparente Richterauswahl, die öffentliche Beobachtung, die politische Diskussion und die juristische Kritik immerhin angedeutet. Von Bedeutung sind die zunehmende Einbindung des Gerichts in ein durchaus spannungsreiches Gefüge der Rechtsprechung **europäischer und mitgliedsstaatlicher Gerichte.**[60] Dies kann Rechtsverfremdung zügeln, aber uU auch Zeitgeistwirkungen haben, welche die GG-widrige Lösung vom GG durch „politkonforme Ein- und Unterlegungen" fördern.[61]

55 Man muss sich aber hüten, die zwischen den Gerichten bestehenden Machtdifferenzen zu übersehen, die ein vertrauensvolles „Kooperationsverhältnis", ungeachtet, ob das wünschenswert wäre, auf Dauer nicht zulassen. Rechtsprechung ist bekanntlich konstitutionell uneinheitlich.

B. Einzelfragen

I. Voraussetzungen der konkreten Normenkontrolle

56 **Abs. 1** der Vorschrift regelt **vier Fallgruppen der Vorlagepflicht:**

1) die Kontrolle der Vereinbarkeit eines förmlichen LandesG mit der LVerf durch das LVerfG;
2) die Prüfung eines förmlichen Landes- oder BundesG am Maßstab des GG durch das BVerfG;
3) die Prüfung einer LVerf am **GG** durch das BVerfG sowie
4) die Vereinbarkeit eines förmlichen LandesG mit einem Bundesgesetz durch das BVerfG.

57 In der **ersten Fallgruppe** wird die Vorlage eines **LandesG** den **Landesgerichten** pflichtig vorgeschrieben. Daher richten sich die weiteren Voraussetzungen grundsätzlich nach **LandesR**[62], falls das Land keinen Gebrauch von Art. 99 gemacht hat. § 80 Abs. 1 BVerfGG ist insoweit einschränkend auszulegen.

58 Auf der **zweiten Fallgruppe** liegt der normative und rechtstatsächliche Schwergewicht dieses Absatzes.[63] Für die beiden letzten Fallgruppen gelten iW dieselben Voraussetzungen; dabei ist jeweils den unterschiedlichen vorzulegenden Prüfungsobjekten und Maßstäben entsprechend Rechnung zu tragen.

59 Grundsätzlich ist eine Richtervorlage erst aufgrund einer **mündlichen Verhandlung im Ausgangsverfahren** zulässig. Das gilt ausnahmsweise nicht, wenn schon vor der mündlichen Verhandlung die Entscheidungserheblichkeit der Norm mit Sicherheit feststeht.[64]

---

[60] Von einem „europäischen Rechtsschutzsystem" zu sprechen, ist auch heute noch verfrüht sein. Vgl. *Jaeger/Broß* EuGRZ 2004, 1; *Bergmann* EuGRZ 2004, 620; *Haltern* VerwArch 2005, 311; *Lambrecht* StuW 2006, 201.

[61] Mephistopheles Satz: „Im Auslegen seid frisch und munter, legt ihr`s nicht aus, so legt was unter" ist an alle Juristen gesprochen.

[62] Vgl § 50 VGHG NW.

[63] Zur Behandlung der Richtervorlagen in der Rechtsprechung des BVerfG *Heun* AöR 122 (1997), 610.

[64] BVerfGE 79, 256 (263 ff.).

1. Notwendige Begründungselemente der Vorlage. Eine Vorlage gemäß Art. 100 Abs. 1 ist nur zulässig, wenn 60

1) ein zur Entscheidung in einem gerichtlichen Verfahren gesetzmäßig bestellter Richter über den Ausspruch einer Rechtsfolge zu befinden hat,

2) sich diese Rechtsfolge nur aus einer oder mehrere Vorschriften (oder aus Teilen) eines parlamentarischen Gesetzes herleiten lässt, das
vom Gesetzgebungswillen des BT oder LTag getragen („nachkonstitutionell") und (grundsätzlich) in Kraft getreten
und das

3) „entscheidungserheblich", also für die Fallentscheidung notwendig (alternativlos) anzuwenden ist, falls es GG-gemäß ist, und das

4) dem BVerfG vorzulegen ist, falls der Richter überzeugt davon ist, dass es GG-widrig ist.

5) entscheidungserheblich ist die vorgelegte Norm nur, wenn sie die unter 1) bis 3) genannten Voraussetzungen erfüllt und der Richter von ihrer Unvereinbarkeit mit dem GG auch subjektiv „überzeugt" ist.[65]

Der Richter hat genau darlegen[66], inwiefern seine Entscheidung von der Gültigkeit der zur Prüfung gestellten Norm abhängt. Dazu muss er aufzeigen, dass er bei **Gültigkeit der Norm zu einem anderen Ergebnis käme als** bei **ihrer Ungültigkeit,** zudem auch die Begründung des „Alternativergebnisses" Für die **Beurteilung der Zulässigkeit** einer Vorlage, nicht für deren Begründetheit, kommt es dabei grundsätzlich die **Rechtsauffassung des vorlegenden Gerichts** an, sofern diese nicht offensichtlich unhaltbar ist. 61

Der Richter muss ferner deutlich machen, mit welcher **grundgesetzlichen Maßstabsnorm** das **vorgelegte Gesetz** seiner Ansicht nach **nicht vereinbar** ist und aus welchen Gründen er zu dieser Auffassung gelangt. Er muss somit den Vorlagegegenstand und den grundgesetzlichen Prüfungsmaßstab benennen und die für seine Überzeugung von der Verfassungswidrigkeit maßgebenden Erwägungen nachvollziehbar und erschöpfend darlegen. Er hat sich **im Einzelnen mit der Rechtslage** auseinanderzusetzen, auf nahe liegende **tatsächliche und rechtliche Gesichtspunkte** einzugehen und die Rechtsauffassungen in Schrifttum und Rechtspr., insbesondere diejenigen des BVerfG, die für die vorgelegte Frage bedeutsamen sein können, ebenso zu verarbeiten wie die Entstehungsgeschichte der betreffenden Norm. Dabei hat er die aus seiner rechtlichen Sicht zur Prüfung der Verfassungsmäßigkeit der Norm erforderlichen tatsächlichen Feststellungen zu treffen und in seinen Vorlagebeschluss aufzunehmen; er muss aber nicht auf jede denkbare Rechtsauffassung eingehen. 62

2. Rechtsstreit – Gericht – gesetzlicher Richter. Normadressat und damit vorlagepflichtig ist jedes **„Gericht".** Damit sind alle „staatlichen" Gerichte angesprochen, durch welche die gesetzlichen Richter in Gesetzesgebundenheit die nur ihnen anvertraute **rechtsprechende Gewalt** das Staates ausüben. Gemeint sind alle jeweils zur Entscheidung über Rechtsschutzgesuche bestellten gesetzlichen Richter.[67] 63

---

[65] BVerfGE 138, 136ff Rn. 92, Urt. v.17.12.2014, 1 BvL 21/12, mwN.
[66] BVerfGE 145, 171ff Rn. 50, Urt. v. 13.4.2017, 2 BvL 6/13 mwN.
[67] BVerfGE 6, 55 (63).

64 Sie müssen im Ausgangsfall berufen sein, gerade **rechtsprechende Gewalt auszuüben,** also idR über eine Rechtsstreitigkeit zu entscheiden, aber auch andere ihnen durch Gesetz zugewiesene abschließend verbindliche Entscheidungen über den Eintritt einer Rechtsfolge zu erlassen (zB abstrakte Normenkontrolle untergesetzlicher Normen).

65 **Gerichte sind**[68] die richterlichen Spruchstellen der sechs „ordentlichen" Rechtswege, der Landesverfassungsgerichte,[69] der sog. freiwilligen Gerichtsbarkeit,[70] der Truppendienstgerichte,[71] der Vollstreckungsgerichte, soweit sie nicht als Hilfsorgan einer Vollstreckungsbehörde fungieren,[72] auch die der von Körperschaften des öffentlichen Rechts getragenen Berufs- und Ehrengerichte, wenn sie in personeller Hinsicht hinreichend an den Staat gebunden sind.[73] Vorlagebefugt ist auch der Richter, der richterliche Tätigkeit in Rechtshilfesachen verrichtet[74] oder eine gerichtliche Entscheidung öffentlich bekanntzumachen hat.[75]

66 **Keine Gerichte** sind, weil nicht auf staatlichem Gesetz beruhend, kirchliche Gerichte und private Schiedsgerichte, ferner Richter bei gerichtlicher Mediation, auch nicht der BT- Wahlprüfungsausschuss, der weder als „Gericht" bezeichnet noch wirklich sachlich unabhängig ist.[76] Andere staatliche Organe sind selbst dann nicht „Gerichte", wenn sie in einem gerichtsähnlichen Verfahren entscheiden. Dies gilt auch für den Rechtspfleger. [77]

67 Die **vorlegende Spruchstelle** muss zur Entscheidung im Anlassfall instanziell, sachlich und funktionell **zuständig** sein und muss die Vorlage auch **in voller Besetzung** beschließen, dh ggf. unter Einbeziehung der ehrenamtlichen Richter,[78] wenn die Entscheidung, für welche das Ergebnis der Vorlage erheblich ist, mit den ehrenamtlichen Richtern zu treffen ist. Daher ist auch ein **Einzelrichter,** der zur abschließenden Entscheidung allein zuständig ist, vorlagepflichtig.[79]

68 Eine **erneute Vorlagepflicht** entsteht, wenn das BVerfG in einem früheren, abgeschlossenen Verfahren zwar die Verfassungsmäßigkeit derselben vom Fachgericht anzuwendenden Maßstabsnorm geprüft und bejaht hat, jedoch seitdem tatsächliche oder rechtliche Veränderungen eingetreten sind, die die Grundlage der früheren Entscheidung berühren und zur Überzeugung des Fachgerichts eine Änderung der verfassungsrechtlichen Beurteilung erfordern. Die Begründung einer **zweiten Vorlage** muss von der früheren Entscheidung des BVerfG ausgehen und darlegen, inwiefern sich die für die verfassungsrechtliche Beurteilung maßgebliche Lage verändert hat.[80]

69 Ein Fachgericht ist (spiegelbildlich) nicht zur Vorlage befugt, wenn es eine Norm, auf deren Gültigkeit es bei seiner Entscheidung ankommt, für unver-

---

[68] Dazu bei Art. 95, 96, 98.
[69] BVerfGE 36, 342 (356).
[70] BVerfGE 4, 45 (48); 7, 183 (186).
[71] BVerfGE 21, 391 (398).
[72] BVerfGE 20, 309 (311 f.); 31, 43 (44 f.).
[73] BVerfGE 7, 1 (5); 18, 241 (252 f.).
[74] BVerfGE 7, 183 (186), dort ungenau „Amtshilfe" genannt.
[75] BVerfGE 78, 77 (82 f.).
[76] BVerfGE 121, 266 (390); *Grawert* DÖV 1968, 748.
[77] BVerfGE 30, 170 (171 f.); 55, 370 (372); *Bischof* Rechtspfleger 1994, 154 f.
[78] BVerfGE 1, 80; 16, 305; 19, 71 (72); 26, 281 (291); 29, 178; 34, 52 (57); 34, 257 (260); aber: BVerfGE 8, 248 (252 f.); 22, 311 (316); 24, 155 (165); 54, 159 (163 f.).
[79] BVerfGE 98, 145 (151 ff.).
[80] BVerfGE 120, 1 (23); 112, 268 (277); 33, 199 (203 f.); 39, 169 (181); 65, 179 (181); 78, 38 (48).

einbar mit höherrangigem Recht hält, aber seine eigene Entscheidungskompetenz ausreicht, um diese Norm für die Entscheidung des konkreten Rechtsstreits außer Acht zu lassen.[81] Das ist bei Normen im Rang unter dem Parlamentsgesetz grundsätzlich der Fall.

3. Prüfungsgegenstand Gesetz. Die Vorlagepflicht besteht nur dann, wenn es sich bei der vorzulegenden Norm um ein **formelles Gesetz** handelt.[82] Auch **Vorschriften des Landesrechts** können dem **BVerfG** nur vorgelegt werden, wenn es sich um förmliche Gesetze handelt.[83] Das Verwerfungsmonopol des BVerfG und das der LVerfG dient der Achtung der gesetzgebenden Gewalt des Parlaments, über dessen „Willen" sich kein Fachgericht soll hinwegsetzen dürfen.[84] Dies trifft für Normen im Rang unter dem förmlichen Gesetz, etwa bei einer RV oder Satzung, grundsätzlich nicht zu. Die Verwerfungskompetenz der Fachgerichte bei **untergesetzlichen Normen** gefährdet nicht die Rechtssicherheit. Eine Rechtszersplitterung kann durch einen Antrag auf abstrakte Normenkontrolle nach Art. 93 Abs. 1 Nr. 2 verhindert werden.[85] 70

Prüfungsgegenstand ist grundsätzlich ein sog. **nachkonstitutionelles förmliches,** also ein vom Parlament des Bundes oder eines Landes beschlossenes, ausgefertigtes und verkündetes[86] **Gesetz.**[87] 71

Ausnahmsweise kommt es (auch für die verwaltungsprozessuale Normenkontrolle) auf die Förmlichkeit des Parlamentsgesetzes nicht an bei sog. **satzungsvertretenden Gesetzen** eines Landes („BauleitplanungsG" Hamburg), die in den anderen Bundesländern als Satzungen ergehen.[88]. Das BVerfG hat (sehr fraglich) dieses Gesetz einer Satzung gleichgestellt und sein „Verwerfungsmonopol" verneint. 72

Rechtsverordnungen dürfen nicht vorgelegt werden.[89] Dies gilt auch, wenn sie mit Zustimmung des Parlaments erlassen oder durch ein Parlamentsgesetz geändert wurden. Denn auch eine derart geänderte Verordnung hat in allen Teilen denselben Rang, den der RVO.[90] Hierfür ist die Feststellungsklage vor den VG, bei Rechtsverordnungen unter dem Landesgesetz je nach Landesrecht die Normenkontrollklage gegeben.[91] Anders war es bei einer 1944 erlassenen „gesetzesvertretenden" Rechtsverordnung, die „nachkonstitutionell" geworden war.[92] 73

Weitere mögliche Prüfungsgegenstände sind: (uU auch) Grundgesetznormen selbst,[93] verfassungsändernde Gesetze, Vertragsgesetze nach Art. 59 Abs. 2[94] einschließlich derjenigen zu den europäischen Verträgen,[95] außer- 74

---

[81] BVerfGE 114, 303 (311); 10, 124 (127).

[82] BVerfGE 114, 196 (237 ff.); 303 (310); 1, 184 (201); 1, 202 (206); 1, 261 (262); 17, 208 (209 f.); 48, 40 (44 f.); 71, 305 (337 f.).

[83] BVerfGE 114, 303 (310); 1, 283 (292); 17, 208 (210).

[84] BVerfGE 48, 40 (44 f.); 97, 117 (122).

[85] BVerfGE 114, 303 (310).

[86] AA *Schmidt* NVwZ 1982, 181.

[87] BVerfGE 1, 184 (201); st Rspr.

[88] BVerfGE 70, 35 (58), mit abw. *Steinberger* BVerfGE 70, 35 (59).

[89] BVerfGE 114, 196 (237); 114, 303 (310).

[90] AA *Bettermann* FG 25 Jahre BVerfG I, 1976, 335.

[91] BVerfGE 115, 81 (95 ff.); BVerwGE 111, 276 (278 f.); BSGE 72, 15 (17 ff.); krit. *Ossenbühl* JZ 2003, 1066; *Uhle* DVBl 2004, 1272; zust. *Schenke* JZ 2006, 1004; *Seiler* DVBl. 2007, 538; übersichtlich *Hushahn* JA 2007, 276.

[92] BVerfGE 52, 1 (16 f.).

[93] BVerfGE 3, 225 (231, 235 f.).

[94] BVerfGE 84, 90 (113 ff.); 12, 281 (288); 52, 187 (199 ff.); 73, 339 (387).

[95] BVerfGE 123, 267 (354); 89, 155 (177 ff.); 52, 187 (199).

dem Zustimmungsgesetze zu Staatsverträgen zwischen den Bundesländern[96] sowie fortgeltende Gesetze des Wirtschaftsrates.[97] Das Gleiche muss gelten für Gesetze nach Art. 80 Abs. 4,[98] für solche aus Gesetzgebungsnotstand (Art. 81)[99] und für Gesetze des Gemeinsamen Ausschusses im Verteidigungsfall (Art. 53a, 115e Abs. 2). Auch Landesverfassungsrecht ist ggf. vorzulegen.[100] Zur Vorlegbarkeit von sekundärem EU-Recht oben Rn. 10 ff.

75 **Nicht vorlegbar sind** Besatzungsrecht, von der DDR erlassene Normen,[101] allgemeinverbindliche Tarifverträge,[102] Kirchengesetze,[103] Geschäftsordnungen der Staatsorgane, die Neubekanntmachung von Gesetzen,[104] Rechtsprechungsakte[105] und Verwaltungsvorschriften.[106]

76 **Haushaltsgesetze** sind grundsätzlich vorlegbar, aber mangels materiellrechtlichen Gehalts häufig nicht entscheidungserheblich.[107]

77 Das Gesetz muss zugleich formell und **nachkonstitutionell** sein.[108] Dabei gilt als **zeitliche Zäsur** für förmliche Bundes- und Landesgesetze der Beginn des **24.5.1949** (Art. 145 Abs. 2), für Landesgesetze, deren Vereinbarkeit mit nach Art. 123 bis 125c als Bundesrecht fortgeltendem Recht in Frage steht, der Ablauf des Tages des ersten Zusammentritts des BT am **7.9.1949** (Art. 123 Abs. 1).[109] Für die Prüfung von Landesgesetzen an Bundesgesetzen kommt es darauf an, ob das Landesgesetz nach der Verkündung des Bundesgesetzes verkündet wurde („nachlegal").[110]

78 Das **Erfordernis der „Nachkonstitutionalität"** ergibt sich nicht aus der **„lex-posterior"-Regel,** nach der das GG als jüngeres Gesetz widersprechendes älteres Recht verdrängt. Denn die Regel ist nicht anwendbar, weil sie nur für gleichrangiges Recht gilt. Daran fehlt es bei einem Widerspruch zwischen dem GG und einem früheren einfachen Gesetz. Dürfte man die Regel auch auf rangverschiedenes Recht anwenden, würde jede jüngere Rechtsverordnung das GG verdrängen können. Diese **Kollisionsregeln** sind (zumeist richterechtlich aufgestellte) rein objektive Anwendbarkeitsmaßstäbe für gleichrangige gültige, aber inhaltlich konkurrierende Regelungen. Sie enthalten keinen Vorwurf gegen den Normsetzer.[111] Vorkonstitutionelle Gesetze können nicht vorgelegt werden, weil sie nicht von einem an das GG gebundenen Parlament beschlossen wurden.[112] Der Gesetzgeber ist durch Art. 123 der Aufgabe enthoben, alle vorkonstitutionellen Gesetze auf ihre Verfassungsmäßigkeit zu prüfen. Von der DDR erlassene Normen wurden Bundesrecht nur für Übergangszeiträume, soweit sie mit dem GG, dem EVertr. und dem Europarecht vereinbar waren (Art. 9 Abs. 2 EVertr.).

---

[96] BVerfGE 12, 205 ff. (220); vgl. auch 37, 191 (196 ff.).
[97] BVerfGE 4, 331 (339 ff.).
[98] *Jutzi* NVwZ 2000, 1390.
[99] BVerfGE 1, 184 (201).
[100] BVerfGE 36, 342 (356).
[101] BVerfGE 97, 117 (122 ff.).
[102] BVerfGE 55, 7 (20 f.).
[103] BVerwG DÖV 2001, 473.
[104] BVerfGE 18, 389 (391).
[105] BVerfGE 24, 170 (173).
[106] BVerfGE 48, 40 (46).
[107] BVerfGE 38, 121 (125, 127).
[108] BVerfGE 2, 124 (128 ff.); 97, 117; krit. dazu *Stern,* StaatsR II, 1980, 990, Fn. 288.
[109] BVerfGE 16, 6 (16 f.).
[110] So *Pieroth* in Jarass/Pieroth Rn. 6; BVerfGE 32, 199 (218 ff.).
[111] AA *Stern,* StaatsR II, 1980, 992.
[112] Krit. hierzu *Wollweber* DÖV 1999, 413.

Ein „vorkonstitutionelles“ Gesetz wird **„nachkonstitutionell“,** wenn der Gesetzgeber sich in einem förmlichen Gesetzgebungsverfahren[113] mit der vorkonstitutionellen Norm befasst und ihre Gültigkeit ausdrücklich oder nach dem Konzept seines Gesetzesbeschlusses sinngemäß oder durch Verweisung bestätigt. Dann nämlich hat er sie in einem an das GG gebundenen Verfahren als eigene Norm anerkannt, **in seinen Willen aufgenommen.**[114] **79**

Keine Bestätigung einer im Gesetzgebungsverfahren behandelten vorkonstitutionellen Norm liegt vor, wenn im BT ein Änderungsvorschlag ausführlich beraten und dann verworfen wurde.[115] Hier fehlt es am positiven Normsetzungsakt, der allein die Zurechnung einer ursprünglich vorkonstitutionellen Norm zum konstitutionellen Gesetzgeber ermöglicht. Eine **Bestätigung** liegt demgegenüber vor, wenn ein altes Gesetz **neu verkündet,** nicht nur neu bekannt gemacht wird, oder wenn neue Normen auf eine vorkonstitutionelle Bestimmung **verweisen.**[116] Werden hingegen vorkonstitutionelle Normen aufgehoben und für die Zukunft durch inhaltsgleiche neue Bestimmungen ersetzt, bleiben aber die alten Normen noch für eine Übergangszeit anwendbar, werden sie dadurch nicht zu nachkonstitutionellem Recht.[117] **80**

Ob bei einer lediglich **teilweisen Änderung** einer einzelnen Rechtsnorm bzw. eines Gesetzes der Gesetzgeber auch den nicht geänderten Teil bestätigt und damit in seinen Willen aufgenommen hat, ist durch **Auslegung** des ändernden Gesetzesbeschlusses zu ermitteln. Dabei kommt es darauf an,[118] ob ein jedenfalls überschaubares Rechtsgebiet nicht nur in Randbereichen geändert wird, ferner ob sich aus dem engen sachlichen Zusammenhang der geänderten mit der unveränderten Vorschrift aufdrängt, dass auch die alte Vorschrift geprüft und als weiterhin rechtsgültig beurteilt worden ist. **81**

Eine **bestätigende Änderung** eines Gesetzes liegt hingegen **nicht** vor bei einer lediglich sprachlichen Änderung einer vorkonstitutionellen Norm[119] oder dann, wenn die inhaltliche Änderung nur eine bestimmte Vorschrift betrifft und auch nur betreffen sollte.[120] **82**

Da nur ein positiver Gesetzgebungsakt von der Autorität des Parlaments getragen ist, kann ein sog. **absolutes Unterlassen** des Gesetzgebers **nicht zum Gegenstand einer Vorlage** gemacht werden, Schlichtes Unterlassen kann kein Prüfungsgegenstand sein.[121] **Ausnahmsweise**[122] kann das Untätigbleiben zu einer Vorlage führen, wenn ein Verfassungsgebot an den Gesetzgeber zur Änderung einer gegebenen Rechtslage besteht und der angemessene Anpassungszeitraum abgelaufen ist. Falls aber bestehende Normen einer „verfassungskonformen Lückenfüllung“ entgegenstehen oder wenn eine verfassungswidrige Lage eingetreten ist, muss das Fachgericht vorlegen. Das gilt auch, wenn das BVerfG bereits geklärt hat, dass durch Landesgesetz Vorgaben eines GR konkretisierend ausgestaltet werden und insbesondere hinreichende **83**

---

113 BVerfGE 11, 126 (131 ff.).
114 BVerfGE 6, 55 (65); stRspr.
115 Vgl. aber BVerfGE 6, 55 (64 ff.); anders wohl BVerfGE 13, 290 (295).
116 BVerfGE 13, 290 (294).
117 BVerfGE 16, 343 (346 f.).
118 BVerfGE 11, 126 (131 ff.); 16, 64 (72 f.).
119 BVerfGE 25, 25 (27).
120 BVerfGE 18, 97 (104).
121 BVerfGE 142, 313 (331 ff.).
122 BVerfGE 115, 259 (275); anders früher 65, 237 (245).

Eingriffsermächtigungen geschaffen werden müssen, das Land dem aber mehrere Jahre nicht nachkommt. (Zwangsbehandlung[123]).

84 Bei einem sog. **relativen Unterlassen** wird für verfassungswidrig (regelmäßig: gleichheitswidrig) gehalten, dass das Gesetz eine Gruppe in eine Begünstigung nicht oder in eine Belastung zu Unrecht einbezogen habe. Hier gibt es ein vorlegbares Gesetz; problematisch kann nur sein, ob es entscheidungserheblich ist. Dies ist zu bejahen, wenn die Feststellung der Verfassungswidrigkeit erstritten und dadurch eine Klagabweisung vermieden werden kann.[124]

85 **4. Überzeugung von der Verfassungswidrigkeit.** Der Richter muss **überzeugt** sein, dass seine Maßstabsnorm im Ausgangsfall, die er zur Streitentscheidung notwendig anwenden muss, verfassungswidrig ist, weil sie mit einer grundgesetzlichen Maßstabsnorm, für die sie bloß Objektnorm ist, nicht vereinbar ist. Verfassungswidrig ist jede Norm, soweit sie in irgendeiner Hinsicht (Entstehung, Inhalt) dem GG widerspricht und nicht verfassungskonform ausgelegt werden kann. Dies gilt entsprechend bei der Unvereinbarkeit eines Landesgesetzes mit einem Bundesgesetz.

86 **Prüfungsmaßstab** ist für das **BVerfG** grundsätzlich nur das GG. Allein in Verfahren nach Art. 93 Abs. 1 Nr. 4 Regelung 3 und Art. 99 darf das BVerfG als „geliehenes Landesverfassungsgericht" den Maßstab einer Landesverfassung anlegen.[125] Verstößt ein Gesetz gegen eine **allgemeine Regel des Völkerrechts,** die nach Existenz, Inhalt und Allgemeinheit **feststeht,** so steht es zugleich im Widerspruch zur Geltungs- und Rangordnung des **Art. 25 S. 2** GG[126] und ist insoweit nach Art. 100 Abs. 1 S. 1 zu prüfen.[127] Sind aber die Voraussetzungen des **Art. 25 S. 1 zweifelhaft,** muss die **Vorlage nach Abs. 2** erfolgen. Das **LVerfG** entscheidet nach Maßgabe der Landesverfassung einschließlich ihrer durch das GG (Art. 28 Abs. 1) vermittelten Elemente.

87 Der Fachrichter muss von der Verfassungswidrigkeit der Norm (subjektiv) **überzeugt** sein.[128] **Bloße Zweifel,** mögen sie noch so schwer wiegen, genügen nicht.[129] In solchen Grenzfällen sollte das Gericht den Beteiligten seine Bedenken gegen die Verfassungsmäßigkeit der Norm und diejenigen Gründe mitteilen, die gegen das „Überzeugtsein" sprachen.

88 **5. Entscheidungserheblichkeit.** Die Zulässigkeit jeder Vorlage nach Art. 100 Abs. 1 setzt voraus, dass die Verfassungsmäßigkeit der zur Prüfung vorgelegten Norm für die **Entscheidung** im Ausgangsverfahren **entscheidungserheblich** ist.[130]

89 Unter **„Entscheidung"** ist in erster Linie die **Endentscheidung** im Ausgangsverfahren zu verstehen. Eine **Zwischenentscheidung** berechtigt zur Vorlage nur, falls ihr Erlass aufgrund einer als verfassungswidrig angesehenen Ermächtigungsnorm möglich ist. Sonstige Zwischenentscheidungen (zB Beweisbeschlüsse), die bei Verfassungswidrigkeit der entscheidungserheblichen

---

[123] BVerfGE 149, 293 (314).
[124] BVerfGE 8, 28 (32 ff.); 17, 210 (215 f.); 72, 9 (18); stRspr.
[125] BVerfGE 41, 88 (119).
[126] S. *Rojahn* in v. Münch/Kunig, 6. Aufl. 2012, Art. 25 Rn. 36 ff.
[127] AA *Stern,* StaatsR II, 1980, 992.
[128] BVerfGE 78, 1 (5 f.).
[129] BVerfGE 1, 184 (189); 9, 237 (240 f.); stRspr.
[130] BVerfGE 121, 233 (237 f.) auch zum Folgenden. Vgl. schon BVerfGE 11, 330 (334); 107, 218 (232); stRspr.

Sachnorm nicht getroffen werden müssten, sind dennoch zu treffen. Dabei ist die Verfassungsmäßigkeit der Sachnorm zu unterstellen. Prozessuale Vorkehrungen für den Fall, dass später die Verfassungswidrigkeit festgestellt wird, sind zulässig.[131] Ausnahmen werden bei „Unerlässlichkeit" bzw. „dringender Gebotenheit" einer „vorzeitigen" Prüfung der Sachnorm für das weitere Verfahren oder „bei grundsätzlicher Bedeutung für das Gemeinwohl"[132] zugelassen. In diesem Sinn ist „Entscheidung" jede ein gerichtliches Verfahren oder einen verselbständigten Verfahrensteil abschließende Gerichtshandlung unabhängig von ihrer Form, nicht jedoch eine bloß vorbereitende Maßnahme, eine prozessleitende Verfügung[133] oder ein Beweisbeschluss.

Für die Zulässigkeit der Vorlage kommt es bei der Beurteilung der **Entscheidungserheblichkeit** auf die **Rechtsauffassung des vorlegenden Gerichts** an, soweit es um die Auslegung der vorgelegten Norm geht. Das gilt jedoch nicht, wenn diese offensichtlich unhaltbar ist[134] oder die Entscheidungserheblichkeit von verfassungsrechtlichen Vorfragen abhängt.[135] 90

Die vorzulegende Norm muss in einem **doppelten Sinn „entscheidungserheblich"** sein. Sie muss im **Ausgangsverfahren** die dort **nach einfachem Gesetz** rechtlich notwendig anzuwendende und für den festgestellten Sachverhalt streitentscheidende Maßstabsnorm sein. Das beurteilt sich nur nach einfachem Recht, welches das BVerfG nicht zu prüfen hat, sondern grundsätzlich allein das Fachgericht. Nur dann, wenn das Fachgericht die einfachgesetzliche Erheblichkeit der Norm offensichtlich falsch im Sinne von „objektiv willkürlich" bejaht hat, ist das BVerfG, das kein Fachgericht und keine Superrevisionsinstanz ist, nicht gebunden. 91

Steht die notwendige Anwendung der vorgelegten Norm im Ausgangsfall fest, muss **auch** noch deren GG-Gemäßheit für den Ausgangsrechtsstreit **erheblich** sein. Das ist nur dann der Fall, wenn der Ausgangstreit anders entschieden werden muss, je nachdem, ob sie verfassungsgemäß oder verfassungswidrig ist. Das setzt voraus, dass der **Sachverhalt für alle einfachrechtlich denkbaren Alternativen festgestellt ist,** so dass ausgeschlossen werden kann, dass noch eine Sachverhaltsalternative besteht, bei der es nach dem vorgelegten Gesetz nicht darauf ankommt, ob es verfassungswidrig ist. Offensichtlich unhaltbare Sachverhaltsannahmen werden vom BVerfG nicht akzeptiert. Ein Gesetz kann jedoch nicht entscheidungserheblich sein, wenn feststeht, dass es aufgrund entgegenstehenden europäischen **Unionsrechts** im konkreten Fall nicht angewandt werden darf.[136] 92

Das Vorlagegericht muss auch klären, ob das verfassungswidrige Ergebnis durch Heranziehung anderer Normen vermieden werden kann.[137] Darüber hinaus hält es manchmal (durch „Kammerrechtspr." unter unbenannter Abweichung von Senatsrechtsprechung) eine **Vorlage für unzulässig,** wenn die Erheblichkeit der Frage nach der Verfassungsmäßigkeit des Gesetzes mit **verfassungsrechtlichen Erwägungen** im Anschluss an Senatsrechtsprechung begründet wurde, die es, als „Fachgericht für Verfassungsrecht", nun selbst anders beantwortet. Das ist nicht zulässig. Denn dann bleibt der **vor-** 93

---

[131] BVerfGE 63, 1 (22).
[132] BVerfGE 47, 146 (157).
[133] BVerfGE 21, 148.
[134] BVerfGE 31, 47 (52); 100, 209 (212); 105, 61 (67); stRspr.
[135] BVerfGE 46, 268 (284); 63, 1 (27).
[136] BVerfGE 85, 191(203 ff.).
[137] BVerfGE 88, 187 (194 ff.).

legende Richter unbeschieden, der die einfachgesetzliche Maßstabsnorm nach einfachem Recht anwenden muss, von ihrer Verfassungswidrigkeit überzeugt ist, aber dazu keine Entscheidung des BVerfG erhält.[138]

94 Der Fachrichter muss den Sachverhalt auch durch eine ggf umfangreiche und kostspielige **Beweiserhebung** soweit aufklären, bis feststeht, dass die Vorlage unerlässlich ist.

95 **Ausnahmsweise** nimmt das BVerfG ohne gesetzliche Grundlage Vorlagen **ohne Entscheidungserheblichkeit** an, wenn die Klärung der Vereinbarkeit der vorgelegten Norm von allgemeiner und grundsätzlicher Bedeutung für das Gemeinwohl und deshalb deren Beantwortung dringlich ist.[139] Wohl unter ähnlichem Aspekt reicht ausnahmsweise auch eine nur“ mittelbare“ Entscheidungserheblichkeit.[140] Hier spricht wohl das höchste politische Staatsorgan, nicht das Gericht.

96 **6. Begründung der Vorlage.** Der Vorlagebeschluss muss hinreichend deutlich erkennen lassen, dass und aus welchen Gründen das vorlegende Gericht im Falle der Gültigkeit der vorgelegten Vorschrift zu einem anderen Ergebnis kommen würde als im Falle ihrer Ungültigkeit.[141] Es muss sich unter Berücksichtigung der in Literatur und Rechtsprechung entwickelten Rechtsauffassungen eingehend mit der Rechtslage auseinandersetzen.[142] Dies muss sich für das BVerfG allein aus Sachverhalt und Begründung des Vorlagebeschlusses ergeben, ohne dass es Akten beiziehen muss.[143]

97 Das BVerfG hat auch aus Gründen der Überlastung die **Anforderungen an die Vorlagebegründung** ständig angehoben.[144] Gleichwohl muss der Vorlagerichter die Zulässigkeitsvoraussetzungen „umfassend“ und „erschöpfend“ darlegen.[145] Gelegentlich regt das BVerfG an, das vorlegende Gericht möge (die Vorlage zurücknehmen oder) die Begründung ergänzen oder vertiefen. Ergibt eine Prüfung des **BVerfG,** ob der Fachrichter die Rechtsfragen aus dem einschlägigen einfachen Recht geklärt hat, dass im Vorlagebeschluss Rechtsfragen nicht erörtert worden sind, die bei „richtiger“ Rechtsanwendung hätten geklärt werden müssen, ist die Vorlage mangels ausreichender Auseinandersetzung mit der Rechtslage unzulässig.[146]

98 Nach § 81a BVerfGG kann die **Kammer** einstimmig durch Beschluss die Unzulässigkeit der Vorlage feststellen, wenn sie von keinem Landesverfassungsgericht und keinem obersten Gerichtshof des Bundes beschlossen wurde. Andernfalls haben die Senate zu entscheiden.

99 Die Fülle der Vorlagen als unzulässig ablehnenden Kammerentscheidungen deutet darauf hin, dass die Kriterien einer hinreichenden Begründung wohl noch nicht trennscharf erarbeitet sind, die **Fachgerichte die Schwierigkeiten** unterschätzen oder die fachgerichtlichen Berufsrichter zu wenig von den Vorgaben des BVerfG verstehen. Denkbar wäre angesichts der Überlastung des BVerfG aber auch, dass eine „Vorselektion“ nach nicht so klaren

---

[138] BVerfGE 67, 26 (33); zutreffend *Geiger* EuGRZ 1984, 409; *Krause* NVwZ 1985, 87.
[139] BVerfGE 47, 146 (151 ff.).
[140] BVerfGE 75, 166 (173).
[141] BVerfGE 121, 233 (311); 121, 108 (119 f.) auch zum Folgenden. Vgl. schon 17, 171 (173 f.); 107, 59 (85).
[142] BVerfGE 47, 109 (114 f.); 105, 61 (67).
[143] BVerfGE 2, 266 (271); 53, 257 f. (287); 97, 49.
[144] BVerfG NJ 2001, 197.
[145] Zu diesen Anforderungen vgl. *Löwer* in HdbStR III, 3. Aufl. 2005, § 70 Rn. 90–98.
[146] BVerfGE 88, 70 (74 ff.).

Merkmalen stattfindet, also eine Art gesetzlich nicht ausgestaltetes **Annahmeverfahren,** das Art. 94 Abs. 2 S. 2 nur für das Verfassungsbeschwerdeverfahren vorsieht.

Die Vorlage ist grundsätzlich unzulässig oder wird gegenstandslos, wenn das BVerfG **dieselbe Rechtsfrage** entschieden hat.[147] Das gilt nicht, wenn der Umfang der Bindungswirkung nicht offensichtlich unzweifelhaft ist.[148] Auch eine wesentliche Änderung der Sach- und Rechtslage seit der früheren BVerfG-Entscheidung in den für diese wesentlichen **Umständen** kann eine „erneute" Vorlage eröffnen.[149] 100

7. Begründetheit der Vorlage. Die Vorlage ist **begründet,** soweit das vorgelegte Gesetz nach Ansicht des BVerfG mit dem GG nicht vereinbar ist. 101

Der Fachrichter ist wegen seiner Verfassungsbindung befugt und vor einer Vorlage sogar verpflichtet, nach einer **verfassungskonformen Auslegung**[150] der Vorschrift zu suchen. Kommt er zu dem Ergebnis, dies sei nicht möglich, und legt er dies alles in der Begründung seines Vorlagebeschlusses dar, ist die Vorlage auch dann nicht unzulässig, sondern **unbegründet,** wenn es die Bedeutung und Tragweite **spezifisch des Verfassungsrechts**[151] verkannt hat. Bei zulässiger Vorlage ist das BVerfG[152] befugt, das einfache Gesetz selbst auszulegen. Denn die Vereinbarkeit der vorgelegten Norm mit dem GG kann nur aufgrund ihrer auch verfassungsrechtlich zutreffenden Auslegung beantwortet werden. Erklärt das BVerfG ein **Gesetz** für **verfassungswidrig,** aber **nicht** für **nichtig,** muss der Gesetzgeber grundsätzlich zumindest mit Wirkung von diesem Zeitpunkt an die verfassungswidrige Lage beseitigen.[153] Grundsätzlich sind bei einer **Unvereinbarerklärung** anhängige Verfahren auszusetzen.[154] 102

II. Normenkontrolle bei Kollision von BuR und Landesrecht

Hält ein Gericht, auch das LVerfG, ein **förmliches LandesG** für GG-widrig oder sonst bundesgesetz-/**bundesrechtswidrig,** muss es die Vorschrift dem **BVerfG** vorlegen. Hält das Fachgericht dieses förmliche Landesgesetz **auch** für landesverfassungswidrig, liegt ein **zweifacher Vorlagegrund** vor. Es muss dem **BVerfG und auch dem LVerfG** vorlegen. Die Verfassungsgerichte des Bundes und der Länder sind im Rechtsprechungsbereich unabhängig voneinander und nebeneinander zuständig.[155] Daher ist **bei doppelter Kollision** auch eine **zweifache Vorlage** geboten.[156] 103

---

[147] BVerfGE 24, 63; 87, 341 (346).

[148] BVerfGE 15, 105 (111).

[149] BVerfGE 112, 268 (277); 39, 169 (181 ff.) zur Verfassungsbeschwerde.

[150] Dazu *Zippelius* FG 5 Jahre BVerfG II, 1976, 108; *Starck* in HdbStR VII, 1. Aufl. 1992, § 164 Rn. 31, 32; *Bettermann,* Die verfassungskonforme Auslegung, 1986, 33. Die verfassungskonforme Auslegung, die geltungserhaltende Bedeutung hat, ist von der *verfassungsorientierten,* also verfassungsfreundlichen Auslegung des einfachen Gesetzes zu unterscheiden, die der Optimierung der Verfassungsvorgaben dient. Bei ihr gibt es mindestens zwei Auslegungsmöglichkeiten, die nicht verfassungswidrig, aber unterschiedlich verfassungsnah sind.

[151] Dazu *Papier* FS 25 Jahre BVerfG I, 1976, 432; *Korioth* FS 50 Jahre BVerfG I, 2001, 55 (60 ff.).

[152] BVerfGE 50, 142 (152 f.); stRspr.

[153] BVerfGE 87, 114 (132 ff.).

[154] BVerfGE 87, 234 (253 ff.).

[155] *Lange* FS 50 Jahre BVerfG I, 2001, 289 (290 ff.).

[156] BVerfGE 2, 380 (388 f.); 17, 172 (180); 55, 207 (224 f.).

104 Wenn es um einen Widerspruch zwischen einem kompetenzgemäß erlassenen gültigen formellen Landesgesetz und gültigem Bundesrecht geht, darf die **Rechtsfolge des Art. 31,** Bundesrecht bricht Landesrecht, **nur vom BVerfG ausgesprochen** werden.[157] Das Verwerfungsmonopol des BVerfG besteht auch für die der Anwendung des Art. 31 vorgelagerte Frage nach der Gesetzgebungskompetenz, die der Kollisionsfrage zwischen Landes- und Bundesrecht vorgeht.[158]

105 „Bundesgesetz" meint **Bundesnormen gleich welchen Ranges,** weil das Landesparlament an alle Bundesrechtsnormen gebunden ist.[159] Das Landesgesetz ist nur vorlegbar, wenn es **„nachlegal",** dh nach dem Bundesrecht erlassen worden ist, weil nur dann die Autorität des Landesparlaments schutzbedürftig ist.[160] **Prüfungsmaßstäbe** sind das GG, förmliche Bundesgesetze, Rechtsverordnungen des Bundes, Satzungen öffentlich-rechtlicher juristischer Personen des Bundes, soweit ihnen Rechtswirkung nach außen zukommt, nach Art. 124, 125 fortgeltendes Reichsrecht, durch den EVertr. für als Bundesrecht anwendbar erklärtes DDR-Recht und die allgemeinen Regeln des Völkerrechts, soweit die Voraussetzungen des Art. 25 S. 1 feststehen.

III. Regel des Völkerrechts

106 **Art. 100 Abs. 2** sichert den nach **Art. 25** innerstaatlich gültigen Normenbestand der Regeln des Völkerrechts und deren **Vorrang vor einfachem Bundesrecht** durch ein **Feststellungsmonopol** des BVerfG.[161] Dies ist kein Normenkontroll-, sondern ein Feststellungsverfahren.

107 Nach **Art. 25 S. 1** „sind" diese Regeln[162] Bestandteil des Bundesrechts. „Regeln" des Völkerrechts ergeben sich aus dem vorwiegend universell geltenden Völkergewohnheitsrecht, ergänzt durch anerkannte allgemeine Rechtsgrundsätze.[163] In Art. 38 Buchst. b) und c) IGH-Statut sind diese Regeln umschrieben als b) das internationale Gewohnheitsrecht als Ausdruck einer allgemeinen, als Recht anerkannten Übung und c) die von den Kulturvölkern anerkannten allgemeinen Rechtsgrundsätze. Völkergewohnheitsrechtlich ist eine Regel, die von einer gefestigten Praxis zahlreicher, aber nicht notwendigerweise aller Staaten in der Überzeugung einer völkerrechtlichen Verpflichtung getragen wird. Allgemeine Rechtsgrundsätze entstammen den nationalen Rechtsordnungen und sind auf die Ebene des Völkerrechts übertragbar. Dabei handelt es sich um allgemeine Rechtsprinzipien, die als leitende Grundentscheidungen in den großen Rechtskreisen anerkannt sind. Sie haben in Ergänzung von Völkervertrags- und Völkergewohnheitsrecht in erster Linie lückenfüllende Bedeutung.[164]

108 Es gibt naturgemäß keine positivierte Liste dieser Regeln, wenn auch manche allgemein feststehen. Auch inkorporiert die Vorschrift diese Regeln, als stünden sie in Tatbeständen und Rechtsfolgen fest, „zukunftsoffen", ähnlich einer offenen Verweisung. So kann unklar werden, ob eine behauptete

---

[157] BVerfGE 121, 233 (239); 67, 1 (11).
[158] BVerfGE 36, 342 (364).
[159] BVerfGE 1, 283 (292); 17, 208 (210); 87, 95 (96); stRspr.
[160] BVerfGE 10, 124 (127 f.).
[161] BVerfGE 75, 1 (11).
[162] Zum Verhältnis der deutschen Rechtsordnung zu solchen Regeln *Schmahl* JuS 2013, 961.
[163] BVerfGE 95, 96 (129) mwN.
[164] So BVerfG Nichtannahmebeschl. v. 3.7.2019, 2 BvR 825/15 und 2BvR 224/15.

Norm des ungeschriebenen Völkerrechts den **Tatbestand** des Art. 25 S. 1 erfüllt, ferner, ob ggf sie **unmittelbar Rechte und Pflichten für einzelne Rechtssubjekte** erzeugen. Erst wenn beides geklärt ist, steht rechtlich ggf fest, was unter welchen Voraussetzungen gilt und was damit kraft Art. 25 S. 2, zwar unter dem GG stehend, aber den deutschen Parlamentsgesetzen vorgeht[165] und kraft der Transformation in S. 1, bekräftigt durch S. 2, unmittelbar Pflichten und Rechte für die Bewohner Deutschlands erzeugt.

Wenn die **Existenz,** der Inhalt und die Anwendbarkeitsvoraussetzungen **109** einer solchen Regel **unzweifelhaft allgemein anerkannt** sind, besteht kein Bedarf nach einer BVerfG- Feststellung mit Feststellungsmonopol. Wird die Unvereinbarkeit von **förmlichen Gesetzen** mit einer solchen klaren Regel des Völkerrechts festgestellt, muss das Fachgericht nach **Art. 100 Abs. 1 S. 1** verfahren, da ein **GG-Verstoß wegen Nichtbeachtung** des grundgesetzlich angeordneten Geltungsvorrangs der Regel vorliegt.

Ist jedoch objektiv zweifelhaft, uU sogar umstritten, und entscheidungs- **110** erheblich,[166] ob eine solche Regel und ggf. mit welchem Inhalt und welchem persönlichen Anwendungsbereich sie existiert,[167] muss das Fachgericht die Entscheidung des BVerfG zu der Frage einholen, ob die fragliche Norm eine Regel des Völkerrechts und deswegen ein Bestandteil des Bundesrechts ist **(Vorlagepflicht).**[168] Eine Nichtvorlage verletzt dann das Recht auf den gesetzlichen Richter gem. Art. 101 Abs. 1 S. 2.[169]

Objektiver Zweifel begründet die Vorlagepflicht auch dann, wenn der **111** vorlegende Richter (subjektiv) selbst keinen Zweifel hat.[170] Ernstzunehmende objektive Zweifel bestehen dann, wenn das Gericht bei einer Entscheidung ohne Vorlage von der Meinung eines Verfassungsorgans oder von den Entscheidungen hoher deutscher, ausländischer oder internationaler Gerichte oder von den Lehren anerkannter Autoren der Völkerrechtswissenschaft abwiche.[171] Obwohl die Regel der Staatenimmunität bei privatwirtschaftlichem Handeln eines Staates heute umstritten ist, besteht kein Zweifel, dass er bei hoheitlicher Betätigung (zB Gesetzgebung) weiter uneingeschränkt gilt.[172]

Ebenso wie nach Art. 100 Abs. 1 ist auch hier in der Zulässigkeit für die **112** **Beurteilung der Entscheidungserheblichkeit** die Rechtsauffassung des vorlegenden Gerichts maßgeblich, es sei denn, dass sie sich als offensichtlich unhaltbar erweist. Gem. §§ 84 und 80 Abs. 2 BVerfGG muss die **Vorlagebegründung** angeben, inwiefern von der bezweifelten Regel des Völkerrechts die Entscheidung des Gerichts abhängt. Das vorlegende Gericht muss sich mit den in Rechtsprechung und Literatur entwickelten Rechtsansichten auseinandersetzen. Der bloße Hinweis auf einzelne Fundstellen vermag diese Auseinandersetzung nicht zu ersetzen.[173]

Abs. 2 gilt **nicht** für die Anwendung von **Völkervertragsrecht** oder wenn **113** es um die Gültigkeit eines **Zustimmungsgesetzes** zu einem völkerrechtlichen Vertrag geht.[174]

---

[165] BVerfGE 112, 1 (25); seit 6, 309 (363).
[166] BVerfGE 100, 209 (212).
[167] BVerfGE 15, 25 (30 f.); 16, 27 (32 ff.); 23, 288 (316 ff.).
[168] BVerfGE 109, 13 (22 f.), auch zum Folgenden; 46, 342 (362 f.).
[169] BVerfGE 18, 441 (447 f.); 64, 1 (12 f.).
[170] BVerfGE 96, 68 (77); *Vogel* JZ 2004, 412.
[171] BVerfGE 96, 68 (77); 23, 288 (319).
[172] BVerfG Nichtannahmebeschluss v. 27.5.2020, 2 BvR 331/18.
[173] BVerfGE 100, 209 (212); 65, 308 (316).
[174] BVerfGE 95, 39 (44).

114 Das Feststellungsverfahren ist gem. § 83 Abs. 1 BVerfGG auf einen **Feststellungsausspruch** des BVerfG darüber gerichtet, ob die Regel des Völkerrechts existiert und ggf Bestandteil des Bundesrechts ist und ob sie unmittelbar Rechte und Pflichten für den Einzelnen erzeugt. Das BVerfG[175] und die hA[176] sehen darin ein **Normenverifikationsverfahren,** weil es auf die Vergewisserung über das Vorliegen einer Norm gerichtet sei, die innerstaatliche Geltung beanspruche. Der Gegensatz wird in **Normenqualifikationsverfahren** (zB Art. 126) gesehen, die gültigen innerstaatlichen Rechtsnormen als Bundes- oder Landesrecht qualifizieren. Allerdings hat eine allgemeine Regel des Völkerrechts auch nach dem völkerrechtsfreundlichen GG ohne Art. 25 S. 1 keine innerstaatliche Geltung.[177] Es geht in dem Verfahren also erstens um die Feststellung der Tatbestandsvoraussetzungen der Vorschrift. Sie bestehen darin, dass eine der Völkerrechtsordnung angehörende allgemeine Rechtsregel iSd Art. 25 S. 1 (ggf.) mit oder ohne unmittelbare Rechtswirkung für die Bewohner Deutschlands[178] existiert, die mit dem GG vereinbar ist. Denn **grundgesetzwidrige allgemeine Regeln des Völkerrechts** werden durch Art. 25 S. 2 nicht in das Bundesrecht aufgenommen („transformiert"). Also muss das BVerfG nach § 83 Abs. 1 BVerfGG eine allgemeine Regel aus einer anderen Rechtsordnung feststellen und sie nach den Vorgaben des Art. 25 als Bundesrecht oder Nicht-Bundesrecht qualifizieren. Die Benennung als (falsifizierbare) „Verifikation" im Blick auf das Völkerrecht oder als „Qualifikation", die eine „verifizierte" Völkerrechtsregel als Bundesrecht feststellt, dürfte aber rechtlich unerheblich sein. Das Verfahren vor dem BVerfG ersetzt funktional das Gesetzgebungsverfahren. Es dient der Vergewisserung über deren Bestand, Geltung und Rang.

IV. Verfassungsgerichtliche Divergenzvorlage

115 Gem. Art. 100 Abs. 3 hat das LVerfG bei beabsichtigter Abweichung von der Auslegung des GG durch das BVerfG oder das VerfG eines anderen Landes die Entscheidung des BVerfG einzuholen (Divergenzvorlage, **Vorlagepflicht**).[179] Sie dient der Rechtseinheit und Rechtssicherheit bei der Auslegung des GG.[180]

116 Die Entscheidung eines LVerfG kann von einer Norm des GG als Maßstabsnorm abhängen.[181] Denkbar sind dabei vor allem folgende Modifizierungen und Durchbrechungen des Trennungsprinzips zwischen dem Verfassungsrecht des Bundes und der Länder:

a) Prüfung der Vereinbarkeit mit dem GG oder sonstigem Bundesrecht als Vorfrage;[182]
b) Hineinwirken des GG in die Landesverfassung (zB Art. 28);
c) Prüfung über das landesverfassungsrechtliche Rechtsstaatsprinzip;

---

[175] Zuletzt wohl BVerfGE 121, 388 (390).

[176] Stellv. *Detterbeck* in Sachs Art. 100 Rn. 26 mwN; *Löwer* in HdbStR III, 3. Aufl. 2005, § 70 Rn. 129 mwN.

[177] Zum Stand des Streits zwischen den verschiedenen Ausrichtungen des Monismus und des hier grundsätzlich vertretenen Dualismus *Rojahn* in v. Münch/Kunig, 6. Aufl. 2012, Art. 25 Rn. 4 ff.

[178] BVerfGE 46, 342 (403).

[179] Dazu *Haratsch* in Sodan Rn. 18 ff.; *Lange* FS 50 Jahre BVerfG I, 2001, 289 (302).

[180] *Wieland* in Dreier, Art. 100 Rn. 43 mwN.

[181] *Rippberger,* Zur Frage der Kompetenz der Landesverfassungsgerichte zur Überprüfung formellen und materiellen Bundesrechts, 2006, 67 ff., 233 ff., 270 ff.

[182] Zur Problematik übersichtlich *Starke* SächsVBl. 2004, 49.

d) Prüfung der Anwendung von Bundesrecht durch Landesorgane am Maßstab von LVerf-GR, soweit sie in Übereinstimmung mit Art. 1–18 stehen (Art. 142).[183]

Die vom **LVerfG** auszulegende Vorschrift des GG muss für seine beabsichtigte Entscheidung „tragend" **(entscheidungserheblich)** sein „Bei der **Auslegung** des GG" bedeutet: bei der Ermittlung des Normsinns einer Vorschrift des GG. Ein **Abweichen** liegt vor, wenn das LVerfG bewusst den Normsinn einer Vorschrift des GG anders versteht, also eine andere Normthese setzen will. Die Abweichung ist durch einen Vergleich mit den tragenden Normthesen **anderer VerfG** festzustellen. Das LVerfG darf von **eigenen** früheren Normthesen ohne Vorlage abrücken, wenn es nicht zugleich in Divergenz zu denen anderer VerfG gerät. **„Entscheidung"** meint hier jede abschließende oder relativ verselbständigte Zwischenentscheidung eines dieser Gerichte. Auch die Normthese des anderen VerfG muss für dessen Entscheidung **entscheidungserheblich** gewesen sein.[184] Eine Divergenzvorlage scheidet aus, wenn das LVerfG nur Landesrecht maßstäblich anwendet. **117**

Zur Vorlage eines LVerfG kann es kommen bei seiner Kontrolle der Anwendung bundesrechtlichen Verfahrensrechts durch Landesgerichte anhand von LandesGR, die mit den entsprechenden GG-GR inhaltsgleich sind.[185] **118**

C. Kritische Würdigung

Art. 100 ist im Zusammenspiel mit der Verfassungsbeschwerde einer der beiden Hauptwege, auf denen der Bürger im Rahmen seiner GG-GR die Verfassungsbindung der Parlamente durchsetzen kann. Nur durch sein Verwerfungsmonopol wird das BVerfG, beschränkt auf die Prüfung der Verfassungsmäßigkeit des Parlamentsgesetzes, zum Mitgaranten einer verfassungsgemäßen Entscheidung im Ausgangsverfahren.[186] Damit hat es faktisch auch den rechtswirksamen Zugriff auch auf das „einfache" Recht. Die herausgehobene Position des BVerfG, auch das Parlament „korrigieren" zu dürfen, hat in der Öffentlichkeit trotz mancher Bemühungen zur richterlichen Selbstbeschränkung und Zurückhaltung gegenüber dem Gesetzgeber den Eindruck vermittelt, ein „Superrevisionsgericht" und „Gesetzeskontrolleur" zu sein, ein letzter Halt, der denen in Berlin auch mal sagt, wo es lang zu gehen hat. Es hat sich, wohl ohne dies zu wollen, als „Autorität" gegenüber dem „Parteiengezänk" etabliert. Daraus erklärt sich ein Großteil der ohne straffe Beschneidung seiner Entscheidungsmacht nicht zu verhindernden, nur zu begrenzenden Überlastung des Gerichts. **119**

---

[183] BVerfGE 103, 332 (352).

[184] BVerfGE 18, 407 (413). Liegen die Voraussetzungen nach Abs. 1 u. 3 vor, hat das Landesverfassungsgericht die Wahl der Vorlageart. Vgl. in diesem Zusammenhang und zur (unterschiedlich verstandenen) Prüfungskompetenz der LVerfG: VerfG Bbg DÖV 1995, 331; VerfGH Bln NJW 1993, 515 – Honecker, dazu *Schoreit* NJW 1993, 881; VerfGH Bln NJW 1994, 436 – Mielke, dazu *Sachs* JuS 1994, 520; *Rozek* AöR 119 (1994), 450; *Kunig* NJW 1994, 687. Eine Divergenz *iSv Abs. 3 kann nicht vorliegen,* wenn das LVerfG a nur Landesrecht maßstäblich anwendet. BVerfG NVwZ 1994, 59; *Sachs* JuS 1999, 78; BVerfG NVwZ 1999, 757. Zur *grundsätzlich alleinigen Zuständigkeit* der LVerfG für den Schutz der kommunalen Selbstverwaltung stellv. BVerfG NVwZ 1994, 58; *Breuer* BayVBl. 1999.

[185] BVerfGE 96, 345 (358).

[186] BVerfGE 67, 26 (33); dazu richtig *Geiger* EuGRZ 1984, 400.

120 Art. 100 ist in allen Absätzen hinreichend straff und klar formuliert, aber so offen, dass er es den Gerichten ermöglicht, den Prozess der ständigen Wandlung der Fragen an das GG angemessen beantworten zu können. Jedoch führt die aus der Überlastung begründete strenge Auswahlpraxis bei den Vorlagen zu einer Unsicherheit der Fachgerichte in der Frage, ob sie ihre Überzeugung von der Verfassungswidrigkeit eines in dem Rechtsstreit entscheidungserheblichen Parlamentsgesetzes trotz ihrer eigenen Überlast überhaupt noch hinreichend begründen können. Das BVerfG wird darauf zu achten haben, dass die Hindernisse nicht zu hoch, zu schwierig und zu unübersichtlich werden.

121 Der Zuständigkeitsbereich der Fachrichter wird nicht wesentlich eingeschränkt, weil sie nach dem Subsidiaritätsgrundsatz die ersten sind, die die Verfassungsmäßigkeit von Parlamentsgesetzen in eigener Verantwortung prüfen müssen. Zugleich sind sie an „einfachgesetzliche" Ausführungen des BVerfG grundsätzlich nicht gebunden. Allerdings stehen sie ebenfalls unter besonders starkem Erledigungsdruck (dazu bei Art. 98). Es ist damit zu rechnen, dass sie als die primär zum GG-Schutz Berufenen dieser Aufgabe nur wenig Aufmerksamkeit werden schenken können, zumal eine Vorlage viel Zeit und Arbeit kostet und die Zahl eigener Erledigungen eher mindert.

Literatur

K. A. Bettermann, Die konkrete Normenkontrolle und sonstige Gerichtsvorlagen, FG BVerfG I, 1976, 323.– ***M. Büdenbender,*** Das Verhältnis des Europäischen Gerichtshofs zum Bundesverfassungsgericht, 2005. – ***W. Heun,*** Normenkontrolle, FS 50 Jahre BVerfG I 2001, 615 (621) – ***W. Hoffmann-Riem,*** Das Ringen um die verfassungsgerichtliche Normenkontrolle in den USA und Europa, JZ 2003, 269. – ***S.-P. Hwang,*** Verfassungsgerichtliche Abwägung: Gefährdung der gesetzgeberischen Spielräume? 2008. – ***B.-H. Lee,*** Die Entscheidungserheblichkeit bei einer Vorlage nach Art. 100 Abs. 1 GG, 2004. – ***Th. Discher,*** Die Landesverfassungsgerichte in der bundesstaatlichen Rechtsprechungskompetenzordnung des Grundgesetzes, 1997. – ***M. Ruffert,*** Der Entscheidungsmaßstab im Normenverifikationsverfahren nach Art. 100 Abs. 2 GG, JZ 2001, 633. – ***Th. Schmitt,*** Richtervorlagen im Eilverfahren, 1997. – ***H. Scholler/S. Broß,*** Zum Problem der Entscheidungserheblichkeit iSd Art. 100 Abs. 1 GG, AöR 103 (1978), 148. – ***U. Steiner,*** Zum Entscheidungsausspruch und seinen Folgen bei der verfassungsgerichtlichen Normenkontrolle, FS f. Leisner, 1999, 569. – ***R. Zuck,*** Kooperation zwischen BVerfG und dem Europäischen Gerichtshof, in Hüter der Verfassung und Lenker der Politik, 1998, 121.

Art. 101 [Gesetzlicher Richter]

(1) [1]Ausnahmegerichte sind unzulässig. [2]Niemand darf seinem gesetzlichen Richter entzogen werden.

(2) Gerichte für besondere Sachgebiete können nur durch Gesetz errichtet werden.

Paulskirchenverfassung von 1849

Abschnitt VI. Art. X

§ 175 Abs. 1. Niemand darf seinem gesetzlichen Richter entzogen werden. Ausnahmegerichte sollen nie stattfinden.

Weimarer Reichsverfassung von 1919

Art. 105. Ausnahmegerichte sind unstatthaft. Niemand darf seinem gesetzlichen Richter entzogen werden. Die gesetzlichen Bestimmungen über Kriegsgerichte und Standgerichte werden hiervon nicht berührt. Die militärischen Ehrengerichte sind aufgehoben.

Übersicht

A. Allgemeine Bedeutung

I. Genese

Art. 101 entspricht nahezu wort- und inhaltsgleich **Art. 131 HChE.** Dieser wiederum geht zurück auf **Art. 105 WRV,**[1] wobei der für die ordentliche Gerichtsbarkeit ohnehin geltende Grundsatz des gesetzlichen Richters auf die gesamte Gerichtsbarkeit erstreckt und mit verfassungsrechtlichem Schutz ausgestattet wurde. Art. 101 gilt seit Inkrafttreten des GG unverändert. 1

[1] *Jachmann-Michel* in Maunz/Dürig Rn. 12; *Schulze-Fielitz* in Dreier Rn. 7.

2 Obwohl die in Art. 101 zentral enthaltene Garantie des gesetzlichen Richters zum älteren deutschen Verfassungsgut gehört[2], ist sie erst seit Art. 175 Abs. 1 der Paulskirchenverfassung von 1849 in allen deutschen Verfassungen verankert.[3] In den Verfassungstraditionen der in der EU verbundenen Staaten ist das Prinzip des gesetzlichen Richters regelmäßig weniger stark ausgeprägt als in Deutschland, was für die – künftige – Erkenntnis entsprechenden ungeschriebenen Unionsrechts Bedeutung gewinnen kann.[4] Wie auch viele andere rechtsstaatliche Bestimmungen spiegelt Art. 101 geschichtliche Erfahrungen aus der Epoche des absoluten Staates (**„Kabinettsjustiz"**) und der **Nazi-Diktatur** wider.[5] Wie Art. 97 Abs. 1 soll auch Art. 101 Eingriffe Unbefugter in die Rechtspflege verhindern.

II. Inhaltsübersicht

3 Art. 101 vereint drei zentrale und zusammenhängende normative Aussagen einer rechtsstaatlichen Justiz- und Gerichtsverfassung: Das Verbot von Ausnahmegerichten (Abs. 1 S. 1), den Grundsatz des gesetzlichen Richters (Abs. 1 S. 2) und ein Gesetzlichkeitserfordernis für Sondergerichte (Abs. 2). **Art. 101 Abs. 1 S. 2** – der allgemeine Satz unter den drei Aussagen und zugleich der **weitaus bedeutendste** – garantiert die **Institution des gesetzlichen Richters** im Rahmen der Zuständigkeitsordnung der deutschen Gerichtsbarkeit.[6] Diese objektive **institutionelle Garantie,**[7] aus der das Verbot von Ausnahmegerichten und das Gesetzlichkeitserfordernis für Sondergerichte folgen,[8] gibt dem einzelnen Rechtsuchenden zugleich einen **individuellen Anspruch (subjektives Recht):** Nur der gesetzlich vorgesehene, nicht ein beliebiger Richter darf Recht sprechen.[9] Das BVerfG entnimmt der Hauptgarantie des gesetzlichen Richters die **formelle Gewährleistung** einer klaren, abstrakt-generellen Zuständigkeitsordnung durch den Gesetzgeber, die für jeden denkbaren Streitfall den Richter im Voraus bezeichnet, und die **materielle Gewährleistung** unabhängiger und neutraler Richter für den Rechtssuchenden in jedem Einzelfall (→ Rn. 21).[10] Die in Art. 101 niedergelegten Grundsätze sind insoweit wesentliche Elemente der **Rechtsstaatlichkeit** nach dem Verständnis des GG.[11] Gemeinsam mit der Bindung der rechtsprechenden Gewalt an Gesetz und Recht (Art. 20 Abs. 3) und der

---

[2] Näher *Schulze-Fielitz* in Dreier Rn. 2 ff. mwN.

[3] *Classen* in MKS Rn. 1.

[4] Vgl. näher *Wichard* EuR 1995, 260; *Mößlang* EuZW 1996, 69.

[5] Zu Geschichte – und Rechtsvergleichung – *Kern,* Der gesetzliche Richter, 1927, 11 ff.; vgl. auch *Jachmann-Michel* in Maunz/Dürig Rn. 4 ff..

[6] Zu historischen Grundlagen vgl. eing. *Seif,* Recht und Justizhoheit – Historische Grundlagen des gesetzlichen Richters in Deutschland, England und Frankreich, 2003; s. ferner *Remus,* Präsidialverfassung und gesetzlicher Richter, 2008, 23 ff.; *Sowada,* Der gesetzliche Richter im Strafverfahren, 2002, 27 ff.

[7] Vgl. zu diesem Aspekt der Norm *Stern,* StaatsR II, 1980, § 43 II 5d; *Mager,* Einrichtungsgarantien, 2003, 368 f.

[8] BVerfGE 10, 200 (213); 22, 42 (48); 27, 355 (364); *Kern,* Der gesetzliche Richter, 1927, 150, 234; *Hill* in HdbStR VI, 2. Aufl. 2001, § 156 Rn. 50; *Degenhart* in Sachs Rn. 1; andere Einordnung *Pieroth* in Jarass/Pieroth Rn. 1.

[9] BVerfGE 138, 64 (87 Rn. 69); ferner BVerfG BeckRS 2013, 49263, IV. 2. a) aa) und NVwZ 2016, 764 (767).

[10] BVerfG BeckRS 2015, 52391, Rn. 12 ff.; ferner BVerfGE 133, 168 (202 f.).

[11] BVerfGE 27, 355 (362); 40, 356 (360 f.); 82, 159 (194); BVerfGE 138, 64 (86, Rn. 67); *Schulze-Fielitz* in Dreier Rn. 16; umfassende monographische Aufarbeitung unter verfassungsrechtlichen Aspekten für das Strafverfahren bei *Sowada,* Der gesetzliche Richter im Strafverfahren, 2002.

Garantie der richterlichen Unabhängigkeit (Art. 97 Abs. 1) gehört Art. 101 zu den verfassungsrechtlichen Grundaussagen im Bereich der Justiz, soll das Vertrauen der Rechtsuchenden und der Öffentlichkeit schützen,[12] unparteiliche und sachliche Rechtsprechung gewährleisten.[13] Ein enger Bezug besteht auch zu Art. 19 Abs. 4, mit dem Art. 101 Abs. 1 S. 2 die starke Normgeprägtheit des jeweils geschützten Bereichs teilt.

Art. 101 Abs. 1 S. 2 bezweckt, auch **innerhalb** der rechtsprechenden Gewalt für Gesetzlichkeit und Verfahrensgerechtigkeit zu sorgen. Der zu entscheidende Fall soll blindlings, also nach allgemeinen Merkmalen an den entscheidenden Richter gelangen.[14] Es soll verhindert werden, dass die Justiz durch eine Manipulierung der rechtsprechenden Organe in Gestalt einer auf den Einzelfall bezogenen Auswahl der zur Entscheidung berufenen Richter sachfremden Einflüssen ausgesetzt, insbesondere der Inhalt einer gerichtlichen Entscheidung beeinflusst wird[15] – nicht nur Richterverdrängung, sondern auch Richtervertauschung und Richterauswechslung sollen ausgeschlossen sein.[16] 4

Art. 101 wird durch zahlreiche einfache Gesetze wie GVG und Prozessordnungen konkretisiert, ferner etwa durch Geschäftsverteilungspläne und Besetzungsregelungen des Gerichts.[17] Darüber hinaus verlangt er die Beachtung der verfassungsgerichtlichen Zuständigkeitsordnung (z. B. die Vorlagepflicht nach Art. 100 I)[18] und der Vorlagepflicht an den EuGH nach Art. 267 III AEUV.[19] 5

Ob es sich bei Art. 101 Abs. 1 S. 2 um ein **Grundrecht** im echten Sinne handelt, wird unterschiedlich gesehen.[20] Von einem „grundrechtsähnlichen Recht" sprechen zB *Stern*[21] und *Schlaich/Korioth,*[22] auch von einem „grundrechtsgleichen" Recht ist vielfach die Rede[23], auch vom „justiziellen" Grundrecht.[24] Die Terminologie des BVerfG ist uneinheitlich. Das Gericht hat ausdrücklich festgestellt, Art. 101 Abs. 1 S. 2 gehöre „formell nicht zu den Grundrechten" und gewährleiste seinem Inhalt nach einen „objektiven Verfahrensgrundsatz".[25] Dem stehen aber auch Entscheidungen gegenüber, die Art. 101 Abs. 1 S. 2 als „Grundrecht"[26] oder jedenfalls als „prozessuales 6

---

[12] S. BVerfGE 4, 412 (416).

[13] S. BVerfGE 71, 206 (218); BVerfGE 133, 168 (202 f., Rn. 62); vgl. auch BVerfG BeckRS 2015, 52391 Rn. 11 und BeckRS 2016, 111809, Rn. 22, jeweils unter Akzentuierung des Vertrauensaspekts.

[14] S. BVerfGE 95, 322 (329); BVerfG BeckRS 2016, 111809, Rn. 25.

[15] BVerfG BeckRS 2015, 52391, Rn. 11; BeckRS 2016, 111809, Rn. 22.

[16] *Bettermann* in Bettermann/Nipperdey/Scheuner Grundrechte, 544; *Hill* in HdbStR VI, 2. Aufl. 2001, § 156 Rn. 50; *Goeckel,* Die Grundsätze des Rechtsstaats in der höchstrichterlichen Rechtsprechung der Bundesrepublik Deutschland, 1965, 65.

[17] BVerfG BeckRS 2013, 49263, IV. 2. a) aa) und NVwZ 2016, 764 (767); → Rn. 20.

[18] BVerfGE 138, 64 (86 ff., Rn. 68 f.).

[19] S. nur BVerfG NJW 2014, 2489 ff. und BVerfGE 149, 222 (284 f., Rn. 137 ff.).

[20] Bejahend zB *Hamann* in Hamann/Lenz, Das Grundgesetz für die Bundesrepublik Deutschland, 3. Aufl. 1970, Anm. A 4; *Arndt* FG f. C. Schmid, 1962, 5 ff.

[21] *Stern,* StaatsR II, 1980, § 43 II 5d α.

[22] *Schlaich/Korioth,* Das Bundesverfassungsgericht, 2018, Rn. 208: grundrechtsähnliches (Verfahrens-)Recht.

[23] Z. B. bei *Sodan/Zickow,* Grundkurs Öffentliches Rechts, 2018, § 49 Rn. 2; *Rönnau/Hoffmann* ZIS 2018, 233.

[24] *Jachmann-Michel* in Maunz/Dürig Rn. 13 ff.: Verfahrensgrundrecht; *Classen* in MKS Rn. 9: Justizgrundrecht; s. dazu ferner *Stern* FS f. Ule, 1987, 359 (363, 371).

[25] BVerfGE 21, 362 (373).

[26] BVerfGE 14, 156 (161 f.); vgl. auch BVerfGE 21, 139 (143).

Grundrecht",[27] aber auch als grundrechtsähnliche Gewährleistung[28] bezeichnen. In der jüngeren Rechtsprechung des BVerfG findet sich ganz überwiegend die Einstufung als **„grundrechtsgleiches Recht".**[29]

7 Unabhängig von der terminologischen Frage steht fest, dass eine Verletzung des Art. 101 Abs. 1 S. 2 mit der **Verfassungsbeschwerde** gerügt werden kann[30] und dass ausländische juristische Personen wie auch juristische Personen des öffentlichen Rechts unabhängig von der Auslegung des Art. 19 Abs. 3 von Art. 101 Abs. 1 S. 2 jedenfalls dann geschützt werden, wenn sie als Parteien eines Gerichtsverfahrens eigene Rechte verfolgen.[31] Beschwerdefähig ist ebenfalls eine Behörde, die nach dem einschlägigen Verfahrensrecht Beteiligte im fachgerichtlichen Verfahren sein kann.[32]

III. Überstaatliche Bezüge

8 Art. 101 besitzt hinsichtlich der Garantie des gesetzlichen Richters vielfältige europarechtliche und menschenrechtliche bzw. internationale Bezüge. **Textlich** bleiben einschlägige europarechtliche **(Art. 47 Abs. 2 S. 1 GrCh),** menschenrechtliche **(Art. 6 Abs. 1 EMRK)** und internationale Normen **(Art. 14 Abs. 1 S. 2 IPbpR)** insoweit hinter Art. 101 Abs. 1 S. 2 zurück, als sie nur vom **gesetzlichen Gericht** sprechen. Europarechtlich wird der Garantie des gesetzlichen Richters daher keine gerichtsinterne Wirkung zuerkannt.[33] Dementsprechend fehlen beim EuGH (und ähnlich EuG) Geschäftsverteilungspläne, was allerdings revisionsbedürftig ist.[34] Mit Recht wertet das BVerfG den **EuGH als gesetzlichen Richter** (→ Rn. 18) und kontrolliert die Einhaltung der **Vorlagepflicht aus Art. 267 Abs. 3 AEUV** (→ Rn. 56). Die Frage, ob Art. 6 Abs. 1 EMRK den gleichen Gehalt wie Art. 101 Abs. 1 S. 2 aufweist, insbesondere eine gerichtinterne Schutzwirkung hat, wird ebenfalls überwiegend verneint.[35]

B. Einzelfragen

I. Ausnahmegerichte sind unzulässig

9 **Ausnahmegerichte** sind nach einer vom BVerfG aufgenommenen Tradition des deutschen Staats-, Prozess- und Gerichtsverfassungsrechts[36] „Gerichte, die in Abweichung von der gesetzlichen Zuständigkeit besonders gebildet und zur Entscheidung einzelner konkreter oder individuell bestimmter Fälle

[27] BVerfGE 28, 314 (323); BVerfG BeckRS 2011, 54011, Rn. 70.

[28] So zB BVerfGE 96, 231 (243 f.); BVerfGE 149, 222 (285, Rn. 140).

[29] S. nur BVerfG BeckRS 2013, 49263, IV. 2.; BVerfGE 135, 155 (233 f.); BeckRS 2015, 52391, Rn. 10; NZA 2015, 375 Rn. 14; BVerfGE 138, 64 (86, Rn. 65); NVwZ 2016, 764 (767, Rn. 88); NJW 2018, 606 (606; Rn. 29).

[30] Art. 93 Abs. 1 Nr. 4a; § 90 Abs. 1 BVerfGG; s. auch BVerfGE 138, 64 (87, Rn. 69).

[31] → Rn. 14 f.

[32] BVerfGE 138, 64 (83 ff., Rn. 56 ff.).

[33] *Classen* in MKS Rn. 3; *Jachmann-Michel* in Maunz/Dürig Rn. 43.

[34] Wie hier: *Rönnau/Hoffmann* ZIS 2018, 233; vgl. auch *Schulze-Fielitz* in Dreier Rn. 9, 11. AA *Classen* in MKS Rn. 3; *Degenhart* in Sachs Rn. 3.

[35] Etwa *Schulze-Fielitz* in Dreier Rn. 8; *Classen* in MKS Rn. 4; *Degenhart* in Sachs Rn. 3.

[36] Vgl. *Anschütz,* Die Verfassung des deutschen Reichs v. 11. August 1919, 14. Aufl. 1933, Anm. 3 zu Art. 105.

berufen sind".[37] Damit unterscheiden sich Ausnahmegerichte von den in Art. 101 Abs. 2 behandelten „Sondergerichten", die im Voraus für bestimmte Sachgebiete gesetzlich zur Entscheidung berufen sind.[38] Auch gesetzlich vorgesehene Gerichte sind aber unzulässige Ausnahmegerichte, wenn nicht ihre Zuständigkeit generell und abstrakt geregelt ist, ihre Bestimmung also dem Einzelfall überlassen bleibt[39] bzw. wenn das betreffende Gesetz ein Einzelfallgesetz[40] ist, also ad hoc oder ad personam einem Gericht die Zuständigkeit zuweist.[41]

Genauer als die oben wiedergegebene Definition des BVerfG ist deshalb folgende Formulierung: Ausnahmegerichte sind solche Gerichte, die „nicht durch generelle Vorschriften für alle Streitfälle mit gleichem Streitgegenstand, sondern durch individuelle Anordnung für einen einzelnen Streitfall oder eine bestimmte Gruppe von Streitfällen vor oder nach Verwirklichung des zu beurteilenden Sachverhaltes entweder für schon anhängige oder auch für künftig entstehende Verfahren" gebildet werden.[42] 10

Mitunter wird als zusätzliches Merkmal der Definition des Ausnahmegerichtes das Element der „Willkür" genannt.[43] Dies ist wohl nicht die Position des BVerfG,[44] das den Begriff der Willkür insoweit entweder gar nicht anspricht[45] oder aber das Willkürverbot des Art. 3 Abs. 1 gesondert prüft.[46] Jedenfalls lässt sich sagen: Das Verbot von Ausnahmegerichten soll „Willkür" verhindern. 11

Art. 101 Abs. 1 S. 1 bezieht sich nur auf Gerichte, also nicht auf („Ausnahme"-)Staatsanwaltschaften oder Zollbehörden.[47] 12

Einzelfälle

Berufsgerichte – → Rn. 53. 13

Bundesverwaltungsgericht – Durch § 9 Abs. 1a, b, e u. f BVerwGG (BGBl. 1952 625, Abs. 1), der dem BVerwG eine beschränkte erstinstanzliche Zuständigkeit (neben seinen Aufgaben als Revisions- bzw. Beschwerdegericht) gab (vgl. jetzt § 50 VwGO), wurde das BVerwG nicht zu einem Ausnahmegericht. Die Zuständigkeitszuweisung bestimmte sich abstrakt und generell und orientierte „sich gerade nicht an dem Rang oder der Stellung der den Verwaltungsakt setzenden Behörde, sondern an der Materie und ihrer Eigenart".[48]

Familiengerichte – Die in Ehescheidungsangelegenheiten ausschließlich zuständigen Familiengerichte (vgl. §§ 23a, 23b GVG, § 111 Nr. 1 FamFG) sind keine Ausnahmegerichte, weil maßgebender Gesichtspunkt ist, dass für alle Ehestreitigkeiten sowie die damit inhaltlich zusammenhängenden Verfahren (Personensorgerecht, Unterhalt, Hausratsverteilung, Zugewinn, Versorgungsausgleich) eine einheitliche Zuständigkeit begründet werden soll. Diese Zuweisung ist zwingend, dh, der Verfügung des Gerichtspräsidiums entzogen.[49]

---

[37] BVerfGE 3, 213 (223); 8, 174 (182); 10, 200 (212); 14, 56 (72); BayVerfGH NJW 1984, 2813; *Hesse* Grundzüge des Verfassungsrechts der BRD, 1995 Rn. 556; *Lückemann* in Zöller, ZPO, 33. Aufl. 2020, § 16 GVG Rn. 1.

[38] BVerfGE 10, 200 (212 f.); sa *Kern,* Der gesetzliche Richter, 1927, 215 ff.

[39] Vgl. *Bettermann* in Bettermann/Nipperdey/Scheuner Grundrechte, 523 (572).

[40] Vgl. *Kerkemeyer* in v. Münch/Kunig Art. 19 Rn. 22 ff.

[41] *Bettermann* in Bettermann/Nipperdey/Scheuner Grundrechte, 523 (572).

[42] *Maunz* in Maunz/Dürig 79. EL Dezember 2016 Rn. 3.

[43] Vgl. *Rinck* NJW 1964, 1649 (1653).

[44] Unzutreffend *Maunz* in Maunz/Dürig, 79. EL Dezember 2016 Rn. 3.

[45] BVerfGE 3, 213 (223); 10, 200 (212).

[46] BVerfGE 8, 174 (182); unklar allerdings 14, 56 (72).

[47] BVerfGE 27, 88 (103).

[48] BVerfGE 8, 174 (182).

[49] BGH NJW 1978, 1531; aA *Jauernig* FamRZ 1977, 681 (761).

Friedensgerichte – Die nach dem württ.-bad. G Nr. 241 v. 29.3.1949[50] errichteten Friedensgerichte waren keine Ausnahmegerichte, da sie nicht in Abweichung von der gesetzlichen Zuständigkeit besonders gebildet worden sind. Sie traten zwar aufgrund eines Landesgesetzes im Rahmen der dort bestimmten Zuständigkeit an die Stelle der ordentlichen Gerichte, „sind aber gesetzlich im Voraus für bestimmte Sachgebiete abstrakt und generell zur Entscheidung berufen".[51] Die Friedensgerichte verstießen aber gegen Art. 101 Abs. 1 S. 2 iVm dem Gewaltenteilungsgrundsatz.[52]

Gemeindegerichte – Die auf der Grundlage des G über die Gemeindegerichtsbarkeit v. 7.3.1960[53] errichteten Gemeindegerichte stellten keine Ausnahmegerichte dar.[54]

Landesarbeitsgerichte – Die aufgrund der Neuorganisation der Arbeitsgerichtsbarkeit in der Britischen Zone auf der Grundlage des KontrollratsG Nr. 21 v. 30.3.1946 errichteten Landesarbeitsgerichte waren keine Ausnahmegerichte.[55]

Vereins- und Verbandsgerichte – (wie zB das Sportgericht des Deutschen Fußball-Bundes) sind schon deshalb keine Ausnahmegerichte iSd Art. 101, weil sie keine staatlichen Gerichte sind.[56]

Wehrdiziplinargerichtsbarkeit – Sie ist verfassungsgemäß.[57]

II. Niemand

14 Das Recht auf den gesetzlichen Richter steht **jeder natürlichen oder juristischen Person** zu, also auch **Ausländern,** Staatenlosen und **ausländischen juristischen Personen**[58] einschließlich **ausländischer Staaten.**[59] Dabei ist die grundsätzliche Einbeziehung juristischer Personen unabhängig von der Frage nach dem Grundrechtscharakter des Art. 101[60] zu bejahen: Schon der Wortlaut („niemand") gibt keinen Anlass zur Einschränkung; im Übrigen kann Art. 19 Abs. 3 direkt oder jedenfalls „sinngemäß"[61] herangezogen werden. Bei ausländischen juristischen Personen müsste die Annahme des Grundrechtscharakters von Art. 101 allerdings zur Ablehnung der Grundrechtsträgerschaft juristischer Personen des Auslandes führen, wenn man der – verbreiteten – Meinung folgt, dass Art. 19 Abs. 3 die ausländischen juristischen Personen von der Grundrechtsträgerschaft ausschließt, indem er nur inländische juristische Personen anspricht. Um dieses Ergebnis bei Art. 101 (und Art. 103 Abs. 1) zu vermeiden, werden hier in Rspr. und Schrifttum – mit verschiedenen Begründungen – Ausnahmen zugelassen.[62] Im Ergebnis beziehen wohl alle Auffassungen ausländische juristische Personen **privaten Rechts** in den Schutz des Art. 101 ein. Das BVerfG hat dieses Ergebnis zuletzt teils aus dem prozessualen Grundrechtscharakter der Garantie des gesetzlichen Richters[63], teils aus der Funktions-

---

[50] RegBl. 1949, 47.
[51] BVerfGE 10, 200 (212 f.).
[52] BVerfG, 10 200 (212 f.); s. ferner *E. Kern* JZ 1960, 244.
[53] BW GBl. 1960, 73.
[54] BVerfGE 14, 56 (72).
[55] BVerfGE 3, 213 (223).
[56] Vgl. BGHZ 29, 352 (354 f.).
[57] BVerfG NZWehrR 1993, 169 f.; ferner *Schwandt* ZBR 1994, 357 ff.
[58] BVerfGE 18, 441 (447); BVerfG BeckRS 2011, 54011, Rn. 70; *v. Mutius* Jura 1983, 30 (36).
[59] BVerfG NJW 2014, 1723 (1723, Rn. 17).
[60] → Rn. 6.
[61] So BVerfGE 3, 359 (363).
[62] Vgl. *Kerkemeyer* in v. Münch/Kunig Art. 19 Rn. 65, 97; sa *Stern* FS f. Ule, 1987, 359 (367); vgl. für Art. 101 Abs. 1 S. 2 BverfGE 64, 1 (11).
[63] BVerfG BeckRS 2011, 54011, Rn. 70.

fähigkeit der Rechtspflege als Schutzzweck des Art. 101 Abs. 1 S. 2 hergeleitet.[64]

Unabhängig von der Diskussion um die Grundrechtsträgerschaft **juristischer Personen des öffentlichen Rechts**[65] gilt Art. 101 auch für diese, da in einem Gerichtsverfahren die juristische Person des öffentlichen Rechts der Justizgewalt genauso unterworfen ist wie jeder andere.[66] Soweit **ausländische juristische Personen des öffentlichen Rechts** einschließlich ausländischer Staaten im Einklang mit dem Völkerrecht im Inland vor Gericht stehen (können), sind auch sie in die rechtsstaatliche Garantie des gesetzlichen Richters einzubeziehen. Das ist in der Rechtsprechung des BVerfG mittlerweile anerkannt.[67] Entscheidend ist danach, unabhängig von der Rechtsform, allein die **konkrete Betroffenheit** des an einem **Gerichtsverfahren Beteiligten.** Es ist konsequent, wenn das BVerfG dieses Recht jeder Personenvereinigung zuerkennt, die „nach den maßgebenden Vorschriften in einem Gerichtsverfahren Partei sein kann".[68] Entsprechend hat das BVerfG mit Fug einer Behörde, die nach dem einschlägigen Verfahrensrecht Beteiligte im fachgerichtlichen Verfahren sein konnte, die Beschwerdefähigkeit für Art. 101 Abs. 1 S. 2 zuerkannt (Beteiligtenfähigkeitsakzessorietät).[69] **„Partei"** in diesem Sinne sind insbesondere die Prozessparteien, der Beschuldigte des Strafverfahrens, der Neben- und Privatkläger, der Haupt- und Nebenintervenient, der Beigeladene des Verwaltungsprozesses, der Popularkläger nach Art. 55 Abs. 1 BayVerfGHG,[70] dh sämtliche Verfahrensbeteiligten, nicht aber der Richter selbst,[71] auch nicht der Zeuge, der Sachverständige, der Verteidiger. Antragsteller im Verfahren der (abstrakten) Normenkontrolle gem. Art. 93 Abs. 1 Nr. 2[72] haben am Schutz des Art. 101 Abs. 1 S. 2 teil, weil dieser nicht die Verfolgung eigener Rechte des Prozessbeteiligten voraussetzt.[73] 15

III. Darf seinem gesetzlichen Richter

„Gesetzlicher Richter" ist „nicht nur das Gericht als organisatorische Einheit oder das erkennende Gericht als Spruchkörper, vor dem verhandelt und vor dem die einzelne Sache entschieden wird, sondern auch der zur Entscheidung im Einzelfall berufene Richter".[74] 16

---

[64] BVerfG NJW 2014, 1723 (1723, Rn. 17).

[65] Vgl. *Ernst* in v. Münch/Kunig Art. 19 Rn. 75 ff., 97.

[66] BVerfGE 6, 45 (49); 13, 132 (139 f.); 61, 82 (104); 75, 192 (200); NVwZ 2015, 510 (511, Rn. 53); sa *Wipfelder* VBlBW 1982, 33; *v. Mutius* Jura 1983, 30 (39); *Manssen,* Staatsrecht II, 2018, § 4, Rn. 75.

[67] BVerfG NJW 2014, 1723 (1723, Rn. 17); vgl. auch BVerfG BeckRS 2011, 54011, Rn. 70, dort – Rn. 68 ff. – wird sogar die Grundrechtsträgerschaft auf juristische Personen aus Mitgliedstaaten der Europäischen Union erstreckt.

[68] BVerfGE 19, 52 (56); vgl. auch BVerfGE 28, 314 (323): Personalrat.

[69] BVerfG NVwZ 2015, 510 (511 f., Rn. 56 ff.) für eine Enteignungsbehörde.

[70] Obwohl ihm nur eine „parteiähnliche" Stellung zukommt, BVerfGE 13, 132 (141); sa BVerfGE 69, 112 (120).

[71] BVerfGE 15, 298 (301); er kann ggf. Dienstaufsichtsbeschwerde erheben, *Henkel,* Der gesetzliche Richter, 1968, 119.

[72] → Art. 93 Rn. 56.

[73] BVerfGE 82, 286 (296 f.); *Classen* in MKS Rn. 10; sa *v. Szczepanski* JZ 2000, 486 (489 f.). AA BVerfGE 2, 79 (91); *Schulze-Fielitz* in Dreier Rn. 36; früher auch *Kunig* in v. Münch/Kunig 5. Aufl. Art. 101 Rn. 15.

[74] BVerfGE 17, 294 (298 f.); 18, 65 (69); BGH NJW 1965, 1435; *Jachmann-Michel* in Maunz/Dürig Rn. 29; *Sowada* NStZ 2001, 169 (170).

17 Art. 101 Abs. 1 S. 2 richtet sich an die **gesetzgebende Gewalt,**[75] die **Exekutive**[76] und die **rechtsprechende Gewalt,**[77] gilt aber nicht für private Gerichte und deren Richter, etwa Schiedsgerichte (vgl. §§ 1025 ff. ZPO).

18 „Gesetzlicher Richter" muss nicht notwendig ein Richter im Geltungsbereich des GG sein. Ein Gesetz kann auch ein Gericht einer zwischenstaatlichen Einrichtung einbeziehen, insbesondere durch tatbestandlich näher umrissene **Vorlagepflichten.**[78]

Offen war diese Frage zunächst[79] im Hinblick auf den **Europäischen Gerichtshof.** Nach anfänglichem Zögern[80] sieht das BVerfG in nunmehr ständiger Rspr. zu Recht den EuGH als gesetzlichen Richter iSd Art. 101 Abs. 1 S. 2 an.[81] Dies ist zutreffend, weil Sinn des Art. 101 Abs. 1 S. 2 die verfassungsrechtliche Absicherung jeder einfach-gesetzlichen richterlichen Zuständigkeit ist (hier begründet durch Art. 267 Abs. 3 AEUV). (Näheres hierzu in Rn. 40 ff.) Auch bei der Zuständigkeit des Gerichts einer zwischenstaatlichen Einrichtung besteht ein Bedürfnis nach solcher verfassungsrechtlichen Absicherung.[82] Sie trifft im Übrigen auch die Landesverfassungsgerichte.[83]

19 Art. 101 Abs. 1 S. 2 gilt für **alle staatlichen** Gerichte[84] in Bund und Ländern,[85] nicht aber für den „gesetzlichen Verwaltungsbeamten",[86] den Staatsanwalt,[87] den „gesetzlichen (Examens-)Prüfer"[88]oder parlamentarische Untersuchungsausschüsse,[89] dies **unabhängig von der Position** des Richters, also **auch** für ehren- und nebenamtliche sowie nicht planmäßige Richter, für Richter auf Zeit, Ersatz-, Ergänzungs- (str.) und Hilfsrichter.[90] Er gilt ferner nicht nur für richterliche Tätigkeit iSd Art. 92,[91] sondern für **alle Aufgaben,** die der Gesetzgeber den Gerichten übertragen hat,[92] nicht aber

---

[75] → Rn. 28 ff.

[76] → Rn. 34 f.

[77] → Rn. 37 ff.

[78] Dazu allg. → Rn. 40 „Vorlagepflicht".

[79] BVerfGE 29, 198 (207).

[80] BVerfGE 31, 145 (169).

[81] BVerfGE 45, 142 (181); sodann eing. BVerfGE 73, 339 (366 ff.) – Solange II; dazu im vorliegenden Zusammenhang *Vedder* NJW 1987, 526; *Kirchhof* DStR 1989, 551; s. ferner BVerfGE 75, 223 (233 ff.); und dazu *Rupp* JZ 1988, 194; BVerfGE 82, 159 (192 f.); und dazu *Leisner* NVwZ 1991, 40; sowie *Wölker* EuGRZ 1988, 97; *Träger* FS f. Zeidler, 1987, 123; BVerfG NVwZ 2008, 780; *Roth* NVwZ 2009, 345; BVerfGE 126, 286; dabei kommt es für die verfassungsgerichtliche Prüfung nicht allein auf die Vertretbarkeit der fachgerichtlichen Beurteilung des maßgeblichen (materiellen) Unionsrechts an, sondern im Ausgangspunkt auf die Vertretbarkeit der Handhabung der Vorlagepflicht als solcher, s. mwN BVerfG NJW 2011, 2881; BVerfG NJW 2018, 3223 (3236, Rn. 141) m. Bspr. *Kämmerer* NJW 2018, 3209; dazu *Bäcker* NJW 2011, 270; *Haensle* DVBl. 2011, 811. Siehe ferner BVerfG NJW 2014, 2489 (2489, Rn. 15); NJW 2016, 3153 (3157, Rn. 52) mAnm *Kottmann;* NJW 2018, 606 (606, Rn. 3); zum Ganzen *Calliess* NJW 2013, 1905; *Thomale* EuR 2016, 510.

[82] → Rn. 55, Stichwort „Vorlagepflicht".

[83] S. HessStGH EuGRZ 1997, 213.

[84] Einschließlich der Verfassungsgerichte.

[85] S. zu Landesverfassungsgerichten im Blick auf deren Kontrolle durch das BVerfG → Rn. 38 aE.

[86] Dazu *Mußgnug,* Das Recht auf den gesetzlichen Verwaltungsbeamten, 1970.

[87] Vgl. VG Frankfurt DÖV 1978, 251; sa *Arloth* NJW 1983, 207.

[88] BVerwGE 30, 172 (178).

[89] BVerfGE 77, 1 (42).

[90] Vgl. *Jachmann-Michel* in Maunz/Dürig Rn. 30, 34, für Ergänzungsrichter; **aA** für Ergänzungsrichter BVerfGE 30, 149 (155 f.) und *Momsen/Willumat,* NStZ 2018, 369 (372 f.); dagegen überzeugend Sondervotum, *Leibholz/Geiger/Rinck* BVerfGE 30, 157 (162 ff.).

[91] Vgl. Art. 92 Rn. 22 ff.

[92] BVerfGE 21, 139 (144).

für den Rechtspfleger.[93] Er gilt für den Untersuchungsrichter[94] ebenso wie für den im Vorlageverfahren entscheidenden Richter,[95] den Richter in der freiwilligen Gerichtsbarkeit[96] und den einen Termin für die Hauptverhandlung anberaumenden Richter,[97] soll aber nicht gelten für die Rolle als „Berichterstatter".[98] Gegensatz zur „Gesetzlichkeit" des Richters wäre seine Auswahl durch die Parteien des Prozesses[99] oder eine Einzelfallentscheidung durch den Staat.

„Gesetzlichkeit" bedeutet zum einen **„gesetzliche Zuständigkeit",**[100] wobei der Begriff der Zuständigkeit die sachliche, örtliche und instanzielle Zuständigkeit, die Zuständigkeit innerhalb eines Gerichtes und innerhalb eines Spruchkörpers meint.[101] Art. 101 Abs. 1 S. 2 verlangt, dass die Zuständigkeit in diesem Sinne durch ein Gesetz exakt vorbestimmt ist.[102] Der Begriff des Gesetzes wird hier oft aufgelöst in die Formulierung „Bestand von Rechtssätzen",[103] da neben Gesetzen im formellen Sinne auch Rechtsverordnungen und – praktisch besonders wichtig – Geschäftsverteilungspläne und Besetzungsregelungen der Gerichte zuständigkeitsbestimmend sein können, wobei allerdings stets ein förmliches Gesetz mit größtmöglicher Genauigkeit die Zuständigkeit festlegen muss.[104] 20

Das BVerfG und der größte Teil der Lehre sehen die Garantie des gesetzlichen Richters **nicht lediglich (formell)** als eine Garantie des zuständigen Richters an,[105] sondern auch als die **materielle Garantie,** dass nur Gerichte entscheiden, die **in jeder Hinsicht den Anforderungen des GG entsprechen** (→ Rn. 3).[106] Danach kann gesetzlicher Richter nur der – von Art. 97 Abs. 1 geforderte – **unabhängige** Richter sein.[107] Sofern zB für die persönliche Unabhängigkeit nicht durch vom Gesetzgeber normierte 21

---

93 BVerfGE 56, 110 (127), BayVerfGH NJW 1982, 1746; BGH NJW-RR 2010, 1366 (1367, Rn. 13 ff.).

94 BVerfGE 25, 336 (345).

95 BVerfGE 19, 38 (43).

96 BVerfGE 21, 139 (144 f.).

97 BVerfGE 4, 412 (417).

98 BGH NJW 1967, 1622; aA *Katholnigg* NJW 1992, 2258; zur gebotenen Differenzierung → Rn. 38 „Einzelrichter".

99 BSGE 40, 166 (169).

100 „Der gesetzliche Richter ist der auf Grund des Gesetzes zur Entscheidung eines Rechtsfalles berufene Richter", *Kern,* Der gesetzliche Richter, 1927, 160.

101 Vgl. *Bettermann* in Bettermann/Nipperdey/Scheuner Grundrechte, 562.

102 BVerfGE 95, 322 (329); *Schulze-Fielitz* in Dreier Rn. 23.

103 BVerfGE 2, 307 (319); so schon *Graf zu Dohna* in Nipperdey, Die Grundrechte und Grundpflichten der Reichsverfassung, Bd. 1, 1929, 111.

104 → Rn. 31.

105 BVerfGE 21, 139 (145 f.).

106 BVerfGE 10, 200 (213); 14, 156 (162); 27, 319; 54, 159 (172); 82, 286 (298); BVerfG DVBl. 1991, 1139, zur Zulässigkeit der vorläufigen Übernahme von Richtern der DDR; BVerfG NJW 1992, 2075, blinder Richter; BVerfG BeckRS 2015, 52391, Rn. 12 f.; ebenso *Arndt* FG f. C. Schmid, 1962, 5 ff.; zust. auch *Maunz* in Maunz/Dürig Rn. 13: eine andere Sichtweise sei „wohl allzu formal"; von materieller Dimension spricht *Morgenthaler* in BeckOK GG Rn. 5; s. ferner *Marx,* Der gesetzliche Richter im Sinne vom Art. 101 Abs. 1 S. 2 GG, 1969, 18; *Wipfelder* VBlBW 1982, 33 (34); *Voßkuhle,* Rechtsschutz gegen den Richter, 1993, 112 ff.; Bedenken gegen eine „Materialisierung" des Schutzbereiches des Art. 101 Abs. 1 S. 2 äußert *Sowada,* Der gesetzliche Richter im Strafverfahren, 2002, 174 ff.

107 BVerfGE 3, 213 (224); 4, 412 (416); 23, 321 (325); 46, 34 (36); 82, 286 (296); BVerfG BeckRS 2015, 52391, Rn. 13; vgl. auch BVerwGE 11, 195 (210 ff.); sowie *Stern,* StaatsR II, 1980, § 43 II 5 α; *Nehm* in Heyde/Starck, Vierzig Jahre Grundrechte in ihrer Verwirklichung durch die Gerichte, 1990, 173 (184).

Ablehnungs- und Ausschließungsgründe Sorge getragen ist,[108] liegt ein Verstoß gegen Art. 101 Abs. 1 S. 2 vor.[109] Es ergeben sich ferner Grenzen für die Mitwirkung nicht fest angestellter Richter;[110] eine unzutreffende besoldungsrechtliche Einordnung der Richter begründet hingegen keinen Verstoß.[111] Über die Beteiligung von **Laienrichtern** soll Art. 101 Abs. 1 S. 2 insofern eine Aussage treffen, als er auf den „traditionellen Rahmen" abstellt, in dem diese vom Gerichtsverfassungsrecht vorgesehen sind.[112] Auch das Prinzip der Gewaltentrennung (Art. 20 Abs. 2 S. 2) gilt als insoweit durch Art. 101 Abs. 1 S. 2 mit abgesichert.[113]

22 Im Schrifttum ist an der Ausweitung des Art. 101 Abs. 1 S. 2 über den Zuständigkeitsaspekt hinaus Kritik geäußert worden.[114] Die Frage hat Bedeutung insbesondere wegen der Zulässigkeit der Verfassungsbeschwerde, da Art. 93 Abs. 1 Nr. 4a von den die Justiz betreffenden Bestimmungen nur Art. 19 Abs. 4, 101, 103 u. 104, nicht aber zB Art. 97 für beschwerdefähig erklärt.[115] Wer den gesetzlichen Richter lediglich als den „zuständigen" Richter definiert, müsste die Zulässigkeit einer Verfassungsbeschwerde verneinen, die das Fehlen richterlicher Unabhängigkeit rügt.

23 Der überkommene Gehalt der Garantie des gesetzlichen Richters und die systematische Anordnung der die Justiz betreffenden Bestimmungen des GG sprechen für eine klare Trennungslinie zwischen den Art. 97 u. 101,[116] an die auch die Bestimmungen über die Zulässigkeit einer Verfassungsbeschwerde anknüpfen.[117] Dennoch hat die Kritik sich nicht durchsetzen können und ist verstummt.[118]

24 Die Zuständigkeit des Richters kann sich auch aus der **Verfassung selbst** ergeben: Das richterliche Rechtsprechungsmonopol des Art. 92 steht zB der Ausübung richterlicher Tätigkeit durch Verwaltungsbehörden entgegen, die zugleich einen Verstoß gegen Art. 101 Abs. 1 S. 2 darstellt.[119] Praktisch bedeutsam sind vor allem die **verfassungsrechtlichen Vorlagepflichten** aus der **konkreten Normenkontrolle** durch das BVerfG nach **Art. 100 Abs. 1** und aus der **völkerrechtlichen Normenverifikation** nach Art. 100 Abs. 2. Denn auch die Vorschriften, die ein Gericht zur Vorlage einer Sache an ein anderes Gericht verpflichten, bestimmen den zur Entscheidung berufenen Richter nach Art. 101 Abs. 1 S. 2.[120]

---

[108] Die Möglichkeit der Selbstablehnung des Richters genügt nicht.

[109] BVerfGE 21, 139 (146 f.).

[110] BVerfGE 14, 156 (162 ff.).

[111] BVerfGE 23, 321 (325).

[112] BVerfGE 27, 312 (319 f.).

[113] BVerfGE 10, 200 (213): Bürgermeister kraft Amtes als Gerichtsvorsitzender.

[114] Vor allem von *Bettermann* AöR 92 (1967), 496 (507); AöR 94 (1969), 263 ff.; JBl. 1972, 57 (58); sa *Henkel,* Der gesetzliche Richter, 1968, 12, 164 ff.; *Sowada,* Der gesetzliche Richter im Strafverfahren, 2002, 174 ff.

[115] Vgl. in diesem Zusammenhang BVerfGE 48, 246 (263).

[116] Vgl. *Bettermann* AöR 94 (1969), 263 (271).

[117] Art. 93 Abs. 1 Nr. 4a, § 90 BVerfGG.

[118] S. etwa *Pechstein* Jura 1998, 197 (198); *Schulze-Fielitz* in Dreier Rn. 27; *Sodan/Ziekow,* Grundkurs Öffentliches Recht, 8. Aufl. 2018, § 49, Rn. 3a, 4.

[119] BVerfGE 20, 365 (369 f.); 22, 49 (73 ff.); 54, 159 (166); 64, 261 (278); zust. *Bettermann* AöR 94 (1969), 263 (272).

[120] BVerfGE 138, 64 (86 f., Rn. 68).

IV. Entzogen werden

„Entzogen“ wird jemand seinem gesetzlichen Richter, wenn die Verhandlung und Entscheidung seiner Sache durch den gesetzlichen Richter von einem anderen Träger öffentlicher Gewalt verhindert oder beeinträchtigt wird.[121] Dies ist insbesondere der Fall, wenn ein anderer Richter oder ein anderes Staatsorgan die Sache an sich zieht oder annimmt. „Entziehung“ setzt **keinen Vorsatz** voraus.[122] Denn soweit Art. 101 Abs. 1 S. 2 einen (Abwehr-)Anspruch auf Unterlassung gibt (vgl. → Rn. 3), richtet er sich bereits gegen objektive Interventionen als Entzugsakte.[123] Die Gegenansicht[124] verweist darauf, dass Art. 101 Abs. 1 S. 2 eng mit Art. 3 Abs. 1 verwandt sei, der Vorsatz voraussetze; auch Willkür iSd Art. 3 Abs. 1 bemisst sich aber nach objektiven Kriterien,[125] so dass dieses Argument nicht zu überzeugen vermag.[126] 25

Die Entscheidung eines anderen als des gesetzlichen Richters ist nicht notwendigerweise nichtig,[127] kann aber aufgehoben werden.[128] Eine Verletzung des Art. 101 Abs. 1 S. 2 stellt im Übrigen nach Maßgabe der jeweils anwendbaren Prozessgesetze einen **absoluten Revisionsgrund** dar.[129] 26

Aus grundrechtsdogmatischem Blickwinkel mag der „Entzug“ als „Eingriff“[130] eingeordnet werden, doch ist für Rechtfertigung kein Raum, sofern ein Entzug festgestellt ist.[131] 27

1. Anforderungen an den Gesetzgeber. Art. 101 Abs. 1 S. 2 verlangt nach der Rspr. des BVerfG von der Gesetzgebung, dass nur Gerichte geschaffen werden, die den Anforderungen des GG entsprechen,[132] und dass die Gesetze eine Bestimmung des zuständigen Richters im Einzelfall **„möglichst eindeutig“** zulassen.[133] Die Bestimmung ist zugleich „Auftrag an den Gesetzgeber“ und beinhaltet einen „Vorbehalt des förmlichen Gesetzes“ hinsichtlich der „fundamentalen Zuständigkeitsregeln“.[134] Das Recht auf den gesetzlichen Richter steht nicht – wie die meisten Freiheitsgrundrechte – 28

[121] Vgl. schon *Kern,* Der gesetzliche Richter, 1927, 185 f. (213 f.); weitergehend LG Frankfurt NJW 1988, 70 (71): Schutz vor ‚Manipulationsmöglichkeiten‘ durch den Bürger, dazu *Gloria* DÖV 1988, 849 ff.

[122] So auch *Schulze-Fielitz* in Dreier Rn. 37: ohne dass es auf Absicht ankäme; vgl. ferner *Jachmann-Michel* in Maunz/Dürig Rn. 77: objektive Willkür.

[123] *Schulze-Fielitz* in Dreier Rn. 37.

[124] *Bettermann* in Bettermann/Nipperdey/Scheuner Grundrechte, 565.

[125] BVerfGE 70, 93 (97); 75, 223 (245); 76, 93 (97); 82, 159 (194): „rechtsstaatliches Objektivitätsgebot“; BVerfG MMR 2017, 165 (166, Rn. 13).

[126] Wie hier zB auch *Schulze-Fielitz* in Dreier Rn. 37.

[127] BVerfGE 11, 61 (62 f.).

[128] BVerfGE 11, 136 (138).

[129] BVerwGE 20, 39 (40) zu § 138 Nr. 1 VwGO; s. ferner § 547 Nr. 1 ZPO, § 338 Nr. 1 StPO. Zur Problematik der Zurückverweisung im Hinblick auf den gesetzlichen Richter *Gravenhorst* NJW 2018, 2161.

[130] → Vorauflage Vorb. Art. 1–19 Rn. 32 ff.

[131] Ebenso zB *Kingreen/Poscher,* Grundrechte, 35. Aufl. 2019 Rn. 1227, 1235; *Sodan* in Sodan Rn. 10 nimmt die Möglichkeit einer „Rechtfertigung aufgrund verfassungsimmanenter Schranken“ an, jedoch: „in der Praxis […] kaum auszumachen“.

[132] → Rn. 21.

[133] StRspr: BVerfGE 6, 45 (50 f.); 9, 223 (226); 17, 294 (298 ff.); 21, 139 (145); 22, 254 (258); 27, 18 (34); 30, 149 (152 f.); 40, 269 (271) und 356 (360 f.); 63, 77 (79); 82, 286 (298); 95, 322 (327 ff.); BVerfG BeckRS 2016, 111809, Rn. 23; NJW 2018, 1155 (1156, Rn. 17); zust. zB *Hesse* Grundzüge des Verfassungsrechts der BRD, 1995, Rn. 556.

[134] BVerfGE 19, 52 (60); ebenso zB *Gloria* DÖV 1988, 849 (852); aA *Bettermann* AöR 94 (1969), 263 (289): nur „Rechtsvorbehalt“.

unter einem Gesetzesvorbehalt, aber es bedarf der gesetzlichen Ausgestaltung.[135]

29 Die Legislative kann – unter den allgemeinen Voraussetzungen des Art. 80 Abs. 1 – die Bestimmung des zuständigen Gerichts dem **Verordnungsgeber** übertragen.[136] Art. 101 Abs. 1 S. 2 und Art. 97 führen insoweit zu hohen Anforderungen an die Bestimmtheit der Ermächtigungsgrundlage.[137]

30 Das einschränkende Merkmal **„möglichst eindeutig"** bringt erhebliche Schwierigkeiten der Interpretation des Art. 101 Abs. 1 S. 2 im Hinblick auf die Bindung des Gesetzgebers mit sich. Das BVerfG begreift es als Nahtstelle zwischen den Anforderungen von Rechtssicherheit und materieller Gerechtigkeit einerseits und Zweckmäßigkeit bzw. Praktikabilität andererseits. Ein solches **Spannungsverhältnis** ist charakteristisch für das Miteinander zahlreicher rechtsstaatlicher Prinzipien.[138] Wenn ein solches Spannungsverhältnis diagnostiziert wird, soll dem demokratisch legitimierten Gesetzgeber ein Vorrang bei der Verfassungskonkretisierung zukommen. „Möglichst eindeutig" bedeutet dann nach diesem Verständnis „so eindeutig, wie es der Gesetzgeber für nötig hält, wobei er sich nicht willkürlich entscheiden darf".[139] Dieses Ergebnis könnte freilich bereits aus Art. 3 Abs. 1 hergeleitet werden; es nimmt dem Art. 101 Abs. 1 S. 2 seinen spezifischen Gehalt.

31 Die geschilderte Relativierung ist in Art. 101 Abs. 1 S. 2 nicht angelegt. Das GG hat die Abwägung zwischen Genauigkeit und Praktikabilitätserfordernissen gerade nicht dem einfachen Gesetzgeber überlassen wollen, sondern verlangt von diesem zunächst das Höchstmaß an Eindeutigkeit, das sich gesetzestechnisch erzielen lässt. Dieses Höchstmaß ist allerdings nur dann zwingend gefordert, sofern es sich mit nachweisbaren, dh in der Aufgabe der Justiz unmittelbar angelegten Bedürfnissen vereinbaren lässt, denn auch der Bestand einer funktionsfähigen Justiz ist von der Verfassung gewollt. Nicht Abwägung schlechthin, wohl aber die bloße Beschränkung auf Willkürkontrolle verkennen den Sinn des Art. 101 Abs. 1 S. 2.[140] Eine Zuständigkeitsnorm darf deshalb jedenfalls **nicht mehrere Zuständigkeiten** für eine Sache bzw. ein gesetzlich nicht hinreichend programmiertes **Auswahlermessen** einräumen; ferner sind **unbestimmte Rechtsbegriffe** nach Möglichkeit zu vermeiden, dh nur in einem Maße zulässig, das aus **sachlichen Gründen geboten** ist. Dies hat das BVerfG[141] im Zusammenhang mit der Bestimmung von Sitz- oder Spruchgruppen von Berufsrichtern in überbesetzten gerichtlichen Spruchkörpern im Jahre 1997 und in teilweiser Abkehr von seiner früheren Spruchpraxis durch Plenarbeschluss vorgegeben. Dabei aufgestellte Anforderungen an den Detaillierungsgrad normativer Vorbestimmung haben Konsequenzen auch für die Anforderungen an den Gesetzgeber: „Art. 101 Abs. 1 S. 2 schließt die Verwendung unbestimmter Rechtsbegriffe nicht aus. Die Forderung nach Bestimmtheit und Eindeutigkeit der Zuständigkeitsregelung ist nur verletzt, wenn die Regelung mehr als … notwendig auf solche Begriffe zurückgreift".[142]

---

[135] S. BVerfGE 89, 28 (35); vgl. auch *Schulze-Fielitz* in Dreier Rn. 38, 64.

[136] Vgl. § 68 Abs. 3 OWiG und BVerfGE 27, 18 (34 f.).

[137] Dazu → Art. 80 Rn. 40 ff.

[138] Dazu *Kunig,* Das Rechtsstaatsprinzip, 1986, 278 ff.

[139] Vgl. in diesem Sinne BVerfGE 69, 112 (120 f.).

[140] Noch weitergehend *Kern,* Der gesetzliche Richter, 1927, 176 f.: „starre gesetzliche Regelung" sei gefordert.

[141] BVerfGE 95, 322 (327 ff.).

[142] BVerfGE 95, 321.

Bei sämtlichen im folgenden angeführten Einzelfällen ist zu berücksichtigen, dass die **generelle** Vereinbarkeit einer Zuständigkeitsnorm mit Art. 101 Abs. 1 S. 2 nicht ausschließt, dass Gerichte oder Exekutive **im Einzelfall** bei der Rechtsanwendung gegen das Gebot des gesetzlichen Richters verstoßen. Da die rein theoretische Möglichkeit eines Missbrauchs für sich genommen eine Zuständigkeitsnorm nicht als solche verfassungswidrig macht,[143] bleibt im Einzelfall zu prüfen, ob die gesetzesanwendende Gewalt ihrerseits das Gebot des gesetzlichen Richters beachtet hat.[144] 32

Einzelfälle

Asylverfahrensrecht – Nach BVerfG war § 10 Abs. 4 AsylVfG aF betr. Eilanträge gem. § 80 Abs. 5 VwGO mit Art. 101 Abs. 1 S. 2 vereinbar[145] (vgl. heute § 37 AsylVfG). Gegen die Regelung des § 83 AsylVfG („besondere Spruchkörper") sind in der Literatur im Blick auf die Zuständigkeitsbestimmung Bedenken erhoben worden.[146] 33

Bewegliche Zuständigkeiten – StPO und GVG lassen der Staatsanwaltschaft in zahlreichen Fällen die Möglichkeit, unter mehreren zuständigen Gerichten zu wählen (vgl. §§ 7–9 StPO: Begründung des Gerichtsstandes am Tatort, Wohnsitz und Ergreifungsort; § 24 Abs. 1 Nr. 2, 3 GVG: wahlweise Anklagemöglichkeit bei Amtsgericht oder Landgericht nach der Höhe der (von der Staatsanwaltschaft) erwarteten Strafe oder der „besonderen Bedeutung", die die Staatsanwaltschaft dem Fall beimisst; §§ 2, 3 StPO: Verbindung „zusammenhängender" Sachen; § 74a Abs. 2 GVG: Möglichkeit des Generalbundesanwalts, in Hoch- und Landesverratsprozessen bei „besonderer Bedeutung" durch Übernahme der Sache die Zuständigkeit des Oberlandesgerichts herbeizuführen). Diese Gesetzeslage führt dazu, dass für den Bürger nur schwer erkennbar ist, wer im Einzelfall „sein" gesetzlicher Richter ist, konkreter: von welchem Gericht er beurteilt werden wird. Die Entscheidung der Staatsanwaltschaft, vor welchem Gericht sie Anklage erhebt, gibt wohl oft faktisch, uU auch rechtlich (vgl. § 269 StPO) den endgültigen Ausschlag, welches Gericht in einer Strafsache tätig wird.

Die nach dem oben (→ Rn. 16 ff) dargelegten Sinn des Art. 101 Abs. 1 S. 2 gebotene Kritik an den sog. beweglichen Zuständigkeiten hat eine lange Tradition, ist zunächst insbesondere von der Strafrechtswissenschaft geltend gemacht, später auch im verfassungsrechtlichen Schrifttum aufgenommen worden. Die Abweisung dieser Kritik durch das BVerfG[147] hat im Schrifttum weitgehend Gefolgschaft gefunden. Die Einschätzung *Eduard Kerns* von 1927, wonach es nicht genüge, vor der Weiterverbreitung beweglicher Zuständigkeiten zu warnen, die Entwicklung vielmehr zurückgebildet werden müsse,[148] ist dennoch nach wie vor aktuell.[149] Bereits die Möglichkeit der Manipulation von Zuständigkeiten ist nicht hinnehmbar; wenn diese aufgrund – gerichtlich nicht einforderbarer – politischer Moral zu einem gegebenen Zeitpunkt nicht stattfindet, so kann dies nicht Beweis für die Richtigkeit einer anderen Interpretation sein.[150] Die Möglichkeit der Manipulation wiegt auch schwerer als der Umstand, dass das Bestehen mehrerer Zuständigkeiten im Einzelfall uU sogar von Vorteil für den Beschuldigten sein kann, indem es einen schnelleren Verfahrensablauf ermöglicht („Aussuchen" eines wenig überlasteten Gerichts durch die Staatsanwaltschaft).

---

143 Wohl noch weitergehend BVerfGE 22, 254 (265): „entfernte Möglichkeit".

144 → Rn. 49 ff.

145 BVerfGE 78, 7 (18 f.).

146 S. *Bergmann* in Renner, Ausländerrecht, 9. Aufl. 2011, § 83 AsylVfG, Rn. 2, 7 f.

147 BVerfGE 9, 223 ff. zu § 24 Abs. 1 Nr. 2 aF GVG; 22, 254 ff. zu § 25 Nr. 2c aF GVG – s. jetzt § 25 Nr. 2 GVG; OLG Oldenburg MDR 1994, 1139; sowie *Fischer* NJW 1996, 1044 f.

148 *Kerns,* Der gesetzliche Richter, 1927, 176 f.

149 Vgl. auch *Bockelmann* GA 1957, 357.

150 Ähnl. *Henkel,* Der gesetzliche Richter, 1968, 32; in anderem Zusammenhang zu diesem Problem *Dürig* FG f. Maunz, 1971, 41 (51).

Bewegliche Zuständigkeiten sind daher dann verfassungswidrig, wenn sie die Entscheidung über die Zuständigkeit in das Belieben der Staatsanwaltschaft insofern stellen, als das Gesetz keine hinreichend bestimmten Ermessenskriterien vorgibt.[151] Dies war bei § 25 Nr. 3 aF GVG der Fall, der keinerlei Abgrenzungsmerkmal enthielt und „freie Auswahl" eröffnete[152]: „höchst seltsame" Regelung, die eine Tür zur Willkür öffne.[153] Auch das Fehlen eines gesetzlichen Maßstabes zur Entscheidung zwischen den Gerichtsständen der §§ 7 ff. StPO ist verfassungswidrig.[154] Die §§ 24 Abs. 1 Nr. 2, 3 und § 74a Abs. 2 GVG mag man verfassungskonformer Auslegung für zugänglich halten[155], sofern man den Begriff der „besonderen Bedeutung" als unbestimmten, aber hinlänglich konkreten Rechtsbegriff auffasst; auch hier tauchen aber Zweifel auf, ob nicht das prinzipiell dem Art. 101 Abs. 1 S. 2 zu entnehmende Ideal, die richterliche Zuständigkeit so exakt wie möglich gesetzlich festzulegen, eine detaillierte Regelung fordert, die – etwa durch Regelbeispiele – sachgemäße von unsachgemäßen Kriterien für die Entscheidung über die „besondere Bedeutung" zu sondern helfen könnte. Ähnlich ist die Rechtslage bei § 354 Abs. 2 StPO und § 95 Abs. 2 BVerfGG,[156] wo Gerichte ermächtigt werden, bei (Rück-)Verweisungen nach Entscheidungsaufhebung unter verschiedenen Gerichten auszuwählen. Auch hier wäre eine konkrete rechtssatzmäßige Regelung möglich,[157] der Verzicht darauf ist nach Maßgabe der oben in → Rn. 31 genannten Maßstäbe nicht zur Aufrechterhaltung einer funktionstüchtigen Justiz geboten. Die aus Gründen der Vermeidung von Manipulationsmöglichkeiten vom BVerfG[158] im Zusammenhang mit der Beurteilung überbesetzter Spruchkörper (→ Rn. 31) postulierten Grundsätze könnten auch vorliegend zu größerer Strenge Anlass geben.

Disziplinarrecht – Nach dem Gesetz zur Regelung der Rechtsverhältnisse der unter Art. 131 GG fallenden Personen[159] kann der Dienstherr mittelbar erreichen, dass über das Vorliegen eines Disziplinarvergehens nicht im an sich gegebenen Disziplinarverfahren, sondern im Verwaltungsrechtsweg entschieden wird. Die Verfassungsmäßigkeit dieser Regelung bejahte BVerfG.[160]

Einzelrichter[161] – Die gesetzlichen Bestimmtheitsgebote gelten auch für die Festlegung der Zuständigkeiten des Einzelrichters und für diejenige des Berichterstatters jedenfalls dann, wenn er allein entscheidender Einzelrichter werden kann, auch in Fällen der überbesetzten Spruchkörper,[162] wenn die Bestellung des Berichterstatters die Zusammensetzung des Spruchkörpers determiniert;[163] dort gegen ein allgemeines Recht auf den gesetzlichen Berichterstatter;[164] allerdings etwas spekulativ zur oft dominierenden oder präjudizierenden Rolle des Berichterstatters – dies wird sich nicht nur nach Richterpersönlichkeiten, sondern auch nach Gerichtszweigen unterschiedlich darstellen, hat aber einen treffenden Kern.[165]

Entlastungsgesetz – betr. die Verwaltungs- und Finanzgerichtsbarkeit[166]: Die Wahlmöglichkeit des OVG, über eine Berufung entweder in Beschlussbesetzung oder

---

[151] Zust. *Hill* in HdbStR VI, 2. Aufl. 2001, § 156 Rn. 52; sa *Schulze-Fielitz* in Dreier Rn. 46; *Classen* in MKS Rn. 37 f.; *Kingreen/Poscher,* Grundrechte, 35. Aufl. 2019, Rn. 1229.

[152] Vgl. *Oehler* ZStrW 64 (1952), 292 (305).

[153] *Schmidt* MDR 1958, 721 (722) mwN älterer Literatur; *Grünwald* JuS 1968, 452 (458).

[154] Ebenso *Maunz* in Maunz/Dürig, 79. EL Dezember 2016, Rn. 32; *Classen* in MKS Rn. 38; zweifelnd jedenfalls OLG Hamm NStZ-RR 1999, 16; dazu krit. *Heghmanns* StV 2000, 277 ff.

[155] Dagegen *Bockelmann* GA 1957, 357 (363); *Grünwald* JuS 1968, 452 (457).

[156] BVerfGE 4, 412 (424); 20, 336 (342 ff.).

[157] Ebenso *Maunz* in Maunz/Dürig, 79. EL Dezember 2016, Rn. 35; krit. auch *Bettermann* AöR 94 (1969), 263 (298 ff.) – beide zu § 354 Abs. StPO; sa *Classen* in MKS Rn. 46 mit Bedenken aus Art. 97.

[158] BVerfGE 95, 322 (327 ff.).

[159] → Art. 131 Rn. 1.

[160] BVerfGE 12, 264 (275).

[161] Vgl. zB § 6 VwGO, §§ 348 ff., 526, 527 ZPO.

[162] → Rn. 31.

[163] Vgl. BVerfGE 95, 322 (331).

[164] Krit. etwa *Berkemann* JR 1997, 281 (284), auch *Schulze-Fielitz* in Dreier Rn. 53.

[165] Vgl. schließlich auch BSG NJW 1996, 2181.

[166] S. G v. 31.3.1978, BGBl. 1978 I 446, Art. 1.

unter Hinzuziehung der ehrenamtlichen Richter zu entscheiden, ist verfassungsgemäß.[167]

Gesetzesänderung – Art. 101 Abs. 1 S. 2 ist nicht verletzt, wenn das neue Gesetz – auch für bereits verwirklichte Tatbestände – anhängige Verfahren erfasst, dies aber „generell" geschieht, dh zugleich auch eine „unbestimmte Vielzahl künftiger, gleichartiger Fälle" erfasst wird.[168]

Gerichtsstand an Behördensitzen – Die Verknüpfung von Gerichtsstand und Sitz der beteiligten Behörde verstößt nicht gegen das Gebot des gesetzlichen Richters, da die Behörde in solchen Fällen (vgl. § 68 Abs. 1 S. 1 OWiG; § 52 Nr. 2, 3 VwGO) nur mittelbar, nämlich durch behördliche Zuständigkeitsordnung, auf die gerichtliche Zuständigkeitsordnung einwirkt.[169] Eine Änderung der behördlichen Zuständigkeitsordnung mit dem Ziel, die Zuständigkeit eines bestimmten Gerichts im Einzelfall herbeizuführen, wäre freilich ein verfassungswidriger Eingriff (der Exekutive; allg. → Rn. 34 f.).

Gerichtsstandsvereinbarungen – Gelten im Rahmen ihrer (ausnahmsweisen) Zulässigkeit (vgl. §§ 38–40 ZPO) als mit Art. 101 Abs. 1 S. 2 vereinbar.[170]

Instanzen – Art. 101 Abs. 1 S. 2 fordert, dass der Instanzenzug gesetzlich geregelt ist. Zwar verbürgt das GG nicht pauschal die Existenz eines Instanzenzuges;[171] wird er eingerichtet, so müssen die Einzelheiten aber gesetzlich geregelt sein. Dabei ist auch möglich, dass die Statthaftigkeit eines Rechtsmittels von der Zulassung durch das (erstinstanzliche oder Rechtsmittel-)Gericht abhängig gemacht wird (vgl. § 132 VwGO). Zweifelhaft ist, ob dem Gericht dabei ein Ermessen gewährt werden darf.[172] Bedenken wurden beispielsweise gegen § 554b ZPO aF geäußert.[173] Das Plenum des BVerfG hat nach unterschiedlicher Rspr. durch die beiden Senate § 554b aF ZPO trotz Einräumung eines Annahmeermessens für einer verfassungskonformen Auslegung fähig erklärt[174]: keine Ablehnung der Annahme einer Revision, wenn sie „nach der in diesem Stadium gebotenen Prüfung Aussicht auf Erfolg im Endergebnis" hat[175]

Revision – s. Instanzen.

Opportunitätsprinzip im Strafverfahren – Art. 101 Abs. 1 S. 2 verlangt zwar die Gleichbehandlung der Rechtsuchenden, meint aber damit die gerichtsverfassungsrechtliche Gleichbehandlung. Er besagt nichts zu der Frage, ob alle einer Straftat Verdächtigen vor Gericht gestellt werden müssen (*Maunz* in Maunz/Dürig 79. EL Dezember 2016 Rn. 20). Bereits aus Art. 3 Abs. 1 ergibt sich aber, dass für die Entscheidung über die Anklageerhebung die Person des Verdächtigen keine Rolle spielen darf.

Sozialgerichtsbarkeit – § 160a Abs. 4 S. 1 (S. 2 a. F.) SGG gebietet die Beteiligung ehrenamtlicher Richter bei der Entscheidung über Nichtzulassungsbeschwerden. Das BSG begrenzt dies aufgrund teleologischer und systematischer Erwägungen auf Entscheidungen über die Begründetheit des Rechtsmittels.[176]

Stimmrechtsregelungen – Nach § 52 Abs. 3 S. 2 AO aF wurde bei Stimmengleichheit die Stimme des jüngsten Richters nicht gezählt, es sei denn, er ist als Berichterstatter tätig gewesen. Dies eröffnete dem Vorsitzenden, der den Berichterstatter bestellt, die Möglichkeit, die Stimmenverhältnisse zu beeinflussen. Obwohl diese Regelung vermeidbar war, hatte das BVerfG die Verfassungsmäßigkeit der – durch die AO 1977 aufgehobenen – Norm bejaht.[177]

---

[167] S. BVerwGE 72, 59.

[168] BVerfGE 24, 48 (54 f.).

[169] BVerfGE 27, 18 (35 f.); sa BVerfG NVwZ-RR 2006, 667.

[170] S. dazu mit Nachw. *Gloria* DÖV 1988, 849 (854 f.).

[171] BVerfGE 54, 227 (291); → Art. 19 Rn. 153.

[172] Dagegen etwa *Bettermann* in Bettermann/Nipperdey/Scheuner, Grundrechte, 523 (571).

[173] So *Bausewein* JZ 1978, 53; aA *Grunsky* JZ 1979, 129 (132 f.).

[174] BVerfGE 54, 227 (285 ff.).

[175] BVerfGE 54, 227 (285).

[176] BSG SozR 1500 § 160a Nr. 1; zur Verfassungsmäßigkeit BVerfGE: 48, 246 (253 ff.); aA *Hirsch* BVerfGE 48, 264.

[177] BVerfGE 19, 52 (63).

Strafvollstreckungskammer – § 462a Abs. 1 S. 1 StPO knüpft die Zuständigkeit der Strafvollstreckungskammer an den Sitz der Strafanstalt an, in die der Verurteilte zu dem Zeitpunkt aufgenommen ist, in dem das Gericht mit der Sache befasst wird. Die Norm ermöglicht eine theoretische Manipulationsmöglichkeit, da die Verwaltung durch Verlegung des Verurteilten die gerichtliche Zuständigkeit beeinflussen kann, gilt aber gleichwohl als verfassungsgemäß.[178]

Verfassungsbeschwerde – Erhebliche Bedenken bestanden schon gegenüber früher im BVerfGG getroffenen Regelungen betr. das Annahmeerfordernis bei Verfassungsbeschwerden (Vorprüfungsausschuss).[179] Jedenfalls die Praxis zu den derzeitigen Regelungen zu Zuständigkeiten und Befugnissen der (nunmehrigen) Kammern des BVerfG weckt ebenfalls Bedenken, soweit eine Kammer in Überschreitung des § 93c Abs. 1 BVerfGG stattgibt.[180]

34 **2. Exekutive.** Die Exekutive kann den gesetzlichen Richter dadurch entziehen, dass sie entweder selbst materiell den Richtern vorbehaltene Funktionen wahrnimmt oder aber in die gesetzliche Zuständigkeitsverteilung eingreift. Ersteres ist nach Art. 101 Abs. 1 S. 2 iVm Art. 92 generell verfassungswidrig,[181] letzteres kann aus Sachgründen nicht gänzlich vermieden werden, eine Beschränkung des Art. 101 Abs. 1 S. 2 ist insoweit in der gewaltenteiligen Struktur des GG angelegt.[182]

35 Geschichtliche Erfahrungen, die sich auch im einfachen Gesetzesrecht niedergeschlagen haben, haben allerdings dazu geführt, dass der unmittelbare Einfluss der Exekutive auf gerichtliche Zuständigkeiten heute gering ist. Die **Justizverwaltung** ist nach dem GVG an der Zuständigkeitsermittlung nicht unmittelbar beteiligt. Freilich kann (und muss) die Exekutive beispielsweise einzelne Spruchkörper einrichten oder auflösen, die Grenzen eines Gerichtsbezirkes festlegen oder die Richter ernennen, was Auswirkungen darauf hat, welcher Richter im Einzelfall mit einer Sache befasst wird. Art. 101 Abs. 1 S. 2 verlangt insoweit, dass diese Maßnahmen sachgerecht erfolgen. Derartige Maßnahmen der Exekutive dürfen also nicht auf einen bestimmten Fall zielen, sondern müssen von einer generellen Zielsetzung geleitet sein.[183] Die Frage der Richterauswahl[184] ist Thema des Art. 33 Abs. 2.[185]

Einzelfälle

36 **Fahrerlaubnis** – Zwar ist der Verwaltung versagt, dort eine für den Bürger verbindliche Entscheidung zu treffen, wo die Zuständigkeit eines Richters gesetzlich begründet ist. Ein solcher Sachverhalt liegt jedoch dann nicht vor, „wenn die Verwaltungsbehörde nach Ablauf oder Abkürzung der vom Strafrichter nach § 42m Abs. 3 StGB (a. F.) festgesetzten Sperrfrist die Eignung des Bewerbers zum Führen eines Kraftfahrzeuges in vollem Umfange ohne Bindung an strafrechtliche Beurteilung erneut

---

[178] BVerfGE 22, 254 (265); aA *Treptow* NJW 1975, 1105 (1107).

[179] Für Verfassungsmäßigkeit: BVerfGE 7, 241 (242 f.); 18, 440 (441); Verfassungswidrigkeit bejahte zB *Sailer* ZRP 1977, 303 (306): „nicht mehr absehbare Rochade zwischen Senat und Ausschuss"; vgl. auch *Seide* NJW 1973, 265 (267).

[180] S. dazu unten zu weiterer Kritik *Heüveldop* NJW 1990, 28; mit weiterem Bsp. *Sendler* NJW 1995, 3291; ausf. *Kunig* VVDStRL 61 (2002), 34 (66 ff.).

[181] → Rn. 25.

[182] Zust. *Kingreen/Poscher,* Grundrechte, 35. Aufl. 2019, Rn. 1230.

[183] Zur Bindung einer gerichtlichen Zuständigkeit an den Sitz einer Verwaltungsbehörde s. BVerfGE 27, 18 (35 f.).

[184] Und insbes. des parteipolitischen Einflusses hierauf.

[185] S. dazu bei → Art. 33 Rn. 46; zur „Politisierung" der Verfassungsgerichtsbarkeit → Art. 94 Rn. 18 f.

prüft".[186] Hier fallen die Funktionen des Strafrichters und der Verwaltung auseinander. Die Entscheidung über die Neuerteilung der Fahrerlaubnis durch die Verwaltungsbehörde stellt mithin keine Ausübung von Strafgerichtsbarkeit dar, sondern eine ordnungs- und polizeirechtliche Entscheidung der Verwaltung.[187]

Fehlerhafte Richterernennung – Ob die Garantie des Art. 101 Abs. 1 S. 2 sich auch darauf erstreckt, dass die beamtenrechtliche Ernennung der amtierenden Richter fehlerfrei ist, hat das BVerfG offengelassen.[188] Die fehlerhafte Nichtwahl eines Bewerbers um ein ehrenamtliches Richteramt bewirkt nach BVerfG[189] die Fehlerhaftigkeit der Richterbank.[190] Die gesetzwidrige Auslosung von Schöffen verstößt gegen Art. 101 Abs. 1 S. 2.[191] Ein in den Ruhestand versetzter Beamtenbeisitzer in der Disziplinargerichtsbarkeit ist nicht (mehr) gesetzlicher Richter; sein Richteramt ist erloschen.[192]

Finanzämter – S. Strafgerichtsbarkeit der Finanzämter.

Grenzen eines Gerichtsbezirkes – Die Änderung der Grenzen eines Gerichtsbezirkes und damit die Änderung der örtlichen Zuständigkeit eines Gerichtes fällt zwar traditionell in den Zuständigkeitsbereich der Legislative; dieser ist es allerdings nicht verwehrt, innerhalb der im GG allgemein gesetzten Grenzen (insbes. Art. 80 Abs. 1) ihre Befugnis auf die Exekutive zu übertragen.[193] Das gilt auch für die Konzentrierung der örtlichen Zuständigkeit für bestimmte Sachgebiete bei einem von mehreren gleichgeordneten Gerichten.[194]

Richterernennung – S. Fehlerhafte Richterernennung.

Spruchkörper – Keinen Verstoß gegen Art. 101 Abs. 1 S. 2 stellt die Auflösung von Spruchkörpern dar, wobei die Maßnahme objektive Gründe haben, insbesondere auf Dauer angelegt sein muss.[195]

Wiederbesetzung[196] – Parteipolitisches Proporzbemühen[197] kann – resultiert es in längeren Pattsituationen – somit angesichts zeitlich begrenzter Legitimation die „Gesetzlichkeit" des Richters in Frage stellen (das betraf 1999/2000 für den VerfGH Bln vier von neun Richtern, deren Amtszeit den Wahlzeitraum um etwa ein Jahr überdauerte).[198]

3. Richter und Gerichte. Die Bindung der Judikative an Art. 101 Abs. 1 S. 2 hat Bedeutung sowohl für den Bereich der rechtsprechenden Tätigkeit als solche **(„nach außen")** als auch für Maßnahmen im Bereich der Gerichtsorganisation (sog. **Schutzwirkung nach innen**). Danach darf „niemand durch Maßnahmen innerhalb der Gerichtsorganisation dem in seiner Sache gesetzlich berufenen Richter entzogen" werden.[199] Angesichts der Spielräume, die gesetzliche Festlegungen der Richterzuständigkeit lassen,[200] **37**

---

[186] BVerfGE 20, 365 (369).
[187] BVerfGE 20, 365 (369).
[188] BVerfGE 3, 255 (259).
[189] BVerfG NVwZ 1989, 141.
[190] S. dazu auch BVerwG NVwZ 1988, 724; BGH NJW 1985, 926.
[191] BGHSt 33, 41; sa *Vogt/Kurth* NJW 1985, 103.
[192] OVG Münster NJW 1992, 1124.
[193] BVerfGE 2, 307 (319 f., 326); 27, 18 (35).
[194] BVerfGE 24, 155 (167); 27, 18 (35).
[195] BVerfGE 1, 439 (440).
[196] Zur ordnungsgemäßen Besetzung eines Spruchkörpers bei Vakanz der Vorsitzendenstelle vgl. BSG NJW 2007, 2717 sowie *Werner* NJW 2007, 2671; s. ferner BGHZ 95, 246; sa BVerfG NJW 1983, 1541 sowie – betr. den VerfGH Saarl – BVerfGE 82, 286; zu den Amtszeiten beim BVerfG *Rüthers* NJW 1996, 1867.
[197] → Rn. 35 aE.
[198] S. ferner *Höfling/Roth* DÖV 1997, 67; sowie *Rüthers* NJW 1996, 1867; *Sangmeister* NJW 1996, 2561.
[199] BVerfGE 4, 412 (416); zust. BVerwGE 20, 39 (41); vgl. auch BVerfGE 138, 64 (86 f., Rn. 68); *Frauendorf* DÖV 1980, 553 (556) mwN.
[200] → Rn. 20, 31.

kommt den Anforderungen, welche Art. 101 Abs. 1 S. 2 unmittelbar an die rechtsprechende Gewalt richtet, eine **besonders wichtige Bedeutung** zu, dies vor allem im Blick auf Geschäftsverteilungspläne.[201] Erst die Summe aller Zuständigkeiten erweist, ob dem Anspruch aus Art. 101 Abs. 1 S. 2 genügt ist.[202]

38 **a) Rechtsprechende Tätigkeit.** Im Bereich der rechtsprechenden Tätigkeit kann der gesetzliche Richter durch die **fehlerhafte Anwendung** verfahrensrechtlicher Bestimmungen entzogen werden. Das BVerfG unterscheidet in **stRspr** insoweit zwischen einem sog. (bloßen) **error in procedendo** und einer **„willkürlich unrichtigen"** Anwendung von Verfahrensvorschriften.[203] Nur im zweiten Fall liegt nach dem BVerfG ein Verstoß gegen Art. 101 Abs. 1 S. 2 vor.[204] Das BVerfG begründet diese Differenzierung mit einer **Beschränkung seiner Kontrollbefugnis:** Die grundrechtsähnliche Gewährleistung des gesetzlichen Richters ermächtige das BVerfG nicht zu einem Superkontrollorgan, das jeden Verfahrensfehler, der einem Gericht hinsichtlich seiner Zuständigkeit unterläuft, korrigieren dürfe. Im Gegenteil sei das BVerfG selbst zur Beachtung jener Kompetenzregeln verpflichtet, die den Fachgerichten die Kontrolle über die Zuständigkeitsregelung übertragen.[205] Mit dieser Begründung sucht das BVerfG erkennbar gemäß seiner Funktion die Anwendung des Grundsatzes des gesetzlichen Richters auf die **Verletzung spezifischen Verfassungsrechts** zu begrenzen.[206] Die im Einzelfall schwierige Abgrenzung wird im Schrifttum wiederum begründet unter Hinweis darauf, dass die Garantie des gesetzlichen Richters eine Ausprägung des (im Gleichheitssatz) enthaltenen Willkürverbots darstelle.[207] In der Praxis führt die Willkür-Rspr. des BVerfG dazu, dass im Einzelnen eher selten ein mit der Verfassungsbeschwerde angegriffener Rechtsprechungsakt als Verstoß gegen Art. 101 Abs. 1 S. 2 gewertet wird, das BVerfG aber potentiell über erhebliche, kaum verlässlich umschreibbare Entscheidungsspielräume verfügt (was der Rechtssicherheit nicht dienlich ist). Zu Recht sprechen *Niemöller/Schuppert*[208] von einem **„weitmaschigen Maßstab".**[209] Vorzugswürdig wäre es wohl demgegenüber, (auch) im Bereich des Art. 101 Abs. 1 S. 2 die Abgrenzung anhand der allgemein für das Verhältnis der Verfassungsgerichts-

---

201 → Rn. 44 ff.

202 S. dazu *Bettermann* AöR 94 (1969), 263 (292); *Gloria* DÖV 1988, 849 (852).

203 Zu prozessualer Willkür krit. und weiterführend *Höfling* JZ 1991, 955; sa *Gloria* NJW 1989, 445.

204 BVerfGE 3, 359 (364 f.); 9, 223 (230); 13, 132 (144); 15, 245 (247 f.); 17, 99 (104); 19, 38 (43); 23, 288 (320); 29, 198 (207); 38, 386 (397 f.); 54, 100 (115 f.); 82, 286 (299); 87, 282 (284 f.); 95, 48 (64); 101, 331 (360); BVerfG NJW 2012, 3357 (3365, Rn. 129); BVerfG BeckRS 2015, 40922, Rn. 71; BVerfG NVwZ 2015, 510 (513, Rn. 71); BVerfG NVwZ 2016, 764 (767, Rn. 89); zust. zB *Goeckel,* Die Grundsätze des Rechtsstaats in der höchstrichterlichen Rechtsprechung der Bundesrepublik Deutschland, 1965, 72 f.; *Wipfelder* VBlBW 1982, 33 (36); ähnl. auch *Tilch* JöR nF 30 (1981), 345 (377 f.) für Bayern; s. ferner BGHZ 6, 178 (181 f.), BGHSt 11, 106 (110), BSGE 5, 1 (2); BAG AP Nr. 1 zu § 39 ArbGG 1953.

205 Stellvertretend etwa BVerfGE 135, 155 (233 f.); NVwZ 2015, 52 (53, Rn. 30); BVerfGE 149, 222 (285, Rn. 140), alle im Kontext der Vorlagepflicht an den EuGH.

206 Vgl. BVerfG BeckRS 2013, 49263, IV. 2. a) aa); ferner *Degenhart* in Sachs Rn, 17; auch *Thomale* EuR 2016, 510 (513 ff.).

207 Vgl. *Rinck* NJW 1964, 1649 (1652); gegen eine materiell-rechtliche Ableitbarkeit der Willkürformel aus Art. 101 Abs. 1 S. 2 vgl. *Sowada,* Der gesetzliche Richter im Strafverfahren, 2002, 206.

208 *Niemöller/Schuppert* AöR 107 (1982), 387 (421).

209 Vgl. immerhin BVerfGE 42, 237 (241 ff.); sa *Höfling* JZ 1991, 955 (962): „willkürlicher" Rückgriff auf die Willkürformel.

barkeit zur Fachgerichtsbarkeit Anwendung findenden Kriterien vorzunehmen;[210] nur so ist einer Nivellierung entgegenzusteuern und der unterschiedlichen Tragweite der einzelnen Grundrechte adäquat Rechnung zu tragen.[211] Ganz ausgeklammert aus seiner Kontrollbefugnis hat das BVerfG[212] landesverfassungsgerichtliche Verstöße gegen Art. 101 Abs. 1 S. 2, soweit sie sich auf ein Verfahren beziehen, in welchem eine landesverfassungsgerichtliche Streitigkeit in der Sache abschließend entschieden wird, dies ungeachtet des Umstandes, dass auch landesverfassungsgerichtliche Entscheidungen Akte öffentlicher Gewalt iSd Art. 93 Abs. 1 Nr. 4a darstellen.[213] Die dort gegebene Begründung ist vage und überzeugt kaum.[214]

„Willkür" im vorstehend beschriebenen Sinne setzt **nicht Vorsatz** vo- **39**
raus,[215] ist vielmehr nach **objektiven** Maßstäben zu bestimmen.[216] Ein Verstoß gegen Art. 101 Abs. 1 S. 2 wird vom BVerfG angenommen, wenn die Entscheidung des Gerichts bei verständiger Würdigung der das **Grundgesetz beherrschenden Gedanken nicht mehr verständlich erscheint und offensichtlich unhaltbar** ist[217], wenn sie Bedeutung und Tragweite der **Verfassungsgarantie des Art. 101 Abs. 1 S. 2 grundlegend verkennt**[218] oder wenn sie unter **keinem denkbaren Aspekt rechtlich vertretbar** ist.[219] In anderen Bestimmungen wird eine Verletzung von Art. 101 Abs. 1 S. 2 bejaht, wenn die Anwendung des Verfahrensrechts auf „unsachlichen",[220] „nicht mehr zu rechtfertigenden" Erwägungen[221] beruht, die Entscheidung oder Maßnahme keinen Bezug zu dem gesetzlich vorgegebenen Maßstab aufweist[222] bzw. „sich derart weit von der auszulegenden Norm entfernt, dass sich der Schluss aufdrängt, sie beruhe auf sachfremden Erwägungen".[223] Stets kann das Vorliegen von objektiver Willkür nur angesichts der jeweiligen Umstände des Einzelfalls beurteilt werden.[224] „Willkür" liegt jedenfalls dann **nicht** vor, wenn in der Rechtsprechung unterschiedliche Auffassungen zu der betreffenden Rechtsfrage vertreten worden sind.[225] Ebenfalls steht es der Annahme von Willkür entgegen, wenn das Gericht sich

---

[210] Auch wenn deren Trennschärfe ebenfalls begrenzt ist, s. dazu → Art. 93 Rn. 100 ff. mwN; sowie *Kunig* VVDStRL 61 (2002), 34 (48 ff.).

[211] Vgl. in diesem Zusammenhang – zu Art. 103 Abs. 1 – BVerfGE 75, 302 (314); ansatzweise – für Art. 101 Abs. 1 S. 2 – BVerfGE 82, 286 (299); sa BVerfGE 87, 282 (285); VerfGH Bln NVwZ-RR 1997, 505; vgl. ferner *Rodi* DÖV 1989, 750.

[212] BVerfGE 96, 231 (242 ff.); sa BVerfG NVwZ 1998, 387 (387 f.); offen zuvor BVerfGE 30, 112 (122).

[213] BVerfGE 85, 148 (157); → Art. 93 Rn. 87.

[214] Diese Beschränkung liege nahe, weil ein ansonsten gegebenes Übergreifen (der Bundesgerichtsbarkeit) auf diejenige des Landes „insoweit vermeidbar" sei, so BVerfGE 96, 231 (244).

[215] → Rn. 25.

[216] BVerfG MMR 2017, 165 (166, Rn. 13); auch BVerfGE 138, 64 (87 f.); ferner *Degenhart* in Sachs Rn, 17.

[217] BVerfGE 126, 286 (315 f.); NJW 2012, 598 (599, Rn. 23); BVerfGE 135, 155 (233 f.); NVwZ 2015, 52 (53, Rn. 30); NVwZ 2016, 764 (767, Rn. 89); NJW 2018, 606 (606, Rn. 5); BVerfGE 149, 222 (284 f., Rn. 140).

[218] BVerfGE 131, 268 (311 f.); BeckRS 2013, 49263, IV. 2. a) aa); BVerfGE 138, 64 (87 f.).

[219] BVerfG MMR 2017, 165 (166, Rn. 13).

[220] BVerfGE 29, 166 (173); BVerwGE 20, 39 (41 f.).

[221] BVerfGE 29, 45 (49); BGH NJW 1983, 671; sa BGHSt 38, 212.

[222] BVerfGE 6, 45 (53).

[223] BVerfGE 19, 38 (43) unter direkter Bezugnahme auf die zu Art. 3 Abs. 1 ergangene Entscheidung BVerfGE 4, 1 (7).

[224] BVerfGE 131, 268 (311 f.); BeckRS 2013, 49263, IV. 2. a) aa).

[225] BVerfGE 15, 303 (306). Zur Abgrenzung von „Willkür" und „Versehen" s. noch BGH NStZ 1994, 181.

mit der Rechtslage eingehend auseinandersetzt und seine Rechtsauffassung nicht jedes sachlichen Grundes entbehrt.[226]

40 **b) Insbesondere: Gesetzlicher Richter und Vorlagepflichten.** Eine Verletzung der prozessrechtlichen Vorlagepflicht[227] kann einen Verstoß gegen Art. 101 Abs. 1 S. 2 bedeuten[228], wenn die Voraussetzungen „zweifelsfrei" vorlagen, „klar und unausweichlich" gegeben waren.[229] Das ist nicht schon bei jedem „unsorgfältigen" Arbeiten der Gerichte[230] der Fall. Eine **strengere verfassungsrechtliche Prüfung** bejaht das BVerfG für die Erfüllung der Vorlagepflicht bezüglich der **Normenkontrolle nach Art. 100 Abs. 1.** Zwar gilt auch hier der Grundsatz, dass nicht jeder Rechtsanwendungsfehler des Fachgerichts einen Verfassungsverstoß begründet.[231] Da es sich bei Art. 100 Abs. 1 aber um eine verfassungsrechtliche Vorlageverpflichtung handelt, die der Wahrung der Autorität des Gesetzgebers und der Erhaltung der Rechtssicherheit dient, ist bei Rechtsanwendungsfehlern im Regelfall nicht von bloßen Rechtsirrtümern ohne verfassungsrechtliche Relevanz, sondern von einem Entzug des gesetzlichen Richters auszugehen. Entscheidend ist, ob die Rechtsanwendung durch das Fachgericht im konkreten Fall **sachlich vertretbar** gewesen ist.[232] Dieser Maßstab gilt auch für die Vorlagepflicht nach **Art. 100 Abs. 2.**[233] Insoweit kann bei Art. 100 Abs. 1 ein Gericht die Garantie des gesetzlichen Richters auch dadurch verletzen, dass es ein Gesetz, von deren Verfassungswidrigkeit es ansonsten überzeugt wäre, nicht vorlegt, weil es in nicht vertretbarer Weise die Möglichkeit einer **verfassungskonformen Auslegung** des betreffenden Gesetzes annimmt.[234]

41 Zur **Vorlagepflicht an den EuGH** nach **Art. 267 Abs. 3** AEUV hat das BVerfG mittlerweile eine ausgefeilte Prüfungsdogmatik entwickelt.[235] Danach ist der EuGH gesetzlicher Richter i. S. v. Art. 101 Abs. 1 S. 2. Ein deutsches Gericht verstößt daher gegen Art. 101 Abs. 1 S. 2, wenn es objektiv willkürlich[236] entweder seiner Pflicht, bei einer Frage des Unionsrechts ein Vorabentscheidungsersuchen nach Art. 267 Abs. 3 AEUV an den EuGH zu stellen, nicht nachkommt oder ein Vorabentscheidungsersuchen stellt, obwohl eine Zuständigkeit des EuGH nicht gegeben ist.[237] Das gilt **nicht,** wenn die Frage des Unionsrechts nicht entscheidungserheblich ist, die betref-

---

[226] BVerfG MMR 2017, 165 (166, Rn. 13).

[227] Vgl. zB § 11 Abs. 3 VwGO, § 121 Abs. 2 GVG, Art. 100 Abs. 1–3; „Rechtsentscheid" in Mietsachen, dazu etwa BVerfG NJW-RR 1996, 1479.

[228] BVerfGE 9, 213 (215 f.); 13, 132 (143); 23, 288 (320); 42, 237 (241); 45, 142 (181); 64, 1 (12 f.); 76, 93 (96 ff.); 96, 68 (77 f.); BVerfG NJW 1999, 1020; BVerfG NVwZ 2015, 510 (512 ff., Rn. 65 ff.); zu § 47 Abs. 5 VwGO s. BVerwGE 69, 30; *Rinck* DVBl. 1978, 178; krit. *Doehring,* Das Staatsrecht der Bundesrepublik Deutschland, 3. Aufl. 1984, 380, unter Hinweis auf die Entstehungsgeschichte.

[229] BVerfGE 42, 237 (242); vgl. auch → Rn. 39.

[230] So BVerfGE 87, 282 (286).

[231] → Rn. 38.

[232] BVerfGE 138, 64 (89 ff., Rn. 76 ff).

[233] BVerfGE 109, 13 (13 f.): auch BVerfGE 138, 64 (90, Rn. 77).

[234] BVerfGE 138, 64 (87 f., Rn. 71; 91 ff., Rn. 80 ff.).

[235] In diesem Zusammenhang bereits → Rn. 18 mit Nachw.; s. ferner bilanzierend *Sarcevic* DÖV 2000, 941; sowie *Fastenrath* FS f. Ress, 2005, 461; *Kokott/Henze/Sobotta* JZ 2006, 633; *Roth* NVwZ 2009, 345; *Selder* ZRP 2011, 164; *Calliess* NJW 2013, 1905; *Thomale* EuR 2016, 510, der für eine schärfere Kontrolle votiert.

[236] → Rn. 38 f.

[237] BVerfGE 135, 155 (230 f.); NVwZ 2015, 52 (53, Rn. 28); NJW 2018, 606 (606, Rn. 3).

fende unionsrechtliche Bestimmung bereits Gegenstand einer Auslegung durch den EuGH war oder die richtige Anwendung des Unionsrechts ohne vernünftigen Zweifel offenkundig ist.[238] Mit der Beschränkung auf eine objektive Willkürkontrolle will das BVerfG den Fachgerichten einerseits bei der Auslegung und Anwendung von Unionsrecht einen Spielraum eigener Einschätzung und Beurteilung bewahren und andererseits nur die Einhaltung der Grenzen dieses Spielraums prüfen, also explizit **nicht oberstes Vorlagenkontrollgericht** sein.[239] **Objektiv willkürlich** handelt ein Fachgericht, wenn die Auslegung und Anwendung des § 267 Abs. 3 AEUV bei verständiger Würdigung der das Grundgesetz bestimmenden Gedanken nicht mehr verständlich und offensichtlich unhaltbar ist.[240] Die „Willkürlichkeit" einer Nichtvorlage hängt damit entscheidend davon ab, welchen Stand die Rspr. des EuGH erreicht hat.

Das BVerfG unterscheidet insoweit – wie auch schon zu Art. 234 Abs. 3 **42**
EG – in st.Rspr. **drei Fallgruppen** einer objektiv willkürlichen Handhabung der Vorlagepflicht nach Art. 267 Abs. 3 AEUV, wobei der Erste und der Zweite Senat denselben Prüfungsmaßstab anwenden.[241] Die erste Fallgruppe einer **grundsätzlichen Verkennung der Vorlagepflicht** liegt vor, wenn ein letztinstanzliches Vorlagegericht (= Gericht, gegen dessen Entscheidungen kein Rechtsmittel mehr zulässig ist[242]) eine Vorlage trotz angenommener Entscheidungserheblichkeit der unionrechtlichen Frage nicht in Erwägung zieht, obwohl es selbst Zweifel an der richtigen Beantwortung der Frage hegt und das Unionsrecht somit eigenständig fortbildet.[243] Das gilt erst recht, wenn sich das Gericht nicht hinreichend kundig hinsichtlich des materiellen Unionsrechts macht oder offenkundig einschlägige Rechtsprechung des Gerichtshofs nicht auswertet. Es verkennt dann regelmäßig die Bedingungen der Vorlagepflicht.[244] In der zweiten Fallgruppe besteht die objektive Willkür darin, dass das letztinstanzliche Hauptsachegericht in seiner Entscheidung bewusst von der Rechtsprechung des EuGH zu entscheidungserheblichen Fragen abweicht und gleichwohl nicht oder nicht neuerlich vorlegt **(bewusstes Abweichen ohne Vorlagebereitschaft).**[245] Das ist nicht der Fall, wenn das Fachgericht bei der Subsumtion des Sachverhalts unter die in den Entscheidungen des EuGH enthaltenen Leitlinien zu einem anderen Ergebnis als der Beschwerdeführer gekommen ist und dabei nicht unvertretbare Erwägungen angestellt hat.[246] Auch ist es vertretbar, die Offenkundigkeit eines Ver-

---

[238] BVerfG NJW 2014, 2489 (2490, Rn. 16); NZA 2015, 375 (376, Rn. 16); NJW 2018, 606 (606, Rn. 4).

[239] BVerfGE 126, 286 (315 f.); BVerfGE 135, 155 (231 f., Rn. 180); NZA 2015, 375 (376, Rn. 18); NJW 2018, 606 (606 f., Rn. 6); BVerfGE 149, 222 (285 f., Rn. 141).

[240] → Rn. 34; ferner BVerfGE 126, 286 (314 f.); NJW 2012, 598 (599, Rn. 23); NJW 2018, 606 (606, Rn. 5); BVerfGE 149, 222 (285).

[241] Klarstellend BVerfG NJW 2014, 2489 (2491, Rn. 24 ff.) mwN; vgl. dazu verneinend *Bäcker,* NJW 2011, 270 (271); *Haensle* DVBl. 2011, 811 (817); *Selder* ZRP 2011, 164; *Schröder* EuR 2011, 808 (818 ff.); *Michael* JZ 2012, 870 (872); *Fastenrath* JZ 2013, 299 (301); *Herz* DÖV 2013, 769 (772); *Calliess* NJW 2013, 1905 (1909).

[242] BVerfG NVwZ 2015, 52 (55, Rn. 46).

[243] BVerfGE 126, 286 (316 f.); NJW 2014, 2489 (2490, Rn. 19); NJW 2018, 606 (607, Rn. 7), dort bejaht.

[244] BVerfG NZA 2015, 375 (376, Rn. 21); NJW 2016, 3153 (3157, Rn. 56) mAnm *Kottmann;* NJW 2018, 606 (607, Rn. 7).

[245] BVerfGE 126, 286 (316 f.); NJW 2014, 2489 (2490, Rn. 20); NJW 2018, 606 (607, Rn. 8).

[246] BVerfG NJW 2012, 598 (600, Rn. 31).

stoßes gegen Unionsrecht zu verneinen, wenn die Anforderungen einer Richtlinie erst durch den EuGH festgestellt werden müssen.[247] Die dritte Fallgruppe ist durch eine **Unvollständigkeit der Rechtsprechung** geprägt. Liegt danach zu einer entscheidungserheblichen Frage des Unionsrechts einschlägige Rechtsprechung des EuGH noch nicht vor oder hat eine vorliegende Rechtsprechung die entscheidungserhebliche Frage möglicherweise noch nicht erschöpfend beantwortet oder erscheint eine Fortentwicklung der Rechtsprechung des EuGH nicht nur als entfernte Möglichkeit, so wird Art. 101 Abs. 1 S. 2 verletzt, wenn das letztinstanzliche Hauptsachegericht den ihm in solchen Fällen notwendig zukommenden **Beurteilungsrahmen in unvertretbarer Weise überschreitet.**[248] Das ist insbesondere der Fall, wenn das Fachgericht eine von vornherein eindeutige **(„acte clair")** oder durch Rechtsprechung zweifelsfrei geklärte Rechtslage **(„acte éclairé")** ohne sachlich einleuchtende Begründung bejaht. Eine unvertretbare Handhabung der Unvollständigkeit der Rechtsprechung kommt des Weiteren in Betracht, wenn mögliche Gegenauffassungen zu der entscheidungserheblichen Frage des Unionsrechts gegenüber der vom Gericht vertretenen Meinung eindeutig vorzuziehen sind.[249] Gleiches wird man annehmen dürfen, wenn sich das Gericht auf singuläre Minderheitsmeinungen im Europarecht stützt.[250] Jedenfalls muss das letztinstanzliche Hauptsachegericht sich hinsichtlich der europäischen Rechtslage **„ausreichend kundig"** machen und eine im Blick auf die **Vorlagepflicht vertretbare Entscheidung** treffen.[251] Um ihm eine Kontrolle am Maßstab des Art. 101 Abs. 1 S. 2 zu ermöglichen, verlangt das BVerfG, dass das letztinstanzliche Hauptsachegericht die **Gründe für seine Entscheidung über die Vorlagepflicht angibt.**[252]

Einzelfälle

43 **Ablehnungsgesuch** – S. Richterablehnung.

Ausgeschlossener/„fehlender" Richter – Wird ein aus gesetzlichen Gründen ausgeschlossener Richter tätig (oder ein fehlerhaft gewählter Richter), liegt in jedem Fall ein Verstoß gegen Art. 101 Abs. 1 S. 2 vor, **ohne** dass **Willkür** gegeben sein muss.[253] Der lediglich an einem Eröffnungsbeschluss beteiligte Richter ist im Wiederaufnahmeverfahren nicht ausgeschlossen.[254] Auch das BVerfG hat von Amts wegen die Ordnungsmäßigkeit der Besetzung seiner Richterbank zu prüfen.[255]

---

[247] BVerfG NJW 2012, 598 (600, Rn. 33).

[248] BVerfGE 126, 286 (316 f.); NJW 2014, 2489 (2490, Rn. 21); NJW 2018, 606 (607, Rn. 9).

[249] BVerfGE 135, 155 (233, Rn. 185) zur nicht willkürlichen Bejahung eines „acte clair"; BVerfGE 149, 222 (287, Rn. 144) zur vertretbaren Annahme eines „acte éclairé" m. Bspr. *Kämmerer* NJW 2018, 3209; vgl. auch BVerfG NVwZ 2015, 52 (54, Rn. 36 f.) zu einem vertretbaren „acte clair".

[250] *Schulze-Fielitz* in Dreier Rn. 62.

[251] BVerfG NJW 2001, 1267 (1268); BVerfGE 135, 155 (233 f., Rn. 184); BVerfG NJW 2014, 2489 (2490, Rn. 22); BVerfG NJW 2016, 2401 (2402, Rn. 28 f.); BVerfG NJW 2018, 606 (607, Rn. 9); dazu *Lindner* BayVBl. 2001, 342; *Sensburg* NJW 2001, 1259; vgl. auch BVerfG NVwZ 2009, 519; NVwZ 2008, 780 mwN; krit. *Fastenrath* NJW 2009, 272; *Haensle* DVBl. 2011, 811.

[252] BVerfG NZA 2015, 375 (376, Rn. 21); NJW 2016, 3153 (3157, Rn. 56); NJW 2018, 606 (607, Rn. 7). Die Vorlagepflicht besteht in **Eilverfahren nicht** (vgl. BVerfG NVwZ 1992, 360 zu Art. 177 Abs. 3 EWGV; *Schulze-Fielitz* in Dreier Rn. 62).

[253] Zu § 23 Abs. 2 StPO BVerfGE 30, 165 (167 f.); 31, 181 (183 ff.); 40, 268 (271), 63, 77 (79 f.); zur Nicht-Mitwirkung eines zuständigen Richters s. BVerfGE 48, 246 (263) u. BVerfGE 91, 93 (117).

[254] Vgl. näher *Niemöller/Schuppert* AöR 107 (1982), 387 (420).

[255] BVerfGE 89, 359 (362).

Berichterstatter – → Rn. 33 „Stimmrechtsregelungen".

Besetzungsreduktion – Die Besetzungsreduktion nach § 33b Abs. 2 JGG und § 76 Abs. 2 GVG ist verfassungsgemäß.[256]

Ermittlungsrichter – Die analoge Anwendung der in § 304 Abs. 5 StPO als Ausnahmen vorgesehenen Beschränkungen der Beschwerde gegen Verfügungen des Ermittlungsrichters des BGH auf den Ermittlungsrichter des OLG[257] verstößt gegen einfaches Recht[258] und darüber hinaus gegen Art. 101 Abs. 1 S. 2, denn angesichts des klaren Wortlauts des § 304 Abs. 5 StPO ist die Versagung der Beschwerdemöglichkeit willkürlich.[259]

Justizverweigerung – Die sog. formelle Justizverweigerung, dh die Nichtbearbeitung bestimmter Verfahren (etwa mangels „Bedeutung" oder aus „Zeitmangel") ist durch Art. 101 Abs. 1 S. 2 verboten.[260] Nicht hierher gehört der Fall des während der Verhandlung einschlafenden Richters.[261]

Nichtplanmäßiger Richter – Nach BGH[262] ist § 29 DRiG dahingehend auszulegen, dass zwei nicht planmäßige Richter bei einer Entscheidung nur mitwirken dürfen, wenn hierfür eine sachliche Notwendigkeit besteht.[263]

Revision – Wenn das Revisions- oder Rechtsbeschwerdegericht, das auf reine Rechtsprüfung beschränkt ist, Befugnisse der Tatsacheninstanz ausübt, verstößt dies gegen Art. 101 Abs. 1 S. 2, sofern das Gericht sich von „willkürlichen" Erwägungen leiten lässt.[264] Da die Grenze zwischen rechtlicher Würdigung und Tatsachenfeststellung fließend ist, kann nicht jeder Verstoß zur Verfassungswidrigkeit führen. Bei der Entscheidung über die **Zulassung der Revision** kommt ein Verstoß gegen Art. 101 Abs. 1 S. 2 in Betracht, wenn eine Pflicht zur Zulassung „willkürlich" verkannt wird.[265] Das ist insbesondere der Fall, wenn die Revisionszulassungsgründe der grundsätzlichen Bedeutung der Sache und der Notwendigkeit der Rechtsfortbildung bzw. Sicherung einer einheitlichen Rechtsprechung im Hinblick auf die grob fehlerhafte Annahme, die entscheidungserhebliche Rechtsfrage sei geklärt, unhaltbar verneint werden.[266]

Richterablehnung – Art. 101 Abs. 1 S. 2 verlangt das Bestehen eines gesetzlich detailliert geregelten Richterablehnungsrechts.[267] Denn die Vorschriften über die Ausschließung und Ablehnung von Richtern sollen auch im Einzelfall die Neutralität und Distanz der zur Entscheidung berufenen Richter sichern und dienen daher dem durch Art. 101 Abs. 1 S. 2 verbürgten Schutzzweck.[268] Dabei ist es in Anlehnung an **§ 26a StPO,** wonach der abgelehnte Richter über die Unzulässigkeit des Ablehnungsgesuchs selbst mitentscheiden darf, sowohl im **Zivilprozess** als auch im **Verwaltungsprozess** mit der Garantie des gesetzlichen Richters grundsätzlich vereinbar, wenn aus Gründen der Vereinfachung und Beschleunigung des Verfahrens der abgelehnte Richter an der Entscheidung über das Ablehnungsgesuch in Fällen **echter Formalentscheidungen**

---

[256] Näher BVerfGE 131, 268 (311 ff.).

[257] So OLG Hamburg JR 1982, 302 mit abl. Anm. *Fezer.*

[258] So überzeugend *Fezer* JR 1982, 302.

[259] Berechtigte Bedenken im Hinblick auf den Grundsatz der Gewaltenteilung äußert *Rieß* NStZ 1982, 131.

[260] BVerfGE 3, 359 (364); *Feiber* NJW 1975, 2005 (2006); vgl. auch *Kern,* Der gesetzliche Richter, 1927, 186, 213 f.; aA zB *Bettermann* AöR 94 (1969), 263 (277 f.), der den Anspruch auf Justizgewährung je nach Lage des Falles aus Art. 19 Abs. 4, Art. 14 Abs. 3 S. 4, Art. 34 Abs. 3 bzw. dem Rechtsstaatsprinzip herleitet; *Bettermann* in Bettermann/Nipperdey/Scheuner Grundrechte, 524 (559).

[261] Vgl. zB BVerwG ZBR 1982, 30 mwN.

[262] BGH BB 1995, 1813.

[263] Sa OLG Frankfurt MDR 1993, 1010.

[264] BVerfGE 31, 145 (165).

[265] BVerfGE 67, 90 (95).

[266] BVerfG MMR 2017, 165 (166, Rn. 14) zu § 543 Abs. 2 S. 1 ZPO; zur amtswegigen Prüfung der Zuständigkeit des Tatsachengerichts durch das Revisionsgericht im Strafverfahren BGH JZ 1995, 261 mAnm *Engelhardt.*

[267] BVerfGE 21, 139 (146); BVerfG NVwZ 1996, 885.

[268] BVerfG BeckRS 2015, 52391, Rn. 15; → Rn. 1.

selbst mitwirkt **(Selbstentscheidung im vereinfachten Ablehnungsverfahren),** weil es in diesen Fällen keines Eingehens auf den Gegenstand des Verfahrens bedarf und sich deshalb der abgelehnte Richter nicht zum Richter in eigener Sache macht. Das ist anzunehmen, wenn das Ablehnungsgesuch schon ohne jede weitere Aktenkenntnis **gänzlich untauglich** oder **rechtsmissbräuchlich** ist, weil etwa pauschal alle Richter eines Gerichts abgelehnt werden oder das Gesuch mit Umständen begründet wird, die eine Befangenheit unter keinem denkbaren Gesichtspunkt begründen können wie unqualifizierte Angriffe gegen die vermeintlich rechtsstaatswidrige Rechtsfindung des Richters.[269] Gleiches gilt wegen Rechtsmissbrauchs für offenbar grundlose, nur der **Verschleppung** dienende Gesuche sowie für die Ablehnung als taktisches Mittel für **verfahrensfremde Zwecke.**[270] Ist die Begründung des Gesuchs aber nicht von vorneherein untauglich und bedarf es deshalb auch eines nur geringfügigen Eingehens auf den Verfahrensgegenstand, so verstößt eine Selbstentscheidung als objektiv willkürlich gegen die Garantie des gesetzlichen Richters.[271] Der durch eine unzulässige Selbstentscheidung verursachte Verstoß gegen Art. 101 Abs. 1 S. 2 erfasst auch die nachfolgende Sachentscheidung.[272] Die willkürliche Zurückweisung eines Ablehnungsgesuches ist verfassungswidrig.[273] Ein unzulässiges oder offensichtlich unbegründetes Ablehnungsgesuch kann – von Verfassung wegen – unberücksichtigt bleiben,[274] es sei denn, die Nichtberücksichtigung ist ihrerseits willkürlich. Im Falle der erfolgreichen Richterablehnung steht das Gericht grundsätzlich nicht in der Pflicht, die Person des nachrückenden Richters (im Blick auf das diese betreffende Ablehnungsrecht) in der abschließenden Entscheidung bekannt zu geben.[275] Die Unanfechtbarkeit einer gerichtlichen Selbstablehnungsentscheidung gilt als mit Art. 101 Abs. 1 S. 2 vereinbar.[276] Dass im Fall des Befangenheitsantrags einer Prozesspartei einer anderen Prozesspartei hierzu Gehör iSd Art. 103 Abs. 1 gewährt werden muss, erscheint selbstverständlich. Gegen die Auffassung des BGH[277] und eines Großteils der zivil- und strafprozessualen Literatur nimmt das BVerfG[278] Entsprechendes auch im Fall der Selbstablehnung eines Richters[279] an, lässt aber offen, ob sich dies auch aus Art. 101 Abs. 1 S. 2 ergebe.[280]

Verhältnis Verwaltungsgericht – Richterdienstgerichte – Die umfassende verwaltungsgerichtliche Überprüfung einer dienstlichen Beurteilung im Rahmen eines Konkurrentenstreits unter Einbeziehung der durch Art. 97 GG geschützten richterlichen Unabhängigkeit ist auch im Hinblick auf die Zuständigkeit der Richterdienstgerichte mit Art. 101 Abs. 1 S. 2 grundsätzlich vereinbar.[281]

Verweisung – Art. 101 Abs. 1 S. 2 verbietet, eine Verweisung ohne vorherige Anhörung des Betroffenen auszusprechen, verbindet sich insoweit also mit Art. 103 Abs. 1.[282]

---

[269] BVerfG BeckRS 2013, 49263, IV. 2. a) bb) für den Verwaltungsprozess; BVerfG BeckRS 2015, 52391, Rn. 15 ff. für den Zivilprozess; auch *Degenhart* in Sachs Rn. 21.

[270] BVerfG BeckRS 2015, 52391, Rn. 15.

[271] Bejaht im konkreten Fall sowohl in BVerfG BeckRS 2013, 49263, IV. 2. b) f. als auch in BVerfG BeckRS 2015, 52391, Rn. 19 ff.

[272] BVerfG BeckRS 2013, 49263, IV. 2. d); vgl. hierzu auch BVerfG NJW 2005, 3410; *Güntge* JR 2006, 363; BGH NStZ 2008, 523.

[273] BVerfGE 31, 145 (165); BVerfG NVwZ 2005, 1304 (1307 f.); BayVerfGH NJW 1982, 1746.

[274] BVerfGE 11, 1 (5 f.).

[275] BVerfG MDR 1998, 362.

[276] VGH Kassel NJW 1994, 1083.

[277] BGH NJW 1970, 1644.

[278] BVerfGE 89, 28 (37).

[279] Vgl. § 30 StPO, § 48 ZPO; dazu OLG Frankfurt a. M. FamRZ 1998, 377.

[280] BVerfGE 89, 28 (38); allg. zur „Befangenheit" mit Nachw. *Lamprecht* NJW 1993, 2222; *Günther* DöD 1995, 9; OLG Braunschweig AnwBl 1995, 371 stellt in diesem Zusammenhang einen schwer verständlichen Bezug zwischen Art. 101 Abs. 1 S. 2 u. dem anwaltlichen Gebot zum Robentragen her.

[281] BVerfG NVwZ 2016, 764 mAnm *Stuttmann*.

[282] BVerfGE 61, 37 (41). Zu Kriterien, die für eine „willkürliche" Verweisung des Rechtsstreites sprechen, vgl. *Tombrink* NJW 2003, 2364; sa Zurückverweisung.

Vorlagepflicht – s. → Rn. 40 ff.

Zurückverweisung – Die Zurückverweisung einer Sache (vgl. zB § 563 ZPO) kann durch Art. 101 Abs. 1 S. 2 geboten sein; auch hier verlangt das BVerfG lediglich die Willkürfreiheit der Entscheidung.[283]

c) Maßnahmen von Gerichtspräsidien und Vorsitzenden eines Spruchkörpers. Art. 101 Abs. 1 S. 2 entfaltet, was seine Verbindlichkeit für gerichtliche Maßnahmen anlangt, auch eine sog. **Schutzwirkung nach innen:** „… so erstreckt sich (die) Schutzfunktion auch darauf, dass niemand durch Maßnahmen innerhalb der Gerichtsorganisation dem in seiner Sache gesetzlich berufenen Richter entzogen werden" soll.[284] Im Bereich der gerichtsinternen Maßnahmen hat die Norm besondere Bedeutung für die Ausgestaltung der Geschäftsverteilungspläne und für Maßnahmen des Vorsitzenden eines Spruchkörpers. **44**

Das Postulat, der zur Entscheidung im Einzelfall berufene Richter möge sich so eindeutig wie möglich aus **allgemeinen Regeln** ergeben,[285] kann durch Gesetze allein nicht eingelöst werden.[286] Die Brücke zwischen den gesetzlichen Zuständigkeiten und der als Richter amtierenden Person schlagen **Geschäftsverteilungspläne.**[287] Dabei bestimmt das Gerichtspräsidium[288] die Besetzung der Spruchkörper nach Ermessen, regelt Vertretungen und verteilt die Aufgaben;[289] diese Anordnungen werden jeweils vor dem Beginn des Geschäftsjahres für dessen Dauer getroffen (Jährlichkeitsprinzip)[290] und müssen schriftlich festgehalten werden. Sie sind jedermann zugänglich zur Einsichtnahme auszulegen.[291] Innerhalb der einzelnen Spruchkörper, die mit mehreren Richtern besetzt sind, verteilte früher der **Vorsitzende** die Geschäfte und stellte hierfür ebenfalls für das Geschäftsjahr allgemeine Grundsätze auf, die nur bei Vorliegen besonderer Umstände geändert werden konnten.[292] Mit der Neufassung des § 21g GVG durch das „Gesetz zur Stärkung der Unabhängigkeit der Richter und Gerichte" v. 22.12.1999[293] wurde die spruchkörperinterne Geschäftsverteilung jedoch grundlegend geändert.[294] Sie erfolgt nun nicht mehr durch den Vorsitzenden allein, sondern aufgrund eines Beschlusses aller dem Spruchkörper angehörenden Berufsrichter; bei Stimmengleichheit entscheidet das Präsidium.[295] Die Reihenfolge der Schöffen wird vor Beginn eines Geschäftsjahres **45**

---

[283] BVerfGE 54, 100 (115 f.); BVerfG NJW 1991, 2893. Zur Problematik der Zurückverweisung im Hinblick auf den gesetzlichen Richter bei § 563 Abs. 1 S. 2 ZPO *Gravenhorst* NJW 2018, 2161; sa „Verweisung".

[284] BVerfGE 4, 412 (416); vgl. auch BVerfGE 17, 294 (299); BVerfG BeckRS 2016, 111809, Rn. 22; NJW 2018, 1155 (1155 f., Rn. 16).

[285] → Rn. 28 ff.

[286] S. BVerfG NJW 1995, 2703 (2704): diese „bedürfen … notwendig der Ergänzung durch Geschäftsverteilungspläne der Gerichte, durch die die Zuständigkeit der einzelnen Spruchkörper festgelegt und ihnen die Richter zugewiesen werden".

[287] Zu ihrer Rechtsnatur s. BayVerfGH NJW 1986, 1673; OVG Lüneburg DVBl. 1984, 95.

[288] Zu Zusammensetzung und Wahl vgl. §§ 21a, 21b GVG, § 6a ArbGG.

[289] ZB nach Sachgebieten, Anfangsbuchstaben, räumlichen Bereichen oder der Reihenfolge des Eingangs, vgl. dazu BGH NJW 1976, 60.

[290] § 21e Abs. 1 S. 1 u. 2 GVG.

[291] Vgl. §§ 21e Abs. 9, 21g Abs. 7 GVG; sowie BayObLG MDR 1978, 232.

[292] Vgl. § 21g Abs. 1 u. 2 GVG aF und dazu *Seide* NJW 1973, 265 mwN.

[293] BGBl. 1999 I 2598 ff.

[294] S. hierzu *Remus,* Präsidialverfassung und gesetzlicher Richter, 2008, 146 ff.

[295] Vgl. § 21g Abs. 1 GVG.

in öffentlicher Sitzung ausgelost (§ 45 Abs. 2 GVG), nach § 30 Abs. 1 VwGO bestimmt das Präsidium des Verwaltungsgerichts die Reihenfolge der Laienrichter.[296] Beim **EuGH fehlen** jegliche Geschäftsverteilungspläne (näher Rn. 8).[297]

46 Der Geschäftsverteilungsplan des Präsidiums muss – wie jede Regelung des gesetzlichen Richters – so **eindeutig und genau wie möglich** sein.[298] Er darf sich nur an **objektiven Kriterien** orientieren, muss also ohne Ansehen der Person oder des Einzelfalles festgelegt werden.[299] Als wichtigste Verteilungssysteme sind die Aufteilung nach Buchstaben einerseits und das sog. Rotationssystem andererseits zu nennen.[300]

Da die Geschäftsverteilungspläne die gesetzlichen Bestimmungen ergänzen, müssen sie die **wesentlichen Merkmale gesetzlicher Vorschriften** aufweisen. Sie müssen also der **Schriftform** genügen, im **Voraus generell-abstrakt** die Zuständigkeit der Spruchkörper und die Zuweisung der einzelnen Richter regeln, damit die einzelne Sache „blindlings" aufgrund allgemeiner, vorab festgelegter Merkmale an den entscheidenden Richter gelangt und so der Verdacht einer Manipulation der rechtsprechenden Gewalt ausgeschlossen wird[301], und sie müssen hinreichend bestimmt sein **(Bestimmtheitsgrundsatz).**[302] Das gänzliche Fehlen eines Mittwirkungsplans für die kammerinterne Geschäftsverteilung nach § 21g Abs. 2 GVG führt deshalb zum Verstoß gegen Art. 101 Abs. 1 S. 2; wegen des Schriftlichkeitserfordernisses und des Jährlichkeitsprinzips ist weder eine mündliche noch eine spätere schriftliche Heilung für bereits anhängige Verfahren zulässig.[303] Hinsichtlich der **Überprüfung** von Geschäftsverteilungsplänen (und ihren Änderungen) wendet das BVerfG einen **differenzierenden Maßstab** an: Das BVerfG überprüft **vollumfänglich,** ob die Zuständigkeitsregel eines Geschäftsverteilungsplans überhaupt als generell-abstrakte Regelung im Sinne der Garantie des gesetzlichen Richters anzusehen ist. Hingegen beschränkt sich das BVerfG bezüglich der Frage, ob eine abstrakt-generelle Zuständigkeitsregel durch den Spruchkörper im Einzelfall fehlerhaft angewendet oder ausgelegt worden ist, auf eine objektive **Willkürkontrolle** (→ Rn. 38 f.).[304]

47 Außergewöhnliche Hinderungsgründe, wie das Ausscheiden eines oder mehrerer Richter, ihre Erkrankung, ihr Urlaub, sind von vornherein zu berücksichtigen,[305] soweit dies zur Aufrechterhaltung einer funktionsfähigen Justiz erforderlich ist. Auch bei einer Hilfsliste für Fälle unvorhergesehener Verhinderung muss nach einer zuvor festgelegten Reihenfolge vorgegangen werden; es reicht nicht aus, wenn ein Hilfsrichter im Vorwege erklärt, er werde nicht kurzfristig erreichbar sein.[306] In Ausnahmefällen und insbesonde-

---

[296] Vgl. ferner § 27 FGO.

[297] Mit Recht krit. *Rönnau/Hoffmann* ZIS 2018, 233.

[298] BVerfGE 18, 65 (69); BVerwGE 20, 39 (41); BVerfG BeckRS 2016, 111809, Rn. 23; NJW 2017, 1233 (1234, Rn. 22); NJW 2018, 1155 (1156, Rn. 17).

[299] *Jachmann-Michel* in Maunz/Dürig Rn. 50.

[300] Zu letzterem *Schröder* DRiZ 2006, 291.

[301] BVerfG NJW 1997, 1497 (1498); BeckRS 2016, 111809, Rn. 25; NJW 2017, 1233 (1234, Rn. 24); NJW 2018, 1155 (1156, Rn. 17); BGH NStZ 2017, 429.

[302] Vgl. BGH NStZ 2017, 429; auch BGH NJW 2015, 2597 (2598, Rn. 7).

[303] BGH NStZ 2017, 429 (430) m. krit. Anm. *Tully.*

[304] BVerfG BeckRS 2016, 111809, Rn. 27 ff.; NJW 2017, 1233 (1234 f., Rn. 28); NJW 2018, 1155 (1156, Rn. 20); zuvor bereits BGH NStZ 2014, 226 (227 f., Rn. 17 ff.) und dazu *Sowada* HRRS 2015, 16 (17 ff.).

[305] BVerfGE 17, 294 (300).

[306] BVerwGE 44, 215 (219).

re im Interesse einer Verwirklichung des Beschleunigungsgrundsatzes können auch **Änderungen der Zuständigkeit für bereits anhängige Verfahren** zulässig sein.[307]

Entscheidendes Kriterium für die Vereinbarkeit eines Geschäftsverteilungs- **48**
plans mit Art. 101 Abs. 1 S. 2 auch im Falle seiner Änderung ist die Frage, ob die objektive **Möglichkeit der Manipulation** gegeben ist, bzw. der Verfahrensbeteiligte berechtigten Anlass zu der Annahme hat, die Gerichtszuständigkeit sei zu seinen Lasten manipuliert worden.[308] Wenn diese Frage bejaht werden muss, ist der zur Entscheidung herangezogene Richter nicht „gesetzlicher Richter", ohne dass es in diesem Falle auf das Vorliegen von Willkür ankommt.[309] Die Aufstellung des Geschäftsverteilungsplans durch ein falsch besetztes Präsidium wirkt sich auf die Rechtsgültigkeit des Plans nicht aus.[310] Das BVerwG[311] geht davon aus, dass der Richter die Zuweisung einer Sache durch den Geschäftsverteilungsplan so lange hinnehmen muss, bis über dessen Rechtswidrigkeit gerichtlich entschieden ist, auch wenn er den Plan für rechtswidrig (und sich damit wegen Art. 101 Abs. 1 S. 2 nicht für den gesetzlichen Richter) hält.[312]

Neuregelungen der Zuständigkeiten während des laufenden Ge- 49
schäftsjahres im Hinblick auf **nicht vorhersehbare Ereignisse und Entwicklungen** (z. B. Überlastung, Ausscheiden einzelner Richter, ungleiche Auslastung) sind durch die Garantie des gesetzlichen Richters nicht ausgeschlossen, sofern sie die Effizienz des Geschäftsablaufs erhalten oder wiederherstellen.[313] So dürfen einfachgesetzlich Geschäftsverteilungspläne im Laufe des Geschäftsjahres nur geändert werden, wenn dies wegen Überlastung oder ungenügender Auslastung eines Richters oder Spruchkörpers oder infolge Wechsels oder dauernder Verhinderung einzelner Richter nötig wird.[314] Insbesondere kann eine nachträgliche Änderung der Geschäftsverteilung auch geboten sein, wenn nur auf diese Weise dem Verfassungsgebot einer **Gewährleistung von Rechtsschutz innerhalb angemessener Zeit** Rechnung zu tragen ist. Das BVerfG fordert für die Zulässigkeit von Änderungen der Zuständigkeit auch für bereits anhängige Verfahren, dass die Neuregelung **generell gilt,** also mehrere anhängige Verfahren und eine unbestimmte Vielzahl künftiger, gleichartiger Fälle erfasst, und **nicht aus sachwidrigen Gründen** geschieht.[315] Soweit bereits **anhängige Verfahren** von einer Neuverteilung bestehender Zuständigkeiten erfasst werden, sind Regelungen nach dem BVerfG nur dann im Voraus generell-abstrakt, wenn die Neuverteilung **durch den Geschäftsverteilungsplan selbst erfolgt,** dagegen nicht im Voraus generell-abstrakt, wenn sie **im Einzelfall** sowohl die Neuverteilung als auch die Beibehaltung bestehender Zuständigkeiten ermögli-

---

307 BVerfGE 24, 33 (54 f.); NJW 2003, 345. Das soll auch gelten, wenn die Änderung ausschließlich anhängige Verfahren betrifft, wobei in solchen Fällen Art. 101 Abs. 1 S. 2 intensive Begründungslasten auslöst, s. BVerfG NJW 2009, 1734.

308 BVerfGE 18, 65 (70), 344 (349 f.); 95, 322 (332 f.).

309 BVerfGE 17, 294 (301); 18, 65 (70); *Müller* JZ 1976, 587 (589).

310 BVerfGE 31, 47 (54). Zur Angreifbarkeit von Geschäftsverteilungsplänen durch den Rechtsuchenden *Gloria* DÖV 1988, 849 (857 f.); durch den Richter BVerwG NJW 1976, 1224; *Wolf* DRiZ 1976, 364.

311 BVerwG NJW 1976, 1226.

312 Beachtliche Kritik hiergegen bei *Weith* DRiZ 1977, 112.

313 BVerfG NJW 2018, 1155 (1156, Rn. 18).

314 § 21e Abs. 3 S. 1 GVG; dazu *Sowada* HRRS 2015, 16.

315 BVerfG BeckRS 2016, 111809, Rn. 24; NJW 2017, 1233 (1234, Rn. 23); NJW 2018, 1155 (1156, Rn. 19).

chen und dabei die **konkreten Zuständigkeiten von Beschlüssen einzelner Spruchkörper abhängig** machen.[316] Die hierfür ausschlaggebenden Umstände hat das Präsidium **umfassend zu dokumentieren.**[317] Die spezielle Zuweisung eines einzigen Verfahrens dürfte vor Art. 101 Abs. 1 S. 2 GG keinen Bestand haben.[318]

50 Zur Aufrechterhaltung einer funktionsfähigen Justiz kann – nach heute gefestigter Ansicht – auch die **Überbesetzung** einzelner Spruchkörper erforderlich sein. Auch hier ist aber im Einzelfall Verfassungswidrigkeit dann gegeben, wenn die Überbesetzung an sich vermeidbar wäre[319] oder Manipulierungsmöglichkeiten eröffnet werden;[320] die Grenze sollte nach bisheriger Rspr. erst überschritten sein, wenn zwei vollständige Sitzgruppen für einen Spruchkörper vorgesehen werden oder wenn der Vorsitzende drei Sitzgruppen mit je verschiedenen Beisitzern bilden kann.[321] Zu Recht hatte der 1. Senat des BVerfG darauf hingewiesen, dass bereits die Überbesetzung mit nur einem Richter die „Möglichkeit willkürlichen Manipulierens" eröffnet;[322] in Abweichung von BVerfGE 18, 344 (351) und BVerfGE 69, 112 (120) forderte der 1. Senat daher, dass der Vorsitzende überbesetzter Spruchkörper vor Beginn eines Geschäftsjahres nach **abstrakt-generellen Kriterien** zu bestimmen habe, „welche Mitglieder des Spruchkörpers bei den einzelnen richterlichen Geschäften mitwirken".[323] Einzelfallbezogene Ermessensentscheidungen[324] seien damit unzulässig; die Zuständigkeit dürfe nicht aufgrund von „Ermessen",[325] sondern müsse iSd Subsumtion unter unbestimmte Rechtsbegriffe gesteuert werden.

51 Auf diese Vorlage hin hat das Plenum des BVerfG mit Beschl. v. 8.4.1997[326] seine Rechtsprechung zu Art. 101 Abs. 1 S. 2 „verdeutlicht und fortgebildet"[327]und das grundsätzliche Gebot aufgestellt, für (mit Berufsrichtern besetzte) Spruchkörper[328] „eines Gerichts im Voraus und abstrakt Merk-

---

[316] Bejaht jeweils für Stichtagsregelungen in BVerfG BeckRS 2016, 111809, Rn. 30 ff.; NJW 2018, 1155 (1156, Rn. 19, 21 ff.). Beanstandet wurden unterjährige Geschäftsplanänderungen auch in BGH NStZ 2014, 226 (227 f., Rn. 18 ff.) für eine Verfahrensübertragung auf eine andere Strafkammer; in BGH NStZ 2014, 287 (288 f., Rn. 10 ff.) für die Errichtung einer Hilfs-Strafkammer; in BGH NJW 2015, 2597 (2599, Rn. 13 ff.) für die Verfahrensübertragung eines einzigen Verfahrens.

[317] BGH NStZ 2014, 287 (288, Rn. 9).

[318] Vgl. BVerfG BeckRS 2016, 111809, Rn. 24; offen gelassen in BGH NJW 2015, 2597 (2599, Rn. 15).

[319] Hier sind etwa die Statistiken über den Geschäftsanfall der vorangehenden Jahre zu berücksichtigen.

[320] S. etwa *Felix* FS f. Gaul, 1992, 97 ff.

[321] Vgl. iE BVerfGE 18, 344 (350); 19, 145 (147); 22, 277 (285); BVerwGE 24, 315 (316 f.); 30, 172 (179); *Hill* in HdbStR VI, 2. Aufl. 2001, § 156 Rn. 53; s. aber auch BVerfGE 19, 52 (63 f.) zu § 52 Abs. 3 AO.

[322] BVerfG NJW 1995, 2703 (2705); s. dazu *Felix* BB 1995, 1811.

[323] Vorlagebeschluss gem. § 16 Abs. 1 BVerfGG.

[324] Etwa Besetzung der Richterbank in Anknüpfung an die Verteilung der Berichterstattung, diese verteilt aufgrund Eilbedürftigkeit, Arbeitsbelastung, gleichmäßige Befassung mit „allen" Rechtsgebieten. Vgl. zum Stichwort „Überbesetzung" BVerfG NJW 2004, 3482.

[325] Anders namentlich BFH NJW 1992, 1062.

[326] BVerfGE 95, 322; im Anschluss BVerfG NJW 1998, 2962; BVerfG NVwZ-RR 2000, 646; s. dazu *Berkemann* JR 1997, 281; *Katholnigg* JR 1997, 284; *Pechstein* Jura 1998, 197; *Vollkommer* EWiR 1997, 71; krit. *Sangmeister* NJW 1998, 721.

[327] BVerfGE 95, 322 (334); womit gesagt ist: teils an älteren Obersätzen, auch entgegen dem Vorlagebeschluss, festgehalten, anderes indessen präzisiert und verschärft.

[328] Es muss dies aber auch für ehrenamtliche Richter gelten, ebenso *Schulze-Fielitz* in Dreier Rn. 55; sa *Katholnigg* JR 1997, 284 (285); vgl. aber BGH NJW-RR 1998, 699 (700) für das Bundespatentgericht.

male zu bestimmen, welche Richter zu den jeweiligen Verfahren mitzuwirken haben“ (so die Entscheidungsformel des Beschlusses). „Geschäftsverteilungs- und Mitwirkungsregeln müssen als Grundlagen zur Bestimmung des ‚gesetzlichen' Richters wesentliche Merkmale aufweisen, die gesetzliche Vorschriften auszeichnen“.[329] „Gesetzlich“ heißt also: „in Rechtssätzen“.[330] Das Genauigkeitsgebot wird so verstanden, dass „überall dort, wo dies nach dem gewählten Regelungskonzept ohne Beeinträchtigung der Effektivität der Rechtsprechungstätigkeit möglich ist, (die) Bestimmung anhand von Kriterien zu erfolgen hat, die subjektive Wertungen weitgehend ausschließen“.[331] Das Plenum des BVerfG erörtert im Übrigen denkbare solche „Regelungskonzepte“ und gibt Leitlinien für die (damals: künftige, es wurde eine Übergangszeit bis zum 1.7.1997 als Zeitpunkt der Anhängigkeit von Verfahren eingeräumt)[332] Handhabung des Problems.[333]

Art. 101 Abs. 1 S. 2 hat auch noch für **einzelne Entscheidungen des Vorsitzenden** eines Spruchkörpers Bedeutung, sofern sie das Tätigwerden seiner Beisitzer betreffen.[334] So ist die **Terminbestimmung** durch den Vorsitzenden vorzunehmen,[335] der somit über die Einbeziehung eines individuellen Richters indirekt entscheiden kann.[336] Der Vorsitzende verfügt hierbei über erhebliche Ermessenspielräume, da Termine ohne Berücksichtigung des Streitstandes nicht festgelegt werden können. Die Rolle der Spruchkörpervorsitzenden ist vielfach verstärkt Gegenstand auch rechtspolitischer Überlegungen.[337] Gegen den Grundsatz des gesetzlichen Richters verstößt auch eine Entscheidung durch den Vorsitzenden anstatt durch den zuständigen Senat.[338] 52

V. Gerichte für besondere Sachgebiete

Gerichte für besondere Sachgebiete **(Sondergerichte)**[339] sind Gerichte, die im Rahmen ihrer Zuständigkeit an die Stelle der allgemein zuständigen Gerichte treten (daher „besondere“ Gerichte), die aber im Voraus für bestimmte generell bezeichnete Sachgebiete – durch Gesetz[340] – für zuständig erklärt sind.[341] Letzteres unterscheidet sie von den nach Art. 101 Abs. 1 S. 1 53

[329] S. bereits → Rn. 45; BVerfGE 95, 322 (328).

[330] BVerfGE 95, 322 (329).

[331] BVerfGE 95, 322 (330).

[332] BVerfGE 95, 322 (334 f.); eine Art „Freispruch“ für zuvor anders judizierenden BFH und BGH.

[333] BVerfGE 97, 1 (10 f.). Zur früheren Diskussion um das Problem der „Überbesetzung“ vgl. iÜ *Berger* NJW 1955, 1138 (noch grundsätzlich ablehnend); *Jachmann-Michel* in Maunz/Dürig Rn. 59; *de Clerck* NJW 1968, 1766 (beide krit. zur Einzelfallrechtsprechung des BVerfG) und die Darstellungen bei *Goeckel,* Die Grundsätze des Rechtsstaats in der höchstrichterlichen Rechtsprechung der Bundesrepublik Deutschland, 1965, 69 ff.; *Henkel,* Der gesetzliche Richter, 1968, 68 ff.; *Marx,* Der gesetzliche Richter im Sinne vom Art. 101 Abs. 1 S. 2 Grundgesetz, 1969, 38 ff., 48 ff.

[334] Vgl. BVerfG BeckRS 2017, 112360, Rn. 2.

[335] Vgl. § 216 ZPO.

[336] BVerfGE 4, 412 (417 f.).

[337] S. zB *Sangmeister* ZRP 1995, 297; *Kissel* DRiZ 1995, 125: „gerichtsinterne Demokratie“; vgl. auch *Leisner* NJW 1995, 285; mit rechtspolitischer Perspektive s. schließlich auch *Karpen* FS f. Leisner, 1999, 989; *Mäurer* DRiZ 2000, 65 (69).

[338] BVerfG BeckRS 2017, 112360, Rn. 2.

[339] Zur Geschichte des Begriffs *Hug,* Strafrechtliche Sondergerichtsbarkeiten in Deutschland 1918–1932, 1976, 54 ff.

[340] → Rn. 54.

[341] BVerfGE 10, 200 (212 f.).

unzulässigen Ausnahmegerichten.[342] Sondergerichte dürfen nicht für besondere Personengruppen[343] geschaffen werden,[344] eine Zuständigkeit für ein bestimmtes Sachgebiet[345] kann aber notwendigerweise zugleich eine Beschränkung auf einen bestimmten Personenkreis[346] mit sich bringen. Dem steht Art. 101 Abs. 2 nicht entgegen.[347]

54 Sondergerichte sind nur auf **Länderebene** zulässig, weil das GG die Bundesgerichte abschließend aufzählt.[348] Der Senat für Anwaltssachen beim BGH ist kein Sondergericht des Bundes, sondern ein Teil des BGH.[349] Gem. Art. 101 Abs. 2 zulässige Sondergerichte sind zB die Jugendgerichte,[350] die Ehrengerichte und Ehrengerichtshöfe der Rechtsanwälte,[351] die Disziplinargerichte für Beamte, die Berufsgerichte für Ärzte, Zahnärzte, Tierärzte, Apotheker, Dentisten,[352] die Schifffahrtsgerichte,[353] die Flurbereinigungsgerichte.

VI. Können nur durch Gesetz errichtet werden

55 Sondergerichte können nur durch ein Gesetz im formellen Sinne errichtet werden, denn Art. 101 Abs. 2 will die Einrichtung jeglicher Sondergerichtsbarkeit unter den **Vorbehalt des Gesetzes** im konstitutionellen Sinne stellen.[354] Unter der NS-Herrschaft wurden die von der Exekutive aufgrund einer Blankettermächtigung nach Belieben einsetzbaren Sondergerichte zum Modell für die Durchsetzung nationalsozialistischer Vorstellungen zum Strafprozess.[355] Die Errichtung des förmlichen Gesetzesvorbehalts in Art. 101 Abs. 2 reflektiert auch diese Erfahrungen.

56 Der Gesetzesvorbehalt umfasst die Ordnung der sachlichen und örtlichen Zuständigkeit, des Instanzenzuges, der Zusammensetzung der Spruchkörper, die Regelung der Auswahl und Ernennung der Richter einschließlich der Fragen, wer zum Richter bestellt werden kann, aus welchen Gründen jemand von der Ernennung zum Richter ausgeschlossen oder zur Ablehnung eines Amtes berechtigt ist.[356] Das BVerfG hat allerdings in den genannten Entscheidungen zugleich zum Ausdruck gebracht, dass nur Fragen, die **„wesentliche Bedeutung für den Charakter einer Gerichtsbarkeit"** haben, dem Gesetzesvorbehalt des Art. 101 Abs. 2 unterliegen, so dass „unwesentliche" Fragen der Regelung durch Rechtsverordnung überlassen bleiben können.

---

342 → Rn. 9 ff.

343 ZB für alle Rechtsangelegenheiten der Rechtsanwälte.

344 BVerfGE 26, 186 (192); zur Zulässigkeit von Sondergerichten *Jachmann-Michel* in Maunz/Dürig Rn. 96.

345 ZB das anwaltliche Berufsrecht.

346 ZB Rechtsanwälte und Bewerber um die Zulassung als Rechtsanwalt.

347 BVerfGE 26, 186 (192 f.); 71, 162 (178).

348 Art. 92, 93, 95, 96 Abs. 1, 2 u. 4; BVerfGE 10, 200 (212 f.); BVerwGE 32, 21 (23).

349 BVerfGE 26, 186 (193).

350 BayObLG JR 1975, 202 (204).

351 BVerfGE 48, 300 (324).

352 BVerfGE 18, 241 (257); 22, 42 (47); 27, 355 (361 f.).

353 Nicht aber die Seeämter, die keine Gerichte sind, BVerwGE 32, 21.

354 *Bettermann* in Bettermann/Nipperdey/Scheuner Grundrechte, 574.

355 Ihre Aufgabe war nach *Idel,* Die Sondergerichte in politischen Strafsachen, 1935, 36, „die Gegner des Dritten Reiches, hauptsächlich Kommunisten und Sozialdemokraten, vollständig auszurotten".

356 BVerfGE 18, 241 (257); 22, 42 (48); 27, 355 (362 f.).

C. Verhältnis zu anderen Vorschriften des Grundgesetzes

Der Grundsatz des gesetzlichen Richters bezeichnet mit seinen Garantien (formelle Garantie einer abstrakt-generellen Zuständigkeitsordnung; materielle Garantie eines unabhängigen neutralen Richters; s. → Rn. 3, 21) lediglich **punktuelle Gewährleistungen** einer **rechtsstaatlichen Justiz.** Insbesondere begründet er selbst weder einen allgemeinen Justizgewährleistungsanspruch wie **Art. 2 Abs. 1 iVm. 20 Abs. 3** noch einen speziellen Justizgewährleistungsanspruch gegenüber der öffentlichen Gewalt wie **Art. 19 Abs. 4.** Soweit die Richtergarantie die Gewähr von Rechtsschutz durch staatliche Gerichte voraussetzt, wird sie durch zahlreiche verfassungsrechtlichen Anforderung etwa aus dem Rechtsstaatsprinzip ergänzt wie Recht auf faires Verfahren, prozessualen Waffengleichheit etc.[357] Eng verwandt ist Art. 101 Abs. 1 S. 2 auch mit dem Gleichheitssatz in **Art. 3 Abs. 1** (s. → Rn. 311, 25, 38). 57

Bei der Prüfung der **Zulässigkeit von Rechtsmitteln** zieht das BVerfG allerdings gelegentlich Art. 101 Abs. 1 S. 2 heran.[358] Lässt ein Fachgericht ein Rechtsmittel nicht zu, so müssen die Urteilsgründe dem BVerfG die Prüfung ermöglichen, ob das Fachgericht ein von der jeweiligen Rechtsordnung grundsätzlich eröffnetes Rechtsmittel ineffektiv gemacht hat. Die Begründungsobliegenheiten folgert das BVerfG überwiegend entweder aus dem Justizgewährungsanspruch aus Art. 19 Abs. 4 oder im Zivilprozess aus Art. 2 Abs. 1 iVm. Art. 20 Abs. 3, wobei die Kontrolle ganz überwiegend, aber nicht stets explizit auf Willkür beschränkt wird.[359] Für den Fall, dass der Beschwerdeführer die Nichteröffnung der weiteren Instanz als Entzug des gesetzlichen Richters rügt, prüft das BVerfG auch Art. 101 Abs. 1 S. 2. Unterlässt das Fachgericht eine nachvollziehbare Begründung seiner Nichtzulassungsentscheidung, so kommt eine Aufhebung durch das BVerfG dann in Betracht, wenn die **Zulassung des Rechtsmittels nahegelegen** hätte.[360] Die Konsequenzen aus dieser zusätzlichen Prüfung werden im Schrifttum (noch) als „bescheiden" bezeichnet.[361] 58

D. Kritische Würdigung

Art. 101 bietet das Beispiel einer Verfassungsnorm, die ihre Formulierung bewahrenswerter rechtsstaatlicher Tradition verdankt, wie sie schon in früheren Gesetzen zum Ausdruck gekommen war. Das GG hat hier einen bereits 1877 im GVG (§ 16) als Grundnorm des Gerichtsverfassungsrechts verbürgten Satz auf die Ebene des Verfassungsrechts erhoben und als objektive und zugleich individuelle, dh insbesondere: mit der Verfassungsbeschwerde einforderbare Garantie ausgestaltet. Dabei wären Abs. 1 S. 1 und Abs. 2 ver- 59

[357] Näher *Schulze-Fielitz* in Dreier Rn. 66 f.

[358] Dazu auch *Classen* in Mangoldt/Klein/Starck Rn. 44.

[359] S. etwa ohne explizite Willkürnennung BVerfGE 88, 118 (123 ff.); BVerfG FD-ZVR 2017, 394595; NJW 2019, 3137 (3138 Rn. 16). Bloße Willkürkontrolle dagegen bei BVerfG NJW 2007, 1053 (1054 Rn. 10); NJW 2009, 572 (573 Rn. 17); NJW 2014, 1796 f. (Rn. 19 ff.); NZI 2014, 975 (976 Rn. 10): VuR 2016, 422 (423 f.).

[360] BVerfG NJW 2012, 1715 (Rn. 19), dort bejaht; DNotZ 2014, 918 (Rn. 22), dort verneint; BVerfG ZUM-RD 2017, 73 (74 f. Rn. 144 ff.), dort objektive Willkür bejaht.

[361] So *Classen* in Mangoldt/Klein/Starck Rn. 44.

zichtbar, weil sie bereits aus Abs. 1 S. 2 folgen. Die Ausführlichkeit des Art. 101 ist freilich unschädlich, auch wenn die Reihenfolge der drei Aussagen ihr systematisches Verhältnis zueinander verunklart.

60 Im Übrigen hat die Entwicklung gezeigt, dass das Ideal vollkommener gesetzlicher Festlegung richterlicher Entscheidungskompetenz aus Sachgründen nicht in allen Bereichen gleich strikt zu verwirklichen ist. Die Rspr. des BVerfG überzeugt zB im Bereich der rechtsprechenden Gewalt in weiterem Umfang als im Bereich der Gesetzgebung. Es stellt sich deshalb die Frage, ob diesem Umstand bei einer Neufassung des Art. 101 durch eine differenzierende Regelung Rechnung getragen werden sollte, die das Bestimmtheitsgebot gegenüber dem Gesetzgeber verschärft. Eine offene Flanke bietet im Übrigen die Willkür-Rechtsprechung[362] im Zusammenhang mit der Inpflichtnahme der Gerichte durch Art. 101 Abs. 1 S. 2. Hier griffigere Kategorien anzubieten dürfte einem verfassungsändernden Gesetzgeber allerdings schwerlich gelingen. – Die neuere Diskussion über „Demokratie“ im Gericht mag sich auf das Anliegen des Art. 101 Abs. 1 S. 2 berufen können,[363] soweit es um die Bestimmungsmacht von Vorsitzenden geht. Es wird darauf zu achten sein, dass sie nicht ihrerseits sachfremden Einflüssen auf die Festlegung richterlicher Zuständigkeit Vorschub leistet.

Literatur

Ad. Arndt, Die Gesetzlichkeit des Richters, DRiZ 1959, 171. – ***E. Austerhoff,*** Die europäischen Gerichte mit Zugang für Einzelpersonen und ihr Verhältnis zu Art. 101, Diss. Münster, 1970. – ***M. Bäcker,*** Altes und Neues zum EuGH als gesetzlichem Richter, NJW 2011, 270. – ***U. Berger-Delthey,*** Das Bundesarbeitsgericht als gesetzlicher Richter, DRiZ 1988, 121. – ***K.A. Bettermann,*** Der gesetzliche Richter in der Rechtsprechung des Bundesverfassungsgerichts, AöR 94 (1969), 263. – ***K.A. Bettermann,*** Die Unabhängigkeit der Gerichte und der gesetzliche Richter, in Bettermann/Nipperdey/Scheuner, Die Grundrechte, Bd. III Halbband 2, 1959. – ***P. Bockelmann,*** Strafprozessuale Zuständigkeitsordnung und gesetzlicher Richter, GA 1957, S. 357. – ***E.-W. Böckenförde,*** Der „gesetzliche Richter“ beim Bundesverfassungsgericht, DÖV 1968, 566. – ***C. Calliess,*** Der EuGH als gesetzlicher Richter im Sinne des Grundgesetzes, NJW 2013, 1905. – ***H. De Clerck,*** Zur Überbesetzung der gerichtlichen Spruchkörper, NJW 1968, 1766. – ***M. Düwel,*** Kontrollbefugnisse des Bundesverfassungsgerichts bei Verfassungsbeschwerden gegen gerichtliche Entscheidungen, 2000. – ***A. Eser,*** Der „gesetzliche Richter“ und seine Bestimmung für den Einzelfall, FS Salger, 1994, 247. – ***U. Fastenrath,*** Der Europäische Gerichtshof als gesetzlicher Richter, FS Ress, 2005, 461. – ***U. Fastenrath,*** BVerfG verweigert willkürlich die Kooperation mit dem EuGH, NJW 2009, 272. – ***U. Fastenrath,*** Nochmals: Kontrolle der Vorlageverpflichtung nach § 267 Abs. 3 AEUV durch das BVerfG, JZ 2013, 299. – ***O. Feiber,*** Justizverweigerung durch ein Gerichtspräsidium, NJW 1975, 2005. – ***G. Felix,*** Rechtstatsachen finanzgerichtlicher Geschäftsverteilungspläne, StVj 1993, 159. – ***G. Felix,*** Auf der Suche nach dem gesetzlichen Richter im Bundesfinanzhof, FS Gaul, 1992, 97. – ***M. Fröhlinger,*** Zum vorläufigen Rechtsschutz in verwaltungsgerichtlichen Massenverfahren, DÖV 1983, 363. – ***W. Gloede,*** Mißbräuchliche Ablehnungsgesuche im Zivilprozeß, NJW 1972, 2067. – ***C. Gloria,*** Verfassungsrechtliche Anforderungen an die gerichtlichen Geschäftsverteilungspläne, DÖV 1988, 849. – ***C. Gloria,*** Die Verwirklichung des Rechts auf den gesetzlichen Richter im Prozeß, NJW 1989, 445. – ***J. W. Goebel,*** Juristische Informationssysteme und der gesetzliche Richter, JZ 1981, 652. – ***K. Goeckel,*** Die Grundsätze des Rechtsstaats in der höchstrichterlichen Rechtsprechung der Bundesrepublik Deutschland, Diss. Tübingen, 1965.

[362] → Rn. 38; heftig *Fastenrath* FS f. Ress, 2005, 461 (483): „aus der Flasche gelassener Geist“.

[363] → Rn. 52.

– ***I. Gottschalk,*** Das Recht auf den gesetzlichen Richter – Art. 101 Abs. 1 Satz 2 GG – in der Rechtsprechung des Bundesverfassungsgerichts und der oberen Bundesgerichte unter Berücksichtigung des Schrifttums, 1965. – ***G.-F. Güntge,*** Die willkürliche Ablehnung von Befangenheitsgesuchen nach § 26a StPO und der gesetzliche Richter, JR 2006, 363. – ***W. Gravenhorst,*** Zurückverweisung und gesetzlicher Richter, NJW 2018, 2161. – ***G. Grünwald,*** Die sachliche Zuständigkeit der Strafgerichte und die Garantie des gesetzlichen Richters, JuS 1968, 452. – ***R. Hamm,*** Der gesetzliche Richter und die Ablehnung wegen Besorgnis der Befangenheit in Strafverfahren, Diss. Berlin, 1974. – ***W. Haensle,*** Der Willkürmaßstab bei der Garantie des gesetzlichen Richters bei Nichtvorlagen – bewährter Maßstab oder gemeinschaftsrechtliche Notwendigkeit einer Neuausrichtung, DVBl. 2011, 811. – ***Chr. Heitsch,*** Prüfungspflichten des Bundesverfassungsgerichts unter dem Staatsziel der europäischen Integration, EuGRZ 1997, 46.1. – ***J. Henkel,*** Der gesetzliche Richter, Diss. Göttingen, 1968. – ***B. Herz,*** Der EuGH als gesetzlicher Richter – Friktionen in der verfassungsgerichtlichen Rechtsprechung, DÖV 2013, 769. – ***Chr. Hillgruber,*** Das BVerfG und der gesetzliche Richter. Zur Auslegung des § 16 BVerfGG, NVwZ 1999, 153. – ***H. Hug,*** Strafrechtliche Sondergerichtsbarkeiten in Deutschland 1918–1932, Diss. Heidelberg, 1976. – ***E. Kern,*** Der gesetzliche Richter, 1927. – ***E. Knoll,*** Die besonderen Gerichte, DÖV 1954, 232. – ***J. Kokott/T. Henze/C. Sobotta,*** Die Pflicht zur Vorlage an den Europäischen Gerichtshof und die Folgen ihrer Verletzung, JZ 2006, 633. – ***U. Kornblum,*** Zur Anfechtbarkeit gerichtlicher Geschäftsverteilungspläne, NJW 1977, 666. – ***W. Kramer,*** Die Einzelrichternovelle und Art. 101 I 2 GG, JZ 1977, 11. – ***D. Kuch,*** Das Recht auf den gesetzlichen Richter (Art. 101 I 1 2 GG), Jura 2020, 228. – ***W. Leisner,*** Urteils-Verfassungsbeschwerde wegen Nichtvorlage bei Abweichung, NJW 1989, 2446. – ***D. Lorenz,*** Grundrechte und Verfahrensordnungen, NJW 1977, 865. – ***E. Marx,*** Der gesetzliche Richter im Sinne vom Art. 101 Abs. 1 S. 2 Grundgesetz, Diss. Berlin, 1969. – ***L. Michael,*** Grenzen einer verschärften Vorlagenkontrolle des Art. 267 Abs. 3 AEUV durch das BVerfG. Unionsrechtsfreundliche oder grundrechtsfreundliche Modifizierungen des Art. 101 Abs. 1 S. 2 GG, JZ 2012, 870; – ***C. Momsen/M. Willumat,*** Ergänzungsrichter, der Grundsatz des gesetzlichen Richters und das Beschleunigungsgebot, NStZ 2018, 369. – ***P. Müller,*** Gesetzlicher Richter und Geschäftsverteilungsplan, JZ 1976, 587. – ***K. Nehm,*** Die Verwirklichung der Grundrechte durch die Gerichte im Prozeßrecht und Strafrecht, in W. Heyde/Chr. Starck, Vierzig Jahre Grundrechte in ihrer Verwirklichung durch die Gerichte, 1990, 173. – ***G. Neubauer,*** Verfassungsrechtliche Begründung und Legitimation der justizialen Grundrechte, Diss. Münster, 1991. – ***D. Oehler,*** Der gesetzliche Richter und die Zuständigkeit in Strafsachen, ZStrW 64 (1952), 292. – ***M. Pechstein,*** Der gesetzliche Richter, Jura 1998, 197. – ***J. Peglau,*** Zur Überbesetzung großer Strafkammern, wistra 2005, 92. – ***U. Reichl,*** Probleme des gesetzlichen Richters in der Verwaltungsgerichtsbarkeit, 1994. – ***D. Remus,*** Präsidialverfassung und gesetzlicher Richter, 2008. – ***H.-J. Rinck,*** Gesetzlicher Richter, Ausnahmegericht und Willkürverbot, NJW 1964, 1649. – ***M. Rodi,*** Vorlageentscheidungen, gesetzlicher Richter und Willkür, DÖV 1989, 750. – ***Th. Roth,*** Das Grundrecht auf den gesetzlichen Richter, 2000. – ***W. Roth,*** Verfassungsgerichtliche Kontrolle der Vorlagepflicht an den EuGH, NVwZ 2009, 345. – ***H. Rüping,*** Nationalsozialistische Rechtsprechung am Beispiel der SS- und Polizeigerichte, NStZ 1983, 112. – ***G. G. Sander,*** Europäischer Gerichtshof und nationale Verfassungsgerichtsbarkeit, DÖV 2000, 588. – ***E. Sarcevic,*** Der EuGH als gesetzlicher Richter (Art. 101 Abs. 1 GG), DÖV 2000, 941. – ***M. Schröder,*** Die Vorlagepflicht zum EuGH aus europarechtlicher und nationaler Perspektive, EuR 2011, 808. – ***H.-U. Scupin,*** Der gesetzliche Richter im Bonner Grundgesetz, 1963. – ***H. Seide,*** Der gesetzliche Richter bei Reduzierung der Richterbank, NJW 1973, 265. – ***J. Selder,*** Das Bundesverfassungsgericht und der gesetzliche Richter, ZRP 2011, 164. – ***Chr. Sowada,*** Die Gerichtsbesetzung bei Haftentscheidungen während einer anhängigen Hauptverhandlung, NStZ 2001, 169. – ***Chr. Sowada,*** Der gesetzliche Richter im Strafverfahren, 2002. – ***Chr. Sowada,*** Änderungen des Geschäftsverteilungsplans (§ 21e Abs. 3 S. 1 GVG) und Beschleunigungsgrundsatz, HRRS 2015, 16. – ***H. Stanieki,*** Der Einzelrichter beim Landgericht als gesetzlicher Richter, DRiZ 1979, 342. –

C. Stemmler, Befangenheit im Richteramt. Eine systematische Darstellung der Ausschließungs- und Ablehnungsgründe unter Berücksichtigung des gesetzlichen Richters als materielles Prinzip, Diss. Tübingen, 1974. – ***K. Stern,*** Qualität und Bedeutung der Prozeßgrundrechte, FS Ule, 1987, 359. – ***R. Stober,*** Staatsgerichtsbarkeit und Schiedsgerichtsbarkeit, NJW 1979, 2001. – ***T. Rönnau/A. Hoffmann,*** „Vertrauen ist gut, Kontrolle ist besser": Das Prinzip des gesetzlichen Richters am EuGH, ZIS 2018, 233. – ***H. Theile,*** Gesetzlicher Richter und Wirtschaftsstrafsachen, StV 2019, 763. – ***C. Thomale,*** Zur subjektivrechtlichen Durchsetzung der Vorlagepflicht zum EuGH im europäischen Verfassungsgerichtsverbund, EuR 2016, 510. – ***C. Tombrink,*** Was ist „Willkür"? – Die „willkürliche" Verweisung des Rechtsstreits an ein anderes Gericht, NJW 2003, 2364. – ***E. Träger,*** Der gesetzliche Richter – Aktuelle Fragen aus Verfassung und internationalem Recht, FS f. Zeidler, Bd. 1, 1987, 123. – ***A. Voßkuhle,*** Rechtsschutz gegen den Richter, 1993. – ***A. Weitl,*** Geschäftsverteilungsplan und gesetzlicher Richter, DRiZ 1977, 112. – ***B. Werner,*** Ordnungsgemäße Besetzung eines Spruchkörpers bei Vakanz der Vorsitzendenstelle, NJW 2007, 2671. – ***M. Westphal/C. H. Ule,*** Freie Wahl des Berichterstatters durch den Vorsitzenden bei überbesetztem Spruchkörper? Kammerbesetzung mit fünf Beisitzern? DVBl. 1964, 979. – ***B. Windau,*** Taktische Ablehnungsgesuche und das Recht auf den gesetzlichen Richter, NJW 2018, 3206. – ***J. von Winterfeld,*** Abbau der gesetzlichen Richter?, NJW 1972, 139. – ***H.-J. Wipfelder,*** Die Rechtsprechung des Bundesverfassungsgerichts zu Art. 101 Abs. 1 Satz 2 GG, VBlBW 1982, 33. – ***M. Wolf,*** Gerichtliche Nachprüfung von Geschäftsverteilungsplänen?, DRiZ 1976, 364. – ***U. Wölker,*** Wann verletzt eine Nichtvorlage an den EuGH die Garantie des gesetzlichen Richters?, EuGRZ 1988, 97. – ***E. Zimmermann,*** Durchsetzung der Vorlagepflicht nach Art. 177 Abs. 3 EWG-Vertrag mittels deutschen Verfassungsrechts, FS f. Doehring, 1989, 1033.

Art. 102 [Abschaffung der Todesstrafe]

Die Todesstrafe ist abgeschafft.

Paulskirchenverfassung vom 1849

Abschnitt VI. Art. III

§ 139 Die Todesstrafe, ausgenommen wo das Kriegsrecht sie vorschreibt, oder das Seerecht im Fall von Meutereien sie zuläßt, so wie die Strafen des Prangers, der Brandmarkung und der körperlichen Züchtigung, sind abgeschafft.

Übersicht

A. Allgemeine Bedeutung

I. Genese

1 Die Todesstrafe gehört **menschheitsgeschichtlich** betrachtet zu den ältesten Strafformen und ist im Alten Testament oder der Scharia ebenso bekannt wie in den frühen Hochkulturen, im antiken Griechenland, im römischen Recht, in den germanischen Stammeskulturen, im mittelalterlichen Sachsenspiegel oder der Peinlichen Gerichtsordnung *Karls V.* (1532).[1] Auch die Denker der Aufklärung – erinnert sei nur an *I. Kants* absolute Straftheorien[2] – lehnten die Todesstrafe nicht grundsätzlich ab. § 139 der Paulskirchenverfassung blieb ein bloßer Versuch, im Strafgesetzbuch des Deutschen Reichs von 1871 war die Todesstrafe vorgesehen und auch unter der Weimarer Verfassung hatten Bemühungen zu ihrer Abschaffung keinen Erfolg.[3] Auch verfassungsvergleichend betrachtet ist die Ächtung der Todesstrafe bis heute keineswegs eine konstitutionelle Selbstverständlichkeit.[4]

2 Das prominenteste Beispiel geben die USA.[5] Das unbedingte Verbot der Todesstrafe in Art. 102 entspringt daher einem zentralen, dabei ganz eigenständigen Grundanliegen der Väter und wenigen Mütter des GG: Sie wollten zu einer der großen Grundsatzfragen des Strafrechts und der Strafrechtsphilosophie eindeutige Stellung beziehen.[6] Hatten über Jahrhunderte hinweg Strafrechtler, Philosophen und Theologen leidenschaftlich um das Für und

---

[1] Ausführliche Nachweise bei *Germelmann* in BK Rn. 1–3; s. auch *Rollinger/Lang/Barta,* Strafe und Recht in den antiken Welten, 2012; *Schmidt* in Maurach Die Frage der Todesstrafe: 12 Antworten, 21 ff.

[2] *Kant,* Metaphysik der Sitten, Rechtslehre: Vom Straf- und Begnadigungsrecht, A 198, 199; B 228, 229.

[3] *Germelmann* in BK Rn. 97 f. mwN.

[4] Eine ausführliche Übersicht bei *Germelmann* in BK Rn. 10 ff.

[5] *Bagge* in Boulanger/Heyes/Hanfling Zur Aktualität der Todesstrafe, 65 ff.

[6] Näher dazu *Ebel/Kunig* Jura 1998, 617 ff.

Wider der Todesstrafe gerungen, war dieses Ringen auch in politischen Alltagsdiskussionen immer präsent geblieben[7], und es galt angesichts der **NS-Unrechtserfahrungen** einen radikal anderen Weg zu beschreiten. Im schlichten, aber normativ gemeinten Indikativ formuliert, nimmt das umfassende verfassungsrechtliche Verbot dem einfachen Gesetzgeber und damit aller grundgesetzlich verfassten Gewalt die Möglichkeit, die Todesstrafe wieder einzuführen.[8]

3 Dabei war die Entscheidung für ihre Abschaffung im Parlamentarischen Rat keineswegs unumstritten.[9] Nachdem der Vorschlag, ein entsprechendes Verbot in Art. 2 aufzunehmen, also einen unmittelbar grundrechtsqualitativen Zusammenhang mit dem Recht auf körperliche Unversehrtheit herzustellen, abgelehnt worden war, wurde Art. 102 erst in einem relativ späten Stadium in den Abschnitt über „Die Rechtsprechung" eingefügt. Bedenken, die an den Massenmorden des Dritten Reiches Beteiligten könnten nach Abschaffung der Todesstrafe nicht angemessen bestraft werden, hatten sich gegenüber der gewollten **ethisch-moralischen Neuorientierung** nicht durchgesetzt.[10] Ihren grundlegenden Charakter sollte das BVerfG früh unterstreichen: „Die Abschaffung der Todesstrafe bedeutet für die Bundesrepublik Deutschland mehr als nur die rein positiv-rechtliche Beseitigung einer von mehreren Strafen des herkömmlichen Strafsystems. Sie ist eine Entscheidung von großem staats- und rechtspolitischem Gewicht. Sie enthält ein Bekenntnis zum grundsätzlichen Wert des Menschenlebens und zu einer Staatsauffassung, die sich in betonten Gegensatz zu den Anschauungen eines politischen Regimes stellt, dem das einzelne Leben wenig bedeutete und das deshalb mit dem angemaßten Recht über Leben und Tod des Bürgers schrankenlosen Mißbrauch trieb".[11] In „Verantwortung vor Gott und den Menschen" darf sich, wie von der Präambel angemahnt, niemand mehr, auch und gerade der Staat nicht, zum Herrn über Leben und Tod erheben.

4 Die **Landesverfassungen,** die nach 1945 in Kraft getreten sind, hatten die Todesstrafe für ihren Geltungsbereich indes noch nicht abgeschafft und sie teilweise ausdrücklich bestätigt.[12] Baden, Bayern, Bremen, das Saarland, Hessen, Rheinland-Pfalz und Nordrhein-Westfalen räumten den jeweiligen Landesregierungen ein Mitspracherecht bei der Vollstreckung bzw. Abänderung der Todesstrafe ein und setzten somit ihre Existenz voraus.[13] Die Verfassungen von Hessen und Rheinland-Pfalz sahen die Todesstrafe sogar explizit für besonders schwere[14] bzw. schwerste[15] Verbrechen vor. Diese landesrecht-

---

[7] Dazu *Leder,* Todesstrafe, Ursprung, Geschichte, Opfer, 1980, 271 ff.; die Diskussion intensivierte sich zur Zeit der Aufklärung mit der Schrift „Dei delitti e delle pene" des italienischen Juristen *Beccaria,* die 1764 erschien; dt. Übersetzung „Über Verbrechen und Strafen", 1905. In Alltagsdebatten werden Forderungen auch heute immer wieder laut, wenn es zu Sexualmorden, Geiselnahmen, terroristischen Anschlägen etc. kommt.

[8] *Germelmann* in BK Rn. 121.

[9] Vgl. *Koch* RuP 2005, 230 (232 f.).

[10] Vgl. iE *Doemming* JöR nF 1 (1951), 739 f.; *Düsing,* Die Geschichte der Abschaffung der Todesstrafe in der Bundesrepublik Deutschland, 1952; ausf. zur Entstehungsgeschichte auch *Podlech* in AK Rn. 22 ff.

[11] BVerfGE 18, 112 (117).

[12] BVerfGE 18, 112 (118).

[13] Art. 85 S. 3 BWVerf; Art. 47 Abs. 4 S. 2 BV aF; Art. 121 Abs. 2 BremLV aF; Art. 95 Abs. 1 SVerf aF; Art. 109 Abs. 1 S. 3 HV aF; Art. 103 Abs. 1 S. 3 RhPfVerf aF; Art. 65 Abs. 1 S. 3 Verf NRW aF.

[14] Art. 21 Abs. 1 S. 2 HV aF.

[15] Art. 3 Abs. 1 S. 2 RhPfVerf aF.

lichen Regelungen, welche aufgrund von Art. 31 keine rechtliche Relevanz in der Bundesrepublik erlangten, wurden sukzessive aufgehoben bzw. abgeändert.[16] Zuletzt wurde die Todesstrafe in Hessen abgeschafft, nachdem sich bei einem Verfassungsreferendum 2018 83,2 % der Wähler für die „Aufhebung der Regelungen zur Todesstrafe" ausgesprochen hatten.[17]

II. Überstaatliche Bezüge

Im **internationalen Vergleich** ist Deutschland Teil der Mehrheit von Staaten, die die Todesstrafe ablehnen. Weltweit haben 106 Staaten die Todesstrafe gänzlich abgeschafft, in 8 Staaten ist sie nur noch für außergewöhnliche Umstände (wie den Kriegsfall) vorgesehen und in 28 weiteren Staaten ist sie faktisch abgeschafft. Lediglich 58 Staaten halten an der Todesstrafe fest.[18] Derzeit werden in 20 Staaten der Welt Todesurteile vollstreckt.[19] 5

Art. 102 hat auch Bedeutung für das **Völkerrecht.** Er dokumentiert die diesbezügliche Rechtsauffassung des Völkerrechtssubjekts Bundesrepublik Deutschland.[20] Die Verhängung und Vollstreckung der Todesstrafe ist nach derzeit geltendem allgemeinen **Völkergewohnheitsrecht**[21] allerdings nicht verboten[22]. Auch im Internationalen Pakt über bürgerliche und politische Rechte v. 19.12.1966[23] wird die Verhängung der Todesstrafe nur begrenzt (nur für „schwerste Verbrechen", Art. 6 Abs. 2; keine Verhängung gegen Jugendliche unter 18 Jahren; keine Vollstreckung an schwangeren Frauen, Art. 6 Abs. 5; keine Verhängung für Taten, die eine Ausübung der in dem Pakt verbürgten Menschenrechte darstellen, Art. 6 Abs. 1; das Fakultativprotokoll zum Pakt v. 15.12.1989[24] zur Abschaffung der Todesstrafe ist nicht für alle Staaten verbindlich). Die Kinderechtskonvention v. 20.11.1989 verbietet die Verhängung der Todesstrafe für von Personen vor Vollendung des 18. Lebensjahres begangenen Straftaten; sie gilt nahezu universell. Diese Begrenzungen zeigen an, dass es derzeit im Völkerrecht eine namentlich auf der Ebene der Vereinten Nationen vorangetriebene **Rechtsentwicklung** gibt, die auf die weitere Eindämmung der Todesstrafe zielt. Allerdings ist nicht absehbar, dass sie in näherer Zukunft in einem völligen Verbot gipfeln könnte.[25] Die erwähnte Tendenz fand einen Ausdruck etwa bereits in Art. 4 der Amerikanischen Menschenrechtskonvention v. 22.11.1969[26] und zeigt sich auf universeller Ebene zunächst auch in zahlreichen (für sich genommen allerdings völkerrechtlich nicht verbindlichen) Resolutionen der Generalversammlung der Vereinten Nationen,[27] welche sich zuletzt 2018, mit einer Mehrheit von 121 zu 35 Stimmen (bei 32 Enthaltungen), für ein Moratori- 6

[16] Übersicht bei *Kersten* in Maunz/Dürig Rn. 34 ff.

[17] *Wolf* NJOZ 2019, 401 (402).

[18] *Amnesty International,* Death Sentences and Executions 2018, 48 (Stand 31.12.2018).

[19] *Amnesty International,* Death Sentences and Executions 2018, 46 (Stand 31.12.2018).

[20] Zur Rechtslage in der DDR, in welcher die Todesstrafe 1987 abgeschafft worden war, *Koch* ZStW 110 (1998), 89 ff.; sowie *Koch* JZ 2007, 719 ff.

[21] Zum Begriff s. *Rojahn* in v. Münch/Kunig, 6. Aufl., Art. 25 Rn. 8.

[22] Vgl. dazu *UN-Human Rights Committee* HRLJ 1993, 307 ff.; *Gusy* in MKS Rn. 8 ff.

[23] BGBl. 1973 II 1533.

[24] BGBl. 1992 II 391.

[25] Vgl. den Überblick bei *Möhrenschlager* FS f. Dünnebier, 1982, 611 ff.; *Naldi* NILR 38 (1991), 373 ff.; *Peters* EuGRZ 1999, 650 ff.; *Boulanger/Heyes/Hanfling,* Zur Aktualität der Todesstrafe, 2. Aufl. 2002.

[26] Text: AJIL 65 (1971), 679.

[27] Dazu ausf. *Maier* VN 29 (1981), 6 ff.; *Naldi* ICLQ 40 (1991), 948 ff.

um für Hinrichtungen als ersten Schritt zur vollständigen globalen Abschaffung der Todesstrafe ausgesprochen hat.[28] Die im Völkerrecht vielfach diskutierten und kritisierten *targeted killings* stellen im Übrigen zwar ebenfalls staatliche Tötungshandlungen dar, sind jedoch, anders als die Todesstrafe, keine repressiven Handlungen zu Strafverfolgungs- und -vollstreckungszwecken, sondern vornehmlich Maßnahmen im Rahmen der präventiven Terrorismusbekämpfung.[29]

7 Im europäischen Rechtsraum besteht hinsichtlich der Abschaffung der Todesstrafe allerdings größtenteils Einigkeit. Für das **Unionsrecht** besagt Art. 2 Abs. 2 GRCh: „Niemand darf zur Todesstrafe verurteilt oder hingerichtet werden". Die Norm verortet das Verbot der Todesstrafe als eigenständiges Grundrecht im Grundrechtskatalog der EU und weist es somit als konstitutiven Baustein in der EU-Wertearchitektur aus.[30]

8 Der Europarat hat ebenfalls zahlreiche Aktivitäten zur Eindämmung und Ächtung der Todesstrafe ergriffen.[31] Nachdem Art. 2 Abs. 1 der Europäischen Menschenrechtskonvention **(EMRK)** ausdrücklich von der Zulässigkeit der Todesstrafe ausgeht,[32] wurde am 28.4.1983 ein (6.) Zusatzprotokoll zur EMRK verabschiedet, mit dem die Todesstrafe **in Friedenszeiten** abgeschafft wurde.[33] Ein weiteres (13.) Zusatzprotokoll v. 3.5.2002, das mittlerweile für 44 Staaten gilt,[34] beseitigt diese Einschränkung und untersagt die Todesstrafe ohne Ausnahmen.

9 Mittlerweile kann wohl sogar von der Existenz entsprechenden **regionalen** (europäischen) Völkergewohnheitsrechts ausgegangen werden.[35] Die Wiedereinführung der Todesstrafe in Deutschland wäre danach (auch)[36] **völker- und europarechtswidrig.**

III. Systematischer Zusammenhang

10 Ob Art. 102 ein **grundrechtsgleiches Recht** beinhaltet, wird unterschiedlich gesehen.[37] Der Rückgriff auf den „Grundrechtsbegriff" ist hier schon deshalb missverständlich, weil eine Verletzung des Art. 102, anders als bei den seinen Regelungskontext bildenden Art. 101, 103 u. 104, nicht mit der Verfassungsbeschwerde gerügt werden kann. Die Bestimmung wird in Art. 93 Abs. 1 Nr. 4a (und § 90 BVerfGG) schlicht nicht erwähnt. Unabhängig davon kann eine Verfassungsbeschwerde wegen staatlicher Bedrohung des

---

[28] A/RES/73/175; A/73/PV.55, 33.

[29] *Melzer,* Targeted Killing in International Law, 2009, 3 f.

[30] *Borowsky* in Meyer/Hölscheidt Grundrechtecharta Art. 2 Rn. 43.

[31] *Hood/Kovalev,* The Death Penalty Abolition in Europe, 1999; ferner *Rosenau* ZIS 2006, 338 ff.; zum grundrechtlichen Verbot der Todesstrafe auf Ebene des europäischen Gemeinschaftsrechts vgl. *Höfling/Rixen* in Heselhaus/Nowak Handbuch der Europäischen Grundrechte, § 10 Rn. 25 ff.

[32] Vgl. dazu EGMR 7.7.1989 – 14038/88, EuGRZ 1989, 314 ff. – Soering.

[33] BGBl. 1988 II 663; s. dazu *Hartig* EuGRZ 1983, 270 ff.; *Calliess* NJW 1989, 1019 ff.; es bindet alle Mitgliedstaaten (bis auf Russland).

[34] Russland und Aserbaidschan haben das Protokoll nicht unterzeichnet, Armenien nicht ratifiziert (Stand 13.2.2020).

[35] Näher *Gusy* in MKS Rn. 13; *Schmahl* in SB-K Rn. 2; ebenso *Rosenau* ZIS 2006, 338 (343).

[36] → Rn. 23 f.

[37] Dafür zB *Scholz* in Maunz/Dürig Rn. 5 „Prozeßgrundrecht"; ebenso *Heyde* in BMV VerfassungsR-HdB § 33 Rn. 71; *Calliess* NJW 1988, 849 (852): „objektiv-rechtliche wie subjektiv-rechtliche Verfassungsgewährleistung", „Abwehrrecht des staatlich verfolgten Individuums"; anders *Jarass* in Jarass/Pieroth Rn. 1, kein Grundrecht.

Lebens jedenfalls auf Art. 2 Abs. 2 S. 1 gestützt werden. Dabei gibt es auch Konstellationen, in denen die Verhängung oder der Vollzug von Todesstrafen durch andere als deutsche Stellen in Rede stehen.[38] Art. 102 lässt sich als „Schranke für Beschränkungen" des in Art. 2 Abs. 2 S. 3 enthaltenen Gesetzesvorbehalts begreifen,[39] beschränkt sich aber nicht auf diese Funktion. Vielmehr **konkretisiert** Art. 102 den in Art. 2 Abs. 2 S. 1 grundrechtlich verbürgten Lebensschutz und darüber hinaus auch Art. 1 Abs. 1;[40] aus beiden Grundrechten zieht Art. 102 eine Schlussfolgerung, die ausdrücklich in das GG aufzunehmen der Verfassungsgeber Anlass sah (und Anlass hatte), und bringt damit (ungeachtet des Umstandes, dass sich sein subjektiv-rechtlicher Gehalt bereits in den vorgenannten Grundrechten ausgedrückt findet) **auch** eine **objektiv-rechtliche Wertentscheidung** zum Ausdruck. Unzutreffend ist demgegenüber die Annahme, Art. 1 Abs. 1 sei deshalb im vorliegenden Zusammenhang unergiebig (und daher Art. 102 nicht seine Konkretisierung), weil sonst Art. 102 überflüssig erscheine.[41] Es überzeugt nicht, dass grundgesetzliche Würdekonzept deshalb zu verkürzen, weil das GG einen Einzelaspekt des Würdeschutzes[42] gesondert und hier außerhalb des „Grundrechtsteils" des GG ausformt.

B. Einzelfragen

I. Die Todesstrafe

„Todesstrafe" meint entsprechend der deutschen rechtsstaatlichen Traditi- 11
on zunächst die nach richterlicher Entscheidung durch Justizorgane verhängte Strafe.[43] Wenn der allgemeine Begriff der Strafe aber „die Auferlegung eines Übels" erfasst, das auf eine „missbilligenswerte Tat" reagiert,[44] schließt sich die Frage an, ob Art. 102 den Staatsorganen auch Formen der Tötung verbietet, die nicht als Sanktion infolge eines Strafverfahrens erfolgen. Diskutiert wurde dies im Blick auf den sog. **polizeilichen Todesschuss** (auch Befreiungsschuss oder Rettungsschuss genannt), der aber – zutreffender Ansicht nach – jedenfalls durch Art. 102 nicht verboten ist.[45] Seine Zulässigkeit nach einfachem Recht bemisst sich nach den Polizeigesetzen bzw. Verwaltungsvollstreckungsgesetzen der Länder und uU den strafrechtlichen Bestimmungen über Nothilfe,[46] deren Anwendung auch durch Art. 2 Abs. 2 lit. a, b EMRK beschränkt wird.[47] Die Rechtslage ist insofern in den Ländern unter-

---

[38] → Rn. 11 f.

[39] Vgl. *Stern* in Stern StaatsR III/1, 1988, 372 f.; *Jarass* in Jarass/Pieroth Rn. 1; *Kunig* Jura 1991, 415 (422).

[40] Vgl. *Schmahl* in SHH Rn. 1; *Lorenz* in HdbStR VI, 2. Aufl. 2001, § 128 Rn. 41 „verfassungsrechtlicher Sofortvollzug".

[41] So aber zB *Ballhausen* NJW 1988, 2656 (2658).

[42] → Art. 1 Rn. 53.

[43] S. etwa *Scholz* in Maunz/Dürig Rn. 16 f.; *Jarass* in Jarass/Pieroth Rn. 2.

[44] Vgl. *Schmidhäuser,* StrafR AT, 1982, Rn. 1,14.

[45] So zB *Scholz* in Maunz/Dürig Rn. 18, *Schmahl* in SHH Rn. 3; *Beisel* JA 1998, 721 (726); aA *Funk/Werkentin* KJ 1976, 121 (121); *Gössner* Neue Kriminalpolitik 1989, 17; sa *Westenberger* DÖV 2003, 627 ff. und *Jakobs* DVBl. 2006, 83 ff.; zum von dem BVerfG für nichtig erklärten LuftSiG v. 11.1.2005, das gezielte Tötungen vorsah (s. insbes. § 14 Abs. 3) s. *Kunig* in v. Münch/Kunig, 6. Aufl. 2012, Art. 1 Rn. 5.

[46] Vgl. näher *Drews/Wacke/Vogel/Martens,* Gefahrenabwehr, 1986, 546 ff.; *Gusy,* Polizei- und Ordnungsrecht, 2009, Rn. 450 f.

[47] Dazu *Arzt* DÖV 2007, 230 ff.

schiedlich.[48] Die verfassungsrechtliche Zulässigkeit bemisst sich nach Art. 2 Abs. 2 S. 1,[49] nicht aber nach Art. 102. Das ergibt sich jedenfalls daraus, dass „Strafe" notwendig voraussetzt, dass der Betroffene ihre Vollstreckung durch eigenes Tun oder Unterlassen nicht verhindern kann.[50] Das mögliche Opfer eines polizeilichen Todesschusses (zB ein Geiselnehmer) kann durch Abbruch der kriminellen Handlung den Todesschuss aber jederzeit abwenden.[51]

12 Auch die **lebenslange Freiheitsstrafe** ist nicht von Art. 102 verboten.[52] Selbst soweit der Nachweis geführt werden kann, dass zu lebenslanger Freiheitsstrafe Verurteilte deformierende Persönlichkeitsveränderungen erleiden und das Risiko laufen, die Fähigkeit zu einem Leben in Freiheit zu verlieren,[53] würde ein solcher „sozialer Tod" nicht den Tod im Sinne des Art. 102 bedeuten. Für diese Beurteilung reicht noch nicht die Erwägung, dass eine solche Auslegung völlig außerhalb des Blickwinkels des Verfassungsgebers gelegen hat,[54] denn gewandelte Wertvorstellungen und neue Erkenntnisse der empirischen Wissenschaften können im Sinne eines dynamischen Verfassungsverständnisses auch den Gehalt von Verfassungsnormen beeinflussen. Die Grenze der Auslegung zieht jedoch der Wortlaut: „Todesstrafe" meint die zielgerichtete Vernichtung der physischen Existenz. Die zeitlichen Grenzen einer Freiheitsstrafe ergeben sich deshalb allein aus Art. 1 Abs. 1 und 2 Abs. 1,[55] nicht aus Art. 102.

II. Ist abgeschafft

13 Die **„Abschaffung"** der Todesstrafe bezieht sich auf deutsche Staatsgewalt und bedeutet (jedenfalls)[56], dass der einfache Gesetzgeber sie nicht androhen, die Gerichte sie nicht verhängen, die Exekutive sie nicht vollstrecken darf.[57]

14 Von großer praktischer Bedeutung war die Abschaffung der Todesstrafe unmittelbar nach Inkrafttreten des GG. So entschied der Oberste Gerichtshof für die Britische Zone, dass an die Stelle einer vor dem 24.5.1949 wegen Mordes verhängten Todesstrafe nach diesem Stichtag **auch ohne Gesetzesänderung** lebenslange Haft (damals: „Zuchthaus") als die nächstfolgende Strafe trete.[58] Die Entscheidung des Verfassungsgebers wurde auf der Ebene des einfachen Rechts erst durch das 3. StrafrechtsänderungsG v. 4.8.1953 nachvollzogen.[59]

15 Die Formulierung „ist abgeschafft", die nahe legt, dass eine bisher bestehende Rechtslage (erstmals in der deutschen Rechtsgeschichte) ein für allemal verändert werden sollte, könnte damit den Art. 102 endgültig festschrei-

---

[48] Vgl. für einen Überblick *Rachor* in Lisken/Denninger Handbuch des Polizeirechts, 4. Aufl. 2007, Abschn. F Rn. 1010 f.

[49] S. näher *Kunig* in v. Münch/Kunig, 6. Aufl. 2012, Art. 2 Rn. 53, 85 f.; *Kunig* Jura 1991, 415 (422 f.).

[50] Vgl. auch *Merten* FS f. Doehring, 1989, 579 (591).

[51] Vgl. zu „targeted killings" → Rn. 6 aE.

[52] *Hill* in HdbStR VI § 156 Rn. 56.

[53] Vgl. dazu *Calliess,* Theorie der Strafe im demokratischen und sozialen Rechtsstaat, 1974, 175.

[54] BVerfGE 45, 187 (225 f.).

[55] Vgl. *Kunig* in v. Münch/Kunig, 6. Aufl. 2012, Art. 1 Rn. 36 „Lebenslange Freiheitsstrafe", Art. 2 Rn. 36.

[56] → Rn. 11 ff.

[57] BVerfGE 18, 112 (116).

[58] Oberster Gerichtshof für die britische Zone, E in Strafsachen 2, 1 ff.; vgl. auch OLG Koblenz DRiZ 1949, 309.

[59] BGBl. 1953 I 735.

ben, dh auch einer **Verfassungsänderung** entziehen wollen.[60] Ein solcher Schluss könnte aber nicht tragfähig begründet werden.[61] Über die Zulässigkeit von Verfassungsänderungen bzw. ihren Ausschluss entscheidet allein Art. 79.[62]

Umstritten ist, ob Art. 102 der Staatsgewalt der Bundesrepublik Deutschland die **Überstellung** einzelner Personen **an Stellen anderer Staaten** im Wege der **Auslieferung**[63] verbietet, wenn dort die Vollstreckung der Todesstrafe droht. Die Frage stellt sich nur für Ausländer, da nach Art. 16 Abs. 2 S. 1 für Deutsche[64] ein Auslieferungsverbot an das Ausland besteht. Nach Ansicht des BVerfG war die Überstellung Deutscher an „deutsche" Gerichte außerhalb des Geltungsbereiches des GG nicht von Art. 16 Abs. 2 S. 1 erfasst.[65] Allerdings durfte eine sog. Zulieferung an die DDR nicht erfolgen, wenn der betreffenden Person die Todesstrafe drohte, da nach § 2 des Gesetzes über die innerdeutsche Rechts- und Amtshilfe in Strafsachen vom 2.5.1953[66] diese nur zulässig war, wenn nicht angenommen werden konnte, dass dem Betroffenen erhebliche, mit rechtsstaatlichen Grundsätzen nicht zu vereinbarende Nachteile erwuchsen. **16**

Im Jahre 1964 hat das **BVerfG** entschieden, dass Art. 102 **nicht „schlechthin"** die Auslieferung wegen einer Straftat verbiete, die in dem um die Auslieferung ersuchenden Staat mit der Todesstrafe bedroht ist.[67] Die dritte Auslieferungsentscheidung des BVerfG ließ dann 1982 ausdrücklich offen, ob an der Entscheidung „heute noch in vollem Umfang festzuhalten wäre".[68] Der Wortlaut des Art. 102 wie auch seine Entstehungsgeschichte sind für die vorliegende Frage unergiebig; auch spricht die systematische Stellung der Norm, die in dem Abschnitt über die Rechtsprechung, nicht aber im Zusammenhang mit Art. 16 Abs. 2 erscheint, eher für als gegen die Zulässigkeit der Auslieferung.[69] Das Hauptargument des BVerfG, die Auslieferung entspreche der „völkerrechtsfreundlichen" Grundhaltung des GG,[70] „die vor allem Achtung vor fremden Rechtsordnungen und Rechtsanschauungen fordert",[71] kann **nicht überzeugen.**[72] Zwar zieht das Völkerrecht der nationalen Strafhoheit Grenzen,[73] es existiert aber keine die hier aufgeworfene Frage regelnde allgemeine Völkerrechtsnorm. Der Grundsatz der „Völkerrechtsfreundlichkeit" kann allenfalls als Auslegungsgrundsatz in Betracht kommen.[74] Er ist vorliegend unergiebig. Art. 1 Abs. 1 und Art. 2 Abs. 2, deren Konkretisierung Art. 102 darstellt (→ Rn. 10), stellen sich der Auslie- **17**

---

[60] „[E]ine grundsätzliche Entscheidung von besonderer endgültiger Bedeutung", BVerfGE 18, 112 (116).

[61] Zust. *Gusy* in MKS Rn. 33.

[62] Zur Frage, ob Art. 79 die Wiedereinführung der Todesstrafe zulässt, → Rn. 24.

[63] Zu Ausweisung und Abschiebung → Rn. 18.

[64] Zum Begriff des „Deutschen" → Art. 116 Rn. 36 ff.

[65] BVerfGE 37, 57 (64).

[66] BGBl. 1953 I 161.

[67] BVerfGE 18, 112 ff. – Fremdenlegionär; zust. *Geck* JuS 1965, 221 ff.; *Scholz* in Maunz/Dürig Rn. 26.

[68] BVerfGE 60, 348 (354).

[69] AA *Schüssler* NJW 1965, 1896 (1897).

[70] Vgl. dazu allg. *Rojahn* in v. Münch/Kunig, 6. Aufl. 2012, Art. 24 Rn. 2 ff.

[71] BVerfGE 18, 112 (121).

[72] Ebenso *Gusy* in MKS Rn. 26; anders *Hofmann,* Grundrechte und grenzüberschreitende Sachverhalte, 1994, 293; *Häde* Der Staat 36 (1997), 1 (21 ff.).

[73] Vgl. dazu *Kunig/Uerpmann* Jura 1994, 186 (192).

[74] Vgl. dazu *Schröder* FS f. Schlochauer, 1981, 137 (143 f.); *Kunig* in Graf Vitzthum Völkerrecht, 5. Aufl. 2010, Abschn. 2 Rn. 18 ff.

ferung entgegen, ohne dass damit Art. 102 anderen Staaten oktroyiert würde; vielmehr „realisiert" sich „lediglich"[75] die Grundrechtsbindung der deutschen Staatsgewalt, der es versagt ist, zur Tötung durch den fremden Staat dadurch beizutragen, dass diese faktisch möglich wird. Die Verhängung oder Vollstreckung der Todesstrafe ist weder mit dem Grundsatz der Menschenwürde[76] noch mit dem Grundrecht auf Leben vereinbar.[77] An diese Grundrechte ist die Staatsgewalt nach Art. 1 Abs. 3 (der auch für Art. 1 Abs. 1 gilt)[78] gebunden. Hier wird nicht danach differenziert, ob die Wirkungen des staatlichen Handelns im Inland oder im Ausland eintreten: „Die Grundrechte binden in ihrem sachlichen Geltungsumfang die deutsche öffentliche Gewalt auch, soweit Wirkungen ihrer Betätigung außerhalb des Hoheitsbereichs der Bundesrepublik Deutschland eintreten".[79]

18 Die Auslieferung einer Person, der die Todesstrafe droht, ist daher **verfassungswidrig.**[80]

19 Dieser verfassungsrechtlichen Vorgabe sucht das Gesetz über die internationale Rechtshilfe in Strafsachen (IRG) v. 23.12.1982[81] in Ablösung des Deutschen Auslieferungsgesetzes v. 23.12.1929[82] zu entsprechen. § 8 IRG lautet: „Ist die Tat nach dem Recht des ersuchenden Staates mit der Todesstrafe bedroht, so ist die Auslieferung nur zulässig, wenn der ersuchende Staat zusichert, dass die Todesstrafe nicht verhängt oder nicht vollstreckt werden wird." Die Vorschrift gilt nur, wenn keine (völker-)vertragliche Auslieferungspflicht besteht (vgl. § 1 Abs. 3 IRG) bzw. die Auslieferung im Ermessen der Bundesrepublik steht. Die von der Bundesrepublik bilateral abgeschlossenen (dem IRG „vorgehenden") Auslieferungsverträge enthalten allerdings überwiegend dem § 8 IRG entsprechende Klauseln.[83] Eine verfassungskonforme Auslegung des Begriffs **„Zusicherung"** erfordert, darunter eine völkerrechtlich verbindliche einseitige Erklärung des ersuchenden Staates zu verstehen;[84] eine politische Absichtserklärung genügt nicht.[85] Die Begründung der Bundesregierung zum IRG ging demgegenüber davon aus, dass mit „Zusicherung" eine „als ausreichend erachtete Zusicherung" gemeint sei, was dazu führen könne, dass im Einzelfall – auch ohne rechtliche Bindung – „bisher gesammelte Erfahrungen die sichere Erwartung" der Nichtvollstreckung begründeten.[86] Eine solche Auslegung, die zudem im Wortlaut des Gesetzes keinerlei Stütze findet, unterschreitet das grundgesetzliche Schutzniveau.

---

[75] Treffend *Lorenz* in HdbStR VI § 128 Rn. 27.

[76] → Rn. 16.

[77] *Schüssler* NJW 1965, 1896 (1898).

[78] Vgl. *Kunig* in v. Münch/Kunig, 6. Aufl. 2012, Art. 1 Rn. 49.

[79] So BVerfGE 57, 9 (23).

[80] Ebenso zB *Frankenberg* JZ 1986, 414 (416); *Lorenz* in HdbStR VI § 128 Rn. 27; *Robbers* in BMV VerfassungsR-HdB § 11 Rn. 45; wohl auch *Heyde* in BMV VerfassungsR-HdB § 33 Rn. 71; aA *Vogler* NJW 1994, 1433 (1434); eing. zum Ganzen *Albert,* Das Grundrecht auf Leben als Schranke für aufenthaltsbeendende Maßnahmen, 1990.

[81] BGBl. 1982 I 207.

[82] Vgl. dazu *Jung* JuS 1983, 234 ff.

[83] Ausnahme: Art. 10 des dt.-tunesischen Vertrages v. 19.7.1966, BGBl. 1969 II 1157 – „Empfehlung".

[84] Vgl. auch BVerfGE 60, 348 (355): „Garantie".

[85] Vgl. aber OLG Düsseldorf NJW 1994, 1485: „sichere Erwartung"; die Entscheidung betrifft Art. 11 des Europäischen Auslieferungsübereinkommens v. 13.12.1957, BGBl. 1964 II 1369.

[86] BR-Drs. 130/81, 43.

Unter der Geltung des AuslG v. 28.4.1965[87] war streitig, ob das Drohen der Todesstrafe einer **Ausweisung** bzw. **Abschiebung** eines Ausländers entgegensteht oder wenigstens entgegenstehen kann.[88] Die Frage wurde allerdings zunehmend bejaht,[89] wobei – verfassungsrechtlich – neben Art. 1 Abs. 1, Art. 2. Abs. 1 teilweise auch Art. 102 herangezogen, im Übrigen auch eine entsprechende Anwendung des § 8 IRG (→ Rn. 19) befürwortet wurde.[90] Das AuslG v. 9.7.1990[91] regelte das Problem ausdrücklich in § 53 Abs. 2; dies wurde in § 60 Abs. 3 AufenthG v. 30.7.2004 übernommen. Danach darf ein Ausländer nicht in einen Staat abgeschoben werden, wenn dieser Staat den Ausländer wegen einer Straftat sucht und die Gefahr der Todesstrafe besteht. In diesen Fällen finden die Vorschriften über die Auslieferung entsprechende Anwendung. Nicht von vornherein einfach-gesetzlich klargestellt ist danach, ob nur der „Gesuchte" oder auch der angeklagte oder schon verurteilte Straftäter geschützt ist.[92] Die Vorschrift betrifft auch nicht nur die drohende Vollstreckung, sondern bereits die drohende Verhängung der Todesstrafe. Wegen der Verweisung auf das Auslieferungsrecht gelten die verfassungsrechtlichen Anforderungen an die „Zusicherung" nach § 8 IRG (→ Rn. 19) auch hier.[93] Der Fragenkreis muss im Zusammenhang mit den Abschiebungshindernissen drohender Folter (§ 60 Abs. 2 AufenthG) bzw. weiterer Menschenrechtsverletzungen (Abs. 5) und dem demgegenüber fakultativen Abschiebungshindernis existenzieller Gefährdung (Abs. 7) gesehen werden.[94] 20

Bei Auslieferungssachverhalten ist auch die Rechtsprechung des EGMR zu beachten. Im Fall Soering stellte der EGMR noch vor Inkrafttreten des 13. Zusatzprotokolls fest, dass eine Auslieferung eines Menschen in ein Land, in welchem ihm die Todesstrafe droht, gegen Art. 3 EMRK verstößt. Das im Falle einer Abschiebung in die Vereinigten Staaten zu erwartende mehrjährige angstvolle Warten nach Verhängung und vor Vollstreckung der Todesstrafe – das sog. „Todeszellensyndrom" oder „death row phenomenon" – qualifizierte der Gerichtshof als unmenschliche Behandlung.[95] Es entspricht der momentanen Praxis, sich vom auslieferungserfragenden Staat die **diplomatische Zusicherung der Nichtvollstreckung** der Todesstrafe geben zu lassen (vgl. Art. 11 Europäisches Auslieferungsabkommen). Sowohl EGMR als auch BVerfG lassen diese „völkerrechtlich verbindliche[n] Zusicherungen" genügen.[96] 21

---

[87] BGBl. 1965 I 353.

[88] Verneinend unter Berufung auf BVerfGE 18, 112 ff. – → Rn. 17 – etwa OVG Lüneburg InfAuslR 1985, 199 f.; krit. dazu *Kunig* InfAuslR 1985, 200 ff.

[89] BVerwGE 78, 285 (290 ff.) – Ausweisung; OVG Hamburg NVwZ 1986, 781 ff.; OVG Münster NJW 1986, 2206 ff.; VGH Mannheim VBlBW 1988, 149 f. – in Abschiebungsfällen; s. ferner *Kunig* DVBl. 1983, 38 f.; *Robbers* in BMV VerfassungsR-HdB § 11 Rn. 41; *Lorenz* in HdbStR VI § 128 Rn. 27.

[90] Überblick zur Rspr. bei *Weberndörfer,* Schutz vor Abschiebung nach dem neuen Ausländergesetz, 1992, 130 ff.

[91] BGBl. 1990 I 1354; allg. dazu *Hailbronner* NJW 1990, 2159 ff.

[92] Zu Recht für Gleichstellung *Dienelt* in Renner Ausländerrecht, 9. Aufl. 2011, AufenthG § 60 Rn. 40 unter Verweis auf Art. 15 lit. a der Qualifikationsrichtlinie 2004/83/EG.

[93] S. dazu *Dienelt* in Renner Ausländerrecht, 9. Aufl. 2011, § 60 AufenthG Rn. 39.

[94] Zur Spruchpraxis des EGMR zu den menschenrechtlichen Grenzen bei Ausweisung und Abschiebung s. *Villinger* EMRK-HdB Rn. 301 ff.; schon Rn. 8; → Art. 1 Rn. 53.

[95] EGMR 7.7.1989 – 14038/88, EuGRZ 1989, 314 ff. – Soering.

[96] BVerfG Beschluss v. 9.3.2016 – 2 BvR 348/16, Rn. 10; EGMR 17.1.2012 – 8139/09, NVwZ 2013, 487 ff. – Othman.

22 Soweit auf dem Staatsgebiet der Bundesrepublik zulässigerweise die **Militärgerichtsbarkeit fremder Staaten** ausgeübt wird, ist diese an Art. 102 (selbstverständlich) nicht gebunden. Art. VII Abs. 7a des Abkommens zwischen den Parteien des Nordatlantik-Vertrages über die Rechtsstellung ihrer Truppen (NATO-Truppenstatut) v. 19.6.1951,[97] der im „alten" Bundesgebiet, nicht aber im Beitrittsgebiet (und nicht in Berlin) gilt,[98] lässt die Verhängung der Todesstrafe insoweit zu, nicht aber ihre Vollstreckung.[99]

III. Kann die Todesstrafe wiedereingeführt werden?

23 Es trifft zu, dass „neue sachliche Argumente für und wider die Todesstrafe beizubringen", seit geraumer Zeit „niemand mehr imstande ist".[100] Empirische Untersuchungen haben erwiesen, dass insgesamt in der Zahl der Befürworter von Punitivität eine Zunahme zu verzeichnen ist.[101] Mit Blick auf die Todesstrafe lässt sich indessen feststellen, dass die Zahl der Befürworter der Todesstrafe nach wie vor die Minderheit darstellt, auch wenn ihr Anteil wieder leicht angestiegen ist.[102] Diese Erkenntnis kann mit dem wiederkehrenden Phänomen in Korrelation gesetzt werden, dass insbesondere im Gefolge von spektakulären Kapitalverbrechen wie Sexualmorden, Geiselnahmen, terroristischen Anschlägen etc die Zahl der Befürworter der Todesstrafe regelmäßig, teils auch sprunghaft, ansteigt.[103] Die Rechtsentwicklung in Staaten mit einem dem GG von den Wertentscheidungen her im Übrigen verwandten Verfassungssystem zeigt, dass solche Stimmungen Mehrheiten in gesetzgebenden Körperschaften hervorbringen und auch Gerichtsentscheidungen beeinflussen können.[104] Damit ist die Frage nach der **Abänderbarkeit** des Art. 102 aufgeworfen.[105]

24 Die Wiedereinführung der Todesstrafe in der Bundesrepublik Deutschland wäre völkerrechtswidrig bzw. würde eine Beendigung der sich aus dem 6. Zusatzprotokoll zur EMRK ergebenden Verpflichtung voraussetzen.[106] Ihre verfassungsrechtliche Zulässigkeit bemisst sich nach Art. 79 Abs. 3. Sie ist **zu verneinen,**[107] weil Art. 1 Abs. 1 (den Art. 79 Abs. 3 einer „Ewig-

---

[97] BGBl. 1961 II 1190.

[98] Vgl. Anl. I Kap. I Abschn. I Nr. 5 EVertr., § 3 Nr. 5 G v. 25.9.1990, BGBl. 1990 I 2106; zu gesetzlichen Ergänzungen *Fleck* ZaöRV 56 (1996), 389 ff.

[99] Eing. dazu und mit dem Ergebnis, es bestehe wegen dieser Verhängungsmöglichkeit „Handlungsbedarf", *Calliess* NJW 1988, 849 ff.; krit. dazu *Ballhausen* NJW 1988, 2656 ff.

[100] *Bockelmann* NJW 1961, 1911 (1912); eine Zusammenstellung bei *Schmitt-Leonardy* JuS 2018, 848 ff. sowie *Hohmann* Jura 2000, 285 ff.

[101] Kritisch gegenüber einem allgemeinen „punitiven Trend" äußert sich *Reuband* Neue Kriminalpolitik 2010, 143 (146), wobei er solche Tendenzen in Subgruppen nicht ausschließt; zu den kriminalitäts-und berufsbezogenen Einstellungen junger Juristen s. *Streng,* Kriminalitätswahrnehmung und Punitivität im Wandel, 2014, 72 ff.

[102] *Kreuzer* FS f. Streng, 2017, 359 (360).

[103] Exemplarische Darstellung anhand der Geschehnisse des 9/11 und der daraus resultierenden Stimmung in der US-amerikanischen Gesellschaft hinsichtlich ihrer politischen Entscheidungen zur Todesstrafe bei *Kreuzer* ZIS 2006, 320 (321); vgl. dazu *Kreuzer,* Kriminalistik 1979, 422 (425); zur allgemeinen Punitivitätskultur (insbesondere beim Widerhall kultureller Themen) s. *Lautmann/Klimke* in Prittwitz/Böllinger/Jasch/Krasmann/Peters/Reinke/Rzepka/Schumann Kriminalität der Mächtigen, 126 (152).

[104] Vgl. zur wechselhaften Geschichte der Todesstrafe in den USA *Bedau,* The Death Penalty in America, 1997.

[105] → Rn. 17.

[106] → Rn. 8 aE.

[107] *Sax* in BNS Grundrechte III/2, 1959, 963; *Gusy* in MKS Rn. 33; *Lorenz* in HdbStR VI § 128 Rn. 41; *Degenhart* in Sachs Rn. 7 f.; *Podlech* in AK Rn. 48; aA *v. Mangoldt/Klein,*

keitsgarantie" unterstellen möchte)[108] die Vollstreckung der Todesstrafe (und damit zugleich ihre Verhängung) verbietet. Auch wenn die Nichterwähnung des Problems bei der Beratung des Art. 102 deutlich macht, dass der Verfassungsgeber offenbar anderer Ansicht war,[109] ist nach heutiger Verfassungsentwicklung davon auszugehen, dass die Hinrichtung von Menschen mit deren **Würde** – im grundgesetzlichen Verständnis – schlechterdings nicht vereinbar ist. Sämtliche modernen Hinrichtungsarten (Injektion, Erschießen, Erhängen, Tötung durch Stromschlag, Vergasung) weisen ein unerträgliches Maß an Grausamkeit auf und lassen insbesondere im unmittelbaren Zeitpunkt vor der Vollstreckung den Betroffenen sein Ausgeliefertsein in dermaßen drastischer Weise spüren, dass damit in den – vom Verhalten des Individuums unabhängigen[110] – Anspruch auf Beachtung der Würde eingegriffen wird.[111] „Grausame, unmenschliche und erniedrigende Strafen"[112] sind von Art. 1 Abs. 1 verboten. Hinzu kommt, dass staatliches Strafen wegen Art. 1 Abs. 1 die Chance künftiger Wiedergewinnung der Freiheit belassen muss.[113]

C. Kritische Würdigung

Die innerstaatliche Abschaffung der Todesstrafe, eines „Relikts der Straf- **25**
welt des Mittelalters"[114], war eine rechtspolitische Tat, ein „Postulat der geschichtlichen Folgerichtigkeit und der kriminalpolitischen Konsequenz"[115]. Dieses Postulat bedarf weiterhin der Einforderung auf internationaler Ebene (→ Rn. 5 ff.). Beweise für die **abschreckende Wirkung** der Drohung mit der Todesstrafe sind nicht erbracht;[116] die „Wahrscheinlichkeit" solcher Wirkung reicht nicht aus,[117] dies auch angesichts der Gefahr irreparabler **Justizirrtümer,** die ihre Ursachen vor allem in unzureichenden Ermittlungen, unzulänglicher Verteidigung und psychologischen Gründen haben. *Adolf Arndt* meinte gar, dass historisch gesehen mehr Unschuldige durch Verhängung der Todesstrafe denn durch Ermordung ums Leben gekommen seien.[118] Vor diesem Hintergrund verbieten sich Spekulationen darüber, ob der

---

Das Bonner Grundgesetz, 2. Aufl. 1957/1974, Anm. 2; *Scholz* in Maunz/Dürig Rn. 11; *Di Fabio* in Maunz/Dürig Art. 2 Abs. 2 S. 1 Rn. 14; *Geck* in BK, Zweitbearb., Anm. II 2; *Wertenbruch,* Grundgesetz und Menschenwürde, 1958, 107; *Tettinger* JZ 1978, 128 (130 ff.); *Sodan* in Sodan Rn. 4.

[108] S. *Kunig* in v. Münch/Kunig, 6. Aufl. 2012, Art. 1 Rn. 67.

[109] Vgl. auch *Düsing,* Die Geschichte der Abschaffung der Todesstrafe in der Bundesrepublik Deutschland, 1952, 287.

[110] S. *Kunig* in v. Münch/Kunig, 6. Aufl. 2012, Art. 1 Rn. 12 f.; VerfGH Bln LVerfGE 1, 56 (64) – Honecker.

[111] Zur „Unwürdigkeit" der Todesstrafe aus christlicher Sicht vgl. *Beristain* ZStrW 89 (1977), 215 (233 f.) mwN; *Geiger* in Geiger/Saner/Stratenwerth Nein zur Todesstrafe, 1978, 11 ff.

[112] BVerfGE 45, 187 (228); vgl. auch BVerfGE 1, 332 (348); 6, 389 (439).

[113] BVerfGE 45, 187 (Ls. 3) – lebenslange Freiheitsstrafe; *Rogall* in Boulanger/Heyes/Hanfling Zur Aktualität der Todesstrafe, 1997, 51 (58).

[114] *Schmidhäuser,* StrafR AT, 1982, Rn. 15/5.

[115] So *Radbruch* in einem Heidelberger Zeitungsartikel v. 14.5.1949, hier zit. nach *Böttcher* Schleswig-Holsteinischer Anzeiger 1998, 91 (95).

[116] *Stratenwerth* in Geiger/Sauer/Stratenwerth Nein zur Todesstrafe, 1978, 37 ff. (43).

[117] So aber *Scholz* in Maunz/Dürig Rn. 14.

[118] *Arndt* NJW 1964, 1776 (1777).

„Schutz der freiheitlich-demokratischen Grundordnung" die Wiedereinführung der Todesstrafe gebieten könne.[119]

26 Bedenken aus dem **Demokratieprinzip** können sich auch angesichts einer mehrheitlichen Befürwortung der Todesstrafe in der Bevölkerung nicht ergeben. Die vom GG errichtete demokratische Ordnung gebietet nicht die Durchsetzung des aktuellen Volkswillens in jeder Einzelfrage.[120]

Literatur

H. G. Adler, Gedanken zur Todesstrafe – die Erfahrungen der Ohnmacht, 1964.– ***R. Alleveldt,*** Schutz vor Abschiebung bei drohender Folter oder unmenschlicher oder erniedrigender Behandlung oder Strafe, 1996. – ***P. Althaus,*** Die Todesstrafe als Problem der christlichen Ethik, Sitzungsberichte der Bayer. Akademie der Wissenschaften, Heft 2, 1955. – ***A. Arndt,*** Wieder Todesstrafe? in Arndt (Hrsg.), Geist der Politik, 1965, 197. – ***W. Berns,*** Capital punishment, The Human Life Review 5 (1979), H. 4, 66. – ***D. Blumenwitz,*** Die Entscheidungen des Obersten Gerichtshofes der Vereinigten Staaten zur Todesstrafe, EuGRZ 1976, 418. – ***P. Bockelmann,*** Die rationalen Gründe gegen die Todesstrafe, in R. Maurach/F. Schmidt/W. Preiser (Hrsg.), Die Frage der Todesstrafe – zwölf Antworten, 1962, 7. – ***R. Callies,*** Theorie der Strafe im demokratischen und sozialen Rechtsstaat, 1974. – ***R. Callies,*** Die Todesstrafe in der Bundesrepublik Deutschland, NJW 1988, 849. – ***M. Dorfmüller/K. Krämer/ W. Künneth*** (Hrsg.), Todesstrafe – theologische und juristische Argumente, 1960. – ***E. Dreher,*** Für und Wider die Todesstrafe, ZStrW 70 (1958), 543. – ***B. Düsing,*** Die Geschichte der Abschaffung der Todesstrafe in der Bundesrepublik Deutschland, 1952. – ***F. Ebel/P. Kunig,*** Die Abschaffung der Todesstrafe – Historie und Gegenwart, Jura 1998, 617. – ***G. Frankenberg,*** Ausweisung und Abschiebung trotz drohender Todesstrafe?, JZ 1986, 414. – ***A. Funk/F. Werkentin,*** Der Todesschuß der Polizei, KJ 1976, 121. – ***W. K. Geck,*** Art. 102 GG und der Rechtshilfeverkehr zwischen der Bundesrepublik Deutschland und Ländern mit der Todesstrafe – BVerfGE 18, 112, JuS 1965, 221. – ***J. P. Gibbs,*** The Death Penalty, Journal of Criminal Law and Criminology 1978, H. 3, 300. – ***G. Gloege,*** Die Todesstrafe als theologisches Problem, 1966. – ***C. Gusy,*** Auslieferung bei drohender Todesstrafe?, GA 1983, 73. – ***A Hammel,*** Ending the Death Penalty. The European Experience in Global Perspective, 2010. – ***H. Hillermeier*** (Hrsg.), Im Namen des Volkes! Todesurteile des Volksgerichtshofes, 1980. – ***D Herrmann,*** Die Abschreckungswirkung der Todesstrafe – ein Artefakt der Forschung?, in D. Dölling/ B. Götting/B.-D. Meier/T. Verrel, Verbrechen – Strafe – Resozialisierung. FS f. Heinz Schöch zum 70. Geburtstag, 2010, 791. – ***O. Hohmann,*** Darf ein Staat töten?, Jura 2000, 285. – ***R Hood/ CHoyle,*** The Death Penalty: A Worldwide Perspective, 2015. – ***G. Inaldi,*** The Prohibition of the Death Penalty in International Law, NILR 38 (1991), 373. – ***A. Kaufmann,*** Um die Todesstrafe, in Kaufmann (Hrsg.), Schuld und Strafe – Studien zur Strafrechtsdogmatik, 1966, 13. – ***A. Koch,*** Die Todesstrafe in der DDR, ZStW 110 (1998), 89. – ***A. Koch,*** Die Abschaffung der Todesstrafe in der Bundesrepublik, RuP 2005, 230. – ***A. Koch,*** Das Ende der Todesstrafe in Deutschland, JZ 2007, 719. – ***A. Koestler/A. Camus/ E. Müller-Meiningen/F. Nowakowski,*** Die Rache ist mein. Theorie und Praxis der Todesstrafe, 1961. – ***A. Kreuzer,*** Grundgesetz, Todesstrafe und lebenslange Freiheitsstrafe, Kriminalistik 1979, 422. – ***O. Lagodny,*** Die Rechtsstellung des Auszuliefernden

---

[119] So *Tettinger* JZ 1978, 128 (132), der letzteres allerdings für *„hic et nunc"* kaum zu bejahen hält; vgl. allgemeiner *Doehring* ZRP 1978, 25 (26 ff.).

[120] Dazu im Hinblick auf die Todesstrafe *Dehler,* StenBer. BT, 232. Sitzung am 2.10.1952, 10612: „Man verkennt das Wesen der Demokratie, wenn man glaubt, das Parlament sei der Exekutor der Volksüberzeugung"; in diesem Sinne im vorliegenden Zusammenhang auch *Dreher* ZStrW 70 (1958), 534 (550 f.); *Lang-Hinrichsen* JR 1961, 321 (325); *Radbruch* in einem Heidelberger Zeitungsartikel v. 14.5.1949, hier zit. nach *Böttcher* Schleswig-Holsteinischer Anzeiger 1998, 91 (95): „Seien wir auf der Hut, wenn vorübergehende Volksstimmen die Rückgängigmachung einer humanen Tat fordern sollten, die uns als ein guter Anfang eines neuen Zeitalters durch weitblickende Verfassungs-Gesetzgeber geschenkt worden ist."

in der Bundesrepublik Deutschland, 1987. – ***D. Lang-Hinrichsen,*** Zur Frage der Todesstrafe, JR 1961, 281. – ***K. B. Leder,*** Todesstrafe, Ursprung, Geschichte, Opfer, 1980. – ***P. Lerche,*** Der gezielt tödlich wirkende Schuß nach künftigem einheitlichen Polizeirecht – Zum Verhältnis hoheitlicher Eingriffsbefugnisse zu den allgemeinen Notrechten, FS f. v. d. Heydte, 2. Halbband, 1977, 1033. – ***M. Liepmann,*** Die Todesstrafe, 1912. – ***I. Maier,*** Initiativen zur Abschaffung der Todesstrafe, Vereinte Nationen 1981, 6. – ***N Melzer,*** Targeted Killing in International Law, 2008. – ***D. Merten,*** Zum Streit um den Todesschuß, FS f. Doehring, 1989, 579. – ***M. Möhrenschlager,*** Ausländische und internationale Bestrebungen gegen die Todesstrafe. Ein Überblick, FS f. Dünnebier, 1982, 61. – ***W. Höfling/S. Rixen,*** in Heselhaus/Nowak (Hrsg.), Handbuch der Europäischen Grundrechte, 2006, § 10. – ***K. Rogall,*** Justizmord? Todesstrafe im Strafrecht, in Boulanger/Heyes/Hanfling (Hrsg.), Zur Aktualität der Todesstrafe, 1997, 51. – ***H. Rosenau,*** Europäische Rechtspolitik zur Abschaffung der Todesstrafe, ZIS 2006, 338. – ***W. A. Schabas,*** South Africa's New Constitutional Court Abolishes the Death Penalty, HRLJ 16 (1995), 133. – ***H. Schüssler,*** Todesstrafe und Grundgesetz im Auslieferungsverfahren, NJW 1965, 1896. – ***E. Stephan,*** Die Einstellung zur Todesstrafe, ZStrW 89 (1977), 1046. – ***A. Süsterhenn,*** Zur Diskussion über die Todesstrafe, FS f. Schorn, 1966, 84. – ***H. G. Sundermann,*** Schußwaffengebrauch im Polizeirecht, Diss. Heidelberg 1984. – ***P. Tettinger,*** Aufhebung des Art. 102 GG?, JZ 1978, 128. – ***H. U. Voetelink,*** Verdienen terroristen de doodstraf?, Nederlands juristenblad 1978, 617. – ***F. Weberndörfer,*** Schutz vor Abschiebung nach dem neuen Ausländergesetz, 1992. – ***T. Vogler,*** Auslieferung bei drohender Todesstrafe – ein Dauerthema, NJW 1994, 1433. – ***J. von Winterfeld,*** Der Todesschuß der Polizei, NJW 1972, 1881. – ***H. Zeisel,*** The deterrent effect of the death penalty: Facts and faiths, The Supreme Court Review 1976, 317.

Art. 103 [Rechtliches Gehör; Strafbarkeit]

(1) Vor Gericht hat jedermann Anspruch auf rechtliches Gehör.

(2) Eine Tat kann nur bestraft werden, wenn die Strafbarkeit gesetzlich bestimmt war, bevor die Tat begangen wurde.

(3) Niemand darf wegen derselben Tat auf Grund der allgemeinen Strafgesetze mehrmals bestraft werden.

Weimarer Reichsverfassung von 1919

Art. 116. Eine Handlung kann nur dann mit einer Strafe belegt werden, wenn die Strafbarkeit gesetzlich bestimmt war, bevor die Handlung begangen wurde.

Übersicht

A. Allgemeine Bedeutung

I. Genese

1 Art. 103 vereint drei voneinander unabhängige **zentrale Bausteine eines rechtsstaatlichen Strafverfahrens und Strafrechts,** die geschichtlich **ver-**

schiedene Wurzeln haben. Während das Bestimmtheitsgebot und das Rückwirkungsverbot als Elemente des Gesetzlichkeitsprinzips (Abs. 2) schon in der WRV (Art. 116) gegolten hatten, erweiterte Art. 103 in seinen Absätzen 1 und 3 den Bestand überkommener verfassungsrechtlicher Garantien im Justizbereich; sowohl der Anspruch auf rechtliches Gehör als auch das Verbot der Doppelbestrafung hatten freilich schon vor der Geltung des GG vielfältige Ausprägungen auf der Ebene des einfachen Gesetzesrechts erfahren, die für die Auslegung der Art. 103 Abs. 1 und Abs. 3 von erheblicher Bedeutung sind.[1]

Der Gehörsgrundsatz (Abs. 1) entstammt wörtlich Art. 135 Abs. 1 HChE, 2
der seinerseits in Regelungen verschiedener Landesverfassungen Vorbilder hatte. Er hat rechtsgeschichtlich in dem römischrechtlichen Sinnspruch **„audiatur et altera pars"** seinen wohl wirkungsmächtigsten Ausdruck gefunden. Abs. 1 ist unverändert geblieben.[2] Das Gesetzlichkeitsprinzip (Abs. 2) geht in seiner Formulierung zurück auf Art. 136 As. 1 HChE und Art. 116 WRV. Es versteht sich auch als Reaktion auf das Analogiegebot der Nazizeit. Ideengeschichtlich ist das Gesetzlichkeitsprinzip Produkt naturrechtlicher Staatslehren und vor allem der Aufklärung. In Deutschland war es *Feuerbach,* der als Erster den **„nulla poena sine lege"**-Grundsatz mit Praxisrelevanz konsequent zur Grundlage eines rechtsstaatlichen Strafrechts machte.[3] Abs. 2 gilt unverändert.[4] Das Doppelbestrafungsverbot (Abs. 3) entspricht im Kern Art. 136 Abs. 2 HChE und versteht sich ebenfalls als Reaktion auf Missbräuche in der Nazi-Zeit. Ideengeschichtlich lässt sich der Grundsatz als **„ne bis in idem"** bis ins römische Recht zurückverfolgen. Auch Abs. 3 ist nicht verändert worden.[5]

II. Inhaltsübersicht

Art. 103 enthält drei unabhängig nebeneinander stehende **Prozessgrund-** 3
rechte, die zugleich objektiv wirkende Bestandteile sämtlicher unter dem GG geltenden Verfahrensordnungen sind: den Anspruch auf **rechtliches Gehör** vor Gericht, das **Gesetzlichkeitsprinzip** für Strafgesetze und das **Verbot doppelter Bestrafung.** Das Gesetzlichkeitsprinzip ist darüber hinaus nicht nur Verfahrensgrundrecht[6], sondern zugleich das zentrale Konstruktionsprinzip eines rechtsstaatlichen Strafrechts. Verstöße gegen einen der drei Grundsätze können mit der **Verfassungsbeschwerd**e gerügt werden (Art. 93 Abs. 1 Nr. 4a). In allen drei Absätzen gehört Art. 103 (zusammen mit Art. 3 Abs. 1) zu denjenigen Normen, die in der Rechtspraxis am häufigsten mit der Verfassungsbeschwerde als verletzt gerügt werden. Vor allem gilt dies für Abs. 1.[7] Art. 103 Abs. 1 steht auch bei den erfolgreichen

---

[1] → Rn. 28, 72, 78.

[2] Zur Ideengeschichte und Genese etwa *Schulze-Fielitz* in Dreier Art 103 Abs. 1 Rn. 1 ff., 6; *Nolte/Aust* in MKS Rn. 2.

[3] *Feuerbach,* Lehrbuch des gemeinen in Deutschland gültigen Peinlichen Rechts, 1801, § 23 und § 24; zur Geschichte vgl. iÜ *Bohnert,* Paul Johann Anselm Feuerbach und der Bestimmtheitsgrundsatz im Strafrecht, 1982; *Dannecker/Schuhr* in Laufhütte, Leipziger Kommentar StGB, 13. Aufl. 2020, § 1 Entstehungsgeschichte S. 72 ff.

[4] Zur Genese und Ideengeschichte *Remmert* in Maunz/Dürig Art. 103 Abs. 2 Rn. 9 ff.; *Schulze-Fielitz* in Dreier Art. 103 Abs. 2 Rn. 1 ff., 5.

[5] Zur Geschichte *Schulze-Fielitz* in Dreier Art. 103 Abs. 1 Rn. 1 ff., 6; *Remmert* in Maunz-Dürig Art. 103 Abs. 1 Rn. 10 ff.

[6] BVerfG NJW 2014, 1431 f. Rn. 12 für den Bestimmtheitsgrundsatz.

[7] *Zuck* JZ 1985, 921 (923), spricht von einer „reißenden Flut".

Verfassungsbeschwerden an erster Stelle.[8] Dies hat schon recht früh zu rechtspolitischen Überlegungen geführt, wie die Anzahl von auf Art. 103 Abs. 1 gestützten Verfassungsbeschwerden verringert werden kann.[9] Konsequenz der reichhaltigen Entscheidungstätigkeit des BVerfG insbesondere zu Art. 103 Abs. 1 ist, dass das Gericht bei dieser Norm „Hauptträger der Verfassungsentwicklung" ist[10] und eine differenzierte, überwiegend seit längerem gefestigte Kasuistik hervorgebracht hat. Namentlich den Kammern des BVerfG fällt es zu, die Last der Wahrung der dabei herausgebildeten Grundsätze zu tragen.

4 Gewiss auch angesichts der vorerwähnten Lasttragung hat das Plenum des BVerfG mit Beschluss vom 30.4.2003[11] eine **Neuorientierung** hinsichtlich der gerichtlichen Überprüfung von Gehörsverstößen vorgenommen und dabei Maßgaben für eine Verstärkung fachgerichtlichen Rechtsschutzes entwickelt. Die in diesem Zusammenhang für die Ausgestaltung der Prozessrechtsordnungen aufgestellten Grundsätze hat das Gericht nicht unmittelbar oder allein Art. 103 Abs. 1 entnommen, sondern „aus dem Rechtsstaatsprinzip in Verbindung mit Art. 103 Abs. 1" hergeleitet, dabei einen über den die Garantie des Rechtsschutzes gegen Akte der vollziehenden Gewalt verbürgenden Art. 19 Abs. 4 hinausreichenden allgemeinen Justizgewährungsanspruch postulierend, der seine Grundlage (auch, „insbesondere") in Art. 2 Abs. 1 finde.[12] Daraus folge ein verfassungsrechtliches Gebot der gesetzlichen Eröffnung fachgerichtlichen Rechtsschutzes „bei der erstmaligen Verletzung von Verfahrensgrundrechten durch ein Gericht"[13] (also nicht in Beschränkung auf Gehörsverstöße!). Die Möglichkeit verfassungsgerichtlicher Korrektur aufgrund von Verfassungsbeschwerden wurde als nicht hinreichend erachtet,[14] so dass der zum Entscheidungszeitpunkt gegebene Rechtszustand sich als defizitär erwies.[15] Für die Behebung der festgestellten Defizite wurde dem Gesetzgeber eine Frist bis zum Ende des Jahres 2004 gesetzt, die er durch Erlass des sog. **Anhörungsrügengesetzes** v. 9.12.2004[16] gewahrt hat, welches ua für Zivil- und Strafprozess, Arbeitsgerichtsprozess, freiwillige Gerichtsbarkeit, Verwaltungs-, Sozial-, finanzgerichtliche Streitigkeiten und das Wehrdisziplinarrecht auf Gehörsverstöße bezogene Rügemöglichkeiten eingeführt hat.[17] Die Wahrnehmung dieser Rechtsschutzmöglichkeit gehört zu

[8] Vgl. *Bryde,* Verfassungsentwicklung, 1982, 468, 472; sa *Waldner,* Der Anspruch auf rechtliches Gehör, 2000, 182; *Zierlein* DVBl 1989, 1169 (1171) mit Differenzierung nach den Inhalten der häufigsten Rügen.

[9] Vgl. *Hübsch* DRiZ 1980, 140 und die Stellungnahme des *Deutschen Anwaltsvereins* in ZRP 1980, 333; *Schumann* NJW 1985, 1134 ff. – ebenfalls mit statistischen Angaben. Reiches Material und aktuellere Reformvorstellungen dokumentiert BMJ, Entlastung des Bundesverfassungsgerichts, 1998; vgl. ferner *Krämer* KritVj. 1998, 215 ff.

[10] So *Bryde,* Verfassungsentwicklung, 1982, 162.

[11] BVerfGE 107, 395 ff.

[12] BVerfGE 107, 395 (401).

[13] BVerfGE 107, 395 (407).

[14] BVerfGE 107, 395 (413).

[15] BVerfGE 107, 395 (416).

[16] BGBl. 2004 I 3220.

[17] S. zu der referierten Entscheidung *Voßkuhle* NJW 2003, 2193 ff.; *Kley* DVBl 2003, 1160 ff.; *O. Dörr* Jura 2004, 334 ff.; *Kunig* FS f. Driehaus, 2005, 528 ff.; vor Ablauf der erwähnten Frist BVerfGE 108, 341 ff.; zum Anhörungsrügengesetz und seinen Konsequenzen *Ulrici* Jura 2005, 368 ff.; *Desens* NJW 2006, 1243 ff.; *Schneider* MDR 2006, 969 ff.; *Schenke* NVwZ 2005, 729 ff.; *Zuck* NVwZ 2005, 739 ff.; *Kettinger* DVBl 2006, 1151 ff.; *Tegebauer* DÖV 2008, 954 ff.; zur analogen Anwendung/Ausdehnung auf Art. 101 Abs. 1 S. 2 vgl. BGH NJW 2004, 2529; zu § 321a ZPO, VGH Mannheim NJW 2005, 920.

dem gem. § 90 Abs. 2 BVerfGG für die Zulässigkeit einer Verfassungsbeschwerde zu erschöpfenden Rechtsweg (→ Rn. 8, 26 f.).[18]

5 Terminologische Unsicherheit[19] besteht hier wie bei Art. 101.[20] Dogmatisch ist bedeutsam, dass das **Prozessgrundrecht** des Art. 103 Abs. 1 abwehr- (etwa: gegenüber ‚Abschneiden' des Wortes), teilhabe- bzw. leistungs- und organisationsrechtliche Gehalte aufweist, also eine ungewöhnlich komplexe Struktur des Garantiebereichs.[21] *Appel*[22] ordnet Art. 103 Abs. 2, Abs. 3 als „Schranken-Schranken" für die Beschränkbarkeit solcher Grundrechte ein, in welche durch einen Strafausspruch eingegriffen wird (allgemeines Persönlichkeitsrecht, allgemeine Handlungsfreiheit, ggf. Freiheit der Person), und empfiehlt ungeachtet ihrer prozessrechtlichen Verselbständigung eine entsprechende Prüfungsreihenfolge.

III. Überstaatliche Bezüge

6 Art. 103 besitzt vielfältige überstaatliche Bezüge. Der Gehörsgrundsatz gehört zum Standard in Menschenrechtspakten (vgl. Art. 10 AEMR, Art. 6 Abs. 1, 3 EMRK, Art. 14 Abs. 1, 3 IPpbR; auch unten → Rn. 22). Auf europäischer Ebene wirkt er als allgemeiner Rechtsgrundsatz und in Art. 47 Abs. 2 GRCh.[23] Das Gesetzlichkeitsprinzip findet in Teilelementen (z. B. Rückwirkungsverbot, lex-scripta-Grundsatz) durchgängig weniger strikte Entsprechungen in Art. 11 Nr. 2 AEMR, Art. 15 Abs. 1 IPpbR, Art. 7 Abs. 1 EMRK oder Art. 49 Abs. 1 GRCh.[24] Dem Doppelbestrafungsverbot entsprechen Art. 4 des 7. Zusatzprotokolls zur EMRK, Art. 14 Abs. 7 IPpbR und Art. 50 GRCh.[25]

B. Einzelfragen

I. Rechtliches Gehör vor Gericht (Art. 103 Abs. 1)

7 Der Grundsatz des rechtlichen Gehörs ist als **grundrechtsgleiches Recht**[26] das **prozessuale „Urrecht"** des Menschen.[27] Er weist einen unmittelbaren

---

[18] BVerfG NJW 2005, 3059 f.; es kann aber ausreichen, dass der Gehörsverstoß im Verfahren der Nichtzulassungsbeschwerde geltend gemacht wird, da das Verhältnis beider Rechtsmittel zueinander noch nicht abschließend geklärt ist, s. BVerfG NJW 2007, 3418 f.

[19] „Grundrecht" nach BVerfGE 19, 93 (99); keine „Grundrechte" nach BVerfGE 61, 82 (101); „Prozeß"-Grundrecht nach BVerfGE 53, 205 (206); 60, 247 (249); 89, 381 (382); von „Verfahrensgrundrecht" ist insbesondere in neueren Entscheidungen oft die Rede, s. etwa BVerfGE 107, 395, (403, 416), BVerfGE 108, 341 (345); diese Bezeichnung befürwortend *Zuck* FS f. A. Krämer, 2009, 85 (86).

[20] → Art. 101 Rn. 4.

[21] *Schulze/Fielitz* in Dreier Art. 103 Abs. 1 Rn 14; sa *Nolte/Aust* in MKS Rn. 6; anders *Remmert* in Maunz/Dürig, Art. 103 Abs 1, Rn 27 für Qualifikation als Leistungsanspruch unter Verzicht auf die abwehrrechtliche Dimension.

[22] Jura 2000, 571 (576 ff.).

[23] *Schulze-Fielitz* in Dreier Art. 103 Abs. 1 Rn. 7 ff.

[24] *Nolte/Aust* in MKS Art. 103 Abs. 2 Rn. 114 f.; *Schulze-Fielitz* in Dreier Art. 103 Abs. 2 Rn. 6 f. Eingehend *Kargl* Strafrecht, 2019, S. 37 ff.

[25] *Remmert* in Maunz/Dürig Art. 103 Abs. 3 Rn. 29 ff.; *Nolte/Aust* in MKS Art. 103 Abs. 3 Rn. 173.

[26] BVerfG NJW 2015, 1746 Rn. 14; NJW 2018, 3634 (3635, Rn. 27); BeckRS 2020, 11728 Rn. 16.

[27] BVerfGE 55, 1 (6); BVerfG NJW 2018, 3634 (3635, Rn. 28); NJW 2019, 41 (42, Rn. 36); vgl. auch *Lerche* FS f. Heldrich, 2005, 1283.

Bezug zum Menschenwürdeschutz des Art. 1 Abs. 1 auf[28] und ist Ausprägung der Rechtsstaatlichkeit.[29] Insoweit markiert er ein **subjektives Recht** und zugleich ein **objektiv-rechtliches Prinzip.**[30] Er gehört zusammen mit Art. 97, Art. 101 Abs. 1 S. 2, Art. 3 Abs. 1 und weiteren (im einfachen Gesetzesrecht eingehend geregelten) prozessualen Grundsätzen (wie dem Öffentlichkeitsgrundsatz, den Regeln über Beweisverfahren und Beweiswürdigung, der Möglichkeit, sich eines unabhängigen Rechtsbeistandes zu bedienen, den Regeln über Richterausschluss und -ablehnung) zu den bestimmenden Normen der gegenwärtig geltenden Verfahrensordnungen. Indem das Grundrecht dem vor Gericht stehenden Bürger die Möglichkeit garantiert, mit seiner Auffassung der Sach- und Rechtslage vor Erlass einer Entscheidung gehört zu werden, dient es der „Möglichkeit und Integrität diskursiver Entscheidungen"[31] und effektuiert zugleich Art. 19 Abs. 4,[32] „... verwehrt, dass mit dem Menschen **„kurzer Prozess"** gemacht werde"[33] – zB auch durch „Abschneiden" des Wortes.[34] Art. 103 Abs. 1 soll dazu beitragen, dass „(gesetzes)richtige und gerechte Entscheidungen" ergehen,[35] indem er eine **„objektive, faire Verhandlungsführung"** gewährleistet und den Richter anhält, „durch unvoreingenommene Bereitschaft zur Verwertung und Bewertung des gegenseitigen Vorbringens" und „unparteiische Rechtsanwendung" seine Pflichten gegenüber den Prozessbeteiligten zu erfüllen.[36] Den Parteien wird das **Recht auf Information, Äußerung und Berücksichtigung** gesichert, damit sie ihr Verhalten im Prozess „eigenbestimmt und situationsspezifisch gestalten können".[37] **„Waffengleichheit"** ist im Prozess erst denkbar, wenn das rechtliche Gehör gesichert ist.[38] Soweit der Grundsatz des rechtlichen Gehörs auch Ausdruck der **Subjektstellung** eines Verfahrensbeteiligten ist, eignet ihm gleichfalls ein „nicht zu gering zu veranschlagende(r) **materielle(r) Gehalt**".[39]

8 Wird Art. 103 Abs. 1 mit der **Verfassungsbeschwerde** als durch eine gerichtliche Entscheidung verletzt gerügt,[40] so besteht auch hier eine **Be-**

---

[28] BVerfGE 55, 1 (5 f.); 86, 133 (144); BVerfG NJW 2019, 41 (46, Rn. 64); BGHZ 118, 312 (321); *Wassermann* DRiZ 1984, 425; näher *Mauder,* Der Anspruch auf rechtliches Gehör, seine Stellung im System der Grundrechte und seine Auswirkung auf die Abgrenzungsproblematik zwischen Verfassungs- und Fachgerichtsbarkeit, 1986, 3 ff.

[29] BVerfGE 7, 275 (279); 9, 89 (95); 39, 156 (168); BVerfG NJW 2011, 49; BVerfG NZFam 2019, 673 (674, Rn. 12).

[30] BVerfGE 70, 180 (188); 107, 395 (408); BVerfG NJW 2019, 41 (42, Rn. 36); zur historischen Entwicklung Hinweise bei *Knemeyer* in HdbStR VIII § 178 Rn. 7 ff.

[31] *Steinberger,* Konzeption und Grenzen freiheitlicher Demokratie, 1974, 265.

[32] Vgl. *Lorenz,* Der Rechtsschutz des Bürgers und die Rechtsweggarantie, 1973, 233 (238); *Kopp* AöR 106 (1981), 604 (608 ff.); *Papier* in HdbStR VIII § 176 Rn. 4 f.

[33] BVerfGE 55, 1 (5 f.).

[34] BVerfGE 5, 10 (113).

[35] BVerfGE 55, 72 (93); 101, 106 (129); BVerfG NJW 2019, 41 (42, Rn. 64).

[36] BVerfGE 52, 131 (156 f.); sa BayVerfGE 4, 178; OVG Lüneburg OVGE 1, 128.

[37] BVerfGE 107, 395 (409).

[38] Vgl. *Baur* AcP 153 (1954), 393 (403); sa BVerfGE 9, 124 (130 f.); 26, 66 (71); 35, 348 (355); 38, 105 (111); sowie BVerfGE 52, 131 (156): „[...],Waffengleichheit' als Ausprägung der Rechtsstaatlichkeit und des allgemeinen Gleichheitssatzes ist im Zivilprozeß zu verstehen als die verfassungsrechtlich gewährleistete Gleichwertigkeit der prozessualen Stellung der Parteien vor dem Richter, der – auch im Blick auf die grundrechtlich gesicherte Verfahrensgarantie aus Art. 103 Abs. 1 GG – den Prozeßparteien im Rahmen der Verfahrensordnung gleichermaßen die Möglichkeit einzuräumen hat, alles für die gerichtliche Entscheidung Erhebliche vorzutragen und alle zur Abwehr des gegnerischen Angriffs erforderlichen prozessualen Verteidigungsmittel selbständig geltend zu machen.".

[39] BVerfG NJW 2019, 41 (46, Rn. 64).

[40] Eing. *Waldner,* Der Anspruch auf rechtliches Gehör, 2000, 180 ff.

grenzung der Überprüfungsbefugnis des BVerfG: Nicht jeder Gehörverstoß führt zur Aufhebung der angegriffenen Entscheidung, sondern nur ein solcher, welcher sich als **„spezifische" (Verfassungs-)Verletzung** darstellt.[41] Das BVerfG begründet dies wie bei anderen Grundrechten mit der Abgrenzung zur Fachgerichtsbarkeit, der die Auslegung der gesetzlichen Vorschriften in den jeweiligen Verfahrensordnungen grundsätzlich obliegt. Deshalb ist nicht jeder Verfahrensfehler zugleich als Verletzung des Art. 103 Abs. 1 zu werten.[42] Wie bei dem verwandten Grundrecht auf den gesetzlichen Richter (Art. 101 Abs. 1 S. 2)[43] schwankt indes das BVerfG in seinen diesbezüglichen Maßstäben.[44] Wie dort bedarf es auch bei Art. 103 Abs. 1 keiner „eigenen" Abgrenzungsdogmatik, sondern der Problembewältigung anhand der allgemeinen Lehren.[45] Von einer „spezifischen" Rechtsverletzung lässt sich (auch hier) jedenfalls dann reden, wenn die in Rede stehende **Gesetzesauslegung, würde ein inhaltsgleiches Gesetz erlassen, als verfassungswidrig erschiene.**[46] Das ist insbesondere der Fall, wenn den Beteiligten **jede Gelegenheit genommen** wird, sich zu den entscheidungserheblichen Tatsachen und Rechtsfragen zu äußern, wenn ihnen also **das Mindestmaß an Verfahrensbeteiligung verkürzt** wird.[47] Bei der Überprüfung der Einhaltung von Präklusionsvorschriften[48] gebietet Art. 103 Abs. 1 einen strengeren Maßstab als „bloße" Willkürkontrolle, ohne dass aber jede unzutreffende Anwendung solchen einfachen Rechts einen Verfassungsverstoß bedeuten würde. Durch die seitens des Bundesverfassungsgerichts veranlasste flächendeckende Einführung **fachgerichtlicher Gehörsrügen,**[49] die allerdings punktuelle Vorläufer hatten,[50] müsste eine quantitative Veränderung diesbezüglicher Entscheidungslast eingetreten sein, ohne dass sich das qualitative Abgrenzungsproblem verändert hätte. Die von – etwa – § 544 Abs. 4 S. 2 ZPO ermöglichte (und weithin praktizierte) Begründungsabstinenz bei negativen Entscheidungen über Anhörungsrügen verschärft die Problematik und konterkariert die Entlastungsabsicht; sie verfehlt

---

[41] BVerfGE 75, 302 (312 ff.); s. ferner *Schmidt-Aßmann* DÖV 1987, 1029 ff.

[42] Etwa BVerfG NJW 2019, 41 (42, Rn. 37); NZFam 2019, 673 (674, Rn. 13).

[43] → Art. 101 Rn. 38 ff.

[44] „[O]ffensichtlich unrichtige" Gesetzesanwendung, BVerfGE 69, 145 (149); „Rechtsmißbrauch", BVerfGE 69, 126 (139 ff.); „Willkür", BVerfGE 74, 228 (234); „Verkennung" der Bedeutung des Grundrechts, BVerfGE 90, 22 (25); „wenn [die Beschränkung des rechtlichen Gehörs] im Prozessrecht keine Stütze mehr findet", BVerfGE 105, 279 (311); zu letzterem eing. *Lerche* FS f. Heldrich, 2005, 1283 (1286 ff.).

[45] → Art. 101 Rn. 38.; krit. Analyse bei *Mauder,* Der Anspruch auf rechtliches Gehör, seine Stellung im System der Grundrechte und seine Auswirkung auf die Abgrenzungsproblematik zwischen Verfassungs- und Fachgerichtsbarkeit, 1986, 60 ff.; wie hier *Nolte/Aust* in MKS Rn. 13; sa *Lerche* FS f. Heldrich, 2005, 1283 (1287), der bemerkt, es sei eine Crux speziell bei Art. 103 Abs. 1, dass die verfassungsgerichtliche Kompetenz in ihrer praktischen Anwendung immer wieder zwangsläufig in Einzelheiten des unterverfassungsrechtlichen Rechts hineingezerrt werde – indessen: dies teilt die Bestimmung jedenfalls mit anderen, gleichfalls stark normgeprägten Grundrechten.

[46] Vgl. zB BVerfGE 89, 28 (36); BVerfG NJW 2019, 41 (42, Rn. 37); NZFam 2019, 673 (674, Rn. 13); *Starck* JZ 1996, 1033 (1039 f.).

[47] BVerfG NJW 2019, 41 (42, Rn. 37); NZFam 2019, 673 (674, Rn. 13).

[48] → Rn. 17.

[49] → Rn. 4.

[50] So im Strafprozess, s. § 33a StPO; im Zivilprozess seit 2001 durch den neu gefassten § 321a ZPO, s. *Hartmann* NJW 2001, 2577 ff.; in der Verwaltungsgerichtsbarkeit durch die Annahme auf Gehörsverstöße bezogener „Gegenvorstellungen", s. BVerwG NJW 1994, 674, vgl. auch BGH NJW 1995, 403 f.; sa *Broß* BayVBl. 2001, 2577 ff.; zur Frage fortdauernder Zulässigkeit von Gegenvorstellungen *Zuck* ZRP 2008, 44 ff.; *Rüsken* NJW 2008, 481.

die von dem BVerfG postulierte Tragweite des Justizgewährleistungsanspruchs und wird der daraus hergeleiteten Arbeitsteiligkeit bei der Wahrnehmung der Kontrollaufgaben nicht gerecht.[51] Sie gebiert zudem weitere Probleme hinsichtlich der Frage der Erschöpfung des Rechtsweges im Vorfeld einer Verfassungsbeschwerde (näher zum Verhältnis von Verfassungsbeschwerde und Anhörungsrüge → Rn. 26 f.).[52]

9 Das Neben- und Miteinander verschiedener Anforderungen des GG an das gerichtliche Verfahren[53] hat insbes. in der Rspr. zu argumentativen Vermengungen geführt.[54] Das BVerfG entnimmt rechtsstaatliche Mindestanforderungen außerhalb des Anwendungsbereichs von Art. 103 Abs. 1 aus Art. 2 Abs. 1 iVm dem Rechtsstaatsprinzip im Sinne eines **Grundrechts auf ein faires Verfahren.**[55] In ihrer Summe lassen diese Anforderungen erkennen, was sich das GG unter einem rechtsstaatlichen Gerichtsverfahren vorstellt. Art. 103 Abs. 1 ist, soweit es gerade um die Gewährleistung von Gehör geht, eine **spezielle Regelung** im Verhältnis zu den allgemeinen Aussagen des GG, die für das gerichtliche Verfahren Anforderungen stellen können,[56] insbesondere auch im Verhältnis zum allgemeinen Gleichheitssatz (iVm. dem Rechtsstaatsprinzip nach Art. 20 Abs. 3), dies sowohl in dem ihm gegebenen Verständnis als Gebot prozessualer „Waffengleichheit"[57] wie auch in seiner Funktion als der Abwehr grob unrichtiger Rechtsanwendung dienendes „Willkürverbot".[58] Es ist bei diesem Bild problematisch, Art. 103 Abs. 1 von anderen Elementen grundgesetzlicher Rechtsstaatlichkeit her deuten zu wollen.[59] Mit Recht beschränkt sich das BVerfG daher darauf, den Gehörsgrundsatz in Art. 103 Abs. 1 als **besondere Ausprägung der Waffengleichheit** zu deuten.[60] Die Auslagerung von Gewährleistungsgehalten aus Art. 103 Abs. 1 in ein der Relativierung zugänglicheres „Prinzip" kann zu Schutzverkürzungen und tendenziell auch zu organisierter Beliebigkeit führen.[61] Von der Rechtsschutzgarantie des **Art. 19 Abs. 1 S. 1** grenzt das BVerfG das Gehörsgrundrecht dahin ab, dass die Rechtschutzgarantie den Zugang zum Verfahren sichert, während Art. 103 Abs. 1 auf einen angemessenen

---

[51] S. dazu *Zuck* NJW 2008, 479 ff.

[52] S. bereits oben die Nachw. in Fn. 18; sowie allg. *Desens* NJW 2006, 1243 ff.; *Klein/Sennekamp* NJW 2007, 945 ff.

[53] Zu deren Zusammenspiel → Art. 101 Rn. 3, 21.

[54] Zur Stellung des Art. 103 Abs. 1 im System des GG etwa *Mauder,* Der Anspruch auf rechtliches Gehör, seine Stellung im System der Grundrechte und seine Auswirkung auf die Abgrenzungsproblematik zwischen Verfassungs- und Fachgerichtsbarkeit, 1986, 10 ff.; sa *Dörr,* Faires Verfahren, Gewährleistung im Grundgesetz der Bundesrepublik Deutschland, 1984, 94 ff.

[55] Näher → Art. 2 Rn. 31 mwN; eingehende Fallanalysen dazu bei *Tettinger* Der Staat 36 (1997), 575 (580 ff.); s. ferner BVerfGE 101, 397 (404 ff.).

[56] Vgl. im Überblick *Degenhart* in HdbStR V § 115 Rn. 2, 18 ff.; für den Strafprozess *Hill* in HdbStR VI, 2. Aufl. 2001, § 156 Rn. 8 ff.

[57] Wie hier *Schulze-Fielitz* in Dreier Art. 103 Abs. 1 Rn. 86; *Waldner,* Der Anspruch auf rechtliches Gehör, 2000, 7 ff.; BVerfG NJW 2020, 2021 (2023, Rn. 16); BayVerfGH NJW 1984, 1874 (1875); für ein „Nebeneinander" *Pieroth* in Jarass/Pieroth Rn. 3.

[58] In diesem Sinne etwa auch BVerfGE 73, 322 (324 f.); anders etwa BVerfGE 42, 64 (72 ff.); 71, 202 (204); weiterführend *Höfling* JZ 1991, 955 ff.; zur Konkurrenz und Abgrenzung der genannten Verfahrensgrundrechte vgl. eing. *Zuck* FS f. A. Krämer, 2009, 85 ff.

[59] Vgl. dazu *Kunig,* Das Rechtsstaatsprinzip, 1986, 378 ff.; zust. *Nolte/Aust* in MKS Rn. 89.

[60] BVerfG NJW 2018, 3634 (3635, Rn. 28); NJW 2020, 2021 (2023, Rn. 16).

[61] Sa *Nolte/Aust* in MKS Rn. 93, 95; sowie allg. *Kunig* FS 50 Jahre BVerfG, Bd. II, 2001, 421 (443 f.).

Ablauf des Verfahrens in Gestalt eines substanziellen, realen Anhörungsrechts zielt.[62]

Art. 103 Abs. 1 ist ein **vorbehaltlos** gewährleistetes (Justiz-)Grundrecht, gilt mithin dem Wortlaut nach unbeschränkt und unbeschränkbar. Es ist aber ein Gemeinplatz, dass keine objektiv-rechtliche Gewährleistung und kein subjektives Recht absoluten Vorrang vor kollidierenden Rechten oder Verfassungswerten genießen können. Grundsätzlich sollen daher die **allgemeinen Lehren** über die Beschränkung im Verfassungstext vorbehaltlos gewährleisteter Grundrechte[63] auch hier gelten.[64] Das wirkt sich zunächst auf die (auch) gesetzliche Konkretisierung dessen aus, was unter „jedermann" (in Bezug auf ein „seiner" Gehörgewähr zu eröffnendes konkretes Verfahren) und unter „Gericht" zu verstehen ist, vor allem aber auf die Interpretation der Begriffe „Gehör" und „Anspruch", also darauf, wie die prozessrechtlich ausgestalteten Strukturen Äußerungs- und Informationsbegehren einzelner begrenzen dürfen, um etwa – allgemein – einen „effizienten", auch zeitgerechten Verfahrensablauf zu gewährleisten, oder auch – im Einzelfall – kollidierenden Grundrechten einzelner[65] oder im Interesse der Allgemeinheit bestehenden Geheimschutzinteressen Rechnung zu tragen. Insbesondere bedarf auch das Gehörsgrundrecht wie andere Grundrechte und grundrechtgleiche Rechte der **Ausgestaltung durch den Gesetzgeber.** Dieser darf den Verfahrensbeteiligten nicht jede Gelegenheit zur Äußerung zu den entscheidungserheblichen Tatsachen und Rechtsfragen nehmen.[66] Das **Denken** in Schablonen wie **„Eingriff" und „Rechtfertigung"** ist dabei, wie auch bei Art. 101 Abs. 1 S. 2,[67] **wenig hilfreich.** Beispielsweise gestattet Art. 103 Abs. 1 keine beleidigenden Äußerungen, erweisen sich die „allgemeinen Gesetze" iSd Art. 5 Abs. 2 gleichsam als immanente Schranken des Gehörgrundrechts;[68] danach unzulässige Äußerungen muss das Gericht nicht beachten. Es ist auch nicht ausgeschlossen, dass andere Grundrechte im Einzelfall bestärkend und erweiternd zu Art. 103 Abs. 1 hinzutreten.[69] 10

1. Vor Gericht. Der Ausdruck **„Gericht"** bezieht sich auf (alle) Gerichte iSd Art. 92,[70] also nur auf **staatliche Gerichte;** dazu zählen auch die Truppendienstgerichte.[71] Nicht erfasst sind dementsprechend Vereinsgerichte und Kirchengerichte, wohl aber vereinsrechtliche Verfahren vor staatlichen Gerichten.[72] Gleichwohl ist der Anspruch auf rechtliches Gehör auch vor privaten Gerichten gegeben, wo er seine Grundlage in § 242 BGB 11

---

[62] BVerfGE 107, 395 (409); 119, 292 (296).

[63] Dazu *v. Münch/Kunig* in v. Münch/Kunig Vorauflage Vorb. Art. 1–19 Rn. 41 f.

[64] *Knemeyer* in HdbStR VIII § 178 Rn. 34; *Schulze-Fielitz* in Dreier Rn. 83; näher *Nolte/Aust* in MKS Rn. 8 f..

[65] Etwa Persönlichkeitsrechten; vgl. *Nolte/Aust* in MKS Rn. 43.

[66] BVerfG NJW 2019, 41 (42, Rn. 37); NZFam 2019, 673 (674, Rn. 13); vgl. auch NJW 2014, 2563 Rn. 8.

[67] → dort Rn. 27.

[68] Vgl. *Rüping,* Der Grundsatz des rechtlichen Gehörs und seine Bedeutung im Strafverfahren, 1976, 162.

[69] So der Sache nach bereits BGH JZ 1959, 535 f. – Terminierung an religiösem Feiertag, Art. 4 Abs. 1; sa BVerwG NJW 1986, 2897 ff. – Anspruch auf Terminverlegung bei schwerem Schock; vgl. auch BVerfGE 99, 145 (162 ff.) – Pflegerbestellung für Kind; sowie BVerfG NJW 1994, 3319 (3320).

[70] Vgl. → Art. 92 Rn. 14.

[71] BVerfGE 32, 195 (197).

[72] BGHZ 29, 352 (355).

findet.[73] Rechte der Gemeinden auf Anhörung bei staatlichen Eingriffen in ihren Gebietsbestand folgen unmittelbar aus Art. 28 Abs. 2 S. 1, nach Ansicht des BVerfG „zugleich" aus dem Rechtsstaatsprinzip,[74] jedenfalls aber nicht aus Art. 103 Abs. 1.[75]

12 Art. 103 Abs. 1 ist auch **weder** auf das **Verwaltungsverfahren** anwendbar,[76] **noch** auf die Tätigkeit der **gesetzgebenden Organe.**[77]

13 Art. 103 Abs. 1, der selbst keine **bestimmte Verfahrensart** – insbesondere keine mündliche Verhandlung – garantiert,[78] hat Bedeutung für **alle Arten von Gerichtsverfahren,**[79] dabei auch für Tätigkeiten, die nicht spezifisch richterliche Aufgaben darstellen: Anzuknüpfen ist nicht an den Begriff des Gerichtsverfahrens, sondern an das Tätigwerden eines Richters.[80] Einbezogen ist demgemäß das Kostenfeststellungsverfahren[81] wie auch die Prozesskostenhilfe.[82] Auch Verfahren des **einstweiligen Rechtsschutzes** sind erfasst. Allerdings ist insoweit eine vorherige Anhörung verzichtbar, wenn sie den Zweck des Verfahrens vereiteln würde, wie bei der Anordnung von Untersuchungshaft oder einer Durchsuchung. In diesen Fällen reicht es aus, nachträglich Gehör zu gewähren (→ Rn. 16).[83]

14 **2. Hat jedermann.** Anspruchsträger ist nicht ‚jeder' in ‚jedem' gerichtlichen Verfahren, wohl aber potenziell **„jedermann"** in ihn betreffenden Verfahren, also jede inländische oder ausländische natürliche oder juristische Person, einschließlich des Staates und seiner Untergliederungen,[84] ferner auch nichtrechtsfähige Personenvereinigungen,[85] also etwa auch die OHG, die KG, die politische Partei. Auf die Parteifähigkeit kommt es nicht an, so dass auch Minderjährige[86] und Entmündigte einzubeziehen sind.[87] Entscheidend

---

[73] BGHZ 29, 352 (355).: „ein Gebot der natürlichen Gerechtigkeit"; für Ableitung aus der Fürsorgepflicht gegenüber den Vereinsmitgliedern *Rauball* in v. Münch/Kunig, 1. Aufl. 1975, Rn. 2; zur Schiedsgerichtsbarkeit BGH NJW 1983, 867; zum rechtlichen Gehör im Parteiausschlussverfahren s. *Lenz/Sasse* JZ 1962, 233 (239).

[74] BVerfGE 50, 195 (202 f.).

[75] Vgl. auch BVerfGE 56, 298 (352 f.) – Sondervotum *Hirsch.*

[76] BVerfGE 27, 88 (103); 101, 397 (404), *Remmert* in Maunz/Dürig Art. 103 Abs. 1 Rn. 52 f.; vgl. aber einfach-rechtlich § 28 Abs. 1 VwVfG des Bundes und die parallelen Bestimmungen des Verwaltungsverfahrensrechts der Länder; sa *Feuchthofen* DVBl 1984, 170 ff.; s. ferner BVerwG NJW 1976, 588 ff.; *Schickedanz* ZRP 1975, 182 ff.

[77] Also kein Anspruch für Verbände oder Sachverständige auf Gehör bei dem „Hearing" eines Bundestagsausschusses, BVerfGE 36, 321 (330); weitergehend VerfGH Saarl DVBl 1983, 263 ff. mwN.

[78] BVerfGE 6, 19 (20); 31, 364 (370); BVerfG NJW 2014, 2563 (Rn. 8); BeckRS 2019, 34793, Rn. 9; VerfGH Bln JR 1998, 232; vgl. dazu auch BVerfGE 89, 381 (391); BVerwGE 57, 271 (272); das gesetzeswidrige Absehen von einer mündlichen Verhandlung soll nach BFHE 166, 415 (416) einen Gehörverstoß bedeuten.

[79] Und für alle Instanzen, BVerfGE 53, 25 (281); *Knemeyer* in HdbStR VIII § 178 Rn. 25; *Schulze-Fielitz* in Dreier Art. 103 Abs. 1 Rn. 17.

[80] BVerfGE 9, 89 (97).

[81] So BVerfGE 19, 148 (149), wieder offen gelassen in BVerfGE 28, 10 (14).

[82] BVerfGE 20, 347 (349), 280 (282); gegen Einbeziehung auch von Rechtspflegern BVerfGE 101, 397 (404 f.); vgl. krit. *Eickmann* RPfleger 2000, 205 ff.; ebenso *Habscheid* Rpfleger 2001, 209 ff.; *Langenfeld* ZEV 2000, 195; zur freiwilligen Gerichtsbarkeit BVerfGE 92, 158 (183); *Schleicher,* Rechtliches Gehör und (persönlich-)mündliche Anhörung in familienrechtlichen Angelegenheiten und im Freiheitsentziehungsverfahren der Freiwilligen Gerichtsbarkeit, 1988.

[83] BVerfG NJW 2018, 3634 (3635, Rn. 28); NJW 2020, 2021 (2023, Rn. 16).

[84] BVerfGE 12, 6 (8); 138, 64 (82 f., Rn. 53, 55); BGH AWD 1967, 478.

[85] Zust. *Remmert* in Maunz/Dürig Art. 103 Abs. 1 Rn. 42.

[86] S. BVerfGE 99, 145 (162 f.).

[87] Zust. *Schulze-Fielitz* in Art. 103 Abs. 1 Dreier Rn. 21.

ist **nicht allein die formelle Verfahrensbeteiligung,** soweit es um Gehörfindung im eigenen Interesse geht, sondern darüber hinaus auch die Frage, ob jemand durch den Verfahrensausgang eine **„unmittelbare Beeinträchtigung in eigenen Rechten"** erleiden kann.[88] Die „unmittelbare Beeinträchtigung" ist abzugrenzen von **bloßen „faktischen Auswirkungen".**[89] **Einzubeziehen** ist etwa der Beschuldigte im Klageerzwingungsverfahren (§§ 171 ff. StPO), da der Verletzte sich einer erhobenen öffentlichen Klage mit den Rechten des Nebenklägers anschließen, sich etwa unabhängig von der Staatsanwaltschaft der Rechtsmittel bedienen kann,[90] der Rechtsnachfolger eines Beteiligten wegen der sich auf ihn erstreckenden Rechtskraft,[91] der Mitgesellschafter einer GmbH im Fall der Auflösungsklage,[92] der Adressat eines begünstigenden Verwaltungsakts bei dessen Anfechtung durch einen Dritten,[93] eine staatliche Enteignungsbehörde, die, obwohl keine juristische Person des öffentlichen Rechts, Beteiligte im fachgerichtlichen Verfahren sein kann (Akzessorietät zwischen fachverfahrensmäßiger Beteiligtenfähigkeit und Beschwerdefähigkeit im Verfassungsbeschwerdeverfahren),[94] ein Rechtsanwalt, durch den das Recht auf Gehör ausgeübt wird.[95] Auch dem Popularkläger nach Art. 55 Abs. 1 BayVerfGHG steht der Anspruch auf rechtliches Gehör zu, obwohl er keine Parteistellung innehat.[96] **Nicht** anhörungsberechtigt sind dagegen einzelne Arbeitgeberinnen im Beschlussverfahren des BAG zur fehlenden Tariffähigkeit der Tarifgemeinschaft Christlicher Gewerkschaften für Zeitarbeit.[97]

3. Anspruch auf rechtliches Gehör. a) Verhältnis zum einfachen Gesetzesrecht. Art. 103 Abs. 1 **gilt unmittelbar,** dh unabhängig von unzureichenden[98] oder fehlenden[99] Ausformungen im einfachen Gesetzesrecht.[100] Er gewährleistet selbst ein **Mindestmaß an Verfahrensbeteiligung** (Rn. 8).[101] Die zutreffende These, dass bei der Auslegung des Art. 103 Abs. 1 vom „vorverfassungsrechtlichen Gesamtbild des Prozess- 15

---

[88] BVerfGE, 17, 356 (351), 21, 132 (137); 75, 201 (215), 89, 381 (390); BVerfG NZA 2014, 496 (497, Rn. 19); NVwZ 2015, 510 (511, Rn. 55); vgl. auch *Wolff* in Hömig/Wolff Rn. 4; sa *F. Baur* AcP 53 (1954), 393 (407).

[89] Vgl. BVerfG NZA 2014, 496 (497, Rn. 20); BGH JZ 1982, 566 (567); zum rechtlichen Gehör bei Urteilswirkungen gegenüber Dritten im Zivilprozess *Marotzke* ZZP 100 (1987), 164 ff.; *Zeuner,* Rechtliches Gehör, materielles Recht und Urteilswirkungen, 1974. Ein im Vaterschaftsanfechtungsverfahren (des Kindes, der Mutter, des rechtlichen Vaters) beitretender potentieller biologischer Vater soll als unselbständiger (und also nicht: streitgenössischer) Nebenintervenient nicht „unmittelbar" betroffen sein, jedenfalls wenn sein Ziel ist, die (spätere) Feststellung seiner Vaterschaft zu verhindern, BGH NJW 2009, 2679 ff. mwN.

[90] Vgl. §§ 395 Abs. 2 Nr. 2, 397, 401 StPO; BVerfGE 17, 356 (362 f.).

[91] BSG NJW 1991, 1909 f.

[92] BVerfGE 60, 7 (14).

[93] *Pieroth* in Jarass/Pieroth Rn. 10; zur Rechtslage bei Normenkontrollverfahren (insbes. nach § 47 VwGO) s. BVerfGE 70, 35 (53); *Remmert* in Maunz/Dürig Art. 103 Abs. 1 Rn. 49 f.; *Bracher* DVBl 2000, 165 (170).

[94] BVerfGE 138, 64 (83 f., Rn. 56 f.).

[95] BVerfG BeckRS 2020, 11728, Rn. 20.

[96] BVerfGE 13, 132 (141).

[97] BVerfG NZA 2014, 496 (497, Rn. 18 ff.).

[98] Vgl. § 62 ZPO im Vergleich zu §§ 65 Abs. 2 VwGO, 75 Abs. 2 SGG, BVerfGE 60, 7 (14 f.).

[99] Wie im früheren FGG.

[100] BVerfGE 17, 356 (361); 19, 49 (51); 53, 109 (113 f.); *Bohnert* JZ 1978, 710 ff. mwN; BVerfG NJW 2009, 138.

[101] S. BVerfGE 92, 158 (183 f.), BVerfGE 99, 145 (162 f.).

rechts" auszugehen sei,[102] darf nicht zu dem Fehlschluss verleiten, Art. 103 Abs. 1 verschaffe dem einschlägigen einfachen Recht Verfassungsrang.[103] Denkbar ist aber umgekehrt, dass das einfache Recht über Art. 103 Abs. 1 hinausgeht.[104] Art. 103 Abs. 1 ist danach einerseits eine **Leitlinie für die Auslegung** des jeweiligen Verfahrensrechts, andererseits aber – darüber hinaus – die Grundlage für **unmittelbare** Anhörungspflichten. Er verlangt eine einfach-gesetzliche Ausgestaltung, die eine wirksame Ausübung rechtlichen Gehörs ermöglicht, schreibt deren Art und Weise nicht in den Einzelheiten vor,[105] vermag defizitäres einfaches Recht aber zu ergänzen. Nicht jede Verletzung einer Verfahrensvorschrift, die der Gewährleistung rechtlichen Gehörs dient, verletzt demnach notwendigerweise zugleich auch das Grundrecht.[106]

16 **b) Gewährleistungsinhalte. aa) Recht auf Gehör vor der Entscheidung und Recht auf Information.** Gewährleistet ist das Recht auf Gehör zunächst als Recht, sich **vor Erlass** einer **Entscheidung** (dh nicht: vor jeder gerichtlichen Maßnahme, sondern bezieht sich auf Entscheidungen, die über eine Rechtsbehauptung jeweils verbindlich befinden) in **tatsächlicher und rechtlicher Hinsicht** zum Streitstoff **äußern** zu können,[107] „**Anträge** zu stellen und Ausführungen zu machen".[108] Das gilt unabhängig davon, ob eine Äußerung im konkreten Fall Einfluss auf das Entscheidungsergebnis gewinnen kann oder nicht.[109] Denn garantiert ist jedem Verfahrensbeteiligten bereits die **Möglichkeit, Einfluss auf das Verfahren und dessen Ergebnis zu nehmen.** Es dürfen in einer gerichtlichen Entscheidung deshalb grundsätzlich nur Tatsachen berücksichtigt werden, zu denen sich die Berechtigten zuvor äußern konnten.[110] Das Äußerungsrecht umfasst namentlich das Recht, sich zur **Rechtslage** äußern zu dürfen.[111] Es gilt dabei grundsätzlich für jede dem Gericht unterbreitete Stellungnahme der Gegenseite und deren Rechtsauffassung. Art. 103 Abs. 1 ist daher verletzt, wenn der Beschwerdeführer keine Gelegenheit hatte, sich zu dem Kostenantrag des Sozialhilfeträgers und der nachfolgenden Kostenentscheidung des Gerichts zu äußern.[112] Das Recht auf Äußerung ist eng verknüpft mit einem **Recht auf Information** als weiterem Ausfluss des Gehörsgrundrechts (→ Rn. 7, 19, 21). Danach müssen die Verfahrensbeteiligten erkennen können, auf welchen Tatsachenvortrag es für die Entscheidung ankommen kann. Sie müssen sich bei Anwendung der gebotenen Sorgfalt über den gesamten Verfahrensstoff

---

[102] So zB BVerfGE 9, 89 (96).

[103] BVerfGE 7, 95 (98); *Dürig* in Maunz/Dürig, Erstkommentierung Art. 103, Rn. 23; unzutreffend BayVerfGE NF 4, 21; vgl. auch *B. Schmitz,* Fiktive Auslandszustellung, 1980, 53 ff.; *Lorenz* NJW 1977, 865 (868).

[104] BVerfGE 75, 302 (312 ff.).

[105] BVerfGE 31, 364 (370).

[106] Vgl. dazu BVerfGE 89, 28 (36); VerfGH Bln JR 1995, 55 (56); BVerwG NJW 1985, 340 f.; BGHZ 102, 338 (340).

[107] BVerfGE 6, 12 (14); 29, 345 (347 f.); 36, 92 (97); 42, 364 (369); 50, 381 (384); 55, 95 (98); 60, 305 (310); BVerfG NJW 2019, 41 (42, Rn. 36); NZFam 2019, 673 (674, Rn. 12); BVerwG DVBl. 1982, 635 mwN.

[108] BVerfGE 1, 418 (429); 36, 85 (87); 69, 145 (1483).

[109] BVerfG NJW 2019, 41 (42, Rn. 36).

[110] BVerfGE 89, 381 (392); 101, 106 (129); das gilt auch im Verfahren des vorläufigen Rechtsschutzes, s. dazu VerfGH Bln JR 1997, 189 f.; vgl. auch OVG Münster NVwZ-RR 1997, 759 f.

[111] BVerfG NJW 2016, 861 Rn. 16.

[112] BVerfG BeckRS 2020, 13386 Rn. 9 f.

informieren können.[113] Art. 103 Abs. 1 wird daher durch eine **Überraschungsentscheidung** des Gerichts verletzt. Eine solche liegt vor, wenn das Gericht einen bis dahin nicht erörterten oder sonst hervorgetretenen rechtlichen oder tatsächlichen Gesichtspunkt zur Grundlage seiner Entscheidung gemacht und damit dem Rechtsstreit eine Wendung gegeben hat, mit der alle oder einzelne Beteiligte nach dem bisherigen Verlauf des Verfahrens nicht zu rechnen brauchten, und die Beteiligten sich dazu nicht äußern konnten (unten → Rn. 19).[114] Erst recht ist Art. 103 Abs. 1 verletzt, wenn das Gericht nicht nachweisen kann, dass ein Prozessbevollmächtigter eine Ladung zur in seiner Abwesenheit durchgeführten mündlichen Verhandlung erhalten hat.[115] **Nachträgliche Gehörsgewähr** ist nur unter „strengen Voraussetzungen“[116] zulässig, dann aber auch geboten, insbes. bei faktischer Unmöglichkeit bzw. anderenfalls zu besorgender Gefährdung der Maßnahme, etwa im ZPO-Arrestverfahren, bei der Anordnung von Untersuchungshaft oder bei einer Durchsuchung (→ Rn. 13).[117] Wenn jemand zu einer eigenverantwortlichen Äußerung aus Gründen nicht imstande ist, die er nicht zu vertreten hat, kann Art. 103 Abs. 1 verletzt sein.[118]

Nicht von Art. 103 Abs. 1 ausgeschlossen ist, dass die Verfahrensordnun- **17**
gen sog. **Präklusionsvorschriften** enthalten, dh den Ausschluss verspäteten Vorbringens vorsehen (vgl. §§ 296, 530 ZPO), um eine Beschleunigung und Straffung des Verfahrens zu erreichen.[119] Präklusionsvorschriften haben jedoch „strengen Ausnahmecharakter“,[120] es muss feststehen, dass eine Partei gegen ihre Pflichten zur Prozessförderung verstoßen hat und dies nicht wiederum auf einem Verstoß gegen die prozessuale Fürsorgepflicht beruht, welche das Gericht trifft. Nach zunächst feststellbaren Schwankungen in der Rechtsprechung des Bundesverfassungsgerichts[121] ist deutlich: Auch nach dessen Ansicht ist nicht jede unzutreffende Anwendung einer Präklusionsvorschrift ein Verfassungsverstoß.[122] Die Bemessung der verfassungsgerichtlichen Überprüfungsbefugnis[123] wird erst handhabbar im Lichte des Wechselspiels der beiden genannten, einander bedingenden Pflichten von Gericht und Gehörberechtigtem.[124] Generell gilt, dass der Betroffene **hinreichend Gelegenheit** gehabt haben muss, sich in allen wichtigen Fragen zur Sache zu äußern und er diese Gelegenheit schuldhaft ungenutzt verstreichen

---

[113] BVerfG NZFam 2019, 673 (674, Rn. 12) unter Bezug auf BVerfGE 86, 133 (144) und 89, 28 (35); ferner BVerfGE 84, 188 (190) und BVerfG NJW 2015, 1867 (1868 f., Rn. 20).

[114] BVerwG BeckRS 2015, 50287 Rn. 8 unter Rekurs auf BVerwG NVwZ 2013, 1093 Rn. 5 und NVwZ-RR 2015, 416 (418, Rn. 23 f.).

[115] BVerwG BeckRS 2015, 50287, Rn. 4.

[116] BVerfGE 65, 227 (233).

[117] S. BVerfGE 57, 356 (358 f.); BVerfG NJW 2018, 3634 (3635, Rn. 28); NJW 2020, 2021 (2023, Rn. 16); sa und Stichwort.

[118] BGH JZ 1982, 730 (731); vgl. auch OLG Hamm NJW 1983, 530 zur mangelnden Sprachkenntnis.

[119] BVerfGE 54, 117 (123); BGH NJW 1983, 822 (823) mwN; OLG Stuttgart NJW 1981, 2581 (2582).

[120] BVerfGE 62, 249 (254).

[121] Nachgezeichnet etwa bei *Herzog,* Das Bundesverfassungsgericht und die Anwendung einfachen Gesetzesrechts, 1991.

[122] BVerfGE 75, 302 (312); dazu *Deubner* NJW 1987, 2736; eingehende Rechtsprechungsanalyse bei *Franke* NJW 1986, 3049 ff.; Abgrenzungsvorschläge bei *Waldner* NJW 1984, 2925 ff.

[123] → Rn. 8.

[124] Sa *Degenhart* in HdbStR V § 115 Rn. 46 ff.; für den Strafprozess *Hill* in HdbStR VI, 2. Aufl. 2001, § 156 Rn. 47 ff.

ließ,[125] dh die prozessualen Möglichkeiten[126] in vorwerfbarer Weise nicht ausschöpfte.[127] **Fristen** müssen ausreichend bemessen sein, müssen auch beispielsweise die räumliche Entfernung zwischen Mandant und Anwalt berücksichtigen[128] und bei einem Anwaltswechsel dem neuen Anwalt genügend Zeit zur Einarbeitung lassen.[129] Wenn das Gericht für eine Fristversäumung verantwortlich ist, darf dies nicht einem Verfahrensbeteiligten angelastet werden.[130] Wenn eine Äußerungsfrist gesetzt ist, müssen alle fristgemäß eingehenden Schriftsätze berücksichtigt werden.[131]

18 **bb) Pflichten des Gerichts.** Den Rechten der Verfahrensbeteiligten aus dem Gehörsgrundrecht korrespondieren bestimmte Pflichten des Gerichts. So muss das Gericht als **Hauptpflicht** das jeweilige Vorbringen auch berücksichtigen, dh **„zur Kenntnis nehmen und in Erwägung ziehen".**[132] Es muss aufnahmefähig[133] und aufnahmebereit sein. Dabei spricht eine **Vermutung** dafür, dass das Gericht ein Vorbringen zur Kenntnis genommen hat,[134] die nicht schon dadurch entkräftet wird, dass das betreffende Vorbringen in den schriftlichen Entscheidungsgründen nicht angesprochen wird.[135] Denn Gerichte sind nicht verpflichtet, sich mit jedem Vorbringen in der Entscheidungsbegründung ausdrücklich zu befassen oder es zu bescheiden.[136] Andererseits müssen die Gerichte die **wesentlichen,** der Rechtsverfolgung und Rechtsverteidigung dienenden Tatsachenbehauptungen in den Entscheidungsgründen **verarbeiten.**[137] Wenn folglich im Einzelfall die Argumentation des Gerichts zeigt, dass es ein Vorbringen „ersichtlich nicht erwogen"[138], den Kern des Tatsachenvortrags nicht zur Kenntnis oder nicht (ernsthaft) in Erwägung gezogen hat,[139] liegt ein Verstoß gegen Art. 103 Abs. 1 vor. Gleiches gilt, wenn ein Vorbringen oder ein Antrag zwar zur Kenntnis genommen wurde, aber das Gericht ihn bei der Urteilsfindung „aus den Augen verloren" hat.[140] Auf eine **Nichtberücksichtigung** kann allgemein **geschlossen** werden, wenn das Gericht auf den wesentlichen Kern des Tatsachenvortrags zu einer entscheidungserheblichen Frage nicht eingeht,

[125] BVerfGE 55, 72 (94) mwN; vgl. auch BVerfGE 42, 120 (124); 59, 330 (333).

[126] Einschließlich zB der streitgenössischen Nebenintervention, §§ 66, 79 ZPO, BVerfGE 21, 132 (137 f.).

[127] BVerfGE 8, 9 (14).

[128] BVerfGE 12, 6 (8 f.): Partei in Paris, Anwalt in München; vgl. auch BVerfGE 49, 212 (215 f.); 60, 313 (318).

[129] BGHZ 27, 163 (165 ff.).

[130] BVerfGE 52, 203 (207).

[131] BVerfGE 42, 243 (247); 64, 224 (227).

[132] BVerfGE 11, 218 (220); 34, 344 (347); 42, 364 (367 f.); 53, 219 (223); 54, 86 (91); 59, 330 (333), 62, 249 (254); BVerfG MMR 2009, 605 f.; BVerfG BeckRS 2012, 24644 Rn. 20; BeckRS 2015, 47774 Rn. 8.

[133] Zum in der mündlichen Verhandlung schlafenden Richter s. BVerwG NJW 1986, 2721.

[134] BVerfGE 40, 101 (104 f.); 51, 126 (129); 54, 43 (46); 86, 133 (144 ff.); 96, 205 (216 f.); BVerfG BeckRS 2012, 24644 Rn. 20.

[135] BVerfGE 13, 132 (149); 47, 182 (187); 51, 126 (129); 96, 205 (216 f.); *Degenhart* in HdbStR V § 115 Rn. 50.

[136] BVerfGE 5, 22 (24); 13, 132 (149); BVerfG BeckRS 2012, 24644 Rn. 20; NJW 2015, 1746 Rn. 15.

[137] BVerfGE 47, 182 (189); BVerfG BeckRS 2012, 24644 Rn. 20.

[138] BVerfGE 27, 248 (251 f.); 51, 126 (129); 65, 293 (295 f.); vgl. auch BVerfGE 25, 137 (140); 34, 344 (347).

[139] BVerfG BeckRS 2012, 24644 Rn. 21 ff.

[140] BVerfGE 54, 86 (92).

sofern dieser nicht nach dem Rechtsstandpunkt des Gerichts unerheblich oder auch erkennbar zu unsubstantiiert war.[141] Wird ein Vorbringen zwar (im Tatbestand) erwähnt, drängt sich aber angesichts der Begründung der Schluss auf, es sei nur dem äußeren Wortlaut nach zur Kenntnis genommen, sein Sinn aber nicht erfasst worden, liegt ein Gehörsverstoß vor.[142] Das Gleiche gilt, wenn die Nichtberücksichtigung erheblichen Vortrags **keine Stütze mehr im Prozessrecht** findet.[143]

Das Gericht ist ferner verpflichtet, jeweils alle Äußerungen **der Gegenseite**[144] **mitzuteilen.**[145] Ein Beteiligter muss nicht etwa von sich aus nachforschen, ob von den übrigen Verfahrensbeteiligten Schriftsätze eingereicht oder Anträge gestellt worden sind.[146] Entsprechende Mitteilungs- und Hinweispflichten des Gerichts korrespondieren mit dem **„Recht auf Information" der Verfahrensbeteiligten** über den Verfahrensstoff (→ Rn 16).[147] Zwar ergibt sich aus Art. 103 Abs. 1 **keine allgemeine Frage- und Aufklärungspflicht** des Gerichts. Jedoch sind das Gehörsgrundrecht und das Gebot fairen Verfahrens verletzt, wenn das Gericht ohne **vorherigen Hinweis** auf rechtliche Gesichtspunkte abstellt, mit denen auch gewissenhafte und kundige Prozessbeteiligte nach dem bisherigen Prozessverlauf nicht zu rechnen brauchten (**Verbot von Überraschungsentscheidungen;** → Rn. 16).[148] Hat etwa nach dem Gesetz eine mündliche Verhandlung stattzufinden, dann folgt aus Art. 103 Abs. 1 ein Recht auf Äußerung in der Verhandlung und muss mit einer Entscheidung ohne mündliche Verhandlung nicht gerechnet werden.[149] Zudem hat das Gericht die Parteien darauf hinzuweisen, wenn im schriftlichen Verfahren gemäß § 495a ZPO entschieden werden soll, und den Zeitpunkt zu bestimmen, bis zu dem die Parteien vortragen können.[150] Auch darf ein Berufungsbeklagter in verstärktem Maße einen Hinweis durch das Berufungsgericht gemäß § 139 ZPO erwarten, wenn dieses eine andere Beweiswürdigung vornehmen will oder bislang unerhebliches Vorbringen abweichend vom Erstgericht für erheblich erachtet.[151] Ein Gehörsverstoß liegt gleichfalls vor, wenn die Entscheidung über eine Anhörungsrüge zugleich eine abändernde Sachentscheidung enthält, ohne dass ein Beteiligter zuvor die Gelegenheit hatte, sich zu der beabsichtigten Fortsetzung des 19

---

[141] BVerfGE 86, 133 (146); BVerfG BeckRS 2012, 24644 Rn. 20; NJW 2015, 1746 Rn. 15; → Rn. 28 „Begründungspflicht"; zum Problem „nichtaktenkundiger Richter" in Kollegialgerichten *Doehring* NJW 1983, 851; Vgl. auch BVerfG DVBl. 2007, 253 f.

[142] So prägnant BGH NJW 2009, 2137 mAnm *Mark/Schütt,* die in folgerichtiger Begrifflichkeit von einer „Verständnisrüge" sprechen, die aber doch missverständlich ist. Zur Abgrenzung einer Kenntnisnahme „im Ansatz" bei gleichzeitig „nicht wirklicher" Erwägung, s. BVerfG NJW 2009, 1584.

[143] BVerfGE 84, 188 (190); BVerfG BeckRS 2015, 47774 Rn. 8.

[144] BVerfGE 19, 32 (36); 55, 95 (99).

[145] Und zwar nicht nur Schriftsätze, sondern etwa auch deren Anlagen, BVerfGE 19, 148 (149).

[146] BVerfGE 17, 194 (197); 18, 147 (150); 50, 381 (385).

[147] BVerfGE 84, 188 (190); *Pieroth* in Jarass/Pieroth Rn. 11, 22 ff.; Recht auf Orientierung', so *Waldner,* Der Anspruch auf rechtliches Gehör, 2000, 13 ff.

[148] S. dazu BVerfGE 84, 188 (190); 86, 133 (144); 96, 189 (204); BVerfG NJW 1996, 3202; NJW 2015, 1867 (1869, Rn. 20); *E. Schneider* EWiR 1/96, 883; sa VGH Mannheim VBlBW 1993, 420 f.; BVerfG NJW 2003, 2524; BVerfGE 108, 341 (345 ff.); BFH NJW 2009, 943.

[149] BVerfG BeckRS 2019, 34793 Rn. 9.

[150] BVerfG BeckRS 2019, 34793 Rn. 10.

[151] BVerfG NJW 2015, 1746 (1747, Rn. 17).

Verfahrens und zu dem neuen Sachvortrag zu äußern.[152] Vor dem Erlass einer Entscheidung muss ein Gericht daher prüfen, ob den Beteiligten in diesem Sinne rechtliches Gehör gewährt worden ist.[153]

20 In Verfahren, in denen der **Beibringungsgrundsatz** nicht gilt,[154] muss das Gericht auch hinsichtlich solcher Tatsachen Gehör gewähren, von denen es selbst Kenntnis hat und die entscheidungserheblich sein können.[155] Das gilt unabhängig davon, ob über solche Tatsachen Beweis erhoben werden muss.[156]

21 Ein Anspruch auf ein **„Rechtsgespräch"** in der mündlichen Verhandlung ist aus Art. 103 Abs. 1 nicht herzuleiten;[157] ist ein solches indes vorgeschrieben (vgl. zB § 101 VwGO), kann ihr Unterbleiben sich als Gehörsverletzung darstellen.[158] Auch wenn Art. 103 Abs. 1 keine umfassende Frage- bzw. Informationspflicht des Gerichts aufstellt (→ Rn. 19),[159] müssen die Beteiligten aber jedenfalls erkennen können, auf welchen Tatsachenvortrag es für die rechtliche Beurteilung ankommen kann.[160] Art. 103 Abs. 1 fordert, dass ihnen diese Chance eröffnet wird, und geht davon aus, dass sie eine solche Chance mit der gebotenen Sorgfalt wahrnehmen werden.[161] Daraus folgt zugleich, dass ein Gericht **erst oberhalb der Schwelle** dessen **informierend** tätig werden muss, was bei **sorgfältiger Prozessführung** ohnehin bekannt ist. Das gilt sinngemäß auch für rechtliche Gesichtspunkte: Das Gericht ist nicht gehalten, seine Rechtsauffassung vor der Entscheidung darzulegen, muss aber Hinweise geben, wenn es sich auf rechtliche Erwägungen stützen will, mit denen auch ein gewissenhafter Prozessbeteiligter nicht zu rechnen brauchte[162] – dies insoweit, als das „Recht auf Äußerung"[163] ohne korrespondierendes „Recht auf Information"[164] leer liefe. Hier erweist sich besonders deutlich die Wechselseitigkeit des Gehörsrechts und der Obliegenheit zu seiner Wahrnehmung: Art. 103 Abs. 1 **schützt nicht den nachlässigen** Beteiligten, der die nach Lage der Dinge gegebenen prozessualen Möglichkeiten nicht ausschöpft,[165] vor dadurch eintretenden Nachteilen.[166]

22 **cc) Art. 103 Abs. 1 und EMRK.** Bei der Bestimmung des sachlichen Gehalts des Gehörsgrundrechts zieht das BVerfG zudem die **EMRK** in ihrer **Konkretisierung durch die Rechtsprechung des EGMR** heran.[167] Die Fachgerichte haben dabei zunächst das einfache Recht verfassungs- und

---

[152] BVerfG BeckRS 2019, 32320 Rn. 11.
[153] BVerfGE 36, 85 (88); 72, 84 (88).
[154] Also zB im Verwaltungsprozess, vgl. § 86 VwGO; dazu insoweit *Redeker* DVBl. 1981, 83 ff.
[155] BVerfGE 7, 53 (57); 10, 177 (182); 32, 195 (197); 75, 201 (215).
[156] BVerfGE 10, 177 (183); vgl. dazu auch BGHZ 31, 43 (45 ff.); BGHSt 11, 88 (91).
[157] BVerfGE 5, 10 (11); 60, 175 (210 f.); 86, 133 (154); BVerwG DVBl. 1982, 635 (636); BGH NJW 1983, 867; vgl. auch *Jagusch* NJW 1959, 265 ff.; zT aA *Arndt* NJW 1959, 1297 ff.; dazu *Dürig* in Maunz/Dürig, GG, Erstkommentierung Art. 103, Rn. 38: „schön und idealistisch gedacht […] aber verfassungsrechtlich nicht begründet"; s. dazu aber auch *Doehring* NJW 1983, 851.
[158] BVerwG NVwZ 2009, 59 mwN.
[159] BVerfGE 66, 116 (147).
[160] BVerfGE 6, 12 (14); 17, 180 (189); 89, 28 (35); BVerwGE 78, 30 (33).
[161] BVerfGE 84, 188 (190).
[162] Zum Verbot von „Überraschungsentscheidungen" → Rn. 19.
[163] → Rn. 16.
[164] → Rn. 19.
[165] BVerfGE 74, 220 (225); sa BVerwGE 19, 231 (237); BVerwG NJW 1989, 601.
[166] Vgl. auch *Leipold* ZZP 93 (1980), 237 ff.
[167] BVerfG NJW 2019, 41 (42 ff., Rn. 39 ff.).

konventionskonform auszulegen. Das BVerfG überprüft diese Auslegung, um Verletzungen des Völkerrechts zu vermeiden. Dabei kommt im Rahmen einer funktionsanalogen Adaption der Gewährleistungsgehalte der EMRK insbesondere den aus **Art. 5 Abs. 4 EMRK** folgenden Verfahrensgarantien und der insoweit einschlägigen Rechtsprechung des EGMR besondere Bedeutung für die Gewährung rechtlichen Gehörs im **Haftbeschwerdeverfahren** zu.[168] Gerade § 33a StPO erweist sich insoweit auch als Einfallstor für eine Berücksichtigung auch der Vorgaben der EMRK und der einschlägigen Rechtsprechung des EGMR (zur Bedeutung des Beruhensgrundsatzes sa → Rn. 24).[169]

c) Verletzung, Gewicht, Beruhen und Heilung beim Gehörsverstoß. Gewährt das Gericht kein rechtliches Gehör, so liegt ein **Verstoß** gegen 23
Art. 103 Abs. 1 vor, auch wenn kein „Verschulden" gegeben ist.[170] Das **Gewicht** der Gehörsverletzung kann aber eine Rolle im Zuge des Annahmeverfahrens (§ 93a Abs. 2 BVerfGG) spielen: Das BVerfG verneint die dort erhebliche „grundsätzliche Bedeutung", wenn es nicht um „grobe", „leichtfertige", „krass rechtsstaatswidrige" Gehörsverletzungen geht[171] – Formeln von geringer Abgrenzungskraft, welche den Kammern weit reichende Steuerungsbefugnisse gestatten.[172] Besonders gewichtig ist eine Gehörverletzung, die auf eine generelle Vernachlässigung von Grundrechten hindeutet oder wegen ihrer Wirkung den Betroffenen von der Ausübung von Grundrechten abzuhalten geeignet ist, die den Schutz durch das Grundrecht grob verkennt, auf einem leichtfertigen Umgang mit grundrechtlich geschützten Positionen beruht oder sonst rechtsstaatliche Grundsätze krass verletzt. Bejaht hat dies das BVerfG für ein Urteil, dem jede prozessuale Grundlage gefehlt hat.[173]

Eine Aufhebung der gerichtlichen Entscheidung wegen Verstoßes gegen 24
Art. 103 Abs. 1 erfolgt im Wege der Verfassungsbeschwerde im Übrigen nur, wenn die Entscheidung auf dem Verstoß **„beruht"**, dh „wenn nicht ausgeschlossen werden kann, dass die Anhörung des Beteiligten zu einer anderen, ihm günstigeren Entscheidung" geführt hätte."[174] Der Beschwerdeführer muss deshalb angeben, was er bei ausreichender Gewährung rechtlichen Gehörs vorgetragen hätte, denn nur dann kann beurteilt werden, ob die angegriffene Entscheidung auf dem behaupteten Verfassungsverstoß beruht.[175] Ein Gehörsverstoß liegt zB nicht vor, wenn eindeutig feststeht, dass ein Angeklagter sich auch bei gehöriger Unterrichtung nicht anders hätte verteidigen können.[176] Das Gleiche gilt, wenn auszuschließen ist, dass das Gericht bei ordnungsgemäßer Gewährung des rechtlichen Gehörs anders

---

168 Eingehend BVerfG NJW 2019, 41 (43 ff., Rn. 46 ff.).

169 BVerfG NJW 2019, 41 (47, Rn. 65).

170 BVerfGE 17, 265 (268); 34, 344 (347); 46, 185 (187); 50, 381 (385); 53, 219 (223); 70, 215 (218).

171 S. BVerfGE 90, 22 (25); BVerfG NJW-RR 1999, 197; BVerfG BeckRS 2015, 47774 Rn. 12.

172 Vgl. dazu in einem weiteren Kontext *Kunig* VVDStRL 61 (2002), 34 (48 ff.).

173 BVerfG BeckRS 2015, 47774 Rn. 12, wo ein AG ein kontradiktorisches Endurteil gefällt und dies trotz telefonischer Verhinderungsmitteilung des Unterbevollmächtigten ausschließlich mit der Säumnis der Beschwerdeführerin begründet hatte.

174 BVerfGE 7, 239 (241); 10, 177 (184); 13, 132 (145); 17, 356 (363 f.); 32, 195 (198); 53, 219 (223); 60, 313 (318); 86, 133 (147); 89, 381 (392 f.); BVerfG NJW 2019, 41 (46, Rn. 60).

175 BVerfGE 58, 1 (25 f.); 72, 122 (132); BVerfG NJW 2019, 41 (46, Rn. 60); für eine Ausnahme von diesem Grundsatz s. beispielhaft BVerwG NJW 1995, 1441.

176 S. BGH wistra 1988, 198 f.

entschieden hätte.[177] Die 1. Kammer des 2. Senats des BVerfG sieht den Beruhensgrundsatz als wesentlichen Bestandteil des dogmatisch ausdifferenzierten deutschen Rechtsmittel- und Rechtsbehelfssystems an. Die deutsche Beruhensprüfung lässt die Feststellung eines grundgesetz- oder konventionswidrigen Gehörsverstoßes unberührt, weil sie lediglich zu der prozessualen Folge führt, eine im Übrigen richtige Entscheidung bestehen zu lassen, wenn der Fehler sich auf das Ergebnis nicht ausgewirkt hat. Das BVerfG begreift das Verfahrensrecht insoweit als prozedurale Qualitätssicherung, derer es nicht mehr bedarf, wenn die Entscheidung richtig ist. Die Kammer bezeichnet ihren Ansatz als primär materiell orientierten Ansatz, wie er der teilweise abweichenden Meinung zu der Entscheidung des EGMR in der Sache Stollenwerk gegen Deutschland entspricht.[178]

25 Ein Verstoß gegen Art. 103 Abs. 1 kann in derselben Instanz oder in der Rechtsmittelinstanz **geheilt** werden.[179] Die Gerichte müssen eine unterbliebene Gewährung des rechtlichen Gehörs nachholen, sofern das Verfahrensrecht dies gestattet.[180] Der Betroffene muss alle (nicht offensichtlich unzulässigen) prozessualen Möglichkeiten ausschöpfen, um die Korrektur einer Verletzung des rechtlichen Gehörs zu erreichen;[181] andernfalls wird eine nachfolgende Verfassungsbeschwerde regelmäßig wegen des Grundsatzes der Subsidiarität unzulässig sein.[182] Eine Gehörsrüge nach Art. 103 Abs. 1 ist **nicht hinreichend substantiiert,** wenn sich der Vortrag des Beschwerdeführers in einer vom Fachgericht abweichenden rechtlichen Bewertung der entscheidungserheblichen Frage erschöpft.[183]

26 **d) Art. 103 Abs. 1 und Anhörungsrüge.** Angesichts flächendeckender Einführung fachgerichtlicher Gehörsrügen (→ Rn. 8) stellt sich die Frage, wann die **Durchführung eines fachgerichtlichen Anhörungsrügeverfahrens Zulässigkeitsvoraussetzung einer Verfassungsbeschwerde** ist und welche Bedeutung sie für die **Einlegungsfrist** hat.[184] Dazu gilt nach der Rechtsprechung des BVerfG Folgendes: Wird mit der Verfassungsbeschwerde eine Verletzung des Gehörsgrundrechts geltend gemacht, so **verlangt** die Erschöpfung des Rechtsweges die Durchführung eines fachgerichtlichen Anhörungsrügeverfahrens. Das ist nur dann **nicht erforderlich,** wenn eine Anhörungsrüge **offensichtlich aussichtslos** und damit unzumutbar wäre.[185] Das ist der Fall, wenn sie offensichtlich unstatthaft oder unzulässig ist.[186] Falls eine Gehörsverletzung dagegen weder ausdrücklich noch der Sache nach zum Gegenstand der Verfassungsbeschwerde gemacht wird oder eine zunächst wirksam im Verfassungsbeschwerdeverfahren erhobene Gehörsrüge wieder zurückgenommen wird, hängt die Zulässigkeit der Verfassungsbeschwerde im Hinblick auf das Gebot der Rechtswegerschöpfung **nicht** von der vorherigen

---

177 BVerfG NJW 2019, 41 (46, Rn. 62).

178 BVerfG NJW 2019, 41 (46, Rn. 61, 63 f.).

179 BVerfGE 5, 22 (24); 8, 184 (185); BVerfG BeckRS 2020, 13387 Rn. 14 ff. zur (im konkreten Fall fehlenden) Heilung im Anhörungsrügeverfahren; vgl. auch BVerfGE 19, 93 (99); → Rn. 8.

180 BVerfGE 69, 233 (242); sa BGHZ 84, 24 (29 f.).

181 S. BVerfGE 81, 22 (27);vgl. eing. BVerfGE 107, 395 (413 ff.).

182 Vgl. dazu die Nachw. in → Rn. 8, 26 f.; → Art. 93 Rn. 96.

183 BVerfG NStZ-RR 2020, 115 (116).

184 Zum Ganzen *Allgayer* NJW 2013, 3484; auch *Esser* NJW 2016, 604.

185 BVerfGE 134, 106 (113, Rn. 22); BeckRS 2014, 5599 II. 2. a., b.; BeckRS 2020, 2772 Rn. 2.

186 BVerfG BeckRS 2014, 55997 II. 2. b.

Durchführung eines fachgerichtlichen Anhörungsrügeverfahrens ab. Wurde Letzteres aber durchgeführt und mit der Verfassungsbeschwerde gleichwohl kein Gehörsverstoß, sondern andere Grundrechtsverletzungen gerügt, so zählt dieses Anhörungsrügeverfahren, sofern es nicht offensichtlich aussichtslos war, gleichwohl zum Rechtsweg und wirkt damit **fristbestimmend** für die Verfassungsbeschwerde.[187] Eine Anhörungsrüge kann auch **fristwahrend** sein, wenn ein Verstoß gegen Art. 103 Abs. 1 bei genauerer Betrachtung zwar gerügt, aber eventuell nicht substantiiert dargetan ist.[188] Das gilt nicht für Anhörungsrügen, die lediglich perpetuierte Gehörsverstöße beklagen.[189]

Da die Dispositionsfreiheit bei der Erhebung der Verfassungsbeschwerde 27
den Beschwerdeführer nicht ohne Weiteres von der Beachtung des Subsidiaritätsgrundsatzes entbindet, müssen Beschwerdeführer zur Vermeidung der Unzulässigkeit einer Verfassungsbeschwerde, bei der sie sich nicht auf eine Verletzung des Art. 103 Abs. 1 GG berufen, aus Gründen der Subsidiarität eine Anhörungsrüge oder den sonst gegen eine Gehörsverletzung gegebenen Rechtsbehelf nur dann ergreifen, „wenn den Umständen nach ein Gehörsverstoß durch die Fachgerichte naheliegt und zu erwarten (gewesen) wäre, dass vernünftige Verfahrensbeteiligte mit Rücksicht auf die geltend gemachte Beschwer bereits im gerichtlichen Verfahren einen entsprechenden Rechtsbehelf ergreifen würden."[190] Das Subsidiaritätsgebot greift insbesondere dann, wenn die Rüge eines Gehörsverstoßes mit dem Beschwerdevorbringen der Sache nach auf der Hand liegt, die Beschwerdeführer aber mit Rücksicht auf die Nichtdurchführung eines Anhörungsrügeverfahrens ausschließlich die Verletzung anderer Grundrechte geltend machen.[191] Dabei besteht die Möglichkeit, über eine erfolgreiche Anhörungsrüge die Beseitigung anderweitiger Grundrechtsverletzungen zu erreichen, nur in dem Umfang, als diese denselben Streitgegenstand betreffen wie die geltend gemachte Gehörsverletzung.[192] Eine auf Art. 103 Abs. 1 gestützte Verfassungsbeschwerde ist **unzulässig,** wenn ein als Anhörungsrüge bezeichneter Rechtsbehelf eingelegt wurde, ohne dass ein ernsthafter Versuch zu inhaltlichen Behebung der gerügten Verletzung unternommen wurde.[193] Insbesondere genügt eine Anhörungsrüge nicht dem Subsidiaritätsgrundsatz, wenn sie, ohne einen übergangenen Vortrag aufzuzeigen, lediglich eine andere rechtliche Bewertung vornimmt als die angegriffene gerichtliche Entscheidung.[194]

Einzelfälle

Akteneinsicht – Jeder Verstoß gegen § 147 StPO, der dem Strafverteidiger (nicht 28
dem Beschuldigten[195]) das Recht zur Akteneinsicht verwehrt, ist zugleich ein Verstoß gegen Art. 103 Abs. 1.[196] Aus Art. 103 Abs. 1 ergibt sich kein Anspruch auf Erweiterung des gerichtlichen Aktenbestandes.[197]

---

187 BVerfGE 134, 106 (113 f., Rn. 23).
188 BVerfG BeckRS 2014, 55997 II. 2. c. bb.
189 BVerfG BeckRS 2014, 55997 II. 2. c. aa.
190 BVerfGE 134, 106 (115 f., Rn. 28); BeckRS 2015, 52557 Rn. 2.
191 BVerfGE 134, 106 (116, Rn. 29).
192 BVerfGE 134, 106 (116, Rn. 30).
193 BVerfG BeckRS 2020, 3652 Rn. 8; auch NStZ-RR 2020, 115 f.
194 BVerfG BeckRS 2020, 3652 Rn. 10.
195 Krit. dazu etwa *Frohn* GA 1984, 554 (564).
196 BVerfGE 18, 399 (405); zur Vorlagepflicht sog. Spurenakten BVerfG NJW 1983, 1043 ff.; BGHSt 30, 131 (141).
197 BVerfGE 63, 45 (60); s. ferner – auch im Blick auf § 299 ZPO – *Waldner,* Der Anspruch auf rechtliches Gehör, 2000, 20; zur Einsicht in Personalakten Strafgefangener

Anhörungsrüge – Ein Gehörverstoßes kann auch durch eine die Anhörungsrüge zurückweisende Entscheidung geheilt werden (→ Rn. 26).[198]

Anwesenheit des Angeklagten – Aus Art. 103 Abs. 1 kann sich die Befugnis des Angeklagten ergeben, bei der Hauptverhandlung anwesend zu sein und sich selbst zu verteidigen; in der Revisionsverhandlung gilt dies nur mit Einschränkungen.[199] Die Bestimmung des § 231a StPO ist damit vereinbar, weil die Fortsetzung der Hauptverhandlung ohne den Angeklagten danach nur zulässig ist, wenn dieser sich selbst der Möglichkeit persönlicher Teilnahme begibt.[200]

Arzthaftungsprozess – Im Arzthaftungsprozess sollen die sich aus Art. 103 Abs. 1 ergebenden Anforderungen auch unmittelbar aus Art. 2 Abs. 2 folgen, denn die Grundrechte auf Leben und körperliche Unversehrtheit fordern, dass dem Kläger im Arzthaftungsprozess effektiver Rechtsschutz gewährt wird.[201]

Asylverfahren – Art. 103 Abs. 1 gebietet es auch in Asylverfahren, bei denen die Beteiligten auf eine mündliche Verhandlung verzichtet haben, nach Einführung von neuen Erkenntnismitteln durch das Gericht einen angemessenen Zeitraum bis zur Entscheidung über die Klage zu warten. Bei einer umfangreichen Erkenntnismaterialliste ist ein Zeitraum von drei Tagen für eine mögliche Stellungnahme zu kurz.[202]

Ausländisches Gerichtsverfahren – Als tragender Rechtsgrundsatz des deutschen Verfahrensrechts gehört Art. 103 Abs. 1 zum sog. ordre public.[203] Seine Nichtbeachtung durch ein ausländisches Gericht schließt deshalb die Anerkennung der ergangenen Entscheidung nach § 328 ZPO aus.[204]

Begründungspflicht – Die (materielle) „Erwägungspflicht"[205] ist im Zusammenhang mit einer (formellen) Begründungspflicht zu sehen,[206] denn nur die Begründung gibt die eindeutige Antwort auf die Frage, was erwogen worden ist, und lässt beurteilen, ob alles erwogen wurde, was zu erwägen war. Mit abwegigem Sachvortrag muss sich ein Gericht nicht auseinandersetzen.[207] Geht das Gericht auf den wesentlichen Kern eines Vorbringens zu einer Frage nicht ein, das für das Verfahren – objektiv! – zentrale Bedeutung hat, so ermöglicht dies den Schluss auf die Nichtberücksichtigung dieses Vorbringens, es sei denn, der diesbezügliche Vortrag war – nach Auffassung des Gerichts! – entweder unerheblich oder offensichtlich unsubstantiiert.[208] Ausnahmen von der Verpflichtung, wenigstens die wesentlichen Tatsachenbehauptungen, von denen in einer Entscheidung ausgegangen wird, mitzuteilen,[209] werden für letztinstanzliche Entscheidungen anerkannt.[210] „Bezugnahmen" sind zulässig.

Dienstschluss – Gerichtliche Fristen, die mit dem „Ablauf" eines Tages enden (vgl. zB § 43 StPO), laufen um 24 Uhr ab, nicht etwa mit dem „Dienstschluss".[211]

OLG Koblenz NJW 1996, 3160 ff.; *Seebode* NJW 1997, 1754 ff.; ferner BVerfGE 109, 279 (368 ff.); BVerfG NJW 2006, 1048; zum Recht auf Akteneinsicht im finanzgerichtlichen Verfahren (§ 78 FGO) BVerfG NVwZ 2010, 954 ff.

[198] BVerfG NVwZ 2009, 580; sa BVerfG NJW 2009, 1584.

[199] BVerfGE 54, 100 (116); sa *Kopp* AöR 106 (1981), 604 (621 f.).

[200] BVerfGE 41, 246 (249).

[201] S. BVerfGE 53, 30 (57); OLG Schleswig NJW 1983, 347 (348); vgl. auch *Bethge* NJW 1982, 4 ff.

[202] BVerfG BeckRS 2020, 11545 Rn. 3 f.

[203] Vgl. hierzu BVerfG DVBl 2004, 695 (696 f.).

[204] BGH AWD 1967, 478 (479); BayObLG NJW 1974, 418; vgl. auch BGHZ 53, 357 (363) sowie BGH IPRax 2001, 50 f.

[205] → Rn. 18.

[206] Vgl. BVerfGE 54, 86 (92 f.); *Degenhart* in HdbStR V § 115 Rn. 18, 51 f.

[207] BVerfG NJW 1996, 2785; NJW 1997, 1433.

[208] BVerfG NJW 2009, 1585 unter Berufung auf BVerfGE 96, 205 (261 f.); sa BGH NJW 2009, 2139.

[209] BVerfGE 58, 353 (357).

[210] BVerfGE 50, 287 (289 f.); 81, 97 (106); BVerfG NJW 1997, 1693; NJW 2014, 2563 (2564, Rn. 14); weitgehend BFH NJW 2008, 2941; dazu krit. *Sangmeister* NJW 2009, 2087 ff.; zu Erledigungsentscheidungen BVerfGE 13, 132 (149).

[211] BVerfGE 41, 323 (327 f.) – Fernschreiben; 42, 128 (131 f.) – Briefkastenleerung.

Dolmetscher – Die Gewährleistung sprachlicher Verständigung gehört zum Gewährleistungsbereich des Art. 103 Abs. 1,[212] soweit es um verfahrenswesentliche Vorgänge geht.[213] Jedenfalls die §§ 185 ff. GVG sind verfassungsrechtlich geboten. Bei sprachbedingter Versäumung einer Rechtsmittelfrist besteht ein Anspruch auf Wiedereinsetzung.[214] Zweifelhaft ist, inwieweit schriftliche Entscheidungen oder sonstige Dokumente in einer dem Betroffenen verständlichen Sprache abgefasst sein müssen; das wird jedenfalls dann erforderlich sein, wenn er nachweist, aus finanziellen Gründen sonst keinen inhaltlichen Zugang zu finden.[215] Unzulässig ist die Ablehnung der beantragten Verwertung einer fremdsprachlichen Verwertung einer Urkunde mit der Begründung, es fehle eine Übersetzung ins Deutsche.[216]

Ehelichkeitsanfechtung – Vor der Reform des Familienverfahrensrechts durch das Gesetz über das Verfahren in Familiensachen und in den Angelegenheiten der freiwilligen Gerichtsbarkeit[217] diente § 640e ZPO aF der Gewährung rechtlichen Gehörs in Kindschaftssachen für Vater, Mutter und Kind. Umstritten war, ob auch ein weiterer als Erzeuger in Betracht kommender Mann gehört werden musste.[218] Mit dem Inkrafttreten des FamFG am 1.9.2009 wurde das bisher in §§ 640 ff. ZPO aF geregelte Verfahren in Kindschaftssachen in die freiwillige Gerichtsbarkeit einbezogen und findet sich dort als Verfahren in Abstammungssachen in den §§ 169 ff. FamFG.[219] Im Verfahren auf Anfechtung der Vaterschaft ordnet § 172 FamFG nun eine zwingende Beteiligung von Kind, Mutter und Vater an; ein weiterer als Erzeuger in Betracht kommender Mann ist gem. § 7 Abs. 1 FamFG zu beteiligen.[220]

Eil- und Sicherungsmaßnahmen – Die Sicherung gefährdeter Interessen kann uU einen sofortigen Zugriff notwendig machen, der die vorherige Gewährung rechtlichen Gehörs an den Betroffenen ausschließt.[221] Dies ist nur so weit zulässig, als vom Zweck der Maßnahme „unabweisbar" gefordert; jedenfalls ist die Gewährung rechtlichen Gehörs unverzüglich nachzuholen (→ Rn. 13, 16).[222]

Familienrecht – In Verfahren zum Entzug weiter Teile des Sorgerechts ergibt sich aus Art. 103 Abs. 1 kein Recht der Eltern auf Anwesenheit bei der Anhörung des Kindes durch das Familiengericht, auch nicht im Wege der Mitverfolgung der Anhörung durch eine Videoübertragung. Es genügt, wenn der Inhalt der Kindesanhörung aktenkundig gemacht und den Eltern mitgeteilt wird.[223] Aus Art. 6 Abs. 1 S. 1 GG resultieren keine über Art. 103 Abs. 1 hinausgehenden Beteiligungsrechte der Eltern an der Kindesanhörung.[224] Ob im Einzelfall Art. 103 Abs. 1 die Anwesenheit der Eltern bei der Kindesanhörung gestatten kann, bleibt offen.[225] Es liegt kein Gehörs-

---

[212] S. *Remmert* in Maunz/Dürig Art. 103 Abs. 1 Rn. 72; *Nolte/Aust* in MKS Rn. 73; vgl. auch BVerwG NVwZ 1983, 668 f.; NJW 1996, 1553 – Verwertung einer fremdsprachigen Urkunde.

[213] Einschränkend BVerfGE 64, 135 (144 ff.); mit Ansatz bei dem Rechtsstaatsprinzip, in zu starker Betonung von „Äußern und Gehörtwerden"; s. dazu *Rüping* JZ 1983, 660.

[214] BVerfGE 40, 95 (99 f.); zur auch einen Ausländer treffenden Sorgfaltspflicht in Wahrnehmung seiner Rechte BVerfGE 86, 280 (284 f.)).

[215] BVerfG NVwZ 1987, 785; BayObLG NJW 1996, 1836 f.; eing. zum Ganzen *Ingerl*, Sprachrisiko im Verfahren, 1988.

[216] Hier; französischen BVerfG NJW 1996, 1553.

[217] FamFG; BGBl. 2009 I 2586.

[218] So *Schlosser* in Stein/Jonas ZPO, 21. Aufl. 1993, § 640e Rn. 7; aA BGH JZ 1982, 566 ff.; *Zeuner* FS f. Schwind, 1978, 383 (393 ff.); *ter Beck* FS f. Mühl, 1981, 85 (98 ff.); vgl. auch BVerfGE 21, 132 ff. zu § 1595 aF BGB.

[219] *Hartmann* in Baumbach / Lauterbach / Albers / Hartmann ZPO, 77. Aufl. 2019, § 169 FamFG Rn. 1.

[220] S. *Bumiller* in Bumiller/Harders/Schwamb FamFG, 12. Aufl. 2019, § 172 Rn. 2 f.

[221] Vgl. auch Art. 104 Abs. 3, der Ausnahmen von Art. 103 Abs. 1 voraussetzt; s. dazu BVerfGE 9, 89 (100).

[222] BVerfGE 18, 399 (404); zur Wohnungsdurchsuchung des Vollzugsbeamten gem. § 287 AO BVerfGE 57, 346 (359 f.). – s. ferner unten „Strafprozess".

[223] BVerfG NZFam 2019, 673 (674 f., Rn. 20 ff.) mAnm *Wache;* NJW 2019, 2532 (2533 f., Rn. 14 ff.).

[224] BVerfG NZFam 2019, 673 (675, Rn. 22); NJW 2019, 2532 (2534, Rn. 22).

[225] BVerfG NZFam 2019, 673 (674, Rn. 20); NJW 2019, 2532 (2533 f., Rn. 20).

verstoß vor, wenn in einem Strafverfahren gegen die Eltern die Bestellung eines Ergänzungspflegers für das Kind ohne ihre persönliche Anhörung erfolgt und ihr Vorbringen im Kern im Vortrag einer Rechtsansicht besteht, mit der sich das Gericht befasst hat.[226]

Fristen – dürfen die Rechtsausübung nicht „in unzumutbarer, sachlich nicht mehr zu rechtfertigender Weise erschweren".[227] Sie müssen „angemessen" sein.[228] Das gilt wegen Art. 103 Abs. 1 auch für die Festsetzung der Verhandlungszeit.[229] Auch das Interesse, sich – etwa von einem Sachverständigen – in tatsächlicher Hinsicht beraten zu lassen, kann alsbaldiger Terminierung uU entgegenstehen.[230] Bei der Übermittlung von Schriftsätzen per Telefax muss ein Rechtsanwalt sich der zur Verfügung stehenden Kontrollmöglichkeiten betreffend den Übermittlungsvorgang (Sendebericht) bedienen.[231] Ein fristwahrendes Schriftstück gilt wegen Art. 103 Abs. 1 als wirksam bei Gericht eingereicht, wenn es in die Verfügungsgewalt des Gerichtes gelangt ist, nicht etwa erst, wenn es der Urkundsbeamte der Geschäftsstelle in Händen hält.[232]

Gehörsrüge – → Rn. 8, 26.

Hinweispflichten – Bereits → Rn. 19.[233]

Inhaltsprotokoll – Da Art. 103 Abs. 1 auch das Recht gewährleistet, zu dem gesamten Sachverhalt, wie er aufgrund einer Beweisaufnahme zur Urteilsgrundlage wird, Stellung zu nehmen, ergeben sich Konsequenzen für die Anforderungen an die Protokollführung.[234]

Ordre public – S. Ausländisches Gerichtsverfahren.

Postzustellung – Verzögerungen durch die Post bei der Postbeförderung sind den Parteien nicht als Verschulden anzurechnen.[235] Dies gilt für alle Gerichtsverfahren und Instanzen.[236]

Präklusion – → Rn. 17.

Presserecht – Aus dem Gehörsgrundrecht ergibt sich beim presserechtlichen Gegendarstellungsanspruch das Verfassungsgebot, den jeweiligen Gegner vor Erlass einer Entscheidung in den gleichen Kenntnisstand zu versetzen wie den Ast., indem auch ihm die richterlichen Hinweise zeitnah mitgeteilt werden. Dies gilt insbesondere, wenn es bei Rechtsauskünften in Hinweisform darum geht, einen Antrag gleichsam nachzubessern oder eine Einschätzung zu den Erfolgsaussichten abzugeben. Soweit Hinweise erteilt werden, ist der Gegenseite dies auch im Falle der Ablehnung eines Antrags unverzüglich mitzuteilen.[237]

Prozesskostenhilfe – Prozesskostenhilfe[238] ist vom Sozialstaatsprinzip motiviert,[239] hat einen Bezug aber auch zu Art. 103 Abs. 1, indem sie sozial Schwachen den Zugang

---

[226] BVerfG NZFam 2020, 486.

[227] BVerfGE 77, 275 (285) – auch hier im Blick auf das Rechtsstaatsprinzip bzw. Art. 19 Abs. 4.

[228] Vgl. dazu BVerfGE 24, 23 (25 f.); für den vorläufigen Rechtsschutz s. BVerfGE 65, 227 (235).

[229] BVerfG NJW 1992, 299 f.

[230] BSG NJW 1991, 2310; zur (grundsätzlichen) Unzulässigkeit der Entscheidung vor Ablauf einer Äußerungsfrist s. BVerwG NJW 1992, 327.

[231] BGH NJW 1993, 1655 f.; vgl. allg. zur Verwendung dieser Kommunikationsmöglichkeit im Verkehr mit den Gerichten *Ebnet* NJW 1992, 2985 ff.; „Umgekehrt" zu einem Versehen des Gerichts bei Übermittlung eines Schriftsatzes per Telefax BVerfG NJW 1995, 711.

[232] BVerfGE 52, 203 (209); 57, 117 (120); 72, 84 (88). – s. ferner → Rn. 16.

[233] Ferner die Nachw. bei *Fellner* MDR 2008, 602 (603 f.); sowie *Peters,* Richterliche Hinweispflichten und Beweisinitiativen im Zivilprozess, 1983; *Schlothauer* StV 1986, 213 ff.

[234] Vgl. dazu BSG NJW 1991, 1909 f.

[235] BVerfGE 46, 404 (406); 53, 148 (151); 62, 216 (221); BGHZ 105, 116 (118 ff.).

[236] BVerfGE 53, 25 (28); Vgl. dazu *Goerlich* NJW 1976, 1526 ff.; zur Beweiskraft einer Postzustellungsurkunde BVerfG NStZ-RR 1997, 70 f.; 1998, 73 f.

[237] BVerfG NJW 2018, 3634 (3636, Rn. 36) mAnm *Roth.*

[238] §§ 114 ff. ZPO, auf die in den meisten anderen Verfahrensordnungen verwiesen wird, vgl. zB § 166 VwGO, §§ 397a Abs. 2, 404 Abs. 5 StPO; zu Prozesskostenhilfe im Verfahren der Verfassungsbeschwerde s. BVerfGE 92, 122 (124 f.).

[239] S. BVerfGE 35, 348 (355): „Daseinsvorsorge".

zum Gericht, damit die Voraussetzung der Gewährung rechtlichen Gehörs ermöglicht.[240] Die „Erfolgsaussichten" der Rechtsverfolgung (vgl. § 114 S. 1 ZPO) müssen unter Beachtung des Art. 103 Abs. 1 geprüft werden.[241] Das BVerfG leitet die Verpflichtung des Gesetzgebers, Vorkehrungen für die Gewährleistung von Prozesskostenhilfe zu treffen, insbes. im Blick auf Art. 3 Abs. 1 ab.[242] Der Gegner eines Antragstellers auf Prozesskostenhilfe hat kein Anhörungsrecht zu dessen Angaben über persönliche und wirtschaftliche Verhältnisse.[243]

Rechtsanwalt, Anspruch auf Beiziehung – Gegen die Auslegung, Art. 103 Abs. 1 gewährleiste stets den Anspruch auf Unterstützung durch einen Rechtsanwalt, spricht die Entstehungsgeschichte der Norm; mehrere Anläufe, ein ausdrückliches „Recht auf den Verteidiger" in Art. 103 aufzunehmen, waren gescheitert, da eine diesbezügliche Regelung dem einfachen Recht vorbehalten werden sollte.[244] Je nach der Schwierigkeit des Prozessstoffes kann die Beiziehung eines Rechtsanwaltes aber wegen Art. 103 Abs. 1 geboten sein, wenn anderenfalls das Ziel der Norm, dem einzelnen vor Gericht eine umfassende Stellungnahme in tatsächlicher und rechtlicher Hinsicht zu ermöglichen, verfehlt wird.[245] Das BVerfG hielt zunächst im Einzelfall für möglich, den Anspruch aus Grundrechten oder „anderen Verfassungsgrundsätzen" herzuleiten. Es beurteilt nunmehr das Recht auf einen Verteidiger des Vertrauens[246] bzw. einen Pflichtverteidiger[247] am Maßstab des von ihm aus dem Rechtsstaatsprinzip hergeleiteten Gebots fairer Verfahrensführung; dieses Rückgriffs bedürfte es auch dann nicht, wenn man Art. 103 Abs. 1 nicht für einschlägig hielte, weil im Strafprozess insoweit auch die Verfahrensdimension des Grundrechts auf die Freiheit der Person (Art. 2 Abs. S. 2) herangezogen werden kann.

Rechtsanwalt, Mandant – Nimmt der Rechtsanwalt für den Mandanten das Recht auf Gehör wahr, ist es grundsätzlich[248] dem Anwalt gegenüber vom Gericht zu erfüllen (Ausnahme etwa: erhöhtes Risiko einer unterbleibenden Übermittlung (→ Rn. 28 „Fristen")[249]).[250] Anwaltsverschulden bei der Wahrnehmung der dem Gehörsrecht korrespondierenden Obliegenheiten[251] wird weitgehend und aufgrund einer zu formellen Deutungsweise zugerechnet.[252]

Richterablehnung – Eine „dienstliche Äußerung" des abgelehnten Richters darf bei der Entscheidung über die Ablehnung nur insoweit verwertet werden, als die ablehnende Partei zu ihr Stellung nehmen konnte.[253] Auch im Fall der Selbstablehnung ist Gehör zu gewähren.[254]

Schlussvortrag – Der Schlussvortrag („Plädoyer") des Verteidigers wie auch das letzte Wort des Angeklagten (vgl. § 258 StPO) dienen der Gewährleistung des recht-

---

240 Ebenso *Waldner,* Der Anspruch auf rechtliches Gehör, 2000, 47 mwN.

241 Vgl. BVerfGE 9, 256 (259); vgl. auch BVerfGE 71, 122 (131 f.).

242 BVerfGE 67, 245 (248) u. 251 (255).

243 BGHZ 89, 65 ff.

244 Vgl. JöR nF 1 (1951), 741 ff., sowie § 137 StPO.

245 Vgl. *Pieroth* in Jarass/Pieroth Rn. 45; *Remmert* in Maunz/Dürig Art. 103 Abs. 1 Rn. 68; zust. *Nolte/Aust* in MKS Rn. 66; differenzierend *Schulze-Fielitz* in Dreier Rn. 54.

246 BVerfGE 66, 313 (319); 68, 237 (255).

247 BVerfGE 46, 202 (210).

248 Vgl. aber BVerfG NJW 1984, 862 f.

249 S. BVerfGE 81, 123 (126 ff.); BVerfG BeckRS 2020, 11728 Rn. 20.

250 Zur Zustellung bei angezeigter Mandatsniederlegung, aber in Wirklichkeit fortbestehender Prozessvollmacht BGH VersR 1977, 334; BVerwG DVBl. 1984, 90; zur unleserlichen Unterschrift BVerfG NJW 1998, 1853 u. dazu *E. Schneider* NJW 1998, 1844 f.; zur Vermittlung von Gehör durch einen Dritten s. BVerfGE 83, 24 ff.

251 → Rn. 17, 21.

252 S. BVerfGE 35, 41 (46), 60, 253 (266); BVerwG NJW 1988, 577 f.; s. aber – Wiedereinsetzungsantrag im Strafverfahren – BVerfG NJW 1994, 1856 f.; zu Recht einschränkend zur Zurechenbarkeit *Waldner,* Der Anspruch auf rechtliches Gehör, 2. Aufl. 2000, 46.

253 BVerfGE 24, 56 (62).

254 BVerfGE 89, 28 ff.; aA zB *Waldner,*Der Anspruch auf rechtliches Gehör, 2000, 89 f.: „innere Angelegenheit" des Gerichts); zur Geltendmachung eines solchen Verstoßes s. BGH NJW 1995, 403; erhellende Beispiele aus der Praxis bei *Schneider* MDR 1998, 454 ff; im Übrigen → Art. 101 Rn. 43 „Richterablehnung".

lichen Gehörs;[255] Art. 103 Abs. 1 gebietet daher dem Gericht, Gelegenheit zu Schlussvortrag und „letztem Wort" einzuräumen.

Sicherungsmaßnahmen – S. Eil- und Sicherungsmaßnahmen.

Strafbefehl – Rechtliches Gehör muss nicht notwendig vor Erlass eines Strafbefehls gewährt werden, da es nach Einspruch (§ 411 StPO) in der Hauptverhandlung nachgeholt werden kann.[256]

Strafprozess – Im Strafprozess wird eine Entscheidung des Gerichts, die im Laufe einer Hauptverhandlung ergeht, nach Anhörung der Beteiligten erlassen (§ 33 Abs. 1 StPO; vgl. auch § 258 StPO). Bei einer Entscheidung außerhalb der Hauptverhandlung muss derjenige Beteiligte gehört werden, zu dessen Nachteil Tatsachen oder Beweisergebnisse verwertet wurden, zu denen er vorher noch nicht gehört worden ist (§ 33 Abs. 2, 3 StPO). Dabei wird es allerdings als regelmäßig genügend angesehen, wenn einem etwaigen Verteidiger die Gelegenheit zur Äußerung gegeben wird.[257] §§ 33, 33a StPO sind entgegen dem Wortlaut nicht auf Tatsachen und Beweisergebnisse beschränkt, sondern erfassen jeden Aspekt des rechtlichen Gehörs.[258]

Diese Grundsätze erleiden jedoch Ausnahmen. Die Anordnung der Untersuchungshaft (§ 114 StPO), der Beschlagnahme (§ 98 StPO), ferner auch der körperlichen Untersuchung des Beschuldigten (§ 81a StPO), der Postbeschlagnahme (§ 99 StPO), der Überwachung des Fernmeldeverkehrs (§ 100a StPO), der Durchsuchung (§§ 102–104 StPO), der Vorführung (§ 134 StPO) und anderer Maßnahmen kann ohne Gewährung rechtlichen Gehörs erfolgen, „wenn die vorherige Anhörung den Zweck der Anordnung gefährden würde" (§ 33 Abs. 4 S. 1 StPO). Wegen Art. 103 Abs. 1 kann eine solche Entscheidung nur eine vorläufige sein: Dem Betroffenen muss wenigstens nachträglich rechtliches Gehör gewährt werden,[259] sofern „in einschneidender Weise in seine Rechtsstellung eingegriffen oder ihm ein bleibender rechtlicher Nachteil zugefügt wird".[260] Ein solcher Nachteil kann sich auch aus einer Verletzung des allgemeinen Persönlichkeitsrechts als „fortdauernde Nebenwirkung" eines im Übrigen erledigten Eingriffs ergeben.[261] An die Annahme eines „schlüssigen Verzichts" des Betroffenen auf die nachträgliche Gewährung rechtlichen Gehörs sind wegen dieses grundrechtlichen Hintergrundes strenge Anforderungen zu stellen (→ Rn. 13, 16).[262] Die in § 349 II StPO eröffnete Möglichkeit, eine offensichtlich unbegründete Revision ohne mündliche Verhandlung durch einstimmigen Beschluss zu verwerfen, widerspricht nicht Art. 103 Abs. 1.[263]

Strafverteidigung – § 137 Abs. 1 S. 2 StPO beschränkt die Zahl der Verteidiger eines Beschuldigten auf drei. Diese Regelung ist mit Art. 103 Abs. 1 vereinbar,[264] der jedenfalls nicht den Anspruch auf Beiziehung mehr als eines Rechtsanwaltes erhält.[265] Auch § 146 StPO, der die Verteidigung mehrerer Beschuldigter durch einen gemeinschaftlichen Verteidiger für unzulässig erklärt,[266] wird vom BVerfG für verfassungsmäßig gehalten.[267] Eine verfassungskonforme Anwendung des § 146 StPO muss be-

[255] BVerfGE 54, 140 (141 f.).

[256] BVerfGE 25, 158 (165 f.).

[257] Vgl. *Schmitt* in Meyer-Goßner/Schmitt, 63. Aufl. 2020, § 33 Rn. 7.

[258] BVerfG NJW 2016, 861 Rn. 16; NJW 2019, 41 (42, Rn. 38).

[259] Vgl. BVerfGE 9, 89 (106); 18, 399 (406); BVerfG NJW 2006, 1048 f.

[260] BVerfGE 18, 399 (404).

[261] Vgl. *Amelung,* Rechtsschutz gegen strafprozessuale Grundrechtseingriffe, 1976, 54.

[262] Allgemein zur Gehörsgewährung im Strafprozess vgl. *Eschelbach* GA 2004, 228 ff.; im strafrechtlichen Revisionsverfahren *Wohlers* JZ 2011, 78 ff. – s. ferner → Rn. 28 unter „Strafverteidigung".

[263] Vgl. BVerfG NJW 2014, 2563 f. Rn. 8 ff.. Zur fehlenden Auseinandersetzung mit § 406 StPO BVerfG BeckRS 2020, 11535 Rn. 42.

[264] BVerfGE 39, 156 (168); vgl. auch *Römer* ZRP 1977, 92 ff. mwN.

[265] → Rn. 28 Stichwort „Rechtsanwalt, Anspruch auf Beiziehung".

[266] Zur „Zurückweisung" durch das Gericht vgl. BGHSt 26, 291 (294).

[267] BVerfGE 39, 156 (164); s. ferner *Rebmann* NStZ 1981, 41 ff., der allerdings eine „einschränkende Auslegung" entwickelt; weitergehende Kritik bei *Dünnebier* NJW 1976, 1 (7); Hannover KJ 1978, 221 (228 f.).

achten, dass in Spezialgebieten häufig überhaupt nur eine begrenzte Zahl von kompetenten Verteidigern zur Verfügung steht.[268]

Terminansetzung – Art. 103 Abs. 1 verlangt die Mitteilung des Termins, wenn ein solcher angesetzt ist (vgl. zB § 214 ZPO) sowie einen „Aufruf" (vgl. § 220 Abs. 1 ZPO). Die Anforderungen hängen im Einzelnen von den jeweils gegebenen Umständen ab.[269]

Truppendienstgerichte – → Rn. 11.

Unterbringungsverfahren – Der Richter konnte nach einigen landesgesetzlichen Regelungen von der Anhörung eines Unterzubringenden absehen, wenn eine Verständigung wegen dessen Gesundheitszustand unmöglich war oder infolge der Anhörung gesundheitliche Nachteile zu besorgen waren (vgl. § 13 Abs. 2 BWUnterbringG aF; Art. 4 Abs. 2 S. 1 BayVerwahrG aF); eine entsprechende ärztliche Begutachtung reichte aus. Diese Rechtslage war wegen Art. 103 Abs. 1 (und Art. 104 Abs. 1, → Art. 104 Rn. 17) verfassungswidrig. Der Richter hat sich vielmehr persönlich von der Unmöglichkeit der Verständigung zu überzeugen (so bereits zB § 15 Abs. 1 HmbgPsychKG aF)[270]. Die Möglichkeit, von der Anhörung aufgrund bloßer Verständigungsprobleme abzusehen, wurde mit der bundeseinheitlichen Regelung des gerichtlichen Unterbringungsverfahrens durch die §§ 70 ff. FGG aF, die seit dem 1.1.1992 keinen Raum mehr für abweichende landesrechtliche Verfahrensvorschriften gelassen hatten,[271] nicht übernommen. Mit der Reform des Verfahrens der freiwilligen Gerichtsbarkeit durch das Gesetz über das Verfahren in Familiensachen und in den Angelegenheiten der freiwilligen Gerichtsbarkeit (FamFG; BGBl. 2009 I 2586) ist das Verfahren in Unterbringungssachen nunmehr in den §§ 312 ff. FamFG geregelt, die für alle zivilrechtlichen und öffentlich-rechtlichen Unterbringungsmaßnahmen bei Volljährigen Anwendung finden;[272] nach § 319 Abs. 1 FamFG ist der Betroffene vor einer Unterbringungsmaßnahme zwingend persönlich anzuhören. Jedoch kann von der Anhörung gem. § 319 Abs. 3 iVm § 34 Abs. 2 FamFG abgesehen werden, wenn hiervon erhebliche Nachteile für die Gesundheit des Betroffenen zu besorgen sind, wobei diese Entscheidung nur auf Grundlage eines ärztlichen Gutachtens getroffen werden darf.

Urteilsentwurf vor mündlicher Verhandlung – wird überwiegend für zulässig gehalten[273] und weithin praktiziert.

„V-Leute" – Die Einbeziehung von V-Leuten in § 251 Abs. 2 StPO (bloße Verlesung von Vernehmungsprotokollen in der Hauptverhandlung) hält das BVerfG für mit Art. 103 Abs. 1 vereinbar, insbesondere, weil die Prozessbeteiligten auf Einbeziehung „sachnäherer Beweismittel drängen" und auf den Inhalt der schriftlichen Befragung Einfluss nehmen können.[274] Hinnehmbar ist dies wegen der dennoch „nicht zu leugnenden spürbaren Nachteile, die eine solche Verwertung mittelbarer Beweise für die Verteidigung eines Angeklagten bedeutet"[275] nur, soweit die Verwertung der betreffenden Aussage unumgänglich nötig ist, um verfassungsrechtliche Schutzgüter zu wahren.[276]

Verwaltungsverfahren – Eine vom Gericht beigezogene Verwaltungsakte ist dem Beteiligten zur Kenntnis zu bringen, auch wenn im Verwaltungsverfahren selbst kein oder eingeschränktes rechtliches Gehör zu gewähren war[277], denn Tatsachen und Beweismittel sind ohne Rücksicht auf ihre Quelle in den Prozess einzuführen.[278]

---

[268] Zum Verbot der Mehrfachverteidigung im Bußgeldverfahren s. OLG Stuttgart NJW 1977, 1354; in Kartellsachen keine Anwendbarkeit des § 146 StPO (BGH NJW 1977, 156 f.). – sa → Rn. 28 Stichwörter „Akteneinsicht", „Rechtsanwalt", „Schlussvortrag".

[269] Anschauliche Beispiele in BVerfGE 42, 364 (370 ff.).

[270] Vgl. näher *Neumann* NJW 1982, 2588 (2591).

[271] Vgl. *Bumiller* in Bumiller/Harders/Schwamb FamFG, 12. Aufl. 2019, § 312 Rn. 3 f.

[272] Vgl. *Bumiller* in Bumiller/Harders/Schwamb FamFG, 12. Aufl. 2019, § 312 Rn. 1 f.

[273] S. dazu *Sendler* FS f. Lerche, 1993, 833 ff.; krit. *Rüping* NVwZ 1985, 304 (307).

[274] BVerfGE 57, 250 (273 ff.).

[275] So zutr. *Krüger* NJW 1982, 855 (859).

[276] S. ferner *Gribbohm* NJW 1981, 305 ff.

[277] → Rn. 12.

[278] BVerfGE 17, 86 (95); sa BVerwGE 30, 154 ff.

Verweisung – Zum Antrag, eine Sache an ein anderes Gericht zu verweisen, muss auch unabhängig von einer gesetzlichen Ausformung rechtliches Gehör gewährt werden.[279]

Wiedereinsetzung in den vorigen Stand – Das Recht auf Wiedereinsetzung in den vorigen Stand besteht auch unabhängig von einer einfach-gesetzlichen Ausformung.[280] Der Gesetzgeber verfügt über Ausgestaltungsspielraum. Die Anforderungen an eine positive Entscheidung über ein Wiedereinsetzungsgesuch dürfen nicht „überspannt"[281] werden. Grundsätzlich darf der Bürger auf die Einhaltung regelmäßiger Postlaufzeiten vertrauen, s. oben Stichwort Postzustellung. Zu differenzieren ist zwischen dem „ersten Zugang" zum Gericht und späteren Verfahrensabschnitten; wer zB unentschuldigt der Hauptverhandlung ferngeblieben ist, muss eher mit einer kurzfristigen Terminansetzung rechnen. Wer zwei Jahre nach Klageerhebung auf eine mündliche Vorladung gewartet hat, sich sodann für vier Wochen in Urlaub begibt, muss nicht hinnehmen, dass infolge einer in den Urlaub fallenden, nicht vorangekündigten dreiwöchigen Ladungsfrist ohne seine Anwesenheit verhandelt wird (so für einen rechtlich nicht Vertretenen im Verfahren auf Anerkennung gem. Art. 4 Abs. 3 S. 1[282]). Die von einer Partei in Kenntnis des Aufenthalts des Prozessgegners erwirkte öffentliche Zustellung ist missbräuchlich; auf Antrag ist Wiedereinsetzung zu gewähren.[283]

Zivilprozess – Hält das Gericht das Vorbringen einer Partei im Zivilprozess für ergänzungsbedürftig, kann Art. 103 Abs. 1 unter Umständen einen Hinweis an die Partei gem. § 139 ZPO erforderlich machen; gleiches gilt, wenn die Parteien die Tatsachen ersichtlich anders rechtlich würdigen als das Gericht.[284] Weist das Gericht gem. § 139 ZPO auf die Ergänzungsbedürftigkeit hin, gebietet Art. 103 Abs. 1 die Einräumung einer angemessenen Frist zur Ergänzung des Vortrags.[285] Ein Berufungsbeklagter darf in verstärktem Maße einen Hinweis durch das Berufungsgericht gem. § 139 ZPO erwarten, wenn dieses eine andere Beweiswürdigung vornehmen will oder bislang unerhebliches Vorbringen abweichend vom Erstgericht für erheblich erachtet.[286]

Zustellung – Die Vorschriften über Zustellungen dienen der Verwirklichung des rechtlichen Gehörs.[287] Das Gericht muss sich durch förmliche Zustellung oder durch Verwendung einer rückgabepflichtigen Empfangsbestätigung vergewissern, dass seine Äußerungen dem Betroffenen zugehen, wenn er nicht von sich aus reagiert;[288] es gibt keine Vermutung für den Zugang formlos zugestellter Schriftstücke.[289] Das schließt die Zulässigkeit der gesetzlichen Einführung von Formen öffentlicher Zustellung nicht aus.[290] Eine öffentliche Zustellung kann sich aber als unzulässig erweisen, wenn eine andere Art der Zustellung ohne weiteres möglich gewesen wäre.[291]

---

[279] BVerfGE 61, 37 (40 f.).

[280] BVerfGE 53, 109 (114); unter Berufung auch auf Art. 19 Abs. 4; ebenso BVerfGE 69, 381 (385); BVerfG NJW 1995, 2544.

[281] BVerfGE 34, 154 (156); 40, 88 (91); 41, 332 (334); 54, 80 (84); BVerfG NJW 1995, 2545 f.; 1999, 370 ff.; BVerfG NJW, 2004, 2583 f.

[282] BVerwGE 77, 157 ff.

[283] BGHZ 7, 18 (45 ff.); zur Wiedereinsetzung eines Sprachunkundigen s. BVerfGE 86, 280 ff; zu einem Zahlendreher in der Postleitzahl BFH DStRE 2000, 271 ff.; zur fehlenden Postleitzahl BGH NJW 2000, 82 ff.; zu beidem *Lange* DStRE 2000, 1145 ff.

[284] Vgl. *Anders* in Baumbach/Lauterbach/Hartmann/Anders/Gehle ZPO, 79. Aufl. 2021, § 139 Rn. 37.

[285] Vgl. zB OLG Schleswig NJW 1983, 347 ff. mit zust. Anmerkungen *Deubner;* darüber hinaus → Rn. 19.

[286] BVerfG NJW 2015, 1746 (1747, Rn. 17).

[287] BVerfGE 37, 93 (97); BayVerfGH NJW 1982, 2660.

[288] BVerfG NJW 2006, 2248 f.

[289] Vgl. BVerfGE 36, 85 (88 f.); BVerfG NJW 1995, 2095; sa BGHZ 24, 308 (312); BAG NJW 1961, 2132.

[290] BVerfGE 25, 158 (165); 77, 275 (285); *Remmert* in Maunz/Dürig Art. 103 Abs. 1 Rn. 86.

[291] BGHZ 118, 45 (47); BayObLGZ 2000, 15 (17); sa BVerfG NJW 1988, 2361; zum ganzen *Finger* NJW 1985, 2684 ff.

II. Gesetzesbestimmtheit im Strafrecht (Art. 103 Abs. 2)

Der Gesetzlichkeitsgrundsatz bezeichnet das **zentrale Konstruktionsprinzip eines rechtsstaatlichen Strafrechts**[292] und damit **den Grundpfeiler,** eines **Strafverfassungsrechts.**[293] Dass eine Tat nur bestraft werden kann, wenn die Strafbarkeit gesetzlich bestimmt war, bevor die Tat begangen wurde, scheidet das moderne rechtsstaatliche Strafrecht von allen vormodernen und allen gegenwärtigen nicht rechtsstaatlichen Strafrechtskonzeptionen. Denn die Gesellschaft bedarf nicht nur des **Schutzes durch das Strafrecht,** sondern auch des **Schutzes vor dem Strafrecht.**[294] Das Gesetzlichkeitsprinzip ist daher mit Fug als Verfassungsnorm, als **grundrechtsgleiches Recht**[295] im GG verankert. Der Grundsatz gilt auch nach einfachem Gesetzesrecht (§ 1 StGB).[296] Insbesondere im ersten Jahrzehnt nach dem Systemwechsel 1989/90 hat die Vorschrift wegen des ihr zu entnehmenden Rückwirkungsverbots,[297] besondere Bedeutung erlangt, soweit Bürger der DDR für Verhalten zu Zeiten der DDR strafrechtlich belangt wurden.[298] Zurückzuweisen ist die Ansicht, die ideengeschichtliche Genese des Rückwirkungsverbots – Schutz des Bürgers gegenüber dem Staat – schließe in dem genannten Zusammenhang seine Anwendbarkeit aus, weil es hier um Unrecht gehe, das vom Staat selbst begangen wurde oder ihm zuzurechnen ist.[299] Denn auch die im Dienste und Auftrag des Staates DDR[300] tätig gewesenen Bürger – nur auf sie zielt der Strafanspruch, nicht auf den ehemaligen Staat – können sich dem (nunmehrigen Gesamt-)Staat gegenüber auf die Schutzgarantie berufen. 29

Art. 103 Abs. 2 ist Ausfluss rechtsstaatlicher Grundsätze,[301] kann zugleich aber auch als Konsequenz des Demokratieprinzips und des Gewaltenteilungsgedankens[302] sowie des vor allem im Menschenwürdeschutz[303] verwurzelten Schuldprinzips[304] und allgemein „der Freiheitsidee"[305] verstanden werden. Nach ständiger **Rechtsprechung des BVerfG** dient das Gesetzlichkeitsprinzip einem **doppelten Zweck:** Zum einen hat das Gesetzlichkeitsprinzip eine **kompetenzwahrende Funktion oder Demokratie-** 30

---

[292] Eingehend *Kargl* Strafrecht, 2019, S. 56 ff.

[293] Vgl. dazu etwa *Landau,* NStZ 2015, 665 (666 ff.); *Jahn/Brodowski* JZ 2016, 969 ff.

[294] Exemplarisch *Roxin,* Strafrecht AT 1, 4. Aufl. 2006, § 5 Rn. 1 ff.; *Hassemer/Kargl* in Kindhäuser/Neumann/Paeffgen StGB, § 1 Rn. 13.

[295] BVerfG NJW 2014, 1431 Rn. 12.

[296] Vgl. ferner Art. 7 Abs. 1 EMRK; eing. *Schreiber,* Gesetz und Richter, 1976, 17 ff.; zu Art. 7 Abs. 2 EMRK, der Ausnahmen bei Taten zulässt, „welche im Zeitpunkt ihrer Begehung nach den allgemeinen von den zivilisierten Völkern anerkannten Rechtsgrundsätzen strafbar war", hat die Bundesrepublik bei der Ratifizierung einen Vorbehalt erklärt, BGBl. 1954 II 14; dazu EGMR 22.3.2001 34044/96, 35532/97 und 44801/98, NJW 2001, 3035 – Streletz, Keßler und Krenz/Deutschland.

[297] → Rn. 55 ff.

[298] Dazu allg. *Bär* Jura 1999, 281 ff.; vergleichend mit der Phase nach 1945 *Papier/Möller* NJW 1999, 3289 ff.; zu Richtern und Staatsanwälten (Rechtsbeugung), *Burian* ZStrW 111 (1999), 107 ff.; zu DDR-Spionen und Mauerschützen → Rn. 58 f.

[299] So aber *Kenntner* RuP 1997, 170 (180).

[300] Unangemessen *Kenntner* RuP 1997, 170 (181): „entartete Staatsgewalt".

[301] BVerfGE 7, 89 (92); *Jäger* GA 2006, 615 ff.

[302] *Grünwald* ZStrW 76 (1964), 1 (13 f., 16); *Geitmann,* Bundesverfassungsgericht und „offene" Normen, Zur Bindung des Gesetzgebers an Bestimmtheitserfordernisse, 1970, 72.

[303] Vgl. Art. 1 Abs. 1 und dazu BVerfGE 20, 323 (331).

[304] *Sax* in Bettermann/Nipperdey/Scheuner Grundrechte 992 (998 f.); vgl. auch BVerfGE 25, 269 (285).

[305] Vgl. *Steinberger,* Konzeption und Grenzen freiheitlicher Demokratie, 1974, 186, 345.

funktion. Es soll sichergestellt werden, dass der Gesetzgeber selbst als einzige demokratisch legitimierte Gewalt abstrakt generell über Voraussetzungen und Folgen der Strafbarkeit entscheidet. Art. 103 Abs. 2 enthält insoweit einen **strengen Gesetzesvorbehalt.**[306] Zum anderen soll jedermann vorhersehen können, welches Verhalten verboten und mit Strafe bedroht ist. Es geht also auch elementar um den **Schutz der Normadressaten.** Dem Gesetzlichkeitsprinzip eignet insoweit eine **freiheitsgewährleistende Funktion.**[307] Lässt sich bei Art. 103 Abs. 1 die grundrechtsdogmatische Kategorie der „Beschränkung" jedenfalls der Sache nach anwenden,[308] so dürfte dafür bei Art. 103 Abs. 2 von vornherein kein Raum sein.[309] Es lässt sich sagen: Der von Art. 103 Abs. 2 gewährleistete Schutz ist von vornherein so beschaffen, dass er auf im GG verbürgte kollidierende Rechte oder „Werte" nicht trifft.[310]

31 **1. Eine Tat kann nur bestraft werden.** Der Satz **„Keine Strafe ohne Gesetz"** bedingt zugleich den Satz **„Kein Verbrechen ohne Gesetz"** („nullum crimen sine lege") – kein Verbrechen darf als solches bestraft werden, wenn es nicht zuvor gesetzlich als Verbrechen (dh nach heutigem gesetzlichem Sprachgebrauch: als „Straftat") bezeichnet worden ist (zu überstaatlichen Ausformungen des Gesetzlichkeitsprinzips → Rn. 6).[311]

32 **„Bestrafung"** bezieht sich im Zusammenhang des Art. 103 Abs. 2 auf jede staatliche Maßnahme, die „eine missbilligende hoheitliche Reaktion auf ein schuldhaftes Verhalten" enthält[312] und wegen dieses Verhaltens ein Übel verhängt, das dem Schuldausgleich dient.[313] Art. 103 Abs. 2 gilt deshalb für **Kriminal- wie für Ordnungsstrafen,**[314] für letztere schon deshalb, weil **Ordnungswidrigkeiten** erst nach Inkrafttreten des GG formell aus dem Strafrecht ausgegliedert worden sind,[315] einschließlich des auch repressiven Ordnungsgeldtatbestandes des § 335 HGB.[316] Im Disziplinarrecht und in der Ehrengerichtsbarkeit[317] erleidet Art. 103 Abs. 2 nach der Rechtsprechung des BVerfG allerdings Einschränkungen, die das Gericht mit der „Natur" dieser Rechtsgebiete begründet.[318]

33 Maßregeln der Besserung und Sicherung nach §§ 61 ff. StGB,[319] Bewährungsauflagen und -weisungen wie auch die Anordnungen während einer

---

306 BVerfGE 126, 170 (194); NJW 2019, 2837 (2838, Rn. 26).

307 BVerfGE 126, 170 (194 f.); NJW 2019, 2837 (2838, Rn. 27).

308 → Rn. 10.

309 Vgl. auch *Pieroth* in Jarass/Pieroth Rn. 76.

310 Zur umstrittenen Normstruktur s. *Remmert* in Maunz/Dürig Art. 103 Abs. 2 Rn. 42 ff.

311 *Schmidhäuser,* Strafrecht Allgemeiner Teil, 2. Aufl. 1984, Rn. 3/15; allg. zum Begriff der Strafe aus verfassungsrechtlicher Sicht *Volk* ZStrW 83 (1971), 405 ff.

312 BVerfGE 26, 186 (203); 42, 261 (262); *Hill* in HdbStR VI, 2. Aufl. 2001, § 156 Rn. 58.

313 BVerfGE 109, 133 (167); BVerfG NJW 2014, 1431 (1432, Rn. 13).

314 BVerfGE 81, 132 (135); 87, 399 (411); BVerfG NJW 2016, 1229 Rn. 4; vgl. auch § 3 Abs. 1 OWiG.

315 Zum Verhältnis von Straf- und Ordnungswidrigkeitenrecht vgl. → Art. 74 Rn. 5.

316 BVerfG NJW 2014, 1431 (1432, Rn. 13 f.); dazu *Prinz* SAE 2014, 49 und *Fröhlich* GWR 2014, 102.

317 Dazu für Anwaltsgericht *Grunewald/Piepenstock* MDR 2000, 869 ff.

318 BVerfGE 45, 346 (351); → Rn. 62 „Disziplinar- und Standesrecht"; Zur Geltung des Bestimmtheitsgebots des Art. 103 Abs. 2 auch für berufsgerichtliche Sanktionen vgl. zuletzt BVerfG NJW 2006, 495 mwN.

319 BVerfGE 109, 133 (167 ff.) zur Sicherungsverwahrung, aber verallgemeinernd, unter Hinweis auf die präventive Ausrichtung der Maßnahmen und ungeachtet ihrer Erfassung

Bewährungszeit (§§ 56a ff. StGB) sowie Beuge- und Ordnungsmittel unterfallen dagegen **nicht** dem Art. 103 Abs. 2.[320] Auch die Verurteilung zur Leistung von Schadensersatz[321] ist keine „Strafe", ebenso wenig ein Schmerzensgeld, obwohl die sog. Genugtuungsfunktion des § 847 aF BGB bzw. die billige Entschädigung des § 253 Abs. 2 BGB[322] Merkmale aufweisen, die den Funktionen des Strafrechts verwandt sind.[323] Das Parteiverbot nach Art. 21 Abs. 2 ist ebenso wenig eine Strafe[324] wie die Aberkennung von Mandaten im Anschluss an ein Parteiverbot. Das gilt auch für die neue Einziehung nach den §§ 73 ff. StGB.[325] Schließlich gilt der in Art. 103 Abs. 2 enthaltene Bestimmtheitsgrundsatz **auch nicht für die Vorschriften des Strafverfahrensrechts,** hier werden Anforderungen der Normenklarheit und Tatbestandsbestimmtheit allgemein rechtsstaatlich begründet.[326]

2. Wenn die Strafbarkeit gesetzlich bestimmt war. Art. 103 Abs. 2 **34**
stellt Anforderungen an die **Rechtsquelle,** aus der sich eine Strafnorm ergibt (Gesetzesvorbehalt, Unzulässigkeit gewohnheitsrechtlich geltender Strafnormen, Analogieverbot, dh Verbot richterlicher Rechtsfortbildung im Strafrecht), sowie an den **Inhalt** einer solchen Norm (Bestimmtheitsgebot); er verbietet ferner dem Gesetzgeber die **rückwirkende** Strafbegründung und -verschärfung (Rückwirkungsverbot).[327] Diese Funktionen ergänzen einander.[328]

a) Strikter Gesetzesvorbehalt. Ein Gesetzesvorbehalt für den Bereich **35**
des Strafrechts[329] wird in Art. 103 Abs. 2 zwar nicht ausdrücklich ausgesprochen, aber als **strikt** vorausgesetzt.[330] Danach müssen die Voraussetzungen der Strafbarkeit und der Art der Strafe sich aus einem **Parlamentsgesetz** ergeben,[331] damit einerseits vorhersehbar ist, welches Verhalten mit Strafe bedroht ist, andererseits die Festlegung dessen in der Hand der Legislative

---

durch den Kompetenzbegriff „Strafrecht" in Art. 74 Abs. 1 Nr. 1, → Art. 74 Rn. 5 ff.; sowie BVerfGE 109, 190 (217 f.); BVerfG NJW 2009, 980 f.; sa *Jung* FS f. Wassermann, 1995, 875 ff; anders EGMR 17.12.2009 – 19359/04, NJW 2009, 2495 ff. – M./Deutschland mAnm *Eschelbach,* der in der Sicherungsverwahrung gem. §§ 66 ff. StGB eine Strafe iSd Art. 7 Abs. 1 EMRK erblickt; dazu ferner → Art. 104 Rn. 26 „Maßregeln der Sicherung und Besserung".

[320] *Degenhart* in Sachs Rn. 58, 60; *Remmert* in Maunz/Dürig Art. 103 Abs. 2 Rn. 57; s. demgegenüber etwa *Kinzig* NJW 2001, 1455 (1456 f.) mit Nachw. strafrechtlicher Literatur; *Pieroth* JZ 2002, 922 (926): „überholt".

[321] BVerfGE 34, 269 (293).

[322] S. dazu *Rauscher* Jura 2002, 577 (579 f.); zur früheren Rechtslage *Deutsch* JuS 1969, 197 ff.

[323] Vgl. in diesem Zusammenhang BGH NJW 2003, 3620 f. zu § 661a BGB.

[324] AA *Beyer* DÖV 1955, 176 (177).

[325] BGH NStZ 2018, 366 (367) und 400 f.; NJW 2019, 1891 (1892, Rn. 42) mAnm *Trüg* und *Saliger* ZIS 2020, 210; *Saliger/Schörner* StV 2018, 388; aA LG Kaiserslautern NZWiSt 2018, 149 (151 f.).

[326] BVerfGE 112, 304 (315) mwN; BVerfG NJW 2019, 2837 (2838, Rn. 29); hierzu krit. *Jäger* GA 2006, 615 (619 ff.) ebenfalls mwN.

[327] BVerfGE 109, 133 (171); 126, 170 (194 f.); NJW 2019, 2837 (2838, Rn. 26).

[328] Näher dazu *Schreiber,* Gesetz und Richter, Zur geschichtlichen Entwicklung des Prinzips nullum crimen, nulla poena sine lege, 1976, 230.

[329] Zum Gesetzesvorbehalt allgemein vgl. → Art. 20 Rn. 153 ff.; sa *v. Münch/Kunig* in v. Münch/Kunig, 6. Aufl. 2012, Vorb. Art. 1–19 Rn. 37.

[330] BVerfGE 14, 174 (185); 32, 346 (361); BVerfGE 126, 170 (194); NJW 2019, 2837 (2838, Rn. 26); BayVerfGH 1, 101 (109 f.).

[331] S. zB BVerfGE 75, 329 (342); 87, 399 (411).

liegt,[332] also nicht die Verwaltung oder die Rechtsprechung selbst entscheiden, welches Verhalten strafbar ist.

36 Das schließt nicht aus, in einem förmlichen Gesetz zur Konkretisierung auf eine **Rechtsverordnung** zu verweisen, soweit diese aufgrund einer förmlichen Ermächtigung ergangen ist, die den Voraussetzungen des Art. 80 Abs. 1 S. 2 genügt.[333] Das Fehlen einer solchen ausdrücklichen Ermächtigung ist nicht etwa deshalb unerheblich, weil die Strafbarkeit eines bestimmten Verhaltens sich aus einer anderen Norm herleiten lässt.[334] Zu beachten ist außerdem, dass Art. 104 Abs. 1 – als die gegenüber Art. 103 Abs. 2 insoweit speziellere Norm – für die Androhung von Freiheitsstrafe ein förmliches Gesetz verlangt;[335] das gestattet keinen Umkehrschluss für den Bereich anderer Strafen.

37 Der Gesetzgeber muss die Ermächtigung eindeutig aussprechen und **„Inhalt, Zweck und Ausmaß"** der Ermächtigung so genau umreißen, dass Strafbarkeit und Art der Strafe schon aus ihr, nicht erst aus der auf sie gestützten Verordnung entnommen werden können.[336] Dabei ist nach der Rspr. keine Festlegung aller Einzelheiten gefordert, vielmehr reicht es aus, wenn „mögliche Straftatbestände einschließlich der Schuldform und der Art und des Höchstmaßes der Strafe nach den anerkannten Regeln juristischer Auslegung hinreichend deutlich bestimmt" werden können; dazu gehört auch die Einräumung eines „gewissen Ermessens" für den Verordnungsgeber hinsichtlich des Strafrahmens.[337] Angesichts der bereichsspezifischen Relativität der von Art. 80 Abs. 1 S. 2 gestellten Bestimmtheitsanforderungen wird man für das Strafrecht wegen Art. 103 Abs. 2 „innerhalb" des Art. 80 Abs. 1 S. 2 einen strengen Maßstab anlegen müssen (**Blankettstrafgesetz** → Rn. 52 f.).[338]

38 Die Ermächtigung zum Erlass einer **gemeindlichen Satzung** braucht nicht an Art. 80 Abs. 1 S. 2 gemessen zu werden;[339] eine in einer Satzung enthaltene Strafnorm kann nur dann verfassungsgemäß sein, wenn sie selbst und auch die Satzungsermächtigung den Anforderungen des Art. 103 Abs. 2 genügen;[340] daher sind die allgemeinen kommunalrechtlichen Satzungsklauseln nicht hinreichend.[341]

39 Keine Klarheit besteht hinsichtlich der Frage, welchen Umfanges ein Strafgesetz auf Verwaltungsvorschriften bzw. auf Verwaltungsakte (sog. **Verwaltungsaktakzessorietät**) Bezug nehmen darf. Beides gilt nicht als von vornherein unzulässig.[342] Für **Verwaltungsvorschriften** ist in diesem Zusam-

---

[332] BVerfGE 7, 108 (114); 67, 207 (224) sowie BVerfGE 105, 135 (152 f.).

[333] BVerfGE 14, 174 (185); 32, 346 (362); 38, 348 (371); 51, 60 (73); BVerfG DÖV 2009, 126; aA *Holtkotten* in BK, Erstbearb., Anm. II 3c.

[334] BVerfGE 14, 175 (186).

[335] Vgl. dazu → Art. 104 Rn. 12 ff.

[336] BVerfGE 1, 14 (60); 8, 274 (307 ff.); 10, 251 (258); 22, 21 (25); 48, 48 (56); 51, 60 (73); 78, 374 (382).

[337] BVerfGE 32, 346 (363).

[338] BVerfGE 75, 329 (342); BVerfG NJW 1992, 2624; sa OLG Koblenz NJW 1999, 3136: Bedenken bei Neufassung der Blankettnorm und unveränderter Orientierung der Verordnung an der Blankettnorm aF.

[339] BVerfGE 37, 1 (25); → Art. 80 Rn. 32.

[340] BVerfGE 32, 346 (362 f.); BGHSt 40, 79 (84) zu einer Baumschutzsatzung; OLG Frankfurt a. M. NStZ-RR 2000, 246 f. zu einer Marktordnung.

[341] Krit. zur Einbeziehung von Gemeindesatzungen in den Gesetzesbegriff des Art. 103 Abs. 2 *Geitmann* NJW 1972, 1856 ff.; vgl. ferner *Menger* VerwArch 1972, 447 ff.

[342] *Pieroth* in Jarass/Pieroth Rn. 78 f.

menhang versucht worden, an die neueren Differenzierungen der verwaltungsrechtlichen Dogmatik anzuknüpfen: Soweit danach insbesondere im Blick auf gesetzliche Regelungen zum Verfahren des Normerlasses eine (verwaltungs-)gerichtliche Bindung an bestimmte, sog. normkonkretisierende Verwaltungsvorschriften postuliert wird,[343] mag es nahe liegen, eine entsprechende gesetzliche Bezugnahme auch im strafrechtlichen Kontext für hinreichend zu erachten.[344] Für **Verwaltungsakte** ist jedenfalls zu fordern, dass an die Bestimmtheit der förmlichen Strafnorm keine geringeren Anforderungen gestellt werden als im Bereich der spezifizierenden Konkretisierung durch Rechtsverordnung.[345]

b) Verbot des Gewohnheitsrechts. Das aus Art. 103 Abs. 2 herzuleitende **Verbot des Gewohnheitsrechts** („nulla poena sine lege scripta")[346] bezieht sich **nur** auf das **materielle Strafrecht iSd Strafandrohung,** bedeutet dagegen kein allgemeines Verbot des Gewohnheitsrechts in anderen Rechtsgebieten. Denkbar ist, dass unter den allgemeinen Voraussetzungen der Gewohnheitsrechtsbildung[347] ein Strafgesetz durch auf einer sich bildenden Rechtsüberzeugung beruhenden Nichtanwendung ungültig wird.[348] Auch mögen sich Normen des Allgemeinen Teils des StGB gewohnheitsrechtlich verändern, solange das nicht zu einer Vermehrung des denkbaren strafrechtswidrigen Verhaltens führt.[349] Denkbar ist schließlich, dass außerstrafrechtliche Normen des Gewohnheitsrechts (zB über den Umfang der Fürsorgepflicht im Rahmen einer Lebensgemeinschaft) für die strafrechtliche Bewertung eines Handelns oder Unterlassens Bedeutung gewinnen.[350] 40

c) Analogieverbot. Strafbegründende oder strafverschärfende (also täterbelastende) **richterliche Rechtsfortbildung** durch Analogie oder teleologische Reduktion[351] ist unzulässig („nulla poena sine lege stricta")[352]. Beide methodischen Figuren setzen das Bestehen einer planwidrigen Lücke im Gesetzesrecht voraus. Art. 103 Abs. 2 schreibt insofern verfassungskräftig fest, dass die geltenden Normen des Strafrechts eine abschließende Regelung darstellen; sie sind der Auslegung, nicht aber der richterlichen Rechtsfortbildung fähig, wobei der (aus der **Sicht des rechtsunterworfenen Bürgers** zu bestimmende) **mögliche Wortsinn die Grenze der zulässigen Auslegung** 41

---

[343] Vgl. dazu BVerwGE 72, 300 (320 f.); aus der Literatur beispielhaft *Gerhardt* NJW 1989, 2233 ff.; *Hill* NVwZ 1989, 401 ff.; die Rechtsfigur ist vor allem für das Umweltrecht von Bedeutung, s. dazu *Kunig* in Koch Auf dem Weg zum Umweltgesetzbuch, 157 ff.; → Rn. 62 Stichwort „Umweltstrafrecht".

[344] So *Schulze-Fielitz* in Dreier Art. 103 Abs. 2 Rn 36; s. a. *Nolte/Aust* in MKS Rn 154; *Degenhart* in Sachs Rn 66; *Remmert* in Maunz/Dürig Art. 103 Abs. 2 Rn. 117.

[345] BVerfGE 78, 374 (382); vgl. auch BGHSt 42, 219 (221 f.); s. ferner *Breuer* AöR 115 (1990), 448 (454 f.); *M. Schröder* VVDStRL 50 (1991), 196 (220 f.); *Schulze-Fielitz* in Dreier Art. 103 Abs. 2 Rn 37; *Remmert* in Maunz/Dürig Art. 103 Abs. 2 Rn. 118; *Kühl* FS f. Lackner, 1987, 815 ff.

[346] BVerfGE 14, 174 (185).

[347] Vgl. dazu *Ehlers* in Ehlers/Pünder AllgVerwR, 15. Aufl. 2016, § 2 Rn. 62.

[348] Sog. desuetudo; vgl. BGHSt 5, 13 (23); OGHSt 1, 63 (66); *Dannecker/Schuhr* in Laufhütte Leipziger Kommentar StGB, 13. Aufl. 2020, § 1 Rn. 176.

[349] Näher *Erb* ZStW 108 (1996), 266 ff.; sa *Günther* FS f. Grünwald, 1999, 213 ff.

[350] So ausdrücklich BGHSt 2, 150 (153) im Fall der von der Ehefrau unterlassenen Verhinderung der Selbsttötung des Ehemannes; vgl. auch BayObLG NuR 1982, 274 ff. zum Begriff „unbefugt" in § 324 StGB.

[351] Zu den Begriffen *Larenz,* Methodenlehre der Rechtswissenschaft, 6. Aufl. 1991, 366 ff.

[352] BVerfGE 14, 174 (185); 25, 269 (285); 29, 183 (196); sa BVerfGE 47, 109 (120).

bildet.[353] Analogie ist dabei nicht im engeren technischen Sinn zu verstehen. Ausgeschlossen ist vielmehr jede Rechtsanwendung, die – tatbestandsausweitend – über den Inhalt einer gesetzlichen Sanktionsnorm hinausgeht.[354] Einen methodischen Standpunkt, der die Möglichkeit verneint, zwischen Analogie und Auslegung eine Grenze zu ziehen, braucht das Analogieverbot übrigens nicht preiszugeben: Verboten ist dann eine „unzulässig übertrieben extensive Interpretation".[355] Das Analogieverbot korrespondiert mit dem strikten Bestimmtheitsgebot für die Gesetzgebung und ist an die Rechtsprechung gerichtet.[356]

42 Wenn das Gebot strikter Auslegung nach dem Wortlaut zu unbefriedigenden Ergebnissen führt, so muss der Richter dies hinnehmen: „Art. 103 Abs. 2 GG schützt nicht gegen sachlich missglückte Strafbestimmungen; er besagt vielmehr, dass der Gesetzgeber sich beim Wort nehmen lassen muss".[357] Überschreitet der Richter innerhalb des möglichen Wortsinnes einer Norm den ihr aufgrund verfassungskonformer Auslegung zuzumessenden (reduzierten) Inhalt, so verstößt er seinerseits gegen Art. 103 Abs. 2.[358] Das BVerfG hat einen Verstoß gegen das Analogieverbot z. B. mit Recht bejaht, sofern die frühere Judikatur auch das unvorsätzliche Entfernen vom Unfallort unter die Strafvorschrift des § 142 Abs. 2 Nr. 2 StGB subsumiert hatte,[359] **verneint** hingegen, sofern auch der „faktische Leiter" einer nicht angemeldeten Versammlung als tauglicher Täter nach § 26 Nr. 2 VersammlG angesehen wird.[360] Die fortschreitende **Europäisierung** des Strafrechts stellt im Hinblick auf die verschiedenen Amtssprachen auch das strafrechtliche Analogieverbot vor neue Herausforderungen.[361]

43 **d) Bestimmtheitsgrundsatz. aa) Allgemeines.** Das **Bestimmtheitsgebot** („nulla poena sine lege certa") bezieht sich auf **generelle Strafbarkeit, Tatbestand und Strafandrohung.** Es ist **grundsätzlich strenger** als das allgemeine rechtsstaatliche Bestimmtheitsgebot.[362] Die beiden Grundzwecke des Gesetzlichkeitsprinzips, Kompetenzwahrung und Freiheitsgewährleistung (→ Rn. 30), entfalten sich vor allem beim Bestimmtheitsgrundsatz[363] und wirken sich im grundrechtssensiblen Bereich des materiellen Strafrechts besonders strikt aus.[364] Art. 103 Abs. 2 und insbesondere der Bestimmtheitsgrundsatz findet aber nicht nur im Strafrecht, sondern mit gewissen, sich aus

---

[353] S. BVerfGE 71, 108 (115 f.); 82, 236 (269); 87, 209 (224); BVerfG NJW 2007, 1666 Rn. 11; BVerfGE 126, 170 (197). sa *Kirchhof* FS der Juristischen Fakultät zur 600-Jahr-Feier der Ruprecht-Karls-Universität Heidelberg, 1986, 11 (31); zur Abgrenzung etwa *Schmidhäuser* Strafrecht Allgemeiner Teil, 2. Aufl. 1984, Rn. 31/27, 48 ff.; sa *Alwart,* Strafwürdiges Versuchen, 1982, 87 f.; sowie *Bund* ZVglRWiss. 1978, 115 (123 ff.).

[354] BVerfGE 126, 170 (197); NJW 2019, 2837 (2838, Rn. 26).

[355] Vgl. *Hassemer,* Tatbestand und Typus, 1968, 162 ff; zum Analogieverbot im Rahmen des Jugendstrafrechts vgl. BVerfG NJW 2005, 2140 f.; seine Bedeutung für das Strafverfahrensrecht erörtert *Jäger* GA 2006, 164 ff.

[356] BVerfGE 126, 170 (194); BVerfG BeckRS 2019, 18019 Rn. 9.

[357] BVerfGE 47, 109 (123 f.); 71, 108 (116).

[358] BVerfGE 81, 289 (309) – Nationalhymne; BVerfGE 92, 1 (14) – Sitzblockade/Großengstingen.

[359] BVerfG NJW 2007, 1666 ff Rn. 9 ff.: Verstoß gegen möglichen Wortsinn.

[360] BVerfG BeckRS 2019, 18019 Rn. 8 ff. m. Bspr. *Muckel* JA 2019, 872.

[361] Dazu z. B. *Greco,* GA 2016, 138 (198 ff., 205 ff.).

[362] *Kunig,* Das Rechtsstaatsprinzip, 1986, 401 f.; *Krey* EWR 1981, 109 (174, 178); vgl. ferner → Art. 20 Rn. 148 ff.; BVerwGE 10, 282 (287 f.).

[363] BVerfG NJW 2014, 2019 (2020, Rn. 12); wistra 2020, 242 (247, Rn. 84 ff.); auch NJW 2019, 2837 (2838, Rn. 25 ff.).

[364] BVerfGE 126, 170 (195).

der Funktion des Rechtsgebiets ergebenden Einschränkungen auch auf **berufsrechtliche Normen** (z. B. Standesrecht der Ärzte oder Steuerberater) Anwendung.[365]

44 Das BVerfG hat in einer frühen Entscheidung zunächst offengelassen, ob eine **Strafnorm mangels Bestimmtheit** des gesetzlichen Tatbestandes **verfassungswidrig** sein könne,[366] diese Möglichkeit aber alsbald **zu Recht bejaht.**[367] Allerdings hat das Gericht bisher **nur selten** eine Strafnorm (nämlich zunächst § 1 Abs. 2 Nr. 1 iVm §§ 2 Abs. 1, 46 Abs. 2, 60 Abs. 1 PBefG)[368] für mit Art. 103 Abs. 2 unvereinbar erklärt, handhabt das Bestimmtheitsgebot mitunter auch recht apodiktisch.[369] Generell gilt, dass die Strafgesetzgebung deutlich weniger Beanstandungen des normkontrollierenden Bundesverfassungsgerichts erfahren hat als namentlich die Zivilgesetzgebung.[370] Die Strenge des in Art. 103 Abs. 2 zum Ausdruck kommenden Gesetzesvorbehaltes ist dem Gericht Anlass, die **Intensität seiner Kontrolldichte** gegenüber der **gesetzesanwendenden Strafjustiz** besonders hervorzuheben: Sie sei auf eine Vertretbarkeitskontrolle nicht beschränkt (→ Rn. 48).[371] Tatsächlich hat insbesondere die Grundsatzentscheidung des BVerfG zur Untreue von 2010 zu erfolgreichen Verfassungsbeschwerden gegen Strafurteile geführt (→ Rn. 47 ff.).

45 Das gebotene Maß an Bestimmtheit ist nach **objektiven** Maßstäben zu bestimmen, also insbesondere an der Forderung nach Rechtssicherheit auszurichten;[372] auf einen hypothetischen Straftäter abzustellen, der sein Verhalten an einer Interpretation des StGB orientierte, ist zwar wirklichkeitsfern, aber als Ausgangspunkt unerlässlich.[373]

46 **bb) Die Entwicklung der Rechtsprechung des BVerfG.** Die umfangreiche Rechtsprechung[374] hatte bis zur Grundsatzentscheidung des BVerfG zur Untreue von 2010 einige **allgemeine Formeln** hervorgebracht, die stets wiederkehren,[375] in ihrer Elastizität allerdings dem Gesetzgeber praktisch keine wirkliche Schranke errichten. Strafnormen müssen demnach „so konkret" sein, dass „**Tragweite und Anwendungsbereich des Tatbestandes zu erkennen** sind und sich **durch Auslegung ermitteln** lassen",[376] wobei der Adressatenkreis einer Norm, etwa dessen besonderes Fachwissen, zu

---

365 BVerfG NJW 2014, 2019 (2020, Rn. 13).

366 BVerfGE 4, 352 (357 f.).

367 BVerfGE 25, 269 (285): „Tatbestandsbestimmtheit"; 45, 263 (371).

368 BVerfGE 17, 306 (314 f.); s. ferner BVerfGE 78, 374 (383 ff.) zu § 15 Abs. 2a FernmeldeanlagenG.

369 Vgl. etwa BVerfGE 23, 127 (131); 28, 55 (63); *Schünemann* NJW 1981, 2526, spricht von „Lippenbekenntnissen"; sa *Schroeder* NJW 1999, 89 (90 f.); zur Verfassungsmäßigkeit von § 266 StGB BVerfG NJW 2009, 2370 und BVerfGE 126, 170.

370 S. *Kunig* VVDStRL 61 (2002) 34 (48); *Paulduro,* Die Verfassungsgemäßheit von Strafrechtsnormen, insbesondere Normen des Strafgesetzbuches, im Lichte der Rechtsprechung des Bundesverfassungsgerichts, 1992, 432.

371 So im Ls. zu BVerfGE 126, 170; eing. *Krüger* NStZ 2011, 369 ff.

372 Vgl. *Warda,* Dogmatische Grundlagen des richterlichen Ermessens im Strafrecht, 1962, 44.

373 Vgl. *Geitmann,* Bundesverfassungsgericht und „offene" Normen, Zur Bindung des Gesetzgebers an Bestimmtheitserfordernisse, 1970, 71, sowie generell *Novak,* VVDStRL 40 (1982), 40 (54); s. ferner BVerfGE 32, 346 (362), 48, 48 (67); 53, 96 (99); 71, 108 (115); 95, 96 (131): Art. 103 Abs. 2 gebe dem Einzelnen „die Grundlage dafür, sein Verhalten eigenverantwortlich so einzurichten, dass er eine Strafbarkeit vermeidet"; sa BGH JZ 1982, 214: „das [vom Bürger] ins Auge gefasste Handeln".

374 Zu Einzelfällen → Rn. 62.

375 Repräsentativ etwa BVerfGE 51, 60 (73).

376 BVerfGE 55, 144 (152); 126, 170 (195).

berücksichtigen ist **(Leitbild eines sach- und fachkundigen Normadressaten).**[377] Dabei dürfen – wegen der „Vielgestaltigkeit des Lebens"[378] – auch solche allgemeinen[379] Begriffe verwendet werden, „die nicht eindeutig allgemeingültig umschrieben werden können und die in besonderem Maße der Auslegung durch den Richter bedürfen".[380] Der Gesetzgeber ist danach nicht gehindert, **wertausfüllungsbedürftige Begriffe** über **Blankettnormen** bis hin zu **Generalklauseln** zu verwenden, um der Vielgestaltigkeit des Lebens Rechnung tragen zu können.[381] Allerdings muss dem Normadressaten „zumindest das **Risiko der Bestrafung erkennbar**" werden.[382] Dabei zieht das BVerfG **andere Strafnormen zum Vergleich** heran: „Doch sind die hier sich ergebenden Unschärfen nicht größer als diejenigen einzelner Merkmale in anderen Straftatbeständen, die im Übrigen hinreichend bestimmt sind".[383] Die letztere Argumentation überzeugt wenig, denn über die Verfassungsmäßigkeit der im Einzelfall zu beurteilenden Strafnormen kann ein Vergleich mit anderen Normen des einfachen Rechts nichts aussagen. Welchen **Grad an Bestimmtheit** der einzelne Tatbestand aufweisen muss, lässt sich nicht allgemein sagen, sondern hängt von einer **wertenden Gesamtbetrachtung** ab. Dabei ist eine Vielzahl von Faktoren zu berücksichtigen wie die Besonderheiten des jeweiligen Tatbestands, die Umstände, die zu seiner Regelung geführt haben, oder mögliche Regelungsalternativen. Die Strafbarkeitsvoraussetzungen müssen **umso präziser** festgelegt werden, je **schwerer die angedrohte Strafe** ist.[384]

47 **cc) Die Grundsatzentscheidung zur Untreue BVerfGE 126, 170 – Verschleifungsverbot, Präzisierungsgebot.** In seiner Grundsatzentscheidung zum Untreuetatbestand von 2010 hat das BVerfG diese Linien **zusammengefasst, fortentwickelt** und **teilweise bahnbrechend neu konturiert.**[385] Das gilt vor allem für das Abstellen auf das Vorhandensein strafgerichtlicher Judikatur zur Konkretisierung einer unbestimmten Strafnorm.[386] Das BVerfG entnimmt dem Bestimmtheitsgrundsatz für die **Strafgerichte** nunmehr **„Verpflichtungen in mehrerer Hinsicht":** So „darf die Auslegung der Begriffe, mit denen der Gesetzgeber das unter Strafe gestellte Verhalten bezeichnet hat, nicht dazu führen, dass die dadurch bewirkte Eingrenzung der Strafbarkeit im Ergebnis wieder aufgehoben wird. Einzelne Tatbestandsmerkmale dürfen also auch innerhalb ihres möglichen Wortsinns nicht so weit ausgelegt werden, dass sie vollständig in anderen Tatbestandsmerkmalen aufgehen, also zwangsläufig mit diesen mitverwirklicht werden

[377] BVerfGE 48, 48 (57); BVerfG wistra 2020, 242 (249, Rn. 97).

[378] BVerfGE 4, 352 (357 f.).

[379] „Flüssigen", BVerfGE 11, 234 (237).

[380] BVerfGE 55, 144 (152) mwN; sa BVerfGE 38, 348 (372); 41, 314 (319); 57, 250 (262) und BGH JZ 1982, 214.

[381] BVerfGE 48, 48 (56 f.), 67, 348, 362 f.; 92, 1 (12).

[382] BVerfGE 124, 300 (339); sa BVerfGE 92, 1 (12).

[383] BVerfGE 47, 109 (122) zu § 183 Abs. 1 Nr. 7 StGB.; ebenso BVerfGE 124, 300 (340 f.).

[384] BVerfGE 28, 175 (183); 75, 329 (342); 126, 170 (196); Kritisch *Kunig* in v. Münch/Kunig, 6. Aufl. 2012, Art. 103 Rn. 29.

[385] BVerfGE 126, 170; Besprechung der Entscheidung bei *Saliger* NJW 2010, 3195; *Radtke* GmbHR 2010, 1121; *Kuhlen* JR 2011, 246; *Böse* Jura 2011, 617; *Krüger* NStZ 2011, 369; *Schulz* FS f. Roxin II, Bd. 1, 2011, 305.

[386] So zB BVerfGE 28, 175 (183); 37, 201 (208); 45, 363 (372); 73, 206 (243); krit. *Remmert* in Maunz/Dürig Art. 103 Abs 2 Rn. 96; *Pieroth* in Jarass/Pieroth Rn. 73; *Nolte/Aust* in MKS Rn 150; weniger streng *Schulze-Fielitz* in Dreier Art. 103 Abs. 2 Rn 41.

(Verschleifung oder Entgrenzung von Tatbestandsmerkmalen).“[387] Ferner darf „ein nach dem Willen des Gesetzgebers strafloses Verhalten nicht durch eine Entscheidung der Gerichte strafbar werden“, obwohl es vom Wortlaut der Strafgesetze erfasst sein könnte **(Garantie der Einhaltung des Willens des Gesetzgebers).**[388] Zudem gibt das BVerfG Vorgaben für die Handhabung **weit gefasster** Tatbestände und Tatbestandselemente. Danach dürfen die Gerichte „nicht durch eine fernliegende Interpretation oder ein Normverständnis, das keine klaren Konturen mehr erkennen lässt, dazu beitragen, bestehende Unsicherheiten über den Anwendungsbereich einer Norm zu erhöhen, und sich damit noch weiter vom Ziel des Art. 103 Abs. 2 entfernen“ **(Rechtsunsicherheitserhöhungsverbot).**[389] Die Rechtsprechung ist aufgefordert, „verbleibende Unklarheiten über den Anwendungsbereich einer Norm durch Präzisierung und Konkretisierung im Wege der Auslegung nach Möglichkeit auszuräumen **(Präzisierungsgebot).**“[390] In Fällen, in denen tatbestandlich nur die Möglichkeit einer Bestrafung erkennbar ist und erst eine gefestigte Rechtsprechung eine zuverlässige Auslegungsgrundlage schafft, trifft die Rechtsprechung eine „besondere Verpflichtung, an der Erkennbarkeit der Voraussetzungen der Strafbarkeit mitzuwirken. Sie kann sich auch in über die allgemeinen Grundsätze des Vertrauensschutzes (...) hinausgehenden Anforderungen an die Ausgestaltung von Rechtsprechungsänderungen niederschlagen“ **(Erhöhung des Vertrauensschutzes bei Rechtsprechungsänderungen).**[391]

Mit dieser Verschärfung der Pflichten im Rahmen des Gebots bestimmter Auslegung von Strafgesetzen verbindet das BVerfG auch eine **erhöhte Prüfungstiefe:** So ist das BVerfG **nicht auf eine Vertretbarkeitskontrolle beschränkt.** Stützen die Gerichte ihre Auslegung auf ein **gefestigtes Verständnis** eines Tatbestandsmerkmals, so prüft das BVerfG „das Bestehen eines solchen Verständnisses in vollem Umfang nach“.[392] „Entsprechendes gilt, wenn die Strafbarkeit nach einer weit gefassten Norm mittels gefestigter **komplexerer Obersätze** eingegrenzt wird, wie sie etwa bei der Bildung von Fallgruppen und auf diese bezogene Spezifizierungen der Anforderungen der Strafrechtsnorm anzutreffen sind. Das Bundesverfassungsgericht prüft insoweit, ob die Gerichte bei Anwendung und Auslegung der Strafnorm bei den bislang entwickelten, die Norm konkretisierenden Obersätzen **geblieben** sind, gegebenenfalls ob sie diese im Rahmen der Strafnorm **folgerichtig weiterentwickelt** und ob sie sie der Würdigung **des konkreten Falls zugrunde gelegt** haben.“[393] Auch die **Grenzen** der verfassungsrechtlichen Überprüfung werden markiert: Zum einen unterzieht das BVerfG ein gefestigtes Normverständnis einer inhaltlichen Kontrolle nur insoweit, als es „nicht evident ungeeignet zur Konturierung der Norm sein darf.“ Zum anderen stellt das BVerfG klar, dass „hinsichtlich der Anwendung der gegebenenfalls durch Obersätze konturierten und präzisierten 48

[387] BVerfGE 126, 170 (198) unter Bezug auf BVerfGE 87, 209 (229) und 91, 1 (16 f.).
[388] BVerfGE 126, 170 (198) unter Rekurs ua auf BVerfGE 82, 236 (270 f.).
[389] BVerfGE 126, 170 (198).
[390] BVerfGE 126, 170 (198).
[391] BVerfGE 126, 170 (198 f.). Kategorien, soweit nicht im Zitat inbegriffen, von *Saliger* ZIS 2011, 902 (903 ff.).
[392] BVerfGE 126, 170 (199).
[393] BVerfGE 126, 170 (199; Hervorhebungen stets vom Verf.).

Strafnorm grundsätzlich keine Fragen des Verfassungsrechts aufgeworfen" werden.[394]

49 **dd) Folgen und Würdigung.** Diese Grundsätze des BVerfG sind in der Praxis **sehr folgenreich.** So greift die Strafrechtsprechung, insbesondere der BGH mittlerweile nicht nur im Vermögensstrafrecht, sondern im gesamten Strafrecht auf die Auslegungsgrundsätze und ihre Konkretisierungen zurück.[395] Das BVerfG selbst hat in zwei weiteren Entscheidungen Auslegungen der Fachgerichte u. a. wegen des Verstoßes gegen das Verschleifungs- und Entgrenzungsverbot verworfen[396] und in weiteren Judikaten die Grundsätze bestätigt und konkretisiert.[397] Auch bei der Überprüfung von **Blankettstrafgesetzen** scheint das BVerfG eine strengere Linie einzuschlagen (näher → Rn. 52 f.). In der Strafrechtswissenschaft wird insbesondere das **Verschleifungs- und Entgrenzungsverbot,** das nur bei **vollständiger Deckungsgleichheit strafbegründender** Tatbestandsmerkmale als unzulässiger Auslegungsergebnis verletzt ist[398] und **nicht** für die Verschleifung von Straftatbeständen gilt,[399] intensiv diskutiert.[400] Schließlich werden auch allgemeine Strafnormen vermehrt einer Überprüfung anhand des Bestimmtheitsgrundsatzes unterzogen.[401]

50 Der Judikatur des BVerfG ist **zuzustimmen.** Die grundsätzliche Kritik, dass die Inpflichtnahme der Rechtsprechung bei der bestimmten Konkretisierung von Strafrechtsnormen den Gesetzgeber als Adressat des Bestimmtheitsgebots relativiere oder sogar ersetze,[402] verfängt nicht. Es ist nicht zwingend anzunehmen, dass die Bildung einer Konkretisierungsgemeinschaft aus Gesetzgeber und Rechtsprechung den Gesetzgeber in seiner Bindung an den Bestimmtheitsgrundsatz schwächt. Umgekehrt trägt der Ansatz des BVerfG einem **realistischen Verständnis juristischer Methodenlehre,** insbesondere der Einsicht in die Präzisionsgrenzen sprachlicher Gestaltung und den **Regelsetzungscharakter der Rechtsprechung,** Rechnung[403] und folgt zudem nicht **Politikidealen,** die angesichts des kompromisshaften Politikbetriebs **unerfüllbar** sind.

51 Im Übrigen ist zu betonen, dass der Ansatz des Gerichts, auf die „Besonderheit des jeweiligen Tatbestandes" abzustellen,[404] richtig ist. Überzeugende allgemeine Formulierungen zur Konkretisierung des Bestimmtheitsgebotes

---

394 BVerfGE 126, 170 (200).

395 Z. B. zu § 266 StGB BGH NJW 2011, 88 (92 f., Rn. 42 f.) und BGH wistra 2014, 139 (140); zu § 263 StGB BGH NStZ 2013, 37 (38) und BGH NStZ 2017, 30 (31); zu § 370 Abs. 1 AO BGH NJW 2013, 1750 (1750, Rn. 7); zu § 174c StGB BGH NJW 2016, 2965 (2966 f.); zur Wahlfeststellung BGH GS NStZ 2018, 41 (43).

396 BVerfGE 130, 1 (43 ff., 48 ff.) – Fall Al Qaida; BVerfG NJW 2013, 365 (366 f.) – Fall Schäch.

397 BVerfG NJW 2015, 2949 (2954, Rn. 62 ff., 68 ff.) zur Geldwäsche; NJW 2019, 2837 (2338 f., Rn. 24 ff.) zur Wahlfeststellung.

398 *Saliger* FS f. Fischer, 2018, 523 (526 ff.).

399 Zutreffend BVerfG NJW 2015, 2949 (2955, Rn. 68).

400 Etwa *Bittmann* wistra 2013, 1; *Krell* ZStW 2014, 902; *Kuhlen* FS f. Schünemann 2014, 611 und FS f. Neumann 2017, 943; *Rostalski* HRRS 2016, 73; *Saliger* FS f. Fischer 2018, 523.

401 Siehe nur BGH NJW 2014, 3459 zu § 89a StGB mit Bspr. *Mitsch* NJW 2015, 209 und *Sinn* ZJS 2015, 232; AG Villingen-Schwenningen BeckRS 2020, 167 zu § 315d Abs. 1 Nr. 3 StGB mit z. B. Stellungnahme Nr. 45 der BRAK von 8/2020; zu Ordnungswidrigkeiten BVerfG NJW 2016, 1229 und OLG Hamm NJW 2020, 351.

402 Stellvertretend aus dem Strafrecht *Basak* in Matt/Renzikowski StGB § 1 Rn. 15; aus dem öffentlichen Recht *Kunig* in v. Münch/Kunig, 6. Aufl. 2012, Rn. 29 mwN.

403 *Kuhlen* JR 2011, 246 (249); *Neumann* FS f. Beulke 2015, 197 (200 ff.).

404 S. zB BVerfGE 41, 314 (319 f.).

dürfte es nicht geben. In jedem Einzelfall muss aber geprüft werden, ob der **Gesetzgeber seine Aufgabe, selbst** eine Entscheidung über die Strafbarkeit zu treffen, erfüllt und dadurch Rechtssicherheit hergestellt hat. Die von dem BVerfG postulierte „Rollenverteilung" von Gesetzgeber, Fachjustiz und Verfassungsgerichtsbarkeit für die Herstellung von Rechtssicherheit kann auf eine Letztentscheidungskompetenz der Verfassungsgerichtsbarkeit in Strafrechtsfragen hinauslaufen.

ee) Bestimmtheit und Blankettstrafgesetze. Die Rechtsprechung **52**
musste sich in jüngerer Zeit vermehrt mit der Überprüfung von Blankettstrafgesetzen, dh Strafgesetzen, bei denen der Gesetzgeber die Beschreibung des Tatbestandes durch die Verweisung auf eine Ergänzung in demselben Gesetz oder in anderen – auch künftigen – Gesetzen oder Rechtsverordnungen auch eines anderen Normgebers ersetzt, beschäftigen.[405] In einer Aufsehen erregenden Entscheidung hat insbesondere das BVerfG 2016 **§ 10 Abs. 1, 3 RiFlEtikettG a. F.** u. a. wegen Verstoßes gegen das Bestimmtheitsgebot für verfassungswidrig erklärt.[406] Grundsätzlich sind sowohl **statische** Verweisungen, bei denen sich der verweisende Gesetzgeber den Inhalt von Rechtsvorschriften des anderen Normgebers (einschließlich Rechtsakte der EU) in der Fassung bei Erlass seines Gesetzesbeschlusses zu eigen macht, als auch **dynamische** Verweisungen, bei denen der Gesetzgeber auf andere Vorschriften in ihrer jeweils geltenden Fassung verweist, verfassungsrechtlich zulässig. Während das BVerfG aber statische Verweisungen als gänzlich unbedenklich ansieht, können dynamische Verweisungen dazu führen, dass der Gesetzgeber den Inhalt seiner Vorschriften nicht mehr in eigener Verantwortung bestimmt. Dynamische Verweisungen sind daher nur insoweit zulässig, als sie den Prinzipien der Rechtsstaatlichkeit, der Demokratie und der Bundesstaatlichkeit Rechnung tragen. Allgemein ist die Gesetzgebungstechnik des Blanketts verfassungsrechtlich unbedenklich, wenn das Blankettstrafgesetz das Verweisungsobjekt hinreichend klar erkennen lässt. Dazu gehört, dass die Blankettstrafnorm die Ausfüllungsnormen sowie deren möglichen Inhalt und Gegenstand genügend deutlich bezeichnet und abgrenzt.[407] § 10 Abs. 1 RiFlEtikettG a. F. hatte die besondere Struktur einer Blankettstrafnorm mit **Rückverweisungsklausel,** wo die Blankettstrafnorm auf eine Rechtsverordnung im generellen Anwendungsbereich des RiFlEtikettG (§ 1) verwies, die ihrerseits mit „Rückverweis" auf die Blankettnorm die Strafbarkeit festlegen sollte.[408] Das BVerfG wertete diese Regelungsstruktur mit Recht als unzulässige **pauschale Blankoermächtigung** des Verordnungsgebers zur Schaffung von Straftatbeständen. Denn aus § 10 Abs. 1 RiFlEtikettG a. F. war das strafbare Verhalten noch nicht klar erkennbar, da die Bezugsnormen nicht klar benannt wurden. Insoweit entschied nicht der Gesetzgeber, sondern erst der nationale Verordnungsgeber über das strafbare Verhalten, so dass keine

---

[405] Beginnend mit BGH NJW 2016, 1251 zu § 52 Abs. 2 Nr. 1 VTabakG; dazu *Hoven* NStZ 2016, 377 und *Freund/Rostalski* GA 2016, 443. Ferner BVerfG BeckRS 2017, 119328 zu § 27 Abs. 1 Nr. 1 ChemG und BVerfG BeckRS 2017, 136817 zu § 34 Abs. 2 iVm. § 33 Abs. 1 AWG aF (beide Vorlagen bereits unzulässig).

[406] BVerfGE 143, 38; dazu *Bülte* BB 2016, 3075; *Wallau* LMuR 2016, 229; *Cornelius* NStZ 2017, 682; auch *Dannecker* ZIS 2016, 723; *Bode/Seiterle* ZIS 2016, 91, 173.

[407] BVerfGE 47, 285 (312 ff.); 78, 32 (35 f.); 143, 38 (56, Rn. 43 ff.).

[408] Nach § 10 Abs. 1 RiFlEtikettG aF machte sich strafbar, wer einer unmittelbar geltenden Vorschrift in Rechtsakten der EU im Anwendungsbereich des § 1 Abs. 1 zuwiderhandelt, soweit eine Rechtsverordnung nach Abs. 3 für einen bestimmten Tatbestand auf diese Strafvorschrift verweist.

Voraussehbarkeit der Strafbarkeit aufgrund des Gesetzes bestand. Liegt damit noch gar kein gesetzlicher Straftatbestand vor, ist unerheblich, ob besonderes Fachwissen der Normadressaten generell bei der Beurteilung der Bestimmtheit zu berücksichtigen sein kann.[409]

53 In einem weiteren Fall zu einer Blankettstrafnorm mit Rückverweisungsklausel, allerdings kombiniert mit einer **Entsprechungsklausel (§ 58 Abs. 3 S. 1 Nr. 2 LFGB),**[410] hat das BVerfG die Verfassungswidrigkeit verneint. Das Gericht hält die Vorschrift auch mit dem Bestimmtheitsgrundsatz für noch vereinbar, weil wegen des Verweises auf § 13 Abs. 1 Nr. 1 und 2 LFGB in § 58 Abs. 1 Nr. 18 LFGB das Rechtsgut und die Tathandlungen noch hinreichend deutlich beschrieben sind, wenn auch die näheren technischen Details der konkreten Stoffe, Gegenstände und Verfahren erst durch den nationalen Verordnungsgeber bestimmt werden. Jedenfalls wegen § 13 Abs. 1 Nr. 1 und 2 LFGB sei auch die Entsprechungsklausel unbedenklich. Im Übrigen ist die Strafbarkeit für einen sach- und fachkundigen Normadressaten erkennbar, weil das verwaltungsrechtliche Pflichtenprogramm sowie das Wissen um die spezifischen Gesundheitsgefahren im Bereich der Lebensmittelproduktion als bekannt vorausgesetzt werden könnten.[411] Ob diese Rechtsanwendung überzeugt, ist zweifelhaft. Denn es ist nicht gesetzlich festgelegt, dass jeder Verstoß gegen § 13 Abs. 1 Nr. 2 und 2 LFGB zu kriminalisieren ist, weshalb § 58 Abs. 1 Nr. 18 LFGB in der Verweisungskette dem Verordnungsgeber einen (unzulässigen) substantiellen Auslegungsspielraum gewährt.[412] Zudem stellt sich die Frage, ob die Grenzen von Wissensunterstellungen beim sach- und fachkundigen Normadressaten nicht überschritten sind, wenn jegliche Konkretisierung von verbotenen Stoffen, Gegenständen und Verfahrensweisen in einer Strafnorm dem Verordnungsgeber obliegt. Wie dem auch sei: Da das BVerfG die Verfassungskonformität von § 58 Abs. 3 Nr. 2 LFGB allein wegen des entsprechenden Verweises auf § 13 Abs. 1 Nr. 1 und 2 LFGB iVm. § 62 Abs. 1 Nr. 1 LFGB bejaht hat, werden Normen ohne unmittelbare (entsprechende) unionsrechtliche Überformung wie § 58 Abs. 1 Nr. 18 LFGB oder § 27 Abs. 1 Nr. 1 ChemG[413] nach wie vor für verfassungswidrig gehalten.[414] Im Übrigen dürfte der verfassungsrechtliche Druck auf den Normtyp der Rückverweisung mit Entsprechungsklausel noch nicht gänzlich beseitigt sein.[415]

54 **ff) Bestimmtheit und Strafandrohung.** Dass auch die **Strafandrohung** – vermittelt durch Tatbestand, Rechtfertigungs- und Entschuldigungsgründe – gesetzlich bestimmt sein muss, ist heute unstreitig.[416] Der **Strafrahmen** ist

---

409 BVerfGE 143, 38 (58 ff., Rn. 48 ff. und 64); anders noch BVerfG NStZ-RR 2002, 22.

410 Nach § 58 Abs. 3 S. 1 Nr. 2 LFGB wird ebenso bestraft, wer einer anderen als in Abs. 2 genannten unmittelbar geltenden Vorschrift in Rechtsakten der EU zuwiderhandelt, die inhaltlich einer Regelung entspricht, zu der die in Abs. 1 Nr. 18 genannten Vorschriften ermächtigen, soweit eine Rechtsverordnung nach § 62 Abs. 1 Nr. 1 LFGB für einen bestimmten Straftatbestand auf diese Strafvorschrift verweist.

411 BVerfG wistra 2020, 242 (247 ff., Rn. 84 ff.) m. krit. Anm. *Bülte* und Bspr. *Herz* NZWiSt 2020, 253.

412 *Bülte* wistra 2020, 252.

413 Vgl. dazu bereits BVerfG BeckRS 2017, 119328.

414 So *Bülte* wistra 2020, 252 mit weiteren Normen.

415 Vgl. *Satzger* Internationales und Europäisches Strafrecht, § 9 Rn. 73.

416 BVerfGE 45, 363 (371); 86, 288 (311); zuletzt BVerfGE 105, 135 (153 f.) zur Vermögensstrafe nach § 43a StGB aF; eindeutig insoweit schon die Absicht des Grundgesetzgebers, vgl. JöR nF 1 (1951), 743; überholt etwa BGHSt 13, 190.

vom Gesetzgeber vorzugeben,[417] einschließlich der strafrechtlichen Sanktionen, wie Nebenstrafen und Nebenfolgen, Verfall, Einziehung, wohl auch des Strafantragserfordernisses,[418] nicht aber Behandlungsmaßnahmen im Vollzug einer Freiheitsstrafe.[419] Auch die Strafaussetzung zur Bewährung muss gesetzlich geregelt sein und den Anforderungen des Art. 103 Abs. 2 genügen;[420] das gilt auch für die Vorschriften über die Aussetzung einer lebenslangen Freiheitsstrafe.[421]

3. Bevor die Tat begangen wurde – Rückwirkungsverbot. a) Gewährleistungsgehalt. Das in Art. 103 Abs. 2 enthaltene **Rückwirkungsverbot**[422] („nulla poena sine lege praevia")[423] bedeutet, dass niemand aufgrund eines Strafgesetzes bestraft werden darf, das zur Zeit der Tat noch nicht in Kraft war **(Verbot rückwirkender Strafbegründung),** und dass niemand schärfer bestraft werden darf, als zur Zeit der Tat vorgesehen **(Verbot rückwirkender Strafverschärfung).**[424] „Wer sich gesetzestreu verhalten hat, darf nicht durch eine rückwirkende Rechtsnorm nachträglich ‚ins Unrecht gesetzt' werden."[425] Das strafrechtliche Rückwirkungsverbot wurzelt in der Menschenwürdegarantie und im Schuldprinzip und dient den Zwecken des Vertrauensschutzes, der Freiheitsgewährleistung und der Rechtssicherheit.[426] Das Rückwirkungsverbot im **Strafrecht** gilt daher **im Unterschied zum allgemeinen rechtsstaatlichen Rückwirkungsverbot** (unten → Rn. 60) **absolut,**[427] ist also **keiner Abwägung zugänglich.**[428] Denn es erfüllt seine rechtsstaatliche und grundrechtliche Gewährleistungsfunktion durch eine strikte Formalisierung.[429] Das Rückwirkungsverbot richtet sich an den Gesetzgeber und unmittelbar an den Strafrichter. 55

b) Anwendungsbereich. Das Verbot rückwirkender Straf**begründung** erfasst die Tatbestandsstufe ebenso wie grundsätzlich **Rechtfertigungs-, Entschuldigungs- und Strafaufhebungsgründe.**[430] Es gilt auch für **Bußgeldtatbestände**[431] sowie **Blanketttatbestände** einschließlich der **blankettausfüllenden** Normen.[432] Das Rückwirkungsverbot betrifft dagegen nicht die Vorschriften über die **Verjährung,**[433] da sie lediglich die Verfolg- 56

---

[417] Vgl. näher *Dannecker/Schuhr* in Laufhütte Leipziger Kommentar StGB, 13. Aufl. 2020, § 1 Rn. 232.

[418] Anders *Pieroth* in Jarass/Pieroth Rn. 66; *Remmert* in Maunz/Dürig Art. 103 Abs. 2 Rn. 75.

[419] BVerfGE 64, 261 (280).

[420] *Remmert* in Maunz/Dürig Art. 103 Abs. 2 Rn. 74.

[421] Dazu zutr. Sondervotum *Mahrenholz* BVerfGE 86, 340 (342); anders BVerfGE 86, 288 (311).

[422] Zu seiner einfachgesetzlichen Ausgestaltung im Tatzeitrecht des § 2 StGB vgl. eing. *Satzger* Jura 2006, 746.

[423] BVerfGE 7, 111 (119); 25, 269 (285 f.); 26, 41 (42); 46, 188 (192).

[424] BVerfGE 25, 269 (286); 46, 188 (192); BVerfG NJW 1990, 3140.

[425] BVerfGE 109, 133 (172).

[426] BVerfGE 109, 133 (170 ff.).

[427] Vgl. BVerfGE 18, 429 (439); 25, 269 (289 f.); 30, 367 (385); 95, 96 (131).

[428] BVerfGE 109, 133 (171 f.).

[429] BVerfGE 95, 96 (131, 133).

[430] BGH NJW 1993, 141 (147 f.); NJW 1994, 2240 f.; BVerfGE 95, 96 (131 f.), alle für Rechtfertigungsgründe. Ob Art. 103 Abs. 2 auch für im Tatzeitpunkt anerkannte ungeschriebene Rechtfertigungsgründe gilt, hat das BVerfG offengelassen, s. BVerfGE 95, 96 (132).

[431] BVerfGE 38, 348 (371 f.); BVerfG NJW 2008, 3769 (3770, Rn. 13).

[432] Vgl. BVerfGE 75, 329 (342 ff.); 143, 38 (52 ff.).

[433] BVerfGE 1, 418 (423); 25, 269 (287 ff.); BGH NJW 1952, 271; unklar BGH NJW 1994, 268.

barkeit einer Tat regeln: „Mit der Strafbarkeit entfällt die Verfolgbarkeit, nicht dagegen mit der Verfolgbarkeit die Strafbarkeit".[434] Denn Art. 103 Abs. 2 äußere sich nur über das „von wann an", nicht über das „wie lange" der Strafverfolgung.[435] Deshalb sollen auch rückwirkende **Interklusionsnormen,** die den Meistbegünstigungsgrundsatz nach § 2 Abs. 3 StGB sperren (z. B. § 52 WpHG, § 8 Abs. 3 FPersG), verfassungskonform sein.[436] Das ist zwar für Art. 103 Abs. 2 richtig, jedoch im Hinblick auf den europa- und menschenrechtlichen Gehalt des **Lex-Mitior-Grundsatzes** (Art. 49 Abs. 1 S. 3 GRCh, Art. 7 EMRK) für das Rechtsstaatsprinzip und das allgemeine Rückwirkungsverbot **revisionsbedürftig.**[437] Auch die **Verwirkungstatbestände** des öffentlichen Rechts fallen nicht unter Art. 103 Abs. 2.[438] In Zusammenhang mit **Auslieferungsentscheidungen** (die bei beiderseitiger Strafbarkeit zu einer rückwirkenden Bestrafung führen können) soll sich Art. 103 Abs. 2 ebenfalls grundsätzlich nicht entfalten,[439] indessen bei der ausnahmsweisen Auslieferung Deutscher in die von Art. 16 Abs. 2[440] gebotene Verhältnismäßigkeitsprüfung eingehen.[441] Mangels Strafcharakters nicht unter das strafrechtliche Rückwirkungsverbot fallen ferner **Maßregeln der Besserung und Sicherung**[442] und die **Einziehungsnormen.**[443]

57 **c) Insbesondere Rechtsprechungsänderungen.** Nach wohl überwiegender Auffassung, die sich vor allem auf den Wortlaut von Art. 103 Abs. 2 und die Notwendigkeit der Möglichkeit einer Fortentwicklung der Rechtsprechung stützt, unterfällt eine **Änderung** auch gefestigter **höchstrichterlicher Rspr.** im Strafrecht **nicht** dem Rückwirkungsverbot des Art. 103 Abs. 2.[444] Daran ist Kritik geäußert und teilweise eine Differenzierung nach den Gründen der Rechtsprechungsänderung gefordert worden:[445] Beruhe sie nicht lediglich auf einer Veränderung der „Tatsachenbasis",[446] sondern „modifiziere" das strafrechtliche Unwerturteil als solches, dann komme Art. 103 Abs. 2 ins Spiel. Andere berufen sich auf den Vertrauensschutz als Zweck des

---

[434] BVerfGE 25, 269 (287); ebenso *Nolte/Aust* in MKS Rn. 111; aA zB *Dannecker,* Das intertemporale Strafrecht, 1993, 323 ff.; *Wollweber* NStZ 2001, 81 f.; zur Problematik der Verjährung von NS-Verbrechen vgl. *Vogel* ZRP 1979, 1 ff.; *Lüderssen* JZ 1979, 449 ff.; sa *Schneider* FS f. Holzamer, 1966, 355 (363 ff.).

[435] BVerfGE 25, 269 (285); 81, 132 (135); BVerfG NJW 2008, 3769 (3770, Rn. 13).

[436] BVerfG NJW 2008, 3769 f (3769 f., Rn. 12 ff.) zu § 8 Abs. 3 FPersG.

[437] Streitig, vgl. wie hier: *Gaede* wistra 2011, 365 (369 f.) und wistra 2017, 41 (49); *Saliger* WM 2017, 2365 (2366 ff.). AA etwa *Bülte/Müller* NZG 2017, 205 (214).

[438] BVerfGE 27, 231 (237).

[439] S. BVerfG 109, 13 (37 f.); OLG Braunschweig NStZ-RR 1005, 18 (19).

[440] S. → Art. 16 Rn. 68 ff.

[441] BVerfGE 113, 273 (308 f.) – Europäischer Haftbefehl.

[442] BVerfGE 109, 133 (171 ff.).

[443] BGH NJW 2019, 1891 (1892 Rn. 42) m. Anm. *Trüg* und *Saliger* ZIS 2020, 210.

[444] S. etwa BVerfG NJW 1990, 3140; NJW 1995, 125 (126); BayObLG NJW 1990, 2833 f.; auch BGH NJW 1995, 2728 (2732); mit Bezug auf das allgemeine Rückwirkungsverbot BVerfGE 18, 224 (240 f.); vgl. ferner *Hecker* in Schönke/Schröder StGB § 2 Rn. 7; *Satzger* in Satzger/Schluckebier/Widmaier StGB § 1 Rn. 58 ff.; *Schreiber* JZ 1973, 713 ff.; *Tröndle* FS f. Dreher, 1977, 117 ff.; sa *Kunig,* Das Rechtsstaatsprinzip, 1986, 431 ff.

[445] Eing. *Pohl,* Rechtsprechungsänderung und Rückanknüpfung, 2006, 144 f., 184 ff.; sa *Pohlreich* in BK Art. 103 Abs. 2 Rn 114 f.

[446] Wie bei der von dem BGH vorgenommenen Herabsetzung der Promille-Grenze betr. die Beurteilung der Fahrunsicherheit – §§ 315c Abs. 1 Nr. 1a, 316 StGB –, s. BGHSt 37, 89 ff. u. dazu BVerfG NJW 1990, 3140; krit. *Krahl* NJW 1991, 808 f.; *Neumann* ZStW 1991, 331.

strafrechtlichen Rückwirkungsverbots und fordern dessen Erstreckung auf den Fall, dass nach Tatbegehung von einer gefestigten Rechtsprechung zum Nachteil des Beschuldigten abgewichen werden soll.[447] Diesen Auffassungen ist einzuräumen, dass sie die Konsequenz aus der These des BVerfG ziehen, gerade das Vorhandensein einer feststehenden höchstrichterlichen Rspr. könne eine „unbestimmte" Strafrechtsvorschrift als „hinreichend bestimmt" erscheinen lassen. Soweit das **BVerfG** nunmehr selbst Anforderungen an die Ausgestaltung von Rechtsprechungsänderungen anmahnt, die über die allgemeinen Grundsätze des Vertrauensschutzes hinausgehen (→ Rn. 47), wird das Rückwirkungsverbot in der Sache grundsätzlich auf Rechtsprechungsänderungen anwendbar.[448]

d) Rückwirkung und Systemtransition. Besondere Probleme stellen sich für das Rückwirkungsverbot bei der **Systemtransition,** welche die deutsche Justiz nach 1945 zweimal zu bewältigen hatte (Nazidiktatur; DDR-Unrechtsstaat). Nach der Rspr. (zunächst) der Strafgerichte steht das Rückwirkungsverbot des Art. 103 Abs. 2 der Strafbarkeit an der seinerzeitigen innerdeutschen Grenze durch Grenzsoldaten begangener Tötungshandlungen **(„Mauerschützen")** nicht entgegen.[449] Das BVerfG[450] hielt im Juli 1995 die Frage für durch seine bisherige Judikatur „letztlich" nicht geklärt und erließ eine einstweilige Anordnung betr. die Aussetzung der Strafvollstreckung bis zur Entscheidung in der Hauptsache (zu dieser sogleich). – Die Rspr. des BGH ist aus dem Blickwinkel des Art. 103 Abs. 2 heftig **kritisiert** worden,[451] soweit sie § 27 GrenzG/DDR (GBl. 1982 I 197) rechtfertigende Kraft für Befehlsempfänger abspricht, dies ungeachtet der Frage, ob diese Bestimmung im Widerspruch zu völkerrechtlichen Verpflichtungen der DDR stand. Denn die DDR hatte solche Verpflichtungen jedenfalls nicht innerstaatlich positiviert; die unterstellte naturrechtliche Geltung entsprechender Grundsätze könne das nicht überspielen.[452] Aus der Rückschau eine „menschenrechtsfreundliche" Auslegung des DDR-Rechts zu fordern und hierauf gestützt die (rückwirkende) Strafbarkeit zu gründen, verkenne die formale Striktheit des Art. 103 Abs. 2. Das vom BGH mit respektablen Gründen angestrebte Ergebnis hätte – zutreffender Ansicht nach – eine Verfassungsänderung in Einschränkung des Art. 103 Abs. 2 zur Voraussetzung gehabt, die im Übrigen für die Zukunft erwägenswert bliebe, um die Bestrafung schwerer Menschenrechtsverstöße unabhängig vom zur Tatzeit geltendem Recht zu ermöglichen[453] Das **BVerfG**[454] hat im Oktober 1996 **mit Recht anders entschieden.** Es hat zunächst zu Recht das Rückwirkungsverbot des Art. 103 Abs. 2 für „absolut" erklärt und seine „strikte Formulierung" unterstri- 58

[447] Stellvertretend *Schmitz* in Münchener Kommentar zum StGB § 1 Rn. 40 f.; *Neumann* ZStW 1991, 331 ff.

[448] Vgl. *Pieroth* in Jarass/Pieroth Rn. 93; *Neumann* FS f. Beulke, 2015, 197; zum Bedeutungszuwachs von obiter dicta *Schulz* FS f. Roxin II, 2011, Bd. 1, 305 (315 ff.).

[449] BGHSt 39, 1; 39, 168; 39, 199; 39, 353; 40, 48; 40, 113; 40, 218; 40, 241; eingehend und in Auseinandersetzung mit Gegenstimmen BGHSt 41, 101 ff. = NJW 1995, 2728.

[450] BVerfG DtZ 1995, 397.

[451] Vgl. statt vieler *Dannecker* Jura 1994, 585 ff.; *Kaufmann* NJW 1995, 81 ff.; *Jacobs* GA 1994, 1 ff.; *Gropp* NJ 1996, 393 ff.; *Pieroth* VVDStRL 51 (1992), 91 (102 ff.); *Remmert* in Maunz/Dürig Art. 103 Abs. 2 Rn. 133.

[452] → Rn. 34.

[453] Vgl. *Dannecker/Stoffers* JZ 1996, 490 (494).

[454] BVerfGE 95, 96 ff.; s. im Anschluss BVerfG NJW 1998, 2585 u. 2587; NJW 2000, 1480.

chen.[455] Es hat ihm ferner ein Gebot zur Anwendung bei Begehung der Tat gesetzlich geregelter Rechtfertigungsgründe (hier: die erwähnte Bestimmung des GrenzG) auch für den Fall entnommen, dass diese im Zeitpunkt des Strafverfahrens (wie hier) entfallen sind.[456] Es hat sodann die „Striktheit" des Rückwirkungsverbots und den Vertrauensschutz „zurücktreten" lassen in Abwägung mit einem „Gebot materieller Gerechtigkeit", ua mit Erwähnung der sog. Radbruch'schen Formel.[457] Das verdient Zustimmung, weil das Gesetzlichkeitsprinzip bzw. das Rückwirkungsverbot ihren **materialen** Sinn aus der Gegnerschaft zu Gewalt und Willkür beziehen und daher nicht zum Schutzschild von Zwangsstaaten und seiner Verbrecher werden dürfen. Denn wie auch die Radbruch'sche Formel signalisiert, gibt es **im Bereich unerträglicher Ungerechtigkeit kein schutzwürdiges Vertrauen.**[458] Dass derart fundamentale, bis in den Rechtsbegriff hinabreichende Entscheidungen stets auch kritisch gesehen werden, liegt in der Natur der Sache.[459] Der **EGMR** hat die Entscheidungen der deutschen Gerichte gebilligt.[460] Das zeigt, dass Art. 103 Abs. 2 in der auch materialen Auslegung durch das BVerfG anschlussfähig an das internationale Verständnis von strafrechtlicher Gesetzlichkeit und strafrechtlichem Rückwirkungsverbot ist.[461]

59 Das BVerfG[462] hat ferner ausgesprochen, dass das Rückwirkungsverbot des Art. 103 Abs. 2 nicht dadurch verletzt wird, dass die Strafbarkeit der **Spione im Dienst der DDR** durch das zur Tatzeit geltende Recht der Bundesrepublik bestimmt wird.[463] Grenzen für die Verfolgbarkeit ergäben sich aus dem allgemeinen Grundsatz der Verhältnismäßigkeit.[464]

60 **e) Verhältnis zum allgemeinen Rückwirkungsverbot.** Art. 103 Abs. 2 kann schließlich **kein allgemeines Verbot** belastender Rückwirkung durch die staatliche Gewalt entnommen werden, da die Norm sich ausschließlich auf das Strafrecht bezieht.[465] Die verfassungsrechtlichen Grenzen nichtstrafrechtlicher rückwirkender Gesetze und rückwirkender Verwaltungsakte ergeben sich nach stRspr des BVerfG aus dem Rechtsstaatsprinzip

---

[455] BVerfGE 95, 96 (131).

[456] BVerfGE 95, 96 (131 f.).

[457] BVerfGE 95, 96 (133 f.); s. *Radbruch* SJZ 1946, 105 ff.; zu unerträglichen Widersprüchen zwischen Gerechtigkeit und Rechtssicherheit und unter Hinweis auf den völkerrechtlichen Menschenrechtsschutz s. BVerfGE 95, 96 (133).

[458] *Saliger,* Radbruchsche Formel und Rechtsstaat, 1995, 39 ff.; ferner mit eigenständiger, auch philosophischer Begründung das Ergebnis des BVerfG billigend *Alwart* JZ 2000, 227 ff.; s. auch *Alexy,* Der Beschluss des BVerfG zu den Tötungen an der innerdeutschen Grenze v. 24.10.1996, 1997; strafrechtliche Würdigung des Beschlusses bei *Arnold* NJ 1997, 115 ff.; eingehende Kommentierung der Entscheidung auch bei *Nolte/Aust* in MKS Rn. 124 ff.

[459] Ablehnend etwa *Kunig* in v. Münch/Kunig, 6. Aufl. 2012, Art. 103 Rn. 34; ferner *Dreier* JZ 1997, 421 ff.; *Classen* GA 1998, 215 ff.

[460] EGMR 22.3.2001 – 34044/96 usw., EuGRZ 2001, 210 ff. – Streletz, Keßler und Krenz/Deutschland; dazu *Kreicker* Art. 7 EMRK und die Gewalttaten an der deutsch-deutschen Grenze, 2002.

[461] Vgl. *Ambos* StV 1997, 39 ff (43) der trotz „rechtsstaatlichen Verlusts" „völkerstrafrechtlichen Gewinn" und „richtige Ergebnisse" sieht.

[462] BVerfGE 92, 277 (323 ff.); s. dazu monographisch *Gehrlein,* Die Strafbarkeit der Ost-Spione auf dem Prüfstand des Verfassungs- und Völkerrechts, 1996.

[463] Ebenso zuvor zB *Albrecht/Kadelbach* NJ 1992, 137 (145); *Dannecker,* Das intertemporale Strafrecht, 1993, 284 ff.; anders etwa *Widmaier* NJW 1991, 2460 (2462 ff.); *Classen* JZ 1991, 717 (718).

[464] Krit. dazu mwN *Classen* NStZ 1995, 371 ff.; Bedenken im Blick auf Art. 103 Abs. 2 bei *Arndt* NJW 1995, 1803; sa *Huber* Jura 1996, 301 ff.

[465] BVerfGE 7, 89 (95); BayVerfGHE 5, 243 (262 f.).

nach Art. 20 Abs. 3,[466] zutreffender Ansicht nach aus den jeweils einschlägigen Grundrechten.[467]

f) Urteilsverfassungsbeschwerde. Da sich Art. 103 Abs. 2 nicht nur an den Gesetzgeber richtet, sondern auch bei der richterlichen Rechtsanwendung zu beachten ist, kann die **Einzelfallanwendung** mit Art. 103 Abs. 2 in Übereinstimmung stehender Strafbestimmungen im Wege der **Urteilsverfassungsbeschwerde angegriffen** werden, etwa mit der Rüge, das Analogieverbot sei missachtet worden. Für die allgemeinen Formeln zur Begrenzung des verfassungsgerichtlichen Zugriffs auf fachrichterliche Entscheidungen[468] ist dabei kein Bedarf.[469] Eine den Wortsinn verlassende Auslegung ist nicht mehr graduierbar, sondern im Strafrecht immer „willkürlich". 61

Einzelfälle

Blankettstrafgesetze – s. Rn. 52 f. 62

Deliktskategorien – Seit dem 1.1.1975 kennt das StGB nur noch „Verbrechen" und „Vergehen" (früher zusätzlich: „Übertretungen"). Die Umstufung einer Straftat begegnet trotz Rückwirkung keinen Bedenken, wenn sich die Rechtsstellung des Betroffenen nicht verschlechtert. Bei der Abschaffung des Mundraubs (früher Übertretung nach § 370 Abs. 1 Nr. 5 StGB aF, dann erfasst von §§ 242, 248a StGB als Vergehen) war das nicht der Fall.[470] Die Umstufung von der Ordnungswidrigkeit zum Vergehen darf schon deswegen nicht rückwirken, weil Ordnungswidrigkeiten nicht zum kriminellen Unrecht gehören.

Disziplinar- und Standesrecht – Die traditionell im Disziplinarrecht verwendeten Generalklauseln, zB §§ 77 Abs. 1 BBG, 43 S. 2 BRAO, sind nach Ansicht des BVerfG durch Art. 103 Abs. 2 nicht verfassungswidrig geworden, der keine „Änderung der herkömmlichen Struktur des Disziplinarrechts" habe herbeiführen wollen; es reiche, wenn der Umfang verbotswidrigen Tuns „im allgemeinen ohne weiteres erkennbar" sei.[471] Verfassungswidrig war § 24 des Niedersächsischen Architektengesetzes aF, der nicht einmal eine Generalklausel enthielt[472] mit dem Argument, der Gesetzgeber habe einen „entsprechenden Pflichtenkodex vorausgesetzt und sanktioniert".[473]

Lebensmittelstrafrecht – § 10 Abs. 1 und 3 RiFlEtikettG sind verfassungswidrig (sa Rn. 52).[474]

---

[466] Vgl. Nachw. → Art. 20 Rn. 159 ff.

[467] S. *Pieroth,* Rückwirkung und Übergangsrecht, 1981; *Kunig,* Das Rechtsstaatsprinzip, 1986, 416 ff. Zur Nichtanwendung des Art. 103 Abs. 2 auf das Steuerrecht krit. *Skouris* DVBl. 1975, 357 (362) mwN; Anwendung auf den Widerruf einer Anwaltszulassung wegen Tätigkeit für das MfS fordert *Will* NJ 1996, 177 (180).

[468] „Spezifisches" Verfassungsrecht, „Willkür" etc, s. iE → Art. 93 Rn. 100 ff.

[469] Vgl. BVerfG NJW 1998, 2589 (2590); zur daraus folgenden höheren verfassungsgerichtlichen Kontrolldichte s. a. *Nolte/Aust* in MKS Rn. 161a; das BVerfG changiert und nennt Art. 103 Abs. 2 oft ein „spezielles Willkürverbot für die Strafgerichtsbarkeit", s. BVerfGE 64, 389 (393 f.); BVerfG EuGRZ 1997, 520 (521).

[470] BVerfGE 46, 188 (192 ff.).

[471] BVerfGE 26, 186 (204); 33, 125 (164); 53, 96 (99); sa – ohne Bezugnahme auf Art. 103 Abs. 2 – BVerfGE 76, 171 (189) u. dazu *Schwabe* DVBl. 1988, 190 ff.; *Taupitz* DVBl. 1988, 209 ff.; gegen Anwendbarkeit des Art. 103 Abs. 2 auf das Disziplinar- und Standesrecht noch *Schmidt-Aßmann* in Maunz/Dürig, 79. EGL 2016, Art. 103 Abs. 2 Rn. 196; anders nun *Remmert* in Maunz/Dürig Art. 103 Abs. 2 Rn 59 f.; eingehend zur Problematik *Appel,* Verfassung und Strafe, 1998, 510 ff., 528 ff.

[472] AA BVerfGE 45, 346 (352).

[473] Zu § 57 Abs. 1 Steuerberatungsgesetz BVerfGE 60, 215 (233 f.).

[474] BVerfGE 143, 38 (Rindfleischetikettierungsgesetz); BVerfG wistra 2020, 242 (Lebensmittel-, Bedarfsgegenstände- und Futtermittelgesetzbuch); allgemein zum Lebensmittelstrafrecht *Hufen,* Verfassungsrechtliche Maßstäbe und Grenzen lebensmittelstrafrechtlicher Verantwortung, 1987.

Parteiverbot – Die § 42 aF, § 47 BVerfGG (Zuwiderhandlung gegen Parteiverbot) sind verfassungsgemäß.[475]

Sitzblockade – S. Nachw. und bei Stichwort „Strafgesetzbuch" zu § 240 StGB.

Soldatenrecht – § 15 Abs. 3 SoldatenG (Verbot des Uniformtragens bei politischen Veranstaltungen) ist mit Art. 103 Abs. 2 vereinbar, darf aber wegen Art. 9 Abs. 3 nicht so ausgelegt werden, dass es Veranstaltungen betrifft, die der Förderung der Arbeits- und Wirtschaftsbedingungen dienen.[476]

Standesrecht – S. Disziplinar- und Standesrecht.

Steuerstrafrecht – § 370 Abs. 1 AO ist verfassungskonform[477].

Strafgesetzbuch – Mit Bestimmtheitsfragen war die Judikatur bei folgenden Normen des StGB befasst: § 89a (Vorbereitung einer schweren staatsgefährdenden Straftat[478]); § 94 Abs. 2 S. 1 u. 2 (Landesverrat);[479]; § 99 Abs. 1 Nr. 1 (Geheimdienstliche Agententätigkeit);[480] § 113 Abs. 2 S. 2 Nr. 1 (Widerstand gegen Vollstreckungsbeamte);[481] § 130 Abs. 4;[482] § 131 Abs. 1 StGB;[483] § 142 Abs. 2 Nr. 2 (unerlaubtes Entfernen vom Unfallort);[484] § 145a (Verstoß gegen Weisungen während der Führungsaufsicht);[485]§ 170 StGB (Verletzung der Unterhaltspflicht);[486] § 170 aF StGB (Verletzung der Fürsorge- oder Erziehungspflicht);[487] § 174c Abs. 1 (sexueller Missbrauch von Schutzbefohlenen);[488] § 177 Abs. 1 Nr. 3 (sexuelle Nötigung);[489] § 180a Abs. 1 Nr. 2 (Ausbeutung von Prostituierten);[490] § 184 Abs. 1 (Verbreitung pornographischer Schriften);[491] § 184d (Ausübung der verbotenen Prostitution, insbes.: „Beharrlichkeit");[492] § 185 (Beleidigung);[493] § 187a (Üble Nachrede und Verleumdung gegen Politiker);[494] § 223 (Körperverletzung; hier: freiwillige Sterilisation);[495] § 228 (Einwilligung);[496] § 240 (Nötigung);[497] § 241 Abs. 1 StGB (Bedrohung);[498] § 261 (Geldwäsche);[499] § 263 (Betrug);[500] § 265b Abs. 1 Nr. 1 (Kreditbetrug);[501] § 266 Abs. 1 (Untreue);[502] § 315b

---

[475] BVerfGE 25, 44 ff.

[476] BVerfGE 57, 29 (34 f.).

[477] BGH NJW 2013, 1750 ff. (Rn. 6 ff.); dazu auch *Hüls* NZWiSt 2012, 12.

[478] BGH NJW 2014, 3459 (3460 f. Rn. 8 ff.).

[479] BVerfGE 45, 263 ff.

[480] BVerfGE 57, 250 ff.; vgl. auch BGHSt 24, 369 ff.; allgemein zum politischen Strafrecht unter diesem Aspekt *Steinberger,* Konzeption und Grenzen freiheitlicher Demokratie, 1974, 395 ff. mwN.

[481] Vgl. BVerfG NJW 2008, 3627.

[482] Insbes. zu dem Tatbestandsmerkmal einer Störung des öffentlichen Friedens BVerfGE 124, 300 (338 ff.), zuvor BVerwGE 131, 216 (223 f.), sa *Enders/Lange* JZ 2006, 105 (108), *Hörnle,* Grob anstößiges Verhalten, 2005, 90 ff., 282 ff.

[483] BVerfGE 87, 209 (224 ff.).

[484] Vgl. BVerfG NJW 2007, 1666.

[485] Vgl. *Groth* NJW 1979, 743 (748 f.).

[486] BVerfGE 50, 142 ff.

[487] BGH NJW 1952, 476; BayObLG NJW 1952, 988; krit. *Welzel,* Das Deutsche Strafrecht, 11. Aufl. 1969.

[488] BGH NJW 2016, 2965 (2966 f. Rn. 21).

[489] Vgl. BVerfGK 3, 326 ff.

[490] BVerfG NJW 1993, 1911.

[491] BVerfG NJW 1982, 1512, vgl. auch *Hanack* JZ 1970, 41 ff.

[492] Vgl. BVerfG NVwZ 2009, 239 f.

[493] BVerfG NJW 1995, 3303 (3304) – Soldaten/Mörder II, dazu *Mager* Jura 1996, 405 ff.; EGMR NJW 2011, 3353 (3354 Rn. 41).

[494] BVerfGE 4, 352 ff.

[495] *K.-I. Kunz* JZ 1982, 788 (791).

[496] BGH NJW 2013, 1379 (1380 Rn. 10) m. Bspr. *v. d. Meden* HRRS 2013, 158.

[497] BVerfGE 73, 206 – Mutlangen; BVerfGE 92, 1 – Großengstingen; s. dazu *Amelung* NJW 1995, 2584 ff.; *Arnold* JuS 1997, 289 ff.; *Gusy* JZ 1995, 782 ff.; *Arnold* JuS 1997, 289 ff.

[498] S. BVerfG NJW 1995, 2776 u. dazu *Küper* JuS 1996, 783 ff.

[499] BVerfG NJW 2015, 2949 (2954 f. Rn. 60 ff.).

[500] BVerfGE 130, 1 (42 ff.).

[501] BGH JZ 1982, 214 ff. mit Nachw. zu abwM.

[502] BVerfGE 126, 170, mit einer tiefgreifenden Korrektur der strafgerichtlichen Rspr. zur Frage der Feststellung der Pflichtverletzung und Schadenshöhe nicht nur bei sog. Gefähr-

Abs. 1 Nr. 3 (Gefährliche Eingriffe in den Straßenverkehr);[503] § 315d Abs. 1 Nr. 3 (verbotene Kraftfahrzeugrennen);[504] § 360 Abs. 1 Nr. 11 aF(Grober Unfug).[505]

Straßenverkehrsrecht – § 21 StVG aF ist verfassungsgemäß.[506]

Umweltstrafrecht – Das 18. StrafRÄndG (in Kraft getreten am 1.7.1980) hatte dem Schutz der Umwelt dienende Strafrechtsnormen, die bisher in verschiedenen Nebengesetzen enthalten waren, in das StGB aufgenommen und zT erheblich erweitert.[507] Mehrere dieser Bestimmungen weisen Begriffe auf, die in hohem Maße der Auslegung bedürfen (vgl. § 324 Abs. 1: „nachteilige" Veränderung der Gewässereigenschaften) bzw. erst durch die Berücksichtigung von verwaltungsrechtlichen Normen bzw. von Verwaltungshandeln (sog. Akzessorietät[508]) Bedeutung und fassbaren Inhalt gewinnen (s. auch → Rn. 39). Gleichwohl sind Zweifel an der Verfassungsmäßigkeit der §§ 324 ff. StGB im Ergebnis nicht begründet, da die Unschärfen sich durch Auslegung beheben oder signifikant mildern lassen.[509]

Vereinsstrafgewalt – Auf Vereinsstrafen findet Art. 103 Abs. 2 zwar keine direkte Anwendung; sein Grundgedanke ist gleichwohl als Ausfluss des § 242 BGB zu berücksichtigen.

Wahlfeststellung – Die ungleichartige Wahlfeststellung (gesetzesalternative Verurteilung auf wahldeutiger Tatsachengrundlage), wie sie in stRspr anerkannt ist, ist mit Art. 103 Abs. 2 vereinbar. Denn die Regeln zur Wahlfeststellung schließen nicht materiell-rechtliche Strafbarkeitslücken, sondern ermöglichen allein die Bewältigung verfahrensrechtlicher Erkenntnislücken. Als **prozessuale Entscheidungsregel** unterfällt die Wahlfeststellung nicht dem Schutzbereich des Art. 130 Abs. 2. [510]

III. Verbot der Doppelbestrafung (Art. 103 Abs. 3)

Das **Prozessgrundrecht**[511] des Art. 103 Abs. 3 verbürgt das **Verbot der** 63
Mehrfachbestrafung („ne bis in idem"), das zwar in der StPO nicht ausdrücklich enthalten ist, von ihr aber vorausgesetzt wird, und sich als **wesentlicher Ausdruck rechtsstaatlicher Machtbegrenzung** darstellt.[512]

---

dungsschäden, weil dies die Entscheidung „des Gesetzgebers gegen die Strafbarkeit des Versuchs der Untreue unterläuft"; s. dazu ferner BVerfG NJW 2009, 2370; BVerfG NJW 2013, 365; BGH NJW 2011, 88 (92 f. Rn 42 f.) BGH NStZ 2013, 715 (716); BGH wistra 2014, 139 (140); *Saliger* NW 2010, 3195 und *ders.* ZIS 2011, 902; *Kuhlen* JR 2011, 246; *Krüger* NStZ 2011, 369 ff. (näher oben → Rn. 47 ff. mwN).

[503] BGHSt 22, 366 ff.; anders *Isenbeck* NJW 1969, 174.

[504] Anfragebeschluss AG Villingen-Schwenningen BeckRS 2020, 167.

[505] BVerfGE 25, 41 ff., krit. *F. Chr. Schroeder* JZ 1969, 775 ff., vgl. heute § 118 OWiG. – Sa „Umweltstrafrecht".

[506] BVerfGE 14, 245 ff.; nach Änderung: BVerfGE 51, 60 ff.

[507] Vgl. § 324 StGB; Überblick bei *Sack* NJW 1980, 1424 ff.; vgl. ferner *Herrmann* ZStrW 91 (1979), 281 ff.; *Triffterer* ZStrW 91 (1979), 309 ff..

[508] Dazu *Tiedemann,* Die Neuordnung des Umweltstrafrechts, 1980, 25 ff.; *Laufhütte/Möhrenschlager* ZStrW 92 (1980), 912 (919); *Winkelbauer* DÖV 1988, 723 ff.; *Breuer* NJW 1988, 2072; *Otto* Jura 1991, 308 ff.

[509] Zur Verfassungsmäßigkeit etwa von § 327 Abs. 2 Nr. 1 StGB BVerfGE 75, 340 ff.

[510] BVerfG NJW 2019, 2837 (2838, Rn. 25 ff.) zur Wahlfeststellung zwischen gewerbsmäßig begangenem Diebstahl und gewerbsmäßiger Hehlerei; dazu BGH NStZ 2014, 392; BGH GS NStZ 2018, 41; *Ceffinato* JR 2014, 655; *Pohlreich* ZStW 2016, 676. Zur älteren Diskussion zB *Krahl,* Die Rechtsprechung des Bundesverfassungsgerichts und des Bundesgerichtshofs zum Bestimmtheitsgrundsatz im Strafrecht (Art. 103 Abs. 2 GG), 1986, 45 ff. und abl. zB *Schmidhäuser* StrafR AT, 1984, Rn. 3/88 ff.; *Frister* in Kindhäuser/Neumann/Paeffgen Nomos Kommentar zum Strafgesetzbuch, 5. Aufl. 2017, Nach § 2 Rn. 76 ff.

[511] So die überwiegende Terminologie, s. BVerfGE 56, 22 (32); *Nolte/Aust* in MKS Rn 180; *Schulze-Fielitz* in Dreier Art. 103 Abs. 3 Rn 14; *Schmidt-Aßmann* in Maunz/Dürig, 79. EL Dezember 2016, Art. 103 Abs. 3 Rn. 271.

[512] Vgl. RGSt 2, 347 (348); 56, 161 (166); 72, 99 (102); *Kühne* in Löwe/Rosenberg, StPO, Bd. 1, 27. Aufl. 2016, Einl. Abschn. H Rn. 3 ff.

Weil strafrechtliche Schuld rechtlich durch Strafe getilgt wird,[513] versteht sich das Verbot, einen verurteilten Straftäter ein weiteres Mal vor Gericht zu stellen, von selbst. Das Verbot der Doppelbestrafung steht aber auch einem Strafverfahren entgegen, wenn zuvor in einem Verfahren wegen derselben Tat ein Freispruch oder eine endgültige Einstellung des Verfahrens (nach §§ 153 ff. StPO) erfolgt ist: Nicht nur die mehrmalige Bestrafung, sondern auch die **mehrmalige sachliche Aburteilung** einer Tat ist ausgeschlossen.[514]

64 Art. 103 Abs. 3 ist – wie Art. 103 Abs. 2 – ein gegen den Staat gerichtetes **Abwehrrecht.** Verfahrensrechtlich errichtet er ein **Prozesshindernis.** Nicht nur die erneute Aburteilung, sondern bereits die erneute Einleitung eines Strafverfahrens ist verfassungswidrig.[515] Ein unter Verstoß gegen Art. 103 Abs. 3 ergangenes Urteil ist unwirksam, die Unzulässigkeit seiner Vollstreckung ist nach § 458 StPO festzustellen.[516]

65 Durch Art. 103 Abs. 3 nahm das GG Bezug auf die Rechtslage, wie sie insbesondere durch die Rspr. des Reichsgerichts geprägt worden war,[517] ohne sich allerdings darin zu erschöpfen. Vielmehr ist im Einzelfall zu prüfen, ob das „bestehende ältere Recht" mit der „objektiven Wertordnung" des GG, wie sie insbesondere in den Grundrechten zum Ausdruck kommt, vereinbar ist.[518] Art. 103 Abs. 3 steht also der Weiterentwicklung offen.[519]

66 Problematisch sind insbesondere der Tatbegriff des Art. 103 Abs. 3 (→ Rn. 68 ff.) und die Frage, wann eine „Bestrafung" gegeben ist (→ Rn. 32 f. und 75 ff.). Teilweise ergänzt, teilweise überlagert (unten → Rn. 70 f. und 75) wird Art. 103 Abs. 3 durch die **transnationalen Doppelbestrafungs- und Doppelverfolgungsverbote** in **Art. 54 SDÜ** und – seit dem 1.12.2009 – **Art. 50 GRCh,** der „ne bis in idem" als europäisches Justizgrundrecht etabliert.[520] Die Ausdeutungen dieser Normen durch den EuGH ist für die nationalen Gerichte verbindlich.[521] Zudem ist auf menschenrechtlicher Ebene der – freilich von Deutschland bislang nicht ratifizierte – **Art. 4 Prot. Nr. 7 zur EMRK** zu beachten.[522]

67 **1. Niemand darf wegen derselben Tat.** Da **„niemand"** im Geltungsbereich des GG mehrfach bestraft werden darf, gilt Art. 103 Abs. 3 für Deutsche wie für Ausländer gleichermaßen. Keine Rolle spielen auch Wohnsitz oder ständiger Aufenthalt.

68 **„Dieselbe Tat"** meint den „geschichtlichen Vorgang, auf welchen Anklage und Eröffnungsbeschluss hinweisen und innerhalb dessen der Angeklagte als Täter oder Teilnehmer einen Straftatbestand verwirklicht haben

---

[513] BVerfGE 3, 238 (251).

[514] BGHSt 5, 323 (330); BVerfGE 12, 62 (663); BVerfGK 4, 49 (52); näher *Nolte/Aust* in MKS Rn. 216 ff.; *Schroeder* JuS 1997, 227 (228).

[515] Vgl. BGHSt 10, 358 (363); 20, 292 (293); zu den sich daraus für die Staatsanwaltschaft ergebenden Konsequenzen *Schmidt-Aßmann* in Maunz/Dürig 79. EL Dezember 2016, Art. 103 Abs. 3 Rn. 273, 301.

[516] So zu Letzterem OLG Koblenz NStZ 1981, 195 (196); a. A. – §§ 359 ff. StPO – OLG Saarbrücken NStZ-RR 2003, 180 (181)M sehr streitig. Zur Zulässigkeit einer Wiederaufnahme s. auch *Gössel* in Löwe/Rosenberg StPO, Bd. 5, 25. Aufl. 2004, § 359 Rn. 70.

[517] BVerfGE 3, 248 (252); 9, 89 (96); 12, 62 (66); 56, 22 (27 f.); vgl. auch BGHSt 5, 323 ff.

[518] BVerfGE 3, 248 (249, 252); 7, 198 (205); 23, 191 (202 f.).

[519] BVerfGE 56, 22 (34); vgl. auch *Pohlreich* in BK Art. 103 Abs. 3 Rn. 40.

[520] *Gaede* NJW 2014, 2990.

[521] Z. B. BGH BeckRS 2019, 3248, Rn. 5.

[522] Etwa EGMR 15.11.2016 – 24130/11 usw., NJOZ 2018, 1462 – Au.B/Norwegen und NLMR 8.7.2019 – Bsw. Nr. 54.012/10, 2019, 330 – Mihalache/Rumänien.

soll".[523] Dieser **„Tatbegriff"** ist nicht identisch mit dem „materiellen" Begriff der Straftat gem. §§ 52, 53 StGB: Weder sind „tateinheitliche" iSd § 52 StGB begangene Gesetzesverletzungen stets einheitliche Tat iSd Art. 103 Abs. 3,[524] noch schließt die Annahme einer Tatmehrheit iSd § 53 StGB Tateinheit iSd Art. 103 Abs. 3 aus.[525] Anzuknüpfen ist an den Tatbegriff des **Strafprozessrechts**[526] – vgl. §§ 155, 264 StPO –, doch besteht kein Anlass für die Annahme, Art. 103 Abs. 3 habe „den" – oder „einen" – strafprozessualen Tatbegriff vollumfänglich rezipiert; dem stünde schon entgegen, dass der Tatbegriff prozessual in unterschiedlichen Zusammenhängen eine Rolle spielt (und auch unterschiedlich gesehen wird, ob er dennoch „einheitlich" – so die überwiegende Ansicht[527] – oder differenzierend[528] zu begreifen ist.)[529] Der **verfassungsrechtliche** Tatbegriff des Art. 103 Abs. 3 hat demgegenüber Selbststand.[530] Er nimmt den Blickwinkel der rechtskräftigen Entscheidung[531] ein und hat zu beantworten, ob ein **individualisierbarer Vorgang** unter Zugrundelegung **objektiver Kriterien** sich als **einheitlich darstellt.**[532] Danach ist Tat der „**geschichtliche – und damit zeitlich und sachverhaltlich begrenzte – Vorgang,** auf welchen Anklage und Eröffnungsbeschluss hinweisen und innerhalb dessen der Angeklagte als Täter oder Teilnehmers einen Straftatbestand verwirklicht haben soll."[533] Das Beispiel der sog. Totalverweigerer oder Ersatzdienstverweigerer zeigt, dass dabei auch Grundrechte für die Beurteilung eine Rolle spielen können: Hier ist „eine" Tat auch für die wiederholte Nichtbefolgung der Einberufung anzunehmen, soweit dem „eine" Gewissensentscheidung zugrunde liegt.[534] Das gilt nicht für Eltern schulpflichtiger Kinder, die ihre Kinder aufgrund einer einmal getroffenen Glaubens- und Gewissensentscheidung der Schulpflicht entziehen.[535]

Unbefriedigende Ergebnisse sind dabei von der Verfassung in Kauf genommen, etwa wenn ein Straftäter durch Selbstanzeige veranlasst, dass er unter einem mit relativ geringer Strafdrohung versehenen Tatbestand (etwa ein leichter Fall von Rauschmittelmissbrauch) abgeurteilt wird, ehe ermittelt wird, dass zu demselben historischen Vorgang auch Handlungen gehören, die mit erheblich höherer Strafe bedroht sind: Art. 103 Abs. 3 steht unter keinerlei Missbrauchsvorbehalt.[536] **Nicht** dieselbe Tat wird auch grundsätzlich im 69

---

[523] BVerfGE 23, 191 (202); 45, 434 (435); 56, 22 (28); BVerfG NStZ 2004, 687 f.; BGHSt 35, 318 (323); *Krauth* FS f. Kleinknecht, 1985, 215 (228).

[524] S. BVerfGE 56, 22 (34); BVerfG NJW 2004, 279 f.

[525] S. BVerfGE 45, 434 (435).

[526] BGH NJW 2019, 533 (534, Rn. 13). S. schon in vorkonstitutioneller Zeit zB RGSt 56, 324 (325); 56, 106 (109 f.); 72, 339 (340).

[527] Vgl. zB *Wolter* GA 1986, 143 (155).

[528] So zB *Marxen* StV 1985, 472 (476 f.).

[529] Überblick über diesbezügliche Meinungsvielfalt bei *Kühne* in Löwe/Rosenberg StPO, Bd. 1, 26. Aufl. 2006, Einl. Abschn. K Rn. 48 ff.

[530] BVerfGE 45, 434 (435 f.); *Hill* in HdbStR VI, 2. Aufl. 2001, § 156 Rn. 70; *Remmert* in Maunz/Dürig Art. 103 Abs. 3 Rn. 50.

[531] Bzw. die Sicht des Grundrechtsträgers, vgl. zB *Jung* JZ 1984, 535 (536); *Nolte/Aust* in MKS Rn. 207.

[532] Vgl. für „zwei" Verkehrsordnungswidrigkeiten, die räumlich u. örtlich zusammenfallen – unerlaubtes Überholen mit überhöhter Geschwindigkeit – anschaulich OLG Naumburg NJW 1995, 3332 f.

[533] BVerfG NJW 2015, 44 (47, Rn. 27); BGH NJW 2019, 533 (534, Rn. 13).

[534] S. im Blick auf Art. 4 Abs. 3 BVerfGE 23, 191 (203 f.).

[535] BVerfG NJW 2015, 44 (47 f., Rn. 28 ff.).

[536] Zust. *Schmidt-Aßmann* in Maunz/Dürig 79. EL Dezember 2016, Art. 103 Abs. 3 Rn. 284.

Verhältnis der **Selbstgeldwäsche** nach § 261 Abs. 9 S. 3 StGB zu den **Katalogtaten** des § 261 Abs. 1 StGB angenommen (zweifelhaft).[537]

70 Aufgrund der für die nationalen Gerichte verbindlichen Auslegung des **Art. 54 SDÜ** durch den EuGH gilt im Rahmen dieser Vorschrift ein im Verhältnis zu den nationalen Rechtsordnungen **eigenständiger,** autonom nach **unionsrechtlichen Maßstäben auszulegender Tatbegriff.**

71 Maßgebendes Kriterium für die Anwendung des Art. 54 SDÜ ist danach die „Identität der materiellen Tat, verstanden als das Vorhandensein eines Komplexes konkreter, in zeitlicher und räumlicher Hinsicht sowie nach ihrem Zweck unlösbar miteinander verbundener Tatsachen."[538] Ein einheitlicher Vorsatz genügt dafür alleine nicht, vielmehr bedarf es einer objektiven Verbindung der Handlungen.[539] So gesehen, dürften sich der verfassungsrechtliche und der unionsrechtliche Tatbegriff weitgehend überschneiden.[540]

72 **2. Auf Grund der allgemeinen Strafgesetze.** Es ist allgemein anerkannt, dass die Auslegung des Begriffs **„allgemeine Strafgesetze"** unter Berücksichtigung der Entstehungsgeschichte der Norm zu erfolgen hat. Nach dem Willen des Parlamentarischen Rates sollten den Gegensatz zu den „allgemeinen" Strafgesetzen nicht die Sonderstrafgesetze bilden (das sog. Nebenstrafrecht), sondern „das Dienststrafrecht, das Ordnungsstrafrecht und das Polizeistrafrecht".[541] Für das Ordnungswidrigkeitenrecht bestehen dem Art. 103 Abs. 3 entsprechende Verfahrenshindernisse[542] – erklärbar wohl nur im Sinne einer Analogie.[543]

73 Von besonderer praktischer Bedeutung ist das Differenzierungsgebot zwischen **Straf- und Disziplinarrecht.** Beide Bereiche „unterscheiden sich nach Rechtsgrund und Zweckbestimmung. Das strafrechtliche Delikt ist seinem Wesen nach die schuldhafte Verletzung eines für alle gewährleisteten Rechtsgutes, es erscheint als eine Störung des allgemeinen Rechtsfriedens. Demgegenüber bezieht sich die Disziplinarmaßnahme auf den besonderen Rechts- und Pflichtenstatus der Angehörigen eines bestimmten Berufsstandes".[544] Trotz der Nichtanwendbarkeit des Art. 103 Abs. 3 auf das Verhältnis zwischen Disziplinar- und Strafrecht wird aus dem Rechtsstaatsprinzip[545] und aus dem Grundsatz der Verhältnismäßigkeit[546] hergeleitet, dass eine bereits verhängte Disziplinarmaßnahme bei der Strafzumessung im Strafverfahren zu

---

537 BGH NJW 2019, 533 (534, Rn. 13 ff.); aA *Jahn* in Satzger/Schluckebier/Widmaier StGB § 261 Rn. 97; vgl. auch *Teixeira* NStZ 2018, 634 (638 f.).

538 BGH BeckRS 2019, 32428, Rn. 5 unter Bezug auf EuGH NJW 2007, 3412 (3413, Rn. 29).

539 BGH BeckRS 2019, 32428, Rn. 5 unter Rekurs auf EuGH NStZ 2008, 164 (165, Rn. 29 ff.) – Kraaijenbrink.

540 Vgl. auch die Zitate in BGH BeckRS 2019, 32428, Rn. 5 von BGH-Entscheidungen; zum Problem *Radtke* NStZ 2012, 479.

541 Vgl. JöR nF 1 (1951), 744 mwN; BVerfGE 21, 391 (401); 43, 101 (105); vgl. auch *Remmert* in Maunz/Dürig Art. 103 Abs. 3 Rn. 57.

542 S. §§ 56 Abs. 4, 84, 85 OWiG; umstandslos für Anwendung des Art. 103 Abs. 3 OLG Naumburg NJW 1995, 3332 f.; sa *Pieroth* in Jarass/Pieroth Rn. 101; anders *Degenhart* in Sachs Rn. 79.

543 Dafür *Schmidt-Aßmann* in Maunz/Dürig 79. EL Dezember 2016, Art. 103 Abs. 3 Rn. 289; dazu auch → Art. 74 Rn. 5.

544 BVerfGE 32, 40 (48); vgl. auch BVerfGE 21, 378 (384), 391 (403); 27, 180 (184 f.); 28, 264 (276 f.); anders *Thieme,* Der öffentliche Dienst in der Verfassungsordnung des GG, 1961, 80.

545 Genauer: aus der in ihm enthaltenen Forderung nach materieller Gerechtigkeit, vgl. dazu → Art. 20 Rn. 150.

546 → Art. 20 Rn. 142 und 163.

berücksichtigen ist.[547] Im umgekehrten Fall der Verhängung einer Disziplinarmaßnahme nach vorangehender strafgerichtlicher Ahndung (vgl. § 14 Bundesdisziplinargesetz) gilt der gleiche Ausgangspunkt;[548] es ist zu prüfen, ob das pflichtwidrige Verhalten eine besondere Dienstbezogenheit aufweist, die im strafgerichtlichen Verfahren nicht berücksichtigt worden ist, und ob nach der Persönlichkeit des Täters eine zusätzliche Disziplinarmaßnahme als notwendig erscheint.[549]

Dass §§ 96 ff. OWiG nach Vollstreckung einer Erzwingungshaft eine er- **74**
neute Beitreibung einer Geldbuße ermöglichen, ohne dass eine Anrechnung erfolgt, ist mit Art. 103 Abs. 3 vereinbar.[550] Gleiches gilt für die Erhebung eines Verspätungszuschlages (§ 168 Abs. 2 AO) auf eine Kriminalstrafe nach § 392 AO.[551] Auch die Verurteilung zu Ordnungsgeld oder Ordnungshaft nach § 890 ZPO ist keine „Strafe".[552] Das Gleiche gilt mangels repressiver, auf Schuldausgleich gerichteter Sanktion für § 7 Abs. 2 JGG.[553] Art. 4 Prot. Nr. 7 zur EMRK endlich schließt die Führung eines Verwaltungsverfahrens neben einem Strafverfahren nicht aus.[554]

3. Mehrmals bestraft werden. Das Verbot der Doppelbestrafung er- **75**
streckt sich nur auf die Strafgewalt von Gerichten der **Bundesrepublik.**[555] Es schließt demzufolge nicht aus, dass ein im Ausland Verurteilter wegen derselben Tat in Deutschland erneut vor Gericht gestellt wird.[556] Im Hinblick auf Internationalisierungen und Europäisierungen werden die Doppelbestrafungs- und Doppelverfolgungsverbote in **Art. 54 SDÜ** und seit 12.12.2009 auch **Art. 50 GRCh** relevant. Nach Art. 54 SDÜ darf jemand, der durch eine Vertragspartei rechtskräftig abgeurteilt worden ist, durch eine andere Vertragspartei wegen derselben Tat nicht verfolgt werden, vorausgesetzt, dass im Fall einer Verurteilung die Sanktion bereits vollstreckt worden ist, gerade vollstreckt wird oder nach dem Recht des Urteilsstaats nicht mehr vollstreckt werden kann (zu Ausnahmen Art. 55 SDÜ). Art. 50 GRCh garantiert das Recht, wegen derselben Straftat nicht zweimal strafrechtlich verfolgt oder bestraft zu werden. Nach Ansicht des EuGH ist die im Wortlaut des Art. 50 GRCh fehlende **Vollstreckungsbedingung** des Art. 54 SDÜ über Art. 52 Abs. 7, 1 auch in der Garantie des Art. 50 GRCh verbürgt.[557] Die reiche Rechtsprechung des EuGH ist daher auch bei der Anwendung des Art. 103

---

[547] BVerfGE 21, 378 (384) für eine disziplinare Freiheitsstrafe; OLG Hamm NJW 1978, 1063 für eine Geldbuße.

[548] BVerfGE 27, 180 (185).

[549] Vgl. näher *Fliedner* ZBR 1973, 230 ff. mit Nachw. aus der Rspr.; *Claussen* ZBR 1976, 331 ff.; eing. zum Ganzen *Lambrecht,* Strafrecht und Disziplinarrecht. Abhängigkeiten und Überschneidungen, 1997, 27 ff.

[550] BVerfGE 43, 101 (105 f.).

[551] OLG Celle NJW 1971, 67 f.

[552] OLG München NJW 1977, 909.

[553] BGH NJW 2010, 1539 (1542, Rn. 40).

[554] EGMR 15.11.2016 – 24130/11, 29758/11, NJOZ 2018, 1462 (1466, Rn. 133) – A. u. B./Norwegen.

[555] VG Berlin BeckRS 2020, 10066, Rn. 6. Mit Erstreckung auf Entscheidungen von Gerichten der DDR durch Art. 18 EVertr.; vgl. zur früheren Rechtslage BVerfGE 12, 62 (66 f.).

[556] BayVerfGH NJW 1963, 1003 (1004); BGH NStZ 1998, 149 ff.; OLG Frankfurt a. M. NJW 1997, 1937; vgl. aber auch § 51 Abs. 3 StGB zur Anrechnung einer ausländischen vollstreckten Strafe u. dazu für das Ordnungswidrigkeitenrecht BayObLG NJW 1997, 335 (336).

[557] EuGH NJW 2014, 3007 (3008 f., Rn. 51 ff.) – Spasic; ablehnend *Gaede* NJW 2014, 2990; vgl. auch *Nestler* HRRS 2013, 337.

Abs. 3 zu beachten.[558] Das Drohen einer (erneuten) strafgerichtlichen Verurteilung im Ausland ist allerdings wegen Art. 103 Abs. 3 in die Ermessensentscheidung über die Ausweisung eines Ausländers mit einzubeziehen.[559]

76 Keine Doppelbestrafung ist die Versagung der Fahrerlaubnis durch die Verwaltungsbehörde nach gerichtlicher Entziehung der Fahrerlaubnis.[560] Die Verhängung von Führungsaufsicht ist nicht erneute Bestrafung, sondern eine an die Verurteilung sich anschließende „Maßregel der Sicherung und Besserung" (vgl. § 61 Nr. 5 StGB); maßgeblicher Gesichtspunkt ist, dass für den Betroffenen das Drohen der Führungsaufsicht erkennbar ist, ohne dass diese eines besonderen richterlichen Ausspruches bedarf.[561]

77 Umstritten war früher die Rechtskraftwirkung des **Strafbefehls.**[562] Die Rechtsprechung ging für längere Zeit davon aus, dass eine neue Bestrafung im ordentlichen Verfahren dann zulässig sei, „wenn sich das strafbare Verhalten auf Grund der Hauptverhandlung unter einem nicht schon im Strafbefehl gewürdigten anderen rechtlichen Gesichtspunkt darstellt, der eine erhöhte Strafbarkeit begründet".[563] Hiergegen sprach auch damals bereits § 410 StPO, wonach ein Strafbefehl die „Wirkung eines rechtskräftigen Urteils erlangt". Die „immanente" Einschränkung,[564] die an § 410 StPO und Art. 103 Abs. 3 vorgenommen wurde, sollte sich aus dem summarischen Charakter des Strafbefehlverfahrens ergeben. Nachdem für das Bußgeldverfahren in § 85 Abs. 3 S. 2 OWiG und auch für Einstellungen nach § 153a Abs. 1 S. 4 StPO besondere, die Wiederaufnahme einschränkende Rechtskraftregelungen eingeführt worden sind, verstärkte sich der Ruf nach entsprechender Erfassung der Problematik auch für den Strafbefehl.[565] Das BVerfG[566] markierte Grenzen aus Art. 3 Abs. 1. Mit der Neufassung der StPO v. 27.1./7.4.1987[567] wurde in **§ 373a StPO** eine differenzierte Regelung getroffen. Danach ist die Wiederaufnahme zuungunsten des Verurteilten nur zulässig, wenn neue Tatsachen oder Beweismittel beigebracht sind, welche allein oder in Verbindung mit früheren Beweisen geeignet sind, die Verurteilung wegen eines Verbrechens zu begründen.[568] Die unrichtige rechtliche Beurteilung der Tat ist nicht ausreichend. Die Tat darf auch nicht bereits als Verbrechen verjährt sein.[569] Die Vorschrift dürfte verfassungsgemäß

---

[558] Siehe etwa EuGH NJW 2014, 3007 – Spasic – zur Vollstreckungswirkung in Bezug auf die Zahlung einer Geldstrafe; EuGH NJW 2014, 3010 – zur rechtskräftigen Aburteilung durch Einstellungsbeschluss; EuGH NJW 2016, 2939 – Kossowski – zum Einstellungsbeschluss einer StA als (nicht) rechtskräftige Entscheidung. Für Art. 4 Prot. Nr. 7 zur EMRK siehe stellvertretend EGMR 8.7.2019 – 54012/10, NLMR 2019, 330 – Mihalache/Rumänien – zur Endgültigkeit eines Verfahrensabschlusses.

[559] Insofern sei auf die Parallelproblematik bei im Ausland drohender Todesstrafe verwiesen, → Art. 102 Rn. 16 ff.

[560] BVerfGE 20, 365 (372).

[561] BVerfGE 55, 28 (30).

[562] Vgl. mit Kritik und Nachw. zur früheren Rspr. *Kunig* in v. Münch/Kunig, 2. Aufl. 1983, Art. 103 Rn. 46.

[563] Vgl. nur BGHSt 9, 10 (11).

[564] BVerfGE 3, 248 (252 f.).

[565] S. eing. *Kirch,* Das Strafbefehlsverfahren nach dem Strafverfahrensänderungsgesetz, 1987, 60 f.

[566] BVerfGE 65, 377 (383 ff.).

[567] BGBl. 1987 I 475, 1074, 1319.

[568] S. dazu *Kirch,* Das Strafbefehlsverfahren nach dem Strafverfahrensänderungsgesetz, 1987, 64 ff.

[569] Vgl. *Schmidt* in Hannich Karlsruher Kommentar zur Strafprozessordnung, 8. Aufl. 2019, § 373a Rn. 6.

sein, auch wenn sie die Rechtskraft hinsichtlich nachträglich eingetretener Tatbestände einschränkt.[570]

Dass die **Wiederaufnahme** eines Strafverfahrens nach §§ 362ff. StPO unter eng umrissenen Voraussetzungen möglich ist, steht mit Art. 103 Abs. 3 in Einklang. Anders als bei der Frage nach der Rechtskraftwirkung des Strafbefehls kann bei dem seit langem anerkannten, insbesondere auch gesetzlich klar umrissenen strafprozessualen Institut der Wiederaufnahme unzweideutig davon ausgegangen werden, dass der Grundgesetzgeber die geltende Rechtslage nicht antasten wollte. Während deutlich ist, dass eine Wiederaufnahme zugunsten des Verurteilten von vornherein nicht in den Schutzbereich des Art. 103 Abs. 3 eingreift, wird unterschiedlich gesehen, ob die überkommenen Wiederaufnahmegründe durch den Gesetzgeber erweitert werden könnten.[571] Rechtspolitisch wird die Notwendigkeit dessen ohnehin und mit rechtsvergleichenden Argumenten in Zweifel gezogen.[572] Eine Erweiterung von Wiederaufnahmegründen zu Lasten des Betroffenen würde sich nur im Blick auf grundrechtliche Schutzpflichten, also um des Opferschutzes willen, begründen lassen.[573] Der Nachweis eines entsprechenden verfassungsrechtlichen Erfordernisses dürfte nicht geführt werden können.[574] 78

C. Kritische Würdigung

Der Wortlaut des Art. 103, der bereits im Herrenchiemseer Konvent und im ParlRat weitgehend unumstritten war,[575] bedarf nach den Erfahrungen der Verfassungspraxis wohl kaum einer Korrektur. Die Fülle der mit dem Begriff „rechtliches Gehör" verbundenen Probleme dürfte kaum im Verfassungstext einzufangen sein. Die dadurch entstehende Rechtsunsicherheit, auch: die stete Versuchung, den Art. 103 Abs. 1 zu überdehnen, ist vermindert worden durch die mittlerweile recht stabile Kasuistik der Rechtsprechung des BVerfG sowie der Einzelgerichtsbarkeiten zu den einzelnen Prozessrechtsordnungen. Probleme liegen hier weniger im Gewährleistungsbereich als bei der Frage der Abgrenzung der verfassungsgerichtlichen von der fachrichterlichen Kontrolle. Sie könnten kaum durch Änderungen des Verfassungstexts, sie können vor allem durch verfassungsprozessrechtliche Selbstdisziplin vermindert werden.[576] Insoweit belässt sich das BVerfG aber, geleitet vom Ziel der Herstellung von Einzelfallgerechtigkeit, einige Spielräume und hat seine Entlastung durch Vorgaben an den Gesetzgeber zur Ausweitung fachgerichtlichen Rechtsschutzes angestrebt (wie übrigens auch der EGMR mit dem Ziel der Aktivierung ihm vorgeordneter innerstaatlicher Rechtsschutzmechanismen).[577] 79

---

570 *Remmert* in Maunz/Dürig Art. 103 Abs. 3 Rn. 74.

571 Zum Gesetzentwurf BT-Drucks. 16/7957 s. den Sachstandsbericht des Wissenschaftlichen Dienstes des Deutschen Bundestages von 2016 WD 7 – 3000 – 121/16 mwN.

572 S. dazu *Maier* GS f. Kaufmann, 1989, 781 (793ff.).

573 AA *Pohlreich* in BK Art. 103 Abs. 3 Rn. 66.

574 Ähnl. iE *Niemöller/Schuppert* AöR 107 (1982), 387 (472); *Deml,* Zur Reform der Wiederaufnahme des Strafverfahrens, 1979, 136ff.; *Remmert* in Maunz/Dürig Art. 103 Abs. 3 Rn. 64; *Pabst* ZIS 2010, 126.

575 Vgl. JöR nF 1 (1951), 741ff.

576 S. *Kunig* VVDStRL 61 (2002), 34 (66ff.).

577 Dazu im Vergleich *Kunig* FS f. Driehaus, 2005, 528.

80 Dem Gesetzlichkeitsprinzip in Gestalt des Bestimmtheitsgrundsatzes hat der bahnbrechende Grundsatzbeschluss des BVerfG zur Untreue aus dem Jahr 2010 neues Leben eingehaucht. Er hat zu zahlreichen verfassungsrechtlichen Überprüfungen an Gesetzen und Rechtsprechung geführt, was grundsätzlich zu begrüßen ist. Art 103 Abs. 3 wird zunehmend und unvermeidbar durch internationale Doppelbestrafungs- und Doppelverfolgungsverbote überlagert.

Literatur

Zu Abs. 1

P. Allgayer, Auswirkungen des Anhörungsrügeverfahrens auf die Zulässigkeit von Verfassungsbeschwerden, NJW 2013, 3484. – ***A. Arndt,*** Das rechtliche Gehör, NJW 1959, 6. – ***A. Arndt,*** Die Verfassungsbeschwerde wegen Verletzung des rechtlichen Gehörs, NJW 1959, 1297. – ***I. Augsberg/C. M. Burkiczak,*** Der Anspruch auf rechtliches Gehör gemäß Art. 103 I GG als Gegenstand der Verfassungsbeschwerde, JA 2008, 59. – ***F. Baur,*** Der Anspruch auf rechtliches Gehör, AcP 153 (1954), 393. – ***M. Berger,*** Das rechtliche Gehör, BWNotZ 1996, 137. – ***E. L. Behrendt,*** Recht auf Gehör, 1978. – ***P. Bockelmann,*** Das rechtliche Gehör im Verkehrsprozeß, DAR 1963, 231. – ***J. Bohnert,*** Zum Problem des Anhörungsrechts Dritter im Strafverfahren, JZ 1978, 710. – ***H.-G. Borck,*** Das rechtliche Gehör im Verfahren auf Erlass einer einstweiligen Verfügung, MDR 1988, 908. – ***C. D. Bracher,*** Nachholung der Anhörung bis zum Abschluß des verwaltungsgerichtlichen Verfahrens?, DVBl. 1997, 534. – ***C. D. Bracher,*** Die Anhörung Dritter im Normenkontrollverfahren gegen Bebauungspläne, DVBl. 2000, 165. – ***J. Braun,*** Verletzung des Rechts auf Gehör und Urteilskorrektur im Zivilprozeß, NJW 1981, 425. – ***M. Desens,*** Die subsidiäre Verfassungsbeschwerde und ihr Verhältnis zu fachgerichtlichen Anhörungsrügen, NJW 2006, 1243. – ***K. G. Deubner,*** Zurückweisung verspäteten Vorbringens als Rechtsmißbrauch, NJW 1987, 465. – ***K. Doehring,*** Die Praxis der Vorbereitung mündlicher Verhandlungen durch Kollegialgerichte in verfassungsrechtlicher Sicht, NJW 1983, 851. – ***D. Dörr,*** Faires Verfahren, Gewährleistung im Grundgesetz der Bundesrepublik Deutschland, 1984. – ***W. Endemann,*** Tendenzen in der Rechtsprechung des BVerfG zum rechtlichen Gehör, NJW 1969, 1197. – ***R. Eschelbach,*** Gehör vor Gericht, GA 2004, 228. – ***A. Eser,*** Das rechtliche Gehör im Strafbefehls- und Strafverfügungsverfahren, JZ 1966, 660. – ***R. Esser,*** Die Judikatur des EGMR im Strudel der Anhörungsrüge, NJW 2016, 604. – ***D. Franke,*** Rechtliches Gehör und Präklusion, NJW 1986, 3049. – ***H. Frohn,*** Rechtliches Gehör und richterliche Entscheidung, 1989. – ***C.-H. Germelmann,*** Der außerordentliche Rechtsbehelf im arbeitsgerichtlichen Verfahren, FS f. Schwerdtner, 2003, 671. – ***G. Gieg/G. Widmaier,*** Der bestellte Verwerfungsantrag, NStZ 2001, 57. – ***P. Gilles,*** Zum Bedeutungszuwachs und Funktionswandel des Prozessrechts, JuS 1981, 402. – ***A. Guckelberger,*** Zulässigkeit und Anfechtbarkeit verwaltungsgerichtlicher Hängebeschlüsse, NVwZ 2001, 275. – ***Chr. Gusy,*** Rechtliches Gehör durch abweisenden Richter?, JuS 1990, 712. – ***W. Habscheid,*** Verfahren vor dem Rechtspfleger – Rechtliches Gehör und faires Verfahren, Rpfleger 2001, 209. – ***B. J. Hartmann/H. Apfel,*** Das Grundrecht auf ein faires Strafverfahren, Jura 2008, 495. – ***K. Haußmann,*** BVerfG: Aufsicht, den bisherigen Tarifpartner beizubehalten, ist keine geschützte Rechtsposition, FD-ArbR 2014, 357621. – ***J. Heinemann,*** Rechtswidrig erlangter Tatsachenvortrag im Zivilprozess, MDR 2001, 137. – ***W. Kenneweg,*** Darstellung und kritische Würdigung der Rechtsprechung zum Grundsatz des rechtlichen Gehörs unter besonderer Berücksichtigung verfahrensrechtlicher Gesichtspunkte, Diss. Münster, 1967. – ***C. Kerwer,*** Rechtsschutz gegen Wiedereinsetzung in den vorigen Stand bei Verletzung des rechtlichen Gehörs, JuS 1997, 592. – ***O. Klein/C. Sennekamp,*** Aktuelle Zulässigkeitsprobleme der Verfassungsbeschwerde, NJW 2007, 945. – ***P. Kollhosser,*** Prozeßkostenhilfe als Sozialhilfe in besonderen Lebenslagen, ZRP 1979, 297. – ***F. O. Kopp,*** Das rechtliche Gehör in der Rechtsprechung des Bundesverfassungsgerichts, AöR 106 (1981), 604. – ***O. E. Krasney,*** Zum Grundrecht des rechtlichen Gehörs im Sozialgesetzbuch, Zeitschr f. Sozialreform 1978, 543. – ***H.-F. Lange,*** Wiedereinsetzung in den vorigen Stand und Verfassungsrecht, DStR 2000, 1145. – ***K. Lange,*** Zur Anhörung im verwaltungsrechtlichen Genehmigungsverfahren, DVBl. 1975, 130. – ***P. Lerche,*** Zum Anspruch auf rechtliches Gehör, ZZP 78 (1965), 1. – ***P. Lerche,*** Dunklere und hellere Seiten des Anspruchs auf rechtliches Gehör, FS f. Heldrich, 2005, 1283. – ***L. Maraldo,*** Anhörung und rechtliches Gehör, 1997. – ***F. Chr. Menger,*** Zur Sicherung des Anspruchs durch Wiedereinsetzung in den vorigen Stand, VerwArch 64 (1973), 429. – ***J. Mauder,*** Der Anspruch auf rechtliches Gehör, seine Stellung im System der Grundrechte und seine Auswirkung auf die Abgrenzungsproblematik zwischen Verfassungs- und Fachgerichtsbarkeit, 1986. – ***H. W. Müller,*** Anhörung der Beteiligten in der freiwilligen Gerichtsbarkeit, NJW 1953, 1659. – ***H. W. Müller,*** Muss der Gegner gehört werden, bevor der Beschwerde abgeholfen wird?, NJW 1960, 21. – ***J. Nehls,*** Die Rechtsprechung des BSG zur Anhörung, NVwZ 1982, 494. – ***M. Neufelder,*** Das Verfahren der Truppendienstgerichte nach der Wehrbeschwerdeordnung, DÖV 1974, 842. – ***H.-M. Pawlowski,*** Probleme des rechtlichen Gehörs bei der Veräußerung einer Streitsache, JZ 1975, 681. – ***K. Rebmann,*** Das Verbot der Mehrfachverteidigung nach § 146 StPO, NStZ 1981, 41. – ***K. Riegner,*** Bestellung eines Ergänzungspflegers zur Ausübung des Zeugnisverweigerungsrechtes, NZFam 2020, 486. – ***P. Riess,*** Durchführung der Hauptverhandlung ohne Angeklagten, JZ 1975, 265. – ***G. Roellecke,*** Unbegründete einstweilige Anordnungen des BVerfG, JZ 1975, 244. – ***H. Rüping,*** Der Grundsatz des rechtlichen Gehörs und seine Bedeutung im Strafverfahren, 1976. – ***H. Rüping,*** Verfassungs- und Verfahrensrecht im Grundsatz des rechtlichen Gehörs, NVwZ 1985, 304. – ***Chr. Sailer,*** Inhaltsprotokoll und rechtliches Gehör, NJW 1977, 24. – ***B. Sangmeister,*** Aushöhlung des rechtlichen Gehörs durch Begründungsverzicht bei der Zurückweisung von Verfahrensrügen, NJW 2009, 2087. – ***W.-R. Schenke,*** Verfassungsrechtliche Garantie eines Rechtsschutzes gegen Rechtsprechungsakte?, JZ 2005, 116. – ***W.-R. Schenke,*** Außerordentliche Rechtsbehelfe im Verwaltungsprozessrecht nach Erlass des Anhörungsrügengesetzes, NVwZ 2005, 729. – ***K. Schleicher,*** Rechtliches Gehör und (persönlich-)mündliche Anhörung in familienrechtlichen Angelegenheiten und im Freiheitsentziehungsverfahren der Freiwilligen Gerichtsbarkeit, 1988. – ***P. Schlosser,*** Urteilswirkungen und rechtliches Gehör, JZ 1967, 431. – ***E. Schmidt-Aßmann,*** Verfahrensfehler als Verletzungen des Art. 103 Abs. 1 GG, DÖV 1987, 1029. – ***E. Schneider,*** Die dienstliche Äußerung des abgelehnten Richters, MDR 1998, 454. – ***E. Schneider,*** Gehörsrüge des § 312a ZPO – Anhörungsrüge, Ausnahmeberufung, Ausnahmebeschwerde, Willkürverbot, MDR 2006, 969. – ***G. Schultz,*** Rechtliches Gehör, MDR 1964, 980. – ***E. Schumann,*** Die Wahrung des Grundsatzes des rechtlichen Gehörs – Dauerauftrag für das BVerfG?, NJW 1985, 1134. – ***H. Schütz,*** Das rechtliche Gehör bei der Entscheidung über die bedingte Entlassung, NJW 1961, 582. – ***M. Seebock,*** Einsicht in Personalakten Strafgefangener, NJW 1997, 1754. – ***K. Stern,*** Quelle und Bedeutung der Prozeßgrundrechte für die Grundrechtsbindung der Rechtsprechung, FS f. Ule, 1987, 359. – ***P. J. Tettinger,*** Fairneß und Waffengleichheit, 1984. – ***P. J. Tettinger,*** Fairness als Rechtsbegriff im deutschen Recht, Der Staat 96 (1997), 575. – ***G. Toussaint,*** BVerfG: Entscheidung durch kontradiktorisches Urteil gegen säumige Partei im Verfahren nach § 495a ZPO, FD-ZVR 2015, 370251. – ***B. Ulrici,*** Das Anhörungsrügengesetz, Jura 2005, 368. – ***A. Voßkuhle,*** Rechtsschutz gegen den Richter. Zur Integration der Dritten Gewalt in das verfassungsrechtliche Kontrollsystem vor dem Hintergrund des Art. 19 Abs. 4 GG, 1993. – ***A. Voßkuhle,*** Bruch mit einem Dogma: Die Verfassung garantiert Rechtsschutz gegen den Richter, NJW 2003, 2193. – ***J. Wagner,*** Rechtliches Gehör und der Rechtsschutz des Gefangenen, GA 1975, 321. – ***W. Waldner,*** Der Anspruch auf rechtliches Gehör, 2. Aufl, 2000. – ***A. von Winterfeldt,*** Das Verfassungsprinzip des rechtlichen Gehörs, NJW 1961, 849. – ***W. Wohlers,*** Rechtliches Gehör im strafrechtlichen Revisionsverfahren, JZ 2011, 78. – ***K.-G. Zierlein,*** Die Gewährleistung des Anspruchs auf rechtliches Gehör (Art. 103 I GG) nach der Rechtsprechung und Spruchpraxis des BVerfG, DVBl. 1989, 1169. – ***A. Zeuner,*** Der Anspruch auf rechtliches Gehör, FS f. Nipperdey, 1965, Bd. 1, 1013. – ***A. Zeuner,*** Rechtliches Gehör, materielles Recht und Urteilswirkungen, 1974. – ***R. Zuck,*** Die Anhörungsrüge im Zivilprozeß, 2008. – ***R. Zuck,*** Die Konkurrenz von Verfahrensgrundrechten, FS f. Krämer, 2009, 85.

Zu Abs. 2

P.-A. Albrecht/St. Kadelbach, Zur strafrechtlichen Verfolgung von DDR-Außenspionage, NJ 1992, 137. – ***H. Alwart,*** Die Vernünftigkeit des Bundesverfassungsgerichts, JZ 2000, 227. – ***K. Ambos,*** Nuremberg revisited – Das Bundesverfassungsgericht, das Völkerstrafrecht und das Rückwirkungsverbot, StV 1997, 39. – ***J. Appel,*** Grundrechtsgleiche Rechte, Prozeßgrundrechte oder Schranken-Schranken? Zur grundrechtsdogmatischen Einordnung von Art. 103 Abs. 2 und 3 GG, Jura 2000, 571. – ***Ad. Arndt,*** Probleme der strafrechtlichen Verjährung, JZ 1965, 145. – ***J. Arnold,*** Bundesverfassungsgericht contra Einigungsvertrag. Der „Mauerschützen"-Beschluß des BVerfG auf dem strafrechtlichen Prüfstand, NJ 1997, 115. – ***J. Arnold,*** Die „neue" Auslegung des Gewaltbegriffs in § 240 StGB – eine Nötigung der Strafrechtsdogmatik?, JuS 1997, 289. – ***J. Arnold,*** Einschränkung des Rückwirkungsverbotes sowie sorgfältige Schuldprüfung bei den Tötungsfällen an der DDR-Grenze, JuS 1997, 400. – ***L. J. de Asúa,*** Nullum crimen, nulla poena sine lege, ZStrW 64 (1951), 166. – ***J. Baumann,*** Die strafrechtliche Problematik der nationalsozialistischen Gewaltverbrechen, 1964. – ***F. G. Bär,*** Die aktuellen Strafprozesse gegen Bürger der ehemaligen DDR – ein Akt der Siegerjustiz?, Jura 1999, 281. – ***J. Bohnert,*** P. J. A. Feuerbach und der Bestimmtheitsgrundsatz im Strafrecht, 1982. – ***G. Bopp,*** Die Entwicklung des Gesetzesbegriffs im Sinne des Grundrechts „nulla poena, nullum crimen sine lege". Eine Untersuchung zu Art. 103 Absatz 2 des Bonner Grundgesetzes, Diss. Freiburg, 1966, – ***C. Brand/E. Kratzer,*** Die Folgen der Entscheidung des Bundesverfassungsgerichts zur Nichtigkeit einer Strafbestimmung des Rindfleischetikettierungsgesetzes wegen Verstoßes gegen den Bestimmtheitsgrundsatz für das Nebenstrafrecht- Tsunami oder doch nur ein Sturm im Wasserglas?, JR 2018, 422. – ***H.-J. Bruns,*** Rechtsgrundlagen und Zulässigkeitsgrenzen strafrechtlicher Auflagen und Weisungen, GA 1959, 193. – ***J. Bülte,*** Weitreichende Sanktionslücken im Wirtschaftsstrafrecht durch die Entscheidung des BVerfG zu § 10 RiFlEtikettG?, BB 2016, 3075. – ***P. Burian,*** „Richterliches" Unrecht im totalitären Staat. Überlegungen zur Rechtsbeugung durch Richter und Staatsanwälte der DDR, ZStrW 2000, 106. – ***R.-P. Callies,*** Rechtsnatur der besonders schweren Fälle und Regelbeispiele im Strafrecht, JZ 1975, 112. – ***R.-P. Callies,*** Sitzdemonstrationen und strafbare Nötigung in verfassungsrechtlicher Sicht, NStZ 1987, 209. – ***T. Ceffinato,*** Das Institut der Wahlfeststellung und seine verfassungsmäßige Zulässigkeit, JA 2014, 655. – ***C. D. Classen,*** Artikel 103 Abs. 2 GG – ein Grundrecht unter Vorbehalt?, GA 1998, 215. – ***K. Cornelius,*** Anforderungen des Parlamentsvorbehalts an unionrechtsakzessorische Strafblankette, NStZ 2017, 682. – ***G. Dannecker,*** Das intertemporale Strafrecht, 1993. – ***G. Dannecker,*** Anforderungen des nationalen Strafverfassungsrechts an die Inbezugnahme EU-rechtlicher Verhaltensnormen und an Rückverweisungsklauseln in nationalen Rechtsverordnungen, ZIS 2016, 723. – ***H. Dreier,*** Gustav Radbruch und die Mauerschützen, JZ 1997, 421. – ***H.-P. Ensenbach,*** Probleme der Verwaltungsaktsakzessorietät im Umweltstrafrecht, 1989. – ***M. Erdemir,*** Gewaltverherrlichung, Gewaltverharmlosung und Menschenwürde, ZUM 2000, 699. – ***G. Freund/F. Rostalski,*** Gesetzlich bestimmte Strafbarkeit durch Verordnungsrecht?, GA 2016, 443. – ***I. Fromm,*** Anm. zu OLG Hamm Urt. vom 28.11.2019 – 1 RBs 220/19, 352. – ***M. Fröhlich,*** Kein Ordnungsgeld bei fehlendem Aufsichtsrat, GWR 2014, 102. – ***R. Geitmann,*** Bundesverfassungsgericht und „offene" Normen. Zur Bindung des Gesetzgebers an Bestimmtheitserfordernisse, 1970. – ***L. Greco,*** Analogieverbot und europarechtliches Strafgesetz, GA 2016, 138 und 195. – ***G. Grünwald,*** Zur verfassungsrechtlichen Problematik der rückwirkenden Änderung von Verjährungsvorschriften, MDR 1965, 521. – ***G. Grünwald,*** Bedeutung und Begründung des Satzes nulla poena sine lege, ZStrW 76 (1964), 1. – ***G. Grünwald,*** Die strafrechtliche Bewertung in der DDR begangener Handlungen, StV 1991, 31. – ***H.-L. Günther,*** Warum Art. 103 Abs. 2 GG für Erlaubnissätze nicht gelten kann, FS f. Grünwald, 1999, 213. – ***B. Haffke,*** Das Rückwirkungsverbot des Art. 103 Abs. 2 GG bei Änderung der Rechtsprechung zum materiellen Recht, 1970. – ***F. Haft,*** Generalklauseln und unbestimmte Begriffe im Strafrecht, JuS 1975, 477. – ***B. Hecker,*** Strafrecht AT: Verfassungsmäßigkeit der ungleichartigen Wahlfeststellung, JuS 2019, 1119. – ***E. Heinitz,*** Zur Verfassungsmäßigkeit der Strafbestimmungen gegen den groben Unfug, Berliner FS f. Hirsch, 1968, 47. – ***B. von Heintschel-Heinegg,*** Die „ungleichartige" Wahlfeststellung ist verfassungswidrig, JA 2014, 710. – ***W. Herschel,*** Zivilrechtliche Bedeutung des strafrechtlichen Analogieverbotes, NJW 1968, 533. – ***E. Hilgendorf*** (Hrsg.), Das Gesetzlichkeitsprinzip im Strafrecht, 2013. – ***E. Hoven,*** Zur Verfassungsmäßigkeit von Blankettstrafgesetzen – Eine Betrachtung der aktuellen Rechtsprechung zu § 52 Abs. 2 VTabakG und § 10 RiFlEtikettG, NStZ 2016, 377. – ***E. Jantsch,*** Das strafrechtliche Verjährungsproblem, DRiZ 1968, 196. – ***C. Jäger,*** Grund und Grenzen des Gesetzlichkeitsprinzips im Strafprozessrecht, GA 2006, 615. – ***W. Kargl,*** Strafrecht Einführung in die Grundlagen von Gesetz und Gesetzlichkeit, 2019. – ***M. Kenntner,*** Keine Anwendbarkeit des strafrechtlichen Rückwirkungsverbotes für Staatsverbrechen, RuP 1999, 170. — ***U. Klug,*** Die Verpflichtung des Rechtsstaats zur Verjährungsverlängerung, JZ 1965, 149. – ***G. Kohlmann,*** Der Begriff des Staatsgeheimnisses und das verfahrensrechtliche Gebot der Bestimmtheit von Strafvorschriften, 1969. – ***M. Krahl,*** Die Rechtsprechung des Bundesverfassungsgerichts und des Bundesgerichtshofs zum Bestimmtheitsgrundsatz im Strafrecht (Art. 103 Abs. 2 GG), 1986. – ***H. Kreicker,*** Art. 7 EMRK und die Gewalttaten an der deutsch-deutschen Grenze, 2002. – ***P. Krell,*** Das Verbot der Verschleifung strafrechtlicher Tatbestandsmerkmale, ZStW 2014, 902. –***V. Krey,*** Studien zum Gesetzesvorbehalt im Strafrecht, 1977. – ***V. Krey,*** Keine Strafe ohne Gesetz, 1983. – ***V. Krey,*** Parallelitäten und Divergenzen zwischen strafrechtlichem und öffentlich-rechtlichem Gesetzesvorbehalt, FS f. Blau, 1988, 123. – ***K. Kröpil,*** Die Entwicklung der echten Wahlfeststellung in der Rechtsprechung und ihr bevorstehendes Ende, JR 2015, 116. – ***H. Kudlich/J. P. Montiel/J. C. Schuhr,*** Gesetzlichkeit und Strafrecht, 2012. – ***L. Kuhlen,*** Gesetzlichkeitsprinzip und Untreue, JR 2011, 246. – ***L. Kuhlen,*** Das Gesetzlichkeitsprinzip in der deutschen Praxis, in E. Hilgendorf, Das Gesetzlichkeitsprinzip im Strafrecht, 2013, 45. – ***L. Kuhlen,*** Zum Verschleifungsverbot, FS f. Neumann, 2017, 943. – ***M. Lehner,*** Zur Bestimmtheit von Normen, NJW 1991, 890. – ***A. Leite,*** Grund und Grenzen eines Rückwirkungsverbots bei täterbelastenden Rechtsprechungsänderungen im Strafrecht, GA 2014, 220. – ***H.-P. Lemmel,*** Unbestimmte Strafbarkeitsvoraussetzungen im Strafrecht und der Grundsatz nullum crimen sine lege, 1970. – ***Th. Lenckner,*** Wertausfüllungsbedürftige Begriffe im Strafrecht und der Satz nullum crimen sine lege, JuS 1968, 249, 304. – ***R. Lippold,*** Die Strafbarkeit der DDR-Spionage und ihre Verfassungsmäßigkeit, NJW 1992, 18. –***J. Meyer-Ladewig,*** Der Satz „nulla poena sine lege" in dogmatischer Sicht, MDR 1962, 262. – ***W. Mitsch,*** Vorbeugende Strafbarkeit zur Abwehr terrorristischer Gewalttaten, NJW 2015, 209. – ***S. Muckel,*** „Faktischer Leiter" einer nicht angemeldeten Versammlung, JA 2019, 872. – ***W. Naucke,*** Rückwirkende Senkung der Promille-Grenze und Rückwirkungsverbot (Art. 103 Abs. 2 GG), NJW 1968, 2321. – ***W. Naucke,*** Zur rechtspolitischen Vorentscheidung bei der Diskussion einer Verlängerung von Verjährungsfristen von NS-Verbrechen, ZRP 1969, 8. – ***W. Naucke,*** Über Generalklauseln im Strafrecht, 1973. – ***U. Neumann,*** Rückwirkungsverbot bei belastenden Rechtsprechungsänderungen der Strafgerichte, ZStrW 103 (1991), 331. – ***U. Neumann,*** Die Rechtsprechung im Kontext des verfassungsrechtlichen Prüfungsprogramms zu Art. 103 Abs. 2 GG, FS f. Beulke, 2015, 197. – ***H.-J. Papier/J. Möller,*** Die rechtsstaatliche Bewältigung von Regime – Unrecht nach 1945 und nach 1989, NJW 1999, 3289. – ***A. Petzsche,*** Zur Verfassungsmäßigkeit von Vorfelddelikten bei der Terrorbekämpfung, HRRS 2015, 33. – ***J. Pföhler,*** Zur Unanwendbarkeit des strafrechtlichen Rückwirkungsverbots im Strafprozeßrecht in dogmenhistorischer Sicht, 1988. – ***B. Pieroth/Th. Kingreen,*** Die verfassungsrechtliche Problematik des Verjährungsgesetzes, NJ 1993, 385. – ***B. Pieroth,*** Rückwirkung und Übergangsrecht, 1981. – ***B. Pieroth,*** Grundlagen und Grenzen verfassungsrechtlicher Verbote rückwirkender Gesetze, Jura 1983, 122. – ***H. Pohl,*** Rechtsprechungsänderung und Rückanknüpfung, 2006. – ***T. Prinz,*** Erfolgreiche Verfassungsbeschwerde: Fehlender Aufsichtsrat einer GmbH darf nicht durch Ordnungsgeld wegen fehlenden Aufsichtsratsbericht geahndet werden, SAE 2014, 49. – ***A. Raschke,*** Zur Einschränkung des Geldwäschetatbestands bei Honorarannahme durch Rechtsanwälte – Anwendbarkeit des Vorsatzprivilegs, NZWiSt 2015, 469. – ***E. Pohlreich,*** Die Vereinbarkeit der echten Wahlfeststellung mit dem Grundgesetz, ZStW 128

(2016), 676. – ***C. Roxin,*** Der Grundsatz der Gesetzesbestimmtheit im deutschen Strafrecht, in E. Hilgendorf, Das Gesetzlichkeitsprinzip im Strafrecht, 2013, 211. – ***H. Rüping,*** Nullum crimen sine poena: Zur Diskussion um das Analogieverbot im Nationalsozialismus, FS f. Oehler, 1988, 27. – ***F. Saliger,*** Radbruchsche Formel und Rechtsstaat, 1995. – ***F. Saliger,*** Das Untreuestrafrecht auf dem Prüfstand der Verfassung, NJW 2010, 3195. – ***F. Saliger,*** Auswirkungen des Untreue-Beschlusses des Bundesverfassungsgerichts vom 23.6.2010 auf die Schadensdogmatik, ZIS 2011, 902. – ***F. Saliger,*** Zum Verbot der Verschleifung von Tatbestandsmerkmalen, FS f. Fischer, 2018, 523; – ***O. Sandrock,*** Das Analogieverbot im Wirtschaftsstrafrecht, DB 1973, 265. – ***H. Satzger,*** Die zeitliche Geltung des Strafgesetzes – ein Überblick über das „intertemporale Strafrecht", Jura 2006, 746. – ***R. Schmid,*** Nachwort zum Streit um die Verlängerung der Verjährungsfrist, NJW 1965, 1952. – ***E. Schmidhäuser,*** Strafrechtliche Bestimmtheit: Eine rechtsstaatliche Utopie, GS f. Martens, 1987, 231. – ***A. Schönke,*** Auslegung, Analogie und Gewohnheitsrecht im Strafrecht, MDR 1947, 85. – ***H. L. Schreiber,*** Gesetz und Richter, Zur geschichtlichen Entwicklung des Prinzips nullum crimen, nulla poena sine lege, 1976. – ***B. Schünemann,*** Nulla poena sine lege?, 1978. – ***C. Schützendübel,*** Die Bezugnahme auf EU-Verordnungen in Blankettstrafgesetzen, 2012. – ***A. Sinn,*** Anm. zu BVerfG Beschl. v. 21.9.2016 – 2 BvL 1/15, ZJS 4/2018, 381. – ***A. Sinn/U. Moeller,*** Anm. zu BGH Urt. v. 8.5.2014 – 3 StR 243/13, ZJS 2015, 232. – ***J. Wolter,*** Verfassungskonforme Restriktion und Reform des Nötigungstatbestandes, NStZ 1986, 241. – ***T. Zimmermann,*** Anm. zu BVerfG Beschl. v. 11.7.2013 – 2 BvR 2302/11, 2 BvR 1279/12, JZ 2013, 1108. – ***M. Zöller,*** Die Vorbereitung schwerer staatgefährdender Gewalttaten nach § 89a StGB – wirklich nicht verfassungswidrig?, NStZ 2015, 373.

Zu Abs. 3

H. Achenbach, Der BGH zur Rechtskraft des Strafbefehls – causa finita?, NJW 1979, 2021. – ***W. Barthel,*** Der Begriff der Tat im Strafprozeßrecht, Diss. Saarbr., 1972. – ***P. Czech,*** Strafrechtliche Verurteilung nach Aufhebung mit Geldstrafe verbundenen Verfahrenseinstellung, NLMR 2019, 330. – ***H. Detmer,*** Der Begriff der Tat im strafprozessualen Sinn, Diss. Bonn, 1989. – ***E. Duesberg,*** Das Vollstreckungselement des Art. 54 SDÜ im Spannungsfeld zwischen Europäisierung und nationalen Sicherheitsinteressen, ZIS 2017, 66. – ***G. Dürig,*** Art. 103 Abs. 3 und die Zeugen Jehovas, JZ 1967, 426. – ***R. Endriß/J. Kinzig,*** Eine Straftat – zwei Strafen. Nachdenken über ein erweitertes „ne bis in idem", StV 1997, 665. – ***H. Epp,*** Der Grundsatz „ne bis in idem" im internationalen Rechtsbereich, ÖJZ 1979, 36. – ***F. Faust,*** Verbot der Doppelbestrafung, Staats- und Kommunalverwaltung 1976, 72. – ***K. Gaede,*** Transnationales „ne bis in idem" auf schwachem grundrechtlichen Fundament, NJW 2014, 2990. – ***F. Gillmeister,*** Zur normativ-faktischen Bestimmung der strafprozessualen Tat, NStZ 1989, 1. – ***D. Helmken,*** Strafklageverbrauch: Rechtssicherheit und Einzelfallgerechtigkeit, MDR 1982, 715. – ***R. D. Herzberg,*** Ne bis in idem – Zur Sperrwirkung des rechtskräftigen Strafurteils, JuS 1972, 113. – ***H. Krauth,*** Zum Umfang der Rechtskraftwirkung bei Verurteilung von Mitgliedern krimineller und terroristischer Vereinigungen, FS f. Kleinknecht, 1985, 215. – ***F. Loos,*** Probleme der beschränkten Sperrwirkung strafprozessualer Entscheidungen, JZ 1978, 592. – ***H. Lüttger,*** Strafverfahren im Rechtstaat, JR 1987, 232. – ***J. Maier,*** Rechtsstaatliches Denken und Wiederaufnahme des Verfahrens zuungunsten des Angeklagten, GS f. Kaufmann, 1989, 781. – ***M. Mayer,*** Ne-bis-in-idem-Wirkung europäischer Strafentscheidungen, 1992. – ***E.-J. Mestmäcker,*** Parallele Geltung von Verbotsnormen des deutschen und europäischen Rechts der Wettbewerbsbeschränkungen, BB 1968, 1297. ***N. Nestler,*** Das Ende des Vollstreckungselements im (teil-)europäischen Doppelbestrafungsverbot?, HRRS 2013, 337. – ***P. Raisch,*** „Ne bis in idem" bei Sanktionen nach deutschem und europäischem Kartellrecht, FS f. Beitzke, 1979, 965. – ***H. Radtke,*** Der strafprozessuale Tatbegriff auf europäischer und nationaler Ebene, NStZ 2012, 479. – ***M. Reinhardt,*** Sportverbandsgerichtsbarkeit und Doppelbestrafungsverbot, SpuRtZ 2001, 45. – ***W. Schomburg,*** Die Europäisierung doppelter Strafverfolgung – Ein Zwischenbericht, NJW 2000, 1833. – ***H. Schorn,*** Der Grundsatz „ne bis in idem" im Verhältnis der ausländischen Besatzungsgerichtsbarkeit zur deutschen Gerichtsbarkeit, NJW 1965,

1899. – ***F.-C. Schroeder,*** Die Rechtsnatur des Grundsatzes „ne bis in idem", JuS 1997, 227. – ***L. Steurer,*** Entzug der Konkursverwalterlizenz nach strafrechtlicher Verurteilung, NLMR 2019, 210. – ***W. Wiese,*** Der Verfassungssatz ne bis in idem und das Verhältnis von Kriminalrecht und Dienststrafrecht, VerwArch 56 (1965), 203. – ***J. Wolter,*** Tatidentität und Tatumgestaltung im Strafprozess – Zur Begründung eines normativ-funktionalen Tatbegriffs, GA 1986, 143. – ***R. Zaczyck,*** Bindungswirkungen eines rechtskräftigen Strafurteils für das materielle Strafrecht, GA 1988, 356.

Art. 104 [Rechtsgarantien bei Freiheitsentziehung]

(1) [1]Die Freiheit der Person kann nur auf Grund eines förmlichen Gesetzes und nur unter Beachtung der darin vorgeschriebenen Formen beschränkt werden. [2]Festgehaltene Personen dürfen weder seelisch noch körperlich mißhandelt werden.

(2) [1]Über die Zulässigkeit und Fortdauer einer Freiheitsentziehung hat nur der Richter zu entscheiden. [2]Bei jeder nicht auf richterlicher Anordnung beruhenden Freiheitsentziehung ist unverzüglich eine richterliche Entscheidung herbeizuführen. [3]Die Polizei darf aus eigener Machtvollkommenheit niemanden länger als bis zum Ende des Tages nach dem Ergreifen in eigenem Gewahrsam halten. [4]Das Nähere ist gesetzlich zu regeln.

(3) [1]Jeder wegen des Verdachtes einer strafbaren Handlung vorläufig Festgenommene ist spätestens am Tage nach der Festnahme dem Richter vorzuführen, der ihm die Gründe der Festnahme mitzuteilen, ihn zu vernehmen und ihm Gelegenheit zu Einwendungen zu geben hat. [2]Der Richter hat unverzüglich entweder einen mit Gründen versehenen schriftlichen Haftbefehl zu erlassen oder die Freilassung anzuordnen.

(4) Von jeder richterlichen Entscheidung über die Anordnung oder Fortdauer einer Freiheitsentziehung ist unverzüglich ein Angehöriger des Festgehaltenen oder eine Person seines Vertrauens zu benachrichtigen.

Paulskirchenverfassung von 1849

Abschnitt IV. Art. III

§ 138. Die Freiheit der Person ist unverletzlich.

Die Verhaftung einer Person soll, außer im Falle der Ergreifung auf frischer That, nur geschehen in Kraft eines richterlichen, mit Gründen versehenen Befehls. Dieser Befehl muß im Augenblicke der Verhaftung oder innerhalb der nächsten vier und zwanzig Stunden dem Verhafteten zugestellt werden.

Die Polizeibehörde muß Jeden, den sie in Verwahrung genommen hat, im Laufe des folgenden Tages entweder freilassen oder der richterlichen Behörde übergeben.

Jeder Angeschuldigte soll gegen Stellung einer vom Gericht zu bestimmenden Caution oder Bürgschaft der Haft entlassen werden, sofern nicht dringende Anzeigen eines schweren peinlichen Verbrechens gegen denselben vorliegen.

Im Falle einer widerrechtlich verfügten oder verlängerten Gefangenschaft ist der Schuldige und nöthigenfalls der Staat dem Verletzten zur Genugthuung und Entschädigung verpflichtet.

[...]

Weimarer Reichsverfassung von 1919

Art. 114. Die Freiheit der Person ist unverletzlich. Eine Beeinträchtigung oder Entziehung der persönlichen Freiheit durch die öffentliche Gewalt ist nur auf Grund von Gesetzen zulässig.

Personen, denen die Freiheit entzogen wird, sind spätestens am darauffolgenden Tage in Kenntnis zu setzen, von welcher Behörde und aus welchen Gründen die Entziehung der Freiheit angeordnet worden ist; unverzüglich soll ihnen Gelegenheit gegeben werden, Einwendungen gegen ihre Freiheitsentziehung vorzubringen.

Übersicht

A. Allgemeine Bedeutung

I. Genese

Art. 104 vereint mehrere Garantien bei Freiheitsentziehungen, die auf unterschiedlicher Herkunft beruhen. Der Verfassungsgeber hatte ursprünglich vorgesehen, die heute in Art. 2 Abs. 2 und 104 enthaltenen Rechte zusammengefasst im Grundrechtsteil zu regeln.[1] Die ausführliche, auch das Verfahren mit einbeziehende Regelung der staatlichen Machtbefugnisse bei Freiheitsentziehungen ist ein rechtsstaatliches Anliegen mit langer Geschichte[2] (der sog. **Habeas-Corpus-Gedanke** fand seinen Niederschlag in Art. 39 der Magna Charta Libertatum von 1215)[3]. Wichtige Vorläufer von Art. 104 in seiner Ausprägung als Habeas Corpus waren § 138 der Paulskirchenver- **1**

[1] Vgl. JöR nF 1 (1951), 745 f.; sa BVerfGE 14, 174 (186).
[2] Vgl. *Amelung* Jura 2005, 447 ff.; *Schmal* in SHH, 14. Aufl. 2018, Art. 104 Rn. 5.
[3] Textauszug bei *Heidelmeyer,* Die Menschenrechte, 1972, 47 ff.; zur Geschichte vgl. *Duker,* A Constitutional History of Habeas Corpus, 1980; *Riedel* EuGRZ 1980, 192 ff.; *Ollinger,* Die Entwicklung des Richtervorbehalts im Verhaftungsrecht, 1997.

fassung von 1849 und Art. 104 WRV.[4] Das zusätzliche Misshandlungsverbot (Art. 104 Abs. 1 S. 2) geht auf das humanitäre Völkerrecht im frühen 20 Jhdt. und die Erfahrungen der Nazi-Zeit zurück, die auch das Benachrichtigungsgebot (Art. 104 Abs. 4) beeinflusst haben.[5] Die Vorschrift gilt seit Inkrafttreten des GG unverändert.

II. Inhaltsübersicht

2 Art. 104 wiederholt und ergänzt Rechte, die sich zT bereits aus Art. 1 Abs. 1 und Art. 103 Abs. 2, vor allem aber aus Art. 2 Abs. 2 ergeben.[6] Den Kern des Habeas Corpus bilden ein **förmlicher Gesetzesvorbehalt** für Freiheitsbeschränkungen (Abs. 1 S. 1) und ein **Richtervorbehalt** für Freiheitsentziehungen (Abs. 2 S. 1), zu dem weitere **konkrete Verfahrensgarantien für qualifizierte Freiheitsentziehungen** nach Abs. 2–4 einschließlich eines strengen **Benachrichtigungsgebots** (Abs. 4) treten. Der Habeas Corpus wird systematisch ergänzt durch das **Misshandlungsverbot** (Abs. 1 S. 2), das den Schutz der körperlichen Unversehrtheit nach Art. 2 Abs. 2 S. 1 verstärkt und keinem Eingriffsvorbehalt unterliegt.[7] Art. 104 regelt allein die Rechtsstellung **natürlicher Personen,** denn es geht um die Freiheit „der Person" als Freiheit der körperlichen Bewegung[8] bzw. die Modalitäten ihrer Beschränkung.

3 Von besonderer Bedeutung ist das **Verhältnis** zwischen **Art. 104** und dem Grundrecht der **Freiheit der Person in Art. 2 Abs. 2 S. 2.** Nach dem BVerfG stehen die **materielle Freiheitsgarantie** in Art. 2 Abs. 2 S. 2 und die **formellen Gewährleistungen** des Art. 104 in einem **unlösbaren Zusammenhang.**[9] Denn die elementare Freiheit der Person darf nur aus besonders gewichtigen Gründen – in der Regel, aber nicht nur, solche des Strafrechts oder des Strafverfahrensrechts zum Schutz der Allgemeinheit – und unter strengen formellen Gewährleistungen eingeschränkt werden.[10] Insoweit nimmt Art. 104, wie das BVerfG formuliert, den schon in Art. 2 Abs. 2 S. 3 enthaltenen Gesetzesvorbehalt auf und **verstärkt** ihn dergestalt, dass er die **Einhaltung der Formvorschriften eines freiheitseinschränkenden Gesetzes zum Verfassungsverstoß** erhebt. Bereits die Verletzung des freiheitsschützenden Gesetzes kann damit mit der **Verfassungsbeschwerde** angegriffen werden.[11]

4 Art. 104 gehört nach der Rspr. des BVerfG zu den **„fundamentalen Freiheitsrechten"**[12] und ist in allen seinen Einzelbestimmungen – wie

[4] Näher *Mehde* in Maunz/Dürig Rn. 7 f.; vgl. auch zu letzterem BVerfG NJW 1960, 811.

[5] Vgl. *Gusy* in MKS Rn. 5 ff.; *Schulze-Fielitz* in Dreier Rn. 5 f.

[6] Vgl. dazu insoweit BVerfGE 10, 302 (322); 29, 183 (195); 58, 208 (220); 86, 288 (326): „spezifische Ausformung des Rechtsstaatsprinzips"; BVerwGE 1, 229 (231); 4, 196 (197 ff.); zur systematischen Stellung des Art. 104 im GG etwa *Gusy* NJW 1992, 457; sa *Kunig,* Das Rechtsstaatsprinzip, 1986, 378 ff.

[7] *Degenhart* in Sachs Rn. 1.

[8] Vgl. *Grabitz* in HdbStR VI, 2. Aufl. 2001, § 130 Rn. 31; BVerfGE 84, 290 (299) erwähnt Art. 104 im Zusammenhang mit einer politischen Partei.

[9] BVerfGE 10, 302 (322); BVerfG NJW 2016, 148 f. Rn. 18; NVwZ 2016, 1079 Rn. 26; NStZ-RR 2019, 289 (290); BeckRS 2020, 5355 Rn. 55; NJW 2020, 1501 Rn. 23; BeckRS 2020, 10780 Rn. 48.

[10] BVerfG BeckRS 2013, 46040.

[11] BVerfGE 58, 208 (220); BVerfG NStZ 2013, 116 (117); NJW 2014, 3294 (329,5 Rn. 26); NJW 2016, 148 (149 Rn. 18); BeckRS 2020, 5355 Rn. 55; NJW 2020, 1501 Rn. 23; → Art. 2. Rn. 132.

[12] BVerfGE 10, 302 (322); sa BVerfGE 65, 317 (322); 66, 191 (195); 70, 297 (307); *Hill* in HdbStR VI, 2. Aufl. 2001, § 156 Rn. 74.

Art. 101 Abs. 1 S. 2 und Art. 103 – **„unmittelbar geltendes und anzuwendendes Recht"** iSv Art. 1 Abs. 3.[13] Seine Effektivität hängt zunächst in starkem Maße von der Regelung der Einzelheiten durch den einfachen Gesetzgeber und der Anwendung des Gesetzesrechts durch die ordentliche und die Verwaltungsgerichtsbarkeit ab, da das BVerfG – wie stets im Verfahren der Urteilsverfassungsbeschwerde[14] – nur prüfen kann, ob Verfassungsrecht „spezifisch" verletzt ist.[15] Als solche Verletzung kommt hier vor allem die Verkennung des im Rahmen von Freiheitsbeschränkungen strikt zu beachtenden Grundsatzes der **Verhältnismäßigkeit**[16] in Betracht.[17] Die „Hochrangigkeit" des Art. 104 hat in diesem Zusammenhang zur Folge, dass die Beendigung eines Eingriffs etwa durch die Freilassung regelmäßig nicht den Wegfall des Rechtsschutzbedürfnisses für die Verfassungsbeschwerde herbeiführt.[18]

Die Erfahrungen der nationalsozialistischen Zeit, aber auch der Blick auf die gegenwärtige Verfassungspraxis in zahlreichen anderen Staaten[19] unterstreichen die Notwendigkeit ins Detail gehender Garantien bei Freiheitsbeschränkungen. Die Bedeutung der Erfahrungen mit dem nationalsozialistischen System darf allerdings nicht dazu führen, Art. 104 auf solche Eingriffe hin einzuschränken, die in der NS-Zeit vorgekommen sind.[20] Auszugehen ist auch hier vom objektivierten Willen des Normgebers, wie er im Wortlaut des Art. 104 zum Ausdruck kommt. Die in Art. 104 verbürgten Rechte zeigen, dass das GG den Gesetzgeber generell zu einer strikt förmlichen, Freiheitsbeschränkungen berechenbar und kontrollierbar haltenden Rechtsordnung verpflichten will. 5

III. Überstaatliche Bezüge

Art. 104 findet Parallelen, mit teils größeren Unterschieden, in zahlreichen internationalen, völkerrechtlichen und europarechtlichen Normen.[21] Habeas Corpus-Garantien enthalten ebenfalls Art. 9 AEMR, Art. 9 IPbpR, Art. 5 EMRK und Art. 6 GRCh. Das Misshandlungsverbot in Abs. 1 S. 2 besitzt Entsprechungen in Art. 10 Abs. 1 IPbpR, Art, 4 GRCh und den absoluten Folterverboten (Art. 5 AEMR, Art. 7 S. 1 IPbpR, Art. 3 EMRK, Art. 4 GRCh). Von besonderer Bedeutung ist das **Verhältnis** von Art. 104 zu 6

---

[13] S. BVerfGE 10, 302 (329); BVerfG NJW 2018, 2619 (2625 Rn. 95); BVerwGE 1, 229 (231); 4, 196 (197); vgl. auch *Schwabe* AöR 100 (1975), 442 (455); *Pestalozza* NJW 1978, 1782 (1784).

[14] Art. 104 ist in Art. 93 Abs. 1 Nr. 4a genannt, also „rügefähig".

[15] Dazu im Blick auf Art. 104 Abs. 1 BVerfGE 1, 418 (420).

[16] Zu besonderen Anforderungen an den Grundsatz der Verhältnismäßigkeit, der seinerseits durch besondere grundrechtliche oder sich aus europäischem Recht (EMRK) ergebende Schutzpflichten ausgestaltet sein kann vgl. *Radtke* in BeckOK GG Rn. 8 f. mwN.

[17] StRspr, vgl. zuletzt BVerfGE 109 (239 f.) und BVerfGE 117, 71 (95 f.) jeweils mwN.; auch BVerfG NJW 2011, 1931 (1936 ff. Rn. 96 ff.); NStZ-RR 2013, 115.

[18] S. zB BVerfGE 65, 317 (322); 76, 363 (381); BVerfG BeckRS 2016, 53503, Rn. 37; *Hill* in HdbStR VI, 2. Aufl. 2001, § 156 Rn. 76; s. ferner die bei → Art. 13 Rn. 49 beschriebene Wende in der Rspr. des BVerfG zur nachträglichen fachgerichtlichen Überprüfung von Grundrechtseingriffen, BVerfGE 96, 27 (42), die Bedeutung auch für Art. 104 Abs. 2, Abs. 3 hat, vgl. BVerfG EuGRZ 1997, 374 (375), sowie NJW 1998, 669; sa OLG Karlsruhe NVwZ 1998, Beil. Nr. 5, 52 f.

[19] Die ungeachtet von völkerrechtlichen Vorkehrungen besteht, vgl. zB Art. 7 des Internationalen Paktes über bürgerliche und politische Rechte v. 19.12.1966, BGBl. 1973 II 1534 f.

[20] Missverständlich BGH NJW 1982, 753 (755); krit. auch *Gusy* JuS 1989, 710 (716).

[21] *Mehde* in Maunz/Dürig Rn. 11 ff.; *Schulze-Fielitz* in Dreier Rn. 8 ff.

Art. 5 EMRK. Gemäß dem BVerfG werden die Anforderungen an die Rechtfertigung von Freiheitsentziehungen durch die Wertungen von Art. 5 EMRK verstärkt.[22] Die Nutzung der EMRK als Auslegungshilfe für Art. 104 GG erfolgt allerdings ergebnisorientiert und zielt nicht auf eine schematische Parallelisierung der Begriffe. Insbesondere zieht das BVerfG die zulässigen Gründe für Freiheitsentziehungen nach Art. 5 Abs. 1 S. 2 lit. a bis f EMRK bei der Prüfung der Verletzung von Art. 104 GG heran (Rn. 42).[23]

B. Einzelfragen

I. Adressaten

7 Art. 104 richtet sich an die **öffentliche Gewalt,**[24] doch strahlt er iVm Art. 2 Abs. 2 S. 2 auch auf private Rechtsverhältnisse aus und stellt sich damit als eine **objektive Wertentscheidung** auch im Bereich freiheitsentziehender und freiheitsbeschränkender Unterbringungen aufgrund **zivilrechtlicher** Vorschriften dar.[25] Kinder können durch ihre Eltern nach § 1631b BGB nur mit Genehmigung des Familiengerichts „untergebracht" werden.[26] Soweit ein Vormund die Personensorge über ein minderjähriges Mündel ausübt (s. § 1793 BGB), ist für die verfassungsrechtliche Beurteilung zu berücksichtigen, dass dem Vormund – anders als den Eltern, Art. 6 Abs. 1 – kein mit Verfassungsrang ausgestattetes Bestimmungsrecht zusteht.[27] Die freiheitsentziehende Unterbringung Volljähriger und die Anordnung unterbringungsähnlicher Maßnahmen durch ihre Betreuer ist in § 1906 BGB geregelt (Abs. 2: Genehmigung des Vormundschaftsgerichts).[28] Die grundrechtliche Wertentscheidung zugunsten der Freiheit der Person impliziert eine diesbezügliche Schutzverpflichtung[29] und gebietet die Wahrung des Grundsatzes der Verhältnismäßigkeit auch bei zivilrechtlich begründeten Einwirkungen und die Beachtung dessen bei einschlägigen Entscheidungen in Anwendung einfachen Rechts, dies ungeachtet der Frage, ob aus verfassungsrechtlichen Gründen jeweils eine präventive gerichtliche Kontrolle erforderlich ist.[30]

---

[22] BVerfG NVwZ 2016, 1079 (1080, Rn. 28) – Fall Castor – m. Bspr. *Muckel* JA 2016, 795.

[23] BVerfG NVwZ 2016, 1079 (1080, Rn. 29 ff.). Näher *Schulze-Fielitz* in Dreier Rn. 9 ff.

[24] BGHZ 17, 108 (113); BVerfG NJW 2018, 2619 (2620, Rn. 65); *Mehde* in Maunz/Dürig Rn. 38.

[25] Vgl. dazu bereits BVerfGE 10, 302 (322 f.); hier blieb offen, ob sich dies auch im Bereich der elterlichen Gewalt gegenüber Kindern auswirkt, BVerfGE 10, 302 (328). Zur Schutzpflicht aus Art. 2 Abs. 2 S. 1 für ärztliche Zwangsbehandlungen BVerfG NJW 2017, 53 (55 ff. Rn. 66 ff.).

[26] S. dazu die Verfahrensvorschriften in §§ 312 ff. FamFG, die iÜ einheitlich das Verfahren der zivilrechtlichen Unterbringung für Minderjährige und Volljährige regeln, vgl. §§ 151 Nr. 6 u. 7, § 167 FamFG.

[27] S. *Giesen,* Familienrecht, 2. Aufl. 1997, Rn. 820.

[28] S. zu der Änderung nach der Reform der Vormundschaft und Pflegschaft für Volljährige durch das BetreuungsG v. 12.9.1990, BGBl. I 2002; *Zimmermann/Damrau* NJW 1991, 538 ff.; näher *Spickhoff* in Säcker/Rixecker, Münchener Kommentar zum BGB, 7. Aufl. 2017, § 1800 Rn. 22 ff., sowie *Schwab* in Säcker/Rixecker, Münchener Kommentar zum BGB, 7. Aufl. 2017, § 1906 Rn. 8 ff.

[29] Sa *Gusy* in MKS Rn. 17.

[30] S. dazu *Gernhuber/Coester-Waltjen,* Familienrecht, 6. Aufl. 2010, § 7 Rn. 11 ff. Zur Bedeutung des Art. 104 Abs. 2 in sog. Besonderen Gewaltverhältnissen *Hantel,* Der Begriff der Freiheitsentziehung in Art. 104 II GG, 1988, 89 ff. (185 ff.); → Rn. 19.

II. Die Freiheit der Person

Da Art. 104 von der Freiheit der „Person" spricht, gilt er für **alle natürlichen Personen**[31] ohne Rücksicht auf Staatsangehörigkeit oder Alter.[32] Dementsprechend kann es auch auf die Geschäftsfähigkeit nicht ankommen.[33] Dass die betreffende Person einen selbständigen Willen entfalten kann, ist nicht vorausgesetzt.[34] Es genügt der tatsächliche **natürliche Wille** der Person, so dass auch psychisch Kranke und nicht voll Geschäftsfähige erfasst sind.[35] 8

„Freiheit der Person" meint die **körperliche Bewegungsfreiheit;** jeder von unmittelbarem Zwang gekennzeichnete Eingriff in diese Freiheit[36] stellt eine **„Beschränkung"** iSd Art. 104 Abs. 1 S. 1 dar.[37] Wer gegen seinen Willen durch die öffentliche Gewalt in seiner körperlichen Bewegungsfreiheit beeinträchtigt wird, unterliegt damit einer Freiheitsbeschränkung, sofern der Eingriff ein „negatives Moment"[38] aufweist, dh jemand gehindert wird, einen bestimmten, ihm an sich zugänglichen Ort aufzusuchen und sich dort aufzuhalten.[39] Jede Verhaftung, Festnahme, Vorführung, auch bereits die Verurteilung zu einer Freiheitsstrafe (als Teil des „Gesamtvorganges des Freiheitsentzuges"),[40] ist deshalb jedenfalls Freiheitsbeschränkung. Das gilt auch für die nicht nur kurzfristige Fixierung von Gliedmaßen im Rahmen eines bereits bestehenden Freiheitsentziehungsverhältnisses (Rn. 36).[41] Die bloße Verpflichtung, an einem bestimmten Ort zu erscheinen, bedeutet demgegenüber regelmäßig keine Freiheitsbeschränkung, wenn nicht bei der Nichterfüllung mit sofortiger Zwangsausübung gerechnet werden muss.[42] 9

Abs. 1 S. 1 erfasst freiheitsbeschränkende Maßnahmen, während Abs. 2 sich nur auf Freiheitsentziehungen bezieht. Freiheitsbeschränkung ist der **weitere Begriff,** weil jede Freiheitsentziehung auch Freiheitsbeschränkung ist. Insoweit bezeichnet die Freiheitsentziehung die schwerste Form der Freiheitsbeschränkung (Rn. 23).[43] Die **Abgrenzung** erfolgt danach, ob die – tatsächlich und rechtlich an sich gegebene – Bewegungsfreiheit nach jeder Richtung hin nicht nur kurzfristig aufgehoben wird, dann **Freiheitsentziehung,** oder nicht, dann Freiheitsbeschränkung (Rn. 25).[44] 10

Art. 104 Abs. 1 S. 1 sagt nichts aus über die Art und Weise, in der die in ihrer Freiheit beschränkte Person zu behandeln ist; Beschränkungen enthält insoweit – abgesehen von der allgemeinen Grundrechtsordnung – nur Abs. 1 S. 2.[45] 11

---

[31] → Rn. 2.

[32] OLG Saarbrücken NJW 1978, 2460 (2462).

[33] BVerfGE 10, 302 (309 f.); vgl. auch 58, 208 (224).

[34] Vgl. *Grabitz* in HdbStR VI, 2. Aufl. 2001, § 130 Rn. 31; zurückhaltend *Gusy* in MKS Rn. 19. Zu psychisch Kranken BVerfGE 70, 297 (307 f.); NJW 1998, 1774 (1775).

[35] BVerfG NJW 2018, 2619 (2620, Rn. 66).

[36] BVerfGE 22, 21 (26); BVerfG NJW 2018, 2619 (2620, Rn. 65 ff.).

[37] Damit nicht notwendig auch eine „Freiheitsentziehung" iSd Art. 104 Abs. 2 S. 1, → Rn. 23 ff.

[38] *Dürig* in Maunz/Dürig, 79. EL Dezember 2016, Rn. 12.

[39] BVerfGE 105, 239 (248); BVerfG NJW 2018, 2619 (2621, Rn. 67).

[40] BVerfGE 14, 174 (186); BVerfG NJW 2018, 2619 (2620, Rn. 65); OLG Bremen NJW 1975, 1524 (1525).

[41] Vgl. BVerfG NJW 2018, 2619 (2621, Rn. 69) für die Freiheitsentziehung.

[42] S. näher und mit Nachw. zum Streitstand → Art. 2 Rn. 76, 136 ferner die Einzelfälle → Rn. 26.

[43] BVerfGE 10, 302 (323); BVerfG NJW 2018, 2619 (2621, Rn. 67).

[44] BVerfG NVwZ 1996, 678 (681); NJW 2018, 2619 (2621, Rn. 67).

[45] BVerfGE 2, 118 (119); 33, 1 (10); aA wohl AG Zweibrücken NJW 1979, 1557.

III. Kann nur aufgrund eines förmlichen Gesetzes und nur unter Beachtung der darin vorgesehenen Formen beschränkt werden (Abs. 1 S. 1)

12 Nach dem Gesetzesvorbehalt des Art. 104 Abs. 1 S. 1 kann die Freiheit der Person nur aufgrund eines **förmlichen** (Bundes- oder Landes-) **Gesetzes** beschränkt werden.[46]

13 Eine **Rechtsverordnung** ist auch dann nicht förmliches Gesetz iSd Art. 104 Abs. 1 S. 1, wenn sie aufgrund einer in einem förmlichen Gesetz enthaltenen Ermächtigung erlassen worden ist. Vielmehr müssen Voraussetzungen und Natur des Eingriffs sowie Art und Maß der Freiheitsbeschränkung durch den **Gesetzgeber selbst** festgelegt sein,[47] damit jede Freiheitsbeschränkung **berechenbar, messbar und (gerichtlich) kontrollierbar** ist.[48]

14 Das BVerfG hat den Gesetzesvorbehalt des Art. 104 Abs. 1 S. 1 relativiert, indem es eine **„Spezifizierung"** des Eingriffstatbestandes durch **nichtförmliches Gesetz** für zulässig erklärt; sie „wahre" die „Rechtssicherheit und die Freiheit des einzelnen nach Sinn und Zweck des Art. 104".[49] Diese These ist solange nicht unbedenklich, als über den Begriff der „Spezifizierung" keine Klarheit herrscht; bei ihrer Verwendung ist deshalb Zurückhaltung geboten. Es ist in jedem Einzelfall zu prüfen, ob ein Freiheitsbeschränkungen erlaubendes nichtförmliches Gesetz auf ein förmliches Gesetz zurückgeführt werden kann, das die Einzelheiten des Eingriffs so detailliert regelt, wie es dem Anliegen des Art. 104 entspricht. Dabei ist es nicht überzeugend, den zu fordernden Grad an Bestimmtheit von der Schwere des Eingriffs abhängig zu machen.[50] Für eine solche Differenzierung bietet Art. 104 Abs. 1 S. 1, der sämtliche Freiheitsbeschränkungen betrifft, keinen Anhaltspunkt. Der Bestimmtheitsgrad, der von dem förmlichen Gesetz zu fordern ist, kann sich aber nach der jeweils zu regelnden Materie richten: „Wenn wechselnde und mannigfaltige Einzelregelungen erforderlich werden können"[51] – wie das etwa im Straßenverkehrsrecht oder im Umweltschutzrecht der Fall ist –, kann dem Verordnungsgeber der dafür sachlich gebotene Spielraum überlassen werden.[52]

15 Art. 104 Abs. 1 S. 1 enthält somit – im Zusammenspiel mit **Art. 103 Abs. 2**[53] – auch das Gebot, dass Gesetze, aufgrund derer Freiheitsstrafen verhängt werden können, die Voraussetzungen der Strafbarkeit sowie Art und

---

[46] BVerfG NJW 2011, 2113 (2118 f., Rn. 72 f.); NJW 2013, 2337 Rn. 52; NJW 2014, 3294 (3295, Rn. 26 ff.); NJW 2016, 148 (149 ff.); NJW 2018, 2619 (2622, Rn. 76).

[47] BVerfGE 14, 174 (187); BGHZ 15, 61 (63 f.).

[48] S. BVerfGE 29, 183 (195); BVerfG NJW 2012, 3357 (3363, Rn. 117); NJW 2013, 3151 (3159, Rn. 111); NJW 2018, 2619 (2622 Rn. 79); *Grabitz* in HdbStR VI, 2. Aufl. 2001, § 130 Rn. 20.

[49] BVerfGE 14, 174 (187); 51, 60 (70 f.); vgl. auch BVerfGE 75, 329 (342); *Hill* in HdbStR VI, 2. Aufl. 2001, § 156 Rn. 75.

[50] So aber die stRspr des BVerfG, vgl. zuletzt BVerfGE 109, 133 (187 f.) bzgl. präventiver Freiheitsentziehungen sowie BVerfGE 117, 71 (111) bzgl. der Regelungen über die Aussetzung lebenslanger Freiheitsstrafe; ferner BVerfGE 14, 245 (251); 75, 329 (342); *Jarass* in Jarass/Pieroth Rn. 4.

[51] BVerfGE 14, 245 (251); vgl. auch BVerfGE 51, 60 (70 f.).

[52] Zur Zulässigkeit sog. dynamischer Verweisungen in diesem Bereich s. *Karpen,* Die Verweisung als Mittel der Gesetzgebungstechnik, 1970, 208 f.; *Schenke* NJW 1980, 743 (747); *Krey* EWR 1981, 109 (182 ff.).

[53] S. dort *Kunig/Saliger* → Rn. 43 ff.

Ausmaß der Strafe **hinreichend deutlich** umschreiben.[54] Dabei kommt es auf das Gesetz, nicht auf die richterliche Weisung im Einzelfall an.[55] In Rspr. und Schrifttum werden insoweit praktisch identische Anforderungen aus Art. 103 Abs. 2 und 104 Abs. 1 S. 1 abgeleitet.[56] Denn für das BVerfG ergibt sich aus Art. 104 Abs. 1 im Ergebnis ein **ähnliches Bestimmtheitsgebot** wie aus Art. 103 Abs. 2, da die Norm die aus dem Rechtsstaatsprinzip folgenden Bestimmtheitsanforderungen konkretisiert und präventive Freiheitsentziehungen in gleicher Weise in Art. 2 Abs. 2 S. 2 eingreifen wie Freiheitsstrafen.[57] Auch das Bestimmtheitsgebot nach Art. 104 Abs. 1 erlaubt daher die Verwendung konkretisierungsbedürftiger und unbestimmter Rechtsbegriffe[58] und verlangt keine bis ins Letzte präzisierte Weisungen.[59] Allerdings muss der Gesetzgeber die Fälle, in denen eine Freiheitsentziehung zulässig sein soll, **hinreichend klar** bezeichnen (→ Rn. 13).[60] Das Maß der gebotenen Bestimmtheit hängt nach dem BVerfG von der Eigenart der zu ordnenden Sachverhalte, dem Normzweck und der Intensität der Eiwirkung auf den Betroffenen ab.[61] Unbestimmt ist daher eine mit dem Widerruf der Bewährung verbundene gerichtliche **Arbeitsauflage** nach § 56b Abs. 2 Nr. 3 StGB, die zwar Art und Umfang der zu erbringenden Tätigkeiten, nicht aber den Leistungszeitraum festlegt (→ Rn. 26 „Strafaussetzung zur Bewährung").[62] Zum näheren Umfang des Bestimmtheitsgebots kann auf die Kommentierung des Art. 103[63] verwiesen werden. **Außerhalb** des Anwendungsbereichs des Art. 103 Abs. 2 (Bsp.: § 57a Abs. 1 S. 1 Nr. 2 StGB[64] sowie bei Maßregeln der Besserung und Sicherung gem. §§ 61 ff. StGB[65]) sind an die Bestimmtheit von Gesetzen im Rahmen des Art. 104 Abs. 1 S. 1 die allgemeinen rechtsstaatlichen Anforderungen zu stellen.[66] Unvereinbar mit Art. 104 Abs. 1 S. 1 sind die **analoge Heranziehung** einer Norm oder die Anwendung von Gewohnheitsrecht als materielle Grundlage für eine Freiheitsbeschränkung.[67]

---

[54] BVerfGE 14, 245 (252); 22, 1 (18); 23, 265 (269); 75, 329 (343 f.); 78, 374 (383); 80, 244 (256 f.); BVerfG NJW 2012, 3357 (3363, Rn. 117 f.); 2013,3151 (3159, Rn. 111 f.); NJW 2016, 148 (149 ff., Rn. 19 ff.); *Groth* NJW 1979, 743 (748).

[55] Anders *Raabe,* Die Führungsaufsicht im 2. Strafrechtsreformgesetz, 1973, 135 ff.

[56] So zutreffend *Krey* EWR 1981, 109 (183 f.) mit Nachw.; s. beispielhaft BVerfGE 78, 374 (383): „Insoweit gilt das zum Maßstab des Art. 103 Abs. 2 Ausgeführte gleichermaßen"; BVerfGE 88, 203 (337) spricht von „dem" speziellen Gesetzesvorbehalt „der Art. 103 II, 104 I"; sa BVerfGE 96, 68 (97); *Schulze-Fielitz* in Dreier Rn. 29 ff.; rechtsdogmatische Kritik bei *Gusy* in MKS Rn. 26.

[57] BVerfG NJW 2012, 3357 (3363, Rn. 117); NJW 2013, 3151 (3159, Rn. 111); NJW 2018, 2619 (2622 f., Rn. 79).

[58] BVerfG NJW 2012, 3357 (3363, Rn. 118); NJW 2013, 3151 (3159, Rn. 112).

[59] BVerfG NJW 2016, 148 (149, Rn. 20).

[60] BVerfG NJW 2018, 2619 (2622, Rn. 79).

[61] BVerfG NJW 2016, 148 (149, Rn. 20); auch BVerfG NJW 2012, 3357 (3363, Rn. 118).

[62] BVerfG NJW 2016, 148 (149 f., Rn. 24 ff.).

[63] → Art. 103 Rn. 43 ff.

[64] S. BVerfGE 86, 288 (311).

[65] S. BVerfGE 109, 133 (167 ff.).

[66] BVerfGE 109, 133 (188); 117, 71 (110); →Art. 20 Rn. 148 ff. Zur **polizeilichen Generalklausel** insoweit *W. Hoffmann(-Riem),* DVBl 1967, 751 (757 f.) und *Drews/Wacke/Vogel/Martens,* Gefahrenabwehr, 9. Aufl. 1986, 188: ausreichend; *Ule/Rasch,* Allgemeines Polizei- und Ordnungsrecht, 1965, 67 ff.; *Götz/Geis,* Allgemeines Polizei- und Ordnungsrecht, 16. Aufl. 2017, § 8 Rn. 8 ff.; *Greifeld* JuS 1982, 819 (820): nicht ausreichend. S. dazu näher *Gusy,* Polizeirecht, 10. Aufl. 2017, § 3 Rn. 77 ff.

[67] BVerfGE 29, 183 (195 f.); BVerfG DtZ 1995, 436; ferner BVerfG NJW 2013, 3151 (3162, Rn. 140); vgl. auch *Schwan* AöR 102 (1977), 243 (249). Die bloße Unvereinbarerklärung einer Norm durch das BVerfG gem. § 31 Abs. 2 S. 3 BVerfGG, verbunden mit

Demgegenüber wurde die analoge Anwendung von Verfahrensvorschriften (wie derjenigen des früheren FGG)[68] für zulässig gehalten.[69]

16 Verfehlt wäre es, aus Art. 104 Abs. 1 S. 1 auf die Unanwendbarkeit des Art. 19 Abs. 1 S. 2 (Zitiergebot) bei Art. 2 Abs. 2 schließen zu wollen.[70]

17 Aus Art. 104 Abs. 1 S. 1 ergeben sich nicht nur Anforderungen an die Qualität von Eingriffsnormen in inhaltlicher Hinsicht, vielmehr gebietet die Vorschrift auch deren Erlass einschließlich einer **verfahrensbezogenen** Dimension.[71] Soweit die Freiheitsbeschränkungen ermöglichenden Gesetze die „Formen", also das **Verfahren,** regeln, erhalten diese durch Art. 104 Abs. 1 S. 1 verfassungsrechtlichen Schutz; ihre Nichteinhaltung kann also mit der Verfassungsbeschwerde gerügt werden (Rn. 3).[72] Dass dabei rechtliches Gehör gewährt werden muss, ergibt sich auch schon aus Art. 103 Abs. 1, der aber nicht stets eine mündliche Anhörung gebietet und dessen Verletzung häufig durch nachträgliche Gehörgewährung geheilt werden kann.[73] Das gilt nicht für den Verstoß gegen das Gebot vorheriger persönlicher Anhörung bei einer vorläufigen Unterbringung in einem psychiatrischen Krankenhaus.[74] Wegen Art. 104 Abs. 1 ergeben sich für die **gerichtliche Ermittlungspflicht strikte Anforderungen** (Rn. 24). Im Übrigen haben die Fachgerichte zwecks Vermeidung einer Aushöhlung und Entwertung des Grundrechts über das Verfahrensrecht Inhalt und Reichweite der Form- und Verfahrensvorschriften eines freiheitsbeschränkenden Gesetzes so auszulegen, dass sie eine der Bedeutung des Grundrechts angemessene Wirkung entfalten.[75]

IV. Festgehaltene Personen dürfen weder seelisch noch körperlich misshandelt werden (Abs. 1 S. 2)

18 Art. 104 Abs. 1 S. 2 verbietet einen **„unmenschlichen Vollzug".**[76] Er enthält als **Misshandlungsverbot** die Klarstellung eines sich bereits aus Art. 1 Abs. 1[77] **und** Art. 2 Abs. 2 S. 1[78] ergebenden Verbots:[79] Weder mit dem Gebot des Schutzes der Menschenwürde[80] noch mit dem Recht auf körperliche Unversehrtheit wäre eine seelische oder körperliche Misshand-

---

der Anordnung der befristeten Fortgeltung der an sich verfassungswidrigen Regelung stellt nach zutreffender Ansicht der Richter *Broß, Osterloh* und *Gerhardt* eine richterliche Rechtsfortbildung und damit Gewohnheitsrecht dar, das keine zulässige gesetzliche Grundlage iSd Art. 104 Abs. 1 S. 1 darstellen kann, vgl. deren abwM, BVerfGE 109, 190 (253 f.); dieser Kritik zust. *Baier* Jura 2004, 552 (556).

[68] S. dazu BVerwGE 1, 229 (233); *Wolff* DÖV 1951, 313 (315).

[69] BVerfGE 83, 24 (31 f.).

[70] *Menger* in BK, Zweitbearb., Art. 19 Abs. 1 Rn. 183 mwN; *Jarass* in Jarass/Pieroth Rn. 4; ferner → Art. 2 Rn. 147 und Art. 19 Rn. 31 ff.; aA *Sienz,* Das Zitiergebot nach Art. 19 Absatz 1 Satz 2 des Grundgesetzes, 1959, 48.

[71] Insoweit kein Analogieverbot, BVerfGE 83, 24 (32); sa *Gusy* in MKS Rn. 29; anders *Grabitz* in HdbStR VI, 2. Aufl. 2001, § 130 Rn. 22.

[72] BVerfGE 58, 208 (220); BVerfG NJW 1995, 3047; NJW 2014, 3294 (3295) *Neumann* NJW 1982, 2588 (2591 f.); *Schulze-Fielitz* in Dreier Rn. 36.

[73] Vgl. näher BVerfGE 58, 208 (220 ff.); sa BVerfGE 61, 123 (125); 63, 340 (341).

[74] BVerfG NJW 1990, 2309 (2310).

[75] BVerfG NStZ-RR 2014, 222 (223); NJW 2014, 3294 (3295 Rn. 28); auch *Schulze-Fielitz* in Dreier Rn. 34.

[76] BVerfGE 2, 118 (119).

[77] So *Wolff* in Hömig/Wolff Rn. 6.

[78] So *Giese/Schunck,* Grundgesetz für die Bundesrepublik Deutschland vom 23.5.1949, 9. Aufl. 1976, Anm. II 2.

[79] Wie hier *Mehde* in Maunz/Dürig Rn. 7.

[80] Vgl. dazu insoweit *Starck* JZ 1981, 457 (459).

lung festgehaltener Personen durch Staatsorgane vereinbar; sie ist im Übrigen strafbar.[81] Alle drei genannten Verfassungsbestimmungen werden für den Teilbereich der Vernehmung Beschuldigter (also nicht nur festgehaltener Personen) konkretisiert durch § 136a StPO, der Misshandlung, Ermüdung, körperlichen Eingriff, Verabreichung von Mitteln, Täuschung und Hypnose ausdrücklich verbietet (Abs. 1 S. 1) und zwar ungeachtet der Einwilligung des zu Vernehmenden (Abs. 3 S. 1); die Einhaltung dieses Verbots ist durch ein Beweisverwertungsverbot sanktioniert (Abs. 3 S. 2). Wegen der Art. 1 Abs. 1 u. 2 Abs. 2 S. 1 ist die Frage müßig, ob Art. 104 Abs. 1 S. 2 nur für Freiheitsentziehungen[82] oder auch für Freiheitsbeschränkungen gilt.[83]

Aus Art. 104 Abs. 1 S. 2 kann nicht gefolgert werden, dass die übrigen 19 Grundrechte festgehaltenen Personen nicht zustünden. Die Diskussion um das Strafvollzugsverhältnis als ein Grundrechtsbeschränkungen auch ohne gesetzliche Grundlage zulassendes Rechtsverhältnis kann als abgeschlossen gelten[84]; eine andere Frage bleibt diejenige nach dem (unterschiedlichen) Grad der Beschränkbarkeiten in solchen Verhältnissen.

„Körperliche Misshandlung" ist in Übereinstimmung mit § 223 StGB 20 ein „übles, unangemessenes Behandeln, das entweder das körperliche Wohlbefinden oder die körperliche Unversehrtheit nicht nur unerheblich beeinträchtigt".[85] Tun und Unterlassen stehen sich insoweit gleich. Klassische und neuartige Methoden der Folter sowie die Verabreichung von Psychopharmaka (nicht aber von Kaffee oder Zigaretten) sind ebenso verboten wie die Einschließung in zu engen, feuchten, schalldichten, abgedunkelten oder grell beleuchteten Zellen.[86] Ausreichende Verpflegung[87] und medizinische Versorgung[88] müssen ebenso gewährleistet sein wie die Erfüllbarkeit hygienischer Grundbedürfnisse. Der Schutz der körperlichen Integrität vor Misshandlung ist in Gefängnissen nicht etwa prinzipiell geringer als außerhalb.[89]

„Seelische Misshandlung" bezieht sich auf jede entwürdigende und ent- 21 ehrende Behandlung, umfasst also jedenfalls alle Maßnahmen, die die freie Willensbildung und das Erinnerungsvermögen beeinträchtigen können (hier kann zugleich eine „körperliche Misshandlung" gegeben sein), ferner Beleidigungen.[90] Auch der Entzug von Lesestoff kann eine seelische Misshandlung sein, woraus sich freilich nicht das Recht auf Bezug und Lektüre jedweder Literatur ergibt.[91] Auch die Vorenthaltung der Post[92] oder die Nichtaushän-

---

[81] §§ 223, 340, 343, auch § 185 StGB.

[82] So *Mehde* in Maunz/Dürig Rn. 176; aA BVerfGE 2, 118 (Ls. 1).

[83] Zur Abgrenzung → Rn. 10, 23 ff.

[84] Vgl. allg. v. *Münch/Kunig* in v. Münch/Kunig Vorauflage Vorb. Art. 1–19 Rn. 43.

[85] BGHSt 14, 269 (271).

[86] Vgl. auch *Meyer-Goßner/Schmitt,* 63. Aufl. 2020, StPO § 136a Rn. 7, 10.

[87] Vgl. dazu § 21 StVollzG.

[88] Vgl. §§ 56 ff. StVollzG.

[89] Zust. *Gusy* in MKS Rn. 34; sa *Wulf* NJ 1996, 227 ff., allg. zum Grundrechtsschutz im Strafvollzug; ähnl. auch *Grabitz* in HdbStR VI, 2. Aufl. 2001, § 130 Rn. 23; deutlich enger mit „historischer" Auslegung und wegen andernfalls „unangemessener Ergebnisse" *Rüping* in BK Rn. 36 ff.; die Zulässigkeit von Folter in Extremsituationen erwägt *Brugger* mit „teleologischer Reduktion" des Art. 1 Abs. 1, JZ 2000, 165 (169). Zur seither aufgekommenen Diskussion über die „Zulässigkeit" von Folter näher → Art. 1 Rn. 53 „Folterverbot".

[90] Ähnl. *Mehde* in Maunz/Dürig Rn. 179.

[91] BVerfGE 40, 273 (283 ff.) und §§ 68 ff. StVollzG; zustimmend *Mehde* in Maunz/Dürig Rn. 179.

[92] Vgl. → Art. 1 Rn. 53 „Untersuchungshaft", mwN; sowie § 33 StVollzG; anders: *Dürig* in Maunz/Dürig, 79. EL Dezember 2016, Rn. 22.

digung dem Festgehaltenen übersandter Lebensmittel[93] kann zulässig sein (zum Recht auf Schriftwechsel vgl. §§ 28 ff. StVollzG).[94] Insgesamt hat jeder Eingriff in die Kommunikationsmöglichkeiten des Festgehaltenen[95] die Wertentscheidung des Art. 104 Abs. 1 S. 2 zu berücksichtigen.[96]

22 Die **lebenslange Freiheitsstrafe** ist durch Art. 104 Abs. 1 S. 2 nicht aus dem Arsenal nach dem GG zulässiger Strafen verbannt,[97] aber auch nicht für zulässig erklärt worden.[98]

V. Über die Zulässigkeit und Fortdauer einer Freiheitsentziehung hat nur der Richter zu entscheiden (Abs. 2 S. 1)

23 Die **Freiheitsentziehung** ist die intensivste Form des Eingriffs in die Freiheit der Person (→ Rn. 10);[99] über ihre Zulässigkeit und Fortdauer muss daher **in jedem Fall ein Richter** entscheiden. Dem Handeln der Exekutive schaltet Art. 104 Abs. 2 S. 1 das Erfordernis einer gerichtlichen Erlaubnis vor.[100] Der **Richtervorbehalt** dient laut BVerfG der verstärkten Sicherung des Freiheitsgrundrechts aus Art. 2 Abs. 2 S. 2 und zielt auf eine **vorbeugende Kontrolle** der Maßnahme durch eine unabhängige und neutrale Instanz.[101] Er steht nicht zur Disposition des Gesetzgebers.[102] Freiheitsentziehung meint dabei nicht nur repressives Handeln (wie traditionell), sondern bezieht die präventive oder auch anders, etwa fürsorgerisch, motivierte Freiheitsentziehung ein.[103] Freiheitsentziehung ist auch dadurch möglich, dass im Verfahren über die Aussetzung des Rests einer Freiheitsstrafe zur Bewährung das **Beschleunigungsgebots verletzt** wird, sofern das Freiheitsrecht nach den Umständen des Einzelfalls gerade durch eine sachwidrige Verzögerung

[93] Dazu BVerfGE 34, 369 (383).

[94] S. *Gusy* FS f. Bemmann, 1997, 673 ff.

[95] Vgl. zum Besuchsrecht §§ 23 ff. StVollzG.

[96] Näher *Hoffmeyer*, Grundrechte im Strafvollzug, 1979, 197; sa LG Krefeld NJW 1972, 2058; sowie *Eidt* AnwBl 1976, 379 ff. Zu dem im Verfahren gegen Angehörige der sog. RAF erhobenen Vorwurf der **„Isolationsfolter“** vgl. EKMR 30.5.1975 – 6166/73, EuGRZ 1975, 455 ff. (Kurzfassung NJW 1975, 2168); zum sog. KontaktsperreG (s. §§ 31–38 EGGVG) vgl. *Vogel* NJW 1978, 1217 (1222 f.) und BVerfGE 46, 1 ff.; 49, 24 ff., freilich ohne die von Art. 104 Abs. 1 S. 2 gebotene eingehende Auseinandersetzung mit den Folgen für den Betroffenen: „Zwar ist nicht zu verkennen, daß die Kontaktsperre für die Betroffenen in der Regel mit erheblichen Belastungen vor allem in psychologischer Hinsicht verbunden ist. Diese wiegen indessen – insbesondere im Blick auf ihre gesetzlich vorgeschriebene Befristung – regelmäßig nicht so schwer, dass Anlass zu der Annahme bestünde, sie überschritten bereits die (von der Verfassung) gezogenen Grenzen“ (BVerfGE 49, 24 (64)). Diese Beurteilung, die ausdrücklich auf den „Regelfall“ abstellt, zeigt immerhin, dass der Einzelfallentscheidung großes Gewicht für die Anwendung des Art. 104 Abs. 1 S. 2 zukommt.

[97] BVerfGE 45, 187 (270 f.); sa → Art. 1 Rn. 53 „Lebenslange Freiheitsstrafe“; sowie → Art. 102 Rn. 12.

[98] So aber *Mehde* in Maunz/Dürig Rn. 68; wie hier *Erichsen* NJW 1976, 1721 (1723); LG Verden NJW 1976, 980 (981); wohl nun auch BVerfGE 117, 71 (89 ff.). S. zur Aussetzung der Strafvollstreckung bei Mord BVerfG NStZ 1998, 373 ff.

[99] Vgl. dazu BVerfGE 10, 302 (323); 105, 239 (248).

[100] *Krüger*, Allgemeine Staatslehre, 2. Aufl. 1966, 906, vergleicht die Norm deshalb mit Art. 21 Abs. 2; vgl. ferner Art. 13 Abs. 2, 18 S. 2; sa *Gusy* JuS 1980, 718 (721) sowie mit Hinweis auf Defizite der Wirksamkeit von Richtervorbehalten im allg. in der Vollzugspraxis *Gusy* Jura 1998, 167 ff.; sa *Asbrock* ZRP 1998, 17 ff. Vergleich mit dem Richtervorbehalt in Art. 5 Abs. 3 EMRK bei *Frowein* EuGRZ 1980, 231 (233).

[101] BVerfG NJW 2018, 2619 (2625, Rn. 96).

[102] BVerfGE 10, 302 (323); BVerfG NVwZ 2016, 1079 Rn. 27; NJW 2018, 2619 (2625, Rn. 93); BeckRS 2020, 10780 Rn. 49.

[103] Zu diesbzgl. Kontroversen im Zuge der Entstehung der Vorschrift *Gusy* in MKS Rn. 7; anders *Knemeyer* NVwZ 1990, 138 (140).

der Entscheidung unangemessen weiter beschränkt wird (Rn. 26 „Beschleunigungsgrundsatz“).[104]

Art. 104 Abs. 2 S. 1 erweitert oder beschränkt selbst nicht die materiellen Gründe für eine Freiheitsentziehung, sondern setzt voraus, dass diese sich aus einem Gesetz iSd Art. 104 Abs. 1 S. 1 ergeben.[105] Das Gericht wendet das Gesetz gegebenenfalls nach eigenem Ermessen an;[106] es prüft „nicht lediglich die Rechtmäßigkeit eines Hoheitsaktes, für den andere die Verantwortung tragen, sondern es trägt selbst die Verantwortung für die Genehmigung oder Versagung des Eingriffs, weil ihm die Eingriffskompetenz übertragen ist“.[107] Dem Begriff der **Entscheidung** entnimmt das BVerfG, dass der Richter in vollem Umfang die Verantwortung für die Maßnahme übernimmt.[108] Das BVerfG verlangt, dass der **Richter eigenverantwortlich** die genaue Beachtung der sich aus der Verfassung und aus dem einfachen Recht ergebenden Voraussetzungen der Freiheitsentziehung prüft.[109] Es geht also nicht an, dass Private über die Grenzen einer zulässigen Freiheitsentziehung entscheiden[110] oder der Richter die von der Polizei vorgetragenen Tatsachen ohne eine Plausibilitätsprüfung übernimmt.[111] Deshalb muss eine Entscheidung über den Entzug der persönlichen Freiheit auf ausreichender richterlicher Sachaufklärung beruhen und eine in tatsächlicher Hinsicht genügende Grundlage haben. Für die richterliche Aufklärungspflicht im Freibeweisverfahren wie im Strafprozess gilt dabei das **Gebot bestmöglicher Sachaufklärung**[112], ebenso für den Straf- und Maßregelvollzug.[113] Der wertsetzenden Bedeutung des Grundrechts der Freiheit der Person iVm. mit Art. 104 ist zudem durch erhöhte Anforderungen an die Begründungstiefe gerichtlicher Entscheidungen Rechnung zu tragen **(Gebot hinreichender Begründungstiefe).**[114] Für die **Form** der Freiheitsentziehung ist Art. 104 Abs. 2 S. 1 unergiebig, betrifft also allein deren **Zulässigkeit** und **Fortdauer.**[115] 24

Jede Freiheitsentziehung ist zugleich eine Freiheitsbeschränkung iSd Art. 104 Abs. 1 S. 1 (→ Rn. 10). Der **Begriff der Freiheitsentziehung** ist im Übrigen umstritten.[116] Das BVerfG hatte sich hierzu seltener allgemein,[117] sondern eher meist einzelfallbezogen geäußert.[118] Das BVerwG[119] und der 25

---

[104] BVerfG NJW 2001, 2707; BeckRS 2014, 59304 Rn. 14.

[105] BVerfGE 10, 302 (310); OVG Münster NJW 1976, 1284; VGH München NJW 1982, 2275; sa LG Krefeld NJW 1972, 2058 f., für die Untersuchungshaft.

[106] Vgl. OVG Münster NJW 1976, 1284; *Mehde* in Maunz/Dürig Rn. 74.

[107] So zutr. *Lisken* NJW 1979, 1992; in diesem Sinne auch BVerfGE 83, 24 (33).

[108] BVerfGE 10, 302 (310).

[109] BVerfG NJW 2018, 2619 (2625, Rn. 97).

[110] BVerfG NJW 2018, 2619 (2625, Rn. 95).

[111] *Schulze-Fielitz* in Dreier Rn. 40.

[112] BVerfG NStZ-RR 2013, 115; NStZ-RR 2019, 289 (290); NJW 2020, 1501 Rn. 24.

[113] BVerfG NStZ-RR 2014, 222 (223); NJW 2014, 3294 Rn. 22.

[114] BVerfG NJW 2020, 1501 (1502, Rn. 25).

[115] BVerfGE 64, 261 (280), zur Gewährung von Urlaub als „begrenzter Behandlungsmaßnahme innerhalb“ des Vollzuges; s. ferner BVerfGE 98, 169 (198) zum Arrest; krit. insoweit *Bemmann* NJW 2000, 3116 f.; sa BVerfG NJW 1994, 1339.

[116] Vgl. eing. *Koschwitz,* Die kurzfristige polizeiliche Freiheitsentziehung, 1969, 26 ff.; *Hantel,* Der Begriff der Freiheitsentziehung in Art. 104 Abs. 2 GG, 1988; *Heidebach,* Grundrechtsschutz durch Verfahren bei gerichtlicher Freiheitsentziehung, 2014, 30 ff.

[117] S. etwa BVerfGE 94, 166 (198) – Flughafenverfahren, § 18a AsylVfG: „wenn die körperliche Bewegungsfreiheit durch staatliche Maßnahmen nach jeder Richtung hin aufgehoben wird“; ebenso BVerfGE 105, 239 (248).

[118] Vgl. zB BVerfGE 10, 302 (310).

[119] JR 1958, 153 (154).

BGH[120] haben sich insoweit auf § 2 Abs. 1 des ehemaligen Gesetzes über das gerichtliche Verfahren bei Freiheitsentziehungen[121] bezogen.[122] Danach ist Freiheitsentziehung „die Unterbringung einer Person gegen ihren Willen oder im Zustande der Willenlosigkeit in einem Gefängnis, einem Haftraum, einem Arbeitshaus, einer abgeschlossenen Verwahranstalt, einer abgeschlossenen Krankenanstalt oder einem abgeschlossenen Teil einer Krankenanstalt". Diese Definition trifft den Inhalt des in Art. 104 Abs. 2 S. 1 verwendeten Begriffs der Freiheitsentziehung nicht präzise, denn auf Motiv und Zwecke der Maßnahme kommt es nicht an, sondern allein auf deren Erfolg.[123] Auch die Dauer der Beeinträchtigung der körperlichen Bewegungsfreiheit ist für sich allein genommen kein geeignetes Abgrenzungsmerkmal.[124] Abgesehen von ganz flüchtigen Maßnahmen[125] ist jeder **umfassende Entzug der Bewegungsfreiheit** eine Freiheitsentziehung.[126] In diesem Sinne hat sich das BVerfG unter Rückgriff auf frühere Rechtsprechung[127] nun mit Fug allgemein dahin erklärt, dass eine Freiheitsentziehung anzunehmen ist, wenn die – tatsächlich und rechtlich gegebene – Bewegungsfreiheit des Betroffenen **nach jeder Richtung hin aufgehoben** wird (Rn. 10). Das setzt eine **besondere Eingriffsintensität** und eine **nicht nur kurzfristige Dauer** der Maßnahme voraus.[128] Die Freiheitsentziehung erfordert nicht den Einschluss in eine hierfür bestimmte Einrichtung, sondern erfasst auch andere Eingriffe von einer solchem Einschluss in der Einwirkung auf die Freiheit der Person vergleichbaren Intensität.

Einzelfälle

26 **Abschiebungshaft** – Die Abschiebungshaft nach § 57 (des früheren) AuslG bzw. § 62 AufenthG stellt eine Freiheitsentziehung dar;[129] nach BVerwG[130] ist dies bei der Anwendung einfachen unmittelbaren Zwangs zur Durchführung der Abschiebung nicht der Fall, wenn die Auswirkung der Maßnahme auf die Bewegungsfreiheit als „sekundäre, kurzfristige Folge der Erfüllung der Ausreisepflicht" erscheint.[131] Die

---

[120] BGHZ 35, 1 (7).

[121] BGBl. 1956 I 599, nunmehr aufgehoben durch das FGG-ReformG v. 17.12.2008 (BGBl. I 2586). § 415 Abs. 2 FamFG hat die Definition der Freiheitsentziehung im Wesentlichen übernommen, vgl. dazu *Bumiller* in Bumiller/Harders/Schwamb, FamFG Freiwillige Gerichtsbarkeit, 12. Aufl. 2019, FamFG § 415 Rn. 8.

[122] Krit. zB *Schnickmann* MDR 1976, 363 (364 ff.); *Götz,* Allgemeines Polizei- und Ordnungsrecht, 11. Aufl. 1993, Rn. 377; offengelassen hat die Frage BGH NJW 1982, 753 (755); krit. zu dieser Entscheidung, die auf das „Gewicht" einer Maßnahme abstellen möchte, *Lisken* NJW 1982, 1268 f.

[123] So auch *Dürig* in Maunz/Dürig, 79. EL Dezember 2016, Rn. 6; *Gusy* in MKS Rn. 20; *Moritz* NJW 1977, 796; *Schieder* KritV 2000, 218 (224 f.). Für die Berücksichtigung des Zweckes aber *Hoffmann* DVBl 1970, 475; *Erb* in Löwe/Rosenberg, 27. Aufl. 2018, StPO § 161a Rn. 40.

[124] S. aber *Degenhart* in Sachs Rn. 5a; eing. mwN bei *Koschwitz,* Die kurzfristige polizeiliche Freiheitsentziehung, 1969, 26 ff.

[125] Wie dem kurzfristigen Anhalten einer Person; Beispiele bei *Drews/Wacke/Vogel/Martens,* Gefahrenabwehr, 9. Aufl. 1986, 187 f.

[126] Vgl. *Baumann,* Unterbringungsrecht, 1966, 9 f.; *Moritz* NJW 1977, 796; *Lisken* ZRP 1980, 145 (146).

[127] → Fn. 117.

[128] BVerfG NJW 2018, 2619 (2621, Rn. 67) – Fixierungs-Fall.

[129] Zu § 16 AuslG aF OVG Berlin NJW 1973, 2172; *Zuleeg* JuS 1980, 621 (623); *Knösel* ZAR 1990, 75; zu § 62 AufenthG vgl. *Heinhold* ZAR 2006, 360 mwN bzgl. neuerer Rspr. zu diesem Bereich, ferner *Beichel-Bendetti* JA 2006, 450.

[130] BVerwGE 60, 325 ff.; vgl. auch BGHZ 75, 375 (383).

[131] Zur Bedeutung des Art. 104 Abs. 2 S. 3 in diesem Zusammenhang OLG Stuttgart NJW 1980, 2029.

Inhaftnahme vor Ablauf der gesetzten Ausreisefrist ist in jedem Fall unzulässig.[132] Die Verletzung der Anhörungspflicht wird durch eine nachträgliche Anhörung nicht für die Vergangenheit geheilt.[133] Auch bei einem erstmals gestellten Antrag auf die Anordnung von Abschiebehaft (und nicht nur für deren Aufrechterhaltung) besteht die Verpflichtung des Haftrichters zur Überprüfung, ob Umstände vorliegen, durch welche die Durchführung der Abschiebung jedenfalls für einige Zeit gehindert wird.[134]

Absonderungsunterbringung – Vgl. § 30 IfSG.

Ausländerrecht – S. Abschiebungshaft, Auslieferungsersuchen, Flughafenverfahren, Zurücklieferung.

Auslandseinsätze – Ob und in welchem Maße die Bundeswehr bei Auslandseinsätzen an die Vorgaben des Art. 104 gebunden ist, wird unterschiedlich beurteilt. Versteht man, wie geboten, die Vorschrift des Art. 104 als „unmittelbar geltendes Recht" iSv Art. 1 Abs. 3,[135] wird man eine grundsätzliche Bindung der Streitkräfte als Teil der deutschen Hoheitsgewalt nicht ablehnen können.[136] Jedoch führt die Anwendbarkeit des Art. 104 bei Maßnahmen der deutschen Streitkräfte im Ausland zu nicht unerheblichen praktischen Schwierigkeiten[137]; diese zeigen sich insbesondere bei Einsätzen der Deutschen Marine auf Hoher See, zur Zeit etwa im Rahmen der europäische Militäraktion zur Pirateriebekämpfung „ATALANTA" vor der Küste Somalias.[138] Hierbei ist es inzwischen mehrfach auf Hoher See zu Festsetzungen mutmaßlicher Piraten durch Marinesoldaten und deren Verbringung auf Schiffe der Deutschen Marine gekommen, wo die betroffenen Personen zT mehrere Wochen auf Deck festgehalten wurden. Die für diese Freiheitsentziehungen (denn um solche handelt es sich hier[139]) zu beachtenden Vorgaben des Art. 104 Abs. 2–4 (Erforderlichkeit einer richterlichen Entscheidung gem. Abs. 2 S. 1 u. 2, Einhaltung der Vorführungsfrist gem. Abs. 2 S. 3 und Abs. 3 S. 1, Benachrichtigung von Angehörigen gem. Abs. 4) können auf einem in einem Einsatz auf Hoher See befindlichen Schiff schon aus rein tatsächlichen Gründen nicht eingehalten werden.[140] Um gleichwohl eine Vereinbarkeit mit Art. 104 GG herzustellen, wäre es in derartigen Fällen denkbar, in Anlehnung etwa an die sog. Zweitregisterentscheidung des BVerfG[141] von einer Absenkung des Grundrechtsstandards bei sich im Ausland und auf internationaler Ebene abspielenden Sachverhalten mit Grundrechtsberührung[142], was zu einer weniger strengen Handhabung der strikten Vorgaben des Art. 104 Abs. 2–4 führen könnte.[143] Ob sich diese zur Geltung des Art. 9 Abs. 3 im Rahmen der Zivilschifffahrt ergangene Entscheidung aber ohne weiteres auf Auslandseinsätze deutscher Streitkräfte und die damit einhergehenden, nicht selten intensiven Grundrechtseingriffe übertragen lässt, scheint angesichts der unbedingten Formulierung des Art. 1 Abs. 3 zweifelhaft. Diese Unbedingtheit würde andererseits auch bei der vorgenannten Sichtweise nicht notwendig relati-

---

[132] AG Schöneberg InfAuslR 1981, 191.

[133] BVerfG NVwZ 1996, Beil. Nr. 7, 49 f.; OLG Frankfurt a. M. NVwZ 1998, Beil. Nr. 2; sa BayObLG NVwZ 1999, Beil. I Nr. 6, 64; anders jedoch bei einer lediglich verfahrensfehlerhaft durchgeführten Anhörung, vgl. hierzu OLG Düsseldorf InfAuslR 2008, 39; s. ferner BVerfG NVwZ 2001, Beil. I Nr. 3, 26 f.; 2007, 1296 ff. Zur Nichtaushändigung des Haftantrags bzw. dessen unvollständige Übersetzung vor der Anhörung durch den Haftrichter BVerfG BeckRS 2020, 14854 Rn. 52 ff.

[134] BVerfG NJW 2009, 2659.

[135] → Rn. 4.

[136] S. → Art. 1 Rn. 82; *Herdegen* in Maunz/Dürig Art. 1 Abs. 3, Rn. 71 ff.; *Baldus/Müller-Franken* in MKS Art. 87a Rn. 113 ff.; *Stoltenberg* ZRP 2008, 111 f.; anders zB *Heintzen* in HdbGR II § 50 Rn. 31.

[137] Vgl. bezüglich VN- Friedensmissionen im Rahmen von ISAF und KFOR die Nachweise bei *Stoltenberg* ZRP 2008, 111 (112 f.).

[138] Allgemein dazu *Fischer-Lescano/Tohidipur* NJW 2009, 1243 ff.; *Fischer-Lescano* NordÖR 2009, 49 ff.

[139] → Rn. 25.

[140] Vgl. hierzu auch *Epping* in BeckOK GG Art. 87a Rn. 37.2; *Heinicke* KJ 2009, 178 (191 f.).

[141] BVerfGE 92, 26 ff.

[142] BVerfGE 92, 26 (41 f.).

[143] Vgl. zu diesem Ansatz krit. *Heinicke* KJ 2009, 178 (192).

viert. Vielmehr ist vom einzelnen, je in Rede stehenden, zutreffender Ansicht nach auch insoweit „unmittelbar" geltenden Individualrecht auszugehen, zugleich aber der inhaltliche Garantiegehalt als in dem Ausmaß vermindert anzusehen, der von den unvermeidlichen Eigenarten des Einsatzes zwingend gefordert ist; lässt das GG Auslandseinsätze zu, so begrenzt dieser Umstand zugleich insoweit (zwar nicht die Anwendbarkeit, wohl aber) die inhaltliche Reichweite von Garantien, die nicht nur – wie hier – auf rein innerstaatliche Maßnahmen zugeschnitten sind, sondern auch ihre inhaltliche Beschaffenheit durch die Tradition entsprechender rechtsstaatlicher Disziplinierungsanliegen erfahren haben. Mit anderen Worten: Die Zulässigkeit von Auslandseinsätzen kann nicht durch die Existenz maßnahmebezogener Verfahrenskautelen innerstaatlicher Typik grundsätzlich in Frage gestellt werden; diese Kautelen reichen andererseits soweit, wie es ohne eine solche Infragestellung möglich ist.

Auslieferungsersuchen – Ein Auslieferungsersuchen deutscher Behörden an einen ausländischen Staat greift nach zutr. Ansicht des BVerfG auch dann nicht in Art. 104 Abs. 1 S. 1 ein, wenn es zur Inhaftierung im Ausland führt, da es die Entscheidung des ersuchten Staates bleibt, ob er die betr. Person zum Zwecke der Auslieferung in Haft nimmt.[144]

Beschleunigungsgrundsatz – Auch aus der Verletzung des verfassungsrechtlichen Beschleunigungsgebots in Strafverfahren kann sich, insbesondere in Haftsachen, ein Verstoß gegen Art. 104 ergeben. So wird im Verfahren zur Aussetzung des Rests einer Freiheitsstrafe zur Bewährung das Beschleunigungsgebot verletzt, wenn das Freiheitsrecht nach den Umständen des Einzelfalls gerade durch eine sachwidrige Verzögerung der Entscheidung unangemessen weiter beschränkt wird.[145] Insoweit muss die fachgerichtliche Prüfung eines Verstoßes gegen das Beschleunigungsgebot in Haftsachen erkennen lassen, ob das Gericht untersucht hat, ob und ggf. welche Verfahrensverzögerungen eingetreten sind und welche Faktoren dafür ursächlich waren.[146] Bei krankheitsbedingten, dem Staat nicht zurechenbaren Ausfällen gebietet der Beschleunigungsgrundsatz in Haftsachen, dass das Tatgericht alle möglichen und zumutbaren Maßnahmen zur Gewährleistung eines zügigen Fortgangs der Hauptverhandlung ergreift. Der Vollzug von Untersuchungshaft von mehr als einem Jahr bis zu Beginn der Hauptverhandlung ist bei gebotener erhöhter Begründungstiefe nur ganz ausnahmsweise zu rechtfertigen.[147] Nach Anklageerhebung ist bei Entscheidungsreife über die Zulassung der Anklage zur Hauptverhandlung zu beschließen und im Regelfall innerhalb von weiteren 3 Monaten mit der Hauptverhandlung zu beginnen. Der Grundsatz, dass mit dem Erlass oder der Aufrechterhaltung eines Haftbefehls zugleich Entscheidungsreife hinsichtlich der Eröffnung des Hauptverfahrens eintritt, greift dann nicht, wenn sich die Anklage auf eine von den bisherigen Haftentscheidungen zum Nachteil des Angeschuldigten abweichende rechtliche Würdigung des Tatgeschehens stützt und das erkennende Gericht ohne Verstoß gegen das Willkürverbot davon ausgeht, dass deshalb im Zwischenverfahren weitere Ermittlungen erforderlich sind.[148] Vor dem Hintergrund des Beschleunigungsgebots in Haftsachen muss ein besonderer Ausnahmefall gegeben sein, wenn erst nahezu fünf Monate nach Eingang der Anklageschrift über die Zulassung der Anklage im Zwischenverfahren entschieden wird; dabei bietet die besonders zügige Bearbeitung einer Strafsache im Vorverfahren keine Rechtfertigung für Verzögerungen im anschließenden Zwischenverfahren.[149] Das Beschleunigungsgebot ist verletzt, wenn in Erwartung eines umfassenden Geständnisses eine auf zwei Tage bestimmte Hauptverhandlung sogleich ausgesetzt und ein neuer Termin erst für sieben Monate später bestimmt wird (der Beschwerdeführer also für ein Jahr und fünf Monate in Untersuchungshaft sein wird), ohne die geladenen und erschienenen Zeugen und Sachverständigen zu vernehmen und – für den Fall, dass die Beweisauf-

---

[144] BVerfGE 57, 1 (23 f.); *Schmahl* in SHH Rn. 11; aA *H. Meyer,* Die Einlieferung, 1953, 182, 187.

[145] BVerfG NJW 2001, 2707; BeckRS 2014, 59304 Rn. 14.

[146] BVerfG BeckRS 2014, 59304 Rn. 18.

[147] BVerfG BeckRS 2016, 53503 Rn. 43, 46 f.

[148] BVerfG NStZ-RR 2019, 350 f.

[149] BVerfG BeckRS 2020, 2100 Rn. 56 f.

nahme nicht hätte abgeschlossen werden können – sich um die Bestimmung weiterer Fortsetzungstermine zu bemühen.[150]

Beugehaft – S. Erzwingungshaft.

Blutentnahme – Zur zwangsweisen Verbringung eines Beschuldigten zur Blutentnahme s. *Waldschmidt* NJW 1979, 1920 f.

Erkennungsdienstliche Behandlung – Geregelt in § 81b StPO und im Landespolizeirecht.[151]

Ersatzfreiheitsstrafe – Bei Verhängung einer Geldstrafe führt die Nichterwähnung der Ersatzfreiheitsstrafe in der Urteilsformel nicht zu einem Verstoß gegen Art. 104 Abs. 2 S. 1[152]: Bereits die Festsetzung der Zahl der Tagessätze bedeutet wegen § 43 StGB die Entscheidung über die Zulässigkeit der Freiheitsstrafe bei Uneinbringlichkeit der Geldstrafe.

Ersatzzwangshaft[153] – Ersatzzwangshaft ist als „letztes Mittel" des Staates zur Durchsetzung seiner Anordnungen anzuwenden.

Erzwingungshaft – Gegen Zeugen (§ 70 Abs. 2 StPO, §§ 48, 59 Abs. 2 OWiG); im Bußgeldverfahren (§§ 96, 97, 99 OWiG); bei der Zwangsvollstreckung (§§ 883 ff. ZPO[154]. Unzulässig ist die Beschränkung des Verhaftungsauftrages dahingehend, dass der Schuldner lediglich dem Richter vorzuführen sei.[155] Das BVerfG hielt Art. 44 Abs. 2 S. 1 insoweit für eine im Blick auf Art. 104 Abs. 1 S. 1 hinreichend bestimmte Rechtsgrundlage.

Fixierung – Das BVerfG hat mit seiner bahnbrechenden Fixierungsentscheidung von 2018 neue Maßstäbe für zulässige Fixierungen im Rahmen der Unterbringung psychisch Kranker aufgestellt.[156] Danach stellt die nicht nur kurzfristige Fixierung von Patienten in der Psychiatrie nach der 5-Punkt oder 7-Punkt Methode aufgrund der besonderen Eingriffsintensität eine **eigenständige Freiheitsentziehung** nach Art. 104 Abs. 2 dar. Unerheblich ist, dass die Fixierung im Rahmen eines bereits bestehenden Freiheitsentziehungsverhältnisses erfolgt. Die Fixierung verlangt nach einer hinreichend bestimmten Ermächtigungsgrundlage mit hinreichend bestimmten Verfahrensanforderungen (u. a. Anordnung und Überwachung durch Arzt, enger Zusammenhang zur Grunderkrankung, Dokumentation, Hinweis auf Möglichkeit der gerichtlichen Überprüfung, Einführung eines täglichen richterlichen Bereitschaftsdienstes von 6 bis 21 Uhr).[157]

Flughafenverfahren – S. § 18a AsylVfG.[158] Ob die Unterbringung im Transitbereich **nach** Ablehnung des Asylantrags eine Freiheitsentziehung nach Art. 2 Abs. 2 iVm. Art. 104 Abs. 2 S. 1 ist, ist verfassungsrechtlich ungeklärt.[159]

Freiheitsstrafe – S. §§ 38 ff. StGB, sa §§ 17 ff. JGG. Beruht die Verurteilung zu einer Freiheitsstrafe auf einem aus anderen Gründen verfassungswidrigen Gesetz, so liegt zugleich ein Verstoß gegen Art. 104 Abs. 1 S. 1 vor.[160]

---

[150] BVerfG BeckRS 2020, 5355 Rn. 71 f.

[151] Vgl. iE *Drews/Wacke/Vogel/Martens,* Gefahrenabwehr, 9. Aufl. 1986, 188 ff.

[152] OLG Bremen NJW 1975, 1524 (1525).

[153] S. § 16 VwVG und die Verwaltungsvollstreckungsgesetze der Länder; s. ferner *Göbel* VR 1993, 425 ff., auch unter rechtspolitischen Gesichtspunkten, s. BVerwGE 4, 196 (198); OVG Münster DÖV 1996, 1009.

[154] Vgl. dazu BVerfGE 61, 126 (134 ff.); § 284 Abs. 8, Abs. 9 AO.

[155] ZB bei einem haftunfähigen Schuldner; aA AG Elmshorn DGVZ 1978, 93; wie hier *Schneider* NJW 1979, 846 (852). Zur Erzwingungshaft auf Antrag eines parlamentarischen Untersuchungsausschusses s. BVerfGE 76, 363 (386 f.) – Lappas.

[156] BVerfG NJW 2018, 2619; dazu und den Weiterungen etwa *Jürschik* NVwZ 2018, 1695; *Rodenbusch* NStZ 2019, 10.

[157] BVerfG NJW 2018, 2619 (2621 ff., Rn. 68 ff., 72 ff., 83 ff., 99 f.).

[158] Dazu BVerfGE 94, 166 (198 ff); zur Verneinung einer Freiheitsentziehung oder Freiheitsbeschränkung durch die Begrenzung des Aufenthalts von Asylsuchenden **während** des Verfahrens nach § 18a AsylVfG auf die für ihre Unterbringung vorgesehenen Räumlichkeiten im Transitbereich eines Flughafens; 96, 10 (21); sa → Art. 2 Rn. 140 „Flughafen"; mit Nachw. S. ferner *Melchior* ZAR 2000, 110 ff.

[159] Vgl. BVerfG BeckRS 2014, 59300; dagegen *Schmal* in SHH Rn. 11; auch BGH NVwZ-RR 2016, 518.

[160] BVerfGE 1, 418 (420). Zur lebenslangen Freiheitsstrafe → Rn. 22.

Fürsorgeerziehung – S. den früheren § 71 Jugendwohlfahrtsgesetz (JWG). Das JWG wurde abgelöst durch das Kinder- und Jugendhilfegesetz, dessen Kern sich nunmehr im SGB VIII findet; zur Inobhutnahme von Kindern und Jugendlichen vgl. § 42 SGB VIII.

Geschlechtskrankheitengesetz – Die Vorführung nach dem früheren § 18 GeschlechtskrankheitenG war nach BGH[161] keine Freiheitsentziehung.[162] Das GeschlechtskrankheitenG wurde inzwischen durch das Infektionsschutzgesetz abgelöst.

Identitätsfeststellung – Vgl. §§ 163b, 163c StPO sowie die Polizeigesetze der Länder. Das Anhalten zwecks Befragung nach den Personalien ist noch keine Freiheitsbeschränkung; diese beginnt mit der Aufforderung, sich nicht zu entfernen.[163]

Ingewahrsamnahme durch die Polizei / Präventivhaft[164] – Die nicht dem Schuldausgleich dienende **Präventivhaft zur Verhinderung von Straftaten** ist nur **zulässig,** wenn der Schutz hochwertiger Rechtsgüter dies unter strenger Beachtung des Verhältnismäßigkeitsgrundsatzes erfordert. Die Anforderungen an die Rechtfertigung von Freiheitsentziehungen nach Art. 104 werden dabei durch die Wertungen von Art. 5 EMRK verstärkt, insbesondere durch die zulässigen Gründe für Freiheitsentziehungen nach Art. 5 Abs. 1 S. 2 a-f EMRK. Die Rechtfertigung von Präventivhaft zur Verhinderung von Straftaten nach Art. 5 Abs. 1 S. 2 Nr. b EMRK kommt nach dem EGMR in Betracht bei hinreichend bestimmten Straftaten und Unwilligkeit des Betroffenen, sie zu unterlassen.[165] Damit wird die reiche Judikatur des EGMR zur Präventivhaft für die Auslegung des Art. 104 relevant.[166]

Insolvenz – Zwangsweise Vorführung und Haft zur Sicherung der Insolvenzmasse und Durchsetzung der Mitwirkungs- und Auskunftspflichten des Schuldners, §§ 21 Abs. 3, 98 Abs. 2 InsO.

Maßregeln der Sicherung und Besserung – §§ 63 ff. StGB: Unterbringung in einem psychiatrischen Krankenhaus[167] mit der zutreffenden Feststellung, dass die Voraussetzungen für die Verhältnismäßigkeit des Freiheitsentzuges umso strenger zu prüfen sind, je länger die Unterbringung im psychiatrischen Krankenhaus andauert; s. ferner BVerfG NJW 1995, 3047 (3048 f.); BGH NJW 1983, 350), in einer Entziehungsanstalt, in der Sicherungsverwahrung. Für die **Unterbringung nach § 63 StGB** hat das BVerfG folgende Grundsätze aufgestellt[168]: Bei einem seit längerer Zeit in demselben psychiatrischen Krankenhaus Untergebrachten ist es zur Vermeidung repetitiver Routinebeurteilungen in der Regel geboten, von Zeit zur Zeit einen **externen Sachverständigen** hinzuzuziehen. Die Einhaltung der Vorgaben aus § 463 Abs. 4 S. 1 und 2 StPO wird insoweit zum Verfassungsgebot (Rn. 3).[169] Das Gebot bestmöglicher Sachverhaltsaufklärung gilt auch im Straf- und Maßregelvollzug (Rn. 24).[170] Deshalb ist die Einholung eines externen Sachverständigen regelmäßig nicht verzichtbar, auch dann nicht, wenn der Betroffene seine Mitwirkung verweigert.[171] Bei der Entscheidung über die Aussetzungsreife der Maßregel nach § 67d Abs. 2 StGB ist der Grundsatz der Verhältnismäßigkeit einzubeziehen (integrative Betrachtung).[172]

---

[161] NJW 1982, 753 ff.

[162] Vgl. dazu die überzeugende Kritik von *Lisken* NJW 1982, 1268 f.

[163] *Kuhrt* NJW 1979, 1977 (1980); zust. *Meyer-Goßner/Schmitt,* 63. Aufl. 2020, StPO § 163b Rn. 7; auch → Rn. 25.

[164] Überblick bei *Drews/Wacke/Vogel/Martens,* Gefahrenabwehr, 9. Aufl. 1986, 197 ff.; VG Frankfurt a. M. NVwZ-RR 1997, 623 (625). – Zum sog. Verbringungsgewahrsam etwa OLG Hamburg NVwZ-RR 1997, 537 ff.; sa *Maaß* NVwZ 1985, 151 (152); *Hantel,* Der Begriff der Freiheitsentziehung in Art. 104 Abs. 2 GG, 1988, 85 f.

[165] BVerfG NVwZ 2016, 1079 f. Rn. 25, 28 ff., 33; zur Zulässigkeit der Präventivhaft im Castor-Fall m. Anm. *Muckel* JA 2016, 795.

[166] S. nur EGMR NVwZ 2012, 1089 – G8-Gipfel in Rostock; EGMR NVwZ-RR 2013, 785 – Polizeikessel-Fall; EGMR NVwZ 2014, 43 – Präventivhaft für Fußballhooligan.

[167] S. dazu BVerfGE 70, 297 (307 ff.).

[168] S. auch *Detter* NStZ 2014, 22 ff.; *Walter* ZRP 2014, 103 (104 f.).

[169] BVerfG NStZ 2013, 116 (117); BVerfG NJW 2014, 3294 (3295, Rn. 26).

[170] BVerfG NStZ-RR 2014, 222 (223); NJW 2014, 3294 Rn. 22.

[171] BVerfG NStZ-RR 2014, 222 (223 f.); NJW 2014, 3294 (3296).

[172] BVerfG BeckRS 2013, 46040.

Auch bei der **Sicherungsverwahrung** muss die richterliche Entscheidung vor dem Ende des Vollzugs ergehen,[173] wohingegen das BVerfG §§ 66, 67c Abs. 1 StGB dahin auslegt, dass die Sicherungsverwahrung bereits beginnen könne, wenn die Strafvollstreckungskammer jedenfalls mit der Prüfung begonnen habe „und dieses Prüfungsverfahren ohne vermeidbare Verzögerungen binnen angemessener Frist zum Abschluß bringt".[174] Dies ist bereits mit dem Wortlaut des Art. 104 Abs. 2 S. 1 nicht zu vereinbaren; die Anordnung der Sicherungsverwahrung im Strafurteil reicht nicht aus.[175] Nachdem der **EGMR** die Regelung zur **nachträglichen** Sicherungsverwahrung wegen Verletzung von Art. 7 EMRK als konventionswidrig beanstandet hatte[176], hat das **BVerfG** mit Grundsatzurteil vom Mai 2011 die Verfassungswidrigkeit **aller Regelungen** zur (auch rückwirkenden und nachträglichen) Sicherungsverwahrung vor allem wegen Verletzung des qualitativen Abstandsgebots zwischen dem Freiheitsentzug bei der Sicherungsverwahrung und im Strafvollzug festgestellt.[177] Dabei hat das BVerfG aus Art. 2 Abs. 2 S. 2, 104 iVm. dem Verhältnismäßigkeitsgrundsatz zahlreiche Anforderungen für eine verfassungskonforme Regelung abgeleitet (ultima ratio, Individualisierungs- und Intensivierungsgebot, Motivierungsgebot, Trennungsgebot, Minimierungsgebot, Rechtsschutz- und Unterstützungsgebot).[178] Der Gesetzgeber ist dem Regelungsauftrag mit Gesetz vom 5.12.2012, in Kraft seit 1.6.2013 nachgekommen.[179] Zentralnorm ist nunmehr § 66c StGB, mit der der Gesetzgeber die Anforderungen des BVerfG zu erfüllen gesucht hat.[180] Das BVerfG hat danach in mehreren Entscheidungen bekräftigt, dass die Verhältnismäßigkeit der Sicherungsverwahrung in der Regel nur bei Gefahr schwerer Gewalt- und Sexualstraftaten gewahrt ist, die aus konkreten Umständen in der Person oder dem Verhalten des Betroffenen abzuleiten ist.[181] Der EGMR dürfte mittlerweile ebenfalls seinen Frieden mit der deutschen Regelung zur nachträglichen Sicherungsverwahrung gemacht haben.[182]

Ordnungshaft – Gegen ausbleibende Zeugen (s. § 51 StPO, § 380 ZPO); gegen ungehorsame Zeugen (§ 70 Abs. 1 StPO, § 390 ZPO); wegen Ungebühr in der Sitzung (§§ 177, 178 GVG).

Organisationshaft – Hierunter versteht man die Freiheitsentziehung in einer Justizvollzugsanstalt, die gegen einen rechtskräftig Verurteilten bis zu dem Zeitpunkt seiner Überstellung in die zuständige Maßregeleinrichtung – psychiatrisches Krankenhaus oder Entziehungsanstalt – vorübergehend vollzogen wird.[183]

Präventivhaft –S. Ingewahrsamnahme.

Razzia – „Razzia" ist kein Gesetzesbegriff; sie bezeichnet ein Bündel polizeilicher Maßnahmen, die zumeist einen größeren Personenkreis betreffen.[184]

Sicherungsverwahrung – s. oben Maßregeln der Sicherung und Besserung.

Schutzgewahrsam – Vgl. dazu *Drews/Wacke/Vogel/Martens,* Gefahrenabwehr, 9. Aufl. 1986, 197 ff.; *Hoffmann* DVBl 1970, 473 ff.

---

173 *Hirsch,* Sondervotum, BVerfGE 42, 11 (12), aA BVerfGE 42, 1 ff., zust. *Degenhart* in Sachs Rn. 24; wie hier *Rüping* in BK Rn. 48.

174 BVerfGE 42, 11 (Ls.).

175 Zutr. *Hirsch,* Sondervotum, BVerfGE 42, 11 (14); sa *Jarass* in Jarass/Pieroth Rn. 14.

176 EGMR 17.12.2009 – 19359/04, NJW 2010, 2495 ff. – M./Deutschland mAnm *Eschelbach.*

177 BVerfG NJW 2011, 1931 (1937, Rn. 100 ff.).

178 BVerfG NJW 2011, 1931 (1938 ff., Rn. 111 ff.).

179 BGBl. 2012 I 2425. Zum vorübergehenden Therapieunterbringungsgesetz BVerfG NJW 2013, 3151 m. Anm. *T. Zimmermann* JZ 2013, 1108.

180 Zum Ganzen stellvertretend *Detter* NStZ 2014, 22 (26 ff.).

181 Auf BVerfGE 128, 326, 405 f. rekurrierend: BVerfG BeckRS 2013, 47351 Rn. 26; BeckRS 2013, 49269, beide zur nachträglichen Sicherungsverwahrung; BeckRS 2013, 58073 zu § 67d StGB; vgl. auch BVerfG NJW 2012, 3357 zur vorbehaltenen Sicherungsverwahrung.

182 Vgl. EGMR 7.1.2016 – 23279/14, NJW 2017, 1007 – Bergmann/Deutschland – m.Anm *Köhne.*

183 Zu deren Zulässigkeit vgl. BVerfG NJW 2006, 427; sowie *Bartmeier* NStZ 2006, 544.

184 *Schwan* AöR 102 (1977), 243 (246), *Drews/Wacke/Vogel/Martens,* Gefahrenabwehr, 9. Aufl. 1986, 185 mwN.

Staatsanwaltschaft – § 161a StPO hat verfassungsrechtliche Bedenken erweckt, soweit er der Staatsanwaltschaft die Befugnis zur Freiheitsentziehung gegenüber Zeugen einräumt (vgl. § 161a Abs. 2 S. 1 iVm §§ 51, 70 StPO). Der Zwangsaufenthalt bei der Vernehmung ist nicht nur eine Hinderung, einen bestimmten Ort aufzusuchen, sondern eine absolute Einschränkung der Bewegungsfreiheit. Die auf Antrag mögliche richterliche Entscheidung entspricht nicht dem durch Art. 104 Abs. 2 S. 1 gewährleisteten präventiven Schutz.[185] Die Festsetzung der Haft ist auch nach § 161a StPO (Abs. 2 S. 2) dem Richter vorbehalten.

Strafaussetzung zur Bewährung – Eine tragfähig begründete Entscheidung über einen Bewährungswiderruf setzt eine auf zureichender Sachaufklärung beruhende, in sich schlüssige und nachvollziehbare Feststellung der Widerrufsvoraussetzungen voraus; die bloße Wiedergabe des Gesetzeswortlauts genügt insoweit nicht **(Gebot der hinreichenden Begründungstiefe).**[186] Das Bestimmtheitsgebot nach Art. 104 Abs. 1 (Rn. 15) verlangt für die Verfassungsmäßigkeit der Festsetzung einer **Arbeitsauflage** gemäß § 56b Abs. 2 Nr. 3 StGB, dass das Gericht Art und Umfang der geforderten Arbeitsleistung sowie den Arbeitszeitraum festlegt. Ort oder Institution, bei der die Auflage zu erfüllen ist, müssen nicht durch das Gericht konkretisiert werden. Das nachfolgende Verhalten des Betroffenen ist für die Anforderungen an die Bestimmtheit einer gerichtlichen Bewährungsanordnung unerheblich.[187]

Unterbringung von Geistes- und Suchtkranken – Auch das (öffentlich-rechtliche, s. iÜ → Rn. 7) Unterbringungsrecht ist an Art. 104 Abs. 1, Abs. 2 zu messen.[188] Die Ländergesetze[189] suchen dem Gesetzesvorbehalt und dem Erfordernis richterlicher Entscheidung in teils unterschiedlicher Weise Rechnung zu tragen. Str. ist, ob die fürsorgerische Unterbringung eines psychisch Kranken wegen Selbstgefährdung zulässig ist.[190] Zur Verfassungsmäßigkeit von Regelungen des bayerischen Unterbringungsgesetzes betr. Personen, die psychisch krank oder infolge Geistesschwäche oder Sucht psychisch gestört sind und dadurch in erheblichem Maß die öffentliche Sicherheit oder Ordnung gefährden s. BayVerfGH NJW 1993, 1520 ff. Zur rechtlichen Behandlung von nach DDR-Recht erfolgten Einweisungen in ein psychiatrisches Krankenhaus s. BVerfG DtZ 1995, 436 ff. Zur **Fixierung** → Einzelfall oben.

Untersuchungshaft – §§ 112 ff. StPO, § 72 JGG; nicht im Bußgeldverfahren, vgl. § 46 Abs. 3 OWiG; keine Zuständigkeit des Finanzamtes im Steuerstrafverfahren, § 386 Abs. 3 AO.[191] Haftfortdauerentscheidungen unterliegen einer **erhöhten Begründungstiefe.** Die mit Haftsachen betrauten Gerichte haben sich daher bei der Entscheidung über die Fortdauer der Untersuchungshaft mit deren Voraussetzungen eingehend auseinanderzusetzen und diese entsprechend zu begründen. In der Regel sind aktuelle Ausführungen zu dem weiteren Vorliegen ihrer Voraussetzungen, zur Abwägung zwischen dem Freiheitsgrundrecht des Beschuldigten und dem Strafverfolgungsinteresse der Allgemeinheit sowie zur Frage der Verhältnismäßigkeit geboten.[192] Zum Beschleunigungsgebot in Haftsachen → Einzelfall oben.

Vorführung – Vorführung des Verhafteten (§§ 115, 115a StPO); als Beschuldigter (§§ 134, 135, 163a Abs. 3 StPO); des vorläufig Festgenommenen (§ 128 Abs. 1 StPO);

---

185 Vgl. *Schnickmann* MDR 1976, 363 ff.; *Moritz* NJW 1977, 796; aA *von Els/Hinkel* NJW 1977, 85 ff.; *Rüping* in BK Rn. 58.

186 BVerfG NJW 2020, 1501 (1502, Rn. 25).

187 BVerfG NJW 2016, 148 (149 f., Rn. 24 ff.).

188 Vgl. BVerfGE 58, 208 (220 ff.); 66, 191 (195); *Neumann* NJW 1982, 2588 (2589); aA *Zutt* FamRZ 1951, 432.

189 S. dazu *Marschner/Volckart,* Freiheitsentziehung und Unterbringung, 5. Aufl. 2010 Abschn. A, Rn. 8 ff.

190 Bejahend BVerfGE 58, 208 (224); abl. *Neumann* NJW 1982, 2588 ff.; diff. *Göppinger* FamRZ 1980, 856 (858).

191 Vgl. iÜ *Rupprecht* NJW 1973, 1633 ff. und *Niemöller/Schuppert* AöR 107 (1982), 387 (489 ff.); zu den Grenzen staatlicher Zwangsbefugnisse gegenüber Untersuchungshäftlingen s. die Kontroverse zwischen *Arndt/v. Olshausen* JuS 1975, 143 ff., und *Böhm* JuS 1975, 287 ff. Zur Haftverschonung als Ausdruck der Verfahrensgarantie des Art. 104 Abs. 1 S. 1 vgl. BVerfG StV 2006, 108 ff. sowie BVerfG wistra 2007, 417 ff.

192 BVerfG NStZ-RR 2019, 289 (290).

als Zeuge (§§ 51 Abs. 1 S. 3, 161a Abs. 2 StPO; § 380 Abs. 2 ZPO); des Angeklagten (§§ 230 Abs. 2, 236, 239, 329 Abs. 4, 330 Abs. 1 StPO). Vorführung ist Freiheitsentziehung.[193]

Zurücklieferung – Die mit einer Zurücklieferung verbundene Freiheitsentziehung kann eine gesetzliche Grundlage im Zustimmungsgesetz zu einem Auslieferungsvertrag finden.[194]

VI. Bei jeder nicht auf richterlicher Anordnung beruhenden Freiheitsentziehung ist unverzüglich eine richterliche Entscheidung herbeizuführen (Abs. 2 S. 2)

Art. 104 Abs. 2 S. 2 spezifiziert Art. 104 Abs. 2 S. 1 und lässt – ebenso wie 27
Abs. 2 S. 3 und Abs. 3 – eine Ausnahme von Art. 104 Abs. 2 S. 1 zu. Er sagt nichts aus über die Zulässigkeit von Freiheitsentziehungen ohne vorherige richterliche Entscheidung, sondern regelt die Konsequenzen. Damit kommt indirekt zum Ausdruck, dass solche Freiheitsentziehungen[195] trotz Art. 104 Abs. 2 S. 1 rechtmäßig sein können.[196] Dies ist jedoch nur der Fall, wenn der mit der Freiheitsentziehung verfolgte Zweck selbst verfassungsrechtlich zulässig ist und er nicht erreichbar wäre, sofern der Festnahme die richterliche Entscheidung vorausgehen müsste.[197] Das soll allerdings bei der Anordnung einer 5- oder 7-Punkt-Fixierung wegen der Abwehr von Selbst- und Fremdgefährdungen regelmäßig gegeben sein.[198]

Der Richter entscheidet nicht, ob die nicht auf richterlicher Anordnung 28
beruhende Freiheitsentziehung rechtmäßig war,[199] sondern ob im Entscheidungszeitpunkt die Voraussetzungen für eine Freiheitsentziehung gegeben sind.[200] Mit Erlass seiner Entscheidung wird der vorangegangene Verwaltungsakt unwirksam. Das gleiche gilt, wenn die Entscheidung nicht „unverzüglich“[201] ergeht. Das weitere Festhalten kann nach § 239 StGB (Freiheitsberaubung) strafbar sein. Die zuständige Behörde[202] ist verpflichtet, die richterliche Entscheidung von Amts wegen zu beantragen.

„Unverzüglich“ meint nicht „ohne schuldhaftes Zögern“,[203] sondern 29
enthält einen **objektiven** Maßstab. Danach ist jede Verzögerung unzulässig, die sich „nicht aus sachlichen Gründen“ rechtfertigen lässt, mögen diese rechtlicher oder tatsächlicher Natur sein.[204] Nach dem BVerfG ist

---

[193] Näher *Drews/Wacke/Vogel/Martens,* Gefahrenabwehr, 9. Aufl. 1986, 190 ff. Sa oben „Staatsanwaltschaft“.

[194] BVerfGE 29, 183 (196); OVG Münster NVwZ 1982, 205 (206).

[195] Vgl. etwa § 127 StPO.

[196] *Dürig* in Maunz/Dürig Rn. 34.

[197] BVerfGE 22, 311 (317 f.) zu §§ 10 Abs. 1 Nr. 6, 28 Abs. 1 Wehrdisziplinarordnung; vgl. auch BVerwGE 4, 196 (199): BVerfG NVwZ 2016, 1079 Rn. 27; NJW 2018, 2619 (2625, Rn. 98).

[198] BVerfG NJW 2018, 2619 (2625, Rn. 98).

[199] Vgl. aber die frühere Antragsbefugnis nach § 13 Abs. 2 des vormaligen Gesetzes über das gerichtliche Verfahren bei Freiheitsentziehungen, s. oben → Fn. 121.

[200] → Rn. 24.

[201] → Rn. 29.

[202] Nicht notwendig der individuelle Amtsträger, vgl. *Dürig* in Maunz/Dürig, 79. EL Dezember 2016, Rn. 37.

[203] Wie in § 121 BGB; so aber die früher wohl hM, vgl. die Nachw. bei *Dürig* in Maunz/Dürig, 79. EL Dezember 2016, Rn. 38, der dies noch als „herrschende Lehre“ bezeichnet.

[204] BVerwGE 45, 51 (63) im Anschluss an *Dürig* in Maunz/Dürig Rn. 38; BVerfG NVwZ 2016, 1079 (Ls. 2); *Muckel,* JA 2016, 795; *Drews/Wacke/Vogel/Martens,* Gefahrenabwehr, 9. Aufl. 1986, 199 f.; *Hill* in HdbStR VI, 2. Aufl. 2001, § 156 Rn. 78; *Gusy* in MKS Rn. 48; *Rüping* in BK Rn. 68; *Schulze-Fielitz* in Dreier Rn. 47. Diese Definition macht sich nun

„unverzüglich" dahin auszulegen, „dass die richterliche Entscheidung ohne jede Verzögerung, die sich nicht aus sachlichen Gründen rechtfertigen lässt, nachgeholt werden muss. Nicht vermeidbar sind zum Beispiel Verzögerungen, die durch die Länge des Weges, Schwierigkeiten beim Transport, die notwendige Registrierung und Protokollierung, ein renitentes Verhalten des Festgenommenen oder vergleichbare Umstände bedingt sind." [205] Verzögerungen können sich auch aus der Notwendigkeit verfahrensrechtlicher Vorkehrungen zum Schutz des Betroffenen ergeben wie Anhörungen, die Beteiligung von Verfahrenspflegern etc.[206] Der Staat muss deshalb durch geeignete Organisationsmaßnahmen dafür sorgen, dass Verzögerungen unterbleiben, soweit dies praktisch und technisch möglich ist.[207] Das bedeutet nicht, dass ein richterlicher Bereitschaftsdienst außerhalb der Dienststunden eingerichtet werden muss, solange eine Entscheidung noch bis zum Ende des Tages nach der Ergreifung ergehen kann: Art. 104 Abs. 2 S. 3 ist insoweit zur Auslegung des Begriffs „unverzüglich" in Art. 104 Abs. 2 S. 2 heranzuziehen.[208] Die Nachholung der richterlichen Entscheidung ist aber auch dann nicht entbehrlich, wenn die Freiheitsentziehung vor Ablauf dieser – äußersten – Frist endet. Aus Art. 104 folgt, dass zumindest zur Tageszeit die Erreichbarkeit eines zuständigen Richters gewährleistet sein muss.[209] Für Fixierungen verlangt das BVerfG die Einrichtung eines täglichen richterlichen Bereitschaftsdienstes von 6–21 Uhr (Rn. 26 „Fixierung").[210]

30 **Nicht (mehr) erforderlich** ist eine richterliche Entscheidung, wenn bereits zu Beginn der Maßnahme absehbar ist, dass die Entscheidung erst nach Wegfall des Grundes der Maßnahme ergehen wird, oder die Maßnahme vor Herbeiführung der Entscheidung tatsächlich beendet und auch keine Wiederholung zu erwarten ist. Grund dafür ist, eine Schlechterstellung des Betroffenen insoweit zu vermeiden, als eine sachlich nicht mehr gerechtfertigte Freiheitsentziehung durch die Notwendigkeit einer nachträglichen richterlichen Entscheidung verlängert würde.[211]

VII. Die Polizei darf aus eigener Machtvollkommenheit niemanden länger als bis zum Ende des Tages nach dem Ergreifen in eigenem Gewahrsam halten (Abs. 2 S. 3)

31 Die Norm konkretisiert Abs. 2 S. 2 für das Tätigwerden der Polizei, indem sie eine **absolute Zeitgrenze** setzt; Abs. 2 S. 2 bleibt im Übrigen unbe-

auch das BVerfG zu eigen, BVerfGE 105, 239 (249). Nicht vermeidbare Verzögerungen können zB angesichts Transportwegen bestehen, auch aufgrund Verhaltens des Festgenommenen, vgl. BVerfGE 103, 142 (156); sa – „untergetauchter", vollziehbar ausreisepflichtiger Ausländer – BVerfG NVwZ 2009, 1034.

[205] BVerfG NVwZ 2016, 1079 Rn. 27; NJW 2018, 2619 (2625, Rn. 99).

[206] BVerfG NJW 2018, 2619 (2625 f., Rn. 100).

[207] Vgl. OLG Rostock NVwZ 2008, 240 sowie NJ 2007, 560; ferner *Danter* NJ 2007, 529 (535 ff.).

[208] Vgl. BVerwGE 45, 51 (64); sa BVerfGE 10, 302 (321); *Schieder* KritV 83 (2000), 218 (235 ff.).

[209] BVerfGE 105, 239 (248); in besonderen Fällen (hier Großdemonstration anlässlich eines Castor-Transportes) ist dies auch zur Nachtzeit erforderlich, vgl. BVerfG NVwZ 2006, 579 (580 f.) mAnm *Dörschuck/Glaser* VBlBW 2007, 90 ff. Zu Erfordernissen eines Bereitschaftsdienstes „rund um die Uhr" *Fickenscher/Dingelstadt* NJW 2009, 3473.

[210] BVerfG NJW 2018, 2619 (2626, Rn. 100).

[211] BVerfG NJW 2018, 2619 (2626 Rn. 101).

rührt.[212] – Der Polizeibegriff des Art. 104 Abs. 2 S. 2 ist umstritten. Er ist ursprünglich auf die Vollzugspolizei gemünzt gewesen;[213] der Schutzzweck der Norm gebietet aber die Einbeziehung der Ordnungsbehörden iSd materiellen Polizeibegriffs.[214]

„Aus eigener Machtvollkommenheit" meint, dass die Polizei von sich 32
aus tätig wird, nicht also im Auftrag einer anderen Behörde als deren ausführendes Organ.[215] Insoweit bleibt es bei der Anwendung von Art. 104 Abs. 2 S. 2. Nimmt die Polizei jemanden wegen des Verdachts einer strafbaren Handlung fest, ist Art. 104 Abs. 3 anwendbar.

Unter **„eigenem Gewahrsam"** der Polizei sind nicht nur deren Dienst- 33
räume zu verstehen, sondern auch Räumlichkeiten, die unter anderer Verantwortung stehen (zB eine psychiatrische Anstalt), in die der Betreffende aber von der Polizei verbracht worden ist. Eine vom Wortlaut des Art. 104 Abs. 2 S. 3 her mögliche Differenzierung zwischen beiden Gewahrsamsbereichen verfehlt den Schutzzweck der Norm. Es kommt daher darauf an, ob die Polizei in tatsächlicher Hinsicht die Herrschaft über die Freiheitsentziehung innehat.[216]

Die absolute Zeitgrenze **„Ende des Tages nach dem Ergreifen"** ist als 34
zusätzliche Einschränkung gemeint; das Gebot der unverzüglichen Herbeiführung der richterlichen Entscheidung (Art. 104 Abs. 2 S. 2) bleibt davon unberührt.[217] „Ende des Tages" meint 24 Uhr. Der Festgenommene ist freizulassen, wenn die richterliche Entscheidung bis dahin nicht ergangen ist, auch wenn bereits feststeht, dass sie nicht mehr rechtzeitig ergehen kann, wenn die Polizei nicht unverzüglich die Entscheidung beantragt, schließlich wenn der Richter sie nicht unverzüglich getroffen hat.[218] – Im Verteidigungsfall kann durch Bundesgesetz eine abweichende Regelung nach Maßgabe des Art. 115c Abs. 2 Nr. 2 getroffen werden.

VIII. Das Nähere ist gesetzlich zu regeln (Abs. 2 S. 4)

Da die Effektivität der Regelungen über die Freiheitsentziehung wesentlich 35
von der Ausgestaltung des einfachen Rechts abhängt – auf der Verfassungsebene ist die Materie nicht hinreichend detailliert regelbar –, gibt Art. 104 Abs. 2 S. 4 dem Gesetzgeber einen **ausdrücklichen Regelungsauftrag.** Deshalb muss der Gesetzgeber ein Verfahren regeln, das einerseits auf die

[212] Zutr. *Dürig* in Maunz/Dürig, 79. EL Dezember 2016, Rn. 36: „Ergänzung", keine „Verdrängung".

[213] Vgl. *Brösamle* DÖV 1952, 169; *Holtkotten* in BK, Erstbearb., Erl. II C 5a, b; OVG Münster DÖV 1952, 408 f.; *Hantel,* Der Begriff der Freiheitsentziehung in Art. 104 Abs. 2 GG, 1988, 38 f.; zur Entstehungsgeschichte s. JöR nF 1 (1951), 747.

[214] Vgl. *Baerensprung,* Die Freiheit der Person nach dem Bonner Grundgesetz, Diss. Heidelberg 1953, 60 f.; *Kern* in BNS Grundrechte S. 73; *Reichard,* Gesetz über das gerichtliche Verfahren bei Freiheitsentziehungen, 1956, 98; *Schelling,* Verwaltungsakt und richterliche Entscheidung bei präventiv-polizeilichen Freiheitsentziehungen und Art. 104 des Grundgesetzes, 1960, 42 f.; *Radtke* in BeckOK GG Rn. 24. Anders *Degenhart* in Sachs Rn. 34. Zur These *Dürigs* vom „funktionellen" Polizeibegriff des Art. 104 Abs. 2 S. 3 (*Dürig* in Maunz/Dürig, 79. EL Dezember 2016 Rn. 40; ihm folgend *Baumann* FS f. E. Schmidt, 1961, 525 (538)) vgl. die Kritik bei *Koschwitz,* Die kurzfristige polizeiliche Freiheitsentziehung, 1969, 101 f.

[215] Ebenso zB *Dürig* in Maunz/Dürig Rn. 40, 79. EL Dezember 2016; *Schulze-Fielitz* in Dreier Rn. 55; *Degenhart* in Sachs Rn. 34; anders *Gusy* in MKS Rn. 57 m. Fn. 103.

[216] Ähnl. *Dürig* in Maunz/Dürig, 79. EL Dezember 2016 Rn. 40.

[217] OLG Frankfurt SJZ 1950, 53.

[218] Vgl. *Dürig* in Maunz/Dürig, 79. EL Dezember 2016 Rn. 41.

jeweilige Freiheitsentziehung abgestimmt ist und zugleich dem Betroffenen alle mit einem justizförmigen Verfahren verbundenen rechtsstaatlichen Sicherungen vor der Freiheitsentziehung gewährleistet.[219] Diesem Auftrag haben der Bundesgesetzgeber vor allem durch die StPO (vgl. §§ 112 ff.), die ZPO (vgl. §§ 656, 901, 902, 904 ff.) und das Gesetz über das gerichtliche Verfahren bei Freiheitsentziehungen vom 29.6.1956 (BGBl. I 599),[220] die Landesgesetzgeber durch ihre Polizeigesetze und die Gesetze über die Anstaltsunterbringung gemeingefährlicher Geisteskranker und Geistesschwacher sowie drogen- und alkoholsüchtiger Personen entsprochen. Auch weitere Gesetze enthalten einschlägige Vorschriften.[221]

IX. Jeder wegen des Verdachtes einer strafbaren Handlung vorläufig Festgenommene ist spätestens am Tage nach der Festnahme dem Richter vorzuführen, der ihm die Gründe der Festnahme mitzuteilen, ihn zu vernehmen und ihm Gelegenheit zu Einwendungen zu geben hat. Der Richter hat unverzüglich entweder einen mit Gründen versehenen schriftlichen Haftbefehl zu erlassen oder die Freilassung anzuordnen (Abs. 3)

36 Art. 104 Abs. 3 konkretisiert Art. 104 Abs. 2 S. 2[222] und stellt diesem gegenüber – wie Art. 104 Abs. 2 S. 3 – eine Spezialvorschrift mit **ergänzendem Inhalt** dar; er ist auch Ausdruck der verfassungsrechtlich geforderten[223] **Unschuldsvermutung.**[224] Im Unterschied zu Art. 104 **Abs. 2 S.** 3 muss im Anwendungsbereich des Art. 104 Abs. 3 innerhalb der Frist („spätestens am Tage nach der Festnahme") die Vorführung erfolgen, nicht aber auch die richterliche Entscheidung ergehen. **„Vorführung"** bedeutet grundsätzlich und vorrangig[225] unmittelbare persönliche Gegenüberstellung; bloße Kenntnisnahme des Richters von der Festnahme ist nicht ausreichend. Ist dies wegen Krankheit des Festgenommenen nicht möglich, so sind dem Richter jedenfalls die Akten vorzulegen.[226] Zu den Fällen der **Präventivhaft** → Rn. 26 „Ingewahrsamnahme".

37 Das Gebot, die Festnahme zu begründen, den Festgenommenen zu vernehmen und ihm Gelegenheit zu Einwendungen zu geben, folgt bereits aus Art. 103 Abs. 1, da ein Fall richterlicher Zuständigkeit gegeben ist, während die Pflicht zur unverzüglichen richterlichen Entscheidung sich schon aus Art. 104 Abs. 2 S. 2 ergibt; der Begründungszwang hinsichtlich des Beschlusses über die Freiheitsentziehung könnte aus der in Art. 19 Abs. 4 enthaltenen Garantie effektiven Rechtsschutzes hergeleitet werden; die ausdrückliche Verbürgung in Art. 104 Abs. 3 ist unabhängig davon zu begrüßen. Für die Vorführung fremdsprachiger Festgenommener vor dem Haft-

[219] BVerfG NJW 2018, 2619 (2625, Rn. 94).

[220] Überblick bei *Hantel,* Der Begriff der Freiheitsentziehung in Art. 104 Abs. 2 GG, 1988, 54 ff.

[221] Vgl. die Einzelfälle → Rn. 26.

[222] Vgl. auch §§ 127 ff. StPO.

[223] Dazu → Art. 1 Rn. 53 „Unschuldsvermutung".

[224] S. BVerfGE 82, 106 (115).

[225] Vgl. dazu BVerfGE 58, 208 (221).

[226] Sog. symbolische Vorführung; vgl. ferner *Meyer-Goßner/Schmitt,* 63. Aufl. 2020, StPO § 128 Rn. 5 f.; sa *Grabitz* in HdbStR VI, 2. Aufl. 2001, § 130 Rn. 28; *Jarass* in Jarass/Pieroth Rn. 19; diff. *Gusy* in MKS Rn. 69, Fn. 162.

richter ist wegen Art. 104 Abs. 3 die einstweilige Hinzuziehung eines Dolmetschers unverzichtbar.[227]

Die Einhaltung der von Art. 104 Abs. 3 gesetzten Höchstfrist kann auf praktische Schwierigkeiten gerade wegen des umfassenden Begründungszwanges (vgl. dazu § 114 Abs. 2 StPO) stoßen. In solchen Fällen ist eine **provisorische Abfassung** der Gründe in engen Grenzen zulässig; die vollständige Abfassung des Haftbefehls muss unverzüglich nachgeholt werden. Die gleichzeitige Festnahme einer Vielzahl von Personen entbindet nicht von der Einhaltung des Art. 104 Abs. 3; nötigenfalls muss die Justiz zusätzliches Personal heranziehen. Bedenken begegnet insbesondere die Verwendung stereotyper Begründungen zum Vorliegen der Voraussetzungen der §§ 112, 112a StPO: Wenn die Festgenommenen zB unterschiedlichen Altersgruppen angehören oder sich in unterschiedlichen beruflichen oder sozialen Situationen befinden, kann das Vorliegen einer Fluchtgefahr nicht mit einem pauschalen Hinweis wie „Die vorhandenen Bindungen reichen nicht aus" bejaht werden; wie jeder Haftgrund bedarf auch die Annahme von Verdunkelungsgefahr einer auf Tatsachen gestützten Begründung im Einzelfall. Schließlich ist es unzulässig, einen Begründungstext durch die Verwendung von Alternativbegründungen für Massenverfahren tauglich machen zu wollen: Art. 104 Abs. 3 verlangt präzises Eingehen auf den Einzelfall.[228] 38

Die **Zuständigkeit** des Richters bemisst sich nach §§ 125, 126 StPO (vgl. auch § 115 StPO bzw. nach § 115a StPO, wonach eine – nach dem „zuständigen Richter" iSd § 126 StPO – subsidiäre Zuständigkeit des „Richters am nächsten Amtsgericht" begründet ist).[229] 39

Aus dem **Landesverfassungsrecht** ergeben sich zT engere Fristen;[230] solche Bestimmungen gelten gem. Art. 142 weiter, auch wenn Art. 104 Abs. 3 nicht im Grundrechtsteil des GG aufgeführt ist.[231] 40

X. Von jeder richterlichen Entscheidung über die Anordnung oder Fortdauer einer Freiheitsentziehung ist unverzüglich ein Angehöriger des Festgehaltenen oder eine Person seines Vertrauens zu benachrichtigen (Abs. 4)

Art. 104 Abs. 4 soll nicht nur verhindern, dass „die öffentliche Gewalt jemanden spurlos verschwinden läßt",[232] sondern auch gewährleisten, dass jemand nur solange ohne Wissen ihm nahestehender Personen auf richterliche Entscheidung festgehalten wird, als dieses Wissen bei größtmöglicher Bemühung nicht hergestellt werden kann. 41

Der Begriff des **„Angehörigen"** ist weit zu fassen. Darunter fallen jedenfalls alle Personen, denen gem. § 52 Abs. 1 StPO ein Zeugnisverweigerungsrecht zusteht, darüber hinaus die Partner einer nichtehelichen Lebensgemeinschaft. Zu den **„Personen seines Vertrauens"** kann auch der Pflichtverteidiger des 42

---

[227] S. BVerfGE 64, 135 (146).

[228] Sehr zurückhaltend aber BVerfG NJW 1982, 29 (30) – „Nürnberger Massenverhaftung"; wie hier *Rüping* in BK Rn. 46; vgl. auch BayVerfGH NJW 1984, 1874.

[229] Zum Umfang von dessen Entscheidungsbefugnis s. *Meyer-Goßner/Schmitt,* 63. Aufl. 2020, StPO § 115 Rn. 10 und § 115a Rn. 5 einerseits, *Cl. Schröder* NJW 1981, 1425 ff. andererseits. Zusf. *Schröder* StV 2005, 241 ff.

[230] Dazu iE *Rüping* in BK Rn. 98 ff.

[231] Vgl. → Art. 142 Rn. 10, 14; *Schulze-Fielitz* in Dreier Rn. 13. Für den **Verteidigungsfall** vgl. Art. 115c Abs. 2 Nr. 2.

[232] So *v. Mangoldt/Klein,* Das Bonner Grundgesetz, 2. Aufl. 1957/1974, Anm. 2.

Festgehaltenen zählen, wenn er auf dessen Wunsch bestellt ist und keine Umstände vorliegen, die an einem Vertrauensverhältnis zweifeln lassen.[233] Entscheidend ist, ob zum Zeitpunkt der Benachrichtigung ein Vertrauensverhältnis vorhanden ist; ein geschiedener Ehepartner beispielsweise darf deshalb nur nach Rücksprache mit dem Festgehaltenen benachrichtigt werden. Bei der Festnahme eines Ausländers ist auf dessen Verlangen unverzüglich die zuständige konsularische Vertretung des Heimatstaates zu unterrichten.[234]

43 Art. 104 Abs. 4 ist **objektives Verfassungsrecht** und gibt zugleich dem Festgehaltenen ein **subjektives Recht,**[235] nicht aber Angehörigen oder Vertrauenspersonen.[236] Die spätere Kenntnis eines erst nach Bekanntgabe der Entscheidung mandatierten Bevollmächtigten genügt daher nicht.[237] Art. 104 Abs. 4 findet eine einfach-gesetzliche Ausprägung in § 114c Abs. 2 StPO (vgl. auch § 163c Abs. 1 S. 3 StPO). Sie gilt gleichermaßen für erstinstanzliche Entscheidungen wie für Rechtsmittelgerichte, denn diese können den Haftbefehl aufrechterhalten, aufheben oder außer Vollzug setzen, treffen damit eine richterliche Entscheidung „über die Fortdauer einer Freiheitsentziehung“.[238]

44 Wer die Benachrichtigung zu veranlassen hat, ist weder in Art. 104 Abs. 4 noch in der StPO geregelt. Der Normzweck fordert, dass diese Pflicht dem entscheidenden Richter obliegt. Hat ein Kollegialgericht entschieden, trifft die Benachrichtigungspflicht den Vorsitzenden.[239] Der Richter kann allerdings die Benachrichtigung durch die Staatsanwaltschaft vornehmen lassen, die die erforderlichen Zustellungen zu veranlassen hat;[240] dabei kann sich der Richter nicht darauf verlassen, dass die erforderliche Benachrichtigung „ohnehin“ durch die Staatsanwaltschaft erfolgen werde, muss vielmehr selbst für die Einhaltung der Benachrichtigungspflicht Sorge tragen. Auch die Einschaltung einer Polizei- oder Verwaltungsbehörde ist zulässig. Hat eine Benachrichtigung von anderer Seite bereits stattgefunden, braucht sie der Richter nicht erneut vorzunehmen. – Der Begriff der „Unverzüglichkeit“ stellt hohe Anforderungen; der Richter muss sich um die in einem wohlorganisierten Geschäftsgang schnellstmögliche Benachrichtigung bemühen. Auf Verschulden kommt es nicht an.[241] Bei der Auslegung ist auf objektive Übermittlungsschwierigkeiten Rücksicht zu nehmen, die im Einzelfall gegeben sein können.[242]

45 Eine Gefährdung des Untersuchungszweckes rechtfertigt keine Ausnahme von der Benachrichtigungspflicht.[243] Es reicht aus, wenn der Richter –

---

233 BVerfGE 16, 119 (124); 38, 32 (34).

234 Vgl. Art. 36 Abs. 1b S. 1 des Wiener Übereinkommens über konsularische Beziehungen vom 24.4.1963 (BGBl. 1969, 1587 ff., Abs. 2). S. dazu OLG Oldenburg InfAuslR 2004, 349 f.

235 BVerfGE 16, 119 (122); BVerfG BeckRS 2020, 10780 Rn. 42.

236 BVerwG DVBl 1984, 1080; LG Frankfurt NJW 1959, 61; *Dürig* in Maunz/Dürig Rn. 43. Zur Nichtbenachrichtigung der Eltern von der Festnahme ihrer minderjährigen Kinder im Hinblick auf Art. 6 Abs. 1, Abs. 2 vgl. *Küchenhoff* in H. Glaser, Die Nürnberger Massenverhaftung. Dokumente und Analysen, 1981, 141 (152); *Azzola* in AK Rn. 35; sa *Rüping* in BK Rn. 43; *Radtke* in BeckOK GG Rn. 19.

237 BVerfG BeckRS 2020, 10780 Rn. 44.

238 BVerfGE 16, 119 (123); 38, 32 (34).

239 Vgl. *Meyer-Goßner/Schmitt,* 63. Aufl. 2020, StPO § 114c Rn. 8.

240 Vgl. § 36 Abs. 1 StPO; BVerfGE 38, 32 (34).

241 Ebenso *Jarass* in Jarass/Pieroth Rn. 25.

242 Vgl. iÜ → Rn. 29.

243 So aber – zulässigerweise – § 114c Abs. 1 StPO für die Benachrichtigung eines Angehörigen oder einer Vertrauensperson durch den Verhafteten selbst.

alternativ – **einen** Familienangehörigen oder **eine** Vertrauensperson benachrichtigt; er ist dabei nicht an Vorschläge des Festgehaltenen gebunden,[244] wenn andernfalls eine Gefährdung des Untersuchungszweckes nicht ausgeschlossen werden kann (zB bei Komplizenschaft). Das allgemeine Persönlichkeitsrecht des Festgehaltenen, das zur Auslegung von Art. 104 Abs. 4 heranzuziehen ist, verlangt aber, den Vorschlägen des Festgehaltenen im Rahmen der vorzunehmenden Ermessensentscheidung nach Möglichkeit Rechnung zu tragen.

Der Festgehaltene kann auf die Benachrichtigung auch ganz **verzichten.**[245] **46**
Problematisch ist, dass die Verzichtsmöglichkeit zu – möglicherweise schwer beweisbaren – Missbräuchen führen kann, wenn der Verzicht abgenötigt oder wahrheitswidrig behauptet wird. Die gegenwärtige Verfassungspraxis minimiert freilich dieses Risiko. Es überwiegt deshalb das gleichfalls grundrechtlich (durch das allg. Persönlichkeitsrecht aus Art. 2 Abs. 1 iVm Art. 1 Abs. 1)[246] geschützte Interesse des Festgehaltenen, über ihn belastende Tatsachen gerade ihm nahestehende Personen nicht informiert wissen zu wollen.[247]

C. Verhältnis zu anderen Bestimmungen des Grundgesetzes

Art. 104 konkretisiert das Grundrecht auf Freiheit der Person (Art. 2 **47**
Abs. 2 S. 2), mit dem es in einem unauflöslichen Zusammenhang steht. Da gemäß Art. 104 Abs. 1 S. 1 bei Freiheitsbeschränkungen – und damit immer auch bei Freiheitsentziehungen – die Vorgaben des förmlichen Gesetzes zum Bestandteil der verfassungsrechtlichen Schranke erhoben werden, geht Art. 104 insoweit der Schrankenregelung des Art. 2 Abs. 2 S. 3 vor.[248]

D. Kritische Würdigung

Auch wenn einzelne Regelungsinhalte des Art. 104 sich bereits aus anderen **48**
Verfassungsbestimmungen ergeben bzw. sich mit diesen überschneiden,[249] ist die eingehende Regelung der Rechtsgarantien bei Freiheitsentziehungen zu begrüßen. Systematisch überzeugender wäre es allerdings gewesen, wenn der Verfassungsgeber sich die „ästhetischen" Bedenken des Abg. Heuß (FDP)[250] nicht zu eigen gemacht und die Freiheit der Person im Zusammenhang (also

---

[244] Anders *Hantel* JuS 1990, 865 (871); *Jarass* in Jarass/Pieroth Rn. 21; *Händel* FG f. Krebs, 1969, 154.

[245] *Eckels* NJW 1959, 1908; *Händel* f. FG Krebs, 1969, 162 ff., beide mwN; aA LG Frankfurt NJW 1959, 61 m. abl. Anm. *Händel* NJW 1959, 544 f.; *Kohlhaas* NJW 1951, 262 (263); *Dünnebier* JZ 1963, 693 ff.; *Wilde,* Der Verzicht Privater auf subjektive öffentliche Rechte, Diss. Hamburg 1966, 168; *Pietzcker* Der Staat 17 (1978), 527 (549); *Schmahl* in SHH Rn. 39; diff. *Dürig* in Maunz/Dürig, 79. EL Dezember 2016, Rn. 43, der eine richterliche Überprüfung etwaiger Verzichtsgründe fordert; ähnl. auch *Gusy* in MKS Rn. 75; *Schulze-Fielitz* in Dreier Rn. 53.

[246] S. für den vorliegenden Zusammenhang auch *Kunig/Rublack* Jura 1991, 30 (34); *Grabitz* in HdbStR VI, 2. Aufl. 2001, § 130 Rn. 29.

[247] Ähnl. *Händel* NJW 1959, 544 (545), der sich unmittelbar auf Art. 1 Abs. 1 stützt; sa BVerfGE 34, 369 (382 f.) sowie ua *Radtke* in BeckOK GG Rn. 19: „grundsätzlich nach den Präferenzen des Betroffenen".

[248] Näheres oben → Rn. 3 sowie → Art. 2 Rn. 146.

[249] → Rn. 2, 18, 37.

[250] Vgl. JöR nF 1 (1951), 745.

im Rahmen des Art. 2 Abs. 2) geregelt hätte. Art. 2 Abs. 2 sähe dann seiner Struktur nach dem (heutigen) Art. 13 ähnlich.

Literatur

K. Amelung, Rechtsschutz gegen strafprozessuale Grundrechtseingriffe, 1976. – ***K. Amelung,*** Die Entstehung des Grundrechtsschutzes gegen willkürliche Verhaftung, Jura 2005, 447. – ***B. Asbrock,*** Der Richtervorbehalt – prozedurale Grundrechtssicherung oder rechtsstaatliches Trostpflaster?, ZRP 1998, 17. – ***O. Bachof,*** Über die Geltung des Art. 104 GG, JZ 1951, 737. – ***O. Bachof,*** Freiheitsentziehung nach Art. 104 GG, DÖV 1952, 393. – ***J. Baumann,*** Gesetzliche Regelung des Vollzugs der Untersuchungshaft, JZ 1990, 107. – ***G. Bemmann,*** Über die Befugnis zur Anordnung des Arrests im Strafvollzug, NJW 2000, 3116. – ***A. Blankenagel,*** Verhängung des polizeilichen Unterbindungsgewahrsams in Bayern, DÖV 1989, 689. – ***W. Brösamle,*** Welcher Richter ist zur Entscheidung über die Zulässigkeit und Fortdauer einer Freiheitsentziehung nach Art. 104 Abs. 2 GG zuständig?, DÖV 1952, 169. – ***W. Brugger,*** Vom unbedingten Verbot der Folter zum bedingten Recht auf Folter?, JZ 2000, 165. – ***M. Coester,*** Von anonymer Verwaltung zu persönlicher Betreuung. Zur Reform des Vormund- und Pflegschaftsrechts für Volljährige, Jura 1991, 1. – ***K. Detter,*** Zum Maßregelrecht, NStZ 2014, 22. – ***R. Dünnebier,*** Die Benachrichtigung gemäß Art. 104 IV GG, § 114a StPO, JZ 1963, 693. – ***H. Ehrhardt,*** Das Gesetz über das gerichtliche Verfahren bei Freiheitsentziehungen, NJW 1956, 1868. – ***R. Enzian,*** Das richterliche und staatsanwaltliche Vorführungsrecht, JR 1975, 277. – ***R. Esser,*** Die Judikatur des EGMR im Strudel der Anhörungsrüge, NJW 2016, 604. – ***G. Geißl,*** Zwangsmaßnahmen auf dem Gebiet der Gesundheitsfürsorge im Strafvollzug und im Vollzug der Untersuchungshaft, Diss. München 1980. – ***H. Goeppinger,*** Betrachtungen zur Unterbringung psychisch Kranker, FamRZ 1980, 856. – ***M. Guggumos,*** Über die Grenzen des elterlichen Aufenthaltsbestimmungsrechts gem. Art. 104 GG, FamRZ 1960, 478. – ***Ch. Gusy,*** Freiheitsentziehung und Grundgesetz, NJW 1992, 457. – ***Ch. Gusy,*** Verfassungsfragen vorbeugenden Rechtsschutzes, JZ 1998, 167. – ***K. Händel,*** Grundrechte im Widerstreit – Zum Verzicht des Inhaftierten auf Benachrichtigung von Angehörigen oder Vertrauenspersonen, FG f. Krebs, 1969, 149. – ***P. Hantel,*** Der Begriff der Freiheitsentziehung in Art. 104 Abs. 2 GG, 1988. – ***P. Hantel,*** Das Grundrecht der Freiheit der Person nach Art. 2 II 2, 104 GG, JuS 1990, 865. – ***M. Heidebach,*** Grundrechtsschutz durch Verfahren bei gerichtlicher Freiheitsentziehung, 2014. – ***H. Heinhold,*** Aktuelle Rechtsprechung zur Abschiebungshaft, ZAR 2006, 360. – ***O. Helle,*** Freiheitsbeschränkende Zwangsmaßnahmen gegenüber untergebrachten psychisch Kranken, MedR 1989, 7. – ***Ch. Hodler,*** Die Freiheit der Person nach Art. 104 GG, NJW 1953, 531. – ***R. Hoffmann,*** Polizeiliche „Schutzhaft" und Grundrechte, DVBl 1970, 473. – ***W. Hoffmann(-Riem),*** Die polizeiliche Sistierung zur Feststellung von Personalien, DVBl 1967, 751. – ***C. Jürschik,*** Der verfassungsrechtliche Schutz der Unfreien – was künftig bei der Fixierung zu beachten ist!, NVwZ 2018, 1695. – ***E. Kaufmann,*** Der polizeiliche Eingriff in Freiheiten und Rechte, 1951. – ***E. Kern,*** Freiheitsentziehung durch Verwaltungsbehörden, DÖV 1954, 112. – ***B. Klüsener/H. Rausch,*** Praktische Probleme bei der Umsetzung des neuen Betreuungsrechts, NJW 1993, 617. – ***F.-L. Knemeyer,*** Polizeigewahrsam und Richterentscheid – Zur Neufassung der gesetzlichen Regelung in Bayern, NVwZ 1990, 138. – ***Th.-J. Koch,*** Die Zusammenarbeit zwischen Richter und ärztlichem Sachverständigen im Unterbringungsverfahren, NJW 1974, 595. – ***M. Köhler,*** Die materiell-rechtliche Bedeutung, formeller Maßregelvoraussetzungen bei der Sicherungsverwahrung, NJW 1975, 1150. – ***M. Kohlhaas,*** Benachrichtigungspflicht bei Verhafteten, NJW 1951, 262. – ***J. Koschwitz,*** Die kurzfristige polizeiliche Freiheitsentziehung, 1969. – ***F. Kracht,*** Die Bedeutung des Art. 104 GG in der öffentlichen Fürsorge, DVBl 1950, 517. – ***J. Kroll,*** Personensorge und Freiheitsentzug unter besonderer Berücksichtigung der Entscheidung des BVerfG vom 10.2.1960 sowie der Bestimmung des § 1800 Abs. 2 BGB, Diss. Bonn 1967. – ***D. Lang-Hinrichsen,*** Zur Tragweite der Bestimmung des Art. 104 Abs. 2 GG, JR 1959, 321. – ***H. Lisken,*** Grundgesetz und neues Polizeirecht, ZRP 1980, 145. – ***H. Lisken,*** Freiheitsentziehungsfristen im Polizeirecht, ZRP

1996, 332. – ***G. Lehngut/H.-G. Maaßen,*** Freiheitsentziehung durch die Unterbringung von nicht einreiseberechtigten Ausländern im Transitbereich von Flughäfen?, DÖV 1997, 316. – ***R. Maaß,*** Der Verbringungsgewahrsam nach dem geltenden Polizeirecht, NVwZ 1985, 151. – ***K. Melchior,*** Eingriffe in die Freiheit der Person durch den Bundesgrenzschutz (BGS) im Flughafenbereich bei der Einreise und bei Rückführungen, ZAR 2000, 110. – ***K.-H. Moritz,*** Vereinbarkeit des Vorführungsrechts der Staatsanwaltschaft mit Art. 104?, NJW 1977, 796. – ***S. Muckel,*** Präventive Ingewahrsamnahme zur Verhinderung von Straftaten, JA 2016, 795. – ***H. Müller-Dietz,*** Rechtsfragen der Unterbringung, NStZ 1983, 145. – ***E. Mußmann,*** Der Verbringungsgewahrsam, VBlBW 1986, 52. – ***R. Nebinger,*** Freiheitsentziehung durch Verwaltungsbehörden, DÖV 1954, 144. – ***V. Neumann,*** Freiheitssicherung und Fürsorge im Unterbringungsrecht, NJW 1982, 2588. – ***J. Peglau,*** Das BVerfG und die Sicherungsverwahrung – Konsequenzen für Praxis und Gesetzgebung, NJW 2011, 1924. – ***A. Pentz,*** Verfahrensfehler bei der Freiheitsentziehung, NJW 1990, 2777. – ***Th. Rasehorn,*** Die „bisherige Übung" und Art. 104 GG, DRiZ 1967, 388. – ***H. Reichard,*** Gesetz über das gerichtliche Verfahren bei Freiheitsentziehungen, 1956. – ***E. Riedel,*** Die Habeas Corpus-Akte, EuGRZ 1980, 192. – ***R. Riegel,*** Polizeiliche Personenkontrolle, 1979. – ***C. Rinio,*** Zur Frage der Zulässigkeit einer polizeilichen Zuführung zum Antritt des Jugendarrestes, ZfJ 2000, 300. – ***V. Rodenbusch,*** Die Fixierungsentscheidung des Bundesverfassungsgerichts vom 24. Juli 2018 und ihre Folgen für parallele Anordnungsfälle, NStZ 2019, 10. – ***E. Saage/H. Göppinger,*** Freiheitsentziehung und Unterbringung psychisch Kranker und Suchtkranker, 3. Aufl. 1994. – ***H. Schelling,*** Verwaltungsakt und richterliche Entscheidung bei präventivpolizeilichen Freiheitsentziehungen und Art. 104 des Grundgesetzes, Diss. Heidelberg 1960. – ***A. Schieder,*** Die richterliche Bestätigung polizeilich veranlaßter Freiheitsentziehungen, KritVj 2000, 218. – ***H. Schüler-Springorum,*** Die Bedeutung des Art. 104 GG für die freiwillige Erziehungshilfe, FamRZ 1961, 296. – ***D. Schwab,*** Das neue Betreuungsrecht, FamRZ 1990, 681. – ***E. Schwan,*** Identitätsfeststellung, Sistierung und Razzia, AöR 102 (1977), 243. – ***K. H. Starkgraff,*** Der Richtervorbehalt – prozedurale Grundrechtssicherung oder rechtsstaatliches Trostpflaster?, ZRP 1998, 484. – ***Chr. Stoermer,*** Der polizeirechtliche Gewahrsam, 1998. – ***S. Trechsel,*** Die Garantie der persönlichen Freiheit (Art. 5 EMRK) in der Straßburger Rechtsprechung, EuGRZ 1980, 514. – ***W. Wagner,*** Die Benachrichtigung gem. Art. 104 Abs. 4 GG, JZ 1963, 689. – **T. *Walter,*** „Beyond Mollath" – Strafrechtliche Unterbringung in der Psychiatrie, ZRP 2014, 103. – ***H.-J. Wolff,*** Das Verfahren bei Freiheitsentziehungen, DÖV 1951, 313. – ***H. Wolter,*** Die Richtervorbehalte im Polizeirecht, DÖV 1997, 939. – ***R. Wulf,*** Grund- und Menschenrechte im Justizvollzug – Schutz von Minimalrechten der Gefangenen als verfassungsrechtlicher Auftrag, NJ 1996, 227. – ***W. Zimmermann/J. Damrau,*** Das neue Betreuungs- und Unterbringungsrecht, NJW 1991, 538. – ***W. Zimmermann/J. Damrau,*** Betreuungsrecht, 4. Aufl. 2010.

X. Das Finanzwesen

Vorbemerkungen zu den Art. 104a–115

Übersicht

A. Das Finanzwesen

I. Der Begriff des Finanzwesens. Zum Finanzwesen im Sinne des GG gehören zwei verschiedene Regelungskomplexe: die **Finanzbeziehungen im Bundesstaat** und das **Haushaltswesen des Bundes.** Ersterem widmen sich die Art. 104a bis 108, Letzterem die Art. 110 bis 115; in Art. 109 und Art. 109a ist beides verzahnt.[1] Der X. Abschnitt des GG ist damit, ähnlich wie der VII., zweigeteilt. Der erste der beiden Regelungsbereiche wird als bundesstaatliche Finanzverfassung oder als **Finanzverfassung im engeren** 1

[1] Zur Stellung des Art. 109 *Heintzen* in HdbStR V § 120 Rn. 4; *Heun* in Dreier Art. 109 Rn. 12; *G. Kirchhof* in MKS Art. 109 Rn. 3; *Rodi* in BK Art. 109 Rn. 39–41.

Sinne bezeichnet, der zweite als **Haushaltsverfassung;**[2] der erste Bereich ist ein naheliegender Bestandteil jeder bundesstaatlichen Verfassung, von dem zweiten Bereich sind die Aussagen zur Budgethoheit des Parlamentes notwendiger Bestandteil jeder demokratischen Verfassung. Der erste Bereich grenzt Kompetenzen zwischen Bund und Ländern ab hinsichtlich der Ausgaben und dann der Einnahmen, Letzteres gegliedert nach Gesetzgebungs-, Verwaltungs- und Ertragszuständigkeiten sowie sekundärem Finanzausgleich (zur Rechtsprechungszuständigkeit Art. 95 Abs. 1); es handelt sich um eine **besondere Kompetenzordnung.** Der zweite koordiniert die Haushaltswirtschaft von Bund und Ländern, grenzt auf Bundesebene die Organzuständigkeiten von Parlament und Regierung ab, sieht mit der Rechnungsprüfung einen Kontrollmechanismus vor und versucht sich mit einer Begrenzung der Staatsverschuldung. Beide Bereiche zusammen verfassen – ergänzt durch die Regelungen der Landesverfassungen – die staatliche Finanzwirtschaft der Bundesrepublik Deutschland; sie bilden die **Finanzverfassung im weiteren Sinne.**[3]

2 Regelungsthema des X. Abschnitts des GG ist ein Sachgebiet, es sind nicht einzelne Organe oder Funktionen von Bund und Ländern, auch keine Finanzfunktion, Finanzgewalt oder Finanzhoheit. Die **Finanzhoheit** ist Teil der verfassungsrechtlich vorauszusetzenden staatlichen Souveränität. Auch Finanzfunktion und Finanzgewalt sind staatstheoretische Begriffe.[4] Mit „Finanzen" ist Geld- im Unterschied zu Sachvermögen gemeint. Das **öffentliche Sachvermögen** ist kein unmittelbarer Regelungsgegenstand des X. Abschnitts.[5]

3 „Finanzwesen" umfasst die Rechtsvorschriften über das Aufkommen, die Verwaltung und die Verteilung der Geldmittel des Staates, wobei die mittelbare Staatsverwaltung viele Besonderheiten aufweist. Der X. Abschnitt des GG ist eine Teilverfassung, deren Existenz – im Unterschied insbesondere zur **Wirtschaftsverfassung** – keinem Zweifel ausgesetzt ist. Der zu ihrer Bezeichnung verwendete Begriff des Finanzwesens weist auf die **Nähe zur Finanzwissenschaft** hin.[6] Aus deren Sicht ist er in die Jahre gekommen, wie überhaupt die Zitation volkswirtschaftlichen Gedankenguts in Rechtstexten und der juristischen Literatur an erheblicher Zeitverzögerung leidet. Eine Definition des Begriffs „Finanzwesen", auch daran geübte Kritik, ist für die verfassungsrechtliche Entscheidungsfindung ebenso unbrauchbar wie Überlegungen zum Verhältnis von Finanzverfassungsrecht und öffentlichem Finanzrecht, womit die wissenschaftliche Legitimität solcher systematisierenden Fragestellungen nicht bestritten sein soll.[7]

4 Finanzverfassungsrecht im engeren und im weiteren Sinne ist **formelles Verfassungsrecht,** unter dem im Stufenbau der Rechtsordnung umfang-

---

[2] Hierzu nach wie vor sehr gut *Stern,* StaatsR II, 1980, § 45 II 3b; zu den Begriffen *Stern,* StaatsR II, 1980, § 45 II 2.

[3] Zum Begriff der Finanzverfassung *Ulsenheimer,* Untersuchungen zum Begriff „Finanzverfassung", 1969; weiter *Siekmann* in Sachs Vor Art. 104a Rn. 4–8.

[4] Zu „Finanzgewalt" *Kube,* Finanzgewalt in der Kompetenzordnung, 2004, passim.

[5] So auch BVerfGE 95, 250 (262 f.). Nach Art. 104a Abs. 4 kommt es bei Sach- und Dienstleistungen letztlich auf deren Geldwert an. Zum Staatsvermögen *Isensee* in HdbStRV § 122.

[6] Vgl. insoweit *Blankart,* Öffentliche Finanzen in der Demokratie, 9. Aufl. 2017; *Brümmerhoff/Büttner,* Finanzwissenschaft, 12. Aufl. 2018; *Zimmermann/Henke/Broer,* Finanzwissenschaft, 12. Aufl. 2017. Das seit 2009 jährlich erscheinende Jahrbuch für öffentliche Finanzen ist interdisziplinär angelegt.

[7] Zu Letzterem *Tappe/Wernsmann,* Öffentliches Finanzrecht, 2. Aufl. 2019, Rn. 1 ff.

reiche Rechtsgebiete wie Steuer-, Abgaben- und Haushaltsrecht stehen und das sich im Interesse größerer Nähe zu sich ändernden Realien des **einfachen Gesetzes** zu seiner Ausführung bedient (etwa die Gesetzgebungsaufträge für die Verteilung des Umsatzsteueraufkommens, für den Finanz(kraft)ausgleich und dessen Maßstäbe oder bei den Haushaltsgrundsätzen). Die Finanzverfassung unterliegt keinem strikten Verfassungsvorbehalt. Die Subfinanzverfassungen der mittelbaren Staatsverwaltung, insbesondere die kommunale und die sozialversicherungsrechtliche Finanzverfassung, sind überwiegend solche im materiellen Sinne; sie betreffen ca. 14.500 Kommunen und die Haushalte der Sozialversicherungsträger, deren Abgabenaufkommen zusammengerechnet 2017 mehr als die Hälfte der Steuereinnahmen von Bund und Ländern erreicht hat.[8] **Kommunen** und **Sozialversicherungsträger** sind damit die finanziell wichtigsten Parafisci.

Die alle Staatsfunktionen bündelnden Querschnittsregelungen der 5
Art. 104a bis 115 sind nicht abschließend. **Weitere finanzverfassungsrechtliche Regelungen** enthalten explizit die Art. 91a, 91b, 91e, 115c Abs. 3, 120, 120a, 134, 135, 135a, 140 (Letzterer in Verbindung mit Art. 137 Abs. 6 WRV), 143c, 143d, 143f, 143g sowie implizit zB die Art. 73 ff. hinsichtlich der **Gesetzgebungskompetenz** für nicht-steuerliche Abgaben oder die **Grundrechte,** soweit sie, wie vor allem die Art. 3 Abs. 1, 6 Abs. 1 und 14 Abs. 1, der staatlichen Besteuerungsgewalt Vorgaben machen. Soweit auch diese Regelungen zur Finanzverfassung im weiteren Sinne gerechnet werden, wird dieser Begriff doppeldeutig. Zum Teil wird der implizite finanzverfassungsrechtliche Gehalt von Grundrechten, Struktur- und Zielnormen sowie Kompetenzvorschriften auch als **ungeschriebene Finanzverfassung** bezeichnet.[9] Ob schließlich die Aussagen des GG zum **Geld- und Währungswesen** (Geldverfassung) auch Teil der Finanzverfassung im weiteren Sinn sein sollen, ist eine Frage, an der sich nichts entscheidet. Unstreitig ist schließlich, dass die Finanzverfassung (im weiteren Sinn) integrierender Bestandteil der Gesamtverfassung ist, in der ihr kein Sonderstatus – etwa im Sinne abgeschwächter grundrechtlicher oder rechtsstaatlicher Bindungen – zukommt.[10] Überlegungen zu einer strukturellen Homogenität der Finanzverfassung mit der Gesamtverfassung bringen rechtspraktisch nichts ein.[11]

Beide Teile der Finanzverfassung im weiteren Sinne haben **Regelungs-** 6
schwerpunkte, die Finanzverfassung im engeren Sinne die **Steuern,** die Haushaltsverfassung das **Verhältnis von Parlament und Regierung.** Standort der Steuerverfassung sind teils die Art. 105 ff., teils die Grundrechte des GG.[12] Das Verhältnis von Parlament und Regierung ist in der Hauptsache Thema der Abschnitte III und VI des GG; die Art. 110 ff. beschäftigen sich mit diesem Verhältnis unter einem besonderen, politisch wichtigen Blickwinkel.

---

[8] Statistisches Jahrbuch 2018, 268; ältere Statistik bei *Vogel/Waldhoff* in BK Vor Art. 104a Rn. 99. Vgl. auch *Schuler-Harms* GS f. Schmehl, 2019, 101 (115 ff.).

[9] *Vogel* GS f. Martens, 1987, 265; ferner *Waldhoff,* Verfassungsrechtliche Vorgaben für die Steuergesetzgebung im Vergleich Deutschland – Schweiz, 1997, 309 ff.; → Art. 105 Rn. 20. Kommentierend *Schneider* in AK Rn. 2; *Siekmann* in Sachs Vor Art. 104a Rn. 29. Zu einer Konstitutionalisierung des Steuerrechts *Wernsmann* DVBl. 2015, 1085 ff.

[10] Zu Letzterem *Hettlage* und *Maunz* VVDStRL 14 (1956), 2 ff., 37 ff.: Die Finanzverfassung im Rahmen der Staatsverfassung.

[11] Hierzu unter Hinweis auf die verfassungstheoretische Figur der Sub- oder Teilverfassung *Vogel/Waldhoff* in BK Vor Art. 104a Rn. 12 ff.

[12] *Bayer,* Steuerlehre, 1997, 33 ff.

7 Die Regeln des X. Abschnitts des GG bilden **ein offenes System** mit zwei voneinander **relativ unabhängigen Teilen.** Das lässt Vorsicht als angezeigt erscheinen, wenn mit dem Gesamtzusammenhang der Art. 104a ff. argumentiert wird – eine gängige Argumentationsfigur, etwa bei der Frage nach den verfassungsrechtlichen Anforderungen an nicht-steuerliche Abgaben. Trotzdem ist die zusammenfassende Regelung des Finanzwesens verfassungspolitisch sinnvoll, weil sie einer Tendenz moderner Parteien- und Mediendemokratien entgegenwirkt, die auch in der Qualifikation der Beschaffung und Bewirtschaftung von Geld als **instrumentale Staatsaufgabe** anklingt: der Tendenz, das Finanzwesen nicht ernst zu nehmen, den politischen Blick mehr auf die Ausgaben- als auf die Einnahmenseite der Staatsbilanz zu richten (die man notfalls durch Verfassungsänderung nachjustieren kann) und die langfristigen Folgen finanzwirksamer Entscheidungen im kurzatmigen Rhythmus von Amtszeiten und Wahlperioden zu verdrängen.[13] Es überrascht nicht, enttäuscht aber, dass der Satz „Ce mot de finance est un mot d'esclave." von einem der Stammväter der Demokratietheorie stammt.[14]

8 **II. Die ökonomische und politische Bedeutung des Finanzwesens.** Die Haushalte von Bund und Ländern ziehen jährlich etwa ein Drittel des Sozialprodukts auf sich. Exakte Zahlen zu finden ist schwierig wegen der großen Zahl von Nebenhaushalten und der Definitionsprobleme des öffentlichen Sektors.[15] Auch ohne solche Zahlen und trotz der Zweifel, die hinsichtlich der ökonomischen Steuerungskraft staatlicher Haushalte bestehen,[16] ist aber festzustellen, dass das Finanzwesen in einem materiellen Sinne Verfassungsrang hat und dass die Art. 104a bis 108 eine notwendige staatsorganisatorische und volkswirtschaftliche Ordnungsfunktion haben. Passend zu dieser Funktion enthält die Finanzverfassung in Art. 106 Abs. 3 S. 4 Nr. 1 und 2 und in Art. 109 Abs. 2 programmatische Aussagen mit beschränkter rechtlicher Wirksamkeit. Sie wirkt so in die Finanzpolitik hinein.

9 **III. Das Finanzwesen als Regelungsthema von Verfassungen. 1. Deutsche Verfassungsgeschichte, einschließlich der Bundesländer.** Die Zusammenfassung von bundesstaatlicher Finanz- und Haushaltsverfassung in einem besonderen Abschnitt der Verfassungsurkunde ist jedenfalls in dieser Ausführlichkeit in der deutschen Verfassungsgeschichte ohne Vorbild.[17] Für dessen Teile gilt dies nicht durchgängig. Das Haushaltswesen war

---

[13] Zu älteren Begründungen für eine verfassungsrechtliche Sonderstellung des Finanzwesens *Stern,* StaatsR II, 1980, § 45 I 1.

[14] *Rousseau,* Du contrat social ou principes du droit politique, Ausgabe 1762, Buch 3, Kapitel 15. Zu den in diesen Zusammenhang gehörenden Finanzvorbehalten plebiszitärer Verfahren, zB Art. 73 BayVerf.: BayVerfGH BayVBl. 2013, 170, wonach Art. 73 der Zulassung eines Volksbegehrens nicht entgegensteht, das auf die Abschaffung von Studiengebühren gerichtet ist; *Brink/Kertels* NVwZ 2003, 435; *Isensee* FS f. Mußgnug, 2005, 101; *Klatt,* Der Staat 50 (2011), 3; *Krafczyk,* Der parlamentarische Finanzvorbehalt in der Volksgesetzgebung, 2005; *Müller-Franken* Der Staat (44) 2005, 19; *Müller-Franken* FS f. Frotscher, 2007, 657; *Platter* ZParl. 2004, 496; *Schinkel* FS f. Driehaus, 2005, 570; *Schwill* DVBl. 2019, 1241; *Tappe/Wernsmann,* Öffentliches Finanzrecht, 2. Aufl. 2019, § 2 Rn. 85 ff.; *Waldhoff* in Baus/Montag (Hrsg.), Perspektiven und Grenzen „Direkter Demokratie", 2012, 71; *Waldhoff/Aswege,* Direkte Demokratie und Staatsfinanzkrise, Jahrbuch der direkten Demokratie, 2011, 9; grundsätzlich *Möstl* u. *Schuler-Harms* VVDStRL 72 (2013), 355 u. 417; → Art. 110–115 Rn. 7.

[15] Zahlen bei *Siekmann* in Sachs Vor Art. 104a Rn. 2.

[16] → Art. 109 Rn. 2.

[17] *Stern,* StaatsR II, 1980, § 45 I 1 a.

Regelungsthema aller gesamtdeutschen Verfassungen, einschließlich der Paulskirchenverfassung,[18] mit Ausnahme der „Verfassung" des „3. Reichs".[19]

Die **Verfassung des Deutschen Reichs vom 16.4.1871** äußerte sich in ihrem XII. Abschnitt (Art. 69–73 und Schlussbestimmung) zu den Reichsfinanzen und behandelte dort im Wesentlichen Fragen, auf die heute Antworten in den Art. 110 bis 114 Abs. 1 zu finden sind. Neben den Reichsfinanzen waren in dieser Verfassung eigene Abschnitte dem Zoll- und Handelswesen, dem Eisenbahnwesen, dem Post- und Telegrafenwesen, Marine und Schifffahrt, dem Konsulatswesen und dem Reichskriegswesen gewidmet. Anders als der Abschnitt des GG über das Finanzwesen behandelten diese Abschnitte kompakte Tätigkeitsbereiche des Reichs (einschließlich der Finanzen und in Abgrenzung zu den Einzelstaaten), nicht einzelne Funktionen oder Kompetenzen.[20] 10

Die **Weimarer Reichsverfassung** übernahm die haushaltsverfassungsrechtlichen Regelungen der Verfassung des Kaiserreichs ohne grundlegende Änderung (Ende 1922 kam eine mit verfassungsändernder Mehrheit beschlossene Reichshaushaltsordnung hinzu), ergänzte sie aber durch Regelungen, welche die Stellung des Reichs gegenüber den Ländern im Finanzwesen deutlich stärkten.[21] Das **GG** fasste die damit unübersichtlich gewordene Finanzverfassung im weiteren Sinne (Art. 82 bis 87 WRV, aber ua auch Art. 8, 11 und 14 WRV) in einem Abschnitt zusammen, verschob die politischen Gewichte zugunsten der Länder und berücksichtigte neue volkswirtschaftliche Erkenntnisse. Von der im Rahmen der WRV entstandenen Steuerrechtsordnung[22] wird umgekehrt gesagt, sie sei dem heutigen Steuerrecht an Übersichtlichkeit überlegen.[23] 11

Die **DDR** hat mit der deutschen Regelungstradition gebrochen. In ihrer Verfassung von 1968/74 kam selbst das Wort „Staatshaushaltsplan" nicht vor.[24] Monoton sozialistisch und nicht dual freiheitlich und demokratisch legitimiert, konnte diese **Verfassung eines Einheitsstaates** für legitime Spannungen zwischen Zentral- und Gliedstaaten, zwischen Parlament und Regierung und damit Hauptanliegen von Finanzverfassungsrecht kein Verständnis haben. 12

Die **Verfassungen der deutschen Bundesländer** enthalten keine Aussagen zur bundesstaatlichen Finanzverfassung; diese sind dem GG vorbehalten. Auch im Übrigen finden sich dort nur vereinzelte Aussagen zur Finanzverfassung im engeren Sinne, so in Art. 87 der Verfassung von Berlin (VvB), der die verschiedenen Finanzierungsquellen unter Gesetzesvorbehalt stellt und in eine Hierarchie bringt. Alle Landesverfassungen regeln dagegen das Haushaltswesen, und dies mit einer erheblichen Homogenität.[25] Abweichungen vom Vorbild des GG, wie die Schadenshaftung der Mitglieder des Berliner Senats 13

[18] *Kempny,* Die Staatsfinanzierung nach der Paulskirchenverfassung, 2011.

[19] Vgl. die dürftigen Sachregistereintragungen bei *E. R. Huber,* Verfassungsrecht des Großdeutschen Reiches, 1939; ferner *Vogel/Waldhoff* in BK Vor Art. 104a Rn. 163 ff.

[20] Detaillierter und mit weiteren Nachweisen *Heun/Thiele* in Dreier Vor Art. 104a Rn. 3.

[21] Überblick zu Letzterem bei *Bühler* in HdbStR I 321 ff.

[22] Hierzu *Stolleis,* Geschichte des öffentlichen Rechts in Deutschland, Bd. 3, 1999, 220 ff.; staatstheoretisch: *Isensee* FS f. H. P. Ipsen, 1977, 409 ff.; *U. K. Preuß,* in Deiseroth/Hase/Ladeur (Hrsg.), Ordnungsmacht?, 46.

[23] *Kruse,* Lehrbuch des Steuerrechts, Bd. 1, 1991, 12 f.

[24] Vgl. *Brunner* in HdbStR I § 11 Rn. 37. Eingehend *Duda,* Das Steuerrecht im Staatshaushaltssystem der DDR, 2011.

[25] Vgl. Art. 79–84 BWVerf.; Art. 78–82 BayVerf.; Art. 85–95 VvB; Art. 101–107 Bbg. Verf.; Art. 131–133a Brem.Verf.; Art. 66–72a Hmbg.Verf.; Art. 139–145 Hess.Verf.; Art. 61–68 LVerf. MV; Art. 63–71 Nds. Verf.; Art. 81–88 Verf. NRW; Art. 116–120 Verf.

und der Bezirksämter sowie der übrigen Angehörigen des öffentlichen Dienstes gemäß Art. 91 VvB[26] oder die Begrenzung der Personalausgaben auf höchstens 40% der Gesamtausgaben des Haushalts in Art. 98 Abs. 3 Thür. Verf., sind selten. Solche **Homogenität** ist kein Gebot von Art. 28 Abs. 1 S. 1, weil die Haushaltsverfassung, mit der einen Ausnahme der Budgethoheit des Parlaments, nicht die dort geforderte Grundsätzlichkeit aufweist. Eine Ausnahme ist das **Staatsschuldenrecht.** Schon vor der Föderalismusreform II im Jahr 2009 hat das in Art. 109 Abs. 4 vorgesehene Bundesgesetz Vorgaben nicht nur für die einfachen Gesetzgeber, sondern auch für die Verfassungsgeber der Bundesländer ermöglicht. Nunmehr beauftragt Art. 109 Abs. 3 S. 5 die Bundesländer, ihr Recht, einschließlich des Verfassungsrechts, entsprechend den Vorgaben der Schuldenbremse des GG und des europäischen Stabilitäts- und Wachstumspaktes umzugestalten.[27]

14 **2. Entstehungs- und Geltungsgeschichte des X. Abschnitts des Grundgesetzes.** Bei den **Beratungen im Parlamentarischen Rat** lag das Hauptaugenmerk auf der Finanzverfassung im engeren Sinne, der zu dem Zweck einer Reföderalisierung eines verkleinerten Deutschlands auch die drei westalliierten Siegermächte besondere Aufmerksamkeit zuteilwerden ließen. Im Haushaltsverfassungsrecht konnte man dagegen ohne größere Kontroversen an die WRV anknüpfen.[28] Neuerungen waren insoweit Art. 109 (heute Art. 109 Abs. 1) und Art. 113. **Politischer Hauptstreitpunkt** war die Verteilung der Steuererträge zwischen dem Bund und den Ländern; ferner gab es Kontroversen über die Steuerverwaltungskompetenz, die mit einer heute schwer verständlichen Heftigkeit geführt worden sind; das Übergewicht des Bundes bei der Steuergesetzgebung wurde dagegen nicht ernstlich bestritten.[29] Einig darin, dass weder die Länder **Kostgänger** des Bundes (wie in der Weimarer Republik) noch der Bund Kostgänger der Länder werden dürfe, stritt man über das rechte Maß an Einheitlichkeit der Finanzpolitik und -verwaltung bei gleichzeitiger Ausgabenautonomie von Bund und Ländern in ihren Kompetenzsphären. Dieser Streit wurde durch Interventionen der alliierten Militärgouverneure eher geschürt. Er wurde schließlich vertagt, dies auch angesichts der Ungewissheit über die finanzpolitische Realität des neuen Staates.[30] Gemäß Art. 107 der ursprünglichen Fassung des GG sollte die endgültige Verteilung der der konkurrierenden Gesetzgebung unterliegenden Steuern auf Bund und Länder spätestens bis zum 31.12.1952 erfolgt sein. Die Frist wurde zweimal verlängert, eine Neuregelung dann zweimal vorgenommen, jedoch nie „endgültig"; Letzteres dürfte wegen der Abhängigkeit einer Finanzverfassung von sich stets wandelnden wirtschaftlichen und gesellschaftlichen Verhältnissen und wegen der unitarischen und föderalistischen Zyklen in jedem Bundesstaat auch nicht möglich sein.[31]

Rhl.-Pf.; Art. 105–108 Saarl. Verf.; Art. 93–100 Sächs. Verf.; Art. 92–99 Sachs.-Anh. Verf.; Art. 58–65 Schl.-H. Verf.; Art. 98–103 Thür. Verf.

[26] Vgl. aber zu dessen praktischer Bedeutungslosigkeit *Korbmacher* in Driehaus Verfassung von Berlin, 3. Aufl. 2009, Art. 91 Rn. 2; *G. Pfennig* in Pfennig/Neumann Verfassung von Berlin, 3. Aufl. 2000, Art. 91 Rn. 1.

[27] → Rn. 42 u. Art. 109 Rn. 48.

[28] Ebenso *Heun/Thiele* in Dreier Vor Art. 104a Rn. 6.

[29] Vgl. *F. Klein* FS f. Giese, 1953, 61 ff.

[30] Vgl. *Pagenkopf,* Kommunalrecht, Bd. 2, 2. Aufl. 1976, 177: „zurückgestellter Akt der Verfassunggebung".

[31] So schon *Maunz* VVDStRL 14 (1956), 60.

Neuregelungen der Finanzverfassung im engeren Sinne haben die Konzeption des **Parlamentarischen Rates** so verändert, dass eine Darstellung der dort vertretenen finanzverfassungsrechtlichen Regelungsziele und der damaligen Kontroversen für das Verständnis des heute geltenden Verfassungsrechts nicht mehr erforderlich ist. Sie sind weitgehend überholt. 15

Die Änderungen erfolgten, in chronologischer, nicht systematischer Reihenfolge, durch: 16

– das G zur Änderung des Art. 107 vom 20.4.1953,[32] durch das die Frist zur Änderung des Art. 107 verlängert worden ist,
– das 2. G zur Änderung des Art. 107 vom 25.12.1954,[33] durch das die Frist zur Änderung von Art. 107 ein zweites Mal verlängert worden ist,
– das Finanzverfassungsgesetz vom 23.12.1955[34] mit umfangreichen Änderungen der Art. 106 und 107[35],
– das G zur Änderung und Ergänzung des Art. 106 vom 24.12.1956,[36] das überwiegend am 1.4.1957, hinsichtlich des bis zum 31.12.1969 geltenden Art. 106 Abs. 6 S. 4 aber erst am 1.4.1958 in Kraft getreten ist,
– das 15. G zur Änderung des GG vom 8.6.1967,[37] durch welches Art. 109, bis auf Abs. 5, im Wesentlichen seine bis zur Föderalismusreform II gültige Gestalt erhalten hat,
– das 20. G zur Änderung des GG vom 12.5.1969,[38] das Art. 109 Abs. 3 schon nach kurzer Zeit wieder änderte und den Art. 110 und 112 bis 114 ihre noch heute geltende Gestalt gegeben und für die Problematik der Staatsschulden eine konzeptionell neue, bis zum 31.12.2010 gültige Regelung gefunden hat,
– das 21. G zur Änderung des GG (Finanzreformgesetz) vom 12.5.1969,[39] durch das Art. 104a in das GG eingefügt worden ist und durch das die Art. 105 bis 108 geändert worden sind,
– das 40. G zur Änderung des GG vom 20.12.1993,[40] mit dem man Art. 106a in das GG eingefügt hat,
– das 43. G zur Änderung des GG vom 3.11.1995,[41] durch das Mindereinnahmen der Länder infolge der Berücksichtigung von Kindern im Einkommensteuerrecht im Rahmen der Festsetzung der Anteile von Bund und Ländern bei der Umsatzsteuerverteilung berücksichtigt werden,
– das 44. G zur Änderung des GG (Art. 28 und 106) vom 20.10.1997[42] mit Änderungen von Art. 106 Abs. 3 S. 1 und Abs. 6 sowie der Einfügung eines Art. 106 Abs. 5a, alles mit Blick auf die Finanzausstattung von Kommunen,
– das G zur Änderung des GG (Art. 108) vom 26.11.2001,[43] durch das die Einrichtung von Mittelbehörden der Finanzverwaltung in das Ermessen von Bund und Ländern gestellt wird,

---

32 BGBl. I 1953, 130.
33 BGBl. I 1954, 517.
34 BGBl. I 1955, 817.
35 Hierzu BT-Drs. II/480.
36 BGBl. I 1956, 1077.
37 BGBl. I 1967, 581.
38 BGBl. I 1969, 357.
39 BGBl. I 1969, 359.
40 BGBl. I 1993, 2089.
41 BGBl. I 1995, 1492.
42 BGBl. I 1997, 2470.
43 BGBl. I 2001, 3219.

– das 52. G zur Änderung des GG vom 28.8.2006 (Föderalismusreform I),[44] das folgende Veränderungen bringt: Art. 104a Abs. 3 S. 3 wird aufgehoben, an seine Stelle tritt ein neuer Art. 104a Abs. 4; der alte Art. 104a Abs. 4 wird aufgehoben, an seine Stelle tritt Art. 104b; eingefügt werden Art. 104a Abs. 6, 105 Abs. 2a S. 2, 107 Abs. 1 S. 4 Hs. 3, Art. 109 Abs. 5; hinzu tritt erstmals eine Übergangsvorschrift in Art. 143c,
– das 53. G zur Änderung des GG vom 19.3.2009,[45] durch das die Kraftfahrzeugsteuer auf den Bund übertragen wird und den Ländern als Kompensation ein jährlicher Festbetrag verfassungsrechtlich zugesichert wird; geändert wurden hierfür Art. 106, 107 sowie 108, und es wurde ein neuer Art. 106b in das GG eingefügt,
– das 57. G zur Änderung des GG vom 29.7.2009 (Föderalismusreform II)[46], durch das die Problematik der Staatsschulden zum zweiten Mal grundsätzlich neu geregelt (Art. 109 Abs. 2 und 3, 109a, 115 Abs. 2, 143d), der bisherige Art. 109 Abs. 4 gestrichen und Art. 104b Abs. 1 um einen S. 2 ergänzt worden ist,
– das 62. G. zur Änderung des GG vom 13.7.2017 (Föderalismusreform III),[47] mit jedenfalls dem äußeren Anschein nach grundlegenden Änderungen beim sekundären Finanzausgleich, Änderungen bei Art. 104b und Einfügung von Art. 104c, Änderungen bei Steuervollzug (Art. 108 Abs. 4 S. 3 und Abs. 4a), Ergänzungen zum Stabilitätsrat (Art. 109a Abs. 2) und Korrektur einer zu restriktiven BVerfG-Rechtsprechung zu Prüfungskompetenzen des Bundesrechnungshofs (Art. 114 Abs. 2: am Ende von S. 1 Anfügung der Worte des Bundes, Einfügung eines neuen S. 2),
– das G zur Änderung des GG (Art. 104b, c, d, 125c, 143c) vom 28.3.2019[48],
– das G zur Änderung des GG (Art. 72, 105, 125b) vom 15.11.2019[49],
– das G zu Änderung des GG (Art. 104a und 143h), (BGBl. I 2020, 2048).

17 Art. 106 und Art. 107 sind insgesamt **siebenmal geändert** worden. Die einzige Vorschrift des X. Abschnitts des GG, die seit 1949 noch nicht geändert wurde, ist Art. 111. Auch im Übrigen weist die Haushaltsverfassung – vom Staatsschuldenrecht abgesehen – mehr **Kontinuität** auf als die bundesstaatliche Finanzverfassung.[50]

18 Die geltende Finanzverfassung ist im Kern das Produkt zweier großer Koalitionen. Von den zahlreichen Änderungen, die es seit 1949 gegeben hat, sind das FinanzreformG von 1969 und die Föderalismusreform II von 2009 hervorzuheben. Das FinanzreformG und zuvor das 15. G zur Änderung des

---

[44] BGBl. I 2006, 2034. Zu deren finanzverfassungsrechtlichen Gehalten ua *Selmer* NVwZ 2007, 872. Vgl. dazu weiter *Holtschneider/Schön* (Hrsg.), Die Reform des Bundesstaates, 2007; *Kluth* (Hrsg.), Föderalismusreformgesetz, 2007; *Starck* (Hrsg.), Föderalismusreform, 2007.

[45] BGBl. I 2009, 606.

[46] BGBl. I 2009, 2248. Zu ihm etwa *Christ* NVwZ 2009, 1333; *Lenz/Burgbacher* NJW 2009, 2561; *Korioth* JZ 2009, 729; *Scholl* DÖV 2010, 160; *Seiler* JZ 2009, 721; *Selmer* NVwZ 2009, 1255; *Tappe* DÖV 2009, 881.

[47] BGBl. I 2017, 2347.

[48] BGBl. I 2019, 404.

[49] BGBl. I 2019, 1546.

[50] Übersichtliche Kompilation der älteren Änderungen bei *Bauer/Jestaedt,* Das Grundgesetz im Wortlaut, 1997, 337 ff.; Synopse von Erst- und aktueller Fassung *Bauer/Jestaedt,* Das Grundgesetz im Wortlaut, 1997, 174 ff.; Fortschreibung dieser Übersichten im Vorspann vor Art. 1 im BK. Wirtschaftswissenschaftliche Analyse bei *T. Schmidt,* Finanzreformen in der Bundesrepublik Deutschland, 2001. Politikwissenschaftliche Analyse durch *A. Lorenz,* Föderalismusreform & Co. Warum ändert sich das Grundgesetz?, 2007 (zur Finanzverfassung S. 10 f.).

GG von 1967 waren geprägt von Ende der 1960er Jahre vorherrschenden volkswirtschaftlichen Lehrmeinungen, namentlich den auf **John M. Keynes** zurückgehenden – sein Hauptwerk[51] wurde 1936 veröffentlicht – Konzepten staatlicher Globalsteuerung der Wirtschaft und antizyklischer Fiskalpolitik. Die Föderalismusreform II, 40 Jahre später, ist das Eingeständnis eines politischen Scheiterns dieser Konzeption und bewirkt seine teilweise Tilgung aus der Verfassung. An seine Stelle ist eine vom Europäischen Stabilitäts- und Wachstumspakt[52] geprägte Konzeption von **Haushaltsdisziplin** getreten, bei der eine Drosselung der öffentlichen Verschuldung im Vordergrund steht. Ob dies ein dauerhaftes Konzept ist oder nach einer Rückführung der Verschuldungsexzesse in Finanzmarkt- und Eurokrise neues Nachdenken einsetzt, bleibt abzuwarten. **Geblieben** sind das Konnexitätsprinzip (Art. 104a Abs. 1) und der große Steuerverbund (Art. 106 Abs. 3). Geblieben sind weiterhin die anfängliche Entscheidung für eine Zentralisierung der Steuergesetzgebung und gegen eine reine Bundessteuerverwaltung.

Die Liste der Änderungen ist mit ihren 16 Positionen eindrucksvoller Beleg 19
für den zunehmenden **Perfektionsdrang des verfassungsändernden Gesetzgebers,** der den Verfassungstext bürokratisch macht und in der Sache mit unbestimmten Rechtsbegriffen und zu Blockade- und Erpressungssituationen führenden Beteiligungsrechten wenig bewirkt.[53] Auch ist zu bezweifeln, dass Finanzfragen des öffentlichen Personennahverkehrs oder die Mindereinnahmen der Länder infolge einer verfassungsrechtlich gebotenen stärkeren Berücksichtigung von Kindern im Einkommensteuerrecht Verfassungsrang haben. Schließlich ist es kein guter Stil, eine Verfassung in kurzer Zeit wegen derselben Frage mehrmals zu ändern (so zB 1967 und 1969 Art. 109 oder 2006, 2009 und 2017 Art. 104b oder 2017 und 2019 Art. 104c). Gerade in seinem finanzverfassungsrechtlichen Teil[54] erweist das GG sich in immer mehr zunehmendem Maße als das Opfer einer **politisch-bürokratischen Verflechtungsfalle** (Diktatur der Taschenrechner), die seit langem beklagt wird.[55]

IV. Die Finanzverfassung als Rahmenverfassung. In scheinbarem Ge- 20
gensatz zur bürokratischen Tendenz der Finanzverfassung steht ihre **Charakterisierung als soft law,** der das BVerfG entgegengetreten ist;[56] Gleiches gilt für Zweifel an der **Justiziabilität ihrer unbestimmten Rechtsbegriffe.**[57]

---

[51] *John M Keynes,* The General Theory of Employment, Interest and Money, 1936.

[52] Ursprünglich ABl. EG 1997 C 296, rechtsquellenmäßig schwer einzuordnen.

[53] Positivere Bewertung dagegen durch das BVerfG, BVerfGE 72, 330 (389).

[54] Zu dieser Besonderheit auch *Isensee* FS f. H. P. Ipsen, 1977, 409 (427); *Isensee* in HdbStR VI § 126 Rn. 214. In Fahrt gekommen ist das Buchstabenartikel-Problem bei Verfassungsänderungen wohl mit der Notstands- und Wehrverfassung (insb. 7. und 17. G zur Änderung des GG). Fehlte es damals am politischen Mut, die Übergangs- und Schlussbestimmungen umzunummerieren?

[55] Zu diesem Problem *Grimm* Humboldt-Forum Recht 2007, 214. Weiter *Brenner* AöR 120 (1995), 248; *Hofmann* in HdbStR I § 9 Rn 72 f., 74 ff. Ein früherer Bundestagspräsident hat diesen Stil in einer Rede vor dem Bundestag ausdrücklich beklagt: *Lammert,* BT-Prot. 16/24947 D–24948 A. Ähnlich „Verfassungsvertrags-Mathematik" (*Hummel* in Junkernheinrich, Verhandlungen zum Finanzausgleich, 2016, 181 ff.).

[56] BVerfGE 72, 330 (388 ff.); ferner E 55, 274 (300 f.).

[57] Vgl. *Droege* VerwArch. 2007, 101; *Korioth,* Der Finanzausgleich zwischen Bund und Ländern, 1997, 478; *Neidhardt,* Das Bundesverfassungsgericht und sein Einfluss auf die föderalen Finanzbeziehungen, 2009; *Neidhardt,* Staatsverschuldung und Verfassung, 2010; *Prokisch,* Die Justiziabilität der Finanzverfassung, 1993; *Siekmann* in Sachs Vor Art. 104a Rn. 31–33; *Waldhoff* in HdbStR V § 116 Rn. 175 ff. Grundsätzliche Gegenposition bei *Heun,* Staatshaushalt und Staatsverfassung, 1989, 144 ff. Aus der älteren Diskussion um den Länderfinanzausgleich *Ossenbühl,* Verfassungsrechtliche Grundfragen des Länderfinanzaus-

Beides – Überregulierung und soft law-Vorwurf – sind jedoch verschiedene Seiten desselben Problems: des **Spannungsverhältnisses von Recht und Zahlen,**[58] auf das die Staatspraxis in unterschiedlicher Weise reagieren kann – mit Überregulierung oder mit Pragmatismus – und der Verfassungsrichter mit Zurückhaltung oder mit Dezisionismus, etwa der Herleitung der Mehrbedarfs- im Unterschied zur Pro-Kopf-Methode für die Berechnung des Wohnbedarfs einkommensteuerlich zu berücksichtigender Kinder aus Art. 6 Abs. 1.[59]

21 Dieses Problem betrifft trotz ihrer hohen Regelungsdichte[60] die Finanzverfassung im weiteren Sinne insgesamt, nicht nur die Justiziabilität einzelner ihrer unbestimmten Rechtsbegriffe (wie Störung des gesamtwirtschaftlichen Gleichgewichts in Art. 104b Abs. 1 Nr. 1). Die Finanzverfassung ist trotz allem eine **Rahmenordnung.**[61] Innerhalb des Rahmens soll der politische Prozess sich zur demokratisch legitimierten Verwirklichung des Gemeinwohls frei entfalten. Der Rahmen selbst ist aber feste, unverfügbare Vorgabe. Dies ist letztlich keine Besonderheit der Finanzverfassung. Auf sie trifft damit nämlich das von *Böckenförde* für Verfassungsrecht allgemein entwickelte **Konzept des Rahmenrechts** zu, das den politischen Prozess nicht inhaltlich orientieren, sondern **entlasten und begrenzen** will.[62] Dass diese Eigentümlichkeit allen Verfassungsrechts gerade im Finanzverfassungsrecht so zutage tritt, kann nur am Regelungsgegenstand liegen: Von den öffentlichen Finanzen hat schon *Jean Bodin* gesagt, sie seien die „Nerven des Staates".[63] Gerade deshalb ist aber die These, Finanzverfassungsrecht (im weiteren Sinne) habe einen minderen normativen Rang, zurückzuweisen.[64] Auch politisches Recht bleibt Recht, das sich wohl auf die Setzung eines Rahmens beschränkt. Das BVerfG leitet aus dem Rahmencharakter der Finanzverfassung ein **Analogieverbot** ab.[65] Andererseits hat es in der Entscheidung vom 11.11.1999 der Finanzverfassung eine Verpflichtung des Gesetzgebers entnommen, das verfassungsrechtlich nur in unbestimmten Begriffen festgelegte Steuerverteilungs- und Ausgleichssystem durch anwendbare, allgemeine, **ihn selbst bindende Maßstäbe** gesetzlich zu gestalten.[66] In der Entscheidung vom

gleichs gem. Art. 107 Abs. 2 GG, 1984; *Ossenbühl* FS f. Carstens, 1984, 743; *Ossenbühl* FS f. Vogel, 2000, 227 (236 ff., hier zum Maßstäbegesetz). Grundlegend: *Fischer-Menshausen* in Dreißig, Probleme des Finanzausgleichs I, 1978, 135; *Selmer* in K. Schmidt, Rechtsdogmatik und Rechtspolitik, 1990, 223; *Vogel,* Finanzverfassung und politisches Ermessen, 1972. Angedeutet von *Hettlage* VVDStRL 14 (1956), 8 – „Ausnahmerecht". Zusammenfassend *Schneider* in AK Rn. 8; *Siekmann* in Sachs Vor Art. 104a Rn. 24; *Vogel/Waldhoff* in BK Vor Art. 104a Rn. 622 ff.

[58] Hierzu relativierend, dies aber mit Beispielen, die überwiegend dem Steuerrecht, im Übrigen dem Wahlrecht entstammen: *Vogel/Waldhoff* in BK Vor Art. 104a Rn. 636 f. Ferner *Heintzen* FS f. Kruschwitz, 2008, 21.

[59] BVerfGE 99, 246 (262).

[60] Auf die auch *Siekmann* in Sachs Vor Art. 104a Rn. 24, hinweist; s a BVerwGE 96, 45 (54).

[61] BVerfGE 39, 96 (114 f.); 67, 256 (288 f.); 72, 330 (390); 145, 171 (191); dazu *F. Kirchhof* VVDStRL 52 (1993), 75 ff.; *Siekmann* in Sachs Vor Art. 104a Rn. 28. Zum Staatsschuldenrecht anders → Art. 109 Rn. 63.

[62] *Böckenförde* AöR 106 (1981), 580 (597).

[63] *Bodin,* De Republica Libri sex, 7. Aufl. 1641, 997.

[64] Ebenso *Isensee* in HdbStR VI § 126 Rn. 216.

[65] BVerfGE 67, 256 (288 f.). Hierzu auch *Kube* in BeckOK GG Art. 104a Rn. 3.

[66] BVerfGE 101, 158 Ls. 1; zur Problematik der Selbstbindung des Gesetzgebers *Maurer,* Staatsrecht I, 6. Aufl. 2010, § 17 Rn. 46a, § 21 Rn. 50a; vgl. iÜ → Art. 106 Rn. 30 f. und Art. 107 Rn. 11 f., 44.

9.7.2007 hat sich die Unzufriedenheit des Gerichts mit den von ihm anzuwendenden Maßstäben zu der erstaunlichen Aussage gesteigert, die Regeln zur Begrenzung der Staatsverschuldung hätten sich „nicht als wirksam erwiesen" und seien „nicht mehr als angemessen zu werten".[67]

Von der Frage, ob die Finanzverfassung (im weiteren Sinne) insgesamt von eigenartiger normativer Qualität ist, ist die Frage zu unterscheiden, mit welcher Dichte Entscheidungen staatlicher Organe von den (Verfassungs-) Gerichten am Maßstab seiner einzelnen Normen gemessen werden können. Auf diese Frage ist nur eine allgemein-verfassungsrechtliche Antwort möglich: Es gelten die **allgemeinen Regeln über Beurteilungs- und Entscheidungsspielräume,** nicht besondere Regeln des Finanzverfassungsrechts, und diese Regeln lassen sich nicht pauschal auf eine Teilverfassung, sondern nur auf die Elemente ihrer einzelnen Normen anwenden.[68] 22

Finanzverfassungsrecht ist nicht vertragsdispositiv.[69] Dies gilt auch dort, wo Vereinbarungen ausdrücklich (wie in Art. 104b Abs. 2 S. 1 Hs. 2) oder konkludent (wie in Art. 106 Abs. 8) zugelassen werden. Die Zulassung einer Handlungsform ändert für deren Inhalt nichts am **Vorrang der Verfassung.** Vertragliche Abweichungen von dem finanzverfassungsrechtlichen Rahmen sind auch dann unzulässig, wenn sie willkürfrei zu einem (politisch) vertretbaren Ergebnis führen.[70] Gleiches gilt für **politische Arrangements, Verwaltungsvorschriften** oder eine **schlichte Verwaltungspraxis,** die allesamt Gegenstand, nicht Maßstab verfassungsrechtlicher Bewertung sind.[71] Die in den 1960er Jahren vorgeschlagenen **Flurbereinigungsabkommen** zur Entflechtung der Finanzbeziehungen von Bund und Ländern lagen auf einer Grenzlinie zwischen verfassungsinterpretierender Verwaltungsvereinbarung und Verfassungspolitik; durch sie sollte die Staatspraxis den Vorgaben der Verfassung wieder angenähert werden.[72] Für den Finanzkraftausgleich zwischen den Ländern schreibt Art. 107 Abs. 2 die Handlungsform des Bundesgesetzes vor und schließt damit andere Handlungsformen aus.[73] Eine Konstruktion wie die im Gesetz zur Weiterentwicklung der Qualität und zur Teilhabe in der Kindertagesbetreuung,[74] wonach den Ländern Anteile am Umsatzsteueraufkommen zur Finanzierung von Kindertagesstätten zugewiesen werden, dies aber nur, wenn sie sich zuvor vertraglich einem Regime zur Kontrolle der Verwendung dieser Anteile durch den Bund unterworfen haben, ist deshalb verfassungswidrig.[75] 23

---

[67] BVerfGE 119, 96 (142); kritisch dazu die wohl föderalistisch motivierten Sondervoten S. 155 und S. 174 („Die Senatsmehrheit lässt jedes Bemühen vermissen, der exzessiven staatlichen Schuldenpolitik durch eine gebotene restriktive Anwendung des Normprogramms der Art. 109 Abs. 2 und Art. 115 Abs. 1 S. 2 GG Grenzen zu setzen.").

[68] Ebenso *Vogel/Waldhoff* in BK Rn. 641.

[69] Ebenso *Siekmann* in Sachs Vor Art. 104a Rn. 27.

[70] So BVerfGE 72, 330 (388); zuvor E 4, 115 (139); 32, 145 (156); 39, 96 (109); 41, 291 (311); 55, 274 (301). Weiter BVerfGE 108, 186 (214 f.); 145, 171 (191).

[71] So BVerfGE 91, 148 (171).

[72] *Müller-Volbehr,* Fonds- und Investitionshilfekompetenz des Bundes, 1975, 114 f.; *Schulze-Fielitz,* Der informale Verfassungsstaat, 1984, 62 f.

[73] Vorschlag einer staatsvertraglichen Lösung bei *Kempny/Reimer,* Gutachten D zum 70. DJT, 2014, 99 f., 102.

[74] Vom 19.12.2018, BGBl. I 2018, 2696 (KiQuTG), dort Art. 3, 4 und 5 Abs. 3 und 4.

[75] AA *Rixen* NVwZ 2019, 432 (434 f., 438), der einen Verfassungsverstoß vermeiden will, indem er die „Verträge" (so Art. 1 § 4 KiQuTG) in soft law umqualifiziert (was aber dem erklärten Willen des Bundes und der Praxis widerspricht).

24 **V. Exkurs: Verfassungen anderer europäischer Staaten und AEU-Vertrag.** Die Mehrheit der Mitgliedstaaten der Europäischen Union hat in ihren Verfassungen selbstständige Abschnitte über Finanzen, Finanzgewalt, Staatshaushalt, Steuern und Finanzverwaltung und Ähnliches).[76] In Österreich ist die Finanzverfassung Gegenstand nicht des Bundes-Verfassungsgesetzes, sondern eines Finanz-Verfassungsgesetzes.[77] Nimmt man die Schweiz hinzu (Art. 126 ff. der Bundesverfassung der Schweizerischen Eidgenossenschaft von 1999), so ergibt sich der Befund, dass in den europäischen Bundesstaaten das Finanzwesen verfassungsrechtlich geregelt ist. Dieser Befund hat allerdings wenig praktische Bedeutung; im Bereich der Finanzverfassung spielt **Rechtsvergleichung** eine geringe Rolle, weil die Unterschiede zu groß sind.[78]

25 Dies schließt die Europäische Union ein. Erstens steht deren Haushalts- und Finanzierungssystem[79] in einem engeren Zusammenhang zu Grundfragen der europäischen Integration als zum mitgliedstaatlichen Finanzverfassungsrecht. Zweitens ist das **Recht der direkten Steuern** der Rechtsetzungskompetenz der EU entzogen (freilich nicht der von EU-Grundfreiheiten und EU-Beihilfenrecht aus operierenden Rechtsprechung des EuGH[80]). Drittens kann bei dem auf Art. 311 AEUV gestützten Eigenmittelsystem nicht von einer Ertragshoheit, vergleichbar derjenigen von Bund und Ländern, gesprochen werden,[81] und besitzt die Union grundsätzlich keine Verschuldungskompetenz. Gleichwohl gibt es zwischen **EU- und AEU-Vertrag** und **grundgesetzlicher Finanzverfassung rechtliche Wechselwirkungen.**[82] „Abgaben im Rahmen der Europäischen Gemeinschaften" sind Gegenstand der Art. 106 Abs. 1 Nr. 7 und 108 Abs. 1 S. 1. Die Gesetzgebungskompetenz des Bundes für das Zollwesen ist durch die Vergemeinschaftung einschlägiger Hoheitsrechte entleert. Weiterhin stellt die europäische Integration die **Kompetenzverteilung im Innenverhältnis** von Bund und Ländern vor neuartige, bis 2006 nicht ausdrücklich geregelte Fragen, so die Frage nach einer Beteiligung der Länder am deutschen Anteil an der

---

[76] Titel V der Koordinierten Verf. Belgiens von 1994, Abschn. VIII des Grundgesetzes der Republik Estland von 1992, Kap. 7 des finnischen Grundgesetzes von 2000, Teil 3, Abschnitt 3, insb. Kap. 6 der 2008 zuletzt geänderten Verf. der Republik Griechenland von 1975, Kap. 11 der Verf. der Republik Litauen von 1992, Kap. VIII der Verf. des Großherzogtums Luxemburg von 1868, Kap. IX der Verf. der Republik Malta von 1964, Kap. X der Verf. der Republik Polen von 1997, Teil 2 Kap. 4 der Verf. der Republik Portugal von 1976, Titel IV der rumänischen Verf. von 1991, Teil VI der Verf. der Republik Slowenien von 1991, Kap. 9 der Verf. des Königreichs Schweden von 1975, Titel VII der Verf. des Königreichs Spanien von 1978, Teil 11 der Verf. der Republik Zypern von 1960.

[77] Vgl. *Ruppe,* Finanzverfassung und Rechtsstaat, 2007. Vgl. neben dem Finanz-Verfassungsgesetz auch im Bundes-Verfassungsgesetz das 7. Hauptstück, Rechnungs- und Gebarungskontrolle.

[78] Zu den Gründen ausf. *Blanke* ZaöRV 2005, 71; *Vogel/Waldhoff* in BK Vor Art. 104a Rn. 672 ff. Anders *Heun/Thiele* in Dreier Rn. 20, wonach das Haushaltsverfassungsrecht westlicher Staaten sich in den Grundstrukturen kaum unterscheidet, wohl aber die bundesstaatlichen Finanzverfassungen (dazu ebd., Rn. 21).

[79] Zu ihm *Heun/Thiele* in Dreier Vor Art. 104a Rn. 18 f.

[80] Zu Letzterem grundlegend *Cordewener,* Europäische Grundfreiheiten und nationales Steuerrecht, 2002; *Graetz/Warren Jr.* YLJ 115 (2006), 1186; *Kokott,* Das Steuerrecht der Europäischen Union, 2018, 113–133, 219–266; *Musil* in Musil/Weber-Grellet, Europäisches Steuerrecht, 2019, 33–159.

[81] Hierzu *Lienemeyer,* Die Finanzverfassung der Europäischen Union, 2002; *Wenz-Temming,* Die Einnahmen der Europäischen Union. Zwischen supranationaler Autonomie und intergouvernementaler Kontrolle, 2017.

[82] → Art. 105 Rn. 24 ff., Art. 110 Rn. 16.

Finanzierung der EU[83] oder die Frage nach der innerstaatlichen **Finanzierungslast beim Vollzug von Unionsrecht.** Regelungen zu speziellen Problemen sind jetzt in Art. 104a Abs. 6 und Art. 109 Abs. 5 zu finden. Die **Staatsverschuldung** stieß in den Konvergenzkriterien des Art. 126 AEUV auf härteren Widerstand als in Art. 115 aF, was 2009 bei der Föderalismusreform II zu dessen Anpassung an den Europäischen Stabilitäts- und Wachstumspakt geführt hat.[84] Die Art. 3 Abs. 3 EUV sowie 120 S. 2 AEUV bekennen sich ausdrücklich zum Grundsatz einer offenen **Marktwirtschaft** mit freiem Wettbewerb, so dass das marktwirtschaftsprüde BVerfG aufpassen muss, dass ihm der EuGH in dieser Grundsatzfrage nicht den Rang abläuft. Schließlich sind Begriffe der Finanzverfassung wie gesamtwirtschaftliches Gleichgewicht oder Regelungsgrundlagen wie die bündische Komponente der bundesstaatlichen Finanzverfassung hintergründigen Einwirkungen ausgesetzt (Binnenmarkt, Europa der Regionen). Soweit solche Begriffe auf der Prämisse eines grundsätzlich nach außen abgeschlossenen, nationalen Wirtschaftsraums beruhen, sind sie überholt.

VI. Grundsätzliche Staatsbezogenheit sowie Schutz- und Begrenzungsfunktion der Finanzverfassung. Die Finanzverfassung regelt das **Verhältnis von Bund und Ländern** sowie, auf Bundesebene, von **Parlament und Regierung.** Sie ist **Staatsorganisationsrecht,** entfaltet nach stRspr des BVerfG[85] aber auch **Begrenzungs- und Schutzfunktion** für den Bürger. Diese Funktion wirkt in **fünf** Richtungen.[86] Die Kompetenzaufteilung schützt den Bürger erstens gegen einen ungeordneten Zugriff mehrerer Finanzgewalten. Die Hervorhebung der Steuer als Finanzierungsinstrument des Staates macht zweitens nicht-steuerliche Abgaben rechtfertigungsbedürftig; dies hat zu einer verzweigten Kasuistik hinsichtlich der verfassungsrechtlichen **Zulässigkeit sogenannter Sonderabgaben** geführt.[87] Die Hervorhebung der Steuer beschränkt drittens **erwerbswirtschaftliche Staatstätigkeit;** diese ist unzulässig, wenn sie allein der Gewinnerzielung dient;[88] stets muss ein sie rechtfertigender öffentlicher Zweck hinzukommen.[89] Die verfassungsrechtliche Nennung einzelner Steuerarten beschränkt viertens die Gestaltungsfreiheit des Gesetzgebers bei konzeptionellen Änderungen vorhandener oder der **Einführung neuer Steuerarten;** so muss eine Vermögensteuer eine Sollertragsteuer sein;[90] eine ähnliche Wirkung entfaltet die Nennung von Steuerarten in Doppelbesteuerungsabkommen. Die Begrenzungs- und Schutzfunktion richtet sich fünftens verhalten gegen die **Höhe der steuerlichen Gesamtbelastung** von Bürgern 26

---

[83] Dazu *Kesper,* Bundesstaatliche Finanzordnung, 1998, 285 ff.

[84] Dazu ausf. *Vogel/Waldhoff* in BK Vor Art. 104a Rn. 660 ff.; zu finanzpolitisch noch einschneidenderen Sanierungsprogrammen auf der Grundlage von Art. 107 Abs. 2 S. 3 (aktuell S. 5): BVerfGE 86, 148 (268 ff.); zu Bundeszwang *Pauly/Pagel* DÖV 2006, 1028, zusammenfassend *Koemm,* Eine Bremse für die Staatsverschuldung?, 2011, 43–45.

[85] BVerfGE 67, 256 (288 f.); 93, 319 (Ls. 2, 342, 345, dort Ordnungsfunktion); 108, 186 (214 f.); 113, 128 (146 f.); 123, 132 (141); 124, 348 (364); 132, 334 (349); 137, 1 (17); 144, 369, 397); 145, 171 (191 f.).

[86] *Schuppert* in Umbach/Clemens Vor Art. 104a Rn. 23, nennt drei Richtungen.

[87] → Art. 105 Rn. 26 ff., Art. 110 Rn. 15 f.

[88] BVerfGE 61, 82 (107); BVerwGE 39, 329 (333 ff.), dort jeweils für Kommunen.

[89] Dazu *Huber/Unger* in Schoch, Besonderes Verwaltungsrecht, 2018, Kap. 4 Rn. 353 f.; *Ziekow,* Öffentliches Wirtschaftsrecht, 4. Aufl. 2016, § 7 Rn. 29.

[90] BVerfGE 93, 121. Kritisch *Birk* in DStJG 22 (1999), 7 (16); *Feldner* NWB-EV 2013, 331 (333).

und Unternehmen.[91] Die Begrenzungs- und Schutzfunktion der Finanzverfassung ist aus Sicht der Grundrechte eine **objektiv**-rechtliche Verfassungsdimension, die deren **subjektiv**-rechtliche Abwehrfunktion verstärkt. Aus Sicht der Finanzverfassung (im weiteren Sinne) handelt es sich um einen materiellen Gehalt, der zu ihrem Organisations- und Kompetenzgehalt hinzutritt, mögen solche überschießenden Gehalte im Bundesstaatsrecht auch schwach ausgeprägt sein.[92] Um Begrenzungs- und Schutzfunktion zu entfalten, muss der X. Abschnitt des GG als eine für den Bund und die Länder abschließende Regelung angesehen werden; dies entspricht der Rechtsprechung des BVerfG.[93] Ihrzufolge ist die bundesstaatliche Finanzverfassung auf **Formenklarheit und Formenbindung** angelegt und angewiesen.[94]

27 Der Charakter als Staatsorganisationsrecht schließt nicht aus, dass dem Finanzverfassungsrecht auch materiellrechtliche Aussagen **zu Lasten der Steuerpflichtigen** entnommen werden können. So hat ihm das BVerfG schon mehrfach die grundsätzliche Anerkennung einer bestimmten Steuer- und Erhebungsart entnommen.[95] Ob und inwieweit solche materiellrechtlichen Schlüsse aus einer Kompetenz- oder Organisationsnorm gezogen werden können, muss allerdings für jeden Fall gesondert ermittelt und bestimmt werden. Eine zu konkreten Handlungspflichten führende staatliche Verantwortlichkeit für die Funktionsfähigkeit der Finanzmärkte lässt sich der Finanz- und Haushaltsverfassung allein zB nicht entnehmen.[96]

28 Neben **Staat und Gesellschaft** kennt die Finanzverfassung eine dritte Größe, die dem Verfassungsrecht sonst fremd ist. Dies ist die **Volkswirtschaft.** Eine präzise juristische Festlegung zu diesem Begriff ist jedoch nicht erforderlich und wohl auch kaum möglich. Dort, wo es eine Rolle spielt, nach der Föderalismusreform II nur noch in Art. 104b Abs. 1, hüllen regelmäßig Beurteilungsspielräume das Merkmal des „gesamtwirtschaftlichen Gleichgewichts" ein.

29 **VII. Die Finanzverfassung als Folgeverfassung.** Die Finanzverfassung ist insoweit in ihrem bundesstaatlichen und in ihrem haushälterischen Teil Folgeverfassung, als sie die Regelung über die Kompetenzverteilung zwischen Bund und Ländern und zwischen Parlament und Regierung für den Bereich des Finanzwesens **konkretisiert.**[97] Dem entspricht die zeitliche Reihenfolge bei der Abarbeitung der Föderalismusreformthemen durch die Grundgesetzänderungen 2006, 2009 und 2017. Folgeverfassung heißt, dass die Finanzverfassung an die entsprechenden Regelungen des GG anknüpft, ohne sie grundsätzlich zu ändern. Folgeverfassung heißt vor allem, dass die Finanz-

---

[91] Vgl. Art. 106 Abs. 3 S. 4 Nr. 2.

[92] Dazu *Michel,* Staatszwecke, Staatsziele und Grundrechtsinterpretation, 1986, 180f.; *Schmitt Glaeser* AöR 107 (1982), 337 (360f.). Siehe auch *Heintzen* in BK Art. 70 Rn. 100ff.

[93] BVerfGE 67, 256 (286); 92, 91 (115). Zu dieser Funktion *Siekmann* in Sachs Vor Art. 104a Rn. 182; *Trzaskalik,* Gutachten E für den 63. Deutschen Juristentag, 2000, 102ff.

[94] BVerfGE 105, 185 (193f.); 145, 171 (191).

[95] BVerfGE 14, 105 (111) zu Finanzmonopolen; 21, 12 (26) und 37, 38 (45) zur Umsatzsteuer; 31, 8 (16); 40, 56 (60ff.); 42, 38 (40ff.) zur Vergnügungsteuer; 69, 174 (183f.) zur Getränkesteuer; 93, 121 zur Vermögensteuer; 120, 1 (26f.) zur Gewerbesteuer.

[96] Siehe *Thiele,* Finanzaufsicht, 2014, 282–314. → Art. 109 Rn. 28.

[97] So *Hellermann* in MKS Art. 104a Rn. 4; *F. Kirchhof* VVDStRL 52 (1993), 80; *Korioth,* Der Finanzausgleich zwischen Bund und Ländern, 1997, 12, 85ff., 151f.; *Korioth,* Referat zum 65. DJT, 2004, 89 (91f.); *Kube* in BeckOK GG Art. 104a Rn. 2. Kritisch *Heun/Thiele* in Dreier Vor Art. 104a Rn. 26; *Schneider* in AK Vor Art. 104a Rn. 7; *Waldhoff* VVDStRL 66 (2007), 246ff.

ausstattung sich nach den zu finanzierenden Sachaufgaben zu richten hat, nicht umgekehrt. Dies bedeutet auch Vorsicht mit Lenkungszwecken.[98] Folgeverfassung heißt weiter im Hinblick auf die **Finanzierungskompetenzen des Bundes,** dass sie nicht isoliert bestehen, sondern nur für Aufgaben, die **dem Bund anderweitig zugewiesen** sind. Folgeverfassung heißt dagegen nicht, dass die Finanzverfassung eine geringere normative Bedeutung hätte. Folgeverfassung heißt weiter nicht, dass Regelungen der Finanzverfassung, etwa die Zuweisung der Steuerertragszuständigkeiten und des Finanzausgleichs, nicht auf die übrige Verfassung zurückwirken können. Das Wort schließt normative Wechselwirkungen, so bei den Sonderabgaben, nicht aus, macht aber deutlich, dass solche Rückwirkungen der Finanzverfassung seltener sind und die Finanzverfassung einen dienenden Charakter hat. Alles in allem ist „Folgeverfassung" ein Wort, an dem sich grundsätzlicher rechtsdogmatischer und rechtspolitischer Streit entzündet.

B. Die bundesstaatliche Finanzverfassung

I. Grundsätzliches. „Die in den Art. 104a bis 108 GG enthaltenen finanzverfassungsrechtlichen Normen sind **einer der tragenden Eckpfeiler der bundesstaatlichen Ordnung** des Grundgesetzes" – so ein Versatzstück aus der Rechtsprechung des BVerfG.[99] Die Abgrenzung der Kompetenzsphären zwischen Bund und Ländern setzt voraus, dass beide Seiten finanziell in der Lage sind, die ihnen zugewiesenen Kompetenzen auch auszuüben. Das gilt besonders für die kostenintensive Verwaltungskompetenz. Die Finanzverfassung ist für das **Gleichgewicht zwischen dem Bund und den Ländern,** das 1949 und 1990 neu auszutarieren war, in drei Hinsichten von Bedeutung: durch die Zuweisung von Finanzkompetenzen, die Zuweisung von Finanzmitteln als Voraussetzung für die Ausübung anderer Kompetenzen und durch die gesamtstaatliche Ordnung des Finanzwesens. 30

Die **Entwicklung der bundesstaatlichen Finanzverfassung** wird von drei Faktoren bestimmt: von der Entwicklung des Föderalismus insgesamt mit seinen unitarischen und föderalistischen Konjunkturen; von zwei externen Ereignissen, der Wiedervereinigung Deutschlands und der Integration Europas, und finanzverfassungsspezifisch von den Zielen: Einheitlichkeit der Lebensverhältnisse im Bundesgebiet; Wahrnehmung der umfangreichen Aufgaben eines modernen Leistungs- und Sozialstaats in geordneter und effizienter föderaler Kooperation und unter Wahrung des gesamtwirtschaftlichen Gleichgewichts; und – in neuerer Zeit zunehmend – Vermeidung und Abbau übermäßiger Staatsverschuldung.[100] 31

II. Die Entwicklung bis 1969. Die finanzverfassungsrechtliche Entwicklung der Bundesrepublik Deutschland wurde zu Anfang, auch wegen der Vorgaben der drei westalliierten Siegermächte des 2. Weltkriegs, mehr vom 32

[98] Dies scheint ein **Hauptdissenspunkt** zu sein; vgl. *Heun/Thiele* in Dreier Vor Art. 104a Rn. 26.

[99] BVerfGE 55, 274 (300); ferner E 72, 330 (388); 86, 148 (213 f., 264); 91, 186 (201); 105, 185 (194); 108, 1 (15); 108, 186 (214 f.); 145, 171 (190 f.); vgl. auch *Hettlage* VVDStRL 14 (1956), 6: „Schwurpunkt", „deutsche Gretchenfrage"; *Sarcevic,* Das Bundesstaatsprinzip, 2000, 78, 158; *Kube* in BeckOK Art. 104a Rn. 1; *Schuppert* in Umbach/Clemens Vor Art. 104a Rn. 25; *Siekmann* in Sachs Vor Art. 104a Rn. 44 f.; *Tipke,* Die Steuerrechtsordnung, Bd. III, 1993, 1084; *Wendt* in HdbStR VI § 139 Rn. 1 ff.

[100] Zu dieser Entwicklung mit eigener Periodisierung *Schuppert* in Umbach/Clemens Vor Art. 104a Rn. 26 ff.

Gedanken der **Trennung der Finanzhoheiten von Bund und Ländern** geprägt als von ihrer Kooperation und der Rücksichtnahme auf gesamtwirtschaftliche Erfordernisse.[101] Der Finanzausgleich war zunächst nur provisorisch geregelt, die Verteilung des Steueraufkommens war Gegenstand jährlicher politischer Auseinandersetzung, nur die Steuergesetzgebung war, an den Stand zu Ende der Weimarer Republik anknüpfend, sogleich zentralistisch; einen Steuerverbund gab es bis 1969 nicht. Im Parlamentarischen Rat war keine verlässliche Prognose über die Entwicklung von Steueraufkommen und Finanzbedarf im neuen, verkleinerten Staatswesen möglich; zudem fehlte eine hinreichende Abstimmung zwischen dem für die Staatsaufgaben zuständigen Zuständigkeitsausschuss und dem für die Staatsausgaben zuständigen Finanzausschuss.

33 Die **Realität des unitarischen Bundesstaates** veranlasste die Staatspraxis, Mechanismen längerfristiger und überregionaler Planung und Koordinierung von Bund und Ländern und durch Finanzzuwendungen des Bundes an die Länder zentral gesteuerte Formen kooperativer Aufgabenerledigung zu entwickeln. Das Finanzwesen des Bundes und der Länder wurden in ihren gesamtstaatlichen und gesamtwirtschaftlichen Zusammenhang gestellt. Europäische Integration und internationale Verflechtung waren noch keine Hauptmotive. Unitarischer Bundesstaat, kooperativer Föderalismus und Politikverflechtung liefen zunächst am GG vorbei. Auf der Grundlage des **„Gutachtens über die Finanzreform in der Bundesrepublik Deutschland"** der Kommission für die Finanzreform[102] ist es dann in der Zeit der Großen Koalition im Bund zu drei Änderungen der Finanzverfassung[103] gekommen, welche die Staatspraxis systematisiert und auf eine gesicherte verfassungsrechtliche Grundlage gestellt haben.

34 **III. Die Finanzreform 1969.** Von diesen Änderungen war die Finanzreform 1969 die wichtigste. Sie diente einem **Zweckbündel:**[104] In den bundesstaatlichen Finanzbeziehungen sollte dem **Verbund- und Kooperationsprinzip** stärkere Geltung verschafft werden; die in der Praxis schon entwickelten Formen föderalen Zusammenwirkens sollten institutionalisiert und in verfassungsrechtlich geordnete Bahnen gelenkt werden; die Verantwortung des Bundes und der einzelnen Länder sollte, unter grundsätzlicher Betonung ihrer beiderseitigen staatsfinanziellen Gesamtverantwortung, klar gegeneinander abgegrenzt werden, auch um finanzpolitische Auseinandersetzungen zu versachlichen; das Finanzwesen sollte systematisch in den Dienst staatlicher Konjunkturpolitik und in den Rahmen einer längerfristigen Planung gestellt werden.[105]

35 An der Reform ist **Kritik** geübt worden, weil sie exekutivlastige Verbundstrukturen hervorgebracht habe, die Verantwortlichkeit anonymisierten und Entscheidungen verzögerten.[106] Die Finanzverfassung leide in besonderer

---

[101] Vgl. *Höpker-Aschoff* AöR 75 (1949), 306 f.

[102] *Troeger-Kommission,* Gutachten über die Finanzreform, 2. Aufl. 1966.

[103] Überblick → Rn. 16.

[104] *Troeger-Kommission,* Gutachten über die Finanzreform Tz. 64 ff.; BT-Drs. V/2861, 11 f.; Finanzbericht 1970, 161 f.

[105] Zusammenfassungen auch bei *Henneke* DVBl. 2009, 561 ff.; *Siekmann* in Sachs Vor Art. 104a Rn. 34 f.; Kritik wegen unzureichender Umsetzung dieser Ziele bei: *Heckt,* Die Entwicklung des bundesstaatlichen Finanzausgleichs in der Bundesrepublik Deutschland, 1973, 63 f.; *Patzig* DVBl. 1969, 429 f.

[106] Grundlegend: *Scharpf/Reissert/Schnabel,* Politikverflechtung, 1976; *Scharpf* PVS 1985, 323. Zu „vertikalen Fachbruderschaften" *Wagener* VVDStRL 37 (1979), 238 ff. Aus Schwei-

Weise an den **Schwächen des deutschen Verbundföderalismus;** sie behindere Eigenverantwortung und Wettbewerb.

IV. Die Entwicklung von 1969 bis zu den Föderalismusreformen. Trotz dieser Kritik ist es seit 1969 lange Zeit zu **keiner grundlegenden Reform** der Finanzverfassung mehr gekommen. Die Enquête-Kommission Verfassungsreform hat Ende 1976 in ihrem Abschlussbericht[107] geringfügige Änderungen, insbesondere bei der Finanzierungskompetenz bei Geldleistungsgesetzen[108], vorgeschlagen, die aber nicht verwirklicht worden sind. Für die Finanzverfassung folgenlos blieb auch die **Arbeit der Gemeinsamen Verfassungskommission (GemVerfKom.)** von BT und BR aus Anlass der Wiedervereinigung Deutschlands, von der die Finanzverfassung gemäß Art. 5 Einigungsvertrag (EVertr.) aber auch nur mittelbar betroffen war[109]; die Finanzverfassung wurde aus den Überlegungen der GemVerfKom. wegen des Fehlens „hinlänglicher Entscheidungsreife" ausdrücklich ausgeklammert.[110] Nicht weiterführend waren auch damalige **Reformüberlegungen auf Landesebene.**[111] 36

Entflechtungsbemühungen, die es seit dem Beginn der 1980er Jahre unterhalb der Verfassung – bei der Bildungsplanung, im Hochschulbereich, bei Städtebauförderung, sozialem Wohnungsbau und Krankenhausfinanzierung – gegeben hat,[112] sind durch die Wiedervereinigung Deutschlands unterbrochen worden; es handelte sich bei ihnen auch nicht um eine Trendwende, sondern eher um Randkorrekturen.[113] **Unzufriedenheit und Reformdruck,** insbesondere beim Länderfinanzausgleich und bei der Staatsverschuldung, entluden sich teilweise in verfassungsgerichtlichen Verfahren. So ist in 15 Jahren **dreimal das BVerfG** zum Länderfinanzausgleich bemüht worden;[114] ein weiteres Verfahren sollte folgen; ein fünftes hat sich durch die Änderung von Art. 107 Abs. 1 S. 4 und Abs. 2 2017 erledigt.[115] 37

Die **Wiedervereinigung Deutschlands** hat die föderale Finanzverfassung des GG zwar auf eine große tatsächliche Bewährungsprobe gestellt.[116] Gemäß Art. 7 Abs. 1 des EVertr. wurde die Finanzverfassung aber grundsätzlich unverändert auf das **Beitrittsgebiet erstreckt.** Art. 7 des EVertr. sah in Abs. 2 und 3 befristete Ausnahmen für die Steuerverteilung zwischen Bund und Ländern und für den Finanzausgleich vor, die aber seit längerem ausgelaufen sind. Darüber hinaus ist es zu Transferleistungen des Bundes, zu 38

---

zer Sicht seinerzeit *Bußmann,* Mythos und Wirklichkeit der Zusammenarbeit im Bundesstaat, 1986.

107 BT-Drs. VII/5924, Kap. 12.

108 Hierzu *Schoch/Wieland,* Finanzierungsverantwortung für gesetzgeberisch veranlaßte kommunale Aufgaben, 1995, 145 ff.

109 Deutlicher Art. 31 § 2 Abs. 2 des G zu dem Vertrag vom 18.5.1990 über die Schaffung einer Währungs-, Wirtschafts- und Sozialunion, BGBl. II 1990, 518.

110 BT-Drs. 12/6000, 114 f.

111 *Waldhoff* ZG 2000, 193 (197); *Wendt* StWissStPr. 1993, 56 ff.

112 Regierungserklärung des Bundeskanzlers *Schmidt* StenBer. BT v. 24.11.1980, 36 f.; StenBer. BT v. 28.11.1980, 225 ff. sowie StenBer. BR v. 19.12.1980, 431 ff.; dazu *Klatt* VerwArch. 79 (1978), 186 (202 f.); *Klatt* in *Klatt,* Baden-Württemberg und der Bund, 1989, 51 ff.; *Klatt* VerwArch. 92 (1991, 430 (446).

113 → Art. 104b Rn. 2.

114 BVerfGE 72, 330; 86, 148; 101, 158.

115 → Art. 107 Rn. 5.

116 Nachw. bei *Fischer-Menshausen* in v. Münch/Kunig, 3. Aufl. 1996, Vor Art. 104a–109 Rn. 11a ff.

Beginn auch der westdeutschen Bundesländer an die neuen Bundesländer (einschließlich Berlins) gekommen, die aber im Rahmen des geltenden Finanzverfassungsrechts blieben. Rückblickend kann man darum sagen, dass die Wiedervereinigung Deutschlands in der geschriebenen Finanzverfassung keine bleibenden Spuren hinterlassen hat, auch wenn mit dem Solidarpakt II eingestanden werden musste, dass die Übergangsperiode länger dauert als zunächst gedacht; sie endet nun am 31.12.2019. Nach dem Auslaufen der Übergangsbestimmungen des EVertr. ist sie primär Thema des einfachen Gesetzesrechts, insbesondere des Maßstäbegesetzes, des Finanzausgleichsgesetzes und des Solidarpakts II.[117]

39 Von der Wiedervereinigung Deutschlands vorübergehend überlagert, drängten folgende Punkte auf die Agenda der Verfassungspolitik:

- die **Entflechtung** der Finanzbeziehungen von Bund und Ländern, bis hin zu Forderungen, den Ländern auf der Einnahmenseite mehr Autonomie zu geben,[118]
- die Neudefinition des **Anteils der öffentlichen Hand** an der volkswirtschaftlichen Gesamtleistung und die Stärkung der internationalen Wettbewerbsfähigkeit des **Standorts Deutschland,**[119]
- die Anpassung der deutschen Finanzverfassung an die seit Binnenmarktprogramm und Maastrichter Vertrag bis zum Brexit sich dynamisch entwickelnde **Europäische Union,**
- eine **Staatsverschuldung,** deren gesamtstaatliche Dimension in einem durch die Finanzmarktkrise ausgelösten Verschuldungsschub vorübergehend die Marke von zwei Billionen Euro überschritten hat.

40 **V. Die Föderalismusreformen 2006 und 2009.** Trotzdem standen Fragen der Finanzverfassung in ihrer Breite nicht im Vordergrund der Föderalismusreformen von 2006 und 2009. Bei der **Föderalismusreform I** wurde hier Vieles zurückgestellt[120] und einer Föderalismusreform II vorbehalten. Diese **Föderalismusreform II** hat sich dann auf die Schuldenproblematik konzentriert.[121] Einige Verfassungsänderungen betrafen nur Punkte von untergeordneter Bedeutung, so die Änderungen zur Grunderwerbsteuer

---

[117] Umfassend *Vogel/Waldhoff* in BK Vor Art. 104a Rn. 222 ff.; rechtspolitisch akzentuiert *Schuppert* in Umbach/Clemens Vor Art. 104a Rn. 33 ff. Vgl. auch *Heun/Thiele* in Dreier Vor Art. 104a Rn. 9.

[118] Vgl. aus dem Tagungsprogramm des DJT folgende Gutachten: *F. Kirchhof,* Empfehlen sich Maßnahmen, um in der Finanzverfassung Aufgaben- und Ausgabenverantwortung von Bund, Ländern und Gemeinden stärker zusammenzuführen?, in Verh. des 61. DJT, 1996, Gutachten D; *P. M. Huber,* Klarere Verantwortungsteilung von Bund, Ländern und Kommunen?, in: Verh. des 65. DJT, 2004, Gutachten D; *Kempny/Reimer,* Neuordnung der Finanzbeziehungen – Aufgabengerechte Finanzverteilung zwischen Bund, Ländern und Kommunen, in: Verh. des 70. DJT, 2014, Gutachten D.

[119] Zum Wettbewerb der Steuersysteme vgl. *Lehner* StuW 1998, 159; *Schön* DStJG 23 (2000), 191; *Schön* Archiv für Schweizer Abgabenrecht 2002, 307; *Schön* in Schön, Tax Competition in Europe, 2003, 1–42; *Schön/Becker* (Hrsg.), Steuer- und Sozialstaat im europäischen Systemwettbewerb, 2005; *Schön.* World Tax Journal Oktober 2009, 67, Februar 2010, 65, Oktober 2010, 227 (seitdem bis Anfang in diesem Schriftenverzeichnis 2019 keine weiteren einschlägigen Einträge); *Wieland* EuR 2001, 119. Zum kompetitiven Föderalismus *Stamm/Merkl* ZRP, 1998, 467; *Schatz/van Ooyen/Werthes,* Wettbewerbsföderalismus – Aufstieg und Fall eines politischen Streitbegriffs, 2000; weiter *Korte,* Standortfaktor Öffentliches Recht, 2016; *Siekmann* in Sachs Art. 91a Rn. 19, Vor Art. 104a Rn. 42, Art. 107 Rn. 5. Zu Markt und Wettbewerb als Staats- und Verwaltungsprinzipien *König* DVBl. 1997, 239.

[120] Zu ihr *Huber* in Durner/Peine, Symposium aus Anlass des 65. Geburtstages von Hans-Jürgen Papier, 2009, 25 ff.; *Siekmann* in Sachs Vor Art. 104a Rn. 37 ff.

[121] Ursprüngliche Agenda BT-Drs. 16/3885.

(Art. 105 Abs. 2a S. 2 und Art. 107 Abs. 1 S. 4 aF), zu den auf motorisierte Verkehrsmittel bezogenen Verkehrssteuern (Art. 106 Abs. 1 und Abs. 2, Art. 108 Abs. 1) oder zu Haftungsfragen in der Europäischen Union (Art. 104a Abs. 6 und Art. 109 Abs. 5), andere Änderungen hatten einen Preis, der den genannten Reformzielen zuwiderläuft: Art. 106b, Art. 143c und Art. 143d. Der Gesamteindruck ist zwiespältig. Man muss sich fragen, ob eine Abkehr von sozialstaatlichem Unitarismus wirklich gewollt ist.[122]

Unterhalb der Verfassungsebene hat sich, bei allem verfassungsrechtlichen Reformstau, in den letzten zwei Jahrzehnten einiges getan.[123] In zwei hier nicht weiter zu kommentierende Stichpunkte gefasst: Digitalisierung der Besteuerung und Doppik im Haushaltswesen. Beim Länderfinanzausgleich, heute Finanzkraftausgleich, hat sich verfassungsrechtlich wenig verändert, wohl werden die reicheren Bundesländer einfachgesetzlich entlastet. Beim Staatsschuldenrecht sind, ausgehend von Art. 109 Abs. 3, im Bundes- und im Landesrecht wahre Normenpyramiden entstanden und der materielle Haushaltsausgleich bis einschließlich 2019 erreicht.[124] **41**

VI. Vertikalisierung seitdem. Die weitere Entwicklung seit 2009 kann man mit **Vertikalisierung** im Rahmen des vorhandenen Systems[125] kennzeichnen. Es folgten keine Föderalismusreform III, sondern Einigungen von Bund und Ländern auf Regierungsebene.[126] Das GG wurde demgemäß durch Gesetz vom 13.7.2017 geändert[127], wobei die neuen Regelungen zum Finanzkraftausgleich erst am 1.1.2020 in Kraft treten, zeitlich abgestimmt mit der Schuldenbremse für die Länder, dem Wechsel bei Finanzausgleichsgesetz (FAG) und Maßstäbegesetz (MaßstG) und dem Auslaufen des Solidarpaktes II. Die **Kosten** der Neuregelung **trägt** der **Bund:** er macht Zugeständnisse bei der Umsatzsteuerverteilung (Art. 106 Abs. 3 S. 3 und 4), weitet die Bundesergänzungszuweisungen aus (Art. 107 Abs. 2 S. 3, nach neuem Recht S. 5 und 6) und beteiligt sich an der Finanzierung der schulischen Infrastruktur, also einer Kernaufgabe der Länder (Art. 104c) und am sozialen Wohnungsbau (Art. 104d). Doch das hat seinen **Preis.**[128] Bundesergänzungszuweisungen und Mischfinanzierungen schaffen Finanzmacht. Weiterhin verzeichnet der Bund Kompetenzzuwächse bei der Verwaltung der Autobahnen (Art. 90), bei den informationstechnischen Systemen (Art. 91c) und der Steuerverwaltung (Art. 108 Abs. 4 und 4a) und erhält zusätzliche Kontrollmöglichkeiten (Art. 104b Abs. 2 S. 2 bis 4, Art. 114 Abs. 2 S. 2). Schließlich wird die Möglichkeit einer Majorisierung von Bundesländern offen angesprochen (Art. 108 Abs. 4 S. 3, Art. 143f). Finanzpsychologisch kann die Ver- **42**

---

[122] *Heun/Thiele* in Dreier Vor Art. 104a Rn. 14; vgl. auch *Henneke,* Bundesstaat und kommunale Selbstverwaltung nach den Föderalismusreformen, 2009, 98 ff.

[123] Ebenso *Heun/Thiele* in Dreier Vor Art. 104a Rn. 10.

[124] Zur Bedeutung einfachen Gesetzesrechts wie hier *Siekmann* in Sachs Vor Art. 104a Rn. 193.

[125] Zur Systemkonformität übereinstimmend *Heun/Thiele* in Dreier Vor Art. 104a Rn. 14; *Siekmann* in Sachs Vor Art. 104a Rn. 192. Insgesamt *Henneke,* Aufgaben und Finanzbeziehungen von Bund, Ländern und Kommunen, 2017.

[126] Beschluss der Ministerpräsidentenkonferenz vom 3.12.2015, Eckpunktebeschluss vom 14.10.2016; Festlegung des genauen Wortlauts am 6.12.2016, Gesetzesinitiative am 13.2.2017; vgl. BT-Drs. 18/11131, 1 u. 10. Dazu *Junkernheinrich u. a.* (Hrsg.), Verhandlungen zum Finanzausgleich, 2016.

[127] BGBl. I 2017, 2347.

[128] *Korioth* ifo Schnelldienst 24/2016, 5 (8) spitzt es auf die Formel „mehr Geld gegen Selbstentmachtung" zu; kritisch auch *Heun/Thiele* in Dreier Vor Art. 104a Rn. 12–14. Vgl. weiter *Henneke* in SHH Art. 107 Rn. 18a-18i.

tikalisierung mit dem sog. Endowment-Effekt erklärt werden, wonach ein Gut, das man besitzt, als höherwertig und weniger verfügbar angesehen wird als ein Gut, das man nicht besitzt, sondern das einer höheren Ebene zugeordnet ist.[129]

43 **VII. Die Garantenstellung des Bundes.** Nach der Schilderung der finanzverfassungsrechtlichen Entwicklung bis zur Gegenwart werden im Weiteren **einzelne Akteure** und ihre besonderen Rollen vorgestellt. Zu erwähnen sind der Bund als primärer Garant, der Bundesrat, das horizontale Verhältnis der Länder, die Kommunen, die Sozialversicherungsträger und die Europäische Union. Garanten der bundesstaatlichen Finanzverfassung und des gesamtwirtschaftlichen Gleichgewichts sind alle Glieder der bundesstaatlichen Gemeinschaft, der Bund und die Länder. Aus der Garantenstellung ergeben sich **verfassungsrechtliche Solidarpflichten,** durch welche die Lebensfähigkeit (Begriff in Art. 115c Abs. 3) in finanzieller Hinsicht gewahrt werden soll, nicht aber zusätzliche Regelungs- und Eingriffsbefugnisse. Die Solidarpflichten sind, insbesondere im Fall einer **extremen Haushaltsnotlage** des Bundes oder eines Landes, im Rahmen vorhandener Aufgaben und Befugnisse zu erfüllen.[130] Solidarpflichtig ist zunächst[131] der Bund aufgrund seiner weitreichenden Gesetzgebungsbefugnisse im Bereich des Steuer-, Finanzausgleichs- und Haushaltsgrundsätzerechts.[132] Die **Währungshoheit,** die auch zu diesem Zweck instrumentalisiert werden könnte, ist inzwischen auf die EU übergegangen. Die Garantenstellung des Bundes gilt nicht nur den Staatsfinanzen, sondern der Volkswirtschaft insgesamt. Ihr entspricht die Charakterisierung der Finanzbeziehungen zwischen dem Bund und den Ländern als Einbahnstraße, auf der sich **Finanzströme grundsätzlich nur vom Bund zu den Ländern und nicht umgekehrt** bewegen.[133] In der Entscheidung vom 19.10.2006 zu einer extremen Haushaltsnotlage des Bundeslandes Berlin hat das BVerfG betont, dass die Inanspruchnahme föderaler Solidarität, hier von Unterstützung durch den Bund, *ultima ratio* sei, die nur unter sehr engen Voraussetzungen in Betracht komme; die finanzverfassungsrechtlichen Regelungen seien im Hinblick auf die Vorbeugung und Bewältigung von Haushaltsnotlagen defizitär; der Einsatz von Art. 107 Abs. 2 S. 3 (heute S. 5) zu diesem Zweck sei eine äußerst unbefriedigende Notlösung[134] – für die im Rahmen der Föderalismusreform letztlich kein Ersatz gefunden werden konnte. Art. 109a Abs. 1 bewirkt eine Prozeduralisierung, Art. 143d Abs. 2 S. 6 und Abs. 4 S. 4 enthalten bei impliziter Anerkennung dieses Notinstruments ausdrückliche Leistungsausschlüsse.

44 Die Sonderstellung des Bundes sollte dagegen nicht mit **dem sog. Popitzschen Gesetz** von der Anziehungskraft des größeren Etats begründet werden. Dieses Gesetz gehört in eine Reihe prinzipieller Infragestellungen von Bundesstaatlichkeit, die heute als widerlegt angesehen werden dürfen,[135] zu-

[129] → Art. 107 Rn. 5; *Heun/Thiele* in Dreier Vor Art. 104a Rn. 14, Art. 107 Rn. 5. Weiter *Heinemann* Wirtschaftsdienst 2012, 471 (477); *Ratzmann* JÖFin 1/2016, 51 (56).

[130] BVerfGE 86, 148 (262 ff.).

[131] So BVerfGE 86, 148 (265). → Art. 107 Rn. 49 ff.

[132] Aufzählung von Handlungsmöglichkeiten in BVerfGE 86, 148 (266 ff.); 116, 327 (388, 392–394); vgl. auch *Isensee* in HdbStR VI § 126 Rn. 158.

[133] *F. Kirchhof* FS f. Dürig, 1990, 447 (449).

[134] BVerfGE 116, 327 (386–394).

[135] Analyse mit umfassenden Nachweisen bei *Korioth,* Der Finanzausgleich zwischen Bund und Ländern, 1997, 188 ff.

letzt durch die Wiedervereinigung Deutschlands, die trotz vorübergehenden Anstiegs des Bundesanteils an den gesamtstaatlichen Ausgaben keine Schwächung des Föderalismus bewirkt hat. Dagegen gibt es genügend verfassungsrechtliche Sicherungen. So sorgt Art. 104a Abs. 1 mit der **Anknüpfung der Finanzierungslast an die Verwaltungskompetenzen** (bei denen die Länder stark sind) und nicht an die Gesetzgebungskompetenzen (bei denen der Bund dominiert) für eine **Mindestgröße der Etats der Bundesländer.**

VIII. Die Rolle des Bundesrates. Das GG ordnet regelmäßig an, dass 45
Bundesgesetze, die unmittelbar die Finanzen der Bundesländer betreffen, der Zustimmung des Bundesrates bedürfen. Der Katalog deshalb **zustimmungsbedürftiger Bundesgesetze**[136] umfasst im X. Abschnitt des GG Art. 104a Abs. 4, Abs. 5 S. 2 und Abs. 6 S. 4, Art. 104b Abs. 2 S. 1[137], Art. 104c S. 2, Art. 104d S. 2, Art. 105 Abs. 3, Art. 106 Abs. 3 S. 3 und 6, Abs. 4 S. 2, Abs. 5 S. 2, Abs. 5a S. 3, Abs. 6 S. 5, Art. 106a S. 2, Art. 106b S. 2, Art. 107 Abs. 1 S. 2, 3 und Abs. 2 S. 1 Hs. 1,[138] Art. 108 Abs. 2 S. 2, Abs. 4 S. 1, Abs. 4a und Abs. 5 S. 2, Art. 109 Abs. 4 und Abs. 5 S. 3, 109a Abs. 1, darüber hinaus Art. 115c Abs. 3, Art. 143c Abs. 4 und Art. 143d Abs. 2 S. 2, Abs. 3 S. 2, Abs. 4 S. 3. Während die Föderalismusreform 2006 im Allgemeinen auch das Ziel verfolgt hat, Zustimmungsrechte des Bundesrates und damit die Gefahr von Politikblockaden abzubauen, ist die Zahl finanzverfassungsrechtlicher Zustimmungsrechte beständig gestiegen. Sofern die Mehrheitsverhältnisse im Bundesrat sich politisch von denjenigen im Bundestag unterscheiden, können die Zustimmungsrechte des Bundesrates, insbesondere Art. 105 Abs. 3, von der Opposition im Bundestag genutzt werden. Dies ist kein spezifisches Problem der Finanzverfassung. Von seinen Mitwirkungsrechten im Haushaltskreislauf des Bundes (ua bei der Verabschiedung des Bundeshaushalts gemäß Art. 110 Abs. 3 und bei der Entlastung gemäß Art. 114 Abs. 1) macht der Bundesrat, soweit die Finanzen des Bundes betroffen sind, politisch einen zurückhaltenden Gebrauch.

IX. Das Verhältnis der Bundesländer untereinander in der bundes- 46
staatlichen Finanzverfassung. Die bundesstaatlichen Kompetenzregeln des GG grenzen die Hoheitssphären des Bundes und der Länder[139] voneinander ab und äußern sich grundsätzlich[140] nicht zum Verhältnis der Länder untereinander[141] und auch nicht zu den Verhältnissen in den einzelnen Bundesländern. Weil das Finanzwesen von Bund und Ländern ein Gesamtgefüge darstellt,[142] ist aber fraglich, ob die bipolare Sicht des Kompetenzrechts hier einer **mehrdimensionalen Betrachtung** zu weichen hat. Dies betrifft vor allem die Art. 104a Abs. 1, 107 Abs. 2 S. 1 bis 4 und 109 Abs. 1.[143] Bei den

---

[136] Ältere Auflistung bei *Ossenbühl* AöR 99 (1974), 373; ferner *Mann* in Sachs Art. 77 Rn. 14; *Masing/Risse* in MKS Art. 77 Rn. 48.

[137] Zu Letzterem *Hellermann* in Starck, Föderalismusreform, 2007, Rn. 380.

[138] Zur Altfassung BVerfGE 72, 330 (396 f.).

[139] Zu dem Begriff „die Länder", den das GG in den Art. 30, 70 Abs. 1 und 2, 83, 104a Abs. 1 und 109 Abs. 1, bezeichnenderweise aber nicht in Art. 92 verwendet: *Hempel,* Der demokratische Bundesstaat, 1969, 42 Fn. 5, 51 Fn. 2 a.

[140] Ausdrückliche Ausnahme Art. 104a Abs. 6 S. 2, 3; dazu *Schwarz* in Maunz/Dürig Art. 104a Rn. 105.

[141] Siehe auch *Kisker,* Kooperation im Bundesstaat, 1971, 96 ff., 141 ff., 158 ff.

[142] So BVerfGE 4, 115 (140); 86, 148 (215).

[143] Ausführlich *Tappe* in BK Art. 104a Rn. 108–119. Vgl. auch *Fischer-Menshausen* in v. Münch/Kunig, 3. Aufl. 1996, Art. 104a Rn. 8, Art. 107 Rn. 6, Art. 109 Rn. 5; *Heun/Thiele* in Dreier Art. 107 Rn. 13 ff.; *F. Klein* FS f. Geiger, 1989, 501 (503); *Maunz* in FS

Regelungen über Gesetzgebungs- und Verwaltungszuständigkeiten (Art. 105 und 108) ist dagegen die bipolare Sicht unangefochten.[144]

47 **Art. 104a Abs. 1 ist akzessorisch** zur Verteilung der Verwaltungszuständigkeiten. Wenn deren Verteilung bipolar dem Verhältnis zwischen dem Bund und den Ländern gilt und das Zwischenländerverhältnis ausblendet, muss dies auch auf Art. 104a Abs. 1 zutreffen.[145] Zu diesem Ergebnis muss erst recht gelangen, wer in Art. 104a Abs. 1 keine eigenständige Kompetenznorm, sondern eine Verweisung auf die im GG an anderer Stelle geregelten Aufgaben von Bund und Ländern sieht.[146] An der Gegenauffassung, die Art. 104a Abs. 1 auch auf das Zwischenländerverhältnis bezieht, fällt auf, dass sie nicht, wie das bundesstaatliche Kompetenzrecht, nach sachlichen, sondern nach **räumlichen Kriterien** abgrenzt, also anhand von Kriterien, die in der Relation von Bund und Ländern irrelevant sein müssen, weil beide Ebenen ihre Tätigkeit auf demselben Territorium entfalten.[147] Der neue Art. 104a Abs. 6 ist insoweit ein Besonderheit im System.[148]

48 Die **Maklerrolle des Bundes** gemäß Art. 107 Abs. 2 ist keine bundesstaatliche Kompetenz, denn Kompetenzen können entweder dem Bund oder den Ländern zugewiesen sein, diese Maklerrolle kann aber nur dem Bund zukommen, den Ländern sinnvollerweise auch zur gesamten Hand nicht. Mit allgemeinen Erwägungen des föderalen Kompetenzrechts ist der Frage nach der Zulässigkeit von Finanztransfers zwischen den Ländern darum nicht beizukommen. Dass solche **Finanztransfers,** die es in vielfältigen Formen gibt, zulässig sind, muss mit Art. 107 Abs. 2[149] und den einschlägigen Sachnormen des GG, etwa zum Rundfunkwesen oder zur Sozialversicherung, begründet werden,[150] wobei Sachnormen nur bei zweckgebundenen Finanzzuwendungen einschlägig sein können.[151] Die Umwandlung des Länderfinanzausgleichs in einen Finanzkraftausgleich ändert an der Beantwortung der grundsätzlichen Frage, ob die Art. 104a ff. das Zwischenländerverhältnis erfassen, nichts.

Boorberg-Verlag, 1977, 95 (108 f.); *Selmer* in Stern, Deutsche Wiedervereinigung, Bd. 1, 1991, 208; *Siekmann* in Sachs Art. 104a Rn. 12. Zu ähnlichen Problemen bei den Parafisci der Sozialversicherung *Gohla,* Der Risikostrukturausgleich auf dem Prüfstand des Grundgesetzes, 2002, 4. Teil 1. Kap.; *Isensee* in Sozialfinanzverfassung (ohne Hrsg. in der Schriftenreihe des Deutschen Sozialrechtsverbandes), 1992, 7 (10 f.); *Kilian* in Sozialfinanzverfassung (ohne Hrsg. in der Schriftenreihe des Deutschen Sozial-rechtsverbandes), 199287 (115 ff.); siehe auch → Rn. 55. Ferner *Bethge,* Die Verfassungsrelevanz des föderalen Rundfunkfinanzausgleichs, 1992, 3 ff., 41 ff., 61 f., der verfassungsrechtliche Maßstäbe aber nicht der Finanzverfassung, sondern der Rundfunkfreiheit entnimmt.

[144] Zu Art. 108 Abs. 4a S. 2 *Kempny* in BerlKomm Art. 108 Rn. 122.

[145] Vgl. *Troeger*-Kommission, Gutachten über die Finanzreform, Tz. 42; weiter *Hellermann* in MKS Art. 104a Rn. 56; *Henneke* in SHH Art. 104a Rn. 20 u. Art. 107 Rn. 23; *F. Kirchhof* FS f. Dürig, 1990, 447 (455 f.); *U. Stelkens,* Verwaltungshaftungsrecht, 1998, 386 ff.; *Stern,* StaatsR II, 1980, § 47 II 4 d. Anders als hier *Heun* in Dreier Art. 104a Rn. 21; *Kube* in BeckOK GG Art. 104a Rn. 8.

[146] So *Friauf* FG BVerfG, 1976, Bd. 2, 324; *Jakob* Der Staat 24 (1985), 530 (531, 536).

[147] So *Fischer-Menshausen* in v. Münch/Kunig, 3. Aufl. 1996, Art. 104a Rn. 8: territorial begrenzter Aktionsraum, eigenes Hoheits- und Aufgabengebiet; ferner *Selmer* FS f. Thieme, 1993, 353 (366). Zur Haftung nach Art. 104a Abs. 5 S. 1 Hs. 2 insoweit *Tappe* in BK Rn. 334.

[148] *Hellermann* in MKS Art. 104a Rn. 198.

[149] → Art. 107 Rn. 23 ff.

[150] Hierzu *Arndt* JuS 1993, 363; *F. Kirchhof* FS f. Dürig, 1990, 447 (452 ff.); *Stern,* StaatsR II, 1980, § 47 III 5 f.; *Wendt* in HdbStR VI § 139 Rn. 126.

[151] Hierzu *Selmer* FS f. Thieme, 1993, 353 (375).

49 Art. 109 Abs. 1 regelt nach zutreffender Ansicht des BVerfG[152] auch das **Verhältnis der Länder untereinander.** Die Vorschrift schützt die Haushaltsautonomie der am Bundesstaat beteiligten staatlichen Verbände umfassend;[153] dies kommt in den Adjektiven „selbständig" und „unabhängig" zum Ausdruck. Es geht hier nicht um die Zuweisung einer Materie an eine von zwei denkbaren staatlichen Ebenen, sondern um deren Koexistenz hinsichtlich derselben Materie, in der Vertikalen und in der Horizontalen.[154]

50 Soweit die Art. 104a bis 109 ihrer Rechtsnatur nach **Kompetenzrecht** sind, gelten sie also nur im Verhältnis von Bund und Ländern, nicht im Verhältnis der Länder untereinander. Soweit dies nicht der Fall ist und materielle Gehalte den Kompetenzgehalt überlagern oder an seine Stelle treten, muss der Anwendungsbereich der einzelnen Normen gesondert ermittelt werden.

51 **X. Die Kommunen in der bundesstaatlichen Finanzverfassung.** Der **Staatsaufbau der Bundesrepublik Deutschland** ist zweistufig; alle Träger mittelbarer Staatsverwaltung sind entweder dem Bund oder den Ländern zugeordnet. Auch die Kommunen – als Sammelbezeichnung für Gemeinden und Gemeindeverbände – bilden keine dritte Ebene, sondern sind Glieder des betreffenden Landes,[155] auch wenn Art. 28 Abs. 2 S. 3 ihre finanzielle Eigenverantwortlichkeit ausdrücklich anerkennt und wenn ihnen ein eigener Anteil am Aufkommen der Einkommen- und der Umsatzsteuer von Art. 106 Abs. 5 und Abs. 5a garantiert ist. Die bundesstaatliche Finanzverfassung fügt sich in dieses Schema, das schon aus der Überschrift des II. Abschnitts des GG hervorgeht. Zwar werden die **Kommunen in der Finanzverfassung** mehrfach erwähnt (Art. 104b Abs. 1, 104c S. 1, 104d S. 1, 105 Abs. 3, 106 Abs. 1 Nr. 2, Abs. 3 S. 1, Abs. 5 S. 1, 3, Abs. 5a S. 1, Abs. 6 S. 1 bis 3, Abs. 7 bis 9, Art. 107 Abs. 2 S. 1 Hs. 2, 108 Abs. 4 S. 2, Abs. 5 S. 2, Abs. 7, schließlich Art. 115c Abs. 3). Andererseits stellen die Art. 104b, 105 Abs. 3 und, vor allem, 106 Abs. 9 ihre Mediatisierung durch die Bundesländer ausdrücklich klar. Zwar betreffen zwei der neueren Änderungen der Art. 104a ff. sowie die Einfügung eines S. 3 in Art. 28 Abs. 2 die kommunale Finanzverfassung. Der verfassungsändernde Gesetzgeber, der im Übrigen Art. 28 Abs. 2 S. 3 bewusst nicht in den X. Abschnitt des GG aufgenommen hat, hat aber in den Gesetzesmaterialien wissen lassen, dass diese Akzentsetzung den zweigliedrigen Staatsaufbau nicht ändern solle.[156] Eine in der Literatur vertretene Gegenauffassung[157] hat sich nicht durchgesetzt und ist heute überholt. Das BVerfG formuliert vorsichtig, die gestärkte finanzwirtschaftliche Unabhängigkeit und Verselbstständigung der Kommunen modifiziere die bisherige Zweistufigkeit der Finanzverfassung.[158] Die **Garantenstellung** für die kommunalen Finanzen **liegt bei den Ländern.**

---

[152] BVerfGE 1, 117 (133); 20, 56 (94). *Kube* in Maunz/Dürig Art. 109 Rn. 30.

[153] Hierzu *Heun*, Staatshaushalt und Staatsleitung, 1989, 227 ff.

[154] Zu den Kombinationsmöglichkeiten räumlicher und sachlicher Einteilungen *Vogel/Waldhoff* in BK Vor Art. 104a Rn. 42 u. 44.

[155] So BVerfGE 39, 96 (122); 86, 148 (215); ausführlich *Grawert*, Die Kommunen im Länderfinanzausgleich, 1989, 23 ff.; *Isensee* in HdbStR VI § 126 Rn. 174–183; *Siekmann* in Sachs Vor Art. 104a Rn. 9-11.

[156] BT-Drs. 12/6000, 47; 13/1685, 4.

[157] Vor allem *Schmidt-Eichstaedt*, Bundesgesetze und Gemeinden, 1981, 123 ff.

[158] BVerfGE 101, 158 (230).

52 **Mediatisierung** bedeutet erstens, dass dem Bund im finanzwirtschaftlichen Bereich ein die Länder übergehender **Durchgriff auf die Kommunen,** einschließlich unmittelbarer Zahlungen, etwa auf Grund der Art. 91a oder 104b, verboten ist.[159] Bis 2006[160] durfte der Bund den Kommunen durch Gesetz neue Verwaltungsaufgaben zuweisen. Der Bund durfte (und darf) deswegen aber in keine finanzielle Beziehung zu ihnen treten. Daraus folgt eine zweite Bedeutung der finanzverfassungsrechtlichen Mediatisierung der Kommunen. Diese haben **keinen unmittelbaren Finanzierungsanspruch** gegen den Bund, wenn der Bund ihnen unmittelbar Verwaltungsaufgaben zugewiesen hat.[161] Der Bund durfte den Kommunen für diesen bundesgesetzlich auferlegte Aufgaben nicht die für deren Erfüllung nötigen Finanzmittel zur Verfügung stellen, und die Länder mussten bei bundesseitiger Aufgabenbelastung der Kommunen keine konkreten Maßnahmen ergreifen, um deren Finanzierung zu gewährleisten. Die Finanzierungslast der Kommunen war vielmehr im **Finanzausgleich** zwischen Bund und Ländern zu berücksichtigen (mit „Länder" meint Art. 106 Abs. 3 S. 4 Nr. 1 auch die Kommunen). Besser standen und stehen die Kommunen da, wenn nicht der Bund, sondern die Länder ihnen Aufgaben übertragen; denn dann greifen zu ihren Gunsten hier nicht zu kommentierende landesverfassungsrechtliche Vorschriften[162] ein, die einen Mehrbelastungsausgleichsanspruch gewähren. Insgesamt hat man in den 1950er Jahren sarkastisch festgestellt, dass „die gemeindliche Auftragsverwaltung die billigste Form der Staatsverwaltung sei".[163] Eine Gewähr dafür, dass die Länder Finanzmittel, die sie deshalb vom Bund erhielten, an die Kommunen weiterreichten, gibt das GG nicht; dies ist ein Internum der Bundesländer. Mediatisierung bedeutet drittens, dass das **grundgesetzliche Konnexitätsprinzip** sowohl im Verhältnis von Bund und Kommunen als auch im Verhältnis von Ländern und Kommunen **nicht, auch nicht entsprechend, auch nicht als Ausdruck eines allgemeinen Lastenverteilungsgrundsatzes gilt.**[164] Es entfaltet allenfalls mittelbare Wirkungen, weil beim föderalen Finanzausgleich kommunale Aufgaben als Teil der Aufgaben der Bundesländer deren Finanzanteil erhöhen.

53 2006 hat die Föderalismusreform I die Lage der Kommunen verbessert.[165] Art. 84 Abs. 1 S. 7 und 85 Abs. 1 S. 2 verbieten dem Bund, gezielt Kommunen mit der Ausführung von Bundesgesetzen zu betrauen. Der Vollzugsauftrag richtet sich an die Länder insgesamt. Das schließt nicht aus, dass die Länder solche Vollzugsaufgaben an die Kommunen weiterreichen. Tun das die Länder, so genießen die Kommunen aber den Schutz der schon erwähnten **landesverfassungsrechtlichen Konnexitätsregelungen.** Bei unmittel-

[159] BVerfGE 26, 172 (181); 39, 96 (122); 41, 291 (313).

[160] Zur Rechtslage seit der Föderalismusreform sogleich.

[161] Dazu *Isensee* DVBl. 1995, 7; *Schoch/Wieland,* Finanzierungsverantwortung, 126 ff., 187; *Waechter* VerwArch. 85 (1994), 223.

[162] Zu diesen auch *Tappe* in BK Art. 104a Rn. 18; *Tappe/Wernsmann,* Öffentliches Finanzrecht, 2. Aufl. 2019, Rn. 1050 ff. Zu deren Auslegung in der landesverfassungsgerichtlichen Rechtsprechung *Schwarz* ZKF 2009, 341.

[163] *Berkenhoff* DVBl. 1955, 348.

[164] So etwa *Hofmann-Hoeppel,* Die (finanz-)verfassungsrechtliche Problematik des BSHG-Vollzugs durch kommunale Gebietskörperschaften, 1992, 149 f.; weitere Nachweise zu dieser jedenfalls durch die GG-Änderung 2006 überholten Position bei *Hellermann* in MKS Art. 104a Rn. 57 ff.

[165] So die Einschätzung von *J. Ipsen* NJW 2006, 2801 (2802, 2805 f.), mit Hinweis auf die Schwierigkeiten, einen Ausgleich im kommunalen Finanzausgleich der einzelnen Bundesländer zu organisieren. → Art. 104a Rn. 26.

barer Beauftragung durch den Bund genössen die Kommunen dagegen weder den Schutz bundes- noch den Schutz landesverfassungsrechtlicher Konnexitätsregelungen. Diese außerhalb der Finanzverfassung erfolgten Regelungen in Art. 84 und 85 machen inzwischen Überlegungen entbehrlich, die Kommunen durch unmittelbare Finanzbeziehungen zum Bund oder durch analoge Anwendung von Art. 104a im Verhältnis Bund–Kommunen zu schützen. Die Zwei-Ebenen-Struktur der Finanzverfassung wird zugleich gestärkt.[166]

Das GG kennt zwei Fälle einer **finanziellen Direktbeziehung** zwischen 54
dem Bund und einer Kommune. Dies ist einmal der Sonderlastenausgleich gemäß Art. 106 Abs. 8, und auch hier sind die Länder zum Teil beteiligt.[167] Anders als zu Bonner Zeiten ist die bei Art. 106 Abs. 8 im Vordergrund stehende Bundeshauptstadt Berlin jedoch bis auf Weiteres (Art. 118a) zugleich ein Bundesland (Art. 1 Abs. 1 VvB). Art. 106 Abs. 8 ist nicht Ausdruck eines allgemeinen finanzverfassungsrechtlichen Grundsatzes.[168] Der zweite Fall einer finanzielle Direktbeziehung zwischen dem Bund und einer sog. Optionskommune ergibt sich aus dem im Verhältnis zu Art. 84 spezielleren Art. 91e Abs. 2 S. 2, wo es um die Ausführung von Bundesgesetzen auf dem Gebiet der Grundsicherung für Arbeitsuchende geht.[169] Weitere Sonderfälle sind gemeindefreie Bezirke bzw. Wasserbetriebe auf Truppenübungsplätzen von NATO oder Bundeswehr, deren Verwaltung bzw. Wirtschaftsführung und damit auch Finanzierung unmittelbar Sache des Bundes ist.

XI. Die Sozialversicherung. Die Kompetenzvorschriften der 55
Art. 104a ff. gelten nicht für die Erhebung und die Verwaltung von Sozialversicherungsbeiträgen.[170] Die Art. 74 Abs. 1 Nr. 12, 87 Abs. 2 und 120 Abs. 1 S. 4 bilden ein in sich geschlossenes Regelungssystem für die Sozialversicherung, das den allgemeinen, steuerzentrierten Vorschriften des X. Abschnitts als *lex specialis* vorgeht. Darum können die Art. 104a Abs. 1 und 107 einem Risikostrukturausgleich in der gesetzlichen Krankenversicherung nicht entgegenstehen,[171] hat Art. 105 Abs. 1 keine Bedeutung für Sozialversicherungsbeiträge,[172] unterfallen Leistungen der Sozialversicherung nicht Art. 104a Abs. 3 und 4[173], müssen die Budgets von Sozialversicherungsträgern sich nicht nach dem Staatshaushaltsrecht der Art. 110 ff. richten[174] und gibt es keine „Bremse“ für Beiträge und Leistungen in den verschiedenen Sozialversicherungssystemen.

XII. Die Europäische Union. Der Haushalt der Europäischen Union 56
hatte 2019 ein Volumen von 165,8 Mrd. EUR an Mitteln für Zahlungen.[175] Damit sind nicht nur auf EU-Ebene, sondern auch für die Bundesrepublik

---

[166] BVerfGE 86, 148 (215 f.); *Hellermann* in MKS Art. 104a Rn. 59; *Kube* in BeckOK GG Art. 104a Rn. 8; *Tappe* in BK Art. 104a Rn. 120 ff.

[167] *Isensee* in HdbStR VI § 126 Rn. 183.

[168] *Schoch/Wieland,* Finanzierungsverantwortung, 197 f.

[169] Zu diesen sog. Optionskommunen BVerfGE 137, 108 (141, 146 f., 149 f., 182).

[170] So BVerfGE 113, 167 (199–207, 268). Ebenso *Tappe* in BK Rn. 104, 132. Vgl. weiter *Goessl,* Die Finanzverfassung der Sozialversicherung, 1992; *Heun* FS f. Selmer, 2004, 657 (665 ff.); *Kayser,* Inhalt und Grenzen der Sozialversicherung unter dem Grundgesetz, 2005, 120 ff.

[171] BVerfG, wie zuvor. Zu Art. 104a Abs. 1 → Art. 104a Rn. 21.

[172] → Art. 105 Rn. 24.

[173] → Art. 104a Rn. 48.

[174] Zu Letzterem → Art. 110 Rn. 5.

[175] https://ec.europa.eu/info/sites/info/files/about_the_european_commission/eu_budget/eubudget-factsheet-2019_eu.pdf [zuletzt aufgerufen am 19.8.2020].

Deutschland als Mitgliedstaat finanzverfassungsrechtliche Fragen aufgeworfen. Auch wenn 2006 der grundsätzliche Begriff der Supranationalität Aufnahme in Art. 104a Abs. 6 S. 1 gefunden hat und das GG in seiner Finanzverfassung nunmehr vier Regelungen zu diesem Fragenkreis enthält (Art. 104a Abs. 6 S. 1, 106 Abs. 1 Nr. 7, 108 Abs. 1 S. 1, 109 Abs. 5), wurden eher Randfragen thematisiert, dies auch an den eigenen Zielen der Föderalismusreform 2006 gemessen (Europatauglichkeit), und man darf fragen, ob Art. 104a Abs. 6 und Art. 109 Abs. 5 nicht zu nur einer Regelung verschmolzen werden könnten. Die Föderalismusreform II dringt dagegen 2009 mit der Änderung von Art. 109 Abs. 2 zu einem Kern des Europathemas vor, indem die Haushaltswirtschaft von Bund und Ländern auf die Vorgaben des Europäischen Stabilitäts- und Wachstumspaktes verpflichtet wird.[176]

Literatur

(soweit nicht in den Literaturhinweisen zu den einzelnen Artikeln in diesem Abschnitt enthalten)

U. Battis/N. Eder, Der Krebsgang der Föderalismusreform, NVwZ 2019, 592. – ***R. Th. Baus/U. Margedant*** (Hrsg.), Zur Reform der föderalen Finanzverfassung in Deutschland, 2008. – ***C. Blankart,*** Öffentliche Finanzen in der Demokratie, 9. Aufl., 2017. – ***H.-J. Blanke,*** Staatsfinanzen im Föderalismus, ZaöRV 65 (2005), 71. – ***Bundesministerium der Finanzen,*** Finanzbericht (jährlich). – ***Deutsche Bundesbank,*** Bericht (monatlich). – ***G. Färber,*** Finanzverfassung. Unbestrittener Reformbedarf – divergierende Reformvorstellungen, in Bundesrat (Hrsg.), 50 Jahre Herrenchiemseer Konvent, 1998, 89. – ***H. Fischer-Menshausen,*** Die Länder im künftigen Finanzausgleich, DÖV 1948, 10, 57; 1949, 401. – ***H. Fischer-Menshausen,*** Die Abgrenzung der Finanzverantwortung zwischen Bund und Ländern, DÖV 1952, 673. – ***H. Fischer-Menshausen,*** Die Finanzverantwortung des Bundes gegenüber den Gemeinden – Bemerkungen, DÖV 1953, 229. – ***H. Fischer-Menshausen,*** Das Finanzverfassungsgesetz, DÖV 1956, 161. – ***H. Fischer-Menshausen,*** Unbestimmte Rechtsbegriffe in der bundesstaatlichen Finanzverfassung, in W. Dreißig (Hrsg.), Schriften des Vereins für Socialpolitik 96/1 (1978), 135. – ***W. Gerloff,*** Die Finanzgewalt im Bundesstaat, 1948. – ***Ch. Gröpl,*** Finanzautonomie und Finanzverflechtung in gestuften Rechtsordnungen, DVBl. 2006, 1079. – ***U. Häde,*** Finanzausgleich, 1996. – ***U. Haltern,*** Die künftige Ausgestaltung der bundesstaatlichen Finanzordnung, VVDStRL 73 (2014), 103. – ***M. Heintzen,*** Judex non calculat, FS f. Kruschwitz, 2008, 21. – ***M. Heintzen,*** Haushalt und Finanzen, inR. Voigt (Hrsg.), Handbuch Staat, Bd. 2, 2018, 1467. – ***H. G. Henneke,*** Öffentliches Finanzwesen – Finanzverfassung, 2. Aufl., 2000. – ***H. G. Henneke,*** Was sind „notwendige" Ausgaben? – Logik und Folgeprobleme der Regelungen zu Schuldenbremse und Konsolidierungshilfen, ZG 2010, 52. – ***H. G. Henneke,*** Aufgaben und Finanzbeziehungen von Bund, Ländern und Kommunen, 2017. – ***H. G. Henneke,*** Kontinuität und Wandel der Finanzverfassung des Grundgesetzes, DVBl. 2019, 657. – ***K. M. Hettlage,*** Die Finanzverfassung im Rahmen der Staatsverfassung, VVDStRL 14 (1956), 4. – ***W. Heun,*** Staatshaushalt und Staatsleitung, 1989. – ***W. Heun,*** Strukturprobleme des Finanzausgleichs, Der Staat 31 (1992), 205. – ***J. Hey,*** Finanzautonomie und Finanzverflechtung in gestuften Rechtsordnungen, VVDStRL 66 (2007), 277. – ***J. W. Hidien,*** Die Verteilung der Umsatzsteuer zwischen Bund und Ländern, 1998. – ***J. W. Hidien,*** Finanzausgleichsgesetz, 3. Aufl., 2015. – ***W. Höfling,*** Haushalts- und Finanzverfassung in der Krise, Der Staat 46 (2007), 163. – ***H. Höpker-Aschoff,*** Das Finanz- und Steuersystem des Bonner Grundgesetzes, AöR 75 (1949), 306. – ***H. Hofmann/L. Schlief,*** Die neue Finanzordnung zwischen Bund und Ländern, 2018. – ***L. Hummel,*** Verfassungsrechtsfragen der Verwendung staatlicher Einnahmen, 2008. – ***J. Isensee,*** Steuerstaat als Staatsform, FS f. H. P. Ipsen, 1977, 409. – ***J. Isensee,*** Idee und Gestalt des Föderalismus im GG, HdbStR VI 2008, § 126. – ***M. Junkernheinrich,*** Die fiskalische Einbindung der Kommunen in die deut-

[176] → Art. 109 Rn. 18ff.

schen Bundesländer, Jahrbuch für öffentliche Finanzen 2009, 199. – ***S. Kempny,*** Konsequenzen der reformierten Fiskalbeziehungen zwischen Bund und Ländern für den deutschen Bundesstaat, ZÖR 73 (2018), 855. – ***S. Kempny/E. Reimer,*** Neuordnung der Finanzbeziehungen – Aufgabengerechte Finanzverteilung zwischen Bund, Ländern und Kommunen, Gutachten D zum 70. Deutschen Juristentag, 2014. – ***I. Kesper,*** Bundesstaatliche Finanzordnung, 1998. – ***F. Kirchhof,*** Finanztransfers aus Separathaushalten im Bundesstaat, FS f. Dürig, 1990, 447. – ***F. Kirchhof,*** Grundsätze der Finanzverfassung des vereinten Deutschlands, VVDStRL 52 (1993), 71. – ***F. Kirchhof,*** Empfehlen sich Maßnahmen, um in der Finanzverfassung Aufgaben- und Ausgabenverantwortung von Bund, Ländern und Gemeinden stärker zusammenzuführen?, Gutachten D für den 61. Deutschen Juristentag, 1996. – ***F. Kirchhof,*** Finanzierung der Sozialversicherung, HdbStR V 2007, § 125. – ***Franz Klein*** (Hrsg.), Öffentliches Finanzrecht, 2. Aufl., 1993. – ***Friedrich Klein,*** Von der föderativen zur stärker unitarischen Gestaltung des Finanzwesens, FS f. F. Giese, 1953, 61. – ***M. Kloepfer,*** Finanzverfassungsrecht, 2014. – ***W. Kluth*** (Hrsg.), Föderalismusreformgesetz, 2007. – ***Th. Koestlin,*** Die Kulturhoheit des Bundes, 1989. – ***A. Koettgen,*** Fondsverwaltung in der Bundesrepublik, 1965. – ***Kommission für die Finanzreform,*** Gutachten über die Finanzreform in der Bundesrepublik Deutschland, 2. Aufl., 1966 (auch als Troeger-Kommission zitiert).– ***S. Korioth,*** Der Finanzausgleich zwischen Bund und Ländern, 1997. – ***S. Korioth,*** Neuordnung der Bund-Länder-Finanzbeziehungen, ZG 2007, 1. – ***H. Kube,*** Finanzgewalt in der Kompetenzordnung, 2004. – ***S. Magiera,*** Die Finanzordnung im Verfassungsvertrag der Europäischen Union, FS f. G. Ress, 2005, 623. – ***J. Makswit,*** Finanzierung kommunaler Fremdverwaltung unter besonderer Berücksichtigung des finanzverfassungsrechtlichen Konnexitätsprinzips, 1984. – ***Th. Maunz,*** Die Finanzverfassung im Rahmen der Staatsverfassung, VVDStRL 14 (1956), 37. – ***H. Meyer,*** Die Finanzverfassung der Gemeinden, 1969. – ***J. Müller-Volbehr,*** Fonds- und Investitionshilfekompetenz des Bundes, 1975. – ***F. Ossenbühl,*** Zur Justiziabilität der Finanzverfassung, FS f. K. Carstens, 1984, Bd. II, 743. – ***L. Osterloh,*** Die Einheitlichkeit der Lebensverhältnisse als offene Frage der Finanzverfassung, GS f. Trzaskalik, 2005, 181. – ***J. Popitz,*** Der künftige Finanzausgleich zwischen Reich, Ländern und Gemeinden, 1932. – ***R. Prokisch,*** Die Justiziabilität der Finanzverfassung, 1993. ***E. Reimer,*** Die künftige Ausgestaltung der bundesstaatlichen Finanzordnung, VVDStRL 73 (2014), 153. – ***F. W. Scharpf/B. Reissert/F. Schnabel,*** Politikverflechtung, Bd. I, 1976, Bd. II, 1977. – ***T. Schmidt,*** Finanzreformen in der Bundesrepublik Deutschland, 2001. – ***J.-P. Schneider,*** Bundesstaatliche Finanzbeziehungen im Wandel, Der Staat 40 (2001), 272. – ***F. Schoch/J. Wieland,*** Finanzierungsverantwortung für gesetzgeberisch veranlaßte kommunale Aufgaben, 1995. – ***G. F. Schuppert,*** Die bundesstaatliche Finanzverfassung zwischen Pfadabhängigkeit und Wandel, FS f. H.-P. Schneider, 2008, 285. – ***P. Selmer,*** Finanzordnung und GG, AöR 101 (1976), 238, 399. – ***P. Selmer,*** Zur verfassungsrechtlichen Zulässigkeit von Zwischenländerfinanzhilfen, FS f. W. Thieme, 1993, 353. – ***P. Selmer,*** Zur Reform der bundesstaatlichen Finanzverfassung, NVwZ 2007, 872. – ***P. Selmer/L. Hummel,*** Vertrauenschaffende Funktion der Finanzverfassung?, Jahrbuch für öffentliche Finanzen 2009, 477. – ***P. Selmer,*** Grundsätze der Finanzverfassung des vereinten Deutschlands, VVDStRL 52 (1993), 10. – ***H. Siekmann,*** Die Staatsfinanzierung nach dem Grundgesetz, Allgemeine Lehren, 2005. – ***Ch. Starck,*** Die Bundesstaatlichkeit im Spiegel der Finanzverfassung, StuW 51 (1974), 271. – ***Ch. Starck,*** (Hrsg.), Föderalismusreform, 2007. – ***Ch. v. Stockhausen,*** Gesetzliche Preisintervention zur Finanzierung öffentlicher Aufgaben, 2007. – ***F. J. Strauß,*** Die Finanzverfassung, 1969. – ***H. Tappe/R. Wernsmann,*** Öffentliches Finanzrecht, 2. Aufl., 2019. – ***K. Tipke,*** Die Steuerrechtsordnung, Bd. I, 2. Aufl., 2000, Bd. II und III, 1993. – ***K. Tipke/J. Lang,*** Steuerrecht, 23. Aufl., 2018. – ***Troeger-Kommission,*** s. Kommission für die Finanzreform in der Bundesrepublik Deutschland. – ***K. Ulsenheimer,*** Untersuchungen zum Begriff „Finanzverfassung", 1969. – ***K. Vogel,*** Finanzverfassung und politisches Ermessen, 1972. – ***K. Vogel,*** Das ungeschriebene Finanzrecht des Grundgesetzes, GS f. W. Martens, 1987, 265. – ***K. Vogel,*** Die Steuergewalt und ihre Grenzen, FS 50 Jahre BVerfG, 2001, 527. – ***K. Vogel,*** Der Finanz- und Steuerstaat, HdbStR II 2004, § 30. – ***G. Wacke,*** Das Finanzwesen der Bundesrepublik, 1950. – ***Ch. Waldhoff,*** Verfassungsrechtliche Vorgaben für die Steuergesetzgebung im Vergleich Deutschland – Schweiz, 1997. – ***Ch. Waldhoff,*** Reformperspektiven im Finanzrecht – ein Überblick, Die Verwaltung 2006, 155. – ***Ch. Waldhoff,*** Grundzüge des Finanzrechts des Grundgesetzes, HdbStR V 2007, § 116. – ***Ch. Waldhoff,*** Mischfinanzierungen in der Bundesstaatsreform, KritVj. 2008, 213 – ***Ch. Waldhoff,*** Finanzautonomie und Finanzverflechtung in gestuften Rechtsordnungen, VVDStRL 66 (2007), 216. – ***R. Wendt,*** Neuordnung der Finanzbeziehungen im Bundesstaat, FS f. H. Jung, 2007, 1085. – ***R. Wendt,*** Finanzhoheit und Finanzausgleich, HdbStR VI 2008, § 139. – ***J. Wieland,*** Finanzverfassung, Steuerstaat und föderaler Ausgleich, FS 50 Jahre BVerfG, 2001, 771. – ***J. Wieland,*** Deutschlands Finanzverfassung vor neuen Herausforderungen, FS f. Selmer, 2004, 973. – ***J. Wieland,*** Modernisierung der Bund-Länder-Finanzbeziehungen, KritVj. 2008, 117. – ***Wissenschaftlicher Beirat beim Bundesministerium der Finanzen*** (Hrsg.), Gutachten und Stellungnahmen 2008–2018, 2019.

Art. 104a [Finanzierungskompetenz]

(1) Der Bund und die Länder tragen gesondert die Ausgaben, die sich aus der Wahrnehmung ihrer Aufgaben ergeben, soweit dieses Grundgesetz nichts anderes bestimmt.

(2) Handeln die Länder im Auftrage des Bundes, trägt der Bund die sich daraus ergebenden Ausgaben.

(3) [1] Bundesgesetze, die Geldleistungen gewähren und von den Ländern ausgeführt werden, können bestimmen, daß die Geldleistungen ganz oder zum Teil vom Bund getragen werden. [2] Bestimmt das Gesetz, daß der Bund die Hälfte der Ausgaben oder mehr trägt, wird es im Auftrage des Bundes durchgeführt. [3] Bei der Gewährung von Leistungen für Unterkunft und Heizung auf dem Gebiet der Grundsicherung für Arbeitsuchende wird das Gesetz im Auftrage des Bundes ausgeführt, wenn der Bund drei Viertel der Ausgaben oder mehr trägt.

(4) Bundesgesetze, die Pflichten der Länder zur Erbringung von Geldleistungen, geldwerten Sachleistungen oder vergleichbaren Dienstleistungen gegenüber Dritten begründen und von den Ländern als eigene Angelegenheit oder nach Absatz 3 Satz 2 im Auftrag des Bundes ausgeführt werden, bedürfen der Zustimmung des Bundesrates, wenn daraus entstehende Ausgaben von den Ländern zu tragen sind.

(5) [1] Der Bund und die Länder tragen die bei ihren Behörden entstehenden Verwaltungsausgaben und haften im Verhältnis zueinander für eine ordnungsgemäße Verwaltung. [2] Das Nähere bestimmt ein Bundesgesetz, das der Zustimmung des Bundesrates bedarf.

(6) [1] Bund und Länder tragen nach der innerstaatlichen Zuständigkeits- und Aufgabenverteilung die Lasten einer Verletzung von supranationalen oder völkerrechtlichen Verpflichtungen Deutschlands. [2] In Fällen länderübergreifender Finanzkorrekturen der Europäischen Union tragen Bund und Länder diese Lasten im Verhältnis 15 zu 85. [3] Die Ländergesamtheit trägt in diesen Fällen solidarisch 35 vom Hundert der Gesamtlasten entsprechend einem allgemeinen Schlüssel; 50 vom Hundert der Gesamtlasten tragen die Länder, die die Lasten verursacht haben, anteilig entsprechend der Höhe der erhaltenen Mittel. [4] Das Nähere regelt ein Bundesgesetz, das der Zustimmung des Bundesrates bedarf.

Übersicht

A. Allgemeine Bedeutung

I. Das Problem der Lastenverteilung im Bundesstaat

1 Die föderale Gliederung der Staatsaufgaben erfordert eine entsprechende Gliederung der staatlichen Ausgaben, will sie in finanzieller Hinsicht keine offene Flanke bieten.[1] Wo die **Auf**gabenverteilung unter Verfassungsvorbehalt steht, muss auch die **Aus**gabenverantwortung von der Verfassung zugewiesen werden. Geld ausgeben wird so zum Gegenstand bundesstaatlicher Kompetenz, wobei die Bezeichnungen Finanzierungskompetenz, Finanzierungslast, Finanzierungsverantwortlichkeit, Finanzierungsverantwortung und Finanzierungszuständigkeit synonym sind[2] und wobei es nicht nur um eine Zahlungspflicht, sondern auch um eine **Möglichkeit der Einflussnahme** geht.[3] Eine klare Bestimmung und Abgrenzung der Ausgabenverantwortung dient zwei Zwecken: Der Bund und die Länder sollen erstens wissen, welche Aufgaben sie mit den ihnen zur Verfügung stehenden Finanzmitteln zu erfüllen haben und welche nicht. Zweitens sollen insbesondere dem Bund finanzielle Einwirkungen auf die Kompetenzsphäre der Länder untersagt werden; solche Einwirkungen sind in zwei Formen denkbar: Der Bund kann sich an der Wahrnehmung von Aufgaben der Länder finanziell beteiligen; der Bund kann sodann versuchen, die Länder zur Mitfinanzierung von Bundesaufgaben heranzuziehen.[4] Das **Konnexitätsprinzip** lässt sich mithin in drei normative Bestandteile zerlegen: Das Gebot, die Wahrnehmung der eigenen

[1] Vgl. BVerfGE 72, 330 (383). Vgl. auch *Heun* in Dreier Rn. 6–10; *Tappe* in BK Rn. 1, 13–18, jeweils auch rechtsvergleichend.
[2] Hierzu auch *Schwarz* in Maunz/Dürig Rn. 2, 18.
[3] Zu Letzterem: *v. Arnim* in HdbStR VI § 138 Rn. 10–16.
[4] Beispiele hierfür sind selten, etwa der Rhein-Main-Donau-Kanal; dazu *Fastenrath/Simma* DVBl. 1983, 8 (18 f.). Vgl. weiter BVerwGE 81, 312 (314); 102, 119 Rn. 25. Zur finanziel-

Aufgaben zu finanzieren; das Verbot, die Wahrnehmung fremder Aufgaben zu finanzieren, das Ausnahmen kennt;[5] und das Verbot, die finanziellen Lasten der Wahrnehmung eigener Aufgaben föderalen Partnern überzubürden. Das Konnexitätsprinzip wirkt **nicht im Verhältnis zu Dritten;** so hindert es den Bund nicht, als Gesetzgeber durch Gebührentatbestände den Ländern die Abwälzung ihnen entstehender Kosten auf Dritte zu erlauben.[6] Der Begriff Ausgaben stellt maßgeblich auf die Zahlung von Geld an Dritte ab; **Ausgaben** sind alle kassenwirksamen Geldzahlungen an Dritte.

Klare Ausgabenverantwortlichkeiten fördern eine **wirtschaftliche Haushaltsführung** und helfen, Einmischungen und Reibungsverluste durch Kostenstreitigkeiten und negative Kompetenzkonflikte zu vermeiden. Sie stehen in einem Zusammenhang mit der haushaltswirtschaftlichen **Unabhängigkeit und Selbstständigkeit von Bund und Ländern,** erweisen die bundesstaatliche Finanzverfassung als **Spiegel der bundesstaatlichen Ordnung** insgesamt und müssen auf der Einnahmenseite durch ein rationales und anpassungsfähiges Steuerverteilungssystem ergänzt werden, das zu dem System der Ausgabenverteilung in einem Verhältnis der Wechselwirkung steht. Das GG regelt in Art. 104a zuerst die Staatsausgaben und dann in den Art. 105 bis 108 die Steuereinnahmen als wichtigste und vorrangige Einnahmequelle der allgemeinen Staatshaushalte. Eine **Verbindung zwischen Einnahmen- und Ausgabenseite** wird durch die über ihren konkreten normativen Kontext hinaus gültige Aussage des Art. 106 Abs. 3 S. 4 Nr. 1 S. 1 hergestellt, dass der Bund und die Länder im Rahmen der laufenden Einnahmen gleichmäßig Anspruch auf Deckung ihrer notwendigen Ausgaben haben. Insoweit wird von einem **Zusammenwirken von Konnexitäts- und Kongruenzgrundsatz** gesprochen.[7] 2

II. Problemlösungen vor der Finanzreform 1969

In der Reichsverfassung von 1871 und in der WRV fehlte eine ausdrückliche Regelung der Lastenverteilung. Der Reichsverfassung von 1871 ließ sich aber ein Zusammenhang zwischen Aufgaben- und Ausgabenverantwortung insoweit entnehmen, als den Einzelstaaten, die für alle nicht notwendig zentral zu regelnden Aufgaben zuständig waren, die direkten Steuern zustanden, während das Reich lediglich Zölle und indirekte Steuern beanspruchen konnte und durch die sog. Franckensteinsche Klausel weiter eingeschränkt wurde.[8] Nach Art. 8 WRV konnte dagegen das Reich alle Abgaben und sonstigen Einnahmen für seine Zwecke in Anspruch nehmen.[9] Das **Fehlen einer Regelung der Finanzierungszuständigkeit** in den Verfassungen von 1871 und 1919 ist nicht verwunderlich. Denn eine solche Regelung ist, 3

len Beteiligung der Länder an einem Finanzmarktstabilisierungsfonds des Bundes, dies auch im Hinblick von in die Krise geratenen Landesbanken, *Wieland* ZG 2009, 140 (146 f.).

[5] Insb. die Art. 91a–91e, 104b–104d, 125c und 143c; *Heun* in Dreier Rn. 19. Zuwendungen der Länder an den Bund sind grundsätzlich verboten; zu Umlagesystemen ausführlich *Hidien* in BK Art. 106 Rn. 414–423; *Waldhoff* in HdbStR V § 116 Rn. 72.

[6] BVerwG NVwZ 1994, 1102 (1103).

[7] *v. Arnim* in HdbStR VI § 138 Rn. 8 f.

[8] Vgl. *Vogel/Waldhoff* in BK Vorb. Art. 104a–115 Rn. 136.

[9] Zu den deutschen Vorläuferverfassungen ausführlich *Prokisch* in BK (Vorkommentierung) Rn. 16–23, einschließlich von Reformvorschlägen von *J. Popitz,* die dem Konnexitätsgrundsatz nahekommen. Zur Paulskirchenverfassung *Kempny,* Die Staatsfinanzierung nach der Paulskirchenverfassung, 2011, 257, 261–266.

da sie die Staatsausgaben betrifft, der Schlussstein in einem ausgefeilten, primär den Staatseinnahmen gewidmeten System bundesstaatlicher Finanzverfassung, das insgesamt erst im GG zu finden ist.

4 Auch im Grundgesetz fehlte bis zur Finanzreform von 1969 eine ausdrückliche Regelung der Lastenverteilung,[10] sieht man von Art. 120 ab, der dem Bund die Finanzierung der Kriegsfolgelasten und bestimmte Sozialaufwendungen zuweist. Die Folge war ein **unübersichtliches System von Mischverwaltungen und Mischfinanzierungen, das als reformbedürftig angesehen wurde.** Der Bund mischte sich in die Wahrnehmung von ihm als bedeutend angesehener Aufgaben der Länder und Kommunen finanziell ein. Ländern und Kommunen fiel es schwer, diese Form der Einmischung zurückzuweisen, hätte dies doch den Verlust der Finanzmittel des Bundes bedeutet. Deren Gewährung wurde vom Bund in Dotationsauflagen an eine Ausübung der betroffenen Landes- oder Kommunalkompetenzen im Sinne des Bundes und an eine Kofinanzierung geknüpft, durch welche der Handlungsspielraum von Ländern und Gemeinden weiter eingeengt wurde **(„Angebotsdiktatur").** Hauptziel des Art. 104a ist, diese „Politik des goldenen Zügels" einzudämmen.[11] Es sollte hier eine „Flurbereinigung" erfolgen.[12] Eine Ordnungsaufgabe erfüllte auch Art. 104a Abs. 3 (nun Art. 104a Abs. 3 und 4), der eine Vielzahl von Kostenverteilungsregelungen, die im Zusammenhang mit Geldleistungsgesetzen des Bundes getroffen worden waren, unter ein einheitliches Regime bringen soll[13] und der im Übrigen auch für vor dem 1.1.1970 in Kraft getretene Geldleistungsgesetze gilt, die den Bund ganz oder teilweise mit den Ausgaben belasten.

5 Die **Frage der Lastenverteilung** wurde zuvor schon, seit dem Finanzverfassungsgesetz von 1955, in Art. 106 Abs. 4 S. 2 Nr. 1 angesprochen. Danach trugen der Bund und die Länder gesondert die Ausgaben, die sich aus der Wahrnehmung ihrer Aufgaben ergaben. Diese Vorschrift war zwar nur als Richtlinie für die Anwendung der dortigen Revisionsklausel formuliert. Es war jedoch anerkannt, dass ihr die Bedeutung einer allgemeinen, das Bund/Länder-Verhältnis im Ganzen bestimmenden Lastenverteilungsregel zukommt.[14] 1969 wurde dieser Grundsatz in den verfassungssystematisch richtigen Kontext gerückt, von der Steuerertrags- zur Ausgabenkompetenz, und seine Ausnahmen wurden präzisiert, Letzteres vor dem Hintergrund, dass ein **Finanzierungsverbund von Bund und Ländern** teils als notwendig angesehen wurde und im Übrigen der Grundsatz des Art. 106 Abs. 4 S. 2 Nr. 1 sich in der politischen Praxis nicht hinreichend durchsetzen konnte und dass die Ausnahmen, die von Art. 104a Abs. 3 und 4 (jeweils a. F.) zugelassen wurden, politisch umstritten und juristisch nicht klar zu formulieren waren.[15] Die ausdrückliche Regelung des Art. 104a macht Überlegungen dazu entbehrlich, ob der dort niedergelegte Grundsatz auch aus dem Gesamtsystem der bundesstaatlichen Ordnung des GG abgeleitet werden könne.[16] Die

---

[10] Zur Entstehungs- und Geltungsgeschichte *Schwarz* in Maunz/Dürig Rn. 6–12; *Tappe* in BK Rn. 35–61.

[11] BT-Drs. V/2861, Tz. 73 f.

[12] Vgl. *Renzsch,* Finanzverfassung und Finanzreform, 1991, 219 ff.

[13] BT-Drs. V/2861, Tz. 124 f.

[14] BVerfGE 26, 338 (389 f.); vor allem das seinerzeit einflussreiche Gutachten über die Finanzreform der Bundesrepublik Deutschland, 2. Aufl., 1966, Tz. 200.

[15] Zur Entstehung des Art. 104a insoweit *Stern,* Das StaatsR der BRD II, 1980, § 47 II 2.

[16] Dazu *Erichsen,* Die Konnexität von Aufgabe und Finanzierungskompetenz im Bund-Länderverhältnis, 1968, 13 f.; *Grawert* Der Staat 7 (1968), 63.

Föderalismusreform 2006 unternimmt den Versuch einer Rückorientierung der Ausnahmen an dem Grundgedanken des Art. 104 a. Die Vorschrift war von August 2006 bis September 2020 unverändert; im September 2020 wurde der Schwellenwert für Bundesauftragsverwaltung speziell bei der Gewährung von Leistungen für Unterkunft und Heizung auf dem Gebiet der Grundsicherung für Arbeitsuchende von fünfzig auf fünfundsiebzig Prozent angehoben.[17]

III. Grundsatz, Anwendungsbereich und Systematik der Problemlösung des Art. 104a

Die Ausgabenverantwortung des Bundes oder der Länder folgt nach dem Konnexitätsprinzip des Art. 104a Abs. 1 vorbehaltlich vom GG bestimmter Ausnahmen der Aufgabenverantwortung, d. h. der verfassungsrechtlichen Zuständigkeit für die Wahrnehmung einer Aufgabe.[18] Art. 104a Abs. 1 gebietet, dass die für die Wahrnehmung einer Aufgabe zuständige föderale Ebene – Bund oder Länder – diese auch finanziert, und **verbietet Mischfinanzierungen.** Für die Staatsausgaben gilt nach dieser Vorschrift im Verhältnis von Bund und Ländern grundsätzlich ein **Trennsystem** mit einer „Vermutung" für die Zuständigkeit der Länder. Eine **isolierte Finanzierungskompetenz** kann es nach diesem Grundsatz nicht geben.[19] Art. 104a Abs. 1 regelt nicht das Verhältnis der Länder untereinander.[20] Weiter regelt er nicht das Verhältnis des Bundes zu den Kommunen (das es finanzverfassungsrechtlich grundsätzlich nicht gibt) bzw. das Verhältnis der Länder zu den Kommunen (das finanzverfassungsrechtlich grundsätzlich Ländersache ist).[21] 6

Der Grundsatz, Entscheidungszuständigkeit und Finanzierungslast in dieselbe Hand zu legen, verwirklicht ein **Gebot der Verwaltungsökonomie.** Kann eine Ebene im Bundesstaat nämlich Entscheidungen auf Kosten der jeweils anderen treffen, so drohen übermäßige Ausgaben und Reibungsverluste. Die Stellung des Konnexitätsgrundsatzes am Anfang der grundgesetzlichen Bestimmungen über das Finanzwesen soll seine **umfassende Geltung** verdeutlichen.[22] 7

Das Konnexitätsprinzip des Abs. 1 wird ergänzt von der Regelung in Abs. 5 S. 1, 1. Alt., wonach Bund und Länder die bei ihren Behörden entstehenden Verwaltungsausgaben tragen. **Verwaltungsausgaben** sind die fixen Kosten von Personal und Einrichtungen der Verwaltung. Im Unterschied zu den Verwaltungsausgaben sind die Kosten, die durch die Erfüllung der eigentlichen Verwaltungsaufgaben entstehen, **Zweckausgaben.** Das Konnexitätsprinzip bezieht sich auf beide. Die gesonderte Erwähnung der Verwaltungsausgaben in Art. 104a Abs. 5 S. 1, 1. Alt. dient dem Zweck, die Ausnahmen vom Konnexitätsprinzip, die im GG bestimmt sind, auf die Zweckausgaben zu beschränken, und es hinsichtlich der Verwaltungsaus- 8

[17] Vgl. BGBl. I 2020, 2048.

[18] Grdl. *Fischer-Menshausen* DÖV 1948, 10 (13 ff.); *ders.* DÖV 1952, 673 ff.; *ders.* DÖV 1956, 161 ff.

[19] *Hellermann* in MKS Rn. 118; *Klein* in ders. (Hrsg.), Öffentliches Finanzrecht, 2. Aufl. 1993, 27; *Tappe* in BK Rn. 211.

[20] → Vorb. Art. 104a–115 Rn. 47.

[21] Zu den Kommunen → Rn. 26; auch *Kube* in BeckOK GG Rn. 8.

[22] So *v. Arnim* in HdbStR VI § 138 Rn. 17. Zur umfassenden Geltung *Hellermann* in MKS Rn. 49.

gaben bei diesem Prinzip zu belassen. Die These, Art. 104a Abs. 5 S. 1, 1. Alt. treffe hinsichtlich der Verwaltungsausgaben eine abschließende, Art. 104a Abs. 1 verdrängende Regelung,[23] ist abzulehnen, weil dann die Verwaltungsausgaben der Legislative und der Judikative ungeregelt blieben. Diese können nur in Art. 104a Abs. 1 geregelt sein und brauchen von Art. 104a Abs. 5 nicht erfasst zu werden, weil die Vorschrift eine **Ausnahme von Ausnahmen vom Konnexitätsprinzip** darstellt, die sämtlich nur die Exekutive betreffen.[24] Soweit keine Ausnahme von Art. 104a Abs. 1 eingreift, ist Art. 104a Abs. 5 S. 1, 1. Alt. eine Klarstellung, im anderen Fall eine konstitutive Regelung hinsichtlich der Verwaltungsausgaben. Die Vorschrift verbietet es, dass der Bund oder die Länder, wenn sie sich als Hoheitsträger gegenüber stehen, die Verwaltungskosten durch Gebührentatbestände oder freiwillig auf die jeweils andere föderale Ebene abwälzen.[25]

9 Ausnahmen vom Konnexitätsprinzip müssen gemäß Art. 104a Abs. 1 vom GG „bestimmt" sein. Anders als in den Art. 30 und 83 wird die grundgesetzliche „Zulassung" einer Ausnahme nicht als Alternative zur „Bestimmung" genannt. Dies deutet auf den Willen des Gesetzgebers, ungeschriebene und stillschweigend mitgeschriebene **Ausnahmen durch einen Verfassungsvorbehalt einzudämmen.** Ausdrückliche Ausnahmen sind die Art. 91a Abs. 3, 91b Abs. 3,[26] 91c Abs. 2 Satz 4, Art. 91e Abs. 2 S. 2, 104a Abs. 3, 104b Abs. 1, 106a S. 1 (i. V. m. Art. 87e Abs. 1 S. 2), 120, 120a sowie 143 c.[27] In diesen Fällen gehen Verwaltungs- und Finanzierungskompetenz unterschiedliche Wege, was bei ungeschriebenen bzw. stillschweigend mitgeschriebenen Kompetenzen teilweise und bei verfassungsrechtlich zugelassenen Verschiebungen der Verwaltungskompetenz (z. B. Art. 87b Abs. 2) nicht der Fall ist. Die Abweichungen betreffen die Zweckausgaben, nicht die Verwaltungsausgaben,[28] möglicherweise mit Ausnahmen bei den Art. 91a und b.[29] Art. 104a Abs. 1 ist grundsätzlich nicht vertragsdispositiv und begründet ein gesetzliches Verbot im Sinne der §§ 59 Abs. 1 VwVfG, 134 BGB.[30]

10 Gegenstand von Art. 104a Abs. 1 ist die gleichsinnige **Wahrnehmung von Staatsaufgaben** durch Bund oder Länder im Verhältnis zum Bürger. Gegenstand ist nicht das Gegenüber von Bund und Ländern als Rechtssubjekte in Fragen des Vertrags- oder Haftungsrechts. Art. 104a Abs. 5 S. 1, 2. Hs. ist insoweit ein Fremdkörper.[31] Art. 104a Abs. 1 berührt nicht Kostentragungspflichten, die juristischen Personen des öffentlichen Rechts als Eigen-

[23] *v. Arnim* in HdbStR VI § 138 Rn. 19; *Schoch/Wieland,* Finanzierungsverantwortung für gesetzgeberisch veranlaßte kommunale Aufgaben, 1995, 130; unklar BVerwGE 95, 188 (195), einerseits Präzisierung der Grundregel, andererseits spezielle Regelung, wobei nicht zwischen den Abs. 1 und 2 des Art. 104a differenziert wird. Wie hier *Kube* in BeckOK GG Rn. 47.

[24] Hierzu *Hellermann* in MKS Rn. 139–142; *Tappe* in BK Rn. 297.

[25] BVerwG NVwZ 2000, 673 (675); → Rn. 10. Zur Abgrenzung der Verwaltungs- von den Zweckausgaben → Rn. 20 f.

[26] Zum Ausnahmecharakter dieser *Normen* Tappe in BK Rn. 94. Zu dem Verhältnis von Gemeinschaftsaufgaben und Bundesfinanzhilfen *Oebbecke* in HdbStR VI § 136 Rn. 138.

[27] Zu solchen Listen, bei denen der Ausnahmecharakter einzelner Normen streitig sein kann, *Tappe* in BK Rn. 199–205. Zu Art. 104a Abs. 2 → Rn. 40.

[28] Vgl. OVG Münster DÖV 1992, 1066.

[29] Hierzu *Stern,* Das StaatsR der BRD II, 1980, § 47 II 3 a.

[30] BVerwGE 155, 230 Rn. 16; BVerwGE LSK 2015, 80259; *Tappe* in BK Rn. 146.

[31] Zu „Fremdkörper": *Kloepfer,* Finanzverfassungsrecht, 2014, § 3 Rn. 91 Fn. 291; *Schwarz* in Maunz/Dürig Rn. 89.

tümern von Grundstücken oder sonst im **fiskalischen Bereich** wie Privatpersonen obliegen,[32] wohl aber Gebührentatbestände, durch welche Verwaltungskosten auf die jeweils andere föderale Ebene abgewälzt werden.[33] Aus Art. 104a Abs. 1 und der Geschlossenheit des Finanzausgleichssystems wird abgeleitet, dass die **Besteuerung hoheitlicher Tätigkeit** zwischen Bund und Ländern unzulässig sei.[34] Ob aber die Steuerfreiheit hoheitlicher Tätigkeit etwas mit dieser Norm zu tun hat,[35] darf bezweifelt werden, ist doch etwa in gleicher Weise hoheitliche Tätigkeit des Bundes oder der Kirchen[36] einem Steuerzugriff des Bundesgesetzgebers entzogen und geht es in Art. 104a um Staatsausgaben, nicht um Staatseinnahmen; hier wird wohl eine Systemfrage des Steuerrechts[37] mit einer föderalen Verfassungsfrage vermengt.

B. Einzelfragen

I. Das Konnexitätsprinzip (Art. 104a Abs. 1)

Der Schlüsselbegriff des Art. 104a Abs. 1 heißt **Aufgabe.** Damit kann bei aller Mehrdeutigkeit und Unklarheit dieses Begriffs nur eine **Staatsaufgabe** gemeint und auf die **grundgesetzliche Kompetenzverteilung** zwischen Bund und Ländern Bezug genommen werden, der es gemäß Art. 30, ihrer Grundnorm, um die Verteilung der staatlichen Aufgaben und Befugnisse auf Bund und Länder geht und die diese Verteilung nach Staatsfunktionen gegliedert vornimmt. Denn das Ziel von Art. 104a Abs. 1, die Finanzierungskompetenzen von Bund und Ländern als Hoheitsträger klar zu trennen und zu ordnen, lässt sich nur mit ihrer Hilfe verwirklichen, nicht etwa mit dem unbestimmteren Aufgabenbegriff des Art. 29 Abs. 1 S. 1. **11**

Keine öffentliche Aufgabe eines Hoheitsträgers ist gemäß Art. 87e der Bau von Bahnhöfen der Deutschen Bahn AG, dies ungeachtet des beherrschenden Einflusses des Bundes auf dieses Unternehmen. Die Beteiligung eines Bundeslandes an den Baukosten für einen Bahnhof ist darum kein Thema von Art. 104a Abs. 1.[38] **12**

---

[32] So BVerwGE 87, 181 (187), zur wasserpolizeilichen Zustandshaftung des Bundes als Eigentümer der Bundeswasserstraßen. Wie hier *Hellermann* in MKS Rn. 16; *Kube* in Beck-OK GG Rn. 14; *Schwarz* in Maunz/Dürig Rn. 43. Zum Staatsaufgabenbezug der Norm → Rn. 12.

[33] BVerwG NVwZ 2000, 673 (675).

[34] Die in diesem Zusammenhang gelegentlich zitierte Entscheidung BVerfGE 31, 314 (332 f.) ist nicht einschlägig. Zur Besteuerung von Betrieben gewerblicher Art der öffentlichen Hand vor dem Hintergrund des föderalen Finanzausgleichs *Hüttemann,* Die Besteuerung der öffentlichen Hand, 2002, 13–17. Umfassend Hidien/Jürgens (Hrsg.), Die Besteuerung der öffentlichen Hand, 2017.

[35] Wie hier ablehnend *Hellermann* in MKS Rn. 67; *Heun* in Dreier Rn. 19; *Schenke* in Sodan Rn. 3; *Schwarz* in Maunz/Dürig Rn. 56; *Tappe* in BK Rn. 147 mit Fn. 231, Rn. 149; a. A. *Kloepfer,* Finanzverfassungsrecht, 2014, § 3 Rn. 3 u. § 4 Rn. 5; *Siekmann* in Sachs Rn. 20.

[36] Zu kirchlichen Hoheitsbetrieben *G. Beermann,* Hoheitsbetriebe von Kirchen und Religionsgemeinschaften, 2005. – Zur ähnlich gelagerten Frage der Polizeipflicht von Hoheitsträgern → Rn. 29.

[37] Vgl. *P. Kirchhof* in HdbStR V § 118 Rn. 227–229; ferner *Hüttemann,* Die Besteuerung der öffentlichen Hand, 2002, 15, 90; *Hummel* in Hidien/Jürgens (Hrsg.), Die Besteuerung der öffentlichen Hand, 2017, § 9 Rn. 12; *Selmer/Schulze-Osterloh* DÖV 1978, 381 (388).

[38] BVerwGE 155, 230. Im Vorfeld *Gersdorf* ZG 2011, 248; *Meyer* DVBl. 2011, 449; VGH Mannheim DVBl. 2015, 843.

13 „Aufgabe“ macht deutlich, dass die Verteilung der **Finanzierungskompetenzen auf Bund und Länder akzessorisch zur übrigen Kompetenzverteilung** ist. Damit übernimmt das Konnexitätsprinzip die formalen Strukturen des bundesstaatlichen Kompetenzregimes in das Finanzwesen: Verfassungsvorbehalt, Statik, Unverfügbarkeit, Trennung der Kompetenzsphären, Alternativität, Vollständigkeit und Beidseitigkeit der Kompetenzzuweisung, Einheit der Kompetenzordnung[39]; auf diese Weise wird eine klare Abgrenzung der Finanzhoheit von Bund und Ländern erreicht und verfassungsrechtlich nicht geregelten Formen der Mischfinanzierung eine Absage erteilt. Die Akzessorietät der Finanzierungsverantwortung lässt sich nicht umkehren, in dem Sinne, dass aus ihr weitere Verwaltungsaufgaben abgeleitet werden.[40]

14 „Tragen“ bedeutet eine endgültige, keine vorläufige Kostenlast. Das Konnexitätsprinzip steht einer **Zuständigkeitsvereinbarung** zwischen Bund und Land nicht entgegen, die lediglich dazu dient, Meinungsverschiedenheiten vorläufig zu überbrücken, um eine von beiden Beteiligten für notwendig und unaufschiebbar gehaltene Maßnahme durchzuführen. Das gilt jedenfalls dann, wenn die Vereinbarung der Beseitigung einer bei verständiger Würdigung der Rechtslage bestehenden Ungewissheit dient und wenn die Eilbedürftigkeit der Maßnahme eine vorgängige gerichtliche Klärung nicht zulässt.[41]

15 **1. Grundsätzliche Maßgeblichkeit der Verwaltungskompetenz.** Dem Wortlaut des Art. 104a Abs. 1 ist nicht eindeutig zu entnehmen, ob das Konnexitätsprinzip die Finanzierungskompetenz an die **Gesetzgebungs- oder an die Verwaltungskompetenz** knüpft. Die Alternative lautet: **Verwaltungsakzessorietät oder Gesetzesakzessorietät.** Allerdings deuten schon das Tatbestandsmerkmal „Wahrnehmung“ und die Verfassungssystematik (Art. 104a Abs. 3 und 4) auf die Verwaltungskompetenz. Gemäß der ratio legis sind unter **„Aufgabe“** dem Bund oder den Ländern verfassungsrechtlich zugewiesene und unmittelbar kostenverursachende Funktionen zu verstehen. Dies sind die **Aufgaben der Verwaltung,** einschließlich Parlaments- und Justizverwaltung. Terminologisch ist verwirrend, dass mit Aufgaben grundsätzlich Verwaltungs**auf**gaben gemeint sind, aber nicht primär Verwaltungs**aus**gaben, die es zudem auch bei Legislative und Judikative gibt, sondern Zweckausgaben. Das Konnexitätsprinzip verknüpft damit die Finanzierungskompetenz für die Verwaltungstätigkeit mit der bundesstaatlichen Verwaltungskompetenz und **nicht mit der Gesetzgebungskompetenz.** Die Verteilung der Gesetzgebungskompetenzen auf den Bund und die Länder ist für die Ausgabenverteilung gemäß Art. 104a Abs. 1 ohne Belang. Dies entspricht dem klaren Willen des verfassungsändernden Gesetzgebers. Erlässt der Bund ein Gesetz, das von den Ländern als eigene Angelegenheit auszuführen ist, so liegt die Finanzierungskompetenz bei den Ländern, nicht beim Bund. Im Bereich der gesetzesakzessorischen Verwaltung hat der Bund die Finanzierungskompetenz grundsätzlich nur, wenn ihm zusätzlich zur Gesetzgebungs- auch die Verwaltungskompetenz zusteht. Mit anderen Worten: Für die Finanzierungskompetenz beim Vollzug von Normen kommt es im Rahmen von Art. 104a Abs. 1 nicht darauf an, wer eine Kosten verursachende Norm

---

[39] Auflistung bei *Heintzen* in BK Art. 70 Rn. 65–89.

[40] BVerfGE 125, 175 (242) zu einer Ableitung fürsorgerechtlicher Pflichten aus der Finanzierungsverantwortung der Länder für das Schul- und Bildungswesen.

[41] BVerwGE 102, 119 (124 f.); VGH Mannheim DVBl. 2015, 843 (847 ff.).

erlassen oder vergleichbar Ausgaben „veranlasst" hat.[42] Die Verfassung hat sich hier für eine von im Grundsatz zwei denkbaren Lösungen entschieden.[43]

Ein weiteres Argument für diese Deutung des Art. 104a Abs. 1 ist Art. 104a Abs. 2, der **überflüssig** wäre, käme es auf die gesetzgeberische Veranlassung einer Verwaltungstätigkeit an. Kritiker des Konnexitätsprinzips und Befürworter des Veranlassungsprinzips fordern darum **de lege ferenda die Streichung von Art. 104a Abs. 2.**[44] 16

Für diese Grundsatzentscheidung sprechen auch allgemeinere Erwägungen, die teils haushälterischer, teils bundesstaatlicher Natur sind[45] und die als ratio legis die Interpretation des Begriffs „Aufgabe" bekräftigen: Der Inhaber der Verwaltungskompetenz kann im Rahmen seines gesetzlichen Auftrags die Kosten des Verwaltungsvollzugs beeinflussen. Trifft ihn zugleich die Finanzierungslast, so hat er ein Interesse, diese **Kosten niedrig zu halten.** Dies ist die wichtigste, aber nicht die einzige **Rechtfertigung für die Anknüpfung der Finanzierungs- an die Verwaltungskompetenz,** so dass diese Verknüpfung auch sinnvoll bleibt, wenn die Vollzugskosten bundesgesetzlich so determiniert sind, dass die Länder kaum Spielraum haben; zudem ist der Grad an Determinierung, der für einen Wechsel von der Anknüpfung der Finanzierungskompetenz an die Verwaltungskompetenz zu einer Anknüpfung an die Gesetzgebungskompetenz nötig ist, juristisch kaum messbar und der Vergleich präziser bundesgesetzlicher Vorgaben mit Weisungen im Rahmen der Bundesauftragsverwaltung, für die Art. 104a Abs. 2 eine Sonderregelung trifft, wohl zu kühn. Das Konnexitätsprinzip steht weiter in einem Zusammenhang mit der **Verteilung der Steuererträge** zwischen Bund und Ländern; auf diese Weise wird den Ländern, bei denen die Exekutive überwiegend angesiedelt ist, ein dem Bund ebenbürtiger Anteil gesichert. Um den Föderalismus wäre es schlecht bestellt, wenn die Finanzierungskompetenz des Bundes und, damit zusammenhängend, dessen Anteil am Steueraufkommen so umfangreich wären wie sein Anteil an der Gesetzgebung. In seiner derzeitigen Ausgestaltung begrenzt das Konnexitätsprinzip die Finanzmacht des Bundes. Das Konnexitätsprinzip macht schließlich die **parlamentarische Kontrolle der Verwaltung effektiver,** weil diese sich zugleich dem Inhalt und den Kosten der Verwaltungstätigkeit widmen kann.[46] 17

An der schwerpunktmäßigen Anknüpfung der Finanzierungs- an die Verwaltungskompetenz ist zwar immer wieder Kritik geübt worden; es komme nicht so sehr auf statische, exogene, formale Kriterien an, sondern auf die realen Steuerungspotentiale.[47] Die Kritiker stehen aber vor dem Dilemma, entweder auf die Gesetzgebungskompetenz als Anknüpfung auszuweichen und damit die **Länder finanzpolitisch zu degradieren** oder keine klaren verfassungsrechtlichen Kriterien anbieten zu können. 18

---

[42] BVerfGE 26, 338 (390); BVerwGE 44, 351 (364).

[43] Grundlegend BVerfGE 26, 338 (390). Bisher letztmalige Behandlung auf einem Deutschen Juristentag *Kempny/Reimer,* Gutachten D zum 70. DJT, 2014, 32–34. Zu rechtspolitischen Fragen zusammenfassend *Hellermann* in MKS Rn. 127–138.

[44] So *Trapp,* Das Veranlassungsprinzip in der Finanzverfassung der Bundesrepublik Deutschland, 1997, 287.

[45] Überblick bei *Hellermann* in MKS Rn. 42–44; *Schwarz* in Maunz/Dürig Rn. 38–40; *Tappe* in BK, Rn. 189–198.

[46] Ebenso *Wieland* ZG 2009, 140 (146 f.) in Bezug auf die Beteiligung der Länder am Schlussergebnis des sog. Finanzmarktstabilisierungsfonds, welche er als Verstoß gegen das Konnexitätsprinzip des Art. 104a Abs. 1 ansieht.

[47] *Schmidt-Jortzig* VVDStRL 52 (1993), 164.

19 Eine Interpretation von „Aufgaben“ im Sinne von Verwaltungsaufgaben vermag **die Regierungsaufgaben einzubeziehen,** insbesondere unter dem Gesichtspunkt gesetzesfreier Verwaltung. Eine solche Interpretation kann die **Aufgaben der Legislative und der Judikative** aber nur so weit erfassen, wie diese Parlaments- bzw. Justizverwaltung sind.[48] Die **Kosten der Gesetzgebung bzw. der Rechtsprechung** dagegen entziehen sich einer solchen Zuordnung. Sie können wegen des eindeutigen Wortlauts („Behörden“, „Verwaltungsausgaben“) erst recht nicht unter Art. 104a Abs. 5 S. 1 subsumiert werden. Die Ausgaben der ersten und der dritten Gewalt sind vielmehr auch Thema von Art. 104a Abs. 1; dies gilt sowohl für die Verwaltungs- als auch für die Zweckausgaben.[49] **„Aufgabe“ ist demnach jede dem Bund oder den Ländern vom GG zugewiesene Tätigkeit, die unmittelbar Kosten verursacht.**[50] Das Unmittelbarkeitskriterium soll dabei eine Finanzierungskompetenz kraft gesetzgeberischer Veranlassung ausschließen; die ihm gelegentlich eigene Unschärfe[51] haftet ihm hier nicht an. Es legt fest, ob die Finanzierungskompetenz an die Gesetzgebungskompetenz (für die Kosten der Gesetzgebung), an die Verwaltungskompetenz oder die Rechtsprechungskompetenz anknüpft. Aufgabe i. S. v. Art. 104a Abs. 1 bedeutet darum in der statistischen Regel, nicht aber generell Verwaltungsaufgabe; generell schließt der Begriff Verwaltungs- und Zweckausgaben ein, wobei das GG für die Zweckausgaben der Verwaltung Ausnahmen enthält. Darüber hinaus umfasst der Begriff die Aufgaben von Legislative und Judikative, und zwar Verwaltungs- und Zweckausgaben.

20 **2. Die Unterscheidung von Verwaltungs- und Zweckausgaben.** Den Aufgaben stellt Art. 104a Abs. 1 die Ausgaben[52] gegenüber, die in Verwaltungs- und Zweckausgaben zu gliedern sind. Die Verwaltungsausgaben erfahren, obschon in Art. 104a Abs. 1 erfasst, in Art. 104a Abs. 5 S. 1, 1. Alt. besondere Erwähnung, um sie grundsätzlich von den Ausnahmen vom Konnexitätsgrundsatz auszunehmen, die Art. 104a Abs. 1, 2. Hs. vorsieht. Weiter ermächtigt Art. 104a Abs. 5 S. 2 den einfachen Gesetzgeber, Verwaltungs- und Zweckausgaben definitorisch abzugrenzen. Solche Bundesgesetze sind selten; das Finanzanpassungsgesetz verzichtet auf eine allgemeine Regelung;[53] andere Beispiele betreffen Baunebenkosten bei Bundesfernstraßen gemäß § 6 Abs. 3 BABG[54] oder die Kosten für die Entlastung von Kapitalertragsteuer in den Fällen des § 32 Abs. 5 KStG (§ 5 Abs. 1 Nr. 39 S. 2 FVG).

21 Nach den Materialien zum Finanzreformgesetz[55] sind **Verwaltungsausgaben** „Kosten des Verwaltungspersonals und der Verwaltungseinrichtungen“. Näherhin sind dies die Kosten für die Unterhaltung und den Betrieb des administrativen Apparats, bestehend aus Personalkosten,[56] bis hin zu

[48] Dazu *Hellermann* in MKS Rn. 48; *Tappe* in BK Rn. 91 f.

[49] Ebenso *Heun* in Dreier Rn. 14; *Kube* in BeckOK GG Rn. 10; *Siekmann* in Sachs Rn. 4.

[50] Ebenso *Schwarz* in Maunz/Dürig Rn. 37 f.; *Tappe* in BK Rn. 156. Monografisch *Waiblinger,* Die „Aufgabe“ im Finanzverfassungsrecht des Grundgesetzes, 2000.

[51] Dazu *Ossenbühl/Cornils,* Staatshaftungsrecht, 6. Aufl. 2013, 301.

[52] Zu betriebswirtschaftlichen Ausgaben- und Kostenbegriffen *Siekmann* in Sachs Rn. 7 f.

[53] BGBl. I 1971, 1426; geändert durch G vom 23.5.1975, BGBl. I 1975, 1173; vgl. die Gesetzesmaterialien in BT-Drs. VI/1771, 15. Dazu *Hellermann* in MKS Rn. 155; *Tappe* in BK Rn. 306–308.

[54] Vom 2.3.1951 (BGBl. I 1951, 157; zul. geändert durch G vom 29.11.2018, BGBl. I 2018, 2237). Zu dessen Vorgänger BT-Drs. VI/1771, 16 zu Art. 3 und S. 35 zu Art. 2.

[55] BT-Drs. V/2861, Tz. 292, 301.

[56] Insoweit zu Sonderkonstellationen (wie projektgebundenes Personal) *Siekmann* in Sachs Rn. 11.

Reise- und Umzugskosten, und auch Sachkosten für Dienstgebäude, Geräte, Fahrzeuge, Nachrichtenmittel, Geschäftsbedürfnisse und dergleichen.[57] **Zweckausgaben** sind dagegen die Kosten, die bei der Verwirklichung des Verwaltungszwecks entstehen; Beispiele sind Bau- und Erhaltungskosten in der Fernstraßenverwaltung, also Sachleistungen der Verwaltung, oder Zuwendungen an die Begünstigten von Geldleistungsgesetzen.[58] Die Unterscheidung von Verwaltungs- und Zweckausgaben ist im Einzelfall schwierig, weil Verwaltungsapparat und Verwaltungszwecke aufeinander bezogen sind.[59] Sie wird relevant, wo die Zweckausgaben abweichend von Art. 104a Abs. 1 zugewiesen sind, insbesondere bei der Bundesauftragsverwaltung, bei der die Verwaltungsausgaben entgegen Art. 104a Abs. 2 von den Ländern zu tragen sind. Eine gängige **Faustformel** lautet: Verwaltungsaufgaben fallen **für** den Verwaltungsapparat an, Zweckausgaben **durch** das Verwaltungshandeln.[60]

3. Die kostenverursachenden Verwaltungsaufgaben. a) Abgrenzung nach den Verwaltungstypen des Grundgesetzes. Art. 104a Abs. 1 grenzt die Finanzierungskompetenzen von Bund und Ländern bei den Zweckausgaben als **lex generalis** umfassend gegeneinander ab. Dies gilt für die Gesetze ausführende und die gesetzesfreie Verwaltung, für die unmittelbare und die mittelbare Staatsverwaltung,[61] für nicht hoheitliche Staatstätigkeiten sowie für Sondervermögen. Für die **Zweckausgaben der bundeseigenen Verwaltung** liegt die Finanzierungskompetenz gemäß Art. 104a Abs. 1 beim Bund. Dies schließt die Zweckausgaben der Pflege internationaler Beziehungen und der Unterhaltung der Bundeswehr ein; Art. 32 Abs. 1 und 87a Abs. 1 sind mit Art. 104a Abs. 1 verknüpft. Für die Zweckausgaben des Vollzugs von Bundesgesetzen als eigene Angelegenheit und der landeseigenen Verwaltung wird die Finanzierungskompetenz von derselben Norm den Bundesländern zugewiesen. Die Aufsichtsrechte des Bundes nach Art. 84 ändern daran nichts; die mit ihrer Ausübung verbundenen Kosten fallen ihrerseits in die Finanzierungskompetenz des Bundes. Die Zweckausgaben der Bundesauftragsverwaltung trägt gemäß Art. 104a Abs. 2 der Bund. Dieses Trennsystem beansprucht **Lückenlosigkeit;** Umgehungsmöglichkeiten soll es nicht geben. 22

Ein noch nicht gelöstes Zuordnungsproblem wirft die **deutsche Mitgliedschaft in der Europäischen Union** und die Finanzierung des sich daraus ergebenden Mitgliedsbeitrags auf; Art. 23 Abs. 1 spricht von der Bundesrepublik Deutschland und nicht, wie Art. 24 oder Art. 32 Abs. 1, vom Bund. Da die Bundesrepublik Deutschland die Gesamtheit aus Bund und Ländern ist, fragt sich, wie die Kosten dieser Mitgliedschaft[62] auf die beiden föderalen Ebenen zu verteilen sind. Die Formulierung des Art. 23 Abs. 1 ändert nichts daran, dass die 23

[57] Zu einzelnen dieser Positionen BVerwG, Buchholz 11, Art. 104a GG, Nr. 17, 23; *Siekmann* in Sachs Rn. 9, zieht einen Vergleich zum Gemeinkostenbegriff der Kostenrechnung.

[58] *Henneke* in SHH Rn. 13; *Schwarz* in Maunz/Dürig Rn. 91. Zu dem Verhältnis von Zuwendung und Zuschuss *Gröpl,* Haushaltsrecht und Reform, 2001, 193. *Rossi* in Gröpl, BHO/LHO, 2018, § 23 Rn. 19 ff. weist zu Recht auf die Verwirrung hin, zu der die Vielfalt von Begriffen hier führt.

[59] Vgl. *Gröpl* AöR 133 (2008), 1 (6 f.); *Hellermann* in MKS Rn. 146; *Heun* in Dreier Rn. 17 f.; *Makswit,* Finanzierung kommunaler Fremdverwaltung unter besonderer Berücksichtigung des finanzverfassungsrechtlichen Konnexitätsprinzips, 1984, 113, 119 f.

[60] *Tappe* in BK Rn. 305.

[61] Zu den Sozialversicherungsträgern und zum Bundeszuschuss zu ihren Ausgaben *F. Kirchhof* in HdbStR V § 125 Rn. 37.

[62] Zur Finanzierung der Europäischen Union etwa *Götz* FS f. Selmer, 641 ff.; *Wartha,* Die Reform des Finanzierungssystems der Europäischen Union: Eine eigene Steuer für die EU-Ebene, 2007. – Zur Ausführung von Unionsrecht in Deutschland → Rn. 37.

Mitgliedschaftsrechte, -pflichten und -lasten auf Unionsebene vom Bund wahrgenommen werden. Infolgedessen trifft ihn grds. auch die Finanzierungskompetenz. Es ist eine andere Frage, ob und in welchem Umfang diese Last im Innenverhältnis gem. Art. 106 Abs. 3 und 4 zu berücksichtigen ist.[63]

24 Eine ungeschriebene Exemtion von den grundgesetzlichen Regeln über die Finanzierungskompetenz wird für das **ERP-Sondervermögen** erwogen.[64] Dieses Sondervermögen des Bundes wurde auf der Grundlage der Marshallplanhilfe der USA zur Finanzierung des Wiederaufbaus Deutschlands und zur Förderung der deutschen Wirtschaft nach dem 2. Weltkrieg gebildet.[65] Es besteht fort, obwohl der ursprüngliche Zweck sich erledigt hat. Die Einnahmen und Ausgaben in seinem Wirtschaftsplan für 2020 werden durch Gesetz[66] mit ca. 787 Millionen Euro festgestellt. Aus Fondsmitteln werden auch Aufgaben der Länder und Kommunen finanziert. Es ist nach dem Fortfall des ursprünglichen, vorkonstitutionellen Zwecks nicht nachzuvollziehen, warum dabei die Vorgaben der Art. 91a oder 104b nicht zu beachten sein sollen.[67] Bei der Einbringung von Teilen des Fonds als Förderrücklage in die Kreditanstalt für Wiederaufbau und der Gewährung weiterer Teile des Sondervermögens als befristetes Nachrangdarlehen an diese Anstalt stellen sich Fragen des Art. 104 b.[68] Haushaltsverfassungsrechtlich unterfällt es dem Begriff des Sondervermögens in Art. 110 Abs. 1 S. 1, 2. Hs.[69]

25 Das BVerfG hat kurz vor dem Inkrafttreten von Art. 104a Abs. 1 zu Art. 106 Abs. 4 S. 2 Nr. 1, mit dem Hinweis, dass seine Entscheidung auch unter der neuen Rechtslage Bestand habe, begründungslos die Ansicht vertreten, dass **Baulasten,** d. h. öffentlich-rechtliche Verpflichtungen, für die Errichtung und Unterhaltung öffentlicher Bauten zu sorgen, **nicht zu den Aufgaben im Sinne dieser Normen gehören.**[70] Diese Ansicht wird im Schrifttum einhellig abgelehnt.[71] Eine Begründung für die Ansicht des BVerfG ist nicht ersichtlich, weil Baulasten kostenverursachende Verwaltungsaufgaben sind. Ihre Subsumtion unter Art. 104a Abs. 1 bewirkt, dass der Bundesgesetzgeber Baulasten nicht beliebig zuweisen kann. Sie bewirkt dagegen keine Erschwernis einer Kooperation von Bund und Ländern, weil beide Seiten wirksame Vereinbarungen über eine Kostenteilung treffen können.[72] Bei Baulasten an Bundesfernstraßen ist Art. 104a Abs. 2 lex specialis.

26 **b) Kommunalverwaltung.** Das GG kennt **keine kommunalen Finanzierungskompetenzen.** Das Konnexitätsprinzip gilt nur im Verhältnis des Bundes zu den Ländern; Kommunen können aus Art. 104a Abs. 1 keine Ansprüche ableiten.[73] Die kommunalen Finanzen sind aus Sicht der Finanz-

---

[63] Dazu *Tappe* in BK Rn. 214; *Vogel/Waldhoff* in BK Vor Art. 104a Rn. 658; Erwägungen de constitutione ferenda bei *F. Kirchhof* Gutachten D, 61. DJT, 81 ff.

[64] So *Henneke* in SHH Rn. 21; *Heun* in Dreier Rn. 20; *Tappe* in BK Rn. 133 f.; ausführlich *E. Pauker,* Das ERP-Sondervermögen, 1987; *Waldhoff* DÖV 2005, 674.

[65] Gesetz über die Verwaltung des ERP-Sondervermögens vom 31.8.1953 (BGBl. I 1953, 1312), auf dem Stand des Änderungsgesetzes vom 31.8.2015 (BGBl. I 2015, 1474).

[66] ERP-Wirtschaftsplangesetz 2020 v. 15.11.2019 (BGBl. I 2019, 1547).

[67] Wie hier *Hellermann* in MKS Rn. 119; *Siekmann* in Sachs Rn. 14.

[68] Vgl. § 6 des o. a. Gesetzes i. d. F. von 2015.

[69] → Art. 110 Rn. 14 f., 20; *M. Kilian,* Nebenhaushalte des Bundes, 1993, passim.

[70] BVerfGE 26, 338 (390 f.).

[71] Siehe nur *Hellermann* in MKS Rn. 46; *Tappe* in BK Rn. 169.

[72] → Rn. 27.

[73] Zu den Kommunen im Rahmen von Art. 104a Abs. 1: *Hellermann* in MKS Rn. 57–59; *Tappe* in BK Rn. 120–128. Zu einem Konnexitätsprinzip des Landesverfassungsrechts vgl.

verfassung des Bundes auf der Ausgabenseite ein **Internum der Bundesländer.** Aufgaben, welche die Kommunen wahrnehmen, sind für den Bund Aufgaben der Länder. Art. 104a Abs. 1 stellt „allein Bund und Länder einander gegenüber und behandelt die Kommunen... als Glieder des betreffenden Bundeslandes“, so dass ihre Aufgaben und Ausgaben denen des Landes zugerechnet werden.[74] Folglich haben insoweit die Länder gegen den Bund einen Deckungsanspruch im Rahmen des föderalen Finanzausgleichs. Über die Beteiligung der Kommunen an den Mitteln, die den Ländern auf diesen Wegen zufließen, entscheiden die Länder, die landesrechtlich ebenfalls die Geltung des Konnexitätsprinzips für ihr Verhältnis zu den Kommunen anordnen können.[75] Ein Geldleistungsgesetz des Bundes i. S. v. Art. 104a Abs. 3 darf hierzu keine Regelung enthalten. **Die Verantwortung für die kommunalen Finanzen ist Ländersache.**[76] Hierüber ist in den 90er Jahren angesichts einer hohen Belastung von Kommunen durch bundesgesetzlich veranlasste Sozialhilfeausgaben[77] diskutiert worden, ohne dass sich an der Rechtslage etwas geändert hätte. Auch Art. 28 Abs. 2 gibt den Kommunen keinen Ausgleichsanspruch gegen den Bund, sondern nur einen – wenig effektiven – **Abwehranspruch** gegen eine auch unter Berücksichtigung der Garantenstellung der Bundesländer **übermäßige finanzielle Belastung durch den Bund.** In einem gewissen Spannungsverhältnis zur Mediatisierung der Kommunen durch die Länder steht die Ansicht des BVerwG, das Verbot der Überbürdung finanzieller Lasten, die bei der Erledigung einer Aufgabe des Bundes anfallen, gelte auch gegenüber den Gemeinden;[78] das Gericht lässt offen, ob dem Verbot ein **direkter Abwehranspruch** im Verhältnis Kommune – Bund korrespondiert. Die Föderalismusreform des Jahres 2006 versuchte, dieses Problem an seiner Wurzel zu lösen, die außerhalb der Finanzverfassung liegt; dem Bund wird von Art. 84 Abs. 1 S. 7 und 85 Abs. 1 S. 2 verboten, bundesgesetzlich den Kommunen Aufgaben zuzuweisen; solche Aufgaben können den Kommunen nur durch Landesgesetz zugewiesen werden, was für die Kommunen den Vorteil hat, dass die Landesgesetzgeber an Konnexitätsregeln des Landesverfassungsrechts gebunden sind.[79]>

c) Kooperation von Bundes- und Landesverwaltung. Aufgrund der Konnexität zur bundesstaatlichen Kompetenzordnung im Übrigen kann Art. 104a Abs. 1 einer – von dieser Ordnung zugelassenen – Kooperation von Bund und Ländern in Wahrnehmung jeweils eigener Aufgaben nicht entgegenstehen; insoweit ist von **unechten Gemeinschaftsaufgaben**[80] oder 27

Ammermann, Das Konnexitätsprinzip im kommunalen Finanzverfassungsrecht, 2007; *Engelken,* Das Konnexitätsprinzip im Landesverfassungsrecht, 2. Aufl. 2012.

[74] BVerfGE 86, 148 (215); BVerwGE 98, 18 (21); 100, 56 (59); BGHZ 98, 244 (254 f.).

[75] Vgl. *Makswit,* Finanzierung kommunaler Fremdverwaltung unter besonderer Berücksichtigung des finanzverfassungsrechtlichen Konnexitätsprinzips, 1984.

[76] Dazu *Henneke,* Die Kommunen in der Finanzverfassung des Bundes und der Länder, 5. Aufl., 2012, 226 ff.; *F. Kirchhof,* Gutachten D zum 61. DJT, 1996, 87 ff.; *Patzig* DÖV 1985, 645 ff.; *Schoch/Wieland,* Finanzierungsverantwortung für gesetzgeberisch veranlaßte kommunale Aufgaben, 1995, 87 f.; *Tappe/Wernsmann,* Öffentliches Finanzrecht, 2. Aufl. 2019, Rn. 1050–1061; zu den Konsequenzen für Art. 104a auch *Schuppert* in Umbach/Clemens Rn. 23–26.

[77] Dazu *Hofmann-Hoeppel,* Die (finanz-)verfassungsrechtliche Problematik des BSHG-Vollzugs durch kommunale Gebietskörperschaften, 1992; *Korioth* DVBl. 1993, 356 ff.

[78] BVerwG NJW 1987, 1625 (1627).

[79] → Vorb. Art. 104a–115 Rn. 51 ff. Ferner *Siekmann* in Sachs Rn. 17.

[80] *Vogel* in HdbStR IV, 1. Aufl. 1990, § 87 Rn. 25. Ferner *Tappe* in BK Rn. 151 ff.

abgrenzbaren Teilzuständigkeiten die Rede. Beispiele sind öffentliche Einrichtungen, deren Widmungszwecke sowohl dem Bund als auch den Ländern zuzuordnen sind, Wegekreuzungen bei unterschiedlicher Baulast, der Schülertransport.[81] In solchen Fällen sich überlappender Aufgaben verlangt das Konnexitätsprinzip, dass der Finanzierungsanteil beider Seiten entsprechend ihrem Aufgabenanteil bemessen wird;[82] dies gilt auch bei gemeinsamem privatrechtsförmigem Handeln von Bund und Ländern. Die **Finanzierungsanteile** dürfen Bund und Länder in **öffentlich-rechtlichen Verträgen konstitutiv feststellen;** solche Verträge sind mehr als die deklaratorische Wiedergabe (nicht zahlengenauer) verfassungsrechtlicher Vorgaben.[83] Die Klarheit und Stabilität der Trennung der Kompetenzräume nimmt keinen Schaden, wenn Bund und Länder bei der einvernehmlichen Festlegung ihrer Kostenanteile über einen Beurteilungsspielraum verfügen, der nach den allgemeinen Regeln über Beurteilungsspielräume gerichtlicher Nachprüfung ein Stück weit entzogen ist. Diese Konstellation ist insbesondere mit dem Fondswesen nicht zu vergleichen, weil hier beide föderale Seiten eigene Aufgaben haben und es nur um eine angemessene Kostenteilung geht; rechtliche Bindungen bestehen im Übrigen trotz des Beurteilungsspielraums fort. Wenn Bund und Länder zwar nicht kooperieren, aber Sach- und Dienstleistungen austauschen, die zunächst zur Wahrnehmung eigener Aufgaben gefertigt worden sind, gilt Gleiches; eine unentgeltliche Überlassung, z. B. von Sendematerial an eine Landesrundfunkanstalt, das vom Auswärtigen Amt zunächst in Wahrnehmung eigener Aufgaben produziert worden ist, ist aber nur in geringem Umfang und vereinzelt zulässig.

28 Die finanzverfassungsrechtliche Beurteilung von **Amtshilfe, öffentlich-rechtlicher GoA, Katastrophen-, Rechts- oder Vollzugshilfe** oder sonstiger zulässiger **Wahrnehmung fremder Verwaltungsaufgaben** ist uneinheitlich und wenig mit dem Gesetzesrecht, etwa § 11 Abs. 4 S. 3 BPolizeiG oder § 8 VwVfG, abgestimmt.[84] Art. 104a Abs. 1 und 5 gelten hier; Art. 35 geht nicht als lex specialis vor, denn die Kostenfrage ist dort nicht geregelt; Konnexität bedeutet insoweit, dass in Art. 35 eine Regelung der Finanzierungskompetenz nicht hineingelesen werden darf, wo sie in Art. 104a ausdrücklich zu finden ist. **Zweckausgaben** hat nach nicht unstreitiger Ansicht jeweils die Gebietskörperschaft zu tragen, der geholfen wird, denn deren Aufgaben werden wahrgenommen (Ausgleichsprinzip); der helfende Verband hat insoweit einen Erstattungsanspruch und trägt sie nicht selbst (Letzteres wird als Entstehungsprinzip bezeichnet). **Verwaltungsausgaben** treffen grundsätzlich den helfenden Verband; dies steht unter dem Ausgestaltungsvorbehalt des Art. 104a Abs. 5 S. 2, der die einschlägigen Regelungen des Organisations- und Haftungsrechts deckt, auch soweit es sich, wie bei der öffentlich-rechtlichen GoA, um – problematisches – Gewohnheitsrecht handelt. Bei der – gesetzlichen oder vertraglichen – **Organleihe** hat der Entleiher die Verwaltungs- und die Zweckausgaben zu tragen, weil nur er, nicht der ursprüng-

---

[81] Dazu seit 1996 auch Art. 106 a.

[82] BVerwGE 81, 312 (314); 102, 119 (124 f.); VGH Mannheim DVBl. 2015, 843 (846 f.).

[83] Vgl. auch BVerwGE 81, 312 (314); *Hellermann* in MKS Rn. 54; *Heun* in Dreier Rn. 21; *Kube* in BeckOK GG Rn. 13, 48; misstrauisch gegenüber der Vertragsform *Siekmann* in Sachs Rn. 18, 21.

[84] *Heun* in Dreier Rn. 21; *Kube* in BeckOK GG Rn. 16 f.; *Siekmann* in Sachs Rn. 19; ferner *J. Hellermann* FG B. Schlink, 2014, 323 ff.; *U. Stelkens,* Verwaltungshaftungsrecht, 1998, 41 ff., 262 ff.

liche Träger des entliehenen Organs tätig wird; der Verleiher hat insoweit einen Erstattungsanspruch. In der neueren Kommentarliteratur wird zunehmend darauf hingewiesen, dass der Gesetzgeber diese Fragen regeln solle, was naheliegt, weil viele der genannten Formen der Wahrnehmung fremder Verwaltungsaufgaben einer gesetzlichen Regelung bedürfen.[85]

Gerade im Bereich der **Gefahrenabwehr** ist eine klare und überschneidungsfreie Abgrenzung der Zuständigkeiten erforderlich.[86] Die Finanzierungslast für die Abwehr von Gefahren im hoheitlichen Tätigkeitsbereich liegt beim jeweiligen Hoheitsträger; dies ist auch eine Konsequenz der fehlenden Polizeipflicht von Hoheitsträgern. Wird der Bund in Wahrnehmung eigener Aufgaben zur Abwehr einer drohenden Gefahr für den Bestand oder die freiheitliche demokratische Grundordnung eines Landes oder mehrerer Länder tätig (Art. 35 Abs. 3, 87b Abs. 4, 91 Abs. 2), so liegt die Finanzierungskompetenz bei ihm; dagegen erfüllt er im Fall des Bundeszwanges (Art. 37) oder der Anforderung von Kräften des Bundesgrenzschutzes durch ein Land (Art. 35 Abs. 2, 91 Abs. 1) Aufgaben des Landes, so dass dort auch die Finanzierungskompetenz liegt. **Ersatzvornahme** gibt es im Verhältnis von Bund und Ländern nicht. 29

d) Ungeschriebene Finanzierungskompetenzen des Bundes. Ungeschriebene oder, was bei dogmatischer Verbrämung des Durchgriffs auf Zweckmäßigkeitserwägungen dasselbe ist, stillschweigende Finanzierungskompetenzen des Bundes setzen **entsprechende Verwaltungskompetenzen** voraus.[87] Diese wiederum bestehen nur, wenn die Voraussetzungen erfüllt sind, die allgemein an ungeschriebene föderale Zuständigkeiten – **kraft Natur der Sache, kraft Sachzusammenhanges oder kraft Annexes** – gestellt werden. Bloße Überregionalität (bezogen auf ein Bundesland) reicht nicht, schon weil das Verhältnis der Bundesländer untereinander nicht Thema des Art. 104a ist.[88] Obwohl die einschlägige Verwaltungstätigkeit überwiegend in der Bereitstellung von Geldmitteln besteht, ist es gerechtfertigt, das Thema, das primär im VIII. Abschnitt des GG wurzelt, auch hier zu kommentieren. Die Schöpfer des Art. 104a hatten die Absicht, die ungeschriebenen Finanzierungskompetenzen des Bundes normativ in den Griff zu bekommen. Das konnte nur unvollständig gelingen. Art. 104b lässt im investiven Bereich ein **Fondswesen des Bundes** unter Verwendung weit gefasster Generalklauseln zu. Darüber hinaus ist im Grundsatz anerkannt, dass zu den Aufgaben i. S. v. Art. 104a Abs. 1 auch **ungeschriebene Aufgaben** gehören, und Art. 104a Abs. 1 wird von der Änderung des Art. 104a im Jahr 2006 nicht berührt. 30

Für ungeschriebene Finanzierungskompetenzen des Bundes kann es wegen ihrer Konnexität zu den anderen Kompetenzverteilungssystemen des GG keine besonderen Kriterien geben. Es sind Finanzierungskompetenzen kraft Sachzusammenhangs und kraft Natur der Sache zu unterscheiden; die Annexkompetenz ist Unterfall der Sachzusammenhangskompetenz.[89] An ungeschriebene Finanzierungskompetenzen sind keine geringeren Anforderun- 31

---

[85] *Hellermann* in MKS Rn. 60–64; *Schwarz* in Maunz/Dürig Rn. 51–54; *Tappe* in BK Rn. 176–185.

[86] So BVerwG NVwZ 1992, 264 (265).

[87] *v. Arnim* in HdbStR VI § 138 Rn. 68 f.; *Tappe* in BK Rn. 208. Zur Nichtexistenz isolierter Finanzierungskompetenzen o. → Rn. 6.

[88] → Vorb. Art. 104a Rn. 47; *Waldhoff* in HdbStR V § 116 Rn. 14.

[89] *Stettner*, Grundfragen einer Kompetenzlehre, 1983, 423 ff.; zur Terminologie und Systematik ungeschriebener Zuständigkeiten *Achterberg* DÖV 1966, 695 (697 f.).

gen zu stellen. Folgende Umstände begründen darum **keine ungeschriebene Finanzierungskompetenz des Bundes:** die überregionale Bedeutung einer Aufgabe;[90] ein Bedürfnis, die Aufgabenerfüllung zu vereinheitlichen; das Streben nach einheitlichen bzw. gleichwertigen Lebensverhältnissen im Bundesgebiet; die unterschiedliche Finanzkraft der Länder; die Koordinierung einer uneinheitlichen, teilweise möglicherweise mangelhaften Aufgabenerfüllung; vergleichbare **Zweckmäßigkeitserwägungen.** Anders formuliert: Eine Bundeskompetenz kann nicht für eine Aufgabe in Anspruch genommen werden, deren Erfüllung durch die Länder, einzeln oder gemeinsam, sinnvoll möglich wäre, und sei es unter Inanspruchnahme des Finanzausgleichs.

32 Ungeschriebene Finanzierungskompetenzen des Bundes **kraft Sachzusammenhangs** setzen voraus, dass der Bund eine ihm ausdrücklich zugewiesene Kompetenz wirksam und wirtschaftlich nur ausüben kann, wenn er sich zugleich einer ihm nicht zugewiesenen Materie annimmt und dies auch finanziert. Als Beispiele werden genannt: die Bundeswehrhochschulen,[91] die Ressortforschung, d. h. Forschung, auf deren Ergebnisse der Bund für die sachgemäße Arbeit seiner Ministerien angewiesen ist, Modellversuche zur Vorbereitung oder Erprobung legislativer Maßnahmen.

33 Ungeschriebene Finanzierungskompetenzen des Bundes **kraft Natur der Sache**[92] gibt es in **zwei Varianten.**[93] Der Bund hat erstens eine natürliche Zuständigkeit, dies die Finanzierungszuständigkeit einschließend, für alle Aufgaben, die sich **unmittelbar aus seiner Existenz,** seiner verfassungsmäßigen Organisation und seiner Eigenschaft als Träger von Vermögen und Schulden ergeben. Der Bund hat zweitens eine natürliche Zuständigkeit für Angelegenheiten, die sachlich zwingend nur ihm zugeordnet werden können, weil **kein räumlicher Anknüpfungspunkt für eine Länderzuständigkeit** besteht und weil die Länder diese Angelegenheiten auch gemeinsam nicht wirksam wahrnehmen können.[94] Aus der ersten Gruppe ist die Zuständigkeit zu gesamtstaatlicher Repräsentation in der Bundeshauptstadt durch Art. 22 Abs. 1 S. 2 positiviert, aber nicht erweitert worden.[95]

34 Bund und Länder haben 1971 den Entwurf einer **„Verwaltungsvereinbarung über die Finanzierung öffentlicher Aufgaben von Bund und Ländern“,** auch als Flurbereinigungsabkommen bezeichnet, ausgehandelt, um solche Definitionen, die eine Vielzahl unbestimmter Begriffe enthalten, zu konkretisieren.[96] Die Vereinbarung ist wegen Bedenken der Länder zwar nie geschlossen worden; sie bestimmt aber seit Anfang der 1970er Jahre die Staatspraxis[97]; vieles

---

[90] Missverständlich BVerfGE 22, 180 (217: Eindeutig überregionaler Charakter der Aufgabe); dazu *v. Arnim* in HdbStR VI § 138 Rn. 71 f. Weitere Nachw. in der übernächsten Fußn.

[91] Hierzu *Heintzen* in MKS Art. 73 Rn. 15.

[92] Vgl. BVerfGE 11, 6 (17 f.); 11, 89 (98 f.); 12, 205 (250 f.); 22, 180 (217 f.); 33, 303 (352, 357).

[93] *Zumstein,* Der Begriff der Staatsaufgabe, 1980, 86 ff.

[94] *Germelmann,* Kultur und staatliches Handeln, 2013, 317–334; *Köstlin,* Die Kulturhoheit des Bundes, 1989, 47 f.; *Küster,* Die verfassungsrechtliche Problematik der gesamtstaatlichen Kunst- und Kulturpflege in der Bundesrepublik Deutschland, 1990, 319, 332 ff.; *Lenski,* Öffentliches Kulturrecht, 2013, 130–134; zur Kulturkompetenz des Bundes weiter *Bischoff* ZRP 1999, 240 ff.; *Maier* DÖV 2004, 796 (800 ff.).

[95] Vgl. *Heintzen* LKV 2007, 49 (50 f.).

[96] BT-Drs. V/2861, Tz. 73 ff.

[97] Mit Ausnahme von Nr. 3, die sich inzwischen erledigt hat; Erläuterungen im Gutachten über die Finanzreform in der Bundesrepublik Deutschland, 2. Aufl. 1966, 27 ff.

ist inzwischen positiviert.[98] Nach ihr darf der Bund Aufgaben in folgenden Bereichen finanzieren:

1. Wahrnehmung der Befugnisse und Verpflichtungen, die im bundesstaatlichen Gesamtverband ihrem Wesen nach dem Bund eigentümlich sind (gesamtstaatliche Repräsentation);
2. Förderung von bundeswichtigen Auslandsbeziehungen, insbesondere zu nichtstaatlichen internationalen und ausländischen Organisationen und Einrichtungen (Auslandsbeziehungen);
3. Förderung der Beziehungen im geteilten Deutschland und von Maßnahmen, die erforderlich sind, um den Auswirkungen der Teilung Deutschlands zu begegnen;
4. Vorhaben der wissenschaftlichen Großforschung vornehmlich im Bereich der Kern-, Weltraum-, Luftfahrt- und Meeresforschung sowie auf dem Gebiet der Datenverarbeitung. Zur Großforschung gehören Vorhaben, die wegen ihrer besonderen wissenschaftlichen Bedeutung und ihres außerordentlichen finanziellen Aufwands sinnvollerweise nur vom Gesamtstaat gefördert werden können (Großforschung);
5. Maßnahmen der Wirtschaftsförderung, die sich auf das Bundesgebiet als Ganzes beziehen und ihrer Art nach nicht durch ein Land allein wirksam wahrgenommen werden können;
6. Förderung zentraler Einrichtungen und Veranstaltungen nichtstaatlicher Organisationen im Bereich der Gesetzgebungszuständigkeiten des Bundes, die für das Bundesgebiet als Ganzes von Bedeutung sind und deren Bestrebungen ihrer Art nach nicht durch ein Land allein wirksam gefördert werden können (nichtstaatliche zentrale Organisationen);
7. Unberührt bleibt die Befugnis des Bundes, Maßnahmen zu finanzieren, die zur sachgemäßen Erfüllung von Aufgaben der Bundesbehörden notwendig sind (ressortzugehörige Funktionen).[99]

Föderale Kompetenzen verpflichten den Inhaber nicht zur Ausübung; das 35
gilt auch für ausschließliche Zuständigkeiten. Eine **Pflichtigkeit,** die vorliegendenfalls inhaltlich unbestimmt wäre, kann sich aus sonstigen Gehalten der Kompetenznorm oder aus sonstigem Verfassungsrecht ergeben. Kompetenzen kraft Natur der Sache stehen in einem engen Zusammenhang zu notwendigen Staatsaufgaben, so dass eine Kompetenzausübungspflicht dort begründet sein kann. Die Befürchtung, die **Wiedervereinigung Deutschlands** werde die mit gesamtstaatlichen Interessen begründete Ausübung von Finanzierungskompetenzen des Bundes kraft Natur der Sache überhandnehmen lassen, hat sich nicht bewahrheitet. Zumal im Kulturbereich ist es bei der in langen Jahren entstandenen Balance geblieben, derzufolge der Bund ca. 13,5 %, die Länder gut 40 % und die Kommunen ca. 45,5 % der gesamtstaatlichen Kulturausgaben tragen.[100]

Ungeschriebene Bundeszuständigkeiten sind nach ihrer Definition **aus-** 36
schließliche Zuständigkeiten. Trotzdem sind in dem hier interessierenden Bereich die Länder häufig nicht ausgeschlossen, sondern finanziert der Bund im Gegenteil nur einen Anteil, während der Rest von den jeweiligen Ländern

---

[98] So *Tappe* in BK Rn. 207.

[99] So die ursprüngliche Fassung im Gutachten über die Finanzreform der Bundesrepublik Deutschland, 2. Aufl. 1966, 178 f.

[100] Statistisches Jahrbuch 2018, 216; ferner *Heintzen* in HdbStR IX, 1. Aufl. 1992, § 218 Rn. 13.

aufgebracht wird.[101] Um trotzdem von einer ungeschriebenen Bundeszuständigkeit sprechen zu können, muss man annehmen, die Übernahme des Finanzierungsanteils sei eine zwingende, durch Länder nicht substituierbare Voraussetzung für die staatliche Wahrnehmung einer Aufgabe. Abgrenzungsprobleme, die nur im Einzelfall und auch dann nur schwer zu lösen sind, liegen damit auf der Hand, ebenso das **Spannungsverhältnis zur Haushaltsautonomie der Länder,** die um Kofinanzierung angegangen werden. Als grober Anhaltspunkt werden die Gesetzgebungskompetenzen des Bundes genannt, die, weil Finanzierung immer Verwaltungstätigkeit impliziere, nicht nur die äußersten Grenzen der Verwaltungs-, sondern auch der Finanzierungskompetenzen des Bundes, in keinem Fall aber deren Grundlage seien.[102]

37 **e) Ausführung von Unionsrecht.** Bei der Ausführung von Unionsrecht[103] ist zwischen dem unmittelbaren und dem mittelbaren Vollzug zu unterscheiden. Beim **unmittelbaren Vollzug** ist Grundlage für das Verwaltungshandeln **Unionsrecht,** typischerweise eine Verordnung, beim **mittelbaren Vollzug ist Grundlage nationales Recht,** das seinerseits auf Unionsrecht beruht, etwa der deutsche Umsetzungsakt zu einer Richtlinie. Der mittelbare Vollzug von Unionsrecht unterscheidet sich hinsichtlich der Finanzierungskompetenz nicht vom Vollzug deutschen Rechts, weil es hier aus der Sicht der Verwaltung um den Vollzug deutschen Rechts geht, das nur seinerseits der Umsetzung von Unionsrecht dient.[104] Im GG nicht geregelt ist der unmittelbare Vollzug, bei dem Rechtsgrundlage für das Verwaltungshandeln Unionsrecht ohne die Vermittlung einer deutschen Umsetzungsnorm ist. Die Verwaltungs- und die Finanzierungskompetenz liegt insoweit grundsätzlich bei den Ländern, Erstere entweder gemäß Art. 30 oder in analoger Anwendung von Art. 83[105], Letztere gemäß Art. 104a Abs. 1.[106] Dies betrifft in erster Linie Verordnungen, aber auch Richtlinien, denen ausnahmsweise unmittelbare Wirkung zukommt.[107] Ungeklärt ist weiter, wie Beiträge der EU zu den Kosten des Vollzugs ihres Rechts zwischen Bund und Ländern aufzuteilen sind.[108] Die in Art. 104a Abs. 6 und Art. 109 Abs. 5 besonders geregelten Haftungs- und Regressfragen werden in der Praxis nur selten vorkommen.

38 **f) Ausgaben für kompetenzwidriges Handeln.** Greift der Bund in den Zuständigkeitsbereich der Länder über oder umgekehrt, so geht weder die Finanzierungskompetenz auf den Handelnden über noch ist der Zuständige

---

[101] Vgl. auch *Henneke,* Öffentliches Finanzwesen – Finanzverfassung, 2. Aufl. 2000, 89 ff.

[102] Im Gegensatz zu ungeschriebenen Finanzierungskompetenzen des Bundes lässt sich angesichts des ausdrücklichen Gebots einer anderweitigen Bestimmung im GG als Voraussetzung einer Abweichung vom Konnexitätsprinzip und der speziellen Regelungen in Art. 104a Abs. 2 bis 6 eine ungeschriebene Finanzierungskompetenz der Länder in Bereichen, in denen der Bund die Verwaltungskompetenz innehat, nicht begründen; dazu *Wieland* ZG 2009, 140 (149).

[103] Hierzu aus finanzverfassungsrechtlicher Sicht schon *Magiera* FS f. Menzel, 1975, 621 ff.; *Selmer* GS f. Sasse, Bd. I, 1981, 229 ff. Zur aktuellen Rechtslage *Hellermann* in MKS Rn. 120 –126; *Heun* in Dreier Rn. 6 f.; *Siekmann* in Sachs Rn. 6.

[104] So ausdrücklich *Tappe* in BK Rn. 215 f.

[105] Zu dieser Alterative *Henneke* in SHH Rn. 18.

[106] Eine analoge Anwendung von Art. 104a Abs. 2 bis 4 wird überwiegend und mangels Lücke zu Recht abgelehnt; dazu *Hellermann* in MKS Rn. 120; *Kloepfer,* Finanzverfassungsrecht, 2014, § 3 Rn. 16 f.; *Tappe* in BK Rn. 217.

[107] Zu EU-Geldleistungen unten Rn. 56.

[108] Dazu *Henneke* in SHH Rn. 18.

zur Finanzierung (von möglicherweise Nichtigem) verpflichtet.[109] Dem Handelnden fehlt die Finanzierungskompetenz, weil er nicht seine Aufgaben wahrnimmt; tätigt er gleichwohl Ausgaben, so ist auch dies verfassungswidrig **(Konnexität in der Verfassungswidrigkeit).** Den Zuständigen trifft für kompetenzwidriges Handeln anderer keine Finanzierungslast.

4. Rechtsfolge: Finanzierungslast und -befugnis. Art. 104a Abs. 1 betrifft die Ausgabenseite der Staatsfinanzen[110] und begründet dort Finanzierungslasten von Bund und Ländern. Mit dem Wort **„gesondert"** wird das Anliegen einer klaren Trennung der beiden föderalen Ebenen unterstrichen. „Tragen" bedeutet eine endgültige Lastenzuordnung.[111] Das Konnexitätsprinzip ist im Verhältnis zwischen Bund und Ländern das Gebot und zugleich die Befugnis, die Wahrnehmung der eigenen staatlichen Aufgaben zu finanzieren, weiterhin das insbesondere an den Bund gerichtete und mit Ausnahmen versehene Verbot, sich an der Finanzierung von Aufgaben der jeweils anderen föderalen Seite zu beteiligen, und schließlich das Verbot, Fremdfinanzierung für die Wahrnehmung eigener Aufgaben einzufordern.[112] Ein besonderes Fehlerfolgenregime für den Fall der Missachtung dieser Vorgaben gibt es nicht.[113] Art. 104a Abs. 1 hat keine Rechtsfolgen für private Dritte[114] und gibt dem Bund keine Kontrollbefugnisse gegenüber den Ländern, auch dem Bundesrechnungshof nicht.[115] 39

II. Bundesauftragsverwaltung (Art. 104a Abs. 2)

Handeln die Länder im Auftrage des Bundes (Art. 85), sei es kraft Verfassungsrechts, sei es auf Grund bundesgesetzlicher Ausübung einer verfassungsrechtlichen Option auf diesen Verwaltungstyp[116], so trägt gem. Art. 104a Abs. 2 der Bund die dabei anfallenden Zweckausgaben, während die Verwaltungsausgaben gemäß Art. 104a Abs. 5 von den Ländern zu tragen sind.[117] Werden Bundesgesetze teils in Bundesauftrags-, teils in Bundeseigenverwaltung ausgeführt (z. B. Art. 87b, 120a Abs. 1), so trägt der Bund die Zweckausgaben voll und die Verwaltungsausgaben anteilig. Art. 104a Abs. 2 ist nach umstrittener Ansicht[118] keine Ausnahme vom Konnexitätsprinzip, 40

[109] Zum verfassungswidrigen Gesetz als Sonderproblem der Finanzverfassung zuerst *Birk* BayVBl. 1981, 673 (674–676, dort zu Art. 106 Abs. 3 S. 4 Nr. 1: „Notwendige Ausgaben"); zu Art. 104a Abs. 1 auch *Schoch/Wieland,* Finanzierungsverantwortung für gesetzgeberisch veranlaßte kommunale Aufgaben, 1995, 124 f. Weiter *Hellermann* in MKS Rn. 65 f.; *Heun* in Dreier Rn. 21; *Schwarz* in Maunz/Dürig Rn. 55; *Tappe* in BK Rn. 173–175.

[110] *Tappe* in BK Rn. 147.

[111] → Rn. 14, dort in anderem Zusammenhang.

[112] Zusammenfassend *Hellermann* in MKS Rn. 51–66; *Schwarz* in Maunz/Dürig Rn. 46–56; *Tappe* in BK Rn. 144–148.

[113] Vgl. aber *Heun* in Dreier Rn. 21, wonach Art. 104a Abs. 1, 5 auch Sperre für Erstattungsansprüche sei. Zu Sekundäransprüchen *Pieroth* in Jarass/Pieroth Rn. 8.

[114] → Rn. 1.

[115] BVerfGE 137, 108 (182).

[116] Zur Irrelevanz dieser Alternative *Hellermann* in MKS Rn. 75. Die Bundesautobahnen werden seit der GG-Änderung vom Juli 2017 nicht mehr in Bundesauftrags-, sondern in Bundeseigenverwaltung geführt.

[117] Dazu BVerwG NVwZ 2010, 1359. Zu einem Erstattungsanspruch der Länder für gleichwohl von ihnen getragene Zweckausgaben BVerwG NVwZ 2009, 599. Zu Ansprüchen des Bundes bei mangelhafter Kostenabwälzung auf Dritte durch die Länder *Papier* FS f. Blümel, 1999, 421 (429 ff.).

[118] Dazu (teils Ausnahme, teils Klarstellung) *Hellermann* in MKS Rn. 73 f.; *Heun* in Dreier Rn. 23; *Kube* in BeckOK GG Rn. 29; *Schuppert* in Umbach/Clemens Rn. 21.

sondern dessen Bestätigung, weil bei der Bundesauftragsverwaltung die materielle Verwaltungsverantwortung beim Bund liegt, während die Länder nur Wahrnehmungskompetenzen haben. Auch wenn es sich der Form nach um Landesverwaltung handelt,[119] liegt die materielle Verwaltungsverantwortung doch beim Bund. Den **Klarstellungscharakter von Art. 104a Abs. 2 im Verhältnis zu Abs. 1** heben auch die Materialien zum Finanzreformgesetz hervor.[120] Folgt man, wie hier, der These vom Klarstellungscharakter, so kommt es nicht darauf an, ob stärkere Einwirkungsmöglichkeiten des Bundes auf den Verwaltungsvollzug der Länder die ratio von Art. 104a Abs. 1 entfallen lassen. Auch die Frage eines **Wechsels vom Konnexitäts- zum Veranlasserprinzip** stellt sich dann nicht. Die Pflicht des Bundes zur Tragung der Zweckausgaben besteht gegenüber den Ländern als impermeablen Einheiten. Die Länder werden von Art. 104a Abs. 2 nicht verpflichtet, vom Bund erhaltene Geldmittel an interne zuständige Träger der mittelbaren Staatsverwaltung, insbesondere Kommunen, weiterzuleiten.[121] Schließlich ist es mit Art. 104a Abs. 2 und Abs. 5 S. 1 vereinbar, dass der Bundesgesetzgeber für das Tätigwerden der Bundesauftragsverwaltung Gebührenzahlungen Dritter an die Länder vorsieht,[122] so dass es zu einer ausgleichsbedürftigen und fähigen Belastung der Länder gar nicht kommt.

41 Zur gerichtlichen Durchsetzung von Erstattungsansprüchen der Länder gegen den Bund gemäß Art. 104a Abs. 2 hat sich das BVerwG in einem Urteil vom 15.7.2016 geäußert.[123] Es handelt sich um öffentlich-rechtliche Streitigkeiten nichtverfassungsrechtlicher Art (Rn. 19 dieses Urteils), für die grundsätzlich die Verwaltungsgerichte zuständig sind (§§ 40 Abs. 1, 50 Abs. 1 Nr. 1 VwGO). Statthaft sind Feststellungs- oder allgemeine Leistungsklage (Rn. 24 ff., 28). Neu ist, dass Ansprüche der Länder in entsprechender Anwendung von § 195 BGB in der seit dem Schuldrechtsmodernisierungsgesetz geltenden Fassung in drei Jahren verjähren, wobei der Beginn der Verjährungsfrist sich nach dem ebenfalls entsprechend anzuwendenden § 199 Abs. 1 BGB richtet (Leitsatz 2, Rn. 33 ff., insb. Rn. 38, 39).

III. (Geld-)Leistungsgesetze (Art. 104a Abs. 3 und 4)

42 **1. Allgemeines.** Die Absätze 3 und 4 des Art. 104a stellen die verfassungsrechtliche Verknüpfung von Finanzierungs- und Verwaltungskompetenz in zwei Richtungen unter Gesetzesvorbehalt. Abs. 3 ermöglicht dem Bundesgesetzgeber, bei Geldleistungsgesetzen den Ländern die sie nach Abs. 1 treffende Finanzierungslast abzunehmen. Ob er von dieser Möglichkeit Gebrauch macht, ist eine **politische Entscheidung.** Die Vorschrift ist 2006 bei der Föderalismusreform beibehalten und damit mittelbar bestätigt worden; der verfassungsändernde Gesetzgeber hat die gegen sie auch geäußerte Kritik nicht berücksichtigt. Ihre finanzpolitische Bedeutung ist nach wie vor erheblich.[124]

---

[119] BVerfGE 81, 310 (331).

[120] Gutachten über die Finanzreform in der Bundesrepublik Deutschland, Tz. 116; BT-Drs. V/2861, Tz. 116, 253, 290; vgl. dagegen *v. Arnim* in HdbStR VI § 138 Rn. 26.

[121] Zu einer – abzulehnenden – Analogie zu Art. 104a Abs. 2 bei kommunaler Auftragsverwaltung *Hellermann* in MKS Rn. 77; *Tappe* in BK Rn. 127.

[122] BVerwGE 95, 188 (Ls. 3).

[123] Aktenzeichen 9 A 16/15, u. a. in DVBl. 2016, 1603. Die Rdnr.-Angaben oben im Text beziehen sich auf dieses Urteil. Nachw. älterer Rspr. u. Lit. bei *Schwarz* in Maunz/Dürig Rn. 63.

[124] Ebenso *Hellermann* in MKS Rn. 81.

Der frühere Art. 104a Abs. 3 S. 3 bestimmt heute als Abs. 4, dass eine Finanzierungslast der Länder gemäß Art. 104a Abs. 1 und Abs. 3 S. 2 bei Geldleistungsgesetzen von einer Zustimmung des Bundesrates abhängt. Man kann diese Vorschrift als Ergänzung des Konnexitätsprinzips begreifen, weil sie die Länder schützt, aber auch als Ausnahme, weil sie die Verfassungsunmittelbarkeit der Verknüpfung von Finanzierungs- und Verwaltungskompetenz aufhebt.[125] Eines sind beide Absätze nach wie vor nicht: Sie sind kein Wechsel von der Vollzugs- zur Gesetzeskausalität, der rechtspolitisch mit dem Argument gefordert wird, die Finanzierungskompetenz müsse bei dem liegen, der Kosten verursache, und das sei insbesondere bei Geldleistungsgesetzen der Gesetzgeber, zumeist der Bund.[126] Zwar wird es als Ärgernis empfunden, dass der Bund mit Geldleistungsgesetzen politische Ziele verfolgen kann, die gemäß Art. 104a Abs. 1 finanziell grundsätzlich zu Lasten der Länder gehen;[127] dem Bund die finanziellen Folgen anzulasten, würde aber einen Systemwechsel voraussetzen – von der Verwaltungsakzessorietät gemäß Art. 104a Abs. 1 zu einer Gesetzesakzessorietät. Der Ausweg sollte darum nicht auf der Seite der Staatsausgaben, sondern auf der Seite der Staatseinnahmen gefunden werden; er bestünde in einer Stärkung der Länder im Rahmen des Finanzausgleichs.

2. Geldleistungsgesetze des Bundes mit Finanzierungskompetenz des Bundes (Art. 104a Abs. 3). a) Verhältnis von Art. 104a Abs. 3 zu anderen Bestimmungen des Grundgesetzes. Im Verhältnis zu Art. 104a Abs. 2 ist Art. 104a Abs. 3 S. 2 **lex specialis,** weil er Bundesauftragsverwaltung vorschreibt, ohne dass der Bund alle Zweckausgaben zu tragen hätte. Ergibt sich das Vorliegen von Bundesauftragsverwaltung aus einer anderen Vorschrift als Art. 104a Abs. 3 S. 2, so greift Art. 104a Abs. 2 ein und gehen die Zweckausgaben in voller Höhe zu Lasten des Bundes.[128] Hinsichtlich der Kriegsfolgelasten ist Art. 120 lex specialis gegenüber Art. 104a Abs. 3 S. 2.[129] Art. 104a Abs. 3 begründet **keine Gesetzgebungskompetenz des Bundes** für Leistungsgesetze, sondern setzt diese voraus.[130] 43

Steuerbegünstigungen, die unmittelbar das Aufkommen bestimmter Steuern mindern, welche von den Finanzbehörden von Bund und Ländern verwaltet werden,[131] unterfallen weder Art. 104a Abs. 3 noch Art. 104a Abs. 4, weil Bund und Länder hier nichts zu „tragen" haben.[132] Dieses Tatbestandsmerkmal setzt einen positiven Mittelabfluss voraus; Mindereinnahmen genügen nicht; für Letztere sind die Art. 105, 106, 108 und 110 einschlägig. Soweit diese Normen Steuermindereinnahmen erlauben, ist daneben eine besondere Lastenverteilung entbehrlich. Dies ist freilich nicht unproblematisch. So wird der zum Teil nur lose Zusammenhang von Steuerkompetenz einerseits und Geldleistung andererseits kritisiert. Weiterhin wird gesagt, die Anknüpfung an Art. 106 belaste bei Steuerbegünstigungen, die dem Aufkommen der Einkommensteuer entnommen werden, die Gemeinden; insoweit ist ein Unterschied aber nicht zu sehen, weil bei beiden 44

[125] Für eine konstitutive Ausnahme *Pieroth* in Jarass/Pieroth Rn. 9 (m. w. N.).
[126] Dazu *Hellermann* in Starck (Hrsg.), Föderalismusreform, 2007, Rn. 322. → Rn. 47.
[127] Exemplarisch *Kesper,* Bundesstaatliche Finanzordnung, 1998, 82 f.
[128] Ebenso *Schwarz* in Maunz/Dürig Rn. 65; *Tappe* in BK Rn. 222.
[129] *Tappe* in BK Rn. 201, unter Hinweis auf BVerfGE 9, 305 (329).
[130] *Kube* in BeckOK GG Rn. 34.
[131] Zum Familienleistungsausgleich → Art. 106 Rn. 39.
[132] Ebenso *Kloepfer,* Finanzverfassungsrecht, 2014, § 3 Rn. 30; *Tappe* in BK Rn. 264.

Betrachtungen die Gemeinden durch ein Zustimmungsrecht des Bundesrates geschützt werden (Art. 104a Abs. 4, 105 Abs. 3). Schließlich sei es wegen des **haushaltsverfassungsrechtlichen Bruttoprinzips** angreifbar, wenn Fördermaßnahmen auf der Einnahmen- und nicht auf der Ausgabenseite der öffentlichen Haushalte gebucht würden. Jedenfalls bei Steuersubventionen, die unabhängig davon geleistet werden, ob der Begünstigte überhaupt Steuerschuldner ist und die darum zu einem positiven Mittelabfluss führen können,[133] seien aber Art. 104a Abs. 3 oder 4 einschlägig, denn solche Subventionen müssen von Bund oder Ländern getragen werden; das Steuerverfassungsrecht sei hier wegen der nur gesetzestechnischen Verknüpfung von Steuernormen und Subventionszweck nicht einschlägig. Aus Gründen der Rechtssicherheit ist im Ergebnis eine **formale Betrachtung** angezeigt, die es bei allen Bedenken dabei belässt, das, was der Gesetzgeber als Steuerbegünstigung qualifiziert, nicht dem Art. 104a Abs. 3 zuzuordnen.[134]

45 Das Problem ist grundsätzlicher Natur. Steuerbegünstigungen und Subventionen können ökonomisch gleiche Wirkungen haben. Trotzdem ist rechtlich zwischen beiden zu unterscheiden und sind beide nach Maßgabe der rechtlichen Unterschiede politisch nicht beliebig austauschbar.[135] **Steuerbegünstigungen betreffen die Einnahmen- und Subventionen die Ausgabenseite des Staatshaushalts.** Die früher aus Art. 104a Abs. 3 (a. F.) entwickelte These, Finanzhilfen (als Oberbegriff für beide) dürften nur unter klarer Verteilung der von Bund und Ländern jeweils zu tragenden Lasten als offene Gewährungen auf der Ausgabenseite ihren Niederschlag finden, es sei mithin verfassungswidrig, Subventionen in der Form von Steuerbegünstigungen zu gewähren, hat sich nicht durchgesetzt.[136]

46 Zuwendungen innerhalb des bundesstaatlichen Finanzwesens sind **Gegenstand der Regelungen über den Finanzausgleich,** einem Regelungssystem, das Art. 104a Abs. 3 und 4 vorgeht. Dies gilt nicht für Zuwendungen, die primär für private Empfänger gedacht sind und die unter gleichen Voraussetzungen auch an öffentlich-rechtliche Träger gezahlt werden.[137] Unabhängig von dieser Unterscheidung sind finanzielle Verschiebungen auf Grund von Art. 104a Abs. 3 und 4 im Rahmen des Finanzausgleichs zwischen Bund und Ländern zu berücksichtigen.[138]

47 **b) Ratio legis und Tatbestand.** Bei **Geldleistungsgesetzen des Bundes,** die von den Ländern als grundsätzlich eigene Angelegenheit auszuführen sind, entfällt zumeist ein Teil der ratio des Konnexitätsgrundsatzes (Abs. 1).[139] Soweit die Verwaltung, dies ist hier die Regel, nur als Subsumtionsmechanismus fungiert, haben die Länder auf die Kosten des Verwaltungsvollzugs wenig Einfluss, spielt die parlamentarische Kontrolle ihrer Verwaltung durch die Landesparlamente nur eine geringe Rolle und wird das finanzpolitische Gewicht der Länder durch die Zuweisung einer Finanzierungskompetenz

---

[133] Beispiele bei *Hellermann* in MKS Rn. 83; *Siekmann* in Sachs Rn. 30.

[134] Ähnlich *Kloepfer,* Finanzverfassungsrecht, 2014, § 3 Rn. 30; *Tappe* in BK Rn. 264 f.

[135] Dazu der 26. Subventionsbericht der Bundesregierung v. 28.8.2017, BT-Drs. 18/13456, 10–12; → Art. 105 Rn. 19 und 38 sowie Art. 110 Rn. 13, 18. Vgl. weiter *V. Sarrazin* FG f. Haas, 1996, 305 ff.

[136] So *Selmer,* Steuerinterventionismus und Verfassungsrecht, 1972, 175 ff.; ablehnend *Knies,* Steuerzweck und Steuerbegriff, 1976, 132 f.

[137] *Hellermann* in MKS Rn. 85; *Schwarz* in Maunz/Dürig Rn. 68; *Tappe* in BK Rn. 260.

[138] Zu dem Verhältnis *Hellermann* in MKS Rn. 85; *Siekmann* in Sachs Rn. 25 (m. w. N.); *Tappe* in BK Rn. 249, 274. → Rn. 52.

[139] → Rn. 17.

angesichts der Höhe der in Rede stehenden Beträge nicht gestärkt.[140] Die **inhaltliche Determinierung der Länder** kommt im Verfassungswortlaut zwar nur unvollkommen zum Ausdruck; als ratio legis bestimmt sie aber die Auslegung des Art. 104a Abs. 3, so bei der Frage, ob nur Geldleistungen erfasst sind, auf die Dritte einen Anspruch haben.[141] Sie ist der Grund, warum Art. 104a Abs. 3 die Möglichkeit einer Finanzierungskompetenz des Bundes als Veranlasser (Satz 1) und Bundesauftragsverwaltung bei einem Finanzierungsanteil des Bundes von 50% oder mehr (Satz 2) vorsieht. Der Bundesgesetzgeber hat aber – unter Beachtung von Art. 104a Abs. 4 – auch die Möglichkeit, es bei dem Grundsatz des Art. 104a Abs. 1 zu belassen, obwohl dessen ratio legis hier entfallen ist.[142]

Geldleistungen sind einmalige oder laufende, endgültige oder befristete Zuwendungen an Empfänger außerhalb des bundesstaatlichen Finanzwesens.[143] **Sach- oder Dienstleistungen** werden vom Verfassungswortlaut bei Art. 104a Abs. 3 ausgeschlossen;[144] zwar ist dies bei Art. 104a Abs. 4 anders und gibt es keinen überzeugenden Grund für diese Differenzierung zwischen Art. 104a Abs. 3 S. 1 und Abs. 4;[145] bei geldwerten Sach- und Dienstleistungen kann der Bund dem Zustimmungsrecht des Bundesrates gemäß Abs. 4 nicht durch volle Kostenübernahme gemäß Abs. 3 S. 1 ausweichen. Bei Abs. 3 ausgeschlossen sind weiterhin Leistungen, denen eine **Gegenleistung** korrespondiert, wie insbesondere Zahlungen von Sozialversicherungsträgern. Gewährt ein Bundesgesetz, das von den Ländern auszuführen ist, sowohl Geld- als auch Sachleistungen, kann die Finanzierungskompetenz für die Geldleistungen gem. Art. 104a Abs. 3 beim Bund liegen und liegt sie für die Sachleistungen gem. Art. 104a Abs. 1 bei den Ländern. Lassen beide Kostenpositionen sich nicht trennen, so bleibt es bei dem Grundsatz des Art. 104a Abs. 1; ein angemessener Ausgleich würde entweder eine vertragliche Einigung über die beiderseitigen Lastenanteile bedeuten, die in Art. 104a Abs. 3 nicht vorgesehen ist, oder die Klarheit der finanziellen Verhältnisse beeinträchtigen, die Anwendungsvoraussetzung der Norm ist.[146] Eine **bundesgesetzliche Fixierung der Anteile von Bund und Ländern** hat auszuscheiden, weil diese Fixierung umgekehrt Voraussetzung für die rechtliche Bewertung des Handelns des Bundesgesetzgebers ist. Geldleistungen können sein: Die Zuwendung von Bar- oder Buchgeld, etwa als Unterstützung, Förderleistung, Prämie oder Subvention; die Hingabe von Darlehen, sofern diese nicht im Hinblick auf die Zahlung von Zinsen erfolgt; Bürgschaften, Garantien und sonstigen Gewährleistungen, soweit sie zu Zahlungen führen.[147] 48

---

[140] Ebenso *Schoch/Wieland,* Finanzierungsverantwortung für gesetzgeberisch veranlaßte kommunale Aufgaben, 1995, 134.

[141] → Rn. 50.

[142] Vgl. zur ratio legis auch *Henneke,* Öffentliches Finanzwesen – Finanzverfassung, 2. Aufl., 2000, Rn. 209 f.; *Heun* in Dreier Rn. 25; *Kube* in BeckOK GG Rn. 37.

[143] Übereinstimmend *Hellermann* in MKS Rn. 82; *Heun* in Dreier Rn. 25; *Schwarz* in Maunz/Dürig Rn. 68; *Siekmann* in Sachs Rn. 27 f.; *Tappe* in BK Rn. 257, dort auch zum Ausgabe- und Zahlungscharakter der Leistung (Rn. 258, 259).

[144] Krit. *Kempny/Reimer,* Gutachten D zum 70. DJT, 38; *Schoch/Wieland,* Finanzierungsverantwortung für gesetzgeberisch veranlaßte kommunale Aufgaben, 1995, 135; *Schwarz* in Maunz/Dürig Rn. 70; *Tappe* in BK Rn. 261–263.

[145] Vgl. *Hellermann* in Starck (Hrsg.), Föderalismusreform, 2007, Rn. 326.

[146] Zum Verhältnis von Geld- und *Sachleistungen* Tappe in BK Rn. 261–263, zu Steuervergünstigungen ebd., Rn. 264 f.; *Siekmann* in Sachs Rn. 33, 35.

[147] Hierzu *Hellermann* in MKS Rn. 82; *Tappe* in BK Rn. 257–259.

49 Es muss sich um Geldleistungen handeln, **die von Bundesgesetzen gewährt werden. Gesetz** ist dabei im Hinblick auf die Beteiligungsquoten von Bund und Ländern in einem **formellen Sinne** gemeint.[148] Das schließt nicht aus, dass die Geldleistung in einer Bundesrechtsverordnung im Verhältnis zum Empfänger konkretisiert wird. Eine bundesgesetzliche Gewährung liegt auch vor, wenn unmittelbarer Rechtsgrund einer Geldleistung eine Rechtsverordnung eines Landes ist, diese aber inhaltlich von einem Bundesgesetz determiniert ist. Die Kompetenzgrundlage des Gesetzes und das gesetzgeberische Motiv für die Gewährung einer Geldleistung sind irrelevant.

50 **„Gewähren"** bedeutet dreierlei: Erstens muss es sich um Geldleistungen handeln, bei deren Regelung der Gesetzgeber des Bundes verfassungsrechtlich frei ist. Im Zusammenhang damit muss die Geldleistung zweitens gegenleistungsfrei sein. Zahlungen zur Befriedigung von Schadensersatz- oder Entschädigungsansprüchen, von Kaufpreis- oder Mietforderungen gehören darum nicht in den Anwendungsbereich der Vorschrift. Drittens muss es sich um Geldleistungen handeln, bei denen die Verwaltung der Länder inhaltlich determiniert ist. Zwar muss dem Begünstigten kein Anspruch auf die Geldleistung eingeräumt sein,[149] wohl aber muss die Verwaltung der Länder objektiv zu einer bestimmten Leistung verpflichtet sein, wobei Spielräume hinsichtlich untergeordneter Leistungsmodalitäten oder in Ausnahmefällen unschädlich sind. Das Ausmaß der nötigen Determinierung ist unklar; dem Bundesgesetzgeber steht insoweit eine Einschätzungsprärogative zu.[150] Bei der Einfügung von Art. 104a Abs. 3 in das GG ist das Erfordernis, die Geldleistung müsse nach Empfänger, Voraussetzungen und Höhe eindeutig festgelegt sein, aus dem Text gestrichen worden, um mehr Flexibilität zu schaffen.[151] Es soll ausreichen, dass im Bundesgesetz die Merkmale für die Bestimmung der Geldleistung vorgegeben werden. Diese dürfe nicht dem freien Ermessen der Länder anheimgegeben sein. Zu offen ist das **Agrarmarktstrukturgesetz,**[152] weil es selbst das Leistungsprogramm in das Ermessen der Länder stellt.

51 **Beispiele für Bundesgesetze i. S. v. Art. 104a Abs. 3 S. 2** sind das Betreuungsgeldgesetz, das Bundesausbildungsförderungsgesetz, das Bundeselterngeldgesetz, das Bundeserziehungsgeldgesetz, das Opferentschädigungsgesetz, das Sparprämiengesetz, das Unterhaltsvorschussgesetz, das Wohngeldgesetz und das Wohnungsbauprämiengesetz. Die Problemlage nach dem früheren BSHG hat sich seit dem 1.1.2005 verschoben, weil Leistungen seither gemäß SGB II (Grundsicherung für Arbeitssuchende) und SGB XII (Sozialhilfe für nicht erwerbsfähige Hilfsbedürftige) gewährt werden; Leistungen nach dem SGB XII werden gemäß § 28 Abs. 2 SGB I überwiegend von den Kreisen und kreisfreien Städten erbracht; Träger der Grundsicherung für Arbeitssuchende ist grundsätzlich die Bundesagentur für Arbeit (§§ 6, 6a SGB II); da die Grundsicherung für Arbeitssuchende finanziell deutlich gewichtiger ist, ist das finanzverfassungsrechtliche Ausgangsproblem – der Bund erlässt ein BSHG, für dessen Ausführung die Länder zu bezahlen haben – entschärft.[153]

---

[148] Ebenso *Schwarz* in Maunz/Dürig Rn. 67; *Tappe* in BK Rn. 255.

[149] Str., anders BT-Drs. 16/813, 18. Vgl. *Siekmann* in Sachs Rn. 31; *Tappe* in BK Rn. 266.

[150] Vgl. *v. Arnim* in HdbStR VI § 138 Rn. 44.

[151] BT-Drs. V/3605, 6. *Tappe* in BK Rn. 249, 270.

[152] Im Ergebnis ebenso *Siekmann* in Sachs Rn. 35.

[153] Zur Rechtslage unter dem SGB II vgl. *Henneke* DÖV 2005, 177 (188). Die Entscheidung des BVerfG vom 20.12.2007 zu Arbeitsgemeinschaften gemäß § 44b SGB II (E

Abweichend von der Regel des Art. 104a Abs. 3 S. 2 sieht seit September 2020 Art. 104a Abs. 3 S. 3 vor, dass bei der Gewährung von Leistungen für Unterkunft und Heizung auf dem Gebiet der Grundsicherung für Arbeitsuchende – abgekürzt KdU (Kosten der Unterkunft) – Bundesauftragsverwaltung nur besteht, wenn der Bund drei Viertel der Ausgaben oder mehr trägt, nicht, wie zuvor, fünfzig Prozent oder mehr.[154] Diese Neuregelung bezieht sich derzeit auf die §§ 22 Abs. 1 und 46 Abs. 5 bis 11 SGB II. Sie steht in einem mittelbaren Zusammenhang mit der COVID-90-Pandemie und dem Bestreben des Bundes, die Landkreise und kreisfreien Städte durch die Erhöhung seines KdU-Kostenanteils auf 74 % zu entlasten[155], dies mit einer finanziellen Auswirkung von geschätzt jährlich rund 3,4 Mrd. Euro, die Kommunen mit hohen, aus Arbeitslosigkeit resultierenden Soziallasten gezielt zugute kommt. Diese verfassungsrechtlich nach Art. 104a Abs. 3 S. 1 zulässige Erhöhung hätte nach bisherigem Recht Bundesauftragsverwaltung zur Folge gehabt. Diese Konsequenz wollten die Bundesländer nicht akzeptieren. S. 3 ist ein politischer Kompromiss, der verfassungssystematisch wenig einleuchtet, weil der Bund, obwohl er den überwiegenden Teil der bei Leistungen für Unterkunft und Heizung nicht genau festlegbaren Kosten trägt, nur begrenzte Kontrollrechte über die ordnungsgemäße und wirtschaftliche Mittelverwendung haben soll. In der der Verfassungsänderung vorangegangenen öffentlichen Anhörung hat der Vertreter des Bundesrechnungshofs auf das darin liegende finanzpolitische Gefahrenpotential deutlich hingewiesen.[156] Sachliche Gründe für die Ausnahmeregelung und die mit ihr verbundene Sonderstellung der Kosten der Unterkunft werden in den Gesetzesmaterialien nicht genannt. 51a

c) Regelungsbefugnisse des Bundesgesetzgebers und Rechtsfolgen ihrer Ausübung. Sind die tatbestandlichen Voraussetzungen erfüllt und ist Art. 104a Abs. 3 nicht verdrängt, so steht es im **Ermessen des Bundesgesetzgebers,** ob und in welcher Höhe von Art. 104a Abs. 1 abgewichen werden soll. Dies ist zwar inkonsequent, weil Abs. 3 voraussetzt, dass die Rechtfertigung für eine Lastenverteilung nach Abs. 1 entfallen ist, führt aber, da ausdrücklicher Wille des verfassungsändernden Gesetzgebers, nicht zu einer Ermessensreduzierung.[157] Die Entscheidung des Bundesgesetzgebers ist im Rahmen des primären vertikalen Finanzausgleichs zu berücksichtigen. 52

Beteiligt der Bund sich an den Kosten, darf dies nicht in der Form der Übernahme eines festen Geldbetrages erfolgen.[158] Art. 104a Abs. 3 S. 2 spricht von **Quoten,** nicht von absoluten Beträgen. Anderenfalls könnte das 53

119, 331) berührt Fragen der Finanzverfassung nur am Rande. Zur Spezialität von Art. 91e BVerfGE 137, 108 (Leitsatz 1).

[154] Vgl. hierzu insbesondere BT-Drs. 19/20595 u. 22586, BRats-Drs. 363 u. 540/20 und die von Sachverständigen eingereichten Stellungnahmen für eine öffentliche Anhörung des Haushaltsausschusses des Bundestages am 7.9.2020.

[155] Vgl. das Gesetz zur finanziellen Entlastung der Kommunen und der neuen Länder, BT-Drs. 19/20598 u. 21753.

[156] Hugo, Stellungnahme des Bundesrechnungshofs in der in der vorvorigen Fußnote genannten Anhörung, S. 3, dort mit Beispielen. Zu den 2017 durch Verfassungsänderung außer Streit gestellten Kontrollbefugnissen des Bundesrechnungshofs in diesem Bereich Art. 114 Abs. 2 S. 2 und → Art. 114 Rn. 38.

[157] Ebenso *Schoch/Wieland,* Finanzierungsverantwortung für gesetzgeberisch veranlaßte kommunale Aufgaben, 1995, 135 f.

[158] *Hellermann* in MKS Rn. 92; *Kube* in BeckOK GG Rn. 38; *Tappe* in BK Rn. 275 f.; a. A. *Siekmann* in Sachs Rn. 33.

Vorliegen der Voraussetzungen jedenfalls von Art. 104a Abs. 3 S. 2 nur ex post ermittelt werden. Art. 104a Abs. 3 S. 2 begründet **Bundesauftragsverwaltung** und setzt sie, im Unterschied zu Art. 104a Abs. 2, nicht voraus. Die gesteigerten Einwirkungsmöglichkeiten des Bundes auf die Länder richten sich nach Art. 85. Dies gilt auch, wenn der Anteil des Bundes an den Ausgaben nur bei 50 % liegt.

54 **3. Geldleistungsgesetze des Bundes mit Finanzierungslast der Bundesländer (Art. 104a Abs. 4).** Nach Art. 104a Abs. 4 bedarf ein Leistungsgesetz zum Schutz der finanziellen Interessen der Länder der **Zustimmung des Bundesrates,** wenn daraus entstehende Ausgaben von den Ländern ganz oder teilweise zu tragen sind. Hinsichtlich des gegenständlichen Umfangs des Zustimmungsvorbehalts und der **Zustimmungsbedürftigkeit von Änderungsgesetzen** gelten die allgemeinen Regeln. Die Zustimmungsbedürftigkeit tritt ein, wenn das Bundesgesetz einen Ausgabenanteil der Länder festsetzt, anders als bei Art. 104a Abs. 3 Satz 2 dies nicht notwendig in der Form einer Quote, aber auch, wenn die Finanzierungslast sich ohne gesetzliche Regelung unmittelbar aus Art. 104a Abs. 1 ergibt. Letzteres war unter Art. 104a Abs. 3 S. 3 a. F. streitig;[159] diesen Streit entscheidet Art. 104a Abs. 4 n. F. zugunsten der Länder, entgegen der allgemeinen Tendenz der Föderalismusreform, im Sinne eines Zustimmungsvorbehalts;[160] es wäre ein Widerspruch, wenn zum Schutze der Länderfinanzen die bundesgesetzliche Festlegung eines Ausgabenanteils der Länder zustimmungsbedürftig, die verfassungsunmittelbare Verursachung voller Ausgabenlast der Länder dagegen zustimmungsfrei wäre. Zustimmungsbedürftigkeit tritt ohne Rücksicht auf die Höhe der Belastung der Länder ein; eine wie auch immer zu fassende **Bagatellgrenze** gibt es nicht.[161] Die Begriffe „Geldleistung“ und „gewähren“ haben in Art. 104a Abs. 4 dieselbe Bedeutung wie in Art. 104a Abs. 3. Die Begriffe Sach- und Dienstleistung sind weit gefasst, schwer abgrenzbar und gemäß der ratio legis zu verstehen.[162] Zu den Sachleistungen gehören z. B. die Schaffung und Unterhaltung von Aufnahmeeinrichtungen für Asylbewerber oder die Schaffung von Tagesbetreuungsplätzen für Kinder, zu den Dienstleistungen gehören z. B. Betreuungs- und Erziehungsleistungen im Jugendwesen sowie Schuldner- und Rechtsberatung. Nicht erfasst sind Genehmigungen, Erlaubnisse oder sonstige Verwaltungsakte, die keine darüber hinausgehenden Leistungen bestimmen und nur die Vereinbarkeit mit materiellen Vorschriften feststellen.[163]

55 Der **Zustimmungsvorbehalt erfasst** Bundesgesetze, die die Länder als eigene Angelegenheit ausführen. Bei Bundesauftragsverwaltung ist Art. 104a Abs. 4 nur in den Fällen des Art. 104a Abs. 3 S. 2 einschlägig; im Übrigen trägt der Bund hier alle Zweckausgaben gemäß Art. 104a Abs. 2. Der letzte Halbsatz von Art. 104a Abs. 4 soll klarstellen, dass der **Zustimmungsvorbehalt nicht eingreift,** wenn der Bund die Ausgaben gemäß Art. 104a Abs. 3 zu 100 % übernimmt. Der Zustimmungsvorbehalt greift weiter nicht ein, wenn die Länder wie private Dritte belastet sind, etwa als Betreiber einer Einrichtung.

---

159 *Prokisch* in BK (Vorkomm.) Rn. 218.

160 Rechtspolitische Kritik bei *Kluth* in ders. (Hrsg.), Föderalismusreformgesetz, 2007, Rn. 11, 32, sowie bei *Siekmann* in Sachs Rn. 39.

161 Ebenso *Kluth* Fußnote zuvor Rn. 10.

162 Vgl. *Kesper* NdsVBl. 2006, 145 (147). Näher *Kube* in BeckOK GG Rn. 43.

163 Zu Letzterem übereinstimmend *Siekmann* in Sachs Rn. 41; i. Ü. BT-Drs. 16/813, 18; *Häde* JZ 2006, 930 (935) (jeweils mit Beispielen).

Schließlich ist denkbar, dass bei den Ländern keine Kosten verbleiben, weil Abgabentatbestände ihnen erlauben, diese auf Dritte abzuwälzen.[164]

4. EU-Geldleistungen. EU-Geldleistungen hat es erst in Ansätzen gegeben, als Art. 104a Abs. 3 a. F. 1970 in Kraft getreten ist. Hinsichtlich unmittelbar zu vollziehender[165] Geldleistungsregelungen der Europäischen Union weist die Norm darum eine Lücke auf. Art. 104a Abs. 3 ist mangels Bundesgesetzes nicht unmittelbar einschlägig und kann nicht in dem Sinne **analog angewandt** werden, dass isoliert die Kostenverteilung durch ggf. zustimmungsbedürftiges Bundesgesetz geregelt wird; **dies wäre keine Analogie, sondern eine Verfassungsergänzung.**[166] Die Staatspraxis behilft sich mit dem **Entwurf einer Bund-Länder-Vereinbarung,** die in Anlehnung an den Kostenverteilungsschlüssel bei der thematisch oft, rechtlich aber fast nie unmittelbar berührten Gemeinschaftsaufgabe der Verbesserung der Agrarstruktur (Art. 91a Abs. 1 Nr. 2, Abs. 3 S. 2, 3) dem Bund 60 % und den Ländern 40 % solcher Kosten zuweist.[167] Dies verstößt aber gegen den von Art. 104a Abs. 1, 2. Hs. begründeten Verfassungsvorbehalt. **Eine ausdrückliche verfassungsrechtliche Regelung, die die Länder gegen von ihnen kaum zu beeinflussende EU-Geldleistungsregelungen schützt,** wurde schon mehrfach gefordert;[168] es gibt sie aber nicht; deshalb bleibt es gemäß den Art. 30 Abs. 1 und 104a Abs. 1 bei der vollen Kostenlast der Länder, sofern nicht der Bund für den Verwaltungsvollzug zuständig ist. Die Föderalismusreform 2006 und seither vier weitere Verfassungsänderungen im thematischen Umfeld haben auf diese Frage keine Antwort gegeben.[169] Zu Recht wird festgestellt, dass die Praxis sich „auf höchst dünnem Eis" bewege.[170] 56

IV. Verwaltungsausgaben und Haftung (Art. 104a Abs. 5)

Hinsichtlich der Verwaltungsausgaben ist Art. 104a Abs. 5 Ausnahme von den Ausnahmen zu Art. 104a Abs. 1, im Übrigen dessen auf die Exekutive konzentrierte Wiederholung und schließlich die Ermächtigung zu einer gesetzlichen Konkretisierung.[171] Weder Abs. 5 noch eine andere Bestimmung des Art. 104a hindern Bund (oder Länder), **Private in den Verwaltungsvollzug** einzubeziehen und insofern mit Kosten zu belasten.[172] 57

Nach Art. 104a Abs. 5 S. 1, 2. Alt. haften Bund und Länder im Verhältnis zueinander für eine ordnungsmäßige Verwaltung.[173] Das Verhältnis der Länder 58

[164] Zu beiden Sätzen der Norm *Hellermann* in MKS Rn. 105–107.

[165] Zu der Unterscheidung in unmittelbaren und mittelbaren Vollzug und zur finanzverfassungsrechtlichen Einordnung des mittelbaren Vollzuges → Rn. 37.

[166] *Hellermann* in MKS Rn. 125 f.

[167] Dazu *v. Arnim* in HdbStR VI § 138 Rn. 30–32; *Hellermann* in MKS Rn. 125; *Kube* in BeckOK GG Rn. 19.

[168] BR-Drs. 600/73; Enq.-Kom. Verf.Reform, BT-Drs. VII/5924, Kap. 12, Tz. 1.4.2. und 3.6.5.; BR-Drs. 240/93.

[169] Kritisch auch *Hellermann* in MKS Rn. 123–126.

[170] Zitat: *Heun* in Dreier Rn. 7.

[171] Näheres zu den Begriffen Verwaltungs- und Zweckausgaben → Rn. 8, 20 f.

[172] Dazu am Beispiel der Einbeziehung von Unternehmern in die Erhebung der Umsatzsteuer *Trzaskalik,* Die Steuererhebungspflichten Privater, DStJG 12 (1989), 157. Zur Inpflichtnahme Dritter für die Steuerverwaltung allgemein *K.-D. Drüen,* Die Indienstnahme Privater für den Vollzug von Steuergesetzen, 2012; *G. Kirchhof,* Die Erfüllungspflichten des Arbeitgebers im Lohnsteuerverfahren, 2005.

[173] Hierzu *Stelkens,* Die Haftung zwischen Bund und Ländern in Härtel (Hrsg.), Handbuch Föderalismus, 2012, § 42. Weiter *Erichsen,* Zur Haftung im Bund-Länder-Verhältnis, 1986; *Häde,* Finanzausgleich, 1996, 56 ff.; *Heitsch,* Die Ausführung der Bundesgesetze durch die

zueinander wird nicht erfasst.[174] Fehlerhafte Ausgaben sind keine Zweck-, sondern Verwaltungsausgaben; dies ergibt sich aus der systematischen Stellung von Art. 104a Abs. 5 S. 1, 2. Alt.[175] Dabei sind die Kommunen wieder als Teil der Länder anzusehen[176], gilt die Norm auch im Finanzhilfeverhältnis zwischen Bund und Ländern nach Art. 104a Abs. 4 a. F.[177] und kommt eine Haftung des Bundes nur in seltenen Fallkonstellationen in Betracht, z. B. bei nicht ordnungsmäßiger Verwaltung der den Ländern zustehenden Biersteuer durch Bundesbehörden.[178] Art. 104a Abs. 5 ist verwaltungszentriert; er erfasst wohl exekutive Rechtsetzung, nicht aber Legislative und Judikative.[179] Der **haftungsbegründende Schaden** kann in Mehrausgaben des Gesetzesvollzugs oder in Mindereinnahmen bestehen. Die Anwendung der Norm setzt voraus, dass die Verwaltungszuständigkeit einerseits und die Ausgaben- bzw. Ertragszuständigkeit andererseits auseinander fallen, wie insbesondere bei der Bewirtschaftung von Mitteln des Bundes durch die Länder im Rahmen von Bundesauftragsverwaltung; anderenfalls kann es zu keinem Schaden kommen.[180] Haftungsfälle, die nicht auf einer unterschiedlichen Zuordnung von föderaler Aufgaben-, Ausgaben- oder Ertragszuständigkeit beruhen, werden nicht erfasst; dies folgt aus der systematischen Stellung in Art. 104a Abs. 5, in dem es insgesamt um **Folgen einer Divergenz von Aufgaben- und Ausgabenzuständigkeit** geht.[181] Dass es zusätzlich auf die Ertragszuständigkeit ankommen kann, ist historisch zu begründen: Art. 104a Abs. 5 S. 1, 2. Alt. hat 1969 Art. 108 Abs. 4 S. 2, 1. Hs. ersetzt, wonach die Länder für die ordnungsgemäße Verwaltung der Steuern hafteten, die der Bundesauftragsverwaltung unterliegen. Mehrausgaben sollen den Inhaber der Ausgabenzuständigkeit nicht als Zweckausgaben belasten, entsprechend bei Mindereinnahmen im Verhältnis zwischen den Inhabern der Ertragszuständigkeit, sondern dem Inhaber der Verwaltungskompetenz als Verwaltungsrisiko und damit im Rahmen der Verwaltungsaufgaben zugerechnet werden.[182] **Kosten für die Haftung gehören mithin zu den Verwaltungsausgaben.** Denn allein die Behörde, in deren Verantwortungsbereich die Verwaltungsmängel aufgetreten sind, hat die rechtliche Möglichkeit, ihre Bediensteten zur Verantwortung zu ziehen und für Schäden haftbar zu machen (auch wenn diese Erwägung die Realität des öffentlichen Dienstes möglicherweise nicht ganz trifft).[183]

Länder, 2001, 394 ff.; *Koenig/Braun* NJ 2004, 97; zu den Beruhensfällen bei legislativem bzw. normativem Unrecht *Baumeister/Ruthig* JZ 1999, 117 (125); zu einem Regress des Bundes gegen ein Land bei Verletzung von EU-Recht *Böhm* JZ 2000, 382; *Dederer* NVwZ 2001, 258 ff.; *Fisahn* DÖV 2002, 239 (245 f.); *Häde,* Die innerstaatliche Verteilung gemeinschaftsrechtlicher Zahlungspflichten, 2006; *Kemmler* LKV 2006, 529; *Nopper,* Bund-Länder-Haftung beim fehlerhaften Verwaltungsvollzug von Gemeinschaftsrecht durch die deutschen Länder, 1998.

[174] *Schwarz* in Maunz/Dürig Rn. 96.

[175] So auch *Henneke* in SHH Rn. 53; *Siekmann* in Sachs Rn. 46.

[176] BVerwGE 96, 45 (56); 100, 56 (60 f.; dort auch zu einem Regress Land-Kommune).

[177] BVerwG NVwZ 2019, 735 Leitsatz 1.

[178] Zu Letzterem ähnliche Einschätzung bei *Henneke* in SHH Rn. 55.

[179] BVerfGE 127, 165 (204) nennt zusätzlich Lenkungsversagen von Regierung oder Parlament im Hinblick auf die Verwaltungstätigkeit. Wie hier *Kube* in BeckOK GG Rn. 52; *Schenke* in Sodan Rn. 14; *Schwarz* in Maunz/Dürig Rn. 97; *Siekmann* in Sachs Rn. 51.

[180] BVerfGE 116, 271 (312 f.). Zu den Gemeinschaftsaufgaben gem. Art. 91a, 91b insoweit *Seelmaecker,* Die Verwaltungshaftung nach Art. 104a Abs. 5 GG und ihre Anwendbarkeit auf die Gemeinschaftsaufgaben von Bund und Ländern i. S. d. Art. 91a GG, 1998.

[181] BVerfGE 116, 271 (312); 127, 165 (205).

[182] Gutachten der Kommission für die Finanzreform, Tz. 215.

[183] BT-Drs. V/2861, 94.

59 Der Streit, ob Art. 104a Abs. 5 S. 1, 2. Alt. seit seinem Inkrafttreten am 1.1.1970 eine unmittelbare Anspruchsgrundlage sei oder ob Anspruchsgrundlage nur das in Satz 2 vorgesehene, bis heute nicht erlassene, auf den Widerstand der Länder treffende Bundesgesetz sein könne,[184] ist vom BVerwG 1994 in einem vom Gericht näher bestimmten **Kernbereich** im Sinne der ersten Alternative entschieden worden;[185] diese Kernbereichsrechtsprechung findet inzwischen die grundsätzliche Billigung des BVerfG.[186] Ein **verfassungsunmittelbarer Haftungsanspruch** besteht nach dieser Entscheidung nicht bei jeder nicht ordnungsgemäßen Verwaltungsmaßnahme, aber bei schwerwiegenden Pflichtverletzungen, die in Ausübung und nicht nur bei Gelegenheit der Wahrnehmung eines öffentlichen Amtes vorsätzlich[187] begangen worden sind; eine **Exkulpationsmöglichkeit** gibt es dann nicht. Vorauszusetzen ist weiterhin, dass Bund und Länder sich bei der Wahrnehmung grundgesetzlicher Verwaltungskompetenzen gegenüber stehen und nicht wie beliebige Rechtsträger oder bei der vertraglichen Übertragung von Bundesaufgaben auf Landesbehörden.[188] Das BVerwG hat offen gelassen, ob der Gesetzgeber des Art. 104a Abs. 5 S. 2 eine verschuldensunabhängige Haftung einführen darf;[189] zum **Haftungskern** gehöre dies aber, auch nach der Entscheidung des BVerfG zu den speziellen Problemen unionsrechtlicher Anlastungen, nicht.[190] Die Frage des erforderlichen Verschuldensgrades ist für höchstrichterliche Überraschungen offen; warum grobe Fahrlässigkeit haftungsfrei bleiben soll, leuchtet nicht ein.[191]

60 Liegen die tatbestandlichen Voraussetzungen vor, so richtet der Anspruch als Schadensersatzanspruch sich auf Ersatz der Mehrkosten, die dem Haftungsberechtigten durch die nicht ordnungsgemäße Verwaltung entstanden sind (bzw. den Ersatz der Mindereinnahmen); es geht also um Geldersatz[192]; der Rechtsgedanke des § 254 BGB gilt entsprechend;[193] die Haftung für Folgeschäden müsste gesetzlich geregelt werden; ein verfassungsunmittelbarer Anspruch auf Verzugszinsen existiert nicht;[194] der Schuldner habe Anspruch auf Abtretung von Ersatzansprüchen des Gläubigers gegen Dritte; Verjährung trete in drei Jahren ab Kenntnis des Gläubigers von den anspruchsbegründenden Umständen und unabhängig von solcher Kenntnis in dreißig Jahren, berechnet ab der Pflichtverletzung, ein.[195] **Auch die Passivlegitimation von Bund bzw. Land gehört zum Haftungskern,**[196]

---

[184] *v. Arnim* in HdbStR VI § 138 Rn. 34 f.

[185] BVerwGE 96, 45 (51 ff.); BVerwG NVwZ 2007, 1315; BVerwG NVwZ 2019, 735. Ebenso BSG, Urt. vom 15.12.2009, B 1 AS 1/08 KL, Rn. 24 f. *Schwarz* in Maunz/Dürig Rn. 95; *Tappe* in BK Rn. 326 ff.

[186] BVerfGE 109, 1; 116, 271 (insb. 317 f., zuvor, S. 302–309, die verschiedenen Positionen referierend); 127, 165 (204 f.).

[187] Zur Ausgrenzung grober Fahrlässigkeit BVerwGE 104, 29 (Ls. 2). Nachweise zum Streitstand bei *Henneke* in SHH Rn. 73; *Kube* in BeckOK GG Rn. 55. Zu grober Zweckwidrigkeit bejahend *Schwarz* in Maunz/Dürig Rn. 97.

[188] Zu Letzterem BVerwG BayVBl. 1980, 473 f.

[189] BVerwGE 96, 45 (57 f.). Zum Fehlen eines Verschuldenskriteriums bei gemeinschaftsrechtlichen Anlastungen BVerfGE 116, 271 (318–323).

[190] BVerwGE 128, 99.

[191] Dazu *Schwarz* in Maunz/Dürig Rn. 97; *Tappe* in BK Rn. 342.

[192] *Schwarz* in Maunz/Dürig Rn. 98.

[193] Dazu BVerfGE 116, 271 (323 f.).

[194] Zu Verzugszinsen BVerwGE 96, 45 (59), wohl bestätigend BVerfGE 116, 271 (300).

[195] Die beiden zuletzt genannten Punkte sind Fortentwicklungen der Rechtsprechung, die sich aus BVerwGE 128, 99 ergeben.

[196] Vgl. *Siekmann* in Sachs Rn. 53.

nicht die Kosten ihrer Rechtsverfolgung. Das BVerwG beschränkt sich auf einen Haftungskern, damit Art. 104a Abs. 5 S. 2 nicht leer läuft. Die Bestimmung dieses Kerns darf einerseits nicht zu einer Verengung der Vorschrift in der Weise führen, dass von Haftung im eigentlichen Sinne nicht mehr gesprochen werden kann, andererseits aber auch nicht so weit gehen, dass als Regelungsgehalt für das von Verfassungs wegen geforderte Ausführungsgesetz im Grunde nur noch die Bestimmung des Verfahrens übrig bliebe.

61 Art. 104a Abs. 5 S. 1, 2. Alt. kann grundsätzlich mit anderen Ansprüchen kumulieren.[197] Ein **Amtshaftungsanspruch** scheitert indes regelmäßig daran, dass Bund und Länder im Verhältnis zueinander nicht Dritte sind.[198] Andere Anspruchsinstitute, z. B. die Haftung aus verwaltungsrechtlichem Schuldverhältnis, sind auf das Staat-Bürger-Verhältnis zugeschnitten.[199] Die Bundestreue schließlich ist keine Haftungsnorm, auch Art. 104a Abs. 1 nicht.[200] Zu erwägen wäre ein Erstattungsanspruch als Folge des Widerrufs einer Finanzhilfe gem. Art. 104b Abs. 1 durch den Bund; ansonsten scheitert ein Erstattungsanspruch häufig daran, dass der Entreicherung der einen föderalen Ebene keine Bereicherung der anderen gegenüber steht.[201] Anders als Art. 34 in Satz 3 schließt Art. 104a Abs. 5 S. 1, 2. Alt. einen **Binnenregress** gegen einen Amtswalter nicht aus; die Vorschrift ermöglicht einen solchen Regress vielmehr erst, indem sie den Schaden derjenigen Körperschaft zuweist, der gegenüber ein Amtswalter eine Pflichtverletzung begangen hat.[202] Gleiches gilt für einen Binnenregress vom Verhältnis Land–Kommune, wo eine spezialgesetzliche Grundlage erforderlich ist.[203]

62 Vom BVerwG seit 1994 entschiedene **Haftungsfälle** betreffen die Veruntreuung von Förderungsmitteln im Rahmen des Vollzugs des BAföG durch einen Bediensteten eines Landes,[204] die Erstattung von Personalkosten für einen im Katastrophenschutz Beschäftigten, der nach seiner Wahl in einen Personalrat vom Dienst freigestellt wird,[205] die Veruntreuung von Selbstbewirtschaftungsmitteln für den Katastrophenschutz,[206] die fehlerhafte Hinterlegung einer Enteignungsentschädigung beim Ausbau einer Bundesstraße,[207] den mangelhaften Vollzug von unmittelbar anwendbarem Unionsrecht durch die Länder,[208] überhöhte Entschädigungszahlungen aufgrund des NATO-Truppenstatuts[209], Abrechnungsfehler in einem öffentlich-rechtlichen Abrechnungsverhältnis[210], nicht ordnungsgemäße Verwaltung von Mitteln der Lastenausgleichsverwaltung[211], verspätete Geltendmachung von

[197] Vgl. auch BVerwGE 96, 45 (50); 128, 99 (103 f.). Siehe hierzu und zu weiteren Anspruchsgrundlagen *Kube* in BeckOK GG Rn. 50; *Tappe* in BK Rn. 330.

[198] BGHZ 27, 210; *Ossenbühl/Cornils,* Staatshaftungsrecht, 6. Aufl. 2013, 72.

[199] Zu einem Auftragsverhältnis ablehnend BVerwGE 12, 253.

[200] Zu Letzterem BVerfGE 116, 271.

[201] Zum Erstattungsanspruch allgemein *Tappe* in BK Rn. 330; *Siekmann* in Sachs Rn. 48 (dort auch zu Amtshaftungsansprüchen).

[202] Zu Parallelen zum Institut der Drittschadensliquidation *Siekmann* in Sachs Rn. 48.

[203] Dazu BVerwGE 100, 56 (61 f.); 131, 153 (157).

[204] BVerwGE 96, 45.

[205] BVerwG PersV 1995, 447.

[206] BVerwG NVwZ 1995, 991.

[207] BVerwGE 104, 29.

[208] BVerwGE 116, 234.

[209] BVerwGE 128, 99.

[210] BVerwGE 131, 153.

[211] BVerwG DVBl. 2012, 54.

Zwischenzinsen[212]. Hinzuweisen ist weiter auf Rechtsprechung von BGH und BSG.[213]

63 Neuartige Probleme ergeben sich für Art. 104a Abs. 5 S. 1, 2. Alt. aus der **europäischen Integration.**[214] Seine Anwendbarkeit scheitert nicht daran, dass die Verpflichtung der Länder zur ordnungsgemäßen Verwaltung insoweit nur gegenüber der Europäischen Union, nicht gegenüber dem Bund besteht;[215] unionsrechtlich verpflichtet sind weder Bund noch Länder, sondern die Bundesrepublik Deutschland. Soweit nach der internen Zuständigkeitsabgrenzung die Länder zuständig sind, ist die Bundesrepublik Deutschland unionsrechtlich der Europäischen Union und sind die Länder auf Grund der Bundestreue dem Bund (wie umgekehrt der Bund den Ländern) verpflichtet. Soweit der Bund wegen eines Fehlverhaltens der Länder mit einem Zwangsgeld oder einem Pauschalbetrag gem. Art. 260 Abs. 2 AEUV oder einer Geldbuße gem. Art. 126 Abs. 11 AEUV belegt wird, geht es nicht nur um ein Fehlverhalten nach Maßgabe von Unionsrecht im Verhältnis zur EU, sondern auch um ein Fehlverhalten im Verhältnis zum Bund nach Maßgabe von deutschem Verfassungsrecht. Die Norm ist insbesondere anwendbar, wenn die Länder unionsrechtswidrig Mittel ausgeben, die von der EU vorgeschossen worden sind, und ihre Ausgaben dem Bund von der EU angelastet werden.[216] Dass der Schaden des Bundes die Folge einer Inanspruchnahme durch einen fremden Hoheitsträger nach einer von der deutschen verschiedenen Rechtsordnung ist, ist irrelevant. Das Fehlverhalten der Länder muss aber administrativer Natur sein; eine unionsrechtliche Haftung der Bundesrepublik Deutschland wegen unterlassener oder fehlerhafter Umsetzung von Richtlinien oder wegen übermäßiger öffentlicher Verschuldung ist nicht erfasst.[217] Auf Haftungsfälle, die ab dem 1.9.2006 entstanden sind, findet Art. 104a Abs. 6 als lex specialis Anwendung; für ältere Haftungsfälle bleibt es bei Art. 104a Abs. 5.

64 Zur Vorbereitung der Durchsetzung von Haftungsansprüchen gibt Art. 104a Abs. 5 Satz 1, 2. Halbsatz dem Bund neben der Gesetzgebungs- auch eine **Verwaltungskompetenz.**[218] Der Bundesverwaltung darf die Befugnis eingeräumt werden, zu diesem Zweck bei den Landesverwaltungen, auch unmittelbar bei nachgeordneten Behörden und Kommunalverwaltungen, Berichte anzufordern, Akten beizuziehen, Unterlagen einzusehen und örtliche Erhebungen durchzuführen. **Gerichtliche Streitigkeiten** zwischen Bund und Ländern über eine Haftung nach Art. 104a Abs. 5 S. 1, 2. Alt. sind **verfassungsrechtlicher Natur, soweit** die Zuordnung von Finanzlasten dem Grunde nach zu klären ist. Das schließt die Festlegung der abstrakten Voraussetzungen eines im Verfassungsrecht wurzelnden Haftungsanspruchs sowie die Beachtlichkeit von Mitverursachungsbeiträgen ein.[219] Eröffnet ist

---

[212] BVerwG DÖV 2019, 410.

[213] BGHZ 198, 374; BSGE 105, 100.

[214] Vgl. *Häde,* Die innerstaatliche Verteilung gemeinschaftsrechtlicher Zahlungspflichten, 2006.

[215] So aber wohl BVerwGE 116, 234 (241). Anders BVerfGE 116, 271 (313–317). Zusammenfassend und zu Spezifika von Abs. 6 *Hellermann* in MKS Rn. 166f.; *Kluth* in ders. (Hrsg.), Föderalismusreformgesetz, 2007, Rn. 13, 14.

[216] Dazu *Littwin* DVBl. 1997, 151 (155f.). Klärend BVerfGE 116, 271.

[217] Wie hier schon *Koenig/Braun* NJ 2004, 97 (100f.).

[218] BVerfGE 127, 165 (204–207); Entsprechendes müsste auch für die Länder gelten. Ob zur Ausübung der Verwaltungskompetenz eine gesetzliche Grundlage erforderlich ist, bleibt unklar (S. 206). Zu Informationsansprüchen *Henneke* in SHH Rn. 60–63.

[219] BVerfGE 99, 361 (365f.); dazu *Stelkens* DVBl. 2000, 609; E 109, 1 (7); 116, 271 (326); zu letzterer Entscheidung *Koenig/Braun* NJ 2004, 97.

das Bund-Länder-Streitverfahren; praktische Probleme hat insoweit die Berechnung der Antragsfrist gemäß § 64 Abs. 3 BVerfGG bereitet.[220] Im Übrigen entscheidet das BVerwG, und zwar gemäß **§ 50 Abs. 1 Nr. 1 VwGO.**[221] Die Zuständigkeitsabgrenzung zwischen BVerfG und BVerwG ist nicht letztlich klar; so hat das BVerfG in einem unionsrechtlichen Anlastungsfall eine verschuldensunabhängige verfassungsunmittelbare Haftung der Länder bejaht, sich also über das vom BVerwG grundsätzlich aufgestellte Kriterium einer schwerwiegenden Pflichtverletzung hinweggesetzt.[222]

V. EU-Haftung (Art. 104a Abs. 6)

65 Art. 104a Abs. 6 ist eine Innovation. Er soll, wie Art. 109 Abs. 5, die **Europatauglichkeit des Grundgesetzes** steigern. Das Stichwort Europa ist in dieser Kommentierung schon viermal vorgekommen.[223] In Abs. 6 findet das Wort „supranational(en)" erstmals ausdrückliche Verwendung im Grundgesetz.[224] Es geht in Abs. 6 darum, im Innenverhältnis von Bund und Ländern ohne Rücksicht auf Verschulden die finanzielle Verantwortlichkeit für Verstöße gegen völker- und europarechtliche Pflichten durch jedes der Bundesrepublik Deutschland zurechenbare staatliche Verhalten zuzuweisen, deren Haftungsfolgen im Außenverhältnis der Bund zu tragen hat.[225] Die Materialien erwähnen folgende Haftungsfälle, die alle das Europarecht, nicht das Völkerrecht betreffen:[226] die unterbliebene oder mangelhafte Umsetzung von EU-Richtlinien, Sanktionen gemäß Art. 260 Abs. 2 AEUV, den Verstoß gegen die Stabilitätskriterien der Währungsunion, EU-Anlastungen, Verurteilungen durch den Europäischen Gerichtshof für Menschenrechte. Zu denken ist auch an Sanktionen für die Verfehlung von Umweltschutzzielen.[227] Die Vorschrift verdrängt Art. 104a Abs. 5, soweit dieser Verwaltungshandeln, das gegen Völker- oder Europarecht verstößt, auch erfasst,[228] sie modifiziert Art. 32 Abs. 1, und sie tritt hinter Art. 109 Abs. 5 als lex generalis zurück.[229] Die Vorschrift ist auf Konkretisierung durch ein zustimmungsbedürftiges Bundesgesetz angewiesen, das im Unterschied zu dem Bundesgesetz gemäß Art. 104a Abs. 5 S. 2 schon ergangen ist; es handelt sich um das **LastentragungsG.**[230]

66 Art. 104a Abs. 6 S. 1 erfasst[231] Verletzungen supranationaler oder völkerrechtlicher Verpflichtungen Deutschlands durch jedes Verhalten, das Deutsch-

---

[220] BVerfGE 109, 1; 116, 271 (300–302).

[221] Vgl. nur BVerwGE 104, 29 (31); 116, 234 (237 ff.). Unklar beim Regress des Bundes wegen Haftung für Mängel beim Vollzug unmittelbar anwendbaren Unionsrechts: BVerwG DVBl. 2002, 1053; *Winkler* DVBl. 2003, 79 (82). Zusammenfassend *Kube* in BeckOK GG Rn. 51.

[222] BVerfGE 116, 271 (318–323, insb. 322 f.).

[223] → Rn. 23, 37, 56, 63.

[224] Vgl. auch *Hellermann* in MKS Rn. 205.

[225] Zu der Unterscheidung von innen und außen BVerfGE 116, 271 (321 f.).

[226] So auch *Siekmann* in Sachs Rn. 57.

[227] Zu Verstößen gegen europäisches Luftqualitätsrecht *Hofmann* NVwZ 2018, 928 (936).

[228] *Hellermann* in MKS Rn. 166 f., 200. Das BVerfG hat die Anwendbarkeit von Abs. 5 6 Wochen nach dem Inkrafttreten von Abs. 6 bejaht (E 116, 271). Hinsichtlich ihres Hauptanwendungsfalls ist Abs. 6 damit eigentlich überflüssig; die Konkretisierungen in Art. 104a Abs. 6 S. 2 u. 3 könnten auch in einem Bundesgesetz nach Art. 104a Abs. 5 S. 2 erfolgen. Vgl. auch *Heun* in Dreier Rn. 8; *Kluth* in ders. (Hrsg.), Föderalismusreformgesetz, 2007, Rn. 23; *Schwarz* in Maunz/Dürig Rn. 104.

[229] Zum Verhältnis zu Art. 109 Abs. 5 ebenso *Hellermann* in MKS Rn. 201; *Siekmann* in Sachs Rn. 64; *Schwarz* in Maunz/Dürig Rn. 106.

[230] Vom 11.9.2006, BGBl. I 2006, 2105 (Art. 13 des Föderalismusreform-Begleitgesetzes).

[231] Zum zeitlichen Anwendungsbereich BVerwGE 128, 342 (344 ff.).

land nach Maßgabe von Völker- oder supranationalem Recht als **hoheitlich, nicht als fiskalisch** zurechenbar ist. Die Zurechnungskriterien richten sich nach Völker- oder supranationalem Recht. Mit „supranational" ist die Europäische Union gemeint. Europarechtliche Unterscheidungen wie die in supranational oder intergouvernemental oder in Europarecht im engeren oder im weiteren Sinne müssen verfassungsrechtlich nicht nachvollzogen werden, weil Art. 104a Abs. 6 S. 1 auch Verstöße gegen Völkerrecht erfasst. Zugerechnet wird Fehlverhalten von Legislative, Judikative[232] und Exekutive, im Unterschied zu Art. 104a Abs. 5, der nur die ordnungsgemäße Verwaltung im Blick hat.[233]

Die finanziellen Folgen solchen Fehlverhaltens werden, so die Grundregel, **nach Maßgabe der innerstaatlichen Aufgaben- und Zuständigkeitsverteilung** auf Bund und Länder als Verursacher verteilt, mit der Möglichkeit von Quotelungen gemäß dem Verursachungsbeitrag[234] und mit der Möglichkeit einer gesetzlichen Weiterübertragung innerhalb des jeweiligen föderalen Verbandes, etwa auf Träger mittelbarer Staatsverwaltung.[235] Mit Aufgaben- und Zuständigkeitsverteilung ist die bundesstaatliche Kompetenzordnung gemeint.[236] Trifft im Innenverhältnis die Verantwortung den Bund, so deckt dies sich mit dessen Haftung im Außenverhältnis. Trifft im Innenverhältnis die Verantwortung die Länder, so hat der Bund wegen seiner Haftung im Außenverhältnis gegen die Länder einen **Erstattungsanspruch** gemäß § 5 Abs. 1 LastentragungsG.[237] Ob im Außenverhältnis gehaftet wird, entscheidet kraft seines Außenvertretungsmonopols grundsätzlich der Bund, nicht die Länder.[238] Die Frage, ob der Bund gehalten ist, die Außenhaftung gerichtlich klären zu lassen, ist teilweise in § 7 des Gesetzes über die Zusammenarbeit von Bund und Ländern in Angelegenheiten der Europäischen Union geregelt. Dessen Absatz 4 enthält eine Spezialvorschrift für länderübergreifende Finanzkorrekturen.[239] 67

Art. 104a Abs. 6 S. 2, 3 enthält verfassungsrechtliche Spezialvorschriften für **länderübergreifende Finanzkorrekturen** der Europäischen Union. Eine Finanzkorrektur liegt gemäß § 2 Abs. 1 LastentragungsG vor, wenn die EU-Kommission entscheidet, dass Ausgaben der Union von der gemeinsamen Finanzierung auszuschließen und den Mitgliedstaaten anzulasten sind, weil diese Ausgaben nicht in Übereinstimmung mit den Unionsvorschriften getätigt worden sind (fehlerhafte Ausgaben). Eine Finanzkorrektur ist gemäß § 2 Abs. 2 LastentragungsG länderübergreifend, wenn ihr die Feststellung der EU-Kommission zugrunde liegt, dass die in einem Land oder in mehreren 68

---

[232] § 2 LastentragungsG nennt als Anwendungsbeispiel überlange Verfahrensdauer. Wie hier *Kube* in BeckOK GG Rn. 60.

[233] § 1 Abs. 1 LastentragungsG bleibt dahinter zurück, weil er nur die Verwaltung nennt, weitere Teile der Exekutive, insbesondere die Regierung, aber nicht erwähnt; die Vorschrift ist insoweit verfassungskonform weit auszulegen. Zur Regierung ebenso *Hellermann* in MKS Rn. 200, 212; *Kluth* in ders. (Hrsg.), Föderalismusreformgesetz, 2007, Rn. 24. *Siekmann* in Sachs Rn. 60, sieht u. a. in dieser Ausweitung einen Systembruch.

[234] Vgl. BT-Drs. 16/813, 19 sowie § 1 Abs. 2 LastentragungsG. Dieses Gesetz verweist zweimal auf das Königsteiner Abkommen (§§ 2 Abs. 2 S. 2 sowie S. 3). Dem einfachen Gesetzgeber ist bei der Ausgestaltung der Quoten ein Spielraum zuzubilligen (ebenso *Hellermann* in MKS Rn. 206, 211).

[235] Zu Letzterem *Ehlers* Jura 2007, 684 (689).

[236] Ebenso *Pieroth* in Jarass/Pieroth Rn. 23.

[237] Zu diesem Anspruch *Henneke* in SHH Rn. 97.

[238] Zu einem Sonderfall insoweit (Rückabwicklung von Finanzkorrekturen auf Grund einer Entscheidung des EuGH): § 5 Abs. 3 LastentragungsG.

[239] Dazu *Hellermann* in MKS Rn. 207; *Schwarz* in Maunz/Dürig Rn. 113.

Ländern festgestellte fehlerhafte Verausgabung von Unionsmitteln gleichermaßen in den übrigen Ländern aufgetreten ist und diesen übrigen Ländern der Nachweis unionsrechtskonformer Mittelverwendung nicht gelingt. Bei länderübergreifenden Finanzkorrekturen gilt folgender **Verteilungsschlüssel:** Der Bund trägt 15 %,[240] die Länder tragen 35 % gemeinsam (Aufteilung gemäß dem Königsteiner Schlüssel) und 50 % nach der Höhe der erhaltenen Mittel. Die beiden ersten Stufen dieses Verteilungssystems sind eine Solidarhaftung.[241] Es gibt zwei Gründe, die diese spezielle Regelung für Finanzkorrekturen (auch Anlastungen genannt) rechtfertigen:[242] Finanzkorrekturen sind ein unionsrechtliches Haftungsinstrument, das im herkömmlichen deutschen Recht keine Entsprechung findet und das mit Hypothesen, Pauschalen und abstrakten Extrapolationen unter Einräumung von Ermessensspielraum arbeitet.[243] In der **Gemeinsamen Agrarpolitik** haben Finanzkorrekturen eine erhebliche finanzielle Bedeutung. Bei länderspezifischen Finanzkorrekturen bleibt es bei Art. 104a Abs. 6 S. 1.

C. Verhältnis zu anderen Bestimmungen des Grundgesetzes

69 Die sechs Absätze von Art. 104a stehen untereinander und im Verhältnis zu der „Ausgründung" des Art. 104b und weiteren Regelungen des Grundgesetzes zu den Staatsaufgaben, nicht zu vergessen sind hier die Art. 91a bis 91e, und zu den Steuereinnahmen in einem kompliziert-detailreichen Verhältnis. Besonders wichtig sind die Beziehung zu Art. 109 Abs. 1 und das Anliegen, die Bundesländer vor der Finanzmacht des Bundes zu schützen.[244]

D. Kritische Würdigung

70 Finanzverfassungsrecht schafft Besitzstände für Bund und Länder. Beide Seiten haben gleichermaßen eine Vetoposition bei seiner Änderung, die die Gefahr halbherziger und umständlicher Kompromisse begründet. Zusammengenommen folgt daraus, dass Finanzverfassungsrecht nur zu ändern ist, wenn es **gesamtstaatlich dringenden und erheblichen Reformbedarf** gibt. Dieser war bei Art. 104a seit 1969 nicht ersichtlich.[245] Ob der umfassende Texteingriff, der 2006 erfolgt ist – Art. 104a hatte vorher 200 Wörter, die Art. 104a und 104b haben seither 360 Wörter – den Aufwand lohnt und den juristischen Gehalt der Normen tatsächlich um 80 % steigert, darf man bezweifeln.[246] Immerhin konnte die Stellung der Kommunen gestärkt werden, dies durch Änderungen der Art. 84 und 85, mit möglichen negativen Rückwirkungen auf das Hauptziel der Änderung des Art. 84 Abs. 1, und in

---

[240] Diese Beteiligung soll dem Bund auch einen Anreiz geben, gegen Finanzkorrekturen vor dem EuGH zu klagen; vgl. *Hellermann* MKS Rn. 206.

[241] So BT-Drs. 16/813, 19.

[242] Die von *Siekmann* in Sachs Rn. 65, geäußerte rechtspolitische Kritik ist darum überzogen.

[243] Vgl. die Charakterisierung in BVerfGE 116, 271 (279, 281, 318–323).

[244] Zum föderalen Trennungsprinzip BVerfGE 137, 108 (148).

[245] Umfassende Bestandsaufnahme bei *F. Kirchhof,* Gutachten D zum 61. DJT, 1996, der für einen Systemwechsel plädiert; ferner *Hellermann* in MKS Rn. 127 f. Anders als hier z. B. *Kluth* in ders. (Hrsg.), Föderalismusreformgesetz, 2007, Rn. 3.

[246] Krit. zum bürokratischen Folgeaufwand der Verfassungsänderung auch *Kluth* in ders. (Hrsg.), Föderalismusreformgesetz, 2007, Rn. 7.

Art. 104a Abs. 4 eine Streitfrage zugunsten der Bundesländer entschieden werden, die bisherige Praxis freilich nur bestätigend und absichernd.

Art. 104a Abs. 1 kann man weiterhin entgegenhalten, von seinem Grundsatz gebe es **zu viele Ausnahmen.** Gegen Abs. 3 und 4 kann vorgebracht werden, sie seien inkonsequent, wenn sie eine Kostenübernahme durch den Bund dem Grunde und der Höhe nach in dessen Ermessen stellen. Bei Art. 104b lässt sich Kritik an seiner Unbestimmtheit üben, so dass das Ziel einer rechtlichen Disziplinierung des Fondswesens verfehlt werde. Bei Art. 104a Abs. 5 schließlich ist zu bemängeln, dass das zu seiner vollen Wirksamkeit erforderliche Ausführungsgesetz hinsichtlich der Haftung auch nach 50 Jahren noch nicht erlassen worden sei.[247] Kritiker sollten bedenken, ob sie sich gegen Art. 104a selbst wenden oder gegen Maßnahmen auf Normebenen unterhalb der Verfassung, die im Rahmen von Art. 104a auch anders möglich wären; dies betrifft insbesondere Mischfinanzierungen. Kritiker sollten weiter bedenken, ob sie nicht fordern, was Art. 104a bewusst vermeiden wollte, etwa **zentralstaatliche Steuerung des Ausgabenverhaltens** der Länder und Kommunen. Die Aussage, das bundesstaatliche System sei auf der Ausgabenseite von einer Vielzahl beweglicher Verteilungselemente durchsetzt und dies stehe im Widerspruch zu dem Ziel jeder Finanzreform, **eine stabile, berechenbare und staatswirtschaftlich überzeugende Grundlage für die Lastenverteilung** zu gewinnen, ist eine Übertreibung und zugleich eine Simplifikation. Angesichts der Komplexität des bundesstaatlichen Systems auf der Ausgabenseite ist eine einfachere Lösung kaum denkbar; die Ersetzung von Verwaltungs- durch Gesetzeskausalität würde auf der Seite der Staatsausgaben komplizierte, auf einzelne Gesetze bezogene Abrechnungen erforderlich machen.[248] Angesichts seiner Beharrungskraft ist die Befürchtung, Art. 104a öffne dieses System mit unbestimmten Kriterien der Tagespolitik, realitätsfremd. Kritik, die daran geäußert wird, dass zwischen den Gemeinschaftsaufgaben (Art. 91a–e), den Finanzhilfen des Bundes gemäß Art. 104b und weiteren Normen und dem primären und dem sekundären vertikalen Finanzausgleich[249] **funktionelle Überschneidungen unvermeidbar sind,** ist entgegenzuhalten, dass trotz dieser Überschneidungen die Unterschiede zwischen den drei Instituten überwiegen und dass es in der Hand des einfachen Bundesgesetzgebers liegt, sie besser aufeinander abzustimmen.[250] In der Reformdiskussion entsteht gelegentlich der Eindruck, die Politik betrachte Verfassungsänderungen als Mittel, um sich selbst zu einer Korrektur konkreter, politisch begangener Fehler zu zwingen; der Umweg über das Verfassungsrecht wäre allerdings überflüssig. 71

Die für die bundesstaatliche Ordnung wichtigste Aussage des Art. 104a ist die Anknüpfung der Finanzierungs- an die Verwaltungs- und nicht an die Gesetzgebungskompetenz in Abs. 1. Denn sie bewirkt, dass die **Länder dem Bund finanzpolitisch auf Augenhöhe gegenüberstehen.** Angesichts des Übergewichts des Bundes im Bereich der Gesetzgebung würde die gegen- 72

[247] Die Chance, den Bundesgesetzgeber mit der These, der Verfassungsbegriff „bestimmt" in Art. 104a Abs. 5 Satz 2 begründe eine Gesetzgebungspflicht, zum Handeln zu zwingen, hat sich das BVerfG im September 2010 entgehen lassen; nebulös ist von „vornehmlich gesetzlich klar ausgeformt(e)" die Rede (BVerfGE 127, 165 (206, zu Teilregelungen ebd., 207 f.)).

[248] Vgl. schon *Fischer-Menshausen* in v. Münch/Kunig, 3. Aufl. 1996 Rn. 2.

[249] Zu diesem Verhältnis auch *Schuppert* in Umbach/Clemens Rn. 15.

[250] Zur Ergänzungsfunktion von Finanzhilfen des Bundes neben dem Finanzausgleich schon BVerfGE 39, 96 (111).

teilige Lösung zu einer empfindlichen Statusminderung für die Länder führen. Sie ist deshalb abzulehnen.

Literatur

(soweit nicht in den Literaturhinweisen bei Vorb zu Art. 104a–109 enthalten)

N. Achterberg, Die interkörperschaftliche Haftung im Bundesstaat am Beispiel der Bundesrepublik Deutschland, DVBl. 1970, 125. – ***H. H. v. Arnim,*** Finanzzuständigkeit, HdbStR VI, 2008, § 139. – ***U. Battis/J. Kersten,*** Public Private Partnership in der Städtebauförderung, LKV 2006, 442. – ***D. Birk,*** Die Rechtsfolgen verfassungswidriger ausgabenwirksamer Gesetze im Bereich der Finanzverfassung, BayVBl. 1981, 673. – ***M. Böhm,*** Der Bund-Länder-Regreß nach Verhängung von Zwangsgeldern durch den EuGH, JZ 2000, 382. – ***R. Breuer,*** Gemeinschaftsaufgaben und Mischfinanzierung, FS P. Krause, 2006, 325. – ***H. B. Brockmeyer,*** Ungeschriebene Finanzierungszuständigkeiten des Bundes, FS F. Klein, 1994, 633. – ***H.-G. Dederer,*** Regress des Bundes gegen ein Land bei Verletzung von EG-Recht, NVwZ 2001, 258. – ***K. Engelken,*** Das Konnexitätsprinzip im Landesverfassungsrecht, 2. Aufl., 2012. – ***H.-U. Erichsen,*** Die Konnexität von Aufgaben- und Finanzierungskompetenz im Bund-Länder-Verhältnis, 1968. – ***ders.,*** Zur Haftung im Bund-Länder-Verhältnis, 1986. – ***M. Findeisen,*** Die Neuordnung der Ausgabenverantwortung nach Art. 104a GG vor dem Hintergrund der wirtschaftlichen Situation der Kommunen, ThürVBl. 2006, 73. – ***J.-K. Fromme/K. Ritgen,*** Neuordnung der Finanzbeziehungen – Aufgabengerechte Finanzverteilung zwischen Bund, Ländern und Kommunen, DVBl. 2014, 1017. – ***V. Götz,*** Die Staatsausgaben in der Verfassungsordnung, JZ 1969, 89. – **Ch. Gröpl,** Staatseinnahmen und Staatsausgaben, AöR 133 (2009), 1. – ***U. Häde,*** Die innerstaatliche Verteilung gemeinschaftsrechtlicher Zahlungspflichten, 2006. – ***J. Hellermann,*** Amtshilfe und Organleihe im Bundesstaat – Wer trägt die Lasten?, FG B. Schlink, 2014, 323. – ***H.-G. Henneke,*** Die Kommunen in der Föderalismusreform, DVBl. 2006, 867. – ***ders.,*** Bewältigung flüchtlingsbedingter Mehrausgaben im Rahmen der Finanzverfassung, JÖFin 2016-2, 377. – ***W. Heun,*** Die Zusammenführung der Aufgaben- und Ausgabenverantwortung von Bund, Ländern und Gemeinden als Aufgabe einer Reform der Finanzverfassung, DVBl. 1996, 1020. – ***Ch. Hillgruber,*** Klarere Verantwortungsteilung von Bund, Ländern und Gemeinden?, JZ 2004, 837. – ***P. M. Huber,*** Klarere Verantwortungsteilung von Bund, Ländern und Kommunen?, Gutachten D zum 65. Deutschen Juristentag, 2004. – ***U. Hufeld,*** Binnenstaatliche Verwaltungshaftung bei Verstoß gegen Gemeinschaftsrecht, Finanzreform 2004, 122. – ***L. Hummel,*** Verfassungsfragen der Verwendung staatlicher Einnahmen, 2008. – ***D. Jeddeloh,*** Die Frage der Haftung bei fehlerhafter Ausführung von Bundesgesetzen durch die Länder, 1970. – ***I. Kemmler,*** Nationaler Stabilitätspakt und Aufteilung der EU-Haftung zwischen Bund und Ländern nach der Föderalismusreform, LKV 2006, 529. – ***S. Kempny,*** Finanzverteilungsrecht, VR 2014, 300. – ***F. Kirchhof,*** Das Erlöschen von Ansprüchen nach Art. 104a Abs. 2 GG zwischen Bund und Ländern infolge Zeitablaufs, FS Selmer, 2004, 725. – ***ders.,*** Die Verwaltungshaftung zwischen Bund und Ländern, NVwZ 1994, 105. – ***ders.,*** Klarere Verantwortungsteilung von Bund, Ländern und Kommunen?, DVBl. 2004, 977. – ***F. Klein,*** Die Aufgabenabgrenzung zwischen Bund und Ländern nach Art. 104a GG, FS W. Geiger, 1989, 501. – ***Ch. Koenig/J.-D. Braun,*** Rückgriffsansprüche des Bundes bei einer Haftung für Verstöße der Bundesländer gegen Gemeinschaftsrecht, NJ 2004, 97. – ***S. Korioth,*** Entlastung der Kommunen durch unmittelbare Finanzbeziehungen zum Bund?, NVwZ 2005, 503. – ***M. Kotzur,*** Zur Frage des Regresses der Bundesrepublik Deutschland gegen ein gemeinschaftsrechtswidrig handelndes Bundesland, JZ 2007, 253. – ***B. Kummer,*** Die Haftung der Länder im Verhältnis zum Bund am Beispiel der Steuerverwaltung, 1973. – ***F. Littwin,*** Die innerstaatliche Verteilung der Finanzierungslasten aus der Mitgliedschaft der Bundesrepublik Deutschland in der Europäischen Union, DVBl. 1997, 151. – ***M. Mitsch,*** Bund-Länder-Regress nach Verhängung von EU-Zwangsgeldern, 2008. – ***S. Müller-Franken,*** Verfassungsfragen einer bundesfinanzierten Einbeziehung der Kommunen in die Verwaltung der Arbeitslosenhilfe, VSSR 2000, 155. – ***F. Nopper,*** Bund-Länder-Haftung beim fehlerhaften Verwaltungsvollzug von Gemeinschaftsrecht durch die deutschen Länder, 1998. – ***W. Patzig,*** Der „allgemeine Lastenverteilungsgrundsatz" des Art. 106 Abs. 4 Nr. 1 des Grundgesetzes, AöR 86 (1961), 245. – ***ders.,*** Die Gemeinschaftsfinanzierungen von Bund und Ländern, 1981. – ***ders.,*** Die Lastenverteilung im Bereich der kommunalen Fremdverwaltung, DÖV 1985, 645. – ***R. Rudisile,*** Die Haftung für ordnungsgemäße Verwaltung zwischen Bund und Ländern (Art. 104a Abs. 5 GG), DÖV 1985, 909. – ***R. Schenke,*** Aufgabengerechte Finanzverteilung, NJW 2014, 2542. – ***Th. I. Schmidt,*** Finanzierungspflichten und Konnexitätsprinzip. Zur Konnexitätsrelevanz der Dynamisierungsklausel des § 19 KiBiz, 2016. – ***F. Schoch,*** Die Reformbedürftigkeit des Art. 104a GG, ZRP 1995, 387. – ***ders.,*** Aufgabenkreation des Bundes, Mehrbelastung der Kommunen, Ausgleichspflicht der Länder, ZG 2018, 97. – ***U. Schwenke,*** Haftung der Länder gegenüber dem Bund aus Art. 104a V 1 GG, NVwZ 2003, 1430. – ***H. J. Seelmaecker,*** Die Verwaltungshaftung nach Art. 104a V GG und ihre Anwendung auf die Gemeinschaftsaufgaben von Bund und Ländern im Sinne des Art. 91a GG, 1998. – ***P. Selmer,*** Zur bundesstaatlichen Lastenverteilung bei der Anwendung von Geldleistungspflichten der EG, GS Ch. Sasse, Bd. 1, 1981, 229. – ***H. Siekmann,*** Finanzzuweisungen des Bundes an die Länder auf unklarer Kompetenzgrundlage, DÖV 2002, 629. – ***H. Sodan,*** Die Haftung im Verhältnis zwischen Bund und Ländern nach der Föderalismusreform, GS f. Kopp, 2007, 378. – ***Ch. Starck,*** Finanzausgleich und Finanzhilfen im Bundesstaat, JZ 1975, 363. – ***U. Stelkens,*** Verwaltungshaftungsrecht, 1998. – ***ders.,*** Die Haftung zwischen Bund und Ländern, in: I. Härtel (Hrsg.), Handbuch Föderalismus, 2012, § 42. – ***G. Trapp,*** Das Veranlassungsprinzip in der Finanzverfassung der Bundesrepublik Deutschland, 1997. – ***J. Waiblinger,*** Die „Aufgabe" im Finanzverfassungsrecht des Grundgesetzes, 2000. – ***R. Wendt,*** Mehrbelastungsausgleichspflicht der Länder für bundesgesetzlich veränderte Aufgaben, DÖV 2017, 1. – ***J. Wieland,*** Finanzkrise und Bundesstaat, ZG 2009, 140. – ***M. Winkler,*** Verwaltungsträger im Kompetenzverbund, 2009. – ***J. Ziekow,*** Die Anwendung des landesverfassungsrechtlichen Konnexitätsprinzips bei bundes- und gemeinschaftsrechtlichen Beeinflussungen des Bestands kommunaler Aufgaben, DÖV 2006, 489.

Art. 104b [Finanzhilfen des Bundes für Investitionen]

(1) [1] Der Bund kann, soweit dieses Grundgesetz ihm Gesetzgebungsbefugnisse verleiht, den Ländern Finanzhilfen für besonders bedeutsame Investitionen der Länder und der Gemeinden (Gemeindeverbände) gewähren, die

1. zur Abwehr einer Störung des gesamtwirtschaftlichen Gleichgewichts oder

2. zum Ausgleich unterschiedlicher Wirtschaftskraft im Bundesgebiet oder

3. zur Förderung des wirtschaftlichen Wachstums

erforderlich sind. [2] Abweichend von Satz 1 kann der Bund im Falle von Naturkatastrophen oder außergewöhnlichen Notsituationen, die sich der Kontrolle des Staates entziehen und die staatliche Finanzlage erheblich beeinträchtigen, auch ohne Gesetzgebungsbefugnisse Finanzhilfen gewähren.

(2) [1] Das Nähere, insbesondere die Arten der zu fördernden Investitionen, wird durch Bundesgesetz, das der Zustimmung des Bundesrates bedarf, oder auf Grund des Bundeshaushaltsgesetzes durch Verwaltungsvereinbarung geregelt. [2] Das Bundesgesetz oder die Verwaltungsvereinbarung kann Bestimmungen über die Ausgestaltung der jeweiligen Länderprogramme vorsehen. [3] Die Festlegung der Kriterien für die Ausgestaltung der Länderprogramme erfolgt im Einvernehmen mit den betroffenen Ländern. [4] Zur Gewährleistung der zweckentsprechenden Mittelverwendung kann die Bundesregierung Bericht und Vorlage der Akten verlangen und Erhebungen bei allen Behörden durchführen. [5] Die Mittel des Bundes werden zusätzlich zu eigenen Mitteln der Länder bereitgestellt. [6] Sie sind befristet zu gewähren und hinsichtlich ihrer Verwendung in regelmäßigen Zeitabständen zu überprüfen. [7] Die Finanzhilfen sind im Zeitablauf mit fallenden Jahresbeträgen zu gestalten.

(3) Bundestag, Bundesregierung und Bundesrat sind auf Verlangen über die Durchführung der Maßnahmen und die erzielten Verbesserungen zu unterrichten.

Übersicht

A. Allgemeine Bedeutung

1 Art. 104b ist eine **Ausnahme vom Konnexitätsgrundsatz** des Art. 104a Abs. 1.[1] „Milliardenschwer",[2] ist er im Zuge der Föderalismusreform I am 28.8.2006 als Nachfolger von Art. 104a Abs. 4 aF in das GG aufgenommen worden. Zwischen Art. 104b in der aktuellen Fassung und Art. 104a Abs. 4 aF gibt es inhaltliche Unterschiede: In Abs. 1 ist der Konditionalsatz „soweit dieses Grundgesetz ihm Gesetzgebungsbefugnisse verleiht" hinzugekommen; auch die textlich an Art. 109 Abs. 3 S. 2 und 115 Abs. 2 S. 6 angelehnte Notstandsklausel ist neu.[3] Im Kern stimmen die Formulierungen aber überein und es spricht nichts dagegen, die bisherige Rechtsprechung des BVerfG und die bisherigen Kommentierungen für ihre Interpretation heranzuziehen.[4] Zwar heißt es in den Materialien zu der Verfassungsänderung von 2006, die Finanzhilfen des Bundes sollten – im Anschluss an zahlreiche frühere Bemühungen[5] – auf ihre eigentliche Zielrichtung zurückgeführt werden.[6] Das bedeutet aber nicht, dass die Verfassung inhaltlich geändert worden ist; es bedeutet primär, dass stärker darauf geachtet wird, dass die Staatspraxis mit dem Verfassungsinhalt übereinstimmt.[7]

2 Die Änderungen dienen einem Hauptziel der Föderalismusreform I, der **Entflechtung,** einer klareren Trennung und Zuordnung der Aufgaben- und Ausgabenverantwortung im Verhältnis von Bund und Ländern und, als Nebenziel, dem Abbau von Bürokratie und Exekutivföderalismus.[8] Dieses Ziel macht gerade einen kritischen Blick auf das Fondswesen und die sog. gesetzesfreie Verwaltung[9] erforderlich. Bundesmittel sollen gezielt und flexibel zur Lösung konkreter Problemlagen eingesetzt werden.[10] Die Änderungen stehen in einem Kontext mit zahlreichen weiteren Änderungen, die teils gegenläufig, also im Sinne von mehr Verflechtung, wirken. Bei einem

[1] So zu Art. 104a Abs. 4 aF BVerfGE 39, 96 (108). Zum Verbot der Mischverwaltung ebd., 120. Zu Letzterem *Küchenhoff,* Die verfassungsrechtlichen Grenzen der Mischverwaltung, 2010.

[2] Zur Staatspraxis → Rn. 23.

[3] Zu weiteren Einzelheiten → Rn. 3.

[4] Zur Entstehungsgeschichte *Butzer* in: Kluth, Föderalismusreformgesetz, Art. 104b Rn. 3–17; zur Bedeutung älterer Literatur ebd., Rn. 18. Zu der Bedeutung der Verfassungsänderung 2017 im Hinblick auf die Rechtsprechung des BVerfG → Rn. 3.

[5] „Klassisch" das Troeger-Gutachten: *Kommission für Finanzreform,* Gutachten über die Finanzreform in der Bundesrepublik Deutschland, 2. Aufl., 1966.

[6] BT-Drs. 16/813, 19.

[7] Wie hier *Wulfhorst* DVBl. 2010, 28.; aA *Battis/Klein/Rusteberg* DVBl. 2009, 682 ff. Das BVerfG spricht von einer „Verschärfung" (BVerfGE 127, 165 (194, 196)).

[8] Als weiteres Ziel nennen *Tappe/Wernsmann,* Öffentliches Finanzrecht, 2019, Rn. 156 den Ausgleich externer Effekte, womit Vorteile für andere Bundesländer und den Gesamtstaat gemeint sind, die mit Investitionen einzelner Länder einhergehen.

[9] Zu diesem Topos *v. Arnim* in HdbStR V § 138 Rn. 53.

[10] BT-Drs. 16/813, 19. → Rn. 6.

Gesamtblick auf die geänderten oder neuen Art. 91a, 91b, 91c, 91d, 104a, 104b, 125c, 143c und 143d (Stand 2019) ist es nicht möglich, eine „konzeptionelle bundesstaatliche Richtungsentscheidung“[11] zu benennen, um die sich die zum Teil inhomogenen Details ordnen ließen. Die Maximalforderungen nach Streichung von Mischfinanzierungen und Klärung der föderalen Finanzfragen allein auf der Seite der Staatseinnahmen, nicht der Staatsausgaben wurden 2006 allenfalls theoretisch diskutiert.[12] Einige seit 2006 mit Art. 104b unvereinbare Mischfinanzierungen erhalten durch Art. 125c Abs. 2 Bestandsschutz.

3 Rückblickend lässt die **bisherige Verfassungsgeschichte der Fondsverwaltung** in Deutschland sich in drei Phasen einteilen. Von 1949 bis 1969 stand das Fondswesen nicht unter einem ausdrücklichen Verfassungsvorbehalt und hat sich insoweit unbeeinflusst und ungeordnet entwickelt.[13] Auf die Konstitutionalisierung im Jahr 1969 (Art. 104a Abs. 4 aF, Art. 91a, 91b) folgte eine mehr als dreißigjährige Phase der Konsolidierung, früh begünstigt durch zwei länderfreundliche Entscheidungen des BVerfG.[14] Die Wiedervereinigung Deutschlands hat zu keiner konzeptionellen Änderung geführt. Die 3. Phase, beginnend mit der Föderalismusreform I, ist geprägt von Verfassungsänderungen mit teils gegenläufigen Tendenzen. Art. 104a Abs. 4 alte Fassung und Art. 104b sind von 2006 bis 2019 **viermal geändert** worden. Die erste Änderung, zugleich Überführung von Art. 104a in den neuen Art. 104b, diente dem Ziel, ein Überhandnehmen der Bundesförderung im Schul- und Bildungswesen durch die Begrenzung der Förderung auf die Gesetzgebungszuständigkeiten des Bundes auszuschließen (52. G zur Änderung des Grundgesetzes vom August 2006, dort Art. 104b Abs. 1, neu waren weiter Art. 104b Abs. 2 S. 2 und 3 und Abs. 3). Die Begrenzung auf die Gesetzgebungszuständigkeit wurde 2009 durch die Einfügung des Satzes 2 in Abs. 1 wieder ein Stück weit zurückgenommen (57. G zur Änderung des Grundgesetzes vom Juli 2009)[15], ebenso wie 2006 durch Art. 125c Abs. 2, 2017 durch Art. 104c und 2019 durch Art. 104d. Das 62. G zur Änderung des Grundgesetzes vom Juli 2017 betrifft Verfahrensfragen, stärkt wiederum den Bund und reagiert auf eine länderfreundliche Entscheidung des BVerfG[16]; innerhalb von Art. 104b Abs. 2 werden die S. 2 bis 4 neu eingefügt, die bisherigen S. 2 und 3 werden zu den S. 5 und 6, die Abs. 1 und 3 bleiben unverändert. Bei der bislang letzten Verfassungsänderung im März 2019 ging es primär um den 2017 in das GG eingefügten Art. 104c und den neuen Art. 104d, beides Ausweitungen des Förderrahmens von Art. 104b Abs. 1 S. 1 in umstrittenen Punkten; Art. 104b selbst wird nur in einem Punkt ergänzt: in Abs. 2 wird S. 5 neu eingefügt, der die Investitionsverantwortung der Länder in Erinnerung ruft, und die bisherigen S. 5 und 6 werden zu den S. 6 und 7.

---

[11] Formulierung bei *Selmer* NVwZ 2007, 872 (873).

[12] Nachweise bei *Kube* in BeckOK GG Rn. 1.1; *Siekmann* in Sachs Rn. 1.

[13] Kritsch beobachtet von *Köttgen,* Die Fondsverwaltung in der Bundesrepublik, 1965. Das BVerfG spricht, unter Verwendung von Anführungszeichen, von einem wild wuchernden Zuschusswesen (BVerfGE 127, 165 (194)).

[14] BVerfGE 39, 96; 41, 291.

[15] *Henneke* in SHH Rn. 6; *ders.* DVBl. 2009, 561; *ders.* NdsVBl. 2009, 121. Nach Einschätzung des BVerfG hat sich dadurch an der Grundtendenz von Art. 104b Abs. 1 aber nichts geändert (so BVerfGE 127, 165 (194 f.)).

[16] BVerfGE 127, 165; *Henneke* in SHH Rn. 33b spricht von „ausgehebelt“. Und auch die Entscheidungen BVerfGE 39,96 und 41, 291 sind von der Verfassungsänderung in Mitleidenschaft gezogen; dazu im Einzelnen *Hellermann* in MKS Rn. 65c und 65d.

B. Einzelfragen

I. Finanzhilfen des Bundes für Investitionen der Länder und Gemeinden (Art. 104b Abs. 1)

Art. 104b stellt die finanzielle Beteiligung des Bundes an Aufgaben der Länder (einschließlich der Gemeinden und Gemeindeverbände), also das sog. **Fondswesen,**[17] zu einem Teil auf eine verfassungsrechtliche Grundlage und schließt in seinem Anwendungsbereich ungeschriebene Kompetenzen des Bundes aus. Dieser Anwendungsbereich ist durch die Kriterien Gesetzgebungsbefugnisse des Bundes, Aufgaben „der" Länder und Kommunen, durch bestimmte Förderzwecke und den Investitionsbegriff gekennzeichnet. Ungeschriebene Finanzierungskompetenzen des Bundes kennt das GG aber weiterhin bei der Erfüllung bundeseigener Verwaltungsaufgaben, wobei diese Aufgaben auch Mitfinanzierungskompetenzen beinhalten können. Dies ist Thema des Art. 104a Abs. 1 (→ Art. 104a Rn. 30 ff.), so dass ungeschriebene Finanzierungskompetenzen des Bundes sich nicht dadurch beseitigen lassen, dass Art. 104b ein abschließender Charakter zuerkannt wird. Vielmehr wäre dazu eine abschließende Regelung der Verwaltungskompetenzen des Bundes erforderlich, die aber wegen der Undefinierbarkeit des Verwaltungsbegriffs nur schwer möglich ist. Art. 104b ist jedenfalls **keine abschließende Regelung** der Frage föderaler Mischfinanzierungskompetenzen.[18] 4

Art. 104b ist der 2006 nachtarierte und präzisierte, inzwischen mehrmals wieder geänderte **Versuch eines Kompromisses.**[19] Auf der einen Seite stehen das **gesamtstaatliche Interesse** an rechtlich geordneten und transparenten föderalen Finanzbeziehungen und das **Interesse der Länder,** in ihrer Hoheitssphäre nicht von Dotationsauflagen und Kofinanzierungsforderungen des Bundes gegängelt zu werden. Auf der anderen Seite steht die **Verantwortung des Bundes** für das gesamtwirtschaftliche Gleichgewicht und die Gleichwertigkeit der Lebensverhältnisse im gesamten Bundesgebiet, die ohne ein Fondswesen nicht wahrgenommen werden kann, weil die **öffentlichen Investitionen** zu gut zwei Drittel in den Aufgabenbereich der Länder, davon überwiegend in den Aufgabenbereich der Kommunen, fallen.[20] Dem Fondswesen begegnet einerseits berechtigtes föderales Misstrauen, andererseits ist es aus der Realität nicht wegzudenken, auch weil gesamtwirtschaftliche Wirkungen in einer globalisierten Volkswirtschaft allenfalls vom Bund ausgelöst werden können. Soweit aus der Eigenstaatlichkeit der Länder sowie der Existenz eines föderalen Finanzausgleichs in der Literatur abgeleitet wird, das Fondswesen müsse eine „Ausnahme" bleiben,[21] ist dies **nicht als zusätzliche Rechtsschranke gemeint, sondern als Erläuterung des faktischen** 5

[17] Zu diesem Begriff *Müller-Volbehr,* Fonds- und Investitionshilfekompetenz des Bundes, 1975, 3 ff. Ferner *Büsselberg,* Die Investitionshilfekompetenz des Bundes gemäß Art. 104a Abs. 4 GG, 1996; *Kirste,* Finanzhilfen des Bundes an die neuen Länder nach Art. 104a IV GG, 1995.

[18] Allgemeine Meinung; vgl. nur *von Arnim* in HdbStRV § 138 Rn. 55.

[19] 52. G zur Änderung des Grundgesetzes vom 28.8.2006 (BGBl. I, 2034), 57. G zur Änderung des Grundgesetzes vom 29.7.2009 (BGBl. I, 2248).

[20] Statistisches Jahrbuch 2018, 268 ff. *Heun/Thiele* in Dreier Rn. 8, hebt die Bedeutung der Steuerungs- im Unterschied zur Finanzierungsfunktion von Bundesfinanzhilfen hervor. Vgl. auch *v. Arnim* in HdbStRV § 138 Rn. 58.

[21] *Heun/Thiele* in Dreier Rn. 1, 9.

Stellenwertes von Art. 104b im System der bundesstaatlichen Finanzverfassung.[22] Danach kann auf die Norm nicht als Ersatz für die nicht rechtzeitige und richtige Verteilung des Aufkommens der Gemeinschaftssteuern zwischen Bund und Ländern oder für die nicht rechtzeitige und richtige Regelung des Finanzausgleichs zurückgegriffen werden.[23] Befürchtungen, über Finanzhilfen nach Art. 104b würde das System der bundesstaatlichen Finanzverfassung aus den Angeln gehoben, haben sich trotz ihres wiedervereinigungsbedingten Anstiegs[24] nicht bewahrheitet. Wenn das Fondswesen als **„Crux des Bundesstaates"** bezeichnet wird,[25] so trifft dies vielleicht für die juristische Dogmatik zu, nicht für die Finanzpolitik. Nach in den 0er Jahren dominierender Skepsis erfreuen sich Finanzhilfen, an den Aktivitäten des verfassungsändernden Gesetzgebers erkennbar, in den letzten Jahren wieder einiger Beliebtheit, dies möglicherweise im Zusammenhang mit dem ab 1.1.2020 greifenden grundsätzlichen Verschuldungsverbot für die Bundesländer (Art. 109 Abs. 3 S. 1).

6 **1. Gegenstand, Verwendungszweck und Empfänger der Hilfen des Bundes.** Finanzhilfen sind Geldzahlungen des Bundes an die Länder zu einem bestimmten Zweck, keine zweckungebundenen Zuweisungen; ihr Grund ist nicht eine allgemeine Leistungsschwäche des Empfängers, sondern ein **zweckgebundener Finanzbedarf.**[26] Finanzhilfen sollen es ermöglichen, konkrete Problemlagen gezielt anzugehen.[27]

7 Verwendungszweck können nur **besonders bedeutsame Investitionen** sein. Mit Investitionen meint Art. 104b Abs. 1 **Sachinvestitionen, nicht Finanzinvestitionen,** auch nicht die Folgekosten von Sachinvestitionen.[28] Es geht um Investition, die von den Ländern oder den Gemeinden entweder selbst getätigt oder von ihnen, nicht vom Bund, bei einem Dritten gefördert werden.[29] In erster Linie ist hier an **Infrastrukturmaßnahmen** zu denken. Das Merkmal der besonderen Bedeutsamkeit – Art. 91a Abs. 1 spricht in vergleichbarem Zusammenhang von einer Bedeutsamkeit für die Gesamtheit – entfaltet wegen seiner Unbestimmtheit wenig begrenzende Wirkung, auch wenn Ausmaß und Wirkung der Investition unterschieden werden.[30] Immerhin sind pauschale Zuweisungen ausgeschlossen[31] und muss zwischen (sekundärem) Finanzausgleich und Finanzhilfen unterschieden werden.[32]

8 Empfänger der Finanzhilfen des Bundes dürfen nur die Länder sein. **Differenzierungen zwischen den Ländern** bis hin zu gesamtwirtschaftlich

---

[22] Auflistung der Versuche, Art. 104a Abs. 4 (aF) restriktiv auszulegen, bei *v. Arnim* in HdbStR V § 138 Rn. 65 f.

[23] So BVerfGE 39, 96 (108, 111); 101, 158 (225 f.); zu Steuerverteilung und Finanzausgleich nachdrücklich *Henneke* in SHH Rn. 9; zu der Frage, ob Finanzhilfen notwendige Ausgaben des Bundes im Sinne von Art. 106 Abs. 3 S. 4 Nr. 1 sind → Art. 106 Rn. 34.

[24] Zur aktuellen Bedeutung dieses Zusammenhangs *Henneke* in SHH Rn. 42.

[25] So *Breuer* in FS f. Krause, 2006, 325 (347 f.).

[26] Abgrenzung zu den haushaltsrechtlichen Begriffen des Zuschusses, der Zuweisung und der Zuwendung bei *Siekmann* in Sachs Rn. 12; siehe auch *v. Arnim* in HdbStR V § 138 Rn. 55.

[27] BVerfGE 127, 165 (194); *Henneke* in SHH Rn. 5.

[28] *v. Arnim* in HdbStR V § 138 Rn. 61; *Henneke,* Öffentliches Finanzwesen – Finanzverfassung, 2. Aufl. 2000, Rn. 235; *Heun/Thiele* in Dreier Rn. 14; Kube in BeckOK GG Rn. 4; *Siekmann* in Sachs Rn. 14.

[29] *Kienemund* in Hömig/Wolff Rn. 3.

[30] So BVerfGE 39, 96 (114 f.); wie hier *Heun/Thiele* in Dreier Rn. 14.

[31] Ebenso *Kube* in BeckOK GG Rn. 4; *Siekmann* in Sachs Rn. 13.

[32] Zum Zweiten *Tappe/Wernsmann,* Öffentliches Finanzrecht, 2019, Rn. 158, mit Hinweis auf *Buscher,* Der Bundesstaat in Zeiten der Finanzkrise, 2010, 123.

bedeutsamen Einzelprojekten sind zulässig, sofern sie sich vor den Förderzielen des Art. 104b Abs. 1 und vor dem aus Art. 20 Abs. 1 herzuleitenden föderalen Gleichheitssatz rechtfertigen lassen.[33] Auch einzelne Länder können unter dieser Voraussetzung Empfänger sein, ebenso Ländergruppen wie die neuen Bundesländer.[34]

Soweit Finanzhilfen des Bundes für **Gemeinden** oder Gemeindeverbände bestimmt sind, müssen sie gleichwohl den Ländern gewährt werden, um von deren Haushalten weitergeleitet zu werden. Die Erwähnung der Kommunen in Art. 104b Abs. 1 ändert an ihrer Mediatisierung durch die Länder schon nach dem Verfassungswortlaut nichts.[35] Finanzhilfen des Bundes, die für Dritte bestimmt sind, sind nur zulässig, wenn sie über die Länder geleitet werden und die Dritten Investitionen der Länder, Gemeinden oder Gemeindeverbände in deren Auftrag vornehmen, zB früher beim sozialen Wohnungsbau.[36] Eine **Direktzahlung Bund–Dritter** wäre mehr als eine bloße Zahlungsmodalität;[37] sie bewirkt einen Einflussverlust der Länder, der verfassungswidrig ist, weil die Zahlung im Aufgabenbereich der Länder erfolgt. 9

2. Die drei Förderziele des Art. 104b Abs. 1. Art. 104b Abs. 1 will das Fondswesen des Bundes, neben der Bindung an den Investitionsbegriff, durch seine Bindung an drei Förderziele begrenzen. Die Vorschrift ist **keine Finanzhilfe-Generalklausel.** Finanzhilfen des Bundes dürfen keine Instrumente direkter oder indirekter Investitionssteuerung zur Durchsetzung allgemeiner wirtschafts-, raumordnungs- oder strukturpolitischer Ziele des Bundes in den Ländern sein.[38] Finanzhilfen sind zulässig zur Abwehr einer Störung des gesamtwirtschaftlichen Gleichgewichts (1. Alt.), zum Ausgleich unterschiedlicher Wirtschaftskraft (2. Alt.) oder zur Förderung des wirtschaftlichen Wachstums (3. Alt.). Wegen der **Unbestimmtheit dieser Förderziele,**[39] zwischen denen die Staatspraxis nicht erkennbar differenziert, muss die verfassungsgerichtliche Überprüfung sich darauf beschränken, ob der Bundesgesetzgeber oder die Beteiligten an Verwaltungsvereinbarungen sie im Prinzip zutreffend ausgelegt und sich in dem dadurch bezeichneten Rahmen gehalten haben.[40] Ausgrenzungswirkung entfalten diese Förderziele, jedenfalls die 2. und die 3. Alt., vor allem zugunsten des Kultur- und Bildungsbereichs der Länder.[41] 10

Der Begriff des **gesamtwirtschaftlichen Gleichgewichts** (1. Alt.) ist wie in Art. 109 Abs. 2 GG sowie in § 1 S. 2 StabWG[42] zu verstehen[43] und wie 11

---

[33] BVerfGE 39, 96 (113, 117 ff.); 41, 291 (308); 86, 148 (267 f.).

[34] Zu einem Beispiel *Weilmann* LKV 1994, 305 (309 f.).

[35] So auch BVerfGE 39, 96 (122); 41, 291 (313).

[36] Zur Zulässigkeit von Letzterem BVerfGE 83, 363 (381); *Hellermann* in MKS Rn. 26; *Heun/Thiele* in Dreier Rn. 14; *Pieroth* in Jarass/Pieroth Rn. 2; *Schwarz* in Maunz/Dürig Rn. 22; *Siekmann* in Sachs Rn. 11. Weiter *Carl* DVBl. 1989, 589.

[37] Begriff in BVerfGE 41, 291 (314).

[38] BVerfGE 39, 96 (111 f.).

[39] BVerfGE 39, 96 (114: „äußerst allgemeine Form"). Dies hat den verfassungsändernden Gesetzgeber aber nicht zu Präzisierung veranlasst; *Hellermann* in: Starck, Föderalismusreform, Rn. 350.

[40] BVerfGE 39, 96 (114 f.); 45, 1 (29).

[41] Vgl. *Siekmann* in Sachs Rn. 15; *Stern,* Das StaatsR II, 1980, § 47 II 3c β. Vgl. auch Art. 23 Abs. 6 S. 1 GG.

[42] G zur Förderung der Stabilität und des Wachstums der Wirtschaft v. 8.6.1967 (BGBl. I, 582), seit 2001 nur noch durch Zuständigkeitsanpassungsverordnungen geändert. Zu diesem Gesetz BVerfGE 79, 311 (338 f.).

[43] → Art. 109 Rn. 23 ff. Zu einer Ausgrenzung von regionalpolitischen Maßnahmen durch das Merkmal „gesamtwirtschaftlich": *Siekmann* in Sachs Rn. 21.

dort nur **sehr eingeschränkt justitiabel.** Dem Bund soll die Möglichkeit gegeben werden, in einer Wirtschaftskrise die Länder und Kommunen als öffentliche Hauptinvestoren zu antizyklischem Verhalten zu veranlassen. Das in der 3. Alt. gesondert genannte **wirtschaftliche Wachstum** ist in diesem Merkmal enthalten. Allerdings setzt die 3. Alt. keine Störung voraus. Sie ist demnach tatbestandlich, auch hinsichtlich des Kreises thematisch zulässiger Fördermaßnahmen, weit und muss auf der Ermessensebene restriktiv gehandhabt werden, um sich in das System der bundesstaatlichen Finanzverfassung einzufügen[44] und um die beiden ersten Alternativen nicht überflüssig zu machen.[45] Die 1. Alt. betrifft einen **kurzfristig entstehenden und vorübergehenden Förderbedarf;** hinsichtlich des Kreises thematisch zulässiger Fördermaßnahmen ist sie dafür weiter; erfasst sind insbesondere **Konjunkturprogramme.**[46] Die 2. Alt. betrifft einen **langfristigen Förderbedarf;** mangelnde „Wirtschaftskraft" im Sinne dieser Alternative ist eine Ursache für „Finanzbedarf" iSv Art. 107 Abs. 2. Anders als die 1., aber auch die 3., ist die 2. Alt. dafür hinsichtlich des Kreises thematisch zulässiger Fördermaßnahmen enger. Die 2. Alt. lässt Differenzierungen zwischen den Ländern ausdrücklich zu. Bei der Beurteilung der Erforderlichkeit im Hinblick auf diese Ziele ist nicht nur auf die einzelne Finanzhilfe, sondern auch auf die Gesamtsumme abzustellen.

12 **3. Die Gesetzgebungskompetenz des Bundes als äußerer Rahmen der Finanzierungskompetenz.** Als dritte inhaltliche Voraussetzung für eine Finanzierungskompetenz des Bundes, neben den drei Förderzielen und dem Kriterium einer besonders bedeutsamen Investition, nennt Art. 104b Abs. 1 das Vorliegen einer Sachgesetzgebungsbefugnis, diese neben der Finanzierungsgesetzgebungsbefugnis aus Art. 104b Abs. 2 S. 1. Gesetzgebungsbefugnis meint, entsprechend der Terminologie in Art. 70 Abs. 1 und 2, **grundsätzlich jede** ausschließliche und konkurrierende Gesetzgebungsbefugnis des Bundes, Letzteres ohne Rücksicht auf ihre Ausübung und auf Art. 72 Abs. 3.[47] Anders als in einem Vorentwurf[48] ist im geltenden Recht von Gesetzgebungsbefugnissen des Bundes, nicht von ausschließlichen Gesetzgebungsbefugnissen der Länder die Rede, eine Formulierung, die in den Art. 23 Abs. 6 S. 1 und, ohne das Merkmal „ausschließlich", in Art. 105 Abs. 2a vorkommt.[49] Dieser Formulierungswechsel soll nach einem Bericht des Rechtsausschusses des Bundestages[50] die Möglichkeit eines Hochschulpaktes zwischen Bund und Ländern absichern; dies erscheint wegen Art. 74 Abs. 1 Nr. 33 als überflüssig, der die Ausschließlichkeit der Kompetenz der Länder einschränkt; wegen der im Fondswesen nach wie vor bestehenden Unschärfen dürfte dem Wechsel wenig inhaltliche Bedeutung zukommen.

---

[44] Dazu schon *Selmer* AöR 101 (1976), 238 (246); *Starck* JZ 1975, 363 (364).

[45] Zu diesem Problem *v. Arnim* in HdbStR V § 138 Rn. 63, 65; *Heun/Thiele* in Dreier Rn. 21; *Siekmann* in Sachs Rn. 30.

[46] Ebenso *Kube* in BeckOK GG Rn. 12; *Siekmann* in Sachs Rn. 16.

[47] Ebenso *Butzer* in: Kluth, Föderalismusreformgesetz, Art. 104b Rn. 20 f., mit dem zutreffenden Hinweis, dass sich im Bereich ausschließlicher Gesetzgebungszuständigkeiten des Bundes dessen Finanzierungskompetenz in aller Regel schon aus Art. 104a Abs. 1 ergebe.

[48] BT-Drs. 16/813, 4. Dazu *v. Arnim* in HdbStR V § 138 Rn. 60; *Heun/Thiele* in Dreier Rn. 1, 22.

[49] Die Ansicht, es gebe keine ausschließlichen Gesetzgebungszuständigkeiten der Länder, sondern nur eine Residualkompetenz, ist falsch; vgl. *Heintzen* in BK Art. 70 Rn. 123 ff. So aber *Butzer* in: Kluth, Föderalismusreformgesetz, Rn. 19.

[50] BT-Drs. 16/2069.

Das bestätigt sich bei der überraschend streitigen Frage, ob die Finanzierungskompetenz des Bundes durch die **Erforderlichkeitsklausel** des Art. 72 Abs. 2 eingeschränkt wird.[51] Dagegen spricht der Verfassungswortlaut, denn bei Art. 72 Abs. 2 geht es nicht um Kompetenzzuweisung[52], sondern um Kompetenzausübung. Dafür sprechen die *ratio* sowohl von Art. 104b Abs. 1 als auch von Art. 72 Abs. 2: Verrechtlichung und Beschränkung der Bundeskompetenzen. Letzterem wird hier der Vorzug gegeben, so dass dieser Kommentar sich in das Pro-Lager einordnet. Allerdings ist es ein Unterschied, ob die Erforderlichkeit von die Länder ausschließender Bundesgesetzgebung oder angesichts knapper Finanzen die Erforderlichkeit einer Mitfinanzierung durch den Bund zu attestieren ist. Bei Letzterem ist die den Bund begrenzende Wirkung dieses Erforderlichkeitskriteriums schwächer und überschneiden sich dieses Kriterium und die Kriterien der besonderen Bedeutsamkeit und der in Art. 104b Abs. 1 S. 1 aE genannten Erforderlichkeit.[53] 13

Im Kern geht es darum, die Bereiche **Schule, Bildung und Wissenschaft, ferner Verkehr und Wohnungswesen,** von der Bundeskompetenz gemäß Art. 104b auszugrenzen, was Finanzierungskompetenzen nach anderen Vorschriften des Grundgesetzes nicht ausschließt. Zu Letzterem seien genannt die Exzellenzinitiative der Bundesregierung im Hochschulbereich und Art. 91b Abs. 1[54] sowie die von der OECD veranlasste PISA-Studie und Art. 91b Abs. 2. 14

Unzulässig werden mit der Verschärfung des Art. 104b im Verhältnis zu Art. 104a Abs. 4 aF (vorbehaltlich Art. 125c Abs. 2): ein Ganztagsschul-Investitionsprogramm[55] sowie Programme zur Förderung des Studentenwohnheimbaus und zur Schaffung weiterer Ausbildungskapazitäten in der beruflichen Bildung.[56] **Zulässig** bleiben Regelungen und Programme in den Bereichen außerschulische Bildung und Weiterbildung, Hochschulzulassung und Hochschulabschlüsse[57], weiter die bisher praktizierte gemeinsame Kulturförderung von Bund und Ländern.[58] Durch die Änderung von Art. 91b werden zulässig Programme zur Förderung der Lehre in Fällen von überregionaler Bedeutung.[59] Außerhalb des Bildungsbereichs sind zu nennen: kommunale Infrastruktur (dazu auch Art. 104c), Wohnungsbau (dazu auch Art. 74 Abs. 1 Nr. 18 und Art. 104d), Städtebauförderung, Seehäfen.[60] 15

---

[51] Dafür: *Kube* in BeckOK GG Rn. 5; *Schwarz* in Maunz/Dürig Rn. 26; *Siekmann* in Sachs Rn. 31. Dagegen *Hellermann* in MKS Rn. 46; *Henneke* in SHH Rn. 16; *Heun/Thiele* in Dreier Rn. 2; *Pieroth* in Jarass/Pieroth Rn. 3; *Schenke* in Sodan Rn. 5.

[52] Zu den Auswirkungen der Änderung einzelner Kompetenztitel, insb. in Art. 74, *Kienemund* in Hömig/Wolff Rn. 2.

[53] Ähnlich *Heun/Thiele* in Dreier Rn. 22; *Schmehl* in BerlKomm Rn. 23. Zu Letzterem *Henneke* in SHH Rn. 30.

[54] Der seit 1.1.2015 explizit auch die akademische Lehre umfasst; zur Lehre vgl. *Hellermann* in: Starck, Föderalismusreform, Rn. 300; zu Art. 74 Abs. 1 Nr. 13: *Wittreck* in Dreier Art. 74 Rn. 65; zur Grundgesetzänderung *Wolff* DÖV 2015, 771.

[55] BT-Drs. 16/813. Dazu *Kube* in BeckOK GG Rn. 5.1.

[56] *Henneke* in SHH Rn. 16.

[57] Vgl. dazu *Butzer* wie zuvor Rn. 23. Zum Hochschulpakt *Hellermann* in MKS Rn. 47; *Siekmann* in Sachs Rn. 34.

[58] BT-Drs. 16/813, 19. Vgl. auch *Butzer* wie zuvor Rn. 24, 25; *Hellermann* in MKS Rn. 48.

[59] Zur Definition der hier verwendeten Begriffe *Schwarz* in Maunz/Dürig Art. 91b Rn. 15 ff.

[60] Auflistung bei *Henneke* in SHH Rn. 36–42.

16 **4. Notsituationen.** Gemäß Art. 104b Abs. 1 S. 2 darf der Bund auch ohne eigene Gesetzgebungsbefugnisse, also im Bereich ausschließlicher Gesetzgebungsbefugnis der Bundesländer, im Fall von Naturkatastrophen oder außergewöhnlichen Notsituationen, die sich der Kontrolle des Staates entziehen und die staatliche Finanzlage erheblich beeinträchtigen, Finanzhilfen gewähren. In Bereichen, für die der Bund eine Gesetzgebungsbefugnis hat, reduziert sich in solchen Situationen sein Ermessen, bis hin zu einer Ermessensreduzierung auf Null. Die Vorschrift soll die **staatliche Handlungsfähigkeit** sichern.[61] Die Formulierungen zu den Fördervoraussetzungen stimmen mit denen in Art. 109 Abs. 3 S. 2 und in Art. 115 Abs. 2 S. 6 überein; auf die einschlägige Kommentierung sei hier darum verwiesen (→ Art. 109 Rn. 43 ff., Art. 115 Rn. 34.). Ob die Finanz- und Wirtschaftskrise 2009/10 als eine außergewöhnliche Notsituation angesehen werden konnte, so dass der Bund auf der Grundlage des Gesetzes zur Umsetzung von Zukunftsinvestitionen der Kommunen und Länder tätig werden durfte, blieb trotz dahingehender Äußerungen des verfassungsändernden Gesetzgebers auch in der Sache fraglich.[62] Aus der Art der Notsituation und der Beeinträchtigung der staatlichen Finanzlage ergeben sich zugleich Begrenzungen für Höhe und Dauer der Hilfen.

17 **5. Das Ermessen des Bundes.** Art. 104b Abs. 1 gibt dem Bund grundsätzlich ein Entschließungs- und ein Auswahlermessen („kann", „erforderlich"). Das **Entschließungsermessen** betrifft das „Ob überhaupt" und das „Wie lange", das durch Mitspracherechte der Länder eingeschränkte **Auswahlermessen** Art[63] und Umfang der Finanzhilfen. Ermessen besteht auch bei der Einschränkung oder Abschaffung von Finanzhilfen, selbst wenn deren tatbestandliche Voraussetzungen sich (noch) nicht erledigt haben; Vertrauensschutz wird nach allgemeinen, im Verhältnis von Hoheitsträgern restriktiven Kriterien gewährt; Bestandsschutz gibt Art. 104b nicht. Das Ermessen ist nun durch Art. 104b Abs. 2 S. 5 bis 7 eingeschränkt (→ Rn. 26 f.).

18 Das Entschließungsermessen des Bundes ist **frei von politischer Einwirkung der Länder.** Der Bund darf politische Erwägungen zur Geltung bringen, nur keine parteipolitischen. Das Ermessen kann gleichwohl rechtlich reduziert sein. Wegen seiner Garantenstellung für das staatliche Finanzwesen und das gesamtwirtschaftliche Gleichgewicht gibt es kein freies politisches Ermessen des Bundes. Vielmehr ist insoweit das **Merkmal „erforderlich" eine – wenn auch kaum justitiable – Ermessensdirektive.**[64] Ein anderer ermessensdirigierender Gesichtspunkt ist das Vorliegen einer **extremen Haushaltsnotlage eines Landes,** zu unterscheiden von den in Art. 104b Abs. 1 S. 2 vorkommenden Notsituationen (→ Art. 109 Rn. 44.), zu deren gezielter Bekämpfung der Bund ua Finanzhilfen iSd Art. 104b einsetzen kann.[65] Sofern auch andere Unterstützungsleistungen zulässig und geeignet sind, besteht ein Auswahlermessen.[66] Ein **Anspruch** einzelner Länder auf Finanzhilfen des Bundes ist ausgeschlossen, weil diese im gesamtstaatlichen Interesse gewährt werden.

---

[61] BT-Drs. 16, 12410, 15 sowie, zu Art. 109, 11 und 13.

[62] BGBl. I 2009, 416, 428. Zu mehr formellen Fragen dieses Gesetzes BVerfGE 127, 165. → Art. 109 Rn. 44.

[63] Dies auch im Verhältnis zu anderen, verfassungsrechtlich zulässigen Formen der Unterstützung; BVerfGE 86, 148 (269).

[64] BVerfGE 39, 96 (113 f.); *Hellermann* in MKS Rn. 51.

[65] BVerfGE 86, 148 (267 f.); 116, 327 (389 f., ferner 402); *Henneke* in SHH Rn. 27 f.

[66] BVerfGE 86, 148 (269).

Das Auswahlermessen des Bundes wird von dem Verfassungsbegriff der Hilfe in vier Hinsichten beschränkt. Hilfe bedeutet, dass der Bund nur eine **Teil-, keine Vollfinanzierung** leisten darf, wobei Art. 104b, auch in dem 2019 eingefügten Abs. 2 S. 5, zur Höhe des Bundesanteils keine weiteren Vorgaben macht.[67] Hilfe bedeutet zweitens, dass der Bund nur ein Angebot machen darf, das die Länder auch ausschlagen können, mag dies politisch auch schwer fallen;[68] ein **Zwang zur Kofinanzierung** wäre auch mit Art. 109 Abs. 1 unvereinbar;[69] auch daran ändert der 2019 eingefügte Art. 104b Abs. 2 S. 5 nichts. Hilfe bedeutet drittens, dass der Bund Zahlungen grundsätzlich nicht von Bedingungen und Dotationsauflagen abhängig machen darf.[70] Hilfe bedeutet viertens, dass die Entscheidungskompetenz des Bundes begrenzt ist und die **Länder ein Mitspracherecht** haben, das nach Maßgabe von Art. 104b Abs. 2 S. 1 zu konkretisieren ist. Grundsätze über die Voraussetzungen und das Verfahren des Einsatzes von Finanzhilfen sind in einer **Grundvereinbarung** vom 19.9.1986 zwischen den Regierungen von Bund und Ländern niedergelegt.[71] Die Einflussmöglichkeiten, die Art. 104b dem Bund gibt, sind also begrenzt. Dies dürfte – besser als die schwer präziser zu fassenden Förderziele – ein Überhandnehmen von Finanzhilfen des Bundes verhindern, ebenso wie die Nichtanerkennung von Finanzierungshilfen als „notwendige Ausgaben" des Bundes im Sinne von Art. 106 Abs. 3 S. 4 Nr. 1, die eine Refinanzierung bei den Bundesländern abschneidet.[72] 19

II. Die nähere Regelung (Art. 104b Abs. 2)

Art. 104b Abs. 2 S. 1 verrechtlicht das Fondswesen, weil die Finanzierung von Aufgaben der Länder durch den Bund fundamental die Stellung der Länder und ihre Interessen berührt.[73] Um den Einfluss des Bundes rechtlich zu begrenzen und um zu gewährleisten, dass seine Mitfinanzierung die Länder nicht in der Erfüllung ihrer eigenen Aufgaben beschränkt oder behindert, müssen **Zustimmungsgesetz oder Verwaltungsvereinbarung alles Wesentliche** enthalten. Wesentlich sind nach Ansicht des BVerfG Regelungen über die Auswahl der zu fördernden Vorhaben, über die Bestimmung der Höhe des Bundesanteils und über die Fixierung eines einheitlichen Verteilungsmaßstabs für knappe Bundesmittel. Dies ist dem alleinigen Entscheidungsrecht der Bundesexekutive entzogen. Gibt es keinen **gesetzlichen Verteilungsschlüssel** oder kann der Schlüssel die Mittelverteilung nicht abschließend regeln, muss der Bund mit **allen** betroffenen **Ländern** ein **Einvernehmen über die Mittelverteilung** herstellen. Nur wenn es nicht gelingt, einvernehmlich einen Verteilungsschlüssel zu finden, soll die Bundesexekutive einen notfalls groben, für alle Länder in gleicher Weise geltenden 20

[67] *Hellermann* in MKS Rn. 24; *Heun/Thiele* in Dreier Rn. 10; *Schwarz* in Maunz/Dürig Rn. 21.

[68] BVerfGE 41, 291 (308).

[69] Zu Art. 109 *Henneke* in SHH Rn. 8; *G. Kirchhof* in MKS Art. 109 Rn. 24.

[70] BVerfGE 39, 96 (Ls. 4, 120 f.); 41, 293 (313); hierzu auch *Hellermann* in MKS Rn. 53; *Siekmann* in Sachs Rn. 10.

[71] BAnz. v. 31.10.1986, 15105.

[72] Vgl. *v. Arnim* in HdbStRV § 138 Rn. 67. → Rn. 5; Art. 106 Rn. 34.

[73] BVerfGE 39, 96 (Ls. 3 u. 116), auch zum Weiteren; BVerfGE 41, 291 (306 f.); 127, 165 (193–195).

sachlichen Maßstab bestimmen dürfen.[74] **Rechtsstreitigkeiten** über wesentliche Fragen fallen in die Zuständigkeit des BVerfG.[75]

21 **1. Inhalt und Grenzen der Regelungsbefugnis.** Art. 104b Abs. 2 S. 1 gibt dem Bund eine Gesetzgebungs- bzw. Vertragskompetenz im Aufgabenbereich der Länder, begrenzt diese aber zugleich. Die Vorschrift gibt dem Bund keine Verwaltungskompetenz.[76] Der Bund musste sich bis zur Grundgesetzänderung 2017 auf die Bereitstellung von Mitteln und die generelle Festlegung ihres Verwendungszwecks beschränken. Die Auswahl einzelner Projekte im Rahmen von ihnen gesetzter Prioritäten war Sache der Länder; der Bund musste von ihren Planungen ausgehen.[77] Weiterhin war die Projektrealisation, insbesondere die Mittelbewirtschaftung und die Entscheidung über einzelne Förderanträge, Sache der Länder. Dies waren Kernaussagen zweier grundlegender Entscheidungen des BVerfG aus der Mitte der 70er Jahre, die gegenteilige Rechtsansichten des Bundes verwarfen und jedenfalls bis 2017 für die Praxis des Art. 104b maßgebend sein mussten.[78] Auf diese Weise soll(te) die **Entscheidungsfreiheit der Gliedstaaten** bei der Erfüllung der ihnen obliegenden Aufgaben sichergestellt werden. Dass, wie das Gericht ausdrücklich erwähnt, sachdienliche Informationen und Anregungen des Bundes an die Länder zulässig sind und berücksichtigt werden müssen,[79] folgt schon aus dem **Gebot bundesfreundlichen Verhaltens.** Weiter ist eine **Bündelung der Finanzhilfen** mit anderen Förderungsmaßnahmen des Bundes und der Länder **zulässig**[80] und durften unter bestimmten Voraussetzungen auch Einzelprojekte gefördert werden.[81] Weiterhin durfte der Bund immer schon prüfen, ob einzelne Projekte der Länder ihrer Art nach nicht der festgelegten Zweckbindung der Finanzhilfen entsprechen oder gänzlich ungeeignet sind. Größere Einwirkungsmöglichkeiten hatte der Bund schließlich, wenn er Finanzhilfen zur Überwindung einer **extremen Haushaltsnotlage** in einem Land einsetzte (→ Art. 107 Rn. 39 ff.).

22 **2. Rechtsquelle und Form der Regelung.** Als Rechtsgrundlagen für Finanzhilfen des Bundes stehen funktionell gleich und gleichrangig ein **Bundesgesetz,** das der Zustimmung des Bundesrates bedarf, oder eine – schneller realisierbare – **Verwaltungsvereinbarung**[82] auf Grund des Bundeshaushaltsgesetzes zur Verfügung; sie können auch kombiniert werden. Beide Rechtsquellen sichern den Ländern ein Mitwirkungsrecht. Andere rechtliche Gestaltungsmöglichkeiten sind ausgeschlossen.[83] Die Verwaltungsvereinbarung muss mit allen Bundesländern geschlossen werden, es sei denn, der Bund darf eine Finanzhilfe auf einzelne Länder beschränken (→ Rn. 8.). Eine Verwaltungsvereinbarung muss mit allen zu beteiligenden Ländern auf der

[74] BVerfGE 39, 96 (119).

[75] BVerfGE 39, 96 (120), ohne Nennung einer Verfahrensart.

[76] BVerfGE 127, 165 (192 f.). Diese Entscheidung ist vor dem Inkrafttreten der heutigen S. 2 bis 4 von Abs. 2 ergangen.

[77] BVerfGE 86, 148 (268). Vgl. auch *v. Arnim* in HdbStR V § 138 Rn. 59. Zum Ausschluss einzelner Projekte, für die ein Land programmwidrig Mittel in Anspruch nehmen will, durch den Bund *Siekmann* in Sachs Rn. 9.

[78] BVerfGE 39, 96 (115, 117 ff.); 41, 291 (310 ff.).

[79] BVerfGE 39, 96 (121); 41, 291 (312).

[80] BVerfGE 39, 96 (120 f.).

[81] Zu Letzterem BVerfGE 39, 96 (121).

[82] Rechtspolitische Kritik an diesem Gewährmodus bei *Butzer* in: Kluth, Föderalismusreformgesetz, Art. 104b Rn. 9, 17.

[83] BVerfGE 41, 293 (304).

Ebene der Gleichordnung ausgehandelt werden; anders als bei der Variante Bundesgesetz sind die Länder unmittelbar beteiligt und nicht durch den Bundesrat mediatisiert. Die Weigerung einzelner Länder, an einer Verwaltungsvereinbarung mitzuwirken, ist unbeachtlich, wenn sie aus sachfremden Motiven erfolgt und darum gegen die Pflicht zu **bundesfreundlichem Verhalten** verstößt. Ist die Weigerung eines Landes hingegen nicht unbeachtlich, so kann dieses Land den Abschluss einer Verwaltungsvereinbarung verhindern, während es bei gesetzlicher Regelung im Bundesrat überstimmt werden könnte. Die Verwaltungsvereinbarung bedarf der Schriftform. Mündliche Vereinbarungen sind unwirksam. Das BVerfG hat offengelassen, ob alle Willenserklärungen in einer Urkunde niedergelegt sein müssen.[84]

3. Staatspraxis. Über Details informiert der jährlich erscheinende Finanzbericht der Bundesregierung.[85] Nach dem Höchststand 1991 (41 Mrd. DM) waren Finanzhilfen seit Jahren rückläufig, steigen seit 2013 aber wieder an. Der Finanzbericht 2019 nennt folgende Positionen: Förderung von Investitionen in finanzschwachen Kommunen[86], Stadtsanierung und -entwicklung, Seehäfen, Verbesserung der Verkehrsverhältnisse in den Gemeinden, Kompensationsregelung nach Beendigung der Finanzhilfen für Wohnungsbau und -sanierung, Öffentlicher Personennahverkehr. 23

4. Bundeseinfluss auf die Programmgestaltung. Der neue S. 2 von Art. 104b Abs. 2 steht in einem Kontrast zu dem bisher Ausgeführten. Er ermächtigt[87] den Bund zu Bestimmungen über die Ausgestaltung der jeweiligen Länderprogramme, insbesondere zur Festlegung von Kriterien. Damit wird, ebenso wie mit der Kontrollkompetenz nach dem neuen S. 4, der Verwaltungsraum der Länder für den Bund geöffnet und dem Bund eine Verwaltungskompetenz gegeben[88], dies zu dem Zweck einer **Verstärkung der Mittelsteuerung durch den Bund.**[89] Der Bund darf fortan mehr als nur Investitionsarten und -bereiche vorgeben. Wie weit seine Befugnisse reichen, ist unklar, weil eine zunächst vorgesehene Begrenzung auf „Grundzüge" im Lauf des Verfassungsänderungsverfahrens gestrichen worden ist.[90] Eine **Vollregelung** bis zur Auswahl von Einzelprojekten[91] wäre aber ein solcher Systembruch, dass dazu eine ausdrückliche Regelung gefordert werden müsste; Art. 104b kann nicht im Lichte eines so verstandenen Abs. 2 S. 2 im Grundsätzlichen uminterpretiert werden; vielmehr geht es auch bei S. 2, wie bei S. 3, um „Kriterien".[92] Einen gewissen Schutz soll den „betroffenen" Ländern das Einvernehmenserfordernis des S. 3 geben.[93] **„Einvernehmen"** 24

[84] BVerfGE 41, 291 (310); hierzu *Heun/Thiele* in Dreier Rn. 35.

[85] Finanzbericht 2019, 141–143. Vgl. weiter den Finanzplan des Bundes, für 2018 bis 2022 BRats-Drs. 331/18.

[86] Hierzu und zum Kommunalinvestitionsförderungsgesetz vom Juni 2015 *Schmidt,* Der Gemeindehaushalt, 2018, 73; *Schwarz* DÖV 2018, 125; *Tappe/Greve* Jahrbuch für öffentliche Finanzen 2018, 133.

[87] Zum Fehlen von Regelungsauftrag oder -pflicht *Heun/Thiele* in Dreier Rn. 32; *Siekmann* in Sachs Rn. 51.

[88] Ebenso *Siekmann* in Sachs Rn. 45.

[89] BT-Drs. 18/11131, 2, wo es heißt, dass Einflussmöglichkeiten „eröffnet" werden, 7, 17.

[90] Dazu *Heun/Thiele* in Dreier Rn. 32; *Siekmann* in Sachs Rn. 52.

[91] Zu dieser Gefahr *Schwarz* in Maunz/Dürig Rn. 46; ablehnend *Tappe/Wernsmann,* Öffentliches Finanzrecht, 2019, Rn. 171.

[92] In diesem Sinne auch *Hellermann* in MKS Rn. 65c.

[93] Zu seinem Anwendungsbereich (konkrete Ausgestaltung oder nur Kriterien für die Ausgestaltung), zu der getrennt für Gesetz und Verwaltungsvereinbarung zu klärenden Frage,

bedeutet eine Vetoposition[94], mag diese auch politisch angesichts lockender Bundesmittel schwer durchzuhalten sein.[95] Ein Bundesgesetz nach Art. 104b Abs. 2, für das ein nötiges Einvernehmen fehlt, ist verfassungswidrig und nichtig.[96]

25 **5. Kontrollrechte der Bundesregierung.** Waren nach der Systematik von Art. 104b bis zu seiner Änderung im Jahr 2017 Informations- und Kontrollrechte Thema von Abs. 3[97] und durften weitergehende Berichtspflichten auch nicht durch Verwaltungsvereinbarung begründet werden[98], gibt Abs. 2 S. 4 der Bundesregierung zur Gewährleistung der zweckentsprechenden Mittelverwendung die Befugnis, Bericht und Vorlage der Akten zu verlangen und Erhebungen bei allen Behörden durchzuführen. Dieses Informations- und Kontrollrecht bezieht sich auf die Durchführung konkreter Projekte. Die Vorschrift steht im Zusammenhang mit der zeitgleich erlassenen Neuregelung der Erhebungskompetenzen des Bundesrechnungshofs (→ Art. 114 Rn. 38.). Es geht, in den Worten des BVerfG, um aktive Informationsbeschaffung.[99] Die nicht auf gesetzliche Ausgestaltung angewiesene, also **verfassungsunmittelbare**[100] Befugnis der Bundesregierung ist gegenständlich **weit gefasst.** Mit Akten sind auch Computerdaten gemeint.[101] Ihre Ausübung setzt keinen konkreten Anlass[102] und keine vorherige Anmeldung voraus.[103] Adressaten sind **alle Behörden,** also auch nachgeordnete Behörden und Behörden der mittelbaren Landesverwaltung, namentlich kommunale Behörden.[104] Ein Weisungsrecht, über das bei den Beratungen über die Verfassungsänderung diskutiert worden ist, ergibt sich nach einhelliger Meinung aus S. 4 nicht.[105] Deckt die Prüfung auf, dass Mittel nicht zweckentsprechend verwandt worden sind, werden diese zurückgefordert.[106]

26 **6. Verhältnis von Bundes- und Landesmitteln.** Art. 104b Abs. 2 S. 5, das Kriterium der Zusätzlichkeit, soll dazu beitragen, dass künftige Finanzhilfen des Bundes additiv zu den Investitionen der Länder im jeweils geförderten Bereich wirken und nicht lediglich die eigenen Investitionen der Länder ersetzen.[107] Die Darlegungsllast liegt bei den begünstigten Ländern, deren Investitionsverantwortung betont wird. Quoten werden nicht vorgegeben. Gemäß Art. 125c Abs. 3 ist Art. 104b Abs. 2 S. 5 erstmals auf nach dem 31.12.2019 in Kraft getretene Regelungen anzuwenden; auf den Digitalpakt

---

wie das Einvernehmen zu erklären ist, und zu der Ähnlichkeit zwischen Art. 104b Abs. 2 S. 3 und Art. 108 Abs. 4a S. 1 *Heun/Thiele* in Dreier Rn. 33, 34.

[94] Siehe nur *Siekmann* in Sachs Rn. 53.

[95] Ähnliche Einschätzung bei *Hellermann* in MKS Rn. 65d.

[96] Ebenso *Schwarz* in Maunz/Dürig Rn. 48.

[97] BVerfGE 127, 165 (195 f.).

[98] BVerfGE 119, 331 (364 f.).

[99] BVerfGE 127, 165 (199).

[100] So auch *Siekmann* in Sachs Rn. 48.

[101] *Siekmann* in Sachs Rn. 49.

[102] Im Unterschied zu Art. 104c S. 3.

[103] So auch *Schwarz* in Maunz/Dürig Rn. 49.

[104] *Hellermann* in MKS Rn. 65 f.; *Siekmann* in Sachs Rn. 46, 50. Zum Verhältnis der Begriffe Behörde und Stelle *Schwarz* in Maunz/Dürig Rn. 50.

[105] *Hellermann* in MKS Rn. 65g; *Heun/Thiele* in Dreier Rn. 36; *Siekmann* in Sachs Rn. 46.

[106] Dazu, auch mit Blick auf Art. 104a Abs. 5, der keine Sperrwirkung entfaltet, BVerwG Buchholz 11, Art. 104a Nr. 24.

[107] BT-Drs. 19/6144, 11. Näher *Kempny* DVBl. 2020, 13–19.

mit einem Finanzierungsanteil des Bundes von 90% findet es darum noch keine Anwendung. Das Zusätzlichkeitskriterium war ein Grund, weshalb der Bundesrat gegen die ursprüngliche Fassung des 63. G zur Änderung des Grundgesetzes den Vermittlungsausschuss angerufen hat.[108] Ihm wird vorgeworfen, die Haushaltsautonomie der Landtage zu schwächen, die Ministerialbürokratie von Bund und Ländern zu stärken und bei Bildungsinfrastruktur und sozialem Wohnungsbau widersprüchlich zu sein, weil die finanzschwachen Länder, die in diesen Bereichen besonders gefördert werden sollen, besondere Mühe haben, den geforderten Eigenanteil bereitzustellen.[109]

7. Befristung, Evaluation, Degression. Art. 104b Abs. 2 S. 6 und 7 waren 2006 neu. Befristung, Evaluation[110] und Degression[111] sind freilich Mittel, die auch vorher schon eingesetzt worden sind.[112] Sie sollen helfen, **schematische Verfestigungen, Gewöhnungseffekte und Besitzstandsdenken** zu vermeiden und Effektivität und Transparenz des Einsatzes von Bundesmitteln zu gewährleisten.[113] Eine numerische Präzisierung dieser Instrumente[114] wäre nicht Aufgabe einer Verfassung. Art. 104b Abs. 2 S. 6 verbietet nicht die Wiederholung einer Finanzhilfe nach Fristablauf.[115] Art. 104b Abs. 2 S. 6 und 7 stehen in einem Spannungsverhältnis zu Art. 125c Abs. 2, der, 2006 eingefügt und 2017 und 2019 geändert, Förderprogramme, die teilweise die verfassungsrechtlichen Voraussetzungen nicht mehr erfüllen, fortschreibt und von Degression freistellt.[116] 27

III. Unterrichtung von Bundestag, Bundesregierung und Bundesrat (Art. 104b Abs. 3)

Gleichem, also der Gewährleistung von Effektivität und Transparenz des Einsatzes von Bundesmitteln, dient auch die ebenfalls 2006 eingeführte Pflicht zur Unterrichtung. Die Empfänger von Hilfen haben Bundestag, Bundesregierung und Bundesrat über die Durchführung von Maßnahmen und erzielte Erfolge zu berichten.[117] Berichtspflichten sind in den einschlägigen Bundesgesetzen und Verwaltungsvorschriften ohnehin vorgesehen. Der verfassungsrechtliche Unterrichtungsanspruch ist allerdings gegenständlich unbegrenzt[118] und dient nicht dem Zweck administrativer Detail-, sondern politischer Sinnkontrolle von Finanzhilfen.[119] Die Vorschrift ist darum auch nach Einführung von Art. 104b Abs. 2 S. 4 nicht überflüssig.[120] Adressat des 28

[108] Protokoll der 973. Sitzung des Bundesrates vom 14.12.2018, 461 ff.

[109] *Battis/Eder* NVwZ 2019, 592 (596–598).

[110] Zu der Frage, wer Adressat dieser Verpflichtung ist, *Hellermann* in MKS Rn. 68.

[111] Hierzu *Kempny* ZRP 2014, 14.

[112] Nachw. befristeter, inzwischen ausgelaufener Programme bei *Siekmann* in Sachs Rn. 41 Fn. 120.

[113] BT-Drs. 16/813, 19; BVerfGE 127, 165 (195).

[114] Zur Befristung im Hinblick auf die ratio der Verfassungsänderung *Hellermann* in MKS Rn. 66; weiter *Heun/Thiele* in Dreier Rn. 37, die auf die Gefahr unrealistisch kurzer Fristen hinweisen.

[115] Ebenso *Hellermann* in MKS Rn. 70; vgl. auch *Heun/Thiele* in Dreier Rn. 37.

[116] Kritisch *Siekmann* in Sachs Art. 125c Rn. 10; *Wolff* in MKS Art. 125c Rn. 9. Zur Degression *Kempny* ZRP 2014, 14.

[117] Materialien: BT-Drs. 16/813, 19.

[118] Ebenso *Hellermann* in MKS Rn. 72; *Heun/Thiele* in Dreier Rn. 40.

[119] In diesem Sinne BVerfGE 127, 165 (193 f., 195).

[120] So könnte BVerfGE 127, 165 (194) verstanden werden.

Informationsanspruchs ist das jeweilige Land, vertreten durch die Landesregierung; ein Durchgriff auf nachgeordnete Landesbehörden wäre unzulässig.[121] Der Anspruch richtet sich auf Unterrichtung durch diesen Adressaten, nicht aber auf Akteneinsicht oder Vorlage von Unterlagen.[122]

C. Verhältnis zu anderen Bestimmungen des Grundgesetzes

29 Art. 104b unterscheidet sich tatbestandlich insoweit von Art. 104a Abs. 1, dass er Finanzierungskompetenzen des Bundes im Aufgabenbereich der Länder betrifft, während es in Art. 104a Abs. 1 um die Finanzierung eigener Aufgaben des Bundes geht. Art. 104b ist eine **Ausnahme von Art. 104a Abs. 1.**[123]

30 Schwieriger ist die Unterscheidung bei den **Gemeinschaftsaufgaben,** bei denen der Bund gem. Art. 91a Abs. 1 auch im Aufgabenbereich der Länder tätig wird. Überschneidungen sind hier insbesondere bei der regionalen Wirtschaftsförderung möglich (Art. 91a Abs. 1 Nr. 1, 104b Abs. 1 Nr. 2 und 3). Da Art. 91a keine Kann-Bestimmung, sondern ein Verfassungsauftrag ist und dem Bund nach Art. 91a weitergehende Einwirkungsmöglichkeiten zustehen, treten Art. 104b Abs. 1 Nr. 2 und Nr. 3 dahinter zurück; im Anwendungsbereich von Art. 104b Abs. 1 Nr. 1 überschneiden die Vorschriften sich dagegen nicht.[124] Die Frage eines Wahlrechts stellt sich in keinem Fall, auch wenn sich Art. 104b als Gemeinschaftsaufgabe im weiteren Sinne qualifizieren lässt.[125] Zwischen Art. 104b und Art. 107 Abs. 2 S. 5 gibt es nicht nur im Sonderfall der extremen Haushaltsnotlage eines Landes Überschneidungen; die Idealvorstellung, zwischen **Finanzhilfekompetenz des Bundes und dem föderalen Finanzausgleich eine Trennlinie zu ziehen,**[126] lässt sich nicht durchhalten. Von der Verwendung einer Sonderabgabe unterscheidet die Finanzhilfe die Kompetenzgrundlage der jeweils nötigen bundesgesetzlichen Regelung, die für die Sonderabgabe besondere Anforderungen beinhaltet, und die Herkunft der Finanzmittel, die nur bei der Finanzhilfe aus dem allgemeinen Staatshaushalt stammen.[127]

31 Art. 104b steht schließlich in einem Zusammenhang mit den **Übergangs- und Schlussbestimmungen** in Art. 125c Abs. 2 und Art. 143c. Art 143c ist seit dem 1.1.2020 obsolet; er war der politische Preis, der für die Entflechtung bei Gemeinschaftsaufgaben und Mischfinanzierung 2006 gezahlt wurde.

---

[121] BVerfGE 127, 165 (199 f.); *Hellermann* in MKS Rn. 73; *Heun/Thiele* in Dreier Rn. 40; *Schwarz* in Maunz/Dürig Rn. 57.

[122] BVerfG wie zuvor.

[123] → Rn. 1; *Siekmann* in Sachs Rn. 5, 6.

[124] Die Frage ist überraschend kontrovers. Wie hier: *Henneke* in SHH Rn. 26; *Schenke* in Sodan Rn. 9; *Tappe/Wernsmann,* Öffentliches Finanzrecht, 2019, Rn. 164; wohl auch *Glaser* in BK vor Art. 91a Rn. 91 f. Gegenposition: *Hellermann* in MKS Rn. 17; *Heun/Thiele* in Dreier Rn. 41; *Schwarz* in Maunz/Dürig Rn. 13; *Volkmann/Kaufhold* in BK Art. 91a Rn. 34. Unentschieden *Siekmann* in Sachs Art. 91a Rn. 20.

[125] *Frowein* in VVDStRL 31 (1973), 35. Skeptischer *Heun/Thiele* in Dreier Rn. 41. Zur Unterscheidung zwischen echten und unechten Gemeinschaftsaufgaben *Heintzen* in Staatslexikon, Bd. 2, Spalte 1066 ff.

[126] *Siekmann* in Sachs Rn. 7.

[127] BVerfGE 67, 256 (279).

D. Kritische Würdigung

Art. 104b ist, obwohl der Kreis der Gesetzgebungsbefugnisse des Bundes weit gezogen ist, nur eine **Teilregelung des Fondswesens;** vieles bleibt in anderen Vorschriften; diese Teilregelung wird durch Art. 125c Abs. 2 und Art. 143c relativiert; explizit ist sie in erster Linie bei Unkontroversem. Während vor der Verfassungsänderung drei Ausnahmen vom Konnexitätsgrundsatz (Bundesauftragsverwaltung, Geldleistungsgesetze, Finanzhilfen) in Art. 104a zusammengefasst und im Anschluss an den Grundsatz geregelt waren, ist nunmehr eine dieser Ausnahmen zu einem eigenen Grundgesetzartikel verselbständigt. Ob dies alles verfassungssystematisch geschickt ist, darf man bezweifeln. Immerhin ist die besondere Schwierigkeit, das Fondswesen normativ in den Griff zu bekommen, dank **Verfassungsvorbehalt** nun unübersehbar: erst ein Art. 104b, seit 2017 auch Art. 104c, seit 2019 Art. 104d. 32

Literatur

(soweit nicht in den Literaturhinweisen zu Art. 104a enthalten)

U. Battis/B. Klein/B. Rusteberg, Die Auswirkungen des neuen Art. 104b GG auf die Städtebauförderung, DVBl. 2009, 682. – ***D. Carl,*** Förderung von Investitionen Privater durch Finanzhilfen nach Art. 104a IV GG, DVBl. 1989, 589. – ***D. Carl,*** Kompetenz und Pflicht des Bundes zur Unterstützung strukturschwacher Regionen, AöR 114 (1989), 450. – ***H. Fischer-Menshausen,*** Zur Problematik der Steuerung und Finanzierung öffentlicher Investitionen im Bundesstaat, FinArch. 40 (1982), 167. – ***W. Flehinghaus,*** Die Bundesfondsverwaltung, 1962. – ***H.-G. Henneke,*** Art. 104b und Zukunftsinvestitionsgesetz, Der Landkreis 2009, 167. – ***S. Kempny,*** Finanzhilfen und Nominalismus. Zur Bemessung der „fallenden Jahresbeträge" in Art. 104b II 3 GG, ZRP 2014, 14. – ***ders.,*** Die Bedingung der Zusätzlichkeit der Bundesmittel im Finanzhilferecht des Grundgesetzes, DVBl. 2020, 13. – ***U. Kirste,*** Finanzhilfen des Bundes an die neuen Länder nach Art. 104a IV GG, 1995. – ***H. Kube,*** Steuerung der Aufgabenerfüllung von Ländern und Kommunen durch Finanzzuweisungen des Bundes und vertraglich konditionierte, aufschiebend bedingte Umsatzsteuerneuverteilung, Der Landkreis 2019, 179. – ***H. Meyer/H. Freese,*** Konjunkturpaket II: Art. 104b GG als Ärgernis und Garant des Föderalismus, NVwZ 2009, 609. – ***H. Siekmann,*** Finanzzuweisungen des Bundes an die Länder auf unklarer Kompetenzgrundlage, DÖV 2002, 629. – ***R. Wulfhorst,*** Die Auswirkungen des neuen Art. 104b GG auf die Städtebauförderung – eine Entgegnung, DVBl. 2010, 28.

Art. 104c [Finanzhilfen des Bundes für Investitionen im Bereich der kommunalen Bildungsinfrastruktur]

[1] Der Bund kann den Ländern Finanzhilfen für gesamtstaatlich bedeutsame Investitionen sowie besondere, mit diesen unmittelbar verbundene, befristete Ausgaben der Länder und Gemeinden (Gemeindeverbände) zur Steigerung der Leistungsfähigkeit der kommunalen Bildungsinfrastruktur gewähren. [2] Art. 104b Absatz 2 Satz 1 bis 3, 5, 6 und Absatz 3 gilt entsprechend. [3] Zur Gewährleistung der zweckentsprechenden Mittelverwendung kann die Bundesregierung Berichte und anlassbezogen die Vorlage von Akten verlangen.

A. Allgemeine Bedeutung

1 Art. 104c ist Maßnahmeverfassungsrecht. Nachdem klar wurde, dass der erst 2009 in das GG eingefügte Art. 104b dem Bund nicht den nötigen Spielraum für eine Beteiligung an der Lösung eines gleich zu schildernden Problems gibt, welches nach 2009 verstärkt in das Bewusstsein der Öffentlichkeit vorgedrungen ist,[1] wurde dieser Spielraum eben erweitert. Art. 104c ist die am 20.7.2017 in Kraft getretene[2] föderale Ermächtigungsgrundlage für die kurz danach in Kraft getretene Erweiterung des **Kommunalinvestitionsförderungsgesetzes (KInvFG)** des Bundes um die §§ 10 – 16.[3] In diesen Gesetzesvorschriften, nicht in dem Grundgesetzartikel, findet man – zunächst jedenfalls bis 2023 (zum Förderzeitraum vgl. § 13 KInvFG) – die finanzpolitisch relevanten Aussagen. **Ursprünglich** war die Finanzhilfekompetenz des Bundes gemäß Art. 104c auf finanzschwache Kommunen begrenzt. Dies hatte heftige Kritik ausgelöst, die in der These gipfelte, finanzschwache Kommunen dürfe es in den von den Bundesländern ausgestalteten Finanzausgleichssystemen nicht geben;[4] es war weiterhin unpraktikabel, denn eine bundeseinheitliche Definition der Finanzschwäche einzelner Kommunen ließ sich nicht finden.[5] Mit dem **63. G zur Änderung des GG,** in Kraft seit dem 4.4.2019,[6] ist dieses Merkmal darum gestrichen worden und Art. 104c hat seine aktuelle Gestalt gefunden. Neuer Förderschwerpunkt ist seitdem die digitale Infrastruktur.[7]

2 Hintergrund ist ein nicht zu bestreitendes Problem. Kommunale Bildungseinrichtungen sind zum Teil unterfinanziert (Stichwort, welches bis in Par-

[1] Schon § 3 Nr. 2 des auf Art. 104b GG gestützten Kommunalinvestitionsförderungsgesetzes vom 24.6.2015 (BGBl. I 2015, 974) nannte unter Förderungsbereiche in § 3 Nr. 2 Investitionen mit Schwerpunkt Bildungsinfrastruktur, so in lit. b) die energetische Sanierung von Einrichtungen der Schulinfrastruktur; diese Finanzierungskompetenz ist aber auf den Bereich der Gesetzgebungsbefugnisse des Bundes begrenzt (bei energetischer Sanierung Art. 74 Abs. 1 Nr. 24); Hierzu *Hellermann* in MKS Art. 104b Rn. 39, 47; *Henneke* Der Landkreis 2015, 92; *Siekmann* in Sachs Art. 104b Rn. 15, 22, 32; Zu Einzelheiten des KInvFG *von Bar/Brzezinski* DVBl. 2018, 759 (763 ff.).

[2] G zur Änderung des GG vom 13.7.2017 (BGBl. I 2017, 2347).

[3] Art. 7 des Gesetzes zur Neuregelung des bundesstaatlichen Finanzausgleichssystems ab dem Jahr 2020 und zur Änderung haushaltsrechtlicher Vorschriften vom 14.8.2017, BGBl. I 2017, 3122; dazu BT-Drs. 18/11135.

[4] *Henneke* in SHH Rn. 11, 13.

[5] Zur mangelnden Praktikabilität *Hellermann* in MKS Rn. 14; *Henneke* in SHH Rn. 16; *Schwarz* in Maunz/Dürig Rn. 16 f.; *Thiele* in Dreier Rn. 21; Zur Auswahl der einzelnen Schulträger, die Ländersache ist, BT-Drs. 18/11186, 7; Zur Finanznot einzelner Kommunen *Waldhoff/Rennert* LKV 2017, 481.

[6] BGBl. I 2019, 404.

[7] Vgl. den Koalitionsvertrag von CDU, CSU und SPD für die 19. Legislaturperiode, 28 ff.

lamentsdokumente zu finden ist, ist die unhygienische Schultoilette[8]); es gibt, mit regionalen Unterschieden, einen Sanierungs- und Modernisierungsstau bei allgemein- und berufsbildenden Schulen. Aktuelle Zahlen lassen sich dem jährlich vom Statistischen Bundesamt herausgegebenen **Bildungsfinanzbericht** entnehmen. Die Schulträgerschaft liegt überwiegend bei den Städten und Gemeinden. Viele Kommunen haben aber Schwierigkeiten, die ihnen obliegende Infrastrukturaufgabe angemessen zu erfüllen. Und die Bundesländer haben im Rahmen des kommunalen Finanzausgleichs auch nicht für umfassende Abhilfe sorgen können.

Art. 104c **geht zurück** auf den Beschluss der Regierungschefs vom 3 14.10.2016 zur Neuordnung der Finanzbeziehungen von Bund und Ländern und findet sich erstmals im Entwurf der Bundesregierung für die dazu nötigen Grundgesetzänderungen vom Dezember 2016.[9] Der Bundesrat übte Kritik an der Regelung zur Definitionskompetenz für kommunale Finanzschwäche, der die Bundesregierung widersprach.[10] Im Bundestag wurde darauf hingewiesen, zum Teil kritisch, dass es grundsätzlich nicht Sache des Bundes sei, sich um die kommunale Bildungsinfrastruktur zu kümmern, dass der Bund sich aber in der Verantwortung sehe.[11] Die Vorschrift hat dann **Anfang Juni 2017** Bundestag und Bundesrat passiert.[12]

Die **Änderung von Art. 104c** verlief 2018/19 politisch lebhafter. Es be- 4 gann mit einer öffentlichen Anhörung im September 2018. Der federführende Haushaltsausschuss kam im November 2018 zu einer Beschlussempfehlung.[13] Die Ministerpräsidenten der Bundesländer waren aber parteiübergreifend mit zwei Punkten nicht einverstanden, wohl in der Hauptsache mit dem, was abgeschwächt Art. 104b Abs. 2 S. 5 geworden ist, und mit der im Entwurf von Art. 104c enthaltenen Formulierung „zur Sicherstellung der Qualität und der Leistungsfähigkeit des Bildungswesens".[14] Qualität und Leistungsfähigkeit des Bildungswesens sei Ländersache, gehe den Bund nichts an und gehöre darum nicht in den Wortlaut einer Mitfinanzierungskompetenz des Bundes. Im Dezember 2018 wurde der Vermittlungsausschuss von Bundestag und Bundesrat angerufen. In dem Vermittlungsverfahren hat Art. 104c seine endgültige Fassung erhalten, ohne den Hinweis auf Qualität und Leistungsfähigkeit des Bildungswesens, mit zu Art. 104b Abs. 2 S. 4 alternativer Formulierung in Art. 104c S. 3, ohne Verweis auf Art. 104b Abs. 2 S. 7 und mit Verweis auf einen abgeschwächten Art. 104b Abs. 2 S. 5.

Die Vorschrift ist **ohne Vorläufer** in der deutschen Verfassungsentwick- 5 lung. Rechtsvergleichung und Unionsrecht können zu ihrem Verständnis nichts beitragen.[15]

---

[8] Vgl. etwa BT-PlenProt 18/218, 21781.

[9] BR-Drs. 769/16.

[10] Einerseits BR-Drs. 769/1/16, 9, andererseits BT-Drs. 18/11186, 2. Im Jahr 2019 ist das Merkmal dann gestrichen worden; → Rn. 1. In der amtlichen Begründung dazu (BT-Drs. 19/3440, 8) wird zutreffend festgestellt, dass die Aufhebung dieser Beschränkung der Finanzhilfekompetenz des Bundes wesentlicher Inhalt der Änderung von Art. 104c sei.

[11] Weitere Nachweise bei *Schwarz* in Maunz/Dürig Rn. 1; der Ausschussbericht BT-Drs. 18/12588 ist wenig ergiebig.

[12] Maßgebende Parlamentsdrucksachen sind BT-Drs. 18/11131, insb. 17 und 19/3440, insb. 10; weiter BT-Drs. 19/7940.

[13] BT-Drs. 19/6144, dort auch auf S. 10 zum bisherigen Beratungsverlauf.

[14] BRat, Plenarprotokoll, 973. Sitzung vom 14.12.2018, 481 ff.

[15] Zum EU-Beihilfenrecht, das bei PPP-Projekten relevant werden könnte, *Thiele* in Dreier Rn. 4.

B. Einzelfragen

I. Gegenstand, Begünstigte und Voraussetzungen von Finanzhilfen des Bundes

6 Art. 104c ermächtigt den Bund zu **Finanzhilfen an die Länder im Bereich der kommunalen Bildungsinfrastruktur.** Die von Art. 104c eröffnete infrastrukturbezogene Finanzierungsgesetzgebungskompetenz ist klar von der Sachgesetzgebungskompetenz für das Schulwesen zu unterscheiden, die gemäß Art. 70 Abs. 1 ausschließlich den Ländern zusteht.[16] Dabei wird vorausgesetzt, dass die Hilfen für Investitionen verwendet werden, die gesamtstaatlich bedeutsam sind.

7 **Finanzhilfen** im Sinne von Art. 104c sind Geldzahlungen des Bundes an die Länder,[17] nicht unmittelbar an die Kommunen. Die Länder haben die Zahlungen des Bundes an die Kommunen weiterzureichen, soweit es um Bildungsinfrastruktur in deren Trägerschaft geht.[18] Dass sie über einen besonderen Fonds, den Kommunalinvestitionsförderungsfonds abgewickelt werden,[19] liegt im Rahmen des Ausführungsspielraums, den Art. 104c Abs. 2 S. 1 dem Bundesgesetzgeber eröffnet. Art. 104c begründet kein Rechtsverhältnis zwischen dem Bund und den Kommunen; schon deshalb können Kommunen aus ihm keine Finanzierungs**ansprüche** herleiten.[20]

8 **Hilfe** bedeutet Unterstützung des Bundes bei eigener Leistung von Ländern und Kommunen. Eine Vollfinanzierung durch den Bund ist unzulässig.[21] Die §§ 14 und 6 Abs. 1 KInvFG halten eine Mindestbeteiligung der Länder und Kommunen von 10 % für ausreichend. Die Hebelwirkung der Bundeshilfen ist damit gering. 3,5 Mrd. Euro sind angesichts der bestehenden Defizite nicht viel.[22] Andererseits reicht der Betrag aus, die Investitionstätigkeit der Länder erst einmal zu verlangsamen, in der Erwägung, nicht eigenes Geld für Projekte auszugeben, die der Bund bezahlen könnte.

9 Vom unmittelbaren Zahlungsempfänger sind die **finanziell Begünstigten** zu unterscheiden. Dies werden in der Hauptsache **„Gemeinden und Gemeindeverbände"** sein. Mit dieser Formulierung und dem Wort „kommunal" macht das GG sich unabhängig von der verwaltungsorganisatorischen Vielgestaltigkeit der Schulträgerschaft in den Bundesländern. Die Einfügung des Wortes „Länder" zwischen „Investitionen" und „Gemeinden" soll klarstellen, dass auch **Einrichtungen in unmittelbarer Trägerschaft eines**

---

[16] *Lindner* ZRP 2018, 1843 (1844 ff.).

[17] Zum Finanzhilfebegriff → Art. 104b Rn. 6; Zur Rechtslage in Zeiten, als der Ausschluss von Direktzahlungen des Bundes an die Kommunen sich noch nicht ausdrücklich aus dem Verfassungswortlaut ergab, BVerfGE 39, 96 (122); 41, 291 (313).

[18] BT-Drs. 18/11131, 17.

[19] Gesetz zur Errichtung eines Sondervermögens „Kommunalinvestitionsförderungsfonds" (KInvFErrG) vom 24.6.2015, BGBl. I 2015, 974.

[20] Vgl. BVerwGE 143, 50 (Rn. 22).

[21] Unstreitig. Siehe nur *Schwarz* in Maunz/Dürig Rn. 8; Kritisch zur Höhe des Bundesanteils *Thiele* in Dreier Rn. 22 Fn. 32.

[22] Die Kreditanstalt für Wiederaufbau schätzt den Sanierungsstau an den Schulen auf 34 Mrd. Euro; Nachweis bei *Speiser* RuP 2017, 474. Im August 2018 wurden sogar 48 Mrd. Euro genannt; KfW Research, Volkswirtschaft Kompakt, Nr. 162 vom 15.8.2018, mit Schwerpunkten in Bayern und Nordrhein-Westfalen und einem Verhältnis der Investitionsausgaben zum Investitionsrückstand von 15 %. Zur verfassungsrechtlichen Problematik dieser Hebelwirkung *Kloepfer,* Finanzverfassungsrecht, 2014, 91.

Bundeslandes förderfähig sind. Jedenfalls in den Stadtstaaten, in denen keine Gemeinden bestehen, war dies auch schon vorher klar.[23] Auch Einrichtungen in **freier Trägerschaft** sollen erfasst sein, soweit diese die öffentlichen Einrichtungen der kommunalen Bildungsinfrastruktur ersetzen (insbesondere Ersatzschulen).[24] Die Förderung soll also trägerunabhängig (so § 12 Abs. 1 KInvFG) sein. Erfasst sind schließlich verselbstständigte, privat betriebene Nebengebäude oder Funktionseinheiten öffentlich betriebener Bildungseinrichtungen, wie eine privat errichtete und betriebene Mensa. Die 2019 nachträglich eingefügte Formulierung „mit diesen unmittelbar verbundene" meint Kostenpositionen wie Systemadministration oder Schulung des pädagogischen Personals bei Investitionen in die digitale Infrastruktur.[25]

Eine Schlüsselfunktion für das Verständnis der Norm und für die Begren- **10**
zung der Finanzierungskompetenz des Bundes kommt, wie in Art. 104b,[26] dem **Investitionsbegriff** zu. Gemeint sind, wie auch der weitere Begriff der Infrastruktur verdeutlicht, Sachinvestitionen, also Investitionen in Anlagegüter, nicht Finanzinvestitionen, nicht die Folgekosten für Instandhaltung, Betrieb und Wartung, nicht Personalkosten, nicht Investitionen in „Humankapital", nicht Zuwendungen für konsumtive Zwecke.[27] In der Gesetzesbegründung werden ausdrücklich genannt: Sanierung und Modernisierung von Gebäuden (einschl. notwendiger Einrichtung und Ausstattung), Neubauten und die Errichtung einer bildungsbezogenen digitalen Infrastruktur bis hin zu gemeinsamen digitalen Lehr-Lern-Infrastrukturen der Länder wie Bildungs-Clouds[28]; umstritten sind mobile Endgeräte im Besitz von Lehrern oder Schülern. In der Kommentarliteratur werden weiter genannt: Investitionen in neue schulische Konzepte wie Inklusion infolge der Flüchtlingskrise[29] oder, unpolitischer, Berufskollegs und Volkshochschulen.[30]

Bildungseinrichtungen sind allgemein- und berufsbildende Schulen. **11**
Kindergärten fallen nicht hierunter, Kinderbetreuungseinrichtungen nur, wenn sie einen Bildungsauftrag haben.[31] Auch ein Ganztagsschul-Investitionsprogramm lässt sich hier einordnen.[32]

Ob das Merkmal **„gesamtstaatlich bedeutsam"** eine tatbestandliche **12**
Begrenzung der Förderkompetenz des Bundes darstellt oder ohne eine begrenzende Funktion nur die Legitimation der Bundesförderung verdeutlichen soll, ist unklar. Für Ersteres spricht der systematische Zusammenhang mit Art. 104b, wo dem ähnlich klingenden Merkmal „besonders bedeutsam"[33]

---

[23] Im Übrigen zu Schulen in Landesträgerschaft wohl ablehnend *Thiele* in Dreier Rn. 17.

[24] So BT-Drs. 19/3440, 10 u. 19/6144, 11. Zu der Frage, wie dieser Standpunkt der Staatspraxis mit dem Verfassungswortlaut zu vereinbaren ist, *Thiele* in Dreier Rn. 19; diese Frage spitzt sich mit der Änderung von Art. 104c zu: Wenn neben den Gemeinden und Gemeindeverbänden auch die Länder als Begünstigte ausdrücklich genannt werden, fragt sich, warum private Schulträger oder Betreiber von Nebeneinrichtungen nicht genannt sind.

[25] BT-Drs. 19/6144, 16.

[26] → Art. 104b Rn. 7.

[27] So auch *Hellermann* in MKS Rn. 11.

[28] BT-Drs. 19/3440, 10; 19/6144, 10.

[29] *Henneke* in SHH Rn. 8 f. (mit Kritik an der Weite des Tatbestands).

[30] Zu Letzteren *Siekmann* in Sachs Rn. 13.

[31] So BT-Drs. 19/3440, 9; Zu dem Gesetz zur Weiterentwicklung der Qualität und zur Teilhabe in der Kindertagesbetreuung vom 19.12.2018 (BGBl. I 2018, 2696) *Rixen* NVwZ 2019, 432 (zu Art. 104c S. 434).

[32] Zur früheren Rechtslage BT-Drs. 16/813, 19.

[33] Zu der wenig ergiebigen Frage, wie beide Merkmale sich zueinander verhalten, *Siekmann* in Sachs Rn. 10.

eine begrenzende Funktion zugeschrieben wird.[34] Dagegen spricht, dass schwer vorstellbar ist, wie einzelne Fördermaßnahmen im Bereich der kommunalen Bildungsinfrastruktur gesamtstaatlich bedeutsam sein können; daran ändert auch die Untergrenze für eine Förderung von 40.000 Euro (§ 12 Abs. 3 KInvFG) nichts. Gegen die Einordnung als tatbestandliche Begrenzung spricht ferner, dass im Bundesstaat auch die Länder nach Maßgabe der Kompetenzordnung gesamtstaatliche Verantwortung tragen, dieses Kriterium also für die Legitimation von Bundesingerenzen im Bereich ausschließlicher Länderkompetenz nicht taugt.[35] Eine Lösung wäre, das Kriterium der gesamtstaatlichen Bedeutung, entgegen dem Verfassungswortlaut, nicht auf einzelne Fördermaßnahmen, sondern auf das gesamte Investitionsprogramm und dessen Volumen zu beziehen.[36] Damit würde das Kriterium den Bund aber eher stimulieren, anstatt ihn zu begrenzen. Auf diese Weise wäre immerhin eine Förderung nach dem Gießkannenprinzip ausgeschlossen.[37] Die amtliche Begründung zur Änderung des Art. 104c liefert zu dem von dieser Änderung nicht betroffenen Merkmal folgende Erläuterung: „Gesamtstaatlich bedeutsam sind Investitionen, die in ihrer Gesamtheit von erheblichem Gewicht für die Gewährleistung einer zukunftstauglichen Bildungsinfrastruktur im gesamten Bundesgebiet sind. Es geht um Investitionen, die in allen Ländern auf vergleichbare Weise infrastrukturelle Handlungsbedarfe auslösen und von den Ländern und Schulträgern nicht allein finanziert werden können, sondern einen bundesweiten, abgestimmten Innovationsschub erfordern. Durch gesamtstaatliche Investitionen soll ein **struktureller und überregionaler Mehrwert** für den gesamten Bildungsstandort Deutschland geschaffen werden."[38] Die Frage, ob ein solcher Mehrwert zu erwarten ist, hat der verfassungsändernde Gesetzgeber selbst bejaht. Insgesamt bleibt es dabei, dass Art. 104c die Bundesförderung in einem gegenständlich klar umschriebenen Bereich von wenig mehr abhängig macht als einem entsprechenden politischen Willen des Bundes.

II. Politisches Ermessen

13 Trotz gesamtstaatlicher Bedeutsamkeit steht die Investitionsförderung im **Ermessen** des Bundes („kann"). Art. 104c ist keine Koppelungsvorschrift, bei der Ermessen von unbestimmten Begriffen des Tatbestandes aufgesogen wird.[39] Gegen eine **Ermessensreduktion** sprechen der politische Charakter der Förderung und die oben dargestellte Systemwidrigkeit der Vorschrift. Eine Bundesregierung, der, aus welchen Gründen auch immer, Art. 104c missfällt, die im Parlament aber über keine verfassungsändernde Mehrheit verfügt, dürfte die Vorschrift durch schlichtes Nichtstun leerlaufen lassen. An Pflichten, die sich aus Art. 28 Abs. 2 S. 3[40] oder aus Art. 106 Abs. 4 S. 1 ergeben, ändert dies nichts.

---

[34] → Art. 104b Rn. 7.

[35] Ebenso *Thiele* in Dreier Rn. 20.

[36] In diese Richtung *Hellermann* in MKS Rn. 13; *Tappe/Wernsmann*, Öffentliches Finanzrecht, 2019, Rn. 214.

[37] Dazu *Kube* in BeckOK GG Rn. 3; *Schwarz* in Maunz/Dürig Rn. 10.

[38] BT-Drs. 19/3440, 9; ähnlich *Schwarz* in Maunz/Dürig Rn. 10.

[39] Zu dieser Rechtsfigur *Maurer/Waldhoff*, Allgemeines Verwaltungsrecht, 2017, § 7 Rn. 48 ff.; wie hier im Ergebnis auch *Thiele* in Dreier Rn. 11.

[40] Dazu *Henneke* in SHH Rn. 6.

Das Ermessen betrifft nicht nur die **Förderung dem Grunde** nach, sondern auch die **Förderungshöhe,** dies mit zwei Maßgaben. Wie viel Geld der Bund insgesamt bereitstellt, lässt sich nicht aus dem GG deduzieren. Auch die Geldsumme muss aber gesamtstaatlich bedeutsam sein. Wie hoch der Eigenanteil von Ländern und Kommunen ist, ist ebenfalls verfassungsrechtlich nicht vorgegeben. Mit einem Mindestanteil von 10 % dürften sich die §§ 14 und 6 Abs. 1 KInvFG am unteren Rand des Zulässigen bewegen. Dabei spricht gegen eine höhere Eigenbeteiligung, dass, jedenfalls nach dem Wortlaut den Art. 104c zwischen 2017 und 2019 hatte, gerade finanzschwache Kommunen gefördert werden sollen. **14**

Ermessensbindungen können sich – in drei Richtungen – aus **Gleichbehandlungsgrundsätzen** ergeben, dies auf den 3 Ebenen der Bewilligung von Finanzhilfen dem Grunde nach, der Programmgestaltung und der Förderung im Einzelfall. Im Verhältnis zu den Ländern muss der Bund den bundesstaatsrechtlichen Gleichbehandlungsgrundsatz beachten, der freilich Differenzierungen, auch nach Maßgabe des Kriteriums der Finanzschwäche, erlaubt. Bei der Implementierung von Förderprogrammen müssen Bund und Länder den Anspruch der Kommunen auf Gleichbehandlung beachten. Insoweit hat das BVerfG festgehalten, dass die Kommunen, wenn Bund und Länder knappe Güter an sie verteilen, aus dem interkommunalen Gleichbehandlungsgebot einen Anspruch auf ein Verteilungsverfahren haben, das willkürfrei, transparent und nachvollziehbar ist[41], wobei Art. 104c S. 2 in Verbindung mit Art. 104b Abs. 2 S. 1 eine bereichsspezifische Konkretisierung des Wesentlichkeitskriteriums und Parlamentsvorbehalts ist.[42] Schließlich sind die Länder nach dem Grundsatz der **Trägerneutralität** objektivrechtlich gehalten, auch auf private Ersatzschulen Rücksicht zu nehmen; nach den üblichen Kriterien für subjektive öffentliche Rechte korrelieren dem aber keine Ansprüche einzelner privater Schulträger.[43] **15**

III. Ausführungsgesetzgebung, Bewilligungsverfahren und Kontrolle

Hinsichtlich des **Näheren** der Investitionsförderung und der Unterrichtung von Bundestag, Bundesregierung und Bundesrat **verweist** Art. 104c S. 2 auf Art. 104b Abs. 2 und 3, 2017 pauschal, ab 2019 differenzierter. Wegen des Zusammenhangs beider Vorschriften ist dies eine dynamische Verweisung.[44] Grundsätzlich kann auch hier auf die Ausführungen zu Art. 104b verwiesen werden.[45] Auf folgende Punkte muss jedoch ausdrücklich hingewiesen werden. Die Einfügung der Sätze 2 und 3 in Art. 104b Abs. 2 gibt dem Bund im Sinne erweiterter Steuerungsmöglichkeiten Einfluss auf die nähere Ausgestaltung der Förderprogramme,[46] was eine teilweise Zurückdrängung der länderfreundlichen Entscheidungen BVerfGE 39, 96, 41, 291 und 127, 165. bedeutet. Auf S. 4, der dem Bund Prüfungsrechte gibt, wird nicht verwiesen; diese Rechte stehen dem Bund im Bereich von Art. 104c darum nicht zu; wohl gibt Art. 114 Abs. 2 S. 2 Hs. 2 dem Bundesrechnungshof Prüfungsbefugnisse bis hin zu den Empfängerkommunen. Viel- **16**

---

[41] BVerfGE 137, 108 (153 – 156), dort auch zum subjektiv-rechtlichen Gehalt dieser Gebote; vgl. auch *Henneke* in SHH Rn. 17 f.

[42] Dazu auch *Thiele* in Dreier Rn. 21.

[43] Hierzu, auch unter Hinweis auf Art. 7 Abs. 4 S. 1, *Thiele* in Dreier Rn. 19.

[44] Anders *Schwarz* in Maunz/Dürig Rn. 22.

[45] → Art. 104b Rn. 26 u. 27.

[46] Vgl. auch *Hellermann* in MKS 104b Rn. 65b.

mehr enthält Art. 104c S. 3 eine im Vergleich mit Art. 104b Abs. 2 S. 4 aus Ländersicht moderatere Regelung: Der Bund darf nicht alle Behörden (so Art. 104b Abs. 2 S. 4) unmittelbar ins Visier nehmen (bei Art. 104c wären dies die Schulträger, darunter auch freie Träger), sondern hat sich an die jeweilige Landesregierung zu halten; von dieser kann er Berichte und, auch dies ein Unterschied zu Art. 104b Abs. 2 S. 4, nur anlassbezogen die Vorlage von Akten verlangen.[47] Der neue S. 5 entfaltet im Bereich der kommunalen Bildungsinfrastruktur eine besondere Bedeutung;[48] fraglich ist, ob die Mindestbeteiligungsquoten des KInvFG[49] angehoben werden müssen. S. 7 (Degressionsgebot) ist von der Verweisung ausgenommen.[50] Was die Unzulässigkeit von Bedingungen und Dotationsauflagen und einer Vollfinanzierung durch den Bund anlangt, gilt das zu Art. 104b Ausgeführte uneingeschränkt.[51]

C. Verhältnis zu anderen Bestimmungen des Grundgesetzes

17 In den Gesetzesmaterialien wird Art. 104c als **Ausnahmetatbestand** zu Art. 104b charakterisiert.[52] Die Ausnahme bestehe darin, dass Art. 104b dem Bund Finanzierungskompetenzen grundsätzlich nur gibt, soweit das GG ihm auch Gesetzgebungsbefugnisse verleiht, während Art. 104c einen Bereich ausschließlicher Gesetzgebungskompetenz und damit politischer Verantwortlichkeit der Länder[53] für Bundesfinanzierung mit einhergehender Mitgestaltung und Kontrolle öffnet. Trotzdem ist Art. 104c keine Art. 104b verdrängende lex specialis.[54] Insbesondere wegen der unterschiedlichen Zielsetzung – hier Bildungspolitik, dort in drei Ziffern wortreich umschriebene Wirtschaftspolitik – können beide Fördertatbestände kumulieren.[55] Sie haben beide gemeinsam, dass sie den Grundsatz des Art. 104a Abs. 1 durchbrechen und dem Bund einen Beitrag zu Zweckausgaben in Bereichen außerhalb seiner Verwaltungszuständigkeit erlauben. Die Grundsatzkritik an Kofinanzierung von Landesaufgaben durch den Bund erstreckt sich auch auf diese Vorschrift.[56] Auch Art. 104c ist deshalb eng[57] und im Bereich der Verweisung in S. 2 in Anlehnung an Art. 104b[58] auszulegen. Andererseits ist Art. 104c eine **weitere Lockerung des sog. Kooperationsverbots im Bildungsbereich.** Thematische Überschneidungen mit Art. 91b Abs. 2 gibt es nicht.

---

[47] Hierzu *Tappe/Wernsmann,* Öffentliches Finanzrecht, 2019, Rn. 173.

[48] Zu ihm BT-Drs. 19/6144, 3, 10 f.

[49] → Rn. 8 u. 14.

[50] Dazu BT-Drs. 19/6144, 8, 11, 12.

[51] → Art. 104b Rn. 5 u. 19. Wie hier *Thiele* in Dreier Rn. 11.

[52] BT-Drs. 18/11131, 17.

[53] Sieht man ab von Gesetzgebungszuständigkeiten des Bundes im Bereich der beruflichen Bildung; dazu *Heintzen* in BK Art. 70 Rn. 63.

[54] AA wohl *Pieroth* in Jarass/Pieroth Rn. 1; Zum Verhältnis beider Normen auch *Schwarz* in Maunz/Dürig Rn. 4.

[55] Ebenso *Hellermann* in MKS Rn. 3; Zu diesem und weiteren Unterschieden zwischen beiden Verfassungsartikeln *Henneke* in SHH Rn. 4 f.

[56] → Art. 104b Rn. 5, 32; weiter *Henneke* in SHH Art. 104b Rn. 3; *Kloepfer,* Finanzverfassungsrecht, 2014, 91.

[57] *Pieroth* in Jarass/Pieroth Rn. 1; *Schwarz* in Maunz/Dürig Rn. 8; *Siekmann* in Sachs Rn. 4 f.

[58] *Schenke* in Sodan Rn. 2.

D. Kritische Würdigung

Art. 104c wird in der rechtswissenschaftlichen Literatur vor diesem Hintergrund fast unisono als **systemwidrig** angesehen.[59] Die Vorschrift erlaubt eine Bundesförderung im Bereich ausschließlicher Gesetzgebungszuständigkeit der Länder, steht im Widerspruch zu den Entflechtungsbemühungen der Föderalismusreform I und gerät, jedenfalls bis zur Streichung des Kriteriums der Finanzschwäche, in eine bedenkliche Nähe zu den Systemen des föderalen und des kommunalen Finanzausgleichs.[60] Die Frage, warum der Bund den Ländern und Kommunen bei der Aufteilung des Einkommen- und Umsatzsteueraufkommens nicht größere Anteile bewilligt, damit diese ihren Aufgaben eigenverantwortlich nachkommen können, drängt sich auf. Ein Bedarf nach zentralstaatlicher Steuerung von Schulinfrastrukturmodernisierung und schulischer Digitalisierung ist nicht erkennbar; dies ist ein Unterschied zu den wirtschaftspolitischen Förderkompetenzen des Bundes gemäß Art. 104b.[61] Erhielten die Länder und Kommunen im primären Finanzausgleich mehr Geld, könnte der Bund zwar nicht sicher sein, dass dieses Geld für Verbesserungen bei der kommunalen Bildungsinfrastruktur eingesetzt wird.[62] Doch einerseits haben die Kommunen gegen die Länder einen landesverfassungsrechtlichen Anspruch auf eine Mindestausstattung, andererseits liegt Haushaltsautonomie im Wesen des Föderalismus. 18

Literatur

(soweit nicht in den Literaturhinweisen bei Vorb. zu Art. 104a-115, bei Art. 104a oder 104b enthalten)

M. von Bar/Ch. Brzezinski, Die Beteiligung des Bundes an Investitionen in die Bildungsinfrastruktur auf Grundlage des neuen Art. 104c GG, DVBl. 2018, 759. – ***H.-G. Henneke,*** „Die wilden 13", DVBl. 2017, 214 (219–221). – ***ders.,*** Der Entwurf eines Art. 104c GG: Ein Sündenfall in der bundesstaatlichen Finanzverfassung, in: M. Junkernheinrich u. a. (Hrsg.), Jahrbuch für öffentliche Finanzen 2017, 361. – ***ders.,*** „Und führe uns nicht in Versuchung", Der Landkreis 2017, 3. – ***ders.,*** Irrweg, Der Landkreis 2017, 91. – ***ders.,*** Die Züchtung der eierlegenden Wollmilchsau, Der Landkreis 2017, 173. – ***ders.,*** Kommentierung von Art. 104c, in: Schmidt-Bleibtreu/Hofmann/Henneke, Kommentar zum Grundgesetz, 14. Aufl., 2018, S. 2875 – 2880. – ***ders.,*** „Die wilden 13" bekommen Junge, DVBl. 2018, 817. – ***J. Lindner,*** Art. 104c GG als Grundlage einer Bundes-Schulpolitik?, NVwZ 2018, 1843. – ***Th. I. Schmidt,*** Finanzhilfen des Bundes an die Kommunen, der gemeindehaushalt 2018, 73. – ***Ch. Seiler,*** Wider die Kompetenzverflechtung – Anmerkungen zum Entwurf eines Gesetzes zur Änderung des Grundgesetzes (Art. 104c, 104d, 125c, 143e), ZG 2018, 329. – ***G. Speiser,*** Der neue Art. 104c GG, Recht und Politik 2017, 473. – ***ders.,*** Bundesfinanzhilfen im Bildungsbereich, DÖV 2020, 14. – ***H. Tappe/R. Greve,*** Finanzschwache Kommunen – Spielräume der Länder bei Finanzhilfen des Bundes, JÖFin 2–2018, 133. – ***Ch. Winterhoff,*** Finanzielle Förderung von Ganztagsschulen und Juniorprofessuren durch den Bund?, JZ 2005, 59.

[59] Vgl. auch → Rn. 17; *Siekmann* in Sachs Rn. 4 erwägt sogar einen Verstoß gegen Art. 79 Abs. 3 GG; in diese Richtung auch *Battis/Eder* NVwZ 2019, 592 (596).

[60] Hierzu auch *Hellermann* in MKS Rn. 7 f.

[61] So auch *Thiele* in Dreier Rn. 6.

[62] Hierzu auch *Siekmann* in Sachs Rn. 18.

Art. 104d [Finanzhilfen des Bundes für Investitionen im Bereich des sozialen Wohnungsbaus]

[1] Der Bund kann den Ländern Finanzhilfen für gesamtstaatlich bedeutsame Investitionen der Länder und Gemeinden (Gemeindeverbände) im Bereich des sozialen Wohnungsbaus gewähren. [2] Art. 104b Absatz 2 Satz 1 bis 5 sowie Absatz 3 gilt entsprechend.

A. Allgemeine Bedeutung

1 In **Art. 104d** geht es um „sozialen Wohnungsbau", in **Art. 74 Abs. 1 Nr. 18** war bis 2006 vom „Wohnungswesen" die Rede.[1] Seither besteht keine konkurrierende Sachgesetzgebungskompetenz des Bundes mehr, was wegen Art. 104b Abs. 1 Satz 1 nun eine besondere Finanzierungskompetenz erforderlich macht. Diese Finanzierungskompetenz scheint der erforderlichen Mehrheit der Mitglieder des 19. Bundestages und, nach Vermittlungsverfahren, auch dem Bundesrat angesichts der Wohnungsknappheit in Groß- und Universitätsstädten, des Mietenanstiegs und des schrumpfenden Bestands an Sozialwohnungen[2] geboten zu sein.[3] Auch bei Art 104d handelt es sich um Maßnahmeverfassungsrecht.

2 **Bis 2006** unterfiel der soziale Wohnungsbau einer konkurrierenden Gesetzgebungszuständigkeit des Bundes (Art. 74 Abs. 1 Nr. 18); zugleich gab es Finanzhilfen des Bundes auf der Grundlage von Art. 104a Abs. 4 aF. Nach dem Wegfall der Sachgesetzgebungskompetenz durften die Finanzhilfen auf der Grundlage von Art. 104b nicht fortgesetzt werden. Der soziale Wohnungsbau sollte föderalisiert werden.[4] Für eine Übergangszeit von Ende 2019 hat der Bund den Ländern Entflechtungsmittel auf der Grundlage von Art. 143c gewährt; die soziale Wohnraumförderung wird dort in Abs. 1 S. 1 ausdrücklich genannt; diese Mittel wurden 2016 erhöht. Allerdings ist ab 1.1.2014 die Zweckbindung an den Aufgabenbereich der bisherigen Mischfinanzierungen entfallen; es reicht seitdem, wenn die Mittel überhaupt zu investiven Zwecken verwendet werden (Art. 143c Abs. 3 S. 2 iVm Abs. 2 Nr. 2).[5] Nach der Begründung zum Gesetzentwurf der Bundesregierung zu Art. 104d bestand keine rechtlich durchsetzbare Zweckbindung und haben einzelne Länder Mittel teilweise auch für Zwecke außerhalb des sozialen Wohnungsbaus verwendet.[6] Die Kombination von sich verschärfender Lage auf dem Wohnungsmarkt, gesamtstaatlich zu geringer sozialer Wohnraumförderung und Abstimmungsproblemen zwischen Bund und Ländern wurde von allen Beteiligten schließlich als unbefriedigend empfunden. In dem Vermittlungsverfahren, das wegen des 63. G zur Änderung des Grundgesetzes stattgefunden hat, gehörte Art. 104d zu den unproblematischeren Punkten.

---

[1] Zu Art. 74 Abs. 1 Nr. 18 aF: *Oeter* in MKS, 5. Aufl., Bd. 2, 2005, Art. 74 Rn. 143; *Pestalozza* in von Mangoldt/Klein, Das Bonner Grundgesetz, 3. Aufl., Bd. 8, 1996, Art. 74 Rn. 1258 ff. Zur Geschichte der Förderung des sozialen Wohnungsbaus in Deutschland *Lange* ZG 2018, 337–343. Vgl. weiter Art. 26 der Verf. der DDR von 1949 und Art. 37 der Verfassung der DDR von 1968/74.

[2] Zahlen zu Letzterem bei *Lange* ZG 2018, 337.

[3] Vgl. die Zeilen 567 ff. des Koalitionsvertrags von 2018.

[4] Dazu schon *Jakob* in FS f. F. Knöpfle, 1996, 127 ff.

[5] → Art. 143c Rn. 10. Zur Verfassungsentwicklung nach 2006 *Lange* ZG 2018, 341–343, die feststellt, das Entflechtungsziel sei zu keinem Zeitpunkt verwirklicht worden (S. 343).

[6] BRats-Drs. 165/18, 2. Weiter BT-Drs. 19/3440, 2 u. 19/6144, 2.

B. Einzelfragen

Schlüsselbegriff in Art. 104d ist **sozialer Wohnungsbau.** Der in Art. 143c Abs. 1 S. 1 verwendete Begriff der sozialen Wohnraumförderung dürfe dieselbe Bedeutung haben. Darunter ist der mit staatlichen Finanzmitteln geförderte Bau von Wohnungen für Personen zu verstehen, die ihren Wohnungsbedarf aufgrund ihres geringen Einkommens nachgewiesenermaßen am freien Wohnungsmarkt nicht decken können. Die Frage der Organisation und Trägerschaft dieser Wohnungswirtschaft (staatlich, kommunal, genossenschaftlich, kirchlich, gemeinnützig) kann dabei offen bleiben. Finanzverfassungsrechtlich maßgebend ist die Zweckbindung. Für diesen Zweck kann (nicht muss) der Bund Finanzhilfen leisten, dies unter dem Vorbehalt, dass die Länder eigene Mittel bereitstellen. 3

Wegen weiterer Einzelfragen von Art. 104d **kann auf die Kommentierungen der Art. 104b und 104c zurückverwiesen werden.** Das betrifft die Begriffe Bund, Länder und Gemeinden, Finanzhilfen[7], (Sach-)[8]Investitionen[9] und gesamtstaatlich bedeutsam[10], das Bewilligungsermessen des Bundes[11] und seinen Einfluss des Bundes auf die Programmgestaltung, die Bundesaufsicht[12] über die zweckentsprechende Mittelverwendung[13] und das Zusätzlichkeitsgebot[14]; mit Kritik zu diesen drei Punkten[15], deren Grundtenor lautet, was bei Art. 104b, wo der Bund immerhin eine Sachgesetzgebungskompetenz habe, noch angemessen sei, sei dies bei Art. 104d, wo eine Sachgesetzgebungskompetenz des Bundes fehle, nicht, haben sich die Bundesländer im Vermittlungsverfahren nicht durchgesetzt. Auffällig ist, dass die Verweisung in Satz 3 die Sätze 6 und 7 von Art. 104b Abs. 2 nicht umfasst. Soweit es um Befristung und Degression geht, wird dies mit dem Interesse an langfristiger Verstetigung begründet.[16] Soweit es um eine Überprüfung in regelmäßigen Zeitabständen geht, greift diese Erwägung nicht, haben Bundestag, Bundesregierung und Bundesrat aber die Möglichkeit, sich nach Art. 104d S. 3, 104b Abs. 3 die nötigen Entscheidungsgrundlagen zu verschaffen. Hinsichtlich des Verhältnisses zu anderen Bestimmungen des GG kann auf die Kommentierung des Art. 104c zurückverwiesen werden[17]. 4

C. Kritische Würdigung

Art. 104d S. 1 hat fast dieselbe sprachliche Struktur wie Art. 104c S. 1, hier sozialer Wohnungsbau, dort kommunale Bildungsinfrastruktur. Beides ist wichtig, beides verdient aber keinen eigenen Verfassungsartikel. Angesichts 5

---

[7] → Art. 104b Rn. 4 ff.
[8] So BT-Drs. 19/3440, 10 unten.
[9] → Art. 104b Rn. 7.
[10] BT-Drs. 19/3440, 10 unten, bezieht dieses Kriterium auf die Gesamtheit der Investitionen, nicht auf die einzelne Investition, und darauf, dass sie von den Ländern und Gemeinden allein nicht finanziert werden können. Kritisch zu diesem Merkmal *Lange* ZG 2018, 344.
[11] → Art. 104b Rn. 17 ff.; 104c Rn. 12 ff.
[12] → Art. 104b Rn. 24; 104c Rn. 14.
[13] → Art. 104b Rn. 25.
[14] → Art. 104b Rn. 26.
[15] Dazu BR-Drs. 165/18, 6; BT-Drs. 19/3440, 15 u. 19/6144, 5, 10 f.
[16] BT-Drs. 19/3440, 11.
[17] → Art. 104c Rn. 16.

einer gewissen ministerialbürokratischen Neigung zu Redundanz stellt sich die Frage: Was kommt demnächst, als Art. 104e? Art. 104a-d, Art. 106a+b, Art. 143a-g, bei allem Respekt vor föderalen Verfassungsvorbehalten: Muss diese Buchstaberei denn sein? Könnten die Länder nicht zweck**ungebunden** im föderalen Finanzausgleich so ausgestattet werden, dass zweck**gebundene** Finanzzuweisungen des Bundes sich erübrigen?[18]

Literatur

(soweit nicht in den Literaturhinweisen bei Vorb. zu Art. 104a-115, bei Art. 104a, 104b oder 104c enthalten)

P. Lange, Die Finanzierung des sozialen Wohnungsbaus durch den Bund, ZG 2018, 337.

[18] Deutliche Kritik bei *Battis/Eder* NVwZ 2019, 592 ff., die auf S. 598 in den oben im Haupttext geschilderten Lösungsvorschlag mündet; *Henneke* DVBl. 2018, 817 (822).

Art. 105 [Steuergesetzgebungsbefugnis]

(1) Der Bund hat die ausschließliche Gesetzgebung über die Zölle und Finanzmonopole.

(2) [1] Der Bund hat die konkurrierende Gesetzgebung über die Grundsteuer. [2] Er hat die konkurrierende Gesetzgebung über die übrigen Steuern, wenn ihm das Aufkommen dieser Steuern ganz oder zum Teil zusteht oder die Voraussetzungen des Artikels 72 Abs. 2 vorliegen.

(2a) [1] Die Länder haben die Befugnis zur Gesetzgebung über die örtlichen Verbrauch- und Aufwandsteuern, solange und soweit sie nicht bundesgesetzlich geregelten Steuern gleichartig sind. [2] Sie haben die Befugnis zur Bestimmung des Steuersatzes bei der Grunderwerbsteuer.

(3) Bundesgesetze über Steuern, deren Aufkommen den Ländern oder den Gemeinden (Gemeindeverbänden) ganz oder zum Teil zufließt, bedürfen der Zustimmung des Bundesrates.

Paulskirchenverfassung von 1849

Abschnitt II. Art. VII

§ 34. Die Reichsgewalt ausschließlich hat die Gesetzgebung über das gesammte Zollwesen, so wie über gemeinschaftliche Produktions- und Verbrauchs-Steuern. Welche Produktions- und Verbrauchs-Steuern gemeinschaftlich sein sollen, bestimmt die Reichsgesetzgebung.

§ 36. Auf welche Gegenstände die einzelnen Staaten Produktions- oder Verbrauchs-Steuern für Rechnung des Staates oder einzelner Gemeinden legen dürfen und welche Bedingungen und Beschränkungen dabei eintreten sollen, wird durch die Reichsgesetzgebung bestimmt.

§ 37. Die einzelnen deutschen Staaten sind nicht befugt, auf Güter, welche über die Reichsgrenze ein- oder ausgehen, Zölle zu legen.

Abschnitt II. Art. X

§ 51. Die Reichsgewalt ist befugt, in außerordentlichen Fällen Reichssteuern aufzulegen und zu erheben oder erheben zu lassen, so wie Anleihen zu machen oder sonstige Schulden zu contrahiren.

Reichsverfassung von 1871

Art. 4. Der Beaufsichtigung seitens des Reichs und der Gesetzgebung desselben unterliegen die nachstehenden Angelegenheiten:

[Nr. 1]

2. die Zoll- und Handelsgesetzgebung und die für die Zwecke des Reichs zu verwendenden Steuern;

[Nr. 3–16]

Art. 35. Das Reich ausschließlich hat die Gesetzgebung über das gesammte Zollwesen, über die Besteuerung des im Bundesgebiete gewonnenen Salzes und Tabacks, bereiteten Branntweins und Bieres und aus Rüben oder anderen inländischen Erzeugnissen dargestellten Zuckers und Syrups, über den gegenseitigen Schutz der in den einzelnen Bundesstaaten erhobenen Verbrauchsabgaben gegen Hinterziehungen, sowie über die Maßregeln, welche in den Zollausschlüssen zur Sicherung der gemeinsamen Zollgrenze erforderlich sind.

In Bayern, Württemberg und Baden bleibt die Besteuerung des inländischen Branntweins und Bieres der Landesgesetzgebung vorbehalten. Die Bundesstaaten werden jedoch ihr Bestreben darauf richten, eine Übereinstimmung der Gesetzgebung über die Besteuerung auch dieser Gegenstände herbeizuführen.

Weimarer Reichsverfassung von 1919

Art. 8. Das Reich hat ferner die Gesetzgebung über die Abgaben und sonstigen Einnahmen, soweit sie ganz oder teilweise für seine Zwecke in Anspruch genommen werden. Nimmt das Reich Abgaben oder sonstige Einnahmen in Anspruch, die bisher den Ländern zustanden, so hat es auf die Erhaltung der Lebensfähigkeit der Länder Rücksicht zu nehmen.

Art. 11. Das Reich kann im Wege der Gesetzgebung Grundsätze über die Zulässigkeit und Erhebungsart von Landesabgaben aufstellen, soweit sie erforderlich sind, um

1. Schädigung der Einnahmen oder der Handelsbeziehungen des Reichs,
2. Doppelbesteuerungen,
3. übermäßige oder verkehrshindernde Belastung der Benutzung öffentlicher Verkehrswege und Einrichtungen mit Gebühren,
4. steuerliche Benachteiligungen eingeführter Waren gegenüber den eigenen Erzeugnissen im Verkehre zwischen den einzelnen Ländern und Landesteilen oder
5. Ausfuhrprämien

auszuschließen oder wichtige Gesellschaftsinteressen zu wahren.

Übersicht

A. Allgemeine Bedeutung

I. Die Steuer als Hauptfinanzierungsinstrument des modernen Staates

Art. 105 setzt als **föderale Kompetenznorm** die Besteuerungsgewalt, allgemeiner die Finanzgewalt als nicht kompetenziell gegliedertes Hoheitsrecht des vom GG verfassten Staates voraus.[1] Die Steuer ist das wichtigste Finanzierungsinstrument des Staates. Sie ermöglicht eine stetige, planbare und eine gegenleistungsfreie Finanzierung, über die – jedenfalls auf Bundesebene – der Gesetzgeber disponieren kann.[2] Bei den Gebietskörperschaften ergeben sich im Durchschnitt der letzten Jahre folgende Anteile der Steuerfinanzierung: beim Bund ca. 90 %, bei den Ländern ca. 70 %, bei den Kommunen deutlich weniger als 50 %.[3] Die kassenmäßigen Steuereinnahmen aller Gebietskörperschaften betrugen 2017 insgesamt ca. 735 Mrd. Euro. Die bereinigten Gesamteinnahmen der Sozialversicherungsträger lagen im selben Zeitraum bei insgesamt knapp 635 Mrd. Euro.[4] Freilich sind Letztere nicht nur Beitragseinnahmen, sondern, insbesondere bei der Arbeitslosen- und der Rentenversicherung, in erheblichem Maße auch steuerfinanzierte Zuschüsse aus dem allgemeinen Staatshaushalt. Die Sozialversicherungsbeiträge sind in jedem Fall nach den Steuern die zweitwichtigste Finanzierungsquelle der öffentlichen Hand.[5] 1

In der im Vergleich mit den anderen öffentlichen Abgaben hervorgehobenen Nennung der Steuer im GG, u. a. in Art. 105, und in der Ausrichtung der Art. 105–108 auf die Steuer[6] soll eine **Verfassungsentscheidung für den Steuerstaat** zum Ausdruck kommen; dies ist auch die Ansicht des BVerfG.[7] Die Verfassungsentscheidung, deren genaue Rechtsgrundlage schwer zu lokalisieren ist, habe folgenden Gehalt: Die öffentlichen Aufgaben müssten im Wesentlichen steuerfinanziert wahrgenommen werden. Andere öffentliche Abgaben dürften nur die rechtfertigungsbedürftige Ausnahme sein, wobei eine Rechtfertigung zum Teil nur bei Gebühren, Beiträgen und Sonderabgaben für möglich gehalten wird; bei den Vorzugslasten folge sie aus deren Gegenleistungsabhängigkeit, bei den Sonderabgaben aus der diese von Gemeinlasten hinreichend unterscheidenden Trias von Gruppenhomogenität, 2

---

[1] BVerfGE 55, 274 (301). Vgl. auch *Kube,* Finanzgewalt in der Kompetenzordnung, 2004, 30–109 (zur geschichtlichen Entwicklung); *Waldhoff* in HdbStRV, § 116 Rn. 61.

[2] Zu der Unterscheidung zwischen stetiger und unstetiger Staatsfinanzierung m. w. N. *Schuppert* in Umbach/Clemens Rn. 13.

[3] Nachw. bei *Sacksofsky,* Umweltschutz durch nicht-steuerliche Abgaben, 2000, 154 f.; *Vogel/Waldhoff* in BK Art. 104a Rn. 91; zu den Bundesländern als Steuerstaaten s. *Manssen* in ders. (Hrsg.), Rechtswissenschaft im Aufbruch, 1996, 148 ff.

[4] Zahlen jeweils vom Statistischen Bundesamt (www.destatis.de).

[5] Damit begründete Kritik an ihrer Nichterwähnung im X. Abschnitt des Grundgesetzes bei *F. Kirchhof* Symposium f. Papier, 2009, 43 (47 f.); *Kloepfer,* Gesamtfinanzverfassung, FS f. Wendt, 2015, 599–621.

[6] Bis hin zur Maßgeblichkeit der Steuerkraft für den sekundären Finanzausgleich oder der Ausrichtung von Konjunkturbereinigungsverfahren im Rahmen der Schuldenbremse an Steuerdaten (zu Letzterem Monatsbericht der Dt. Bundesbank, März 2017, 35 ff.).

[7] E 78, 249 (266 f.); 82, 159 (178); 93, 319 (342); grundlegend Isensee FS f. Ipsen, 1977, 409; ferner *Gröpl* AöR 133 (2008), 1 (13 ff.); *Scholz* FS f. Leisner, 1999, 797; *Vogel* in HdbStR II, § 30; *Weber-Grellet,* Steuern im modernen Verfassungsstaat, 2001, 1–145. Zur Geschichte des Begriffs vgl. die Nachweise bei *Siekmann* in Sachs Vorb. Art. 104a Rn. 69. Zum Begriff vgl. auch *Schuppert,* Staatswissenschaft, 631 ff.

Gruppenverantwortlichkeit und Gruppennützigkeit. Ein Wahlrecht zwischen Steuern und anderen Abgaben gebe es nicht.[8] Die ungeschriebene Verfassungsentscheidung hat danach einen statistischen und einen normativen Gehalt.

3 **Statistisch** meint die Forderung einer „wesentlichen" Steuerfinanzierung der öffentlichen Ausgaben. Das Kriterium „wesentlich" oder vergleichbare Umschreibungen haben kaum greifbaren juristischen Gehalt.[9] Sofern, wie bei den Ländern und Gemeinden, der Anteil nichtsteuerlicher Finanzierungsquellen ins Gewicht fällt, ist nicht erkennbar, welche Abgabe die Wesentlichkeitsschwelle überschreitet und darum verfassungswidrig sein soll. In dem genannten Sinne ist Steuerstaatlichkeit deshalb möglicherweise ein Prinzip der Staatstheorie oder eine Forderung der Verfassungspolitik, nicht aber ein Prinzip des Finanzverfassungsrechts. Das rechtspolitisch möglicherweise sinnvolle, im Bereich von **Umweltabgaben** aber sicherlich auch kontroverse Anliegen, öffentliche Abgaben insbesondere der Länder und Kommunen einzudämmen, deren Zugriff auf die Steuer kompetenzrechtlich beschränkt ist,[10] lässt sich mit den von der Rechtsprechung entwickelten Formeln nur wenig voranbringen. Spiegelbildlich ist der Satz, Sonderabgaben müssten im Vergleich zur Steuer die seltene Ausnahme bleiben,[11] keine wirksame juristische Vorgabe, sondern Umschreibung der Wirkungen der Begrenzungs- und Schutzfunktion der Finanzverfassung und eine Tendenzaussage zu den vergleichsweise höheren Erfolgsaussichten verfassungsgerichtlichen Rechtsschutzes gegen Sonderabgaben. Soweit das Steuerstaatskonzept sich gegen ein Staatsunternehmertum richtet, ist es seit dem Zusammenbruch des Kommunismus auf absehbare Zeit überholt. Soweit es sich gegen Gebühren und andere öffentliche Abgaben richtet, darf es nicht quantitativ, sondern muss es qualitativ im Sinne eines rechtfertigungsbedürftigen Abstandes nicht-steuerlicher Abgaben zu Steuern verstanden werden.[12]

4 Aus der **Sonderabgabenrechtsprechung des BVerfG** ergibt sich eine weitere Deutung[13] des Steuerstaatsprinzips. Dieser Deutung ist zuzustimmen; sie hat **normativen** Gehalt. Bei ihr ist der Blick auf die nichtsteuerlichen

---

[8] Zu der Alternative zwischen Steuer- und Gebührenfinanzierung *Musil* FS f. Isensee, 2007, 929 ff. → Rn. 12. Zu einem einfachgesetzlichen Vorrang der Finanzierung kommunaler Aufgaben durch Vorzugslasten *Becker/Korten* NVwZ 2019, 1625.

[9] Ähnlich *Müller-Franken* in Friauf/Höfling Rn. 54; *Siekmann* in Sachs vor Art. 104a Rn. 73.

[10] Dazu *Trzaskalik,* Inwieweit ist die Verfolgung ökonomischer, ökologischer und anderer öffentlicher Zwecke durch Instrumente des Abgabenrechts zu empfehlen?, Gutachten E für den 63. DJT, 2000, 97 ff.

[11] BVerfGE 55, 274 (298); seither st. Rspr.; zuletzt BVerfGE 136, 194 (243); 145, 171 (207).

[12] Zum Ganzen mit umfassenden Nachweisen *Droege* Die Verwaltung 2013, 313; *Drömann,* Nichtsteuerliche Abgaben im Steuerstaat, 2000, 114 ff., 141 ff.; *Gawel* Der Staat 39 (2000), 209 ff.; *ders.,* Umweltabgaben zwischen Steuer- und Gebührenlösung, 1999; *Grohs/Knill/Tosun* dms (Der moderne Staat) 2013, 131 ff.; *Hendler* DÖV 1999, 749 ff.; *ders.* AöR 115 (1990), 577 ff.; *Heun* in Sacksofsky/Wieland (Hrsg.), Vom Steuerstaat zum Gebührenstaat, 2000, 10 ff.; *Sacksofsky,* Umweltschutz durch nicht-staatliche Abgaben, 2000, 126–195, die den Grundsatz der Steuerstaatlichkeit nicht als Schranke für nichtsteuerliche Abgaben ansieht; *Schmehl,* Das Äquivalenzprinzip im Recht der Staatsfinanzierung, 2004, 68–91; *Schneider* in AK Rn. 5 f., 17; *v. Stockhausen,* Gesetzliche Preisintervention zur Finanzierung öffentlicher Aufgaben, 2007, 234 ff.; vgl. auch *F. Kirchhof* DV 1988, 137 (Abgabenstaat; dazu auch *Müller-Franken* in Friauf/Höfling Rn. 55) und *Rodi,* Die Rechtfertigung von Steuern als Verfassungsproblem, 1994, 28 ff. Anders begründete Kritik am Konzept des Steuerstaates bei *Weber-Grellet* DB 2007, 1717.

[13] Zu seinen Bedeutungsebenen s. a. *Schuppert* in Umbach/Clemens Rn. 12–15.

Abgaben, nicht auf die Steuern, konzentriert. Bei ihr geht es nicht um den Umfang der Steuerfinanzierung öffentlicher Aufgaben, sondern um eine grundsätzliche Stimmigkeit der Systematik der öffentlichen Abgaben und um einen Schutz vor einem weiteren Zugriff auf private Ressourcen durch nichtsteuerliche Abgaben, die zu Steuern hinzutreten. Abgaben, die nicht aus einer grundgesetzlichen Abgabenkompetenz erhoben werden, sondern unter Inanspruchnahme von Kompetenzen zur Regelung bestimmter Sachmaterien, die ihrer Art nach nicht auf Abgabenerhebung bezogen sind, bedürfen aus kompetenzrechtlichen Gründen einer materiellen Begrenzung. **Nicht-steuerliche Abgaben bedürfen einer besonderen sachlichen, über die Mittelbeschaffung hinausgehenden Rechtfertigung und müssen sich ihrer Art nach von einer Steuer, die voraussetzungslos auferlegt und geschuldet wird, deutlich unterscheiden.**[14] Dies ist erforderlich, um die detaillierten Regelungen des GG zur Besteuerungskompetenz und zur bundesstaatlichen Finanzverfassung vor einer Aushöhlung oder einem Unterlaufenwerden zu bewahren. Weiter gilt es, eine gleichheitswidrige Belastung einzelner Bürger oder Gruppen von Bürgern mit Geldleistungspflichten zu verhindern, das parlamentarische Budgetrecht vor den Gefahren von besonderen Fonds zu schützen und schließlich Wertungswidersprüche zwischen dem Lenkungszweck einer Abgabe und Sachregelungen oder zwischen den Lenkungszwecken verschiedener Abgaben zu vermeiden, Letzteres im Sinne einer Widerspruchsfreiheit der Rechtsordnung. Die Gefahr der Aushöhlung bzw. des Unterlaufens besteht nach Ansicht des BVerfG insbesondere dann, wenn Sonderabgaben unter Berufung auf Sachgesetzgebungskompetenzen von Bund und Ländern ausgedehnt und so ausgestaltet werden, dass sie an die Stelle von Steuern treten können, die allein dem, nach den Steuerarten unterschiedlich ausgeprägten, Leistungsfähigkeitsprinzip verpflichtet sind. Die Steuer werde vom GG als einzige Abgabe zur gegenleistungsfreien Finanzierung von Gemeinlasten eingesetzt.[15]

Ein **numerus clausus öffentlicher Abgaben** existiert dagegen nicht. Er **5**
reibt sich schon daran, dass seit langem anerkannte Abgaben, wie etwa Verbandslasten, nur schwer in ihn einzuordnen sind.[16] Ein numerus clausus verfassungsrechtlich zulässiger öffentlicher Abgaben[17] steht überdies im Widerspruch zur Rechtsprechung des BVerfG, das nichtsteuerliche Abgaben auch dann billigt, wenn sie weder Steuern noch Gebühren und Beiträge noch Sonderabgaben sind.[18] Als in das Quartett von Steuern, Beiträgen und Gebühren und Sonderabgaben schwer einzuordnen, erweisen sich insbesondere

---

[14] Ständige Rechtsprechung, zuletzt BVerfGE 144, 369 (397).

[15] BVerfGE 55, 274 (298); 57, 139 (166 ff.); 67, 256 (275); 75, 108 (147); 78, 249 (266 ff.); 91, 186 (201 f.); 93, 319 (342 ff.); 101, 141 ff.; 110, 370 (391, wo dies auf Grund und Höhe einer Abgabe bezogen wird). Hiervon müssten alle anderen Abgabentypen Abstand halten. Dies ist mit der besonderen Rechtfertigungsbedürftigkeit dieser Abgabentypen gemeint. Zusammenfassend *Jestaedt* DVBl. 2000, 1820 (1824 f.).

[16] Vgl. hierzu nach wie vor *Axer* GewArch. 1996, 453 ff., am Beispiel der IHK-Beiträge.

[17] Dazu *Jachmann-Michel/Vogel* in MKS Rn. 8; *Waldhoff* in Ehlers u. a. (Hrsg.), Besonderes Verwaltungsrecht, Bd. 3, 3. Aufl., 2013, § 67 Rn. 29 f.; *Siekmann* in Sachs Vorb. Art. 104a Rn. 139–143, 175 ff., der selbst einen numerus clausus grundsätzlich befürwortet.

[18] BVerfGE 75, 108 (147 f. zu Sozialversicherungsbeiträgen); 78, 249 (267 f. zur Wohnraumfehlbelegungsabgabe); 81, 156 (188 f.); 82, 159 (181 unter Hinweis auf nicht präzisierte besondere Voraussetzungen); 93, 319 (342); 108, 186 (215); 113, 128 (146 f.); 122, 316 (333); 123, 132 (141); 137, 1 (17 f.). Zur Entwicklung dieser Rechtsprechung, nach der die Sonderabgabe zunächst eine Auffang- und jetzt eine Ausnahmekategorie neben anderen ist: *Gohla,* Der Risikostrukturausgleich auf dem Prüfstand des Grundgesetzes, 2002, 318 ff.;

Ressourcennutzungsabgaben, entgeltpflichtige Emissionsrechte, Universaldienstabgaben in Post- und Telekommunikationsrecht, die EEG-Umlage und ihre Vorläufer oder die Versteigerung von UMTS-Lizenzen, zuletzt der Rundfunkbeitrag und die Versteigerung von 5G-Lizenzen.[19] Dass es demgemäß ein Abgabenerfindungsrecht gibt[20], steht nicht im Widerspruch zu der Entscheidung des BVerfG vom 13.4.2017, wonach es kein Steuererfindungsrecht gibt[21], denn anders als für die Verteilung der Steuererträge (Art. 106 GG) gibt es für die Verteilung des Abgabenaufkommens keine verfassungsrechtliche Abgabentypik, die dem Gesetzgeber vorgegeben ist. Nichtsteuerliche Abgaben dürften aber nicht gegenleistungsfrei zur Finanzierung von Gemeinlasten eingesetzt werden.[22] Die Begrenzungs- und Schutzfunktion der Finanzverfassung[23] konvergiert insoweit mit dem Prinzip der Steuerstaatlichkeit. **In diesem Sinne ist das Prinzip der Steuerstaatlichkeit geltendes Verfassungsrecht.** Sein Inhalt lässt sich – statt über ungeschriebene Prinzipien der Finanzverfassung, die anfällig für Dissens und Missverständnis sind – aber auch über den Steuerbegriff und Art. 3 Abs. 1 herleiten.[24]

6 **Gegenleistungsabhängigkeit und Sonderlastcharakter von Abgaben korrespondieren.** Sie sind bei der Gebühr am ausgeprägtesten. Beim Beitrag und der Sonderabgabe wird die Sonderverbindung lockerer. Der Sozialversicherungsbeitrag, nach der Steuer die aufkommensstärkste Abgabe, ist der Höhe nach auf die Gegenleistung – Versicherungsschutz – im Sinne einer Individualäquivalenz bezogen und keine Verbandslast, die zur Finanzierung beliebiger Aufgaben eingesetzt werden darf, die den Sozialversicherungsträgern gesetzlich auferlegt sind. Verleihungsgebühren, Abschöpfungsabgaben und sonstige Umweltabgaben sind problematische Grenzfälle, bei denen die rechtliche Unsicherheit schon im Schwanken der Terminologie zum Ausdruck kommt. Für die kompetenzrechtliche Zulässigkeit einer nichtsteuerlichen Abgabe kommt es nicht darauf an, ob sie sich den gebräuchlichen Begriffen etwa der Gebühr oder des Beitrags einfügt, sondern allein darauf, ob sie den Anforderungen standhält, die sich aus der Begrenzungs- und Schutzfunktion der bundesstaatlichen Finanzverfassung ergeben.[25]

II. Die Steuer im unitarischen Bundesstaat

7 **Art. 105** ist (nur) auf den ersten Blick **länderfreundlich.**[26] Die ausschließliche Gesetzgebungskompetenz des Bundes (Abs. 1) betrifft nur Gegenstände, die entweder auf die Europäische Union übergegangen sind und deren Regelung im Hinblick auf Art. 73 Abs. 1 Nr. 5 fragwürdig ist (Zölle)[27] oder die antiquiert sind und keine nennenswerte Bedeutung mehr

Siekmann in Sachs, Vorb. Art. 104a Rn. 74–138, dort auch Kritik (Rn. 68), weiter Rn. 173, 175, 176.

[19] Zu den 5G-Lizenzen BVerwG, Beschluss vom 14.3.2019, 6 VR 1.19; *Fetzer* NVwZ 2018, 190; *Schütz-Schreiber* MMR 2019, 19.

[20] So auch *Siekmann* in Sachs Vorb. Art. 104a Rn. 175 f.

[21] BVerfGE 145, 171, Leitsatz 3.

[22] Insoweit übereinstimmend *Siekmann* in Sachs Vorb. Art. 104a Rn. 144–146.

[23] → Vorb. Art. 104a–115 Rn. 26.

[24] Umfassende Zusammenstellung der maßgebenden Argumente bei *Siekmann* in Sachs Vorb. Art. 104a Rn. 147–174.

[25] BVerfGE 93, 319 (Ls. 1); ständige Rspr.; zuletzt E 124, 348 (364). → Rn. 11.

[26] Zur historischen Entwicklung *Seiler* in Maunz/Dürig Rn. 6–25.

[27] Zu dem Verhältnis der Art. 73 Abs. 1 Nr. 5 und 105 Abs. 1: *Heintzen* in MKS Art. 73 Rn. 46.

haben (Finanzmonopole). Weiterhin gehört Art. 105 Abs. 2a zu den jedenfalls bis zur Föderalismusreform I wenigen Vorschriften des GG, die der Gesetzgebungskompetenz der Länder einen konkreten Gegenstand ausdrücklich zuweisen.[28] Schließlich begründet Art. 105 Abs. 3 einen Zustimmungsvorbehalt des Bundesrates, der die Steuerpolitik des Bundes vom positiven Votum der Länderkammer abhängig macht. Es bleibt aber Art. 105 Abs. 2, der schon dem Wortlaut nach, aus Ländersicht, hinter Art. 72 zurückbleibt, weil die Schranke des Art. 72 Abs. 2 für Steuern, an deren Aufkommen der Bund beteiligt ist, nicht gilt. Von dieser das materielle Steuerrecht in weiten Teilen umfassenden Kompetenz[29] hat der Bund einen so weitgehenden Gebrauch gemacht, dass mit Ausnahme der Kirchensteuern und der kommunalen Abgaben für die Länder im materiellen Steuerrecht fast nichts übrig geblieben ist.[30] Dies hat der verfassungsändernde Gesetzgeber 1969 durch eine Ausweitung der Steuergesetzgebungskompetenz des Bundes gebilligt.[31] Es wird durch Rechtsprechung des BVerfG zum Umfang der Sperrwirkung bundesgesetzlicher Regelungen bei Art. 105 Abs. 2 ergänzt, die trotz der Verweisung auf Art. 72 Abs. 2 in Art. 105 Abs. 2 eine steuerspezifische und unitarische Sonderdogmatik zur konkurrierenden Gesetzgebung hervorgebracht hat, etwa mit der Ansicht, die Inanspruchnahme eines Steuergegenstandes durch den Bund bedeute stets eine erschöpfende, Sperrwirkung für die Länder auslösende Regelung[32] oder mit dem Transfer des Gleichartigkeitskriteriums des Abs. 2a nach Abs. 2.[33]

Wenn die **Gesetzgebungsbefugnis des Bundes** aus Art. 105 Abs. 2 als **einer ausschließlichen angenähert** qualifiziert wird, ist dabei indessen nicht der Umfang der Inanspruchnahme durch den Bund gemeint, sondern ein Sonderproblem: Die praktisch in den letzten Jahrzehnten irrelevante Frage, ob die Länder die Gesetzgebungskompetenz für Steuern haben, deren Aufkommen ganz oder zum Teil dem Bund zusteht, solange und soweit der Bund von seinem Gesetzgebungsrecht keinen Gebrauch gemacht hat.[34] 8

Die **unitarisierende Wirkung von Art. 105** entspricht sowohl auf der Seite der Steuerschuldner als auch auf der Seite der Steuergläubiger den Erfordernissen eines Bundesstaates, der auf gleichwertige Lebensverhältnisse im gesamten Bundesgebiet und auf die Wahrung der Rechts- und Wirtschaftseinheit verpflichtet ist. In dem Maße, wie das Bundesgebiet sich in einen europäischen Binnenmarkt integriert, wächst der Druck auf eine weitere Hochzonung der Steuergesetzgebungskompetenzen vom Bund auf die Europäische Union. Für den Bereich der direkten Steuern steht dem aber Art. 114 Abs. 2 AEUV klar entgegen.[35] 9

---

[28] Hierzu *Heintzen* DVBl. 1997, 689 (690); föderale Bewertung → Rn. 59.

[29] Zum Steuerverfahrensrecht siehe Art. 108 Abs. 4 bis 6; zum Straf- u. OWi-Recht Art. 74 Abs. 1 Nr. 1.

[30] Vgl. auch *Mußgnug,* Konkurrierende Gesetzgebungskompetenz der Länder für Bundessteuern? Zur Auslegung des Art. 105 Abs. 2 GG, FS f. F. Klein, 1994, 651 ff. Weiter *Schuppert* in Umbach/Clemens Rn. 39 f., 44–47; *Seiler* in Maunz/Dürig Rn. 115; *Siekmann* in Sachs, Rn. 5–10; *Wendt* in HdbStR VI, § 139 Rn. 21.

[31] Dazu *Henneke,* Öffentliches Finanzwesen – Finanzverfassung, 2. Aufl., 2000, Rn. 662; *Wendt* in HdbStR VI, § 139 Rn. 29 f.

[32] BVerfGE 7, 244 (258 f.); 16, 64 (76 f.); 40, 56 (62). → Rn. 51 f.

[33] Zu Letzterem *Kube* in BeckOK Rn. 37, 41; In der Tendenz etwas anders *Seiler* in Maunz/Dürig Rn. 152, 154. → Rn. 53 ff.

[34] Dazu *Heun* in Dreier, Rn. 34; *Jachmann-Michel/Vogel* in MKS Rn. 47; *Pieroth* in Jarass/Pieroth Rn. 34; *Siekmann* in Sachs Rn. 20; *Vogel/Walter* in BK Rn. 76–80. → Rn. 50.

[35] Zur europäischen Integration → Rn. 70 f.

10 Der **unitarische Grundzug von Art. 105** ist in seiner heutigen Form das **Ergebnis** von dessen **Änderung am 23.5.1969,** die eine weitere Zentralisierung bewirken sollte und, wenn auch nicht im zunächst beabsichtigten Umfang, bewirkt hat.[36] Während die Absätze 1 und 3 heute noch ihre ursprüngliche Fassung haben, ist Abs. 2 1969 in der Weise geändert worden, dass nicht mehr die Steuergesetzgebungskompetenzen des Bundes enumeriert werden und diejenigen der Länder gegenständlich nicht ausdrücklich begrenzt aus Art. 70 Abs. 1 abzuleiten sind, sondern dass in Umkehrung des Enumerationsprinzips der Art. 70 ff. der Bund die Gesetzgebungskompetenz für die „übrigen Steuern" hat, während die Gesetzgebungsbefugnisse der Länder in Abs. 2a dem Enumerationsprinzip unterworfen werden; Art. 70 Abs. 1 gilt insoweit nicht. Die Nicht-Geltung von Art. 70 Abs. 1 und das Gleichartigkeitsverbot relativieren den länderfreundlichen Ersteindruck von Art. 105 Abs. 2 a.[37] Schon vor der Verfassungsänderung von 1969 lag der Schwerpunkt der Steuergesetzgebung eindeutig beim Bund. Für die Länder wurde das akzeptabel, als der Parlamentarische Rat sich gegen einen Senat und für einen Bundesrat entschied, über den sich ihr Einfluss geltend machen ließ. An dieser Beurteilung ändern die zweimalige Verschärfung von Art. 72, auf den Art. 105 Abs. 2 verweist, sowie die Einfügung eines Satzes 2 in Art. 105 Abs. 2a durch verfassungsänderndes Gesetz vom 28.8.2006 nichts finanzpolitisch Wesentliches.[38]

III. Die Steuer im Verhältnis zu anderen öffentlichen Abgaben

11 **Öffentliche Abgaben** sind Geldleistungspflichten, die von einem Hoheitsträger auf Grund öffentlichen Rechts einseitig zu Finanzierungszwecken auferlegt werden und bei denen auf der Schuldnerseite Nichthoheitsträger stehen. Traditionelle Formen öffentlicher Abgaben sind Steuern, Beiträge und Gebühren; in den letzten Jahrzehnten sind Sonderabgaben und andere nicht-steuerliche Abgaben hinzugekommen. Von einem System der öffentlichen Abgaben zu sprechen, wäre Übertreibung; dies betrifft sowohl das Verhältnis zwischen den Abgabentypen als auch die Verhältnisse innerhalb einzelner Abgabentypen.[39] Die Typisierung und Abgrenzung von Arten öffentlicher Abgaben ist aber für ein Mindestmaß an Abgestimmtheit erforderlich; dem Regelungszusammenhang der Art. 104a ff. ist zu entnehmen, dass dies ein verfassungsrechtliches Gebot ist.[40] An den anderen Abgabentypen interessiert im Folgenden darum primär ihr Verhältnis zur Steuer; nur insoweit ist auf deren verfassungsrechtliche Grundlagen einzugehen.

12 Die **Abgrenzung der Steuer von anderen öffentlichen Abgaben** ist erforderlich, weil Art. 105, ebenso die Art. 106–108, nur für die Steuer gilt.[41] Landesrechtliche Abgaben, die als Steuern zu qualifizieren wären, werden vielfach schon an der Sperrwirkung der Gesetzgebungskompetenz des Bundes

[36] Näheres bei *H. Meyer* DÖV 1969, 261 ff.

[37] Zu Art. 70 Abs. 1: *Heintzen* in BK Art. 70 Rn. 131, 211; *Wendt* in HdbStR VI, § 139 Rn. 17; die anders lautende Entscheidung BVerfGE 16, 64 (78 f.) betrifft die Rechtslage vor der Änderung des Art. 105 Abs. 2.

[38] Zu Art. 72 ebenso *Schuppert* in Umbach/Clemens Rn. 44 sowie, aktueller, *Siekmann* in Sachs Rn. 23. In der Tendenz wohl anders *Osterloh* GS f. Trzaskalik, 2005, 190 f.

[39] Zur Steuer vgl. *Tipke* StuW 1971, 2. – Versuch eines Verfassungsbegriffs der öffentlichen Abgabe bei *Selmer* FS f. Starck, 2007, 435 ff.

[40] → Rn. 4.

[41] Dazu auch *Vogel/Waldhoff* in BK Vorb. Art. 104a Rn 408 ff.; ferner → Art. 106 Rn. 1. Zuletzt BVerfGE 113, 128 (145).

scheitern.[42] Für die Einordnung einer Abgabe kommt es nur auf den materiellen Gehalt, nicht auf die Bezeichnung oder die haushaltsmäßige Behandlung an.[43] Ein Wahlrecht zwischen Steuer als Gemeinlast und Sonderabgabe als Belastung einer besonderen Gruppe soll der Gesetzgeber nicht haben.[44] Die föderale Gesetzgebungs- und Verwaltungszuständigkeit für nichtsteuerliche Abgaben richtet sich nach den allgemeinen Regeln. Hinsichtlich der Ertragszuständigkeit enthält das GG eine Lücke, wie der 2000 geführte Streit um den Erlös aus dem Verkauf der sog. UMTS-Lizenzen[45] zeigt, der dem Bund ca. 100 Milliarden DM eingebracht hat.[46] Die Regelung der Ertragszuständigkeit ist dann Teil der Gesetzgebungszuständigkeit, wobei der Gesetzgeber sich nach der grundgesetzlichen Zuordnung der von der Abgabe zu deckenden Kosten zu richten hat; Art. 30 kommt nicht zur Anwendung.

1. Der verfassungsrechtliche Steuerbegriff. Das **GG** enthält **keine** 13
Legaldefinition des Begriffs „Steuer“.[47] Ein verfassungsrechtlicher Steuerbegriff ergibt sich aber aus der Rechtsprechung des BVerfG.[48] Steuern im Sinne des GG sind danach einmalige oder laufende Geldleistungen, die nicht eine Gegenleistung für eine besondere Leistung darstellen und von einem öffentlich-rechtlichen Gemeinwesen[49] zur Erzielung von Einkünften allen auferlegt[50] werden, bei denen der Tatbestand zutrifft, an den das Gesetz die Leistungspflicht knüpft.[51] Das entspricht dem Steuerbegriff in § 3 Abs. 1 AO, auf den das Gericht ausdrücklich Bezug nimmt.[52] Das BVerfG hebt zusätzlich

---

[42] Vgl. BVerfGE 108, 186, wo dieser Punkt mit Blick auf Altenpflegeumlagen von Bundesländern zuerst geprüft wird (S. 211–214).

[43] BVerfGE 7, 244 (251 f.); 8, 260 (269 f., dort zum Zollbegriff); 42, 223 (227 f.); 49, 343 (353); 55, 274 (304 f.); 65, 325 (344); 67, 256 (276); 92, 91 (114); 93, 319 (345); 110, 370 (384); 113, 128 (145 f.); Urt. vom 18.7.2018, 1 BvR 1675/16, Rn. 56; zu Fondslösungen *Jachmann-Michel/Vogel* MKS Rn. 17.

[44] BVerfGE 55, 274 (300); 67, 256 (275 f.); vgl. aber *Kieser,* Sonderabgaben als Steuern, 2000; skeptisch *Trzaskalik,* Gutachten E für den 63. Deutschen Juristentag, 104 f. Umfassend *Musil* FS f. Isensee, 2007, 929 ff.

[45] Universal Mobile Telecommunications System. Dazu § 11 Abs. 4 TKG; BVerfGE 105, 285. Bei dieser Abgabe ist überdies fraglich, ob der Staat die Befugnis hat, die Lösung von Knappheitsproblemen zu einer Einnahmequelle zu machen. Vgl. weiter *Siekmann* in Sachs Rn. 178–181. Zu einem anderen Beispiel *Frenz* DVBl. 2007, 1385 (der die staatliche Veräußerung von Emissionshandelszertifikaten als Lenkungssonderabgaben qualifiziert).

[46] Zur Ertragszuständigkeit BVerfGE 108, 1 (13 f., die Zulässigkeit der Abgabe voraussetzend); BVerwGE 95, 188 (192 f.).

[47] Im Unterschied zur Abgabenordnung, deren § 3 Abs. 1 wegen des Vorrangs der Verfassung für die grundgesetzliche Begriffsbildung aber nicht verbindlich sein kann und bis 1977 (damals § 1 RAO) hinsichtlich steuerlicher Lenkungszwecke enger war als der Steuerbegriff des GG.

[48] Zusammenfassend *Schaefer,* Der verfassungsrechtliche Steuerbegriff, 1997.

[49] Bund, Länder, kommunale Gebietskörperschaften und nach Art. 140 GG i. V. m. Art. 137 Abs. 6 WRV steuererhebungsberechtigte Religionsgesellschaften: BVerfGE 10, 141 (176). Zu den Landkreisen *F. Kirchhof* DVBl. 2016, 1553 (1556); *Henneke* in SHH Rn. 65 ff. und Art. 106 Rn. 53 ff. Zu anderen juristischen Personen des öffentlichen Rechts, die im Unterschied zu Gebietskörperschaften aber keine vom Steuerbegriff vorausgesetzte staatsbürgerliche Allgemeinheit repräsentieren und die vom Grundgesetz nicht mit Ertragszuständigkeit ausgestattet werden, *Gohla,* Der Risikostrukturausgleich auf dem Prüfstand des Grundgesetzes, 2002, 74 ff.; *Jachmann-Michel/Vogel* in MKS Rn. 5; *Siekmann* Sachs Vorb. Art. 104a Rn. 82; ausf. auch *Müller-Franken* in Friauf/Höfling Rn. 68.

[50] Zu dem Kriterium des Auferlegens *Heun* in Dreier Rn. 14; *Jachmann-Michel/Vogel* in MKS Rn. 5; *Müller-Franken* in Friauf/Höfling Rn. 67, 69.

[51] BVerfGE 49, 343 (353 ff.); 65, 325 (344); 72, 330 (433); umf. *Vogel/Waldhoff* in BK Vorb. Art. 104a Rn. 352–394.

[52] BVerfGE 3, 407 (435 f.); 7, 244 (251); 29, 402 (408 f.); 36, 66 (70); 38, 61 (79 f.); 42, 223 (227 f.); 49, 343 (353); 55, 274 (299); 67, 256 (282); 93, 319 (346); 110, 370 (394).

hervor, dass Steuern der Finanzierung der allgemeinen Staatsaufgaben dienen und in den allgemeinen Haushalt, nicht in besondere Fonds fließen.[53] Die Frage, ob die Ausgliederung einer Finanzquelle aus dem Staatshaushalt eine Steuer begrifflich ausschließt, ist in der Rechtsprechung des BVerfG noch nicht entschieden.[54] Die – auch Umverteilung ermöglichende – **Gegenleistungsfreiheit** ist im Hinblick auf die Budgetautonomie des Parlaments ein verfassungsrechtlich konstitutives Merkmal des Steuerbegriffs. Der Unterschied zwischen den Steuerbegriffen des GG und der AO ist im Ergebnis gering; es kann vorbehaltlich begründungsbedürftiger Abweichungen davon ausgegangen werden, dass das GG an den von ihm vorgefundenen Steuerbegriff der Abgabenordnung angeknüpft[55] hat; wegen der Einzelheiten des verfassungsrechtlichen Steuerbegriffs kann deshalb auf die Kommentierungen zu § 3 Abs. 1 AO verwiesen werden.[56] Ähnliches gilt für das Verhältnis der Steuerbegriffe im deutschen und im europäischen Recht; auch sie stimmen im Wesentlichen überein.[57]

14 Auch die 1977 erfolgte **Ergänzung der Steuerdefinition in § 3 Abs. 1 AO** um den Zusatz, dass die Erzielung von Einkünften Nebenzweck sein könne, ist vom BVerfG unter Hinweis auf den Funktionszusammenhang der bundesstaatlichen Finanzverfassung und die Notwendigkeit nachvollzogen worden, dass die Steuer in der modernen Industriegesellschaft zwangsläufig auch zum **zentralen Lenkungsinstrument aktiver staatlicher Wirtschafts-, Gesellschafts- und Umweltpolitik** geworden ist.[58] Für den Begriff der Steuer ist es demnach nicht erforderlich, dass eine Abgabe überwiegend oder in erster Linie zur Erzielung von Einkünften dient. Es genügt, dass die Erzielung von Einkünften einer von mehreren Zwecken ist, der möglicherweise als Nebenzweck völlig in den Hintergrund tritt.[59] In seiner neueren Rechtsprechung verlangt das BVerfG, dass, wenn ein Steuergesetz zulässigerweise auch Lenkungsziele verfolgt, der Lenkungszweck mit hinreichender Bestimmtheit tatbestandlich vorgezeichnet und gleichheitsgerecht ausgestaltet sein muss;[60] dies erleichtert eine verfassungsrechtliche Überprüfung, insbesondere am Maßstab von Art. 3 Abs. 1. Für den Steuerbegriff ist eine saubere Trennung von Haupt- und Nebenzwecken in den geschilderten Grenzen unerheblich.[61] Auf einer anderen Ebene als die Einteilung in Fiskal- und Lenkungszwecke liegt das Gebot, die Ausgestaltung der Steuern am Gebot der Steuergerechtigkeit zu orientieren, auch wenn dies als Zweck der Steuergesetzgebung bezeichnet wird.

Vogel/Waldhoff in BK Vorb. Art. 104a Rn. 371, nennen § 3 Abs. 1 AO im Hinblick auf den verfassungsrechtlichen Steuerbegriff eine Auslegungshilfe; vgl. zu dem Verhältnis von verfassungsrechtlichem und einfachgesetzlichem Steuerbegriff ebd. Rn. 29, 33, 47 ff.

[53] BVerfGE 91, 186 (201); 98, 106 (108); 113, 128 (145 f.); 137, 1 (17).

[54] BVerfGE 108, 186 (213).

[55] So zuletzt BVerfGE 149, 222 (248 f.).

[56] Zum verfassungsrechtl. Steuerbegriff näher die gleichnamige Arbeit von *Schaefer* (1997).

[57] Vgl. *Kreibohm,* Der Begriff der Steuer im Europäischen Gemeinschaftsrecht, 2003.

[58] BVerfGE 55, 274 (299); 67, 256 (278); 98, 106 (117); 110, 274 (296 f.). Dazu auch die Habil.-Schriften von *Kube,* Finanzgewalt in der Kompetenzordnung, 2004; *Wernsmann,* Verhaltenslenkung in einem rationalen Steuersystem, 2005.

[59] BVerfGE 3, 407 (436); 6, 55 (81); 13, 181 (196); 16, 147 (160 f.); 19, 101 (114); 55, 256 (278); zur Belastung des Einkommensteuerrechts mit Lenkungszwecken krit. etwa *Lang,* Die Bemessungsgrundlage der Einkommensteuer, 1988, 68 ff.

[60] BVerfGE 93, 121 (148); 98, 106 (118); 99, 280 (296); 105, 73 (112); 110, 274 (292); 116, 164 (182); 117, 1 (31 f.); 137, 350 (362, 367 f.).

[61] Ebenso *Sacksofsky* NJW 2000, 2619 (2620).

Die **Grenze des Steuerbegriffs** soll nach einer Formel des BVerfG erreicht sein, wenn die Abgabenregelung nach Gewicht und Auswirkung einem Verhaltensgebot nahe kommt,[62] indem sie Verhaltensalternativen so belastet, dass diese Alternativen wegen der erdrosselnden Wirkung der Steuer praktisch ausscheiden; die Finanzierungsfunktion der Steuer schlage dann in eine Verwaltungsfunktion mit Verbotscharakter um.[63] Allerdings ist die **Erdrosselungssteuer** (der Prohibitivzoll u. ä.) zu Recht mit dem Ungeheuer von Loch Ness verglichen worden: Es werde viel über sie geschrieben; keiner habe sie aber je gesehen.[64] So hat das BVerwG eine kommunale Hundesteuersatzung nicht beanstandet, die für sogenannte Kampfhunde einen achtfach höheren Steuersatz vorsieht; anders, so das BVerwG in einer weiteren Kampfhundeentscheidung, sei es, wenn das sechsundzwanzigfache gefordert werde.[65] Die **Konstruktion des „Umschlagens"** ist vor allem dogmatisch nicht überzeugend: Kompetenzausübung, auch wenn sie im engeren Sinne unverhältnismäßig ist, kann nicht eine Kompetenzzuweisung entfallen lassen. Diese Konstruktion erinnert an die ebenfalls dogmatisch nicht überzeugende Annahme, das Vermögen als solches unterfalle nicht dem Schutzbereich von Art. 14 Abs. 1, dies sei aber ausnahmsweise dann anders, wenn eine Steuer in erdrosselnder Weise in das Vermögen als solches eingreife. So wie grundrechtlich nicht von der Quantität des Eingriffs auf die Eröffnung des Schutzbereichs zurückgeschlossen werden kann, kann kompetenzrechtlich die Kompetenzausübung, sofern sie ein bestimmtes Quantum überschreitet, nicht die Kompetenzzuweisung entfallen lassen.[66] **Keine Steuern,** ja keine öffentlichen Abgaben sind wegen fehlender Finanzierungsfunktion Geldstrafen, Zwangsgelder oder Säumniszuschläge. **15**

Auch die Zweckbindung des Aufkommens aus einer Abgabe widerspricht dem Begriff der Steuer nicht; die Erfüllung der öffentlichen Aufgaben, zu deren Finanzierung **Zwecksteuern** dienen, hat nicht den Charakter einer Gegenleistung des Abgabenberechtigten zugunsten konkreter Abgabenpflichtiger.[67] Der Kreis der Abgabenpflichtigen ist darum bei den Zwecksteuern auch nicht auf solche Personen begrenzt, die einen wirtschaftlichen Vorteil aus dem durch sie finanzierten öffentlichen Vorhaben ziehen.[68] Eine Zwecksteuer darf nicht zweckuntauglich sein;[69] weiterhin soll eine Zweckbindung, obwohl vom Gesetzgeber vorgenommen, gegen Art. 110 Abs. 2 verstoßen, wenn sie den weit überwiegenden, quantitativ **16**

---

[62] BVerfGE 98, 106 (118). *P. Kirchhof* in HdbStR V, § 118 Rn. 80 ff.

[63] So erstmals BVerfGE 16, 147 (161); aktuell E 135, 126 (142).

[64] *Kruse,* Lehrbuch des Steuerrechts, Bd. 1, 1991, 37; ähnlich *Trzaskalik,* Gutachten E für den 63. DJT, 2000, 35 („Phantom").

[65] BVerwGE 110, 265 und 150, 225. Zum 16,7-fachen ablehnend BVerwG, Beschluss vom 9.8.2017, 9 B 13.17. Alle Entscheidungen betonen zu Recht, dass es auf weitere Umstände der Einzelfälle ankomme.

[66] → Rn. 35 ff.

[67] Dazu: BVerfGE 7, 244 (254); 9, 291 (300); 36, 66 (70 f.); 49, 343 (353 f.); 110, 274 (294); *Jachmann-Michel/Vogel* MKS Rn. 4. Umfassend *Waldhoff* StuW 2002, 285–313; *Wernsmann,* Verhaltenslenkung in einem rationalen Steuersystem, 2005, 426–452; weiter *Hummel,* Verfassungsrechtsfragen staatlicher Einnahmen, 2008, 365 f.; *Musil* DVBl. 2007, 1526 (1529 ff.).

[68] BVerfGE 49, 343 (353 f.); 65, 325 (344); 137, 1 (17 f.). Problematisch insoweit die Verwendung der Sektsteuer für die Terrorabwehr; vgl. *Wernsmann,* Verhaltenslenkung in einem rationalen Steuersystem, 2005, 427.

[69] BVerwGE 66, 140 (144).

aber nicht näher bestimmten Teil der Steuern erfasst.[70] Ein Verstoß gegen Art. 110 Abs. 1 kommt nicht in Betracht; zwar verstößt eine Zwecksteuer gegen das Gesamtdeckungsprinzip (synonym Non-Affektationsprinzip); dieses zählt aber nicht zu den Haushaltsgrundsätzen des Grundgesetzes; Letzteres ist streitig.[71] Eine bundesgesetzliche Zweckbindung für Steuern, deren Aufkommen den Ländern oder Gemeinden zusteht, ist an der Budgetautonomie der Bundesländer zu messen.[72] Aktuelle Beispiele für Zwecksteuern sind die „Ökosteuer" zur Unterstützung der Rentenversicherung (§ 213 Abs. 4 SGB VI), die Stromsteuer und, seit 1960, die Mineralöl-, heute Energiesteuer.[73]

17 Der **Steuerbegriff umfasst** schließlich nur **Abgaben,** die dem **Staat endgültig zufließen;** Abgaben, deren Rückzahlung von vornherein vorgesehen ist (sog. Zwangsanleihen), sind keine Steuern; für sie richtet die Gesetzgebungskompetenz sich nach den Art. 70 bis 75.[74]

18 Folgende Abgaben, deren Qualifikation unklar war, hat die Rechtsprechung als **Steuern im verfassungsrechtlichen Sinne** qualifiziert[75]: die Beförderungsteuer,[76] die Einwohnersteuer,[77] die Getränkesteuer,[78] die Hundesteuer[79] (einschließlich Kampfhundesteuer),[80] die Jagdsteuer,[81] die Kernbrennstoffsteuer,[82] die Luftverkehrsteuer,[83] die Schankerlaubnissteuer,[84] den Solidaritätszuschlag,[85] die Sonderumsatzsteuer nach dem Absicherungsgesetz,[86] die Spielbankabgabe,[87] die Spielgerätesteuer,[88] den Stabilitätszuschlag 1973,[89] die Straßengüterverkehrsteuer,[90] die Troncabgabe,[91] die Vergnügungsteuer,[92] die Verpackungsteuer,[93] die Weinabgabe,[94] die Zweigstellensteuer,[95]

---

[70] BVerfGE 82, 156 (180 f.); 93, 319 (348); 110, 274 (294 f.).

[71] → Art. 110 Rn. 6. Vgl. auch §§ 7 S. 2 HGrG und 8 S. 2 BHO.

[72] → Art. 109 Rn. 14 f.

[73] *Kloepfer,* Finanzverfassungsrecht, 2014, § 2 Rn. 17.

[74] BVerfGE 29, 402 (409); 67, 256 (281 ff.).

[75] Wobei einige der im Weiteren genannten Abgaben nicht mehr erhoben werden.

[76] BVerfGE 16, 147 (161).

[77] BVerfGE 16, 64 (74, 77); BVerwG NVwZ 1992, 1098; BayVGHE 45, 33 (41 f.). Zu Übernachtungsteuern s. auch BFHE 250, 427 u. 449; BVerwGE 143, 301.

[78] BVerfGE 44, 216 (226 f.); 69, 174 (183).

[79] BFHE 151, 285 (286).

[80] BVerwGE 110, 265; 150, 225.

[81] BVerfG-K NVwZ 1989, 1152; BVerwGE 143, 210 u. 216.

[82] BVerfGE 145, 171 (207–210).

[83] BVerfGE 137, 350 (362).

[84] BVerfGE 13, 181 (190 ff.).

[85] BFHE 167, 551 (553); 234, 250.

[86] BVerfGE 30, 250 (264).

[87] BFHE 58, 556 (559); 177, 276 (285 ff.); offen gelassen in BVerfGE 28, 119 (149 ff.); zu ihren Besonderheiten *Müller-Franken* DStZ 2012, 506 (507–509).

[88] BVerfGE 123, 1 (15). Zuvor BVerwG DVBl. 1994, 816 ff.; BVerwG DÖV 1995, 467; BFHE 160, 61 (63 f.); 180, 497 (500 f.); zur Bemessungsgrundlage dieser Steuer *Wolff* NVwZ 2005, 1241.

[89] BVerfGE 36, 66 (70 f.).

[90] BVerfGE 38, 61 (79 f.).

[91] BFHE 177, 288 (297 ff.); anders BVerfGE 28, 119 (149 f., zu einer anderen landesrechtlichen Vorschrift; dazu Fn. 111).

[92] BVerfGE 40, 56 (64 ff.); 42, 38 (41); 123, 1 (14 f.); BVerwGE 45, 277 (280 f.); 123, 218 (227); Beschl. vom 23.11.2017, 9 BN 2/17.

[93] BVerfGE 98, 106 (123 f.); BVerwGE 96, 272 (277 ff.).

[94] BVerfGE 7, 244 (251 f., 257). Anders die dem Fall BVerfGE 136, 194 (241) zugrunde liegende Weinabgabe. Zur Weinbauabgabe s. sogleich Fn. 115.

[95] BVerfGE 19, 101 (110); 21, 160 (167).

die Zweitwohnungsteuer.[96] Keine Steuern sind: die Abgabe nach dem Absatzfondsgesetz,[97] die Abfallausfuhrabgabe,[98] die Altenpflegeumlage,[99] die Ausgleichsabgabe nach dem Milch- und Fettgesetz,[100] der Beitrag zum Klärschlammentschädigungsfonds[101], die Feuerschutzabgabe,[102] die Feuerwehrabgabe,[103] die Filmabgabe,[104] die Hebammenabgabe,[105] der Jahresbeitrag nach dem Einlagensicherungs- und Anlegerentschädigungsgesetz,[106] der Preisausgleich nach dem Preisgesetz,[107] die Rückmeldegebühr,[108] Rundfunkbeiträge,[109] Staffelgebühren,[110] wiederkehrende Straßenausbaubeiträge,[111] die Troncabgabe,[112] die Umlage zur Finanzierung der Finanzdienstleistungsaufsicht,[113] die UMTS-Erlöse,[114] Wasserentnahmeentgelte,[115] die Weinbauabgabe.[116] Offen blieb die Qualifikation einer Landesabfallabgabe.[117]

Negative Steuern im Sinne von staatlichen Leistungen, die aus dem Steueraufkommen bestritten werden, unterfallen den grundgesetzlichen Kompetenzvorschriften über Steuern, wenn der Zusammenhang hinreichend eng ist.[118] Dies ist beim Kindergeld (§§ 62 ff. EStG) wegen dessen Stellung im Familienleistungsausgleich (§ 31 EStG) der Fall. Subventionen dagegen, bei denen dieser Zusammenhang fehlt, mögen ökonomisch zwar wie negative Steuern wirken, sind aber keine Steuern und unterfallen damit einem anderen Kompetenzregime. An klaren Kriterien für die Grenzziehung zwischen Subvention und Steuerbegünstigung fehlt es; Verlegenheitsformeln wie „hinreichend eng“ oder „unmittelbar“ indizieren dies. Trotz ökonomisch vergleichbarer Wirkung ist juristisch zwischen beiden zu unterscheiden, so im Hinblick auf die Frage, ob eine Finanzierungskompetenz (etwa nach Art. 104a Abs. 3) vorliegen muss oder ob die finanzverfassungsrechtlichen Regeln über Gesetzgebungs- und Ertragszuständigkeiten einschlägig sind, weiterhin die Frage, ob die Gesetzgebungskompetenz aus Art. 105 Abs. 1, aus den Art. 70 ff. oder aus einer Kombination von beidem folgt. Die Antwort auf **19**

---

[96] BVerfGE 16, 64 (74); 49, 343 (352 ff., „Abgabe wegen Änderung der Gemeindeverhältnisse infolge Baumaßnahmen“); 65, 325 (343 ff.); 114, 316 (334); 135, 126 (142); BVerwGE 58, 230 (234 ff.); BVerwG NVwZ 1990, 568; BVerwG NJW 2000, 375; BFHE 253, 189; BayVerfGHE 45, 33 (42).

[97] BVerfGE 82, 159 (170); 122, 316 (332 f.).

[98] BVerfGE 113, 128 (146).

[99] BVerfGE 108, 186 (212).

[100] BVerfGE 18, 315 (328 f.); BVerwGE 6, 134 (137 f.); 14, 279 (280).

[101] BVerfGE 110, 370 (384).

[102] BVerfGE 92, 91 (114); BayVerfGH BayVBl. 1979, 269 (270 f.).

[103] BVerfGE 13, 167 (171 f.); vgl. auch BVerfGE 92, 91 (113 ff.).

[104] BVerwGE 45, 1 (2). Auch gegen die Filmabgabe vom BVerwG erhobene verfassungsrechtliche Bedenken konnte der Gesetzgeber nachträglich ausräumen (BVerwGE 139, 42).

[105] BVerfGE 17, 287 (291 ff.).

[106] BVerfGE 124, 348 (364).

[107] BVerfGE 8, 274 (317).

[108] BVerfGE 108, 1 (13); 132, 334 (348 f.).

[109] BVerfG NVwZ 2018, 1293.

[110] BVerfGE 97, 332 (343).

[111] BVerfGE 137, 1 (17).

[112] BVerfGE 28, 119 (149 f.), anders BFHE 177, 288, s. oben Fn. 90.

[113] BVerfGE 124, 235 (243). Dazu *Kaufhold,* Systemaufsicht, 2016, 325 ff.

[114] BVerfGE 105, 185 (194).

[115] BVerfGE 93, 319 (344 f.).

[116] BVerfGE 37, 1 (16).

[117] BVerfGE 98, 83 (100 f.).

[118] Zu dem Problem → Art. 104a Rn. 42 u. Art. 110 Rn. 18, 39; *Heun* in Dreier Rn. 17; *Seiler* in Maunz/Dürig Rn. 38; *Siekmann* in Sachs vor Art. 104a Rn. 184–191.

solche Fragen muss in Ermangelung eindeutiger allgemeiner Abgrenzungskriterien im Einzelfall entwickelt werden.[119]

20 Vom Steuerbegriff sind die **verfassungsrechtlichen Prinzipien des Steuerrechts** zu unterscheiden, insbesondere Gleichmäßigkeit und Tatbestandsmäßigkeit der Besteuerung,[120] Besteuerung nach Leistungsfähigkeit oder Folgerichtigkeit[121] sowie, verfahrensrechtlich, Untersuchungsgrundsatz und Mitwirkungspflichten. Eine Abgabe kann als Steuer zu qualifizieren sein, aber gegen die verfassungsrechtlichen Steuerprinzipien verstoßen. Die Neigung, Steuerprinzipien aus dem Steuerbegriff zu deduzieren, mag damit zu erklären sein, dass dem GG eine Aussage zu den Prinzipien der Besteuerung, wie Art. 134 WRV, fehlt und dass auch zu den Grundrechten im Hinblick auf sie richterrechtlich Subtatbestände, wie Steuergerechtigkeit oder Besteuerung nach Leistungsfähigkeit, gebildet werden müssen.[122] Da dem staatlichen Steuerzugriff wenig materiell-rechtliche Grenzen gezogen werden können, haben formale Kriterien wie Zuständigkeit und Systemgerechtigkeit besondere Bedeutung.[123] Prinzipien der Besteuerung betreffen das Verhältnis von Staat und Steuerpflichtigen, nicht das Verhältnis von Bund und Ländern; Art. 105, ebenso Art. 106, sind zu Prinzipien im Verhältnis von Staat und Bürger darum wenig ergiebig.[124] Vom Steuerbegriff zu unterscheiden sind erst recht steuertheoretische Rechtfertigungsmodelle.

21 **2. Vorzugslasten (Gebühren und Beiträge). Vorzugslasten** sind öffentliche Abgaben, die eine Gegenleistung für eine besondere Leistung, den Vorzug, darstellen, die der hoheitliche Abgabengläubiger dem Schuldner gewährt. Das BVerfG fragt nach „individuell zurechenbaren Leistungen",[125] nach einem „konkreten Gegenleistungsverhältnis".[126] Als zulässig wird auch die Deckung individuell verursachter Kosten angesehen. Mit Ausnahme von Sonderabgaben schließt die so umschriebene Abgrenzung zur gegenleistungsunabhängigen Steuer nicht aus, dass der Kreis der Abgabeschuldner sich mit der Allgemeinheit der Steuerpflichtigen deckt.[127] Zu unterscheiden sind Gebühren und Beiträge, deren Begriffsbestimmung verfassungsrechtlich nur negativ aus der Abgrenzung zur Steuer vorgeprägt ist.[128] **Gebühren** sind öffentlich-rechtliche Geldleistungen, die aus Anlass individuell zurechenbarer, öffentlicher Leistungen dem Gebührenschuldner durch eine öffentlich-rechtliche Norm oder sonstige hoheitliche Maßnahmen auferlegt

---

[119] Rechtspolitisch: *Zitzelsberger* StuW 1985, 197ff.; ökonomisch: *Siegel* in Korff u. a. (Hrsg.), Handbuch der Wirtschaftsethik, Bd. 3, 1999, 354 (384f.); rechtsdogmatisch *Rodi,* Die Subventionsrechtsordnung, 2000, 657ff., 695ff.; *P. Kirchhof* AöR 128 (2003), 1 (46–49); *ders.* FS f. Selmer, 2004, 745 (759f.).

[120] Zu Letzterem etwa *Scholz* FS f. Leisner, 1999, 797.

[121] Dazu insgesamt *Jachmann-Michel/Vogel* in MKS Rn. 28ff.; *Kube* in BeckOK GG Rn. 7.

[122] Hierzu auch *P. Kirchhof* Bitburger Gespräche, Jahrbuch 1982, 93 (97); *ders.* StbJb 1999/2000, 17 (19); *Ch. Waldhoff* Die Verwaltung 2008, 259ff.

[123] Ebenso *Siekmann* in Sachs Vorb. Art. 104a, Rn. 140.

[124] Anders für das Leistungsfähigkeitsprinzip *Vogel/Waldhoff* in BK Vorb. Art. 104a Rn. 519.

[125] Z. B. BVerfGE 108, 186 (220).

[126] Z. B. BVerfGE 113, 128 (146); vgl. auch E 108, 1 (17) und 108, 186 (216f.).

[127] Zum Rundfunkbeitrag: BVerfG, Urt. vom 18.7.2018, 1 BvR 1675/16, Rn. 67. Zum Kohlepfennig: BVerfGE 91, 186.

[128] Zu einem verfassungsrechtlichen Gebührenbegriff BVerfGE 97, 332 (345); *Droege* Die Verwaltung 2013, 313 (317). Gegen einen eigenständigen vollständigen verfassungsrechtlichen Beitrags- und Gebührenbegriff BVerfGE 137, 1 (18).

werden und dazu bestimmt sind, in Anknüpfung an diese Leistung deren Kosten ganz oder teilweise zu decken.[129] Üblicherweise werden Verwaltungs- und Benutzungsgebühren unterschieden.[130] **Beiträge** sollen wie Gebühren einen Sondervorteil ausgleichen, der in der Inanspruchnahme einer öffentlichen Einrichtung besteht, wobei die bloße Möglichkeit der Inanspruchnahme ausreicht und nicht, wie bei der Gebühr, eine tatsächliche Inanspruchnahme gefordert wird.[131] Als gegenleistungsabhängige Abgaben lassen sich Gebühren und Beiträge von der Steuer so abgrenzen, dass es keine Überschneidungsprobleme gibt,[132] vorausgesetzt Gebühr und Beitrag sind der Höhe nach angemessen.[133] Auch um Doppelbelastungen zu vermeiden, bedürfen Vorzugslasten dem Grunde und der Höhe nach einer sachlichen Rechtfertigung, die über staatliche Einnahmeerzielung hinausgeht. Hinsichtlich der Abgabenhöhe setzt dies voraus, dass Vorzugslasten sich auf die Abschöpfung eines Sondervorteils beschränken und nicht die Schuldner verdeckt zur Finanzierung des allgemeinen Finanzbedarfs des Staates heranziehen; das Äquivalenz- und das Kostendeckungsprinzip, beide Ausprägungen des Verhältnismäßigkeitsprinzips, erweisen sich damit als Konsequenz der Systematik öffentlicher Abgaben. Bei der Abgabenbemessung hat der Gesetzgeber zwar einen Gestaltungsspielraum. Verstöße gegen diese Prinzipien machen eine Vorzugslast auch nicht zur Steuer, wohl aber rechtswidrig.[134]

Verleihungsgebühren werden erhoben für die Verleihung eines subjek- 22
tiven Rechts, etwa auf Belastung der Umwelt; zum Teil werden sie auch als Lenkungs- oder Umweltabgaben bezeichnet; die Terminologie ist hier uneinheitlich. Verleihungsgebühren entgelten die Einräumung eines Vorteils, nicht aber eine staatliche Gegenleistung. Ihre Gefahr liegt darin, dass der Staat viele Verhaltensweisen der Bürger ohne nennenswerten Eigenaufwand unter einen gebührenpflichtigen Erlaubnisvorbehalt stellen kann und so die Grenzen zu Steuer und Sonderabgabe verwischt werden.[135] Trotzdem hat das BVerfG eine Verleihungsgebühr, die für die Verleihung des Rechts, Grundwasser zu entnehmen, erhoben wird, unter Berufung darauf gebilligt, dass die knappe natürliche Ressource Wasser ein Gut der Allgemeinheit sei.[136]

---

[129] BVerfGE 50, 217 (226); 91, 207 (223); 92, 91 (115); 97, 322 (345); 114, 121 (151). Beispiel für eine Verfehlung dieser Anforderungen: BVerfGE 108, 1; 132, 334; 144, 369 (jeweils universitäre Rückmeldegebühr).

[130] Vgl. *Vogel* FS f. Geiger, 1989, 518.

[131] BVerfGE 42, 223 (228); BVerwGE 72, 212 (218 f.); 110, 370 (388).

[132] Zu den Sozialversicherungsbeiträgen: BVerfGE 75, 108 (148); 89, 132 (144).

[133] Zu Letzterem unter verfassungsrechtlichem Gesichtspunkt *Siekmann* in Sachs Vorb. Art. 104a Rn. 101–109.

[134] Hierzu *P. Kirchhof* in HdbStR V, § 119 Rn. 45. Zur Gebührenhöhe, bei deren Bemessung neben dem Zweck der Kostendeckung auch Zwecke des Vorteilsausgleichs, der Verhaltenslenkung sowie soziale Zwecke anerkannt sind (Letzteres unter der Bedingung, dass die Höchstgebühr die anteiligen Kosten der staatlichen Leistung nicht übersteigt), zuletzt BVerfGE 144, 369 (397). Zu der Frage, ob eine Gebühr, die die Grenze zur Steuer überschreitet, schon formell oder „nur" materiell rechtswidrig ist, BVerfGE 144, 369 (396); Urt. vom 18.7.2018, 1 BvR 1675/16, Rn. 57; *Selmer* JuS 2003, 1033 (1034).

[135] Dazu auch *Jachmann-Michel/Vogel* in MKS Rn. 10; *Kube* in BeckOK Rn. 11, 23; *Siekmann* in Sachs Vorb. Art. 104a Rn. 99, 109.

[136] BVerfGE 93, 319 (Ls. 2); vgl. insgesamt *Heimlich,* Die Verleihungsgebühr als Umweltabgabe, 1996. Zum BrennstoffemissionshandelsG (BGBl. I 2019, 2728) insoweit *Wernsmann/Bering* NVwZ 2020, 497.

23 **3. Korporative und Sozialversicherungsbeiträge, Rundfunkbeiträge. Korporative Beiträge,** auch Verbandslasten genannt, sind Zahlungspflichten zur Deckung des Finanzbedarfs mitgliedschaftlich verfasster Einrichtungen des öffentlichen Rechts,[137] die von den Mitgliedern erhoben werden, weil Bestand und Tätigkeit des Verbandes ihnen allgemeine Vorteile gewähren. Von der Gebühr unterscheidet sie, dass sie keine Gegenleistung für einen tatsächlichen Vorteil sind. Ob korporative Beiträge zu öffentlich-rechtlichen Verbänden und Beiträge im engeren Sinne zu öffentlich-rechtlichen Einrichtungen rechtlich zu trennen sind, ist umstritten, braucht hier aber nicht vertieft zu werden, ebensowenig wie das Dauerstreitthema der verfassungsrechtlichen Zulässigkeit von Zwangsmitgliedschaften.[138] Für eine Kommentierung von Art. 105 ist nur wichtig, dass die Ansicht, der korporative Beitrag sei eine Zwecksteuer,[139] heute nicht mehr vertreten wird.[140]

24 Der **Sozialversicherungsbeitrag** ist eine vom GG vorgefundene, von Art. 74 Abs. 1 Nr. 12 anerkannte, auf das System der Sozialversicherung zugeschnittene Abgabe, die sich vom Beitrag im engeren Sinne darin unterscheidet, dass sie nicht die Gegenleistung für die Möglichkeit ist, eine öffentliche Einrichtung zu nutzen, und von korporativen Beiträgen darin, dass sie nicht nur von den Versicherten, sondern insbesondere auch von deren Arbeitgebern erhoben wird. Von einer Steuer unterscheidet Sozialversicherungsbeiträge,[141] dass sie nach Schuldnerkreis und Finanzierungszweck eine Sonderlast, keine Gemeinlast sind; dies gilt auch mit Blick auf Fremdlasten der Sozialversicherung. Abgrenzungsfragen zwischen Sozialversicherungsbeitrag und Sonderabgabe[142] können in dieser Kommentierung, wo der Steuerbegriff im Mittelpunkt steht, auf sich beruhen.[143]

25 Der **Rundfunkbeitrag** wird aufgrund des Rundfunkbeitragsstaatsvertrags der Bundesländer vom Oktober 2010 erhoben[144] und ist an die Stelle einer gerätebezogenen Rundfunkgebühr getreten. Der Kreis der Abgabepflichtigen ist mit der steuerpflichtigen Allgemeinheit weitgehend identisch. Beitragsgläubiger sind allerdings staatsferne öffentlich-rechtliche Rundfunkanstalten. Die Abgabe wird für eine Leistung, das Zurverfügungstellen von Rundfunkprogrammen, erhoben, deren wirtschaftlicher Wert in verschiedener Hinsicht schwer quantifizierbar ist. Weiterhin ist etwa die Behauptung einzelner Schuldner, sie nähmen das Programmangebot gar nicht in Anspruch[145], nicht überprüfbar. Bei dieser finanziellen Ausgangsposition und angesichts nicht zu bestreitender Bedeutung eines solide finanzierten öffentlich-rechtlichen Rundfunks für die freiheitliche Demokratie liegt es nahe, die Finanzierung dieses Rundfunks auf einen Beitrag zu gründen. Das BVerfG hat dies gebilligt, mit Zurückstutzung fiskalischer Übertreibungen bei Zweitwohnungen

---

[137] Zu diesem Kriterium BVerfGE 113, 128 (149), Anstalt und Körperschaft abgrenzend.

[138] *Siekmann* in Sachs Vorb. Art. 104a Rn. 118 ff. (zum Unterschied zur Steuer Rn. 121). Vgl. zuletzt BVerfGE 146, 164; zu berechtigter Kritik an der Beitragsverwendung durch IHKs *Heintzen* in Jahrbuch des Kammer- und Berufsrechts 2015, 87 ff.

[139] *Vogel* DVBl. 1958, 491 ff.

[140] Vgl. *Vogel/Waldhoff* in BK Vorb. Art. 104a Rn. 378.

[141] Zu diesem Unterschied *Jachmann-Michel/Vogel* in MKS Rn. 21.

[142] Dazu etwa BSG JZ 1999, 617 (619).

[143] Zum Ganzen *Butzer,* Fremdlasten in der Sozialversicherung, 2001; *Goessl,* Die Finanzverfassung der Sozialversicherung, 1992; *Gohla,* Der Risikostrukturausgleich auf dem Prüfstand des Grundgesetzes, 2002; *F. Kirchhof* in HdbStR V, § 125.

[144] Fundstellen in den Gesetz- und Verordnungsblättern der Länder gebündelt in BVerfG, Urt. vom 18.7.2018, 1 BvR 1675/16 u. a., Rn. 1.

[145] Zu diesem Argument BVerfG, wie zuvor, Rn. 90 ff.

und in Einzelaspekten nicht unproblematischer Billigung von Beitragserhebung im betrieblichen Bereich.[146]

4. Sonderabgaben und sonstige nichtsteuerliche Abgaben. Das GG kennt nur eine Abgabe, die gegenleistungsfrei erhoben wird und den allgemeinen Finanzbedarf des Staates deckt: die Steuer. **Andere Abgaben** setzen entweder eine staatliche Gegenleistung voraus, welche den staatlichen Finanzzugriff mäßigt (Vorzugslasten, korporative und Sozialversicherungsbeiträge, auch der Rundfunkbeitrag),[147] oder sie sollen nicht den **allgemeinen** Finanzbedarf des Staates decken und fließen in ein Sondervermögen von Bund oder Ländern oder in den Haushalt einer juristischen Person der mittelbaren Staatsverwaltung. Letzteres trifft auf die darum so heißenden Sonderabgaben[148] zu, die vom BVerfG seit E 55, 274 kasuistisch von der Steuer abgegrenzt und zu einem eigenständigen Abgabentyp entwickelt worden sind. Dieser Abgabentyp wird heute durch richterrechtliche Kriterien geprägt, die dem Grunde nach festliegen.[149] Er ist nicht mehr eine bloß negativ eingrenzbare Restmenge von öffentlichen Abgaben neben Steuern, Beiträgen und Gebühren.[150] Gegen die Deutung als Auffangkategorie oder als Schlussstein in einem System öffentlicher Abgaben spricht auch, dass das BVerfG inzwischen nicht-steuerliche Abgaben anerkennt, die weder Steuern, Beiträge oder Gebühren noch Sonderabgaben sind.[151] Das Grundgesetz enthält keinen abschließenden Kanon zulässiger Abgabentypen.[152] Weiterhin ist der „Siegeszug" der Sonderabgaben durch das deutsche Abgabenrecht, der dank ihrer „begriffliche(n) Unschärfe" die „Okkupation neuer Gebiete" erleichtert und eine „Unterminierung des Steuerstaates" als möglich erscheinen lässt,[153] auf quantitative Grenzen gestoßen, nicht zuletzt durch eine Entscheidung des BVerfG, die den sog. Kohlepfennig für verfassungswidrig erklärt hat,[154] so dass man der angeblichen Drohung einer „Verwilderung des Abgabenrechts"[155] gelassener gegenüber treten kann.[156] Angesichts des relativ geringen Gesamtaufkommens von Sonderabgaben kann man sich fragen, ob die Inten- 26

---

[146] Zu dieser Entscheidung *Wiemers* NVwZ 2018, 1272. In der vorangegangenen Diskussion beitragskritisch *Korioth/Koemm* DStR 2013, 833.

[147] Beispiel: das Teilnehmerentgelt nach bayerischem Medienrecht, BVerfGE 114, 371 (386).

[148] Der Begriff ist, soweit ersichtlich, von *Werner Weber* geprägt worden: Die Dienst- und Leistungspflicht der Deutschen, 1943, 81 ff.; ferner grdl.: *Götz* AöR 85 (1960), 200 ff.; *Friauf* FS f. Jahrreiß, 1974, 45; *ders.* FG BVerfG, 1976, Bd. 2, 300 (307 ff.); weiter *Bauersfeld,* Die Verbandslast, 2010; *Ossenbühl* DVBl. 2005, 667; *Thiemann* AöR 2013, 60.

[149] Zu Letzterem ebenso BVerfGE 91, 186 (203). Übersicht über die einschlägigen Entscheidungen des BVerfG: *Siekmann* in Sachs Vorb. Art. 104a Rn. 161–163. Seit der Vorauflage dieses Kommentars sind vier Entscheidungen nachzutragen: E 124, 235; 124, 348; 135, 155; 136, 194.

[150] Zu dieser Frage auch *Siekmann* in Sachs Vorb. Art. 104a Rn. 148.

[151] Z. B. BVerfGE 82, 159 (181).

[152] U. a. BVerfGE 122, 316 (333); 123, 132 (141).

[153] Zitate aus *F. Kirchhof* Die Verwaltung 1988, 137 (143); vgl. auch *P. Kirchhof* in HdbStR V, § 119 Rn. 105: „Krisensymptom der nichtsteuerlichen Abgabe"; *Waldhoff* ebd., § 116 Rn. 93; Fundamentalkritik bei *Siekmann* in Sachs Vorb. Art. 104a Rn. 150–156.

[154] BVerfGE 91, 186 (201 ff.).

[155] *Henseler* NJW 1987, 3103.

[156] Statistische Angaben zu finden ist deutlich leichter geworden, seitdem das BVerfG eine vollständige Dokumentation aller Sonderabgaben in Bund und Ländern fordert; vgl. zum Beispiel die Übersichten zum Bundeshaushaltsplan 2018, Teil VI, oder Anlage 6 des Haushaltsplans des Landes Berlin für 2018/19. Zu Sonderabgaben der EU *Götz* FS f. Friauf, 1996, 37 ff.

sität und die Dauerhaftigkeit des um sie geführten verfassungsrechtlichen Streits lohnen. Trotzdem bleibt richtig, dass Sonderabgaben wegen des Fehlens unterscheidungskräftiger besonderer Belastungsgründe[157] ein erhöhtes (grundrechtliches) Gefährdungspotential[158] aufweisen, das durch ihre Parafiskalität noch gesteigert wird, und es fällt auf, dass die Zahl einschlägiger Entscheidungen des BVerfG nach wie vor hoch ist.

27 Eine **Definition der Sonderabgabe** findet man in der Rechtsprechung des BVerfG nicht.[159] Das BVerfG entwickelt den Begriff der Sonderabgabe aus ihrer Abgrenzung zur Steuer.[160] Seine Rechtsprechung sieht sich dem Vorwurf ausgesetzt, sie vermenge Definitionsfragen und Zulässigkeitsanforderungen.[161] Eine Rechtsprechungsanalyse ergibt weiter, dass zu unterscheiden ist zwischen Sonderabgaben im engeren Sinne (oder Sonderabgaben mit Finanzierungsfunktion) und Sonderabgaben im weiteren Sinne (fremdnützige Sonderabgaben, weiterhin Sonderabgaben mit Lenkungsfunktion, bei denen Ausgleichs- und Abschöpfungsabgaben besonders hervortreten). Die Gesetzgebungskompetenz ergibt sich aus den Art. 70–74, nicht aus Art. 105 GG.

28 Zur Finanzierung einer besonderen Aufgabe, eines Sachzwecks, der über die bloße Mittelbeschaffung hinausgeht, darf eine Sonderabgabe **(im engeren Sinne)** danach in engen Grenzen[162] erhoben werden, wenn folgende **Voraussetzungen vorliegen:**

- es wird eine gesellschaftliche Gruppe belastet, die durch eine gemeinsame, dem Abgabengesetzgeber in der Rechts- oder Sozialordnung materiell vorgegebene Interessenlage oder durch besondere gemeinsame Gegebenheiten von der Gesamtheit der Steuerzahler unterscheidbar ist **(Gruppenhomogenität);**[163] dabei werde keine vollständige Interessenharmonie zwischen den Gruppenmitgliedern erwartet;[164]
- die mit der Abgabe zu finanzierende Aufgabe fällt auf Grund evidenter[165], in neuerer Zeit spezifischer[166] Sachnähe der belasteten Gruppe zu der Aufgabe ganz überwiegend in deren Verantwortung **(Gruppenverantwortung kraft Sachnähe);**
- das Abgabenaufkommen wird im Interesse der Gruppe der Abgabepflichtigen, nicht notwendig jedes einzelnen Gruppenmitglieds, verwandt **(Gruppennützigkeit).**[167]

---

[157] Formulierung in BVerfGE 113, 128 (149 f.); ebenso E 108, 186 (217).

[158] Zu den Gefahren für den Gleichheitssatz, die Finanz- und die Haushaltsverfassung *Jachmann-Michel/Vogel* in MKS Rn. 18.

[159] So deutlich *Siekmann* in Sachs Rn. 147–149 vor Art. 104 a.

[160] BVerfGE 81, 156 (186 f.). Zur besonderen Problematik dieses Verhältnisses → Rn. 4.

[161] Vgl. etwa *Lerche* DB Beil. 10/95, 1 (5). Ebenso *Jachmann-Michel/Vogel* in MKS Rn. 15 Fn. 124; *Siekmann* in Sachs Vorb. Art. 104a Rn. 152.

[162] Zu den Kriterien „enge Grenzen" und „seltene Ausnahme": BVerfGE 55, 274 (298, 303 f.); 67, 256 (275); 91, 186 (202 f.); 108, 186 (217); 122, 316 (334 f.); 123, 132 (140); 124, 348 (365 f.); 135, 155 (207); 136, 194 (243); sie entfalten aber keine nachweisbare normative Begrenzungswirkung.

[163] Zur Abwälzbarkeit auf Dritte BVerfGE 108, 186 (222 f.); 110, 370 (390); 136, 194 (247 ff.).

[164] BVerfGE 135, 155 (209 ff.); 136, 194 (243 ff.).

[165] BVerfGE 82, 159 (180).

[166] BVerfGE 124, 348 (372 f.). Das Evidenzkriterium wird aber wieder benutzt in E 135, 155 (219).

[167] Zu diesem Merkmal BVerfGE 108, 186 (229, 230); 122, 316 (334 f.); 123, 132 (141 f.); *Germelmann* GewArch. 2009, 476, 477 f.; *Jachmann-Michel/Vogel* in MKS Rn. 19; *Selmer* FS f. Mußgnug 2005, 217. Zu einer mittelbaren Verwendung BVerfGE 110, 370 (389).

Das BVerfG spricht von einem „Ensemble der speziellen Anforderungen“, von einer „Merkmalsgruppe in ihrem Zusammenspiel“;[168] dabei ergebe Gruppennützigkeit sich ggf. aus der Entlastung aus einer Gruppenverantwortlichkeit.[169] Es wird nicht klar, ob das BVerfG hier an tatsächliche Vorgegebenheiten anknüpft[170] oder ob die drei Größen vom Gesetzgeber (zum Teil) selbst konstruiert werden können.[171] Lässt sich eine Finanzierungsverantwortung der Abgabepflichtigen praktisch ausschließlich mit Blick auf Zweck und Wirkung staatlicher Förderungsmaßnahmen zugunsten der belasteten Gruppe begründen, so bestehen nach neuester Rechtsprechung des BVerfG in Bezug auf die gruppennützige Verwendung erhöhte Anforderungen. Der durch die Abgabe zu finanzierende Gruppennutzen muss evident sein.[172] Das BVerfG fordert weiter, dass der Gesetzgeber in angemessenen Zeitabständen überprüft, ob diese Voraussetzungen noch vorliegen oder ob die Sonderabgabe, z. B. wegen Wegfalls des Finanzierungszwecks oder wegen Zielerreichung, abzuschaffen ist; im Unterschied zu Steuern sind Sonderabgaben keine ständigen Finanzierungsinstrumente.[173] Diese Anforderungen gelten auf Bundes- und Länderebene in gleicher Weise.[174] Seit Juli 2003 fordert das BVerfG rechtsfortbildend eine **vollständige Dokumentation** aller Sonderabgaben im Verantwortungsbereich des Bundes- bzw. der Landesgesetzgeber[175]; die Erfüllung dieser Dokumentationspflicht ist Rechtmäßigkeitsanforderung für jede einzelne Sonderabgabe.[176] Ausnahmsweise lässt das BVerfG auch **fremdnützige Sonderabgaben** zu; dafür müsse eine Sachgesetzgebungskompetenz die Abgabenerhebung umfassen.[177] Über Kasuistik hinausgehende Kriterien dafür, wann dies der Fall sein soll, gibt es nicht. 29

Wie bei den Steuern, kommt es nicht darauf an, ob die **Finanzierung Haupt- oder Nebenzweck** ist.[178] Gleichwohl ist die Unterscheidung in Sonderabgaben mit Finanzierungsfunktion und Sonderabgaben mit Lenkungsfunktion rechtlich sinnvoll, weil Sonderabgaben mit Lenkungsfunktion in einem schwächeren Konkurrenzverhältnis zur Steuer stehen.[179] Bei Lenkungsabgaben ohne jeden Finanzierungszweck verzichtet das BVerfG auf 30

---

[168] BVerfGE 113, 128 (150 f.).

[169] Dazu BVerfGE 124, 235 (245, 248, unter Betonung der Besonderheiten des Finanzmarktes). Hierzu auch *Waldhoff/Reimer,* Verfassungsrechtliche Vorgaben für Sonderabgaben des Banken- und Versicherungssektors, 2011; weiter *Jäckel* DÖV 2018, 1384.

[170] In diese Richtung wohl die ökonomischen Überlegungen in BVerfGE 113, 128 (151).

[171] In diese Richtung wohl die Ausführungen zur Inanspruchnahme besonderer Finanzierungsverantwortung in BVerfGE 108, 186 (212), vgl. auch ebd., S. 227.

[172] BVerfGE 122, 316 (337 f.); 123, 132 (143). Hierzu *Germelmann* GewArch. 2009, 467, 480, der die strengere Überprüfung der Gruppennützigkeit begrüßt und eine Parallele zu dem Urteil EuGH, Rs. C-325/00 – CMA-Gütezeichen, Slg. 2002, I-9977 zieht.

[173] BVerfGE 108, 186 (218, 229); 110, 370 (389).

[174] BVerfGE 108, 186 (217). Kritische Würdigungen dieser Rechtsprechung: *Henseler,* Begriffsmerkmale und Legitimation von Sonderabgaben, 1984; *Jarass,* Nichtsteuerliche Abgaben und lenkende Steuern unter dem GG, 1999, insbes. 21 ff., 51 ff.; *Schoch* Jura 2010, 197; *v. Stockhausen,* Gesetzliche Preisintervention, 2007, 158–174.

[175] BVerfGE 108, 186 (218 f.); 122, 316 (333); 123, 132 (142). → Art. 110 Rn. 16.

[176] Beispiel: BVerfGE 136, 194 (242 f.).

[177] BVerfGE 55, 274 (307); 75, 108 (148); 81, 156 (185); 82, 159 (180 f.); 89, 132 (144); 136, 194 (242). Vgl. auch *Pieroth* in Jarass/Pieroth Rn. 29.

[178] BVerfGE 67, 256 (278); 82, 159 (181).

[179] So *Germelmann* GewArch. 2009, 476, 477; *Henneke,* Öffentliches Finanzwesen. Finanzverfassung, 2. Aufl., 2000, Rn. 451; *Jachmann-Michel/Vogel* in MKS Rn. 16, 17; *Siekmann* in Sachs Vorb. Art. 104a Rn. 167–172; aus umweltrechtlicher Perspektive *Breuer* DVBl. 1992, 485 ff.

die Zulässigkeitsanforderung der Gruppennützigkeit der Abgabenverwendung.[180]

31 **Als zulässige Sonderabgaben hat das BVerfG anerkannt:** eine Preisausgleichsabgabe;[181] die Hebammenabgabe;[182] die Wertzuwachsausgleichsabgabe;[183] die Ausgleichsabgabe nach dem Milch- und Fettgesetz;[184] die Weinbauabgabe;[185] die Berufsausbildungsabgabe;[186] die Schwerbehindertenabgabe;[187] die Investitionshilfeabgabe;[188] den Beitrag nach dem Absatzfondsgesetz;[189] die Altenpflegeumlage;[190] die Umlage zur Finanzierung der BaFin;[191] Beiträge zur Einlagensicherung und Anlegerentschädigung;[192] die Filmförderabgabe;[193] zuletzt zwei Abgaben zur Förderung der Vermarktung von Wein.[194] Ohne Ausführungen zur Kategorie der Sonderabgabe hat das Gericht sich der Sache nach positiv geäußert in den Entscheidungen zur Investitionshilfeabgabe[195] und zur baden-württembergischen Feuerwehrabgabe.[196] Von diesen Entscheidungen ist diejenige zur Berufsausbildungsabgabe die wichtigste. Die Anerkennung als zulässige Sonderabgabe ist vom BVerfG **versagt** worden: dem Kohlepfennig;[197] der Feuerwehrabgabe;[198] der Ausgleichsabgabe nach dem Hessischen SonderurlaubsG;[199] der Abfallausfuhrabgabe;[200] der Abgabe zum Absatzförderungsfonds der deutschen Land- und Ernährungswirtschaft;[201] der Holzförderungsabgabe.[202] Keine Sonderabgabe sei auch die Erstattungspflicht nach § 128 AFG[203]; bei der Beurteilung einer Sonderabfallabgabe, die gegen den Gedanken der Widerspruchsfreiheit der Rechtsordnung verstieß, kam es dem Gericht auf die abgabenrechtliche Qualifikation nicht an.[204]

32 Mehr Kontur als weiterer Abgabentyp neben Steuern, Beiträgen, Gebühren und Sonderabgaben hat **innerhalb der Sammelkategorie der nichtsteuerlichen Abgabe die Abschöpfungsabgabe,** die teilweise auch unter den Begriff der Sonderabgabe mit Lenkungsfunktion gefasst wird.[205] Abgeschöpft

---

180 *Jachmann-Michel/Vogel* in MKS Rn. 20; *Siekmann* in Sachs Vorb. Art. 104a Rn. 170.
181 BVerfGE 8, 274 (316 f.).
182 BVerfGE 17, 287 (292).
183 BVerfGE 18, 274 (287).
184 BVerfGE 18, 315 (328 f.); zuvor E 8, 274 (315–318).
185 BVerfGE 37, 1 (16 f.).
186 BVerfGE 55, 274 mit Sondervotum.
187 BVerfGE 57, 139 (153).
188 BVerfGE 67, 256 (274 ff.).
189 BVerfGE 82, 159 (178 ff.).
190 BVerfGE 108, 186.
191 BVerfGE 124, 235 (243).
192 BVerfGE 124, 348 (364).
193 BVerfGE 135, 155 (209).
194 BVerfGE 136, 194 (242, 268).
195 BVerfGE 4, 7.
196 BVerfGE 13, 167 (171 ff.).
197 BVerfGE 91, 186 (203).
198 BVerfGE 92, 91 (113 ff.).
199 BVerfGE 101, 141 (146).
200 BVerfGE 113, 128 (150 ff., dort auch zu verfassungsrechtlichen Kriterien für eine Gruppenverantwortlichkeit für individuelles Fehlverhalten).
201 BVerfGE 122, 316 (335 f.), das hierin eine zwangsweise durchgeführte Fördermaßnahme sieht; hierzu *Hummel* DVBl. 2009, 874.
202 BVerfGE 123, 132 (143 f.).
203 BVerfGE 82, 156 (186 ff.).
204 BVerfGE 98, 83 (100 f.).
205 Als eigenständige Kategorie bei *Seiler* in Maunz/Dürig Rn. 86.

werden (Wettbewerbs-)Vorteile, die aus der Inanspruchnahme eines knappen (Umwelt-)Gutes, z. B. beim Wasserentnahmeentgelt,[206] oder aus der Nichtbeachtung einer staatlichen Verhaltenserwartung (Lenkung mit legaler Vermeidungsmöglichkeit), z. B. bei der Abgabe nach dem Schwerbehindertengesetz,[207] oder der Fehlleitung staatlicher Subventionen, z. B. bei der Wohnraumfehlbelegungsabgabe,[208] entstehen.[209] Die Ausgleichs- und die außerfiskalische Antriebsfunktion mindern das Spannungsverhältnis zur gegenleistungsfreien Steuer. Die Begrenzungs- und Schutzfunktion der Finanzverfassung soll verhindern, dass der Gesetzgeber ohne legitimierenden Grund einzelne Gruppen aus der staatsbürgerlichen Allgemeinheit herausgreift und finanziell belastet; aus diesem Grund ist in der Vergangenheit rechtspolitisch über die Zulässigkeit folgender Abgaben gestritten worden, die vom Gesetzgeber (noch) nicht eingeführt worden sind: Arbeitsmarktabgabe, Nahverkehrsabgabe,[210] Wehrsteuer, diverse Umweltabgaben.[211]

5. Exkurs: Gewinne, Kredite und sonstiges privatrechtliches Handeln. Da der Staat mit der Steuer an der **erwerbswirtschaftlichen Betätigung** der Individuen und ihrer Unternehmen teilhat, wobei die Unterscheidung von Staat und Gesellschaft[212] für die folgende Grundsatzaussage genügt und keine präzise Bestimmung der Steuersubjekte erforderlich ist, die etwa über das Begriffspaar Betriebe gewerblicher Art/Hoheitsbetriebe (§ 4 KörperschaftsteuerG)[213] dann doch wieder auf diese grundsätzliche Unterscheidung zurückverweist, soll dem Staat eine rein erwerbswirtschaftliche, allein auf Gewinnerzielung, in diesem Sinne privatwirtschaftliche Betätigung verwehrt sein:[214] Gewinn ist kein zulässiges Staatsziel. Die normative Kraft dieses verfassungsrechtlichen Grundsatzes ist aber gering, weil das GG die Frage nach der Zulässigkeit erwerbswirtschaftlicher Staatstätigkeit nur punktuell, nirgends grundsätzlich regelt,[215] weil die Praxis, von Beurteilungsspielräumen geschützt,[216] sich vielfach nicht nach ihm richtet und weil das Verbot sich mit der nur selten widerlegbaren Behauptung öffentlicher Aufgaben oder Zwecke außer Kraft setzen lässt, die zu der Gewinnerzielung hinzuträten. Zwar ist nicht zu bestreiten, dass in einer freiheitlichen Wirtschaftsordnung der erwerbswirtschaftlichen Betätigung des Staates Grenzen, auch quantitative Grenzen gezogen sein müssen. Da es bisher nicht gelungen ist und wahr- 33

---

[206] BVerfGE 93, 319.

[207] BVerfGE 57, 139; dazu auch *Fischer-Menshausen* in von Münch/Kunig, 3. Aufl., Bd. 3, 1996, Rn. 6e.

[208] BVerfGE 78, 249.

[209] Zu der in diesen Zusammenhang gehörenden Diskussion über einen Planungswertausgleich im Bauplanungsrecht etwa *Papier/Shirvani* in Maunz/Dürig Art. 14 Rn. 591 ff.; *Franßen* UPR 2017, 134 (135 f.).

[210] Dazu *Maaß* KommunalPraxis spezial 2018, 71 ff.

[211] Zu Letzteren *Heisel,* Zulässigkeit und Ausgestaltung kommunaler Umweltlenkungsabgaben, 2006; *Hey* StuW 75 (1998), 32 ff.

[212] Zu ihr *Rupp* in HdbStR II, § 31.

[213] Zur Steuerfreiheit von Hoheitsbetrieben *Jachmann-Michel/Vogel* in MKS Rn. 35; in einer Besteuerung sieht sie eine weitere Umverteilung von Steuereinnahmen jenseits von Art. 106; der von ihr zusätzlich genannte Art. 104a betrifft freilich nur die Staatsausgaben, nicht die Staatseinnahmen; weitere Nachw. hierzu bei *Hellermann* in MKS Art. 104a Rn. 67; *Siekmann* in Sachs Art. 104a Rn. 20; *Tappe* in BK Art. 104a Rn. 149.

[214] BVerfGE 61, 82 (107); BVerwGE 39, 329 (333 ff.); → Vorb. Art. 104a Rn. 26; vgl. aber auch BVerfGE 12, 354 (363 f.) und die Gleichstellung der Postunternehmen mit privatwirtschaftlichen Anbietern in Art. 87 f Abs. 2 S. 1 (i. V. m. Art. 143b Abs. 2 S. 2, 3).

[215] *Selmer* NVwZ 2007, 872 (875): „thematisch verschwiegen".

[216] Hierzu drastisch *R. Schmidt,* Öffentliches Wirtschaftsrecht, AT, 1990, 534.

scheinlich nicht gelingen wird, diese Grenzen als praktikablen Verfassungsrechtssatz zu formulieren, bleibt aus der Sicht des Verfassungsrechts nur der Appell an die ökonomische und politische Einsicht der Handelnden.[217]

34 Von der erwerbswirtschaftlichen Betätigung sind die **Teilnahme des Staates am Wirtschaftsverkehr zur Deckung seines Bedarfs** und die **Verwaltung und Veräußerung von Vermögen** zu unterscheiden. Soweit sie keine Finanzierungsfunktion haben, sind sie steuerverfassungsrechtlich unproblematisch. Die Kreditfinanzierung der öffentlichen Haushalte von Bund und Ländern sowie, im Rahmen gesetzlicher Vorgaben, der Träger mittelbarer Staatsverwaltung, ist finanzverfassungsrechtlich anerkannt und aus Gründen, die mit der Systematik öffentlicher Abgaben nichts zu tun haben, begrenzt; sie steht in keiner Konkurrenz zur Steuer, weil die Kreditgewährung freiwillig erfolgt oder, wie Zwangsanleihen,[218] keine endgültige Bereicherung der öffentlichen Hand bewirkt.

IV. Fiskal- und Lenkungszwecke von Steuern

35 Der Hauptzweck der Steuer ist die Erzielung öffentlicher Einnahmen **(Fiskalzweck).** Daneben können Steuern weiter wirtschafts- und sozialpolitischen **Lenkungszwecken** dienen.[219] Steuern wird schließlich eine **Umverteilungsfunktion** zugeschrieben, die sich aus dem Sozialstaatsprinzip, nach teilweise vertretener Ansicht auch aus dem Leistungsfähigkeitsprinzip, also aus Art. 3 Abs. 1, legitimiert.[220] Verfolgen Steuern, typischerweise Steuern auf die Einkommens- und Vermögensverwendung, Lenkungszwecke,[221] so besteht die **Gefahr einer Kollision dieser Zwecke** mit den Zwecken anderer Rechtsnormen.[222] Im Verhältnis von Aufwand- und Verbrauchsteuern der Länder zu Bundessteuern wird diese Gefahr von dem Örtlichkeitsgebot und dem Gleichartigkeitsverbot in Art. 105 Abs. 2a gemindert. Auch die übrigen Landessteuern müssen ein aus Art. 105 Abs. 2 herzuleitendes Gleichartigkeitsverbot beachten.[223] Keine ausdrückliche Regelung trifft das GG für den Fall der Zweckkollision im Verhältnis von Lenkungsteuern und Sachnormen (des Bundes- wie des Landesrechts) und für den Fall der Zweckkollision zwischen Abgaben derselben föderalen Ebene. Für den Bund ist dies ein geringeres Problem als für Länder und Kommunen, weil seine Gesetzgebungskompetenz sowohl für Sachnormen als auch für Steuernormen weit reicht. Für die Länder und Kommunen stellt sich dagegen die Frage, ob ihre ohnehin geringen Steuerkompetenzen eine weitere Schmälerung im Hinblick auf Sachkompetenzen des Bundes erfahren.

36 Das **BVerfG** ist – von einer älteren Entscheidung[224] abweichend – nunmehr der Ansicht, dass der Gesetzgeber aufgrund einer Steuerkompetenz nur insoweit lenkend **in den Kompetenzbereich eines Sachgesetzgebers übergreifen darf,** als die Lenkung weder der Gesamtkonzeption der sachli-

---

[217] Ähnlich zurückhaltend *Siekmann* in Sachs Vorb. Art. 104a Rn. 135 – 138.

[218] → Rn. 17.

[219] Zu ähnlichen Differenzierungen bei den Budgetfunktionen → Art. 110 Rn. 4. Zu lenkenden Abgaben allgemein *G. Kirchhof* Die Verwaltung 2013, 349.

[220] Zur Umverteilungsfunktion *Schuppert* in Umbach/Clemens Rn. 22, 23.

[221] Zu deren verfassungsrechtlicher Zulässigkeit → Rn. 14. Vgl. auch *P. Kirchhof* in HdbStR V, § 118 Rn. 46 ff.

[222] Zu weiteren Gefahren, wie Komplizierung des Steuerrechts, *Siekmann* in Sachs Vorb. Art. 104a Rn. 88.

[223] Dazu BVerfGE 31, 119 (128); 65, 325 (350).

[224] BVerfGE 49, 343 (359).

chen Regelung noch konkreten Einzelregelungen zuwiderläuft.[225] Das BVerfG stützt diese Stellungnahme zu dem bekannten Problem des Verhältnisses von Sach- und Steuerkompetenzen auf ein in diesem Kontext noch nicht bekanntes Prinzip der Widerspruchsfreiheit der Rechtsordnung;[226] dieses Prinzip muss mehr fordern als die Unterlassung von Normkollisionen, die auch ohne ein solches Prinzip behoben werden. Es wird vom BVerfG aus dem Rechtsstaatsprinzip abgeleitet und hat als steuerfremde Abstraktion das Potential, weite Teile des Steuerrechts[227] dem Verdacht des Verfassungswidrigen auszusetzen. Gleichzeitig hat das BVerfG der Ansicht, Lenkungssteuern müssten **auf eine Steuer- und auf eine Sachkompetenz** gestützt werden, eine Absage erteilt.[228] Auf die inhaltlich ähnliche Frage, ob bei kommunalen Lenkungssteuern die gesetzliche Ermächtigung zum Erlass der Steuersatzung auch den Lenkungseffekt decken müsse, ist das Gericht nicht eingegangen.[229]

Die **These von der bei Lenkungssteuern nötigen doppelten Kompetenzgrundlage**[230] ist in der Tat abzulehnen, weil sie mit den Prinzipien der Eindeutigkeit und Überschneidungsfreiheit bundesstaatlicher Kompetenztitel unvereinbar ist und weil entweder die Kompetenzdoppelung bei jedem noch so geringen Lenkungszweck zu fordern ist, was die Steuergesetzgebungskompetenz von Ländern und Kommunen noch weiter aushöhlt, oder die Kompetenzdoppelung nur gefordert wird, wenn der Lenkungszweck ein bestimmtes Ausmaß unterhalb der Schwelle einer erdrosselnden Wirkung überschreitet, das mit juristischen Mitteln zu bestimmen aber nicht möglich ist. Infolgedessen unterfällt die Auferlegung von Zahlungs- im Unterschied zu Verhaltenspflichten allein der Steuerkompetenz. Deren Ausübung unterliegt den üblichen Kompetenzausübungsschranken des Bundesstaatsrechts, die finanzverfassungsrechtlich konkretisiert werden können, weil hier manche Lenkungseffekte gebilligt werden, so bei der Straßengüterverkehrsteuer durch Art. 106 Abs. 1 Nr. 3.[231] Die Entscheidungen des BVerfG zur Widerspruchsfreiheit der Rechtsordnung sollte man als Versuch einer Konkretisierung der 37

---

[225] BVerfGE 98, 106 (Ls. 3, 118–120); vgl. auch E 13, 181 (196 f.); 14, 76 (99); 31, 8 (23 f.); in der Entscheidung E 98, 83 stellten sich diese Fragen aus Gründen des einfachen Gesetzesrechts nicht (Bezugnahme aber ebd., 97 f.); zur vom BVerfG konkret zu entscheidenden Problematik s. a. *Friauf* GewArch. 1996, 265 (268 ff.); weiter E 98, 265 (301); seither sind keine weiteren Entscheidungen des BVerfG zu verzeichnen; kurze Erwähnung in E 138, 261 (294). Als Erklärung für das Fehlen neuerer Rspr. des BVerfG werden in der Literatur Änderungen des problemverursachenden umweltrechtlichen Kooperationsprinzips angegeben (*Krebs/Klinger* ZUR 2015, 664 (667)). Vgl. aus der Literatur *v. Stockhausen,* Gesetzliche Preisintervention, 2007, 245–255 (allgemein zur Figur des Kompetenzübergriffs) und 256–328 (zum Übergriff von Sach- in Steuerkompetenzen).

[226] BVerfGE 98, 106 (118 f.); dazu *P. Kirchhof* StuW 2000, 316; *Kloepfer/Bröcker* DÖV 2001, 1 ff.; *Sodan* JZ 1999, 864; aus Sicht des Umweltrechts *di Fabio* NVwZ 1999, 1153 (1157); zusammenfassend *Barthelmann,* Der gestaltende Steuergesetzgeber im Konflikt mit dem Sachgesetzgeber, 2006; *Haack,* Widersprüchliche Regelungskonzeptionen im Bundesstaat, 2002; *Herbst,* Gesetzgebungskompetenzen im Bundesstaat, 2014, 291 ff.; *Kube,* Finanzgewalt in der Kompetenzordnung, 2004, 271 ff. Vgl. auch *Heintzen* in BK Art. 70 Rn. 114, 212 f.

[227] Aufzählung von dessen wichtigsten Wertungswidersprüchen bei *Tipke,* Die Steuerrechtsordnung I, 2. Aufl., 2000, 116–118.

[228] BVerfGE 98, 106, Ls. 2; ebenso BVerwGE 96, 272 (287 ff.). Vgl. weiter BVerfGE 135, 155 (198) zu umsatzsteuerlichen Begünstigungen verschiedener Kulturgüter und -dienstleistungen.

[229] Dazu *Rodi* StuW 1999, 105 (116 ff.).

[230] Guter Überblick über den Meinungsstand bei *Jachmann-Michel/Vogel* in MKS Rn. 26 Fn. 253. Vgl. auch *Kloepfer,* Finanzverfassungsrecht, 2014, § 4 Rn. 4.

[231] So auch *Rodi* StuW 1999, 105 (115 f.).

Missbrauchsgrenze ansehen, die trotz Bemühung allgemeiner Prinzipien (Rechtsstaat, Einheit der Rechtsordnung) auf ein besonderes Problem – das Verhältnis von Sach- und Steuerkompetenzen – zugeschnitten sind.[232] Es ist einzuräumen, dass **Kompetenzausübungsschranken** nur krasse Gegensätze zwischen Sach- und Steuernormen verhindern können.[233] Mit den so nicht auflösbaren Spannungen muss eine bundesstaatliche Ordnung leben. Bund und Länder dürfen mithin in gleicher Weise in Ausübung einer ihnen zustehenden Steuerkompetenz auf Sachkompetenzen des jeweiligen föderalen Gegenübers einwirken. Widersprüche zwischen Sach- und Steuernormen derselben föderalen Ebene sind mit dem üblichen Instrumentarium der Gesetzesauslegung und der Gesetzeskonkurrenzen aufzulösen. Die vielfach beschworene Gefahr, dass sachgesetzliche Regelungsinhalte und -ziele mittels Steuergesetzen verfolgt werden, dürfte in der Realität gering sein.

38 Die **Frage des Verhältnisses von Sach- und Steuergesetzgebungskompetenzen** stellt sich zweifach: bei staatlichen Belastungen konkretisiert auf das Verhältnis von Verhaltenspflicht und Lenkungssteuer, bei staatlichen Begünstigungen konkretisiert auf das Verhältnis von Subvention und Steuerbegünstigung.[234] Die Antwort auf die Frage muss in beiden Varianten dieselbe sein,[235] wobei dem Gesetzgeber ein finanzverfassungsrechtlich nur schwach begrenztes Wahlrecht zwischen beiden Varianten zukommt, das im Hinblick auf die Beteiligungsrechte des Bundesrates indifferent ist.[236]

B. Einzelfragen

39 **Art. 105 weist** die vom GG vorausgesetzte **Besteuerungsgewalt des Staates dessen beiden föderalen Ebenen kompetenziell** zu und ist damit zugleich eine erste Beschränkung des sog. Steuererfindungsrechts.[237] Die Vorschrift regelt die Gesetzgebungshoheit, d. h. die Befugnis zur Einführung, Ausgestaltung und Abschaffung[238] von Steuern, einschließlich Steuervergünstigungen. Mit Gesetzgebung ist nur die formelle Gesetzgebung gemeint.[239] Art. 105 betrifft nur das Verhältnis zwischen Bund und Ländern[240] und entfaltet im Hinblick auf die Europäische Union keine Regelungswirkung. Die Übertragung von Hoheitsrechten auf die Europäische Union durch den Bund kann die Zuweisung föderaler Kompetenzen deshalb leer laufen lassen, ohne an ihr rechtlich etwas zu ändern.[241] Für die Kommunen gilt, dass ihre Rechtsetzungsbefugnisse im Rahmen von Art. 105 Abs. 2a von den Ländern abgeleitet sind.

---

[232] Anderer Versuch in BVerfGE 31, 8 (23 f.). Zu diesem Problem auch *Henneke,* Öffentliches Finanzwesen. Finanzverfassung, 2. Aufl., 2000, Rn. 648 f.; *Pieroth* in Jarass/Pieroth Rn. 4; *Stern,* Das StaatsR der BRD II, 1980, § 46 I 4e β; *Vogel/Walter* in BK Rn. 68o–68q.

[233] So auch *Trzaskalik* Gutachten 63. DJT, 2000, 31 ff.; noch zurückhaltender *Pieroth* WiVerw. 1996, 65 (72 ff.).

[234] Siehe *Trzaskalik* Gutachten 63. DJT, 2000, 67 f., 76 ff., 88.

[235] Zu diesem Problem → Art. 104a Rn. 44 u. Art. 110 Rn. 18.

[236] Zu diesen Fragen *Fischer-Menshausen* in von Münch/Kunig, 3. Aufl., Bd. 3, 1996 Art. 105 Rn. 10 f.

[237] Zum Steuererfindungsrecht → Rn. 47.

[238] Speziell zur Steuerabschaffung *Siekmann* in Sachs Rn. 53 ff.

[239] Ebenso *Seiler* in Maunz/Dürig Rn. 128 – 131.

[240] → Vorb. Art. 104a–115 Rn. 26.

[241] Dazu auch *Seiler* in Maunz/Dürig Rn. 114; *Wendt* in HdbStR VI, § 139 Rn. 26. Zu verfassungsrechtlichen Grenzen des Leerlaufens BVerfGE 123, 267 (361 f.).

Art. 105 ist **Kompetenzzuweisungsnorm** und enthält grundsätzlich keine Vorgaben für die Kompetenzausübung.[242] Materielle Gehalte[243] sind dieser Norm grundsätzlich fremd. Wenn das BVerwG eine kommunale Zweitwohnungsteuer wegen Verstoßes „gegen Art. 105 Abs. 2a GG i. V. m. dem Verfassungsgrundsatz der Verhältnismäßigkeit" verwirft,[244] dann ist die Nennung von Art. 105 Abs. 2a überflüssig, weil er der Besteuerung keine materiellen Schranken setzt.[245] Auch die Nennung einer Steuer in Art. 106 bedeutet nicht, dass diese Steuer erhoben werden muss und nicht abgeschafft werden darf.[246] Eine wichtige Ausnahme hiervon ist aus Gründen europarechtlicher Binnenmarktwettbewerbsgleichheit die Umsatzsteuer. Von den Ertragszuweisungen des Art. 106 Abs. 1 an den Bund laufen zur Zeit die Nr. 1, 5 und 7 ganz, die Nr. 3 hinsichtlich der Straßengüterverkehrsteuer und die Nr. 4 seit 1990 bis auf die Versicherungsteuer leer. Art. 105 Abs. 1 beschränkt die Rechtsquellen des Steuerrechts nicht auf geschriebenes Recht und schließt Gewohnheits- und Richterrecht nicht aus, denn ein Ausschluss ließe sich nur mit rechtsstaatlichen Erwägungen aus dem Verhältnis von Staat und Bürger begründen, die einer föderalen Kompetenznorm, die nur das Verhältnis von Bund und Ländern im Blick hat, fremd sind.[247] Eine wichtige Ausnahme von dem Grundsatz, dass Art. 105 keinen materiell-rechtlichen Inhalt hat, ist die **Begrenzungs- und Schutzfunktion der bundesstaatlichen Finanzverfassung,** die auch aus Art. 105 hergeleitet wird, die sich in erster Linie nicht an den Steuer-, sondern an den sonstigen Abgabengesetzgeber richtet, die aber mit dem Steuerbegriff auch dem Steuergesetzgeber eine Vorgabe macht. Weiterhin wird aus der Erwähnung einer Abgabe in Art. 105 oder Art. 106 abzuleiten sein, dass sie dem Grunde nach verfassungsgemäß ist.[248] Die Annahme, besondere Aufwand- und Verbrauchsteuern müssten von den Art. 105 und 106 besonders legitimiert und immunisiert werden, um vor Art. 3 Abs. 1 bestehen zu können, ist abzulehnen, weil allein in der Auswahl bestimmter Steuergegenstände kein Gleichheitsverstoß liegt.[249] **40**

Im **Verhältnis zu den Art. 73 und 74** ist Art. 105 lex specialis für die Gesetzgebungsmaterie „Steuern", nicht für nichtsteuerliche Abgaben. Die Artikel 70 Abs. 2 und 71 werden nicht verdrängt, Art. 72 findet im Umfang der Verweisung in Art. 105 Abs. 2 Anwendung, die „Zuständigkeitsvermutung" des Art. 70 Abs. 1 zugunsten der Länder wird von Art. 105 Abs. 2 **41**

---

242 Zu Kompetenzausübungsschranken gemäß einer ungeschriebenen Finanzverfassung → Vorb. Art. 104a–115 Rn. 5.

243 Dazu statt vieler *Heintzen* in BK Art. 70 Rn. 100. Bezogen auf Art. 105 wie hier *Seiler* in Maunz/Dürig Rn. 125.

244 BVerwGE 109, 188 (189).

245 Anders wohl das BVerwG, wie zuvor, S. 191.

246 Ebenso *Pieroth* in Jarass/Pieroth Art. 106 Rn. 1; *Vogel/Waldhoff* in BK Vorb. Art. 104a Rn. 581. → Art. 106 Rn. 10.

247 Zu diesen beiden Rechtsquellen *Wernsmann* in Hübschmann/Hepp/Spitaler, AO/FGO, § 4 AO Rn. 142 ff., 165 ff.

248 Zu den Finanzmonopolen, deren Existenz als zwangsläufig mit Art. 12 Abs. 1 unvereinbar angesehen wird, → Rn. 44; zur Vermögensteuer im Hinblick auf Art. 106 Abs. 2 Nr. 1 BVerfGE 93, 121 (134); zur Gewerbesteuer, der eine nicht zu rechtfertigende Ungleichbehandlung von Gewerbetreibenden und Selbstständigen vorgeworfen wird, BVerfGE 26, 1; 46, 224; 120, 1 (BVerfGE 148, 217 äußert sich hierzu nicht); zur Grundsteuer BVerfGE 148, 147 (211); allg. → Vorb. Art. 104a–115 Rn. 27.

249 Vgl. grundsätzlich *Förster,* Die Verbrauchsteuern, 1989, 99 ff.; *Tipke,* Die Steuerrechtsordnung II, 2. Aufl., 2003, 952 ff.

und 2a ausgeschaltet.[250] Im **Verhältnis zu Art. 106 und den Staatsaufgaben** unterstreicht Art. 105 die Unabhängigkeit von Steuereinnahmen und staatlichen Ausgaben, mithin das haushaltsrechtliche Prinzip der Non-Affektation.[251] Bei Steuern[252] trennt das Grundgesetz grundsätzlich Gesetzgebungs- und Ertragszuständigkeit,[253] zusätzlich zu der Trennung von Gesetzgebungs- und Verwaltungszuständigkeit. Verknüpfungen zwischen beiden Kompetenztypen ergeben sich aus der Verweisung des Art. 105 Abs. 2 auf Art. 106 und daraus, dass der Gesetzgeber keine Steuern einführen darf, deren Ertrag nicht zugewiesen ist. Die Trennung ermöglicht eine unitarische Steuergesetzgebung bei zugleich dezentraler Ertragszuständigkeit und schränkt im Ergebnis die Finanzautonomie der Länder ein.[254]

I. Die ausschließliche Gesetzgebungskompetenz des Bundes (Art. 105 Abs. 1)

42 **„Ausschließliche Gesetzgebung"** hat in Art. 105 Abs. 1 keine andere Bedeutung als in den Art. 71 und 73. Wie auch bei Art. 73 Abs. 1[255] haben die Kompetenztitel des Art. 105 Abs. 1 eine lange Tradition. Der Anwendungsbereich von Art. 105 **Abs. 1** ist freilich sehr klein. Größere Bedeutung hat die Frage, ob der Bund im Rahmen von Art. 105 **Abs. 2** nicht **faktisch eine ausschließliche** Gesetzgebungszuständigkeit besitzt.[256] In seinem Anwendungsbereich entfaltet Art. 105 Abs. 1 eine generelle, von einem Tätigwerden des einfachen Bundesgesetzgebers unabhängige Sperrwirkung für die Landesgesetzgeber, die nur durch eine bundesgesetzliche Ermächtigung im Sinne von Art. 71 Hs. 2 aufgehoben werden könnte. **Art. 71 Hs. 2** ist anwendbar. Dass auf diese Weise die Länder die Gesetzgebungskompetenz über Zölle und Finanzmonopole erlangen, deren Ertrag nach Art. 106 Abs. 1 Nr. 1 eigentlich dem Bund zustehen würde, ist kein zwingendes Gegenargument.[257] Zwar wäre es ohne föderalistischen Sinn, den Ländern die Gesetzgebungskompetenz über eine Abgabe zu geben, deren Ertrag dem Bund zufließt. Deshalb muss man die verfassungsrechtliche Ermächtigung zur Kompetenzübertragung, die Art. 71 gibt, im Fall der Steuern auch auf die Ertragszuständigkeit beziehen und die Ertragszuständigkeit des Bundes gem. Art. 106 Abs. 1 auf bundesgesetzlich geregelte Erträge aus Zöllen und Finanzmonopolen begrenzen. Im Übrigen handelt es sich hier um einen so theoretischen Fall,[258] dass der Aufwand einer Harmonisierung von Gesetzgebungs- und Ertragszuständigkeit durch Verfassungsänderung nicht lohnte. Trotzdem gibt es in dieser Frage einen intensiven Meinungsstreit mit vier Positionen: Anwendbarkeit des Art. 71 mit Ertragszuständigkeit der Länder;[259] An-

---

250 Zu Letzterem *Friauf* FG BVerfG, Bd. II, 314 f.; *Vogel/Walter* in BK Rn. 57, 62; → Rn. 10.

251 Vgl. auch *Heintzen* in HdbStRV, § 120 Rn. 47; *Musil* DVBl. 2007, 1526; *Schmehl,* Das Äquivalenzprinzip im Recht der Staatsfinanzierung, 2004, 253.

252 Zu anderen öffentlichen Abgaben → Rn. 12.

253 *Vogel/Waldhoff* in BK Vorb. Art. 104a Rn. 58, unter Hinweis u. a. auf *Mußgnug* JZ 1992, 194, der dies als „Geniestreich des Parlamentarischen Rats" bezeichnet.

254 Dazu *Seiler* in Maunz/Dürig Rn. 100 ff. („Kompetenzasymmetrie").

255 Dazu *Heintzen* in MKS Art. 73 Rn. 3.

256 → Rn. 50 ff.

257 Vgl. *Heintzen* in MKS Art. 71 Rn. 11 f.

258 Ebenso mit weiteren Argumenten *Häde,* Finanzausgleich, 1996, 156 f. Zur geringen Relevanz der Fragestellung *Jachmann-Michel/Vogel* in MKS Rn. 45.

259 So die hier vertretene Position. Übereinstimmend *Pieroth* in Jarass/Pieroth Rn. 24.

wendbarkeit des Art. 71 mit Ertragszuständigkeit des Bundes;[260] Anwendbarkeit des Art. 71 nur für Durchführungsbestimmungen;[261] Unanwendbarkeit des Art. 71.[262] Das einzige Bundesgesetz, das unstreitig eine Ermächtigung im Sinne von Art. 71 Hs. 2 ausspricht, ist § 1 des Gesetzes über eine Gemeindeeinfuhrsteuer auf der Insel Helgoland v. 17.11.1959;[263] dieses Gesetz betrifft keinen Zoll;[264] es steht heute unter dem Vorbehalt der auf Art. 113 AEUV gestützten Umsatzsteuerharmonisierung in der Europäischen Union.

Zölle sind „Abgaben, die nach Maßgabe des Zolltarifs von der Warenbewegung über die Zollgrenze erhoben werden".[265] Die Formulierung „die übrigen Steuern" in Art. 105 Abs. 2 zeigt, dass Zölle – zu den Finanzmonopolen insoweit die folgende Rn. – in einem verfassungsrechtlichen Sinn Steuern sind; dem entspricht § 3 Abs. 1 S. 2 AO. Die Abgrenzung zwischen Zöllen und speziellen Verbrauchsteuern kann nur nach formalen Kriterien (Zolltarif, Zollgrenze) erfolgen. Den Ländern und Kommunen ist die Regelung von Zöllen und Abgaben mit gleicher Wirkung, sowohl an der Außengrenze des Bundes als auch in dessen Binnenbereich, kompetenziell verwehrt.[266] Eine Festlegung des Bundes auf bestimmte, etwa die herkömmlichen Zollarten ist Art. 105 Abs. 1 nicht zu entnehmen. Ob die Zollkompetenz des Bundes aus Art. 105 Abs. 1 im Hinblick auf Art. 73 Abs. 1 Nr. 5 überflüssig oder lex specialis ist, kann dahinstehen, da beide Normen sich auf der Rechtsfolgenseite nicht unterscheiden.[267] **43**

Ein **Finanzmonopol** ist das Recht des Staates, nach dem GG nur des Bundes, dem mit der ausschließlichen Gesetzgebungs- auch die Verwaltungs- und die Ertragskompetenz zusteht, bestimmte Wirtschaftsgüter unter Ausschluss privatwirtschaftlicher Konkurrenz herzustellen, zu beziehen oder zu vertreiben und durch Monopolaufschläge öffentliche Einnahmen zu erzielen.[268] Finanzmonopole sind eine besondere Form der Erhebung von Verkehrsteuern.[269] Das Ziel, Einnahmen zu erzielen, grenzt Finanz- von Verwaltungs- und Wirtschaftsmonopolen ab.[270] Finanzmonopole bedürfen einer formell-gesetzlichen Grundlage. Das lange Jahre einzige Finanzmonopol, das Branntweinmonopol, ist seit 2017 Rechtsgeschichte.[271] Finanzmonopole gelten als antiquierte Überbleibsel aus der Zeit des Unternehmerstaats. Vor Art. 12 Abs. 1 lassen die 1949 existenten Finanzmonopole sich als objektive Berufszugangssperren – nach überwiegender Ansicht – nur dank ihrer Anerkennung durch die Art. 105 Abs. 1, 106 Abs. 1 und 108 Abs. 1 S. 1 rechtfertigen; dies würde nicht für neue Finanzmonopole gel- **44**

---

[260] *Kube* in BeckOK GG Rn. 33; *Siekmann* in Sachs Rn. 14.

[261] *Vogel/Walter* in BK Rn. 71–73.

[262] *Seiler* in Maunz/Dürig Rn. 134.

[263] BGBl. I 1959, 685. *Heintzen* in MKS Art. 71 Rn. 48.

[264] So BVerfGE 8, 260.

[265] BVerfGE 8, 260 (269); BFH BStBl. 1970 II, 246 (250); zu Prohibitivzöllen *Siekmann* in Sachs Rn. 15.

[266] Zu dem Verhältnis von Kompetenznorm und materieller Verbotsnorm insoweit *Heintzen* in MKS Art. 73 Rn. 45.

[267] Dazu *Heintzen* in MKS Art. 73 Rn. 46.

[268] *Siekmann* in Sachs Rn. 16.

[269] So der ParlRat: JöR 1 (1951), 767.

[270] Zu den Begriffen *Badura,* Das Verwaltungsmonopol, 1963, 80 ff.

[271] G v. 8.4.1922 (RGBl. I, 335, 405); zu ihm *Horn,* Das deutsche Branntweinmonopol unter EWG-Vertrag und GG, 1987. Aufgehoben durch das Branntweinmonopolabschaffungsgesetz vom 21.6.2013 (BGBl. I, 1650); zu ihm *Schroer-Schallenberg* ZLR 2013, 159.

ten.[272] Bei Finanzmonopolen sind weiterhin die Art. 37 und 106 Abs. 2 AEUV zu beachten;[273] das GWB enthält keine Sonderregelungen mehr. Haushaltsverfassungsrechtlich sind Finanzmonopole Bundesbetriebe i. S. v. Art. 110 Abs. 1 S. 1, 2. Hs.[274] Keine Finanzmonopole sind die staatlichen Einrichtungen des Glücksspiel- und Lotteriewesens, auch wenn das Argument, sie dienten nicht der Einnahmeerzielung, sondern der Gefahrenabwehr,[275] nicht besonders überzeugend ist; hier fehlt es im Übrigen am monopolhaften Ausschluss Privater; zudem sind diese Einrichtungen überwiegend solche der Bundesländer, nicht des Bundes.

II. Die konkurrierende Gesetzgebungskompetenz von Bund und Ländern (Art. 105 Abs. 2)

45 **1. Voraussetzungen.** Die **konkurrierende Gesetzgebungskompetenz des Bundes** erstreckt sich auf die übrigen Steuern, wenn ihm deren Aufkommen ganz oder zum Teil zusteht oder wenn die Voraussetzungen des Artikels 72 Abs. 2 vorliegen. „Übrig" sind die vom GG nicht ausdrücklich zur Gesetzgebung zugewiesenen Steuern.[276] Das sind die meisten. Ausdrücklich zugewiesen sind den Ländern die örtlichen Verbrauch- und Aufwandsteuern (Art. 105 Abs. 2a) und die Kirchensteuern (Art. 140 i. V. m. Art. 137 Abs. 6 WRV) sowie dem Bund die Zölle und die steuerähnlichen Finanzmonopole. Die Formulierung „übrige Steuern" bezieht sich in erster Linie auf das besondere Steuerschuldrecht, also die einzelnen Steuern und die dazu bestehenden Gesetze. Sie erfasst weiterhin Materien wie das Bewertungs- oder das Steuerbilanzrecht, die für die Bemessungsgrundlage einer Mehrzahl von Steuerarten relevant sind. Sie umfasst schließlich das allgemeine Steuerschuldrecht, derzeit vor allem die §§ 33 ff. AO, darüber hinaus die Regelungen der Abgabenordnung über Erlass und Stundung, dies auch in der Kombination von allgemeinem Bundessteuerrecht und materiellem Landessteuerrecht. Zu landesgesetzlich geregelten Steuern darf der Bund Regelungen treffen, soweit diese Regelungen Landessteuern als Vorgaben in die Bemessung von Steuern aufnehmen, für die der Bund eine Gesetzgebungskompetenz besitzt (Bsp.: der Abzug der Kirchensteuer als Sonderausgabe vom Gesamtbetrag einkommensteuerpflichtiger Einkünfte gem. § 10 Abs. 1 Nr. 4 EStG).

46 Anders als das allgemeine Verwaltungsrecht kennt das Steuerrecht **keine föderale Doppelung des Organisations- und Verfahrensrechts.** Dies ist aber nicht Art. 105 Abs. 2 zuzuschreiben, sondern anderen (ausschließlichen) Kompetenzzuweisungen an den Bund, insbes. Art. 108 Abs. 1 S. 2, Abs. 2 S. 2, Abs. 4 S. 1, Abs. 4a S. 1, Abs. 5 und Abs. 6. Art. 105 Abs. 2 erfasst dagegen nur das **materielle Steuerrecht,**[277] einschließlich des innerstaatli-

[272] Grundlegend: BVerfGE 14, 105 (111); ferner E 41, 205 (218); s. *Manssen* in MKS Art. 12, insb. Rn. 49 und 256; *Isensee* in HdbStR V, § 122 Rn. 94; *P. Kirchhof* in HdbStR V, § 118 Rn. 255; restriktiver *Häde*, Finanzausgleich, 1996, 155 f.; zum Teil weniger restriktiv: *Pestalozza* Der Staat 11 (1972), 161 (169, 187); wie hier *Jachmann-Michel/Vogel* in MKS Rn. 46; *Kube* in BeckOK GG Rn. 32.

[273] Hierzu *Schroeder* EWS 1993, 96 ff. Zur Entscheidung der EU-Kommission gegen das Branntweinmonopol (mit Nachw.) *Siekmann* in Sachs Rn. 16.

[274] → Art. 110 Rn. 20.

[275] BVerwGE 114, 92 (99).

[276] Zu diesem Wort hauptsächlich noch → Rn. 47.

[277] So auch *Vogel/Walter* in BK Rn. 12–14. Zum Steuerverfahrensrecht *Heun* in Dreier Rn. 6; *Kube* in BeckOK GG Rn. 35; *Müller-Franken* in Friauf/Höfling Rn. 81.

chen Vollzugs von Doppelbesteuerungsabkommen und der Umsetzung materiell-steuerrechtlichen Unionsrechts.[278] Die Kompetenz des Bundes für die Gesetzgebung im Steuerstrafrecht, einschließlich des Ordnungswidrigkeits- und Verfahrensrechts, folgt aus Art. 74 Abs. 1 Nr. 1, dies ohne Beschränkung auf auch materiell der Gesetzgebungskompetenz des Bundes unterliegende Steuern.[279] Für die Beschränkung von Art. 105 Abs. 2 auf das materielle Steuerrecht spricht mit Art. 105 Abs. 3 auch die Verfassungssystematik, denn nur Normen des materiellen Steuerrechts bewirken ein Steueraufkommen.[280]

Ob der Umfang der materiell-rechtlichen Gesetzgebungskompetenz des Bundes nur durch den Steuerbegriff und die Gesetzgebungskompetenzen beschränkt ist, die das GG den Ländern belässt, oder ob der Bundesgesetzgeber eine weitere Schranke in Art. 106 findet, ist streitig.[281] Das **BVerfG** hat mit Beschluss vom 13.4.2017 Stellung bezogen.[282] Die eine Position nimmt an, der Bund habe ein umfassendes **Steuererfindungsrecht.**[283] Die Gegenposition beschränkt den Bundesgesetzgeber auf Steuern, deren Ertrag von Art. 106 verteilt wird; nur solche Steuern könnten seiner Gesetzgebungshoheit unterliegen. *Gerhard Wacke*[284] hat schon 1950 die Ansicht vertreten, durch die Aufzählung von Steuern in der Verfassung sei das bestehende Steuersystem verfassungskräftig festgelegt worden. Zwar stützte diese Meinung sich auch auf Art. 105, der 1969 so geändert worden ist,[285] dass der Bund nicht mehr die Gesetzgebungskompetenz für bestimmte, sondern die Gesetzgebungskompetenz für alle übrigen Steuern hat. Art. 106 weist aber weiterhin die Erträge nur bestimmter Steuern zu und kennt – im Unterschied zu anderen föderalen Kompetenzregelungen – keine subsidiäre Generalklausel; vielmehr stellt er die Verteilung der Steuererträge unter einen grundsätzlichen Verfassungsvorbehalt. Steuern, deren Ertrag von Art. 106 nicht registriert wird, darf der Bundesgesetzgeber trotz des dem Wortlaut nach weit gefassten Art. 105 Abs. 2 darum nicht einführen. Die Tatsache, dass Art. 106 nur eine Sekundärnorm ohne ethischen Gehalt sei,[286] ändert hieran nichts. Art. 105 Abs. 2 ist bei systematischer Verfassungsinterpretation wie folgt zu ergänzen: „Der Bund hat die konkurrierende Gesetzgebung über die übrigen *in Art. 106 genannten* Steuern...".[287] Nur so lässt sich vermeiden, dass es Steuern gibt, deren Ertrag systemwidrig vom GG nicht zugewiesen ist. Das Steuererfindungsrecht des Bundes ist auf die in Art. 106 genannten und nicht der Gesetzgebungskompetenz der Länder unterliegenden Steuertypen be- 47

---

[278] Hierzu *Jachmann-Michel/Vogel* in MKS Rn. 43a und 43b.

[279] Offen in BVerfGE 7, 330 (336); ähnlich E 32, 346 (359).

[280] Dazu auch *Vogel/Walter* in BK Rn. 129; ferner BVerfGE 14, 197 (220), wo in einer Frage des Steuerverfahrensrechts die Anwendung von Art. 105 Abs. 3 abgelehnt wird.

[281] Überblick bei *Vogel* FS f. Tipke, 1995, 93 ff.; vgl. auch Art. 106d des Gesetzentwurfs der Bundesregierung zu einem Finanzverfassungsgesetz von 1954 (BT-Drs. II/480), der letztlich im Vermittlungsausschuss gestrichen worden ist, wohl weil die Länder die ausdrückliche Erwähnung eines Steuererfindungsrechts des Bundes ablehnten. Aus der Kommentarliteratur *Jachmann-Michel/Vogel* MKS Rn. 32–34, 47; *Kube* in BeckOK GG Rn. 42 f.; *Seiler* in Maunz/Dürig Rn. 121–124; *Siekmann* in Sachs Rn. 49–52.

[282] BVerfGE 145, 171 und 230 (Sondervotum).

[283] Ausf. begründet bei *Tipke,* Die Steuerrechtsordnung III, 1993, 1088 ff.

[284] Das Finanzwesen der Bundesrepublik, 1950, 64.

[285] Zu Art. 105 a. F. noch anders BVerfGE 16, 64 (78).

[286] So *Tipke,* Die Steuerrechtsordnung III, 1993, 1092 ff.

[287] Zu dem Wort „übrig" vgl. schon *Vogel/Walter* in BK Rn. 63 ff., insb. 66 und 67; vgl. dort bei Rn. 115 aber auch eine zu weit gehende Bindung des Steuergesetzgebers an den Verfassungswortlaut.

schränkt. Da diese Steuern ausgestaltungsfähig sind und man in Bezug auf die Begrifflichkeit des Art. 106 besser von Steuerarten oder Steuertypen als von Steuern sprechen sollte, ist es eine Übertreibung, hierin eine unnötige Beeinträchtigung oder gar eine Blockade einer Weiterentwicklung des gegenwärtigen Steuersystems zu sehen,[288] ebenso wie es umgekehrt eine Übertreibung wäre, eine Beschränkung des Steuererfindungsrechts von Bund und Ländern mit der Systematik des Finanzausgleichsrechts zu begründen; diese ist in keinem Fall in Gefahr, weil bei der Umsatzsteuerverteilung ggf. erforderliche Korrekturen erfolgen können. All dies ist vom BVerfG in seinem schon erwähnten Beschluss zur **Kernbrennstoffsteuer** bestätigt worden; diese sei keine Verbrauch-, sondern eine reine Produktionssteuer, die das Grundgesetz nicht vorsehe.[289] Ähnliche Probleme, mit europarechtlichen Zusatzfragen, könnten sich bei dem umstrittenen Projekt einer Steuer auf digitale Dienstleistungen ergeben.[290] Für ein Steuererfindungsrecht der Länder folgt seine Negation schon aus Art. 105; insbes. Art. 105 Abs. 2a ist 1969 zu dem Zweck erlassen worden, auf dem Gebiet des Steuerrechts Art. 70 Abs. 1 und damit ein Steuererfindungsrecht der Länder auszuschalten.[291]

48 Die hier vertretene **Beschränkung des Steuererfindungsrechts des Bundes auf die Steuern und Steuerarten des Art. 106** bedeutet keine institutionelle Garantie des Systems des gegenwärtigen Steuerrechts, erstens weil es ein Euphemismus wäre, den Zustand des gegenwärtigen Steuerrechts mit dem Attribut „System“ zu bedenken, zweitens weil innerhalb der einzelnen Steuerarten für den Gesetzgeber genug Spielraum bleibt, drittens weil die Abschaffung einzelner Steuern dem Gesetzgeber unbenommen ist. Der jeweils zuständige Gesetzgeber ist auch nicht verpflichtet, neue Steuern einzuführen, um die im GG genannten Steuerarten auszufüllen. Unzulässig ist nur die Einführung von Steuern, deren Ertrag von Art. 106 nicht zugewiesen wird.[292] Folgt man der hier zu dem Verhältnis der Art. 105 und 106 vertretenen Auffassung, so sind folgende Steuern verfassungsrechtlich nicht zulässig: eine Maschinensteuer oder eine CO_2-/Energiesteuer.[293] Grundlegende konzeptionelle Änderungen vorhandener Steuern sind dagegen zulässig und lassen sich nicht mit dem Hinweis auf einen verfassungsrechtlich vorgegebenen, nicht selten aber interessengeleitet interpretierten Einzelsteuerbegriff in Frage stellen, so der Wechsel von der Allphasen-Brutto-Umsatzsteuer zur Mehrwertsteuer, die Änderung der Erbschaftsteuersätze, die Einführung und

---

[288] So *Heun* in Dreier Rn. 33; aus der älteren Literatur *Sasse* AöR 85 (1960), 423 ff.

[289] BVerfGE 145, 171 (192 ff. – allgemeine Erwägungen) u. 206 ff. (deren Anwendung auf die Kernbrennstoffsteuer).

[290] *Valta* IStR 2018, 765 (769 f.).

[291] → Rn. 41; s. auch BVerfGE 145, 171 (204 ff.). Zu den Kommunen → Rn. 66. Zu den Folgewirkungen des Streits um ein Steuererfindungsrecht des Bundes für das Zustimmungsrecht des Bundesrates → Rn. 58.

[292] Zu den Einzelsteuerbegriffen des Art. 106 → Art. 106 Rn. 10, ebenso zum Steuererfindungsrecht (Rn. 8).

[293] Dazu *Seer* in Tipke/Lang, Steuerrecht, 23. Aufl., 2018, § 2 Rn. 4 ff., 56; ausführlich *Herdegen/Schön*, Ökologische Steuerreform, Verfassungsrecht und Verkehrsgewerbe, 2000, 26 ff.; weitere, heute zum Teil nicht mehr aktuelle Beispiele bei *Fischer-Menshausen* in von Münch/Kunig, 3. Aufl., Bd. 3, 1996, Art. 105 Rn. 16; *Siekmann* in Sachs Rn. 52; *Wendt* in HdbStR VI, § 139 Rn. 29; s. a. *Müller-Franken* in Friauf/Höfling Rn. 201, 207. Aus der wirtschaftswissenschaftlichen Diskussion seien genannt: eine zinsbereinigte Gewinnsteuer, eine persönliche allgemeine Ausgabensteuer, eine Wertschöpfungsteuer, eine Cashflowsteuer, eine Staatsbürgersteuer. Ein aktueller Problemfall ist die Luftverkehrsteuer; dazu *Hey/Eilers* DStR 2011, 97; *Kloepfer*, Luftverkehrsteuer, 2010, 7 ff. Zuordnung zu Art. 106 Abs. 1 Nr. 3 in BVerfGE 137, 350 (361–363).

die Abschaffung des körperschaftsteuerrechtlichen Anrechnungsverfahrens oder ein möglicher Wechsel von der Körperschaft- zu einer rechtsformneutralen Unternehmensteuer. „Dem für eine Steuer zuständigen Gesetzgeber gebührt eine weitgehende Gestaltungsfreiheit darin, bestehende Steuergesetze oder Steuersätze zu ändern. Solche Änderungen sind unter dem Blickwinkel der Zuständigkeitsverteilung zumindest so lange nicht zu beanstanden, wie sie sich im Rahmen der herkömmlichen Merkmale der jeweiligen Steuer halten.“[294]

**Weitere Voraussetzungen für eine konkurrierende Steuergesetz- 49
gebungskompetenz** des Bundes sind nach Art. 105 Abs. 2 jeweils im Sinne einer Rechtsgrundverweisung, dass dem Bund das Steueraufkommen ganz oder zum Teil zusteht, was abschließend in Art. 106 geregelt ist (wobei die Gewerbesteuerumlage keine Ertragszuständigkeit des Bundes für die Gewerbesteuer begründet), oder dass die Voraussetzungen von Art. 72 Abs. 2 vorliegen, wodurch mittelbar auch Art. 93 Abs. 1 Nr. 2a in Bezug genommen wird.[295] Diese Voraussetzungen müssen nur alternativ erfüllt sein, so dass bei Vorliegen einer Steuerertragskompetenz des Bundes Art. 72 Abs. 2 nicht zu prüfen ist. Dass die Länder von der Verschärfung des Art. 72 Abs. 2 (vom Bedürfnis zur Erforderlichkeit bundesgesetzlicher Regelung) im Steuerrecht profitiert hätten, ist nicht ersichtlich.[296] Dem Steuergesetzgeber des Bundes ist eine „Altenpflege“-Überraschung (BVerfGE 106, 62) bisher erspart geblieben, doch ist solches bei der Kfz-Steuer oder den kommunalen Realsteuern nicht auszuschließen.[297] Bei folgenden Steuern sind die Länder derzeit auf den Bundesgesetzgeber angewiesen: Erbschaft- und Schenkungsteuer, Grunderwerbsteuer, Feuerschutzsteuer, Rennwett- und Lotteriesteuer, Grund- und Gewerbesteuer und last, but not least Vermögensteuer. Man stelle sich vor, wie es derzeit (2019) um die Finanzen der meisten Bundesländer (Bremen und Saarland ausgenommen) bestellt sein könnte, wenn das BVerfG die Vermögensteuer nicht 1995 de facto abgeschafft hätte.

Durch das 64. Gesetz zur Änderung des Grundgesetzes[298] wird innerhalb 50
des Art. 105 Abs. 2 ein neuer Satz 1 eingefügt, der lautet: Der Bund hat die konkurrierende Gesetzgebung über die Grundsteuer. Diese konkurrierende Gesetzgebung übte der Bund mit dem Grundsteuergesetz zwar vorher schon aus, doch war zweifelhaft, ob eine bundesgesetzliche Regelung im Sinne von

---

[294] BVerfGE 31, 8 (19); bestätigt in E 145, 171 (194). Zum Faktor Tradition bei der Bestimmung der Steuerbegriffe auch BVerfGE 7, 244 (252); 14, 76 (91); 16, 306 (317); 26, 302 (309); für das Sonderproblem der Einschränkung des objektiven Nettoprinzips *Schulze-Osterloh,* DStJG 23 (2000), 67 (75 ff.).

[295] Zu Art. 72 Abs. 2 BVerfGE 125, 141 (154 f.). Zu Art. 93 Abs. 1 Nr. 2a ebenso *Müller-Franken* in Friauf/Höfling Rn. 202, 203; *Siekmann* in Sachs Rn. 21; ferner *Schoch/Wieland,* Finanzierungsverantwortung für gesetzgeberisch veranlaßte kommunale Aufgaben, 1995, 73. Von einer Einschränkung der Gesetzgebungsbefugnisse des Bundes geht *Selmer* NVwZ 2007, 872 (876), aus. *Kube* in BeckOK GG Rn. 37 weist darauf hin, dass die Verschärfung des Art. 72 Abs. 2 sich damit auch auf das Steuerrecht auswirkt.

[296] Monografisch *Korte,* Die konkurrierende Steuergesetzgebung im Bereich der Finanzverfassung, 2008, 98–116, den Gedanken eines Steuerwettbewerbs unter den Ländern hervorhebend. Vgl. weiter *Seer* in Tipke/Lang, Steuerrecht, 23. Aufl., 2018, § 2 Rn. 35 ff. Zur Grundsteuer *Schmidt* NVwZ 2019, 97 ff.

[297] *Kempny/Reimer* Gutachten D zum 70. DJT, 2014, 72 ff.; *Seer* in Tipke/Lang, Steuerrecht, 23. Aufl., 2018, § 2 Rn. 35 ff. (zur Kfz-Steuer vgl. aber auch Art. 106 Abs. 1 Nr. 3). Zur Gesetzgebungskompetenz des Bundes für die Erbschaftsteuer BVerfGE 138, 136 (176–179); zur Gewerbesteuer E 125, 141 (153–155); zur Grundsteuer BVerfGE 148, 147 (179 ff.). Zu Art. 125a Abs. 2 insoweit *Seiler* in Maunz/Dürig Rn. 163 ff.

[298] Vom 15.11.2019, BGBl. I, 1546. Materiallien in BT-Drs. 19/11084.

Art. 72 Abs. 2 erforderlich ist. Anders als im letzten Urteil zur Erbschaftsteuer hat das BVerfG in seinem Grundsteuerurteil[299] die Erforderlichkeit einer bundesgesetzlichen Regelung nicht ausdrücklich bejaht. Die Immobilität des Steuerobjekts spricht eher dagegen.[300] Hauptzweck der Grundgesetzänderung ist darum die Ausschaltung der Erforderlichkeitsklausel in Art. 72 Abs. 2. Damit ist die Gesetzgebungskompetenz des Bundes „unzweifelhaft abgesichert".[301] Gleichzeitig erhalten die Bundesländer eine Abweichungskompetenz gemäß Art. 72 Abs. 3 Satz 1 Nr. 7, womit diese Kategorie Einzug in den Bereich der Steuergesetzgebung nimmt.[302] Der neue Art. 105 Abs. 2 Satz 1 ist Aktivismus, der sich vor dem Hintergrund einer vom BVerfG für eine Grundsteuerreform gesetzten Frist (31.12.2019) erklärt, und darf nicht den Eindruck erwecken, die Gesetzgebungskompetenz des Bundes für die Grundsteuer sei, weil an erster Stelle und ausdrücklich genannt, eine besonders wichtige Kompetenz, wichtiger als etwa die Kompetenzen für die Einkommen- oder die Umsatzsteuer.

51 **2. Rechtsfolgen.** Art. 105 Abs. 2 weist dem Bund eine konkurrierende Gesetzgebungskompetenz zu. Dieser Begriff hat hier grundsätzlich dieselbe Bedeutung wie in **Art. 72,** so dass dessen Abs. 1 und 3 ebenfalls Anwendung finden und die ausdrückliche Erwähnung von Art. 72 Abs. 2 überflüssig ist. **Diese Rechtsfolge** wird **in einem Sonderfall bestritten.** Wenn die Ertragshoheit – und sei es teilweise – beim Bund liege, müsse die dem Bund zustehende Gesetzgebungszuständigkeit eine ausschließliche sein, weil der Bund bei eigener Ertragshoheit nicht von der – möglicherweise divergierenden – Gesetzgebung der Länder abhängig sein könne.[303] Drei Positionen werden hierzu vertreten, ohne dass zwischen vollständiger und teilweiser Ertragshoheit des Bundes differenziert würde. **Erste Meinung:** Der Bund habe keine konkurrierende, sondern eine ausschließliche Gesetzgebungskompetenz, dies zum Teil mit dem relativierenden Zusatz, es handele sich um eine faktisch ausschließliche Zuständigkeit, zum Teil mit dem Eingeständnis, das Ergebnis widerspreche dem Verfassungswortlaut.[304] **Zweite Meinung:** Die Ertragshoheit des Bundes ist nur bei bundesgesetzlich geregelten Quellen gegeben.[305] **Dritte Meinung:** Die Verfassung ist wörtlich zu nehmen; landesgesetzlich geregelte Steuern mit Bundesertragskompetenz sind möglich.[306] Nur die dritte Meinung entspricht dem Verfassungswortlaut,[307] so dass ihr zu folgen ist. Sollte dem Bund die Divergenz von Gesetzgebungs- und Ertragskompetenz missfallen, so mag er versuchen, dies durch Ausübung seines konkurrierenden Gesetzgebungsrechts zu ändern.

---

299 BVerfGE 148, 147.

300 → Rn. 40, 49.

301 BT-Drs. 19/11084, 4.

302 Hierzu *Hey* in Scheffler/Hey, Aktuelle Fragen der Grundsteuerreform: Wirkungen und Gesetzgebungskompetenz, IFSt-Schrift Nr. 530, 2019, 59–85.

303 Zu der ähnlichen Frage, ob im Anwendungsbereich von Art. 105 Abs. 1 der Art. 71 anwendbar sei, → Rn. 42.

304 So *Henneke* in SHH Rn. 36; *Stern,* Das StaatsR der BRD II, 1980, § 46 II 4 α; *Starck* FS f. Selmer, 2004, 942; *Vogel/Walter* in BK Rn. 77.

305 *Heun* in Dreier Rn. 34; *Pieroth* in Jarass/Pieroth Rn. 25.

306 Vgl. jetzt BVerfGE 145, 171 (204 f.). *Siekmann* in Sachs Rn. 20; ihm folgend *Kloepfer,* Finanzverfassungsrecht, 2014, § 4 Rn. 20; wohl auch *Jachmann-Michel/Vogel* in MKS Rn. 47. Vgl. auch *Seiler* in Maunz/Dürig Rn. 147, 149.

307 Vorschlag einer berichtigenden Formulierung, auf der Grundlage einer Gegenansicht, bei *Schuppert* in Umbach/Clemens Rn. 43.

Die **Sperrwirkung konkurrierender Bundesgesetzgebung** richtet sich bei Art. 105 Abs. 2 im Grunde nach denselben Kriterien wie bei Art. 72 Abs. 1; diese werden in Bezug auf die Steuer aber vom BVerfG unitarischer gehandhabt,[308] womit die Besteuerungsgewalt sich auch kompetenziell, nicht nur freiheitsgrundrechtlich als schwerer zu bändigen erweist als die übrige Staatsgewalt. Die Sperrwirkung tritt ein, wenn ein Steuergesetz des Bundes[309] eine Frage ausdrücklich, auch negativ, geregelt hat oder wenn einem solchen Gesetz auch ohne ausdrückliche Regelung durch Gesamtwürdigung zu entnehmen ist, dass es eine abschließende Regelung einer bestimmten Materie, einschließlich dieser Frage, darstellt. So dürfen z. B. die Länder Lotteriegewinne nicht besteuern, weil ihre Nichtsteuerbarkeit sich aus § 2 Abs. 1 EStG ergibt. Nach diesen Kriterien richtet sich auch, ob die Länder zu bundesgesetzlich geregelten Steuern Zuschläge oder Hebesätze einführen dürfen, ohne dass dies bundesgesetzlich besonders vorgesehen ist; das ist wegen Verstoßes gegen das Gleichartigkeitsverbot zu verneinen.[310] Weiterhin gibt es bei Art. 105 Abs. 2 zwei bereichsspezifische Konkretisierungen der Sperrwirkung konkurrierender Bundesgesetzgebung.[311] Die eine betrifft die Frage, ob eine Gesetzgebung der Länder vom Bund auch ohne eigene Regelung gesperrt werden kann (isolierte Sperre), die andere betrifft das Gleichartigkeitsverbot im Verhältnis von Steuergesetzen des Bundes und der Länder.[312] 52

Hat der Bundesgesetzgeber eine **Steuer durch Gesetz abgeschafft,** hindert dieses Gesetz, ohne Rücksicht auf die Verteilung des Steuerertrags, die Länder, dieselbe oder eine gleichartige Steuer wieder einzuführen.[313] Erst recht bleibt es bei der Sperrwirkung, wenn der Bund eine Steuer, deren Aufkommen ganz oder zum Teil den Ländern zufließt, senkt; die Mindereinnahmen der Länder sind dann im Rahmen des Finanzausgleichs zu berücksichtigen. Die Sperrwirkung besteht ferner fort, wenn eine Steuer bundesgesetzlich nur befristet erhoben worden ist und der Bund das Steuergesetz nach Fristablauf nicht verlängert. Ein Grenzfall ist das Auslaufen der Vermögensteuer ab dem Veranlagungszeitraum 1997; der Bundesgesetzgeber hatte eine vom BVerfG gesetzte Frist für eine verfassungskonforme Neuregelung des in zentralen Punkten verfassungswidrigen VStG verstreichen lassen; die verfassungsprozessuale Unterscheidung von Nichtigkeit und Unvereinbarkeit dürfte für die Verteilung der Gesetzgebungskompetenzen zwischen dem Bund und den Ländern unergiebig sein; rein rechtlich sprechen gute Argumente für die Zulässigkeit von Vermögensteuergesetzen der Bundesländer.[314] Die **bloße Nichtregelung** reicht dagegen, auch in der Kombination mit der Anhebung einer anderen Steuer, als Kompetenzsperre nach 53

---

[308] Siehe schon → Rn. 7.

[309] Zu Kompetenzausübungsschranken für die Steuergesetzgeber der Länder bei Sachgesetzen des Bundes → Rn. 35 ff.

[310] So auch *Heun* in Dreier Rn. 37; *Siekmann* in Sachs Rn. 32 f.

[311] Hierzu auch *Henneke,* Öffentliches Finanzwesen. Finanzverfassung, 2. Aufl., 2000, Rn. 667.

[312] Zur von der Sperrwirkung konkurrierender Bundesgesetze zu unterscheidenden Frage der Anwendbarkeit von Art. 31 mit Blick auf die vergleichbare Verfassungslage in den USA verneinend: *Kramer* in: ders. (Hrsg.), Grundzüge des US-amerikanischen Steuerrechts, 1990, 35 (39).

[313] So auch *Kube* in BeckOK GG Rn. 40; anders *Wendt* in HdbStR VI, § 139 Rn. 38.

[314] Ausführlich zur Vermögensteuer *Siekmann* in Sachs Rn. 8–10, 30; zu dem allgemeinen Problem der Sperrwirkung bei Nichtausschöpfung einer Steuerquelle ebd., Rn. 28–30; weiter *Seiler* in Maunz/Dürig Rn. 145; Gegenposition bei *Müller-Franken* in Friauf/Höfling Rn. 217 f. Zur Vermögensteuer siehe auch *Kube* in BeckOK GG Rn. 41.2.

Art. 72 Abs. 1 nicht aus, auch wenn die Nichtregelung einer ausdrücklich erklärten politischen Absicht entspricht; wenn eine Besteuerung auf landesgesetzlicher Grundlage politischen Vorstellungen des Bundes zuwiderläuft, mag dieser unter Beachtung von Art. 105 Abs. 3 ein Sperrgesetz erlassen; ein solches Gesetz, dessen einzige Regelung darin bestünde, die Länder an einer Gesetzgebung zu hindern, ist zulässig.[315] Der Nichtregelung steht es gleich, wenn der Bund ein Steuergesetz aufhebt, ohne damit die Absicht zu verfolgen, die Steuer abzuschaffen.

54 Erlässt der Bund dagegen ein **Steuergesetz mit positivem Inhalt,** verlagern sich die Fragen der Sperrwirkung und des Gebrauchmachens auf das Merkmal der Gleichartigkeit.[316] Gleichartigkeit und Sperrwirkung können grundsätzlich gleich gesetzt werden.[317] Das an die Länder gerichtete Verbot gleichartiger Steuern, ausdrücklich in Art. 105 Abs. 2a niedergelegt, galt schon vorher im Bereich der konkurrierenden Steuergesetzgebung (Art. 105 Abs. 2). Es wurde erstmals in § 2 Landessteuergesetz v. 30.3.1920 und § 2 Abs. 1 FinanzausgleichsG v. 23.6.1923[318] verwandt und ist für Art. 105 Abs. 2 eine vom Kompetenzgegenstand geprägte richterrechtliche Konkretisierung der Sperrwirkung. Es dient einem doppelten Zweck, der seine Interpretation leitet: Es schützt den Steuerpflichtigen vor einer übermäßigen und unabgestimmten Doppelbelastung und ist insoweit Teil der Begrenzungs- und Schutzfunktion der Finanzverfassung,[319] und es schützt den Bund vor einem Zugriff der Länder auf eine ihm der Gesetzgebungskompetenz nach zustehende Steuerquelle; die zweite Schutzrichtung bezieht sich sowohl auf Fiskal- als auch auf Lenkungszwecke der Besteuerung.

55 Das BVerfG bejaht **Gleichartigkeit bei Art. 105 Abs. 2,**[320] wenn Steuern in ihren wesentlichen Merkmalen übereinstimmen.[321] Zu den wesentlichen Merkmalen gehören die Glieder jedes Steuertatbestandes (Steuersubjekt, Steuergegenstand, Bemessungsgrundlage, weniger der Steuertarif), ferner die Art sowie die wirtschaftlichen Auswirkungen der Steuererhebung. Dabei könne es jedoch nicht allein auf eine formale, äußerliche Abweichung der steuerlichen Anknüpfungsmerkmale ankommen. Das wichtigste Kriterium ist nach der Ansicht des BVerfG, ob die zu vergleichenden Steuern des Bundes und eines Landes dieselbe Quelle wirtschaftlicher Leistungsfähigkeit beanspruchen.[322] Das Kriterium der Leistungsfähigkeit ist zugleich das wichtigs-

---

[315] Ebenso *Seiler* in Maunz/Dürig Rn. 145; *Wendt* in HdbStR VI, § 139 Rn. 38. Vgl. auch BVerfGE 98, 265 (300).

[316] Zu ihm *Holst,* Das Gleichartigkeitsverbot in Art. 105 Abs. 2 und 2a GG, 1990.

[317] Vgl. dazu *Waldhoff* in HdbStR V, § 116 Rn. 63 f.; *Wendt* in HdbStR VI, § 139 Rn. 40.

[318] RGBl. 1920, 402 u. RGBl. 1923 I, 494.

[319] Wie hier *Jachmann-Michel/Vogel* in MKS Rn. 48 Fn. 41; *Seiler* in Maunz/Dürig Rn. 143; *Siekmann* in Sachs Rn. 25. A. A. *Holst,* wie zuvor, 159 ff.

[320] Zum Verhältnis der Gleichartigkeitsbegriffe in Art. 105 Abs. 2 und in Art. 105 Abs. 2a → Rn. 65. Zur Ergänzung des Gleichartigkeitsverbots durch das Gebot der Widerspruchsfreiheit der Rechtsordnung BVerfGE 98, 106 (125).

[321] Aus der Literatur: *Bultmann* DStZ 1996, 760; *Czisnik* DÖV 1989, 106; *Küssner,* Die Abgrenzung der Kompetenzen des Bundes und der Länder im Bereich der Steuergesetzgebung sowie der Begriff der Gleichartigkeit von Steuern, 1992, 77 ff.; *Vogel* StuW 1971, 308; *Waldhoff* in HdbStR V, § 116 Rn. 64. Zu teilweisen Übereinstimmungen *Jachmann-Michel/Vogel* in MKS Rn. 51.

[322] BVerfGE 7, 244 (258 ff.); 13, 181 (193); 16, 64 (75 f.); 16, 306 (316); 31, 119 (128); 40, 56 (62 f.); 49, 343 (355 f.) (Leitentscheidung); 65, 325 (351); 98, 106 (124 f.); BVerwGE 143, 310 (307 ff., Übernachtungsteuer, dazu *Thiemann* ZG 2013, 75; *Waldhoff* JZ 2013, 49); kommentierende Nachweise bei *Heun* in Dreier Rn. 37, bei *Jachmann-Michel/Vogel* in MKS Rn. 49, bei *Müller-Franken* in Friauf/Höfling Rn. 215, und bei *Siekmann* in Sachs Rn. 26.

te Legitimationsprinzip der Besteuerung von Einkommen und Vermögen (weniger der Vermögensverwendung, wo die Konkurrenz der Steuergesetzgeber derzeit am stärksten ist).

Die genannten Kriterien schließen einander nicht aus, sondern werden in **56** einem Gesamtvergleich verbunden.[323] Die Grundtendenz der Rechtsprechung ist hier **länderfreundlich.** Dies betrifft die Beurteilung des Verhältnisses einer Schankerlaubnissteuer zur Gewerbe- und zur Umsatzsteuer[324], des Verhältnisses von kommunaler Einwohner- und Einkommensteuer[325] oder des Verhältnisses von kommunaler Zweitwohnungsteuer und Einkommen- und Grundsteuer.[326] Gleichartigkeit wurde im Rahmen von Art. 105 Abs. 2 verneint im Verhältnis der Grundsteuer zu einer Abgabe zur Deckung kommunaler Wohnungsbaukosten.[327] Gleichartigkeit lässt sich nicht damit verneinen, dass eine Landessteuer im Verhältnis zu einer Bundessteuer, bei Übereinstimmung im Übrigen, einen räumlich und sachlich begrenzten Wirkungsbereich hat. Die Umsatzsteuer als universelle Steuer auf die Vermögensverwendung entfaltet im Rahmen von Art. 105 Abs. 2 für landesrechtliche Aufwand-, Verbrauch- und Verkehrsteuern,[328] die am Entgeltmaßstab orientiert sind, eine grundsätzliche Sperrwirkung.[329] Die Kirchensteuer unterliegt nicht dem Gleichartigkeitsverbot, weil die Gesetzgebungskompetenz für diese Steuer von Art. 140 (i. V. m. Art. 137 Abs. 6 WRV) den Ländern ausdrücklich zugewiesen wird und sich nicht aus Art. 105 (Abs. 2 oder 2a) ergibt.[330]

3. Beteiligung des Bundesrates. Bundesgesetze auf Grund der aus- **57** schließlichen Gesetzgebungskompetenz aus Art. 105 Abs. 1 sind gem. Art. 105 Abs. 3 und 106 Abs. 1 Nr. 1 stets nur **Einspruchsgesetze.** Bundesgesetze über Steuern auf Grund der konkurrierenden Gesetzgebungskompetenz aus Art. 105 Abs. 2 sind gem. Art. 105 Abs. 3 **Zustimmungsgesetze,** wenn das Steueraufkommen den Ländern oder den Gemeinden (Gemeindeverbänden, deren ausdrückliche Erwähnung sich aus Art. 106 Abs. 6 S. 1, Hs. 2 erklärt) nach Maßgabe von Art. 106 ganz (Landessteuern) oder zum Teil (Gemeinschaftsteuern) zufließt; zu Rechtsverordnungen siehe Art. 80 Abs. 2. Andere Anknüpfungsnormen als die Abs. 1 und 2 von Art. 105 hat dessen Abs. 3 nicht. Nimmt man bei Steuergesetzen des Bundes, die sich auf Art. 105 Abs. 2 stützen, aber zu einem Steuerertrag führen, der teilweise dem Bund zufließt, eine (faktisch) ausschließliche Gesetzgebungskompetenz an, so unterliegt auch diese ausschließliche Zuständigkeit atypi-

---

Krit. zu der Vorstellung verschiedener Steuerquellen aus der Sicht seiner Steuerkonzeption *Tipke*, Die Steuerrechtsordnung III, 1097; *ders.* DÖV 1995, 1027 (1029); dazu *Wendt* in HdbStR VI, § 139 Rn. 41; ebenfalls krit. *Friauf* FG BVerfG, Bd. 2, 316.

[323] *Siekmann* in Sachs Rn. 26; *Waldhoff* in HdbStR V, § 116 Rn. 63, zu Fragen der Methodik und zu Rechtsprechungsentwicklungen; zu Letzteren auch *Tipke,* wie zuvor, 1097.

[324] BVerfGE 13, 181 (192 ff.), nicht zu Art. 105 Abs. 2 n. F.

[325] BVerfGE 16, 64 (75), ebenfalls nicht zu Art. 105 Abs. 2 n. F.

[326] BVerfGE 65, 325 (351), zu Art. 105 Abs. 2a.

[327] BVerfGE 49, 343 (355 ff.) sowie im Sondervotum 370 f.

[328] Zur Rechtsnatur der im Schnittpunkt zwischen Verbrauch- und Verkehrsteuern stehenden Umsatzsteuer → Art. 108 Rn. 15.

[329] BVerfGE 7, 244 (260 ff., zur badischen Weinabgabe); 16, 306 (316 -329, Speiseeissteuer). Gleichartigkeit verneinend bei einer kommunalen Verpackungsteuer: E 98, 106 (124 f.).

[330] So auch *Stern,* Das StaatsR der BRD II, 1980, § 46 II 5c; *Vogel/Walter* in BK Rn. 85; *Wendt* in HdbStR VI, § 139 Rn. 46.

scherweise wegen der Ertragsbeteiligung der Länder dem Zustimmungsvorbehalt des Bundesrates.[331] Ist ein Steuergesetz zustimmungspflichtig, so greifen die allgemeinen, von Art. 77 bestimmten Rechtsfolgen; es gilt insbesondere der Grundsatz der Gesetzeseinheit.

58 Der **Zustimmungsvorbehalt des Art. 105 Abs. 3** gewährt den Ländern einen Ausgleich für ihre weitgehende Verdrängung aus der Steuergesetzgebung[332] und schützt ihre finanziellen Belange.[333] Er schafft insoweit aber keinen vollständigen Ersatz für Kompetenzen, die den einzelnen Ländern zustehen; der Bundesrat ist ein Bundesorgan, und einzelne Länder können dort überstimmt werden.[334] Da die Länder am Aufkommen der ertragreichsten Steuern beteiligt sind, bewirkt die Vorschrift finanzpolitisch, dass der Bund größere Steuerreformen gegen den Widerstand des Bundesrates nicht durchführen kann.[335] Wegen dieser politisch weitreichenden Folge ist Abs. 3 als eine „der wesentlichsten Vorschriften der Bundesstaatskonzeption des GG“ bezeichnet worden.[336] Die Vorschrift sichert die Länder gegen eine Auszehrung ihrer finanziellen Grundlagen durch die Steuergesetzgebung des Bundes. Sie ist Konsequenz des Modells eines kooperativen Föderalismus.[337] Zwar hat die Föderalismusreform 2006 die Zustimmungsrechte des Bundesrates gemäß Art. 84 Abs. 1 zurückgedrängt; Art. 105 Abs. 3 ist davon aber unberührt geblieben. Um seine Änderung zu vermeiden und trotzdem für die Bundesgesetzgebung zur Kfz- und zu anderen sog. Mobilitätssteuern ein Zustimmungsrecht des Bundesrates auszuschalten, ist 2009 die Ertragshoheit für diese Steuern auf den Bund übertragen und gleichzeitig den Ländern ein Ausgleichsanspruch gemäß Art. 106b gegeben worden.

59 Art. 105 Abs. 3 ist aus der **Systematik der Art. 105 bis 108** zu interpretieren. Die Vorschrift verweist auf Art. 106. Eine Zustimmung des Bundesrates ist nicht erforderlich, wenn der Bund Steuererträge, die ihm danach zustehen, auf der Grundlage von Art. 104b an die Länder weiterleitet.[338] Steuern, deren Ertrag von Art. 106 nicht erfasst würde, dürfen nach der hier vertretenen Meinung nicht erhoben werden,[339] so dass die Frage, ob solche Steuern der Zustimmung des Bundesrates bedürfen, sich nicht stellt. Es ist unschädlich, wenn es hier und in Art. 108 Abs. 4 S. 2 „zufließen“ und in Art. 106 „zustehen“ heißt. Schließlich bezieht der Zustimmungsvorbehalt sich, wie Art. 105 im Übrigen, nur auf Normen des materiellen Steuerrechts, nicht auf Normen des Steuerverfahrensrechts.[340] Ob die materiell-rechtlichen Regelungen im Kontext eines Gesetzes von untergeordneter Bedeutung sind, spielt dagegen keine Rolle, so dass z. B. völkerrechtliche Verträge dadurch zustimmungspflichtig werden können, dass sie (am Rande) Steuerbefreiungen vorsehen.[341]

---

[331] → Rn. 50.

[332] Vgl. *Kloepfer,* Finanzverfassungsrecht, 2014, § 4 Rn. 35; *Kube* in BeckOK GG Rn. 38; *Vogel/Walter* in BK Rn. 127.

[333] BVerfGE 14, 197 (220).

[334] *Stern,* Das StaatsR der BRD II, 1980, § 46 II 6.

[335] Dazu *Renzsch* ZParl. 2000, 187; *Zohlnhöfer* ZParl. 1999, 326 (327); *ders.* ZParl. 2000, 719. Zur Eindämmung überbordender Steuergesetzgebung als weiterer Wirkung *Schön* StuW 2013, 289, 295.

[336] Zitat: *Maunz* in Maunz/Dürig (Vorkommentierung) Rn. 61.

[337] *Hofmann* ZRP 1999, 465 (467). Zu Reformvorschlägen *Seiler* in Maunz/Dürig Rn. 106 ff.

[338] Ebenso *Kube* in BeckOK GG Rn. 39.

[339] → Rn. 47.

[340] → Rn. 46; BVerfGE 14, 197 (220); wie hier *Siekmann* in Sachs Rn. 11.

[341] Ebenso *Kube* in BeckOK GG Rn. 39.

III. Die ausschließliche Gesetzgebungskompetenz der Länder

60 **Art. 105 Abs. 2a begründet** nach einhelliger Auffassung eine **ausschließliche Gesetzgebungskompetenz der Bundesländer.**[342] Dies schließt auch Bundesgesetze über örtliche Verbrauch- und Aufwandsteuern aus, die solchen Steuern gleichartig sind. Verbrauch- und Aufwandsteuern sind besondere Umsatzsteuern, die den privaten Konsum, damit typischerweise den Endverbraucher[343] und dessen darin nach der Vorstellung des Gesetzgebers zum Ausdruck kommende Leistungsfähigkeit belasten.[344] Die Grenzlinie zwischen Verbrauch- und Aufwandsteuern ist nicht immer klar gezogen;[345] für die Zwecke des Art. 105 Abs. 2a ist das im Rahmen des Örtlichen auch nicht erforderlich. Die Besteuerung öffentlich-rechtlicher Rundfunkanstalten fällt schon aus der Gesetzgebungskompetenz heraus,[346] weil es hier nicht um privaten Konsum geht.

61 **1. Örtliche Verbrauch- und Aufwandsteuern.** Der Typusbegriff **Verbrauchsteuer** wird vom GG einheitlich verwandt und ist ein Schlüssel zum Verständnis der Art. 105 Abs. 2a, 106 Abs. 1 Nr. 2 und Abs. 6 S. 1, 3 sowie 108 Abs. 1 S. 1[347] Verbrauchsteuern belasten den Verbrauch konsumierbarer Güter und werden auf Grund eines äußeren Vorgangs (z. B. Übergang eines Gutes in den Wirtschaftsverkehr) von demjenigen erhoben, in dessen Bereich dieser Vorgang stattfindet.[348] Das BVerfG hat einige Konkretisierungen dieser Formel entwickelt: Verbrauchsteuern seien Steuern, deren Erhebung an den Übergang einer Sache aus dem steuerlichen Nexus in den nicht gebundenen Verkehr anknüpfe;[349] sie setzten das Verbringen eines Verbrauchsgutes in den allgemeinen Wirtschaftsverkehr voraus, ohne aber – wie die Verkehrsteuern – im Tatbestand beide Seiten, insbesondere beide Vertragspartner zu erfassen; der Verbraucher bleibe anonym.[350] Der Begriff der Verbrauchsteuer umfasst, so das BVerfG weiter, auch für die verfassungsrechtliche Begrifflichkeit nicht nur Steuern auf Güter des „letzten" Verbrauchs, das heißt die Belastung des

---

[342] BVerfGE 40, 56 (60f.); 65, 325 (343); zur Rechtslage vor 1969 BVerfGE 16, 306 (317); zu dieser dem Wortlaut von Art. 70 Abs. 2 fremden Kategorie *Heintzen* in BK Art. 70 Rn. 84ff., 126ff.; Überblick bei *Stolterfoht* in FS f. Kirchhof, 2013, Bd. 2, 2093ff.; *J. Wieland* (Hrsg.) Kommunalsteuern und -abgaben, DStJG, Bd. 35, 2012.

[343] Zur verfassungsrechtlichen Irrelevanz der Nichtabwälzbarkeit im Einzelfall BVerfGE 14, 76 (91, 95f.); 27, 375 (383f.); 31, 8 (20f.); zur Überwälzung als Regel bei den Verbrauchsteuern BVerfGE 14, 76 (96); 27, 375 (384); 44, 216 (227); 69, 174 (183); 98, 106 (124); 123, 1 (18, dort Unterscheidung zwischen Definitionsmerkmal und Merkmal für die Verfassungsmäßigkeit). Aufwandsteuern können auch als direkte Steuern ausgestaltet sein.

[344] Zum Leistungsfähigkeitsprinzip insoweit BVerfGE 16, 64 (74); 49, 343 (354); 65, 325 (346ff., dort auch zur Unschädlichkeit der Überschreitung der Leistungsfähigkeit im Einzelfall).

[345] *Bökelmann,* Die örtlichen Steuern und das Gleichartigkeitsverbot in Art. 105 Abs. 2a GG, 1974, 214.

[346] BVerfGE 31, 314 (315, 323, 335ff., 345f.).

[347] Zum Verbrauchsteuerbegriff *J. Förster,* Die Verbrauchsteuern, 1989; *D. Müller,* Struktur, Entwicklung und Begriff der Verbrauchsteuern, 1995; *Jatzke,* Das System des deutschen Verbrauchsteuerrechts, 1997, 36–55. Allgemein *Bongartz/Schröer-Schallenberg,* Verbrauchsteuerrecht, 3. Aufl., 2018. Zur Frage, ob die Umsatzsteuer eine Verbrauch- oder eine Verkehrsteuer ist, in ersterem Sinne *Löhr,* Das umsatzsteuerliche Optionsrecht für Vermietungsumsätze, 2003, 91–132. Zum Verhältnis von Umsatzsteuer und Verbrauchsteuern vgl. Art. 401 der Mehrwertsteuersystem-Richtlinie.

[348] BVerfGE 14, 76 (96); 27, 375 (384); BT-Drs. II/480, 107, Tz. 160.

[349] BVerfGE 16, 64 (74); zuletzt E 145, 171 (218).

[350] BVerfGE 98, 106 (124).

Verbrauchs der privaten Haushalte, sondern betreffe auch den produktiven Bereich; es gebe keinen Rechtssatz, der das Anknüpfen einer Verbrauchsteuer an ein Produktionsmittel verbiete[351]; Verbrauchsteuern müssten aber von Unternehmensteuern abgegrenzt werden, die die Einkommenserzielung zum Ausgangspunkt nehmen.[352] Verbrauchsteuern seien weiter auf die Möglichkeit einer kalkulatorischen Überwälzung auf den Verbraucher angelegt; eine rechtliche Gewähr dafür müsse dem Steuerschuldner aber nicht geboten werden.[353] **Beispiele** aus dem kommunalen Bereich sind die Getränkesteuer,[354] die hessische Speiseeissteuer[355] und die Verpackungsteuer, soweit sie nur die Verpackung von Waren erfasst, die zum Verzehr an Ort und Stelle bestimmt sind.[356]

62 **Aufwandsteuern** belasten Aufwendungen für privaten Konsum, der nicht im Verbrauch von Gütern besteht und der über die Befriedigung des allgemeinen Lebensbedarfs hinausgeht.[357] Es handele sich um Steuern auf die in der Einkommensverwendung für den persönlichen Lebensbedarf zum Ausdruck kommende wirtschaftliche Leistungsfähigkeit. Die Aufwandsteuern gehören zu den Verbrauchsteuern.[358] **Beispiele** aus dem kommunalen Bereich sind die Fischereisteuer, die Hundesteuer,[359] einschließlich Kampfhundesteuer,[360] die Jagdsteuer,[361] die Spielautomatensteuer (als Unterfall der Vergnügungsteuer),[362] die Vergnügungsteuer, die als indirekte Steuer ausgestaltet sein darf,[363] die Zweitwohnungsteuer, sofern eine Wohnung nicht als reine Vermögensanlage gehalten wird.[364] In neuerer Zeit sind hinzuge-

---

[351] BVerfGE 110, 274 (296).

[352] BVerfGE 145, 171 (212 f.).

[353] BVerfGE 110, 274 (295, 297 f.); 123, 1 (18); 145, 171 (215 ff.).

[354] BVerfGE 44, 216 (226 f.); 69, 174 (183 f.); BVerwG VerwRspr., Bd. 29 Nr. 136.

[355] BVerfGE 16, 306 (316 f.); zur bayerischen Speiseeissteuer Nachw. bei *Stern,* Das StaatsR der BRD II, 1980, § 46, Fn. 217.

[356] BVerfGE 98, 106 (123); BVerwGE 96, 272 (284).

[357] Aus der neueren Rechtsprechung: BVerfGE 114, 316 (334); 123, 1 (15); 135, 126 (142). Kritik wegen mangelnder Berücksichtigung des Leistungsfähigkeitsprinzips bei *Siekmann* in Sachs, Rn. 40 f. Diese Kritik wohl nicht teilend *Müller-Franken* in Friauf/Höfling Rn. 228.

[358] BVerfGE 16, 64 (74); 65, 325 (346); krit. zu den Definitionen der Rspr.: *Siekmann* in Sachs Rn. 39. Zur (fehlenden) Steuerpflichtigkeit der öffentlichen Hand oder gemeinnütziger Körperschaften BVerwG GewArch 2018, 108 bzw. BVerwGE 143, 216.

[359] BFHE 151, 285 (286); BVerwGE 115, 165; BVerwG NVwZ 2008, 91 (zu der Frage, ob der Aufwandsteuerbegriff des Art. 105 Abs. 2a einer Hundesteuerpflicht für das Halten von Diensthunden entgegenstehe); NVwZ 2013, 1426. Zu einer Pferdesteuer BVerwG NVwZ 2016, 620; *Dietlein/Peters* LKV 2013, 1.

[360] BVerwGE 110, 265; 150, 225.

[361] BVerfG NVwZ 1989, 1152 (Kammerbeschluss); BVerwGE 143, 210.

[362] BVerfGE 123, 1 (15 f.); 153, 116; BVerfG DÖV 1997, 637 und DVBl. 2001, 1135 (1136) (jeweils Kammerbeschluss); BVerwG DVBl. 1998, 1223 f.; BVerwGE 110, 237 (240); 110, 248 (253); BVerwG DÖV 2001, 292 f.; BVerwG DVBl. 2006, 383; BFHE 160, 61 (63); 180, 497 (501 f.); 261, 62 (Rn. 19 ff.). Ferner EuGH NVwZ-RR 2014, 483.

[363] BVerfGE 14, 76; 40, 52 (55); 42, 38 (41); 123, 1 (14 f.); BVerwGE 45, 277 (280 f.); BVerwG DÖV 2004, 705 u. NVwZ 2015, 378. *Birk/Haversath,* Verfassungsmäßigkeit der kommunalen Vergnügungsteuern auf Geldspielgeräte am Beispiel Berlins, 2013.

[364] BVerfGE 65, 325 (349); 114, 316 (334 f.) (Zweitwohnungsteuer für aus beruflichen Gründen von einem Verheirateten gehaltene Zweitwohnung); 135, 126 (degressiver Steuertarif); BVerfG NVwZ 1996, 57 (K); NVwZ 2010, 1022 (K); NVwZ 2017, 617 (K) u. 13778 (K); BayVGHE 45, 33 (42); BFHE 182, 243 (245 ff.); 234, 90; 253, 189; BVerwGE 58, 230 (234); 99, 303 (305); NVwZ 1998, 178; NJW 2000, 375; DÖV 2001, 292 (keine begriffliche Bestimmung dieser Steuer im GG); NVwZ 2015, 376; NVwZ-RR 2017, 1031; NVwZ 2018, 344 u. 661. Zu dieser Steuer *Buchmaier,* Bundesstaatliche, verfassungs- und europarechtliche Aspekte der Zweitwohnungsteuer, 2010.

kommen[365]: eine Wettbürosteuer[366] und kommunale Übernachtungsteuern, derentwegen derzeit beim BVerfG Verfassungsbeschwerden anhängig sind.[367] Eine kommunale Vergnügungsteuersatzung, die auf die Zahl von Spielautomaten abstellt und als indirekte Steuer ausgestaltet ist, überschritt nach zwischenzeitlich vertretener Rechtsprechung des BVerwG grundsätzlich den Kompetenzrahmen des Art. 105 Abs. 2a, wenn Einspielergebnisse von Spielautomaten mit Gewinnmöglichkeit mehr als 50 % von dem Durchschnitt der Einspielergebnisse dieser Automaten im Satzungsgebiet abweichen;[368] dem ist das BVerfG zu Recht mit dem grundsätzlichen Argument entgegengetreten, dass eine Gesetzgebungskompetenz von der Verfassungsmäßigkeit des verwendeten Besteuerungsmaßstabs und der Abwälzbarkeit der Steuer unberührt bleibe.[369] Folgende Steuern aus dem kommunalen Bereich sind **weder Verbrauch- noch Aufwandsteuern:** die Bodenwertzuwachssteuer,[370] die Einwohnersteuer,[371] die Feuerschutzabgabe,[372] die Schankerlaubnissteuer,[373] die Steuer wegen Änderung der Gemeindeverhältnisse.[374] Die materiellen Gehalte der Definitionen von Verbrauch- und Aufwandsteuer dienen bei örtlichen Steuern dem BVerwG auch als Hebel, um sich zu ansonsten nicht revisiblem Landesrecht zu äußern.

„Örtlich“ in Art. 105 Abs. 2a meint begrifflich nichts anderes als der **63** „örtlich bedingte[n] Wirkungskreis“ im früheren Art. 105 Abs. 2 Nr. 1.[375] Örtlich sind Gemeindesteuern, die nach der normativen Gestaltung ihres Steuertatbestandes an die örtlichen Gegebenheiten anknüpfen, vor allem an die Belegenheit einer Sache oder an einen Vorgang im Gebiet der steuererhebenden Gemeinde, und die wegen der Begrenzung ihrer unmittelbaren Wirkungen auf das Gemeindegebiet nicht zu einem die Wirtschaftseinheit berührenden Steuergefälle führen können; die örtliche Radizierung kann nicht aus der natürlichen Beschaffenheit des Gegenstandes abgeleitet werden, dessen Verbrauch der Steuer unterworfen ist;[376] sie kann damit auch nicht in Frage gestellt werden, etwa mit dem Argument, Speisen und Getränke, die in Einwegverpackungen zum Verzehr an Ort und Stelle verkauft würden, könnten atypischerweise auch an anderer Stelle verzehrt werden.[377] Im Fall der Zweitwohnungsteuer hat das BVerfG die Örtlichkeit wegen der Anknüpfung an eine im Gemeindegebiet belegene Sache bejaht und die überwiegende Ortsabwesenheit des Inhabers der Zweitwohnung und das Vorhandensein

---

365 Zu einer Renaissance der örtlichen Aufwandsteuern *Thormann* DVBl. 2018, 840 ff.

366 BVerwGE 159, 216.

367 BVerwGE 143, 301; VGH Mannheim KommJur 2015, 419; OVG Berlin-Brandenburg BeckRS 2015, 55346; BFH BStBl. II 2015, 1031 u. 2016, 126. Vgl. weiter *Wernsmann* NVwZ 2013, 124–128.

368 BVerwGE 123, 1, im Anschluss an BVerwGE 110, 237; zu den Alternativen bei Überschreitung dieses pauschalierenden Prozentwerts ebd., 960 f.; ebenso BVerwG DÖV 2006, 398; BVerwG NVwZ 2008, 88; BVerwG NVwZ 2008, 89. Zum Übergangsrecht insoweit BVerfGE 135, 268. Aus der neueren Rechtsprechung BFH DStRE 2018, 1076; BVerwGE 153, 116.

369 BVerfGE 123, 1 (Leitsatz 1); 135, 126 (142).

370 Hierzu *Papier/Shirvani* in Maunz/Dürig Art. 14 Rn. 597 ff.

371 BVerfGE 16, 64 (74); BVerwG NVwZ 1992, 1098 f.; BayVGH E 45, 33 (43).

372 BVerfGE 9, 291; 92, 91; BayVerfGH BayVBl. 1979, 269.

373 In BVerfGE 13, 181 (195 f.) bleibt die Qualifikation letztlich offen.

374 BVerfGE 49, 344 (354).

375 BVerfGE 40, 56 (61); 65, 325 (343); 123, 1 (15); vgl. auch *Müller-Franken* in Friauf/Höfling Rn. 230.

376 BVerfGE 16, 306 (327); 40, 56 (61); 65, 325 (349).

377 BVerfGE 98, 106 (124).

einer auswärtigen Erstwohnung für unschädlich erklärt.[378] Eine Steuer, die einheitlich für ein ganzes Land erhoben wird und in den Landeshaushalt fließt, ist keine örtliche Steuer.[379] Die **parallele, möglicherweise flächendeckende Erhebung einer Steuer** durch mehrere Gemeinden hebt die Örtlichkeit dagegen nicht auf.[380] Örtlichkeit und Gleichartigkeit sind zwar unterschiedliche Kriterien, sie stehen aber in einer Beziehung, wobei insbesondere bei den traditionellen kommunalen Aufwand- und Verbrauchsteuern Örtlichkeit fehlende Gleichartigkeit indiziert.[381]

64 Die **volkswirtschaftliche Bedeutung örtlicher Verbrauch- und Aufwandsteuern** ist gering.[382] Es handelt sich um Bagatellsteuern, deren Ertrag hinter der Gewerbe- und der Grundsteuer deutlich zurückbleibt, wenn er auch aus der Sicht der Kommunen nicht zu vernachlässigen ist. Örtliche Verbrauch- und Aufwandsteuern werden sowohl von Modellen zur Vereinfachung des Vielsteuersystems als auch von Steuerrechtfertigungslehren in Frage gestellt. Einige dieser Steuern sind darum in den letzten Jahren abgeschafft worden; einige Bundesländer schließen in ihren Kommunalabgabengesetzen ihre Wiedereinführung ausdrücklich aus.

65 **Art. 105 Abs. 2a hindert** die **Länder nicht,** ihre **Gesetzgebungskompetenz** für die **örtlichen Verbrauch- und Aufwandsteuern** an die **Kommunen weiterzugeben,**[383] verpflichtet dazu aber auch nicht.[384] Ob die Länder ihren Kommunen die Erhebung von örtlichen Verbrauch- und Aufwandsteuern erlauben, vorschreiben oder verbieten oder ob sie insoweit eine aufsichtsbehördliche Genehmigung vorsehen, ob Kommunen Lenkungszwecke nur in engeren Grenzen verfolgen dürfen,[385] all dies sind keine Fragen des Art. 105 Abs. 2 a.[386] Aus dessen Sicht ist wichtig, dass die Länder den Kommunen nicht mehr Kompetenzen übertragen können, als ihnen selbst im Verhältnis zum Bund zustehen. Bei den Realsteuern ist der Bund berechtigt und verpflichtet, den Gemeinden ein Hebesatzrecht zu geben.[387] Er ist auch berechtigt, zur Vermeidung kommunaler Steueroasenpolitik Mindesthebesätze vorzuschreiben.[388]

66 **2. Gleichartigkeit. „Gleichartigkeit"** bedeutet nach Ansicht des BVerfG in Art. 105 Abs. 2a etwas anderes als in Art. 105 Abs. 2; die Länder müssten im Rahmen von Abs. 2a mehr Spielraum haben.[389] Diese Ansicht wird zutreffend damit begründet, dass Art. 105 Abs. 2 eine konkurrierende und Art. 105 Abs. 2a eine ausschließliche Gesetzgebungskompetenz regele. Schwerer als diese Negativabgrenzung fällt eine positive Bestimmung des Gleichartigkeitsbegriffs des Art. 105 Abs. 2 a. Sie muss beim Zweck des

---

[378] BVerfGE 65, 325 (350).

[379] BVerfGE 7, 244 (258).

[380] *Heun* in Dreier Rn. 40; *Pieroth* in Jarass/Pieroth Rn. 39; *Siekmann* in Sachs Rn. 43.

[381] → Rn. 65.

[382] So auch *Seer* in Tipke/Lang, Steuerrecht, 23. Aufl., 2018, § 2 Rn. 54.

[383] BVerfGE 65, 325 (343); 98, 106 (123).

[384] Zu kommunalen Steuersatzungen eingehend *Waldhoff* FS f. Vogel, 2000, 495 ff.

[385] Dazu *Rodi* StuW 1999, 105 (117 f.).

[386] Zum KommunalabgabenR vgl. das gleichnamige Handbuch von *Christ* u. *Oebbecke,* 2016.

[387] BVerfGE 21, 54 (62).

[388] BVerfGE 125, 141, zu § 16 GewStG.

[389] BVerfGE 40, 56 (63); 65, 325 (350 f.); ausf. *Häde,* Finanzausgleich, 1996, 175 ff.; *Kloepfer,* Finanzverfassungsrecht, 2014, § 4 Rn. 30; *Schuppert* in Umbach/Clemens Rn. 49–50a; *Seer* in Tipke/Lang, Steuerrecht, 23. Aufl., 2018 § 2 Rn. 50 f.; *Siekmann* in Sachs Rn. 44, 45; anders *Jachmann-Michel/Vogel* in MKS Rn. 66.

Art. 105 Abs. 2a ansetzen, der unter anderem darin besteht, die herkömmlichen kommunalen Verbrauch- und Aufwandsteuern gegen den Zugriff des Bundesgesetzgebers und gegen die Konkurrenz der Umsatzsteuer zu sichern.[390] Aus dieser ratio legis leitet das BVerfG im Ergebnis ab, dass die beim Inkrafttreten von Art. 105 Abs. 2a am 1.1.1970 **bestehenden, herkömmlichen örtlichen Verbrauch- und Aufwandsteuern** von vornherein mit bundesgesetzlich geregelten Steuern nicht gleichartig seien.[391] Für „alte Steuern" hat das Gericht das Gleichartigkeitsverbot damit praktisch außer Kraft gesetzt.[392] Für die „neuen Steuern" hat das BVerfG die Tendenzaussage, das Gleichartigkeitsverbot des Abs. 2a sei enger zu interpretieren als in Abs. 2, noch nicht in subsumtionsfähige Begriffe gefasst. Eine örtliche Verbrauch- und Aufwandsteuer der Länder, die sogar vor Abs. 2 Bestand hat, ist erst recht im Rahmen von Abs. 2a kompetenzgemäß.[393] Wichtig ist vor allem ein Abstand zur Umsatzsteuer des Bundes. Zwar kann bei örtlichen Steuern die Gleichartigkeit nicht generell verneint werden,[394] doch sind diejenigen „neuen Steuern", die dem Typ herkömmlicher örtlicher Verbrauch- und Aufwandsteuern entsprechen, von Art. 105 Abs. 2a gedeckt.[395]

3. Eigene Rechte der Kommunen? Art. 105 Abs. 2a erwähnt zwar die örtlichen Steuern, gibt den **Kommunen** aber **keine eigenen Rechte.** Wie Art. 105 insgesamt, regelt dieser Absatz nur das Verhältnis zwischen dem Bund und den Ländern. Die Vorschrift gibt den Kommunen insbesondere kein verfassungsunmittelbares Steuererfindungsrecht.[396] Die **Steuerhoheit der Kommunen** ist gesetzesmediatisiert, wobei es eine andere Frage ist, ob Verfassungsrecht die Gesetzgeber von Bund oder Ländern verpflichtet, Kommunen die Befugnis zum Erlass von Steuersatzungen zu geben. **67**

4. Grunderwerbsteuer. Art. 105 Abs. 2a S. 2 gibt den Ländern seit dem 1.9.2006 eine ausschließliche Gesetzgebungsbefugnis zur Bestimmung des Steuersatzes bei der Grunderwerbsteuer. § 11 Abs. 1 GrunderwerbsteuerG (GrEStG), die alte bundesrechtliche Regelung, gilt gemäß **Art. 125a Abs. 1 S. 1** als Bundesrecht fort und kann gemäß Art. 125a Abs. 1 S. 2 durch Landesrecht ersetzt werden (muss es aber nicht); vom Bundesgesetzgeber kann diese Bestimmung nicht mehr geändert werden. Art. 105 Abs. 2a S. 2 bewirkt damit eine kompetentielle Aufspaltung der Materie Grunderwerbsteuer und deren **institutionelle Garantie.** Ob das angesichts der Verflechtungen zwischen dem Steuersatz und den anderen Elementen des Steuertatbestandes praktikabel ist, muss sich zeigen.[397] Der Länderkompetenz **68**

---

[390] BVerwGE 96, 272 (285); BVerwG JZ 2013, 45 (48); ferner *Stern,* Das StaatsR der BRD II, 1980, § 46 II 5 a.

[391] BVerfGE 40, 56 (59 ff.).

[392] So *Friauf* FG BVerfG, Bd. 2, 320; *Henneke,* Öffentliches Finanzwesen. Finanzverfassung, Rn. 671.

[393] Zu dieser hypothetischen Prüfung *Henneke,* wie zuvor, Rn. 676.

[394] BVerfGE 40, 56 (61); *Stern,* Das StaatsR der BRD II, 1980, § 46 II 5; *Seer* in Tipke/Lang, Steuerrecht, 23. Aufl., 2018, § 2 Rn. 52.

[395] Vgl. auch *Heun* in Dreier Rn. 41; *Siekmann* in Sachs Rn. 44; *Wendt* in HdbStR VI, § 139 Rn. 45.

[396] So auch *Henneke* in SHH Rn. 66; a. A. *Jachmann-Michel/Vogel* in MKS Rn. 54 mit Verweis auf BT-Drs. V/2861, 87. Soweit die Länder ihr „Steuerfindungsrecht" auf die Gemeinden übertragen haben, liegt ein derivatives Steuerfindungsrecht der Gemeinden vor; vgl. *Th. I. Schmidt* StuW 2015, 171 (178); *Schwarz* in MKS Art. 106 Rn. 116.

[397] Weitere Gegenargumente bei *K.-A. Schwarz,* in: Starck (Hrsg.), Föderalismusreform, 2007, Rn. 401; *P. M. Huber,* Klarere Verantwortungsteilung von Bund, Ländern und Kommunen?, Gutachten D zum 65. DJT, 2004, 75 f.

unterfällt nur der Steuertarif, wobei der derzeit proportionale Tarif nicht vorgegeben ist; in der Bundeskompetenz verbleiben Fragen, wie sie derzeit in den §§ 11 Abs. 2 und 12 GrEStG geregelt sind, weiter Steuervergünstigungen nach Art der §§ 3 f. GrEStG. Die Bundeseinheitlichkeit der Bemessungsgrundlage erhöht die Vergleichbarkeit unterschiedlicher Steuersätze.[398] Die Länder können ihre Kompetenz gesetzlich den Kommunen übertragen, deren Satzungen bei den von den Finanzämtern zu erlassenden Grunderwerbsteuerbescheiden zu beachten wären; ein kommunales Hebesatzrecht und eine Unterscheidung zwischen Steuermess- und Steuerbescheiden ist nicht vorgesehen; hinsichtlich der Ertragszuständigkeit gelten die Art. 106 Abs. 6 S. 1 und Abs. 7 S. 2.

69 Art. 105 Abs. 2a S. 2 will die Steuerautonomie der Länder stärken und einen Steuerwettbewerb ermöglichen[399] Die hierfür ausgewählte Grunderwerbsteuer ist eine Verkehrsteuer[400] mit einem den Ländern gemäß Art. 106 Abs. 2 Nr. 4 zustehenden Aufkommen. Sie eignet sich für den verfolgten Zweck, weil die Immobilität des Steuerobjekts **Wettbewerbsverzerrungen** durch Steuerumgehung oder Steuervermeidung sowie Gefährdungen der Wirtschaftseinheit entgegenwirkt. Gegen ihre Eignung spricht ihr relativ geringes Aufkommen, allerdings ist dies von 6,1 Mrd. Euro in 2006 auf 13,1 Mrd. Euro in 2017 gestiegen und macht inzwischen ca. 5 Prozent der Steuereinnahmen der Bundesländer aus.[401] Vom Steuersatzrecht der Länder darf man sich auch nach 10 Jahren nicht mehr als einen Einstieg in einen Wettbewerbsföderalismus erwarten. Skeptiker halten die Norm sogar für eine Karikatur dieser Idee und verweisen auch darauf, dass von der Ermächtigung des Art. 106 Abs. 5 S. 3, die in eine ähnliche Richtung zielt, bislang kein Gebrauch gemacht worden ist. Ein Fortschreiten auf diesem Weg würde weitere flankierende Änderungen des Finanzausgleichs erforderlich machen. Weiterhin stimmt bedenklich, dass das neue Hebesatzrecht in vielen Bundesländern zu einer Erhöhung und in keinem Bundesland zu einer Senkung der Grunderwerbsteuer geführt hat.[402]

C. Verhältnis zu anderen Bestimmungen des Grundgesetzes und zum Europarecht

70 Art. 105 ist **lex specialis** zu den Art. 70 ff. Art. 70 Abs. 1 wird komplett verdrängt. Die Steuergesetzgebungskompetenzen der Bundesländer ergeben sich im Wesentlichen aus Art. 105 Abs. 2 und 2a.[403] Komplett verdrängt werden für die Steuern auch die Art. 73 und 74, die aber Kompetenzgrundlage für nichtsteuerliche Abgaben sind. Art. 105 Abs. 2 meint mit „die übrigen Steuern" nur Steuern, die sich unter eine der Positionen des Art. 106 subsumieren lassen. Art. 105 betrifft das materielle Steuerrecht. Für die Kompetenzverteilung im Organisations- und Verfahrensrecht ist Art. 108 ein-

[398] So *Seer/Drüen* in: Kluth (Hrsg.), Föderalismusreformgesetz, 2007, Art. 105b Rn. 12.

[399] So die Amtliche Begründung, BT-Drs. 16/813, 20.

[400] → Art. 106 Rn. 24.

[401] Aus Sicht des Landes Berlin *M. Maier,* Die Stellung Berlins im föderalen Finanzausgleich, 2017, 55 ff., 110 ff.

[402] Übersicht über die Hebesätze der einzelnen Bundesländer bei *Pahlke* GrEStG, 6. Aufl., 2018, § 11 Rn. 4. Rechtspolitisch wie hier *Seiler* in Maunz/Dürig Rn. 181.

[403] Zum Ausschluss von Art. 70 Abs. 1 *Kloepfer,* Finanzverfassungsrecht, 2014, § 4 Rn. 37.

schlägig. Art. 105 weist Gesetzgebungskompetenzen zu, enthält aber **kaum Aussagen zur Kompetenzausübung.**

Das Europarecht wirkt in verschiedener Weise auf das deutsche materielle Steuerrecht ein. Soweit diese Einwirkungen in Rechtsprechung des EuGH bestehen, die sich auf die Grundfreiheiten und das Beihilfenverbot stützt, handelt es sich um Kompetenz**ausübungs**schranken, die im Rahmen einer Kommentierung der zentralen Vorschrift des Grundgesetzes über die Kompetenz**verteilung** nicht näher darzustellen sind. Rechtsetzungs- im Unterschied zu Rechtsprechungskompetenzen hat die Europäische Union im Bereich der Zölle und der indirekten Steuern. Das **materielle Zollrecht** ist Verordnungsrecht der EU; bei den Mitgliedstaaten ist, als Annex zu ihrer Verwaltungszuständigkeit, nur die Gesetzgebungskompetenz für das Zollverwaltungsrecht geblieben. Die Umsatzsteuer und andere Verbrauchsteuern, die unmittelbar preis- und damit binnenmarktrelevant sind, sind **durch Richtlinien harmonisiert.** Das deutsche Umsatzsteuergesetz ist, sieht man vom Steuertarif ab, in weiten Teilen nur der Fassade nach deutsches Recht und richtlinienkonform auszulegen. 71

Im **Bereich der Ertragsteuern** verfügt die Europäische Union über keine besonderen Rechtsetzungskompetenzen. Insoweit gibt es europäisches Steuerrecht und europäische Steuerpolitik nur in Ansätzen.[404] Art. 114 Abs. 2 AEUV, wonach die allgemeine Binnenmarktkompetenz nicht für die Bestimmungen über die Steuern gilt, spricht eine klare Sprache, und selbst der EuGH hat es nicht gewagt, daran mit „effet utile" oder Ähnlichem zu rütteln. Bemühungen der EU-Kommission, in den Bereich der direkten Steuern vorzudringen, sind in den letzten Jahren gescheitert, so das Projekt einer gemeinsamen (konsolidierten) körperschaftsteuerlichen Bemessungsgrundlage. Ein neuer Vorstoß sind die beiden Steuervermeidungsbekämpfungsrichtlinien (ATAD).[405] Ob sich weitergehende Pläne, derzeit des französischen Staatspräsidenten in seiner Sorbonne-Rede vom September 2017, der EU eigene Steuern zu geben, realisieren lassen, ist fraglich. Insoweit sind Steuerhoheit und Haushaltswesen miteinander verknüpft. Der EU-Haushalt hatte 2019 ein Volumen von 148,2 Mrd. Euro, der Bundeshaushalt brachte es auf 356,4 Mrd. Euro. 72

D. Kritische Würdigung

Art. 105 ist ein Beispiel dafür, dass Verfassungsnormen durch nachträgliche Änderungen oft nicht besser, sondern **bürokratischer** werden. Trotz der grundlegenden Änderung im Jahr 1969 enthält Abs. 1 Antiquiertes. Abs. 2 ist schlecht mit Art. 106 und, weniger wichtig, mit Art. 71 abgestimmt; mit Bezug auf Art. 106 ist hinzuweisen auf die Fragen des Steuererfindungsrechts und der Gesetzgebung der Länder über Steuern, deren Ertrag (auch) dem Bund zusteht. Das Merkmal der Gleichartigkeit ist in der Regelung über eine ausschließliche Gesetzgebungszuständigkeit der Länder in Abs. 2a problematisch, weil es aus dem Kontext konkurrierender Gesetzgebungszuständigkei- 73

[404] Gesamtdarstellungen *Kokott,* Das Steuerrecht der Europäischen Union, 2018; *Musil/Weber-Grellet* (Hrsg.), Europäisches Steuerrecht, 2019.

[405] Zu der Frage, ob diese Richtlinien Ausdruck eines Paradigmenwechsels sind, *Musil* FinR 2018, 933 ff.

ten stammt und es dort, wo Regelungen ausgeschlossen sind, keine gleichartigen Regelungen geben kann.

74 Trotz seiner Mängel hat Art. 105 zu einer **klaren, selten streitigen Kompetenzverteilung** zwischen den Steuergesetzgebern von Bund und Ländern geführt. Die einschlägigen Entscheidungen des BVerfG sind überwiegend älteren Datums. In der wissenschaftlichen Literatur wird heute zwar ein stärkerer Steuerwettbewerb und als dessen Konsequenz eine Dezentralisierung der Steuergesetzgebungskompetenz gefordert.[406] Abgesehen davon, dass dies auf kommunaler Ebene schon de constitutione lata möglich ist (Art. 106 Abs. 5 S. 3), ist ein politischer Wille zu einer Verfassungsänderung mit einer solchen Zielsetzung (etwa Recht der Länder, Zuschläge zur Einkommen- und Körperschaftsteuer zu erheben) nur in finanzpolitisch bescheidenen Ansätzen erkennbar. Der Widerwille gegen bundesweit uneinheitliche Steuerbelastungen ist eine politische Tatsache, die mit dem Gebot der Wahrung einheitlicher Lebensverhältnisse im Bundesgebiet juristisch konvergiert.[407]

Literatur

(soweit nicht in den Literaturhinweisen bei Vorb. zu Art. 104a–109 enthalten)

H. W. Arndt, Steuern, Sonderabgaben und Zwangsanleihen – zur Abgabenerfindungskompetenz des Bundesgesetzgebers, 1983. – ***H. H. v. Arnim,*** Besteuerung und Eigentum, VVDStRL 39 (1981), 286. – ***R. Barthelmann,*** Der gestaltende Steuergesetzgeber im Konflikt mit dem Sachgesetzgeber, 2006. – ***D. Bökelmann,*** Die örtlichen Steuern und das Gleichartigkeitsverbot in Art. 105 Abs. 2a GG, 1974. – ***S. B. Buchmaier,*** Bundesstaatliche, verfassungs- und europarechtliche Aspekte der Zweitwohnungsteuer, 2010. – ***S. Bultmann,*** Das Gleichartigkeitsverbot des Art. 105 Abs. 2 und Abs. 2a GG, DStZ 1996, 760. – ***M. Czisnik,*** Die Gleichartigkeit von Steuern im System der Finanzverfassung, DÖV 1989, 1065. – ***I. Deubel,*** Mehr Steuerautonomie der Bundesländer?, ZSE 2007, 218. – ***M. Dröge,*** Legitimation und Grenzen nichtsteuerlicher Abgaben, Die Verwaltung 46 (2013), 313. – ***D. Drömann,*** Nichtsteuerliche Abgaben im Steuerstaat, 2000. – ***C. Flach,*** Kommunales Steuerfindungsrecht und Kommunalaufsicht, 1998. – ***J. Förster,*** Die Verbrauchsteuern, 1989. – ***A. Eiling,*** Verfassungs- und europarechtliche Vorgaben für die Einführung neuer Verbrauchsteuern, 2014. – ***K. H. Friauf,*** Zur Zulässigkeit außersteuerlicher Sonderabgaben, FS f. W. Haubrichs, 1977, 103. – ***E. Gawel,*** Das Steuerstaatsgebot des Grundgesetzes, Der Staat 39 (2000), 209. – ***V. Götz,*** Parafiskalische Abgaben im europäischen Gemeinschaftsrecht, FS f. K. H. Friauf, 1996, 37. – ***R. Hendler,*** Umweltabgaben und Steuerstaatsdoktrin, AöR 115 (1990), 577. – ***ders.,*** Finanzverfassungsreform und Steuergesetzgebungshoheit der Länder, DÖV 1993, 292. – ***H.-G. Henneke u. a.*** (Hrsg.), Das Recht der Kommunalfinanzen, 2006. – **J. Hey,** Verbandslast – Mitgliedsabgabe – Kammersteuer, StuW 2008, 289. – ***B. Holst,*** Das Gleichartigkeitsverbot in Art. 105 Abs. 2 und 2a GG, 1990. – ***U. Hufeld,*** Die Versteigerung der UMTS-Lizenzen zwischen Telekommunikations- und Finanzverfassungsrecht, JZ 2002, 871. – ***L. Hummel,*** Das Merkmal der Finanzierungsverantwortung in der Sonderabgaben-Rechtsprechung des Bundesverfassungsgerichts, DVBl. 2009, 874. – ***J. Isensee,*** Nichtsteuerliche Abgaben – ein weißer Fleck in

---

406 Vgl. etwa *Wendt* in HdbStR VI, § 139 Rn. 50–52.

407 Vgl. schon *Lerche* FS f. Berber, 1973, 299; *Oeter,* Integration und Subsidiarität im deutschen Bundesstaat, 1998, 13; *Waldhoff,* Verfassungsrechtliche Vorgaben für die Steuergesetzgebung im Vergleich Deutschland – Schweiz, 1997, 84 ff. Die mit volkswirtschaftlichen Simulationsrechnungen unterlegte Studie von *Feld/Kube/Schnellenbach,* Optionen für eine Reform des bundesstaatlichen Finanzausgleichs, 2013, bestätigt das unfreiwillig; ihr Ergebnis sind erhebliche Steuersatzdifferenzen, die trotz massiver Steigerung von Bundesergänzungszuweisungen nicht aufgefangen werden können. Zur Idee eines Steuerwettbewerbs wohl auch skeptisch *Seiler* in Maunz/Dürig Rn. 92. Rechtspolitisch befürwortend *Waldhoff* und *Hey* VVDStRL 66 (2007), 260 ff. bzw. 308 ff.

der Finanzverfassung, in: Hansmeyer (Hrsg.), Staatsfinanzierung im Wandel, Schriften des Vereins für Socialpolitik 134 (1983), 435. – ***ders.,*** Äquivalenz, Kostenausgleich, Verbandssolidarität im Abgabenrecht, GS f. Geck, 1989, 355. – ***H. D. Jarass,*** Verfassungsrechtliche Grenzen für die Erhebung nichtsteuerlicher Abgaben, DÖV 1989, 1013. – ***H. Jatzke,*** Das System des deutschen Verbrauchsteuerrechts, 1997. – ***M. Jestaedt,*** Staffelgebühren im Steuerstaat, DVBl. 2000, 1820. – ***H. Jochum,*** Neustrukturierung der Sonderabgabendogmatik, StuW 2006, 134. – ***F. Kirchhof,*** Vom Steuerstaat zum Abgabenstaat, Die Verwaltung 21 (1988), 137. – ***ders.,*** Leistungsfähigkeit und Wirkungsweisen von Umweltabgaben an ausgewählten Beispielen, DÖV 1992, 233. – ***P. Kirchhof,*** Besteuerungsgewalt und GG, 1973. – ***ders.,*** Besteuerung und Eigentum, VVDStRL 39 (1981), 213. – ***ders.,*** Die Widerspruchsfreiheit im Steuerrecht als Verfassungspflicht, StuW 77 (2000), 316. – ***ders.,*** Die Steuern, HdbStR V, 2007, § 118. – ***ders.,*** Nichtsteuerliche Abgaben, HdbStR V, 2007, § 119. –***R. Klinger/D. Krebs,*** Kommunale Verpackungsteuer, ZUR 2015, 664. – ***W. Knies,*** Steuerzweck und Steuerbegriff, 1976. – ***W. Köck,*** Die Sonderabgabe als Instrument des Umweltschutzes, 1991. – ***A. Korte,*** Die konkurrierende Gesetzgebung des Bundes im Bereich der Finanzverfassung, 2008. – ***M. Küssner,*** Die Abgrenzung der Kompetenzen des Bundes und der Länder im Bereich der Steuergesetzgebung sowie der Begriff der Gleichartigkeit von Steuern, 1992. – ***A. Leisner-Egensperger,*** Gesetzgebungs- und Verwaltungskompetenzen von Bund und Ländern im Bereich der Steuern, in: I. Härtel (Hrsg.), Handbuch Föderalismus, Bd. 2, 2012, § 40. – ***P. Lerche,*** Verfassungsfragen zum Solidarfonds Abfallrückführung, DB 1995, Beil. Nr. 10, 1. – ***K. Meßerschmidt,*** Umweltabgaben als Rechtsproblem, 1986. – ***H. Mohl,*** Die Einführung und Erhebung neuer Steuern auf Grund des kommunalen Steuererfindungsrechts, 1992. – ***A. Musil,*** Steuerbegriff und Non-Affektationsprinzip, DVBl. 2007, 1526. – ***F. Ossenbühl,*** Zur Rechtfertigung von Sonderabgaben mit Finanzierungszweck, DVBl. 2005, 667. – ***L. Osterloh,*** „Öko-Steuern" und verfassungsrechtlicher Steuerbegriff, NVwZ 1991, 823. – ***W. Patzig,*** Steuern – Gebühren – Beiträge und „Sonderabgaben", DÖV 1981, 729. – ***W. Puwalla,*** Qualifikation von Abgaben, 1987. – ***E. Reimer/C. Waldhoff,*** Verfassungsrechtliche Vorgaben für Sonderabgaben des Banken- und Versicherungssektors, 2011. – ***T. Reindorf,*** Kommunale Steuern und Abgaben vor dem Unionsrecht, 2018. – ***M. Rodi,*** Die Rechtfertigung von Steuern als Verfassungsproblem, 1994. – ***ders.,*** Bundesstaatliche Kompetenzausübungsschranken für Lenkungssteuern, StuW 76 (1999), 105. – ***ders.,*** Ökonomische, ökologische und andere öffentliche Zwecke im Abgabenrecht, JZ 2000, 827. – ***J. E. Rosenschon,*** Gemeindefinanzsystem und Selbstverwaltungsgarantie, 1980. – ***U. Sacksofsky,*** Verfolgung ökologischer und anderer öffentlicher Zwecke durch Instrumente des Abgabenrechts, NJW 2000, 2619. – ***H. Schaefer,*** Der verfassungsrechtliche Steuerbegriff, 1997. – ***G. Schiller,*** Sonderabgaben mit einer wirtschaftslenkenden Antriebs- und Sanktionsfunktion in der Wirtschaft- und Finanzverfassung des Grundgesetzes, 2000. – ***T. Schmidt,*** Das Steuererfindungsrecht der Hoheitsträger, StuW 2015, 171. – ***G. F. Schuppert,*** Nichtsteuerliche Abgaben, intermediäre Finanzgewalten und Verwaltungsorganisation, FS f. W. Thieme, 1993, 227. – ***ders.,*** Staatswissenschaft, 2003. – ***M. Seidel,*** Umweltrechtliche und wirtschaftslenkende Abgaben und Maßnahmen aus gemeinschaftsrechtlicher Sicht, NVwZ 1993, 105. – ***P. Selmer,*** Steuerinterventionismus und Verfassungsrecht, 1972. – ***Ch. Starck,*** Überlegungen zum verfassungsrechtlichen Steuerbegriff, FS f. G. Wacke, 1972, 193. – ***R. Staudacher,*** Verfassungsrechtliche Zulässigkeit von Sonderabgaben, 2004. – **Ch. Thiemann,** Die Dogmatik der Sonderabgabe im Umbruch, AöR 138 (2013), 60. – ***K. Tipke,*** Über ungleichmäßige Besteuerung durch kommunale Verbrauch- und Aufwandsteuern, DÖV 1995, 1027. – ***D. Tolkmitt/U. Berlit,*** Not macht erfinderisch – Möglichkeiten und Grenzen einer Kultur(förder)abgabe der Gemeinden, LKV 2010, 385. – ***K. Vogel,*** Zur Konkurrenz zwischen Bundes- und Landessteuerrecht nach dem Grundgesetz, StuW 48 (1971), 308. – ***Ch. Waldhoff,*** Satzungsautonomie und Abgabenerhebung, FS f. K. Vogel, 2000, 495. – ***ders.,*** Die Zwecksteuer, StuW 2002, 285. – ***ders.,*** Rechtsprechungsanalyse Steuerrecht und Verfassungsrecht, Die Verwaltung 41 (2008), 259. – ***H. Weber-Grellet,*** Steuern im modernen Verfassungsstaat, 2001. – ***R. Wernsmann,*** Verhaltenslenkung in einem rationalen Steuersystem, 2005.

Art. 106 [Verteilung des Steueraufkommens]

(1) Der Ertrag der Finanzmonopole und das Aufkommen der folgenden Steuern stehen dem Bund zu:

1. die Zölle,
2. die Verbrauchsteuern, soweit sie nicht nach Absatz 2 den Ländern, nach Absatz 3 Bund und Ländern gemeinsam oder nach Absatz 6 den Gemeinden zustehen,
3. die Straßengüterverkehrsteuer, die Kraftfahrzeugsteuer und sonstige auf motorisierte Verkehrsmittel bezogene Verkehrsteuern,
4. die Kapitalverkehrsteuern, die Versicherungsteuer und die Wechselsteuer,
5. die einmaligen Vermögensabgaben und die zur Durchführung des Lastenausgleichs erhobenen Ausgleichsabgaben,
6. die Ergänzungsabgabe zur Einkommensteuer und zur Körperschaftsteuer,
7. Abgaben im Rahmen der Europäischen Gemeinschaften.

(2) Das Aufkommen der folgenden Steuern steht den Ländern zu:

1. die Vermögensteuer,
2. die Erbschaftsteuer,
3. die Verkehrsteuern, soweit sie nicht nach Absatz 1 dem Bund oder nach Absatz 3 Bund und Ländern gemeinsam zustehen,
4. die Biersteuer,
5. die Abgabe von Spielbanken.

(3) [1] Das Aufkommen der Einkommensteuer, der Körperschaftsteuer und der Umsatzsteuer steht dem Bund und den Ländern gemeinsam zu (Gemeinschaftsteuern), soweit das Aufkommen der Einkommensteuer nicht nach Absatz 5 und das Aufkommen der Umsatzsteuer nicht nach Absatz 5a den Gemeinden zugewiesen wird. [2] Am Aufkommen der Einkommensteuer und der Körperschaftsteuer sind der Bund und die Länder je zur Hälfte beteiligt. [3] Die Anteile von Bund und Ländern an der Umsatzsteuer werden durch Bundesgesetz, das der Zustimmung des Bundesrates bedarf, festgesetzt. [4] Bei der Festsetzung ist von folgenden Grundsätzen auszugehen:

1. Im Rahmen der laufenden Einnahmen haben der Bund und die Länder gleichmäßig Anspruch auf Deckung ihrer notwendigen Ausgaben. Dabei ist der Umfang der Ausgaben unter Berücksichtigung einer mehrjährigen Finanzplanung zu ermitteln.
2. Die Deckungsbedürfnisse des Bundes und der Länder sind so aufeinander abzustimmen, dass ein billiger Ausgleich erzielt, eine Überbelastung der Steuerpflichtigen vermieden und die Einheitlichkeit der Lebensverhältnisse im Bundesgebiet gewahrt wird.

[5] Zusätzlich werden in die Festsetzung der Anteile von Bund und Ländern an der Umsatzsteuer Steuermindereinnahmen einbezogen, die den Ländern ab 1. Januar 1996 aus der Berücksichtigung von Kindern im Einkommensteuerrecht entstehen. [6] Das Nähere bestimmt das Bundesgesetz nach Satz 3.

(4) [1] Die Anteile von Bund und Ländern an der Umsatzsteuer sind neu festzusetzen, wenn sich das Verhältnis zwischen den Einnahmen und Ausgaben des Bundes und der Länder wesentlich anders entwickelt; Steuermindereinnahmen, die nach Absatz 3 Satz 5 in die Festsetzung der Umsatzsteueranteile zusätzlich einbezogen werden, bleiben hierbei unbe-

rücksichtigt. [2]Werden den Ländern durch Bundesgesetz zusätzliche Ausgaben auferlegt oder Einnahmen entzogen, so kann die Mehrbelastung durch Bundesgesetz, das der Zustimmung des Bundesrates bedarf, auch mit Finanzzuweisungen des Bundes ausgeglichen werden, wenn sie auf einen kurzen Zeitraum begrenzt ist. [3]In dem Gesetz sind die Grundsätze für die Bemessung dieser Finanzzuweisungen und für ihre Verteilung auf die Länder zu bestimmen.

(5) [1]Die Gemeinden erhalten einen Anteil an dem Aufkommen der Einkommensteuer, der von den Ländern an ihre Gemeinden auf der Grundlage der Einkommensteuerleistungen ihrer Einwohner weiterzuleiten ist. [2]Das Nähere bestimmt ein Bundesgesetz, das der Zustimmung des Bundesrates bedarf. [3]Es kann bestimmen, daß die Gemeinden Hebesätze für den Gemeindeanteil festsetzen.

(5a) [1]Die Gemeinden erhalten ab dem 1. Januar 1998 einen Anteil an dem Aufkommen der Umsatzsteuer. [2]Er wird von den Ländern auf der Grundlage eines orts- und wirtschaftsbezogenen Schlüssels an ihre Gemeinden weitergeleitet. [3]Das Nähere wird durch Bundesgesetz, das der Zustimmung des Bundesrates bedarf, bestimmt.

(6) [1]Das Aufkommen der Grundsteuer und Gewerbesteuer steht den Gemeinden, das Aufkommen der örtlichen Verbrauch- und Aufwandsteuern steht den Gemeinden oder nach Maßgabe der Landesgesetzgebung den Gemeindeverbänden zu. [2]Den Gemeinden ist das Recht einzuräumen, die Hebesätze der Grundsteuer und Gewerbesteuer im Rahmen der Gesetze festzusetzen. [3]Bestehen in einem Land keine Gemeinden, so steht das Aufkommen der Grundsteuer und Gewerbesteuer sowie der örtlichen Verbrauch- und Aufwandsteuern dem Land zu. [4]Bund und Länder können durch eine Umlage an dem Aufkommen der Gewerbesteuer beteiligt werden. [5]Das Nähere über die Umlage bestimmt ein Bundesgesetz, das der Zustimmung des Bundesrates bedarf. [6]Nach Maßgabe der Landesgesetzgebung können die Grundsteuer und Gewerbesteuer sowie der Gemeindeanteil vom Aufkommen der Einkommensteuer und der Umsatzsteuer als Bemessungsgrundlagen für Umlagen zugrunde gelegt werden.

(7) [1]Von dem Länderanteil am Gesamtaufkommen der Gemeinschaftsteuern fließt den Gemeinden und Gemeindeverbänden insgesamt ein von der Landesgesetzgebung zu bestimmender Hundertsatz zu. [2]Im übrigen bestimmt die Landesgesetzgebung, ob und inwieweit das Aufkommen der Landessteuern den Gemeinden (Gemeindeverbänden) zufließt.

(8) [1]Veranlaßt der Bund in einzelnen Ländern oder Gemeinden (Gemeindeverbänden) besondere Einrichtungen, die diesen Ländern oder Gemeinden (Gemeindeverbänden) unmittelbar Mehrausgaben oder Mindereinnahmen (Sonderbelastungen) verursachen, gewährt der Bund den erforderlichen Ausgleich, wenn und soweit den Ländern oder Gemeinden (Gemeindeverbänden) nicht zugemutet werden kann, die Sonderbelastungen zu tragen. [2]Entschädigungsleistungen Dritter und finanzielle Vorteile, die diesen Ländern oder Gemeinden (Gemeindeverbänden) als Folge der Einrichtungen erwachsen, werden bei dem Ausgleich berücksichtigt.

(9) Als Einnahmen und Ausgaben der Länder im Sinne dieses Artikels gelten auch die Einnahmen und Ausgaben der Gemeinden (Gemeindeverbände).

Paulskirchenverfassung von 1849

Abschnitt II. Art. VII

§ 35. [Abs. 1]

Aus dem Ertrage [der Zölle, der Productions- und Verbrauchs-Steuern] wird ein bestimmter Theil nach Maaßgabe des ordentlichen Budgets für die Ausgaben des Reichs vorweggenommen, das Übrige wird an die einzelnen Staaten vertheilt.

Ein besonderes Reichsgesetz wird hierüber das Nähere feststellen.

Abschnitt II. Art. X

§ 49. Zur Bestreitung seiner Ausgaben ist das Reich zunächst auf seinen Antheil an den Einkünften aus den Zöllen und den gemeinsamen Produktions- und Verbrauchs-Steuern angewiesen.

§ 50. Die Reichsgewalt hat das Recht, insoweit die sonstigen Einkünfte nicht ausreichen, Matrikularbeiträge aufzunehmen.

§ 51. Die Reichsgewalt ist befugt, in außerordentlichen Fällen Reichssteuern aufzulegen und zu erheben oder erheben zu lassen, so wie Anleihen zu machen oder sonstige Schulden zu contrahiren.

Reichsverfassung von 1871

Art. 38. Der Ertrag der Zölle und der anderen in Artikel 35 bezeichneten Abgaben, letzterer soweit sie der Reichsgesetzgebung unterliegen, fließt in die Reichskasse.

[Abs. 2, 3]

Bayern, Württemberg und Baden haben an dem in die Reichskasse fließenden Ertrage der Steuern von Branntwein und Bier [...] keinen Theil.

Art. 70. Zur Bestreitung aller gemeinschaftlichen Ausgaben dienen zunächst die etwaigen Überschüsse der Vorjahre, sowie die aus den Zöllen, den gemeinschaftlichen Verbrauchssteuern und aus dem Post- und Telegraphenwesen fließenden gemeinschaftlichen Einnahmen. Insoweit dieselben durch diese Einnahmen nicht gedeckt werden, sind sie, so lange Reichssteuern nicht eingeführt sind, durch Beiträge der einzelnen Bundesstaaten nach Maßgabe ihrer Bevölkerung aufzubringen, welche bis zur Höhe des budgetmäßigen Betrages durch den Reichskanzler ausgeschrieben werden.

Art. 70. (durch Gesetz betr. Änderungen im Finanzwesen v. 14.5.1904 geänderte Fassung): Zur Bestreitung aller gemeinschaftlichen Ausgaben dienen zunächst die aus den Zöllen und gemeinsamen Steuern, aus dem Eisenbahn-, Post- und Telegraphenwesen sowie aus den übrigen Verwaltungszweigen fließenden gemeinschaftlichen Einnahmen. Insoweit die Ausgaben durch diese Einnahmen nicht gedeckt werden, sind sie durch Beiträge der einzelnen Bundesstaaten nach Maßgabe ihrer Bevölkerungszahl aufzubringen, welche in Höhe des budgetmäßigen Betrages durch den Reichskanzler ausgeschrieben werden. Insoweit diese Beträge in den Überweisungen keine Deckung finden, sind sie den Bundesstaaten am Jahresschluß in dem Maße zu erstatten, als die übrigen ordentlichen Einnahmen des Reichs dessen Bedarf übersteigen.

Etwaige Überschüsse aus den Vorjahren dienen, insoweit durch das Gesetz über den Reichshaushaltsetat nicht ein anderes bestimmt wird, zur Deckung gemeinschaftlicher außerordentlicher Ausgaben.

Weimarer Reichsverfassung von 1919

Art. 8. [S. 1] Nimmt das Reich Abgaben oder sonstige Einnahmen in Anspruch, die bisher den Ländern zustanden, so hat es auf die Erhaltung der Lebensfähigkeit der Länder Rücksicht zu nehmen.

Übersicht

A. Allgemeine Bedeutung

I. Grundsätze und Funktion des primären vertikalen Finanzausgleichs

Art. 106 verteilt zwischen dem Bund und den Ländern mit der **Ertragshoheit** eine besondere, von der Gesetzgebungs- und der Verwaltungskompetenz entkoppelte verfassungsrechtliche Kompetenz,[1] die es als verfassungsrechtliche Zuständigkeit nur bei Steuern[2] gibt[3], wegen deren Gegenleistungsfreiheit, und die im föderalen Verhältnis den Rechtsgrund für das Behaltendürfen eines Abgabenertrags darstellt. Bei den **nicht-steuerlichen Abgaben** ist sie teils in der Gesetzgebungskompetenz enthalten, dies in der Weise, dass einfachgesetzlich über die Verteilung des Abgabenertrages entschieden wird (so bei Sonderabgaben), und folgt sie anderenteils aus der Verwaltungskompetenz.[4] Nur in Art. 74 Abs. 1 Nr. 22 wird die Verteilung nicht-steuerlicher Erträge zum ausdrücklichen Thema der Verfassung, dort als Regelungsgegenstand der Gesetzgebung; seit 1969 darf danach der Bund die Verteilung von Straßenbenutzungsgebühren ausdrücklich regeln. Da der verfassungsändernde Gesetzgeber bei der Abfassung dieser Vorschrift Konsequenzen für die Ertragskompetenz für weitere, auch finanzwirksame nicht- 1

[1] Zum Begriff der Ertragshoheit *Korioth,* Der Finanzausgleich zwischen Bund und Ländern, 1997, 109, 266 ff., 274 ff.; erstmals wohl bei *A. Hensel,* Der Finanzausgleich im Bundesstaat, 1922, 20; dazu weitere Nachw. bei *Waldhoff* ZG 2000, 193 (199 Fn. 34).

[2] Zum Begriff → Art. 105 Rn. 13 ff.

[3] Zu einem umfassenden Begriff der Staatseinnahmen *P. Kirchhof* in HdbStR V, § 118 Rn. 5 ff.; *Waldhoff* ebd., § 116 Rn. 84 ff.

[4] So bei Vorzugs- und Verbandslasten (vgl. *Waldhoff* in HdbStR V, § 116 Rn. 69); bei Gebühren an die Gesetzgebungskompetenz anknüpfend dagegen BVerwGE 95, 188 (192 f.); bei den UMTS-Lizenzgebühren (Universal Mobile Telecommunications System) auf die Verwaltungskompetenz abstellend BVerfGE 105, 185 (193).

steuerliche Abgaben nicht bedacht hat (ähnlich bei Art. 73 Abs. 1 Nr. 6a, wo die Entgeltverteilung nicht geregelt ist, ferner bei Art. 80 Abs. 2), darf diese Vorschrift aber nicht dahin interpretiert werden, dass für alle übrigen nichtsteuerlichen Abgaben der Grundsatz des Art. 30 gelte, mit der Folge einer grundsätzlichen Ertragskompetenz der Länder.[5] Eine Regelung, welche die Ablieferungen von Bahn und Post und Ähnliches dem Bund zuwies, ist nicht in das GG aufgenommen worden ist, weil man dieses Ergebnis für selbstverständlich hielt.[6] Art. 106 gilt nur für Steuern (ohne Kirchensteuern).[7]

2 Bei **Steuern** hat die Ertragskompetenz wegen ihrer herausragenden Bedeutung für die Staatsfinanzen und für die bundesstaatliche Ordnung eine abschließende Regelung[8] in der Verfassung erfahren (zu den steuerlichen Nebenleistungen vgl. dagegen den auf Art. 108 Abs. 5 zu stützenden § 3 Abs. 4 AO). Art. 79 Abs. 3 verlangt die Garantie der verfassungskräftigen Zuweisung eines angemessenen Anteils der Länder am Gesamtsteueraufkommen im Bundesstaat,[9] entzieht damit keine der Einzelbestimmungen von Art. 106 der Verfassungsänderung, macht aber ein Finanzausgleichssystem verfassungsrechtlich unmöglich, in dem die Länder von Finanzzuweisungen des Bundes abhängig sind. Trotz der Kompliziertheit und der Schnelllebigkeit der Materie ist eine verfassungsrechtliche Festlegung der Steuerertragskompetenz **bundesstaatlich notwendig.**[10]

3 Obwohl die **Kommunen** keine dritte Ebene der Staatsorganisation sind, was Art. 106 Abs. 9 klarstellt, widmet Art. 106 ihrem Anteil am Steueraufkommen einen seit 1955 kontinuierlich wachsenden, nun fast die Hälfte seines Textvolumens ausmachenden Teil (Art. 106 Abs. 5–9). Aus dem Rahmen der Regelung von Steuerertragskompetenzen fällt der Sonderlastenausgleich gem. Art. 106 Abs. 8 heraus; er passt verfassungssystematisch zu Art. 104a Abs. 5. Von Art. 106 nicht erfasst sind die Religionsgesellschaften, die Körperschaften des öffentlichen Rechts sind und nach Art. 140 GG i. V. m. Art. 137 Abs. 6 WRV Steuern erheben.

4 Die Ertragskompetenz ist von der **Steuergläubigerschaft** zu unterscheiden.[11] Erstere betrifft das Verhältnis von Bund und Ländern (einschließlich der Kommunen), Letztere das Verhältnis von Staat und Steuerschuldner. Erstere folgt aus Art. 106, Letztere aus der Verwaltungskompetenz.

5 Art. 106 und 107 gehen von der **grundsätzlichen Gleichrangigkeit** der Aufgaben von Bund und Ländern als Konsequenz der Eigenstaatlichkeit der föderalen Verbände aus (zu diesem Grundsatz auch § 24 Abs. 1 des G zur Förderung der Stabilität und des Wachstums der Wirtschaft [StabWG]). Dies bedeutet, dass Aufgaben des Bundes und Aufgaben der Länder denselben Anspruch auf Deckung aus knappen gesamtstaatlichen Steuermitteln haben.

---

[5] Dazu *Hidien* in BK Rn. 563–582; *Siekmann* in Sachs Vorb. Art. 104 Rn. 12, 53; *Wendt* in HdbStR VI, § 139 Rn. 53 ff., 93.

[6] Nachw. zu Verfassungssystematik und -entwicklung bei *Hidien* in BK Rn. 563.

[7] Zu der Ausnahme des Abs. 1 Nr. 7 → Rn. 14, 22; zu Abs. 2 Nr. 5 → Rn. 24 sowie → Art. 105 Rn. 18.

[8] → Rn. 8.

[9] BVerfGE 34, 9 (20); ohne Nennung von Art. 79 Abs. 3 BVerfGE 32, 333 (338); 39, 96 (108); weiter BVerfGE 72, 330 (383); 86, 148 (215 f.); zu dem Zusammenhang der Art. 20 Abs. 1, 79 Abs. 3 und 106 auch *Seiler* in Maunz/Dürig Rn. 3.

[10] So auch *Kloepfer*, Verfassungsrecht I, 2011, § 26 Rn. 105 („politische Kernfrage"); *Schwarz* in MKS Rn. 1; *Seiler* in Maunz/Dürig Rn. 3.

[11] Ebenso *Hidien* in BK Rn. 694. Vgl. ferner § 226 Abs. 4 AO zur Gegenseitigkeit bei Aufrechnungen.

Die Verteilung von Steuererträgen zwischen Bund und Ländern ist sachlich gleichbedeutend mit dem **primären vertikalen Finanzausgleich.**[12] „Vertikal" meint das Verhältnis von Bund und Ländern, während das Verhältnis der Länder untereinander „horizontal" sein soll;[13] „primär" bedeutet die Zuweisung von Finanzmitteln als Eigenes, während „sekundär" die Umverteilung dieser Zuweisung zugunsten einzelner leistungsschwacher Länder meint. Primärer vertikaler Finanzausgleich bedeutet also, dass das gesamtstaatliche Steueraufkommen auf die Ebenen von Bund und Ländern (einschließlich der Kommunen) unter Zugrundelegung eines Durchschnittssteuerbedarfs aller Länder verteilt wird. Dies geschieht zu dem Zweck, dem Bund und den Ländern eine gemessen an ihrer verfassungsrechtlichen Aufgaben- und Ausgabenverantwortung ausreichende und rechtlich gesicherte finanzielle Grundlage für in den Worten von Art. 109 Abs. 1 selbstständige und voneinander unabhängige Politik zu gewährleisten. Die ratio legis wird in Art. 106 Abs. 3 S. 4 konkretisiert.[14] An den primären vertikalen Finanzausgleich schließen sich der primäre horizontale Finanzausgleich gem. Art. 107 Abs. 1,[15] der sekundäre horizontale Finanzausgleich gem. Art. 107 Abs. 2 Sätze 1 bis 4 und der sekundäre vertikale Finanzausgleich gem. Art. 107 Abs. 2 Sätze 5 und 6 an.[16] Es handelt sich um vier in sich flexible und aufeinander abgestimmte Stufen in einem **System der Verteilung des Finanzaufkommens im Bundesstaat,**[17] wobei der primäre horizontale Finanzausgleich eher steuerkraftorientiert ist, der primäre vertikale Finanzausgleich eher auf den durchschnittlichen Finanzbedarf der Länder blickt und die sekundären Finanzausgleiche auf die Situation der einzelnen Länder eingehen. Ab 2020 erfolgt der sekundäre horizontale Finanzausgleich durch Zu- und Abschläge bei der Verteilung des Umsatzsteueraufkommens. Primärer und sekundärer Finanzausgleich sind damit formal verknüpft, in der Sache aber zu trennen.[18] Elemente des Finanzausgleichs, die eine Abgrenzung zu den Art. 106f. erforderlich machen, enthalten schließlich die Art. 91a, 91b, 91c, 104a, 104b, 104c, 104d, 106 Abs. 8, 125c, 143c und 143d; die Zahl solcher nicht zweckungebundenen, sondern aufgaben- und ausgabenorientierten Zuweisungsnormen hat in letzter Zeit immer mehr zugenommen; die in ihnen enthaltene Zuweisungsmasse darf nicht zu groß werden, sonst könnte das Finanzausgleichssystem der Art. 106 und 107 ausgehebelt werden. 6

---

[12] Zum Begrifflichen siehe *Hidien* in BK Rn. 89ff., 322ff.; *Seiler* in Maunz/Dürig Rn. 36ff.; *Wernsmann* in BK Art. 107 Rn. 30ff., 41ff. Zu einem engeren, auf Korrektur und Umverteilung konzentrierten Verständnis des Begriffs des Finanzausgleichs *Wendt* in HdbStR VI, § 139 Rn. 60; ebenso zwischen Finanzverteilung und Finanzausgleich streng trennend *Seiler* in Maunz/Dürig Rn. 33.

[13] Zu diesem Begriffspaar schon BVerfGE 1, 117 (119); ferner E 72, 330 (383f.).

[14] Vgl. auch BVerfGE 86, 148 (215f.); *Seiler* in Maunz/Dürig Rn. 73ff.

[15] Zum systematischen Standort der Umsatzsteueraufteilung nach Art. 107 Abs. 1 S. 4 in der bis zum 31.12.2019 geltenden Fassung BVerfGE 72, 330 (385); BVerfGE 101, 158 (221).

[16] Die Satzangaben beziehen sich auf die ab dem 1.1.2020 geltende Fassung; ab diesem Datum wird der sekundäre horizontale Finanzausgleich nicht mehr Länderfinanzausgleich, sondern Finanzkraftausgleich genannt.

[17] BVerfGE 72, 330 (383); 86, 148 (213f., 264); 101, 158 (214f. und im Weiteren); 116, 327 (377ff.); ferner *Henneke,* Öffentliches Finanzwesen – Finanzverfassung, 2. Aufl., 2000, Rn. 689ff.; *Kube,* Der bundesstaatliche Finanzausgleich, 2011; *Wendt* in HdbStR VI, § 139 Rn. 126.

[18] → Art. 107 Rn. 2 u. 25.

7 Der primäre vertikale Finanzausgleich kann verfassungsrechtlich nach einem **Trennsystem** oder nach einem **Verbundsystem** erfolgen. Trennsystem bedeutet, dass dem Bund und den Ländern der Ertrag bestimmter Steuern oder Steuerarten jeweils ausschließlich zugewiesen ist. Art. 106 folgt in den Absätzen 1 und 2 dem Trennsystem. Verbundsystem bedeutet, dass der Ertrag bestimmter Steuern oder Steuerarten Bund und Ländern gemeinsam zugewiesen ist, wobei die Aufteilung nach einer Quote erfolgt, die sich entweder aus der Verfassung ergibt oder die vom einfachen Gesetzgeber festgelegt wird. Art. 106 folgt in den Absätzen 3 und 4 für die ertragreichsten Steuern, die Einkommen- und die Umsatzsteuer, und für die Körperschaftsteuer dem Verbundsystem; die Anteile von Bund und Ländern an der Einkommen- und Körperschaftsteuer liegen verfassungsrechtlich fest (Art. 106 Abs. 3 S. 2), und die Umsatzsteuer ist das bewegliche Glied; ihre Aufteilung erfolgt im Rahmen verfassungsrechtlicher Vorgaben durch den einfachen Bundesgesetzgeber (Art. 106 Abs. 3 S. 3–6, Abs. 4 S. 1). Das GG kombiniert in Art. 106 Abs. 1–4, also den Absätzen, die sich nur dem Bund-Länder-Verhältnis und nicht der besonderen Absicherung der kommunalen Selbstverwaltung widmen, die Vorteile des Trenn- und des Verbundsystems und schwächt so ihre Nachteile ab **(Mischsystem).** Ein Vor- und zugleich ein Nachteil des Trennsystems ist seine Starrheit: Es schafft klare und stabile Verhältnisse, auf die Bund und Länder sich finanzpolitisch dauerhaft einrichten können, und lässt Streit über die Verteilung der Steuererträge und mühsame Kompromisssuche entfallen. Andererseits besteht die Gefahr, dass der Ertrag der getrennt zugewiesenen Steuern und damit die Finanzausstattung der föderalen Ebenen sich im Laufe der Zeit unterschiedlich entwickeln und dass Steuerbedarf (i. S. d. aus Steuern zu bestreitenden Finanzbedarfs) und Finanzausstattung auseinander klaffen, ohne dass diese Entwicklungen ohne den Aufwand einer Verfassungsänderung zu korrigieren wären.[19] Ein weiterer Nachteil besteht darin, dass bei den ertragreichen Steuern eine Zuordnung zu nur einer der föderalen Ebenen schwer zu kompensieren ist. Diese Gefahren sind in einem Verbundsystem geringer, und der Nachteil wird vermieden, weil dort beide föderalen Ebenen am Aufkommen der wichtigen Steuern gemeinsam und damit gleichmäßiger an Veränderungen der Volkswirtschaft beteiligt sind und weil damit, dass der einfache Gesetzgeber die Quoten festsetzt, einfacher und rascher auf ein Auseinanderklaffen von Finanzausstattung und Steuerbedarf reagiert werden kann. Die größere Flexibilität des Verbundsystems birgt wiederum zwei Nachteile: Es ist weniger verlässlich, und die (Neu-)Festsetzung der Anteile von Bund und Ländern am Steuerverbund ist in der Regel politisch sehr umstritten.

8 Die **Aufzählung** von Steuern und Steuerarten in Art. 106 ist zwar nicht systematisch, aber auf der Grundlage des geltenden Steuerrechts **vollständig;** Steuern, die von Art. 106 nicht erfasst würden, in diesem Sinne „frei schwebende Steuern“[20], gab und gibt es in Deutschland nicht. Art. 106 gehört zu den umfangreichsten Vorschriften des GG und soll die Bundesländer schützen. Weiterhin hat Art. 106 an der Begrenzungs- und Schutzfunktion teil, welche die Finanzverfassung insgesamt für den Bürger entfaltet. Der Bundesgesetzgeber darf deshalb zwar Steuern „erfinden“, die in Art. 106 nicht

[19] Aus finanzpolitischer Sicht hierzu *Fischer-Menshausen* in von Münch/Kunig, 3. Aufl., Bd. 3, 1996, Art. 106 Rn. 6, 9.

[20] Dazu BVerfGE 145, 171 (201 f.).

ausdrücklich erwähnt sind, die aber einer der dort genannten Steuerarten zugeordnet werden können, etwa kraft Gleichartigkeit (typusgebundenes Steuerfindungsrecht).[21] Er darf aber keine Steuern erfinden, die nicht unter eine der in Art. 106 aufgezählten Steuern oder Steuerarten subsumiert werden können. Insoweit ist sein **Steuererfindungsrecht** begrenzt.[22] Zwar könnte der Ertrag von Art. 106 nicht erfasster Steuern oder Steuerarten bei der Umsatzsteuerverteilung berücksichtigt werden, so dass von der Zulassung neuartiger Steuern keine Gefahr für die Ausgewogenheit der vertikalen Steuerverteilung ausginge, doch entspricht ein Nebeneinander von Steuern, deren Ertrag verfassungsrechtlich, und Steuern, deren Ertrag einfachgesetzlich zugewiesen wäre, nicht dem Verfassungsvorbehalt, unter den Art. 106 implizit das Steuererfindungsrecht des Bundes stellt; die Existenz verfassungsrechtlich nicht zugewiesener Steuern wäre angesichts der Ausführlichkeit des Art. 106 unverständlich. All das war lange Zeit streitig; in seinem Urteil vom 13.4.2017 zur Kernbrennstoffsteuer hat das BVerfG sich aber in dem hier beschriebenen Sinne positioniert.[23]

Art. 106 ist für Bund und Länder **zwingendes Verfassungsrecht,** nicht 9 vertragsdispositiv und analogiefeindlich.[24] Eine (inzwischen nicht mehr existente) Vereinbarung zwischen Bund und Ländern über eine Beteiligung des Bundes an der von Art. 106 Abs. 2 Nr. 5 den Ländern zugewiesenen **Spielbankenabgabe** konnte auch nicht mit dem Argument gerechtfertigt werden, sie ließe die Ertragskompetenz unberührt, denn es stehe den Ländern frei, über ihnen zugewiesene Steuern zu verfügen; das Gegenteil folgt aus Art. 106, der die Abgabe zugewiesener Steuererträge an die jeweils andere föderale Ebene verbietet.[25] Zulässig ist dagegen eine Zweckbindung von Steuererträgen des Bundes für im Rahmen von Art. 104b zulässige Mischfinanzierungen.[26]

Bezeichnungen und Unterscheidungsmerkmale der Steuern und Steuer- 10 arten in Art. 106 beruhen auf dem traditionellen deutschen Steuerrecht.[27] Der begriffliche **Gleichklang von Verfassungsrecht und einfachem Gesetzesrecht,** der schon beim allgemeinen Steuerbegriff zu konstatieren ist, setzt sich damit bei den Einzelsteuerbegriffen fort. Dabei haben diese Begriffe einen objektiv bestimmbaren Inhalt, so dass es nicht in der Hand des jeweiligen Gesetzgebers liegt, seine Zuständigkeit, entsprechend einer

---

[21] BVerfGE 145, 171 (192 ff.). *Seiler* in Maunz/Dürig Rn. 83 spricht von einem Steuerausgestaltungsrecht.

[22] Zum Steuererfindungsrecht der Länder und Kommunen → Art. 105 Rn. 47 am Ende, dort auch zu der Problematik im Allgemeinen.

[23] BVerfGE 145, 171 Leitsatz 3, mit föderal motiviertem Sondervotum; noch offen gelassen in BVerfGE 98, 83 (101). Umfassende Darstellung des früheren Meinungsstreits bei *Hidien* in BK Rn. 1293–1299, 1351–1379.

[24] Dazu grundsätzlich etwa *Seiler* in Maunz/Dürig Rn. 34, 77. Zu Letzterem für den Fall der UMTS-Lizenzen: BVerfGE 105, 185 (194); allgemeiner BVerfGE 145, 171 (191). → vor Art. 104a Rn. 23.

[25] Zur Spielbankenabgabe wie hier *Heun* in Dreier Rn. 11; *Hidien* in BK Rn. 1446 (allg. Rn. 561); *Kube* in BeckOK GG Rn. 7.1; *Pieroth* in Jarass/Pieroth Rn. 3; *Schwarz* in MKS Rn. 25, 58.

[26] Problematisch dagegen Art. 1 § 4 und Art. 5 des Gesetzes zur Weiterentwicklung der Qualität und zur Teilhabe in der Kindertagesbetreuung vom 19.12.2018 (BGBl. I, 2696), wo die Zuweisung von Umsatzsteuer an die Länder von Verträgen abhängig gemacht wird, die die Länder mit dem Bund zu schließen haben und die ein Kontrollregime des Bundes beinhalten; dazu *Rixen* NVwZ 2019, 432 (434 f., 438).

[27] BVerfGE 7, 244 (252); 14, 76 (91); 16, 306 (317); 26, 302 (309); 31, 314 (331); 93, 121 (134 f.); 110, 274 (296); 123, 1 (16); 145, 171 (193).

Ertragskompetenz, selbst zu begründen, indem er eine Abgabe mit einer bestimmten Bezeichnung belegt.[28] Ändert der Gesetzgeber eine Steuer derart, dass sie ihre herkömmliche Grundstruktur verliert, gelten neue Zuständigkeitsregeln für die geänderte Steuer.[29] Trotz der definitorischen Anknüpfung am Traditionellen bedeutet die Erwähnung einer Steuer in Art. 106 nach inzwischen einhelliger Auffassung **keine institutionelle Garantie.**[30] Art. 106 hindert den Bundesgesetzgeber nicht, etwa Erbschaft- oder Gewerbesteuer abzuschaffen. Institutionell garantiert ist nur die Umsatzsteuer, weil und soweit sie für das Funktionieren des primären und auch des sekundären Finanzausgleichs und weiterhin aus Gründen EU-rechtlicher Wettbewerbsgleichheit im Binnenmarkt erforderlich ist.[31] Für die Realsteuern eine institutionelle Garantie zu fordern,[32] ginge über Art. 28 Abs. 2 S. 3 hinaus und ist deshalb abzulehnen; die schon erfolgten Änderungen (Abschaffung von Lohnsummen- und Gewerbekapitalsteuer) wären mit einer institutionellen Garantie der Realsteuern nicht zu vereinbaren.[33] Abzulehnen ist auch die These von einem finanziellen Garantiegehalt des Art. 106, der den Bundesgesetzgeber daran hindere, mit Sperrwirkung für die Landesgesetzgeber Steuern abzuschaffen, deren Ertrag den Ländern zustehe.[34] Wie die so verursachten Einnahmeausfälle der Länder kompensiert werden, ist eine davon zu unterscheidende Frage. Abzulehnen ist schließlich die These, Art. 106 garantiere ein Steueraufkommen aus einzelnen Steuern in der Weise, dass es dem Gesetzgeber verboten sei, die Anrechnung einer Steuer auf eine andere vorzusehen;[35] gesetzliche Regelungen, die die Belastung mit einer Steuer bei einer anderen Steuer berücksichtigen, sind nichts Ungewöhnliches (vgl. etwa § 9 Nr. 1 GewerbesteuerG [GewStG], wonach die Grundsteuer zu Kürzungen des Gewerbeertrags führt, womit der Bundesgesetzgeber in das Realsteueraufkommen der Gemeinden eingreift, oder § 4 Nr. 10 UmsatzsteuerG [UStG], wonach die Umsatzsteuer, eine Gemeinschaftsteuer, durch die Versicherungsteuer, eine Steuer, deren Aufkommen nur dem Bund zufließt, ersetzt wird); die Steuerertragshoheit steht insoweit unter einem Vorbehalt der Steuergesetzgebungskompetenz. Zutreffend ist es dagegen, die ausdrückliche Erwähnung einer Steuer in Art. 106 in dem Sinne zu verstehen, dass sie nicht grundsätzlich verfassungswidrig sein kann; dies hat Bedeutung für die Gewerbesteuer mit ihrer rechtspolitisch kritikwürdigen Unterscheidung zwischen Gewerbetreibenden und Selbstständigen.[36]

---

[28] BVerfGE 7, 244 (251 f.); 8, 260 (269 f.); 123, 1 (16). → Art. 105 Rn. 12.

[29] BVerfGE 31, 119 (128); 31, 314 (331). Zur Bindungswirkung von Einzelsteuerbegriffen *Hidien* in BK Rn. 1336–1350.

[30] Vgl. *J. Becker,* Transfergerechtigkeit und Verfassung, 2001, 129 ff., 207 ff., 232 ff., 366. → Art. 105 Rn. 48.

[31] Ebenso *Heun* in Dreier Rn. 14; *Korioth,* Finanzausgleich, 1997, 428 f.; *Siekmann,* in Sachs Art. 105 Rn. 55 ff.

[32] Abgeschwächt *Stern,* Das StaatsR der BRD II, 1980, § 47 III 3b γ.

[33] Zum Fehlen materieller Gehalte in den bundesstaatlichen Kompetenznormen der Art. 105 und 106 s. auch → Art. 105 Rn. 40.

[34] So *Mußgnug,* FS F. Klein, 1994, 660 f.

[35] So aber *Hidien* BB 2000, 485 (487), zu § 35 EStG, der eine Anrechnung von Gewerbesteuer auf die Einkommensteuer vorsieht und mit dem eine Art. 106 in unzulässiger Weise aushöhlende Nebensteuerverteilung bewirkt werde. Dazu auch *Seiler* in Maunz/Dürig Rn. 177.

[36] Siehe *Seiler* in Maunz/Dürig Rn. 85. BVerfG (K) NVwZ-RR 2016, 841 (843 f.) spricht von „verfassungsrechtliche(r) Absicherung". → Art. 105 Rn. 40.

II. Entstehungs- und Geltungsgeschichte von Art. 106

Art. 106 blickt auf eine bewegte, zwischen extremen Lösungen pendelnde bundesstaatliche Verfassungsgeschichte zurück.[37] Der **Verfassungskonvent auf Herrenchiemsee** hatte Kaiserreich und Weimarer Republik vor Augen, als er das Ziel formulierte, die Finanzwirtschaften des Bundes und der Länder nach Möglichkeit so zu gestalten, dass weder der Bund Kostgänger der Länder ist, noch die Länder Kostgänger des Bundes sind.[38] Die Reichsverfassung von 1871 wies dem Reich die Erträge aus Zöllen und einzelnen Verbrauchsteuern zu (Art. 38, 35), die nach der Franckensteinschen Klausel aber an die Einzelstaaten weiterzuleiten waren, soweit sie eine bestimmte Höhe überstiegen; soweit dadurch und durch weitere Einnahmen die Ausgaben des Reichs nicht gedeckt wurden und solange Reichssteuern nicht eingeführt waren, finanzierte sich das Reich durch sogenannte Matrikularbeiträge der einzelnen Bundesstaaten.[39] Die Weimarer Reichsverfassung gab dem Reich in Art. 8 eine weit gefasste, die Ertragskompetenz umfassende Gesetzgebungskompetenz; die Ertragskompetenz selbst war nicht Gegenstand verfassungsrechtlicher Regelung; der Finanzausgleich war in der Weimarer Republik eine Materie des einfachen Reichsrechts; die Länder waren im Ergebnis vom Reich abhängig.[40] 11

Der **Parlamentarische Rat** wollte eine Abhängigkeit des Bundes von den Ländern oder umgekehrt durch die Zuweisung getrennter Einnahmequellen vermeiden. Die Entwicklung der Finanzverhältnisse – insbesondere der Finanzbedarf von Bund und Ländern und die Ergiebigkeit der verschiedenen Steuerquellen – war 1948/49 aber nicht prognostizierbar.[41] Deshalb stand Art. 106 unter einem befristeten, zweimal verlängerten Revisionsvorbehalt, der 1955 mit dem Finanzverfassungsgesetz eingelöst wurde.[42] Die **Ursprungsfassung des Art. 106**[43] wies die Umsatzsteuer dem Bund sowie die Einkommen- und Körperschaftsteuer grundsätzlich den Ländern zu, regelte in den Abs. 3 und 4 Fragen des sekundären vertikalen Finanzausgleichs und äußerte sich nicht zu den kommunalen Finanzen. Sie stand noch unter dem Eindruck einer heute überwundenen Konnexität von Verwaltungs- und Ertragskompetenzen, die wegen der Dominanz der Finanzverwaltung des Bundes zu einer Intervention der westalliierten Siegermächte geführt hatte.[44] 12

---

[37] Ausführlicher Gesamtüberblick, von der Paulskirchenverfassung bis zur letzten GG-Änderung 2009, bei *Seiler* in Maunz/Dürig Rn. 5–32.

[38] Bericht über den Verfassungskonvent auf Herrenchiemsee, Darstellender Teil, 1948, 54.

[39] Art. 70 S. 2; dazu *E. R. Huber,* Deutsche Verfassungsgeschichte, Bd. 3, 3. Aufl., 1988, 944 ff.; *Pagenkopf,* Der Finanzausgleich im Bundesstaat, 1981, 85 ff.; *Wendt* in HdbStR VI, § 139 Rn. 7 ff.

[40] BVerfGE 1, 117 (119); *E. R. Huber,* Deutsche Verfassungsgeschichte, Bd. 6, 1981, 494 ff.; *Oeter,* Integration und Subsidiarität im deutschen Bundesstaatsrecht, 1998, 60 f., 64 ff.; *Pagenkopf,* Der Finanzausgleich im Bundesstaat, 1981, 108 ff.; *Wendt* in HdbStR VI, § 139 Rn. 11 ff.

[41] JöR 1 (1951), 766, 770.

[42] → Vorb. Art. 104a–115 Rn. 16.

[43] Zusammenstellung der verschiedenen Fassungen des Art. 106 von 1949 bis zur letzten Änderung im Jahr 1997 bei *Bauer/Jestaedt,* Das Grundgesetz im Wortlaut, 1997, 339–352 und jetzt fortlaufend in BK, Bd. 1, Grundgesetz-Änderungen; ausführliche Darstellung, mit Nachw. der Gesetzgebungsmaterialien, bei *Renzsch,* Finanzverfassung und Finanzausgleich, 1991, 54 ff.; aus der zeitgenössischen Literatur *Höpker-Aschoff,* AöR 1949, 306 (321 ff.); Übersicht über die Änderungen der Finanzverfassung → Vorb. Art. 104a–115 Rn. 16.

[44] Zur Erstfassung des vertikalen Finanzausgleichs *Hidien* in BK, Rn. 44–57. Zu Art. 108 → Art. 108 Rn. 5–7.

13 Nach dem Inkrafttreten des GG (vgl. auch Art. 120 Abs. 2) stieg der Finanzbedarf des Bundes rasch an, was zu Streit mit den Ländern um die Höhe der verfassungsrechtlich zugelassenen Beteiligung des Bundes an der Einkommen- und Körperschaftsteuer führte. Das **Finanzverfassungsgesetz** (rückwirkend am 1.4.1955 in Kraft getreten) setzte Quoten fest, mit denen der Bund am Aufkommen dieser Steuern zu beteiligen war, zunächst 33¹/₃, dann 35 %, und sah weiterhin eine einfachgesetzliche Revision dieser Quoten und das heute in Art. 104a Abs. 1 niedergelegte Konnexitätsprinzip als Verteilungsmaßstab vor. Die zweite Änderung des Art. 106 (1.4.1957, hinsichtlich von Abs. 6 S. 4 1.4.1958) diente dem Ziel, die finanzielle Ausstattung der Kommunen im GG abzusichern. Während es vorher der Entscheidung der Landesgesetzgeber überlassen war, ob und inwieweit das Aufkommen der Landessteuern den Gemeinden (Gemeindeverbänden) zufloss, kamen nun im Kern der heutige Abs. 6 und wörtlich der Abs. 8 in das GG; der heutige Abs. 9 war schon Teil des Finanzverfassungsgesetzes; neben den Bundes- und den Landessteuern kennt das Grundgesetz seither Gemeindesteuern. Im Verhältnis von Bund und Ländern vermochte das Finanzverfassungsgesetz freilich keine dauerhafte Befriedung zu bewirken; der Bundeshaushalt 1962 konnte nur durch eine einmalige Zahlung der Länder ausgeglichen werden; seitdem war der Streit um die Beteiligungsverhältnisse von Bund und Ländern an der Einkommen- und Körperschaftsteuer neu entflammt.[45] Das wegen des Widerstands des Bundesrates erst im Vermittlungsverfahren zustande gekommene **Finanzreformgesetz** v. 12.5.1969 änderte Art. 106 zum dritten Mal. Es erweiterte den Steuerverbund von Bund und Ländern um die Umsatzsteuer (großer Steuerverbund), die so zum beweglichen Glied im vertikalen Finanzausgleich avancierte, und erhöhte den Bundesanteil an Einkommen- und Körperschaftsteuer. Darüber hinaus stärkte es die Kommunen durch die (heutigen) Absätze 5 und 7; insbesondere wurde den Gemeinden ein bundesrechtlich bemessener Anteil an der Einkommensteuer zuerkannt. Bei den 1949 Bund und Ländern getrennt zugewiesenen Steuern kam es zu zwei größeren Verschiebungen: die Umsatzsteuer wurde von einer Bundes- zu einer Gemeinschaftsteuer, und der Katalog der Bundessteuern wurde um Art. 106 Abs. 1 Nr. 4 erweitert. Das Finanzreformgesetz erreichte endlich eine Stabilisierung des primären vertikalen Finanzausgleichs, denn die nächste Änderung erfolgte erst 1995. Diese vierte Änderung soll Mindereinnahmen der Länder ausgleichen, die die Folge der Berücksichtigung von Kindern im Einkommensteuerrecht sind (Art. 106 Abs. 3 S. 5, 6, Abs. 4 S. 1, 2. Hs.). Eine fünfte Änderung verschafft seit 1997 den Gemeinden einen Umsatzsteueranteil (Art. 106 Abs. 5a), dies als Kompensation für Einnahmeverluste bei der Gewerbesteuer. Die Wiedervereinigung Deutschlands hat in Art. 106 keine dauerhaften Spuren hinterlassen; es blieb bei der inzwischen erledigten Übergangsregelung in Art. 7 Abs. 2 EVertr. Die sechste Änderung erfolgte 2009; sie dient dem Ziel, alle Kompetenzen für die sog. Mobilitätsbesteuerung (scil. für die auf motorisierte Verkehrsmittel bezogenen Verkehrsteuern) in die Hand des Bundes zu geben und von einer Bundesratszustimmung unabhängig zu machen. Insgesamt ist Art. 106 damit die am häufigsten geänderte Vorschrift des GG. An der Grundkonzeption hat sich aber seit 1969 nichts mehr geändert.

[45] Dazu *Hidien* in BK Rn. 63–65.

III. Europäische Integration

14 Art. 106 verteilt Steuererträge im **Binnenverhältnis von Bund und Ländern** (einschließlich der Kommunen). Die Europäische Union ist für ihn eine externe Größe, die nicht der Einnahmen-, sondern der Ausgabenseite der Staatsfinanzen zuzurechnen ist,[46] zu der es aber gleichwohl verfassungsrechtliche Berührungen gibt. Art. 106 Abs. 1 Nr. 1 läuft leer, soweit Zölle der Europäischen Union gemäß dem Beschluss des Rates vom 26.5.2014 über das System der Eigenmittel der Europäischen Union[47] zugewiesen sind. Art. 106 Abs. 1 Nr. 7 soll die innerstaatliche Erhebung europäischer Abgaben erleichtern, bezieht sich auch auf nicht-steuerliche Abgaben und hat nur einen geringen Anwendungsbereich.[48] Die finanziell gewichtige Aufbringung des Umsatzsteueranteils, der der Union nach Art. 2 Abs. 1b) des Eigenmittelbeschlusses zusteht, ohne dass die Umsatzsteuerertragshoheit, wie die Zollertragshoheit, übertragen worden wäre,[49] ist im GG nicht ausdrücklich geregelt; Gleiches gilt für die sog. BNE-Eigenmittel. Der EU-Anteil ist gem. Art. 104a Abs. 1 vom Bund zu tragen.[50] Mit einer Verzahnung der Ertragsverteilungsregeln des deutschen Verfassungsrechts und des europäischen Primärrechts im Sinne eines Verfassungsverbundes ist nicht zu rechnen.[51]

B. Einzelfragen

I. Bundessteuern (Art. 106 Abs. 1)

15 Die Steuern, deren Ertrag vollständig dem Bund zusteht, sind abschließend in Art. 106 Abs. 1 aufgelistet. Grund für die vollständige Zuweisung des Ertrags einer Steuer an den Bund ist ihre Anknüpfung an Sachverhalte, deren ökonomische Bedeutung über die Grenzen des Bundeslandes hinausgreift, in dem sie erhoben wird, weiterhin ihre Konjunkturabhängigkeit und ihre sachliche Nähe zu Aufgaben des Bundes. Das trifft auf Zölle, Verbrauch- und Verkehrsteuern zu, auch auf die Verkehrsteuern, die Art. 106 Abs. 1 Nr. 3 und 4, abweichend von Art. 106 Abs. 2 Nr. 3, dem Bund zuweist, weniger auf Personal- und Objektsteuern.[52]

16 **„Ertrag der Finanzmonopole"** ist seit Ende 2017 eine leerlaufende Ertragskompetenz. Damals wurde das Branntweinmonopol abgeschafft. Andere Finanzmonopole gibt es nicht, und ihre Wiedereinführung ist derzeit unwahrscheinlich.[53] Denn Finanzmonopole sind Wirtschaftstätigkeiten, die

---

[46] Ebenso *Kube* in BeckOK GG Rn. 5; *Seiler* in Maunz/Dürig Rn. 71. Zur davon abweichenden Behandlung des Anteils der Europäischen Union am Umsatzsteueraufkommen im Bundeshaushalt *Siekmann* in Sachs Art. 110 Rn. 51; → vor Art. 110 Rn. 15, Art. 110 Rn. 21.

[47] Beschluss 2014/335/EU, ABl. L 168/105 vom 7.6.2014; dt. AusführungsG vom 28.5.2015, BGBl. II, 798. Dazu → Rn. 17 sowie *Rossi* in Dauses/Ludwigs, Handbuch des EU-Wirtschaftsrechts, Stand Oktober 2017, A. III. Rn. 83 f.; *Vogel/Waldhoff* in BK, Vorb. Art. 104a Rn. 646 ff.

[48] Zu ihm auch → Rn. 1 und 22; zu BT-Drs. V/3605, 7.

[49] Dazu *Henneke* in SHH Rn. 29; *Seiler* in Maunz/Dürig Rn. 70.

[50] → Art. 104a Rn. 23.

[51] Ähnliche Einschätzung bei *Waldhoff* in Calliess/Ruffert (Hrsg.), EUV. AEUV, 5. Aufl., 2016, Art. 311 Rn. 16. Zum Projekt einer EU-Digitalsteuer *Valta* IStR 2018, 765 ff.

[52] Dazu *Hinnendahl,* Die Steuerverwaltung zwischen Bund und Ländern in der BRD, 1974, 41 ff.

[53] → Art. 105 Rn. 44.

ausschließlich einem Hoheitsträger zur Erzielung von Einnahmen zugewiesen sind; dies passt nicht zu Art. 12 Abs. 1 GG und dem EU-Binnenmarktrecht.[54] „Ertrag“ und „Aufkommen“ meinen trotz der Differenzierung in Art. 106 Abs. 1 dasselbe.

17 Die **Zollbegriffe** in Art. 105 Abs. 1 und 106 Abs. 1 Nr. 1 decken sich.[55] Solange die Ertragshoheit für Zölle gemäß Art. 23 Abs. 1 vollständig auf die Europäische Union übertragen ist, hat Art. 106 Abs. 1 Nr. 1 „nur noch theoretische Bedeutung“.[56] Dies gilt auch für das Deckungsquotenverfahren des Art. 106 Abs. 3 S. 3–5, für das die Zölle durchlaufende Posten sind, nicht aber für die Verwaltungskompetenz, die in Art. 108 Abs. 1 S. 1 besonders geregelt wird.

18 Der einheitliche **Verbrauchsteuerbegriff** des GG[57] bildet die Kompetenzgrundlage für ergiebige Bundessteuern: Energie- und Tabaksteuer.[58] Art. 106a ändert in seiner geltendes Recht gewordenen Fassung nichts an der ausschließlichen Ertragskompetenz des Bundes für die Mineralölsteuer, jetzt Energiesteuer.[59] Ausdrücklich ausgenommen sind Verbrauchsteuern in der Ertragskompetenz der Länder (Biersteuer, Art. 106 Abs. 2 Nr. 4), Verbrauchsteuern in gemeinsamer Ertragskompetenz von Bund und Ländern (Art. 106 Abs. 3 S. 1: Einfuhrumsatzsteuer [die Umsatzsteuer ist richtigerweise als Verbrauchsteuer anzusehen; für sie hat die Ausgrenzung in Art. 106 Abs. 1 Nr. 2 klarstellenden Charakter[60]]) und die örtlichen Verbrauchsteuern (Art. 106 Abs. 6 S. 1). Die **Aufwandsteuern** werden in Art. 106 Abs. 1 Nr. 2 zwar nicht genannt. Dieses Schweigen ist aber nicht im Hinblick auf Art. 105 Abs. 2a beredt; wegen der Ähnlichkeiten von Verbrauch- und Aufwandsteuern gibt es wenig Sinn, Aufwandsteuern aus der allgemeinen Ertragskompetenz des Bundes auszugrenzen.[61] Dass Verbrauchsteuern nach Ansicht des BVerfG nicht nur den privaten, sondern auch den gewerblichen Verbrauch erfassen, schafft für Ökosteuern verfassungsrechtlichen Spielraum.[62]

19 Von den **Verkehrsteuern,** die gem. Art. 106 Abs. 2 Nr. 3 grundsätzlich Landessteuern sind, weist Art. 106 Abs. 1 Nr. 3 und 4 dem Bund die Straßengüterverkehrsteuer, die Kapitalverkehrsteuer und die Wechselsteuer, die alle seit langem nicht mehr erhoben werden, sowie die Kfz-Steuer, sonstige auf motorisierte Verkehrsmittel bezogene Verkehrsteuern und die Versicherungsteuer zu.[63] Zum Wesen einer Verkehrsteuer gehört, dass sie an Akte oder Vorgänge des Rechtsverkehrs, z. B. die Aushändigung eines Wechsels

---

[54] Vgl. *Isensee* in HdbStR V, § 122 Rn. 94, der nur vorkonstitutionelle Finanzmonopole für verfassungsrchtlich zulässig hält; aus der Rspr. BVerfGE 14, 105 u. 41, 205.

[55] Weiteres → Art. 105 Rn. 43.

[56] Zitat: *Maunz* in Maunz/Dürig, Vorkommentierung, Rn. 23; weiter *Seiler* in Maunz/Dürig Rn. 87.

[57] → Art. 105 Rn. 60; *Englisch* in Kube, Leitgedanken des Rechts, Bd. II, 2013, § 190 Rn. 3 ff.

[58] Definition und Listen bei *Henneke,* Öffentliches Finanzwesen – Finanzverfassung, 2. Aufl., 2000, Rn. 708; *Hidien* in BK Rn. 1408–1421. Zuletzt BVerfGE 110, 274 (294–296: Mineralöl- und Steuersteuer).

[59] Dazu *Häde,* Finanzausgleich, 1996, 254 f.

[60] Siehe auch → Rn. 24.

[61] Wie hier *Hidien* in BK Rn. 1416–1419; offen *Siekmann* in Sachs Rn. 5.

[62] → Art. 105 Rn. 60. Dementsprechend hat das BVerfG die besonderen Verbrauchsteuern der sog. ökologischen Steuerreform nicht beanstandet; BVerfGE 110, 274; dazu *Waldhoff* Die Verwaltung 41 (2008), 259 ff.

[63] Ausführlich *Seiler* in Maunz/Dürig Rn. 109–113.

durch den Aussteller, an einen rechtlichen oder wirtschaftlichen Akt, an die Vornahme eines Rechtsgeschäfts oder einen wirtschaftlichen Vorgang oder einen Verkehrsvorgang anknüpft.[64] Bei der **Kfz-Steuer** ist streitig, ob sie als Verkehr-, als Verbrauch- oder als Aufwandsteuer zu qualifizieren sei; diesen Streit hat der verfassungsändernde Gesetzgeber 2009 zugunsten der Variante Verkehrsteuer entschieden.[65] Die **Straßengüterverkehrsteuer** belastete den Straßengüterverkehr zu dem Zweck seiner teilweisen Verlagerung auf die Schiene. Dieser Lenkungszweck war bei ihrer Einführung weniger umwelt- als verkehrspolitisch motiviert: das Straßennetz sollte entlastet und die Ertragslage der vom Bund betriebenen Bahn verbessert werden.[66] Seit dem 1.1.1972 wird diese Steuer („Leberpfennig") nicht mehr erhoben. Mit Art. 74 Abs. 1 Nr. 22 ist die inzwischen realisierte Möglichkeit offen gehalten, die Besteuerung des Straßengüterverkehrs durch eine Gebührenregelung zu ersetzen.[67] Die Verlagerung der Ertragskompetenz für die Kfz-Steuer von den Ländern auf den Bund und die Schaffung einer Bundesertragskompetenz für sonstige auf motorisierte Verkehrsmittel bezogene Verkehrsteuern, beides durch Verfassungsänderung im Jahr 2009, soll das Zustimmungsrecht des Bundesrates gemäß Art. 105 Abs. 3 ausschalten und dem Bund so die Entwicklung und Fortführung eines in sich geschlossenen, in seinen einzelnen Elementen (derzeit Energie- und Kfz-Steuer sowie Straßenbenutzungsgebühren) abgestimmten Konzepts zur Mobilitätsbesteuerung ermöglichen.[68] Finanzielle Auswirkungen der Verfassungsänderung werden von Art. 106b neutralisiert. Der „Diesel"-Skandal der Jahre 2017 und 2018 rückt diese Maßnahme, was ihre Lenkungszwecke betrifft, in ein schlechtes Licht. Beispiele für **sonstige Verkehrsteuern** im Sinne von Nr. 3 sind selten. Als ein Beispiel kann die 2011 eingeführte Luftverkehrsteuer genannt werden; mit „Verkehr" ist hier nicht die Flugreise gemeint, sondern die Buchung des Flugtickets.[69] Die in Nr. 4 zusammengefassten Steuern sollen den Umsatz von Finanzkapital erfassen. Zu ihnen gehörten auch die Börsenumsatz- und die Gesellschaftsteuer. Die Versicherungsteuer belastet die Zahlung von Versicherungsentgelten für bestimmte Versicherungen. Weil die Feuerschutzsteuer die Entgegennahme von Versicherungsentgelten belastet, fällt sie nicht unter Art. 106 Abs. 1 Nr. 4, sondern unter Art. 106 Abs. 2 Nr. 3.[70]

Art. 106 Abs. 1 Nr. 5 erfasst trotz des weiten Begriffs der Abgaben nur **20** Steuern und steht im Zusammenhang mit Art. 120 Abs. 1. Die Vorschrift verweist auf die im Lastenausgleichsgesetz geregelten, inzwischen ausgelaufenen **Ausgleichsabgaben.** Ob einmalige Vermögensabgaben nur im Bereich des Lastenausgleichs nach dem 2. Weltkrieg erhoben werden dürfen,[71] ist streitig.[72] Dagegen sprechen die Textfassung der Nr. 5 und die Zweckmäßig-

[64] So BVerfGE 16, 64 (73); ähnlich BFHE 110, 213 (215); BVerwGE 96, 272 (281).

[65] Zu den Gründen für die Verfassungsänderung *Seiler* in Maunz/Dürig Rn. 105. Zusammenfassend *Selmer/Hummel* Jahrbuch für öffentliche Finanzen 2009, 488 ff.

[66] Zur verfassungsrechtlichen Zulässigkeit BVerfGE 38, 61.

[67] Zu BT-Drs. V/3605, 4; vgl. das BundesfernstraßenmautG v. 12.7.2011 (BGBl. I, 1378), zuletzt geändert am 4.12.2018 (BGBl. I, 2251).

[68] Vgl. BT-Drs. 16/11741, 4.

[69] BVerfGE 137, 350 (362 f.). A. A. *Desens* FS f. P. Kirchhof, 2013, Bd. 2, § 189 Rn. 32; *Hey/Eilers* DStR 2011, 97 (99 f.).

[70] Zu dieser Steuer *Englisch* in Tipke/Lang, Steuerrecht, 23. Aufl., 2018, § 18 Rn. 77.

[71] So *Hidien* in BK Rn. 1427, unter Hinweis auf Materialien.

[72] Dagegen *Seiler* in Maunz/Dürig Rn. 114–116; ähnlich *Heun* in Dreier Rn. 16; *Kloepfer,* Finanzverfassungsrecht, 2014, § 5 Rn. 35; *Pieroth* in Jarass/Pieroth Rn. 4b; *Schwarz* in MKS Rn. 48; wohl auch *Henneke* in SHH Rn. 30; *Siekmann* in Sachs Rn. 6.

keit einer von dem inzwischen gelösten Problem des Lastenausgleichs nach dem 2. Weltkrieg abgekoppelten Ertragskompetenz des Bundes. Wird eine Begrenzung der Ertragskompetenz des Bundes auf den Lastenausgleich darum zutreffend verneint, so darf eine unter Nr. 5 fallende Abgabe nicht der Vermögensteuer gleichartig sein, die periodisch erhoben wird, deren Ertrag aber nach Art. 106 Abs. 2 Nr. 1 den Ländern zusteht.[73] Weiter ist zu fordern, dass nur in Fällen, die **dem Lastenausgleich vergleichbar** sind, von dieser Kompetenz Gebrauch gemacht wird.[74] Für die Gewährung von Entschädigungs- und Ausgleichsleistungen nach der Wiedervereinigung Deutschlands hat Art. 106 Abs. 1 Nr. 5 keine Rolle gespielt. Als weiteres denkbares Anwendungsbeispiel wird die Bewältigung der Energiewende genannt.[75]

21 Die **Ergänzungsabgabe** zur Einkommen- und Körperschaftsteuer (Art. 106 Abs. 1 Nr. 6) fließt, anders als diese Steuern selbst und ein Stabilitätszuschlag,[76] allein dem Bund zu. Dieser Unterschied erklärt ihre Einführung am 1. April 1954 und rechtfertigt ihre Verselbständigung gegenüber Einkommen- und Körperschaftsteuer, von denen sie sich aus Sicht der Steuerschuldner nicht grundsätzlich unterscheidet. Die Ergänzungsabgabe ist als subsidiäres Finanzierungsmittel zur Deckung eines zusätzlichen konkreten Finanzbedarfs des Bundes, nicht als konjunkturpolitisches Instrument,[77] konzipiert, auch nicht als Instrument zur Finanzierung einer Daueraufgabe, wie der Finanzierung von Bildungseinrichtungen durch eine Vermögensabgabe der „Besserverdienenden". Art. 106 Abs. 1 Nr. 6 enthält in dem Wortteil „Ergänzungs-„ Zulässigkeitsvoraussetzungen für diese Abgabe. Unzulässig ist weiter die Aushöhlung von Einkommen- und Körperschaftsteuer und die Umgehung der Länderbeteiligung an diesen Steuern; daraus folgt, dass die Ergänzungsabgabe nur einen kleinen Prozentsatz der Einkommen- und Körperschaftsteuer ausmachen darf, wobei die quantitativ schwer fixierbare Grenze jedenfalls mit 5,5 % nicht überschritten ist. Von Art. 106 Abs. 1 Nr. 6 nicht geboten ist eine Befristung[78] oder ein gesetzlicher Evaluierungsvorbehalt. Gegenwärtig unterfällt der Nr. 6 der aus Anlass der Wiedervereinigung Deutschlands eingeführte Solidaritätszuschlag (§ 1 Solidaritätszuschlagsgesetz 1995). Mit zunehmendem zeitlichem Abstand zur Wiedervereinigung wächst aber die Rechtfertigungslast.[79] Spätestens ab dem Auslaufen des Solidarpaktes II, dieses Datum nennt in anderem Zusammenhang auch Art. 143c, dürfte seine Beibehaltung nicht mehr möglich sein. Um nicht dem Sektsteuersyndrom zu verfallen[80], sollte man ihre Finalisierung nicht von letztlich unbrauchbaren Kriterien – Voraussetzungen evident entfallen, dem Bund stehen ausreichend Finanzmittel zur Verfügung[81] – abhängig machen. Seit einiger Zeit sind bei BVerfG und BFH Verfahren anhängig, in denen es um

[73] Dazu *Seiler* in Maunz/Dürig Rn. 114.

[74] Dazu *Seiler* in Maunz/Dürig Rn. 116; *Siekmann* in Sachs Rn. 6.

[75] *Wieland,* Vermögensabgaben im Sinne von Art. 106 Abs. 1 Nr. 5 GG, Speyerer Arbeitshefte 208/2012.

[76] BVerfGE 36, 66 (70 f.).

[77] Hierzu *Henneke* in SHH Rn. 31.

[78] Zu alledem schon BVerfGE 32, 333 (337 ff.); ferner BVerfG, NJW 2000, 797 (K) u. NJW 2011, 441 (442, K); BFH BStBl. II 2012, 43 (45 f.).

[79] Siehe auch *Kloepfer,* Finanzverfassungsrecht, 2014, § 5 Rn. 37 mit Fn. 98; *Papier* FS f. M. Lehner, 2019 (im Erscheinen); *Schwarz* in MKS Rn. 49; *Siekmann* in Sachs Rn. 7; *Tappe* ZRP 2018, 186 ff.

[80] Die Sektsteuer wurde ursprünglich zur Finanzierung der Kriegsmarine des Kaiserreichs eingeführt und hat deren Untergang inzwischen um mehr als 100 Jahre überdauert.

[81] So *Schwarz* in MKS Rn. 49.

diese Fragen geht.[82] Der 2018 zwischen CDU, CSU und SPD geschlossene Koalitionsvertrag sieht vor, ab 2021 90 % aller Zahler des Solidaritätszuschlags durch eine Freigrenze mit Gleitzone vollständig von diesem Zuschlag zu entlasten und das Aufkommen damit von ca. 17 Mrd. Euro jährlich auf ca. 7 Mrd. Euro zu reduzieren; diese Ungleichbehandlung verursacht Folgeprobleme bei Art. 3 Abs. 1 GG.[83]

Die Ertragskompetenz des Bundes für **Abgaben im Rahmen der Europäischen Gemeinschaften** ist 1969 – auch im Vorgriff auf weitere Integrationsschritte – in Art. 106 Abs. 1 Nr. 7 geregelt worden, hat sich aber als überflüssig erwiesen. Steuern werden von der Europäischen Union nicht erhoben; dafür fehlt der Union auch nach dem Lissabonner Vertrag eine Rechtsetzungskompetenz. Die Ertragskompetenz für die von dem Wort „Abgaben" ebenfalls erfassten (→ Rn. 1, 14) nichtsteuerlichen Abgaben könnte vom Bund auch einfachgesetzlich geregelt werden. Beispiele nichtsteuerlicher Abgaben sind Agrarabgaben sowie die Zucker- und die Isoglukoseabgabe.[84] Nach Art. 106 Abs. 1 Nr. 7 fließen sie zunächst dem Bund, nicht den Ländern zu, sind vom Bund aber an die Europäischen Union weiterzuleiten, bei der die Ertragshoheit liegt. Die Abgaben im Rahmen der Europäischen Gemeinschaften stellen für den Bund, wie die Zölle, keine Einnahmen dar, sondern, abzüglich seines Verwaltungskostenanteils, durchlaufende Posten, die von ihm verwaltet werden (Art. 108 Abs. 1 S. 1). 22

II. Landessteuern (Art. 106 Abs. 2)

Die – in der Regel, wegen Art. 105 Abs. 2 aber nicht zwingend[85], bundesgesetzlich geregelten – Steuern, deren Ertrag ausschließlich den Ländern zusteht, werden in Art. 106 Abs. 2 abschließend genannt. Die Zuweisung gerade dieser Steuern an die Länder erklärt sich aus ihrem regionalen Bezug und ihrer geringeren Konjunkturabhängigkeit,[86] bei der Biersteuer auch aus Tradition. Landessteuern sind die Vermögensteuer (Nr. 1),[87] die Erbschaftsteuer (Nr. 2), die nicht von Art. 106 Abs. 1 oder 3 erfassten Verkehrsteuern (Nr. 3), die Biersteuer (Nr. 4) und die Abgabe von Spielbanken (Nr. 5). 23

Die **Vermögensteuer** (Nr. 1) ist eine (wiederkehrende Personal-)Steuer auf das ruhende, in der Regel aus bereits versteuertem Einkommen gebildete Vermögen; sie muss als Sollertrag- und darf nicht als Substanzsteuer ausgestaltet sein.[88] Seit 1997 wird keine Vermögensteuer mehr erhoben; ob das vom BVerfG 1995 für mit Art. 3 Abs. 1 unvereinbar erklärte Vermögensteuergesetz des Bundes immer noch Sperrwirkung für die Bundesländer 24

[82] BVerfG, 2 BvL 6/14; BFH, II R 27/15; weit. Nachweise bei *Kube* in BeckOK GG Rn. 14.

[83] Hierzu *Wernsmann* NJW 2018, 916–918, auch zu der Frage, ob BVerfGE 32, 333 in die heutige Zeit übertragbar ist; *ders.* StuW 2018, 100 (110 f.). Vgl. weiter *Kube* DStR 2017, 1792–1801.

[84] Dazu *Henneke* in SHH Rn. 26; *Häde* Finanzausgleich, 1996, 186 f.

[85] Zur Ausnutzung der konkurrierenden Gesetzgebungskompetenz durch den Bund → Art. 105 Rn. 8.

[86] Gutachten über die Finanzreform, Tz. 234.

[87] Nr. 1, zu ihr → Art. 105 Rn. 40.

[88] So BVerfGE 93, 121 (137, 139 f.); 115, 97; a. A. *Birk* DStJG 22 (1999), 7 (16); *Feldner* NWB-EV 2013, 331 (333).Vgl. weiter *Bechstein,* Die Rechtfertigung der Einzelsteuern unter besonderer Berücksichtigung der verfassungsrechtlichen Anforderungen, dargestellt am Beispiel der Vermögensteuer, 1997; *Schwarz,* Wiedereinführung der Vermögensteuer, 2017; *Vieten,* Die verfassungsrechtliche Zulässigkeit einer Wiedereinführung einer Vermögensteuer, Diss., 2004.

entfaltet, ist streitig.[89] Die Ertragskompetenz für die **Erbschaftsteuer** (Nr. 2) bezieht sich kraft Sachzusammenhangs auch auf die Besteuerung von Schenkungen und Vermächtnissen; entsprechende Erwerbsvorgänge sind kein Einkommen im Sinne der Einkommensteuer.[90] Zweck der Erbschaftsteuer ist auch, so treffend Art. 123 Abs. 3 BayVerf, „die Ansammlung von Riesenvermögen in den Händen einzelner zu verhindern". Zum Wesen einer **Verkehrsteuer** (Nr. 3) gehört, dass sie an Akte oder Vorgänge des Rechtsverkehrs, an einen rechtlichen oder wirtschaftlichen Akt, an die Vornahme eines Rechtsgeschäfts oder einen wirtschaftlichen Vorgang oder einen Verkehrsvorgang anknüpft.[91] Als Verkehrsteuern fallen unter Nr. 3 die Feuerschutz-[92], die Grunderwerb-, die Rennwett- und Lotteriesteuer,[93] nicht dagegen die von Art. 106 Abs. 1 Nr. 3 und 4 erfassten Steuern und die von Art. 106 Abs. 3 erfasste Umsatzsteuer, die – mit Ausnahme der Einfuhrumsatzsteuer – als Verkehr- und nicht als Verbrauchsteuer gilt. Zur Umsatzsteuer ist gesichert, dass die allgemeine Umsatzsteuer (im Unterschied zur Einfuhrumsatzsteuer) keine bundesgesetzlich geregelte Verbrauchsteuer im Sinne von Art. 108 Abs. 1 GG ist und dass auch einfachgesetzliche Regelungen über Verbrauchsteuern, z. B. § 172 Abs. 1 Satz 1 Nr. 1 AO, auf sie keine Anwendung finden; schon 1958 hat das BVerfG festgestellt: „Ebenso wie die allgemeine Umsatzsteuer steht die … im Schnittpunkt zwischen Verbrauchsteuern und Verkehrsteuern. Ihrer wirtschaftlichen Wirkung nach sind beide allgemeine Verbrauchsabgaben, gesetztechnisch sind jedoch beide als Verkehrsteuern ausgestaltet."[94] Die Biersteuer (Nr. 4) ist die einzige überörtliche Verbrauchsteuer, deren Ertrag den Ländern zusteht; ihre Verwaltung ist aber nach Art. 108 Abs. 1 Sache des Bundes. Die Steuerqualität der Abgabe von den Spielbanken (Abs. 2 Nr. 5) ist streitig;[95] für die Anwendung des Art. 106 spielt dies aber keine Rolle; dort werden auch an anderer Stelle nichtsteuerliche Abgaben erfasst.[96]

III. Gemeinschaftsteuern von Bund und Ländern (Art. 106 Abs. 3, 4)

25 Von dem gesamtstaatlichen **Steueraufkommen** von ca. 768,3 Mrd. Euro, das 2019 erwartet wird (einschließlich Gemeindesteuern),[97] entfallen 43,5 % auf den Bund, 41,6 % auf die Länder und 14,9 % auf die Kommunen; der Anteil der Gemeinschaftsteuern liegt bei 64,2 %, derjenige reiner Landes-

---

[89] Nachweise bei *Seiler* in Maunz/Dürig Rn. 123.

[90] Zu Rechtsnatur und Vereinbarkeit der Erbschaftsteuer mit Grundrechten, insbesondere der Erbrechtsgarantie des Art. 14 Abs. 1: *Bernert,* Das Bundesverfassungsgericht und die Erbschaftsteuer, Diss., 2018; *Birk* in Hey/Birk u. a., Zukunft der Erbschaftsteuer, IFSt-Schrift Nr. 506, 2015, 38 ff.; *Müller,* Unternehmensnachfolge und Erbschaftsteuer, 2016. Zur Bedeutung der Erbschaftsteuer für die finanzielle Ausstattung der Länder BVerfGE 138, 136 (250).

[91] BVerfGE 16, 64 (73).

[92] Zu ihrem Verhältnis zur Versicherungsteuer *Seiler* in Maunz/Dürig Rn. 128.

[93] Zu ihr vgl. auch BVerwG DVBl. 1995, 353.

[94] BVerfGE 7, 244 (260). Siehe weiter *Heintzen* Artikel „Verkehrsteuern" und „Verbrauchsteuern" in Staatslexikon, 7. Aufl, Bd. 5, im Erscheinen; *Söhn* StuW 1975, 1; *Seiler* in Maunz/Dürig Rn. 98, 143.

[95] → Rn. 9 u. Art. 105 Rn. 18. Zur Spielbankenabgabe aus verfassungsrechtlicher Sicht umfassend, aber z. T. veraltet *Walter* StuW 1972, 255; *Seiler* in Maunz/Dürig Rn. 133–135; ungewöhnlich sind bei ihr die sehr hohen Steuersätze; zur Frage einer Abgabenbeteiligung der Sitzkommune einer Spielbank *Siekmann* in Sachs Rn. 42.

[96] *Seiler* in Maunz/Dürig Rn. 119; → Rn. 1 a. E., 14, 22.

[97] Gemäß der 154. Sitzung des Arbeitskreises „Steuerschätzungen" vom Oktober 2018.

steuern dagegen nur bei 2,8 %. Für das Verhältnis von Bund und Ländern haben die Regeln über das Verbundsystem (Abs. 3 und 4) darum ein größeres tatsächliches Gewicht als die Regeln über das Trennsystem (Abs. 1 und 2). Einkommen- und Körperschaftsteuer (als die im Verhältnis zur Einkommensteuer natürlicher Personen wegen des Problems von Doppelbelastungen besonders rechtfertigungsbedürftige Einkommensteuer juristischer Personen und sonstiger Körperschaften) standen 1949 grundsätzlich den Ländern zu, die Umsatzsteuer dem Bund. In der nun gemeinsamen Ertragskompetenz spiegelt sich die gesamtstaatliche Verantwortung von Bund und Ländern für die Wirtschaftsleistung der Bundesrepublik Deutschland, an der die öffentliche Hand vor allem mit diesen Steuern partizipiert. Durch die nachträgliche Einbeziehung der Umsatzsteuer ist der Steuerverbund weniger konjunkturreagibel geworden, wovon die Bundesländer wegen ihres schwächeren Einflusses auf die konjunkturelle Entwicklung besonders profitieren.

1. Die erfassten Steuern. Gemeinschaftsteuern sind die Einkommen-, 26
die Körperschaft- und die Umsatzsteuer. Zur Einkommensteuer rechnet auch die Besteuerung von Veräußerungsgewinnen im Rahmen der §§ 17, 23 EStG.[98] Zur Einkommensteuer rechnet weiter ein Stabilitätszuschlag, der im Unterschied zu einer Ergänzungsabgabe nach Art. 106 Abs. 1 Nr. 6 nicht zur Deckung eines zusätzlichen konkreten Finanzbedarfs des Bundes, sondern der Beeinflussung der Konjunktur dient.[99] Würde die Körperschaftsteuer von einer rechtsformneutralen Unternehmensteuer abgelöst, so könnte diese nicht ohne weiteres an ihre finanzverfassungsrechtliche Stelle treten.[100] Zur Umsatzsteuer gehört auch die Einfuhrumsatzsteuer (deren Aufkommen in der Regel und so auch 2018 etwa ein Viertel des gesamten Umsatzsteueraufkommens beträgt). Trotz ihres einmal hohen Aufkommens lassen sich die UMTS-Lizenzgebühren hier nicht, auch nicht im Wege der Analogie, einordnen.[101] Gleiches gilt für die 2019 versteigerten 5G-Lizenzen.[102]

2. Die Aufteilung der Erträge dieser Steuern. a) Einkommen- und 27
Körperschaftsteuer. Die **Einkommensteuer** wird in der Weise auf den Bund und die Länder verteilt, dass von ihrem Aufkommen zunächst abgezogen wird, was nach Art. 106 Abs. 3 S. 1 und Abs. 5 S. 1 und dem Gemeindefinanzreformgesetz (GFRG)[103] den Gemeinden als ihr Anteil zusteht.[104] Zurzeit sind das 15 % des Aufkommens aus Lohn- und veranlagter Einkommensteuer sowie 12 % des Aufkommens aus der Kapitalertragsteuer. Art. 106 begründet dabei nach der überwiegend in der Literatur vertretenen Meinung eine eigene Ertragshoheit der Gemeinden; Art. 106 ist zwar eine Norm des Bundesstaatsrechts, das grundsätzlich nur das Verhältnis zwischen dem Bund und den Ländern im Blick hat und Gemeinden als Teile der Länder begreift; aber indem Art. 106 Abs. 3 S. 1 Einkommen- und Umsatzsteuer nur soweit zu Gemeinschaftsteuern von Bund und Ländern erklärt, wie ihr Aufkommen nicht den Gemeinden zusteht, weicht er von dem Grundsatz, dass Gemeinden Teil der Länder sind, ab; diese Sicht wird auch von den

[98] BVerfGE 26, 302 (309); 27, 111 (126).
[99] BVerfGE 36, 66 (70 f.).
[100] Zu diesem Problem → Rn. 8.
[101] BVerfGE 105, 185 (193 f.).
[102] → Art. 105 Rn. 5.
[103] Zuletzt geändert am 17.12.2018 (BGBl. I, 2522).
[104] Zum Schema der Verteilung auf Bund, Länder und Gemeinden *Hidien* in BK Rn. 682 ff., 702.

Formulierungen „zugewiesen wird" und „weiterzuleiten ist" nicht entkräftet.[105] In den Stadtstaaten Berlin und Hamburg steht der Gemeindeanteil an der Einkommensteuer dem Land zu (§ 7 Satz 1 GFRG). Am verbleibenden Aufkommen der Einkommensteuer sind der Bund und die Gesamtheit der Länder nach Art. 106 Abs. 3 S. 2 je zur Hälfte beteiligt. Die **Körperschaftsteuer** wird hälftig zwischen Bund und Ländern geteilt, ohne dass vorab die Gemeinden einen Anteil erhalten. Bei der Einkommensteuer liegen die Anteile von Bund und Ländern darum bei jeweils 42,5 %, bei der Körperschaftsteuer bei 50 %. Ob Bund und Länder hinsichtlich dieser Beträge in Teilgläubigerschaft, in Gläubigergemeinschaft oder in einem anderen Rechtsverhältnis zueinander stehen,[106] ist unklar; von der Antwort hängen aber keine Rechtsfolgen ab.

28 **b) Umsatzsteuer. aa) Finanzausgleichsgesetz und Maßstäbegesetz.** Das Beteiligungsverhältnis von Bund und Ländern am Aufkommen der Umsatzsteuer, der neben der Lohnsteuer ertragreichsten Steuer, ist **nicht verfassungsrechtlich festgelegt.** Vielmehr ermächtigt Art. 106 Abs. 3 S. 3 den einfachen Bundesgesetzgeber, die Verteilung mit Zustimmung des Bundesrates zu regeln; vorab ist der gemäß Art. 106 Abs. 5a ebenfalls bundesgesetzlich festzulegende Anteil der Gemeinden an der Umsatzsteuer abzuziehen. Die Umsatzsteuer erweist sich damit als „bewegliche[r] Puffer"[107] im primären vertikalen Finanzausgleich und, nach Art. 107 Abs. 2 Sätze 2 und 3, auch im sekundären horizontalen Finanzausgleich.[108] Die Umsatzsteuer bildet den beweglichen Pol und zugleich den Kristallisationspunkt politischen Streits um das in Art. 106 Abs. 3 S. 3 vorgesehene Gesetz.

29 Die **gesetzliche Bemessung** der Umsatzsteueranteile von Bund und Ländern ist eine politische Entscheidung, die angesichts stets knapper finanzieller Ressourcen Bund und Länder zur Setzung von Prioritäten zwingt, die sich schwerlich juristisch begründen lassen und bei denen deshalb die Grundsätze des Art. 106 Abs. 3 S. 4 nur begrenzt justitiabel sind. Durch diese Grundsätze erhält bereits die vertikale Steueraufteilung, bezogen auf die Ländergesamtheit, ausgaben- und bedarfsorientierten Charakter.[109] Die Entscheidung über den Verteilungsschlüssel ergeht als Bundesgesetz, das der Zustimmung des Bundesrates bedarf; dies ist das **Finanzausgleichsgesetz.** De facto ratifiziert dieses Gesetz einen zuvor gefundenen Kompromiss der Regierungen von Bund und Ländern.[110] Die gesetzliche Regelung darf befristet erfolgen, wobei die einfachgesetzliche Befristung den verfassungsrechtlichen Revisionsanspruch gem. Art. 106 Abs. 4 nicht ausschließt;[111] so ver-

---

[105] Wie hier *Korioth,* Der Finanzausgleich zwischen Bund und Ländern, 1997, 425 Fn. 58; *Siekmann* in Sachs Rn. 32.

[106] Dazu *Hidien* in BK Rn. 692; *Kube* in BeckOK GG Rn. 20.

[107] *Stern,* Das StaatsR der BRD II, 1980, § 47 III 4a β. Zum Zerrbild eines „eingerosteten Scharniers" *Woisin* Wirtschaftsdienst 2008, 446. Anderes Bild: „Archillesferse", so *Mittler* Umsatzsteuer-Rundschau 2004, 1. Zu Auswirkungen von Umsatzsteuerbetrug auf die Gesetzgebung *Erdbrügger* MwStR 2018, 685.

[108] Vgl. auch BVerfGE 72, 330 (384).

[109] So BVerfGE 72, 330 (384); 116, 327 (378 f.).

[110] Dazu auch *Henneke,* Öffentliches Finanzwesen – Finanzverfassung, 2. Aufl., 2000, Rn. 717; *Hidien* in BK Rn. 706–711, insb. Rn. 709 f.; *Korioth,* Der Finanzausgleich zwischen Bund und Ländern, 1997, 476 f.; *Siekmann* in Sachs Rn. 14. Bedenken dagegen in BVerfGE 101, 158 (218 f.).

[111] Anders zur Zulässigkeit der Befristung *Hidien,* Die Verteilung der Umsatzsteuer zwischen Bund und Ländern, 1998, 328 ff.; *ders.* in BK, Rn. 996–1000, unter Hinweis auf

fuhr bis 2001 auch die Praxis.[112] Es muss aber stets eine solche gesetzliche Regelung geben, weil anderenfalls die Umsatzsteuer von Bund und Ländern nicht bewirtschaftet werden könnte; Art. 106 Abs. 3 S. 3 begründet nicht nur eine Gesetzgebungskompetenz, sondern auch eine **Gesetzgebungspflicht.** Gelingt es nach Fristablauf nicht (rechtzeitig), eine Nachfolgeregelung zu erlassen, so gilt die bisherige Regelung bis zu ihrer auf den Zeitpunkt des Fristablaufs zurückwirkenden Ersetzung fort;[113] dies widerspricht zwar dem Willen des Gesetzgebers;[114] dieser Wille führt aber zu einem verfassungswidrigen Ergebnis und ist deshalb unbeachtlich. Das seit 2001 geltende FAG ist unbefristet, wird aber häufig geändert.[115] Die ab 2020 geltende Fassung von § 1 FAG ist immerhin wieder lesbarer.[116]

Das BVerfG interpretiert Art. 106 Abs. 3 S. 3, 4 im Sinne eines **doppelten** 30 **Gesetzgebungsauftrags:**[117] Der Bundesgesetzgeber habe zunächst – auch insoweit mit Zustimmung des Bundesrates – die verfassungsrechtlichen Grundsätze, man könnte auch Maßstäbe sagen, inhaltlich zu verdeutlichen und seine verfassungskonkretisierenden Maßstäbe der Zuteilung und des Ausgleichs tatbestandlich zu benennen.[118] Sodann habe er aus diesen Maßstäben die konkreten finanzrechtlichen Folgerungen für die jeweilige Ertragshoheit, Zuweisungsbefugnis und Empfangsberechtigung, Ausgleichsberechtigung und Ausgleichsverpflichtung zu ziehen. Letzteres ist Regelungsthema des Finanzausgleichsgesetzes, Ersteres eines Maßstäbegesetzes, das als langfristiger Vorgriff in die Zukunft die Maßstäbe der Steuerzuteilung und des Finanzausgleichs bereits bildet, bevor deren spätere Wirkungen konkret bekannt werden. Das Maßstäbegesetz soll für das Finanzausgleichsgesetz einen verbindlichen Rahmen schaffen.[119]

Art. 106 Abs. 3 S. 4 versucht, den Finanzausgleich zu **verstetigen** und die 31 finanziellen Auseinandersetzungen zu **versachlichen** und zu erleichtern,[120] indem er den Finanzausgleichsgesetzgeber an normative Grundsätze für die Umsatzsteuerverteilung bindet, die zugleich als normative Grundsätze der Finanzpolitik angesehen werden, aber gesetzesmediatisiert bleiben: Gleichwertigkeit und Gleichdringlichkeit der Aufgaben von Bund und Ländern, billiger Ausgleich ihrer Beteiligungsansprüche, Rücksichtnahme auf die Leistungsfähigkeit der Steuerpflichtigen, Wahrung der Einheitlichkeit der Lebensverhältnisse im Bundesgebiet. Diese Grundsätze sind mit unbestimmten Rechtsbegriffen gespickt und eröffnen weite Beurteilungs- und Entscheidungsspielräume. Ihre normative Wirkung und ihre Justiziabilität sind darum nach einhelliger Ansicht gering.[121] Um die verfassungsrechtlichen Maßstäbe

---

Art. 106 Abs. 4 S. 1; *Kloepfer,* Finanzverfassungsrecht, 2014, § 5 Rn. 57. Wie hier *Heun* in Dreier Rn. 29; *Kube* in BeckOK GG Rn. 21; *Pieroth* in Jarass/Pieroth Rn. 8a.

[112] Wie hier *Siekmann* in Sachs Rn. 15; *Stern,* Das StaatsR der BRD II, 1980, § 47 III 4a β; *Wendt* in HdbStR VI, § 139 Rn. 77.

[113] Zur langjährigen Staatspraxis *Hidien* in BK Rn. 999.

[114] Hierzu auch die Ausführungen bei *Seiler* in Maunz/Dürig Rn. 154 Fn. 4.

[115] Dazu *Henneke,* Öffentliches Finanzwesen – Finanzverfassung, 2. Aufl., 2000, Rn. 718; *Hofmann* ZRP 1999, 465 (467 Fn. 28).

[116] Zur Vorgängerregelung zu Recht kritisch *Kloepfer,* Finanzverfassungsrecht, 2014, § 5 Rn. 59; *Siekmann* in Sachs Rn. 26, 50.

[117] BVerfGE 101, 158 (216).

[118] Auflistung der einzelnen Vorgaben des BVerfG bei *Röper* ZRP 2001, 216 (217 f.).

[119] Siehe → Rn. 31, 33, 35, 36, 37 70; Art. 107 Rn. 10–12, 24 f., 34, 44.

[120] BT-Drs. V/2861, Tz. 144, 145, 327.

[121] Zur Justiziabilität der Finanzverfassung *Wissenschaftlicher Beirat beim BMF,* Gutachten zur Verteilung der Umsatzsteuer, 1981, Tz. 25; ferner → Vorb. Art. 104a–115 Rn. 20 ff.; zu

zu konkretisieren und zu verstetigen, hat der Gesetzgeber nach der Entscheidung des BVerfG v. 11.11.1999[122] ein Maßstäbegesetz erlassen, das sich zwischen Finanzausgleichsgesetz und Art. 106, 107 schiebt. Nach einigen Jahren muss man aber feststellen, dass der Versuch, mit einem solchen Gesetz die finanzpolitische **„Diktatur der Taschenrechner"** zu beenden, gescheitert ist.[123] § 4 des Maßstäbegesetzes geht über Art. 106 Abs. 3 Sätze 4 bis 6 GG nicht hinaus. Ohne ein solches Gesetz könne, so das BVerfG, die Einhaltung der Vorgaben von Art. 106 Abs. 3 Satz 4 weder gewährleistet noch kontrolliert werden.[124] Welche Konsequenzen des BVerfG aus diesem Satz zu ziehen bereit wäre, ist unklar.

32 **bb) Verfassungsrechtliche Vorgaben für die Umsatzsteuerverteilung und ihre Revision.** Gem. Art. 106 Abs. 3 S. 4 Nr. 1 wird in der Staatspraxis eine **Deckungsquotenberechnung** für den Bund und für die Länder durchgeführt, die die notwendigen Ausgaben, die vorausgesetzt werden und zwischen denen es keine finanzverfassungsrechtliche Rangfolge gibt, gegenüberstellt, wobei ein eventueller Ausgabenüberhang durch Kredit zu finanzieren wäre (soweit Art. 109 Abs. 3 S. 1 das zulässt); die Umsatzsteuer wird dabei so verteilt, dass die ohne ihre Berücksichtigung unterschiedlichen Deckungsquoten des Bundes und der Länder konvergieren.[125] Neben dem Deckungsquotenverfahren wären noch andere Verfahren mit dem GG vereinbar.[126]

33 Die Begriffe **„notwendige Ausgaben"** und **„laufende Einnahmen"**[127] sind Gegenstand einer Vielzahl praktischer, finanzwirksamer Streitfragen. Für ihre Interpretation sind die Verfassungsmaterialien, das Haushaltsrecht und die Finanzwissenschaft wenig ergiebig. Der Interpret ist primär auf Art. 106 Abs. 3 S. 4 Nr. 1 angewiesen und darf von einem Maßstäbegesetz weitere Auskunft erwarten. Die folgenden verfassungsrechtlichen Eingrenzungen[128] ändern nichts daran, dass die Umsatzsteuerverteilung eine primär politische Entscheidung ist, die gegen gerichtliche Kontrolle nach Regeln abgeschirmt

---

Art. 106 Abs. 3: *Hettlage* FS f. Maunz, 1981, 135; *Hidien,* Die Verteilung der Umsatzsteuer zwischen Bund und Ländern, 1998, 134 ff.; *Kesper,* Bundesstaatliche Finanzordnung, 1998, 240 ff.; *F. Klein* FS f. Döllerer, 1988, 291 f.; *Korioth,* Der Finanzausgleich zwischen Bund und Ländern, 1997, 491, spricht sogar nur von einer Verfahrensordnung. Aus der Kommentarliteratur übereinstimmend *Henneke* in SHH Rn. 73; *Kube* in BeckOK GG Rn. 22; *Siekmann* in Sachs Rn. 16.

122 BVerfGE 101, 158.

123 Vgl. *Henneke* ZG 2010, 57 ff.; jetzt *ders.* in SHH Rn. 92 („Totalverweigerung des Maßstäbegesetzgebers"); früh schon *Waldhoff* Die Verwaltung 2006, 155 (163 f.). Zusammenfassende Auswertung des Schrifttums bei *Seiler* in Maunz/Dürig Rn. 51–57. Wie hier *Heun* in Dreier Rn. 26. → Art. 107 Rn. 12.

124 BVerfGE 101, 158 (227 f.).

125 Vgl. *Hidien,* Die Verteilung der Umsatzsteuer zwischen Bund und Ländern, 1998, 153 ff., 165 ff., 230 ff.; *Korioth,* Der Finanzausgleich zwischen Bund und Ländern, 1997, 481 (Rechenschritte ebd. in Fn. 233; zur Rolle des Staatskredits in diesem Verfahren ebd., 483 f.).

126 Zum Deckungslückenverfahren *Korioth,* Der Finanzausgleich zwischen Bund und Ländern, 1997, 481 ff., Rechenschritte ebd., S. 482 Fn. 235.

127 Zu den Begriffen „Einnahmen und Ausgaben des Bundes" in Art. 110 → Art. 110 Rn. 13. Näher *Maciejewski,* Von der Auslegung unbestimmter Rechtsbegriffe im bundesstaatlichen Finanzausgleich. Unter besonderer Berücksichtigung der „laufenden Einnahmen" des Artikels 106 Abs. 3 Satz 4 GG, 2007.

128 Zum Folgenden grundlegend *Hidien,* Die Verteilung der Umsatzsteuer zwischen Bund und Ländern, 1998; weiter *Schwarz* in MKS Rn. 70 ff.; *Seiler* in Maunz/Dürig Rn. 147 ff.

ist, wie sie für Abwägungsentscheidungen entwickelt worden sind, die ebenfalls vielseitige Interessenverflechtungen zum Gegenstand haben.

Gemäß seinem Regelungszweck, Bund und Länder an der volkswirtschaftlichen Gesamtleistung nach ihren laufenden Einnahmen und notwendigen Ausgaben gleichmäßig zu beteiligen, so dass auch etwaige Überschüsse und Defizite beide Ebenen gleichmäßig treffen, und weiterhin Deckungslücken in den Haushalten von Bund und Ländern zu ermitteln, müssen **Einnahmen** aus Krediten unberücksichtigt bleiben, alle anderen Einnahmen dagegen möglichst weitgehend erfasst werden. Weiterhin bleiben Einnahmen aus der Versteigerung von UMTS-Lizenzen unberücksichtigt, soweit sie einmalig sind.[129] Gemäß dem Regelungszweck, das Umsatzsteueraufkommen zwischen Bund und Ländern möglichst dauerhaft zu verteilen, werden nur laufende, nicht Einnahmen erfasst, die einmalig sind oder nur über einen „kurzen Zeitraum" (so auch das Kriterium in Art. 106 Abs. 4 S. 2) fließen; für die schwierige Grenzziehung kommt es darauf an, ob sich eine finanzielle Kontinuität, und sei es mit geschätzten Durchschnittssätzen, feststellen lässt oder ob die Einnahmen entweder einmalig oder unregelmäßig und in stark wechselnder Höhe auftreten. **Zu den laufenden Einnahmen gehören** alle öffentlichen Abgaben, weiterhin Gewinne aus erwerbswirtschaftlicher Staatstätigkeit, der Münzgewinn des Bundes, Abführungen und Ablieferungen (insbes. der Bundesbank) sowie kontinuierliche Finanzzugänge, die eine zivilrechtliche Grundlage haben. Gegen die Einbeziehung von Gebühren wird eingewandt, gemäß dem Kostendeckungsprinzip müsse ihnen auf der Ausgabenseite ein sie neutralisierender Aufwand gegenüberstehen. Das ist abzulehnen, erstens weil Einnahmen und Ausgaben getrennt zu ermitteln sind, zweitens weil sonst auch bei anderen Einnahmen Gegenleistungen, die ihnen auf der Ausgabenseite zugeordnet werden können, zu berücksichtigen wären und drittens weil das Kostendeckungsprinzip nicht einheitlich angewandt wird; bei den sog. Verleihungsgebühren steht der Gebühreneinnahme z. B. kein äquivalenter staatlicher Aufwand gegenüber. Nicht zu den laufenden zählen durchlaufende Einnahmen des Bundes, die er an die Europäische Union weiterleitet (Zölle, sonstige Abgaben, Umsatzsteueranteil). Hinsichtlich des Umsatzsteueranteils könnte man anders votieren, weil der EU insoweit keine Hoheitsrechte übertragen worden sind; würde er dem Bund zugerechnet, müsste er aber auch als „notwendige Ausgabe" angesetzt werden, so dass sich das Finanzvolumen des Bundes im Verhältnis zu den Ländern erhöhte.[130] Zu den laufenden Einnahmen der Länder zählt nicht, was sie vom Bund zur Mitfinanzierung ihrer Aufgaben, etwa gem. Art. 91a oder 104b, erhalten; anders zu verfahren, hieße, solche Finanzmittel sowohl beim Bund als auch bei den Ländern, sowohl auf der Einnahmen- als auch auf der Ausgabenseite zu buchen und die Finanzausgleichssysteme nach den Art. 91a, 104b und anderen Mitfinanzierungsermächtigungen einerseits und nach Art. 106 Abs. 3 S. 4 Nr. 1 andererseits zu vermengen. Die Höhe der von Art. 106 Abs. 3 S. 4 Nr. 1 erfassten laufenden Einnahmen ist gegebenenfalls zu schätzen; insoweit ist eine Grundlage die in Art. 106 Abs. 3 S. 4 Nr. 1 S. 2 nur auf die Ausgaben bezogene Finanzplanung. **34**

[129] BVerfGE 105, 185 (195).

[130] Zum Umsatzsteueranteil der damaligen EG insoweit *Wissenschaftlicher Beirat beim BMF*, Gutachten zur Verteilung der Umsatzsteuer, 1981, Tz. 140 ff.

35 **Ausgabe** ist jeder konkrete tatsächliche Finanzabfluss. Wie bei den Einnahmen bleiben auch bei den Ausgaben durchlaufende Positionen sowie bloß umschichtende Veränderungen des Vermögens-, Rücklagen- oder Schuldenstandes außer Betracht, bei denen einem abfließenden Geldbetrag unmittelbar ein Vermögenszuwachs gegenübersteht. Was im verfassungsrechtlichen Sinne nicht Einnahme sein kann, kann grundsätzlich auch nicht Ausgabe sein;[131] die Kosten des Schuldendienstes werden vom Ausgabenbegriff aber erfasst. Wie auf der Einnahmen-, sind auch auf der Ausgabenseite nur laufende Finanzvorgänge gemeint, denn eine mehrjährige Finanzplanung (Art. 106 Abs. 3 S. 4 Nr. 1 S. 2) kann nur laufende Ausgaben zum Gegenstand haben. Die Notwendigkeit einer Ausgabe soll sich nicht danach richten, ob sie rechtlich geboten oder zulässig ist.[132] Es gibt auch keine rechtliche Aufgaben-Rangfolge. Vielmehr ist es eine **Frage politischer Dezision** des Ausgleichsgesetzgebers, die von Bund und Ländern (einschließlich der Kommunen) zu finanzierenden Aufgaben in ihrer Dringlichkeit zu bewerten und dem Grunde und der Höhe nach in eine Relation zu bringen. Der Spielraum für politische Dezision wird allerdings faktisch durch eine Vielzahl von Festlegungen stark eingeschränkt. Rechtliche Schranken ergeben sich aus dem Erfordernis einer mehrjährigen Finanzplanung und dem Maßstäbegesetz, das innerhalb der veranschlagten die notwendigen Ausgaben tatbestandlich bestimmen soll.[133]

36 Eine **Finanzplanung** i. S. v. Art. 106 Abs. 3 S. 4 Nr. 1 S. 2, die die Aufgaben und Ausgaben von Bund und Ländern integriert, gibt es bisher nicht.[134] Diese Planung soll das Ausgabenverhalten von Bund und Ländern koordinierbarer machen; sie soll insbesondere sicherstellen, dass beide föderalen Ebenen bei der Ermittlung der notwendigen Ausgaben und der laufenden Einnahmen dieselben Indikatoren zugrunde legen, deren Entwicklung über Jahre hin beobachten, aufeinander abstimmen und fortschreiben und dass die Haushaltsgesetzgeber von Bund und Ländern so dauerhafte Grundlagen für ihre Planungen erhalten, und sie soll verhindern, dass eine großzügige Ausgabenpolitik sich bei der Umsatzsteuerverteilung refinanzieren kann, eine sparsame Ausgabenpolitik hingegen verminderte Umsatzsteueranteile zur Folge hat.[135] Zu der angesichts von Art. 109 Abs. 1 schwierigen Frage, ob Bund und Länder diese Finanzplanung gemeinsam betreiben sollen[136] oder ob ihre getrennt bleibenden Planungen zu koordinieren sind,[137] nimmt das BVerfG nicht Stellung; auch setzt es für die erstmalige Erstellung einer solchen

---

[131] Zu Finanzhilfen gemäß Art. 104b anders (Ausgabe des Bundes, aber keine Einnahme der Länder) *Hellermann* in MKS Art. 104b Rn. 20f.; *Heun/Thiele* in Dreier Art. 104b Rn. 41. Gegen eine Berücksichtigung als Bundesaufgabe spricht, dass der Bund sich für Finanzhilfen dann bei den Ländern refinanzieren könnte (*von Arnim* in HdbStR VI, § 138 Rn. 67); gegen eine Berücksichtigung als Einnahme auf Länderseite spricht, dass dies den Effekt der Hilfe mindert (*Hellermann* in MKS Art. 104b Rn. 21; *Korioth,* Der Finanzausgleich zwischen Bund und Ländern, 1997, 494 Fn. 279).

[132] So *Wissenschaftlicher Beirat beim BMF,* Gutachten zur Verteilung der Umsatzsteuer, 1981, Tz. 102f.; weitere Nachw. bei *Heun* in Dreier Rn. 23; *Korioth,* Der Finanzausgleich zwischen Bund und Ländern, 1997, 488ff.; zu verfassungswidrigen Ausgaben *Birk* in AK Rn. 31; *Schwarz* in MKS Rn. 82.

[133] BVerfGE 101, 158 (215, 227).

[134] Krit. insoweit schon *Wissenschaftlicher Beirat beim BMF,* vorvorige Fußnote, 17ff.; vgl. auch *Heintzen* in HdbStR V, § 120 Rn. 76ff.

[135] BVerfGE 101, 158 (220).

[136] Integrierte Finanzplanung; hierzu *Fischer-Menshausen* in von Münch/Kunig, 3. Aufl., Bd. 3, 1996, Art. 109 Rn. 24.

[137] → Art. 109 Rn. 56.

Planung keine Frist. Unklar bleibt schließlich, in welchem Verhältnis Finanzplanung und Maßstäbegesetz im Hinblick auf das Finanzausgleichsgesetz stehen sollen. Gefordert wird nur eine Berücksichtigung dieser Planung, weil der parlamentarische Gesetzgeber an gubernative Planungen nicht strikt gebunden sein kann. Das verfassungswidrige Fehlen einer mehrjährigen Finanzplanung führt nicht zur Verfassungswidrigkeit des Finanzausgleichsgesetzes.[138] Durch die Schaffung eines Stabilitätsrates hat sich nichts Grundlegendes geändert.[139]

Die einzelnen Merkmale von Art. 106 Abs. 3 S. 4 Nr. 2 bedürfen der **37** Konkretisierung in einem **Maßstäbegesetz,** weil die Erfüllung dieses Verfassungsauftrags sonst weder gewährleistet noch kontrolliert werden kann.[140] „Deckungsbedürfnisse" bezieht sich auf die notwendigen Ausgaben von Bund und Ländern, nicht auf den tatsächlichen Bedarf;[141] angestrebt wird gleiche Deckung. Das Erfordernis eines billigen Ausgleichs macht deutlich, dass die Umsatzsteuerverteilung keine bloße Rechenoperation, sondern ein politischer Kompromiss ist, der in sachlich begründeten Fällen von der schematischen Gleichheit der Deckungsquoten abweichen darf.[142] Das Verbot einer **Überbelastung der Steuerpflichtigen** geht inhaltlich nicht über die im Verhältnis des Staates zum Bürger geltenden Beschränkungen des Steuerzugriffs hinaus; „Überbelastung" ist im Lichte der neueren Rechtsprechung zu den verfassungsrechtlichen Grenzen zu interpretieren, die Art. 14 Abs. 1 dem Steuerzugriff zieht.[143] Der Einzelne kann aus dem Überbelastungsverbot keine subjektiven Rechte ableiten. Da eine Überbelastung allenfalls mittelbar durch die Steuerertragsverteilung, unmittelbar nur durch maßvolle Steuergesetze vermieden werden kann, ist der verfassungssystematische Standort des Überbelastungsverbots schlecht gewählt; Art. 106 Abs. 3 S. 4 Nr. 2 wirkt aber nicht nur als objektiv-rechtliche Verpflichtung des Finanzausgleichsgesetzgebers, sondern als Auftrag an alle staatliche Politik.[144]

Der Hinweis auf die **Einheitlichkeit der Lebensverhältnisse** – in Art. 72 **38** Abs. 2 nur noch gleichwertige Lebensverhältnisse – offenbart an versteckter Stelle den unitarischen Grundzug der Finanzverfassung.[145] Zwar kann die vertikale Umsatzsteuerverteilung nur mittelbar Rücksicht auf regionale Unterschiede nehmen, weil sich bei ihr der Bund und die regional nicht differenzierte Ländergesamtheit gegenüberstehen.[146] Auch kann man wieder über die Unbestimmtheit der Rechtsbegriffe klagen. Unbestreitbar dürfte aber sein, dass Art. 106 Abs. 3 S. 4 Nr. 2 mit diesem Merkmal der Einfügung

---

[138] Ebenso *Hidien* Die Verteilung der Umsatzsteuer zwischen Bund und Ländern, 1998, 178 f. Zweifelnd *Seiler* in Maunz/Dürig Rn. 157.

[139] Art. 109a und das Gesetz zur Abschaffung des Finanzplanungsrates und zur Übertragung der fortzuführenden Aufgaben auf den Stabilitätsrat, BGBl. 2010 I 671; → Art. 109 Rn. 56 sowie Art. 109a Rn. 1.

[140] BVerfGE 101, 158 (227 f.); zu den einzelnen Merkmalen ausführlich *Hidien* Die Verteilung der Umsatzsteuer zwischen Bund und Ländern, 1998, 302 ff.

[141] BVerfGE 101, 158 (220).

[142] So auch *Korioth,* Der Finanzausgleich zwischen Bund und Ländern, 1997, 498.

[143] Ebenso BVerfGE 115, 97 (114–117), wo insb. die 3. Stufe des Grundsatzes der Verhältnismäßigkeit genannt wird; *Siekmann* in Sachs Vorb. Art. 104a Rn. 183. Zu Belastungskumulationen aus grundrechtlicher Sicht *Schaks* DÖV 2015, 817 ff.

[144] Zu Letzterem *Häde,* Finanzausgleich, 1996, 181, 200 f.; *Hidien* in BK Rn. 943 f.

[145] → Vorb. Art. 104a–115 Rn. 30 ff.

[146] Dazu schon *Lerche* FS f. Berber, 1973, 302; *Schneider* GS f. Geck, 1989, 724 f.; ferner *Hidien* in BK Rn. 945.

kompetitiver Elemente in die Finanzverfassung Grenzen setzt und die gesamtstaatliche Verantwortung des Bundes(-gesetzgebers) hervorhebt,[147] ohne dem Bund einen Anspruch oder eine Anwartschaft auf Finanzmittel zu geben, die zur Umverteilung bestimmt sind; Letzteres folgt daraus, dass auch die Geberländer des sekundären horizontalen Finanzausgleichs sich aus der Umsatzsteuer finanzieren. Unbestreitbar ist aber auch, dass angesichts der Unbestimmtheit des Einheitlichkeitskriteriums viel Spielraum für die Akzentuierung kompetitiver Elemente bleibt, den der Gesetzgeber ohne Verfassungsänderung nutzen kann.[148]

39 Art. 106 Abs. 3 S. 5, 6 (und Abs. 4 S. 1, 2. Hs.) sind bei Gelegenheit der Umstellung des einkommensteuerlichen **Familienleistungsausgleichs** auf das Optionsmodell zur Absicherung eines Finanzierungskompromisses zwischen Bund und Ländern in das GG gekommen[149] und sollen das bisherige Lastentragungsverhältnis zwischen Bund und Ländern von 74:26 ab dem Stichtag 1.1.1996 im Finanzausgleich fortschreiben (§ 1 Satz 7 FAG).[150] Unabhängig von der rechtlichen Qualifikation des Familienleistungsausgleichs ist die Vorschrift in jedem Fall lex specialis zu Art. 104a Abs. 3.[151] Der Gesetzgebungsauftrag des Art. 106 Abs. 3 S. 6 wird durch § 1 FAG erfüllt. Art. 106 Abs. 3 S. 5 nennt konkrete Mindereinnahmen, die zusätzlich zu berücksichtigen sind, während der Tatbestand der Deckungsbedürfnisse ansonsten verfassungsrechtlich nicht spezifiziert wird. Die Vorschrift wird deshalb zu Recht als tagespolitischer Kompromiss und verfassungsrechtlicher Systembruch angesehen.[152] Auch nach Ansicht des BVerfG bedürfen derartige Mindereinnahmen keiner besonderen Regelung im GG;[153] sie sind grundsätzlich Teil der Deckungsquotenberechnung.

40 Art. 106 Abs. 4 S. 1, 1. Hs. schreibt eine **Revision einer bestehenden Umsatzsteuerverteilung** vor, wenn sich das Verhältnis zwischen den Einnahmen und Ausgaben (gemeint sind laufende Einnahmen und notwendige Ausgaben) des Bundes und der Länder wesentlich anders entwickelt.[154] Für die Neuverteilung gelten inhaltlich die Grundsätze des Art. 106 Abs. 3 S. 4, so dass der Frage, ob eine Neuverteilung nach dem Auslaufen einer befristeten Regelung dem Art. 106 Abs. 4 S. 1 oder dem Art. 106 Abs. 3 S. 4 unterfällt, keine praktische Bedeutung zukommt; bis auf seinen subjektivrechtlichen Gehalt kann Abs. 4 Satz 1 im Hinblick auf Abs. 3 Satz 4 sogar als deklaratorisch angesehen werden.[155] Art. 106 Abs. 4 S. 1 begründet eine Pflicht aller Beteiligten und gibt den Ländern gegen den Bund einen verfassungsrechtlichen Anspruch, der von jedem einzelnen Land geltend ge-

---

[147] Anders *Heun* in Dreier Rn. 27: kein eigenständiges Verfassungsgebot.

[148] Vgl. *Selmer* JuS 2006, 1052 (1059 f.).

[149] Ausf. zu diesen Vorschriften *Henneke* ZG 1999, 1 (10 ff.); *Hidien,* Die Verteilung der Umsatzsteuer zwischen Bund und Ländern, 1998, 320 ff.

[150] BT-Drs. 13/2245, 3.

[151] → Art. 104a Rn. 39.

[152] *Henneke,* Öffentliches Finanzwesen – Finanzverfassung, 2. Aufl., 2000, Rn. 1063; *Heun* in Dreier Rn. 27; *Kube* in BeckOK GG Rn. 27; vgl. auch *Siekmann* in Sachs Rn. 18, 20.

[153] BVerfGE 101, 158 (228).

[154] Zum fortwährenden Reformbedarf des Finanzausgleichssystems allgemein *Seiler* in Maunz/Dürig Rn. 62. Dazu, dass die Verschiebung von Umsatzsteueraufkommen vom Bund zu den Ländern zur Finanzierung des Gesetzes zur Weiterentwicklung der Qualität und zur Teilhabe in der Kindertagesbetreuung vom 19.12.2018 (BGBl. I, 2696) kein Anwendungsfall von Art. 106 Abs. 4 sind: BT-Drs. 19/4947, 31, 32.

[155] So *Seiler* wie zuvor Rn. 154.

macht werden kann, auch gegen den Willen anderer Länder.[156] Zu einer verfassungsgerichtlichen Auseinandersetzung über einen solchen Anspruch ist es noch nicht gekommen. Eine **wesentlich andere Entwicklung** setzt eine schon eingetretene, nicht nur vorübergehende (dies in Abgrenzung zu Art. 106 Abs. 4 S. 2, 3), erhebliche und offensichtliche Änderung seit der letzten Entscheidung über die Umsatzsteuerverteilung zwischen Bund und Ländern voraus. Auch wenn das Wesentlichkeitskriterium sich letztlich nicht in klare Zahlen übersetzen lässt, werden zu seiner Quantifizierung Veränderungen in einer Größenordnung von 1% Umsatzsteueranteil oder mehr genannt.[157] Verglichen werden die aktuellen und die früheren Deckungsquoten von Bund und Ländern.[158] Steuermindereinnahmen wegen des Familienleistungsausgleichs bleiben nach Art. 106 Abs. 4 S. 1, 2. Hs. außer Betracht.[159]

Keine Revisionspflicht entsteht durch eine gleichmäßige Veränderung der Finanzlage von Bund und Ländern. Gegen eine Revisionspflicht kann nicht die Möglichkeit von Steuererhöhungen eingewandt werden. Einem Revisionsanspruch der Länder kann sich der Bund nicht durch das Angebot von Mitfinanzierungen nach Art. 91a oder Art. 104b entziehen. Ohne einen langfristig angelegten gesetzlichen **Maßstab** lässt sich nach Ansicht des BVerfG nicht feststellen, ob sich das Verhältnis zwischen den Einnahmen und den Ausgaben des Bundes und der Länder wesentlich anders entwickelt hat.[160] 41

Nach inzwischen wohl fast einhelliger Meinung besteht **kein Beurteilungsspielraum** hinsichtlich der tatbestandlichen Voraussetzungen eines Revisionsanspruchs (was sich mit der unmittelbar zuvor zitierten Positionierung des BVerfG reibt).[161] Art. 106 Abs. 4 S. 1 schreibt nur vor, wann eine Revision der Umsatzsteuerverteilung **erfolgen muss,** und schließt nicht aus, dass, wenn seine Voraussetzungen nicht vorliegen, eine Revision aus anderen, politischen Gründen erfolgt. Die von einer inzwischen nicht mehr vertretenen, an Art. 106 Abs. 4 i. d. F. von 1955 ausgerichteten Gegenansicht im Interesse einer Stabilität der Umsatzsteuerverteilung bewirkte Einschränkung der Neuregelungsbefugnis des Gesetzgebers widerspricht der grundsätzlichen Entscheidungsfreiheit des demokratischen Gesetzgebers und dem Gedanken, dass die Umsatzsteuer der bewegliche Puffer im primären vertikalen Finanzausgleich sein soll. 42

cc) Mehrbelastungsausgleich. Werden den Ländern durch Bundesgesetz **zusätzliche Aufgaben** auferlegt oder **Einnahmen entzogen,** so steht es im u. a. von Art. 106 Abs. 3 S. 4 Nr. 2 dirigierten, bei Unzumutbarkeit auf null reduzierten Ermessen des Bundes, diese **Mehrbelastungen** durch zustimmungsbedürftiges Bundesgesetz mit Finanzzuweisungen ganz oder teilweise 43

---

[156] Zum entsprechenden Fall der Prozessstandschaft im Organstreitverfahren BVerfGE 68, 1 (65); zum nicht bezifferbaren Anspruchsinhalt *Hidien,* Die Verteilung der Umsatzsteuer zwischen Bund und Ländern, 1998, 358 f.

[157] *Wissenschaftlicher Beirat beim BMF,* Gutachten zur Verteilung der Umsatzsteuer, 1981, Tz. 169.

[158] *Schwarz* in MKS Rn. 94.

[159] Zum Ganzen *Hidien,* Die Verteilung der Umsatzsteuer zwischen Bund und Ländern, 1998, 340 ff.

[160] BVerfGE 101, 158 (215).

[161] Verneinend *Prokisch,* Die Justiziabilität der Finanzverfassung, 1993, 226 ff.; ebenso *Heun* in Dreier Rn. 28; *Hidien,* Die Verteilung der Umsatzsteuer zwischen Bund und Ländern, 358; *ders.* in BK Rn. 989; *Siekmann* in Sachs Rn. 21.

auszugleichen.[162] Diese Möglichkeit besteht aber nur, wenn die Mehrbelastung auf einen kurzen Zeitraum begrenzt ist; von einer Begrenzung kann nur gesprochen werden, wenn das zeitliche Ende einer Mehrbelastung bei ihrem Beginn feststeht; kurz ist ein Zeitraum von bis zu zwei Haushaltsjahren.[163] Nicht kurzzeitige Mehrbelastungen sind im Rahmen des Deckungsquotenverfahrens bei der Umsatzsteuerverteilung zu berücksichtigen. Für kurzzeitige Mehrbelastungen der Länder schließt Art. 106 Abs. 4 S. 2, 3 einen Revisionsanspruch nach Art. 106 Abs. 4 S. 1 aus, wie umgekehrt das Verfahren nach den Sätzen 2 und 3 im Anwendungsbereich von Art. 106 Abs. 4 S. 1 ausgeschlossen ist.[164] Bei dauerhaften Mehrbelastungen darf Art. 106 Abs. 4 S. 2 auch nicht genutzt werden, um die Zeit bis zu einer Revision gem. Art. 106 Abs. 4 S. 1 zu überbrücken.

44 Art. 106 Abs. 4 S. 2 ermächtigt den Bund nicht zu **allgemeinen Finanzzuweisungen** an die Länder (auch wenn keine Zweckbindung der Finanzzuweisung erfolgt) oder zu einem Finanzkraftausgleich. Aus dem systematischen, mit dem Wort „auch" betonten Zusammenhang mit der Umsatzsteuerverteilung folgt, dass Stichtag, ab dem von einer Mehrbelastung, d. h. einer im Deckungsquotenverfahren noch nicht berücksichtigten Belastung gesprochen werden kann, deren letztmalige Regelung ist, dass Mehrbelastung nur die Verursachung notwendiger Ausgaben oder der Entzug laufender Einnahmen sein kann, dass Regelungen des Bundesgesetzgebers, die sich für Bund und Länder gleich ungünstig auswirken, z. B. kurzzeitige Einkommensteuervergünstigungen, keinen Ausgleich rechtfertigen und, vor allem, dass auch bei Art. 106 Abs. 4 S. 2 nur in quantitativer Hinsicht **wesentliche Mehrbelastungen** eine Rolle spielen, die einen Revisionsanspruch begründeten, wären sie nicht auf einen kurzen Zeitraum begrenzt. Letzteres folgt auch aus der ratio legis, eine in quantitativer Hinsicht gebotene, aber nur vorübergehende Änderung der Beteiligungsverhältnisse an der Umsatzsteuer zu vermeiden.[165] Auf im Sinne des Wesentlichkeitskriteriums geringfügige Mehrbelastungen findet Art. 106 Abs. 4 S. 2 keine Anwendung. Eine analoge Anwendung der Vorschrift auf den Fall vorübergehender Mehrbelastungen des Bundes scheidet aus, weil diese nicht von den Ländern verursacht sein können und weil die Finanzierungsanteile der einzelnen Länder besonders festgesetzt werden müssten.[166]

45 In dem Gesetz (nicht im Haushaltsplan) sind die Grundsätze für die Bemessung dieser Finanzzuweisungen und für ihre Verteilung auf die Länder[167] zu bestimmen (Art. 106 Abs. 4 S. 3); dies ermöglicht eine rechtliche Kontrolle der Finanzmacht des Bundes, insbesondere am Maßstab des föderalen Gleichbehandlungsgrundsatzes, und erschwert es, über Art. 106 Abs. 4 S. 2 den Art. 104a Abs. 1 zu unterlaufen (was bisher keine reale Gefahr gewesen ist). **Anwendungsfälle des Mehrbelastungsausgleichs sind selten;** in der Praxis ist von ihm bei Volkszählungen und sonstigen einmaligen Statistiken

---

[162] Sog. Mehrbelastungsausgleich; ausführlich *Hidien* AöR 122 (1997), 583 ff. Zur Ermessensreduzierung wie hier *Schenke* in Sodan Rn. 11. Zu der praktisch irrelevanten Frage, ob dies primärer oder sekundärer Finanzausgleich ist, *Seiler* in Maunz/Dürig Rn. 158.

[163] Vgl. hierzu *Hidien* AöR 122 (1997), 583 (591 ff.); *Seiler* in Maunz/Dürig Rn. 161.

[164] Großzügiger *Seiler* in Maunz/Dürig Rn. 162.

[165] So *Henneke,* Öffentliches Finanzwesen – Finanzverfassung, 2. Aufl., 2000, Rn. 792; *Stern,* Das StaatsR der BRD II, 1980, § 47 III 4d α; *Wendt* in HdbStR VI, § 139 Rn. 124.

[166] I. E. ebenso *Henneke,* Öffentliches Finanzwesen – Finanzverfassung, 2. Aufl., 2000, Rn. 794; *Seiler* in Maunz/Dürig Rn. 159; *Wendt* in HdbStR VI, § 139 Rn. 124.

[167] Zu diesen Kriterien *Hidien* in BK Rn. 978–992.

Gebrauch gemacht worden; ein Beispiel ist § 19 des Volkszählungsgesetzes 1987.[168] Das Maßstäbegesetz äußert sich nicht zu den Kriterien für einen Mehrbelastungsausgleich.

IV. Die Stellung der Gemeinden und Gemeindeverbände (Art. 106 Abs. 5–7, 9)

Obwohl die Kommunen staatsorganisatorisch **keine dritte Ebene** unterhalb von Bund und Ländern, sondern Teil der Länder sind, obwohl also die kommunalen Finanzen eine innere Angelegenheit der einzelnen Länder darstellen und landesverfassungsrechtlich und landesgesetzlich geregelt sind, widmet auch das GG den **kommunalen Einnahmen** in Art. 106 vier Absätze (Art. 106 Abs. 5–7). Hinzu kommen der Länder und Kommunen in gleicher Weise betreffende Sonderlastenausgleich (Art. 106 Abs. 8) und die ausdrückliche Feststellung, dass als Einnahmen und Ausgaben der Länder i. S. v. Art. 106 auch die Einnahmen und Ausgaben der Gemeinden und Gemeindeverbände gelten (Art. 106 Abs. 9). Diese 1955 in das GG aufgenommene Feststellung (innerhalb des Art. 106 zunächst Abs. 6 S. 1, dann Abs. 8, seit 1969 Abs. 9) soll verhindern, dass die Herstellung finanzverfassungsrechtlicher Beziehungen zwischen dem Bund und den Kommunen[169] im Sinne eines Anerkenntnisses der Dreistufigkeit interpretiert wird; sie steht insoweit in einem Zusammenhang mit Art. 106 Abs. 7 und Art. 107 Abs. 2 S. 1, 2. Hs. Sie ist in doppelter Hinsicht vorsichtig formuliert: Ihre Aussage trifft erstens nicht nur auf den Anwendungsbereich von Art. 106 zu, sondern gilt allgemein; was als Fiktion erscheint, ist zweitens rechtliche Realität. Insgesamt ist Art. 106 Abs. 9 deklaratorisch.[170] Die Aufnahme von Regelungen zu den kommunalen Finanzen in das GG lässt sich damit rechtfertigen, dass die Kommunen neben Bund und Ländern und neben den Sozialversicherungsträgern den höchsten Anteil an den öffentlichen Einnahmen und Ausgaben haben und dass der Bund schon in Art. 28 Abs. 2 S. 3 Verantwortung für sie übernommen hat. In Ländern, in denen es keine Kommunen gibt – dies sind die Stadtstaaten Berlin und Hamburg, nicht aber Bremen – steht die kommunale Ertragshoheit den jeweiligen Ländern zu; für die Realsteuern und die örtlichen Verbrauch- und Aufwandsteuern wird dies in Art. 106 Abs. 6 S. 3 ausdrücklich angeordnet; für die Einkommen- und die Umsatzsteuer gilt diese Regelung analog.[171] Welche Verwaltungseinheiten in den anderen Bundesländern unter die Begriffe „Gemeinde" und „Gemeindeverbände" fallen, richtet sich nach deren Kommunalrecht. 46

Art. 106 Abs. 5–7 ziehen eine Konsequenz aus der Gewährleistung der **Grundlagen der finanziellen Eigenverantwortung** durch Art. 28 Abs. 2 S. 3. Die Kommunen haben Finanzhoheit, auch wenn sich aus der Garantie der kommunalen Selbstverwaltung nicht unmittelbar ein Steuerfindungs- und 47

[168] BGBl. I 1986, 2078. Zur Flüchtlingskrise 2015 *Henneke* in SHH Rn. 110.

[169] Hierzu *Henneke,* Die Kommunen in der Finanzverfassung des Bundes und der Länder, 5. Aufl., 2012; *Stern,* Das StaatsR der BRD I, 2. Aufl, 1984, § 12 II 7; *ders.,* Das StaatsR der BRD II, 1980, § 47 III 3b β. Weiter *Mückl,* Finanzverfassungsrechtlicher Schutz der kommunalen Selbstverwaltung, 1998; *Schwarz,* Finanzverfassung und kommunale Selbstverwaltung, 1996.

[170] Ebenso *Seiler* in Maunz/Dürig Rn. 187.

[171] So *Pieroth* in Jarass/Pieroth Rn. 12; *Siekmann* in Sachs Rn. 30.

Steuererhebungsrecht der Kommunen herleiten lässt.[172] Sie haben weiterhin einen Anspruch auf eine aufgabenangemessene Finanzausstattung.[173] Der Bund übernimmt in Art. 106 Abs. 5–7 und den auf ihrer Grundlage ergangenen Bundesgesetzen, dem Finanzausgleichsgesetz und dem Gemeindefinanzreformgesetz, eine **Mitverantwortung** für die Finanzausstattung der Kommunen. Die grundsätzlich ausschließliche Zuständigkeit für den kommunalen Finanzausgleich und die Hauptverantwortung für die kommunale Finanzausstattung liegen aber bei den Bundesländern.[174] Schon deshalb kann das GG nicht die vollständige Deckung des kommunalen Finanzbedarfs garantieren[175] und auch nicht den Erhalt der derzeitigen Finanzierungsquellen. Eine quantitative Abgrenzung zwischen der Hauptverantwortung der Länder für die Finanzausstattung der Kommunen und der Mitverantwortung des Bundes dürfte sich zusätzlich zu den Kompetenzgrenzen, die Art. 106 Abs. 5, 5a und 6 dem Bund ziehen, kaum finden lassen. Auch führt es zu keinen juristisch greifbaren Ergebnissen, aus der gemeinsamen Verantwortung des Bundes und der Länder für die kommunalen Finanzen deren Verpflichtung zu kommunalfreundlichem Handeln abzuleiten.

48 Der heutige Stand grundgesetzlicher Regelungen der kommunalen Finanzen ist das Ergebnis einer **mehrstufigen Entwicklung.**[176] Die ursprüngliche Fassung von Art. 106 sah in Abs. 2, ab dem 1.4.1954 in Abs. 6 S. 2, nur vor, dass die Gemeinden (Gemeindeverbände) an den Steuern, deren Ertrag den Ländern zugewiesen wurde, nach Maßgabe der Landesgesetzgebung zu beteiligen waren; diese Vorschrift entsprach völlig dem Leitbild der im Verhältnis zum Bund durch die Länder mediatisierten Kommunen. Zum 1.4.1957 erhielten die Gemeinden die Realsteuergarantie (damals Art. 106 Abs. 6 S. 1 –3), zum 1.4.1958, zusammen mit den Gemeindeverbänden, einen Anteil vom Länderanteil an der Einkommen- und der Körperschaftsteuer (damals Art. 106 Abs. 6 S. 4). Seit dem Finanzreformgesetz von 1969 obliegt die Bestimmung des nun eigenen Anteils der Gemeinden am Aufkommen der Einkommensteuer dem Bundesgesetzgeber (Art. 106 Abs. 5), der von dieser Kompetenz im Gemeindefinanzreformgesetz in einer Weise Gebrauch gemacht hat, welche die Abhängigkeit der Gemeinden von der Gewerbesteuer mit ihren konjunkturellen Schwankungen und regionalen Unterschieden[177] mindert. Die Aufgabe der Länder, die Gemeinden und Gemeindeverbände an ihrem Anteil an der Einkommen- und Körperschaftsteuer zu beteiligen, wurde 1969 auf die Umsatzsteuer ausgedehnt und blieb als Art. 106 Abs. 7 erhalten. Seit 1998 sind die Gemeinden als Ausgleich für die Abschaffung der

---

[172] Zur Finanzhoheit als Teil des kommunalen Selbstverwaltungsrechts siehe *Nierhaus/Engels* in Sachs Art. 28 Rn. 84 ff.; *Schwarz* in MKS Art. 28 Rn. 243 ff., 252 ff.; ausführlich *Inhester,* Kommunaler Finanzausgleich im Rahmen der Staatsverfassung, 1998, 72 ff. Siehe auch BVerfGE 101, 158 (230).

[173] Dazu, auch rechtspolitisch, das Gutachten von *Kempny/Reimer* und das Referat von *Henneke* auf dem 70. Deutschen Juristentag 2014. Weiter *Schwarz* in MKS Rn. 101–110 und die Kommentierungen zu Art. 28 Abs. 2.

[174] Vgl. etwa VerfGH NRW DÖV 1989, 310 u. DVBl. 2016, 1323; NdsStGH DVBl. 1998, 185; VerfG Brandenburg, Urteil vom 6.8.2013, Aktenzeichen 70/11; ThürVerfGH DÖV 2018, 490; ausf. Darstellung bei *Henneke,* Öffentliches Finanzwesen – Finanzverfassung, 2. Aufl., 2000, Rn. 824 ff.

[175] So NdsStGH DÖV 1995, 995 f.

[176] Nachw. zu den Verfassungsänderungen → vor Art. 104a Rn. 16; vgl. weiter *Pagenkopf* Der Finanzausgleich im Bundesstaat, 1981, 170 ff., 188 ff., 223 ff., 247 ff., 262 ff.

[177] Dazu die *Kommission für die Finanzreform* (Hrsg.), Gutachten über die Finanzreform in der Bundesrepublik Deutschland, 2. Aufl., 1966, Tz. 412.

Gewerbekapitalsteuer auf bundesgesetzlicher Grundlage am Aufkommen der Umsatzsteuer beteiligt (Art. 106 Abs. 5a). Insgesamt verfügen die Gemeinden und teilweise auch die Gemeindeverbände heute

- über einen bundesgesetzlich bestimmten eigenen Anteil an der Einkommensteuer,
- über einen bundesgesetzlich bestimmten eigenen Anteil an der Umsatzsteuer,
- nach Maßgabe von Bundesrecht über die Realsteuern,
- nach Maßgabe von Landesrecht über die örtlichen Verbrauch- und Aufwandsteuern,
- nach Maßgabe von Landesrecht über einen Anteil am Länderanteil an den Gemeinschaftsteuern.

Diese Liste ist historisch gewachsen, wenig systematisch und erfasst nur Teile der kommunalen Finanzausstattung; andere Teile sind Beiträge und Gebühren, Finanzzuweisungen der Länder und Umlagen.

Diese **Ertragskompetenzen** sind in dem Sinne hypothetisch, dass die Erhebung der zugewiesenen Steuern vorausgesetzt wird. Diese Voraussetzung ist keine Frage der Ertrags-, sondern der Gesetzgebungskompetenz. Gegen eine gesetzgeberische Senkung oder gar Streichung schützt die Ertragskompetenz grundsätzlich nicht.[178] Wenn der Bund den Gemeinden (Gemeindeverbänden) Mindereinnahmen oder Mehrausgaben verursacht, steht dies einer entsprechenden Behandlung der Länder gleich (vgl. auch den einen anderen Zusammenhang betreffenden Art. 107 Abs. 2 S. 1, 2. Hs.). Es ist dann Sache der Länder, vom Bund Ausgleich zu verlangen und diesen Ausgleich intern an die Kommunen weiterzuleiten. Zu Letzterem werden sie von der Finanzverfassung des GG auch dann nicht verpflichtet, wenn sie einen Ausgleichsanspruch haben oder einen Ausgleich im Hinblick auf ihre Kommunen erhalten. 49

1. Eigener Anteil an der Einkommensteuer (Art. 106 Abs. 5). Den Gemeinden, nicht dagegen den Gemeindeverbänden, steht kraft eigener Ertragshoheit ein bundesgesetzlich, nicht durch Art. 106 Abs. 5 selbst festgelegter Anteil an der Einkommensteuer zu, in Bezug auf den die Länder auf die Funktion von **„Geldboten“**[179] reduziert sind; mit dem Wort „weiterleiten“ ist nicht gemeint, dass der Gemeindeanteil an der Einkommensteuer als Finanzzuweisung der Länder an die Gemeinden zu qualifizieren sei.[180] Inhaber dieser Ertragshoheit sind nicht die Gemeinden in ihrer Gesamtheit, sondern Inhaber ist jede einzelne Gemeinde.[181] Durch den Anteil an der Einkommensteuer soll die Abhängigkeit der Gemeinden von der stärker konjunkturabhängigen Gewerbesteuer gemindert und soll die Beziehung zwischen einer größeren Zahl von Steuerpflichtigen und „ihrer“ Gemeinde gestärkt werden.[182] Die Verteilung des Gemeindeanteils an der Einkommen- 50

---

[178] Vgl. auch BVerfGE 26, 172 (184); *Hidien* in BK Rn. 1037, dort im Zusammenhang mit der Effektivität der gemeindlichen Finanzbeteiligung.

[179] Urheber dieser prägnanten Formulierung sind *Vogel/Walter* in BK Art. 106 (Zweitb.) Rn. 78. Weiter *Hidien* in BK Rn. 1023–1033, 1038; *Schwarz* in MKS Rn. 118.

[180] So statt vieler *H. Meyer,* Die Finanzverfassung der Gemeinden, 1969, 184; *Pagenkopf,* Der Finanzausgleich im Bundesstaat, 1981, 267 ff., auch m. Nachw. der heute nur noch vereinzelt vertretenen Gegenposition.

[181] BVerwGE 106, 280 (285 f.).

[182] Hierzu *Henneke,* Öffentliches Finanzwesen – Finanzverfassung, 2. Aufl., 2000, Rn. 898.

steuer auf die einzelnen Gemeinden zu regeln, ist Sache des einfachen Gesetzgebers.[183] Verfassungsrechtlich ist vorgegeben, dass die Gemeinden überhaupt an der Einkommensteuer zu beteiligen sind, dass Grundlage die Einkommensteuerleistung der Einwohner der jeweiligen Gemeinde ist, was aber wegen der Qualifikation als „Grundlage" nur einen groben Maßstab darstellt,[184] und dass das Nähere durch Bundesgesetz zu regeln ist, das der Zustimmung des Bundesrates bedarf. Dieses Bundesgesetz ist das Gemeindefinanzreformgesetz, auf dessen Grundlage konkretisierende Rechtsverordnungen des Bundes und der Länder erlassen worden sind. Art. 106 Abs. 5 ist keine institutionelle Garantie der Einkommensteuer;[185] sedes materiae für dieses Problem wäre Art. 106 Abs. 3.[186] Die Gesetzgebungskompetenz des Bundes nach Art. 106 Abs. 5 S. 2 ist, wie oben ausgeführt[187], abzugrenzen von der Gesetzgebungskompetenz der Länder für den kommunalen Finanzausgleich.

51 Art. 106 Abs. 5 S. 3 ermächtigt den Bundesgesetzgeber, ein **Hebesatzrecht** für den Gemeindeanteil an der Einkommensteuer einzuführen, das im Rahmen des nach wie vor bundesgesetzlich fixierten Anteils der Gemeinden an der Einkommensteuer die individuelle Steuerschuld durch Zu- oder Abschläge variieren würde.[188] Diese Ermächtigung wurde noch nicht genutzt und wird im Interesse der Einheitlichkeit der Lebensverhältnisse im Bundesgebiet und wegen mit ihr verbundener steuer- und verwaltungstechnischer Schwierigkeiten voraussichtlich nicht genutzt, obwohl das im Interesse eines stärkeren Wettbewerbs der Träger öffentlicher Verwaltung gefordert wird.[189] Ein gemeindliches Hebesatzrecht würde bei der Einkommensteuer, anders als bei den Realsteuern, nichts daran ändern, dass die Verwaltungskompetenz sich nach Art. 108 Abs. 3 S. 1 richtet und Art. 108 Abs. 4 S. 2 nicht anwendbar ist.[190]

52 **2. Eigener Anteil an der Umsatzsteuer (Art. 106 Abs. 5a).** Wie an der Einkommensteuer sind die Gemeinden, nicht die Gemeindeverbände, an der Umsatzsteuer mit eigener Ertragshoheit und damit im Rahmen des primären Finanzausgleichs beteiligt. Das Wort „weiterleiten" bringt auch hier nichts Gegenteiliges zum Ausdruck. Der gemeindliche Anteil ist verfassungsrechtlich nur dem Grunde nach festgeschrieben; die **Anteilshöhe** und die Modalitäten seiner Abrechnung ergeben sich aus § 1 FAG 2020 und den §§ 5a ff. GFRG.[191] Politische Zielgröße ist die Kompensation der Einnahmeverluste der Kommunen durch die Abschaffung bzw. Nichteinführung der Gewerbekapitalsteuer.[192] Der kommunale Anteil liegt nach § 1 Abs. 1 FAG

---

[183] §§ 1 – 5 GFRG. Zur Höchstbetragsbegrenzung des § 3 Abs. 1 S. 4, nach der hohe Einkommensteueraufkommen nicht berücksichtigt werden, BT-Drs. V/2861, Tz. 336. Vgl. ferner *Hidien* in BK Rn. 1051–1056.

[184] Ebenso *Schwarz* in MKS Rn. 120.

[185] Dazu *Häde,* Finanzausgleich, 1996, 190; *Seiler* in Maunz/Dürig Rn. 84, 179.

[186] → Rn. 10.

[187] → Rn. 47.

[188] Dazu BT-Drs. V/2861, Tz. 338. Zu dem Verhältnis von Hebesatzrecht und bundesgesetzlicher Regelung des gemeindlichen Anteils an der Einkommensteuer *Hidien* in BK Rn. 1044–1050; umfassend *B. Schulte,* Kommunale Einkommensbesteuerung, 2014.

[189] Dazu *Hansmeyer/Zimmermann* AfK 32 (1993), 221 ff.; *Siekmann* in Sachs Rn. 46. Zu aktuellen Vorschlägen eines sog. Hebesatzkorridors *Henneke* in SHH Rn. 67.

[190] Dazu auch *Hidien* in BK Rn. 1048.

[191] Zu Letzteren *Henneke* in SHH Rn. 102–108.

[192] Zu der so zu erklärenden Genese von Art. 106 Abs. 5a *Hidien* DVBl. 1998, 617 ff.

2020 bei knapp 2%. Dieser Anteil muss[193] von den Bundesländern auf ihre Gemeinden verteilt werden. Verteilungsschlüssel kann bei der Umsatzsteuer nicht das örtliche Aufkommen sein; Art. 106 Abs. 5a S. 2 fordert als Grundlage einen orts- und wirtschaftsbezogenen Schlüssel, was dem Bundesgesetzgeber wiederum einen gewissen Spielraum belässt.[194] Ein Hebesatzrecht der Gemeinden ist in Art. 106 Abs. 5a nicht vorgesehen.

3. Realsteuern und örtliche Verbrauch- und Aufwandsteuern (Art. 106 Abs. 6). Art. 106 Abs. 6 S. 1 gibt den Gemeinden die vollständige Ertragshoheit für die **Grund-, die Gewerbe- und für die örtlichen Verbrauch- und Aufwandsteuern.**[195] Die (förmlichen) Landesgesetzgeber werden ermächtigt, die Ertragskompetenz für die örtlichen Verbrauch- und Aufwandsteuern, nicht für die Grund- und die Gewerbesteuer, ganz oder teilweise von den Gemeinden auf die Gemeindeverbände zu übertragen; es liegt im Ermessen der Landesgesetzgeber, ob und in welchem Umfang sie von dieser Ermächtigung Gebrauch machen.[196] Art. 106 Abs. 6 S. 1 ist nach überwiegender Meinung keine institutionelle Garantie und nach keiner Meinung eine Ertragssummengarantie.[197] Die Vorschrift gibt den Gemeinden auch keinen Entschädigungsanspruch für den Fall, dass die Finanzbehörden der Länder den Gewerbesteuermessbetrag zu tief festsetzen.[198] Die Ertragskompetenz steht hinsichtlich der Grund- und der Gewerbesteuer unter einem von Art. 106 Abs. 6 S. 1[199] unbeeinflussten Vorbehalt entsprechender Steuergesetze des Bundes. Durch das 64. Gesetz zur Änderung des Grundgesetzes[200] ist dem Bund eine von Art. 72 Abs. 2 freigestellte konkurrierende Gesetzgebungskompetenz für die Grundsteuer mit Abweichungskompetenz für die Gesetzgeber der Länder gegeben worden. Für die von dieser Abweichungskompetenz Gebrauch machenden Bundesländer besteht eine grundgesetzliche Pflicht, die Erträge der auf landesrechtlicher Grundlage erhobenen Grundsteuer den Gemeinden zuzuweisen. Die Abschaffung von Teilen der Gewerbesteuer (Lohnsummensteuer, Gewerbekapitalsteuer) war mit Art. 106 Abs. 6 vereinbar; dies wäre auch eine vollständige Streichung dieser Steuer, deren Legitimation als Kommunalsteuer durch die Umlagen nach Art. 106 Abs. 6 S. 4–6 und deren Legitimation als Objektsteuer durch die Berücksichtigung von Elementen persönlicher Leistungsfähigkeit in der Bemessungsgrundlage[201] ohnehin geschwächt ist.[202] Andererseits leitet das BVerfG aus 53

[193] Dazu BT-Drs. 13/8348, 15.

[194] Einzelheiten bei *Henneke,* Öffentliches Finanzwesen – Finanzverfassung, 2. Aufl., 2000, Rn. 902; zu landesrechtlichen Ausführungsregelungen *Weiß* BayVBl. 2001, 11 ff.

[195] Zu den Begriffen → Art. 105 Rn. 60.

[196] Zur verfassungsrechtlich hier schwachen Stellung der Gemeindeverbände *Hidien* in BK Rn. 1016.

[197] Vgl. hierzu etwa BVerfGE 26, 172 (Leitsatz 2); 125, 141 (161); *Zitzelsberger,* Grundlagen der Gewerbesteuer, 1991, 215 ff.

[198] BVerwG, Urt. vom 29.3.2010, 9 C 4.10, Rn. 24.

[199] Zu Art. 28 Abs. 2 S. 3, 2. Hs. in diesem Zusammenhang *Henneke,* Öffentliches Finanzwesen – Finanzverfassung, 2. Aufl., 2000, Rn. 904.

[200] BGBl. I 2019, 1546.

[201] Einzelheiten bei *Henneke* in SHH Rn. 39.

[202] Rechtspolitische Kritik auch bei *Rodi,* Die Rechtfertigung von Steuern als Verfassungsproblem. Dargestellt am Beispiel der Gewerbesteuer, 1994; knapp 1% der Steuerpflichtigen tragen bei der Gewerbesteuer fast 75% der Steuerlast und mehr als 60% der Betriebe zahlen gar keine Gewerbesteuer (vgl. *Gebert* DStR 2011, 141). Eine Gemeindefinanzkommission hat sich von April 2010 bis Juni 2011 vergeblich um eine Lösung des politischen Streits um die Gewerbesteuer bemüht.

der ausdrücklichen Erwähnung im Verfassungstext ab, dass Grundstruktur und herkömmliche Ausgestaltung der Gewerbesteuer verfassungsrechtlich gerechtfertigt sind.[203] Im Falle einer Abschaffung der Gewerbesteuer, die demnach politisch möglich, aber verfassungsrechtlich nicht geboten ist, müsste gemäß Art. 28 Abs. 2 Satz 3, 2. Hs. für die Gemeinden Ersatz durch die Einführung einer anderen wirtschaftskraftbezogenen Steuer geschaffen werden.[204]

54 Die **Verteilung** der Grund- und Gewerbesteuer auf die einzelnen kommunalen Verbände muss sich, obwohl Art. 106 Abs. 6 S. 1 dieses Kriterium nicht ausdrücklich nennt, nach dem Prinzip des örtlichen Aufkommens richten; eine Abweichung von den insoweit ausdrücklichen Regelungen in Art. 106 Abs. 5 S. 1 und Abs. 5a S. 1 erschiene, auch angesichts des Hebesatzrechts der einzelnen Gemeinden, als Fremdkörper. Insbesondere würde es zu der alleinigen Ertragshoheit der Gemeinden nicht passen, das Steueraufkommen in ein interkommunales Verbund- und Ausgleichssystem einzubeziehen.[205]

55 Vor dem Oktober 1997 war in Art. 106 Abs. 6 S. 1 nicht einzeln von der Grund- und der Gewerbesteuer, sondern zusammenfassend von den **Realsteuern** die Rede, also von Steuern, die im Unterschied zu Personalsteuern nicht persönliche Verhältnisse des Steuerpflichtigen erfassen, sondern ein Objekt.[206] Da der Realsteuerbegriff traditionell auf diese beiden Steuern festgelegt ist und die Einführung weiterer Realsteuern als theoretischer Fall erscheint,[207] kann sich die Verfassungsänderung als Klarstellung verstehen,[208] die nach der Streichung der Gewerbekapitalsteuer erforderlich erschien, weil die verbleibende Gewerbeertragsteuer vom Leitbild einer Realsteuer stärker entfernt ist. Wegen des Realsteuerbegriffs, insbesondere seiner Abgrenzung zum Begriff der Personalsteuer, sei auf § 3 Abs. 2 AO und dessen Kommentierungen verwiesen. Die Auswechslung der Begriffe macht es schwerer, Art. 106 Abs. 6 S. 1 als Realsteuergarantie zu begreifen, indem sie Grund- und Gewerbesteuer trennt und in eine Reihe mit den nicht institutionell verfestigten Verbrauch- und Aufwandsteuern stellt. Zu den zuletzt genannten Begriffen sei auf die Ausführungen zu Art. 105 Abs. 2a verwiesen.[209]

56 Wenn es eine Grund- und eine Gewerbesteuer gibt, ist den Gemeinden ein **Hebesatzrecht** einzuräumen, womit hinsichtlich der Gewerbesteuer zugleich die Vorgabe des Art. 28 Abs. 2 S. 3, 2. Hs. erfüllt wird. Das BVerfG spricht von einer bereichsbezogenen Verstärkung der von Art. 28 Abs. 2 geschützten kommunalen Finanzhoheit[210]; diese eröffnet auch die Möglichkeit von Steuerwettbewerb. Verpflichtet sind Bund und Länder.[211] Hebesatzrecht ist das Recht, auf einen von der staatlichen Finanzverwaltung vorgege-

---

[203] BVerfGE 120, 1 (26–29).

[204] BVerfGE 125, 141 (161).

[205] Ebenso *Heun* in Dreier Rn. 39.

[206] BVerfGE 13, 331 (345); 25, 26 (38); 46, 224 (237); zur Problematik des Objektsteuercharakters der Gewerbesteuer *Seiler* in Maunz/Dürig Rn. 175 f.

[207] Zu der Frage, ob der Realsteuerbegriff auf diese beiden Steuerarten begrenzt ist: *Henneke,* Öffentliches Finanzwesen – Finanzverfassung, 2. Aufl., 2000, Rn. 850, 903; *Wendt* in HdbStR VI, § 139 Rn. 81.

[208] BT-Drs. 13/8348, 15; BVerfGE 120, 1 (25).

[209] → Art. 105 Rn. 60 ff.; weiter *Christ/Oebbecke,* Handbuch Kommunalabgabenrecht, 2016; *Schwarz* in MKS Rn. 128–132.

[210] BVerfGE 125, 141 (159 f.).

[211] Vgl. *Henneke* in SHH Rn. 40. Zur Rechtslage vor 1969 (Verpflichtung nur des Bundes): BT-Drs. V/2861, 55.

benen Steuermessbetrag einen Vomhundertsatz anzuwenden und auf diese Weise den Steuerbetrag festzulegen. Die Formel „im Rahmen der Gesetze" ist von Art. 28 Abs. 2 S. 1 übernommen. Das Gesetz, nicht unmittelbar Art. 106 Abs. 6 S. 2, ist Grundlage des Hebesatzrechts; zugleich gestaltet es dieses Recht aus und zieht ihm (quantitative) Grenzen; so dürfen ein Mindesthebesatz vorgeschrieben und ein kommunaler Gewerbesteuerverzicht verboten werden.[212] Zuständiger Gesetzgeber ist der Bundesgesetzgeber, solange und soweit der Bund von seiner konkurrierenden Gesetzgebung für die Grund- und die Gewerbesteuer Gebrauch macht; Art. 106 Abs. 6 S. 2 verweist insoweit auf die Verteilung der Gesetzgebungskompetenzen zwischen Bund und Ländern.[213] Auch Art. 106 Abs. 6 S. 2 ist keine Garantie eines bestimmten Steuerertrags.[214]

Die **Gewerbesteuerumlage** nach Art. 106 Abs. 6 S. 4, 5 gibt es seit 57
1969. Damals ist diese Form der Beteiligung von Bund und Ländern am Gewerbesteueraufkommen als partieller Ausgleich für die Beteiligung der Gemeinden am Aufkommen der Einkommensteuer eingeführt worden.[215] Das Nähere zu dieser fakultativen Umlage bestimmt gem. Art. 106 Abs. 6 S. 5 ein Bundesgesetz, das der Zustimmung des Bundesrates bedarf. Dies ist derzeit § 6 GFRG. Die Umlage ändert nichts an der Ertragshoheit der Gemeinden über die Gewerbesteuer; die Umlageberechtigung ist keine Ertragshoheit.[216] Die Umlage macht die Gewerbesteuer insbesondere nicht zu einer Gemeinschaftsteuer,[217] sondern verpflichtet die Gemeinden zur Abführung eines Teils des Aufkommens an das für sie zuständige Finanzamt;[218] denn eine Umlage ist ein Beitrag von Gebietskörperschaften zur Finanzausstattung anderer Gebietskörperschaften, der regelmäßig von einer Gebietskörperschaft höherer Ordnung auferlegt wird.[219] Ein Anspruch des Bundes gegen „die" Gemeinden wird durch die Umlage entgegen gelegentlich vertretener Ansicht nicht begründet. Bei der Berechnung der Umlage müssen die von Gemeinde zu Gemeinde unterschiedlichen Hebesätze von Verfassungs wegen neutralisiert werden. Weiterhin ist sicherzustellen, dass die Aufteilung der Umlage auf die Länder sich nach dem örtlichen Aufkommen richtet, so dass nicht eine Gemeinde zur Finanzierung eines Bundeslandes beiträgt, dem sie nicht angehört. Schließlich sind Bund und Länder an der Umlage hälftig zu beteiligen; das folgt aus dem Zweck der Umlage, eine Kompensation für die Beteiligung der Gemeinden an der Einkommensteuer zu schaffen, die nach Art. 106 Abs. 3 S. 2 Bund und Ländern hälftig zustände, und aus der gleichberechtigten Nennung beider föderaler Ebenen in Art. 106 Abs. 6 S. 4. Der Höhe nach wird die Umlage nicht durch ihren Zweck auf den

---

212 BVerfGE 125, 141 (162 ff.); dazu im Verfahren der einstweiligen Anordnung BVerfGE 112, 216; weiter BVerwGE 138, 889. Einzelheiten bei *W. Schnorr,* Das Hebesatzrecht der Gemeinden, 1972; *Waldhoff* Die Verwaltung 41 (2008), 259. Zu einer Begrenzung nach oben ebenso *Seiler* in Maunz/Dürig Rn. 173, 174.

213 BVerwG NVwZ 1991, 894; 1994, 176 (177).

214 BFHE 168, 350 (360); BVerwG NVwZ 1994, 177.

215 *Elsner/Schüler,* Das Gemeindefinanzreformgesetz, 1970, 64 ff., 112 ff., dort auch zu weiteren Zwecken der Gewerbesteuerumlage; s. a. *Inhester,* Kommunaler Finanzausgleich im Rahmen der Staatsverfassung, 1998, 96; *Stern,* Das StaatsR der BRD II, 1980, § 47 III 5c α; zu den Gründen für die Beteiligung der Gemeinden am Aufkommen der Einkommensteuer → Rn. 46 u. 48.

216 So BVerfGE 112, 216 (221 f.).

217 *Häde,* Finanzausgleich, 1996, 207.

218 BVerwG DVBl. 1983, 137.

219 BVerfGE 83, 363 (389); 108, 186 (213); BVerwGE 106, 280 (283 f.).

Einkommensteueranteil der Gemeinden begrenzt, sondern nur von Art. 28 Abs. 2 S. 3.

58 Art. 106 Abs. 6 S. 6 erlaubt dem Landesgesetzgeber, die Grundsteuer und Gewerbesteuer sowie den Gemeindeanteil vom Aufkommen der Einkommen- und der Umsatzsteuer als Bemessungsgrundlagen für weitere **Umlagen,** also Geldleistungen, die öffentlich-rechtlichen Körperschaften zur Finanzierung öffentlich-rechtlicher Körperschaften höherer Ordnung auferlegt sind[220], zugrunde zu legen. Die Vorschrift ist weder föderale Gesetzgebungskompetenz für den kommunalen Finanzausgleich[221] – diese folgt zugunsten der Länder aus Art. 70 Abs. 1 – noch Ermächtigung zu Eingriffen in die kommunale Finanzhoheit gem. Art. 28 Abs. 2. Die Vorschrift stellt nur klar, dass die Landesgesetzgeber für Umlagen, in erster Linie ist hier die Kreisumlage zu nennen[222], allgemein Umlagen zum Ausgleich der allgemeinen Finanzkraft oder Zweckumlagen, auch auf Steuereinnahmen zurückgreifen dürfen, die Art. 106 im Übrigen nicht nur den Gemeinden in ihrer Gesamtheit, sondern jeder einzelnen Gemeinde zuweist.[223] Insbesondere dürfen Umlagen nach Art. 106 Abs. 6 S. 6, die solche Steuereinnahmen beanspruchen, für Zwecke des interkommunalen Finanzausgleichs erhoben werden.[224] Dass solche Zwecke von Art. 106 Abs. 6 S. 6 nicht verboten werden, heißt umgekehrt nicht, dass der Zugriff auf solche Steuereinnahmen mit dieser Vorschrift pauschal zu rechtfertigen wäre.[225] Die Umlagerechtfertigung und ihre Begrenzung sind insoweit keine Fragen des Art. 106 Abs. 6 S. 6, der darum für letztlich überflüssig gehalten wird,[226] sondern richten sich nach dem Umlagezweck und nach der Garantie der kommunalen Selbstverwaltung.[227]

59 **4. Beteiligung am Anteil der Länder an den Gemeinschaftsteuern (Art. 106 Abs. 7).** Art. 106 Abs. 7 S. 1 verpflichtet die Länder (in denen Gemeinden und Gemeindeverbände bestehen, nicht die Stadtstaaten) dem Grunde nach, von ihrem, um den Eigenanteil der Kommunen[228] bereinigten Anteil am Gesamtaufkommen der Gemeinschaftsteuern[229] einen Teil durch Gesetz den Gemeinden und Gemeindeverbänden zufließen zu lassen. Über die Höhe dieses Anteils, der als Prozentsatz des jeweiligen Landesanteils ausgedrückt sein muss, und über seine Verteilung auf die einzelnen kommunalen Körperschaften entscheidet die Landesgesetzgebung; Art. 106 Abs. 7 S. 1 macht insoweit keine Vorgaben. Die Beteiligung der Gemeinden

---

220 BVerfGE 83, 363 (390); 108, 186 (213).

221 Dazu *Pagenkopf,* Der Finanzausgleich im Bundesstaat, 1981, 262 ff., 276 ff.

222 Zu dieser Umlage *Henneke,* Öffentliches Finanzwesen – Finanzverfassung, 2. Aufl., 2000, Rn. 984 ff.; *ders.* in SHH Rn. 53–61; *Meyer* NVwZ 2019, 1254; *Schwarz* in MKS Rn. 135–140. Aus der Rechtsprechung BVerwG NVwZ 2019, 1279. Zu Einzelheiten vgl. den jährlich in der Zeitschrift Der Landkreis erscheinenden Kommunalfinanzbericht, zuletzt Der Landkreis Oktober 2019.

223 In diese Richtung auch BVerwGE 106, 280 (285 f.). Vgl. auch BVerfGE 165, 381.

224 So BVerwGE 106, 280 Ls. 2; Gegenposition: *Kluth* DÖV 1994, 456 ff.

225 So auch BVerwGE 106, 280 (286).

226 So wohl BVerfGE 83, 363 (392); vgl. schon *H. Meyer,* Die Finanzverfassung der Gemeinden, 1969, 116 ff.

227 Anders BVerwGE 145, 378 Rn. 16 f. für den Totalentzug der Umlagegrundlagen. Zu Zweckumlagen BVerfGE 83, 363 (392); zu zulässigen Umlagen zugunsten der Länder *Seiler* in Maunz/Dürig Rn. 186.

228 Nicht aber um nicht speziell aus diesem Aufkommen zu erbringende Finanzausgleichsleistungen nach Art. 107 Abs. 2.

229 Zum Begriff → Rn. 25.

(Gemeindeverbände) am Aufkommen der Landessteuern[230] wird in Art. 106 Abs. 7 S. 2 sogar dem Grunde nach in das politische Ermessen der Länder gestellt. Der juristische Gehalt von Art. 106 Abs. 7 insgesamt ist gering. Die Norm bekräftigt die Kompetenz der Länder für den kommunalen Finanzausgleich[231] garantiert diesen möglicherweise als Institution[232] und stellt klar, dass ihre Ertragskompetenz die Länder nicht an der (internen) Beteiligung ihrer Kommunen am Steueraufkommen des Landes hindert. Die Aussage, Art. 106 Abs. 7 sei „die verfassungsrechtliche Grundlage des kommunalen Finanzausgleichs“ geht zu weit, denn kommunaler Finanzausgleich ist Ländersache.[233] Das Nebeneinander von Art. 106 Abs. 7 einerseits und Art. 106 Abs. 5–6 andererseits ist nur aus der Geltungsgeschichte des GG zu erklären.[234]

V. Sonderlastenausgleich (Art. 106 Abs. 8)

Art. 106 Abs. 8 S. 1 erlegt (im bis 1957 unterbrochenen Anschluss an § 62 **60** des Reichsfinanzausgleichsgesetzes vom 23.6.1923[235]) dem Bund eine **Ausgleichspflicht** gegenüber einzelnen Ländern, Gemeinden und Gemeindeverbänden, nie gegenüber einer Gesamtheit von Ländern oder Kommunen, auf und gibt diesen einen verfassungsunmittelbaren, vor den Verwaltungsgerichten **einklagbaren Anspruch,**[236] der auch von Kommunen unmittelbar gegenüber dem Bund geltend gemacht werden kann, bei dem die Länder aber für die Kommunen kassenmäßig eingeschaltet werden können.[237] Zuständig sind die Verwaltungsgerichte. Eine Anspruchsberechtigung von Ländern war in der Praxis dabei selten. Pflicht und Anspruch entstehen, wenn und soweit der Bund in rechtmäßiger Wahrnehmung seiner Aufgaben besondere Einrichtungen veranlasst, die den Ausgleichsberechtigten unmittelbar unzumutbare Sonderbelastungen in Form von Mehrausgaben oder Mindereinnahmen verursachen. Die Zahl gerichtlicher Entscheidungen zu Art. 106 Abs. 8 ist gering[238]; wahrscheinlich ist die Bedeutung der Norm bei Verhandlungen zwischen den Beteiligten über eine gütliche Einigung größer.

Art. 106 Abs. 8 ist seiner Rechtsnatur nach ein staatsorganisatorischer Auf- **61** opferungsanspruch.[239] Das Merkmal der **Unzumutbarkeit** ist deshalb der Schlüssel zu seinem Verständnis, und dieses Merkmal ist im Sinne eines im Einzelfall nur durch Abwägung[240] feststellbaren Sonderopfers zu interpretieren. In dem Merkmal der Unzumutbarkeit ist der Ausnahmecharakter der Vorschrift enthalten. Eine selbstständige auslegungsleitende Funktion, ins-

---

[230] Zum Begriff → Rn. 23.

[231] Der weitere Finanzmassen erfassen kann: *Henneke,* Öffentliches Finanzwesen – Finanzverfassung, 2. Aufl., 2000, Rn. 915.

[232] *Wendt* in HdbStR VI, § 139 Rn. 84, spricht von einer Mindestgarantie; anders *Seiler* in Maunz/Dürig Rn. 183.

[233] Zitat bei *Schwarz* in MKS Rn. 142; zur ausschließlichen Gesetzgebungskompetenz der Länder ebd., Rn. 144.

[234] → Rn. 48.

[235] RGBl. I 1923, 494.

[236] Eingehend *Meis,* Verfassungsrechtliche Beziehungen zwischen Bund und Gemeinden, 1989, 106 ff.

[237] Dazu *Hidien* in BK Rn. 1278; zur Staatspraxis bei dem „Bonn-Vertrag“ vom 13.12.1989 *Isensee* in HdbStR VI, § 126 Rn. 183.

[238] Insoweit übereinstimmende Einschätzung bei *Seiler* in Maunz/Dürig Rn. 188, 194.

[239] So auch *Isensee* in HdbStR VI, § 126 Rn. 145, 183; vgl. weiter *Seiler* in Maunz/Dürig Rn. 188.

[240] Dazu *Bleckmann* DVBl. 1970, 920.

besondere im Hinblick auf die anderen Merkmale, kommt der Charakterisierung von Art. 106 Abs. 8 als Ausnahmevorschrift nicht zu. Die Einzelfallbezogenheit schließt es in der Regel aus, Sonderbelastungen im Rahmen des Finanzausgleichs zu berücksichtigen. Art. 106 Abs. 8 schließt in diesem Sinne eine Lücke im System des Finanzausgleichs.[241] Lasten, die im Finanzausgleichssystem berücksichtigt werden, können umgekehrt nicht zusätzlich als Sonderbelastungen gemäß Art. 106 Abs. 8 geltend gemacht werden. Auch dürfen Ausgleichszahlungen, die nach dieser Norm an Gemeinden geleistet werden, bei Landeszuschüssen an diese Gemeinden nicht in einer Weise berücksichtigt werden, dass ihr Zweck verfehlt wird.[242] In Bezug auf Sonderlasten der Bundeshauptstadt ist Art. 106 Abs. 8 lex specialis im Verhältnis zu Art. 107 Abs. 2 S. 5.[243] Art. 104a Abs. 1 wird von Art. 106 Abs. 8 durchbrochen.[244] Zur Hauptstadtfinanzierung siehe → Rn. 68. Überschneidungen mit den Mischfinanzierungstatbeständen in Art. 91a Abs. 3, 91b Abs. 3, 104a Abs. 4 und 104b sind auszuschließen, weil es dort um eine Kooperation von Bund, Ländern und Gemeinden geht, nicht um einseitige Veranlassung durch den Bund.[245]

62 Der nach Art. 106 Abs. 8 **geschuldete Ausgleich** kann nur in Geld oder geldgleichen Leistungen (wie Vorzugsdarlehen) gewährt werden.[246] Über die Höhe des Ausgleichs können die Beteiligten sich bei Beachtung von § 59 VwVfG wirksam vergleichen;[247] in diesem Fall ist der Vergleichsvertrag, nicht unmittelbar Art. 106 Abs. 8, Ausgleichsrechtsgrund. Andere Leistungen als Geld, z. B. früher die Ausgestaltung der Stadt Bonn als Bundesstadt, was im Berlin/Bonn-Gesetz vom 26.4.1994 zum Teil ausdrücklich als Ausgleich bezeichnet wird, sind kein Ausgleich im Sinne dieser Norm. Anders ist dies bei der vom Berlin/Bonn-Gesetz zu unterscheidenden Vereinbarung über die Ausgleichsmaßnahmen für die Region Bonn vom 29.6.1994;[248] sie ist ein Vergleich auf der Grundlage von Art. 106 Abs. 8.[249] Eine Verbindung zwischen dem Berlin/Bonn-Gesetz und der Ausgleichsvereinbarung besteht darin, dass das Gesetz den erforderlichen Ausgleich der Höhe nach mindert.[250]

63 **„Besondere Einrichtungen"** sind Einrichtungen des Bundes (z. B. Behörden, Militärstandorte, Forschungseinrichtungen, Atommülllager), möglicherweise auch, aber nicht nur, Einrichtungen der Anspruchsberechtigten, bei Vorliegen der übrigen tatbestandlichen Voraussetzungen sogar auch Einrichtungen in privater Trägerschaft[251] oder alliierter Streitkräfte. Dies folgt aus der ratio legis, einen Ausgleich für die Folgen von **Standortentscheidungen** des Bundes zu schaffen, die einzelne Anspruchsberechtigte unzumutbar fi-

---

[241] *Henneke* in SHH Rn. 111.

[242] BVerwG NVwZ 1986, 482.

[243] BVerfGE 116, 327 (390), zuvor E 86, 148 (268).

[244] Dazu *Henneke* in SHH Rn. 115, 127; *Kesper,* Bundesstaatliche Finanzordnung, 1998, 90 f.

[245] Zur Unzulässigkeit einer Abrundung solcher Leistungen nach Art. 106 Abs. 8 *Seiler* in Maunz/Dürig Rn. 189.

[246] Ebenso *Hidien* in BK Rn. 1281; *Meis,* Verfassungsrechtliche Beziehungen zwischen Bund und Gemeinden, 1989, 108; *Pieroth* in Jarass/Pieroth Rn. 19; *Schwarz* in MKS Rn. 156; *Seiler* in Maunz/Dürig Rn. 193.

[247] A. A. wohl *Hidien* in BK Rn. 1285.

[248] Text bei *Heintzen,* Der verfassungsrechtliche Status der Bundesstadt Bonn, 2000, 86 ff.

[249] Dazu *Heintzen,* Der verfassungsrechtliche Status der Bundesstadt Bonn, 2000, 49 f.

[250] Zur Ablösung der Ausgleichspflicht durch ein Handeln des Bundes, dessen Rechtsgrundlage nicht Art. 106 Abs. 8 ist, in einem anderen Fall *Korioth,* Der Finanzausgleich zwischen Bund und Ländern, 1997, 25 f.

[251] Dazu *Friauf* VerwArch. 1975, 99 (117).

nanziell belasten. Die verbreitete These, „Einrichtungen" seien nicht die primären Bundeseinrichtungen, sondern die durch sie veranlassten Folgeeinrichtungen von Anspruchsberechtigten,[252] ist abzulehnen.[253] Diese These führt eine Differenzierung ein, die der Verfassungswortlaut, insbesondere der konturarme Einrichtungsbegriff, nicht hergibt; sie widerspricht der Staatspraxis, die etwa Grundsteuereinbußen bei Einrichtungen des Bundes unter Art. 106 Abs. 8 fasst; sie reibt sich mit dem Verfassungswortlaut auch insoweit, als bei durchaus gewöhnlichen, wenn auch vom Bund veranlassten kommunalen Infrastruktureinrichtungen, im Unterschied zu Einrichtungen des Bundes, die es nur an bestimmten Standorten gibt, ihre Besonderheit nicht einzusehen ist und weil nur die Sonderbelastungen, nicht aber die Einrichtungen, den Anspruchsberechtigten zugeordnet werden. Auch setzt sich die hier vertretene Ansicht nicht selbst über den Verfassungswortlaut hinweg, weil auch Einrichtungen des Bundes von diesem selbst veranlasst sind; dass es in Art. 106 Abs. 8 „Veranlassen" und nicht „Schaffen" heißt, lässt sich erklären: Einrichtungen der Anspruchsberechtigten sollen erfasst sein. Es bleibt einzuräumen, dass die hier vertretene Deutung des Einrichtungsbegriffs nicht problemfrei ist; das betrifft insbesondere das Unmittelbarkeitskriterium.[254] Ein Beispiel für kommunale Einrichtungen im Sinne von Art. 106 Abs. 8 sind die Einrichtungen, die von Kommunen im Rahmen der Experimentierklausel des § 6a Abs. 2 und 5 SGB II geschaffen worden sind, um die Grundsicherung für Arbeitssuchende von der Bundesagentur für Arbeit als eigenverantwortlich wahrzunehmende Aufgabe zu übernehmen.[255] Keine besonderen Einrichtungen sind solche, die der allgemeinen Versorgung der Bevölkerung dienen; die Merkmale „besondere", „Sonderbelastung" und „nicht zugemutet werden kann" konvergieren insoweit; Art. 106 Abs. 8 S. 1 ist insgesamt nicht frei von Redundanz.

Vom Bund veranlasst ist eine Einrichtung, wenn der Bund objektiv eine conditio sine qua non für sie gesetzt und wenn er diese beabsichtigt hat. Das subjektive Element ist zwar streitig, bereitet der Praxis jedoch keine erkennbaren Probleme.[256] Auch wenn der Bund eine Einrichtung schafft, veranlasst er sie. Mitveranlassung genügt, wobei ein korrespondierender Veranlassungsanteil der Anspruchsberechtigten die Unzumutbarkeit entfallen lassen kann. Dies betrifft vor allem die 2006 im Rahmen der Föderalismusreform I zahlenmäßig reduzierten Fälle der Art. 91a und 91b, wo wegen der notwendigen Mitwirkung der Länder schon das Vorliegen einer Sonderbelastung fraglich sein kann und wo den Bund eine Ausgleichspflicht nur in dem Umfang treffen kann, in dem er für die Finanzierung der Maßnahme aufzukommen hat.[257] Die Veranlassung ist an keine bestimmte Handlungsform gebunden. **64**

[252] Zum Einrichtungsbegriff und dessen Konsequenzen *Hidien* in BK Rn. 1216–1222, 1251–1254.

[253] Wie hier schon *H. Meyer,* Rechtsgutachten zur Frage eines Zuschusses des Bundes an die Stadt Bonn wegen ihrer besonderen Belastung als Bundeshauptstadt, 1965 (unveröffentlicht), 51; *ders.,* Die Finanzverfassung der Gemeinden, 1969, 167 f.; *Meis,* Verfassungsrechtliche Beziehungen zwischen Bund und Gemeinden, 1989, 112; offen *Seiler* in Maunz/Dürig Rn. 191.

[254] Dazu auch *Meis* wie zuvor, 122 ff.

[255] Dazu BSGE 114, 55 Rn. 40 ff.

[256] Übersicht über die verschiedenen Meinungen bei *Meis* wie zuvor, 116 ff.

[257] Dazu *Friauf* VerwArch. 1975, 99 (106 f.); *Hidien* in BK Rn. 1227–1239; zu dem Verhältnis von Art. 106 Abs. 8 zu Art. 91a und 91b vgl. die Schilderung der unterschiedlichen Standpunkte bei *Heun* in Dreier Rn. 45.

65 Ob eine **Sonderbelastung** vorliegt, richtet sich danach, ob der Anspruchsberechtigte ohne die besondere Einrichtung Ausgaben (in der Praxis vorrangig einmalige Investitionsausgaben) nicht hätte bzw. Einnahmen hätte. Mehrausgaben und Mindereinnahmen sind gleichwertige Erscheinungsformen von Sonderbelastungen. Mehrausgaben können insbesondere durch Infrastrukturmaßnahmen entstehen, welche die besondere Einrichtung erforderlich macht (Folgeeinrichtungen); ein anderes Beispiel aus der Rechtsprechung ist die Umleitung einer Bundesfernstraße.[258] Mindereinnahmen können z. B. Grundsteuerausfälle sein, wenn die besondere Einrichtung gemäß § 3 GrundsteuerG (GrStG) von der Grundsteuer befreit ist oder wenn die besondere Einrichtung über Bewertungsabschläge die Grundsteuerschuld Dritter mindert. Ausgefallene Einnahmen werden generell nur berücksichtigt, wenn sie mit Sicherheit erzielt worden wären und wenn der Ausfall unmittelbar von der Einrichtung verursacht wird.[259] Mindereinnahmen können weiter die Folgen des Wegzugs einer besonderen Einrichtung, etwa der Auflösung eines Bundeswehrstandorts, sein.[260] Diese Folgen sind mit ihrer Veranlassung bereits verursacht; fraglich ist wohl, ob insoweit im Einzelfall Unmittelbarkeit und Unzumutbarkeit zu bejahen sind. Bei der Verlegung der Hauptstadt der Bundesrepublik Deutschland von Bonn nach Berlin als historisch einmaligem Vorgang ist dies zu bejahen; zwar war der Hauptstadtstatus Bonns nach politischen Erklärungen, die bis in die 70er Jahre abgegeben worden sind, nur provisorisch (so auch Spiegelstrich 3 der Präambel des Berlin/Bonn-Gesetzes); die Realität war aber anders.

66 Das **Unmittelbarkeitskriterium** ist kein Kausalitätskriterium; Parallelen zur Zurechnungsdogmatik des Polizeirechts sind unangebracht. Wie zumeist bei diesem Kriterium[261] geht es auch hier um die wertende Begrenzung einer Kausalbeziehung. Das Kriterium konvergiert insoweit mit dem weiteren Kriterium der Unzumutbarkeit. Beide Kriterien eröffnen einen Beurteilungsspielraum.[262]

67 Das **Unzumutbarkeitskriterium** eröffnet den Zugang zur Dogmatik der Sonderopferentschädigung mit ihren beiden Kriterien: der Schwere der Belastung und dem Ausmaß der Ungleichbehandlung.[263] Bagatellfälle bleiben damit außer Betracht. Normale Betriebs- und Unterhaltungskosten von Folgeeinrichtungen werden i. d. R. ebenfalls nicht ausgeglichen; sie können dann aber im Rahmen des Finanzausgleichs geltend gemacht werden.[264] Mangels Ungleichbehandlung liegt schließlich kein Fall des Art. 106 Abs. 8 vor, wenn der Bund, z. B. durch Aufgabenzuweisung oder Einnahmeentzug, den Anspruchsberechtigten in gleicher Weise Lasten verursacht. Positiv formuliert: Eine Sonderbelastung ist dadurch gekennzeichnet, dass sie im Verhältnis zum regulären Finanzbedarf und zur Finanzausstattung der betroffenen Gebietskörperschaft übermäßig ins Gewicht fällt; dabei sind gem. Art. 106 Abs. 8 S. 2 Entschädigungsleistungen Dritter und Vorteile, die den An-

---

[258] BVerwG NVwZ 1992, 266 zu § 14 Abs. 3 BFStrG.

[259] OVG Münster DÖV 1982, 907; BVerwG DÖV 1994, 437.

[260] A. A. *Seiler* in Maunz/Dürig Rn. 192; wie hier *Rosenschon,* Gemeindefinanzsystem und Selbstverwaltungsgarantie, 1980, 89.

[261] Allg. *Ossenbühl/Cornils,* Staatshaftungsrecht, 6. Aufl., 2013, 301.

[262] Ebenso *Schwarz* in MKS Rn. 152, 154.

[263] Zum Gleichheitssatz *Korioth,* Der Finanzausgleich zwischen Bund und Ländern, 1997, 118 f.

[264] Ebenso *Schwarz* in MKS Rn. 154.

spruchsberechtigten als Folge der Einrichtung erwachsen, bei dem Ausgleich zu berücksichtigen.[265]

Berlin bekommt vom Bund Ausgleichsleistungen für die Sonderbelastungen der Stadt als Bundeshauptstadt (§ 5 Abs. 2 Berlin/Bonn-Gesetz), nicht aber für eine im föderalen System des GG nicht vorgesehene Rolle als „Kulturhauptstadt".[266] In einem geringeren Umfang ausgleichsberechtigt war die Stadt Bonn als Bundesstadt (§ 6 Abs. 4 Berlin/Bonn-Gesetz). Rechtsgrundlage für die Leistungen des Bundes ist neben Art. 106 Abs. 8 dessen Finanzierungskompetenz aus Art. 104b und die ungeschriebene, in ihrem Umfang umstrittene Finanzierungskompetenz des Bundes für Angelegenheiten der gesamtstaatlichen Repräsentation. Die nähere Ausgestaltung bleibt jeweils vertraglichen Vereinbarungen vorbehalten (§§ 5 Abs. 3 und 6 Abs. 5 Berlin/Bonn-Gesetz). Was die Hauptstadtfinanzierung betrifft, geht seit 2006 Art. 22 Abs. 1 S. 2 dem Art. 106 Abs. 8 vor; dies schließt die Bundesstadt Bonn ein.[267] 68

C. Verhältnis zu anderen Bestimmungen des Grundgesetzes

Seit der Entscheidung des BVerfG zur Kernbrennstoffsteuer[268] steht fest, dass Art. 106 den Art. 105 nicht nur ergänzt, sondern auch inhaltlich begrenzt. Die Beibehaltung des derzeit leerlaufenden Art. 106 Abs. 2 Nr. 1 ist deshalb nötig, wenn künftige Steuergesetzgeber sich nicht das Argument entgegenhalten lassen wollen, eine Vermögensteuer liege außerhalb der Steuertypen des Grundgesetzes. Was speziell Absatz 8 betrifft, der in Art. 106 systematisch deplatziert ist, sei auf die einschlägigen Ausführungen verwiesen.[269] 69

D. Kritische Würdigung

Die Verteilung eines Steueraufkommens von einer halben Billion Euro pro Jahr lässt sich nicht ohne politischen Konflikt bewerkstelligen. Angesichts der finanziellen Dimension seiner Regelungsaufgabe kann man Art. 106 auch nicht als insgesamt übermäßig lang bezeichnen; jede Bank-AGB zu deutlich kleineren Beträgen wäre länger. Obwohl Art. 106 zu den längsten Vorschriften des GG zählt, verweist er c. a. zehnmal auf den einfachen Gesetzgeber, der nach Ansicht des BVerfG überdies die Aufgabe hat, die Maßstäbe der vertikalen Umsatzsteuerverteilung mit Übergesetzesrang zu konkretisieren und zu ergänzen.[270] Immerhin ist Art. 106 seit der Finanzreform 1969 nicht mehr grundlegend geändert worden (zu den kommunalen Finanzen sogleich). Das deutet – ebenso wie die geringe Resonanz von Reformüberlegungen, 1981 der Sachverständigenkommission „Maßstäbe und Verfahren zur Verteilung der Umsatzsteuer nach Art. 106 Abs. 3 und Abs. 4 S. 1 GG", in der Gegenwart Überlegungen über eine Stärkung des Trennsystems im 70

---

[265] Bsp.: OVG Münster DÖV 1982, 968.

[266] Dazu *Heintzen* in HdbStR IX, 1. Aufl., § 218 Rn. 73; zur Hauptstadtfinanzierung in der Zeit von 1871 bis 1945 vgl. *H. Engler,* Die Finanzierung der Reichshauptstadt, 2004.

[267] So auch *Heun* in Dreier Rn. 44; *Siekmann* in Sachs Rn. 48.

[268] BVerfGE 145, 171.

[269] → Rn. 60 ff.

[270] BVerfGE 101, 158 (214 ff.).

Interesse von mehr Wettbewerb[271] und über eine Reform der Gewerbesteuer – darauf hin, dass nach Ansicht der politisch Handelnden die Norm die in sie gesetzten Erwartungen erfüllt. Dies betrifft die Entscheidung für die Umsatzsteuer als bewegliches Glied im vertikalen Finanzausgleich und die Einbeziehung von ca. 80 % des Steueraufkommens in ein Verbundsystem. Ob für die verbleibenden 20 % besondere Regelungen in Art. 106 Abs. 1, 2 erforderlich sind, kann man bezweifeln, zumal von den dort genannten Abgaben ungewöhnlich viele nicht erhoben oder von Abschaffung bedroht sind. Der von Art. 106 Abs. 2 bezweckte Schutz der Länder ist unvollkommen, weil es dem Bundesgesetzgeber freisteht, die dort genannten Steuern (wenn auch mit Zustimmung des Bundesrates) abzuschaffen oder zu senken. Die Wiedervereinigung Deutschlands hat zu keiner dauerhaften Änderung geführt, sondern nur zu Übergangsregelungen, die inzwischen wieder verschwunden sind.[272]

71 Der „kommunale Anteil" an Art. 106 befindet sich seit 1949 in einem steten Wachstum. Diese Entwicklung ist nicht abgeschlossen, weil die Gewerbesteuer reformbedürftig ist. Da Art. 106 die Finanzierungsquellen der Kommunen nicht institutionell garantiert, würde die Norm sich deren Neuordnung anschließen. Die Gewerbesteuer steht bei den Absätzen 5, 5a und 6 im Hintergrund und sorgt über ihre Anrechnung auf die Einkommensteuer und ihre Berücksichtigung beim Körperschaftsteuertarif für weitere wenig transparente Verschiebungen von Steuererträgen. Auch sonst ließe Art. 106 sich **„entschlacken"** und wäre dann nicht mehr eine der längsten Vorschriften des Grundgesetzes: Einige in Abs. 1 genannte Positionen sind obsolet; die Sätze 5 und 6 von Absatz 3 haben kein Verfassungsniveau, bei Absatz 4 könnten jedenfalls die Sätze 2 und 3 ersatzlos gestrichen werden; dasselbe gilt für die Absätze 7 und 9.

Literatur

(soweit nicht in den Literaturhinweisen bei Vorb zu Art. 104a–109 enthalten)

D. Bayer, Staatliche Gemeindefinanzierung und Verfassungsrecht, DVBl. 1993, 1287. – ***A. Bleckmann,*** Haben die Gemeinden gegen den Bund aus Art. 106 Abs. 8 GG einen Rechtsanspruch auf den Ausgleich von Lasten, die ihnen durch vom Bund geförderte oder getragene Forschungseinrichtungen entstehen?, DVBl. 1970, 913. – ***M. Bongartz/S. Schröer-Schallenberg,*** Verbrauchsteuerrecht, 3. Aufl., 2018. – ***K. H. Friauf,*** Gemeinschaftsaufgaben und Sonderbelastungsausgleich, VerwArch. 66 (1975), 99. – ***W. Geiger,*** Zur Auslegung des Begriffs „notwendige Ausgaben" in Art. 106 Abs. 3 S. 4 Nr. 1 GG, FS f. Maunz, 1981, 89. – ***M. Heintzen,*** Der verfassungsrechtliche Status der Bundesstadt Bonn, 2000. – ***H.-G. Henneke,*** Verfassungsänderungen zwischen Placebo-Effekten und tagespolitisch motivierten Einzelfallregelungen, ZG 1999, 1. – ***ders.,*** Was sind „notwendige" Ausgaben?, ZG 2010, 52. – ***ders.,*** Die Kommunen in der Finanzverfassung des Bundes und der Länder, 5. Aufl., 2012. – ***K. M. Hettlage,*** Die Revisionsklausel der Finanzverfassung, FS f. Maunz, 1981, 119. – ***J. W. Hidien,*** Der Mehrbelastungsausgleich (Art. 106 Abs. 4 S. 2, 3) – ein staatsrechtliches Mauerblümchen im bundesstaatlichen Finanzausgleich, AöR 122 (1997), 583. – ***M. Inhester,*** Kommunaler Finanzausgleich im Rahmen der Staatsverfassung, 1998. – ***P. Kirchhof,*** Der Finanzausgleich als Grundlage kommunaler Selbstverwaltung, DVBl. 1980, 711. – ***ders.,*** Die Erneuerung der Gemeindesteuer, Finanzrundschau 2010, 961. – ***W. Kluth,*** Umlagen nach Art. 106 Abs. 6 S. 6 GG als Instrumente des zwischengemeindlichen Finanzausgleichs, DÖV 1994, 456. – ***K. Maciejewski,*** Von der Auslegung unbestimmter Rechtsbegriffe im bundesstaatlichen Finanzausgleich, 2007. – ***P. Marcus,*** Das kommunale Finanzsystem der Bundesrepublik Deutschland, 1987. – ***H. Meyer,*** Rechtsgut-

[271] Siehe etwa *Hofmann* ZRP 1999, 468.
[272] Siehe *Bauer* in HdbStR IX, § 206 Rn. 44 ff.

achten zur Frage eines Zuschusses des Bundes an die Stadt Bonn wegen ihrer besonderen Belastung als Bundeshauptstadt, 1965 (unveröffentlicht). – ***ders.,*** Die Finanzverfassung der Gemeinden, 1969. – ***G. Nobis,*** Festbeträge bei der Umsatzsteuer als Ultima ratio der Steuerverteilung zwischen Bund und Ländern?, Jahrbuch für öffentlich Finanzen 2009, 519. – ***K.-A. Schwarz,*** Finanzausgleich und föderale Aufgabenstruktur, ZG 2004, 268. – ***H. Siekmann,*** Die Quadratur der Umsatzsteuer – zur Kritik der kleinen Gemeindefinanzreform, DVBl. 1998, 617. – ***Ch. Trzaskalik,*** Bemerkungen zum Finanzausgleichsurteil vom 11. November 1999, FS f. Rudolf, 2001, 379. – ***H. Vogel,*** Die steuerrechtliche und kommunalpolitische Problematik des Hebesatzrechts der Gemeinden, FS f. v. Wallis, 1985, 565. – ***K. Vogel,*** Zur Auslegung des Artikels 106 Grundgesetz, FS f. Tipke, 1995, 93. – ***Ch. Waldhoff,*** Steuerrecht und Verfassungsrecht, Die Verwaltung 41 (2008), 259. – ***R. Wendt,*** Abschaffung und Ersetzung der Gewerbesteuer aus verfassungsrechtlicher Sicht, BB 1987, 1677.

Art. 106a [Bundeszuschuss für öffentlichen Personennahverkehr]

[1]Den Ländern steht ab 1. Januar 1996 für den öffentlichen Personennahverkehr ein Betrag aus dem Steueraufkommen des Bundes zu. [2]Das Nähere regelt ein Bundesgesetz, das der Zustimmung des Bundesrates bedarf. [3]Der Betrag nach Satz 1 bleibt bei der Bemessung der Finanzkraft nach Artikel 107 Abs. 2 unberücksichtigt.

A. Allgemeine Bedeutung

1 Der im Dezember 1993 im größeren Zusammenhang der Bahnreform in das GG eingefügte Art. 106a[1] durchbricht die Finanzierungskompetenz der Länder für den öffentlichen Personennahverkehr gem. Art. 104a Abs. 1 (wobei für den schienengebundenen Verkehr zusätzlich auf Art. 87e Abs. 1 und Art. 143a Abs. 3 S. 1, auf die auch insoweit gem. Art. 87e Abs. 4 S. 1 beim Bund verbleibende Verantwortung für das Schienennetz[2] sowie auf das G zur Regionalisierung des öffentlichen Personennahverkehrs[3] hinzuweisen ist). Die Durchbrechung besteht darin, dass zum **Ausgleich in diesem Bereich entstehender Betriebskostendefizite,**[4] von denen der Bund sich durch Regionalisierung des schienengebundenen öffentlichen Personennahverkehrs zum Teil entlastet hat (vgl. Art. 87e Abs. 4, Art. 143a Abs. 3), den Ländern ein Betrag aus dem Steueraufkommen des Bundes zugesprochen wird.[5] Die zweckgebundene, ab dem 1.1.1996 geschuldete Zuweisung des Bundes belief sich im Jahr 2016 gem. § 5 Abs. 2 RegionalisierungsG[6] auf 8 Mrd. Euro und stieg gem. § 5 Abs. 3 dieses Gesetzes ab dem Jahr 2017 um jährlich 1,8 %. Daneben sieht § 5 Abs. 5 RegionalisierungsG weitere 200 Mio. Euro für die Länder Berlin, Brandenburg, Mecklenburg-Vorpommern, Saarland, Sachsen, Sachsen-Anhalt und Thüringen vor, die sich ebenfalls gem. § 5 Abs. 6 dieses Gesetzes ab dem Jahr 2017 um jährlich 1,8 % erhöhen. Dass die Länder Leistungen des öffentlichen Personennahverkehrs teilweise bei den Nachfolgeunternehmen der Deutschen Bundesbahn nachfragen, ist gem. Art. 87e Abs. 3 S. 1 ein privatrechtlicher Vorgang, der sich außerhalb der bundesstaatlichen Finanzverfassung abspielt. Dadurch, dass der **Bund einen Beitrag zur Deckung des Defizits im öffentlichen Personennahverkehr nicht mehr unmittelbar der Bahn,** sondern den Ländern als den nun zuständigen Verwaltungsträgern überweist, soll eine ökonomischere Ressourcenallokation erreicht werden.[7]

---

[1] Materialien: BT-Drs. 12/6280; BT-Prot. 12/13801 und 16598; BR-Drs. 130/93; 872/93; BR-Prot. 93/149, 185, 615 und 637.

[2] Zum Grundversorgungsauftrag des Bundes auch *Siekmann* in Sachs Rn. 2.

[3] V. 27.12.1993, BGBl. 1993 I 2395.

[4] So BT-Drs. 12/6280, 9.

[5] Zur früheren, nicht unproblematischen Praxis der Beteiligung von Ländern und Kommunen an den Kosten von Dienstleistungen der Bahn bei Schülertransporten → Art. 104a Rn. 27.

[6] Vom 27.12.1993, BGBl. 1993 I 2378; zuletzt geändert am 23.12.2016, BGBl. 2016 I 3234.

[7] Vgl. *Henneke,* Öffentliches Finanzwesen – Finanzverfassung, 2. Aufl. 2000, Rn. 257 f.; *Schuppert* in Umbach/Clemens Rn. 8 f.; *Siekmann* in Sachs Rn. 3.

B. Einzelfragen

Öffentlicher Personennahverkehr iSv Art. 106a ist **nicht notwendig schienengebunden,**[8] Art. 106a ist nicht strikt auf Art. 87e bezogen, was auch daran deutlich wird, dass der schienengebundene öffentliche Personennahverkehr nur **fakultativ in Landeseigenverwaltung** geführt wird, während die Finanzzuweisung des Bundes gem. Art. 106a dem Grunde nach obligatorisch ist. Öffentlicher Personennahverkehr ist gem. § 2 RegionalisierungsG die allgemein zugängliche Beförderung von Personen mit Verkehrsmitteln im Linienverkehr, die überwiegend dazu bestimmt sind, die Verkehrsnachfrage im Stadt-, Vorort- oder Regionalverkehr zu befriedigen; das ist im Zweifel der Fall, wenn in der Mehrzahl der Beförderungsfälle eines Verkehrsmittels die gesamte **Reiseweite 50 km** oder die gesamte **Reisezeit eine Stunde nicht übersteigt.**[9] 2

Aus dem Wort „für“ folgt, dass der vom Bund gezahlte Betrag **zweckgebunden** ist.[10] Dieser Betrag muss dem öffentlichen Personennahverkehr zukommen. Er darf in diesem Rahmen aber auch für andere Zwecke als die Deckung von Betriebskostendefiziten des schienengebundenen öffentlichen Personennahverkehrs eingesetzt werden. Eine Verwendungskontrolle durch den Bund darf in keinem Fall weiter gehen als bei Art. 104b Abs. 2;[11] sie muss vielmehr dahinter zurückbleiben.[12] 3

Der Hinweis, dass der Betrag aus dem Steueraufkommen des Bundes (derzeit aus dem Energiesteueraufkommen) zu zahlen ist, lässt die Frage offen, ob dieser Betrag für den Bund eine **notwendige Ausgabe iSv Art. 106 Abs. 3 S. 4** ist.[13] Es handelt sich um ein Überbleibsel des im Gesetzgebungsverfahren geführten Streits um eine Beteiligung der Länder am Ertrag der früheren Mineralölsteuer.[14] 4

Das Bundesgesetz, von dem in Art. 106a S. 2 die Rede ist, ist das Regionalisierungsgesetz (→ Rn. 1). Es regelt die **Höhe des Betrages,** der trotz der Zweckbindung **verfassungsrechtlich nicht vorgegeben** ist,[15] den der Bund aber nicht ohne Zustimmung des Bundesrates von seinem im Zeitpunkt der Einfügung des Art. 106a in das GG bereits ausgehandelten Niveau herabsetzen kann, und weiter seine Verteilung auf die einzelnen Länder, die sich im verfassungsrechtlichen Rahmen des föderalen Gleichheitssatzes halten muss. Eine Verwaltungsvereinbarung als Alternative zu dem Gesetz ist nicht vorgesehen. Eine eventuelle **Weiterleitung des Betrages an Kommunen** ist ausschließlich Sache der Länder. 5

Art. 106a S. 3 schließt aus, dass die Zahlungen des Bundes an die Länder in die **Berechnung von deren Finanzkraft iSv Art. 107 Abs. 2** eingehen. Auf diese Weise soll verhindert werden, dass Umverteilungseffekte des sekundären Finanzausgleichs die horizontale Verteilung der Mittel gem. Art. 106a 6

---

[8] Ebenso *Kube* in BeckOK Rn. 2.

[9] Vgl. auch die Verordnung EWG Nr. 1191/69; zum öffentlichen Schienenpersonennahverkehr § 2 Abs. 12 Allgemeines EisenbahnG; zum Begriff siehe auch *Huber* in MKS Rn. 5 f. Grds. *Oebbecke* NVwZ 2017, 1084.

[10] *Drüen* in BK Rn. 9; *Hidien* DVBl. 1997, 595 (601); *Huber* in MKS Rn. 10.

[11] → Art. 104b Rn. 25; in Art. 104b wurde 2017 in Abs. 2 S. 4 eingefügt.

[12] Ebenso *Heun* in Dreier Rn. 5.

[13] Dazu *Hidien* DVBl. 1997, 595 (602) mwN.

[14] *Hidien* DVBl. 1997, 595 (596, 600): „rechtlich bedeutungs- und wirkungslose Formel“.

[15] Hierzu auch *Drüen* in BK Rn. 2, 6 f.; *Hidien* DVBl. 1997, 595 (598 ff.).

beeinflussen. Diese Mittel werden also aus dem sekundären **Finanzausgleich herausgelöst.**[16]

C. Kritische Würdigung

7 Art. 106a wird überwiegend und zu Recht kritisiert.[17] Die Vorschrift ist systemwidrig, was auch an der Unsicherheit bei der Bezeichnung des vom Bund gezahlten Betrages deutlich wird.[18] **Systemgerecht** wäre die Berücksichtigung der notwendigen Ausgaben der Länder für den öffentlichen Personennahverkehr bei der **Umsatzsteuerverteilung.** Doch darauf wollten sich die Länder nicht verlassen und haben ihre Vetoposition bei der Bahnreform benutzt, um finanzielle Zugeständnisse des Bundes verfassungsrechtlich festzuschreiben. Auf diese Weise erfährt der **öffentliche Personennahverkehr eine verfassungsrechtliche Sonderbehandlung,**[19] obwohl er sich nicht von anderen, dem primären Finanzausgleich zugeordneten Staatsaufgaben unterscheidet. Auf einer grundsätzlicheren Ebene müssen Bund und Länder sich fragen, ob Aufgabendezentralisierungen, die eine Verfassungsänderung erfordern, nur um den Preis einer Ausgabenverflechtung durchsetzbar sein sollen. Andererseits stellt die Norm sicher, dass Zahlungen des Bundes tatsächlich dem öffentlichen Personennahverkehr zugutekommen.[20]

Literatur

(soweit nicht in den Literaturhinweisen zu Art. 87e und Vorb. 104a–109 enthalten)

O. Finkenbeiner/J. Scherm, Der neue Rechtsrahmen für die Gestaltung des ÖPNV, BWVPr. 1995, 245, 275. – ***G. Fromm/K.-A. Sellmann,*** Die Entwicklung des öffentlichen Verkehrsrechts, NVwZ 1994, 547. – ***Ch. Heinze,*** Das Gesetz zur Änderung des Verfassungsrechts der Eisenbahnen vom 20.12.1993, BayVBl. 1994, 266. – ***J. W. Hidien,*** Der föderative Finanzierungsausgleich im öffentlichen Personennahverkehr, VR 1997, 309. – ***J. W. Hidien,*** Der spezielle Finanzausgleich gem. Art. 106a GG, DVBl. 1997, 595. – ***F. Kiepe,*** Die Beschlüsse zur Regionalisierung des Nahverkehrs, Der Städtetag 1994, 78. – ***F. Kiepe,*** Die Regionalisierung des Schienenpersonennahverkehrs und ihre finanziellen Auswirkungen auf die Städte, ZKF 1994, 218. – ***M. Kloepfer,*** Finanzverfassungsrecht, 2014, 174–176. – ***J. Oebbecke,*** Was ist Personennahverkehr?, NVwZ 2017, 1084. – ***Ch. Waldhoff,*** Maßstäbe zur Verteilung der Regionalisierungsmittel für den ÖPNV nach Art. 106a GG, DVBl. 2013, 677.

[16] Zweifel an der Erforderlichkeit und an der Systemgerechtigkeit der Regelung bei *Heun* in Dreier Rn. 7f.; *Hidien* DVBl. 1997, 595 (601f.); *Huber* in MKS Rn. 3 Fn. 6; ferner *Heinze* BayVBl. 1994, 269; *Kempny/Reimer* NJW Beil. 2/2014, 39 (42); *Siekmann* in Sachs Rn. 13; *Waldhoff* DVBl. 2013, 677 (685); grds. *Henneke* ZG 2010, 53 (62); *Henneke,* Die Kommunen in der Finanzverfassung des Bundes und der Länder, 5. Aufl. 2012, 126ff. Zu ihrer Stellung im Finanzausgleichssystem *Hellermann* in MKS Art. 104a Rn. 70 u.; etwas anders als hier, *Drüen* in BK Rn. 3.

[17] Vgl. *Henneke,* Öffentliches Finanzwesen – Finanzverfassung, 2. Aufl. 2000, Rn. 261ff.; *Hidien* DVBl. 1997, 595 (602f.); *Kesper,* Bundesstaatliche Finanzordnung, 1998, 107f., 245f.

[18] *Hidien* DVBl. 1997, 595 (596 Fn. 7, 598).

[19] Solitäraufgabe ÖPNV: *Henneke,* Öffentliches Finanzwesen – Finanzverfassung, 2. Aufl. 2000, Rn. 264.

[20] Dies betont *Huber* in MKS Rn. 14.

Art. 106b [Länderanteil an der Kraftfahrzeugsteuer]

[1]Den Ländern steht ab dem 1. Juli 2009 infolge der Übertragung der Kraftfahrzeugsteuer auf den Bund ein Betrag aus dem Steueraufkommen des Bundes zu. [2]Das Nähere regelt ein Bundesgesetz, das der Zustimmung des Bundesrates bedarf.

A. Allgemeine Bedeutung

1 Art. 106b, in Kraft seit dem 1.7.2009[1], steht im Zusammenhang mit der Übertragung der Ertragszuständigkeit für die Kfz-Steuer von den Ländern auf den Bund und neutralisiert nach Maßgabe des Gesetzes zur Regelung der finanziellen Kompensation zugunsten der Länder infolge der Übertragung der Ertragshoheit der Kfz-Steuer auf den Bund[2] deren finanzielle Auswirkungen auf die Haushalte der Bundesländer. Anders als bei Art. 106a geht es nicht um Ausgleich für eine bestimmte Verwaltungsaufgabe der Länder und nicht um eine Durchbrechung von Art. 104a Abs. 1.[3] Anders als bei Art. 106a (dort S. 3) sind die Kompensationszahlungen vollumfänglich bei der Bemessung der Finanzkraft der Länder im Rahmen des Finanzausgleichs zu berücksichtigen.[4] Nach seiner systematischen Stellung ist Art. 106b Teil des primären Finanzausgleichs. Mehr noch als Art. 106a ist er hier aber ein Fremdkörper, weil er spezialisierte Zuweisungen des Bundes an die Länder vorsieht.

B. Einzelfragen[5]

2 Der „Betrag“,[6] von dem in Art. 106b die Rede ist, orientiert sich in Höhe und „länderscharfer“[7] Verteilung auf die einzelnen Bundesländer an dem von den Ländern letztmalig erzielten Kfz-Steueraufkommen. Es handelt sich um einen jährlichen Festbetrag, der auf unbestimmte Zeit[8] festgeschrieben ist und der nicht zweckgebunden, sondern frei verfügbar ist.[9] Jährlich geht es um knapp 9 Mrd. Euro. Zu Änderungen ist der Bundesgesetzgeber im Rahmen der Formulierung „das Nähere“ gem. Art. 106b S. 2 befugt.[10] Der Verfassungsbegriff „Kraftfahrzeugsteuer“ ist interpretatorisch auf dem Stand unmittelbar vor der Verfassungsänderung zu versteinern.

3 Die Zuweisung stammt aus dem Steueraufkommen des Bundes insgesamt, nicht aus dem Kfz-Steueraufkommen. Sollte der Bund die Mobilitätsbesteue-

---

[1] 54. G zur Änderung des GG vom 19.3.2009 (BGBl. I 606); dazu BT-Drs. 16/11741, 4.

[2] Zum KraftStKompG vom 29.5.2009 (BGBl. I 1170) BT-Drs. 16/11742, 4, 13; vgl. → Art. 106 Rn. 19 u. Art. 108 Rn. 7 u. 12; zum Regelungshintergrund auch *Kube* in BeckOK GG Rn. 1; *Drüen* in BK, Art. 106b Rn. 5; zur Verwaltungskompetenz *Schenke* in Sodan Rn. 2.

[3] Ebenso *Drüen* in BK Rn. 10; *Kube* in BeckOK GG Rn. 2.

[4] Ebenso *Kube* in BeckOK GG Rn. 5; *Wernsmann/Tappe,* Öffentliches Finanzrecht, 2. Aufl., 2019, Rn. 180 f.

[5] Zu der Norm *Selmer/Hummel,* Jahrbuch für öffentliche Finanzen 2009, 477 (488–496).

[6] Zu diesem konturlosen Begriff → Art. 106a Rn. 7.

[7] So, ebenfalls in Anführungszeichen, BT-Drs. 16/11741, 4.

[8] Ebenso *Kube* in BeckOK GG Rn. 2.

[9] Ebenso *Drüen* in BK Rn. 6 f.

[10] Zu Höhe, Änderbarkeit und Verhältnis des Betrags zum tatsächlichen Kfz-Steuer-Aufkommen *Siekmann* in Sachs Rn. 4, 8.

rung grundsätzlich ändern und den zu erzielenden Steuerertrag deutlich erhöhen oder senken, so hätte dies keine Auswirkungen auf den Betrag, der den Ländern zusteht. Diese Non-Affektation ist Konsequenz der ratio legis, Kompetenzen zu entflechten und dem Bund mehr Flexibilität zu geben. Zuweisungsempfänger sind die Länder. Die Aufteilung auf die einzelnen Länder ist Sache des Bundesgesetzgebers, der dabei nicht an Art. 107 Abs. 1 gebunden ist, wohl aber an den Grundsatz föderaler Gleichheit und, ebenfalls grundsätzlich, an den status quo des Jahres 2009.[11] Zum Näheren iSv Art. 106b S. 2 gehören weiter Einzelheiten des Zahlungsverkehrs.

C. Kritische Würdigung

4 Art. 106b hat kein Verfassungsniveau.[12] Er – und die beiden weiteren grundgesetzlichen Erwähnungen der Kfz-Steuer – sind der Preis für einen Kompromiss zwischen Bund und Ländern in einer energie- und finanzpolitischen Detailfrage, der, samt seiner Begründung, verfassungsrechtlich festgeschrieben wird. Rechtspolitisch ist er ähnlicher Kritik ausgesetzt wie Art. 106a; auch hier wird eine Detailfrage aus der Systematik der Finanzverfassung herausgelöst.[13] Im Bereich der Mobilitätsbesteuerung soll der Bund zwar neue Wege gehen können; Art. 106b schreibt im Gegensatz dazu aber Vergangenes für unbestimmte Zeit fest und erhöht im Gegensatz zu dem Ziel der Entflechtung föderaler Kompetenzen die Zahl verfassungsrechtlicher Zustimmungsvorbehalte des Bundesrates.

Literatur

(soweit nicht in den Literaturhinweisen zu Vorb. Art. 104a–109 enthalten)
P. Selmer/L. Hummel, Vertrauenschaffende Funktion der Finanzverfassung? – Kritische Bemerkungen am Beispiel der finanzausgleichsrechtlichen Reform der Kraftfahrzeugsteuer, Jahrbuch für öffentliche Finanzen 2009, 477.

[11] Art. 1 des G v. 29.5.2009, BGBl. I 1170: Gesetz zur finanziellen Kompensation zugunsten der Länder infolge der Übertragung der Ertragshoheit der Kraftfahrzeugsteuer auf den Bund. Dieses Gesetz gibt keinen Anlass zu verfassungsrechtlichen Bedenken. Zu ihm auch *Drüen* in BK Rn. 12.

[12] Ebenso Bundestagspräsident *Lammert:* BT-Prot. 16/24947 D und BT-Prot. 16/24948 A. Zu dem darin zum Ausdruck kommenden Regelungsstil allgemein *Brenner* AöR 120 (1995), 246.

[13] *Selmer/Hummel,* Jahrbuch für öffentliche Finanzen 2009, 477 (506), sprechen, bei grundsätzlich gleicher Kritik (496 ff., 505 ff.), von einem nebengeordneten Finanzzuweisungstatbestand; zu dessen Bedeutung für den Finanzausgleich *Selmer/Hummel,* Jahrbuch für öffentliche Finanzen 2009, 477 (507 f., 509 f.); hierzu auch *Drüen* in BK Rn. 11; weiter *Henneke* ZG 2010, 52; *Siekmann* in Sachs Rn. 8.

Art. 107 [Horizontale Steuerertragsaufteilung, Finanzausgleich]

(1) [1]Das Aufkommen der Landessteuern und der Länderanteil am Aufkommen der Einkommensteuer und der Körperschaftsteuer stehen den einzelnen Ländern insoweit zu, als die Steuern von den Finanzbehörden in ihrem Gebiet vereinnahmt werden (örtliches Aufkommen). [2]Durch Bundesgesetz, das der Zustimmung des Bundesrates bedarf, sind für die Körperschaftsteuer und die Lohnsteuer nähere Bestimmungen über die Abgrenzung sowie über Art und Umfang der Zerlegung des örtlichen Aufkommens zu treffen. [3]Das Gesetz kann auch Bestimmungen über die Abgrenzung und Zerlegung des örtlichen Aufkommens anderer Steuern treffen. [4]Der Länderanteil am Aufkommen der Umsatzsteuer steht den einzelnen Ländern, vorbehaltlich der Regelungen nach Absatz 2, nach Maßgabe ihrer Einwohnerzahl zu.

(2) [1]Durch Bundesgesetz, das der Zustimmung des Bundesrates bedarf, ist sicherzustellen, dass die unterschiedliche Finanzkraft der Länder angemessen ausgeglichen wird; hierbei sind die Finanzkraft und der Finanzbedarf der Gemeinden (Gemeindeverbände) zu berücksichtigen. [2]Zu diesem Zweck sind in dem Gesetz Zuschläge zu und Abschläge von der jeweiligen Finanzkraft bei der Verteilung der Länderanteile am Aufkommen der Umsatzsteuer zu regeln. [3]Die Voraussetzungen für die Gewährung von Zuschlägen und für die Erhebung von Abschlägen sowie die Maßstäbe für die Höhe dieser Zuschläge und Abschläge sind in dem Gesetz zu bestimmen. [4]Für die Zwecke der Bemessung der Finanzkraft kann die bergrechtliche Förderabgabe mit nur einem Teil ihres Aufkommens berücksichtigt werden. [5]Das Gesetz kann auch bestimmen, dass der Bund aus seinen Mitteln leistungsschwachen Ländern Zuweisungen zur ergänzenden Deckung ihres allgemeinen Finanzbedarfs (Ergänzungszuweisungen) gewährt. [6]Zuweisungen können unabhängig von den Maßstäben nach den Sätzen 1 bis 3 auch solchen leistungsschwachen Ländern gewährt werden, deren Gemeinden (Gemeindeverbände) eine besonders geringe Steuerkraft aufweisen (Gemeindesteuerkraftzuweisungen), sowie außerdem solchen leistungsschwachen Ländern, deren Anteile an den Fördermitteln nach Art. 91b ihre Einwohneranteile unterschreiten.

Übersicht

1 Gegenstand dieser Kommentierung ist Art. 107 in der Fassung, die er durch das 62. G zur Änderung des GG vom 13.7.2017[1] erhalten hat. Diese Fassung ist gemäß Art. 143g **ab dem 1.1.2020** anzuwenden und löste erst dann die bisherige, davor zuletzt 2009 geänderte Fassung ab. Zu den Unterschieden zwischen neuem und altem Recht → Rn. 19 ff.

A. Allgemeine Bedeutung

2 **Art. 107 regelt** in Abs. 1 **den primären horizontalen,** in Abs. 2 S. 1 bis 4 den **sekundären horizontalen** und in Abs. 2 S. 5 und 6 den **sekundären vertikalen Finanzausgleich.** Der primäre vertikale Finanzausgleich ist Thema von Art. 106; die Art. 106 und 107 sind eng verknüpft.[2] Der primäre Finanzausgleich ist finanzkraftorientiert und bestimmt die originäre Finanzausstattung von Bund und einzelnen Ländern.[3] Seine Ergebnisse werden im sekundären Finanzausgleich im Interesse einheitlicher Lebensverhältnisse im ganzen Bundesgebiet zugunsten finanzkraftschwacher Länder stark nivelliert.[4] Die **vier Formen** des – zweckungebundenen – Finanzausgleichs bilden ein „mehrstufiges System zur Verteilung des Finanzaufkommens im Bundesstaat",[5] dessen Teile aufeinander abgestimmt sind und durch Finanzzuwendungen des Bundes gemäß Art. 91a, 91b, 104a und 104b ergänzt werden;[6] Letztere stehen „außerhalb dieses Verteilungssystems"[7]; Gleiches gilt für die nachträglich hinzugekommenen Art. 104c, 104d, 106a, 125c, 143c und 143d; sollten diese Buchstaben-Artikel weiter zunehmen, droht allerdings eine Verfälschung dieses Systems, weil darauf gestützte Zahlungen horizontale Ausgleichwirkungen haben und das Nivellierungsverbot und das Verbot der Umkehrung der Finanzkraftreihenfolge beeinträchtigen können (so ausdrücklich § 11 Abs. 3 MaßstG 2020).[8] Bisher, so das BVerfG weiter, sei dieses Gefüge durchaus beweglich und anpassungsfähig, seine Stufen könnten aber nicht beliebig ausgewechselt oder übersprungen werden.[9] Die dritte und die vierte Stufe, also der sekundäre Finanzausgleich, sind kein Instrument zur Korrektur etwaiger Verteilungsmängel auf vorangegangenen Stufen.[10] Diese

[1] BGBl. 2017 I 2347.

[2] Zu den Begriffen auch → Art. 106 Rn. 6.

[3] Zu diesem Ziel des Art. 107 Abs. 1 statt vieler *Wendt* in HdbStR V § 139 Rn. 91.

[4] Zum Nivellierungsniveau insb. § 11 II FAG 2020.

[5] BVerfGE 72, 330 (383); 116, 327 (377 f.). Aus der Kommentarliteratur *Huber* in MKS Rn. 10–31.

[6] BVerfGE 72, 330 (387 f). Zum Vorrang dieser Mischfinanzierungstatbestände vor der Gewährung von Ergänzungszuweisungen zum Zweck der Sanierung BVerfGE 116, 327 (389 f.).

[7] BVerfGE 101, 158 (225 f.).

[8] Zu Kumulationseffekten auch *Kube,* Der bundesstaatliche Finanzausgleich, 2011, 90.

[9] BVerfGE 101, 158 (214); 116, 327 (378).

[10] BVerfGE 116, 327 (378 f.).

Verteilung zielt insgesamt darauf ab, Bund und Ländern die Erfüllung ihrer verfassungsmäßigen Aufgaben in staatlicher Eigenständigkeit und Eigenverantwortung finanziell zu ermöglichen[11]; die einschlägigen Regelungen sind in diesem Sinne „Folgeverfassung".[12] Bei der Vierstufigkeit bleibt es auch nach der Änderung des Art. 107 im Juli 2017, denn zwischen der Verteilung des Länderanteils am Aufkommen der Umsatzsteuer nach Maßgabe der Einwohnerzahl und eventuellen Zu- und Abschlägen bei dem sich so ergebenden Verteilungsergebnis, die mit dem Ziel eines angemessenen Ausgleichs erfolgen, ist zu unterscheiden. Der primäre Finanzausgleich ist, was das Verhältnis der Länder untereinander betrifft, finanzkraftbezogene **Erstausstattung,** der sekundäre ist **Umverteilung.**[13]

Das Finanzausgleichsgefüge[14] erstreckt sich auf das **Binnenverhältnis von Bund und Ländern,** nicht auf ihr Außenverhältnis zur EU oder zu Wirtschaft, Gesellschaft und Bürger. Die Unionsmitgliedschaft wirkt mittelbar und faktisch auf das föderale Finanzsystem, weil Gelder, die zur Union fließen, für Bund und Länder nicht mehr zur Verfügung stehen[15]; umgekehrt können zB Regional- oder Strukturhilfen der EU horizontale Ausgleichswirkungen entfalten. Rechte der Steuerpflichtigen können von Art. 107 ebenso wenig berührt sein wie die Rechtmäßigkeit eines Steuerbescheides.[16] Bei Interessenabwägungen im Rahmen von § 32 BVerfGG, in denen es um Datenschutz bei Einwohnerdaten geht, stärkt Art. 107 die hauptsächlich in Art. 28 Abs. 2 begründete Rechtsposition von Stadtstaaten, weil diese Daten Berechnungsgrundlage für Zahlungen im Rahmen des Finanzkraftausgleichs sind.[17] 3

Verteilungsmasse des primären horizontalen Finanzausgleichs ist das Aufkommen der Landessteuern und der Länderanteil an den Gemeinschaftsteuern (Art. 106 Abs. 2 und Abs. 3). Verteilungsmaßstab ist, mit Ausnahme der Umsatzsteuer, die nach Art. 107 Abs. 1 S. 4 und Abs. 2 S. 1 bis 4 ein beweglicher Faktor ist, das Prinzip des örtlichen Aufkommens.[18] Nach diesem Prinzip kommt es auf die Vereinnahmung der Steuern von den Finanzbehörden des jeweiligen Landes an. Das GG hat sich für dieses Prinzip entschieden, weil seine Kriterien operabel sind[19] und es die regionale Leistungsfähigkeit im Großen und Ganzen zutreffend widerspiegelt. Bei der 4

---

[11] BVerfGE 116, 327 (Ls. 1).

[12] → Vorb. Art. 104a Rn. 29. Zu Grenzen des Konzepts „Folgeverfassung" *Waldhoff* VVDStRL 66 (2007), 216 (246 ff.).

[13] Zur Vierstufigkeit wie hier *Huber* in MKS Rn. 25 ff.; *Kube* in BeckOK Vorb. Rn. 1; *Schenke* in Sodan Rn. 3; *Seiler* in Maunz/Dürig Rn. 81 ff. u. Art. 106 Rn. 33 ff., 36 ff.; Mittelposition *Heun/Thiele* in Dreier Rn. 13; anders *Henneke* in SHH u. a. Rn. 18e, 20 f., 26; *Hofmann/Schlief,* Die neue Finanzordnung zwischen Bund und Ländern, 2018, Rn. 9.

[14] Zu einem Gegenfinanzausgleich, der darauf beruht, dass Steuervergünstigungen in finanzstarken Bundesländern stärker in Anspruch genommen werden, so dass deren Steueraufkommen und damit deren Beitrag zum Finanzausgleich sinkt, *Wendt* GS f. Burmeister, 2005, 469.

[15] *Vogel/Waldhoff* Vorb. Art. 104a Rn. 658.

[16] BFH NJW 1971, 1135 (1136), zu Art. 107 Abs. 1; in der Sache ebenso BVerwGE 110, 237 (245).

[17] BVerfGE 140, 99 (112, Rn. 24). Hauptsacheentscheidung BVerfGE 150, 1 (insb. 82 ff.).

[18] Siehe schon Kommission für die Finanzreform, Gutachten, 2. Aufl., 1966, Rn. 289: gleichsam natürlicher Beteiligungsmaßstab; vgl. *Huber* in MKS Rn. 73–76; Nachweise älteren volkswirtschaftlichen Schrifttums bei *Stern,* StaatsR II, 1980, § 47 III 5.

[19] Zum Wechsel örtl. Zuständigkeiten durch Umzug von Steuerpflichtigen siehe § 1 ZerlG.

Umsatzsteuer, deren Steuerträger anonym bleiben, tritt an seine Stelle der Einwohnermaßstab.[20] Leitende Ziele auf der 2. Stufe des Finanzausgleichs sind zum einen die Berücksichtigung der Steuerkraft der einzelnen Bundesländer, zum anderen eine bundesweit gleichmäßige Pro-Kopf-Versorgung der Einwohner.[21]

5 Da die **Finanzkraft der Bundesländer** unterschiedlich, ihr Finanzbedarf aber ähnlich ist (von ihnen werden ähnliche staatliche Leistungen erwartet, und Bedarfsunterschiede haben sich durch die Annäherung von Stadt und Land und die Abschwächung besonderer Lastenfaktoren [Agglomerationsschwerpunkte, einseitige Wirtschaftsstrukturen, Wiedervereinigung] relativiert), bedarf das im Kern auf das Prinzip des örtlichen Aufkommens gegründete Verteilungssystem einer umverteilenden, nach der ursprünglichen grundgesetzlichen Konzeption überwiegend aus Haushaltsmitteln der Länder und nicht des Bundes zu bestreitenden[22] Korrektur. Anderenfalls könnten finanzschwache Länder ihre Aufgaben nicht oder nur mit Krediten (siehe dazu aber seit Juli 2009 die Artikel 109 Abs. 3 und 143d Abs. 1) erfüllen und wäre das Ziel der Einheitlichkeit/Gleichwertigkeit der Lebensverhältnisse im ganzen Bundesgebiet in Gefahr. Ab 2020 erfolgt diese Korrektur durch Zuschläge und entsprechende Abschläge bei der Verteilung der Länderanteile am Aufkommen der Umsatzsteuer (Art. 107 Abs. 2 S. 1 bis 4) und durch Bundesergänzungszuweisungen (S. 5 und 6), beides nach Maßgabe des Finanzausgleichsgesetzes des Bundes. Die primäre horizontale Verteilung des Umsatzsteueraufkommens auf die einzelnen Länder weist dagegen seit der GG-Änderung 2017 keine umverteilenden Elemente mehr auf, sieht man von schwer quantifizierbaren Nivellierungseffekten des Einwohnermaßstabs zugunsten konsumschwächerer Bundesländer ab.[23] Durch die Korrektur wird erreicht, dass auch beim horizontalen Finanzausgleich neben der Finanzkraft der **Finanzbedarf** zur Geltung kommt. Das Kriterium Finanzkraft legitimiert sich aus der Eigenstaatlichkeit der Bundesländer, das Kriterium Finanzbedarf aus ihrer föderalen Verbundenheit und aus dem Sozialstaatsprinzip.[24] Das Ziel, einheitliche Lebensverhältnisse im Bundesgebiet zu wahren, das von Art. 106 Abs. 3 S. 4 Nr. 2 dem primären vertikalen Finanzausgleich ausdrücklich gesetzt wird, ist in gleicher Weise[25] dem horizontalen und dem sekundären Finanzausgleich gesteckt. Zwischen diesem Ziel und der Eigenstaatlichkeit der Bundesländer besteht ein Spannungsverhältnis,[26] das aufzulösen das GG dem einfachen Bundesgesetzgeber aufgibt, der diesem Auftrag mit dem Finanzausgleichsgesetz nachzukommen versucht, das aber seit 25 Jahren ein Dauerthema verfassungsgerichtlicher Auseinandersetzungen ist.[27] Ob die Er-

---

[20] *Seiler* in Maunz/Dürig Rn. 67 u. 144 Fn. 418.

[21] BVerfGE 72, 330 (384 f.); 101, 158 (221); 116, 327 (379), jeweils zur Rechtslage vor 2020.

[22] Hierzu JöR NF 1 (1951), 763 f. Für eine Regelung durch Staatsvertrag zwischen den Ländern *Kempny/Reimer* Gutachten 70. DJT, 2014, 99 f., 102, 137.

[23] *Henneke* in SHH Rn. 25 spricht sogar von einem abstrakten Bedarfsmaßstab.

[24] Zum Sozialstaatsprinzip zurückhaltend *Huber* in MKS Rn. 98. Zum hessischen Landesrecht *Rauber* GS f. Schmehl, 2019, 369 ff.

[25] → Art. 106 Rn. 29, 31.

[26] So auch BVerfGE 72, 330 (398); 101, 158 (222); schon BVerfGE 1, 117 Ls. 2; ferner *Heun* Der Staat 31 (1992), 205 (222); *Ossenbühl,* Verfassungsrechtliche Grundfragen des Länderfinanzausgleichs gem. Art. 107 Abs. 2 GG, 1984, 21 ff.; *Stern,* StaatsR II, 1980, § 47 III 5 a.

[27] BVerfGE 72, 330; 86, 148; 101, 158; 116, 327; zuvor schon BVerfGE 1, 117; dazu *Oeter,* Integration und Subsidiarität im deutschen Bundesstaatsrecht, 1998, 193 ff.

setzung von Umsatzsteuervorabausgleich und Länderfinanzausgleich durch ein System von Zu- und Abschlägen bei der Umsatzsteuerverteilung ab 2020 für Befriedung sorgen wird oder nur eine „Flucht in die Intransparenz“[28] darstellt, bleibt abzuwarten.[29]

Damit der **föderale Finanzausgleich** seine Ziele erreichen kann, müssen 6
zwei Bedingungen erfüllt sein: Die Finanzkraftunterschiede zwischen den Ländern dürfen nicht zu groß sein, und Bund und Länder müssen bei ihrer Haushaltswirtschaft den Erfordernissen der Haushaltsdisziplin im Sinne des Europäischen Stabilitäts- und Wachstumspaktes sowie des gesamtwirtschaftlichen Gleichgewichts Rechnung tragen (Art. 109 Abs. 2). Die erste Bedingung verweist auf Maßnahmen der regionalen Struktur- und Raumordnungspolitik, auch solche des Bundes, und auf die politische Option einer Neugliederung des Bundesgebiets gemäß Art. 29 und 118a; immerhin sind die beiden gemessen an der Einwohnerzahl kleinsten Bundesländer, Bremen und das Saarland, seit Jahrzehnten die Problemfälle des sekundären Finanzausgleichs.[30] In der Zeit kurz nach der Wiedervereinigung Deutschlands war die erste Bedingung im Beitrittsgebiet nicht erfüllt, weshalb nach Art. 7 Abs. 3 EVertr. ein gesamtdeutscher Länderfinanzausgleich bis 1995 nicht stattgefunden hat und an seine Stelle ein anderes System der Umsatzsteuerverteilung und Leistungen aus dem Föderalen Konsolidierungsprogramm getreten sind.[31]

Ein **Bundesstaat** ist auch **ohne sekundären Finanzausgleich** denkbar, 7
nicht aber ohne primären Finanzausgleich.[32] Art. 107 Abs. 2 ist weltweit sogar ohne Parallele.[33] Ob man die sozialen und föderalen Folgen seines Fehlens in Kauf nehmen will, ist zunächst eine politische Frage, die das GG klar entschieden hat.[34] Andererseits ist Art. 107 in keiner seiner Regelungen notwendiger Teil des Bundesstaatsprinzips im Sinne der Art. 20 Abs. 1 und 79 Abs. 3[35]; gegen Letzteres spricht schon, dass das GG in seiner Ursprungs-

---

[28] So *Seiler* JFöd 2017, 52. Finanzpsychologisch mag die Neuregelung mit dem sog. Endowment-Effekt erklärt werden, wonach die Wegnahme eines schon zugewiesenen Gutes (früherer Umsatzsteuervorabausgleich) mehr Widerstand auslöst als die Vorenthaltung eines Gutes (Abschläge bei der Umsatzsteuerzuteilung); → Vorb. Art. 104a Rn. 42; *Heun/Thiele* in Dreier Vorb. Art. 104a Rn. 14, Art. 107 Rn. 6; *Wernsmann* in BK Rn. 197c. Zu dem Begriff *Thaler* Journal of Economic Behavior and Organization 1980, 39 (44); *Kahneman, Knetsch* u. *Taylor* Journal of Political Economy 1990, 1325 ff.

[29] Sie hat jedenfalls zur Einstellung des Verfahrens BvF 1/13 durch Beschluss vom 21.11.2017 geführt. Zuvor hat das Inkrafttreten von Art. 143d Abs. 2 zur Beendigung der von den Ländern Bremen und Saarland betriebenen Verfahren 2 BvG 3/05, 2 BvF 3/05 u. 2 BvF 1/06 geführt.

[30] Zu Letzterem auch BVerfGE 116, 327 (386); *Heun/Thiele* in Dreier Rn. 18; *Wernsmann* in BK Rn. 75 f.

[31] Hierzu BVerfGE 84, 90 (119); *Bauer* in HdbStR IX (1. Aufl.), § 206; *Carl,* Bund-Länder-Finanzausgleich im Verfassungsstaat, 1995, 133, 147, 170 ff.; *Häde,* Finanzausgleich, 1996, 282 ff.; *Hidien,* Handbuch Länderfinanzausgleich, 1999, 558 ff. (für die Zeit bis 1995), 604 ff. (für die Zeit ab 1995); *Korioth,* Der Finanzausgleich zwischen Bund und Ländern, 1997, 467 ff.; *Wernsmann* in BK Rn. 12-15; *Wieland* DVBl. 1992, 1181.

[32] Zum Fehlen eines Finanzausgleichs im Kaiserreich *Schuppert* in Umbach/Clemens Vorb. Art. 104a Rn. 9; *Seiler* in Maunz/Dürig Rn. 7 f. Zu ausländischen Parallelen zu Finanzhilfen des Bundes *Heun/Thiele* in Dreier Art. 104b Rn. 7.

[33] *Waldhoff* ZG 2000, 193 (199, m. w. N.); zur Schweiz *Heun/Thiele* in Dreier Rn. 12; *Seiler* in Maunz/Dürig Rn. 75.

[34] Pointiert *Oeter,* Integration und Subsidiarität im deutschen Bundesstaatsrecht, 1998, 13, der die Finanzverfassung des GG als extremste Ausprägung eines unitarischen Bundesstaatsmodells ansieht.

[35] Wie hier im Ergebnis auch *Seiler* in Maunz/Dürig Rn. 38; *Wernsmann* in BK Rn. 53 ff., 65. Zu dem Verhältnis von Bundesstaatsprinzip und Art. 107 *Sarcevic,* Das Bundesstaatsprinzip, 2000, 149, 150 f., 158.

fassung in Art. 107 keine Verteilungsregelung, sondern nur einen 1955 erstmals erfüllten Regelungsauftrag enthalten hat.

8 Die **Regelung des primären horizontalen Finanzausgleichs** in Art. 107 Abs. 1 ist abschließend, weil Ertragskompetenzen unter Verfassungsvorbehalt stehen. Im Ergebnis gilt dasselbe, im Hinblick auf Art. 104a Abs. 1, für den sekundären vertikalen Finanzausgleich.[36] Der sekundäre horizontale Finanzausgleich, dh umverteilende Finanztransfers zwischen den Ländern, ist dagegen nicht auf Art. 107 Abs. 2 beschränkt.[37] Diese Vorschrift ist mit Blick auf das Verhältnis von Bund und Ländern formuliert. Finanztransfers, die im Zwischenländerverhältnis stattfinden, etwa in den Bereichen Rundfunk oder Sozialversicherung, beeinträchtigen den sekundären horizontalen Finanzausgleich nicht.[38] Art. 107 Abs. 2 kann ihnen gegenüber keine Sperrwirkung entnommen werden. Finanztransfers zwischen den allgemeinen Haushalten der Länder müssen sich aber durch einen besonderen Grund vor dem Bundesstaatsprinzip rechtfertigen, wie etwa nach der Wiedervereinigung Deutschlands die Finanztransfers von westlichen zu östlichen Bundesländern.[39]

9 Indem Art. 109 Abs. 1 nicht von Finanz-, sondern nur von Haushaltswirtschaft spricht, macht er deutlich, dass insbesondere die Länder in ihrer finanziellen Selbstständigkeit durch den Finanzausgleich eingeschränkt sind und das Haushaltswesen dem Finanzausgleich nicht nur im Text des GG, sondern auch der Sache nach nachgeordnet ist.[40]

10 **Art. 107** gehört **mit sechs Änderungen** zu den am häufigsten geänderten Vorschriften des GG.[41] Die bis 2017 letzte grundlegende Änderung ist 1969 erfolgt. Das heißt allerdings nicht, seither sei Rechtsfriede eingekehrt.[42] Vielmehr hat der Länderfinanzausgleich vier grundlegende Entscheidungen des BVerfG hervorgebracht[43] und die Aufforderung des Gerichts an den Bundesgesetzgeber, die Maßstäbe unter anderem dieser Norm durch ein für ihn selbst verbindliches und insoweit verfassungsähnliches Gesetz zu konkretisieren und zu ergänzen.[44] Im Zuge der Föderalismusreformen ist Art. 107 Abs. 1 S. 4, als Konsequenz der Ergänzung von Art. 105 Abs. 2a um einen S. 2, um eine dritte Alternative ergänzt worden.

11 Verstößt das in Art. 107 vorgesehene **Gesetz gegen seine verfassungsrechtliche Vorgabe,** so ist es nicht nichtig, sondern aus Gründen der Rechtssicherheit sowie der verlässlichen und in ihren Wirkungen kalkulierbaren Finanz-, Ausgaben- und Haushaltsplanung und einer entsprechenden Wirtschaft nur mit dem GG unvereinbar und *pro futuro* zu ändern; den Ländern, die gegenüber einem verfassungsmäßigen Zustand Nachteile erleiden, sind diese Nachteile später auszugleichen.[45] Dies hat das BVerfG für das

---

[36] Zu ihm → Rn. 41 ff.

[37] Wie hier *Pieroth* in Jarass/Pieroth Rn. 2; anders *Wernsmann* in BK Rn. 72.

[38] → Vorb. Art. 104a–115 Rn. 46 ff., 48, 55.

[39] Zu ihnen *Selmer* FS f. Thieme, 1993, 353 ff.

[40] So auch *Kirchhof* in MKS Art. 109 Rn. 18 ff.; *Wernsmann* in BK Rn. 73; vgl. weiter BVerfGE 101, 158 (220).

[41] → Vorb. Art. 104a–115 Rn. 16 und 17; zur Vor- und Geltungsgeschichte der Norm besonders ausführlich *Henneke* in SHH Rn. 4–18i; *Seiler* in Maunz/Dürig Rn. 6–37; *Wernsmann* in BK Rn. 1–17b.

[42] Ebenso *Heun/Thiele* in Dreier Rn. 18.

[43] → Rn. 5a E.

[44] BVerfGE 101, 158 (215 f. zu den einzelnen Stufen).

[45] BVerfGE 72, 330 (333, 422); ferner E 101, 158 (238); zum Nachteilsausgleich BVerfGE 72, 330 (442 f.); *Wernsmann* in BK Rn. 80.

Verhältnis von Finanzausgleichsgesetz (FAG)[46] und GG entschieden, noch nicht für das Verhältnis zwischen dem GG und dem von ihm geforderten Maßstäbegesetz (MaßstG)[47], auch nicht für Kollisionen zwischen FAG und MaßstG. Letztere sind nach den allgemeinen Regeln, insbesondere der *lex-posterior*-Regel, aufzulösen. Die Annahme, das MaßstG habe als „Supergesetz"[48] Vorrang vor dem FAG lässt sich normhierarchisch nicht begründen.[49] Davon zu unterscheiden ist die Frage, ob zeitgleiche Änderungen beider Gesetze gegen Rationalitätsanforderungen, dazu sogleich, aus Art. 20 GG verstoßen.[50]

Das **BVerfG** hat den Bundesgesetzgeber verpflichtet, die **Maßstäbe** für **12**
die Gewährung eines Umsatzsteuerergänzungsanteils, für die Voraussetzungen für Ausgleichsansprüche und -verbindlichkeiten im Länderfinanzausgleich, für deren Höhe, schließlich die Maßstäbe für Bundesergänzungszuweisungen **zu konkretisieren und zu ergänzen,** weil die Vorgaben des GG zu unbestimmt sind. Zwischen GG und FAG wird damit ein Maßstäbegesetz geschoben mit dem Ziel, langfristige gesetzliche Maßstäbe zu bilden, die ein interessengeleitetes Arrangement über Geld zumindest erschweren. In einem zweiaktigen Verfahren sollen zunächst allgemeine Maßstäbe formuliert und danach, an diese Maßstäbe gebunden, vom selben Gesetzgeber konkrete Verteilungsentscheidungen getroffen werden.[51] Das BVerfG zitiert in diesem Zusammenhang den Rawls'schen „Schleier des Nichtwissens".[52] Diesem Gesetz[53] wird – zu Recht – vorgeworfen, es bliebe hinter den Erwartungen des BVerfG zurück und sei „eine in systematische Form gebrachte Wiederholung verfassungsgerichtlicher Leitthesen und Ansammlung formelhaften Füllmaterials ohne wirkliche Konkretisierungssubstanz".[54] Die zweimalige

[46] BGBl. 2001 I 3955, 3956, zuletzt geändert durch Artikel 4 des Gesetzes vom 19. Dezember 2018 (BGBl. I 2696).

[47] BGBl. 2001 I 2302, zuletzt geändert durch Artikel 3 des Gesetzes vom 17. Dezember 2018 (BGBl. I S. 2522).

[48] Zitat: *Kloepfer,* Finanzverfassungsrecht, 2014, § 5 Rn. 17 Fn. 33. Grundsätzlich zu Fragen der Normhierarchie in der Finanzverfassung *Reimer* in Hufeld/Kube/Reimer (Hrsg.), Heidelberger Beiträge zum Finanz- und Steuerrecht, Bd. 3, 2016, 96 ff.

[49] So u. a. auch *Heun/Thiele* in Dreier Rn. 17; *Huber* in MKS Rn. 65 f. Die These, das gesamte einfachgesetzliche Finanzausgleichsrecht sei nichtig, solange der Bundesgesetzgeber unter Missachtung des Gebots vorheriger Maßstabsbildung agiere (was derzeit zutrifft), geht zu weit; so aber wohl *Seiler* in Maunz/Dürig Art. 106 Rn. 58.

[50] Dazu *Huber* wie zuvor Rn. 64; *Seiler* in Maunz/Dürig Art. 106 Rn. 45. Vgl. auch *Ossenbühl,* Das Maßstäbegesetz – dritter Weg oder Holzweg des Finanzausgleichs?, FS f. Vogel, 2000, 227; *Schmalenbach,* Die Selbstbindung des Gesetzgebers im Finanzausgleich, FS f. Schiedermair, 2001, 247; *Vogel,* Maßstäbegesetze, Rückwirkungsverbote und völkerrechtliche Verträge – Ausnahmen von der „lex posterior"-Regel, FS f. Schiedermair, 2001, 113.

[51] Ausführlich *Huber* in MKS Rn. 44–67; *Seiler* in Maunz/Dürig Art. 106 Rn. 44–61; *Wernsmann* in BK Rn. 81–94.

[52] BVerfGE 101, 158 (218). Ein solches Vorgehen für finanzpolitisch unverantwortlich haltend *Tappe* DVBl. 2013, 1079 (1082); ähnlich *Waldhoff* Die Verwaltung 2006, 155 (164).

[53] Vom 9.9.2001 (BGBl. 2001 I 2302), geändert am 29.5.2009 (BGBl. 2009 I, 1170) und zuletzt am 14.8.2017 (BGBl. 2017 I 3122). Literatur aus der Zeit des Gesetzgebungsverfahrens: *Henneke* Jura 2001, 767; *Korioth* ZG 2002, 335; *Linck* DÖV 2000, 325; *Pieroth* NJW 2000, 1086; *Rupp* JZ 2000, 269; *Schneider/Berlit* NVwZ 2000, 841; *Waldhoff* ZG 2000, 207; *Wieland* DVBl. 2000, 1310; später: *A. Jung,* Maßstäbegerechtigkeit im Länderfinanzausgleich, 2008; *Kämmerer* JuS 2003, 214; *von Schweinitz,* Das Maßstäbegesetz, 2003. Zur allgemeinen Dogmatik von Grundlagengesetzen *Schmeddinck* ZG 2007, 62.

[54] Zitat: *Selmer,* Die UMTS-Versteigerung vor dem BVerfG, NVwZ 2003, 1304 (1305). Ähnlich → Rn. 24 f., 34, 44 u. Art. 106 Rn. 31, 33, 35, 36, 61; *Huber* in MKS Rn. 61; *Siekmann* in Sachs vor Art. 104a Rn. 66; etwas optimistischer *Kloepfer,* Finanzverfassungs-

Verwendung des Wortes „Maßstäbe" in Art. 107 Abs. 2 S. 3 und 7 hat wenig geändert. In S. 7 geht es um „Maßstäbe nach den Sätzen 1 bis 3", also um Maßstäbe des GG selbst, und in S. 4 ist mit dem Gesetz das FAG gemeint, nicht das MaßstG. Von dieser Doppelung – erst Maßstäbegesetz, dann Finanzausgleichsgesetz – mit ihren normhierarchischen Problemen nimmt das GG nach wie vor keine Kenntnis, obwohl Kenntnisnahme nahegelegen hätte.[55]

B. Einzelfragen

I. Primärer horizontaler Finanzausgleich (Art. 107 Abs. 1)

13 **1. Einkommensteuer, Körperschaftsteuer, bundesgesetzlich geregelte Landessteuern.** Nachdem Art. 106 im **Verhältnis zwischen dem Bund und der Ländergesamtheit** den originären Anteil jeder föderalen Ebene am gesamtstaatlichen Steueraufkommen festgelegt hat, richtet der Anteil jedes einzelnen Bundeslandes an dem so festgelegten Anteil der Länder insgesamt sich nach Art. 107 Abs. 1. Die danach begründete Ertragshoheit gibt jedem Land gegen den Bund und gegen die anderen Länder einen Anspruch auf das ihr unterfallende Steueraufkommen.[56] Diese Ertragshoheit wird durch das GG und Bundesgesetze definiert. Vertragliche Vereinbarungen zwischen den Ländern über die Abgrenzung und Zerlegung bundesgesetzlich geregelter Steuern sind nach einhelliger Meinung unzulässig.[57] **Leitgedanke** ist, jedem Bundesland das in seinem Gebiet erwirtschaftete Steuersubstrat zukommen zu lassen. Dieser Leitgedanke wird grundsätzlich durch das **Prinzip des örtlichen Aufkommens** (oder Forensalprinzip[58]) und bei der Umsatzsteuer durch das **Einwohnerprinzip** verwirklicht.[59]

14 **Art. 107 Abs. 1 S. 1** regelt, wie Steuern, deren Aufkommen nach Art. 106 Abs. 2 den Ländern zusteht **(Landessteuern),** und der Länderanteil an der **Einkommensteuer** und der **Körperschaftsteuer** auf die einzelnen Länder zu verteilen sind.[60] Nicht geregelt wird diese Verteilungsfrage für die Steuern auf landesgesetzlicher Grundlage, die auch ohne grundgesetzliche Zuweisung den sie erhebenden Ländern zustehen,[61] und für die Gemeindesteuern, deren Zuweisung sich nach Art. 106 Abs. 5 und 6 richtet.[62] Für die Umsatzsteuer (einschließlich des kommunalen Anteils) trifft Art. 107 Abs. 1 S. 4 eine besondere Regelung. Die Landessteuern und der Landesanteil an

---

recht, 2014, § 5 Rn. 19. Grundsätzliche Skepsis bei *Haltern* VVDStRL 73 (2014), 103 ff. Gegenposition bei *Seiler* in Maunz/Dürig Art. 106 Rn. 44 ff.

[55] Zu den Begriffen „Maßstäbe" und „Maßstäbegesetz" unergiebig BT-Drs. 18/11131, obwohl die Formulierung „das Gesetz" geändert worden ist; dazu BT-Drs. 18/11131, 17; weiter *Wernsmann* in BK Rn. 86.

[56] *Pieroth* in Jarass/Pieroth Rn. 3; *Wernsmann* in BK Rn. 131 f.

[57] Zur Zulässigkeit von im Hinblick auf die materielle Rechtslage deklaratorischen Vereinbarungen zur Erleichterung der Verwaltungspraxis: *Wernsmann* in BK Rn. 145.

[58] Zu diesem Begriff *Wernsmann* in BK Rn. 26, 54.

[59] Anders *Henneke* in SHH Rn. 33, der beide Prinzipien als Gegensätze sieht.

[60] Zu den erfassten Steuern *Huber* in MKS Rn. 75; *Seiler* in Maunz/Dürig Rn. 46–49; *Wernsmann* in BK Rn. 116–120. Zum Kriterium der Einwohnerzahl BVerfGE 150, 1 (81 f.).

[61] *Hidien,* Die horizontale Steuerverteilung, 1997, 24.

[62] *Hidien,,* Die horizontale Steuerverteilung, 1997, 31; zum Einkommen- und Umsatzsteueranteil der Gemeinden *Wernsmann* in BK Rn. 120; zur Gewerbesteuerumlage *Stern,* StaatsR II, 1980, § 47 III 5c α.

Einkommen- und Körperschaftsteuer sind – mit den Vorbehalten in Art. 107 Abs. 1 S. 2 – örtlich radizierbar. Verteilungsprinzip ist darum nach Art. 107 Abs. 1 S. 1 das örtliche Aufkommen, so dass jedes Land den steuerlichen Ertrag der Leistungen bekommt, die auf seinem Gebiet **erwirtschaftet** worden sind.[63] Diese grundsätzliche Entscheidung des horizontalen Finanzausgleichs für ein Trennsystem und gegen ein Verbundsystem[64] stärkt die Eigenständigkeit der einzelnen Länder gegenüber der Ländergesamtheit, macht wegen ihrer Orientierung an der Steuerkraft aber eine Korrektur durch einen am Finanzbedarf orientierten sekundären Finanzausgleich erforderlich. Das Prinzip des örtlichen Aufkommens wird als solches nicht von Art. 79 Abs. 3 geschützt.[65]

Örtliches Aufkommen sind die Steuererträge (nicht offene Steuerschul- 15 den, steuerliche Nebenleistungen nur nach Maßgabe von § 3 Abs. 5 AO), die von den örtlich zuständigen Finanzbehörden, gemeint sind hier auch Bundesfinanzbehörden,[66] vereinnahmt worden sind.[67] Maßgebend sind die Zuständigkeitsregeln des einfachen Gesetzesrechts; umgekehrt fordert Art. 107 Abs. 1 sachgerechte Regelungen über die örtliche Zuständigkeit, die sich an dem Grundgedanken orientieren, dass das Steueraufkommen verbleibt, wo es erwirtschaftet worden ist.[68] Dabei sind unterschiedliche Anknüpfungen verfassungsrechtlich zulässig: Erarbeitungsort oder Wohnsitz bzw. Unternehmenssitz. Das BVerfG hat in seiner Leitentscheidung, dem FAG-II-Urteil, dem Gesetzgeber viel Spielraum zugebilligt.[69] Mit den Zuständigkeitsregeln nicht eindeutig zu lösende Fälle (Handeln der örtlich unzuständigen Behörde, Amtshilfe in Vollstreckungssachen, Handeln einer Behörde mit länderübergreifender Zuständigkeit) sind mit dieser *ratio* des Prinzips des örtlichen Aufkommens zu lösen. **Vereinnahmung** tritt ein, wenn das Geld in die Verfügungsmacht der Finanzbehörde übergeht – durch freiwillige Zahlung oder ihre Surrogate oder durch Vollstreckung, aufgrund rechtmäßigen oder bestandskräftigen Steuerbescheids; auf Verbuchung kommt es nicht an.[70]

Art. 107 Abs. 1 S. 2, 3 tragen dem Umstand Rechnung, dass das Prinzip 16 des örtlichen Aufkommens den mit ihm verfolgten Zweck verfehlen kann, weil überregionale Verflechtungen im Wirtschaftsleben und die Mobilität der Bevölkerung eine Radizierung steuerlicher Leistungsfähigkeit erschweren und den Zusammenhang von Wertschöpfung und Vereinnahmung schwächen[71] und weil die diesem Prinzip zugrundeliegenden Zuständigkeitsregeln

---

[63] *Wendt* in HdbStR V § 139 Rn. 86, nennt dies die „Gerechtigkeitsidee" der Norm; *Wendt* GS f. Burmeister, 2005, 475, mit Kritik am Gerechtigkeitsgehalt des Prinzips des örtlichen Aufkommens allein; vgl. auch BVerfGE 72, 330 (384, 390 ff., 406 ff.); Nachweise der unterschiedlichen Positionen bei der Finanzreform von 1969 bei *Stern,* StaatsR II, 1980, § 47 III 5 c.

[64] Zu diesen Begriffen im Kontext des horizontalen, nicht des vertikalen Finanzausgleichs *Henneke,* Öffentliches Finanzwesen – Finanzverfassung, 2. Aufl. 2000, Rn. 732; *Stern,* StaatsR II, 1980, § 47 III 5 b.

[65] So auch *Heun*/Thiele in Dreier, Rn. 22. Zu Alternativen *Kempny/Reimer* Gutachten zum 70. DJT, 2014, 55 f.; *Wieland* DVBl. 1992, 1181 (1187 f.).

[66] *Wernsmann* in BK Rn. 127 sowie (zur Biersteuer) Rn. 116, 128.

[67] Zum Begriff der Vereinnahmung etwa *Kube* in BeckOK GG Rn. 2; *Seiler* in Maunz/Dürig Rn. 53.

[68] So *Seiler* in Maunz/Dürig Rn. 52; *Wernsmann* in BK Rn. 133 f.; *Wieland* FS 50 Jahre BVerfG, 771 (788 f.).

[69] BVerfGE 72, 330 (391).

[70] Einzelheiten bei *Wernsmann* in BK Rn. 123 ff.

[71] Dazu BT-Drs. V/2861, 35, mit Beispielen.

primär anderen, erhebungstechnischen Zwecken dienen. Sie ermächtigen bzw. verpflichten (so Satz 2) zu einer Korrektur, durch die das Prinzip letztlich bekräftigt werden soll.[72] Betroffen sind nach den derzeit geltenden Zuständigkeitsregeln[73] besonders die in Art. 107 Abs. 1 S. 2 ausdrücklich genannten Steuern: die **Körperschaftsteuer,** bei der an das Bundesland, in dem eine Körperschaft, insbesondere ein Unternehmen, den Sitz hat, Steuern fließen können, die in den in anderen Bundesländern liegenden Betriebstätten erwirtschaftet worden sind (vgl. §§ 12, 20 AO), und die **Lohnsteuer** (§§ 38 ff. EStG), bei der durch ein zentrales Lohnbüro ähnliche Effekte auftreten können, weil nach den §§ 41a und 41 Abs. 2 EStG und den Zuständigkeitsvorschriften der Lohnsteuer-Durchführungsverordnung (LStDV) die Lohnsteuerzahlungen an das Sitzland dieser Zentrale und nicht an das Beschäftigungs- oder das Wohnsitzland der Lohnempfänger überwiesen werden. Hinzu kommt die Problematik Ländergrenzen überquerender Pendler. Art. 107 Abs. 1 S. 2 verpflichtet aus diesem Grund bei solchen Steuern den Bund, durch zustimmungspflichtiges Gesetz nähere Bestimmungen über die **Abgrenzung** sowie über Art und Umfang der **Zerlegung** des örtlichen Aufkommens zu treffen. Abgrenzung heißt, dass ein aus einem konkreten Steuertatbestand herrührender Ertrag in Fällen, in denen das verfassungsrechtliche Prinzip des örtlichen Aufkommens zu unklaren Ergebnissen führt, einem Bundesland ganz zugewiesen wird. Bei der Zerlegung findet eine Aufteilung eines Steuerertrags auf mehrere Bundesländer nach einem besonderen gesetzlichen Schlüssel statt. Abgrenzung ist Interpretation des Prinzips des örtlichen Aufkommens durch den Gesetzgeber, Zerlegung teilweise Änderung von dessen Rechtsfolge.[74] Die Zerlegung führt zu Ausgleichsansprüchen der Länder untereinander, die hinreichend bestimmt sein müssen und für die nach § 11 Zerlegungsgesetz (ZerlegungsG)[75] der Finanzrechtsweg gegeben ist. Der Gesetzgeber hat im Hinblick auf das Ziel, Verzerrungen des Prinzips des örtlichen Aufkommens zu beheben und den primären horizontalen Finanzausgleich nach Maßgabe der realen Steuerkraft der Länder vorzunehmen, einen Gestaltungsspielraum, der allerdings geringer ist als bei Art. 107 Abs. 1 S. 1;[76] er muss nicht jede Verzerrung beheben, kann Bagatellgrenzen vorsehen, darf sich andererseits nicht auf bloße Randkorrekturen beschränken.[77] Die vom Gesetzgeber gewählte Regelung muss das Ziel und die Wirkung haben, vereinnahmungsbedingte Verzerrungen des primären horizontalen Finanzausgleichs nicht nur marginal, sondern in relevanter Weise zu vermindern.[78]

17 Dem **Regelungsauftrag des Art. 107 Abs. 1 S. 2,** zugleich einer ausschließlichen Kompetenz[79], ist der Bund in verfassungskonformer Weise mit

[72] Ebenso *Wernsmann* in BK Rn. 138.

[73] Zu den Folgen von deren grundsätzlicher Änderung *Wernsmann* in BK Rn. 142.

[74] Letzteres bei *Seiler* in Maunz/Dürig Rn. 55 f.; *Wernsmann* in BK Rn. 139 f., zur summenmäßig erheblich geringeren Bedeutung der Abgrenzung ebd. Rn. 141.

[75] BGBl. 1998 I 1998, zuletzt geändert durch Artikel 11 des Gesetzes vom 11. Dezember 2018 (BGBl. I 2338).

[76] BVerfGE 72, 330 (384: „Korrektur in Richtung auf die wirkliche Steuerkraft", 390 ff.: verfassungsrechtlicher Zerlegungsmaßstab); *Huber* in MKS Rn. 79.

[77] Zu Regelungsalternativen *Henneke,* Öffentliches Finanzwesen. Finanzverfassung, 2. Aufl., 2000, Rn. 738, anknüpfend an BVerfGE 72, 330 (392); *Hidien,* Die horizontale Steuerverteilung gemäß Art. 107 Abs. 1 des Grundgesetzes, 1997, 88 ff., 92 ff.

[78] BVerfGE 72, 330 (395).

[79] *Seiler* in Maunz/Dürig Rn. 54 mit Fn. 141, wo zugleich auf das Zustimmungsrecht des Bundesrates hingewiesen wird.

dem ZerlegungsG[80] nachgekommen.[81] Dieses Gesetz sieht für die Körperschaftsteuer eine Zerlegung nach dem Betriebstätten- und für die Lohnsteuer nach dem Wohnsitzprinzip vor. Es begünstigt tendenziell steuerschwache Länder und benachteiligt Stadtstaaten, Hauptprofiteur ist derzeit aber Bayern.[82] Das vom BVerfG geforderte Maßstäbegesetz muss zu den Fragen des Art. 107 Abs. 1 S. 2, 3 keine Aussagen enthalten.[83]

Art. 107 Abs. 1 S. 3 stellt es, unter Ausschluss von Vereinbarungen zwischen den Ländern, in das **Ermessen des Bundesgesetzgebers,** Bestimmungen über die Abgrenzung und Zerlegung des örtlichen Aufkommens anderer Steuern als der Körperschaft- und der Lohnsteuer zu treffen, dies aber nicht notwendig in demselben Gesetz wie gemäß Art. 107 Abs. 1 S. 2. Trotz geringfügiger textlicher Varianz unterscheiden die S. 2 und 3 des Art. 107 Abs. 1 sich nur darin, dass Ersterer zur Gesetzgebung verpflichtet, Letzterer dazu ermächtigt.[84] Insbesondere muss in beiden Fällen der Zerlegungsmaßstab auf die *ratio* von Art. 107 Abs. 1 S. 1 bezogen sein. Von dieser Ermächtigung hat der Bund für die Kapitalertragsteuer[85], bei der Einkommensteuer auf Auslandsbezüge im Ausland lebender Rentner und für die Feuerschutzsteuer[86] Gebrauch gemacht.[87] Denkbar wären auch Regelungen für den Länderanteil an der veranlagten Einkommensteuer und alle bundesgesetzlich geregelten Landessteuern.[88] 18

2. Umsatzsteuer (neues und altes Recht). a) Neues Recht. Die **Umsatzsteuer** ist eine indirekte Steuer, die im Ergebnis, dh nach Vorsteuerabzug, in der Regel von einem Unternehmer (Steuerschuldner) auf Verbraucher (Steuerträger) abgewälzt wird. Das am Steuerschuldner orientierte Prinzip der örtlichen Vereinnahmung gibt keinen zuverlässigen Aufschluss über die beim Steuerträger eintretende wirtschaftliche Belastung. Die Verteilung des sich gemäß Art. 106 Abs. 3 S. 3, 4 ergebenden Länderanteils am Aufkommen der Umsatzsteuer – einschließlich Einfuhrumsatzsteuer und nach Abzug des kommunalen Anteils – erfolgt daher abweichend vom Prinzip des örtlichen Aufkommens.[89] Die horizontale Umsatzsteuerverteilung richtet sich nach der durch das Statistische Bundesamt zu ermittelnden Einwohnerzahl der Bundesländer.[90] Diese steht pauschalierend einerseits für deren Steuerkraft, womit Art. 107 Abs. 1 S. 4 zwar keine Verteilung nach örtlichem Aufkommen, wohl aber **typisierend eine Verteilung nach regionaler Steuerkraft** vorsieht.[91] Andererseits soll sie in den primä- 19

[80] Zuletzt geändert durch G v. 20.12.2016 (BGBl. 2016 I 3000).

[81] Umfassende Darstellung und rechtspolitische Bewertung bei *Korioth,* Der Finanzausgleich zwischen Bund und Ländern, 1997, 510 ff.; *Lenk/Glinka* Jahrbuch für öffentliche Finanzen 2017, 2017, 385 ff.; weitere Nachw. bei *Heun/Thiele* in Dreier Rn. 25.

[82] Dazu mit Zahlen und rechtspolitischer Kritik *Huber* in MKS Rn. 84 f.

[83] Ebenso *Seiler* in Maunz/Dürig Rn. 54.

[84] Zu Ermessensschranken *Seiler* in Maunz/Dürig Rn. 54, 62.

[85] In § 8 ZerlegungsG.

[86] § 11 FeuerschutzsteuerG v. 10.1.1996 (BGBl. 1996 I 18), zuletzt geändert durch G v. 2.11.2015 (BGBl. 2015 I 1834).

[87] Einzelheiten bei *Hidien,* Die horizontale Steuerverteilung gemäß Art. 107 Abs. 1 des Grundgesetzes, 1997, 125 ff.

[88] Zur Erbschaftsteuer *Seiler* in Maunz/Dürig Rn. 65.

[89] Zu der praktisch nicht relevanten Frage, ob und inwieweit Art. 107 Abs. 1 S. 4 (aF mit seinen beiden ersten Regelungen) das Prinzip des örtlichen Aufkommens durchbricht oder bestätigt, BVerfGE 101, 158 (221); *Siekmann* in Sachs Rn. 14 f.

[90] Dazu BVerfGE 150, 1 (82).

[91] Weiter *Korioth,* Der Finanzausgleich zwischen Bund und Ländern, 1997, 526 ff.

ren[92] horizontalen Finanzausgleich einen abstrakten, pauschalen Bedürfnismaßstab und damit ein Element des Finanzbedarfs bringen, das – ebenso wie umverteilende Wirkungen der Zerlegung – im Verfahren nach Art. 107 Abs. 2 S. 1 bis 3 berücksichtigt wird. Die Formulierung des BVerfG wird wegen Verquickung von Finanzkraft und Finanzbedarf teils als missverständlich, teils als sachlich falsch angesehen.[93] Andererseits ist richtig, dass der Einwohnermaßstab einen gewissen Umverteilungseffekt zugunsten wirtschafts- und konsumschwächerer Bundesländer auslöst.[94] Art. 107 Abs. 1 S. 4 ermächtigt den Bundesgesetzgeber zwar nicht ausdrücklich zu einer Ausgestaltung der Verteilung des Länderanteils an der Umsatzsteuer nach Maßgabe von deren Einwohnerzahl, doch ergibt sich diese Befugnis aus dem Kontext des Art. 107 Abs. 1 insgesamt. Diese Ausgestaltungsbefugnis deckt Regelungen des FAG über den Stichtag für die Festsetzung der Einwohnerzahl durch das Statistische Bundesamt und die Verwaltung des Umsatzsteueraufkommens von der Vereinnahmung bis zum Schluss der Abrechnungsperiode.[95]

20 Die primäre Verteilung der Umsatzsteuer auf die einzelnen Länder ist durch die Verfassungsänderung vom Juli 2017 einfacher geworden. Von den drei Teilsätzen des bisherigen Art. 107 Abs. 1 S. 4 ist nur der erste Teilsatz übriggeblieben, dies mit dem Zusatz: „vorbehaltlich der Regelungen nach Absatz 2". Den **früheren Umsatzsteuervorabausgleich** (Hs. 2) gibt es nicht mehr; er ist in einem Finanzkraftausgleich aufgegangen, der an die Stelle des bisherigen Länderfinanzausgleichs getreten ist und, verfassungssystematisch korrekt, in Abs. 2 steht. Der frühere Hs. 3, wonach bei der Festsetzung von Umsatzsteuerergänzungsanteilen nicht das tatsächliche Grunderwerbsteueraufkommen, sondern die Grunderwerbsteuerkraft anzusetzen war, findet sich sinngemäß in § 7 Abs. 1 S. 2 FAG wieder. Die primäre Aufteilungsentscheidung ist aus sich heraus weitgehend vollzugsfähig.[96] MaßstG und FAG können es darum bei kurzen, eben schon erwähnten Regelungen bewenden lassen. Wichtig ist die Klarstellung, dass alle Einwohner gleich zu gewichten sind (§ 5 Abs. 1 MaßstG).

21 **b) Altes Recht. Art. 107 Abs. 1 S. 4 Hs. 2** stellte es in das Ermessen des Bundesgesetzgebers, mit Zustimmung des Bundesrates bis zu 25 % des Länderanteils am Aufkommen der Umsatzsteuer abweichend zu verteilen: Es konnten aus diesem Teil des Länderanteils **Ergänzungsanteile** für die Länder gebildet werden, deren Einnahmen aus den Landessteuern (einschließlich Gewerbesteuerumlage), aus dem an die Stelle[97] einer früheren Landessteuer getretenen Betrag gemäß Art. 106b und aus der Einkommen- und Körperschaftsteuer je Einwohner unter dem Durchschnitt der Länder lagen.[98] § 2 FAG und § 5 Abs. 1 MaßstG (jeweils bis 31.12.2019) schöpften

---

[92] So BVerfGE 72, 330 (385); 101, 158 (221).

[93] Dazu *Häde,* Finanzausgleich, 1996, 212; *Kesper,* Bundesstaatliche Finanzordnung, 1998, 115 Fn. 260; *Huber* in MKS Rn. 89; *Seiler* in Maunz/Dürig Rn. 68 mit Fn. 180; befürwortend *Heun/Thiele* in Dreier Rn. 26; *Wernsmann* in BK Rn. 150.

[94] So auch *Huber* in MKS Rn. 90; *Seiler* in Maunz/Dürig Rn. 68 und Rn. 144 mit Fn. 418.

[95] §§ 2, 14 FAG (§ 5 MaßstG); hierzu BVerfGE 150, 1 (82). Zum rechtlichen Verhältnis der Länder zu der noch nicht aufgeteilten Umsatzsteuer *Heun/Thiele* in Dreier Rn. 26..

[96] Ebenso *Seiler* in Maunz/Dürig Rn. 70.

[97] Vgl. BT-Drs. 16/11741 (S. 3 der Begründung: ersetzende[r] Betrag).

[98] Zur Ausgestaltung *Kesper,* Bundesstatliche Finanzordnung, 1998, 248 f.; weiter *Korioth,* Finanzausgleich, 1997, 529 ff.

diese Ermächtigung aus und ließen für die Verteilung nach Art. 107 Abs. 1 S. 4 Hs. 1 nur noch 3/4 des im Verhältnis zum Bund auf die Ländergesamtheit entfallenden Anteils am Umsatzsteueraufkommen übrig. Die Zuteilung von Ergänzungsanteilen stellte nach Ansicht des BVerfG ein „horizontal ausgleichendes Element im Sinne des **Gegenstromprinzips**" dar;[99] Gegenstromprinzip heißt hier, dass die Zuteilung von Ergänzungsanteilen sich im Unterschied zu dem beim primären horizontalen Finanzausgleich sonst vorherrschenden steuerkraftorientierten Prinzip des örtlichen Aufkommens nach dem durch unterdurchschnittliche Steuerkraft entstehenden Finanzbedarf richtet.[100] Gleichwohl gehörte auch Art. 107 Abs. 1 S. 4 Hs. 2 zum **primären** Finanzausgleich[101] und bestimmte, was den Ländern als Eigenes zustehen soll. Der Bundesgesetzgeber unterlag auch im Rahmen von Art. 107 Abs. 1 S. 4 Hs. 2 dem **Nivellierungsverbot** (Konsequenzen in § 2 Abs. 2/3 FAG [§ 5 MaßstG])[102]; weiterhin musste er die Ausgleichsregelungen nach dieser Norm und nach Art. 107 Abs. 2 aufeinander abstimmen, wobei verlangt wurde, dies müsse **im selben Gesetz** erfolgen;[103] schließlich sind landesrechtliche Landessteuern nach denselben Grundsätzen wie bei Art. 107 Abs. 2 zu berücksichtigen.[104] Im Unterschied zu Abs. 2 sah Abs. 1 S. 4 Hs. 2 einen Steuerkraftausgleich und keinen allgemeinen Finanzausgleich vor.

Die Übertragung von Steuersatzautonomie bei der **Grunderwerbsteuer** 22
auf die Länder (Art. 105 Abs. 2a S. 2) machte eine Ergänzung von Art. 107 Abs. 1 S. 4 um einen dritten Halbsatz erforderlich. Es soll verhindert werden, dass einzelne Länder die Grunderwerbsteuer bewusst niedrig ansetzen, um Einnahmeausfälle zu Lasten anderer Bundesländer durch Ergänzungsanteile zur Umsatzsteuer abzufedern und abzuwälzen; die Gesetzesbegründung spricht von der Vermeidung von Fehlanreizen.[105] Zu diesem Zweck wurde bei der Festsetzung von Umsatzsteuerergänzungsanteilen nicht das tatsächliche Grunderwerbsteueraufkommen berücksichtigt, sondern die Steuerkraft.[106] Diese lässt sich wegen der örtlichen Radizierung des Steuergutes, entsprechend dem Grundsatz des örtlichen Aufkommens, und wegen der Existenz bundeseinheitlicher Regelungen zur Bemessungsgrundlage gut ermitteln.[107]

---

[99] BVerfGE 72, 330 (385).

[100] Zu dem in Art. 107 Abs. 1 angelegten Kompromiss zwischen Finanzbedarf und Finanzkraft *Wendt* in HdbStR V § 139 Rn. 92; *Wendt* GS f. Burmeister, 2005, 473 f.; *Wernsmann* in BK Rn. 153a f.

[101] BVerfGE 72, 330 (384 ff.); 101, 158 (221); 116, 327 (379.

[102] Anders *Wernsmann* in BK Rn. 159.

[103] *Wernsmann* in BK, Rn. 160.

[104] Dazu BVerfGE 72, 330 (398 f.); 86, 148 (214, 216).

[105] BT-Drs. 16/813, 20 zu Nr. 19. Vgl. auch *Schwarz* in Starck, Föderalismusreform, Rn. 402–412; *Seer/Drüen* in Kluth, Föderalismusreformgesetz, Art. 107. Allgemein zu diesem Problem *Hey* VVDStRL 66 (2007), 316. Ähnliche Fragen stellen sich bei anderen Steuern, wenn der Bund von seiner konkurrierenden Gesetzgebungsbefugnis wegen der Verschärfung von Art. 72 Abs. 2 keinen Gebrauch machen darf; dazu *Osterloh* GS f. Trzaskalik, 2005, 190 f.

[106] Zu den Unterschieden der Begriffe Finanz- und Steuerkraft *Seiler* in Maunz/Dürig Rn. 43, 76; *Siekmann* in Sachs Rn. 26, 67; *Wernsmann* in BK Rn. 166.

[107] Zu rechtspolitischer Kritik, die der Vorschrift, die Fehlanreize vermeiden helfen soll, vorwirft, sie verursache gerade solche Fehlanreize, nämlich einen Steuererhöhungswettbewerb der Bundesländer, der für die Immobilienbranche schädlich sei, u. a. *Kempny/Reimer* Gutachten zum 70. DJT, 2014, 98.

II. Finanzkraftausgleich bzw. alter Länderfinanzausgleich (ab dem 1.1.2020 Art. 107 Abs. 2 S. 1 bis 4)

23 **1. Der Finanzkraftausgleich im Gesamtkontext des sekundären Finanzausgleichs.** Der **sekundäre Finanzausgleich** soll – nach neuem wie nach altem Recht – die unterschiedliche Finanzkraft der Bundesländer angemessen ausgleichen. Angemessen ist ein Ausgleich, der die Gleichwertigkeit der Lebensverhältnisse und die Selbstständigkeit und Unabhängigkeit der Haushaltswirtschaft in allen Bundesländern gewährleistet, ohne die Länderfinanzen zu nivellieren, die Leistungsfähigkeit der Geberländer entscheidend zu schwächen und allgemein die Eigenstaatlichkeit der Länder zu beeinträchtigen.[108] Die Finanzkraftreihenfolge der Bundesländer darf nicht verändert werden, was aber erhebliche Annäherungen nicht ausschließt.[109] Ziel dieser Ausgleichsstufen ist nicht die finanzielle Gleichheit der Länder, sondern die Verwirklichung des bundesstaatlichen Prinzips des Einstehens untereinander unter gleichzeitiger Wahrung ihrer Eigenstaatlichkeit und finanziellen Selbstständigkeit.[110] Art. 107 Abs. 2 ist Ausprägung zum einen des im Bundesstaatsprinzip angelegten bündischen Einstehens der Länder untereinander sowie des Bundes für die Länder, zum anderen des sozialstaatlichen Gebots bundesweit annähernd vergleichbarer finanzieller Voraussetzungen für die Versorgung der Bevölkerung mit öffentlichen Leistungen. Das bündische Prinzip ist die Grundlage wie die Grenze des sekundären Finanzausgleichs.[111] Im Verhältnis zur primären Ertragsaufteilung gemäß Art. 107 Abs. 1 darf kein Systemwechsel vorgenommen werden.[112] Der sekundäre ist eine Korrektur des primären Finanzausgleichs, der ergibt, was jedem Land als „Eigenes" zusteht,[113] wobei „Eigenes" in keinem Fall aber als grundrechtsähnliche Eigentumszuweisung verstanden werden darf. Er gibt einzelnen Ländern keine – sei es relative, sei es absolute – Garantie ihrer Finanzkraft.[114] Der Finanzausgleich ist keine Alternative zu einer Länderneugliederung.[115]

24 **Art. 107 Abs. 2** sieht **zwei Arten des sekundären Finanzausgleichs** vor: erstens eine Umverteilung der Anteile der einzelnen Bundesländer am Umsatzsteueraufkommen, die vom Bundesgesetzgeber (mit Zustimmung des Bundesrates) normiert wird und bei unangemessen großen Finanzkraftunterschieden normiert werden muss **(sekundärer horizontaler Finanzausgleich, Finanzkraftausgleich, Verfassungsauftrag gemäß Art. 107 Abs. 2 S. 1 bis 4),** zweitens und subsidiär Ergänzungszuweisungen, die vom Bundesgesetzgeber nach bundestreu zu betätigendem Ermessen aus dem Bundeshaushalt gewährt werden können **(sekundärer vertikaler Finanzausgleich, Art. 107 Abs. 2 S. 5 und 6).** Im sekundären horizontalen Finanzausgleich sind 2019 11,2 Mrd. EUR umverteilt worden; die Summe

---

[108] BVerfGE 1, 117 (131); 72, 330 (383, 398); 86, 148 (214 f., 250 ff.); so jetzt teilweise wörtlich § 8 MaßstG. Zur Verknüpfung dieses Tatbestandsmerkmals mit dem Grundsatz der Verhältnismäßigkeit: *P. Kirchhof,* Der Verfassungsauftrag zum Länderfinanzausgleich als Ergänzung fehlender und als Garant vorhandener Finanzautonomie, 1982, 55 ff.

[109] BVerfGE 86, 148 (250); 101, 158 (222); 116, 327 (380).

[110] BVerfGE 116, 327 (380).

[111] BVerfGE 72, 330 (384, 386 f.); 86, 148 (214); zu seiner Begrenzungsfunktion *Wendt* in HdbStRV § 139 Rn. 97.

[112] BVerfGE 116, 327 (380).

[113] BVerfGE 86, 148 (214); 101, 158 (221).

[114] BVerfGE 72, 330 (419).

[115] BVerfGE 1, 117 (134); 86, 148 (270); 116, 327 (386); *Heun/Thiele* in Dreier Rn. 18.

der Bundesergänzungszuweisungen hat im selben Jahr 4,5 Mrd. EUR betragen.[116] Der Bund hat beides in den §§ 4 ff. FAG (§§ 5 ff. MaßstG) geregelt, das auch die Ergänzungsanteile nach Art. 107 Abs. 1 S. 4 Hs. 2 vorsah; diese Gesetzeseinheit ist verfassungsrechtliches Gebot;[117] der Gesetzesvorbehalt meint ein förmliches Bundesgesetz. Bei dieser Regelung hat der Bundesgesetzgeber eine Einschätzungsprärogative. Insbesondere lässt sich durch Verfassungsinterpretation nicht ermitteln, was nummerisch unter „angemessen" zu verstehen ist. Hieran hat auch das Maßstäbegesetz[118] nichts geändert. Dieses Gesetz soll nur die rechtlich begrenzt determinierte Entscheidung des Gesetzgebers rationalisieren und verstetigen und dem beim sekundären Finanzausgleich in besonderer Weise zu beachtenden Gebot der Systemkonsequenz[119] Geltung verschaffen. Die Handlungsform des Bundesgesetzes schließt vertragliche Gestaltungen des allgemeinen, dh nicht aufgabenbezogenen Finanzausgleichs aus,[120] dies auch im Verhältnis von Stadtstaaten und umliegenden Flächenbundesländern[121], und stellt eine **abschließende Regelung** der dem Bund im sekundären Finanzausgleich zustehenden Rolle dar.[122] Nicht ausgeschlossen sind aufgabenbezogene Finanzausgleichssysteme.[123] Der Bund darf sich nicht darauf beschränken, einen von den Ländern ausgehandelten politischen Kompromiss durch Gesetz zu ratifizieren, sondern hat eine eigene Verantwortung.[124] Die Länder müssen ihn bei deren Wahrnehmung unterstützen, so dass Art. 107 Abs. 2 S. 2 u. 3 Grundlage für Auskunftsansprüche des Bundes sein können (gesetzliche Konkretisierung in § 18 FAG).

Art. 107 Abs. 2 S. 1 bis 4 gehen jedenfalls dem äußeren Anschein nach ab **25**
dem 1.1.2020 neue Wege. Der bisherige Länderfinanzausgleich, bei dem sog. Geberländer aus bei ihnen schon etatisierten Mitteln Geld an finanzschwächere Länder zu zahlen hatten, um zu einem angemessenen Ausgleich der Finanzkraft zu gelangen, ist abgeschafft, ebenso der Umsatzsteuervorabausgleich, und an ihre Stelle ist ein **Finanzkraftausgleich** getreten. Derselbe Zweck soll nun durch die Festsetzung von Zuschlägen und Abschlägen bei der Verteilung der Umsatzsteuer erreicht werden. Während der Ausgleich im horizontalen Verhältnis bisher in zwei Schritten vorgenommen wurde, mit einiger verfassungssystematischer Kritik an der Vermengung von Finanzkraft und Finanzbedarf beim ersten Schritt und politischer Kritik an der offenen Ausweisung von Transferzahlungen im zweiten Schritt (insbesondere durch Baden-Württemberg, Bayern und Hessen) und schließlich geringer öffentlicher Aufmerksamkeit für Beiträge, die im ersten Schritt geleistet werden (insbesondere Beiträge Nordrhein-Westfalens), fällt nun beides in eins. Die Umsatzsteuer ist dabei lediglich „technisches Erfüllungssurrogat zur Beglei-

---

[116] Hierzu jahresaktuell www.destatis.de.

[117] *Siekmann* in Sachs Rn. 41; weitere Nachweise → Rn. 21. Zur Ersetzung der Formulierung „durch Gesetz" durch „durch Bundesgesetz, das der Zustimmung des Bundesrates bedarf" BT-Drs. 18/11131, 17 (rein redaktionell).

[118] → Rn. 37, 44.

[119] Dazu BVerfGE 86, 148 (251, 252, 257); 101, 158 (231).

[120] BVerfGE 72, 330 (396 f.).

[121] Ebenso *Henneke* in SHH Rn. 89.

[122] Ebenso *Kube* in BeckOK GG Rn. 14; *Seiler* in Maunz/Dürig Rn. 75.

[123] Beispiel: der Risikostrukturausgleich in der Sozialversicherung; dazu BVerfGE 113, 167 (204 f.). → Vorb. Art. 104a–115 Rn. 55.

[124] *Henneke,* Öffentliches Finanzwesen. Finanzverfassung, 2. Aufl., 2000, Rn. 750; vgl. aber auch das Sondervotum von *Niebler* in BVerfGE 72, 330, 424 (425). Zur Rolle des Bundesrates BVerfGE 101, 158 (219).

chung der Ausgleichsbeiträge".[125] Von vielen Punkten, die früher zu Kritik am Umsatzsteuervorabausgleich geführt haben[126], ebenso von Unklarheiten, wie der Geltung des Nivellierungsverbots auch für den Vorabausgleich, ist das neue Verfahren frei. Soweit der von einem Bundesland zu tragende Abschlag seinen gemäß Art. 107 Abs. 1 S. 4 berechneten Umsatzsteueranteil übersteigt, muss dieses Land die Differenz aus anderen Haushaltsmitteln aufbringen (§ 10 Abs. 2 S. 2 FAG). Die Verteilungsmasse hat sich durch die GG-Änderung von 2017 also nicht wesentlich verändert.[127] Unverändert ist weiter das Ausgleichsziel. Dies kann bis hin zu den Prozentwerten für die Annäherung an einen Finanzkraftdurchschnitt reichen, die unter der Neufassung dieselben sein *können* wie unter der Altfassung.[128] Geblieben ist schließlich die Rollenverteilung zwischen dem Bund als ehrlichem Makler und den Ländern als Gebern und Nehmern, bis hin zur Rolle des Bundes bei der Zahlungsabwicklung gemäß § 14 FAG.[129] Das erhebliche Maß an struktureller Kontinuität, das zwischen dem alten und dem neuen Recht besteht, rechtfertigt es, die **Rechtsprechung des BVerfG** zum alten Recht, namentlich zum Erfordernis eines Maßstäbegesetzes, zum Nivellierungs- und Überforderungsverbot, zum Verbot der Umkehrung der Finanzkraftreihenfolge und zu extremen Haushaltsnotlagen, auch für die Interpretation des neuen Rechts heranzuziehen, es sei denn, das neue Recht weicht ausdrücklich von dieser Rechtsprechung ab (wie beim bergrechtlichen Förderzins, Art. 107 Abs. 2 S. 4).

26 **Hauptunterschiede** zwischen altem und neuem Recht liegen darin, dass die Geber- und Nehmerrollen nicht mehr offen ausgewiesen werden und dass die Bedeutung der Bundesergänzungszuweisungen und allgemein die Rolle des Bundes gestärkt wird (vom „brüderlichen" zum „väterlichen" Finanzausgleich). Das Ausgleichsniveau bleibt insgesamt in etwa gleich, die Lasten werden aber von den „reicheren" Bundesländern auf den Bund verschoben.[130] Beim Finanzkraftausgleich wird das Ausgleichsniveau abgesenkt.[131]

27 **2. Finanzkraft.** Die Schlüsselbegriffe des Art. 107 Abs. 2 lauten Finanzkraft und Finanzbedarf. **Finanzkraft schließt Steuerkraft ein,** ist aber mehr.[132] Ausgleichsrelevant sind grundsätzlich **alle** finanzielle Leistungsfähigkeit begründenden laufenden Einnahmen[133] der Länder und gemäß Art. 107 Abs. 2 S. 1 Hs. 2 auch der Gemeinden und Gemeindeverbände, die zur Finanzierung von Ausgaben verfügbar sind.[134] Der Finanzkraftbegriff

---

[125] So zutreffend *Seiler* in Maunz/Dürig Rn. 84.

[126] Dazu *Huber* in MKS Rn. 95; *Seiler* in Maunz/Dürig Rn. 74.

[127] Näheres sogleich unter Finanzkraft → Rn. 27 ff.

[128] Ebenso *Henneke* in SHH Rn. 27 f.; *Heun/Thiele* in Dreier Rn. 18; *Huber* in MKS Rn. 97.

[129] Zur Erfüllung von Ansprüchen aus dem Finanzausgleich durch Aufrechnung *Sahl,* Aufrechnung zwischen Hoheitsträgern, 2019, 132 ff., 147 ff.

[130] Vgl. im Sinne einer Prognose *Benz* ZSE 2017, 405; ebenso *Hofmann/Schlief,* Die neue Finanzordnung zwischen Bund und Ländern, 2018, Rn. 33 f.; *Schäfer,* Der horizontale Verteilungsstreit aus der Sicht eines Geberlandes in Schweisfurth/Voß (Hrsg.), Haushalts- und Finanzwirtschaft der Länder in der Bundesrepublik Deutschland, 2017, 263 (283 ff.).

[131] → Rn. 36 ff.

[132] Dazu, diesen Unterschied im Ergebnis zu Recht relativierend, *Kube* in BeckOK GG Rn. 17.

[133] § 6 Abs. 1 S. 1 MaßstG. Zu dem Begriff der laufenden Einnahmen → Art. 106 Rn. 34; zu Veräußerungserlösen *Seiler* in Maunz/Dürig Rn. 91.

[134] Zum Begriff allgemein *Grawert,* Die Kommunen im Länderfinanzausgleich, 1989, 60 ff.; zu dem Bundeszuschuss gemäß Art. 106a, insbesondere zu S. 3 dieser Norm

umfasst zunächst das tatsächlich vorhandene Finanzaufkommen; bei auf autonomen Entscheidungen beruhenden Einnahmen kommt es dagegen auf das Soll-Aufkommen an; überdurchschnittliche Steueranspannung soll nicht zu Lasten eines Bundeslandes gehen, und von unterdurchschnittlicher Steueranspannung soll ein Bundesland nicht profitieren können.[135] Auf den Abgabentyp kommt es grundsätzlich ebenfalls nicht an; allerdings werden Sonderabgaben mit Lenkungsfunktion selten finanzausgleichsrelevant sein.[136] Auch von den Ländern autonom, insbesondere auf landesgesetzlicher Grundlage erzielte öffentliche Einnahmen werden erfasst,[137] wobei aber auf Vergleichbarkeit zu achten ist und durchschnittliche Hebesätze zugrunde zu legen sind.

Finanzkraft generell auf Steuerkraft zu verkürzen, verbietet sich, 28
weil ein unzulängliches Steueraufkommen durch andere Einkünfte aufgestockt werden kann und dann die innere Rechtfertigung für föderale Solidarleistungen entfällt.[138] Das gelegentlich bei der Frage der grundsätzlichen Einbeziehung von solchen anderen Einnahmen in einen Finanzkraftvergleich genannte weitere Kriterium ihrer regionalen Vergleichbarkeit geht zurück auf die vom BVerfG wegen ihrer Bedeutung geforderte Einbeziehung der nur in Niedersachsen und Schleswig-Holstein finanzrelevanten **bergrechtlichen Förderabgabe.**[139] Dieses Kriterium betrifft heute nicht die Vergleichbarkeit dem Grunde, sondern der Höhe nach; aus ihm ergibt sich, dass die Einnahmen der Länder auf ihre Einwohnerzahl zu beziehen[140] und die Realsteuereinnahmen der Gemeinden auf einheitliche Hebesätze umzurechnen sind.

Allgemein verpflichtet Art. 107 Abs. 2 S. 1 den einfachen Gesetzgeber, die 29
Finanzkraft verlässlich und vom Volumen her zuverlässig zu erfassen. Dabei darf er sich zur Vereinfachung **sog. Indikatoren** bedienen. Art. 107 Abs. 2 S. 2 ermächtigt den Gesetzgeber zur Konkretisierung des Verfassungsbegriffs der Finanzkraft; dabei darf er finanziell unbedeutende oder in allen Ländern relativ gleichmäßig anfallende oder nur mit unvertretbarem Aufwand genau zu ermittelnde Einnahmen weglassen.[141] Weggelassen werden dürfen auch Einnahmen aus Kapitalzinsen, wirtschaftlicher Tätigkeit und sonstige Ertragszuführungen[142] sowie Geldstrafen oder -bußen, auch Beiträge und Gebüh-

---

→ Art. 106a Rn. 6; zu sonstigen zweckgebundenen Zuwendungen des Bundes an die Länder *Wernsmann* in BK Rn. 170; zu den Einnahmen gemäß Art. 106b → Rn. 21. Beträge gemäß Art 143c und Konsolidierungshilfen gemäß Art. 143d Abs. 2 sind nicht finanzausgleichsrelevant. Liste dieser Ausnahmen bei *Wernsmann* in BK Rn. 169 ff.

[135] BVerfGE 86, 148 (217). Ebenso *Huber* in MKS Rn. 109 f. (dort auch zu Fällen rechtswidriger Abgabennichterhebung); *Kloepfer,* Finanzverfassungsrecht, 2014, § 5 Rn. 117; *Siekmann* in Sachs Rn. 25; *Wernsmann* in BK Rn. 168. *Heun/Thiele* in Dreier Rn. 34 weisen auf die Tendenz hin, es doch bei den Ist-Einnahmen zu belassen (was sich mit der geringen Bedeutung autonomer Einnahmen der Länder und Sondervorschriften wie für die Grunderwerbsteuer rechtfertigen lässt).

[136] Zu Sonderabgaben *Huber* in MKS Rn. 106; Gesamtüberblick bei *Hidien,* Handbuch Länderfinanzausgleich, 1999, 366 ff.

[137] Ebenso *Henneke,* Öffentliches Finanzwesen. Finanzverfassung, 2. Aufl. 2000, Rn. 749; *Wernsmann* in BK Rn. 167.

[138] BVerfGE 86, 158 (Ls. 5, 214).

[139] BVerfGE 86, 148; zum heutigen Art. 107 Abs. 2 S. 4 → Rn. 30.

[140] BVerfGE 72, 330 (400 f.); 86, 148 (238 f.); 101, 158 (229).

[141] BVerfGE 72, 330 (Ls. 6, 399, 400); 86, 148 (216); 101, 158 (223, 229); vgl. jetzt § 6 Abs. 1 S. 3 MaßstG.

[142] BVerfGE 72, 330 (412).

ren.[143] Dies ist nicht in jeder Hinsicht unproblematisch; so erzielt das Land Berlin überdurchschnittliche Pro-Kopf-Einnahmen aus Unternehmensbeteiligungen.[144] Einnahmen von finanziellem Gewicht, die sich ungleichmäßig auf die einzelnen Länder verteilen, dürfen in der Ausgleichsrechnung nicht außer Betracht bleiben. Weiterhin müssen die Steuereinnahmen grundsätzlich vollständig erfasst werden.[145] Die Auflistungen der Steuereinnahmen der Länder in § 7 und der Gemeinden in § 8 FAG machen von dieser **Typisierungsbefugnis** heute einen verfassungsmäßigen Gebrauch. Finanzkraft ist zwar nicht gleich Steuerkraft; die Steuerkraft darf aber als Indikator für die Finanzkraft herangezogen werden, soweit die sonstigen Abgaben und Einnahmen den haushaltswirtschaftlichen Gestaltungsspielraum eines Landes kaum erweitern.[146] Sollte die Erzielung von Einnahmen einen besonderen Aufwand erfordern, der anderen Ländern nicht entsteht, so darf dieser Aufwand abgesetzt werden.

30 Die **bergrechtliche Förderabgabe** gemäß § 31 BBergG wäre nach den allgemeinen Kriterien in voller Höhe als Einnahme anzusetzen. So hat es im April 1986 auch das BVerfG gesehen.[147] Nunmehr bestimmt Art. 107 Abs. 2 S. 4, dass die bergrechtliche Förderabgabe nur mit einem Teil ihres Aufkommens berücksichtigt werden kann (wobei zu fragen ist, ob „kann" hier im Sinne von „darf" zu verstehen ist, so im Ergebnis auch § 7 Abs. 5 MaßstG). § 7 Abs. 2 FAG konkretisiert dies dahin, dass die Förderabgabe nur zu 33 1/3 Prozent zu berücksichtigen sei. Gründe für das Overruling des BVerfG und die Bezifferung des anzusetzenden Betrags werden in den Gesetzesmaterialien kaum genannt.[148] Die Vorschrift wird allgemein als Systembruch angesehen, der nur politisch erklärbar ist.[149] Hauptprofiteure sind Niedersachsen und Schleswig-Holstein, die 2019 135 bzw. 67 Mio. EUR eines Abgabengesamtaufkommens von 218 Mio. EUR erhalten haben.

31 Art. 107 Abs. 2 S. 1 Hs. 2 ist mit dem Gebot, auch die Finanzkraft und den Finanzbedarf der **Gemeinden** zu berücksichtigen, dem Ziel des sekundären horizontalen Finanzausgleichs zu- und untergeordnet[150], ebenso wie der kommunale dem föderalen Finanzausgleich nachgeschaltet ist. Finanzkraft ist hier nicht anders zu verstehen ist als in Art. 107 Abs. 2 S. 1 Hs. 1 Angesichts der Zugehörigkeit der Gemeinden und Gemeindeverbände zu den Ländern[151] hat Art. 107 Abs. 2 S. 1 Hs. 2 im Rahmen dieser Norm im Ansatz **nur klarstellende Bedeutung** (ebenso wie Art. 106 Abs. 9). Einnahmen, die in einem sachlichen Zusammenhang mit örtlich radizierbaren Lasten stehen, dürfen bei der Berechnung der Finanzkraft unberücksichtigt

[143] So *Wernsmann* in BK Rn. 170. Begründung: Vorzugslasten sind nicht finanzkraftverstärkend, weil ihnen entsprechender Aufwand gegenübersteht.

[144] *Maier,* Die Stellung Berlins im föderalen Finanzausgleich, 2017, 148 f.

[145] Zur Verfassungswidrigkeit der Nichtberücksichtigung einzelner Steuern BVerfGE 72, 330 (399 f., 409 f.).

[146] BVerfGE 101, 158 (223).

[147] BVerfGE 72, 330 (410 ff.). Gegenposition: *Ossenbühl* Verfassungsrechtliche Grundfragen des Länderfinanzausgleichs gem. Art. 107 II GG, 1984, insbes. 118–120.

[148] Vgl. immerhin BT-Drs. 18/11135, 80, 83.

[149] Wie hier *Henneke* in SHH Rn. 56a; *Heun/Thiele* in Dreier Rn. 33; *Seiler* in Maunz/Dürig Rn. 92; *Siekmann* in Sachs Rn. 79.

[150] BVerfGE 86, 148, Ls. 1; vgl. weiter *Kube* in BeckOK GG Rn. 19. Umfassend zum Berücksichtigungsgebot *Mehlhaf,* Kommunen im Finanzausgleich des Grundgesetzes, 2017.

[151] Zu ihrer sog. Mediatisierung *Henneke* in SHH Rn. 65 ff.; *Huber* in MKS Rn. 41 f., 114.

bleiben.[152] Die Einnahmen der Gemeindeverbände werden derzeit nicht berücksichtigt; dies lässt sich damit rechtfertigen, dass Gemeindeverbände nur über geringe originäre Einnahmen verfügen.[153] Auf Stadtstaaten, in denen es keine Gemeinden gibt, findet die Vorschrift keine Anwendung[154]; diesem Nachteil für die Stadtstaaten stehen die Vorteile durch die bei ihnen erfolgende Einwohnerveredelung gegenüber.[155]

„Berücksichtigen" bedeutet **nicht volle Anrechnung.**[156] Der Finanzausgleichsgesetzgeber hat insoweit einen Spielraum. Das Merkmal ist Gegenstand politischen Streits zwischen den reicheren Bundesländern, die in der Regel auch reichere Gemeinden haben und denen deshalb an einer möglichst geringen Berücksichtigung der Finanzkraft der Gemeinden gelegen ist, und den ärmeren Bundesländern mit umgekehrter Interessenlage. In den letzten Jahrzehnten ist die Anrechnungsquote in zwei Schritten von 50 über 64 auf 75 % erhöht worden.[157] Der Abschlag soll einem anders nicht abbildbaren abstrakten Mehrbedarf der Kommunen Rechnung tragen und steht in einem Zusammenhang mit Art. 28 Abs. 2 GG.[158] Dass es einen Abschlag gibt, ist verfassungsrechtlich vorgegeben[159], seine Höhe nicht. 32

3. Finanzbedarf. Der **Finanzbedarf** ist kaum objektiv feststellbar, weil er auch auf politischen Entscheidungen und Präferenzen beruht.[160] Art. 107 Abs. 2 geht daher davon aus, dass der Finanzbedarf der Länder pro Einwohner grundsätzlich gleich ist[161] und bündische Solidarität nur einen angemessenen Ausgleich der unterschiedlichen Finanzkraft auf der Einnahmenseite in Hinblick auf diesen gleichen Finanzbedarf fordert. Es muss verhindert werden, dass die besondere Ausgabenfreudigkeit eines Landes zu Lasten der anderen Länder geht und dass ein Land sich durch Sparsamkeit letztlich selbst schadet. Kriterium, um die Länder vergleichbar zu machen, ist ihre Einwohnerzahl **(Einwohnermaßstab).**[162] Da die abstrakten, einwohnerbezogenen Finanzbedarfe der Länder sich gegenseitig aufheben, gehen sie nicht in die Ausgleichsrechnung ein. Sonderbedarfe werden grundsätzlich nicht berücksichtigt.[163] Allerdings sind Finanzkraft und Finanzbedarf verknüpft; die 33

---

[152] Zu den örtlichen Verbrauch- und Aufwandsteuern BVerfGE 86, 148 (225); BVerwGE 110, 237 (245); zu Konzessionsabgaben BVerfGE 86, 148 (225, 228 f.); 101, 158 (229); *Wieland* Die Konzessionsabgaben, 1991, 321 f.; zu den Realsteuern BVerfGE 86, 148 (232); 101, 158 (230).

[153] BVerfGE 86, 148 (229); dazu *Henneke* in SHH Rn. 62; *Seiler* in Maunz/Dürig Rn. 93.

[154] Zu den sich daraus für das Land Berlin ergebenden Nachteilen *Maier,* Die Stellung Berlins im föderalen Finanzausgleich, 2017, 170 ff.

[155] → Rn. 34.

[156] Ebenso *Seiler* in Maunz/Dürig Rn. 93.

[157] Zum aktuellen Stand §§ 7 Abs. 4 MaßstG und 8 Abs. 3 FAG. Weiter BT-Drs. 14/7063, 27 f.; 18/11135, 83; BVerfGE 86, 148 (222 ff.); 101, 158 (230).

[158] § 7 Abs. 4 MaßstG; *Henneke* in SHH Rn. 71; *Huber* in MKS Rn. 119; *Seiler* in Maunz/Dürig Rn. 95. Umfassend *Hidien,* Die Berücksichtigung der Finanzkraft und des Finanzbedarfs der Gemeinden (Gemeindeverbände) im Finanzausgleich nach Art. 107 Abs. 2 S. 1 Grundgesetz, 2001.

[159] *Heun/Thiele* in Dreier Rn. 35; *Huber* in MKS Rn. 36, 104.

[160] Eingehend, unter Einbeziehung volkswirtschaftlicher Überlegungen *Fischer-Menshausen* in v. Münch/Kunig 3. Aufl. 1996, Art. 107 Rn. 16.

[161] Ebenso *Huber* in MKS Rn. 129; *Kube* in BeckOK GG Rn. 21 u. 23; *Seiler* in Maunz/Dürig Rn. 77 f.

[162] BVerfGE 150, 1 (82 ff.).

[163] Zur grundsätzlichen Nichtberücksichtigung von Sonderbedarf BVerfGE 72, 330 (397 ff.); vgl. auch *Korioth,* Der Finanzausgleich zwischen Bund und Ländern, 1997, 579.

Finanzkraft liegt begrifflich zwischen dem Finanzaufkommen und dem Finanzbedarf.[164]

34 **Sonderbedarfe** einzelner Länder dürfen nach der restriktiver gewordenen Rechtsprechung des BVerfG[165] mit verlässlichen, objektivierbaren, in einem Maßstäbegesetz zu konkretisierenden Indikatoren berücksichtigt werden; gefordert werden unverfügbar vorgegebene strukturelle Eigenarten.[166] § 7 Abs. 3 MaßstG nennt die abstrakten Mehrbedarfe der **Stadtstaaten,** denen mit einer „Einwohnerveredelung" Rechnung zu tragen sei (gemäß § 9 Abs. 2 und 3 FAG 35 %, dort Einwohnergewichtung), und weiter **besonders dünn besiedelte Flächenländer** (Brandenburg, Mecklenburg-Vorpommern und Sachsen-Anhalt, 2 bis 5 %, § 9 Abs. 3 FAG, hier „können"). Diese Einwohnerveredelung hat eine lange, in die Weimarer Republik zurückreichende Tradition[167], ist verfassungsgerichtlich unter dem Vorbehalt einer Änderung der tatsächlichen Verhältnisse konsentiert[168], rechtspolitisch aber umstritten. Kritiker vermissen den objektiven Nachweis von Mehraufwand auf der Grundlage empirisch gewonnener Daten.[169] Wer sie abschaffen möchte, sollte bedenken, dass die kommunalen Finanzausgleichssysteme der Flächenbundesländer im Hinblick auf Ballungsräume mit ähnlichen Regelungen arbeiten und dass die Einwohnerveredelung in einem Gesamtzusammenhang zu sehen ist, der auch Regelungen enthält, die für die Stadtstaaten nachteilig sind (wie die nur anteilige Berücksichtigung kommunaler Finanzkraft gemäß Art. 107 Abs. 2 S. 1 Hs. 2).[170] Die früher hier zu erwähnenden Aufwendungen der **Küstenländer** für die Unterhaltung und Erneuerung von Seehäfen werden inzwischen nicht mehr im sekundären horizontalen Finanzausgleich abgegolten.[171] Weitere Sonderbedarfe, etwa für die Kosten politischer Führung in den kleinen Bundesländern oder Sonderlasten durch strukturelle Arbeitslosigkeit, sind Anlass für Sonderbedarfs-Bundesergänzungszuweisungen (§§ 12 MaßstG, 11 FAG).[172] Weiterhin ist auf Finanzierungskompetenzen des Bundes bei Aufgaben von gesamtstaatlicher Bedeutung hinzuweisen, zB Art. 106 Abs. 8.

35 Die Anordnung des Art. 107 Abs. 2 S. 1 Hs. 2, den **Finanzbedarf der Gemeinden und Gemeindeverbände** zu berücksichtigen, betrifft nicht

---

[164] So auch *Wernsmann* in BK Rn. 168; *Wendt* in HdbStR V § 139 Rn. 102.

[165] Vgl. E 101, 158 (229, 230 f., wo jeweils an einen schon 1992 ausgesprochenen Prüfauftrag erinnert wird).

[166] Zu Letzterem BVerfGE 72, 330 (401); § 7 Abs. 2 Satz 2 MaßstG.

[167] Nachw. ihrer finanzwissenschaftlichen Ursprünge bei *Seiler* in Maunz/Dürig Rn. 102; *Wernsmann* in BK Rn. 190.

[168] BVerfGE 72, 330 (400 f., 415 f.); 86, 148 (239 ff.); 101, 158 (230 f.); neutral BVerfGE 150, 1 (83).

[169] Vgl. etwa *Huber* in MKS Rn. 132 ff.; *Seiler* in Maunz/Dürig Rn. 102 ff.

[170] Gesamtüberblick aus der Sicht des Landes Berlin bei *Maier,* Die Stellung Berlins im föderalen Finanzausgleich, 2017.

[171] Zurückhaltend zu § 7 Abs. 3 FAG 1993 schon BVerfGE 101, 158 (229); zuvor BVerfGE 72, 330 (413 f.); 86, 148 (236 ff.); wohl gibt es Bundesförderung gemäß Art. 104a Abs. 4 aF iVm Art. 125 Abs. 2 S. 2, seit 2017 entfristet. → Art. 143c Rn. 14; *Heun/Thiele* in Dreier Rn. 37.

[172] BVerfGE 72, 330 (414 f.). Zum Problem der Sonderbedarfe, die zum Teil von anderen Regelungen des GG erfasst werden, aus der älteren Literatur *Häde,* Finanzausgleich, 1997, 226 f.; *Hidien,* Handbuch Länderfinanzausgleich, 1999, 154 ff., 388 ff., 463 ff.; *P. Kirchhof,* Der Verfassungsauftrag zum Länderfinanzausgleich, 1982, 30 ff., 90 ff.; *Korioth,* Der Finanzausgleich zwischen Bund und Ländern, 1997, 581 ff.; *Ossenbühl,* Verfassungsrechtliche Grundfragen des Länderfinanzausgleichs gem. Art. 107 Abs. 2 GG, 1984, 54, 56 f.; *Selmer* FS f. Friauf, 1996, 683 ff.; *Wendt* in HdbStR V § 139 Rn. 103 ff.

Sonderbedarfe, sondern einen abstrakten Finanzbedarf, der ohne Rücksicht auf die besonderen Verhältnisse bestimmter Gemeinden allgemein bei der Erfüllung der den Gemeinden zukommenden Aufgaben anfällt und von eigenen kommunalen Prioritätsentscheidungen nicht beeinflusst wird. Auch in Bezug auf den Finanzbedarf ist der 2. Hs. des Art. 107 Abs. 2 S. 1 eine Erläuterung, keine Ergänzung des 1. Hs. Es wäre nicht nachzuvollziehen, warum ein anders definierter Finanzbedarf nur bei den Gemeinden und Gemeindeverbänden, nicht aber bei den Ländern zu berücksichtigen ist. Maßgebend ist auch auf kommunaler Ebene der abstrakte Bedarfsmaßstab der Einwohnerzahl.[173]

4. Angemessener Ausgleich. Auszugleichen sind die Finanzkraftunterschiede der Länder im Hinblick auf einen grundsätzlich einwohnerbezogen ermittelten Finanzbedarf. Ausgleichsberechtigt bzw. -verpflichtet ist ein Land, wenn seine Finanzkraftmesszahl seine Ausgleichsmesszahl im Ausgleichsjahr unter- bzw. überschreitet. In der Ausgleichsmesszahl wird einwohnerbezogen die Durchschnittsfinanzkraft aller Bundesländer ausgedrückt; sie beziffert „das hypothetische Steueraufkommen, das ein Land unter Zugrundelegung eines gleichen Pro-Kopf-Aufkommens in jedem Bundesland erzielen müsste."[174] Die Definitionen der beiden Messzahlen in den §§ 7 u. 8 FAG knüpfen an die hier vorgestellten Verfassungsbegriffe Finanzkraft und Finanzbedarf an und entsprechen im Wesentlichen dem bisherigen Recht. Vgl. Art. 107 Abs. 2 S. 2 u. 3; zur Abwicklung der Zahlungen §§ 12–19 FAG. Der Ausgleich muss – so die vom BVerfG formulierte Leitlinie – die richtige Mitte finden zwischen der Selbstständigkeit, Eigenverantwortlichkeit und Bewahrung der Individualität der Länder auf der einen und der solidargemeinschaftlichen Mitverantwortung für die Existenz und Eigenständigkeit der Bundesgenossen auf der anderen Seite.[175] **Untergrenze** und **Obergrenze** lassen sich beide nicht nummerisch genau aus Art. 107 Abs. 2 S. 1 deduzieren; die Höhe des Ausgleichs ist nummerisch weder absolut noch relativ begrenzt. Um die Leitlinie trotzdem zu konkretisieren, hat das BVerfG das Nivellierungsverbot (= Verbot des Vollausgleichs),[176] das Verbot der Änderung der Finanzkraftreihenfolge[177] und das an das Verhältnismäßigkeitsprinzip erinnernde[178] Verbot einer übermäßigen Finanzkraftschwächung postuliert, das auch den Willen der Länder zu Selbsthilfe und ihre Fähigkeit zu eigener Initiative schützt. Das frühere Ausgleichsniveau des Länderfinanzausgleichs von 95 % ist 2005 durch eine komplizierte Formel ersetzt worden (§ 10 Abs. 1 FAG[179]), die mehr Spielraum für Differenzierung lässt und die diesen Vorgaben entspricht; sie führte zu einer Anhebung auf 93,415 % des Länder- 36

---

[173] Ebenso *Henneke* in SHH Rn. 78; *Siekmann* in Sachs Rn. 38; ausführlich *Seiler* in Maunz/Dürig Rn. 94.

[174] Zitat: *Korioth,* Der Finanzausgleich in Bund und Ländern, 1997, 578.

[175] BVerfGE 72, 330 (398); 101, 158 (222); vgl. auch § 8 MaßstG.

[176] Dazu *Siekmann* in Sachs Rn. 31; zu einem Abstandsgebot, das sich ebenfalls nicht quantifizieren lässt, *Wernsmann* in BK Rn. 195. Aus der Rspr. BVerfGE 86, 148 (232 f.); 101, 158 (230).

[177] Hierzu zwischen Geber- und Nehmerländern differenzierend *Hidien,* Handbuch Länderfinanzausgleich, 1999, 318 ff., dort auch auf S. 322 ff. zu weiteren möglichen Ausgleichsgrenzen.

[178] Gegen eigentumsrechtlich geprägte Argumentationsmuster aber zu Recht *Huber* in MKS Rn. 150.

[179] Gesetz vom 20.12.2001 (BGBl. 2001 I 3955). Zu Vorgängerversionen des § 10 FAG BGBl. 1993 I 944, 977 und 1995 I 583.

durchschnitts. Ab 2020 soll gemäß § 10 Abs. 1 FAG die Höhe des Zuschlags, der einem Land zu gewähren ist, 63 % des Betrags betragen, um den die Ausgleichsmesszahl dieses Landes seine Finanzkraft übersteigt. Das bedeutet eine Absenkung des Ausgleichsniveaus. Der neuen Regelung darf man bescheinigen, dass sie transparenter ist als ihre Vorgängerin und dass sie den genannten verfassungsrechtlichen Vorgaben besser entspricht.[180] Ein verbleibender Spielraum nach oben ist der Platz für Bundesergänzungszuweisungen nach Art. 107 Abs. 2 S. 5 u. 6.

37 Das Wort **„angemessen"** eröffnet dem Gesetzgeber im Rahmen dieser Vorgaben einen Spielraum für politische Entscheidungen, auch für die Konkretisierung der Begriffe Finanzkraft und Finanzbedarf.[181] Eine kategorische Ablehnung der Berücksichtigungsfähigkeit von Sonderbedarfen erschiene vor diesem Hintergrund fraglich. Zur Ausgestaltung dieser Vorgaben trägt das MaßstG wenig bei und sieht das FAG den Vergleich zweier jeweils für jedes Bundesland zu ermittelnder Zahlen vor, der Finanzkraftmesszahl und der Ausgleichsmesszahl. Der Tarif, die entscheidende „Stellschraube"[182], ist in § 10 FAG zu finden. Das Wort **„bestimmen"** in Art. 107 Abs. 2 S. 2 gibt vor, dass die gesetzliche Ausgestaltung des Finanzkraftausgleichs zu berechenbaren und justiziablen, Ermessen ausschließenden Ausgleichsansprüchen und Ausgleichspflichten führt, was bei der Überweisung des Bundesanteils der von den Ländern verwalteten Umsatzsteuer an den Bund als „ehrlicher Makler"[183] in den Vorauszahlungen und der Jahresabrechnung verrechnet wird. Verfassungsrechtlich ist weiter vorgegeben, dass die vom Bundesgesetzgeber gewählten Differenzierungskriterien dem föderalen Gleichheitssatz entsprechen müssen.[184]

38 **Die neuen Bundesländer und Berlin** haben bis zum 31.12.1994 nicht am gesamtdeutschen Finanzausgleich teilgenommen;[185] die Finanzkraftunterschiede wären dafür zu groß gewesen.[186] Die Regelungen zur Abwicklung des Fonds „Deutsche Einheit" unterlagen zur Zeit ihrer Entstehung nicht dem Art. 107 Abs. 2.[187] Auf Grund von Art. 33 des G zur Umsetzung des Föderalen Konsolidierungsprogramms[188] wurden auch die neuen Bundesländer und Berlin in den gesamtdeutschen Finanzausgleich einbezogen. Dessen Volumen ist dadurch trotz Erhöhung des Länderanteils an der Umsatzsteuer und so bewirkter Verbreiterung des Anwendungsbereichs von Art. 107 Abs. 1 S. 4 Hs. 2 (aF) und zahlreicher weiterer Maßnahmen des Bundes[189] von ca. 4 Mrd. DM vorübergehend stark angestiegen und hat 2009 bei ca. 6,9 Mrd. EUR gelegen,[190] wobei die Bundeshauptstadt Berlin mit großem Abstand und seit langem Hauptnehmerland ist, alle neuen Bundesländer zu

---

[180] Ebenso *Huber* in MKS Rn. 153. Zu dem linearen Tarif BT-Drs. 18/11135, 83.

[181] Ebenso *Wendt* in HdbStR V § 139 Rn. 114; *Wernsmann* in BK Rn. 193 f. Zur Justiziabilität der Finanzverfassung → Vorb. Art. 104a Rn. 20 ff.

[182] So treffend *Seiler* in Maunz/Dürig Rn. 105.

[183] BVerfGE 72, 330 (396).

[184] Statt vieler *Huber* in MKS Rn. 142.

[185] → Rn. 6. Zu dem finanziell unbedeutenden Finanzausgleich, der bis zu diesem Datum zwischen den neuen Bundesländern ohne Berlin stattgefunden hat: *Henneke,* Öffentliches Finanzwesen. Finanzverfassung, 2. Aufl. 2000, Rn. 765.

[186] Einzelheiten bei *Bauer* in HdbStR IX (1. Aufl.) § 206.

[187] BVerfGE 101, 158 (236 f.).

[188] Vom 23.6.1993 (BGBl. 1993 I 944).

[189] Nachw. bei *Fischer-Menshausen* in v. Münch/Kunig, 3. Aufl. 1996, Art. 107 Rn. 20.

[190] Zahlen findet man im Internet in der laufend aktualisierten BMF-Dokumentation „Bund/Länder-Finanzbeziehungen".

den Nehmerländern zählen, der Ausgleich zugunsten finanzschwacher westlicher Bundesländer, wie Bremen, Niedersachsen, Rheinland-Pfalz, dem Saarland und Schleswig-Holstein, deutlich abgenommen hat (Ausnahme: Bremen), Bundesländer, die früher an der Grenze zwischen **Geber- und Nehmerländern** lagen, nun zu Geberländern geworden sind (Hamburg, Nordrhein-Westfalen) und die Hauptlast von drei Bundesländern zu tragen ist: Baden-Württemberg, Bayern (das bis 1986 selbst durchgängig zu den Nehmerländern gehört hat) und Hessen (das von dem nach der Wiedervereinigung nicht geänderten Sitz der Notenbank in Frankfurt profitiert).[191] Im Haushaltsplan des Freistaates Bayern für 2019 sind bei einem Gesamtvolumen von 65,3 Mrd. EUR 6,7 Mrd. EUR für den Länderfinanzausgleich vorgesehen.[192]

5. Länderfinanzausgleich nach altem Recht. Die verfassungsrechtlichen Unterschiede zwischen dem Länderfinanzausgleich gemäß Art. 107 Abs. 2 S. 1 und 2 aF und dem ab 1.1.2020 zu praktizierenden Finanzkraftausgleich lassen sich wie folgt zusammenfassen[193]: **39**

- Früher vollzog sich die Angleichung der Finanzkraft der Bundesländer in zwei finanzausgleichsgesetzlichen Schritten: Umsatzsteuervorabausgleich gemäß Art. 107 Abs. 1 S. 4 Alt. 2 und Länderfinanzausgleich gemäß Art. 107 Abs. 2 S. 1 und 2. Heute vollzieht er sich in einem, größeren Schritt, mit Zuschlägen und Abschlägen bei der Verteilung der Länderanteile am Aufkommen der Umsatzsteuer.
- Früher gab es beim Länderfinanzausgleich echte Ausgleichsansprüche und Ausgleichspflichten zwischen den Ländern. Heute gibt es, ebenso wie früher beim Umsatzsteuervorabausgleich, nur noch interne Verrechnungen, die vom Bund organisiert werden.
- Früher war die bergrechtliche Förderabgabe bei der Bemessung der Finanzkraft der Bundesländer voll zu berücksichtigen. Heute kann das FAG bestimmen, dass sie nur mit einem Teil ihres Aufkommens berücksichtigt wird.

Der wichtigste finanzpolitische Unterschied zwischen altem und neuem Recht besteht in einer Umverteilung der Ausgleichslasten von den „reicheren" Bundesländern auf den Bund.[194] **40**

III. Bundesergänzungszuweisungen

Art. 107 Abs. 2 S. 5 entspricht, bis auf die Ersetzung des Wortes „es" durch die Formulierung „das Gesetz", dem Art. 107 Abs. 2 S. 3 aF. Neu hinzugekommen ist bei der Verfassungsänderung Art. 107 Abs. 2 S. 6. Anders als bei der Darstellung des sekundären horizontalen Finanzausgleichs wird darum im Folgenden nicht zunächst die neue und im Nachgang die alte Rechtslage kommentiert, sondern es werden unter der Überschrift „Bundesergänzungszuweisungen" nacheinander der seit April 1955 im GG stehende S. 5 und der neue S. 6 abgehandelt. **41**

[191] Ältere Statistiken bei *Henneke,* Öffentliches Finanzwesen. Finanzverfassung, 2. Aufl., 2000, Rn. 762, 769.

[192] Zahlen bei *Buscher,* Jahrbuch für öffentliche Finanzen 2018, 1 (77 ff.).

[193] Vgl. auch BT-Drs. 18/11131, 1.

[194] Ebenso *Hofmann/Schlief,* Die neue Finanzordnung zwischen Bund und Ländern, 2018, Rn. 33 f.; *Lenk/Glinka* ZSE 2017, 417 (424 f.).

42 **1. Allgemeines.** Der Bund kann gemäß Art. 107 Abs. 2 S. 5 und 6 aus eigenen Mitteln zweckungebundene Zuweisungen zur ergänzenden Deckung ihres allgemeinen Finanzbedarfs an einzelne leistungsschwache Länder (nicht direkt an Gemeinden oder Gemeindeverbände) gewähren. Von dieser Möglichkeit macht § 11 FAG Gebrauch, im Rahmen der hier relativ konkreten Vorgaben durch die §§ 9 – 11 MaßstG.[195] Dort sind zwei Grundtypen von Bundesergänzungszuweisungen (BEZ) vorgesehen: **allgemeine BEZ,** für die das Nivellierungsverbot und das Verbot einer Verkehrung der Finanzkraftreihenfolge gelten, und **SonderBEZ,** bei denen Letzteres nur eingeschränkt der Fall ist.[196] SonderBEZ kommen in Betracht für Sonderlasten durch strukturelle Arbeitslosigkeit, für die Kosten politischer Führung und bei einer extremen Haushaltsnotlage. BEZ kommen subsidiär[197] zum Einsatz, wenn auf den zuvorigen Stufen des Finanzausgleichssystems[198] ein Leistungsgefälle verblieben ist. Systematische Stellung, fakultative Ausgestaltung und der Wortteil „-ergänzungs-" geben zu erkennen, dass Bundesergänzungszuweisungen nicht in jedem Fall ein notwendiger Bestandteil der bundesstaatlichen Finanzverteilung nach dem GG sind.[199] Es soll sich um ein Tariergewicht handeln,[200] dessen Einsatz zur Behebung von Haushaltsnotlagen im Verhältnis zu verfassungsrechtlich ausdrücklich normierten Hilfsmöglichkeiten subsidiär ist.[201] Andererseits wird aber auch von einer „Vielzweckwaffe" gesprochen.[202] BEZ sollen den horizontalen Finanzausgleich ergänzen, auf keinen Fall ersetzen.[203] Bundesergänzungszuweisungen sind nicht obligatorisch, sondern fakultativ. In der Realität bezieht das **Ermessen** des Bundes sich aber nur auf ihre Ausgestaltung, nicht auf ihre Gewährung dem Grunde nach, die in einem umfassenderen und dem Zustimmungsrecht des Bundesrates unterliegenden Finanzausgleichsgesetz erfolgt.[204] Wegen ihres Ausnahmecharakters sind Sonderbedarfs-Bundesergänzungszuweisungen besonders benennungs-, begründungs- und überprüfungsbedürftig.

43 Die **Subsidiarität** begrenzt das Volumen und die Dauer der Gewährung von Bundesergänzungszuweisungen. Wenn deren Volumen 2009 ca. 13,5 Mrd. EUR betragen hat, während das Volumen des Länderfinanzausgleichs nach Art. 107 Abs. 2 S. 1, 2 gleichzeitig nur ca. 6,9 Mrd. EUR betrug,[205] so lag darin angesichts der Ergänzungsfunktion von Bundeszuweisungen ein Missverhältnis, das nur als Folge der Wiedervereinigung Deutschlands vorübergehend zu rechtfertigen war. Gemäß § 9 Abs. 3 S. 3 MaßstG darf der Gesamtumfang der Bundesergänzungszuweisungen im Verhältnis

---

[195] Einzelheiten bei *Henneke* in SHH Rn. 92–118; *Seiler* in Maunz/Dürig Rn. 120–137.

[196] Vgl. insbesondere Art. 107 Abs. 2 Satz 6. Zu der Unterscheidung von allgemeinen und Sonder-BEZ *Kube* in BeckOK GG Rn. 32 ff., 36 ff.

[197] So schon *P. Kirchhof,* Der Verfassungsauftrag zum Länderfinanzausgleich, 1982, 107; ebenso BVerfGE 86, 148 (261); § 9 Abs. 3 MaßstG.

[198] Zu seiner Stufung → Rn. 2 u. Art. 106 Rn. 6.

[199] BVerfGE 72, 330 (387).

[200] Dieses Attribut ua bei *Wendt* in HdbStR V § 139 Rn. 117; zu der problematischen haushaltsmäßigen Einstufung von BEZ (Mindereinnahmen, nicht Ausgaben des Bundes) § 11 Abs. 5 FAG → Art. 110 Rn. 21.

[201] BVerfGE 116, 327 (386).

[202] So *Henneke* DVBl. 2009, 572.

[203] BVerfGE 116, 327 (379).

[204] Ebenso *Heun/Thiele* in Dreier Rn. 42.

[205] Vgl. im Internet die laufend aktualisierte BMF-Dokumentation „Bund/Länder-Finanzbeziehungen"; Zahlen bis 1998 bei *Henneke,* Öffentliches Finanzwesen. Finanzverfassung, 2. Aufl. 2000, Rn. 772, 778 f., 784 f. Aktuelle Zahlen → Rn. 24.

zum Gesamtvolumen des Finanzkraftausgleichs nicht beträchtlich sein.[206] Erst seit 2016 ist die Summe der Bundesergänzungszuweisungen wieder kleiner als die Summe des Länderfinanzausgleichs / Finanzkraftausgleichs.

Nicht von der Hand zu weisen ist die **Gefahr,** dass die Bundesergänzungszuweisungen nicht Schlussstein im föderalen Finanzausgleichssystem sind, sondern dieses **System *ad absurdum* führen,** weil bei ihnen Sonderbedarfe doch berücksichtigt werden und weil das Nivellierungsverbot und das Gebot der Erhaltung der Finanzkraftrangfolge der Länder für SoBEZ nur eingeschränkt gelten.[207] Um so wichtiger ist deshalb die Verpflichtung, in einem Maßstäbegesetz nachvollziehbare und widerspruchsfreie Regelungen vorzusehen, die insbesondere das Tatbestandsmerkmal der Leistungsschwäche näher bestimmen und der Funktion der Bundesergänzungszuweisungen als abschließendem vertikalem, dem horizontalen Finanzausgleich nachgeschaltetem Ausgleichselement Rechnung tragen.[208] Denn Bundesergänzungszuweisungen sollen ergänzende Korrekturen bewirken, aber weder den horizontalen Finanzausgleich noch die vertikale Steuerertragsverteilung zwischen dem Bund und der Ländergesamtheit ersetzen oder überlagern.[209] Auch die Mischfinanzierungstatbestände der Art. 91a, 91b[210], 91e, 104b und 106 Abs. 8 (Kosten der Bundeshauptstadt) haben Vorrang vor der Gewährung von Ergänzungszuweisungen zum Zweck der Sanierung, auch wenn diese wegen ihrer Projektorientierung für die Bewältigung extremer Haushaltsnotlagen weniger geeignet sein können.[211] Es muss schließlich einer Versteinerung finanzpolitischer Besitzstände entgegengewirkt werden; insoweit sehen MaßstG und FAG Degression und Evaluation vor. 44

2. Ergänzungszuweisungen gem. Art. 107 Abs. 2 S. 5. Tatbestandlich setzt die Gewährung von Bundesergänzungszuweisungen Leistungsschwäche[212] einzelner Länder voraus (bei einer Unterausstattung der Ländergesamtheit wäre eine Neuverteilung der Umsatzsteuer gemäß Art. 106 Abs. 3 S. 4 und Abs. 4 S. 1 geboten). Das dann eröffnete Ermessen des Bundes kann „auf null" reduziert sein, so in Fällen einer extremen Haushaltsnotlage.[213] 45

Die **Leistungsschwäche** ergibt sich aus der Relation des Finanzaufkommens eines Landes zu seinen allgemeinen und besonderen Ausgabenlasten.[214] Der Begriff erfasst im Unterschied zum Finanzkraftbegriff[215] in Art. 107 Abs. 2 S. 1 auch den Finanzbedarf.[216] Es gibt zwei Möglichkeiten, ihn zu bestimmen, die unterschiedliche Rechtsfolgen eröffnen. Leistungsschwäche liegt vor, wenn ein Land nach den Ergebnissen des Finanzkraftausgleichs eine unterdurchschnittliche Finanzausstattung aufweist; Leistungsschwäche kann, 46

---

[206] BVerfGE 101, 158 (233); auch E 86, 148 (261); zu Sonderlasten: BVerfGE 72, 330 (403, 419 f.); 101, 158 (234).

[207] Vgl. aber BVerfGE 101, 158 (224).

[208] BVerfGE 101, 158 (224).

[209] BVerfGE 101, 158 (233).

[210] Zu dem Spannungsverhältnis zwischen der hier vorausgesetzten Überregionalität und der Regionalität gemäß Art. 107 Abs. 2 S. 6 *Hofmann/Schlief,* Die neue Finanzordnung zwischen Bund und Ländern, 2018, Rn. 31.

[211] BVerfGE 116, 327 (389 f.).

[212] Zu diesem Begriff *Kube* in BeckOK GG Rn. 31; *Siekmann* in Sachs Rn. 45.

[213] Zu Letzterem → Rn. 49.

[214] BVerfGE 72, 330 (403); 101, 158 (233); 116, 327 (380 f.).

[215] Zum Verhältnis auch *Wendt* in HdbStRV § 139 Rn. 118.

[216] Näheres bei *Hidien,* Ergänzungszuweisungen des Bundes gem. Art. 107 Abs. 2 Satz 3 GG, 1997, 43 ff.

selbst wenn das nicht der Fall ist, auch vorliegen, wenn ein Land nicht bloß kurzfristig Sonderlasten zu tragen hat. Demgemäß kann der Bund reagieren, indem er entweder die Finanzkraft leistungsschwacher Länder allgemein anhebt **(Fehlbetragszuwendungen)** oder Sonderlasten berücksichtigt **(Sonderbedarfszuwendungen)** oder beides miteinander verbindet.[217] Die Berücksichtigung von Sonderlasten ist von einer Projektfinanzierung klar zu unterscheiden. Als Sonderlast kann nur anerkannt werden, was Folge (verfassungsrechtlich) vorgegebener Aufgaben ist, nicht aber die Folge autonomer politischer Entscheidung[218]; der Vorwurf „überflüssiger" Ausgaben lässt sich von Juristen freilich nur selten spezifizieren. Als Sonderlast sind auch die Kosten der politischen Führung anerkannt, die für Länder mit geringer Einwohnerzahl überdurchschnittlich hoch sein können; dass gleich zehn Bundesländer ihre politische Führung nur mit Bundeshilfe finanziert bekommen, muss vor dem Hintergrund der sog. Eigenstaatlichkeit der Länder aber befremden.[219]

47 Das im Fall der Leistungsschwäche eröffnete **Ermessen** des Finanzausgleichsgesetzgebers ist verfassungsrechtlich in mehrfacher Hinsicht begrenzt. Wichtigste Ermessensdirektive ist der föderale Gleichheitssatz,[220] der die typischen Gefahren individueller Finanzbeziehungen zwischen dem Bund und einzelnen Ländern am direktesten dämpft. Der Bund darf grundsätzlich nicht für die unmittelbaren und voraussehbaren Folgen von politischen Entscheidungen finanziell einstehen, die von einem Land in Wahrnehmung seiner Aufgaben selbst getroffen worden sind.[221] Wenn der Bund die Finanzkraft eines leistungsschwachen Landes **allgemein** anhebt, dann muss er die Zuweisungen so bemessen, dass die Finanzkraft des Empfängerlandes nicht über den Bundesdurchschnitt angehoben wird; insoweit gelten das Nivellierungsverbot und das Gebot der Wahrung des Finanzrangs. Berücksichtigt der Bund dagegen **Sonderlasten** einzelner Länder, so kann er auch Länder begünstigen, deren Finanzkraft nach Durchführung des Finanzkraftausgleichs den Länderdurchschnitt erreicht oder überschreitet; dies setzt jedoch außergewöhnliche Gegebenheiten voraus, die in einer Begründung ausgewiesen werden müssen.[222] Allgemein ist der Bund beim Ausgleich von Sonderlasten verpflichtet, diese im Gesetz zu benennen und sein Vorgehen zu begründen, weiter alle Länder, bei denen die Sonderlasten vorliegen, gleichmäßig zu erfassen und in angemessenen Zeitabständen eine Überprüfung vorzunehmen.[223] Das Ermessen des Bundes kann sich zu einer Handlungspflicht verdichten. Je niedriger im Finanzkraftausgleich die Grenze der Angleichung gezogen wird, um so mehr wird die ergänzende Deckung des allgemeinen Finanzbedarfs der Länder dem Bund zur Pflicht.[224] Im Rahmen seines Ermessens muss der Bund Ergänzungszuweisungen nach Art. 107 Abs. 2 S. 5 und 6 mit Leistungen an die Länder auf anderen verfassungsrechtlichen Grundlagen abstimmen. Nachteile, welche

---

[217] BVerfGE 72, 330 (Ls. 9, 403); 101, 158 (234); 116, 327 (380 f.).

[218] BVerfGE 116, 327 (384).

[219] BVerfGE 72, 330 (405); 86, 148 (274 ff.); 101, 158 (235, dort auch zur Notwendigkeit gesetzlicher Maßstäbe); kritisch *Siekmann* in Sachs Rn. 57a.

[220] BVerfGE 72, 330 (404); 101, 158 (224, 235).

[221] BVerfGE 72, 330 (404 f.); 86, 148 (260 ff.); 101, 158 (225).

[222] BVerfGE 72, 330 (404 f.); 101, 158 (224, 234); 116, 327 (381 f.); *Henneke* in SHH Rn. 95; *Kube* in BeckOK GG Rn. 37.

[223] BVerfGE 72, 330 (420).

[224] BVerfGE 72, 330 (403).

ein Land durch die verfassungswidrige Nichtberücksichtigung bei der Gewährung von Bundesergänzungszuweisungen erleidet, sind angemessen auszugleichen; auch wenn es sich dabei nicht um Schadensersatz handelt, ist nicht nur eine Annäherung an das richtige Ergebnis geschuldet, sondern volle Abgeltung.[225] Die gesetzliche Ausgestaltung von Bundesergänzungszuweisungen sind ermessensfeindlich; insoweit gilt bei den S. 5 und 6 nichts anderes als bei Art. 107 Abs. 2 S. 2.[226]

Die **Finanzkraft der neuen Länder** ist auch 30 Jahre nach ihrem Beitritt zur Bundesrepublik Deutschland weit vom Finanzkraftdurchschnitt entfernt.[227] Der Solidarpakt II ist aber am 31.12.2019 ausgelaufen. Die neuen Länder sind nun Teil des Finanzausgleichssystems wie alle anderen Länder auch. SonderBEZ für teilungsbedingte Sonderlasten der neuen Länder gibt es ab 2020 nicht mehr, was Rückwirkungen auf die verfassungsrechtliche Zulässigkeit des Solidaritätszuschlags hat, mit dem sie finanziert worden sind.[228] **48**

In Fällen einer **extremen Haushaltsnotlage** in einem Bundesland übernimmt Art. 107 Abs. 2 S. 5, in Ermangelung von anderen verfassungsrechtlichen Lösungskonzepten zur Vorbeugung von Haushaltskrisen und zu ihrer Bekämpfung,[229] auch nach dem Inkrafttreten des vom BVerfG angeregten, präventiv wirkenden Art. 109a,[230] als „äußerst unbefriedigende Notlösung"[231] die Rolle einer Rechtsgrundlage für Sanierungspflichten und -befugnisse des Bundes. Sanierungspflichten und ihnen korrespondierende Ansprüche sowie Einwirkungsmöglichkeiten des Bundes sind nach Sinn und Zweck von Art. 107 Abs. 2 Fremdkörper innerhalb des geltenden bundesstaatlichen Finanzausgleichs.[232] Denn extreme Haushaltsnotlagen sind entweder die Spätfolge mangelhafter Finanzausstattung oder fehlerhafter Politik.[233] Sie unterliegen darum einem **strengen *ultima-ratio*-Prinzip.**[234] Dies ist vom BVerfG in der Berlin-Entscheidung, frühere Ansätze aufgreifend,[235] konkretisiert worden, freilich nicht im Sinne einer abschließenden Stellungnahme,[236] auch um eine quantitative und funktionale Überdehnung von Art. 107 Abs. 2 S. 5 im Allgemeinen einzudämmen. Sanierungspflichten setzen eine schon bestehende **extreme Haushaltsnotlage** voraus, die von einer **bloß angespannten Haushaltslage**[237] **und von kurzfristigen Finanzschwächen**[238] zu unterscheiden ist. Sanierungshilfen sind nur dann verfassungsrechtlich zulässig und geboten, wenn die Haushaltsnotlage eines Landes relativ – im Verhältnis zu **49**

---

[225] BVerfGE 72, 330 (423); 86, 148 (278 f.).

[226] → Rn. 37; wie hier *Wernsmann* in BK Rn. 198.

[227] So die zutreffende und immer noch gültige Einschätzung bei *Korioth* ZG 2007, 10.

[228] → Art. 106 Rn. 21.

[229] BVerfGE 116, 327 (393 f.).

[230] Zum Fehlen einer ausdrücklichen verfassungsrechtlichen Regelung zu extremen Haushaltsnotlagen auch *Kube* in Maunz/Dürig GG Art. 143d Rn. 27. Zur Krisenprävention *Siekmann* in Sachs Rn. 65.

[231] Zitat: BVerfGE 116, 327 (392).

[232] Vgl. das Inkongruenzargument: BVerfGE 116, 327 (387 f., 392).

[233] BVerfGE 116, 327 (384–386, häufig ein „schwer aufklärbares Gemisch" beider alternativen Ursachen [S. 386]).

[234] BVerfGE 116, 327 (Ls. 2, 382–394).

[235] BVerfGE 116, 327 (383, 386). Zuerst BVerfGE 72, 330 (440 f.); 86, 148 (258, 263).

[236] So der ausdrückliche Vorbehalt BVerfGE 116, 327 (389).

[237] BVerfGE 116, 327 (394). Die Bezeichnungen „Haushaltsnotlage", „extreme Haushaltslage", „Haushaltsnotsituation" und „extreme Haushaltslage" meinen dagegen überwiegend dasselbe.

[238] BVerfGE 116, 327 (382).

den übrigen Ländern[239] – als extrem zu werten ist und absolut – nach dem Maßstab der dem Land verfassungsrechtlich zugewiesenen Aufgaben – ein so extremes Ausmaß erreicht hat, dass ein bundesstaatlicher Notstand eingetreten ist. Ein bundesstaatlicher Notstand im Sinne einer nicht ohne fremde Hilfe abzuwehrenden Existenzbedrohung des Landes als verfassungsgerecht handlungsfähigen Trägers staatlicher Aufgaben setzt voraus, dass das Land alle ihm verfügbaren Möglichkeiten der Abhilfe erschöpft hat, so dass sich eine Bundeshilfe als einzig verbliebener Ausweg darstellt.[240] Diese Voraussetzungen dürften auf absehbare Zeit nicht zu erfüllen sein[241], weil die als Notlagenländer in Betracht kommenden Bundesländer gemäß Art. 143d Abs. 2 S. 6 und Abs. 4 S. 4 Konsolidierungs- bzw. Sanierungshilfen erhalten und darum vom gleichzeitigen Empfang von Haushaltsnotlagenhilfen ausgeschlossen sind. Immerhin erfährt das Rechtsinstitut der extremen Haushaltsnotlage durch die genannten Vorschriften ausdrückliche verfassungsrechtliche Anerkennung.

50 Der **Begriff der Haushaltsnotlage,** dessen rechtliche Funktion darin besteht, das Ermessen des Bundes bei der Gewährung von Ergänzungszuweisungen zu einer Handlungspflicht zu verdichten,[242] lässt sich nicht generell abstrakt bestimmen, schon gar nicht präzise quantifizieren.[243] Das Gericht orientierte sich 1986 an zwei Indikatoren, dem Verhältnis von Netto-Kreditaufnahme und den Einnahmen oder Ausgaben des Landeshaushalts (Kreditfinanzierungsquote) und dem Verhältnis der Zinsausgaben zu den (steuerlichen) Einnahmen und Ausgaben (Zins-Steuer-Quote), und hat Bremen und dem Saarland eine „extreme“[244] Haushaltsnotlage bescheinigt, weil in diesen beiden Ländern die beiden Quoten für längere Zeit erheblich, überwiegend um das Doppelte, zum Teil um das Dreifache über dem Bundesdurchschnitt gelegen haben.[245] 2007 hat es diese Indikatoren als Orientierungspunkte qualifiziert, die nicht mehr ohne Weiteres fortzuschreiben, sondern verschärfend zu ergänzen seien.[246] Als Kriterium wichtiger sei die Ausschöpfung aller in einem längerfristigen Verschuldungsprozess[247] bestehenden eigenen Handlungsmöglichkeiten, für die ein Land die Darlegungs- und Beweislast trage.[248] Das BVerfG stellt insoweit auf die von ihm zu beurteilende Überzeugungskraft des Vorbringens von Land und Bund ab.[249] Der Nichtausschöpfung von Handlungsoptionen komme Indizwirkung zu; auf Verschulden komme es nicht an.[250]

51 Im Fall einer Haushaltsnotlage muss der Bund unter dem Vorbehalt des ihm Möglichen **vorübergehende Hilfe zur Selbsthilfe** leisten, die zu sons-

[239] Zu dem Fall, dass absolut verstandene Haushaltsnotlagen von existenzbedrohenden Ausmaßen in einer größeren Zahl von Ländern zu verzeichnen sind: BVerfGE 116, 327 (388).

[240] BVerfGE 116, 327 Ls. 2.

[241] Weshalb es im FAG keine ausdrückliche Regelung gibt, wohl in § 12 Abs. 4 MaßstG.

[242] Hierzu auch *Kesper,* Bundesstaatliche Finanzordnung, 1998, 376 ff.

[243] BVerfGE 116, 327 (389).

[244] Zu diesem Attribut BVerfGE 116, 327 (386 ff.).

[245] BVerfGE 86, 148 (258 f.).

[246] Auflistung möglicher weiterer Indikatoren bei *Huber* in MKS Rn. 181.

[247] Gegen das Bild vom plötzlichen Zuschnappen der Verschuldungsfalle BVerfGE 116, 327 (390).

[248] BVerfGE 116, 327, 390 f.

[249] BVerfGE 116, 327, 391.

[250] Zur Position des BVerfG kritisch analysierend *Siekmann* in Sachs Rn. 60; weiter *Musil/Kroymann* DVBl. 2004, 1209.

tigen Ergänzungszuweisungen hinzutritt.[251] Diese Hilfe darf, weil das bundesstaatliche Prinzip als solches[252] berührt ist, vom Volumen her über das normale Maß hinausgehen. Sie darf aber grundsätzlich nicht in einer Haushaltssanierung durch den Bund anstelle des Landes bestehen, das dazu aus eigener Kraft nicht mehr fähig ist.[253] **Das betroffene Land muss sich planmäßig um Haushaltssanierung bemühen,** wobei dem Bund größere Einwirkungs- und Kontrollrechte zustehen als sonst üblich; die Ergänzungszuweisungen müssen zu diesem Zweck eingesetzt werden. [254]

3. Ergänzungszuweisungen gem. Art. 107 Abs. 2 S. 6. Art. 107 Abs. 2 S. 6 benennt zwei konkrete Erscheinungsformen von Bundesergänzungszuweisungen und stellt ihre Gewährung von den Maßstäben der S. 1 bis 3 – gemeint sind das Nivellierungsverbot und das Verbot der Umkehr der Finanzkraftreihenfolge[255] – frei, nicht aber vom Grundsatz der Subsidiarität von Bundesergänzungszuweisungen. Auch hier hat der Bund Ermessen, das im Fall der – in S. 6 wie in S. 5 zu verstehenden – Leistungsschwäche einzelner Länder eröffnet ist. Zusätzlich[256] ist erforderlich, dass die Gemeinden (Gemeindeverbände) dieser Länder eine besonders geringe Steuerkraft aufweisen oder ihre Anteile an den Fördermitteln nach Art. 91b ihre Einwohneranteile unterschreiten. Die Leistungen des Bundes sind in beiden Alternativen **nicht zweckgebunden.** 52

Zur 1. Alternative: **Steuerkraft** ist nur ein Teil der Finanzkraft[257]; die Differenz kann auf kommunaler Ebene beträchtlich sein. Zwischen der Ermächtigung des Bundes, leistungsschwache Länder mit Kommunen, die eine besonders geringe Steuerkraft aufweisen, zu unterstützen, und der nur anteiligen Berücksichtigung der kommunalen Finanzkraft gemäß Art. 107 Abs. 2 S. 1 Alt. 2 wird ein aus den Gesetzesmaterialien freilich nicht belegbarer Zusammenhang gesehen.[258] Weiterhin besteht ein Spannungsverhältnis dazu, dass der kommunale Finanzausgleich Sache der Länder ist.[259] Ein Bundesland, in dem keine Gemeinden bestehen, kann keine Gemeindesteuerkraftzuweisungen erhalten. Näheres regelt § 11 Abs. 5 FAG. Zur 2. Alternative finden sich nähere Regelungen in § 11 Abs. 6. Diese Alternative wird rechtspolitisch stark und zu Recht kritisiert[260]: Statt das Fördersystem des Art. 91b zu überdenken, werde forschungsschwachen Ländern ein finanzpolitischer Anreiz gegeben, eine originäre Landesaufgabe zu vernachlässigen, und dies unter Verwendung des forschungsfremden Einwohnerkriteriums. 53

[251] BVerfGE 86, 148 (261 f.). Der europarechtlich geprägte Begriff „Bail-out" passt hier nicht; ebenso *Siekmann* in Sachs Rn. 65.

[252] Zu ihm *Selmer* NordÖR 2006, 221 (221).

[253] BVerfGE 86, 148 (Ls. 5, 261 f.); 101, 158 (235).

[254] Einzelheiten BVerfGE 86, 148 (Ls. 6, 258–274). *Heun/Thiele* in Dreier Rn. 45, ziehen berechtigte Parallelen zu Zweckbindungen, ebenso *Huber* in MKS Rn. 180.

[255] BT-Drs. 18/11131, 18; *Heun/Thiele* in Dreier Rn. 47; *Seiler* in Maunz/Dürig Rn. 135.

[256] Zur Problematik der Verknüpfung von allgemeiner Leistungsschwäche der Länder mit Einnahmedefiziten bestimmter Einrichtungen der Länder *Seiler* in Maunz/Dürig Rn. 135.

[257] Zu Begrifflichkeiten *Henneke* in SHH Rn. 100a.

[258] Nachweise bei *Seiler* in Maunz/Dürig Rn. 135.

[259] Ebenso *Kienemund* in Hömig/Wolff Rn. 15.

[260] *Henneke* DVBl. 2017, 218 („rechtspolitisch schlicht ein Skandal"); *Heun/Thiele* in Dreier Rn. 49 („systematisch völlig verfehlt", „ernsthafte verfassungsrechtliche Bedenken"); *Korioth* ZG 2017, 301 („ein() schlechte(r) föderale(r) Scherz").

C. Verhältnis zu anderen Bestimmungen des Grundgesetzes

54 Da Art. 107 beansprucht, Teil eines Systems zur Verteilung des Finanzaufkommens im Bundesstaat zu sein, gebührt seinem Verhältnis zu anderen Bestimmungen des GG besondere Aufmerksamkeit, dies in mehreren Richtungen. Art. 107 ist Konkretisierung des Bundesstaatsprinzips (Bundestreue, föderale Gleichheit) und des Sozialstaatsprinzips (Einheitlichkeit der Lebensverhältnisse im ganzen Bundesgebiet). Die Norm setzt die vertikale Steuerertragsverteilung zwischen Bund und Ländern gemäß Art. 106 voraus. Insbesondere die gesetzlich gestaltbare Aufteilung des Umsatzsteueraufkommens (Art. 106 Abs. 3 und 4) beeinflusst die im Rahmen des Art. 107 Abs. 2 zu treffenden Verteilungsentscheidungen.[261] Zwischen dem finanziellen Beitrag Deutschlands zur Europäischen Union und Art. 107 besteht kein solcher Zusammenhang. Auf den drei von Art. 107 erfassten Stufen des Finanzausgleichs geht es jeweils um zweck**un**gebundene Zuweisungen. Dies steht in einem Spannungsverhältnis zu den immer zahlreicher werdenden Vorschriften des GG über zweckgebundene Mischfinanzierungen und korreliert mit der allgemeinen Lastenverteilungsregel des Art. 104a Abs. 1.[262] Art. 107 Abs. 2 ist schließlich in einem Zusammenhang mit dem an die Länder gerichteten Verbot struktureller Verschuldung gemäß Art. 109 Abs. 3 S. 1 zu sehen; es wird auch nach dem 1.1.2020 Bundesländer geben, die dieses Verbot nur dank des Finanzkraftausgleichs werden einhalten können.

D. Kritische Würdigung

55 Art. 107 hat zeitweise von allen Vorschriften der Finanzverfassung das größte **politische Interesse** auf sich gezogen und ist insoweit erst 2009 von den Art. 109 Abs. 3 und 115 Abs. 2 eingeholt worden. Das gilt für das Prinzip des örtlichen Aufkommens, die Steuerzerlegung, die horizontale Umsatzsteuerverteilung und, vor allem, **Finanzkraft-, früher Länderfinanzausgleich und Bundesergänzungszuweisungen.** Dabei ist zwischen Kritik an den verfassungsrechtlichen Grundlagen und Kritik an ihrer Ausgestaltung im ZerlegungsG sowie im MaßstG und im FinanzausgleichsG zu unterscheiden.[263] Der Verfassungsbegriff „angemessen" vertrüge auch Wettbewerbsföderalismus.[264] Gegen das Prinzip des örtlichen Aufkommens (Art. 107 Abs. 1) lässt sich vorbringen, es eigne sich in einer überregional verflochtenen Wirtschaft nur bedingt als Maßstab des wirtschaftlichen Leistungsbeitrags eines Bundeslandes. Die Alternative sei eine schlüsselmäßige Verteilung auch anderer Steuern als der Umsatzsteuer. Ein durchgängiger Kritikpunkt lautet, der Finanzausgleich sei außerstande, die Ursachen divergierender wirtschaftlicher Entwicklungen zu beheben.[265] Das kann aber auch nicht sein Ziel sein, sondern muss von der Politik, die hierzu ua durch den Finanzausgleich befähigt werden soll, und, vor allem, von den Marktkräften

---

[261] Vgl. § 1 Abs. 2 FAG 2020 (Abweichung von der Verteilung zugunsten von Ländern und Gemeinden für die Haushaltsjahre 2020 und 2021).

[262] → Rn. 44. Zu Art. 104a und weiteren Vorschriften *Wernsmann* in BK Rn. 70–76.

[263] Zu diesem Unterschied *Selmer* JuS 2006, 1052 (1059 f.).

[264] Ebenso *Siekmann* in Sachs Rn. 5.

[265] Statt vieler *Seiler* in Maunz/Dürig Rn. 149 ff.

geleistet werden. Die bisher mit Sanierungsprogrammen bei extremen Haushaltsnotlagen gemachten Erfahrungen bestätigen Skepsis gegenüber den Möglichkeiten verfassungsrechtlicher Programmierung.[266] Ein anderer durchgängiger Kritikpunkt lautet, der Finanzausgleich sei kompliziert und leistungsfeindlich, weil er in praktisch nur schwer durchschaubaren Regelungen eine immer stärkere Nivellierung der Bundesländer bewirkt habe. In den Hochzeiten des Länderfinanzausgleichs hatten die ausgleichspflichtigen Länder um die 70 % ihrer den Durchschnitt übersteigenden Finanzkraft abführen müssen. Während 1958 die garantierte Mindestfinanzkraft jedes Landes nur 88,75 % des Länderdurchschnitts betragen habe, seien es in neuerer Zeit zwischen 95 und 100 %[267]; die Grenzabschöpfungslasten hätten bei über 100 % liegen können.[268] Die Kritik ist 1997 in einer Klage der Geberländer Baden-Württemberg, Bayern und Hessen vor dem Bundesverfassungsgericht kulminiert. In seinem bis heute einflußreichen Urteil vom November 1999[269] hat das Gericht die Kritik aufgegriffen und ein Maßstäbegesetz und eine auf dessen Grundlage erfolgende Änderung des Finanzausgleichsgesetzes gefordert.

Die §§ 10 und 11 Abs. 2 FAG bewirken **ab 2020,** dass eine anfängliche **56**
Finanzkraft von 50 % des Länderdurchschnitts mit zwei Ausgleichsschritten auf 96,1 % des Ausgangswertes angehoben wird.[270] Viel geändert hat sich also nicht. Angesichts der geringen Spielräume, die Bundesländer finanzpolitisch haben, kann das nicht wirklich überraschen. Ein Finanzausgleichssystem muss nicht „schön"[271] sein, wohl aber zweckmäßig, und in der Hauptsache dazu dienen, den Bundesländern die Erfüllung ihrer überwiegend vorgegebenen Aufgaben zu ermöglichen. Finanzverfassung ist Folgeverfassung und dient keinen eigenen Zwecken, so auch nicht dem Zweck, Bundesländer auf ordoliberalen Kurs zu bringen. Am neuen Art. 107 verdient Abs. 2 S. 4 Kritik (interessengeleitetes BVerfG-Overruling), und Abs. 2 S. 6 hätte der verfassungsändernde Gesetzgeber sich besser ganz verkniffen. Die Systematik – vertikal und horizontal, primär und sekundär, alles zweckungebunden – ist begrüßenswert klar. Die Streichung des Umsatzsteuervorabausgleichs und seine Zusammenfassung mit dem bisherigen Länderfinanzausgleich dienen der Vereinfachung und der Transparenz. Manch rechtswissenschaftliche Kritik an Art. 107 und an dessen einfachgesetzlicher Konkretisierung wirkt überpointiert. Eine offene Frage bleibt, was das BVerfG zu der allgemein geringen und nach hier vertretener Ansicht zu Recht geringen Wertschätzung seiner Maßstäbeidee vom November 1999 möglicherweise sagen wird.[272]

Literatur

(soweit nicht in den Literaturhinweisen bei Vorb zu Art. 104a–109 enthalten)

H. Bauer, Die finanzverfassungsrechtliche Integration der neuen Länder, in: HdbStR 1. Aufl., IX § 206. – ***U. Berlit,*** Vom Länderfinanzausgleich zur Länderfinanzausstattung?, Jahrbuch für öffentliche Finanzen 2–2018, 11. – ***D. Birk/R. Wernsmann,*** Der Anspruch eines Landes auf Sanierungshilfen des Bundes, DÖV 2004, 868. – ***H. P. Bull/***

[266] BVerfGE 101, 158 (235) kann man dahin verstehen, dass die Unterstützung für Bremen und das Saarland spätestens im Jahr 2004 hätte auslaufen müssen.

[267] Zahlen bei BMF (Hrsg.), Solidarität im Bundesstaat, 2002, 36 ff.; *Hofmann* ZRP 1999, 465 (469 f. m. w. N., auch zu Alternativen).

[268] *Fuest/Thöne,* Reform des Finanzföderalismus in Deutschland, 2009, 53.

[269] BVerfGE 101, 158.

[270] Berechnung bei *Seiler* in Maunz/Dürig Rn. 142 Fn. 409.

[271] Zitat: *Tappe* DVBl. 2013, 1079 (1081).

[272] Bedrohlich klingt insoweit BVerfGE 101, 158 (238).

V. Mehde, Der rationale Finanzausgleich – ein Gesetzgebungsauftrag ohnegleichen, DÖV 2000, 305. – ***B. Dietrich,*** Das Prinzip der Einwohnerveredelung in dem Finanzausgleichssystem der Bundesrepublik Deutschland, 1996. – ***C. Federer-Meyer,*** Finanzielle Solidarität im Bundesstaat, 2017. – ***W. Förster/E. Krönert,*** Die Neuregelung des bundesstaatlichen Finanzausgleichs, ZG 2017, 228. – ***U. Häde,*** Finanzausgleich, 1996. – ***U. Häde,*** Das Ende der Solidarität zwischen den Ländern? – Der Streit um den Länderfinanzausgleich, LKV 2011, 1. – ***H. G. Henneke,*** Beistands- und Kooperationspflichten im Bundesstaat, Jura 1993, 129. – ***A. Hensel,*** Der Finanzausgleich im Bundesstaat in seiner staatsrechtlichen Bedeutung, 1922. – ***J. W. Hidien,*** Ergänzungszuweisungen des Bundes gem. Art. 107 Abs. 2 Satz 3 GG, 1997. – ***J. W. Hidien,*** Die horizontale Steuerverteilung gem. Art. 107 Abs. 1 des Grundgesetzes, 1997. – ***J. W. Hidien,*** Der bundesstaatliche Finanzausgleich in Deutschland, 1999. – ***J. W. Hidien,*** Handbuch Länderfinanzausgleich, 1999. – ***J. W. Hidien,*** Finanzausgleichsgesetz, 3. Aufl., 2015. – ***A. Jung,*** Maßstäbegerechtigkeit im Länderfinanzausgleich, 2008. – ***P. Kirchhof,*** Der Verfassungsauftrag zum Länderfinanzausgleich als Ergänzung fehlender und als Garant vorhandener Finanzautonomie, 1982. – ***St. Korioth,*** Der Finanzausgleich zwischen Bund und Ländern, 1997. – ***St. Korioth,*** Reform der Finanzbeziehungen von Bund und Ländern, ifo schnelldienst 24/2016, 5. – ***H. Kube,*** Der bundesstatliche Finanzausgleich, 2011. – ***Th. Lenk,*** Niveauverschiebung im Länderfinanzausgleich durch die Wiedervereinigung – ein mittelfristiges Phänomen?, Jahrbuch für öffentliche Finanzen 2009, 349. – ***Th. Lenk,*** Nach der Reform: Die Steuerzuordnung und Steuerzerlegung im horizontalen Verhältnis der Länder, in: M. Junkernheinrich u. a. (Hrsg.), Jahrbuch für öffentliche Finanzen 2017, 2017, 385. – ***Th. Lenk/ P. Glinka,*** Die Bund-Länder-Finanzbeziehungen, ZSE 2017, 417. – ***M. Maier,*** Die Stellung Berlins im föderalen Finanzausgleich, 2017. – ***E. Mehlhaf,*** Kommunen im Finanzausgleich des Grundgesetzes, 2017. – ***H. Meyer,*** Der Finanzausgleich, KritVj. 2008, 132. – ***F. Ossenbühl,*** Verfassungsrechtliche Grundfragen des Länderfinanzausgleichs gem. Art. 107 Abs. 2 GG, 1984. – ***F. Ossenbühl,*** Das Maßstäbegesetz – dritter Weg oder Holzweg des Finanzausgleichs?, FS f. K. Vogel, 2000, 227. – ***J. Popitz,*** Der künftige Finanzausgleich zwischen Reich, Ländern und Gemeinden, 1932. – ***M. Rossi,*** Verschuldung in extremer Haushaltsnotlage, DVBl. 2005, 269. – ***H. Scheller,*** Politische Maßstäbe für eine Reform des bundesstaatlichen Finanzausgleichs, 2005. – ***K. Schmalenbach,*** Die Selbstbindung des Gesetzgebers im Finanzausgleich, FS f. Schiedermair, 2001, 247. – ***S. von Schweinitz,*** Das Maßstäbegesetz, 2003, – ***Th. Schweisfurth/Wolfgang Hoß*** (Hrsg.), Haushalts- und Finanzwirtschaft der Länder in der Bundesrepublik Deutschland, 2017. – ***Ch. Seiler,*** Flucht in die Intransparenz. Zur Neuordnung der Finanzaufteilung zwischen Bund und Ländern, Jahrbuch des Föderalismus 2017, 52. – ***P. Selmer,*** Sonderbedarfe und Bedarfe aus Sonderlasten der Länder im bundesstaatlichen Finanzausgleich, FS f. Friauf, 1996, 683. – ***P. Selmer,*** Das Bundesstaatsprinzip – ein regulärer Rettungsanker für alle Länder in extremer Haushaltsnot, NordÖR 2006, 221. – ***P. Selmer,*** Zum Verhältnis von finanzieller Eigenverantwortung und bündischen Solidarpflichten – Schlussfolgerungen aus dem Berlin-Urteil des Bundesverfassungsgerichts, in: M. Junkernheinrich/H. Scheller/M. Woison (Hrsg.), Zwischen Reformidee und Funktionsanspruch, 2007, 253. – ***P. Selmer,*** Der „bundesstaatliche Notstand" eines Landes – eine ungelöste Verfassungsaufgabe, KritVj. 2008, 171. – ***H. Tappe,*** Die künftige Ausgestaltung der bundesstaatlichen Finanzordnung, DVBl. 2013, 1079. – ***M. Thormann,*** Die Einwohnerveredelung im kommunalen Finanzausgleich, DÖV 2019, 912. – ***K. Vogel,*** Maßstäbegesetze, Rückwirkungsverbote und völkerrechtliche Verträge – Ausnahmen von der „lex posterior"-Regel, FS f. Schiedermair, 2001, 113. – ***Ch. Waldhoff,*** Verfassungsrechtlicher Sparzwang im Landeshaushalt unter den Bedingungen einer „extremen Haushaltsnotlage", NVwZ 2004, 1062. – ***R. Wendt,*** Die „eigene" Finanzausstattung der Länder im System der Steuerverteilung und des Finanzausgleichs, GS f. Burmeister, 2005, 457. – ***R. Wendt,*** Der Finanzausgleich im föderalen System der Bundesrepublik Deutschland, in: I. Härtel (Hrsg.), Handbuch Föderalismus, 2012, Bd. II, § 41. – ***J. Wieland,*** Eigenständigkeit und Solidarität, JZ 2014, 829. – ***Wissenschaftlicher Beirat beim BMF,*** Haushaltskrisen im Bundesstaat, 2005. – ***Wissenschaftlicher Beirat beim BMF,*** Reform des bundesstaatlichen Finanzausgleichs, 2015.

Art. 108 [Finanzverwaltung]

(1) [1]Zölle, Finanzmonopole, die bundesgesetzlich geregelten Verbrauchsteuern einschließlich der Einfuhrumsatzsteuer, die Kraftfahrzeugsteuer und sonstige auf motorisierte Verkehrsmittel bezogene Verkehrsteuern ab dem 1. Juli 2009 sowie die Abgaben im Rahmen der Europäischen Gemeinschaften werden durch Bundesfinanzbehörden verwaltet. [2]Der Aufbau dieser Behörden wird durch Bundesgesetz geregelt. [3]Soweit Mittelbehörden eingerichtet sind, werden deren Leiter im Benehmen mit den Landesregierungen bestellt.

(2) [1]Die übrigen Steuern werden durch Landesfinanzbehörden verwaltet. [2]Der Aufbau dieser Behörden und die einheitliche Ausbildung der Beamten können durch Bundesgesetz mit Zustimmung des Bundesrates geregelt werden. [3]Soweit Mittelbehörden eingerichtet sind, werden deren Leiter im Einvernehmen mit der Bundesregierung bestellt.

(3) [1]Verwalten die Landesfinanzbehörden Steuern, die ganz oder zum Teil dem Bund zufließen, so werden sie im Auftrage des Bundes tätig. [2]Artikel 85 Abs. 3 und 4 gilt mit der Maßgabe, daß an die Stelle der Bundesregierung der Bundesminister der Finanzen tritt.

(4) [1]Durch Bundesgesetz, das der Zustimmung des Bundesrates bedarf, kann bei der Verwaltung von Steuern ein Zusammenwirken von Bundes- und Landesfinanzbehörden sowie für Steuern, die unter Absatz 1 fallen, die Verwaltung durch Landesfinanzbehörden und für andere Steuern die Verwaltung durch Bundesfinanzbehörden vorgesehen werden, wenn und soweit dadurch der Vollzug der Steuergesetze erheblich verbessert oder erleichtert wird. [2]Für die den Gemeinden (Gemeindeverbänden) allein zufließenden Steuern kann die den Landesfinanzbehörden zustehende Verwaltung durch die Länder ganz oder zum Teil den Gemeinden (Gemeindeverbänden) übertragen werden. [3]Das Bundesgesetz nach Satz 1 kann für ein Zusammenwirken von Bund und Ländern bestimmen, dass bei Zustimmung einer im Gesetz genannten Mehrheit Regelungen für den Vollzug von Steuergesetzen für alle Länder verbindlich werden.

(4a) [1]Durch Bundesgesetz, das der Zustimmung des Bundesrates bedarf, können bei der Verwaltung von Steuern, die unter Absatz 2 fallen, ein Zusammenwirken von Landesfinanzbehörden und eine länderübergreifende Übertragung von Zuständigkeiten auf Landesfinanzbehörden eines oder mehrerer Länder im Einvernehmen mit den betroffenen Ländern vorgesehen werden, wenn und soweit dadurch der Vollzug der Steuergesetze erheblich verbessert oder erleichtert wird. [2]Die Kostentragung kann durch Bundesgesetz geregelt werden.

(5) [1]Das von den Bundesfinanzbehörden anzuwendende Verfahren wird durch Bundesgesetz geregelt. [2]Das von den Landesfinanzbehörden und in den Fällen des Absatzes 4 Satz 2 von den Gemeinden (Gemeindeverbänden) anzuwendende Verfahren kann durch Bundesgesetz mit Zustimmung des Bundesrates geregelt werden.

(6) Die Finanzgerichtsbarkeit wird durch Bundesgesetz einheitlich geregelt.

(7) Die Bundesregierung kann allgemeine Verwaltungsvorschriften erlassen, und zwar mit Zustimmung des Bundesrates, soweit die Verwaltung den Landesfinanzbehörden oder Gemeinden (Gemeindeverbänden) obliegt.

Paulskirchenverfassung von 1849

Abschnitt II. Art. VII

§ 35. Die Erhebung und Verwaltung der Zölle, so wie der gemeinschaftlichen Produktions- und Verbrauchs-Steuern, geschieht nach Anordnung und unter Oberaufsicht der Reichsgewalt....

[Abs. 3]

Ein besonderes Reichsgesetz wird hierüber Näheres feststellen.

Reichsverfassung von 1871

Art. 36. Die Erhebung und Verwaltung der Zölle und Verbrauchsteuern (Art. 35) bleibt jedem Bundesstaate, soweit derselbe sie bisher ausgeübt hat, innerhalb seines Gebietes überlassen.

Der Kaiser überwacht die Einhaltung des gesetzlichen Verfahrens durch Reichsbeamte, welche er den Zoll- oder Steuerämtern und den Direktivbehörden der einzelnen Staaten, nach Vernehmung des Ausschusses des Bundesrathes für Zoll- und Steuerwesen, beiordnet.

Die von diesen Beamten über Mängel bei der Ausführung der gemeinschaftlichen Gesetzgebung (Art. 35) gemachten Anzeigen werden dem Bundesrathe zur Beschlußnahme vorgelegt.

Weimarer Reichsverfassung von 1919

Art. 83. Die Zölle und Verbrauchsteuern werden durch Reichsbehörden verwaltet.

Bei der Verwaltung von Reichsabgaben durch Reichsbehörden sind Einrichtungen vorzusehen, die den Ländern die Wahrung besonderer Landesinteressen auf dem Gebiete der Landwirtschaft, des Handels, des Gewerbes und der Industrie ermöglichen.

Art. 84. Das Reich trifft durch Gesetz die Vorschriften über:

1. die Einrichtung der Abgabenverwaltung der Länder, soweit es die einheitliche und gleichmäßige Durchführung der Reichsabgabengesetze erfordert;
2. die Einrichtung und Befugnisse der mit der Beaufsichtigung der Ausführung der Reichsabgabengesetze betrauten Behörden;
3. die Abrechnung mit den Ländern;
4. die Vergütung der Verwaltungskosten bei Ausführung der Reichsabgabengesetze.

Übersicht

A. Allgemeine Bedeutung

I. Überblick, Anwendungsbereich

Art. 108 verteilt in sieben von seit 2017 acht Abs. die **Verwaltungskompetenz** im Bereich der Finanzverwaltung **zwischen Bund und Ländern.** Während Abs. 1–3 die grundsätzliche Zuständigkeitsabgrenzung regeln, ermöglichen Abs. 4 und 4a Verwaltungskooperation. Die ersten fünf Abs. enthalten Gesetzgebungskompetenzen des Bundes für die organisatorische Ausgestaltung der Finanzverwaltung.[1] Abs. 5 ermächtigt den Bundesgesetzgeber, das Verfahren der Bundes- und Landesfinanzbehörden zu normieren, Abs. 7 befugt die Bundesregierung, allgemeine Verwaltungsvorschriften für die Finanzverwaltung, auch die der Länder, zu erlassen. Schließlich normiert Abs. 6 das Recht und die Pflicht des Bundes, die **Finanzgerichtsbarkeit** bundeseinheitlich zu regeln. 1

Art. 108 regelt die **Verwaltung sämtlicher Steuern** (einschließlich Zölle und Finanzmonopole) sowie der Abgaben im Rahmen der Europäischen Union, ursprünglich Gemeinschaften (Abs. 1 S. 1). Gemäß der Verfassungssystematik müssen von ihm auch andere Abgaben erfasst sein, die in den Art. 105–107 genannt sind, denn Art. 108 entspricht in seinem Anwendungsbereich diesen Vorschriften.[2] Somit fallen unter die Norm auch noch die Lastenausgleichsabgaben und die einmaligen Vermögensabgaben (Art. 106 Abs. 1 Nr. 5). Die Verwaltung **weiterer öffentlicher Abgaben** (wie Gebühren, Beiträge, Sonderabgaben) richtet sich dagegen nach den allgemeinen Regeln (der Art. 83 ff.), im Verhältnis zu denen Art. 108 *lex specialis* ist.[3] Insgesamt fällt zwar der größte Teil, nicht aber der gesamte Bereich der Finanzverwaltung in den Anwendungsbereich dieser Norm; nicht erfasst wird zB die Vermögensverwaltung; nicht erfasst ist die Wahrnehmung steuerfremder Aufgaben durch die Finanzbehörden.[4] Mit „verwaltet" im Sinne von Abs. 1 S. 1 am Ende ist sowohl der Gesetzesvollzug als auch die nicht gesetzesakzessorische Verwaltung gemeint, wobei Letzterer 2

[1] Zur Zulässigkeit von Rechtsverordnungen BVerfGE 106, 1 (22 ff.). BVerfGE 106, 1 ist die letzte Entscheidung des BVerfG, die sich näher mit Art. 108 beschäftigt.
[2] Siehe *Kloepfer,* Finanzverfassungsrecht, 2014, § 6 Rn. 3; *Kube* in BeckOK GG Rn. 1; *Seer* in BK Rn. 85, 88.
[3] *F. Kirchhof* in MKS Rn. 15.
[4] Vgl. *F. Kirchhof* in MKS Rn. 15 ff.; *Pieroth* in Jarass/Pieroth Rn. 1. → Rn. 14.

aufgrund des umfassenden Gesetzesvorbehalts im Steuerrecht kaum Bedeutung zukommt.[5]

II. Zielsetzung, Grundstruktur

3 Art. 108 verfolgt mehrere **Ziele.** Zum einen sollen die Hoheitsbefugnisse von Bund und Ländern im Bereich der Steuerverwaltung rational und effektiv verteilt werden. Es soll eine Steuerverwaltung bestehen, die bei möglichst geringem Verwaltungsaufwand eine **optimale Erfassung der Steuerkraft** sicherstellt. Mehrfachbefassungen von Bundes- und Landessteuerbehörden sollen vermieden werden. Zum anderen will die Vorschrift der Erkenntnis Rechnung tragen, dass die Gleichmäßigkeit der Besteuerung gemäß Art. 3 Abs. 1 durch ein gleichheitsgemäßes materielles Steuerrecht allein nicht gesichert werden kann.[6] Erfahrungsgemäß kommt der Verwaltungspraxis, der Gesetzesauslegung durch die Verwaltung, der Handhabung des Ermessens und vergleichbaren verwaltungsinternen Entscheidungsabläufen eine erhebliche Bedeutung für die Verwirklichung von Lastengleichheit im Steuerrecht zu.[7] Vor diesem Hintergrund garantiert Art. 108 einen **gleichmäßigen Steuerverwaltungsvollzug.** Hierfür ist keine einheitliche Bundessteuerverwaltung erforderlich.[8] Vielmehr reicht es aus, die Verwaltung von Bund und Ländern so zu verzahnen und an einheitlichen Leitlinien auszurichten, dass es zu keinen nennenswerten Verzerrungen zwischen verschiedenen Regionen kommt. Die Finanzverwaltung ist gemäß dieser Zielsetzung unitarischer als die allgemeine Verwaltung; aus dieser ist sie als Fachverwaltung mit eigenen Laufbahnen und auch als unmittelbar staatliche Verwaltung herausgelöst; Privatisierungen unterliegen besonderen, aus Art. 33 Abs. 4 und aus den Grundsätzen der Gesetzmäßigkeit und Gleichmäßigkeit der Besteuerung folgenden Schranken.

4 Der dargestellten Zielsetzung dient die **Grundstruktur** von Art. 108. Als Kompetenz- und Organisationsnorm für die Finanzverwaltungen von Bund und Ländern verknüpft sie beide in einem höheren Maße, als dies im Rahmen der Art. 83 ff. der Fall ist.[9] Die Finanzverwaltung nimmt somit eine Sonderstellung gegenüber anderen Verwaltungszweigen ein.[10] Bundeseigenverwaltung (Abs. 1), Landeseigenverwaltung (Abs. 2) und Landesverwaltung unter Bundesaufsicht (Abs. 3) werden bestimmten Steuerarten zugeordnet. In Abs. 1 wird dem Bund die Verwaltung einiger bundesgesetzlich geregelter Abgaben im Wege ausdrücklicher Aufzählung zugewiesen. Die Abs. 2 und 3 knüpfen demgegenüber nicht an die Gesetzgebungskompetenz, sondern an die Ertragshoheit an, um die Verwaltungskompetenzen zu verteilen. Soweit dem Bund der Ertrag zumindest teilweise zufließt, findet Auftragsverwaltung statt, wohingegen Landeseigenverwaltung vorgeschrieben ist, soweit die Ertragshoheit ausschließlich bei den Ländern liegt.[11] Dieses System wird in Abs. 4 und Abs. 4a modifiziert. Gemäß Abs. 4 kann[12] eine weitergehende

[5] *Siekmann* in Sachs Rn. 4.
[6] Ausf. *Vogel,* Ungleichheiten beim Vollzug von Steuergesetzen im Bundesstaat, 2000, 274 ff.; s. a. *Heun/Thiele* in Dreier Rn. 9; *Seer* in BK Rn. 47 ff.
[7] Ebenso *Schuppert* in Umbach/Clemens Rn. 15.
[8] *Heun/Thiele* in Dreier Rn. 10.
[9] *F. Kirchhof* in MKS Rn. 22; zu den Spielräumen der Landesverwaltung ausf. *Vogel,* Ungleichheiten beim Vollzug von Steuergesetzen im Bundesstaat, 2000, 70 ff.
[10] *F. Kirchhof* in MKS Rn. 23 ff.
[11] *F. Kirchhof* in MKS Rn. 4.
[12] Gegen eine Pflicht BVerfGE 106, 1 (21 f.).

Zusammenarbeit zwischen Bund und Ländern als in den Abs. 1 bis 3 vorgesehen angeordnet und sogar die Kompetenzverteilung im Wege einfacher Gesetzgebung – allerdings in beschränktem Umfang – verändert werden. Durch Abs. 1 S. 2 und Abs. 2 S. 2 werden dem Bund Gesetzgebungskompetenzen zur Regelung des Behördenaufbaus eingeräumt. Abs. 4a betrifft die Zusammenarbeit der Länder untereinander. Abs. 5 ermöglicht den Erlass eines einheitlichen Verfahrensrechts und Abs. 7 den Erlass einheitlicher Steuerverwaltungsvorschriften. Abs. 6 schließlich bildet streng genommen einen Fremdkörper in Art. 108, da sein Thema nicht die Verwaltung, sondern die Gerichtsverfassung ist.[13]

III. Geschichtliches, Reformen

Im **Kaiserreich** von 1871 lag die Kompetenz zur Erhebung und Ver- 5
waltung aller Abgaben ausschließlich bei den Ländern. Dem Reich standen nur gewisse Aufsichtsbefugnisse zu (vgl. Art. 36 ReichsVerf.), die durch das Reichsschatzamt und einige selbstständige Reichsfinanzbehörden ausgeübt wurden. Neben dem Preußischen Finanzminister konnte der Reichsschatzsekretär keine selbstständige Bedeutung erlangen. Erst während des Ersten Weltkriegs wurde eine Stärkung der Reichsorgane ernstlich diskutiert. Dies führte 1918 zur Errichtung des Reichsfinanzhofs. Aber erst Matthias Erzberger verhalf mit seiner Finanzreform in der **Weimarer Republik** einer eigenständigen Reichsfinanzverwaltung zum Durchbruch. Durch das Gesetz über die Reichsfinanzverwaltung, in Kraft getreten am 1.10.1919, wurde der Aufbau des Reichsfinanzministeriums mit weitgehenden Befugnissen ermöglicht.[14]

Der **Verfassungskonvent von Herrenchiemsee** machte die Finanzver- 6
waltung betreffend keinen einheitlichen Vorschlag. Vielmehr wurden die in Art. 108 genannten Verwaltungstypen zur Wahl gestellt. Der Finanz- und der Hauptausschuss des **Parlamentarischen Rates** entschieden sich mit knapper Mehrheit für eine reine Bundesfinanzverwaltung; diese Entscheidung wurde auch von der Gesamtheit des Parlamentarischen Rates mitgetragen. Das Modell stieß jedoch auf den Widerstand der Militärgouverneure und konnte deshalb nicht umgesetzt werden.[15] Man verständigte sich auf einen Kompromiss,[16] der nun ein Nebeneinander von Bundes- und Landesverwaltung vorsah.[17] Allerdings wich die damalige Fassung nicht unerheblich von der heutigen ab und war mit gewichtigen Vollzugsproblemen und -defiziten behaftet. Diese Probleme wurden erst **1969** durch die Schaffung der heutigen Kompetenzverteilung beseitigt; die Verwaltungskompetenz des Bundes für die Umsatzsteuer wurde abgeschafft, und es wurde der Steuerverbund auch bei der Verwaltungszuständigkeit (neben der Ertragszuständigkeit) zur Geltung gebracht.

---

[13] Vgl. *Seer* in BK Rn. 57.

[14] Ausf. zum Vorstehenden *Drüen,* FR 2008, 295 ff.; *ders.* FS f. Morlok, 2019, 587 (593 ff.); *Kempny* in BerlKomm Rn. 6–19; *F. Kirchhof* in MKS Rn. 1–3; *Seer* in BK Rn. 2-25.; Plädoyer für eine unitarische Lösung bei *E. Kaufmann,* Recht und Wirtschaft, 1919, 211 ff.

[15] Vgl. *Heun/Thiele* in Dreier Rn. 2; *Seer* in BK Rn. 17 ff.

[16] So wörtlich BVerfGE 32, 145 (151).

[17] Zu dem damaligen, heftigen Streit *F. Klein* FS f. Giese, 1953, 61 ff.; *Vogel/Waldhoff* in BK, Vorb. Art. 104a–115 Rn. 192 ff.; *Wacke,* Das Finanzwesen der Bundesrepublik Deutschland, 1950, 57 ff.

7 Art. 108 ist **von 1969 bis** ins Jahr **2001** unverändert geblieben, da er insgesamt als sachgerechte Regelung der Finanzverwaltung angesehen wird.[18] Mit verfassungsänderndem **Gesetz vom 26.11.2001**[19] wurden Abs. 1 S. 3 und Abs. 2 S. 3 neu gefasst, um eine zumindest partielle Abschaffung der Mittelbehörden, die nach der bislang geltenden Fassung der Vorschrift zwingend vorgeschrieben waren, zu ermöglichen. Damit wollte man die Verwaltungsstrukturen vereinfachen.[20] Außerdem sollte auch verfassungsrechtlich der Tatsache Rechnung getragen werden, dass sich der Bund bereits aus den meisten Oberfinanzdirektionen zurückgezogen hatte.[21] Bei der **Föderalismusreform 2006** ist Art. 108 nicht geändert worden; Art. 12 des Föderalismusreform-Begleitgesetzes hat jedoch das Finanzverwaltungsgesetz zugunsten des Bundes geändert (Erweiterung der Zuständigkeiten des Bundeszentralamtes für Steuern,[22] Stärkung der Einwirkungsrechte auf die Länderfinanzverwaltungen, bis hin zu einem allgemeinen Weisungsrecht).[23] Am **1.1.2008** ist das Zweite G zur Änderung des Finanzverwaltungsgesetzes und anderer Gesetze in Kraft getreten. Es bildet die Grundlage für die Errichtung von neuen Mittelbehörden der Bundesfinanzverwaltung. Damit hat sich der Bund aus allen Oberfinanzdirektionen zurückgezogen. **2009** wurde dem Bund mit dem 53. G zur Änderung des GG (Artikel 106, 106b, 107, 108) vom 19.3.2009[24] die Verwaltungskompetenz für die Kfz-Steuer und für sonstige auf motorisierte Verkehrsmittel bezogene Verkehrssteuern übertragen. Das 62. G zur Änderung des GG vom **13.7.2017** gibt dem Bund weitere Befugnisse, die Verwaltungszusammenarbeit zu stärken, dies insbesondere vor dem Hintergrund eines bundeseinheitlichen Einsatzes von Programmen zur automatisierten Datenverarbeitung; Art. 108 Abs. 4 S. 3 und Abs. 4a, dies sind die Neuregelungen, wird in den Gesetzesmaterialien klarstellender und eine schon vorhandene Verwaltungspraxis bestärkender Charakter beigemessen.[25]

B. Einzelfragen

I. Bundesfinanzverwaltung (Art. 108 Abs. 1)

8 **1. Gegenstand der Bundesfinanzverwaltung, Vorgaben für die Bundesverwaltung (Art. 108 Abs. 1 S. 1).** Nach Art. 108 Abs. 1 S. 1 steht dem Bund die Verwaltungskompetenz nur für solche Steuern und Abgaben zu, für die er gemäß Art. 105 Abs. 1 und 2 auch die Gesetzgebungskompetenz besitzt. Für die Verbrauchsteuern gilt dies erst dann, wenn er von seiner konkurrierenden Gesetzgebungskompetenz Gebrauch gemacht hat.[26]

[18] So auch *Schlette* in MKS (Voraufl.) Rn. 27.

[19] BGBl. 2001 I, 3219; BVerfGE 106, 1.

[20] Was etwa zu dem Ergebnis führt, dass die Finanzämter OFD-loser Bundesländer sich an den Verfügungen der OFDen anderer Bundesländer, insbesondere Nordrhein-Westfalens, orientieren.

[21] → Rn. 18 ff.

[22] Zum beständigen Wachstum dieser Zuständigkeiten (inzwischen 42 Ziffern allein in § 5 Abs. 1 FVG) *Schmieszek* in Hübschmann/Hepp/Spitaler Abgabenordnung, Finanzgerichtsordnung, Stand 2019, § 5 FVG Rn. 44 ff.

[23] Vom 5.9.2006, BGBl. 2006 I, 2098.

[24] BGBl. I, 606.

[25] BT-Drs. 18/11131, 13. Siehe auch *F. Kirchhof* in MKS Rn. 10 f.

[26] *Seer* in BK Rn. 60.

Insgesamt stellt die **Bundesfinanzverwaltung** in der Praxis quantitativ die Ausnahme dar. Art. 108 Abs. 1 S. 1 weist dem Bund nicht nur bestimmte Abgaben zur Verwaltung zu, sondern enthält für die Ausgestaltung dieser Verwaltung auch bestimmte Vorgaben.

Art. 108 Abs. 1 S. 1 nennt an erster Stelle die **Zölle.** Zölle sind Abgaben, **9**
die beim Warenverkehr über die Staatsgrenzen erhoben werden.[27] Das Zollwesen wird mittlerweile weitgehend durch die Rechtsetzung der Europäischen Union bestimmt. Durch den Unionszollkodex vom 9.10.2013[28] wurde ein umfassendes Gesetzeswerk geschaffen, das deutschen Regelungen gemäß Art. 105 Abs. 1 nur noch ergänzend Raum lässt. Auch die Ertragshoheit des Art. 106 Abs. 1 Nr. 1 wurde durch die sogenannten Eigenmittelbeschlüsse auf die EU übergeleitet. Lediglich die Verwaltungshoheit ist bei den Mitgliedstaaten verblieben, so dass Art. 108 weiterhin anwendbar bleibt.[29]

Von den ehemals zahlreichen **Finanzmonopolen** ist heute keines mehr **10**
übriggeblieben. Als Letztes ist das Branntweinmonopol Ende 2018 aufgelöst worden, und mit einem Revival ist auch angesichts europarechtlicher Probleme nicht zu rechnen.[30]

Bundesgesetzlich geregelte Verbrauchsteuern sind derzeit die Bier- **11**
steuer, die Branntweinsteuer, die Energiesteuer, die Kaffeesteuer, die Schaumwein- und Zwischenerzeugnissteuer, die Tabaksteuer sowie die Stromsteuer.[31] Die **Umsatzsteuer,** die materiell ebenfalls als bundesgesetzliche Verbrauchsteuer qualifiziert wird, **fällt nicht unter Art. 108 Abs. 1 S. 1.** Dies hat seinen Grund darin, dass dem Gesetzgeber bei Erlass des Finanzreformgesetzes von 1969 noch nicht bewusst war, dass es sich – was heute der ganz hM entspricht – bei der Umsatzsteuer um eine Verbrauchsteuer handelt. Vielmehr wurde sie als Verkehrsteuer angesehen. Dementsprechend glaubte man, die – zollähnliche – Einfuhrumsatzsteuer in Art. 108 Abs. 1 S. 1 ausdrücklich nennen zu müssen. Im Umkehrschluss ergibt sich, dass die Umsatzsteuer nicht gemäß Abs. 1 S. 1 von Bundesfinanzbehörden, sondern von den Finanzämtern der Länder erhoben wird.[32]

Mit der Bewirtschaftung der namentlich genannten Kfz-Steuer hat der **12**
Bund bis zum 30.6.2014 die Landesfinanzbehörden im Wege der Organleihe betraut; seither nimmt er diese Aufgabe durch eigene Behörden wahr, die Hauptzollämter.[33] Ein weiteres Beispiel für eine auf motorisierte Verkehrsmittel bezogene Verkehrsteuer ist die Luftverkehrsteuer.[34]

Neben den Zöllen unterstehen auch alle anderen **Abgaben der Europäi- 13**
schen Union der Verwaltungskompetenz des Bundes. Seit die Agrar-

---

[27] BVerfGE 8, 260 (268).

[28] VO (EU) 952/2013, ABl. L 269/1. Dieser Kodex hat den Zollkodex der Europäischen Gemeinschaften vom 12.10.1992 ersetzt.

[29] *Seer* in BK Rn. 61.

[30] Vgl. ausf. *Seer* in BK, Rn. 63 f., dort auch zum Unterschied von Branntweinmonopol und Branntweinsteuer; weiter *Kempny* in BerlKomm Rn. 26. Siehe im Übrigen → Art. 105 Rn. 44, Art. 106 Rn. 16.

[31] Ausführlicher *Kempny* in BerlKomm Rn. 28; *Seer* in BK Rn. 65, 68. Zum Verbrauchsteuerbegriff → Art. 106 Rn. 18. Zur Ertragskompetenz bei der Biersteuer, die trotz Verwaltungskompetenz des Bundes bei den Ländern liegt → Rn. 23 f.

[32] Vgl. *Kempny* in BerlKomm Rn. 29–31; zur Qualifikation der Umsatzsteuer im System der Steuerarten *Englisch* in Tipke/Lang, Steuerrecht, 23. Aufl., 2018, § 17 Rn. 10.

[33] Dazu *Hartman* DVBl. 2011, 803 ff.; *Selmer/Hummel,* Jahrbuch für öffentliche Finanzen, 2009, 492 ff.

[34] BVerfGE 137, 350 (361 ff.).

abschöpfungen 1995 abgeschafft wurden, betrifft dieser Kompetenztitel nur noch EU-Agrarmarktordnungsabgaben.[35]

14 Aus der Formulierung „werden [...] verwaltet" ist nicht nur eine Befugnis abzuleiten, sondern auch eine Pflicht des Bundes zur Einrichtung von Bundesfinanzbehörden. Damit regelt Abs. 1 S. 1 einen Fall der **obligatorischen Bundesverwaltung.**[36] Dies bedeutet indes nicht, dass diese Behörden sich nicht von anderen Behörden unterstützen lassen dürften. Amtshilfe und Organleihe bleiben möglich. Auch darf die Bundesfinanzverwaltung andere als die in Art. 108 genannten Aufgaben übernehmen, sofern Letztere den Schwerpunkt der Arbeit bilden. Art. 108 Abs. 1 S. 1 verbietet schließlich nicht die Verlagerung bestimmter Verwaltungsaufgaben auf die Europäischen Union; dies richtet sich vielmehr nach Art. 23 Abs. 1 S. 3.

15 Durch die Anordnung bundeseigener Verwaltung in Art. 87 Abs. 1 S. 1 und den Verweis auf „Bundesfinanzbehörden" in Art. 108 Abs. 1 S. 1 wird klargestellt, dass der Bund die Verwaltungsaufgaben selbst wahrzunehmen hat und nicht auf rechtlich selbständige Verwaltungsträger übertragen darf.[37] Die Bundesfinanzverwaltung ist in **bundeseigener Verwaltung** mit eigenem Verwaltungsunterbau zu führen.[38] Die Einrichtung von Bundesoberbehörden ist zulässig, wenn diese dem Bundesfinanzminister unterstellt werden.[39] Aufgrund von Art. 87 Abs. 1 S. 1 und Art. 108 Abs. 1 S. 1 ist eine **Privatisierung** der Finanzverwaltung ausgeschlossen. „Die Zeit der Steuerpächter ist vorbei."[40] Trotzdem werden deutlich mehr als 50 % der Steuereinnahmen auf Grund sog. Steueranmeldungen erzielt; dies sind Steuererklärungen, in denen der Steuerpflichtige die geschuldete Steuer selbst berechnet und die Steuerverwaltungsakten unter Vorbehalt der Nachprüfung gleichstehen (§§ 150 Abs. 1 S. 3, 168 S. 1 AO); die Selbstveranlagung wird mit der fortschreitenden Digitalisierung zunehmen. Weiterhin werden private Dritte, die nicht Steuerschuldner sind, etwa Arbeitgeber oder Banken, in erheblichem Umfang als Helfer der Finanzverwaltung in die Pflicht genommen.[41] Mithin: Verwaltungsprivatisierung ist zu unterscheiden von der verbreiteten Indienstnahme von Steuerpflichtigen.

16 **2. Aufbau der Bundesverwaltung (Art. 108 Abs. 1 S. 2).** Art. 108 Abs. 1 S. 2 enthält einen Gesetzesvorbehalt für den **Aufbau der Bundesfinanzbehörden.** Damit verdrängt er insoweit die allgemeine Regelung des Art. 86 S. 2, die die Organisationsgewalt grundsätzlich der Bundesregierung zuweist.[42] Der Behördenaufbau ist durch zustimmungsfreies Bundesgesetz zu regeln.[43] Dies ist mit dem Erlass des Finanzverwaltungsgesetzes (FVG)[44] geschehen.

---

[35] *F. Kirchhof* in MKS Rn. 40; *Seer* in BK Rn. 69. Zu EU-Abgaben weiter BVerwGE 79, 171 (173).

[36] *F. Kirchhof* in MKS Rn. 41; *Seer* in BK Rn. 75; *Siekmann* in Sachs Rn. 15.

[37] *F. Kirchhof* MKS Rn. 42.

[38] *Heun/Thiele* in Dreier Rn. 13.

[39] *Seer* in BK Rn. 79; Auflistung bei *Siekmann* in Sachs Rn. 27.

[40] *Trzaskalik* DStJG 12 (1989), 157 (159).

[41] Dazu *Drüen,* Die Indienstnahme Privater für den Vollzug von Steuergesetzen, 2012; *G. Kirchhof,* Die Erfüllungspflichten des Arbeitgebers im Lohnsteuerverfahren, 2005; *Tappe,* Privatisierung der Steuerverwaltung – am Beispiel des neuen § 44 I 3 EStG, in Schön/Sternberg Zukunftsfragen des deutschen Steuerrechts, Bd. 3, 77–98.

[42] *F. Kirchhof* MKS Rn. 44. Weiterhin → Rn. 49, 54.

[43] *Heun/Thiele* in Dreier Rn. 15.

[44] Vom 6.9.1950, idF v. 4.4.2006, BGBl. 2006 I, 846, in der Fassung der Bek. v. 4.4.2006, BGBl. I, 846; zuletzt geändert durch Gesetz vom 17.12.2018, BGBl. 2018 I, 2522.

Im Gegensatz zu Art. 86 S. 2, der von **„Einrichtung der Behörden“** spricht, heißt es in Art. 108 Abs. 1 S. 2, der **„Aufbau“** der Behörden werde durch Bundesgesetz geregelt. Ob diese Wortlautabweichung inhaltlich bedeutsam ist, wird nicht einheitlich beurteilt.[45] Teilweise wird angenommen, das Wort „Aufbau“ sei nur deshalb gewählt worden, weil Art. 108 Abs. 1 ohnehin von der Existenz von Bundesbehörden ausgehe und der Terminus „Einrichtung“ daher nicht sachgerecht wäre. Nach dieser Auffassung käme dem Bundesgesetzgeber im Bereich des Art. 108 Abs. 1 in vollem Umfange diejenige Organisationsgewalt zu, die im Normalfall die Bundesregierung innehat. Dieser Ansicht wird denn auch entgegengehalten, sie verschiebe die Organisationsgewalt in nicht sachgerechter Weise auf den Gesetzgeber, der zu einer Vollregelung gar nicht in der Lage sei. „Aufbau“ sei daher ein Weniger gegenüber „Einrichtung“ in dem Sinne, dass nur die Grundentscheidungen vom Gesetzgeber zu treffen seien.[46] Letzterer Auffassung ist zuzustimmen. Bereits der unterschiedliche Wortlaut von Art. 108 Abs. 1 S. 2 einerseits und Art. 86 S. 2 andererseits spricht für unterschiedlich weite Anwendungsbereiche. Aber auch Sinn und Zweck der Regelungen lassen sich hierfür anführen. Art. 108 Abs. 1 S. 2 verfolgt das Ziel, den Aufbau der Bundesfinanzbehörden möglichst effektiv und sachgerecht zu regeln. „Einrichtung“ meint neben der Errichtung einer neuen Behörde die nähere Ausgestaltung einer schon vorhandenen Behörde sowie die Regelung ihrer organisatorisch-personellen Ausstattung und ihrer Kompetenzen. Wollte der Bundesgesetzgeber dies alles regeln, so wäre er schon rein faktisch überfordert. „Aufbau“ kann also nur im Sinne eines Weniger gegenüber „Einrichtung“ verstanden werden. 17

3. Bestellung der Leiter der Mittelbehörden (Art. 108 Abs. 1 S. 3). 18
Art. 108 Abs. 1 S. 3, der die **Bestellung der Leiter der Mittelbehörden** regelt, wurde durch verfassungsänderndes Gesetz 2001 neu gefasst.[47] Nach der Altfassung waren die Leiter der Mittelbehörden im Benehmen mit den Landesregierungen zu bestellen. Damit war nach herrschender Meinung, der sich auch die Bundesregierung anschloss, gleichsam ein dreistufiger Behördenaufbau verfassungskräftig vorgegeben.[48] Aus Gründen der Verwaltungsvereinfachung wollten sich der Bund wie auch einzelne Bundesländer aus der Mittelebene – zumindest teilweise – zurückziehen. Der Ermöglichung dieses Vorhabens dient die vorgenommene Änderung. Abs. 1 S. 3 ist nunmehr im Sinne einer **Öffnungsklausel** formuliert, die Mittelbehörden zwar zulässt, aber nicht vorschreibt. Mittelbehörden in diesem Sinne waren zwischen dem 1.1.2008 und dem 31.12.2015 fünf über das Bundesgebiet verteilte Bundesfinanzdirektionen. Seitdem gibt es in der Finanzverwaltung des Bundes keine Mittelbehörden mehr, sondern zusätzlich zum Ministerium und den örtlichen Behörden das Bundeszentralamt für Steuern und die Generalzolldirektion als Oberbehörden (§§ 1, 4–5a FVG). Oberbehörden werden in Art. 108 Abs. 1 zwar nicht ausdrücklich genannt, sind aber auch nicht ausgeschlossen.[49] § 9 S. 2 FVG, der eine Mitwirkung der jeweiligen Landesregierungen bei der Bestellung der Leiter der Bundesfinanzdirektionen („Benehmen“) vorsah, ist inzwischen ersatzlos gestrichen worden.

---

[45] Zum Meinungsstand *Siekmann* in Sachs Rn. 18 f. mwN.

[46] *Kloepfer* Finanzverfassungsrecht, 2014, § 6 Rn. 11; *Seer* in BK Rn. 76.

[47] → Rn. 7.

[48] Vgl. *Heun/Thiele* in Dreier Rn. 13; *Seer* in BK Rn. 78 mwN. Zum neuen Recht auch *Kemmler* SHH Rn. 7.

[49] *Kempny* in BerlKomm Rn. 45; *Siekmann* in Sachs Rn. 16, 27.

19 Sofern es in der Bundesfinanzverwaltung Mittelbehörden gibt, was, wie zuvor ausgeführt, seit 2016 nicht mehr der Fall ist, sind **Leiter dieser Behörden im Benehmen mit** den **Landesregierungen zu bestellen.** Die Mitwirkung der Landesregierungen erklärte sich daraus, dass die bis zum 31.7.2007 die Oberfinanzdirektionen gleichzeitig die Mittelbehörden des Bundes und der Länder darstellten und somit ein Fall der sog. **Mischverwaltung** waren. Der Behördenleiter, der Oberfinanzpräsident, besaß eine Doppelstellung als Leiter von Bundes- und Landesmittelbehörde. Er wurde **im gegenseitigen Einvernehmen** von Bundes- und Landesregierung ernannt. Dies entsprach zwar nicht Abs. 1 S. 3 (wo nur von Benehmen die Rede ist).[50] Das BVerfG hat aber die personellen und organisatorischen Besonderheiten der Oberfinanzdirektionen als gemeinsame Mittelbehörden und ihrer „doppelfunktionellen" Präsidenten, die sowohl Bundes- als auch Landesbeamte sind, grundsätzlich verfassungsrechtlich gebilligt.[51] Zur Rechtfertigung wurde auch auf Abs. 4 S. 1 verwiesen, der diese Form der Zusammenarbeit zulasse.[52] Seit dem 1.1.2008 sind Oberfinanzdirektionen, sofern es sie noch gibt, nur noch Landesbehörden. Wegen weiterer verfassungsrechtlicher Fragen, die sich aus Art. 108 Abs. 1 S. 3 insoweit ergeben, sei deshalb auf die Vorauflage verwiesen.[53]

II. Landesfinanzverwaltung als eigene Angelegenheit

20 **1. Regelung des Art. 108 Abs. 2 S. 1, Verhältnis der Art. 108 Abs. 1–3, Bundesaufsicht.** Art. 108 Abs. 2 S. 1 bestimmt, dass „die übrigen Steuern" durch die Länder verwaltet werden. **Abs. 2 S. 1 bezieht sich auf Abs. 1 S. 1** und ordnet an, dass alle Steuern, die dort nicht aufgezählt sind, der Verwaltungskompetenz der Länder unterfallen. Durch diese Regelung ist ganz allgemein ausgedrückt, dass das GG für die Finanzverwaltung ein Trennsystem vorsieht, also die Verwaltungshoheit für den Steuerbereich zwischen Bund und Ländern aufteilt.[54] Weiterhin stellt sich Abs. 2 S. 1 durch die Formulierung „übrige" Steuern als Auffangtatbestand dar.[55] Sofern Abs. 1 S. 1 nichts anderes bestimmt, ist die Steuerverwaltung Länderverwaltung; Art. 30 ist verdrängt.[56]

21 Damit ist jedoch noch nichts darüber ausgesagt, welcher Art die Länderverwaltung ist. Dies ergibt sich erst aus dem **Zusammenspiel von Abs. 2 S. 1 mit Abs. 3 S. 1.** Nach Abs. 3 S. 1 findet Bundesauftragsverwaltung statt, soweit die Ertragshoheit zumindest teilweise beim Bund liegt.[57] Für die übrigen Steuern ordnet demnach Abs. 2 S. 1 Landeseigenverwaltung an. Jedoch ist bei der Landeseigenverwaltung noch zu differenzieren, ob bundesgesetzlich oder landesgesetzlich geregelte Steuern verwaltet werden. Im ersteren Fall steht die Landesverwaltung unter Bundesaufsicht gemäß Art. 84

---

[50] Zu Zweifeln an der Verfassungsmäßigkeit etwa *Schneider* in AK Rn. 14.

[51] BVerfGE 32, 145; 106, 1.

[52] Vgl. ausf. *Maunz* in Maunz/Dürig (Vorkommentierung) Rn. 11; weiter *Schuppert* in Umbach/Clemens Rn. 19.

[53] *Heintzen* in v. Münch/Kunig, 6. Aufl. 2012, Art. 108 Rn. 22.

[54] *Seer* in BK Rn. 84.

[55] *Heun/Thiele* in Dreier Rn. 16; *F. Kirchhof* in MKS Rn. 47; *Seer* in BK Rn. 84.

[56] Dazu *Kempny* in BerlKomm Rn. 54. AA *F. Kirchhof* in MKS Rn. 30. Zu den Kommunen → Rn. 39 ff.

[57] *Heun/Thiele* in Dreier Rn. 18.

GG, im letzteren Fall nicht. Abs. 2 S. 1 regelt im Ergebnis die Landeseigenverwaltung unter Bundesaufsicht und die reine Landeseigenverwaltung.[58]

Die Bundesaufsicht ist eine **Rechtsaufsicht,** die sich nach Art. 84 Abs. 3 bis 5 richtet und in der Praxis kooperativ in gemeinsamen Gremien von Bund und Ländern ausgeübt wird.[59] Unzulässig ist es, die erweiterten Aufsichtsrechte, die der Bund im Bereich der Bundesauftragsverwaltung hat, auf den Bereich der Landeseigenverwaltung zu erstrecken (wie in § 21a Abs. 1 FVG).[60] 22

2. Von Art. 108 Abs. 2 S. 1 erfasste Steuern. In Landesverwaltung unter Bundesaufsicht gemäß Art. 108 Abs. 2 S. 1 iVm Art. 84 **werden** derzeit **folgende Steuern verwaltet:** die Erbschaft- und Schenkungsteuer, die Grunderwerbsteuer, die Feuerschutzsteuer, die Rennwett- und Lotteriesteuer sowie die Spielbankabgabe.[61] Die Grundsteuer sowie die Gewerbesteuer nehmen insoweit eine Sonderstellung ein, als die Verwaltungshoheit zwar gemäß Art. 108 Abs. 2 S. 1 grundsätzlich ebenfalls den Ländern zusteht, diese gemäß Art. 108 Abs. 4 S. 2 die Verwaltungshoheit aber auf die Gemeinden übertragen können, denen das Aufkommen zufließt.[62] 23

Zu den **landesgesetzlich geregelten Steuern, die in Landeseigenverwaltung zu führen sind,** gehören vor allem die in Art. 105 Abs. 2a genannten Verbrauch- und Aufwandsteuern. Da es sich hierbei gemäß Art. 106 Abs. 6 S. 1 um Gemeindesteuern handelt, können auch hier die Verwaltungsbefugnisse gemäß Abs. 4 S. 2 auf die Kommunen übertragen werden. Dies ist in den Kommunalabgabengesetzen der Länder geschehen. Zu diesen Steuern gehören: die Getränkesteuer, die Vergnügungsteuer, die Spielgerätesteuer, die Speiseeissteuer, die Hundesteuer, die Jagd- und Fischereisteuer, die Zweitwohnungsteuer sowie die Verpackungsteuer.[63] In den Stadtstaaten werden diese Steuern durch Landesfinanzbehörden verwaltet. 24

3. Obligatorische Landesverwaltung. Durch den Terminus „werden verwaltet“ macht Abs. 2 S. 1 deutlich, dass die Länder Länderfinanzbehörden errichten müssen. Es handelt sich in Parallele zu Abs. 1 S. 1 um einen Fall der **obligatorischen Landesverwaltung.**[64] Grundsätzlich liegt die Organisationsgewalt für die Länderfinanzverwaltung bei den Ländern. 25

4. Behördenaufbau und Beamtenausbildung (Art. 108 Abs. 2 S. 2). Diese grundsätzliche Gestaltungsfreiheit wird durch **Art. 108 Abs. 2 S. 2** eingeschränkt. Die Vorschrift **gewährt** dem **Bund eine Gesetzgebungskompetenz für den Aufbau der Länderfinanzverwaltung.**[65] Diese erstreckt sich sowohl auf die Bundesauftragsverwaltung, die Landesverwaltung unter Bundesaufsicht als auch auf die Landeseigenverwaltung von landesgesetzlich geregelten Steuern. Das ergibt sich aus dem umfassenden Anwendungsbereich von Abs. 2. Damit ist die Regelungskompetenz des Bundes aus Art. 108 Abs. 2 S. 2 erheblich weiter als nach den allgemeinen Vorschriften der Art. 84, 85. Art. 108 Abs. 2 S. 2 geht als *lex specialis* sowohl Art. 84 26

[58] Vgl. *Siekmann* in Sachs Rn. 6; ausf. *Seer* in BK Rn. 85.
[59] Siehe *Seer* in BK Rn. 99–103.
[60] Ebenso *Kempny* in BerlKomm Rn. 73; *Seer* in BK Rn. 124.
[61] Ausf. *Seer* in BK Rn. 86 f.
[62] *Seer* in BK Rn. 88.
[63] Ausführlich *Seer* in BK Rn. 88 f.
[64] *Seer* in BK Rn. 90.
[65] *Seer* in BK Rn. 91.

Abs. 1 als auch Art. 85 Abs. 1, Abs. 2 S. 2 vor.[66] Die Formulierung „können“ macht deutlich, dass es sich um eine konkurrierende Kompetenz des Bundes handelt, die allerdings nicht an die Voraussetzungen des Art. 72 Abs. 2 gebunden ist.[67] Der Begriff **„Behördenaufbau“** ist wie bei Art. 108 Abs. 1 S. 2 zu verstehen.[68] Eines engeren Begriffsverständnisses bedarf es nicht, da Abs. 1 S. 2 ebenfalls restriktiv zu interpretieren ist. Der Bund hat von seiner Gesetzgebungskompetenz durch den Erlass des FVG Gebrauch gemacht. Der Bundesgesetzgeber bedarf, da er in die Organisationshoheit der Länder eingreift, der Zustimmung des Bundesrates, Art. 84 Abs. 1, 85 Abs. 1.[69]

27 Die bereits dargestellte fakultative Regelungskompetenz, die im Sinne einer konkurrierenden Kompetenz ohne die Voraussetzungen des Art. 72 Abs. 2 ausgestaltet ist, erstreckt sich auch auf die **einheitliche Ausbildung der Steuerbeamten.**[70] Damit trägt der Verfassungsgeber der Erkenntnis Rechnung, dass eine gleichmäßige Besteuerung im gesamten Bundesgebiet nur durch möglichst einheitlich ausgebildete Beamte sichergestellt werden kann.[71] Der Bund hat von seiner Kompetenz durch den Erlass des Steuerbeamtenausbildungsgesetzes[72] Gebrauch gemacht.[73]

28 **5. Bestellung der Leiter der Mittelbehörden (Art. 108 Abs. 2 S. 3).** Abs. 2 S. 3 wurde 2001 geändert.[74] § 2a FVG gibt den Ländern die Befugnis, durch Rechtsverordnung auf Mittelbehörden zu verzichten, deren Aufgaben dann grundsätzlich auf die jeweilige oberste Behörde übergehen; auch auf Landesebene ist damit ein zweistufiger Aufbau zulässig. Anders als Abs. 1 S. 3 spricht Abs. 2 S. 3 vom Einvernehmen bei der **Bestellung des Leiters der Landesmittelbehörde.** Einvernehmen ist erst hergestellt, wenn die Bundesregierung der Bestellung zugestimmt hat.[75] Dadurch ist dieser ein weitreichender Einfluss auf die Personalpolitik der Landesregierungen gesichert. Wegen des eindeutigen Wortlauts des Abs. 2 S. 3 muss die gesamte Bundesregierung, nicht bloß der Finanzminister zustimmen. Aufgrund dieser weitgehenden Mitwirkungsbefugnisse des Bundes regelt Abs. 2 S. 3 einen Anwendungsfall der Mischverwaltung.[76] Einfachgesetzlich ist Abs. 2 S. 3 in § 9a S. 3 FVG umgesetzt.

III. Bundesauftragsverwaltung (Art. 108 Abs. 3)

29 Art. 108 Abs. 3 S. 1 bestimmt, dass sich die **Reichweite der Bundesauftragsverwaltung** nach der Ertragshoheit richtet.[77] Damit verweist Abs. 3

[66] *F. Kirchhof* in MKS Rn. 13.
[67] *Kloepfer,* Finanzverfassungsrecht, 2014, § 6 Rn. 22.
[68] *Seer* BK Rn. 91.
[69] *Seer* in BK Rn. 92.
[70] Dass die in der Finanzverwaltung selteneren Angestellten, anders als in Art. 85 Abs. 2 S. 2, nicht ausdrücklich erwähnt werden, dürfte redaktionelle Gründe haben; anders *Kempny* in BerlKomm Rn. 63; *Siekmann* in Sachs Rn. 21, 22. Das Steuerbeamtenausbildungsgesetz betrifft jedenfalls nur Beamte im statusrechtlichen Sinne.
[71] *Schneider* in AK Rn. 10; *Seer* in BK Rn. 93.
[72] StBAG, idF der Bek. v. 29.10.1996, BGBl. 1996 I, 1577, geändert durch G vom 8.12.2010, BGBl 2010 I, 1768.
[73] *Seer* in BK Rn. 95.
[74] → Rn. 7.
[75] *Seer* in BK Rn. 96.
[76] BVerfGE 106, 1 (20).
[77] *F. Kirchhof* in MKS Rn. 52; *Seer* in BK Rn. 105.

S. 1 auf Art. 106. In Bundesauftragsverwaltung können Bundessteuern und Gemeinschaftsteuern verwaltet werden. Im Einzelnen gehören zu den Bundessteuern ua die Versicherungssteuer sowie der Solidaritätszuschlag. Als Gemeinschaftsteuern sind zu nennen die Einkommensteuer, die Körperschaftsteuer und die Umsatzsteuer.[78] Diese Aufzählung verdeutlicht, dass die Bundesauftragsverwaltung in der Praxis gegenüber den anderen Arten der Verwaltung die Regel darstellt.

Art. 108 Abs. 3 S. 2 verweist auf Art. 85 Abs. 3 und 4 und bewirkt damit, **30** dass die dort geregelten Befugnisse des Bundes auch im Bereich der Finanzverwaltung gelten. Im Unterschied zu Art. 85 liegen die **Aufsichtsrechte** nicht bei der Bundesregierung, sondern beim Bundesminister der Finanzen.[79] **Gemäß Art. 108 Abs. 3 S. 2 iVm Art. 85 Abs. 4** erstreckt sich die Bundesaufsicht sowohl auf die Rechtmäßigkeit als auch auf die Zweckmäßigkeit der Verwaltung, das heißt es **findet neben der Rechts- auch eine Fachaufsicht statt.**[80] Ein Instrument der Aufsicht ist die Weisung gemäß Art. 108 Abs. 3 S. 2 iVm Art. 85 Abs. 3. Durch die Erwähnung des Bundesministers der Finanzen in Abs. 3 S. 2 und in weiteren Vorschriften des GG wird die Existenz dieses Ministeriums verfassungsrechtlich garantiert.[81] Eine **Haftung** der Bundesländer für die ordnungsmäßige Verwaltung der Steuern, die dem Bund zufließen, war bis Ende 1969 in Art. 108 Abs. 4 gesondert geregelt und richtet sich heute nach Art. 104a Abs. 5 als konstitutiver Gesamtregelung dieses Komplexes.[82]

Weisung bedeutet, dass der Bund die Sachkompetenz vollständig an sich **31** ziehen kann, nicht jedoch die Wahrnehmungskompetenz. Nach außen hin wird somit ausschließlich das Land tätig.[83] Ein Selbsteintrittsrecht oder ein Recht zur Ersatzvornahme besteht für den Bund nicht.[84] Bei der Ausübung des Weisungsrechts hat sich der Bund an bestimmte, aus dem Prinzip bundesfreundlichen Verhaltens fließende Vorgaben zu halten: Er hat das Land anzuhören und dessen Stellungnahme zu berücksichtigen. Auch hat er den Grundsatz der Weisungsklarheit zu beachten.[85] Auch materiell rechtswidrige Weisungen sind für die Länder verbindlich; die BVerfGE 81, 310-Grundsätze gelten auch im Steuerrecht.

Umstritten ist, ob neben Einzelweisungen **auch generelle Weisungen** **32** **zulässig sind.**[86] In Bezug auf Art. 108 Abs. 3 S. 1 bejahen Teile der Rechtsprechung und Literatur sowie das Bundesfinanzministerium ein solches Weisungsrecht, ua mit dem Verweis auf den Wortlautunterschied zu Art. 84 Abs. 5 S. 1, wo ausdrücklich Einzelweisungen genannt sind; daraus wird, methodisch nicht zwingend, abgeleitet, bei Art. 108 Abs. 3 sei das Weisungsrecht umfassend zu verstehen. Die Gegenauffassung erwidert, dass es sich bei generellen Weisungen um nichts anderes als um Verwaltungsvorschriften handele, für die Abs. 7 eine speziellere Regelung treffe (Entscheidungszuständigkeit der Bundesregierung, Zustimmungsrecht des Bundesrates); auch das

---

[78] Vgl. im Einzelnen *Seer* in BK Rn. 106.
[79] *F. Kirchhof* in MKS Rn. 53. Zu Prüfungsrechten des Bundesrechnungshofs BVerwGE 116, 92 (95 f.).
[80] *F. Kirchhof* in MKS Rn. 53.
[81] Zum BMF → Vorb. Art. 110 Rn. 12.
[82] BVerfGE 116, 271 (303).
[83] *F. Kirchhof* in MKS Rn. 53.
[84] Detailliert *Seer* in BK Rn. 107.
[85] Vgl. *Seer* in BK Rn. 111.
[86] Vgl. zu dem Meinungsstreit *F. Kirchhof* in MKS Rn. 8, 12, 54 ff.; *Seer* in BK Rn. 113 ff.

ist nicht zwingend, ebenso wenig wie Bemühungen, Art. 108 Abs. 7 auf Verwaltungsvorschriften von grundlegender Bedeutung zu begrenzen oder Nichtanwendungserlasse aus seinem Anwendungsbereich auszugrenzen.[87] Ob Art. 108 Abs. 4 S. 1 oder S. 3 eine bundesgesetzliche Ermächtigung zu allgemeinen Weisungen enthalten, ist ebenfalls unklar.[88] Rechtsprechung des BVerfG, die sich konkret auf diesen Meinungsstreit bezieht, gibt es nicht.[89] Auch der verfassungsändernde Gesetzgeber hat 2017 keinen Anlass zu einer Klärung gesehen. Im Ergebnis ist die Gegenauffassung (Unzulässigkeit allgemeiner Weisungen des BMF) im Gesamtkontext der Art. 84 Abs. 5 S. 1, 85 Abs. 3, 108 Abs. 3, 4 und 7 systematisch schlüssiger und darum vorzugswürdig.[90]

33 Die Bedeutung des geschilderten Streits ist gering, da die Frage seit September 2006 in § 21a Abs. 1 FVG eine einfachgesetzliche Antwort erhalten hat, welche eine frühere **Bund-Länder-Vereinbarung** ersetzt[91] und wie diese die verfassungsrechtlichen Meinungsunterschiede von Bund und Ländern pragmatisch – wo kein Kläger, da kein Bundesverfassungsrichter – dahinstehen lässt. § 21a FVG bezweckt eine Sicherung der Gleich- und Gesetzmäßigkeit der Besteuerung und eine Vermeidung föderalismusbedingter Vollzugsdefizite. Nach seinem Abs. 1 darf der Bundesfinanzminister allgemeine fachliche Weisungen erteilen, dies mit Zustimmung der obersten Finanzbehörden der Länder. Die Zustimmung gilt als erteilt, wenn eine Mehrheit der Länder nicht widerspricht; die Weisung ist dann auch für dissentierende Länder verbindlich. § 21a FVG ist, anders als die frühere Bund-Länder-Vereinbarung, nicht „soft law"; § 21a FVG folgt dem Mehrheits-, nicht dem Einstimmigkeitsprinzip, was seit 2017 in Art. 108 Abs. 4 S. 3, auf dessen Anwendungsbereich beschränkt, ausdrückliche Anerkennung gefunden hat.

IV. Mischverwaltung und Delegation (Art. 108 Abs. 4 u. Abs. 4a)

34 **1. Das Zusammenwirken von Bund und Ländern.** Die Abs. 1 bis 3 des Art. 108 errichten für die Finanzverwaltung von Bund und Ländern grundsätzlich ein Trennsystem, dies in vertikaler und auch in horizontaler, das Verhältnis der Länder untereinander betreffender Hinsicht.[92] Abs. 4 S. 1 ermöglicht es, von diesem **Trennsystem punktuelle Ausnahmen** zuzulassen.[93] Dies kann durch ein Zusammenwirken von Bundes- und Landes-

[87] Zur Fragwürdigkeit solcher Bemühungen wie hier *Seer* in BK Rn. 116; zu Nichtanwendungserlassen *F. Kirchhof* in MKS Rn. 57; vgl. weiter *Kempny* in BerlKomm Rn. 71; *Kloepfer,* Finanzverfassungsrecht, 2014, § 6 Rn. 31, der allgemeine Weisungen als „Zwischenform" zwischen Einzelweisungen und allgemeinen Verwaltungsvorschriften qualifiziert.

[88] Bei Satz 1 dafür *F. Kirchhof* in MKS Rn. 56 (unter Hinweis auf Bundesrats-Drucksachen, die diese Meinung aber nicht stützen); dagegen *Seer* in BK Rn. 123. Zu S. 3 *Kirchhof* in MKS Rn. 57.

[89] Vgl. *Seer* in BK Rn. 117, 119, wo auf einige letztlich nicht passende Entscheidungen hingewiesen wird.

[90] Ebenso *Kempny* in BerlKomm Rn. 73; *Seer* in BK Rn. 116; offen *Heun/Thiele* in Dreier Rn. 19.

[91] Zu der neuen Regelung *Seer/Drüen* in: Kluth Föderalismusreformgesetz, Rn. 21 ff.; ausführlich *Seer* BK Rn. 117–121 (Bund-Länder-Vereinbarung), 122–124 (§ 21 FVG), 125 (mögliche Weitergeltung der Bund-Länder-Vereinbarung wegen Verfassungswidrigkeit des FVG). Bei der Umsetzung der früheren Bund-Länder-Vereinbarungen spielten die Oberfinanzdirektionen eine wichtige Rolle.

[92] *F. Kirchhof* in MKS Rn. 61.

[93] *Seer* in BK Rn. 37 spricht von einer besonderen Ausprägung des kooperativen Föderalismus; BVerfGE 106, 1 (21) von einer Kooperationsermächtigung.

finanzbehörden im Sinne einer Aufgaben- und Zuständigkeitsverflechtung (Abs. 4 S. 1 Alt. 1) oder – die Trennung letztlich beibehaltend – durch die gegenseitige Übertragung von Zuständigkeiten (Abs. 4 S. 1 Alt. 2 u. 3) geschehen.[94] Die Zulassung von Ausnahmen erfolgt durch zustimmungsbedürftiges Bundesgesetz, nicht durch Verwaltungsvereinbarung. Aus dem Charakter von Abs. 4 S. 1 als Ausnahmevorschrift folgt, dass keine generelle, sondern nur eine punktuelle Durchbrechung der Abs. 1 bis 3 möglich ist;[95] eine grundsätzliche Vorschrift wie § 21a Abs. 1 FVG kann darum nicht hierauf gestützt werden. Die Vorschrift macht die Zulässigkeit solcher Mischverwaltung davon abhängig, dass die Steuerverwaltung erheblich verbessert oder erleichtert wird; Gleiches gilt für Zuständigkeitsübertragungen vom Bund auf die Länder, von den Ländern auf den Bund und von Land zu Land. Diese schwer justiziablen Begriffe erlauben es jedenfalls nicht, Durchbrechungen nur aus Gründen der Kostenersparnis vorzusehen; Kriterium auch für das Merkmal der erheblichen Erleichterung müssen Gesetz- und Gleichmäßigkeit der Besteuerung sein.[96] Ob dem Bundesgesetzgeber hier ein Beurteilungsspielraum einzuräumen ist, ist umstritten; grundrechtlich-rechtsstaatliche Gründe sprechen nicht dagegen.[97]

Zu der Regelungsoption „Zusammenwirken" äußert sich neben Art. 108 **35** Abs. 4 S. 1 Alt. 1 auch dessen S. 3 und, für das Verhältnis der Länder untereinander Abs. 4a Alt. 1. Die Regelungsoption „Zuständigkeitsoption" betreffen Abs. 4 S. 2 (Verhältnis Länder – Kommunen) und Abs. 4a Alt. 2 (Verhältnis der Länder untereinander). Die Befugnis der Länder, die Zusammenarbeit ihrer Behörden und die Übertragung von Zuständigkeiten staatsvertraglich zu regeln, bleibt neben der Regelungsbefugnis des Bundesgesetzgebers bestehen.[98]

Bei **Art. 108 Abs. 4 S. 1 Alt. 1** handelt es sich um einen grundgesetz- **36** lich geregelten Fall der **Mischverwaltung.**[99] Diese Vorschrift trägt der Erkenntnis Rechnung, dass im Interesse eines effektiven Verwaltungsvollzugs eine Zusammenarbeit von Bundes- und Landesebene in Teilbereichen erforderlich ist. Im Einzelnen gibt es derzeit folgende durch das FVG ausgeformte Fälle der Mischverwaltung: die Sicherung einer **bundesweiten Einheitlichkeit des Vollzugs i**m Allgemeinen, die gemeinsame Ermittlung der Besteuerungsgrundlagen durch Landes- und Bundesfinanzbehörden, die Steuerfestsetzung und -erhebung durch Bundesfinanzbehörden im Auftrag der Landesfinanzbehörden sowie Zustimmungsvorbehalte des Bundesfinanzministeriums bei der Steuerfestsetzung durch Landesfinanzbehör-

---

[94] Vgl. *F. Kirchhof* in MKS Rn. 63; *Seer* in BK Rn. 131; Auflistung der verschiedenen Konstellationen nach dem FVG bei *Siekmann* in Sachs Rn. 10. Hinweis auf das Recht des Gesetzgebers, zwischen diesen Alternativen zu wählen, bei *Kempny* in BerlKomm Rn. 82 f.

[95] Allgemeine Ansicht: *Heun/Thiele* in Dreier Rn. 24; *Kube* in BeckOK GG Rn. 4; *Siekmann* in Sachs Rn. 11.

[96] Ebenso *Seer* in BK Rn. 132. Anders *Kloepfer,* Finanzverfassungsrecht, 2014, § 6 Rn. 35; *Siekmann* in Sachs Rn. 11. Zwischen Verbesserung und Erleichterung differenzierend *Kempny* in BerlKomm Rn. 94–97. Wegen des Beurteilungsspielraums des Bundesgesetzgebers dürfte die Streitfrage für ein Gericht kaum entscheidungsrelevant werden.

[97] In diesem Sinne in einem anderen Zusammenhang zu ähnlichen Tatbestandsmerkmalen BVerfGE 106, 1 (16 f. „Evidenzkontrolle", 19); vgl. weiter *F. Kirchhof* in MKS Rn. 64; *Seer* in BK Rn. 132; *Schneider* in AK Rn. 12; *Siekmann* in Sachs Rn. 11.

[98] Zu Letzterem BT-Drs. 18/11131, 13.

[99] Das BVerfG (E 106, 1 [20]) verwendet das Wort hier in Anführungszeichen, aber immerhin, in BVerfGE 119, 331 (364) ist von „sogenannter Mischverwaltung" die Rede (Anführungszeichen nur hier).

den,[100] weiterhin die Einführung und der Betrieb bundeseinheitlicher Datenverarbeitungsprogramme. Letzteres ist in der Praxis der Hauptpunkt.

37 Schon **Art. 108 Abs. 4 S. 1 Alt. 1** lässt Mehrheitsentscheidungen im Kreis von Bund und Ländern zu (vgl. auch § 21a Abs. 2 Satz 2 und Abs. 4 FVG). **S. 3** erweitert diese Möglichkeit. Auch ein kleiner Kreis, bestehend aus dem Bund und einer begrenzten Anzahl an Ländern, mindestens zwei, kann fortan Mehrheitsentscheidungen treffen, die zugunsten und zulasten aller Länder Geltung entfalten.[101] Dies betrifft vor allem, aber nicht nur[102] den Bereich der Informationstechnik in der Steuerverwaltung. Von der 2017 geschaffenen Gesetzgebungsbefugnis hat der Bund durch das G über die Koordinierung der Entwicklung und des Einsatzes neuer Software der Steuerverwaltung vom 17.8.2017 (KONSENS-Gesetz) Gebrauch gemacht.[103]

38 **Art. 108 Abs. 4a** nimmt das Verhältnis der Länder untereinander in den Blick, was das GG sonst nicht, jedenfalls nicht ausdrücklich tut.[104] Der verfassungsändernde Gesetzgeber hat auch hier den bundeseinheitlichen Einsatz von Programmen zur automatisierten Datenverarbeitung im Auge.[105] Damit die Regelungsbefugnis des Bundesgesetzgebers nicht zum Einfalltor in Richtung Bundessteuerverwaltung wird, ist neben der Zustimmung des Bundesrates als zusätzliche föderale Sicherung bei beiden Varianten[106] ein Einvernehmen mit jedem betroffenen Land erforderlich.[107] Ein Einvernehmen wird bei bundesgesetzlichen Regelungen nach Abs. 4 nicht gefordert; es ist ein Novum für die grundgesetzliche Unterscheidung von Einspruchs- und (bloßen) Zustimmungsgesetzen. Ob die Kostenregelung gemäß Art. 108 Abs. 4a S. 2 der Zustimmung des Bundesrates bedarf, ist unklar.[108]

39 **2. Zuständigkeitsdelegationen, insbesondere auf Kommunen.** Eine **Delegation** von Aufgaben der Bundesfinanzverwaltung auf die Landesfinanzverwaltung **(Abs. 4 S. 1 Alt. 2)** hat bisher nicht stattgefunden, sieht man von der inzwischen ausgelaufenen Organleihelösung bei der Kfz-Steuer ab.[109] Umgekehrt **(Abs. 4 S. 1 Alt. 3)** hat der Bundesgesetzgeber dem Bundeszentralamt für Steuern in einzelnen Aspekten die bundesweite Ausführung von Steuergesetzen übertragen, die eigentlich von Landessteuerbehörden verwaltet werden müssten.[110]

40 Die **Gemeinden** besitzen grundsätzlich keine Kompetenz zur Verwaltung von Steuern.[111] Dies ergibt sich daraus, dass Art. 108 die Verwaltungskom-

---

[100] Vgl. zu bundesweiten Konzernbetriebsprüfungen *Drüen* StuW 2007, 112. Rechtspolitisch *Siekmann* in Sachs Rn. 40, 49; jetzt § 19 Abs. 4 u. 5 FVG.

[101] BT-Drs. 18/11131, 13. Zu den Mehrheitserfordernissen auch *Heun/Thiele* in Dreier Rn. 26; *Pieroth* in Jarass/Pieroth Rn. 10.

[102] Zu dieser Ausweitung des Anwendungsbereichs von S. 3 während des Gesetzgebungsverfahrens BT-Drs. 18/11131, 8 u. 12588, 8, 16 f.

[103] BGBl. 2017 I, 3122, 3129.

[104] Vgl. → Vorb. Art. 104a Rn. 46 ff. Zur Kategorie der Verbandskompetenz im Steuerverwaltungsrecht *Rätke* in Klein AO, 13. Aufl. 2016, § 17 Rn. 4. Zu der neuen Vorschrift *Drüen* FS Morlok, 2019, 587 (598 f.).

[105] BT-Drs. 18/11131, 13.

[106] So auch *Heun/Thiele* in Dreier Rn. 21.

[107] Ausführlich *Kempny* in BerlKomm Rn. 114–119.

[108] *Heun/Thiele* in Dreier Rn. 22; *Kempny* BerlKomm Rn. 124 f.

[109] Vgl. *F. Kirchhof* in MKS Rn. 66; *Seer* in BK Rn. 141; zur Kfz-Steuer → Rn. 12.

[110] Ausführlich *Kempny* in BerlKomm Rn. 102 f.; *Seer* in BK Rn. 142; vgl. auch die Neuerungen in § 5 Abs. 1 Nr. 27 u. 28 FVG.

[111] *Heun/Thiele* in Dreier Rn. 25; *Seer* in BK Rn. 38; *Siekmann* in Sachs Rn. 12. Zu der Frage, ob Gemeinden Entschädigungsansprüche haben, wenn Finanzbehörden der Länder

petenz nur zwischen Bund und Ländern aufteilt und die Gemeinden insoweit als Teil der Länder behandelt. Das Recht der Gemeinden aus Art. 28 Abs. 2 auf Verwaltung der Angelegenheiten der örtlichen Gemeinschaft erstreckt sich somit nicht auf die Steuerverwaltung.[112] **Abs. 4 S. 2** ermöglicht es aber den Ländern – und dies nicht im Sinne einer punktuellen Durchbrechung eines Grundsatzes –, die grundsätzlich ihnen zustehende Kompetenz auf die Gemeinden zu übertragen, und zwar für solche Steuern, die den Gemeinden allein zufließen.[113] Insoweit wird auf die Ertragshoheit in Art. 106 Abs. 6 verwiesen. Konkret kann die Verwaltung der Realsteuern (Grund- und Gewerbesteuer) sowie der örtlichen Verbrauch- und Aufwandsteuern (zB Vergnügungsteuer, Hundesteuer) den Gemeinden übertragen werden. Der Begriff „zufließen" in Abs. 4 S. 2 ist ebenso wie „zustehen" in Art. 106 Abs. 6 zu verstehen.[114] Würde man „zufließen" demgegenüber im Sinne eines endgültigen Behaltendürfens verstehen, führte dies dazu, dass die Realsteuern, deren Aufkommen per Umlage gemäß Art. 106 Abs. 6 S. 4 ff. teilweise an Bund und Länder weitergeleitet wird, insoweit nicht mehr von den Gemeinden verwaltet werden dürften. Diese Wirkung wollte der Verfassungsgeber mit Einführung der Umlage anlässlich der Finanzreform 1969 nicht herbeiführen. Treten Gemeinden an die Stelle der Länder, so sind sie, wie diese, an allgemeine Verwaltungsvorschriften gemäß Art. 108 Abs. 7 gebunden.

Die **Delegation** erfordert ein formelles, nachkonstitutionelles Landes- 41
gesetz.[115] Inhaltliche Vorgaben für die Übertragung, wie insbesondere ein Erfordernis der erheblichen Verbesserung oder Erleichterung des Vollzugs, enthält Abs. 4 S. 2 nicht. Es ist daher sowohl eine Delegation als Selbstverwaltungs- als auch als Auftragsangelegenheit möglich.[116] Die Länder haben von ihrer Kompetenz aus Abs. 4 S. 2 in den Kommunalabgabengesetzen Gebrauch gemacht, und zwar in der Weise, dass sie die Verwaltung der Verbrauch- und Aufwandsteuern den Gemeinden gänzlich übertragen haben,[117] während sie dies bei den Realsteuern nur zum Teil getan haben. Bei den Realsteuern ermitteln die staatlichen Finanzämter die Besteuerungsgrundlagen und setzen Steuermessbeträge fest; in den Flächenbundesländern sind sodann die Gemeinden für die betragsmäßige Festsetzung, Erhebung und Vollstreckung der Realsteuern zuständig.[118]

V. Steuerverwaltungsverfahren (Art. 108 Abs. 5)

1. Bundesfinanzverwaltung (Art. 108 Abs. 5 S. 1). Nach Art. 108 42
Abs. 5 S. 1 wird das von den Bundesbehörden anzuwendende **Verfahren** durch Bundesgesetz geregelt. Der Begriff „Verfahren" ist hierbei wie in Art. 84 Abs. 1 zu verstehen.[119] Hierunter fallen alle Bestimmungen, die die Art und Weise der Ausführung des Gesetzes regeln, insbesondere hinsichtlich

---

einen Gewerbesteuermessbetrag zu tief festsetzen, aus diesem Grund verneinend BVerwG, Urt. v. 29.3.2010, 9 C 4.10, Rn. 20.

[112] Ebenso *Kempny* in BerlKomm Rn. 105.

[113] *Seer* in BK Rn. 144; *Siekmann* in Sachs Rn. 13 f.

[114] Ebenso *Seer* in BK Rn. 144.

[115] *Kempny* in BerlKomm Rn. 108–110; *F. Kirchhof* in MKS Rn. 68.

[116] *Seer* in BK Rn. 146.

[117] *Heun/Thiele* in Dreier Rn. 25.

[118] *Kemmler* in SHH Rn. 27; *Seer* in BK Rn. 145.

[119] *Kempny* in BerlKomm Rn. 129; *Seer* in BK Rn. 148.

der Handlungsformen, der Form der behördlichen Willensbildung, der Art der Prüfung und Vorbereitung der Entscheidung (einschließlich E-Government), deren Zustandekommen und Durchsetzung sowie verwaltungsinterner Mitwirkungs- und Kontrollvorgänge.[120] Abzugrenzen ist das Verwaltungsverfahren von den Organisationsvorschriften sowie von materiell-rechtlichen Vorschriften. Da es eine Selbstverständlichkeit bedeutet, dass der Bund das Verfahren seiner Behörden selbst regelt, liegt die eigentliche Bedeutung von Abs. 5 S. 1 nicht in der Statuierung einer Gesetzgebungskompetenz, sondern in der Statuierung eines Gesetzesvorbehalts und eines Gesetzgebungsauftrags.[121] Der Bundesgesetzgeber muss das Steuerverwaltungsverfahren regeln, und zwar durch formelles, zustimmungsfreies Gesetz.[122]

43 Der Bundesgesetzgeber hat aufgrund seines aus Abs. 5 S. 1 folgenden Gesetzgebungsauftrags die **Abgabenordnung 1977**[123] als am VwVfG orientierte Nachfolgerin der Reichsabgabenordnung von 1919 erlassen. Deren Regelungen werden, soweit die Bundesverwaltung betroffen ist, durch den Zollkodex der Europäischen Union überlagert und verdrängt.[124]

44 **2. Landesfinanzverwaltung (Art. 108 Abs. 5 S. 2).** Auch im **Bereich des Verfahrensrechts für die Länderfinanzverwaltung sowie die Kommunalverwaltung** steht dem Bund gemäß Abs. 5 S. 2 eine umfassende Regelungskompetenz zu, dies vor dem Hintergrund, dass im Interesse der Gleichmäßigkeit der Besteuerung ein einheitliches Verfahrensrecht erforderlich ist.[125] Die Ermächtigung in Abs. 5 S. 2 reicht weit; sie umfasst die gesamte Landeseigen- und Auftragsverwaltung und die Kommunalverwaltung; von Abs. 5 S. 2 ist somit auch der Bereich des Landesvollzugs von Landesgesetzen umfasst.[126] Abs. 5 S. 2 fordert ein förmliches Bundesgesetz, das der Zustimmung des Bundesrates bedarf. Im Unterschied zu S. 1 hat der Bund lediglich eine Regelungsbefugnis, keine Regelungspflicht, weshalb die Länder subsidiär zuständig bleiben.[127] Die Befugnis des Bundes steht ebenso wie diejenige des Art. 108 Abs. 2 S. 2 nicht unter dem Vorbehalt des Art. 72 Abs. 2.[128]

45 Der Bundesgesetzgeber hat von seiner Regelungsbefugnis durch die **Erstreckung der Abgabenordnung auf weite Teile der Landesverwaltung** (vgl. § 1 Abs. 1 AO) Gebrauch gemacht. Jedoch verbleiben auch Bereiche, in denen er keine Regelung getroffen hat.[129] Insbesondere die Verfahrensregelungen für die örtlichen Verbrauch- und Aufwandsteuern hat er den Landesgesetzgebern überlassen. Diese verweisen wiederum in ihren Kommunalabgabengesetzen für die Verwaltung der genannten Steuern auf die Abgabenordnung. Für die Realsteuern enthält § 1 Abs. 2 AO eine Sonderregelung.[130]

---

[120] BVerfGE 37, 363 (385 u. 390); 55, 274 (320 f.). Zum Straf- und Bußgeldrecht einschließlich Verfahrensrecht *Kempny* in BerlKomm Rn. 129.
[121] *Heun/Thiele* in Dreier Rn. 30. Letztlich auch *Kempny* in BerlKomm Rn. 127.
[122] *F. Kirchhof* in MKS Rn. 73; *Seer* in BK Rn. 147.
[123] Vom 16.3.1976, BGBl. 1976 I, 613, 1977 I, 269.
[124] *F. Kirchhof* in MKS Rn. 75; *Seer* in BK Rn. 149.
[125] *F. Kirchhof* in MKS Rn. 76.
[126] *Kempny* in BerlKomm Rn. 132, 136.
[127] *Kube* in BeckOK GG Rn. 11.
[128] *Seer* in BK Rn. 151.
[129] Vgl. *Seer* in BK Rn. 153.
[130] Vgl. *Seer* in BK Rn. 153 f.

VI. Finanzgerichtsbarkeit (Art. 108 Abs. 6)

Art. 108 Abs. 6 stellt nach allgA einen Fremdkörper innerhalb von Art. 108 dar, da dieser sich in den übrigen Absätzen ausschließlich mit der Finanzverwaltung befasst.[131] Gegenstand von Abs. 6 ist demgegenüber die Finanzgerichtsbarkeit. Hinsichtlich des außergerichtlichen Vorverfahrens, des Einspruchsverfahrens nach den §§ 347 ff. AO, hat der Gleichlauf der Gesetzgebungszuständigkeiten für Verwaltungs- und Gerichtsverfahren Vorteile. Unter dem **Begriff „Finanzgerichtsbarkeit"** ist in Übereinstimmung mit dem historisch gewachsenen Begriffsverständnis die richterliche Entscheidung von Streitigkeiten in Steuersachen zu verstehen, mit Ausnahme der traditionell der Verwaltungsgerichtsbarkeit zugewiesenen Streitigkeiten über gemeindliche Abgabenbescheide.[132] Ob sich der Begriff auf alle Steuern erstreckt oder ob schon wegen Art. 99 Alt. 2 die landesgesetzlich geregelten Steuern aus dem Anwendungsbereich von Abs. 6 herausgenommen werden müssen, wird noch dargestellt (→ Rn. 48). Art. 108 Abs. 6 ist eine institutionelle Garantie der Finanzgerichtsbarkeit, die ihrer Fusion mit den anderen öffentlich-rechtlichen Gerichtsbarkeiten entgegensteht. Art. 108 Abs. 6 ist *lex specialis* zu Art. 74 Abs. 1 Nr. 1 mit der Folge, dass im Bereich der Finanzgerichtsbarkeit eine ausschließliche Gesetzgebungskompetenz des Bundes und gleichzeitig ein Gesetzgebungsauftrag besteht.[133] Der Bund darf die Länder nicht gemäß Art. 71 zum Erlass von Regelungen ermächtigen und kein partikulares Prozessrecht schaffen.[134] Hingegen bedeutet Abs. 6 nicht, dass es eine reine Bundesfinanzgerichtsbarkeit geben müsste; lediglich die gesetzliche Regelung muss bundeseinheitlich sein.[135] Der Gesetzgeber ist seinem Gesetzgebungsauftrag für die allgemeine Gerichtsverfassung durch Erlass der Finanzgerichtsordnung nachgekommen. Sache der Länder bleibt die konkrete organisationsrechtliche Errichtung der deutschlandweit insgesamt 18 Finanzgerichte[136] – dies die ausschließliche Gesetzgebungskompetenz des Bundes einschränkend als Kompetenz kraft Natur der Sache.[137] 46

Aus Abs. 6 lässt sich keine Aussage über den **Aufbau der Finanzgerichtsbarkeit** entnehmen. Vielmehr bestimmt Art. 95, dass es einen Bundesfinanzhof als obersten Gerichtshof in Steuersachen geben muss. Aus dem Begriff „obersten" lässt sich ersehen, dass es unterhalb des BFH noch mindestens eine weitere Instanz geben muss; der Instanzenzug muss also ein zumindest zweistufiger sein. Die Finanzgerichtsordnung hat denn auch im Unterschied zu allen anderen Gerichtszweigen einen **bloß zweistufigen Instanzenzug** normiert. Die Zweistufigkeit ist ein Grund für Überlastung der Finanzgerichte, insbesondere des BFH, ist aber im Hinblick auf Art. 95, 108 Abs. 6 verfassungsrechtlich unbedenklich.[138] Die Zweistufigkeit begründet kein verfassungsrechtliches Hindernis für eine Bundesländer übergreifen- 47

---

131 Vgl. *F. Kirchhof* in BK Rn. 78; *Seer* in BK Rn. 160.

132 *Lechelt* DStZ 1996, 611 (617 ff.).

133 *F. Kirchhof* in MKS Rn. 30.

134 *Seer* in BK Rn. 161.

135 *F. Kirchhof* in MKS Rn. 81. Welche Auswirkungen die Abschaffung der Landesfinanzverwaltung auf die Landesfinanzgerichtsbarkeit hätte, ist eine noch nicht durchdachte Frage.

136 Nachweise zu den FGO-Ausführungsgesetzen der Länder bei *Seer* in BK Rn. 167 Fußn. 767.

137 Zu Gesetzgebungskompetenzen der Länder kraft Natur der Sache *Heintzen* in BK Art. 70 Rn. 154.

138 *Siekmann* in Sachs Rn. 48.

de Fusion von Finanzgerichten, wie im Verhältnis von Berlin und Brandenburg (vgl. auch § 3 Abs. 2 FGO), mag eine solche Fusion auch praktische Probleme aufwerfen, wie lange Wege zum und vom Gericht oder unterschiedliche Aktenführung in den getrennt bleibenden Landesfinanzverwaltungen.[139]

48 Neben Art. 108 Abs. 6 bleiben die Vorschriften der Art. 92 ff. grundsätzlich voll anwendbar. Lediglich das **Verhältnis zu Art. 99 Alt. 2** ist problematisch und dementsprechend umstritten.[140] Nach Art. 99 Alt. 2 kann der Landesgesetzgeber die Entscheidung von Streitigkeiten, bei denen es um Landesrecht geht, im letzten Rechtszug dem jeweils zuständigen obersten Bundesgericht zuweisen. Diese Regelung kollidiert mit Art. 108 Abs. 6, der für die Finanzgerichtsbarkeit eine einheitliche Regelung durch Bundesgesetz fordert, also den Landesgesetzgeber ausschließt. Es stellt sich die Frage, welcher Vorschrift der Vorrang gebührt. Nach einer Auffassung ist Art. 108 Abs. 6 vorrangig, da Art. 99 Alt. 2 nicht so zu verstehen sei, dass er eine ausschließliche Landeskompetenz begründe. Dem wird zu Recht entgegengehalten, dass Art. 99 Alt. 2 weitgehend leer liefe, wenn man die dort geregelte Landeskompetenz als lediglich subsidiär einstufte. Art. 99 Alt. 2 ist damit als *lex specialis* zu Art. 108 Abs. 6 anzusehen. Dies hat für Art. 108 Abs. 6 die Konsequenz, dass der Terminus „Finanzgerichtsbarkeit" einschränkend zu interpretieren ist: Gerichtsverfahren über landesgesetzlich geregelte Steuern können nicht hierunter subsumiert werden, sondern unterfallen Art. 74 Abs. 1 Nr. 1[141]; dem entspricht § 33 Abs. 1 Nr. 4 FGO.

VII. Allgemeine Verwaltungsvorschriften (Art. 108 Abs. 7)

49 Gemäß **Art. 108 Abs. 7** kann die Bundesregierung nicht nur für den Bereich der Bundesfinanzverwaltung, sondern auch für die Länder- und Kommunalfinanzverwaltung Verwaltungsvorschriften erlassen.[142] Für die Bundesfinanzverwaltung ergibt sich die Regelungsbefugnis unmittelbar aus der Organisationsgewalt des Bundes. Bedeutung gewinnt Abs. 7 deshalb in diesem Bereich vor allem aufgrund der Zuweisung der Kompetenz an die Bundesregierung.[143] Ob durch Abs. 7 Verwaltungsvorschriften des Bundesministers der Finanzen (im Unterschied zur Bundesregierung) gänzlich ausgeschlossen werden, wird nicht einheitlich beurteilt.[144] Teilweise wird wegen des Ressortprinzips gemäß Art. 65 S. 2 vertreten, der Bundesfinanzminister müsse subsidiär zuständig bleiben.[145] Mit Blick auf den klaren Wortlaut von Abs. 7 ist dieser Ansicht nicht zu folgen.[146] **Allgemeine** Ver-

---

[139] Vgl. *Pestalozza* LKV 2004, 394 (396 f.) auf Art. 19 Abs. 4 hinweisend. Der einschlägige Beschluss des BVerfG (v. 14.7.2006, LKV 2007, 79) befasst sich nicht mit Art. 108 Abs. 6.

[140] Zum Streitstand *Kempny* in BerlKomm Rn. 139; *Siekmann* in Sachs Rn. 47.

[141] Ebenso *Kube* in BeckOK GG Rn. 28; *Lechelt* DStZ 1996, 611 (619); *Schneider* in AK Rn. 20; *Seer* in BK Rn. 164. Differenzierend *F. Kirchhof* in MKS Rn. 82.

[142] Zur Geschichte von Verwaltungsvorschriften im Steuerrecht *Jaenke,* Verwaltungsvorschriften im Steuerrecht, 1959, 8 ff.

[143] *Seer* in BK Rn. 177.

[144] Hierzu *Starck* JZ 2001, 132.

[145] So *Seer* in BK Rn. 178.

[146] Ebenso *Heun/Thiele* in Dreier Rn. 31; *F. Kirchhof* in MKS Rn. 84; *Schneider* in AK Rn. 18. Zur Frage einer bundesgesetzlichen Ermächtigung von Bundesministern zum Erlass von allgemeinen Verwaltungsvorschriften für Landesbehörden ablehnend BVerfGE 100, 249 (261 f., zu Art. 85 Abs. 2).

waltungsvorschriften können mithin ausschließlich durch die Bundesregierung erlassen werden.[147] Dabei besteht für die Bundesregierung keine Handlungspflicht.[148]

Für den **Bereich der Landes- und Kommunalverwaltung** steht die Kompetenz unter dem Vorbehalt der Zustimmung des Bundesrates. Außerdem reicht nach zustimmungswürdiger hM die Kompetenz zum Erlass von Verwaltungsvorschriften nicht weiter als die Gesetzgebungskompetenz des Bundes.[149] Der Bund kann daher nur im Bereich bundesgesetzlich geregelter Steuern Verwaltungsvorschriften erlassen. Im Falle landesgesetzlich geregelter Steuern kann sein Einfluss nur ein indirekter sein, sofern der Bund über das Verfahrens- und Organisationsrecht konkretisierende Verwaltungsvorschriften auf die Länderverwaltungen Einfluss nimmt. Neben der Bundeskompetenz bleibt die Landeskompetenz subsidiär erhalten; das heißt auch, dass Landesverwaltungsvorschriften Verwaltungsvorschriften des Bundes im Konfliktfall weichen müssen.[150] 50

Im Bereich der Steuerverwaltung kommt **allgemeinen Verwaltungsvorschriften eine überragende Bedeutung** zu, die durch die besondere Regelung des Art. 108 Abs. 7 anerkannt wird.[151] Finanzverwaltung und beratende Berufe richten sich in der Praxis mitunter mehr nach diesen Vorschriften als nach dem zugrundeliegenden Gesetz. Dieser Bedeutung trägt die Tatsache Rechnung, dass die Verwaltungsvorschriften im Bundesanzeiger und im Bundessteuerblatt veröffentlicht werden. Aufgrund der Lückenhaftigkeit und Auslegungsbedürftigkeit von Gesetzen ist die skizzierte Rolle der Verwaltungsvorschriften gerechtfertigt; das Steuerverfahren im Besonderen ist ein Massenverfahren und kommt im Interesse der Gleichmäßigkeit und Zahlengenauigkeit der Besteuerung nicht ohne administrative Konkretisierungen seiner Tatbestände aus.[152] 51

Man kann auch im Steuerrecht zwischen norminterpretierenden, ermessenslenkenden und typisierenden **Verwaltungsvorschriften** unterscheiden.[153] Eine Differenzierung muss hier nicht vorgenommen werden, da alle drei Arten von Abs. 7 erfasst werden. Als Beispiele für praktisch wichtige Verwaltungsvorschriften können genannt werden: die Betriebsprüfungsordnung, die zu einzelnen Steuerarten ergangenen Steuerrichtlinien (etwa Einkommensteuer-Richtlinien, Gewerbesteuer-Richtlinien), die Vollstreckungsanweisung.[154] Die Verwaltungsvorschriften besitzen grundsätzlich keine Außenwirkung, sondern gelten nur innerhalb der Verwaltung. Art. 108 Abs. 7 selbst verhilft Verwaltungsvorschriften nicht im Sinne der normativen Er- 52

---

[147] Zu allgemeinen Weisungen des BMF → Rn. 31 ff. Zur Rechtsnatur sog. BMF-Schreiben *Bonsels,* Einwirkungs- und Mitwirkungsrechte des Bundes bei der Verwaltung der Steuern durch die Länder, 1995, 106 ff.; *Nose,* Die Schreiben des Bundesministers der Finanzen (BMF-Schreiben), 2006. Es handelt sich um vorab mit den Ländern abgestimmte Weisungsempfehlungen des BMF, die von den obersten Finanzbehörden der Länder in Weisungen an die Finanzämter umgesetzt werden.

[148] Ebenso *Kempny* in BerlKomm Rn. 148; *F. Kirchhof* in MKS Rn. 83.

[149] Wohl anders *Siekmann* in Sachs, Rn. 36, 39.

[150] *Heun/Thiele* in Dreier Rn. 31; *Kube* in BeckOK GG Rn. 21; *Seer* in BK Rn. 194; *Siekmann* in Sachs Rn. 37.

[151] Ebenso *Schuppert* in Umbach/Clemens Rn. 27; *Drüen* FS f. Morlok, 2019, 587 (602 f.).

[152] Ebenso *Seer* in BK Rn. 182.

[153] Ausführlich *Seer* in BK Rn. 183 ff. Weiterhin können Verfahrens- und Zuständigkeitsregelungen und Regelungen zur Sachverhaltsaufklärung als besondere Typen benannt werden.

[154] Weitere Beispiele bei *Seer* in BK Rn. 190.

mächtigungslehre zu Außenwirkung.[155] Jedoch führen sie in Verbindung mit Art. 3 Abs. 1 zu einer Selbstbindung der Verwaltung, die auch gegenüber dem Einzelnen besteht. Darüber hinaus sind auch die Gerichte in bestimmten Fällen an die den Verwaltungsvorschriften zugrunde liegenden Einschätzungen der Steuerverwaltung gebunden.[156]

C. Verhältnis zu anderen Bestimmungen des Grundgesetzes

53 **Art. 108 baut auf den Art. 105–107 auf,** so wie die Art. 83 ff. an die Art. 70 ff. anknüpfen. Art. 108 Abs. 1 S. 1 verweist neben einigen ausdrücklich genannten Steuern auf die Verbrauchsteuern, für die der Bund die Gesetzgebungskompetenz besitzt. Während das Wort „übrigen" in Art. 105 Abs. 2 die Dominanz des Bundes bei der Steuergesetzgebung signalisiert, deutet es in Art. 108 Abs. 2 S. 1 an, dass insbesondere auf der Arbeitsebene Steuerverwaltung faktisch überwiegend Sache der Länder ist. Art. 108 Abs. 3 bezieht sich für die Bestimmung der Verwaltungskompetenz auf die Ertragshoheit, die sich aus Art. 106, 107 ergibt. Trotzdem werden Gesetzgebungs-, Ertrags- und Verwaltungszuständigkeit in den Art. 105–108 inkongruent zwischen Bund und Ländern verteilt.[157] Die Gesetzgebungskompetenz für eine bestimmte Steuer kann beispielsweise beim Bund liegen, während Ertragshoheit und Verwaltungskompetenz den Ländern zufallen. Als atypischstes Beispiel sei die Biersteuer genannt, für die die Gesetzgebungskompetenz beim Bund liegt, die von Bundesfinanzbehörden verwaltet wird, deren Ertrag aber den Bundesländern zusteht. Die Kompetenzverteilung orientiert sich an der Tatsache, dass mit den einzelnen Hoheitsrechten unterschiedliche Ziele verbunden sind und verschiedene Funktionen erfüllt werden.[158]

54 **Art. 108** verteilt die Steuerverwaltungskompetenz auf Bund und Länder und stellt insoweit **eine im Verhältnis zu den Art. 83 ff. speziellere Regelung** dar.[159] Auf die allgemeinen Regeln kann nur zurückgegriffen werden, soweit in Art. 108 keine Regelung enthalten ist.[160] Aus Abs. 3 S. 2, der direkt auf Art. 85 Abs. 3 und 4 verweist, ergibt sich, dass diese Vorschriften auch für die Finanzverwaltung Anwendung finden, allerdings mit der Maßgabe, dass an die Stelle der Bundesregierung grundsätzlich der Bundesminister der Finanzen tritt. Auch für eine Anwendung von Art. 84 Abs. 3–5 bleibt neben Art. 108 Abs. 2 im Einzelfall Raum. Art. 87 Abs. 1 S. 1, der für die dort ausdrücklich erwähnte Bundesfinanzverwaltung[161] bundeseigene Verwaltung mit eigenem Verwaltungsunterbau anordnet, wird durch Art. 108 Abs. 1 ergänzt.[162] Der Gesetzesvorbehalt in Abs. 1 S. 2 verdrängt Art. 86

[155] So *Schenke,* Die Rechtsfindung im Steuerrecht, 2007, 157.

[156] Zumeist geht es hier um Vorschriften zur Sachverhaltsaufklärung; dazu *Kemmler* in SHH Rn. 31; *Siekmann* in Sachs Rn. 43.

[157] *F. Kirchhof* in MKS Rn. 15.

[158] Ausführlich *Fischer-Menshausen* in v. Münch/Kunig, 3. Aufl. 1996, Rn. 4.

[159] *Drüen* FS f. Morlok, 2019, 587 (593 ff.); *Heun/Thiele* in Dreier Rn. 8, 36; *Pieroth* in Jarass/Pieroth Rn. 1; *Seer* in BK Rn. 35.

[160] Auflistung ihrer verbleibenden Bedeutungen *Siekmann* in Sachs Rn. 15. Vgl. weiter *Pieroth* in Jarass/Pieroth Rn. 1, 6 f.

[161] Zum Verhältnis des – weiteren – Begriffs der Bundesfinanzverwaltung in Art. 87 Abs. 3 S. 1 zu dem Begriff der Bundesfinanzbehörden in Art. 108 Abs. 1 S. 1 s. etwa *Burgi* in MKS Art. 87 Rn. 6.

[162] *F. Kirchhof* in MKS Rn. 23.

S. 2.[163] Art. 87 Abs. 3 S. 1 wird durch Art. 108 Abs. 2 und 3 nicht verdrängt, was wichtig für Zuständigkeiten des Bundeszentralamtes für Steuern ist.[164] Schließlich ist auf den Zusammenhang zwischen Art. 108 Abs. 4 und 4a mit den Art. 35 Abs. 1, 91c und 91e hinzuweisen.

Indem **Art. 108** in Abs. 6 die Finanzgerichtsbarkeit regelt, ist er ***lex specialis* zu Art. 74 Abs. 1 Nr. 1.** Im Unterschied zu Art. 74 Abs. 1 Nr. 1 begründet Abs. 6 eine ausschließliche Bundeskompetenz. Die **Art. 92 ff.** bleiben neben Abs. 6 **anwendbar.** Lediglich das Verhältnis zu Art. 99 Alt. 2 ist problematisch.[165] **55**

Nach **Art. 137 Abs. 6 WRV,** der gemäß Art. 140 Bestandteil des GG ist, können die korporierten Religionsgemeinschaften nach Maßgabe der landesrechtlichen Bestimmungen Steuern erheben. Damit steht den Ländern die ausschließliche Gesetzgebungskompetenz in Kirchensteuersachen zu, von der diese durch Kirchensteuergesetze und -verordnungen Gebrauch gemacht haben. Das Wort „erheben" in Art. 137 Abs. 6 WRV ist weit zu verstehen und umfasst sowohl die Gesetzgebung als auch die Verwaltung. Art. 137 Abs. 6 WRV ist somit *lex specialis* zu Art. 108.[166] In der Praxis wird die Kirchensteuer durch die staatlichen Finanzämter verwaltet, da die Kirchen von ihrem Recht Gebrauch gemacht haben, diese Aufgabe auf die staatliche Verwaltung zu übertragen; dadurch werden die Kirchensteuern aber nicht zu „übrigen Steuern" im Sinne von Art. 108 Abs. 2.[167] **56**

D. Kritische Würdigung

Dass Art. 108 1948/49 Gegenstand heftigen politischen Streits zwischen Bund und Ländern war, der das Zustandekommen des GG verzögert hat,[168] kann man sich heute nur noch schwer vorstellen. Dennoch ist der Ruf nach Zentralisierung und weitgehender Abschaffung der Landesfinanzbehörden nie verstummt. Die Finanzverwaltung ist jetzt schon stärker unitarisiert als die allgemeine Verwaltung; das Wort „einheitlich" kommt in Art. 108 zweimal vor; dadurch konnte eine föderale Doppelung des Verfahrens-, Zustellungs- und Vollstreckungsrechts hier – um den Preis einer Abkoppelung vom allgemeinen Verwaltungsrecht[169] – vermieden werden. **Den Schritt von der Unitarisierung zur Zentralisierung sollte man nicht tun;** negative Folgen wären insbesondere eine Schwächung der Mitwirkungsrechte der Länder im Bundesrat, denen dann die praktische Anschauung im Steuervollzug fehlen würde, und eine Stärkung des Bundes um eine fachlich spezialisierte, unmittelbar staatliche Verwaltung mit mehr als 99.000 Bediensteten in gut 530 Finanzämtern (Zahlen von 2016); ein solcher Schritt wäre eine Balanceverschiebung im föderalen System, hinter deren Nachteilen steuerliche Effektivitätserwägungen – die Rede ist von 1 oder 2 % Mehreinnahmen – zurückzustehen haben.[170] **57**

---

163 BVerfGE 106, 1 (22).

164 *Kempny* in BerlKomm Rn. 55.

165 → Rn. 8.

166 *Seer* in BK Rn. 39; *Siekmann* in Sachs Rn. 7.

167 *Heun/Thiele* in Dreier Rn. 36; *Kempny* in BerlKomm Rn. 4 (mit Nachw. des Landesrechts); *Seer* in BK Rn. 40 (dort auch Nachw. zu der Ausnahme Bayerns in Fn. 209).

168 Dazu *F. Klein* FS f. Giese, 1953, 61 ff.

169 Dazu *Maurer/Waldhoff,* Allgemeines Verwaltungsrecht, 19. Aufl. 2017, § 5 Rn. 14.

170 Zum „Machtaspekt" des Art. 108 auch *Schuppert* in Umbach/Clemens Rn. 13, 14. Anders *Leisner-Egensperger* in Härtel Handbuch Föderalismus, Bd. II, § 40 Rn. 64, die die Verwaltungskompetenz der Länder für eine als solche gewichtslose Kompetenz hält.

Zwar wird behauptet, dass der horizontale Finanzausgleich die Finanzbehörden „reicherer" Bundesländer davon abhält, Steuerquellen auszuschöpfen, weil der Mehrertrag an „ärmere" Bundesländer abzugeben ist,[171] doch sollte man dieses Problem an der Wurzel therapieren, indem die Nivellierungseffekte des Finanzausgleichs zurückgenommen und die Finanzbehörden an ihren Vollzugsauftrag erinnert werden, nicht indem die Finanzverwaltung zentralisiert wird. Gegen eine Zentralisierung spricht, dass es schlecht zu Modellen eines Wettbewerbsföderalismus mit eigenen Steuergesetzgebungs- oder zumindest Steuersatzrechten der Länder passt, wenn die Länder nicht mehr über die Verwaltung verfügen, die dies exekutiert.

58 Verfassungspolitisch haben sich **die Länder** bei den drei Änderungen des Art. 108 2001, 2009 und 2017 **in der Defensive** befunden. Die 2001 verfassungsrechtlich eröffnete und mit dem zweiten G zur Änderung des FVG 2007[172] realisierte Möglichkeit der Abschaffung der Oberfinanzdirektionen stärkt die Eigenständigkeit der Bundessteuerverwaltung. Mitte der 2000er Jahre erhielten Zentralisierungstendenzen mit dem Argument, die Gleichmäßigkeit und Effizienz der Verwaltungsleistung werde so gesteigert, prominente Befürworter.[173] Den Bundesländern ist es gelungen, dies bei der Föderalismusreform II abzublocken; die Änderungen von Art. 108 betrafen nur einen Detailpunkt, die auf motorisierte Verkehrsmittel bezogenen Verkehrssteuern. Das nächste steuerpolitische Großthema – die Digitalisierung des Besteuerungsverfahrens – spielt auf verwaltungs- und computerpraktischer und einfachgesetzlicher Ebene.[174] Auch hier hielten sich die Kompetenzverluste, die die Länder durch Art. 108 Abs. 4 S. 3 und Abs. 4a erfahren haben, in Grenzen. Das Gesetz zur Modernisierung des Besteuerungsverfahrens und das KONSENS-Gesetz[175] wären im Kern auch ohne diese Grundgesetzänderungen möglich. Wozu demnächst Europäisierung und Internationalisierung der Besteuerung führen, ist bei Redaktionsschluss dieser Kommentierung (Mai 2020) nicht genau absehbar; allerdings sind die beiden ergiebigsten Steuerquellen – Lohnsteuer und Umsatzsteuer – national radiziert. Insgesamt empfiehlt es sich nicht, dem Bund eine ausschließliche Verwaltungskompetenz für bundesgesetzlich geregelte Steuern zu geben, dies aus nicht steuerspezifischen Gründen einer allgemeinen föderalen Machtbalance.

Literatur

(soweit nicht in den Literaturhinweisen bei Vorb zu Art. 104a–109 enthalten)

D. Birk (Hrsg.), Die Situation der Finanzgerichtsbarkeit, 1989. – ***J. Bonsels,*** Einwirkungs- und Mitwirkungsrechte des Bundes bei der Verwaltung der Steuern durch

---

[171] Zu dieser nicht unumstrittenen These *Seer* in Tipke/Lang Steuerrecht, § 21 Rn. 234.

[172] Nachdem zuvor (2006) dem BMF eine Befugnis zur Erteilung allgemeiner fachlicher Weisungen erteilt worden war.

[173] Vgl. die Kienbaumstudie (im Auftrag des BMF) vom 28.12.2006 „Quantifizierung der im Falle einer Bundessteuerverwaltung bzw. einer verbesserten Kooperation, Koordination und Organisation der Länderverwaltungen zu erwartenden Effizienzgewinne"; *D. Engels,* Probleme beim Vollzug der Steuergesetze, Empfehlungen des Präsidenten des Bundesrechnungshofes als Bundesbeauftragter für Wirtschaftlichkeit in der Verwaltung zur Verbesserung des Vollzugs der Steuergesetze in Deutschland, 2006; dazu *J. W. Hidien/P. Walden,* Brauchen wir eine Bundessteuerverwaltung? Zehn Thesen, FS 30 Jahre Fachhochschule des Bundes für öffentliche Verwaltung, 2009, 651 ff.

[174] Keinen Reformbedarf sahen auch *Kempny/Reimer* Gutachten D zum 70. DJT, 2014, 68 f.

[175] Das erste vom 18.7.2016 (BGBl. 2016 I, 1679), das zweite vom 14.8.2017 (BGBl. 2017 I, 3122, 3129).

die Länder, 1995. – ***C. Brodersen,*** Weisungen des Bundes in der Steuerauftragsverwaltung, FS f. Selmer, 2004, 601. – ***M. Desens,*** Bindung der Finanzverwaltung an die Rechtsprechung, 2011. – ***K.-D. Drüen,*** Konzernbetriebsprüfung im föderalen Staat, StuW 2007, 112. – ***K.-D. Drüen,*** Verfassungsvorgaben für die Organisation der Finanzverwaltung, FS f. Morlok, 2019, 587. – ***D. Engels,*** Probleme beim Vollzug der Steuergesetze, 2006. – ***A. Funke,*** Gleichbehandlungsgrundsatz und Verwaltungsverfahren, AöR 132 (2007), 170. – ***M. Heintzen,*** Das gemeinsame Konzept von Bund und Ländern zur Modernisierung des Besteuerungsverfahrens, DÖV 2015, 780. – ***R. F. Heller/M. Kniel,*** Die Organisation der Steuerverwaltung von Bund und Ländern, NVwZ 2019, 935. – ***J. W. Hidien,*** Bundesstaatlicher Finanzausgleich und Vollzug der Steuerverwaltungszuständigkeit, in: Bornfelder (Hrsg.), Steuergerechtigkeit durch Steuervereinfachung, 1997, 79. – ***P. Kirchhof,*** Finanzverwaltung und Grundgesetz, in: H. Vogelsang (Hrsg.), Perspektiven der Finanzverwaltung 1992, 1. – ***F. Klein,*** Das Bundesministerium der Finanzen, 3. Aufl., 1970. – ***W. Löwer,*** Verfassungsrechtsfragen der Steuerauftragsverwaltung, 2001. – ***F. Meisel,*** Moral und Technik bei der Veranlagung der preußischen Einkommensteuer, Jahrbuch für Gesetzgebung, Verwaltung und Volkswirtschaft im Deutschen Reich 35 (1911), 285. – ***L. Müller/F. C. Zeitler,*** Zuständigkeiten bei der Verwaltung der Finanzen durch den Bund und die Länder, DStZ/A 1975, 467. – ***S. Oeter,*** Die Finanzverwaltung im System der bundesstaatlichen Kompetenzverteilung, ThürVBl. 1997, 1, 28. – ***A. Raupach,*** Steuergerichtsbarkeit – quo vadis?, FS 75 Jahre Reichsfinanzhof – Bundesfinanzhof, 1993, 163. – ***A. Rogmann,*** Die Bindungswirkung von Verwaltungsvorschriften, 1998. – ***Th. Sauerland,*** Weisungsrechte des Bundes beim Vollzug der Steuergesetze durch die Länder, DStZ 2007, 668. – ***R. Seer,*** Defizite im finanzgerichtlichen Rechtsschutz, StuW 78 (2001), 1. – ***R. Seer,*** Kooperativ-föderale Steuerverwaltung in Deutschland, FS f. Ruppe, 2007, 533. – ***R. Seer,*** Zukunft des Steuerföderalismus, FS f. Schnapp, 2008, 303 ff. – ***Ch. Starck,*** Wer ist eigentlich für den Erlaß der AfA-Tabellen zuständig?, JZ 2001, 132. – ***H. Vogel,*** Ungleichheiten beim Vollzug von Steuergesetzen im Bundesstaat, 2000. – ***H. Weyhausen,*** Steuerverwaltung und bundesstaatliche Verfassungsordnung, 1982. – ***W. Widmann*** (Hrsg.), Steuervollzug im Rechtsstaat, Jahrestagung der Dt. Steuerjuristischen Gesellschaft, 2008.

Art. 109 [Haushaltswirtschaft in Bund und Ländern]

(1) Bund und Länder sind in ihrer Haushaltswirtschaft selbständig und voneinander unabhängig.

(2) Bund und Länder erfüllen gemeinsam die Verpflichtungen der Bundesrepublik Deutschland aus Rechtsakten der Europäischen Gemeinschaft auf Grund des Artikels 104 des Vertrags zur Gründung der Europäischen Gemeinschaft zur Erhaltung der Haushaltsdisziplin und tragen in diesem Rahmen den Erfordernissen des gesamtwirtschaftlichen Gleichgewichts Rechnung.

(3) [1] Die Haushalte von Bund und Ländern sind grundsätzlich ohne Einnahmen aus Krediten auszugleichen. [2] Bund und Länder können Regelungen zur im Auf- und Abschwung symmetrischen Berücksichtigung der Auswirkungen einer von der Normallage abweichenden konjunkturellen Entwicklung sowie eine Ausnahmeregelung für Naturkatastrophen oder außergewöhnliche Notsituationen, die sich der Kontrolle des Staates entziehen und die staatliche Finanzlage erheblich beeinträchtigen, vorsehen. [3] Für die Ausnahmeregelung ist eine entsprechende Tilgungsregelung vorzusehen. [4] Die nähere Ausgestaltung regelt für den Haushalt des Bundes Art. 115 mit der Maßgabe, dass Satz 1 entsprochen ist, wenn die Einnahmen aus Krediten 0,35 vom Hundert im Verhältnis zum nominalen Bruttoinlandsprodukt nicht überschreiten. [5] Die nähere Ausgestaltung für die Haushalte der Länder regeln diese im Rahmen ihrer verfassungsrechtlichen Kompetenzen mit der Maßgabe, dass Satz 1 nur dann entsprochen ist, wenn keine Einnahmen aus Krediten zugelassen werden.

(4) Durch Bundesgesetz, das der Zustimmung des Bundesrates bedarf, können für Bund und Länder gemeinsam geltende Grundsätze für das Haushaltsrecht, für eine konjunkturgerechte Haushaltswirtschaft und für eine mehrjährige Finanzplanung aufgestellt werden.

(5) [1] Sanktionsmaßnahmen der Europäischen Gemeinschaft im Zusammenhang mit den Bestimmungen in Art. 104 des Vertrags zur Gründung der Europäischen Gemeinschaft zur Einhaltung der Haushaltsdisziplin tragen Bund und Länder im Verhältnis 65 zu 35. [2] Die Ländergesamtheit trägt solidarisch 35 vom Hundert der auf die Länder entfallenden Lasten entsprechend ihrer Einwohnerzahl; 65 vom Hundert der auf die Länder entfallenden Lasten tragen die Länder entsprechend ihrem Verursachungsbeitrag. [3] Das Nähere regelt ein Bundesgesetz, das der Zustimmung des Bundesrates bedarf.

Übersicht

A. Allgemeine Bedeutung

I. Klassisches Bundesstaatsrecht und seine Geltungsgeschichte

Art. 109 ist ein von ursprünglich einem auf nun fünf Absätze angewachsener **„Gemischtwarenladen"** an der Schnittstelle von föderaler Finanzverfassung und Haushaltsverfassung. Seit 1949 wurde sein Text viermal und die ihm zugrunde liegende Konzeption zweimal geändert. Art. 109 Abs. 1 ist **klassisches Bundesstaatsrecht**[1]; ursprünglich bestand Art. 109 nur aus diesem Absatz, der ausdrücklich ausspricht, was in Weimar mit dem Rang eines Verfassungsgesetzes in der Reichshaushaltsordnung geregelt war.[2] Selbständigkeit und Unabhängigkeit der Haushaltswirtschaft ist nicht in einem formal-technischen, sondern in einem materiell-politischen Sinne zu verstehen. Art. 109 Abs. 1 steht zwar heute im Kontext einer insgesamt **unitarischen Finanzverfassung,** wirkt auf diesen Kontext aber auch als föderatives Gegengewicht zurück. 1

Durch zwei Änderungen geriet Art. 109 in den Jahren 1967 und 1969[3] unter den Einfluss der auf John M. Keynes zurückgehenden Konzeption einer an Nachfrage orientierten staatlichen Globalsteuerung der Volkswirtschaft durch **antizyklische Fiskalpolitik.**[4] Fiskalpolitik (d. h. Finanzpolitik, die durch Gestaltung der Einnahmen und Ausgaben des Staatshaushalts auf 2

---

[1] Hierzu *Puttler,* Die Haushaltsautonomie der Länder, 2005.

[2] Vgl. *Rodi* in BK Rn. 4 (Stand: November 2004), der von einem „verfassungspolitischen Novum" spricht.

[3] Überblick über diese Verfassungsänderungen sowie – in ihrem politischen Kontext – den Erlass des Gesetzes zur Förderung der Stabilität und des Wachstums der Wirtschaft (StabWG) und den Erlass des HGrG → Vorb. Art. 104a–115 Rn. 16. Zur Entstehungsgeschichte der Erstfassung und der Änderungen umfassend *Kirchhof* in MKS Rn. 3 f., 28 ff., 77 f., 116, 131; *Kube* in Maunz/Dürig Rn. 11–27, davon Rn. 24–27 zur Föderalismusreform II; *Rodi* in BK Rn. 1–38; *Sinewe,* Die Veränderungen des Art. 109 GG, 1974.

[4] Ebenso BVerfGE 79, 311 (331). Viel neuere Rechtsprechung gibt es nicht. Vgl. BVerfGE 86, 148 (264 ff.); 119, 96 (140 und, im Sondervotum, 163 f., 171 ff.). Dazu mit rechtshistorischer Perspektive *Kustermann,* Konjunktursteuerung durch „Deficit Spending"?, 2020.

die gesamtwirtschaftliche Entwicklung einzuwirken sucht) und mit ihr die Annahme einer konjunktursteuernden neben einer den staatlichen Bedarf deckenden Funktion der Haushaltswirtschaft[5] hatten sich in den 1960er und 1970er Jahren des vorigen Jahrhunderts vorübergehend als wirtschaftspolitische Leitorientierungen durchgesetzt.[6] Das Risiko, dass eine Verfassungsbestimmung, die sich zu eng an eine aktuelle (wissenschaftliche) Konzeption bindet[7], rasch **veraltet,**[8] hat sich bei Art. 109 Abs. 2–4 aF realisiert. Schon bald sind die Grenzen der Möglichkeiten (national-)staatlicher Globalsteuerung einer (europäisch integrierten und international verflochtenen) Volkswirtschaft deutlich geworden, öffentlich sichtbar spätestens mit dem Ölembargo der OPEC in der ersten Hälfte der 1970er Jahre. Gleiches gilt für die Möglichkeiten einer mehrjährigen Finanzplanung.[9] Insbesondere hat sich die Hoffnung als trügerisch erwiesen, die Staatsverschuldung mit Art. 109 Abs. 2 aF in den Griff zu bekommen.[10] Das BVerfG hat im Sommer 2007 eine „grundlegende Revision" des Staatsschuldenrechts angemahnt.[11]

3 Die fälligen konzeptionellen Änderungen sind 2006 und 2009[12] erfolgt, dies in drei Richtungen:

- Art. 109 GG ist die rechtliche Grundlage für **Haushaltsdisziplin und Schuldenbremsung;** Art. 115 regelt gemäß Art. 109 Abs. 3 S. 4 nur die nähere Ausgestaltung für den Haushalt des Bundes; der zeitliche Anwendungsbereich der Vorschrift wurde in Art. 143d bis 2016 bzw. 2020 hinausgeschoben;
- Art. 109 GG stellt das deutsche Haushaltsverfassungsrecht in den Kontext der **europäischen Stabilitätsgemeinschaft,** wobei an die Stelle der im Verfassungstext ausdrücklich genannten Europäischen Gemeinschaft inzwischen die Europäische Union als deren Rechtsnachfolgerin getreten ist

---

[5] BVerfGE 79, 311 (331 f.); *Stern,* StaatsR II, 1980, § 45 IV. Zu den Haushaltfunktionen *Gröpl* in BK Art. 110 Rn. 131–141; *Heun* in Dreier Art. 110 Rn. 12 ff. (dort auch Kritik an einer zu engen Anlehnung an die Wirtschaftswissenschaft); *Heintzen* in HdbStR V § 120 Rn. 15–21; *Siekmann* in Sachs Art. 110 Rn. 7 ff.; *Stern* wie zuvor § 49 II; klassisch *Neumark,* Der Reichshaushaltsplan, 1929, 15 ff.

[6] Zu dieser Entwicklung *Hollmann,* Rechtsstaatliche Kontrolle der Globalsteuerung, 1980, 31 ff.

[7] BT-Drs. V/890, 11. Ohne diese rechtlich festzuschreiben; zu Letzterem ebenso *Heun* in Dreier Rn. 23; *Kirchhof* in MKS Rn. 43; *Siekmann* in Sachs Rn. 44 ff.

[8] Ohne dadurch ihre normative Geltung einzubüßen; dazu im Hinblick auf Art. 109 a. F. BVerfGE 79, 311 (335 ff.); ebenso *Jochimsen,* DÖV 2004, 511; *Kube* in Maunz/Dürig Rn. 288. Zum Stand der wirtschaftswissenschaftlichen Diskussion 2004 *Rodi* in BK Rn. 188 –206; zur grundsätzlichen Problematik von deren Einbeziehung in Rechtstexte ebd., Rn. 44 –50. Zu grundsätzlichen Änderungen des wirtschaftswissenschaftlichen Erkenntnisstandes: BVerfGE 119, 96 (139).

[9] Nicht ohne Grund hat es seit 1972 keine Neuauflage eines Kommentars zum StabWG mehr gegeben: *Möller* StabWG, 2. Aufl., 1969; *Stern/Münch/Hansmeyer,* StabWG, 2. Aufl., 1972. Das StabWG ist durch die Begleitgesetzgebung zur zweiten Föderalismusreform nicht geändert worden oder, zugespitzt formuliert, keines Blickes gewürdigt worden; ähnlich *Tappe/Wernsmann,* Öffentliches Finanzrecht, 2. Aufl. 2019, Rn. 539: „wirtschaftspolitisch etwas aus der Mode gekommen".

[10] Zu diesem Ziel *Reimer* in BeckOK GG Rn. 45 ff.; vgl. *Korioth* JZ 2009, 736, der darlegt, dass dieses Ziel zu erreichen gewesen wäre, hätte man Art. 115 GG a. F. nur ernst genommen.

[11] BVerfGE 119, 96, 141 ff. Kritik an dieser pointierten Normenkritik in dem Sondervotum von *Di Fabio* und *Mellinghoff,* ebd., 155; vgl. auch *Kube* in Maunz/Dürig Rn. 124 u. Art 115 Rn. 119.

[12] Minutiöse Übersicht über die Beratungen zur Föderalismusreform II bei *Koemm,* Eine Bremse für die Staatsverschuldung?, 2011, 48–124.

(Art. 1 Abs. 3 S. 3 EUV) und an die Stelle von Art. 104 EGV Art. 126 AEUV;
– das Kriterium des **gesamtwirtschaftlichen Gleichgewichts** wird dadurch in Art. 109 Abs. 2 relativiert;[13] mit ihm konzeptionell verbundene Instrumente werden von Abs. 3 nach Abs. 4, also „nach hinten", weitergereicht. Immerhin haben Teile der volkswirtschaftlichen Konzeption, die Art. 109 zugrunde liegt, mit einem Fokus auf die Disziplin öffentlicher Haushalte, 30 Jahre später auch Eingang in die in Maastricht vereinbarten Art. 98–124 EGV, inzwischen Art. 119–144 AEUV, gefunden.[14]

Der verfassungsändernde Gesetzgeber formuliert damit die Hauptaufgabe 4
und das Leitziel der Haushaltspolitik seit 2009: Haushaltskonsolidierung. Nach der infolge der **Finanzmarktkrise 2009** unabwendbaren massiven Staatsverschuldung ist dies verständlich. 31.12.2019: 1,899 Bio. (gesamt) ist die Staatsverschuldung trotz aller Bemühungen nicht unter dem Stand vor dieser Krise. Zwischen der 6. und der 7. Auflage dieses Kommentars hat sich unter dem Strich nicht viel getan: Gesamtschuldenstand am 31.12.2018: 1,199 Bio (Bund) gut 1,9 Billionen Euro, davon gut 1,2 Billionen Euro Bundesschuld.

Da die Verfassungsänderungen die bisherigen Regelungskonzeptionen nie 5
ganz beseitigt, sondern nur überlagert haben, kennzeichnet die Norm inzwischen eine konzeptionelle Inhomogenität. Zwischen den Abs. 1[15] und 2 bis 5 des Art. 109 besteht das bundesstaatstypische **Spannungsverhältnis zwischen eigenstaatlicher Autonomie und solidarischer Kooperation;**[16] in Abs. 1 steht „selbständig" und „unabhängig", in Abs. 2 „gemeinsam". Art. 109 Abs. 1 bestimmt als haushaltswirtschaftliche Grundregel die Unabhängigkeit und Selbständigkeit im Verhältnis von Bund und Ländern und im Verhältnis der Länder untereinander.[17] Aus ihm ergibt sich die Gleichwertigkeit der Haushaltswirtschaft von Bund und Ländern.[18] Zu der Annahme von Gleichwertigkeit passt, dass, wenn man die Haushaltsvolumina aller Bundesländer addiert, diese Summe etwas größer ist als das Volumen des Bundeshaushalts, 2018 348 Mrd. Euro beim Bund und 390 Mrd. Euro bei den Ländern. Der Grundsatz der Haushaltstrennung muss in einem System kooperativen Föderalismus ergänzt werden durch die Verpflichtung zur gegenseitigen Rücksichtnahme und zur Solidarverantwortung für Haushaltsdisziplin und gesamtwirtschaftliches Gleichgewicht.[19] In dem gleichrangigen Zusammenwirken seiner Abs. ist Art. 109 eine das Bundesstaatsprinzip konkretisierende Fundamentalnorm der bundesstaatlichen Finanz-, Haushalts- und Anleihepolitik und als solche den Art. 30, 70 Abs. 1, 83, 92 und 104a Abs. 1 vergleichbar.[20]

---

[13] *Reimer* in BeckOK GG Rn. 32 und 89.1, misst ihm nur noch „symbolische Bedeutung" zu. Ähnlich *Kube* in Maunz/Dürig Rn. 263. Im Hinblick auf die Altschulden, die von der Schuldenbremse nicht erfasst werden (→ Rn. 46) sollte man mit solchen Einschätzungen vorsichtig sein.

[14] Dazu *Heun* in Dreier Rn. 6 ff.

[15] Zu dessen isolierter Position auch *Reimer* in BeckOK GG Rn. 13.

[16] Vgl. BVerfGE 4, 115 (140); 72, 330 (386 f., dort ohne Nennung von Art. 109 Abs. 1); 86, 148 (264); *Henneke* in SHH Rn. 35.

[17] Zu den Rechtsverhältnissen, in denen Art. 109 Abs. 1 wirkt, → Vorb. Art. 104a–115 Rn. 49 f.

[18] So die Mehrheitsmeinung im Parlamentarischen Rat, JöR 1 (1951), 807 f.

[19] BVerfGE 4, 115 (140); 72, 330 (386).

[20] Hierzu schon BVerfGE 1, 117 (131). Zu der Frage, ob Art. 109 Abs. 1 dem Schutzbereich des Art. 79 Abs. 3 unterfällt: *Faßbender* NVwZ 2009, 737; *Hanke,* Defizitbegrenzung

II. Die Normadressaten

6 **Bund und Länder** sind staatswirtschaftlich im Verhältnis zur Privatwirtschaft und zur Europäischen Union[21] trotz des Grundsatzes der Haushaltstrennung als Einheit anzusehen (einheitliche Staatsfinanzwirtschaft trotz getrennter Haushaltswirtschaft). Die damit zusammenhängende „Wirtschaftseinheit" (Art. 72 Abs. 2)[22] wird durch die Existenz von Gemeinschaftsteuern, durch die enge Verknüpfung der Finanzverwaltungen von Bund und Ländern, durch ihre gemeinsame Verpflichtung auf Haushaltsdisziplin und gesamtwirtschaftliches Gleichgewicht und durch den Finanzausgleich gesichert.[23] Bund und Länder sind **Adressaten** aller Bestimmungen von Art. 109.

7 Die **Gemeinden und Gemeindeverbände** werden im Verhältnis zum Bund und zu anderen Bundesländern als Teile eines Landes von Art. 109 Abs. 1 geschützt, im Verhältnis zum eigenen Land aber nicht durch diese Vorschrift, sondern durch die Verfassungsgarantien der kommunalen Selbstverwaltung.[24] Art. 109 Abs. 2 richtet sich **mit der normativen Kraft einer Staatszielbestimmung** auch an **Kommunen,** überhaupt an die ganze **mittelbare Staatsverwaltung.**[25] Bei Art. 126 AEUV folgt das aus der Definition von „öffentlich" in Art. 2, 1. Spiegelstrich des Protokolls über das Verfahren bei einem übermäßigen öffentlichen Defizit[26]; diese Vorschrift ist durch Verweisung mit Art. 109 Abs. 2 verbunden. Hinsichtlich des gesamtwirtschaftlichen Gleichgewichts bleibt es trotz Streichung der ausdrücklichen Erwähnung der Gebietskörperschaften (Art. 109 Abs. 4 S. 1 Nr. 1 aF) bei der bisherigen Rechtslage (vgl. auch § 16 G zur Förderung der Stabilität und des Wachstums der Wirtschaft [StabWG]). Bei all dem gilt: Die Gemeinden und ihre Verbände sind finanzverfassungsrechtlich keine selbständigen Akteure; sie bilden **keine dritte Ebene.**[27] Unstreitig ist weiter, dass die Gemeinden keine unmittelbaren Adressaten der Abs. 3 und 5 sind[28] und dass der Bund Gesetze gemäß Abs. 4 auch an Gemeinden, Gemeindeverbände, sonstige mittelbare Staatsverwaltung und Sondervermögen adressieren kann.[29] Hier-

---

im Bundesstaat, 2008, 155 ff.; *Heun* ZSE 2009, 552; *Heun* in Dreier Rn. 22; *Koemm,* Eine Bremse für die Staatsverschuldung?, 2011, 135 ff.; *Neidhardt,* Staatsverschuldung und Verfassung, 2010, § 17 I 2; weit. Nachw. bei *Kube* in Maunz/Dürig Rn. 118; *Sommermann* in MKS Art. 20 Rn. 127. Zu der Frage, ob eine Beeinträchtigung von Art. 79 Abs. 3 in der Schlechterstellung der Länder bei der 0,35 %-Ausnahme vom grundsätzlichen Verschuldungsverbot liegt: *Kloepfer,* Finanzverfassungsrecht, 2014, § 8 Rn. 161 ff.

[21] Zu einschlägigen Vorschriften des Europarechts zur mitgliedstaatlichen Haushaltsführung *Kirchhof* in MKS Rn. 32–41; *Siekmann* in Sachs Rn. 23–35. Zum Fiskalpakt *Henneke* in SHH Rn. 47–82.

[22] Zu diesem Begriff *Wollenschläger* in BK Art. 72 Rn. 308 ff.

[23] Zur Konkretisierungsfunktion von Art. 109 insgesamt für das Bundesstaatsprinzip *Kube* in Maunz/Dürig Rn. 1 ff.; *Siekmann* in Sachs Rn. 172.

[24] Ebenso *Henneke* in SHH Rn. 37; *Heun* in Dreier Rn. 18; *Kirchhof* in MKS Rn. 5; *Rodi* in BK Rn. 129.

[25] Streitig; Gegenposition etwa bei *Kloepfer,* Finanzverfassungsrecht, 2014, § 8 Rn. 2, 12; wie hier *Henneke* in SHH Rn. 91.

[26] Vgl. BT-Drs. 16/813, 20; *Christ* NVwZ 2009, 1338. Vgl. auch *Siekmann* in Sachs Rn. 40.

[27] → Rn. 30. Ausführlich zur Stellung der Gemeinden schon *Tettinger,* Ingerenzprobleme staatlicher Konjunktursteuerung auf kommunaler Ebene, 1973.

[28] BR-Drs. 262/09, 22.

[29] Zu Letzterem *Reimer* in BeckOK GG Rn. 49a, 82. Zu Sondervermögen → Art. 115 Rn. 11, 24, Art. 143d Rn. 5.

von strikt zu unterscheiden ist die – negativ zu beantwortende – Frage, ob Defizite in den Haushalten von Kommunen, rechtsfähigen Sondervermögen oder Sozialversicherungsträgern bei der Anwendung von Art. 109 Abs. 3 zu berücksichtigen sind.[30]

Private Rechtssubjekte werden von Art. 109 Abs. 2 weder berechtigt noch verpflichtet. Insbesondere enthält Art. 109 Abs. 2 keine Grundpflicht der Unternehmen und der Sozialpartner.[31] Erfordernisse der Haushaltsdisziplin und des gesamtwirtschaftlichen Gleichgewichts vermögen aber gesetzliche Grundrechtseingriffe zu rechtfertigen;[32] weiterhin kommen mittelbar-faktische Einwirkungen staatlicher Maßnahmen gemäß Art. 109 auf den privatwirtschaftlichen Sektor in Betracht. 8

Die Integration der Haushaltswirtschaft von Bund und Ländern in die Europäische Union und deren Binnenmarkt wurde durch den im August 2006 an Art. 109 angehängten Abs. 5 aufgegriffen und durch die Verschiebung von Abs. 5 S. 1 nach Abs. 2 im Juli 2009 in das Zentrum der neuen Regelung gerückt. Die **Gesamtwirtschaft** im Sinne von Art. 109 Abs. 2 ist heute ein Teilsystem im europäischen Binnenmarkt, in dem die Art. 120 ff. AEUV die Mitgliedstaaten zu einer Koordinierung der nationalen Wirtschaftspolitiken und die Art. 127 ff. im Rahmen der Währungsunion zu fortdauernder Beachtung der Konvergenzkriterien des Art. 140 Abs. 1 S. 3 AEUV verpflichten sowie die Art. 145 ff. AEUV eine gemeinsame Beschäftigungspolitik vorsehen. Da aber Teilsysteme auch eigenen Gesetzen folgen und da weiter die Ziele der europäischen und der nationalen Haushalts- und Wirtschaftspolitik weitgehend übereinstimmen (vgl. Art. 3 EUV), ist die Befürchtung, Art. 109 Abs. 2 sei mit dem Verlust der Währungshoheit an die Europäische Union obsolet geworden,[33] eine unzutreffende Übertreibung. Richtig und nun vom verfassungsändernden Gesetzgeber nachvollzogen ist aber, dass das Erfordernis des gesamtwirtschaftlichen Gleichgewichts an Bedeutung verloren hat.[34] Nach der Verfassungsänderung von 2009 werden folgende Funktionen von Art. 109 Abs. 2 a. F. jedenfalls teilweise anderweitig wahrgenommen: Begrenzung der Kreditaufnahme, Begrenzung des Schuldensockels, Begründung von Handlungspflichten in Haushaltsnotlagen von Bundesländern.[35] 9

III. Justiziabilität

Grundsätzlich ist von voller **Justiziabilität** des Art. 109 auszugehen. Dies betrifft uneingeschränkt Abs. 1[36], Abs. 4 sowie Abs. 5. Hinsichtlich des gesamtwirtschaftlichen Gleichgewichts und der tatbestandlichen Voraussetzungen für Ausnahmen gemäß Abs. 3 S. 2 haben die politisch verantwortlichen Verfassungsorgane eine Einschätzungsprärogative.[37] Ähnliches gilt für den Einsatz fiskalpolitischer Instrumente, die in Gesetzen nach Abs. 4 vorgesehen sind. Da das gesamtwirtschaftliche Gleichgewicht nur in größeren ökonomi- 10

[30] → Rn. 30.

[31] Zur Konzertierten Aktion gemäß § 3 StabWG *Fischer-Menshausen* in v. Münch/Kunig, 3. Aufl. 1996, Art. 109 Rn. 29.

[32] Vgl. als Beispiel BVerfGE 50, 57 (102).

[33] So ausdrücklich *Beisse* BB 1992, 645 (648 f.); *Müller* DVBl. 1992, 1249 (1251).

[34] Ebenso *Häde* JZ 1997, 275; *Stern* FS f. Everling, 1472. → Rn. 3.

[35] Zum Ersten und Zweiten *Reimer* in BeckOK GG Rn. 47, zum Dritten ebd., Rn. 38.

[36] Zu ihm *Kube* in Maunz/Dürig Rn. 66; *Rodi* in BK Rn. 135 ff.

[37] Ebenso *Kirchhof* in MKS Rn. 65–72; *Reimer* in BeckOK GG Rn. 9; *Rodi* in BK Rn. 289 ff. (zu Abs. 2 aF).

schen Zusammenhängen beurteilt werden kann, in die eine Vielzahl von Faktoren einfließt, ist es einer gerichtlichen Prüfung, die notwendig am Einzelfall zu erfolgen hat, nur in den Grenzen zugänglich, die bei Abwägungs- und Beurteilungsspielräumen allgemein üblich sind.[38] Entsprechende Grenzen sind der Rechnungshofkontrolle und der Bundesaufsicht über die Länder[39] gezogen. Zu Abs. 3 im Übrigen ist zu Recht darauf hingewiesen worden, dass, wo eine Verfassung sich bis auf zwei Stellen hinter dem Komma festlegt, wenig für eine Reduktion gerichtlicher Prüfungsdichte spricht.[40] Die Verweisung auf Art. 126 AEUV eröffnet für das Kontrolldichtethema neuartige Fragestellungen: Soweit Art. 126 Abs. 10 AEUV die Kontrollkompetenz des EuGH ausdrücklich einschränkt, fragt sich, ob dies auf das BVerfG durchschlägt. Weiterhin hat der EuGH sich zu einem Ermessensspielraum insbesondere des Rates im Defizitverfahren inzwischen geäußert;[41] es liegt nahe, dass das BVerfG sich im Rahmen des von ihm praktizierten Kooperationsverhältnisses zum EuGH daran orientiert.

B. Einzelfragen

I. Begriff der Haushaltswirtschaft

11 Der **Begriff „Haushaltswirtschaft"** kommt in Art. 109 dreimal mit derselben Bedeutung vor, weiter in Art. 109a S. 1 Nr. 1. Er ist an die Stelle des Begriffs „Finanzwirtschaft" getreten, um deutlich zu machen, dass Art. 109 Abs. 1 akzessorisch zur bundesstaatlichen Finanzverfassung ist.[42] Haushaltswirtschaft ist die Gesamtheit der auf die staatlichen Einnahmen und Ausgaben (einschließlich Verpflichtungsermächtigungen) bezogenen Vorgänge, ohne Rücksicht auf die mit ihnen verfolgten Zwecke; zum Teil wird diese weit gefasste Definition durch einen soweit-Satz ergänzt („soweit Einnahmen und Ausgaben eigenständiger haushaltspolitischer Entscheidung unterliegen"); zum Teil wird statt eines schlichten ein unmittelbarer Bezug verlangt; hierin spiegelt sich die schon erwähnte Akzessorietät von Art. 109 Abs. 1.[43] Nicht gemeint sind Sachentscheidungen, mögen diese auch finanziell erheblich sein, nicht gemeint ist die Steuergesetzgebung.[44] Zur Haushaltswirtschaft gehören die Aufstellung, Verabschiedung und Ausführung des Haushaltsplans, die Kreditaufnahme, die Rechnungslegung, Rechnungsprüfung[45] und

[38] BVerfG NVwZ 1990, 356 (357); ebenso schon *Brockhausen,* Die rechtliche Bedeutung des gesamtwirtschaftlichen Gleichgewichts und seiner Komponenten in § 1 StabG unter Berücksichtigung der Entstehungsgeschichte, 1975, 93 ff.; *Fahr-Becker,* Zur Frage der Justitiabilität des Artikel 109 II Grundgesetz, 1975; *Friauf* VVDStRL 27 (1969), 33; *Heun* in Dreier Rn. 29 f.; *Prokisch,* Die Justiziabilität der Finanzverfassung, 1993, 136 ff., 159 ff.; *Schmidt* AöR 99 (1974), 548.

[39] Zu Bundeszwang *Rodi* in BK Rn. 136.

[40] *Seiler* JZ 2009, 723.

[41] Rs. C-27/04, Slg. 2004, I-6679.

[42] Zur Entstehungsgeschichte von Abs. 1, der zunächst den Abschnitt über das Finanzwesen einleiten sollte, *Kirchhof* in MKS Rn. 7; *Kube* in Maunz/Dürig Rn. 14; zum Begriff der Finanzwirtschaft *Rodi* in BK Rn. 67 ff., zum Begriff der Haushaltswirtschaft ebd., Rn. 79 ff.; ferner *Schuppert* in Umbach/Clemens Rn. 10, auf BVerfGE 101, 158 (220) hinweisend.

[43] Vgl. *Heun* in Dreier Rn. 16; *Kube* in Maunz/Dürig Rn. 32; *Rodi* in BK Rn. 80.

[44] Ebenso *Kirchhof* in MKS Rn. 6, 9.

[45] Die 2017 erfolgte Einfügung eines neuen Satzes 2 in Art. 114 Abs. 2 ist eine Einschränkung von Art. 109 Abs. 1; → Art. 114 Rn. 2. Zum alten Recht BVerfGE 127, 165 (211, 219). Zu den Rechnungshöfen auch *Rodi* in BK Rn. 104.

Entlastung[46] sowie die Vermögens- und Schuldenverwaltung. Dazu gehören weiter Bundes- bzw. Landesbetriebe und Sondervermögen[47], die mittelbare Staatsverwaltung, insbesondere die Kommunen.[48] Soweit erwerbswirtschaftliche Tätigkeit der öffentlichen Hand insgesamt erfasst sein sollte, wird sie von Art. 109 Abs. 1 jedenfalls nicht im Verhältnis zur Privatwirtschaft legitimiert.[49] Dazu gehört schließlich sowohl für den Bund als auch für die Länder die Rechtsetzungskompetenz für die einschlägigen Rechts- und Verwaltungsvorschriften ihres jeweiligen Haushaltsrechts.[50]

Unklar ist, ob Finanzvorgänge, die von Bund und Ländern nicht selbständig **12**
und unabhängig voneinander erledigt werden können, genannt werden hier insbesondere die Regelungen über die Steuerverteilung, den Finanzausgleich und die Gemeinschaftsaufgaben, schon aus dem Begriff der Haushaltswirtschaft herausfallen **(Tatbestandslösung)** oder ob sie von dem Begriff zwar erfasst werden, die Selbständigkeit und Unabhängigkeit von Bund und Ländern aber durch die genannten Verfassungsnormen beschränkt werden **(Schrankenlösung).**[51] Da Selbständigkeit und Unabhängigkeit ohnehin nicht absolut, sondern beschränkbar sind, ist die Lösung, die hier Schrankenlösung genannt wird, vorzuziehen, weil sie Wertungen offen ausweist, zB bei der Frage, ob die Verpflichtung der Länder zur Anlage ihrer flüssigen Kassenmittel im Zentralbanksystem unzulässig in deren Haushaltsautonomie eingreift[52], oder bei der stärkeren Beschränkung der Einnahmen- im Unterschied zur Ausgabenwirtschaft der Länder.[53] Währungs-, Geld- und Münzwesen, auch die Geldpolitik der Notenbank,[54] fallen aus dem Begriff der Haushaltswirtschaft heraus.

II. Selbständigkeit und Unabhängigkeit der Haushaltswirtschaft

Selbständigkeit und Unabhängigkeit meinen mit unterschiedlicher **13**
Perspektive dasselbe.[55] Sie werden als Schranken unterliegende verfassungs**recht**liche Freiheiten, nicht als faktische, politische Machtpositionen gewährleistet.[56] Ihr Gewährleistungsgehalt kumuliert insbesondere mit anderen Gewährleistungen der bundesstaatlichen Finanzverfassung, so der Garantie einer aufgabenadäquaten Finanzausstattung von Bund und Ländern in Art. 106 Abs. 3 S. 4 Nr. 2, Abs. 4 GG oder dem Verbot verfassungsrechtlich nicht ausdrücklich zugelassener Finanzzuwendungen im Verhältnis von Bund und Ländern oder mit dem Schutz, den Art. 107 Abs. 2 S. 1, 2 gegen eine Überdehnung des Finanzkraftausgleichs (früher Länderfinanzausgleichs) bietet. Die materielle Komponente des Art. 109 Abs. 1 wird dadurch aber nicht über-

---

[46] Haushaltskreislauf; dazu *Stern,* StaatsR II, 1980, § 49 IV.

[47] Hierzu *Siekmann* in Sachs Rn. 5 f., 40.

[48] So *Kube* in Maunz/Dürig Rn. 34; *Rodi* in BK Rn. 133.

[49] Übereinstimmend *Rodi* in BK Rn. 94 und 109 (mit Fn. 131).

[50] Für den Bund: BVerfGE 29, 402 (409 f.). Ebenso *Kube* in Maunz/Dürig Rn. 40; *Rodi* in BK Rn. 93, 99.

[51] Hierzu *Fischer-Menshausen* in v. Münch/Kunig, 3. Aufl. 1996, Art. 109 Rn. 3; *Heun* in Dreier, Rn. 15 f.; *Jarass* in Jarass/Pieroth Rn. 3; *Kube* in Maunz/Dürig Rn. 36 f.

[52] Zu Letzterem *Heun* in Dreier Rn. 16.

[53] Dazu *Heun* in Dreier Rn. 21; *Kube* in Maunz/Dürig Rn. 64; verfassungspolitisch *Wendt* in HdbStR IV § 139 Rn. 51.

[54] Zu ihr *Heun* in Dreier Rn. 17; *Kube* in Maunz/Dürig Rn. 58 f.

[55] Zum Verhältnis beider Begriffe wie hier *Kube* in Maunz/Dürig Rn. 47; etwas anders *Rodi* in BK Rn. 97 ff.

[56] BVerfGE 86, 148 (264); sa *Heintzen* in HdbStR V § 120 Rn. 2 ff.; *Siekmann* in Sachs Rn. 4.

flüssig.[57] Eingriffe bedürfen zu ihrer Rechtfertigung einer verfassungsrechtlichen Grundlage.

14 Art. 109 Abs. 1 verlangt, dass Bund und Länder getrennte Haushalte haben **(formelle Haushaltsautonomie),** die sie getrennt voneinander aufstellen, beschließen und bewirtschaften. Bund und Länder müssen über ein je eigenes Kassen- und Rechnungswesen verfügen. Gefordert wird eine strikte Trennung von Bundes- und Landeshoheit.[58] Die formelle Haushaltsautonomie ist eingriffsresistenter als die materielle. Mit ihr unvereinbar dürften sog. **Deutschlandbonds** sein – gemeinsame Anleihen von Bund und Ländern, für die der Bund die volle Haftung übernimmt, an denen die Länder aber intern beteiligt sind.[59]

15 Art. 109 Abs. 1 verlangt weiter, dass die zuständigen Organe von Bund und Ländern Entscheidungen im Bereich der Haushaltswirtschaft in eigener Verantwortung treffen **(materielle Haushaltsautonomie);**[60] er schützt gegen Ingerenz[61] und erwartet staatswirtschaftlich erfolgreiches, die Inanspruchnahme fremder Hilfe vermeidendes Handeln. Art. 109 Abs. 1 verbietet Kontrollen und Einwirkungen auf diese Entscheidungen des Bundes bzw. eines Landes.[62] Art. 109 Abs. 1 steht dagegen der Einleitung gerichtlicher Verfahren gegen die Haushaltsgesetze des Bundes oder eines Landes durch das jeweilige föderale Gegenüber nicht entgegen.[63] Gleiches gilt, wenn der Bund den Ländern im Einklang mit den übrigen Bestimmungen des GG finanzielle Lasten auferlegt.[64] Mit der Vorschrift sind Misch- und Mitfinanzierungen (Matrikularbeiträge, Fondswirtschaft ohne besonderen verfassungsrechtlichen Titel)[65] und eine wechselseitige Haushaltskontrolle im Verhältnis von Bund und Ländern und im Verhältnis der Länder untereinander unvereinbar.[66] Allerdings ist dies nur ein Grundsatz. **Materielle Haushaltsautonomie** ist eine rechtliche Größe, die beim Bund, erst recht bei den Ländern erheblichen **Einschränkungen** unterliegt.[67] Es gibt zahlreiche ihn einschränkende Regeln über die Einnahmen-, Aufgaben- und Ausgabenverteilung[68],

---

[57] *Kirchhof* in MKS Rn. 18 spricht zutreffend von einer „zurückgenommenen" materiellen Garantie. Der Punkt erinnert an die Frage, ob Art. 70 Abs. 1 die Gesetzgebungszuständigkeit der Länder materiell schützt. Ähnlich wie Art. 70 wurde Art. 109 Abs. 1 im Parlamentarischen Rat teilweise für überflüssig gehalten (Nachweise bei *Kirchhof* wie zuvor Rn. 7).

[58] BVerfGE 137, 108 (148).

[59] Vgl. *Kirchhof* in MKS Rn. 20a, unter Hinweis auf *Kirchhof* ZRP 2012, 313 ff.; *Siekmann* in Sachs Rn. 9 u. Art. 104a Rn. 1. Nach *Kube* in Maunz/Dürig Rn. 45 Fn. 4 ist eine freiwillige Kooperation von Bund und Ländern bei der Kreditaufnahme unproblematisch; *Rodi* in BK Rn. 109 spricht insoweit von einem erheblichen Gestaltungsspielraum. Zu freiwilliger Koordination allgemein *Kloepfer,* Finanzverfassungsrecht, 2014, § 8 Rn. 7.

[60] Zu dem Begriffspaar formell/materiell *Rodi* in BK Rn. 64 ff.

[61] Vgl. *Maunz* in Maunz/Dürig, Vorkommentierung zu Art. 109, Rn. 6 ff., dort auch zu „Koordinierungen".

[62] BVerfGE 1, 117 (133). Zum Bundesrat *Heintzen* in HdbStR V § 120 Rn. 66.

[63] BVerfGE 20, 56 (94); *Kirchhof* in MKS Rn. 17.

[64] BVerfGE 26, 338 (391); *Henneke* in SHH Rn. 44.

[65] Ebenso *Heun* in Dreier Rn. 18 f. Zum Verhältnis zu Art. 104a s. *Kube* in Maunz/Dürig Rn. 46 f.

[66] Vgl. auch das *obiter dictum* in BVerfGE 1, 117 (133).

[67] Ebenso u. a. *Heintzen* in HdbStR V § 120 Rn. 2 ff. Es ist für die Zeit vor 2009 nicht falsch, wenn *Hey* VVDStRL 66 (2007), 307, mit Blick auf die Länder von einer „Verschuldungsautonomie" spricht. Zur Einnahmeseite der Länder auch → Rn. 12.

[68] Vgl. insb. Art. 91a, 91b, 104a und b, 105–108, dort insb. Abs. 4 S. 1, 109 Abs. 2–4, 120; die Normen des verfassungsrechtlichen Gesamtkontextes, in dem Art. 109 Abs. 1 steht, einzeln aufzählend *Kube* in Maunz/Dürig Rn. 48–64; *Kloepfer,* Finanzverfassungsrecht, 2014, § 8 Rn. 4, 12–28.

die, da Art. 109 Abs. 1 keinen Gesetzesvorbehalt enthält, ihrerseits Verfassungsrang haben müssen. Art. 109 Abs. 1 wirkt auf diese Regeln im Sinne einer interpretatorischen **Schrankenschranke** zurück[69], kann für die Länder aber nicht mehr bewirken als eine Mindestgarantie.[70] Eine bedarfsgerechte Finanzausstattung ist die Voraussetzung dafür, dass sich in der Haushaltswirtschaft Unabhängigkeit und Selbständigkeit und im Allgemeinen die Staatlichkeit von Bund und Ländern wirksam entfalten können.[71]

Beschränkungen der formellen oder materiellen Haushaltsautonomie von Bund und Ländern durch die jeweils andere föderale Seite, die sich nicht auf andere Bestimmungen des GG stützen lassen, sind verfassungswidrig und, je nach Rechtsnatur der Beschränkung, nichtig. Es mag zwar viele verfassungsrechtliche Ausnahmen von Art. 109 Abs. 1 geben; wenn aber keine dieser Ausnahmen greift, greift Art. 109 Abs. 1 mit dieser **Rechtsfolgenanordnung.**[72] **16**

Selbständigkeit und Unabhängigkeit werden von Art. 109 Abs. 1 im Verhältnis von Bund und Ländern gewährleistet, ursprünglich unter Ausblendung der EU. Allerdings müssen die Länder und, vor allem, der Bund bei der Erfüllung sie beide unmittelbar treffender **europarechtlicher Vorgaben** an ihre Haushaltswirtschaft, die sich insbesondere aus der Wirtschafts- und Währungsunion ergeben,[73] in ihrem Verhältnis zueinander Art. 109 Abs. 1 beachten. Art. 2 des deutschen Zustimmungsgesetzes zum Maastrichter Vertrag weist in diesem Sinne und in der Annahme der Vereinbarkeit von Vertrag und GG ausdrücklich auf Art. 109 Abs. 1 und 2 hin. Die Wirtschafts- und Währungsunion schränkt die Haushaltsautonomie von Bund und Ländern in zulässiger, mit den Art. 23 Abs. 1 und 88 S. 2 zu rechtfertigender Weise ein. Bund und Länder erfüllen die europarechtlichen Pflichten des Gesamtstaats selbständig und unabhängig voneinander. Der Bund hat keine besonderen Befugnisse, um auf die Länder diesbezüglich einzuwirken. Ein Bedürfnis für die Schaffung besonderer verfassungsrechtlicher Einwirkungsbefugnisse ist nicht ersichtlich. Es lässt sich auch unionsrechtlich nicht begründen.[74] Die Bundestreue reicht hier, wie auch sonst, als Regulativ aus und mag durch Verträge oder Arrangements[75] konkretisiert werden.[76] Gleiches **17**

---

69 Ebenso *Jarass* in Jarass/Pieroth Rn. 3; *Rodi* in BK Rn. 85; *Siekmann* in Sachs Rn. 10; auch *Heun* in Dreier Rn. 16.

70 *Kirchhof* in MKS Rn. 18 (der daraus, entgegen der hier vertretenen Ansicht) auch eine Einschränkung der Justiziabilität von Abs. 1 ableitet); *Kloepfer,* Finanzverfassungsrecht, 2014, § 8 Rn. 9; *Rodi* in BK Rn. 65 f.

71 BVerfGE 34, 9 (20, ohne Nennung von Art. 109 Abs. 1); 39, 96 (108); 72, 330 (383, ohne Nennung von Art. 109 Abs. 1); 86, 148 (264).

72 Beispiel: BVerfGE 127, 165 (191).

73 Übersicht über die Rechtsgrundlagen → Rn. 9; zur Bindung auch der Länder an das Europarecht *Hellermann* EuR 2000, 28 ff.; vgl. weiter *Rodi* in BK Rn. 70. Für die Zeit vor der Währungsunion *Hartmann,* Europäische Union und die Budgetautonomie der deutschen Länder, 1994; für die Zeit vor deutscher Schuldenbremse und europäischem Fiskalpakt *Rodi* in BK Rn. 70, 187, 527 ff.

74 Wohl auch *Heun* in Dreier Rn. 13; anders *Höfling* ZRP 1997, 231; vgl. auch *Häde* in Calliess/Ruffert, EUV/EGV, 5. Aufl., 2016, Art. 126 Rn. 68; *Gaitanides* NJW 2007, 3112 (3114 f.); *Siekmann* in Sachs Rn. 34 f., 84.

75 Zu dem Projekt eines Nationalen Stabilitätspakts, das inzwischen Geschichte ist, *Hellermann* EuR 2000, 24 ff.

76 *Heun* in Dreier Rn. 7; *Jarass* in Jarass/Pieroth Rn. 5, 9; *Kube* in Maunz/Dürig Rn. 68, 81, 93; *Reimer* in BeckOK GG Rn. 31; *Siekmann* in Sachs Rn. 35.

gilt für die Einbindung von Kommunen und mittelbarer Staatsverwaltung.[77] All dies alles wird von Art. 109 Abs. 2 und 5 nun bestätigt.[78]

III. Haushaltsdisziplin und gesamtwirtschaftliches Gleichgewicht

18 Dem Normtyp nach war Art. 109 Abs. 2 schon in der aF eine **Staatszielbestimmung,**[79] als solche Ausprägung des Sozialstaatsprinzips,[80] und intellektueller Kern der Reformen der Finanzverfassung in den Jahren 1967 und 1969. Wenn der verfassungsändernde Gesetzgeber 2009 den bisherigen Art. 109 Abs. 5 S. 1 an diese prominente Stelle verschiebt, kann das nur so verstanden werden, dass dessen Schlüsselbegriff – Haushaltsdisziplin – der konzeptionelle Kern der 2. Stufe der Föderalismusreform sein soll. Kritik, der Reform fehle eine Leitidee,[81] trifft nicht zu. Das neue Staatsziel sind – für die Zukunft – materiell ausgeglichene Haushalte in Bund und Ländern und der Abbau der Altschulden auf den in dem Protokoll zu Art. 126 AEUV genannten Referenzwert von 60 % des BIP. Diese Ziele bedeuten eine Konzentration auf die bedarfsdeckende Primärfunktion staatlicher Haushalte und das Eingeständnis, dass mit der Postulation einer konjunktursteuernden Funktion jedenfalls zu hohe Erwartungen[82] geweckt worden sind. Damit konvergiert, dass Art. 119 Abs. 2 AEUV dem wirtschaftspolitischen Ziel der Preisstabilität einen Vorrang zuerkennt und dass das dem alten Art. 109 Abs. 2 zugeschriebene mittelbare Bekenntnis zu einer marktwirtschaftlichen Wirtschaftsverfassung[83] ebenfalls europäisiert worden ist (u. a. Art. 3 Abs. 3 S. 2 EUV). Das Staatsziel lautet: materiell ausgeglichene Haushalte, im Bund ab dem 1.1.2016 und in den Ländern ab dem 1.1.2020, weiterhin Abbau der Altschulden. Dieses Ziel ist hinreichend bestimmt und war angesichts einer Verschuldung der öffentlichen Haushalte von im Zeitpunkt der Verfassungsänderung ca. 1,7 Billionen Euro und angesichts der Finanzmarkt- und Eurokrise mit weiter steigender Tendenz ehrgeizig.

19 **Private,** insbesondere Grundrechtsträger, werden von Art. 109 Abs. 2 weder berechtigt noch verpflichtet.[84] Die Vorschrift ermächtigt nicht zu Grundrechtseingriffen, das Staatsziel ist aber Abwägungskriterium bei der Rechtfertigung solcher Eingriffe.[85] Das BVerfG hat sich mehrfach zu der Frage geäußert, welche Auswirkungen Art. 109 Abs. 2 und Abs. 3 für die **Beamtenbesoldung** hat: Art 109 Abs. 2 und Abs. 3 S. 1 allein vermögen den Grundsatz der amtsangemessenen Alimentierung nicht einzuschränken,

---

[77] Hierzu *Kube* in Maunz/Dürig Rn. 69–71.

[78] Zur Zurverfügungstellung von Haushaltsdaten *Reimer* in BeckOK GG Rn. 31. Zur Frage von Sanktionen → Rn. 58 ff.

[79] Ebenso *Badura* FS f. H. P. Ipsen, 1977, 367 (377); *Heun* in Dreier in Rn. 21; *Isensee* in HdbStR IV § 73 Rn. 39; *Kube* in Maunz/Dürig Rn. 86; *Rodi* in BK Rn. 147; *Schenke* in Sodan Rn. 5; *Stern,* Grundfragen der globalen Wirtschaftssteuerung, 1969, 6 f.

[80] Dazu *Brockhausen,* Die rechtliche Bedeutung des gesamtwirtschaftlichen Gleichgewichts und seiner Komponenten in § 1 StabG unter Berücksichtigung der Entstehungsgeschichte, 1975, 115; *Müller-Volbehr* JZ 1982, 132 (136).

[81] *Korioth* JZ 2009, 736 f.; *Selmer* NVwZ 2009, 1261 f.

[82] *Reimer* in BeckOK GG vor Rn. 1 zu Art. 109, spricht von „privater Prosperität". In der Amtlichen Begründung zu dem verfassungsändernden Gesetz ist am Anfang von „den veränderten Rahmenbedingungen [...] für eine Wachstums- und Beschäftigungspolitik" die Rede (BT-Drs. 16/12410, 1).

[83] Hierzu *Kube* in Maunz/Dürig Rn. 101; *Rodi* in BK Rn. 149–153.

[84] *Kloepfer,* Finanzverfassungsrecht, 2014, § 8 Rn. 119; *Kube* in Maunz/Dürig Rn. 72; *Rodi* in BK Rn. 148.

[85] Ebenso *Kirchhof* in MKS Rn. 64, u. a. mit der Koalitionsfreiheit als Beispiel.

denn Beamte seien nicht stärker als andere zu einem Beitrag zur Konsolidierung der öffentlichen Haushalte verpflichtet; eine Einschränkung dieses Grundsatzes sei wohl zur Bewältigung der in Art. 109 Abs. 3 S. 2 genannten Ausnahmesituationen denkbar, müsste dann aber Teil eines schlüssigen und vom Besoldungsgesetzgeber explizit gemachten Konzepts sein.[86]

1. Haushaltsdisziplin, Schuldenabbau. Art. 109 Abs. 2 spricht wörtlich von Verpflichtungen aus Rechtsakten **aufgrund** des Art. 104 EG, heute Art. 126 AEUV. Die Grundverpflichtung aus Art. 126 Abs. 1 AEUV **selbst** ist nach Sinn und Zweck aber auch umfasst;[87] gerade diese Grundverpflichtung wird Verfassungspflicht,[88] die von Bund und Ländern nicht bloß individuell, sondern in ihrer Gesamtheit zu erfüllen ist.[89] Umfasst ist bei jeder Lesart der Formulierung „aufgrund des" das Defizitprotokoll mit seinen beiden Referenzwerten zu Neuverschuldung und Schuldensockel.[90] Umfasst sind schließlich konkretere[91] Verpflichtungen, die sich aus Rechtsnormen[92] und Einzelakten[93] aufgrund dieser Vorschrift ergeben.[94] Art. 109 Abs. 2 GG ist eine ungewöhnliche Verweisung auf Normen außerhalb des GG. Es handelt sich um eine grundsätzlich statische Verweisung[95], welche sich an der europarechtlich maßgebenden Interpretation des Verweisungsobjekts, insbesondere des Defizitbegriffs, orientiert und Detailänderungen, etwa des komplizierten Verfahrens, oder systematische Verschiebungen oder Änderungen des europarechtlichen Normkontextes nachvollzieht; bei grundlegenden Änderungen, etwa einer Abkehr vom Bail-out-Verbot des Art. 125 AEUV, würde Art. 109 Abs. 2 gegenstandslos. 20

Man kann unterschiedliche Meinungen darüber haben, ob Art. 109 Abs. 2 rechtsdogmatisch erforderlich ist, um europarechtliche Vorgaben für die 21

[86] BVerfGE 139, 64 (125 f.); 140, 240 (295 und auf S. 306 ein Beispiel für eine Verfehlung dieser Anforderungen durch den Gesetzgeber); 145, 304 (326). Dazu *Brinktrine* ZG 2015, 201 ff.

[87] Ebenso *Jarass* in Jarass/Pieroth Rn. 6; *Kluth* in Kluth, Föderalismusreformgesetz, Rn. 5; *Siekmann* in Sachs Rn. 35; a A *Classen* in Starck Föderalismusreform, Rn. 259.

[88] So auch *Jarass* in Jarass/Pieroth Rn. 8; *Kirchhof* in MKS Rn. 56; *Kube* in Maunz/Dürig Rn. 77 ff.; *Reimer* in BeckOK GG Rn. 28.

[89] Zu dieser allgemein als missglückt angesehenen Formulierung *Kirchhof* in MKS Rn. 36. Wahrscheinlichste Erklärung ist ein Redaktionsversehen beim Transfer von Regelungssubstanz von Art. 109 Abs. 5 S. 1 aF nach Art. 109 Abs. 2 nF; vgl. *Korioth* JZ 2009, 729 (730).

[90] Zu diesen Kriterien *Kloepfer,* Finanzverfassungsrecht, 2014, § 8 Rn. 43 ff.

[91] Vgl. insoweit die Kritik an der Unbestimmtheit im „präventiven Bereich" von *Kluth* in Kluth, Föderalismusreformgesetz, 2007, Art. 109 Rn. 3; zu weitgehend *Classen* in Starck Föderalismusreform, Rn. 262, der Art. 109 Abs. 5 S. 1 einen „spezifischen rechtlichen Gehalt" abspricht.

[92] So das Defizitprotokoll und die Verordnungen 3605/93, 1466/97, 1467/97 und 1055, 1056/05 zu dessen Umsetzung; diese Verordnungen wurden alle nicht auf den heutigen Art. 126 AEUV gestützt.

[93] Beispiel für Schwierigkeiten, die juristische Qualität solcher Einzelakte zu bestimmen: das Unterlassen einer Inverzugsetzung gemäß Art. 126 Abs. 9 AEUV; dazu EuGH EuZW 2004, 465.

[94] Darstellung des für eine statische Verweisung maßgeblichen Regelungsstandes von 2009 bei *Classen* in Starck Föderalismusreform, Rn. 247–254; *Häde* EuR 2009, 200 ff.; *Ruffert* AöR 134 (2009), 197 ff.

[95] Da Verweisungen für eine Verfassung per se ungewöhnlich sind, sollte man nicht annehmen, dass Art. 109 Abs. 2 gleich den am weitesten gehenden und wegen Art. 79 Abs. 1 S. 1 demokratisch bedenklichsten Verweisungstyp verwirklicht und dynamisch ist (so in der Tat *Kirchhof* in MKS Rn. 32–37; *Kube* in Maunz/Dürig Rn. 74). Solange weitgehende Deckungsgleichheit zwischen europarechtlichen und grundgesetzlichen Defizitregelungen herrscht (so die Feststellung in BVerfGE 132, 195 (283)), mag diese Alternative allerdings dahinstehen. Vgl. auch *Koemm,* Eine Grenze für die Staatsverschuldung?, 2011, 304–306.

Haushaltswirtschaft in den Mitgliedstaaten **an die Bundesländer weiterzugeben.**[96] Man mag weiter unterschiedliche Auffassungen darüber haben, ob es mit der Eigenstaatlichkeit der Bundesländer vereinbar ist, dem Bund insoweit Einwirkungsrechte auf die Länder zur Durchsetzung der ihnen obliegenden Pflichten und zur Sanktionierung von Pflichtverstößen zu geben; Art. 109 Abs. 2 gibt solche Einwirkungsrechte nicht; es besteht auch keine unionsrechtliche Verpflichtung, sie zu schaffen.[97]

22 Wichtiger ist, dass Art. 109 Abs. 2 sich in gesamtstaatlicher Dimension zur weitgehenden Deckungsgleichheit[98] von europäischen und grundgesetzlichen Defizitregelungen bekennt. Die Maastrichter Defizitkriterien und das close to balance-Prinzip des Stabilitäts- und Wachstumspaktes sind in den 1990er Jahren auf europäischer Ebene rechtlich verankert worden, während in Deutschland noch das Haushalts- und Schuldenrecht von 1969 galt, welchem das BVerfG 2007 Mangelhaftigkeit attestiert hat.[99] 2009 wurde dann das europäische Modell in das GG „reimportiert" und nahm 2013 als Fiskalpakt, einem EU-nahen völkerrechtlichen Vertrag, seine bis heute gültige Gestalt an.[100] **Art. 109 Abs. 3 und Art. 115 Abs. 2** legen dabei einen besonderen Akzent auf eine Begrenzung der Neuverschuldung in den jährlichen Haushalten, was vor dem Hintergrund von 1970 bis 2014 beständiger Neuverschuldung verständlich ist. **Art. 109 Abs. 2 und Art. 115 Abs. 1** machen aber deutlich, dass darüber hinaus die Altschulden, die Übernahme von Gewährleistungen (die künftige Haushaltsjahre belasten können) und rechtlich selbständige Haushaltsträger wie Kommunen, Sozialversicherungsträger und rechtsfähige Sondervermögen rechtlichen Grenzen unterliegen.[101]

23 **2. Gesamtwirtschaftliches Gleichgewicht.** Der **Begriff des gesamtwirtschaftlichen Gleichgewichts** stelle, so das BVerfG, einen unbestimmten Verfassungsbegriff dar,[102] der einen in die Zeit hinein offenen Vorbehalt für die Aufnahme neuer, gesicherter Erkenntnisse der Wirtschaftswissenschaften als zuständiger Fachdisziplin enthalte; da indessen abweichende Erkenntnisse nicht vorlägen, könne zur Konkretisierung weiterhin auf die Teilziele des § 1 Abs. 2 StabWG zurückgegriffen werden.[103] Diese 1989 getroffene Feststellung trifft heute noch zu. Das StabWG blieb von den grundlegenden Änderungen des Art. 109 weitgehend unberührt. Zu ergänzen ist, dass nach In-Kraft-Treten des Maastrichter Vertrags der Begriff sich auch für eine unionsrechtskonforme Auslegung offen halten muss.[104]

---

[96] → Rn. 9.

[97] → Rn. 16.

[98] So auch BVerfGE 132, 195 (283).

[99] BVerfGE 119, 96 (Leitsatz 3 und S. 141–143; Antikritik im Sondervotum, S. 155).

[100] BGBl. 2012 II 1006. Auf das Wesentliche konzentrierter Überblick bei *Kirchhof* in MKS Rn 38–41. Zum Fiskalpakt *Heintzen* FS f. Kloepfer, 2013, 679 ff.

[101] Dass Art. 109 Abs. 2 die Kommunen unmittelbar erfasst, wird von *Kube* in Maunz/Dürig Rn. 69 bestritten. Trotz des föderalen Staatsaufbaus leuchtet aber nicht ein, warum eine Staatszielbestimmung des GG sich nicht unmittelbar auch an Kommunen wenden soll. Für das Sozialstaatsprinzip oder das Staatsziel Umweltschutz würde das wohl niemand behaupten.

[102] *Böckenförde* in Böckenförde, Staat, Nation, Europa, 148. Zur Begriffshistorie *Hänsch,* Gesamtwirtschaftliche Stabilität als Verfassungsprinzip, 2002, 144 ff.

[103] BVerfGE 79, 311 (338 f.). Anderes Begriffsverständnis bei *Thiele,* Finanzaufsicht, 2014, 299 ff. Vgl. auch *Heun,* Staatshaushalt und Staatsleitung, 1989, 121 ff.; *Höfling,* Staatsschuldenrecht, 1993, 225 ff.

[104] Ebenso *Jarass* in Jarass/Pieroth Rn. 10; *Kube* in Maunz/Dürig Rn. 107.

Der einfache Bundesgesetzgeber kann den Begriff des gesamtwirtschaftlichen Gleichgewichts, den das GG in derselben Bedeutung noch in Art. 104b Abs. 1[105] verwendet, zwar nicht authentisch interpretieren,[106] erhält aber in Art. 109 Abs. 4 den **Auftrag,** ua **Grundsätze für eine konjunkturgerechte Haushaltswirtschaft aufzustellen.** In Erfüllung dieses Auftrags ist die Vorschrift des § 1 S. 2 StabWG ergangen: Maßnahmen, die die Erfordernisse des gesamtwirtschaftlichen Gleichgewichts beachten, sind von Bund und Ländern so zu treffen, dass sie im Rahmen der marktwirtschaftlichen Ordnung gleichzeitig zur Stabilität des Preisniveaus, zu einem hohen Beschäftigungsstand (nicht notwendig Vollbeschäftigung) und außenwirtschaftlichem Gleichgewicht (heute im Kontext des Binnenmarktes zu interpretieren) bei stetigem und angemessenem Wirtschaftswachstum beitragen. 24

Diese **Definition** in § 1 S. 2 StabWG, an der sich auch die Verfassungsinterpretation orientiert, weil trotz des Rangunterschieds in der Sache Übereinstimmung herrscht, transponiert den Verfassungsbegriff des gesamtwirtschaftlichen Gleichgewichts zwar in messbare ökonomische Größen, enthält aber keine numerischen Festlegungen und lässt die konkrete, gefährdungsbestimmte Rangfolge der abstrakt gleichwertigen Teilziele[107] und die zu ihrer Erreichung aufzubietenden Mittel offen. Die vollständige, gleichzeitige und nachhaltige Realisierung dieser Teilziele kennzeichnet einen Idealzustand, dessen Erreichung dadurch behindert wird, dass die vier Teilziele in einem Spannungsverhältnis zueinander stehen, dies in dem Sinne, dass die Verfolgung eines Ziels andere regelmäßig beeinträchtigt. Aus diesem Grund spricht man auch von einem „magischen Viereck".[108] Räumlicher Bezugsrahmen ist die deutsche Volkswirtschaft, nicht der EU-Binnenmarkt, nicht einzelne Bundesländer.[109] 25

Wie und in welchem Umfang der Staat die ihm verbindlich vorgegebenen **Ziele** in einem ökonomischen Umfeld, das sich seiner Einflussnahme zum Teil rechtlich und faktisch entzieht[110], mit seinen begrenzten Mitteln zu erreichen versucht, ist rechtlich nicht vorgegeben; Art. 109 Abs. 2 lässt dies offen.[111] Innerhalb eines justiziablen europarechtlichen Rahmens eröffnen sich damit **Beurteilungsspielräume.**[112] Im Verfassungswortlaut kommt dies mit der Formulierung „Rechnung zu tragen" klar zum Ausdruck.[113] 26

Mittel zur Erreichung und Aufrechterhaltung des gesamtwirtschaftlichen Gleichgewichts ist in erster Linie die **Konjunkturpolitik,** die in Art. 109 27

---

[105] → Art. 104b Rn. 11. In Art. 109 im Übrigen und in Art. 115 wurde der Begriff im Zuge einer allmählichen Entkeynesianisierung des GG getilgt. Zu einer von § 1 S. 2 StabWG abgelösten Interpretation des Verfassungsbegriffs *Kirchhof* in MKS Rn. 50 f.

[106] *Scheuner* FS f. H. Schäfer, 1975, 114.

[107] BT-Drs. V/1678, 5; gleichwohl für einen Vorrang des Ziels der Preisniveaustabilität *Fischer-Menshausen* in v. Münch/Kunig, 3. Aufl. 1996, Art. 109 Rn. 10; vgl. auch *Prokisch,* Die Justiziabilität der Finanzverfassung, 1993, 164 ff.

[108] Vgl. *Kube* in Maunz/Dürig Rn. 98 ff., 105; *Rodi* in BK Rn. 172 ff., 217 ff., in Rn. 186: labiles und dynamisches Prozessgleichgewicht.

[109] So auch *Kube* in Maunz/Dürig Rn. 100.

[110] Dazu auch *Rodi* in BK Rn. 269.

[111] *Kirchhof* in MKS Rn 54–56, 62; *Kube* in Maunz/Dürig Rn. 101 ff. (mit Zweifeln an konjunkturpolitischen Instrumenten in Rn. 102).

[112] Ausführlich *Kirchhof* in MKS Rn. 54–56, 62, 65 ff., 72 (mit einem Hinweis auf im Zweifel durchsetzungsschwache Berücksichtigungs- und Beobachtungspflichten, die justiziabel seien, in Rn. 71).

[113] Ausführlich *Rodi* in BK Rn. 263 ff., 273 ff., zur Justiziabilität Rn. 284 ff. → Rn. 10.

Abs. 3 auch besonders genannt wird.[114] Bund und Länder sollen ihre Haushalte **antizyklisch** einsetzen, dh in Phasen der Hochkonjunktur sich zurückhalten und in Phasen nachlassender oder schwacher Konjunktur als Nachfrager auf dem Markt oder sonst stimulierend tätig werden. Das formelle Ausgleichsgebot des Art. 110 Abs. 1 S. 2 steht Letzterem nicht entgegen.[115] Zwischen Art. 109 Abs. 2, seinem Abs. 3 und den beiden Abs. des Art. 115 besteht ein enger Sachzusammenhang.[116] Die Verpflichtung des Art. 109 Abs. 2 ist nicht auf Konjunkturpolitik beschränkt, sondern erfasst die gesamte Haushaltspolitik, nicht aber noch darüber hinaus die Wirtschafts- und Finanzpolitik insgesamt; § 1 S. 1 StabWG geht insoweit über Art. 109 Abs. 2 hinaus, was durch Art. 109 Abs. 2 nicht ausgeschlossen wird.[117]

28 Wegen der engen Verknüpfung von Staatshaushalten und Finanzmärkten haben Finanzmarktkrisen erhebliche Auswirkungen auf die vier Teilziele des gesamtwirtschaftlichen Gleichgewichts.[118] Dies führt zu der Frage, ob **Finanzmarktstabilität** im Rahmen von Art. 109 Abs. 2 ein eigenständiges Staatsziel ist. Die Antwort auf diese Frage dürfte lauten, dass Finanzmarktstabilität ein Staatsziel sein muss, dass Art. 109 Abs. 2 aber als Grundlage zu eng ist. Hinzukommen müssen insbesondere grundrechtliche Schutzpflichten aus Art. 14 Abs. 1. Ein solches Staatsziel würde den Staat zu einer wirksamen Kontrolle der Finanzmärkte verpflichten und entsprechende Grundrechtseingriffe legitimieren.[119]

IV. Staatsverschuldung

29 **1. Ziel und Bezugsgrößen eines Verbots der Nettoneuverschuldung.** Art. 109 Abs. 3 ist der politische Kern der 2009 erfolgten Neuregelung des Art. 109 und des Art. 115, mit dem er sich textlich teilweise überschneidet. Die Vorschrift statuiert in S. 1 ein **grundsätzliches Verbot struktureller Neuverschuldung.** Diese Vorschrift ist eine Durchgriffsnorm, die auch die Bundesländer **unmittelbar** verpflichtet.[120] Sie ist eine Verschärfung der Regeln für die Kreditaufnahme, die in der Gegenwart die Handlungsfähigkeit von Parlamenten fühlbar beschränken und Entscheidungsspielräume faktisch verengen mag, aber notwendig ist, um langfristig demokratische Gestaltungsfähigkeit zu erhalten.[121] Das mittelfristige Ziel eines nahezu ausgeglichenen oder eines sogar einen Überschuss ausweisenden Haushalts beruht auf dem Europäischen Stabilitäts- und Wachstumspakt.[122] In Anlehnung an die Schweizer Regelung[123] spricht man von einer Schuldenbremse.

---

[114] Ebenso *Rodi* in BK Rn. 276 ff. Zu einem Verbot prozyklischer Politik ebd., Rn. 279; *Kirchhof* in MKS Rn. 43.

[115] → Art. 110 Rn. 30.

[116] BVerfGE 79, 311 (339 ff.), zum alten Recht; ferner *Heintzen* in HdbStR V § 120 Rn. 76; *Siekmann* in Sachs Rn. 36 (deficit spending).

[117] Dazu *Heun* in Dreier Rn. 32; *Rodi* in BK Rn. 239 ff.

[118] So auch *Ohler* WiVerw 2010, 47.

[119] Befürwortend: *Kaufhold,* Systemaufsicht, 2016, 185 ff., 255 f., mit Zurückhaltung bei Art. 115, 250 ff.; ablehnend: *Thiele,* Finanzaufsicht, 2014, 363 f.

[120] *Kube* in Maunz/Dürig Rn. 181 f.; *Siekmann* in Sachs Rn. 78.

[121] So BVerfGE 129, 124 (170); 132, 195 (245); 135, 317 (403 f.); in dem Sondervotum BVerfGE 119, 96, 154 (155) ist von einem „exorbitanten Schuldensockel des Bundes, der wie ein Klotz am Bein der Konjunktur und der politischen Handlungsmöglichkeiten“ hänge, die Rede.

[122] Vgl. BT-Drs. 16/12410, 1.

[123] Nachweise bei *Kube* in Maunz/Dürig Art. 115 Rn. 54. Weiter *Klepzig,* Die „Schuldenbremse“ im Grundgesetz – ein Erfolgsmodell?, 2015, 192–197 und Art. 126 der schwei-

„Die Haushalte **von Bund und Ländern**" meint den Bundeshaushalt und die 16 Landeshaushalte, jeweils einschließlich nicht-rechtsfähiger Sondervermögen, nicht aber die Haushalte juristischer Personen der mittelbaren Staatsverwaltung, auch nicht die Haushalte von Kommunen[124], Sozialversicherungsträgern und rechtsfähigen Sondervermögen. Die Einbeziehung von nichtrechtsfähigen Sondervermögen ergibt sich mittelbar aus Art. 143d Abs. 1 S. 2, 2. Hs. und aus der Streichung von Art. 115 Abs. 2 aF.[125] Die **Ausgrenzung von Haushalten rechtsfähiger juristischer Personen des öffentlichen Rechts** folgt aus Wortlaut, Genese und Systematik von Art. 109 Abs. 3, mögen ihr auch, teleologisch, erhebliche Bedenken entgegengebracht werden können.[126] Um angesichts der bekannten Unklarheiten und angesichts der Konzentration der Art. 110 ff. auf den Bundeshaushalt die mittelbare Staatsverwaltung von Bund und Ländern einzubeziehen, hätte die Formulierung „die Haushalte **in** Bund und Ländern" gewählt werden müssen. In der Gesetzesbegründung wird diese Einbeziehung unter Berufung auf sowohl inhaltlich als auch in der zeitlichen Abfolge unerfüllbare Informationsanforderungen aber ausdrücklich abgelehnt.[127] Diese Begründung freilich passt weder zu Art. 2, 1. Spiegelstrich des EU-Defizitprotokolls noch zu Art. 3 Abs. 1 lit. a des Europäischen Fiskalpakts[128], und ob die behaupteten Schwierigkeiten tatsächlich bestehen, erscheint fragwürdig. Sinn und Zweck der Regelung sprechen für eine Einbeziehung, schon um Umgehungsmöglichkeiten abzuschneiden,[129] die trotz des Grundsatzes der Vollständigkeit des Kernhaushalts für den Bund vor allem in Richtung Rentenversicherung und für die Länder in Richtung Kommunen bestehen. Trotzdem ist die Entscheidung des verfassungsändernden Gesetzgebers zu respektieren, dies auch, weil im Haushaltsrecht die Klarheit formaler Strukturen ein hohes Gut ist.[130] **30**

Das Wort **Einnahmen** ist zu verstehen wie in Art. 110 Abs. 1,[131] *Einnahmen aus* Krediten wie in Art. 115 Abs. 2,[132] nach wie vor im Unterschied zur *Aufnahme von* Krediten im Sinne von Art. 115 Abs. 1. Art. 109 Abs. 3 **31**

---

zerischen Bundesverfassung (Kommentierungen von *Lienhard/Marti Locher* im Basler Kommentar und von *Staufer/Vallender* im St. Galler Kommentar).

[124] Zu sog. Nachhaltigkeitssatzungen, durch die auf kommunaler Ebene eine Schuldenbremse verankert werden soll, *Schmidt* DÖV 2019, 92–100. Zu kommunaler Entschuldung in Hessen *Rauber* DÖV 2019, 352–359.

[125] Vgl. *Heintzen* in v. Münch/Kunig, 5. Aufl. 2003, Art. 115 Rn. 20 f., dort auch zu der nun um ihre finanzpolitische Pointe gebrachten Frage, ob auch reine Schuldenmassen als Sondervermögen qualifiziert werden können. Zur Einbeziehung verschuldeter Sondervermögen in den Bundeshaushalt *Kube* in Maunz/Dürig Art. 115 Rn. 49–52, 55, 59, 239. Zu unselbständigen Sondervermögen der Länder s. aber auch *Kloepfer,* Finanzverfassungsrecht, 2014, § 8 Rn. 141.

[126] Ebenso *Kube* in Maunz/Dürig Rn. 119.

[127] BT-Drs. 16/12410, 10 f. Hierzu *Henneke* in SHH Rn. 96–101; *Kirchhof* in MKS Rn. 83, was die Erhebungsprobleme betrifft zwischen Sozialversicherungen und Kommunen (dort Schätzungen) differenzierend.

[128] Zu der Frage, warum trotz der Divergenz von GG und Europarecht keine Änderung des GG erforderlich ist, *Henneke* in SHH Rn. 78 f. Insgesamt *Henneke,* Der Europäische Fiskalpakt und seine Umsetzung in Deutschland, 2013.

[129] Bei der in diesem Zusammenhang zitierten Entscheidung BVerfGE 86, 148, 266 f., bleibt unklar, ob Nebenhaushalte mehr meint als rechtlich unselbständige Sondervermögen.

[130] Zur Zurechnung von Bund und Ländern veranlassten und letztlich zu vertretenden Schulden privater Dritter *Kube* in Maunz/Dürig Rn. 121, 135 u. Art. 115 Rn. 61, 128.

[131] → Art. 110 Rn. 13 u. Art. 115 Rn. 24. Geistreiche Grundsatzkritik am herrschenden Begriffsverständnis bei *Oetjens* DÖV 2015, 947 ff.

[132] *Kube* in Maunz/Dürig Rn. 129 ff. u. Art. 115 Rn. 125 ff. → Art. 115 Rn. 24.

S. 1 knüpft an das Ausgleichsgebot des Art. 110 Abs. 1 S. 2 an; die Frage, ob Art. 110 Abs. 1 S. 2 einen materiellen, Verschuldung begrenzenden Gehalt habe, ist damit beantwortet: Es gibt einen solchen Gehalt, nur eben in Art. 109 Abs. 3 S. 1. Der Streit, ob das Ausgleichsgebot des Art. 110 Abs. 1 S. 2 in einem rein haushaltstechnischen Sinn oder auch in einem materiellen Sinn verstanden werden muss, hat sich erledigt. § 2 Abs. 1 S. 1, 2. Hs. und § 3 des G zur Ausführung von Art. 115 des GG (im Weiteren G 115)[133] enthalten begriffliche Präzisierungen, die auch bei Art. 109 Abs. 3 zu beachten sind.

32 **Kredit** ist die vertragliche Überlassung von Geld[134] auf Zeit, in der Regel gegen Verzinsung.[135] Zur Vermeidung von Überschneidungen und Wiederholungen wird an dieser Stelle auf die Erläuterungen zum bedeutungsidentischen Kreditbegriff des Art. 115 Abs. 1 verwiesen; das betrifft insbesondere die Unterscheidung von Finanz- und Verwaltungsschulden, Kassenverstärkungskredite oder neue Finanzierungsformen.[136]

33 „Einnahmen aus Krediten"[137] im Sinne des Art. 109 Abs. 3 S. 1 meint die Netto-Neuverschuldung.[138] Kredite, die dem **Schuldendienst** dienen, also Umschuldungen, fallen nicht unter diesen Begriff, soweit sie die Schuldenlast nicht ansteigen lassen und dem Kreditmarkt nicht zusätzliche Mittel entziehen; damit deckt sich dieser Begriff mit den gemäß Art. 110 Abs. 1 im Haushaltsplan auszuweisenden Krediten.[139] **Kassenverstärkungskredite** werden ebenfalls nicht auf das Kreditlimit angerechnet, weil sie nicht zu einer endgültigen Erhöhung des Schuldenstandes führen, sondern nur den Haushaltsausgleich in derselben Rechnungsperiode sicherstellen.[140] Auch der Begriff „Einnahmen aus Krediten" wird in Art. 109 Abs. 3 und Art. 115 Abs. 2 inhaltsgleich verwandt. Zur Vermeidung von Überschneidungen sei darum wegen Einzelheiten und **Umgehungsstrategien** auf die dortige Kommentierung verwiesen.[141]

34 Einnahmen aus Krediten sind für jeden Haushalt in einer Gesamtsumme zusammenzufassen. In zeitlicher Hinsicht kommt es auf den Zufluss der Darlehensvaluta an, der Höhe nach auf den Nominalbetrag, jeweils mit Besonderheiten bei neuen Finanzierungsmodellen.[142] Indem Art. 109 Abs. 2 von „Haushalten" spricht, erfasst er **sowohl den Haushaltsplan als auch den Haushaltsvollzug.**[143]

---

[133] Gesetz vom 10.8.2009 (BGBl. I 2702, 2704), zul. geändert am 31.8.2015 (BGBl. I 1474).

[134] Für Begrenzung auf den Geldkredit *Kube* in Maunz/Dürig Art. 115 Rn. 68; abweichend *Höfling/Rixen* in BK Rn. 124 ff.; zur Hingabe von Schuldtiteln *Kube,* ebd., Rn. 69, zu Erstattungsverpflichtungen Rn. 73, zu Grundpfandrechten Rn. 74.

[135] So auch *Kloepfer,* Finanzverfassungsrecht, 2014, § 8 Rn. 144 ff.; *Kube* in Maunz/Dürig Rn. 134.

[136] → Art. 115 Rn. 14 ff. Zur Begriffsidentität wie hier *Kirchhof* in MKS Rn. 81 f.

[137] Zum Einnahmebegriff auch → Art. 110 Rn. 13.

[138] Ebenso *Kube* in Maunz/Dürig Rn. 132.

[139] → Art. 110 Rn. 30; einhellige Meinung, z. B. *Henneke,* Öffentliches Finanzwesen – Finanzverfassung, Rn. 577; *Heun* in Dreier Rn. 17, 21; *Jarass* in Jarass/Pieroth Rn. 4; *Mahrenholz* in AK Rn. 15; *Pünder* in HdbStR V § 123 Rn. 19; *Wendt* in MKS Art. 115 Rn. 35.

[140] Ebenso *Henneke* in SHH Rn. 104; *Heun* in Dreier Rn. 21; *Höfling/Rixen* in BK Art. 115 Rn. 142; *Kube* in Maunz/Dürig Art. 109 Rn. 136 u. Art. 115 Rn. 72 u. 129; *Wendt* in MKS Art. 115 Rn. 25.

[141] → Art. 115 Rn. 14 ff.

[142] Ebenso *Kube* in Maunz/Dürig Rn. 135 u. Art. 115 Rn. 128.

[143] *Christ* NVwZ 2009, 1336; *Kirchhof* in MKS Rn. 75. AA *Stüber* DÖV 2018, 654.

2. Teils gleiche, teils unterschiedliche Regeln für Bund und Länder. Das grundsätzliche Verbot der Nettoneuverschuldung betrifft Bund und Länder unterschiedlich. Für den Bund gilt es gemäß Art. 109 Abs. 2 S. 4 nur eingeschränkt, denn nach dieser Norm entspricht der Bund dem Grundsatz des S. 1, wenn die Einnahmen aus Krediten 0,35 vom Hundert im Verhältnis zum nominalen Bruttoinlandsprodukt nicht überschreiten;[144] nach derzeitigem Stand (2018) ermöglicht dies eine **Neuverschuldung von ca. 11,85 Mrd. Euro per annum;** das BVerfG spricht von einer „gesetzlichen Fiktion" bei geringfügiger Verfehlung.[145] Auf Landesebene gilt Art. 109 Abs. 2 S. 1 dagegen uneingeschränkt, so Art. 109 Abs. 2 S. 5. Die Behauptung, dies sei für die Länder eine „starre" Regelung[146], übersieht, dass die Länder sich Flexibilität verschaffen können, indem sie Rücklagen aufbauen; „Starrheit", die daraus resultiert, dass zuvor Schuldenlimits bis zum Anschlag ausgereizt worden sind, verdient keine Kritik. Darüber hinaus können Bund und Länder sich, diesmal in gleicher Weise, auf Ausnahmen für eine konjunkturell bedingte Neuverschuldung und für Naturkatastrophen und außergewöhnliche Notsituationen berufen (Art. 109 Abs. 2 S. 2 und 3). Sie beide werden weiter beauftragt, Regelungen zur näheren Ausgestaltung zu erlassen. Unterschiedlich sind dann wieder die Übergangsregelungen in Art. 143d, die für die Länder großzügiger ausfallen als für den Bund. **35**

Zu der **Zahl 0,35** heißt es in der amtlichen Begründung, es handele sich um die Typisierung eines vermuteten Mindestniveaus beständig getätigter Zukunftsinvestitionen.[147] Anders als nach Art. 115 Abs. 1 S. 2 aF ist die Inanspruchnahme dieser Kompetenz zu struktureller Nettoneuverschuldung an keine inhaltlichen Voraussetzungen gebunden. Das Geld könnte in voller Höhe für den Schuldendienst eingesetzt werden. Es wird auch keine Tilgung verlangt; an die Stelle eines Tilgungsplans treten die automatischen Stabilisatoren der Konjunkturzyklen.[148] Allerdings wird vorgeschlagen, die Inanspruchnahme dieser Verschuldungskompetenz von der Darlegung besonderer Gründe abhängig zu machen und dies voller verfassungsgerichtlicher Kognition zu unterstellen.[149] Weiterhin gilt vorrangig das Symmetriegebot, d. h. in konjunkturell guten Zeiten müssen Schulden, die in konjunkturell schlechten Zeiten gemacht worden sind, abgebaut und dürfen nicht voraussetzungslos neue Schulden aufgenommen werden.[150] Das **nominale Bruttoinlandsprodukt** wird nach § 4 S. 1 des G 115 durch das Statistische Bundesamt ermittelt, also eine neutrale Instanz, dies bezogen auf die feststehenden wirtschaftlichen Verhältnisse des Vorjahres.[151] Angesichts dieser Regelung **36**

---

[144] Kritisch zu dieser Regelungstechnik, die zunächst einen Grundsatz postuliert, diesen Grundsatz dann aber für den wichtigsten Adressaten durchbricht, und zwar auf ganzer Linie, so dass von einer Ausnahme nicht gesprochen werden kann: *Korioth* JZ 2009, 731; *Kube* in Maunz/Dürig Art. 115 Rn. 136; abgeschwächt *Kube* in Maunz/Dürig Rn. 155.

[145] BVerfGE 132, 195 (280).

[146] Vgl. etwa *Kirchhof* in MKS Rn. 107 ff.

[147] BR-Drs. 262/09, Seite 9.

[148] Ebenso *Kube* in Maunz/Dürig Rn. 144, 145, ferner Rn. 152, 159, 178, 179, jeweils zu Art. 115, und in der später erschienenen Kommentierung zu Art. 109 Rn. 159, 160, 168, 176. Kritisch *Wendt* in MKS Art. 115 Rn. 44a.

[149] *G. Kirchhof* in MKS Rn. 104–106.

[150] → Rn. 37.

[151] Zu Befürchtungen, über die Definition des BIP könne Missbrauch getrieben werden, *Kube* im Maunz/Dürig Art. 115 Rn. 148 (in der später erschienenen Kommentierung zu Art. 109 nicht wiederholt), zum Vorjahresbezug ebd. Art. 109 Rn. 94, Art. 115 Rn. 147, 172. Zum Statistischen Bundesamt BVerfGE 116, 327 (396 f.).

wird zu Recht die Auffassung vertreten, für den Bund sei die Änderung weniger qualitativer als quantitativer Natur.[152] Der Betrag von zunächst 8,4 Mrd. Euro (so bei Inkrafttreten der Schuldenbremse) ist, entgegen der amtlichen Begründung, nicht „eng begrenzt".[153] Andererseits liegt er klar unter den bis 2009 zur Begrenzung dienenden Investitionsquoten.[154] Es ergibt wenig Sinn, nach wirtschaftswissenschaftlichen Rationalisierungen dieser Verschuldungskompetenz des Bundes Ausschau zu halten,[155] denn hinter ihr, ebenso wie hinter der Zahl 1,5 in Art. 115 Abs. 2 S. 4, 2. Hs., steckt kein wissenschaftliches Konzept, sondern **politischer Pragmatismus.** Auch konnte man 2009 skeptisch gegenüber der Behauptung sein, es sei kein Verschuldungsautomatismus in dieser Höhe beabsichtigt[156]; aus der ex-post-Sicht von 2019 scheint sich das bisher zu bestätigen; der Bund hat diesen Verschuldungsspielraum in den letzten Jahren nicht in Anspruch genommen.

37 **3. Ausnahmen und Kompensationspflichten.** Art. 109 Abs. 2 S. 2 und 3 enthält zwei Ausnahmen und ist insoweit abschließend.[157] Wegen der besonderen Tilgungsregelung hat bei Überschneidungen die Regelung der zweiten Ausnahme Vorrang.[158] Eine (höhere) Neuverschuldung ist zulässig zur Berücksichtigung der Auswirkungen einer von der Normallage abweichenden **konjunkturellen Entwicklung** und, zweitens, bei Naturkatastrophen oder außergewöhnlichen **Notsituationen,** die sich der Kontrolle des Staates entziehen und die staatliche Finanzlage erheblich beeinträchtigen. Im zweiten Fall ist eine **Tilgungsregelung** vorzusehen. Konjunkturbedingte Ausnahmen müssen im Auf- und Abschwung **symmetrisch** sein. Daraus folgt, dass bei guter Konjunktur die Kreditobergrenze auch für den Bund unter 0,35 % des Bruttoinlandsprodukts liegen kann.[159] Strukturelle und konjunkturelle Komponente der Schuldenbremse sind verknüpft. Beide Ausnahmen bedürfen gemäß Art. 109 Abs. 2 S. 4 und 5 näherer bundes- oder landesgesetzlicher Regelung.

38 Zu der ersten Ausnahme gemäß Art. 109 Abs. 3 S. 2 regelt Art. 115 in Abs. 2 S. 4 und 5 Näheres, zur zweiten Ausnahme in den S. 6 bis 8. Trotz Überschneidungen sind Art. 109 und Art. 115 getrennt darzustellen, weil **Art. 109 Abs. 3 für Bund und Länder gilt, Art. 115 aber nur für den Bund.** Aus Sicht der Länder ist Art. 115 eine, aber nicht die einzige denkbare Konkretisierung des Art. 109 Abs. 3.[160] Die Länder können z. B. ihr Verfassungsrecht von Begriffen wie „Konjunkturbereinigungsverfahren" oder „Kontrollkonto" verschonen und dies in ihren Haushaltsordnungen regeln.[161] Fehlerfolgen sind Thema von Art. 115 und entsprechender landesrechtlicher Normen, subsidiär von Art. 109 Abs. 3 S. 1.

---

[152] *Kube* in Maunz/Dürig Rn. 179 u. Art. 115 Rn. 146.

[153] So BT-Drs. 16/12410, Seite 6.

[154] Brutto- und Nettozahlen bei *Christ* NVwZ 2009, 1333.

[155] So *Kube* in Maunz/Dürig Rn. 156 f. u. Art. 115 Rn. 138 ff.

[156] BT-Drs. 16/12410, 6.

[157] BT-Drs. 16/12410, 16.

[158] Ebenso *Reimer* in BeckOK GG Rn. 68.

[159] Zu dem Fall, dass aus konjunkturellen Gründen der Verschuldungsrahmen von 0,35 % keinesfalls in Anspruch genommen werden muss, sondern die Bildung eines echten Überschusses angezeigt ist: BT-Drs. 16/12410, 12.

[160] Zum Verhältnis beider Vorschriften *Kube* in Maunz/Dürig Rn. 6 u. Art. 115 Rn. 9; *Kirchhof* in MKS Rn. 76.

[161] Beispiel: Landtag Brandenburg, Drucksache 6/10391 (Änderung von Art. 103 der Landesverfassung).

a) Konjunkturbedingte Neuverschuldung. In Art. 109 Abs. 3 S. 2, 1. Alt. lebt das alte Konzept einer antizyklischen Fiskalpolitik weiter.[162] Symmetriegebot und Tilgungsplanerfordernis hätte das BVerfG mit etwas weniger judicial self-restraint und methodisch einwandfrei aus dem alten Art. 115 Abs. 1 S. 2 ableiten können.[163] Der *Zweck* einer konjunkturell *verursachten* staatlichen Kreditaufnahme wird nicht vorgegeben;[164] es kann Ersatz für anderweitig ausbleibende Staatseinnahmen sein, aber auch staatliche Konjunkturpolitik; das Merkmal „Berücksichtigung der Auswirkungen" ist für beides offen.[165] In der Amtlichen Begründung heißt es, es werde bezweckt, ein prozyklisches Verhalten zu vermeiden und die durch das Wirkenlassen der **automatischen Stabilisatoren** bedingte Kreditaufnahme in Abschwungphasen durch entsprechende Überschüsse in Aufschwungphasen auszugleichen.[166] „Automatische Stabilisatoren" sind Staatseinnahmen und -ausgaben, die ohne weiteres Zutun, insoweit also automatisch, auf konjunkturelle Veränderungen reagieren und diese dämpfen; Beispiele sind die Steuerprogression sowie die Beiträge und Leistungen der Arbeitslosenversicherung.[167] 39

„Störung des gesamtwirtschaftlichen Gleichgewichts" und „von der Normallage abweichende konjunkturelle Entwicklung" unterscheiden sich demnach nicht grundsätzlich.[168] **Innovationen** stecken in den Tatbestandsmerkmalen symmetrisch und, weiterhin, Normallage. Ein Hauptvorwurf gegen das Keynes'sche Konzept einer antizyklischen Fiskalpolitik lautete, im Abschwung zwar Staatsverschuldung zu legitimieren, aber keinerlei Vorsorge für deren Abbau in sich anschließenden Aufschwungphasen zu treffen.[169] Diesem Hauptvorwurf versucht die Neuregelung mit der Forderung nach Symmetrie von Ab- und Aufschwung Rechnung zu tragen. 40

Symmetrisch bedeutet, dass die konjunkturellen Auswirkungen, die zugelassene Verschuldung und ihr Abbau nach einer rechtlich formalisierten Berechnungsformel zu erfassen sind.[170] Insbesondere der unbestimmte Begriff der Normalität ist mit **volkswirtschaftlichen Kennzahlen** zu fassen, wobei die tatsächlich erfolgte Orientierung am Konjunkturbereinigungsverfahren des europäischen Stabilitäts- und Wachstumspaktes trotz der Verweisung in 41

---

[162] Ähnlich *Kube* in Maunz/Dürig Rn. 170 u. Art. 115 Rn. 153; *Reimer* in BeckOK GG Übersicht vor Art. 115.

[163] Vgl. auch das Sondervotum des Richters *Landau,* BVerfGE 119, 96 (174).

[164] Anders wohl *Christ* NVwZ 2009, 1334 f., der das Symmetriegebot nicht nur auf die Einnahmen- und Ausgabenseite des Staatshaushalts bezieht, sondern auch auf deren ökonomische Ursachen, und insoweit Gleichartigkeit fordert.

[165] BT-Drs. 16/12 410, 12. Nach *Reimer* in BeckOK GG Rn. 60, besteht keine Bindung an die Erfordernisse eines gesamtwirtschaftlichen Gleichgewichts. Anders *Kube* in Maunz/Dürig Rn. 170–172, Art. 115 Rn. 153–155. Zum Verhältnis von Haushalts- und Konjunkturpolitik → Rn. 27.

[166] BT-Drs. 16/12410, 12.

[167] Vgl. *Schremet,* Automatische Stabilisatoren, fiskalpolitische Schocks und Konjunktur, 2001.

[168] *Kube* in Maunz/Dürig Rn. 174 u. Art. 115 Rn. 157, weist darauf hin, die neue Formel sei etwas enger, weil Störungen nicht nur konjunkturelle Gründe haben können. In den Beschlüssen der Kommission von Bundestag und Bundesrat zur Modernisierung der Bund-Länder-Finanzbeziehungen vom 5. März 2009 ist von „mehr inhaltliche(r) Flexibilität" infolge der Aufkündigung des Investitionsjunktims die Rede (S. 10, rechte Sp., zu Art. 109 Abs. 3 S. 4).

[169] Nach *Korioth* JZ 2009, 736, sei es gängiges Missverständnis, dieses Konzept als eine ständige (sic!) Ermächtigung zur Nettokreditaufnahme bis zur Höhe gleichzeitig getätigter Investitionen zu begreifen.

[170] Ebenso *Kube* in Maunz/Dürig Rn. 166, 174 u. Art. 115 Rn. 150, 157, 165, skeptischer wieder Art. 109 Rn. 179; *Reimer* in BeckOK GG Rn. 72 f.

Art. 109 Abs. 2 eine denkbare, aber nicht die einzig mögliche Ausgestaltung ist.[171] Die Konjunkturkomponente wird durch Gesetzes- und Verordnungsrecht konkretisiert.[172]

42 **Normallage** deutet auf einen Korridor, in dem nicht jede noch so kleine Abweichung zum Schuldenmachen ermächtigt;[173] verfassungssystematisch spricht dafür, dass bei der anderen Ausnahme in Art. 109 Abs. 3 S. 2 eine *erhebliche* Beeinträchtigung verlangt wird; verfassungsgenetisch spricht dafür, dass, um Art. 109 Abs. 3 S. 2 von Art. 115 Abs. 1 S. 2, 2. Hs. aF zu unterscheiden, der Begriff der Normalität so interpretiert werden muss, dass sie in der Realität die Regel und nicht die Ausnahme ist.[174] Symmetrisch bedeutet schließlich einen **zeitlichen Zusammenhang** zwischen Verschuldung im Abschwung und ihrem Abbau in Phasen des Aufschwungs; mittel- und langfristig soll ein Ausgleich erreicht werden.[175] Da Auf- und Abschwungphasen in der Realität zeitlich und quantitativ asymmetrisch sein dürften, liegt hier ein großes Problem, dessen Lösung für den Bund in Art. 115 Abs. 2 S. 4 versucht wird.[176] Eine von der Normallage abweichende konjunkturelle Entwicklung kann auch während des Haushaltsjahres eintreten und, insbesondere wenn dies nicht prognostizierbar war, einen Nachtragshaushalt erfordern; auch dies erfasst Art. 109 Abs. 3 S. 2; die Kreditobergrenze ist dann gemäß den geänderten Verhältnissen neu zu berechnen; Näheres regelt § 8 G 115.[177]

43 **b) Naturkatastrophen und außergewöhnliche Notsituationen.** Die **Art. 122 Abs. 2 AEUV nachgebildete** Ausnahmeregelung für Naturkatastrophen und außergewöhnliche Notsituationen sichert die finanzielle Handlungsfähigkeit der Staatsgewalt in **nur abstrakt normierbaren Lagen.**[178] Dieses Leitmotiv verschiebt bei einer verfassungspolitischen Bewertung einige Fronten, weil Gegner eines in der Normallage verschuldeten Staates tendenziell zugleich Befürworter eines im Ausnahmezustand starken Staates sind. Eine ausdrückliche Zweckbindung der Krediteinnahmen fehlt, weshalb ein Vergleich mit der Ursprungsfassung von Art. 115, trotz Ähnlichkeiten, letztlich fehl geht.[179] Der Höhe nach ist die Ausnahme auf das Notwendige beschränkt, auch dies eine abstrakte Größe.[180] Diese Erweiterung des Rahmens zulässiger Nettoneuverschuldung hängt vom Vorliegen dreier materieller Voraussetzungen ab, einer Naturkatastrophe oder einer außergewöhnlichen Notsituation; fehlender staatlicher Kontrolle; einer so verursachten erheblichen Beeinträchtigung der staatlichen Finanzlage.[181] Hinzu kommen

---

[171] Zu den verschiedenen Konjunkturbereinigungsverfahren vgl. den Monatsbericht der Deutschen Bundesbank, März 2017, 35–58; weiter die Konkretisierungsverordnung vom Juli 2010 zum Gesetz zur Ausführung von Art. 115, BGBl. 2010 I 790; die gesamtwirtschaftliche Produktionsfunktion vom Typ Cobb-Douglas, von der dort in § 2 Abs. 2 S. 2 die Rede ist, dürfte sich selbst Volkswirten nur in glücklichen Stunden voll erschließen.

[172] Zu den verschiedenen Normebenen → Rn. 48 f.

[173] So ausdrücklich auch *Kube* in Maunz/Dürig Rn. 174 u. Art. 115 Rn. 164.

[174] Vgl. *Lenz/Burgbacher* NJW 2009, 2563; *Seiler* JZ 2009, 724.

[175] BT-Drs. 16/12410, 25.

[176] → Art. 115 Rn. 30 f.; weiter *Kube* in Maunz/Dürig Rn. 175 u. Art. 115 Rn. 159.

[177] Vgl. *Kube* in Maunz/Dürig Rn. 222–227 u. Art. 115 Rn. 199–207; *Seiler* JZ 2009, 725 f.

[178] BT-Drs. 16/12410, 11, 13.

[179] In diese Richtung *Kube* in Maunz/Dürig Rn. 123, 212 u. Art. 115 118, 193.

[180] Sehr streng *Reimer* in BeckOK GG Rn. 67. Auf den Verhältnismäßigkeitsgrundsatz Bezug nehmend *Wendt* in MKS Art. 115 Rn. 53a.

[181] Grammatisch könnten die zweite und die dritte Voraussetzung auch allein auf die Notsituation bezogen werden, doch macht das im Ergebnis keinen Unterschied.

nach Maßgabe der Konkretisierungen für Bund und die einzelnen Länder **prozedurale Anforderungen:** beim Bund gemäß Art. 115 Abs. 2 S. 6 bis 9 ein mit Kanzlermehrheit zu fassender Bundestagsbeschluss, verbunden mit einem Tilgungsplan[182]; die Bundesländer haben bei der Ausgestaltung Spielraum, müssen aber beachten, dass der geforderte Tilgungsplan verbindlich ist.[183]

Ob eine Naturkatastrophe oder eine außergewöhnliche Notsituation vorliegt, dürfte sich in der Regel aufgrund der geforderten Erheblichkeit von selbst verstehen.[184] Verfassungssystematisch besteht ein Zusammenhang mit Art. 11 Abs. 2, 35 Abs. 2 S. 2 und Abs. 3. Eine extreme Haushaltsnotlage wird diese Anforderungen nicht erfüllen, wenn sie vorhersehbar und von dem betroffenen Gemeinwesen beeinflussbar war.[185] Plötzliche Beeinträchtigungen der Wirtschaftsabläufe aufgrund eines **exogenen Schocks, wie beispielsweise die Finanzmarktkrise 2008/09,** sollen erfasst sein; hier muss aber auf eine Abgrenzung zu zyklischen Konjunkturverläufen geachtet werden, die nur von Art. 109 Abs. 3 S. 2, 1. Alt. erfasst werden.[186] Weil Steuerrecht im Wesentlichen Bundesrecht ist, entziehen sich zwar die Steuereinnahmen der Kontrolle der Länder, doch eröffnet dieser Umstand ihnen keine Verschuldungskompetenz gemäß Art. 109 Abs. 3 S. 2, 2. Alt., denn dort geht es um staatsexterne Einwirkungen, und weiterhin ist an dieser Kompetenzverteilung nichts Außergewöhnliches. Die Inanspruchnahme aufgrund einer Bürgschaft kann hier ebenfalls nicht eingeordnet werden.[187] Weiterhin nicht hierhin gehören: Mehrausgaben, die Ländern und Kommunen durch bundesgesetzliche Aufgabenkreierung entstehen[188], oder die Flüchtlingskrise.[189] Die Außergewöhnlichkeit der Lage ist zugleich Maßstab für die Höhe der zu ihrer Bewältigung aufzuwendenden staatlichen Mittel. 44

Der in Art. 109 Abs. 3 S. 3 geforderte Tilgungsplan muss **verbindlich** sein, so dass ein schlichter Parlamentsbeschluss nicht ausreicht.[190] Teilweise wird gefordert, der Tilgungsplan müsse Gesetzesrang haben (was erreicht wird, wenn der Tilgungsplan als Teil des Haushaltsgesetzes, das zu Notstandskrediten ermächtigt, beschlossen wird).[191] Um auch **spätere Haushaltsgesetzgeber zu binden,** wird teilweise sogar Verfassungsrang gefordert[192], 45

---

[182] Näheres → Art. 115 Rn. 34.

[183] Vgl. *Kloepfer,* Finanzverfassungsrecht, 2014, § 8 Rn. 186; *Pünder* in BerlKomm Art. 115 Rn. 148; *Tappe/Wernsmann,* Öffentliches Finanzrecht, 2. Aufl. 2019, Rn. 461.

[184] Definition und Beispiele BT-Drs. 16/12410, 11, 13, von Erdbeben und Epidemien bis hin zur Wiedervereinigung Deutschlands. Anthropogene Ereignisse sind nur durch das Merkmal Notsituation erfassbar. Zum Ort der Katastrophe, der auch außerhalb Deutschlands liegen könne, *Kirchhof* in MKS Rn. 100.

[185] Ebenso *Kube* in Maunz/Dürig Rn. 215 u. Art. 115 Rn. 196.

[186] Ebenso *Ekardt/Buscher* AöR 137 (2012), 41 (49); *Kube* in Maunz/Dürig Rn. 206, 216 u. Art. 115 Rn. 187, 195; *Siekmann* in Sachs Rn. 77; aA *Schwarze* DVBl. 2009, 1401 (1407); weiterhin *Kloepfer,* Finanzverfassungsrecht, 2014, § 8 Rn. 183, Letzterer unter Hinweis darauf, dass Art 3 Abs. 3 lit. b des Fiskalvertrags die Begriffe „außergewöhnliches Ereignis" und „schwerer Konjunkturabschwung" als eigenständige Begriffe gegenüberstellt. Bei all dem konnte die griechische Finanzkrise des Frühjahrs 2010 nicht unter Art. 122 Abs. 2 AEUV gefasst werden, weil ihre Ursachen überwiegend unseriöse Finanzpolitik sind.

[187] Vgl. BVerfGE 129, 124 (182).

[188] *Gröpl* LKRZ 2010, 401 (404); *Schmidt* DÖV 2014, 916 (922 f.).

[189] *Henneke* ZG 2017, 38 (53 f.). Allgemein dazu *Wieland* DÖV 2017, 9–15.

[190] So *Kirchhof* in MKS Rn. 101 mit Fn. 96; wie hier *Reimer* in BeckOK GG Rn. 76 ff.

[191] So *Kloepfer,* Finanzverfassungsrecht, 2014, § 8 Rn. 188 u. § 12 Rn. 48; *Kube* in Maunz/Dürig Rn. 210 u. Art. 115 Rn. 190; *Wendt* in MKS Art. 115 Rn. 55.

[192] So wohl *Siekmann* in Sachs Rn. 73 u. Art. 115 Rn. 52.

was zu weit geht, weil auch spätere Haushaltsgesetzgeber an Art. 109 Abs. 3 S. 3, der Bundesgesetzgeber auch an Art. 115 Abs. 2 S. 7 und 8 gebunden sind. Teilweise wird die Verbindlichkeit des Tilgungsplans unabhängig von seiner Rechtsform unmittelbar aus dem GG hergeleitet.[193] Das Junktim von Ausnahme- und Tilgungsregelungen und das Erfordernis einer vollständigen Tilgung in angemessener Zeit ergeben sich nicht erst aus Art. 115 Abs. 2 S. 7 und 8, sondern bereits aus dem für Bund und Länder gemeinsam geltenden Art. 109 Abs. 3 S. 3. Das Symmetrieerfordernis gibt hier keinen Sinn. Änderungen, insbesondere Korrekturen des in einer Notsituation möglicherweise mit „sehr heißer Nadel gestrickten" Tilgungsplanes sind zulässig, müssen sich aber an den verfassungsrechtlichen Vorgaben (Tilgung in angemessener Zeit) messen lassen.[194]

46 4. **Altschulden.** Zu den Altschulden äußert Art. 109 Abs. 3 sich nicht.[195] Das Symmetriegebot des Art. 109 Abs. 3 S. 2 erfasst nur konjunkturell bedingte Kreditschulden, die nach Inkrafttreten der Schuldenbremse aufgenommen worden sind. Die **Summe der Altschulden** wurde, bezogen auf den Bund, im Dezember 2019 auf 1,2 Billionen Euro geschätzt (im Juli 2009 – vorletzte Bearbeitung dieser Randnummer – waren es noch ca. 1 Billion Euro). Hinzu kommen die Schulden von Ländern und Kommunen, Ende 2019 in Höhe von 0,7 Billionen. Noch nicht eingerechnet sind die Langzeitfolgen der Finanzmarkt- und Eurokrise. Ebenfalls nicht eingerechnet sind latente Schulden (u. a. Pensionslasten, Folgen der demographischen Entwicklung).[196] Trotzdem wirkt Art. 109 Abs. 3 einem weiteren Anstieg entgegen, indem er die Fähigkeit des Staates beschneidet, den Schuldendienst zu finanzieren. Dessen Kosten wirken umso drückender, wie sie nicht aus Krediteinnahmen gedeckt werden können, sondern zu Lasten der Finanzierung aktueller Staatsaufgaben und Politikoptionen gehen.[197] 2018 gingen 5 % des Bundeshaushalts auf den **Schuldendienst** (2010 waren es noch 12 %); Art. 109 Abs. 3 erzwingt, dass nur noch ein Teil dieses Betrages durch neue Schulden finanziert werden kann. Weiterhin sind Altschulden Thema des **Defizitprotokolls** zum Maastrichter Vertrag, wonach der Referenzwert für den öffentlichen Schuldenstand bei maximal 60 % des Bruttoinlandsprodukts zu Marktpreisen liegt, und von Art. 3 Abs. 1 lit. d und Art. 4 des **Europäischen Fiskalpaktes;** Letzterer sieht bei einer Überschreitung der 60 %-Marke Abbauschritte vor. Schließlich gehört es zu den Erfordernissen des gesamtwirtschaftlichen Gleichgewichts gemäß Art. 109 Abs. 2 GG am Ende, den Schuldensockel unter Kontrolle zu halten.[198] Jedenfalls ist es finanzpoli-

[193] So *Heun* in Dreier Art. 115 Rn. 44; ihm folgend *Jarass* in Jarass/Pieroth Art. 115 Rn. 13. Eine Verfassung ist in der Tat frei, einem Parlamentsbeschluss, der nicht der Gesetzesform genügt, Verbindlichkeit zuzusprechen; zu klären wäre dann noch die Frage der Publizität.

[194] Ebenso *Reimer* in BeckOK GG Rn. 77 f.

[195] Ebenso *Kube* in Maunz/Dürig Art. 109 Rn. 128 u. Art. 115 Rn. 123. Monografisch *Reich,* Rückführung staatlicher Altschulden als Rechtsproblem, 2018, insb. 107 ff., 149 ff.; *Koemm,* Eine Bremse für die Staatsverschuldung?, 2011, 319–321, auch mit Nachweisen zu den Beratungen der Föderalismuskommission. Zur Möglichkeit, dies anders zu sehen mit einem Einnahmebegriff, der die Bruttokreditaufnahme und damit Umschuldungen erfasst, *Oetjens* DÖV 2015, 947 (950 ff.). Zum begrenzten Anwendungsbereich des inzwischen obsoleten Art. 143d Abs. 1 S. 6 → ebd., Rn. 6.

[196] Hierzu *Kube* in Maunz/Dürig Art. 115 Rn. 243 ff.

[197] Für Zinsausgaben waren im Bundeshaushalt 2018 ca. 17,5 Mrd. Euro vorgesehen, 2009 waren es ca. 42 Mrd. Euro.

[198] BVerfGE 119, 96, 155 (163 f., 171 ff.).

tisch nicht sinnvoll, würden Bund und Länder ab 2016 und 2020 dauerhaft ausgeglichene Haushalte haben, aber mit einem billionenschweren Schuldensockel und Zinslasten, die voll aus regulären Einnahmen zu bestreiten sind.[199]

5. Gewährleistungen. Anders als bei Kreditaufnahmen ergibt sich aus Art. 109 Abs. 3 **keine explizite und justiziable Begrenzung des Umfangs von Gewährleistungsermächtigungen.** Das BVerfG hat offen gelassen, ob die sogenannte Schuldenbremse dennoch, über die Beachtung der Anforderungen von Art. 115 Abs. 1 hinaus, zur Einhaltung von Obergrenzen zwingt, und festgestellt, dass sich aus dem Demokratieprinzip nur die Unzulässigkeit einer evidenten Überschreitung von äußersten Grenzen ergibt.[200] Dies ändert andererseits nichts daran, dass die Nichterfassung von Gewährleistungen keine Rechtfertigung für Kredite ist, die später zu ihrer Erfüllung aufgenommen werden müssen; keiner der Ausnahmetatbestände des Art. 109 Abs. 3 S. 2 liegt vor. Der Vorschlag, auch Gewährleistungen, die mit hinreichender Wahrscheinlichkeit in einer künftigen Nettoneuverschuldung jenseits der verfassungsrechtlichen Grenzen münden werden, der Schuldenbremse zu unterstellen[201], ist in der Sache berechtigt; allerdings räumt das BVerfG dem Gesetzgeber einen weiten Spielraum bei der Abschätzung der künftigen Tragfähigkeit des Haushalts ein.[202] Immerhin hat der Stabilitätsrat am 6.12.2018 beschlossen, Einnahmen aus der Inanspruchnahme von Gewährleistungen und Ausgaben für die Inanspruchnahme aus Bürgschafts- und Gewährverträgen nicht mehr als **finanzielle Transaktionen** anzusehen.[203] Die **Grenzen eines Missbrauchs** können erreicht sein, wenn die Verschuldung auf einen selbständigen Rechtsträger, etwa eine Anstalt des öffentlichen Rechts, ausgelagert wird, wenn der Gesetzgeber diesen Rechtsträger durch die Übernahme von Bürgschaften überhaupt erst kreditwürdig macht[204] und wenn mit einer Inanspruchnahme der Bürgschaft und nachfolgendem Eigenkapitalzuführungsbedarf der Anstalt zu rechnen ist. Ein Beispiel hierfür ist die 2019 geführte Diskussion um die Enteignung gewinnorientierter Wohnungsgesellschaften in Berlin, wobei die Entschädigung, nach Schätzungen der zuständigen Senatsverwaltung mindestens 28 Mrd. Euro, über eine rechtsfähige Anstalt abgewickelt werden soll, und das bei einem Landeshaushalt mit einem Volumen von 2019 gut 29 Mrd. Euro und einem Schuldenstand von ca. 57,6 Mrd. Euro (Stand im März 2019).[205] 47

6. Die verschiedenen Normebenen. Staatsschuldenrecht gibt es inzwischen auf verschiedenen Normebenen: Unionsrecht, Bundesrecht, Landesrecht. Unionsrechtlich ist zwischen Primärrecht, Verordnungsrecht und soft 48

[199] So schon *Heintzen,* Das neue deutsche Staatsschuldenrecht in der Bewährungsprobe, 2012, 34 f. Hingewiesen sei auf Art. 18 Abs. 1 BayHO, wonach die Altschulden des Freistaats bis 2030 getilgt sein sollen.

[200] BVerfGE 129, 124 (182); 135, 307 (403 f.).

[201] *Kube* in Maunz/Dürig Rn. 143. Vgl. auch *Kirchhof* in MKS Rn. 85–87.

[202] BVerfGE 129, 124 (182 f.); 135, 307 (405). Zu Fragen der europäischen Währungsunion → Art. 115 Rn. 21.

[203] Vgl. S. 11 des „Kompendiums“, Anlage zu TOP 5 auf der 18. Sitzung des Stabilitätsrats am 6.12.2018. Zu dem „Kompendium“ → Art. 109a Rn. 9.

[204] Vgl. auch *Siekmann* in Sachs Art. 115 Rn. 70, wonach es nicht richtig sein könne, dass der Bund nur eine juristische Person zu gründen brauche, die er zur Kreditaufnahme ermächtigt, um frei von den Bindungen des Art. 115 Abs. 2 zu sein, dass die genaue juristische Begründung für diese Erkenntnis jedoch nicht einfach sei.

[205] Nicht einkalkuliert sind Verluste, die der Anstalt entstehen, weil sie nach erfolgter Enteignung Mieten senkt.

law[206] zu unterscheiden. Bundesrechtlich ist zwischen dem für Bund und Länder gemeinsam geltenden Art. 109,[207] dessen verfassungsrechtlicher Konkretisierung für den Bund, Grundsatzgesetzgebung nach Art. 109 Abs. 4 und Ausführungsgesetzgebung nach Art. 115 Abs. 2 S. 5, bis hin zu Ausführungsverordnungen (§ 5 Abs. 4 G 115), weiterhin Haushaltsgesetzen und Plänen zu unterscheiden. Die genannte Ausführungsverordnung[208] enthält volkswirtschaftliche Details, ohne die die Konjunkturkomponente der Schuldenbremse nicht praktikabel wäre. Auch die Bundesländer nutzen in der Regel alle Stufen der Normenhierarchie. Unterverfassungsgesetzliche Normen des Bundes und das Landesrecht sind dabei teilweise noch dem vor Juli 2009 geltenden Recht verpflichtet; dies ist gemäß Art. 143d Abs. 1 S. 3 bis zum 31.12.2019 mit der Maßgabe zulässig, dass im Haushaltsjahr 2020 die Schuldenbremse eingehalten wird.

49 Im Verhältnis dieser Normebenen gilt Folgendes:

- Europarecht (Art. 126 AEUV, der Stabilitäts- und Wachstumspakt) hat Vorrang und leitet die Auslegung.[209] Angesichts der anhaltenden Probleme und Turbulenzen um die **Stabilität des Euro** schreibt dieser Satz sich nicht ohne rechtspolitisches Nachdenken.[210]
- Das **Verbot struktureller Defizite** gemäß Art. 109 Abs. 3 S. 1 gilt unmittelbar für den Bund und für die Länder.[211]
- Für den **Bund** erfolgen Konkretisierungen in Art. 115 Abs. 2, in dem dazu erlassenen Gesetz und in der auf dem Gesetz beruhenden Rechtsverordnung.
- Art. 109 Abs. 3 S. 5 erteilt den **Ländern** einen Rechtsetzungsauftrag und begründet eine Umsetzungspflicht.[212] Solange die Länder keine nähere Ausgestaltung vornehmen, bleibt es für sie uneingeschränkt bei dem Grundsatz des S. 1 und können die Ausnahmen des S. 2 nicht in Anspruch genommen werden. Die Länder haben bei der Ausgestaltung im Einzelnen Spielräume.[213] Die Normenkaskade Europarecht – GG setzt sich im Landesrecht, nicht notwendig in den Landesverfassungen fort. Nicht alle Bundesländer hatten es in der Zeit des alten Art. 109 Abs. 2–4 bis 2009 geschafft, ihr Verfassungsrecht dessen Vorgaben anzupassen. Die Mehrzahl der Bundesländer, die den Rechtsetzungsauftrag des Art. 109 Abs. 3 S. 5 erfüllt haben, hat sich für eine **verfassungsrechtliche Umsetzung** ent-

---

[206] Zum Konjunkturbereinigungsverfahren insoweit *Seiler* JZ 2009, 724 (l. Sp.).

[207] Für die Länder teils als Durchgriffs-, teils als Normativbestimmung. → Rn. 29: Art. 109 Abs. 3 S. 1 ist Durchgriffsnorm.

[208] BGBl. 2010 I 790. *Kloepfer,* Finanzverfassungsrecht, 2014, § 12 Rn. 52 spricht von „entscheidenden Stellschrauben"; Kritik an deren technokratischer Formulierung ebd., Rn. 53 mit Fn. 153.

[209] So auch *Christ* NVwZ 2009, 1337 f. Übersicht über die europarechtlichen Vorgaben im Einzelnen bei *Reimer* in BeckOK GG Rn. 6–9; vgl. auch *Knop,* Verschuldung im Mehrebenensystem, 2008, S. 321 ff.

[210] BVerfGE 89, 155 und 97, 350.

[211] Ebenso *Christ* NVwZ 2009, 1337. Aus Ländersicht OVG Saarland BeckRS 2015, 47572 Rn. 71.

[212] So *Waldhoff* in Siegel/Waldhoff, Öffentliches Recht in Berlin, 2. Aufl., 2017, § 1 Rn. 181 unter Berufung auf BVerfGE 79, 311 (352). An der in der Vorauflage geäußerten Auffassung (keine Umsetzungspflicht) wird nicht länger festgehalten; in diesem Sinne weiterhin *Koemm,* Eine Bremse für die Staatsverschuldung?, 2011, 384 ff.

[213] BT-Drs. 16/12 410, 17; *Christ* NVwZ 2009, 1335; *Reimer* in BeckOK GG Rn. 80; ausführlich *Kube* in Maunz/Dürig Rn. 163, 181–189, 196–202, 220 f. *Huber* NdsVBl. 2011, 233 (238) spricht dagegen von „Symbolgesetzgebung".

schieden.[214] Art. 109 Abs. 3 S. 5 gibt diesen Regelungsort aber nicht zwingend vor.[215] In Betracht kommt auch eine **Umsetzung in der jeweiligen Landeshaushaltsordnung.** Einige Bundesländer haben sich dafür entschieden, weil der politische Widerstand gegen eine Verfassungsänderung zu groß war.[216] Vorhandene verfassungsrechtliche Vorschriften, wie z. B. Art. 87 Abs. 2 der Verfassung von Berlin, die sich an der alten Schuldenregelung des GG orientieren, sind seit dem 1.1.2020 gemäß **Art. 31** nichtig[217]; eine Konforminterpretation kommt nicht in Betracht, weil sie einem grundsätzlich anderen Regelungskonzept folgen.

– Das bisherige, dem Leitbild des gesamtwirtschaftlichen Gleichgewichts folgende Staatsschuldenrecht blieb in den Ländern bis 31.12.2019 in Kraft; die Spielräume, die sich aus seinen zahlreichen unbestimmten Rechtsbegriffen ergeben, können genutzt werden, um es den Vorwirkungen der Schuldenbremse anzupassen.

V. Grundsatzgesetzgebungskompetenz des Bundes

Die von **Art. 109 Abs. 4** dem Bund gegebene Gesetzgebungskompetenz **50** soll die Vergleichbarkeit der Haushalte von Bund und Ländern, dies insbesondere durch eine neue und einheitliche Haushaltssystematik[218] und die Ausrichtung ihrer Haushaltspolitik auf die Ziele des Art. 109 Abs. 2, sichern; Abs. 4 passt sich dabei an die Änderung des Abs. 2 an. Sie ist für den Bund Ermächtigung, nicht Verpflichtung und schließt keine exekutiven Befugnisse des Bundes gegenüber den Ländern ein.[219] Die Grundsätze müssen für Bund und Länder einheitlich gelten.[220] Die „von"/„in"-Alternative des Art. 109 Abs. 3[221] wird in Abs. 4 durch ein „für" ergänzt; die einschlägigen Bundesgesetze können auch die Kommunen und die Sozialversicherungsträger einbeziehen, müssen dies aber nicht.[222] Auf der Grundlage des Art. 109 Abs. 4 sind das Haushaltsgrundsätzegesetz (HGrG) und zum Teil[223] das Stabilitäts- und Wachstumsgesetz (StabWG) ergangen. Art. 109 Abs. 4, die auf seiner Grundlage ergangenen Gesetze und die Ende der 1960er Jahre erfolgte Änderung der Bundeshaushaltsordnung (BHO) haben das Haushaltsrecht – auch in technischer Hinsicht – modernisiert und den gewandelten Anschauungen über die Haushaltsfunktionen[224] und der Verflechtung von Bund und Ländern (einschließlich der kommunalen Gebietskörperschaften) angepasst.

---

[214] Überblicke bei *Henneke* in SHH Rn. 113–136; *Siekmann* in Sachs Rn 79a und 79b.

[215] Wie hier *Reimer* in BeckOK GG Rn. 80; *Waldhoff* in Siegel/Waldhoff, Öffentliches Recht in Berlin, § 1 Rn. 182; wohl auch *Siekmann* in Sachs Rn. 78. Anders *Kube* in Maunz/Dürig Rn. 189.

[216] So Nordrhein-Westfalen; vgl. LT-Drs. 16/13315, 1, 9. Vgl. weiter *Siekmann* in Sachs Rn. 79b.

[217] Hierzu *Henneke* in SHH Rn. 136; *Henneke* ZG 2017, 38 (53 f.); *Heun* in Dreier Rn. 51; weiter *Gröpl* LKRZ 2010, 401 (404); *Schmidt* DÖV 2014, 916 (922 f.).

[218] BT-Drs. V/3040, 33, 36 ff. Kritisch zum Erreichten BVerfGE 116, 327 (393); Reformüberlegungen bei *Aprill* DÖV 2008, 184 (187 f.); → Art. 106 Rn. 36. Zur Bedeutung der Haushaltssystematik auch *Kube* in Maunz/Dürig Rn. 236, 253.

[219] Zur Delegierbarkeit auf einen Verordnungsgeber *Kube* in Maunz/Dürig Rn. 248; *Rodi* in BK Rn. 340.

[220] *Jarass* in Jarass/Pieroth Rn. 22; *Rodi* in BK Rn. 351.

[221] → Rn. 30.

[222] *Jarass* in Jarass/Pieroth Rn. 23; *Kube* in Maunz/Dürig Rn. 249; *Rodi* in BK Rn. 355 ff.

[223] BT-Drs. V/890, 10 f.

[224] → Rn. 1 f. und 18.

51 Art. 109 Abs. 4 gibt dem Bund eine **Grundsatzgesetzgebungskompetenz,** die von der Alternativität von ausschließlicher und konkurrierender Gesetzgebung gemäß Art. 70 Abs. 2 nicht erfasst wird und Parallelen in Art. 106 Abs. 4 S. 3 und Art. 140 (iVm Art. 138 Abs. 1 S. 2 WRV) findet.[225] Grundsatzgesetzgebungskompetenz heißt nicht notwendig, dass der Bundesgesetzgeber Grundsätze aufstellt, die von ihm selbst und von den Landesgesetzgebern konkretisiert werden; diese Zweistufigkeit ist beim HGrG, nicht aber beim StabWG anzutreffen. Das HGrG unterscheidet Vorschriften, die einheitlich und unmittelbar gelten, und Vorschriften, die sich an Folgegesetzgeber wenden.[226]

52 **Grundsatzgesetze** verpflichten nicht nur die Landes-, sondern auch den Bundesgesetzgeber selbst.[227] Sie stehen im Rang zwischen sonstigen einfachen Bundesgesetzen und dem GG.[228] Aus der Selbstbindung kann der Bundestag sich nur lösen, indem er mit Zustimmung des Bundesrats das Grundsatzgesetz aufhebt oder ändert. Landesrecht, das gegen ein nicht unmittelbar wirkendes Grundsatzgesetz verstößt, ist gemäß Art. 31 nichtig;[229] unmittelbar wirksame Grundsatzgesetze entfalten eine Art. 31 verdrängende Sperrwirkung. Wie Haushaltsgesetze haben auch haushaltsbezogene Grundsatzgesetze nach Art. 109 Abs. 4 keinen über die Staatsorganisation hinausreichenden Verpflichtungsgehalt.

53 **Gegenstand der Grundsatzgesetzgebungskompetenz** des Bundes sind das Haushaltsrecht, die konjunkturgerechte Haushaltswirtschaft und die mehrjährige Finanzplanung, zu denen für Bund und Länder gemeinsam geltende Grundsätze aufgestellt werden können. „Aufstellen" meint die bei Gesetzgebungskompetenzen übliche Art der Kompetenzausübung.[230] Die drei Kompetenzgegenstände überschneiden sich,[231] was ein systematisches Argument dafür liefert, dass der Kompetenzgegenstand Haushaltsrecht nicht nur in einem verfahrensmäßig-technischen Sinne verstanden werden darf.

54 **Haushaltsrecht** ist alles Recht, das sich auf die Haushaltswirtschaft öffentlich-rechtlicher Organisationen bezieht. Einbezogen sind die Verfahrensregelungen des Haushaltskreislaufs bis hin zu Finanzkontrolle[232] und Entlastung[233] und, entsprechend den gewandelten Auffassungen von der Funktion öffentlicher Haushalte, materielle Anforderungen an die Haushaltsführung.[234] Früher war umstritten, ob Art. 109 Abs. 4 eine bundesgesetzliche Umsetzung der

---

225 Zu der Frage, ob die Grundsatzkompetenz ein eigenständiger Typus der Gesetzgebungskompetenzen ist: *Heun* in Dreier Rn. 54; *Kirchhof* in MKS Rn. 118–122; *Kube* in Maunz/Dürig Rn. 239–244; *Rengeling* in HdbStR VI § 135 Rn. 9, 320 ff.; *Rodi* in BK Rn. 320–333; *Stern,* StaatsR II, 1980, § 37 II 3 g.

226 Zu einer Parallele von Grundsatz- und früherer Rahmengesetzgebung ablehnend *Siekmann* in Sachs Rn. 98; anders *Kloepfer,* Finanzverfassungsrecht, 2014, § 8 Rn. 224.

227 Zu Letzterem aA *Siekmann* in Sachs Rn. 100 ff.

228 *Hierzu* Kube in Maunz/Dürig Rn. 241–243; ferner *Vogel* FS f. Schiedermair, 2001, 113 (118 f.).

229 Zur Anwendbarkeit dieser Kollisionsnorm im Fall der Grundsatzgesetzgebung *W. März,* Bundesrecht bricht Landesrecht, 1989, 164 ff.; *Wiederin,* Bundesrecht und Landesrecht, 1995, 328 ff. Vgl. auch *Kloepfer,* Finanzverfassungsrecht, 2014, § 8 Rn. 221; *Kube* in Maunz/Dürig Rn. 243.

230 Ebenso *Rodi* in BK Rn. 319.

231 Ebenso *Heun* in Dreier Rn. 57.

232 Zu ihr → Art. 114 Rn. 18.

233 Bis hierhin unstreitig; übereinstimmend *Kube* in Maunz/Dürig Rn. 254.

234 Hins. materieller Anforderungen BVerfGE 86, 148 (266 f.); 116, 327 (393 f.); vgl. auch *Siekmann* in Sachs Rn. 110. Zu einem Haushaltsnotlagengesetz *Rossi/Schuppert* ZRP 2006, 8.

Konvergenzkriterien der europäischen Wirtschafts- und Währungsunion in für Bund **und Länder** gleichermaßen verbindliche Verschuldungskriterien oder gar eine Umlegung von Geldbußen, die der Bund wegen Missachtung europarechtlicher Regelungen im Zusammenhang der Wirtschafts- und Währungsunion zahlen muss, auf die Länder decken würde. Diese Fragen sind durch die Neufassung von Art. 109 Abs. 2 und die Einfügung eines Art. 109 Abs. 5 seit 10 Jahren erledigt.[235] Ob Art. 109 Abs. 4 dem Bund auch die Befugnis zu einem Haushaltsnotlagengesetz oder zur Schaffung gesetzlicher Befugnisse, bei den Ländern auf Haushaltsdisziplin hinzuwirken, gibt, war vor der Schaffung von Art. 109a umstritten, aber abzulehnen, weil solche Regelungen zu den Verfassungsmerkmalen „gemeinsam" und „Grundsätze" nicht passen.

Eine **Haushaltswirtschaft**[236] ist konjunkturgerecht, wenn sie im Dienst **55** einer an Art. 109 Abs. 2 orientierten Wirtschaftspolitik steht. Art. 109 Abs. 4, 2. Alt. und das Instrumentarium des StabWG[237] sind zwar im Hinblick auf das Keynes'sche Modell einer antizyklischen Fiskalpolitik geschaffen worden; Art. 109 Abs. 4, 2. Alt. ist hieran aber nicht gebunden; mit dem Begriff „konjunkturgerecht" eröffnet sich dem Gesetzgeber vielmehr ein Beurteilungsspielraum.[238] Art. 109 Abs. 4, 2. Alt. erlaubt – mit Zustimmung des Bundesrats – einseitige Vorgaben des Bundes an die Länder; auf die Alternative von Absprachen mit den Ländern im Rahmen des kooperativen Föderalismus wollte der Bund sich nicht verlassen.

Konjunkturzyklen dauern regelmäßig länger als eine Haushaltsperiode von **56** exakt einem Jahr. Deshalb scheint zu einer konjunkturgerechten Haushaltswirtschaft eine **mehrjährige Finanzplanung** als mittelfristiger Orientierungsrahmen erforderlich. Die mehrjährige Finanzplanung soll für finanzwirtschaftliche Rationalität und geplante Kontinuität sorgen.[239] Sie enthält Präferenzentscheidungen über die Bedeutung einzelner staatlicher Aufgaben und die Dringlichkeit ihrer Erfüllung und ordnet diese den verfügbaren und nötigenfalls zu erschließenden Finanzmitteln zu.[240] Mit Rücksicht auf die Haushaltsautonomie der Länder muss sich der Bundesgesetzgeber auf die Festlegung von Formellem und einer gemeinsamen Haushaltssystematik beschränken.[241] Für eine mehrjährige Finanzplanung, die auch in Art. 106 Abs. 3 S. 4 Nr. 1 S. 2[242] gefordert wird, hat der Gesetzgeber insbesondere in den §§ 9–11, 14 und 17 StabWG, 50–52 HGrG sowie 10 Abs. 2 BHO die nötigen Grundlagen geschaffen.

Es handelt sich um eine nicht verbindliche, auf fünf Jahre angelegte, jähr- **57** lich den Entwicklungen anzupassende und fortzuschreibende, also bei 5-jährigem Planungshorizont gleitende, für Bund und Länder getrennt erfolgende, aber im Stabilitätsrat[243] koordinierte Planung. Die Planung wird von der

---

[235] Ebenso *Kube* in Maunz/Dürig Rn. 255.

[236] Begriff → Rn. 11 ff.

[237] Überblick bei *Rodi* in BK Rn. 487 ff. Diesem Instrumentarium – zu Recht – nur noch einen „Erinnerungswert" zuschreibend *Arndt* JuS 1990, 343 (344).

[238] Vgl. *Kube* in Maunz/Dürig Rn. 260, 263.

[239] BVerfGE 101, 158 (219 f.). Gleichsinnig *Kirchhof* in MKS Rn. 129.

[240] Zu ihren Funktionen *Fischer-Menshausen* in Kaiser, Planung III, 78 ff.; *ders.* FG Etzel, 1967, 281 ff.; *Henneke* in SHH Rn. 155 f.; *Heun,* Staatshaushalt und Staatsleitung, 1989, 236 ff.; *Kube* in Maunz/Dürig Rn. 265; *Lenski* DVBl. 2006, 544 ff.

[241] *Jarass* in Jarass/Pieroth Rn. 22.

[242] → Art. 106 Rn. 36.

[243] Zum früheren Finanzplanungsrat *Gieseke* in BMF, Die Finanzbeziehungen zwischen Bund, Ländern und Gemeinden aus finanzverfassungsrechtlicher und finanzwirtschaftlicher Sicht, 1982, 209 ff.

jeweiligen Regierung beschlossen und dem Parlament mit dem Haushaltsplan vorgelegt; das erste Planungsjahr ist dabei das laufende Haushaltsjahr; sie unterliegt **keiner parlamentarischen Bewilligung.**[244] Eine **integrierte Gesamtplanung** für Bund und Länder gibt es nicht.[245] Die Bezeichnung der Finanzplanung als in Zahlen ausgedrückte Regierungserklärung dürfte ihre reale Bedeutung erheblich überschätzen.[246] Bemühungen, die Rolle der Parlamente in der Finanzplanung zu stärken,[247] scheitern schon daran, dass Parlamente sich bei ihren Entscheidungen für diese Form der Planung nicht sonderlich interessieren. Die Koordinierung dieser Finanzplanungen ist Sache des Stabilitätsrats.[248]

VI. Sanktionen nach Europarecht

58 Art. 109 Abs. 5 soll, wie die Staatszielbestimmung des Art. 109 Abs. 2 und wie Art. 104a Abs. 6, im Verhältnis zu dem er *lex specialis* ist, die **Europatauglichkeit des GG** steigern und einen „nationalen Stabilitätspakt" begründen.[249] Art. 109 Abs. 5 ist eine Reaktion darauf, dass die Bundesrepublik Deutschland von 2002 bis 2005 die seit dem 1.1.1999 geltenden Maastrichter Defizitkriterien nicht eingehalten hat – 2006, im Jahr des Inkrafttretens der Vorschrift, ist dies entgegen ursprünglicher Prognosen dank günstiger wirtschaftlicher Entwicklung erstmals wieder gelungen. Haftungsquoten, wie sie Art. 109 Abs. 5 S. 1 und 2 vorsehen, ließen sich auf der Grundlage des alten Rechts nach der zuletzt dazu ergangenen Rechtsprechung des BVerfG nicht begründen.[250] In der Vorauflage dieses Kommentars stand, dass man vielleicht zehn Jahre abwarten solle, um dann zu sehen, ob es in der Zwischenzeit für die Haftungsquoten einen Anwendungsfall gegeben habe. Das ist nicht der Fall. Mit der Aufteilung von Deutschland europarechtlich eröffneten Verschuldungsspielräumen auf Bund und Länder oder der Setzung von Verschuldungsgrenzen hat Art. 109 Abs. 5 nichts zu tun.[251]

59 Die drei Sätze des Art. 109 Abs. 5 sehen eine **Aufteilung der Lasten von Sanktionsmaßnahmen** der Europäischen Union (in der Hauptsache die Verpflichtung zu unverzinslichen Einlagen oder zur Zahlung von Geldbußen, Art. 126 Abs. 11 AEUV) auf den Bund und die einzelnen Bundesländer vor, S. 1 im Verhältnis von Bund und Ländergesamtheit, S. 2, ausgehend von

---

[244] Zum Charakter der Finanzplanung als Regierungsplanung *Kube* in Maunz/Dürig Rn. 266; *Rodi* in BK Rn. 400. Würde ein Bundesland einen parlamentarischen Zustimmungsvorbehalt einführen, so verstieße dies gegen Bundesrecht.

[245] Rechtspolitische Bewertungen bei *Gröpl,* Haushaltsrecht und Reform, 2001, 83 mit Fn. 114; *Heun* in Dreier Rn. 59; Einzelheiten, auch der gesetzlichen Ausgestaltung, bei *Heller,* Haushaltsgrundsätze für Bund, Länder und Gemeinden, 2. Aufl., 2010, 273 ff.

[246] Vgl. auch *Heun,* Staatshaushalt und Staatsleitung, 1989, 250 ff.; *Kube* in Maunz/Dürig Rn. 272 f.; *Schuppert* in Umbach/Clemens Rn. 20.

[247] Vgl. auch eine Entscheidung des Verfassungsgerichtshofs Berlin vom 22. 11. 2005, Az.: 217/04, dass die Regierung auch bei Doppelhaushalten zu jährlicher Fortschreibung der Finanzplanung verpflichtet sei; dazu *Lenski* DVBl. 2006, 544 ff.

[248] *Kube* in Maunz/Dürig Rn. 271.

[249] BT-Drs. 16/813, 10. Zu der Bezeichnung kritisch *Classen* in Starck Föderalismusreform, Rn. 246, weil der präventive Bereich nicht erfasst sei; ferner *Siekmann* in Sachs Rn. 111. Zu einer konkurrierenden Verwendung dieser Bezeichnung *Huber* DJT 2005, Gutachten D, 72.

[250] → Art. 104a Rn. 58. Zu diesem Kern der These, das GG enthalte eine Lücke: *Kloepfer/Rossi* VerwArch. 94 (2003), 319 (335 ff.); *Kube* in Maunz/Dürig Rn. 23; *Siekmann* in Sachs Rn. 21 f.; *Vogel/Waldhoff* in BK Art. 104a Rn. 661.

[251] Ebenso *Kube* in Maunz/Dürig Rn. 279; *Siekmann* in Sachs Rn. 115.

dem Anteil der Ländergesamtheit gemäß S. 1, auf die einzelnen Länder. S. 3 ermächtigt den Gesetzgeber zu näheren Regelungen. Trotz unklaren Wortlauts von S. 3 ist davon auszugehen, dass mit dem Näheren die S. 1 und 2 gemeint sind, nicht nur S. 1.[252] Aufgrund von Art. 109 Abs. 5 S. 3 ist als Art. 14 des Föderalismusreform-BegleitG das Sanktionszahlungs-Aufteilungsgesetz (SZAG) erlassen worden.[253] Art. 109 Abs. 5 S. 1, 2 und das SZAG werden **rechtspolitisch dafür kritisiert,** dass sie mit pauschalierenden Quoten operieren und allenfalls nach Verursachungs-, nicht aber nach Verschuldensbeiträgen fragen.[254] Da Verursachung, erst recht Verschulden in der staatlichen Haushaltswirtschaft grundsätzlich wenig praktikable Kategorien sind, ist dies als Entscheidung des Verfassungsgebers zu akzeptieren. Aus ähnlichen Gründen zu akzeptieren ist die Festsetzung von Quoten von Bund und Ländern in bestimmter Höhe, mag dies im Lauf der Jahre auch in der einen und dann in der anderen Richtung Härten aufweisen.[255] Art. 109 Abs. 5 begründet – politisch betrachtet – regelmäßig eine **„große Koalition der Haftenden“** – und damit der an Haftungsvermeidung Interessierten; auf Bemessung und Höhe einzelner Anteile kommt es dabei weniger an als auf die Effektivität der Haftung insgesamt.

Gemäß Art. 109 Abs. 5 S. 1 trägt der **Bund** immer 65 % der vom Rat der Europäischen Union gemäß Art. 126 Abs. 11 AEUV festgesetzten Beträge; dies gilt im freilich theoretischen Extremfall selbst dann, wenn nur Länderhaushalte defizitär sind, nicht aber der Bundeshaushalt. Von dem **Länderanteil** von 35 % werden gemäß Art. 109 Abs. 5 S. 2 35 %, gleich 12,25 % des Ausgangsbetrages, auf die einzelnen Länder im Verhältnis ihrer Einwohnerzahl umgelegt, ein auch sonst gebräuchliches Kriterium, und 65 %, gleich 22,75 % des Ausgangsbetrages, im Verhältnis ihres Verursachungsbeitrages. Verursachungsbeitrag ist, hier leicht feststellbar, der Anteil eines Landes an der gesetzlich näher definierten Gesamtverschuldung der Länder (§ 2 Abs. 1 S. 2, 1. Hs. SZAG).[256] Länder mit materiell ausgeglichenem Haushalt werden nicht nach Art. 109 Abs. 5 S. 2, 2. Hs., wohl aber nach Art. 109 Abs. 5 S. 2, 1. Hs. in Anspruch genommen. Für Länder in einer extremen Haushaltsnotlage sieht § 2 Abs. 3 SZAG eine Stundung, verbunden mit einer Vorleistungspflicht des Bundes, vor.[257] **60**

C. Verhältnis zu anderen Bestimmungen des Grundgesetzes

Da Art. 109 Disparates enthält, kann es auf die Frage nach seinem Verhältnis zu anderen Bestimmungen des GG keine einheitliche Antwort geben. **Abs. 1** ist auf einer Linie mit den anderen Grundsatzbestimmungen zur föderalen Kompetenztrennung, muss aber auch im Zusammenhang mit **61**

[252] *Kube* in Maunz/Dürig Rn. 279, unter Hinweis auf BT-Drs. 16/813, 20.

[253] Vom 5.9.2006 (BGBl. 2006 I 2098, 2104, zuletzt geändert durch G vom 15.7.2013, BGBl. 2013 I 2396); zu ihm *Classen* in Starck Föderalismusreform, Rn. 267–270.

[254] Nach einem Verursachungs- und einem Solidarprinzip differenzierend *Classen* in Starck Föderalismusreform, Rn. 259–266.

[255] Wie hier wohl *Kluth* in Kluth, Föderalismusreformgesetz, 2007 Art. 109 Rn. 4, 10, 11; kritisch *Heun* in Dreier Rn. 63; *Kirchhof* in MKS Rn. 134; *Kube* in Maunz/Dürig Rn. 277 f.; zur Entschärfung dieser Problematik durch das Inkrafttreten der Schuldenbremse *Siekmann* in Sachs Rn. 112, 114.

[256] Zu einem alternativen Begriffsverständnis *Classen* in Starck Föderalismusreform, Rn. 264.

[257] Dazu kritisch *Siekmann* in Sachs Rn. 118.

Mischfinanzierungstatbeständen und den Art. 105 bis 108 gesehen werden, welche die Haushaltsautonomie der Bundesländer erheblich einschränken. **Abs. 2** ist über den Begriff des gesamtwirtschaftlichen Gleichgewichts mit Art. 104b Abs. 1 S. 1 Nr. 1 verbunden. Vor allem ist die Vorschrift eine haushaltspolitische Leitaussage und die Grundlage für das Staatsschuldenregime. Sie wird für die Neuverschuldung in **Abs. 3** konkretisiert, der seinerseits für den Bund in **Art. 115 Abs. 2** wiederholt und weiter konkretisiert wird.

D. Kritische Würdigung

62 Eine rechtspolitische Würdigung von Art. 109 hat es mit vier, rechtspolitisch zum Teil **ganz unterschiedlichen Normschichten** zu tun:
- mit klassisch-zeitlosem Bundesstaatsrecht in Abs. 1;
- mit Resten des Keynesianismus der späten 1960er Jahre in Abs. 2 und Abs. 4;
- mit der Föderalismusreform I in Abs. 5;
- mit der Föderalismusreform II in den Abs. 2 und 3.

63 An Abs. 1 ist nichts auszusetzen. Kritik richtet sich gegen mangelnde Einnahmenautonomie der Länder, nivellierenden Finanzausgleich[258] und bundesgesetzliche Überforderung der Länder mit Auf- und Ausgaben.

64 Mit Abs. 2 übernimmt die Bundesrepublik Deutschland die Konzeption des europäischen Stabilitäts- und Wachstumspaktes für ihren Verfassungsraum. Je nachdem, wie man zum Vorrang des Europarechts vor nationalem Verfassungsrecht steht, wird man diese dogmatische Konstruktion unterschiedlich bewerten. In der Sache entspricht die **close-to-balance-Maxime** langjähriger und überwiegender rechtspolitischer Kritik an Art. 109 Abs. 2 aF und dem Investitionsjunktim in einem hohen Maße; es wäre verwunderlich, wenn nun auch diese Maxime schon wieder eher negativ bewertet würde. Ihre **praktische Bewährungsprobe** steht aber noch aus. Die Konzeption einer antizyklischen Fiskalpolitik ist dem entsprechend stark zurückgedrängt.[259] Was bleibt, ist die nicht keynesspezifische Wohlfahrtsfunktion des modernen Staates. Das politische Scheitern der Keynes´schen Konzeption wird vom verfassungsändernden Gesetzgeber selbst eingeräumt. Fragen wie die, ob ein richtiges Konzept nur falsch angewandt oder ob es durch Ereignisse von der Dimension der Wiedervereinigung Deutschlands oder der Finanzmarkt- und Eurokrise überfordert worden sei oder ob dieses Konzept die Staatsverschuldung als normale Form der Staatseinnahme legitimiert habe, können darum auf sich beruhen.

65 Abs. 3 begegnet(e) **viel Misstrauen.** „Die Regelung widerspricht weitgehend der ökonomischen Vernunft und wird – da sie ohnehin zeitlich gestaffelt erst in einigen Jahren greift – bis dahin voraussichtlich entweder wieder aufgehoben oder einfach nicht eingehalten werden.“[260] Nach den Erfahrungen mit 50 Jahren Staatsverschuldung ist gut verständlich, dass er

[258] Dessen negative Leistungsanreize Landesfinanzverwaltungen sogar von Betriebsprüfungen abhalten sollen; vgl. *Seer* in Tipke/Lang, Steuerrecht, § 21 Rn. 235.

[259] Dies begrüßend *Engels/Hugo* DÖV 2007, 445 ff.; *Halstenberg* DVBl. 2001, 1405 ff. Von einem Scheitern des Keynes´schen Modells spricht *Kube* in Maunz/Dürig Rn. 102. Dagegen *Skidelsky,* The Return of the Master, 2009.

[260] Zitat: *Heun* JZ 2010, 53 (60).

genau nach Schwachstellen und Schlupflöchern durchleuchtet wird.[261] Dieses Misstrauen geht an einem Kernproblem der Neuregelung vorbei. Dies ist der erhebliche Konsolidierungsbedarf, dessen Befriedigung die Norm 2016 (für den Bund) und 2020 (für die Länder) überhaupt erst anwendbar macht. Nach der Finanzplanung des Bundes ging es in den Jahren 2011 bis 2013 allein für den Bund um 34,5 Mrd. Euro.[262] Die Verfassung gibt zwar vor, dass diese Summe irgendwie aufgebracht werden muss. Doch lässt sich der Finanzstaat rechtlich eben nur schwer bändigen.[263] Die Norm hatte zunächst eine primär finanzpolitische Funktion: Sie sollte die Konsolidierungsleistung durchsetzbarer machen. Dies ist mit dem Erreichen „schwarzer Nullen" ab 2015 jedenfalls für einen längeren Zeitraum gelungen. Art 109 Abs. 3 nimmt nur einen Teil des Schuldenproblems in den Blick, die Neuverschuldung, und verknüpft dies mit Fristen (Art. 143d Abs. 1). Man gewinnt den Eindruck, die Verfassung sei hier kein dauerhaft-beständiger Rahmen, sondern ein Instrument, mit dem die Politik sich selbst unter Druck setzt, um das 2009 kaum Vorstellbare, eine Haushaltskonsolidierung nach der Finanzmarkt- und Eurokrise, wenn auch unter günstigen Rahmenbedingungen, zu schaffen.[264]

Abs. 4 war Teil der von 1967/69 bis 2006/09 geltenden Fassung von **66** Art. 109. Seine Kompetenztitel sind aber flexibel und geben auch in der aktuellen Fassung Sinn, anders als der 2009 aufgehobene Art. 109 Abs. 4 aF.[265] Bei Überschneidungen mit anderen Gesetzgebungsaufträgen, insbesondere im Verhältnis von Finanzplanung zu Art. 109a, tritt die Norm als *lex generalis* zurück. Auf seiner Grundlage wurde im Mai 2010 der Finanzplanungsrat durch den Stabilitätsrat ersetzt.[266]

Abs. 5 ist eine Reaktion auf die viermalige Verfehlung der Maastrichter **67** Stabilitätskriterien durch Deutschland in den Jahren 2002–2005. Zwar hat es für die Norm bisher keinen Anwendungsfall gegeben. Die Aussage, dass Bund und Länder gemeinsam auf diese Kriterien verpflichtet sind, ist als rechtspolitisches Signal zu begrüßen. Ohne die Norm hätte der Bund keine Möglichkeit zur innerstaatlichen Weiterleitung unionsrechtlicher Sanktionen.

Literatur

(soweit nicht in den Literaturhinweisen bei Vorb. zu Art. 104a–109 enthalten, weitere Literatur zu dem Themenkreis Staatsverschuldung in Deutschland wird bei Art. 115 nachgewiesen)

R. Aprill, Anforderungen für eine Neuordnung des Haushalts- und Rechnungswesens des Bundes, DÖV 2008, 184. – ***J. Brockhausen,*** Die rechtliche Bedeutung des gesamtwirtschaftlichen Gleichgewichts und seiner Komponenten in § 1 StWG unter Berücksichtigung der Entstehungsgeschichte, 1974. – ***B. Faßbender,*** Eigenstaatlichkeit und Verschuldungsfähigkeit der Länder, NVwZ 2009, 737. – ***K. H. Friauf/H. Wagner,*** Öffentlicher Haushalt und Wirtschaft, VVDStRL 27 (1969), 1, 47. – ***U. Häde,*** Gesamtwirtschaftliches Gleichgewicht und europäische Haushaltsdisziplin, JZ 1997, 269. – ***U. Häde,*** Die innerstaatliche Verteilung gemeinschaftsrechtlicher Zahlungs-

[261] Darstellung bei *Kube* in Maunz/Dürig Rn. 158 ff., 170 ff. 212 ff. und zu dem etwas ausführlicheren Art. 115 Rn. 140 ff., 153 ff., 177 ff., 193 ff., 205 ff.

[262] BMF, zit. nach *Christ* NVwZ 2009, 1333. Vgl. auch *Tappe* DÖV 2009, 889 f.

[263] *Isensee* FS f. Friauf, 1996, 707. Den argentinischen Staatsbankrott 2001/02 konnte auch eine in die dortige Verfassung aufgenommene Bindung der Landeswährung an den US-Dollar nicht verhindern.

[264] So *Heintzen,* Das neue Staatsschuldenrecht in der Bewährungsprobe, 2012, 15, 37 f.

[265] Dazu, dass diese alte Fassung im Zeitpunkt ihrer Streichung faktisch weitgehend obsolet war, *Rodi* in BK Rn. 419.

[266] BGBl. 2010 I 671.

pflichten, 2006. – ***U. Häde,*** Haushaltsdisziplin und Solidarität im Zeichen der Finanzkrise, EuZW 2009, 399. – ***I. Härtel,*** Föderalismusreform II, JZ 2008, 437. – ***A. Hatje,*** Die Reform des Stabilitäts- und Wachstumspaktes: Sieg der Politik über das Recht?, DÖV 2006, 597. – ***M. Heintzen,*** Das neue deutsche Staatsschuldenrecht in der Bewährungsprobe, 2012. – ***M. Heintzen,*** (Hrsg.), Auf dem Weg zu nachhaltig ausgeglichenen öffentlichen Haushalten, 2013. – ***J. Hellermann,*** Die Europäische Wirtschafts- und Währungsunion als Stabilitätsgemeinschaft und der nationale Stabilitätspakt in der bundesstaatlichen Solidargemeinschaft, EuR 2000, 24. – ***I. Kemmler,*** Nationaler Stabilitätspakt und Aufteilung der EU-Haftung zwischen Bund und Ländern nach der Föderalismusreform, LKV 2006, 529. – ***F. Kirchhof,*** Grund und Grenzen des Grundsatzes der verlässlichen und planbaren Finanz- und Haushaltswirtschaft, FS J. Isensee, 2007, 363. – ***P. Kirchhof,*** Staatsverschuldung im föderalen System der Bundesrepublik Deutschland, in: I. Härtel (Hrsg.), Handbuch Föderalismus, 2012, Bd. II, § 38. – ***M. Klepzig,*** Die „Schuldenbremse“ im Grundgesetz – ein Erfolgsmodell?, 2015. – ***S. Korioth,*** Die neuen Schuldenregeln für Bund und Länder und das Jahr 2020, Jahrbuch für öffentliche Finanzen 2009, 389. – ***S.-C. Lenski,*** Die mittelfristige Finanzplanung des Bundes und der Länder, DVBl. 2006, 544. – ***V. Mehde,*** Gesetzgebungskompetenz des Bundes zur Aufteilung der Verschuldensgrenzen des Vertrags von Maastricht, DÖV 1997, 616. – ***F. Morrison,*** (Hrsg.), Fiscal Rules – Limits on Governmental Deficits and Debt, 2016. – ***A. v. Mutius/G. F. Schuppert,*** Die Steuerung des Verwaltungshandelns durch Haushaltsrecht und Haushaltskontrolle, VVDStRL 42 (1984), 147, 216. – ***F. Neumark,*** Der Reichshaushaltsplan, 1929. – ***F. Neumark,*** Theorie und Praxis der Budgetgestaltung, in: HFW, Bd. 1, 2. Aufl., 1952, 554. – ***H. Oetjens,*** Die Schwarze Null und der Schuldenberg, DÖV 2015, 947. – ***U. Palm,*** Der Bruch des Stabilitäts- und Wachstumspakts, EuZW 2004, 71. – ***A. Puttler,*** Die Haushaltsautonomie der Länder, 2005. – ***N. Reich,*** Rückführung staatlicher Altschulden als Rechtsproblem, 2018. – ***P. Selmer,*** Die Föderalismusreform II – Ein verfassungsrechtliches monstrum simile, NVwZ 2009, 1255. – ***Th. Schweisfurth/W. Voß*** (Hrsg.), Haushalts- und Finanzwirtschaft der Länder in der Bundesrepublik Deutschland, 2017. – ***R. Streinz u. a.,*** Totgesagte leben länger – oder doch nicht? Der Stabilitäts- und Wachstumspakt nach dem Beschluss des Rates vom 25.11.1993 über das Ruhen der Defizitverfahren gegen Frankreich und Deutschland, NJW 2004, 1553. – ***St. Stüber,*** Die Schuldenbremse im Haushaltsvollzug, DÖV 2018, 654. – ***A. Thiele,*** The „German Way“ of Curbing Public Debt, European Constitutional Law Review 11 (2015), 30. – ***H. Tappe,*** Kreditbegrenzungsregeln im Bundesstaat, Jahrbuch für öffentliche Finanzen 2009, 417. – ***M. Thye,*** Die neue „Schuldenbremse“ im Grundgesetz, 2010. – ***R. Wernsmann,*** Die Einnahmenautonomie der Länder, Jahrbuch für öffentliche Finanzen 2011, 417. – ***J. Wieland,*** Finanzkrise und Bundesstaat, ZG 2009, 140.

Art. 109a [Stabilitätsrat, Haushaltsnotlagen]

(1) Zur Vermeidung von Haushaltsnotlagen regelt ein Bundesgesetz, das der Zustimmung des Bundesrates bedarf,

1. die fortlaufende Überwachung der Haushaltswirtschaft von Bund und Ländern durch ein gemeinsames Gremium (Stabilitätsrat),

2. die Voraussetzungen und das Verfahren zur Feststellung einer drohenden Haushaltsnotlage,

3. die Grundsätze zur Aufstellung und Durchführung von Sanierungsprogrammen zur Vermeidung von Haushaltsnotlagen.

(2) [1]Dem Stabilitätsrat obliegt ab dem Jahr 2020 die Überwachung der Einhaltung der Vorgaben des Artikels 109 Absatz 3 durch Bund und Länder. [2]Die Überwachung orientiert sich an den Vorgaben und Verfahren aus Rechtsakten auf Grund des Vertrages über die Arbeitsweise der Europäischen Union zur Einhaltung der Haushaltsdisziplin.

(3) Die Beschlüsse des Stabilitätsrats und die zugrunde liegenden Beratungsunterlagen sind zu veröffentlichen.

Übersicht

A. Allgemeine Bedeutung

Art. 109a gibt einem Stabilitätsrat verfassungsunmittelbare Legitimation[1] 1
sowie institutionelle Gewähr und schreibt ihm im Kern die Aufgabe eines Frühwarnsystems gegen Haushaltsnotlagen zu.[2] Der Artikel ist seit dem 30.7.2009 in Kraft.[3] Die Bezeichnung „Frühwarnsystem“ ist deshalb deplatziert, denn die Bundesländer, die am meisten mit dem Stabilitätsrat zu tun hatten und haben, befanden sich 2009 bereits in einer Haushaltsnotlage. Bei seiner ersten und bisher einzigen Änderung durch das 62. Gesetz zur Änderung des Grundgesetzes vom 13.7.2017[4] ist als weitere Kernaufgabe die Überwachung der Einhaltung der Vorgaben des Art. 109 Abs. 3 durch Bund und Länder hinzugekommen, dies mit Wirkung ab 1.1.2020. Übergangsweise und im Zusammenhang damit ist der Stabilitätsrat gemäß Art. 143d Abs. 2

[1] Zu funktioneller und institutioneller demokratischer Legitimation *Böckenförde* in HdbStR II, § 24 Rn. 15.

[2] BT-Drs. 16/12410, 7.

[3] BGBl. 2009 I 2248.

[4] BGBl. 2017 I, 2347.

S. 5 für die Überwachung des Abbaus der Finanzierungsdefizite der fünf am höchsten verschuldeten Bundesländer zuständig gewesen. Der Stabilitätsrat hat 2009 die Rolle des daraufhin abgeschafften Finanzplanungsrates (§§ 50–52 HGrG) übernommen, ein Gremium, dem nur bescheidene Aufmerksamkeit zuteil wurde.[5] Die – rechtspolitische Anregungen des BVerfG aufgreifende[6] – Hochzonung dieser Aufgaben und der damit betrauten Institution in das Verfassungsrecht soll helfen, **„öffentlichen Druck"** aufzubauen.[7] Art. 109a zielt auf die Bereitstellung volkswirtschaftlicher Informationen und Prognosen, also auf sachliche Information, und auf Informell-Mediendemokratisches.[8] Von der finanzpolitischen Zukunft entsteht ein eher düsteres Bild.[9]

2 Art. 109a ist ein inhaltlich angereicherter, sowohl formelle als auch materielle Fragen der Haushaltsüberwachung umfassender Gesetzgebungsauftrag.[10] Das darin geforderte Bundesgesetz bedarf, der Stellung des Stabilitätsrates als gemeinsames Organ von Bund und Ländern gemäß, der Zustimmung des Bundesrates; dies gilt auch für jegliche Gesetzesänderung. Das Stabilitätsratsgesetz ist seit dem 1.1.2010 in Kraft.[11] Zum **normativen Unterbau** von Art. 109a gehören weiter[12], neben einer Geschäftsordnung, die §§ 51 f. HGrG[13] und, bis zum 31.12.2019, das KonsHilfG[14] und § 11 Abs. 3 FAG („Fortschrittsberichte Aufbau Ost"). Weiterhin ist hinzuweisen auf vom Stabilitätsrat gemäß § 3 Abs. 2 S. 3 StabiRatG zu beschließende, allgemein geltende Kennziffern zu Haushaltslage und Finanzplanung[15] und, darauf bezogen, allgemein geltende Schwellenwerte, deren Überschreitung auf eine drohende Haushaltsnotlage hinweisen kann (§ 4 Abs. 1 StabiRatG). Die Konzeption der Haushaltsüberwachung ist Art. 126 AEUV nachgebildet.[16]

---

[5] Zum Finanzplanungsrat → Art. 109 Rn. 66. Der Finanzplanungsrat hatte am 10.12.2009 seine Selbstauflösung beschlossen und betrachtete den Stabilitätsrat als seinen Nachfolger. Vgl. das Gesetz zur Abschaffung des Finanzplanungsrates und zur Übertragung der fortzuführenden Aufgaben auf den Stabilitätsrat vom 27.5.2010 (BGBl. I, 671). Zu dem damit verbundenen Paradigmenwechsel *Toscani/Pfeil,* Die Koordination der Länderfinanzen: Vom Finanzplanungsrat zum Stabilitätsrat, in Schweisfurth/Voß (Hrsg.), Haushalts- und Finanzwirtschaft der Länder in der Bundesrepublik Deutschland, 2017, 207 (208).

[6] BVerfGE 116, 327 (393 f.); ferner 86, 148 (266). Zum Stabilitätsrat ferner BVerfGE 129, 124 (170); 132, 195 (245, 281, 283 f.); 135, 403 (432).

[7] BT-Drs. 16/12410, 7, dort bezogen auf die Veröffentlichung der Beschlüsse.

[8] Wobei dies, entgegen *Kube* in Maunz/Dürig Rn. 138, nicht im Sinne negativer Kritik gemeint ist.

[9] An dem Betrag 1.970.000.000.000 Euro, auf den die Arbeit von *Koemm,* Eine Bremse für die Staatsverschuldung?, in ihrem im September 2011 verfassten Vorwort hinweist, hat sich, aufs Ganze gesehen, bis Januar 2020 kaum etwas geändert.

[10] Zum StabiRatG umfassend *Kube* in Maunz/Dürig Rn. 87–121.

[11] Artikel 1 und 13 Abs. 2 des Begleitgesetzes zur zweiten Föderalismusreform, BGBl. 2009 I, 2702; zuletzt geändert durch Art. 4 des Gesetzes vom 14.8.2017, BGBl. I, 3122. Historisch-genetische Verknüpfung von Art. 109a und Gesetz bei *Reimer* in BeckOK GG Rn. 4.1, 4.2.

[12] Aktueller Überblick auf der Internetseite des Stabilitätsrats.

[13] Dies sind einheitlich und unmittelbar für Bund und Länder geltende Vorschriften, die auf die haushaltspolitischen Verpflichtungen Deutschlands im Rahmen der Europäischen Union Bezug nehmen.

[14] Das ab 1.1.2020 an seine Stelle tretende SanG weist dem Stabilitätsrat keine Aufgaben zu.

[15] Struktureller Finanzierungssaldo, Kreditfinanzierungsquote, Schuldenstand, Zins-Steuer-Quote; ausführlich und mit den zugehörigen Schwellenwerten *Henneke* in SHH Rn. 23.

[16] BVerfGE 132, 195 (281, 283 f.). Vgl. dazu auch *Heun/Thiele* in Dreier Rn. 4; *Kube* in Maunz/Dürig Rn. 13.

B. Einzelfragen

I. Rechtsstellung, Organisation, Mitglieder des Stabilitätsrats

Der Stabilitätsrat ist ein **gemeinsames Organ** von Bund und Ländern, kein Bundesorgan. Diese im Grundgesetz einzigartige Konstruktion soll zum Ausdruck bringen, dass seine Aufgaben Gemeinschaftsaufgaben von Bund und Ländern sind, und soll dem Gremium Äquidistanz zu beiden föderalen Ebenen mit ihren Interessengegensätzen sichern.[17] Soweit der Stabilitätsrat keinen Rechtszwang ausübt, wäre diese Durchbrechung des föderalen Trennungsprinzips wohl auch ohne Verfassungsänderung möglich gewesen. Mit Art. 79 Abs. 3 GG ist sie jedenfalls vereinbar.[18] Von der rechtlichen Zuordnung des Stabilitätsrates ist seine faktische Anbindung zu unterscheiden; gemäß § 1 Abs. 1 S. 3 StabiRatG wird er bei der Bundesregierung eingerichtet. 3

Der Stabilitätsrat ist **kein Verfassungsorgan.** Die Erwähnung in der Verfassung genügt dafür nicht. Erforderlich wäre weiter, dass Institution und Funktion zumindest im Wesentlichen durch die Verfassung selbst ausgestaltet werden und an der Gesamtwillensbildung des Staates mit politischem Gewicht beteiligt sind.[19] Beides ist nicht der Fall. Trotzdem ist der Stabilitätsrat im (Bundes-)Organstreitverfahren als anderer Beteiligter im Sinne von Art. 93 Abs. 1 Nr. 1 GG parteifähig, soweit er gegen ein Bundesorgan[20] ein Recht geltend macht, welches das Grundgesetz ihm gibt; in Betracht kommen hier der Anspruch auf Unabhängigkeit und Weisungsfreiheit oder Informationsansprüche.[21] 4

Zur Zusammensetzung des Stabilitätsrats, zur Stellung seiner Mitglieder und zu Abstimmungsquoren[22] macht das Grundgesetz keine ausdrücklichen Vorgaben. Aus „gemeinsames Gremium" von Bund und Ländern, aus „Überwachung", also einer Unabhängigkeit erfordernden Kontrollaufgabe, und aus dem Verfassungsrang von Art. 109a lassen sich aber verfassungsrechtliche Vorgaben entwickeln.[23] „Gemeinsames Gremium" bedeutet: Grundsätzlich paritätische Besetzung durch Vertreter von Bund und Ländern und entsprechende Ausgestaltung von Vorsitz und Quoren. Es bedeutet weiter Ausschluss von externen Sachverständigen sowie Vertretern von Kommunen, Bundesbank oder Sozialversicherungsträgern von der Beschluss- 5

---

[17] Zur Äquidistanz *Kube* in Maunz/Dürig Rn. 22; *Reimer* in BeckOK GG Rn. 9; *Henneke* in SHH Rn. 7. AA *Schenke* in Sodan Rn. 2 (Bundesorgan).

[18] Ebenso *Heun/Thiele* in Dreier Rn. 10, 14; *Reimer* in BeckOK GG Rn. 10.1; zu Art. 79 Abs. 3 im Zusammenhang mit der Schuldenbremse → Art. 109 Rn. 5 Fn. 20.

[19] Siehe etwa *Kloepfer,* Verfassungsrecht I, 2011, § 14 Rn. 6 ff. Zur verfassungsrechtlichen Stellung des Stabilitätsrats *G. Kirchhof* in MKS Rn. 17–23.

[20] Soweit die Beeinträchtigung durch ein Organ eines Bundeslandes droht, zeitigt die Einzigartigkeit der föderalen Stellung des Stabilitätsrats verfassungsprozessuale Probleme, die systemkonform nur schwer zu lösen sind. Dazu auch *Kube* in Maunz/Dürig Rn. 124.

[21] Ebenso *Reimer* in BeckOK GG Rn. 86 u. 21; anders *Heun/Thiele* in Dreier Rn. 46; zur vergleichbaren Problematik beim Bundesrechnungshof → Art. 114 Rn. 19. Umgekehrt ist jedenfalls theoretisch Rechtsschutz des Bundes gegen den Stabilitätsrat denkbar; dazu näher *Kube* in Maunz/Dürig Rn. 123.

[22] Zum Verhältnis von Bund und Ländern insoweit *Kloepfer,* Finanzverfassungsrecht, 2014, § 9 Rn. 46.

[23] Im Ansatz so auch *Kube* in Maunz/Dürig Rn. 24, 27. Aus Art. 109a Abs. 3 weitere Anforderungen abzuleiten, geht wohl zu weit; anders *Reimer* in BeckOK GG Rn. 20, 57 („offenes Beratungsverfahren").

fassung.[24] In Verbindung mit dem Verfassungsrang und als Kontrast zum vom Stabilitätsrat abgelösten Finanzplanungsrat ist dieses Kriterium schließlich so zu verstehen, dass Bund und Länder von **politischen Entscheidungsträgern,** insbesondere Ministern, nicht von Fachbeamten zu vertreten sind.[25] Diese Mitglieder haben von Haus aus einen verfassungsrechtlichen Status und politisches Gewicht;[26] zusätzliche persönliche Unabhängigkeit als Mitglied des Stabilitätsrats wird ihnen nicht gewährt[27]; allerdings muss die Unabhängigkeit des Gesamtorgans verbürgt sein, wovon auch die einzelnen Mitglieder profitieren; ihm angehörende Minister unterliegen rechtlich keiner Richtlinienkompetenz oder Kabinettsdisziplin.[28] In diesem Rahmen hat der Bundesgesetzgeber Spielräume,[29] die er in § 1, insb. Abs. 1, 2 und 4 StabiRatG verfassungskonform genutzt hat. Die bundesgesetzliche Festlegung, dass die Bundesländer durch ihre Finanzminister vertreten werden, ist kein Eingriff in die Verfassungsautonomie der Länder,[30] sondern wird von dem Gesetzgebungsauftrag des Art. 109a gedeckt.

II. Aufgaben, Befugnisse und Verfahren

6 Der Stabilitätsrat wird zwar nur in der ersten von drei Nummern des Art. 109a Abs. 1 und in Abs. 2 genannt; sie alle betreffen aber seine Aufgaben.[31] Der Stabilitätsrat ist betraut mit

- der fortlaufenden Überwachung der Haushaltswirtschaft[32] von Bund und Ländern,
- der Früherkennung und Vermeidung von Haushaltsnotlagen,
- der (förmlichen) Feststellung einer drohenden Haushaltsnotlage gemäß Kriterien und einem Verfahren, welche das Gesetz vorgibt und er selbst möglicherweise konkretisiert hat,
- die Beteiligung an der Aufstellung und die Überwachung der Durchführung von Sanierungsprogrammen zur Vermeidung von Haushaltsnotlagen,
- der Überwachung der Einhaltung der Vorgaben des Art. 109 Abs. 3 durch Bund und Länder; dies ab 2020 und in Orientierung an den Vorgaben und Verfahren aus Rechtsakten der Europäischen Union, auf die dynamisch verwiesen wird.

Die auf drei Ziffern und einen weiteren Absatz verteilten Aufgaben sind sachlich verknüpft und lassen sich, abgesehen vom Sanierungsverfahren gemäß § 5 StabiRatG, nicht unterschiedlichen „Verfahren" zuordnen, die

---

[24] Wie hier *Reimer* in BeckOK GG Rn. 16; zu Letzterem BT-Drs. 16/12400, 18, wo eine Gastrolle als zulässig angesehen wird.

[25] Anders die überwiegende Meinung; siehe etwa *Kube* in Maunz/Dürig Rn. 24. Wie hier möglicherweise *Heun/Thiele* in Dreier Rn. 30.

[26] Zur Stellung des Bundesministers der Finanzen → Vorb. Art. 110–115 Rn. 9.

[27] Ebenso *Heun/Thiele* in Dreier Rn. 15.

[28] Ebenso *Kube* in Maunz/Dürig Rn. 30; *Reimer* in BeckOK GG Rn. 19, 19.1. Anders *Siekmann* in Sachs Rn. 5; *Thye,* Stabilitätsrat, 2014, 67 ff.

[29] Zu dienstrechtlichen Gestaltungsoptionen bei den Mitgliedern *Reimer* in BeckOK GG Rn. 16–18.

[30] So *Reimer* in BeckOK GG Rn. 15 („bedenklich").

[31] Ebenso *Kube* in Maunz/Dürig Rn. 34; nach *Siekmann* in Sachs Rn. 9 handelt es sich bei Art. 109a Abs. 1 Nr. 2 und 3 GG um Aufgaben, die der Gesetzgeber dem Stabilitätsrat übertragen kann, aber nicht muss.

[32] Dieser Begriff hat hier dieselbe Bedeutung wie in Art. 109 Abs. 1; → Art. 109 Rn. 11.

juristisch zu trennen oder in eine Rangordnung zu bringen sind.[33] Wohl kann man bei Art. 109a Abs. 1 von Verfahrensstufen sprechen, die aufeinander aufbauen.[34]

Zu den verfassungsrechtlichen Kernaufgaben nach Art. 109a Abs. 1 und 3 treten weitere Aufgaben hinzu: 7

- bis Ende 2019 die Überwachung des Abbaus der Finanzierungsdefizite bei den Konsolidierungshilfeländern (Art. 143d Abs. 2 S. 5 GG),
- bis Ende 2019 die Erörterung der Fortschrittsberichte Aufbau Ost (§ 11 Abs. 3 FAG),
- die Koordinierung der Finanzplanung von Bund und Ländern (§ 51 Abs. 1 HGrG),
- die Überwachung der Vorgaben des Europäischen Fiskalpakts, insbesondere Einhaltung der Obergrenze des strukturellen gesamtstaatlichen Finanzierungsdefizits (§ 51 Abs. 2 HGrG). Der Stabilitätsrat und sein nach Abschluss des Fiskalpakts 2013 ins Leben gerufener unabhängiger Beirat sollen die von Art. 3 Abs. 2 des Fiskalpaktes geforderten unabhängigen Überwachungsorgane sein.

Weitere Aufgaben können dem Rat durch Gesetz übertragen werden (§ 2 S. 4 StabiRatG).

Bei der Wahrnehmung einiger dieser Aufgaben stehen dem Stabilitätsrat Beurteilungs- und Ermessensspielräume zu, zu denen sich aber keine allgemeinen Aussagen formulieren lassen. Von diesen Aufgaben darf auf (verfassungs-)rechtliche **Informationsansprüche** geschlossen werden.[35] Bund und Länder haben dem Stabilitätsrat alle Informationen zu geben, die dieser zu ihrer Erfüllung braucht. Dies schließt eine Informationsaufbereitung ein, die Vergleichbarkeit und elektronische Auswertung ermöglicht (vgl. auch §§ 52 Abs. 1 HGrG, 17 Gesetz zur Förderung der Stabilität und des Wachstums der Wirtschaft [StabG]). 8

1. Fortlaufende Überwachung der Haushaltswirtschaft. „Fortlaufend" sollte keine übertriebenen Erwartungen wecken.[36] Der Stabilitätsrat tagt grundsätzlich zweimal jährlich, Grundlage seiner jährlichen Beratung über die Haushaltslage des Bundes und jedes einzelnen Bundeslandes sind gemäß § 3 Abs. 2 S. 2 StabiRatG zu verfassende Berichte jeder einzelnen Gebietskörperschaft, und neben einem Sekretariat wird er von einem Arbeitskreis Stabilitätsrat und einem Evaluationsausschuss unterstützt. „Haushaltswirtschaft" meint dabei nicht nur den Haushaltsplan, sondern auch den Haushaltsvollzug, mithin den kompletten Haushaltszyklus. Wie in Art. 109 Abs. 3 ist nur der Staatshaushalt gemeint, Nebenhaushalte, auch kommunale Haushalte, werden nur in ihren Auswirkungen auf den Staatshaushalt erfasst[37]; dies 9

---

[33] So aber *Reimer* in BeckOK GG Rn. 22 ff., 37, der daraus ableitet, der Gesetzgeber dürfe dem Stabilitätsrat keine weiteren Aufgaben zuweisen (so aber § 2 S. 2 StabiRatG), und der dem Publizitätserfordernis gemäß Art. 109a S. 2 eine Verknüpfungsfunktion zuschreibt (Rn. 24). Vgl. auch *Heun/Thiele* in Dreier Rn. 17.

[34] So *Henneke* in SHH Rn. 23. Zu Diskrepanzen zwischen den Absätzen 1 und 2 von Art. 109a im Hinblick auf § 3 Abs. 2 S. 2 StabiRatG *Heun/Thiele* in Dreier Rn. 24.

[35] So *Kloepfer*, Finanzverfassungsrecht, 2014, § 9 Rn. 23; *Kube* in Maunz/Dürig Rn. 51. Vgl. auch § 4 Abs. 3 StabiRatG.

[36] *Reimer* in BeckOK GG Rn. 35, weist auf ein verfassungsrechtliches Minimum hin.

[37] Ebenso *Jarass* in Jarass/Pieroth Rn. 1; *Kube* in Maunz/Dürig Rn. 47–49; nach *Siekmann* in Sachs Rn. 10 soll es um „aggregierte Werte" gehen. Anders *Henneke* in SHH Rn. 25 f.; *G. Kirchhof* in MKS Rn. 11; *Reimer* in BeckOK GG Rn. 73, der auf § 4 Abs. 3 S. 1 StabiRatG hinweist („alle relevanten Bereiche"). An der in der Vorauflage, dort Rn. 8,

passt zur Nichtvertretung solcher Haushaltsträger im Stabilitätsrat; es passt nicht zu Art. 109a Abs. 2 S. 2, der auf europäische Schuldenregeln verweist, die ihrerseits auch Schulden von Kommunen und Sozialversicherungsträgern erfassen. „Fortlaufend" bedeutet mit diesen Maßgaben lückenlose, zeitnahe Überwachung, die nicht auf das laufende Haushaltsjahr beschränkt ist. „Nach Bedarf" (§ 1 Abs. 3 S. 2 StabiRatG) kann der Rat seine „regelmäßige Haushaltsüberwachung" (§ 2 S. 1, § 3 StabiRatG) intensivieren. Wie schon das BVerfG festgestellt hat, schnappt eine Verschuldungsfalle nicht plötzlich zu, sondern ist eine Haushaltsnotlage das Ergebnis eines längeren Prozesses.[38] Andererseits: Gegen die Lehman-Pleite und die Reaktion der US-Notenbank, die Hauptauslöser für den dritten großen Verschuldungsschub in der Geschichte der Bundesrepublik waren, hätte auch ein Frühwarnsystem wohl wenig ausrichten können. **Überwachungsmaßstab** sind vom Stabilitätsrat vorzugebende Kennziffern, weiter die Einhaltung der verfassungsmäßigen Kreditaufnahmegrenzen und eine Projektion der mittelfristigen Haushaltsentwicklung auf Basis einheitlicher Annahmen. Am 6.12.2018 hat der Stabilitätsrat ein sog. „Kompendium" beschlossen, aus dem sich Näheres ergibt.[39]

10 **2. Feststellung des Drohens einer Haushaltsnotlage.** Dreh- und Angelpunkt von Art. 109a Abs. 1 ist der Begriff der Haushaltsnotlage, der aus der Rechtsprechung des BVerfG in positives Verfassungsrecht rezipiert wird.[40] Das BVerfG hat ihn im Kontext von Art. 107 Abs. 2 GG a. F., dort „extreme" Haushaltsnotlage, als Grundlage für eine Verpflichtung der föderalen Partner zu Unterstützungsleistungen und einen korrespondierenden Anspruch konzipiert, eine Verpflichtung, die, weil Fremdkörper innerhalb des geltenden bundesstaatlichen Finanzausgleichs, ultima ratio und extremen Fällen, Notständen vorbehalten sein müsse.[41] Art. 109a ist dagegen primär **präventiv** konzipiert; hier geht es um Früherkennung und Vermeidung von drohenden Haushaltsnotlagen, weshalb es in § 5 Abs. 1 S. 3 StabiRatG konsequent heißt, geeignet seien Sanierungsmaßnahmen nur insoweit, als sie in der alleinigen Kompetenz der betroffenen Gebietskörperschaft liegen und keine Unterstützungsmaßnahmen anderer Körperschaften erfordern.

11 Es ist nicht möglich, eine subsumtionsfähige Tatbestandsschwelle zu definieren, ab der eine Haushaltsnotlage gewissermaßen vom Vorbereitungs- in das Versuchsstadium übergeht und damit droht. Grundgesetz und Gesetzgeber bleibt nichts anderes übrig, als dem Stabilitätsrat hierzu einen **Prognosespielraum** zu konzedieren.[42] Selbst in Bezug auf zurückliegende, abge-

---

geäußerten Gegenansicht wird nicht festgehalten; das Wortlautargument und das Argument mit der Entstehungsgeschichte von Art. 109 Abs. 3 sind zu stark; spätestens bei der Aufnahme von Art. 109a Abs. 2 S. 2 in das Grundgesetz hätte der verfassungsändernde Gesetzgeber sich zu dieser Frage äußern sollen. → Art. 109 Rn 30.

[38] BVerfGE 116, 327, 390.

[39] TOP 5 der 18. Sitzung des Stabilitätsrats am 6.12.2018 (Beschluss und Anlage); zum Teil kritisch dazu die Bundesbank in ihrem Monatsbericht April 2019, 95 ff.

[40] Abgrenzung zur Begrifflichkeit des Art. 109 Abs. 3 S. 2 bei *Siekmann* in Sachs Rn. 15.

[41] BVerfGE 116, 327, Ls. 2; zur Bedeutung von Art. 109a für extreme Haushaltsnotlagen *Selmer* NVwZ 2009, 1261; → Art. 109 Rn. 44.

[42] Ebenso *Heun/Thiele* in Dreier Rn. 20; *Kube* in Maunz/Dürig Rn. 59. Letzterer bezieht dies aber nur auf die Anwendung der Kennziffern und Schwellenwerte und verlangt, dass die wesentliche Formulierungsleistung vom Gesetzgeber selbst zu erbringen ist. Dass die §§ 3 Abs. 2 und 4 Abs. 1 StabiRatG dem entsprechen, ist nicht ersichtlich. Danach werden auch die *allgemein geltenden* Kriterien vom Stabilitätsrat festgelegt. *G. Kirchhof* in MKS Rn. 10 spricht von einer „bewusste(n) Regelungslücke" im Gesetz.

schlossene Sachverhalte spricht das BVerfG zu Recht von einem schwer aufklärbaren Gemisch von Ursachen.[43] Trotz des unterschiedlichen Kontextes der Entscheidungen des BVerfG einerseits und der Verfassungsänderung andererseits bleibt das Phänomen dasselbe, innerhalb eines Kontinuums von angespannter Haushaltslage, Haushaltsnotlage und extremer Haushaltsnotlage.[44]

Der Bundesgesetzgeber wird in Art. 109a Abs. 1 Nr. 2 aufgerufen, Voraus- 12
setzungen und, im Zusammenhang damit, das Verfahren zu definieren, die seine Feststellung ermöglichen. Dies deutet auf allgemein geltende Kriterien hin, die mehr als Indizien für eine Bewertung im Einzelfall sind, mithin im Gefolge der rezipierten Rechtsprechung auf **volkswirtschaftliche Kennziffern,** wie Höhe und Entwicklung der Verschuldung, Haushaltsdefizite, Zinsausgaben, Höhe und Struktur der Ausgaben und Einnahmen. § 4 Abs. 1 StabiRatG spricht von allgemein geltenden Schwellenwerten für einzelne Kennziffern, deren Überschreitung auf eine drohende Haushaltsnotlage hinweisen kann, die für alle Länder gleich sein müssen, die für den Bund aber abweichen können.

Kennziffern und Schwellenwerte werden letztlich vom Stabilitätsrat fest- 13
gelegt bzw. beschlossen, so § 3 Abs. 2 S. 3 und § 4 Abs. 1 S. 1 StabiRatG, das Inhalt, Zweck und Ausmaß dieser Befugnis damit nur schwach steuert.[45] Auch die Rechtsnatur der Kennziffern und Schwellenwerte bleibt im Unklaren. Allerdings sollte man sich hüten, vom juristischen Schreibtisch aus hier Bestimmtheitsanforderungen zu dekretieren, die unerfüllbar sind. Das BVerfG hat festgestellt, dass sich verfassungsgerichtlich nicht generell abstrakt bestimmen, dass sich insbesondere nicht quantifizieren lasse, was im Einzelnen unter einer – relativen – Haushaltsnotlage zu verstehen sei; ein für allemal feststehende Ziel- oder Schwellenwerte gebe es nicht; erforderlich sei stets eine vergleichende Gesamtbetrachtung.[46] Die Legitimation zu dieser Gesamtbetrachtung gibt das GG dem Stabilitätsrat, der insoweit mehr ist als Exekutor gesetzlicher Vorgaben, wenn auch die Rollenverteilung zwischen Gesetzgeber und Stabilitätsrat unklar bleibt.[47] Das Grundgesetz hat es jedenfalls unterlassen, die Formulierung allgemeiner Kriterien einem Maßstäbegesetzgeber zuzuweisen.[48] Unter dem Gesichtspunkt demokratischer Legitimation wird die schwache inhaltliche Determination durch den Gesetzgeber jedenfalls derzeit durch die hohe persönliche Legitimation der Mitglieder des Stabilitätsrats kompensiert.[49]

Die Feststellung einer drohenden Haushaltsnotlage ist gemäß Art. 109a 14
Abs. 1 Nr. 2 GG der Endpunkt eines Verfahrens. Dessen normative Aus-

[43] BVerfGE 116, 327, 386.

[44] BVerfGE 116, 327, 394; zu relativen und absoluten Betrachtungsweisen ebd., 377, 386 f. Diese Berlin-Entscheidung verschärft die bisherigen Aussagen des Gerichts zu einfachen und qualifizierten Haushaltsnotlagen, enthält sich aber einer abschließenden Stellungnahme (S. 389).

[45] Kritisch hierzu *Reimer* in BeckOK GG Rn. 75 ff., Bestimmtheitsanforderungen postulierend. Ebenso *Henneke* in SHH Rn. 30; *Kube* in Maunz/Dürig Rn. 107.

[46] BVerfGE 116, 327, 388 f.

[47] Nachweise zu den Rechtstexten zu Kennziffern und Schwellenwerten → Rn. 2. Zu Art. 80 Abs. 1 S. 2 GG und Wesentlichkeitstheorie, teilweise anders als hier, *Kube* in Maunz/Dürig Rn. 56 Fn. 4.

[48] Zu dieser Parallele *von Lewinski,* Öffentlichrechtliche Insolvenz und Staatsbankrott, 2011, 413.

[49] So auch *Heun/Thiele* in Dreier Rn. 30. Zu der Frage, ob die Mitglieder Minister sein müssen → Rn. 5.

gestaltung ist dem Gesetzgeber überlassen. § 4 Abs. 2 StabiRatG ist verfassungsrechtlich nicht zu beanstanden. Verfassungsrechtlich sogar geboten ist, dass dieses Verfahren rasch („zur nächsten Sitzung", § 4 Abs. 3 S. 1) durchgeführt wird. § 4 Abs. 4 und Abs. 5 sieht vor: Prüfung, Bericht, Beschlussempfehlung, Beschluss, also ein finanzpolitisches Eskalationsszenario, das zugleich bundesstaatsrechtliche Anhörungserfordernisse befriedigt.

15 Bei dem Beschluss handelt es sich um einen Hoheitsakt sui generis[50], der Rechtsfolgen – Eröffnung des Sanierungsverfahrens gemäß Art. 109a S. 1 Nr. 3, § 5 StabiRatG – und faktische Wirkungen, etwa für das Rating der betroffenen Gebietskörperschaft auf den Finanzmärkten, hat. Der Beschluss ist, wie die Verfahrenseröffnung, keine gebundene Entscheidung, denn der Stabilitätsrat kann über die ihm zugrunde liegenden Kennziffern und Schwellenwerte verfügen.[51]

16 **3. Sanierungsverfahren.** Beim Sanierungsverfahren nimmt das Verfassungsrecht sich noch weiter zurück.[52] Art. 109a Abs. 1 Nr. 3 fordert nur Grundsätze. Die Rollenverteilung zwischen Gesetzgeber und Stabilitätsrat, der in Abs. 1 Nr. 3 nicht ausdrücklich genannt wird, liegt nicht fest. Im Verhältnis von Stabilitätsrat und föderalem Verband gibt es Spielräume; dessen **föderale Haushaltsautonomie und parlamentarische Budgethoheit** sind zu respektieren. Insbesondere im Verhältnis zum Deutschen Bundestag wird ein Stabilitätsrat sich „subordinationsrechtliche Maßnahmen" und „engmaschige Überwachung" nicht herausnehmen können.[53]

17 Verfassungsrechtlich vorgegeben sind der Stabilitätsrat und der betroffene föderale Verband als Akteur. Vorgegeben ist weiter, dass auf die Feststellung einer drohenden Haushaltsnotlage ein Sanierungsverfahren zeitnah[54] folgen muss.[55] Schließlich wird man Art. 109a S. 1 Nr. 3 so verstehen müssen, dass das Programm nicht ohne irgendwie gearteten Sanierungserfolg enden darf; ein Beendigungsbeschluss ist nicht zwingend vorgesehen. Offen ist die Rechtsnatur des Sanierungsprogramms,[56] auch von einem Kontrahierungszwang bei der Vereinbarung über ein Sanierungsprogramm im technischen Sinne kann man nicht sprechen[57]; überdies werden die Folgen mangelhafter Kooperation in § 5 Abs. 3 StabiRatG speziell geregelt. Die Konstruktion wirkt so, als wäre sie nicht von einem Juristen, sondern von einem **Volkswirt** ersonnen worden.

18 **Eingriffsbefugnisse** werden dem Stabilitätsrat nicht gegeben; dies hätte in Art. 109a geschehen müssen (föderaler Verfassungsvorbehalt).[58] Daraus lässt sich ableiten, dass die Sanierungsverantwortung gemäß Art. 109 Abs. 1 beim betroffenen föderalen Verband verbleibt. Der Stabilitätsrat wirkt an der Aufstellung des Programms mit, überwacht dessen Durchführung und beendet ggfs. das Sanierungsverfahren. Auch ein Handeln der föderalen Solidargemeinschaft ist nicht vorgesehen. Damit lässt sich begründen, dass mit

---

[50] Ebenso *Kube* in Maunz/Dürig Rn. 61.

[51] A. A. *Henneke* in SHH Rn. 31; *Reimer* in BeckOK GG Rn. 26, 39.

[52] Vgl. auch *Reimer* in BeckOK GG Rn. 42.

[53] Formulierungen bei *Reimer* in BeckOK GG Rn. 45, 49.

[54] *Reimer* in BeckOK GG Rn. 43 meint „unverzüglich".

[55] Ebenso *Reimer* in BeckOK GG Rn. 26.

[56] Wie hier *Reimer* in BeckOK GG Rn. 44.

[57] Vgl. hierzu auch *Heun/Thiele* in Dreier Rn. 20.

[58] Vgl. *Henneke* in SHH Rn. 33; *Heun/Thiele* in Dreier Rn. 32, 34; *Siekmann* in Sachs Rn. 25; auch *Reimer* in BeckOK GG Rn. 51.

drohender Haushaltsnotlage keine extreme Haushaltsnotlage gemeint sein kann, sondern nur ein Zustand, den der betroffene Verband allein bewältigen kann. Mit dieser Maßgabe sind neben erst drohenden auch schon eingetretene Haushaltsnotlagen erfasst.[59]

Ziel eines Sanierungsprogramms ist im Kern der Abbau der Netto- **19** kreditaufnahme und des Schuldensockels des betroffenen föderalen Verbandes. Hierzu können konkrete Maßnahmen, Zeitintervalle und Berichtspflichten vorgesehen werden. Zu Letzterem: Papier ist zwar geduldig, aber auch lästig. Ein Sanierungsprogramm ist zu befristen. Die Verantwortung für die Programmdurchführung liegt bei dem föderalen Verband. Der Stabilitätsrat überwacht dies, im Wesentlichen aufgrund ihm vorgelegter Berichte. Die Publizität dieses Vorgangs ist sein wichtigstes, in Art. 109a Abs. 3 ausdrücklich hervorgehobenes Druckmittel.[60] Zum Programmende erfolgt eine Evaluierung. Drei Ergebnisse sind denkbar. Die drohende Haushaltsnotlage ist nachhaltig beendet, möglicherweise vor Ablauf der **5-Jahres-Frist** (§ 5 Abs. 1 S. 3 StabiRatG); dann endet auch das Sanierungsverfahren, ohne dass es eines förmlichen Beschlusses, etwa als actus contrarius zur Feststellung des Drohens einer Haushaltsnotlage, bedürfte.[61] Es droht – nach Einschätzung des Stabilitätsrats – weiterhin eine Haushaltsnotlage, oder eine solche liegt, nach wie vor, vor. Dann ist ein neues Sanierungsprogramm aufzulegen. Oder, die Haushaltsnotlage hat sich so verschlimmert, dass der betroffene föderale Verband sie aus eigener Kraft nicht mehr bewältigen kann; dann sind die für extreme Haushaltsnotlagen finanzverfassungsrechtlich vorgesehenen Maßnahmen zu ergreifen.

4. Überwachung der Einhaltung der „Schuldenbremse". Ab 2020 ist **20** der Stabilitätsrat einer der Hüter der „schwarzen Null". Während Art. 109a Abs. 1 (drohende) Haushaltsnotlagen im Blick hat, betrifft Art. 109a Abs. 2 die „Normallage" (im Sinne von Art. 109 Abs. 3 S. 2). Wichtigste Konsequenz hieraus ist, dass alles, was bei der Kommentierung von Art. 109a Abs. 1 zu Prognose-, Beurteilungs- und Ermessensspielräumen ausgeführt worden ist, hier so nicht mehr gilt. Der verfassungsändernde Gesetzgeber hat 2009 besonderen Wert auf die Justiziabilität der sog. Schuldenbremse gelegt.[62] Ein von Politikern besetzter Stabilitätsrat muss dementsprechend seine Rolle neben juristischer Kontrolle der Einhaltung von Art. 109 Abs. 3 finden.

Wirklich **neu** ist an Art. 109a Abs. 2 das volle Inkrafttreten der „Schulden- **21** bremse" gemäß Art. 143d Abs. 1. Auch ohne Art. 109a Abs. 2 S. 1 hätte Art. 109 Abs. 3 zum Prüfungsauftrag gemäß Art. 109a Abs. 1 Nr. 1 gehört. Einfachgesetzlich kommen ab dem 1.1.2020 ein geänderter § 2 S. 1 und ein neuer § 5a StabiRatG hinzu. **Eingriffsbefugnisse** ergeben sich auch aus Abs. 2 nicht.[63]

Der Hinweis auf **Europarecht** (Art. 109a Abs. 2 S. 2) ist in gleich dreifa- **22** cher Hinsicht wenig geglückt. Erstens: Der inzwischen veraltete Hinweis auf Art. 104 EG-Vertrag in Art. 109 Abs. 2 hätte aktualisiert werden können.[64] Immerhin ist klar, dass es um das zur Verwirklichung von Art. 126 AEUV

---

[59] Ebenso *Jarass* in Jarass/Pieroth Rn. 7; *Reimer* in BeckOK GG Rn. 82.

[60] → Rn. 23 ff.

[61] Nach BT-Drs. 16/12400, 19, sei nach Ablauf des vereinbarten Sanierungszeitraums davon auszugehen, dass das betroffene Land (vom Bund ist nicht die Rede) saniert ist.

[62] So auch *Heun/Thiele* in Dreier Rn. 21, 36.

[63] Deutlich in diesem Sinne *Siekmann* in Sachs Rn. 25.

[64] So auch *G. Kirchhof* in MKS Art. 109 Rn. 32.

erlassene EU-Sekundärrecht geht.[65] Zweitens: Der Europäische Fiskalpakt ist, entgegen den Gesetzesmaterialien[66], nicht erfasst, denn er ist kein Recht der Europäischen Union, sondern Völkerrecht.[67] Das ist freilich unschädlich, weil der Europäische Fiskalpakt gemäß § 51 Abs. 2 HGrG zum Prüfungsprogramm des Stabilitätsrats gehört.[68] Drittens ist unklar, was mit „orientiert" gemeint ist. Dies ist keine juristische, sondern eine politische Kategorie, die im Übrigen über Unterschiede zwischen dem europarechtlichen und dem grundgesetzlichen Prüfungsauftrag hinwegsieht.[69] Auf keinen Fall ist eine Doppelprüfung gemeint.[70]

23 **5. Publizität.** Publizität ist das wichtigste Mittel des Stabilitätsrats im Kampf gegen übermäßige öffentliche Defizite und ermöglicht zugleich demokratische und rechtsstaatliche Kontrolle.[71] Die öffentliche Resonanz ist ein wichtiger Gradmesser des Erfolgs des Stabilitätsrats. Die Publizität wird in Art. 109a Abs. 3 besonders hervorgehoben und ist obligatorisch. Erfasst ist hier, was einen Bezug zur Haushaltsüberwachung hat, nicht etwa die Selbstorganisation des Stabilitätsrats.[72] Erfasst ist weiter nur Schriftliches oder Elektronisches; für die Sitzungen und Beratungen des Stabilitätsrats darf im Gegenteil Vertraulichkeit angeordnet werden (so § 1 Abs. 3 S. 2 StabiRatG). Auch die vom unabhängigen Beirat des Stabilitätsrats vorgelegten Einschätzungen und Empfehlungen werden veröffentlicht (ebd., § 7 Abs. 4). Im Übrigen ist das Gremienwesen des Stabilitätsrats[73] von der Publikationspflicht frei.

24 An Beschlüssen sehen Art. 109a die Feststellung einer drohenden Haushaltsnotlage und das StabiRatG die Festlegung von Kennziffern und Schwellenwerten und eine Geschäftsordnung vor. Beschluss im Sinne von Art. 109a Abs. 3 sind auch die Ergebnisse der jährlichen Beratungen im Rahmen der allgemeinen Haushaltsüberwachung und die Beschlussempfehlung gemäß § 5 Abs. 4 StabiRatG, die verfassungsrechtlich auch unter das Merkmal Beratungsunterlage subsumiert werden könnte, weiterhin die einzelnen Verfahrensschritte im Rahmen von § 5 dieses Gesetzes. Von besonderem Interesse sind dabei Sanierungsverfahren. Da der Stabilitätsrat auf finanzpolitische Wirkung bedacht sein muss, hat er insoweit die Befugnis zu schlichten Beschlüssen, die etwa die von Bund und Ländern eingereichten Finanzplanungen kommentieren können (vgl. auch § 51 Abs. 1 S. 3 HGrG). Keine Beschlüsse sind konkrete Informationsersuchen. Eine Liste publikationspflichtiger Beschlüsse findet sich in § 7 GO Stabilitätsrat, diese bezieht die Aufgaben nach Art. 143d Abs. 2 S. 5 und § 2 KonsHilfG ein.

25 **Beratungsunterlagen** sind interne oder externe,[74] schriftliche oder elektronische Quellen, sofern der Stabilitätsrat sie zum Gegenstand seiner Beratungen macht und seinen Beschlüssen zugrunde legt.

---

[65] Überblick bei G. *Kirchhof* in MKS Art. 109 Rn. 38–41.

[66] BT-Drs. 18/11131, 19.

[67] Dazu *Heintzen* FS f. Kloepfer, 2013, 679 ff.

[68] So auch *Heun/Thiele* in Dreier Rn. 37.

[69] *Heun/Thiele* in Dreier Rn. 38; *G. Kirchhof* in MKS Rn. 16.

[70] Wie hier *Schenke* in Sodan Rn. 8.

[71] BT-Drs. 16/12410, 11; zu den Funktionen auch *Reimer* in BeckOK GG Rn. 57, dort auch mit Hinweis auf das IFG, zu diesem ferner Rn. 67.

[72] *Reimer* in BeckOK GG Rn. 60.

[73] Dazu im Einzelnen *Kube* in Maunz/Dürig Rn. 129 ff.

[74] Zu denken ist an Texte von Bundes- und Landesregierung(en), der Bundesbank, kommunalen Spitzenverbänden oder externen Sachverständigen.

Die Art der Veröffentlichung liegt im Ermessen des Gesetzgebers und, nachrangig, des Stabilitätsrats. Elektronisches Material muss für die Dauer seiner finanzpolitischen Relevanz, ggfs. über Jahre, abrufbar sein. Art. 109a Abs. 3 begründet nicht nur eine Publikationspflicht, sondern – insoweit lex specialis zu Art. 5 Abs. 1 S. 1 Hs. 2 – auch einen Informationsanspruch[75], der von Dritten vor Verwaltungsgerichten eingeklagt werden kann; richtiger Beklagter wären gemäß § 78 Abs. 1 Nr. 1 VwGO Bund und Länder gemeinsam. Dass die Publikation subjektive Rechte Dritter verletzen kann, ist schwer vorstellbar. 26

C. Verhältnis zu anderen Bestimmungen des Grundgesetzes

Art. 109a enthält **Durchführungsrecht** und, in Verbindung mit Art. 143d, zum Teil Übergangsrecht zum neuen Staatsschuldenrecht in Art. 109 Abs. 3 und 115 Abs. 2, weiterhin zu Art. 126 AEUV und zum Europäischen Fiskalpakt. Als Durchführungsvorschrift hat die Norm keinen eigenen materiellrechtlichen Gehalt. Ein Zusammenhang zwischen Art. 143d Abs. 4 und Art. 109a Abs. 1 Nr. 3 ist nicht erkennbar, obwohl in beiden Vorschriften das Wort „Sanierung“, jeweils bezogen auf staatliche Haushalte, vorkommt. 27

D. Kritische Würdigung

Art. 109a ist weniger an Maßstäben der Rechtsdogmatik als an solchen finanzpolitischer Wirksamkeit zu messen. Da für ein Sanierungsprogramm ein Zeitraum von grundsätzlich fünf Jahren anzusetzen ist (§ 5 Abs. 1 S. 3 Hs. 1 StabiRatG), ist die Zeit dafür nach ca. 10-jähriger Tätigkeit reif. Die Medienresonanz von Publikationen des Stabilitätsrats ist, wie kaum anders zu erwarten, gering.[76] Anders als BVerfG, verfassungsändernder Gesetzgeber und Teile des Schrifttums meinen, interessiert sich die demokratische Öffentlichkeit nicht für Haushaltsdisziplin; Wahlen lassen sich mit diesem Thema jedenfalls nur unter besonderen Bedingungen gewinnen. Andererseits: War zu Anfang von „Placebo“[77] und „Ritual“[78] die Rede, so gibt es inzwischen doch Erfolge. Zwei von vier Sanierungsverfahren konnten 2017 abgeschlossen werden. Sogar Berlin hat es von ca. 63 Mrd. Euro Schulden in 2012 auf 57 Mrd. Schulden 2019 gebracht, mit Sinkflugprognose in der mittelfristigen Finanzplanung, wobei gleichzeitig Investitionsrücklagen aufgebaut werden konnten[79]; dies hat gewiss verschiedene Gründe, der Berliner Finanzsenator hat jedenfalls auch Grund, sich für politische Rückendeckung beim Stabilitätsrat zu bedanken.[80] Als weiteres Erfolgsindiz kann der Zuwachs einfachgesetzlicher Aufgabenzuweisungen an den Rat angeführt werden.[81] 28

[75] Dazu auch *Kube* in Maunz/Dürig Rn. 43.

[76] Zu Skepsis gaben etwa die Fortschrittsberichte Aufbau Ost Anlass, zu denen die ostdeutschen Bundesländer durch den Solidarpakt II verpflichtet waren; vgl. hierzu *Keller* LKV 2008, 241.

[77] *Waldhoff/Dieterich* ZG 2009, 97, zum Stabilitätsrat 119–122.

[78] *Korioth* JÖFin 2015, 299 ff.; vgl. auch *Siekmann* in Sachs Rn. 19.

[79] Zum SINAWA-Fonds Berl. GVBl. 2014, 521 u. 2017, 215.

[80] Zu Berlin vgl. den Beschluss des Stabilitätsrates auf seiner 15. Sitzung am 22.6.2017.

[81] *Kloepfer*, Finanzverfassungsrecht, 2014, § 9 Rn. 24.

29 An Bremen und Saarland ist der Stabilitätsrat dagegen gescheitert, auch wenn es gegenüber Bremen 2016 eine Aufforderung zur verstärkten Haushaltssanierung gemäß § 5 Abs. 3 StabiRatG gegeben hat. Mehrfaches Scheitern ist für ein Gremium, das keine Eingriffsbefugnisse hat, sondern das informiert, berät und warnt, ein Problem.[82] Ein weiteres Problem könnte die Fokussierung des Stabilitätsrats auf Schulden der Bundesländer sein, denn der Hauptanteil der öffentlichen Verschuldung in Deutschland liegt beim Bund.

Literatur

(soweit nicht in den Literaturhinweisen zu Art. 109 enthalten)

H.-G. Henneke, Gemeinschaftsorgan Stabilitätsrat, NdsVBl. 2010, 315. – ***A. Hildebrandt,*** Ein Jahr Stabilitätsrat – erste Ergebnisse und ihre Bewertung, Jahrbuch für öffentliche Finanzen 2011, 369. – ***St. Korioth,*** Rituale im Finanzverfassungsrecht und ihre Folgen – fünf Jahre Stabilitätsrat, Jahrbuch für öffentliche Finanzen 2015, 299. – ***K. v. Lewinski,*** Stabilitätsratsgesetz, 2012. – ***M. Thye,*** Der Stabilitätsrat, 2014.

[82] Ebenso *Henneke* in SHH Rn. 35; *Kube* in Maunz/Dürig Rn. 79.

Vorbemerkungen zu den Art. 110–115

A. Begriffliches, Systematisches und Historisches

Die Art. 110–115 regeln das **Haushaltswesen des Bundes,** sie enthalten seine **Haushaltsverfassung.** Im Unterschied zu den Art. 104a–108 geht es nicht um das Verhältnis von Bund und Ländern (unter Einschluss von Gemeinden und Gemeindeverbänden und unter Berücksichtigung der Europäischen Union). Es geht nicht um Verbandskompetenzen. Im Vordergrund stehen Organkompetenzen auf der Ebene des Bundes, insbesondere das Verhältnis von Bundestag und Bundesregierung,[1] ferner die Haushaltskontrolle und die Kreditaufnahme des Bundes. In Art. 109 und Art. 109a sind Bundesstaatsrecht und Haushaltsrecht verzahnt, das Haushaltsgrundsätzegesetz gemäß Art. 109 Abs. 4 muss insbesondere auch der haushaltsverfassungsrechtlichen Kernvorschrift des Art. 110 entsprechen. Wie in den Art. 104a–108 werden in Art. 109 und Art. 109a die Beziehungen von Bund und Ländern und Fragen, die sie gemeinsam betreffen, geregelt, wie in den Art. 110–115 das Haushaltswesen.[2] 1

Die Beratungen zur Haushaltsverfassung im Parlamentarischen Rat verliefen unproblematisch.[3] Die Haushaltsverfassung steht in der **Kontinuität der Verfassungsgeschichte.**[4] Die Beratungen knüpften an den in der Weimarer Republik erreichten Stand an,[5] der seinerseits eine Parlamentarisierung des im Kaiserreich geltenden Rechts darstellte.[6] Grundlegend für das moderne deutsche Haushaltsverfassungsrecht war die revidierte preußische Verfassung von 1850. Die Verfassung der DDR enthielt seit 1968 keine spezifischen Bestimmungen über den Staatshaushaltsplan mehr; dies war angesichts der Abschaffung der Gewaltenteilung folgerichtig. 2

Die Art. 110 und 112 bis 115 sind durch das 20. G zur Änderung des GG vom 12.5.1969[7] geändert worden, dies bei den Art. 112 bis 114 nur in Details. Die Änderung der Haushaltsverfassung umfasste damals folgende Kernpunkte: Verfahrensregeln, die gewährleisten sollen, dass das Haushaltsgesetz vor Beginn des Haushaltsjahres beschlossen ist (Art. 110 Abs. 3); die Zulassung eines auf mehrere Jahre erweiterten Haushaltsbewilligungszeitraums (Art. 110 Abs. 2); die ausdrückliche Erwähnung der Sondervermögen (Art. 110 Abs. 1 S. 1 Hs. 2, 115 Abs. 2, dort inzwischen wieder gestrichen); die Anpassung des Art. 115 an die Konzeption einer nachfrageorientierten staatlichen Globalsteuerung der Wirtschaft; die Streichung der erst 1949 aufgenommenen Verpflichtung, das Vermögen und die Schulden in einer Anlage des Haushaltsplans nachzuweisen.[8] Die nächste von insgesamt drei Änderungen der Haushaltsverfassung erfolgte im Juli 2009. Sie betraf das mate- 3

---

[1] *Maunz* in Maunz/Dürig Vorkommentierung von Art. 110 Rn. 3 sprach vom Haushalt als demokratischem Kampffeld.

[2] → Vorb. Art. 104a–115 Rn. 1.

[3] So *Höpker-Aschoff* AöR 75 (1949), 306 (308); zusammenfassend *Gröpl* in BK Art. 110 Rn. 74–77; *Heintzen* in HdbStR V § 120 Rn. 10; *Hillgruber/Drüen* in MKS Art. 110 Rn. 1–3; *Kube* in Maunz/Dürig Rn. 18.

[4] Vgl. auch *Heintzen* in HdbStR V § 120 Rn. 9.

[5] Zusammenfassung bei *Heckel* in HdbDStR II, §§ 87–90.

[6] Klassikertext: *Laband,* Das Staatsrecht des Deutschen Reiches IV, 1914, §§ 128–130.

[7] → Vorb. Art. 104a–115 Rn. 16.

[8] Zusammenfassung dieser Neuerungen bei *Heintzen* in HdbStR V § 120 Rn. 25.

rielle Staatsschuldenrecht in Art. 109 Abs. 2 und 3 sowie Art. 115 Abs. 2, das damit zweimal grundlegend geändert worden ist.[9] 2017 wurde durch Änderung von Art. 114 Abs. 2 eine unnötig restriktive Entscheidung des BVerfG[10] zu Grenzen der Prüfungsbefugnisse des Bundesrechnungshofes korrigiert.

4 **Öffentlicher Haushalt**[11] ist die systematische Zusammenstellung der für einen vorher festgelegten Zeitraum geplanten, prinzipiell vollzugsverbindlichen Ausgaben und der Vorausschätzung der zur Deckung dieser Ausgaben vorgesehenen Einnahmen.[12] Staatshaushalt ist der öffentliche Haushalt des Bundes oder eines Bundeslandes; öffentliche Haushalte haben darüber hinaus die Träger mittelbarer Staatsverwaltung, insbesondere die Kommunen und die Sozialversicherungsträger. Die Haushaltsverfassung des Bundes ist die formell-verfassungsrechtliche Grundordnung seines Haushalts, einschließlich Vermögens- und Schuldenwirtschaft und Haushaltskontrolle[13] und einschließlich der Koordination der Haushaltswirtschaft von Bund und Ländern.[14]

5 Es gibt kaum dogmatische Verbindungen zwischen dem Haushaltsrecht öffentlicher Gemeinwesen und dem **Rechnungslegungsrecht der privaten Wirtschaft,** das seiner Rechtsnatur nach ebenfalls öffentliches Recht ist.[15] Die intensivste Berührung beider Materien ergibt sich bei privatrechtlichen Unternehmen im Sinne von § 53 HGrG.[16]

B. Das Verhältnis von Parlament und Regierung

6 Die Haushaltsverfassung stellt Bundestag und Bundesregierung einander gegenüber und weist ihnen im **Haushaltskreislauf** mit seinen vier Stationen[17] eigenständig wahrzunehmende Kompetenzen zu: dem Parlament die Feststellung des Haushaltsplans, einschließlich des Kreditrahmens, die Haushaltskontrolle und die Haushaltsentlastung, wobei die beiden letzteren Punkte Distanz zum Budgetvollzug voraussetzen; der Regierung Budgetinitiative und, obwohl in Art. 110 nicht besonders genannt, Budgetvollzug. Die **Budgethoheit des Parlaments** ist wesentliches Element parlamentarischer Regierungskontrolle und zentrales Element demokratischer Willensbildung.[18] Umgekehrt ist die Bundesregierung das Verfassungsorgan, das entsprechend seiner politischen Leitungsaufgabe auch im Bereich des Haushaltswesens als bestimmendes Or-

---

[9] 57. G zur Änderung des GG, BGBl. 2009 I, 2248; zu dem Begriff materielles Schuldenrecht → Art. 115 Rn. 23 ff.

[10] BVerfGE 127, 165.

[11] Synonym Budget oder Etat, zum Verhältnis von Haushaltsplan und Haushaltsgesetz → Art. 110 Rn. 3; *Heintzen* FS f. P. Kirchhof, Bd. II, 1511 ff.

[12] So *Rürup/Patzig* Öffentlicher Haushalt, Staatslexikon, Bd. IV, Sp. 107; vgl. auch § 2 HGrG.

[13] *Hellermann* in MKS Art. 104a Rn. 1; *Vogel/Waldhoff* in BK Vorb. Art. 104a Rn. 55.

[14] Zu den unterverfassungsrechtl. Rechtsquellen des Haushaltsrechts des Bundes vgl. *Gröpl,* Haushaltsrecht und Reform, 2001, 30–41; *Gröpl* in Gröpl BHO/LHO, Einleitung.

[15] Zu Letzterem *Icking,* Die Rechtsnatur des Handelsbilanzrechts, 2000; zu Verbindungen, die sich aus der Diskussion über einen Übergang von der Kameralistik zur Doppik ergeben: *Gröpl,* Haushaltsrecht und Reform, 2001, 80 ff.; erwägenswerte Orientierung am Vorsichts- und Imparitätsprinzip bei *Reimer* in BeckOK GG Art. 110 Rn. 30.

[16] Dazu *Marten/Quick/Ruhnke,* Wirtschaftsprüfung, 2015, 736 ff.

[17] *Gröpl,* Haushaltsrecht und Reform, 2001, 102 f.; *Gröpl* in BK Art. 110 Rn. 271 ff.; *Hillgruber/Drüen* in MKS Art. 110 Rn. 95; *Stern,* StaatsR II, 1980, § 49 IV 1.

[18] BVerfGE 49, 89 (125); 55, 274 (303); 70, 324 (356); zuletzt 129, 124 (177); 130, 318 (343); 132, 195 (239); 135, 317 (400); 142, 123 (230); → Art. 110 Rn. 33; grundlegende Zweifel an der Steuerungsfähigkeit des Parlaments bei *Gröpl,* Haushaltsrecht und Reform, 2001, 280 ff.; *Isensee* JZ 2005, 971 ff.; historisch *H. Dreier* in Hoffmann-Riem/Schmidt-Aßmann Effizienz als Herausforderung an das Verwaltungsrecht, 59 ff.

gan der Exekutive dem Bundestag gegenüber steht.[19] Die Haushaltsverfassung versteht dies als Teil eines kooperativen Prozesses, in dem Parlament und Regierung ihre Kompetenzen zur gesamten Hand[20] zugewiesen sind.[21] Die einzelnen Abgeordneten stehen in einem unmittelbaren Rechtsverhältnis nur zum Bundestag, nicht zu anderen Verfassungsorganen, insbesondere nicht zur Bundesregierung;[22] die ihnen insoweit zustehenden Mitwirkungsrechte können im Organstreitverfahren geltend gemacht werden.[23]

Plebiszitären Elementen steht im deutschen Haushaltsverfassungsrecht traditionell ein Finanzvorbehalt entgegen. Auch die Landesverfassungen, die solche Elemente, im Unterschied zum Grundgesetz, nicht grundsätzlich ausschließen, nehmen, dem Vorbild von Art. 73 Abs. 4 WRV folgend, den Haushaltsplan, Abgaben- und Besoldungsgesetze aus.[24] 7

Das Budgetrecht ist **eines der klassischen Parlamentsrechte, entstanden in der Zeit des Konstitutionalismus,** als Parlament und Regierung sich als Vertreter voneinander unabhängiger politischer Mächte gegenüberstanden. Die in dieser Zeit entstandenen verfassungsrechtlichen Institutionen haben sich bis heute tradiert; die ihnen zugrunde liegenden Machtkonstellationen haben sich in der parlamentarischen Demokratie aber grundlegend gewandelt. In ihr ist die Regierung nicht länger der anders legitimierte Gegenspieler des Parlaments, sondern wird von der Parlamentsmehrheit getragen. Das politische Spannungsverhältnis zwischen Parlament und Regierung ist hier abgelöst von dem Spannungsverhältnis zwischen Regierung und Regierungsmehrheit im Parlament einerseits und parlamentarischer Opposition andererseits, die die jährliche Haushaltsdebatte im Parlament zu einer Generalabrechnung mit der Regierung nutzt.[25] Dies ist freilich kein spezifisches Problem des Haushaltsverfassungsrechts, sondern ein Problem der Gewaltenteilung allgemein, auch wenn das Haushaltsverfassungsrecht im Grundsatz eine stärkere Einwirkung des Parlaments in die Regierungsfunktion zulässt.[26] Ein spezifisches Problem des Haushaltswesens ist dagegen die rechtliche Festlegung erheblicher Finanzmittel außerhalb des Haushalts; auf Länderebene soll die „freie Spitze" unter 10 % des Haushaltsvolumens liegen.[27] Ein modernes, im Zusammenhang des Neuen Steuerungsmodells zu sehendes Instrument parlamentarischer Einwirkung ist der Leistungsauftrag, der für einzelne Aufgaben und Aufgabenbereiche Zielvorgaben des Parlaments an die Regierung formuliert, die beim Haushaltsvollzug erreicht werden sollen; das Parlament kann sich darüber von der Regierung gesondert berichten lassen (so § 7b Haushaltsordnung Rh.-Pf.).[28] Das ist eigentlich 8

---

[19] BVerfGE 45, 1 (46 ff.).

[20] Statt vieler *Stern*, StaatsR II, 1980, § 49 II 3 c.

[21] Zu dieser Formulierung erstmals wohl *Friesenhahn* VVDStRL 16 (1958), 37 f.; vgl. auch *Friesenhahn* Der Staat 20 (1981), 576.

[22] BVerfGE 92, 130 (135); *Siekmann* in Sachs Art. 114 Rn. 17.

[23] BVerfGE 70, 324 (349 ff.); zu ihrem Fragerecht gegenüber der Bundesregierung *Mahrenholz* in AK Art. 110 Rn. 29.

[24] → Vorb. Art. 104a–115 Rn. 7 (mwN).

[25] Ebenso *Hillgruber/Drüen* in MKS Art. 110 Rn. 11; vgl. auch *Hölscheidt*, Der Haushaltsausschuß des Deutschen Bundestages, 1988, 65.

[26] → Rn. 6 ff.; zu Letzterem *Mahrenholz* in AK Rn. 11.

[27] So *Gröpl*, Haushaltsrecht und Reform, 2001, 155; dazu auch *Heintzen* in HdbStR V § 120 Rn. 64.

[28] Dazu *Hermonies*, Der Leistungsauftrag im rheinland-pfälzischen Haushaltsrecht, 2006; Präsident des Landtags Rheinland-Pfalz Stand und Perspektiven des Leistungsauftrags in Rheinland-Pfalz, 2005. Zu KLR weiter *Gröpl* in Gröpl BHO/LHO, § 7 Rn. 53 ff.

nichts Besonderes, sondern eine vom Parlament nach politischen Kriterien vorgenommene Akzentsetzung im Haushaltskreislauf, deren Wirkung von bis ins Stadium der Haushaltskontrolle fortbestehender parlamentarischer Aufmerksamkeit abhängt.

9 Der **BMF** wird in Art. 112 S. 1 und 114 Abs. 1, vorher schon in Art. 108 Abs. 3 S. 2, institutionell garantiert und mit besonderen, zum Teil auch innerhalb der Regierungsorganisation eigenverantwortlich wahrzunehmenden Kompetenzen ausgestattet. Vergleichbar werden sonst nur BMVg (in Art. 65a Abs. 1 Bundesminister *für* Verteidigung) und BMJ (in Art. 96 Abs. 2 S. 4) im GG erwähnt. In dieser Sonderstellung[29] kommt kein politischer Vorrang, sondern die ressortübergreifende Verantwortung dieses Ministeriums für die Staatsfinanzen zum Ausdruck, der die Regierungsorganisation von Verfassung wegen Rechnung tragen muss (vgl. das Widerspruchsrecht in den §§ 26 Abs. 1 GO-BReg, 116 Abs. 1 BHO), die umgekehrt den BMF zu einer gegenüber den Interessen der Fachressorts neutralen und distanzierten Amtsführung verpflichtet[30] und die nicht durch Maßnahmen der Organisationsgewalt im Bereich der Regierung geschmälert werden darf. Letzteres wird vor allem virulent, wenn dem BMF „finanzfremde" Angelegenheiten übertragen werden, die seine neutrale Rolle gegenüber Konflikten der Fachressorts gefährden; konkrete verfassungsrechtliche Grenzen mussten bisher noch nicht gezogen werden.[31] „Spiegelreferate" innerhalb des BMF erleichtern die Zusammenarbeit mit den anderen Ressorts. Im Verhältnis zum Gesetzgeber ist die Stellung des BMF nicht gleich-, sondern nachrangig, und sind seine Befugnisse subsidiär; dies ist seit einer Entscheidung des BVerfG vom Mai 1977 unstreitig.[32]

10 Eine wichtige Rolle im Haushaltskreislauf spielt der **Haushaltsausschuss des Bundestages,** zu unterscheiden von dessen Finanzausschuss.[33] Er hat nicht nur beratende Funktionen, sondern auch Entscheidungskompetenzen; diese Entscheidungskompetenzen beruhen auf der (haushalts-)gesetzlichen Delegation von Entscheidungskompetenzen, die dem Parlamentsplenum zustehen, so bei qualifizierten Sperrvermerken und Zustimmungsvorbehalten.[34] Die Delegation ist problematisch, weil das GG Entscheidungskompetenzen

---

[29] Zum BMF *F. Klein* DVBl. 1962, 572 (573); *Kerber,* Der verdrängte Finanznotstand, 2002, 339 ff.; *Kube* in Maunz/Dürig Art. 112 Rn. 5, 66 ff.; *v. Lilien-Waldau,* Der Bundesminister der Finanzen als Haushaltsminister, 1972; *Schober,* Die Stellung des Finanzministers im Grundgesetz, 1975; *Seikel* DÖV 2000, 525; *Uelner* FS f. Friauf, 1996, 217; *Schuppert* in Umbach/Clemens Art. 112 Rn. 20, meint dagegen, die Hervorhebung erfolge „eher aus haushaltstechnischen Gründen".

[30] Zu einem organisationsrechtlichen Verbot der Koppelung von Fach- und Finanzressort *Schwarz* in MKS Art. 114 Rn. 33; aA *Engels* in BK Art. 114 Rn. 102.

[31] Zu dem Verhältnis von Finanz- und Wirtschaftsressort *P. Kirchhof* BB 1971, 1469 ff.; zu dem von der dritten bis zur fünften Legislaturperiode des Bundestags bestellten Bundesschatzminister *Friauf* in HdbStR IV, 1. Aufl. 1990, § 90 Rn. 53.

[32] BVerfGE 45, 1; → Art. 112 Rn. 10; krit. *Stern,* StaatsR II, 1980, § 49 IV 6 d.

[33] Zu den Aufgaben des Finanzausschusses *Gattermann* StuW 1988, 170 ff.; zum Haushaltsausschuss ausführlich *P. Eickenboom* in Schneider/Zeh Parlamentsrecht und Parlamentspraxis in der Bundesrepublik Deutschland, § 44; zu dem Berichterstattersystem im Haushaltsausschuss, das langjährige Spezialisierung und einen stabilen Kontakt zwischen den Ausschussmitgliedern und bestimmten Teilen der Bundesregierung ermöglicht, für die sie zuständig sind: *J. Gerster,* Der Berichterstatter im parlamentarischen Haushaltssystem, 1984.

[34] Dies billigend BVerfGE 130, 318 (351 f.). Zu grundsätzlichen Grenzen der Übertragung von Entscheidungsbefugnissen auf Ausschüsse ebd., Leitsatz 3 und S. 353 ff. Zu einfachen und qualifizierten Sperrvermerken *Heise,* Haushaltssperren im Recht des Bundes, der Länder und der Kommunen, 2018, 78 ff., 83 ff.

im Haushaltswesen dem Bundestag als Plenum zuweist und der Haushaltsausschuss im GG keine Erwähnung findet; in der parlamentarischen Demokratie muss gewährleistet sein, dass grundsätzlich sowohl jede Fraktion – insbesondere die Opposition – als auch die einzelnen Abgeordneten ihre Vorstellungen über die Verwendungsmöglichkeiten der Haushaltsmittel darlegen und dadurch die Entscheidung über den Haushaltsplan beeinflussen können.[35] Andererseits kann ein Plenarvorbehalt nicht verhindern, dass sich, entsprechend einem real vorhandenen fraktionsübergreifenden Korpsgeist der „Haushälter“, im Plenum tatsächlich im Wesentlichen nur die Mitglieder des Haushaltsausschusses einfinden würden.[36]

Ein **Ineinandergreifen parlamentarischer und gubernativer Funktionen** und Kompetenzen durch Einwirkungsbefugnisse der einen Gewalt auf die andere, insbesondere durch Einwirkung des Parlaments auf die Regierungsfunktion mit zum Teil sehr spezialisierten Haushaltstiteln,[37] oder ein gleichgewichtiges Zusammenwirken sind von Verfassung wegen zulässig. Wenn das Ineinandergreifen auf einfach-gesetzlicher Grundlage stattfindet, ist ein sachlich rechtfertigender Grund zu fordern, der in einem angemessenen Verhältnis zu der Einschränkung der Gewaltenteilung steht. Weiterhin darf die Kontrollfunktion des Parlaments nicht beeinträchtigt werden; die Befürchtung, durch eine Einbindung in den Haushaltsvollzug würde das Parlament zu viel Distanz verlieren, passt dabei aber grundsätzlich nicht zur parteienstaatlichen Realität. So sind **qualifizierte Sperrvermerke,** die die Leistung von Ausgaben oder die Inanspruchnahme von Verpflichtungsermächtigungen, welche beide im Haushaltsplan vorgesehen sind, an eine parlamentarische Genehmigung binden, zulässig, wenn es Gründe gibt, die das Erfordernis nachträglicher spezieller parlamentarischer Genehmigung rechtfertigen, etwa fehlende Etatreife zur Zeit der parlamentarischen Haushaltsberatung. § 22 S. 3 BHO greift insoweit mit einem unbestimmten Rechtsbegriff die Anforderungen auf, die sich aus dem Gewaltenteilungsprinzip des GG ergeben; qualifizierte Sperrvermerke, die sich in diesem Sinne rechtfertigen lassen, sind keine Umgehung des Nachtragshaushaltsverfahrens. Angesichts der großen Zahl qualifizierter Sperrvermerke darf man aber bezweifeln, ob die Anforderungen immer erfüllt sind, und annehmen, dass die Technik des Sperrvermerks zu einer Verantwortlichkeiten verwischenden Politikverflechtung führt.[38] Ein Parlament, das gestaltend am Haushaltsvollzug mitwirkt, erschwert sich die eigene Kontrollaufgabe. Dieses Problem ähnelt dem Konflikt zwischen einer Prüfungs- und einer Beratungstätigkeit des Bundesrechnungshofs.[39] 11

Vom qualifizierten ist der **einfache Sperrvermerk** zu unterscheiden (§ 22 S. 1 BHO), bei dem die Mittelfreigabe nicht vom Bundestag, sondern vom BMF verfügt wird (§ 36 S. 1 BHO).[40] Hierin wird vereinzelt ein Eingriff 12

---

[35] BVerfGE 45, 1 (38); 66, 26 (38); 70, 324 (356); 80, 188 (215); 92, 131 (135, 137).

[36] So die wahrscheinlich zutreffende Vermutung von *Hölscheidt,* Der Haushaltsausschuß des Deutschen Bundestages, 1988, 96.

[37] Dazu *Mahrenholz* in AK Art. 110 Rn. 10; zu den Gefahren einer Überspezialisierung für das Parlament *Heintzen* in HdbStR V § 120 Rn. 35; → Art. 110 Rn. 22.

[38] Zu qualifizierten Sperrvermerken: *Heun* in Dreier Art. 110 Rn. 40; *Hillgruber/Drüen* in MKS Art. 110 Rn. 79 f.; *Jarass* in Jarass/Pieroth Art. 110 Rn. 8; *Kemmler* in SHH Art. 110 Rn. 28; *Kube* in Maunz/Dürig Art. 110 Rn. 78 f.; *Mahrenholz* in AK Art. 110 Rn. 68a; *Siekmann* in Sachs Art. 110 Rn. 90; *Tomuschat* Der Staat 19 (1980), 13 f.

[39] → Art. 114 Rn. 24.

[40] Liste von Zustimmungsvorbehalten bei *Gröpl,* Haushaltsrecht und Reform, 2001, 131 f.

nicht des Bundestags in die Vollzugskompetenz der Bundesregierung, sondern eine verfassungswidrige Delegation des parlamentarischen Ausgabenbewilligungsrechts an das BMF gesehen.[41] Das ist abzulehnen, weil die Bundesregierung eigenverantwortlich über den Vollzug des Haushalts, insbesondere darüber, ob vom Parlament bewilligte Mittel tatsächlich ausgegeben werden, entscheiden darf.

13 Zulässig sind auch **Zustimmungsvorbehalte,** durch die der Haushaltsgesetzgeber die – umschichtende – Bewilligung zusätzlicher Ausgaben oder Planstellen mit Vorgaben der Bundesregierung überträgt.[42] Das Haushaltsgesetz selbst enthält für die Bundesregierung eine Ermächtigung zu Ausgaben; der Haushaltsvollzug ist grundsätzlich Sache der Exekutive, kann aber durch allgemeine politische Leitlinien oder durch gesetzliche Regelungen außerhalb des Haushaltsgesetzes gesteuert werden.

14 Die **Entsperrung von Mitteln,** die unter qualifiziertem Sperrvermerk oder unter Zustimmungsvorbehalt stehen, liegt auf halbem Wege zwischen dem Parlamentsplenum zugewiesener Budgetbewilligung[43] und der Bundesregierung zugewiesenem Haushaltsvollzug. Ersteres lässt die Zuständigkeit des Haushaltsausschusses als problematisch erscheinen, Letzteres die Abhängigkeit der Bundesregierung von einer zusätzlichen parlamentarischen Entscheidung. Überwiegend wird die Delegation von Entscheidungskompetenzen des Bundestages an seinen Haushaltsausschuss als zulässig angesehen, sofern sie die wesentlichen Entscheidungskompetenzen des Plenums, die Niveau und Struktur des Haushalts betreffen, nicht antastet, vom Plenum nach Inhalt, Zweck und Ausmaß bestimmt wird und die Vollzugskompetenz der Bundesregierung – auch in einem quantitativen Sinne – unberührt lässt; der Haushaltsausschuss des Bundestags darf in keinem Fall zu einer Konkurrenzinstitution zum BMF ausgebaut werden.[44] Soweit die Kompetenzzuweisung an den Haushaltsausschuss des Bundestags im Haushaltsgesetz erfolgt, verdrängt dieses Gesetz den inhaltlich entgegenstehenden § 22 S. 3 BHO, der daher nicht verletzt ist;[45] allerdings ist *de lege ferenda* zu erwägen, den Plenarvorbehalt des § 22 S. 3 BHO den häufigen haushaltsgesetzlichen Durchbrechungen anzupassen.[46]

C. Der Einfluss des Europarechts und Haftungs- und Währungsrisiken der europäischen Integration

15 Die europäische Integration nimmt in unterschiedlichen Weisen Einfluss auf Art. 110. Einmal geht es um Einwirkungen des Haushaltsrechts der Europäischen Union und des europäischen Schuldenbegrenzungsrechts auf die Inhalte dieser Norm. Soweit die Haushaltsverfassung Organkompetenzen innerhalb des Bundes regelt, kann das Europarecht hier allerdings keinen

---

[41] *Hillgruber/Drüen* in MKS Art. 110 Rn. 78; wie hier *Jarass* in Jarass/Pieroth Art. 110 Rn. 8; *Kube* in Maunz/Dürig Art. 110 Rn. 80.

[42] Zu dem Unterschied zwischen Sperrvermerk und Zustimmungsvorbehalt *Kemmler* in SHH Art. 110 Rn. 32; *Kube* in Maunz/Dürig Art. 110 Rn. 81; *Schäfer* FS f. Schoettle, 261 f.

[43] „Nachgeholte Bewilligung", so *Hillgruber/Drüen* in MKS Art. 110 Rn. 79.

[44] In der Sache ähnlich (jeweils zu Art. 110): *Heun* in Dreier Rn. 40; *Jarass* in Jarass/Pieroth Rn. 8; *Kube* in Maunz/Dürig Rn. 79; *Siekmann* in Sachs Rn. 90; aA *Hillgruber/Drüen* in MKS Rn. 80, die eine Delegation von Entscheidungskompetenzen an den Haushaltsausschuss für verfassungswidrig halten.

[45] AA *Hölscheidt,* Der Haushaltsausschuß des Deutschen Bundestages, 1988, 97 f., unter Berufung darauf, dass die BHO ein Organgesetz sei.

[46] Ebenso *Mahrenholz* in AK Rn. 68a.

unmittelbaren Einfluss nehmen. Sein Einfluss konzentriert sich auf die verfassungsrechtlichen **Regeln zur Staatsverschuldung** in den Art. 109 und 115[47]; die Koordinierung der Wirtschaftspolitik gemäß Art. 121 AEUV erfasst auch die Haushaltspolitik. Weiterhin wirken die primärrechtlichen Grundlagen für den Gesamthaushaltsplan der Europäischen Union im Rahmen des gemeineuropäischen Verfassungsverbundes in nicht näher bestimmbarer Weise auf das Haushaltsverfassungsrecht der Bundesrepublik Deutschland.[48] Zweitens sind Zahlungen von Deutschland an die Union und Zahlungen der Union an Bund und Länder Gegenstand des Haushaltsplans.[49] Drittens muss das deutsche Budgetaufstellungsverfahren sich in das sog. **Europäische Semester** einfügen. Seit 2012 werden die nationale Finanzplanung und der Haushaltsentwurf für das Folgejahr der EU-Kommission vorgelegt, die nach Maßgabe auch von Kriterien, die im Vorlagejahr vom Europäischen Rat beschlossen worden sind, die Wahrung der Haushaltsdisziplin prüfen soll.[50] Dieses Verfahren ist zugleich Bestätigung des Vorherigkeitsgrundsatzes, aber auch eine Herausforderung für diesen Grundsatz.[51]

Ein vierter, politisch und verfassungsrechtlich derzeit besonders kontroverser Punkt sind die Haftungs- und Währungsrisiken, die sich aus der europäischen Integration, namentlich der Griechenland- und der Eurokrise, für die deutschen Staatsfinanzen ergeben. Angesichts der erheblichen Dimension dieser Risiken droht eine faktische Einschränkung der Entscheidungsbefugnisse des Bundestages. **Das BVerfG ist dem in mehreren Entscheidungen entgegengetreten.** Ausgehend vom Lissabon-Urteil vom Juni 2009, in dem die Hoheit des Bundestages über den Haushalt als Ort konzeptioneller politischer Entscheidungen für integrationsfest erklärt wird[52], hat das Gericht im September 2011 grundsätzlich entschieden, dass der Bundestag sich seines Budgetrechts nicht entäußern dürfe, dass die Zuständigkeit aus Art. 115 Abs. 1 zugleich eine Verantwortung begründe und dass das Parlament sich insbesondere „keinen finanzwirksamen Mechanismen ausliefern (dürfe), die zu nicht überschaubaren haushaltsbedeutsamen Belastungen ohne (seine, M. H.) vorherige konstitutive Zustimmungen führen können."[53] Man mag sich fragen, ob eine Wirtschafts- und Währungsunion selbst nicht ein solcher Mechanismus ist. Das BVerfG hat seine Position – keine unbegrenzte Zahlungspflicht, Haftungsbeschränkung – seither in drei weiteren Urteilen[54], zwei Vorlagebeschlüssen an den EuGH[55], zwei Entscheidungen über Anträge auf einstweilige Anordnung[56] und einem Abtrennungsbeschluss[57] vertieft. Eine abschließende, ein ultra-vires-Handeln feststellende Entscheidung in **16**

---

[47] → Art. 109 Rn. 2, 4, 10, 18, 23, 27, 31 und Art. 115 Rn. 37. Weiter *Gröpl* in BK Rn. 86 ff.

[48] Vgl. hierzu *Schwarz* in MKS Art. 111 Rn. 7–11. Zu Vorgaben des Europarechts, die auf der Ebene einfachen Gesetzesrechts das öffentliche Rechnungswesen und die mittelfristige Finanzplanung in den Mitgliedstaaten betreffen, *Gröpl* in BK Art 110 Rn. 93.

[49] Zum hier beispielhaft zu nennenden Umsatzsteueranteil der EU → Art. 106 Rn. 22 und 34, Art. 110 Rn. 21.

[50] VO (EU) Nr. 1175/2011 vom 16.11.2011, ABl. L 306/12 u. Nr. 473/2013 vom 21.5.2013, ABl. L 140/11; in Deutschland weiter § 51 HGrG.

[51] Vgl. *Gröpl* in BK Rn. 296; *Gröpl* Der Staat 52 (2013), 1.

[52] BVerfGE 123, 267 (361 f.).

[53] BVerfGE 129, 124 (179).

[54] BVerfGE 130, 318; 135, 317; 142, 123.

[55] BVerfGE 134, 366; 146, 216.

[56] BVerfGE 132, 195; 147, 39.

[57] BVerfGE 134, 357.

dem Verfahren zum Public Sector Purchase Programme ist am 5. Mai 2020 ergangen.[58]

D. Das Verhältnis von Steuerbewilligung und Haushaltsverfassung

17 **Steuerbewilligungs- und Budgetrecht** haben gemeinsame verfassungsgeschichtliche Wurzeln.[59] Das Steuerrecht hat sich vom Haushaltsrecht emanzipiert und erst in den 20er Jahren des vergangenen Jahrhunderts als Rechtsdisziplin fest etabliert.[60] Gemeinsamkeiten bestehen aber nach wie vor, so beim Annuitätsprinzip, das für die Einteilung steuerlicher Veranlagungszeiträume oder für die steuerliche Rückwirkungsdogmatik[61] von Bedeutung ist.[62] Die These, der haushaltsrechtliche Gesetzesvorbehalt des Art. 110 Abs. 2 habe auch Bedeutung für einen Gesetzesvorbehalt im Steuerrecht, hat sich dagegen nicht durchgesetzt.[63]

Literatur

(soweit nicht in den Literaturhinweisen zu den Vorbemerkungen zu Art. 104a–109 und zu den folgenden Artikeln enthalten)

C. Arndt, Das Verhältnis von Budgetrecht des Parlaments und Zustimmungsrecht des Bundesministers der Finanzen, DVBl. 1975, 601. – ***Bundesministerium der Finanzen*** (BMF), Finanzbericht (FinBer.), jährlich. – ***N. Dittrich,*** Bundeshaushaltsordnung (mit Schwerpunkt Zuwendungsrecht), Loseblatt, Stand: Januar 2019. – ***K. H. Friauf,*** Der Staatshaushaltsplan im Spannungsfeld zwischen Parlament und Regierung, Bd. 1, 1968. – ***Ch. Gröpl,*** Haushaltsrecht und Reform, 2001. – ***Ch. Gröpl,*** Schwächen des Haushaltsrechts, Die Verwaltung 39 (2006), 215. – ***Ch. Gröpl,*** Staatseinnahmen und Staatsausgaben im demokratischen Verfassungsstaat, AöR 133 (2008), 1. – ***Ch. Gröpl,*** Schritte zur Europäisierung des Haushaltsrechts, Der Staat 52 (2013), 1. ***Ch. Gröpl*** (Hrsg.), BHO/LHO. Staatliches Haushaltsrecht, 2. Aufl., 2019. – ***M. Heintzen,*** Staatshaushalt, HdbStR V 2007, § 120. – ***K. Heise,*** Haushaltssperren im Recht des Bundes, der Länder und der Kommunen, 2018. – ***F. Hermonies,*** Der Leistungsauftrag im rheinland-pfälzischen Haushaltsrecht, 2006. – ***E. Heuer/D. Engels/M. Eibelshäuser*** (Begr./Hrsg.), Kommentar zum Haushaltsrecht, Loseblatt, Stand: Dezember 2018. – ***W. Höfling,*** Haushaltsverfassungsrecht als Recht minderer Normativität, DVBl. 2006, 934. – ***S. Hölscheidt,*** Der Haushaltsausschuß des Deutschen Bundestages, 1988. – ***R. Hoffmann,*** Haushaltsvollzug und Parlament, 1972. – ***M. Kilian,*** Nebenhaushalte des Bundes, 1993. – ***H. Koller,*** Der öffentliche Haushalt als Instrument der Staats- und Wirtschaftslenkung, 1983. – ***K. Kröger,*** Zur Mitwirkung des Bundestages beim Haushaltsvollzug, DÖV 1973, 439. – ***K. Lange,*** Die Abhängigkeit der Ausgabenwirtschaft der Bundesregierung von der parlamentarischen Budgetbewilligung, Der Staat 11 (1972), 313. – ***K. v. Lewinski/D. Burbat,*** Kommentar Haushaltsgrundsätzegesetz, in: Das Deutsche Bundesrecht, VII F 9, 2013; ***dies.,*** Kommentar Bundeshaushaltsordnung, in: Das Deutsche Bundesrecht, VII F 10, 2013; ***F. v. Lilien-Waldau,*** Der Bundesminister der Finanzen als Haushaltsminister, 1972. – ***H. Mandelartz,*** Das Zusammen-

---

[58] BVerfG 2 BvR 859 u. a./16; dazu EuGH C-493/17, ECLI:EU:C:2018:1000 – Weiss. Zum Ganzen *Kube* AöR 137 (2012), 205; *Möllers/Reinhardt* JZ 2012, 693; *Müller-Franken* JZ 2012, 219; *Müller-Franken* NVwZ 2012, 1201; *Schorkopf* ZSE 2012, 1; *Schorkopf* NVwZ 2012, 1273. Aus grundsätzlicher Perspektive *Calliess* u. *Schorkopf* VVDStRL 71 (2012), 113 ff. u. 183 ff.

[59] *Heun* in Dreier Art. 110 Rn. 1 mwN; *Kube* in Maunz/Dürig Art. 110 Rn. 17; *Mahrenholz* in AK Art. 110 Rn. 2 f., 13, 18 und 21; *Schwarz* in MKS Art. 111 Rn. 5. Ausführlich *Thier* in Hufeld/Kube/Reimer Heidelberger Beiträge zum Finanz- und Steuerrecht, Bd. 3, 5 ff.

[60] Hierzu *Stolleis,* Geschichte des öffentlichen Rechts in Deutschland, Bd. 3, 1999, 220 ff.

[61] Zu ihr siehe nur *Hey* in Tipke/Lang, Steuerrecht, § 3 Rn. 260 ff.

[62] Dazu *Gröpl* in BK Art. 110 Rn. 64, 252 ff.

[63] Dazu *Schenke,* Die Rechtsfindung im Steuerrecht, 2007, 377 f.

wirken von Parlament und Regierung beim Haushaltsvollzug, 1980. – ***E. Moeser,*** Die Beteiligung des Bundestages an der staatlichen Haushaltsgewalt, 1978. – ***M. Möstl,*** Nachhaltigkeit und Haushaltsrecht, in: W. Kahl (Hrsg.), Nachhaltigkeit als Verbundbegriff, 2008, 569. – ***E.-M. Munz,*** Haushaltsuntreue, 2001. – ***R. Mußgnug,*** Der Haushaltsplan als Gesetz, 1976. – ***H.J. Papier,*** Die finanzrechtlichen Gesetzesvorbehalte und das grundgesetzliche Demokratieprinzip, 1973. – ***E.A. Piduch,*** Bundeshaushaltsrecht, 2. Aufl., Loseblatt, Stand: Februar 2018. – ***Th. Puhl,*** Budgetflucht und Haushaltsverfassung, 1997. – ***M. Schober,*** Die Stellung des Finanzministers im Grundgesetz, 1975. – ***Ch. Smekal,*** Die Flucht aus dem Budget, 1977. – ***Ch. Tomuschat,*** Die parlamentarische Haushalts- und Finanzkontrolle in der Bundesrepublik Deutschland, Der Staat 19 (1980), 1. – ***F.K. Vialon,*** Haushaltsrecht, 2. Aufl. 1959. – ***E. Voss,*** Haushaltswesen und Staatsrecht, BayVBl. 1987, 257. – ***J. Wieland,*** Haushaltsentscheidungen im gewaltenteiligen Staat, AöR 112 (1987), 449.

Art. 110 [Haushaltsplan des Bundes]

(1) [1] Alle Einnahmen und Ausgaben des Bundes sind in den Haushaltsplan einzustellen; bei Bundesbetrieben und bei Sondervermögen brauchen nur die Zuführungen oder die Ablieferungen eingestellt zu werden. [2] Der Haushaltsplan ist in Einnahme und Ausgabe auszugleichen.

(2) [1] Der Haushaltsplan wird für ein oder mehrere Rechnungsjahre, nach Jahren getrennt, vor Beginn des ersten Rechnungsjahres durch das Haushaltsgesetz festgestellt. [2] Für Teile des Haushaltsplans kann vorgesehen werden, daß sie für unterschiedliche Zeiträume, nach Rechnungsjahren getrennt, gelten.

(3) Die Gesetzesvorlage nach Absatz 2 Satz 1 sowie Vorlagen zur Änderung des Haushaltsgesetzes und des Haushaltsplanes werden gleichzeitig mit der Zuleitung an den Bundesrat beim Bundestage eingebracht; der Bundesrat ist berechtigt, innerhalb von sechs Wochen, bei Änderungsvorlagen innerhalb von drei Wochen, zu den Vorlagen Stellung zu nehmen.

(4) [1] In das Haushaltsgesetz dürfen nur Vorschriften aufgenommen werden, die sich auf die Einnahmen und die Ausgaben des Bundes und auf den Zeitraum beziehen, für den das Haushaltsgesetz beschlossen wird. [2] Das Haushaltsgesetz kann vorschreiben, daß die Vorschriften erst mit der Verkündung des nächsten Haushaltsgesetzes oder bei Ermächtigung nach Artikel 115 zu einem späteren Zeitpunkt außer Kraft treten.

Paulskirchenverfassung von 1849

Abschnitt VI. Art. V

§ 102. Ein Reichstagsbeschluß ist in folgenden Fällen erforderlich:

[Nr. 1]

2. Wenn der Reichshaushalt festgestellt wird, wenn Anleihen contrahirt werden, wenn das Reich eine im Budget nicht vorgesehene Ausgabe übernimmt, oder Matrikularbeiträge oder Steuern erhebt.

[Nr. 3–7]

§ 103. Bei Feststellung des Reichshaushalts treten folgende Bestimmungen ein:

1. Alle die Finanzen betreffenden Vorlagen der Reichsregierung gelangen zunächst an das Volkshaus.
2. Bewilligungen von Ausgaben dürfen nur auf Antrag der Reichsregierung und bis zum Belauf dieses Antrages erfolgen. Jede Bewilligung gilt nur für den besonderen Zweck, für welchen sie bestimmt worden. Die Verwendung darf nur innerhalb der Grenze der Bewilligung erfolgen.
3. Die Dauer der Finanzperiode und Budgetbewilligung ist ein Jahr.
4. Das Budget über die regelmäßigen Ausgaben des Reiches und über den Reservefond, so wie über die für beides erforderlichen Deckungsmittel, wird auf dem ersten Reichstage durch Reichstagsbeschlüsse festgestellt. Eine Erhöhung dieses Budgets auf späteren Reichstagen erfordert gleichfalls einen Reichstagsbeschluß.
5. Dieses ordentliche Budget wird auf jedem Reichstage zuerst dem Volkshause vorgelegt, von diesem in seinen einzelnen Ansätzen nach den Erläuterungen und Belegen, welche die Reichsregierung vorzulegen hat, geprüft und ganz oder theilweise bewilligt oder verworfen.
6. Nach erfolgter Prüfung und Bewilligung durch das Volkshaus wird das Budget an das Staatenhaus abgegeben. Diesem steht, innerhalb des Gesammtbetrages des ordentlichen Budgets, so wie derselbe auf dem ersten Reichstage oder durch spätere Reichstagsbeschlüsse festgestellt ist, nur das Recht zu, Erinnerungen und Ausstellungen zu machen, über welche das Volkshaus endgültig beschließt.

7. Alle außerordentlichen Ausgaben und deren Deckungsmittel bedürfen, gleich der Erhöhung des ordentlichen Budgets, eines Reichstagsbeschlusses.
8. Die Nachweisung über die Verwendung der Reichsgelder wird dem Reichstage, und zwar zuerst dem Volkshause, zur Prüfung und zum Abschluß vorgelegt.

Reichsverfassung von 1871

Art. 69. Alle Einnahmen und Ausgaben des Reichs müssen für jedes Jahr veranschlagt und auf den Reichshaushalts-Etat gebracht werden. Letzterer wird vor Beginn des Etatsjahres nach folgenden Grundsätzen durch ein Gesetz festgestellt.

Art. 71. Die gemeinschaftlichen Ausgaben werden in der Regel für ein Jahr bewilligt, können jedoch in besonderen Fällen auch für eine längere Dauer bewilligt werden.

[Abs. 2]

Weimarer Reichsverfassung von 1919

Art. 85. Alle Einnahmen und Ausgaben des Reichs müssen für jedes Rechnungsjahr veranschlagt und in den Haushaltsplan eingestellt werden.

Der Haushaltsplan wird vor Beginn des Rechnungsjahres durch ein Gesetz festgestellt.

Die Ausgaben werden in der Regel für ein Jahr bewilligt; sie können in besonderen Fällen auch für eine längere Dauer bewilligt werden. Im übrigen sind Vorschriften im Reichshaushaltsgesetz unzulässig, die über das Rechnungsjahr hinausreichen oder sich nicht auf die Einnahmen und Ausgaben des Reichs oder ihre Verwaltung beziehen.

[Abs. 4 u. 5]

Übersicht

A. Allgemeine Bedeutung

1 Art. 110 (Abs. 1) ist die **Kernbestimmung des Haushaltsverfassungsrechts** des Bundes.[1] Die Landesverfassungen enthalten eigene Vorschriften, die aber, schon wegen der Geltung von für Bund und Länder gemeinsamen Haushaltsgrundsätzen (Art. 109 Abs. 4), nicht erheblich von den Vorschriften des GG abweichen. Art. 110 gilt seit 1949 im Wesentlichen unverändert. Durch das Haushaltsreformgesetz vom 12.5.1969[2] wurde die Vorschrift redaktionell umgestaltet und um Abs. 3 sowie Abs. 4 S. 2 ergänzt.[3]

2 Art. 110 unterscheidet, am deutlichsten in Abs. 2 S. 1, den **Haushaltsplan und das Haushaltsgesetz.** Näheres zum Inhalt des Haushaltsplanes bestimmen die §§ 13, 14 BHO. Er besteht insbesondere aus den Einzelplänen und dem Gesamtplan.[4] Die Einzelpläne enthalten die Einnahmen, Ausgaben und Verpflichtungsermächtigungen eines Verwaltungszweigs, zumeist eines Ressorts. Der Gesamtplan fasst die Einzelpläne zu einer Haushaltsübersicht zusammen; er enthält darüber hinaus eine Finanzierungsübersicht und einen Kreditfinanzierungsplan. Das sehr viel kürzere Haushaltsgesetz enthält die parlamentarische Zustimmung zu diesem Plan und Regelungen, die der Haushaltsplan aufgrund seiner Struktur nicht treffen kann, so Bürgschafts- und Kreditermächtigungen.[5]

3 **Haushaltsplan und Haushaltsgesetz bilden eine Einheit.** Der Plan, unter Einschluss aller Einzelpläne, Anlagen und Erläuterungen, ist integraler Bestandteil des Gesetzes,[6] auch wenn über Gesetz und Plan getrennt abgestimmt wird[7] und wenn die Einzelpläne nicht im Bundesgesetzblatt publiziert werden.[8] Das Gesetz wird umgekehrt als Mantel des Haushaltsplans bezeichnet.[9] Der Haushaltsplan ist der **Wirtschaftsplan** und damit die rechenmäßige Grundlage der öffentlichen Haushaltswirtschaft;[10] zugleich ist er **staatsleitender Hoheitsakt in Gesetzesform.**[11] Sein Urheber ist die Bundesregierung; die in dem Wort „Gesamtakt" noch anklingende Parallele zu einem Verwaltungsakt[12] ist aber verfehlt. Das Haushaltsgesetz stellt den Haushaltsplan fest (Art. 110 Abs. 2 S. 1), vermittelt ihm so sachlich-inhaltliche **demokratische Legitimation und Publizität** und spricht darüber hinaus die an die Bundesregierung gerichtete Ermächtigung aus, die etatisierten Staatsausgaben (und nur diese) in eigener Verantwortung zu verwirklichen.[13] Wegen der

---

[1] BVerfGE 79, 311 (329); ebenso *Gröpl* in BK Rn. 79.
[2] → Vorb. Art. 104a–115 Rn. 16.
[3] Schaubild bei *Gröpl* in BK Rn. 78.
[4] Einzelheiten, insbesondere zu dem Gruppierungsplan (§ 13 Abs. 2 S. 3, Abs. 3 BHO), bei *Hillgruber/Drüen* in MKS Rn. 19 f.
[5] Zum inhaltlichen Ergänzungsverhältnis von Plan und Gesetz *Heun,* Staatshaushalt und Staatsleitung, 1989, 259; *v. Portatius,* Das haushaltsrechtliche Bepackungsverbot, 1974, 76 ff.
[6] BVerfGE 20, 56 (91); 38, 121 (126); dazu *Reimer* in BeckOK GG Rn. 7–8.
[7] Dazu *Kube* in Maunz/Dürig Rn. 173.
[8] Zu Letzterem → Rn. 45.
[9] *Heintzen* in HdbStRV § 120 Rn. 50; *Stern,* StaatsR II, 1980, § 49 III 4b δ.
[10] BVerfGE 66, 26 (38: wirtschaftliche Grundsatzentscheidungen für zentrale Bereiche der Politik); zuletzt 135, 317 (416).
[11] BVerfGE 45, 1 (32); 70, 324 (355); 79, 311 (328 f.); 129, 124 (178); 135, 317 (416); Rh.-Pf. VerfGH DÖV 1997, 246.
[12] Dazu *Stern,* StaatsR II, 1980, § 49 III 2, 3.
[13] Vgl. auch *Reimer* in BeckOK GG Rn. 77–80; zur Ermächtigungswirkung des Haushaltsgesetzes → Rn. 35.

vollständigen und spezifizierten Erfassung aller Einnahmen und Ausgaben kann die legitimatorische Wirkung des Haushaltsgesetzes trotz seines nur ermächtigenden Charakters nicht als „marginal" bezeichnet werden.[14] Das „Bepackungsverbot" in Art. 110 Abs. 4 schränkt die Möglichkeit ein, dem Haushaltsgesetz einen über diese Feststellung und diese Ermächtigung hinausreichenden Inhalt zu geben.[15]

Dem Haushaltsplan werden Funktionen zugeschrieben, über die im Einzel- 4
nen Unklarheit oder Streit herrscht. Da diese Funktionen für eine teleologische Interpretation des Haushaltsverfassungsrechts keine greifbare Rolle spielen, sollte ihre Bedeutung nicht überschätzt werden. *Neumark* unterschied **eine politische, eine juristische, eine finanzpolitische, eine Kontroll- und eine wirtschaftspolitische Funktion.**[16] Politische Funktion bedeutet, dass der Haushaltsplan das in nüchternen Zahlen formulierte **politische Handlungsprogramm der Parlamentsmehrheit** und der von ihr getragenen Regierung ist[17] und dafür die nötigen finanziellen Mittel unter Setzung von Prioritäten bereitstellt (zur Bedarfsdeckungsfunktion auch § 2 S. 1 BHO). Die **juristische Funktion** ergibt sich aus der **Verbindung von Haushaltsplan und Haushaltsgesetz** und dem Tätigwerden des Gesetzgebers. Die **finanzpolitische Funktion** besteht in der rationalisierenden Unterstellung der öffentlichen Haushaltswirtschaft unter vorgegebene Regeln und eine strenge Systematik; zum Teil wird sie, davon abweichend, nicht als Ordnungsfunktion aufgefasst, sondern mit der Bedarfsdeckungsfunktion gleichgesetzt. Die an die juristische Funktion anknüpfende Kontrollfunktion bedeutet, dass der Haushalt Maßstab für eine Kontrolle der Bundesregierung durch Bundestag und Bundesrat sowie durch den Bundesrechnungshof[18] ist. Wirtschaftspolitische Funktion schließlich bedeutet, dass der **Haushalt ein sozial- und wirtschaftspolitisches Gestaltungsinstrument** ist.[19] Die Gestaltungsfunktion ist 1967/69 durch das 15. und das 20. Gesetz zur Änderung des Grundgesetzes akzentuiert worden. Seither lassen Globalisierung und Staatsverschuldung aber immer mehr die Frage aufkommen, ob der Staat sich mit dieser Gestaltungsfunktion nicht übernimmt und ob die anderen Funktionen nicht zu Unrecht zeitweise in den Hintergrund gedrängt worden sind; ist von einem „grundsätzlichen Funktionswandel"[20] in diese Richtung die Rede, so dürfen solche Dysfunktionen nicht übergangen werden.

---

[14] So *Jestaedt,* Demokratie und Kondominialverwaltung, 1993, 339; aA *Mehde,* Neues Steuerungsmodell und Demokratieprinzip, 2000, 222 ff. Zum Neuen Steuerungsmodell *Gröpl* in BK Rn. 347 f.

[15] → Rn. 46 ff.

[16] *F. Neumark,* Der Reichshaushaltsplan, 1929, 15 ff.; *F. Neumark,* Theorie und Praxis der Budgetgestaltung, Handbuch der Finanzwissenschaft, Bd. 1, 2. Aufl. 1952, 554 (558 f.); abw. *Heun,* Staatshaushalt und Staatsleitung, 1989, 269 ff.; *Puhl,* Budgetflucht und Haushaltsverfassung, 1997, 3 ff.

[17] BVerfGE 79, 311 (329); *Heun* in Dreier Rn. 29; *Rürup,* Die Programmfunktion des Haushalts, 1971; zu dramatisch die Charakterisierung als „Schicksalsbuch der Nation" bei *Stern,* StaatsR II, 1980, § 49 I 1, dort ebenfalls in Anführungszeichen.

[18] Zu der doppelten Anknüpfung der Kontrollfunktion und zu dem Verhältnis von Kontrolle und Steuerung etwa *Meinel* Die Verwaltung 2018, 153; *v. Mutius* u. *Schuppert* in VVDStRL 42 (1984), 147 ff. u. 216 ff.

[19] → Art. 109 Rn. 2 f., dort auch zu im Rahmen der Föderalismusreform II erfolgten, diese Funktion relativierenden Änderungen des verfassungsrechtlichen Kontextes von Art. 110.

[20] So bei *Schuppert* in Umbach/Clemens Art. 109 Rn. 14 u. Art. 115 Rn. 14.

5 Bund sind im Sinne von Art. 110 Abs. 1 S. 1, 1. Hs. die **juristische Person Bund und die ihr zugeordneten nicht rechtsfähigen Betriebe und Verwaltungseinheiten,** wie insbes. Bundesbetriebe und Sondervermögen des Bundes. Nicht zum so definierten Bund gehören die selbstständigen juristischen Personen der mittelbaren Bundesverwaltung, auch die Sozialversicherungsträger, rechtsfähige privatrechtliche Organisationen (GmbH, AG, Verein, Stiftung, usw.), auch wenn sie ganz oder teilweise, mittelbar oder unmittelbar in der Hand des Bundes sind, sowie vom Bund Beliehene.[21] Dies ist begrifflich nicht zwingend, entspricht aber der Staatspraxis.[22] Es wird überwiegend historisch begründet. Zu bedenken ist weiter, dass eine Etatisierung den Zwecken, die mit **Dezentralisation oder Privatisierung** verfolgt werden, **zuwiderliefe.** Die Einnahmen und Ausgaben der genannten, dem Bund zurechenbaren selbstständigen Rechtsträger müssen darum nicht etatisiert werden; sie sollen aber etatisiert werden dürfen.[23] Von der Frage, wer „Bund" im Sinne des Art. 110 Abs. 1 ist, muss die Frage geschieden werden, ob der „Bund" durch speziellen Auftrag die Wahrnehmung eigener **Aufgaben auf Dritte übertragen** und so **der Etatisierung entziehen** darf.[24]

B. Einzelfragen

I. Haushaltsplan

6 **1. Haushaltsgrundsätze.** Die in Art. 110, dort überwiegend in Abs. 1, festgelegten Haushaltsgrundsätze sind das Ergebnis langer, aber auch schon längere Zeit zurückliegender verfassungspolitischer Auseinandersetzungen und wissenschaftlicher Systematisierungsbemühungen.[25] Aus den Grundsätzen des einfachen Haushaltsrechts[26] hebt Art. 110 als Verfassungsgrundsätze ausdrücklich oder mittelbar, in vielfältiger Überschneidung, aber doch punktuell heraus: **Vorherigkeit und Periodizität** (in Abs. 2), **Vollständigkeit und Einheit, Bruttoprinzip und Spezialität, Klarheit, Wahrheit und Öffentlichkeit des Haushalts** (in Abs. 1 S. 1, die Budgetöffentlichkeit auch in Abs. 2 S. 1), **Trennung und Ausgleich von Einnahmen und Ausgaben** (in Abs. 1 S. 2). Unterschiedliche Zuordnungen dieser Grundsätze innerhalb von Art. 110 – zB wird der Spezialitätsgrundsatz auch in Art. 110

---

[21] Dazu *Puhl,* Budgetflucht und Haushaltsverfassung, 1997, 119 ff.; *Reimer* in BeckOK GG Rn. 338-42, 47–51; *Pünder* in BerlKomm Rn. 30.

[22] Vgl. *Heintzen* in HdbStR V § 120 Rn. 3; *Stern,* StaatsR II, 1980, § 50 III 2b; insoweit kritisch *Siekmann* in Sachs Rn. 95–97.

[23] Vgl. *Puhl,* Budgetflucht und Haushaltsverfassung, 1997, 75 f., 177; ferner § 26 Abs. 3 Nr. 1 BHO zu juristischen Personen des öffentlichen Rechts, die vom Bund ganz oder zum Teil zu unterhalten sind.

[24] Zu dem Problem der „Flucht aus dem Budget" im Zusammenhang mit Nebenhaushalten → Rn. 14 ff.; zu Verwaltungshelfern im Hinblick auf die Grundsätze der Vollständigkeit und der Wahrheit des Haushalts *Burgi,* Funktionale Privatisierung und Verwaltungshilfe, 1999, 277.

[25] Grundlegend *Neumark* in Neumark Handbuch der Finanzwissenschaft, Bd. 1, 3. Aufl. 1977, 572 ff.; weiter *Jèze,* Allgemeine Theorie des Budgets, 1927. *Kloepfer,* Finanzverfassungsrecht, 2014, § 10 Rn. 5 Fn. 7 weist zu Recht darauf hin, dass die Bezeichnung Haushaltsgrundsätze für das Haushaltsgrundsätzegesetz nicht namensgebend war.

[26] Gesamtüberblicke bei *Gröpl,* Haushaltsrecht und Reform, 2001, 91 ff.; *Heller,* Haushaltsgrundsätze für Bund, Länder und Gemeinden, 2. Aufl., 2010, insb. Rn. 677 ff.; *Kube* in Ehlers/Fehling/Pünder, Besonderes Verwaltungsrecht, Bd. 3, 3. Aufl. 2013, 110–218; *Reus/Mühlhausen,* Haushaltsrecht in Bund und Ländern, 2014.

Abs. 2 verortet[27] – haben keine sachlichen Auswirkungen. Der **Grundsatz der Gesamtdeckung,** das Non-Affektationsprinzip, wonach nicht bestimmte Einnahmen bestimmte Ausgaben decken, etwa Teile des Mineralölsteueraufkommens für kommunale Verkehrsinvestitionen reserviert sind, sondern alle Einnahmen alle Ausgaben zu decken haben (so §§ 7 S. 1 HGrG, 8 S. 1 BHO), soll **keinen Verfassungsrang** haben;[28] dagegen wird in der neueren Literatur zunehmend und zutreffend vorgebracht, dass dieser Grundsatz die Budgetautonomie des Parlaments und damit ein Verfassungsgut in einem zentralen Punkt sichert.[29] Daneben ergeben sich der **Grundsatz der Wirtschaftlichkeit und Sparsamkeit sowie der Ordnungsmäßigkeit der Haushalts- und Wirtschaftsführung** aus Art. 114 Abs. 2 S. 1 (er gilt nicht nur beim Vollzug, sondern auch schon bei der Aufstellung des Haushalts) und die Verpflichtung der staatlichen Haushaltswirtschaft auf den **europäischen Stabilitäts- und Wachstumspakt,** ferner auf das gesamtwirtschaftliche Gleichgewicht aus Art. 109 Abs. 2. Art. 87a Abs. 1 S. 2 akzentuiert als Spezialnorm für den Bereich der Streitkräfte im Interesse effektiver parlamentarischer Kontrolle[30] die Grundsätze von Vollständigkeit, Spezialität, Klarheit und Wahrheit. Eine Einteilung dieser Grundsätze nach dem Schema formell/materiell lohnt nicht.[31] „Grundsatz" beschreibt nicht die Rechtsnatur, etwa im Sinne der Differenzierung von Regeln und Prinzipien, auch wenn einige Haushaltsgrundsätze Prinzipiencharakter haben, so der Vollständigkeits-, der Einheits-, der Spezialitätsgrundsatz und, vor allem, der Grundsatz der Haushaltsklarheit, wenn auch mit verschiedenen Ausnahmemodi.[32] **„Grundsatz"** ist hier eine Verfassungsnorm, die eine allgemeine Norm des überwiegend unterverfassungsrechtlichen Haushaltsrechts darstellt, dessen Systematik zugrunde liegt und vom einfachen Recht, insbesondere dem HGrG, entfaltet wird.

a) Vorherigkeit und Periodizität, Fälligkeit. Nach dem Vorherigkeitsgrundsatz wird der Haushalt vor dem Beginn des (ersten) Rechnungsjahres (synonym Haushaltsjahr; gemäß §§ 4 S. 1 HGrG, 4 S. 1 BHO das Kalenderjahr) vom Parlament festgestellt, dessen Vorrang gegenüber der Exekutive damit gesichert ist. Art. 110 Abs. 2 S. 1 formuliert den Vorherigkeitsgrundsatz als **zwingende Vorgabe, die alle an der Haushaltsgesetzgebung beteiligten Verfassungsorgane,** insbesondere auch die mit einem Initiativmonopol ausgestattete Bundesregierung, verpflichtet.[33] Die Vorgabe wird dadurch relativiert, dass der Fall ihrer Nichterfüllung in Art. 111 ausdrück- 7

[27] So *Hillgruber/Drüen* in MKS Rn. 45, 84.

[28] BVerfGE 93, 319 (348); 110, 274 (294); *Heun* in Dreier Rn. 17 (dort auch zur *ratio* dieses Prinzips); *Hillgruber/Drüen* in MKS Rn. 38; *Stern,* StaatsR II, 1980, § 50 III 7; *Vogel/Waldhoff* in BK Vorb. Art. 104a Rn. 383; zum politischen Sinn dieses Grundsatzes *Heintzen* in HdbStR V § 120 Rn. 47.

[29] Vgl. *Musil* DVBl. 2007, 1526 (1530 f.). Monografisch *Matuschka,* Das Nonaffektationsprinzip, 2019.

[30] BVerfGE 90, 286 (385); *Gröpl* in BK Rn. 225–227. Zu haushaltspolitischer Steuerung militärischer Aktionen in den USA *Röben,* Außenverfassungsrecht, 2007, 522; zur Bedeutung des Budgetrechts bei informalen Weiterentwicklungen verteidigungspolitischer Integrationssysteme wie der NATO *Baldus/Müller-Franken* in MKS Art. 87a Rn. 63.

[31] Wohl anders *Kloepfer,* Finanzverfassungsrecht, 2014, § 10 Rn. 6, unter Berufung auf Neumark (1929).

[32] *Heintzen* in HdbStR V § 120 Rn. 23.

[33] BVerfGE 45, 1 (33); 66, 26 (38); 92, 130 (137); *Kube* in Maunz/Dürig Rn. 129; *Mahrenholz* in AK Rn. 30, 60a; *Pünder* in BerlKomm Rn. 62; zur Irrelevanz von Verschulden bei Verspätungen BVerfGE 119, 96 (119 f.); ebenso VerfGH NRW OVGE 55, 285 (295;

lich geregelt ist, dass ein verspätet festgestellter Haushalt nicht verfassungswidrig und gar nichtig ist[34] und dass **Nachtragshaushalte zulässig** sind. Trotz Art. 111 bleiben alle beteiligten Verfassungsorgane aber verpflichtet, einen nicht rechtzeitig verabschiedeten Haushalt so bald wie möglich nachträglich in Kraft zu setzen.[35] Der Vorherigkeitsgrundsatz kann deshalb als **zwingender Ordnungsgrundsatz,** keinesfalls aber als bloße Sollvorschrift verstanden werden,[36] der in neuerer Zeit nach einer Mahnung durch das BVerfG im Jahr 1980[37] überwiegend beachtet worden ist.[38] Aus dem Vorherigkeitsgrundsatz ergibt sich weiter, dass ein verspätet festgestellter Haushaltsplan rückwirkend auf den Beginn des Haushaltsjahres in Kraft tritt[39] und damit unmittelbar an das vorhergehende Haushaltsgesetz anschließt und das ganze Haushaltsjahr ausfüllt. Eine Alternative zwischen der rechtzeitigen Verabschiedung des vollständigen Haushaltsgesetzes und dem Nothaushaltsrecht der Bundesregierung ist die politischem Dissens oder Zeitdruck geschuldete parlamentarische Verabschiedung eines **vorläufigen Teilhaushaltsplans,** die zwar mit den Grundsätzen der Vorherigkeit und Jährlichkeit, der Vollständigkeit und Einheitlichkeit des Haushalts kollidiert, die für ihn wie für jedes Haushaltsgesetz gelten, aber dem verfassungsrechtlich gewollten Zustand immer noch näher kommt als ein **etatloser Zustand,** zu dem die Nichtigkeit des Teilhaushaltsgesetzes führen müsste.[40] Gefahren der Zerfaserung, des Aktionismus und des Stückwerks sind bei Budgetfragmenten politisch nicht von der Hand zu weisen und mit rechtlichen Kriterien schwer einzudämmen. Verwirklichen sich diese Gefahren, hört der Haushalt auf, „ein Regierungsprogramm in Gesetzesform“[41] zu sein, und ist die parlamentarische Debatte über den Haushalt nicht länger die Chance für eine Generalabrechnung der Opposition mit der Regierungspolitik.[42] Da Ausgaben früher feststehen als Einnahmen und die Anwendung eines kaufmännischen Vorsichtsprinzips nicht wählerwirksam ist, begünstigt eine vorherige Festlegung des Haushaltsplans die Staatsverschuldung.[43] Seit 2011 muss im zeitlichen Vorfeld des Haushaltsbeschlusses den Vorgaben des **Europäischen Semesters** entsprochen werden, einem EU-Verfahren zur

---

Ausnahmen nur bei objektiver Unmöglichkeit). Zum Vorherigkeitsgrundsatz insgesamt *Tappe,* Das Haushaltsgesetz als Zeitgesetz, 2008, 132 ff.

[34] BVerfGE 119, 96 (121); *Hillgruber/Drüen* in MKS Rn. 88; *Siekmann* in Sachs Rn. 59; kritisch *Reimer* in BeckOK GG Rn. 17.

[35] *Kube* in Maunz/Dürig Art. 111 Rn. 5 mwN.

[36] Krit. zur Qualifikation als Sollvorschrift *Stern,* StaatsR II, 1980, § 50 III 4. Ebenso VerfGH NRW OVGE 55, 285 u. 298 (310–312).

[37] Dazu *Heun* in Dreier Rn. 27; *Stern,* StaatsR II, 1980, §§ 49 IV 2, 50 III 4; zu in dieselbe Richtung zielenden Änderungen des Art. 110 im Jahr 1969 → Vorb. Art. 110–115 Rn. 3.

[38] Nachw. bei *Siekmann* in Sachs Rn. 57; die Verspätung im Jahr 1999 lässt sich mit dem Regierungswechsel auf Bundesebene (hierzu allg. *Gröpl* in BK Rn. 261) erklären; vgl. das Haushaltsgesetz 1999 vom 21.6.1999 (BGBl. 1999 I, 1387). Ähnlich 2018: Haushaltsgesetz vom 12.7.2018 (BGBl. 2018 I, 1126).

[39] *Kube* in Maunz/Dürig Art. 111 Rn. 80; *Siekmann* in Sachs Rn. 59; zu den Folgen des rückwirkenden Inkrafttretens für Maßnahmen nach Art. 111 → Art. 111 Rn. 5. Zum maßgeblichen Zeitpunkt *Reimer* in BeckOK GG Rn. 14.

[40] Ebenso *Hillgruber/Drüen* in MKS Rn. 90; in diese Richtung wohl auch ein *obiter dictum* des BVerfG (E 45, 1 [34; dort für Fälle von „Dringlichkeit“]). Zu den Bedenken *Heintzen* in HdbStRV § 120 Rn. 43.

[41] BVerfGE 79, 311 (329).

[42] Zum grundsätzlich abschließenden Charakter von Art. 111 → Art. 111 Rn. 3.

[43] *Engels/Hugo* DÖV 2007, 445 (451).

Sicherung der Haushaltsdisziplin und zur Vermeidung makroökonomischer Ungleichgewichte.[44]

Da jeder Haushalt wegen des Vorherigkeitsgrundsatzes auf einer **Einnahmen- und Ausgabenprognose** beruht, müssen **Korrekturen** möglich sein, soweit die Prognose sich während des Haushaltsjahres als unrichtig erweist.[45] Dem trägt das Institut des **Nachtragshaushalts** Rechnung, das im GG (anders zB Art. 68 Hmbg. Verf.) nicht ausdrücklich geregelt ist[46] und für das – mit Modifikationen beim Vorherigkeitsgrundsatz[47] – dieselben Verfahrensregeln gelten wie für das Haushaltsgesetz, insbesondere das sich aus den Art. 110 Abs. 3 und 113 Abs. 1 ergebende Initiativmonopol der Bundesregierung.[48] Der Nachtragshaushalt ist eine Änderung im Sinne von Art. 110 Abs. 3 Hs. 2 Alt. 2. Erweisen die Haushaltsansätze sich als zu gering oder ergeben sich nachträglich sachliche Bedürfnisse, die das Haushaltsgesetz überhaupt nicht berücksichtigt hat, dann besteht für die Bundesregierung die verfassungsrechtliche Pflicht, eine Änderungsvorlage zum Haushaltsplan nach Maßgabe des Art. 110 Abs. 3 einzubringen.[49] Es handelt sich um ein „Verfassungsgebot rechtzeitiger, nicht willkürlich verzögerter Korrektur oder Anpassung ursprünglich oder nachträglich realitätsfremder Haushaltsansätze".[50] Im Hinblick auf die Kreditobergrenzen nach Art. 115 Abs. 2 trifft § 8 G zur Ausführung von Art. 115 des GG (G 115) für diese Korrektur oder Anpassung eine besondere Regelung.[51] 8

Der Bundeshaushalt wird aus Gründen parlamentarischer Regierungskontrolle, im Hinblick auf die Haushaltswahrheit, die durch einen langen Bewilligungszeitraum gefährdet würde,[52] und wegen der Möglichkeit einer Änderung der parlamentarischen Mehrheiten nach Ablauf einer Legislaturperiode grundsätzlich nur für ein Jahr aufgestellt (Grundsatz der Periodizität, Art. 110 Abs. 2 S. 1). Die **Periodizität des Haushalts** ist das Ergebnis langer Auseinandersetzungen zwischen Parlament und Regierung;[53] sie zwingt die Regierung zu einem „alljährlichen Bittgang zum Parlament".[54] Art. 110 Abs. 2 lässt zwei Ausnahmen zu, die aber in der Staatspraxis des Bundes[55] keine Rolle spielen. Nach Art. 110 Abs. 2 S. 1 kann der ganze Haushaltsplan für mehrere (ganze) Jahre, nach Jahren getrennt und ausgeglichen,[56] vor Beginn des ersten Rechnungsjahres festgestellt werden. Nach Art. 110 Abs. 2 S. 2 kann für Teile des Haushaltsplans vorgesehen werden, dass sie für unterschiedliche Zeiträume, nach (ganzen) Rechnungsjahren getrennt, gel- 9

---

[44] → vor Art. 110 Rn. 15.

[45] Nach BVerfGE 135, 317 (416) liegt der Korrekturbedarf in der Natur der Sache.

[46] Nachw. der Staatspraxis bei *Siekmann* in Sachs Rn. 58. Zuletzt BVerfGE 135 317 (416).

[47] BVerfGE 119, 96 (120 ff., 136).

[48] Zu Letzterem BVerfGE 70, 324 (357); *Kube* in Maunz/Dürig Rn. 179; *Mahrenholz* in AK Rn. 28; *Stern,* StaatsR II, 1980, § 49 IV 3a; allg. §§ 33 BHO, 95 Abs. 1 GO BT.

[49] BVerfGE 45, 1 (34). Näheres bei *Gröpl* in BK Rn. 289 ff.

[50] So BVerfGE 119, 96, wo es um einen unrealistisch hoch veranschlagten Bundesbankgewinn gegangen ist; dazu Anmerkung von *Waldhoff* JZ 2008, 200 (201 f.).

[51] → Art. 109 Rn. 40.

[52] Zu der Verknüpfung von Periodizitäts- und Wahrheitsgrundsatz *Heintzen* in HdbStR V § 120 Rn. 43; *Heun* in Dreier Rn. 28; *Siekmann* in Sachs Rn. 61.

[53] Dazu mwN *Heun* in Dreier Rn. 28; *Stern,* StaatsR II, 1980, § 50 III 5.

[54] *Heintzen* in HdbStR V § 120 Rn. 43. Dazu BVerfGE 123, 267 (361); 129, 124 (178); 135, 417 (416).

[55] *Tappe* in Gröpl BHO/LHO, § 12 Rn. 11 verzeichnet für die Bundesländer, mit Ausnahme von Nordrhein-Westfalen, einen Trend zum Doppelhaushalt.

[56] Dazu *Kube* in Maunz/Dürig Rn 135.

ten. Als zeitliche Obergrenze setzen §§ 9 Abs. 1 HGrG, 12 Abs. 1 BHO zwei Jahre fest (Doppelhaushalt). Diese Festsetzungen des HGrG schöpfen die vom GG eröffneten Möglichkeiten nicht aus und sind aber für die Haushaltsgesetzgeber in Bund und Ländern bindend.

10 Ein Doppelhaushalt ist auch zulässig, wenn seine Geltungsdauer die **Dauer einer Wahlperiode überschreitet.** Denn erstens besteht diese Möglichkeit auch bei einem Einjahreshaushalt, und zwar letztlich bei jedem Einjahreshaushalt, weil nie auszuschließen ist, dass eine Wahlperiode vorzeitig beendet wird. Und zweitens ist es einer politisch anders konfigurierten Nachfolgeregierung unbenommen, einen Nachtragshaushalt einzubringen. Dass ein politisch anders konfiguriertes Nachfolgeparlament, das zur Regierungsbildung nicht in der Lage ist, diese Möglichkeit wegen des Initiativmonopols der Regierung nicht hat, ist eine Präjudizierung, die angesichts der verfassungsrechtlichen Anerkennung von Mehrjahreshaushalten hinzunehmen ist.[57] Kommt in einer solchen Krisensituation keine neue Regierung zustande, so würde die dann bloß noch geschäftsführende „alte" Regierung sich gemäß Art. 111 im Übrigen auch am Vorgängerhaushalt des „alten" Parlaments orientieren. Die These, ein Doppelhaushalt sei unzulässig, wenn im ersten seiner beiden Geltungsjahre Parlamentswahlen stattfinden, ist darum abzulehnen. Die These, er sei wegen Präjudizierung des nachfolgenden Parlaments unzulässig, wenn im zweiten seiner beiden Geltungsjahre turnusmäßig Wahlen stattfinden, kann schon deshalb nicht richtig sein, weil insoweit kein Unterschied zu Einjahreshaushalten besteht.

11 Einnahmen und Ausgaben müssen bestimmten Haushaltsjahren zugerechnet werden. Dieser gemeinsame Bestandteil von Periodizitäts- und Vollständigkeitsgrundsatz wird **Fälligkeitsprinzip** genannt.[58] Teilweise wird das Fälligkeitsprinzip – als Gegensatz zum Durchschnittlichkeitsprinzip – auch als Technik der Ausgabenprognose bezeichnet.[59] Mehrjahreshaushalte sind nach Haushaltsjahren getrennt aufzustellen; eine periodenübergreifende Saldierung ist ausgeschlossen.

12 **b) Vollständigkeit und Einheit.** Der Grundsatz der Vollständigkeit und Einheit des Haushaltsplans ist in Art. 110 Abs. 1 S. 1 Hs. 1 ausdrücklich verankert, mit einer Ausnahme bei Bundesbetrieben und Sondervermögen gemäß Art. 110 Abs. 1 S. 1 Hs. 2.[60] Nach dem Vollständigkeitsgrundsatz, synonym Universalitäts- oder Veranschlagungsgrundsatz, müssen alle (zu erwartenden) Einnahmen und alle (voraussichtlich zu leistenden) Ausgaben des Bundes,[61] also alle haushaltsmäßig zu Buche schlagenden staatlichen Aktivitäten,[62] in den Haushaltsplan eingestellt werden. Nach dem Einheitsgrundsatz

---

[57] Wie hier *Nebel* in Piduch Bundeshaushaltsrecht, Art. 110 Rn. 59. Anders *Heun* in Dreier Rn. 28; *Kube* in Maunz/Dürig Rn. 135; *Siekmann* in Sachs Rn. 61. Unentschieden *Gröpl* in BK Rn. 254. Für kommunale Haushalte wie hier *Pünder,* Haushaltsrecht im Umbruch, 2003, 312. Zum Streit um den Doppelhaushalt des Landes Brandenburg für 2019/2020 *Th. I. Schmidt* DVBl. 2018, 1530; *Wernsmann* NVwZ 2019, 1401; das Verfahren vor dem Landesverfassungsgericht wurde eingestellt.

[58] *Kube* in Maunz/Dürig Rn. 149. *Mahrenholz* in AK Rn. 65, rechnet es zu den nichtverfassungsrechtlichen Haushaltsprinzipien; anders *Gröpl* in BK Rn. 258. Ausführlich *Heller,* Haushaltsgrundsätze für Bund, Länder und Gemeinden, 2. Aufl. 2010, Rn. 815 ff.

[59] *Stern,* StaatsR II, 1980, § 50 III 8.

[60] Dazu → Rn. 19 f.

[61] Zu dem Begriff Bund → Rn. 5.

[62] BVerfGE 70, 324 (357).

gibt es **nur einen einzigen Haushaltsplan des Bundes.**[63] Vollständigkeits- und Einheitsgrundsatz sind zwar nicht identisch, weil auch Teilpläne in ihrer Summe vollständig sein können, dann aber schwerer zu überblicken sind.[64] **Beide Grundsätze dienen denselben Zwecken: die Budgethoheit des Parlaments zu sichern,**[65] der Öffentlichkeit sowie den Einrichtungen der Finanzkontrolle und der Finanzplanung einen **lückenlosen Überblick über das Budget** zu ermöglichen und die Bildung von Sonderetats zu erschweren, aus denen partikulare Interessen unauffälliger befriedigt werden können.[66] Sie sind das verfassungskräftige Verbot „schwarzer Kassen", die die Regierung in die Lage versetzen könnten, am Parlament vorbei Ausgaben zu finanzieren und so ggf. Politik zu machen.[67] Der Verfassungsgrundsatz der Vollständigkeit des Haushaltsplans aktualisiert auch den fundamentalen Grundsatz der **Gleichheit der Bürger bei der Auferlegung öffentlicher Lasten** und ist damit insgesamt eine wesentliche Ausprägung rechtsstaatlicher Demokratie.[68]

Einnahmen sind alle im Haushaltsjahr kassenmäßig eingehenden De- 13
ckungsmittel ohne Rücksicht auf Art oder Herkunft, auch früher sog. außerordentliche Einnahmen,[69] auch einmalige Einnahmen, nicht dagegen durchlaufende Posten.[70] Auf die staatsschuldenrechtlich relevante Frage, ob Kredite, die der Tilgung anderer Kredite dienen, Einnahmen darstellen, wird in der Kommentierung von Art. 115 eingegangen.[71] Das Steueraufkommen des Bundes ist ausnahmslos auf der Einnahmenseite des Haushalts einzustellen.[72] **Ausgaben** sind alle im Haushaltsjahr vom Bund bei Fälligkeit getätigten Geldzahlungen und vergleichbaren Finanztransaktionen, nicht die Tilgung von Kassenverstärkungskrediten. Ob die Übernahme der Verpflichtung zur Leistung von Ausgaben in künftigen Haushaltsjahren erfasst ist, ist streitig.[73] Nach § 11 Abs. 2 Nr. 3 BHO, § 8 Abs. 2 Nr. 3 HGrG enthält der Haushaltsplan alle im Haushaltsjahr selbst voraussichtlich benötigten Verpflichtungsermächtigungen. Die Gefahr, dass durch die **übermäßige Inanspruchnahme von Verpflichtungsermächtigungen**[74] die Budgethoheit des Parlaments für die Zukunft ausgehöhlt wird, hat sich zwar als wenig real erwiesen. Trotzdem spricht die künftige Kassenwirksamkeit von Verpflich-

---

[63] Ausführlich *F. Kirchhof* in VVDStRL 52 (1993), 102 ff.

[64] Zu diesem Problem *Heun,* Staatshaushalt und Staatsleitung, 1989, 316 ff.; *Hillgruber/Drüen* in MKS Rn. 35; *Siekmann* in Sachs Rn. 53; zu Teilplänen Art. 110 Abs. 2 S. 2; ferner → Rn. 7 sowie → Art. 111 Rn. 5 u. 12. Allgemein zu Konkurrenzen der Haushaltsgrundsätze *Gröpl* in BK Rn. 149 ff.; *Heintzen* in HdbStRV § 120 Rn. 49.

[65] Dazu BVerfGE 82, 159 (179); 91, 186 (202); 93, 319 (343); 108, 1 (16); 108, 186 (216); 110, 370 (388); 113, 128 (147); 119, 96 (118).

[66] Zu entsprechenden Gewährleistungen in Landesverfassungen VerfGH NRW NVwZ 1995, 160; Rh.-Pf. VerfGH AS 25, 387 (392).

[67] *Heintzen* in HdbStRV § 120 Rn. 25; *Stern,* StaatsR II, 1980, § 50 III 2 a.

[68] BVerfGE 55, 274 (303); 91, 186 (201 f.); dazu *P. Henseler,* Begriffsmerkmale und Legitimation von Sonderabgaben, 1984, 38 ff.

[69] Hierzu BT-Drs. V/3040, Tz. 63 f.; → Art. 115 Rn. 2; zu den der Zwischenfinanzierung dienenden Kassenverstärkungskrediten § 18 Abs. 2 S. 1 Nr. 2 u. S. 3, Abs. 3 S. 2 BHO; sie sind keine Einnahmen. Zu Einnahmen politischer Parteien § 19a Abs. 4 ParteienG; *Morlok/Merten,* Parteienrecht, 2018, 186 f.

[70] BVerfGE 4, 7 (26, 14).

[71] → Art. 115 Rn. 24. Sehr interessant dazu *Oetjens* DÖV 2015, 947 (950 ff.); dort im Übrigen der Hinweis, dass der Einnahmebegriff im GG zwanzigmal verwendet wird (955).

[72] BVerfGE 82, 159 (178); 91, 186 (201); zu dem Verhältnis der Begriffe Einnahmen und Vermögen BVerfGE 1, 117 (140).

[73] Gegenposition zu der hier vertretenen Ansicht bei *Hillgruber/Drüen* in MKS Rn. 40; *Kloepfer,* Finanzverfassungsrecht, 2014, § 10 Rn. 10; *Schenke* in Sodan Rn. 4.

[74] Zu ihnen Rh.-Pf. VerfGH DÖV 1997, 246, im Zusammenhang mit Leasingverfahren.

tungsermächtigungen dafür, sie unter den Ausgabenbegriff zu fassen, auch wenn sie nicht in den formalen Haushaltsausgleich einbezogen werden.[75] Keine Ausgaben sind (echte) **Steuervergünstigungen,**[76] weiterhin nicht **Sachleistungen,**[77] auch nicht Erstattungen und ähnliche Vorgänge, mit denen Einnahmen rückgängig gemacht werden,[78] wohl aber Zuführungen an Rücklagen und Schuldentilgung. Im Haushaltsplan werden alle Veränderungen im Vermögens-, Schulden- und Rücklagenbestand aufgeführt. Die Begriffe Einnahmen und Ausgaben werden in § 13 Abs. 3 BHO mit Beispielen verdeutlicht.[79]

14 Der Grundsatz der Vollständigkeit des Haushaltsplans ist berührt, wenn der Gesetzgeber Einnahme- und Ausgabekreisläufe außerhalb des Budgets organisiert,[80] wenn er sie insbesondere auf von Art. 110 Abs. 1 S. 1 nicht erfasste[81] **selbstständige juristische Personen des öffentlichen oder des privaten Rechts oder auf Sondervermögen auslagert.** Der Vollständigkeits- und der Einheitsgrundsatz richten sich vor allem gegen solche Nebenhaushalte,[82] verbieten sie aber nicht generell. **Nebenhaushalte** hatten in ihrer Summe vorübergehend ein **größeres Volumen als der Bundeshaushalt,**[83] und es durfte angenommen werden, dass sie jedenfalls zum Teil benutzt wurden, um Staatsschulden zu verstecken und Verschuldungsgrenzen in GG und AEUV zu unterlaufen,[84] zu einem anderen Teil zur finanziellen Bewältigung der Wiedervereinigung Deutschlands (Fonds Deutsche Einheit, Kreditabwicklungsfonds, Erblastentilgungsfonds). Die zuletzt genannten Fonds, wenn auch nicht die in ihnen angehäuften Schulden, sind inzwischen Geschichte. Die Finanzmarktkrise hat 2008 und 2009 mit dem Finanzmarktstabilisierungsfonds und dem Investitions- und Tilgungsfonds vorübergehend neue Fonds hervorgebracht.[85] Weitere Beispiele sind das Bundeseisenbahnvermögen[86] und der Energie- und Klimafonds, der zum Teil aus privatwirtschaftlichen Quellen gespeist wird.[87] Die besondere verfassungsrechtliche Problematik von Sondervermögen liegt darin, dass sich dahinter auch Schulden verbergen können. Unproblematischer sind Sondervermögen, die real

---

[75] Ebenso *Gröpl* in BK Rn. 124; *Kube* in Maunz/Dürig Rn. 95; ergänzend *Kube* in Maunz/Dürig Art. 115 Rn. 13. An der hier in der Voraufl. vertretenen Ansicht wird nicht festgehalten.

[76] Über die der Subventionsbericht gemäß § 12 Abs. 2–4 G zur Förderung der Stabilität und des Wachstums der Wirtschaft (StabWG) Auskünfte gibt. → Rn. 18.

[77] *Kube* in Maunz/Dürig Rn. 94.

[78] *Heun* in Dreier Rn. 18.

[79] → Art. 106 Rn. 33 ff.; Rh.-Pf. VerfGH DÖV 1997, 246.

[80] BVerfGE 82, 159 (178 f.); 91, 186 (202); 93, 319 (343); 108, 1 (16 f.); 108, 186 (215 f.); 110, 370 (387 f.); 113, 128 (147).

[81] → Rn. 5. Zur Anwendbarkeit des Haushaltsrechts bei Sondervermögen vgl. § 48 Abs. 1 HGrG, § 113 BHO. Zu Organisations- und Haushaltsfragen im Bereich der Deutschen Bahn BVerfGE 129, 356 (366 f.).

[82] Dazu *Burmeister,* Außerbudgetäre Aktivitäten des Bundes, 1997, 27 ff.; *Gröpl* in BK Rn. 166, 172; *Heun,* Staatshaushalt und Staatsleitung, 1989, 35 f.; *Kube* ZG 2010, 105, insbes. 113 ff.; *Mußgnug,* Der Haushaltsplan als Gesetz, 1976, 44 ff.; *Pünder* in BerlKomm Rn. 28; *Puhl,* Budgetflucht und Haushaltsverfassung, 1997, 114 ff. – Definition des Begriffs Nebenhaushalt bei *Kilian,* Nebenhaushalte des Bundes, 1993, 255, 274 f.; zum Bruttoprinzip insoweit → Rn. 18.

[83] Zahlen bei *Puhl,* Budgetflucht und Haushaltsverfassung, 1997, 103 ff.

[84] Zu diesem Problem umfassend die Habilitationsschriften von *Kilian,* Nebenhaushalte des Bundes, 1993 und von *Puhl,* Budgetflucht und Haushaltsverfassung, 1997.

[85] BGBl. 2008 I 1982 und 2009 I 416.

[86] BGBl. 1993 I 2378. Dazu BVerfGE 129, 356.

[87] Errichtungsgesetz vom 8.12.2010, BGBl. 2010 I 1807.

vorhandenes staatliches Geld für besondere Zwecke (z. B. Bedienung von Pensionslasten oder Infrastrukturrücklagen) bewirtschaften.[88] Bei Sondervermögen ist weiter danach zu unterscheiden, ob sie rechtlich selbstständig sind (dann ist Art. 110 Abs. 1 nicht anwendbar) oder nicht (dann unterfallen sie Art. 110 Abs. 1 S. 1 Hs. 2).[89]

Zur Zulässigkeit von Nebenhaushalten gibt es keine klaren Kriterien.[90] 15
Quantitative Grenzen, wie sie für die Staatsverschuldung mit Blick auf Art. 115 Abs. 1 S. 2 aF oder für die Steuerbelastung durch den Halbteilungsgrundsatz gemäß Art. 14 Abs. 2 S. 2 postuliert worden sind, lassen sich ohne ausdrücklichen Textbefund verfassungsrechtlich kaum begründen. Für die Verfassungsmäßigkeit von Sondervermögen soll es auf das Vorliegen überwiegender und darum die Abweichung vom Vollständigkeits- und Einheitsgrundsatz rechtfertigender wirtschaftlicher oder organisatorischer Gründe ankommen.[91] Zum Teil wird auch vertreten, es gebe keine materiellen Beschränkungen für Nebenhaushalte, sondern nur das in Art. 110 Abs. 2 S. 1 begründete **formelle Erfordernis eines Gesetzes.**[92] Dem ist aber entgegenzuhalten, dass, wenn die Verfassung haushaltsrechtliche Anforderungen aufstellt, deren Umgehung nicht im Belieben des einfachen Gesetzgebers stehen kann.[93] Ähnlich wie bei den Sonderabgaben – im Verhältnis zu den verfassungsrechtlich geregelten Steuern – ist deshalb für die Nebenhaushalte – im Verhältnis zum Bundeshaushalt – ein sie **sachlich rechtfertigender Grund** – neben einer formell-gesetzlichen Grundlage – zu fordern, zumal Nebenhaushalte ein größeres Volumen haben können als der reguläre Haushalt, während das Aufkommen aus Sonderabgaben deutlich hinter dem Steueraufkommen zurückbleibt. Darüber hinaus setzen die Art. 83 ff. der Ausgliederung von Aufgaben der unmittelbaren Bundesverwaltung und ihrer Verlagerung auf vom Bund gesteuerte, aber rechtlich selbstständige juristische Personen des öffentlichen oder privaten Rechts und der damit verbundenen Schaffung von Nebenhaushalten Grenzen. All diese Fragen dürften mit der Streichung von Art. 115 Abs. 1 S. 2 aF 2009 freilich viel von ihrer finanzpolitischen Bedeutung verloren haben. Keine Nebenhaushalte sind die **Wirtschaftspläne der Geheimdienste,** denn sie sind durch die Zweckbestimmung der Haushaltstitel, die den Hinweis auf den Wirtschaftsplan enthält, mit dem Haushaltsplan verbunden.[94]

Wird ein Nebenhaushalt aus **Sonderabgaben** gespeist, so sichern deren 16
verfassungsrechtliche Begrenzungen auch den Vollständigkeitsgrundsatz;[95] Sonderabgaben, welche die an sie gestellten Anforderungen nicht erfüllen,[96]

---

[88] Zur Bildung von Versorgungsrücklagen für die Alterssicherung von Beamten *Battis/Kersten* NVwZ 2000, 1337 (1341 f.); VG Ansbach NVwZ 2002, 501 (505); weiter VerfGH Rhl.-Pf. DVBl. 2017, 633. Zu Infrastrukturrücklagen als Beispiel das Sondervermögen SINAWA des Landes Berlin: Bln. GVBl. 2014, 521 u. 2017, 215.

[89] Siehe *Kemmler* in SHH Rn. 13 f.

[90] Ebenso *Puhl,* Budgetflucht und Haushaltsverfassung, 1997, 152.

[91] Besonders klar *Fischer-Menshausen* in v. Münch/Kunig, 3. Aufl. 1996, Rn. 9, 10.

[92] So *Hillgruber/Drüen* in MKS Rn. 29 ff., 37; ebenso, für Bundesbetriebe und Sondervermögen, *Reimer* in BeckOK GG Rn. 35 f., wie hier auch für selbstständige Rechtsträger (Rn. 37).

[93] Im Ergebnis so auch *Gröpl* in BK Rn. 168; *Heun* in Dreier Rn. 20; *Kube* ZG 2010, 105, 114 f.; *Kube* in Maunz/Dürig Rn. 106–109, der eine Abstufung zwischen selbstständigen und unselbstständigen Sondervermögen vornimmt; *Siekmann* in Sachs Rn. 53, 96 f.

[94] BVerfGE 70, 324 (357 f.), Sondervotum *Mahrenholz,* ebd., 379.

[95] BVerfGE 82, 159 (179); ferner *Kube* in Maunz/Dürig Rn. 109.

[96] Zu diesen Anforderungen → Art. 105 Rn. 26 ff.

verstoßen zugleich gegen Art. 110 Abs. 1.[97] Rechtsfortbildend fordert das BVerfG seit Juli 2003 eine vollständige Dokumentation von Sonderabgaben im Interesse einer wirksamen parlamentarisch-demokratischen Legitimation und ihrer besseren Kontrolle.[98] Diese Dokumentation solle Bestand und Entwicklung aller Sonderabgaben im Verantwortungsbereich des jeweiligen Gesetzgebers nach Art und Umfang regelmäßig sichtbar machen, insbesondere auch deren Verhältnis zu den Steuern. Angemessener Ort für eine solche Dokumentation sei eine dem Haushaltsplan beigefügte Anlage. Rechtsgrundlage sei der Grundsatz der Vollständigkeit des Haushaltsplans. Außerhalb von dessen Anwendungsbereich ergebe sie sich aus Art. 20 Abs. 1 und 2.

17 Zwischen den Grundsätzen der Vollständigkeit und Einheit des Haushalts und den **anderen, überwiegend ebenfalls in Art. 110 Abs. 1 S. 1 verankerten Haushaltsgrundsätzen** bestehen enge Verbindungen, so hinsichtlich der Prognose der Einnahmen und Ausgaben zum Grundsatz der Haushaltswahrheit,[99] hinsichtlich globaler Minderausgaben zu demselben Grundsatz,[100] hinsichtlich der Konkretheit der Haushaltsansätze, zB des Ausschlusses von Globalermächtigungen oder von Leertiteln, zu Brutto- und Spezialitätsgrundsatz,[101] bei Nachtragshaushalten und überjährigen Haushaltsansätzen zum Periodizitätsgrundsatz,[102] weiter hinsichtlich des Ausgleichsgebots.[103] Gleiches gilt für die Ausnahme vom Vollständigkeitsgrundsatz in Art. 110 Abs. 1 S. 1 Hs. 2, die in erster Linie eine Ausnahme vom Bruttoprinzip ist. Die Ausnahmen vom Grundsatz der Jährlichkeit des Haushalts, die Art. 110 Abs. 2 zulässt, sind dagegen keine Durchbrechung des Einheitsgrundsatzes.[104]

18 **c) Bruttoprinzip.** Bruttoprinzip bedeutet, dass Einnahmen und Ausgaben in voller Höhe und getrennt voneinander in den Haushaltsplan eingestellt werden müssen (§§ 12 Abs. 1 S. 1 HGrG, 15 Abs. 1 S. 1 BHO). Das Bruttoprinzip **verbietet Saldierungen** von Einnahmen und Ausgaben, also den (nicht ausgewiesenen) Vorwegabzug von Ausgaben und die Vorweganrechnung von Einnahmen, wobei die scheinbar nur semantische Unterscheidung von Mindereinnahmen und Ausgaben problematische Spielräume eröffnet.[105] Das Bruttoprinzip ist die wichtigste Konsequenz des Grundsatzes der Vollständigkeit des Haushalts, ohne die dieser Grundsatz eine erhebliche Bedeutungseinbuße erlitte. Es dient der Übersichtlichkeit der Haushaltsführung und der Erleichterung ihrer Kontrolle.[106] Zwar hat man 1969 das Bruttoprinzip wegen der großen Zahl für nötig erachteter Ausnahmen nicht ausdrücklich in das GG aufgenommen;[107] wohl statuiert Art. 110 Abs. 1 S. 1 Hs. 2 eine

---

[97] So BVerfGE 101, 141 (146); 122, 316 (332 ff.); 123, 132 (139); 124, 235 (242 ff.); 135, 155 (206 ff.); 136, 194 (241 ff.); dazu *F. Rottländer,* Haushaltspolitische Bedeutung und Verfassungsmäßigkeit von Sonderabgaben, 1988.

[98] BVerfGE 108, 186 (218 f., Übergangs-„Regelung“ auf S. 232); zu dieser Entscheidung *Wahlhäuser* NVwZ 2005, 1389; vgl. weiter BVerfGE 122, 316 (335); 123, 132 (142).

[99] → Rn. 28; dort auch zum Arbeitskreis Steuerschätzungen.

[100] → Rn. 27.

[101] Zum Bruttoprinzip *Heintzen* in HdbStR V § 120 Rn. 31, 49; weiter → Rn. 18 ff.; zum Problem der Leertitel → Rn. 24.

[102] → Rn. 8 f.

[103] Zu Letzterem BVerfGE 119, 96 (119).

[104] Zum Bruttoprinzip sogleich Rn. 18; zum Annuitätsprinzip → Rn. 9.

[105] → Art. 104a Rn. 44.

[106] *Kube* in Maunz/Dürig Rn. 96 f.

[107] BT-Drs. V/3040, 44; zu BT-Drs. V/3605, 10.

ausdrückliche Ausnahme von diesem Prinzip,[108] die nur erforderlich ist, wenn auch das Prinzip selbst Verfassungsrang hat. Nach in neuerer Zeit zunehmend vertretener Ansicht hat das Bruttoprinzip deshalb selbst **Verfassungsrang,**[109] ohne damit sachlich oder traditionell begründete Ausnahmen auszuschließen. Dies entspricht der auch den Haushaltsgesetzgeber des Bundes bindenden Regelung in § 12 Abs. 1 S. 2–4 HGrG. Praktische Relevanz hat der Streit um den Verfassungsrang des Bruttoprinzips bei Subventionen, denen die Form von **Steuervergünstigungen** gegeben wird, obwohl sie in keinem Zusammenhang zu einem Steuertatbestand stehen, und die als Mindereinnahmen nicht gesondert ausgewiesen werden, obwohl es sich der Sache nach um Ausgaben handelt; dies ist verfassungswidrig.[110] Für die Veranschlagung der Einnahmen aus Marktkrediten und der hiermit zusammenhängenden Tilgungsausgaben gilt nach § 15 Abs. 1 S. 2 BHO das Netto-, nicht das Bruttoprinzip.

Art. 110 Abs. 1 S. 1 Hs. 2 ermöglicht bei **Bundesbetrieben** und nicht- **19**
rechtsfähigen **Sondervermögen** die **Nettoveranschlagung,** die bei rechtsfähigen Einrichtungen des Bundes ohnehin stattfindet.[111] Die Vorschrift ist eine Ausnahme vom Brutto-, mittelbar damit vom Vollständigkeits- und vom Einheitsprinzip; sie ist eng auszulegen und darf nicht im Sinne eines generellen Rechts des Parlaments zur Abweichung vom Grundsatz der Spezialität verstanden werden.[112] Die Entscheidung, ob und in welchem Umfang (zu Planstellen bei Bundesbetrieben § 26 Abs. 1 S. 4 BHO) von dieser Möglichkeit Gebrauch gemacht wird, liegt beim Bundesgesetzgeber;[113] die Gründung von Bundesbetrieben und Sondervermögen unterliegt den an die Errichtung von Nebenhaushalten zu stellenden verfassungsrechtlichen Anforderungen,[114] die insoweit aber wegen der ausdrücklichen Freistellung von Vollständigkeits-, Einheits- und Bruttoprinzip nur als Missbrauchsschranken wirken können.[115] Entscheidet sich der Bundesgesetzgeber für die Nettoveranschlagung, dann braucht bei Bundesbetrieben und Sondervermögen nur der Saldo ihrer Einnahmen und Ausgaben als Zuführung oder Ablieferung (zu diesen Begriffen Nr. 1.4 der Allgemeinen VwV zu § 26 BHO) in den Haushaltsplan des Bundes eingestellt zu werden, nicht ihr nach § 26 Abs. 1/2 BHO von eigenen Organen aufzustellender Wirtschaftsplan.[116] Zuführungen und Ablieferung stellen eine Verbindung zwischen dem Wirtschaftsplan des Bundesbetriebs/des Sondervermögens des Bundes und dem Bundeshaushalt her.[117]

---

[108] AA *Hillgruber/Drüen* in MKS, Rn. 50, 58.

[109] Ebenso *Heun* in Dreier Rn. 18 (mit Einschränkungen); *Jarass* in Jarass/Pieroth Rn. 4; *Kemmler* in SHH Rn. 15; *Mahrenholz* in AK Rn. 50; *Puhl,* Budgetflucht und Haushaltsverfassung, 1997, 248 ff.; *Siekmann* in Sachs Rn. 49 f.; aA *Hillgruber/Drüen* in MKS Rn. 50 f.

[110] Dazu auch → Rn. 13 und Art. 104a Rn. 44, Art. 105 Rn. 19, 37; wie hier *Heun* in Dreier Rn. 18; *Kube* in Maunz/Dürig Rn. 117; *Vogel* DÖV 1977, 837 (843).

[111] → Rn. 5.

[112] So aber wohl *Seidler* KJ 1996, 75 (82).

[113] *Hillgruber/Drüen* in MKS Rn. 57; vgl. neben § 26 auch § 113 BHO und § 18 HGrG.

[114] → Rn. 14 f.

[115] Ebenso für den Fall der Umgehung haushaltsrechtlicher Bindungen *Siekmann* in Sachs Rn. 95.

[116] Die Forderung, diese Wirtschaftspläne einer Genehmigung durch den Bundestag zu unterwerfen (*Heun,* Staatshaushalt und Staatsleitung, 1989, 383 f. für Bundesbahn und Bundespost nach früherem Recht), dürfte das Parlament überfordern und die Betriebe der Gefahr sachfremder politischer Einflussnahme aussetzen und stellt eine wenig konsequente Mittellösung zwischen Etatisierung und Freistellung dar.

[117] *Kube* in Maunz/Dürig Rn. 33.

20 **Bundesbetriebe** sind rechtlich unselbstständige, abgesonderte Teile der Verwaltung, deren Tätigkeit auf einen wirtschaftlichen Geschäftsbetrieb gerichtet ist,[118] der über die bloße Verwaltung eigenen Vermögens hinausgeht, und an denen der Bund zumindest beteiligt ist.[119] Bundesbetriebe werden von den Erfordernissen des Art. 110 Abs. 1 S. 1 Hs. 1 ausgenommen, wenn ein kameralistisches Wirtschaften nach Einnahmen und Ausgaben wegen ihrer wirtschaftlichen Ausrichtung nicht zweckmäßig ist (so § 26 Abs. 1 BHO). **Beispiele** für Bundesbetriebe sind selten: die Bundesdruckerei wurde privatisiert und die frühere Bundesmonopolverwaltung für Branntwein liquidiert.[120] Bundesbetriebe sind ein **Unterfall der Sondervermögen,**[121] weshalb ihre ausdrückliche Nennung in Art. 110 Abs. 1 S. 1 Hs. 2, streng genommen, überflüssig ist. **Sondervermögen** sind rechtlich unselbstständige, aber rechnungsmäßig gesondert geführte Teile des Bundesvermögens, die durch Gesetz oder auf Grund eines Gesetzes entstanden und zur Erfüllung einzelner, nicht notwendig erwerbswirtschaftlicher Aufgaben des Bundes bestimmt sind.[122] Art. 110 Abs. 1 S. 1 Hs. 2 stellt klar, dass sie trotz fehlender Rechtsfähigkeit auch bei Fehlen eines kaufmännisch eingerichteten Betriebs von der Veranschlagungspflicht ausgenommen werden können; nach § 26 Abs. 2 S. 2 BHO sind über ihre Einnahmen, Ausgaben und Verpflichtungsermächtigungen Übersichten dem Haushaltsplan als Anlagen beizufügen oder in die Erläuterungen aufzunehmen. **Beispiele** für Sondervermögen des Bundes sind nach der Privatisierung von Bahn und Post das Bundeseisenbahnvermögen, das ERP-Sondervermögen,[123] der Finanzmarktstabilisierungs- sowie der Investititions- und Tilgungsfonds.[124]

21 Es gibt weitere **Ausnahmen vom Bruttoprinzip,** welche von der Änderung des Art. 110 im Jahr 1969 nicht berührt worden sind: die Nettoveranschlagung der Kreditaufnahme (nach Abzug der Tilgung und unter Ausblendung von Umschuldungen) sowie die Einstufung der Bundesergänzungszuweisungen und des Umsatzsteueranteils der EU als Mindereinnahmen, nicht als Ausgaben des Bundes. Ersteres ist zulässig, ohne dass es verfassungsrechtlich auf die Bruttoausweisungen in Kreditfinanzierungsübersicht und Kreditfinanzierungsplan ankäme.[125] Die Ausnahme vom Bruttoprinzip lässt sich nicht nur mit haushaltstechnischen Gründen rechtfertigen, sondern auch damit, dass Art. 115 Abs. 2 den Ausgaben die Einnahmen aus Krediten, nicht die Aufnahme von Krediten gegenüberstellt und, vor allem, nur die Nettokreditaufnahme eine Zukunftsbelastung darstellt. Konsequenz ist allerdings,

[118] Vgl. BVerwGE 129, 219; zu der Frage, ob der Betrieb auch erwerbswirtschaftlich tätig sein muss, *Puhl,* Budgetflucht und Haushaltsverfassung, 1997, 142–146.

[119] Vgl. Nr. 1.1 der Allgemeinen VwV zu § 26 BHO sowie *Puhl,* Budgetflucht und Haushaltsverfassung, 1997, 137–146.

[120] *Rossi* in Gröpl, BHO/LHO, 2018, § 26 Rn. 4; weiter *Engels* in BK Art. 114 Rn. 68 Rn. 111. Die Haushaltsrechnung des Bundes für 2017, der gemäß § 85 Nr. 3 BHO Übersichten über den Jahresabschluss bei Bundesbetrieben beizufügen sind, nennt auf S. 24 nur noch die Bundesmonopolverwaltung für Branntwein.

[121] *Puhl,* Budgetflucht und Haushaltsverfassung, 1997, 146–149.

[122] Vgl. Nr. 2.1 der Allgemeinen VwV zu § 26 BHO; *Burmeister,* Außerbudgetäre Aktivitäten des Bundes, 1997, 215 ff.; *Maier-Bledijan,* Sondervermögen des Bundes, 2011; *Puhl,* Budgetflucht und Haushaltsverfassung, 1997, 126–137.

[123] Zu ihm → Art. 104a Rn. 24.

[124] BGBl. 2008 I, 1982, 2009 I, 416; Listen älterer Fonds bei *Hillgruber/Drüen* in MKS Rn. 53. → Rn. 14.

[125] Im Ergebnis ebenso *Gröpl* in BK Rn. 186; *Heun* in Dreier Rn. 18; *Hillgruber/Drüen* in MKS Rn. 48; *Kube* in Maunz/Dürig; aA wohl *Siekmann* in Sachs Rn. 50.

dass das Umschuldungsgeschehen im Haushaltsplan nicht erkennbar ist. Bundesergänzungszuweisungen[126] und Umsatzsteueranteil der EU werden als durchlaufende Posten angesehen, was bei den Bundesergänzungszuweisungen problematisch ist, weil sie auf einer eigenen Entscheidung des Bundes beruhen. Da Bundesergänzungszuweisungen vom Umsatzsteueranteil des Bundes abgesetzt werden, liegt hierin eine Beeinträchtigung nicht nur des Bruttoprinzips, sondern auch des Vollständigkeitsgrundsatzes, der die vollständige Einstellung des Steueraufkommens in den Haushalt verlangt.[127] Dieser Einwand trifft auch auf die haushaltsmäßige Behandlung des **Umsatzsteueranteils der EU** zu, die über keine eigene Ertragshoheit verfügt.

d) Spezialität. Der Grundsatz der Spezialität (synonym **Grundsatz der** 22
Einzelveranschlagung; die von ihm zu unterscheidenden Grundsätze der sachlichen und zeitlichen Bindung sollen nach einer unklaren, normativ nicht belegbaren Terminologie den Haushaltsvollzug, nicht die Planaufstellung betreffen[128]) fordert in sachlicher Hinsicht, dass Mittel nur für einen bestimmten Zweck und nur in bestimmter Höhe bewilligt werden, und in zeitlicher Hinsicht, dass Mittel nur für eine Verausgabung in einem bestimmten Abstand zur Bewilligungsentscheidung des Parlaments, grundsätzlich in dem betreffenden Haushaltsjahr[129], bereitgestellt werden dürfen (vgl. §§ 10 Abs. 2, 12 Abs. 4 und 27 Abs. 1 HGrG, 13 Abs. 2, 17 Abs. 1 und 45 Abs. 1 BHO). Der Spezialitätsgrundsatz bezieht sich in erster Linie auf die Ausgabenseite des Haushalts. Sein **Verfassungsrang**[130] folgt aus seiner Bedeutung für das parlamentarische Budgetrecht, dessen Effektivität von der Konkretheit der Haushaltstitel abhängt: Je höher deren Spezialität ist, desto mehr Einfluss hat das Parlament auf die Exekutive.[131] Eine faktische Grenze dieses Einflusses ist freilich Überspezialisierung, die nur noch wenige Parlamentarier durchschauen.[132] Seine Grundlage ist Art. 110 Abs. 1 S. 1 Hs. 1; Art. 87a Abs. 1 S. 2 ist Ausprägung des Spezialitätsgrundsatzes für einen Bereich, den das GG in besonderer Weise für parlamentarischer Kontrolle bedürftig hält. Der Verfassungsrang ergibt sich mittelbar auch aus Art. 112. Der Spezialitätsgrundsatz ist wohl der einzige verfassungsrechtliche Bestimmtheitsgrundsatz, der sich dem Vorwurf der Über-, nicht der Untertreibung ausgesetzt sieht.[133] In der Praxis steht nicht selten wenigen, nicht weiter spezifizierten Titeln mit hohen Ansätzen eine Vielzahl von Titeln mit geringen Ansätzen gegenüber.[134]

Das unbestimmte Wort **„bestimmt"** (auch die Formel von der „unange- 23
messenen Verfügungsmacht" der Exekutive[135] oder „hinreichend konkret"[136]) lässt Raum für gegenläufige Erwägungen der Elastizität und der

---

[126] Zu ihnen insoweit *Gröpl* in BK Rn. 187.

[127] Zu Letzterem → Rn. 13.

[128] *Gröpl* in BK Rn. 176 f.

[129] In den betreffenden Haushaltsjahren; zu dieser Alternative, die in dem Grundsatz der Periodizität angelegt ist, der vom Grundsatz zeitlicher Spezialität ergänzt und in den Haushaltsvollzug verlängert wird, → Rn. 9. Zum „Dezember"-Fieber *Gröpl* in BK Rn. 331 f.; *Kube* in Maunz/Dürig Rn. 121.

[130] Zu ihm ausdrücklich VerfGH NRW NVwZ 1992, 470 (471); NVwZ 1995, 159 (160); NWVBl. 1996, 291 (295).

[131] Hierzu deutlich *Mahrenholz* in AK, Rn. 39, 54 ff.; *Thieme* DÖV 1984, 129 (135 f.).

[132] *Gröpl* in BK Rn. 178 f., 328 („Eutrophierung").

[133] *Heintzen* in HdbStR V § 120 Rn. 33.

[134] *Aprill* DÖV 2008, 184 (185). Beispiel bei *Engels* in BK Art. 114 Rn. 69 Fn. 114.

[135] BVerfGE 70, 324 (357).

[136] BVerfGE 70, 324 (355).

Wirtschaftlichkeit der Mittelbewirtschaftung, denen **Aktualisierungen des HGrG** Rechnung tragen wollen: das Haushaltsrechts-Fortentwicklungsgesetz vom 1.1.1998 und das Haushaltsgrundsätzemodernisierungsgesetz vom 1.1.2010.[137] Zu Spezialisierung gegenläufige Erwägungen finden ihren Niederschlag in der Übertragbarkeit von Haushaltsmitteln in das folgende Haushaltsjahr (§§ 15 Abs. 1, 27 Abs. 2/3 HGrG, 19, 45 Abs. 2–4 BHO), in der einseitigen oder gegenseitigen Deckungsfähigkeit (§§ 15 Abs. 3 HGrG, 20 BHO)[138] oder in Globalhaushalten, etwa im Bereich akademischer Selbstverwaltung[139] oder im Kommunalrecht (in Berlin für die Bezirke in Art. 85 Abs. 2 VvB und damit ranggleich den Haushaltsgrundsätzen der Landesverfassung). Budgetierung und Globalisierung im Sinne des Neuen Steuerungsmodells finden im Spezialitätsgrundsatz aber auch Grenzen,[140] deren Überschreitung nicht durch ein – formales[141] – Wirtschaftlichkeitsprinzip gerechtfertigt werden kann. Dieser Konflikt wird häufig dadurch vermieden, dass praktische Umsetzungen des Neuen Steuerungsmodells hinter den theoretischen Vorgaben zurückbleiben.[142] Was **Doppik,** Produkthaushalte oder Standardisierung betrifft, hat der Bund den Ländern und Kommunen den Vortritt gelassen; das Haushaltsrecht des Bundes ist nach wie vor kameralistisch.[143]

24 Die Vorschriften über die Gliederung des Haushalts in Einzelpläne, Gesamtplan, Gruppierungsplan und über Übersichten zum Haushaltsplan (§§ 10 f. HGrG, 13 f. BHO) konkretisieren den Spezialitätsgrundsatz und die Grundsätze der Klarheit und der Wahrheit des Haushalts, ohne damit in ihren Einzelheiten verfassungsrechtlich festgeschrieben zu sein. Ähnlich wie im Handelsbilanzrecht haben die technisch anmutenden Gliederungsvorschriften für die (verfassungsrechtlichen) Budgetzwecke hohe Bedeutung. Hinsichtlich der anderweit gesetzlich gebundenen Ausgaben der Exekutive entfaltet der Spezialitätsgrundsatz geringere Anforderungen als hinsichtlich der anderweit gesetzesfreien Verwaltung.[144] **Leertitel,** das sind Haushaltstitel mit Zweckbestimmung, aber ohne betragsmäßig bezifferten Ansatz (Definition in Nr. 2 der Allgemeinen VwV zu § 11 BHO), sind im Hinblick auf die Grundsätze der Vollständigkeit und der Spezialität zulässig,[145] wenn sie sich mit unüberwindlichen Prognoseschwierigkeiten rechtfertigen lassen (vgl. insoweit § 8 StabWG) oder wenn sie nur auf außerbudgetäre Ausgaben oder auf im Budget durchlaufende Posten hinweisen. Ob auch ein Leertitel zulässig ist, der die in der Höhe nicht bestimmte Verstärkung beliebiger Titel für sächliche Verwaltungsausgaben in den Einzelplänen ermöglicht und der in seinem Umfang allein durch die Höhe der in den Einzelplänen zu erwirtschaftenden Mehrausgaben begrenzt ist, hat der nordrhein-westfälische Verfassungsgerichtshof für zweifelhaft, *in casu* aber nicht entscheidungserheblich gehal-

---

[137] BGBl. 1997 I 3251 und 2009 I 2580. Dazu *Gröpl* in Gröpl BHO/LHO, Einleitung, Rn. 51–61; *Gröpl* in BK Rn. 337 ff.

[138] Dazu *Heun,* Staatshaushalt und Staatsleitung, 1989, 435 ff.

[139] Zu Letzterem, mit Hinweis auf verfassungsrechtliche Grenzen, *Heun* in Dreier Rn. 24 Fn. 102.

[140] Näheres bei *Mehde,* Neues Steuerungsmodell und Demokratieprinzip, 2000, 324 ff.; *Seidler* KJ 1996, 75 ff.; großzügiger *Kube* DÖV 2000, 810 (816 f.). Aus der Kommentarliteratur *Siekmann* in Sachs Rn. 15.

[141] → Art. 114 Rn. 25 f.

[142] Dazu *Pünder* DÖV 2001, 70 ff.

[143] *Kluckert,* Zuwendung und Gesetz, 2018, 488 ff. Zur Zulässigkeit eines Wechsels des Bundes zu Doppik *Engels* in BK Art. 114 Rn. 78.

[144] So *Hillgruber/Drüen* in MKS Rn. 85.

[145] Eingehend *Puhl,* Budgetflucht und Haushaltsverfassung, 1997, 229–234.

ten.[146] Allgemein gilt: **Verfassungsgerichtlich überprüfbar** ist wegen des Ausgestaltungsspielraums in HGrG, BHO und jährlichem Haushaltsgesetz nur die Verfehlung von Mindestanforderungen.[147]

e) Klarheit, Wahrheit und Öffentlichkeit. Klarheit und Wahrheit lassen sich rechtlich nicht erzwingen; Art. 110 Abs. 1 S. 1 kann nur ihre grobe Verfehlung verbieten und verfahrensmäßige Sorgfalt im Haushaltskreislauf verlangen. **Haushaltsklarheit** bedeutet, dass der Haushaltsplan in Aufbau und Gliederung übersichtlich gestaltet sein und Verantwortlichkeiten kontrollierbar erkennen lassen muss; weiterhin müssen die Budgetansätze so klar bezeichnet sein, dass deren Herkunft bzw. Zweckbestimmung sich erkennen lässt.[148] Das konvergiert mit Anforderungen, die sich aus dem Spezialitätsgrundsatz ergeben.[149] Forderungen, die Klarheit des Haushaltsplans zu erhöhen, indem Haushaltsansätze zu politischen Zielen zusammengefasst und entsprechend erläutert werden,[150] gehören in den Bereich der Rechtspolitik. 25

Haushaltswahrheit bedeutet, negativ formuliert, dass keine bewusst unrichtigen Angaben über die Einnahmen und Ausgaben gemacht und dass Sachverhalte auch nicht verschleiert werden dürfen.[151] Der Grundsatz der Haushaltswahrheit macht die **Bildung verdeckter Reserven** in öffentlichen Haushalten problematisch; ihr tatsächliches Vorkommen, insbesondere in Titeln des Finanzressorts, bedürfte einer kritischen Prüfung. Die voraussichtlichen Mehrausgaben für Tarif- und Besoldungserhöhungen dürfen allerdings in anderen Haushaltstiteln versteckt werden, weil anderenfalls die Parität der Tarifparteien gefährdet wäre; die Ausnahme vom Grundsatz der Haushaltswahrheit beruht hier auf einer Güterabwägung mit dem Verfassungsgrundsatz der Wirtschaftlichkeit.[152] 26

Sog. **globale Minderausgaben** können gegen die Grundsätze der Budgetwahrheit und -klarheit, zum Teil wird auch Art. 110 Abs. 1 S. 2 genannt, verstoßen. Hierunter versteht man die pauschale Minderung aller Ausgaben über alle Einzelpläne hinweg um einen bestimmten Prozentsatz.[153] Sofern die Minderung nicht über einen erfahrungsgemäß am Jahresende nicht ausgege- 27

[146] VerfGH NRW NVwZ 1992, 470 (471). Dies zutreffend verallgemeinernd *Schenke* in Sodan Rn. 6.

[147] Ebenso *Gröpl* in BK Rn. 180.

[148] *Heintzen* in HdbStR V § 120 Rn. 32; *Mahrenholz* in AK Rn. 53; Beispielsfall: Rh.-Pf. VerfGH DÖV 1997, 246. Warnung vor der „Oberamtsratskompanie in den Haushaltsabteilungen", die Sachprobleme hinter einer kaum je kritisch hinterfragten Systematik verschwinden lasse, bei *Waldhoff* JZ 2008, 200 (202, rechte Sp.).

[149] → Rn. 22.

[150] *Fischer-Menshausen* in v. Münch/Kunig, 3. Aufl. 1996, Art. 110 Rn. 11a, b.

[151] Dazu BVerfGE 119, 96 (129 ff., 135 f.); *Hillgruber/Drüen* in MKS Rn. 44; zu den verfassungsrechtlichen Grundlagen *Mahrenholz* in AK Rn. 57; zur Verbindung mit dem Ausgleichsgebot des Art. 110 Abs. 1 S. 2 *Hillgruber/Drüen* in MKS Rn. 62; *Heintzen* in HdbStR V § 120 Rn. 37, 38; *Kube* in Maunz/Dürig Rn. 115; zu Prognoseproblemen VerfGH NRW DÖV 2004, 121 (124).

[152] Vgl. *Kreibohm* LKV 2005, 143 ff.; Entgegnung von *Gumboldt* LKV 2005, 442 ff., der die Existenz solcher Reserven weitgehend bestreitet, der einräumt, dass in dem Tarif- und Besoldungsbeispiel die erwarteten Mehrkosten mit anderen Positionen als allgemeine Personalkosten veranschlagt werden und darum von außen als solche nicht erkennbar sind, hierin aber allenfalls theoretisch ein Problem der Haushaltsklarheit sieht; kritisch *Kube* in Maunz/Dürig Rn. 117; *Siekmann* in Sachs Rn. 55; wie hier *Kloepfer,* Finanzverfassungsrecht, 2014, § 10 Rn. 34.

[153] Vgl. *Heise,* Haushaltssperren im Recht des Bundes, der Länder und der Kommunen, 2018, 95 ff.; *Möstl* ZG 2005, 144. Zur haushaltstechnischen Umsetzung *Heller,* Haushaltsgrundsätze für Bund, Länder und Gemeinden, 2. Aufl. 2010, Rn. 755 ff.

benen „Bodensatz“[154] hinausgeht, ist sie unbedenklich. Ein Verstoß gegen Art. 110 Abs. 1 liegt dagegen vor, wenn eine Kürzung als bequemes Mittel, politische Auseinandersetzungen über Prioritäten bei knappen Finanzen zu vermeiden, darüber hinaus geht; die Folge sind dann entweder Unterfinanzierung oder die Vorspiegelung von Einsparungen, die doch nicht erzielt werden können.[155]

28 Haushaltswahrheit bedeutet **in verfahrensmäßiger Hinsicht,** dass die Prognosen über Einnahmen und Ausgaben im Haushalt nach sachgerechten Maßstäben und Methoden gemacht werden, wobei der Bundesregierung kein Schätzungsmonopol zukommt,[156] wobei das Parlament nicht Einnahmen höher und Ausgaben niedriger als vertretbar ansetzen darf, um seinen Spielraum zu erhöhen,[157] und wobei insgesamt das Haushaltsrecht weitmaschigere Vorgaben macht als etwa das Handels- oder Steuerbilanzrecht. Um die Zuverlässigkeit der Veranschlagung der Einnahmen zu fördern, ist 1955 ein unabhängiger und weisungsfreier **„Arbeitskreis Steuerschätzungen“** eingerichtet worden, der die Steuereinnahmen von Bund und Ländern halbjährlich prognostiziert. Ihm gehören an: die Bundesminister der Finanzen (federführend) und für Wirtschaft, die Finanzminister und -senatoren der Länder, die Bundesvereinigung der kommunalen Spitzenverbände (Deutscher Städtetag), die Deutsche Bundesbank, das Statistische Bundesamt, der Sachverständigenrat zur Begutachtung der gesamtwirtschaftlichen Entwicklung sowie die führenden Wirtschaftsforschungsinstitute.

29 **Haushaltsöffentlichkeit** bedeutet, dass der Haushaltsplan der allgemeinen Öffentlichkeit vollständig zugänglich sein muss. Dieser Grundsatz folgt aus Art. 110 Abs. 2 S. 1, mittelbar aus dem Demokratieprinzip,[158] und steht, auch mit seinen Grenzen, in einem engen Zusammenhang zu den Grundsätzen der Budgetklarheit und -wahrheit. Er bezieht sich sowohl auf das Verfahren der Haushaltsgesetzgebung als auch auf dessen Ergebnis, weiter auf die Haushaltskontrolle und das parlamentarische Entlastungsverfahren.[159] Der Grundsatz der Haushaltsöffentlichkeit kennt **Ausnahmen.**[160] Auch in der Demokratie kann es unvermeidlich sein, aus zwingenden Gründen des Staatswohls jedenfalls die Offenlegung von Details bestimmter geheimer Fonds zu unterlassen.[161] So ist überwiegend anerkannt, dass die mit dem Haushaltsplan verbundenen[162] Wirtschaftspläne der Geheimdienste nicht offen gelegt werden müssen, sondern durch einen Unterausschuss des Haushaltsausschusses des Bundestags beraten werden dürfen, dessen Mitglieder besonderen Geheimschutzregelungen unterliegen (hierzu auch §§ 10a BHO, 42 Abs. 4 HGrG).

---

[154] *Kube* in Maunz/Dürig Rn. 116.

[155] So im Ergebnis auch *Heun,* Staatshaushalt und Staatsleitung, 1989, 437 f.; *Heun* in Dreier Rn. 21; *Hillgruber/Drüen* in MKS Rn. 62; *Siekmann* in Sachs Rn. 55; eingehend *Karehnke* DVBl. 1980, 542; vgl. ferner BWStGH DÖV 1997, 203.

[156] Zur Schätzgenauigkeit BVerfGE 135, 317 (417); *Kube* in Maunz/Dürig Rn. 115; *Reimer* in BeckOK GG Rn. 29.

[157] Dazu *Stern,* StaatsR II, 1980, § 50 III 8.

[158] BVerfGE 70, 324 (358); 79, 311 (344); zum Grundsatz demokratischer Öffentlichkeit und seinen Grenzen eingehend *Jestaedt* AöR 126 (2001), 204 ff.; zu seiner gegen die absolute Monarchie gerichteten Entstehungsgeschichte *Mahrenholz* in AK Rn. 61.

[159] *Stern,* StaatsR II, 1980, § 50 III 9.

[160] Ebenso *Hillgruber/Drüen* in MKS Rn. 87.

[161] BVerfGE 70, 324 (358).

[162] Hierzu BVerfGE 70, 324 (357 f., Sondervotum *Mahrenholz* ebd., 379).

f) Ausgleich von Einnahmen und Ausgaben. Der Haushaltsplan ist insgesamt in Einnahme und Ausgabe auszugleichen (Art. 110 Abs. 1 S. 2).[163] Das Ausgleichsgebot wird überwiegend[164] und zutreffend formal, als rechnerische Übereinstimmung von entsprechend dem Grundsatz der Haushaltswahrheit veranschlagten Einnahmen und Ausgaben verstanden.[165] Ein Haushalt ist ausgeglichen, wenn der Gesamtbetrag der für das Haushaltsjahr veranschlagten Ausgaben den Gesamtbetrag der Einnahmen, egal aus welcher Einnahmequelle, nicht übersteigt. Ein **materieller Ausgleich,** der bei den Einnahmen insbesondere Krediterlöse und Rücklagenentnahmen und bei den Ausgaben Schuldentilgung und Rücklagenbildung unberücksichtigt lässt, ist nicht gefordert. Die **Staatsverschuldung** wird von Art. 110 Abs. 1 S. 2 nicht begrenzt; dies ist im GG Aufgabe der Artikel 109 Abs. 2 und 3 sowie 115. Seit 2009 wird dort ein materieller Ausgleich gefordert, während es für Art. 110 Abs. 1 S. 2 bei einem formellen Begriffsverständnis bleibt.[166] Die Art. 110 Abs. 1 S. 2 zugedachte **Ordnungs- und Disziplinierungswirkung**[167] ist damit gering; die Erfüllung des Ausgleichsgebots sagt wenig über die staatswirtschaftliche Qualität des Haushalts (aufschlussreicher sind insoweit die Finanzierungsübersicht und der Kreditfinanzierungsplan gemäß § 10 Abs. 4 Nr. 2 u. 3 HGrG).[168] Immerhin wird verhindert, dass fällige Bundesschulden ohne Deckung im Haushalt bleiben. Zwar hat das BVerfG in dem Ausgleichsgebot eine Mahnung zur Sparsamkeit gesehen,[169] doch zeigt das Wort „Mahnung", dass es dabei an eine außerrechtliche Erwartung gedacht hat. Bleiben die Einnahmen hinter den Ausgaben zurück, so verlangt das Ausgleichsgebot ggf. die Aufnahme von Krediten oder die Auflösung von Rücklagen. Im Fall von Haushaltsüberschüssen, für den Art. 110 Abs. 1 S. 2 keine besonderen Pflichten formulieren muss, kommt es zur Tilgung von Schulden oder zur Bildung von Rücklagen. 30

Das Ausgleichsgebot bindet Bundestag, Bundesrat und Bundesregierung,[170] in der Bundesregierung insbesondere den Bundesminister der Finanzen,[171] und bezieht sich auf die Aufstellung, die Feststellung und auf den Vollzug des Haushaltsplans, bei dem sich regelmäßig Abweichungen ergeben werden.[172] 31

---

[163] Zu diesen Begriffen → Rn. 13; zu wirtschaftswissenschaftlicher Kritik am früher rein formellen Ausgleichsgebot *Stern,* StaatsR II, 1980, § 50 III 10.

[164] AA *Lappin,* Kreditäre Finanzierung des Staates unter dem Grundgesetz, 1994, 94–103; *Stern,* StaatsR II, 1980, § 50 III 10b, der von einer „Missbrauchsschranke" spricht.

[165] So BVerfGE 119, 96 (119 f., anders im Sondervotum 153, 158 f.); ferner *Heun* in Dreier Rn. 25; *Hillgruber/Drüen* in MKS Rn. 61; *Höfling,* Staatsschuldenrecht, 1993, 311; *Jarass* in Jarass/Pieroth Rn. 5; *Kemmler* in SHH Rn. 19; *Kube* in Maunz/Dürig Rn. 139; *Mahrenholz* in AK Rn. 59; *Puhl,* Budgetflucht und Haushaltsverfassung, 1997, 494 ff.; *Reimer* in BeckOK GG Rn. 58 f.; *Siekmann* in Sachs Rn. 65 f., dort auch zum Für und Wider einer Materialisierung.

[166] → Art. 109 Rn. 29, 31.

[167] BT-Drs. V/3040, Tz. 65, 107.

[168] Vgl. *Gröpl* AöR 133 (2008), 1 (23) mit dem Hinweis auf das einem modernen Rechts- und Sozialstaat immanente Eigenleben der Rechtsgrundlagen der staatlichen Einnahmen und Ausgaben.

[169] BVerfGE 1, 144 (161).

[170] BVerfGE 1, 144 (161).

[171] Zu den Adressaten *Kube* in Maunz/Dürig Rn. 140.

[172] Zum Vollzug ebenso *Stern,* StaatsR II, 1980, § 50 III 10b δ; anders *Mahrenholz* in AK Rn. 59; zu den Mitteln, die dem für die Finanzen zuständigen Minister zu diesem Zweck zur Verfügung stehen, *Heller,* Haushaltsgrundsätze für Bund, Länder und Gemeinden, 2. Aufl. 2010, Rn. 755 ff.; zur Haushaltssperre → Rn. 35.

Ein **Verstoß** gegen Art. 110 Abs. 1 S. 2 führt nicht zur Nichtigkeit des Plans, sondern verpflichtet zu dessen Ergänzung.[173]

32 **2. Rechtsnatur und Rechtswirkungen des Haushaltsplans.** Da Haushaltsplan und Haushaltsgesetz eine Einheit bilden,[174] können sie sich in der Rechtsnatur nicht unterscheiden[175] und werden dem Plan Rechtswirkungen durch das Gesetz vermittelt.[176] Er ist ein **Gesamtprogramm für die staatliche Wirtschaftsführung** und damit zugleich für die Politik des Landes während der Etatperiode. Während das Haushaltsgesetz den Haushaltsplan feststellt, wird der Plan von anderen Gesetzen über die staatlichen Einnahmen und Ausgaben vorprogrammiert. Nur in einem schmalen Bereich der **gesetzesfreien Verwaltung**[177] werden Ausgaben allein im Haushalt bestimmt.[178] Der gesetzlich festgestellte Haushaltsplan kann Ansprüche und Verbindlichkeiten weder begründen noch aufheben (so auch §§ 3 Abs. 2 HGrG, 3 Abs. 2 BHO) – insoweit anders das Haushaltsgesetz[179] – und rechtswidrige Ausgaben nicht legitimieren. Nach dem Vollständigkeitsgrundsatz[180] müssen anderweit geregelte Einnahmen und Ausgaben aber im Haushaltsplan registriert werden. Der Grundsatz *„lex posterior derogat legi priori"* gilt im Verhältnis von Haushaltsplan und früherem Gesetz nicht.[181] Ansprüche und Verbindlichkeiten werden in der Praxis aber häufig in nicht dem Periodizitätsprinzip unterliegenden **Haushaltsbegleitgesetzen** begründet, geändert oder aufgehoben, die das Haushaltsrecht und das übrige Gesetzesrecht verbinden.[182]

II. Haushaltsgesetz

33 **1. Budgethoheit des Parlaments.** Die Budgethoheit des Parlaments[183] gehört zu den wenigen Hoheiten, die keine negative Kritik auf sich gezogen haben, wohl aber Zweifel. Verfassungspolitische Resignation des Parlaments angesichts einer ihm von der Ausstattung her deutlich überlegenen Exekutive sollte nicht übertrieben werden; anders als Bürokraten müssen und sollen

[173] AA *Gröpl* in BK Rn. 199, der in der Nichtigkeit „eine angemessene Sanktion für die Chuzpe des Parlaments" sieht.

[174] → Rn. 3.

[175] Dazu *Kube* in Maunz/Dürig Rn. 54.

[176] Anders *Mahrenholz* in AK Rn. 37 f., der die Bindungswirkung des Haushaltsplans unmittelbar aus dem GG ableitet; zu der neueren Sicht des Verhältnisses von Plan und Gesetz *Heintzen* in HdbStR V § 120 Rn. 45.

[177] Zu Subventionen, die nur auf Grund des Haushaltsplans gewährt werden, *Jarass* in Jarass/Pieroth Art. 20 Rn. 75; vertieft zu Anwendungsfragen bei Etatzuwendungen *Kluckert,* Zuwendung und Gesetz, 2018, 458 ff. Zur früheren Praxis der Fraktionsfinanzierung nur auf Grund eines Haushaltsplans *v. Arnim,* Staatliche Fraktionsfinanzierung ohne Kontrolle, 1987, 30 ff.

[178] BVerfGE 45, 1 (32); 79, 311 (329); *Hillgruber/Drüen* in MKS, Rn. 65; → Art. 109 Rn. 14 f.

[179] *Heun* in Dreier Rn. 31; *Mahrenholz* in AK Rn. 33. *Siekmann* in Sachs Rn. 25 weist zutreffend darauf hin, dass dieser trotz grundsätzlicher Einheit bestehende Unterschied sich aus der Beschränkung des Haushaltsplans auf den organschaftlichen Rechtskreis ergibt.

[180] → Rn. 12 ff.

[181] Zum Grundsatz der Subordination des Haushaltsplans unter das Recht *Mußgnug,* Der Haushaltsplan als Gesetz, 1976, 309; weiter BAGE 46, 394 (400 f., zu § 69 Abs. 2 SGB IV); *Heun,* Staatshaushalt und Staatsleitung, 1989, 167 ff.; *Kluckert,* Zuwendung und Gesetz, 2018, 432 ff.; teilw. krit. *Stern,* StaatsR II, 1980, § 49 III 4c δ.

[182] Dazu mit aktuellen Nachweisen *Siekmann* in Sachs Rn. 18–21; eingehend: *Heun,* Staatshaushalt und Staatsleitung, 1989, 212 ff.; *Moeser,* Die Beteiligung des Bundestages an der staatlichen Haushaltsgewalt, 1978, 95 ff.

[183] Zur Verfassungsgeschichte *Heintzen* in HdbStR V § 120 Rn. 52.

Parlamentarier nicht jedes Detail nachvollziehen, sondern Grundzüge und Leitlinien festlegen, wozu sie hinreichend ausgestattet sind.[184] Dem Bundestag kommt im Verhältnis zu den anderen an der Feststellung des Haushaltsplans beteiligten Verfassungsorganen eine überragende verfassungsrechtliche Stellung zu.[185] Diese Stellung wird auch von den Art. 111 und 112 nicht angetastet. Die parlamentarische Haushaltsberatung und -verabschiedung haben eine **Kontroll- und Legitimationsfunktion.**[186] Auch in Verfassungen, die mehr plebiszitäre Elemente vorsehen als das GG, wird das Haushaltsgesetz durch einen Finanzvorbehalt häufig der parlamentarisch-repräsentativen Entscheidung vorbehalten. Die Budgethoheit begründet zugleich die verfassungsrechtliche Pflicht der gesetzgebenden Körperschaften, entsprechend dem Vorherigkeitsgrundsatz[187] über eine Haushaltsvorlage der Bundesregierung zu entscheiden. „Budgetrecht ist Budgetpflicht".[188] Eine **Budgetverweigerung** wäre gleichwohl nicht verfassungswidrig, weil ein Bundestag nicht gezwungen sein kann, mit einer ihm politisch nicht mehr genehmen Regierung zu kooperieren;[189] daran ändert auch Art. 67 nichts.[190] Eine Budgetverweigerung ist Folge eines politischen Konflikts, der politisch, nicht haushaltsverfassungsrechtlich zu lösen ist. Entsprechendes gilt für die Budgetverweigerung durch einen Bundesrat, in dem die Opposition im Bundestag über die in Art. 77 Abs. 4 S. 2 vorausgesetzte Mehrheit verfügt.[191] Die Budgethoheit ist ein Recht des Bundestags, das nach den allgemeinen Regeln über die **Prozessstandschaft**[192] auch von dessen Fraktionen, auch der Opposition, gegenüber der Bundesregierung geltend gemacht werden kann, nicht dagegen parlamentsintern.[193] Die parlamentsinternen Mitwirkungsrechte der Abgeordneten sind nicht Teil der Budgethoheit,[194] wenn sie auch eine haushaltsspezifische Prägung[195] aufweisen.[196] Der Lösung von Krisen bei der Haushaltsfeststellung und von Problemen beim Haushaltsvollzug dienen auch die Art. 111–113, auf die hier verwiesen wird. Die Budgethoheit steht in einem Spannungsverhältnis zum Prognosecharakter des Haushaltsplans; insbesondere durch Zeitablauf können Nachbesserungen erforderlich werden, mit denen das Parlament nur zum Teil befasst wird.[197]

2. Formelles Gesetz. Der Haushaltsplan wird durch Gesetz, nicht durch bloßen Parlamentsbeschluss festgestellt.[198] Eine Delegation von Rechtset- **34**

---

[184] Skeptischer zu den Möglichkeiten des Parlaments *Isensee* JZ 2005, 971 ff.; *Kloepfer* FS f. Jarass, 217 ff. Kritisch zu Beeinträchtigungen des parl. Budgetrechts *Gröpl* AöR 133 (2008), 1 (36 f.). → Vor Art. 110–115, Rn. 6.

[185] BVerfGE 70, 324 (355); auch E 45, 1 (32); dazu auch *Siekmann* in Sachs Rn. 14; ferner → Rn. 9 sowie vor Art. 110 Rn. 8.

[186] BVerfGE 79, 311 (344).

[187] → Rn. 7.

[188] Zutreffend *Mahrenholz* in AK Art. 111 Rn. 5.

[189] Ebenso *Heun* in Dreier Rn. 27; *Hillgruber/Drüen* in MKS Rn. 107; *Kloepfer,* Finanzverfasungsrecht, 2014, § 10 Rn. 52; *Kube* in Maunz/Dürig Rn. 174.

[190] Zu ihm ebenso *Stern,* StaatsR II, 1980, § 49 IV 5a β.

[191] *Heintzen* in HdbStR V § 120 Rn. 61.

[192] Vgl. *E. Klein* in Benda/Klein Verfassungsprozessrecht, Rn. 1021 ff.; *Schlaich/Korioth,* Das Bundesverfassungsgericht, 11. Aufl. 2018, Rn. 88.

[193] Zu Letzterem BWStGH DÖV 1997, 203.

[194] BVerfGE 92, 130 (135).

[195] Vgl. *Heun* in Dreier Rn. 36; *Siekmann* in Sachs Rn. 79.

[196] Zu ihnen → Vorb. Art. 110–115 Rn. 6.

[197] Zum Verhältnis von Budgethoheit und Haushaltskontrolle *Waldhoff* Bitburger Gespräche 61 (2018), 113.

[198] Zu dieser Alternative *Mahrenholz* in AK Rn. 38, 40.

zungsmacht an einen Verordnungsgeber ist nicht möglich.[199] Die Rechtswirkungen des gesetzlich festgestellten Haushaltsplans weisen in folgenden Punkten Besonderheiten im Verhältnis zu den Rechtswirkungen materieller Gesetze auf: **keine Verpflichtung der Exekutive** zur Verausgabung bewilligter Mittel; **keine Rechtswirkungen im Verhältnis zu Privaten;** eingeschränkte Bindung der Gerichte; eingeschränkte Überprüfung durch das BVerfG; Subordination unter andere Gesetze.[200] Diese Besonderheiten werden in der Bezeichnung des Haushaltsgesetzes als formelles Gesetz oder als Organgesetz[201] gebündelt; hinter diesen Bezeichnungen, auf die das BVerfG sich bisher nicht festgelegt hat,[202] steckt mehr als theoretischer Ballast oder verfassungsgeschichtliches Bildungsgut.[203] Bei allem dogmatischem Streit über Rechtsnatur und Rechtswirkungen des Haushaltsgesetzes herrscht Einigkeit darüber, dass es sich, entgegen dem Eindruck, den der Wortlaut des Art. 110 Abs. 2 S. 1 hervorrufen könnte, nicht in einer bloßen Feststellung erschöpft. Das Haushaltsgesetz stellt, mit den aufgelisteten Besonderheiten, verbindliches Recht dar.[204]

35 **a) Wirkungen im Verhältnis zur Regierung.** Der gesetzlich festgestellte Haushaltsplan ermächtigt die Bundesregierung zu den in seine Einzeltitel eingestellten Ausgaben[205] und begrenzt sie zugleich darauf in dem Sinne, dass Ausgaben verfassungswidrig sind, die den Ansatz der Höhe nach überschreiten oder die von seiner Zweckbestimmung nicht gedeckt werden.[206] Weil der gesetzlich festgestellte Haushaltsplan die Regierung **nur ermächtigt, nicht verpflichtet,** ist es verfassungsrechtlich unbedenklich, wenn die Regierung von dieser Ermächtigung keinen Gebrauch macht, ja sogar, wenn der Bundesminister der Finanzen ohne Mitwirkung des Parlaments eine **Haushaltssperre** aus haushaltswirtschaftlichen (§ 25 HGrG) oder aus konjunkturellen (§ 6 Abs. 1 StabWG) Gründen verfügt oder Einsparungsauflagen macht.[207] Neben Ermächtigung[208] und Verbot begründet der Haushaltsplan keine Pflicht der Exekutive, die Bewilligung von Ausgaben (einschließlich Verpflichtungsermächtigungen und Planstellen) auszuschöpfen. Dies entspricht herrschender verfassungsrechtlicher Meinung und den §§ 3 Abs. 1 HGrG, 3 Abs. 1 BHO; die Gegenposition ist ca. 30 Jahre nicht mehr vertreten wor-

---

[199] BVerfGE 106, 1 (22).

[200] → Rn. 32 u. Rn. 46 f.; *Kloepfer* FS f. Jarass, 221 ff. Liste von Besonderheiten bei *Stern,* StaatsR II, 1980, § 49 III 4; sa *Heintzen* in HdbStR V § 120 Rn. 67.

[201] So bei *Stern,* StaatsR II, 1980, § 49 III 4 b. Vgl. auch *Kloepfer,* Finanzverfassungsrecht, 2014, § 7 Rn. 25–31.

[202] BVerfGE 20, 56 (92); 38, 121 (127).

[203] In diese Richtung die Einschätzungen bei *Friauf* in VVDStRL 27 (1969), 21; *Friauf* FG 25 Jahre BVerfG II, 329; *Hettlage* FS f. W. Weber, 1974, 404; *Hillgruber/Drüen* in MKS Rn. 71 ff., 75; *Jarass* in Jarass/Pieroth Rn. 14; *Mußgnug,* Der Haushaltsplan als Gesetz, 1976, 355; zur Budgettheorie Labands *Kluckert,* Zuwendung und Gesetz, 2018, 355 ff.

[204] So ausdrücklich auch *Heun* in Dreier Rn. 29.

[205] Zu den Einnahmen, bei denen der Haushaltsplan nur eine Zusammenstellung der zu erwartenden Deckungsmittel sein kann: *Hillgruber/Drüen* in MKS Rn. 70; *Kube* in Maunz/Dürig Rn. 67; *Mahrenholz* in AK Rn. 41 f. („Herr im Hause der Ermächtigungen"). Art. 111 Abs. 2 verweist insoweit auf „besondere Gesetze".

[206] Zu verbindlichen Erläuterungen zu Haushaltstiteln §§ 12 Abs. 4 S. 2 HGrG, 17 Abs. 1 S. 2 BHO; zur Verfassungswidrigkeit der Haushaltsüberschreitung BVerfGE 20, 56 (91); 45, 1 (34); *Kube* in Maunz/Dürig Rn. 65.

[207] Dazu *Stern,* StaatsR II, 1980, § 49 IV 6e; monografisch *Heise,* Haushaltssperren im Recht des Bundes, der Länder und der Kommunen, 2018.

[208] Dazu ausdrücklich BVerfGE 20, 56 (90 f.).

den.[209] Die Bundesregierung hat damit einen Spielraum für einen in Art. 114 Abs. 1 vorausgesetzten eigenverantwortlichen, wirtschaftlichen und sparsamen sowie konjunkturgerechten Haushaltsvollzug. Dies schließt politischen Druck seitens des Parlaments auf einen plankonformen Haushaltsvollzug nicht aus.[210] Die Frage, ob das Parlament auf den Haushaltsvollzug auch in rechtlicher Weise, mit Sperrvermerken und Zustimmungsvorbehalten einwirken darf, ist umstritten.[211] Schließlich schafft oder verändert das Haushaltsgesetz keine administrativen Zuständigkeiten.

b) Wirkungen im Verhältnis zu Dritten. Das Haushaltsgesetz entfaltet, soweit es den Haushaltsplan feststellt, Rechtswirkungen nur im „organschaftlichen Rechtskreis"[212] von Parlament und Regierung. Gemäß §§ 3 Abs. 2 HGrG, 3 Abs. 2 BHO werden durch den Haushaltsplan Ansprüche oder Verbindlichkeiten weder begründet noch aufgehoben. Dies entspricht der Verfassungslage,[213] wonach der gesetzlich festgestellte Haushaltsplan nur Rechtswirkungen im Verhältnis von Parlament und Regierung, nicht aber zu Dritten, insbesondere nicht zu Privaten entfaltet.[214] Auch sofern **Subventionen** auf der Grundlage des Haushaltsplans gewährt werden,[215] ist der Plan für die Empfänger nicht Anspruchsgrundlage.[216] Allerdings gibt es in diesem Fall keinen Grund, dem Plan eine geringere mittelbare Außenwirkung beizumessen als Verwaltungsvorschriften über Subventionen. Hiervon zu unterscheiden ist die Frage, ob der Haushaltsplan bei Subventionen sich aus dem Vorbehalt des Gesetzes ergebende Anforderungen erfüllen kann. Das Haushaltsgesetz kann in dem von Art. 110 Abs. 4 gezogenen Rahmen unstreitig über die Feststellung des Haushaltsplans hinausgehende außenwirksame, materiell-rechtliche Regelungen enthalten.[217] Werden im Haushaltsplan für die Erfüllung staatlicher Verbindlichkeiten keine Mittel bereitgestellt, so ändert dies am Bestand einer Verbindlichkeit nichts.[218] 36

c) Wirkungen im Verhältnis zu den Gerichten. Der gesetzlich festgestellte Haushaltsplan kann zulässiger Gegenstand einer **abstrakten Nor-** 37

---

[209] Vgl. BerlVerfGH LVerfGE 1, 131 (139); dazu *Pechstein* VerwArch. 86 (1995), 359; weiter *Heun* in Dreier Rn. 30 mit umf. Nachw. in Fn. 131 und 132, der im Hinblick auf eine Minderheitsregierung eine differenzierende Lösung befürwortet (ebd., Fn. 133; ausf. *Heun,* Staatshaushalt und Staatsleitung, 1989, 409 ff.); *Hillgruber/Drüen* in MKS Rn. 67–70; *Jarass* in Jarass/Pieroth Rn. 15; *P. Kirchhof* NVwZ 1983, 505 (508); *Kube* in Maunz/Dürig Rn. 66; *Mahrenholz* in AK Rn. 39 („obwohl dies niemand bezweifelt"); *Siekmann* in Sachs Rn. 29; *Stern,* StaatsR II, 1980, § 49 III 4c α.

[210] Dazu *Hettlage* FS f. W. Weber, 1974, 391 (401).

[211] → Vorb. Art. 110–115 Rn. 10 u. 14.

[212] BVerfGE 20, 56 (91).

[213] Ebenso *Mahrenholz* in AK Rn. 39.

[214] BVerfGE 38, 121 (126); 79, 311 (327). Erst recht gilt dies für Beschlüsse des Haushaltsausschusses; BVerfG Kammerbeschluss vom 20.5.2019, 2 BvR 649/19.

[215] Dazu statt vieler *Jarass* in Jarass/Pieroth Art. 20 Rn. 75.

[216] BVerfGE 1, 299 (307); 38, 121 (126); BVerwGE 104, 220 (222). Grundsätzlich anders die Kernthese der Habilitationsschrift von *Kluckert,* Zuwendung und Gesetz, 2018, dort insb. der 4. Teil, die aber aus praktischer Sicht zu keinen anderen Ergebnissen kommt.

[217] Unklar zum Verhältnis von Gesetz und Plan BVerfGE 79, 311 (327); ausf. *Elles,* Die Grundrechtsbindung des Haushaltsgesetzgebers, 1996, 24 f., 169 ff.; weiterhin BSGE 37, 144 (145 ff.); *Heintzen* in HdbStR V § 120 Rn. 50; *Kube* in Maunz/Dürig Rn. 70; *Mahrenholz* in AK Rn. 33; → Rn. 32; vgl. weiter *Siekmann* in Sachs Rn. 25; *Stern,* StaatsR II, 1980, § 49 III 4b δ.

[218] BAGE 46, 394 (400 f.); zu der Frage, ob bei Sozialleistungen, deren Gewährung im Ermessen einer Behörde steht, die Erschöpfung von Haushaltsmitteln ein Ablehnungsgrund sein kann, BSGE 67, 279. Weiter *Heintzen* in HdbStR V § 120 Rn. 53; *Hillgruber/Drüen* in MKS Rn. 74; *Siekmann* in Sachs Rn. 38.

menkontrolle sein; wegen seiner Rechtswirkungen im Organkreis von Parlament und Regierung ist er Recht im Sinne von Art. 93 Abs. 1 Nr. 2.[219] Da der Plan aber keine Rechtswirkungen darüber hinaus hat, scheitert die Zulässigkeit einer **konkreten Normenkontrolle** regelmäßig an der Entscheidungserheblichkeit[220] und muss eine Verfassungsbeschwerde sich gegen außenwirksame Vollzugsakte richten, insbesondere gegen Verwaltungsakte, durch die unmittelbar auf Grund des Haushalts Subventionen vergeben werden.[221] Da der gesetzlich festgestellte Haushaltsplan ein Gesetz ist wie jedes andere auch, nur eben ein Gesetz, dessen Inhalt sich durch einige verfassungsrechtliche Vorgegebenheiten vom Inhalt der meisten anderen Gesetze unterscheidet,[222] ist er **für alle Gerichte verbindlich,** nur dass Dritte aus ihm keine klagbaren Rechte herleiten können.[223]

38 **3. Haushaltsverfahren.** Der Hauptsinn der Regelung in Art. 110 Abs. 2 S. 1, der in der Regel jährliche Haushaltsplan sei durch Haushaltsgesetz festzustellen, liegt in der Unterwerfung des Haushalts unter die Entscheidungskompetenz und das Entscheidungsverfahren des Parlaments. Für das Haushaltsverfahren, dh das Verfahren, das auf den Erlass des Haushaltsgesetzes gerichtet ist und das einen Ausschnitt des Haushaltskreislaufs darstellt,[224] gelten die Art. 76 ff., sofern sich nicht aus den Art. 110 ff. Besonderheiten ergeben;[225] das ist bei den Art. 77, 78 und 82 im Wesentlichen nicht der Fall. Die Formulierung „durch das Haushaltsgesetz" in Art. 110 Abs. 2 S. 1 schließt aus, dass die Feststellung des Haushaltsplans durch Rechtsverordnung auf der Grundlage einer gesetzlichen Ermächtigung erfolgt; Art. 80 ist hinsichtlich des Haushaltsplans nach einhelliger Meinung unanwendbar.[226]

39 **a) Außerbudgetäre Vorgegebenheiten.** Eine erste Besonderheit besteht darin, dass der Haushaltsplan Einnahmen und Ausgaben des Bundes, die in anderen Gesetzen als dem Haushaltsgesetz festgelegt sind, nach dem **Vollständigkeitsgrundsatz** übernehmen muss[227] und nach dem **Grundsatz der Subordination** des Haushaltsplans unter das Recht nicht selbst ändern kann.[228] Es handelt sich um außerbudgetäre Vorgegebenheiten, die nicht durch den Haushaltsplan, wohl, unter Beachtung von Art. 110 Abs. 4, vom Haushaltsgesetz[229], im Übrigen von Haushaltsbegleitgesetzen[230] geändert werden können.[231] Erfolgt keine solche Änderung, sind die am Haushaltsverfahren Beteiligten an diese Vorgegebenheiten gebunden. Die Möglichkeit der Änderung ist erschwert bei verfassungsrechtlichen Festlegungen, etwa Garan-

---

[219] BVerfGE 20, 56 (89, 92; vgl. auch den Entscheidungstenor auf S. 57); 79, 311 (326); zum Verhältnis von Normenkontrolle und Organstreit BVerfGE 119, 96 (121).
[220] BVerfGE 38, 121 (127); dazu auch *Bettermann* FG 25 Jahre BVerfG I, 336 f.
[221] Dazu BVerfGE 38, 121 (127 f.).
[222] So zusammenfassend *Mußgnug,* Der Haushaltsplan als Gesetz, 1976, 355.
[223] So auch *Heun* in Dreier Rn. 29; *Siekmann* in Sachs Rn. 26; aA *Stern,* StaatsR II, 1980, § 49 III 4c γ.
[224] Begriff → Vorb. Art. 110–115 Rn. 6.
[225] Im Hinblick auf Art. 81 → Rn. 41.
[226] *Hillgruber/Drüen* in MKS Rn. 77; *Jarass* in Jarass/Pieroth Rn. 10; *Reimer* in BeckOK GG Rn. 12; Übersicht über Steuerungselemente im Haushaltsverfahren (wie Sperren oder Einwilligungsvorbehalte) bei *Gröpl,* Haushaltsrecht und Reform, 2001, 120–135.
[227] → Rn. 12.
[228] → Rn. 32, 34.
[229] → Rn. 36.
[230] → Rn. 32.
[231] Zu ihnen auch BVerfGE 45, 1 (32).

tien (der Unabhängigkeit) einer Institution, wie des BVerfG, der anderen Gerichte oder des BRH, die zugleich Garantien einer adäquaten finanziellen Ausstattung sind.[232] Außerbudgetäre Vorgegebenheiten sind vielfach die Ursache für Kritik am Haushaltsrecht, wie mangelnde Outputorientierung oder übertriebene Spezialisierung, die dann ihr Ziel verfehle. Die „freie Spitze", dh die nicht außerbudgetär festgelegten Mittel, liegt bei maximal 10 % der Ausgaben; genaue Zahlen gibt es nicht. Insoweit sollte die Steuerungskraft des Haushalts nicht überschätzt werden; andererseits sind 10 % in absoluten Zahlen ein erheblicher Betrag. Der Haushalt ist „Verfahrensrecht des Finanzstaates";[233] Haushaltswirtschaft kann als die politische Aufgabe begriffen werden, Einnahmen und Ausgaben insgesamt zu einem Ausgleich zu bringen.

b) Budgetinitiative. Eine zweite Besonderheit besteht darin, dass, abweichend von Art. 76 Abs. 1, die Budgetinitiative, dh das Recht, die Gesetzesvorlage nach Art. 110 Abs. 2 S. 1 bei Bundestag und Bundesrat einzubringen, ausschließlich bei der **Bundesregierung** liegt, dies auch hinsichtlich des Einzelplanes 02 Deutscher Bundestag (Initiativmonopol der Regierung).[234] Dies ergibt sich nach im Ergebnis einhelliger Meinung aus den Art. 110 Abs. 3 Hs. 1 und 113 Abs. 1 S. 1.[235] Das **Initiativmonopol** erstreckt sich auch auf Ergänzungs- und Nachtragshaushalte.[236] Bundestag und Bundesrat verfügen nicht über die für eine Budgetinitiative nötigen Informationen und administrativen Ressourcen.[237] Dem Initiativmonopol korreliert die verfassungsrechtliche Pflicht der Bundesregierung, das Haushaltsverfahren so rechtzeitig einzuleiten, dass dem Vorherigkeitsgrundsatz[238] genügt werden kann; diese **Budgetpflicht** erlischt auch nicht durch Ablehnung einer Vorlage oder durch das Ende der Legislaturperiode.[239] Initiativmonopol heißt nicht, dass der Bundestag sich in einer Ratifikationslage befindet und den ihm vorgelegten Entwurf nur annehmen oder ablehnen kann; Änderungen sind, in den von Art. 113 gezogenen Grenzen,[240] zulässig.[241] Die Bundesregierung als Herrin der Initiative kann diese bis zur Entscheidung des Bundestags zurücknehmen,[242] muss dabei aber den Vorherigkeitsgrundsatz beachten. 40

Die Budgetinitiative der Bundesregierung wird **intern** in dem Verfahren der §§ 27–33 BHO vorbereitet.[243] Über die auf dieser Grundlage den gesetz- 41

---

[232] Zur Frage eines eigenen Zugangsrechts solcher Einrichtungen zum Haushaltsgesetzgeber NRW VerfGH NJW 1999, 1243 (1246). Zu Gerichten als Empfängern von Haushaltsmitteln *Gröpl* in BK Rn. 305.

[233] *v. Mutius* und *Schuppert* in VVDStRL 42 (1984), 149 ff. u. 218 ff.

[234] Dazu auch BVerfGE 45, 1 (29, 46 f.); 70, 324 (357); zur bloß geschäftsführenden Regierung, die dieselben Befugnisse hat, *Kemmler* in SHH Rn. 47. Ein im Hessischen Landtag behandelter Gesetzesentwurf (LT-Drs. 17/265) setzte in den §§ 29 Abs. 1 Satz 2 und 33 Abs. 4 ein parlamentarisches Budgetinitiativrecht voraus; dazu *Günther* LKRZ 2008, 321 ff.

[235] Zur genauen Rechtsgrundlage *Hillgruber/Drüen* in MKS Rn. 97.

[236] AA zu Ergänzungshaushalten im Hinblick auf die seines Erachtens nicht von Art. 113 beschränkte Änderungsbefugnis des Bundestags *Heun,* Staatshaushalt und Staatsleitung, 1989, 303 f.

[237] Eingehend *Zunker,* Finanzplanung und Bundeshaushalt, 1972.

[238] → Rn. 7.

[239] Ebenso schon *Stern,* StaatsR II, 1980, § 49 IV 3 b.

[240] Dazu → Art. 113 Rn. 4.

[241] Ebenso *Heintzen* in HdbStR V § 120 Rn. 62 ff.; *Siekmann* in Sachs Rn. 75.

[242] Vgl. *Kube* in Maunz/Dürig Rn. 161.

[243] Übersicht über die Verfahrensschritte bei *Rzepka,* Staatliches Haushaltsrecht, 1984, Rn. 147 ff.; zur Rolle der Beauftragten für den Haushalt § 9 Abs. 2, zur Einbeziehung des Bundesrechnungshofs § 27 Abs. 2 BHO; näher *Heun,* Staatshaushalt und Staatsleitung, 1989, 291 ff.; *Stern,* StaatsR II, 1980, § 49 IV 3 c.

gebenden Körperschaften zu unterbreitenden Vorlagen entscheidet das Kabinett. Bis zur Verabschiedung der von ihr erarbeiteten Vorlage können Änderungen von der Bundesregierung durch Ergänzungsvorlage, danach durch Nachtragsvorlage eingebracht werden; auch sie unterfallen dem Initiativmonopol der Bundesregierung.[244] Die Haushaltsvorlagen unterliegen den allgemeinen Regeln über parlamentarische Diskontinuität. Wird die Vorlage abgelehnt, so kann die Bundesregierung, sofern sie die Ablehnung politisch übersteht, dieselbe Vorlage erneut einbringen.[245] Zusätzliche Wege zur Lösung eines **Haushaltsgesetzgebungsnotstands** weisen die kumulativ anwendbaren Art. 81 Abs. 2 und 111. Zwar wird zu dieser bisher noch nie relevant gewordenen Frage vertreten, Art. 81 Abs. 2 sei wegen der überragenden verfassungsrechtlichen Stellung, die dem Bundestag im Haushaltsverfahren zukomme, hier nicht anwendbar.[246] Diese Ansicht findet jedoch weder im Wortlaut noch im Zweck der Vorschrift eine Stütze; gerade für eine Haushaltsblockade muss es Lösungsmöglichkeiten geben.[247]

42 Eine dritte Abweichung von Art. 76 Abs. 2 dient der **Verfahrensbeschleunigung** und der Zurückdrängung der Erforderlichkeit von Notbewilligungen nach Art. 112.[248] Gemäß Art. 110 Abs. 2 werden Vorlagen von der Bundesregierung gleichzeitig bei Bundestag und Bundesrat eingebracht und ist die Äußerungsfrist des Bundesrats auf sechs Wochen, bei Änderungsvorlagen auf drei Wochen begrenzt; das schließt eine Fristverlängerung nach Art. 76 Abs. 2 S. 3 aus und macht das Verfahren nach Art. 76 Abs. 2 S. 4 überflüssig.

43 **c) Parlamentarisches Verfahren und Abstimmung.** Die Haushaltsvorlage der Bundesregierung (§ 95 GO BT, zu unterscheiden von einer Finanzvorlage im Sinne von § 96 GO BT) muss für die **parlamentarische Beratung** hinreichend bestimmt sein.[249] Der Bundestag darf die Beratung beginnen, aber nicht beenden, bevor der Bundesrat seine Stellungnahme zu der Vorlage der Bundesregierung abgegeben hat bzw. bevor die ihm gesetzte Äußerungsfrist abgelaufen ist.[250] Die Haushaltsberatungen folgen grundsätzlich dem bei Gesetzgebungsverfahren üblichen Ablauf.[251] Die Haushaltsberatungen werden vom Haushaltsausschuss des Bundestags dominiert.[252] Die einzelnen Abgeordneten, auch solche, die dem Haushaltsausschuss nicht angehören[253], haben ein eigenes Recht auf Beurteilung des Haushaltsentwurfs

---

[244] *Stern,* StaatsR II, 1980, § 49 IV 3a; zum Nachtragshaushalt BVerfGE 70, 324 (357).

[245] Ebenso *Hillgruber/Drüen* in MKS Rn. 99.

[246] *Gröpl* in BK Rn. 275; *Hillgruber/Drüen* in MKS Rn. 111; *Mahrenholz* in AK Art. 111 Rn. 6.

[247] Im Ergebnis so auch *Heun* in Dreier, Art. 111 Rn. 13; *Kube* in Maunz/Dürig Rn. 174; *Mußgnug,* Der Haushaltsplan als Gesetz, 1976, 363 ff.; *Schwarz* in MKS Art. 111 Rn. 29; *Stern,* StaatsR II, 1980, § 49 IV 3 b.

[248] Zu BT-Drs. V/3605, 11.

[249] *Siekmann* in Sachs Rn. 77.

[250] *Hillgruber/Drüen* in MKS Rn. 104; *Kube* in Maunz/Dürig Rn. 166; *Mahrenholz* in AK Rn. 67.

[251] Vgl. zu Abweichungen § 95 GO BT; diese Vorschrift will eine gründliche parlamentarische Beratung gewährleisten. Zum Gesetzgebungsverfahren *Gröpl* in Kluth/Krings Gesetzgebung, 765, insbes. 778 ff. Zum Europäischen Semester, einer Vorabkontrolle der Haushaltsgesetzgebung und der Finanzplanung der Mitgliedstaaten durch die EU-Kommission, *Gröpl* in BK Rn. 294 ff.

[252] Zu ihm *Heintzen* in HdbStR V § 120 Rn. 63; *Heun,* Staatshaushalt und Staatsleitung, 1989, 335 ff.; *Hölscheidt,* Der Haushaltsausschuß des Deutschen Bundestages, 1988.

[253] Hierzu BVerfGE 130, 318 (347, 353 ff.).

und in diesem Zusammenhang Informations- und Mitwirkungsrechte.[254] Für die Haushaltsberatungen gilt der Grundsatz der Budgetöffentlichkeit; er folgt aus dem allgemeinen Öffentlichkeitsprinzip der Demokratie.[255]

Die **Feststellung des Haushaltsplans** des Bundes bedarf nicht der Zustimmung des Bundesrats.[256] Grundsätzlich ist das Haushaltsgesetz damit insgesamt ein **Einspruchsgesetz.** Ausnahmsweise bedarf das Haushaltsgesetz nach den allgemeinen Regeln doch der Zustimmung des Bundesrats, wenn es neben dem Haushaltsplan im Rahmen von Art. 110 Abs. 4 einzelne zustimmungsbedürftige Regelungen enthält, was letztlich im Ermessen der Bundesregierung liegt;[257] Haushaltsplan und Haushaltsgesetz sind auch insoweit eine Einheit.[258] Die politische Bedeutung auch eines bloßen Einspruchsrechts des Bundesrates sollte zwar im Allgemeinen nicht unterschätzt werden. Im Fall des Bundeshaushalts halten die Bundesländer sich aber zurück und akzeptieren im Bundesrat das von Bundesregierung und Bundestag für den Bund gefundene Ergebnis.[259] 44

d) Veröffentlichung. Der Haushaltsplan wird aus Praktikabilitätsgründen nicht vollständig im Bundesgesetzblatt verkündet. Neben der Publikation des Mantelgesetzes schreibt § 1 S. 2 BHO nur die **Publikation des Gesamtplans** (Begriff in § 13 Abs. 4 BHO) vor. Die Einzelpläne werden nicht im Bundesgesetzblatt verkündet. Da der Gesamtplan die Einzelpläne in Bezug nimmt und da die Einzelpläne als Beilage zum Bundesgesetzblatt von jedermann gesondert angefordert werden können, genügt diese Praxis nach der zutreffenden Ansicht des BVerfG[260] und der herrschenden Lehre[261] Art. 82 Abs. 1.[262] 45

4. „Bepackungsverbot". Das Haushaltsgesetz enthält nicht nur die Feststellung des Haushaltsplans, sondern zusätzliche, auch **materiell-rechtliche Regelungen.** Das sogenannte Bepackungsverbot des Art. 110 Abs. 4 schränkt die Zulässigkeit solcher zusätzlichen Regelungen in sachlicher (S. 1) und in zeitlicher (S. 1 und 2) Hinsicht ein, um den Charakter des Haushaltsgesetzes als **Finanz- und Zeitgesetz**[263] zu wahren und die Erfüllung des Vorherigkeitsgrundsatzes zu erleichtern, Letzteres indem die Haushaltsbera- 46

---

[254] So BVerfGE 70, 324 (356); siehe auch SächsVerfGH, Urteil vom 27.10.2016, Vf. 134-I-15j; *Siekmann* in Sachs Rn. 13h, 77. → Vorb. Art. 110–115 Rn. 6.

[255] BVerfGE 70, 324 (358 f.); 79, 311 (344); 130, 318 (344); 131, 152 (205). Zu notwendigem Geheimschutz → Rn. 15, 29.

[256] Zu dessen Stellung zusammenfassend *Heintzen* in HdbStR V § 120 Rn. 66.

[257] Dazu aus der Sicht des Art. 110 Abs. 4: *v. Portatius,* Das haushaltsrechtliche Bepackungsverbot, 1974, 63 ff., der zu Unrecht einen Zusammenhang zwischen den Mitwirkungsrechten des Bundesrats und dem Bepackungsverbot herstellt. Vgl. weiter *Pünder* in BerlKomm Rn. 83.

[258] Dazu schon → Rn. 3; BVerfGE 8, 274 (294 f.); 37, 363 (381); 70, 324 (361); aA zur Zustimmungsbedürftigkeit des Haushaltsplans *Mußgnug,* Der Haushaltsplan als Gesetz, 1976, 361 ff.

[259] Kritisch zu einer Gleichsetzung von Parlament und Bundestag insoweit *Siekmann* in Sachs Rn. 13a ff.

[260] BVerfGE 20, 56 (93); vgl. auch E 65, 283 (291).

[261] *Heun* in Dreier Rn. 8; *Hillgruber/Drüen* in MKS Rn. 110; *Kube* in Maunz/Dürig Rn. 177; *Mahrenholz* in AK Rn. 38, 40; kritisch *Reimer* BeckOK GG Rn. 71; *Siekmann* in Sachs Rn. 85 f.; punktuelle Kritik (Verschleierung der „Selbstbedienung" politischer Parteien) bei *von Arnim* DVBl. 2017, 1057 (1060). Zum Grundsatz der Budgetpublizität *Wollenschläger* AöR 135 (2010), 363 ff.

[262] Zur Dokumentation von Sonderabgaben → Rn. 16.

[263] Dazu *Tappe,* Das Haushaltsgesetz als Zeitgesetz, 2008, zum „Bepackungsverbot" S. 112 ff.

tungen von Anderem freigehalten werden, was möglicherweise Zeit kostet.[264] Ob diese Zielsetzung eine verfassungsrechtliche Bestimmung erforderlich macht, kann man bezweifeln. Die frühere antiparlamentarische Stoßrichtung dieses in die Epoche der konstitutionellen Monarchie zurückreichenden Rechtsinstituts hat sich mit der WRV erledigt.[265] Das heute leicht und verfassungsrechtlich problemlos zu umgehende „Bepackungsverbot" wird deshalb für **de facto obsolet** gehalten. Vorschriften des Haushaltsgesetzes, die gegen das „Bepackungsverbot" verstoßen, und nur diese, sind verfassungswidrig und nichtig.[266] Aus Art. 87a Abs. 1 S. 2 ergeben sich bereichsspezifische Modifikationen des „Bepackungsverbots".[267]

47 Nach dem **sachlichen „Bepackungsverbot"** dürfen in das Haushaltsgesetz nur Vorschriften aufgenommen werden, die sich auf die Einnahmen und die Ausgaben des Bundes beziehen. Dies können Vorschriften sein, die der Verwaltung den Haushaltsvollzug ermöglichen (einschließlich der Rückforderung von Subventionen, die heute in § 49a VwVfG geregelt ist), oder Vorschriften, die grundsätzlich nur für die Dauer des Haushaltsjahres unmittelbar Einnahmen oder Ausgaben erhöhen oder senken. Weil sehr vieles sich auf Einnahmen und Ausgaben bezieht, wird zum Teil statt eines bloßen Bezuges ein unmittelbarer Bezug gefordert.[268] Was damit in der Sache gewonnen wird, ist unklar; dieses Kriterium erzeugt wegen seiner Unbestimmtheit Rechtsunsicherheit für den demokratischen Gesetzgeber und ist abzulehnen.[269] Nach dem **zeitlichen „Bepackungsverbot"** ist die Geltungsdauer der Vorschriften des Haushaltsgesetzes auf die Haushaltsperiode beschränkt; länger geltende und rückwirkende Vorschriften sind unzulässig; materiell-rechtliche (Ausnahme-)Vorschriften, deren Geltung auf das Haushaltsjahr befristet ist, sind zulässig. Art. 110 Abs. 4 S. 2, zu ihm auch § 18 Abs. 3 BHO, lässt Ausnahmen zu, die – mit Blick vor allem auf die Kreditaufnahme – gewährleisten sollen, dass zwischen zwei Haushaltsgesetzen kein Interim entsteht. Von dieser Ausnahme wird regelmäßig Gebrauch gemacht.[270]

48 **5. Folgen von Verstößen gegen Art. 110.** Verstöße gegen Art. 110 führen grundsätzlich zur Verfassungswidrigkeit, aber nicht zur Nichtigkeit von Haushaltsgesetz und Haushaltsplan.[271] Eine Rückabwicklung ist im Zeitpunkt der verbindlichen Feststellung eines Verstoßes praktisch zumeist nicht mehr möglich, und auch eine in die Zukunft gerichtete rechtliche Wirkung

---

[264] Dazu *Gröpl* AöR 133 (2008), 1 (28 f.).

[265] Zur Entwicklung *Hillgruber/Drüen* in MKS Rn. 112 ff.; *v. Portatius,* Das haushaltsrechtliche Bepackungsverbot, 1974, 18 ff.

[266] Ebenso *Hillgruber/Drüen* in MKS Rn. 123; *Jarass* in Jarass/Pieroth Rn. 9; *Kube* in Maunz/Dürig Rn. 183; aA OVG Lüneburg DÖV 1989, 316 (317), für das zeitliche „Bepackungsverbot".

[267] Hierzu *Baldus/Müller-Franken* in MKS Art. 87a Rn. 62; *Heun* in Dreier Art. 87a Rn. 14; *Pieroth* in Jarass/Pieroth Art. 87a Rn. 6.

[268] Vgl. *Gröpl* in BK Rn. 300; *Kube* in Maunz/Dürig Rn. 184.

[269] Aus anderen Gründen im Ergebnis ähnlich *Kluckert,* Zuwendung und Gesetz, 2018, 412–429.

[270] Vgl. *Gröpl* in BK Rn. 303; *Kube* in Maunz/Dürig Art. 110 Rn. 188 u. Art. 115 Rn. 96; *Pünder* in BerlKomm Rn. 93.

[271] Speziell zum Ausgleichsgebot → Rn. 31; ferner *Kube* in Maunz/Dürig Rn. 189; zu Vorherigkeit und Haushaltswahrheit *Waldhoff* JZ 2008, 200 (201, rechte Sp.). Zu den Konsequenzen von Verfassungsverstößen für die Finanzkontrolle → Art. 114 Rn. 27 und 40 f. Ausführliche und differenzierte Darstellung in der Kommentierung von *Gröpl* in BK, dort gesondert zu jeder Vorgabe des Art. 110.

einer Nichtigkeitsfeststellung ist wegen des Annuitätsprinzips kaum vorstellbar. Etwas anderes gilt bei Verstößen gegen das „Bepackungsverbot" durch Regelungen, die – verfassungswidrig – für Dritte außerhalb des Organkreises von Parlament und Regierung verbindlich sind.[272]

C. Verhältnis zu anderen Bestimmungen des Grundgesetzes

Art. 110 steht im Zusammenhang mit anderen Vorschriften des Haushalts- **49**
verfassungsrechts[273] und mit den Vorschriften über das Gesetzgebungsverfahren.[274] Besondere haushaltsverfassungsrechtliche Problemlagen betreffen die Art. 111 bis 113, 115 Abs. 1 und 87a Abs. 1 S. 2. Von vergleichbarer Grundsätzlichkeit ist Art. 109 Abs. 1 und sind die Aussagen in Art. 109 Abs. 2 und 114 Abs. 2 S. 1 zur Haushaltsdisziplin und in Art. 109 Abs. 3 und 115 Abs. 2 zur Begrenzung öffentlicher Schulden. Bei vielen Haushaltsgrundsätzen stellt sich die Frage, was davon Verfassungsrecht und was einfaches Gesetzesrecht ist.[275] Was die Art. 76 ff. anlangt, so gibt es Besonderheiten vor allem bei der Gesetzesinitiative und der Gesetzespublikation. Inwieweit Art. 110 von Art. 79 Abs. 3 geschützt ist, ist offen, auch wenn in einer parlamentarischen Demokratie eine grundsätzlich andere Regelung kaum vorstellbar ist.[276] Ohne Art. 110 explizit zu nennen, rechnet das BVerfG den substantiellen Bestimmungsgehalt des Budgetrechts des Bundestags zum EU-integrationsfesten Kern des demokratischen Herrschaftssystems in Deutschland.[277]

D. Kritische Würdigung

Art. 110 gibt trotz seiner großen praktischen Bedeutung kaum Anlass zu **50**
Kritik. Die Vorschrift gibt keine Antwort auf aktuelle, sich rasch ändernde Bedürfnisse, sondern ist die Antwort eines parlamentarischen Verfassungssystems auf das Budgetproblem, zu der keine grundsätzlichen Alternativen existieren. Bei den Haushaltsgrundsätzen mag man zwar Unschärfen, Überschneidungen und unklare Zuordnungen zu Rechtsnormen beklagen. Das hat aber auch den Vorteil, dass dem Haushaltsgesetzgeber Spielräume bleiben, etwa für eine Modernisierung des Haushaltsrechts (Stichworte: Neues Steuerungsmodell, Globalbudget, Doppik statt Kameralistik), die als solche wegen ihrer kurzfristigen Perspektive[278] kein Thema der Verfassung sein sollten. Für die Reform des Staatsschuldenrechts im Juli 2009 musste Art. 110 ebenfalls nicht geändert werden; er passt sich den neuen Vorgaben der Art. 109 Abs. 2 und 3 sowie des Art. 115 Abs. 2 an.

---

[272] → Rn. 46.
[273] Ausführlich *Gröpl* in BK Rn. 223 ff.; *Kube* in Maunz/Dürig Rn. 4 ff.
[274] *Gröpl* wie zuvor, Rn. 273 ff.
[275] Vgl. *Tappe,* Das Haushaltsgesetz als Zeitgesetz, 2008, 37 ff.
[276] Vgl. auch *Siekmann* in Sachs Rn. 14b. Zu Art. 75 Abs. 1 BayVerf. BayVerfGH BayVBl. 2000, 397; dazu *Möstl* in Lindner/Möstl/Wolff (Hrsg.), Verfassung des Freistaates Bayern, Art. 75 Rn. 9.
[277] BVerfGE 123, 267 (356 ff., 361 f.).
[278] Hochkonjunktur hatte die Diskussion um eine Reform des Haushaltsrechts Ende der 1990er Jahre; vgl. *Heintzen* in HdbStR V § 120 Rn. 97.

Literatur

(soweit nicht in den Literaturhinweisen zu den Vorbemerkungen zu Art. 110–115 enthalten)

P. Badura, Die Entscheidung über die Staatsaufgaben und ihre Finanzierung in der parlamentarischen Demokratie, FS Selmer, 2003, 19. – ***S. Bajohr,*** Zu einer Aufnahme des Instruments der globalen Minderausgabe in das Haushaltsrecht, DÖV 2004, 949. – ***K. Burmeister,*** Außerbudgetäre Aktivitäten des Bundes, 1997. – ***K.-P. Dolde/ W. Porsch,*** Die globale Minderausgabe zwischen Budgethoheit des Parlaments, Haushaltsgrundsätzen und flexiblem Haushaltsvollzug, DÖV 2002, 232. – ***M. Dröge,*** Die Bugetinitiative der Regierung und parlamentarische Informationsrechte, DVBl. 2015, 947. – ***B. C. Elles,*** Die Grundrechtsbindung des Haushaltsgesetzgebers, 1996. – ***Ch. Gröpl,*** Haushaltsgesetzgebung, in: Kluth/Krings (Hrsg.), Gesetzgebung, 2014, 765. – ***N. Gumboldt,*** Verdeckte Reserven in staatlichen Haushalten, LKV 2005, 442. – ***M. Heintzen,*** Haushaltsüberschüsse – Eine verfassungs- und verwaltungsrechtliche Betrachtung, JZ 2016, 1039. – ***R. F. Heller,*** Haushaltsgrundsätze für Bund, Länder und Gemeinden, 2. Aufl., 2010. – ***K. M. Hettlage,*** Zur Rechtsnatur des Haushaltsplans, FS Weber 1974, 391. – ***J. Isensee,*** Budgetrecht des Parlaments zwischen Sein und Schein, JZ 2005, 971. – ***M. Kloepfer,*** Das begrenzte Budgetrecht des Gesetzgebers, FS f. H. Jarass, 2015, 217. – ***S. Kluckert,*** Zuwendung und Gesetz, 2018. – ***S. Korioth,*** Das Lesen, Verstehen und Beurteilen von Staatshaushalten, Jahrbuch für öffentliche Finanzen 2009, 11. – ***T. Kroll,*** Das Teilhaushaltsgesetz, DÖV 2004, 986. – ***H. Kube,*** Neue Steuerung im Haushaltsrecht, DÖV 2000, 810. – ***H. Kube,*** Schattenhaushalte im Verfassungsstaat, ZG 2010, 105. – ***H. Kube,*** Haushaltsrecht, in D. Ehlers/M. Fehling/H. Pünder (Hrsg.), Besonderes Verwaltungsrecht, 3. Aufl., Bd. 3, 2013, 110. – ***M. Kuntze,*** Sondervermögen in Bund und Ländern, Jahrbuch für öffentliche Finanzen 2010, 255. – ***Ph. Matuschka,*** Das Nonaffektationsprinzip, 2019. – ***V. Mehde,*** Neues Steuerungsmodell und Demokratieprinzip, 2000. – ***E. Moeser,*** Die Bindung an den Bundeshaushalt, DVBl. 1977, 479. – ***A. Musil,*** Steuerbegriff und Non-Affektationsprinzip, DVBl. 2007, 1527. – ***M. Pechstein,*** Die Begründung von rechtsverbindlichen Ausgabeverpflichtungen der Exekutive durch den gesetzlich festgestellten Haushaltsplan als verfassungsrechtliches Problem, VerwArch. 86 (1995), 359. – ***A. v. Portatius,*** Das haushaltsrechtliche Bepackungsverbot, 1974. – ***Th. I. Schmidt,*** Doppelhaushalte am Ende der Legislaturperiode, DVBl. 2018, 1530. – ***H. Seidler,*** Globalhaushalte und ihre rechtlichen Schranken, KJ 1996, 75. – ***H. Tappe,*** Das Haushaltsgesetz als Zeitgesetz, 2008. – ***Ch. Waldhoff,*** Die Zwecksteuer, StuW 2002, 285. – ***H. W. Weinzen,*** Vom Notgroschen zum Dispositionskredit – wie der Kassenkredit die Betriebsmittelrücklage verdrängte, 2006. – ***F. Wollenschläger,*** Budgetöffentlichkeit im Zeitalter der Informationsgesellschaft, AöR 135 (2010), 363.

Art. 111 [Ausgaben vor Etatgenehmigung]

(1) Ist bis zum Schluß eines Rechnungsjahres der Haushaltsplan für das folgende Jahr nicht durch Gesetz festgestellt, so ist bis zu seinem Inkrafttreten die Bundesregierung ermächtigt, alle Ausgaben zu leisten, die nötig sind,

a) um gesetzlich bestehende Einrichtungen zu erhalten und gesetzlich beschlossene Maßnahmen durchzuführen,

b) um die rechtlich begründeten Verpflichtungen des Bundes zu erfüllen,

c) um Bauten, Beschaffungen und sonstige Leistungen fortzusetzen oder Beihilfen für diese Zwecke weiter zu gewähren, sofern durch den Haushaltsplan eines Vorjahres bereits Beträge bewilligt worden sind.

(2) Soweit nicht auf besonderem Gesetze beruhende Einnahmen aus Steuern, Abgaben und sonstigen Quellen oder die Betriebsmittelrücklage die Ausgaben unter Absatz 1 decken, darf die Bundesregierung die zur Aufrechterhaltung der Wirtschaftsführung erforderlichen Mittel bis zur Höhe eines Viertels der Endsumme des abgelaufenen Haushaltsplanes im Wege des Kredits flüssig machen.

Verfassung des Freistaats Preußen von 1920

Art. 64. Ist bis zum Schlusse eines Rechnungsjahrs der Haushaltsplan für das folgende Jahr nicht durch Gesetz festgestellt, so ist bis zu seinem Inkrafttreten das Staatsministerium ermächtigt:

1. alle Ausgaben zu leisten, die nötig sind,
   a) um gesetzlich bestehende Einrichtungen zu erhalten und gesetzlich beschlossene Maßnahmen durchzuführen,
   b) um die rechtlich begründeten Verpflichtungen des Staates zu erfüllen,
   c) um Bauten, Beschaffungen und sonstige Leistungen fortzusetzen, für die durch den Haushaltsplan eines Vorjahres bereits Beträge bewilligt worden sind, sowie um unter der gleichen Voraussetzung Beihilfen zu Bauten und Beschaffungen oder sonstigen Leistungen weiterzugewähren;
2. Schatzanweisungen bis zur Höhe eines Viertels der Endsumme des abgelaufenen Haushaltsplans für je drei Monate auszugeben, soweit nicht auf besonderem Gesetze beruhende Einnahmen aus Steuern, Abgaben und sonstigen Quellen die Ausgaben unter 1 decken.

A. Allgemeine Bedeutung

1 Der seit 1949 nicht geänderte **Art. 111 verhindert** einen **etatlosen Zustand,** wenn, wie bis 1980 überwiegend und seither vereinzelt, zuletzt 2018,[1] entgegen dem Vorherigkeitsgrundsatz des Art. 110 Abs. 2[2] der Haushaltsplan nicht vor dem Beginn des Haushaltsjahres festgestellt wird.[3] Verfassungsgeschichtliches Vorbild des Art. 111 ist Art. 64 der Preuß. Verf.

---

[1] Der Haushaltsentwurf BT-Drs. 18/13000 ist der parlamentsrechtlichen Diskontinuität verfallen; wenn Bundestagswahlen im Herbst stattfinden, dürfte dies ein wichtiger Anwendungsfall für Art. 111 sein. Weitere Angaben bei *Gröpl* in BK Rn. 33.

[2] Dazu → Art. 110 Rn. 7 ff.

[3] Aufzählung der Parallelbestimmungen, die es in vielen Bundesländern gibt, bei *Gröpl* in BK Rn. 23–27; zur Rechtslage in der Weimarer Republik, in der eine ausdrückliche verfassungsrechtliche Regelung gefehlt hat, *Kube* in Maunz/Dürig Rn. 11, 25. Zu Vor- und Entstehungsgeschichte *Gröpl* in BK Rn. 36 ff., 28 ff.

v. 1920, seinerseits eine Reaktion auf den preußischen Budgetkonflikt der Jahre 1862–1866.[4] Art. 111 verhindert, dass gebotenes staatliches Handeln wegen fehlender finanzieller Ressourcen unterbleiben muss.[5] **Ratio legis** ist die Bewahrung von staatlicher Handlungsfähigkeit in haushaltsloser Zeit.[6]

2 Das sich **verfassungsunmittelbar** und eigenständig aus ihm ergebende, die gesetzliche Bewilligung von Mitteln ersetzende,[7] aber doch von der BHO und der Systematik des Haushaltsplans geprägte **Nothaushaltsrecht** ermächtigt[8] die Bundesregierung[9] zu einer vorläufigen, auf das Notwendige beschränkten und den Status quo fortschreibenden Haushaltsführung, getrennt nach Ausgaben (Abs. 1), einschließlich Verpflichtungsermächtigungen,[10] und Einnahmen (Abs. 2), lässt aber die Pflicht aller beteiligten Verfassungsorgane unberührt, so schnell wie möglich zur regulären Haushaltswirtschaft auf der Grundlage eines gesetzlich festgestellten Haushaltsplans zurückzufinden.[11] Die Rechtswirkungen dieser Ermächtigung entsprechen denjenigen des Haushaltsgesetzes.[12] Art. 111 soll nicht das Haushaltsbewilligungsrecht des Gesetzgebers vorübergehend ersetzen, sondern lediglich für den etatlosen Zustand eine vorläufige Haushaltsführung ermöglichen.[13]

3 Mit Blick auf die besondere Bedeutung des **Budgetbewilligungsrechts des Gesetzgebers** sind der vorläufigen Haushaltsführung der Bundesregierung im etatlosen Zustand enge Grenzen gezogen.[14] Art. 111 ist als subsidiäre Ausnahmevorschrift zu Art. 110[15] eng auszulegen; insoweit wird auch von einem **Prinzip der Minimierung des Vorgriffs auf die Entscheidung des Budgetgebers** gesprochen.[16] Trotzdem ist Art. 111 ein Druckmittel der Bundesregierung im Verhältnis zu den gesetzgebenden Körperschaften.[17] Da die Inanspruchnahme des Nothaushaltsrechts auch für die Bundesregierung „lästig"[18] ist, insbesondere im Hinblick auf von ihm nicht gedeckte neue Projekte, haben alle Beteiligten nicht nur eine Rechtspflicht, sondern auch ein politisches Interesse, möglichst rasch zur regulären Haushaltswirtschaft

---

[4] Zu Letzterem *Heintzen* in HdbStR V § 120 Rn. 67, 68; *Kube* in Maunz/Dürig Rn. 21 ff.; *Schwarz* in MKS Rn. 5 f.; *Stern,* StaatsR II, 1980, § 49 III 1; zum Budgetkonflikt des Jahres 1972 *Kube* in Maunz/Dürig Rn. 29, 84; *Patzig,* Haushaltsrecht des Bundes und der Länder, Bd. 1, 1981, Rn. 207 ff.; zu verfassungsrechtlichen Besonderheiten von Bremen, zu denen 1997 ein Urteil des BremStGH ergangen ist und die 1998 geändert worden sind, *Röper,* ZParl. 2001, 758; zu ausländischen Verfassungen *Schwarz* in MKS Rn. 4; zu Art. 315 AEUV ebd., Rn. 7–11.

[5] Zu seinen Funktionen auch *Gröpl* in BK Rn. 33; *Heun* in Dreier Rn. 4; zugespitzt bei *Schuppert* in Umbach/Clemens Rn. 8, 13.

[6] Statt vieler *Schmehl* in BerlKomm Rn. 1.

[7] So BVerfGE 20, 56 (90).

[8] Verpflichtet aber nicht; vgl. auch Kube in Maunz/Dürig Rn. 34.

[9] Zum Ermächtigungsadressaten → Rn. 7.

[10] *Kube* in Maunz/Dürig Rn. 62 ff.; *Mahrenholz* in AK Rn. 7; *Schwarz* in MKS Rn. 22.

[11] Zu Letzterem → Art. 110 Rn. 7.

[12] → Art. 110 Rn. 31 ff.

[13] BVerfGE 45, 1 (33); 66, 26 (38); kritisch zu dieser Formel *Siekmann* in Sachs Rn. 3; zustimmend dagegen *Kube* in Maunz/Dürig Rn. 34. Zum „Ersetzen" kommentarlos anders als BVerfGE 45, 1 (33) nunmehr BVerfGE 119, 96 (121).

[14] BVerfGE 45, 1 (31, 32); auch *Kloepfer,* Finanzverfassungsrecht, 2014, § 13 Rn. 13; *Reimer* in BeckOK GG Rn. 3; *Siekmann* in Sachs Rn. 2.

[15] So die allgemeine Charakterisierung; vgl. ua *Schwarz* in MKS Rn. 1.

[16] *Mahrenholz* in AK Rn. 3.

[17] So auch *Schwarz* in MKS Rn. 16.

[18] So *Heintzen* in HdbStR V § 120 Rn. 68; ferner *Heun* in Dreier Rn. 4, 13; *Kloepfer,* Finanzverfassungsrecht, 2014, § 13 Rn. 4; *Kube* in Maunz/Dürig Rn. 3.

zurückzufinden. Art. 111 entfaltet einen“heilsamen Zwang zur parlamentarischen Budgetbewilligung“,[19] von dem die Beteiligten nicht durch die Eröffnung bequemerer Alternativen befreit werden. Art. 111 lässt die Pflicht fortbestehen, eine noch fehlende Haushaltsgesetzgebung so zügig wie möglich rückwirkend zu verabschieden.[20]

Die **Überschreitung des von Art. 111 gezogenen Rahmens** hat im Verhältnis von Bundesregierung und Gesetzgeber dieselben Rechtsfolgen wie die Überschreitung des gesetzlich festgestellten Haushaltsplans.[21] Außerhalb dieses organschaftlichen Rechtskreises, etwa im Hinblick auf die Gültigkeit von Rechtsgeschäften des Bundes mit Dritten, wirkt sich ein Verstoß gegen Art. 111 nicht aus.[22] 4

Art. 111 ist eine von mehreren **Möglichkeiten zur Überbrückung eines etatlosen Zustands,** durch die andere nicht ausgeschlossen werden:[23] ein Vorgehen der Bundesregierung gemäß Art. 81 Abs. 2;[24] ein vorläufiges (Teil-)Haushaltsgesetz;[25] ein Haushaltsnotgesetz;[26] weitergeltende und noch nicht erschöpfte, Art. 111 partiell verdrängende haushaltsgesetzliche Ermächtigungen aus den Vorjahren (vgl. §§ 18 Abs. 3, 45 Abs. 1 S. 2 BHO, denen Art. 110 Abs. 4 nicht entgegen steht).[27] Parlamentarische Teil- oder Nothaushaltsgesetzgebung[28] hat im Rahmen seines sachlichen und zeitlichen Anwendungsbereichs Vorrang vor exekutivem Handeln gemäß Art. 111. Ein vorläufiges Haushaltsgesetz, soweit es nicht die Anwendbarkeit von Art. 111 ausschließt[29], kann den Ermächtigungsrahmen des Art. 111 nach überwiegend vertretener Auffassung einengen; dies wird mit der Budgethoheit des Parlaments begründet, auch wenn nicht ganz einzusehen ist, warum ein Parlament, das seine Budgetpflicht nicht erfüllt, der Regierung das verfassungsrechtlich vorgesehene Minimalprogramm soll bestreiten können.[30] Die Art. 109 Abs. 2 und 3 sowie 115 Abs. 2 schränken den Ermächtigungsrahmen dagegen ggf. ein und erweitern ihn in keinem Fall; dies gilt auch nach der Grundgesetzänderung vom Juli 2009.[31] Der Ansicht, die Bundesregierung müsse aus konjunkturpolitischen Gründen rasch handeln dürfen, ist entgegenzuhalten, dass die Situationsabhängigkeit der Konjunkturpolitik kein 5

[19] *Sasse* JZ 1973, 189 (191); ebenso *Rossi* DÖV 2003, 313 (318).

[20] Vgl. BVerfGE 119, 96 (121).

[21] Zu Rechtsfolgen und ihrer Geltendmachung *Gröpl* in BK Rn. 93; *Kube* in Maunz/Dürig Rn. 76 ff.

[22] AA wohl nur *Gröpl* in BK Rn. 95–100.

[23] Ebenso *Heun* in Dreier Rn. 5; *Siekmann* in Sachs Rn. 4, im Anschluss an BVerfGE 45, 1 (34).

[24] → Rn. 12 u. Art. 110 Rn. 39; sa *Kloepfer,* Finanzverfassungsrecht, 2014, § 13 Rn. 10; *Kube* in Maunz/Dürig Rn. 10.

[25] → Art. 110 Rn. 7 aE; zum Teilhaushalt befürwortend *Kroll* DÖV 2004, 986 ff.; ablehnend *Rossi* DÖV 2003, 313 (316 ff.); zu einer Pflicht zur Teilhaushaltsgesetzgebung ebd., 317.

[26] Dazu *Kube* in Maunz/Dürig Rn. 11 ff.

[27] Zu dem Verhältnis zu Art. 112, dessen Anwendung an dem Ausnahmecharakter des Art. 111 nichts ändern darf, → Art. 112 Rn. 4; zu dem Verhältnis zu Art. 110 Abs. 4 *Kube* in Maunz/Dürig Rn. 13; zu Regelungen der BHO ebd., Rn. 19.

[28] Zur Uneinheitlichkeit der Terminologie *Kube* in Maunz/Dürig Rn. 11a E.

[29] Dazu *Gröpl* in BK Rn. 87.

[30] Für die überwiegende Ansicht *Jarass* in Jarass/Pieroth Rn. 1; *Kube* in Maunz/Dürig Rn. 16; *Siekmann* in Sachs Rn. 10. An der in der Vorauflage vertretenen Gegenauffassung wird nicht länger festgehalten; zu ihr *Theiß,* Das Nothaushaltsrecht des Bundes, 1975, 75 ff.

[31] Ebenso *Gröpl* in BK Rn. 103 f.; *Kemmler* in SHH Rn. 5; *Kloepfer,* Finanzverfassungsrecht, 2014, § 13 Rn. 8, 14; *Kube* in Maunz/Dürig Rn. 7 f., zu Art. 115 ebd., Rn. 14 f.

Grund für eine Freistellung des Bundesregierung von der Bindung an den Gesetzgeber ist, und damit auch kein Grund für eine Freistellung von der Bindung an den gesetzesvertretenden Art. 111, mag der Gesetzgeber in diesem Zusammenhang auch mit Leertiteln operieren, die aber immerhin der Höhe nach bestimmt sind.[32]

B. Einzelfragen

I. Tatbestandliche Voraussetzung

6 Das Nothaushaltsrecht der Bundesregierung ist nach allgM[33] an nur **eine Voraussetzung** geknüpft: die nicht rechtzeitige Feststellung des Haushaltsplans oder von Teilen davon. Welche Gründe zu der Verzögerung geführt haben, ob ein Verschuldensvorwurf erhoben werden kann, ob ein politischer Haushaltskonflikt oder nur eine schlichte Haushaltsverzögerung[34] vorliegt, ist nach heute ganz überwiegender Meinung unerheblich, auch wenn in erster Linie an kurzfristige Ausnahmesituationen[35] gedacht ist. Art. 111 greift also zugunsten der Bundesregierung auch ein, nachdem ein von ihr vorgelegter Haushaltsentwurf vom Bundestag abgelehnt worden ist. Das gilt selbst dann, wenn scheinbar keine Aussicht auf Verabschiedung eines Haushaltsgesetzes mehr besteht.[36] Es gilt unabhängig von der bisherigen Dauer des etatlosen Zustands und von dessen Vereinbarkeit mit Art. 110 Abs. 2 S. 1.[37] Ein verfassungswidriges Haushaltsgesetz erfüllt diese Voraussetzung nur, wenn seine Nichtigkeit vom BVerfG festgestellt worden ist; die bloße Behauptung der Verfassungswidrigkeit durch die Bundesregierung kann jedenfalls nicht ausreichen, um ihr, zu Lasten des Gesetzgebers, die Befugnisse des Art. 111 zu eröffnen.[38] Durch Verweisung kann Art. 111 in der Weise zur Anwendung kommen, dass die Bewirtschaftung von globalen Ansätzen eines rechtzeitig festgestellten Haushaltsplans seinen Grundsätzen unterstellt wird bis zur Freigabe durch ein besonderes Gremium.[39]

II. Ermächtigungsadressat

7 **Ermächtigungsadressat** ist nach dem klaren Verfassungswortlaut die Bundesregierung.[40] Die für die Ausgabenermächtigung nach Abs. 1 vertretene Gegenansicht, Ermächtigungsadressat sei die Bundesverwaltung ins-

---

[32] → Art. 110 Rn. 22.

[33] Siehe statt vieler *Kube* in Maunz/Dürig Rn. 28 ff.; *Schwarz* in MKS Rn. 12.

[34] Unterscheidung bei *Heintzen* in HdbStR V § 120 Rn. 68; ebenso *Kloepfer,* Finanzverfassungsrecht, 2014, § 13 Rn. 4 („grundsätzlich ursachenneutral"); mit Einschränkungen *Reimer* in BeckOK GG Rn. 13.

[35] So BVerfGE 45, 1 (33); 66, 26 (38); vgl. auch *Kube* in Maunz/Dürig Rn. 38 f.; *Schuppert* in Umbach/Clemens Rn. 8.

[36] Hierzu *Heintzen* in HdbStR V § 120 Rn. 67, 68, 75; *Mahrenholz* in AK Rn. 5; *Schwarz* in MKS Rn. 12, 16.

[37] *Kube* in Maunz/Dürig Rn. 31; *Schwarz* in MKS Rn. 12; → Rn. 8.

[38] Wie hier *Kube* in Maunz/Dürig Rn. 28 Fn. 2; ebenso *Gröpl* in BK Rn. 44, mit dem zusätzlichen Hinweis auf die Dauer verfassungsgerichtlicher Verfahren; aA *Reimer* in BeckOK GG Rn. 8; *Schwarz* in MKS Rn. 12 und 16.

[39] BVerfGE 70, 324 (360), zu den Geheimdiensten.

[40] *Reimer* in BeckOK GG Rn. 19; *Schwarz* in MKS Rn. 1; *Siekmann* in Sachs Rn. 1; wohl auch BVerfGE 45, 1 (46: „Die Kompetenz aus Art. 111 Abs. 1 GG … steht der *Bundesregierung* zu."; Kursivsetzung im Original, auf der zitierten Seite dreimal).

gesamt,[41] ist abzulehnen, weil die Ausgaben- und Einnahmenwirtschaft des Bundes von der Bundesregierung gesteuert wird.[42]

III. Zeitlicher Geltungsbereich

Entsprechend ihrem provisorischen Charakter ist die **Ermächtigung des Art. 111 zeitlich begrenzt.** Zwar gilt sie grundsätzlich für das gesamte Haushaltsjahr (das GG spricht bedeutungsgleich von „Rechnungsjahr"), das ohne gesetzlich festgestellten Haushalt begonnen worden ist. Sie erlischt aber mit der Verkündung des verspäteten Haushaltsgesetzes.[43] Der Gesetzgeber hat es damit in der Hand, der vorläufigen Haushaltsführung der Bundesregierung ein Ende zu setzen oder eine mit Art. 111 unvereinbare vorläufige Haushaltsführung nachträglich zu billigen. Soweit von der Ermächtigung des Art. 111 in diesem Zeitpunkt schon Gebrauch gemacht worden ist, sind folgende Konstellationen zu unterscheiden: Dieser Gebrauch deckt sich mit Art. 111 und mit dem Haushaltsgesetz; er deckt sich nur mit einer dieser Größen, entweder dem Haushaltsgesetz oder mit Art. 111 oder er deckt sich mit keiner dieser Größen. Nur im letzten Fall ist das Vorgehen der Bundesregierung rechtswidrig und die Entlastung zu verweigern.[44] Rechtsgrundlage für Rechnungslegung und Entlastung ist auch in den Fällen des Art. 111 das Haushaltsgesetz.[45] Sein rückwirkendes Inkrafttreten ändert zwar nichts an der Endgültigkeit des Gebrauchs der Ermächtigung des Art. 111 für Ausgaben oder die Aufnahme von Krediten; es ist aber fraglich, ob es diesen darum akzeptieren und übernehmen muss.[46] Die These, das spätere Haushaltsgesetz „absorbiere" eine Haushaltswirtschaft nach Art. 111, soweit es mit ihr übereinstimme,[47] drückt dies aus und weist mit dem „soweit"-Satz auf politisch mögliche Brüche zwischen Art. 111 und nachträglichem Haushaltsgesetz hin.[48] Wenn das Haushaltsgesetz auch nach Ablauf des Haushaltsjahres noch nicht verabschiedet ist, setzt Art. 111 erneut ein. Eine feste zeitliche Begrenzung lässt sich dem provisorischen und auch dem Ausnahmecharakter der von ihm erteilten Ermächtigung nicht entnehmen,[49] allerdings ist der Fall eines mehr als ein Jahr fehlenden Haushaltsgesetzes politisch unwahrscheinlich.[50] 8

IV. Sachlicher Geltungsbereich

1. Ausgaben. Die Ermächtigung des Art. 111 betrifft in erster Linie die Ausgaben (Abs. 1), die Einnahmen nur hinsichtlich der Aufnahme von Kre- 9

---

[41] Ausführlich, aber etwas unschlüssig, *Gröpl* in BK Rn. 45 f., zur Einnahmewirtschaft ebd., Rn. 85; *Heun* in Dreier Rn. 11 (zur Einnahmewirtschaft ebd., Rn. 12); *Kube* in Maunz/Dürig Rn. 35 (zur Einnahmewirtschaft ebd., Rn. 36).

[42] Dazu *Kube* in Maunz/Dürig Rn. 86; vgl. im Übrigen § 26 Abs. 1 GO-BReg.

[43] Entgegen dem Wortlaut von Art. 111 Abs. 1 nicht mit seinem notwendig rückwirkenden Inkrafttreten; zur Rückwirkung → Art. 110 Rn. 7.

[44] Zur Entlastung in den Fällen des Art. 111 → Art. 114 Rn. 40.

[45] Dazu *Karehnke* DÖV 1976, 361 (365).

[46] Vgl. dazu *Gröpl* in BK Rn. 51–53, 90; *Kube* in Maunz/Dürg Rn. 77, 80–82; *Reimer* in BeckOK GG Rn. 17 f.; *Schwarz* in MKS Rn. 14; *Siekmann* in Sachs Rn. 11.

[47] Übereinstimmend *Gröpl* in BK Rn. 88; *Kloepfer,* Finanzverfassungsrecht, 2014, § 13 Rn. 11; *Siekmann* in Sachs Rn. 11.

[48] Zu solchen Brüchen *Gröpl* in BK Rn. 89, 92.

[49] Ebenso *Gröpl* in BK Rn. 42; *Heun* in Dreier Rn. 8; *Schwarz* in MKS Rn. 14; *Siekmann* in Sachs Rn. 7.

[50] Beispiele bei *Kube* in Maunz/Dürig Rn. 38. Vgl. auch *Kloepfer,* Finanzverfassungsrecht, 2014, § 13 Rn. 12.

diten (Abs. 2), die als einzige Einnahmequelle haushaltsgesetzlicher Vollmacht bedarf.[51] Die **Ermächtigung zu Ausgaben in Art. 111 Abs. 1** ist sachlich auf die Erfüllung von zu Beginn des Haushaltsjahres bestehenden Verbindlichkeiten, die Aufrechterhaltung von Verwaltung und Justiz und auf die Fortführung des **Status quo** des zuletzt gesetzlich festgestellten Haushaltsplans beschränkt.[52] Keine Verbindlichkeit stellt die allgemeine Pflicht zu einer Haushaltsführung dar, die den Grundsätzen der Haushaltsdisziplin und des gesamtwirtschaftlichen Gleichgewichts entspricht. Eine weitere, zumal quantitative Beschränkung ergibt sich aus dem Erfordernis des sachlich und zeitlich Nötigen,[53] das freilich der Bundesregierung einen Beurteilungsspielraum eröffnet, der durch den verlautbarten oder mutmaßlichen Willen des Haushaltsgesetzgebers eingeschränkt sein kann.[54] Ausgaben für regierungsamtliche Öffentlichkeitsarbeit sollen grundsätzlich nicht in diesem Sinne nötig sein.[55] Neue Aufgaben und Planungen, die Schaffung neuer Planstellen für Personal (im Unterschied zur Ersetzung vorhandenen Personals) und die Übernahme neuer Verbindlichkeiten oder von Bürgschaften, Garantien oder sonstigen Gewährleistungen[56] werden von Art. 111 nicht gedeckt.[57] Art. 111 Abs. 1 versucht in drei, ohne Rangordnung nebeneinander stehenden Unterpunkten, den sachlichen Umfang der der Bundesregierung erteilten Ermächtigung einzugrenzen, und macht damit trotz unbestimmter und sich überschneidender Begriffe[58] deutlich, dass das Nothaushaltsrecht der Bundesregierung eine Ausnahme ist. Die einzelnen Punkte orientieren sich an (haushalts-)gesetzlichen Entscheidungen; sie suchen damit die Übereinstimmung mit dem mutmaßlichen Willen des Haushaltsgesetzgebers.

10 Am offensten ist das im Unterschied zu lit. a und b nicht rechtlich determinierte **Merkmal der „sonstigen Leistungen"** (lit. c), die fortgesetzt werden, wenn sie vor Beginn des Haushaltsjahres nicht nur bewilligt, sondern tatsächlich so in Angriff genommen worden sind, dass ihre Stilllegung unwirtschaftlich wäre, und die nötig sind, wenn sie nicht ohne Beeinträchtigung wichtiger Gemeinschaftsgüter zurückgestellt werden können.[59] Durch beide Kautelen wird verhindert, dass das Merkmal „sonstige Leistung" (in Verbindung mit dem Wort „Beihilfe") zu einer Generalklausel wird.[60] Der im Vorjahr bewilligte Geldbetrag darf dabei der Höhe nach überschritten werden, sofern dies zur Erhaltung des Status quo nötig ist, ohne dass die Voraus-

---

[51] Zu den Einnahmen auch *Gröpl* in BK Rn. 41, Liste nichtkreditärer Einnahmen in Rn. 67; *Kube* in Maunz/Dürig Rn. 67–75; *Siekmann* in Sachs Rn. 15 und *Vialon,* Haushaltsrecht, 1959, Art. 111 Anm. 4.

[52] Zu den im Rahmen von Kontinuitätsgewähr gleichwohl bestehenden Spielräumen *Gröpl* in BK Rn. 57.

[53] Näher *Gröpl* in BK Rn. 47; *Kube* in Maunz/Dürig Rn. 2; *Schwarz* in MKS Rn. 19.

[54] Ebenso *Gröpl* in BK Rn. 48; *Schwarz* in MKS Rn. 17, der von Ermessen spricht und nur eine gerichtliche Vertretbarkeitskontrolle für möglich hält; *Siekmann* in Sachs Rn. 14; in der Tendenz strenger *Kube* in Maunz/Dürig Rn. 57, 59 ff.

[55] So *Patzig,* Haushaltsrecht des Bundes und der Länder, Bd. 2, 1982, Art. 111 Rn. 20.

[56] Zu diesem Begriff *Gröpl* in BK Rn. 104.

[57] Ebenso zu Bürgschaften ua *Heun* in Dreier Rn. 12; zu Verpflichtungen, die zu Ausgaben in künftigen Rechnungsjahren führen, anders *Kloepfer,* Finanzverfassungsrecht, 2014, § 13 Rn. 22; *Kube* in Maunz/Dürig Rn. 63; zu Verpflichtungsermächtigungen, die aufgrund des Nothaushaltsrechts neu geschaffen werden sollen, wie hier *Gröpl* in BK Rn. 60 f.

[58] Ebenso *Heun* in Dreier Rn. 9; *Kube* in Maunz/Dürig Rn. 55.

[59] Zu Letzterem die heute noch wichtigen Entscheidungen des Großen Senats des Bundesrechnungshofs vom 30.11. und vom 7.12.1972 (ua bei *Karehnke* DÖV 1976, 361).

[60] Ebenso *Kube* in Maunz/Dürig Rn. 52 f.; *Schwarz* in MKS Rn. 21, 27 f.; *Siekmann* in Sachs Rn. 13.

setzungen für überplanmäßige Ausgaben nach Art. 112 vorliegen müssten;[61] im Fall der lit. a und b ergibt die Ausgabenhöhe sich aus dem (Bundes-) Gesetz. Lit. a erfasst mit der 1., nicht mit der 2. Alternative auch haushaltsgesetzlich bewilligte Ausgaben;[62] „Einrichtungen" sind nur Einrichtungen des Bundes, nicht Dritter.[63] Lit. b setzt eine rechtliche, auch eine vertragliche Verpflichtung und ein ihr korrespondierendes subjektives Recht voraus.[64] Zu den Begriffen „Bauten" und „Beschaffungen" in lit. c gibt § 24 BHO weitere Hinweise. „Nötig" in Art. 111 Abs. 1 verlangt weniger als „unabweisbar" in Art. 112 S. 2, weil dort der Status quo erweitert werden soll.[65]

2. Einnahmen. Art. 111 Abs. 2 sieht als primäre Mittel zur Finanzierung eines Nothaushalts die auf besonderem Gesetze beruhenden Einnahmen aus Steuern, Abgaben und sonstigen Quellen und die Betriebsmittelrücklage (§ 62 BHO)[66], einschließlich noch nicht ausgeschöpfter, fortgeltender Kreditermächtigungen (Art. 110 Abs. 4 S. 2)[67], an, verlangt aber nicht selbst deren Ausschöpfung oder gar Ausweitung. Art. 111 Abs. 2 lässt subsidiär Kredite als Finanzierungsmittel zu und befreit von dem Gesetzesvorbehalt des Art. 115 Abs. 1;[68] wie Abs. 1 ersetzt Abs. 2 die sonst nötige gesetzliche Grundlage. Die Entscheidungszuständigkeit für die Kreditaufnahme liegt bei der Bundesregierung.[69] Zugelassen sind Finanz- und Kassenkredite.[70] Art. 111 Abs. 2 kann eine Kreditaufnahme schon deshalb nicht unbegrenzt zulassen, weil dadurch der Entscheidungsspielraum des Haushaltsgesetzgebers beschnitten wird.[71] Die Höhe der Kreditermächtigung ist begrenzt auf das von der Bundesregierung zu schätzende „Erforderliche" (einschließlich der Tilgung vorhandener Kredite)[72] und sodann im Sinne einer Bruttokreditaufnahme auf ein Viertel der Endsumme des abgelaufenen Haushaltsplans (gemeint ist, als Sollgröße, die Gesamtsumme der Ausgaben [= Einnahmen], nicht die Kreditsumme). Letzteres ist eine absolute Grenze, die allgemein als großzügig angesehen wird[73] und die erst selten überschritten worden ist (Beispiel: das Berliner Vorschaltgesetz zum Haushaltsgesetz 2002/2003).[74] Kredite, welche auf der Grundlage von Art. 111 Abs. 2 aufgenommen worden 11

---

[61] Dazu: *Jarass* in Jarass/Pieroth Rn. 2; *Kube* in Maunz/Dürig Rn. 53, 66; *Siekmann* in Sachs Rn. 13; *Stern,* StaatsR II, 1980, § 49 IV 5c β.

[62] Zum Gesetzesbegriff insoweit *Schwarz* MKS Rn. 24 f.

[63] *Kube* in Maunz/Dürig Rn. 41. Zu dem Begriff allgemein *Gröpl* in BK Rn. 49.

[64] Zu lit. b *Kube* in Maunz/Dürig Rn. 47 f.

[65] Im Ergebnis ebenso *Kube* in Maunz/Dürig Rn. 57.

[66] In § 62 BHO ist von einer Kassenverstärkungsrücklage die Rede, was dasselbe ist; die Vorschrift hat keine praktische Bedeutung; vgl. *Tappe* in Gröpl BHO/LHO, § 62 BHO Rn. 2 u. 4.

[67] Dazu *Gröpl* in BK Rn. 71.

[68] Nicht aber von Art. 115 Abs. 2; so auch *Gröpl* in BK Rn. 83 f.; *Jarass* in Jarass/Pieroth Rn. 4; *Kube* in Maunz/Dürig Rn. 9, 70, 75 und Rn. 15 u. 132 zu Art. 115; *Mahrenholz* in AK Rn. 20 (dort auch zu Problemen, die aus dem Fehlen eines Haushaltsplans resultieren); *Schwarz* in MKS Rn. 42 f.

[69] *Kube* in Maunz/Dürig Rn. 36, 70. Zum Kreditbegriff *Gröpl* in BK Rn. 72; zur Umschuldung ebd., Rn. 73.

[70] *Feuchte,* AöR 97 (1972), 538 (553).

[71] So auch *Schwarz* in MKS Rn. 38.

[72] Zu dem Prognosespielraum mit einem Versuch, ihn einzuschränken, *Schwarz* in MKS Rn. 40 f.; zu diesem Problem vgl. weiterhin *Gröpl* in BK Rn. 75.

[73] *Gröpl* in BK Rn. 77–81; *Heun* in Dreier Rn. 12; *Jarass* in Jarass/Pieroth Rn. 3; *Kube* in Maunz/Dürig Rn. 71; *Mahrenholz* in AK Rn. 19; *Schwarz* in MKS Rn. 40; *Siekmann* in Sachs Rn. 16.

[74] Dazu *Rossi* DÖV 2003, 313 (320 f.).

sind, werden, auch im Hinblick auf Art. 115 Abs. 1, auf die Kreditermächtigungen angerechnet, die das verspätet verkündete Haushaltsgesetz erteilt.

C. Verhältnis zu anderen Bestimmungen des Grundgesetzes[75]

12 Art. 111 betrifft, wie Art. 112, Abweichungen von der haushaltsrechtlichen Normallage. Art. 112 geht grundsätzlich davon aus, dass für ein Rechnungsjahr ein Haushaltsplan durch Gesetz festgestellt worden ist und dass für einzelne Ausgaben, für die ein unvorhergesehenes und unabweisbares Bedürfnis besteht, ein Ansatz fehlt oder zu niedrig ist. Art. 111 betrifft den sehr wahrscheinlich vorübergehenden Fall des vollständigen Fehlens eines Haushaltsplans und erlaubt verfassungsunmittelbar eine Haushaltsführung in Anlehnung an den letzten Haushaltsplan. Beide Vorschriften können sich nach überwiegender Ansicht in der Weise überlappen, dass Art. 112 eine Ausweitung des bei Art. 111 vorgegebenen Ausgabenrahmens erlaubt.[76] Bei dem Verhältnis von Art. 110 und 111 geht es um ein zeitliches Nacheinander.[77] Art. 81 ist nach überwiegender Ansicht auch auf das Haushaltsgesetz anwendbar; dagegen kann vorgebracht werden, dies sei mit der überragenden Bedeutung des parlamentarischen Budgetrechts unvereinbar; da es das Instrument des Art. 81 aber gibt, ist davon auszugehen, dass es, mit der ausdrücklichen Ausnahme verfassungsändernder Gesetze (Art. 81 Abs. 4), alle anderen und damit auch das Haushaltsgesetz erfasst.[78] Art. 111 ist keine Grundlage für eine Konjunkturpolitik durch Steigerung staatlicher Ausgaben.[79] Seine Ausübung wird durch die Art. 109 und 115 Abs. 2 vielmehr beschränkt.[80]

D. Kritische Würdigung

13 Alternativen zu Art. 111 sind denkbar, so die (befristete) Fortschreibung des Vorjahresbudgets; eine vorläufige Haushaltswirtschaft auf der Grundlage des Etatentwurfs der Regierung; Nachbewilligungen bzw. vorläufige Bewilligungen des Gesetzgebers; das an die Regierung gerichtete strikte Verbot, ohne Zustimmung des Gesetzgebers Geld auszugeben.[81] Teilhaushaltsgesetzgebung ist zahlreichen verfassungsrechtlichen Bedenken ausgesetzt,[82] die auch dagegen sprechen, dass dadurch das parlamentarische Budgetrecht im Verhältnis zu einer budgetlosen Haushaltswirtschaft der Regierung gestärkt werde. Dass Art. 111 seit 1949 trotz praktischer Relevanz[83] noch nicht geändert worden ist, zeigt, dass die Vorschrift und ihre Anwendung einen zufriedenstellenden Ausgleich zwischen den Erfordernissen der Haushaltswirtschaft und der Budgethoheit des Parlaments schafft. Dass Art. 111 es an Bestimmt-

---

[75] Hierzu umfassend *Gröpl* in BK Rn. 62 f., 86 ff., 101 ff.

[76] → Art. 112 Rn. 4.

[77] → Rn. 8.

[78] Wie hier *Heun* in Dreier Rn. 13; *Kloepfer,* Finanzverfassungsrecht, 2014, § 13 Rn. 10; anders *Gröpl* in BK Rn. 101 f.; *Hillgruber/Drüen* in MKS Art. 110 Rn. 111.

[79] Ebenso *Gröpl* in BK Rn. 75 f., 103.

[80] → Rn. 5.

[81] Verfassungsvergleichende Übersichten bei *Heun* in Dreier, Rn. 3 u. *Schwarz* in MKS Rn. 4.

[82] → Art. 110 Rn. 7.

[83] Dies auch in einem parlamentarischen Regierungssystem, in dem Parlamentsmehrheit und Regierung politisch übereinstimmen; so auch *Kube* in Maunz/Dürig Rn. 4, 83.

heit und Spezialität mit einem gesetzlich festgestellten Haushaltsplan nicht aufnehmen kann, liegt auf der Hand; es kann darum kein Grund für Kritik sein; im Gegenteil ist ein gewisses Maß an Unbestimmtheit nötig, damit die Vorschrift ihre Funktion erfüllen kann.

Literatur

(soweit nicht in den Literaturhinweisen zu den Vorbemerkungen zu Art. 110–115 enthalten)

P. Feuchte, Der Nothaushalt – ein Instrument der Politik?, AöR 97 (1972), 538. – ***R. Fischer,*** Handeln in fremdem Interesse – Zur Auslegung der Art. 111 und 112 des Grundgesetzes, VerwArch. 98 (2007), 543. – ***E. Fricke,*** Über die Pflicht zur Haushaltsgesetzgebung, DVBl. 1975, 604. – ***H. Karehnke,*** Parlamentarisches Budgetrecht, vorläufige Haushaltsführung durch die Bundesregierung und Notbewilligungsrecht des BMF für Haushaltsüberschreitungen, DÖV 1976, 361. – ***M. Kloepfer,*** Finanzverfassungsrecht, 2014, 390–400. – ***T. Kroll,*** Das Teilhaushaltsgesetz, DÖV 2004, 986. – ***R. Krumpa,*** Haushaltsüberschreitungen bei Verzögerungen des Haushaltsplans und im Haushaltskonflikt, 1977. – ***M. Rossi,*** Unzulässigkeit von Haushaltsvorschaltgesetzen, DÖV 2003, 313. – ***B. Paudtke,*** Das mehrheitsunfähige Parlament im Verfassungssystem des Grundgesetzes, 2005, 184–198. – ***Ch. Sasse,*** Haushaltsvollzug ohne Haushalt?, JZ 1973, 189. – ***H. Tappe/R. Wernsmann,*** Öffentliches Finanzrecht, 2. Aufl., 2019, 141–143. – ***H. Theiß,*** Das Nothaushaltsrecht des Bundes, 1975.

Art. 112 [Überplanmäßige und außerplanmäßige Ausgaben]

[1]Überplanmäßige und außerplanmäßige Ausgaben bedürfen der Zustimmung des Bundesministers der Finanzen. [2]Sie darf nur im Falle eines unvorhergesehenen und unabweisbaren Bedürfnisses erteilt werden. [3]Näheres kann durch Bundesgesetz bestimmt werden.

Verfassung des Freistaats Preußen von 1920

Art. 67. (I) Zu Haushaltsüberschreitungen und außerplanmäßigen Ausgaben ist die nachträgliche Genehmigung des Landtags erforderlich, die im Laufe des nächsten Rechnungsjahres eingeholt werden muss.

(II) Haushaltsüberschreitungen und außerplanmäßige Ausgaben bedürfen der Zustimmung des Finanzministers. Sie darf nur im Falle eines unvorhergesehenen und unabweisbaren Bedürfnisses erteilt werden.

A. Allgemeine Bedeutung

1 Jeder **Haushalt** ist eine Prognose, welche unvorhergesehene und unabweisbare Bedürfnisse, die erst während des Haushaltsjahres auftreten, übersehen haben kann. Dieses Risiko ist besonders hoch, wenn, wie in Deutschland, öffentliche Haushalte nach dem Spezialitätsgrundsatz detailliert gegliedert sind. Um in einem solchen Fall die Aktionsfähigkeit des Staates sicherzustellen, gibt es **mehrere Möglichkeiten:**[1] die Flexibilisierung des Haushalts selbst, etwa durch die Deckungsfähigkeit oder die Übertragbarkeit von Ansätzen; einen vom Gesetzgeber festzustellenden Nachtrags-[2] oder Ergänzungshaushalt,[3] die aber knappe gesetzgeberische Arbeitskapazität binden, zumal wenn diese Verfahren mehrmals durchgeführt werden müssten, und zeitaufwändig sind;[4] eine antizipierende Bewilligung des Haushaltsgesetzgebers, die aber voraussetzt, dass ein Finanzbedarf antizipiert werden kann; ein parlamentarischer Verzicht auf ausdrückliche Bewilligung, der aber wegen des Grundsatzes der Haushaltsvollständigkeit nur in engen Grenzen zulässig ist;[5] schließlich eine nicht gesetzliche, sondern verfassungsunmittelbare, gesetzliche Reservefonds erübrigende Ermächtigung des für den Haushaltsvollzug in erster Linie verantwortlichen BMF zu über- und außerplanmäßigen, dh über den gesetzlich festgestellten Haushalt hinaus gehenden Ausgaben, die auch keiner nachträglichen parlamentarischen Billigung bedürfen,[6] wohl aber im Entlastungsverfahren (dazu § 114 Abs. 1 BHO) nachträglich von den gesetzgebenden Körperschaften zu sanktionieren sind. Die zuletzt genannte Möglichkeit ist Gegenstand von Art. 112. Die Vorschrift bezweckt einen angemessenen **Ausgleich zwischen parlamentarischer Budgethoheit und praktischen Erfordernissen der Haushaltswirtschaft.**[7] Während Art. 111 den Fall des

---

[1] BVerfGE 45, 1 (34: gefächertes Instrumentarium).

[2] → Art. 110 Rn. 7, 8, 16 und 38.

[3] Zu Letzterem → Art. 110 Rn. 38.

[4] *Heun,* Staatshaushalt und Staatsleitung, 1989, 470 f.; Verfahren nach den §§ 33 BHO, 95 GO-BT.

[5] Dazu *Kube* in Maunz/Dürig Rn. 23, 51, 86 f., 90 (restriktiv); vgl. auch → Rn. 11 zu Bagatellgrenzen bei der Konsultation des Parlaments.

[6] Anders früher § 83 Reichshaushaltsordnung und Art. 67 Abs. 1 Preuß. Verf. 1920; vgl. *Gröpl* in BK Rn. 9–15 u. 21–23; *Kube* in Maunz/Dürig Rn. 59; *Reimer* in BeckOK GG Rn. 45; *Schwarz* in MKS Rn. 39.

[7] Zu ihrer ratio *Kube* in Maunz/Dürig Rn. 3; *Schwarz* in MKS Rn. 3 mwN.

vollständigen Fehlens eines Haushaltsplans regelt, geht es in Art. 112 um dessen Unvollständigkeit.[8] Beide Artikel sind Durchbrechungen der Budgethoheit des Parlaments. Auch Art. 112 ist darum auf eng umrissene Ausnahmen begrenzt und nicht isoliert, sondern im Gesamtzusammenhang der demokratisch-parlamentarischen Verfassung zu betrachten.[9] Es handelt sich um eine (im Verhältnis zum Nachtragshaushalt) subsidiäre Kompetenz für dringende Notfälle, nicht um eine Kompetenz zu allgemeinen Plankorrekturen, schon gar nicht zu eigener haushaltspolitischer Gestaltung des BMF, die der Budgethoheit des Parlaments gleichrangig wäre.[10] Wie Art. 111 hat Art. 112 Planersatzfunktion.[11] In seinem Rahmen verlagert sich die Budgetkompetenz vom Gesetzgeber auf den – in die BReg. eingebundenen – BMF, der treuhänderisch tätig wird[12] und dessen Entscheidung einzelfallweise erfolgt. Nicht zuletzt der Vorbehalt gesetzlicher Bestimmung des Näheren in Art. 112 S. 3 (ausgeübt mit den §§ 37, 116 BHO; weiterhin Regelungen in einzelnen Haushaltsgesetzen) macht die Prärogative des Parlaments vor dem Notbewilligungsrecht, synonym Sonderbewilligungsrecht des BMF deutlich.[13] Das so ausgestaltete Notbewilligungsrecht des Art. 112 ermöglicht dem BMF eine zeitnahe Feinsteuerung der Haushaltswirtschaft. Dabei tritt er in eine unmittelbare, nicht durch die BReg mediatisierte Rechtsbeziehung zum BT.

Art. 112 ist im Mai 1969[14] geringfügig geändert worden, das auch 2
unter dem Eindruck einer nach Ansicht des verfassungsändernden Gesetzgebers die Weite des Notbewilligungsrechts des Finanzministers zu stark betonenden Entscheidung des Verfassungsgerichtshofs des Landes Nordrhein-Westfalen.[15] Der Begriff „überplanmäßige Ausgaben" hat in S. 1 den Begriff „Haushaltsüberschreitungen" ersetzt, um das Notbewilligungsrecht des BMF auf Mehrausgaben gegenüber bewilligten Ansätzen zu beschränken.[16] Der damals neu aufgenommene S. 3 soll die Stellung des Gesetzgebers im Verhältnis zum BMF stärken.[17] Der einfache Gesetzgeber darf die verfassungsrechtliche Stellung des BMF aber nur ausgestalten und nicht in ihrem Kernbereich antasten; erst recht darf er Art. 112 S. 2 nicht abschwächen. § 37 Abs. 1 S. 3, 4 BHO gestaltet insbesondere den subsidiären Charakter des Notbewilligungsrechts aus, indem er sein Verhältnis zum Nachtragshaushaltsverfahren regelt.[18] Art. 112 S. 3 ermächtigt den Gesetzgeber, verpflichtet ihn aber nicht.[19] Zu Art. 112 gibt es

---

[8] Zum Verhältnis der beiden Vorschriften *Gröpl* in BK Rn. 18.

[9] Letzteres so in BVerfGE 45, 1 (31).

[10] Seit BVerfGE 45, 1 (34, 38) einhellige Meinung; ebenso *Friauf* GS f. F. Klein, 1977, 178; *Gröpl* in BK Rn. 16; *Heintzen* in HdbStR V, § 120 Rn. 69; *Heun* in Dreier Rn. 4; *Kube* in Maunz/Dürig Rn. 4, 38; *Mahrenholz* in AK Rn. 2a; *Schwarz* in MKS Rn. 3 f., 10 f.; *Siekmann* in Sachs Rn. 2, 3.

[11] BVerfGE 20, 56 (90); dazu *Kube* in Maunz/Dürig Rn. 58. Zu Unterschieden zwischen beiden Normen *Gröpl* in BK Rn. 80.

[12] Vgl. *Mahrenholz* in AK Rn. 3a.

[13] So auch *Schwarz* in MKS Rn. 11.

[14] → Vorb. Art. 104a–115 Rn. 16.

[15] In: VerfGH NRW OVGE 24, 296 (308); anders VerfGH NRW DÖV 1992, 576 (579 f.); DVBl. 1994, 862 (863); Zusammenfassung der Verfassungs- und der Entstehungsgeschichte in BVerfGE 45, 1 (4–8); ferner *Gröpl* in BK Rn. 9–15; *Heun* in Dreier Rn. 1, 2; *Kube* in Maunz/Dürig Rn. 14–22; *Mahrenholz* in AK Rn. 9; *Schwarz* in MKS Rn. 6–9.

[16] Bericht des Rechtsausschusses, BT-Drs. V/3605, 11.

[17] Bericht des Rechtsausschusses, BT-Drs. V/3605, 11; zu den Regelungsmöglichkeiten des Gesetzgebers *Gröpl* in BK Rn. 66; *Kube* in Maunz/Dürig Rn. 77 ff.

[18] Zur Verfassungsmäßigkeit von § 37 Abs. 4 BHO *Arndt* DVBl. 1975, 601 ff.

[19] BVerfGE 79, 311 (352); zu dem Verhältnis von Art. 110 Abs. 2 zu Art. 112 → Art. 110 Rn. 40.

eine grundlegende Entscheidung des BVerfG in BVerfGE 45, 1, in der die Einbindung des BMF in das Bundeskabinett betont wird.[20] Das Gericht steht im Dialog mit Landesverfassungsgerichten, die zu ähnlichen Vorschriften der Landesverfassungen judizieren.[21] Art. 112 ist unmittelbar nur auf den Bundeshaushalt anwendbar, hat aber wegen Verweisungsnormen wie § 3 ERP-Wirtschaftsplangesetz 2019 auch für Nebenhaushalte Bedeutung. Art. 112 steht im Zusammenhang mit den allgemeineren verfassungsrechtlichen Themen der Minderheitsregierung[22] und der staatsrechtlichen Stellung des BMF.[23]

B. Einzelfragen

I. Anwendungsbereich

3 **Überplanmäßig** sind Ausgaben (der Exekutive), für die im Haushaltsplan ein Ansatz vorhanden ist, die aber diesen Ansatz überschreiten.[24] **Außerplanmäßig** sind Ausgaben, für die im Haushaltsplan kein Ansatz vorhanden ist. Über- und außerplanmäßige Ausgaben werden unter dem Begriff der Haushaltsüberschreitungen zusammengefasst.[25] Ob diese Ausgaben Erfüllung einer Rechtspflicht sind, spielt grundsätzlich keine Rolle. In beiden Varianten wird vorausgesetzt, dass die Mehrausgabe nicht durch eine Minderausgabe bei einem als deckungsfähig bezeichneten Ansatz ausgeglichen wird (§§ 20, 46 BHO). Bezugsgröße für die Feststellung der Über- und der Außerplanmäßigkeit ist ein spezialisierter Haushaltsansatz, so dass Ausgaben, die ohne nähere Angabe des Verwendungszwecks veranschlagt sind (zB Dispositionsfonds, Titel für Geheimdienste), nicht nur nach § 37 Abs. 5 BHO, sondern auch nach Art. 112 S. 1 nicht überschritten werden dürfen; insoweit fehlt es an einem praktikablen Maßstab für die Erforderlichkeit der Mehrausgabe.[26] Ausgaben sind auch Maßnahmen, durch die für den Bund Verpflichtungen entstehen können, für welche Ausgaben im Haushaltsplan nicht veranschlagt sind.[27] Art. 112 erfasst nur Ausgaben, nicht Einnahmen, so dass eine über- oder außerplanmäßige Kreditaufnahme in ihm keine Grundlage findet;[28] die Finanzierung von Haushaltsüberschreitungen bleibt darum offen. Art. 112 ermächtigt den BMF nicht zu einer „eigenständigen Erübrigungspolitik",[29] dh zur Ansammlung von Haushaltsresten durch restriktiven Haushaltsvollzug.[30]

---

[20] Mit Sondervotum *Niebler,* BVerfGE 45, 1 (52) und Anmerkungen von *Arndt* JuS 1978, 19; *Grimm* JZ 1977, 682; *Hettlage* DÖV 1977, 519; *Püttner/Janson* NJW 1978, 2016; *Selmer* JuS 1977, 758 (759); *Stern* FinArch. 37 (1979), 94; *Voigt* BayVBl. 1978, 101. Kurze Erwähnung in BVerfGE 20, 56 (90); 132, 1 (21).

[21] Synopse dieser Vorschriften bei *Gröpl* in BK Rn. 5. Vgl. BWStGH DÖV 2008, 70 u. NVwZ 2012, 300; VerfGH NRW OVGE 24, 296, DÖV 1992, 576, DVBl. 1994, 862, NVwZ 1995, 163; VerfGH RP Amtliche Sammlung 24, 4 u. 26, 4; LVerfG LSA, Urteil vom 28.11.2006, LVG 1/06.

[22] Siehe *Paudtke,* Das mehrheitsunfähige Parlament, 2005, 198 ff.; *Puhl,* Die Minderheitsregierung, 1986, 119 ff., 203 ff.

[23] Zum BMF → Vorb. Art. 110 Rn. 12.

[24] Zu Vorjahresresten *Gröpl* in BK Rn. 33; *Schwarz* in MKS Rn. 14.

[25] Zu den Begriffen *Gröpl* in BK Rn. 32 -34.

[26] *Kube* in Maunz/Dürig Rn. 24, 52; zu Verstärkungstiteln *Gröpl* in BK Rn. 33.

[27] §§ 37 Abs. 2, 38 Abs. 1 S. 2, 3 BHO; zu Verpflichtungsermächtigungen *Kube* in Maunz/Dürig Rn. 32, 89; *Schwarz* in MKS Rn. 16; *Siekmann* in Sachs Rn. 9.

[28] *Gröpl* in BK Rn. 19, 90–92; *Jarass* in Jarass/Pieroth Rn. 1; *Kube* in Maunz/Dürig Rn. 36, 54, 92; *Siekmann* in Sachs Rn. 1.

[29] BVerfGE 45, 1 (38).

[30] Dazu auch *Kube* in Maunz/Dürig Rn. 25–29.

Art. 112 betrifft schließlich nicht eventuelle Zahlungsverpflichtungen Deutschlands im Rahmen des Europäischen Stabilitätsmechanismus, denn diese stehen ihrer maximalen Höhe nach fest und bei ihnen besteht eine besondere parlamentarische Verantwortlichkeit, der ein Verfahren, bei dem das Parlament von jeglicher (auch nachträglicher) Mitwirkung ausgeschlossen ist, nicht gerecht wird.[31]

Haushaltsüberschreitungen sind nach Ansicht des BVerfG[32] und der überwiegenden Meinung im Schrifttum auch während der etatlosen Periode, also im Anwendungsbereich von Art. 111, möglich.[33] Gleiches gilt während der Geltung eines Nothaushaltsgesetzes.[34] Da es in der etatlosen Periode keinen Haushalt gibt und da im Rahmen von Art. 111 eine Bindung an die Höhe der Ansätze des letzten gesetzlich festgestellten Haushaltsplans abgelehnt wird, kann Bezugsgröße für die Feststellung der Außerplanmäßigkeit nur der Planersatz des Art. 111 sein,[35] nicht der Haushaltsplan des Vorjahres. Art. 112 in seinem Rahmen anzuwenden, heißt im Hinblick auf die Variante überplanmäßiger Ausgaben, die Anforderungen, die sich aus dem Nötigen (Art. 111 Abs. 1) ergeben, zu den Anforderungen zu steigern, die aus den Merkmalen des unvorhergesehenen und unabweisbaren Bedürfnisses (Art. 112 S. 2) resultieren, sobald die Haushaltsansätze des Vorjahres überschritten werden; wegen des bei beiden Merkmalen bestehenden Beurteilungsspielraums handelt es sich letztlich um eine gerichtlich kaum greifbare Nuancierung. Wichtiger ist, dass Art. 111 nur eine Fortschreibung des *status quo* ermöglicht. Neuartige Maßnahmen, die von dieser Vorschrift nicht mehr gedeckt werden, können nur auf Art. 112 gestützt werden.[36] Es handelt sich um Maßnahmen außerhalb des Planersatzes des Art. 111. Die Anwendung von Art. 112 im **etatlosen Zustand** birgt die Gefahr, dass die BReg die Beschränkungen des Art. 111 abstreift. Um dem vorzubeugen, ist der Ausnahmecharakter sowohl von Art. 111 als auch von Art. 112 hervorzuheben. Im Übrigen liegt der Anwendung von Art. 111 beim Haushaltskonflikt ein politisches Problem zugrunde, dessen verfassungsrechtliche Lösung in Art. 67, nicht in den Art. 111, 112 zu suchen ist.[37] 4

Art. 112 ist keine Grundlage für schwer planbare und darum etatmäßig **schwer fassbare Mehrausgaben der BReg.** (nicht des BMF) **im Rahmen einer antizyklischen Fiskalpolitik,** insbesondere bei einer von der Normallage abweichenden konjunkturellen Entwicklung, denn es geht bei einer solchen Politik nicht um zusätzlichen Staatsbedarf.[38] Dafür gab es auf der Grundlage des alten Art. 109 Abs. 3 mit den §§ 6 Abs. 2 und 8 StabG besondere Rechtsgrundlagen, die allerdings nie genutzt worden sind. Heute wird dieses Problem in Art. 115 Abs. 2 S. 4 geregelt, der Art. 112 vorgeht. Das Kriterium der Unvorhersehbarkeit, weiterhin der Bezug auf den Bundes- 5

[31] BVerfGE 135, 317 (417 f.).

[32] BVerfGE 45, 1 (37).

[33] *Kemmler* in SHH Rn. 3; *Heun* in Dreier Art. Rn. 10, 17; *Jarass* in Jarass/Pieroth Rn. 2; *Mahrenholz* in AK Art. 111 Rn. 1, 8; *Kube* in Maunz/Dürig Rn. 8, 34, 43 sowie Art. 111 Rn. 6; *Siekmann* in Sachs Rn. 15; anders *Gröpl* in BK Art. 111 Rn. 62 f.; *Schwarz* in MKS Art. 111 Rn. 32–35 sowie Art. 112 Rn. 24, beide mit beachtlichen Argumenten.

[34] *Kube* in Maunz/Dürig Rn. 9, 35.

[35] Ebenso *Siekmann* in Sachs Rn. 15.

[36] BVerfGE 45, 1 (37).

[37] → Art. 111 Rn. 8.

[38] Dazu *Gröpl* in BK Rn. 35; *Heun* in Dreier Rn. 17; *Kloepfer,* Finanzverfassungsrecht, 2014, § 14 Rn. 10; *Kube* in Maunz/Dürig Rn. 10 f., 83; *Schwarz* in MKS Rn. 17–19.

haushalt, schließen es aus, in Art. 112 eine Antwort auf Planungspannen, Verzögerungen und Kostenüberschreitungen wie Stuttgart 21, Hamburger Elbphilharmonie oder Berliner Willy-Brandt-Airport zu sehen.

II. Tatbestandliche Voraussetzungen

6 Das **Notbewilligungsrecht** des BMF **setzt** tatbestandlich ein **unvorhergesehenes** und, kumulativ, ein **unabweisbares Bedürfnis**[39] **voraus.** Wegen seines Ausnahmecharakters vermittelt Art. 112 dem Minister im Verhältnis zum Gesetzgeber in Bezug auf die Adjektive „unvorhergesehen" und „unabweisbar" keinen Beurteilungsspielraum und bei ihrer Auslegung und Anwendung ist ein strenger Maßstab anzulegen.[40] Nach Ansicht des Bundesverfassungsgerichts[41] besteht ein **Beurteilungsspielraum** wohl hinsichtlich des „Bedürfnisses", doch darf dieser Beurteilungsspielraum nicht die strikte Verfassungsbindung hinsichtlich der beiden zuerst genannten Merkmale aushöhlen. Im Verhältnis von Finanzminister und den sonstigen für den Haushaltsvollzug zuständigen Stellen geht die Frage des Beurteilungsspielraums in dem Ermessen auf, das Ersterem grundsätzlich zusteht. Die subsidiäre Stellung des Notbewilligungsrechts des BMF gemäß Art. 112 im Verhältnis zum Budgetrecht des Gesetzgebers lässt sich bei der Interpretation der Merkmale „unvorhergesehen" und „unabweisbar" vollständig erfassen; es ist dann nicht erforderlich, dies zusätzlich als Ermessensdirektive oder als immanente Schranke der Rechtsfolge zu veranschlagen. Allzu subtile juristische Abschichtungen und Verneinungen von Beurteilungsspielräumen und Ermessen gehen an der finanzpolitischen Realität ein Stück weit vorbei.

7 **Unvorhergesehen** ist ein Bedürfnis sicher dann, wenn oder soweit es oder seine Dringlichkeit im Zeitpunkt der Verabschiedung des Haushaltsplans den dafür Zuständigen nicht bekannt waren und nicht bekannt sein konnten. Auch wenn oder soweit ein Bedürfnis oder seine Dringlichkeit zwar – aus welchen Gründen auch immer – unbekannt waren, aber hätten bekannt sein können, erlaubt Art. 112 ihre Berücksichtigung; die Norm ermächtigt mithin auch zur **Fehlerkorrektur.**[42] Anders ist es bei Bedürfnissen, die bekannt waren und denen BMF, BReg. oder Haushaltsgesetzgeber sich verschlossen haben;[43] sie dürfen nur ausnahmsweise in dem Verfahren des Art. 112 honoriert werden, wenn die Grundlage für die zunächst negative Entscheidung sich später wesentlich geändert hat.[44] Damit soll verhindert werden, dass Ausgaben, die zunächst zurückgestellt worden sind, angesichts disponibler Mittel plötzlich wieder auftauchen. Maßgebend ist die tatsächliche Kenntnis oder Unkenntnis von BMF, BReg. oder Haushaltsgesetzgeber; dass Fachminister oder ihnen nachgeordnete Stellen Bedürfnisse kennen und ggf. abgelehnt haben, ist im Hinblick auf das Merkmal „unvorhergesehen" unschäd-

---

[39] Kritik an diesem Begriff ua bei *Gröpl* in BK Rn. 67; *Kube* in Maunz/Dürig Rn. 37 Fn. 3; *Siekmann* in Sachs Rn. 10; gemeint ist Bedarf.

[40] So BVerfGE 45, 1 (Ls. 4 und S. 29, 39); BWStGH DVBl. 2007, 1448; HessStGH NVwZ-RR 2006, 657; dazu *Gröpl* in BK Rn. 36 f.; *Kube* in Maunz/Dürig Rn. 45; *Siekmann* in Sachs Rn. 11, 12; *Schwarz* in MKS Rn. 20 f.

[41] Dazu *Kube* in Maunz/Dürig Rn. 65; *Reimer* in BeckOK GG Rn. 6.

[42] Siehe auch *Reimer* in BeckOK GG Rn. 14 f.; Korrektur einzelner Fehler ist dabei von allgemeiner Plankorrektur (→ Rn. 1) zu unterscheiden.

[43] Zu den beiden vorgenannten Alternativen BVerfGE 45, 1 (Ls. 5).

[44] Dazu *Heun* in Dreier Rn. 7, 12; *Kube* in Maunz/Dürig Rn. 42; *Schwarz* in MKS Rn. 25 (dort auch zur Budgetverweigerung des Parlaments).

lich.[45] **Unabweisbarkeit** bedeutet besondere[46] sachliche Notwendigkeit und zeitliche Unaufschiebbarkeit.[47] Unabweisbar ist eine Mehrausgabe insbesondere dann, wenn ihr Unterbleiben oder ihre Verzögerung wichtige Staatsbelange beeinträchtigt und deshalb nicht mehr vertretbar ist, wobei eine Abwägung zwischen dem Bedarf und dem parlamentarischen Budgetrecht wenig sinnvoll ist, weil es sich um inkommensurable Größen handelt. Unabweisbar ist ein Bedarf gemäß § 37 Abs. 1 S. 3 BHO insbesondere nicht, wenn nach Lage des Einzelfalles ein Nachtragshaushaltsgesetz rechtzeitig herbeigeführt oder die Ausgabe bis zum nächsten Haushaltsgesetz zurückgestellt werden kann.[48]

Trotz Unvorhersehbarkeit und Unabweisbarkeit muss die nicht form-, 8 frist- oder verfahrensgebundene **Zustimmung des BMF** grundsätzlich **vor der Ausgabe** erteilt sein.[49] Eine mit heilender Wirkung rückwirkende Zustimmung bleibt möglich, weil der BMF über die besondere Stellung, die ihm Art. 112 gibt, verfügen kann. Bei Gefahr im Verzuge entfällt das Vorherigkeitserfordernis und die Zustimmung des BMF ist unverzüglich nachzuholen (Näheres in § 116 Abs. 2 BHO).

III. Ermessen des BMF; Stellung des BMF im Verhältnis zu Bundesregierung und Bundestag

Ist eine Mehrausgabe unvorhergesehen und unabweisbar, sind kaum Ge- 9 sichtspunkte denkbar, die den BMF zu einer Ablehnung der Mehrausgabe berechtigen würden. Trotzdem ist die **Zustimmung des BMF keine gebundene Entscheidung.**[50] Art. 112 S. 2 spricht von Dürfen, nicht von Müssen. Das Ermessen des BMF wird von der eigenständigen Rolle programmiert, die Art. 112 ihm unter Durchbrechung der Ressortgleichheit zuweist. Die Bewilligung des BMF darf mit Nebenbestimmungen erlassen oder verbunden werden. Nach § 37 Abs. 3 BHO kann insbesondere verlangt werden, dass über- und außerplanmäßige Ausgaben durch Einsparungen bei anderen Ausgaben in demselben Einzelplan ausgeglichen werden. Das Koppelungsverbot ist dabei zu beachten.

Der **BMF repräsentiert** innerhalb der BReg. das **Gegengewicht** zu den 10 ausgabenorientierten Fachressorts.[51] Kraft seiner Verantwortung für eine geordnete und funktionierende Haushaltswirtschaft übt er das Notbewilligungsrecht grundsätzlich allein und endgültig (zu Letzterem § 116 Abs. 1 S. 1 BHO) aus, was aber Finanzkontrolle durch den Bundestag nicht ausschließt. Rekurse anderer Minister an das Kabinett (*e contrario* aus § 116 Abs. 1 S. 2 BHO) oder gerichtlicher Rechtsschutz gegen eine ablehnende Entscheidung des BMF sind nicht vorgesehen. Von der Beschlusskompetenz der BReg.

---

[45] BVerfGE 45, 1 (35 f.); dazu *Gröpl* in BK Rn. 39; *Kube* in Maunz/Dürig Rn. 39, 40.

[46] Zu dieser Steigerung BVerfGE 45, 1 (36 f.). Beispiele bei *Kube* in Maunz/Dürig Rn. 47 Fn. 2.

[47] Hierzu BVerfGE 45, 1 (34 ff.); zum Zeitdruck *Gröpl* in BK Rn. 40, 43 ff.; *Schwarz* in MKS Rn. 27. Kritisch zur Ableitung der Unabweisbarkeit aus dem Bestehen einer Rechtspflicht *Gröpl* in BK Rn. 71 f.

[48] Siehe *Gröpl* in BK Rn. 45.

[49] Dazu *Gröpl* in BK Rn. 57 f.; *Kube* in Maunz/Dürig Rn. 57; *Schwarz* in MKS Rn. 37.

[50] Wie hier *Kube* in Maunz/Dürig Rn. 56; *Schwarz* in MKS Rn. 35; *Siekmann* in Sachs Rn. 28; anders *Heun* in Dreier Rn. 15.

[51] Zu seiner hervorgehobenen Stellung in der Haushaltsverfassung → Vorb. Art. 110–115 Rn. 12; krit. zu der Erwartung, der BMF werde besonders sparsam sein, *Heintzen* in HdbStR V, § 120 Rn. 69.

gemäß § 26 GO-BReg ist der BMF im Anwendungsbereich des Art. 112 befreit.[52] Die Ausübung des Notbewilligungsrechts des BMF ist aber inhaltlich gebunden an die Richtlinienentscheidungen des Bundeskanzlers (Art. 65 S. 1) und an die Beschlüsse der BReg.[53] Weil nicht der BMF, sondern die BReg. dem BT gegenüber die Verantwortung für die Haushaltsführung trägt (Art. 114 Abs. 1), muss der BMF die BReg. über Notbewilligungen vorher unterrichten.[54] Weiterhin muss er Notbewilligungen von grundsätzlicher oder finanzieller Bedeutung mit der BReg. im Innenverhältnis abstimmen,[55] wobei es keine rechtlichen Grenzwertfestlegungen gibt, solche aber, wie im Verhältnis von BMF und BT, zulässig wären. Die BReg. kann in diesen Fällen den BMF an der Zustimmung hindern und sich zB für die Einleitung eines Nachtragshaushaltsverfahrens oder für die Zurückstellung des Bedürfnisses in das nächste Haushaltsjahr als parlamentsschonende Alternativen zu dem Verfahren gemäß Art. 112 entscheiden. Wenn die BReg. ein Nachtragshaushaltsverfahren einleiten kann, muss sie dies auch tun; **zwischen dem Nachtragshaushaltsverfahren und dem Verfahren nach Art. 112 gibt es kein Wahlrecht.**[56] Im Ergebnis hängt die Zustimmung des BMF in diesen Fällen grundsätzlich von der Zustimmung der BReg. ab.[57] In keinem Fall kann jedoch die Zustimmung des BMF ersetzt oder ihre Verweigerung durch eine Richtlinie des Bundeskanzlers oder durch einen Kabinettsbeschluss übergangen oder der BMF zur Zustimmung angewiesen werden.[58] In dieser Unentziehbarkeit der Entscheidungskompetenz im Außenverhältnis und der Kompetenz zu negativer Entscheidung kommt die besondere Ressortverantwortung des BMF zum Ausdruck. Trotzdem bleibt auch in Haushaltsangelegenheiten die BReg. das bestimmende Organ im Verhältnis zum BT.[59]

11 Im **Verhältnis zum BT** obliegt dem BMF in Zweifelsfällen als gesetzlich nicht konkretisierte Ausprägung der Verfassungsorgantreue eine Kommunikations- und Konsultationspflicht,[60] um herauszufinden, ob eine im Hinblick auf die zeitliche Dringlichkeit des Bedürfnisses rechtzeitige Bewilligung durch

---

[52] Zu den §§ 15, 26 GO-BReg auch *Reimer* in BeckOK GG Rn. 27 ff.; *Schwarz* in MKS Rn. 31 f.

[53] AA *Stern,* Das StaatsR der BRD II, 1980, § 49 IV 6d γ, der Art. 112 insoweit wohl für eine *lex specialis* hält; krit. zu der Einbindung des BMF in die BReg. ferner *Mahrenholz* in AK Rn. 3; *Schwarz* in MKS Rn. 29–34; *Siekmann* in Sachs Rn. 24, 25.

[54] BVerfGE 45, 1 (Ls. 8 und S. 38, 48); *Kube* in Maunz/Dürig Rn. 70, 74.

[55] BVerfGE 45, 1 (48 ff.); zu Einzelheiten *Kube* in Maunz/Dürig Rn. 72 ff.

[56] Ebenso *Gröpl* in BK Rn. 16, 18; *Kube* in Maunz/Dürig Rn. 7, 47 ff., 52, 75 f.; *Mahrenholz* in AK Rn. 2a; *Schuppert* in Umbach/Clemens Rn. 12; zur Budgetpflicht → Art. 110 Rn. 30; BWStGH DVBl. 2007, 1448; HessStGH NVwZ-RR 2006, 657 (663 f.).

[57] Im Ergebnis ähnliche Beurteilung bei *Kube* in Maunz/Dürig Rn. 67–69; *Schuppert* in Umbach/Clemens Rn. 17; starke Akzentuierung der Position der BReg. in BVerfGE 45, 1 (48, 50 f.).

[58] BVerfGE 45, 1 (49); *Kemmler* in SHH Rn. 17, die bis zur Annahme einer Rücktrittspflicht zu gehen scheint; eine Zustimmungspflicht bei entsprechender Richtlinie des Bundeskanzlers annehmend *Kube* in Maunz/Dürig Rn. 71; wie hier *Heun* in Dreier Rn. 8; *Kloepfer,* Finanzverfassungsrecht, 2014, § 14 Rn. 21.

[59] BVerfGE 45, 1 (46 f.); *Siekmann* in Sachs Rn. 19; ausführlich zu Fragen der Willensbildung innerhalb der BReg. BVerfGE 45, 1 (46 ff.); weiter *Schmehl* in BerlKomm Rn. 16 f., 21 ff.

[60] Zu dem Verhältnis zwischen dieser Pflicht und der Unterrichtungspflicht des BMF im Verhältnis zur BReg. *Gröpl* in BK Rn. 48; *Kube* in Maunz/Dürig Rn. 72 f., 93; *Schwarz* in MKS Rn. 41; zu einem Versuch gesetzgeberischer Konkretisierung *Kube* in Maunz/Dürig Rn. 50, 80. Zur Stellung des BMF *Kloepfer,* Finanzverfassungsrecht, 2014, § 14 Rn. 15–23; *Schenke* in Sodan Rn. 3.

den Gesetzgeber möglich ist.[61] Diese Pflicht dient der Ermittlung der tatbestandlichen Voraussetzungen von Art. 112. Ihre Erfüllung senkt diese Voraussetzungen aber nicht ab und lässt die Verantwortung des BMF unberührt.[62] Auf die Konsultation kann der BT in haushaltsgesetzlich bestimmten Bagatellfällen verzichten.[63] Wo die Voraussetzungen von Art. 112 unzweifelhaft gegeben sind, ist keine Konsultation nötig. Von dieser Konsultation zu unterscheiden ist die nachträgliche Mitteilung über- und außerplanmäßiger Ausgaben an BT und BR durch das BMF gemäß § 37 Abs. 4 BHO[64] sowie die zuvorige Beteiligung der zuständigen parlamentarischen Ausschüsse bei Ausgaben, die eine bestimmte Höhe überschreiten oder sonst von besonderer finanzieller Tragweite sind. Letztere ändert nichts an den verfassungsrechtlichen Verantwortlichkeiten des BMF und des BT-Plenums.

IV. Rechtsfolgen

Die Notbewilligung nach Art. 112 zeitigt dieselben Rechtsfolgen wie die parlamentarische Bewilligung nach Art. 110 Abs. 2.[65] Weil Art. 112 aber im Tatbestand unvorhergesehene und unabweisbare, also in der Regel kurzfristige Bedürfnisse voraussetzt, können Maßnahmen, die zu langfristigen finanziellen Verpflichtungen des Bundes führen, auf ihn grundsätzlich nicht gestützt werden. Aus diesem Grund wird es allgemein abgelehnt, auf Art. 112 die Schaffung von Planstellen zu stützen.[66] Quantitative Bewilligungsgrenzen kennt die Norm nicht. Außer- oder überplanmäßige Ausgaben, die ohne zuvorige Zustimmung des BMF geleistet worden sind, sind, vorbehaltlich des eher theoretischen Falles von Art. 112 S. 3 und § 116 Abs. 2 BHO und vorbehaltlich nachträglicher Genehmigung, verfassungswidrig.[67] Rechtsfolgen entfaltet Art. 112 nur innerhalb des Organkreises von BMF, BReg., Fachressorts und BT. Ein Verfassungsverstoß führt nicht zur Nichtigkeit von Rechtsgeschäften des Bundes mit Dritten.[68] 12

V. Verfassungsprozessuale Fragen

Verstöße gegen Art. 112 verletzen den BT in seinem Budgetrecht aus Art. 110 Abs. 1 S. 1 und Abs. 2 S. 1. Diese Verletzung kann von den Oppositionsfraktionen im BT prozessstandschaftlich geltend gemacht werden und von den Regierungsfraktionen durch schlichte Billigung nicht geheilt werden.[69] Antragsgegner im Organstreitverfahren können sowohl der 13

---

[61] BVerfG 45, 1 (Ls. 3 und S. 38 f.).

[62] AA *Bienert/Caesar/Hansmeyer,* Das Ausgabenbewilligungsrecht des BMF nach Art. 112 GG, 1982, 141.

[63] BVerfGE 45, 1 (39). Siehe §§ 37 Abs. 1 S. 4 und 38 Abs. 1 S. 3 BHO. Kritisch *Gröpl* in BK Rn. 70. Wie immer besteht das Problem darin, „Bagatellen" quantitativ gegen eskapistische Tendenzen der Staatspraxis zu begrenzen.

[64] Dazu *Gröpl* in BK Rn. 76; *Kube* in Maunz/Dürig Rn. 93.

[65] So auch *Gröpl* in BK Rn. 79 ff.; *Heun* in Dreier Rn. 5; *Schwarz* in MKS Rn. 12; *Siekmann* in Sachs Rn. 26.

[66] Ebenso *Gröpl* in BK Rn. 93–97; *Heun* in Dreier Rn. 10; *Kube* in Maunz/Dürig Rn. 33; zur Erhöhung des Kapitals eines bundeseigenen Unternehmens BVerfGE 45, 1 (45); weitere Beispiele bei *Heun* in Dreier Rn. 13; *Schwarz* in MKS Rn. 26, 28; *Siekmann* in Sachs Rn. 29–31. Zu Verpflichtungsermächtigungen *Gröpl* in BK Rn. 84.

[67] Zur Heilungswirkung einer nachträglichen Genehmigung *Kube* in Maunz/Dürig Rn. 63.

[68] Wie hier *Gröpl* in BK Rn. 108. Vgl. aber auch *Wolff* NJW 2012, 815.

[69] BVerfGE 45, 1 (29 f.).

BMF[70] (der seine Zustimmung erteilt hat, obwohl die Voraussetzungen nicht vorlagen) als auch die BReg.[71] sein (Letztere, weil sie es unter Verstoß gegen Art. 110 Abs. 3 unterlassen hat, den Entwurf eines Nachtragshaushalts im Parlament einzubringen).[72] Die BReg. kann sich nicht damit entschuldigen, sie habe von einem Handeln des BMF keine Kenntnis gehabt.[73] Der Zulässigkeit eines Organstreitverfahrens zu Art. 112 steht nicht entgegen, dass das Entlastungsverfahren nach Art. 114 Abs. 1 noch nicht abgeschlossen ist.[74]

C. Verhältnis zu anderen Bestimmungen des Grundgesetzes[75]

14 Als subsidiäres Notbewilligungsrecht stehen die Befugnisse des BMF in einem eng bemessenen **Regel-Ausnahmeverhältnis** zu der in Art. 110 und Art. 114 verankerten Budgethoheit des Parlaments.[76] Art. 112 ist auch im Rahmen des Art. 111 anwendbar.[77] Der BMF ist dank Art. 112 einer der wenigen ausdrücklich im GG genannten Bundesminister; was seine staatsrechtliche Stellung anlangt, so ist Art. 112 eine Konkretisierung von Art. 65 S. 2 und 3.[78] Mit Konjunkturpolitik und Staatsverschuldung (insb. Art. 109 und 115) hat die Vorschrift nichts zu tun.[79]

D. Kritische Würdigung

15 Art. 112 hat sich bewährt.[80] Der BMF macht, nach Übertreibungen in den 60er und 70er Jahren des letzten Jahrhunderts,[81] von ihm einen seiner Funktion entsprechenden zurückhaltenden Gebrauch[82] und widersteht der Versuchung, die Unbestimmtheit seines Tatbestandes politisch zu nutzen. Die Zahl der Bewilligungen ist zwar hoch, die Beträge sind aber in der Regel gering. Die Staatspraxis kann jährlich in dem vom BMF gemäß Art. 114 Abs. 1 zu erstattenden Bericht und vierteljährlich gemäß § 37 Abs. 4 GO-BT als Bundestagsdrucksache nachgelesen werden. Umgekehrt hat der Verfassungs- und der Haushaltsgesetzgeber der Versuchung widerstanden, die flexiblen Voraussetzungen des Art. 112 übermäßig zu verrechtlichen. Rechtspolitisch besteht kein Änderungsbedarf.

---

[70] Im Hinblick auf seine eigenständige Rolle; BVerfGE 45, 1 (28).

[71] Im Hinblick auf ihre Einwirkungsbefugnisse auf den BMF (→ Rn. 10).

[72] Zu Letzterem BVerfGE 45, 1 (45 ff.); a A Sondervotum *Niebler,* BVerfGE 45, 1 (52 ff.).

[73] BVerfGE 45, 1 (48 f.).

[74] BVerfGE 45, 1 (30).

[75] Hierzu umfassend *Gröpl* in BK Rn. 110–118.

[76] → Rn. 1, 10.

[77] → Rn. 1, 4.

[78] → Rn. 10. Näher *Gröpl* in BK Rn. 50 ff.

[79] → Rn. 5 (Konjunkturpolitik) und 3 (Kreditaufnahme).

[80] Zur Verfassungspraxis *Kube* in Maunz/Dürig Rn. 96 f.; kritisch zur Verfahrensdauer bei Fällen von finanziell geringer Bedeutung *Gröpl* in BK Rn. 62–65.

[81] Dazu der Bericht des Rechtsausschusses, BT-Drs. V/3605, 11, wo auch auf den Zusammenhang mit früher ebenfalls häufigen Verstößen gegen das Gebot der Vorherigkeit des Haushaltsplans hingewiesen wird.

[82] Wohl ebenso *Heun* in Dreier Rn. 6.

Literatur

(soweit nicht in den Literaturhinweisen zu den Vorbemerkungen zu Art. 110–115, zu Art. 110 und Art. 111 enthalten)

C. Arndt, Das Verhältnis von Budgetrecht des Parlaments und Zustimmungsrecht des Finanzministers nach Art. 112 GG, DVBl. 1975, 601. – ***C. Arndt.,*** Parlamentarisches Budgetrecht und Notbewilligungsrecht des Bundesministers der Finanzen, JuS 1978, 19. – ***K. Bienert/R. Caesar/K. H. Hansmeyer,*** Das Ausgabenbewilligungsrecht des BMF nach Art. 112 GG, 1982. – ***M. Därr,*** Das Notbewilligungsrecht des Bundesministers der Finanzen nach Art. 112 GG im Schnittpunkt zwischen Demokratie und Effektivität, 1973. – ***M. Dorn,*** Das Notbewilligungsrecht der Finanzminister des Bundes und der Länder, DÖV 1989, 707. – ***T. Eichenauer,*** Das Notbewilligungsrecht des Bundesministers der Finanzen, 1983. – ***R. Fischer,*** Handeln in fremdem Interesse. Zur Auslegung der Art. 111 und 112 des Grundgesetzes, VerwArch. 2007, 543. – ***P. Franke,*** Notbewilligungsrecht und parlamentarische Kontrolle, FinArch. 33 (1974), 143. – ***P. Franke,*** Funktion und Grenzen des Notbewilligungsrechts des Bundesministers der Finanzen, ZParl. 9 (1978), 43. – ***K. H. Friauf,*** Funktion, Inhalt und Grenzen des sogenannten Notbewilligungsrechts des Bundesministers der Finanzen nach Art. 112 GG, GS F. Klein, 1977, 162. – ***D. Grimm,*** Anmerkung zum Urteil des Bundesverfassungsgerichts vom 25.5.1977, JZ 1977, 682. – ***N. Gumboldt,*** Zu den Grenzen des Notbewilligungsrechts des Bundesministers der Finanzen nach Art. 112 GG, LKV 2007, 356. – ***Ch. Jahndorf,*** Das Notbewilligungsrecht des Bundesministers der Finanzen nach Art. 112 GG, DVBl. 1998, 75.– ***M. Kalb/S. Roßner,*** Das Notbewilligungsrecht des Finanzministers als Mittel zur Gouvernementalisierung von Budgetentscheidungen, NVwZ 2012, 1071. – ***H. Karenke,*** Parlamentarisches Budgetrecht, vorläufige Haushaltsführung durch die Bundesregierung und Notbewilligungsrecht des Bundesministers der Finanzen bei Haushaltsüberschreitungen, DÖV 1976, 361. – ***U. Karpen,*** Das Notbewilligungsrecht des Bundesministers der Finanzen nach Art. 112 GG und die parlamentarische Budgethoheit, Wirtschaftsrecht 1974, 220. – ***M. Kloepfer,*** Finanzverfassungsrecht, 2014, 401–411. – ***R. Krumpa,*** Haushaltsüberschreitungen bei Verzögerungen des Haushaltsplans und im Haushaltskonflikt (Verhältnis von Art. 111 zu Art. 112), 1977. – ***H. B. Leibinger/B. Jordan,*** Das Notbewilligungsrecht des Bundesministers der Finanzen nach Art. 112 GG, DÖV 1989, 16. – ***W. Patzig,*** Nochmals: Erweitertes Notbewilligungsrecht für die Exekutive?, DÖV 1979, 896. – ***B. Paudtke,*** Das mehrheitsunfähige Parlament im Verfassungssystem des Grundgesetzes, 2005, 198–207. – ***Th. Puhl,*** Die Minderheitsregierung nach dem Grundgesetz, 1986, 119 ff., 203 ff. – ***Ch. Sasse,*** Haushaltsvollzug ohne Haushalt?, JZ 1973, 189. – ***K. A. Schwarz/W. Radziwill,*** „Government shutdown", DVBl. 2014, 469. – ***K. Stern,*** Das Urteil des Zweiten Senats des Bundesverfassungsgerichts vom 25. Mai 1977 – 2 BvE 1/74 –, FinArch. 37 (1979), 94. – ***H. Tappe/R. Wernsmann,*** Öffentliches Finanzrecht, 2. Aufl., 2019, 143–145. – ***H. Theiß,*** Das Nothaushaltsrecht des Bundes, 1975. – ***F. v. Zezschwitz,*** Erweitertes Notbewilligungsrecht für die Exekutive?, DÖV 1979, 489. – ***F. v. Zezschwitz.,*** Schlußwort: Realität contra Verfassungsnorm, DÖV 1979, 899.

Art. 113 [Ausgabenerhöhungen; Einnahmeminderungen]

(1) [1]Gesetze, welche die von der Bundesregierung vorgeschlagenen Ausgaben des Haushaltsplanes erhöhen oder neue Ausgaben in sich schließen oder für die Zukunft mit sich bringen, bedürfen der Zustimmung der Bundesregierung. [2]Das gleiche gilt für Gesetze, die Einnahmeminderungen in sich schließen oder für die Zukunft mit sich bringen. [3]Die Bundesregierung kann verlangen, daß der Bundestag die Beschlussfassung über solche Gesetze aussetzt. [4]In diesem Fall hat die Bundesregierung innerhalb von sechs Wochen dem Bundestage eine Stellungnahme zuzuleiten.

(2) Die Bundesregierung kann innerhalb von vier Wochen, nachdem der Bundestag das Gesetz beschlossen hat, verlangen, daß der Bundestag erneut Beschluß fasst.

(3) [1]Ist das Gesetz nach Artikel 78 zustande gekommen, kann die Bundesregierung ihre Zustimmung nur innerhalb von sechs Wochen und nur dann versagen, wenn sie vorher das Verfahren nach Absatz 1 Satz 3 und 4 oder nach Absatz 2 eingeleitet hat. [2]Nach Ablauf dieser Frist gilt die Zustimmung als erteilt.

Paulskirchenverfassung von 1849

Abschnitt IV. Art. V

§ 103. Bei Feststellung des Reichshaushaltes treten folgende Bestimmungen ein: [Nr. 1]

2. Bewilligungen von Ausgaben dürfen nur auf Antrag der Reichsregierung und bis zum Belauf dieses Antrages erfolgen. [S. 2, 3]

[Nr. 3–8]

Weimarer Reichsverfassung von 1919

Art. 85. [Abs. 1–3]

Der Reichstag kann im Entwurfe des Haushaltsplans ohne Zustimmung des Reichsrats Ausgaben nicht erhöhen oder neu einsetzen.

Die Zustimmung des Reichsrats kann gemäß den Vorschriften des Artikel 74 ersetzt werden. [Hinweis: Art. 74 regelt das Einspruchsverfahren]

Verfassung des Freistaats Preußen von 1920

Art. 42. (4) [Sätze 1 und 2] Die Zustimmung des Staatsrats ist erforderlich, wenn der Landtag Ausgaben beschließen will, die über den vom Staatsministerium vorgeschlagenen oder bewilligten Betrag hinausgehen. Stimmt der Staatsrat nicht zu, so ist der Beschluß des Landtags nur wirksam, soweit er mit dem Vorschlag oder der Bewilligung des Staatsministeriums übereinstimmt.

Art. 66. Beschlüsse des Landtags, welche Mehrausgaben außerhalb des Haushaltsplans in sich schließen oder für die Zukunft mit sich bringen, müssen zugleich bestimmen, wie diese Mehrausgaben gedeckt werden.

A. Allgemeine Bedeutung

1 **Art. 113,** nach seinem Urheber im Parlamentarischen Rat auch *lex Höpker-Aschoff* genannt,[1] will eine **finanzpolitisch solide Haushaltswirtschaft** des Bundes, insbesondere einen in einem materiellen Sinne verstandenen

[1] Dazu JöR 1 (1951), 816.

Haushaltsausgleich sichern und wähnt dieses Anliegen bei der Bundesregierung in besseren Händen als beim Parlament, bei dem im Hinblick auf eine Wiederwahl öffentliche Gelder lockerer seien.[2] Der historisch in die Anfänge der Weimarer Republik zurückreichenden Vorschrift[3] liegt eine Vorstellung vom Verhältnis von Regierung und Parlament zugrunde, die dem Gewaltenteilungsprinzip wenig und den politischen Verhältnissen in einer Parteiendemokratie gar nicht entspricht.[4] Das Thema richterliche Rechtsfortbildung und ihre finanziellen Folgen liegt völlig außerhalb ihres Horizontes.[5] Dass die BReg dem BT, dass maW die Regierung der sie tragenden Parlamentsmehrheit gem. Art. 113 finanzpolitischen Widerstand (in den Materialien „Bremswirkung“) leistete, kommt praktisch nicht vor;[6] soweit ersichtlich, gibt es nur einen, ca. 60 Jahre alten Anwendungsfall, das Zweite G zur Änderung und Ergänzung des Gesetzes über die Viehzählung;[7] weiterhin hat die BReg mehrmals mit der Anwendung von Art. 113 gedroht.[8] Was auf dem Papier als wesentliche Einschränkung des parlamentarischen Budgetrechts, wenn nicht als Widerspruch zu diesem Recht erscheint (so wenn der BReg trotz der Budgethoheit des Parlaments ein Recht auf alleinige Haushalterschaft zugeschrieben wird),[9] ist politisch so wenig effektiv, dass eine Kommentierung des Art. 113 schon als **l'art pour l'art** bezeichnet worden ist[10] und dass kein rechtes Bedürfnis für den sachlich berechtigten Hinweis besteht, Art. 113 sei als Ausnahme eng auszulegen. Art. 113 betrifft das Verhältnis von BReg und BT und erwähnt den BR nicht, anders als § 87 Abs. 3 GO BT. Rechtsprechung des BVerfG zu Art. 113 gibt es nicht.[11]

Art. 113 ist 1969 ohne Änderung seiner Grundkonzeption **in drei Punkten erheblich geändert worden.**[12] Die BReg erhielt damals die Befugnis, 2
auch in ein schwebendes Gesetzgebungsverfahren zu intervenieren, nicht nur nachher, so dass dem BT ein Überdenken seiner Haltung erleichtert wird. Zweitens: Die BReg kann ihre Intervention seither auf Teile des Gesetzes beschränken.[13] Drittens erfasst Art. 113 seit 1969 auch einnahmemindernde

---

[2] Zur *ratio legis* ausf. *Kube* in Maunz/Dürig Rn. 1, 2; *Schwarz* in MKS Rn. 1, 2.

[3] Art. 42 Abs. 4 und Art. 66 der Preuß. Verf. von 1920; zur Verfassungsgeschichte *Gröpl* in BK Rn. 9 – 18 und 36 – 41; *Henrichs,* Art. 113 GG und verwandte Bestimmungen, 1958, 24 f.; *Heun* in Dreier Rn. 1; *Kammler/Wallenhorst/Wiesner* in Hermens Verfassung und Verfassungswirklichkeit, 46 (53 f.); *Kube* in Maunz/Dürig Rn. 11–16; *Schwarz* in MKS Rn. 5–7. Zum Landesverfassungsrecht *Gröpl* in BK Rn. 8.

[4] Wie hier *Kube* in Maunz/Dürig Rn. 2, 4; *Schmehl* in BerlKomm Rn. 3 und – anschaulich formuliert – *Reimer* in BeckOK GG Rn. 1.

[5] Dazu *Amelsberg,* Zur Zulässigkeit haushaltswirksamer Rechtsfortbildung, Diss., 1995; *von Danwitz* in MKS Art. 34 Rn. 26; *Grzeszick,* Rechte und Ansprüche, 2002, 409. Aus der Rechtsprechung BVerfGE 125, 175 (224); BGH NJW 2016, 3656 (3661); BVerwGE 123, 7 (16).

[6] Zur geringen praktischen Wirkung von Art. 113 auch *Heintzen* in HdbStR V § 120 Rn. 12; *Kube* in Maunz/Dürig Rn. 4, 60 f.; *Siekmann* in Sachs Rn. 2.

[7] BT-Drs. I/3971; BT-Drs. I/4175; vgl. auch *Schwarz* in MKS Rn. 2 mit Fn. 4 u. 5.

[8] Ältere Nachw. bei *Kirchner* FR 1969, 26.

[9] So bei *Mahrenholz* in AK Rn. 1.

[10] *Gröpl* in BK Rn. 35; *Heun* in Dreier Rn. 4; ähnl. *Mahrenholz* in AK Rn. 2; süffisant *Kloepfer,* Finanzverfassungsrecht, 2014, § 11 Rn. 7 Fn. 15. Die Bedeutungslosigkeit der Vorschrift verhindert allerdings nicht, dass es die umfangreichste Kommentierung auf 95 Seiten bringt (*Gröpl* in BK).

[11] Beiläufige Erwähnung in BVerfGE 138, 102 (114).

[12] Nachw. → Vorb. Art. 104a–115 Rn. 16.

[13] Zu den Gründen: Gutachten zur Finanzreform, 1966, Tz. 188 ff.; BT-Drs. V/zu 3605, 11 f.: „Sie stand damit immer vor der Alternative, die Gesamtregelung nicht zu akzeptieren oder sich mit den ungedeckten Mehrausgaben abzufinden.“

Maßnahmen.[14] Die Befugnisse der BReg werden einem sich über drei Absätze erstreckenden Verfahrens- und Fristenreglement unterworfen. Die Verfassungsänderung hat das Textvolumen, keinesfalls aber die Bedeutung von Art. 113 vervierfacht.

3 Die aus dem Jahr 1713 stammende **Standing Order 78 des britischen Unterhauses** ist in ihren Rechtswirkungen Art. 113 vergleichbar, stellt aber eine jederzeit revidierbare Selbstbeschränkung des britischen Parlaments dar. Schon deshalb ist sie keine geeignete Anknüpfung für eine rechtsvergleichende Interpretation von Art. 113.[15]

B. Einzelfragen

I. Geltungsbereich; Verhältnis zu anderen Vorschriften des Grundgesetzes

4 Art. 113 unterwirft finanzwirksame (→ Rn. 6), nicht schon auf eine Gesetzesinitiative der BReg zurückgehende[16] und noch nicht ausgefertigte und verkündete Bundesgesetze einem **Zustimmungsvorbehalt der BReg.** Dieser Zustimmungsvorbehalt erstreckt sich auf das ganze Gesetz, auch wenn nur Teile des Gesetzes finanzwirksam sind;[17] eine partielle Zustimmung ist nicht möglich.[18] Nicht erfasst sind Maßnahmen von BT und BR, die keine Gesetze sind. Nicht erfasst sind Gesetze der Länder und Kommunen. Nicht erfasst sind auch Gesetze des Bundes, die bei den Ländern und Kommunen zu Mehrausgaben oder Mindereinnahmen führen, auch wenn dies über Art. 106 Abs. 4 auf den Bund zurückschlägt, denn die Belastung des Bundes ist dann nicht die unmittelbare Folge des Gesetzes.[19] Bundesgesetze, die schon ausgefertigt und verkündet sind, können aus Gründen der Rechtssicherheit nicht mehr in dem Verfahren des Art. 113 in Frage gestellt werden; Art. 113 Abs. 3 markiert hier die Zäsur. Erfasst ist auch das Haushaltsgesetz des Bundes, soweit die gesetzgebenden Organe, die Budgetinitiative der BReg ändernd, Mindereinnahmen oder Mehrausgaben vorsehen, egal ob diese formell oder auch materiell ausgeglichen werden.[20] Nicht erfasst sind schließlich Entscheidungen des BVerfG, auch wenn diese mit Gesetzeskraft ausgestattet sein sollten.[21]

---

[14] *Schwarz* in MKS Rn. 7.

[15] Zur Standing Order 78 *Kammler/Wallenhorst/Wiesner* in Hermens Verfassung und Verfassungswirklichkeit, Fn. 3; *Th. Erskine May,* Treatise on the Law, Privileges and Usage of Parliament, 24. Aufl. 2011, 745 ff. (danach Order 48). Zu Rechtsvergleichung im Übrigen *Gröpl* in BK Rn. 3–7.

[16] *Schwarz* in MKS Rn. 8.

[17] Ebenso *Heun* in Dreier Rn. 5; *Jarass* in Jarass/Pieroth Rn. 5; *Kube* in Maunz/Dürig Rn. 19, 52; *Siekmann* in Sachs Rn. 12.

[18] So auch *Schwarz* in MKS Rn. 11.

[19] Wie hier *Kube* in MD Rn. 26. Teilw. aA *Gröpl* in BK Rn. 70; *Kloepfer,* Finanzverfassungsrecht, 2014, § 11 Rn. 15; *Schwarz* in MKS Rn. 9 f.

[20] Zum Ausgleichsbegriff → Art. 110 Rn. 30; im Haushaltsgesetz den Hauptanwendungsfall von Art. 113 sehend: *Stern,* StaatsR II, § 49 Kap. IV 5d γ, Fn. 139; iErg ebenfalls für die Einbeziehung des Haushaltsgesetzes *Jarass* in Jarass/Pieroth Rn. 2; gegen die Einbeziehung des Haushaltsgesetzes *Heun* in Dreier Rn. 7 mwN; *Mahrenholz* in AK Rn. 4, unter Hinweis auf den Ermächtigungscharakter des Haushaltsplans, den die BReg nicht ausnutzen müsse.

[21] Ebenso *Gröpl* in BK Rn. 80; *Kube* in Maunz/Dürig Rn. 17; *Schwarz* in MKS Rn. 15–17; *Schwarz* NdsVBl. 2000, 185. Monografisch *Ortmann,* Die Finanzwirksamkeit verfassungsgerichtlicher Entscheidungen im Spiegel der Rechtsprechung des Bundesverfassungsgerichts, 2007.

Hat der BMF an der Zustimmung der BReg nach Art. 113 mitgewirkt, so kann er wegen des Verbots widersprüchlichen Verhaltens seine Zustimmung nach Art. 112 nicht verweigern, wenn der Vollzug des Gesetzes zu Haushaltsüberschreitungen führt. Die **Befugnis des BMF** nach Art. 112 **und das Zustimmungsrecht der BReg** nach Art. 113 **stehen** insofern trotz unterschiedlicher Zwecke **nicht selbständig nebeneinander.**[22] Ist der BMF im Rahmen von Art. 113 mit einem ablehnenden Votum überstimmt worden, tritt im Hinblick auf Art. 112 keine Selbstbindung ein. Unabhängig von Art. 113 ist aber seine Kabinettsbindung im Rahmen von Art. 112.[23] Art. 113 ist auch in einer haushaltslosen Zeit anwendbar.[24] Den Rechtsgedanken von Art. 113 nimmt seit 1992 Art. 23 Abs. 5 S. 3 auf;[25] dies gibt der Auslegung dieser Norm, die ein Mitwirkungsrecht des BR nach Art. 23 Abs. 5 S. 1, 2 unter einen Zustimmungsvorbehalt der BReg stellt, die Richtung; auch dort werden unmittelbare finanzielle Auswirkungen verlangt; die Frage von Bagatellgrenzen[26] kann dort nicht anders beantwortet werden als bei Art. 113 (→ Rn. 7). Die Zustimmung nach Art. 113 ist von der Gegenzeichnung eines Gesetzes zu unterscheiden, weil für die Zustimmung die BReg, nicht der Bundeskanzler oder ein Minister zuständig ist.[27] 5

II. Tatbestandliche Voraussetzungen

Art. 113 setzt ein finanzwirksames förmliches Gesetz voraus. Dieses Merkmal wird in Art. 113 Abs. 1 S. 1, 2 in fünf Alternativen aufgelöst, was auf ein weites Verständnis schließen lässt. Diese Alternativen zusammengefasst, sind finanzwirksam Gesetze, welche mit hinreichender Wahrscheinlichkeit[28] dem Bund sogleich oder in absehbarer Zukunft unmittelbar Mehrausgaben oder Mindereinnahmen verursachen. Maßstab ist die geänderte oder ergänzte Gesetzes- und Rechtslage, hinsichtlich der Ausgaben insbesondere der von der BReg vorgeschlagene Haushaltsplan.[29] Werden vom Gesetzgeber an anderer Stelle Mehreinnahmen oder Minderausgaben beschlossen, ändert das auch bei voller Kompensation am Vorliegen des Tatbestands von Art. 113 nichts, weil auch so die finanzpolitische Konzeption der BReg geändert wird. 6

Mit der Begründung, es seien kaum Gesetze denkbar, die nicht in irgendeiner Form neue Ausgaben in sich schlössen, so dass eine am Wortlaut haftende Anwendung die Ausnahmevorschrift des Art. 113 zur Regel werden lasse, wird ein **Bagatellvorbehalt** gefordert. In Anlehnung an § 96 Abs. 1 GO BT sollen nur Vorlagen dem Zustimmungsvorbehalt der BReg unterfallen, die wegen ihrer grundsätzlichen Bedeutung oder ihres finanziellen Um- 7

---

[22] Wie hier *Schenke* in Sodan Rn. 6; anders *Gröpl* in BK Rn. 87; *Kloepfer,* Finanzverfassungsrecht, 2014, § 11 Rn. 16; *Kube* in Maunz/Dürig Rn. 9; *Siekmann* in Sachs Rn. 21; ausf. *Schwarz* in MKS Rn. 24 f.

[23] → Art. 112 Rn. 10.

[24] Ebenso *Mahrenholz* in AK Rn. 11; *Schwarz* in MKS Rn. 37.

[25] Dazu BT-Drs. 12/6000, 23; ebenso § 5 Abs. 2 S. 6 EUZBLG; *Schwarz* in MKS Rn. 35 f.

[26] Dazu *Scholz* in Maunz/Dürig Art. 23 Rn. 172.

[27] *Kube* in Maunz/Dürig Rn. 10.

[28] Zu Programmgesetzen *Mahrenholz* in AK Rn. 7.

[29] Zum Vergleichsmaßstab auch *Heun* in Dreier Rn. 6; *Kube* in Maunz/Dürig Rn. 23; *Mahrenholz* in AK Rn. 9; *Siekmann* in Sachs Rn. 10, der auch Verwaltungsvorschriften einbeziehen will; *Schwarz* in MKS Rn. 12 f.; *Stern,* StaatsR II, § 49 Kap. IV 5d γ.

fangs geeignet sind, auf die Bundesfinanzen erheblich einzuwirken.[30] Eine solche Korrektur ist abzulehnen, weil sie im Wortlaut von Art. 113 Abs. 1 S. 1, 2 keinen Anhalt findet und der verfassungsändernde Gesetzgeber 1969 in Kenntnis des Problems die Finanzwirksamkeit von Gesetzen ausführlicher, keinesfalls restriktiver definiert hat.[31] An dem Grundproblem, dass Art. 113 praktisch kaum Bedeutung hat, würde die Korrektur nichts ändern; es ginge um ein Kurieren an Äußerlichkeiten, das den Tatbestand von Art. 113 überdies mit einem schwierigen Abgrenzungsproblem belasten würde.

III. Ermessen der Bundesregierung

8 **Die BReg** hat keinen Beurteilungsspielraum hinsichtlich des Tatbestandes von Art. 113, wohl aber **politisches Ermessen hinsichtlich** seiner **Rechtsfolge,** das nur auf die üblichen Ermessensfehler, im vorliegenden Fall typischerweise sachfremde parteipolitische Erwägungen, zu prüfen ist.[32] Eine Reduzierung des Ermessens auf eine Pflicht zur Zustimmungsverweigerung ist ein irreales Konstrukt.[33] Eine gerichtliche Kontrolle, insbesondere in einem Organstreitverfahren vor dem BVerfG, ist möglich, aber durch das Ermessen der BReg eingeschränkt;[34] es ist insbesondere nicht möglich, die Zustimmung der BReg durch eine Entscheidung des BVerfG zu ersetzen.

IV. Entscheidungsalternativen; Form der Zustimmung

9 **Art. 113 Abs. 3 S. 2** verallgemeinernd wird allgemein angenommen, dass die BReg ihre **Zustimmung nicht ausdrücklich** und auch **nicht gegenüber dem BT** erteilen muss. Eine ausdrücklich erteilte Zustimmung kann in der Verkündungsformel vermerkt werden, das Gesetz ist aber auch ohne einen solchen Vermerk gültig.[35] Trotz des Wortes „Zustimmung" verlangt Art. 113 von der BReg also kein positives Tun.[36] Ein unter Art. 113 fallendes Gesetz wird wirksam, wenn die BReg im Hinblick auf diese Norm untätig bleibt (häufigster Fall), wenn die BReg ausdrücklich oder konkludent ihre Zustimmung erteilt oder wenn die BReg die Frist des Art. 113 Abs. 3 S. 2 verstreichen lässt.[37] Eine ausdrücklich erteilte Zustimmung ist nebenbestimmungsfeindlich.[38]

---

[30] Vgl. *Heun* in Dreier Rn. 5; *Patzig,* Haushaltsrecht des Bundes und der Länder, Rn. 4; früh schon *Henrichs,* Art. 113 GG und verwandte Bestimmungen, 1958, 272 ff.

[31] Ebenso *Kemmler* in SHH Rn. 10; *Mahrenholz* in AK Rn. 10; *Reimer* in BeckOK GG Rn. 18 f.; *Schmehl* in BerlKomm Rn. 11; *Schwarz* in MKS Rn. 18; aA *Kloepfer,* Finanzverfassungsrecht, 2014, § 11 Rn. 13, 19; *Siekmann* in Sachs Rn. 11; vermittelnd *Jarass* in Jarass/Pieroth Rn. 2.

[32] Hierzu *Gröpl* in BK Rn. 88; *Kube* in Maunz/Dürig Rn. 44 ff., 58; *Siekmann* in Sachs Rn. 13.

[33] So wohl auch *Heun* in Dreier Rn. 8; ferner *Stern,* StaatsR II, § 49 Kap. IV 5d δ; anders *Schwarz* in MKS Rn. 19, unter der Bedingung einer nachhaltigen Gefährdung des Haushaltsgleichgewichts.

[34] *Gröpl* in BK Rn. 111 ff.; *Heun* in Dreier Rn. 8; *Kube* in Maunz/Dürig Rn. 57 f.; *Mahrenholz* in AK Rn. 15; *Schwarz* in MKS Rn. 23; *Siekmann* in Sachs Rn. 13.

[35] Zu einem solchen Vermerk siehe auch *Kemmler* in SHH Rn. 15; *Heun* in Dreier Rn. 10; *Kube* in Maunz/Dürig Rn. 53; *Mahrenholz* in AK Rn. 3; *Siekmann* in Sachs Rn. 15.

[36] Ebenso *Mahrenholz* in AK Rn. 3; *Siekmann* in Sachs Rn. 14.

[37] Dazu auch *Heun* in Dreier Rn. 14; *Jarass* in Jarass/Pieroth Rn. 5; *Siekmann* in Sachs Rn. 20.

[38] So auch *Schwarz* in MKS Rn. 11.

Ein **negatives Votum der BReg**[39] ist **in drei Alternativen** vorgesehen, je nach dem Stand des Gesetzgebungsverfahrens. Es wird von einer Abfolge von suspensivem, iterativem und dezisivem Veto gesprochen.[40] Die Formalisierung des Vetorechts der BReg soll die Budgetprärogative des Parlaments betonen.[41] Art. 113 wird in § 87 GO BT konkretisiert.[42] **Erstens** kann die BReg im laufenden Gesetzgebungsverfahren bis zur 3. Lesung verlangen, dass der BT die Beschlussfassung aussetze; in diesem Fall hat (Rechtspflicht!) die BReg dem BT in einer Ausschlussfrist[43] von sechs Wochen eine Stellungnahme zuzuleiten (Art. 113 Abs. 1 S. 3, 4). **Zweitens** kann die BReg nach einem Gesetzesbeschluss des BT in einer Ausschlussfrist von vier Wochen verlangen, dass der BT erneut Beschluss fasse (Art. 113 Abs. 2); ein solches Verlangen führt zur Unwirksamkeit des ersten Beschlusses des BT.[44] **Drittens** kann die BReg nach dem Zustandekommen des Gesetzes gem. Art. 78 die Zustimmung in einer Ausschlussfrist von sechs Wochen verweigern. Das Dritte setzt voraus, dass einer der beiden vorgenannten Schritte ohne vollständige Abhilfe getan worden ist (Art. 113 Abs. 3). Art. 113 Abs. 3 erweist sich damit als das Entscheidungsverfahren, Art. 113 Abs. 1 S. 3, 4 und Abs. 2 als Vorverfahren. Die Zustimmungsfiktion des Art. 113 Abs. 3 S. 2 braucht nur Platz zu greifen, wenn eines der Vorverfahren stattgefunden hat, denn anderenfalls wäre eine Zustimmungsverweigerung ohnehin nicht möglich. Zwischen den Verfahren nach Art. 113 Abs. 1 S. 3, 4 und nach Art. 113 Abs. 2 hat die BReg im Hinblick auf Art. 113 Abs. 3 S. 1 eine Wahlmöglichkeit.[45] Beide Verfahren nacheinander zu durchlaufen, ergibt nur Sinn, wenn die BReg ein Aussetzungsverlangen nicht auf dieselben Gründe stützt, ist rechtlich aber auch dann nicht ausgeschlossen, wenn diese Voraussetzung nicht vorliegt. Hat sich der BT über eine Stellungnahme der BReg nach Art. 113 Abs. 1 S. 4 in 3. Lesung hinweggesetzt, so muss die BReg nicht noch das Verfahren nach Art. 113 Abs. 2 einleiten, um sich die Option des Art. 113 Abs. 3 S. 1 offen zu halten.[46] **10**

Nach **Art. 113 Abs. 1 S. 4** muss die BReg innerhalb von sechs Wochen **11**
zu ihrem Aussetzungsverlangen eine **Stellungnahme** abgeben. Geschieht das nicht, so wird das Aussetzungsverlangen wirkungslos. Die Stellungnahme[47] kann sich gegen einzelne Punkte des Gesetzentwurfs richten und deren Änderung verlangen, während das Aussetzungsverlangen den Entwurf als Einheit betrifft. In der Stellungnahme sollten auch die Voraussetzungen dafür dargelegt werden, dass die BReg ihre Zustimmung erteilt. In dem Verfahren nach Art. 113 Abs. 2 hat die BReg die Gelegenheit, nicht die Pflicht, ihren Standpunkt zu begründen.[48] Zu der Zustimmungsverweigerung gem.

---

[39] Zur erforderlichen Ausdrücklichkeit eines negativen Votums *Kube* in Maunz/Dürig Rn. 53.

[40] *Mahrenholz* in AK Rn. 2.

[41] So *Meyn,* Kontrolle als Verfassungsprinzip, 1982, 356 f.

[42] Fernerhin sind die §§ 95 u. 96 GO BT sowie § 26 Abs. 1 GO BReg zu beachten.

[43] Anders wohl *Kube* in Maunz/Dürig Rn. 34.

[44] *Jarass* in Jarass/Pieroth Rn. 4; *Kube* in Maunz/Dürig Rn. 37.

[45] Zu dem Verhältnis auch *Kube* in Maunz/Dürig Rn. 38; *Schwarz* in MKS Rn. 30.

[46] Zu dieser Konstellation zu BT-Drs. V/3605, 12, wonach Art. 113 Abs. 2 u. a. Fälle betrifft, in denen sich der BT bei seiner Beschlussfassung über eine Stellungnahme der BReg hinwegsetzt oder in denen Gründe erst nachträglich auftreten, die der BReg die Versagung der Zustimmung angezeigt erscheinen lassen.

[47] Zu diesem Begriff *Schwarz* in MKS Rn. 21.

[48] So auch *Mahrenholz* in AK Rn. 13. Aus der Verfassungsorgantreue ergibt sich nichts anderes, weil in einer politischen Auseinandersetzung der Bundestag auf eine Begründung nicht angewiesen ist; aA *Gröpl* in BK Rn. 99.

Art. 113 Abs. 3 S. 1 ist ebenfalls eine Begründung erforderlich, dies aber nicht als Wirksamkeitsbedingung.[49]

12 Eine **Zustimmungsversagung nach Art. 113 Abs. 3 S. 1,** die formell und materiell verfassungsgemäß ist, ist für das Gesetz ein Verkündungshindernis, über das der BPräs sich nicht hinwegsetzen darf. Ein gleichwohl verkündetes Gesetz wäre insgesamt verfassungswidrig.[50]

C. Kritische Würdigung

13 Art. 113 könnte folgenlos aus dem GG gestrichen werden. Die Staatspraxis hat andere Verfahren zur Korrektur finanziell überzogener Gesetz(entwürf)e, die dem Verhältnis von BReg und parlamentarischer Regierungsmehrheit gemäßer sind.[51] Bei aller Kritik darf aber nicht vergessen werden, dass Art. 113 eine Antwort auf reale Probleme geben möchte: Dass in einer Parteiendemokratie im Kampf um die Wählergunst finanzpolitische Vernunft leicht zu kurz kommt und dass ein Sozialstaat das finanziell Mögliche leicht aus dem Blick verliert.[52] Heftige Kritik an Art. 113 setzt sich dem Verdacht aus, diese Probleme nicht ernst zu nehmen.

Literatur

(soweit nicht in den Literaturhinweisen zu den Vorbemerkungen zu Art. 110–115 enthalten)

B. Belau, Zur Auslegung und Anwendung des Art. 113 GG, DVBl 1951, 429. – ***O. Bühler,*** Der verkannte Art. 113, FAZ vom 28.1.1965, 6. – ***W. Henrichs,*** Art. 113 des Grundgesetzes und verwandte Bestimmungen, 1958. – ***H. Kammler/E. Wallenhorst/J. Wiesner,*** Standing Order 78 und Art. 113 GG, in F. A. Hermens (Hrsg.), Verfassung und Verfassungswirklichkeit, 1967, 46. – ***H. Karehnke,*** Die Einschränkung des parlamentarischen Budgetrechts bei finanzwirksamen Gesetzen durch Art. 113 GG, DVBl 1972, 811. – ***F. Klein,*** Senkung der Haushaltseinnahmen des Bundes durch Beschlüsse des Bundestages und des Bundesrats ohne Zustimmung der Bundesregierung?, StuW 1950, 762. – ***M. Kloepfer,*** Finanzverfassungsrecht, 2014, 351–360. – ***St. Malorny,*** Exekutive Vetorechte im deutschen Verfassungssystem, 2011. – ***B. Paudtke,*** Das mehrheitsunfähige Parlament im Verfassungssystem des Grundgesetzes, 2005, 148–184. – ***K.-A. Schwarz,*** Zustimmungsvorbehalt der Exekutive für finanzwirksame Entscheidungen der Verfassungsgerichte, NdsVBl. 2000, 181. – ***B.J. Weis,*** Art. 113 GG, 1991.

---

[49] Zur Begründungspflicht auch *Schwarz* in MKS Rn. 20–22, 28, 31.

[50] Zu dieser Rechtsfolge *Kemmler* in SHH Rn. 21; *Schwarz* in MKS Rn. 1, 11, 32; zu der Frage, ob ein Gesetz bis zu der Entscheidung über die Zustimmung schwebend wirksam oder schwebend unwirksam ist, *Kube* in Maunz/Dürig Rn. 56; zu den Fehlerfolgen umf. *Reimer* in BeckOK GG Rn. 40–42.

[51] Zur Minderheitsregierung *Puhl,* Die Minderheitsregierung nach dem Grundgesetz, 1986, 125; ferner *Schwarz* in MKS Rn. 3; zu dem Verhältnis von Art. 113 und § 96 GO BT vgl. schon BVerfGE 1, 144 (157 f.).

[52] Ebenso *Heintzen* in HdbStR V § 120 Rn. 64; *Siekmann* in Sachs Rn. 3–8; *Stern,* StaatsR II § 49 Kap. IV 5d, insbes. δ.

Art. 114 [Rechnungslegung; Bundesrechnungshof]

(1) Der Bundesminister der Finanzen hat dem Bundestage und dem Bundesrate über alle Einnahmen und Ausgaben sowie über das Vermögen und die Schulden im Laufe des nächsten Rechnungsjahres zur Entlastung der Bundesregierung Rechnung zu legen.

(2) [1] Der Bundesrechnungshof, dessen Mitglieder richterliche Unabhängigkeit besitzen, prüft die Rechnung sowie die Wirtschaftlichkeit und Ordnungsmäßigkeit der Haushalts- und Wirtschaftsführung des Bundes. [2] Zum Zweck der Prüfung nach Satz 1 kann der Bundesrechnungshof auch bei Stellen außerhalb der Bundesverwaltung Erhebungen vornehmen; dies gilt auch in den Fällen, in denen der Bund den Ländern zweckgebundene Finanzierungsmittel zur Erfüllung von Länderaufgaben zuweist. [3] Er hat außer der Bundesregierung unmittelbar dem Bundestage und dem Bundesrate jährlich zu berichten. [4] Im übrigen werden die Befugnisse des Bundesrechnungshofes durch Bundesgesetz geregelt.

Paulskirchenverfassung von 1849

Abschnitt IV. Art. V

§ 103. Bei Feststellung des Reichshaushaltes treten folgende Bestimmungen ein: [Nr. 1–7]

8. Die Nachweisung über die Verwendung der Reichsgelder wird dem Reichstage, und zwar zuerst dem Volkshause, zur Prüfung und zum Abschluß vorgelegt.

Reichsverfassung von 1871

Art. 72. Über die Verwendung aller Einnahmen des Reichs ist durch den Reichskanzler dem Bundesrathe und dem Reichstage zur Entlastung jährlich Rechnung zu legen.

Weimarer Reichsverfassung von 1919

Art. 86. Über die Verwendung aller Reichseinnahmen legt der Reichsfinanzminister in dem folgenden Rechnungsjahre zur Entlastung der Reichsregierung dem Reichsrat und dem Reichstag Rechnung. Die Rechnungsprüfung wird durch Reichsgesetz geregelt.

Übersicht

A. Allgemeine Bedeutung

1 Gegenstand von Art. 114 ist die **Finanzkontrolle** und damit die **letzte Station im Haushaltskreislauf.**[1] Angesichts des überwiegend steuerfinanzierten erheblichen Volumens des Bundeshaushalts (2019 Gesamtausgaben in Höhe von 356,4 Mrd. Euro) ist eine Finanzkontrolle ein **ökonomisches, demokratisches**[2] und **republikanisches Muss,**[3] republikanisch, weil es um von Inhabern öffentlicher Ämter treuhänderisch verwaltetes Geld geht. Finanzkontrolle ist Rechnungsprüfung, insbesondere im Bereich der staatlichen Verwaltung, sowie eine darüber hinaus gehende Prüfung der Wirtschaftlichkeit und Ordnungsmäßigkeit der Haushalts- und Wirtschaftsführung, Haushaltsführung verstanden als Ausführung von Haushaltsgesetz und -plan, Wirtschaftsführung verstanden als finanzwirtschaftliche Betätigungen außerhalb des Haushalts oder bei noch nicht festgestelltem Haushalt.[4] Begriffliche Unterscheidungen zwischen **Finanzkontrolle** und **Rechnungsprüfung** tragen für den juristischen Umgang mit Art. 114 wenig ein;[5] unergiebig sind insoweit auch Überlegungen zu „Kontrolle" als Verfassungsprinzip. Über das Verhältnis von öffentlich-rechtlicher Finanzkontrolle und privatwirtschaftlicher Wirtschaftsprüfung gibt es keine eingehenden Untersuchungen;[6] die staatliche Finanzkontrolle dürfte die ältere, die privatwirtschaftliche Wirtschaftsprüfung die, bei allem Zweifel an der Unabhängigkeit von Wirtschaftsprüfern, inzwischen effizientere Kontrollform sein.

2 Art. 114 ist 1969 und 2017 **geringfügig geändert** worden.[7] Durch das 20. Gesetz zur Änderung des Grundgesetzes vom 12.5.1969 sind die Maßstäbe der Finanzkontrolle und die praktisch wichtige rechnungsunabhängige (in Abgrenzung zur rechnungsabhängigen) Kontrolle[8] vom einfachen Recht in das GG übernommen worden. Außerdem stellt Art. 114 Abs. 2 S. 3 klar, dass der BRH dem BT und dem BR unmittelbar berichtet, er also auch der Legislative, nicht nur der Exekutive, zugeordnet ist; durch diese Änderung

[1] Zu diesem Begriff → Vorb. Art. 110–115 Rn. 6.
[2] *Schwarz* in MKS Rn. 51 ff. Zuletzt BVerfGE 137, 108 (151).
[3] Zu ihrem Zweck BVerfGE 79, 311 (327 f.); ferner *Heintzen* in HdbStRV § 120 Rn. 86.
[4] Zu den Begriffen Haushalts- und Wirtschaftsführung *Engels* in BK Rn. 109 ff., 179 ff.; zu dem Begriff „Wirtschaftsführung" s. a. Art. 111 Abs. 2.
[5] Zu den Begriffen Finanzkontrolle und Rechnungsprüfung *Schwarz* in MKS Rn. 2, 49 f., 81; *Siekmann* in Sachs Rn. 4, 12.
[6] Vgl. aber *H. P. Ipsen* JZ 1955, 593; Verknüpfung beider Rechtsmaterien etwa in § 87 BHO; vgl. zur Prüfung nach § 53 HGrG den Prüfungsstandard des Instituts der Wirtschaftsprüfer (IDW) 720, WPg. 2000, 326. Nachweise internationaler Normen und Standards oberster Rechnungskontrollbehörden, die im Ansatz internationalen Rechnungslegungsstandards der Privatwirtschaft ähneln, bei *Engels* in BK Rn. 376.
[7] Gesamtübersicht über die Änderungen der Finanzverf. → Vorb. Art. 104a–115 Rn. 16.
[8] → Rn. 28.

sollte der **BRH näher an das Parlament** herangerückt werden.[9] Durch das 62. Gesetz zur Änderung des Grundgesetzes vom 13.7.2017 ist in Abs. 2 ein Satz 2 eingefügt und sind an dessen Satz 1 die Worte „des Bundes“ angehängt worden. Dies ist eine Korrektur der als zu restriktiv empfundenen Entscheidung BVerfGE 127, 165 (251 ff.).[10] Für den Bereich des Art. 91e schließlich ist durch das 58. Gesetz zur Änderung des Grundgesetzes vom 21.7.2010 eine besondere Finanzkontrolle geschaffen worden, die sich von der Finanzkontrolle durch den Bundesrechnungshof hinreichend unterscheidet.[11]

Die **Finanzkontrolle des Bundes** wird von Art. 114 vier Instanzen anvertraut und insoweit **institutionell und funktionell garantiert:**[12] Der BReg, wobei der BMF eine herausgehobene Stellung hat,[13] dem BT, der von einem Rechnungsprüfungsausschuss[14] als Unterausschuss des Finanzausschusses unterstützt wird, dem BR und, vor allem, dem BRH,[15] für den die institutionelle Garantie die Absicherung einer finanziellen, personellen und rechtlichen Mindestausstattung bedeutet.[16] Art. 114 zieht damit Konsequenzen aus der Rollenverteilung in Art. 110.[17] Der BMF hat BT und BR zur Entlastung der BReg jährlich bis spätestens zum Ablaufe des nächsten Rechnungsjahres Rechnung zu legen (Art. 114 Abs. 1), dies unbeschadet der auf Bundesebene praktisch nicht genutzten Möglichkeit, einen Haushaltsplan für mehrere Jahre aufzustellen;[18] die Befristung ist durch die Verfassungsänderung des Jahres 1969 klarer hervorgehoben worden. 3

Der Rechnungslegung durch die BReg folgt die **Rechnungsprüfung.** Der BRH, der als oberste Bundesbehörde (§ 1 S. 1 BRHG) nicht der BReg unterstellt ist, prüft die Rechnung sowie, davon sachlich und zeitlich unabhängig und selbstständig, die Wirtschaftlichkeit und Ordnungsmäßigkeit der Haushalts- und Wirtschaftsführung (Art. 114 Abs. 2 S. 1) und erstattet BReg, BT und BR jährlich Bericht (Art. 114 Abs. 2 S. 3). BT und BR entscheiden, als Gegenstück zur Haushaltsbewilligung, über die Entlastung der BReg, deren Erforderlichkeit sich aus der Verantwortung der BReg für den Haushaltsvollzug ergibt (Art. 114 Abs. 1, 110 Abs. 2). Dabei stehen BT und BReg sich als Träger staatsleitender Funktionen mit gesonderten Verantwortungsbereichen gegenüber. Auch für die Finanzkontrolle gilt das **Jähr-** 4

---

9 Bericht des Rechtsausschusses, BT-Drs. zu V/3605, 13; zur einfachgesetzlichen Ausgestaltung *Hauser* DVBl. 2006, 539 (541 f.); zur – im Hinblick auf den institutionellen Garantiegehalt von Art. 114 (dazu Rn. 3) wichtigen – Verfassungs- und Geltungsgeschichte *Engels* in BK Rn. 1–51 (von Herrenchiemsee bis ca. 2010); *Heintzen* in HdbStR V § 120 Rn. 85; *Heun/Thiele* in Dreier Rn. 1 ff., 5 ff.; *Kube* in Maunz/Dürig Rn. 10 ff.; *Mahrenholz* in AK Rn. 5–11; *Schwarz* in MKS Rn. 11–13 sowie, zum Rechnungshof, Rn. 61–65.

10 Dazu BT-Drs. 18/11131, 19. Vgl. auch *Siekmann* in Sachs Rn. 59, weiter die Protokolle zur Anhörung des Haushaltsausschusses am 20.3.2017.

11 Dazu BVerfGE 137, 108 (150–152).

12 Zur institutionellen Garantie wie hier *Engels* in BK Rn. 146–149; *Heun/Thiele* in Dreier Rn. 11, 21; *Kemmler* in SHH Rn. 1, 13; *Müller* DVBl. 1994, 1276; *Schwarz* in MKS, Rn. 48, 71–74; *Siekmann* in Sachs Rn. 3, 26; *Stern* DÖV 1990, 261 (262); vgl. schon *E. R. Huber* FS f. Nikisch, 1958, 331.

13 → Vorb. Art. 110–115 Rn. 9.

14 Zu ihm *Heun,* Staatshaushalt und Staatsleitung, 1989, 501 ff.; *Hoffmann,* Haushaltsvollzug und Parlament, 1972, 38 ff.

15 Zu seiner Organisation und Funktion → Rn. 19 ff.

16 *Heintzen* in HdbStR V § 120 Rn. 86; *Hufeld* in HdbStR III § 56 Rn. 4.

17 → Art. 110 Rn. 4.

18 → Art. 110 Rn. 9. Zu Art. 114 Abs. 1 ebenso *Engels* in BK Rn. 113–115; *Heun/Thiele* in Dreier Rn. 16; *Jarass* in Jarass/Pieroth Rn. 1; *Kube* in Maunz/Dürig Rn. 31; *Siekmann* in Sachs Rn. 8.

lichkeitsprinzip; dies erklärt die Fristgebundenheit der Berichte von BReg[19] und BRH sowie der Entlastungsentscheidung von BT und BR. Die in Art. 114 begründeten Zuständigkeiten schließen Zuständigkeiten anderer Stellen im Bereich der Finanzkontrolle, etwa eine behördliche Innenrevision durch Beauftragte für den Haushalt,[20] selbstständige Ermittlungen von BT oder BR oder eine verfassungsgerichtliche Überprüfung des Haushaltsgesetzes[21], nicht aus.

5 Finanzkontrolle besteht, entsprechend den beiden Absätzen von Art. 114, aus einer **politischen Kontrolle** – der BReg durch BT und BR (Art. 114 Abs. 1)[22] – sowie einer **exekutiven Kontrolle,** Letztere zum Teil durch den BRH selbst und zum wieder geringer werdenden Teil durch nach dem Ermessen des BRH über das Bundesgebiet verteilte Prüfungsämter des Bundes (§ 20a BRHG), die der Dienst- und Fachaufsicht des BRH unterstehen und im Verhältnis zu den Geprüften als Teil des BRH gelten (§ 100 BHO).[23] Der BRH unterstützt zum einen BT und BR bei der Wahrnehmung der ihnen obliegenden Kontrollaufgabe und nimmt zum anderen eine interne Kontrolle der Exekutive vor. Seine Kontrolle bezieht sich zum einen auf die Rechnung, zum anderen, unabhängig davon, auf die **Wirtschaftlichkeit und Ordnungsmäßigkeit der Haushalts- und Wirtschaftsführung des Bundes.** Sein **Standort im System der Gewaltenteilung** ist unklar,[24] ohne dass hiervon verfassungsrechtliche Rechtsfolgen abhingen. Der BRH erleichtert sowohl die Kontrolle der Exekutivspitzen über den ihnen jeweils nachgeordneten Bereich[25] als auch die parlamentarische Kontrolle der BReg Es ist ihm gelungen, sich parteienstaatlicher Vereinnahmung ein Stück weit zu entziehen.

6 Gegenstand der Finanzkontrolle des BRH gemäß Art. 114[26] ist die Haushaltswirtschaft des Bundes. Grundsätzlich sind **Haushaltsgesetz und Haushaltsplan nicht Gegenstand, sondern Maßstab der Rechnungsprüfung**[27] („Faustformel“)[28]. Der BRH darf sich aber auch zum politischen und rechtlichen Rahmen der Haushaltswirtschaft ggf. kritisch äußern und Gesetzesänderungen vorschlagen.[29] Finanzkontrolle soll nicht nur den Vollzug des Haushalts, sondern auch die dabei erzielten Ergebnisse bewerten (was eine Haushaltsgestaltung voraussetzt, die die dafür erforderlichen Bewertungs-

---

[19] Insoweit *Schwarz* in MKS Rn. 35.

[20] Dazu *Hufeld* in HdbStR III § 56 Rn. 15 f.; *Kube* in Maunz/Dürig Rn. 6.

[21] *Siekmann* in Sachs Rn. 22.

[22] Das Politische betont BVerfGE 45, 1 (50).

[23] Zu ihnen → Rn. 21; zu den Unterschieden zwischen politischer und fachlicher Kontrolle *Kube* in Maunz/Dürig Rn. 49; eingehende Analyse der betroffenen Verantwortlichkeitsbeziehungen (Staat – Volk, Regierung – Parlament, Exekutive – Regierung, Bund – Länder) bei *Schwarz* in MKS Rn. 4–10; ferner Hinweis auf die verwaltungssteuernde Funktion der Rechnungshofkontrolle ebd., Rn. 82.

[24] Dazu *Butzer* in BeckOK GG Rn. 2 u. 12; *Degenhart* VVDStRL 55 (1995), 192–194; *Groß* VerwArch. 2004, 194 (200 ff.); *Hauser* DVBl. 2006, 539; *Heun/Thiele* in Dreier Rn. 9 (rechtsvergleichend), 20; *Kube* in Maunz/Dürig Rn. 60 ff.; *von Lewinski* in BerlKomm Rn. 95 f.; zur Rechtslage in Österreich vgl. die Nachweise bei *Isensee* ZÖR 2008, 29 (41 Fn. 65).

[25] Zu den Adressaten von Prüfungsmitteilungen s. § 96 Abs. 1 BHO; weiter *Engels* in BK Rn. 290.

[26] Eingehend *Schwarz* in MKS Rn. 80–85.

[27] BVerfGE 20, 56 (96).

[28] So *Mahrenholz* in AK Rn. 15.

[29] Str.; wie hier *Mahrenholz* in AK Rn. 21; *Schwarz* in MKS Rn. 50; restriktiver *Kube* in Maunz/Dürig Rn. 109 f.; *Siekmann* in Sachs Rn. 29.

maßstäbe deutlich werden lässt).[30] Bei Äußerungen zu den politischen und rechtlichen Vorgaben der Haushalts- und Wirtschaftsführung des Bundes muss der BRH aber Zurückhaltung üben, etwa indem er sich auf konkrete Fälle beschränkt; dies ist das notwendige Korrelat seiner Unabhängigkeit;[31] er steht in der Gefahr, seine **Kompetenz zu überschreiten, wenn er politische Ziele als unwirtschaftlich** bekämpft.[32] Nach Ansicht des BVerfG umfasst die Rechnungsprüfung neben der rechnerisch-formellen Kontrolle auch eine materielle Verwaltungskontrolle und sogar eine eingeschränkte Verfassungskontrolle.[33]

Objekt der Finanzkontrolle sind in erster Linie die BReg und die ihr nachgeordnete Bundesverwaltung, die Sondervermögen und die Betriebe des Bundes, weiter, wenn auch jeweils nur eingeschränkt: Die Legislative und die Judikative des Bundes,[34] die Bundesländer[35] sowie Stellen außerhalb der unmittelbaren Bundesverwaltung[36], kurzum alle Empfänger von Geld aus dem Bundeshaushalt. Die Rechnung des BRH selbst wird von BT und BR geprüft, die auch die Entlastung erteilen (§§ 47 Abs. 2 HGrG, 101 BHO). Die umfassende Rechnungshofkontrolle **kompensiert zum Teil das Fehlen gerichtlicher Kontrolle** in Fragen des Finanz- und Haushaltswesens.[37] 7

Maßstab der Finanzkontrolle[38] ist der **Grundsatz der Wirtschaftlichkeit und Ordnungsmäßigkeit der Haushalts- und Wirtschaftsführung.**[39] Dieser in Art. 114 Abs. 2 S. 1 niedergelegte Verfassungsmaßstab steht in einem engen Zusammenhang mit den haushaltsrechtlichen Grundsätzen der Wirtschaftlichkeit und der Sparsamkeit (§ 6 Abs. 1 HGrG, § 7 BHO). Das Prinzip der Wirtschaftlichkeit wird von Teilen der Literatur über die Finanzkontrolle hinaus als verfassungsrechtlicher Maßstab für jegliches staatliches Handeln herangezogen.[40] Dieses Ergebnis wird aus einer Zusammenschau verschiedener Verfassungsprinzipien, insbesondere aus dem Rechtsstaatsprinzip, hergeleitet. **Der normative Gehalt eines Wirtschaftlichkeitsprinzips ist indes gering,**[41] da es lediglich fordert, dass eine Maßnahme im Sinne von mehr Wirtschaftlichkeit optimiert werden solle, nicht aber festlegt, welche Zwecke der Optimierung zugrunde liegen sollen.[42] 8

Finanzkontrolle ist in der Hauptsache **nachträgliche Kontrolle;**[43] sie betrifft abgeschlossene (Verwaltungs-)Vorgänge. Dies ergibt sich aus dem 9

[30] → Art. 110 Rn. 23.

[31] → Rn. 17.

[32] So auch *Hufeld,* HdbStR III § 56 Rn. 21; strenger *Mahrenholz* AK Rn. 15.

[33] BVerfGE 20, 56 (96); dazu *Engels* in BK Rn. 108; *Kube* in Maunz/Dürig Rn. 106.

[34] → Rn. 32, 33.

[35] Näheres → Rn. 36–38.

[36] Mittelbare Bundesverwaltung, juristische Personen des Privatrechts → Rn. 34, 35.

[37] So *Heun/Thiele* in Dreier Rn. 10.

[38] Ausf. *Schwarz* in MKS Rn. 86–91.

[39] Zu dem Zusammenhang zwischen diesem Maßstab und der Unabhängigkeit des BRH → Rn. 17.

[40] *v. Arnim,* Wirtschaftlichkeit, 67 ff.; *Gröpl,* Haushaltsrecht und Reform, 2001, 348 ff.; *Hoffmann-Riem,* in: ders. (Hrsg.), Effizienz als Herausforderung an das Verwaltungsrecht, 1998, 20 f., für das das Wirtschaftlichkeitsprinzip einschließende Effizienzprinzip.

[41] *Krebs,* Kontrolle in staatlichen Entscheidungsprozessen, 1984, 186, spricht von relativer Inhaltsarmut; ebenso *Gröpl* in HdbStR V § 121 Rn. 16; *Musil,* Wettbewerb in der staatlichen Verwaltung, 2005, 81 f.

[42] So auch *Gröpl* in HdbStR V § 121 Rn. 30; *Krebs,* Kontrolle in staatlichen Entscheidungsprozessen, 1984, 186.

[43] *Hufeld* in HdbStR III § 56 Rn. 6; *Kube* in Maunz/Dürig Rn. 67; zur rechnungsunabhängigen Kontrolle → Rn. 28.

Verfassungsbegriff „prüft".[44] Auf diese Weise wird verhindert, dass die Verantwortungsgrenzen zwischen Kontrolliertem und Kontrolleur sich verwischen. Man mag die Nachträglichkeit der Finanzkontrolle bedauern, doch sollten Hinweise auf präventive Formen und Wirkungen der Finanzkontrolle[45] über den Vorrang nachträglicher Kontrolle nicht hinwegtäuschen. Das Ziel der Finanzkontrolle ist sowohl **vergangenheits- als auch zukunftsgerichtet** (vgl. § 97 Abs. 2 BHO).[46] Durch die Gewinnung anders nicht erhältlicher Informationen sollen Fehler der Vergangenheit für die Zukunft abgestellt, insbesondere die Finanzplanung und die Budgetgesetzgebung rationalisiert und der Haushaltsvollzug von Mängeln bereinigt werden.

10 Der BRH „prüft" und „berichtet" (Art. 114 Abs. 2 S. 1, 3). **Eine Befugnis zu verbindlichen Entscheidungen im Bereich der Finanzkontrolle besitzt er nicht;** hieran ändert auch die Parallele zwischen Mitgliedern des Bundesrechnungshofs und Richtern nichts.[47] Zwar darf er BT, BR, BReg und einzelne Bundesministerien beraten (§§ 42 Abs. 5 HGrG; 88 Abs. 2 BHO). Seine Berichte haben die Qualität von Empfehlungen für BT, BR und, vor allem, BReg. Die Empfehlungen zu übernehmen, ist dann Sache ihrer Adressaten. Der BRH wird darum auch als **„Ritter ohne Schwert"** bezeichnet.[48] Weil der BRH keine Entscheidungsbefugnisse hat, ist bei der Bestimmung seiner Zuständigkeiten Großzügigkeit möglich[49] und muss im Verhältnis zu anderen Prüfungsorganisationen, etwa im Verhältnis des BRH zu den Landesrechnungshöfen, aber auch im Innenbereich des BRH, nicht strikt auf die Vermeidung von Zuständigkeitsüberlappungen und Doppelzuständigkeiten geachtet werden;[50] bei der Definition von Prüfungsaufgaben ist dies gar nicht möglich, schon weil das Ergebnis einer Prüfung nicht genau vorhersehbar ist; das **Ausschließlichkeitsprinzip des Kompetenzrechts** gilt uneingeschränkt nur für staatliches Handeln mit Entscheidungscharakter. Da Prüfungen durch den BRH zumeist Stichproben sind, dürften echte Doppelprüfungen in der Realität selten sein. Wegen des ihr fehlenden Entscheidungsgehalts kennt Finanzkontrolle, anders als gerichtliche Kontrolle, grundsätzlich **keine Ermessens- und Beurteilungsspielräume** der Kontrollierten;[51] wohl hat der BRH bei der Wirtschaftlichkeitskontrolle zu berücksichtigen, dass dem Kontrollierten ein Spielraum zustand.[52] Der Umstand, dass ein Vorgang „politisch" ist, entzieht ihn nicht der Finanzkontrolle.[53]

---

[44] Ebenso *Engels* in BK Rn. 226. Zu ähnlichen Fragen bei parlamentarischen Untersuchungsausschüssen *Löwer* NWVBl 2009, 125.

[45] Zur begleitenden Kontrolle des Haushaltsausschusses des Bundestages *Mandelartz* ZParl. 1982, 7. Zu begleitenden Prüfungen des BRH *Engels* in BK Rn. 228 f.

[46] Weiter *Heun/Thiele* in Dreier Rn. 11; *Schwarz* in MKS Rn. 95.

[47] *Kube* in Maunz/Dürig Rn. 4.

[48] *Schwarz* in MKS Rn. 107 m. w. N. in Fn. 259. Vgl. auch *Kempny,* Verwaltungskontrolle, 2017, 241 ff.

[49] So auch *Hufeld* in HdbStR III § 56 Rn. 12. Zu der an diesen Ausführungen vom BVerfG geübten Kritik (BVerfGE 127, 165 (219)) → Rn. 38.

[50] Zu gemeinsamen Prüfungen von Bundes- und Landesrechnungshof s. auch §§ 45 HGrG, 93 BHO, die tatbestandlich nicht auf Gemeinschaftsaufgaben i. S. d. Art. 91a–e beschränkt sind; *Engels* in BK Rn. 331 weist auf die geringe praktische Bedeutung von § 93 BHO hin; größere Bedeutung hätten Vereinbarungen zwischen den Rechnungshöfen.

[51] Dazu auch *Krebs,* Kontrolle in staatlichen Entscheidungsprozessen, 1984, 201 ff.; zur eingeschränkten Rechnungshofkontrolle staatlicher Fraktionsfinanzierung → Rn. 32.

[52] Dazu *Engels* in BK Rn. 254; *Schwarz* in MKS Rn. 88.

[53] Hierzu *Sauer/Blasius,* DVBl. 1985, 548; *dies.* DÖV 1986, 554; vgl. auch *Heun/Thiele* in Dreier Rn. 29; zum Grundsatz der Universalität der Finanzkontrolle → Rn. 23.

Finanzkontrolle schlägt sich auf Bundesebene jährlich in drei amtlichen Dokumenten nieder: Der vom BMF aufzustellenden **Haushalts- und Vermögensrechnung der BReg,** die nicht in Bundestagsdrucksachen enthalten ist, sondern, wie der Bundeshaushalt, gesondert veröffentlicht wird; dem **Jahresbericht des BRH** („Bemerkungen" [so § 97 BHO]);[54] dem **Entlastungsbeschluss von BT und BR.** Regierung und Parlament sind berechtigt, aber nicht verpflichtet, zum Bericht des BRH öffentlich Stellung zu nehmen. Die Bemerkungen der Mitglieder des BRH beruhen auf Prüfungsmitteilungen (§ 96 Abs. 1 BHO); nur ein kleiner Teil der Prüfungsmitteilungen findet Eingang in die Bemerkungen. 11

Ob der BRH berechtigt oder sogar verpflichtet ist, seine Prüfungsergebnisse **Medien und Öffentlichkeit** zur Verfügung zu stellen und Öffentlichkeitsarbeit zu betreiben, wird in Art. 114 Abs. 2 S. 3 nicht ausdrücklich geregelt und ist streitig.[55] Der Haushaltsgrundsatz der Öffentlichkeit[56] und seine Rolle als Hilfsorgan des Bundestages sprechen grundsätzlich dafür. Demgemäß werden die Bemerkungen und Sonderberichte (§§ 97, 99 BHO), soweit sie nicht in Teilen als geheimhaltungsbedürftig klassifiziert sind, als Bundestagsdrucksachen veröffentlicht. Anders ist es bei Berichten nach § 88 Abs. 2 BHO und Prüfungsmitteilungen. Als Reaktion auf eine Entscheidung des BVerwG vom 15.11.2012[57], die die gesamte Prüfungs- und Beratungstätigkeit des BRH als verwaltungsbehördliche Tätigkeit im Sinne von § 1 Abs. 1 S. 1 des Informationsfreiheitsgesetzes bewertet hatte[58], sieht nun § 96 Abs. 4 BHO vor, dass es im Ermessen des BRH steht, Dritten Zugang zu abschließend festgestellten Prüfungsergebnissen und zu vom Parlament abschließend beratenen Berichten zu geben und dass Zugang zu den beim BRH und bei den geprüften Stellen zur Prüfungs- und Beratungstätigkeit geführten Akten zum Schutz des Prüfungs- und Beratungsverfahrens nicht gewährt wird. Die Vorschrift ist lex specialis zum IFG und zu presserechtlichen Auskunftsansprüchen.[59] Die §§ 97 Abs. 4 und 99 S. 3 BHO schreiben Internetpublizität einfachgesetzlich vor. 12

B. Einzelfragen

I. Haushalts- und Vermögensrechnung der Bundesregierung

Die Haushaltsrechnung ist ein **Vergleich** von Haushaltsvollzug und Haushaltsplan, **der tatsächlichen und der geplanten Einnahmen und Ausgaben.** Es handelt sich um eine Geldrechnung, nicht um einen wertenden Rechenschaftsbericht.[60] Grundlage sind die jährlich abzuschließenden 13

[54] Zu dessen verfassungsrechtlich im Einzelnen nicht vorgeschriebenem Inhalt *Engels* in BK 113, 179ff. Rn. 141ff.; zu den Adressaten, denen einheitlich zu berichten ist, ebd., 115; weiterhin *Schwarz* in MKS Rn. 34, 94; zu der Bezeichnung „Bemerkungen" *Gröpl* in HdbStRV § 121 Rn. 45; *Hufeld* in HdbStR III § 56 Rn. 12.

[55] Übersicht bei *Engels* in BK Rn. 302–307; monografisch *Drange,* Publizität im Verhältnis von Bundesrechnungshof und Bundestag, 2007; *Vogt,* Zur Informationstätigkeit des Bundesrechnungshofes, 2013, insb. 227ff., 262ff.

[56] → Art. 110 Rn. 29. *Mahrenholz* in AK Rn. 45 zieht auch einen Vergleich zu Art. 21 Abs. 1 Satz 4.

[57] BVerwG NVwZ 2013, 431.

[58] Zu diesem Gesetz auch *Kloepfer,* Finanzverfassungsrecht, 2014, § 15 Rn. 23; *Reus/Mühlhausen* NVwZ-Extra 2010, Heft 10, 1–10.

[59] *Greve* NVwZ 2014, 275; *Siekmann* in Sachs Rn. 50f. Zu § 96 Abs. 4 BHO OVG Münster, Urteil vom 28.1.2019, Az. 15 B 624/18.

[60] *Heun/Thiele* in Dreier, Rn. 13; *Schwarz* in MKS Rn. 20; vgl. auch *Engels* in BK Rn. 70.

Bücher, in denen alle Buchungen zu belegen sind (§§ 75, 76 BHO). Die Form, insbesondere die Gliederung und die Spezifizierung der Haushaltsrechnung (näheres in den §§ 81–85 BHO, 38–41 HGrG)[61], müssen BT und BR einen Vergleich mit den Ansätzen des Haushaltsplans ermöglichen, was eine **entsprechende Anwendung der Haushaltsgrundsätze** erfordert.[62] Art. 114 Abs. 1 enthält selbst nur Mindestanforderungen an die Haushaltsrechnung.[63] Entsprechend dem Grundsatz der Vollständigkeit des Haushaltsplans müssen alle Einnahmen und Ausgaben nachgewiesen werden, einschließlich evtl. Ausgabenreste, Vorgriffe und Haushaltsüberschreitungen,[64] einschließlich von fremden Mitteln, die dem Bund zur Bewirtschaftung überlassen sind, und einschließlich von Gewinnen aus wirtschaftlicher Betätigung, dies alles nach dem Bruttoprinzip.[65] Die Haushaltsrechnung soll einen evtl. Überschuss oder Fehlbetrag erkennen lassen. Der BMF fügt ihr einen Erläuterungsbericht und die in § 85 BHO genannten Übersichten bei. Aus der Verknüpfung von Art. 114 Abs. 1 mit Art. 110 Abs. 1 folgt, dass Bundesbetriebe und Sondervermögen nur mit ihren Zuführungen oder ihren Ablieferungen erfasst werden und dass nach Art. 110 Abs. 1 zulässige Nebenhaushalte auch bei der Jahresrechnung besonderen Regeln unterliegen.[66]

14 Vermögens- und Haushaltsrechnung werden unter dem Oberbegriff der **Jahresrechnung** zusammengefasst.[67] In der Vermögensrechnung sind der Bestand des (Aktiv-)Vermögens und der Schulden (nicht nur der Nettokreditaufnahme) des Bundes zu Beginn des Haushaltsjahres, die Veränderungen während des Haushaltsjahres und der Bestand zum Ende des Haushaltsjahres nachzuweisen (§ 86 BHO). Ausdrückliche verfassungsrechtliche **Vorgaben für die Vermögensrechnung gibt es nicht;** solche müssten aus den Haushaltsgrundsätzen, insbesondere dem Vollständigkeitsgrundsatz, entwickelt werden; **Bewertungsregeln fehlen** in jedem Fall. Schon deshalb dient die Vermögensrechnung nicht dem Zweck, ein **Gesamtvermögen des Bundes bilanzmäßig darzustellen.**[68]

15 Die Kompetenz zur Rechnungslegung gegenüber BT und BR, die gesondert und in gleicher Weise zu informieren sind, liegt nach dem klaren Wortlaut von Art. 114 Abs. 1 beim BMF und ist von diesem nicht delegierbar.[69] Sie liegt nicht bei der BReg, um deren Verantwortung und Entlastung es geht. Daraus folgt, dass BReg oder BK nicht auf die Kompetenzausübung rechtlich einwirken dürfen; **der BMF handelt eigenständig.**[70] Der BMF ist auch zur Ergänzung der Jahresberichte und zur Erteilung sachlich mit ihnen

---

[61] Zur Bedeutung der Kameralistik, in Abgrenzung zur Doppik, umf. *Brixner u. a.,* Verwaltungskontenrahmen, 2002; *Gröpl,* Haushaltsrecht und Reform, 2001, 380–438; zum aktuellen Stand auf Bundesebene *Butzer* in BeckOK GG Rn. 7.1.

[62] Ebenso *Engels* in BK Rn. 59; *Mahrenholz* in AK Rn. 12; *Schwarz* in MKS Rn. 21, unter Hervorhebung der Grundsätze der Vollständigkeit und Klarheit.

[63] Ebenso *Engels* in BK Rn. 56–70; *Schwarz* in MKS Rn. 21.

[64] Dazu *Engels* in BK Rn. 64–66.

[65] → Art. 110 Rn. 18.

[66] Zu ihnen *Schwarz* in MKS Rn. 29–32.

[67] Kritik an ihrer trotzdem fehlenden inhaltlichen Verbundenheit bei *Siekmann* in Sachs Rn. 7.

[68] Dazu *Heun/Thiele* in Dreier Rn. 15; *Puhl,* Budgetflucht und Haushaltsverfassung, 1997, 313 ff.; *Schwarz* in MKS Rn. 26.

[69] Zu dessen besonderer Stellung → Vorb. Art. 110–115 Rn. 9; wie hier *Butzer* in BeckOK GG Rn. 8; *von Lewinski* in BerlKomm Rn. 24.

[70] Ebenso *Heun/Thiele* in Dreier Rn. 17; *Siekmann* in Sachs Rn. 9.

zusammenhängender Auskünfte verpflichtet, soweit das BT oder BR verlangen. Soweit der BMF zur Wahrnehmung seiner Kompetenz auf Auskünfte anderer Stellen der Exekutive des Bundes angewiesen ist, hat er einen Auskunftsanspruch.[71] Maßnahmen, deren Einleitung der BT anlässlich der Entlastung oder im Zusammenhang mit deren Verweigerung beschließt, fallen in die Zuständigkeit der BReg (§ 114 Abs. 4 S. 1 BHO). Der BMF muss nicht förmlich die Entlastung der BReg beantragen.

Haushalts- und Vermögensrechnung sollen einen **Überblick über die Gesamtentwicklung der Bundesfinanzen** während eines Haushaltsjahres vermitteln. Sie dienen der Information von BT, BR[72] und BRH (zu dessen Kompetenzen sogleich) und müssen den Adressaten bis spätestens zum 31.12. des Folgejahres zugegangen sein. Die Fristvorgabe ist keine bloße Ordnungsvorschrift.[73] Einzelheiten zu Rechnungsinhalt und Verfahren regeln die §§ 80 ff. BHO. 16

II. Finanzkontrolle durch den BRH

Im Mittelpunkt des Systems der Finanzkontrolle steht der BRH, dessen Mitglieder nach Art. 114 Abs. 2 S. 1 **richterliche Unabhängigkeit** genießen, insbesondere **keiner Aufsicht durch die BReg unterliegen** und politischer Verantwortung weitgehend entrückt sind. Wie bei Richtern (Art. 97 Abs. 1) hat die Unabhängigkeit eine Kehrseite: Mitglieder des BRH sind strikt ihrem verfassungsrechtlichen und gesetzlichen Auftrag unterworfen, auf sachliche Tatsachenermittlung und fachbezogene Tatsachenbewertung beschränkt, insofern neutrale Gegengewichte im parlamentarischen Regierungssystem. Der BRH ist eine **oberste Bundesbehörde, die im GG mit eigenen Rechten** ausgestattet wird. Der BRH hat das Recht auf unmittelbaren Kontakt zu BT und BR bei seinem Jahresbericht (Art. 114 Abs. 2 S. 3) und, unabhängig davon, bei Angelegenheiten von besonderer Bedeutung (§§ 46 Abs. 3 HGrG, 99 BHO). Zu dem Jahresbericht ist er verpflichtet; die Entscheidung über den genauen Zeitpunkt und die Art seiner Präsentation in den Medien liegt im Ermessen des BRH.[74] Die Berichtspflicht beschränkt sich auf die sog. Bemerkungen (§ 97 BHO). Sie umfasst damit nicht alle Prüfungsergebnisse, sondern nur einen kleinen Ausschnitt.[75] Mit der Berichtspflicht des BRH korreliert ein Anspruch des Bundestags, nicht einzelner Abgeordneter, auf einen Bericht.[76] 17

Art. 114 Abs. 2 S. 4 beauftragt den Bundesgesetzgeber, die Befugnisse des BRH im Übrigen zu regeln. Das Gesetz bedarf nicht der Zustimmung des Bundesrates.[77] „Befugnisse" ist zu eng; es geht neben Befugnissen auch um 18

[71] Zum praktischen Ablauf *Engels* in BK Rn. 100.

[72] Zu den Kompetenzen der gesetzgebenden Körperschaften im Rahmen der Finanzkontrolle → Rn. 40 ff.

[73] Ebenso *Engels* in BK Rn. 104. Zu Doppelhaushalten → Rn. 3, Art. 110 Rn. 9 f.

[74] Ebenso *Butzer* in BeckOK GG Rn. 23; restriktiver *Schwarz* MKS Rn. 107. Zum Jahresbericht auch *von Lewinski* in BerlKomm Rn. 44 f., 144 ff.

[75] Nach *Krebs,* Kontrolle in staatlichen Entscheidungsprozessen, 1984, 174, findet durchschnittlich nur ein Viertel der durchgeführten Prüfungen Eingang in die jährlichen Bemerkungen. Zu der Frage, ob Bundestag oder einzelne Abgeordnete auch Anspruch auf Einsicht in Prüfungsunterlagen haben, die nicht in die Bemerkungen aufgenommen worden sind, ablehnend *G. Drange,* Publizität im Verhältnis von Bundesrechnungshof und Bundestag, 2006; ebenso *Butzer* in BeckOK GG Rn. 23.1.; *von Lewinski* in BerlKomm Rn. 45.

[76] BVerfGE 92, 130 (134 f., zur Verfassungslage in Thüringen).

[77] Ebenso *Kube* in Maunz/Dürig Rn. 139.

weitere Aufgaben, insbesondere Beratungsaufgaben.[78] Der **Gesetzgebungsauftrag** bezieht sich auch auf den Status und die Organisation des BRH.[79] Einschlägig sind vor allem das Gesetz über den Bundesrechnungshof[80] und Teil V der BHO, weiterhin der auf Art. 109 Abs. 4 gestützte[81] Abschnitt V des HGrG. Aus diesem Abschnitt geht hervor, dass die Bundesländer über eine entsprechend organisierte Finanzkontrolle verfügen müssen; dies folgt nicht schon aus Art. 28 Abs. 1.[82] Diese gesetzlichen Regelungen konkretisieren teilweise Art. 114, nicht nur Abs. 2, teilweise ergänzen sie Art. 114 Abs. 2. Gemäß § 20 BRHG gibt sich der BRH weiterhin eine Geschäftsordnung. Die institutionelle Garantie der Finanzkontrolle durch den BRH gemäß Art. 114 Abs. 2 S. 1 setzt dem in Satz 4 beauftragten Gesetzgeber auch Schranken.

19 **1. Status, Organisation und Mitglieder des BRH.** Der BRH ist **kein Verfassungsorgan,**[83] wohl aber eine **oberste Bundesbehörde** (weshalb seine Nennung inmitten von Bundesoberbehörden in § 7 Abs. 1 des Berlin/Bonn-Gesetzes systemwidrig ist); teilweise wird er, um die Unabhängigkeit gegenüber der Exekutive des Bundes zu unterstreichen, statt als Bundesbehörde als Bundesorgan bezeichnet, ohne dass diese Nomenklatur verfassungsrechtliche Konsequenzen hätte.[84] Ihm eine „Hilfsfunktion" zuzuschreiben,[85] ist im Hinblick auf die übergeordnete Stellung des Parlaments richtig, im Hinblick auf seine Unabhängigkeit aber irreführend.[86] Gemäß § 2 Abs. 1 S. 1 BRHG hat der BRH seit 2000 seinen **Sitz in Bonn.** Gemäß § 2 Abs. 1 S. 2 dieses Gesetzes kann er Außenstellen einrichten; dies ist in Potsdam am ehemaligen Sitz des Reichsrechnungshofes geschehen, so dass sich im Fall einer Revision des Berlin/Bonn–Gesetzes für den BRH die Sitzfrage erneut stellen könnte. Der **BRH entzieht sich einer klaren Zuordnung im System der Gewaltenteilung,**[87] weil er auch Bezüge zur Legislative und zur Judikative aufweist. Obwohl er keinen Anteil an der Staatsleitung hat, kann der BRH in einem **Organstreitverfahren vor dem BVerfG Antragsteller wie Antragsgegner** sein, denn es wäre inkonsequent, wenn seine Unabhängigkeit im GG ausdrücklich gewährt, er aber als neutrale Instanz keine Möglichkeit hätte, diese Unabhängigkeit gegen Übergriffe der Politik zu verteidigen.[88]

---

[78] Ebenso im Ergebnis *Kemmler* in SHH Rn. 54; *Siekmann* in Sachs Rn. 43, unter Hinweis auf Verfassungsmaterialien.

[79] *Schwarz* in MKS Rn. 127.

[80] Vom 11.7.1985 (BGBl. I, 1445), zul. geändert durch Gesetz vom 5.2.2009 (BGBl. I, 160).

[81] → Art. 109 Rn. 54.

[82] Zu den Landesrechnungshöfen und ihrem Zusammenwirken mit dem Bundesrechnungshof *Engels* in BK Rn. 324 ff.

[83] Ebenso *Kube* in Maunz/Dürig Rn. 63; *Schwarz* in MKS Rn. 77; *Siekmann* in Sachs Rn. 25; die Relevanz dieser Frage bestreitend *Mahrenholz* in AK Rn. 51.

[84] Z. B. von *Heun/Thiele* in Dreier Rn. 20. Zu der Frage, ob der BRH Behörde im Sinne des Informationsfreiheitsgesetzes ist, bejahend BVerwG, Urteil vom 15.11.2012, 7 C 1.12, Rn. 21 ff. Zu dieser Entscheidung auch → Rn. 12. Zur „Finanzgewalt" BVerfGE 127, 165 (220).

[85] *Kemmler* in SHH Rn. 17. Vgl. auch den Beitrag über „Hilfsorgane" des Bundestages von *Hufeld* in HdbStR III § 56.

[86] Krit. auch *Mahrenholz* in AK Rn. 50.

[87] → Rn. 5.

[88] Für einen Landesrechnungshof offen gelassen von BVerfGE 92, 130 (133); ebenso BbgVerfG LVerfGE 7, 123 (129); in der Literatur ist diese Frage streitig; wie hier: *Heun/Thiele* in Dreier Rn. 20; *Hufeld* in HdbStR III § 56 Rn. 30, 55; *Kube* in Maunz/Dürig

Mitglieder des BRH sind nach der verfassungskonformen Konkretisierung dieses Begriffs in § 3 Abs. 1 BRHG der Präsident,[89] der Vizepräsident, die Leiter der Prüfungsabteilungen und die Prüfungsgebietsleiter. Mitglieder des BRH sind somit nicht die anderen Prüfungsbeamten und, erst recht, nicht weitere Bedienstete. Art. 114 Abs. 2 S. 1 gibt vor, dass der BRH eine **Kollegialbehörde** ist.[90] Die Regelungen des BRHG und der GO BRH über die Arbeitsteilung zwischen Präsident, Kollegien, Prüfungsgruppen, Senaten und Großem Senat sind verfassungsrechtlich zulässig, aber im Einzelnen nicht vorgegeben.[91] Art. 114 Abs. 2 S. 1 gibt vor, dass die Mitglieder des BRH richterliche Unabhängigkeit besitzen.[92] Es gibt keinen Grund, den **Begriff der richterlichen Unabhängigkeit** in Art. 114 Abs. 2 S. 1 anders auszulegen als in Art. 97 Abs. 1 und 2.[93] Unabhängigkeit hat auch hier eine sachliche und eine persönliche Komponente. Sie bedeutet insbesondere **Weisungsfreiheit,** was kritische, aber sachliche Stellungnahmen von BReg, BT oder BR zum Bericht des BRH nicht ausschließt. Sie bedeutet weiterhin Freiheit in der Auswahl der Prüfungsgegenstände und in der Schwerpunktsetzung. Sogar die Anordnung der Gleitzeitarbeit soll Mitgliedern des BRH gegenüber unzulässig sein.[94] Das übrige Personal des BRH besitzt keine richterliche Unabhängigkeit,[95] nimmt aber an der Unabhängigkeit der Institution teil, die sich aus der Unabhängigkeit des Führungspersonals im Verhältnis zu Dritten ergibt.[96] Eine notwendige Kehrseite der Unabhängigkeitsgarantie sind besondere Regeln über die Befangenheit in § 17 BRHG.[97] 20

Von 1998 bis 2017 war der BRH in der Fläche des Bundesgebietes durch Prüfungsämter präsent. Diese **Prüfungsämter** waren, im Unterschied zu ihren Vorgängern, den Vorprüfungsstellen,[98] in den BRH integriert. Der 21

Rn. 63; *Mahrenholz* in AK Rn. 52; *Schwarz* in MKS Rn. 77; *Siekmann* in Sachs Rn. 25; zurückhaltend *Engels* in BK Rn. 314; a. A.: *Klein* in Benda/Klein, VerfProzessrecht, 3. Aufl., 2012, Rn. 1003; ebenso *Grote,* Der Verfassungsorganstreit, 2010, 104 f.; Überblick bei *Kempny,* Verwaltungskontrolle, 2017, 217–219.

[89] Zu Aufgaben und Stellung des Präsidenten *Engels* in BK Rn. 150 ff.; *Gröpl* in HdbStR V, § 121 Rn. 41.

[90] Zur kollegialen Verfassung der Rechnungshöfe *Droege* VerwArch 106 (2015), 459 (466 f.); *Klappstein* in Schulze-Fielitz (Hrsg.), Fortschritte der Finanzkontrolle in Theorie und Praxis, DV-Beih. 3, 2000, 25; dazu, dass die Einbindung in ein Kollegium die Unabhängigkeit der Mitglieder des BRH nicht beeinträchtigt, *Kube* in Maunz/Dürig Rn. 57; *Schwarz* in MKS Rn. 115.

[91] Zu verfassungsrechtlicher Kritik an der Befugnis des Präsidenten und des Vizepräsidenten, zu einem Zweiergremium des BRH hinzuzutreten, *Hufeld* in HdbStR III § 56 Rn. 49; dem entgegentretend *Engels* in BK Rn. 168.

[92] Zu den Auswirkungen dieser verfassungsrechtlichen Gewährleistung für die Binnenstruktur des BRH: *Engels* in BK Rn. 160; zu Einzelheiten der Unabhängigkeitsgarantie *Miß,* Die Unabhängigkeit von Bundesrechungshof und Abschlussprüfern vor dem Hintergrund paralleler Prüfung und Beratung – Eine vergleichende Untersuchung, 2005, 40 ff. Zu ihrer Gewährleistung *Droege* VerwArch 106 (2015), 459 (463 ff.).

[93] Ebenso § 3 Abs. 4 S. 2 BRHG.

[94] BGHZ 113, 36 (38); zur Herausgabe von Akten zu internen Gesprächen BVerwGE 128, 135.

[95] Dazu näher *Kube* in Maunz/Dürig Rn. 53.

[96] Zu Letzterem ebenso *Butzer* in BeckOK GG Rn. 29; *Engels* in BK Rn. 156; *Heun/Thiele* in Dreier Rn. 22; *Kube* in Maunz/Dürig Rn. 56; *Schwarz* in MKS Rn. 110; *Siekmann* in Sachs Rn. 35, der auf landesverfassungsrechtliche Garantien der Unabhängigkeit unmittelbar der Institution hinweist.

[97] Zum Einfluss der politischen Parteien auf die Personalrekrutierung *Hufeld* in HdbStR III § 56 Rn. 31.

[98] Zu ihnen auch *Schwarz* in MKS Rn. 84 f.

Übergang von den Vorprüfungsstellen zu den Prüfungsämtern war Teil der Statusänderungen bei den Oberfinanzdirektionen.[99] Die Prüfungsämter durften nicht als Verwaltungsunterbau des BRH ausgestaltet sein, denn einen solchen darf der BRH nach der bundesstaatlichen Kompetenzverteilung des GG nicht haben; der Gesetzgebungsauftrag des Art. 114 Abs. 2 S. 4 gäbe dies nicht her, und Art. 87 Abs. 3 wäre als lex generalis verdrängt. Die Konstruktion[100] scheint sich nicht bewährt zu haben, denn mit Beginn des Jahres 2017 sind die verbliebenen Prüfungsämter in Außenstellen des Bundesrechnungshofes umgewandelt worden.

22 In einschlägigen **informellen internationalen und supranationalen Gremien** wird die Bundesrepublik Deutschland allein **durch den BRH vertreten;** die Landesrechnungshöfe sind ausgeschlossen. Das betrifft die Konferenz der Präsidentinnen und Präsidenten der obersten nationalen Rechnungskontrollbehörden der EU-Mitgliedstaaten und des Europäischen Rechnungshofes (Kontaktausschuss), die Internationale Organisation der Obersten Rechnungskontrollbehörden (INTOSAI[101]) sowie die Europäische Organisation der Obersten Rechnungskontrollbehörden (EUROSAI). Das Verhältnis von Europäischem Rechnungshof zu BRH und Landesrechnungshöfen bei Prüfungen ist Thema von Art. 287 Abs. 3 AEUV.[102]

23 **2. Aufgaben des BRH, Maßstäbe seiner Finanzkontrolle.** Aufgaben des BRH ergeben sich aus Art. 114 Abs. 2 S. 1; diese Aufgaben haben Verfassungsrang.[103] Der verfassungsunmittelbare Prüfungsauftrag des BRH erstreckt sich auf die **Bundesverwaltung,** einschließlich Sondervermögen und Betriebe, sowie die übrigen, unmittelbar der juristischen Person Bund zurechenbaren Organisationseinheiten.[104] Post und Bahn wechseln nach ihrer Privatisierung immer mehr von der Zuständigkeit des BRH in die Zuständigkeit von Wirtschaftsprüfern.[105] Daneben gibt es einen einfachgesetzlichen Prüfungsauftrag, dem insbesondere die bundesunmittelbaren juristischen Personen des öffentlichen Rechts und die privatrechtlichen Beteiligungen des Bundes unterfallen; einschlägig sind § 105 bzw. § 104 BHO, die ihre verfassungsrechtliche Grundlage in Art. 114 Abs. 2 S. 4 finden.[106] Neben der **Exekutive** in ihren verschiedenen Organisationsformen unterliegt auch die **Legislative**[107]

---

[99] → Art. 108 Rn. 7, 18, 28.

[100] Zu ihr auch *Engels* in BK Rn. 149. → Rn. 5.

[101] Näheres bei *Engels* in BK Rn. 368 ff.

[102] Zur Finanzkontrolle bei internationalen Sachverhalten *Isensee,* Außenvertretung der deutschen Rechnungshöfe in der Europäischen Union, 2001; *Mähring* DÖV 2006, 195; *Nawrath* DÖV 2000, 861; *Schwarz* in MKS Rn. 66–70; vgl. auch schon *E. Dreßler,* Rechnungsprüfung im internationalen Bereich, FS f. Schöttle, 1964, 31. Beispiel für eine Auslandsprüfung ist die gemeinsame Prüfung der Ausgaben für den Bau der Autobahn Dresden-Prag durch BRH und Obersten Tschechischen Rechnungshof in den Jahren 2005 und 2006; dazu BRH, Bemerkungen 2009, Tz. 8.1. Ein Beispiel für internationale Prüfungstätigkeit ist der Board of Auditors der Vereinten Nationen, der von 3 mitgliedstaatlichen Rechnungshöfen beschickt wird.

[103] Dazu auch BVerwGE 82, 56 (60).

[104] Zu Prüfungsadressaten und Erhebungsbetroffenen *Gröpl* in HdbStR V § 121 Rn. 42.

[105] Vgl. die §§ 22, 23 der Satzung der Deutsche Post AG, Anlage zum PostneuordnungsG, BGBl. 1994 I, 2343, 2346, sowie § 27 des Deutsche Bahn GründungsG, BGBl. 1993 I, 2386, 2393 f.

[106] Zu dieser Vorschrift → Rn. 18. Zu Verwaltungshelfern, bei denen keine Prüfung stattfindet, *Burgi,* Funktionale Privatisierung und Verwaltungshilfe, 1999, 336 f., 359. Zu Beliehenen *Engels* in BK Rn. 186.

[107] → Rn. 32.

und die **Judikative,**[108] mithin die gesamte Staatstätigkeit des Bundes, der Finanzkontrolle des BRH, was durch einfachgesetzliche Vorschriften über die Prüfung außerhalb der (Bundes-)Verwaltung (§§ 43 HGrG, 91 BHO) verdeckt wird, die eine Prüfung von Staatstätigkeit, die nicht Verwaltung ist, als Irregularität erscheinen lassen. Der Auftrag für Prüfungen bei der juristischen Person Bund folgt unmittelbar aus dem GG; soweit der Prüfungsauftrag darüber hinaus reicht, ist er gesetzesmediatisiert. Der Prüfungsauftrag ist in keinem dieser Fälle zeitlich oder gegenständlich begrenzt. Es gilt der **Grundsatz der Universalität der Finanzkontrolle,** der am deutlichsten in dem Wort „alle" (Art. 114 Abs. 1) zum Ausdruck kommt.[109] Prüfungsgegenstand ist die gesamte Haushalts- und Wirtschaftsführung des Bundes, mag diese auch kompetenzwidrig sein. Mit der Unabhängigkeit des BRH wäre die Einräumung von Mitwirkungs-, insbesondere Zustimmungsvorbehalten anderer staatlicher Stellen bei Prüfungen unvereinbar.

Der Prüfungsauftrag der Verfassung, erweitert durch einfaches Gesetzes- **24**
recht, schließt die Zuweisung weiterer, nicht zur Finanzkontrolle gehörender, wenn auch damit zusammenhängender Aufgaben durch den Gesetzgeber gemäß Art. 114 Abs. 2 S. 4 nicht aus, sofern die Wahrnehmung der Kernaufgaben im Bereich der Finanzkontrolle dadurch nicht beeinträchtigt wird. Die Zuweisung von **Beratungsaufgaben „auf Grund von Prüfungserfahrungen"** (§ 42 Abs. 5 HGrG) ist nicht unproblematisch, insbesondere weil der BRH sich durch Beratung bei einer späteren Prüfung selbst befangen machen kann;[110] ein vergleichbares Problem im Privatrechtsverkehr ist das Verhältnis von freiberuflicher Wirtschaftsprüfung und Unternehmensberatung. § 88 Abs. 2 BHO, wonach der BRH aufgrund seiner Prüfungserfahrungen BT, BR, BReg und einzelne Bundesministerien beraten kann, trägt dieser Schranke Rechnung (ebenso § 42 Abs. 5 HGrG), indem er dem BRH ein Ermessen einräumt, durch welches Gefahren einer Kollision gutachterlicher oder beratender Funktionen für die Unabhängigkeit vermieden werden können. Der **BRH kann insoweit selbst entscheiden,** ob und in welchem Umfang er **Sonderaufträge wahrnimmt.**[111] Nicht unproblematisch können im Rahmen der Beratungsaufgabe auch die Teilnahme von Vertretern des BRH an Gesprächen zwischen Berichterstattern des Haushaltsausschusses des Bundestages, Vertretern von BMF und jeweils zuständigen Fachressorts sowie Bundesrat oder Stellungnahmen zu Voranschlägen für Einzelpläne gem. § 27 Abs. 2 BHO im Verfahren der Budgetaufstellung und -beratung

---

[108] Nicht nur die Justizverwaltung; zu Prüfungen bei der Justiz in neuerer Zeit zustimmend *Blasius/Stadtmann* DÖV 2002, 12; *Franz* in Schulze-Fielitz (Hrsg.), Fortschritte der Finanzkontrolle in Theorie und Praxis, DV-Beih. 3, 2000, 75. *Kube* in Maunz/Dürig Rn. 76 betont zu Recht, dass solche Prüfungen nicht in die Unabhängigkeit der Gerichte eingreifen dürfen. → Rn. 33.

[109] Zu ihm auch *Butzer* in BeckOK GG Rn. 11; *Heun/Thiele* in Dreier Rn. 25 (mit Kritik an der hier vertretenen Position in Fn. 92, wohl anders aber Rn. 28: „praktisch unbegrenzt"); *von Lewinski* in BerlKomm Rn. 15; *Mahrenholz* in AK Rn. 14; *Schwarz* in MKS Rn. 52 f.; *Stern,* Das StaatsR der BRD II, 1980, § 34 III 2b: Generalauftrag.

[110] Hierzu *Krebs,* Kontrolle in staatlichen Entscheidungsprozessen, 1984, 170 ff.; *Miß,* Die Unabhängigkeit von Bundesrechungshof und Abschlussprüfern vor dem Hintergrund paralleler Prüfung und Beratung – Eine vergleichende Untersuchung, 2005, Teil 1.

[111] Zu dieser Ermessenslösung *Miß,* Die Unabhängigkeit von Bundesrechnungshof und Abschlussprüfern vor dem Hintergrund paralleler Prüfung und Beratung – Eine vergleichende Untersuchung, 2005, 81 ff., 224 f.; zu aus Sicht des BRH positiven Effekten seiner Beratungstätigkeit *Hufeld* in HdbStR III § 56 Rn. 37; vgl. weiter *Störring,* Die Beratungsfunktion des Bundesrechnungshofes und seines Präsidenten, 2013.

sein.[112] Der Präsident des BRH – persönlich, aber mit dem Recht, sich des BRH zu bedienen – ist **Beauftragter der BReg für Fragen der Organisation und Wirtschaftlichkeit** („Sparkommissar").[113] Materiell haben der BRH-Präsident (als Beauftragter) und der BRH (als Berater) sehr ähnliche Aufgaben.[114] Bei der Erfüllung seiner Kernaufgaben hat der BRH das sich unmittelbar aus dem Verfassungsbegriff „prüft" und seiner sachlichen Unabhängigkeit ergebende **Recht, nach pflichtgemäßem Ermessen selektiv zu verfahren** und Schwerpunkte dort zu setzen bzw. Stichproben dort zu ziehen, wo, vorbereitet von den übrigen Mitarbeitern, nach Einschätzung seiner Mitglieder Ergebnisse zu erwarten sind, die den Aufwand lohnen; dies gilt sowohl für die Breite als auch für die Tiefe der Prüfung.[115]

25 **a) Wirtschaftlichkeit und Ordnungsmäßigkeit.** Die organisatorisch und thematisch umfassende Rechnungshofkontrolle ist an zwei Kontrollmaßstäbe gebunden: Wirtschaftlichkeit und Ordnungsmäßigkeit.[116] Wirtschaftlichkeit[117] und Ordnungsmäßigkeit[118] sind die beiden durch Art. 114 Abs. 2 S. 1 dem BRH vorgegebenen Kontrollmaßstäbe, die das in einfachem Gesetzesrecht und rechtswissenschaftlicher Literatur zur näheren Umschreibung verwandte Begriffsspektrum abdecken. Beide sind Verfassungsprinzipien der staatlichen Haushalts- und Wirtschaftsführung, die sowohl die **Effizienz der Staatsorganisation** (Innenbereich) als auch den **Erfolg staatlichen Handelns** (Außenbereich) zum Gegenstand haben und die nicht nur beim Haushaltsvollzug zu beachten sind, sondern auch Vorwirkungen für die Haushaltsaufstellung haben. In der Reihenfolge ihrer Nennung, die in § 90 BHO umgedreht wird, kommt eine Wertung zum Ausdruck. In „Ordnungsmäßigkeit" steckt bürokratisches Potential.[119] Die Wirtschaftlichkeitsprüfung ist nicht gleichzusetzen mit fachaufsichtlicher Zweckmäßigkeitskontrolle, weshalb sie auch bei juristischen Personen stattfindet, die zwar nur einer staatlichen Rechtsaufsicht, aber auch der Finanzkontrolle des Rechnungshofs unterliegen.[120] Die Wirtschaftlichkeitskontrolle ist keine umfassende Gemeinwohlprüfung.[121] Ob Wirtschaftlichkeit und Sparsamkeit auch den Gesetzgeber, insbesondere im Verfahren der Haushaltsaufstellung, verpflichten oder

---

[112] *Stern,* Das StaatsR der BRD II, 1980, § 34 III 3c; zur Staatspraxis *Engels* in BK Rn. 42 f.

[113] Dazu die Richtlinien für die Tätigkeit des Bundesbeauftragten (BMV) vom 8.6.2016 (BAnz. AT vom 15.6.2016, B1); ferner *Butzer* in BeckOK GG Rn. 37.1; *Engels* in BK Rn. 43, 274 ff.; *Franz* DÖV 2008, 1042; *von Lewinski* in BerlKomm Rn. 108; *v. Pfuhlstein* FS f. Schäfer, 1975, 375; *Stern,* Das StaatsR der BRD II, 1980, § 34 III 5; *Treuner* DVBl. 1992, 421.

[114] Ebenso *Krebs,* Kontrolle in staatlichen Entscheidungsprozessen, 1984, 171.

[115] Vgl. auch § 89 Abs. 2 BHO; *Butzer* in BeckOK GG Rn. 31; *Kube* in Maunz/Dürig Rn. 112; *von Lewinski* in BerlKomm Rn. 111 ff.; *Schwarz* in MKS Rn. 55.

[116] Vgl. zu diesem Begriffspaar *Gröpl* in HdbStR V § 121; zu der darin liegenden Beschränkung *Krebs,* Kontrolle in staatlichen Entscheidungsprozessen, 1984, 183.

[117] Synonym oder Teilaspekte beschreibend: Wirksamkeit, Zweckmäßigkeit, Sparsamkeit; Auflistung verwandter Begriffe bei *v. Arnim,* Wirtschaftlichkeit als Rechtsprinzip, 1988, 47–59; zu dem Begriff auch *Heun/Thiele* in Dreier Rn. 31; *Kube* in Maunz/Dürig Rn. 104 ff.; *Schwarz* in MKS Rn. 87 f.

[118] Zu diesem Begriff *Kube* in Maunz/Dürig Rn. 107 ff.

[119] Zu der Erwartungslücke, die entsteht, wenn Finanzkontrolle sich weniger um materielle Wirtschaftlichkeit als um die formelle Korrektheit von Buchungsvorgängen kümmert: *Miß,* Die Unabhängigkeit von Bundesrechungshof und Abschlussprüfern vor dem Hintergrund paralleler Prüfung und Beratung – Eine vergleichende Untersuchung, 2005, 99 f.

[120] BSGE 52, 294 (298); zu dem begrifflichen Verhältnis von Finanzkontrolle und Aufsicht *Kube* in Maunz/Dürig Rn. 5; *Schwarz* in MKS Rn. 101.

[121] *Schwarz* in MKS Rn. 87.

nur die Exekutive beim Haushaltsvollzug, ist umstritten;[122] eine Verpflichtungswirkung für den Gesetzgeber wäre in jedem Fall schwach, weil der Gesetzgeber über die Parameter verfügen kann, an denen Wirtschaftlichkeit und Sparsamkeit gemessen werden.

Wirtschaftlich bedeutet, entweder ein vorgegebenes Ziel unter Einsatz 26
möglichst weniger knapper Mittel und mit einer möglichst effizienten Organisation zu erreichen (Kostenminimierung) oder mit vorgegebenen Mitteln einen größtmöglichen Ertrag zu erzielen (Nutzenmaximierung); Ersteres wird auch als Sparsamkeit bezeichnet (§ 6 Abs. 1 HGrG; vgl. auch § 90 Nr. 4 BHO).[123] Für die staatliche Haushaltswirtschaft bedeutet Wirtschaftlichkeit ein **optimales Verhältnis zwischen dem Einsatz staatlicher Gelder und dem Nutzen für das Gemeinwohl.** Anders als bei privatwirtschaftlichen Unternehmen lässt Wirtschaftlichkeit sich beim Staat nicht von einem Gewinn her definieren. Wo die einzusetzenden Mittel und soweit die sie einsetzende Organisation rechtlich festgeschrieben sind, muss die Finanzkontrolle sich grundsätzlich auf die Ordnungsmäßigkeit des Mitteleinsatzes beschränken. Der Verfassungsauftrag, wirtschaftlich zu handeln, entfaltet sich für die Verwaltung in dem Maße, wie sie zur Verwirklichung vorgegebener Ziele über **Spielräume beim Mitteleinsatz** verfügt.[124] Die rechtliche Vorgabe (von Zielen oder Mitteln) ist, wenn sie zu Unwirtschaftlichkeit führt, aber mittelbarer Gegenstand einer Finanzkontrolle. Zwar gehört die Setzung solcher Vorgaben zur Politik, doch lassen sich Werturteile über die Wirtschaftlichkeit des Mitteleinsatzes und über die Wirtschaftlichkeit von in Inhalt und Umfang möglicherweise unklaren Zielvorgaben kaum trennen. Man muss dem Bundeshaushalt keine Programmfunktion zuschreiben und Finanzkontrolle nicht als Erfolgskontrolle konzipieren,[125] um die die **Politik beratende Funktion des BRH** auch auf die politischen und rechtlichen Vorgaben der öffentlichen Haushaltswirtschaft auszudehnen.[126]

Ordnungsmäßigkeit bedeutet rechnerische Richtigkeit und Recht- 27
mäßigkeit. Bei der Rechtmäßigkeitskontrolle stehen bei grundsätzlicher Erheblichkeit der gesamten Rechtsordnung Vorschriften des Haushaltsrechts im Vordergrund.[127] Der BRH darf – bei fehlender Verwerfungskompetenz und fehlender Bindung anderer an seine Mitteilungen – sogar Haushaltsansätze und ihre Verwendung als verfassungswidrig beanstanden,[128] was im Hinblick auf die bundesstaatliche Finanzverfassung von Interesse sein kann.[129]

---

[122] Darstellung der Argumente bei *Gröpl* in BK Art. 110 Rn. 204–207, der selbst eine Bindung des Gesetzgebers annimmt.

[123] Aus der Rechtsprechung vgl. u. a. VerfGH NRW DÖV 2004, 121; ferner *Butzer,* Wirtschaftlichkeit im Verwaltungsrecht, in: Blanke u. a. (Hrsg.), Handbuch zur Verwaltungsreform, 4. Aufl. 2011, 445–454; *Gröpl* in HdbStRV § 121 Rn. 9; *Schliesky* DVBl. 2007, 1453.

[124] Zu den Anforderungen, die sich aus dem Wirtschaftlichkeitsprinzip bei Privatisierungen ergeben, *Burgi,* Funktionale Privatisierung und Verwaltungshilfe, 1999, 241 f.

[125] So *Fischer-Menshausen* in v. Münch/Kunig, 3. Aufl. 1996, Rn. 17 f., 23 f., unter Heranziehung volkswirtschaftlicher Literatur; zu dem Verhältnis von Sparsamkeit, Wirtschaftlichkeit und Erfolgskontrolle *Heun/Thiele* in Dreier Rn. 33.

[126] So schon *Battis* DÖV 1976, 721 (726); *Krebs,* Kontrolle in staatlichen Entscheidungsprozessen, 1984, 202; → Rn. 5.

[127] Detailliert *Engels* in BK Rn. 247, 249, 260; *Stern,* Das StaatsR der BRD II, 1980, 34 III 3c α.

[128] BVerfGE 20, 56 (96); ebenso *Butzer* in BeckOK GG Rn. 13; *Kloepfer,* Finanzverfassungsrecht, 2014, § 15 Rn. 28.

[129] Zu den Bestandteilen des Maßstabs „Ordnungsmäßigkeit": *Heun/Thiele* in Dreier Rn. 32; *Kube* in Maunz/Dürig Rn. 104 ff.

28 **b) Rechnungsabhängige und rechnungsunabhängige Finanzkontrolle.** Seit 1969 unterscheidet Art. 114 Abs. 2 S. 1 die rechnungsabhängige und die praktisch wichtige rechnungsunabhängige Kontrolle („die Rechnung sowie die Wirtschaftlichkeit“). Rechnungsunabhängige Kontrolle ist vom Haushaltszyklus sachlich und auch zeitlich gelöst und darum **zeitnäher** möglich, ja nähert sich dem **Ideal einer begleitenden Prüfung.**[130] Rechnungsabhängig ist die Prüfung der vom BMF vorgelegten Jahresrechnung,[131] wobei das Jährlichkeitsprinzip den BRH nicht hindert, auch auf Vorgänge aus Vorjahren zurückzugreifen. Rechnungsunabhängig ist eine Prüfung der Haushalts- und Wirtschaftsführung des Bundes, die in der vom BMF vorgelegten Jahresrechnung nicht oder noch nicht[132] zum Ausdruck kommt.[133] Auch im Rahmen der rechnungsunabhängigen Finanzkontrolle sind aber **nur abgeschlossene Verwaltungsvorgänge prüfungsfähig** (Grenzfall: § 89 Abs. 1 Nr. 2 BHO). Die Prüfung wird in den Zeitraum zwischen dem Abschluss eines Verwaltungsvorgangs und der Rechnungslegung vorverlagert.[134] Es reicht, wenn selbstständige Teile eines Vorgangs abgeschlossen sind. Für die **Entlastung** kommt es nur auf die Ergebnisse der rechnungsabhängigen Finanzkontrolle an. Trotzdem werden auch die Ergebnisse rechnungsunabhängiger Finanzkontrolle im jährlichen Prüfungsbericht des Rechnungshofs veröffentlicht. Dies entspricht ihrem sachlichen Zusammenhang.[135]

29 **3. Befugnisse des BRH.** Soweit der BRH im staatlichen Bereich prüft, darf von seinen Aufgaben auf seine Befugnisse gefolgert werden; die rechtsstaatliche Unterscheidung von Aufgaben und Befugnissen passt hier nicht. Generell gibt es **vier verschiedene Arten von Grenzen des Prüfungsauftrags** bzw. der Prüfungsbefugnisse: **Zuständigkeitsgrenzen,** die dem BRH insbesondere im Verhältnis zu den Bundesländern gezogen sind,[136] **Beurteilungsspielräume,** die anderen Stellen des Bundes aus Rücksicht auf ihre besondere verfassungsrechtliche Stellung hinsichtlich der Wirtschaftlichkeit ihres Finanzgebarens eingeräumt sind, **Bereichsausnahmen,** die gesetzlich aus verschiedenen Gründen statuiert sind, und **grundrechtliche Beschränkungen** der Kompetenzausübung. Dass häufig Streit um die Befugnisse des BRH herrscht, hängt mit der Vorstellung zusammen, Finanzkontrolle beeinträchtige die Autonomie von Sachentscheidungen, der BRH schmälere mit einer Prüfungskompetenz also die geprüfte Sachkompetenz;[137] dieser Vorstellung entspricht aber kein rechtlich geschütztes Interesse. Wichtig ist die nunmehr von Art. 114 Abs. 2 S. 2 anerkannte Unterscheidung zwischen dem unmittelbaren Prüfungsadressaten und Erhebungsbetroffenen.[138]

---

[130] Zu Rechtsfragen zeitnaher Prüfung allgemein *Degenhart,* in: Schulze-Fielitz (Hrsg.), Fortschritte der Finanzkontrolle in Theorie und Praxis, DV-Beih. 3, 2000, 55; *Engels* in BK Rn. 30, 226–229. → Rn. 9.

[131] Zu diesem Begriff → Rn. 14; ferner *Gröpl* in HdbStR V § 121 Rn. 43.

[132] Zu Finanzplanungen kurz *Schwarz* in MKS Rn. 83.

[133] Vgl. auch *Kube* in Maunz/Dürig Rn. 67 f.

[134] *Schwarz* in MKS Rn. 92.

[135] *Heun/Thiele* in Dreier Rn. 34; *Schwarz* in MKS Rn. 94; zurückhaltend *Engels* in BK Rn. 288.

[136] Zu kompetenzrechtlichen Besonderheiten der Rechnungsprüfung → Rn. 10.

[137] Vgl. *Klappstein* in Schulze-Fielitz, Fortschritte der Finanzkontrolle in Theorie und Praxis. Zum Gedenken an E. Heuer, 2000, 25 (53).

[138] Vgl. auch *Gröpl* in HdbStR V § 121 Rn. 42.

Das Prüfungsverfahren und die darin dem BRH gegenüber den zu Prüfenden zustehenden Befugnisse sind in der BHO näher geregelt.[139] Diese Regelungen, von der Prüfungsankündigung (§ 94 Abs. 1 BHO) bis zum Prüfungsergebnis (§ 96 Abs. 1 BHO), ähneln der wohl ausführlichsten gesetzlichen Regelung von Prüfungen, den §§ 193 ff. AO über die steuerliche Außenprüfung.[140] 30

a) Gegenüber der unmittelbaren Bundesverwaltung. Die Prüfungsbefugnis des BRH gegenüber der unmittelbaren Bundesverwaltung, einschließlich Bundesbetriebe und Sondervermögen, folgt unmittelbar aus Art. 114 Abs. 2 S. 1. Insoweit sind Einschränkungen durch das in Art. 114 Abs. 2 S. 4 vorgesehene Gesetz zulässig, sofern sie aus Gründen erfolgen, die ebenfalls Verfassungsrang haben.[141] Die Prüfungsbefugnis schließt die Verwaltung von EU-Haushaltsmitteln durch Bundesbehörden ein.[142] 31

b) Gegenüber Parlament und Justiz. Auch gegenüber den anderen bundesunmittelbaren Staatsgewalten entfaltet sich der Prüfungsauftrag des BRH. Doch sind hier einige Besonderheiten zu beachten. Der Inhalt der vom Gesetzgeber erlassenen Gesetze ist nicht Prüfungsgegenstand.[143] Weiterhin: **§ 53 Abs. 2 S. 2 AbgG klammert die politische Erforderlichkeit einer Maßnahme** in zulässiger Weise aus der Finanzkontrolle von Bundestagsfraktionen **aus.** Zwar hat das BVerfG ausgeführt, der Prüfungsauftrag des BRH umfasse die Rechtmäßigkeit und Wirtschaftlichkeit der Verwendung von Fraktionszuschüssen in gleicher Weise und nach den gleichen verfassungs- und haushaltsrechtlichen Maßstäben wie bei anderen Etatmitteln auch[144]. Eine solche Gleichstellung würde jedoch die – wie der Prüfungsauftrag – verfassungsrechtlich verankerte **Autonomie der Fraktion** zu gering veranschlagen. § 53 Abs. 2 S. 2 AbgG ist eine zulässige gesetzliche Vermittlung zwischen kollidierendem Verfassungsrecht.[145] 32

Die verfassungsrechtliche Gewährleistung ihrer Unabhängigkeit nimmt die Justiz nicht generell von der Finanzkontrolle aus und beschränkt Letztere nicht generell auf die Justizverwaltung; Unabhängigkeit ist keine Lizenz zu 33

[139] Zu den exekutiven Befugnissen der Rechnungshöfe ausführlich *Groß* VerwArch. 95 (2004), 194.

[140] Näheres bei *Behrendt,* Die Prüfungstätigkeit des Bundesrechnungshofs außerhalb der unmittelbaren Bundesverwaltung, 2004, Teil IV. Prüfungsanordnungen des BRH gegenüber Stellen außerhalb der Bundesverwaltung sind Verwaltungsakte (*Schwarz* in MKS Rn. 119). Zu den Rechtsschutzmöglichkeiten *Butzer* in BeckOK GG Rn. 21 ff.

[141] Zu Geheimausgaben, insbes. für Geheimdienste, *Engels* in BK Rn. 172, 188, 300; *Kube* in Maunz/Dürig Rn. 72; *Mahrenholz* in AK Rn. 14; *Schwarz* in MKS Rn. 54; vgl. heute die §§ 19 BRHG, 10a BHO.

[142] *Mähring* DÖV 2006, 195 (197 ff.).

[143] BVerfGE 127, 165 (213 f., mit Nachw. der Gegenansicht).

[144] BVerfGE 80, 188 (214).

[145] Wie hier im Ergebnis, zum Teil zur in der Sache übereinstimmenden Rechtslage in den Bundesländern: *Hölscheidt* DÖV 2000, 712 (719 ff.); *Jekewitz* ZRP 1993, 344 (349); *Martin,* Staatliche Fraktionsfinanzierung in Rheinland-Pfalz, 1994, 120 ff.; *Papier* BayVBl. 1998, 513 (520); *Schneider,* Die Finanzierung der Parlamentsfraktionen als staatliche Aufgabe, 1997, 186 f.; a. A. *v. Arnim,* Staatliche Fraktionsfinanzierung ohne Kontrolle?, 1987, 55 Ff.; ferner *Müller* NJW 1990, 2046; *Schmidt-Bens* ZRP 1992, 281; dazu Rh.-Pf. VerfGH, Urt. v. 19.8.2002, VerfGH O 3/02. Zur Fraktionsfinanzierung auch BVerfGE 80, 188 (214). Weiter *Engels* in BK Rn. 186; *Klein/Krings* in Morlok u. a. (Hrsg.), Parlamentsrecht, 2015, § 17 Rn. 72 ff.; *Pieroth/Neukamm,* Fraktionsfinanzierung und Rechnungshofkontrolle, 2005.

Unwirtschaftlichkeit.[146] Zwischen dem **Prüfungsauftrag des BRH** und der **Unabhängigkeit der Justiz** muss und kann ein Ausgleich gefunden werden, insbesondere durch Nachträglichkeit, Generalisierung und Anonymisierung der Prüfung.[147]

34 **c) Gegenüber bundesunmittelbaren juristischen Personen des öffentlichen Rechts.** Ein Selbstverwaltungsrecht von Trägern mittelbarer Staatsverwaltung muss auch die Finanzkontrolle respektieren.[148] Dies rechtfertigt aber **keine Bereichsausnahme, etwa für Hochschulen, von der Finanzkontrolle.** Auch entbindet Selbstverwaltung nicht von der Pflicht zu wirtschaftlicher und ordnungsmäßiger Haushaltsführung. Auf der Grundlage von Art. 114 Abs. 2 S. 4 können deshalb durch Gesetz auch bundesunmittelbare juristische Personen des öffentlichen Rechts der Finanzkontrolle des BRH unterworfen werden, zusätzlich zur Aufsicht[149]; dies muss aber nicht flächendeckend geschehen.[150] Ein Beispiel auf Landesebene wäre die NRW.Bank.[151] Das Haushaltsrecht erfasst bundesunmittelbare juristische Personen des öffentlichen Rechts mit dem Begriff „Stellen außerhalb der Bundesverwaltung", der aber auch andere Organisationsformen, insbesondere juristische Personen des Privatrechts, einbezieht. **Stellen außerhalb der Bundesverwaltung** prüft der BRH, wenn sie Finanzmittel des Bundes bewirtschaften oder vom Bund Aufwendungsersatz oder zweckgebundene Zuwendungen erhalten, und zwar auf die wirtschaftliche und ordnungsmäßige Verwendung dieser Mittel.[152] Das Nähere ergibt sich aus den §§ 43 HGrG, 91 BHO, der Grundsatz – kontrollfreie Räume für Finanzmittel des Bundes darf es nicht geben – aus Art. 114 Abs. 2 S. 1 GG; die §§ 48 und 55 HGrG sind in diesem Sinne restriktiv auszulegen. Auf die Kommission zur Ermittlung des Finanzbedarfs der Rundfunkanstalten (KEF) sei an dieser Stelle hingewiesen; gemäß § 14a Rundfunkstaatsvertrag wird ihr vom zuständigen Rechnungshof das Ergebnis einer Prüfung bei einer Rundfunkanstalt (einschließlich Beteiligungsunternehmen) mitgeteilt.[153]

35 **d) Gegenüber juristischen Personen des Privatrechts.** Stellen außerhalb der Bundesverwaltung können auch juristische Personen des Privatrechts sein (Unterscheidung in § 104 BHO einerseits und §§ 105 ff. BHO andererseits), an denen der Bund beteiligt ist, die Zuwendungen aus dem Bundeshaushalt erhalten oder die sonst für die Finanzen des Bundes relevant sind.

---

[146] Vgl. auch *C. Schütz,* Der ökonomisierte Richter. Gewaltenteilung und richterliche Unabhängigkeit als Grenzen Neuer Steuerungsmodelle in den Gerichten, 2005; → Rn. 23 mit Nachw. juristischer Literatur.

[147] Beispiele für sinnvolle Prüfungstätigkeit bei *Blasius/Stadtmann* DÖV 2002, 16 ff.

[148] Dazu auch BVerwGE 135, 100; *Stober/Kluth,* Zur Rechnungsprüfung von Kammern, 1989, 42 ff., 68 f.

[149] Zu Letzterem auch *Schwarz* in MKS Rn. 101.

[150] Zu den Sozialversicherungsträgern § 112 Abs. 1 BHO; zu einem privatrechtlichen Verband von Sozialversicherungsträgern, bei dem ein Verbandsmitglied selbst der BRH-Prüfung unterliegt, eine BRH-Zuständigkeit bejahend BVerwGE 139, 87; vgl. weiter *Reimer* in BeckOK GG Rn. 17. Zur Bundesbank § 26 Abs. 2 Sätze 2 und 3 BBankG; *Siekmann* in Sachs Rn. 33d. Zum Kammerwesen *Kluth* WiVerw 2014, 279–290. Überblick bei *Schwarz* in MKS Rn. 53.

[151] Dazu VerfGH NRW NWVBl 2012, 107 mit Anmerkung *Tuschl,* ebd., 165. Zur Bundesbank Fußnote zuvor.

[152] Vgl. *Brüning* (Hrsg.), Prüfungskompetenzen der Rechnungshöfe bei ausgegliederter Aufgabenwahrnehmung, 2011.

[153] Zu § 14a RStV *Kremer* in Binder/Vesting, Beck´scher Kommentar zum Rundfunkrecht, 4. Aufl., 2018. Zum Rundfunk auch *Heun/Thiele* in Dreier Rn. 25 Fn. 97.

Aus dem zuletzt genannten Grund ist die gesetzliche Anordnung, dass öffentliche Unternehmen oder privatrechtliche Stiftungen, die öffentliche Gelder nutzen, der Finanzkontrolle eines Rechnungshofs unterliegen, dem Grunde nach nicht zu beanstanden.[154] Bei **staatlichen Beteiligungen an privatrechtlichen Unternehmen** prüft der BRH nur die Betätigung des Bundes; dabei hat er **kaufmännische Grundsätze zu beachten.** Der BRH hat die Befugnis, im Verhältnis zu juristischen Personen des Privatrechts Prüfungsfunktionen, die nicht durch Verfassung und Gesetz begründet sind, vertraglich zu vereinbaren.[155] Seine Prüfung findet neben der Prüfung durch Wirtschaftsprüfer statt.[156]

e) Gegenüber den Ländern (einschließlich der Kommunen). Die Trennlinie zwischen der Finanzkontrolle des Bundes und derjenigen der Länder lässt sich nicht mit der Schneidigkeit der Art. 104a Abs. 1, 109 Abs. 1 ziehen (auch nicht bei Auslandsprüfungen).[157] Es geht weniger darum, Kompetenzen zwischen Bundesrechnungshof und Landesrechnungshöfen abzugrenzen, als darum, eine **wirksame Finanzkontrolle nicht durch Kompetenzstreitigkeiten zu erschweren.**[158] Vereinbarungen zwischen den Rechnungshöfen über die gemeinsame Prüfung einheitlich zu behandelnder Finanzvorgänge oder eine Übertragung von Prüfungsaufgaben werden zu Recht für zulässig erachtet. Im Rahmen ihrer Beratungstätigkeit dürfen der BRH und sein Präsident als Bundesbeauftragter für Wirtschaftlichkeit in der Verwaltung auch erhebliche Eingriffe in Verwaltungszuständigkeiten der Länder vorschlagen.[159] 36

Länder und Gemeinden sind wegen ihrer verfassungsrechtlichen Stellung nur in einem eingeschränkten Sinne Stellen außerhalb der Bundesverwaltung iSd § 91 BHO. Die Frage einer Finanzkontrolle des BRH in ihrem Bereich stellt sich, wenn Länder und Gemeinden Bundesmittel für bestimmte Zwecke bewirtschaften oder, auf der Einnahmenseite, wenn die Länder Steuern im Auftrag des Bundes verwalten.[160] In den Fällen der Organleihe und von Art. 104a Abs. 2 bis 4 hat der BRH Prüfungsbefugnisse, weil die Sachkompetenz insoweit beim Bund liegt; Gleiches gilt für die Steuererhebung in Bundesauftragsverwaltung. Weiterhin muss man dem BRH Prüfungsbefugnisse zusprechen, wenn anders, wie bei Art. 120, kontrollfreie Räume entständen. Art. 91b Abs. 1 S. 2 und Art. 104b Abs. 2 S. 1 erlauben die **vertragliche Koordination der Prüfungsbefugnisse des BRH und der Rechnungshöfe der beteiligten Länder.**[161] 37

---

[154] Beispiel: BVerwGE 74, 58. Hierzu jüngst *Burgi* DÖV 220, 121. Die Gegenansichten von *Oppermann,* Zur Finanzkontrolle der Stiftung Volkswagenwerk, 1972, und *Leisner,* Staatliche Rechnungsprüfung Privater, 1990, haben sich nicht durchgesetzt.

[155] *Kube* in Maunz/Dürig Rn. 82.

[156] *Siekmann* in Sachs Rn. 30 f.

[157] Zu den Gründen → Rn. 10; zu zulässigen Doppelzuständigkeiten in diesem Bereich auch *Schwarz* in MKS Rn. 57. Zu dieser bis 2017 streitigen Frage *Korioth* Jahrbuch für öffentliche Finanzen 2010, 283 ff., 2011, 409 ff.; *Schwarz* DVBl. 2011, 135 ff.; Beispiel eines Streitfalls bei *Porzucek* DÖV 2010, 838 (843 ff.).

[158] Eingehend *Engels* in BK Rn. 324–337; *Kube* in Maunz/Dürig Rn. 90–99.

[159] Beispiel: die Empfehlung, die Länderfinanzverwaltung zugunsten einer einheitlichen Bundesfinanzverwaltung abzuschaffen, so *Engels,* Probleme beim Vollzug der Steuergesetze, 2006.

[160] Zu Letzterem *Zavelberg* FS f. F. Klein, 1994, 1141 ff.

[161] Zu gemeinsamen Prüfungen § 93 BHO; zu weiteren Fragen der Abstimmung der Rechnungshöfe von Bund und Ländern *Engels* in BK Rn. 241.

38 Entgegen der vom BVerfG vertretenen Ansicht[162], setzt die Befugnis zur Prüfung der Ordnungsmäßigkeit und Wirtschaftlichkeit der Haushalts- und Wirtschaftsführung **des Bundes** keine Verwaltungskompetenz **des Bundes,** der auch in dieser Konstellation alleiniger Prüfungsadressat ist[163], voraus. Behörden der Länder, bis hin zur Arbeitsebene, können Erhebungsbetroffene sein, soweit sie zweckgebundene Finanzierungsmittel bewirtschaften, die der Bund den Ländern zur Erfüllung von Länderaufgaben zuweist. Dies wird seit dem 13.7.2017 durch die Ergänzung von Art. 114 Abs. 2 S. 1 durch die Worte „des Bundes" und die Einfügung eines neuen Satzes 2 in Absatz 2 klargestellt[164], nachdem für die sog. Optionskommunen schon durch das 58. Gesetz zur Änderung des Grundgesetzes vom 21.7.2010 mit Art. 91e ein Sonderregime geschaffen worden war, das auch die Rechnungsprüfung umfasst.[165] Seit der Verfassungsänderung 2017 steht fest, dass sich Prüfungsauftrag und Prüfungsbefugnisse des BRH auf die Verwendung von Bundesmitteln im Bereich der **Art. 91a, 91b, 104a Abs. 3, 104b, 104c, 104d, 106a und 125c** erstrecken.

39 **f) Grundrechtliche Schranken.** Eingriffe in grundrechtlich geschützte Vertraulichkeit (Datenschutz, Steuergeheimnis, Arztgeheimnis) durch eine Prüfung bedürfen einer gesetzlichen Grundlage, die bzw. deren Anwendung aber nur in seltenen Fällen unverhältnismäßig sein wird.[166] Gleiches gilt für Grundrechtseingriffe, die mit einer Veröffentlichung der Prüfungsergebnisse verbunden sind.[167] Für den **Rechtsschutz des Bürgers gegen Maßnahmen des BRH ist der Verwaltungsrechtsweg gemäß § 40 Abs. 1 VwGO eröffnet.**[168] Das Weitere ist nicht Thema einer Kommentierung von Art. 114, sondern der thematisch betroffenen Grundrechte.[169] Weder bei Grundrechtsträgern noch bei sonstigen juristischen Personen des Privatrechts noch bei der mittelbaren Staatsverwaltung können Konflikte mit dem BRH durch die pauschale Ausweisung prüfungsfreier Räume im Rahmen von Art. 114 Abs. 2 S. 1 gelöst werden,[170] denn es gibt fast[171] keinen sachlichen Grund, eine unabhängige Prüfung auf finanzielle Seriosität im Umgang mit öffentlichen Geldern zu verweigern.

---

[162] BVerfGE 127, 165 (211 ff.); zuvor E 39, 96 (127, wonach die Kontrolle des Bundesrechnungshofs nur bis zur Hingabe der Finanzmittel an die Länder reiche und die Mittelverwendung beim Leistungsempfänger Sache der Landesrechnungshöfe sei).

[163] Hervorgehoben von *Schenke* in Sodan Rn. 11.

[164] BT-Drs. 18/11131, 19. Dazu *Kube* ZG 2017, 124 ff.; *Mähring/Schulte* NVwZ 2018, 279 ff.

[165] Zu Art. 91e: BT-Drs. 17/1554, 5; BVerfGE 137, 108 (150); *Cornils* ZG 2015, 181.

[166] Zur Einsicht von Prüfern in psychiatrische Patientenakten BVerwGE 82, 56; Gegenposition: *Heintzen/Lilie* NJW 1997, 1601; zu sog. prüfungsfreien Räumen allgemein die Monographie von *Kollyris,* Die prüfungsfreien Räume in der Rechnungshofkontrolle, 2008.

[167] Beispiele VGH Kassel NVwZ 1994, 514; VGH München NVwZ-RR 1999, 549.

[168] BVerfGE 74, 69 (75 f.); zur Beseitigung der Folgen von Äußerungen in einem Bericht gemäß § 88 Abs. 2 BHO OVG Münster DVBl. 2017, 520; zur Anwendung dieser Vorschrift bei Rechnungshöfen *Krebs* VerwArch. 71 (1980), 77; ferner *Schwarz* in MKS Rn. 78, 119 ff.; *Siekmann* in Sachs Rn. 49.

[169] Zusammenfassungen bei *Engels* in BK Rn. 316–318; *Heun/Thiele* in Dreier Rn. 25; *Schwarz* in MKS Rn. 102–104.

[170] Dazu auch *Hufeld* in HdbStR III § 56 Rn. 35.

[171] Ausnahmebeispiel *Heintzen/Lilie* NJW 1997, 1601: Prüfer, die psychiatrische Patientenakten lesen, um herauszufinden, ob die billigste Behandlungsmethode gewählt worden ist.

III. Entlastung der Bundesregierung

40 Die Entlastung[172] der BReg durch BT und BR gemäß Art. 114 Abs. 1 bildet den Abschluss der Finanzkontrolle und des Haushaltszyklus.[173] Entlastung muss nicht förmlich beantragt werden.[174] **BT und BR entscheiden gleichberechtigt und voneinander unabhängig** in einer verfassungsrechtlich nicht festliegenden, wohl aber von § 114 Abs. 2 BHO festgelegten Reihenfolge,[175] der BT durch schlichten Parlamentsbeschluss.[176] Wie im Verfahren der Haushaltsaufstellung hält der Bundesrat sich bei der Entlastungsentscheidung politisch zurück.[177] Zur Entscheidung über die Entlastung sind beide ebenso verpflichtet wie zur Feststellung des Haushaltsplans; mit dieser Pflicht korreliert ein Anspruch der Bundesregierung, der von dem sogleich vorzustellenden Anspruch auf eine positive Entscheidung zu unterscheiden ist.[178] **Entscheidungsgrundlagen** sind die Rechnung des BMF (Art. 114 Abs. 1) und der Bericht des BRH, der bis zur Entlastungsentscheidung geändert und ergänzt werden kann (Art. 114 Abs. 2 S. 1); die Entlastung wird durch diese Entscheidungsgrundlagen aber nicht gegenständlich begrenzt.[179] Die Entlastung darf nicht erteilt werden, bevor diese Grundlagen vorliegen. BT und BR dürfen sich über das Votum des BRH hinwegsetzen.[180] Entscheidungsgegenstand ist die Ausführung des von BT und BR beschlossenen Haushaltsplans; die Fälle des Art. 111 werden mangels Haushaltsplans von Rechnungsprüfung und Entlastung nach Art. 114 nicht erfasst, im Unterschied zu den Fällen des Art. 112.[181] Entscheidungsmaßstab ist wiederum die Wirtschaftlichkeit und Ordnungsmäßigkeit der Haushalts- und Wirtschaftsführung des Bundes, wobei BT und BR jedoch, im Unterschied zum BRH, eine auch (partei-)politische Würdigung vornehmen, aber nicht aus **unsachlichen oder unverhältnismäßigen Gründen die Entlastung verweigern** dürfen.[182]

41 Die Entlastung ist eine politische Feststellung, durch welche die Wirtschaftlichkeit und Ordnungsmäßigkeit der Haushalts- und Wirtschaftsführung bescheinigt wird, **ohne unmittelbare Rechtsfolgen;** sie berührt nach einhelliger Meinung nicht rechtlich begründete Verantwortlichkeiten.[183] Eine

---

[172] Zu diesem Begriff *Heun/Thiele* in Dreier Rn. 36 ff.; *Schwarz* in MKS Rn. 37. Zum Verfahren *Engels* in BK Rn. 116 ff.

[173] Zur Entlastung im Haushaltsrecht der Europäischen Union *Rossi* EuR 2013, 170 ff.; *ders.* in Dauses/Ludwigs (Hrsg.), Handbuch des EU-Wirtschaftsrechts, Loseblatt, Stand Januar 2019, A. III. Rn. 234 ff.

[174] *Kube* in Maunz/Dürig Rn. 34.

[175] Zur Beteiligung des Bundesrates *Tettinger* StuW 1978, 58 (63); weiter *Kloepfer,* Finanzverfassungsrecht, 2014, § 15 Rn. 58; *Schwarz* in MKS Rn. 8 f.; krit. *Mahrenholz* in AK Rn. 42.

[176] Zu Form und Verfahren des Beschlusses *Heun/Thiele* in Dreier Rn. 37; *Kube* in Maunz/Dürig Rn. 41; *Schwarz* in MKS Rn. 38; *Siekmann* in Sachs Rn. 21.

[177] So auch die Einschätzung von *Engels* in BK Rn. 118.

[178] → Rn. 42.

[179] Ebenso *Kloepfer,* Finanzverfassungsrecht, 2014, § 15 Rn. 62; *Kube* in Maunz/Dürig Rn. 42; *Schwarz* in MKS Rn. 40.

[180] So auch *Reimer* in BeckOK GG Rn. 24; *Schwarz* in MKS Rn. 40.

[181] → Art. 111 Rn. 8. Zu Art. 112 *Kube* in Maunz/Dürig Rn. 42; *Schwarz* MKS Rn. 37; *Siekmann* in Sachs Rn. 20.

[182] Ebenso *Kloepfer,* Finanzverfassungsrecht, 2014, § 15 Rn. 62; *Schwarz* in MKS Rn. 39 f.; strenger *Siekmann* in Sachs Rn. 20; anders *Heun/Thiele* in Dreier Rn. 36; unklar *Engels* in BK Rn. 130 mit Fn. 198, zum Entscheidungsmaßstab weiter Rn. 131.

[183] Zu Letzterem ebenso *Heintzen* in HdbStR V § 120 Rn. 94; *Kube* in Maunz/Dürig Rn. 43; *Schwarz* in MKS Rn. 42, dort auch zu „Fernwirkungen"; *Siekmann* in Sachs Rn. 23.

rechtliche Wirkung der Entlastung besteht darin, dass nach ihrer Erteilung ein Verfahren vor dem BVerfG gegen das ihr zugrunde liegende Haushaltsgesetz unzulässig wird.[184] Spiegelbildlich ist die Verweigerung der Entlastung[185] eine **politische Missbilligung, die keine unmittelbaren rechtlichen Konsequenzen** hat, und die insbesondere von einem Misstrauensvotum (Art. 67, 68) unterschieden werden muss. Die Entlastung kann nur im Ganzen erfolgen oder verweigert werden; das schließt Kritik an einzelnen Maßnahmen oder Mitgliedern der BReg nicht aus.[186] Die Entscheidung über die Entlastung ist nicht revidierbar[187] und hat keine Präklusionswirkung;[188] die BReg kann nach verweigerter Entlastung diese erneut beantragen, insbesondere wenn sie Abhilfe geleistet hat[189]; sie muss das aber nicht tun.[190] Das Entlastungsverfahren rechtfertigt keine Verzögerung eines laufenden Haushaltsverfahrens.[191]

42 **Adressat der Entlastung** ist die BReg, und zwar die BReg, die für die entscheidungsgegenständliche Haushalts- und Wirtschaftsführung zuständig war und deren Finanzminister die Rechnung vorgelegt hat, nicht eine evtl. Nachfolgeregierung.[192] Dass die BReg, jedenfalls soweit Legislative[193] und Justiz betroffen sind, für den Haushaltsvollzug nicht verantwortlich gemacht werden kann, wird vernachlässigt. Wenn ihre Haushalts- und Wirtschaftsführung sich im Rahmen des Etats gehalten hat und Haushaltsüberschreitungen den Anforderungen von Art. 112 GG entsprechen, hat die BReg (nicht der BMF, auch nicht in den Fällen des Art. 112) einen **verfassungsrechtlichen Anspruch auf Entlastung,** der im Organstreitverfahren **vor dem BVerfG durchsetzbar** wäre, wobei wegen der Unbestimmtheit der diesen Anspruch bedingenden Rechtsbegriffe das BVerfG Zurückhaltung üben wird.[194]

43 Die Möglichkeit einer parlamentarischen **Generalaussprache** über die Haushalts- und Wirtschaftsführung der BReg aus Anlass der Entlastung wird von der Opposition in der Staatspraxis nicht genutzt, was auch mit den oft großen zeitlichen Abständen zwischen Entlastungsentscheidung und Entlastungsgegenstand zusammenhängen mag.[195] Immerhin ist durch das Institut

[184] BVerfGE 20, 56 (94); Kritik hieran aus dem Gesichtspunkt des parlamentarischen Minderheitenschutzes bei *Mahrenholz* in AK Rn. 46 f. Nach BVerfGE 45, 1 (30, 50) bleibt die Befugnis einzelner Abgeordneter oder Fraktionen, nachträglich Kompetenzüberschreitungen der Bundesregierung bei der Haushalts- und Wirtschaftsführung zu rügen, dagegen erhalten.

[185] Nachweis eines Beispielsfalls aus den 70er Jahren, der auch zu der Entscheidung BVerfGE 45, 1 geführt hat, bei *Siekmann* in Sachs Rn. 19.

[186] Ebenso *Heintzen* in HdbStR V § 120 Rn. 95 f.; *Heun/Thiele* in Dreier Rn. 37; *Jarass* in Jarass/Pieroth Rn. 2; vgl. auch § 114 Abs. 5 BHO.

[187] *Kube* in Maunz/Dürig Rn. 41. Die hier in der Voraufl. vertretene Gegenauffassung wird nicht aufrechterhalten; eine Revision ist nicht möglich, weil mit der Entlastung der Haushaltszyklus definitiv abgeschlossen ist.

[188] *Schwarz* in MKS Rn. 37.

[189] *Kube* in Maunz/Dürig Rn. 44.

[190] *Engels* in BK Rn. 128.

[191] So *Mahrenholz* in AK Rn. 34.

[192] Zum Problem der Zeitnähe insoweit *Schwarz* in MKS Rn. 45; zum Fall des Wechsels der BReg in einem Haushaltsjahr *Schwarz* in MKS Rn. 45; zur Irrelevanz der parlamentarischen Diskontinuität *Mahrenholz* in AK Rn. 43; *Schwarz* in MKS Rn. 36.

[193] Zu ihr *Mahrenholz* in AK Rn. 38.

[194] Vgl. *Butzer* in BeckOK GG Rn. 16.1; *Kemmler* in SHH Rn. 10; *Reimer* in BeckOK GG Rn. 25; *Schwarz* in MKS Rn. 45 f.; a. A. *Heun/Thiele* in Dreier Rn. 38.

[195] Nach *Mahrenholz* in AK Rn. 29, 40 im Durchschnitt 3 Jahre; *Engels* in BK Rn. 122 Fn. 184, weist darauf hin, dass die Verfahrensdauer heute kürzer sei (Entlastung 1,5 Jahre nach Abschluss des Haushaltsjahres).

der Entlastung sichergestellt, dass BT und BR das letzte Wort im Haushaltszyklus haben. Sollte der BR aus parteipolitischen Gründen die Entlastung verweigern, insbesondere weil dort andere Mehrheiten herrschen als im BT, so könnte die BReg, gestützt auf eine Mehrheit im BT, sich über dieses Votum hinwegsetzen;[196] ein Vermittlungsverfahren (Art. 77 Abs. 2) ist hier nicht vorgesehen.[197] Die politische Bedeutung der Entlastung ist gering; größeren, freilich informellen Effekt dürfte die personelle Übereinstimmung und Kontinuität von Haushalts- und Rechnungsprüfungsausschuss des Bundestages haben, die die Fortsetzung haushälterischer Fehler erschwert und an der trotz der hohen Belastung der betroffenen Parlamentarier festgehalten werden sollte.[198] Auch heute noch trifft ein 70 Jahre altes Zitat zu: „Parlament und öffentliche Meinung überlassen der Rechnungsprüfungsbehörde die Wegräumung der „Budgetleiche". Die Rechnungsprüfungsbehörde, allein auf weiter Flur, wirkt mit ihrer unangenehmen Arbeit und ihren späteren Berichten dann etwa wie der Abdecker, der einen Kadaver in seine Teile auflöst."[199]

C. Verhältnis zu anderen Bestimmungen des Grundgesetzes

Am engsten ist das Verhältnis zwischen Art. 110 und Art. 114. Art. 110 steht am Anfang des Haushaltszyklus und betont die besondere Rolle des Bundestages. Art. 114 steht am Ende des Haushaltszyklus und weist dem Bundestag zur Unterstützung den Bundesrechnungshof zu. Eine Spezialnorm ist Art. 91e.[200] Soweit der Bund den Ländern Haushaltsmittel zweckgebunden zur Erfüllung von Länderaufgaben zuweist, erhält die so begründete Kontrollfrage eine föderale Dimension (Koordination von Bundesrechnungshof und Landesrechnungshöfen), die mehrere GG-Artikel betrifft.[201] Aus dem Kontrollbegriff selbst ergeben sich Berührungen zu den Art. 92 ff., insbesondere zu Art. 97.[202] **44**

D. Kritische Würdigung

Eine kritische Würdigung muss zwischen den verfassungsrechtlichen Grundlagen einerseits und der einfachgesetzlichen Ausgestaltung sowie der politischen und administrativen Realität der Finanzkontrolle andererseits unterscheiden. Verbesserungsvorschläge, die unmittelbar Art. 114 betreffen, sind nach der 2017 erfolgten Korrektur einer BVerfG-Entscheidung von 2010[203] nicht ersichtlich.[204] Schon der Herrenchiemseer Entwurf wollte die **45**

[196] Ebenso *Mahrenholz* in AK Rn. 42.

[197] Zu Letzterem übereinstimmend *Engels* in BK Rn. 124.

[198] So auch *Heun,* Staatshaushalt und Staatsleitung, 1989, 501 f.

[199] *Heinig,* Das Budget, Bd. 1, 1949, 11.

[200] → Rn. 38.

[201] → Rn. 38.

[202] Vgl. die Habil.-Schrift von *Kempny,* Verwaltungskontrolle, 2017, die Rechnungshof-, Gerichts- und sonstige Kontrolle positivrechtlich und verwaltungswissenschaftlich unter verschiedenen Gesichtspunkten vergleicht.

[203] → Rn. 2, 10, 38. Zur Folgerichtigkeit der Korrektur *Schwarz* in MKS Rn. 106.

[204] Zu Art. 114 vorgelagerten Reformfragen im Rechnungswesen *Engels* in BK Rn. 134 ff.

Finanzkontrolle „in der üblichen Weise“[205] regeln. Klagen über die geringe politische Bedeutung von Finanzkontrolle und Entlastung ist verfassungsrechtlich nicht abzuhelfen, und in einer Abhilfe eine „verfassungspolitische Aufgabe ersten Ranges“ zu sehen,[206] wäre Übertreibung. Finanzkontrolle muss sich damit abfinden, dass sie, sofern sie keine Skandale liefert, politisch uninteressant ist.

Literatur

(soweit nicht in den Literaturhinweisen zu den Vorbemerkungen zu Art. 104a–115 und zu Art. 110–115 und zu Art. 110 enthalten)

H. H. v. Arnim, Wirtschaftlichkeit als Rechtsprinzip, 1988. – ***ders.,*** Finanzkontrolle in der Demokratie, in: ders. (Hrsg.), Finanzkontrolle im Wandel, 1989, 39. – ***ders.,*** Wirtschaftlichkeit als Kontrollmaßstab des Rechnungshofs, in: H. G. Zavelberg (Hrsg.), Die Kontrolle der Staatsfinanzen, 1989, 259. – ***ders./K. Lüder*** (Hrsg.), Wirtschaftlichkeit in Staat und Verwaltung, 1993. – ***S. Bajohr,*** Perspektiven der Finanzkontrolle: Parlamentarische Prüfungsaufträge an Rechnungshöfe, DV 91 (2000), 507. – ***U. Battis,*** Rechnungshof und Politik, DÖV 1976, 721; 1977, 243. – ***D. Behrendt,*** Die Prüfungstätigkeit des Bundesrechnungshofs außerhalb der unmittelbaren Bundesverwaltung, 2004. – ***P. Bergel,*** Rechnungshöfe als vierte Staatsgewalt?, 2010. – ***H. Blasius,*** Recht und Finanzkontrolle in den Gestaltungsräumen von Politik und Verwaltung, DÖV 1988, 819. – ***ders.,*** Zur Unabhängigkeit der Mitglieder der Rechnungshöfe, VR 1990, 124. – ***ders.,*** Finanzkontrolle und Gesetzgebung, DÖV 1989, 298. – ***ders.,*** Der Rechnungshof als körperschaftlich-kollegial verfasste unabhängige Einrichtung, JZ 1990, 954. – ***ders.,*** Prüfungs- und Erhebungskompetenzen des Bundesrechnungshofs im Länderbereich, DÖV 1992, 18. – ***ders.,*** Der Rechnungshof als Kontrolleur und Informant, DÖV 1993, 643. – ***ders./B. Stadtmann,*** Justiz und Finanzkontrolle, DÖV 2002, 12. – ***M. Brenner,*** Die Bedeutung der Haushaltskontrolle für die Budgethoheit des Parlaments, VR 2015, 289, 325. – ***T. Broesigke,*** Die internationale Zusammenarbeit der obersten Rechnungskontrollbehörden, FS zur 275. Wiederkehr der Errichtung der Preußischen General-Rechen-Kammer, 1989, 435. – ***Ch. Brüning*** (Hrsg.), Prüfungskompetenzen der Rechnungshöfe bei ausgegliederter Aufgabenwahrnehmung, 2011. – ***Bundesrechnungshof*** (Hrsg.), 50 Jahre Bundesrechnungshof, 2000. – ***M. Cornils,*** Optionskommunen unter Finanzkontrolle, ZG 2015, 181. – ***Ch. Degenhart,*** Rechtsfragen zeitnaher Prüfung durch den Bundesrechnungshof, in: H. Schulze-Fielitz (Hrsg.), Fortschritte der Finanzkontrolle in Theorie und Praxis, Beiheft 3 zu DV, 2000, 55. – ***ders./H. Schulze-Fielitz/H. Schäfer/A. Ruch,*** Kontrolle der Verwaltung durch Rechnungshöfe, VVDStRL 55 (1996), 190, 231, 278, 298. – ***R. Dieckmann,*** Der Stand der Erfolgskontrolluntersuchungen bei Rechnungshöfen, in: G. Engelhardt/H. Schulze/W. Thieme (Hrsg.), Stellung und Funktionen der Rechnungshöfe im Wandel, 1993, 43. – ***G. Drange,*** Publizität im Verhältnis von Bundesrechnungshof und Bundestag, 2007. – ***M. Droege,*** Die „Richter“ der Exekutive – Organisationsverfassung der Rechnungshöfe und richterliche Unabhängigkeit ihrer Mitglieder, VerwArch. 106 (2015), 459. – ***U. Eggeling,*** Finanzkontrolle im Bundesstaat, 1987. – ***D. Engels*** (Hrsg.), 300 Jahre externe Finanzkontrolle in Deutschland, 2014. – ***D. Fittschen,*** Durchsetzung der Prüfungsrechte der Rechnungshöfe, VerwArch. 83 (1992), 165. – ***Th. Franz,*** Prüfungen des Bundesrechnungshofs bei den Gerichten des Bundes, in: H. Schulze-Fielitz (Hrsg.), Fortschritte der Finanzkontrolle in Theorie und Praxis, Beiheft 3 zu DV, 2000, 75. – ***ders.,*** Der Bundesbeauftragte für Wirtschaftlichkeit in der Verwaltung, DÖV 2008, 1042. – ***A. Greifeld,*** Der Rechnungshof als Wirtschaftlichkeitsprüfer, 1981. – ***Ch. Gröpl,*** Wirtschaftlichkeit und Sparsamkeit staatlichen Handelns, HdbStR V, § 121. – ***Th. Groß,*** Exekutive Befugnisse der Rechnungshöfe, VerwArch. 95 (2004), 194. – ***K. Grupp,*** Die Stellung der Rechnungshöfe in der Bundesrepublik Deutschland, 1972. – ***ders.,*** Parlamentarische Informationsverlangen über Prüfungen

[205] Bericht über den Verf.konvent auf Herrenchiemsee vom 10. bis 23. August 1948, 56.

[206] So *Fischer-Menshausen* in v. Münch/Kunig, 3. Aufl. 1996, Rn. 24, mit zahlreichen Reformvorschlägen.

der Rechnungshöfe, FS Mußgnug, 2005, 163. – ***N. Hauser,*** Stellung des Bundesrechnungshofs im System der Gewaltenteilung und in der öffentlichen Verwaltung, DVBl. 2006, 539. – ***G. Haverkate,*** Der Schutz subjektiv-öffentlicher Rechte in der Rechnungsprüfung, AöR 108 (1982), 539. – ***M. Heintzen/H. Lilie,*** Patientenakten und Rechnungshofkontrolle, NJW 1997, 1601. – ***E. Heuer,*** Welchen Weg geht die Finanzkontrolle?, FinArch. 49 (1992), 248. – ***Hessischer Rechnungshof*** (Hrsg.), Der Wirtschaftlichkeitsgrundsatz im Haushaltsrecht, 2016. – ***H. Hill/H. Mühlenkamp*** (Hrsg.), Neue Wege in der Finanzkontrolle, 2019. – ***W. Höfling,*** Die Betätigung der Rechnungshöfe nach §§ 44 Abs. 1, 53, 54 Abs. 1 HGrG, FS Selmer, 2004, 673. – ***U. Hufeld,*** Der Bundesrechnungshof und andere Hilfsorgane des Bundestages, HdbStR III, 2005, § 56. – ***J. Isensee,*** Außenvertretung der deutschen Rechnungshöfe in der Europäischen Union, 2001. – ***ders.,*** Finanzkontrolle im Bundesstaat, ZÖR 63 (2008), 29. – ***ders.,*** Rechnungsprüfung im Ausland, GS Blumenwitz, 2008, 929. – ***R. D. Kammer,*** Finanzkontrolle und Finanzierungskompetenz des Bundes, DVBl. 1990, 555. – ***U. Karpen,*** Wirtschaftlichkeitskontrolle an Hochschulen, DV 19 (1986), 230. – ***D. Keller,*** Prüfungsaufträge und Unabhängigkeit der Rechnungshöfe, DÖV 1979, 705. – ***S. Kempny,*** Verwaltungskontrolle, 2017. – ***G. Kisker,*** Sicherung von „Wirtschaftlichkeit und Sparsamkeit" durch den Rechnungshof, NJW 1983, 2167. – ***W. Klappstein,*** Die moderne Finanzkontrolle im Spiegel von Wissenschaft und Praxis, DV 1990, 23, 473. – ***ders.,*** Die kollegiale Verfassung der Rechnungshöfe, in: H. Schulze-Fielitz (Hrsg.), Fortschritte der Finanzkontrolle in Theorie und Praxis, Beiheft 3 zu DV, 2000, 25. – ***F. Knöpfle,*** Die Zuständigkeit der Rechnungshöfe für die Prüfung der Körperschaften des öffentlichen Rechts, 1987. – ***E. Kollyris,*** Die prüfungsfreien Räume in der Rechnungshofkontrolle, 2008. – ***S. Korioth,*** Der Bundesrechnungshof, die Länder und die Gemeinden, Jahrbuch für öffentliche Finanzen 2010, 283 und 2011, 409. – ***W. Krebs,*** Die rechtliche Stellung der Rechnungshöfe und der Vorbehalt des § 40 I VwGO zugunsten der verfassungsrechtlichen Streitigkeit, VerwArch. 71 (1980), 77. – ***ders.,*** Rechtmäßigkeit und Wirtschaftlichkeit als Kontrollmaßstäbe des Rechnungshofs, in: H. H. v. Arnim (Hrsg.), Finanzkontrolle im Wandel, 1989, 65. – ***ders.,*** Kontrolle in staatlichen Entscheidungsprozessen, 1984. – ***H. Kube,*** Erhebungen des Bundesrechnungshofs in den Ländern, ZG 2017, 124. – ***K. Lange,*** Die Prüfung staatlicher Zuwendungen durch den Rechnungshof, in H. G. Zavelberg (Hrsg.), Die Kontrolle der Staatsfinanzen, 1989, 279. – ***K. v. Lewinski/D. Zimmermann,*** Haushaltsuntreue und Rechnungshofkontrolle, Verw.Arch. 105 (2014), 441. – ***W. Löwer,*** Regierungsarkana und Kontrolle der Rechnungshöfe, NWVBl. 2009, 125. – ***M. Mähring,*** Externe Finanzkontrolle im europäischen Mehrebenensystem, DÖV 2006, 195. – ***ders./D. Schulte,*** Die Erhebungsrechte des Bundesrechnungshofes im Lichte des neuen Art. 114 II GG, NVwZ 2018, 279. – ***Th. Maunz,*** Staatliche Rechnungsprüfung im Rahmen der Verfassung, BayVBl. 1987, 609. – ***H. Miß,*** Die Unabhängigkeit von Bundesrechungshof und Abschlussprüfern vor dem Hintergrund paralleler Prüfung und Beratung – Eine vergleichende Untersuchung, 2005. – ***U. Müller*** (Hrsg.), Haushaltsreform und Finanzkontrolle, 1997. – ***A. v. Mutius,*** Kontrollbedarf und Instrumentarium der Rechnungshöfe in dezentralisierten Staatsorganisationen, in: W. Böning/A. v. Mutius/H. Schlegelberger (Hrsg.), Finanzkontrolle im föderativen Staat, 1982, 26. – ***ders.,*** Finanzkontrolle und Öffentlichkeit, in: H. G. Zavelberg (Hrsg.), Die Kontrolle der Staatsfinanzen, 1989, 305. – ***A. v. Mutius/G. F. Schuppert,*** Steuerung des Verwaltungshandelns durch Haushaltsrecht und Haushaltskontrolle, VVDStRL 42 (1984), 147, 216. – ***A. Nawrath,*** Die internationale Zusammenarbeit der Rechnungshöfe, DÖV 2000, 861. – ***A. Niekamp,*** Der Beratungsbedarf des Staates und die Rolle des Rechnungshofs, DÖV 2004, 739. – ***F. v. Pfuhlstein,*** Über die Institution des Bundesbeauftragten für Wirtschaftlichkeit in der Verwaltung, FS H. Schäfer, 1975, 375. – ***B. Pieroth/K. Neukamm,*** Fraktionsfinanzierung und Rechnungshofkontrolle, hrsg. vom Landtag von Nordrhein-Westfalen, 2005. – ***H. Rischer,*** Finanzkontrolle staatlichen Handelns, 1995. – ***E. Röper,*** Entlastung, VR 1982, 33. – ***Ph. Rogge,*** Staatliche Finanzkontrolle freier Wohlfahrtspflege, 2001. – ***H. Sauer,*** Wissenschaftsfreiheit und Rechnungsprüfung, DÖV 1986, 941. – ***F. Schäfer,*** Zur Stellung des Präsidenten des Bundesrechnungshofs, FS H. Schäfer, 1975, 147. – ***H. Schäfer,*** Finanzkontrolle im Bundesstaat, GS F. Klein 1977, 450. – ***H. Schulze,*** Die Rolle des Rechnungshofs während der vorläufigen Haushaltsführung einer Regierung ohne Parlamentsmehrheit, FS W. Zeidler, 1987, 1217. – ***ders./W. Thieme*** (Hrsg.), Stellung und Funktion der Rechnungshöfe im Wandel?, 1993. – ***H. Schulze-Fielitz*** (Hrsg.), Fortschritte der Finanzkontrolle in Theorie und Praxis. Zum Gedenken an Ernst Heuer, 2000. – ***K.-A. Schwarz,*** Finanzkontrolle im föderalen Mehrebenensystem, DVBl. 2011, 135. – ***P. Selmer,*** Zur Intensivierung der Wirtschaftlichkeitskontrolle durch die Rechnungshöfe, DV 1990, 1. – ***ders.,*** Zur Intensivierung der Wirtschaftlichkeitskontrolle durch die Rechnungshöfe: Rechtliche Bemerkungen unter Einbeziehung der Finanzkontrolle öffentlich-rechtlicher Rundfunkanstalten, in: G. Engelhardt/H. Schulze/W. Thieme (Hrsg.), Stellung und Funktion der Rechnungshöfe im Wandel?, 1993, 67. – ***M. Sierig,*** Die Grenzen der staatlichen Finanzkontrolle, 1998. – ***W. Sigg,*** Die Stellung der Rechnungshöfe im politischen System der Bundesrepublik, 1983. – ***K. Stern,*** Die staatsrechtliche Stellung des Bundesrechnungshofes und seine Bedeutung im System der Finanzkontrolle, in: H. G. Zavelberg (Hrsg.), Die Kontrolle der Staatsfinanzen, 1989, 11. – ***ders.,*** Bundesrechnungshof und Finanzkontrolle in verfassungsrechtlicher Sicht, DÖV 1990, 261. – ***R. Stober/W. Kluth,*** Zur Rechnungsprüfung von Kammern, 1989. – ***J. M. Störring,*** Die Beratungsfunktion des Bundesrechnungshofes und seines Präsidenten, 2013. – ***P. J. Tettinger,*** Rechtsfragen der Entlastung nach Rechnungslegung (Art. 114 Abs. 1 GG), StuW 55 (1978), 58. – ***S. Tiemann,*** Die staatsrechtliche Stellung der Finanzkontrolle des Bundes, 1974. – ***J. H. Treuner,*** Der Bundesbeauftragte für Wirtschaftlichkeit in der Verwaltung, DVBl. 1992, 421. – ***M. Vogt,*** Zur Informationstätigkeit des Bundesrechnungshofes, 2013. – ***Ch. Waldhoff,*** Verfassungsfragen der Kontrollkompetenzen des Landesrechnungshofs in gestuften Vermögensprivatisierungen, NWVBl. 2009, 369. – ***K. Walther,*** Inhalt und Bedeutung der Grundsätze der Wirtschaftlichkeit und Sparsamkeit in der öffentlichen Verwaltung, BayVBl. 1990, 231. – ***J. Wieland,*** Rechnungshofkontrolle im demokratischen Rechtsstaat, DVBl. 1995, 894. – ***K. Wittrock,*** Die Zusammenarbeit der Rechnungshöfe in der Bundesrepublik, Die Verwaltung 1986, 363. – ***H. G. Zavelberg,*** Gelebter Föderalismus, in: 175 Jahre Oberster Bayerischer Rechnungshof, 1987, 115. – ***ders.*** (Hrsg.), Die Kontrolle der Staatsfinanzen – Geschichte und Gegenwart, 1989.

Art. 115 [Staatsverschuldung]

(1) Die Aufnahme von Krediten sowie die Übernahme von Bürgschaften, Garantien oder sonstigen Gewährleistungen, die zu Ausgaben in künftigen Rechnungsjahren führen können, bedürfen einer der Höhe nach bestimmten oder bestimmbaren Ermächtigung durch Bundesgesetz.

(2) [1] Einnahmen und Ausgaben sind grundsätzlich ohne Einnahmen aus Krediten auszugleichen. [2] Diesem Grundsatz ist entsprochen, wenn die Einnahmen aus Krediten 0,35 vom Hundert im Verhältnis zum nominalen Bruttoinlandsprodukt nicht überschreiten. [3] Zusätzlich sind bei einer von der Normallage abweichenden konjunkturellen Entwicklung die Auswirkungen auf den Haushalt im Auf- und Abschwung symmetrisch zu berücksichtigen. [4] Abweichungen der tatsächlichen Kreditaufnahme von der nach den Sätzen 1 bis 3 zulässigen Kreditobergrenze werden auf einem Kontrollkonto erfasst; Belastungen, die den Schwellenwert von 1,5 vom Hundert im Verhältnis zum nominalen Bruttoinlandsprodukt überschreiten, sind konjunkturgerecht zurückzuführen. [5] Näheres, insbesondere die Bereinigung der Einnahmen und Ausgaben um finanzielle Transaktionen und das Verfahren zur Berechnung der Obergrenze der jährlichen Nettokreditaufnahme unter Berücksichtigung der konjunkturellen Entwicklung auf der Grundlage eines Konjunkturbereinigungsverfahrens sowie die Kontrolle und den Ausgleich von Abweichungen der tatsächlichen Kreditaufnahme von der Regelgrenze, regelt ein Bundesgesetz. [6] Im Falle von Naturkatastrophen oder außergewöhnlichen Notsituationen, die sich der Kontrolle des Staates entziehen und die staatliche Finanzlage erheblich beeinträchtigen, können diese Kreditobergrenzen auf Grund eines Beschlusses der Mehrheit der Mitglieder des Bundestages überschritten werden. [7] Der Beschluss ist mit einem Tilgungsplan zu verbinden. [8] Die Rückführung der nach Satz 6 aufgenommenen Kredite hat binnen eines angemessenen Zeitraumes zu erfolgen.

Paulskirchenverfassung von 1849

Abschnitt II. Art. X

§ 51. Die Reichsgewalt ist befugt, in außerordentlichen Fällen [...] Anleihen zu machen oder sonstige Schulden zu contrahiren.

Reichsverfassung von 1871

Art. 73. In Fällen eines außerordentlichen Bedürfnisses kann im Wege der Reichsgesetzgebung die Aufnahme einer Anleihe, sowie die Übernahme einer Garantie zu Lasten des Reichs erfolgen.

Weimarer Reichsverfassung von 1919

Art. 87. Im Wege des Kredits dürfen Geldmittel nur bei außerordentlichem Bedarf und in der Regel nur für Ausgaben zu werbenden Zwecken beschafft werden. Eine solche Beschaffung sowie die Übernahme einer Sicherheitsleistung zu Lasten des Reichs dürfen nur auf Grund eines Reichsgesetzes erfolgen.

Grundgesetz von 1949

Art. 115. Im Wege des Kredites dürfen Geldmittel nur bei außerordentlichem Bedarf und in der Regel nur für Ausgaben zu werbenden Zwecken und nur auf Grund eines Bundesgesetzes beschafft werden. Kreditgewährungen und Sicherheiten zu Lasten des Bundes, deren Wirkung über ein Rechnungsjahr hinausgeht, dürfen nur auf Grund eines Bundesgesetzes erfolgen. In dem Gesetze muß die Höhe des Kredites oder der Umfang der Verpflichtung, für die der Bund die Haftung übernimmt, bestimmt sein.

Grundgesetz von 1969

Art. 115. Die Aufnahme von Krediten sowie die Übernahme von Bürgschaften, Garantien oder sonstigen Gewährleistungen, die zu Ausgaben in künftigen Rechnungsjahren führen können, bedürfen einer der Höhe nach bestimmten oder bestimmbaren Ermächtigung durch Bundesgesetz. Die Einnahmen aus Krediten dürfen die Summe der im Haushaltsplan veranschlagten Ausgaben für Investitionen nicht überschreiten; Ausnahmen sind nur zulässig zur Abwehr einer Störung des gesamtwirtschaftlichen Gleichgewichts. Das Nähere wird durch Bundesgesetz geregelt.

Für Sondervermögen des Bundes können durch Bundesgesetz Ausnahmen von Absatz 1 zugelassen werden.

Übersicht

A. Allgemeine Bedeutung

1 Von 1970 bis 2014 war der Finanzbedarf des Bundes regelmäßig größer als die Staatseinnahmen. Der Haushaltsausgleich wurde durch **Kreditaufnahme** herbeigeführt. Staatsverschuldung ermöglicht Zukunftsinvestitionen und kann zur Glättung von Konjunkturzyklen und zur Milderung oder Verschiebung sozialer Konflikte beitragen. Sie birgt aber die große Gefahr einer Verschiebung von Lasten (Tilgung und Zinsen) in die Zukunft, weiterhin die Gefahr der Verdrängung produktiverer privatwirtschaftlicher Kreditnachfrager, schließlich die Gefahr volkswirtschaftlicher Selbstüberschätzung. Diesen Gefahren, die durch die Zinsunempfindlichkeit des Staates erhöht werden, ist mit dem **Demokratieprinzip** unter dem Gesichtspunkt des Schutzes künftiger Generationen[1] nicht beizukommen, weil der einer Zukunftspräjudizierung entgegenstehende demokratische Gedanke der zeitlichen Begrenzung

[1] Zu nationalökonomischen Ansätzen, die deren Schutzbedürftigkeit bestreiten, sich aber nicht durchgesetzt haben, u. a. *Pünder* in HdbStRV, § 123 Rn. 3; *Wendt/Elicker* DVBl. 2001, 497 (498); zu der Frage, ob der Schutz nachfolgender Generationen sich nicht insgesamt auf den Erhalt des Staatsvermögens erstrecken sollte, *Engels/Hugo* DÖV 2007, 450. Zum Nachweltschutz insgesamt *Tepperwien,* Nachweltschutz im Grundgesetz, 2009; zur Kategorie der Nachhaltigkeit *Kahl* (Hrsg.), Nachhaltige Finanzstrukturen im Bundesstaat, 2011; *ders.,* Nachhaltigkeitsverfassungsrecht, 2018.

von Herrschaft zu abstrakt ist.[2] Art. 115 dient in erster Linie dem Zweck, die Staatsverschuldung, die politisch opportuner ist als sogleich spürbare Steuererhöhungen oder Ausgabenkürzungen, verfassungsrechtlich zu regeln[3] und ihre häufig unterschätzte („Staatsschuldenillusion") zukunftsbelastende Wirkung zu begrenzen. Das betrifft freilich nur die explizite Staatsverschuldung; **implizite, latente Schulden** (wie Pensionslasten oder Rentenversicherungsansprüche) werden nicht bedacht.[4] Mittelbar sichert Art. 115 auch das **Ausgabenbewilligungsrecht des Parlaments.**[5] Indem Art. 115 Abs. 1 von „Rechnungsjahr" spricht, wird klargestellt, dass die Zukunftsbelastung nach dem Annuitätsprinzip bemessen wird.[6] Art. 115 Abs. 1 ist Haushaltsverfassungsrecht und zielt auf das Verhältnis von Parlament (als Inhaber der Budgethoheit) und Regierung; die Wirkungen von Art. 115 Abs. 2 betreffen, trotz seiner systematischen Stellung, nicht in erster Linie das Verhältnis von Parlament und Regierung, sondern das Verhältnis von Staat, Gesellschaft und Volkswirtschaft.[7]

Staatsverschuldung kann sehr unterschiedlich **bewertet** werden. Dies 2
lässt sich heute noch an zwei klassischen Extrempositionen verdeutlichen. David Ricardo hat die Staatsverschuldung als eine der schrecklichsten Geißeln charakterisiert, die je zur Plage der Nationen erfunden worden sind,[8] Lorenz von Stein meinte dagegen, ein Staat ohne Schulden fordere zu viel von seiner Gegenwart und leiste zu wenig für die Zukunft.[9] In jedem Fall wird man

---

[2] So BVerfGE 129, 124 (182 f.); 132, 195 (242); 135, 317 (405); i. E. ebenso BVerfGE 79, 311 (343); *v. Arnim* BayVBl. 1981, 519; *Henneke,* Öffentliches Finanzwesen – Finanzverfassung, 2. Aufl., 2000, Rn. 598; *Heun* in Dreier Rn. 8; *Höfling,* Staatsschuldenrecht, 1993, 94 ff.; *P. Kirchhof* in HdbStR V, § 99 Rn. 145; *Pünder* in HdbStR V, § 123 Rn. 3; *Püttner,* Staatsverschuldung als Rechtsproblem, 1980, 11 f.; *Puhl,* Budgetflucht und Haushaltsverfassung, 1997, 474, 523 f.; *Wendt* in MKS Rn. 6; *Wendt/Elicker* DVBl. 2001, 497 (498). Zu weiteren Verfassungsprinzipien *Kube* in Maunz/Dürig Rn. 1. Zu Art. 20a (intertemporale Lastengerechtigkeit) *Henneke,* wie in dieser Fußnote zuvor, Rn. 562–567; *Wendt* in MKS Rn. 11–13.

[3] Überblick über Regelungen in ausländischen Verfassungen bei *Kube* in Maunz/Dürig Seite 2 Fn. 1; *Siekmann* in Sachs Rn. 3.

[4] Zu ihren möglichen Dimensionen *Engels/Hugo* DÖV 2007, 445 (446, 1. Sp.); zu Versuchen, sie doch mit dem Kredit- oder dem Gewährleistungsbegriff zu erfassen, *Kube* in Maunz/Dürig Rn. 77, 88.

[5] BVerfGE 79, 256 (281); grundsätzlich auch BerlVerfGH DVBl. 2004, 308. Zu letzterem Urteil kritisch („mit viel politischer Phantasie") *Heun* in Dreier Rn. 46 m. w. N.

[6] Ebenso *Kube* in Maunz/Dürig Rn. 83; zur unterschiedlichen Bedeutung der Periodeneinteilung in Staatshaushaltsrecht einerseits und Handelsbilanzrecht andererseits ebd., Rn. 102.

[7] Zu diesen Akteuren → Vorb. Art. 104a–115 Rn. 28; zu dem staatsorganisationsrechtlichen Gehalt der Norm *Henneke,* Öffentliches Finanzwesen – Finanzverfassung, 2. Aufl., 2000, Rn. 571; *Heun* in Dreier Rn. 14; *Höfling/Rixen* in BK Rn. 261–266; *Siekmann* in Sachs Rn. 4.

[8] *Sraffa* (Hrsg.), The works and correspondence of David Ricardo, Bd. 5, Speeches and Evidence, 1952, 20, 55.

[9] *v. Stein,* Lehrbuch der Finanzwissenschaft, 3. Aufl., 1875, 716; relativierend dazu *Kube* in Maunz/Dürig Rn. 142; interessante Zusammenfassung bei *Ernst-Pörksen,* Staatsschuldtheorien, 1983; vgl. auch *v. Arnim/Weinberg,* Staatsverschuldung in der Bundesrepublik Deutschland, 1986; ferner *Heun* in Dreier Rn. 8 ff.; *Pünder* in HdbStR V, § 123 Rn. 4–10; *Wendt* in MKS Rn. 1–7; Auflistung der Nachteile der Staatsverschuldung bei *Wendt* in MKS Rn. 7; zu der inzwischen widerlegten These, Staatsverschuldung führe zu einer sozialen Umverteilung von unten nach oben, mit der wohl der Staat eine Weigerung, seine Schulden ganz zurückzuzahlen, begründen würde, *Henneke,* Öffentliches Finanzwesen – Finanzverfassung, 2. Aufl., 2000, Rn. 568 f.; *Heun* in Dreier Rn. 9. Nachw. zur Geschichte der Staatsverschuldung bei *Heun* in Dreier Rn. 1 sowie *Stern,* Das StaatsR der BRD II, 1980, § 51 II.

sagen können, Kreditfinanzierung sei eine gefährliche Form der Staatsfinanzierung.[10]

3 Ein möglicher Regelungsgegenstand des Staatsschuldenrechts hat trotz globaler Finanzmärkte an normativer Eigenständigkeit verloren und wird in Art. 115 nicht gesondert thematisiert. Dies ist der **Auslandskredit.**[11] Bei der Frage, wie viel Prozent der aktuellen deutschen Staatsschuld im Ausland aufgenommen worden sind, ist man, wie überhaupt bei der Frage nach den Gläubigern des Staates, in einem ungewöhnlichen Ausmaß auf Vermutungen angewiesen. Kein eigenständiges Thema waren in der bisherigen Geschichte der Bundesrepublik Deutschland und bis auf Weiteres **Kriegsanleihen,** die sich in das Konzept des Art. 115 im Übrigen nicht einfügen ließen.

4 Die **tatsächliche Entwicklung** der Staatsverschuldung in der Bundesrepublik Deutschland[12] kann in Phasen eingeteilt werden. Unter der Geltung des ersten Art. 115 ist der Schuldenstand der Gebietskörperschaften von 1950 bis 1965 auf ca. 84 Mrd. DM gestiegen; in dieser Zeit herrschte trotz der enormen Aufbaulasten nach dem 2. Weltkrieg Zurückhaltung gegenüber einer Staatsverschuldung. Es folgt die Phase eines deutlichen Anstiegs auf gut 1050 Mrd. DM im Jahr 1990, mit 1981 und 1982 als Rekordjahren der Nettokreditaufnahme aller Gebietskörperschaften (beim Bund 1981 40,8 und 1982 36,0 Mrd. DM) und Konsolidierungsbemühungen, die 1982 einsetzten, von ihrem Anspruch her nicht auf eine Rückführung, sondern auf eine Verlangsamung der Staatsverschuldung zielten und die Nettokreditaufnahme des Bundes im Jahr 1989 immerhin auf 15,3 Mrd. DM senkten.[13]

5 Die 1990er Jahre brachten als Folge der **Wiedervereinigung** Deutschlands einen erneuten drastischen Anstieg, der zeitweise in Fonds außerhalb des Bundeshaushalts (Fonds „Deutsche Einheit", Kreditabwicklungsfonds, Erblastentilgungsfonds) aufgefangen worden ist.[14] Seit Ende der 1990er Jahre ist die Finanzpolitik des Bundes auf eine Rückführung der Nettokreditaufnahme gerichtet, dies auch unter dem Eindruck des **Verbots eines übermäßigen öffentlichen Defizits** in Art. 126 Abs. 1 AEUV, das in Art. 1 des Protokolls über das Verfahren bei einem übermäßigen Defizit nummerisch präzisiert wird; übermäßig ist ein Defizit, wenn das Verhältnis zwischen dem geplanten oder tatsächlichen öffentlichen Defizit und dem Bruttoinlandsprodukt zu Marktpreisen 3 % oder wenn das Verhältnis zwischen dem öffentlichen Schuldenstand und dem Bruttoinlandsprodukt zu Marktpreisen 60 % übersteigt; der Begriff „öffentlich" wird in Art. 2, 1. Spiegelstrich des Protokolls ebenfalls präzisiert. Die europarechtlichen Vorgaben sind materielle Verfas-

[10] So *Isensee* FS f. Selmer, 2004, 694.

[11] Beispiel: *W. C. McNeil,* American Money and the Weimar Republic, 1986.

[12] Ausführliche Darstellung bei *Henneke,* Öffentliches Finanzwesen – Finanzverfassung, 2. Aufl., 2000, Rn. 527–549; *Höfling,* Staatsschuldenrecht, 1993, 13 ff.; *Institut für Finanzen und Steuern,* Deutscher Fiskus in der „Schuldenfalle", IFSt-Schrift Nr. 433, 2005; *Kube* in Maunz/Dürig Rn. 235; zur Bedeutung der Inflationen 1923/24 und 1948 *Höfling* wie zuvor S. 534.

[13] Vgl. auch *Wendt* in MKS Rn. 8 f.

[14] Dazu *Henneke,* Öffentliches Finanzwesen – Finanzverfassung, 2. Aufl., 2000, Rn. 545, 547, unter Hinweis auf das SchuldeingliederungsG vom 21.6.1999 (BGBl. I 1384), mit welchem einige dieser Fonds in den Bundeshaushalt übernommen worden sind. 2005 geschah dies auch mit dem Fonds Deutsche Einheit (vgl. § 6a des ErrichtungsG; *Kube* in Maunz/Dürig Rn. 239). Man könnte dies von Neuauflage zu Neuauflage eines Kommentars nachführen. Was hier steht, ist der Stand der 6. Aufl. von 2012. Sinnvoll ist eine solche Nachführung jedoch nicht. Sinnvoller wäre es, wenn das BVerfG für Sondervermögen dasselbe forderte wie für Sonderabgaben, nämlich eine amtliche Übersicht.

sungsergänzungen; auf sie wird in Art. 109 Abs. 2 ausdrücklich verwiesen.[15]

Nachdem Deutschland mehrfach **diese Stabilitätskriterien nicht erfüllt** hatte, ist 2006, mit einem Gesamtschuldenstand von 1,48 Billionen Euro,[16] dank wieder anspringender Konjunktur und dank Umsatzsteuererhöhung eine Verbesserung eingetreten. Erstmals seit Jahrzehnten war perspektivisch wieder von nicht bloß formell, sondern auch materiell ausgeglichenen Staatshaushalten die Rede. 2007 lag die Neuverschuldung des Bundes bei 14,3 Mrd. Euro, 2008 nur noch bei 11,5 Mrd. Euro. **Für 2011 rechnete die damalige Finanzplanung mit einem ausgeglichenen Haushalt.** **6**

Doch dann kamen die Finanzmarktkrise und die Eurokrise und ließen die Verschuldung 2009 auf 34,1 Mrd. (mit zwei Nachtragshaushalten) und 2010 auf das **bisherige Allzeithoch** von letztlich ca. 44 Mrd. Euro anschnellen,[17] mit erneuter Fondsbildung: Finanzmarktstabilisierungsfonds, Investitions- und Tilgungsfonds. Beobachter sagten hierzu auch, dass in der Politik immer dann mit demnächst ausgeglichenen Haushalten gerechnet werde, wenn der nächste Absturz kurz bevorstehe. Die Art. 109 Abs. 3, 115 Abs. 2 und 143d Abs. 1 GG sollen nun bewirken, dass diese Neuverschuldung deutlich reduziert wird, trotz klar vorauszusehender zwischenzeitlicher Zuspitzung demographischer Probleme. **7**

Die Neufassung von Art. 115 trat im Juli 2009 in Kraft, kurz bevor die Nettoneuverschuldung des Bundes infolge der Finanzmarktkrise ihren bisherigen Höchststand erreicht hat und kurz nachdem Bundeskanzlerin und Bundesfinanzminister im Oktober 2008 den Sparerinnen und Sparern angesichts der Krise der Hypo Real Estate Bank gesagt hatten, dass ihre Einlagen sicher seien, dies um einem befürchteten **Bank-run** entgegenzuwirken. Es folgte eine **Konsolidierungsphase,** und seit 2015 wird Art. 115 Abs. 2 S. 1 tatsächlich eingehalten, begünstigt durch hohe Steuereinnahmen und, infolge der Geldmarktpolitik der EZB, niedrige Kreditzinsen. Skepsis, was die Nachhaltigkeit der Entwicklung anlangt, bleibt.[18] Immerhin hätte 2009 niemand geglaubt, dass inzwischen (2019) **die „Schuldenuhren" rückwärts laufen** und 2018 nach Angaben des Statistischen Bundesamtes alle öffentlichen Haushalte Schulden abgebaut haben, der Bund 29,1 Mrd. Euro. Der Schuldenstand vor 2008 ist trotz „Schuldensinkflugs" freilich, in Eurobeträgen berechnet, noch nicht erreicht, und in der öffentlichen Diskussion über dringend anstehende Investitionen in Verkehrs- und digitale Infrastruktur wird offen zu Abschaffung oder Bruch der Art. 109 Abs. 3 und 115 Abs. 2 aufgerufen oder werden diese schlicht ignoriert.[19] **8**

Art. 115 ist durch das 20. G zur Änd. des GG vom 12. Mai 1969[20] erstmals geändert worden, und zwar so, dass die Staatsverschuldung – entsprechend dem damals vorherrschenden Trend gemäß dem Leitbild einer **antizykli-** **9**

[15] Ebenso *Henneke,* Öffentliches Finanzwesen – Finanzverfassung, 2. Aufl., 2000, Rn. 614, Rn. 624–627; *Pünder* in Friauf/Höfling Rn. 6 ff.; in der Deutung ihrer Tragweite zurückhaltender *Heun* in Dreier Rn. 6 (u. a. hinsichtlich der Rechtsfolgen von Verstößen); zur Rolle der Gemeinden *H. A. Wolff* DÖV 2006, 908.

[16] Statistisches Jahrbuch 2007, 589, dort bezogen auf alle öffentlichen Kassen. Ähnliche Zahlen bei *Wendt* in MKS Rn. 10.

[17] Zu deutlich höheren Prognosezahlen vgl. den Monatsbericht des BMF, März 2010, 46 ff.; vgl. auch *Kube* in Maunz/Dürig Rn. 241 f.

[18] Vgl. *Siekmann* in Sachs Rn. 33 mit dem Hinweis, die finanzpolitischen Spielräume in diesen Jahren seien im Wesentlichen in den Sozialkonsum geflossen.

[19] → Art. 109 Rn. 65.

[20] Überblick → Vorb. Art. 104a–115 Rn. 16.

schen Fiskalpolitik[21] – erleichtert[22] worden ist. Die **ursprüngliche Fassung** ließ die Aufnahme von Krediten nur bei außerordentlichem Bedarf und in der Regel nur für Ausgaben zu werbenden Zwecken zu, diese Kredite wurden in einem außerordentlichen Haushalt erfasst. 1969 wurde der Kredit von einem außerordentlichen zu einem regulären Finanzierungsinstrument.[23] An die Stelle einer buchhalterisch-einzelwirtschaftlichen Betrachtungsweise trat eine **„sozialökonomisch orientierte Haushaltspolitik"**,[24] die die Höhe der Neuverschuldung mit weichen verfassungsrechtlichen Vorgaben und einer später richterrechtlich gemäß einem außerfinanzverfassungsrechtlichen Trend hinzugefügten Darlegungslast[25] letztlich der Entscheidung der Politiker überlässt.[26] Antizyklische Fiskalpolitik setzte voraus, dass die öffentliche Hand in Zeiten schlechter Konjunktur mehr ausgibt oder auf Einnahmen verzichtet, sich also – so die Theorie – bis zur wirtschaftlichen Erholung verschuldet, um die wirtschaftliche Entwicklung zu beleben. Staatsverschuldung dient dabei nicht primär der Erfüllung von Staatsaufgaben, sondern der **Stabilisierung der Konjunktur.** In Zeiten guter Konjunktur sollte sie abgebaut werden. Dieses Konzept ist gescheitert. Eine konjunkturell begründete Ausweitung der Staatsverschuldung war immer leicht, eine konjunkturell zu begründende Rückführung der Staatsverschuldung ist aber unter dem alten Art. 115 seit 1970 nie gelungen.[27] Das „gesamtwirtschaftliche Gleichgewicht" neigte dazu, bei politischem Bedarf ständig gestört zu sein. Von 1991 bis 2005 hat der Bund, auf den fast zwei Drittel der Staatsschulden entfallen, die verfassungsmäßige Kreditobergrenze in 7 Fällen nicht eingehalten.[28]

10 Das Verhältnis der Art. 109 und 115 hat sich durch die Verfassungsänderung vom Juli 2009 geändert. Das Kriterium des **gesamtwirtschaftlichen Gleichgewichts** als früheres Bindeglied wurde aus Art. 115 entfernt und hat in Art. 109 Abs. 2 an Bedeutung verloren.[29] Heute wiederholt der nur für den Bund geltende Art. 115 Abs. 2 Aussagen des Art. 109 Abs. 3,[30] zum Teil wörtlich, mit geringem eigenständig-konkretisierenden Gehalt in den Sät-

---

[21] *Kube* in Maunz/Dürig Rn. 27 ff.

[22] So i. E. wohl auch *Höfling/Rixen* in BK Rn. 248–253, insb. 252.

[23] Zum Wechsel von der Objekt- zur Situationsbezogenheit der Kreditaufnahme: *Henneke,* Öffentliches Finanzwesen – Finanzverfassung, 2. Aufl., 2000, Rn. 573; *Höfling/Rixen* in BK Rn. 252; *Kube* in Maunz/Dürig Rn. 29; *Stern,* Das StaatsR der BRD II, 1980, § 51 III 3.

[24] *Fischer-Menshausen* in v. Münch/Kunig, Grundgesetz, 3. Aufl., Bd. 3, 1996, Art. 115 Rn. 3.

[25] BVerfGE 79, 311 (Ls. 5).

[26] Dazu BT-Drs. V/3040, Tz. 63 f.

[27] Dazu, dass nur in der Zeit von 1965 bis 1970 das Konzept antizyklischer Fiskalpolitik in Deutschland wirklich funktioniert haben soll: *Friauf* in HdbStR IV, 1. Aufl., § 91 Rn. 12; Zahlen für die Zeit danach bei *Bröcker,* Grenzen staatlicher Verschuldung im System des Verfassungsstaats, 1997, 86; *Pünder* in HdbStR V, § 123 Rn. 60.

[28] Quelle: Brief des Wissenschaftlichen Beirats beim BMF an den Bundesminister der Finanzen vom 10.2.2007. Bewertung bei *Isensee* FS f. Friauf, 1996, 705 (708).

[29] Zu diesem Verhältnis nach dem bis Juli 2009 geltenden Recht: BT-Drs. V/3040, 46; BVerfGE 79, 311 (328, 331); *Henneke,* Öffentliches Finanzwesen – Finanzverfassung, 2. Aufl., 2000, Rn. 570, 574 f.; *Höfling/Rixen* in BK Rn. 261 und 351; *Mahrenholz* in AK Rn. 19, 21; *Pünder* in HdbStR V, § 123 Rn. 27, 28, 37; *Schuppert* in Umbach/Clemens Rn. 15–18; *Siekmann* in Sachs Rn. 40, 53; *Wendt* in MKS Rn. 33; *Wendt/Elicker* DVBl. 2001, 497 (499 ff.); → Art. 109 Rn. 18, 23 ff. Zur Entstehungs- und Geltungsgeschichte von Art. 115 ausf. *Höfling/Rixen* in BK Rn. 1–144; zu seiner eigenständigen Bedeutung ebd., Rn. 150 ff., 313 ff; nach *Engels/Hugo* DÖV 2007, 445 (451), wurde die Grenze des Art. 115 von Art. 109 nach unten korrigiert.

[30] Zu dem Adressierungsunterschied beider Normen, der fortbesteht, schon *Höfling/Rixen* in BK Rn. 111.

zen 4 bis 8.[31] Die frühere Doppelschranke (Investitionsgrenze des Art. 115 Abs. 1 S. 2, 1. Hs. und zusätzlich, diesen Kreditrahmen entweder einschränkend oder ausweitend, die Erfordernisse des gesamtwirtschaftlichen Gleichgewichts aus Art. 109 Abs. 2)[32] gibt es nicht mehr.[33] Freilich hat diese Doppelschranke nie funktioniert; Kritik an Art. 115 Abs. 2 neue Fassung, dieser erlaube dem Bund in quantitativen Grenzen eine strukturelle Neuverschuldung ohne Beachtung dieses volkswirtschaftlichen Kriteriums und ausschließlich zu konsumtiven Zwecken,[34] verkennt, dass dies vor der Verfassungsänderung faktisch nicht anders war. Art. 115 Abs. 2 hat seine normative Eigenständigkeit im Verhältnis zu Art. 109 Abs. 3 weitgehend verloren, und Art. 109 Abs. 2 und 3 orientiert sich nicht mehr am Leitbild einer auf eine nationale Volkswirtschaft bezogenen antizyklischen Fiskalpolitik, sondern an Art. 119 AEUV und dem Europäischen Stabilitäts- und Wachstumspakt. Damit wird immerhin einem berechtigten Einwand gegen die bisherige Regelung Rechnung getragen. Dieser Einwand lautete, dass es eine Gesamtwirtschaft als eine nationale – und erst recht als eine regionale[35] – Größe in einer globalisierten Wirtschaft nicht gibt. Der neue, sinnvollere Bezugsrahmen heißt Europäische Union.

Die **Verwaltung der Bundesschulden,** insbesondere die Kreditaufnahme für den Bund und seine Sondervermögen, die Zahlung von Zins- und Tilgungsbeträgen für Kredite[36] und die Führung des Bundesschuldbuchs (debt management), kann das BMF durch Rechtsverordnung[37] in dort zu bestimmendem Umfang der **„Bundesrepublik Deutschland – Finanzagentur GmbH"** zur Wahrnehmung im Namen des Bundes übertragen; Rechtsgrundlage ist das Bundesschuldwesenmodernisierungsgesetz (BSchuWG) vom 12.7.2006.[38] Diese Beleihungskonstruktion hat die Bundeswertpapierverwaltung, eine Bundesoberbehörde, abgelöst; deren Rechtsgrundlage war das BundeswertpapierverwaltungsG (BWpVerwG) vom 11.12.2001.[39] Die Bundeswertpapierverwaltung war ihrerseits an die Stelle der alten Bundesschuldenverwaltung getreten. 11

B. Einzelfragen

Art. 115 enthält formelles und materielles Staatsschuldenrecht des Bundes, Ersteres in Absatz 1, Letzteres in Absatz 2. Art. 109 Abs. 2 und 3 enthält 12

[31] Zu diesem Gehalt *Kube* in Maunz/Dürig Rn. 10. Kritisch zu den Doppelungen *G. Kirchhof* in MKS Art. 109 Rn. 76.

[32] Zur früher evtl. gemäß Art. 109 Abs. 2 *gebotenen* Neuverschuldung, die allerdings im Rahmen von Art. 115 Abs. 1 Satz 2 zu bleiben hatte: *Höfling/Rixen* in BK Rn. 40 ff.; *Pünder* in HdbStR V, § 123 Rn. 60; *Siekmann* in Sachs Rn. 40, 53.

[33] Vgl. auch *Kube* in Maunz/Dürig Rn. 5–8, 122.

[34] So *Korioth* JZ 2009, 731; *Selmer* NVwZ 2009, 1260.

[35] Zu der Frage, was in den bis 2020 weitgehend angepassten Schuldenartikeln der Landesverfassungen (→ Art. 109 Rn. 49; Beispiel für eine 2019 noch geltende Vorschrift dieses Typs: Art. 83 Verf. NRW) mit Gesamtwirtschaft gemeint war: *Henneke,* Öffentliches Finanzwesen – Finanzverfassung, 2. Aufl., 2000, Rn. 606–609; *Jochimsen* DÖV 2004, 513.

[36] Zur organisatorischen Seite der Gewährleistungsübernahme *Kube* in Maunz/Dürig Rn. 223.

[37] BundesschuldenwesenVO vom 19.7.2006 (BGBl. I 1700); zu verfassungsrechtlichen Vorgaben *Kube* in Maunz/Dürig Rn. 218 f.

[38] BGBl. I 1466, geändert durch Gesetz vom 13.9.2012 (BGBl. I 1914); *Pünder* in HdbStR V, § 123 Rn. 25.

[39] BGBl. I 3519.

materielles Staatsschuldenrecht für Bund und Länder. Mit „Bund" sind die selbständigen juristischen Personen der mittelbaren Bundesverwaltung und rechtsfähige Sondervermögen des Bundes nicht gemeint.[40]

I. Art. 115 Abs. 1 – formelles Staatsschuldenrecht

13 Der Wortlaut des heutigen Art. 115 Abs. 1 ist bei der Verfassungsänderung des Jahres 2009 nicht geändert worden. Dies berechtigt zu der Annahme, dass dieser Teil der Vorschrift so zu verstehen ist wie vor 2009 der damalige Art. 115 Abs. 1 S. 1. Seit der Verfassungsänderung sind in Abs. 1 nur noch formelle Fragen geregelt (Gesetzesvorbehalt), während die inhaltliche Beschränkung der Verschuldung des Bundes Thema von Art. 115 Abs. 2 ist; verfassungssystematisch ist die Norm damit klarer geworden.

14 **1. Kreditbegriff. Kredit** ist die vertragliche Überlassung von Finanzmitteln, insbesondere Geld,[41] auf Zeit,[42] in der Regel gegen Verzinsung. Der Verfassungsbegriff des Kredits ist für verschiedene rechtliche Ausgestaltungen offen.[43] Der Anwendungsbereich der Norm ist nicht auf die einfachgesetzlich bekannten Kreditformen beschränkt.[44] Art. 115 erfasst nur Kredite **an** den Bund, die im Haushaltsplan auszuweisen sind, nicht Kredite, die **vom** Bund vergeben werden;[45] weiter sind nur Kapitalmarktkredite, nicht Kredite innerhalb der Staatsorganisation erfasst.[46] Finanzbeziehungen innerhalb der Staatsorganisation sind ein Aspekt der von Art. 115 Abs. 2 S. 5 angeordneten gesetzlichen Bereinigung der Einnahmen und Ausgaben um „finanzielle Transaktionen".[47]

15 Weiter nicht erfasst ist die Begründung von Verpflichtungen, deren Erfüllung in Zukunft möglicherweise eine Kreditaufnahme nötig macht.[48] Nicht erfasst sind Veränderungen im staatlichen Vermögensbestand oder Wertänderungen bisheriger Schulden.[49] Ob **Zwangsanleihen** Kredite in diesem Sinne sind, hat das BVerfG offen gelassen;[50] dagegen spricht, dass sie hoheitlich auferlegt und nicht vertraglich begründet sind; dafür spricht, dass auch sie Rückzahlungsverpflichtungen begründen, die künftige Haushalte belasten.[51]

16 Neben rein begrifflichen erfolgen auch teleologische Reduzierungen des Kreditbegriffs. Art. 115 erfasst nur **Finanzschulden,** nicht **Verwaltungs-**

---

[40] Ebenso *Siekmann* in Sachs Rn. 5–7, 68 ff.

[41] Für Begrenzung auf den Geldkredit *Kube* in Maunz/Dürig Rn. 68, zu Sonderformen ebd., Rn. 73–77; abweichend *Höfling/Rixen* in BK Rn. 124 ff.

[42] Zum Zeitpunkt der Kreditaufnahme *Kube* in Maunz/Dürig Rn. 68, 125; *Wendt* in MKS Rn. 21.

[43] Ebenso *Waldhoff* in HdbStR V, § 116 Rn. 97.

[44] *Heun* in Dreier Rn. 21; *Kube* in Maunz/Dürig Rn. 71; *Reimer* in BeckOK GG Rn. 13; vgl. auch die Eilentscheidung BVerfGE 99, 57 (67).

[45] Ebenso *Kube* in Maunz/Dürig Rn. 66, 133; *Pünder* in Friauf/Höfling Rn. 46; *Siekmann* in Sachs Rn. 14.

[46] Zu Letzterem § 3 G zur Ausführung von Art. 115 des Grundgesetzes (G 115); *Heun* in Dreier Rn. 25; wohl anders *Reimer* in BeckOK GG Rn. 33; zu der nicht abschließend geklärten Frage, ob Schulden der mittelbaren Bundesverwaltung oder sonstiger „Trabanten" des Bundes bei diesem zu konsolidieren sind, *Heun* in Dreier Rn. 14; *Siekmann* in Sachs in Rn. 68 ff.

[47] § 3 G 115; dazu *Kube* in Maunz/Dürig Rn. 130, 134, 135.

[48] *Kube* in Maunz/Dürig Rn. 77.

[49] *Reimer* in BeckOK GG Art. 109 Rn. 56.

[50] BVerfGE 67, 256 (280 f.).

[51] *Kube* in Maunz/Dürig Rn. 75 und *Wendt* MKS Rn. 24 weisen auf die geringe praktische Bedeutung dieser Zweifelsfrage hin.

schulden, d.h. Verbindlichkeiten aus laufender Verwaltungstätigkeit, die nicht zum Zwecke der Geldbeschaffung begründet worden sind, auch solche, bei denen Stundungen und Zahlungsziele vereinbart sind.[52] Dem Anwendungsbereich des Art. 115 zuzuordnen sind dagegen Leasinggestaltungen und sonstige neue Finanzierungsformen,[53] dies jedenfalls, wenn sie wegen ihrer Finanzierungsfunktion staatlicher Kreditaufnahme äquivalent sind. Art. 115 erfasst die Kreditgewährung an den Bund auch dann, wenn ein Kredit dem Bund nicht unmittelbar zufließt, sondern er für Rechnung des Bundes an Dritte, etwa eine **Finanzierungsgesellschaft,** geht oder an Dritte geleistet wird, wodurch der Bund im Verhältnis zu diesen Dritten Aufwendungen spart;[54] nimmt ein Dritter im Auftrag des Bundes, aber im eigenen Namen und für eigene Rechnung, Kredite zur Finanzierung öffentlicher Aufgaben entgegen, so wird dies wegen der Vorbelastung künftiger Bundeshaushalte analog dem Art. 115 zugeordnet. Demgegenüber werden **Kassenverstärkungskredite** nicht auf das Kreditlimit angerechnet, weil sie nicht zu einer endgültigen Erhöhung des Schuldenstandes führen, sondern nur den Haushaltsausgleich innerhalb derselben Rechnungsperiode sicherstellen.[55] Sie bedürfen einer gesetzlichen Grundlage, wobei es keine Rolle spielt, ob dies mit Art. 115 Abs. 1 oder mit Art. 110 Abs. 2 S. 1 begründet wird. Für den Gesetzesvorbehalt in Art. 115 Abs. 1 ist der Unterschied zwischen **Deckungs- und Kassenverstärkungskrediten** unerheblich;[56] gemeint ist hier die Bruttokreditaufnahme. Die **Höhe** der Kreditaufnahme bemisst sich, gemäß dem Nominalprinzip, nach dem tatsächlichen kassenmäßigen Mittelzufluss in der Rechnungsperiode.[57] Umschuldungen, mit einem etwas kriminell klingenden Fremdwort Revolvierungen, bleiben außen vor.

Kreditgeschäfte zwischen Notenbank und Bund werden in Art. 123 **17**
Abs. 1 AEUV verboten.[58] Die Abführung des Bundesbankgewinns an den Bund ist keine Kreditaufnahme, weil sie keine Zins- und Tilgungsverpflichtungen begründet.[59]

---

[52] Dazu *Höfling,* Staatsschuldenrecht, 1993, 30ff.; ferner *Heun* in Dreier Rn. 14; *Höfling/Rixen* in BK Rn. 128ff.; *Jarass* in Jarass/Pieroth Rn. 3; *Kube* in Maunz/Dürig Rn. 70, 128; *Mahrenholz* in AK Rn. 10; *Pünder* in HdbStRV, § 123 Rn. 26; *ders.* in Friauf/Höfling Rn. 4; *Wendt* MKS Rn. 22.

[53] Ausführlich *Henneke,* Öffentliches Finanzwesen – Finanzverfassung, 2. Aufl., 2000, Rn. 599–603; *Höfling,* Staatsschuldenrecht, 1993, 30ff.; auch *Kube* in Maunz/Dürig Rn. 71; *Reimer* in BeckOK GG Rn. 17, 17.1; *Siekmann* in Sachs Rn. 21, der zusätzlich Betreibermodelle nennt; zum rheinland-pfälzischen Recht Rh.-Pf. VerfGH NVwZ-RR 1998, 147; zu Schleswig-Holstein, wo das BVerfG in seiner früheren Eigenschaft als dortiges Landesverfassungsgericht Einnahmen aus einem „Liegenschaftsmodell" als Krediteinnahmen qualifiziert hat, BVerfGE 99, 57. Gegenposition *Heun* in Dreier Rn. 26. Monografisch *Kaeser,* Alternative Finanzierungsmodelle der öffentlichen Hand und Kreditschranken des Art. 115 GG, 2002 (allerdings noch zu Zeiten des alten Staatsschuldenrechts); *Schmid,* Staatliches Liegenschaftsmanagement, Staatsverschuldung und Staatsvermögen, 2007.

[54] Zur Einschaltung Dritter *Höfling/Rixen* in BK Rn. 132ff.; *Kube* in Maunz/Dürig Rn. 61, 68, 71; *Wendt* in MKS Rn. 54 (Letztere auf § 39 Abs. 2 AO verweisend).

[55] Ebenso *Höfling/Rixen* in BK Rn. 142; *Kube* in Maunz/Dürig Rn. 72, 129; *Siekmann* in Sachs Rn. 15; *Wendt* in MKS Rn. 23.

[56] Ebenso *Höfling/Rixen* in BK Rn. 141; *Kube* in Maunz/Dürig Rn. 72; *Pünder* in HdbStRV, § 123 Rn. 22 (mit Bedenken); zu Letzteren § 18 Abs. 2 Nr. 2 BHO, der auch die wiederholte Inanspruchnahme der gesetzlichen Kreditermächtigung erlaubt.

[57] *Kube* in Maunz/Dürig Rn. 125; *Reimer* in BeckOK GG Rn. 35, beide auch zu Besonderheiten neuer Finanzierungsmodelle; → Rn. 18 u. Art. 109 Rn. 32.

[58] Zu den Gefahren des Notenbankkredits *Pünder* in HdbStRV, § 123 Rn. 23.

[59] Zum Bundesbankgewinn BVerfGE 79, 311 (356); 119, 96 (129–135); *Heun* in Dreier Rn. 17; *Kube* in Maunz/Dürig Rn. 76; *Siekmann* in Sachs Rn. 16 mit Fn. 33.

18 **2. Gewährleistungen.** Für Bürgschaften, Garantien und sonstige Gewährleistungen, vor 1969 unter dem Verfassungsbegriff der Sicherheitsleistungen zusammengefasst, gilt Art. 115 mit Ausnahme von Abs. 1 S. 2. Insbesondere bedürfen auch sie einer gesetzlichen Ermächtigung, wenn und weil sie zu Ausgaben in künftigen (nicht im selben)[60] Rechnungsjahren[61] führen können.[62] Diese Ermächtigung muss der Höhe nach bestimmt sein; Bestimmbarkeit reicht hier gemäß § 39 Abs. 1 BHO, Art. 115 Abs. 2 verschärfend, nicht.[63] Weiterhin kann eine Ermächtigung bis zu der vorbestimmten Höhe mehrmals in Anspruch genommen werden.[64] **Bürgschaft** ist die Verpflichtung des Bundes gegenüber dem Gläubiger eines Dritten, für die Verpflichtung dieses Dritten einzustehen;[65] der Begriff und seine Variationen orientieren sich an den §§ 765 ff. BGB. **Garantie** ist die Verpflichtung, einem anderen für das Ausbleiben eines Nachteils oder für den Eintritt eines Vorteils finanziell einzustehen;[66] ein Beispiel ist die Zusage des Bundes, für den Fall, dass er selbst nicht eine bestimmte Anzahl von Militärflugzeugen abnimmt, den anderen, am Bau dieses Flugzeugs beteiligten Staaten für die so entstehenden Mehrkosten einzustehen, dies, obwohl der Bund hier keine Haftung für Dritte übernimmt. Ein anderes Beispiel ist eine Staatsgarantie für die Leihgaben von Kunstausstellungen.[67] **Sonstige Gewährleistung** ist ein Auffangbegriff für Rechtsgeschäfte, deren Hauptzweck die Übernahme des finanziellen Risikos eines Dritten durch den Bund ist;[68] hierunter fällt z. B. die **Euler Hermes KreditversicherungsSE,**[69] weiterhin Kreditaufträge im Sinne von § 778 BGB. Art. 115 Abs. 1 erfasst nicht Rechtsgeschäfte, bei denen die Übernahme eines finanziellen Risikos nur Nebenleistung, nicht Hauptzweck ist, z. B. Sachmängelgewährversprechen.[70] Unter die 1., nicht unter die 2. Alt. der Norm fallen Rechtsgeschäfte, bei denen der Bund sofort und unmittelbar Schuldner wird, z. B. eine Schuldübernahme,[71] nicht auch Verpflichtungsermächtigungen.

19 **3. Parlamentsvorbehalt.** Kreditaufnahme setzt nach Art. 115 voraus: ein Gesetz, dies aber nicht im Sinne einer grundrechtlich-rechtsstaatlichen Ermächtigung des Staates im Verhältnis zum Bürger, die nicht erforderlich ist,[72] sondern im Sinne parlamentarischer Steuerung und Kontrolle des Handelns der Bundesregierung. Letzteres ist die ratio legis.[73] Gesetz im Sinne von

[60] Ebenso *Heun* in Dreier Rn. 15; genauer zum Zeitpunkt *Kube* in Maunz/Dürig Rn. 82; *Reimer* in BeckOK GG Rn. 22, 24.

[61] Zu diesem Begriff bei Mehrjahreshaushalten → Rn. 1.

[62] *Siekmann* in Sachs Rn. 17.

[63] Dazu *Kube* in Maunz/Dürig Rn. 93, der die Gestaltungsfreiheit des einfachen Gesetzgebers betont. Art. 103 Abs. 3 S. 1 Brandenb. Verf. in der derzeit geltenden Fassung meidet das Wort „bestimmbar"; dazu *Lieber* in ders./Iwers/Ernst, Verfassung des Landes Brandenburg, 2012, Seite 636.

[64] Hierzu *Kube* in Maunz/Dürig Rn. 115.

[65] *Höfling/Rixen* in BK Rn. 161; *Kube* in Maunz/Dürig Rn. 79; *Wendt* in MKS Rn. 28.

[66] *Kube* in Maunz/Dürig Rn. 80; *Wendt* in MKS Rn. 28.

[67] Dazu *Armbrüster* ZVersWiss. 93 (2004), 303 (322 f.).

[68] So im Ergebnis auch *Kube* in Maunz/Dürig Rn. 81; *Wendt* in MKS Rn. 28.

[69] Zu ihnen *Heun* in Dreier Rn. 15; *Höfling/Rixen* in BK Rn. 161; *Kube* in Maunz/Dürig Rn. 65; *Mahrenholz* in AK Rn. 13.

[70] Zu dieser Differenzierung auch *Höfling/Rixen* in BK Rn. 161; *Wendt* in MKS Rn. 26, 28.

[71] *Höfling/Rixen* in BK Rn. 161; *Kube* in Maunz/Dürig Rn. 86.

[72] Ebenso *Henneke* in SHH Rn. 6 ff.; *Wendt* in MKS Rn. 16; zur Entbehrlichkeit einer verfassungsrechtlichen Begründung der Verschuldungskompetenz *Kube* in Maunz/Dürig Rn. 1.

[73] Ebenso *Reimer* in BeckOK GG Rn. 26.1.

Art. 115 Abs. 1 ist wie bei Art. 110 Abs. 2 ein **förmliches Gesetz,**[74] in der Regel[75] das Haushaltsgesetz, aber auch z. B. § 6 Abs. 3 StabWG.[76] Von Verpflichtungsermächtigungen im Haushaltsplan ist es zu unterscheiden.[77] Dieses Verständnis des Gesetzesbegriffs ergibt sich aus einem der Zwecke von Art. 115 Abs. 1: die Budgethoheit des Parlaments zu schützen.[78] Obwohl der Haushaltsplan Teil des Haushaltsgesetzes ist, genügt es nicht, wenn eine Kreditermächtigung darin erteilt wird, weil dies dem **Ausdrücklichkeitsprinzip** widerspräche, das bei Kreditermächtigungen – auch im Interesse ihrer Publizität – zu beachten ist.[79] Eine ausdrückliche Ermächtigung ist erforderlich, weil ein Haushaltsgesetz auf der Einnahmenseite grundsätzlich keine Ermächtigungswirkung entfaltet. Dieses Gesetz ist als Ermächtigungsvorschrift im organschaftlichen Rechtskreis Recht im Sinne von Art. 93 Abs. 1 Nr. 2.[80] Art. 115 Abs. 1 enthält ein mit dem Ausdrücklichkeitsgebot konvergierendes, die Budgethoheit des Parlaments schützendes spezielles **Bestimmtheitsgebot** zur Verschuldungshöhe und zum Verschuldungszweck;[81] wenn die Höhe des aufzunehmenden Kredits nicht zahlenmäßig bestimmt ist, muss die Kredithöhe aus dem Gesetz zumindest ableitbar sein;[82] zwischen den Merkmalen „bestimmt" und „bestimmbar" herrscht ein Regel-Ausnahme-Verhältnis.[83]

Der **gesetzliche Höchstbetrag** ist ein Bruttobetrag.[84] Art. 115 Abs. 1 schließt Kredite ein, die für den Schuldendienst verwendet werden. Eine haushaltsgesetzliche[85] **Kreditermächtigung** gilt, vorbehaltlich Art. 110 Abs. 4 S. 2, für ein Jahr. Während ihrer Laufzeit dürfen Kreditermächtigungen im Rahmen des Höchstbetrages wiederholt ausgeschöpft werden (Revolvierbarkeit).[86] Über die Ausnutzung der Ermächtigung entscheidet die BReg., wobei dem BMF eine besondere Verantwortung zukommt.[87] **20**

---

[74] Zum übereinstimmenden Gesetzesbegriff des Art. 110 → Art. 110 Rn. 34; zu Rechtsverordnungen *Kube* in Maunz/Dürig Rn. 65; zu Zustimmungsrechten des Bundesrates äußert die Vorschrift sich nicht.

[75] Siehe *Reimer* in BeckOK GG Rn. 27. Nach *Rossi* in Gröpl, BHO/LHO, § 18 Rn. 39 ist „zwingend" das jeweilige Haushaltsgesetz gemeint.

[76] Ebenso *Höfling/Rixen* in BK Rn. 167 ff., insb. 167, 172; *Kube* in Maunz/Dürig Rn. 106; *Siekmann* in Sachs Rn. 24.

[77] So *Kube* in Maunz/Dürig Rn. 62.

[78] *Isensee* FS f. Friauf, 1996, 705 (712); *Wendt* in MKS Rn. 16.

[79] *Heun* in Dreier Rn. 18; *Höfling/Rixen* in BK Rn. 181 ff.; *Kube* in Maunz/Dürig Rn. 104; *Mahrenholz* in AK Rn. 9; *Pünder* in HdbStR V, § 123 Rn. 15; *Siekmann* in Sachs Rn. 25; *Stern,* Das StaatsR der BRD II, 1980, § 51 III 3 a. → zur begrenzten Publizität des Haushaltsplans Art. 110 Rn. 45.

[80] BVerfGE 20, 56 (89); 79, 311 (326); s. a. *Kube* in Maunz/Dürig Rn. 116, 117; *Siekmann* in Sachs Rn. 4.

[81] Zu Letzterem *Jarass* in Jarass/Pieroth Rn. 5; zu Bestimmtheitsproblemen der Bündelung von Kreditermächtigungen *Kube* in Maunz/Dürig Rn. 109, ferner Rn. 126.

[82] BT-Drs. V/3040, Tz. 128.

[83] Bericht des Rechtsausschusses zu BT-Drs. V/3605, 14; ebenso *Höfling/Rixen* in BK Rn. 202 ff.; *Kube* in Maunz/Dürig Rn. 91 f. (auch zur Praxis); *Mahrenholz* in AK Rn. 9; *Pünder* in HdbStR V, § 123 Rn. 19; *Wendt* in MKS Rn. 19.

[84] Ebenso *Höfling/Rixen* in BK Rn. 210; *Kube* in Maunz/Dürig Rn. 111; *Wendt* in MKS Rn. 19.

[85] Zu anderen Ermächtigungen *Friauf* in HdbStR IV (1. Aufl.), § 91 Rn. 28; *Pünder* in HdbStR V, § 123 Rn. 16.

[86] *Höfling/Rixen* in BK Rn. 217 f.; *Kube* in Maunz/Dürig Rn. 113–115; *Wendt* in MKS Rn. 17; krit. *Siekmann* in Sachs Rn. 26; zu der Gefahr, durch Revolvierung Schuldengrenzen zu umgehen, *Pünder* in HdbStR V, § 123 Rn. 18; drastisches Beispiel dazu bei *Engels/Hugo* DÖV 2007, 445 (Fn. 32).

[87] Dazu allg. → Vorb. Art. 110–115 Rn. 12; speziell zu Art. 115 *Pünder* in HdbStR V, § 123 Rn. 15 ff.

21 Der Parlamentsvorbehalt für Gewährleistungen hat durch die Finanzmarkt- und, vor allem, die Eurokrise und die dabei aufgespannten „Rettungsschirme“ besondere verfassungsrechtliche Aufmerksamkeit erhalten. Diese „Rettungsschirme“ bringen Deutschland in eine **Bürgenrolle von im Extremfall existentieller finanzieller Dimension.** Von vier Entscheidungen des BVerfG zu Art. 115 Abs. 1 ist zu berichten.[88] Das Gericht betont die **haushaltspolitische Gesamtverantwortung des Bundestages,** verlangt eine quantitative Haftungsbegrenzung, die ohne Zustimmung des Bundestages nicht nachträglich erhöht werden dürfe, und lehnt einen intergouvernemental oder supranational vereinbarten, nicht an strikte Vorgaben gebundenen und in seinen Auswirkungen nicht begrenzten Bürgschafts- oder Leistungsautomatismus ab; jede einzelne Disposition bedürfe der Zustimmung des Bundestages.[89] Die Währungsunion sei eine **Stabilitätsgemeinschaft.** Eine Obergrenze für die Übernahme von Zahlungsverpflichtungen oder Haftungszusagen durch das Parlament lasse sich rechtlich aber nicht begründen.[90] Die Volksvertretung müsse selbst entscheiden, welche Risiken sie einzugehen bereit sei. Das BVerfG würde allenfalls bei einer **evidenten Überschreitung äußerster Grenzen** einschreiten, wenn nämlich die Haushaltsautonomie für einen nennenswerten Zeitraum nicht nur eingeschränkt würde, sondern praktisch vollständig leerliefe.

22 **4. Fehlerfolgen.** Ein Verstoß gegen die Vorgaben des Absatzes 1 führt zur Verfassungswidrigkeit der Kredit- oder Gewährleistungsermächtigung. Gleichwohl geschlossene, in der Regel privatrechtliche Kredit- oder Gewährleistungsvereinbarungen **mit Dritten sind aber wirksam;** Art. 115 Abs. 1 ist kein Verbotsgesetz im Sinne von § 134 BGB.[91] Ausnahmen für qualifiziert bösgläubige Dritte bleiben vorbehalten. Dies und die Tatsache, dass ein Verstoß zumeist umstritten und erst nach Ablauf des Haushaltsjahres verbindlich festgestellt wird, schwächt die Bedeutung der Norm; eine Nichtigkeitsfolge dürfte wenig finanzpolitische Auswirkungen haben.

II. Art. 115 Abs. 2 – materielles Staatsschuldenrecht

23 Nach Art. 115 Abs. 2 **Satz 1** sind jedes Jahr die Einnahmen und Ausgaben des Bundes grundsätzlich ohne Einnahmen aus Krediten auszugleichen. Dies ist eine kühne Forderung, die im Widerspruch zur Staatspraxis von 1970 bis 2014 steht. Ausnahmen sind abschließend in den Sätzen 2 bis 4[92] und 6 bis 8 normiert: **Satz 2** erlaubt dem Bund jährlich eine strukturelle Neuverschuldung in Höhe von 0,35% des nominalen BIP, 2017 ca. 11,4 Mrd. Euro.

[88] BVerfGE 129, 124 (167); 130, 318 (345–347), 135, 317 (399–405) und auch 132, 195 (279–287). Die beiden Vorlagen des BVerfG an den EuGH berühren nicht unmittelbar Art. 115; BVerfGE 134, 366; 146, 216; erstes Endurteil des BVerfG in E 142, 123; das Endurteil zu der Entscheidung EuGH NJW 2019, 907, lag im Zeitpunkt des Redaktionsschlusses dieses Beitrags noch nicht vor.

[89] Ergänzend wird auf flankierende Rahmenbedingungen, etwa Informationsansprüche gegen die Bundesregierung, hingewiesen, die im Rahmen von Art. 115 Abs. 1 nicht zu kommentieren sind; dazu *Wendt* in MKS Rn. 19c.

[90] Zu Vorschlägen, Gewährleistungen in die Schuldenbremse einzurechnen, *Wendt* in MKS Rn. 26a, zu Recht ablehnend.

[91] Ebenso *Heun* in Dreier Rn. 21; *Kube* in Maunz/Dürig Rn. 226, 228, 231. Das BVerfG hat sich zu den Fehlerfolgen noch nicht abschließend positioniert: E 79, 256 (281); 91, 148 (175); 113, 348 (367); 119, 96 (154).

[92] Für ein rein materielles Verständnis von Art. 115 Abs. 2 Satz 4 *Kube* in Maunz/Dürig Rn. 169.

Satz 3 sieht Abweichungen bei einer konjunkturellen Entwicklung vor, die von der Normallage abweicht. **Satz 4** betrifft Abweichungen im Haushaltsvollzug. In den **Sätzen 6 bis 8** geht es um außergewöhnliche Notsituationen, die sich staatlicher Kontrolle entziehen.

Art. 115 Abs. 2 beschäftigt sich mit *Einnahmen* aus Krediten, nicht, wie 24 Art. 115 Abs. 1, mit der *Aufnahme* von Krediten. Es geht hier nur um **Nettokreditaufnahmen** des Bundes und seiner nichtrechtsfähigen Sondervermögen. Deren Begrenzung und Rückführung sind ratio legis. Gewährleistungen sind ebenfalls kein Thema für Art. 115 Abs. 2. Letzteres birgt zwar Risiken, lässt sich aber angesichts des klaren Verfassungswortlauts kaum anders sehen – Risiken, weil eine Gewährleistung, gezogen in den nächsten Haushaltsjahren, zu Kreditbedarf führen kann, der von keiner der Ausnahmeklauseln des Art. 115 Abs. 2 S. 3 gedeckt wäre.[93] Die Höhe der Krediteinnahmen ist als Gesamtbetrag zu ermitteln.[94]

Art. 115 Abs. 2 ist grundsätzlich eine **Muss-Vorschrift.**[95] Das politisch 25 wichtigste Wort lautet „sind" (Satz 1). Das schließt nicht aus, dass einzelne Tatbestandsmerkmale der Norm dem Gesetzgeber eine Einschätzungsprärogative einräumen.[96] Es bleibt abzuwarten, ob der verfassungsändernde Gesetzgeber auch das BVerfG von seiner bisher zurückhaltenden Position abbringen wird, ähnlich wie bei Art. 72 Abs. 2.[97]

Die Begriffe „Kredit" und „Einnahmen aus Krediten"[98] in Art. 115 Abs. 1 26 und Abs. 2 S. 1 (neue Fassung) und in Art. 109 Abs. 3 Satz 1 (neue Fassung) **stimmen überein.** Weiterhin herrscht in dieser terminologischen Frage Deckung auch mit Art. 115 Abs. 1 S. 1 und S. 2, 1. Halbsatz (alte Fassung). Schließlich decken sich die Einnahmenbegriffe der Art. 109 Abs. 3 S. 1, 110 Abs. 1 Satz 1, 1. Halbsatz und 115 Abs. 2 S. 1.[99] Auf die einschlägigen Kommentierungen sei hier verwiesen. Anders als in der Schweiz, dem modellbildenden Ursprungsland der deutschen Schuldenbremse (dort Art. 13 Abs. 2 Satz 1 des Finanzhaushaltgesetzes), spielt die Kategorie der außerordentlichen Einnahme in Deutschland schuldenverfassungsrechtlich keine Rolle.

„Einnahmen aus Krediten" im Sinne des Art. 115 Abs. 2 S. 1 meint die 27 Netto-Neuverschuldung. Kredite, die dem **Schuldendienst** dienen, also Umschuldungen, fallen nach der ratio legis und auch nach Wortlaut (Aufnahme von Krediten [S. 1] ist etwas anderes als Einnahmen aus Krediten [S. 2]) nicht unter diesen Begriff, soweit sie die Schuldenlast nicht ansteigen lassen und dem Kreditmarkt nicht zusätzliche Mittel entziehen; damit deckt sich dieser Begriff mit den gemäß Art. 110 Abs. 1 im Haushaltsplan auszuweisenden Krediten.[100] **Revolvierung bleibt möglich.**

---

[93] Ebenso *Höfling/Rixen* in BK Rn. 238ff., 240ff.; *Kube* in Maunz/Dürig Rn. 78, 124; *Siekmann* in Sachs Rn. 17; vgl. z.B. das Gesetz zur Übernahme von Gewährleistungen im Rahmen eines europ. Stabilisierungsmechanismus vom 4.6.2010 (BGBl. I 627), das zur Übernahme von Gewährleistungen bis zur Höhe von insgesamt 123 Milliarden Euro ermächtigt; dazu *Kube/Reimer* NJW 2010, 1915. Weiterer Beispielsfall → Art. 109 Rn. 47.

[94] *Kube* in Maunz/Dürig Rn. 126.

[95] Ebenso *Kube* in Maunz/Dürig Rn. 120.

[96] Grundsätzlich ablehnend *Reimer* in BeckOK GG Rn. 11.

[97] Bewertende Zusammenfassung dieser Rechtsprechung bei *Lenz/Burgbacher* NJW 2009, 2566f.; zur Justiziabilität der Finanzverfassung allgemein → Vorb. Art. 104a–115 Rn. 20ff.

[98] Zu ihm ausdrücklich übereinstimmend *Kube* in Maunz/Dürig Rn. 127; zur Deckungsgleichheit der Begriffe ebenso *Reimer* in BeckOK GG Rn. 13, 32f.

[99] Zu Letzterem → Art. 109 Rn. 31 und Art. 110 Rn. 13.

[100] → Art. 110 Rn. 30; einhellige Meinung, z.B. *Henneke,* Öffentliches Finanzwesen – Finanzverfassung, 2. Aufl., 2000, Rn. 577; *Heun* in Dreier Rn. 19, 25; *Kube* in Maunz/

28 Es wäre freilich ein Irrtum, daraus abzuleiten, nur die Nettoneuverschuldung des Bundes sei überhaupt von verfassungsrechtlichem Interesse, nicht aber der Schuldensockel und die Zins- und Tilgungslasten; das Gegenteil ergibt sich aus Art. 109 Abs. 2.[101] Es ist eine unzulässige Umgehung der Kreditobergrenze, in Vorjahren, in denen diese Obergrenze noch Spielräume lässt, **Kredite** aufzunehmen, sie dann einer **Rücklage** zuzuführen und sie von dort in einem späteren Haushaltsjahr, in dem die Obergrenzen ansonsten überschritten würden, z. B. wegen der vorhersehbaren Auswirkungen einer Steuersenkung oder einer außerplanmäßigen Rentenerhöhung, **wieder zu entnehmen;** solche Gestaltungen haben sich nicht durch die Streichung des Investitionssummenkriteriums erledigt.[102] Für Rücklagen, die in den laufenden Jahren dank guter Konjunktur aus Haushaltsüberschüssen gebildet werden konnten, bei Bund und Ländern, gilt dies nicht; sie müssen nur zur Tilgung solcher Schulden verwendet werden, die im Auf- und Abschwung der Konjunktur nach Inkrafttreten der Schuldenbremse entstanden sind (Symmetriegebot) und können im Übrigen vom Inhaber der Budgethoheit grundsätzlich frei verwendet werden.

29 In Bezug auf Einnahmen aus Krediten hat Art. 115 Abs. 2 folgenden, **über Art. 109 Abs. 3 hinausgehenden, konkretisierenden Gehalt,** der hier gesondert zu kommentieren ist; im Übrigen kann auf die Kommentierung des Art. 109 verwiesen werden. Gesondert zu kommentieren sind:

- die besondere Erwähnung des Haushaltsvollzuges (S. 4),
- der Gesetzgebungsauftrag in Satz 5[103],
- bei dem Verschuldungsszenario Notsituation das Erfordernis eines Bundestagsbeschlusses (S. 6), eines Tilgungsplanes (S. 7) und die Pflicht zur Rückführung so aufgenommener Kredite (S. 8).

30 **1. Haushaltsvollzug.** Art. 115 Abs. 2 Satz 4 knüpft mit dem Wort „Abweichungen" an Satz 3 an. Wie sich aus dem Wort „tatsächlich" ergibt, ist die besondere Konstellation einer Divergenz von Haushaltsvollzug und Haushaltsplan gemeint. Diese besondere Konstellation wird von Art. 109 Abs. 3 nicht thematisiert.[104] Der verfassungsändernde Gesetzgeber begründet seine Regelung damit, dass Abweichungen der Kreditaufnahme im Haushaltsvollzug von der Sollkreditaufnahme in der Praxis kaum zu vermeiden seien.[105] **Die haushaltsplanerische ex ante-Betrachtung der Sätze 1 bis 3 wird durch eine ex post-Betrachtung korrigiert.** Dabei ist zu unterscheiden, ob die ex post-Betrachtung in einer konjunkturellen Normallage oder in einer konjunkturellen Ausnahmelage erfolgt.[106] In einer Normallage sind, vorbehaltlich einer Notsituation im Sinne der Sätze 6 bis 8, Abweichungen

---

Dürig Rn. 127; *Mahrenholz* in AK Rn. 15; *Pünder* in HdbStR V, § 123 Rn. 19; *Reimer* in BeckOK GG Rn. 32; *Wendt* in MKS Rn. 35.

[101] Ebenso *Pünder* in HdbStR V, § 123 Rn. 30; zum früheren Recht z. T. anders *Engels/Hugo* DÖV 2007, 445 (447 f., 453).

[102] Zu diesem Problem aus Schweizer Sicht: *Lienhard / Mächler / Zielniewicz,* Herausforderungen für die Schuldenbremse, NZZ vom 20.3.2018, S. 12.

[103] Zur Konkretisierungsverantwortlichkeit des Gesetzgebers nach altem Recht BVerfGE 119, 96 (141 ff.).

[104] Ebenso *Kube* in Maunz/Dürig Rn. 167. Unter der alten Rechtslage war streitig, wie diese Konstellation zu behandeln sei; vgl. insb. *Isensee* DVBl. 1996, 173 ff.

[105] BT-Drs. 16/12410, 12.

[106] Ebenso *Kube* in Maunz/Dürig Rn. 170 f. Vorrang haben beidem gegenüber die Regeln für Notsituationen; ebd., Rn. 192.

grundsätzlich verfassungswidrig; Art. 115 Abs. 2 Satz 4 ist hier eine spezielle Fehlerfolgenregelung.[107] Abweichungen in einer konjunkturellen Ausnahmelage, in der Regel eine höhere Verschuldung,[108] werden besonderen, über Satz 3 hinausgehenden Verfahrensregeln unterstellt, insbesondere Kontrollkontobuchung und ausdrücklicher Tilgungspflicht. In der konjunkturellen Ausnahmelage kann die Abweichung auf unterschiedliche Weise berechnet werden; § 7 G zur Ausführung von Art. 115 des Grundgesetzes (G 115) entscheidet sich für eine der verfassungsrechtlich denkbaren Alternativen.[109] Das Kontrollkonto ist neben dem Bundeshaushalt, aber normhierarchisch gleichrangig zu führen, also als Bundesgesetz.[110] Es ist öffentlich; es besteht darum ein „Anreiz",[111] einen positiven Kontostand zu haben.

Die Tilgungspflicht ist **in zwei Hinsichten weich:** Von Verfassungs wegen besteht sie nur oberhalb eines großzügig bemessenen Schwellenwerts von 1,5 % des nominalen BIPs[112]; in absoluten Zahlen waren dies 2018 ca. 50,8 Mrd. Euro. Zweitens gibt es keine präzisen Zeitvorgaben; zu dem Kriterium der Konjunkturgerechtigkeit wird man dem Haushaltsgesetzgeber einen Beurteilungsspielraum zugestehen müssen. Gefordert bleibt aber eine vollständige Tilgung. Wie diese bewerkstelligt wird, steht im politischen Ermessen des Haushaltsgesetzgebers.[113] 31

2. Gesetzgebungsauftrag. Mit dem Gesetzgebungsauftrag weist Art. 115 Abs. 2 S. 5 die primäre Konkretisierungskompetenz für viele Tatbestandsmerkmale der Schuldenbremse dem Bundesgesetzgeber zu. Das ist bei der Frage, inwieweit Art. 115 Abs. 2, aber auch Art. 109 Abs. 3 ihm im Verhältnis zum Bundesverfassungsgericht einen Beurteilungsspielraum geben, zu bedenken.[114] Das Gesetz ist ein Einspruchsgesetz; die auf seiner Grundlage zu erlassende Rechtsverordnung bedarf nicht der Zustimmung des Bundesrates (§ 5 Abs. 4 Satz 1 G 115). Es hat in Bezug auf Haushaltsplanung und Haushaltsgesetz eine ähnliche Funktion wie das Maßstäbegesetz für den Finanzausgleich. 32

Ein Schlüsselwort ist **Konjunkturbereinigungsverfahren.** Dieses Konzept stammt aus dem Europäischen Stabilitäts- und Wachstumspakt[115] und wird in § 5 G 115 konkretisiert. Der Umfang der konjunkturbedingten Ausweitung, aber auch Reduktion der strukturellen Kreditobergrenze wird „aus der Abweichung der erwarteten wirtschaftlichen Entwicklung von der konjunkturellen Normallage abgeleitet" (§ 5 Abs. 1 G 115). Eine solche Abweichung liege vor, „wenn eine Unter- oder Überauslastung der gesamtwirtschaftlichen Produktionskapazitäten erwartet wird **(Produktionslücke)**" (§ 5 Abs. 2 Satz 1 G 115). Die Konjunkturkomponente ergebe sich „als Produkt aus der Produktionslücke und der Budgetsensitivität" (§ 5 Abs. 3 G 33

[107] *Kube* in Maunz/Dürig Rn. 170, 232; *Reimer* in BeckOK GG Rn. 41, der Verstöße gegen die Art. 109 Abs. 3 und 115 Abs. 2, gegen das Gesetz zu Art. 115 sowie gegen Sanierungsprogramme für den Bund gemäß Art. 109a als mögliche Fehlerquellen auflistet.

[108] Zu positiven Entwicklungen: *Kube* in Maunz/Dürig Rn. 169, 173; *Reimer* in BeckOK GG Rn. 43.

[109] Näheres bei *Kube* in Maunz/Dürig Rn. 171. Zu verfassungsrechtlicher Kritik an § 8 G 115 *Wendt* in MKS Rn. 49a.

[110] Ebenso *Kube* in Maunz/Dürig Rn. 169 Fn. 3; *Reimer* in BeckOK Rn. 44.

[111] Formulierung in BT-Drs. 16/12410, 7.

[112] *Kube* in Maunz/Dürig Rn. 175, 183, zu nicht erfassten Fällen Rn. 179.

[113] So *Wendt* in MKS Rn. 47a.

[114] Hierzu auch *Kube* in Maunz/Dürig Rn. 234; *Reimer* in BeckOK GG Rn. 11.

[115] BT-Drs. 16/12400, 19; seine Rechtsnatur problematisiert *Seiler* JZ 2009, 725.

115). Weiteres zu dieser technokratisch anmutenden, vielleicht mit Bedacht schwer verständlich ausgestalteten Berechnung[116] findet man im G 115, in einer darauf beruhenden Rechtsverordnung und im Europäischen Stabilitäts- und Wachstumspakt. Die Berechnungsmethode ist in ihren Einzelheiten verfassungsrechtlich nicht vorgegeben. Das Grundgesetz verlangt nur, dass es überhaupt eine rechtlich formalisierte Berechnung gibt. § 5 Abs. 4 S. 2 G 115 stellt sie unter Evaluationsvorbehalt. Dass der Bundesgesetzgeber den ihm erteilten Regelungsauftrag an einen Verordnungsgeber weiterreicht, ist nach den allgemeinen verfassungsrechtlichen Kriterien zulässig. Inhaber der Verordnungsermächtigung gemäß § 5 Abs. 4 S. 1 G 115 ist nicht die Bundesregierung, sondern das Bundesministerium der Finanzen, das im Einvernehmen mit dem Bundesministerium für Wirtschaft und Technologie handelt.

34 **3. Verschuldung in Notsituationen.** Bei Notsituationen ist eine solche Normierung nicht möglich. Zu ihnen macht Art. 115 Abs. 2 selbst in den Sätzen 6 bis 8 im Wesentlichen prozedurale Vorgaben. Die Überschreitung der Kreditobergrenze setzt hier einen von der Mehrheit seiner Mitglieder getragenen Beschluss des Bundestages voraus (Art. 115 Abs. 2 Satz 6 i. V. m. Art. 121). Der Bundesrat wird nicht genannt; dies deutet auf einen schlichten Parlamentsbeschluss hin. Dafür, dass der Beschluss auch als Gesetzesbeschluss mit Bundesratsbeteiligung ergehen kann, sprechen der Zusammenhang mit der notwendig (nachtrags-) haushaltsgesetzlichen Kreditermächtigung und die „Verbindung" mit einem Tilgungsplan, der wegen seiner verpflichtenden Wirkung nur als Gesetz ergehen kann.[117] Der Tilgungsplan ist im Verhältnis zum Kontrollkonto das speziellere Instrument.[118] Die Rückführungspflicht wird in Satz 8 ähnlich zurückhaltend formuliert wie in Satz 4.[119]

35 **4. Fehlerfolgen.** Die Fehlerfolgen bei Art. 115 Abs. 2 und bei Abs. 1 sind, trotz des Unterschiedes von formellem und materiellem Recht, im Wesentlichen gleich. Ein Haushaltsgesetz, das gegen diese Norm verstößt, ist verfassungswidrig. Das BVerfG wird dies, zumeist im Verfahren der abstrakten Normenkontrolle,[120] feststellen. Die Wirksamkeit der Kreditaufnahme bei Dritten, und damit einhergehende Zins- und Tilgungslasten, bleiben hiervon grundsätzlich unberührt. Das BVerfG hat in der Vergangenheit bei Beanstandungen an Haushaltsgesetzen keine Verpflichtung ausgesprochen, solche Kredite, ggfs. vorzeitig, zurückzuzahlen. Für eine tatsächliche Kreditaufnahme, welche die Kreditobergrenzen überschreitet, trifft Art. 115 Abs. 2 Satz 4 eine besondere Fehlerfolgenregelung, die eine Tilgungspflicht einschließt.[121]

C. Verhältnis zu anderen Bestimmungen des Grundgesetzes

36 Art. 115 steht insgesamt in einem engen Verhältnis zu Art. 110. Art. 115 Abs. 2 steht in einem engen Verhältnis zu Art. 109 Abs. 3 (Schuldenbremse).[122]

[116] Kritisch zu ihr *Korioth* JZ 2009, 732; *Kube* in Maunz/Dürig Rn. 164; *Lenz/Burgbacher* NJW 2009, 2563.

[117] Vgl. BT-Drs. 16/12410, 13; *Kube* in Maunz/Dürig Rn. 189 f.; *Reimer* in BeckOK GG Rn. 58. → Art. 109 Rn. 45.

[118] Ebenso *Korioth* JZ 2009, 733.

[119] Kritisch *Seiler* JZ 2009, 726 (r. Sp.).

[120] Dazu *Kube* in Maunz/Dürig Rn. 233.

[121] → Rn. 22.

[122] → Rn. 29 und Art. 109 Rn. 61.

D. Kritische Würdigung

Angesichts der schlechten Erfahrungen, die mit Art. 115 Abs. 1 S. 2 in der von 1969 bis 2009 geltenden Fassung gemacht worden sind,[123] schlug der Neuregelung allenthalben Misstrauen entgegen.[124] Die alte Fassung hatte konkret folgende Schwachstellen: den Investitionsbegriff, das Fehlen einer Tilgungsverpflichtung, die Ausblendung des Staatsvermögens, die Möglichkeit, den Kreditrahmen durch die Nutzung von Restkreditermächtigungen auszuweiten, die Möglichkeit der Schuldenauslagerung in nicht rechtsfähige Sondervermögen und, vor allem, die Ausnahmeklausel des Art. 115 Abs. 1 S. 2, 2. Hs.[125] Ein grundlegender Fehler der Änderung von Art. 115 im Jahr 1969 war, dass sie Krediteinnahmen letztlich von einem außerordentlichen zu einem normalen Finanzierungsinstrument des Staates gemacht hat. Auch der neue Art. 115 Abs. 2 mag einzelne Schlupflöcher enthalten, die in diesem Sinne wirken. Doch angesichts der Dimension des klar formulierten Konsolidierungsauftrags helfen diese der Politik nicht viel weiter. Deshalb sollte eine rechtspolitische Bewertung die Frage in den Vordergrund stellen, ob es politisch gelingt, den in den Art. 115 Abs. 2 S. 2 und 143d Abs. 1 S. 6, 7 vorgezeichneten Konsolidierungspfad dauerhaft zu beschreiten. Der Bundeshaushalt 2011 hat die Schuldenbremse zunächst eins zu eins umgesetzt. 2013 hat Art. 115 mit dem Europäischen Fiskalpakt eine völkerrechtliche Verstärkung erhalten, die eine einseitige Lösung Deutschlands aus der close to bottom – Politik rechtlich und finanzpolitisch erschwert.[126] Seit 2015 gibt es auf Bundesebene die „schwarze Null" – deren öffentliche Belächelung einen Verfassungsjuristen empören sollte. Bund und Länder haben die für das volle Inkrafttreten der „Schuldenbremse" 2016 bzw. 2020 nötigen finanzpolitischen und finanzrechtlichen Vorarbeiten im Wesentlichen erbracht. Die nächste Bewährungsprobe könnten sein[127]: Konjunkturabschwächung ab 2019, Investitionsstau bei Verkehr und Infrastruktur, Brexit, nachvollziehbare Forderungen von Bündnispartnern zu den deutschen Verteidigungsausgaben usw. Eine abermalige Verfassungsänderung hätte einen Vorteil: Sie wäre ohne öffentliche Diskussion über die Staatsverschuldung schwer vorstellbar; das Thema steht aus gutem Grund unter Verfassungsvorbehalt. 37

Literatur

(soweit nicht in den Literaturhinweisen zu den Vorbemerkungen zu Art. 104a–115, zu Art. 109 und zu den Vorbemerkungen zu 110–115 enthalten)

H. H. v. Arnim, Grundprobleme der Staatsverschuldung, BayVBl. 1981, 514. – ***P. Badura,*** Die Talfahrt der öffentlichen Finanzen und die verfassungsrechtlichen Grenzen von Staatsausgaben und Sanierungsmaßnahmen, FS Mußgnug, 2005, 149. –

[123] Letztlich ebenso BVerfGE 116, 327 (393 f.); BVerfGE 119, 96 (Ls. 3, 141–143, insbesondere 142 Mitte; Antikritik im Sondervotum S. 155); *Engels/Hugo* DÖV 2007, 445 (458 f.); *Wendt* in MKS Rn. 10; positiver *Heun* in Dreier Rn. 11.

[124] Z. B. bei *Kube* in Maunz/Dürig Rn. 121, 157–160; diese Kommentierung ist konsequent nach Darstellung und Kritik gegliedert. Kritisch auch *Heun* ZSE 2009, 552, insbes. 569 f. Positiv hinsichtlich der Streichung des Art. 115 Abs. 2 GG a. F. demgegenüber *Kube* ZG 2010, 105, 121, der aber die Übergangsbestimmung des Art. 143d Abs. 1 GG ausdrücklich kritisiert.

[125] BT-Drs. 16/12 410, 5; *Engels/Hugo* DÖV 2007, 445 (448 ff.); *Reimer* in BeckOK GG Rn. 2.1.; zum Investitionsbegriff auch *Kube* in Maunz/Dürig Rn. 137.

[126] Zu seiner Kündbarkeit BVerfGE 132, 195 (285–287); 135, 317 (432).

[127] → Rn. 8.

D. Birk, Sparen auf Pump? – Darf der Staat Kredite zur Verwendung in späteren Haushaltsjahren aufnehmen?, FS Selmer, 2004, 589. – ***K. T. Bröcker,*** Grenzen staatlicher Verschuldung im System des Verfassungsstaats, 1997. – ***J. Christ,*** Neue Schuldenregel für den Gesamtstaat, NVwZ 2009, 1333. – ***F. Cranshaw,*** Insolvenz- und finanzrechtliche Perspektiven der Insolvenz von juristischen Personen des öffentlichen Rechts, insbesondere Kommunen, 2007. – ***M. Droege,*** „Notruf nach Karlsruhe" – Die Begrenzung der Staatsverschuldung und das Heraufziehen des Jurisdiktionsstaates im Haushaltsverfassungsrecht, VerwArch. 2007, 101. – ***F. Edinger,*** Private Vorfinanzierung öffentlicher Investitionen und Haushaltsrecht, ZG 1997, 242. – ***D. Engels/ D. Hugo,*** Verschuldung des Bundes und rechtliche Schuldengrenzen, DÖV 2007, 445. – ***M. Ernst-Pörksen*** (Hrsg.), Staatsschuldtheorien, 1983. – ***J.-K. Fromme,*** Stopp der Staatsverschuldung: Der dritte Weg, ZRP 2007, 263. – ***A. Glaser,*** Begrenzung der Staatsverschuldung durch die Verfassung, DÖV 2007, 104. – ***W. Göke,*** Staatsverschuldung, ZG 2006, 1. – ***N. Gumboldt,*** Zur Verfassungsmäßigkeit kreditfinanzierter Rücklagen in öffentlichen Haushalten, NVwZ 2005, 36. – ***I. Härtel,*** Grenzen der Illusion: Schuldenbremse als Regulativ staatlichen Handelns, ZG 2007, 399. – ***F. Halstenberg,*** Staatsverschuldung ohne Tilgungsplanung, DVBl. 2001, 1405. – ***P. Henseler,*** Verfassungsrechtliche Aspekte zukunftsbelastender Parlamentsentscheidungen, AöR 108 (1983), 489. – ***A. Hering,*** Die Kreditfinanzierung des Bundes über Nebenhaushalte, 1998. – ***W. Heun,*** Staatsverschuldung und GG, Die Verwaltung 18 (1995), 1. – ***ders.,*** Steuerung der Staatsverschuldung durch Verfassungsrecht im Widerstreit, ZSE 2009, 552. – ***W. Höfling,*** Staatsschuldenrecht, 1993. – ***ders.,*** Haushalts- und Finanzverfassung in der Krise, Der Staat 2007, 163. – ***Institut für Finanzen und Steuern,*** Deutscher Fiskus in der „Schuldenfalle", IFSt-Schrift Nr. 433, 2005. – ***J. Isensee,*** Schuldenbarriere für Legislative und Exekutive, FS Friauf, 1996, 705. – ***ders.,*** Staatsverschuldung im Haushaltsvollzug, DVBl. 1996, 173. – ***ders.,*** Damoklesschwert über der Finanzverfassung: der Staatsbankrott, FS Selmer, 2004, 687. – ***Ch. Jahndorf,*** Finanzverfassungsrechtliche Grundlagen der Staatsaufgabenfinanzierung durch Kredite und alternative Finanzierungsformen, 2003. – ***P. Kirchhof,*** Die Staatsverschuldung als Ausnahmeinstrument, FS Mußgnug, 2005, 131. – ***M. Kloepfer/M. Rossi,*** Die Verschuldung der Bundesländer im Verfassungs- und Gemeinschaftsrecht, VerwArch. 2003, 319. – ***K. Knop,*** Verschuldung im Mehrebenensystem, 2008. – ***K. Konrad,*** Verschuldungsautonomie und Schuldenselbstverantwortung, KritVj. 2008, 157 – ***K. Konrad/B. Jochimsen*** (Hrsg.), Finanzkrise im Bundesstaat, 2006. – ***dies.*** (Hrsg.), Der Föderalstaat nach dem Berlin-Urteil, 2007. – ***S. Korioth,*** Neue und einheitliche Schuldenbegrenzungsregeln für Bund und Länder?, KritVj. 2008, 187. – ***ders.,*** Das neue Staatsschuldenrecht – zur zweiten Stufe der Föderalismusreform, JZ 2009, 729. – ***R. Kriszeleit/J. Meuthen,*** Kredithöchstgrenze und Haushaltsvollzug, DÖV 1995, 461. – ***K. Lange,*** Staatsverschuldung als Verfassungskrise, FS Frotscher, 2007, 237. – ***R. Lappin,*** Kreditäre Finanzierung des Staates unter dem Grundgesetz, 1994. – ***C. Lenz/E. Burgbacher,*** Die neue Schuldenbremse im Grundgesetz, NJW 2009, 2561. – ***H. Pünder,*** Staatsverschuldung, HdbStR V, § 123. – ***G. Püttner,*** Staatsverschuldung als Rechtsproblem, 1980. – ***M. Rossi,*** Verschuldung in extremer Haushaltsnotlage. Zum Urteil des Verfassungsgerichtshofs des Landes Berlin vom 31. Oktober 2003, DVBl. 2005, 269. – ***M. Rossi/G. Schuppert,*** Notwendigkeit und Inhalt eines Haushaltsnotlagengesetzes, ZRP 2006, 8. – ***K. Schaefer,*** Das Haushaltsgesetz jenseits der Kreditfinanzierungsgrenzen, 1995. – ***L. Schemmel,*** Defizitbegrenzung im Bundesstaat, 1997. – ***L. Schlief,*** Die Schuldenbremse in der mittelfristigen Finanzplanung des Bundes, in: M. Heintzen (Hrsg.), Auf dem Weg zu nachhaltig ausgeglichenen öffentlichen Haushalten, 2013, 27. – ***N. Schmid,*** Staatliches Liegenschaftsmanagement, Staatsverschuldung und Staatsvermögen, 2007. – ***Ch. Seiler,*** Konsolidierung der Staatsfinanzen mithilfe der neuen Schuldenregel, JZ 2009, 721. – ***H. Tappe,*** Die neue „Schuldenbremse" im Grundgesetz, DÖV 2009, 881. – ***D. Vesper,*** Staatsverschuldung und öffentliche Investitionen, Kommission von Bundestag und Bundesrat zur Modernisierung der Bund-Länder-Finanzbeziehungen, Kommissions-Drs. 087, 2007. – ***H. W. Weinzen,*** Offene Flanke der Staatsverschuldung schließen: Art. 115 Abs. 2 GG streichen, DÖV 2007, 509. – ***ders.,*** Fette und magere Jahre: Von Schranken, Bremsen und Rücklagen. Art. 115 Abs. 1 GG ändern, DÖV 2008, 535. – ***ders.,*** Eine asymmetrische Sanktion gegen Schulden, DÖV 2009, 454. – ***S. Weltring,*** Staatsverschuldung als Finanzierungsinstrument des deutschen Vereinigungsprozesses, 1997. – ***R. Wendt/M. Elicker,*** Staatsverschuldung und intertemporäre Lastengerechtigkeit, DVBl. 2001, 497. – ***dies.,*** Staatskredit und Rücklagen, VerwArch. 95 (2004), 471. – ***J. Wieland,*** Staatsverschuldung als Herausforderung der Finanzverfassung, JZ 2006, 751. – ***Wissenschaftlicher Beirat beim BMF,*** Gutachten zum Begriff der öffentlichen Investitionen, 1980. – ***ders.,*** Zur Bedeutung der Maastricht-Kriterien für die Verschuldungsgrenzen von Bund und Ländern, 1994. – ***ders.,*** Stellungnahme zum Entwurf des Maßstäbegesetzes der Bundesregierung, 2001. – ***ders.,*** Gutachten zu Haushaltskrisen im Bundesstaat, 2005. – ***Wissenschaftlicher Beirat beim BMWi,*** Zur Begrenzung der Staatsverschuldung nach Art. 115 GG und zur Aufgabe des Stabilitäts- und Wachstumsgesetzes, 2008. – ***H.-M. Wolffgang,*** Die Fortgeltung von Kreditermächtigungen nach § 13 Abs. 2 Satz 1 HGrG, DVBl. 1984, 1049. – ***L. Wucherpfennig,*** Staatsverschuldung in Deutschland, 2007.

Xa. Verteidigungsfall

Art. 115a [Feststellung des Verteidigungsfalles]

(1) [1]Die Feststellung, daß das Bundesgebiet mit Waffengewalt angegriffen wird oder ein solcher Angriff unmittelbar droht (Verteidigungsfall), trifft der Bundestag mit Zustimmung des Bundesrates. [2]Die Feststellung erfolgt auf Antrag der Bundesregierung und bedarf einer Mehrheit von zwei Dritteln der abgegebenen Stimmen, mindestens der Mehrheit der Mitglieder des Bundestages.

(2) Erfordert die Lage unabweisbar ein sofortiges Handeln und stehen einem rechtzeitigen Zusammentritt des Bundestages unüberwindliche Hindernisse entgegen oder ist er nicht beschlußfähig, so trifft der Gemeinsame Ausschuß diese Feststellung mit einer Mehrheit von zwei Dritteln der abgegebenen Stimmen, mindestens der Mehrheit seiner Mitglieder.

(3) [1]Die Feststellung wird vom Bundespräsidenten gemäß Artikel 82 im Bundesgesetzblatte verkündet. [2]Ist dies nicht rechtzeitig möglich, so erfolgt die Verkündung in anderer Weise; sie ist im Bundesgesetzblatte nachzuholen, sobald die Umstände es zulassen.

(4) [1]Wird das Bundesgebiet mit Waffengewalt angegriffen und sind die zuständigen Bundesorgane außerstande, sofort die Feststellung nach Absatz 1 Satz 1 zu treffen, so gilt diese Feststellung als getroffen und als zu dem Zeitpunkt verkündet, in dem der Angriff begonnen hat. [2]Der Bundespräsident gibt diesen Zeitpunkt bekannt, sobald die Umstände es zulassen.

(5) [1]Ist die Feststellung des Verteidigungsfalles verkündet und wird das Bundesgebiet mit Waffengewalt angegriffen, so kann der Bundespräsident völkerrechtliche Erklärungen über das Bestehen des Verteidigungsfalles mit Zustimmung des Bundestages abgeben. [2]Unter den Voraussetzungen des Absatzes 2 tritt an die Stelle des Bundestages der Gemeinsame Ausschuß.

Paulskirchenverfassung von 1849

Abschnitt III Art. III § 76

Der Kaiser erklärt Krieg und schließt Frieden.

Abschnitt VII. Art. IV § 197

Im Falle des Kriegs oder Aufruhrs können die Bestimmungen der Grundrechte über Verhaftung, Haussuchung und Versammlungsrecht von der Reichsregierung oder der Regierung eines Einzelstaates für einzelne Bezirke zeitweise außer Kraft gesetzt werden; jedoch nur unter folgenden Bedingungen:

1. die Verfügung muß in jedem einzelnen Falle von dem Gesammtministerium des Reiches oder Einzelstaates ausgehen.
2. das Ministerium des Reiches hat die Zustimmung des Reichstages, das Ministerium des Einzelstaates die des Landtages, wenn dieselben zur Zeit versammelt sind, sofort einzuholen. Wenn dieselben nicht versammelt sind, so darf die Verfügung nicht länger als 14 Tage dauern, ohne daß dieselben zusammenberufen und die getroffenen Maßregeln zu ihrer Genehmigung vorgelegt werden.

Weitere Bestimmungen bleiben einem Reichsgesetz vorbehalten.

Für die Verkündigung des Belagerungszustandes in Festungen bleiben die bestehenden gesetzlichen Vorschriften in Kraft.

Reichsverfassung von 1871

Art. 11

(1) Das Präsidium des Bundes steht dem Könige von Preußen zu, welcher den Namen Deutscher Kaiser führt. Der Kaiser hat das Reich völkerrechtlich zu vertreten, im Namen des Reichs Krieg zu erklären und Frieden zu schließen, Bündnisse und andere Verträge mit fremden Staaten einzugehen, Gesandte zu beglaubigen und zu empfangen.

(2) Zur Erklärung des Krieges im Namen des Reichs ist die Zustimmung des Bundesrats erforderlich, es sei denn, daß ein Angriff auf das Bundesgebiet oder dessen Küsten erfolgt. Abs. 2 neu gefasst durch Gesetz v. 28.10.1918 (RGBl. S. 1274): Zur Erklärung des Krieges im Namen des Reichs ist die Zustimmung des Bundesrates und des Reichstags erforderlich.

Art. 68

Der Kaiser kann, wenn die öffentliche Sicherheit in dem Bundesgebiete bedroht ist, einen jeden Teil desselben in Kriegszustand erklären. Bis zum Erlass eines die Voraussetzungen, die Form der Verkündigung und die Wirkungen einer solchen Erklärung regelnden Reichsgesetzes gelten dafür die Vorschriften des Preußischen Gesetzes vom 4. Juni 1851 (Gesetz.Samml. für 1851 S. 451 ff.).

Hinweis: Art. 68 RV 1871 betraf lediglich den inneren Notstand.

Weimarer Reichsverfassung von 1919

Art. 45

(2) Kriegserklärung und Friedensschluss erfolgen durch Reichsgesetz.

Art. 48

(2) Der Reichspräsident kann, wenn im Deutschen Reich die öffentliche Sicherheit und Ordnung erheblich gestört oder gefährdet wird, die zur Wiederherstellung der öffentlichen Sicherheit und Ordnung nötigen Maßnahmen treffen, erforderlichenfalls mit Hilfe der bewaffneten Macht einschreiten. Zu diesem Zwecke darf er vorübergehend die in den Artikeln 114, 115, 117, 118, 123, 124 und 153 festgesetzten Grundrechte ganz oder zum Teil außer Kraft setzen.

(3) Von allen gemäß Abs. 1 oder Abs. 2 dieses Artikels getroffenen Maßnahmen hat der Reichspräsident unverzüglich dem Reichstag Kenntnis zu geben. Die Maßnahmen sind auf Verlangen des Reichstags außer Kraft zu setzen.

(4) Bei Gefahr im Verzuge kann die Landesregierung für ihr Gebiet einstweilige Maßnahmen der in Abs. 2 bezeichneten Art treffen. Die Maßnahmen sind auf Verlangen des Reichspräsidenten oder des Reichstags außer Kraft zu setzen.

Hinweis: Art. 48 WRV 1919 betraf lediglich den inneren Notstand.

Grundgesetz von 1949

Art. 59a (aF)

(1) Die Feststellung, daß der Verteidigungsfall eingetreten ist, trifft der Bundestag. Sein Beschluß wird vom Bundespräsidenten verkündet.

(2) Stehen dem Zusammentritt des Bundestages unüberwindliche Hindernisse entgegen, so kann bei Gefahr im Verzug der Bundespräsident mit Gegenzeichnung des Bundeskanzlers diese Feststellung treffen und verkünden. Der Bundespräsident soll zuvor die Präsidenten des Bundestages und des Bundesrates hören.

(3) Der Bundespräsident darf völkerrechtliche Erklärungen über das Bestehen des Verteidigungsfalls erst nach Verkündung abgeben.

(4) Über den Friedensschluß wird durch Bundesgesetz entschieden.

Übersicht

A. Allgemeine Bedeutung

I. Genese und Geschichte der Notstandsgesetzgebung

Eingefügt mit dem Gesetz zur Ergänzung des GG v. 19.3.1956,[1] regelte zunächst **Art. 59a aF** die Feststellung des Verteidigungsfalles und sah diesbezüglich eine Zuständigkeit des Bundestages, der mit einfacher Mehrheit beschließen konnte, sowie eine Notfallkompetenz des Bundespräsidenten (bei Gegenzeichnung durch den Bundeskanzler) vor. Art. 59a wurde im Rahmen der Notstandsverfassungsgesetzgebung aufgehoben[2] und sein zentraler Inhalt (Feststellung des Verteidigungsfalles) unter erheblichen Änderungen zugunsten einer Verstärkung der parlamentarischen Kontrolle[3] in Art. 115a übernommen. Dies erfolgte im Rahmen der Einführung der Notstandsverfassung in das GG, die wie kaum eine andere Verfassungsänderung zuvor Gegenstand **erheblicher und langwieriger politischer Kontroversen** gewesen ist. Verständlich werden diese vor dem Hintergrund des Notverordnungsrechts nach **Art. 48 WRV**, das von den Nationalsozialisten zur Erlangung und Festigung ihrer Herrschaft missbraucht worden, dessen Bedeutung für den Untergang der Weimarer Republik allerdings umstritten ist.[4] 1

[1] BGBl. 1956 I 111.
[2] Vgl. 17. G zur Ergänzung des GG v. 24.7.1968, BGBl. 1968 I 709 (711).
[3] *Sterzel* in AK Rn. 33 f.
[4] Vertiefend *Stern,* StaatsR II, 1980, § 52 III 3; *Stern,* StaatsR V, 2000, § 133 V 7; *Benda,* Die Notstandsverfassung, 1968, 17; *Eschenburg* ZParl 1977, 457 ff.; *Kimminich,* Deutsche Verfassungsgeschichte, 1987, 501 ff.; *Schulz* in Fraenkel Der Staatsnotstand, 39 ff.; für die Zeit der WRV: *Anschütz,* WRV Kommentar, 14. Auflage, 1933, 279 ff.

2 Gleichwohl enthielten sowohl der **Herrenchiemsee-Entwurf** (Art. 111) als auch die ersten Entwürfe des Parlamentarischen Rates noch ein Notverordnungsrecht der Bundesregierung, welches sich an Art. 48 WRV anlehnte.[5] Allerdings hat der Allgemeine Redaktionsausschuss vor der Verabschiedung des GG alle vorgesehenen Notstandsvorschriften ohne weitere Begründungen gestrichen[6] – mutmaßlich auf Interventionen der Alliierten hin.[7]

3 In Ermangelung von verfassungsrechtlichen Notstandsregelungen wurde **ersatzweise alliiertes Recht** geschaffen. Jedoch sah bereits Art. 5 Abs. 2 S. 1 des Deutschlandvertrages[8] vor, dass die alliierten Notstandsbefugnisse erlöschen sollten, „sobald die zuständigen deutschen Behörden entsprechende Vollmachten durch die deutsche Gesetzgebung erhalten haben und dadurch in Stand gesetzt sind, wirksame Maßnahmen zum Schutz der Sicherheit dieser Streitkräfte zu treffen, einschließlich der Fähigkeit, einer ernstlichen Störung der öffentlichen Sicherheit und Ordnung zu begegnen".[9]

4 Mit der vergleichbar kontroversen Debatte über eine Wiederbewaffnung der Bundesrepublik kam auch die Diskussion um eine verfassungsrechtliche Regelung des Notstandsfalles wieder auf. Der schon 1960 im Bundestag eingebrachte **„Schröder-Entwurf"** für eine Notstandsverfassung[10] fiel der Diskontinuität zum Opfer. In der 4. Wahlperiode brachte die Bundesregierung 1962 zunächst den **„Höcherl-Entwurf"**[11] ein, der zwischen einem äußeren und inneren Notstand sowie einem Katastrophennotstand unterschied. Der Rechtsausschuss des Bundestags legte mit dem **„Benda-Entwurf"**[12] einen eigenen Entwurf vor, der erstmals die Einrichtung eines Gemeinsamen Ausschusses vorsah (→ Art. 53a), aber aufgrund des Widerstands der SPD-Fraktion[13] die nach Art. 79 Abs. 2 erforderliche Zweidrittelmehrheit verfehlte.[14]

5 Nach intensiven Abstimmungen zwischen den Fraktionen und mit gesellschaftlichen Akteuren (ua Gewerkschaften) konnte die Regierung der Großen Koalition (CDU und SPD) unter Bundeskanzler *Kiesinger* (CDU) im Jahr 1967 den, nach dem damaligen Bundesinnenminister (CDU) benannten, **„Lücke-Entwurf"** in den Bundestag einbringen.[15] Dieser wurde in verschiedenen öffentlichen Anhörungen umfänglich erörtert, so dass dem Plenum erst am 9.5.1968 ein zusammenfassender Bericht aller Beratungen vorgelegt werden konnte.[16] Die Große Koalition verfügte über die erforderliche Zweidrittelmehrheit.

6 Die, vor allem auch **außerparlamentarische Opposition** gegen das Bestreben, eine Notstandsverfassung in das GG einzufügen, nahm an Heftigkeit zu und ging insbesondere von den Gewerkschaften und den Univer-

[5] *Robbers* in Sachs Rn. 1.

[6] Vgl. die 57. Sitzung des Hauptausschusses v. 5.5.1949, StenProt. 755; JöR n.F. 1951, 605 ff.; *Schmid,* Erinnerungen, 1979, 348; *Stern,* StaatsR II, 1980, § 52 III 4, 1315 f.

[7] *Fromme,* Von der Weimarer Verfassung zum Grundgesetz, 1960, 126; *Oberreuter,* Notstand und Demokratie, 1978, 183.

[8] BGBl. 1955 II 305.

[9] Wegen der Interpretationsschwierigkeiten vgl. *Stern,* StaatsR II, 1980, § 52 III 4 e.

[10] BT-Drs. III/1800.

[11] BT-Drs. IV/891.

[12] BT-Drs. IV/3494.

[13] Sitzung v. 24.6.1965, BT-Prot. IV/9737 f.

[14] Zu diesem Entwurf vgl. die ausführl. Darstellung bei *Evers* AöR 1966, 1 ff. u. 193 ff.; *Bettermann* in Fraenkel Der Staatsnotstand, 190 ff.; *Sterzel* in AK Rn. 7 f.

[15] BT-Drs. V/1879 nebst Anlagen.

[16] BT-Drs. V/2873 und V/2917; BT-Prot. V/9614.

sitäten (z. B. das Kuratorium „Notstand der Demokratie“[17] oder die „Ruhr-Aktion gegen die Notstandsgesetzgebung“ der Ruhr-Universität Bochum) aus. Auf einzelne Abgeordnete wurde erheblicher Druck ausgeübt, gegen die Notstandsverfassung zu stimmen. Die namentliche Abstimmung über das „Siebzehnte Gesetz zur Änderung des Grundgesetzes“ fand am 30.5.1968 im Bundestag statt.[18] Dabei stimmten 384 von 496 stimmberechtigten Abgeordneten für die Verfassungsänderung, 100 stimmten dagegen und 1 Abgeordneter enthielt sich der Stimme.[19] Nach Zustimmung des Bundesrates am 16.6.1968[20] erfolgte die Verkündung des Gesetzes am 27.6.1968,[21] so dass die Neuregelung am 28.6.1968 in Kraft treten konnte. Bereits am 18.6.1968 hatten die Alliierten erklärt, dass ihre Vorbehaltsrechte nach Art. 5 Abs. 2 des Deutschlandvertrages erloschen seien.[22]

Nach der Verabschiedung der Notstandsgesetze trat in der Öffentlichkeit – 7
angesichts der heftigen Debatten im Vorfeld sehr überraschend – „über dieses Thema schlagartig Ruhe ein.“[23] Spätere Diskussion betrafen, etwa bezüglich der **Abhör-Affäre** 1977,[24] die Verteidigung der Verfassung gegen **innerstaatliche** Übergriffe, die Anerkennung eines „übergesetzlichen Notstandes“ und die angemessene Behandlung des Terrorismus; die zur Reaktion auf äußere Bedrohungen geänderte Rechtslage blieb hingegen außen vor.[25] In Folge der Deutschen Einheit und des 38. Änderungsgesetzes zum GG[26] wurde lediglich Art. 115e marginal geändert (Beschränkung der Gesetzgebungskompetenz des Gemeinsamen Ausschusses nach Abs. 2 S. 2). Retrospektiv sprechen selbst prominente und vormals erbitterte Gegner der Notstandsgesetzgebung von **übertriebenen Angstphantasien** ohne reale Grundlage. Sie erkennen an, dass sich die Kassandrarufe nicht bewahrheitet haben und bezeichnen die Grundidee der Notstandsverfassung als richtig.[27]

II. Inhaltsübersicht und systematischer Zusammenhang

Das GG und die deutsche Rechtsordnung im Übrigen kennen verschiede- 8
ne Formen des Notstandes.[28] Den **äußeren Notstand** regeln die Art. 115a ff., wobei Art. 115a diesen als Verteidigungsfall bezeichnet und eine **Legaldefinition** enthält. Damit ist die Norm das vor der Klammer stehende **„Eingangstor“** zur durch verschiedene Bestimmungen des GG (insbesondere die Art. 115b ff.) ausgestalteten **Notstandsverfassung,** die an den Verteidigungsfall anknüpft und für diesen Änderungen der Verfassung und Staatsorganisation vornimmt, um eine möglichst effektive Verteidigung zu ermöglichen. Dies betrifft neben den Kompetenzen der Verfassungsorgane

[17] Vgl. *Sterzel* in AK Rn. 14 f. mwN.
[18] BT-Prot. V/9653 f.
[19] Gegenstimmen kamen aus allen Parteien, BT-Prot. V/9654.
[20] 326. Sitzung des BRats; BR-Drs. 303/68.
[21] BGBl. 1968 I 709.
[22] BGBl. 1968 I 714.
[23] *Stern,* StaatsR II, 1980, § 52 IV 1.
[24] Vertiefend *Seifert* KJ 1977, 105 ff.
[25] Vgl. *Böckenförde* NJW 1978, 1881 ff.; *Böckenförde* ZParl 1980, 591 ff.; *Lange* NJW 1978, 784 ff.; *Lübbe-Wolff* ZParl 1980, 110 ff.; *Roßnagel* KJ 1977, 257 ff.; *Schröder* AöR 1978, 121 ff.; *Seifert* KJ 1977, 105 ff.
[26] V. 21.12.1992, BGBl. 1992 I 2086.
[27] *Schily* EuGRZ 2005, 290 f.
[28] Im Überblick *Reimer/Kempny* VR 2011, 253 ff.

insbesondere den Einsatz der Streitkräfte infolge des Verteidigungsfalles (→ Rn. 52).[29] Art. 115a (mit Ausnahme des Abs. 5 S. 1) regelt vor allem den formalen Ablauf des **Verfahrens zur Feststellung des Verteidigungsfalles** im äußeren Notstand. Art. 59a aF wurde inhaltlich partiell in Art. 115a übernommen, va hinsichtlich der Stellung des Bundespräsidenten und Gemeinsamen Ausschusses modifiziert und konnte daher entfallen.[30]

III. Überstaatliche Bezüge

9 Der Verteidigungsfall setzt voraus, dass Deutschland mit Waffengewalt angegriffen wird oder ein solcher Angriff unmittelbar droht. In Reaktion darauf soll eine möglichst effektive Verteidigung auch verfassungsrechtlich ermöglicht werden. Dies steht in enger Beziehung zum **völkerrechtlichen Selbstverteidigungsrecht** gegenüber einem „bewaffneten Angriff" („armed attack") nach Art. 51 VN-Charta, dem grundsätzlichen Verbot militärischer Gewaltanwendung nach Art. 2 Ziff. 4 VN-Charta sowie der Bestimmung einer „Angriffshandlung" („act of aggression") durch den VN-Sicherheitsrat nach Art. 39 VN-Charta in Konkretisierung durch die VN-Generalversammlung.[31] Das moderne Völkerrecht (seit 1945) ist geprägt von einem **weitreichenden Gewaltverbot,** das in der VN-Charta selbst nur zwei Ausnahmen kennt: Eine Autorisierung der Gewaltanwendung durch den VN-Sicherheitsrat nach Kapitel VII (Art. 42 VN-Charta)[32] sowie die Selbstverteidigung der Staaten nach Art. 51 VN-Charta. Während Art. 26 Abs. 1 (Verbot des Angriffskrieges) mit dem völkerrechtlichen Gewaltverbot korrespondiert, bezieht sich Art. 115a auf einen Fall, der auch völkerrechtlich ein Selbstverteidigungsrecht auslösen und damit eine militärische Reaktion legitimieren würde. Das Recht des Staates auf Selbstverteidigung in Reaktion auf einen völkerrechtswidrigen bewaffneten Angriff, wie es dem Verteidigungsfall zugrunde liegt, erkennt Art. 51 S. 1 VN-Charta als naturgegeben an. In Selbstverteidigung ausgeübte militärische Gewalt kann völkerrechtskonform sein.[33] Insbesondere ist auch im Völkerrecht die Reaktion auf einen unmittelbar drohenden bewaffneten Angriff (→ Rn. 13; 20) gestattet. Völkerrechtliche **Bündnisverpflichtungen** (etwa Art. 5 Abs. 1 NATO-Vertrag) knüpfen an einen Verteidigungsfall an, begründen aber für sich allein keinen Verteidigungsfall in Deutschland (→ Rn. 19).

10 Das Recht der **Europäischen Union** trifft keine unmittelbar den Verteidigungsfall betreffende Regelung. Zwar enthält Art. 42 Abs. 7 EUV eine Beistandsverpflichtung,[34] die neben sonstige Bündnispflichten (etwa aus Art. 5 Abs. 1 NATO-Vertrag) tritt und ausdrücklich auf das Selbstverteidigungsrecht nach Art. 51 VN-Charta abstellt. Ungeachtet der Frage, ob damit

[29] Vgl. *Rieder,* Die Entscheidung über Krieg und Frieden nach deutschem Verfassungsrecht, 1984, 348 auch zur Frage, ob die Bundeswehr auch ohne Feststellung des Verteidigungsfalles eingesetzt werden könne.

[30] *Menzel* in BerlKomm Erl. I 3; *Rieder,* Die Entscheidung über Krieg und Frieden nach deutschem Verfassungsrecht, 1984, 345.

[31] *VN-Generalversammlung,* Resolution 3314 (XXIX) v. 14.12.1979.

[32] *Gray,* International Law and the Use of Force, 2018, 262 ff.

[33] Vgl. dazu etwa *Grzeszick* AVR 2003, 484 ff.; *Gray,* International Law and the Use of Force, 2018, 120 ff.

[34] Zugunsten einer echten Rechtspflicht vgl. *Cremer* in Calliess/Ruffert EUV/AEUV Art. 42 AEUV Rn. 16; *Regelsberger/Kugelmann* in Streinz EUV/AEUV Art. 42 EUV Rn. 11; a. A. *Terhechte* in Schwarze EU-Kommentar Art. 42 EUV Rn. 19.

auch eine militärische Unterstützung geschuldet ist,[35] genügt die Auslösung auch dieser Bündnisverpflichtung allein nicht, um einen Verteidigungsfall in Deutschland auszulösen.

In vielen **ausländischen Verfassungen**[36] finden sich ebenfalls Notstandregelungen, vielfach allerdings ohne eine dem Art. 115a entsprechende Beschränkung auf den Verteidigungsfall oder die dem GG eigene strikte Differenzierung zwischen dem äußeren und inneren Notstand. Häufig ist dort auch vorgesehen, dass Angriffe sowohl konkludent als auch ausdrücklich und ferner bezüglich des eigenen oder eines Bündnisstaates festgestellt werden können. 11

B. Einzelfragen

I. Verteidigungsfall

Art. 115a Abs. 1 enthält eine **Legaldefinition** des Verteidigungsfalles und sieht dazu **zwei Varianten** vor: den bereits erfolgten bewaffneten Angriff und einen unmittelbar drohenden Angriff. Auch erhebliche Krisensituationen, die unterhalb dieser spezifischen Schwelle des Verteidigungsfalles verbleiben (etwa Naturkatastrophen und Pandemien), können einen Übergang in die Notstandsverfassung nicht auslösen[37] und sind im Rahmen der „Normalverfassung" zu adressieren. Zur Bestimmung des Begriffsinhalts empfiehlt es sich – schon in Ansehung der Völkerrechtsfreundlichkeit des GG[38] und des Verbots eines Angriffskrieges (Art. 26 Abs. 1) – Begriffe, Interpretationen, Konzepte und Entwicklungen des Völkerrechts heranzuziehen.[39] 12

1. Dass das Bundesgebiet mit Waffengewalt angegriffen wird. Die erste Variante betrifft den Fall, dass das Bundesgebiet mit Waffengewalt angegriffen wird. Im Unterschied zum unmittelbar drohenden Angriff muss für die Variante 1 der **Angriff bereits im Gange sein.**[40] Damit ist nicht verlangt, dass der Angriff schon physische Wirkungen auf dem deutschen Staatsgebiet zeitigt und zu Schäden geführt hat; Deutschland muss folglich nicht warten, bis die erste Bombe auf deutschem Grund einschlägt. Ein Angriff findet vielmehr bereits dann statt, wenn dieser eingeleitet, also das Stadium der Vorbereitung verlassen worden ist und Ursachen gesetzt wurden, die bei ungehindertem Geschehensablauf zu Zerstörungen führen und die freiheitlich demokratische Verfassungsordnung Deutschlands gefährden. Der Abschuss einer ballistischen Rakete genügt, Truppenbewegungen hin zur Grenze dürften demgegenüber allenfalls einen unmittelbar drohenden Angriff 13

---

[35] In diese Richtung wohl *Cremer* in Calliess/Ruffert EUV/AEUV Art. 42 AEUV Rn. 16 f.; aA *Regelsberger/Kugelmann* in Streinz EUV/AEUV Art. 42 EUV Rn. 11.

[36] Vertiefend und mit Beispielen die rechtsvergleichenden Hinweise zu Art. 115a bei *Epping* in Maunz/Dürig.

[37] Zu Diskussionen um die Einrichtung eines „Notausschusses" im Rahmen der Bekämpfung der 2020 auftretenden Corona-Pandemie vgl. *Schönberger/Schönberger,* FAZ v. 26.3.2020, S. 9.

[38] Vgl. etwa BVerfGE 112, 1 (24 ff.) zum Gleichklang der eigenen freiheitlichen Friedensordnung des GG mit dem Völkerrecht; zu den Grenzen und Möglichkeiten einer Völkerrechtsdurchbrechung vgl. BVerfGE 141, 1 (15 ff.).

[39] Zur Bedeutung des Völkerrechts vgl. BVerwG NVwZ-RR 2007, 257 (259); auch *Epping* in Maunz/Dürig Rn. 32; *Stern,* StaatsR II, 1980, § 54 II 2a; *Sterzel* in AK Rn. 37.

[40] *Robbers* in Sachs Rn. 6.

darstellen, da deren konkrete Verwendung noch beeinflussbar ist und von weiteren taktischen Entscheidungen abhängt.

14 Einen solchen Angriff **mit Waffen** gilt es auch in Übereinstimmung mit dem Völkerrecht zu definieren, denn ein „armed attack" aktiviert das Recht zur Selbstverteidigung im Sinne von Art. 51 VN-Charta und ferner findet sich eine Definition der Angriffshandlung („act of aggression") im Anhang einer Resolution der VN-Generalversammlung[41], der völkergewohnheitsrechtliche Geltung attestiert wird.[42] Daraus ergibt sich, dass zunächst insbesondere **klassische militärische Aktionen** erfasst werden (Invasionen, Bombardierungen, Hafenblockaden), die in feindseliger Absicht in der Regel mit **militärischem Gerät** (Luftwaffe, Panzer, Kriegsschiffe) und durch **militärische Waffen** nuklearer, chemischer, biologischer und physikalischer Natur (Bomben, Artillerie, ABC-Waffen) vorgenommen werden.[43] Ein Ausschluss von **unerheblichen Auseinandersetzungen oder Gewalteinwirkungen** (etwa kleineren Grenzscharmützeln oder einem versehentlichen Beschuss) ergibt sich dabei aus der erforderlichen Erheblichkeitsschwelle, wie sie das Völkerrecht kennt[44] und wie sie auch dem Verhältnismäßigkeitsprinzip in seiner Geltung für den Verteidigungsfall entspricht.[45] Damit geht einher, dass es einer **physischen Zwangseinwirkung** bedarf, die geeignet ist, das öffentliche Leben in Deutschland so empfindlich zu treffen und den Bestand der Bundesrepublik, ihren Staatsaufbau sowie ihre freiheitlich demokratische Verfassungsordnung zu gefährden, dass es einer Reaktion, wie sie die Notstandsverfassung ermöglichen soll, bedarf.[46] Demgegenüber reichen rein wirtschaftliche und politische Aktionen und Sanktionen (Embargomaßnahmen, Abbruch wirtschaftlicher Beziehungen, Propaganda, Versuche der politischen Isolierung und Marginalisierung) nicht aus.[47] Die Beurteilung ist eine Frage des Einzelfalls und Teil des **Einschätzungsspielraums** insbesondere der in außenpolitischen Fragen besonders versierten Bundesregierung, eröffnet aber zugleich auch – in Ermangelung eines festgelegten und abschließenden Kanons an Waffen –[48] die **Erfassung neuartiger Waffen.**

15 Folglich können auch **Cyber-Angriffe** einen Angriff mit Waffen darstellen, wenn sie physische Wirkungen zeitigen, die denen infolge des Einsatzes klassischer Waffen vergleichbar in Umfang und Wirkung sind,[49] etwa indem sie zu erheblichen Zerstörungen von Gegenständen führen oder Menschen verletzen und töten (zB durch einen Hackerangriff auf ein Staubecken, in dessen Folge es zur Überflutung eines angrenzenden Gebietes kommt, oder

---

[41] Anhang zu Resolution 3314 (XXIX) v. 14.12.1974.

[42] So in Bezug auf bestimmte Teile der Resolution bereits IGH, Nicaragua v. USA (Military and Paramilitary Activities), I. C. J. Reports 1986, 14 Rn. 195.

[43] *Robbers* in Sachs Rn. 5.

[44] Vgl. IGH, Nicaragua v. USA (Military and Paramilitary Activities), I. C. J. Reports 1986, 14 Rn. 191, 195; IGH, Iran v. USA (Oil Platforms), I. C. J. Reports 2003, 161 Rn. 51; *v. Arnauld,* Völkerrecht, 2019, Rn. 1085, 1087.

[45] *Schmidt-Radefeldt* in BeckOK GG Rn. 6; *Robbers* in Sachs Rn. 8; *Grote* in MKS Rn. 23.

[46] *Schmidt-Radefeldt* in BeckOK GG Rn. 6.

[47] *Robbers* in Sachs Rn. 5.

[48] Vgl. dazu IGH, Legality of the threat or use of nuclear weapons, I. C. J. Reports 1996, 226 Rn. 39.

[49] Aus völkerrechtlicher Sicht (Art. 2 Ziff. 4 VN-Charta): *Schmitt,* Tallinn Manual 2.0 on the International Law Applicable to Cyber Operations, 2017, 330 ff., 339 ff.; *Roscini,* World Wide Warfare – Jus ad bellum and the Use of Cyber Force in v. Bogdandy/Wolfrum, Max Planck Yearbook of United Nations Law, 2010, 85, 114 ff.; *v. Arnauld,* Völkerrecht, 2019, Rn. 1086; für das GG wie hier: *Schmidt-Radefeldt* in BeckOK GG Rn. 4.

durch einen entsprechenden Angriff auf ein Kernkraftwerk, der einen GAU auslöst). Bloße wirtschaftliche Schäden durch Angriffe auf Netzwerke der Börsen oder der Nationalbank, Diffamierungen über die Manipulation von Regierungswebseiten, oder sonstige Beeinträchtigungen des gesellschaftlichen Lebens durch Störungen des Internets reichen demgegenüber und in Übereinstimmung mit völkerrechtlichen Vorstellungen[50] nicht aus, um einen bewaffneten Angriff zu begründen.[51]

Dem Art. 115a liegt die grundsätzliche Erwartung eines **Angriffs „von außen"** zugrunde.[52] Allerdings kann ein solcher auch vorliegen, wenn es zu bewaffneten Feindseligkeiten innerhalb des deutschen Staatsgebietes kommt (etwa bei kriegerischen **Guerilla-Tätigkeiten**), sofern diese die erforderliche Intensität erreichen, die Akteure im Dienst einer ausländischen Macht stehen und sie unter dem Einsatz von Waffen handeln.[53] Die Beteiligung ausländischer Staaten an nicht-internationalen bewaffneten Konflikten (Bürgerkriegen) kann diese „internationalisieren"[54] und letztlich gänzlich in einen internationalen bewaffneten Konflikt umschlagen lassen. Damit besteht die Notwendigkeit, auf eine auswärtige Gefahr in effektiver Weise zu reagieren, so dass auch bereits im Fall eines **Bürgerkrieges mit ausländischer Unterstützung** der Aufständischen der Verteidigungsfall festgestellt werden kann.[55] Handeln indes allein deutsche Kämpfer oder Aufständische, finden die Vorschriften über den inneren Notstand Anwendung.[56] Sonstige staatsfeindliche Aktivitäten von Angehörigen ausländischer Mächte **(Spionage, Subversion, Propaganda)** begründen keinen Verteidigungsfall auch wenn sie *innerhalb* Deutschlands vorgenommen werden,[57] sondern sind durch die Nachrichtendienste sowie Polizei und Justiz im Rahmen des allgemeinen Strafrechts zu adressieren.[58] 16

Der bewaffnete **Angriff muss rechtswidrig** sein. Agiert ein ausländischer Staat seinerseits in Selbstverteidigung gegenüber Deutschland oder mit Autorisierung durch den VN-Sicherheitsrat, fehlt es bereits an dem Verstoß gegen das Gewaltverbot wie es dem Angriffsbegriff des Art. 115a insoweit immanent ist.[59] Dass Deutschland bewusst einen Angriffskrieg führt, ist ausgesprochen unwahrscheinlich (vgl. Art. 26 Abs. 1). Nicht ausgeschlossen ist freilich die irrige Annahme des Verteidigungsfalles, in deren Folge mit militärischer Gewalt gegenüber dem vermeintlichen Aggressor reagiert wird.[60] Diesem stünde dann seinerseits das Selbstverteidigungsrecht zu, welches militärische 17

[50] Bereits das völkerrechtliche Gewaltverbot erfasst nur militärische, nicht aber wirtschaftliche Gewalt, vgl. *Randelzhofer* in Simma/Kahn/Nolte/Paulus UN Charter, I, 2012, Art. 2 (4) Rn. 18 ff.; *Dörr,* „Use of Force, Prohibition of" in MPEPIL-online, Rn. 11; *Maogoto,* Technology and the Law on the Use of Force, 2015, 18.

[51] *Schmidt-Radefeldt* in BeckOK GG Rn. 4; weitergehend wohl *Epping* in Maunz/Dürig Rn. 44 f.

[52] *Robbers* in Sachs Rn. 5; *Sterzel* in AK Rn. 37.

[53] Vgl. *Jarass* in Jarass/Pieroth Rn. 3; *Heun* in Dreier Rn. 7; mit Einzelfällen: *Grote* in MKS Rn. 14–17; eher ablehnend *Schmidt-Radefeldt* in BeckOK GG Rn. 3.

[54] Zum „internationalisierten Konflikt" vgl. *Gasser,* Humanitäres Völkerrecht, 2007, 64 f.; *Groeben,* Transnational Conflicts and International Law, 2014, 21 f.

[55] Abweichend *Schmidt-Radefeldt* in BeckOK GG Rn. 3; *Robbers* in Sachs Rn. 3; *Epping* in Maunz/Dürig Rn. 52.

[56] *Heun* in Dreier Rn. 7.

[57] *Robbers* in Sachs Rn. 4.

[58] *Sterzel* in AK Rn. 37.

[59] *Schmidt-Radefeldt* in BeckOK GG Rn. 5.

[60] *Schmidt-Radefeldt* in BeckOK GG Rn. 10.

Gewalt gegenüber Deutschland rechtfertigen könnte, was einen Angriff im Sinne des Art. 115a ausschlösse.

18 Der Begriff des Angriffs wird eingeschränkt durch den **territorialen Bezug auf das deutsche Bundesgebiet.** Dessen Bestimmung ergibt sich aus der Gesamtbetrachtung der Bundesländer (vgl. die Aufzählung in der Präambel) in Übereinstimmungen mit den völkerrechtlichen Vorgaben und der Grenzfestlegungen durch den Zwei-Plus-Vier-Vertrag.[61] Nach dem Völkerrecht zählen auch der Luftraum und das Küstenmeer zum Staatsgebiet Deutschlands.[62] Nicht zum Staatsgebiet zählen indes Schiffe und Flugzeuge unter deutscher Flagge[63] und auch die diplomatischen und konsularischen Vertretungen stellen keinen (exterritorialen) Teil des Staatsgebietes dar.[64] Keinesfalls ausreichend zur Auslösung des Verteidigungsfalles sind Angriffe auf deutsche Staatsangehörige oder Streitkräfte außerhalb des Staatsgebietes. Auch wenn sich die personelle Jurisdiktionsgewalt und korrespondierende Schutzpflichten Deutschlands auf entsprechende Personen erstrecken mögen,[65] wird in einem solchen Fall eine Umgestaltung der Verfassungsordnung nicht erforderlich und stellt Art. 115a Abs. 1 allein auf das deutsche Staatsgebiet ab.

19 Aus dem Abstellen auf das deutsche Staatsgebiet ergibt sich, dass Fiktionen eines Angriffs, wie sie sich aus völkerrechtlichen **Bündnisverpflichtungen** ergeben können, für sich genommen nicht ausreichen, um den Verteidigungsfall auszulösen.[66] Freilich kann der Angriff auf Bündnispartner einen unmittelbar drohenden Angriff darstellen, etwa wenn sich ausländische Truppen Deutschland über die Nachbarstaaten unter Verletzung deren territorialer Souveränität nähern. Völkerrechtliche Pflichten Deutschlands, den Bündnispartnern (militärisch) beizustehen, bleiben freilich unberührt, lösen nur für sich keinen Übergang in die Notstandsverfassung aus.[67]

20 **2. Oder ein solcher Angriff unmittelbar droht.** In seiner zweiten Variante korrespondiert Art. 115a Abs. 1 S. 1 mit dem **präventiven Selbstverteidigungsrecht,** das Art. 51 VN-Charta in engem Rahmen ermöglicht.[68] So muss auch nach Völkerrecht nicht abgewartet werden, bis ein Angriff bereits zerstörende Wirkungen zeitigt, vielmehr sollen Verteidigungsmaßnahmen jedenfalls dann zulässig sein, wenn eine unmittelbare überragende Notwendigkeit zur Selbstverteidigung besteht, die keine Wahl der Mittel und keine Zeit zu weiterer Überlegung belässt.[69] Gleichwohl unterscheiden

---

[61] BGBl. 1990 II 1317.

[62] *Epping* in Maunz/Dürig Rn. 30.

[63] *Epping* in Maunz/Dürig Rn. 32; *Schmidt-Radefeldt* in BeckOK GG Rn. 1.

[64] Vgl. Art. 21 ff. Wiener Übereinkommen über diplomatische Beziehungen, BGBl. 1964 II 959 und Art. 28 ff. Wiener Übereinkommen über konsularische Beziehungen, BGBl. 1969 II 1587.

[65] Vgl. *Krieger* ZaöRV 2002, 669–702; *Becker* in HdbStR XI § 240 Rn. 1 ff.

[66] *Schmidt-Radefeldt* in BeckOK GG Rn. 2; *Robbers* in Sachs Rn. 3; vgl. auch die Unterscheidung in BVerfGE 68, 1 (102 ff.), wonach Akte der Bundesregierung im Bündnisfall keiner besonderen gesetzlichen Ermächtigung bedürften.

[67] *Menzel* in BerlKomm Erl. I 3; *Herzog* in Maunz/Dürig Rn. 24; *Grote* in MKS Rn. 10.

[68] Vertiefend zu der Diskussion um unterschiedliche Formen der antizipatorischen, präemptiven und präventiven Selbstverteidigung *Dinstein,* War, Aggression and Self-Defence, 2017, 222 ff.; *v. Arnauld,* Völkerrecht, 2019, Rn. 1093.

[69] Sog. Caroline-Formel, vgl. dazu etwa *Kreß/Schiffbauer* JA 2009, 611 ff. auch zur kontrovers diskutieren Frage der gewohnheitsrechtlichen Geltung (616); für eine gewohnheitsrechtliche Geltung *High Level Panel,* „A More Secure World: Our Shared Responsibility", UN Doc. A/59/565, 2004, Rn. 188.

sich Art. 51 VN-Charta und Art. 115a in einem wichtigen Aspekt: Aus der VN-Charta ergibt sich die Rechtmäßigkeit der Gewaltanwendung, Art. 115a eröffnet demgegenüber die Möglichkeit zur partiellen Umgestaltung der Verfassungsordnung, welche eine effektive Verteidigung und damit einhergehende Gewaltanwendung erst ermöglicht. Insofern ist eine Einschätzungsprärogative der antragstellenden, in auswärtigen Fragen besonders versierten und mit anderen Staaten in besonders engem Kontakt stehenden Bundesregierung (Abs. 1 S. 2) anzuerkennen. Letztlich geht es um eine **Frage der Wahrscheinlichkeit,** an deren Vorliegen hohe Anforderungen zu stellen sind. Es braucht tatsächliche vorliegende Indizien, die einen militärischen Angriff mit an Sicherheit grenzender Wahrscheinlichkeit als unmittelbar bevorstehend erwarten lassen.[70] Eine deutliche Indizwirkung – wegen der zeitlichen Abläufe wohl eher bestätigend – dürfte jedenfalls der möglichen Feststellung eines „act of aggression" durch den VN-Sicherheitsrat, als dem völkerrechtlich zur Friedenswahrung berufenen Organ zukommen.

In den gesteigerten Anforderungen an die Wahrscheinlichkeit eines bewaffneten Angriffs kann die zentrale **Abgrenzung zum Spannungsfall** iSv Art. 80a erkannt werden, der – ohne eine Legaldefinition – eine außenpolitische Konfliktlage kennzeichnet, die mit gewisser Wahrscheinlichkeit zum Verteidigungsfall führen kann und daher eine vorsorgliche Steigerung der Verteidigungsbereitschaft erforderlich macht.[71] **21**

3. Urheber des Angriffs. Der Konzeption des Verteidigungsfalles nach Art. 115a liegt die auch im Völkerrecht klassische Vorstellung (vgl. Art. 2 Ziff. 4 VN-Charta)[72] eines **zwischenstaatlichen Konflikts** zugrunde. Demnach müsste der Angriff von einem anderen Staat ausgehen oder diesem zumindest zurechenbar sein. Bereits die **Frage der Zurechenbarkeit** ist freilich streitbefangen, etwa hinsichtlich der Frage, unter welchen Voraussetzungen ein Staat für das Handeln von Terroristen, die von seinem Staatsgebiet ausgehend agieren oder dieses als sicheren Hafen nutzen, verantwortlich zeichnet.[73] **22**

Ist eine Zurechnung an einen Staat nicht möglich, ließe sich erwägen, private Akteure selbst als Urheber der Aggression zu betrachten. Der in den letzten Jahrzehnten erstarkte **Terrorismus** und – Staatlichkeit beanspruchende, aber nicht erreichende –[74] Terrororganisationen wie der „Islamische Staat" können mittlerweile eine erhebliche Wirkungsmächtigkeit durch organisierte Milizstrukturen und die Verfügbarkeit von auch schweren und ballistischen Waffen sowie Massenvernichtungswaffen erreichen. Insofern ist nicht pauschal auszuschließen, dass auch solche Akteure einen Angriff mit Waffen begehen können, dh sie nach Art, Intensität und Zielsetzung einer zwischenstaatlichen militärischen Auseinandersetzung vergleichbar die deutsche Rechts- und Verfassungsordnung destabilisieren. Im Völkerrecht ist eine Erweiterung des Selbstverteidigungsrechts nach Art. 51 VN-Charta erkennbar.[75] **23**

---

[70] *Schmidt-Radefeldt* in BeckOK GG Rn. 13.

[71] *Mann* in Sachs Art. 80a Rn. 2; *Schmidt-Radefeldt* in BeckOK GG Art. 80a Rn. 2 (zum Zustimmungsfall → Rn. 6 f.).

[72] Vgl. *v. Arnauld,* Völkerrecht, 2019, Rn. 1046.

[73] Vgl. *v. Arnauld,* Völkerrecht, 2019, Rn. 1046, 1120 ff.; *Starski* ZaöRV 2015, 455 ff.

[74] Zum Staatsbegriff des sog. „Islamischen Staats" siehe *Novogrodsky* Berkeley J. Int'l Law 2018, 36–59.

[75] *V. Arnauld,* Völkerrecht, 2019, Rn. 1079 ff; *Dau,* die völkerrechtliche Zulässigkeit von Selbstverteidigung gegen nichtstaatliche Akteure, 2017, 60 ff.

Art. 115a sollte ebenso offen interpretiert werden,[76] zumal die Norm nicht ihrerseits über die Anwendung (rechtfertigungsbedürftiger) militärischer Gewalt entscheidet, sondern lediglich „nach innen" gerichtet die Verteidigungsbereitschaft erhöhen soll. In solchen Fällen werden freilich an die Beurteilung der politischen Organe sowie Erwägungen der Verhältnismäßigkeit besonders strenge Maßstäbe anzulegen sein. Punktuelle terroristische Anschläge bedürfen keiner Umstellung auf die Notstandsverfassung, um ihnen gerecht zu werden. Gelingt es Terroristen, etwa aufgrund der Dauer oder des Einsatzes von Massenvernichtungswaffen, kriegsähnliche Zustände zu schaffen, dürfte sich die Feststellung eines Verteidigungsfalles rechtfertigen lassen.

II. Feststellung

24 **1. Bedeutung der Feststellung.** Um den Übergang in die Notstandsverfassung auszulösen, muss der Verteidigungsfall festgestellt werden (Art. 115a Abs. 1, 2) oder eine Feststellung zumindest fingiert werden (Abs. 4 S. 1). Der Feststellung kommt ob der eintretenden Rechtsfolgen **konstitutive Bedeutung** zu, auch wenn der Begriff eher deren deklaratorische Natur insinuiert.[77] Bei der getroffenen Feststellung handelt es sich um einen **materiellen staatsleitenden Regierungsakt,** nicht aber um ein formelles Gesetz, auch wenn das Verfahren und die Publizität dem Gesetzgebungsverfahren nachempfunden sind.[78]

25 An der Feststellung des Verteidigungsfalles können **unterschiedliche Verfassungsorgane beteiligt** sein, neben der Bundesregierung der Bundestag, der Bundesrat, der Gemeinsame Ausschuss und der Bundespräsident. Dies hängt von deren Funktionsfähigkeit ab, wobei es eine **Abstufung** vom Regelfall (Bundesregierung, Bundestag und Bundesrat) bis zur Fiktion der Feststellung gibt. Dem Bundespräsidenten ist mit der letzten Fassung der Notstandsgesetze nur noch ein formeller Vollzug des Beschlusses zuerkannt worden, eine eigene Befugnis zur Feststellung kommt ihm nicht zu,[79] wohl aber soll ihm ein Prüfungsrecht zustehen (→ Rn. 46).

26 **2. Der Regelfall: Feststellung durch den Bundestag. a) Die Feststellung erfolgt auf Antrag der Bundesregierung.** Das Regelverfahren beginnt mit einem **Antrag der Bundesregierung** in Anerkennung ihres Informationsvorsprungs in auswärtigen Angelegenheiten und ihrer besonderen Eignung, die faktischen Vorgänge zu beurteilen. Erst auf diesen Antrag hin kann der **Bundestag** tätig werden, er verfügt über **kein Initiativrecht.**[80] Die Bundesregierung entscheidet als Kollegialorgan mit der Mehrheit der Stimmberechtigten (Art. 65 S. 1 und §§ 22, 24 GO BReg). Der Gesetzgeber ging nicht davon aus,[81] dass die Bundesregierung beschlussunfähig werden könnte und hat diesen Fall daher nicht geregelt. Sollte es gleichwohl zu einem

[76] Ebenso erwogen von *Sattler* NVwZ 2004, 1286 (Fn. 81); eher ablehnend *Schmidt-Radefeldt* in BeckOK GG Rn. 9; *Linke* AöR 2004, 489 (515 f.): Terrorismus als Akt internationaler Kriminalität sei durch Zivilbehörden abzuwehren.

[77] *Heun* in Dreier Rn. 8; *Stern,* StaatsR II, 1980, § 54 III 1.

[78] *Heun* in Dreier Rn. 8; *Evers* AöR 1966, 193 (210).

[79] Anders noch der Entwurf des Rechtsausschusses von 1965, wonach eine eigene Zuständigkeit für den Fall bestehen sollte, dass der Gemeinsame Ausschuss verhindert wäre; zur „Legalitätsreserve" des Bundespräsidenten vgl. auch *Schäfer* AöR 1968, 37 (46) unter Bezug auf *Evers* AöR 1966, 1 f.

[80] *Schmidt-Radefeldt* in BeckOK GG Rn. 19.

[81] *Lenz,* Notstandsverfassung des Grundgesetzes, Kommentar, 1971, Rn. 4.

solchen Fall kommen, dürfte der Bundestag befugt sein, **auch ohne entsprechenden Antrag** zu entscheiden,[82] um in einer Situation des Notstandes eine wirksame Verteidigung zu ermöglichen. Insbesondere entspricht eine solche Lösung dem Interesse demokratische Strukturen auch in einem solchen Fall zu wahren, besser als das Abstellen und Abwarten auf die Fiktion des Verteidigungsfalles nach Abs. 4 S. 1.[83]

b) Die Feststellung [...] trifft der Bundestag. Die **Feststellung** des Verteidigungsfalles selbst **trifft der Bundestag,** es ist dies im Unterschied zu verfassungsrechtlichen Vorgängerbestimmungen folglich nicht mehr eine Kernkompetenz der Exekutive. Mit der Zuständigkeit dieses direkt gewählten Verfassungsorgans wird eine demokratische Legitimation der erheblichen Änderungen der Verfassungsordnung infolge des Verteidigungsfalles garantiert. Das Parlament ist zur Feststellung auch bei Vorliegen der Voraussetzungen des Abs. 1 nicht verpflichtet, sondern kann **nach politischer Opportunität** entscheiden.[84] 27

Die Entscheidung des Bundestages erfolgt **durch Beschluss** nach Art. 42 Abs. 2, wird aber an zwei besondere Voraussetzungen geknüpft: ein **bestimmtes Quorum** und die **Zustimmung des Bundesrates.** Zunächst hat der Bundestag seine Entscheidung mit einer **Mehrheit von zwei Dritteln** der abgegebenen Stimmen, **mindestens** aber der **Mehrheit der Mitglieder** zu treffen. Dies sichert eine ausreichende demokratische Basis, bleibt aber unter der erforderlichen verfassungsändernden Mehrheit von zwei Dritteln der Mitglieder entsprechend Art. 79 Abs. 2 zurück. Da der Verteidigungsfall zu einer „Verfassungsänderung auf Zeit"[85] führt, erschien eine einfache Mehrheit nicht vertretbar;[86] gleichwohl bestehende Möglichkeiten des Missbrauchs hegt das Erfordernis einer Zustimmung durch den Bundesrat ein. 28

c) Mit Zustimmung des Bundesrates. Anders als Art. 59a aF, der lediglich ein Votum des Bundestages verlangte, bedarf die Feststellung des Verteidigungsfalles nach Art. 115a GG einer **konstitutiven Zustimmung** des Bundesrates. Damit wird dessen Legitimation föderal erweitert und werden Missbrauchsmöglichkeiten eingehegt. Für eine Zustimmung genügt eine einfache Stimmenmehrheit der Mitglieder des Bundesrates (Art. 52 Abs. 3 S. 1),[87] es besteht insoweit – und im Unterschied zum Bundestag – kein Erfordernis einer qualifizierten Mehrheit.[88] 29

Stimmt der Bundesrat **nicht zu,** so kann der Verteidigungsfall nicht festgestellt werden. Insoweit besteht keine Gesetzeslücke.[89] Auch im Falle eines offensichtlichen Angriffs kann dem Bundesrat nicht leichtfertig ein **missbräuchliches Verhalten** vorgeworfen und infolge dessen auf seine Zustimmung verzichtet werden.[90] Zwischen den Verfassungsorganen kann durchaus 30

---

[82] So die überwiegende Auffassung, vgl. etwa *Stern,* StaatsR II, 1980, § 54 III 2c; *Schmidt-Radefeldt* in BeckOK GG Rn. 19; abweichend *Sterzel* in AK Rn. 39 (Zuständigkeit des Gemeinsamen Ausschusses).

[83] Ähnlich *Robbers* in Sachs Rn. 11.

[84] *Robbers* in Sachs Rn. 10.

[85] *Stern,* StaatsR II, 1980, § 54 III 2 a.

[86] Entsprechende Forderungen allerdings bei *Bettermann* in Fraenkel Der Staatsnotstand, 1965, 294; *Schäfer* AöR 1968, 37 (45 ff.).

[87] *Schmidt-Radefeldt* in BeckOK GG Rn. 17.

[88] Kritisch demgegenüber *Schäfer* AöR 1968, 37 (45 ff.).

[89] Anders noch *Versteyl* in v. Münch/Kunig, 6. Aufl. 2012, Rn. 20.

[90] Nach *Menzel* in BerlKomm Rn. 50 soll dann eine Zustimmung allerdings verzichtbar sein.

Streit über die Frage bestehen, ob ein Übergang in die Notstandsverfassung die geeignete Antwort auf einen Angriff darstellt.[91] Dies gilt auch, da sich der Einsatz der Bundeswehr zur Verteidigung nach Art. 87a Abs. 2 richtet und eine systematische Betrachtung der Feststellungsfiktion nach Abs. 4 verdeutlicht, dass nur maßgeblich ist, ob die Bundesorgane außerstande sind, eine Entscheidung zu fällen, nicht jedoch, dass sie sich einig sind. Das Verfahren zur Einberufung des **Vermittlungsausschusses** nach Art. 77 Abs. 2 ist formell auf die Feststellung des Verteidigungsfalles nicht anwendbar[92] und auch dessen analoge Anwendung ist nicht geboten.[93] Ein formalisiertes Verfahren dürfte dem Interesse an einem schnellen Auffinden von Kompromissen und einer raschen Verständigung zuwiderlaufen. Vielmehr sind die verantwortlichen Verfassungsorgane schon aufgrund der Verfassungsorgantreue und Staatsräson gehalten, in gutem Willen nach einer Verständigung zu suchen, freilich ohne dass damit eine Verpflichtung des Bundesrates zur Zustimmung einherginge. Sofern also der Bundesrat nach Auseinandersetzung mit der Auffassung des Bundestages und dem Bemühen um eine Verständigung seine Zustimmung nicht erteilt, kann der Verteidigungsfall nicht festgestellt werden.

31 Keine ausdrückliche Regelung hat der (unwahrscheinliche) Fall erfahren, dass der **Bundesrat beschlussunfähig** (vgl. § 28 Abs. 1 GO BRat) ist und die Mitglieder des Bundesrates auch im Gemeinsamen Ausschuss dessen Beschlussfähigkeit nicht gesondert herstellen können. In diesem Fall eine Zuständigkeit des Gemeinsamen Ausschusses nach Abs. 2 anzunehmen, wäre bereits mit dessen Wortlaut unvereinbar, da dieser allein auf die Beschlussfähigkeit des Bundestages abstellt. Auch gegenüber einer analogen Anwendung[94] bestehen Einwände. So dürfte bereits zweifelhaft sein, ob die Bundesratsbank in einer, die föderale Ebene ausreichend repräsentierender Weise besetzt ist, wenn die Beschlussfähigkeit des Bundesrates im Übrigen bereits nicht gegeben ist (die Beschlussfähigkeit des Gemeinsamen Ausschusses benötigt die Anwesenheit der Hälfte seiner Mitglieder, was bereits durch die Abgeordneten erreicht werden könnte). Zudem würde über eine analoge Anwendung entweder der Bundestag ausgeschaltet, obwohl er im Zentrum der regulären Feststellung steht, oder der Bundestag wäre doppelt an der Entscheidung beteiligt, wollte man den Gemeinsamen Ausschuss *nur* in Ersetzung der Entscheidung des beschlussunfähigen Bundesrates einsetzen und ansonsten im Verfahren nach Art. 115a Abs. 1 verbleiben. Die Wahrung des föderalen Prinzips, wie sie als Anliegen der Art. 115a ff. zum Ausdruck kommt, spricht freilich dagegen, dem Bundestag eine Entscheidung nach Abs. 1 gänzlich ohne Beteiligung des Bundesrates zu ermöglichen.[95] Dies spricht dafür, **vom Erfordernis der Mehrheit der Stimme des Bundesrates nach Art. 52 Abs. 3 S. 1 i. Vm. § 28 Abs. 1 GO BR in der Ausnahmesituation des Notstandes abzusehen** und eine einfache Mehrheit der abgegebenen Stimmen für ausreichend zu erachten. Nur so ist zumindest eine Beteiligung des Bundesrates unter Wahrung der grundsätzlichen Zuständigkeit des Bundestages sichergestellt und werden Friktionen im Stufenaufbau des Feststellungsverfahrens vermieden.

---

[91] *Epping* in Maunz/Dürig Rn. 74.
[92] *Epping* in Maunz/Dürig Rn. 74; unklar *Heun* in Dreier Rn. 12.
[93] So indes *Grote* in MKS Rn. 28.
[94] So etwa *Schmidt-Radefeldt* in BeckOK GG Rn. 18.
[95] So aber etwa *Robbers* in Sachs Rn. 14.

3. Ausnahme 1: Feststellung durch den Gemeinsamen Ausschuss. Nur wenn dem rechtzeitigen Zusammentritt des Bundestages unüberwindliche Hindernisse entgegenstehen oder dieser nicht beschlussfähig ist, aktualisiert sich die **Reservekompetenz des Gemeinsamen Ausschusses,** wenn die Lage unabweisbar ein sofortiges Handeln erfordert. Die **materiellen Voraussetzungen** des Abs. 1 (Angriff mit Waffengewalt oder dessen unmittelbares Drohen) müssen weiterhin vorliegen; Abs. 3 ermöglicht lediglich eine alternative Feststellungsmöglichkeit. Dies bedeutet zugleich, dass auch ein **Antrag der Bundesregierung** erforderlich ist. Sollte diese nicht handlungsfähig sein, dürfte der Gemeinsame Ausschuss – entsprechend dem Bundestag (→ Rn. 26) – auch ohne Antrag feststellungsbefugt sein.[96] 32

Ein **rechtzeitiger Zusammentritt** des Bundestages ist dann nicht möglich, wenn dieser nicht in angemessener Zeit zu einer Sitzung zusammenkommen und entscheiden kann, um Schäden von der Bundesrepublik infolge des Angriffs oder drohenden Angriffs durch seine Beschlussfassung zu verhindern.[97] Würde man auf den konstituierenden Zusammentritt des Bundestages abstellen, bliebe der ersten Variante kein Anwendungsbereich, da die Legislaturperioden lückenlos aufeinanderfolgen (vgl. Art. 39 Abs. 1).[98] Um einen Anwendungsbereich zu erhalten, ist darauf abzustellen, ob sich der Bundestag iSv Art. 39 Abs. 3 in Sitzung befindet.[99] Dies ist eine Tatsachenfrage im Einzelfall. Entsprechende Hindernisse für einen rechtzeitigen Zusammentritt werden während der Sitzungsperiode des Bundestages kaum auftreten, erscheinen während der parlamentarischen Sommerpause allerdings nicht gänzlich unwahrscheinlich. Allerdings müssen diese Hindernisse „unüberwindlich" sein und es gilt insofern ein restriktiver Maßstab.[100] Dementsprechend ist zunächst alles Denkbare zu unternehmen, um ein Zusammenkommen zu ermöglichen. Auch hier gibt es freilich eine zeitliche Komponente aus dem Merkmal der „Rechtzeitigkeit". Würde die Herbeiführung des Zusammentritts eine rechtzeitige Verteidigung ausschließen, kann eine „Unüberwindlichkeit" angenommen werden. Selbst wenn der Bundestag zusammengetreten ist, kann dieser **nicht beschlussfähig** sein.[101] Die Beschlussfähigkeit des Bundestages richtet sich grundsätzlich nach § 45 GO BT und auch das Quorum des Art. 115a Abs. 1 S. 2 verlangt, dass mindestens die Mehrheit der Mitglieder des Bundestages anwesend ist.[102] Die Feststellung, dass Beschlussunfähigkeit vorliegt, kann nur durch den Bundestagspräsidenten dem Gemeinsamen Ausschuss bekannt gegeben werden (§ 9 GO GemA).[103] Ist weder diesem noch einem seiner Stellvertreter eine entsprechende Mitteilung möglich, soll der Gemeinsame Ausschuss aufgrund seiner **Notzuständigkeit** gleichwohl selbst entscheiden können.[104] Dieser nicht unproblematischen Erweiterung des Rechts für den Gemeinsamen Ausschuss ist freilich nur bei offensichtlicher Handlungs- und Beschlussunfä- 33

[96] *Grote* in MKS Rn. 35.
[97] *Jarass* in Jarass/Pieroth Rn. 4; *Schmidt-Radefeldt* in BeckOK GG Rn. 21.
[98] Vgl. *Heun* in Dreier Rn. 13 mwN.
[99] Überzeugend *Epping* in Maunz/Dürig Rn. 80; *Grote* in MKS Rn. 33; *Lenz,* Notstandsverfassung des Grundgesetzes, Kommentar, 1971, Rn. 10.
[100] *Heun* in Dreier Rn. 13; vgl. auch *Epping* in Maunz/Dürig Rn. 80: „akademischer Wert".
[101] *Grote* in MKS Rn. 32; *Heun* in Dreier Rn. 13.
[102] *Heun* in Dreier Rn. 13.
[103] *Lenz,* Notstandsverfassung des Grundgesetzes, Kommentar, 1971, Rn. 8.
[104] *Grote* in MKS Rn. 34.

higkeit des Bundestages (wie etwa der Zerstörung der Infrastruktur) zuzustimmen.[105]

34 Art. 115a Abs. 2 stellt **allein auf den Bundestag** ab und erkennt im Gemeinsamen Ausschuss ein Surrogat bei dessen Entscheidungsunfähigkeit. Demzufolge löst die **Funktions- und Beschlussunfähigkeit des Bundesrates** dessen Reservekompetenz nicht aus.[106]

35 Ein **sofortiges Handeln** ist unabweisbar erforderlich, wenn Maßnahmen zur Behandlung des Verteidigungsfalles – insbesondere das Zurückschlagen eines Angriffs – als Ultima Ratio sofort erfolgen müssen, also **Gefahr im Verzug** besteht und ein Abwarten bis zur Wiederherstellung der Beschlussfähigkeit mit dem Zweck der Notstandsverfassung (Ausrichtung des Verfassungslebens auf eine effektive Verteidigung) nicht möglich ist.[107]

36 Dem Gemeinsamen Ausschuss kommt hinsichtlich der Beurteilung folglich eine erhebliche Bedeutung zu, was eine **Selbstinvestitur** des Ausschusses in Ansehung seiner Zusammensetzung zwar nicht wahrscheinlich macht, diese aber auch nicht gänzlich ausschließen kann. Der Kritik an dieser Gefahr[108] ist freilich zu entgegnen, dass eine überzeugende Alternative, den Notstand einer verfassungsrechtlichen, dabei demokratischen und föderalen Interessen entsprechenden Einhegung zu unterstellen, nicht ersichtlich ist.[109] Ferner können Bundestag und Bundesrat den Verteidigungsfall nach Art. 115l Abs. 2 auch jederzeit für beendet erklären und damit einer Kompetenzusurpation des Gemeinsamen Ausschusses begegnen.[110]

37 Der Gemeinsame Ausschuss entscheidet durch **förmlichen Beschluss.** Auf Art. 115e ist insofern nicht abzustellen, da die Norm bereits nach Wortlaut und Systematik die Feststellung des Verteidigungsfalles („im Verteidigungsfalle") und damit den Übergang in die Notstandsverfassung voraussetzt.[111]

38 Der Gemeinsame Ausschuss hat mit einer **Mehrheit von zwei Dritteln der abgegebenen Stimmen, mindestens aber der Mehrheit seiner Mitglieder** zu entscheiden. Das auch für die Feststellung des Bundestages geltende Quorum nach Abs. 1 wurde folglich übernommen, um die besondere Bedeutung der Feststellungsentscheidung auch für das „Notparlament" zu unterstreichen und ebenfalls eine ausreichende Unterstützung durch die Vertreter des Bundestages wie des Bundesrates zu garantieren. Dabei haben die Mitglieder im Gemeinsamen Ausschuss nur eine Stimme und können nicht alle Stimmen ihres Landes oder stellvertretend für die anderen Bundesländer bündeln.[112] Zudem gilt keine qualifizierte Mehrheit für die verschiedenen Bänke des Ausschusses, vielmehr entscheidet dieser **als Kollegialorgan.**[113] Dies bedeutet freilich auch, dass eine Mehrheit von 25 Stimmen genügt und diese auch allein von den Abgeordneten des Bundestages und entgegen der Auffassung der Bundesratsbank erbracht werden können.[114]

---

105 *Stern,* StaatsR II, 1980, § 54 III 4 b.

106 *Robbers* in Sachs Rn. 13; abweichend *Menzel* in BerlKomm Rn. 56–58; *Schick* in Schneider/Zeh Parlamentsrecht und Parlamentspraxis, § 58 Rn. 35 f.

107 *Heun* in Dreier Rn. 13.

108 Zur Kritik *Schick* in Schneider/Zeh Parlamentsrecht und Parlamentspraxis, § 58 Rn. 34.

109 *Stern,* StaatsR II, 1980, § 28 I 4b mwN.

110 *Grote* in MKS Rn. 34.

111 So auch *Grote* in MKS Rn. 34.

112 Zur Beschlussfähigkeit vgl. *Schick* in Schneider/Zeh Parlamentsrecht und Parlamentspraxis, § 58 Rn. 37.

113 *Epping* in Maunz/Dürig Rn. 84.

114 *Schmidt-Radefeldt* in BeckOK GG Rn. 23.

4. Ausnahme 2: Fiktion der Feststellung. Sind die zuständigen Bundesorgane außerstande, sofort die Feststellung nach Absatz 1 Satz 1 zu treffen, wird die **Feststellung fingiert,** falls das Bundesgebiet mit Waffen angegriffen wird. 39

Entsprechend der oben dargestellten materiellen Voraussetzungen (→ Rn. 13–19) muss das Bundesgebiet mit Waffengewalt angegriffen werden, ein **unmittelbar drohender Angriff genügt für die Fiktion der Feststellung folglich nicht.**[115] Die Abgrenzung ist freilich nicht immer einfach und eine Frage des Einzelfalls. Nachdem der „erste Schlag" bereits erfolgt ist, bestehen keine Zweifel mehr. Das Bundesgebiet dürfte allerdings bereits angegriffen werden, wenn ballistische Raketen in der Luft sind und deren Flugbahn ein Einschlagen auf deutschem Staatsgebiet erwarten lässt. Demgegenüber dürfte selbst das Eindringen von ausländischen Kampfflugzeugen in den deutschen Luftraum noch nicht zwingend auf einen Angriff schließen lassen, sofern eine kriegerische Intention den Umständen nicht zu entnehmen ist. 40

Die zuständigen Bundesorgane müssen **außerstande** sein, die **Feststellung nach Abs. 1 zu treffen.** Hier zeigt sich der Stufenaufbau des Art. 115a, der die Beteiligung der obersten Bundesorgane sicherzustellen versucht. Erst wenn weder Bundestag und Bundesrat noch der Gemeinsame Ausschuss eine Feststellung treffen können, kommt eine Fiktion in Betracht. Ob nur ein überraschender Atomangriff eine solche Situation herbeiführen kann,[116] mag man insbesondere in Ansehung des technologischen Fortschritts (zu Cyberangriffen → Rn. 15) bezweifeln. Da dem **Bundespräsidenten** ein Feststellungsrecht nicht zusteht, ist es unerheblich, ob dieser noch handlungsfähig ist. Nicht ausreichend ist es freilich, wenn die zuständigen Bundesorgane eine Feststellung nicht treffen oder dieser nicht zustimmen wollen.[117] Die Fiktion des Abs. 4 greift **nur beim Unvermögen, nicht** bei einer **Entscheidungsunwilligkeit oder politischen Differenzen.** Wegen der Subsidiarität der Feststellungsfiktion, welche der Wahrung der Zuständigkeit der Verfassungsorgane dient, findet Abs. 4 keine Anwendung auf ungeregelte Fälle, in denen ein anderes Bundesorgan als der Bundestag nicht beschluss- und handlungsfähig ist (→ Rn. 26; 31).[118] 41

Liegen die Voraussetzungen vor, so werden sowohl die **Feststellung des Verteidigungsfalles als auch dessen Verkündung** (→ Rn. 43–45) **fingiert,** es wird also unabhängig von der Willenserklärung der staatsrechtlichen Organe so getan, als lägen alle Voraussetzungen der Abs. 2 und 3 vor. Diese Fiktion **wirkt *ex tunc*** auf den Zeitpunkt des Angriffsbeginns zurück.[119] Wegen der Unwiderruflichkeit der Fiktion, der Schwierigkeit, sie festzustellen, sie jedem bewusst zu machen und ggf. darüber zu informieren, muss sie auf den extremsten Notfall, den überfallartigen, unerwarteten und massiven Angriff beschränkt bleiben.[120] Eine gesonderte Feststellung des Verteidigungsfalles durch die zuständigen Bundesorgane, nachdem diese ihre Handlungs- und Beschlussfähigkeit wieder erlangt haben, ist nicht erforderlich, in 42

---

[115] *Heun* in Dreier Rn. 16; *Robbers* in Sachs Rn. 22.

[116] Vertiefend *Evers* AöR 1966, 1 (16).

[117] *Heun* in Dreier Rn. 16; *Stern,* StaatsR II, 1980, § 54 IV 1 b.

[118] Vgl. aber auch *Rieder,* Die Entscheidung über Krieg und Frieden nach deutschem Verfassungsrecht, 1984, 309.

[119] *Schmidt-Radefeldt* in BeckOK GG Rn. 25.

[120] *Grote* in MKS Rn. 45; *Heun* in Dreier Rn. 17.

Ansehung der Legitimation der Konsequenzen des Übergangs in die Notstandsverfassung sowie der Publizitätsfunktion gleichwohl empfehlenswert.[121]

III. Verkündung der Feststellung und Prüfungsrecht des Bundespräsidenten

43 Entsprechend seiner staatsnotariellen Funktion obliegt dem **Bundespräsidenten** die **Verkündung** der Feststellung des Verteidigungsfalles nach Gegenzeichnung (Art. 58) **gemäß Art. 82 im Bundesgesetzblatt.** Dies gilt sowohl für die Feststellung durch den Bundestag (Abs. 1) als auch jene durch den Gemeinsamen Ausschuss (Abs. 2).[122] Die **Frist** nach Art. 82 Abs. 2 ist **nicht anwendbar,** da es sich nicht um ein Gesetz oder eine Rechtsverordnung handelt.[123] Aber auch das übrige Verfahren nach Art. 82 (Ausfertigen, Drucken, Ausliefern des Bundesgesetzblattes) kann im Verteidigungsfall schwer einzuhalten sein. Insofern besteht in der Krisensituation eine Ausnahme: Ist die Einhaltung des Verfahrens nach Art. 82 nicht rechtzeitig möglich, so hat die Verkündung in anderer Weise zu erfolgen **(„Notverkündung").** Deren Rechtswirkungen können folglich auch dann eintreten, wenn in anderer Weise, etwa mittels **Rundfunk, Fernsehen, Presse oder auch des Internets** – jedenfalls aber in öffentlich zugänglicher Weise –, die Feststellung des Verteidigungsfalles bekannt gegeben wird.[124] Eine irgendwie geartete Verkündung, die der breiten Öffentlichkeit zugänglich ist, bleibt Wirksamkeitsvoraussetzung des Feststellungsbeschlusses.[125] Einzelheiten dieser Verkündungsarten sind festgelegt in §§ 2 Nr. 2, 3 Abs. 2 des Gesetzes über vereinfachte Verkündungen und Bekanntgaben.[126] Sollte das politische Vorhaben gelingen, das Bundesgesetzblatt ab 2022 allein elektronisch zu führen,[127] dürfte die Möglichkeit einer „Notverkündung" an Relevanz verlieren.

44 Gleichwohl muss zum **frühestmöglichen Zeitpunkt** („wenn die Umstände es zulassen"), dh wenn die technischen Voraussetzungen für Druck und Auslieferung des Bundesgesetzblattes wieder gegeben sind, die formelle Verkündung nachgeholt werden (vgl. § 1 Abs. 2 Gesetz über vereinfachte Verkündungen). Die **Nachholung** ist jedoch **keine Voraussetzung der Wirksamkeit** der Feststellung.[128]

45 Im Falle der **Feststellungsfiktion** (Abs. 4, → Rn. 39–42) wird auch die **Verkündung fingiert,** und zwar für den Zeitpunkt, in dem der Angriff begonnen hat. Erst dann können sich die Rechtsfolgen der Feststellungsfiktion einstellen. Eine **„Rückdatierung"** ist dabei möglich, ohne an die übliche Reihenfolge der Abs. 1–3 gebunden zu sein. Dem Bundespräsidenten obliegt es nur, diesen Zeitpunkt mit deklaratorischer Wirkung bekannt zu geben,[129] sobald die Umstände es zulassen – es erfolgt also keine erneute (konstitutive) Verkündung zu einem späteren Zeitpunkt. Der Bundesprä-

---

[121] Ähnlich *Robbers* in Sachs Rn. 25.
[122] *Grote* in MKS Rn. 36; *Heun* in Dreier Rn. 15.
[123] *Schmidt-Radefeldt* in BeckOK GG Rn. 24; *Robbers* in Sachs Rn. 17.
[124] *Grote* in MKS Rn. 38.
[125] *Robbers* in Sachs Rn. 19.
[126] Gesetz v. 18.7.1975, BGBl. 1975 I 1919, letzte Änd. v. 24.5.2016, BGBl. I 1217.
[127] So die Ankündigung der damaligen Bundesjustizministerin *Barley,* FAZ v. 23.12.2018, S. 21.
[128] *Robbers* in Sachs Rn. 21.
[129] *Robbers* in Sachs Rn. 24.

sident hat die Bekanntgabe frühestmöglich vorzunehmen, ohne dabei an Vorgaben gebunden zu sein, insbesondere kann er sich aller verfügbaren (Massen-)Kommunikationsmittel bedienen. Dadurch soll Rechtsklarheit gewährleistet und sichergestellt werden, dass die Bevölkerung erfährt, dass ein neuer Rechtszustand herrscht, in dessen Folge sich die Kompetenzen der Verfassungsorgane sowie die Verfahren und Formen ändern. Zuvor sind Verantwortungsträger in der Verwaltung und auch der Truppe auf eine selbstständige Einschätzung der Lage verwiesen mit den damit verbundenen Risiken einer Fehlbeurteilung.[130]

Die kontrovers diskutierte[131] Frage nach einem **Prüfungsrecht des Bundespräsidenten** stellt sich im Verteidigungsfall, der schnelle Entscheidungen und politische heikle Beurteilungen durch die zuständigen Verfassungsorgane notwendig macht, mit besonderem Nachdruck. Vielfach wird – weil der Beschluss hinsichtlich der Publikation wie ein Gesetz zu behandeln ist[132] und auch weil der Übergang in die Notstandsverfassung erhebliche Konsequenzen zeitigt – ein Gleichlauf mit der Mitwirkung des Bundespräsidenten im Gesetzgebungsverfahren erkannt[133] und diesem sowohl ein formelles als auch materielles Prüfungsrecht zugestanden.[134] Hinsichtlich des **formellen Prüfungsrechts,** also der Frage, ob die Zuständigkeiten, das verfassungsmäßig vorgeschriebene Verfahren und die Formen gewahrt wurden, ist dagegen nichts zu erinnern. Hinsichtlich eines **materiellen Prüfungsrechts,** insbesondere also der Frage, ob die Voraussetzungen des Verteidigungsfalles nach Art. 115a Abs. 1 gegeben sind, bestehen indes **Bedenken.** Der Notstandsfall verlangt Entscheidungen der Verfassungsorgane (insbesondere der Bundesregierung und des Bundestages), die mit einem politischen Beurteilungsspielraum einhergehen, der nur eingeschränkt justiziabel ist (→ Art. 115g) und eine rasche Reaktion Deutschlands auf einen (unmittelbar drohenden) bewaffneten Angriff ermöglichen soll. Dem Bundespräsidenten ein umfassendes materielles Prüfungsrecht einzuräumen, liefe dem zuwider und könnte zu einem Konflikt zwischen den Verfassungsorganen führen, der eine angemessene Behandlung des Verteidigungsfalles zu verhindern geeignet ist. Man wird daher dem Bundespräsidenten nur eine materielle **Missbrauchskontrolle** einräumen können,[135] die auf Fälle evidenter Überschreitung der materiellen Voraussetzungen beschränkt bleibt. Dies ist auch mit dem Interesse, einen Missbrauch der Befugnisse durch die Verfassungsorgane zu verhindern, vereinbar. Denn eine gerichtliche Überprüfung bleibt weiterhin möglich (→ Art. 115g). Aufgrund der Notwendigkeit, rasche Entscheidungen zu treffen, ist eine weitgehende Beschränkung auf eine solche nachträgliche Kontrolle gerechtfertigt. 46

IV. Rechtsfolgen

1. So kann der Bundespräsident völkerrechtliche Erklärungen über das Bestehen des Verteidigungsfalles mit Zustimmung des Bundestages abgeben. Ist die Feststellung des Verteidigungsfalles durch den Bundestag (Abs. 1) oder den Gemeinsamen Ausschuss (Abs. 2) verkündet, kann der 47

[130] *Robbers* in Sachs Rn. 124; *Epping* in Maunz/Dürig Rn. 93.
[131] *Nierhaus/Mann* in Sachs Art. 82 Rn. 6 ff.; zurückhaltender *Linke* DÖV 2009, 434 ff.
[132] *Heun* in Dreier Rn. 15; *Stern,* StaatsR II, 1980, § 54 III 5.
[133] Etwa *Versteyl* in v. Münch/Kunig, 6. Aufl. 2012, Rn. 28.
[134] *Schmidt-Radefeldt* in BeckOK GG Rn. 24; *Sterzel* in AK Rn. 41.
[135] Ebenso *Epping* in Maunz /Dürig Rn. 104.

Bundespräsident gemäß Art. 115a Abs. 4 **völkerrechtliche Erklärungen** über das Bestehen des Verteidigungsfalles abgeben, wenn das Bundesgebiet mit Waffengewalt angegriffen wird (→ Rn. 13–19) – **nicht** ausreichend ist demnach, dass ein solcher **Angriff unmittelbar droht** (→ Rn. 20 f.).[136]

48 Mit der Abgabe wird gegenüber ausländischen Staaten und auch internationalen Organisationen mitgeteilt, dass sich Deutschland völkerrechtlich **im Kriegszustand befindet.**[137] Daran sind völkerrechtliche Rechtsfolgen geknüpft, wie die Auslösung des Bündnisfalles (Art. 5 Abs. 1 NATO-Vertrag), die Ermöglichung kollektiver Selbstverteidigung (Art. 51 S. 1 VN-Charta) oder die Befassung des Sicherheitsrates (vgl. Art. 51 S. 2; 39 VN-Charta).

49 Korrespondierend mit seiner Stellung als Staatsoberhaupt, das völkerrechtlich qua Amt als repräsentationsbefugt angesehen wird,[138] können nur der Bundespräsident oder sein Stellvertreter völkerrechtliche Erklärungen abgeben, **nicht** aber **sonstige Verfassungsorgane.** Fallen sowohl der Bundespräsident als auch seine Vertreter aus, muss zunächst eine Neuwahl der Vertreter durch den Bundesrat oder den Gemeinsamen Ausschuss erfolgen, bevor Erklärungen abgegeben werden können.[139]

50 Der Begriff **„kann"** ist dabei ein kompetenzbegründender Ausdruck und als **„muss"** zu verstehen, dh der Bundespräsident ist zur Wahrnehmung seiner staatsnotariellen Funktion durch die Abgabe entsprechender Erklärungen verpflichtet.[140] Dem Bundespräsidenten kommt insofern keine politische Funktion zu, insbesondere kann er nicht selbstständig über den Verteidigungsfall entscheiden. Dem entspricht es, dass die **Abgabe** der Kriegserklärung nur **mit Zustimmung des Parlamentes** erfolgen darf,[141] sofern dieses die Feststellung nach Abs. 1 getroffen hat. Bei der Zustimmung handelt es sich um einen einfachen Parlamentsbeschluss nach Art. 42 Abs. 2 i. V. m. § 48 Abs. 2 GO BT,[142] so dass die Annahme mit einfacher Mehrheit der abgegebenen Stimmen ausreicht. Hat indes der **Gemeinsame Ausschuss** als „Notparlament" die Feststellung getroffen, ist dieser berufen, die Zustimmung gegenüber dem Bundespräsidenten zu erteilen – dies ebenfalls mit einfacher Mehrheit.[143] Insofern erfolgt eine Rückkoppelung der auswärtigen Befugnisse des Bundespräsidenten an das zuvor die Feststellung getroffen habende Bundesorgan. Sind **weder** der **Bundestag noch der Gemeinsame Ausschuss beschlussfähig,** kann der Bundespräsident die Erklärung **nicht abgeben.**[144] Ebenso wenig genügt dem Wortlaut nach eine fingierte Verkündung (→ Rn. 45),[145] weil dann der Bundestag oder der Gemeinsame Ausschuss nicht zustimmen können. Auch wenn dies im Ergebnis nicht überzeugt, spricht zudem die besondere Erwähnung der Zuständigkeit des Bun-

---

[136] *Grote* in MKS Rn. 43; *Robbers* in Sachs Rn. 26.

[137] *Menzel* in BerlKomm Rn. 79; *Stern,* StaatsR II, 1980, § 54 V 2 a.

[138] Für Vertragsschlüsse vgl. Art. 7 Abs. 2 lit. a Wiener Vertragsrechtskonvention; zum völkergewohnheitsrechtlichen Charakter IGH, Bosnien und Herzegowina v. Jugoslawien (Genocide Convention), I. C. J. Reports 1996, 595 Rn. 44.

[139] *Epping* in Maunz/Dürig Rn. 116; *Robbers* in Sachs Rn. 28.

[140] *Heun* in Dreier Rn. 20; *Rieder,* Die Entscheidung über Krieg und Frieden nach deutschem Verfassungsrecht, 1984, 313 m. w. N. auch zur abweichenden Mindermeinung.

[141] BT-Drs. V/1879, 25; anders die früheren deutschen Verfassungen.

[142] *Grote* in MKS Rn. 50; *Stern,* StaatsR II, 1980, § 54 V 2 c.

[143] Wegen der Mehrheitserfordernisse im gemeinsamen Ausschuss vgl. *Schick* in Schneider/Zeh Parlamentsrecht und Parlamentspraxis, § 58 Rn. 37 f.

[144] *Grote* in MKS Rn. 50; a. A. *Robbers* in Sachs Rn. 28, nach dessen Auffassung die Erklärungsbereitschaft des Bundespräsidenten mit Gegenzeichnung ausreichen soll.

[145] *Grote* in MKS Rn. 48; *Heun* in Dreier Rn. 20; a. A. *Robbers* in Sachs Rn. 27.

despräsidenten in Abs. 4 S. 2 gegen das Vorliegen einer planwidrigen Lücke. Die jeweiligen völkerrechtlichen Erklärungen des Bundespräsidenten bedürfen schließlich noch der **Gegenzeichnung** entsprechend Art. 58.[146]

2. Weitere Rechtsfolgen. Gewichtiger als die nach außen gerichtete Abgabe völkerrechtlicher Erklärungen sind die weiteren, nach innen gerichteten Rechtsfolgen der Feststellung und Verkündung des Verteidigungsfalles. Denn damit erfolgt der, eine eigenständige Regelung erfahren habende **Übergang in die Notstandsverfassung,** dh sämtliche Bestimmungen des GG, die an den Verteidigungsfall anknüpfen, finden Anwendung (vgl. dazu die jeweiligen Einzelkommentierungen). Dies gilt insbesondere für die Art. 115b ff., erfasst aber auch weitere Bestimmungen des GG, die gemeinsam Modifikationen des Staatsorganisationsrechts und der Beschränkbarkeit von Grundrechten vornehmen,[147] um den Verfassungsorganen eine effektive Reaktion auf einen bewaffneten Angriff zu ermöglichen.[148] Ergänzend hinzu kommen *einfachgesetzliche Änderungen* sozial-, verwaltungs- und zivilrechtlicher Art, wobei bestimmte Gesetze überhaupt nur für den Verteidigungsfall geschaffen wurden.[149] Die einzelnen Auswirkungen sind, soweit sie generalisierend und prophylaktisch formuliert werden können, in der **Rahmenrichtlinie für die Gesamtverteidigung** formuliert worden. Diese ist aufgrund eines Beschlusses des Bundestages v. 3.7.1980[150] während der Dauer fast eines Jahrzehntes von der Bundesregierung und den Ländern erarbeitet und mit Datum v. 10.1.1989 veröffentlicht worden;[151] seit 2016 wird deren Aktualisierung diskutiert.[152] 51

Von besonderer Bedeutung ist freilich der **Einsatz der Streitkräfte zur Verteidigung.** Zwar sind die Feststellung und Verkündung des Verteidigungsfalles nicht stets Voraussetzungen für den Einsatz der Bundeswehr zur Verteidigung und unterscheidet sich der Begriff der „Verteidigung“ im Sinne von Art. 87a Abs. 2 vom Verteidigungsfall.[153] Auch ist streitig, ob Art. 87a Abs. 2 Voraussetzungen für den Einsatz der Bundeswehr im Ausland enthält.[154] Gleichwohl dient die Feststellung des Verteidigungsfalles dazu, den Einsatz der deutschen Streitkräfte zu ermöglichen und impliziert eine entsprechende Erlaubnis.[155] Freilich hat das Bundesverfassungsgericht einen **wehrverfassungsrechtlichen Parlamentsvorbehalt** entwickelt, kraft dessen jeder Einsatz der bewaffneten Streitkräfte grundsätzlich von der vorherigen konstitutiven Zustimmung des Bundestages abhängig ist.[156] In der **Feststellung** des Verteidi- 52

---

[146] *Epping* in Maunz/Dürig Rn. 123; *Robbers* in Sachs Rn. 26.

[147] Das BVerwG NJW 2006, 77 (104) betont, dass auch der Verteidigungsfall „kein generelles oder allgemeines Außerkraftsetzen oder Außeranwendunglassen oder Zurücktreten der Grundrechte“ ermöglicht.

[148] Im Überblick *Epping* in Maunz/Dürig Rn. 24.

[149] *Stern,* StaatsR II, 1980, § 54 V; im Überblick *Reimer/Kempny* VR 2011, 255 ff.

[150] BT-Drs. 8/4340.

[151] VMBl. 1989, 221.

[152] *Wiegold,* Neue Konzeption Zivile Verteidigung: Ergänzung zur „Konzeption der Bundeswehr“ v. 24.8.2016, abrufbar unter: https://augengeradeaus.net/2016/08/neue-konzeption-zivile-verteidigung-ergaenzung-zur-konzeption-der-bundeswehr/ (Stand: 31.1.2020).

[153] Vgl. BVerwG NJW 2006, 77 (80 f.); NVwZ-RR 2007, 257 (259); *Epping* in Maunz/Dürig Rn. 32; *Schmidt-Radefeldt* in BeckOK GG Rn. 14.

[154] Bejahend *Heun* in Dreier Art. 87a Rn. 15 ff.; ablehnend *Kokott* in Sachs Art. 87a Rn. 11; offengelassen von BVerfGE 90, 286 (355 f.).

[155] Vgl. BVerwG NJW 2006, 77 (83); *Heun* in Dreier Rn. 22.

[156] BVerfGE 90, 286 (381 ff.); zuletzt 140, 160 (186 ff.): keine nachträgliche Zustimmung bei Gefahr im Verzug.

gungsfalles durch den Bundestag nach Art. 115a Abs. 1 erkennt das Gericht allerdings **zugleich die Ermächtigung zum Einsatz der Streitkräfte,**[157] der Entscheidung kommt somit auch wehrverfassungsrechtliche Bedeutung zu und eines erneuten Beschlusses des Bundestages über den Einsatz der Bundeswehr zur Verteidigung bedarf es nicht.

V. Justiziabilität

53 Auch wenn aufgrund des Rechtsstaatsprinzips und nach Art. 19 Abs. 4 von einer grundsätzlich umfassenden **Justiziabilität** staatlicher Hoheitsakte auszugehen ist, war noch in Ansehung des Art. 59a aF die Frage einer verfassungsgerichtlichen Nachprüfbarkeit von Entscheidungen bezüglich des Verteidigungsfalles streitig.[158] In der Aufnahme des Art. 115a und Art. 115g wurde sodann ein **Paradigmenwechsel** erkannt, der eine verfassungsgerichtliche Überprüfung von Entscheidungen über den Notstand und im Notstand eröffnet (vertiefend → Art. 115g Rn. 21 f.). Freilich gelten **unterschiedliche Kontrollmaßstäbe,** abhängig von der Frage, ob den politischen Staatsorganen ein Einschätzungs- und Beurteilungsspielraum eingeräumt wird oder nicht. So kann das Bundesverfassungsgericht etwa umfänglich nachprüfen, ob das zuständige Staatsorgan gehandelt hat und das Verfahren ordnungsgemäß nach Art. 115a abgelaufen ist. Hinsichtlich der materiellen Voraussetzungen des Verteidigungsfalles und der Bewertung, ob faktische Entwicklungen etwa die unmittelbare Gefahr eines bewaffneten Angriffs begründen, ist von einem eigenständigen Einschätzungs- und Beurteilungsspielraum der politischen Organe auszugehen. Insbesondere die im Bereich des Auswärtigen mit einem großen Apparat dominierende Bundesregierung verfügt hier über überlegenes Wissen, das sie im Rahmen ihres Initiativrechts erwartungsgemäß den anderen beteiligten Staatsorganen zugänglich machen wird. In diesen Fällen ist das Bundesverfassungsgericht im Wesentlichen auf eine **Missbrauchskontrolle** beschränkt und darf nicht die eigene Beurteilung an die Stelle einer vertretbaren Beurteilung der zuständigen Staatsorgane stellen.[159] Das bedeutet freilich, dass der Verteidigungsfall hinsichtlich seiner Justiziabilität nicht grundsätzlich anders behandelt wird als der verfassungsrechtliche Normalfall[160] – im Gegenteil genießt das Bundesverfassungsgericht dann einen besonderen Schutz (→ Art. 115g).

C. Verhältnis zu anderen Bestimmungen des Grundgesetzes

54 Die Feststellung des Verteidigungsfalles nach Art. 115a eröffnet den Weg in die Notstandsverfassung, wie sie sowohl verfassungs- als auch einfachrechtlich ausgestaltet ist (→ Rn. 8). Ein Konflikt mit anderen verfassungsrechtlichen Bestimmungen ist daher nicht zu erwarten.[161] Der Verteidigungsfall ist nicht identisch mit dem Begriff der Verteidigung iSv Art. 87a, wenngleich der Verteidigungsfall einen Fall des zulässigen Einsatzes der Streitkräfte darstellt (→ Rn. 52). Das GG unterscheidet zwischen dem Verteidigungsfall als äußerem und dem innerem Notstand, der von Art. 91 behandelt wird (→ Rn. 16).

---

[157] BVerfGE 90, 286 (385 f.).
[158] Vertiefend *Herzog* in Maunz/Dürig Art. 115g Rn. 28 ff.
[159] Vgl. *Epping* in Maunz/Dürig Rn. 124 ff.
[160] Zu den verfügbaren Verfahrensarten vgl. *Epping* in Maunz/Dürig Rn. 126.
[161] *Heun* in Dreier Rn. 22.

Der Spannungsfall iSv Art. 80a kann als Vorstufe zum Verteidigungsfall begriffen werden (→ Rn. 21).

D. Kritische Würdigung

Die Notstandsverfassung hat deutliche **Kritik** erfahren. Diese ist freilich 55
vor dem Hintergrund zu bewerten, dass ein Ausnahmezustand einer verfassungsrechtlichen Regelung zugeführt werden soll, die Entscheidung darüber sowie über erforderliche Maßnahmen folglich nicht einer vor(verfassungs)rechtlichen Souveränität[162] überantwortet werden sollen. Dabei galt es für den Verfassungsgesetzgeber, einerseits die bestehende Verfassungsordnung unter Einhaltung des demokratischen und föderalen Prinzips bei Wahrung der Aufgaben und Kompetenzen der entsprechenden Verfassungsorgane zu gewährleisten, andererseits aber eine effektive Reaktion auf einen externen Angriff zu ermöglichen, um derart zu verhindern, dass die verfassungsrechtliche Ordnung mangels Verteidigungs- und Wehrhaftigkeit gänzlich beseitigt zu werden droht. Insofern weisen Art. 115a wie auch die Notstandsverfassung im Übrigen einen **Kompromisscharakter** auf, der Regelungen vorsieht, die im verfassungsrechtlichen Normalzustand nicht tolerierbar erscheinen. Eingedenk des verfolgten Ziels, die deutsche Verfassungsordnung zu schützen, ohne sie preiszugeben, scheinen die Grenzen des Vertretbaren nicht überschritten. Auch wird man den Regelungen die **grundsätzliche Eignung,** einen derartigen Ausgleich normativ abzubilden, nicht absprechen können. Ob sich die Norm – wie die gesamte Notstandsverfassung – tatsächlichen im Verteidigungsfall bewähren wird, dürfte sich einer verlässlichen Prognose ohnehin entziehen.

Literatur

Zum Abschn. X a des GG Auswahlschrifttum, besonders nach 1968

W. Abendroth, Die politisch-soziale Problematik der Notstandsgesetzgebung, Stimme 1968, 45. – ***G. Adam,*** Vergleichende Darstellung des Staatsnotstandsrechts der USA und der Bundesrepublik Deutschland, BwVerw. 1976, 173. – ***H. Amann,*** Verfassungsrechtliche Probleme des Gemeinsamen Ausschusses nach Art. 53a Abs. 1 GG, 1971. – ***M. Bartke,*** Verteidigungsauftrag der Bundeswehr, 1991. – ***E. Benda,*** Das Ringen um die Notstandsverfassung in E. Benda, Der Rechtsstaat in der Krise, 1972, 76. – ***E. Benda,*** Die Notstandsverfassung, 10. Aufl., 1968. – ***W. Beßlich,*** Fünf Jahre Notstandsgesetzgebung. Eine Zwischenbilanz, 1974. – ***K.-A. Bettermann,*** Die Notstandsentwürfe der Bundesregierung in E. Fraenkel (Hrsg.), Der Staatsnotstand, 1965, 190. – ***E.-W. Böckenförde,*** Ausnahmerecht und demokratischer Rechtsstaat in H.-J. Vogel (Hrsg.), Die Freiheit des Anderen, 1981, 259. – ***E.-W. Böckenförde,*** Rechtsstaat und Ausnahmerecht, ZParl 1980, 591. – ***K. Böwer,*** Die Gefahren der Notstandsverfassung für die demokratischen Rechte, DuR, Beiheft 4, 1974, 46. – ***G. Braunthal,*** Emergency legislation in the Federal Republic of Germany, FS K. Loewenstein, 1971, 71. – ***E. Busch,*** Die Entscheidung über Krieg und Frieden, NZWehrR 1992, 171. – ***H.-U. Evers,*** Die perfekte Notstandsverfassung, AöR 1966, 1 und 193. – ***E. Fraenkel***

[162] Vgl. *Schmitt,* Politische Theologie, 2009, 13 („Souverän ist, wer über den Ausnahmezustand entscheidet."); ablehnend zur Bezeichnung einer Norm als souverän und daher zurückhaltend gegenüber der Verwendung für die Verfassung *Schmitt,* Verfassungslehre, 1957, 7 f.; zur Bedeutung des Ausnahmezustandes für die „Diktatur" vgl. *Quaritsch,* Der Staat 35 (1996), 1 (5 ff.); zum vor(verfassungs)rechtlichen Charakter der Souveränität bei Schmitt vgl. *Quaritsch* Der Staat 1996, 1 (15 ff.), der ebenfalls annimmt, dass der Ausnahmezustand ein handlungsfähiges Verfassungsorgan kraft Souveränität von den normativen Vorgaben freistellen kann (29).

(Hrsg.), Der Staatsnotstand, 1965. – ***R. Fuchs,*** Die Entscheidung über Krieg und Frieden, Friedensordnung und Kriegsrecht nach dem Bonner Grundgesetz, Diss. Bonn, 1981. – ***K.-H. Hall,*** Ausgewählte Probleme des geltenden Notstandsrechts, dargestellt an Hand von ausgewählter Literatur, JZ 1970, 353. – ***K.-H. Hall,*** Fast vergessene Notstandsprobleme, ZRP 1970, 145. – ***E. Hartmann/S. Stuth/J. Werner,*** Die Notstandsgesetze in U. Mayer (Hrsg.), Das lädierte Grundgesetz, 1977, 202. – ***W. Holtfort,*** Bleibt immer noch freiheitlicher Rechtsstaat genug? Vorgänge, 1977, H. 30, 7. – ***K. Ipsen,*** Bündnisfall und Verteidigungsfall, DÖV 1971, 583. – ***D. Keidel,*** Polizei und Polizeigewalt im Notstandsfall, 1971. – ***H. Koch,*** Zum Notstand in Bund und Ländern gem. Art. 91 GG, Die Polizei 1982, 179. – ***M. Krenzler,*** An den Grenzen der Notstandsverfassung, Diss. Berlin, 1974. – ***M. Krohn,*** Die gesellschaftlichen Auseinandersetzungen um die Notstandsgesetze, 1981. – ***R. Lange,*** Terrorismus kein Notstandsfall? NJW 1978, 784. – ***C. O. Lenz,*** Notstandsverfassung des Grundgesetzes, Kommentar, 1971. – ***E.-M. Lohse,*** Notstandsrecht, 1981. – ***G. Lübbe-Wolff,*** Rechtsstaat und Ausnahmerecht, ZParl 1980, 110. – ***E. Menzel,*** Der Kieler Entwurf zur Notstandsverfassung, DÖV 1968, 297. – ***E. Menzel,*** Wie souverän ist die Bundesrepublik? ZRP 1971, 178. – ***H. Neumann,*** Was gehört zur Wehrverfassung und zur Notstandsverfassung?, NZWehrR 1999, 142. – ***H. P. Oberreuter,*** Notstand und Demokratie, 1978. – ***H. M. Parche,*** Der Einsatz von Streitkräften im inneren Notstand, Diss. Münster, 1974. – ***B. Rieder,*** Die Entscheidung über Krieg und Frieden nach deutschem Verfassungsrecht, 1984. – ***K. Riedel,*** Entscheidungskompetenz des Bundestages bei der Feststellung des Bündnisfalls, DÖV 1991, 306. – ***R. Riegel,*** Die Befugnisse für Bundesgrenzschutz, Polizei und Bundeswehr in Katastrophen- und Notstandsfällen, Die Polizei 1979, 37. – ***A. Roßnagel,*** Der alltägliche Notstand, KJ 1977, 257. – ***H.-J. Rungweber,*** Kompetenzverschiebung im Bereich der Exekutive im Rahmen der Notstandsverfassung, Diss. Bochum, 1979. – ***F. Schäfer,*** Die Notstandsgesetze, 1966. – ***H. Schäfer,*** Die lückenhafte Notstandsverfassung, AöR 1968, 37. – ***R. Schick,*** Der gemeinsame Ausschuß in H. P. Schneider/W. Zeh (Hrsg.), Parlamentsrecht und Parlamentspraxis, 1989, § 58. – ***H.-L. Schmahl,*** Das Notstandsrecht in der Verfassung, Deutsche Verwaltungspraxis 1978, 13. – ***M. Schröder,*** Staatsrecht an den Grenzen des Rechtsstaates, AöR 1978, 121.-***M. Schröder,*** Die Auswirkungen der Notstandsverfassung auf die Souveränität der Bundesrepublik, EA 1968, 783. – ***G. Schulz,*** Artikel 48 in politisch-historischer Sicht in E. Fraenkel (Hrsg.), Der Staatsnotstand, 1965, 39. – ***J. Seifert,*** Der Notstandsausschuß, 1968. – ***J. Seifert,*** Gefahr im Verzuge, 3. Aufl., 1965. – ***J. Seifert,*** Spannungsfall und Bündnisfall in D. Sterzel (Hrsg.), Kritik der Notstandsgesetze, 1968, 161. – ***J. Seifert,*** Die Abhör-Affäre 1977 und der überverfassungsgesetzliche Notstand, KJ 1977, 105. – ***K. Stern,*** Zur Frage des ungeschriebenen Notrechts in BMI (Hrsg.), Verfassungsschutz und Rechtsstaat, 1981, 171. – ***D. Sterzel*** (Hrsg.), Kritik der Notstandsgesetze, 1968. – ***D. Sterzel,*** Zur Entstehungsgeschichte der Notstandsgesetze in D. Sterzel (Hrsg.), Kritik der Notstandsgesetze, 1968, 7. – ***R. Töpfer/F. Lind,*** Notstandsrecht in der Bundesrepublik Deutschland, Kommentar, Loseblattsammlung, Stand 11/1993. – ***J. Twenhöven,*** Die Stellung der Legislative im Staatsnotstand, Diss. Freiburg (Schweiz), 1972. – BMI (Hrsg.), Verfassungsschutz und Rechtsstaat, 1981. – ***W. Graf Vitzthum,*** Der Spannungs- und der Verteidigungsfall in HdbStR VII, 1. Aufl., 1992, § 170. – ***K. Voigt,*** Die parlamentarische Notstandsdiskussion Anfang 1968, Atomzeitalter 1968, Nr. 1/2, 77. – ***F.-B. v. Wehrs,*** Zur Anwendbarkeit des Notstandsrechts der Bundesrepublik Deutschland, Diss. Mainz, 1971. – ***J. Wieland,*** Verfassungsrechtliche Grundlagen und Grenzen für einen Einsatz der Bundeswehr, DVBl. 1991, 1174.

Zu Art. 115a

E. Benda, Die Notstandsverfassung, 10. Aufl., 1968, 83. – ***H. U. Evers,*** Die perfekte Notstandsverfassung, AöR 1966, 1. – ***K. Ipsen,*** Bündnisfall und Verteidigungsfall, DÖV 1971, 583. – ***C. O. Lenz,*** Notstandsverfassung des Grundgesetzes, Kommentar, 1971, 153. – ***T. Linke,*** Innere Sicherheit durch die Bundeswehr? Zu Möglichkeiten und Grenzen der Inlandsverwendung der Streitkräfte, AöR 2004, 489. – ***B. Rieder,*** Die Entscheidung über Krieg und Frieden nach deutschem Verfassungsrecht, 1984. – ***H. Schäfer,*** Die Notstandsgesetze, 1966, 43. – ***J. Seifert,*** Der Notstandsausschuß, 100.

Art. 115b [Befehls- und Kommandogewalt im Verteidigungsfall]

Mit der Verkündung des Verteidigungsfalles geht die Befehls- und Kommandogewalt über die Streitkräfte auf den Bundeskanzler über.

Paulskirchenverfassung von 1849

Artikel III

§ 11

Der Reichsgewalt steht die gesammte bewaffnete Macht Deutschlands zur Verfügung.

§ 17

(2) Für die größeren militärischen Ganzen, zu denen Truppen mehrerer Staaten vereinigt sind, ernennt die Reichsgewalt die gemeinschaftlichen Befehlshaber.

(3) Für den Krieg ernennt die Reichsgewalt die commandirenden Generale der selbstständigen Corps, sowie das Personale der Hauptquartiere.

Weimarer Reichsverfassung von 1919

Art. 47

Der Reichspräsident hat den Oberbefehl über die gesamte Wehrmacht des Reichs.

Grundgesetz von 1949

Art. 65a (a. F. bis 1968)

(2) Mit der Verkündung des Verteidigungsfalles geht die Befehls- und Kommandogewalt auf den Bundeskanzler über.

Übersicht

A. Allgemeine Bedeutung

I. Genese

Art. 115b entspricht – erweitert um den Zusatz „über die Streitkräfte" – dem Art. 65a Abs. 2 aF, der im Rahmen der Notstandsnovelle[1] allein aus systematischen Gründen[2] in den Abschnitt zum „Verteidigungsfall" einge- 1

[1] 17. ÄndG v. 24.6.1968, BGBl. I 709.

[2] BT-Drs. V/1879, 22, 25.

gliedert worden ist.[3] Bereits die Beratungen zu Art. 65a Abs. 2 aF zeigen, dass im Normalfall alle militärischen Befehls- und Kommandobefugnisse ihre Spitze in der Person des Bundesverteidigungsministers finden und es keine ihm entzogene besondere Kommandogewalt geben sollte; nur im Verteidigungsfall sollte es zu einer Konzentration aller Entscheidungen in der Person des Bundeskanzlers kommen.[4]

II. Inhaltsübersicht und systematischer Zusammenhang

2 Mit Anordnung des Übergangs der Befehls- und Kommandogewalt vom Bundesminister der Verteidigung auf den Bundeskanzler im Verteidigungsfall durch Art. 115b soll die politische und militärische Staatsführung in der Hand des Bundeskanzlers gebündelt **(Konzentrationswirkung)**[5] und die mit Art. 65a für Friedenszeiten intendierte Trennung zwischen politischer und militärischer Führung[6] im Falle des äußeren Staatsnotstandes überwunden werden. Eine **gesteigerte Legitimationswirkung der militärischen Staatsleitung** kann zudem darin erkannt werden, dass die Befehls- und Kommandogewalt auf den „direkter" demokratisch legitimierten Bundeskanzler (Art. 63 Abs. 1; 67 Abs. 1; 115h Abs. 2) übergeht.[7]

III. Überstaatliche Bezüge

3 Inter- oder supranationale **Vorgaben** hinsichtlich der Inhaberschaft der Befehls- und Kommandogewalt über nationale Streitkräfte in Zeiten des Friedens oder des äußeren Notstandes **existieren nicht,** was die Anerkennung der staatsrechtlichen und sicherheitspolitischen Organisations- und Verfahrensautonomie der Staaten reflektiert.

4 Anders als in Deutschland kennen nur wenige andere Staaten eine **differenzierte Regelung des Oberbefehls** über die Streitkräfte für Friedens- und Notstandszeiten. Regelmäßig wird dort das Staatsoberhaupt mit dem Oberbefehl betraut.[8]

5 Von Art. 115b unberührt bleibt die Beschränkung dieser Gewalt durch die **Übertragung von Befehlsbefugnissen,** wie dies auf Grundlage von Art. 24 Abs. 2 in **Systemen kollektiver Sicherheit,** etwa im Rahmen der NATO, möglich ist.[9] Die Befehlsgewalt (operational command) von alliierten Kommandobehörden ist auf den konkreten Einsatz beschränkt, verdrängt nicht die Personalhoheit der Mitgliedstaaten und kann jederzeit wieder aufgehoben werden.[10] Auch eine Fortentwicklung[11] der verteidigungspolitischen Archi-

---

[3] *Epping* in Maunz/Dürig Rn. 1 f.

[4] Vgl. Zweiter Schriftlicher Bericht des Ausschusses für Rechtswesen und Verfassungsrecht, BT-Drs. II/2150, 4.

[5] Vgl. Zweiter schriftlicher Bericht des Ausschusses für Rechtswesen und Verfassungsrecht, BT-Drs. II/2150, 4; vertiefend *Epping* in Maunz/Dürig Rn. 5; vgl. auch *F. Kirchhof* in HdbStR IV § 84 Rn. 28 mwN.

[6] *Schmidt-Radefeldt* in BeckOK GG Art. 65a Rn. 5.

[7] So bereits *Versteyl* in v. Münch/Kunig, 6. Aufl. 2012, Rn. 2; ähnlich *Grote* in MKS Rn. 1; *Busse* in BerlKomm Rn. 1 (Parlamentsverantwortung der Regierung) und BVerfGE 90, 286 (386: volle parlamentarische Verantwortung des Bundeskanzlers).

[8] Vgl. die rechtsvergleichenden Hinweise bei *Epping* in Maunz/Dürig mwN.; *Heun* in Dreier Rn. 3 mit dem Hinweis auf die Bestellung eines Generals als Oberbefehlshaber in der Schweiz.

[9] *Robbers* in Sachs Rn. 8.

[10] *Heun* in Dreier Rn. 2; *Grote* in MKS Rn. 13; *Oldiges* in APW BesVerwR, Rn. 45.

[11] Zu aktuellen Diskussionen und Entwicklungen vgl. *Kellner* ZFAS 2018, 1 ff.

tektur der **Europäischen Union** als ein System kollektiver Sicherheit[12] und die Schaffung einer, dem supranationalen Recht unterfallenden „Europäischen Armee"[13] auf Grundlage von Art. 23; Art. 24 Abs. 2 wird durch Art. 115b nicht versperrt, wenngleich freilich die Grenzen des Integrationsvorbehalts[14] zu beachten sind. Kommt es in diesen Fällen nicht dazu, dass das Bundesgebiet mit Waffengewalt angegriffen wird oder ein solcher Angriff unmittelbar droht, trifft also der staatsrechtliche Verteidigungsfall nicht mit dem Bündnisfall zusammen, erfolgt bereits kein Übergang der Befehls- und Kommandogewalt (vgl. → Rn. 7). Insofern gilt, dass in einem System kollektiver Sicherheit zwar der Verteidigungsfall einen Bündnisfall auslöst, nicht aber zwingend umgekehrt.[15]

B. Einzelfragen

I. Mit der Verkündung des Verteidigungsfalles

6 Voraussetzung für den Übergang der Befehls- und Kommandogewalt ist die Verkündung des **Verteidigungsfalls iSd Legaldefinition** nach Art. 115a Abs. 1 S. 1. Die erfasst sowohl eine **Verkündung im Bundesgesetzblatt** nach Art. 115a Abs. 3 S. 1 iVm Art. 115a Abs. 1 und 2, eine Verkündung **auf sonstige Weise** iSd Art. 115a Abs. 3 S. 2 als auch die **fingierte Verkündung** iSd Art. 115a Abs. 4. Auf die Nachholung der Verkündung im Bundesgesetzblatt kommt es in diesem Fall nicht an.[16]

7 Anknüpfungspunkt für den Übergang ist laut eindeutigem Wortlaut der Verteidigungsfall, der bereits territorial auf das Bundesgebiet bezogen ist. Ein **Bündnisfall,** dh der Angriff auf einen Bündnispartner, kann – auch wenn er als Angriff auf alle Partner fingiert wird (vgl. etwa Art. 5 NATO-Vertrag, Art. 80a Abs. 3 GG sowie Art. 42 Abs. 7 EUV (str.)[17]) – den Übergang ebenso wenig auslösen wie ein Einsatz der Streitkräfte im **Rahmen der Vereinten Nationen.**[18] Die Gewalt verbleibt in diesen Fällen entsprechend Art. 65a beim Bundesminister der Verteidigung.[19]

II. Geht die Befehls- und Kommandogewalt über die Streitkräfte auf den Bundeskanzler über

8 **1. Befehls- und Kommandogewalt über die Streitkräfte.** Mit der Befehls- und Kommandogewalt sind das **höchste militärische Kommando** und die **oberste Befehlsbefugnis** als Summe der militärischen Führungsrechte bezüglich Einsatz, Inspektion und Ausbildung der Streitkräfte ge-

[12] Ob die EU bereits ein System kollektiver Sicherheit darstellt, ist streitig; ablehnend noch BVerfGE 123, 267 (361, 425 f.); bejahend *Calliess* in Maunz/Dürig Art. 24 Abs. 2 Rn. 42 ff. mwN.

[13] Vgl. zur Idee der Begründung einer Zuständigkeit des EU-Parlaments sowie eines EU-Kommissars als Oberbefehlshaber *Kaim/Kempin,* integration 2018, 49 (56).

[14] Das BVerfG hat eine Grenze in der Wahrung des konstitutiven Parlamentsvorbehalts erkannt, vgl. BVerfGE 123, 267 (360 f.).

[15] Dazu auch *Kersting,* Bündnisfall und Verteidigungsfall, 1978, 10.

[16] *Robbers* in Sachs Rn. 5; *Epping* in Maunz/Dürig Rn. 7.

[17] Zum Charakter als Bündnisklausel vgl. *Cremer* in Calliess/Ruffert EUV/AEUV Art. 42 EUV Rn. 16.

[18] *Epping* in Maunz/Dürig Rn. 8.

[19] *Grote* in MKS Rn. 3.

meint.[20] Sie stellt den militärischen Zweig der Ressortgewalt des Bundesverteidigungsministers dar.[21] Von den **„Streitkräften"** sind nur die Militärs der Bundeswehr, zusammen mit den im Einsatz uniformierten Feldgeistlichen und den als Stabsoffizieren (der Reserve) eingestuften Rechtsberatern, erfasst.[22] Privates Personal gehört grundsätzlich nicht zu den Streitkräften, auch wenn es in militärischen Funktionen (zB Bewachung, personenschutzbegrenzte Kampfeinsätze) genutzt wird, es kann aber ausdrücklich in sie eingegliedert werden und damit Kombattantenstatus erhalten.[23]

9 Art. 115b regelt nur den Übergang der Befehls- und Kommandogewalt und konzentriert die militärische Leitung über alle Teilstreitkräfte umfänglich in der Hand des Bundeskanzlers.[24] **Nicht erfasst** ist der **zivile Geschäftsbereich** des Bundesministeriums der Verteidigung, also die Bundeswehrverwaltung (Art. 87b, zB Personal- und Beschaffungswesen), die Rüstungsplanung, der Haushalt, die Rechtspflege oder die Militärseelsorge.[25] Folglich bleibt die Trennung zwischen dieser und den Streitkräften im Verteidigungsfall nicht nur erhalten,[26] sondern es kommt zu einer Aufteilung zwischen der militärischen und der zivilen Verantwortung für das Wehrressort, was hinsichtlich der effektiven Wahrnehmung der Befehlsgewalt durch den Bundeskanzler im Verteidigungsfall überwiegend als unglücklich empfunden wird.[27] Allerdings entspricht die Trennung zwischen Militär und Verwaltung dem Verfassungsrecht auch in Friedenszeiten (Art. 87b)[28] und dient dem Interesse, eine allzu starke Machtkonzentration in der Hand einer Person entgegenzuwirken und die verfassungsrechtlichen Grundentscheidungen in Friedenszeiten auch im Notstandsfall weitgehend zu bewahren.[29] Freilich bestehen Möglichkeiten, die „Kompetenzzersplitterung" zu korrigieren (vgl. → Rn. 15, 17).

10 **2. Zeitliche Dimension des Übergangs.** Der Übergang erfolgt mit der **Verkündung im Bundesgesetzblatt** (Var. 1) oder **auf sonstige Weise** (Var. 2) und ebenfalls erfasst ist die **fingierte Verkündung** (Var. 3) auf den Zeitpunkt des Angriffs nach Art. 115a Abs. 4.[30] In Var. 1 gilt dies bereits, wenn der Angriff mit Waffengewalt unmittelbar droht,[31] so dass der Bundeskanzler bereits zu diesem Zeitpunkt für die Verteidigungsvorbereitungen verantwortlich zeichnen kann. Hinsichtlich der Varianten 2 und 3 kann der genaue Zeitpunkt zweifelhaft sein. In diesen Fällen wird herrschend und in Ansehung seiner herausgehobenen Stellung im Verteidigungsfall überzeu-

---

[20] *Schmidt-Radefeldt* in BeckOK GG Rn 11; *Grote* in MKS Rn. 2.

[21] *Hahnenfeld* NZWehrR 1988, 73; *Oldiges* in APW BesVerwR, Rn. 41 f.

[22] Vgl. *Lingens* NZWehrR 1986, 153; → Art. 65a Rn. 19; BMVg, Weißbuch 2006, Abschn. 6.9.

[23] Näheres zur Rolle privater Militärunternehmen im bewaffneten Konflikt *Krieger* AVR 44 (2006), 159; *Niewerth,* Private Unternehmen im Völkerrecht, 2008; vgl. auch die Beiträge in *Chesterman/Lehnhardt,* From Mercenaries to Market. The Rise and Regulation of Private Military Companies, 2007.

[24] *Robbers* in Sachs Rn. 8.

[25] *Schmidt-Radefeldt* in BeckOK GG Rn. 10; *Heun* in Dreier Rn. 6; *Grote* in MKS Rn. 8.

[26] Unstr., vgl. *Robbers* in Sachs Rn. 7.

[27] *Robbers* in Sachs Rn. 7; *Schmidt-Radefeldt* in BeckOK GG Rn. 11.

[28] *Loosch* DÖV 1963, 252.

[29] Zur Kritik am Trennungsprinzips in Friedenszeiten und insbesondere im Verteidigungsfall vgl. *Epping* in Maunz/Dürig Rn. 16.

[30] *Busse* in BerlKomm Rn. 4; *Heun* in Dreier Rn. 5.

[31] *Grote* in MKS Rn. 4.

gend dem **Bundeskanzler** die **Befugnis** zuerkannt, den genauen **Zeitpunkt festzustellen.**[32]

Der **Übergang** erfolgt **sofort und automatisch,** ohne dass es eines besonderen Übertragungsaktes bedarf.[33] Ebenso automatisch und ohne ausdrückliche Regelung erfolgt die **Rückübertragung** der Befehls- und Kommandogewalt auf den Bundesverteidigungsminister als *actus contrarius* mit der Verkündung des Beschlusses über die Beendigung des Verteidigungsfalls (Art. 115l Abs. 2).[34] Eine Frist, wie sie für Rechtsakte durch Art. 115k Abs. 2 und 3 vorgesehen ist, besteht nicht.[35] Sofern der Bundeskanzler auch die unmittelbare Verantwortung über die zivilen Bereiche des Verteidigungsressorts übernehmen möchte, bedarf die Rückübertragung allerdings eines gesonderten Organisationsaktes (→ Rn. 15). 11

3. Position des Bundeskanzlers. Im Verteidigungsfall wird mit Übergang der Befehls- und Kommandogewalt die **Spitze der Bundesregierung** als Exekutive zugleich zum Oberbefehlshaber. Dies ähnelt dem verfassungsrechtlichen Normalfall in vielen präsidentiellen Demokratien. Allerdings sieht Art. 115b – anders als in früheren Verfassungen – eine Übertragung an den Bundeskanzler und gerade nicht den Bundespräsidenten vor. Dieser bleibt auch im Verteidigungsfall auf repräsentative und notarielle Funktionen beschränkt (vgl. Art. 115a Abs. 3–5; 115h Abs. 2 S. 1 Hs. 2; 115l Abs. 2 S. 1). 12

Der Bundeskanzler bleibt indes Zivilist, wie es den verfassungsrechtlichen Vorgaben in Friedenszeiten entspricht (wonach der Inhaber der Befehls- und Kommandogewalt nicht selbst Soldat sein darf, vgl. Art. 65a; 66), und erhält durch den Übergang keinen Soldaten- oder gar Kombattantenstatus.[36] 13

Zuvor liegt die Gewalt zwingend beim Bundesverteidigungsminister (Art. 65a). Der Übergang bedeutet nicht, dass das Ressortprinzip durchbrochen wird, vielmehr erfolgt lediglich ein **Wechsel an der Ressortspitze** und der Bundeskanzler tritt insoweit **umfänglich an Stelle des Bundesverteidigungsministers.**[37] Der Bundeskanzler ist damit nicht länger auf seine Richtlinienkompetenz (Art. 65 S. 1) verwiesen, sondern kann als oberster Truppenkommandeur und direkter Vorgesetzter die Streitkräfte **durch militärischen Befehl** unmittelbar führen.[38] In dieser neuen Funktion kann ihn nun der **Bundessicherheitsrat**[39] beraten. Auch ist der Bundeskanzler fortan Adressat der Beratungsfunktion des **Generalinspekteurs.**[40] 14

Da sich der Übergang auf die Befehls- und Kommandogewalt „über die Streitkräfte" beschränkt, bleibt der **zivile Bereich des Verteidigungsressorts** (vgl. → Rn. 9) unberührt und steht somit weiterhin in der Ressortverantwortung des Bundeverteidigungsministers (Art. 87b iVm Art. 65 S. 2).[41] Insoweit darf der Bundeskanzler nicht unmittelbar „hineinregieren", sondern 15

[32] *Busse* in BerlKomm Rn. 4; *Grote* in MKS Rn. 3.
[33] *Epping* in Maunz/Dürig Rn. 6; *Busse* in BerlKomm Rn. 4.
[34] *Epping* in Maunz/Dürig Rn. 9; *Busse* in BerlKomm Rn. 5; *Grote* in MKS Rn. 4.
[35] *Robbers* in Sachs Rn. 6.
[36] *Schmidt-Radefeldt* in BeckOK GG Rn. 8.
[37] *Robbers* in Sachs Rn. 2; *Schmidt-Radefeldt* in BeckOK GG Rn. 2; *Busse* in BerlKomm Rn. 7.
[38] BVerfGE 90, 286 (386); *Heun* in Dreier Rn. 6; *Ipsen* in BK Rn. 92; *Schmidt-Radefeldt* in BeckOK GG Rn. 7; *Grote* in MKS Rn. 5.
[39] Zu diesem Gremium und Informationsansprüchen der Parlamentarier jüngst BVerfGE 137, 185 (192 ff.).
[40] Näheres → Art. 65a Rn. 7.
[41] *Heun* in Dreier Rn. 6.

ist zunächst weiterhin auf seine Richtlinienkompetenz beschränkt. In Ermangelung einer verbindlichen Ressortzuweisung der Bundeswehrverwaltung an den Bundesverteidigungsminister kommt ihm aber die Möglichkeit zu, kraft Organisationsakts die **Ressortzuständigkeit** auch insoweit **zu übernehmen,**[42] um die überwiegend als unglücklich empfundene „Zuständigkeitszersplitterung" zu überwinden.

16 **4. Position des Bundesverteidigungsministers.** Der Bundesverteidigungsminister wird mit Übergang der Befehls- und Kommandogewalt aus seiner Position als Oberbefehlshaber des Militärs verdrängt (**„Depossedierung"**[43]), es erfolgt keine bloße Aufstockung der Befehlskette mit Einsetzung des Bundeskanzlers als neuer Spitze (str.).[44] Dem Bundesverteidigungsminister **verbleiben die zivilen Bereiche** seines Ressorts, insbesondere die Bundeswehrverwaltung, solange und soweit der Bundeskanzler diese nicht durch Organisationsakt an sich zieht (vgl. → Rn. 15). Über einen solchen Akt kann der Bundesverteidigungsminister seiner Funktionen entkleidet werden, was allerdings nicht zu dessen Ausscheiden aus dem Ministeramt führen muss;[45] vielmehr kann er als **Minister ohne Geschäftsbereich**[46] Mitglied der Bundesregierung bleiben. Die verfassungsrechtlich vorgezeichnete Garantie der Kommando- und Befehlsgewalt des Bundesverteidigungsministers in Friedenszeiten (Art. 65a) dürfte seinen Verbleib in der Bundesregierung nahelegen, um die automatische Rückübertragung der Kompetenzen an ihn sofort und ohne weitere Erfordernisse (vgl. → Rn. 10) zu ermöglichen.

17 Allerdings dürfte es dem Bundeskanzler im Verteidigungsfall häufig an Kapazitäten ermangeln, zusätzlich die zivilen Bereiche des Bundesministeriums der Verteidigung zu übernehmen. Folglich ist eher ein Interesse des Bundeskanzlers wahrscheinlich, **militärische Befugnisse an den Bundesverteidigungsminister zu delegieren.**[47] Dann ginge es darum, eine Kompetenzzersplitterung durch Delegation an die entsprechend geeignete Stelle – und gerade nicht durch Zentralisierung – zu verringern, um die enge Verzahnung zwischen den Streitkräften und der Verwaltung aus Gründen der Verteidigung aufrecht zu erhalten.[48] Eine Deutung des Art. 115b geht dahin,

---

[42] *Epping* in Maunz/Dürig Rn. 19; *Grote* in MKS Rn. 9; *Robbers* in Sachs Rn. 7; *Schmidt-Radefeldt* in BeckOK GG Rn. 12 hält eine Umorganisation des Bundesverteidigungsministeriums im Verteidigungsfall allerdings für utopisch.

[43] Zurückgehend auf *Dürig* in Maunz/Dürig (1969) Rn. 9.

[44] Zust. *Heun* in Dreier Rn. 6; *Schmidt-Radefeldt* in BeckOK GG Rn 7; *Grote* in MKS Rn. 6; *Oldiges* in APW BesVerwR, Rn. 44; *Stern* StaatsR II, 1980, § 42 Kap. IV 6; ebenso schon *Busch* JZ 1961, 439; *Hamann* in Hamann/Lenz Bem. A; *Hahnenfeld* NZWehrR 1988, 73; *Ipsen* in BK Rn. 115; aA *Erhardt,* Die Befehls- und Kommandogewalt, 1969, 69: „[…] (Der BMVg) tritt lediglich in der militärischen Befehlshierarchie ins zweite Glied zurück […]"; ebenso *Lepper,* Die verfassungsrechtliche Stellung der militärischen Streitkräfte im gewaltenteilenden Rechtsstaat, 1962, 165: „[…] Untergebener des Bundeskanzlers […]"; *Füßlein,* Das deutsche Bundesrecht, Stand 2008, Erl. Art. 115b: („[…] Folge, daß der BMinister, der den Befehlsapparat iÜ weiterhin in der Hand hat, dem Bundeskanzler insoweit – Ausübung der Befehls- und Kommandogewalt – in Durchbrechung der Norm des Art. 65 S. 2 unterstellt ist") und *de Maizière,* Führen im Frieden, 1974, 40: („[…] wird weisungsabhängig […]"); ähnlich *Böckenförde,* Die Organisationsgewalt im Bereich der Regierung, 1964, 165 f.

[45] *Epping* in Maunz/Dürig Rn. 19.

[46] Gegen eine Verdrängung des Bundesverteidigungsministers in diese Rolle *Versteyl* in v. Münch/Kunig, 6. Aufl. 2012, Rn. 11 unter Verweis auf dessen Einarbeitung und die betonte Ausdifferenzierung des Verteidigungsressorts.

[47] *Busse* in BerlKomm Rn. 8.

[48] *Busse* in BerlKomm Rn. 8 f. spricht von einer ausgewogenen Verteilung und Abstufung der Kompetenzen zwischen Kanzler und Minister.

dass der Bundeskanzler sich seiner Verantwortung nicht entziehen dürfe und er den Bundesverteidigungsminister seinen Weisungen unterwerfen *könne,* es aber keines formalen Aktes der Rückübertragung bedürfe, die den Bundesverteidigungsminister in die Rolle eines bloßen Gehilfen versetze.[49] Die wohl überwiegende Auffassung verlangt indes einen formalen Übertragungsakt,[50] wobei verschiedene Modelle (Stellvertreter, Unterstellung) diskutiert werden, in welcher Weise der Bundesverteidigungsminister mit Aufgaben betraut werden kann.[51] Dabei wird die **Mandatslösung** präferiert, in deren Rahmen der Bundeskanzler kraft Organisationskompetenz die Kommando- und Befehlsgewalt unter Vorbehalt der jederzeitigen eigenen Wahrnehmung auf den Bundesverteidigungsminister überträgt.[52] Dieser wäre dann als Mandatar für den Bundeskanzler, der Oberbefehlshaber bleibt, mit der Leitung auch der militärischen Führung – in der Praxis mutmaßlich hauptsächlich – beauftragt.[53]

Den Regelungen des Verteidigungsfalles liegt das Interesse zugrunde, den **18** staatsrechtlichen Notstand als Ausnahmefall einer rechtlichen Regelung zu unterziehen, ohne gleichzeitig den Bundeskanzler zum Souverän zu erheben. Gleichwohl kommt ihm die entscheidende Rolle hinsichtlich der militärischen Verteidigung zu, er muss sich parlamentarisch verantworten. Dies spricht dafür, dem Bundeskanzler in der Ausnahmesituation eines bewaffneten Angriffs einen **erheblichen Beurteilungsspielraum** einzuräumen und seine Gestaltungsmacht, inklusive der Delegation von Aufgaben, **nicht** einem **Formalismus** zu unterwerfen, der in der Situation kaum Beachtung wird beanspruchen können.[54] Dem entspricht auch die Fiktion der Feststellung und Verkündung des Verteidigungsfalls nach Art. 115a Abs. 4, die ebenfalls einen Übergang zu Notstandsverfassung ohne Formalismus vorsieht. Art. 115b lässt sich daher va als **Regelung der Binnenorganisation** der Bundesregierung begreifen, die sicherstellen soll, dass die Bundesrepublik militärisch handlungs- und verteidigungsfähig ist, dass *dazu* der Bundeskanzler das letzte Wort hat und zugleich in Person verantwortlich zeichnet. Entscheidend ist hier freilich, dass der Bundesverteidigungsminister, wenn sich der Bundeskanzler seiner Unterstützung bedient, nicht als „Filter" fungiert, das wichtige Informationen vom Kanzler, der die rechtliche und politische Verantwortung trägt, fernhält.

5. Position des Kabinetts. Streitig ist, ob der Bundeskanzler nach par- **19** tieller Übernahme der Rechtsstellung des Bundesverteidigungsministers weiterhin den Grundsätzen des **Kabinettsprinzips** unterliegt,[55] es also der mehrheitlichen Beschlussfassung durch das Kollegialorgan bedarf, soweit es zu Meinungsverschiedenheiten kommt (Art. 65 S. 3). Zwar könnte auch insoweit der Bundeskanzler durch seine Richtlinienkompetenz die Entschei-

---

[49] *Busse* in BerlKomm Rn. 9.

[50] Vgl. dazu *F. Kirchhof* in HdbStR IV § 84 Rn. 28; *Versteyl* in v. Münch/Kunig, 6. Aufl. 2012, Rn. 12; *Grote* in MKS Rn. 10; abweichend *Epping* in Maunz/Dürig Rn. 23.

[51] Vgl. *Heun* in Dreier Rn. 7 und vertiefend *Epping* in Maunz/Dürig Rn. 20 f.

[52] *Ipsen* in BK Rn. 120 ff.; *Epping* in Maunz/Dürig Rn. 22; *Barth* DÖV 1966, 153; *Heun* in Dreier Rn. 7; zurückhaltend *Grote* in MKS Rn. 10: keine allgemeine Delegation wegen Hauptverantwortung des Bundeskanzlers.

[53] *Robbers* in Sachs Rn. 9; *Schmidt-Radefeldt* in BeckOK GG Rn. 13; *Doehring,* Das Staatsrecht der Bundesrepublik Deutschland, 1984, Kap. D VII; *Scheuner* WWR 1962, 196 (198); *Hahnenfeld* NZWehrR 1988, 77 f.

[54] Ähnlich *Busse* in BerlKomm Rn. 9; *Epping* in Maunz/Dürig Rn. 23.

[55] Dafür *Ipsen* in BK Rn. 93; krit. *Hahnenfeld* NZWehrR 1988, 73.

dung treffen.[56] Auf diese ist er infolge des Übergangs der Befehls- und Kommandogewalt aber nicht mehr angewiesen. Auch wenn sich annehmen ließe, den Bundeskanzler infolge des Übergangs wie den Bundesverteidigungsminister zu behandeln und folglich der Kollegialentscheidung zu unterwerfen (bloßer Ressortübergang),[57] dürfte es dem Telos des Art. 115b nicht entsprechen, den Bundeskanzler als gewöhnlichen Leiter des Teilressorts „Streitkräfte" zu betrachten. In Krisenzeiten soll es zu einer Machtkonzentration kommen, die eine schnelle und effektive Verteidigung ermöglicht, so dass man die Befehls- und Kommandogewalt im Verteidigungsfall als Teil der politischen Gesamtverantwortung des Bundeskanzlers und als **von der gewöhnlichen ministeriellen Ressortgewalt emanzipiert** betrachten muss.[58]

20 **6. Reichweite: Parlamentsvorbehalt.** Die Befehls- und Kommandogewalt betrifft das „Wie" des Streitkräfteeinsatzes.[59] Hinsichtlich des „Ob" hat das BVerfG aus den wehrverfassungsrechtlichen Bestimmungen einen konstitutiven Parlamentsvorbehalt abgeleitet, der die Bundeswehr als Parlamentsheer ausgestaltet und grundsätzlich jeden Einsatz nach Entscheidung der Bundesregierung als Kollegialorgan[60] von einer konstitutiven Zustimmung durch den Deutschen Bundestag abhängig macht.[61] Art. 115b entbindet nicht von der konstitutiven Zustimmung des Parlaments, allerdings wird der **Parlamentsvorbehalt** nach Auffassung des BVerfG **bereits durch die Entscheidung über den Verteidigungsfall** nach Art. 115a Abs. 1 **abgesichert.**[62] Sofern der Bundestag nicht entscheidungsfähig ist, ermöglichen Art. 115a Abs. 2 und 4 den Übergang in die Notstandsverfassung. Deren Ziel ist es, eine wirksame Verteidigung sicherzustellen, so dass auch ohne Feststellung des Verteidigungsfalls durch den Bundestag als implizite Zustimmung zum Einsatz der Streitkräfte deren Einsatz ermöglicht sein muss, wenn der Verteidigungsfall nach Beschluss des Gemeinsamen Ausschusses verkündet oder fiktiv verkündet worden ist. In diesem Fall ist zu verlangen, dass sich der Bundestag oder der Gemeinsame Ausschuss frühestmöglich mit dem Verteidigungseinsatz befasst und dieser auf deren Verlangen beendet werden muss.[63] Dass der wehrverfassungsrechtliche Parlamentsvorbehalt **keine nachträgliche Billigung** eines bereits abgeschlossenen Einsatzes durch den Deutschen Bundestag verlangt, da dann eine konstitutive Mitentscheidung und -verantwortung nicht mehr möglich sind,[64] dürfte gleichermaßen für den Verteidigungsfall gelten, der ohne Beschluss des Deutschen Bundestages (ggf. fiktiv) verkündet worden ist.

C. Verhältnis zu anderen Bestimmungen des Grundgesetzes

21 Art. 115b ist hinsichtlich seines Regelungsgegenstandes zunächst im Verhältnis zu Art. 65a Abs. 1 zu sehen, da die Norm von dem dort geregelten

[56] Vertiefend *Herzog* in Maunz/Dürig Art. 65 Rn. 2 ff.

[57] *Epping* in Maunz/Dürig Rn. 13 mit Verweis auf die verbleibende Möglichkeit, autonome Entscheidungen über die Richtlinienkompetenz treffen zu können.

[58] Ähnlich *Schmidt-Radefeldt* in BeckOK GG Rn. 9; *Grote* in MKS Rn. 7; *Heun* in Dreier Rn. 8.

[59] *Schmidt-Radefeldt* in BeckOK GG Art. 65a Rn. 3.

[60] Str. vgl. *Schmidt-Radefeldt* in BeckOK GG Art. 65a Rn. 15.

[61] BVerfGE 90, 286 (381 ff.).

[62] BVerfGE 90, 286 (387); vertiefend *Epping* in Maunz/Dürig Rn. 24 ff.

[63] *Epping* in Maunz/Dürig Rn. 28.

[64] BVerfGE 140, 160 (199 ff.).

Normalfall (Befehls- und Kommandogewalt des Bundesverteidigungsministers) eine Abweichung für den Verteidigungsfall vorsieht.

Hinsichtlich der Richtlinienkompetenz des Bundeskanzlers und des Kollegialprinzips (Art. 65) stellt Art. 115b nach hier vertretener Auffassung eine Durchbrechung für den Verteidigungsfall dar, so dass der Bundeskanzler bei der militärischen Führung nicht auf seine Richtlinienkompetenz verwiesen ist und dem Kollegialprinzip nicht untersteht (→ Rn. 19). Anders verhält es sich mit der zivilen Führung des Verteidigungsressorts, die grundsätzlich beim Bundesminister der Verteidigung verbleibt (→ Rn. 15 f.).[65] **22**

Gemäß Art. 73 I Nr. 1 GG iVm § 90 SoldG ist es möglich, organisationsrechtliche Details des Kommandowechsels nach Art. 115b GG gesetzlich festzulegen, wenngleich die Regelung durch Organisationsakt des Bundeskanzlers den Erfordernissen einer flexiblen und effizienten Behandlung des Verteidigungsfalles eher entsprechen dürfte.[66] **23**

D. Kritische Würdigung

Die Regelung des Übergangs der Befehls- und Kommandogewalt im Rahmen der Notstandsverfassung ist als „konsequent und logisch“[67] und zumindest als „durchaus **systemkonform**“[68] bezeichnet worden. Gleichwohl wird sie in der Literatur **überwiegend** – aus rechtspolitischen Erwägungen wie dem befürchteten Ruf nach dem „starken Mann“ heraus – **kritisiert**[69] und die Praktikabilität der Trennung zwischen ziviler und militärischer Führung der Streitkräfte sowie die Möglichkeit der zur Herstellung praktikabler Führung etwaig erforderlichen Organisationsmaßnahmen gerade im Verteidigungsfall bezweifelt.[70] Nach hier vertretener Auffassung verbleibt dem Bundeskanzler ein **erheblicher Spielraum,** wie er die Befehls- und Kommandogewalt im Verteidigungsfalle wahrzunehmen gedenkt. Gefahren eines militärischen Mikromanagements lassen sich ebenso wenig ausschließen wie die eines Führungsvakuums,[71] ob und inwieweit man ihnen durch eine verfassungsrechtliche Regelung begegnen kann, bleibt jedoch offen. **24**

Literatur

E.-W. Böckenförde, Die Organisationsgewalt im Bereich der Regierung, 1964. – ***E. Busch,*** Die Stellung des Bundesverteidigungsministers nach Verkündung des Verteidigungsfalles, JZ 1961, 439. – ***E. Busch,*** Der Oberbefehl, seine rechtliche Struktur in Preußen und Deutschland seit 1848, 1967. – ***M. Erhardt,*** Die Befehls- und Kommandogewalt, 1969. – ***G. Hahnenfeld,*** Die Befehls- und Kommandogewalt im Verteidigungsfall, NZWehrR 1988, 73. – ***K. Kersting,*** Bündnisfall und Verteidigungsfall, Diss. Bochum, 1978. – ***J. A. Graf Kielmannsegg,*** Bemerkungen zum Entscheidungsprozeß der Frage „Krieg“ oder „Frieden“ als Problem eines kriegerischen Konflikts, FS f. v. d. Heydte, 1977, 1365. – ***M. Lepper,*** Die verfassungsrechtliche Stellung der militärischen Streitkräfte im gewaltenteilenden Rechtsstaat, 1962. – ***M. Oldiges,*** Wehr-

---

[65] Wie hier *Heun* in Dreier Rn. 8.

[66] *Heun* in Dreier Rn. 9.

[67] So *de Maizière,* Führen im Frieden, 1974, 40.

[68] *Epping* in Maunz/Dürig Rn. 3.

[69] *Epping* in Maunz/Dürig Rn. 6 (zur Erforderlichkeit des Automatismus für eine zügige militärische Reaktion); *Heun* in Dreier Rn. 4 (Kritik an der „Lex Churchill“); *Ipsen* in BK Rn. 75 (Ruf nach dem „starken Mann“); Hahnenfeld NZWehrR 1988, 73.

[70] *Grote* in MKS Rn. 1, 9; vgl. auch *Ipsen* in BK Rn. 71 ff. („Verteidigungsrat“).

[71] Vgl. bereits *Versteyl* in v. Münch/Kunig, 6. Aufl. 2012, Rn. 22.

recht und Zivilverteidigungsrecht, in N. Achterberg/G. Püttner/Th. Würtenberger (Hrsg.), Besonderes Verwaltungsrecht, 2. Aufl. 2000, 641 ff. – ***B. Rieder,*** Die Entscheidung über Krieg und Frieden nach deutschem Verfassungsrecht, 1984. – ***H. Schmidt,*** Militärische Befehlsgewalt und parlamentarische Kontrolle, FS f. Arndt, 1969, 437. – ***U. Traut,*** Die Spitzengliederung der deutschen Streitkräfte von 1921 bis 1964, 1965.

Art. 115c [Erweiterung der Gesetzgebungskompetenz des Bundes]

(1) Der Bund hat für den Verteidigungsfall das Recht der konkurrierenden Gesetzgebung auch auf den Sachgebieten, die zur Gesetzgebungszuständigkeit der Länder gehören. Diese Gesetze bedürfen der Zustimmung des Bundesrates.

(2) Soweit es die Verhältnisse während des Verteidigungsfalles erfordern, kann durch Bundesgesetz für den Verteidigungsfall

1. bei Enteignungen abweichend von Artikel 14 Abs. 3 Satz 2 die Entschädigung vorläufig geregelt werden,

2. für Freiheitsentziehungen eine von Artikel 104 Abs. 2 Satz 3 und Abs. 3 Satz 1 abweichende Frist, höchstens jedoch eine solche von vier Tagen, für den Fall festgesetzt werden, daß ein Richter nicht innerhalb der für Normalzeiten geltenden Frist tätig werden konnte.

(3) Soweit es zur Abwehr eines gegenwärtigen oder unmittelbar drohenden Angriffs erforderlich ist, kann für den Verteidigungsfall durch Bundesgesetz mit Zustimmung des Bundesrates die Verwaltung und das Finanzwesen des Bundes und der Länder abweichend von den Abschnitten VIII, VIII a und X geregelt werden, wobei die Lebensfähigkeit der Länder, Gemeinden und Gemeindeverbände, insbesondere auch in finanzieller Hinsicht, zu wahren ist.

(4) Bundesgesetze nach den Absätzen 1 und 2 Nr. 1 dürfen zur Vorbereitung ihres Vollzuges schon vor Eintritt des Verteidigungsfalles angewandt werden.

A. Allgemeine Bedeutung

1 Art. 115c verändert in drei Bereichen die verfassungsmäßige Grundordnung des GG, zweimal durch Kompetenzverlagerung auf den Bund und einmal durch Einschränkung von Grundrechten. **Der Bund erhält** im Verteidigungsfall **umfassendere Gesetzgebungskompetenzen** (Abs. 1) und die **Zuständigkeit für Verwaltungs- und Finanzfragen** (Abs. 3). Während dadurch nur der staatsrechtliche Aufbau der Bundesrepublik verändert wird, ermöglicht Abs. 2 **Einschränkungen von Grundrechten,** welche die Bürgerinnen und Bürger direkt und unmittelbar treffen können. Abs. 4 enthält, wenn auch zunächst nicht ersichtlich, lediglich verwaltungsinterne Regelungen, die für die Notstandsverfassung im engeren Sinne ohne Bedeutung sind. Im Übrigen ist es Ziel des Artikels, Gesetze, die im Ernstfall Anwendung finden sollen, bereits vorher, also ohne Druck durch Zeit und Situation, verabschieden zu können.[1]

B. Einzelfragen

I. Die veränderte Gesetzgebungskompetenz (Art. 115c Abs. 1)

2 **1. Der Bund hat für den Verteidigungsfall.** Art. 115c trifft eine weitere Regelung, die bereits nach dem Wortlaut und der systematischen Verortung auf den Verteidigungsfall beschränkt ist (zum Begriff und zur Feststellung des Verteidigungsfalls vgl. → Art. 115a Rn. 12 ff.). Um Missverständnisse zu ver-

[1] BT-Drs. 5/1879, 26.

meiden, ist der Text zu lesen: „Der Bund hat **nur für den Verteidigungsfall** [...]"; allerdings erwachsen dem Bund die Rechte auch **nicht erst im** Verteidigungsfall, wie es frühere Entwürfe vorsahen.[2] Durch das „für" soll die **rechtzeitige Vorsorge** im Hinblick auf einen eintretenden Ernstfall gesichert werden.[3]

3 **2. Das Recht der konkurrierenden Gesetzgebung auch auf den Sachgebieten, die zur Gesetzgebungszuständigkeit der Länder gehören.** Die konkurrierende Gesetzgebungskompetenz des Bundes aus Art. 74 wird erweitert, bleibt aber unter dem Vorbehalt der Notwendigkeit zu bundesgesetzlicher Regelung, also seit der Föderalismusreform[4] der Erforderlichkeit iSv Art. 72 Abs. 2.[5] Daher müssen die dort genannten Voraussetzungen vorliegen (allgM). Da der Bund hier zur Herstellung (oder Beibehaltung) gleichwertiger Lebensverhältnisse oder zur Wahrung der Rechts- und Wirtschaftseinheit das Gesetzgebungsrecht besitzt, ist bei jedem einzelnen Gesetz zu prüfen, ob ein konkretes Bedürfnis vorliegt.[6] Dabei ist das Recht auf diejenigen Bedürfnisse zu beschränken, die im **unmittelbaren Zusammenhang mit dem Verteidigungsfall stehen.**[7] Gebraucht der Bund sein Recht nicht, verbleibt die Kompetenz auch im Verteidigungsfall bei den Ländern.

4 **3. Diese Gesetze bedürfen der Zustimmung des Bundesrates.** Damit wird der Gesetzgebungsprozess vorgeschrieben, wie er bei allen zustimmungsbedürftigen Gesetzen gegeben ist, vgl. Art. 76, 77 Abs. 1, 2 und 2a, Art. 78, 82, ohne dass auf Art. 115c Abs. 1 S. 2 abzustellen wäre.[8] Unter den besonderen Voraussetzungen des Verteidigungsfalls können Gesetze auch gem. Art. 81, 115d, 115e Abs. 1 erlassen werden. **Für Rechtsverordnungen gilt Art. 80,** wobei die Besonderheiten des Art. 115k Abs. 1 und 2 zu beachten sind. Art. 115d des Entwurfs des Rechtsausschusses,[9] der inhaltlich dieselbe Materie wie Art. 115c regelte, sah das Zustimmungserfordernis des **Bundesrats noch nicht** vor. Die Begründung der Bundesregierung[10] mag nicht zwingend sein;[11] das Ergebnis ist jedenfalls zu begrüßen.

II. Einschränkungen von Grundrechten (Art. 115c Abs. 2)

5 **1. Soweit es die Verhältnisse während des Verteidigungsfalles erfordern, kann durch Bundesgesetz für den Verteidigungsfall.** Die tatbestandsmäßige Einschränkung der Gültigkeit der für den Verteidigungsfall erlassenen Gesetze stellt im Grunde eine Selbstverständlichkeit dar, die aber aus politischen Erwägungen und der Unmöglichkeit enumerativer Aufzählungen aller denkbaren Umstände in dieser Form nochmals aufgenommen wurde.[12] Die Umstände müssen es zur konkreten Gefahrenabwehr **erfordern**

[2] Vgl. *Rauschning* in BK Rn. 10 mwN.

[3] BT-Drs. 5/1879, 26; *Thiel* in BerlKomm Rn. 1; *Stern,* StaatsR II, 1980, § 54 V 5 c.

[4] Änderung des GG vom 28.8.2006, BGBl. 2006 I 2034.

[5] *Grote* in MKS Rn. 6.

[6] BT-Drs. 5/1879, 26.

[7] *Hamann* in Hamann/Lenz Anm. B 2; *Rauschning* in BK Rn. 6; *Sterzel* in AK Abschn. X a Rn. 53; aA: *Lenz,* Notstandsverfassung des Grundgesetzes, Kommentar, 1971, Rn. 3.

[8] *Heun* in Dreier Rn. 4.

[9] BT-Drs. 4/3494.

[10] BT-Drs. 5/1879, 28.

[11] Zur Kritik *Schäfer* AöR 93 (1968), 37 (48 f.).

[12] Nach *Epping* in Maunz/Dürig Rn. 25 sei die Erforderlichkeit an dieser Stelle allerdings kein Ausfluss des allgemeinen Verhältnismäßigkeitsgrundsatzes, der ohnehin gelte, sondern

und es **nicht nur wünschenswert** erscheinen lassen. Dieses Erforderlichkeitsgebot „lässt sich als ‚Leitmotiv' nahezu aller letztlich Gesetz gewordenen Notstandsregelungen" feststellen.[13] Zwar können die Gesetze **vor dem Verteidigungsfall erlassen werden,**[14] ihre Rechtswirksamkeit ist aber auf den Zeitpunkt eines bereits vorhandenen Verteidigungsfalles beschränkt und untersteht darüber hinaus noch dem zuvor genannten Gebot der konkreten Einzelfallerforderlichkeit.

2. Bei Enteignungen abweichend von Artikel 14 Abs. 3 Satz 2 die Entschädigung vorläufig geregelt werden. Die Enteignungsvorschriften, als Bestandteil der Grundrechte, sind umfassend in Art. 14 Abs. 3 geregelt. Danach müssen Art und Ausmaß einer Enteignung gesetzlich bestimmt sein.[15] Während des Verteidigungsfalles kann es geschehen, dass kurzfristig Enteignungen zugunsten des Staates vorgenommen werden müssen, wobei insbesondere an Transportmittel (PKW, LKW, Busse), Gerätschaften (medizinisches Gerät) und Gebäude zu denken ist. **Die Einschränkung,** die aufgrund dieses Artikels ermöglicht wird, **bezieht sich aber nur auf Art. 14 Abs. 3 S. 2,** also nicht auf die sonstigen Vorschriften des Art. 14.[16] Das Allgemeinwohl (Art. 14 Abs. 3 S. 1), die gerechte Interessenabwägung (Art. 14 Abs. 3 S. 3) sowie der Weg zu der ordentlichen Gerichtsbarkeit bei Streitfragen über die Höhe der Entschädigung (Art. 14 Abs. 3 S. 4) bleiben ebenso unangetastet wie der Grundsatz, dass überhaupt eine Entschädigung bewirkt werden muss.[17] Soweit Art. 14 **enteignungsgleiche Eingriffe** zulässt,[18] werden diese Fälle, da sie gerade nicht von Art. 14 Abs. 3 S. 2 geschützt sind, auch nicht von Art. 115c Abs. 2 Nr. 1 erfasst.[19] An die **Vorläufigkeit** sind **enge Maßstäbe** anzulegen. Da die Grundrechtseinschränkung nur durch den Verteidigungsfall gerechtfertigt ist, muss die endgültige Entschädigungsregelung nach Beendigung des Verteidigungsfalls unverzüglich vorgenommen werden.[20] Da nur das „Wann", nicht aber das „Ob" der Entschädigung betroffen ist, sollte eine Abschlagszahlung erfolgen. 6

3. Für Freiheitsentziehungen eine von Artikel 104 Abs. 2 Satz 3 und Abs. 3 Satz 1 abweichende Frist, höchstens jedoch eine solche von vier Tagen, für den Fall festgesetzt werden, dass ein Richter nicht innerhalb der für Normalzeiten geltenden Frist tätig werden konnte.
Art. 104 Abs. 2 und 3 schreibt vor, dass niemand von der Polizei in deren 7
Gewahrsam (Abs. 2 S. 3) bzw. wegen des Verdachts einer strafbaren Handlung länger als einen Tag nach der Festnahme einem Freiheitsentzug ausgesetzt sein darf (Abs. 3 S. 1), ohne dem Richter vorgeführt zu werden, der dann die Ausführung eines Haftbefehls oder die Entlassung anordnet (Abs. 3

---

beziehe sich in tatsächlicher Hinsicht auf die Voraussetzungen, unter denen von den Modifikationen nach Abs. 2 Gebrauch gemacht werden könne.

[13] *Stern,* StaatsR II, 1980, § 52 VII 4 e.

[14] *Schmidt-Radefeldt* in BeckOK GG Rn. 2.

[15] Zur Junktimsklausel vgl. → Art. 14 Rn. 138 f.

[16] *Grote* in MKS Rn. 10.

[17] HM vgl. *Epping* in Maunz/Dürig Rn. 26; *Sterzel* in AK Abschn. X a Rn. 56; teilweise einschränkend *Rauschning* in BK Rn. 16.

[18] Vgl. → Art. 14 Rn. 117, 151.

[19] *Heun* in Dreier Rn. 6; *Stern,* StaatsR II, 1980, § 52 VII 5e; aA: *Rauschning* in BK Rn. 17.

[20] *Epping* in Maunz/Dürig Rn. 27; *Heun* in Dreier Rn. 6; *Rauschning* in BK Rn. 14, *Thiel* in BerlKomm Rn. 14.

S. 2). Da im Zustand äußerer Gefahr vielleicht wegen unterbrochener Verkehrsverbindungen oder anderweitig eingesetzter Richter eine Vorführung innerhalb von 24 Stunden nach dem Festnahmetag nicht möglich sein könnte, andererseits es aber unverantwortlich wäre, nur deswegen einen Verdächtigen (die amtliche Begründung[21] nennt als Beispiel einen Plünderer, einschlägiger wären ein oder mehrere Selbstmordattentäter) freizusetzen, ist die Verlängerung der Frist um 14 Tage geboten und vertretbar. Die Entwürfe sahen als Alternativen vor: 3-Tages-Frist, und: ganz ohne Frist.[22] **Bedingung für die Ausschöpfung der Frist** ist allerdings, dass vorher ein Richter nicht tätig werden konnte.[23] Die Strafverfolgungsbehörden müssen auch im Verteidigungsfall bemüht bleiben, 1. sofort einen Richter tätig werden zu lassen und 2. die vorläufige Festnahme so kurz wie möglich zu gestalten.

III. Verwaltung und Finanzen (Art. 115c Abs. 3)

8 **1. Soweit es zur Abwehr eines gegenwärtigen oder unmittelbar drohenden Angriffs erforderlich ist, kann für den Verteidigungsfall durch Bundesgesetz mit Zustimmung des Bundesrates.** Der gegenwärtige oder unmittelbar drohende Angriff entspricht inhaltlich der Legaldefinition des Verteidigungsfalles des Art. 115a Abs. 1 (→ Art. 115a Rn. 12 ff). Hinsichtlich der Voraussetzung des „erforderlich" gilt das zu → Rn. 5 Gesagte. Die Gesetze können nicht erst im, sondern **schon für den Verteidigungsfall** erlassen werden.[24] Die Zustimmungsbedürftigkeit durch den Bundesrat gem. Art. 77 Abs. 2 ist hier notwendigerweise gegeben, da Materien geregelt werden, die im Normalfall zT in die ausschließliche Gesetzgebungskompetenz der Länder fallen.[25]

9 **2. Die Verwaltung.** Die Abschnitte VIII und VIII a GG regeln in Art. 83 –91b die Ausführung der Bundesgesetze und die Bundesverwaltung mit dem **Grundsatz: Länder führen Bundesgesetze als eigene Angelegenheiten aus** (vgl. Art. 83). Im Verteidigungsfall muss die Bundesverwaltung zur Verstärkung und Straffung im Interesse einer größtmöglichen Wirksamkeit organisiert sein „und zwar ohne Rücksicht darauf, ob es sich um den Vollzug von Bundes- oder Landesrecht, um gesetzesakzessorische oder nicht akzessorische, hoheitliche oder fiskalische Verwaltung handelt".[26] In **welcher Form** der Bund seine ihm für den Verteidigungsfall zugewachsenen Kompetenzen ausübt, ist im Einzelfall zu klären, wobei aber auf den Vorbehalt der „Lebensfähigkeit" der verwalteten Bereiche zu achten ist.[27] Wenn auch die Art. 87a und 91, die gleichzeitig mit diesem Artikel in das GG eingefügt wurden, wegen ihrer auf die Krisensituation zugeschnittenen Tatbestände im Verteidigungsfall aber kaum verändert zu werden brauchen, sind sie hier miterfasst und könnten daher ebenfalls abgeändert werden.[28] Ihre Herausnahme aus dem VIII. Abschnitt wäre gesetzestechnisch unelegant gewesen.[29]

---

[21] BT-Drs. 5/1879, 27.

[22] Überblick zur Entstehungsgeschichte bei *Epping* in Maunz/Dürig Rn. 8.

[23] *Heun* in Dreier Rn. 7.

[24] Vgl. → Rn. 2.

[25] *Jarass* in Jarass/Pieroth Rn. 4.

[26] Amtl. Begründung, BT-Drs. 5/1879, 27.

[27] *Rauschning* in BK Rn. 28 f.; → Rn. 11.

[28] *Heun* in Dreier Rn. 9.

[29] Bedenken bei *Herzog* in Maunz/Dürig Rn. 55 (Vorkommentierung).

3. Und das Finanzwesen des Bundes und der Länder abweichend von den Abschnitten VIII, VIII a und X geregelt werden. Der X. Abschnitt des GG regelt in den Art. 104a–115 das gesamte Finanz- und Haushaltswesen des Bundes, der Länder und der Gemeinden. Alle Vorschriften des X. Abschnittes unterfallen nach der Einfügung des Finanzreformgesetzes als 21. Änderung des GG[30] dem Art. 115c Abs. 3. Ursprünglich waren hier nur die Art. 106–115 genannt. Die in → Rn. 9 angeführte amtliche Begründung fährt fort: „Entsprechendes gilt für den vertikalen und horizontalen Finanzausgleich und die Verteilung der Steuererträge zwischen Bund und Ländern".[31] 10

4. Wobei die Lebensfähigkeit der Länder, Gemeinden und Gemeindeverbände, insbesondere auch in finanzieller Hinsicht, zu wahren ist. Beide Kompetenzverschiebungen von der Länder- auf die Bundesebene haben außer der grundsätzlichen Voraussetzung, nur für den Verteidigungsfall und mit Länderzustimmung zu gelten, noch den weiteren Vorbehalt, die „Lebensfähigkeit" wahren zu müssen. Die **bundesstaatliche Struktur** soll auch im Verteidigungsfall nur so weit wie unbedingt notwendig beeinträchtigt werden.[32] So **schwer die Abwägung im Einzelfall** sein mag,[33] ist damit doch eine **enge Richtlinie** gesetzt. Da nämlich auf der einen Seite die Abschaffung der Länder (Art. 79 Abs. 3) und – mit gewissen Einschränkungen – der Gemeinden und Gemeindeverbände unzulässig bleibt[34] und der Hinweis auf die finanzielle Notwendigkeit besonders hervorgehoben wurde, ist insoweit der Rahmen bundeseinheitlicher Maßnahmen gesteckt, zumal das Verhältnismäßigkeitsprinzip uneingeschränkt gilt[35] und nach Beendigung des Verteidigungsfalls automatisch wieder der alte Rechtszustand eintritt.[36] Die Definition von (Bundes-)Land und Gemeinde ergibt sich aus den Verfassungen bzw. den Gemeindeordnungen der Länder. Der Terminus „Gemeindeverbände" hat „die Bedeutung eines Sammelbegriffs, seine konkrete Bedeutung muss deshalb aus dem jeweiligen Regelungszusammenhang erschlossen werden".[37] 11

IV. Bundesgesetze nach den Absätzen 1 und 2 Nr. 1 dürfen zur Vorbereitung ihres Vollzuges schon vor Eintritt des Verteidigungsfalles angewandt werden (Art. 115c Abs. 4)

Die Vorschrift hat hauptsächlich verwaltungsinterne Bedeutung, was sich aus der Entstehungsgeschichte[38] sowie daraus ergibt, dass der **Vollzug nur vorbereitet werden darf.** Abs. 4 beruht auf der Erkenntnis, dass zur Vollziehung *im* Verteidigungsfall bereits *vor* dem Eintritt des Verteidigungsfalls Maßnahmen – etwa Verwaltungsvorschriften – erlassen werden müssen, die garantieren, dass im Ernstfall praktikable Regelungen vorliegen. Darüber 12

[30] Vom 12.5.1969, BGBl. 1969 I 359.
[31] BT-Drs. 5/1879, 27.
[32] BT-Drs. 5/1879, 27.
[33] *Epping* in Maunz/Dürig Rn. 38; *Grote* in MKS Rn. 16.
[34] Art. 28 Abs. 1, 2: *Lenz,* Notstandsverfassung des Grundgesetzes, Kommentar, 1971, Rn. 13.
[35] *Heun* in Dreier Rn. 10; *Rauschning* in BK Rn. 28 f.
[36] *Lenz,* Notstandsverfassung des Grundgesetzes, Kommentar, 1971, Rn. 11.
[37] BVerfGE 52, 95 (111).
[38] *Rauschning* in BK Rn. 36; *Lenz,* Notstandsverfassung des Grundgesetzes, Kommentar, 1971, Rn. 16.

hinaus ist die Vorbereitungskompetenz für den Fall der veränderten Freiheitsentziehung und für zusätzliche Verwaltungs- und Finanzkompetenz ausgeschlossen. Als Beispiele für die Vorbereitung seien genannt: Erlass, Druck und Lagerung von Gesetzen oder Schulung der Beamten für diese speziellen Gesetze,[39] ohne dass darunter auch vorbereitende Verwaltungsakte verstanden werden dürften.[40]

C. Kritische Würdigung

13 Der Artikel kann bei der konkreten Anwendung zu **erheblichen Schwierigkeiten** führen, weil er eine Fülle **unbestimmter Rechtsbegriffe** – „soweit es die Verhältnisse erfordern", „vorläufig", „Lebensfähigkeit insbesondere in finanzieller Hinsicht" – enthält. Das Dilemma besteht aber hier wie bei ähnlichen Vorschriften innerhalb der Notstandsverfassung darin, dass exaktere Formulierungen im Ernstfall eher dazu führen könnten, die gerade dann zu lösende Situation nicht vorgesehen zu haben. Ob Abs. 4 notwendig ist, mag mit Recht bezweifelt werden.[41] Mit den dort geregelten Verwaltungsinterna sollte eine Verfassung nicht belastet werden.

Literatur

Vgl. zunächst das Schrifttum zum Abschn. X a des GG sowie ***E. Benda,*** Die Notstandsverfassung, 1968. – ***H.-U. Evers,*** Die perfekte Notstandsverfassung, AöR 91 (1966), 1. – ***C. O. Lenz,*** Notstandsverfassung des Grundgesetzes, Kommentar, 1971. – ***H.-E. Röttger,*** Gesetzgebung im Verteidigungsfall, Diss. Münster, 1974.

[39] *Epping* in Maunz/Dürig Rn. 43; *Grote* in MKS Rn. 19.
[40] *Grote* in MKS Rn. 19.
[41] Vgl. etwa *Schäfer* AöR 93 (1968), 37 (49); *Hesse,* Grundzüge des Verfassungsrechts der BRD, 1999, Rn. 752.

Art. 115d [Verfahren der Bundesgesetzgebung]

(1) Für die Gesetzgebung des Bundes gilt im Verteidigungsfalle abweichend von Artikel 76 Abs. 2, Artikel 77 Abs. 1 Satz 2 und Abs. 2 bis 4, Artikel 78 und Artikel 82 Abs. 1 die Regelung der Absätze 2 und 3.

(2) [1] Gesetzesvorlagen der Bundesregierung, die sie als dringlich bezeichnet, sind gleichzeitig mit der Einbringung beim Bundestage dem Bundesrate zuzuleiten. [2] Bundestag und Bundesrat beraten diese Vorlagen unverzüglich gemeinsam. [3] Soweit zu einem Gesetze die Zustimmung des Bundesrates erforderlich ist, bedarf es zum Zustandekommen des Gesetzes der Zustimmung der Mehrheit seiner Stimmen. [4] Das Nähere regelt eine Geschäftsordnung, die vom Bundestage beschlossen wird und der Zustimmung des Bundesrates bedarf.

(3) Für die Verkündung der Gesetze gilt Artikel 115a Abs. 3 Satz 2 entsprechend.

A. Allgemeine Bedeutung

Während Art. 115c die Erweiterung der Gesetzgebungskompetenz des Bundes regelt, bedarf das **Verfahren der Gesetzgebung** für den Verteidigungsfall einer **Beschleunigungsmöglichkeit,** denn „eine Beratung im Bundestag in dem komplizierten Verfahren im Zustande äußerer Gefahr könnte zu einer unerträglichen zeitlichen Verzögerung führen."[1] Um die normalen parlamentarischen Gremien, also Bundestag und Bundesrat, möglichst so lange ohne das Sondergremium des Gemeinsamen Ausschusses funktionsfähig zu belassen, wie es technisch nur irgend möglich ist, wurde das vereinfachte Gesetzgebungsverfahren vorgesehen. Damit auch die zur Rechtskraft notwendige **Verkündung** der Gesetze nicht zur Verzögerung führt, sieht Abs. 3 eine Notverkündung vor. 1

B. Einzelfragen

I. Für die Gesetzgebung des Bundes gilt im Verteidigungsfalle

Durch die Vorschrift ist nicht nur die übliche Gesetzgebung des Bundes im Normalfall, sondern vielmehr auch die, dem Bund im Verteidigungsfall gem. Art. 115e erwachsende Kompetenz, betroffen. Aus dem **„gilt"** könnte auf einen Automatismus geschlossen werden, wonach beim Vorliegen der Tatbestandsvoraussetzungen jedes Gesetz in der hier beschriebenen Form beraten und verkündet wird. Es soll demgegenüber nur die **Möglichkeit** der Geltung von Art. 115d Abs. 2 und 3 eröffnet werden, nicht aber eine **Notwendigkeit.**[2] Das folgt aus dem Grundsatz, wonach das normale verfassungsmäßige Gesetzgebungsverfahren der Art. 76 ff. immer den Vorzug haben muss und nur im Fall der Nichtdurchführbarkeit subsidiär ein vereinfachtes Verfahren gilt.[3] Der **Begriff des Verteidigungsfalls** ergibt sich aus der Legaldefinition des Art. 115a.[4] 2

---

[1] Amtl. Begründung, BT-Drs. 5/1879, 27.
[2] Vgl. *Epping* in Maunz/Dürig Rn. 3; *Thiel* in BerlKomm Rn. 6.
[3] *Grote* in MKS Rn. 1; *Heun* in Dreier Rn. 4.
[4] → Art. 115a Rn. 12 ff.

II. Abweichend von Artikel 76 Abs. 2 usw. (Art. 115d Abs. 1)

3 Wegen der Einzelheiten der abweichend geregelten Bestimmungen zur Gesetzgebung sei auf die Kommentierungen der einschlägigen Artikel verwiesen. In diesen Katalog müsste allerdings **auch Art. 110** aufgenommen werden, der wesentliche Fragen der Haushaltsgesetzgebung in seinen Abs. 2 und 3 regelt. Da Art. 110 in der vorliegenden Fassung aber erst durch das 20. Änderungsgesetz zum GG,[5] also nach der Notstandsverfassung,[6] Bestandteil des GG wurde, umfasste seinerzeit der Katalog des Art. 115d Abs. 1 nicht auch den Art. 110. Bei der Änderung des Art. 110 ist die entsprechende Erweiterung des Art. 115d „**schlicht übersehen** worden".[7] Aus dem Sinn der Notstandsverfassung, insbesondere aus Art. 115c Abs. 3 (Finanzwesen) und Art. 115d ergibt sich zweifelsfrei, dass unter den Katalog des Art. 115d Abs. 1 auch Art. 110 zu subsumieren ist.[8] **Nicht unter den Katalog fallen verfassungsändernde** Gesetze.[9] Die Problematik wurde bei der Beratung nicht erkannt. Eine erweiternde Auslegung wie zuvor für Art. 110 kommt deswegen nicht in Betracht, weil Art. 79 bei der Notstandsverfassung nicht verändert wurde. Da Notstandsermächtigungen aber grundsätzlich restriktiv auszulegen und notwendige Spezialvorschriften in anderen Artikeln vorhanden sind, **verbietet sich eine Ausdehnung von Art. 115d auf Art. 79.**

III. Gesetzesvorlagen der Bundesregierung, die sie als dringlich bezeichnet

4 Es kann zur Verdeutlichung hinzugefügt werden, dass **nur Gesetzesvorlagen der Bundesregierung,** nicht also solche von Bundestag oder Bundesrat (vgl. Art. 76 Abs. 1) der vereinfachten Gesetzgebung zugänglich sind (allg. M). Die BReg entscheidet als Kollegialorgan.[10] Formulierung und Dringlichkeitsbezeichnung entsprechen der Regelung des Art. 81 Abs. 1 S. 1. Der Bundesregierung ist für ihre Entscheidung, ob Dringlichkeit vorliegt oder nicht, ein weiter Ermessensspielraum einzuräumen, der sich an der besonderen Notwendigkeit des Verteidigungsfalles orientieren muss.[11] Eine Kontrolle durch das BVerfG ist nach Anrufung von Bundestag oder Bundesrat möglich (→ Art. 115g Rn. 21 f.).[12] Allerdings kann das Parlament nicht eine Befassung mit der als dringlich bezeichneten Vorlage unter Hinweis auf die eigene Gegenmeinung unterlassen,[13] denn die richterliche Einschätzung, Bundestag und Bundesrat müssten im „Schnellverfahren" entscheiden, ist geringer zu werten als die Blockierung eines von der Bundesregierung im Verteidigungsfall für dringlich erachteten Gesetzesvorhabens.

---

[5] Vom 12.5.1969, BGBl. 1969 I 357.

[6] → Art. 115a Rn. 1 ff.

[7] *Lenz,* Notstandsverfassung des Grundgesetzes, Kommentar, 1971, Rn. 3.

[8] *Schmidt-Radefeldt* in BeckOK GG Rn. 1; *Thiel* in BerlKomm Rn. 11.

[9] So zB *Jarass* in Jarass/Pieroth Rn. 2; *Thiel* in BerlKomm Rn. 12.

[10] Vgl. → Art. 65 Rn. 10 ff.

[11] Str. vgl. *Grote* in MKS Rn. 2; *Füßlein* in Das dt. Bundesrecht, Stand 2008, Art. 115d Erl. I A 10 Rn. 2; aA *Sterzel* in AK Abschn. X a Rn. 60.

[12] HM *Herzog* in Maunz/Dürig Rn. 10 (Vorkommentierung); *Heun* in Dreier Rn. 6; aA *Lenz,* Notstandsverfassung des Grundgesetzes, Kommentar, 1971, Rn. 7.

[13] Dazu *Rauschning* in BK Rn. 1; *Thiel* in BerlKomm Rn. 14.

IV. Sind gleichzeitig mit der Einbringung beim Bundestage dem Bundesrate zuzuleiten. Bundestag und Bundesrat beraten diese Vorlage unverzüglich gemeinsam

Die Gleichzeitigkeit verlangt keine exakte Zeitparallelität, sondern beinhaltet vielmehr, dass das übliche Verfahren des Art. 77 Abs. 1 S. 2 hier umgangen wird. **Abweichend vom Selbstversammlungsrecht** des Bundestags und des Bundesrats ist dieses für das Selbstverständnis des Parlaments wesentliche Recht im Verteidigungsfall eingeschränkt.[14] Wenn auch sonst der Bundeskanzler bzw. die Bundesregierung (Art. 39 Abs. 3 S. 3 und 52 Abs. 2 S. 2) die Möglichkeit haben, eine Sitzung dieser Gremien zu verlangen, so ist hier – abweichend von den zuletzt genannten Artikeln – das Gebot des **unverzüglichen** Zusammentritts gegeben. „Unverzüglich" ist wie stets gem. § 121 Abs. 1 S. 1 BGB zu definieren, also „ohne schuldhaftes Zögern". Die Wahl eines Zeitpunktes, der nicht der frühestmögliche ist, dürfte hier aber bereits als ein schuldhaftes Verzögern zu bezeichnen sein.[15] Die **gemeinsame Beratung** kann auch im normalen Gesetzgebungsverfahren erfolgen, da die Mitglieder des Bundesrats jederzeit zu/in Sitzungen des Bundestags in Plenum und Ausschüssen Zutritts- und Rederecht haben, Art. 43 Abs. 2 S. 1 und 2. **5**

V. Soweit zu einem Gesetz die Zustimmung des Bundesrates erforderlich ist, bedarf es zum Zustandekommen des Gesetzes der Zustimmung der Mehrheit seiner Stimmen

Da durch die gemeinsame Beratung nicht auch ein einheitliches Beschluss- und Einkammersystem eingeführt werden sollte und konnte, bedarf es bei jeder Abstimmung der Trennung zwischen Bundestag und Bundesrat; die Beschlussfassung erfolgt in einer ***itio in partes,*** also getrennt nach „Bänken" von Bundestag und Bundesrat. Das grundgesetzliche Mehrheitserfordernis bleibt gewahrt und auch das Einspruchsrecht des Bundesrats wird – soweit verfassungsrechtlich vorhanden – durch Art. 115d nicht berührt.[16] **6**

VI. Das Nähere regelt die Geschäftsordnung, die vom Bundestage beschlossen wird und der Zustimmung des Bundesrates bedarf

Die am 23.7.1969 erlassene Bekanntmachung der **Geschäftsordnung** für das Verfahren nach Art. 115d[17] klärt eine Fülle von der in der Literatur behandelten Problemen, insbesondere die Voraussetzungen für die Einberufungen und die Abstimmungen. In § 18 GO GemA wird die GO BT für analog anwendbar erklärt. **7**

VII. Für die Verkündung der Gesetze gilt Artikel 115a Abs. 3 Satz 2 entsprechend (Art. 115d Abs. 3)

Das beschleunigte Gesetzgebungsverfahren soll nicht durch das umständliche Verkündungsverfahren gem. Art. 82 gehemmt werden. Es gilt für die Form und die Notwendigkeit, die ordentliche Verkündung sobald wie mög- **8**

---

[14] Zustimmend *Grote* in MKS Rn. 4.

[15] Großzügiger *Herzog* in Maunz/Dürig Rn. 13 (Vorkommentierung).

[16] *Sterzel* in AK Abschn. Xa Rn. 62; für den Begriff der Mehrheit vgl. → Art. 121; s. auch *Stern,* StaatsR II, 1980, § 54 V 7 c.

[17] BGBl. 1969 I 1100.

lich nachzuholen, das in → Rn. 43 ff. zu Art. 115a Gesagte, also auch das Gesetz über vereinfachte Verkündungen und Bekanntgaben,[18] welches in § 2 Nr. 3 die Verkündung der Gesetze im Verteidigungsfall iSv Art. 115d Abs. 3 ausdrücklich erwähnt. Wegen der Formulierung „der" statt „aller" Gesetze und der systematischen Stellung eines eigenen Absatzes 3 in Art. 115d ist es fraglich, ob diese Verkündungsmöglichkeit auch für solche Gesetze Anwendung findet, die im ordentlichen Gesetzgebungsverfahren im Verteidigungsfall oder vom Gemeinsamen Ausschuss nach Art. 115e verabschiedet wurden.[19]

C. Kritische Würdigung

9 Der Artikel hat eher **verfassungstechnische Bedeutung.** Von schlechter Gesetzestechnik spricht allerdings, dass die Aufnahme von Art. 110 vergessen wurde.[20] Da die verfassungsmäßigen Rechte von Bundestag und Bundesrat erhalten bleiben, kann in den Katalog für das beschleunigte Gesetzgebungsverfahren **auch Art. 79** aufgenommen werden.

Literatur

Vgl. zunächst das Schrifttum zum Abschn. X a des GG und das Schrifttum zu Art. 115c sowie ***E. Benda,*** Die Notstandsverfassung, 1968.– ***E. Benda.,*** Verteidigungsfall und Bundesverfassungsgericht, FS v. d. Heydte, 1977, 793. – ***F. K. Fromme,*** Ausnahmezustand und Notgesetzgebung, DÖV 1960, 730. – ***P. Henseler,*** Möglichkeiten und Grenzen des Vermittlungsausschusses, NJW 1982, 849. – ***C. O. Lenz,*** Notstandsverfassung des Grundgesetzes, Kommentar, 1971. – ***H. E. Röttger,*** Gesetzgebung im Verteidigungsfall, Diss. Münster, 1974. – ***H.-J. Rungweber,*** Kompetenzverschiebung im Bereich der Exekutive im Rahmen der Notstandsvereinbarung, Diss. Bochum, 1979.

[18] Vom 18.7.1975, BGBl. 1975 I 1919, geändert am 23.7.1992, BGBl. 1992 I 1370.

[19] So aber *Grote* in MKS Rn. 9; *Heun* in Dreier Rn. 11; *Thiel* in BerlKom Rn. 24; wohl auch *Jarass* in JP Rn. 2.

[20] → Rn. 3.

Art. 115e [Wahrnehmung der Rechte von Bundestag und Bundesrat]

(1) Stellt der Gemeinsame Ausschuß im Verteidigungsfalle mit einer Mehrheit von zwei Dritteln der abgegebenen Stimmen, mindestens mit der Mehrheit seiner Mitglieder fest, daß dem rechtzeitigen Zusammentritt des Bundestages unüberwindliche Hindernisse entgegenstehen oder daß dieser nicht beschlußfähig ist, so hat der Gemeinsame Ausschuß die Stellung von Bundestag und Bundesrat und nimmt deren Rechte einheitlich wahr.

(2) Durch ein Gesetz des Gemeinsamen Ausschusses darf das Grundgesetz weder geändert noch ganz oder teilweise außer Kraft oder außer Anwendung gesetzt werden. Zum Erlaß von Gesetzen nach Artikel 23 Abs. 1 Satz 2, Artikel 24 Abs. 1 oder Artikel 29 ist der Gemeinsame Ausschuß nicht befugt.

A. Allgemeine Bedeutung

Da im Verteidigungsfall – insbesondere wenn ein bewaffneter Angriff bereits erfolgt ist – die Mitglieder von Bundestag und Bundesrat vielleicht nicht oder nicht rechtzeitig in einer Beschlussfähigkeit herstellenden Zahl im Reichstagsgebäude sein können, andererseits die Legislative aber in jedem Fall wirksam vertreten sein soll, ist im Wege der Notstandsverfassung der Gemeinsame Ausschuss (GemA) **als Notparlament** im Abschnitt IV a, Art. 53a, in das GG aufgenommen worden.[1] Die Funktion des GemA, der „als eines der Herzstücke des Verfassungsrechts des Verteidigungsfalles“[2] gilt, ist – mit einigen Einschränkungen – mit den Funktionen von Bundestag und Bundesrat identisch und weicht damit von dem Verfassungsgefüge des GG insoweit wesentlich ab, als es nur noch eine Kammer gibt. Diese Lösung ist auf heftige Kritik gestoßen. Im Entwurf des Rechtsausschusses von 1965[3] waren sogar noch stärkere Kompetenzen für den GemA vorgesehen, die später im Entwurf aber gestrichen wurden.[4] 1

Der Artikel ist wie die gesamte Notstandsverfassung durch das 17. Änderungsgesetz vom 24.6.1968[5] in das GG aufgenommen worden, wobei in der ursprünglichen Fassung in Art. 115e Abs. 2 S. 2 der **Art. 23 Abs. 1 S. 2** nicht enthalten war. Diese Vorschrift betrifft die Mitwirkung der Gesetzgebungsorgane in Angelegenheiten der EU und wurde durch Art. 1 Nr. 8 des 38. Änderungsgesetz vom 21.12.1992[6] Bestandteil des GG. Gleichzeitig wurde „mehr redaktioneller Art“[7] bzw. als „veranlasste Folgeänderung“[8] Art. 115e insoweit geändert, dass der GemA in diesem Bereich keine Gesetzesänderungen vornehmen kann. Die Änderung ist am 25.12.1992 in Kraft getreten (Art. 2 des 38. GG-Änderungsgesetz). 2

---

[1] Zum GemA vgl. allg. → Art. 53a; sowie *Fritz* BayVBl. 1983, 72 (73).

[2] *Stern,* StaatsR II, 1980, § 54 V 4a.

[3] BT-Drs. 4/3493.

[4] Zur Entwicklung und Kritik vgl. *Schäfer* AöR 93 (1968), 37 (59 ff.), unter Würdigung der Ausführungen von *Evers* AöR 91 (1966), 1 (5 ff.).

[5] → Art. 115a Rn. 8.

[6] BGBl. 1992 I 2086; weitere Änderungen des Art. 23 durch das Föderalismusreformgesetz vom 28.8.2006, BGBl. 2006 I 2034.

[7] *Scholz* NJW 1993, 1690 (1692); untermauernd *Scholz* NVwZ 1993, 817 (820).

[8] Beschlussempfehlung und Bericht des Sonderausschusses EU, BT-Drs. 12/3896, 22.

B. Einzelfragen

I. Stellt der Gemeinsame Ausschuss im Verteidigungsfalle

3 Zusammensetzung und Funktion des GemA ergeben sich aus Art. 53a.[9] Der Begriff des Verteidigungsfalls entspricht dem in Art. 115a.[10] Problematisch ist aber, wer zu welchem Zeitpunkt feststellt, dass der Verteidigungsfall besteht. Nach Art. 115a Abs. 1 trifft die Entscheidung der Bundestag mit Zustimmung des Bundesrates; der GemA trifft die Entscheidung erst, wenn der Bundestag nicht zusammentreten kann. Da der GemA überhaupt erst bei einem funktionsunfähigen Parlament tätig werden kann, besteht die verfassungsrechtlich bedenkliche Situation, dass der GemA zunächst die Voraussetzungen – den Verteidigungsfall – selbst unterstellen bzw. annehmen muss, um anschließend daraus seine eigenen Kompetenzen abzuleiten;[11] es handelt sich demnach um eine Art „Selbstinvestitur".[12]

II. Mit einer Mehrheit von zwei Dritteln der abgegebenen Stimmen, mindestens mit der Mehrheit seiner Mitglieder fest

4 Für die Mehrheitsverhältnisse gilt zum einen die sich aus Art. 53a ergebende Zahl von 48 Mitgliedern, Art. 53a Abs. 1 S. 1 iVm § 1 GO GemA.[13] Zum anderen findet die Definition des Mehrheitsbegriffes aus Art. 121 hier Anwendung.[14] Da die Mitglieder des GemA **nicht nach Herkunftsbänken,** also getrennt nach Zugehörigkeit im Bundestag und Bundesrat, **abstimmen** und das geschlossene Gegenvotum einer Seite daher auch nicht gesondert gewertet wird, kann es geschehen, dass bei vollständiger Anwesenheit der 16 Bundesratsmitglieder diese im Einvernehmen mit nur 9 MdB gegen die 23 restlichen MdB (also fast 3/4 der „MdB-Bank") die Feststellung nach Abs. 1 treffen und damit die Rechte von Bundestag und Bundesrat wahrnehmen.[15] Der Feststellungsbeschluss hat konstitutiven Charakter.[16] **Die Mitglieder des Bundesrats sind an Weisungen nicht gebunden.** Dadurch sollen schnelle Entscheidungen ermöglicht und die parlamentarische Unabhängigkeit gesichert werden.[17] Allerdings liegt darin auch die Gefahr, dass eine dem GG fremde „Senatslösung", mithin eine echte 2. Kammer, partiell eingeführt wird.[18] Wegen der außerordentlichen Situation muss diese Gefahr aber hingenommen werden, da der Nutzen einer schnellen Entscheidung überwiegt.

---

[9] Vgl. → Art. 53a Rn. 8 ff., 24 ff.

[10] Vgl. → Art. 115a Rn. 12 ff.

[11] *Maunz/Herzog/Scholz* in Maunz/Dürig Rn. 13 ff.

[12] *Heun* in Dreier Rn. 4; *Stern,* StaatsR II, 1980, § 54 V 4a; Bedenken auch bei *Böckenförde* NJW 1978, 1881 (1889).

[13] Letztere wurde in § 1 infolge der nach der Deutschen Einheit von 11 auf 16 erhöhten Stimmen der Länder am 25.3.1991 angepasst, BGBl. 1991 I 868; vgl. auch → Art. 53a Rn. 8; die GO GemA gilt zurzeit idF vom 20.7.1993, BGBl. 1993 I 1500.

[14] Vgl. → Art. 121 Rn. 3 ff.

[15] *Lenz,* Notstandsverfassung des Grundgesetzes, Kommentar, 1971, Rn. 2; *Stern,* StaatsR II, 1980, § 54 V 4a.

[16] AllgM *Delbrück* in BK Rn. 23 ff.

[17] BT-Drs. 5/1879; *Benda,* Die Notstandsverfassung, 1968, 77.

[18] Zur Kritik *Evers* AöR 91 (1966), 1 (6).

III. Dass dem rechtzeitigen Zusammentritt des Bundestages unüberwindliche Hindernisse entgegenstehen

Die an die „Selbstinvestitur"[19] des GemA gestellten Anforderungen sind eng auszulegen. Folglich lässt sich das **„rechtzeitig" nicht abstrakt definieren,** da es jeweils auf den Einzelfall ankommt. Dass der Bundestag nicht sofort oder so schnell wie wünschenswert zusammentritt, reicht nicht aus. Es müssen übergeordnete Ziele, nämlich Abwehr konkreter oder mit an Sicherheit grenzender Wahrscheinlichkeit zu erwartender Gefahren ersichtlich sein, die ein sofortiges Handeln des GemA unumgänglich machen.[20] Auch die zusätzliche Voraussetzung, dass die **Hindernisse „unüberwindlich"**, dh unter Einsatz aller technischen Möglichkeiten nicht überwindbar sein dürfen, verdeutlicht, dass der GemA nur für den äußersten Fall eine Selbstinvestitur vornehmen kann.[21] 5

IV. Oder dass dieser nicht beschlussfähig ist

Die Beschluss(un-)fähigkeit wird bereits in Art. 115a Abs. 2 S. 1 als eine Voraussetzung für den Eintritt des Verteidigungsfalls genannt.[22] Es genügt demnach nicht, dass der Bundestag beschlussunwillig ist.[23] Dabei ist die Gefahr allerdings nicht auszuschließen, dass der Bundestag durch das vorsätzliche Fernbleiben derjenigen Gruppe, die den GemA in Funktion setzen will, beschlussunfähig gemacht wird. Dieses politische Mittel ist jedoch Bestandteil des Parlamentsrechts und nicht zu beanstanden.[24] Sowohl für die **Rechtzeitigkeit** als auch für die **Beschlussfähigkeit** gilt, dass der GemA automatisch auch im Verlauf seiner Sitzung die Funktionsberechtigung verliert, wenn der Bundestag wieder beschlussfähig zusammengetreten ist,[25] das Bemühen darum bleibt nämlich als permanente Pflicht des Bundestags auch dann bestehen, wenn der GemA tagt.[26] Dem Bundestag bleibt es im Anschluss an die Arbeit des GemA unbenommen, entweder dessen Arbeit dort fortzusetzen, wo dieser aufgehört hat,[27] oder die gesamten Ergebnisse im normalen Parlamentsverfahren zu wiederholen.[28] Im Übrigen gilt für die Beendigung der Rechte des GemA Art. 115l. Nach *Fritz*[29] muss vor der wirksamen Konstitution des GemA auch der Bundesrat beschlussunfähig sein. 6

---

[19] So *Frank* in AK, 2. Aufl. 1989, Abschn. Xa Rn. 76; *Maunz/Herzog/Scholz* in Maunz/Dürig Rn. 13 ff.; → Rn. 3.

[20] *Lenz,* Notstandsverfassung des Grundgesetzes, Kommentar, 1971, Rn. 4.

[21] *Delbrück* in BK Rn. 17 ff.; *Jarass* in JP Rn. 2; *Schmidt-Radefeldt* in BeckOK GG Rn. 7; *Thiel* in BerlKomm Rn. 7; *Seifert,* Der Notstandsausschuß, 1968, 185.

[22] Vgl. → Art. 115a Rn. 32 ff.

[23] Allg. M. *Grote* in MKS Rn. 5; *Jarass* in Jarass/Pieroth Rn. 2; *Thiel* in BerlKomm Rn. 8.

[24] *Schmidt-Radefeldt* in BeckOK GG Rn. 6.

[25] *Grote* in MKS Rn. 8, wobei es allerdings ausreichend sein soll, dass der Gemeinsame Ausschuss zu Beginn jeder Sitzung erneut feststelle, dass seine Handlungsbefugnis fortbestehe und nicht zu Beginn jedes neuen Tagesordnungspunktes; *Jarass* in Jarass/Pieroth Rn. 3; aA *Fritz* BayVBl. 1983, 72 (75).

[26] *Delbrück* in BK Rn. 26 ff.; *Lenz,* Notstandsverfassung des Grundgesetzes, Kommentar, 1971, Rn. 4.

[27] Eine Diskontinuität gibt es zwischen diesen beiden Organen nicht, vgl. allg. → Art. 39 Rn. 22; *Grote* in MKS Rn. 17.

[28] Vgl. *Maunz/Herzog/Scholz* in Maunz/Dürig Rn. 57 ff.

[29] *Fritz* BayVBl. 1983, 72 (74).

V. So hat der Gemeinsame Ausschuss die Stellung von Bundestag und Bundesrat und nimmt deren Rechte einheitlich wahr

7 Unter den Voraussetzungen des Art. 115e Abs. 1 tritt der GemA umfänglich in die Stellung von Bundestag und Bundesrat ein und wird damit insbesondere zu einem einheitlichen Gesetzgebungsorgan. Die Unterscheidung zwischen Einspruchs- und Zustimmungsgesetzen entfällt mithin. In dieser Vereinheitlichung der Organe des Bundes und der Länder liegt **ein Schritt vom föderalistischen zum unitarischen Staat.**[30] Zur Begründung wird vorgetragen, es könne sonst zu einer unerträglichen zeitlichen Verzögerung kommen.[31] Die einzige Verzögerung wäre aber abstimmungstechnisch bei getrennten Bänken minimal, denn das Erfordernis von zwei Abstimmungsergebnissen fällt kaum ins Gewicht. Wenn aber das Veto einer Seite zur Nichtverabschiedung von Gesetzen führen würde, ist es eben auch fraglich, ob wirklich die absolute Notwendigkeit gerade für dieses Gesetz bestand. Angesichts der bedeutenden Rolle des GemA spricht einiges für die Trennung der Abstimmung nach Bänken.[32]

8 Die Rechte des GemA ergeben sich im Wesentlichen aus Abs. 2 und der GO vom 23.7.1969,[33] die infolge der aufgrund der Deutschen Einheit angehobenen Mitgliederzahl von 11 auf 16 im Bundesrat zuletzt durch Bekanntmachung vom 20.7.1993 geändert wurde.[34]

VI. Durch ein Gesetz des Gemeinsamen Ausschusses darf das Grundgesetz weder geändert noch ganz oder teilweise außer Kraft oder außer Anwendung gesetzt werden. Zum Erlass von Gesetzen nach Artikel 23 Abs. 1 Satz 2, Artikel 24 Abs. 1 oder Artikel 29 ist der Gemeinsame Ausschuss nicht befugt (Art. 115e Abs. 2)

9 Damit ist ein Änderungsverfahren nach **Art. 79 Abs. 1 ausgeschlossen,** eine notwendige Vorschrift, da einerseits der GemA nur diejenigen Rechte haben soll, die zur Gefahrenabwehr unabdingbar sind, andererseits nach Vorstellung des Normgebers alle dafür notwendigen Eventualitäten bereits jetzt durch die Notstandsverfassung Bestandteil des GG sind. „Ein sachliches Bedürfnis, weitergehende Verfassungsänderungen durch den Gemeinsamen Ausschuss zuzulassen, besteht nicht."[35] Abs. 2 S. 2 schließt wirksam eine Kompetenzverlagerung vom Bund auf andere Einrichtungen aus (Art. 24), und verhindert ebenfalls eine Veränderung der föderalistischen Struktur nach Art. 29; das gleiche gilt für die Angelegenheiten der EU, für die der GemA aufgrund des 38. Änderungsgesetzes (→ Rn. 2) ebenfalls keine Änderungskompetenz besitzt.[36]

---

[30] *Schmidt-Radefeldt* in BeckOK GG Rn. 2.
[31] BT-Drs. 5/1879, 27.
[32] Str. vgl. *Grote* in MKS Rn. 14; *Sterzel* in AK Abschn. X a Rn. 71; *Fritz* BayVBl. 1983, 72 (76).
[33] BGBl. 1969 I 1102.
[34] BGBl. 1993 I 1500.
[35] *Grote* in MKS Rn. 20.
[36] *Jarass* in Jarass/Pieroth Rn. 1.

C. Kritische Würdigung

Der Artikel enthält zwei bedeutende Besonderheiten, die verfassungsrechtlich eine **Abweichung vom gesamten Aufbau des GG** bewirken: Zum einen wird durch den GemA die föderale Struktur mit der Trennung von Bundestag und Bundesrat aufgegeben, zum anderen kann der GemA den Zeitpunkt selbst festlegen, zu dem er meint, dass „seine Stunde gekommen" sei. Während das letzte Problem im Verteidigungsfall mit zu erwartenden verkehrs- und nachrichtentechnischen Schwierigkeiten hingenommen werden mag, ist die Zusammenlegung von Bundestag und Bundesrat zu einem einheitlichen Organ ohne Not geschehen. Es wäre wünschenswert, die Organe im GemA zwar **gemeinsam arbeiten, aber getrennt abstimmen** zu lassen und die Abstimmungsregeln in Art. 115l und der GO GemA entsprechend zu ändern. In Art. 115e allerdings einen formellen Verstoß gegen Art. 79 Abs. 3 zu sehen,[37] misst dieser Abstimmungsregel eine zu große Bedeutung bei.[38] Nicht ausdrücklich geregelt ist das Ende des GemA. Auch wenn es der Rechtsklarheit diente, dass der Bundestag „einen ausdrücklichen Beschluss über seine wiedererlangte Beschlussfähigkeit fasst",[39] endet die Kompetenz des GemA jedenfalls dann automatisch, wenn der Bundestag wieder beschlussfähig zusammentritt.[40] 10

Literatur

Vgl. zunächst das Schrifttum zum Abschn. Xa des GG und das Schrifttum zu Art. 53a in Bd. 1 sowie ***H. Amann,*** Verfassungsrechtliche Probleme des Gemeinsamen Ausschusses nach Art. 53a Abs. 1 GG, 1971. – ***E. Benda,*** Die Notstandsverfassung, 1968. – ***E.-W. Böckenförde,*** Der verdrängte Ausnahmezustand, NJW 1978, 1881. – ***J. Delbrück,*** Kritische Bemerkungen zur Geschäftsordnung des Gemeinsamen Ausschusses, DÖV 1970, 229. – ***H. H. Emmelius,*** Der Gemeinsame Ausschuß, in: Sterzel (Hrsg.), Kritik der Notstandsgesetze, 1969, 118. – ***H.-U. Evers,*** Die perfekte Notstandsverfassung, AöR 91 (1966), 1. – ***G. Fritz,*** Handlungsbereich und Tätigkeitsdauer des Gemeinsamen Ausschusses im Verteidigungsfall, BayVBl. 1983, 72. – ***C. O. Lenz,*** Notstandsverfassung des Grundgesetzes, Kommentar, 1971. – ***H.-E. Röttger,*** Gesetzgebung im Verteidigungsfall, Diss. Münster, 1974. – ***H. Schäfter,*** AöR 93 (1968), 37. – ***J. Seifert,*** Der Notstandsausschuß, 1968. – ***K. Voigt,*** Die parlamentarische Notstandsdiskussion Anfang 1968, Atomzeitalter 1968, Nr. 1/2, 77.

---

[37] *Emmelius* in Sterzel Kritik der Notstandsgesetze, 159; *Röttger,* Gesetzgebung im Verteidigungsfall, 1974, 181 ff.

[38] *Stern,* StaatsR II, 1980, § 54 V 4 mwN.

[39] *Fritz* BayVBl. 1983, 72 (75).

[40] *Robbers* in Sachs Rn. 7.

Art. 115f [Befugnisse der Bundesregierung]

(1) Die Bundesregierung kann im Verteidigungsfalle, soweit es die Verhältnisse erfordern,

1. den Bundesgrenzschutz im gesamten Bundesgebiete einsetzen;
2. außer der Bundesverwaltung auch den Landesregierungen und, wenn sie es für dringlich erachtet, den Landesbehörden Weisungen erteilen und diese Befugnis auf von ihr zu bestimmende Mitglieder der Landesregierungen übertragen.

(2) Bundestag, Bundesrat und der Gemeinsame Ausschuss sind unverzüglich von den nach Absatz 1 getroffenen Maßnahmen zu unterrichten.

A. Allgemeine Bedeutung

1 Für den Verteidigungsfall soll die Bundesregierung außerordentliche Befugnisse erhalten, die in zwei wesentlichen Punkten das sonstige Verfassungsgefüge durchbrechen: Während Art. 87 Abs. 1 S. 2 und die §§ 1–13 des Bundespolizeigesetzes (BPolG) die Aufgaben der Bundespolizei idR auf den Grenzschutz und sonstige spezialisierte, vor allem auch die Außeninteressen Deutschlands berührende Polizeiaufgaben beschränkt, kann im Verteidigungsfall die Bundespolizei von der Bundesregierung wie eine **„Sonderpolizei"** im ganzen Bundesgebiet eingesetzt werden. Die weitere Abweichung betrifft den VIII. Abschnitt des GG, wonach die Bundesgesetze grundsätzlich durch die Verwaltungen der Länder ausgeführt werden. Im Verteidigungsfall soll die Bundesregierung direkt im **Durchgriff** unter Ausschluss der Landesregierungen den Verwaltungen der **Länder** Weisungen erteilen können. Darüber hinaus besteht dann für die Bundesregierung sogar noch die Möglichkeit, diese Kompetenz auf einzelne von ihr selbst ausgesuchte Landesminister zu übertragen. Aufgrund der Vorschrift hat die Bundesregierung also konzentrierte Kompetenzen für die Gefahrenabwehr; Streitigkeiten über Zuständigkeitsrechte sollen ausgeschlossen sein. Dieser Kompetenzzuwachs der Bundesregierung auf Kosten der Länderexekutive[1] schafft für den Verteidigungsfall die Möglichkeit eines staatsrechtlichen Unitarismus.[2] Aufgrund des Beschlusses des Bundestags vom 3.7.1980[3] hat die Bundesregierung am 10.1.1989 die **Rahmenrichtlinien für die Gesamtverteidigung**[4] beschlossen, in der neu neben den Kompetenzebenen insbesondere die infrastrukturellen Vorsorgemaßnahmen (Gesundheit, Ernährungsbevorratung, Energie, Post pp.) und das Zusammenwirken mit der NATO geregelt sind.

B. Einzelfragen

I. Die Bundesregierung

2 Weisungsbefugt iSv Art. 115 f ist die **Bundesregierung als Kollegialorgan.**[5] Damit ist allerdings nur der Normalfall geregelt. Nach Beschluss-

[1] *Stern,* StaatsR II, 1980, § 54 V 4 b.
[2] *Schmidt-Radefeldt* in BeckOK GG Rn. 5.
[3] BT-Drs. 8/4340.
[4] GMBl. 1989, 107.
[5] Vgl. → Art. 65 Rn. 17 ff.

fassung im Grundsatz kann die Durchführung einzelnen Regierungsmitgliedern übertragen werden.[6] Wenn es auch verfassungstheoretisch bedenklich sein mag, dass Bundesminister derartig tätig werden[7], wird doch eine Befehlserteilung im Ausnahmefall durch den Kanzler, den Verteidigungs- oder Innenminister sinnvoll sein, da die Gesamtregierung auch Schwierigkeiten haben dürfte, stets zusammenzutreten.

II. Kann im Verteidigungsfalle

Die Bundesregierung soll nicht zwingend verpflichtet werden, von ihren Rechten aus Art. 115 f Gebrauch zu machen, auch dann nicht, wenn der Verteidigungsfall bereits vorliegt und es die Verhältnisse (objektiv) erfordern. Die Bundesregierung kann nämlich durchaus der Ansicht sein, es sei politisch klüger, die vorhandenen Kompetenzen nicht auszunützen.[8] Ob solche politischen Überlegungen tatsächlich durch das BVerfG nachgeprüft werden können,[9] erscheint zweifelhaft. Etwas anderes gilt für das Erforderlichkeitsprinzip.[10] Bereits aus dem Wortlaut wird ersichtlich, dass diese Norm **nicht prophylaktisch für den Verteidigungsfall** geschaffen wurde, sondern erst in Kraft treten kann, **nachdem der Verteidigungsfall** in einer der Formen des Art. 115a **festgestellt worden ist.**[11] Vorsorgemaßnahmen für den Verteidigungsfall können mithin seitens der Bundesregierung nicht getroffen werden.[12] 3

III. Soweit es die Verhältnisse erfordern

Auch nachdem die Bundesregierung von ihren Kompetenzen Gebrauch gemacht hat, bleibt zu Beginn wie während der gesamten Zeit ihrer Einsatzkompetenz das **Gebot der Erforderlichkeit** zu beachten, wonach die **konkret gewählte Maßnahme erforderlich und geeignet** sein muss, die Gefahr besser abzuwehren, als es mit den üblichen Mitteln der verfassungsrechtlichen „Normalkompetenz" möglich wäre. Daneben bleibt auch das **Gebot der Verhältnismäßigkeit** bestehen, vgl. auch § 15 BPolG. Darunter versteht man die bei der Ermessensausübung zu berücksichtigenden Kriterien der Geeignetheit der Maßnahme, ihrer Notwendigkeit und ihrer Zumutbarkeit[13] sowie das Gebot, das mildeste der (außergewöhnlichen) Mittel einzusetzen, um die Gefahrenabwehr zu garantieren. Die Frage, ob Erforderlichkeit und Verhältnismäßigkeit nur auf die Kompetenzübernahme durch die Bundesregierung beschränkt sind, oder ob unter diesen Prämissen auch die beauftragten Organe wie Länderminister und -behörden, Bundespolizei usw zu handeln haben, ist wie folgt zu entscheiden: 1. Die Prüfung der **grundsätzlichen Erforderlichkeit** des eingesetzten Mittels erfolgt nur an der Spitze, also bei der Bundesregierung, da dort auch die Verantwortung liegt. Weil hier Abwägungen tatsächlicher Art getroffen werden, sind die Maß- 4

[6] *Herzog* in Maunz/Dürig Rn. 13 f.; *Lenz,* Notstandsverfassung des Grundgesetzes, Kommentar, 1971, Rn. 13 ff.

[7] Vgl. *Ipsen* in BK Rn. 21 ff.; für allg. Weisungsgewalt *Heun* in Dreier Rn. 5.

[8] *Ipsen* in BK Rn. 42.

[9] *Benda,* Die Notstandsverfassung, 1968, 91.

[10] Vgl. dazu → Rn. 4.

[11] Allg. M. *Robbers* in Sachs Rn. 3; *Thiel* in BerlKomm Rn. 5.

[12] Missverständlich daher *Lenz,* Notstandsverfassung des Grundgesetzes, Kommentar, 1971, Rn. 2, wenn es für ausreichend erachtet wird, dass ein Angriff unmittelbar droht.

[13] Dazu allg. → Art. 20 Rn. 163.

nahmen der Bundesregierung dann auch der Verfassungsgerichtsbarkeit unterworfen.[14] Die angewiesenen Organe haben eine Prüfung der Erforderlichkeit nicht durchzuführen. 2. Anders verhält es sich dagegen bei der Prüfung, ob das Prinzip der **Verhältnismäßigkeit** für die Art der Durchführung außer bei der anweisenden Bundesregierung **auch bei den Ausführungsorganen** beachtet werden muss. Diese Prüfung muss auch die durchführende Stelle vornehmen, da im Detail der Anweisende oft nicht wissen kann, welches Mittel für die Erzielung des konkreten Zweckes das mildeste ist.[15]

IV. Kompetenzen

5 **1. Den Bundesgrenzschutz im gesamten Bundesgebiet einzusetzen.** Seit seiner Umbenennung zum 1.7.2005 heißt der ehemalige Bundesgrenzschutz nunmehr **Bundespolizei.** Eine Ausweitung der Zuständigkeiten oder Befugnisse ging mit dieser Änderung nicht einher. Die Namensänderung hat noch keinen Niederschlag im GG gefunden. Außer im Notstands- und Verteidigungsfall kann die Bundespolizei nur in sehr eng begrenztem Rahmen tätig werden. Nach § 7 Abs. 1 BPolG hat die Bundespolizei im Notstands- und Verteidigungsfall die Aufgabe, „zur Abwehr einer drohenden Gefahr für den Bestand oder die freiheitliche demokratische Grundordnung des Bundes oder eines Landes" eingesetzt zu werden mit dem Ziel, Gefahren von der Allgemeinheit oder dem Einzelnen abzuwehren. Für die Bundespolizei gilt das Gebot der Verhältnismäßigkeit der eingesetzten Mittel nach § 15 BPolG ausdrücklich. Dem Einsatz der **Bundespolizeieinheiten als „Sonderpolizei"** ist **mit erheblichen Bedenken** zu begegnen. Eine wirksame Einflussnahme wird angesichts der geringen Stärke der Bundespolizei im Verhältnis zur Bundeswehr und den Landespolizeieinheiten kaum zu erwarten sein. Wegen der zahlenmäßigen Beschränkung wird ein Einsatz der Bundespolizei auch im Verteidigungsfall nicht über das ganze Bundesgebiet erstreckt werden können, sondern eher schwerpunktmäßig erfolgen.[16]

6 Die **rechtlichen Funktionen der Bundespolizei** im Verteidigungsfall sind seit dem Gesetz zur Neuregelung der Vorschriften über den Bundesgrenzschutz vom 19.10.1994[17] in § 7 Abs. 2 allg. damit festgelegt, dass der in → Rn. 5 genannte Aufgabenbereich im Falle des Einsatzes der BPol gem. Art. 115f Abs. 1 und Art. 115i Abs. 1 ebenfalls gilt. Wegen der sich daraus ergebenden Konsequenzen polizeilicher und allgemein verwaltungsrechtlicher Art sei auf die Erläuterungen zu Art. 91 Abs. 2 verwiesen, da sich die rechtliche Problematik für den Verteidigungsfall als Parallele zum dort beschriebenen Notstandsfall darstellt. Bundeswehr, Landespolizei und Bundespolizei können unter einem zumindest **koordinierenden gemeinsamen Kommando** dem Bundeskanzler unterstellt werden.[18]

7 **2. Außer der Bundesverwaltung.** Diese Formulierung unterstellt, dass die Bundesregierung auch zu Friedenszeiten als Kollegialorgan jeder Bundesverwaltung direkt Einzelanweisungen erteilen kann. Im Rahmen der bundeseigenen Verwaltung gem. Art. 86 erlässt die Bundesregierung **allgemeine**

[14] *Gramm/Wittenberg* in SHH Rn. 13; *Benda,* Die Notstandsverfassung, 1968, 91.
[15] *Ipsen* in BK Rn. 65 f.; vgl. auch § 15 BPolG.
[16] Vgl. auch *Ipsen* in BK Rn. 67; *Thiel* in BerlKomm Rn. 11.
[17] BGBl. 1994 I 2978.
[18] *Heun* in Dreier Rn. 9; zur Problematik und historischer Entwicklung vgl. *Herzog* in Maunz/Dürig Rn. 20 ff.

Verwaltungsvorschriften, während die einzelnen Verwaltungsvorschriften vom jeweiligen Ressortminister erlassen werden. Von diesem Grundsatz soll hier abgewichen werden. Die Begründung erscheint einfach: Wenn der rangniedrigere Minister anweisen darf, so ist dazu erst recht das ranghöhere Kabinett berechtigt.[19] Dieser Formulierung des Verfassungsgesetzgebers wird außerhalb des Art. 115 f allgemeine Bedeutung für die Frage der **Weisungsberechtigung** im Einzelfall **gegenüber obersten Bundesbehörden** beigemessen.[20]

3. Auch den Landesregierungen. So wie die Bundesregierung sind auch die Landesregierungen als Kollegialorgane in den einzelnen Landesverfassungen eingerichtet und als Organ Adressat der Weisungen der Bundesregierung. Einem einzelnen Landesminister kann die Bundesregierung jedoch keine Weisung erteilen.[21] In dieser Möglichkeit konzentrierten bundeseinheitlichen Handelns wird besonders deutlich, wie weit die Notstandsverfassung **Kompetenzverschiebungen** vornimmt. Im Friedensfall wäre es undenkbar und bedeutete einen krassen Verfassungsverstoß, wenn die Bundesregierung einer Landesregierung Anweisungen für die Durchführung bestimmter Ad-hoc-Aufgaben erteilte, was im Verteidigungsfall unabhängig davon zulässig ist, ob das Land in Eigen- oder Auftragsverwaltung handelt.[22] 8

4. Und, wenn sie es für dringlich erachtet. Das Dringlichkeitserfordernis ist ein weiterer Vorbehalt zum Schutz der üblichen Weisungsberechtigung in den Ländern. Neben der Erforderlichkeit aus Abs. 1 muss auch die subjektive Komponente vorliegen, das Für-dringlich-Erachten. Allerdings hat die Bundesregierung für die Prüfung beider Begriffe, „erforderlich“ wie „dringlich“, objektive Maßstäbe anzulegen.[23] Für eine verfassungsgerichtliche Nachprüfbarkeit bietet der weite Begriff aber kaum Raum.[24] **Die Rahmen-Richtlinien Gesamtverteidigung**[25] konkretisieren in Ziff. 19.2.4., 2. Abs., die Voraussetzungen für die Dringlichkeit. Im Übrigen kann auf die Erläuterungen zu Art. 85 Abs. 3 verwiesen werden, da Formulierung und Sinn der Vorschriften sich insoweit entsprechen.[26] 9

5. Den Landesbehörden Weisungen erteilen und diese Befugnis. 10
Unter Landesbehörden sind umfassend alle Behörden zu verstehen, die nicht Bundesbehörden sind, also zT auch die Gemeinde- und Kommunalverwaltungen und die Selbstverwaltungsorgane in den Ländern, zu denen sonst seitens der Landesregierung kein Weisungsrecht besteht.[27] Als gleichermaßen ungewöhnlich wie bedeutungsvoll erweist sich, dass durch Abs. 1 Nr. 2 die gesamte **Landespolizei** den Weisungen der Bundesregierung direkt unterstellt wird und auch in einem anderen Bundesland als ihrem eigenen Dienstherrenland eingesetzt werden kann.[28] Ob unter **„Weisungen“** abstrakte oder

---

[19] *Herzog* in Maunz/Dürig Rn. 28; *Ipsen* in BK Rn. 85 f.

[20] *Grote* in MKS Rn. 10.

[21] *Heun* in Dreier Rn. 11; *Ipsen* in BK Rn. 87; aA *Herzog* in Maunz/Dürig Rn. 47 f.; vermittelnd *Grote* in MKS Rn. 13.

[22] AllgM vgl. auch Ziff. 4.3 Rahmen-Richtlinien Gesamtverteidigung, GMBl. 1989, 107.

[23] *Thiel* in BerlKomm Rn. 19.

[24] Eine verfassungsrechtliche Überprüfung sei nach *Heun* in Dreier Rn. 12 allein mit beschränktem Umfang denkbar; *Grote* in MKS Rn. 20 „nur Missbrauchsverbot“.

[25] GMBl. 1989, 107.

[26] *Herzog* in Maunz/Dürig Rn. 45.

[27] *Herzog* in Maunz/Dürig Rn. 50; *Ipsen* in BK Rn. 87 ff.

[28] BT-Drs. 5/2873; *Lenz,* Notstandsverfassung des Grundgesetzes, Kommentar, 1971, Rn. 4.

konkrete, generelle oder individuelle Befehle zu verstehen sind,[29] kann dahinstehen, da unter Weisungen der umfassende Begriff für alle Arten von Auftrags- und Befehlserteilung zu verstehen ist und aus dem Sinn der Vorschrift, schlagkräftige, sofort wirksame bundeseinheitliche Maßnahmen durchzusetzen, sich anderes nicht ergeben kann.[30] Bei den Befugnissen handelt es sich um diejenigen, welche die Bundesregierung selbst gegenüber den Landesregierungen und Landesbehörden hat.

11 **6. Auf von ihr zu bestimmende Mitglieder der Landesregierungen übertragen.** Bei der Institution des **„Bundesbeauftragen"**[31] handelt es sich um eine Position, die noch stärker die Kompetenzzusammenfassung auf lokaler Ebene bewirkt, als es die Bundesregierung selbst könnte. Der Beauftragte muss Regierungsmitglied des betreffenden Landes sein, damit gewährleistet ist, dass er das Vertrauen der Landesregierung genießt. Frühere Entwürfe sahen keine notwendige Mitgliedschaft in der Landesregierung vor.[32] Im Ernstfall dürfte ohnehin am ehesten der Ministerpräsident selbst oder der Innenminister des jeweiligen Landes in Betracht kommen. Wer Mitglied der Landesregierung ist, ergibt sich aus Art. 51 iVm der Landesverfassung. Hat der Bevollmächtigte nicht mehr das Vertrauen des Kabinetts, kann er in dem Land entlassen werden. Die BReg muss dann einen neuen Beauftragten ernennen.[33] Die **Kompetenz des Beauftragten** wird nur durch das Landesgebiet geographisch und durch die Bundesregierung sachlich begrenzt. Im Übrigen steht natürlich auch sein Handeln unter der allgemeinen Einschränkung der Erforderlichkeit und Verhältnismäßigkeit. Auch wenn die Bundesregierung ihre Befugnisse übertragen hat, kann sie jederzeit weiterhin selbst handeln und Weisungen erteilen, die, wenn sie im Gegensatz zu den Weisungen des Beauftragten stehen, diesen vorgehen. Sie kann dem Beauftragten auch jederzeit alle Befugnisse entziehen.[34]

V. Informationspflicht (Art. 115 f Abs. 2)

12 **1. Bundestag, Bundesrat und der Gemeinsame Ausschuss.** Adressaten der Informationspflicht sind die genannten Organe. Dadurch soll gewährleistet werden, dass die Kontrolle des Regierungshandelns auch während des Verteidigungsfalls und auch für die dann getroffenen Maßnahmen zumindest im Nachhinein bestehen bleibt (allgM). Zur Abgabe der Information ist nur die Bundesregierung ermächtigt, nicht aber etwa die auf Landesebene mit ihrer Befugnis gem. Art. 115 f Abs. 1 Nr. 2 ausgestatteten Beauftragten, da diese nur der Bundesregierung gegenüber verantwortlich sind.[35] Die Maßnahmen der BReg können gem. Art. 115l Abs. 1 S. 3 auf Beschluss von Bundestag und Bundesrat aufgehoben werden. Damit für einen solchen Beschluss die notwendige Information vorliegt, muss die Bundesregierung den Bundestag und den Bundesrat unterrichten.

---

[29] Eingehend *Ipsen* in BK Rn. 91.

[30] *Herzog* in Maunz/Dürig Rn. 49; aA, nur auf konkrete Anordnungen bezogen, *Stern,* StaatsR II, 1980, § 54 V 4b β.

[31] Auch als „Statthalter" oder „Landesverteidigungskommissar" bezeichnet, *Herzog* in Maunz/Dürig Rn. 52, Fn. 1.

[32] *Schäfer* AöR 93 (1968), 37 (50).

[33] HM *Grote* in MKS Rn. 18; *Heun* in Dreier Rn. 14; aA *Robbers* in Sachs Rn. 10.

[34] *Heun* in Dreier Rn. 14; *Thiel* in BerlKomm Rn. 20.

[35] *Lenz,* Notstandsverfassung des Grundgesetzes, Kommentar, 1971, Rn. 10; *Stern,* StaatsR II, 1980, § 54 V 4b, Fn. 116.

2. Sind unverzüglich von den nach Absatz 1 getroffenen Maßnahmen zu unterrichten. Aus dem „sind" ergibt sich die gesetzliche Verpflichtung zum Handeln. Für „unverzüglich" gilt die Legaldefinition des § 121 Abs. 1 S. 1 BGB, also ohne schuldhaftes Zögern.[36] Die Bundesregierung muss demnach unterrichten, sobald es die Umstände zulassen. Die Unterrichtungspflicht erstreckt sich auf beide Maßnahmeformen des Abs. 1, den überregionalen Einsatz der Bundespolizei und die Weisungsgebung an Landesbehörden bzw. Beauftragte. **Streitig** ist allerdings der **Umfang der Informationspflicht.**[37] Um dem Sinn der Vorschrift gerecht zu werden, muss die Information so weit wie möglich in die Details gehen.[38] Es reicht nicht aus, dass die Informierten von einer Maßnahme der Bundesregierung allgemein Kenntnis erhalten, sie müssen auch deren Inhalte und Dauer erfahren. Die Information ist ggf. zu wiederholen. 13

C. Kritische Würdigung

Der Artikel kann bei Anwendung insoweit auf Schwierigkeiten stoßen, als die Begriffe „kann", „soweit es die Verhältnisse erfordern", „wenn sie es für dringlich erachtet" zu **Interpretations- und Kontrollschwierigkeiten** führen können. Da im Verteidigungsfall aber die möglicherweise zu regelnden Tatbeständen nicht alle vorher aufgeführt werden können, andererseits aber gewährleistet sein muss, dass alle zur Gefahrenabwehr notwendigen Maßnahmen möglichst umgehend und zentral ergriffen werden, ist der Artikel als **passender Kompromiss** zu werten. Im Übrigen kann die zwischenzeitlich veröffentlichte Rahmen-Richtlinie Gesamtverteidigung,[39] an deren Erarbeitung die Bundesländer mitgewirkt haben, Zweifelsfragen klären helfen. 14

Literatur

Vgl. zunächst das Schrifttum zum Abschn. Xa des GG und das Schrifttum zu Art. 115b sowie ***C. Arndt,*** Bundeswehr und Polizei im Notstand, DVBl. 1968, 729.– ***E. Benda,*** Die Notstandsverfassung, 1968. – ***H.-U. Evers,*** Die perfekte Notstandsverfassung, AöR 91 (1966), 1. – ***R. Hoffmann,*** Innerer Notstand, Naturkatastrophen und Einsatz der Bundeswehr, in: Sterzel (Hrsg.), Kritik der Notstandsgesetze, 1968, 86. – ***D. Keidel,*** Polizei und Polizeigewalt im Notstandsfall, 1971.– ***C. O. Lenz,*** Notstandsverfassung des Grundgesetzes, Kommentar, 1971. – ***H. M. Parche,*** Der Einsatz von Streitkräften im inneren Notstand, Diss. Münster, 1974. – ***R. Riegel,*** Die Befugnisse für Bundesgrenzschutz, Polizei und Bundeswehr in Katastrophen- und Notstandsfällen, Die Polizei 1979. – ***H.-J. Rungweber,*** Kompetenzverschiebung im Bereich der Exekutive im Rahmen der Notstandsverfassung, Diss. Bochum, 1979. – ***J. Seifert,*** Spannungsfall und Bündnisfall, in: Sterzel (Hrsg.), Kritik der Notstandsgesetze, 1968, 161. – ***C. H. Ule,*** Der Einsatz militärischer Streitkräfte im Ausnahmezustand, DVBl. 1967, 865.

[36] Stern, StaatsR II, 1980, § 54 V 4b, Fn. 114.

[37] *Herzog* in Maunz/Dürig Rn. 25 f.; *Lenz,* Notstandsverfassung des Grundgesetzes, Kommentar, 1971, Rn. 11.

[38] *Grote* in MKS Rn. 22; *Thiel* in BerlKomm Rn. 24.

[39] GMBl. 1989, 107.

Art. 115g [Stellung des Bundesverfassungsgerichts]

[1]Die verfassungsmäßige Stellung und die Erfüllung der verfassungsmäßigen Aufgaben des Bundesverfassungsgerichtes und seiner Richter dürfen nicht beeinträchtigt werden. [2]Das Gesetz über das Bundesverfassungsgericht darf durch ein Gesetz des Gemeinsamen Ausschusses nur insoweit geändert werden, als dies auch nach Auffassung des Bundesverfassungsgerichtes zur Aufrechterhaltung der Funktionsfähigkeit des Gerichtes erforderlich ist. [3]Bis zum Erlaß eines solchen Gesetzes kann das Bundesverfassungsgericht die zur Erhaltung der Arbeitsfähigkeit des Gerichtes erforderlichen Maßnahmen treffen. [4]Beschlüsse nach Satz 2 und Satz 3 faßt das Bundesverfassungsgericht mit der Mehrheit der anwesenden Richter.

Übersicht

A. Allgemeine Bedeutung

I. Genese

1 Zurückgehend auf einen Regierungsentwurf aus 1963[1] wurde Art. 115g durch die **Notstandsverfassung** in das GG eingefügt,[2] insbesondere hin-

[1] BT-Drs. IV/891, 3 (dort als Art. 115e geführt).
[2] 17. G zur Änderung des GG v. 24.6.1968, BGBl. 1968 I 709.

sichtlich der Notkompetenz des BVerfG mit diesem Gericht eng abgestimmt[3] und in der Folgezeit nur geringfügig modifiziert.[4] Satz 4 wurde auf Vorschlag des Bundesrates ergänzt, um festzulegen, auf welche Weise das BVerfG seine Auffassung bildet.[5]

II. Inhaltsübersicht und systematischer Zusammenhang

Mit dem Recht der Notstandsverfassung wird versucht, den Ausnahmefall zu regeln. Kennzeichnend dafür ist der Versuch, diesen Ausnahmefall nicht gänzlich zur Stunde der Exekutive erstarken zu lassen, etwa durch die Einrichtung des Gemeinsamen Ausschusses, der das parlamentarische und das föderative Element im Notstand wahren und kombinieren soll (vgl. Art. 53a). Mit Art. 115g wurde eine Bestimmung in das Notstandverfassungsrecht eingefügt, welche die **verfassungsgerichtliche Gewalt des Bundes** im Verteidigungsfall **gegen externe** (Besetzung oder Zerstörung des Gerichtsgebäudes, Verhaftung von Richtern) **wie gegen interne** (von anderen Staatsgewalten ausgehende) **Bedrohungen absichern soll.**[6] Der Bestand sowie die Funktions- und Arbeitsfähigkeit des BVerfG sollen garantiert und damit soll eine **verfassungsgerichtliche Kontrolle** im Verteidigungsfall sowie auch des Verteidigungsfalles ermöglicht werden. Die Norm reflektiert damit zugleich die Besorgnis, dass sich Verfassungsorgane im Ausnahmefall über die Grenzen des Verfassungsrechts hinwegsetzen und „staatsstreichartig" agieren könnten. Doch auch wenn das BVerfG als Hüter des GG selbst im Verteidigungsfall anerkannt und geschützt wird, kann Art. 115g dessen faktische – wenngleich verfassungswidrige – Marginalisierung nicht verhindern. Mag dies auch keine exklusiv im Notstand drohende Gefahr darstellen, erscheint diese dann gleichwohl größer – insbesondere, wenn das Gericht eine Notstandsmaßnahme als verfassungswidrig qualifizieren sollte (→ Rn. 22). Freilich könnte dann die Wahrnehmung des Widerstandsrechts nach Art. 20 Abs. 4 gerechtfertigt sein.[7] 2

Art. 115g verweist auf die verfassungsmäßige Stellung und die verfassungsmäßigen Aufgaben des BVerfG und kann somit als weitere **Bestätigung der Verfassungsorganeigenschaft** des Gerichts betrachtet werden. 3

III. Überstaatliche Bezüge

Inter- oder supranationale **Vorgaben** hinsichtlich der Einrichtung einer spezifischen Verfassungsgerichtsbarkeit **bestehen nicht;** deren Notwendigkeit lässt sich auch nicht der in vielen Menschenrechtsdokumenten enthaltenen Garantie eines effektiven Rechtsschutzes entnehmen. Dementsprechend fehlen auch überstaatliche Vorgaben hinsichtlich des Schutzes der Verfassungsgerichtsbarkeit im Verteidigungsfall. In Notstandszeiten erlaubt Art. 15 EMRK vielmehr eine Abweichung von vielen Konventionsrechten, einschließlich des Rechts auf eine wirksame Beschwerde (Art. 13 EMRK).[8] Der Schutz der Grundrechte und auch der Konventionsrechte der EMRK – über 4

---

[3] BT-Drs. V/1879, 29.
[4] *Heun* in Dreier Rn. 1.
[5] BT-Drs. V/1879, 34.
[6] Vertiefend *Herzog* in Maunz/Dürig Rn. 2 ff.
[7] Nach *Reimer/Kempny* VR 2011, 253 (256) stellt das Widerstandsrecht einen Ausgleich für die erweiterte Pflichtenbindung der Menschen im Notstand dar.
[8] *Fremuth/Sauermoser* ZfMR 2020, 150.

eine konventionskonforme Interpretation der Grundrechte –[9] liegt in Deutschland abschließend in der Hand des BVerfG, das mit der Verfassungsbeschwerde angerufen werden kann. Das GG macht von der menschenrechtlichen Abweichungsbefugnis in Notstandszeiten keinen Gebrauch und unterstreicht in Art. 115g, dass auch Individualrechtsbehelfe in Notstandszeiten weiterhin zur Verfügung stehen.

5 In nationalen ausländischen Verfassungsordnungen findet Art. 115g **keine direkte Entsprechung.**[10] Demgegenüber ist die Befugnis von Gerichten zur **Selbstorganisation,** die in Art. 115g S. 3 für den Verteidigungsfall ein vom übrigen Recht in Deutschland abweichende Regelung erfahren hat, internationalen und ausländischen Rechtsordnungen nicht gleichermaßen fremd.[11]

B. Einzelfragen

I. Die verfassungsmäßige Stellung und die Erfüllung der verfassungsmäßigen Aufgaben des Bundesverfassungsgerichts und seiner Richter

6 Die **Justiz** bleibt von der Ausgestaltung des Verteidigungsfalls – anders als die Legislative und Exekutive – **unberührt** (→ Rn. 8).[12] Art. 115g enthält seinem Wortlaut nach allerdings eine **Schutzbestimmung allein für das Bundesverfassungsgericht.** Die Norm trifft keine Vorgaben für den Schutz der Verfassungsgerichte der Länder, sonstiger Gerichte des Bundes oder anderer Verfassungsorgane. Ob es angesichts des Grundsatzes der Verfassungsorgantreue zusätzlich angezeigt ist, den besonderen Schutz des BVerfG als exemplarisch für den Schutz aller Verfassungsorgane im Notstandsfall zu interpretieren,[13] mag bezweifelt werden. Der Norm selbst lässt sich jedenfalls nicht entnehmen, dass auch für die übrigen Gerichtszweige „allenfalls geringfügige Änderungen" erfolgen dürften.[14]

7 Die Regelung des Art. 115g ist zudem **auf den Verteidigungsfall beschränkt,** wie sich aus der systematischen Verortung der Norm ergibt.[15] Nur in einem solchen Krisenfall bestehen besondere allgemeine Gefahren und Gesetzgebungsbefugnisse des Gemeinsamen Ausschusses, die der verfassungsrechtlichen Einhegung bedürfen. Folglich lassen sich der Norm **keine Vorgaben** für den **verfassungsrechtlichen Normalzustand** entnehmen und auch im Verteidigungsfall sind weder **Änderungen des BVerfGG** durch den einfachen Gesetzgeber noch das BVerfG betreffende **Änderungen des GG** durch den verfassungsändernden Gesetzgeber grundsätzlich ausgeschlossen (→ Rn. 10).

---

[9] BVerfGE 111, 307 (315 ff.).

[10] Vertiefend *Grote* in MKS Rn. 1.

[11] *Heun* in Dreier Rn. 2; vgl. auch BT-Drs. V/1879, 29.

[12] *Herzog* in Maunz/Dürig Rn. 4; *Reimer/Kempny* VR 2011, 253 (256).

[13] *Benda* FS f. v. d. Heydte, 1977, 795; *Stern,* StaatsR II, 1980, § 52 VIII 2 a.

[14] So wohl *Versteyl* in v. Münch/Kunig, 6. Aufl. 2012, Rn. 1 unter Verweis auf Ziff. 19.2.3. Abs. 3 Rahmen-Richtlinie Gesamtverteidigung, GMBl. 1989, 107.

[15] *Herzog* in Maunz/Dürig Rn. 9; abweichend soweit ersichtlich nur *Lenz,* Notstandsverfassung des Grundgesetzes, Kommentar, 1971, Rn. 2.

II. Dürfen nicht beeinträchtigt werden

1. Verfassungsrechtlicher- und politischer Hintergrund. Der Verteidigungsfall begründet den Übergang in die „Notstandsverfassung", was mit der Straffung von Verfahren und Verantwortlichkeiten sowie einer Stärkung der Rolle der Exekutive einhergeht. Während also ein Sonderregime für die Legislative und Exekutive geschaffen worden ist, bleibt die **Judikative *de jure* unberührt.** In Ansehung des BVerfG enthält Art. 115g S. 1 noch weitergehend eine Garantie im Verteidigungsfall, zur Sicherung des Bestands, als Institution einschließlich seiner Richter, ebenso wie hinsichtlich seiner Aufgaben und Kompetenzen, wie sie sich aus dem GG ergeben (**umfassende Bestands- und Funktionsgarantie** des BVerfG).[16] Einfachrechtliche Ausgestaltungen sind einerseits und soweit sie geltendes Verfassungsrecht reflektieren über S. 1[17] sowie andererseits in Ansehung des Gemeinsamen Ausschusses durch S. 2 geschützt. Das sich schon aus dem Prinzip der Verfassungsorgantreue ergebende Beeinträchtigungsverbot[18] hat für den Verteidigungsfall eine besondere[19] verfassungsrechtliche Explikation und Nobilitierung erfahren, die vor allem der politischen Sorge vor einem Staatsstreich geschuldet war. 8

2. Beeinträchtigungsverbot. Verboten ist nach Art. 115g S. 2 eine Beeinträchtigung der verfassungsmäßigen Stellung und Erfüllung der verfassungsmäßigen Aufgaben des BVerfG und seiner Richter, wie sie sich insbesondere aus den Art. 92 – 94; 97, 98, 100 GG ergeben.[20] Ausgeschlossen sind damit **alle Maßnahmen,** welche die **Ausübung der Funktionen des Bundesverfassungsgerichts behindern, erschweren oder unmöglich machen.**[21] 9

Dabei erfasst das Beeinträchtigungsverbot sowohl **rechtliche als auch tatsächliche Maßnahmen,** wie etwa die Behinderung einer Zusammenkunft der Richter durch die Polizei oder deren Einziehung zum Wehrdienst. Bereits aus dem Verweis auf das Verfassungsrecht ergibt sich, dass **reguläre** und im Übrigen zulässige **Verfassungsänderungen** durch den Bundestag und Bundesrat **unberührt** bleiben[22] und Art. 115g **nur Verfassungsdurchbrechungen ausschließen** soll.[23] Eine **Abschaffung des Gerichts** ist während des Verteidigungsfalles indes ausgeschlossen.[24] Ebenso unzulässig sind **einfachrechtliche Änderungen etwa des BVerfGG** (zur Sonderregelung für den Gemeinsamen Ausschuss → Rn. 13ff.), die Konkretisierungen geltender verfassungsrechtlicher Garantien darstellen.[25] Zulässig sind demgegen- 10

---

[16] *Heun* in Dreier Rn. 5f.; *Grote* in MKS Rn. 3; vertiefend *Herzog* in Maunz/Dürig Rn. 10f.

[17] *Grote* in MKS Rn. 5, 6; *Robbers* in Sachs Rn. 2; *Herzog* in Maunz/Dürig Rn. 11.

[18] So auch *Wissmer* in Hömig/Wolff Rn. 1; *Lenz,* Notstandsverfassung des Grundgesetzes, Kommentar, 1971, Rn. 2; nach *Heun* in Dreier Rn. 5 und *Grote* in MKS Rn. 5 hingegen gehe Art. 115g über die Verfassungsorgantreue hinaus, um einer besonderen Gefährdungslage zu entsprechen. Demgegenüber spricht auch BT-Drs. V/1879, S. 28 nur von einer zusätzlichen Garantie.

[19] Die Bundesverfassungsrichter hatten vorgeschlagen, das Beeinträchtigungsverbot in die allgemeinen Vorschriften des GG (Art. 94) einzufügen, vgl. BT-Drs. V/1879, 29.

[20] *Herzog* in Maunz/Dürig Rn. 14.

[21] *Grote* in MKS Rn. 4.

[22] *Robbers* in Sachs Rn. 4; *Grote* in MKS Rn. 4; *Heun* in Dreier Rn. 6.

[23] *Heun* in Dreier Rn. 6.

[24] *Robbers* in Sachs Rn. 6.

[25] *Grote* in MKS Rn. 5.

über einfachrechtliche Modifikationen (wie die Erweiterung von Zuständigkeiten, vgl. Art. 93 Abs. 3), die in Reaktion auf den Verteidigungsfall vorgenommen wurden, um das Gericht zu stärken.[26]

11 Das Beeinträchtigungsverbot erschöpft sich nicht in einer negatorischen Pflicht, vielmehr weist es auch eine **schutzrechtliche Dimension** auf. Demzufolge können staatlichen Stellen Handlungspflichten – wie etwa die militärische Sicherung und Verteidigung des Gerichts oder der Schutz der Richter – obliegen,[27] um Beeinträchtigung etwa durch ausländische Aggressoren abzuwehren.

12 **3. Adressaten.** Das Beeinträchtigungsverbot adressiert **sämtliche Staatsorgane** des Bundes und der Länder sowie **alle Formen** der Ausübung **von Staatsgewalt.**[28] Auch das **Bundesverfassungsgericht** selbst ist erfasst,[29] etwa im Rahmen seiner Zustimmung nach S. 2 oder seiner Notfallkompetenz nach S. 3. Dem Wortlaut nach könnte sich S. 1 zudem gegen „jedermann" richten und damit auch ein Verbot gegenüber **privaten Akteuren** enthalten.[30] Freilich spricht dagegen ebenso die grundsätzliche Zurückhaltung des GG hinsichtlich der Verpflichtung von Privatpersonen wie auch die Diskussion des verfassungsändernden Gesetzgebers.[31]

III. Änderungen des BVerfGG

13 Nach Art. 115e können dem Gemeinsamen Ausschuss Gesetzgebungsbefugnisse im Verteidigungsfall zukommen. Neben den Schranken, die Art. 115e Abs. 2 normiert, enthält Art. 115g S. 2 eine **weitere Kompetenzbeschränkung** für Änderungen des BVerfGG.

14 **1. Das Gesetz über das Bundesverfassungsgericht darf durch ein Gesetz des Gemeinsamen Ausschusses nur insoweit geändert werden.** Die Schranke ist zunächst auf gesetzliche **Änderungen durch den Gemeinsamen Ausschuss beschränkt,** eine erweiterte Anwendung auf den Bundestag und Bundesrat scheidet aus.[32] Im Rahmen der Notstandsdebatte war das Misstrauen gegenüber den Verfassungsorganen groß und dementsprechend ist diskutiert worden, auch die Befugnis der ordentlichen Gesetzgebungsorgane zur Änderung des BVerfGG zu beschränken. Der entsprechende Entwurf wurde indes nicht in das Parlament eingebracht.[33] Allerdings wurden in diesem Kontext die Verfassungsbeschwerde von Privatpersonen (Art. 93 Abs. 1 Nr. 4a) und der Gemeinden (Art. 93 Abs. 1 Nr. 4b GG) in das GG aufgenommen, um zu verhindern, dass der Gesetzgeber die zuvor nur im BVerfGG enthaltenen Rechtsbehelfe (§ 90 BVerfGG) ändern oder beseitigen kann.[34] Eine Änderung des BVerfGG ist im verfassungsrechtlich zulässigen Rahmen den ordentlichen Gesetz-

[26] *Robbers* in Sachs Rn. 3.
[27] *Heun* in Dreier Rn. 7.
[28] *Heun* in Dreier Rn. 7.
[29] *Robbers* in Sachs Rn. 5.
[30] Ein solch weites Verständnis wohl bei *Versteyl* in v. Münch/Kunig, 6. Aufl. 2012, Rn. 3.
[31] Vgl. BT-Drs. V/1879, 28, wonach Art. 115g S. 1 insbesondere auf die übrigen Verfassungsorgane bezogen ist.
[32] Überwiegende Auffassung, vgl. *Robbers* in Sachs Rn. 11.
[33] *Lenz,* Notstandsverfassung des Grundgesetzes, Kommentar, 1971, Rn. 4 mwN.
[34] 19. G zur Änderung des GG v. 29.1.1969, BGBl. 1969 I 97.

gebungsorganen auch im Verteidigungsfall und im vereinfachten Verfahren nach Art. 115d möglich.[35]

2. Als dies auch nach Auffassung des Bundesverfassungsgerichtes zur Aufrechterhaltung der Funktionsfähigkeit des Gerichtes erforderlich ist. Eine inhaltliche und gegenständliche Beschränkung trifft Art. 115g S. 2 dahingehend, dass **nur Änderungen des BVerfGG,** die zur **Aufrechterhaltung der Funktionsfähigkeit** des Gerichtes erforderlich sind, zulässig sind. Änderungen sonstiger Gesetze bleiben ob des klaren Wortlauts von Art. 115g unberührt,[36] freilich gilt das Beeinträchtigungsverbot nach S. 1 weiterhin. Zudem ist nicht nur eine **Aufhebung** des BVerfGG **ausgeschlossen,** auch müssen die Änderungen **subjektiv und objektiv** dem Ziel dienen, das **Bundesverfassungsgericht funktionsfähig** zu halten, also die Schwierigkeiten, die sich aus dem Notstandsfall für die Erfüllung seiner Aufgaben ergeben, zu mildern oder zu beseitigen.[37] Dies kann etwa folgende Bestimmungen betreffen: § 1 Abs. 2 BVerfGG (Sitz des Gerichts in Karlsruhe); § 3 Abs. 2 BVerfGG (Befähigung zum Richteramt); § 4 BVerfGG (Dauer des Richteramtes); §§ 5–11 BVerfGG (Wahlverfahren); § 12 BVerfGG (Entlassung auf Verlangen); §§ 13–16 BVerfGG (Zuständigkeiten).[38] Damit scheiden bereits Maßnahmen aus, die offensichtlich die Funktionsfähigkeit beeinträchtigen.[39] Dem zweiten Halbsatz von S. 2 („*auch* nach Auffassung des Bundesverfassungsgerichts“) lässt sich entnehmen, dass dem Gemeinsamen Ausschuss diesbezüglich durchaus ein **Entscheidungsspielraum** zukommt. Freilich kann der Nutzen einer gesetzlichen Änderung des BVerfGG streitbefangen sein. Hier greift die weitere Beschränkung der legislativen Kompetenz, nämlich die **Bindung** entsprechender Änderungen **an eine konstitutive Zustimmung** durch das BVerfG, die vor dem Inkrafttreten der Änderung erteilt sein muss. Dessen Einschätzung erweist sich damit als letztlich maßgeblich. Nicht nur wird das Gericht am besten beurteilen können, was seiner Funktionsfähigkeit dient,[40] auch beugt der Zustimmungsvorbehalt einer irrigen oder gar missbräuchlichen Intention des Gemeinsamen Ausschusses vor. Ein **Initiativrecht** des BVerfG lässt sich dem nicht entnehmen, ist in Ansehung seiner Notkompetenz nach S. 4 indes auch verzichtbar. 15

Auch wenn die Anhörung des BVerfG vor Änderungen des BVerfGG eine geübte Praxis darstellt,[41] bedeutet die Normierung einer formellen Zustimmungspflicht eine singuläre Durchbrechung des **Prinzips der Gewaltentrennung,** die wegen der Besonderheiten des Verteidigungsfalls allerdings gerechtfertigt ist.[42] Die Rolle des BVerfG ist auch als jene einer zweiten Kammer mit legislativen Kompetenzen bezeichnet worden.[43] 16

---

[35] *Heun* in Dreier Rn. 8.

[36] A. A. *Robbers* in Sachs Rn. 8.

[37] *Grote* in MKS Rn. 7.

[38] So bereits *Versteyl* in v. Münch/Kunig, 6. Aufl. 2012, Rn. 5; weiterführende Überlegungen bei *Herzog* in Maunz/Dürig Rn. 23.

[39] Wohl zu weitgehend sprechen *Reimer/Kempny* VR 2011, 253 (256) von einer Veränderungssperre.

[40] *Herzog* in Maunz/Dürig Rn. 22.

[41] *Herzog* in Maunz/Dürig Rn. 21.

[42] Vgl. etwa *Heun* in Dreier Rn. 9.

[43] *Herzog* in Maunz/Dürig Rn. 21.

IV. Bis zum Erlaß eines solchen Gesetzes kann das Bundesverfassungsgericht die zur Erhaltung der Arbeitsfähigkeit des Gerichtes erforderlichen Maßnahmen treffen.

17 Kommt es nicht zu einer Änderung des BVerfGG zur Erhaltung der Funktionsfähigkeit durch den Gemeinsamen Ausschuss, kann das BVerfG bis zum Erlass eines solchen Gesetzes eigenständig jene **„gesetzesvertretenden"**[44] – auch legislativen –[45] **Maßnahmen** treffen, die zur Erhaltung seiner Arbeitsfähigkeit erforderlich sind. Dazu zählt etwa die Änderung des Gerichtsortes nach § 1 Abs. 2 BVerfGG,[46] sollte Karlsruhe aus tatsächlichen Gründen nicht erreichbar sein, oder eine Änderung der generellen Regelung über die Beschlussfähigkeit nach § 15 Abs. 2 S. 1 BVerfGG. Eine **Erweiterung seiner Kompetenzen** ist dem Gericht indes **nicht gestattet;**[47] Art. 115g soll die Art. 92–94, 97 GG sichern, aber keine judikative Verfassungsänderung ermöglichen. Maßnahmen des Gerichts treten mit Inkrafttreten eines Gesetzes nach S. 2 oder mit Beendigung des Verteidigungsfalls automatisch außer Kraft.[48]

18 Diese subsidiäre Notkompetenz bezieht sich nach dem Wortlaut **nur auf Gesetze des Gemeinsamen Ausschusses** nach S. 2. Dessen Gesetzgebungskompetenz muss folglich eröffnet sein, was nicht der Fall ist, solange der Bundestag noch funktionsfähig ist (*arg. e.* Art. 115e).[49] Allerdings soll das Gericht auch zur autonomen Regelung befugt sein, wenn der Gemeinsame Ausschuss böswillig, destruktiv oder aus Prioritätsgründen nicht handelt.[50] Sobald der Gemeinsame Ausschuss tätig geworden ist, erlischt allerdings die Befugnis zur „Eigenreform" automatisch.[51] Das Telos der Norm dürfte dafür sprechen, dass eine Erlöschung nur anzunehmen ist, *soweit* eine gesetzliche Regelung getroffen worden ist, so dass das BVerfG Lücken des Ausschussgesetzes eigenständig füllen darf, soweit dies für seine Arbeitsfähigkeit erforderlich ist. Ob die Notkompetenz auch bei einer **Untätigkeit der ordentlichen Gesetzgebungsorgane** besteht, ist zweifelhaft. Sinn und Zweck (Erhalt der Handlungsfähigkeit) dürften dafürsprechen.[52] Dem steht freilich das Fehlen einer planwidrigen Regelungslücke und der eindeutige Wortlaut ebenso entgegen wie die grundsätzliche Fremdartigkeit einer solchen Selbstorganisation von Gerichten in der deutschen Rechtsordnung (→ Rn. 5). Zudem ist hinsichtlich der ordentlichen Gesetzgebungsorgane deren demokratische Legitimation zu berücksichtigen, die für den Gemeinsamen Ausschuss nicht gleichermaßen gegeben ist, so dass eine Verantwortungsübertragung nicht vergleichbar gerechtfertigt erscheint. Dies bestätigt eine systematische Interpretation, die berücksichtigen muss, dass das Notstandsverfassungsrecht insbesondere eine besondere und einhegende Regelung des Gemeinsamen Ausschusses vornimmt, wohingegen der Status und die Zuständigkeiten der übrigen Verfassungsorgane tendenziell im Interesse einer effektiven Reaktionsmöglichkeit erweitert werden.

[44] *Wissmer* in Hömig/Wolff Rn. 2.
[45] *Grote* in MKS Rn. 11.
[46] Krit. *Schäfer* AöR 93 (1968), 37 (58).
[47] *Heun* in Dreier Rn. 10; *Benda* FS f. v. d. Heydte, 1977, 801.
[48] *Grote* in MKS Rn. 11.
[49] *Robbers* in Sachs Rn. 13.
[50] *Lenz,* Notstandsverfassung des Grundgesetzes, Kommentar, 1971, Rn. 6.
[51] *Stern,* Das StaatsR II, 1980, § 52 VIII 3.
[52] *Heun* in Dreier Rn. 10; *Grote* in MKS Rn. 10.

Eine Änderung seiner **Geschäftsordnung** ist dem Gericht freilich unbenommen (vgl. § 1 Abs. 3 i. V. m. § 16 Abs. 2 BVerfGG), wobei hier ebenfalls das Quorum nach S. 4 gelten wird (→ Rn. 20). 19

V. Beschlüsse nach Satz 2 und Satz 3 faßt das Bundesverfassungsgericht mit der Mehrheit der anwesenden Richter

Schließlich wird auch das Fassen von Beschlüssen nach S. 2 und S. 3 den besonderen Gefahren des Verteidigungsfalls entsprechend ausgestaltet. Zunächst entscheidet das BVerfG nicht nach Senaten, sondern **als Plenum.**[53] Zudem wird **auf besondere Quoren verzichtet.** Während für Senatsentscheidungen die Beschlussfähigkeit die Anwesenheit von sechs Richtern verlangt (§ 15 Abs. 2 S. 1 BVerfGG), bedarf das Plenum der Anwesenheit von zwei Dritteln der Richter der beiden Senate (§ 16 Abs. 2 BVerfGG), also von insgesamt 12 Richtern. Da eine solche **Anzahl** im Verteidigungsfall **nicht mit Sicherheit garantiert** werden kann, begnügt sich Art. 115g S. 4 mit einer **absoluten Mehrheit der anwesenden Richter.**[54] Damit eine Mehrheit zustande kommen kann, müssen folglich mindestens drei Richter anwesend sein,[55] so dass Beschlüsse theoretisch im Verhältnis zwei zu eins getroffen werden können. 20

VI. Kompetenzen des Bundesverfassungsgerichts im Notstand

Art. 115g garantiert die Erfüllung der verfassungsmäßigen Aufgaben des BVerfG und damit alle bestehenden verfassungsrechtlichen Zuständigkeiten und Kompetenzen. Zwar können einzelne Grundrechte im Verteidigungsfall unter erleichterten Voraussetzungen eingeschränkt werden (vgl. Art. 12a Abs. 3–6, 115c Abs. 2), die Möglichkeit einer Verfassungsbeschwerde sowie einer Entscheidung darüber bleiben davon indes unberührt. Insoweit kann von einer **Kompetenzgarantie *im* Notstand** gesprochen werden. 21

Davon zu unterscheiden ist die Befugnis des BVerfG *über* den Notstand zu entscheiden, also die den Notstand einleitenden und beendenden Staatsakte sowie die Wahrnehmung der Notstandsbefugnisse nach den Art. 115a ff. zu kontrollieren. Weitgehend anerkannt ist, dass es dem Gericht mit der Aufnahme des Art. 115g in das GG ermöglicht werden soll, auch die **notstandsbezogenen Entscheidungen** der übrigen Verfassungsorgane **einer verfassungsgerichtlichen Kontrolle zu unterziehen.**[56] Dem BVerfG komme als **„Garant der Rechtsstaatlichkeit"** gerade dann eine entscheidende Funktion zu,[57] so dass auch der Notstand selbst kein der gerichtlichen Kontrolle entzogener Zustand ist. Problematisch wird in einem solchen Fall die Frage des **Kontrollumfangs.** Dieser ist normbezogen zu bestimmen.[58] Dabei ist entscheidend, dass von den zuständigen Staatsorganen hochpolitische Entscheidungen getroffen werden müssen und das BVerfG Ermessens- und Beurteilungsspielräume nicht durch seine eigene Wertung ersetzen darf. Während die Frage der Zuständigkeit vom BVerfG ohne Probleme überprüft werden 22

---

[53] *Heun* in Dreier Rn. 11.

[54] *Herzog* in Maunz/Dürig Rn. 27.

[55] Insofern besteht entgegen *Wissmer* in Hömig/Wolff Rn. 2 doch eine Mindestanzahl anwesender Richter als implizites Quorum.

[56] Vertiefend *Herzog* in Maunz/Dürig Rn. 29 ff.; *Heun* in Dreier Rn. 4; *Grote* in MKS Rn. 1.

[57] Vgl. BT-Drs. V/1879, 28; *Schmidt-Radefeldt* in BeckOK GG Rn. 1; *Robbers* in Sachs Rn. 1.

[58] *Heun* in Dreier Rn. 4.

kann und auch das Vorliegen des Verteidigungsfalls dem Grunde nach anhand materieller Kriterien justiziabel ist, bleibt die Kontrolle von Einschätzungs- und sich anschließenden Ermessensspielräumen (etwa ob bei feindlichen Truppenbewegungen die unmittelbare Gefahr eines bewaffneten Angriffs droht und welche Maßnahmen in Reaktion darauf erforderlich sind) eingeschränkt; eine Missbrauchskontrolle ist gleichwohl stets eröffnet.[59]

C. Verhältnis zu anderen Bestimmungen des Grundgesetzes

23 Da Art. 115g die Befugnisse des BVerfG im Verteidigungsfall sichern soll, aber diesem keine Befugnisse zur Verfassungsänderung verleiht, korrespondiert die Norm mit den für das Gericht relevanten Bestimmungen (insbesondere Art. 92–94) und kann mit diesen nicht in Konflikt geraten.

D. Kritische Würdigung

24 Als Bestimmung, die den Schutz eines einzelnen Verfassungsorgans im Notstand besonders garantiert, sticht Art. 115g heraus. Sie reflektiert die bei Verabschiedung der Notstandsverfassung – also in politisch turbulenten Zeiten – bestehende Besorgnis, dass die Exekutive zu dominant werden könnte und andere Verfassungsorgane geneigt sein könnten, sich im Notstand ihrer fortbestehenden rechtsstaatlichen Verpflichtungen zu entledigen. Die **Sinnhaftigkeit** einer solchen Schutzklausel ist bezweifelt worden, sowohl hinsichtlich ihrer faktischen Bewährungswahrscheinlichkeit im Ernstfall als auch hinsichtlich ihrer Notwendigkeit ob des Grundsatzes der Organtreue, welcher Beeinträchtigungen anderer Verfassungsorgane ohnehin untersagen dürfte.[60] Als weiterer Beleg des Versuchs der verfassungsrechtlichen Normierung und rechtsstaatlichen Einhegung des Notstandes ist Art. 115g dem Notstandsverfassungsrecht **gleichwohl nicht systemfremd.** Zudem erschöpft sich die Norm nicht darin, dem BVerfG die Stellung und Kompetenzen als „Hüter der Verfassung" zu wahren;[61] mit der Befugnis zur verfahrensrechtlichen „Selbstermächtigung" des Gerichts nach Art. 115g S. 3 trifft sie eine vom deutschen Recht im Übrigen abweichende Regelung, der die Eignung, im Ausnahmefall die Funktionsfähigkeit des BVerfG sicherzustellen, jedenfalls nicht im Vorhinein abgesprochen werden kann. Dass die Frage nach der **Vollstreckbarkeit der Entscheidungen** des BVerfG, die gerade im Notstandsfall von besonderer Bedeutung ist,[62] keine – etwa den § 35 BVerfGG erweiternde – Spezialregelung für den Verteidigungsfall erfahren hat, mag man bedauern.[63] Deren zusätzlichen Nutzen, wenn eine Vollstreckung in Übereinstimmung mit § 35 BVerfGG bereits nicht möglich ist,[64] kann man ohnehin bezweifeln.[65] Immerhin vermag das Gericht einer

---

[59] Vertiefend *Herzog* in Maunz/Dürig Rn. 41 ff.

[60] *Schäfer* AöR 93 (1968), 37 (57).

[61] Vgl. *Bettermann* zum Entw. von 1962 in Fraenkel Der Staatsnotstand, 1965, 190 (222).

[62] *Stern,* StaatsR II, 1980, § 52 VIII 2 b.

[63] So *Versteyl* in v. Münch/Kunig, 6. Aufl. 2012, Rn. 9.

[64] Zu entsprechenden Gefahren vgl. *Herzog* in Maunz/Dürig Rn. 6.

[65] Allgemein warnt *Herzog* in Maunz/Dürig Rn. 5 vor einer verfassungspolitischen Überschätzung der Funktionsgarantie.

„Scheinlegalität“ hoheitlichen Verhaltens im Verteidigungsfall entgegenzutreten.[66] Die **Autorität des Bundesverfassungsgerichts**[67] basiert letztlich auch im Verteidigungsfall nicht auf seiner Macht, sondern auf seiner Überzeugungskraft, dem ihm gewährten Vertrauen und seinem Nimbus.

Literatur

Vgl. zunächst die Literatur zum Abschn. Xa des GG sowie ***E. Benda,*** Die Notstandsverfassung, 1968. – ***E. Benda,*** Verteidigungsfall und Bundesverfassungsgericht, FS f v. d. Heydte, Bd. II, 1977, 793 – ***J. K. Böhm,*** Staatsnotstand und Bundesverfassungsgericht, 1963. – ***H.-U. Evers,*** Die perfekte Notstandsverfassung, AöR 91 (1966), 193. – ***E. Gottschling,*** Notstandsgesetzgebung und Bundesverfassungsgericht, NJ 19 (1965), 176. – ***C. O. Lenz,*** Notstandsverfassung des Grundgesetzes, Kommentar, 1971. – ***Ph. Reimer/S. Kempny,*** Einführung in das Notstandsrecht, VR 57 (2011), 253. – ***H. Schäfer,*** Die lückenhafte Notstandsverfassung, AöR 93 (1968), 37. – ***H. Spanner,*** Notstandsrecht und Bundesverfassungsgericht, DÖV 1963, 648.

[66] *Herzog* in Maunz/Dürig Rn. 8.
[67] Vgl. dazu *Schlaich/Korioth,* Das Bundesverfassungsgericht, 2018, Rn. 548 ff.

Art. 115h [Wahlperioden und Amtszeiten im Verteidigungsfall]

(1) Während des Verteidigungsfalles ablaufende Wahlperioden des Bundestages oder der Volksvertretungen der Länder enden sechs Monate nach Beendigung des Verteidigungsfalles. Die im Verteidigungsfalle ablaufende Amtszeit des Bundespräsidenten sowie bei vorzeitiger Erledigung seines Amtes die Wahrnehmung seiner Befugnisse durch den Präsidenten des Bundesrates enden neun Monate nach Beendigung des Verteidigungsfalles. Die im Verteidigungsfalle ablaufende Amtszeit eines Mitgliedes des Bundesverfassungsgerichtes endet sechs Monate nach Beendigung des Verteidigungsfalles.

(2) Wird eine Neuwahl des Bundeskanzlers durch den Gemeinsamen Ausschuß erforderlich, so wählt dieser einen neuen Bundeskanzler mit der Mehrheit seiner Mitglieder; der Bundespräsident macht dem Gemeinsamen Ausschuß einen Vorschlag. Der Gemeinsame Ausschuß kann dem Bundeskanzler das Mißtrauen nur dadurch aussprechen, daß er mit der Mehrheit von zwei Dritteln seiner Mitglieder einen Nachfolger wählt.

(3) Für die Dauer des Verteidigungsfalles ist die Auflösung des Bundestages ausgeschlossen.

A. Allgemeine Bedeutung

1 Die Bedeutung der Wahlperiode, die Notwendigkeit der Regierenden, sich regelmäßig neu zur Wahl zu stellen, ist ein für die Demokratie nötiger Bestandteil.[1] Während das in erster Linie für die Parlamente gilt, hat es auch – in der Reihenfolge des Art. 115h – für den Bundespräsidenten, die Richter des BVerfG, den Bundeskanzler und damit für die Bundeminister Bedeutung. Um den besonderen Umständen, die der Verteidigungsfall an äußeren Erschwernissen mit sich bringen kann, gerecht zu werden, um intakte Verfassungsorgane während des Verteidigungsfalls zu behalten und um nach Beendigung des Verteidigungsfalles in einer Übergangszeit Raum dafür zu haben, geordnete Wahlvorbereitungen zu treffen,[2] bleiben die o. g. Verfassungsorgane noch mindestens 6 Monate nach Beendigung des Verteidigungsfalles im Amt. Das Ziel der Norm, durch den Ausnahmezustand hervorrufbare **Wahlmanipulation** etwa derart, dass viele Wahlberechtigte nicht zu den Urnen gehen können, **auszuschalten**[3], wurde erreicht. Der Entwurf[4] war umfassender und umständlicher formuliert, ist aber im Wesentlichen mit der jetzigen Fassung inhaltsgleich.

B. Einzelfragen

I. Während des Verteidigungsfalles ablaufende Wahlperioden des Bundestages

2 Der Wortlaut regelt den Fall, dass die Wahlperiode des Bundestags (Art. 39 Abs. 1) zu einem Zeitpunkt endet, in dem der Verteidigungsfall noch besteht.

[1] Vgl. → Art. 39 Rn. 3.
[2] BT-Drs. 5/1879, 29.
[3] *Heun* in Dreier Rn. 3.
[4] BT-Drs. 4/3493, 6.

Da es aber Sinn dieser Vorschrift ist, **ordnungsgemäße Wahlen zu den Parlamenten zu gewährleisten,** und der Gesetzgeber unterstellt hat, dass dies unmittelbar nach Aufhebung des Verteidigungsfalles noch nicht möglich ist, hätte auch geklärt werden müssen, zu welchem Zeitpunkt Neuwahlen stattfinden, wenn die vorherige Wahlperiode im Zeitraum der 6 Monate nach Beendigung des Verteidigungsfalles enden würde. Höchstens 3 Monate, mindestens aber 1 Monat vor Ablauf der Wahlperiode (also ggf. noch im Verteidigungsfall) müsste nach Art. 39 Abs. 1 S. 3[5] gewählt werden und, wenn der Bundestag aufgelöst worden sein sollte, spätestens 60 Tage nach Beendigung des Verteidigungsfalles.[6] Da eine Konstellation, die Wahlen kurz nach dem Verteidigungsfall vorschreibt, aber nicht vorgesehen war,[7] ist der Inhalt so zu verstehen, dass **jede im Verteidigungsfall endende** Wahlperiode **sechs Monate verlängert wird** und Neuwahlen erst danach stattfinden.[8] So wären ein ungestörter Wahlkampf und eine ordnungsgemäße Wahl garantiert. Durch die Neufassung des Art. 39 sind weitere Streitfragen, die aus der „parlamentslosen" Zeit entstanden, entfallen.[9]

II. Oder der Volksvertretungen der Länder enden sechs Monate nach Beendigung des Verteidigungsfalles

3 Die Dauer der Wahlperiode der Landesparlamente/Abgeordnetenhäuser ist unterschiedlich in den einzelnen Landesverfassungen festgelegt. Unter „Volksvertretungen" sind hier nicht nur die **landesweiten Parlamente** zu verstehen, sondern auch die kommunalen Vertretungskörperschaften.[10] Es sind Bedenken dagegen erhoben worden, dass der Bundesgesetzgeber hier eine Materie für alle Länder verbindlich regelt, die in deren Kompetenz fällt.[11] Ein **Verstoß gegen Art. 79 Abs. 3** wäre aber allenfalls dann feststellbar, wenn die Gliederung des Bundes in Länder gefährdet würde, was **offensichtlich nicht** der Fall ist. Die Verlängerung von Wahlperioden und damit auch die längere Beibehaltung der Zusammensetzung des von den Landtagswahlen abhängigen Bundesrats verletzt zwar vorübergehend die Länderautonomie, aber nicht so nachhaltig, dass nicht der Zweck: 1. auch in den Ländern ordnungsgemäße Wahlen zu garantieren und 2. nach dem Verteidigungsfall noch 6 Monate einen funktionsfähigen Bundesrat bzw. GemA zu haben, eine Rechtfertigung wäre.[12] Sollte innerhalb von 6 Monaten erneut ein Verteidigungsfall festgestellt werden, wird das Ende der Wahlperiode erneut aufgeschoben.[13] Die Vorschrift ist also zu lesen: 6 Monate nach der Beendigung des **letzten** Verteidigungsfalles.

---

[5] Geändert durch das 33. Gesetz zur Änderung des GG vom 23.8.1976, BGBl. 1976 I 2381.

[6] Art. 39 Abs. 1 S. 4 nF; vgl. für 39 Abs. 1 aF *Lenz,* Notstandsverfassung des Grundgesetzes, Kommentar, 1971, Rn. 4.

[7] BT-Drs. 4/3493, 6.

[8] *Grote* in MKS Rn. 4; *Stern,* StaatsR II, 1980, § 54 V 8 a.

[9] Vgl. → Art. 39 Rn. 13.

[10] *Heun* in Dreier Rn. 4; *Stern,* StaatsR II, 1980, § 54 V 8a; für eine Gleichbehandlung der kommunalen Vertretungskörperschaften im Ergebnis auch *Grote* in MKS Rn. 6.

[11] *Schäfer* AöR 93 (1968), 37 (58); Art. 115h Abs. 1 S. 2 Entwurf in BT-Drs. 4/3494, 6 sah noch Länderautonomie vor.

[12] *Rauschning* in BK Rn. 15 mwN.

[13] *Herzog* in Maunz/Dürig Rn. 3.

III. Die im Verteidigungsfalle ablaufende Amtszeit des Bundespräsidenten sowie bei vorzeitiger Erledigung seines Amtes die Wahrnehmung seiner Befugnisse durch den Präsidenten des Bundesrates enden neun Monate nach Beendigung des Verteidigungsfalles

4 Das Amt des Bundespräsidenten dauert fünf Jahre (Art. 54 Abs. 2 S. 1). Wie bei der Wahlperiode des Bundestags sind hier in gleicher Weise die Fälle zu behandeln, dass die Wahlperiode neun Monate nach Beendigung des Verteidigungsfalls endet, oder dass vor Beginn des Verteidigungsfalles bereits ein neuer Bundespräsident gewählt wird. Bei der letzteren Konstellation tritt der neugewählte Bundespräsident sein Amt auch dann an, wenn zwischenzeitlich der Verteidigungsfall festgestellt wurde, da seine Wahl ordnungsgemäß zustande kam; seine Amtsperiode endet dann aber während des Verteidigungsfalles nicht (allgM). Die Formulierung **„Erledigung seines Amtes“ ist missverständlich,**[14] da sich das Amt solange, wie die Verfassung besteht, nicht erledigen kann. Gemeint ist, dass der jeweilige **Amtsinhaber** das Amt nicht mehr erledigen kann, etwa infolge Todes, Verzichts, Amtsenthebung durch das BVerfG nach Art. 61 Abs. 2 oder Verlustes des Wahlrechts, der deutschen Staatsangehörigkeit oder der Berechtigung zur Bekleidung öffentlicher Ämter. Der **Bundesratspräsident** bzw. sein Stellvertreter in der von der GO BRat festgelegten Reihenfolge ist der Stellvertreter des Bundespräsidenten (Art. 57). Die Vorschrift hätte wegen ihrer Selbstverständlichkeit hier nicht aufgenommen zu werden brauchen. Die um drei Monate **längere Frist als beim Bundestag** rechtfertigt sich zum einen daraus, dass der neu gewählten Bundesversammlung Gelegenheit gegeben werden soll, einen Bundespräsidenten ihrer Wahl zu bestimmen,[15] zum anderen, weil eine gewisse Kontinuität nach dem Verteidigungsfall im obersten Staatsamt gewährleistet sein soll.[16]

IV. Die im Verteidigungsfalle ablaufende Amtszeit eines Mitgliedes des Bundesverfassungsgerichtes endet sechs Monate nach Beendigung des Verteidigungsfalles

5 Formulierung und Fristen sind S. 1 nachgebildet; die Erläuterungen für den Bundestag gelten insoweit auch für die Richter des BVerfG. Der Sinn der Vorschrift besteht darin, die herausragende Stellung des BVerfG im Verteidigungsfall (→ Art. 115g) sowie in den Wochen nach Beendigung des Verteidigungsfalles sicherzustellen und nicht durch Funktionsunfähigkeit des Gerichtes gefährden zu lassen. Das Gericht selbst hatte vorgeschlagen, die Amtszeit nur bis zum Ende des Verteidigungsfalles zu verlängern,[17] was aber nicht ausreicht, da gerade in der unmittelbar an das Ende des Verteidigungsfalles anschließenden Zeit ein intaktes Gericht besonders notwendig sein kann.[18] Sollte dennoch während des Verteidigungsfalles, etwa wegen Todes eines Richters, eine Neuwahl notwendig werden, nimmt sie das Parlament bzw. der GemA vor.[19]

---

[14] *Herzog* in Maunz/Dürig Rn. 16.
[15] *Stern,* StaatsR II, 1980, § 54 V 8 b.
[16] Krit. *Rauschning* in BK Rn. 24 f.
[17] BT-Drs. 5/1879, 29.
[18] *Heun* in Dreier Rn. 8.
[19] *Grote* in MKS Rn. 9; *Rauschning* in BK Rn. 26.

V. Die Stellung des Bundeskanzlers im Verteidigungsfall (Art. 115h Abs. 2)

6 Alle Vorschriften der Notstandsverfassung lassen erkennen, dass während des Verteidigungsfalles die Funktion der Staatsorgane, insbesondere der Bundesregierung mit dem Bundeskanzler an der Spitze, gesichert sein soll. Weil der Bundestag nach Art. 63 Abs. 1 den Bundeskanzler wählt, ist wegen der Regelung der Wahlperiode in Art. 115h Abs. 1 S. 1 die Gewähr dafür geboten, dass **stets ein Kanzler im Amte** sein kann. Bei Funktionsunfähigkeit des Bundestags sichert Abs. 2 die Tätigkeit des Kanzlers ab. Wegen der herausragenden Stellung der Exekutive im Notstand besteht auch ein echtes Bedürfnis für die Sicherung der Stellung des Kanzlers im Verteidigungsfall. Die Vertrauensfrage nach Art. 68 kann daher im Verteidigungsfall nicht gestellt werden; „wird sie dennoch gestellt, so bleibt sie sanktionslos".[20]

7 **1. Wird eine Neuwahl des Bundeskanzlers durch den Gemeinsamen Ausschuss erforderlich, so wählt dieser einen neuen Bundeskanzler mit der Mehrheit seiner Mitglieder.** Solange der Bundestag selbst wählen kann, bleibt es bei der Regelung nach Art. 64. Wird jedoch, etwa durch Tod oder Rücktritt des Kanzlers, eine Neuwahl notwendig, und ist der Bundestag an Zusammentritt und Wahl gehindert, **wählt der GemA** – also **subsidiär – den Kanzler.**[21] Erwogen wurde,[22] im GemA die Wahl des Kanzlers nach getrennten Bänken von Bundestag und Bundesrat durchführen zu lassen, wobei dann 13 der 22 MdB für die Wahl ausgereicht hätten. Diese Zahlen haben sich durch die Deutsche Einheit insoweit geändert, weil die Erweiterung von 11 auf 16 Bundesländer die Mitgliederzahl gem. Art. 54a Abs. 1 S. 3 auf 48 hat ansteigen lassen.[23] Der Gesetzgeber hat sich jedoch für eine gemeinsame Abstimmung entschieden, weil der GemA als eigenes Verfassungsorgan zu betrachten sei, was eine Trennung nach „Herkunft" der Mitglieder ausschließe. Dabei wurde in Kauf genommen, dass der Bundeskanzler uU mehrheitlich durch Mitglieder des Bundesrats gewählt werden kann.[24]

8 **Das Quorum der Bundeskanzlerwahl** entspricht Art. 63 Abs. 2 für die Wahl durch den Bundestag. Allerdings kann nach Art. 63 Abs. 4 S. 1 im Bundestag der Kanzler auch mit der einfachen Mehrheit der abgegebenen Stimmen gewählt werden. Eine solche Erleichterung ist für die Wahl durch den GemA nicht vorgesehen, „das Quorum soll einen **Zwang zur Einigung** ausüben."[25] Ob diese Regelung praktikabel ist, kann bezweifelt werden. Wenn es schon darum geht, schnell einen neuen Kanzler zu wählen, erscheint es inkonsequent, die Wahl uU daran scheitern zu lassen, dass eine Mehrheit der Mitglieder nicht zustande kommt. Wenn trotz der äußeren Wirren überhaupt die Hälfte der Mitglieder zum Versammlungsort gelangt, könnte ein jeder von ihnen bereits durch einfache Enthaltung eine Wahl des neuen

---

[20] *Heun* in Dreier Rn. 9; *Stern,* StaatsR II, 1980, § 54 V 8d, Fn. 169; *Brandt,* Die Bedeutung parlamentarischer Vertrauensregelungen, 1981, 58; aA *Sterzel* in AK Abschn. X a. Rn. 119.

[21] Wegen der Zusammensetzung des GemA vgl. → Art. 53a Rn. 8 ff.; wegen des Mehrheitsbegriffs vgl. → Art. 121.

[22] *Benda,* Die Notstandsverfassung, 1968, 115 f.

[23] Vgl. Änderung GO GemA vom 20.7.1993, BGBl. 1993 I 1500 und → Art. 53 a.

[24] BT-Drs. 5/1879, 30; krit. *Seifert,* Der Notstandsausschuß, 1968, 157; ähnl. *Schäfer* AöR 93 (1968), 37 (59), der zu Recht auf den verfassungsrechtlichen Unterschied zwischen direkt gewählten MdB und indirekt benannten Mitgliedern des BRats hinweist.

[25] BT-Drs. 5/1879, 29.

Bundeskanzlers verhindern, was sicherlich nicht den Absichten des Verfassungsgesetzgebers entspricht.

9 **2. Der Bundespräsident macht dem Gemeinsamen Ausschuss einen Vorschlag.** Das Vorschlagsrecht des Bundespräsidenten entspricht dem normalen Verfassungsrecht nach Art. 63 Abs. 1. Wie dort der Bundestag, muss auch hier der GemA zunächst über den Vorschlag des Bundespräsidenten abstimmen. Sollte dieser Vorschlag aber nicht die notwendigen Stimmen auf sich vereinigen können, ist es dem GemA, wie dem Bundestag nach Art. 63, unbenommen, einen eigenen Vorschlag zu unterbreiten und damit eine andere als die vom Bundespräsidenten vorgeschlagene Person zu wählen.[26] Für die Ausübung des Vorschlagrechtes gilt Art. 63.[27]

10 **3. Der Gemeinsame Ausschuss kann dem Bundeskanzler das Misstrauen nur dadurch aussprechen.** Ob der GemA überhaupt die Möglichkeit erhalten sollte, den Bundeskanzler abzuwählen, war in der Entstehungsgeschichte des Gesetzes lange umstritten.[28] Die Vorschrift ist aber in dieser Form notwendig, weil gerade bei der Machtkonzentration der Bundesregierung im Verteidigungsfall der Kanzler in besonderem Maße das Vertrauen des Parlaments und des GemA benötigt. Besteht das Vertrauen nicht mehr, muss er durch einen Nachfolger abgelöst werden können.

11 **4. Dass er mit der Mehrheit von zwei Dritteln seiner Mitglieder einen Nachfolger wählt.** Wie in Art. 67 Abs. 1 gilt auch hier, dass ein einfaches Misstrauensvotum zur Ablösung des Kanzlers nicht reicht; notwendig ist ein **konstruktives Misstrauensvotum,** also gleichzeitig eine Neuwahl. Im Gegensatz zu Art. 67 Abs. 1 S. 1 reicht hier für ein solches Votum die Mehrheit der Mitglieder nicht aus; vielmehr ist eine Zweidrittelmehrheit der Mitglieder notwendig. Zur Praktikabilität dieses Quorums gilt das zu → Rn. 8 Gesagte. Der Kanzler kann selbst einen Antrag nach Art. 68 nicht stellen,[29] durch Rücktritt also keine Neuwahl erzwingen. Da dem Kanzler im Verteidigungsfall ein Recht, bei dem Bundespräsidenten die Auflösung des Bundestags zu beantragen, nicht zusteht, ist es daher konsequent, dass er auch die Vertrauensfrage nicht stellen kann. Der neu gewählte Kanzler hat die gleichen Rechte, als sei er in Friedenszeiten gewählt. Seine Amtszeit endet mit dem Zusammentritt eines neuen Bundestags.[30]

VI. Für die Dauer des Verteidigungsfalles ist die Auflösung des Bundestages ausgeschlossen (Art. 115h Abs. 3)

12 Um den Bundestag in seiner Funktion während des Verteidigungsfalles zu erhalten, ist eine Auflösung, die ja eine wegen Art. 115h Abs. 1 nicht mögliche Neuwahl zur Folge hätte, unzulässig.[31] Die Auflösungsmöglichkeiten der Art. 63 Abs. 4 und 68 bestehen also während des Verteidigungsfalles nicht.[32] Wegen der zeitlichen Dauer des Verteidigungsfalles gilt Art. 115 l. Der Bundestag kann auch nicht direkt nach Beendigung des Verteidigungsfalles auf-

[26] *Herzog* in Maunz/Dürig Rn. 26; *Heun* in Dreier Rn. 10.
[27] → Art. 63 Rn. 12 ff.
[28] *Lenz,* Notstandsverfassung des Grundgesetzes, Kommentar, 1971, Rn. 9 mwN.
[29] *Herzog* in Maunz/Dürig Rn. 38 f.
[30] *Gramm/Wittenberg* in SHH Rn. 18.
[31] BT-Drs. 5/1879, 30.
[32] *Jarass* in Jarass/Pieroth Rn. 2.

gelöst werden, weil Art. 115l Abs. 1 dann einer fristgerechten Neuwahl entgegenstünde. Die **Auflösung** kann also **frühestens drei Monate nach Beendigung des Verteidigungsfalles** erfolgen; das entspricht dem 45.–47. Monat einer vierjährigen Wahlperiode aus Art. 39 Abs. 1.[33] Der Abs. 3 ist sinnvoll, da er die Gewähr dafür bietet, dass das gerade im Verteidigungsfall angesichts der Machtfülle der Bundesregierung wichtige Kontrollorgan Bundestag erhalten bleibt.[34]

C. Kritische Würdigung

Das Ziel, im Verteidigungsfall die **Funktionsfähigkeit aller Bundesorgane zu sichern,** erfüllt der Artikel mit einer Ausnahme: Ist ein Bundeskanzler zu wählen und die Mehrheit der Mitglieder des GemA nicht abstimmungsfähig, -willig oder uneins, kommt keine Kanzlerwahl zustande. Die Abstimmungsquoren aus den Art. 63 Abs. 4 S. 1 (→ Rn. 8) und 67 Abs. 1 S. 1 für das konstruktive Misstrauensvotum (→ Rn. 11) erscheinen auch hier sinnvoller, um tiefgreifende Differenzen zwischen parlamentarischer Mehrheitsmeinung und Bundeskanzler zu vermeiden.[35] 13

Literatur

Vgl. zunächst das Schrifttum zum Abschn. Xa des GG sowie ***E. Benda,*** Die Notstandsverfassung, 1968. – ***E. Brandt,*** Die Bedeutung parlamentarischer Vertrauensregelungen, 1981. – ***H. H. Emmelius,*** Der Gemeinsame Ausschuß, in: Sterzel (Hrsg.), Kritik der Notstandsgesetze, 1968, 118. – ***C. O. Lenz,*** Notstandsverfassung des Grundgesetzes, Kommentar, 1971. – ***H. Schäfer,*** Die lückenhafte Notstandsverfassung, AöR 93 (1968), 37. – ***W. Schreiber,*** Bundeswahlgesetz, 2009. – ***J. Twenhöven,*** Die Stellung der Legislative im Staatsnotstand, Diss. Freiburg (Schweiz), 1972.

---

[33] IdF vom 23.8.1976, BGBl. 1976 I 2381.

[34] Ähnl. *Heun* in Dreier Rn. 13; aA (Auflösung unmittelbar nach Beendigung des Verteidigungsfalles nicht ausgeschlossen) *Grote* in MKS Rn. 14 mwN.

[35] *Rauschning* in BK Rn. 33.

Art. 115i [Ersatzzuständigkeit der Landesregierungen]

(1) Sind die zuständigen Bundesorgane außerstande, die notwendigen Maßnahmen zur Abwehr der Gefahr zu treffen, und erfordert die Lage unabweisbar ein sofortiges selbständiges Handeln in einzelnen Teilen des Bundesgebietes, so sind die Landesregierungen oder die von ihnen bestimmten Behörden oder Beauftragten befugt, für ihren Zuständigkeitsbereich Maßnahmen im Sinne des Artikels 115 f Abs. 1 zu treffen.

(2) Maßnahmen nach Absatz 1 können durch die Bundesregierung, im Verhältnis zu Landesbehörden und nachgeordneten Bundesbehörden auch durch die Ministerpräsidenten der Länder, jederzeit aufgehoben werden.

A. Allgemeine Bedeutung

1 Während der Notstandsgesetzgebung für den Verteidigungsfall durchgehend die **Vorstellung** innewohnt, in der Krisenzeit müsse möglichst **stark zentralisiert** werden, um die bestmögliche Reaktion auf Angriffe von außen zu gewährleisten, behandelt Art. 115i die **umgekehrte Situation:** Die Bundesregierung ist handlungsunfähig und die Nachrichtenverbindungen von ihr zu allen nachgeordneten Stellen sind unterbrochen. Diese Lage wird allgemein – wenn auch sprachlich nicht ganz zutreffend – als **Kataraktfall** bezeichnet.[1] Die Situation wird **besser mit Insellage** umschrieben, da ein Wasserfall (Katarakt) bzw. ein wasserfallartiger Zustand allein noch keine Abgeschnürtheit von der Außenwelt bedeuten muss. Bei der Insellage erfolgt – im Gegensatz zur Regelung des Art. 115 f, welcher der Bundesregierung zusätzliche Kompetenzen verleiht – eine **Verlagerung der Zentralkompetenzen** von der Bundesregierung auf die Länder.[2] Diese „regionale Ersatzzuständigkeit" im Verteidigungsfall findet sich seit 1960 in den Entwürfen der Bundesregierung für eine Notstandsgesetzgebung.[3]

B. Einzelfragen

I. Schaffung der Kompetenzverlagerung (Art. 115i Abs. 1)

2 **1. Sind die zuständigen Bundesorgane.** Ohne ausdrückliche Erwähnung muss auch für die Anwendung des Art. 115i **zunächst der Verteidigungsfall eingetreten sein.** Es wird sich bei dieser Auslassung kaum um ein Redaktionsversehen des Gesetzgebers gehandelt haben;[4] vielmehr wird wegen der Selbstverständlichkeit der Stellung innerhalb des Abschnitts X a des GG und wegen des Verweises auf Art. 115 f eine bewusste Weglassung durch den Gesetzgeber vorliegen (allgM).

3 Die allgemein gehaltene Formulierung **„zuständige Bundesorgane"** gibt zu **Missverständnissen** Anlass. Unter Bundesorganen sind nämlich zu verstehen: Bundestag – Bundesrat – GemA – Bundespräsident – Bundesregie-

[1] *Gramm/Wittenberg* in SHH Rn. 3; *Heun* in Dreier Rn. 3; *Rauschning* in BK Rn. 7; *Lenz,* Notstandsverfassung des Grundgesetzes, Kommentar, 1971, Rn. 1.
[2] *Stern,* StaatsR II, 1980, § 54 V 4 c.
[3] Zur Entstehungsgeschichte des Art. 115i vgl. *Rauschning* in BK Erl. I.
[4] *Grote* in MKS Rn. 2; *Ipsen* in BK Art. 115 f Rn. 9.

rung – und die der Bundesregierung direkt zugeordneten Behörden. Es ist aber offensichtlich, dass die Landesregierung keineswegs, wie es die Formulierung vermuten lässt, die Kompetenzen all dieser Organe übernehmen kann. Um den Sinn der Vorschrift für eine bessere Definition zu erfassen, ist von der Ratio des Artikels ausgehend festzustellen, dass ein direkter Zusammenhang mit dem die **Kompetenzen der Bundesregierung** im Verteidigungsfall regelnden Art. 115 f besteht. Nur diese Rechte können gemeint sein, da das notwendige Handeln im Zustand äußerer Gefahr idR Regierungshandeln ist. Die Kompetenzen der Organe Bundestag, Bundesrat, GemA und Bundespräsident können der Landesregierung nicht zuwachsen, wohl aber ein Weisungsrecht gegenüber den in Art. 85–87 genannten Behörden als „Vertreter" der Bundesregierung.[5]

Auf die Schwierigkeiten zu legislativem Handeln im Verteidigungsfall ist noch gesondert hinzuweisen. Hier ergibt sich aber schon die Problematik, was die Länder veranlassen, wenn die Bundesorgane handlungsunfähig sind, und die konkrete Situation nur mit Hilfe eines Gesetzes behoben werden kann. Nach dem **Wortlaut** könnte auch die **Landesregierung Bundesgesetze erlassen.** Diese Möglichkeit ist aber mit dem Hinweis darauf zu verneinen, dass in diesen Situationen die Länder mit Hilfe des Landesrechts, oder, da nicht normiert noch viel gefährlicher, mit Hilfe des ungeschriebenen Notrechts die Lage klären müssen.[6] 4

2. Außerstande. Die Bundesregierung muss **objektiv nicht in der Lage sein,** eine Entscheidung zu treffen (zB am Zusammentritt verhindert) oder sie bekanntzugeben (zB keine Nachrichtenverbindungen), mithin **funktionsunfähig** sein.[7] Es wird auch der Standpunkt vertreten, eine nicht sofort getroffene Entscheidung berechtige bereits Verwaltungsbeamte eines Landes zur eigenen Handlung. Am Beispiel einer notwendigen Evakuierung soll bei einer Antwort der Bundesregierung: „Wir haben noch nicht entschieden, weiter warten!" die Voraussetzung des „außerstande" bereits erfüllt sein.[8] Damit wird jedoch der enge und objektivierbar zu definierende Begriff „außerstande" zu weit ausgelegt und könnte nicht legitimierte Kompetenzverschiebungen zur Folge haben. 5

3. Die notwendigen Maßnahmen zur Abwehr der Gefahr zu treffen. Auch bei dem Begriff „notwendig" sind **objektive Maßstäbe** anzulegen; insoweit ist zu unterscheiden von einer lediglich „sinnvollen" Maßnahme. Um bei dem zuvor genannten Beispiel zu bleiben: Wenn auch eine frühe Anordnung zur Evakuierung der Bevölkerung aus einer Stadt sinnvoll sein kann, besteht doch erst dann die Notwendigkeit, nachdem zumindest Anhaltspunkte dafür vorliegen, dass die Stadt bombardiert werden könnte. 6

4. Und erfordert die Lage unabweisbar ein sofortiges selbständiges Handeln in einzelnen Teilen des Bundesgebietes. Da die Notwendigkeit der Maßnahme bereits an objektiven Kriterien zu messen ist, kann die **Erforderlichkeit** nicht mehr als weitere Tatbestandsvoraussetzung geprüft werden.[9] Notwendigkeit setzt bereits Erforderlichkeit voraus. Es ist daher das 7

---

[5] AllgM zB *Herzog* in Maunz/Dürig Rn. 35; *Rauschning* in BK Rn. 3 f.; *Stern,* StaatsR II, 1980, § 54 V 4 c.

[6] *Lenz,* Notstandsverfassung des Grundgesetzes, Kommentar, 1971, Rn. 4.

[7] HM zB *Herzog* in Maunz/Dürig Rn. 12 ff.; *Rauschning* in BK Rn. 7 ff.

[8] *Lenz,* Notstandsverfassung des Grundgesetzes, Kommentar, 1971, Rn. 5.

[9] *Rauschning* in BK Rn. 11.

„erfordert" als ein Ausdruck des **Verhältnismäßigkeitsprinzips** zu verstehen.[10] Der Zusatz der **„einzelnen Teile des Bundesgebietes" könnte ersatzlos gestrichen** werden, da sein Gegenteil: im ganzen Bundesgebiet, auch keine anderen Konsequenzen für die Kompetenzverlagerungen bewirken würde.[11]

8 **5. So sind die Landesregierungen oder die von ihnen bestimmten Behörden oder Beauftragten befugt.** Unter der **Landesregierung sind die Kollegialorgane** zu verstehen. Damit scheidet im Grundsatz aus, dass ein einzelnes Regierungsmitglied die Kompetenz erhält. Ist aber im konkreten Fall überhaupt nur ein Minister zur Erteilung von Weisungen fähig, kann auch der einzelne Minister als Landesregierung in diesem Sinne verstanden werden.[12] Welche **Behörden und Beauftragten** ernannt werden können, ergibt sich bereits aus den Erläuterungen zu Art. 115 f Abs. 1;[13] dort und hier sind die Begriffe deckungsgleich zu verstehen (allgM), wobei lediglich die Bundeswehr davon auszunehmen ist, deren Einsatzkompetenz in Art. 87a abschließend geregelt ist.[14] Die Frage, ob im Notfall ein einzelnes Regierungsmitglied Maßnahmen zur Gefahrenabwehr treffen kann, erübrigt sich, wenn die Landesregierung schon in Friedenszeiten den Beauftragten für die Landesverteidigung[15] benennt, was ohne Weiteres möglich ist.

9 **6. Für ihren Zuständigkeitsbereich.** Der Zuständigkeitsbereich einer Landesregierung beschränkt sich **geographisch und sachlich auf Gebiet und Behörden des betreffenden Landes.** Auch der von der Landesregierung Beauftragte ist an diese Grenzen gebunden. Sollte die Landesregierung an eine in ihrem Bereich tätige Bundesbehörde Maßnahmen delegieren, kann auch diese Behörde nur in dem Gebiet des sie beauftragenden Landes wirken. Allerdings können sich aus dieser formellen Begrenzung dann Schwierigkeiten ergeben, wenn nicht nur die Bundesregierung sondern auch mehrere Landesregierungen an der Ausübung ihrer Befugnisse gehindert sind. Dieser Kalamität kann jedoch dadurch begegnet werden, dass mehrere Landesregierungen für einen solchen Fall einen einheitlichen Beauftragten bzw. eine einzige Behörde benennen und so einheitliche Kompetenzen für mehrere Länder schaffen.[16]

10 **7. Maßnahmen im Sinne des Artikels 115 f Abs. 1 zu treffen.** Zunächst sei auf die Erläuterungen zu Art. 115 f Abs. 1 verwiesen. Die dortigen Voraussetzungen und Modalitäten gelten bis auf folgende Ausnahmen auch hier. Es geht hierbei um die Befugnis, Bundesbehörden Weisungen erteilen zu können, und in der Praxis vor allem um den Einsatz der Bundespolizei, die freilich von einer Landesregierung nur auf Landesebene eingesetzt werden darf. Die Bundeswehr kann von einer Landesregierung überhaupt nicht

---

[10] *Herzog* in Maunz/Dürig Rn. 16; aA *Heun* in Dreier Rn. 7; *Sterzel* in AK Abschn. X a Rn. 94.

[11] *Grote* in MKS Rn. 5; *Rauschning* in BK Rn. 11.

[12] *Herzog* in Maunz/Dürig Rn. 19; aA *Rauschning* in BK Rn. 13 ff.; wegen weiterer Delegation von der Landesregierung auf andere Organe vgl. *Schäfer* AöR 93 (1968), 37 (50).

[13] → Art. 115 f Rn. 11.

[14] Zur Begründung der Ausnahme vgl. *Lenz,* Notstandsverfassung des Grundgesetzes, Kommentar, 1971, Rn. 8; wie hier auch *Heun* in Dreier Rn. 9; aA *Herzog* in Maunz/Dürig Rn. 30.

[15] Vgl. → Art. 115 f Rn. 11.

[16] *Jarass* in Jarass/Pieroth Rn. 1; *Rauschning* in BK Rn. 20; *Stern,* StaatsR II, 1980, § 54 V 4 c.

eingesetzt werden.[17] Ob die Landesregierung diese Beschränkungen dadurch umgehen kann, dass sie den in ihrem Bereich ranghöchsten Offizier der Bundeswehr oder der Bundespolizei zu ihrem Beauftragten iSv Art. 115i Abs. 1 macht,[18] dürfte mit der Ratio der gesamten Notstandsverfassung nicht übereinstimmen; in diesem Fall wäre die Gefahr des Machtmissbrauches zu groß.[19]

II. Aufhebung der Kompetenzverlagerung (Art. 115i Abs. 2)

1. Maßnahmen nach Absatz 1 können durch die Bundesregierung. 11
Hier sind alle diejenigen Maßnahmen gemeint, die von Landesregierung, Behörden oder Beauftragten iSv Abs. 1 ergriffen wurden. Unter Bundesregierung sollen hier, ebenso wie bei Art. 115f Abs. 1 Nr. 2, auch die obersten Bundesbehörden zu verstehen sein.[20] Dagegen wird mit Recht eingewandt, dass dem der klare Wortlaut zuwiderläuft. In Abs. 1 waren alle zuständigen Bundesorgane genannt, und wenn hier ausdrücklich nur die Regierung erwähnt wird, kann auch nur sie gemeint sein. Sofern diese Regelung als „schlechterdings unverständlich“[21] bezeichnet wird, steht es dem Gesetzgeber frei, sie zu ändern und sinnvoller zu formulieren. Die Bundesregierung muss aber nicht die Aufhebung der Maßnahmen bewirken; sie kann auch der Meinung sein, sie einstweilen bestehen zu lassen oder zunächst nur einen Teil aufzuheben. Allerdings kann sie zur Aufhebung durch Bundestag, Bundesrat oder GemA gem. Art. 115l Abs. 1 S. 3 bzw. 115e Abs. 1 gezwungen werden.[22]

2. Im Verhältnis zu Landesbehörden und nachgeordneten Bundes- 12
behörden auch durch die Ministerpräsidenten der Länder. Nur an dieser Stelle der Notstandsverfassung sind die Ministerpräsidenten der Länder mit eigenen Funktionen betraut, was auf die Entstehungsgeschichte zurückzuführen ist,[23] da in den früheren Entwürfen statt der Landesregierung die Ministerpräsidenten genannt waren. Die hiesige Kompetenzverlagerung auf die Ministerpräsidenten hat eine besondere Berechtigung, weil „die Rückkehr zum Rechtssystem der größeren Einheit nach dem Ende des Zustandes der Insellage erleichtert werden“ soll[24] und die Ministerpräsidenten allein schneller den normalen Rechtszustand wiederherstellen können, als wenn die gesamten Kabinette dafür eingeschaltet werden müssten.[25] Die Ministerpräsidenten können allerdings auch nur diejenigen Maßnahmen aufheben, die auf Landesebene getroffen wurden; davon ausgeschlossen sind also Notstandsmaßnahmen, die Bundesbehörden auf Weisungen durchführen.[26] Es tritt dabei der Fall auf, dass der Ministerpräsident, sei es als Mitglied der Landes-

[17] → Rn. 8.
[18] So *Herzog* in Maunz/Dürig Rn. 30.
[19] *Grote* in MKS Rn. 12.
[20] *Lenz,* Notstandsverfassung des Grundgesetzes, Kommentar, 1971, Rn. 9.
[21] *Lenz,* Notstandsverfassung des Grundgesetzes, Kommentar, 1971, Rn. 9.
[22] *Hamann* in Hamann/Lenz Erl. zu 115 i.
[23] *Lenz,* Notstandsverfassung des Grundgesetzes, Kommentar, 1971, Rn. 10; *Rauschning* in BK Rn. 36 spricht gar von einem Redaktionsversehen; zustimmend *Heun* in Dreier Rn. 10.
[24] So *Lenz,* Notstandsverfassung des Grundgesetzes, Kommentar, 1971; aA *Grote* in MKS Rn. 17.
[25] Ausf. *Herzog* in Maunz/Dürig Rn. 39 ff.
[26] *Rauschning* in BK Rn. 37; *Stern,* StaatsR II, 1980, § 54 V 4 c.

regierung oder als Beauftragter, zwar der Bundesbehörde Weisungen unter den Voraussetzungen des Art. 115i Abs. 1 erteilen kann, aber nicht mehr die Kompetenz besitzt, seine eigenen Weisungen später wieder aufzuheben.

13 **3. Jederzeit aufgehoben werden. Jederzeit** heißt, dass die Regierung nicht sofort handeln muss. Die Maßnahmen können sofort dann aufgehoben werden, wenn die Bundesregierung von ihnen erfährt und es nachrichtentechnisch auch möglich ist, die Aufhebung bekanntzugeben. Aus der jederzeitigen Aufhebungsmöglichkeit folgt analog Art. 115 f Abs. 2 die Verpflichtung, dass diejenigen, die gem. Art. 115i Abs. 1 die entsprechenden Maßnahmen veranlasst haben, davon sofort die Bundesregierung in Kenntnis setzen (allgM).

C. Kritische Würdigung

14 Im ersten Satz führt die Formulierung der „zuständigen Bundesorgane" zu Missverständnissen. Da nur die Bundesregierung gemeint sein kann, sollte auch nur sie im Text genannt werden (→ Rn. 3). Ebenfalls im ersten Satz könnte der Passus „in einzelnen Teilen des Bundesgebietes" wegen Bedeutungslosigkeit gestrichen werden (→ Rn. 7). Wenn, wie ein Mitglied des federführenden Gesetzgebungsausschusses für die Notstandsgesetze meint, unter „Bundesregierung" iSv Abs. 2 auch die obersten Bundesorgane zu verstehen seien (→ Rn. 11), müsste der Gesetzeswortlaut auch insoweit geändert werden.

Literatur

Vgl. zunächst das Schrifttum zum Abschn. Xa des GG sowie ***E. Benda,*** Die Notstandsverfassung, 1968. – ***H.-U. Evers,*** Die perfekte Notstandsverfassung, AöR 91 (1966), 1. – ***C. O. Lenz,*** Notstandsverfassung des Grundgesetzes, Kommentar, 1971. – ***H.-J. Rungweber,*** Kompetenzverschiebung im Bereich der Exekutive im Rahmen der Notstandsverfassung, Diss. Bochum, 1979. – ***H. Schäfer,*** Die lückenhafte Notstandsverfassung, AöR 93 (1968), 37.

Art. 115k [Rang und Geltungsdauer von Gesetzen]

(1) [1]Für die Dauer ihrer Anwendbarkeit setzen Gesetze nach den Artikeln 115c, 115e und 115g und Rechtsverordnungen, die auf Grund solcher Gesetze ergehen, entgegenstehendes Recht außer Anwendung. [2]Dies gilt nicht gegenüber früherem Recht, das auf Grund der Artikel 115c, 115e und 115g erlassen worden ist.

(2) Gesetze, die der Gemeinsame Ausschuß beschlossen hat, und Rechtsverordnungen, die auf Grund solcher Gesetze ergangen sind, treten spätestens sechs Monate nach Beendigung des Verteidigungsfalles außer Kraft.

(3) [1]Gesetze, die von den Artikeln 91a, 91b, 104a, 106 und 107 abweichende Regelungen enthalten, gelten längstens bis zum Ende des zweiten Rechnungsjahres, das auf die Beendigung des Verteidigungsfalles folgt. [2]Sie können nach Beendigung des Verteidigungsfalles durch Bundesgesetz mit Zustimmung des Bundesrates geändert werden, um zu der Regelung gemäß den Abschnitten VIII a und X überzuleiten.

A. Allgemeine Bedeutung

Der Art. 115k Abs. 1 will sicherstellen, dass die in Friedenszeiten geltende Rechtsordnung durch die im Verteidigungsfall gesetzten Rechtsnormen „soweit wie möglich nur suspendiert, nicht aufgehoben" wird.[1] Das vom Notparlament, dem GemA, gesetzte Recht soll seine Gültigkeit zwar nicht sofort mit Beendigung des Verteidigungsfalles verlieren, denn dann könnte durch die nicht unmittelbar anschließende Gesetzgebung im Normalverfahren eine Lücke entstehen; andererseits soll aber gewährleistet sein, dass dieses Recht nicht auf Dauer weiterbesteht, daher die Begrenzung in Abs. 2 auf sechs Monate. Während die Rechtsfolgen allgemeiner Gesetze binnen eines halben Jahres geändert werden können, verhält sich die Veränderung bei Fragen des Steueraufkommens, des Ertrags der Finanzmonopole und des Finanzausgleichs differenzierter, da diese Regelungen notwendigerweise für einen längeren Zeitraum geschaffen und eingehalten werden müssen. Eine kürzere Frist als zwei Jahre schien „der Bundesregierung im Hinblick auf die Vielzahl der Fragen, die der Bundesgesetzgeber nach der Aufhebung des Zustandes der äußeren Gefahr zu bewältigen haben würde, nicht angemessen zu sein."[2] 1

B. Einzelfragen

I. Rang der Gesetze und Verordnungen (Art. 115k Abs. 1)

1. Für die Dauer ihrer Anwendbarkeit. Der **Beginn der Anwendbarkeit** der hier relevanten Gesetze tritt nach Art. 115c Abs. 1 bis 3 frühestens mit der Erklärung ein, dass der Verteidigungsfall vorliegt. Auch wenn die Gesetze vorher erlassen wurden, geschieht dies doch mit der Einschränkung des späteren Wirksamwerdens.[3] Weiterhin ergibt sich die Dauer der Anwendbarkeit aus Art. 115c Abs. 4 und schließlich sollte bei Gesetzen, die während 2

[1] BT-Drs. 5/1879, 30.
[2] BT-Drs. 5/1879, 30.
[3] Ausführl. *Grote* in MKS Rn. 4; → Art. 115c Rn. 5.

des Verteidigungsfalles ergehen, ausdrücklich bestimmt werden, wann und wie lange sie Anwendung finden sollen.[4]

3 **2. Setzen Gesetze nach den Artikeln 115c, 115e und 115g.** Es handelt sich dabei um die folgenden Komplexe, für deren Einzelerläuterung jeweils auf die Erläuterungen zu den betreffenden Artikeln verwiesen sei.

- **Art. 115c:** Die Änderung der Gesetzgebungskompetenzen insbesondere in Verwaltungs- und Finanzfragen, sowie die **Beschränkung der Art. 14 Abs. 3 S. 2, 104 Abs. 2 S. 2 und Abs. 3 S. 1** ist zwar ohnehin auf den bestehenden Verteidigungsfall beschränkt. Hier wird aber sichergestellt, dass die Geltung mit dem Ende des Verteidigungsfalles entfällt, ohne eine Rechtslücke zu hinterlassen, da in demselben Moment wieder das zuvor bestehende Recht uneingeschränkt in Kraft tritt.
- **Art. 115e:** Gesetze des GemA sollen nicht Dauerrecht werden. Die allgemeinen Gesetzgebungsorgane müssen wieder ihre vollen Rechte wahrnehmen, sobald es technisch möglich ist.[5]
- **Art. 115g:** Bei der Möglichkeit aus Art. 115g S. 2, das BVerfGG zu ändern, handelt es sich nur um einen Spezialfall zu Art. 115e; es gilt daher das dort Gesagte.

4 **3. Und Rechtsverordnungen, die auf Grund solcher Gesetze ergehen, entgegenstehendes Recht.** Hier sind Rechtsverordnungen gemeint, zu deren Erlass die genannten Gesetze ermächtigen. Diese Verordnungen haben **keinen gesetzesvertretenden Charakter,** dh, dass so zustande gekommene Rechtsverordnungen immer nur andere Rechtsverordnungen, nicht aber Gesetze außer Anwendung bringen können.[6] Allerdings wird darauf hingewiesen, dass der Wortlaut „entgegenstehendes **Recht**" diese Auslegung nicht zwingend vorschreibt, da Rechtsverordnungen wie Gesetze gleichermaßen „Recht" sind.[7]

5 **4. Außer Anwendung.** Es heißt also **nicht „außer Kraft",** was bedeuten würde, dass das entgegenstehende Recht damit beseitigt und ggf. neu geschaffen werden müsste. Diese Vorschrift war notwendig, weil im Rechtssystem grundsätzlich der Satz gilt: **„lex posterior derogat legi priori",** also neueres Recht älteres Recht aufhebt bzw. ändert, oder, pauschaler gesagt: Es gilt immer das zuletzt erlassene Gesetz. Würde es bei diesem Grundsatz bleiben, müssten alle Gesetze, die nur für den Verteidigungsfall aus besonderen Gründen abgeändert oder aufgehoben worden waren, neu erlassen werden, also neu eingebracht, beraten, verabschiedet und verkündet werden. Ein solches Verfahren wäre – zumal in den Wirren, die dem Verteidigungsfall nachfolgen (man denke etwa an die Zeit nach den Weltkriegen) – für den Gesetzgeber fast ausgeschlossen. Er benötigte zu viel Zeit, und es würde die Gefahr bestehen, dass entweder ein rechtloser Zustand gegeben wäre, oder aber, dass das Notstandsrecht fortgelten müsste. Daher wird vorübergehend Recht nur außer Anwendung gesetzt, in der **Anwendung also suspendiert.**[8] Innerhalb des

---

[4] *Rauschning* in BK Rn. 10; *Lenz,* Notstandsverfassung des Grundgesetzes, Kommentar, 1971, Rn. 5.

[5] → Rn. 7 f.

[6] BT-Drs. 5/1879, 31; *Herzog* in Maunz/Dürig Rn. 33–38; *Stern,* StaatsR II, 1980, § 54 V 6 b.

[7] *Herzog* in Maunz/Dürig Rn. 37.

[8] *Jarass* in Jarass/Pieroth Rn. 1.

während des Verteidigungsfalles gesetzten „Notrechts" bleibt der Grundsatz des lex posterior bestehen; es gilt demnach innerhalb dieses Bereiches jeweils das zuletzt erlassene Gesetz.

5. Dies gilt nicht gegenüber früherem Recht, das auf Grund der Artikel 115c, 115e und 115g erlassen worden ist. Für die nach den genannten Artikeln zustande gekommenen Gesetze gilt also, wie zuvor in → Rn. 5 ausgeführt, wieder der normale Grundsatz des lex posterior. Der Grund dieser **Ausnahme von der Ausnahme** liegt darin, dass für den Notfall geschaffene „Spezialgesetze" des ohnehin nur gering legitimierten GemA nicht suspendiert zu werden brauchen. Erweisen sie sich nämlich als nicht opportun, ist kaum denkbar, dass sie sich noch während des Verteidigungsfalles nach Außerkrafttreten der neueren Vorschriften wieder als notwendig erweisen würden. Dass sie gar für einen weiteren Verteidigungsfall wieder in Kraft treten sollten, ist ebenfalls unwahrscheinlich, da auch dann die jüngeren Gesetze eher den Bedürfnissen gerecht werden. Diese **Derogation** gilt für Gesetze, die nach den genannten Artikeln sowohl **im** als auch **für den Verteidigungsfall** geschaffen wurden. Darin ist auch keine Inkonsequenz des Notstandsgesetzgebers zu sehen,[9] weil Gesetze **für den Notfall** zwar gründlicher beraten sein mögen als im Verteidigungsfall zustande gekommene Gesetze. Im letzteren Fall ist aber die Regelung sicher stärker an der Praxis orientiert, was für eine besondere Brauchbarkeit im Verteidigungsfall spricht. 6

II. Geltungsdauer der Gesetze und Verordnungen (Art. 115k Abs. 2, 3)

1. Gesetze, die der Gemeinsame Ausschuss beschlossen hat, und Rechtsverordnungen, die auf Grund solcher Gesetze ergangen sind. Es handelt sich hier um **Gesetze,** die nach **Art. 115e** zustande gekommen sind,[10] und auch nur um diejenigen **Rechtsverordnungen,** die auf eben diesen Gesetzen beruhen. Unter Berufung auf die Natur der Sache und die Normlogik sollen hier auch solche Rechtsverordnungen subsumiert werden, die auf Gesetzen beruhen, die für den, nicht aber nur im Verteidigungsfall erlassen wurden.[11] Damit wird aber nicht nur dem Wortlaut widersprochen, sondern auch insoweit dem Sinn der Vorschrift, da diese Gesetze und mit ihnen die entsprechenden Verordnung ohnehin ihre Rechtskraft nach Beendigung des Verteidigungsfalles verlieren und ggf. erst wieder in einem neuen Verteidigungsfall in Kraft treten. Unabhängig davon gilt für Gesetze und Verordnungen, die auf Art. 115c gestützt wurden, dass ihre Anwendbarkeit mit dem Ende des Verteidigungsfalles automatisch aufgehoben ist, sie bei einem späteren Verteidigungsfall aber wieder genutzt werden können.[12] 7

2. Treten spätestens sechs Monate nach Beendigung des Verteidigungsfalles außer Kraft. Wenn keine Willenserklärung des Gesetzgebers erfolgt, ist damit ein zeitlicher Automatismus eingebaut. Unabhängig davon können die Gesetze aber auch vorher außer Kraft gesetzt werden (allgM). Die 8

[9] So aber *Herzog* in Maunz/Dürig Rn. 30; wie hier *Heun* in Dreier Rn. 7.
[10] → Art. 115e Rn. 3 ff.
[11] *Herzog* in Maunz/Dürig Rn. 44.
[12] *Jarass* in Jarass/Pieroth Rn. 5.

Beendigung des Verteidigungsfalles ergibt sich aus Art. 115 l.[13] Die betreffenden Vorschriften werden aufgehoben und in einem neuen Verteidigungsfall folglich neu erlassen. **Außer Kraft treten bedeutet** nicht nur suspendieren, sondern **eliminieren.** Das hat den Vorteil, dass der neue Gesetzgeber unabhängig entscheiden kann.

9 **3. Gesetze, die von den Art. 91a, 91b, 104a, 106 und 107 abweichende Regelungen enthalten.** Im Gegensatz zu Abs. 2 gilt **Abs. 3 nur für Gesetze,** nicht auch für Verordnungen.[14] Letztere treten also nach Abs. 2 spätestens nach sechs Monaten außer Kraft, ohne wegen Art. 115c neu erlassen werden zu müssen. Dieser Zwischenzeitraum bis zur erneuten Gültigkeit der o. g. GG-Artikel und der zulässigerweise dann wieder darauf beruhenden Verordnungen ist nicht befriedigend gelöst.[15] Allerdings mag die Lücke durch Erlass der notwendigen Vorschriften nach Art. 115k Abs. 3 S. 2 geschlossen werden.[16]

10 Insgesamt wurde Abs. 3 S. 1 durch das **FinanzreformG**[17] in die jetzige Fassung gebracht. Weitere Änderungen, die außer Art. 106 die vier weiteren Artikel im Rahmen der Föderalismusreform[18] erfuhren, sind für Art. 115k ohne Bedeutung. Art. 91a[19] behandelt ebenso wie der auf Forschung, Wissenschaft und Bildungswesen beschränkte Art. 91b die Mitwirkung des Bundes bei Gemeinschaftsaufgaben, Art. 104a betrifft die Verteilung der Ausgabenlast zwischen Bund und Ländern. Ebenso regelt Art. 106 die Aufteilung staatlicher Einnahmen. Art. 107 trifft Aussagen über das örtliche Steueraufkommen und den Finanzausgleich.[20] Gerade im Verteidigungsfall kann es in einem volkswirtschaftlich so empfindlichen System wie dem der Bundesrepublik notwendig werden, dass das staatliche Finanzaufkommen in Form von Steuern und Abgaben anders geregelt wird, als es das komplizierte Finanzreformgesetz für den Normalfall vorsieht. Da aber die Fiskalgesetzgebung immer besondere Auswirkungen auf das föderative System hat – die Länder wären ohne eigene Steuern und den Finanzausgleich vom Bund auf die Länder nicht lebensfähig – muss die Überleitung von Gesetzen, welche diese Materie abweichend von der Norm regeln, mit besonderen Fristen durchgeführt werden, da eine sofortige Änderung finanzpolitisch nicht realisierbar wäre.

11 **4. Gelten längstens bis zum Ende des zweiten Rechnungsjahres, das auf die Beendigung des Verteidigungsfalles folgt.** Aus dem Wort „gelten" kann nur geschlossen werden, dass die **Gültigkeit** der Gesetze bis zur Abänderung besteht, es sei denn, die Gültigkeit wird ausdrücklich beseitigt.[21] Die Formulierung **„längstens" entspricht dem „spätestens" in Abs. 2**[22] und verdeutlicht, dass die Gültigkeit nicht sofort beendet werden muss,

[13] Vgl. → Art. 115l Rn. 7 ff.
[14] *Lenz,* Notstandsverfassung des Grundgesetzes, Kommentar, 1971, Rn. 11.
[15] *Lenz,* Notstandsverfassung des Grundgesetzes, Kommentar, 1971, Rn. 11.
[16] Vorschlag *Grotes* in MKS Rn. 12; *Lenz,* Notstandsverfassung des Grundgesetzes, Kommentar, 1971, Rn. 11.
[17] 21. Gesetz zur Änderung des GG vom 12.5.1969, BGBl. 1969 I 359.
[18] Gesetz vom 28.8.2006, BGBl. 2006 I 2034.
[19] Zuletzt geändert am 31.7.1970, BGBl. 1970 I 1161.
[20] Vgl. die Erl. zu den o. g. Artikeln.
[21] Str. *Herzog* in Maunz/Dürig Rn. 46, Fn. 2; *Heun* in Dreier Rn. 10; *Rauschning* in BK Rn. 15.
[22] → Rn. 8.

sondern ein Durchführungszeitraum gegeben ist (allgM). Da das **Rechnungsjahr dem Kalenderjahr entspricht** (§ 4 BHO), kann die Gültigkeit der Gesetze fast bis zu drei vollen Jahren dauern.[23] Wenn zB am 1.1.2019 der Verteidigungsfall für beendet erklärt wird, beginnt das erste auf die Beendigung folgende Jahr am 1.1.2020 und das zweite endet am 31.12.2021. Bis dahin können die Gesetze gültig bleiben.[24] Etwas anderes gilt, wenn die von den o.g. Artikeln abweichenden Gesetze vom GemA erlassen wurden. In diesen Fällen endet deren Gültigkeit gem. Art. 115k Abs. 2 spätestens sechs Monate nach Beendigung des Verteidigungsfalles.[25] Um daraus resultierenden Schwierigkeiten einer zu kurzen Überleitungsfrist zu begegnen, ist die Regelung in S. 2 geschaffen worden.[26]

5. Sie können nach Beendigung des Verteidigungsfalles durch Bundesgesetz mit Zustimmung des Bundesrates geändert werden, um zu der Regelung gemäß den Abschnitten VIII a und X überzuleiten. Aus dieser Vorschrift erwächst dem Gesetzgeber „ein seinem Zweck nach begrenztes **Notgesetzgebungsrecht** für die Zeit nach Beendigung des Verteidigungsfalles".[27] Die aufgrund dieser Vorschrift erlassenen Gesetze leiten wieder zum „normalen" Verfassungsrecht der Abschnitte VIIIa (Art. 91a und b [Gemeinschaftsaufgaben]) und X (Artikel 104a–115 [Finanzwesen]) über, führen also von der Not- zur Normalverfassung. 12

C. Kritische Würdigung

Bis auf die unklaren Formulierungen „setzt außer Anwendung" (Abs. 1 S. 1) und „treten außer Kraft" (Abs. 2) und bis auf die Lücke, dass in Abs. 3 die Rechtsverordnungen nicht geregelt sind (vgl. → Rn. 9), stellt der Artikel eine notwendige und sinnvoll gefasste **Übergangsregelung vom Verteidigungsfall zurück zum Normalfall der Verfassung** dar. Da nach Beendigung des Verteidigungsfalles die Gesetzgebungsorgane wieder mit der notwendigen Gründlichkeit und ohne äußeren Zeitdruck arbeiten können, fallen die missverständlichen Formulierungen nicht so stark ins Gewicht. Dem Nach-Verteidigungsfall-Gesetzgeber steht es nämlich frei, durch entsprechend gefasste Einzelgesetze für Klarheit zu sorgen. 13

Literatur

Vgl. zunächst das Schrifttum zum Abschn. Xa des GG sowie ***E. Benda,*** Die Notstandsverfassung, 1968. – ***H.-U. Evers,*** Die perfekte Notstandsverfassung, AöR 91 (1966), 193. – ***C. O. Lenz,*** Notstandsverfassung des Grundgesetzes, Kommentar, 1971, 190. – ***J. Perels,*** Die Beendigung des Verteidigungsfalles, in: Sterzel (Hrsg.), Kritik der Notstandsgesetze, 1968, 181. – ***D. Wilke,*** Notstandsverfassung und Verordnungsrecht, DVBl. 1969, 917.

[23] *Grote* in MKS Rn. 11; *Heun* in Dreier Rn. 12; *Schmidt-Radefeldt* in BeckOK GG Rn. 6.

[24] Ungenau dagegen die Zeitrechnung bei *Lenz,* Notstandsverfassung des Grundgesetzes, Kommentar, 1971, Rn. 11.

[25] *Grote* in MKS Rn. 10.

[26] → Rn. 12.

[27] *Lenz,* Notstandsverfassung des Grundgesetzes, Kommentar, 1971, Rn. 11.

Art. 115l [Aufhebung von Notstandsmaßnahmen, Friedensschluss]

(1) [1]Der Bundestag kann jederzeit mit Zustimmung des Bundesrates Gesetze des Gemeinsamen Ausschusses aufheben. [2]Der Bundesrat kann verlangen, daß der Bundestag hierüber beschließt. [3]Sonstige zur Abwehr der Gefahr getroffene Maßnahmen des Gemeinsamen Ausschusses oder der Bundesregierung sind aufzuheben, wenn der Bundestag und der Bundesrat es beschließen.

(2) [1]Der Bundestag kann mit Zustimmung des Bundesrates jederzeit durch einen vom Bundespräsidenten zu verkündenden Beschluß den Verteidigungsfall für beendet erklären. [2]Der Bundesrat kann verlangen, daß der Bundestag hierüber beschließt. [3]Der Verteidigungsfall ist unverzüglich für beendet zu erklären, wenn die Voraussetzungen für seine Feststellung nicht mehr gegeben sind.

(3) Über den Friedensschluß wird durch Bundesgesetz entschieden.

Paulskirchenverfassung von 1849

Abschnitt II. Art. II

§ 10. Der Reichsgewalt ausschließlich steht das Recht des Krieges und Friedens zu.

Abschnitt III. Art. III

§ 76. Der Kaiser erklärt Krieg und schließt Frieden.

Reichsverfassung von 1871

Art. 11. Das Präsidium des Bundes steht dem Könige von Preußen zu, welcher den Namen Deutscher Kaiser führt. Der Kaiser hat das Reich völkerrechtlich zu vertreten, im Namen des Reichs Krieg zu erklären und Frieden zu schließen, Bündnisse und andere Verträge mit fremden Staaten einzugehen, Gesandte zu beglaubigen und zu empfangen.

Zur Erklärung des Krieges im Namen des Reichs ist die Zustimmung des Bundesrathes erforderlich, es sei denn, daß ein Angriff auf das Bundesgebiet oder dessen Küsten erfolgt.

Insoweit die Verträge mit fremden Staaten sich auf solche Gegenstände beziehen, welche nach Artikel 4 in den Bereich der Reichsgesetzgebung gehören, ist zu ihrem Abschluß die Zustimmung des Bundesrathes und zu ihrer Gültigkeit die Genehmigung des Reichstages erforderlich.

Weimarer Reichsverfassung von 1919

Art. 45. Der Reichspräsident vertritt das Reich völkerrechtlich. Er schließt im Namen des Reichs Bündnisse und andere Verträge mit auswärtigen Mächten. Er beglaubigt und empfängt die Gesandten.

Kriegserklärung und Friedensschluß erfolgen durch Reichsgesetz.

Bündnisse und Verträge mit fremden Staaten, die sich auf Gegenstände der Reichsgesetzgebung beziehen, bedürfen der Zustimmung des Reichstags.

A. Allgemeine Bedeutung

1 Unabhängig von jeder äußeren oder inneren Situation der Bundesrepublik, auch davon, ob Friedenszeiten vorliegen, der Verteidigungsfall festgestellt oder der Krieg erklärt wurde, haben die beiden Gesetzgebungsorgane Bundestag und Bundesrat Vorrang vor jeder anderen Institution, die immer nur subsidiär tätig werden kann. Sobald Bundestag und Bundesrat wieder beschlussfähig sind, können sie daher alle zwischenzeitlich nach Art. 115a–115k

getroffenen Maßnahmen aufheben oder bestätigen. Das gilt für Gesetze, sonstige Maßnahmen (Abs. 1), die Feststellung des Verteidigungsfalles (Abs. 2) ebenso wie für den Friedensschluss (Abs. 3). Der Artikel soll das **Grundprinzip der Notstandsverfassung** sichern, nämlich den Ausnahmezustand der Verfassungsorgane so schnell wie möglich wieder in den Normalzustand zurückzuführen.[1]

B. Einzelfragen

I. Aufhebung getroffener Einzelmaßnahmen (Art. 115l Abs. 1)

1. Der Bundestag kann. Der Bundestag hat demnach die **Möglichkeit, nicht die Pflicht,** vom GemA beschlossene Gesetze aufzuheben. Er kann also die Rechtslage in der vom GemA geschaffenen Form mit der Wirkung belassen, dass die Rechtskraft von selbst sechs Monate nach Beendigung des Verteidigungsfalles erlischt (vgl. Art. 115k Abs. 2). Die vom GemA erlassenen Gesetze **können** aber auch **übernommen** werden, bedürfen dazu allerdings einer gesonderten Abstimmung und müssen auch im üblichen Gesetzgebungsverfahren dem Bundesrat zugeleitet werden. 2

2. Jederzeit mit Zustimmung des Bundesrates Gesetze des Gemeinsamen Ausschusses aufheben. Wie bereits zu Art. 115e[2] ausgeführt, sind die Gesetzgebungsorgane Bundestag und Bundesrat auch im Verteidigungsfall bei eigener Beschlussfähigkeit immer berechtigt, selbst, und damit unter Ausschluss des GemA, tätig zu werden. Sie müssen also nicht bis zum Ende des Verteidigungsfalles abwarten. Da im GemA alle Gesetze gemeinsam, ohne Trennung von Bundestag und Bundesrat verabschiedet wurden, müssen auch beide Seiten der Aufhebung zustimmen.[3] Ungeklärt ist die Rechtslage, wenn der Bundestag alleine bereits beschlussfähig ist, der Bundesrat aber noch nicht und daher auch keine Zustimmung erfolgen kann. Wenn das Problem wegen der Mitgliederstärke im Bundestag auch eher umgekehrt auftreten dürfte, ist die **unterschiedliche Behandlung von Bundestag und Bundesrat** jedoch insoweit **unbefriedigend,** als dadurch der beschlussfähig gewordene Bundesrat ohne die gleichzeitige Beschlussfähigkeit des Bundestags kein Recht besitzt, wieder in seinen normalen Verfassungsrang einzutreten.[4] Bei den Gesetzen des GemA handelt es sich um die nach Art. 115e zustande gekommenen. Sie verlieren durch Aufhebungsbeschluss ihre Rechtskraft, eines gesonderten legislativen Aktes bedarf es dazu nicht.[5] 3

3. Der Bundesrat kann verlangen, dass der Bundestag hierüber beschließt. Das Verlangenkönnen ist zwar ein **Eingriff in die Parlamentsautonomie des Bundestags,** zu dem ua die Feststellung der Tagesordnung gehört,[6] aber nur ein relativ schwaches Mittel zur Durchsetzung der Ziele des Bundesrats; es wird dadurch ja nur erreicht, dass abgestimmt wird. Wie die 4

---

[1] *Stern,* StaatsR II, 1980, § 54 V 11 a.
[2] → Art. 115e Rn. 5.
[3] BT-Drs. 5/2873, 20; *Lenz,* Notstandsverfassung des Grundgesetzes, Kommentar, 1971, Rn. 2.
[4] *Herzog* in Maunz/Dürig Rn. 13.
[5] *Grote* in MKS Rn. 5; *Heun* in Dreier Rn. 6 f.
[6] → Art. 40 Rn. 1.

Abstimmung im Bundestag verläuft, kann vom Bundesrat nicht beeinflusst werden.

5 **4. Sonstige zur Abwehr der Gefahr getroffene Maßnahmen.** Die Formulierung ist **unvollständig,** da nicht nur die zur Gefahrenabwehr getroffenen Maßnahmen (zB Einsatz der Bundespolizei, Weisungen an Landesregierungen), sondern alle diejenigen Maßnahmen, die im Verteidigungsfall für die besondere Situation und aufgrund der besonderen Rechte getroffen wurden, aufzuheben sind.[7] Unter **Maßnahme** versteht man alle Handlungen außerhalb der eigentlichen Gesetzgebung.

6 **5. Des Gemeinsamen Ausschusses oder der Bundesregierung sind aufzuheben, wenn der Bundestag und der Bundesrat es beschließen.** Mit dieser Formulierung wird nur die **Pflicht zur Aufhebung** ausgesprochen, über die unmittelbare Rechtskraft der zuvor getroffenen Maßnahmen wird dabei nichts ausgesagt. Wenn der GemA zu diesem Zeitpunkt selbst nicht mehr tagt, heben Bundestag und Bundesrat durch ihren Beschluss die Maßnahmen des GemA unmittelbar auf. Zutreffend wird darauf hingewiesen, dass der GemA bei wieder erworbener Handlungsfähigkeit von Bundestag und Bundesrat ohnehin seine Entscheidungskompetenz verliert.[8] Anders verhält es sich bei Maßnahmen, die die Regierung nach Art. 115f Abs. 1 getroffen hat.[9] Die Beschlüsse sind von Bundestag und Bundesrat wieder getrennt zu treffen, wobei jeweils einfache Mehrheiten ausreichend sind, Art. 42 Abs. 2 S. 1 für den Bundestag, Art. 52 Abs. 3 S. 1 für den Bundesrat.

II. Beendigung des Verteidigungsfalles (Art. 115l Abs. 2)

7 **1. Der Bundestag kann mit Zustimmung des Bundesrates.** Wenn es sich hierbei auch äußerlich um eine **Kann-Vorschrift** handelt, entspricht ihr doch materiell-rechtlich eine **Verpflichtung zu der** den Verteidigungsfall aufhebenden **Beschlussfassung,** wenn die Voraussetzungen dafür vorliegen. Die Verpflichtung ist auch verfassungsgerichtlich nachprüfbar,[10] zumal Art. 115l Abs. 2 S. 3 die Voraussetzungen für den Beschluss bindend festlegt. Die Gründe für die Notwendigkeit der **Zustimmung des Bundesrates** sind die gleichen wie die in → Rn. 3 genannten. Auch gilt hier die dort ausgeführte Kritik, da es dem Bundesrat nicht möglich ist, allein einen den Verteidigungsfall für beendet erklärenden Beschluss zu fassen.

8 **2. Jederzeit.** Wegen der Bedeutung des „jederzeit" sei auf die Erläuterungen zu → Rn. 3 verwiesen. Der Beschluss kann also auch gefasst werden, wenn der Tatbestand des Verteidigungsfalles tatsächlich noch nicht beendet ist. Kein anderes Verfassungsorgan kann sich – auch nicht mit Hilfe des BVerfG – gegen den Beschluss wenden. Es steht nämlich im **politischen Ermessen** der Gesetzgebungsorgane, ob sie durch Aufhebung des den Verteidigungsfall beendenden Rechtszustandes bewirken wollen, dass eine Abwehr gegen den Angreifer nicht mehr stattfindet, um beispielsweise dadurch in einer militärisch für aussichtslos erkannten Lage weitere Menschenleben

[7] *Jarass* in Jarass/Pieroth Rn. 1; zur Entstehung dieser aus Angst vor Illoyalitäten erfolgten Formulierung vgl. *Herzog* in Maunz/Dürig Rn. 16.

[8] *Grote* in MKS Rn. 8; *Heun* in Dreier Rn. 7.

[9] Zur Begründung und Kritik *Herzog* in Maunz/Dürig Rn. 17.

[10] *Herzog* in Maunz/Dürig Rn. 26, Fn. 3; *Lenz,* Notstandsverfassung des Grundgesetzes, Kommentar, 1971, Rn. 13.

nicht zu gefährden.[11] So „defätistisch" diese Auffassung klingen mag, ist ihr doch unbedingt zuzustimmen, denn die in diesem Fall anstehenden Probleme einer Beendigung der kriegerischen Handlungen – ggf. durch Kapitulation – müssen von dem repräsentativsten politischen Gremium getroffen werden, und das sind die Gesetzgebungsorgane. Eine **„Dolchstoßlegende"**, also die Behauptung, eine kleine Gruppe, unter Umständen die Bundesregierung, habe ohne Notwendigkeit kapituliert und dadurch großen Schaden für das Land heraufbeschworen, wie es nach dem 1. Weltkrieg und dem Versailler Friedensvertrag die deutsch-nationalen Parteien behaupteten, ist dadurch ausgeschlossen. Die – wenn auch nur einfache – Mehrheit der Abstimmenden garantiert am ehesten, dass die gesamte Bevölkerung den Beschluss trägt.

3. Durch einen vom Bundespräsidenten zu verkündenden Beschluss den Verteidigungsfall für beendet erklären. Die **Wirkung** des den Verteidigungsfall für beendet erklärenden Beschlusses hat **konstitutiven Charakter,** dh bewirkt die Rechtsfolge: Ende des Verteidigungsfalles in dem Moment, da er als Ergebnis der Abstimmung und Vorliegen der Zustimmungsvoraussetzung des Bundesrats vom Bundespräsidenten bekanntgegeben wird (hM). Der Bundeskanzler muss den Beschluss gegenzeichnen (Art. 58 Abs. 1 S. 1) und es bedarf einer Verkündung im BGBl., mit der Möglichkeit zum Notverkündungsrecht nach Art. 115a Abs. 3 S. 1. Die ein Notverkündungsrecht verneinende hM[12] übersieht, dass der Beschluss ja auch dann getroffen werden kann, wenn die objektiven Tatbestände des Verteidigungsfalles noch bestehen[13] und es in diesem Fall technisch uU kaum möglich ist, den Beschluss im üblichen Wege nach Art. 82 zu verkünden. 9

4. Der Bundesrat kann verlangen, dass der Bundestag hierüber beschließt. Es gilt das Gleiche wie oben zu Abs. 1 S. 2 gesagt (→ Rn. 4). 10

5. Der Verteidigungsfall ist unverzüglich für beendet zu erklären, wenn die Voraussetzungen für seine Feststellung nicht mehr gegeben sind. Hier ergibt sich die Verpflichtung zum Tätigwerden des Bundestags für die Beendigungserklärung immanent aus dem Erforderlichkeitsprinzip, das der gesamten Notstandsverfassung innewohnt, auch wenn es nicht ausdrücklich normiert ist.[14] Für **unverzüglich** gilt auch hier die **Legaldefinition des § 121 Abs. 1 S. 1 BGB.** Die Beendigungserklärung muss nicht in jedem Fall vom Bundestag selbst getroffen werden. Da der Verteidigungsfall so schnell wie möglich aufzuheben ist – auch dies wegen des Erforderlichkeitsprinzips, möglichst die allgemeine Verfassungsordnung wiederherzustellen – kann auch der **Gemeinsame Ausschuss** im Wege eines **actus contrarius** erklären, dass die von ihm nach Art. 115a Abs. 2 getroffene Feststellung, der Verteidigungsfall sei gegeben, nun nicht mehr vorliegt und damit der Verteidigungsfall beendet ist.[15] Die Voraussetzungen dafür, dass der Verteidigungsfall nicht mehr besteht, ergeben sich aus Art. 115a Abs. 1 S. 1. 11

---

[11] *Frank* in AK, 2. Aufl. 1989, Abschn. X a Rn. 46, erkennt aus Art. 2 Abs. 2 in diesem Fall einen Zwang zur Beendigung des Verteidigungsfalles; *Lenz,* Notstandsverfassung des Grundgesetzes, Kommentar, 1971, Rn. 12.

[12] Vgl. etwa *Lenz,* Notstandsverfassung des Grundgesetzes, Kommentar, 1971, Rn. 11.

[13] → Rn. 8.

[14] *Herzog* in Maunz/Dürig Rn. 26 mwN; *Stern,* StaatsR II, 1980, § 54 V 11a; → Rn. 1.

[15] HM zB *Lenz,* Notstandsverfassung des Grundgesetzes, Kommentar, 1971, Rn. 14 mwN; aA *Heun* in Dreier Rn. 9.

III. Friedensschluss (Art. 115l Abs. 3)

12 **1. Über den Friedensschluss.** Während die Erklärung, dass der **Verteidigungsfall beendet** ist, **innerstaatliche Konsequenzen** hat, nämlich die Außerkraftsetzung der formellen und materiellen Befugnisse der Notstandsverfassung im weitesten Sinne,[16] bewirkt der **Friedensschluss völkerrechtliche Konsequenzen.** Unter Friedensschluss ist iSd Völkerrechts zu verstehen: Der ein- oder mehrseitige Vertrag zwischen Staaten mit dem Ziel der Kriegsbeendigung. Ob auch sonstige Abmachungen – zB Waffenruhe oder Kapitulation – von der obigen Definition des Friedensschlusses umfasst werden, ist str.[17] Die Beurteilung, ob ein Friedensschluss zu erfolgen hat, muss sich daran orientieren, dass der Verteidigungsfall als Ultima Ratio frühestmöglich zu beenden ist.[18]

13 **2. Wird durch Bundesgesetz entschieden.** Hier ist das **übliche Gesetzgebungsverfahren** gem. Art. 76–79 einzuhalten. Die verkürzte Form der Gesetzgebung, wie sie Art. 115d für den Verteidigungsfall ermöglicht, scheidet aus, da zu diesem Zeitpunkt der Verteidigungsfall nicht mehr vorliegt. Zunächst muss der Verteidigungsfall für beendet erklärt worden sein, danach kann der Friedensschluss verkündet werden. Da der Friedensschluss einen völkerrechtlichen Akt darstellt, entspräche es der Regel des Art. 59, dass die Bundesregierung ihn aushandelt und unterzeichnet, während der Bundestag dem Ergebnis der Verhandlung nur mit innenpolitischer Wirkung zustimmt. Hier ist jedoch der atypische Fall gegeben, dass der **Bundestag** einen Beschluss mit **unmittelbarer völkerrechtlicher Konsequenz** fasst.[19] Nach hM ist zusätzlich ein Ratifizierungsverfahren durch den Bundespräsidenten „als Analogon zu der Erklärung gemäß Art. 115a Abs. 5 S. 1"[20] notwendig.

C. Kritische Würdigung

14 Als Abschluss der Notstandsverfassung soll Art. 115l die Möglichkeit bieten, vom Verteidigungsfall **zurück zum Normalfall des Verfassungsrechts** überzuleiten. Dabei wird jedoch die sonstige Konsequenz der Notstandsverfassung, den Bundesrat essentiell an den Notstandsmaßnahmen teilhaben zu lassen, insoweit aufgegeben, als der Bundesrat bei der Beendigung des Verteidigungsfalles nur noch ein Initiativ- und Zustimmungsrecht hat, nicht aber mehr selbst entscheiden kann.[21] Es ist indes durchaus denkbar, dass wegen der geringeren Mitgliederzahl der Bundesrat im Gegensatz zu dem Bundestag beschlussfähig ist, wobei es dann zu vertreten wäre, dem Bundesrat das Recht einzuräumen, den Verteidigungsfall für beendet zu erklären. Da auch der Bundestag damit automatisch seine alten Rechte wiedererlangt, ist er verfassungsrechtlich auch nicht schlechter gestellt; für die Praxis wäre aber

---

[16] Also auch Veränderung bei den Art. 12a, 87a; vgl. Katalog bei *Lenz,* Notstandsverfassung des Grundgesetzes, Kommentar, 1971, Rn. 15.

[17] Ablehnend *Herzog* in Maunz/Dürig Rn. 32; sowie *Heun* in Dreier Rn. 12.

[18] *Stern,* StaatsR II, 1980, § 54 V 11 a.

[19] *Herzog* in Maunz/Dürig Rn. 28–30; *Jarass* in Jarass/Pieroth Rn. 3; aA *Grote* in MKS Rn. 19; *Heun* in Dreier Rn. 13.

[20] *Herzog* in Maunz/Dürig Rn. 31.

[21] Ebenso krit. *Heun* in Dreier Rn. 5.

eine Institution mehr geschaffen, die dazu in der Lage wäre, Notstandsmaßnahmen aufzuheben und damit beispielsweise die Grundrechte wieder uneingeschränkt in Kraft treten zu lassen.

Literatur

Vgl. zunächst das Schrifttum zum Abschn. X a des GG sowie ***E. Benda,*** Die Notstandsverfassung, 1968. – ***H.-U. Evers,*** Die perfekte Notstandsverfassung, AöR 91 (1966), 1 und 193. – ***R. Fuchs,*** Die Entscheidung über Krieg und Frieden, Friedensordnung und Kriegsrecht nach dem Bonner Grundgesetz, Diss. Bonn, 1981. – ***C. O. Lenz,*** Notstandsverfassung des Grundgesetzes, Kommentar, 1971, 193. – ***J. Perels,*** Die Beendigung des Verteidigungsfalles, in: Sterzel (Hrsg.), Kritik der Notstandsgesetze,1968, 181.

XI. Übergangs- und Schlußbestimmungen

Art. 116 [Deutsche im Sinne des Grundgesetzes]

(1) Deutscher im Sinne dieses Grundgesetzes ist vorbehaltlich anderweitiger gesetzlicher Regelung, wer die deutsche Staatsangehörigkeit besitzt oder als Flüchtling oder Vertriebener deutscher Volkszugehörigkeit oder als dessen Ehegatte oder Abkömmling in dem Gebiete des Deutschen Reiches nach dem Stande vom 31. Dezember 1937 Aufnahme gefunden hat.

(2) [1] Frühere deutsche Staatsangehörige, denen zwischen dem 30. Januar 1933 und dem 8. Mai 1945 die Staatsangehörigkeit aus politischen, rassischen oder religiösen Gründen entzogen worden ist, und ihre Abkömmlinge sind auf Antrag wieder einzubürgern. [2] Sie gelten als nicht ausgebürgert, sofern sie nach dem 8. Mai 1945 ihren Wohnsitz in Deutschland genommen haben und nicht einen entgegengesetzten Willen zum Ausdruck gebracht haben.

Paulskirchenverfassung von 1849

Abschnitt VI. Art. I

§ 131. Das deutsche Volk besteht aus den Angehörigen der Staaten, welche das Deutsche Reich bilden.

§ 132. Jeder Deutsche hat das deutsche Reichsbürgerrecht. Die ihm kraft dessen zustehenden Rechte kann er in jedem deutschen Lande ausüben. Über das Recht, zur deutschen Reichsversammlung zu wählen, verfügt das Reichswahlgesetz.

Verfassung des Deutschen Reiches von 1871

Art. 3. (1) Für ganz Deutschland besteht ein gemeinsames Indigenat mit der Wirkung, daß der Angehörige (Unterthan, Staatsbürger) eines jeden Bundesstaates in jedem anderen Bundestaate als Inländer zu behandeln und demgemäß zum festen Wohnsitz, zum Gewerbebetriebe, zu öffentlichen Ämtern, zur Erwerbung von Grundstücken, zur Erlangung des Staatsbürgerrechts und zum Genusse aller sonstigen bürgerlichen Rechte unter denselben Voraussetzungen wie der Einheimische zuzulassen, auch in Betreff der Rechtsverfolgung und des Rechtsschutzes demselben gleich zu behandeln ist.

Weimarer Reichsverfassung von 1919

Art. 110. Die Staatsangehörigkeit im Reiche und in den Ländern wird nach den Bestimmungen eines Reichsgesetzes erworben und verloren. Jeder Angehörige eines Landes ist zugleich Reichsangehöriger. Jeder Deutsche hat in jedem Land des Reiches die gleichen Rechte und Pflichten wie die Angehörigen des Landes selbst.

DDR-Verfassung von 1949

Art. 1 Abs. 4. Es gibt nur eine deutsche Staatsangehörigkeit.

DDR-Verfassung von 1968/1974

Art. 19 Abs. 4. Die Bedingungen für den Erwerb und den Verlust der Staatsbürgerschaft der Deutschen Demokratischen Republik werden durch Gesetz bestimmt.

Übersicht

A. Allgemeine Bedeutung[1]

I. Genese

Seinem **Ursprung** nach ist Art. 116 **Kriegs- und Diktaturfolgenrecht.**[2] 1
Als Teil der grundgesetzlichen Übergangsvorschriften sollte die Norm eine Antwort auf die durch Zweiten Weltkrieg und nationalsozialistische Willkürherrschaft verursachten Friktionen und Rechtsunsicherheiten im Bereich der Staatsangehörigkeit geben. Art. 116 GG sollte allen Deutschen die Möglichkeit eröffnen, die Staatsangehörigkeitsbeziehungen zu Deutschland nach 1949 fortsetzen zu können.[3] Zum einen ging es darum, Millionen von kriegsbedingt Geflüchteten oder Vertriebenen deutscher Volkszugehörigkeit einen **Äquivalenzstatus** als sog. „Statusdeutsche" zuzuerkennen und sie damit deutschen Staatsangehörigen weitgehend gleichzustellen, insbesondere unter den Gesichtspunkten der Grundrechte und der politischen Partizipation (Abs. 1).[4] Dieser Äquivalenzstatus ist heute **weitgehend obsolet** und hat letztlich nur noch als rechtliches Durchgangsstadium für Spätaussiedler Bedeutung.[5] Zum anderen erfüllt die Norm eine bis heute fortwirkende Funktion der **Wiedergutmachung** für die durch das NS-Regime ausgebürgerten Menschen und ihre Nachfahren, darunter insbesondere jüdische Bürgerinnen und Bürger (Abs. 2).[6]

Im Kern spricht Art. 116 freilich die **Grundsatzfrage der kollektiven Zugehörigkeit** zu einem Herrschaftsverband an. Jedenfalls thematisch weist er damit sowohl über seinen historisch spezifischen Bezugsrahmen als auch über die nationale Rechtsordnung hinaus.[7] Es ist indes die besondere Eigenart 2

---

[1] Frau Laura Wolfstädter sei für ihre wertvolle Unterstützung herzlich gedankt.
[2] Vgl. BVerfGE 144, 20 (265), Rn. 693: „Kriegsfolgenrecht".
[3] BVerfGE 1, 322 (327 ff.). Zur damaligen historischen Lage *Masing/Kau* in MKS Rn. 2 ff.
[4] Dazu → Rn. 93.
[5] Im Einzelnen → Rn. 94 ff., 102 ff.
[6] Dazu → Rn. 115.
[7] Zur überstaatlichen Dimension → Rn. 11 ff.

von Art. 116, seinen konzeptionellen Dreh- und Angelpunkt, die Staatsangehörigkeit, verfassungsrechtlich nicht selbst zu bestimmen. Art. 116 ist **kein die deutsche Staatsangehörigkeit regelnder Verfassungsartikel,** sondern setzt diese in ihrer einfachgesetzlichen Ausgestaltung durch den Gesetzgeber voraus.[8] Dass Art. 116 über die Gruppe der deutschen Staatsangehörigen hinaus auch Personen mit „deutscher Volkszugehörigkeit" dem deutschen Volk zurechnet, auf das Art. 20 Abs. 2 alle Staatsgewalt zurückführt, ist **nicht etwa Ausdruck eines ethnisch-identitär radizierten Volksbegriffs.** Wie auch das BVerfG mittlerweile in begrüßenswerter Klarheit betont, lässt sich weder aus Art. 116 ein primär an ethnischen Zuordnungen orientierter Volksbegriff ableiten noch dem GG insgesamt eine verfassungsrechtliche Vorgabe entnehmen, das Staatsangehörigkeitsrecht etwa maßgeblich am Abstammungsgrundsatz auszurichten.[9] Die pluralistische Verfassungsordnung des GG „kennt einen ausschließlich an ethnischen Kategorien orientierten Begriff des Volkes nicht."[10]

3 Der Blick auf die **Entstehungsgeschichte von Abs. 1** offenbart einen mehrstimmigen, mitunter dissonanten Motivkanon.[11] Während der Verfassungsgeber mit Abs. 1 einerseits das Hauptanliegen verfolgte, die aus den ehemals deutschen Siedlungsgebieten in Mittel- und Osteuropa Geflüchteten und Vertriebenen in der BRD aufzunehmen und sie im Interesse von Verlässlichkeit und Rechtssicherheit statusmäßig weitgehend den deutschen Staatsangehörigen gleichzustellen, sollten andererseits endgültige Regelungen, welche die Frage der territorialen Ordnung und Grenzen Deutschlands in Ermangelung eines völkerrechtlichen Friedensvertrages hätten präjudizieren können, bewusst vermieden werden. Diese eigenartige **Spannungslage zwischen staatsangehörigkeitsrechtlichem Stabilitätsversprechen und kalkuliertem Provisorium** erklärt nicht nur die Zuordnung der Norm zu den Übergangsvorschriften, sondern auch den Umstand, dass sich Vorschläge zur Einführung einer Bundesangehörigkeit[12] oder zur automatischen Zuerkennung der deutschen Staatsangehörigkeit für Geflüchtete und Vertriebene nicht durchsetzen konnten.[13] Weder sollte die nahende deutsche Teilung implizit anerkannt noch die Tür zur Rückkehr der Betroffenen in ihre bisherigen Siedlungsgebiete vorzeitig geschlossen werden.[14]

4 **Abs. 2** steht in einem engen Entstehungszusammenhang zum Verbot der Entziehung der Staatsangehörigkeit aus Art. 16 Abs. 1 S. 1.[15] Art. 116 Abs. 2 komplettiert dieses durch einen auf Wiedergutmachung abzielenden Mechanismus der Rückgängigmachung (bzw. Nichtanerkennung) der durch das NS-Regime aus politischen, ethnischen oder religiösen Gründen angeordneten Ausbürgerungen.[16] Während über das „Ob" einer solchen Regelung

---

[8] Näher → Rn. 45 ff.

[9] BVerfGE 144, 20 (264 ff.); Anders offenbar *Murswiek* in Depenheuer/Grabenwarter Der Staat in der Flüchtlingskrise, 123 (127), demzufolge das GG als „nationalstaatliche Verfassung" voraussetze, „dass das Staatsvolk in seiner großen Mehrheit aus ethnisch Deutschen besteht".

[10] BVerfGE 144, 20 (264). Vgl. entwicklungsgeschichtlich *Nathans,* The Politics of Citizenship in Germany – Ethnicity, Utility and Nationalism, 2004, 235.

[11] Eingehend *Wittreck* in Dreier Rn. 12 ff., der von einem „schwer entwirrbaren Motivbündel" spricht.

[12] Dazu Parlamentarischer Rat, 44. Sitzung des Hauptaussch. (19.1.1949), 573 sowie aus der Literatur *Schönberger,* Unionsbürger, 2006, 119.

[13] Vgl. *Masing/Kau* in MKS Rn. 5 („Konzept einer ‚intendierten Unvollständigkeit'„).

[14] Vgl. *Wittreck* in Dreier Rn. 13.

[15] Dazu Parlamentarischer Rat, Bd. V (Ausschuss für Grundsatzfragen), S. 714 ff.

[16] Vgl. *Wittreck* in Dreier Rn. 14 ff.

weitgehend Einigkeit bestand, war das „Wie" seiner konkreten Ausgestaltung und insbesondere das Erfordernis eines Wiedereinbürgerungsantrages Gegenstand intensiver Diskussionen im Parlamentarischen Rat.[17] Letztlich galt es, eine den unterschiedlichen Interessen und Willensrichtungen der Betroffenen jeweils weitest möglich entgegenkommende **Kompromisslösung** zu finden, die den Zwangsausgebürgerten einerseits einen würdevollen und unkomplizierten Zugang zur Wiedereinbürgerung eröffnete, die andererseits aber die deutsche Staatsangehörigkeit auch niemandem gegen seinen Willen aufzwang.[18] Diese Rücksichtnahme in beide Richtungen schloss sowohl eine generelle Wiedereinbürgerung *(ex tunc)* als auch eine allgemeine Antragslösung *(ex nunc)* aus und mündete schließlich in die maßgeblich von *Carlo Schmid* geprägte[19] Kombination aus Nichtausbürgerungsfiktion (Abs. 2 S. 2) und Wiedereinbürgerung auf Antrag (Abs. 2 S. 1).[20]

Art. 116 Abs. 1 und Abs. 2 hatten beide landesverfassungsrechtliche Vor- **5** läufer.[21] Im Übrigen aber fehlt es an **Vorbildern in der deutschen Verfassungsgeschichte.** Die in **Abs. 1** eingeführte Kategorie der „Statusdeutschen" ist auch im **Rechtsvergleich** präzedenzlos, zumal vergleichbare Regelungsanliegen klassischerweise völkervertragsrechtlich und mit der Zielstellung des Erwerbs einer bestimmten Staatsangehörigkeit behandelt wurden.[22] Im (Verfassungs-)Recht mehrerer Staaten finden sich aber immer wieder Regelungen, die zumindest eine gewisse thematische Schnittmenge mit Abs. 1 aufweisen, etwa soweit sie auf eine kriegsbedingte Vertreibungs- und Fluchtsituation reagieren, eine vereinfachte Einbürgerung von ausländischen Angehörigen der eigenen Nation, Ethnie oder Religion ermöglichen oder eine besondere Einstandspflicht für diese zum Ausdruck bringen.[23] Besonders ausgeprägt ist letzteres etwa im israelischen Rückkehrgesetz von 1950, das vor dem Hintergrund der Shoah und Jahrhunderte währender Vertreibungen jedem Menschen jüdischer Abstammung bzw. jüdischen Glaubens ein Recht auf Einreise und Einbürgerung in Israel garantiert.[24] Ein weiteres, obgleich anders gelagertes zeitgenössisches Beispiel ist die Verfassung Ungarns, welche in besonders prononcierter – und im angrenzenden Ausland als übergriffig kritisierter – Weise die „Verantwortung" des ungarischen Staates für die im Ausland lebenden Ungarn betont.[25] Was **Abs. 2**

[17] Dazu *Masing/Kau* in MKS Rn. 143.

[18] Vgl. *Hailbronner* in Hailbronner/Maaßen/Hecker/Kau StAngR Rn. 3.

[19] Vgl. Parlamentarischer Rat, XIV (Hauptausschuss), 1635 ff.

[20] Dazu im Einzelnen → Rn. 110 ff.

[21] Dazu *Makarov/v. Mangoldt* StAngR Rn. 1, 71 ff.; *Masing/Kau* in MKS Rn. 7 und 141.

[22] Vgl. am Beispiel der Folgezeit des Wiener Kongresses *Fahrmeir,* Citizens and Aliens – Foreigners and the Law in Britain and the German States, 1789–1870, 2000, 19 ff. sowie, daran anknüpfend, aber die empirische Dimension des völkervertraglichen *„ius domicilii"* hinterfragend *Gosewinkel,* Einbürgern und Ausschließen – Die Nationalisierung der Staatsangehörigkeit vom deutschen Bund bis zur Bundesrepublik Deutschland, 2001, 30 f.

[23] Instruktiv *Wittreck* in Dreier Rn. 29 ff. mwN.

[24] Zur verfassungsrechtlichen Dimension des israelischen Staatsangehörigkeits- und Migrationsrechts, auch im Kontext der Palästinenserfrage, vgl. näher *Barak-Erez,* Israel: Citizenship and Immigration Law in the Vise of Security, Nationality, and Human Rights, I-CON 2008, 184 ff.

[25] Art. D der ungarischen Verfassung von 2011, deutsche Sprachfassung abrufbar unter https://www.kormany.hu/download/0/d9/30000/Alapt%C3%B6rv%C3%A9ny.pdf (30.5.2019). Zur Internationalisierung des Minderheitenrechts im Kontext Ungarns vgl. *Schnellbach* in Dácz Minderheitenfragen in Ungarn und in den Nachbarländern im 20. und 21. Jahrhundert, 2013, 13 ff. Speziell zur völkerrechtlichen Problematik der ungarischen Politik zum Schutz von Auslandsungarn vgl. *Voigt,* Der Schutz nationaler ungarischer Min-

anbelangt, so lassen sich durchaus ideengeschichtliche Vorbilder im Verfassungsrecht anderer europäischer Staaten identifizieren, etwa in der Restitutionsgesetzgebung des revolutionären Frankreichs in Bezug auf die ein Jahrhundert vorausliegende Hugenottenvertreibung.[26] Im Rechtsvergleich fällt auf, dass entsprechende Bestimmungen in aller Regel einfachgesetzlich getroffen werden.[27]

6 **Entwicklungsgeschichtlich** betrachtet hat **Art. 116** zur Bewältigung staatsangehörigkeitsrechtlicher Fragen in der deutschen Nachkriegsgeschichte eine wichtige Rolle gespielt. Dabei durchlief die bis heute textlich unverändert gebliebene Norm in der Verfassungspraxis der vergangenen Jahrzehnte mitunter **erhebliche Akzent- und Funktionsverschiebungen.**[28] Das gilt namentlich für **Abs. 1.** Seine sukzessive Wandlung geht vor allem auf die Vielschichtigkeit der mit ihm verfolgten Motive zurück, die im Laufe der Zeit und in dem sich wandelnden historischen Kontext jeweils in unterschiedlicher Intensität hervortraten oder verblassten.[29] Ging es in der unmittelbaren Nachkriegszeit vor allem um die **Integration der Flüchtlinge und Vertriebenen** und darum, die Deutschen im und aus dem Osten nicht als Fremde zu behandeln, gewann in der Folge das mit Abs. 1 konkretisierte **Wiedervereinigungsgebot**[30] stärker an Bedeutung, da die Norm letztlich auch der Aufrechterhaltung der einheitlichen deutschen Staatsangehörigkeit diente. Im Verlauf des Kalten Krieges trat an die Stelle der Aufnahme der (tatsächlich) kriegsbedingt Geflüchteten und Vertriebenen sodann der Sache nach zunehmend die **Aufnahme von deutschstämmigen Systemflüchtlingen aus dem Ostblock,** wodurch Deutschland in die durchaus ambivalente Rolle eines „Fürsprechers deutscher Minderheiten"[31] in Mittel- und Osteuropa hineinwuchs. Zwar wurde im Anwendungsbereich des Abs. 1 auch einfachgesetzlich nach wie vor eine vertreibungsbedingte Migration vorausgesetzt.[32] Indes wurde der Fortbestand eines Vertreibungsdrucks als Spätfolge der ursprünglichen Vertreibungsmaßnahmen für die betroffenen Gebiete unterstellt und die Vertreibungsbedingtheit der Migration aus Mittel- und Osteuropa gesetzlich vermutet, was behördenseitig in aller Regel schwer widerlegbar war.[33] Wie die damalige Rechtsprechungs- und Verwaltungspraxis zeigt, ging es der Sache nach zunehmend weniger um vertreibungs- als vielmehr um systembedingte Migration infolge des Ost-West-Gegensatzes.[34] Abs. 1 kam somit zusehends eine **einwanderungsrechtliche Funktion** zu, die den ursprünglichen Normzweck allenfalls noch an der Oberfläche perpetuierte.[35]

---

derheiten durch ihren Ursprungsstaat aufgrund des ungarischen Statusgesetzes und dessen Vereinbarkeit mit dem Völkerrecht, 2005, 45 ff.

26 Zum Ganzen *Wittreck* in Dreier Rn. 9, 38 f. Speziell zur Restitutionsgesetzgebung *Cabanel,* Une loi du retour (15 décembre 1790): réparation nationale et crispations nationalistes sur le thème du retour des huguenots, Diasporas Histoire et Sociétés 2006, 49 ff. sowie *Pannier,* La loi du 15 décembre 1790, Bulletin historique et littéraire, 1891, 113 ff.

27 Vgl. *Wittreck* in Dreier Rn. 38 f.

28 *Wittreck* in Dreier Rn. 16 ff. („Funktionsmetamorphosen").

29 *Wittreck* in Dreier Rn. 16 ff.

30 Vgl. BVerfGE 77, 137 (149) sowie → Rn. 51 ff.

31 So *Masing/Kau* in MKS Rn. 1.

32 Im Einzelnen → Rn. 81.

33 Dazu *Alexy* NJW 1989, 2850 (2855).

34 *Alexy* NJW 1989, 2850 (2855), mit kritischer Wertung wegen der insoweit erfolgenden Überdehnung des Vertriebenenrechts.

35 Vgl. *Wittreck* in Dreier Rn. 18, der die Annahme des Vertreibungsdrucks als „Camouflage für unerträgliche Lebensverhältnisse in der Einparteiendiktatur" kennzeichnet.

Heute hat der Äquivalenzstatus nach Art. 116 Abs. 1 indes seine **Daseinsberechtigung weitgehend verloren** und wird inzwischen auch einfachgesetzlich seinem Ende zugeführt.[36] Perspektivisch sollte Abs. 1 **gestrichen** und ggf. durch eine allgemeine Vorschrift über die Staatsangehörigkeit ersetzt werden, die (deklaratorisch) auch auf die Unionsbürgerschaft und die an diesen Status geknüpften Rechte hinweisen könnte.[37]

Einen vergleichbar tiefgreifenden Funktionswandel hat **Abs. 2** nicht durchlaufen. Allerdings verlor auch hier der auf die unmittelbar Betroffenen bezogene Regelungsteil nach der Frühphase der Bundesrepublik zunehmend an Bedeutung, während die Norm heute vor allem für die Nachkommen von ehemals Zwangsausgebürgerten relevant ist und das Versprechen der Wiedergutmachung somit in die Folgegenerationen trägt.[38] Vor allem israelische, US-amerikanische und auch britische Staatsangehörige haben sich in jüngerer Zeit vermehrt auf Art. 116 Abs. 2 berufen.[39] Die staatsangehörigkeitsrechtliche Begrenzung des *ius sanguinis*-Prinzips bei Auslandsgeburten[40] wirft die Frage auf, ob und ggf. inwieweit die künftige Tragweite von Art. 116 Abs. 2 gesetzlich eingeschränkt werden kann.[41] 7

II. Inhaltsübersicht

Art. 116 regelt nicht selbst die Staatsangehörigkeit, sondern setzt sie in ihrer konkreten Ausgestaltung durch den Gesetzgeber voraus. Art. 116 sind, ebenso wie Art. 16 Abs. 1 und dem GG im Übrigen, auch **keine staatsangehörigkeitsrechtlichen Grundsätze** zu entnehmen.[42] Der zentrale Normzweck liegt vielmehr darin, dass Art. 116 als erste der in Kap. XI versammelten Übergangsvorschriften die Beziehung von Personen zu Deutschland, deren staatsangehörigkeitsrechtliche Situation infolge der Ereignisse des Zweiten Weltkrieges unsicher war, einer Klärung zuführen soll.[43] Art. 116 umfasst **zwei zentrale, sowohl in sachlicher wie personeller Hinsicht zu unterscheidende Regelungsgehalte.** 8

Mit **Abs. 1** wurde die historisch präzedenzlose Kategorie der **Deutschen im Sinne des Grundgesetzes** geschaffen. Über den Kreis der deutschen Staatsangehörigen hinaus garantiert sie durch Einbezug der sog. **Statusdeutschen** einer Gruppe von Personen mit deutscher Volkszugehörigkeit, die nach dem Zweiten Weltkrieg nicht (mehr) die deutsche Staatsangehörigkeit besaßen, eine weitgehende statusrechtliche Gleichstellung, einen **Äquivalenzstatus.**[44] Von besonderer Tragweite ist diese Gleichstellung unter den Gesichtspunkten der Inanspruchnahme von Deutschengrundrechten (insbes. Art. 8, Art. 9, Art. 11 und Art. 12) und der Teilhabe an der Ausübung öffentlicher Gewalt, insbesondere durch Wahlen (Art. 38 Abs. 1 S. 1). Indes fallen Statusdeutsche nicht unter den Schutz von Art. 16 Abs. 1. Personell 9

---

[36] → Rn. 107 ff.

[37] Dazu → Rn. 137 ff.

[38] Dazu *Weizsäcker* ZAR 2004, 93 ff.

[39] → Rn. 112 mwN.

[40] § 4 Abs. 4 StAG.

[41] Dazu *Zimmermann/Bäumler* DÖV 2016, 97 ff. sowie → Rn. 120.

[42] Vgl. *Wittreck* in Dreier Rn. 44, 48; *Masing/Kau* in MKS Rn. 28; *Rennert* in Umbach/Clemens Rn. 10a; *Hofmann* in SHH Rn. 10, die beiden letztgenannten sehen jedoch als Grundlage des Art. 116 das Abstammungsprinzip an; hinsichtlich der Vermeidung von Mehrstaatigkeit und des *ius sanguinis: Zuleeg* in AK Rn. 6 f.

[43] → Rn. 1.

[44] Dazu im Einzelnen → Rn. 36 ff.

bezieht sich Abs. 1 auf Flüchtlinge oder Vertriebene deutscher Volkszugehörigkeit sowie deren Ehegatten oder Abkömmlinge.[45] Einfachgesetzlich wurden auch andere Personengruppen einbezogen, insbesondere die – heute noch einzig praktisch relevante – Personengruppe der **Spätaussiedler.**[46]

10 Der zweite Regelungsgehalt folgt aus **Abs. 2.** Die Norm gewährt Menschen, die unter dem Nationalsozialismus aus politischen, ethnischen oder religiösen Gründen zwangsausgebürgert wurden, sowie ihren Abkömmlingen einen Anspruch auf Wiedereinbürgerung (Abs. 2 S. 1)[47] bzw. fingiert eine Nichtausbürgerung, sofern die Betroffenen oder ihre Nachfahren nach Kriegsende ihren Wohnsitz in Deutschland genommen und nicht einen entgegengesetzten Willen zum Ausdruck gebracht haben (Abs. 2 S. 2).[48] Der Norm liegt das Bemühen zugrunde, einige der gravierendsten staatsbürgerlichen Folgen der nationalsozialistischen Willkürherrschaft wiedergutzumachen. Diese Funktion der **Wiedergutmachung** erstreckt sich sowohl auf die unmittelbar von den Zwangsausbürgerungen Betroffenen als auch auf deren Nachfahren.

III. Überstaatliche Bezüge

11 Staatsangehörigkeitsrechtliche Normen sind als Verrechtlichung der kollektiven Zugehörigkeit zu einem Herrschaftsverband in einen überstaatlichen Regelungszusammenhang eingebettet. Zum einen müssen sie sich im Rahmen völkerrechtlicher Vorgaben halten. Zum anderen tritt in der Europäischen Union die Unionsbürgerschaft als grundlegender Status der Staatsangehörigen der Mitgliedstaaten zum Institut der Staatsangehörigkeit hinzu und ergänzt dieses als komplementärer Status.

12 **1. Völkerrechtliche Bezüge. a) Völkerrecht und Staatsangehörigkeit.** Völkerrechtlich darf jeder Staat als Ausfluss seiner Souveränität[49] grundsätzlich selbst den Erwerb und den Verlust der Staatsangehörigkeit regeln.[50] Das Völkerrecht und insbesondere das Völkergewohnheitsrecht verlangen für die staatliche Zuerkennung der Staatsangehörigkeit und die Aufstellung entsprechender Regelungen allerdings einen **hinreichenden Anknüpfungspunkt** im Sinne einer **echten Verbindung** (**genuine connection** bzw. **link**) zwischen Staatsbürger und Heimatstaat.[51] Als Teil der sog. „allgemeinen Regeln des Völkerrechts" iSd **Art. 25** ist das Völkergewohnheitsrecht **Bestandteil der deutschen Rechtsordnung** mit übergesetzlichem Rang und somit auch für einfaches Gesetzesrecht maßstäblich.[52] Darüber hinaus wirkt das Völkerrecht gemäß dem Grundsatz der Völkerrechtsfreundlichkeit des GG[53] und der daraus folgenden völkerrechtskonformen Auslegung des deut-

---

[45] → Rn. 77 ff., 90 ff.

[46] Näher zu diesen → Rn. 73, 80, 82, 94 ff., 102 ff.

[47] Dazu → Rn. 121 ff.

[48] Dazu → Rn. 125 ff.

[49] Dabei handelt es sich freilich um einen schillernden und mehrdeutigen Begriff, vgl. *Wendel,* Permeabilität im europäischen Verfassungsrecht, 2011, 77 ff. mwN.

[50] Vgl. *Crawford,* Brownlie's Principles of Public International Law, 2019, 509 ff.

[51] IGH ICJ-Rep. 1955, 3 – Nottebohm; sa *v. Arnauld,* Völkerrecht, Rn. 84 ff.

[52] Dazu eingehend → Art. 25, Rn. 27 ff.

[53] Zu Grund und insbesondere Grenzen der Völkerrechtsfreundlichkeit des GG siehe insbesondere die Treaty-Override-Entscheidung, BVerfGE 141, 1 (26 ff.). Dazu näher *Payandeh* NJW 2016, 1279 ff.; *Heintzen* JöR 2016, 493 ff.

schen Rechts in gewissen Grenzen auch auf die Auslegung des GG und damit auf Art. 116 Abs. 1 ein.[54]

13 **b) Völkerrechtliche Einordnung des Äquivalenzstatus.** Aus internationaler Perspektive stellt sich zunächst die Frage nach der völkerrechtlichen Einordnung des durch Art. 116 Abs. 1 verliehenen Äquivalenzstatus, d. h. der Eigenschaft als **Statusdeutscher.** Als Norm des deutschen Verfassungsrechts kann Art. 116 Abs. 1 die rechtliche Gleichstellung von Statusdeutschen mit deutschen Staatsangehörigen zunächst nur innerhalb der deutschen Rechtsordnung, nicht aber für die völkerrechtliche Ebene normieren. Daher wurden Statusdeutsche in der Lit. zum Teil als völkerrechtlich nicht deutschen Staatsangehörigen gleichgestellt angesehen.[55]

14 Überzeugender ist indes die Rechtsauffassung, wonach Art. 116 Abs. 1 jedenfalls im Zusammenspiel mit den völkerrechtlichen Vorgaben die **Gleichstellung der Statusdeutschen auch im völkerrechtlichen Raum** *bewirkt.*[56] Zwar ist die zutreffende Feststellung des BVerfG, die Statusdeutschen gehörten zum „deutschen Staatsvolk“,[57] für sich genommen noch nicht aussagekräftig für die völkerrechtliche Einordnung der Statusdeutschen. Denn diese Feststellung steht primär im verfassungsrechtlichen Kontext des Wahlrechts. Und soweit sie implizit einen Zusammenhang zur Drei-Elemente-Lehre herstellt,[58] vermag letztere wiederum nicht selbst zu bestimmen, wer eigentlich zum Staatsvolk gehört, da dieses lediglich als Bedingung für Staatlichkeit und damit die (originäre) Völkerrechtssubjektivität vorausgesetzt wird. Entscheidend ist indes, dass die zunächst verfassungsinterne, gewissermaßen selbstbezügliche Qualifikation der Statusdeutschen als „Deutsche im Sinne des Grundgesetzes“ auf eine **den Vorgaben des Völkerrechts genügende „echte Verbindung“** zwischen den betreffenden Personen und Deutschland bezogen ist. Eine solche Verbindung liegt im Fall der Statusdeutschen vor, weil die Eigenschaft als Statusdeutscher *de iure* (und bis zur Wiedervereinigung jedenfalls de facto) nur durch **Aufnahme in das Gebiet** der Bundesrepublik erworben werden kann.[59] Dieser Umstand ordnet die Statusdeutschen dem deutschen Staat in völkerrechtlich *relevanter* Weise zu und lässt sie nicht lediglich als privilegierte Ausländer erscheinen. Bei, wie regelmäßig, gleichzeitiger Beibehaltung einer anderen Staatsangehörigkeit greift für die Statusdeutschen dann der Grundsatz der **effektiven Staatsangehörigkeit.**[60] Die Übersiedlung in die Bundesrepublik, durch die der Deutschen-Status erst entsteht, ordnet die Statusdeutschen unter diesem Gesichtspunkt auch völkerrechtlich *maßgeblich* Deutschland zu, weshalb insbesondere auch die Voraussetzungen für die **Ausübung diplomatischen Schutzes** erfüllt sind.[61] Das ist umso unbedenklicher, als die Statuseigenschaft zumeist ohnehin in die Staatsangehörigkeit überführt worden ist bzw. über-

[54] Allgemein BVerfGE 111, 307 (317 f.); 112, 1 (24 ff.), speziell für Art. 116 GG vgl. bereits *Makarov/v. Mangoldt* StAngR Rn. 14.

[55] So etwa noch *Hecker* in v. Münch/Kunig, 2. Aufl. 1983, Rn. 6a.

[56] Ähnlich *Masing/Kau* in MKS Rn. 9; wohl auch *Kokott* in Sachs Rn. 14 f., *Rennert* in Umbach/Clemens Rn. 29.

[57] Vgl. BVerfGE 83, 37 (51).

[58] Welche die Existenz eines Staatsvolkes neben Staatsgebiet und Staatsgewalt als konstitutives Merkmal von Staatlichkeit voraussetzt, vgl. klassisch *Jellinek,* Allgemeine Staatslehre, 1914, 394 ff., 406 ff., 427 ff.

[59] → Rn. 86 ff.

[60] Vgl. *Masing/Kau* in MKS Rn. 9; *Kokott* in Sachs Rn. 15.

[61] *Kokott* in Sachs Rn. 15.

führt wird[62] und der Äquivalenzstatus *ex post* betrachtet nur ein **Durchgangsstadium** war. Damit hat die Frage der völkerrechtlichen Bedeutung des Art. 116 Abs. 1 letztlich ihre Relevanz verloren. Mit der völkerrechtlichen Gleichstellung von Statusdeutschen und Staatsangehörigen ist freilich noch nichts über die **Völkerrechtskonformität des durch Art. 116 Abs. 1 gemachten Angebots** gesagt, Drittstaatsangehörige, die noch im Ausland aufhältig sind, zu potentiellen Deutschen zu machen.[63]

15 In der völkerrechtlichen Praxis werden Statusdeutsche durch ausdrückliche Regelungen in den Geltungsbereich vieler **völkerrechtlicher Verträge** der Bundesrepublik mit aufgenommen, insbes. der Menschenrechtspakte. Gleiches gilt für das **Unionsrecht.** Paradigmatisch ist die Erklärung der BReg. in der Schlussakte zu den Römischen Verträgen von 1957: **„Als Staatsangehörige der Bundesrepublik Deutschland gelten alle Deutschen im Sinne des Grundgesetzes".**[64] Ob diese vereinbarte Erstreckung auf Statusdeutsche konstitutiv[65] oder deklaratorisch[66] ist, hängt wiederum von der Ansicht zur völkerrechtlichen Gleichstellung der Statusdeutschen ab. Nimmt man diese völkerrechtliche Gleichstellung zutreffenderweise an, kann die Erstreckung letztlich nur deklaratorisch sein.

16 **c) Minderheitenschutz und „Recht auf Heimat".** Betrachtet man das Verhältnis Deutschlands zu anderen Staaten **nach außen,** spricht Art. 116 Abs. 1 völkerrechtlich betrachtet zunächst die Themen des Minderheitenschutzes und des sog. Rechts auf Heimat an. Soweit Art. 116 Abs. 1 bewusst die Frage einer etwaigen Rückkehr der Betroffenen in ihre ehemaligen Siedlungsgebiete offen hielt, verweist er auf die umstrittene Frage nach einem **„Recht auf Heimat",**[67] ggf. flankiert um ein entsprechendes (Menschen-) Recht auf Ein- bzw. Ausreise aus Art. 12 Abs. 2 bzw. Abs. 4 IPbpR.[68]

17 Soweit Art. 116 Abs. 1 als Instrument zum **Schutz deutschstämmiger Minderheiten in Osteuropa** gesehen wurde,[69] weist dies in eine – zumindest vom Ergebnis her – ähnliche Zielrichtung wie der völkerrechtliche Minderheitenschutz.[70] Hierbei kam zunächst den von Deutschland abgeschlossenen **bilateralen Partnerschaftsverträgen** eine wichtige Rolle zu. Die in der Folge der Vereinigung geschlossenen Verträge mit Polen,[71] der Tschechoslowakei[72] und der Sowjetunion,[73] bringen zum Ausdruck, dass die Bundesrepublik die inneren Angelegenheiten dieser Staaten respektiert. Hinsichtlich der in diesen Staaten lebenden Deutschen richtet sich das gemeinsame Bemühen der Vertragsparteien, deutlich insbes. für die deutsche Minderheit in Polen, darauf, dieser Personengruppe einen guten Minderheitenschutz zu verschaffen. Nach Art. 2 Abs. 9 des deutsch-polnischen Nachbarschaftsvertrages sind ua die KSZE-Schlussakte und die Charta von

---

[62] → Rn. 93 ff.
[63] Dazu → Rn. 108.
[64] BGBl. 1957 II 765.
[65] Vgl. *Hecker* in v. Münch/Kunig, 2. Aufl. 1983, Rn. 6a.
[66] *Rennert* in Umbach/Clemens Rn. 29: offen gelassen bei *Kokott* in Sachs Rn. 15.
[67] Dazu *Tomuschat* FS f. Partsch, 1989, 183 ff.; *Murswiek* in Gornig/Murswiek Das Recht auf Heimat, 2006, 17 ff.
[68] Näher *Wittreck* in Dreier Rn. 22 f. mwN.
[69] → Rn. 6.
[70] Vgl. *Wittreck* in Dreier Rn. 24.
[71] *Peters* NVwZ 2007, 1028 (1029).
[72] Vertrag v. 27.2.1992, BGBl. 1992 II 462.
[73] → Rn. 56.

Paris,[74] die auf Demokratie, Menschenrechte und Minderheitenschutz verpflichtet, in allen Bereichen verbindlich. Nach Art. 20 Abs. 1 des Vertrages haben die deutschen Staatsangehörigen und Volkszugehörigen „das Recht, [...] ihre ethnische, kulturelle, sprachliche und religiöse Identität frei zum Ausdruck zu bringen, zu bewahren und weiterzuentwickeln". Die Vorschrift gewährt nach polnischer Rechtslage den Betroffenen unmittelbare Rechte. Korrespondierend verpflichtet Art. 21 Abs. 1 die Vertragsparteien, die Minderheiten zu schützen und zu fördern. Die polnische Verfassung von 1997 trägt diesen Verpflichtungen Rechnung, indem sie in ihrem Art. 35 den Minderheiten mit polnischer Staatsangehörigkeit weitgehende Rechte hinsichtlich Sprache, Kultur, Tradition und eigenen Einrichtungen gewährt.[75] Art. 22 des Vertrages verpflichtet andererseits die deutsche Minderheit, die territoriale Integrität des polnischen Staates zu achten und sich diesem gegenüber loyal zu verhalten.[76] Die deutsch-tschechische Erklärung über die gegenseitigen Beziehungen und deren künftige Entwicklung v. 21.1.1997 enthält nichts zu Staatsangehörigkeitsfragen.[77] Die genannten Verträge sind für die EU-Mitgliedstaaten wegen Art. 2 S. 1 EUV und Art. 351 AEUV weiterhin relevant.[78] Auch das zwischen der EG und Polen 1991 geschlossene **Europa-Abkommen,**[79] das eine Vorstufe zum EU-Beitritt Polens darstellte, verpflichtet in seiner Präambel auf Rechtsstaatlichkeit und Menschenrechte, auf die KSZE-Schlussakte und die Charta von Paris. Gleichartige Bindungen enthalten die Europa-Abkommen mit der Tschechischen und der Slowakischen Republik, mit Ungarn, Rumänien, Bulgarien und den baltischen Staaten. Art. 49 EUV-Nizza verpflichtete die zur EU beitretenden Staaten ausdrücklich zur Wahrung der Menschenrechte.[80] Heute sind die mittel- und osteuropäischen EU-Mitgliedstaaten an die **Grundwerte des Art. 2 EUV**[81] sowie im Anwendungsbereich des Unionsrechts an die **EU-Grundrechtecharta** gebunden, die allein schon über die gleichheitsrechtliche Dimension (Art. 21 GRCh) einen weitreichenden Minderheitenschutz gewährt.[82] Überdies verpflichtet die Mitgliedschaft im Europarat und damit in der **EMRK** die mittel- und osteuropäischen EU-Mitgliedstaaten sowie Mazedonien, Moldawien, die Ukraine und seit 1996 insbesondere auch Russland ebenfalls auf Menschenrechte und Minderheitenschutz.[83]

---

[74] V. 21.11.1990, Bulletin 137-90, 1409.

[75] Vgl. schon *Sakson,* Bestimmungen über nationale Minderheiten in polnischen Verfassungsgesetzen, Osteuropa Recht 1993, 209 ff.; *Hoskova* in Frowein/Hofmann/Oeter Das Minderheitenrecht europäischer Staaten, 1993, 258; *Bricke,* Minderheiten im östlichen Mitteleuropa, 1995, 63 ff.

[76] Vgl. *Seiffert,* Die Verträge zwischen Deutschland und seinen östlichen Nachbarn, 1994, 37 ff.

[77] Abgedr. in AVR 36 (1998), 67.

[78] S. *Lorenzmeier* in Grabitz/Hilf, Das Recht der EU, 40. Aufl. 2009, EGV Art. 307 Rn. 13 ff.

[79] V. 16.12.1991, ABl. 1993 L 348, 2.

[80] Vgl. *Cremer* in Calliess/Ruffert, EUV/EGV, 3. Aufl. 2007, EUV Art. 49 Rn. 9 zur vor dem Inkrafttreten des Vertrags von Lissabon geltenden Fassung.

[81] Mit Blick auf den staatlich betriebenen Rückbau rechtsstaatlicher Strukturen insbesondere in Polen und Ungarn (dazu EuGH C-619/18, ECLI:EU:C:2019:531 – Kommission/Polen sowie *v. Bogdandy/Sonnevend,* Constitutional Crisis in the EU 2015 sowie *Closa/Kochenov,* Reinforcing the Rule of Law Oversight in the European Union, 2016) stehen deutsche Minderheiten (noch) nicht spezifisch im Fokus.

[82] Art. 6 Abs. 1 EUV.

[83] Art. 14 EMRK; Rahmenkonvention zum Schutz nationaler Minderheiten v. 1.2.1995, i. K. seit 1.2.1998 (ETS Nr. 157) und die Europäische Charta der regionalen oder Minderheiten-Sprachen v. 5.11.1992, i. K. seit 1.3.1998 (ETS Nr. 148).

Nach **Art. 27 IPbpR** ergibt sich zudem, auch für Russland die völkerrechtliche Verpflichtung, den dort lebenden Minderheiten die Ausübung ihrer Kultur, Religion und den Gebrauch der Sprache zu gewähren.

18 Auch in umgekehrter Richtung kann Art. 116 Abs. 1 in den Anwendungsbereich völkerrechtlicher Regeln fallen. So verpflichtet Art. 27 IPbpR Deutschland auch **nach innen** auf den völkerrechtlichen Minderheitenschutz und in Art. 1 auf die Achtung des Selbstbestimmungsrechts der Völker. Eine Minderheit iSd IPbpR ist eine Gruppe von Staatsangehörigen, die numerisch kleiner ist als der Rest der Bevölkerung, sich in einer nicht dominierenden Position befindet, sie vom Rest der Bevölkerung unterscheidende ethnische, religiöse oder sprachliche Eigenschaften aufweist und schließlich ein Gefühl der Zusammengehörigkeit hinsichtlich der Erhaltung ihrer Kultur, Tradition, Religion oder Sprache entwickelt hat.[84] Die deutsche Staatsangehörigkeit der Angehörigen von Minderheiten, wie zB nordschleswigschen Dänen oder Wenden und Sorben, wird dadurch freilich nicht tangiert. Eine etwaige – und unabhängig von einem verfassungsrechtlich gewährten Minderheitenschutz[85] – bestehende völkerrechtliche Verpflichtung, die Angehörigen solcher Gruppen **hinsichtlich ihres staatsbürgerrechtlichen Status differenziert zu behandeln,**[86] kommt im Falle Deutschlands allerdings nicht in Betracht, da ein separates Volk, welches das völkerrechtliche **Selbstbestimmungsrecht** in Anspruch nehmen könnte, nicht ersichtlich ist.

19 **2. Unionsrechtliche Bezüge.** Die Staatsangehörigkeit bewirkt die rechtliche Unterscheidung zwischen In- und Ausländern und damit die Zuordnung unterschiedlicher Rechte und ggf. Pflichten gegenüber dem betreffenden Herrschaftsverband. In der Europäischen Union tritt die zur nationalen Staatsangehörigkeit[87] akzessorische Unionsbürgerschaft als grundlegender supranationaler Status hinzu. Er verleiht den statuszugehörigen Unionsbürgerinnen[88] und Unionsbürgern grundlegende Rechte, wie etwa das Freizügigkeitsrecht oder das Wahlrecht zum Europäischen Parlament, und durchbricht damit zumindest partiell die Exklusivität der Verleihung bestimmter (insbesondere politischer) Bürgerrechte für Deutsche iSd GG. Die an den Status der Unionsbürgerschaft geknüpften grundlegenden Individualrechte, die sog. **Unionsbürgerrechte,**[89] wurden semantisch bewusst in die Nähe zu den klassischen Staatsbürgerrechten gerückt[90] und werden so automatisch zur Projektionsfläche für Erwartungen,[91] die in unterschiedlichen bürgerschaftlichen Idealen wurzeln.[92] Rechtsdogmatisch gesehen sind die Unionsbürgerrechte zugleich Unions**grundrechte,** wie ihre parallel zu den vertraglichen

---

[84] *Nowak,* U. N. Covenant on Civil and Political Rights – CCPR Commentary, 2. Aufl. 2005, Art. 27 Rn. 12 ff.; *Vedder* in Merten/Papier Grundrechts-HdB VI/2, 2010, § 174 Rn. 88 f.

[85] Vgl. GemVerfKom., BT-Drs. 12/6000, 71; *Franke/Hofmann* EuGRZ 1992, 401.

[86] Vgl. Art. 25 BrbgVerf. hinsichtlich der Rechte der Sorben.

[87] Bzw. in Deutschland auch zum Äquivalenzstatus, dazu sogleich.

[88] Soweit im Folgenden allein von „Unionsbürgern" die Rede ist, schließt dies die weibliche Form mit ein.

[89] Dazu eingehend *Wendel* in Grabenwarter EnzEuR II, 2020 iE, § 23, auf den die folgenden Randnummern zur Unionsbürgerschaft zurückgehen.

[90] Zu den Unterschieden *Closa* CMLRev. 1995, 487 ff.

[91] Vgl. *Kadelbach* in v. Bogdandy/Bast/Kadelbach Unionsbürgerschaft, 611, 612.

[92] Vgl. zu den unterschiedlichen Leitbildern grundlegend *Rabenschlag,* Leitbilder der Unionsbürgerschaft, 2009, 82 ff. (föderale Rechtsbeziehung), 149 ff. (gleiche Freiheit); 245 ff. (Kohäsion und Vielfalt), 315 ff. (Demokratie).

Gewährleistungen erfolgte Normierung in der Charta der Grundrechte unter dem Titel „Bürgerrechte“ (Art. 39–46 GRCh) zeigt.[93]

20 **a) Grundlagen der Unionsbürgerschaft.** Die **unionsverfassungsrechtliche Grundlegung** der mit dem Vertrag von Maastricht eingeführten Unionsbürgerschaft erfolgt in **Art. 9 EUV und Art. 20 AEUV.** Der Status der Unionsbürgerschaft tritt gemäß Art. 9 S. 3 EUV, Art. 20 Abs. 1 S. 3 AEUV zur nationalen Staats*bürgerschaft*[94] hinzu, ersetzt diese aber nicht. Es handelt sich um eine **komplementäre Bürgerschaft,** wobei auch hier mit „Bürgerschaft“ der Inbegriff von Rechten und ggf. Pflichten gemeint ist, welche die Zugehörigkeit eines Menschen zu einem bestimmten Herrschaftsverband rechtlich charakterisieren.[95] **Personell** werden die Statusinhaber durch Art. 9 S. 2 EUV, Art. 20 Abs. 1 S. 2 AEUV bestimmt. Auf dieser Grundlage ist Unionsbürger, wer die Staats*angehörigkeit* eines Mitgliedstaates besitzt. In Deutschland sind damit Deutsche iSd GG gemeint.[96]

21 **b) Vorgaben für das nationale Staatsangehörigkeitsrecht.** Nach der Rechtsprechung des EuGH fällt die Zuständigkeit zur Regelung von Erwerb und Verlust der Staatsangehörigkeit – bzw. die Festlegung des Personenkreises, der für die Zwecke des Unionsrechts als Staatsangehörige eines Mitgliedstaates gelten soll[97] – in die **Zuständigkeit der Mitgliedstaaten,** die bei ihrer Ausübung. aber Unionsrecht zu beachten haben.[98] Das Unionsrecht zieht dem nationalen Staatsangehörigkeitsrecht äußere Grenzen, die in Abhängigkeit davon variieren, ob es sich entweder um die Verleihung oder aber um den Entzug bzw. den Verlust der Staatsangehörigkeit handelt.

22 Für die **Verleihung der nationalen Staatsangehörigkeit** stellt das Unionsrecht keinerlei materielle Voraussetzungen auf, weshalb der Erwerb der Unionsbürgerschaft **streng akzessorischer Natur** ist.[99] Hier besteht auch ein Zusammenhang zum Schutz der nationalen Verfassungsidentität nach Art. 4 Abs. 2 S. 1 EUV.[100] Ähnlich wie Art. 4 Abs. 2 S. 1 EUV in Bezug auf die nationale Verfassungsidentität verweist Art. 20 Abs. 1 S. 2 AEUV hinsichtlich der tatbestandlichen Definition der nationalen Staatsangehörigkeit auf das Recht der Mitgliedstaaten, für dessen Wertungen es grundsätzlich **permeabel** ist.[101]

---

[93] Zur Grundrechtsqualität und zur Rechtsquellendualität iSd Art. 52 Abs. 2 GRCh näher *Wendel* in Grabenwarter EnzEuR II, 2020 iE, § 23, Rn. 38 ff.

[94] In Art. 9 S. 3 EUV ist, wie in Art. 20 Abs. 1 S. 3 AEUV, von Staats*bürgerschaft,* nicht von Staats*angehörigkeit* die Rede. Der Abgleich mit anderen Sprachfassungen, etwa der englischen und französischen, in denen in S. 3 von national citizenship bzw. citoyenneté nationale die Rede ist, während in S. 2 tatbestandlich an nationality bzw. nationalité angeknüpft wird, macht deutlich, dass es sich hier um eine bewusste konzeptionelle Differenzierung handelt.

[95] Vgl. zur Begrifflichkeit *Kadelbach* in Ehlers Europäische Grundrechte und Grundfreiheiten, Rn. 22 unter Rückbezug auf *Grawert* Der Staat 1984, 182 (197 ff.) und *Preuß* ELJ 1995, 267 (269 ff.).

[96] → Rn. 36 ff.

[97] Vgl. EuGH C-192/99, Slg 2001, I-1237, ECLI:EU:C:2001:106 Rn. 20 ff. – Kaur.

[98] EuGH C-369/90, Slg 1992, I-4239, ECLI:EU:C:1992:295 Rn. 10 ff. – Micheletti ua; C-192/99, Slg 2001, I-1237, ECLI:EU:C:2001:106 Rn. 19 ff. – Kaur; C-200/02, Slg 2004, I-9925, ECLI:EU:C:2004:639 Rn. 34 ff. – Zhu und Chen; C-135/08, Slg 2010, I-1449, ECLI:EU:C:2010:104 Rn. 41 ff. – Rottmann

[99] Vgl. *Griegerich* in Schulze/Zuleeg/Kadelbach/Giegerich HdB-EuropaR § 9 Rn. 19.

[100] Vgl. GA *Poiares Maduro* C-135/08, Slg 2010, I-1449, ECLI:EU:C:2010:104 Rn. 25 – Rottmann.

[101] Zum Begriff der Permeabilität vgl. näher *Wendel,* Permeabilität im europäischen Verfassungsrecht, 2011, 7 ff.

23 Allerdings ziehen das Unionsrecht und insbesondere der Grundsatz loyaler Zusammenarbeit[102] einer **missbräuchlichen Verleihung** der nationalen Staatsangehörigkeit u. U. Grenzen. Dergleichen kann etwa vorliegen, wenn ein Mitgliedstaat die Staatsangehörigkeit allein als Gegenleistung für Geldzahlungen oder Investitionszusagen vergibt (sog „goldene Pässe"). Die Problematik betrifft insbesondere die Praxis des Staatsangehörigkeitsrechts in Zypern und in Malta sowie teilweise auch in Bulgarien.[103]

24 **Verlust bzw. Entzug der Staatsangehörigkeit** unterwirft die Rechtsprechung indes einer **strengen Verhältnismäßigkeitskontrolle** unter Betonung des Erfordernisses einer Einzelfallprüfung, soweit die fragliche staatliche Maßnahme den Verlust des Unionsbürgerstatus nach sich zieht.[104] Auch zwingt das Unionsrecht die Mitgliedstaaten dazu, die Staatsangehörigkeiten für die Zwecke des Unionsrechts grundsätzlich **gegenseitig anzuerkennen.** Das betrifft das horizontale Verhältnis der Mitgliedstaaten untereinander. Das Unionsrecht untersagt es den Mitgliedstaaten zB, für die Anerkennung einer anderen mitgliedstaatlichen Staatsangehörigkeit zusätzliche Voraussetzungen, wie zB den gewöhnlichen Aufenthalt in einem anderen Mitgliedstaat, aufzustellen, wenn sich die betreffende Person auf das Freizügigkeitsrecht beruft.[105]

25 Eine unter dem Gesichtspunkt des Statusverlustes besonders einschneidende Entwicklung ist der am 31. Januar 2020 erfolgte **Austritt des Vereinigten Königreichs aus der EU (Brexit).**[106] Alle britischen Staatsangehörigen, die nicht noch eine weitere Staatsangehörigkeit eines EU-Mitgliedstaates besaßen, verloren ihren vormaligen Status als Unionsbürger. Ein derlei **kollektiver Statusverlust** ist jedenfalls in der Geschichte der EU präzedenzlos. Vom Brexit in besonderem, wenn auch keinesfalls ausschließlichen Umfang, betroffen sind zum einen die im europäischen Ausland aufhältigen bzw. dort tätigen Briten sowie zum anderen die im Vereinigten Königreich aufhältigen bzw. dort tätigen Staatsangehörigen der EU-Mitgliedstaaten.[107] Die Rechtsstellung dieser beiden Personengruppen und ihrer Familienangehörigen wurden als besonders wichtiger Verhandlungsgegenstand für die erste der zwei

---

[102] Vgl. *Hatje* in Schwarze/Becker/Hatje/Schoo EU-Kommentar Art. 20 AEUV Rn. 5, der einen Verstoß gegen Art. 4 Abs. 3 EUV annimmt, wenn durch das Staatsangehörigkeitsrecht keine „gemeinschaftliche Einwanderungspolitik" mehr möglich wäre.

[103] Zum Problem vgl. *Hilpold* NJW 2014, 1071 ff. Die Europäische Kommission hat das Problem mittlerweile auf die Agenda gesetzt und strebt eine engere Überwachung an, vgl. den Bericht der Kommission v. 23.1.2019 über Staatsbürgerschaftsregelungen und Aufenthaltsregelungen für Investoren in der Europäischen Union, WD(2019)5 final.

[104] EuGH C-135/08, Slg 2010, I-1449, ECLI:EU:C:2010:104 Rn. 48 ff. – Rottmann – sowie daran anknüpfend EuGH C-221/17, ECLI:EU:C:2019:189 Rn. 40 ff. – Tjebbes. Nicht automatisch zum Entzug des Unionsbürgerstatus führt der Entzug der Staatsangehörigkeit etwa bei Vorliegen einer doppelten Staatsangehörigkeit (zweier EU-Mitgliedstaaten).

[105] Vgl. die in Fn. 104 zitierte Rspr.

[106] In dem am 23.6.2016 im Vereinigten Königreich abgehaltenen Referendum sprach sich eine knappe Mehrheit gegen den Verbleib des Landes in der Europäischen Union aus. Das Verfahren nach Art. 50 EUV wurde offiziell am 29.3.2017 durch eine entsprechende Mitteilung des Vereinigten Königreichs gegenüber dem Europäischen Rat eingeleitet. Am 24.1.2020 wurde ein Austrittsabkommen unterzeichnet, das eine Übergangsphase bis zum 31.12.2020 vorsieht, in der die langfristigen Beziehungen des Vereinigten Königreichs und der EU ausgehandelt werden sollen.

[107] Erstere (ca. 1 Mio. Personen) kommen generell nicht mehr in den Genuss der Unionsbürgerrechte, letztere (ca. 3 Mio. Personen) können ihre für die EU-27 fortbestehenden Unionsbürgerrechte – und insbesondere ihr primärrechtlich verbürgtes Freizügigkeitsrecht – nicht mehr gegenüber den britischen Behörden einfordern.

Phasen der Austrittsverhandlungen identifiziert und in dem zwischen EU und Vereinigtem Königreich geschlossenen, am 30.1.2020 vom Rat nach Zustimmung des Europäischen Parlamentes genehmigten,[108] Austrittsabkommen[109] in einem eigenen Abschnitt geregelt.[110] Diese Regelungen sollen vor allem aufenthaltsrechtliche Kontinuität und Nichtdiskriminierung für diejenigen Personen und ihre Familienangehörigen sichern, die vor Ende des an den Austritt anschließenden Übergangszeitraums,[111] ihr Freizügigkeitsrecht in der EU-27 bzw. dem Vereinigten Königreich in Anspruch genommen haben und nach Ende dieses Zeitraums dort wohnen bleiben bzw. ihre wirtschaftliche Tätigkeit als Grenzgänger weiter ausüben wollen.[112]

c) Deutschen-Grundrechte: Egalisierung von Unionsbürgern? Unter bestimmten Voraussetzungen können sich auch Unionsbürger, die weder deutsche Staatsangehörige noch Statusdeutsche sind, auf Deutschen-Grundrechte berufen.[113] Die Erstreckung der Deutschen-Grundrechte auf EU-Ausländer ist ohne GG-Änderung möglich und **unter bestimmten Voraussetzungen,** wenn auch **nicht generell, unionsrechtlich geboten.** Umstritten sind sowohl dogmatische Konstruktion als auch Reichweite einer solchen **Grundrechtsegalisierung.**[114] 26

Ganz überwiegend wird die Lösung auf Ebene des Verfassungsrechts gesucht.[115] Zum Teil wird der für Drittstaatsangehörige entwickelte Ansatz über **Art. 2 Abs. 1**[116] aufgegriffen und weiterentwickelt. Um zu vermeiden, dass das Schutzniveau durch die Anwendung der allgemeinen Handlungsfreiheit hinter dem der sachbereichlich einschlägigen Deutschengrundrechte zurückbleibt, wie dies bei Drittstaatsangehörigen gerade der Fall ist, soll Art. 2 Abs. 1 materiell mit dem besonderen Gehalt der betreffenden Deutschen-Grundrechte angereichert und so im Ergebnis die unionsrechtlich gebotene Egalisierung erreicht werden.[117] Diesen Weg deutet mittlerweile 27

---

[108] ABl. 2020 L 29, 1.

[109] ABl. 2020 L 29, 7.

[110] Zweiter Teil („Rechte der Bürger"), Art. 9 ff. des Abkommens.

[111] Vgl. Art. 126 des Abkommens

[112] Vgl. im Einzelnen Art. 10 ff. des Abkommens. Im Kontext der Unionsbürgerrechte von besonderer Relevanz ist zudem, dass die zentralen politischen Rechte, wie insbesondere das Wahlrecht zum Europäischen Parlament und das Kommunalwahlrecht, für das Vereinigte Königreich bzw. im Vereinigten Königreich während der Übergangszeit nicht mehr gelten sollen. Vgl. Art. 127 Abs. 1 lit. b des Abkommens: Art. 11 Abs. 4 EUV (Bürgerinitiative), Art. 20 Abs. 2 lit. b, Art. 22 AEUV und Art. 39 f. GRC (Wahlrecht) sowie Art. 24 Abs. 1 AEUV (Petitionsrecht). Dies setzt aber den Austritt voraus, weshalb das Vereinigte Königreich bei einer Verlängerung der Austrittsfrist iSd Art. 50 Abs. 3 EUV an den Wahlen zum Europaparlament teilnehmen musste, vgl. im Einzelnen *Mayer,* VerfBlog v. 3.2.2019.

[113] Zurückhaltender insoweit die Vorauflage, *Vedder/Lorenzmeier* in v. Münch/Kunig, 6. Aufl. 2012, Rn. 67a.

[114] Zum Problem *Bauer/Kahl* JZ 1995, 1077 ff.; *Lücke* EuR 2001, 112 ff.

[115] Demgegenüber plädiert *Di Fabio* in Maunz/Dürig, 39. Eglf. 2001, Art. 2 Rn. 37 dafür, die Lösung jedenfalls im ersten Zugriff auf einfachgesetzlicher Ebene zu suchen, da ansonsten die in Art. 116 Abs. 1 gesehene Privilegierungsratio aufgegeben würde.

[116] BVerfGE 104, 337 (346) in Bezug auf einen türkischen Staatsangehörigen, der sich nicht auf Art. 12 Abs. 1 GG berufen kann. Kritisch demgegenüber *Scholz* in Maunz/Dürig, 47. Eglf. 2006, Art. 12 Rn. 104 f.

[117] Vgl. *Bauer/Kahl* JZ 1995, 1077 (1079); *Dreier* in Dreier Vorb. Rn. 116 sowie am Beispiel des Art. 12 GG *Manssen* in MKS Art. 12 Rn. 267; *Mann* in Sachs, Art. 12, Rn. 33 f.; *Hillgruber* in Umbach/Clemens Art. 2 Rn. 276 f. will den Grundrechtsschutz gegenüber Unionsbürgern komplett versagen, da die einfachgesetzliche Gleichstellung genüge.

auch das BVerfG als Präferenzlösung an.[118] Andere wollen die Deutschen-Grundrechte **analog** anwenden.[119] Noch weitergehend wird dafür plädiert, eine „Unionsbürgerklausel" einzuführen.[120] Auch wäre denkbar, direkt bei **Art. 116 Abs. 1** anzusetzen und den dort statuierten Gesetzesvorbehalt („vorbehaltlich anderweitiger gesetzlicher Regelung")[121] auch auf unionsrechtliche Vorgaben zu beziehen, sodass zur Vermeidung einer ansonsten drohenden Verletzung von Unionsrecht Unionsbürger im konkreten Fall als Deutsche iSd GG gelten könnten.[122]

28 Überzeugender ist es, von der **Unanwendbarkeit des Deutschen-Vorbehalts** auszugehen, **soweit** anderenfalls Unionsrecht verletzt würde.[123] Lehnt man eine unionsrechtskonforme Auslegung des Begriffs „Deutscher" als mit dem Wortlaut der einschlägigen GG-Vorschriften unvereinbar ab,[124] setzt sich die – so überhaupt bestehende – unionsrechtliche Vorgabe einer Grundrechtsegalisierung jedenfalls aufgrund des Anwendungsvorrangs des Unionsrechts mit der Folge durch, dass der Deutschen-Vorbehalt des betreffenden Grundrechts in Bezug auf EU-Ausländer unanwendbar wird. Die deutsche Verfassungsidentität (Art. 79 Abs. 3 GG) ist hierdurch ebenso wenig berührt wie das grundlegende Kompetenzgefüge zwischen Union und Mitgliedstaaten.[125] Wegen des Anwendungsvorrangs ist es der Sache nach auch irrelevant, ob eine Gleichstellungsklausel in das GG aufgenommen wird,[126] wie sie seit 2000 in Art. 19a der rheinland-pfälzischen Verfassung vorliegt.[127] Der Rechtsklarheit wäre eine solche Klausel aber zweifelsohne dienlich, wobei darauf zu achten wäre, hinsichtlich der Notwendigkeit einer solchen Gleichstellung auf die normativen Vorgaben des Unionsrechts dynamisch zu verweisen.

29 Die Reichweite der (partiellen) Nichtanwendung des Deutschen-Vorbehalts zugunsten von Unionsbürgern hängt davon ab, inwieweit deren grundrechtliche Gleichstellung **unionsrechtlich geboten** ist.[128] Ein solches

---

[118] BVerfG NJW 2016, 1436 (1437) im Rahmen eines Nichtannahmebeschlusses.

[119] *Michael/Morlock,* Grundrechte, 2017, Rn. 448.

[120] *Bauer* FS f. Maurer, 2001, 13; siehe auch Maurer, StaatR, 2010, § 9 Rn. 30.

[121] → Rn. 41 ff.

[122] Die Zuordnung von Unionsbürgern zum Kreis der „Deutschen iSd GG" müsste dann aber nicht generell, sondern lediglich punktuell erfolgen, da eine Egalisierung nur insoweit notwendig ist, als sie das Unionsrecht konkret verlangt. Eine „überschießende", d. h. über die unionsrechtlichen Anforderungen hinausgehende Gleichstellung mit Deutschen in allen Belangen, zB einschließlich des Wahlrechts zum Bundestag, ist gerade nicht geboten (dazu sogleich → Rn. 29 ff.). Da der Gesetzesvorbehalt des Art. 116 Abs. 1 seiner Zielrichtung nach aber gerade auf eine abstrakt-generelle Regelung, d. h. die Zuordnung einer bestimmten Gruppe zum Kreis der Deutschen iSd GG anhand abstrakt-genereller Merkmale und nicht der konkret-individuellen Notwendigkeit, abzielt, ist auch dieser Ansatz rechtsdogmatisch nicht wirklich zufriedenstellend.

[123] In diesem Sinne für Art. 12 GG auch *Ruffert* in BeckOK GG Art. 12 Rn. 37.

[124] *Dreier* in Dreier Vorb. Rn. 116.

[125] Für Identitäts- und *Ultra-vires*-Vorbehalt des BVerfG vgl. BVerfGE 123, 267 (353 ff.) sowie im Einzelnen, auch rechtsvergleichend *Mayer/Wendel* in Hatje/Müller-Graff EnzEuR I, 2020 iE, § 4, Rn. 238 ff. und 248 ff.

[126] Vorschlag *Bauer* FS f. Maurer, 2001, 21 f.; zust. *Maurer,* StaatsR I, 2010, 265.

[127] Die Norm lautet: „Rechte, welche die Verfassung allen Deutschen gewährt, stehen auch Staatsangehörigen eines anderen Mitgliedstaates der Europäischen Union zu, soweit diese nach dem Recht der Europäischen Union Anspruch auf Gleichbehandlung haben."

[128] Vgl. etwa Verfechter der Gleichstellung überein: zB *Michael/Morlock,* Grundrechte, 2017 Rn. 447 f.; *Ruffert* in BeckOK GG Art. 12 Rn. 37; *Rüfner* in HdbStR IX § 196 Rn. 106 ff., demzufolge jedoch ausländische juristische Personen aufgrund von Art. 19 Abs. 3 GG keine Grundrechte geltend machen können.

unionsrechtliches Erfordernis kann **weder generell bejaht, noch generell verneint werden.**[129] Vielmehr kommt es auf den Einzelfall, d.h. auf die konkreten Vorgaben des jeweils anwendbaren Unionsrechts an. Eine unionsrechtliche Vorgabe, die Deutschen-Grundrechte auf Unionsbürger zu erstrecken, kommt dabei nur **im Anwendungsbereich des Unionsrechts** in Betracht, dessen Eröffnung auch Art. 18 AEUV tatbestandlich voraussetzt. Ein unionsrechtliches Gebot lückenloser, dh auch rein innerstaatliche Sachverhalte erfassender Egalisierung kann aus unionsrechtlicher Perspektive nicht bestehen. Aber auch innerhalb des Anwendungsbereichs des Unionsrechts verlangen weder die speziellen Diskriminierungsverbote der binnenmarktrechtlichen Grundfreiheiten[130] noch das allgemeine Diskriminierungsverbot des Art. 18 AEUV noch andere Normen eine generelle Grundrechtsegalisierung. Das gilt insbesondere auch für Art. 21 iVm Art. 18 AEUV. Umgekehrt kann aber auch nicht ausgeschlossen werden, dass das Unionsrecht eine solche Gleichstellung von Inländern und Unionsbürgern verlangt, wenn ansonsten Unionsrecht verletzt würde, etwa in Gestalt einer ungerechtfertigten Diskriminierung.

30 Diesen **differenzierten Ansatz** bestätigt nunmehr auch die Rechtsprechung. So hat die Große Kammer des EuGH in der **Leitentscheidung *Pisciotti*** klargestellt, dass die Nichterstreckung der Deutschen-Grundrechte auf einen ausländischen Unionsbürger durchaus im Einklang mit Unionsrecht stehen kann.[131] Konkret entschied der Gerichtshof, dass die Nichterstreckung des Auslieferungsverbotes aus Art. 16 II GG auf einen italienischen Staatsangehörigen unter bestimmten Voraussetzungen mit Art. 18 und Art. 21 AEUV vereinbar, eine Grundrechtsegalisierung also nicht unionsrechtlich geboten ist.[132] Dass sich der betroffene Unionsbürger nicht auf den textlich auf Deutsche iSd GG beschränkten Art. 16 II berufen konnte, stellte dem EuGH zufolge zwar eine Beschränkung (sic)[133] von Art. 21 AEUV dar. Diese sah der Gerichtshof allerdings unter bestimmten Voraussetzungen als gerechtfertigt an.[134] Daraus folgt, dass die Nichterstreckung eines Deutschen-Grundrechts auf einen Unionsbürger im Anwendungsbereich des Unionsrechts **rechtfertigungsbedürftig sein kann** und insbesondere mit Blick auf den Grundsatz der Verhältnismäßigkeit im Einzelfall entweder erlaubt oder verboten ist.

31 Der Annahme eines im Einzelfall bestehenden unionsrechtlichen Gebots der Grundrechtsegalisierung von Unionsbürgern können auch nicht die Ef-

---

[129] Anders insoweit die Vorauflage, *Vedder/Lorenzmeier* in v. Münch/Kunig, 6. Aufl. 2012, Rn. 67c, die eine Öffnung der Deutschen-Grundrechte für EU-Ausländer unionsrechtlich für nicht erforderlich hält.

[130] Soweit sie die Freizügigkeit von Personen betreffen, vgl. Art. 45, Art. 49, Art. 56 AEUV.

[131] Grundlegend EuGH C–191/16, ECLI:EU:C:2018:222 Rn. 42–56 – Pisciotti.

[132] EuGH C–191/16, ECLI:EU:C:2018:222 Rn. 42–56 – Pisciotti.

[133] Der EuGH scheint die Prüfung zwar mit Art. 18 iVm Art. 21 AEUV zu beginnen (Rn. 43 aE), prüft dann aber (allein) eine Beschränkung von Art. 21 AEUV in Gestalt der Ungleichbehandlung, ohne dabei auf den Maßstab des Art. 18 AEUV einzugehen (Rn. 45, 48). Das ist nach der eigenen Rechtsprechung des EuGH zu Art. 18 iVm Art. 21 AEUV zwar wenig stringent, im Ergebnis aber ohne weitere Konsequenzen, da in beiden Varianten eine Rechtfertigungsprüfung stattzufinden hat.

[134] EuGH C–191/16, ECLI:EU:C:2018:222 Rn. 46 ff. – Pisciotti, namentlich unter der Voraussetzung, dass die Behörden des um Auslieferung ersuchten Staates (hier Deutschland) vor einer Auslieferung der Person in einen Drittstaat (hier USA) den Behörden des Heimatstaates (hier Italien) zumindest die Möglichkeit geben, einen Europäischen Haftbefehl auszustellen und damit die Rücküberstellung in den Heimatstaat herbeizuführen.

fektivität und Ausdifferenziertheit des **unionalen Grundrechtsschutzes** entgegengehalten werden. Zwar trifft es zu, dass die Charta als zentrale Säule des unionalen Grundrechtsschutzes[135] für die Mitgliedstaaten im Anwendungsbereich des Unionsrechts (Art. 51 Abs. 1 S. 1 GRCh)[136] ein überaus differenziertes, effektives und dem GG iSd Art. 23 Abs. 1 S. 1 im Wesentlichen gleichwertiges Schutzsystem gewährt. Das führt auch dazu, dass entsprechende Akte der deutschen Hoheitsgewalt an den Unionsgrundrechten gemessen werden müssen, ggf. im Dialog mit dem EuGH über Art. 267 AEUV. Indes folgt weder aus der Anwendbarkeit noch aus der Güte und Effektivität des unionalen Grundrechtsschutzes, dass der Rückgriff auf nationale Grundrechte generell versperrt wäre. Vielmehr hat der EuGH die **Parallelität der Grundrechtssphären** explizit anerkannt.[137] Die parallele Anwendbarkeit unionaler und nationaler Grundrechte bedeutet wegen Art. 53 GRCh auch, dass sich der jeweils höhere Schutzstandard im Einzelfall durchsetzen kann. Die **Grenzen** sind nach dem *Melloni*-Urteil lediglich dort erreicht, wo **Vorrang, Einheit und Wirksamkeit** des Unionsrechts beeinträchtigt würden.[138] Das ist klassischerweise der Fall, wenn die Anwendung eines nationalen Grundrechts eine zwingende Vorgabe des Unionsrechts infrage stellt, zumal wenn diese ihrerseits unionsgrundrechtlich Bestand hat.[139] An Grenzen stieße eine Ausdehnung der Deutschen-Grundrechte auf Unionsbürger also allenfalls dort, wo Vorrang, Einheit und Wirksamkeit des Unionsrechts berührt wären, was bei einer Inländerbehandlung von Unionsbürgern nur selten der Fall sein dürfte.

32 Ein **„höherer"**[140] **Schutzstandard von Deutschen-Grundrechten** – und seine Anwendung auf Unionsbürger – kann aber potenziell überall dort zum Tragen kommen, wo es um nicht-zwingende unionsrechtliche Vorgaben geht, insbesondere wo nationale **Umsetzungsspielräume** bestehen. Gegen die Annahme, dass die Erstreckung eines höheren nationalen Grundrechtsstandards auf einen EU-Ausländer *unionsrechtlich geboten* sein kann, scheint zunächst zu sprechen, dass dann gleichheitsrechtlich gefordert würde, was freiheitsrechtlich gar nicht verlangt wird, dass also zB über den gleichheitsrechtlichen Hebel des Art. 18 AEUV die Gewährung eines nationalen Standards eingefordert würde, den das einschlägige unionsrechtliche (Freiheits-)Grundrecht, zB Art. 15 GRCh, im Anwendungsbereich des Unionsrechts selbst gar nicht verlangt. Indes kann gerade nicht ausgeschlossen werden, dass die in der Heranziehung unterschiedlicher Schutzstandards liegende Ungleichbehandlung von Inländern und Unionsbürgern einer ungerechtfertigten Diskriminierung gleichkommt, die im Wege der Grundrechtsegalisierung abgewendet werden muss. Gleichheits- und Freiheitsrechte blicken

---

[135] Vgl. Art. 6 Abs. 1 EUV.

[136] In seiner vieldiskutierten – und in BVerfGE 133, 277, Rn 88 postwendend als föderal übergriffig kritisierten – Entscheidung *Åkerberg-Fransson* entschied der EuGH, dass die EU-Mitgliedstaaten immer schon dann an die Unionsgrundrechte gebunden sind, wenn eine nationale Rechtsvorschrift in den Anwendungsbereich des Unionsrechts fällt, vgl. EuGH C-617/10 ECLI:EU:C:2013:280, Rn 19, 21 – Åkerberg-Fransson. Zur Diskussion: *Reestman/Besselink* EuConst 2013, 169 ff.; *Kingreen* EuR 2013, 446 ff.; *Kingreen* JZ 2013, 801 ff.; *Franzius* ZaöRV 2015, 383 ff.

[137] EuGH C-399/11, ECLI:EU:C:2013:107 Rn 60. – Melloni.

[138] EuGH C-399/11, ECLI:EU:C:2013:107 Rn 60. – Melloni.

[139] Klassisch EuGH C-11/70 ECLI:EU:C:1970:114 Rn 4 ff. – Internationale Handelsgesellschaft.

[140] Die Klassifikation eines Schutzstandards als höher und niedrig ist nicht unproblematisch und stößt spätestens in multipolaren Grundrechtsverhältnissen an Grenzen.

somit aus unterschiedlichen, kategorial verschiedenen Blickwinkeln auf denselben Fall.

33 Praktisch relevant ist die Erstreckung von Deutschen-Grundrechten auf Unionsbürger etwa in Fällen, in denen die **Erhebung einer Verfassungsbeschwerde** einen besonderen prozessualen Mehrwert verspricht. ZB kann die Verwehrung der Grundrechtsberechtigung und in ihrem Zuge der Verfassungsbeschwerde aus unionsrechtlicher Perspektive einer ungerechtfertigter Beschränkung einer Grundfreiheit gleichkommen.[141] Nach dem BVerfG kann das sogar auf Fälle zutreffen, in denen selbst Inländern der Weg zum BVerfG verschlossen bliebe.[142] Die Anerkennung der Grundrechtsberechtigung von EU-Ausländern ist also letztlich, obgleich häufig, **nicht allein eine gleichheitsrechtliche Frage,** sondern betrifft allgemeiner die **Abwendung einer Verletzung von Unionsrecht.** Freilich schließt sich daran die Folgefrage an, ob das BVerfG in derart gelagerten Fällen nicht zwingend den EuGH im Wege des **Vorabentscheidungsverfahrens nach Art. 267 AEUV** anrufen müsste. Denn letztlich muss für die Frage der Erstreckung von Deutschen-Grundrechten auf EU-Ausländer bzw. der Anerkennung von deren Grundrechtsberechtigung notwendig die Frage einer ansonsten drohenden Verletzung von EU-Recht beantwortet werden. Hierfür kommt aber dem EuGH das Auslegungsmonopol zu und besteht nach Art. 267 Abs. 3 AEUV grundsätzliche eine Vorlageverpflichtung letztinstanzlicher Gerichte.

34 **d) Inländerbehandlung juristischer Personen.** Juristische Personen, die ihren Sitz in einem anderen EU-Mitgliedstaat haben bzw. nach dessen Recht gegründet wurden, gelten als **inländische juristische Personen iSd** Art. 19 Abs. 3 GG. Das BVerfG hat dies in einer Leitentscheidung aus dem Jahr 2011 unter Rekurs auf die Grundfreiheiten und das allgemeine Diskriminierungsverbot aus Art. 18 AEUV im Wege einer **„Anwendungserweiterung"** des Art. 19 Abs. 3 GG ausdrücklich anerkannt.[143] Konsequenter wäre es auch hier, die textlich vorgesehene Begrenzung auf „inländische" juristische Personen insoweit für unanwendbar zu erklären als ansonsten Unionsrecht verletzt würde. Der Sache nach erkennt das BVerfG für einen – soweit unionsrechtlich gebotenen – gleichwertigen Schutz insbesondere eine vergleichbare Möglichkeit zur Erhebung einer Verfassungsbeschwerde an.[144]

IV. Systematischer Zusammenhang

35 Systematisch gehört Art. 116 den **Übergangs- und Schlussbestimmungen** des GG (Abschnitt XI) an und steht hier an erster Stelle. Trotz seines **Übergangscharakters**[145] ist Art. 116 entgegen früheren Vorschlägen[146] in seiner Geltung nicht befristet. So ist die Überführung der Statusdeutschen in

[141] BVerfGE 143, 246 (317 ff.) in Bezug auf eine von einem anderen EU-Staat vollständig gehaltene inländische juristische Person, die, wäre sie vom deutschen Staat gehalten worden, nicht als grundrechtsberechtigt angesehen worden wäre.

[142] BVerfGE 143, 246 (317 ff.).

[143] BVerfGE 129, 78 (97 ff.).

[144] BVerfGE 129, 78 (98).

[145] Diesen betonend auch *Gärditz* VVDStRL 72 (2013), 49 (134); *Rennert* in Umbach/Clemens Rn. 7; *Wittreck* in Dreier Rn. 42; *Masing/Kau* in MKS Rn. 1, 5; *Hailbronner* in Hailbronner/Maaßen/Hecker/Kau StAngR Rn. 4; *Zuleeg* in AK Rn. 1, 16; *Gnatzy* in SHH Rn. 1; *v. Münch,* Die deutsche Staatsangehörigkeit. Vergangenheit-Gegenwart-Zukunft, 2007, 113.

[146] JöR nF 1 (1951), 823; *v. Mangoldt* in HdbStR V § 119 Rn. 5 ff.

die deutsche Staatsangehörigkeit durch Gesetz lediglich ermöglicht, nicht aber auch verpflichtend vorgesehen.[147] Art. 116 Abs. 2 weist einen engen Bezug zu **Art. 16 Abs. 1 GG** auf, der ebenfalls die Staatsangehörigkeit anspricht, aber wie auch Art. 116 nicht regelt. Zum Verhältnis zu weiteren Bestimmungen des GG → Rn. 143 ff.

B. „Deutsche im Sinne des Grundgesetzes" (Art. 116 Abs. 1)

I. Die Kategorie der „Deutschen im Sinne des Grundgesetzes"

36 Mit den Deutschen iSd GG ist ein **originärer, neuartiger Begriff** geschaffen worden,[148] der über das klassische Konzept der Staatsangehörigkeit hinausgeht. Deutsche iSd GG sind zum einen die deutschen Staatsangehörigen und zum anderen die **Statusdeutschen,** also die Vertriebenen und Flüchtlinge, die in Deutschland Aufnahme gefunden haben, ohne die deutsche Staatsangehörigkeit zu besitzen. Der durch Art. 116 Abs. 1 zuerkannte **Äquivalenzstatus** bewirkt aber nicht lediglich eine Behandlung, als ob man „Deutscher" wäre,[149] da die Statusdeutschen gerade Deutsche iSd GG sind. Vielmehr geht es um eine Gleichstellung mit den deutschen Staatsangehörigen, also um „Deutsche ohne deutsche Staatsangehörigkeit".[150] Nach in der Literatur zuweilen vertretener Auffassung habe Art. 116 Abs. 1 eine „zweigleisige Staatsangehörigkeit"[151] geschaffen und sei die Eigenschaft als Statusdeutscher tatsächlich eine Staatsangehörigkeit.[152] Gestützt wird diese Auffassung vor allem auf die völkervertragliche Gleichstellung von Statusdeutschen[153] und die Vermeidung von Staatenlosigkeit, der gegenüber die Statuseigenschaft einer Staatsangehörigkeit näher stehe. Das kann die Art. 116 Abs. 1 zugrundeliegende Differenzierung aber nicht aufheben. Durch Art. 116 Abs. 1 werden Personen ohne deutsche Staatsangehörigkeit, die entweder staatenlos sind oder eine fremde Staatsangehörigkeit besitzen und daher in Deutschland sonst den Regeln des völkerrechtlichen Fremdenrechts und dem innerstaatlichen Ausländerrecht unterliegen würden, **weitgehend deutschen Staatsangehörigen gleichgestellt.**[154]

37 Die „staatsbürgerrechtliche Gleichstellung"[155] bedarf jedoch der Präzisierung. Verfassungsrechtlich wird durch Art. 116 Abs. 1 eine Gleichstellung der Statusdeutschen **allein hinsichtlich der Regelungen des GG** bewirkt.[156] Alle Deutschen einschließlich der Statusdeutschen kommen in den Genuss der sog. **Deutschen-Grundrechte:** Versammlungsfreiheit (Art. 8),

---

[147] → Rn. 93.

[148] Vgl. bereits *Menzel* in BK Erl. II.

[149] „Als ob-Deutsche", wie es vor Inkrafttreten des GG angenommen wurde: LG Berlin NJ 1947, 63; so auch die Regelung in einigen Flüchtlingsgesetzen der Länder.

[150] Vgl. *Grawert* in HdbStR V § 16 Rn. 38; *Jarass* in Jarass/Pieroth Rn. 1 f.; *Masing/Kau* in MKS Rn. 12 sprechen insoweit von Als-ob-Staatsangehörigen.

[151] *v. Mangoldt* in HdbStR V § 119 Rn. 13 f.

[152] *Zuleeg* in AK Rn. 3.

[153] → Rn. 13 ff.

[154] BVerfGE 37, 217 (252). Die Meinungsverschiedenheit darüber, ob die Statusdeutschen nur eine privilegierte Gruppe von Staatenlosen und Staatsangehörigen anderer Staaten sind (vgl. dazu *Makarov/v. Mangoldt* StAngR Rn. 9), mag hinsichtlich der hinter Art. 116 Abs. 1 stehenden politischen Auffassungen bedeutsam sein. Rechtlich entscheidend ist allein, dass Statusdeutsche in vielen Bereichen den deutschen Staatsangehörigen gleichgestellt werden.

[155] *Menzel* in BK Erl. II A 1.

[156] *Menzel* in BK Erl. II A 1.

Vereinigungs- und Koalitionsfreiheit (Art. 9), Freizügigkeit (Art. 11), Berufsfreiheit (Art. 12), Auslieferungsverbot (Art. 16 Abs. 2 S. 1), Widerstandsrecht (Art. 20 Abs. 4), gleiche staatsbürgerliche Rechte und Pflichten (Art. 33 Abs. 1), gleicher Zugang zum öffentlichen Amt (Art. 33 Abs. 2), passives Wahlrecht zum Amt des Bundespräsidenten (Art. 54 Abs. 1 S. 2).[157]

Nicht ausdrücklich werden durch Art. 20 Abs. 2 S. 2, 38, 28 Abs. 1 die Statusdeutschen in das **Wahlrecht** auf Bundes-, Landes- und kommunaler Ebene mit einbezogen. Das BVerfG hat in seinen Entscheidungen zum Ausländerwahlrecht jedoch klargestellt, dass sich Art. 20 Abs. 2 auf das Staatsvolk bezieht und dass das Staatsvolk die deutschen Staatsangehörigen und die nach Art. 116 Abs. 1 gleichgestellten Personen sind.[158] Die verfassungsrechtliche Gleichstellung von Statusdeutschen greift also nicht nur, wenn im GG von „Deutschen", sondern auch, wenn vom „Volk" oder vom **„deutschen Volk"** die Rede ist; das gilt auch für die Präambel und Art. 146.[159] Art. 116 konstituiert das deutsche Volk, auch das **Staatsvolk im völkerrechtlichen Sinn.** Es ist verfassungsrechtlich nicht zu beanstanden, wenn das BWahlG in § 12 bzw. § 15 das **aktive und passive Wahlrecht** Deutschen iSd GG zuschreibt; bei den Wahlen zum Europäischen Parlament sind ebenfalls Deutsche iSd GG wahlberechtigt.[160] In jedem Fall ermöglicht der in Art. 116 Abs. 1 enthaltene Gesetzesvorbehalt eine solche Regelung. Die Wohnsitz-Klausel des § 12 Abs. 1 S. 2 und entsprechende Anknüpfungen für Auslandsdeutsche in § 12 Abs. 2 BWahlG schlossen allerdings ein aktives Wahlrecht von DDR-Staatsbürgern aus, während – inkonsequent – eine entsprechende Einschränkung des passiven Wahlrechts nicht erfolgt ist. Für die erste gesamtdeutsche Wahl wurde das aktive und passive Wahlrecht übergangsweise auf die in den neuen Bundesländern lebenden „Bürger der DDR" erstreckt.[161] 38

Die Erstreckung der Trägerschaft wesentlicher Grundrechte auf die Statusdeutschen und deren Einbeziehung in das Staatsvolk ist das wesentliche Anliegen des Art. 116 Abs. 1. Eine **weitere Gleichstellung** kann allerdings **durch einfaches Gesetz** erfolgen. So werden die Statusdeutschen durch die Verwendung der Begriffe „Deutsche i. S. d. GG" zB in § 1 WehrpflG oder „Deutscher" zB im Personalausweiswesen gem. § 1 PaßG einfachgesetzlich in weitem Umfang den Staatsangehörigen gleichgestellt. Die Tatsache, dass die Statusdeutschen de facto gesetzlich gleichgestellt worden sind, darf indes nicht damit verwechselt werden, dass dies auch umfänglich durch Art. 116 geboten sei. 39

Der **wesentliche Unterschied** zwischen Staatsangehörigkeit und Äquivalenzstatus liegt in jedem Fall darin, dass **Art. 16 Abs. 1** nur gegen die **Entziehung** der deutschen Staatsangehörigkeit, nicht **der Statuseigenschaft** schützt.[162] Nach den Reformen des Staatsangehörigkeitsrechts in den vergangenen Jahren besteht das Rechtsinstitut des Statusdeutschen indes weitgehend nur noch formal für eine juristische Sekunde weiter.[163] 40

---

[157] Zu allem *Grawert* in HdbStR V § 16 Rn. 40 f.

[158] BVerfGE 83, 37 (50 ff.); 83, 60. Die Ausführungen des BVerfG zu Art. 116 Abs. 1 sind allerdings *obiter dicta,* da es über die Teilnahme von Ausländern, die nicht unter Art. 116 Abs. 1 fallen, zu entscheiden hatte; sie überzeugen auch mehr im Ergebnis als in der Begründung. Vgl. aus der verwaltungsgerichtlichen Rechtsprechung auch BVerwGE 90, 181 (183).

[159] BVerfGE 83, 37 (51).

[160] § 6 Abs. 1 EuropawahlG.

[161] Art. 3 Nr. 2 des G v. 29.8.1990 zum Wahlvertrag, BGBl. 1990 II 813.

[162] *Wittreck* in Dreier Rn. 59; *Masing/Kau* in MKS Rn. 13; *Kokott* in Sachs Rn. 16.

[163] → Rn. 96, 137.

II. Vorbehalt anderweitiger gesetzlicher Regelung

41 Der in Art. 116 Abs. 1 enthaltene **Gesetzesvorbehalt** gilt nach Wortlaut und Entstehungsgeschichte für beide Kategorien von Deutschen iSd GG.[164] Die Differenz zu einer engeren, nur Statusdeutsche einschließenden Auffassung hat allerdings keine erkennbaren Folgen, da Art. 16 Abs. 1 die Staatsangehörigkeit in ihrem Bestand schützt und der Bund gem. Art. 73 Abs. 1 Nr. 2 die **ausschließliche Gesetzgebungszuständigkeit** für die Staatsangehörigkeit hat, was die mit der Staatsangehörigkeit in unmittelbarem Zusammenhang stehende Eigenschaft als Statusdeutsche mit einschließt.[165] Allerdings war und ist die wesentliche Zielrichtung des Gesetzesvorbehaltes, dass die Ausfüllung des neuen Begriffs des Statusdeutschen **umfassend zur Disposition des Gesetzgebers** gestellt sein sollte, um auf politische Entwicklungen, deren Produkt dieser Begriff ja selber war, reagieren zu können.[166] Dies spiegelt sich dementsprechend im Ausführungsgesetz zu Art. 116 Abs. 1, dem **Bundesvertriebenengesetz** wider, das durch seine vielfache Änderung den rechtspolitischen Kontext nachzeichnet.[167]

42 Art. 116 Abs. 1 steht einer **Begrenzung oder Aufhebung der Statuseigenschaft ohne Verfassungsänderung** nicht entgegen.[168] Die Vorschrift garantiert nur ein „Übergangsinstitut".[169] Eine gewisse Einschränkung des Gesetzesvorbehalts ergibt sich aber aus anderen Verfassungsnormen sowie aus Sinn und Zweck des Art. 116 Abs. 1.[170] Schranken folgten etwa aus dem **Wiedervereinigungsgebot,** das zB den einfachgesetzlichen Ausschluss der DDR-Staatsbürger aus dem Kreis der Deutschen iSd GG als verfassungswidrig hätte erscheinen lassen.[171] Weitere Schranken ergeben sich aus **Art. 16 Abs. 1,** der gegen den Entzug der Staatsangehörigkeit schützt. Auch **allgemeine Regeln des Völkerrechts** iSd Art. 25 können den Spielraum des Gesetzgebers beschränken. Grenzen folgen schließlich aus dem **Übergangscharakter der Norm** und ihrer Zwecksetzung, kriegsbedingte staatsangehörigkeitsrechtliche Probleme zu lösen. Deshalb ist die Kategorie der sog. Spätaussiedler im Angesicht der seit 1990 eingetretenen rechtlichen und politischen Bereinigung der großen Nachkriegsrechtsfragen und der Veränderungen in Osteuropa verfassungsrechtlich hoch problematisch.[172]

---

[164] *Giegerich* in Maunz/Dürig Rn. 87; *Rennert* in Umbach/Clemens Rn. 10; *Wittreck* in Dreier Rn. 47; *Zuleeg* in AK Rn. 5; aA nur für Statusdeutsche: *Hailbronner* in Hailbronner/Maaßen/Hecker/Kau StAngR Rn. 10; *Jarass* in Jarass/Pieroth Rn. 2; *Kokott* in Sachs Rn. 2; *v. Mangoldt* in HdbStR V § 119 Rn. 15 ff.; *Schmahl* in Sodan Rn. 2u 4; *Masing/Kau* in MKS Rn. 23 ff. spricht davon, dass sich der Streit seit der Wiedervereinigung erledigt habe.

[165] BVerwGE 66, 277 (284).

[166] JöR nF 1 (1951), 823; Er kann etwa auch zur (Wieder-)Herstellung der Kongruenz zwischen den Inhabern demokratischer politischer Rechte und den dauerhaft staatlicher Herrschaft Unterworfenen bei einer erheblichen Zunahme des Ausländeranteils den Erwerb der deutschen Staatsangehörigkeit für Ausländer erleichtern, BVerfGE 144, 20 (Rn. 690).

[167] → Rn. 74.

[168] HM *Wittreck* in Dreier Rn. 45; *Masing/Kau* in MKS Rn. 26 f.; *Jarass* in Jarass/Pieroth Rn. 3; *Makarov/v. Mangoldt* StAngR Rn. 14 mwN; aA *v. Münch,* Die deutsche Staatsangehörigkeit. Vergangenheit-Gegenwart-Zukunft, 2007, 115, Fn. 351.

[169] *Masing/Kau* in MKS Rn. 27.

[170] *Wittreck* in Dreier Rn. 46; *Hailbronner* in Hailbronner/Maaßen/Hecker/Kau StAngR Rn. 11.

[171] BVerfGE 36, 1 (30 f.); 40, 163 (175); *Makarov/v. Mangoldt* StAngR Rn. 13; *Bernhardt* DÖV 1977, 640.

[172] → Rn. 104.

Einen **„Kernbestand"**, der – etwa in Anlehnung an Art. 19 Abs. 2 – dem Gesetzesvorbehalt entzogen wäre, kennt Art. 116 Abs. 1 **nicht.**[173] Dementsprechend ist auch den Ausführungen des BVerfG zum Ausländerwahlrecht eine materielle Einschränkung des Gesetzesvorbehalts in Art. 116 Abs. 1 nicht zu entnehmen.[174] In der unmittelbaren Nachkriegszeit mag die Gewährleistung eines Äquivalenzstatus im Sinne einer Institutsgarantie von der Übergangsvorschrift des Art. 116 Abs. 1 abgesichert worden sein. Nachdem der entsprechende Regelungsbedarf der Kriegsfolgen inzwischen befriedigt ist und angesichts der mit der deutschen Einigung eingetretenen grundlegenden Wandlung des rechtlichen und politischen Umfeldes von Art. 116 Abs. 1 widerspricht es indes keineswegs weder dem Sinn und Zweck des Art. 116 Abs. 1 noch etwaigen immanenten Grenzen des Gesetzesvorbehalts, wenn der Gesetzgeber die Eigenschaft als Statusdeutsche, wie es bei der Ausarbeitung des GG vorgeschlagen worden war, durch Einräumung einer befristeten Option oder den gesetzlichen Erwerb der deutschen Staatsangehörigkeit beendet.[175] **43**

III. Deutsche Staatsangehörigkeit

Deutscher iSd GG ist natürlich, wer die deutsche Staatsangehörigkeit besitzt. Es wurde unter dem GG bewusst nicht eine Bundesangehörigkeit geschaffen, sondern **an der deutschen Staatsangehörigkeit als einigendem Band deutscher Gesamtstaatlichkeit festgehalten.**[176] Wegen der (Teil-)Identität der Bundesrepublik mit dem Deutschen Reich war es konsequent, dass alle deutschen Staatsangehörigen ihre Staatsangehörigkeitsbeziehungen zur Bundesrepublik als neuorganisiertem deutschem Staatswesen fortsetzten.[177] Dies gilt nicht für die zwischen 1938 und 1945 erfolgten Sammeleinbürgerungen.[178] Für den **„Besitz"** der deutschen Staatsangehörigkeit kommt es nicht auf den Zeitpunkt des Inkrafttretens des GG, sondern auf den Zeitpunkt an, zu dem die deutsche Staatsangehörigkeit festzustellen ist.[179] **44**

1. Keine Vorgabe staatsangehörigkeitsrechtlicher Grundsätze. Art. 116 Abs. 1 setzt die Regelung der Staatsangehörigkeit durch den Gesetzgeber voraus. Die Norm regelt die Staatsangehörigkeit nicht selbst und stellt auch **keine staatsangehörigkeitsrechtlichen Grundsätze** auf, an die der Gesetzgeber verfassungsrechtlich gebunden wäre. **45**

Das entspricht auch mittlerweile gefestigter Rechtsprechung. Zutreffend hat das BVerfG in seinem **NPD-Urteil von 2017** unter Rekurs auf Art. 73 Abs. 1 Nr. 2 und Art. 116 Abs. 1 GG festgestellt, dass das GG die Regelung der Voraussetzungen für den Erwerb und den Verlust der Staatsangehörigkeit dem Gesetzgeber zuweist.[180] Dabei betont das BVerfG die zentrale Stellung des Rechtsinstituts der Staatsangehörigkeit für die Zuordnung zum deutschen Volk, auf das Art. 20 Abs. 2 S. 1 alle Staatsgewalt zurückführt. Für die „Zugehörigkeit **46**

---

173 So noch *Hecker* in v. Münch/Kunig, 2. Aufl. 1983, Rn. 7; wie hier *Zuleeg* in AK Rn. 12; *Kokott* in Sachs Rn. 2; *Jarass* in Jarass/Pieroth Rn. 3; *Wittreck* in Dreier Rn. 45 f.

174 BVerfGE 83, 37 (52).

175 → Rn. 107 ff., 137 ff.

176 BVerfGE 77, 137 (150); JöR nF 1 (1951), 823; *v. Mangoldt* in HdbStR V § 119 Rn. 5 ff. Zur Möglichkeit von Landesstaatsangehörigkeiten s. *v. Münch,* Die deutsche Staatsangehörigkeit. Vergangenheit-Gegenwart-Zukunft, 2007, 82 ff.

177 *Frowein* in BMV VerfassungsR-HdB, 1. Aufl. 1983, 48.

178 → Rn. 50.

179 *Makarov/v. Mangoldt* StAngR Rn. 15; *Giegerich* in Maunz/Dürig Rn. 34.

180 BVerfGE 144, 20 (264) sowie zuvor bereits BVerfGE 83, 37 (51 f.).

zum deutschen Volk und den daraus sich ergebenden staatsbürgerlichen Status" sei die Staatsangehörigkeit von **„entscheidender Bedeutung".**[181]

47 Da die Vorgaben für den Erwerb und den Verlust der Staatsangehörigkeit gesetzlich bestimm- und abänderbar sind, ist dementsprechend derjenige, welcher die deutsche Staatsangehörigkeit nach den gesetzlichen Vorgaben erworben hat, „aus Sicht der Verfassung unabhängig von seiner ethnischen Herkunft Teil des Volkes" und kommt **„ethnischen Zuordnungen keine exkludierende Bedeutung"** zu.[182] Anders gesagt, die verfassungsrechtliche Vorgabe lautet dahingehend, dass nicht eine ethnische, identitäre, kulturelle, usw. Zuordnung zum Volk der Anerkennung der Staatsangehörigkeit vorausliegt, sondern dass die gesetzliche Zuerkennung der Staatsangehörigkeit maßgeblich die Zugehörigkeit zum Volk bestimmt.[183] Daran ändert auch die durch Art. 116 Abs. 1 erfolgende Einbeziehung von **Statusdeutschen** in den Kreis der „Deutschen iSd GG" im Grundsatz nichts. Das BVerfG betont hier völlig zu Recht den Charakter der Norm als „Kriegsfolgenrecht", der an der grundsätzlichen Bedeutung der Staatsangehörigkeit für die Trägerschaft der deutschen Staatsgewalt nichts ändere und nicht dazu führe, dass der Volksbegriff des Grundgesetzes sich primär anhand ethnischer Zuordnungen bestimmen müsse.[184]

48 Der Gesetzgeber muss sich bei der Konzeption des Staatsangehörigkeitsrechts von Verfassung wegen auch nicht an ethnischen Zuordnungen oder am **Abstammungsgrundsatz** ausrichten.[185] So kann er etwa, wie das BVerfG bereits im Zusammenhang mit der Frage des Ausländerwahlrechts betonte, den Zugang zur deutschen Staatsangehörigkeit – und somit auch zum Wahlrecht – für Ausländer, die sich rechtmäßig in der Bundesrepublik Deutschland aufhalten, erleichtern, um so die Rechte politischer Partizipation möglichst vielen zukommen zu lassen, die dauerhaft Adressat staatlicher Hoheitsgewalt in Deutschland sind.[186]

49 **2. Rechtliche Grundzüge und Umbrüche im Spiegel der Zeit.** Das deutsche Staatsangehörigkeitsrecht ist in seinem geschichtlichen Verlauf von grundlegenden Änderungen und Paradigmenwechseln bestimmt, die mitunter für heftige Kontroversen gesorgt haben.[187]

50 **a) Unmittelbare Nachkriegszeit.** Nach Ende des Zweiten Weltkrieges wurden Erwerb und Verlust der deutschen Staatsangehörigkeit zunächst durch das nach Art. 123 Abs. 1 fortgeltende **Reichs- und StaatsangehörigkeitsG von 1913 (RuStAG)**[188] geregelt, das bis zum 31.7. bzw. 31.12.1999 galt.[189] Das

---

[181] BVerfGE 144, 20 (264).

[182] BVerfGE 144, 20 (264).

[183] BVerfGE 144, 20 (264).

[184] BVerfGE 144, 20 (265) unter Anknüpfung an den Teso-Beschluss von 1987, BVerfGE 77, 137 (150 ff.).

[185] BVerfGE 144, 20 (264).

[186] BVerfGE 83, 37 (51 f.) sowie daran anknüpfend jetzt BVerfGE 144, 20 (264).

[187] Zur historischen Entwicklung *Gusy* in Angster/Gosewinkel/Gusy Staatsbürgerschaft im 19. und 20. Jahrhundert, 2019, 145 ff.; *Nathans,* The Politics of Citizenship in Germany – Ethnicity, Utility and Nationalism, 2004, 201 ff.; *Gosewinkel,* Einbürgern und Ausschließen – Die Nationalisierung der Staatsangehörigkeit vom deutschen Bund bis zur Bundesrepublik Deutschland, 2001, 27 ff.; ausführlich *Hohm* und *Schuhen* in GK-StAR, Bd. 1, III.

[188] RuStAG, zuletzt idF v. 16.12.1997, BGBl. 1997 I 2942.

[189] Trotz der im Wesentlichen zum 1.1.2000 in Kraft getretenen Neuregelungen der Staatsangehörigkeit in Form des StaatsangehörigkeitsG (StAG) bleiben die Regelungen des RuStAG als intertemporales Recht bedeutsam, da Erwerb und Verlust der deutschen Staatsangehörigkeit sich nach dem zum jeweiligen Zeitpunkt geltenden Recht richten, → Rn. 44.

RuStAG folgte dem Grundsatz des **ius sanguinis.** Daher waren alle, die die Erwerbsgründe des RuStAG erfüllten, auch dann deutsche Staatsangehörige, wenn sie nicht auf dem Gebiet der Bundesrepublik geboren wurden bzw. lebten. Bis 1990 traf das vor allem auf die in der früheren DDR und in den früheren deutschen Ostgebieten lebenden Deutschen zu. Die durch Art. 116 Abs. 1 geschaffene rechtliche Konstruktion der Deutschen iSd GG zerfiel somit doch in **drei Untergruppen:** Deutsche iSd GG unter Einschluss von Personen ohne deutsche Staatsangehörigkeit, den engeren Kreis der deutschen Staatsangehörigen unter Einschluss der in der DDR Lebenden und schließlich die „Bundesbürger", dh deutsche Staatsangehörige mit Wohnsitz in der Bundesrepublik oder außerhalb des Gebietes des Deutschen Reiches nach dem Stand v. 31.12.1937.[190] Die zwischen 1938 und 1945 erfolgten **Sammel- und Zwangseinbürgerungen**[191] wurden durch das 1. StAngRegG[192] von 1955 und durch das 2. StAngRegG von 1956 im Sinne eines Ausschlagungsrechts bzw. Verlustes der deutschen Staatsangehörigkeit geregelt.[193] Durch das 2. StAngRegG ist die durch den Anschluss **Österreichs** bewirkte deutsche Staatsangehörigkeit mWv 26.4.1945 grundsätzlich erloschen.[194] Durch die **Saar-Staatsangehörigkeit** wurde die deutsche Staatsangehörigkeit erworben.[195]

b) Deutsche Teilung. Während der **Teilung Deutschlands** hatte die durch Art. 116 Abs. 1 und die Fortgeltung des RuStAG bewirkte Einbeziehung der in der **DDR** lebenden Deutschen zur Folge, dass gerade Staatsangehörigkeitsfragen im Brennpunkt der deutschen Teilung, ihrer rechtlichen Folgen und des sich daran entzündenden politischen Streits standen. Nachdem die DDR in Art. 1 Abs. 4 der Verf. von 1949 noch an einer gemeinsamen deutschen Staatsangehörigkeit festgehalten und das RuStAG auch in der DDR gegolten[196] hatte, wurde durch das Staatsbürgerschaftsgesetz der DDR **(StBG)** v. 20.2.1967[197] eine „Staatsbürgerschaft der Deutschen Demokratischen Republik" mit eigenen Erwerbs- und Verlustgründen[198] eingeführt. Zum 3.10.1990 ist das StBG außer Kraft getreten; Art. 9 Abs. 2 iVm Anl. II Kap. II des EVertr. hat dessen Fortgeltung nicht angeordnet, was auch nicht mit Art. 116 Abs. 1 vereinbar gewesen wäre. 51

Das StBG behielt dennoch weiterhin insofern Bedeutung, als nach diesem „Teilsystem des deutschen Staatsangehörigkeitsrechts"[199] mit der Staatsbürgerschaft der DDR zugleich auch die deutsche Staatsangehörigkeit erworben bzw. verloren werden konnte.[200] Das BVerfG hatte 1987 im für Art. 116 52

---

[190] „Bundesangehörigkeit", *Giegerich* in Maunz/Dürig Rn. 36.

[191] Vgl. *Bergmann/Korth/Ziemske* HdB PassR Rn. 111 ff.; *Menzel* in BK Erl. II A.

[192] Gesetz zur Regelung von Fragen der Staatsangehörigkeit v. 22.2.1955, BGBl. 1955 I 65; aufgehoben durch Artikel 2 G. v. 8.12.2010, BGBl. 2010 I 1864; siehe hierzu die Kommentierung von *Marx* in GK-StAR, Bd. 2, 22. Erg.Lfg. Jul. 2010, IV-4.

[193] Dazu iE *Menzel* in BK Erl. II A 2; *Giegerich* in Maunz/Dürig Rn. 45 ff.

[194] *Frowein* in BMV VerfassungsR-HdB, 1. Aufl. 1983, 48; BVerfGE 1, 322; BVerwGE 1, 206; *Marx* in GK-StAR, Bd. 2, 22. Erg.Lfg. Jul. 2010, IV-5, § 1 Rn. 20.

[195] *v. Mangoldt* in HdbStR V § 119 Rn. 34 ff., 49; *Menzel* in BK Erl. II A 3 f.

[196] *v. Münch,* Die deutsche Staatsangehörigkeit. Vergangenheit-Gegenwart-Zukunft, 2007, 91.

[197] GBl. 1967 I 3.

[198] Näher *v. Münch,* Die deutsche Staatsangehörigkeit. Vergangenheit-Gegenwart-Zukunft, 2007, 91 ff.

[199] *Makarov/v. Mangoldt* StAngR, StBG-Einl. Rn. 3.

[200] BVerfGE 77, 137 (149 ff.), → Rn. 44; *Makarov/v. Mangoldt* StAngR, StBG-Einl. Rn. 3 mwN; zum Staatsangehörigkeitsrecht der DDR: *Hecker* AVR 29 (1991), 27 (38 ff.); *v. Mangoldt* in HdbStR V § 119 Rn. 46 ff.; *Bergmann/Korth/Ziemske* HdB PassR Rn. 121 ff.

Abs. 1 zentralen ***Teso*-Beschluss** festgestellt, dass, unter dem Vorbehalt des *ordre public,* die deutsche Staatsangehörigkeit iSd Art. 116 Abs. 1 und Art. 16 Abs. 1 auch **durch den Erwerb der DDR-Staatsbürgerschaft begründet** wird,[201] weil Art. 116 Abs. 1 eine Konkretisierung des **Wiedervereinigungsgebots** sei und sicherstellen solle, dass die Staatsbürger der DDR ebenfalls deutsche Staatsangehörige sind.

53 Dagegen wirkte sich der **Verlust der DDR-Staatsbürgerschaft,** soweit er nicht, wie auch nach dem RuStAG möglich, freiwillig geschehen war, nicht auf die deutsche Staatsangehörigkeit aus.[202] **Aus der DDR Ausgebürgerte blieben deutsche Staatsangehörige,** sofern sie nicht inzwischen einen anderen Verlustgrund nach dem RuStAG gesetzt hatten. Ob der Verzicht oder der freiwillige Erwerb einer anderen Staatsangehörigkeit durch einen DDR-Bürger, der nach dem StBG nicht den Verlust der DDR-Staatbürgerschaft nach sich zog, entsprechend § 25 RuStAG den Verlust der deutschen Staatsangehörigkeit bewirkt hat, war umstritten.[203] Unter Berücksichtigung der subjektiven Sicht des betroffenen DDR-Bürgers,[204] wie auch aufgrund des das Interesse an der Vermeidung mehrfacher Staatsangehörigkeit überwiegenden Grundsatzes der einheitlichen deutschen Staatsangehörigkeit, blieb der Verlusttatbestand des § 25 RuStAG bei fortbestehender DDR-Staatsbürgerschaft außer Betracht.[205]

54 **c) Wiedervereinigung.** Unmittelbar nach der deutschen Wiedervereinigung blieben staatsangehörigkeitsrechtliche Fragen mangels entsprechender Regelungen in EVertr., Zwei-plus-Vier-Vertrag oder anderen rechtlichen Instrumenten zur deutschen Einigung zunächst offen.[206] Für die früheren Staatsbürger der DDR galten mit dem Beitritt der Länder Brandenburg, Mecklenburg-Vorpommern, Sachsen-Anhalt, Sachsen und Thüringen die staatsangehörigkeitsrechtlichen Bestimmungen der Bundesrepublik ohne Übergangsregelung im Beitrittsgebiet.[207] Die **Staatsbürgerschaft der DDR ist zusammen mit dieser entfallen.**[208] Die Staatsbürger der DDR sind seither ohne jede Besonderheit deutsche Staatsangehörige. DDR-Ausweise verloren gem. Anl. I Kap. II Sachgebiet B Abschn. III Nr. 8 EVertr. zum 31.12.1995 ihre Gültigkeit. Die Bundesrepublik hat nach den gem. Art. 12 EVertr. notwendigen Konsultationen mit den jeweiligen Vertragspartnern, die – nach Zögern auch Russland – zugestimmt haben, alle staatsangehörigkeitsrechtlichen Verträge der DDR für erloschen erklärt.[209]

55 Vor dem 3.10.1990 erfolgte **staatsangehörigkeitsrechtliche Entscheidungen der DDR-Behörden** blieben nach dem Grundsatz des Art. 19 EVertr. wirksam, konnten (bzw. können) jedoch aufgehoben werden, wenn sie mit rechtsstaatlichen Grundsätzen nicht vereinbar sind, was dem *ordre-public*-Vorbehalt des Teso-Beschlusses von 1987 entsprechen dürfte.[210] Ent-

---

[201] BVerfGE 77, 137 (147, 150).

[202] Diff. *v. Mangoldt* in HdbStRV § 119 Rn. 38 mwN.

[203] *Makarov/v. Mangoldt* StAngR, StBG Einl. Rn. 3.

[204] *Klein* JuS 1987, 279 (282).

[205] *Silagi* StAZ 1988, 70.

[206] Zu den Auswirkungen der Vereinigung auf staatsangehörigkeitsrechtliche Fragen: *Hailbronner* in Hailbronner/Maaßen/Hecker/Kau StAngRTeil I G Rn. 1 ff.

[207] *v. Mangoldt* in HdbStRV § 119 Rn. 112.

[208] „Erloschen", *Zuleeg* in AK Rn. 11.

[209] Vgl. die Übersicht im Fundstellenverzeichnis B zum BGBl., Stand 31.12.1993, 538.

[210] → Rn. 52.

scheidungen von DDR-Behörden, durch die die DDR-Staatsbürgerschaft aberkannt oder widerrufen wurde, hatten dagegen seit dem 3.10.1990 regelmäßig keinen Bestand mehr und somit nicht den Verlust der deutschen Staatsangehörigkeit zur Folge, soweit sie dem Verbot des Entzuges der deutschen Staatsangehörigkeit nach Art. 16 Abs. 1 widersprochen hätten. Nur wenn die Staatsbürgerschaft aus Gründen, die auch in der Bundesrepublik gelten, widerrufen worden war, blieben diese Entscheidungen wirksam.[211]

Frühere deutsche Staatsangehörige in den ehemaligen Ostgebieten 56
konnten trotz des Abschlusses der Ostverträge, des Moskauer[212] und des Warschauer Vertrages[213] nach Auffassung der BReg und der hM zunächst weiterhin als solche behandelt werden.[214] Art. 116 Abs. 1 iVm dem RuStAG bewirkten, dass den nach 1945 in den unter polnischer Verwaltung stehenden Gebieten, in Danzig und in Nordostpreußen lebenden deutschen Staatsangehörigen und ihren Nachkommen die **deutsche Staatsangehörigkeit erhalten geblieben** war.[215]

Mit der spätestens seit dem 3.10.1990 endgültigen Abtretung der ehemali- 57
gen deutschen Ostgebiete[216] trat jedoch nach den völkerrechtlichen Grundsätzen über die Folgen von Gebietswechseln **kein automatischer Wechsel der Staatsangehörigkeit ein,**[217] es bedurfte einer vertraglichen Regelung. Das galt entsprechend für die völkerrechtlich gleich zu behandelnde Statuseigenschaft.[218] Der deutsch-polnische Grenzvertrag,[219] der deutsch-polnische[220] und der deutsch-sowjetische Vertrag über gute Nachbarschaft[221] enthalten solche Regelungen indes nicht.[222] Bei einem Gebietswechsel ist die Einräumung von **Optionsrechten** üblich. Völkerrechtlich ist Deutschland allerdings verpflichtet, zur Bereinigung der staatsangehörigkeitsrechtlichen Lage der in den früheren deutschen Ostgebieten lebenden deutschen Staatsangehörigen – sofern vorhanden – und Statusdeutschen, die idR auch Staatsangehörige Polens bzw. Russlands sind, beizutragen.[223]

d) 1999/2000: Neuordnung – *ius soli* und Optionsmodell. Nach lan- 58
ger und kontroverser Diskussion wurde das RuStAG durch das **Gesetz zur Reform des Staatsangehörigkeitsrechts (StARG)**[224] zum 1.1.2000 – bzw. in Teilen schon 1999[225] – geändert. Durch die Reform wurden der Kern des Staatsangehörigkeitsrechts – fortan **Staatsangehörigkeitsgesetz (StAG)** genannt – grundlegend umgestaltet und auch das damalige AuslG,[226]

[211] *Hailbronner* in Hailbronner/Maaßen/Hecker/Kau StAngR Teil I G Rn. 20.
[212] V. 12.8.1970, BGBl. 1972 II 354.
[213] V. 7.12.1970, BGBl. 1972 II 361.
[214] BVerfGE 40, 141 (175); *Gnatzy* in SHH Rn. 2.
[215] *Menzel* in BK Erl. II A 3c, d, e.
[216] AA *Kempen,* Die deutsch-polnische Grenze nach der Friedensregelung des Zwei-plus-Vier-Vertrages, 1997, 404.
[217] *Verdross/Simma,* Universelles Völkerrecht, 1984, §§ 1193, 1195.
[218] → Rn. 13 ff.
[219] V. 14.11.1990, BGBl. 1991 II 1328.
[220] V. 17.6.1991, BGBl. 1991 II 1314.
[221] V. 9.9.1990, BGBl. 1991 II 702.
[222] Vgl. Antwort der BReg. v. 19.4.1995, BT-Drs. 13/1164, 5.
[223] Zur Rechtsentwicklung → Rn. 16 ff.
[224] V. 15.7.1999, BGBl. 1999 I 1618.
[225] Hinsichtlich des Erwerbs der deutschen Staatsangehörigkeit durch Statusdeutsche bereits am 1.8.1999, hinsichtlich einiger Durchführungsregelungen und Formalien trat das Gesetz bereits zum 24.7.1999 in Kraft (vgl. Art. 5).
[226] Heute AufenthG.

das StAngRegG,[227] das BVFG,[228] die Verordnung über die deutsche Staatsangehörigkeit[229] sowie eine Reihe weiterer Gesetze geändert.[230]

59 Eine der wesentlichen **Neuerungen** war die **Einführung des Geburtsortsprinzips *(ius soli)*** für den Erwerb der Staatsangehörigkeit qua Geburt.[231] Sie tritt neben den das deutsche Staatsangehörigkeitsrecht der Nachkriegszeit bis dato ganz maßgeblich prägenden Erwerb nach dem Abstammungsgrundsatz ***(ius sanguinis),*** wie er in § 4 Abs. 1 StAG niedergelegt ist. Seither können in Deutschland geborene Kinder ausländischer Eltern gem. § 4 Abs. 3 StAG die deutsche Staatsangehörigkeit auch qua Geburt erwerben, wenn ein Elternteil seit acht Jahren ununterbrochen rechtmäßig in Deutschland seinen gewöhnlichen Aufenthalt hat und daueraufenthaltsberechtigt[232] ist bzw. eine Aufenthaltserlaubnis auf Grund des Abkommens EU-Schweiz[233] besitzt.[234]

60 Die Aufgabe einer – regelmäßig vorhandenen – ausländischen Staatsangehörigkeit wird für diesen Erwerb der deutschen Staatsangehörigkeit zunächst nicht vorausgesetzt. Die daraus resultierende **doppelte Staatsangehörigkeit** wird allerdings nur vorübergehend hingenommen und durch eine sog. **Optionspflicht** begrenzt. Danach müssen Personen, die nach § 4 Abs. 3 StAG[235] deutsche Staatsangehörige geworden sind, unter bestimmten Voraussetzungen[236] nach Erreichen des 21. Lebensjahres[237] für die deutsche oder die ausländische Staatsangehörigkeit **optieren.**[238] Das gilt nicht für Unionsbürger[239] und Staatsangehörige der Schweiz.[240]

61 Das *ius soli* greift auch dadurch Platz, dass der Erwerb der deutschen Staatsangehörigkeit *iure sanguinis,* also dem Abstammungsgrundsatz folgend, **bei Auslandsgeburt eingeschränkt** wurde (§ 4 Abs. 4 StAG). Im Ausland geborene Kinder eines oder zweier deutscher Elternteile, die ihrerseits seit dem 1.1.2000 im Ausland geboren sind, erwerben die deutsche Staatsangehörigkeit nicht mehr automatisch, sondern nur, wenn sie sonst staatenlos würden oder wenn die Geburt innerhalb eines Jahres der deutschen Auslandsvertretung angezeigt wird.[241] Potenziell hat dies erhebliche Auswirkungen auf Art. 116 Abs. 2.[242]

---

[227] → Rn. 50.

[228] → Rn. 74 f.

[229] BGBl. III Nr. 102-2.

[230] Zur Entstehung: *Hailbronner* in Hailbronner/Maaßen/Hecker/Kau StAngR Teil I A Rn. 13 ff. mwN und die Komm. zu den einzelnen Vorschriften des StAG.

[231] Überblick bei *Leopold* JuS 2006, 126 (127).

[232] Insbesondere auf Grundlage von § 4a FreizügG/EU, § 9a AufenthG oder einer Niederlassungserlaubnis iSd § 9 AufenthG. Zu Einzelheiten *Kau* in Hailbronner/Maaßen/Hecker/Kau StAngR § 4 Rn. 83.

[233] BGBl. 2001 II 810.

[234] Kinder, die am 1.1.2000 bereits geboren waren und das zehnte Lebensjahr noch nicht vollendet hatten, waren gem. der Übergangsregelung des § 40b StAG auf Antrag, der bis zum 31.12.2000 gestellt sein musste, einzubürgern, wenn bei ihrer Geburt und bei Antragstellung die Voraussetzungen des § 4 Abs. 3 S. 1 StAG vorlagen.

[235] Sowie nach der Übergangsvorschrift des § 40b StAG.

[236] Diese wurden im Jahr 2014 dergestalt verändert, dass eine Optionspflicht bei Personen, die in Deutschland aufgewachsen sind (vgl. § 29 Abs. 1a StAG nF) nicht mehr besteht. → Rn. 68.

[237] Gem. § 29 Abs. 1 aF nach Erreichen der Volljährigkeit.

[238] Zum Ganzen *Hailbronner/Maaßen* in Hailbronner/Maaßen/Hecker/Kau StAngR § 29 Rn. 14 ff.

[239] Vgl. § 29 Abs. 1 Nr. 3, 1. Alt. StAG sowie zuvor § 29 Abs. 4 StAG aF iVm damaligem § 87 Abs. 2 AuslG.

[240] § 29 Abs. 1 Nr. 3, 1. Alt. StAG.

[241] § 4 Abs. 4 StAG. Näher *Kau* in Hailbronner/Maaßen/Hecker/Kau StAngR § 4 Rn. 48 ff.

[242] → Rn. 120.

62 Die **Auffassung, doppelte Staatsangehörigkeit und das *ius soli*-Prinzip seien verfassungswidrig,**[243] findet in Art. 116 **keine Stütze.**[244] Zwar kommt das ius-sanguinis-Prinzip in Art. 116 Abs. 1 u. 2 in der Weise zum Ausdruck, dass sich einerseits die Eigenschaft als Statusdeutscher und der Wiedereinbürgerungsanspruch im Dritten Reich Ausgebürgerter in Generationenfolge perpetuieren und dass andererseits jedenfalls die Angehörigen dieses Personenkreises problemlos (wieder) deutsche Staatsangehörige werden können. Art. 116 setzt damit als Übergangsvorschrift und Kriegsfolgenrecht nur bei dem empirisch vorgefundenen, dh das deutsche Staatsangehörigkeitsrecht bis dato beherrschenden Grundsatz des *ius sanguinis* an und war im Übrigen die zur Bewältigung der ungeklärten staatsangehörigkeitsrechtlichen Lage von Volksdeutschen und bei der Wiedergutmachung widerrechtlicher Ausbürgerungen allein angemessene Regelung. Daraus lässt sich aber, wie nunmehr auch zutreffend das BVerfG betont, nicht umgekehrt auf eine verfassungsrechtliche Vorgabe des Ius-sanguinis-Prinzips als ausschließlichen Grundsatz schließen.[245] Man würde damit den Regelungsgehalt des Art. 116 überspannen, der als Übergangsregelung **nicht staatsangehörigkeitsrechtliche Grundsätze festschreiben,** sondern einen akuten Regelungsbedarf befriedigen sollte.

63 Weiter wurde durch das StARG im Bereich des Erwerbs der Staatsangehörigkeit qua Einbürgerung die **Ist- bzw. Anspruchseinbürgerung**[246] grundsätzlich durch ein nur noch achtjähriges Aufenthaltserfordernis erleichtert, § 10 Abs. 1 S. 1 StAG. Andererseits werden ua das Bekenntnis zur freiheitlich-demokratischen Grundordnung, ausreichende deutsche Sprachkenntnisse und die Fähigkeit, für seinen Lebensunterhalt zu sorgen, vorausgesetzt.[247] § 14 StAG ermöglicht die Einbürgerung von im Ausland lebenden Ausländern.

64 Auch für den – in den Grenzen von Art. 16 Abs. 1 zulässigen – **Verlust der Staatsangehörigkeit** enthält das StAG in §§ 17 ff. StAG zentrale Regelungen. Den gesetzlichen Grundfall bildet hierbei die Entlassung aus der deutschen Staatsangehörigkeit iSd § 18 StAG. Ein Deutscher kann seine Staatsangehörigkeit aber auch durch Erwerb einer ausländischen Staatsangehörigkeit auf Antrag und unabhängig davon verlieren, ob er Wohnsitz oder dauernden Aufenthalt in Deutschland hat (§ 25 StAG).[248] Ferner kann der Verlust eintreten durch Verzicht (§ 26 StAG), durch Annahme als Kind durch einen Ausländer (§ 27 StAG), durch Eintritt in ausländische bewaffnete Verbände (§ 28 StAG) oder durch Erklärung (§ 29 StAG).[249]

65 Für Art. 116 Abs. 1 von besonderer Bedeutung sind die in § 3 Nr. 4a iVm § 40a und § 7 StAG enthaltenen Regelungen zur **Überleitung der Statuseigenschaft** in die deutsche Staatsangehörigkeit.[250]

---

[243] Schon zu Beginn der Reformdiskussion: *v. Mangoldt* JZ 1993, 965 (969); *Ziemske,* Die deutsche Staatsangehörigkeit, 45 ff. mwN, 295 ff.; vorsichtig *Bleckmann* NJW 1990, 1397 (1399); später *Scholz/Uhle* NJW 1999, 1510 (1514); *Huber/Butzke* NJW 1999, 2769 (2775).

[244] Heute hM, vgl. BVerfGE 144, 20 (264 f.) (→ Rn. 46 f.) sowie aus der Lit. statt aller *Hailbronner* NVwZ 1999, 1273 (1275); ZAR 1999, 51 (53); *Wittreck* in Dreier Rn. 44; *Kau* in Hailbronner/Maaßen/Hecker/Kau StAngR § 4 Rn. 71 f.; *Wollenschläger/Schraml* ZRP 1994, 225 (226); *Renner* ZAR 1999, 154 (156).

[245] Zutreffend jetzt auch BVerfGE 144, 20 (265) → Rn. 46 f. Für die Gegenauffassung vgl. *Ziemske* ZRP 1994, 229.

[246] Vormals §§ 85 ff. AuslG, heute §§ 10 ff. StAG.

[247] Vgl. im Einzelnen § 10 Abs. 1 S. 1 Nr. 1–7 StAG.

[248] Näher *Hailbronner* in Hailbronner/Maaßen/Hecker/Kau StAngR § 25 Rn. 31 ff.

[249] Im Jahr 2009 kam der Verlust durch Rücknahme eines rechtswidrigen Verwaltungsaktes hinzu (§ 35 StAG).

[250] → Rn. 94 ff.

66 **e) 2005: Zuwanderungsgesetz.** Für das Staatsangehörigkeitsrecht und Art. 116 Abs. 1 erhebliche Rechtsänderungen erfolgten ferner durch das **Zuwanderungsgesetz,** das zum **1.1.2005** in Kraft trat.[251] Mit dem Zuwanderungsgesetz erfolgte die möglicherweise tiefgreifendste Reform des Migrationsrechts seit Bestehen der Bundesrepublik.[252] Dieses differenzierte die gesetzlichen Regelungskomplexe des Migrationsrechts weiter aus. Die unionsbürgerschaftliche Freizügigkeit, die ohnehin von Beginn an eigenen Regeln unterlag, wurde nunmehr auch formell aus dem allgemeinen Aufenthaltsrecht ausgegliedert und mit dem Freizügigkeitsgesetz/EU **(FreizügG/EU)**[253] fortan einem gesetzlichen Spezialregime unterstellt, welches das unionsrechtliche Statusprivileg der Unionsbürgerschaft unmittelbar widerspiegelt. An die Stelle des AuslG trat das neue Aufenthaltsgesetz **(AufenthG),**[254] das zugleich eine inhaltliche Neuorientierung des Migrationsrechts markiert: Erstmals wurden ausdrücklich die Steuerung der Migration[255] sowie die Integration von Ausländern[256] in den Blick genommen und mit besonderen Regelungsinstrumenten bedacht.[257] Nach der Definition des § 2 Abs. 1 AufenthG ist „Ausländer [...] jeder, der nicht Deutscher im Sinne des Artikels 116 Abs. 1" ist. Das **StAG** wurde durch das ZuwandG vor allem in der Weise geändert, dass die Anspruchseinbürgerung[258] jetzt in das StAG überführt wurde.[259] Zudem wurde das **BVFG** hinsichtlich der Rechtslage der Spätaussiedler geändert.[260]

67 **f) 2009: Verlust durch Rücknahme.** Das StAG wurde in den vergangenen Jahren insbesondere durch drei Gesetze, die sog. Gesetze zur Änderung des StAG **(StAGÄndG),** sukzessive geändert. Kern des **1. StAGÄndG** vom 5.2.2009 war die Einführung des **Verlustgrundes** der Rücknahme eines rechtswidrigen Verwaltungsaktes (§§ 17 Abs. 1 Nr. 7, 35 StAG).[261]

68 **g) 2014: Keine Optionspflicht bei Aufwachsen im Inland.** Mit dem **2. StAGÄndG** vom 13.11.2014[262] wurde die **Optionspflicht** bei doppelter

---

[251] Gesetz zur Steuerung und Begrenzung der Zuwanderung und zur Regelung des Aufenthalts und der Integration von Unionsbürgern und Ausländern v. 30.7.2004 (ZuwandG), BGBl. 2004 I 1950.

[252] Zur Reform *Huber* NVwZ 2005, 1 (1 ff.) sowie während des Reformprozesses *Davy* ZAR 2002, 171 (171 ff.).

[253] Eingeführt durch Art. 2 des Zuwanderungsgesetzes.

[254] Gesetz über den Aufenthalt, die Erwerbstätigkeit und die Integration von Ausländern im Bundesgebiet, eingeführt durch Art. 1 des Zuwanderungsgesetzes.

[255] Neben der Begrenzung des Zuzugs eines der beiden in § 1 Abs. 1 S. 1 AufenthG genannten Hauptziele. Dazu eingehend *Bast,* Aufenthaltsrecht und Migrationssteuerung, 2011, 67 ff.

[256] Zum aufenthaltsrechtlichen Begriff der Integration grundlegend *Eichenhofer,* Begriff und Konzept der Integration im Aufenthaltsgesetz, 2013, 109 ff.

[257] Wie etwa den Integrationskursen (sog. „Grundangebot zur Integration") § 43 Abs. 2 S. 1 AufenthG.

[258] Vormals §§ 85 ff. AuslG.

[259] §§ 10 ff. und 40c StAG.

[260] → Rn. 74 f. Weiter werden durch das ZuwandG das (damalige) AsylverfahrensG, das AusländerzentralregisterG, das Gesetz über die Stellung heimatloser Ausländer sowie eine Reihe von Leistungsgesetzen geändert.

[261] BGBl. 2009 I 158; siehe auch die vorläufigen Anwendungshinweise des Bundesministeriums des Innern vom 17.4.2009, abgedruckt in GK-StAR, Bd. 3, 19. Erg.Lfg. Nov. 2009, VII-3.

[262] BGBl. 2014 I 1714; siehe auch den Entwurf der Neufassung der die vorläufigen Anwendungshinweise des Bundesministeriums des Innern zu § 29 und § 34 vom 34.12.2014, abgedruckt in GK-StAR, Bd. 3, 32. Erg.Lfg. Jun. 2015, VII-3.1.

Staatsangehörigkeit in § 29 StAG reformiert. Ziel der Novelle war es, in Deutschland geborenen und aufgewachsenen Kindern ausländischer Eltern aufgrund ihrer zumeist engen Bindung zu Deutschland den Erhalt der deutschen Staatsbürgerschaft zu sichern.[263] Gemäß § 29 Abs. 1 Nr. 2 StAG entfällt daher die Optionspflicht für Menschen, die iSd Abs. 1a **im Inland aufgewachsen** sind. Dies sind Personen, die – bezogen auf das 21. Lebensjahr – sich acht Jahre gewöhnlich im Inland aufgehalten haben (Nr. 1), sechs Jahre im Inland eine Schule besucht haben (Nr. 2) *oder* über einen im Inland erworbenen Schulabschluss oder eine im Inland abgeschlossene Berufsausbildung verfügen (Nr. 3). Da für diese Personengruppe die Optionspflicht entfällt, aber in aller Regel noch eine weitere Staatsangehörigkeit neben der deutschen besteht, lässt das Gesetz somit eine **doppelte Staatsangehörigkeit** bewusst zu.

h) 2019: Einordnung in deutsche Lebensverhältnisse und Ausbürgerung von Terrorkämpfern. Das **3. StAGÄndG** vom 27.6.2019 brachte im Wesentlichen **drei Neuerungen.**[264] Die *erste* betrifft die Reform der **Einbürgerungstatbestände** in § 8 und § 10 StAG. Diese wurden um die Vorgabe ergänzt, dass Identität und Staatsangehörigkeit der einzubürgernden Person geklärt sein müssen. Zudem setzen sowohl für die Kann-Einbürgerung (§ 8 StAG) als auch die Ist- bzw. Antragseinbürgerung (§ 10 StAG) nunmehr die **„Einordnung in die deutschen Lebensverhältnisse“** voraus. Ausweislich der Gesetzesmaterialien soll mit dieser – besonders kontrovers diskutierten – Neuregelung sichergestellt werden, dass die Einzubürgernden „die elementaren Grundsätze der hier geltenden gesellschaftlichen und rechtlichen Ordnung auch hinreichend akzeptieren“, was insbesondere nicht der Fall sei, wenn der Einbürgerungsbewerber eine Mehrehe praktiziere.[265] Damit wird das vorher allein in § 9 Abs. 1 Nr. 2 StAG (Einbürgerung von Ehegatten oder Lebenspartnern) verankerte Tatbestandsmerkmal der „Einordnung in die deutschen Lebensverhältnisse“ zur **generellen Einbürgerungsvoraussetzung** erhoben. Der gesetzgeberischen Intervention vorausgegangen war eine Entscheidung des BVerwG, der zufolge eine Einbürgerung auf Grundlage des § 10 StAG aF nicht schon wegen der Praktizierung einer Mehrehe hätte verweigert werden dürfen, weil die Vielehe ein wirksames Bekenntnis zur freiheitlichen demokratischen Grundordnung nicht zwingend ausschließe.[266] Das BVerwG betonte aber, dass der Gesetzgeber bei der Ausgestaltung der Einbürgerungsvoraussetzungen **„völker- und verfassungsrechtlich einen weiten Gestaltungsspielraum“** habe und es ihm *de lege ferenda* freistehe, das vom „Bekenntnis zur freiheitlichen demokratischen Grundordnung“ iSd § 10 Abs. 1 Nr. 1 lit. a StAG sachlich nicht umfasste Tatbestandsmerkmal der „Einordnung in die deutschen Lebensverhältnisse“ als Einbürgerungsvoraussetzung zu normieren. Angesichts des konturlosen Wortlautes erscheint die „Einordnung in die deutschen Lebensverhältnisse“ mit Blick auf **Bestimmtheitsgebot** und **Wesentlichkeitslehre** nicht unproblematisch. Zwar zeigt gerade das Urteil des BVerwG und die darin erfolgen- 69

[263] BT-Drs. 18/1312, S. 8.

[264] Siehe Gesetzentwurf der Bundesregierung vom 29.4.2019 (BT-Drs. 19/9736) und, ergänzend, v. 19.5.2019 (BT-Drs. 19/10518) sowie die Änderungsvorschläge des Innenausschusses v. 25.6.2019 (BT-Drs. 19/11083). Das Gesetz wurde am 27.6.2019 in der vom Innenausschuss vorgeschlagenen, abgeänderten Fassung vom Bundestag beschlossen.

[265] BT-Drs. 19/11083, S. 10.

[266] BVerwG Urt. v. 29.5.2018 – 1 C 15.17, Rn. 46 ff., inzident im Rahmen der Prüfung der Rechtmäßigkeit einer behördlichen Rücknahme der Einbürgerung.

de Auslegung des bereits aus § 9 Abs. 1 Nr. 2 StAG bekannten Tatbestandsmerkmals,[267] dass auf Grundlage dieser Norm weder Verwaltung noch Gerichte „eigenmächtig oder gar willkürlich Integrationsvoraussetzungen normieren können".[268] Denn das BVerwG legt das Tatbestandsmerkmal durchaus eng aus, wenn es „jenseits der stets vorauszusetzenden Bereitschaft zur Beachtung von Gesetz und Recht auch eine tätige Einordnung in die elementaren Grundsätze des gesellschaftlich-kulturellen Gemeinschaftslebens, die als unverzichtbare außerrechtliche Voraussetzungen eines gedeihlichen Zusammenlebens zu werten sind",[269] verlangt. Gleichwohl erscheint gerade der Rekurs auf außerrechtliche soziale Regeln problematisch. Wünschenswert wäre es zudem mit Blick auf Klarheit und Vorhersehbarkeit der gesetzlich normierten Verhaltenserwartung ebenso wie unter dem Gesichtspunkt der legislativen Steuerung des Verwaltungshandelns, würde der Gesetzgeber eine genauere Bestimmung dessen vornehmen, was unter der „Einordnung in die deutschen Lebensverhältnissen" zu verstehen sein soll oder die Norm alternativ auf einen Ausschluss der Mehrehe zurückfahren.[270]

70 Die *zweite* Neuerung besteht in der Ausweitung des in § 28 StAG niedergelegten Ausschlusstatbestandes. Danach verliert ein Deutscher, der nicht minderjährig ist, auch dann die Staatsangehörigkeit, wenn er sich an **Kampfhandlungen einer terroristischen Vereinigung im Ausland konkret beteiligt** (§ 28 Abs. 1 Nr. 2 StAG), sofern er dadurch nicht staatenlos wird. Der Verlust ist in diesem Falle von Amts wegen festzustellen (§ 28 Abs. 3 S. 1 StAG). Der Gesetzgeber hatte hier v. a. Kämpfer des sog. „Islamischen Staates" mit doppelter Staatsangehörigkeit im Blick. So sehr die Ausbürgerung angesichts der von IS-Kämpfern in Syrien und Irak begangenen Gräueltaten zunächst einleuchten mag, so problematisch erweist sich die Regelung doch bei genauerem Hinsehen. Durch eine Schlechterstellung von Doppelstaatlern droht sie letztlich die formale Egalität der Staatsangehörigkeit zu durchbrechen und eine **Staatsangehörigkeit zweiter Klasse,** gewissermaßen „auf Bewährung", zu schaffen.[271] Ihre internationale Verbreitung einmal unterstellt, vermag eine solche Regelung zudem einen potenziellen Wettlauf ausbürgerungswilliger Staaten auszulösen.[272] Soweit die Anwendung der Regelung zugleich zum Verlust der Unionsbürgerschaft führt, ist fraglich, ob sie mit dem Unionsrechtlichen Erfordernis einer Einzelfallprüfung im Einklang gebracht werden kann. Nach dem EuGH verstößt ein Kraft Gesetz eintretender Verlust der Staatsangehörigkeit – und mit ihr der Unionsbürgerschaft – nämlich „gegen den Grundsatz der Verhältnismäßigkeit, wenn die relevanten innerstaatlichen Rechtsvorschriften zu keinem Zeitpunkt einer Einzelfallprüfung der Folgen dieses Verlusts für die Situation der Betrof-

---

[267] BVerwG Urt. v. 29.5.2018 – 1 C 15.17, Rn. 20 ff.

[268] Dies für die Zukunft befürchtend *Eichenhofer,* Stellungnahme, https://www.deutsch-plus.de/wp-content/uploads/2019/06/stellungnahme-zum-aenderungsantrag-der-fraktionen-der-cdu-csu-und-spd-final.pdf (29.6.2019).

[269] So BVerwG Urt. v. 29.5.2018 – 1 C 15.17, Rn. 20 ff.

[270] Die zweite Variante entspricht dem Vorstoß des Bundesrates, vgl. BT-Drs. 19/10518 („…nicht mit mehr als einer Person verheiratet ist. …").

[271] Kritisch zu Recht *Gärditz/Wallrabenstein,* VerfBlog v. 16.6.2019, Staatsangehörigkeit in Geiselhaft, abrufbar unter https://verfassungsblog.de/staatsangehoerigkeit-in-geiselhaft/ (25.2.2020).

[272] Vgl. abermals *Gärditz/Wallrabenstein,* VerfBlog v. 16.6.2019, Staatsangehörigkeit in Geiselhaft, abrufbar unter https://verfassungsblog.de/staatsangehoerigkeit-in-geiselhaft/ (25.2.2020); Für Frankreich vgl. Art. 25 des Code Civil und dazu die Entscheidung des französischen Verfassungsrates Nr. 2014 – 439 QPC v. 23.1.2015.

fenen aus unionsrechtlicher Sicht erlauben."[273] Die Regelung demonstriert geradezu paradigmatisch, dass das Staatsangehörigkeitsrecht zur Erreichung gefahrenabwehrrechtlicher bzw. sicherheitspolitischer Zwecke nur höchst bedingt geeignet ist.

Drittens wurde die für die Rücknahme von rechtswidrigen Einbürgerungen geltende Höchstfrist (§ 35 Abs. 3 StAG) von fünf auf zehn Jahre erhöht. 71

IV. Statusdeutsche

Die zweite Kategorie der Deutschen iSd GG, die der **Statusdeutschen,** ist das eigentliche legislatorische Anliegen des Art. 116 Abs. 1. Sie umfasst die Flüchtlinge oder Vertriebenen deutscher Volkszugehörigkeit sowie deren Ehegatten und Abkömmlinge, die auf dem Gebiet des Deutschen Reiches nach dem Stand v. 31.12.1937 Aufnahme gefunden haben. Statusdeutsche können nur Personen sein, die nicht die deutsche Staatsangehörigkeit besitzen.[274] Die beiden Kategorien der Deutschen iSd GG schließen sich gegenseitig aus.[275] Statusdeutsche haben somit entweder eine **fremde Staatsangehörigkeit oder sind staatenlos.**[276] Das GG regelt in Art. 116 Abs. 1 nur den originären Erwerb dieses Status.[277] 72

Die Rechtsstellung des Statusdeutschen ist heute **weitgehend obsolet.**[278] Sie war schon von Beginn an als Übergangsinstitut angelegt, bestand doch bereits in § 6 StAngRegG von 1955 die Möglichkeit zur Einbürgerung auf bloßen Antrag bei gleichzeitigem Entfallen der Eigenschaft als Statusdeutscher.[279] Mit der grundlegenden Reform des Staatsangehörigkeitsrechts im Jahr 1999/2000 aber wurden zum einen alle damaligen Bestands-Statusdeutschen *ex lege* zum 1.8.1999 eingebürgert, zum anderen der automatische Erwerb der deutschen Staatsangehörigkeit für die noch[280] offene Gruppe der **Spätaussiedler** eingeführt, was die Statuseigenschaft letztlich zum bloßen **Durchgangsinstitut** machte.[281] 73

1. Das Bundesvertriebenengesetz (BVFG). Die Voraussetzungen der Eigenschaft als Flüchtling und Vertriebener deutscher Volkszugehörigkeit werden im Einzelnen durch das **Bundesvertriebenengesetz (BVFG)**[282] von 1953 **konstitutiv definiert.** Das BVFG ist als **Ausführungsgesetz** zu Art. 116 Abs. 1 vielfach geändert worden und spiegelt die politischen Entwicklungen und die damit einhergehenden Funktionsverschiebungen,[283] einschl. 74

---

[273] So EuGH C-221/17, ECLI: EU:C:2019:189 Rn. 40 ff. – Tjebbes. Eine Abwägungslösung, wie zB § 25 Abs. 2 S. 3 StAG, sieht § 28 StAG nicht vor.

[274] „Deutsche ohne deutsche Staatsangehörigkeit", *Menzel* in BK Erl. II A 1.

[275] *Rennert* in Umbach/Clemens Rn. 28a; *Wittreck* in Dreier Rn. 53.

[276] *Hecker* in v. Münch/Kunig, 2. Aufl. 1983, Rn. 5.

[277] → Rn. 92.

[278] Vgl. statt aller *v. Münch,* Die deutsche Staatsangehörigkeit. Vergangenheit-Gegenwart-Zukunft, 2007, 114; *Wittreck* in Dreier Rn. 54; *Masing/Kau* in MKS Rn. 21; *Rennert* in Umbach/Clemens Rn. 8, 29.

[279] → Rn. 93.

[280] Den Spätaussiedlerstatus können gem. § 4 Abs. 1 Nr. 3 BVFG auch künftig noch alle vor dem 1.1.1993 Geborenen erwerben.

[281] Vgl. *Wittreck* in Dreier Rn. 54 sowie iE → Rn. 94 ff.

[282] Gesetz über die Angelegenheiten der Vertriebenen und Flüchtlinge v. 19.5.1953, BGBl. 1953 I 201, neugefasst durch Bek. v. 10.8.2007, BGBl. 2007 I 1902, zuletzt geändert durch Art. 3 des Gesetzes v. 6.5.2019, BGBl. 2019 I 646.

[283] → Rn. 6.

des „exzessiven" Gebrauchs im Zuge des Kalten Krieges[284] sowie des Abbaus der Statuseigenschaft zehn Jahre nach der deutschen Einigung,[285] wider.

75 Für die Statuseigenschaft relevant sind insbesondere §§ 1–6 BVFG in seinen verschiedenen Fassungen. Das BVFG v. 19.5.1953[286], das die Kategorien Vertriebener – mit den Aussiedlern als Unterfall –, Heimatvertriebener und Sowjetzonenflüchtling kannte und durch das 1. StAngRegG v. 22.2.1955[287] und 2. StAngRegG v. 17.5.1956[288] ergänzt wurde, wurde im Gefolge der Wiederherstellung der deutschen Einheit in mehreren Schritten geändert: zunächst durch den Einigungsvertrag v. 31.8.1990 selbst,[289] aber auch durch das **Aussiedleraufnahmegesetz** v. 28.6.1990[290] und das **Kriegsfolgenbereinigungsgesetz** v. 21.12.1992,[291] durch das die Kategorie der Spätaussiedler geschaffen wurde. Bedeutende Änderungen erfolgten sodann durch das **StaatsangehörigkeitsrechtsreformG** v. 15.7.1999[292] – das StAG selbst hat erheblichen Einfluss auf die Statusdeutscheneigenschaft – und das **Zuwanderungsgesetz (ZuwandG)** v. 30.7.2004.[293] Substanzielle Änderungen brachte zudem das am 14.9.2013 in Kraft getretene Änderungsgesetz mit sich, das zu einer erheblichen Erleichterung bei der Zusammenführung von Spätaussiedlerfamilien beitrug[294] und seither einen sichtbaren Anstieg der Zuzüge bewirkte.[295] Zuletzt wurden die sozialrechtlichen Vorschriften zur Leistungserbringung im Krankheitsfalle angepasst.[296]

76 **2. Zentrale Kriterien.** Es ist von einem **verfassungsrechtlichen Begriff des Statusdeutschen** auszugehen, der einfachgesetzlich konkretisiert werden kann. Art. 116 Abs. 1 verlangt, dass die betreffende Person deutscher Volkszugehörigkeit „als" Flüchtling oder Vertriebener, also verfolgungsbedingt, seine Heimat verlassen hat und als solcher, dh in sachlichem und zeitlichem Zusammenhang hiermit stehend, in Deutschland Aufnahme gefunden und diese Eigenschaft nicht etwa anderweitig durch verfolgungsfreien dauernden Aufenthalt verloren hat. Art. 116 Abs. 1 sind folglich **drei kumulative Kriterien** zu entnehmen: erstens das Vorliegen von Flucht oder Vertreibung, zweitens die deutsche Volkszugehörigkeit und drittens eine in Deutschland erfolgte Aufnahme.[297]

---

[284] So *Lübbe-Wolff* in Dreier, 1. Aufl. 2000, Rn. 15.

[285] → Rn. 94 ff., 58 ff.

[286] BGBl. 1953 I 201; Neufassung v. 23.10.1961, BGBl. 1961 I 1883; Neufassung v. 3.9.1971, BGBl. 1971 I 1565.

[287] BGBl. 1955 I 65.

[288] BGBl. 1956 I 431.

[289] BGBl. 1990 II 918.

[290] BGBl. 1990 I 1247.

[291] BGBl. 1992 I 2094; daraufhin Neufassung des BVFG v. 2.6.1993; BGBl. 1993 I 829.

[292] StARG, BGBl. 1999 I 1618.

[293] BGBl. 2004 I 1950.

[294] BGBl. 2013 I 3554. Dazu *Hailbronner* in Hailbronner/Maaßen/Hecker/Kau StAngR Rn. 4a.

[295] Vgl. hierzu die Jahresstatistiken des Bundesverwaltungsamtes, abrufbar unter https://www.bva.bund.de/DE/Services/Buerger/Migration-Integration/Spaetaussiedler/Statistik/Jahresstatistiken/Jahrestatistik_Liste.html?nn=152658 (25.6.2019). Während die Zahl der zugezogenen Spätaussiedler im Jahr 2013 noch bei 2.427 lag, stieg sie im Jahr 2014 sprunghaft auf 5.649 an und stieg seither kontinuierlich auf 7.112 Personen im Jahr 2018.

[296] Gesetz v. 6.5.2019, BGBl. 2019 I 646, in Kraft getreten zum 11.5.2019. Die Änderungen betrafen § 11 BVFG.

[297] *Masing/Kau* in MKS Rn. 59.

a) Flüchtling oder Vertriebener. Die Eigenschaft als „Flüchtling oder Vertriebener“ wird durch **§ 1 Abs. 1 BVFG konkretisiert.**[298] Danach ist **Vertriebener,** „wer als deutscher Staatsangehöriger oder deutscher Volkszugehöriger seinen Wohnsitz in den ehemals unter fremder Verwaltung stehenden deutschen Ostgebieten oder in den Gebieten außerhalb der Grenzen des Deutschen Reiches nach dem Gebietsstande v. 31.12.1937 hatte und diesen in Zusammenhang mit den Ereignissen des zweiten Weltkrieges infolge Vertreibung, insbesondere durch Ausweisung oder Flucht, verloren hat.“ Nach dieser Definition ist Vertriebener also, wer als deutscher Volkszugehöriger seinen Wohnsitz außerhalb des heutigen (sic)[299] Gebietes der Bundesrepublik hatte und diesen „in Zusammenhang mit“ den Ereignissen des Zweiten Weltkrieges durch Vertreibung oder Flucht verloren hat. Wer aus der DDR flüchtete, war Sowjetzonenflüchtling gem. § 3 BVFG. 77

Diese Definition erfasst nur die **unmittelbar** von Vertreibung und Verfolgung während oder unmittelbar nach Ende des Krieges **Betroffenen.**[300] Aussiedler und Spätaussiedler fallen nicht darunter. Das ist schon daran erkennbar, dass diese Gruppen sonst nicht durch besondere Regelung den Vertriebenen gleichgestellt[301] bzw. gesondert als Vertriebene definiert[302] bzw. direkt als Statusdeutsche definiert[303] hätten werden müssen.[304] Der Flucht bzw. Vertreibung gleichzustellen ist die **Nichtrückkehr** an den im Vertreibungsgebiet beibehaltenen Wohnsitz.[305] Da in § 1 Abs. 1 BVFG Flucht als eine Unterkategorie der Vertreibung definiert wird, deckt der Begriff des Vertriebenen auch den des Flüchtlings iSv Art. 116 Abs. 1 ab.[306] 78

Die Definition des § 1 BVFG[307] ist als Ausfüllung der Begriffe „Flüchtling oder Vertriebener“ im Rahmen des Gesetzesvorbehalts weitgehend als **maßgeblich für Art. 116 Abs. 1 anerkannt** worden.[308] Das BVFG kann als Gesetzesrecht aber freilich die Verfassungsauslegung nicht abschließend binden.[309] Zu berücksichtigen sind auch die verschiedenen Regelungsanliegen, 79

---

298 Dieser löste die vorausgehenden landesrechtlichen Definitionen ab.

299 Vgl. → Rn. 89.

300 *Häußer/Kapinos/Christ,* 1990, 30 (37 ff.); *Wittreck* in Dreier Rn. 60.

301 So noch § 1 Abs. 2 BVFG idF v. 1953.

302 So § 1 Abs. 2 BVFG seit der Fassung v. 1961.

303 § 4 BVFG.

304 Vgl. *Wittreck* in Dreier Rn. 61.

305 *Hailbronner* in Hailbronner/Maaßen/Hecker/Kau StAngR Rn. 34; *Jarass* in Jarass/Pieroth Rn. 4; zu den Definitionen des § 1 BVFG iE *Makarov/v. Mangoldt* StAngR, StBG-Einl. Rn. 116 ff.; *Hailbronner* in Hailbronner/Maaßen/Hecker/Kau StAngR Rn. 23 ff.; *Wittreck* in Dreier Rn. 61 mwN; BVerfGE 17, 224 (231).

306 *Menzel* in BK Erl. II A 4; *Giegerich* in Maunz/Dürig Rn. 66, 68; *Rennert* in Umbach/Clemens Rn. 17; *Wittreck* in Dreier Rn. 61.

307 Zum BVFG eing. *Ehrenforth,* Bundesvertriebenengesetz, 1959; *Häußer/Kapinos/Christ,* Die Statusfeststellung nach dem BVFG, 1990; *Häußer/Kapinos/Christ,* Kommentar zum BVFG, 1996.

308 BVerfGE 17, 224 (227); 59, 128; BVerwGE 38, 224 (226); *Hecker* in v. Münch/Kunig, 2. Aufl. 1983, Rn. 9; *v. Mangoldt* in HdbStR V § 119 Rn. 52 f.; *Masing/Kau* in MKS Rn. 62 unter Hinweis auf eine entsprechende legislatorische Absicht; *Rennert* in Umbach/Clemens Rn. 12a: „verfassungskonkretisierendes Recht“; *Hailbronner* in Hailbronner/Maaßen/Hecker/Kau StAngR Rn. 23; *Kokott* in Sachs Rn. 3; *Gnatzy* in SHH Rn. 12; *v. Münch,* Die deutsche Staatsangehörigkeit. Vergangenheit-Gegenwart-Zukunft, 2007, 117 f.

309 *Jarass* in Jarass/Pieroth Rn. 4; *Sachs* in Stern StaatsR III/1, 1988, 599; nach § 104 der bis 1992 geltenden aF des BVFG waren die Definitionen des BVFG ausdrücklich „für alle Gesetze maßgebend“; zum Verhältnis BVFG und Art. 116 Abs. 1 eing. *Wittreck* in Dreier Rn. 60 ff.

die im Fall des Art. 116 Abs. 1 trotz aller Ambiguität[310] schwerpunktmäßig staatsangehörigkeitsrechtlicher Natur sind, während bei dem BVFG vor allem Wiedergutmachung der Vertreibungsschicksale durch Hilfen und Integration im Vordergrund stehen.[311] In jedem Fall sind § 1 Abs. 1 BVFG und Art. 116 Abs. 1 **nicht deckungsgleich.**[312] Die von der Vertriebenen-Definition des § 1 BVFG miterfassten deutschen Staatsangehörigen scheiden von vornherein aus dem Kreis der Statusdeutschen iSd Art. 116 aus. Die weiteren im BVFG definierten Gruppen wie Heimatvertriebene (§ 2) oder Sowjetzonenflüchtlinge (§ 3) sind für Art. 116 Abs. 1 ohne Belang.[313] Die Definition des § 1 Abs. 1 BVFG deckt die Elemente „Flüchtling oder Vertriebener" ab, nicht jedoch auch die Aufnahme. Diese Differenz war allerdings für diejenigen, die ihre Heimat unmittelbar infolge des Krieges durch Flucht oder wegen Vertreibung verließen und direkt in die Bundesrepublik kamen („Erlebnisgeneration"), unerheblich.

80 Das **BVFG erweitert**[314] den Vertriebenenbegriff in § 1 Abs. 2 um sechs Gruppen, die teils bereits unter Abs. 1 gefasst werden können. Das gilt namentlich für Nr. 4–6 und die Umsiedler nach Nr. 2, während Nr. 1 vor allem ein zeitlicher Vorgriff auf den Weltkrieg ist. § 1 Abs. 2 Nr. 3 BVFG erweitert den ursprünglichen Kreis der Flüchtlinge und Vertriebenen um die nach Abschluss der allgemeinen Vertreibungsmaßnahmen aus den ehemaligen deutschen Ostgebieten, Danzig, Estland, Lettland, Litauen, der ehemaligen Sowjetunion, Polen, der Tschechoslowakei, Ungarn, Rumänien, Bulgarien, Jugoslawien, Albanien oder China („Aussiedlungsgebiet"; zuvor: „Vertreibungsgebiet") ausgereisten Aussiedler. Das ist eine gegenüber Art. 116 Abs. 1 **konstitutive Erweiterung des Vertriebenenbegriffs,**[315] die aber allgemein als vom Gesetzesvorbehalt gedeckt angesehen wird.[316] Demgegenüber wird die 1993 in § 4 BFVG aufgenommene – **und heute noch einzig praktisch relevante** – Personengruppe der **Spätaussiedler** ohne den Weg über eine Zuordnung zu den Vertriebenen **direkt als Deutsche iSd GG** definiert (§ 4 Abs. 3 BVFG).[317] Damit stand und steht der Deutschenstatus einem großen Personenkreis offen, der nicht unmittelbar infolge des Zweiten Weltkrieges vertrieben worden ist.[318]

81 Für die Qualifizierung als Vertriebener ist nach § 1 Abs. 1 BVFG ein **Kausalzusammenhang** zwischen Vertreibungsmaßnahmen und dem Verlassen des Wohnsitzlandes erforderlich.[319] Wer freiwillig ausreist, ist nicht Vertriebener.[320] Für die deutschen Volkszugehörigen, die in den letzten Monaten des Krieges geflohen oder in den ersten Nachkriegsjahren vertrieben worden waren, war diese Kausalität gegeben, da die deutsche Volkszuge-

---

[310] → Rn. 3.

[311] Insoweit entfaltete der Vertriebenenausweis trotz § 15 Abs. 5 BVFG aF nach zutreffender Auffassung auch keine Feststellungswirkung hinsichtlich der Eigenschaft als Statusdeutscher. AA OVG NRW NWVBl. 1994, 299 f., und offenbar die Praxis, diff. *Makarov/v. Mangoldt* StAngR Rn. 2.

[312] So auch *Masing/Kau* in MKS Art. Rn. 63.

[313] *Menzel* in BK Erl. II A 4; *Makarov/v. Mangoldt* StAngR Rn. 17.

[314] In der Urfassung von 1953 war es nur eine Gleichstellung.

[315] *Wittreck* in Dreier Rn. 61.

[316] *Kokott* in Sachs Rn. 5; *Jarass* in Jarass/Pieroth Rn. 4.

[317] Zur verfassungsrechtlichen Problematik → Rn. 104.

[318] Zur Entwicklung und gegenwärtigen Rechtslage dieser Kategorien → Rn. 94 ff; Einzelheiten bei *Makarov/v. Mangoldt* StAngR Rn. 17.

[319] Zum Zusammenhang von Vertreibung und Aufnahme → Rn. 86.

[320] BVerfGE 2, 100 ff.

hörigkeit als Verfolgungsgrund ausreichte; die Rspr. nahm für diesen Personenkreis eine **unwiderlegbare Vermutung** der Vertreibung und damit der Kausalität an.[321] Für die nach Abschluss der allgemeinen Vertreibungsmaßnahmen einreisenden Personen deutscher Volkszugehörigkeit, dh für die lange Zeit für Art. 116 Abs. 1 besonders relevante Gruppe der **Aussiedler,** verlangt der Wortlaut des § 1 Abs. 2 Nr. 3 BVFG einen solchen Wirkungszusammenhang nicht; § 1 Abs. 2 Nr. 3 BVFG spricht nur vom „Verlassen" der Gebiete. Nachdem die Rspr. zunächst auch für Aussiedler von einer nicht widerlegbaren Vermutung der Vertreibung ausgegangen war[322] und später angenommen hatte, dass der Gesetzgeber den Regelungen des BVFG die Existenz eines fortdauernden Vertreibungsdrucks zugrunde gelegt habe, aber Ausreise aus anderen Gründen wie Strafverfolgung und Eheschließung etc. nicht die Vertriebeneneigenschaft begründen lassen wollte,[323] interpretiert die Rspr. seit 1986 das BVFG dahingehend, dass die deutsche Volksgruppe den Spätfolgen der allgemeinen Vertreibungsmaßnahmen unterliege und dass daher eine **widerlegbare Vermutung für eine spätfolgenbedingte Ausreise** etwa wegen Vereinsamung, geringschätziger Behandlung oder Erschwerung des Lebens wegen der deutschen Volkszugehörigkeit Platz greife.[324] Das Nichtvorliegen einer vertreibungsbedingten Ausreise war dementsprechend in Umkehr der Beweislast behördenseitig nachzuweisen.[325] Rspr. und hM nahmen einen **fortdauernden Vertreibungsdruck** an, der vom Gesetzgeber in § 1 Abs. 2 Nr. 3 BVFG vorausgesetzt worden sei.[326] Es handelte sich um eine dem BVFG erkennbar zugrundeliegende Vermutung, die nur durch den vollen behördlichen Nachweis der Unrichtigkeit der die Vermutung begründenden Tatsachen widerlegt werden konnte.[327]

Für die 1993 eingeführte[328] – mit Art. 116 Abs. 1 kaum zu vereinbarende[329] – Kategorie der **Spätaussiedler** (§ 4 BVFG)[330] sieht das Gesetz hinsichtlich der Kausalität eine **nach dem Aussiedlungsgebiet differenzierende** Regelung vor. *Zum einen* wird in § 4 Abs. 1 BVFG für Spätaussiedler aus den Republiken der **ehemaligen Sowjetunion** weiterhin stillschweigend ein jedenfalls **mittelbarer, weil spätfolgenbasierter Vertreibungsdruck** unterstellt. Für Spätaussiedler aus den drei baltischen Staaten gilt dies nach § 100a BVFG nicht. Ansonsten würde die Bundesrepublik wegen der gesetzlichen Unterstellung eines Vertreibungsdrucks in diesen Staaten gegen den in Art. 4 Abs. 3 EUV enthaltenen Grundsatz der Unionstreue[331] und insbesondere gegen den **Grundsatz gegenseitigen Vertrauens**[332] versto- 82

[321] BVerfGE 17, 224 (232); *Masing/Kau* in MKS Rn. 66 ff.; *Wittreck* in Dreier Rn. 62.

[322] BVerwGE 26, 353 (358).

[323] BVerwGE 52, 167 (177 f.); 55, 40 (43); 67, 13.

[324] BVerwGE 74, 336 (338 ff.); 84, 23 (25); 91, 140 (144); dazu *Wittreck* in Dreier Rn. 62, *Masing/Kau* in MKS Rn. 69 ff.

[325] BVerwGE 78, 147 (149 f.).

[326] BVerwGE 90, 181 (184); BVerfGE 59, 128 (156 f.); *Masing/Kau* in MKS Rn. 71 mwN; *Wittreck* in Dreier Rn. 62; *Hailbronner* in Hailbronner/Maaßen/Hecker/Kau Rn. 37 ff.

[327] *Hailbronner* in Hailbronner/Maaßen/Hecker/Kau StAngR Rn. 39.

[328] Durch das KriegsfolgenbereinigungsG, BGBl. 1992 I 2094.

[329] → Rn. 104.

[330] → Rn. 73, 94 ff., 102 ff.

[331] Vgl. *Wittreck* in Dreier Rn. 28.

[332] Grundlegend EuGH verb. Rs. C-404/15 u. C-659/15 PPU ECLI:EU:C:2016:198, Rn. 88 ff. – Aranyosi und Căldăraru; C–284/16, EU:C:2018:158, Rn. 34 ff. – Achmea; EuGH C-216/18 PPU, ECLI:EU:C:2018:586, Rn. 35 ff – Minister for Justice and Equality gegen LM.

ßen, da die Fiktion unterstellen würde, dass die drei baltischen Staaten regelmäßig Verstöße gegen das Unionsrecht oder gar gegen die in Art. 2 EUV verankerten Grundwerte begehen. *Zum anderen* verlangt § 4 Abs. 2 BVFG für Spätaussiedler aus den übrigen, in § 1 Abs. 2 Nr. 3 BVFG für Aussiedler genannten, Gebieten, dass sie **im Einzelfall glaubhaft machen,** dass sie „Benachteiligungen oder Nachwirkungen früherer Benachteiligungen aufgrund deutscher Volkszugehörigkeit unterlag(en)"

83 Die **fortwährende gesetzliche Fiktion eines Vertreibungsdrucks begegnet schwerwiegenden Bedenken.** Die Regelungen des BVFG resultierten aus einer bestimmten historischen Situation und waren insbes. von der Konfrontation mit den kommunistischen Staaten geprägt.[333] Die **generelle Vermutung eines Vertreibungsdrucks** für die Staaten der ehemaligen Sowjetunion abzüglich der drei baltischen Staaten ist heute als einfachgesetzliche Ausführungsregelung **mit Art. 116 Abs. 1 unvereinbar,** weil die Grenze der Interpretation des Begriffes „Vertriebener oder Flüchtling" überschritten wird. Folgerichtig ist daher zumindest, dass der Aussiedlerstatus seit 1993 nicht mehr erworben werden kann.[334] Durch das KriegsfolgenbereinigungsG von 1992 wurde durch Neufassung des § 1 Abs. 2 Nr. 3 BVFG der **Aussiedlerstatus zeitlich** auf die Personen **begrenzt,** die bis zum 31.12.1992 die in § 1 Abs. 2 Nr. 3 BVFG genannten Gebiete verlassen haben. Den **Spätaussiedlerstatus** können gem. § 4 Abs. 1 Nr. 3 BVFG allerdings auch künftig noch alle **vor dem 1.1.1993 Geborenen** erwerben, so dass der Vertreibungsdruck gegenüber den Nachfolgestaaten der früheren Sowjetunion weiterhin einfachgesetzlich unterstellt wird.

84 **b) Deutsche Volkszugehörigkeit.** Im Rahmen des Gesetzesvorbehalts und **verbindlich für die Zwecke des Art. 116 Abs. 1**[335] definiert § 6 Abs. 1 BVFG den Schlüsselbegriff der deutschen Volkszugehörigkeit, der die **Abgrenzung zum Asyl- und Ausländerrecht** bewirkt:[336] „Deutscher Volkszugehöriger im Sinne dieses Gesetzes ist, wer sich in seiner Heimat zum deutschen Volkstum bekannt hat, sofern dieses Bekenntnis durch bestimmte Merkmale wie Abstammung, Sprache, Erziehung, Kultur bestätigt wird." Nach allgemeiner Auffassung handelt es sich dabei um eine kumulative **Kombination subjektiver und objektiver Merkmale,** wobei die objektiven Kriterien Indizfunktion haben, nicht abschließend sind und ihrerseits nicht kumulativ vorliegen müssen.[337]

85 Der zunächst im Normtext des GG höchst irritierende Begriff der deutschen Volkszugehörigkeit ist letztlich Ausdruck einer „vielleicht unausweichlichen Einbindung in die Dialektik geschichtlicher Entwicklung".[338] Einerseits tradiert er semantisch den ethnisch-identitären Volksbegriff des Nationalsozialismus, um sich andererseits im Regelungsgefüge des dezidierten Gegenentwurfs zur NS-Herrschaft, dem GG, gerade denjenigen annehmen zu können, die am

---

333 → Rn. 6.

334 Vgl. *Masing/Kau* in MKS Rn. 84; *Hailbronner* in Hailbronner/Maaßen/Hecker/Kau StAngR Rn. 43 f.

335 *Hecker* in v. Münch/Kunig, 2. Aufl. 1983, Rn. 9; BVerwGE 5, 239 (240); *Wittreck* in Dreier Rn. 63 f.; *Kokott* in Sachs Rn. 6; *Masing/Kau* in MKS Rn. 89.

336 *Masing/Kau* in MKS Rn. 85.

337 BVerfGE 59, 128 (154); *Masing/Kau* in MKS Rn. 94 ff. mwN; *Rennert* in Umbach/Clemens Rn. 14; *Makarov/v. Mangoldt* StAngR Rn. 24; *Giegerich* in Maunz/Dürig Rn. 71; *v. Münch,* Die deutsche Staatsangehörigkeit, 2007, 116 f.

338 Treffend *Masing/Kau* in MKS Rn. 91.

Ende den Folgen der NS-Volks- und Expansionspolitik ausgesetzt waren, obgleich sie vielfach zunächst selbst Täter gewesen waren.[339] Funktionell fungiert der Begriff dabei als reiner **Rechtsbegriff.**[340] Er knüpft – wie es auch auf völkerrechtlicher Ebene im Rahmen der Konkretisierung des Selbstbestimmungsrechts der Fall ist[341] – entscheidend an das subjektive Element des Sich-Bekennens, also an die **subjektive Entscheidung für die Zugehörigkeit zum deutschen Volk** an. Die objektiven Merkmale sind Indizien für das Sich-Bekennen, Lippenbekenntnisse reichen nicht aus.[342] Zu verkennen ist nicht, dass das Kriterium der Abstammung im Mittelpunkt steht, aber auch dies relativiert sich im Ausland idR in der Folge der Generationen. Für das Bekennen kommt es vor allem auf die Zeit vor der allgemeinen Flucht oder Vertreibung an; danach ist es nicht zumutbar.[343] Der 1992 durch das KriegsfolgenbereinigungsG neu eingefügte und im Jahr 2013 reformierte[344] § 6 Abs. 2 BVFG relativiert denn auch die Anforderungen an das Sich-Bekennen für die seit 1924 Geborenen.[345] Danach ist derjenige als deutscher Volkszugehöriger anzusehen, der „von einem deutschen Staatsangehörigen oder deutschen Volkszugehörigen abstammt und sich bis zum Verlassen der Aussiedlungsgebiete durch eine entsprechende Nationalitätenerklärung oder auf andere Weise zum deutschen Volkstum bekannt oder nach dem Recht des Herkunftsstaates zur deutschen Nationalität gehört hat." Die Annahme einer **fremden Staatsangehörigkeit** steht der deutschen Volkszugehörigkeit grundsätzlich nicht entgegen, es sei denn, dass diese nach den Umständen des Einzelfalls als Abkehr von der deutschen Volkszugehörigkeit zu werten sei.[346] Die Betroffenen müssen sich **nicht ausschließlich** zum deutschen Volkstum bekannt haben, es ist ausreichend, wenn sie sich *auch* dazu bekannt haben.[347] Das Sich-Bekennen zum deutschen Volk setzt nach allgemeiner Auffassung voraus, dass die betreffenden Personen einer deutschen Minderheit in einem fremden Staat angehören; Personen, die in Österreich, der Schweiz und Liechtenstein leben, fallen nach allg. Ansicht nicht darunter.[348]

c) Aufnahme in Deutschland. Vertriebene deutscher Volkszugehörig- **86**
keit erlangen erst und nur dann den Status als Deutsche iSd GG, wenn sie **in unmittelbarem zeitlichem und sachlichem Zusammenhang** mit der Vertreibung bzw. Flucht „als Flüchtling oder Vertriebener", dh noch im Zustand der Vertreibung, **Aufnahme in Deutschland** gefunden haben.[349]

---

339 Vgl. *Masing/Kau* in MKS Rn. 91; *Wittreck* in Dreier Rn. 5 f., 63 ff.; *Menzel* in BK Erl. II A 5a; *Rennert* in Umbach/Clemens Rn. 13; näher *Klein* in HdbStR VIII, 2. Aufl. 1995, § 200 Rn. 14 ff.

340 *Makarov/v. Mangoldt* StAngR Rn. 24.

341 „Naturalistischer" Volksbegriffs; teilweise wird aber auch an territoriale Merkmale angeknüpft, siehe hierzu *Oeter* in Simma/Khan/Nolte/Paulus The Charter of the United Nations, Self-Determination, Rn. 23 ff.

342 Aus der Rspr. BVerwGE 88, 313 (316); 85, 79; zu den Kriterien iE *Masing/Kau* in MKS Rn. 94 ff.

343 *Kokott* in Sachs Rn. 6; *Rennert* in Umbach/Clemens Rn. 14; *Wittreck* in Dreier Rn. 67.

344 BGBl. 2013 I 3554.

345 Zu den sog. Früh- und Spätgeborenen vgl. *Masing/Kau* in MKS Rn. 89, 106 ff.; *Rennert* in Umbach/Clemens Rn. 14 f.; *v. Mangoldt* in HdbStR V § 119 Rn. 61 f.; BVerwGE 88, 313 (318).

346 *Rennert* in Umbach/Clemens Rn. 15; *Makarov/v. Mangoldt* StAngR Rn. 32.

347 *Lübbe-Wolff* in Dreier, 1. Aufl. 2000, Rn. 33.

348 *Menzel* in BK Erl. II A 5b; *Hecker* in v. Münch/Kunig, 2. Aufl. 1983, Rn. 9.

349 BVerfGE 2, 98 (100 f.); 90, 181 (184); *Rennert* in Umbach/Clemens Rn. 26; *Makarov/v. Mangoldt* StAngR Rn. 47.

Daher ist der Erwerb der Eigenschaft als Statusdeutscher ausgeschlossen, wenn sich jemand nach Vertreibung trotz Weiterwanderungsabsicht in einen dritten Staat eingegliedert hat.[350] Vor Aufnahme sind die Betroffenen **„potentielle Deutsche“.**[351] Auch Ehegatten und Abkömmlinge werden Statusdeutsche nur durch eigene Aufnahme in Deutschland.[352] Trotz der Formulierung „Aufnahme gefunden hat“ ist die Aufnahme in Deutschland **nicht auf die Zeit vor Inkrafttreten des GG** begrenzt.[353] Für die Eigenschaft als Vertriebene deutscher Volkszugehörigkeit ist das BVFG in der zum Zeitpunkt der Aufnahme jeweils geltenden Fassung maßgeblich.[354]

87 **Aufnahme** hat gefunden, wer sich in das Aufnahmegebiet begeben hat, dort dauernden Aufenthalt nehmen will und in dieser Absicht durch eine **behördliche Billigung** bestätigt worden ist.[355] Ein förmliches Aufnahmeverfahren ist in Art. 116 Abs. 1 nicht vorgesehen, es ist seit dem 1.7.1990 jedoch gesetzlich für Aussiedler eingeführt worden.[356] Es muss aber irgendein behördliches Verfahren – vor deutschen Behörden einschließlich Behörden der DDR und des Saarlandes – durchlaufen worden sein, das zu einer behördlichen Willensentschließung führt, dass der ständige Aufenthalt nicht verweigert wird.[357] Der behördliche Akt ist **deklaratorisch,** da Personen, die unter Art. 116 Abs. 1 fallen, die Aufnahme nicht verweigert werden darf; dies widerspräche dem Sinn des Art. 116 Abs. 1.[358] Streng genommen kann vor Aufnahme allerdings ein Anspruch nicht bestehen, da der Status erst mit Aufnahme entsteht.[359] Es ist daher strittig, ob ein Anspruch auf Aufnahme einschließlich eines **Einreiserechts** besteht. Überwiegend wird dies **abgelehnt.**[360] Indes impliziert der durch Art. 116 Abs. 1 bereitgestellte Status nach seinem Sinn und Zweck ein **Recht auf Einreise** zum Zweck der Aufnahme.[361] Ein bloßes Sich-Aufhalten reicht nicht.[362] „Aufnahme gefunden“ zu haben setzt die Begründung eines Wohnsitzes[363] oder ständigen Aufenthalts voraus.[364]

88 Es ist unübersichtlich, welche der im BVFG und anderen Rechtsvorschriften vorgesehenen **Verfahren** und Bescheide eine für die Aufnahme iSv

---

350 *Rennert* in Umbach/Clemens Rn. 19.

351 *Jarass* in Jarass/Pieroth Rn. 8.

352 *Hailbronner* in Hailbronner/Maaßen/Hecker/Kau StAngR Rn. 59 ff.

353 *Kokott* in Sachs Rn. 10; *Rennert* in Umbach/Clemens Rn. 20; *Wittreck* in Dreier Rn. 77; *Makarov/v. Mangoldt* StAngR Rn. 45; *Menzel* in BK Erl. II A 6c.

354 *Makarov/v. Mangoldt* StAngR Rn. 17.

355 BVerfG Beschl. v. 9.8.1990, 2 BvR 1782/88, Rn. 3; BVerwGE 90, 173 (175); *Wittreck* in Dreier Rn. 75.

356 → Rn. 75.

357 Näher *Rennert* in Umbach/Clemens Rn. 21; *Makarov/v. Mangoldt* StAngR Rn. 46; *v. Mangoldt* in HdbStR V § 119 Rn. 69.

358 *Menzel* in BK Erl. II A 6b; offen gelassen bei *v. Mangoldt* in HdbStR V § 119 Rn. 73.

359 *Rennert* in Umbach/Clemens Rn. 21; inkonsequent daher, wenn ein Recht zur Einreise auf das Deutschen-Grundrecht des Art. 11 gestützt wird, *Rennert* in Umbach/Clemens Rn. 21; wie hier *Kokott* in Sachs Rn. 11.

360 Ablehnend BVerwGE 123, 313 (315 f.); OVG Berlin-Brandenburg, Beschl. v 27.5.2014 – 2 M 27/12, juris Rn. 9, sieht in Art. 116 Abs. 1 weder einen Anspruch auf Einreise in das Bundesgebiet noch ein Bleiberecht, um dadurch erst Aufnahme im Sinne dieser Vorschrift zu finden. Vgl. auch OVG Münster Beschl. v. 11.5.2011 – 12 A 668/10, Rn. 27 sowie aus der Lit. *Hillgruber* in BeckOK GG Rn. 17; *Jarass* in Jarass/Pieroth Rn. 8; *Hailbronner* in Hailbronner/Maaßen/Hecker/Kau StAngR Rn. 57.

361 Zust. *Kokott* in Sachs Rn. 11; *Wittreck* in Dreier Rn. 58 mwN.

362 *Menzel* in BK Erl. II A 6b; *Makarov/v. Mangoldt* StAngR Rn. 46.

363 Zum Wohnsitzbegriff des BVFG jüngst VG Köln Urt. v. 12.7.2016 – 7 K 7039/15.

364 *Rennert* in Umbach/Clemens Rn. 20.

Art. 116 Abs. 1 relevante behördliche Entscheidung sind;[365] die Ausstellung eines **Vertriebenenausweises** ist dies jedenfalls nicht.[366] Für die **Aussiedler,** die lange Zeit zahlenmäßig allein relevante Gruppe der Vertriebenen, ist durch das AussiedleraufnahmeG[367] mit Wirkung ab 1.7.1990 ein **Aufnahmeverfahren** eingeführt worden (**§§ 26 ff. BVFG**).[368] Der Aufnahmebescheid war vor Verlassen des Aussiedlungsgebiets zu beantragen und denjenigen, die die Voraussetzungen als Aussiedler erfüllten, zu erteilen (§ 27 BVFG); es bestand ein Anspruch auf Erteilung, die Kontingentierung in § 27 Abs. 3 konnte lediglich zu einem späteren Einreisetermin führen. Dieses Verfahren führte dazu, dass die Statuseigenschaft, die von der Aufnahme abhängt, vorab als potenziell festgestellt und damit ein **Recht auf Einreise** gewährt wurde; zugleich wurde gem. § 28 Abs. 3 über die **Verteilung** gem. § 8 entschieden. Die Aufnahmeentscheidung war, zusammen mit der nachfolgenden tatsächlichen Aufnahme durch Einreise, die für die Aufnahme iSv Art. 116 Abs. 1 maßgebliche behördliche Entscheidung.[369] Diese zum 1.7.1990 in Kraft getretene Regelung für die Aussiedler wurde durch das KriegsfolgenbereinigungsG,[370] da der Aussiedlerstatus bis zum 31.12.1992 begrenzt und durch den Spätaussiedlerstatus ersetzt wurde, inhaltsgleich für die Spätaussiedler vorgeschrieben. Da das Verfahren obligatorisch ist, **kann der Deutschenstatus iSv Art. 116 Abs. 1 seit 1993 nur noch unter Inanspruchnahme des Aufnahmeverfahrens** gem. §§ 26 ff. BVFG erworben werden.[371]

Was das **Aufnahmegebiet** anbelangt, müssen die betroffenen Personen nach dem Wortlaut des Art. 116 Abs. 1 Aufnahme auf dem Gebiet des Deutschen Reiches nach dem Stand v. 31.12.1937 gefunden haben, also einschließlich des Gebietes der DDR und der ehemals deutschen Ostgebiete;[372] auch hier kam das Wiedervereinigungsgebot zum Tragen. Da die Aufnahme aber „als Flüchtling oder Vertriebener" erfolgen muss, schied schon sehr bald eine Aufnahme auf dem Gebiet der ehemaligen deutschen Ostgebiete als Aufnahme iSd Art. 116 de facto aus; dieses Aufnahmegebiet war Vertreibungsgebiet geworden.[373] Die Aufnahme in der DDR führte in der Regel zur Verleihung der DDR-Staatsbürgerschaft und damit indirekt zur deutschen Staatsangehörigkeit,[374] also nicht zur Statuseigenschaft nach Art. 116 Abs. 1. Seit der deutschen Einigung kommt auch aus **völkerrechtlichen** Gründen eine Aufnahme nur noch auf dem Gebiet der heutigen Bundesrepublik in Betracht.[375] Durch den Zwei-plus-Vier-Vertrag und die eini- 89

---

[365] Die Regelungen des BVFG werden aber hierfür als abschließend angesehen, vgl OVG Münster Beschl. v. 11.5.2011 – 12 A 668/10, Rn. 28; *Hailbronner* in Hailbronner/Maaßen/Hecker/Kau Rn. 58.

[366] BVerfGE 17, 224 (227); BVerwGE 71, 301 (309); Das VG Ansbach, Urt. v. 2.7.2014 – 4 K 13.01140, fordert einen behördlichen Akt, mit dem bekundet wird, dass sich der Betreffende in der Bundesrepublik auf Dauer niederlassen darf, mithin einen legalen Aufenthalt.

[367] V. 28.6.1990, BGBl. 1990 I 1247.

[368] Vgl. *Kapinos* IFLA 1996, 49.

[369] *Masing/Kau* in MKS Rn. 117; *Wittreck* in Dreier Rn. 75; *Rennert* in Umbach/Clemens Rn. 21.

[370] V. 21.12.1992, BGBl. 1992 I 2094.

[371] *Masing/Kau* in MKS Rn. 117; *Wittreck* in Dreier Rn. 75.

[372] *Makarov/v. Mangoldt* StAngR Rn. 52; *Wittreck* in Dreier Rn. 76; *Zuleeg* in AK Rn. 14 f.; aA *Jarass* in Jarass/Pieroth Rn. 6, da allein die Aufnahme durch eine deutsche Behörde relevant sei; offen gelassen bei *Menzel* in BK Erl. II A 6a.

[373] *Rennert* in Umbach/Clemens Rn. 22; nur bis zum Inkrafttreten des GG als Aufnahmegebiet *Wittreck* in Dreier Rn. 76.

[374] → Rn. 52.

[375] Vgl. *v. Münch,* Die deutsche Staatsangehörigkeit, 2007, 118 ff.

gungsbedingten Änderungen der Präambel und der Art. 23 und 146 hat sich die Bundesrepublik völkerrechtlich und verfassungsrechtlich dahingehend festgelegt, dass Deutschland sich auf das Gebiet der heutigen Bundesrepublik beschränkt.[376] Hiermit ist eine Bezugnahme auf das Deutsche Reich in den Grenzen von 1937, wie sie Art. 116 Abs. 1 vornimmt, nicht vereinbar. Da ein Zuzug von Volksdeutschen in die früheren deutschen Ostgebiete de facto ohnehin nicht als „Aufnahme" iSd Art. 116 Abs. 1 zu qualifizieren war, ist Art. 116 Abs. 1 zwar nicht völkerrechtswidrig geworden, eine Anpassung an die veränderte völkerrechtliche und verfassungsrechtliche Lage ist allerdings geboten. Die Aufnahme musste und muss daher **heute auf dem Gebiet der heutigen Bundesrepublik** erfolgt sein.[377]

90 **3. Ehegatten und Abkömmlinge.** Art. 116 Abs. 1 bezieht Ehegatten und Abkömmlinge von Vertriebenen deutscher Volkszugehörigkeit in den Kreis der Statusdeutschen ein, sofern sie **wegen ihrer Verbindung** mit einem Volkszugehörigen geflohen sind bzw. vertrieben wurden.[378] Diese Erstreckung der Statuseigenschaft ist nur für Personen einschlägig, die **nicht selber Volksdeutsche** sind, da sie sonst bereits unter die 1. Alt. fallen,[379] oder selbst die deutsche Staatsangehörigkeit haben, da Art. 116 Abs. 1 dann gar nicht einschlägig wäre. Art. 116 Abs. 1 **schützt Ehe und Familie** der Volksdeutschen.[380] Die Ehe muss zum Zeitpunkt der Aufnahme in Deutschland noch bestehen, Verwitwete und Geschiedene fallen nicht unter Art. 116 Abs. 1.[381] Aus der Formulierung „als dessen Ehegatte" ergibt sich, dass die Aufnahme in Deutschland in engem Zusammenhang – nicht unbedingt in engem zeitlichen Zusammenhang – mit der des volksdeutschen Ehegatten erfolgen muss.[382] Eine gemeinsame Aufnahme ist nicht erforderlich, es reicht der Nachzug in kausalem Zusammenhang mit der Aufnahme der Bezugsperson.[383] Auf nicht volksdeutsche Ehegatten deutscher Staatsangehöriger wird Art. 116 Abs. 1 zumindest analog angewandt.[384]

91 **Abkömmlinge** sind die Kinder und Kindeskinder eines volksdeutschen Vaters oder einer volksdeutschen Mutter in Generationenfolge.[385] Sofern sie selbst vertrieben worden sind, fallen sie bereits unter die andere Alternative der Statusdeutschen. Es handelt sich also um einen **derivativen Erwerb der Statuseigenschaft.**[386] Abkömmlinge sind die ehelichen Kinder und unstreitig auch die nichtehelichen Kinder volksdeutscher Frauen, umstritten sind dagegen die nichtehelichen Kinder eines volksdeutschen Vaters und Adoptivkinder.[387] Wie bei den Ehegatten muss auch bei Abkömmlingen ein kausaler Zusammenhang zwischen der Eigenschaft als Abkömmling und der

---

[376] *Frowein* in BMV VerfassungsR-HdB § 2 Rn. 27ff.

[377] *Rennert* in Umbach/Clemens Rn. 22; *Wittreck* in Dreier Rn. 76; *v. Mangoldt* in HdbStR V § 119 Rn. 68; *Makarov/v. Mangoldt* StAngR *Rn.* 52; *Jarass* in Jarass/Pieroth Rn. 6; *Grawert* in HdbStR II § 16 Rn. 38; aA wohl *Kokott* in Sachs Rn. 13.

[378] BVerwG NJW 1990, 1228.

[379] *Makarov/v. Mangoldt* StAngR *Rn.* 36, 42.

[380] *Makarov/v. Mangoldt* StAngR *Rn.* 36.

[381] *Makarov/v. Mangoldt* StAngR Rn. 39.

[382] BVerwGE 90, 173 (176ff.); 90, 181 (185).

[383] *Rennert* in Umbach/Clemens Rn. 24.

[384] Für analoge Anwendung *v. Mangoldt* in HdbStR V § 119 Rn. 67; für direkte Anwendung *Rennert* in Umbach/Clemens Rn. 24.

[385] *Wittreck* in Dreier Rn. 72.

[386] *Kokott* in Sachs Rn. 9.

[387] Dazu *Kokott* in Sachs Rn. 9f.; *Rennert* in Umbach/Clemens Rn. 25; *Makarov/v. Mangoldt* StAngR Rn. 43f.

Aufnahme in Deutschland bestehen, idR die **Familienzusammenführung.**[388]

4. Erwerb und Verlust der Statuseigenschaft. Die Eigenschaft als Statusdeutscher haben Personen, die die Voraussetzungen des Art. 116 Abs. 1 erfüllen, **originär,** wenn auch zunächst nur **potenziell,** mit Inkrafttreten des GG erworben und erwerben sie aktuell zum **Zeitpunkt der Aufnahme.**[389] Der Erwerb tritt **kraft Verfassung** ein. Eines entsprechenden Willens bedarf es nicht; der Erwerb kann nur durch ein eindeutiges Gegenbekenntnis verhindert werden.[390] Art. 116 Abs. 1 regelt nur den originären Erwerb der Statuseigenschaft, es ist jedoch in Rspr. und Lit. allgemein anerkannt, dass der **derivative Erwerb und der Verlust** der Statuseigenschaft in **analoger Anwendung der gesetzlichen Erwerbs- und Verlustgründe für die Staatsangehörigkeit** möglich ist.[391] Der abgeleitete Erwerb tritt ein, wo das StAG[392] den automatischen Erwerb der deutschen Staatsangehörigkeit vorsieht, zB für in der Bundesrepublik geborene Abkömmlinge.[393] In entsprechender Anwendung der gesetzlichen staatsangehörigkeitsrechtlichen Regelungen kann die Eigenschaft als Statusdeutscher auch **verlorengehen,** insbesondere durch den Erwerb einer fremden Staatsangehörigkeit auf Antrag nach Aufnahme in Deutschland.[394] Der Verlust der Statuseigenschaft ist verfassungsrechtlich möglich, da sich Art. 16 Abs. 1 nicht auf die Statuseigenschaft bezieht.[395] Die Eigenschaft als Statusdeutscher geht auch durch den **Erwerb der deutschen Staatsangehörigkeit** verloren.[396] 92

5. Vom Statusdeutschen zum deutschen Staatsangehörigen. a) Äquivalenzstatus als Übergangserscheinung. Den ursprünglichen Intentionen des Verfassungsgebers entsprechend, mit Art. 116 eine Übergangsregelung zur Klärung staatsangehörigkeitsrechtlicher Verhältnisse zur Verfügung zu stellen, gewährte bereits § 6 Abs. 1 StAngRegG Statusdeutschen einen **Rechtsanspruch auf Einbürgerung.**[397] Zuvor sollte die staatsangehörigkeitsrechtliche Stellung der betroffenen Personenkreise durch den Deutschenstatus offengehalten werden, um eine Rückkehr nicht zu erschweren.[398] Die Klärungsfunktion dieser Regelung wurde darin deutlich, dass bei der Ablehnung des Antrages gem. § 6 Abs. 2 StAngRegG die 93

---

[388] BVerwGE 90, 173 (176 f.); näher *Rennert* in Umbach/Clemens Rn. 26; *Kokott* in Sachs Rn. 8.

[389] BVerfGE 71, 301 (303); *Rennert* in Umbach/Clemens Rn. 27; *Kokott* in Sachs Rn. 19; *Makarov/v. Mangoldt* StAngR Rn. 54.

[390] *Rennert* in Umbach/Clemens Rn. 27; *Wittreck* in Dreier Rn. 55.

[391] *Masing/Kau* in MKS Rn. 16 f.; *Wittreck* in Dreier Rn. 55; *Kokott* in Sachs Rn. 19; *v. Mangoldt* in HdbStR V § 119 Rn. 50, 74 ff., jeweils mit Einzelheiten; krit. *Silagi* ROW 1986, 160 (164).

[392] Vormals das RuStAG.

[393] *Makarov/v. Mangoldt* StAngR Rn. 54 ff.; *Giegerich* in Maunz/Dürig Rn. 83; *Menzel* in BK Erl. II A 7g; BVerfGE 8, 340.

[394] *Makarov/v. Mangoldt* StAngR Rn. 61; *Giegerich* in Maunz/Dürig Rn. 84. Der in § 7 StAngRegG angeordnete Verlust der Statuseigenschaft wegen Rückkehr in das Vertreibungsgebiet ist durch Art. 3 § 1 StARG mWv 1.8.1999 beseitigt worden. Aufgrund derselben Vorschrift ist zugleich auch der nach § 6 Abs. 2 StAngRegG angeordnete Verlust durch Ablehnung eines Einbürgerungsantrages entfallen.

[395] *Kokott* in Sachs Rn. 19 für den derivativen Erwerb.

[396] → Rn. 94 f.

[397] Allerdings erst seit 1955.

[398] *Masing/Kau* in MKS Rn. 18.

Eigenschaft als Statusdeutscher **verlorenging.** Nach dieser Regelung sollte sich die Eigenschaft als Statusdeutscher als eine **Übergangserscheinung** darstellen, die im Regelfall zum Erwerb der deutschen Staatsangehörigkeit und damit zu einer Klärung zugunsten der deutschen Staatsangehörigkeit bzw. negativenfalls zum Ausländerstatus führte. Diese mögliche Konsequenz mag ein Grund dafür sein, dass der Antrag oft nicht gestellt wurde. Das StAngRegG enthielt keine Verpflichtung, die Einbürgerung zu beantragen. Somit blieben **zwei Personenkreise lange Zeit dauerhaft Statusdeutsche:**[399] diejenigen, die keinen Einbürgerungsantrag stellten, und diejenigen, die gem. § 3 StAngRegG durch Ausschlagung der durch Sammeleinbürgerung verliehenen deutschen Staatsangehörigkeit Statusdeutsche geworden waren.

94 **b) Spätaussiedler: Statuseigenschaft als Durchgangsstadium.** Angesichts der seit der Nachkriegszeit vergangenen Zeit und der veränderten politischen Verhältnisse, insbesondere der Konsolidierung der Rechtslage Deutschlands, ist es zu begrüßen, dass die Rechtsstellung als Statusdeutscher **gesetzlich ihrem Ende zugeführt** wird.[400] Im Zuge der grundlegenden Reform des Staatsangehörigkeitsrechts 1999/2000[401] wurden auf Grundlage des **§ 40a StAG** alle Deutschen iSd GG, die am 1.8.1999 nicht die deutsche Staatsangehörigkeit hatten, ***ex lege* eingebürgert** (sog. **Überführung**). Damit hat sich die Statuseigenschaft für alle, die zu diesem Zeitpunkt noch Statusdeutsche waren, **erledigt.**

95 Diejenigen, die seit dem 1.8.1999 noch Statusdeutsche werden, also letztlich nur noch die – in ihrer Zuordnung zu den Statusdeutschen verfassungsrechtlich problematische[402] – Gruppe der **Spätaussiedler** iSd § 4 BVFG, die jedenfalls **vor dem 1.1.1993 geboren** sein müssen,[403] erwerben gem. **§ 7 StAG** die deutsche Staatsangehörigkeit *ex lege* mit der Ausstellung der Spätaussiedlerbescheinigung nach § 15 BVFG, die ihrerseits die Aufnahmebescheinigung gem. §§ 26 ff. BVFG[404] voraussetzt.[405]

96 Durch Einführung dieser Regelung war der Deutschenstatus iSd Art. 116 Abs. 1 schon grundsätzlich[406] zum **nicht dauerhaften Durchgangsstadium** geworden.[407] Der Gesetzgeber hatte allerdings versäumt, die für Ehegatten oder Abkömmlinge von Spätaussiedlern noch bestehende Lücke im Sinne des Regelungsgehalts des Art. 116 Abs. 1 zu schließen. Das geschah durch die Neufassung des § 15 Abs. 2 S. 1 BVFG im Jahre 2007 in der Weise, dass die Bescheinigung nunmehr auch für diesen Personenkreis von Amts wegen ausgestellt wird. Damit kann die **Statuseigenschaft nicht mehr dauerhaft**

[399] *Masing/Kau* in MKS Rn. 20.

[400] Vgl. *Masing/Kau* in MKS Rn. 21; *Rennert* in Umbach/Clemens Rn. 8, 12.

[401] → Rn. 58. Insbes. wurden die §§ 6–7a StAngRegG aufgehoben und durch §§ 7, 40a StAG ersetzt.

[402] → Rn. 104.

[403] Vgl. § 4 Abs. 1 Nr. 3 BVFG.

[404] → Rn. 88.

[405] Diese Regelung erfasst auch diejenigen Spätaussiedler, die am 1.8.1999 bereits als Statusdeutsche in Deutschland waren, denen aber eine Bescheinigung nach § 15 BVFG noch nicht erteilt worden war und die daher nicht durch die Übergangsregelung des § 40a StAG eingebürgert wurden.

[406] Die Statuseigenschaft perpetuiert sich allein bei den Spätaussiedlern, die eine Bescheinigung nach § 15 BVFG nicht beantragten.

[407] *Wittreck* in Dreier Rn. 54 spricht zutr. davon, dass die Eigenschaft des Statusdeutschen für eine juristische Sekunde aufrechterhalten bleibt.

aufrechterhalten werden, die besondere Rechtsstellung der Statusdeutschen gehört damit praktisch der Vergangenheit an.[408]

97 § 15 Abs. 1 S. 1 BVFG **privilegiert Spätaussiedler gegenüber anderen Einwanderern,** die die Einbürgerungsvoraussetzungen von § 8 StAG, §§ 10ff. StAG erfüllen müssen.[409] Die Einbürgerung nach § 7 StAG setzt überdies nicht die Aufgabe der bisherigen Staatsangehörigkeit voraus.

98 Den Status des Spätaussiedlers erlangt dabei nicht, wer einen der im Jahre 2007 nochmals verschärften **Ausschlusstatbestände des § 5 BVFG** erfüllt. Bereits im Jahre 2005 hatte das ZuwandG die Einbeziehungsregeln für mitaussiedelnde Familienangehörige verschärft.[410] § 5 Abs. 1 lit. a BVFG verweigert den Aussiedlerstatus unter anderem Personen, die der nationalsozialistischen oder einer anderen Gewaltherrschaft erheblich Vorschub geleistet haben. Durch § 5 Abs. 1 lit. d BVFG wird schwerkriminellen Spätaussiedlern die Übersiedlung nicht gestattet,[411] § 5 Abs. 1 lit. e BVFG erfasst Extremisten, Terroristen und Unterstützer von Terroristen. Damit wurde ein weiterer **Gleichlauf des Spätaussiedlerrechts mit dem Ausländerrecht**[412] hergestellt.[413] Gem. §§ 28, 29 Abs. 1a BVFG sind bei der Prüfung der Ausschlussgründe des § 5 Abs. 1 lit. d, e BVFG die **Sicherheitsbehörden** zu beteiligen. Dies ist nach § 15 Abs. 1 S. 3 BVFG vor der Erteilung des Nachweises der Spätaussiedlereigenschaft zu wiederholen, wenn dies geboten erscheint. § 100 Abs. 4, 5 BVFG erklären die Vorschriften des § 5 Abs. 1 lit. d, e BVFG auch auf Personen für anwendbar, die die Spätaussiedlereigenschaft nach altem Recht erworben haben. Dadurch findet eine teilweise **Rückanknüpfung** des Gesetzes statt, die aus den durch die Vorschrift geschützten überragend wichtigen Gemeinschaftsgütern gerechtfertigt erscheint. Die in § 15 Abs. 2 BVFG geregelte Angehörigenbescheinigung steht ebenfalls unter dem Vorbehalt des § 5 BVFG, wie sich aus der systematischen Gesamtschau des § 15 Abs. 2 BVFG iVm § 4 Abs. 3 S. 2 BVFG ergibt, das entspricht der bisherigen Rechtsprechung des BVerwG.[414]

99 Nach § 6 Abs. 2 S. 3 BVFG müssen Personen, die nach dem 31.12.1923 geboren wurden, ihr Bekenntnis zum deutschen Volkstum grundsätzlich durch einen **Sprachnachweis** – konkret den Nachweis der Fähigkeit, zumindest ein einfaches Gespräch auf Deutsch führen zu können – bestätigen.

100 Bei einer zulässigen **Rücknahme der Spätaussiedlerbescheinigung** *ex tunc* geht auch die Staatsangehörigkeit verloren, was eine unzulässige Entziehung der Staatsangehörigkeit gem. Art. 16 Abs. 1 S. 1 darstellen kann.[415]

101 **6. Gegenwärtige und künftige Bedeutung des Äquivalenzstatus.** Die mit der deutschen Einigung einhergehende endgültige Regelung der deutschen Frage und die Veränderungen in den ehemals sozialistischen Staaten haben Auswirkungen auf Art. 116 Abs. 1. Seit der deutschen Einigung kommt aus völkerrechtlichen wie verfassungsrechtlichen Gründen eine Auf-

---

[408] Vgl. statt aller *v. Münch,* Die deutsche Staatsangehörigkeit, 2007, 114; *Wittreck* in Dreier Rn. 54; *Masing/Kau* in MKS Rn. 21; *Rennert* in Umbach/Clemens Rn. 8, 29.
[409] → Rn. 69.
[410] *Peters* NVwZ 2007, 1028.
[411] *Peters* NVwZ 2007, 1028 (1029).
[412] Vgl. § 54 Abs. 1 Nr. 2, 4 AufenthG.
[413] *Peters* NVwZ 2007, 1028 (1029).
[414] BVerwG NVwZ-RR 2006, 147, *Peters* NVwZ 2007, 1028 (1029).
[415] BVerwGE 143, 171; siehe auch BVerwGE 143, 161.

nahme nur noch auf dem Gebiet der heutigen Bundesrepublik in Betracht.[416] Darüber hinaus betreffen die Auswirkungen aber auch die Statusdeutschen. Als rechtlich problematisch erweist sich insbesondere die Kategorie der sog. Spätaussiedler.

102 **a) Problematik der Spätaussiedler.** Die durch § 1 Abs. 2 Nr. 3 BVFG erfolgte gesetzliche Qualifizierung der aus den ehemaligen deutschen Ostgebieten und deutschen Siedlungsgebieten in Südost- und Osteuropa kommenden **Aussiedler als Vertriebene** und damit als Statusdeutsche gem. Art. 116 Abs. 1 war eine spätestens 1990 mit dem Zwei-plus-Vier-Vertrag und anderen die deutsche Einigung begleitenden Instrumenten, die die Nachkriegsrechtslage beendet haben und einem Friedensvertrag gleichkommen, **verfassungswidrig gewordene Ausweitung des Vertriebenen-Begriffs** in Art. 116 Abs. 1.[417]

103 Während der Aussiedlerstatus folgerichtig durch das KriegsfolgenbereinigungsG mit Wirkung zum 31.12.1992 abgeschlossen wurde, hat der Gesetzgeber indes in § 4 BVFG für nach diesem Zeitpunkt aufgenommene Volksdeutsche den Status der **Spätaussiedler** (dazu bereits → Rn. 83, 90, 92f., 104ff.) geschaffen. Diese Personengruppe ist mit Blick auf ihre Zuordnung zu Art. 116 Abs. 1 **in zweierlei Hinsicht problematisch.**

104 Erstens lässt sich die Zuordnung der Spätaussiedler zu den Statusdeutschen iSd Art. 116 Abs. 1 **kaum noch mit dem Normzweck in Einklang bringen.** Zwar werden die Spätaussiedler nicht als Vertriebene klassifiziert, was schon deshalb nicht (mehr) durch Art. 116 Abs. 1 gedeckt wäre, da das Tatbestandsmerkmal „als Flüchtling oder Vertriebener" damit überdehnt würde.[418] Spätaussiedler werden aber durch § 4 Abs. 3 BVFG einfachgesetzlich direkt, dh ohne dogmatische Zuordnung zum Vertriebenenbegriff zu „Deutschen im Sinne des Art. 116 Abs. 1 des Grundgesetzes" erklärt.[419] Damit ist neben den deutschen Staatsangehörigen und den Flüchtlingen oder Vertriebenen **eine in Art. 116 Abs. 1 nicht erwähnte weitere Kategorie von Deutschen iSd GG geschaffen** worden.[420] Trotz des Gesetzesvorbehalts ist dies angesichts des **Übergangscharakters** des Art. 116 Abs. 1 zur Lösung kriegsbedingter staatsangehörigkeitsrechtlicher Probleme nach der seit 1990 eingetretenen endgültigen rechtlichen und politischen Bereinigung der großen Nachkriegsrechtsfragen und der Veränderungen in Osteuropa in **systematischer, teleologischer und völkerrechtskonformer Auslegung kaum mehr mit Art. 116 Abs. 1 zu vereinbaren.**[421] § 4 Abs. 3 BVFG ist allerdings nur als Ausführungsnorm zu Art. 116 Abs. 1 zu verstehen und kann folglich auch nur insoweit verfassungswidrig sein, als sie Spätaussiedler **als Statusdeutsche qualifiziert.** Die Einbürgerungsregelung des § 7 Abs. 1

---

[416] Vgl. → Rn. 89.

[417] → Rn. 83. Offengelassen *Jarass* in Jarass/Pieroth Rn. 2; sehr krit. *Alexy* NJW 1989, 2850; aA *Zuleeg* in AK Rn. 12ff., der annimmt, Gesetzesrecht könne hier Verfassungsrecht „ausgestalten".

[418] → Rn. 83.

[419] Und hinsichtlich der Abkömmlinge und nichtdeutschen Ehegatten wird dieselbe Rechtslage wie nach Art. 116 Abs. 1 einschließlich Einbürgerungsrecht geschaffen.

[420] So auch *Wittreck* in Dreier Rn. 61, *Jarass* in Jarass/Pieroth Rn. 2. AA *Masing/Kau* in MKS Rn. 80.

[421] IErg auch *Rennert* in Umbach/Clemens Rn. 12; vorsichtiger *Masing/Kau* in MKS Rn. 84 („strapaziert, jedoch nicht verletzt"). AA *Hailbronner* in Hailbronner/Maaßen/Hecker/Kau StAngR Rn. 11. Nach *v. Mangoldt* in HdbStR V § 119 Rn. 15, kann der Kreis der Statusdeutschen allerdings über den Kreis der Vertriebenen hinaus erweitert werden.

StAG wird davon indes nicht betroffen. Der in der 3. Aufl. 1996[422] bereits **akzentuierten Kritik,** die sich gegen diese gesetzliche Ausformung richtete, wird durch die inzwischen eingetretenen Gesetzesänderungen insofern etwas von ihrer Schärfe genommen, als der **Rechtsstatus der Spätaussiedler in der Realität eine privilegierte Einwanderungsregelung** ist, für die der Deutschen-Status allenfalls als Übergangsstadium relevant ist.[423]

Das zweite Problem liegt in der fortgesetzten gesetzlichen **Unterstellung eines jedenfalls mittelbaren, weil spätfolgenbasierten Vertreibungsdrucks** für einen erheblichen Teil der potenziellen Spätaussiedler.[424] So wird in § 4 Abs. 1 BVFG für den nach wie vor zahlenmäßig nicht unbeachtlichen[425] Kreis von (potenziellen) Spätaussiedlern aus den ehemaligen Sowjetrepubliken, mit Ausnahme der baltischen Staaten,[426] zumindest eine nachwirkende diskriminierende Behandlung als Regelfall gesetzlich vermutet.[427] Allein die Volksdeutschen aus den anderen Aussiedlungsgebieten, etwa in Polen,[428] müssen gemäß § 4 Abs. 2 BVFG individuell **glaubhaft machen,** dass sie noch am 31.12.1992 oder später Benachteiligungen aufgrund ihrer deutschen Volkszugehörigkeit oder deren Nachwirkungen unterliegen.[429] Diese unterschiedliche Behandlung wurde gerade wegen des auf dem Gebiet der früheren Sowjetunion angenommenen Vertreibungsdrucks im Jahr 1998 als verfassungskonform erachtet.[430] Heute bestehen indes **ernsthafte Zweifel,** dass eine solch generalisierende Regelung auf einer hinreichend realen Grundlage fußt. So wurde auch in den im Zuge der Wiedervereinigung geschlossenen **Verträgen** mit Polen[431] und der Tschechoslowakei,[432] aber eben auch der **Sowjetunion**[433] nicht nur der Respekt Deutschlands gegenüber den inneren Angelegenheiten dieser Staaten zum Ausdruck gebracht, sondern zugleich der Schutz für die dort noch lebenden Minderheiten vereinbart. Ferner ist Russland, trotz aller Schwierigkeiten,[434] seit 1996 an die **EMRK** gebunden. Die mittel- und osteuropäischen EU-Mitgliedstaaten wiederum sind jenseits ihrer völkerrechtlichen Bindungen auf die Einhaltung der Grundwerte aus Art. 2 EUV, zu denen auch der Minderheitenschutz zählt, verpflichtet und im Anwendungsbereich des Unionsrechts an die Charta der Grundrechte gebunden.[435] Trotz des überaus problematischen Rückbaus der Rechtsstaatlichkeit etwa in Ungarn und Polen in Bezug auf die Unabhängigkeit der Justiz,[436] machen die rechtlichen Einhegungen selbst die Annahme eines individualisiert dargelegten Vertreibungsdrucks höchst fraglich. 105

---

[422] *Vedder* in v. Münch/Kunig, 3. Aufl. 1996, Rn. 55.

[423] → Rn. 94 ff.

[424] Vgl. bereits → Rn. 82.

[425] Vgl. hierzu die Jahresstatistiken des Bundesverwaltungsamtes, abrufbar unter https://www.bva.bund.de/DE/Services/Buerger/Migration-Integration/Spaetaussiedler/Statistik/Jahresstatistiken/Jahrestatistik_Liste.html?nn=152658 (25.6.2019).

[426] § 100a BVFG.

[427] → Rn. 82.

[428] Vgl. die in § 1 Abs. 2 Nr. 3 BVFG genannte Staaten.

[429] → Rn. 82.

[430] BVerwGE 106, 191 (192 ff.).

[431] *Peters* NVwZ 2007, 1028 (1029).

[432] Vertrag v. 27.2.1992, BGBl. II 462.

[433] Nachw. → Rn. 56.

[434] Vgl. *Mäger,* Juridica International, 2016, 22 ff.

[435] Art. 6 Abs. 1 EUV.

[436] Mit Blick auf den staatlich betriebenen Rückbau rechtsstaatlicher Strukturen insbesondere in Polen und Ungarn (dazu EuGH C-619/18, ECLI:EU:C:2019:531 – Kommission/Polen sowie *v. Bogdandy/Sonnevend,* Constitutional Crisis in the EU, 2015, sowie *Closa/*

106 Angesichts dieser Entwicklung kann ein weiteres Vorrätighalten der Statusdeutscheneigenschaft und damit potenziell der deutschen Staatsangehörigkeit für Personen, die in aller Regel eine andere Staatsangehörigkeit haben, **aus völkerrechtlichen** bzw. unionsrechtlichen **Gründen nicht mehr generell mit der Benachteiligung einer Volksgruppe oder deren Nachwirkungen begründet** werden.[437]

107 **b) Erreichen des verfassungsrechtlichen Zieles.** Bei alledem geht es weniger um eine völkerrechtskonforme Reduktion des Art. 116 Abs. 1 und des § 4 BVFG. Art. 116 Abs. 1 geht von einer bestimmten rechtlichen und faktischen Lage aus, die mit den Tatbestandsmerkmalen „Flüchtling oder Vertriebener" umschrieben wird. Diese Lage ist heute nicht mehr gegeben.[438] Art. 116 Abs. 1 ist nach systematischer – im Zusammenhang mit der Präambel und Art. 146 – und teleologischer Auslegung **am Ende seiner legislatorischen Daseinsberechtigung angekommen.** Die in der besonderen Situation der frühen Nachkriegszeit geschaffene Kategorie der Statusdeutschen hat, vor allem in ihrer Ausformung durch das BVFG, nach der Vollendung der deutschen Einheit und dem Fall des Eisernen Vorhangs ihren Zweck erreicht. Es gibt **keinen verfassungsrechtlich legitimen Grund** mehr, neben der für jeden Staat selbstverständlichen Staatsangehörigkeit eine weitere, staatsangehörigkeitsähnliche Kategorie beizubehalten.[439] Der vollständigen **Rückkehr auch zur staatsangehörigkeitsrechtlichen Normalität** steht nichts entgegen.[440]

108 Allerdings sind die politischen Implikationen nicht zu verkennen. Vertrauensschutz für die betroffenen Personenkreise würde eine **Übergangsregelung** erforderlich machen. Als solche ist der **Spätaussiedlerstatus aber zu langfristig,** da er allen bis zum 31.12.1992 Geborenen offensteht.[441] Eine kurze Übergangsregelung könnte (jedenfalls außerhalb der EU-Mitgliedsstaaten)[442] eine – vielleicht überstürzte – Ausreisewelle provozieren. Andererseits ist es für die betroffenen Staaten nur schwer hinzunehmen, dass Teile der eigenen Bevölkerung gedanklich auf gepackten Koffern sitzen. Es erscheint rechtspolitisch und außenpolitisch geboten, **Art. 116 Abs. 1 und den Deutschenstatus als Abrundung der Vollendung der Einheit abzuschaffen,** weil diese Regelung über den Hoheitsbereich der Bundesrepublik hinausgreift.[443] Zwar entsteht der Deutschenstatus erst mit der Aufnahme in Deutschland; Art. 116 Abs. 1 wirkt aber als Angebot und mit dem implizierten Recht auf Einreise[444] auf die außerhalb Deutschlands gelegenen Ausreisegebiete in der Weise, dass die betroffenen Personenkreise bereits dort

---

Kochenov, Reinforcing the Rule of Law Oversight in the European Union, 2016) stehen deutsche Minderheiten (noch) nicht spezifisch im Fokus.

[437] So aus poln. Sicht *Jasica* PYIL 19 (1991/92), 71 (77 ff.); *Barcz,* Der deutsch-polnische Vertrag vom 17.6.1991 und der Schutz der Minderheiten, Vortrag im Institut für Internationale Angelegenheiten Clingendael, Sept. 1993, 10 ff.

[438] So schon *Ridder* in AK, 2. Aufl. 1989, Rn. 1: „gegenstandsverzehrender Abschmelzungsprozeß".

[439] So jetzt auch *Rennert* in Umbach/Clemens Rn. 12.

[440] Dafür spricht auch der Grundsatz der Vermeidung der Mehrstaatigkeit, da Statusdeutsche, wenn sie die deutsche Staatsangehörigkeit erhalten haben, oft Doppelstaatler sind.

[441] Ähnl. wohl *Masing/Kau* in MKS Rn. 29, 81, 84.

[442] Deren Staatsbürger sich auf die in Art. 20 ff. AEUV niedergelegte Unionsbürgerschaft und ihre Freizügigkeit berufen können.

[443] So jetzt auch *Rennert* in Umbach/Clemens Rn. 12.

[444] → Rn 87.

potenzielle Deutsche sind. Diese **extraterritoriale Wirkung** wird durch das vom Ausland aus zu betreibende Spätaussiedler-Aufnahmeverfahren[445] noch verstärkt. Die bereits in der 3. Aufl.[446] formulierte Anregung, für diejenigen Volksdeutschen, die in die Bundesrepublik einwandern wollen, im Staatsangehörigkeitsrecht – außerhalb des Kontextes des Art. 116 Abs. 1 und des Vertriebenenrechts – eine **einfachgesetzliche Einbürgerungsmöglichkeit** zu schaffen, ist durch die mittlerweile geltende Gesetzeslage – im Ergebnis, wenn allerdings noch über den Umweg des Deutschenstatus – bereits realisiert.[447]

Eine rein interne Frage ist dagegen die **Beendigung des Deutschenstatus der bereits in Deutschland Aufgenommenen.** Gerade mit dem *ius sanguinis*-Grundsatz und dem Sich-Bekennen zu Deutschland ist es vereinbar, in Ausnutzung des Gesetzesvorbehalts die Statuseigenschaft nunmehr in die deutsche Staatsangehörigkeit zu überführen und nicht als Dauerphänomen aufrechtzuerhalten. Auch dieses Petitum der 3. Aufl.[448] sieht sich durch die geltende Rechtslage jedenfalls im Ergebnis bestätigt.[449] **109**

C. Wiedereinbürgerung und Fiktion der Nichtausbürgerung (Art. 116 Abs. 2)

Art. 116 Abs. 2 bewirkt die **Wiedergutmachung nationalsozialistischer Ausbürgerungen** ohne zeitliche Begrenzung.[450] Die Rechtsgrundlagen für die nationalsozialistischen Ausbürgerungen sind nur mit Wirkung ***ex nunc*** **aufgehoben** worden.[451] Die staatsangehörigkeitsrechtliche Stellung der Ausgebürgerten wurde zunächst in den Besatzungszonen geregelt.[452] Von einer innerstaatlich wirksamen Nichtigkeit der Ausbürgerungen wegen ihrer Völkerrechtswidrigkeit wurde nicht ausgegangen. Bei der **Ausarbeitung des Art. 116 Abs. 2** hat man nach schwierigen Debatten von einer generellen Anordnung der rückwirkenden Nichtigkeit dieser Ausbürgerungen abgesehen, weil dies uU dem Willen der Betroffenen nicht entsprochen hätte, die darin einen Oktroi der Staatsangehörigkeit hätten sehen können.[453] Stattdessen einigte man sich auf den in Art. 116 Abs. 2 realisierten **Kompromiss,** der trotz Fehlens einer generellen Nichtigerklärung der Ausbürgerungen eine möglichst einfache und würdevolle Wiedererlangung der deutschen Staatsangehörigkeit ermöglichen sollte.[454] **110**

Art. 116 Abs. 2 regelt das staatsangehörigkeitsrechtliche Schicksal der Ausgebürgerten in **zwei Konstellationen,** die jeweils voraussetzen, dass sich die Betroffenen **wieder Deutschland zuwenden.** Die Ausgebürgerten werden nicht als deutsche Staatsangehörige betrachtet („frühere deutsche Staatsangehörige"), solange sie nicht die deutsche Staatsangehörigkeit entweder **durch** **111**

---

445 → Rn. 87 f.

446 *Vedder* in v. Münch/Kunig, 3. Aufl. 1996, Rn. 60.

447 → Rn. 94 ff.

448 *Vedder* in v. Münch/Kunig, 3. Aufl. 1996, Rn. 61.

449 → Rn. 94 ff.

450 BVerfGE 8, 81 (86); 54, 53 (69 f.); BVerwG NJW 1994, 2164 (2165).

451 Durch das KontrollratsG Nr. 1, vgl. *Makarov/v. Mangoldt* StAngR Rn. 68.

452 Einzelheiten bei *Masing/Kau* in MKS Rn. 140 ff.; *Wittreck* in Dreier Rn. 11.

453 JöR nF 1 (1951), 824; *Menzel* in BK Erl. I 2; *Makarov/v. Mangoldt* StAngR Rn. 76 ff.; näher *Wittreck* in Dreier Rn. 81; *Masing/Kau* in MKS Rn. 135 ff.

454 → Rn. 4.

Antrag vom Ausland aus (Art. 116 Abs. 2 S. 1) oder **durch Begründung eines Wohnsitzes** in Deutschland (Art. 116 Abs. 2 S. 2) wieder erworben haben.[455] Dadurch blieb die Frage der Wirksamkeit der nationalsozialistischen Ausbürgerungen durch Art. 116 Abs. 2 unbeantwortet. Dass der Wortlaut des Art. 116 Abs. 2 die Wirksamkeit der Ausbürgerungen zu bestätigen scheint, ist gleichwohl unbefriedigend.[456]

112 Die quantitative Bedeutung der Vorschrift ist heute überschaubar, aber keineswegs marginal. Zwar spielt die Norm für die direkt Betroffenen aus Altersgründen praktisch keine Rolle mehr. Sie bleibt jedoch als **unbefristetes Angebot an Generationen von Abkömmlingen** bestehen und hat in jüngerer Zeit wieder vermehrt Zulauf durch israelische, US-amerikanische und, bedingt durch den Brexit, auch britische Staatsangehörige erfahren.[457]

113 Art. 116 Abs. 2 unterliegt **keinem Gesetzesvorbehalt.** Die Vorschrift schafft **Rechtsansprüche,** die aber keinen grundrechtlichen oder grundrechtsgleichen Charakter haben. Auch Art. 116 Abs. 2 könnte grundsätzlich durch eine privilegierte Einwanderungsregelung ersetzt werden.[458]

I. Nationalsozialistische Ausbürgerungen

114 Art. 116 Abs. 2 regelt die Situation derjenigen früheren deutschen Staatsangehörigen, denen durch das nationalsozialistische Regime zwischen dem 30.1.1933 und dem 8.5.1945 die deutsche Staatsangehörigkeit entzogen worden ist. **„Entziehung"** der Staatsangehörigkeit entspricht Art. 16 Abs. 1 und erfasst **jede Wegnahme der deutschen Staatsangehörigkeit** durch Gesetz oder Einzelakt, in welcher Form auch immer, einschließlich des Widerrufes von Einbürgerungen.[459] Eine Entziehung liegt dagegen nicht vor, wenn jemand freiwillig einen normalen staatsangehörigkeitsrechtlichen Verlusttatbestand gesetzt hat,[460] auch dann nicht, wenn eine Ausbürgerung nachfolgt.[461] Ebenfalls liegt eine Entziehung nicht in der Verweigerung einer Einbürgerung.[462] Den Verlust der Staatsangehörigkeit wegen der Annahme einer anderen Staatsangehörigkeit, die aus Flucht und Eingliederung in ein anderes Land resultierte – eine in **Palästina** angenommen Mandatsgebietszugehörigkeit fällt allerdings nicht darunter[463] – unter Art. 116 Abs. 2 zu fassen, ist erwägenswert:[464] dieser Fall ist einfachgesetzlich durch § 12 StAn-

---

[455] BVerfGE 54, 53 (70); zur Lösung dieses Problems in anderen Staaten vgl. *Hecker* in v. Münch/Kunig, 2. Aufl. 1983, Rn. 4.

[456] *Kokott* in Sachs Rn. 33.

[457] So weist die Statistik des Statistischen Bundesamtes für das Jahr 2018, 97, 99 Einbürgerungen von 365 britischen Staatsangehörigen, 430 US-amerikanischen und 495 israelischen Staatsangehörigen aus. Insgesamt betrug die Zahl der auf Grundlage von Art. 116 Abs. 2 eingebürgerten Personen im Jahr 2018 insgesamt 1.430 Personen (ebd., 101). Die Statistik ist abrufbar unter https://www.destatis.de/DE/Themen/Gesellschaft-Umwelt/Bevoelkerung/Migration-Integration/Publikationen/Downloads-Migration/einbuergerungen-2010210187004.pdf?__blob=publicationFile&v=4 (25.6.2019).

[458] Dafür plädierend *Masing/Kau* in MKS Rn. 138 a. E.

[459] *Wittreck* in Dreier Rn. 10, 87 f.; *Masing/Kau* in MKS Rn. 151.

[460] *Makarov/v. Mangoldt* StAngR Rn. 82 f.

[461] *Rennert* in Umbach/Clemens Rn. 33.

[462] *Masing/Kau* in MKS Rn. 150; *Wittreck* in Dreier Rn. 89, wonach die der Norm zugrunde liegende Wertung bei der Prüfung berücksichtigt werden muss; vgl. § 11 StAngReg.

[463] BVerwGE 94, 185 (187 ff.).

[464] *Rennert* in Umbach/Clemens Rn. 33.

gRegG geregelt. Die **frühere deutsche Staatsangehörigkeit** ist durch Vorlage von Urkunden nachzuweisen oder in anderer Weise glaubhaft zu machen.[465] Da es für Art. 116 Abs. 2 allein auf den Akt der Entziehung der Staatsangehörigkeit ankommt, betrifft diese Vorschrift auch Personen, die Deutschland bereits **vor dem 30.1.1933** verlassen hatten und denen später die Staatsangehörigkeit entzogen wurde.[466]

Die deutsche Staatsangehörigkeit muss zwischen dem 30.1.1933 und dem 8.5.1945[467] aus **politischen, rassischen oder religiösen Gründen** entzogen worden sein. Rassische Gründe ergeben sich aus der „völkischen" Grundhaltung des NS-Regimes, politische Gründe aus der nationalsozialistischen besonderen politischen Treuepflicht.[468] Das Vorliegen dieser Ausbürgerungsgründe ergibt sich ohne Einzelfallprüfung idR **aus den nationalsozialistischen Vorschriften selbst** und der Zugehörigkeit zu einer kollektiv ausgebürgerten Gruppe, insbes. der **jüdischen Deutschen.**[469] Im Übrigen können die nach Art. 116 Abs. 2 erforderlichen Ausbürgerungsgründe **im Einzelfall** vorliegen und sind nachzuweisen,[470] wie zB bei Ausbürgerung wegen **Fahnenflucht,** wobei sich die Frage stellt, ob Desertion als Widerstand und damit als politisch anzusehen ist.[471] 115

Wesentliche Rechtsgrundlagen der Ausbürgerungen[472] waren das Gesetz über den Widerruf von Einbürgerungen und die Aberkennung der deutschen Staatsangehörigkeit v. 14.7.1933,[473] die 1. VO zum ReichsbürgerschaftsG v. 14.11.1935[474] und die 11. und 12. DurchführungsVO zu diesem G v. 25.11.1941[475] bzw. v. 25.4.1942[476] sowie auch §§ 26, 27 u. 29 RuStAG.[477] §§ 11 und 12 StAngRegG enthalten Wiedergutmachungstatbestände für **Vorgänge, die nicht unter Art. 116 Abs. 2 fallen:** vor allem für den **Ausschluss von Sammeleinbürgerungen** aus rassischen Gründen und für frühere deutsche Staatsangehörige, die im Zusammenhang mit nationalsozialistischer Verfolgung **ohne Ausbürgerung** vor Inkrafttreten des GG eine fremde Staatsangehörigkeit erworben haben.[478] 116

II. Abkömmlinge und Problematik der „Article 116 Exclusions"

Art. 116 Abs. 2 S. 1 und auch S. 2[479] erstrecken den Anspruch auf Wiedereinbürgerung bzw. die Fiktion der Nichteinbürgerung auf die **Abkömmlinge** von Ausgebürgerten. Entgegen früher unternommenen Versuchen, die Rechte aus Art. 116 Abs. 2 auf die leiblichen Kinder der Ausgebürgerten zu 117

[465] *Hailbronner* in Hailbronner/Maaßen/Hecker/Kau StAngR Rn. 91; eing. *Makarov/v. Mangoldt* StAngR Rn. 85.
[466] *Masing/Kau* in MKS Rn. 153.
[467] *Masing/Kau* in MKS Rn. 153.
[468] *Menzel* in BK Erl. II B 4.
[469] *Menzel* in BK Erl. II B 4; *Wittreck* in Dreier Rn. 87; *Masing/Kau* in MKS Rn. 151.
[470] *Wittreck* in Dreier Rn. 88; *Masing/Kau* in MKS Rn. 151; *Makarov/v. Mangoldt* StAngR Rn. 83 ff.
[471] Näher *Masing/Kau* in MKS Rn. 151; *Makarov/v. Mangoldt* StAngR Rn. 84.
[472] Näher *v. Münch,* Die deutsche Staatsangehörigkeit, 2007, 66 ff. mit Beispielen bekannter Persönlichkeiten.
[473] RGBl. 1933 I 480.
[474] RGBl. 1935 I 1933.
[475] RGBl. 1941 I 722.
[476] RGBl. 1942 I 268.
[477] *Menzel* in BK Erl. II B.
[478] Dazu *Menzel* in BK Erl. II B 3; *Rennert* in Umbach/Clemens Rn. 32.
[479] Im Einzelnen → Rn. 125 ff.

beschränken,[480] erfasst Art. 116 Abs. 2 **sämtliche Nachkommen absteigender Linie,** auch wenn diese nach 1949 geboren worden sind.[481] Das entspricht nicht nur der Entstehungsgeschichte,[482] sondern vor allem dem Zweck der Vorschrift: Der Begriff „Abkömmling" ist im Lichte des **Wiedergutmachungscharakters** des Art. 116 Abs. 2 auszulegen. In seinem wegweisenden **Beschluss vom 20.5.2020** hat das BVerfG dementsprechend eine **weite Auslegung** des Begriffs der „Abkömmlinge" iSd Art. 116 Abs. 2 S. 1 zugrunde gelegt und zutreffend hervorgehoben, dass andere grundgesetzliche Wertentscheidungen, wie insbesondere **Art. 6 Abs. 5 GG** und **Art. 3 Abs. 2 GG,** bei der Begriffsbestimmung einzubeziehen sind.[483] Sofern Abkömmlinge selbst ausgebürgert worden sind, fallen sie indes bereits selbst in die Kategorie der Ausgebürgerten.[484] Die Anknüpfung an „frühere" deutsche Staatsangehörige hat zudem nicht zur Folge, dass der Wiedereinbürgerungsanspruch von Abkömmlingen etwa verloren ginge, wenn die Eltern inzwischen die deutsche Staatsangehörigkeit wieder erworben haben.[485]

118 Nach überkommener Rechtsprechung des BVerwG hatten nur diejenigen Abkömmlinge einen Anspruch auf Wiedereinbürgerung gem. Art. 116 Abs. 2 S. 1, die zum Ausgebürgerten in einem Verhältnis standen, an das das jeweils geltende Staatsangehörigkeitsrecht den Erwerb der deutschen Staatsangehörigkeit geknüpft hätte.[486] Von einer „Wieder"-Einbürgerung könne nur dann gesprochen werden, wenn der staatsangehörigkeitsrechtliche Zustand wiederhergestellt werde, wie er ohne Ausbürgerung bestanden hätte.[487] Dementsprechend war stets hypothetisch zu prüfen, ob der Abkömmling, der sich auf Art. 116 Abs. 2 berief, ohne die Ausbürgerung seines Vorfahren die deutsche Staatsangehörigkeit erworben hätte (sog. **hypothetische Kausalitätsprüfung**).[488] Das schloss mehrere Personengruppen vom Anspruch aus, was zur Gründung der Interessenvertretung **„Article 116 Exclusions Group"** führte.[489] Betroffen waren u. a. nichteheliche Kinder ausgebürgerter deutscher Väter (mit jeweils ausländischer Mutter) oder vor dem 1.4.1953 geborene eheliche Kinder ausgebürgerter deutscher Mütter (mit jeweils ausländischem Vater).[490] Das **BVerfG** hat die Rechtsprechung des BVerwG mittlerweile mit überzeugender Begründung jedenfalls für Fälle **korrigiert,** in denen das im Rahmen der hypothetischen Kausalitätsprüfung perpetuierte, obgleich heute nicht mehr geltende, Staatsangehörigkeitsrecht den Wertentscheidungen des Art. 6 Abs. 5 GG und des Art. 3 Abs. 2 GG zuwider-

---

[480] *Renk* JZ 1979, 752 (754).

[481] BVerwGE 95, 36 (37 f.); *Kokott* in Sachs Rn. 23; *Masing/Kau* in MKS Rn. 154; *Wittreck* in Dreier Rn. 90; *Hailbronner* in Hailbronner/Maaßen/Hecker/Kau StAngR Rn. 92; *Makarov/v. Mangoldt* StAngR Rn. 91. Adoptivkinder sind berechtigte Abkömmlinge.

[482] Der Zusatz „in direkter Linie" wurde redaktionell weggelassen, ohne dass damit eine Inhaltsänderung verbunden sein sollte, BVerwGE 95, 36 (37).

[483] BVerfG, Beschl. v. 20.5.2020, 2 BvR 2628/18.

[484] *Makarov/v. Mangoldt* StAngR Rn. 87.

[485] *Hecker* in v. Münch/Kunig, 2. Aufl. 1983, Rn. 14.

[486] BVerwGE 95, 36 (37 f.); 85, 108 (110 ff.), 68, 220 (234); *Kokott* in Sachs Rn. 25; und *Rennert* in Umbach/Clemens Rn. 39 mit Einzelheiten; *v. Mangoldt* in HdbStR V § 119 Rn. 102.

[487] BVerwGE 95, 36 (37 f.); BVerwGE 85, 108 (112).

[488] BVerwGE 95, 36 (37 f.); *Masing/Kau* in MKS Rn. 155.

[489] Vgl. https://www.article116exclusionsgroup.org/ (4.12.2019).

[490] BVerwGE 68, 220 ff.; 95, 36 (37 f.).

läuft.[491] Konkret entschied das BVerfG, dass der Einbürgerungsanspruch aus Art. 116 Abs. 2 S. 1 **auch nichtehelichen Kindern zusteht,** die gemäß einem mittlerweile grundgesetzlich überwundenen Rechtsverständnis die deutsche Staatsangehörigkeit von ihrem ausgebürgerten Vater auch ohne dessen Ausbürgerung nicht hätten erwerben können, weil das zum relevanten Zeitpunkt[492] geltende Staatsangehörigkeitsrecht bei nichtehelichen Kindern insoweit allein an die Staatsangehörigkeit der (ausländischen) Mutter anknüpfte.[493] Bereits vor der Entscheidung des BVerfG war das Bundesministerium des Innern, für Bau und Heimat (BMI) der unbefriedigenden Situation mit zwei **Erlassen vom 30.8.2019** zu Wiedergutmachungseinbürgerungen entgegengetreten, mit denen neue Richtlinien für die Kann-Einbürgerung nach § 14 StAG aufgestellt wurden.[494] Die Anwendung dieser Verwaltungsvorschriften führt u. a. dazu, dass vormals ausgeschlossene Personengruppen zumindest unter erleichterten Vorrausetzungen auf Grundlage von § 14 StAG (Kann-Einbürgerung) eingebürgert werden können.[495] Nach Ansicht der Bundesregierung werde den bislang nicht berücksichtigten Nachfahren deutscher NS-Verfolgter somit eine „anspruchsgleiche Einbürgerungsmöglichkeit" bis zum Generationenschnitt nach § 4 Abs. 4 StAG eröffnet.[496] Soweit nicht ohnehin infolge der neuen bundesverfassungsgerichtlichen Rechtsprechung mittlerweile ein Anspruch unmittelbar aus Art. 116 Abs. 2 S. 1 besteht (namentlich für vor dem 1.7.1993 geborene uneheliche Kinder ausgebürgerter deutscher Väter und ausländischer Mütter und wegen Art. 3 Abs. 2 wohl auch für vor dem 1.4.1953 geborene eheliche Kinder ausgebürgerter deutscher Mütter und ausländischer Väter), sind von der Erlassregelung auch folgende Personengruppen mitumfasst: Kinder, deren deutscher Elternteil zwar nicht formell ausgebürgert wurde, die deutsche Staatsangehörigkeit aber verloren hat, weil er oder sie als Folge von NS-Verfolgungsmaßnahmen emigrierte und eine fremde Staatsangehörigkeit annahm[497] oder eine Ehe mit einem ausländischen Partner schloss; Kinder deutscher Staatsangehörigkeit, die unabhängig von einer NS-Verfolgung aufgrund vormaliger, aber verfassungswidriger Abstammungsregelungen vom Erwerb der deutschen Staatsangehörigkeit qua Geburt ausgeschlossen waren; Abkömmlinge bis zu dem sog. Generationenschnitt (§ 4 Abs. 4 StAG). Noch weiter gehen Gesetzentwürfe der Oppositionsparteien, welche für einen in § 15 StAG verankerten Wiedereinbürgerungsanspruch unterschieds-

---

[491] BVerfG, Beschl. v. 20.5.2020, 2 BvR 2628/18, Rn. 52, 58 (juris).

[492] Die Beschwerdeführerin kam 1967 zur Welt.

[493] BVerfG, Beschl. v. 20.5.2020, 2 BvR 2628/18, Rn. 56 ff. (juris). Unter Berufung auf Art. 6 Abs. 5 schloss bereits *Hecker* in v. Münch/Kunig, 2. Aufl. 1983, Rn. 14 grds auch nichteheliche Kinder in den Kreis der Abkömmlinge mit ein.

[494] Siehe Pressemitteilung des BMI vom 30.8.2019, https://www.bmi.bund.de/SharedDocs/pressemitteilungen/DE/2019/08/wiedergutmachungs-verbrechen.html (1.12.2019). Die Erlasse wurden bereits in die Praxis umgesetzt. Einen Antrag auf Einbürgerung können Nachfahren von NS-Verfolgten über die Website des Bundesverwaltungsamtes stellen (https://www.bva.bund.de/DE/Services/Buerger/Ausweis-Dokumente-Recht/Staatsangehoerigkeit/Einbuergerung/_documents/Erm_Erlass.html).

[495] Vgl. die Stellungnahme des Sprechers der Article 116 exclusion group *Nicolas Courtman* für die 69. Ausschusssitzung des BT-Ausschusses für Inneres und Heimat, Ausschussdrucksache 19/4/269 E.

[496] BT-Drs. 19/12966, S. 3, https://dip21.bundestag.de/dip21/btd/19/129/1912966.pdf.

[497] Da Art. 166 Abs. 2 seinem Wortlaut nach einen Entzug der Staatsangehörigkeit voraussetzt, wurde der Verlust der Staatsangehörigkeit durch Annahme einer anderen Staatsangehörigkeit (§ 25 RuStAG aF) bei der hypothetischen Prüfung vormals nicht berücksichtigt, vgl. *Masing/Kau* in MKS Rn. 157.

los für alle Konstellationen, in denen NS-Unrecht wiedergutzumachen ist, plädieren.[498]

119 Anders als in Art. 116 Abs. 1 werden **Ehegatten den Abkömmlingen nicht gleichgestellt.** Eine Gleichstellung ist angesichts des klaren Wortlauts nicht konstruierbar,[499] auch dann nicht, wenn Ehegatten durch Eheschließung nach § 6 RuStAG aF die deutsche Staatsangehörigkeit erhalten haben würden.[500] Ehegatten können die Rechte aus Art. 116 Abs. 2 nur geltend machen, wenn sie **selbst ausgebürgert** worden sind.[501] Im Übrigen sind Ehegatten auf die gesetzlichen Einbürgerungsmöglichkeiten verwiesen, wobei der Wiedergutmachungsaspekt zu berücksichtigen ist.[502]

120 Angesichts des unbefristeten Angebots des Art. 116 Abs. 2 ist die in § 4 Abs. 4 StAG vorgesehene **Begrenzung des *ius sanguinis* bei Geburt im Ausland problematisch.** Danach erwerben die Kinder von nach dem 31.12.1999 im Ausland geborenen und sich dort aufhaltenden Eltern die deutsche Staatsangehörigkeit nur, wenn die Geburt der deutschen Auslandsvertretung angezeigt wird. Die ungefilterte Anwendung dieser Regelung würde künftig immer mehr Personen in der Generationenfolge **dem Anwendungsbereich des Art. 116 Abs. 2 entziehen** und diesen schließlich seinem faktischen Ende zuführen. Das betrifft sowohl die Fallkonstellationen des Abs. 2 S. 1 als auch des S. 2. Denn im Ausland geborene Nachfahren von Zwangsausgebürgerten, die in den Anwendungsbereich des § 4 Abs. 4 StAG fallen, können nicht mehr automatisch die deutsche Staatsangehörigkeit erwerben und diese dann auch nicht mehr wie zuvor in ungebrochener Linie im Rahmen der Prüfung eines hypothetischen Staatsangehörigkeitserwerbs für die Zwecke des Art. 116 Abs. 2 an ihre Nachfahren weitergeben. Notwendig ist vielmehr ein aktives Tun (der Eltern) in Gestalt eines Antrags auf Beurkundung der Geburt im Geburtenregister binnen eines Jahres (§ 4 Abs. 4 S. 2 StAG). Freilich schützt Art. 116 Abs. 2 nicht vor Änderungen des Staatsangehörigkeitsrechts, die für alle (künftigen) Staatsangehörigen gelten. Gegen eine ungefilterte Anwendung des § 4 Abs. 4 StAG spricht aber die **Wiedergutmachungsfunktion** des nicht unter Gesetzesvorbehalt stehenden Art. 116 Abs. 2, die gerade auch in die Folgegenerationen wirken soll.[503] Da die Auslandsgeburt gerade bei Nachfahren von Zwangsausgebürgerten in aller Regel Folge der Expatriation sein wird, der **fehlende Bezug zu deutschem Staatsgebiet,** an den § 4 Abs. 4 StAG anknüpft,[504] also **gerade auf NS-Unrecht zurückgeht,** können die Nachfahren der Zwangsausgebürgerten auch nicht ohne weiteres Personen gleichgestellt werden, die in den Anwendungsbereich des § 4 Abs. 4 StAG fallen, aber deren Auslandsgeburt auf einen freiwilligen Wegzug ihrer Vorfahren zurückgeht. Um weder den Normzweck von Art. 116 Abs. 2 zu unterlaufen, noch § 4 Abs. 4 StAG (in seinerseits nicht gebotener Weise) in den einschlägigen Fällen vollständig unangewendet zu lassen, ist dieser **verfassungskonform** dahin auszulegen, dass die Perpetu-

---

498 BT-Drs. 19/12200 vom 7.8.2019 und BT-Drs. 19/13505 vom 24.9.2019. siehe auch Wissentschaftliche Dienste BT v. 25.4.2019, WD 3–3000-093/19; Antwort der BReg. auf kleine Anfrage, 30.4.2019, BT-Drs. 19/9777.

499 *Kokott* in Sachs Rn. 23; *Masing/Kau* in MKS Rn. 162.

500 *Rennert* in Umbach/Clemens Rn. 39; *Makarov/v. Mangoldt* StAngR Rn. 86.

501 *Menzel* in BK Erl. II B 5.

502 *Rennert* in Umbach/Clemens Rn. 39.

503 Eingehend *Zimmermann/Bäumler* DÖV 2016, 97 (101 ff.).

504 Vgl. die Begründung des Gesetzesentwurfs, BT-Drs. 14/533, S. 14 („Einschränkung des Abstammungserwerbs bei fehlendem Bezug zum Staatsgebiet“).

ierung des Anspruchs aus Art. 116 Abs. 2 jedenfalls dann nicht ausgeschlossen sein darf, wenn die Geburt des Kindes im Ausland binnen eines Jahres den deutschen Behörden angezeigt wurde, was einer **analogen Anwendung** der in § 4 Abs. 4 S. 2 StAG vorgesehenen Anzeigeobliegenheit entspricht.[505] Dh die Eltern eines im Ausland geborenen Kindes, das künftig einen Anspruch aus Art. 116 Abs. 2 geltend machen könnte, müssen imstande sein, diesen Anspruch durch Anzeige der Geburt gegenüber der deutschen Auslandsvertretung für die Zukunft zu wahren, ohne dass die Eltern oder das Kind bereits selbst die deutsche Staatsangehörigkeit erwerben müssten.[506]

III. Anspruch auf Wiedereinbürgerung (Art. 116 Abs. 2 S. 1)

Der Anspruch auf Wiedereinbürgerung steht nur den Ausgebürgerten und Abkömmlingen zu, die nicht unter Art. 116 Abs. 1 S. 2 fallen, dh Personen, **die im Ausland leben** und von dort aus ihre Wiedereinbürgerung beantragen und die nicht bereits vor Inkrafttreten des GG wieder die deutsche Staatsangehörigkeit erworben haben. Es handelt sich um einen **unmittelbar auf die Verfassung gegründeten Rechtsanspruch,** über den ohne Ermessen zu entscheiden ist.[507] Die Wiedereinbürgerung erfolgt **auf Antrag,** am einfachsten bei einer deutschen Auslandsvertretung.[508] An den formlosen Antrag sind keine hohen Anforderungen zu stellen, er muss nur hinreichend klar sein.[509] Der Anspruch ist **nicht zeitlich befristet.** Auf den Anspruch kann allerdings verzichtet werden.[510] 121

Strittig ist, was die **Wiedereinbürgerung** bedeutet. Das ist die Folge des Kompromisses bei der Abfassung des Art. 116 Abs. 2.[511] Das **BVerfG** hat 1968 festgestellt, dass die nationalsozialistischen Ausbürgerungen **wegen Unvereinbarkeit mit überpositiven Gerechtigkeitsmaßstäben von Anfang an nichtig sind.**[512] 122

Gegenüber einer Mindermeinung, nach der die Wiedereinbürgerung daher *ex tunc* wirke,[513] hat sich demgegenüber die Auffassung von einer Wirkung ***ex nunc*** durchgesetzt.[514] Dafür sprechen Wortlaut, Entstehungsge- 123

---

[505] Überzeugend *Zimmermann/Bäumler* DÖV 2016, 97 (103). Ganz unproblematisch ist auch diese Lösung nicht, da sie die Möglichkeit der betreffenden Personen, sich auf Art. 116 Abs. 2 zu berufen und damit in freier Willensentscheidung, auf die Art. 116 Abs. 2 ausgerichtet ist, eine (Wieder-)Zuwendung zu Deutschland zum Ausdruck zu bringen, letztlich von der Registrierungsentscheidung der Eltern abhängig macht. Andererseits zeigt die Prüfung des hypothetischen Staatsangehörigkeitserwerbs gerade, dass die Nachfolgegeneration staatsangehörigkeitsrechtlich grundsätzlich von Entscheidungen der vorausgehenden Generation(en) prädeterminiert ist. Durch die analoge Anwendung des Registrierungserfordernisses wären Nachfahren von Zwangsausgebürgerten damit jedenfalls unter dem Gesichtspunkt der vorgenerationellen Prädetermination rechtlich nicht schlechter gestellt.

[506] *Zimmermann/Bäumler* DÖV 2016, 97 (103).

[507] *Menzel* in BK Erl. II B 1; *Makarov/v. Mangoldt* StAngR Rn. 94; *Masing/Kau* in MKS Rn. 167.

[508] *Masing/Kau* in MKS Rn. 164.

[509] BVerfGE 54, 53 (71); *v. Mangoldt* in HdbStR V § 119 Rn. 107; *Makarov/v. Mangoldt* StAngR Rn. 111, 112.

[510] Vgl. *Giegerich* in Maunz/Dürig Rn. 111.

[511] → Rn. 4.

[512] BVerfGE 23, 98 (104 ff., 108); 54, 53 (60 ff.); zust. *Rennert* in Umbach/Clemens Rn. 34; *Wittreck* in Dreier Rn. 81 f.; *Jarass* in Jarass/Pieroth Rn. 11; grundsätzlich krit. *Masing/Kau* in MKS Rn. 145 ff., mwN.

[513] So noch *Jarass* in Jarass/Pieroth, 4. Aufl. 1997, Rn. 16.

[514] *Masing/Kau* in MKS Rn. 165, *Rennert* in Umbach/Clemens Rn. 37; *Wittreck* in Dreier Rn. 93; *Kokott* in Sachs Rn. 32 f.; *Hailbronner* in Hailbronner/Maaßen/Hecker/Kau StAngR

schichte,[515] Systematik sowie Sinn und Zweck. Eine Rückwirkung der Wiedereinbürgerung ist im **Wortlaut des Art. 116 Abs. 2** („wieder einzubürgern") nicht angelegt und mit Blick auf den Wiedergutmachungscharakter auch nicht erforderlich. Die von Art. 116 Abs. 2 bezweckte Wiedergutmachung nationalsozialistischer Ausbürgerungen wird dadurch erreicht, dass der betroffene Personenkreis nach seinem Willen auf einen einfachen Antrag und ohne weitere Voraussetzungen die deutsche Staatsangehörigkeit wiedererlangen kann. So wenig wie Ausgebürgerten durch Art. 116 Abs. 2 die deutsche Staatsangehörigkeit aufgedrängt wird, so wenig kann das deutsche Recht diesen Personenkreis rückwirkend als deutsche Staatsangehörige vereinnahmen. Ferner wäre die Erstreckung des Einbürgerungsanspruchs auf Abkömmlinge nicht erforderlich, denn diese Personen würden bei rückwirkender Wirkung der Einbürgerung der Bezugsperson konsequenterweise zugleich ebenfalls deutsche Staatsangehörige werden. Auch für das **BVerfG** treten die Wirkungen der fortdauernden Staatsangehörigkeit erst mit dem Antrag ein: Deutschland betrachtet sie trotz fortdauernder Staatsangehörigkeit nicht als Deutsche, solange sie sich nicht durch Antrag oder Wohnsitzbegründung auf diese berufen.[516] Die Wiedereinbürgerung erstreckt sich gem. § 16 Abs. 2 StAG auch auf die Kinder, deren gesetzliche Vertretung der Eingebürgerte innehat.[517]

124 Der Wiedergutmachungscharakter des Art. 116 Abs. 2 schließt aus, dass die zwischenzeitliche Erfüllung **staatsangehörigkeitsrechtlicher Verlusttatbestände** durch den Ausgebürgerten und bzw. oder seine Abkömmlinge, insbes. der **Erwerb einer anderen Staatsangehörigkeit,** den Einbürgerungsanspruch berührt.[518] Das GG nimmt hier eine doppelte Staatsangehörigkeit in Kauf.[519] Die einfachgesetzlichen Normen des Staatsangehörigkeitsrechts können Art. 116 Abs. 2 mangels Gesetzesvorbehalts nicht einschränken. Hingegen sind Verlusttatbestände, die **nach einer Wiedereinbürgerung** gesetzt werden, auch den Abkömmlingen entgegenzuhalten, denn in diesem Fall beruht der Verlust der Staatsangehörigkeit nicht auf der Ausbürgerung.[520] Die Auffassung, durch den beantragten Erwerb einer anderen Staatsangehörigkeit nach Inkrafttreten des GG werde der Wiedereinbürgerungsanspruch verwirkt,[521] ist mit Art. 116 Abs. 2 unvereinbar.[522] In einem solchen Erwerb kann allerdings ein **Verzicht** auf den Wiedereinbürgerungsanspruch gesehen werden, wenn dieser aus den Umständen unzweideutig hervorgeht,[523] zB dadurch, dass der Anspruchsberechtigte bei einem freiwilligen Erwerb einer anderen Staatsangehörigkeit in Kenntnis des Art. 116 Abs. 2 zugleich unzweideutig eine Abkehr von Deutschland zum Ausdruck bringt.[524]

Rn. 96 mwN; *Makarov/v. Mangoldt* StAngR Rn. 96; *v. Mangoldt* in HdbStR V § 119 Rn. 106. Später auch *Jarass* in Jarass/Pieroth, 5. Aufl. 2000, Rn. 1.

[515] Nichtaufdrängen der Staatsangehörigkeit, der Wille der Betroffenen ist entscheidend.

[516] BVerfGE 54, 53 (67 ff.); → Rn. 111.

[517] *Rennert* in Umbach/Clemens Rn. 41.

[518] BVerfGE 8, 81 (87); BVerwG NJW 1994, 2164 (2165); BVerwGE 94, 185 (195); 85, 108 (113); 68, 220 (232); *Masing/Kau* in MKS Rn. 168; *Kokott* in Sachs Rn. 27; *Wittreck* in Dreier Rn. 98; Näheres *Giegerich* in Maunz/Dürig Rn. 15.

[519] *Makarov/v. Mangoldt* StAngR Rn. 94.

[520] BVerwG NJW 1994, 2164 (2165).

[521] So *Schleser,* Die deutsche Staatsangehörigkeit, 1980, 317.

[522] *Masing/Kau* in MKS Rn. 170.

[523] HmbOVG StAZ 1981, 205.

[524] *Rennert* in Umbach/Clemens Rn. 38; *Masing/Kau* in MKS Rn. 169 ff.; *Makarov/v. Mangoldt* StAngR Rn. 113 f.; *Hailbronner* in Hailbronner/Maaßen/Hecker/Kau StAngR Rn. 96.

IV. Wiederaufleben der deutschen Staatsangehörigkeit (Art. 116 Abs. 2 S. 2)

1. Fiktion der Nichtausbürgerung. Während Art. 116 Abs. 2 S. 1 als Wiedergutmachung die Wiedereinbürgerung vorsieht, hat der Verfassungsgeber in Art. 116 Abs. 2 S. 2 ausdrücklich die **Fiktion der Nichtausbürgerung** gewählt. Sowohl S. 1 wie auch S. 2 liegt die Unwirksamkeit der nationalsozialistischen Ausbürgerungen zugrunde.[525] S. 2 zieht daraus allerdings die Konsequenz, dass diejenigen Ausgebürgerten, die ihre Zugehörigkeit zu Deutschland durch Rückkehr und nicht nur durch einen Antrag vom Ausland aus dokumentieren, ohne Antrag automatisch und mit Wirkung ***ex tunc*** wieder deutsche Staatsangehörige sind.[526] An die unterschiedlich intensiven Formen der Wiederanknüpfung der Verbindung zu Deutschland sind unterschiedlich intensive Rechtsfolgen geknüpft, **S. 2 geht S. 1 vor.** Die Rechtsfolgen des S. 2 greifen aber auch ein, wenn jemand, der zunächst vom Ausland her nach S. 1 eingebürgert worden ist, oder auch nur den Antrag gestellt hat, später nach Deutschland zurückkehrt[527] oder in Deutschland im Untergrund geblieben war.[528] 125

Wer zurückkehrt, wird durch Art. 116 Abs. 2 S. 2 so gestellt, als hätte er die deutsche Staatsangehörigkeit nie verloren. Diese Fiktion ist **auf staatsangehörigkeitsrechtliche Fragen beschränkt.**[529] Aus dem Wiedergutmachungscharakter folgt, dass die Ausgebürgerten, die gegen ihren Willen Deutschland verlassen und in rechtliche Beziehungen zu einem anderen Staat treten mussten, rückwirkend deutschem Recht nicht generell unterworfen werden können. Die Nichtausbürgerungsfiktion ist wie der Wiedereinbürgerungsanspruch aber auch in staatsangehörigkeitsrechtlicher Hinsicht modifiziert. Inzwischen gesetzte staatsangehörigkeitsrechtliche **Verlusttatbestände sind nicht relevant,** aber auch ein **abgeleiteter Erwerb** der fiktiven deutschen Staatsangehörigkeit, etwa durch Eheschließung oder Geburt, ist ausgeschlossen.[530] 126

2. Wohnsitznahme in Deutschland. Die deutsche Staatsangehörigkeit der Ausgebürgerten lebt wieder auf, wenn sie nach dem 8.5.1945 in Deutschland Wohnsitz genommen haben. **Wohnsitz** wird gem. § 7 BGB durch willentliche Niederlassung zum nicht nur vorübergehenden Verbleib begründet.[531] Eine Wohnsitznahme liegt auch dann vor, wenn ein Ausgebürgerter sich, ohne Deutschland zu verlassen, versteckt hatte und wiederauftaucht.[532] Art. 116 Abs. 2 S. 2 impliziert ein **Recht auf Einreise** zur Wohnsitznahme.[533] 127

---

[525] → Rn. 114 ff.

[526] *Masing/Kau* in MKS Rn. 173; *Wittreck* in Dreier Rn. 100; *Kokott* in Sachs Rn. 29; *Giegerich* in Maunz/Dürig Rn. 117; *Gnatzy* in SHH Rn. 23; *Makarov/v. Mangoldt* StAngR Rn. 116; *v. Mangoldt* in HdbStR V § 119 Rn. 109.

[527] *Makarov/v. Mangoldt* StAngR Rn. 121.

[528] *Kokott* in Sachs Rn. 28.

[529] *Makarov/v. Mangoldt* StAngR Rn. 129.

[530] BVerfGE 8, 81 (86); BGHZ 27, 375; *Masing/Kau* in MKS Rn. 174; *Wittreck* in Dreier Rn. 105; *Kokott* in Sachs Rn. 29; *Makarov/v. Mangoldt* StAngR Rn. 129; aA *Mann* FS f. Coing, 1982, 338.

[531] BVerfGE 8, 81 (85) – Hotelzimmer; *Masing/Kau* in MKS Rn. 176; *Wittreck* in Dreier Rn. 101; *Rennert* in Umbach/Clemens Rn. 36; *Makarov/v. Mangoldt* StAngR Rn. 117.

[532] *Masing/Kau* in MKS Rn. 176; *Makarov/v. Mangoldt* StAngR Rn. 118.

[533] *Masing/Kau* in MKS Rn. 176; *Wittreck* in Dreier Rn. 101.

128 Die Wohnsitznahme kann trotz der Formulierung „genommen haben" auch **nach Inkrafttreten des GG** erfolgen.[534] Daher ist Art. 116 Abs. 2 S. 2, insbes. aufgrund der Einbeziehung der Abkömmlinge, auch **eine zukünftig operable Vorschrift.**

129 Die Wohnsitznahme konnte, auch wenn Art. 116 Abs. 2 das im Gegensatz zu Art. 116 Abs. 1 nicht ausdrücklich vorsieht, **auf dem Gebiet des deutschen Reiches** in den Grenzen v. 31.12.1937 erfolgen.[535] Das dürfte dem Wiedergutmachungscharakter entsprechen; es sollte nach Art. 116 Abs. 2 S. 2 möglich sein, dahin in das frühere Deutschland zurückzukehren, von wo aus man Deutschland verlassen hat. Angesichts der politischen Realitäten konnte ab einem gewissen Zeitpunkt in einer Rückkehr in die deutschen Ostgebiete aber schwerlich ein Indiz dafür gesehen werden, die deutsche Staatsangehörigkeit wiedererlangen zu wollen.[536] Unstrittig reduziert sich seit dem 3.10.1990 „Deutschland" iSd Art. 116 Abs. 2 S. 2 auf das **Gebiet der Bundesrepublik.**[537]

130 **3. Entgegengesetzter Wille.** Art. 116 Abs. 2 geht von der realistischen Annahme aus, dass die Ausgebürgerten Deutschland verlassen und sich in einem anderen Staat niedergelassen haben. Zugleich nimmt er Rücksicht auf den **Willen der Betroffenen,** von dem sowohl die Wiedereinbürgerung als auch das Wiederaufleben der deutschen Staatsangehörigkeit abhängig gemacht werden. Ein solcher Wille liegt in dem Antrag nach Art. 116 Abs. 2 S. 1 und wird bei der **Rückkehr** nach Deutschland iSd Art. 116 Abs. 2 S. 2 unterstellt. Die deutsche Staatsangehörigkeit lebt daher ausdrücklich nur dann nicht wieder auf, wenn ein **entgegenstehender Wille** zum Ausdruck gebracht wird. Der entgegenstehende Wille muss vor oder bei der Wohnsitznahme zweifelsfrei, auch konkludent, kundgetan werden.[538] Ein nach Wohnsitznahme artikulierter entgegenstehender Wille ist unbeachtlich, da die deutsche Staatsangehörigkeit dann bereits kraft Art. 116 Abs. 2 S. 2 wiederaufgelebt ist. Die **Annahme einer anderen Staatsangehörigkeit** nach Inkrafttreten des GG ist nicht generell als Ausdruck eines entgegenstehenden Willens anzusehen.[539] Allerdings kann mit dem Erwerb einer anderen Staatsangehörigkeit nach 1949 im Einzelfall unzweideutig zum Ausdruck gebracht werden, dass der Betroffene sich von Deutschland abwendet. Ob bei einer Wohnsitznahme in der DDR oder in den deutschen Ostgebieten ein entgegengesetzter Wille vorhanden war, kann nur im Einzelfall festgestellt werden.

131 **4. Besonderheiten bei Abkömmlingen.** S. 2 („sie") bezieht sich auf denselben Personenkreis wie S. 1 und schließt daher **auch Abkömmlinge** mit ein. Der Kreis der begünstigten Abkömmlinge bestimmt sich in gleicher Weise wie hinsichtlich des Rechts auf Wiedereinbürgerung. Da als Abkömmlinge im Sinne dieser Vorschrift nur Personen in Betracht kommen, die nicht selbst ausgebürgert worden sind – sonst hätten sie selbst die Rechte aus Art. 116 Abs. 2 S. 1 und S. 2 – kann es sich in aller Regel nur um solche

---

[534] BVerfGE 8, 86; *Rennert* in Umbach/Clemens Rn. 35; *Wittreck* in Dreier Rn. 103; *Masing/Kau* in MKS Rn. 176.

[535] *Rennert* in Umbach/Clemens Rn. 36; *Makarov/v. Mangoldt* StAngR Rn. 122 ff.; mit Einschränkungen auch *v. Mangoldt* in HdbStR V § 119 Rn. 112.

[536] *Masing/Kau* in MKS Rn. 177.

[537] *Masing/Kau* in MKS Rn. 177; → Rn. 89.

[538] BVerfGE 8, 81 (87); *Masing/Kau* in MKS Rn. 179; *Makarov/v. Mangoldt* StAngR Rn. 127 f.

[539] *Masing/Kau* in MKS Rn. 178.

Abkömmlinge handeln, die **nach der Ausbürgerung der Eltern geboren** worden sind. Insoweit ist die Nichtausbürgerungsfiktion dahingehend zu modifizieren, dass solche Abkömmlinge die deutsche Staatsangehörigkeit erstmalig, wenn auch rückwirkend, erhalten. In diesem Sinne lebt ihre deutsche Staatsangehörigkeit aber erst auf, wenn sie selbst in Deutschland **Wohnsitz genommen** haben. Auch hinsichtlich eines möglicherweise entgegenstehenden Willens kommt es allein auf die Abkömmlinge an. Da Art. 116 Abs. 2 den staatsangehörigkeitsrechtlichen Zustand wiederherstellen soll, der ohne die nationalsozialistischen Ausbürgerungen bestanden hätte, setzt die Erlangung der deutschen Staatsangehörigkeit nach Art. 116 Abs. 2 S. 2 durch Abkömmlinge voraus, dass die Eltern ihren entsprechenden Anspruch noch nicht verloren[540] oder bei Wohnsitznahme nicht einen entgegenstehenden Willen zum Ausdruck gebracht haben. Auch in Bezug auf Art. 116 Abs. 2 S. 2 ist § 4 Abs. 4 StAG verfassungskonform dahin auszulegen, dass die Eltern eines im Ausland geborenen Kindes, das künftig einen Anspruch aus Art. 116 Abs. 2 geltend machen könnte, die künftige Geltendmachung dieses Anspruches durch eine Anzeige analog dem Rechtsgedanken des § 4 Abs. 4 S. 2 StAG gegenüber der deutschen Auslandsvertretung sichern können, ohne dass dies dem Kind bereits die deutsche Staatsangehörigkeit einträgt.[541]

5. Vor dem 8.5.1945 verstorbene Ausgebürgerte. Ausgebürgerte, die vor dem 8.5.1945 verstorben sind, fallen unter keinen der beiden Tatbestände des Art. 116 Abs. 2; sie konnten ihre Zugehörigkeit zu Deutschland weder durch Rückkehr noch durch einen Wiedereinbürgerungsantrag bekunden. Für sie gilt die beiden Alternativen des Art. 116 Abs. 2 zugrunde liegende **Unwirksamkeit der nationalsozialistischen Ausbürgerungen.**[542] Daher wird ihre deutsche Staatsangehörigkeit **analog Art. 116 Abs. 2 als fortbestehend** betrachtet, sofern nicht konkrete Anhaltspunkte dafür vorliegen, dass sie in ein freies und demokratisches Deutschland nicht hätten zurückkehren wollen.[543] 132

D. Verhältnis zu anderen Bestimmungen des Grundgesetzes

Das GG berührt die Frage der Staatsangehörigkeit neben Art. 116 nur noch in **Art. 16 Abs. 1.** Die deutsche Staatsangehörigkeit darf nicht entzogen werden und deren Verlust nur aufgrund Gesetzes eintreten. Ein gesetzlich möglicher Verlust darf nicht zur Staatenlosigkeit führen. Diese materiellrechtliche, grundrechtliche Garantie der Staatsangehörigkeit erstreckt sich **allein auf die deutsche Staatsangehörigkeit, nicht auf die Eigenschaft als Statusdeutscher.**[544] In Anwendung des Gesetzesvorbehalts ist es daher möglich, den Deutschenstatus abzuschaffen.[545] Das Auslieferungsverbot des **Art. 16 Abs. 2** schützt dagegen auch Statusdeutsche.[546] 133

[540] *Makarov/v. Mangoldt* StAngR Rn. 91.
[541] → Rn. 120; *Zimmermann/Bäumler* DÖV 2016, 97 (103).
[542] BVerfGE 23, 98 (111).
[543] BVerfGE 23, 98 (102); *Kokott* in Sachs Rn. 31; *v. Mangoldt* in HdbStR V § 119 Rn. 115; wohl auch *Masing/Kau* in MKS Rn. 180; krit. *Hailbronner* in Hailbronner/Maaßen/Hecker/Kau StAngR Rn. 98a.
[544] BVerfGE 8, 344; *Rennert* in Umbach/Clemens Rn. 29; *v. Mangoldt* in HdbStR V § 119 Rn. 119.
[545] → Rn. 42.
[546] *Rennert* in Umbach/Clemens Rn. 29.

134 Die Deutschen iSd GG, dh Staatsangehörige und Statusdeutsche, sind das deutsche Volk, das Staatsvolk, auf das sich die **Präambel, Art. 20 Abs. 2, Art. 38** und **Art. 146** beziehen.[547]

135 Art. 116 Abs. 1 bestimmt den Kreis derer, die sich auf die Deutschen-Grundrechte **Art. 8, 9, 11, 12** sowie auf **Art. 20 Abs. 4, Art. 33 Abs. 1, Art. 33 Abs. 2 und Art. 54 Abs. 1 S. 2** berufen können.[548]

136 Im Zuge der Verfassungsreform 1994 ist die vormals konkurrierende Gesetzgebungskompetenz für die Staatsangehörigkeit in den Ländern (Art. 74 Abs. 1 Nr. 8) zugunsten der bestehenden ausschließlichen Bundeskompetenz für die Staatsangehörigkeit im Bund **(Art. 73 Abs. 1 Nr. 2)** aufgehoben worden.

E. Kritische Würdigung

I. Abschaffung von Art. 116 Abs. 1

137 Der Regelungszweck des Art. 116 war es, die staatsangehörigkeitsrechtlichen Probleme, die von den nationalsozialistischen Ausbürgerungen und den realen Folgen des Zweiten Weltkrieges herrühren, zu regeln. Heute hat **Art. 116 seinen Zweck weitgehend erfüllt und vor allem Abs. 1 seine verfassungsrechtliche Daseinsberechtigung verloren.** Auch wenn man Art. 116 Abs. 1 als „Ausdruck der Verantwortungsübernahme" für die Konsequenzen des Zweiten Weltkrieges und als Teil eines „**Solidarprogramms** gegenüber den Millionen Flüchtlingen und Vertriebenen, die nach 1945 in die Bundesrepublik strömten", sieht,[549] sind diese Verantwortungsübernahme und die Durchführung dieses Solidarprogramms doch ganz überwiegend erfolgt. Die bereits 1996 in der 3. Aufl. vorgetragene Kritik und die Mahnung, Art. 116 abzuschaffen,[550] ist in der Lit. auf beachtliche, wenn auch nicht immer in der hier vertretenen Konsequenz geäußerte, Resonanz gestoßen.[551] Der 1993 begonnene **einfachgesetzliche Abbau** des Status der Deutschen iSd GG hat durch weitere Gesetzesänderungen in jüngerer Zeit dazu geführt, dass dieser Status, wenn auch in langer Frist, auslaufen wird und nur noch ein auf eine juristische Sekunde reduziertes **Durchgangsstadium** auf dem Weg zur deutschen Staatsangehörigkeit ist; Art. 116 Abs. 1 hat sich durch die aufgrund des Gesetzesvorbehalts ergangenen gesetzlichen Regelungen zu einer **Einwanderungsregelung** gewandelt.[552] Das ist als Schritt in die richtige Richtung zu begrüßen, berührt die formale Fortexistenz des Art. 116 Abs. 1 aber nicht.

138 Das durch **Art. 116 Abs. 1** verfassungsrechtlich abgesicherte Festhalten an einer **gemeinsamen deutschen Staatsangehörigkeit** hat sich als Konkretisierung des Wiedervereinigungsgebotes rechtlich und politisch durchgesetzt. Das Staatsangehörigkeitsrecht der DDR hatte nur als Teilsystem des

[547] Vgl. insbes. BVerfGE 83, 37 (50 ff.) und BVerfGE 144, 20 (264).

[548] Zur Verfassungsbeschwerde hinsichtlich der Rechte aus Art. 116 vgl. *Rennert* in Umbach/Clemens Rn. 9.

[549] *Masing/Kau* in MKS Rn. 130.

[550] *Vedder* in v. Münch/Kunig, 3. Aufl. 1996, Rn. 91 ff.

[551] *Masing/Kau* in MKS Rn. 21, 81 ff., 134; *Kokott* in Sachs Rn. 2; *Jarass* in Jarass/Pieroth Rn. 3: „in der Sache überholt"; *Rennert* in Umbach/Clemens Rn. 8, 12; *v. Münch,* Die deutsche Staatsangehörigkeit, 2007, 114; *Gnatzy* in SHH Rn. 1 „Bedeutung sinkt naturgemäß auch mit der Entfernung zu seinem historischen Ursprungsgrund".

[552] *Zuleeg* in AK Rn. 16; *Wittreck* in Dreier Rn. 19 f.; → Rn. 6.

deutschen Staatsangehörigkeitsrechts für Erwerb und Verlust der deutschen Staatsangehörigkeit iSd Art. 116 Abs. 1 weiterhin intertemporale Bedeutung.[553]

Um dieser veränderten Lage Rechnung zu tragen, ist eine Änderung, aber auch eine **Beibehaltung des Art. 116 Abs. 1 nicht erforderlich.** Der Weg zu einer Änderung des Staatsangehörigkeitsrechts, wurde politisch frei und ist mit dem Erlass des StAG beschritten worden. Seit dem 3.10.1990 sind die ehemaligen deutschen Ostgebiete – nicht nur staatsangehörigkeitsrechtlich – Ausland und können nicht mehr als territoriale Anknüpfung für die deutsche Staatsangehörigkeit oder den Deutschen-Status dienen. **139**

Die Vollendung der deutschen Einheit und der damit einhergehende endgültige Verzicht auf die früheren deutschen Ostgebiete schließen jeden Bezug auf das Deutsche Reich in den Grenzen von 1937 aus verfassungsrechtlichen und völkerrechtlichen Gründen aus. Das konnte nicht ohne Folgen für die durch Art. 116 Abs. 1 geschaffene Eigenschaft als Statusdeutsche bleiben, die deutsche „Quasi-Staatsangehörige",[554] „potentielle Deutsche"[555] sind. Unmittelbar infolge des Krieges Vertriebene iSd § 1 Abs. 1 BVFG haben heutzutage keine Bedeutung mehr. Die einfachgesetzliche Ausdehnung des Kreises der Vertriebenen, die durch die Kategorie der **Aussiedler** im BVFG bewirkt wurde, war mit Art. 116 Abs. 1 nicht mehr vereinbar. Angesichts des Umbruchs in den Staaten Ost- und Südosteuropas einschließlich Russlands und des, insbes. im Verhältnis zu Polen in besonderer Weise verankerten, völkerrechtlich verbindlichen Minderheitenschutzes konnte ein fortdauernder Vertreibungsdruck, der für das Tatbestandsmerkmal „Flüchtling oder Vertriebener" konstitutiv ist, nicht länger gesetzlich unterstellt werden.[556] Es war daher notwendig und zutreffend, mit dem KriegsfolgenbereinigungsG 1992 den Erwerb des Aussiedlerstatus abzuschließen.[557] **140**

Auch die Volksdeutschen seit 1993 offenstehende Aufnahme als **Spätaussiedler,** die § 4 Abs. 3 BVFG nicht als Vertriebene, sondern direkt als Deutsche iSd. Art. 116 Abs. 1 qualifiziert, steht trotz des Gesetzesvorbehalts in **Widerspruch zu Art. 116 Abs. 1.** Diese gesetzliche Erweiterung der Statusdeutschen um eine weitere Kategorie ist weder in wörtlicher noch in systematischer und auch nicht in teleologischer Auslegung mit Art. 116 Abs. 1 vereinbar.[558] Denn der Regelungszweck des als Übergangsvorschrift konzipierten Art. 116 Abs. 1 ist Lösung kriegsbedingter staatsangehörigkeitsrechtlicher Probleme. Die Spätaussiedlerregelung ist als Übergangsvorschrift zu langfristig, sie stellt sich als eine Einwanderungsklausel für einen privilegierten Kreis von Ausländern, wenn auch deutscher Volkszugehörigkeit, dar. Die bereits in der 3. Aufl. angemahnte Überführung in ein Einbürgerungsrecht[559] ist durch Gesetzesänderungen letztlich im Ergebnis realisiert worden.[560] Der noch bestehende Umweg über den Deutschenstatus ist indes **verfassungsrechtlich höchst problematisch** und der Sache nach nicht erforderlich. **141**

---

553 → Rn. 52, 54.
554 *Hecker* in v. Münch/Kunig, 2. Aufl. 1983, Rn. 30.
555 *Jarass* in Jarass/Pieroth Rn. 8.
556 → Rn. 75, 81 f.
557 *Rennert* in Umbach/Clemens Rn. 12; *Masing/Kau* in MKS Rn. 21.
558 → Rn. 104 f.
559 *Vedder* in v. Münch/Kunig, 3. Aufl. 1996, Rn. 94.
560 → Rn. 94 ff.

142 Art. 116 Abs. 1 hat neben der für jeden Staat selbstverständlichen Staatsangehörigkeit in einer bestimmten historischen Situation aus einem drängenden aktuellen Regelungsbedürfnis heraus mit den Statusdeutschen eine zusätzliche staatsangehörigkeitsähnliche Kategorie geschaffen. Dieser völkerrechtlich nicht bekannte Status hat nicht unerhebliche, auch dogmatische Schwierigkeiten mit sich gebracht. Nach Vollendung der staatlichen Einheit bietet sich die Möglichkeit, **zur Normalität zurückzukehren.** Art. 116 Abs. 1 bezweckt eindeutig nicht die Perpetuierung des Deutschenstatus als Dauereinrichtung und damit einer **völkerrechtlich bedenklichen Neben-Staatsangehörigkeit.** Er ist das Produkt einer völkerrechtlich und außenpolitisch unklaren Lage und greift mit der Bezugnahme auf das Deutsche Reich über das damalige wie heutige Territorium der Bundesrepublik hinaus. Die völkerrechtliche Lage ist bei der Auslegung von Art. 116 Abs. 1 entscheidend zu berücksichtigen. Nach der endgültigen verfassungsrechtlichen und völkerrechtlichen Klärung der deutschen Frage, dem politischen und rechtlichen Umbruch in den osteuropäischen Staaten, den im Zusammenhang mit der Einigung geschlossenen Verträgen, die den deutschen Minderheiten vor allem in Polen zufriedenstellenden Minderheitenschutz garantieren, und angesichts der erfolgten Einbeziehung dieser Staaten in die europäische Architektur ist Art. 116 Abs. 1 aus verfassungssystematischen und völkerrechtlichen Gründen nicht nur restriktiv auszulegen, sondern dem Wesen nach obsolet geworden. **Art. 116 Abs. 1 ist der Regelungsgegenstand abhandengekommen.**[561] Dies trifft heute umso mehr zu, als der Deutschenstatus als Dauereinrichtung einfachgesetzlich abgeschafft worden ist;[562] für die **Integration von Spätaussiedlern ist Art. 116 Abs. 1 nicht notwendig.**

143 Art. 116 Abs. 1 sollte daher **aufgehoben** werden.[563] Volksdeutsche, die als Spätaussiedler noch eine Zeit lang in die Bundesrepublik übersiedeln, werden nach § 7 StAG eingebürgert; der Umweg über Art. 116 Abs. 1 ist weder notwendig noch mit Art. 116 Abs. 1 vereinbar. Der Deutschenstatus der bereits nach **Deutschland eingereisten Statusdeutschen,** ist – ohne Verfassungsänderung – in Ausnutzung des Gesetzesvorbehalts in die Staatsangehörigkeit überführt worden. Der durch Art. 116 Abs. 1 geschaffene Deutschenstatus ist nach sehr langer Zeit *ex post* wirklich zu einer **vorübergehenden Erscheinung** geworden. Art. 116 Abs. 1 ist nur noch eine **leere Hülse.**

II. Fortbestehende Bedeutung des Art. 116 Abs. 2

144 Die **Wiedergutmachungsregel des Art. 116 Abs. 2** wird durch die Ereignisse des Jahres 1990 nicht unmittelbar tangiert. Das in Abs. 2 enthaltene Angebot, durch Rückkehr oder durch Antrag vom Ausland aus die staatsangehörigkeitsrechtlichen Beziehungen zu Deutschland wieder anzuknüpfen, erreicht zwar die Generation der unmittelbar Betroffenen heute nicht mehr, besteht aber für die Folgegenerationen in die Zukunft hinein fort. Freilich

---

561 So in der Tendenz schon *Hecker* in v. Münch/Kunig, 2. Aufl. 1983, Rn. 30.

562 → Rn. 94 ff.

563 AA *v. Münch,* Die deutsche Staatsangehörigkeit, 2007, 121, der zwar anerkennt, dass die Notwendigkeit einer Regelung wie Art. 116 Abs. 1 umso geringer ist, je länger der Zweite Weltkrieg zurückliegt und je besser der völkerrechtliche Mindeststandard ist, der aber wegen einer großen Zahl von Menschen deutscher Abstammung im Gebiet der ehemaligen Sowjetunion dazu rät, Art. 116 Abs. 1 beizubehalten, aber das Aufnahmegebiet mit „in dem Gebiet der Bundesrepublik Deutschland“ der Realität anzupassen.

kann ein solches Angebot auch durch eine privilegierte Einwanderungsregelung umgesetzt werden. Dann wäre auch das Spannungsverhältnis zu § 4 Abs. 4 StAG genau zu bestimmen, das derzeit im Sinne einer verfassungskonformen Auslegung am Maßstab von Art. 116 Abs. 2 aufzulösen ist.[564] Eine Notwendigkeit der Aufhebung von Art. 116 Abs. 2 besteht aber jedenfalls nicht im selben Umfang wie bei Art. 116 Abs. 1.

III. Fazit

Die Abschaffung des Art. 116 (Abs. 1) hätte **symbolische Bedeutung:** Sie signalisierte das **Ende der rechtlichen und politischen Verwerfungen** infolge des Krieges und eine auch verfassungsrechtlich sichtbar werdende Normalisierung der persönlichen staatsangehörigkeitsrechtlichen Stellung der Deutschen insgesamt und besonders in Osteuropa. Ein fortexistierender Art. 116 wäre dagegen nur ein **Denkmal eines erfolgreichen Integrationsmodells.** Demgegenüber wäre über eine moderne verfassungsrechtliche Norm über die Staatsangehörigkeit nachzudenken, welche zugleich – und jenseits des insoweit partikularen Art. 28 Abs. 1 – auf den komplementären Status der Unionsbürgerschaft hinwiese. 145

Literatur

Allgemein

R. Fritz/J. Vormeier, Gemeinschaftskommentar zum Staatsangehörigkeitsrecht GK-StAR, Loseblatt, Stand Juni 2018. – ***K. F. Gärditz,*** Der Bürgerstatus im Lichte von Migration und europäischer Integration, VVDsStRL 72 (2013), 49. – ***R. Grawert,*** Staatsvolk und Staatsangehörigkeit, in HdbStR I § 16. – ***K. Hailbronner/H.-G. Maaßen/D. Hecker/M. Kau,*** Staatsangehörigkeitsrecht, 2017. – ***A. Makarov/H. v. Mangoldt,*** Deutsches Staatsangehörigkeitsrecht, 3. Aufl. 1981. – ***H. v. Mangoldt,*** Die deutsche Staatsangehörigkeit als Voraussetzung und Gegenstand der Grundrechte, in HdbStR, 2. Aufl. 2000, V § 119. – ***J. Masing,*** Wandel im Staatsangehörigkeitsrecht vor den Herausforderungen moderner Migration, 2001. – ***I. v. Münch,*** Die deutsche Staatsangehörigkeit. Vergangenheit-Gegenwart-Zukunft, 2007. – ***E. Nathans,*** The Politics of Citizenship in Germany – Ethnicity, Utility and Nationalism, 2004. – ***C. Schönberger,*** Unionsbürger, Europas föderales Bürgerrecht in vergleichender Sicht, 2005. – ***D. Thym/T. Klarmann (Hrsg.),*** Unionsbürgerschaft und Migration im aktuellen Europarecht, 2017. – ***A. Wallrabenstein,*** Das Verfassungsrecht der Staatsangehörigkeit, 1999. – ***C. Walter,*** Der Bürgerstatus im Lichte von Migration und europäischer Integration, VVDStRL 72 (2013), 7. – ***A. Zimmermann/S. Landefeld,*** Europäische Menschenrechtskonvention und Staatsangehörigkeitsrecht der Konventionsstaaten, ZAR 2014, 97.

Zu Abs. 1

B. Aláez Corral, Staatsangehörigkeit und Staatsbürgerschaft vor den Herausforderungen des demokratischen Verfassungsstaates, Der Staat 46 (2007), 349 – ***K. J. Bade,*** Aussiedler: deutsche Einwanderer aus Osteuropa, 1999. – ***E. Bund/M. Kohl/S. Worbs,*** Zuwanderung und Integration von (Spät-)Aussiedlern in Deutschland, ZAR 2014, 349 – ***G. Gornig/D. Murswiek,*** Das Recht auf Heimat, 2006. – ***R. Grawert,*** Staatsvolk und Staatsangehörigkeit, in HdbStR I § 16. – ***T. Groß,*** Plädoyer für die Abschaffung der Optionsklausel im Staatsangehörigkeitsrecht, InfAuslR 2013, 235. – ***B. Grzeszik,*** Integration und doppelte Staatsangehörigkeit, ZRP 2017, 155. – ***K. Hailbronner,*** Die Beibehaltungsgenehmigung im Staatsangehörigkeitsrecht, NVwZ 2013, 1311. – ***K. Hailbronner,*** Optionsregelung und doppelte Staatsangehörigkeit, ZAR 2013, 357. – ***M. Hettich,*** Reform der Optionspflicht im Staatsangehörigkeitsrecht, StAZ 2015, 321. – ***R. Hoffmann,*** Staatsangehörigkeit im geteilten Deutschland

[564] → Rn. 120.

– Der Teso-Beschluß des Bundesverfassungsgerichts, ZaöRV 49 (1989), 257. – ***R. Hoffmann,*** Völkerrechtliche Aspekte der Übersiedlung von Bürgern der Deutschen Demokratischen Republik über Drittländer in die Bundesrepublik Deutschland, ZaöRV 50 (1990), 1. – ***P. Jacob,*** Staatenlos, Doppelstaater, deutsch oder gar nichts? – sich blockierendes Recht bei gemischtnationalen Eltern, ZAR 2014, 409. – ***A. Kießling,*** Die Funktion der Staatsangehörigkeit als verlässliche Grundlage gleichberechtigter Zugehörigkeit, Der Staat 2015, 1. – ***C. Majer,*** Kein gesetzlicher Erwerb der deutschen Staatsangehörigkeit bei schwacher Adoption, Anm. zu BVerwG Urt. v. 25.10.2017 – 1 C 30/16, NZFam 2018, 140. – ***S. Mampel,*** Das Staatsangehörigkeitsrecht der DDR und die deutsche Staatsangehörigkeit. – Weiteres zum Urteil des BVerwG v. 30.11.1982, ROW 1983, 233. – ***M. Manhart,*** Die deutsche Staatsangehörigkeit, Erwerb Verlust und Prüfung, NZFam 2015, 442. – ***P. Mankowski,*** Das Staatsangehörigkeitsprinzip – gestern und heute, IPRax 2017, 130. – ***K. Mertens,*** Das neue deutsche Staatsangehörigkeitsrecht – eine verfassungsrechtliche Untersuchung, 2004. – ***W. Meyer,*** Die deutsche Staatsangehörigkeit in der Rechtsprechung des BVerwG, NVwZ 1987, 15. – ***T. Milej,*** Verfassungsmäßigkeit der Unterscheidung nach dem Merkmal der Staatsangehörigkeit im Bereich der gewährenden Staatstätigkeit, NVwZ 2013, 687. – ***W. Mosbacher,*** Die reformierte Optionspflicht im Staatsangehörigkeitsrecht, NVwZ 2015, 268. – ***J. Niesten-Dietrich,*** Integration und Staatsangehörigkeit, ZAR 2012, 85. – ***W. Peters,*** Neuere Rechtsentwicklung beim Spätaussiedlerzuzug, NVwZ 2007, 1028. – ***G. Renner,*** Vom Wandel des Staatsangehörigkeitsrechts, in E. Schmidt-Aßmann/D. Sellner/G. Hirsch/G.-H. Kemper/H. Lehmann-Grube, FG 50 Jahre BVerfG, 2003, 913. – ***G. Renner,*** Das Staatsangehörigkeitsrecht – nach der Reform reformbedürftig?, ZAR 2004, 176. – ***G. Roellecke,*** Zum Problem der Nation, FS f. Josef Isensee, 2007, 29. – ***T. Sauerland,*** Die Bindungswirkung von Feststellungsbescheiden im Staatsangehörigkeitsrecht, DÖV 2018, 67. – ***W. Schätzel,*** Das deutsche Staatsangehörigkeitsrecht, 2012. – ***M. v. Schenckendorff,*** Vertriebenen- und Flüchtlingsrecht. Loseblattkommentar zum BVFG, Stand: 125. Aktualisierung (2010). – ***R. Scholz/A. Uhle,*** Staatsangehörigkeit und Grundgesetz, NJW 1999, 1510. – ***M. Silagi,*** Der Status der Vertriebenen und Spätaussiedler nach § 7 StAG und § 40a StAG, ZAR 2000, 3. – ***M. Silagi,*** Das Vertriebenenrecht – ein Auslaufmodell, FS f. Hans-Ernst Folz, 2003, 317. – ***E. Sokolov,*** Wege zur Partizipation für Inländer – Volksbegriff und Einbürgerung im Lichte des Demokratieprinzips, NVwZ 2016, 649. – ***M. Weimann,*** Doppelpass mit Generationenschnitt, Modell und Umsetzungsmöglichkeiten, ZRP 2017, 144. – ***M. Weimann,*** Eine Staatsangehörigkeit „auf Dauer“: der Generationenschnitt als Modell für ein modernes Staatsangehörigkeitsrecht, ZAR 2016, 317. – ***M. Wienbracke,*** Voraussetzungen des Rechtsschutzes gegen die Versagung, Beschränkung und Entziehung des Reisepasses wegen Steuerschuldnerflucht, DStR 2017, 2339. – ***M. Wienbracke,*** -Materiell-rechtliche Voraussetzungen der Passentziehung wegen Steuerfluchtgefahr im Spiegel der verwaltungsgerichtlichen Spruchpraxis, DStZ 2017, 926. – ***S. Wittkopp,*** Staatsangehörigkeitsverlust durch Vaterschaftsanfechtung, jM 2018, 335. – ***S. Worbs/A. Scholz,*** Die Optionsregelung im Staatsangehörigkeitsrecht: Erste Erkenntnisse aus empirischen Studien, ZAR 2013, 129. – ***B. Ziemske,*** Verfassungsrechtliche Garantien des Staatsangehörigkeitsrechts, ZRP 1994, 226. – ***B. Ziemske,*** Die deutsche Staatsangehörigkeit nach dem Grundgesetz, 1995.

Zu Abs. 2

D. Eichmann/S. Siehr, Das Recht auf die deutsche Staatsangehörigkeit für ausgebürgerte deutsche Juden und ihre Nachkommen, ZAR 2002, 89. – ***E. Weizsäcker,*** Jüdische Migranten im geltenden deutschen Staatsangehörigkeits- und Ausländerrecht, ZAR 2004, 93. – ***A. Zimmermann/J. Bäumler,*** Art. 116 Abs. 2 – ein verfassungsrechtliches Auslaufmodell?, DÖV 2016, 97.

Art. 117 [Übergangsregelung zu Art. 3 Abs. 2 und Art. 11]

(1) Das dem Artikel 3 Absatz 2 entgegenstehende Recht bleibt bis zu seiner Anpassung an diese Bestimmung des Grundgesetzes in Kraft, jedoch nicht länger als bis zum 31. März 1953.

(2) Gesetze, die das Recht der Freizügigkeit mit Rücksicht auf die gegenwärtige Raumnot einschränken, bleiben bis zu ihrer Aufhebung durch Bundesgesetz in Kraft.

A. Allgemeine Bedeutung

1 Art. 123 Abs. 1 GG ordnet ausdrücklich an, was mit dem umfassenden Vorrang der Verfassung und der Bindungswirkung der Grundrechte eigentlich selbstverständlich ist, nämlich die umfassende **Derogation verfassungswidrigen** und die Fortgeltung nur des verfassungskonformen **Altrechts** bei Inkrafttreten des Grundgesetzes.[1] Diese gleichsam „automatische" Anpassung des gesamten Rechts an die neue Verfassungsordnung ohne gesetzlich vermittelten Vollzug hielt der Parlamentarische Rat[2] bei bestimmten Materien für praktisch unmöglich oder untunlich. So wurden in Art. 117 GG zwei gegenüber Art. 123 Abs. 1 und Art. 1 Abs. 3 GG spezielle Sonderregelungen für das Recht der **Gleichstellung von Mann und Frau** und für Regelungen getroffen, die durch den sozialen Ausnahmezustand nach dem Zweiten Weltkrieg bedingt waren.

2 Was zunächst die Suspendierung der vollen Gleichberechtigung der Geschlechter bis zum 31.3.1953 angeht, so war sich der Parlamentarische Rat[3] darüber im Klaren, dass der revolutionäre Rigorismus des „unmittelbar geltenden" Rechts (Art. 1 Abs. 3 GG) eine unübersehbare Zahl von Bestimmungen zumal des Bürgerlichen Rechts mit dem Verdikt der Nichtigkeit überziehen würde. Aufgrund einer seinerzeit herrschenden Vorstellung vom bürgerlichen Familienrecht als einer institutionellen Ordnung, die nur durch Gesetzgebung geschaffen, aber nicht durch Grundrechtsnormen erzwungen werden kann, befürchtete man allerdings einen „rechtschaotischen Zustand",[4] den zu vermeiden die Übergangsregelung bezweckte. Ebenso wenig wollte der Parlamentarische Rat freilich die Wirkungen des Art. 3 Abs. 2 GG auf einen bloßen Programmsatz reduzieren und dessen Effektuierung einer unbestimmten Zukunft überlassen. Art. 117 Abs. 1 GG ist insofern ein **Kompromiss** zwischen der unmittelbaren Außerkraftsetzung aller gleichberechtigungswidrigen Normen *ipsa constitutione* und der ebenfalls möglichen unbegrenzten Fortgeltungsanordnung (so Art. 117 Abs. 2 und, später, Art. 125a ff. GG). Dass die die **Freizügigkeit** beschränkenden Regelungen nicht ebenfalls nur zeitlich befristet suspendiert wurden, liegt an der aus Sicht des Verfassungsgebers völlig unkalkulierbaren wirtschaftlich-sozialen Entwicklung. Zu den ungeheuren Zerstörungen des Bombenkrieges traten die aus den östlichen Gebieten Vertriebenen.[5] Eine Normalisierung der Lebensver-

[1] *Giegerich* in Maunz/Dürig Art. 123 Rn. 16 ff.; *Wollenschläger* in Dreier Rn. 7.

[2] JöR nF 1 (1951), 1 (827).

[3] Zur Diskussion eing. *Holtkotten* in BK Ziff. I; *Sachs,* Grenzen des Diskriminierungsverbots, 1987, 57 ff.

[4] Abg. *Selbert,* HptA, 20. Sitzung v. 7.12.1948, StenProt., 237; dazu *Holtkotten* in BK Anm. I A.

[5] *Wehler,* Deutsche Gesellschaftsgeschichte IV, 2003, 951 ff.

hältnisse schien nicht in Sicht, mit dem „Wirtschaftswunder" rechnete niemand. Der HChE hatte deshalb noch völlig von der Gewährleistung der Freizügigkeit als Grundrecht absehen wollen.[6]

3 Die Vorschrift entfaltet heute **keinerlei Rechtswirkungen** mehr, sondern steht nur noch für ein Stück juristischer Zeitgeschichte aus der unmittelbaren Nachkriegszeit.

B. Einzelfragen

4 Art. 117 Abs. 1 GG, der sich nur auf die ursprüngliche Fassung des Gleichberechtigungssatzes, den heutigen Art. 3 Abs. 2 S. 1 GG bezieht, bestätigt zunächst implizit das in Art. 1 Abs. 3 GG Ausgedrückte, wonach Art. 3 Abs. 2 GG keine bloße Programmatik, sondern unmittelbar anwendbares, zwingendes Recht darstellt.[7] Die Regelung erfasste das gesamte mit Art. 3 Abs. 2 GG unvereinbare **vorkonstitutionelle** Bundes- und Landesrecht. Für auch aus anderen Gründen verfassungswidrige Bestimmungen galt Art. 117 Abs. 1 GG nicht.[8] Eine Freistellung von den Bindungen der Art. 3 Abs. 2 und Art. 11 GG zugunsten des nachkonstitutionellen Gesetzgebers bewirkte Art. 117 GG auch im Übergangszeitraum nicht.[9] Bei der Vorschrift handelt es sich systematisch also um den absonderlichen Fall eines vom Grundrecht textlich getrennten, zeitlich befristeten besonderen **Gesetzesvorbehalts,** dessen Vorbehaltswirkung auf schon bestehendes Recht beschränkt ist.[10] Mit Ablauf der knapp vier Jahre dauernden Frist sollte der volle Durchgriff des Grundrechts auf Gleichberechtigung einsetzen, die Belange der Rechtssicherheit insoweit zurücktreten.

5 Dies war seinerzeit keineswegs unumstritten. Die Frage nach den Wirkungen des Art. 117 Abs. 1 GG wurde brisant, nachdem die gesetzte Frist – trotz einer Reihe von Anläufen und gesetzgeberischen Vorarbeiten[11] – fruchtlos verstrichen und namentlich das gleichberechtigungswidrige Familienrecht unverändert geblieben war. Die Justiz zeigte erhebliche, angesichts der an gesellschaftspolitische Grundfragen rührenden Materie indessen kaum verwunderliche Schwierigkeiten im Umgang mit der Vorschrift und zögerte, zum eigenmächtigen Vollzug des Art. 3 Abs. 2 GG zu schreiten.[12] Ein Instanzgericht konnte noch nach Ablauf der Suspensionsfrist die angesichts des Wortlauts der Norm erstaunliche Feststellung treffen, im Familienrecht habe sich am 1.4.1953 durch Gleichberechtigung nichts geändert, denn die Gleichberechtigung von Mann und Frau nach Art. 3 Abs. 2 GG sei ein politischer und kein Rechtsbegriff.[13] Wegen der am 31.3.1953 „automatisch" eintretenden Nichtigkeitswirkung wurde Art. 117 Abs. 1 GG als möglicher Fall einer wegen Verstoßes gegen Art. 79 Abs. 3 GG und die Grundsätze des Rechtsstaats **verfassungswidrigen Verfassungs-**

[6] Vgl. *Sachs* in Sachs Rn. 17.

[7] BVerfGE 3, 225 (239 f.).

[8] *Sachs* in Sachs Rn. 12; *Sachs* in Stern StaatsR IV/2, 1667.

[9] BVerfGE 17, 1 (13); *Masing/Baer/Markard* in MKS Rn. 2; *Sachs* in Sachs Rn. 11; *Sachs* in Stern StaatsR IV/2, 1667; aA *Battis* in HdbStR XII, § 275 Rn. 19.

[10] *Sachs* in Stern StaatsR IV/2, 1666.

[11] *Masing/Baer/Markard* in MKS Rn. 5.

[12] Umf. Nachw. bei *Holtkotten* in BK Anm. II A a δ; *Masing/Baer/Markard* in MKS Rn. 7 ff.

[13] LG Gießen NJW 1953, 666.

norm[14] diskutiert.[15] Schließlich werde die Justiz durch sie in die Rolle eines Ersatzgesetzgebers gedrängt.[16] Dagegen stellte das BVerfG im Wege einer gegen Art. 117 Abs. 1 GG selbst (!) angestrengten konkreten Normenkontrolle dessen Vereinbarkeit mit höherrangigem Verfassungsrecht fest. Im Prinzip hielt es die spektakuläre Konstruktion[17] originär verfassungswidrigen Verfassungsrechts für denkbar,[18] sah aber in Art. 117 Abs. 1 GG keinen qualifizierten Verstoß gegen die Rechtssicherheit.[19]

Die spätere Gesetzgebung, die die umfassende Gleichberechtigung der Geschlechter hergestellt hat,[20] steht außerhalb des Tatbestandes von Art. 117 GG, denn sie ist – wie insbesondere das Gesetz über die Gleichberechtigung von Mann und Frau auf dem Gebiet des bürgerlichen Rechts[21] und das Erste Gesetz zur Reform des Ehe- und Familienrechts[22] – ausnahmslos nach Ablauf des Ultimatums am 31.3.1953 ergangen. **6**

Die **Fortgeltungsanordnung** des **Art. 117 Abs. 2 GG** gegenüber dem zur **Bekämpfung der Raumnot** erlassenen vorkonstitutionellen Recht hatte dagegen weitaus **geringere Bedeutung.** Dies vor allem deshalb, weil die Regelung von Zuzugssperren, die die wichtigste Beschränkung der Freizügigkeit darstellte, als Recht der Besatzungsmächte von Art. 123 Abs. 1 GG ohnedies nicht erfasst wurde.[23] Aber auch diese Regelungen wurden 1950 durch Gesetz der Alliierten Hohen Kommissare aufgehoben.[24] Auch ist das Verhältnis von Übergangsregelung und betroffenem Grundrecht im Falle des Art. 117 Abs. 2 GG gegenüber Abs. 1 deutlich entspannter. Denn die Freizügigkeit aufgrund von Art. 11 Abs. 1 GG ist anders als Art. 3 Abs. 2 GG nicht vorbehaltlos gewährleistet. Vielmehr lässt auch Art. 11 Abs. 2 GG in weitem Umfang Einschränkungen durch Gesetz zu, um eine ausreichende Lebensgrundlage der Bevölkerung zu sichern, ebenso zur Abwehr einer drohenden Gefahr für den Bestand von Staat und Verfassung sowie namentlich zur Bekämpfung von Seuchengefahr, Naturkatastrophen oder besonders schweren Unglücksfällen. Das unter Art. 117 Abs. 2 GG fallende Recht hätte deswegen, solange die Raumnot fortbestand, anders als die in Abs. 1 gemeinten Vorschriften in verfassungskonformer Weise neu erlassen oder aufrechterhalten werden können, was sich angesichts der wirtschaftlich-sozialen Entwicklung der Bundesrepublik jedoch als entbehrlich erwies. Dass neue **Einschränkungen der Freizügigkeit** aufgrund einer künftigen Raumnot nicht mehr auf Art. 117 Abs. 2 GG gestützt werden könnten, versteht sich von selbst. **7**

Literatur

G. Beitzke, Gleichheit von Mann und Frau, in F. L. Neumann/H. C. Nipperdey/U. Scheuner (Hrsg.), Die Grundrechte II, 1954, 199. – ***J. Esser,*** Interpretation und

[14] In diesem Sinne namentlich *Schneider* NJW 1953, 889 (890); OLG Frankfurt NJW 1953, 747.
[15] Ausf. *Masing/Baer/Markard* in MKS Rn. 8 f.
[16] So etwa OLG Köln NJW 1953, 1224 (1225).
[17] Grdl. *Bachof* in Bachof, Wege zum Rechtsstaat, 1979, 1 (19 ff.).
[18] BVerfGE 3, 225 (230 f.).
[19] BVerfGE 3, 225 (237 ff.).
[20] *Bosch* NJW 1987, 2617 (2618 f.).
[21] V. 18.6.1957, BGBl. I 609.
[22] V. 14.6.1976, BGBl. I 1421.
[23] BVerfGE 15, 337 (346 ff.); *Sachs* in Sachs Rn. 20 mit Fn. 25.
[24] Gesetz Nr. A9 v. 15.6.1950, AHKAbl. Nr. 24 v. 24.6.1950.

Rechtsneubildung im Familienrecht, JZ 1953, 521. – ***J. Kropholler,*** Gleichberechtigung durch Richterrecht, 1975. – ***H. Krüger,*** Die verfassungsrechtliche Bedeutung des Art. 117 GG, NJW 1953, 964. – ***H. Krüger,*** Gleichberechtigungsgesetz, 1958. – ***E. Scheffler,*** In welcher Weise empfiehlt es sich, gem. Art 117 GG das geltende Recht an Art. 3 Abs. 2 GG anzupassen?, Gutachten B zum DJT 38 (1950). – ***H. Schneider,*** Verfassungsrechtliche Vorfragen zur Gleichberechtigung von Mann und Frau, NJW 1953, 889. – ***H. Schneider,*** Zwischenbilanz im Gleichberechtigungsstreit, JZ 1953, 590. – ***K. Zweigert,*** Gleichberechtigung – judge made?, JZ 1953, 248.

Art. 118 [Neugliederung im südwestdeutschen Raum]

[1]Die Neugliederung in dem die Länder Baden, Württemberg-Baden und Württemberg-Hohenzollern umfassenden Gebiete kann abweichend von den Vorschriften des Artikels 29 durch Vereinbarung der beteiligten Länder erfolgen. [2]Kommt eine Vereinbarung nicht zustande, so wird die Neugliederung durch Bundesgesetz geregelt, das eine Volksbefragung vorsehen muß.

A. Allgemeine Bedeutung

1 Art. 118 wurde in die „Übergangs- und Schlussbestimmungen“ des GG aufgenommen, um eine nach Ende des zweiten Weltkriegs als besonders dringlich empfundene **Änderung der Landesgrenzen im südwestdeutschen Raum** unter Umgehung der in Art. 29 vorgesehenen, regulären Neugliederungsverfahren zu erleichtern. Da eine allgemeine Neugliederung des Bundesgebiets bei den Besatzungsmächten jedoch auf Zurückhaltung stieß, suspendierten die Militärgouverneure mit Genehmigungsschreiben vom 12.5.1949 zum GG die Geltung der Art. 29 und – zumindest partiell – auch des Art. 118.[1] Schon vor der Aufhebung der besatzungsrechtlichen Sperre gegenüber Art. 29 durch den Vertrag über die Beziehungen zwischen der Bundesrepublik Deutschland und den Drei Mächten (Deutschlandvertrag)[2] wurde aber deutlich, dass die Siegermächte gegen die alsbaldige Anwendung des Art. 118 im gesamten Südwest-Raum keine Bedenken hatten (insgesamt → Art. 29 Rn. 2).[3] Zu einer Neugliederung kam es **1951/1952** (→ Rn. 4).

2 Systematisch stellt Art. 118 eine **Spezialvorschrift zu Art. 29** dar, ohne dabei abschließend zu sein.[4] Vielmehr kann sich Art. 118, da von ihm Gebrauch gemacht wurde, einer (erneuten) Neugliederung des südwestdeutschen Raumes unter Anwendung des Art. 29 nicht (mehr) in den Weg stellen (→ Art. 29 Rn. 16).[5] Die Vorschrift hat damit insgesamt **keine praktische Bedeutung** mehr.[6]

B. Einzelfragen

3 Art. 118 ist eine der wenigen Vorschriften des GG, die ausdrücklich **„Vereinbarungen“** vorsieht (wie Art. 91b und Art. 104a Abs. 4 S. 2). Verallgemeinerbare Folgerungen dürften daraus nicht erschlossen werden können.[7]

4 Zu einer Vereinbarung der (seinerzeitigen) Länder Baden, Württemberg-Baden und Württemberg-Hohenzollern nach Art. 118 S. 1 kam es jedoch nicht.[8] Stattdessen wurde die Neugliederung in dem **Verfahren nach**

[1] Vgl. dazu StenBer. BT I/51. Sitzung, 1864 ff.; *Jess* in BK Erl. II 1; s. ferner BVerfGE 1, 14 (21 ff.).
[2] V. 26.5.1952 idF v. 23.10.1954 am 5.5.1955, BGBl. 1955 II 305.
[3] BVerfGE 1, 14 (23).
[4] *Remmert* in Maunz/Dürig Rn. 20.
[5] BVerfGE 5, 34 (45); aA *Held* DÖV 1954, 737; sa *Kunig* in v. Münch/Kunig, 6. Aufl. 2012, Art. 29 Rn. 9.
[6] *Remmert* in Maunz/Dürig Rn. 1; *Bothe* in AK Rn. 2.
[7] Vgl. auch *Sachs* VerwArch 74 (1983), 25 (31).
[8] S. dazu *Eberhard* DÖV 1949, 269.

Art. 118 S. 2 durchgeführt[9]. Die dafür notendige Volksabstimmung fand am 9.12.1951 statt und beruhte auf § 2 Abs. 2 des Zweiten NeugliederungsG.[10]

Literatur

G. Glaser, Die rechtlichen Probleme im Zusammenhang mit der Entstehung des Landes Baden-Württemberg, 1976. – ***S. Greulich,*** Länderneugliederung nach dem Grundgesetz, 1995. – ***K. Held,*** Kann der Südweststaat auf Grund des Art. 29 des Grundgesetzes wieder beseitigt werden?, DÖV 1954, 737. – ***H. Krüger/K. Neumayer/H. Schneider,*** Baden-Württemberg oder Baden und Württemberg?, 1960. – ***H. Schäfer,*** Ist der Südweststaat bei der Neugliederung des Bundesgebietes nach Art. 29 Abs. 1 bis 6 GG insgesamt tabu?, DÖV 1955, 111. – ***H.-P. Schneider,*** Das Grundgesetz. Dokumentation seiner Entstehung IX, 199.

[9] Auf Grundlage des Ersten G zur Durchführung der Neugliederung in dem die Länder Baden, Württemberg-Baden und Württemberg-Hohenzollern umfassenden Gebiete gem. Art. 118 S. 2 und des Zweiten G über die Neugliederung in den Ländern Baden, Württemberg-Baden und Württemberg-Hohenzollern, BGBl. 1951 I 283 bzw. 284.

[10] Die hierdurch aufgeworfenen verfassungsrechtlichen Fragen behandelt BVerfGE 1, 14; s. ferner eing. *Glaser,* Die rechtlichen Probleme im Zusammenhang mit der Entstehung des Landes Baden-Württemberg, 1976; *Greulich,* Länderneugliederung nach dem Grundgesetz, 1995, 59ff.

Art. 118a [Neugliederung Berlin-Brandenburg]

Die Neugliederung in dem die Länder Berlin und Brandenburg umfassenden Gebiet kann abweichend von den Vorschriften des Artikels 29 unter Beteiligung ihrer Wahlberechtigten durch Vereinbarung beider Länder erfolgen.

A. Allgemeine Bedeutung

Die Vorschrift wurde durch das G zur Änderung des GG v. 27.10.1994[1] in die „Übergangs- und Schlussbestimmungen" des GG neu eingefügt. Wie der bereits im Zuge der Verfassungsgebung eingeführte Art. 118, ermöglicht Art. 118a für ein konkretes Gebiet eine erleichterte, von den Verfahrensvoraussetzungen des unhandlichen Art. 29 unabhängige Neugliederung.[2] Mit der Einführung des – mit Art. 79 Abs. 3 in Einklang stehenden[3] – Art. 118a wurde eine Vorgabe des **Einigungsvertrages** v. 31.8.1990[4], einen vereinfachten Zusammenschluss der Länder Berlin und Brandenburg verfassungsrechtlich zu verankern, erfüllt.[5] 1

Zur Begründung der Aufnahme des Art. 118a verwies die GemVerfKom.[6] auf die **historische Verbundenheit** der beiden Länder, die auch durch eine vierzigjährige politische Trennung nicht zerstört worden sei. Dies rechtfertige es, von dem „anspruchsvollen Verfahren" des Art. 29 abzusehen und zu ermöglichen, dass der Zusammenschluss durch Staatsvertrag unter Beteiligung der Wahlberechtigten in beiden Ländern erfolgen könne und insbesondere die Neugliederung nicht der Zustimmung des BT bzw. eines Bundesgesetzes bedürfe. Die „Kommission Verfassungsreform" des BR[7] hatte für die neue Vorschrift einen anderen systematischen Standort vorgesehen: Der heutige Art. 118a wäre danach an die Stelle des ersatzlos zu streichenden Art. 118 (→ Art. 118 Rn. 2) getreten, was vernünftig gewesen wäre. 2

Ab **Januar 1993** arbeiteten die Berliner Senatskanzlei und die brandenburgische Staatskanzlei auf Basis der Empfehlungen einer gemeinsamen Regierungskommission[8] Entwürfe für einen Neugliederungsvertrag der beiden Länder aus.[9] Im April 1995 wurden ua der Staatsvertrag der Länder Berlin und Brandenburg über die Bildung eines gemeinsamen Bundeslandes (Neugliederungsvertrag) sowie der Staatsvertrag zur Regelung der Volksabstimmungen in den Ländern Berlin und Brandenburg über diesen Neugliederungsvertrag unterzeichnet.[10] Am 22.6.1995 erlangte der Neugliederungsvertrag in beiden Parlamenten die erforderliche Zustimmung.[11] 3

---

[1] BGBl. 1994 I 3146.

[2] Zur Bestätigung dieser Unhandlichkeit in der Verfassungspraxis s. *Kunig* in v. Münch/Kunig, 6. Aufl. 2012, Art. 29 Rn. 1, 58. Die Vorgeschichte und Entstehung der Art. 29 u. 118 sind dokumentiert in *Schneider,* Das Grundgesetz. Dokumentation seiner Entstehung IX, 1995.

[3] AA *Schöneburg,* abw. Meinung zu BbgVerfG LKV 1996, 203 (207 f.).

[4] BGBl. 1990 II 889, Art. 5; GBl. 1990 I 1629.

[5] Vgl. zum Ganzen *Greulich,* Länderneugliederung und Grundgesetz, 1995, 187 ff.

[6] BT-Drs. 12/6000, 45.

[7] BR-Drs. 360/92, 93.

[8] BerlAbgH Drs. 12/4522.

[9] S. BerlAbgH Drs. 12/5298.

[10] Für die beiden zuletzt genannten Verträge s. BerlAbgH Drs. 12/5521.

[11] S. für das NeugliederungsvertragsG v. 27.6.1995: GVBl. Bbg. I 150. Zu seiner Vereinbarkeit mit der Bbg. Verf. s. BbgVerfG LKV 1996, 203 ff.; zur Vereinbarkeit mit der VvB

4 **Bundesrechtlich** gehörte zu den **weiteren Rechtsgrundlagen** der Neugliederung das G zur Regelung der finanziellen Voraussetzungen für die Neugliederung der Länder Berlin und Brandenburg v. 9.11.1994[12], welches sich den finanziellen Konsequenzen eines Zusammenschlusses zu einem gemeinsamen Flächenstaat widmet[13] und vor diesem Hintergrund verschiedene **Übergangsregelungen** vorsah.[14]

B. Einzelfragen: Konzeption des Neugliederungsverfahren und Durchführung des Volksentscheids

5 Art. 118a sieht eine **„Beteiligung" der Wahlberechtigten** in beiden Ländern vor, ohne hieran nähere inhaltliche Vorgaben zu knüpfen. Die konkrete Ausgestaltung der Bürgerbeteiligung ist der Vereinbarung zwischen den beiden beteiligten Ländern überlassen.[15] Über Vorschriften in den Landesverfassungen[16] ist ein **Volksentscheid** jedoch zwingende Voraussetzung einer Neugliederung nach Art. 118a.

6 **Abstimmungstag** für die Volksabstimmung in beiden Ländern war gem. Art. 2 des Staatsvertrages zur Regelung der Volksabstimmungen der **5.5.1996.** Die Abstimmung bezog sich auf die Frage des Ob der Bildung eines gemeinsamen Bundeslandes, wobei in jedem der beiden Länder die Mehrheit der abgegebenen Stimmen hätte erreicht werden und diese Mehrheit mindestens jeweils ein Viertel der Abstimmungsberechtigten hätte umfassen müssen. Außerdem war eine Zusatzfrage nach dem Zeitpunkt der Fusion (1999 oder 2002) zu beantworten.

7 Während in Berlin eine Mehrheit für den Zusammenschluss stimmte, lehnte in Brandenburg eine klare Mehrheit diesen ab.[17] Auch hatten sich die Berliner in der Zusatzfrage mehrheitlich für den früheren Zeitpunkt entschieden, während in Brandenburg die Zustimmung für das Jahr 2002 überwog.[18]

---

s. BerlVerfGH LKV 1996, 334 f. Für das Zustimmungsgesetz zum Neugliederungsvertrag und zum Staatsvertrag zur Regelung der Volksabstimmung v. 18.7.1995 GVBl. Bln. 490. Zur Zulässigkeit von Öffentlichkeitsarbeit der LReg zugunsten der Fusion s. BVerfG LKV 1996, 333 f.; sowie BerlVerfGH LKV 1996, 133; LKV 1996, 335 f.

[12] BGBl. 1994 I 2066.

[13] Besondere Behandlung Berlins im Rahmen des Länderfinanzausgleichs; Schlechterstellung des neuen Landes gegenüber den bisherigen zwei Ländern bei der Verteilung des Länderanteils an der Umsatzsteuer, den Fehlbetrags- und Bundesergänzungszuweisungen und den Sonderbedarfs-Bundesergänzungszuweisungen nach § 11 Abs. 3 des FinanzausgleichsG.

[14] Gesetzesbegründung in BT-Drs. 12/7818. Aus dem Vorfeld s. ferner die Gesetzesanträge der Länder v. 7.12.1993 bzw. 17.3.1994 in BR-Drs. 887 bzw. 887/1/93.

[15] In der GemVerfKom. war in diesem Zusammenhang diskutiert worden, ob in Anlehnung an Art. 29 Abs. 2 eine Bestätigung durch Volksentscheid bzw. in Anlehnung an Art. 29 Abs. 6 S. 1 ein Mindestquorum für ein Plebiszit vorausgesetzt werden sollte (→ Art. 29 Rn. 57 ff.); man entschied sich jedoch, der Position Berlins und Brandenburgs folgend, schließlich dafür, eine konkrete Ausgestaltung der Bürgerbeteiligung der Vereinbarung zwischen den beiden beteiligten Ländern zu überlassen.

[16] Art. 97 Verfassung von Berlin; Art. 116 Verfassung des Landes Brandenburg.

[17] Ergebnisse in Berlin: 1 428 268 von 2 475 724 Abstimmungsberechtigten beteiligten sich; 765 602 Ja-Stimmen, 654 840 Nein-Stimmen; 7 826 ungültige Stimmen; Brandenburg: die Beteiligung lag bei 1 299 424 von 1 957 424 Abstimmungsberechtigten; 475 208 Ja-Stimmen, 814 936 Nein-Stimmen; 9 280 ungültige Stimmen.

[18] In Berlin: 557 337 Stimmen für 1999, 442 600 für 2002; in Brandenburg: 343 764 für 1999, 368 714 für 2002; vgl. GVBl. Bln. 1996, 181; GVBl. Bbg. 1996, 168; Analyse der

Art. 118a ist durch den gescheiterten Versuch **rechtlich nicht „verbraucht“.**[19] Wird die Neugliederung erneut politisch angestrebt, so gibt die Vorschrift dafür weiterhin im Zusammenspiel mit Art. 97 VvB und Art. 116 Bbg Verf das verfassungsrechtliche Maß vor. Seit dem Scheitern der Fusion haben Berlin und Brandenburg ihre Zusammenarbeit namentlich in Bereichen wie Regionalplanung, Wirtschaftsförderung, Förderung des regionalen Arbeitsmarktes, Umwelt- und Naturschutz, insbesondere bei der Abfallentsorgung, Abwasserentsorgung, Krankenhausplanung, auch Kultur- und Tourismuspolitik verstetigt. Es finden gemeinsame Sitzungen der Landesregierungen statt, gemeinsame Koordinierungsstellen wurden errichtet.[20] Als gemeinsame Behörden wurden beispielsweise das Gemeinsame Juristische Prüfungsamt, ein gemeinsames Landesamt für Mess- und Eichwesen sowie ein solches für Statistik errichtet. Im Landwirtschaftsvertrag v. 17.12.2003[21] werden die Berliner Aufgaben im Bereich der Landwirtschaftsverwaltung weitgehend auf Brandenburger Behörden übertragen. Zum 1.7.2005 wurden ein gemeinsames OVG (Sitz Berlin) und ein LSG (Potsdam) geschaffen, zum 1.1.2007 folgten FG (Cottbus) und LArbG (Berlin).[22] 8

C. Kritische Würdigung

Es ist nicht der Ort einer Kommentierung, die **politischen Argumente** zu würdigen, welche für oder wider die Länderfusion ins Feld geführt worden sind. Angesichts der o. zit. Begründung der GemVerfKom. ist allerdings darauf hinzuweisen, dass die „historische Verbundenheit“ von Berlin und Brandenburg allein noch kein überzeugendes Argument ergibt. Solche Verbundenheit hat auch zwischen anderen Teilen deutscher Länder in dem Zuschnitt, den sie 1949 erhielten, bestanden, ohne dass sich eine Neugliederungsmaßnahme allein darauf hätte gründen können. Allerdings sprachen im Fall Berlins und Brandenburgs weitere gewichtige und im Bundesvergleich einzigartige Gründe für eine Fusion: so zum Beispiel die besondere Lage des für seine Bevölkerungszahl kleinräumigen Berlins inmitten des großflächigen, aber bevölkerungsarmen Brandenburgs oder die sich aus der Wahrnehmung der Hauptstadtfunktion und der Jahrzehnte währenden Teilung der Stadt ergebenden Integrationsprobleme; auch die beträchtlichen Infrastrukturherausforderungen Brandenburgs und das Anliegen Bürokratie abzubauen spielten eine wichtige Rolle. 9

Angesichts der Erfahrungen mit Art. 29 war es zudem folgerichtig das **Neugliederungsverfahren zu vereinfachen** (→ Art. 29 Rn. 67); andern- 10

Ergebnisse bei *Jung* ZParl. 28 (1997), 13 ff. Die Entscheidungen des Gemeinsamen Gerichts der Länder Berlin und Brandenburg im Abstimmungsprüfungsverfahren sind dokumentiert in LVerfGE 6, 11 ff. (15 f.). Zum Ganzen *Keunecke,* Die gescheiterte Neugliederung Berlin-Brandenburg, 2001.

[19] Ebenso zB auch *Scholz* in Maunz/Dürig Rn. 11; *Driehaus* in Driehaus VvB, 3. Aufl. 2009, Art. 97 Rn. 2.

[20] Vgl. *Zivier,* Verfassung und Verwaltung von Berlin, 4. Aufl. 2008, §§ 95 f.; vgl. auch *Kühne* JR 1996, 221 ff.; sowie *Musil/Kirchner,* Das Recht der Berliner Verwaltung, 2. Aufl. 2007, Rn. 27 ff., 135 ff.

[21] GVBl. Bln. 2004, 138.

[22] Staatsvertrag über die Errichtung gemeinsamer Fachgerichte der Länder Berlin und Brandenburg v. 26.4.2004, GVBl. (Bln.) 380; vgl. *Pestalozza* LKV 2004, 396 ff.; *Kipp* LKV 2005, 281 ff.

falls hätte eine zeitnahe Entscheidung wohl nicht erreicht werden können. Dass auch für dieses vereinfachte Verfahren eine „Beteiligung" der Wahlberechtigten verfassungsrechtlich vorgegeben wurde, entspricht deutscher Verfassungstradition, wie sie auch Art. 29 unangetastet gelassen hat: Er stellt die einzige grundgesetzliche Anknüpfung an den in Art. 20 Abs. 2 S. 2 zunächst gleichrangig neben den „Wahlen" stehenden Begriff der „Abstimmungen" dar (→ Art. 29 Rn. 12 f.).

Literatur

W. Gärtner, Die Vereinigung Berlins und Brandenburgs zu einem gemeinsamen Bundesland, JR 1995, 319. – ***W. Gärtner,*** Die Bildung des Bundeslandes Berlin-Brandenburg, NJW 1996, 88. – ***S. Greulich,*** Länderneugliederung und Grundgesetz, 1995. – ***U. Keunecke,*** Die gescheiterte Neugliederung Berlin-Brandenburg, 2001. – ***E. Klein/F. Kimms,*** Die finanziellen Voraussetzungen für die Neugliederung der Länder Berlin und Brandenburg, LKV 1995, 341. – ***G. Rüß,*** Die Neugliederung der Region Berlin-Brandenburg, LKV 1995, 337. – ***E. R. Zivier,*** Berlin – Stadtstaat, kreisfreie Stadt oder Bundesbezirk?, RuP 2003, 81.

Art. 119 [Flüchtlinge und Vertriebene]

[1]In Angelegenheiten der Flüchtlinge und Vertriebenen, insbesondere zu ihrer Verteilung auf die Länder, kann bis zu einer bundesgesetzlichen Regelung die Bundesregierung mit Zustimmung des Bundesrates Verordnungen mit Gesetzeskraft erlassen. [2]Für besondere Fälle kann dabei die Bundesregierung ermächtigt werden, Einzelweisungen zu erteilen. [3]Die Weisungen sind außer bei Gefahr im Verzuge an die obersten Landesbehörden zu richten.

Übersicht

A. Allgemeine Bedeutung

Art. 119 ist eine **Übergangsbestimmung** des GG **von 1949.** Ihr zeitlicher 1
Anwendungsbereich war bis zu einer bundesgesetzlichen Regelung der Angelegenheiten der Flüchtlinge und Vertriebenen beschränkt. Durch das G über die Rechtsstellung heimatloser Ausländer im Bundesgebiet[1], das G über die Angelegenheiten der Vertriebenen und Flüchtlinge (BVFG)[2] und das Ausländergesetz 1965[3] decken Gesetze den gesamten Gegenstandsbereich ab. Seitdem ist Art. 119 **gegenstandslos.**[4] Entweder sind Menschen deutsche Staatsangehörige oder Deutsche iSd Art. 116 und das BVFG schließt RVOen aufgrund von Art. 119 aus, oder Menschen sind Ausländer (§ 2 Abs. 1 AufenthG) und die ausländerrechtlichen Gesetze (insb. AufenthG, FreizügG/EU, AsylG) finden Anwendung. Die Fragen, ob einerseits theoretisch noch ein Gegenstandsbereich denkbar ist, der nicht gesetzlich geregelt ist, und ob andererseits durch Aufhebung von Gesetzen im Gegenstandsbereich des Art. 119 erneut auf die Norm zurückgegriffen werden könnte, werden daher nur noch **rein akademisch** in der Kommentarliteratur fortgeführt.[5] Berechtigt ist demgegenüber die Frage, warum Art. 119 nicht aufgehoben wurde, insbesondere etwa bei der Grundgesetzreform nach Vollendung der Wiedervereinigung.[6]

---

[1] BGBl. 1951 I 269.

[2] BGBl. 1953 I 201; allein hierauf abstellend *Hillgruber* in BeckOK GG Rn. 3; *Wittreck* in Dreier Rn. 8; auf weitere Gesetze abstellend *Butzer* in Maunz/Dürig Rn. 37.

[3] BGBl. 1965 I 353; in der Kommentarliteratur wird übersehen, dass hiermit die AsylVO von 1953 (BGBl. 1953 I 3) abgelöst wurde.

[4] IE auch *Hillgruber* in BeckOK GG Rn. 3; *Wittreck* in Dreier Rn. 8, 13; *Butzer* in Maunz/Dürig Rn. 2, 43, der in der Kommentarliteratur gelegentlich missverstanden wird, weil er von Fortexistenz der Ermächtigung spricht; in der Sache unentschieden, ohne den noch verbliebenen Gegenstandsbereich zu benennen *Muckel* in MKS Rn. 39.

[5] Vgl. ausführlich mwN *Butzer* in Maunz/Dürig Rn. 36 ff.

[6] Auch die sechs aufgrund von Art. 119 erlassenen RVOen (zu ihnen vgl. *Schäfer* in Voraufl. Rn. 14; *Butzer* in Maunz/Dürig Rn. 16) haben inzwischen keine Bedeutung mehr. S. → Rn. 7.

2 Ihr formaler Fortbestand ermöglicht Bezugnahmen und **Reflektionen** auf unterschiedlichen Ebenen. Zum einen steht Art. 119 in Beziehung zu Art. 80 und 84 Abs. 5, bietet also Anschauungs- und Argumentationspotential für **staatsorganisationsrechtliche** Fragen. So dient die Norm als Beleg dafür, dass eine Verfassungsänderung, die etwa für Notstandssituationen der Exekutive Normsetzung mit Gesetzeskraft erlauben würde, nicht Art. 79 Abs. 3 widerspräche.[7] Zum anderen macht die Norm den **rechtshistorischen** Umgang mit Flucht und Vertreibung als Bestandteil der Verfassung sichtbar.[8] Insofern besteht ein Bezug zu Art. 116.

B. Einzelfragen

I. Gegenstandsbereich: Angelegenheiten der Flüchtlinge und Vertriebenen

3 Die Frage nach dem Gegenstandsbereich ist in **rechtshistorischer** Betrachtung interessant. Denn in der Kommentarliteratur wird darauf abgestellt, dass nur die Angelegenheiten der Flüchtlinge und Vertriebenen in Folge des zweiten Weltkriegs[9] bzw. iSd Art. 74 Abs. 1 Nr. 6[10], nicht hingegen die Angelegenheiten von Asylbewerbern erfasst seien.[11] Als Ergebnis einer historischen Auslegung trifft Ersteres zu und mag Letzteres vertretbar sein. Allerdings waren Asyl- und Flüchtlingsrecht weder begrifflich noch institutionell voneinander getrennt.[12] So besteht kein Widerspruch zwischen einem zeitlich und räumlich beschränkten Verständnis und der Tatsache, dass die auf Art. 119 gestützte **AsylVO von 1953** nicht das Asylrecht nach Art. 16 Abs. 2 S. 2 GG aF. aufgreift, sondern der Umsetzung der Genfer Flüchtlingskonvention (GFK) von 1951 diente, die damals auf Flucht und Vertreibung vor ihrem Inkrafttreten beschränkt war.

4 Allerdings entfiel durch das New Yorker Protokoll von 1967 die zeitliche und räumliche Beschränkung der GFK, so dass sich seitdem – wenn auch nur rein akademisch – die Frage stellt, ob auch Art. 119 ohne diese Beschränkungen zu interpretieren wäre. Art. 74 Abs. 1 Nr. 6, der für den gleichen Anwendungsbereich die Gesetzgebungskompetenz des Bundes regelt, wird inzwischen sowohl in der Kommentarliteratur[13] als auch in der Gesetzgebungspraxis[14] entsprechend erweitert interpretiert. Für Art. 119 müsste sich die gleiche Überlegung bei der Frage niederschlagen, ob bei Aufhebung bestehender Gesetze oder bei etwaigen Regelungslücken noch ein Anwendungsbereich für Art. 119 besteht.[15] Tatsächlich wird diese immens bedeut-

[7] *Mann* in Sachs, Rn. 2; *Wittreck* in Dreier Rn. 8; *Hillgruber* in BeckOK GG Rn. 4.1; *Butzer* in Maunz/Dürig Rn. 38; *Muckel* in MKS Rn. 11.

[8] Hierzu vgl. etwa *Poutrus,* GG 2009, 135 mwN.

[9] *Hillgruber* in BeckOK Rn. 2.

[10] *Wittreck* in Dreier Rn. 9.

[11] *Butzer* in Maunz/Dürig Rn. 30.

[12] Zum Verhältnis von GFK-Flüchtlingsrecht zu Art. 16 Abs. 2 S. 2 GG in rechtshistorischer Perspektive vgl. *Poutrus,* GG 2009, 135, 140 ff.; s. auch *Kreienbrink,* ZAR 2013, 397, 398.

[13] *Butzer* in Maunz/Dürig Art. 74 Rn. 103 f.; *Wittreck* in Dreier Art. 74 Rn. 34 f.; *Oeter* in MKS Art. 74 Rn. 49 f.

[14] S. etwa den Gesetzentwurf zum Integrationsgesetz 2016 BT-Drs. 18/8615, S. 27; nicht jedoch bei der Einführung des AsylbLG 1992, dessen Gesetzesbegründung (BT-Drs. 12/4451, S. 5) sich bis heute folgenreich auf Art. 74 I Nr. 4 (Aufenthalts- und Niederlassungsrecht von Ausländern) und Nr. 7 (öffentliche Fürsorge) stützt.

[15] Vgl. ausführlich mwN *Butzer* in Maunz/Dürig Rn. 36 ff.

same Erweiterung des internationalen Flüchtlingsrechts hier nicht reflektiert und nicht bemerkt, dass bereits die Frage nach einer noch bestehenden Relevanz der Verordnungsermächtigung im **Widerspruch** zu der Aussage steht, sie beziehe sich nicht auf Asylbewerber.

II. Ermächtigung: Verordnungen mit Gesetzeskraft

Dem Parlamentarischen Rat war bewusst, dass eine im GG erteilte Ermächtigung der Exekutive zur Normsetzung das **Gegenteil zu** der mit **Art. 80** vorgegebenen strengen Gesetzesakzessorietät exekutiver Normsetzung (→ Art. 80 Rn. 3, 7 ff.) darstellte.[16] Gerade deshalb sollte allein übergangsweise und allein für den Gegenstand der Norm die bis dahin mögliche und übliche „gesetzesvertretende Verordnung“[17] erlaubt sein.[18] 5

Der Wortlaut des Art. 119 hebt hervor, dass Verordnungen auf seiner Grundlage **Gesetzeskraft** haben. In der Dogmatik des GG lässt sich daher fragen, ob die entsprechend erlassenen Normen nicht nur materiell – zur wenig weiterführenden Bezeichung von RVOen als „Gesetze im materiellen Sinne“ → Art. 80 Rn. 33 – sondern **auch formell Gesetze** sind. Dies könnte für den Rechtsschutz die Konsequenz haben, dass für die Verordnungen aufgrund von Art. 119 ein **Verwerfungsmonopol** des Bundesverfassungsgerichts besteht.[19] Relevant wurde diese Frage nicht. Dass die Bundesregierung in der AsylVO 1953 als einzige der auf Art. 119 gestützten Verordnungen ausdrücklich den Wortlaut der Ermächtigung aufgegriffen und den Gesetzescharakater angeordnet hat, könnte als Absicherung der GFK-Umsetzung gegen eine Nichtanwendung durch die Verwaltungsgerichtsbarkeit gedeutet werden. Denn die AsylVO wurde auf Druck der alliierten Besatzungsbehörden und gegen deutliche Zurückhaltung deutscher Stellen erlassen.[20] Bei der **Verkündung im BGBl.** wurde allerdings auch die AsylVO als Verordnung und nicht als Gesetz geführt.[21]

Die Gesetzeskraft aller RVOen aufgrund von Art. 119 wird außerdem im Zusammenhang mit **Art. 11** hervorgehoben.[22] So sollen Beschränkungen der Freizügigkeit im Einklang mit Art. 11 Abs. 2 auch durch Verordnungen aufgrund von Art. 119 möglich gewesen sein. Die tatsächlich erlassenen Verordnungen gaben jedoch Art. 11 als eingeschränktes Grundrecht nicht an, so dass sie wegen Verletzung des Zitiergebots des Art. 19 Abs. 1 S. 2 ohnehin keine wirksame Grundrechtsschranke hätten sein können. Relevant war dies für die VO über die Bereitsstellung von Durchgangslagern und über die Verteilung der in das Bundsgebiet aufgenommenen deutschen Vertriebenen auf die Länder v. 28.3.1952 (BGBl. I 236), da sie das Wahlrecht der Betroffenen bei der Verteilung beschränkte.[23] Grundrechtliche Einwände sind gegen sie aber, soweit erkennbar, nie erhoben worden. Die anderen RVOen enthielten ohnehin keine Grundrechtseinschränkungen, weil sie entweder nur 6

[16] Vgl. *Laforet* in ParlRat-HA, 45. Sitzung v. 19.1.1949, HA-StenBer S. 596; s. *Butzer* in Maunz/Dürig Rn. 1, 11, 13 ff.; *Wittreck* in Dreier Rn. 2.

[17] Vgl. → Art. 80 Rn. 9; → Art. 129 Rn. 2.

[18] *Mücke* und *Laforet* in ParlRat-HA, 45. Sitzung v. 19.1.1949, HA-StenBer S. 596 ff.; *v. Doemming,* JöR 1 (1951), S. 832 ff.

[19] *Wittreck* in Dreier Rn. 10; *Muckel* in MKS Rn. 5; *Butzer* in Maunz/Dürig Rn. 51.

[20] Vgl. *Poutrus,* GG 2009, 135, 148 f.

[21] BGBl. 1953 I 3.

[22] *Schäfer* in Voraufl. Rn. 17; *Butzer* in Maunz/Dürig Rn. 52 f.

[23] Dies scheint *Butzer* in Maunz/Dürig Rn. 54 nicht oder anders zu sehen.

Aufnahmepflichten der Länder anordneten[24] oder die Umsiedlung nur auf freiwilliger Grundlage zuließen.[25]

C. Verhältnis zu anderen Bestimmungen des Grundgesetzes

7 Art. 119 stellt eine **Ausnahme von** der strengen Gesetzesakzessorietät exekutiver Normsetzung dar, die für RVOen ausdrücklich in **Art. 80** vorgegeben ist und sich im Übrigen aus der Gesetzesbindung der Verwaltung (Art. 20 III) und dem Grundsatz der Gewaltenteilung ergibt.[26]

8 S. 2 und 3 sind **deckungsgleich mit Art. 84 Abs. 5.** Sie stellen also klar, dass das allgemein im Rahmen der Bundesaufsicht über die Ausführung von Bundesgesetzen durch die Länderverwaltung mögliche, in seinen Voraussetzungen und Umfang freilich umstrittene (→ Art. 84 Rn. 58) Einzelweisungsrecht auch bei der Ausführung von Verordnungen nach Art. 119 galt.[27]

D. Kritische Würdigung

9 Da Art. 119 gegenstandslos ist, bleibt die Frage, **warum** der verfassungsändernde Gesetzgeber die Norm nicht zumindest im Zuge größerer Verfassungsreformen gestrichen hat (→ Rn. 1). Nicht überzeugend ist die Annahme, dass dies notwendig sei, um den Verordnungen, die aufgrund von Art. 119 erlassen wurden, sowie den darauf beruhenden Einzelentscheidungen eine erforderliche Rechtsgrundlage zu geben.[28] Denn für RVOen gilt grundsätzlich, dass der Wegfall der gesetzlichen Ermächtigungsgrundlage nicht die Gültigkeit der RVO berührt (→ Art. 80 Rn. 12). Ebenso ist der hypothetischen Überlegung zu widersprechen, es könnten noch gesetzliche Regelungslücken bestehen oder durch Aufhebung eines Gesetzes könnte sich wieder ein Anwendungsbereich ergeben (→ Rn. 4 f.). Denn die Befristung der Ermächtigungsnorm bis zu einem Gesetz ist ernst zu nehmen.[29]

10 Daher wird überwiegend aus dem Fortbestehen des Art. 119 nur der Schluss gezogen, dass eine Verfassungsänderung, die Verordnungen ohne gesetzliche Ermächtigung – „mit Gesetzeskraft" bzw. „gesetzesvertretend" – vorsähe, nicht gegen Art. 79 Abs. 3 verstieße.[30] Aber auch dies überzeugt nicht. Wenn Art. 119 aufgrund der historischen Situation des Aufbaus der Bundesrepublik für nur einen Regelungsbereich und angesichts der zu dieser Zeit zur Verfügung stehenden technischen Möglichkeiten eine Ausnahme

[24] So die VO über die vorläufige Unterbringung von Flüchtlingen aus der sowjetisch besetzten Zone v. 12.8.1952 (BGBl. I 413).

[25] § 3 VO zur Umsiedlung von Heimatvertriebenen v. 29.11.1949 (BGBl. 1950 I 4) und § 4 VO zur Umsiedlung von Vertreibenen aus Flüchtlingslagern v. 13.2.1953 (BGBl. I 26).

[26] *Butzer* in Maunz/Dürig Rn. 11, 66; *Wittreck* in Dreier Rn. 1; *Muckel* in MKS Rn. 3, 10; *Hillgruber* in BeckOK Rn. 1.

[27] Der Verordnungsgeber hat hiervon auch Gebrauch gemacht: § 4 VO v. 29.11.1949 (BGBl. 1950 I 4); § 2 S. 2 VO v. 12.8.1952 (BGBl. I 413) § 9 VO v. 13.2.1953 (BGBl. I 26) und § 23 AsylVO v. 6.1.1953 (BGBl. I 3).

[28] So aber *Wittreck* in Dreier Rn. 8.

[29] *Wittreck* in Dreier Rn. 13; *Butzer* in Maunz/Dürig Rn. 44; wohl auch *Muckel* in MKS Rn. 41.

[30] *Butzer* in Maunz/Dürig Rn. 66; *Muckel* in MKS Rn. 11; *Mann* in Sachs Rn. 2; *Hillgruber* in BeckOK Rn. 4.1.

von der Gesetzesakzessorietät exekutiver Normsetzung zeitlich begrenzt ermöglichte, ist unter keinem Gesichtspunkt denkbar, dass sich eine vergleichbare Situation unter dem GG wiederholen könnte. Im denkbaren Geltungsrahmen des GG ist nicht denkbar, dass die gesamte Organisations- und Verwaltungsstruktur des Bundestages als Gesetzgebungsorgan erstmals aufgebaut wird. Außerdem hat der technische Fortschritt sowie die darauf aufsetzende Gesetzgebungspraxis inzwischen Gesetzgebungsverfahren in kürzester Zeit möglich gemacht.[31] Tatsächlich stellt sich daher die Frage, ob die praktizierte Beschleunigung der parlamentarischen Beratung nicht der Regierung zu viel Gestaltungsmacht erlaubt.[32] Unter diesen heutigen Umständen ist daher nicht erkennbar, dass die Einführung einer Verordnungsermächtigung im GG auch nur im Ansatz mit Art. 119 vergleichbar sein könnte. Die Frage verfassungswidrigen Verfassungsrechts wäre daher zu stellen.

Literatur

P. Poutrus, Zuflucht im Nachkriegsdeutschland, Geschichte und Gesellschaft. Zeitschrift für Historische Sozialwissenschaft, Jg. 35 (2009), S. 135. – ***A. Kreienbrink,*** 60 Jahre Bundesamt für Migration und Flüchtlinge im Kontext der deutschen Migrationspolitik, ZAR 2013, 397.

[31] Vgl. etwa die Bankenrettung 2008, bei der zudem die Bundesregierung aus Zeitgründen die Anwaltskanzlei Freshfields Bruckhaus Beringer mit der Erarbeitung des Gesetzentwurfs beauftragte.

[32] Vgl. etwa Formulierungshilfen des Ministeriums zu über 50 Änderungsanträgen der Regierungsfraktionen zum Terminservicegesetz 2019.

Art. 120 [Kriegsfolgen- und Sozialversicherungslasten; Ertragshoheit]

(1) [1]Der Bund trägt die Aufwendungen für Besatzungskosten und die sonstigen inneren und äußeren Kriegsfolgelasten nach näherer Bestimmung von Bundesgesetzen. [2]Soweit diese Kriegsfolgelasten bis zum 1. Oktober 1969 durch Bundesgesetze geregelt worden sind, tragen Bund und Länder im Verhältnis zueinander die Aufwendungen nach Maßgabe dieser Bundesgesetze. [3]Soweit Aufwendungen für Kriegsfolgelasten, die in Bundesgesetzen weder geregelt worden sind noch geregelt werden, bis zum 1. Oktober 1965 von den Ländern, Gemeinden (Gemeindeverbänden) oder sonstigen Aufgabenträgern, die Aufgaben von Ländern oder Gemeinden erfüllen, erbracht worden sind, ist der Bund zur Übernahme von Aufwendungen dieser Art auch nach diesem Zeitpunkt nicht verpflichtet. [4]Der Bund trägt die Zuschüsse zu den Lasten der Sozialversicherung mit Einschluß der Arbeitslosenversicherung und der Arbeitslosenhilfe. [5]Die durch diesen Absatz geregelte Verteilung der Kriegsfolgelasten auf Bund und Länder läßt die gesetzliche Regelung von Entschädigungsansprüchen für Kriegsfolgen unberührt.

(2) Die Einnahmen gehen auf den Bund zu demselben Zeitpunkte über, an dem der Bund die Ausgaben übernimmt.

Übersicht

A. Allgemeine Bedeutung

I. Genese

1 Art. 120 Abs. 1 in seiner vom 24.5.1949 bis 4.1.1965 geltenden Fassung lautete:

„Der Bund trägt die Aufwendungen für Besatzungskosten und die sonstigen inneren und äußeren Kriegsfolgelasten nach näherer Bestimmung eines Bundesgesetzes und die

Zuschüsse zu den Lasten der Sozialversicherung mit Einschluss der Arbeitslosenversicherung und der Arbeitslosenfürsorge."

Den Ausgangspunkt für die „große" Veränderung des ursprünglichen Art. 120 Abs. 1 im Jahr 1965 – ohne deren Genese die heutige Struktur des Abs. 1 kaum verständlich erscheint – bildet der Beschluss des BVerfG vom 16.6.1959,[1] mit dem ein **Gesetz über die Tilgung von Ausgleichsforderungen** v 14.6.1956[2] für nichtig erklärt worden war. Das BVerfG hat es in dem Beschluss als verfassungswidrig erachtet, dass der Bundesgesetzgeber dem ursprünglichen Abs. 1 eine Befugnis zur Legaldefinition der vom Bund zu tragenden Kriegsfolgelasten entnommen habe. Der Ausdruck „Kriegsfolgelasten" bezeichne einen hinreichend bestimmten Rechtsbegriff, „nach näherer Bestimmung eines Bundesgesetzes" besage nur, dass der Bundesgesetzgeber die Auswirkungen eines schon in der Verfassung enthaltenen Rechtssatzes im Einzelnen festlegen, das Verfahren zum Vollzug der Verfassungsnorm ordnen und Zweifelsfragen entscheiden solle.[3] Die zuvor geltende Gesetzeswirklichkeit des „Wir als Bund haben zwar die Kriegsfolgelasten zu tragen, aber was Kriegsfolgelasten sind, das bestimmen wir." konnte keinen Bestand mehr haben. Die „näheren Bestimmung eines Bundesgesetzes" konnten verfassungsgemäß nicht auf den Rechtsbegriff der Kriegsfolgelasten als Tatbestandsvoraussetzung, sondern nur auf die sich aus der mit deren Tragung verbundenen Rechtsfolgen bezogen werden. 2

Als Folge aus diesem Beschluss des BVerfG hatte der Bund nicht nur zukünftig alle Kriegsfolgelasten zu tragen, sondern musste darüber hinaus auch alle ihm von den Ländern und Gemeinden bereits erstatteten Aufwendungen für Kriegsfolgelasten zurückerstatten.[4] Die damit für das Haushaltsjahr des Bundes 1960 einhergehende Zusatzbelastung wäre nur durch erhebliche zusätzliche Steuereinnahmen des Bundes (naheliegender Weise angesichts der mit den Mehrausgaben des Bundes verbundenen Mehreinnahmen der Länder durch eine Anpassung des Bund-Länder-Finanzausgleichs) auszugleichen gewesen. Stattdessen verständigten sich der Bund und die Länder im sogenannten (Bad) Dürkheimer Abkommen vom 14.10.1960 auf die Grundzüge der späteren Änderung des GG, nämlich eine grundsätzlich gemeinsame Tragung der Kriegsfolgelasten durch beide, und einen Verzicht der Länder auf Rückerstattungen.[5] Die tatsächliche Änderung von Art. 120 Abs. 1 wurde aber erst vom 4. Deutschen Bundestag beschlossen; Art. 120 Abs. 1 S. 2 lautete danach in seiner vom 5.1.1965 bis 31.7.1969 geltenden Fassung: 3

„Soweit diese Kriegsfolgelasten bis zum 1. Oktober 1965 durch Bundesgesetze geregelt worden sind, tragen Bund und Länder im Verhältnis zueinander die Aufwendungen nach Maßgabe dieser Bundesgesetze."

Die Folgeänderung von Art. 120 Abs. 1 S. 2 im Jahr 1969 – 4

„Soweit diese Kriegsfolgelasten bis zum 1. Oktober 1969 durch Bundesgesetze geregelt worden sind, tragen Bund und Länder im Verhältnis zueinander die Aufwendungen nach Maßgabe dieser Bundesgesetze." –

---

[1] BVerfGE 9, 305 (325).
[2] BGBl. 1956 I 507.
[3] BVerfGE 9, 305 (Ls. 2c.); *Butzer* in Maunz/Dürig Rn. 67.
[4] *Butzer* in Maunz/Dürig Rn. 69.
[5] *Sturm,* DVBl. 1965, 719 (721); *Heckt,* DÖV 1966, 10 (10ff.).

diente alleine der verfassungsmäßigen Absicherung der Aufwendungen der Länder für bestimmte Leistungen des Gesetzes über den Lastenausgleich.[6] Art. 120 Abs. 2 ist seitdem bis heute unverändert geblieben.

II. Inhaltsübersicht

5 Art. 120 regelt in seinem Abs. 1 Ausgaben (Tragung von Aufwendungen) und in seinem Abs. 2 Einnahmen („Ertragshoheit"), anders, als es nach Art. 104a Abs. 1 (die Ausgabentragung folgt der jeweiligen Aufgabenwahrnehmung durch den Bund und die Länder) zu erwarten wäre, aber nicht die Aufgabenwahrnehmung (→ Rn. 27). Art. 120 Abs. 1 regelt in

- S. 1 Besatzungskosten (→ Rn. 8),
- S. 1–3 Kriegsfolgelasten (→ Rn. 9),
- S. 4 Sozialversicherungslasten (auch: Arbeitslosenversicherung und Arbeitslosenhilfe) (→ Rn. 12) und
- S. 5 Kriegsfolgenentschädigungsansprüche (→ Rn. 10).

III. Systematischer Zusammenhang

6 Art. 120 ist Teil des Abschnitts „Übergangs- und Schlußbestimmungen" des GG. Diese Verortung[7] dürfte im Hinblick auf Abs. 1 vor allem politisch motiviertem Wunschdenken des historischen Verfassungsgebers in Bezug auf das Thema „Kriegsfolgelasten" geschuldet sein. Tatsächlich enthält Abs. 1 Dauerrecht, das jedenfalls teilweise über die (im weiteren Sinne) Nachkriegszeit hinaus bis heute Anwendung findet.[8]

7 Inhaltlich ist Art. 120 Abs. 1 dem Abschnitt „Das Finanzwesen" des GG zuzuordnen, denn er regelt im Wesentlichen die Zuordnung von Ausgaben und Einnahmen im Verhältnis von Bund, Ländern, Gemeinden (Gemeindeverbänden) und anderen Aufgabenträgern. Nur Art. 120 Abs. 2 enthält tatsächlich eine inzwischen anwendungslos gewordene Übergangsbestimmung.[9]

B. Einzelfragen

I. Begriffe

8 Die in Art. 120 Abs. 1 S. 1 geregelten **Besatzungskosten** sind Aufwendungen für einen Besetzenden in einem besetzten Gebiet; diese werden regelmäßig aufgewendet werden, um zu verhindern, dass der Besetzende von seinem Recht Gebrauch macht, in einem besetzten Gebiet selber Abgaben, Zölle, Gebühren und andere Auflagen in Geld zu erheben (Art. 48, 49 HaagLKO). Diese Aufwendungen dürfen nur zur Deckung der Bedürfnisse des Besetzenden („des Heeres") oder der Verwaltung des besetzten Gebiets durch den Besetzenden gemacht werden (vgl. Art. 49 HaagLKO). Ein *aliud* zu Besatzungskosten sind sowohl nach dem Wortsinn als auch nach einer teleologischen Auslegung in Bezug auf die Rechtsgrundlage (Völkergewohnheitsrecht/Vertrag) Stationierungskosten (von Streitkräften der NATO).

---

[6] *Siekmann* in Sachs Rn. 21.
[7] Zur Entstehungsgeschichte *Butzer* in Maunz/Dürig Rn. 15 ff.
[8] BSGE 47, 148 (157); *Siekmann* in Sachs Rn 7.
[9] *Hermes* in Dreier Rn. 17; *Muckel* in MKS Rn. 44.

Die in Art. 120 Abs. 1 S. 1–3 geregelten **Kriegsfolgelasten** sind[10] „Lasten (...), die auf Folgen des Kriegs zurückgehen, ähnlich wie unter Straßenbaulasten die Lasten des Straßenbaus und unter Fürsorgelasten die Lasten der Fürsorge zu verstehen sind". Unter **Krieg** wird in diesem Zusammenhang (wie auch in Art. 4 Abs. 3 S. 1, 12a Abs. 2 S. 1, 26 Abs. 1 S. 1 und Abs. 2 S. 1) grundsätzlich (→ Rn. 17 f.) eine bewaffnete Auseinandersetzung zwischen Staaten unter Abbruch ihrer friedlichen Beziehungen zueinander zu verstehen sein.[11] Bei Kriegsfolgelasten werden unterschieden Besatzungskosten („und die sonstigen…"), **innere,** also solche, bei denen die Aufwendungen in das Bundesgebiet erfolgen, und **äußere,** bei denen die Aufwendungen außerhalb des Bundesgebiets gemacht werden.[12] 9

Die in Art. 120 Abs. 1 S. 5 geregelten **Entschädigungsansprüche für Kriegsfolgen** sind Ansprüche, die im Ergebnis zu Kriegsfolgelasten (→ Rn. 9) führen. 10

II. Tragung von Aufwendungen

Art. 120 Abs. 1 S. 1 regelt die Tragung von Aufwendungen, nämlich in seiner Alt. 1 die von Besatzungskosten und in seiner Alt. 2 die von Kriegsfolgelasten. Diese Kriegsfolgelasten differenziert Art. 120 Abs. 1 S. 1 Alt. 2 wiederum in seiner Var. 1 nach inneren und in seiner Var. 2 nach äußeren (Kriegsfolgelasten). Zum Regelfall des Abs. 1 S. 1 Alt. 2 bildet S. 2 eine Ausnahme für die (inneren und äußeren) Kriegsfolgelasten, die bis zum 1.10.1969 durch Bundesgesetz geregelt worden sind. Sowohl Abs. 1 S. 1 als auch S. 2 verweisen auf die näheren Bestimmungen bzw. Regelungen von Bundesgesetzen. Als Ergänzung zu S. 1 und 2 regelt S. 3 die Aufwendungen aus der Zeit bis zum 1.10.1965 für Kriegsfolgelasten, die nicht durch Bundesgesetz geregelt worden sind oder geregelt werden. Die unterschiedlichen Anknüpfungsdaten von Abs. 1 S. 2 (1.10.1969) und S. 3 (1.10.1965) ergeben sich aus den unterschiedlichen Anknüpfungstatsachen „Zeitpunkt der Regelung durch Bundesgesetz" (S. 2) und „Erbringung der Aufwendungen" (S. 3). Bei der Neuregelung von S. 2 (Ersetzung des 1.10.1965 durch den 1.10.1969) durch das Vierzehnte G zur Änderung des Grundgesetzes vom 30.7.1965 sah der Gesetzgeber folglich auch keine Veranlassung zur entsprechenden Ersetzung des Datums in S. 3. 11

III. Sozialversicherungslasten

Sowohl die Verortung von Art. 120 im Abschnitt „Übergangs- und Schlußbestimmungen" des GG als auch die Einbettung von Abs. 1 S. 4 in den Kontext von Kriegsfolgen des Abs. 1 ermöglicht eine systematische Auslegung des Begriffs der Sozialversicherungslasten als (nur) solche, die kriegsbedingt sind. Angesichts der „Fehlverortung"[13] von Art. 120 im Abschnitt „Übergangs- und Schlußbestimmungen" (→ Rn. 6), der Überschrift von Art. 120 („Kriegsfolge- und Sozialversicherungslasten") und dem Umstand, dass eine anderweitige Regelung der – inzwischen sicherlich insgesamt relevanteren als Kriegsfolgelasten – Bundeszuschüsse zu den Sozialversicherungslasten (einschließlich der Arbeitslosenversicherung und der Arbeitslosen- 12

[10] BVerfGE 9, 305 (323).
[11] *Epping* Der Staat, 1991, 39 (47).
[12] *Hermes* in Dreier Rn. 6.
[13] So auch *Hermes* in Dreier Rn. 16.

hilfe) im GG fehlt (zur entsprechenden Gesetzgebungskompetenz siehe Art. 74 Abs. 1 Nr. 12, zur entsprechenden Gesetzesausführung siehe Art. 87 Abs. 2 S. 1), ist eine solche einschränkende Auslegung abzulehnen.[14] Auch die „Umklammerung" von S. 4 (Sozialversicherungslasten) durch S. 1–3 (Kriegsfolgelasten) und S. 5 (Kriegsfolgenentschädigungsansprüche) steht dem nicht entgegen. Denn S. 1–4 regeln Kostentragungen, S. 5 regelt einen Anspruchsausschluss.

IV. Ungeschriebene Bundeskompetenz

13 Art. 120 Abs. 1 regelt, anders, als es nach Art. 104a Abs. 1 zu erwarten wäre, nicht die Aufgabenwahrnehmung (→ Rn. 27). Diese Aufgabenwahrnehmung ist tatsächlich im GG gar nicht bestimmt, sondern ergibt sich aus einer sogenannten ungeschriebenen Bundeskompetenz (→ Rn. 29). Damit durchbricht Abs. 1 in doppelter Hinsicht die nach Art. 104a Abs. 1 zu erwartende Systematik: Die Aufgabenwahrnehmung wird gar nicht, sondern stattdessen die sich nach Art. 104a Abs. 1 aus dieser Aufgabenwahrnehmung („Tatbestandsvoraussetzung") folgende Ausgabentragung („Rechtsfolge") wird geregelt. Obwohl die Ausgabentragung nach Abs. 1 S. 2, 3 und 5 nicht allein beim Bund, sondern auch bei den Ländern (und den Gemeinden und sonstigen Aufgabenträgern) liegt, erfolgt die Aufgabenwahrnehmung – und dann auch noch aufgrund einer ungeschriebenen Kompetenz – allein durch den Bund. Der Verfassungsgeber hat in seiner Reaktion auf den Beschluss des BVerfG vom 16.6.1959 und in der Umsetzung des in seiner Folge erzielten Bund-Länder-Kompromisses im (Bad) Dürkheimer Abkommen vom 14.10.1960 zwar (folge-)richtig, aber verfassungssystematisch „unsauber" gehandelt.

V. Bundesgesetzliche Regelungen

14 Bundesgesetze mit näheren Bestimmungen zur Tragung von Besatzungskosten- bzw. Kriegsfolgelasten sind zB

- das Allgemeines Kriegsfolgengesetz (AKG) vom 5.11.1957[15],
- das Opferentschädigungsgesetz (OEG) vom 11.5.1976[16],
- das Bundesversorgungsgesetz (BVG) vom 20.12.1950[17],
- das Bundesvertriebenengesetz (BVFG) vom 19.5.1953[18],
- das Wertausgleichsgesetz (WertAusglG) vom 12.10.1971[19],
- das Fremdrentengesetz (FRG) vom 7.8.1953[20],
- das Gesetz über die Rechtsstellung heimatloser Ausländer im Bundesgebiet (HAuslG) vom 25.4.1951[21],
- das Bundesgesetz zur Wiedergutmachung nationalsozialistischen Unrechts in der Kriegsopferfürsorge für Berechtigte im Ausland (BWKAuslG) vom 25.6.1958[22] und

---

[14] BVerfGE 14, 221 (235); *Jarass* in Jarass/Pieroth Rn. 7; *Siekmann* in Sachs Rn. 24; *Muckel* in MKS Rn. 26.

[15] BGBl. 1957 I 1747, zuletzt geändert am 31.7.2009 (BGBl. 2009 I 2512).

[16] BGBl. 1976 I 1181, zuletzt geändert am 17.7.2017 (BGBl. 2017 I 2541).

[17] BGBl. 1950 I 791, zuletzt geändert am 28.11.2018 (BGBl. I 2016).

[18] BGBl. 1953 I 201, zuletzt geändert am 20.11.2015 (BGBl. 2015 I 2010).

[19] BGBl. I 1652, zuletzt geändert am 19.6.2001 (BGBl. 2001 I 1149).

[20] Ursprünglich Fremdrenten- und Auslandsrentengesetz (BGBl. 1953 I 848), zuletzt geändert am 11.11.2016 (BGBl. 2016 I 2500).

[21] BGBl. 1951 I 269, zuletzt geändert am 30.7.2004 (BGBl. 2004 I 1950).

[22] BGBl. 1958 I 414, zuletzt geändert am 22.12.1981 (BGBl. 1981 I 1497).

– das Gesetz über die Heimkehrerstiftung (HKStG) vom 21.12.1992[23] sowie
– die Verordnung zur Kriegsopferfürsorge (KFürsVO) vom 16.1.1979[24].

VI. Art. 120 Abs. 1 als Anspruchsnorm

Das BVerfG[25] hat es für unbestritten erklärt, das aus Art. 120 Abs. 1 Ansprüche gegen die öffentliche Hand wegen Kriegsfolgeschäden nicht hergeleitet werden können; Art. 120 sei „in diesem Sinne keine „Anspruchsnorm". Dem folgend wird Abs. 1 regelmäßig[26] als reine Zuständigkeitsvorschrift ohne jeden Anspruchscharakter angesehen. Das wird in Bezug auf Dritte nur unmittelbar zutreffend sein, geht aber im Übrigen, insbesondere im Verhältnis der Länder zum Bund, zu weit: **15**

Das BVerwG[27] weist in diesem Zusammenhang in dogmatisch nicht zu beanstandender Weise darauf hin, dass da, wo die näher bestimmenden Bundesgesetze des Art. 120 Abs. 1 S. 1 fehlen oder unzureichend sind, die Lastentragung des Bundes in Ermangelung dieser Gesetze nicht etwa leer läuft, sondern es vielmehr bei einer grundsätzlichen, uneingeschränkten Lastentragung des Bundes bleibe. Das BVerwG folgert dies aus einem Umkehrschluss aus S. 3: Wenn der Bund für bundesgesetzlich nicht geregelte Kriegsfolgelasten, die bis zum 1.10.1965 nicht von ihm getragen worden sind, auch danach nicht tragungspflichtig wird, bedeute das im Umkehrschluss, dass der Bund für solche Kriegsfolgelasten, die von ihm schon bis zum 1.10.1965 getragen worden sind, auch danach tragungspflichtig bleibe. Daraus wiederum folge ein Anspruch eines Landes gegen den Bund, Kriegsfolgelasten (wie die Kosten der Kampfmittelräumung) zu tragen.[28] Noch weitergehend folgert das BVerwG[29] aus der Verpflichtung des Bundes zur Tragung von Kriegsfolgelasten einen einwendungsgleichen Anspruch von Dritten, die wegen Kosten für Kriegsfolgelasten von einem Land in Anspruch genommen werden, nämlich gegen das Land, diese Kosten statt von ihm (dem Dritten) vom Bund erstattet zu verlangen. Jedenfalls im Ergebnis kommt das einem Freihaltungs-/-stellungsanspruch des Dritten gegen den Bund wegen von einem Land gegen ihn geltend gemachten Kosten für Kriegsfolgelasten gleich. **16**

VII. Fortdauernde Bedeutung

1. Lasten früherer Kriege. Allgemein[30] werden Kriegsfolgelasten als Folgelasten (nur) des Zweiten Weltkriegs verstanden. Das mag im Sinne einer historischen Auslegung des Begriffs zutreffend sein,[31] zwingend ist es nach dem Wortlaut jedenfalls nicht.[32] Die sich daraus möglicherweise ergebende Lücke in der Finanzverfassung soll unter der Annahme einer ungeschriebenen Bundeskompetenz aus der Natur der Sache geschlossen werden.[33] **17**

---

[23] BGBl. 1992 I 2094, 2101, zuletzt geändert am 10.12.2007 (BGBl. 2007 I 2830).
[24] BGBl. 1979 I 80, zuletzt geändert am 17.7.2017 (BGBl. 2017 I 2541).
[25] BVerfGE 14, 221 (233).
[26] *Kaltenborn/Barczak* in BeckOK GG Rn. 10 ff.; *Muckel* in MKS Rn. 4, 23, 37.
[27] BVerwG NVwZ-RR 2012, 787 (788); NVwZ-RR 2011, 307 (308).
[28] AA („ohne Gesetz keine Last") *Butzer* in Maunz/Dürig Rn. 139.
[29] BVerwG, Beschl. v. 8.11.2012 – 3 A 2.12 (1.11).
[30] BVerfGE 9, 305 (324); BVerfG DÖV 2000, 733 (733); BVerfG NVwZ-RR 2012, 787; *Siekmann* in Sachs Rn. 14; *Hermes* in Dreier Rn. 6; *Muckel* in MKS Rn. 9.
[31] *Butzer* in Maunz/Dürig Rn. 134.
[32] *Görg* DVBl. 1960, 430 (431).
[33] *Butzer* in Maunz/Dürig Rn. 134.

18 Von fortdauernder Bedeutung in diesem Zusammenhang sind derzeit aber keine Kriegsfolgen des Ersten Weltkriegs, mangels Beteiligung zweier Staaten (→ Rn. 9) noch nicht einmal Kriegsfolgen überhaupt, sondern wohl allein Ansprüche der Völker der **Herero** und der **Nama** wegen der Niederschlagung ihres Aufstands gegen die Kolonialmacht im ehemaligen Deutsch-Südwestafrika (1904 bis 1905).[34] Solche Ansprüche wurden in den letzten Jahrzehnten erfolglos vor dem IGH und dem District Court Washington D. C. geltend gemacht. Zurzeit ist eine Sammelklage (*„Amended Class Action Complaint"*) vor dem New York Southern District Court gegen Deutschland rechtshängig.

19 **2. Reparationen.** Die weite Definition (→ Rn. 9) von Kriegsfolgelasten als „Lasten, die auf Folgen des Kriegs zurückgehen", legt es nahe, dass auch Reparationen – finanzielle Leistungen an andere Länder wegen (in) diesen entstandenen Kriegsschäden – diesem Rechtsbegriff zugerechnet werden.

20 Während entsprechende Ansprüche der Parteien des sogenannten Potsdamer Abkommens vom 2.8.1945 durch den sogenannten Zwei-Plus-Vier-Vertrag[35] vom 12.9.1990[36] als erledigt angesehen werden dürfen, wurden jedenfalls sowohl von **Griechenland** als auch von der **polnischen Regierung** in den letzten Jahren immer wieder Reparationsforderungen erhoben. Wenn man den sogenannten Zwei-Plus-Vier-Vertrag als sogenannten Statusvertrag ansieht, käme ihm nicht nur eine Wirkung *inter partes,* sondern auch eine abschließende Rechtswirkung gegenüber Drittstaaten zu. Unterstützt wird die Annahme einer solchen Drittwirkung dadurch, dass die KSZE – der sowohl Griechenland als auch Polen angehörten – mit der sogenannten Charta von Paris vom 21.11.1990 dem sogenannten Zwei-Plus-Vier-Vertrag zugestimmt haben.[37] Im Übrigen haben weder Griechenland noch Polen weder während der Verhandlungen zum sogenannten Zwei-Plus-Vier-Vertrag noch während denen zur sogenannten Charta von Paris irgendwelche Vorbehalte in Bezug auf ihre Reparationsforderungen geltend gemacht.[38]

21 Andererseits werden von deutscher Seite weiterhin Ansprüche insbesondere gegen russische Stellen wegen sogenannter **Beutekunst**werken, die entgegen Art. 56 S. 2 HaagLKO insbesondere durch die sowjetische sogenannte Trophäenkommission beschlagnahmt (und enteignet) wurden, geltend gemacht.[39] Diese werden insbesondere in Russland als Teil der deutschen Reparationen angesehen. Aber auch Deutschland hat diesbezüglich während der Vertragsverhandlungen 1990 keinerlei Vorbehalte geltend gemacht.

22 **3. Zwangsarbeiterentschädigung.** Soweit **ausländische Zwangsarbeiter** durch Leistungen der Stiftung „Erinnerung, Verantwortung und Zukunft" vom 12.8.2000[40] entschädigt wurden (oder angesichts der Höhe der geleisteten Zahlungen wohl richtiger: Ausgleichsleistungen erhalten haben), wird man die Bundesbeteiligung an der Ausstattung dieser Stiftung nicht den Kriegsfolgelasten zurechnen können.[41] Denn der Zweite Weltkrieg

---

[34] *Butzer* in Maunz/Dürig Rn. 134; *Schaefer* in v. Münch/Kunig, 6. Aufl. 2012, Rn. 8.

[35] Vertrag über die abschließende Regelung in Bezug auf Deutschland.

[36] BGBl. 1990 II 1318.

[37] Dolzer NJW 2000, 560 (560 ff.).

[38] *Butzer* in Maunz/Dürig Rn. 116.

[39] *Butzer* in Maunz/Dürig Rn. 116.

[40] BGBl. 2000 I 1263.

[41] *Butzer* in Maunz/Dürig Rn. 123; *Siekmann* in Sachs Rn. 14; *Muckel* in MKS Rn. 11; aA *Hermes* in Dreier Rn. 7.

war jedenfalls nicht die adäquat kausale Ursache für diese Zwangsarbeit, die auch nicht nur in der Rüstungs-, sondern auch in der sonstigen Industrie und darüber hinaus auch in der Landwirtschaft stattgefunden hat. Dass man zu einem anderen Ergebnis gelangen kann, wenn man Kriegsfolgelasten den von Joseph Goebbels am 18.2.1943 erklärten Begriff des sogenannten totalen Krieges zugrunde legen würde, darf als Ausfluss der irregeleiteten nationalsozialistischen Ideologie getrost unberücksichtigt bleiben.[42]

Dasselbe wird für die Anerkennungsleistungen an ehemalige **deutsche** 23
Zwangsarbeiter zu gelten haben: Nach § 2 Abs. 1 S. 1 ADZ-Anerkennungsrichtlinie[43] ist Leistungsvoraussetzung Zwangsarbeit, die zwischen dem 1.9.1939 und dem 1.4.1956 für eine ausländische Macht geleistet werden musste. Eine Kriegs- oder Kriegsfolgenbedingtheit als Leistungsvoraussetzung ist der ADZ-Anerkennungsrichtlinie fremd.[44] Nach § 2 Abs. 4 S. 2 ADZ-Anerkennungsrichtlinie ist Zwangsarbeit im Rahmen von Kriegsgefangenschaft ein Leistungsausschlusskriterium.

4. Rüstungsaltlasten. Zuletzt – nach schon mehreren vergeblichen An- 24
läufen im 12.,[45] 13.,[46] 14.[47], 15.,[48] und 17.[49] Deutschen Bundestag – hat der Bundesrat am 18.4.2018[50] einen Entwurf für ein Rüstungsaltlastenfinanzierungsgesetz (RüstAltFG)[51] in den 19. Deutschen Bundestag eingebracht. Rüstungsaltlasten sind nach § 2 RüstAltFG nicht nur gewahrsamslos gewordene, zur Kriegsführung bestimmte Gegenstände militärischer Herkunft und Teile solcher Gegenstände aus der Zeit des Zweiten Weltkrieges, sondern auch Grundstücke, auf denen vom 30.1.1933 bis zum 8.5.1945 mit rüstungsspezifischen Stoffen oder Kampfmitteln zu Zwecken der Kriegsvorbereitung oder Kriegsführung, durch die schädliche Bodenveränderungen oder sonstige Gefahren hervorgerufen wurden, umgegangen wurde. Während der Bundesrat diese Rüstungsaltlasten als Kriegsfolgelasten ansieht, sieht die Bundesregierung ihre Verpflichtung zur Lastentragung auf „ehemals reichseigene Kampfmittel" beschränkt und lehnt das RüstAltFG daher ab.

Die Begründung für diese Ansicht, die die Bundesregierung zumindest 25
ähnlich auch schon in Bezug auf die früheren Entwürfe für ein RüstAltFG (→ Rn. 24) vertreten hatte, vermag nicht zu überzeugen. Es erscheint weit hergeholt, erfasst seien keine Rüstungsaltlasten aus der Besatzungszeit, die ihre Ursache nicht in der Besatzung (ergo: Besatzungskosten), sondern im unsachgemäßen Umgang der Besetzenden mit Rüstungsgütern hätten.[52] Denn zu den Besatzungskosten gehören nun einmal auch die Kosten des Umgangs der Besetzenden mit Rüstungsgütern, mag sich dieser Umgang in der *ex post* Betrachtung auch als sach- oder unsachgemäß darstellen.[53] Die

---

[42] *Butzer* in Maunz/Dürig Rn. 125.
[43] Richtlinie über eine Anerkennungsleistung an ehemalige deutsche Zwangsarbeiter vom 7.7.2016 (BAnz AT vom 14.7.2016 B3).
[44] AA *Butzer* in Maunz/Dürig Rn. 126.
[45] BT-Drs. 12/3257.
[46] BT-Drs. 13/8295.
[47] BT-Drs. 14/7464.
[48] BT-Drs. 15/1888.
[49] BT-Drs. 17/7968.
[50] BT-Drs. 19/1718.
[51] Gesetz über die Finanzierung der Beseitigung von Rüstungsaltlasten in der Bundesrepublik Deutschland.
[52] *Butzer* in Maunz/Dürig Rn. 132 f.
[53] *Butzer* in Maunz/Dürig Rn. 120 f.

jetzige Begründung ihrer Ablehnung durch die Bundesregierung verkennt bereits, dass Folgen eines Krieges nicht nur die im Kriegsgebiet zurückgebliebenen eigenen, sondern auch die gegnerischen Kampfmittel sind. Außerdem erscheint es praxisfremd, vor (oder auch erst bei) der Beseitigung solcher Kampfmittel erst zu untersuchen, ob diese Kampfmittel ehemals reichseigen oder gegnerisch sind.

26 **5. Entschädigungen für Kriegsverbrechen.** Begrifflich zu den Kriegsfolgelasten gehören würden auch Aufwendungen für die Entschädigung von Opfern von Kriegsverbrechen deutscher Soldaten. Solche sind im Wesentlichen nicht von den Opfern (bzw. deren Rechtsnachfolgern) individueller Kriegsverbrechen, sondern von denen sogenannter Massaker wie denen in Kalavryta und Distomo (Griechenland), Oradour-sur-Glane (Frankreich) sowie Marzabotto (Italien) geltend gemacht worden. In entsprechenden Verfahren im In- und Ausland ist im Hinblick auf die Staatenimmunität – die selbst angesichts schwerer Menschenrechtsverletzungen Gültigkeit beanspruchen können soll – Deutschland regelmäßig nicht zu wie auch immer gearteten Entschädigungen verurteilt worden.[54] Soweit es in Einzelfällen in Italien und Griechenland dennoch zu einer Verurteilung Deutschlands durch Instanzengerichte gekommen ist, hat der IGH diese in seinem Urteil vom 4.2.2012 wegen einer insoweit ausnahmslos geltenden Staatenimmunität Deutschlands für unwirksam erklärt.[55]

C. Verhältnis zu anderen Bestimmungen des Grundgesetzes

27 Nach dem allgemeinen Grundsatz von Art. 104a Abs. 1, dass die Ausgabentragung der Aufgabenwahrnehmung folgt, sollte man in Art. 120 Abs. 1 die Regelung der Aufgabenwahrnehmung in Bezug auf Besatzungs- bzw. Kriegsfolgen sowie die Sozialversicherung erwarten. Ausnahmsweise regelt Art. 120 Abs. 1 aber nur die Last der Ausgabentragung.

28 Das BVerfG[56] hat entschieden, dass Art. 131 gegenüber Art. 120 (und gegenüber Art. 72 ff., 105, 106 und 109) *lex specialis* ist und für den Bundesgesetzgeber eine Sonderkompetenz begründet.

29 Sein wohl engstes Verhältnis weist Art. 120 Abs. 1 zu einer bestimmten Kategorie von im GG nicht geregelten Bestimmungen, nämlich der der sogenannten ungeschriebenen Bundeskompetenzen, auf: Da, wo die Regelungen der Lastentragungen Lücken aufweisen, behilft man sich mit einem Rückgriff darauf, dass Befugnisse bzw. Verpflichtungen wahrgenommen werden, die im Kontext der Bundesstaatlichkeit ihrem Wesen nach – wie z. B. die gesamtstaatliche Repräsentation – dem Bund zuzurechnen sind. Soweit Haushaltsgesetze den Bund mit entsprechenden Haushaltsmitteln ausstatten, wird ihm eine entsprechende Handlungskompetenz zugesprochen. Solchermaßen „überlagern" die Haushaltsgesetze faktisch das GG – „wer das Geld hat, soll es auch ausgeben dürfen".

[54] AA *Muckel* in MKS Rn. 15.
[55] *Hess* IPRax 2012, 201 (201 ff.).
[56] BVerfGE 7, 304 (Ls. 1 S. 1).

D. Kritische Würdigung

Art. 120 Abs. 1 ist im Abschnitt „Übergangs- und Schlußbestimmungen" „fehlverortet" und gehört eigentlich in den Abschnitt „Das Finanzwesen" des GG (→ Rn. 7). Während Abs. 1 in seiner bis zum 4.1.1965 geltenden Fassung sich dem Leser noch aus sich selbst heraus erschloss, bleibt seine jetzige Fassung ohne Kenntnis von deren Genese (→ Rn. 1 ff.) auch für den „juristischen Leser" einigermaßen unverständlich. Wenn schon eine verständliche(re) Sprache für einfache Gesetze gefordert wird,[57] wird dieses umso mehr für das GG zu gelten haben. Zu einer verständlichen Gesetzessprache gehört auch eine leicht nachvollziehbare Regelungsstruktur. Abs. 1 fehlt es daran. 30

Ein problematisches Licht auf den Respekt vor dem GG wirft die Genese von Abs. 1 (→ Rn. 2 f.): Nachdem das BVerfG das Verständnis des Bundesgesetzgebers vom „nach näherer Bestimmung eines Bundesgesetzes" für verfassungswidrig erklärt hatte, wurde, um nicht den Bund-Länder-Finanzausgleich neu verhandeln zu müssen, lieber Abs. 1 neu gefasst. Das darin zum Ausdruck kommende Verständnis von einer nicht bestehenden Priorität des GG vor einem (einfachen) Bundesgesetz nach Art. 107 Abs. 2 erscheint kritikwürdig: Da das GG nicht zum (einfachen) Bundesgesetz passte, wurde nicht das (einfache) Bundesgesetz dem GG, sondern das GG dem (einfachen) Bundesgesetz angepasst. Die besondere Qualität des GG hätte mehr Respekt als diesen Opportunismus verdient. 31

Literatur

K.-J. Bieback, Die Garantiehaftung des Bundes für die Sozialversicherung, VSSR 1993, 1. – ***H.-W. Diemer,*** Zum Staatszuschuss bei den Sozialversicherungen VSSR 1982, 31. – ***R. Dolzer,*** „Kompensatorische Restitution"?, NJW 2000, 560. – ***R. Dolzer,*** Reparationspflicht ohne Ende?, NJW 2000, 2480. – ***S. Eicker,*** Der Deutsch-Herero-Krieg und das Völkerrecht, 2008. – ***B. Fassbender,*** Klageausschluß bei Enteignungen zu Reparationszwecken – Das Gemälde des Fürsten von Liechtenstein, NJW 1999, 1445. – ***G. Fieberg/H. Reichenbach,*** Zum Problem der offenen Vermögensfragen, NJW 1991, 321. – ***H. Fischer-Menshausen,*** Die Abgrenzung der Finanzverantwortung zwischen Bund und Ländern, DÖV 1952, 673. – ***S. Glantz,*** Zur Verfassungsmäßigkeit des Entwurfs eines Entschädigungs- und Ausgleichsgesetzes, MDR 1994, 421. – ***H. Hartung,*** Kunstraub in Krieg und Verfolgung: die Restitution der Beute- und Raubkunst im Kollisions- und Völkerrecht, 2005. – ***T. Hebeler,*** Nachhaltigkeit der Sozialsysteme unter verfassungsrechtlichen Gesichtspunkten, NZS 2018, 848. – ***W. Heckt,*** Die Neufassung von Artikel 120 des Grundgesetzes, DÖV 1966, 10. – ***W. Heun,*** Die Sozialversicherung und das System der Finanzverfassung, FS f. Peter Selmer 2004, 657. – ***J. Isensee,*** „Bürgerversicherung" im Koordinatensystem der Verfassung, NZS 2004, 398. – ***R. Jaeger,*** Die Reformen in der gesetzlichen Sozialversicherung im Spiegel der Rechtsprechung des Bundesverfassungsgerichts, NZS 2003, 225. – ***F. Kirchhof,*** Sozialversicherungsbeitrag und Finanzverfassung, NZS 1999, 161. – ***E. Klein,*** Statusverträge im Völkerrecht. Rechtsfragen territorialer Sonderregime, 1980. – ***A. Köttgen,*** Sachverantwortung als verfassungsrechtlicher Maßstab des Finanzausgleichs, DÖV 1953, 358. – ***W. Leisner,*** Das Bodenreform-Urteil des Bundesverfassungsgerichts Kriegsfolge- und Eigentumsentscheidung, NJW 1991, 1569. – ***W. Leisner,*** Das Entschädigungs- und Ausgleichsleistungsgesetz – ein Gleichheitsverstoß, NJW 1995, 1513. – ***W. Leisner,*** Degressive Ersatzleistungen? Ansätze zu einer „Sozialisierung" von Entschädigung und Schadensersatz, NJW 1993, 353. – ***K. Leube,*** Sozialversicherung in Gestalt der Privatversicherung – Rechtliche Rahmenbedingungen,

[57] *Freudenberg* ZRP 2019, 145; *Schröder/Würdemann* ZRP 2007, 231.

NZS 2003, 449. – ***S. Muckel,*** Die Selbstverwaltung in der Sozialversicherung auf dem Prüfstand des Demokratieprinzips, NZS 2002, 118. – ***H.-J. Papier,*** Verfassungsrechtliche Probleme der Eigentumsregelung im Einigungsvertrag, NJW 1991, 193. – ***W. Patzig,*** Das Bundesverfassungsgericht und die Finanzverfassung, DVBl. 1961, 389. – ***A. v. Schlieffen,*** Zur Verfassungswidrigkeit der Wiedergutmachungsregelungen besatzungshoheitlichen Enteignungsunrechts, NJW 1998, 1688. – ***M. Schmidt-Preuß,*** Das Entschädigungs- und Ausgleichsleistungsgesetz, NJW 1994, 3249. – ***F. E. Schnapp,*** Sozialversicherung – Begriff ohne Kontur?, VSSR 1995, S. 101. – ***D. Schröder,*** Das geltende Besatzungsrecht, 1990. – ***W. Schulze,*** Grundfragen des Lastenausgleichs, DÖV 1957, 385. – ***I. Seidl-Hohenveldern,*** Das Ende der Reparationen nach dem Zweiten Weltkrieg, FS f. Klaus Stern 1997, 89. – ***F. Sturm,*** Die abschließende Regelung der Kriegsfolgelasten, DVBl. 1965, 719. – ***C. Tomuschat,*** Rechtsansprüche ehemaliger Zwangsarbeiter gegen die Bundesrepublik Deutschland?, IPRax 1999, Heft 4, 237. – ***J. Wasmuth,*** Zur Verfassungswidrigkeit des Restitutionsausschlusses für Enteignungen auf besatzungsrechtlicher oder besatzungshoheitlicher Grundlage, NJW 1993, 2476. – ***P. Wysk,*** Kriegsfolgengesetzgebung in unserer Zeit, FS f. Michael Kloepfer 2013, 889.

Art. 120a [Lastenausgleich]

(1) [1]Die Gesetze, die der Durchführung des Lastenausgleichs dienen, können mit Zustimmung des Bundesrates bestimmen, daß sie auf dem Gebiete der Ausgleichsleistungen teils durch den Bund, teils im Auftrage des Bundes durch die Länder ausgeführt werden und daß die der Bundesregierung und den zuständigen obersten Bundesbehörden auf Grund des Artikels 85 insoweit zustehenden Befugnisse ganz oder teilweise dem Bundesausgleichsamt übertragen werden. [2]Das Bundesausgleichsamt bedarf bei Ausübung dieser Befugnisse nicht der Zustimmung des Bundesrates; seine Weisungen sind, abgesehen von den Fällen der Dringlichkeit, an die obersten Landesbehörden (Landesausgleichsämter) zu richten.

(2) Artikel 87 Abs. 3 Satz 2 bleibt unberührt.

A. Allgemeine Bedeutung

I. Genese

Art. 120a wurde, ohne dass es eine vorhergehende Fassung gegeben hat, in das GG eingefügt. Er dient der verfassungsrechtlichen Legitimation des G über den Lastenausgleich (LAG) vom 14.8.1952[1] und ist zeitgleich mit diesem in Kraft getreten. 1

Den historischen Ausgangspunkt (→ Rn. 6) für den Lastenausgleich – beginnend mit dem Soforthilfegesetz (SHG) vom 18.8.1949[2] – bildet die Zeit etwa ab Mitte des Zweiten Weltkriegs mit Millionen von Vertriebenen und Flüchtlingen sowie anderen Menschen, die ihre Wohnung oder wirtschaftliche Grundlagen bzw. Sicherheiten verloren hatten. Besonders betroffen waren dabei Menschen aus den Gebieten östlich von Oder und Neiße, Ostbrandenburgs und des Sudetenlandes sowie aus deutschen Siedlungsgebieten in Südosteuropa. Während das SHG ein reines soziales Notprogramm war, sollten mit dem LAG die betroffenen Personen für ihre Verluste wenn schon nicht (soweit das tatsächlich überhaupt möglich gewesen wäre) entschädigt, so doch zumindest kompensiert und in ihr neues Umfeld integriert werden. 2

II. Inhaltsübersicht

Art. 120a regelt die verfassungsrechtlichen Rahmenbedingungen der Ausführung des LAG (der „Gesetze, die der Durchführung des Lastenausgleichs dienen"). Einen Rechtsanspruch auf einen wie auch immer gearteten Ausgleich von welchen Lasten auch immer gab es jedenfalls bis zum Inkrafttreten von Art. 120a bzw. des LAG nicht.[3] 3

1. Abs. 1 S. 1. Der Begriff **„Lastenausgleich"** ist extensiv auszulegen.[4] Das BVerfG[5] versteht ihn „nicht (als) die Abwicklung von Rechtsverhältnissen, sondern (als) die Linderung sozialer Schäden". Legaldefiniert wird der 4

---

[1] BGBl. 1952 I 446.

[2] WiGBl. I 87.

[3] *Kaltenborn/Barczak* in BeckOK GG Rn. 3; *Hebeler* in BK Rn. 2; *Butzer* in Maunz/Dürig Rn. 60.

[4] *Hermes* in Dreier Rn. 5; *Muckel* in MKS Rn. 10; *Butzer* in Maunz/Dürig Rn. 60.

[5] BVerfGE 17, 60 (80).

Lastenausgleich (§ 1 Hs. 1 LAG) als die[6] „Abgeltung von Schäden und Verlusten, die sich infolge der Vertreibungen und Zerstörungen der Kriegs- und Nachkriegszeit oder durch Schäden im Schadensgebiet im Sinne des § 3 Abs. 1 des Beweissicherungs- und Feststellungsgesetzes ergeben haben, sowie die Milderung von Härten, die infolge der Neuordnung des Geldwesens im Geltungsbereich des Grundgesetzes einschließlich Berlin (West) eingetreten sind“.

5 Daraus ergaben sich folgende drei **räumliche Anwendungsbereiche** („Bezugsbereiche“), in denen entstandene Lasten auszugleichen waren:

- Vertreibungslasten: über den Begriff des Vertriebenen legaldefiniert (§ 11 Abs. 1 S. 1 LAG) als die „zur Zeit unter fremder Verwaltung stehenden deutschen Ostgebiete (und) Gebiete außerhalb der Grenzen des Deutschen Reiches nach dem Gebietsstand vom 31. Dezember 1937“,
- Schadensgebiet im Sinne des § 3 Abs. 1 Beweissicherungs- und Feststellungsgesetzgesetz (BFG)[7]: die sowjetische Besatzungszone Deutschlands und der Sowjetsektor von Berlin sowie
- von § 1 Hs. 1 LAG in Bezug genommen: der Geltungsbereich des GG einschließlich Berlin (West).

Nach aktualisiertem Verständnis kann man diese „Bezugsbereiche“ zusammenfassen als

- den Geltungsbereich des GG,
- die sogenannten früheren deutschen Ostgebiete und
- Gebiete außerhalb des Deutschen Reiches nach dessen Gebietsstand vom 31.12.1937 (*de facto:* unbegrenzt).

6 Es fällt schwer, den Beginn des **zeitlichen Anwendungsbereichs** („Bezugsbereichs“) der auszugleichenden Lasten im Verlauf des Zweiten Weltkriegs festzulegen. Jedenfalls ist sein Ende bis heute nicht eingetreten; der Lastenausgleich bleibt auch weiterhin „ein lebendiger Begleiter politischer Entwicklungen“.[8] Das ist auch darin begründet, dass – worauf das BVerwG[9] unter Bezugnahme auf § 349 LAG hingewiesen hat – ausgleichsleistungsberechtigt nicht nur die unmittelbar Belasteten, sondern auch deren Rechtsnachfolger sind. Dass jemand heute noch erstmalig für sich in Anspruch nimmt, Vertriebener zu sein, mag befremden. Gleichwohl wird man ihm diese Eigenschaft nur dann rechtlich begründet absprechen können, wenn man bereit ist, eine noch so entfernte Kausalität durch das Erfordernis einer jedenfalls gewissen Adäquanz einzuschränken. Da die letzten Antragsfristen für einen Lastenausgleich (Renten) seit dem 30.6.2000 abgelaufen sind, wird die Beantwortung der entsprechenden Frage rechtstheoretischer Natur bleiben. Dauerleistungen nach dem LAG werden allerdings noch bis etwa 2030 oder sogar 2040 gewährt werden.[10]

7 Der **inhaltliche Anwendungsbereich** („Bezugsbereich“), also die Ursachen der auszugleichenden Lasten, sind nach § 1 Hs. 1 LAG

- Schäden und Verluste infolge von Vertreibungen und Zerstörungen des zweiten Weltkriegs und der Nachkriegsgeschehnisse,

---

[6] *Hebeler* in BK Rn. 3.

[7] BGBl. 1965 I 425), aufgehoben durch Art. 3a Nr. 1 G vom 24.7.1992 (BGBl. 1992 I 1389).

[8] *Gallenkamp* VIZ 1999, 185 (185).

[9] BVerwG NVwZ-RR 2015, 721 (722).

[10] *Muckel* in MKS Rn. 29; *Butzer* in Maunz/Dürig Rn. 58.

– nicht näher beschriebene Schäden – § 1 Hs. 1 Alt. 2 LAG („die Abgeltung von Schäden und Verlusten, die sich (…) durch Schäden (…) ergeben haben“) kann insoweit nur als sprachlich verunglückt bezeichnet werden – sowie
– Härten infolge der Neuordnung des Geldwesens (anlässlich der Einführung der DM durch das WährungsG[11]).

Gewährt wurde und – teilweise – noch wird Lastenausgleich in der Form von Hauptentschädigung, Eingliederungsdarlehen, Kriegsschadenrente, Hausratentschädigung, Wohnraumhilfe, Härteleistungen, Leistungen auf Grund sonstiger Förderungsmaßnahmen, Entschädigung im Währungsausgleich für Sparguthaben Vertriebener, Entschädigung nach dem Altsparergesetz und Darlehen, die auf Grund des § 46 Abs. 2 des Bundesvertriebenengesetz (BVFG)[12] in den Jahren 1953 bis 1957 zur verstärkten Förderung der Flüchtlingssiedlung gewährt werden (§ 4 LAG).

Soweit Abs. 1 S. 1 für die in ihm vorgesehenen Rechtsfolgen den Lasten- **8**
ausgleich auf das Gebiet der **Ausgleichsleistungen** beschränkt, bezieht er sich – in Abgrenzung zu der in § 1 Hs. 2 LAG geregelten Mittelaufbringung („Einnahmenbereich“) – auf die in § 1 Hs. 1 LAG geregelte Schadens- und Verlustabgeltung sowie Härtenmilderung („Ausgabenbereich“).[13]

(Nur) Für die Ausgleichsleistungen des Lastenausgleichs sieht Abs. 1 S. 1 **9**
(abweichend vom grundlegenden Konzept der selbständigen Eigenverwaltung der Art. 83 ff. bei der Ausführung der Bundesgesetze[14]) ein „Teils (durch den Bund)-Teils (durch die Länder im Auftrag des Bundes)-Konzept“ vor. Folgt man für den Begriff einer sogenannten **Mischverwaltung** der Definition einer Wahrnehmung „entweder von den Ländern oder vom Bund, nicht hingegen zugleich von Bund und Ländern oder einer von beiden geschaffenen dritten Institution“[15], dann liegt in diesem „Teils-Teils-Konzept“ schon keine Aufgabenwahrnehmung zugleich von Bund und Ländern, sondern eine (teils) vom Bund oder (teils) von den Ländern. Und selbst wenn man bei Abs. 1 S. 1, insoweit „begriffsunscharf“, von einer Mischverwaltung sprechen wollen würde,[16] so wäre diese jedenfalls nicht verboten – eben, weil sie als Ausnahme nun einmal vom GG ausdrücklich vorgesehen ist.[17] Die vollständige oder teilweise Umsetzung des „Teils-Teils-Konzepts“ ist für den Gesetzgeber nicht zwingend („können“), sondern freigestellt.[18]

Von der in Abs. 1 S. 1 eingeräumten Kompetenz, nach Art. 85 der Bun- **10**
desregierung (Erlass allgemeiner Verwaltungsvorschriften, Regelung einheitlicher Ausbildung, Ernennung der Leiter der Mittelbehörden mit ihrem Einvernehmen) und den zuständigen obersten Bundesbehörden (Weisungsbefugnis gegenüber den Landesbehörden) zustehende Befugnisse ganz oder teilweise dem **Bundesausgleichsamt** zu übertragen, hat der Gesetzgeber in

---

[11] WiGBl 1948, Beilage Nr 5.

[12] BGBl. 2007 I S. 1902, zuletzt geändert durch Art. 3 G vom 6.5.2019 (BGBl. 2019 I S. 646).

[13] *Muckel* in MKS Rn. 9; *Butzer* in Maunz/Dürig Rn. 84.

[14] *Kirchhof* in Maunz/Dürig Art. 83 Rn. 89.

[15] BVerfGE 119, 331 (364).

[16] zB *Siekmann* in Sachs Rn. 1; *Muckel* in MKS Rn. 14; *Hermes* in Dreier Rn. 9; *Hebeler* in BK Rn. 8.

[17] *Kirchhof* in Maunz/Dürig Art. 83 Rn. 90.

[18] *Siekmann* in Sachs Rn. 1; *Hebeler* in BK Rn. 14.

§ 319 Abs. 2 S. 3 LAG in der Form Gebrauch gemacht, dass er diese Befugnisse dem Präsidenten des Bundesausgleichsamtes übertragen hat.

11 **2. Abs. 1 S. 2.** Das Weisungsrecht des Abs. 1 S. 2 bezieht sich nicht nur auf eine Recht-, sondern auch auf eine Zweckmäßigkeitskontrolle.[19] Weisungen des Präsidenten des Bundesausgleichsamtes sind danach für die Landesausgleichsausgleichsämter bindend – und zwar selbst dann, wenn sie rechtswidrig oder sonst unrichtig sind.[20] Dieses würde auch zu gelten haben, wenn der Präsident des Bundesausgleichsamtes ohne das Vorliegen eines Falles von Dringlichkeit (keine „Gefahr im Verzug") eine Weisung nicht an ein Landesausgleichamt, sondern unmittelbar einem Ausgleichsamt erteilen würde.

12 **3. Abs. 2.** Abs. 2 stellt klar, dass Art. 87 Abs. 3 S. 2 durch die Regelungen des Abs. 1 nicht abbedungen wird; allerdings sind dem Bund auf dem Gebiet des Lastenausgleichs bislang keine neuen Aufgaben erwachsen, die einen dringenden Bedarf hervorgerufen hätten, für dessen Befriedigung bundeseigene Mittel- und Unterbehörden hätten errichtet werden müssen. Eine praktische Bedeutung ist dieser Regelung also jedenfalls bislang nicht zugekommen – und wird es wohl auch kaum mehr tun.

III. Systematischer Zusammenhang

13 Die Verortung von Art. 120a (Lasten, die keine Kriegsfolgelasten sind, mit diesen aber in einem inhaltlichen Zusammenhang stehen) nach Art. 120 (Kriegsfolgelasten) mag konsequent sein. Ebenso wie Art. 120 (→ Art. 120 Rn. 8) ist Art. 120a im Abschnitt „Übergangs- und Schlußbestimmungen" des GG aber fehlverortet (→ Rn. 6)[21].

B. Einzelfragen

I. „Bundesratsfreiheit" vs. §§ 313 f. aF LAG

14 Nach Abs. 1 S. 2 Hs. 1 bedarf das Bundesausgleichsamt bei Ausübung seiner Befugnisse nicht der Zustimmung des Bundesrates; nach der Intention des Verfassungsgebers soll die Bundesausgleichsverwaltung also „bundesratsfrei" bzw. „länderfrei" sein. Ungeachtet dessen war mit § 314 Abs. 1 S. 1 LAG aF sowohl ein Ständiger Beirat beim Bundesausgleichsamt gebildet worden, dem Vertreter der Geschädigten angehörten (von denen unter anderem nach S. 2 je einer von den Parlamenten der Länder gewählt wurden), als auch mit § 313 LAG aF ein Kontrollausschuss gebildet worden, von dessen Mitgliedern unter anderem nach Abs. 1 S. 3 je eines von den Regierungen der Länder ernannt wurde. Nach seinem Wortlaut („bedarf nicht") verstießen ein solchermaßen gebildeter Ständiger Beirat bzw. Kontrollausschuss nicht gegen Abs. 1 S. 2 Hs. 1, bei teleologischer Auslegung von Abs. 1 S. 2 Hs. 1 ergeben sich gegen diese Gremien allerdings verfassungsrechtliche Bedenken.

[19] *Butzer* in Maunz/Dürig Rn. 103; *Muckel* in MKS Rn. 21; *Rodenbach* in SHH Rn. 39.
[20] BVerwG, Urt. v. 25.8.2011 – 3 A 2.10, Rn. 27.
[21] *Butzer* in Maunz/Dürig Rn. 2.

II. Lastenausgleichsgesetze

Auf der Grundlage von Art. 120a sind als Gesetze, die der Durchführung des Lastenausgleichs dienen, zB erlassen worden 15

– das LAG,
– das Feststellungsgesetz (FG) vom 21.4.1952[22],
– das Währungsausgleichsgesetz (WAG) vom 27.3.1952[23],
– das Altsparergesetz (ASpG) vom 14.7.1953[24],
– das Kriegsgefangenenentschädigungsgesetz (KgfEG) vom 30.1.1954[25],
– das Häftlingshilfegesetz (HHG) vom 6.8.1955[26],
– das Flüchtlingshilfegesetz (FlüHG) vom 15.7.1965[27],
– das Allgemeines Kriegsfolgengesetz (AKG) vom 5.11.1957[28],
– das BFG sowie
– das Reparationsschädengesetz (RepG) vom 12.2.1969[29].

Da der Lastenausgleich sich in seinem Begriffsverständnis gerade nicht auf den Fall der deutschen Wiedervereinigung beziehen sollte, sondern vielmehr auf den Fall der „Nicht-Wiedervereinigung" ausgelegt war, gehören die im Zusammenhang mit der Wiedervereinigung erlassenen Wiedergutmachungsgesetze – wie zB das Vermögensgesetz (VermG) vom 23.9.1990[30], das Entschädigungsgesetz (EntschG) vom 27.9.1994[31], das Ausgleichsleistungsgesetz (AusglLeistG) vom 27.9.1994[32] oder das NS-Verfolgtenentschädigungsgesetz (NS-VEntschG) vom 13.7.2004[33] – nicht zu den auf der Grundlage von Art. 120a erlassenen Gesetzen.

III. Rückforderung von Lastenausgleichsleistungen (§ 349 LAG)

Die derzeit bedeutsamste, zugleich aber auch verfassungsrechtlich umstrittenste Regelung des LAG ist § 349, der die Rückforderung von Lastenausgleich in den Fällen regelt, in denen nachträglich ein Schadensausgleich für den Sachverhalt erfolgt, dessen Lasten zuvor ausgeglichen worden waren. 16

Das BVerfG hat im Zusammenhang mit § 349 LAG unter anderem entschieden, dass 17

– Abs. 5 S. 2, der nachträglich in das LAG eingefügt wurde und nach dem ein Rechtsnachfolger eines Rückzahlungspflichtigen neben dem Rückzahlungspflichtigen als Gesamtschuldner in Anspruch genommen werden

---

[22] BGBl. 1952 I 237, aufgehoben durch das G zur Änderung und Bereinigung des Lastenausgleichsrechts vom 21.6.2006 (BGBl. 2006 I S. 1323).

[23] BGBl. 1952 I 213, aufgehoben durch das LAG-Euro-Umstellungs- und Anpassungsgesetz vom 9.9.2001 (BGBl. 2001 I 2306).

[24] BGBl. 1953 I 495, aufgehoben durch Art. 3 des G zur Änderung und Bereinigung des Lastenausgleichsrechts vom 21.6.2006 (BGBl. 2006 I 1323).

[25] BGBl. I 5, aufgehoben durch Art. 5 des G vom 21.12.1992 BGBl. 1992 I 2094.

[26] BGBl. 1955 I 498, zuletzt geändert durch Art. 1 des G vom 7.11.2015 (BGBl. 2015 I 1922).

[27] BGBl. 1965 I 612, zuletzt geändert durch Art. 6a des 34. LAG-Änderungsgesetzes vom 21.7.2004 (BGBl. 2004 I 1742).

[28] BGBl. 1957 I 1747, zuletzt geändert durch Art. 3 G vom 31.7.2009 (BGBl. I 2512).

[29] BGBl. 1969 I 105, aufgehoben durch Art. 8 des G vom 21.6.2006 (BGBl. I 1323).

[30] GBl. DDR 1990 I S. 1988, zuletzt geändert durch Art. 17 des G vom 21.11.2016 (BGBl. 2016 I 2591).

[31] BGBl. I 2624, zuletzt geändert durch Art. 1 des G vom 23.5.2011 (BGBl. 2011 I 920).

[32] BGBl. I 2624, zuletzt geändert durch Art. 1 des G vom 21.3.2011 (BGBl. 2011 I 450).

[33] BGBl. I 1671, zuletzt geändert durch Art. 4 des G vom 22.9.2005 (BGBl. 2005 I 2809).

kann, nicht gegen das Rückwirkungsverbot verstößt, weil es ein schutzwürdiges Vertrauen darauf, als Rechtsnachfolger des Geschädigten von der Mithaftung für dessen Rückzahlungspflichten verschont zu bleiben, nicht gibt;[34]

- Abs. 4 S. 1, 3, nach dem auch der Zinszuschlag zur Hauptentschädigung zurückgefordert werden kann, angesichts der Verknüpfung des Zinszuschlags mit der Hauptentschädigung nicht gegen das Willkürverbot verstößt, weil ohne Berücksichtigung des Zinszuschlags bei der Rückzahlungsverpflichtung die Unterschiede zwischen denjenigen, die in der Vergangenheit nach dem LAG anspruchsberechtigt waren, und denen, die als Bewohner der DDR Lastenausgleich nie beanspruchen konnten, noch größer geworden wären;[35]
- Abs. 4 S. 5 nicht unmittelbar mit einer Verfassungsbeschwerde angegriffen werden kann, weil das LAG, „auf dessen richtiges Verständnis es für die verfassungsrechtliche Beurteilung ausschlaggebend ankommt, (...) eine äußerst komplexe Materie (ist), die sich ohne Kenntnis von Fallanschauung und Rechtsauffassung der Fachgerichte, insbesondere auch des zuständigen obersten Bundesgerichts, nicht ohne weiteres erschließt";[36] sowie
- die Gewährung von Hauptentschädigung von Anfang an unter dem Vorbehalt stand, dass Vermögen, auf dessen Verlust die Gewährung der Hauptentschädigung beruhte, dem Geschädigten nicht zurückerstattet wird, und unter diesen Umständen sich kein Vertrauen dahingehend bilden durfte, die Hauptentschädigung bei einem späteren Schadensausgleich behalten zu dürfen.[37] Diese Rechtsprechung sieht sich dem Vorwurf ausgesetzt, dass mit ihr *extra legem* ein Übergang von einer Ausgleichs- in eine Eingriffsverwaltung legitimiert werden würde,[38] ja sogar von verfassungswidriger Nötigung ist in diesem Zusammenhang die Rede.[39] Diese Kritik erscheint überzogen. Denn es ist in der Leistungsverwaltung allgemein üblich (vgl. statt aller § 48 Abs. 2 VwVfG), zu Unrecht gewährte Leistungen oder Leistungen, für die der Rechtsgrund nachträglich entfallen ist, zurückzufordern.[40]

C. Verhältnis zu anderen Bestimmungen des Grundgesetzes

18 Die mit den Ausgaben für den Lastenausgleich korrespondierenden Einnahmen des Bundes regelt Art. 106 Abs. 1 Nr. 5 Alt. 2. Diese Einnahmen („Sonderopfer der nicht so stark Geschädigten zugunsten der schwer Getroffenen"[41]) wurden bis 1986 erzielt durch eine Vermögens- (§§ 16 ff. LAG aF), eine Hypotheken- (§§ 91 ff. LAG aF) und eine Kreditgewinnabgabe (§§ 161 ff. LAG aF).

---

[34] BVerfG, Beschl. v. 7.9.2006 – 1 BvR 1798/06.
[35] BVerfGE 106, 201 (207).
[36] BVerfG, Beschl. v. 4.12.2000 – 1 BvR 1751/00.
[37] BVerfGE 102, 254 (322).
[38] *Kaltenborn/Barczak* in BeckOK GG Rn. 5; *Siekmann* in Sachs Rn. 4.
[39] *Rosenberger* VIZ 1996, 65 (65).
[40] *Holtz* VIZ 1996, 245.
[41] *Butzer* in Maunz/Dürig Rn. 89.

D. Kritische Würdigung

19 Natürlich stand es dem Verfassungsgeber frei, mit Abs. 1 S. 1 wenn schon keine sogenannte Mischverwaltung (→ Rn. 9), so doch ein „Teils-Teils-Konzept“ einzuführen. Ein solches Konzept ist sicherlich kein verfassungsorganisatorischer „Sündenfall“, aber bestimmt auch kein Beitrag zur Transparenz der vom GG statuierten Verwaltungsformen. Ob allerdings nicht auch ohne ein solches Konzept der Lastenausgleich hätte wirksam, zeit- und sachgerecht sowie gleichmäßig durchgeführt werden können und ob ein solches Konzept tatsächlich ein zukunftsweisendes Modell für andere Arbeitsbereiche darstellt,[42] soll hier dahingestellt bleiben. Jedenfalls können seit dem 1.1.2015 die Länder ihre Zuständigkeiten für die Ausführung der Ausgleichsleistungen des LAG durch Vereinbarung mit dem Bundesausgleichsamt auf das Bundesausgleichsamt „zurückübertragen“ (§ 313 LAG). Auch § 313 LAG ist damit ein Anwendungsfall von Art. 120a Abs. 1 S. 1: Er bestimmt, dass die Ausführung der Ausgleichsleistungen, die vorher (im Auftrag des Bundes) durch ein Land vorgenommen wurde, nach entsprechender Vereinbarung dieses Landes mit dem Bundesausgleichsamt – dem insoweit die entsprechenden Befugnisse von der Bundesregierung bzw. den zuständigen obersten Bundesbehörden übertragen wurden – durch das Bundesausgleichsamt (für den Bund) vorgenommen wird.

20 Die „Hoch-Zeit“ seiner Bedeutung hat Art. 120a sicherlich hinter sich. Angesichts von noch jahrzehntelang zu gewährenden Dauerleistungen nach dem LAG (→ Rn. 6) und insbesondere den Rückforderungen von Lastenausgleichsleistungen (→ Rn. 17) kann von einer Bedeutungslosigkeit aber noch keine Rede sein.

Literatur

J. Becker, Transfergerechtigkeit und Verfassung, 2001. – ***E. Brandt/K.-J. Henning,*** Die Aufsicht von Ministerien über Bundesoberbehörden, VR 1982, 181. – ***T. v. Danwitz,*** Bundesauftragsverwaltung und Bundesingerenzen nach Art. 85 Abs. 4 GG, DVBl. 1992, 1005. – ***P. Dieners,*** Länderrechte in der Bundesauftragsverwaltung, DÖV 1992, 923. – ***P. Eisold,*** Lastenausgleich – und kein Ende? Überlegungen auch zur Zurückforderung in der DDR enteigneten Vermögens, DStR 1192, 17. – ***G. Gallenkamp,*** Der Lastenausgleich, NJW 1999, 2486. – ***G. Gallenkamp,*** Der Lastenausgleich – eine Solidarleistung zur Geschichtsbewältigung wird selbst Geschichte, VIZ 1999, 185. – ***M. Görtemaker,*** Geschichte der Bundesrepublik Deutschland. Von der Gründung bis zur Gegenwart, 1999.– ***W. Holtz,*** Die Rückforderung des Lastenausgleichs und das Gebot der Gleichbehandlung, VIZ 1996, 617. – ***H.-D. Kittke,*** 20 Jahre Vermögensgesetz: Offene Vermögensfragen und kein Ende?, LKV 2010, 464. – ***H.-D. Kittke,*** Zur Regelung offener Vermögensfragen zwischen der Bundesrepublik Deutschland und der DDR, DtZ 1990, 179. – ***W. Kitz,*** Der endgültige Lastenausgleich: Bericht d. Gutachterkommission für den Lastenausgleich, 1950. – ***A. Köttgen,*** Bundesregierung und oberste Bundesbehörde, DÖV 1954, 5. – ***A. Köttgen,*** Das Verwaltungsverfahren als Gegenstand der Bundesgesetzgebung, DÖV 1952, 442. – ***J. Kratzer,*** Über die Zuständigkeit zum Erlaß allgemeiner Verwaltungsvorschriften des Bundes, DÖV 1953, 172. – ***H. Loening,*** Der ministerialfreie Raum in der Staatsverwaltung, DVBl. 1954, 173. – ***R. Loeser,*** Theorie und Praxis der Mischverwaltung, 1976. – ***K. Märker,*** Der Staatsräson verpflichtet! Zur Entscheidung des Bundesverfassungsgerichts über die Verfassungsmäßigkeit des Entschädigungs- und Ausgleichsleistungsgesetzes, VIZ 2001, 233. – ***M. Redeker,*** Grenzen der gesetzgeberischen Ge-

[42] *Schaefer* in v. Münch/Kunig, 6. Aufl. 2012, Rn. 29.

staltungsfreiheit im Wiedergutmachungsrecht, VIZ 2001, 177. – ***M. Ronellenfitsch,*** Die Mischverwaltung im Bundesstaat, 1975. – ***F. Rosenberger,*** Die Rückforderung des Lastenausgleichs nach der Restitution von Ostvermögen – Großenteils eine verfassungswidrige Nötigung, VIZ 1996, 65. – ***F. Rosenberger,*** Verfassungswidrigkeit der Rückforderung von Kriegsschadenrente nach dem 33. Lastenausgleichsänderungsgesetz, VIZ 2006, 1. – ***H. Schäfer,*** Bundesaufsicht und Bundeszwang, AöR 1952, 1. – ***H. Schäfer,*** Die bundeseigene Verwaltung, DÖV 1958, 241. – ***A. Schulze-Brachmann/H. Meilicke/G. Georgi,*** Lastenausgleichsgesetz nebst Durchführungsverordnungen, 1953. – ***J. Schulze,*** Rückwirkender Ausschluß des Suspensiveffekts? – Zum zeitlichen Anwendungsbereich des § 340 II LAG, VIZ 1996, 489. – ***W. Schulze,*** Grundfragen des Lastenausgleichsrechts, DÖV 1957, 385. – ***K. Stern,*** Das Staatsrecht der Bundesrepublik Deutschland, Bd. II, 1980. – ***H.A. Wenninger,*** Grundriss des Lastenausgleichs, 1961. – ***L. Wiegand,*** Der Lastenausgleich in der Bundesrepublik Deutschland 1949 bis 1985, 1992. – ***P. Wysk,*** Kriegsfolgengesetzgebung in unserer Zeit, FS f. Michael Kloepfer 2013, 889.

Art. 121 [Mehrheit der Mitglieder des Bundestages]

Mehrheit der Mitglieder des Bundestages und der Bundesversammlung im Sinne dieses Grundgesetzes ist die Mehrheit ihrer gesetzlichen Mitgliederzahl.

Übersicht

A. Allgemeine Bedeutung

I. Genese

1 Art. 121 stellt **ein Novum** dar.[1] Die Vorgängerverfassungen des GG enthielten zwar spezielle Mehrheitserfordernisse, zB § 98 Paulskirchenverfassung oder Art. 28 Reichverfassung 1871. Eine Legaldefinition der absoluten Mehrheit fehlte dort jedoch. Auch der Herrenchiemsee-Entwurf kannte eine dem Art. 121 entsprechende Regelung noch nicht.[2] Erst auf Initiative des Allgemeinen Redaktionsausschusses des Parlamentarischen Rates wurde folgende Definition diskutiert und zunächst als selbstverständlich und damit überflüssig abgelehnt: „Die Mehrheit der Mitglieder einer Körperschaft im Sinne dieses Grundgesetzes ist die Mehrheit der gesetzlichen Mitgliederzahl dieser Körperschaft". Gleichwohl wurde ein erneuerter Antrag, in dem der allgemeine Begriff der Körperschaft durch die konkreteren Begriffe des Bundestages und der Bundesversammlung ersetzt wurde, angenommen.[3] Der Parlamentarische Rat lehnte die Ausdehnung des Art. 121 auf den Bundesrat dagegen ausdrücklich ab.[4] Die Norm ist seither unverändert geblieben.

II. Inhaltsübersicht und systematischer Zusammenhang

2 Der Bundestag entscheidet nach dem **Mehrheitsprinzip,** das zu den Grundlagen der Demokratie zählt und seinen Sitz in Art. 20 Abs. 1 hat.[5] Die **Mehrheitsregel** dagegen ist in Art. 42 enthalten. Das GG kennt **verschiedene Mehrheiten.** Grundsätzlich entscheidet das Parlament mit der ein-

---

[1] *Morlok* in Dreier Rn. 1.
[2] *Klein* in Maunz/Dürig Rn. 2.
[3] *V. Doemming/Füßlein/Matz* JöR 1 (1951), 837 f.; ausf. *Müller-Terpitz* in BK Rn. 3 ff.; *Höfling/Burkiczak* in BerlKomm Rn. 3 f.; *Muckel* in MKS Rn. 1 ff.
[4] *Klein* in Maunz/Dürig Rn. 4 f.; *Morlok* in Dreier Rn. 2.
[5] BVerfGE 29, 254 (165); 44, 121 (141); 112, 118 (140 Rn. 65).

fachen Mehrheit der abgegebenen Stimmen als so genannter Regelmehrheit nach Art. 42 Abs. 2 (→ Art. 42 Rn. 35 ff).[6] Spezielle Mehrheitserfordernisse, deren Bezugsgröße nicht die abstimmenden Abgeordneten sind, sondern die Zahl der gesetzlichen Mitglieder des Bundestages ist, finden sich im GG an mehreren Stellen (→ Rn. 7 f.). Art. 121 enthält eine verfassungsrechtliche Legaldefinition für diesen Mehrheitsbegriff.[7] Die Mitgliedermehrheit des Art. 121 wird auch als absolute Mehrheit, Abgeordnetenmehrheit oder Kanzlermehrheit bezeichnet.[8]

B. Einzelfragen

I. Mehrheit der Mitglieder des Bundestages und der Bundesversammlung

3 Für die parlamentarische Demokratie des GG konstituierend ist, dass parlamentarische Entscheidungen nach der Mehrheitsregel getroffen werden. Mehrheit bedeutet rein rechnerisch immer die Hälfte der relevanten Gesamtstimmenzahl plus eins.[9] Für die Bejahung einer Frage (§ 48 Abs. 2 GOBT) muss eine Ja-Stimme mehr von der relevanten Abgeordnetenzahl abgegeben worden sein als Nein-Stimmen vorliegen. Der **Mehrheitsbegriff** ist allerdings **variabel.** Sowohl das Abstimmungsquorum als auch die Bezugsgröße, also die Gesamtzahl derjenigen Abgeordneten, die in die Berechnung des Beteiligungs- und Abstimmungsquorums einfließt, variieren im GG. Welche Mehrheit von Stimmberechtigten für einen Beschluss des Bundestages erforderlich ist, wird entweder **verfassungsrechtlich vorgegeben** oder im Rahmen der **Parlamentsautonomie** durch den Bundestag selbst festgelegt. Art. 121 benennt als Kreis der Abgeordneten, aus denen die Mehrheit zu berechnen ist, die Zahl der gesetzlichen Mitglieder des Bundestages. Wenn spezielle Normen auf die Mehrheit der Mitglieder in Bundestag oder Bundesversammlung Bezug nehmen, verweisen sie implizit auf Art. 121. Art. 121 differenziert nicht zwischen **Sach-** und **Personalentscheidungen.**[10]

4 Das GG kennt verschiedene **Arten von Mehrheiten.** Die Regelmehrheit für Abstimmungen und Wahlen benennt Art. 42 Abs. 2 mit der Mehrheit der abgegebenen Stimmen. Bei der **Abstimmungsmehrheit** oder **einfachen Mehrheit** ist kein besonderes Beteiligungsquorum erforderlich. Es stimmen die anwesenden Abgeordneten ab. Um die einfache Mehrheit zu erreichen, muss die Zahl der zustimmenden Abgeordneten um einen Abgeordneten höher sein als die Zahl der verneinenden Abgeordneten. Enthaltungen und ungültige Stimmen werden bei der Abstimmungsmehrheit nicht als Nein-Stimmen gezählt.[11] Die **relative Mehrheit** bezieht sich auf das Verhältnis der für mehrere Personen oder sachliche Optionen abgegebenen Stimmen. Hier muss ein Vorschlag mehr Stimmen auf sich vereinen als die anderen, ohne

[6] *Kluth* in SHH Rn. 7.

[7] *Höfling/Burkiczak* in BerlKomm Rn. 1; *Kluth* in SHH Rn. 1; *Klein* in Maunz/Dürig Rn. 10; *Brocker* in BeckOK GG Rn. 1; *Versteyl* in v. Münch/Kunig, 6. Aufl. 2012, Rn. 3; *Umbach* in Umbach/Clemens Rn. 11.

[8] BVerfGE 112, 118 (145 Rn. 77).

[9] *Magiera* in Sachs Rn. 1; *Versteyl* in v. Münch/Kunig, 6. Aufl. 2012, Rn. 4; *Morlok* in Dreier Rn. 10; *Muckel* in MKS Rn. 8; *Höfling/Burkiczak* in BerlKomm Rn. 27.

[10] *Klein* in Maunz/Dürig Rn. 16; *Morlok* in Dreier Rn. 5.

[11] *Höfling/Burkiczak* in BerlKomm Rn. 2; *Kaiser* JuS 2017, 221 (223); aA wohl *Kluth* in SHH Rn. 8.

dass dies mehr Stimmen sein müssen als die Addition aller anderen Stimmen, vgl. zB Art. 63 Abs. 4 S. 1 oder § 2 Abs. 2 S. 4 GOBT: „gewählt ist, wer die meisten Stimmen erhält".[12] Verlangt eine Regelung des GG für eine Abstimmung oder Wahl die Mehrheit der Mitglieder des Bundestages oder der Bundesversammlung, ist die Bezugsgröße die diesen Organen von Gesetzes wegen angehörende Zahl der Mitglieder. Das scheint zwar selbstverständlich, immerhin hat Art. 121 insoweit aber eine Klarstellungsfunktion.[13] Enthaltungen zählen beim Erfordernis der absoluten Stimmenmehrheit wie Gegenstimmen, da hier die Mehrheit aller Abstimmungsberechtigten mit Ja gestimmt haben muss.[14] **Pairing-Vereinbarungen,** mit denen Regierungs- und Oppositionsfraktionen untereinander vereinbaren, dass für jeden verhinderten Abgeordneten auf Regierungsseite ein Abgeordneter der Opposition der Abstimmung fernbleibt, wirken sich nicht auf das Beteiligungs- oder Abstimmungsquorum aus, da sie keine derogierende Wirkung haben, und nutzen bei dem Mehrheitserfordernis des Art. 121 nichts.[15]

II. Im Sinne dieses Grundgesetzes

Art. 121 gilt **ausdrücklich nur für den Bundestag und die Bundesversammlung.** Mit dem Bundestag ist das Plenum gemeint. Art. 121 findet **keine Anwendung** auf Abstimmungen und Wahlen in Ausschüssen, Unterausschüssen oder anderen Gremien des Bundestages. Er gilt weder im Gemeinsamen Ausschuss nach Art. 53a noch im Vermittlungsausschuss nach Art. 77 Abs. 2.[16] Auf den **Bundesrat** ist er aus seiner Entstehungsgeschichte heraus und wegen des Fehlens einer Regelungslücke nicht anzuwenden.[17] Die Mehrheitsregel des Bundesrates ergibt sich aus Art. 52 Abs. 3 S. 1. Für eine analoge, entsprechende oder gleichsinnige Anwendung[18] des Art. 121 oder eine Anwendung der Norm als Auslegungsregel auf die Mehrheitserfordernisse in anderen Organen als Bundestag oder Bundesversammlung ist kein Raum. Insbesondere spricht der klare Wortlaut „im Sinne dieses Grundgesetzes" gegen eine Ausdehnung.[19] 5

Der **unmittelbare Anwendungsbereich** der klarstellenden Norm umfasst zunächst alle Vorschriften des GG, die als Bezugsgröße für die Berechnung von Mehrheiten die Mehrheit der Mitglieder des Bundestages oder der Bundesversammlung nennen. Zu diesen Vorschriften zählen für den **Bundestag** Art. 29 Abs. 7 S. 2, nach der ein Bundesgesetz zur Änderung des Gebietsbestandes der Länder der Zustimmung der Mehrheit der Mitglieder 6

[12] Näher *Müller-Terpitz* in BK Rn. 6; *Klein* in Maunz/Dürig Rn. 9; *Höfling/Burkiczak* in BerlKomm Rn. 27.

[13] *Höfling/Burkiczak* in BerlKomm Rn. 1; *Magiera* in Sachs Rn. 1; *Klein* in Maunz/Dürig Rn. 10.

[14] *Brocker* in BeckOK GG Rn. 5; *Müller-Terpitz* in BK Rn. 7.

[15] *Kluth* in SHH Rn. 10; *Morlok* in Dreier Rn. 14; *Butzer/Henkenötter* ZG 1995, 328 (336); *Schuldei,* Die Pairing-Vereinbarung, 1997, 90; *Schulze-Fielitz* in Schneider/Zeh Parlamentsrecht und Parlamentspraxis, § 11 Rn. 50, 69.

[16] *Klein* in Maunz/Dürig Rn. 15; *Muckel* in MKS Rn. 7.

[17] *Morlok* in Dreier Rn. 5; *Brocker* in BeckOK GG Rn. 3; *Klein* in Maunz/Dürig Rn. 14; *Muckel* in MKS Rn. 7; aA *Umbach* in Umbach/Clemens Rn. 14; *Versteyl* in v. Münch/Kunig, 6. Aufl. 2012, Rn. 5.

[18] So *Morlok* in Dreier Rn. 8; *Versteyl* in v. Münch/Kunig, 6. Aufl. 2012, Rn. 6; *Brocker* in BeckOK GG Rn. 2.

[19] *Müller-Terpitz* in BK Rn. 41; *Magiera* in Sachs Rn. 2; *Schenke/Leisner* in Sodan Rn. 1; *Höfling/Burkiczak* in BerlKomm Rn. 23 f., 26; *Brocker* in BeckOK GG Rn. 3; *Muckel* in MKS Rn. 6.

des Bundestages bedarf; Art. 63 Abs. 2 S. 1, Art. 63 Abs. 3 u. Art. 63 Abs. 4 S. 2 für die Wahl des Bundeskanzlers durch den Bundestag; Art. 67 Abs. 1 S. 1 für das konstruktive Misstrauensvotum; Art. 68 Abs. 1 S. 1 u. 2 für die Vertrauensfrage und Wahl eines neuen Bundeskanzlers; Art. 77 Abs. 4 für die Zurückweisung eines Einspruchs des Bundesrates im Gesetzgebungsverfahren; Art. 80a Abs. 3 S. 2 für die Aufhebung von bestimmten Maßnahmen im Spannungsfall; Art. 87 Abs. 3 S. 2 für die Errichtung bundeseigener Mittel- und Unterbehörden und Art. 115a Abs. 1 S. 2 für die Feststellung des Verteidigungsfalles. Von der **Bundesversammlung** verlangt Art. 54 Abs. 6 die Wahl des Bundespräsidenten mit der Mehrheit ihrer Mitglieder.[20]

7 An einigen Stellen verlangt das GG parlamentarische Entscheidungen von **Bruchteilen der gesetzlichen Mitgliederzahl** des Bundestages. Die Bruchteile beziehen sich zum einen auf Antragsminderheiten. Nach Art. 42 Abs. 1 S. 2 kann auf Antrag **eines Zehntels** der Mitglieder des Bundestages die Sitzungsöffentlichkeit ausgeschlossen werden. **Ein Viertel** der Mitglieder kann die Einsetzung eines Untersuchungsausschusses nach Art. 44 Abs. 1 S. 1 verlangen, die Präsidentenanklage nach Art. 61 Abs. 1 S. 2 beantragen oder nach Art. 93 Abs. 1 Nr. 2 Antrag auf Normenkontrolle stellen. **Ein Drittel** der Mitglieder kann eine frühere Einberufung des Bundestages nach Art. 39 Abs. 3 S. 3 verlangen. Für demokratisch besonders zu legitimierende Parlamentsentscheidungen sind zT **qualifizierte Mehrheiten** von zwei Dritteln der Mitglieder erforderlich zB für eine Änderung der vertraglichen Grundlagen der Europäischen Union nach Art. 23 Abs. 1 S. 3, beim Beschluss der Präsidentenanklage nach Art. 61 Abs. 1 S. 3 oder bei Verfassungsänderungen nach Art. 79 Abs. 2.[21] Wenn eine Entscheidung mit einem Bruchteil gefasst werden muss, muss zur Bejahung der Abstimmungsfrage nur dieser Bruchteil erreicht werden.[22]

8 Art. 121 ist ferner anzuwenden, wenn einfaches **Gesetzesrecht** oder **Geschäftsordnungsrecht** die Mehrheit der Stimmen der Mitglieder des Bundestages oder einen Bruchteil hiervon für eine Entscheidung erfordert,[23] zB in § 5 Abs. 1 S. 2 BRHG, § 13 WBeauftrG, § 16 Abs. 2 WahlPrG, § 2 Abs. 2 GOBT.

III. Ist die Mehrheit ihrer gesetzlichen Mitgliederzahl

9 Bei dem Begriff der Mehrheit der gesetzlichen Mitgliederzahl von Bundestag und Bundeversammlung handelt es sich um einen **ausfüllungsbedürftigen Verfassungsbegriff.**[24] Über die gesetzliche Mitgliederzahl beider Verfassungsorgane macht das GG keine Aussage. Vielmehr **verweist** Art. 121 **dynamisch** auf die jeweilige gesetzliche Mitgliederzahl des jeweiligen Bundestages und der jeweiligen Bundesversammlung. Die Anzahl der gesetzlichen Mitglieder der beiden Organe ergibt sich vorwiegend aus einfachem Recht, insbesondere aus dem Bundeswahlgesetz (BWahlG) und dem Bundespräsidentenwahlgesetz (BPräsWahlG).[25] In der Regel wird aus Art. 121 deshalb in Ergänzung zu Art. 38 Abs. 3 ein Auftrag an den Gesetzgeber ent-

[20] *Klein* in Maunz/Dürig Rn. 11; *Höfling/Burkiczak* in BerlKomm Rn. 11 ff.; *Morlok* in Dreier Rn. 6.

[21] *Höfling/Burkiczak* in BerlKomm Rn. 2; *Muckel* in MKS Rn. 5; *Morlok* in Dreier Rn. 7.

[22] *Klein* in Maunz/Dürig Rn. 12.

[23] *Brocker* in BeckOK GG Rn. 2; *Magiera* in Sachs Rn. 2.

[24] *Klein* in Maunz/Dürig Rn. 17; krit. *Höfling/Burkiczak* in BerlKomm Rn. 29.

[25] *Kluth* in SHH Rn. 3; *Versteyl* in v. Münch/Kunig, 6. Aufl. 2012, Rn. 7; *Muckel* in MKS Rn. 9; *Brocker* in BeckOK GG Rn. 6; *Morlok* in Dreier Rn. 9; *Müller-Terpitz* in BK Rn. 12.

nommen, die Zahl der gesetzlichen Mitglieder in beiden Organen zu bestimmen.[26]

1. Bundestag. Für die **gesetzliche Mitgliederzahl des Bundestages** maßgeblich ist § 1 BWahlG in der zum Zeitpunkt der Wahl des amtierenden Bundestages geltenden Fassung.[27] Danach besteht der Bundestag aus 598 Abgeordneten – vorbehaltlich von Abweichungen, die sich aus dem BWahlG ergeben. Nach dem BWahlG sind sowohl Über- als auch Unterschreitungen dieser Zahl möglich. Überschreitungen ergeben sich ausschließlich zu Beginn einer Wahlperiode. Durch **Überhang**- und **Ausgleichsmandate** nach § 6 Abs. 4 u. 5 BWahlG steigt die Anzahl der Abgeordneten an.[28] Der 19. Bundestag hat seit Beginn der Wahlperiode 709 Abgeordnete.[29] 10

Art. 121 stellt mit der gesetzlichen Mitgliederzahl auf den **Sollbestand der Mitglieder** des Bundestages im **Zeitpunkt einer Abstimmung oder Wahl** ab.[30] Der Sollbestand kann sich im Laufe der Wahlperiode dauerhaft verringern,[31] wenn Abgeordnete aus dem Bundestag ohne Nachrücker ausscheiden zB weil die Liste einer Partei erschöpft ist (§ 48 Abs. 1 S. 4 BWahlG). Gründe für den Verlust eines Mandats regelt § 46 BWahlG. Der Verlust eines Mandats kann zB eintreten, wenn die Partei eines Abgeordneten verboten wurde (§ 46 Abs. 4 BWahlG). Das führt zu einer **dauerhaften Verringerung der gesetzlichen Mitgliederzahl,** die nach Art. 121 relevant ist. Das gilt auch, wenn bei Erledigung eines Wahlkreismandats eine Wiederholungs- oder Ersatzwahl ausscheidet, weil innerhalb der kommenden sechs Monate ein neuer Bundestag gewählt wird (§ 44 Abs. 3 S. 2, § 46 Abs. 4 S. 2, § 48 Abs. 2 BWahlG).[32] 11

Es gibt Fälle, in denen **ein Sitz nur vorübergehend unbesetzt** bleibt, weil eine erforderliche Wiederholungs- oder Nachwahl nach §§ 43, 44 BWahlG noch nicht stattgefunden hat oder der Nachfolger eines ausgeschiedenen Abgeordneten die Mitgliedschaft im Bundestag noch nicht angenommen hat. Ob sich die vorübergehende Vakanz eines Sitzes auf die Höhe der gesetzlichen Mitgliederzahl auswirkt, ist umstritten. 12

Die wohl hM **reduziert** auch bei vorübergehend unbesetzten Sitzen die Zahl der **gesetzlichen Mitglieder** des Bundestages **um die vorübergehend nicht besetzten Sitze.** Ihr kommt es nicht auf die Zahl der nach dem Gesetz zu besetzenden Sitze an, sondern darauf, wie viele Abgeordnete im Zeitpunkt einer Abstimmung oder Wahl dem Bundestag tatsächlich angehören. Als ausschlaggebenden Grund gibt die hM die weitreichenden Konsequenzen für das Erreichen von Mehrheiten gerade für den Fall länger 13

---

[26] *Klein* in Maunz/Dürig Rn. 17; *Schneider* in AK Rn. 2; *Morlok* in Dreier Rn. 9 f.; *Pestalozza* LKV 2008, 49 (50).

[27] *Kluth* in SHH Rn. 3; *Winkler* VR 2000, 165 (167 ff).

[28] Vor Änderung des BWahlG 2017 konnte für einen von einem Überhangmandat ausgeschiedenenen Abgeordneten kein Listenkandidat nachrücken. Zur alten Rechtslage BVerfGE 97, 317 (326 Rn. 18); *Ipsen* JZ 2002, 469 (470). Mit den Ausgleichsmandaten hat sich diese Rechtslage erledigt.

[29] https://www.bundestag.de/resource/blob/196182/c0739fdf32774619a7e80cecc6fa6a26/Kapitel_02_01_Gesetzliche_Mitgliederzahl_des_Bundestages-data.pdf (letzter Zugriff 12.11.2019).

[30] *Brocker* in BeckOK GG Rn. 8; *Magiera* in Sachs Rn. 4; *Kluth* in SHH Rn. 4.

[31] *Brocker* in BeckOK GG Rn. 7; aA *Pestalozza* LKV 2008, 49 (51).

[32] *Höfling/Burkiczak* in BerlKomm Rn. 33; *Magiera* in Sachs Rn. 5; *Brocker* in BeckOK GG Rn. 10.

andauernder Vakanzen an.[33] Da in den genannten Fällen der Sitz nicht dauerhaft, sondern nur zeitweilig für die Wahlperiode vakant wird, geht eine Mindermeinung dagegen zu Recht davon aus, dass in den genannten Fällen der Sollbestand der gesetzlichen Mitgliederzahl des Bundestages und damit auch das Beteiligungs- und Abstimmungsquorum unverändert bleiben. Hier hat sich nur die tatsächliche Abgeordnetenzahl vorübergehend verringert, die frei gewordenen Sitze können aber nachbesetzt werden. Damit wird das **Erreichen einer Mehrheit** idR nur vorübergehend und **nur geringfügig erschwert.** Das ist im Interesse der Rechtsklarheit hinnehmbar. Zwar spricht Art. 121 nicht von Sitzen, sondern von Mitgliedern.[34] Als klarstellende Norm, die von ihrer Entstehungsgeschichte her auf den Soll- und nicht den Ist-Bestand der Abgeordneten im Bundestag abstellt, wäre Art. 121 sonst aber überflüssig.[35]

14 Ob ein Abgeordneter sein **Mandat tatsächlich wahrnimmt,** spielt dagegen für die Berechnung der gesetzlichen Mitgliederzahl keine Rolle. Es kommt auf die Wahrnehmungsmöglichkeit an. Für diese ist es unbeachtlich, ob ein Abgeordneter faktisch durch zB Krankheit, Urlaub (§ 14 GOBT) und Auslandsreisen oder rechtlich durch zB Sitzungsausschluss nach § 38 GOBT oder Pairing-Vereinbarung an der Ausübung seines **Mandats vorübergehend gehindert** ist. Die vorübergehende Abwesenheit eines Abgeordneten wirkt sich nicht auf den Soll-, sondern auf den Ist-Bestand des Bundestages aus und ist für Art. 121 unbeachtlich.[36]

15 **2. Die Bundesversammlung.** Die gesetzliche Mitgliederzahl der Bundesversammlung ist in Art. 54 Abs. 3 benannt. Die Bundesversammlung setzt sich zusammen aus den gesetzlichen Mitgliedern des Bundestages als geborenen Mitgliedern und einer **gleichen Anzahl von Mitgliedern,** die von den **Volksvertretungen der Länder** nach der Verhältniswahl gewählt werden. Die Zahl der Mitglieder, die von der Länderseite geschickt wird, richtet sich also nach der Mitgliederzahl des Bundestages. Damit ist der Zeitpunkt der Berechnung der gesetzlichen Mitgliederzahl des Bundestages für die Gesamtzahl der Mitglieder der Bundesversammlung ausschlaggebend. Nach § 2 Abs. 1 BPräsWahlG stellt die Bundesregierung die Zahl der gesetzlichen Mitglieder des Bundestages lediglich **rechtzeitig** fest. Eine konkrete Zeitspanne nennt die Norm nicht.

16 Der Beschluss der Bundesregierung ist dauerhaft für die Berechnung maßgeblich.[37] Verringert sich nach dem Beschluss die Zahl der gesetzlichen Mitglieder des Bundestages dadurch, dass ein Sitz dauerhaft entfällt oder ein Abgeordneter ausscheidet und nicht bis zum Zusammentritt der Bundesversammlung ersetzt ist, wirkt sich dies auf die Mitgliederzahl der Länderseite nicht aus. Zwischen Bundes- und Länderseite besteht dann zwar eine **Dis-**

[33] *Morlok* in Dreier Rn. 12, 13: Auch die Wiederbesetzungsmodalitäten, die eine gewisse Zeit in Anspruch nehmen können, gehören zu den Gesetzen, nach denen sich die gesetzliche Mitgliederzahl bestimmt. *Klein* in Maunz/Dürig Rn. 18 f.; *Versteyl* in v. Münch/Kunig, 6. Aufl. 2012, Rn. 9; *Magiera* in Sachs Rn. 5; *Muckel* in MKS Rn. 14; *Müller-Terpitz* in BK Rn. 21 ff.

[34] So der Einwand von *Morlok* in Dreier Rn. 11.

[35] *Höfling/Burkiczak* in BerlKomm Rn. 34 f.; *Schneider* in AK Rn. 3; *Brocker* in BeckOK GG Rn. 11; *Schenke/Leisner* in Sodan Rn. 4; *Umbach* in Umbach/Clemens Rn. 16; *Schreiber,* Handbuch des Wahlrechts zum Deutschen Bundestag, 7. Aufl. 2005, § 1 Rn. 3.

[36] *Umbach* in Umbach/Clemens Rn. 17; *Morlok* in Dreier Rn. 14; *Pieroth* in Jarass/Pieroth Rn. 2; *Muckel* in MKS Rn. 15.

[37] *Jellinek* in FS f. Kraus, 1954, S. 88 (94).

parität, die aber hinnehmbar ist, weil sonst die Zahl der von den Ländern zu schickenden Mitglieder jeweils völlig neu berechnet werden müsste.[38]

3. Rechts- und Fehlerfolgen. Wenn das nach einer konkreten Vorschrift vorgeschriebene, spezielle Quorum des Art. 121 bei einer Abstimmung oder Wahl des Bundestages oder der Bundesversammlung verfehlt wird, ist die Abstimmungsfrage verneint (§§ 46, 48 Abs. 2 GOBT) und der Antrag abgelehnt.[39] Welche Rechtsfolgen an eine **fehlerhafte Berechnung** des Beteiligungs- und Abstimmungsquorums geknüpft werden sollen, ist strittig. Eine fehlerhafte Berechnung des Beteiligungsquorums ist ein Verfahrensfehler und macht nach einer Auffassung einen hierauf ergangenen **Beschluss unwirksam.**[40] Nach einer anderen Auffassung macht eine fehlerhafte Berechnung einen Beschluss des Bundestages nur dann unwirksam, wenn sie erheblich war, sich also ausgewirkt hat.[41] Wie aber soll sich die falsche Berechnung eines Beteiligungs- oder Abstimmungsquorums materiell auf ein Abstimmungsergebnis auswirken? Dass hier auf die Motivlage der Abgeordneten abgestellt wird,[42] die sich je nach Höhe des Quorums für eine Nichtteilnahme an einer Abstimmung entscheiden, weil sie glauben, der Antrag käme auch ohne sie durch, erscheint angesichts der Eigendynamiken des Parlaments zwar einleuchtend, ist aber nach rechtsstaatlichen Gesichtspunkten nicht durchführbar. Richtig erscheint es, auch eine auf einer falschen Berechnungsgrundlage beruhende Abstimmung als wirksam zu betrachten.[43] Erreicht das Abstimmungs- bzw. Wahlergebnis trotz falscher Berechnungsgrundlage das im Nachhinein richtig berechnete Quorum, wird das Ergebnis neu festgestellt und ein bejahender Beschluss ist gefasst.[44] Wird das erforderliche Quorum bei der Nachberechnung nicht erreicht, ist die Abstimmungs- oder Wahlfrage verneint.[45] Abstimmung und Wahl können nötigenfalls und ausnahmsweise wiederholt werden.[46] 17

C. Verhältnis zu anderen Bestimmungen des Grundgesetzes

Die Norm steht in unmittelbarem Zusammenhang mit Art. 42 und allen Artikel, die die gesetzliche Mehrheit als Bezugsgröße nennen (→ Rn. 6 ff.). 18

D. Kritische Würdigung

Der Abgeordnete *Katz* vertrat bei der Beratung zum GG die Ansicht, der Artikel sei selbstverständlich und daher **überflüssig.**[47] Eine Grundregel zur Definition des Mehrheitsbegriffs, die allerdings verfassungssystematisch unglücklich im X. Abschnitt des GG bei den Übergangsbestimmungen einge- 19

---

[38] *Höfling/Burkiczak* in BerlKomm Rn. 38; *Klein* in Maunz/Dürig Rn. 22; *Brocker* in BeckOK GG Rn. 15; aA *Fischer* NVwZ 2005, 416 (417 f.).

[39] *Klein* in Maunz/Dürig Rn. 23; *Kluth* in SHH Rn. 11.

[40] *Magiera* in Sachs Rn. 1; *Umbach* in Umbach/Clemens Rn. 11; *Pieroth* in Jarass/Pieroth Rn. 1.

[41] *Kluth* in SHH Rn. 13.

[42] So *Morlok* in Dreier Rn. 15.

[43] *Höfling/Burkiczak* in BerlKomm Rn. 40.

[44] *Klein* in Maunz/Dürig Rn. 23.

[45] *Brocker* in BeckOK GG Rn. 15.

[46] *Müller-Terpitz* in BK Rn. 42; *Klein* in Maunz/Dürig Rn. 23; *Morlok* in Dreier Rn. 15.

[47] *Katz in* v. Doemming/Füßlein/Matz JöR 1 (1951), 837.

ordnet ist,[48] könnte durchaus Unklarheiten beseitigen, wenn sie sich ihrer denn annehmen würde. Gerade die strittigen Punkte bei der Berechnung der gesetzlichen Mitgliederzahl wie der Umgang mit vorübergehenden Vakanzen im Bundestag oder die Folge von Fehlern bei der Berechnung von Quoren, regelt Art. 121 nicht. Insofern ist die Norm überflüssig, da die entsprechenden Regelungen der Verfassung, die auf die Mehrheit oder einen Bruchteil der Mitgliederzahl des Bundstages verweisen, auch ohne klarstellende Norm im Sinne der gesetzlichen Mitgliederzahl ausgelegt werden können.

Literatur

H. Butzer/S. Henkenötter, Pairing im Deutschen Bundestag, ZG 1995, 328. – ***M. Drath,*** Die gesetzliche Mitgliederzahl des Bundestages, FS zum 41. DJT, 1955, 79. – ***W. Jellinek,*** Die gesetzliche Mitgliederzahl, in: FS f. Herbert Kraus, 1954, S. 88. – ***R. Kaiser,*** Mehrheitserfordernisse im Staatsrecht, JuS 2017, 221. – ***C. Pestalozza,*** Die „gesetzliche Mitgliederzahl", Art 121 GG, LKV 2008, 49. – ***M. Schuldei,*** Die Pairing-Vereinbarung, Berlin 1997. – ***M. Winkler,*** Die gesetzliche Mitgliederzahl des 14. Deutschen Bundestages, VR 2000, 165.

[48] So auch *Versteyl* in v. Münch/Kunig, 6. Aufl. 2012, Rn. 11.

Art. 122 [Bisherige Gesetzgebungskompetenzen]

(1) Vom Zusammentritt des Bundestages an werden die Gesetze ausschließlich von den in diesem Grundgesetze anerkannten gesetzgebenden Gewalten beschlossen.

(2) Gesetzgebende und bei der Gesetzgebung beratend mitwirkende Körperschaften, deren Zuständigkeit nach Absatz 1 endet, sind mit diesem Zeitpunkt aufgelöst.

Gesetz über die vorläufige Reichsgewalt vom 10.2.1919

§ 10. Dieses Gesetz tritt mit seiner Annahme durch die Nationalversammlung in Kraft. Von diesem Zeitpunkt an kommen Gesetze sowie Verordnungen, die nach dem bisherigen Reichsrecht der Mitwirkung des Reichstags bedurften, nur gemäß § 4 dieses Gesetzes zustande.

Weimarer Reichsverfassung von 1919

Art. 180. Bis zum Zusammentritt des ersten Reichstags gilt die Nationalversammlung als Reichstag. […]

A. Allgemeine Bedeutung

Bei Art. 122 handelt es sich um eine Regelung, die ein durch das Inkrafttreten des Grundgesetzes entstehendes Übergangsproblem löst[1] und der inzwischen für die Rechtsanwendung **keine unmittelbare Bedeutung** mehr zukommt.[2] Mit dem Inkrafttreten der staatsorganisationsrechtlichen Regelungen werden die bisherigen, im Grundgesetz nicht mehr vorgesehenen Gesetzgebungsorgane funktionslos.[3] Diese sich bereits aus dem Inkrafttreten des Grundgesetzes ergebende[4] Funktionslosigkeit spricht Abs. 2 erneut aus. Die Funktionslosigkeit würde allerdings dazu führen, dass es in der Zeit zwischen dem Inkrafttreten am 23.5.1949, 24:00 Uhr,[5] und dem Zusammentritt des ersten Bundestags am 7.9.1949 an einem funktionierenden Gesetzgebungsorgan gefehlt hätte.[6] Die Regelung in Abs. 1 schließt diese **Lücke,** indem sie den Zeitpunkt des Übergangs der Gesetzgebungskompetenzen auf den (erstmaligen) Zusammentritt des Bundestags verschiebt.[7] 1

---

[1] *Wolff* in MKS Rn. 1; *Wittreck* in Dreier Rn. 1.

[2] *Jarass* in Jarass/Pieroth Rn. 1; *Wolff* in MKS Rn. 4; zu den mittelbaren Wirkungen zugleich *Wittreck* in Dreier Rn. 8, zu dem dahinter liegenden „Grundproblem der Verfassungsstaatlichkeit" *Wittreck* in Dreier Rn. 1 sowie bereits *Drexelius* MDR 1949, 455 (455).

[3] *Schulze/Jasper* in Sachs Rn. 1.

[4] *Schulze/Jasper* in Sachs Rn. 1.

[5] BVerfGE 2, 237 (258); auf den Beginn des Folgetags, also den 24.5.1949, 0:00 Uhr, wird das Inkrafttreten datiert in BVerfGE 2, 124 (135); 11, 127 (129), näher *Huber* in Sachs Art. 145 Rn. 1.

[6] *Hartmann* DVBl. 1955, 143 (143); zum Spannungsverhältnis zwischen Handlungsunfähigkeit und möglicherweise unsachgerechtem Einfluss der bisher zuständigen Stellen in einer kritischen Phase *Wittreck* in Dreier Rn. 2.

[7] *Schulze/Jasper* in Sachs Rn. 1.

B. Einzelfragen

I. Übergang der gesetzgebenden Gewalt

2 Die Regelung hat vor allem im ersten Jahrzehnt nach der Gründung der Bundesrepublik eine Reihe von Fragen aufgeworfen, die neben dem **Endtermin** vor allem die sachliche **Reichweite der Verschiebung** betrafen.

3 **1. Suspendierung der Aufhebung bisheriger Gesetzgebungskompetenzen.** Während nach der allgemeinen Regelung aus Art. 145 Abs. 2 die Regelungen des Grundgesetzes mit Ablauf des Tages der **Verkündung** in Kraft treten, also Anwendung finden, sieht Art. 122 Abs. 1 für die Kompetenz zum Beschluss von Gesetzen die Maßgeblichkeit der Regelungen aus dem Grundgesetz erst ab dem Zusammentritt des Bundestages vor. Damit ist zunächst implizit geregelt, dass die vor Inkrafttreten des Grundgesetzes zuständigen Gesetzgebungsorgane für den bezeichneten **Übergangszeitraum** auch unter dem Grundgesetz zuständig bleiben,[8] auch wenn das Grundgesetz für ihre Zuständigkeit und Legitimation keine anderweitigen Regelungen trifft.[9] Die eigentliche, von dem allgemeinen Grundsatz abweichende Regelung[10] der Übergangsvorschrift liegt demnach nicht in der als Normtitel herangezogenen Aufhebung bisheriger Gesetzgebungskompetenzen, sondern in der vorübergehenden **Suspendierung** dieser Aufhebung.[11]

4 **2. Inhaltlicher Umfang der Suspendierung.** Hinsichtlich der **inhaltlichen Reichweite** dieser Suspendierung hat das Bundesverfassungsgericht früh entschieden, dass sie nur die Regelungen zu den Gesetzgebungskompetenzen, nicht aber andere Regelungen wie die Bindung an die Grundrechte[12] oder die Anwendbarkeit der konkreten Normkontrolle[13] betrifft. Auch bei den in der Übergangszeit erlassenen Gesetzen handelt es sich mit anderen Worten um nachkonstitutionelle Gesetze, die insbesondere den grundrechtlichen Anforderungen unterliegen und unter das Verwerfungsmonopol des Bundesverfassungsgerichts fallen.[14]

5 Umstritten war und ist dabei vor allem die Frage, ob die aus Abs. 1 hervorgehende Verlängerung der Zuständigkeit zur Gesetzgebung nur an der Gesetzgebung beteiligte Stellen betrifft, die im Grundgesetz gar nicht vorgesehen sind, oder sich auch auf die **Länder** bezieht.[15] Nach dieser inzwischen überwiegend vertretenen Auslegung sind die Länder, sofern sie vor Inkrafttreten des Grundgesetzes zur Gesetzgebung zuständig waren, während des Übergangszeitraums auch dann zuständig geblieben, wenn die Materie nach dem Grundgesetz in den Katalog der ausschließlichen Gesetzgebung

---

[8] Zu deren Regelungsumfang *Holtkotten* in BK Anm. II.3.c); *Ophüls* NJW 1949, 557 f.

[9] BVerfGE 7, 330 (337); *Schulze/Jasper* in Sachs Rn. 4.

[10] *Seiler* in BeckOK GG Rn. 1; *Wittreck* in Dreier Rn. 12.

[11] *Drexelius* MDR 1949, 455 (455 f.); *Wolff* in MKS Rn. 2 und 15; Akzent auf der Unterbindung von Gesetzgebungsaktivitäten der zuvor zuständigen Organe bei *Holtkotten* in BK Anm. II.1.

[12] BVerfGE 2, 237 (258); *Wolff* in MKS Rn. 16.

[13] BVerfGE 4, 331 (340 f.): Gesetzgeber schon an das Grundgesetz gebunden; *Wolff* in MKS Rn. 16.

[14] BVerfGE 4, 212 (218); 4, 331 (339 f.); 18, 216 (220); *Wolff* in MKS Rn. 16.

[15] Näher zu den unterschiedlichen Positionen aus damaliger Sicht *Hartmann* DVBl. 1955, 143 (143); aus heutiger Sicht *Wittreck* in Dreier Rn. 11.

nach Art. 71 und 73 fällt.[16] Art. 122 Abs. 1 suspendiert also nach dieser Lesart die Zuständigkeitsregelungen nach den Art. 70 ff.[17] Das wohl wichtigste Argument für dieses Verständnis zielt auf die **Funktion** der Übergangsregelung. Die Verteilung der Zuständigkeiten zur Gesetzgebung bleibt, wie sie vor Inkrafttreten des Grundgesetzes war, bis der Bundestag funktionsfähig ist.[18] Damit bleiben umgekehrt während der Übergangszeit die im Grundgesetz nicht vorgesehenen Körperschaften auch insoweit für die Gesetzgebung zuständig, als Zuständigkeitsbereiche betroffen sind, die nach der Kompetenzverteilung des Grundgesetzes in die Zuständigkeit der Länder fallen.[19]

3. Zusammentritt des Bundestags. Damit ist der **Endtermin der Übergangsregelung** angesprochen, den Art. 122 Abs. 1 mit dem „Zusammentritt des Bundestags" bezeichnet. An diesem Tag ist nach Art. 136 Abs. 1 auch der erstmalige Zusammentritt des Bundesrats vorgesehen.[20] Der auf den Zusammentritt abstellende Wortlaut legt zunächst nahe, auf den Beginn der ersten, also konstituierenden Sitzung abzustellen.[21] Um die Funktionalität zu gewährleisten und den Zeitpunkt rechtssicher und genau bestimmen zu können, stellte die verfassungsgerichtliche Rechtsprechung hingegen auf den **Ablauf des Tages** ab, in den die erste Sitzung fällt, also den Ablauf des 7.9.1949.[22] 6

II. Auswirkungen des Übergangs der Zuständigkeit für die Gesetzgebung

1. Diskontinuität. Der Übergang der Gesetzgebungskompetenzen mit Ablauf des Tages, an dem der Bundestag zusammengetreten ist, bewirkte zunächst, dass sämtlichen Gesetzesvorhaben, die noch nicht vollständig abgeschlossen waren, die kompetenzielle Grundlage entzogen worden ist.[23] Weil der Übergang nicht nur eine Neukonstitution innerhalb eines Organs, sondern die Zuständigkeiten und das Verfahren der Gesetzgebung insgesamt betrifft, erfasst diese **Diskontinuität** auch Gesetzesvorhaben, die von einem Organ bereits abschließend beschlossen, aber insgesamt noch nicht abgeschlossen sind.[24] 7

2. Auflösung der gesetzgebenden und bei der Gesetzgebung beratend mitwirkenden Körperschaften. Darüber hinaus hat die Anwendbarkeit der Regelungen des Grundgesetzes zu den Gesetzgebungszuständigkeiten nach Abs. 2 die **Auflösung** der bislang zuständigen Stellen zur Konsequenz. 8

---

[16] *Pieroth/Jarass* in Jarass/Pieroth Rn. 1; *Schulze/Jasper* in Sachs Rn. 4; *Seiler* in BeckOK GG Rn. 2; *Wolff* in MKS Rn. 17; dagegen für eine sofortige Bindung der Länder auch an die Zuordnung ausschließlicher Gesetzgebungskompetenzen des Bundes auch *Wittreck* in Dreier Rn. 11; unter Hinweis auf systematische Argumente ebenso *Kirn* in v. Münch/Kunig, 6. Aufl. 2012, Art. 122 Rn. 4 im Anschluss an *Wacke* JZ 1951, 149; offen gelassen in BVerfGE 7, 330 (339).

[17] *Wolff* in MKS Rn. 16: Bereiche der Gesetzgebungsorgane und Gesetzgebungskompetenzen.

[18] Zum Stellenwert der Funktionsfähigkeit BVerfGE 16, 6 (16); *Wolff* in MKS Rn. 3.

[19] *Wittreck* in Dreier Rn. 9; *Wolff* in MKS Rn. 10.

[20] → Art. 136 Rn. 1.

[21] Zur Wahl dieses Bundestags näher *Wolff* in MKS Rn. 7.

[22] BVerfGE 4, 331 (340); 16, 6 (16), im Anschluss daran *Sannawald* in SHH Rn. 2; *Schulze/Jasper* in Sachs Rn. 3; *Wittreck* in Dreier Rn. 9; *Wolff* in MKS Rn. 6.

[23] *Wolff* in MKS Rn. 15.

[24] BVerfGE 7, 330 (337); *Schulze/Jasper* in Sachs Rn. 3.

Diese Regelung ist insofern deklaratorisch, als ihre Zuständigkeit zur Gesetzgebung schon durch das Inkrafttreten der grundgesetzlichen Regelungen endet.[25] Mit dem untechnisch verwendeten Begriff[26] der **Körperschaften** waren in der britischen und amerikanischen Besatzungszone der Wirtschaftsrat und der Länderrat für das Vereinigte Wirtschaftsgebiet,[27] zudem der Länderrat für das amerikanische Besatzungsgebiet[28] sowie das Zentraljustizamt und der beratende Zonenbeirat für die Britische Zone[29] gemeint.[30] Ihre Einordnung von als gesetzgebende oder beratend mitwirkende Körperschaft hängt von der jeweiligen Ausgestaltung ab.[31]

9 Der Begriff der „Auflösung" ist überdies insofern unpräzise, als die Regelungen des Grundgesetzes systematisch keine Regelungen über Institutionen aus anderen Rechtskreisen treffen können,[32] gleichwohl aber Ausdruck eines **Verständigungsprozesses mit den Besatzungsmächten,** sowohl bei der Verkündung des Grundgesetzes als auch bei der späteren Auflösung des Länder- und Wirtschaftsrats.[33] Kommt der Stelle nach ihrer Ausgestaltung durch die Besatzungsmächte noch weitere Aufgaben zu, endet lediglich die Zuständigkeit für die Gesetzgebung.[34] Ähnliches gilt für die Länder hinsichtlich der Kompetenzen, die nach dem Zusammentritt des Bundestags in die ausschließliche Gesetzgebungskompetenz des Bundes fallen.[35]

III. Übergang der Gesetzgebungskompetenzen im Zuge der Wiedervereinigung

10 Bei der **Wiedervereinigung** stellten sich insofern ähnliche Übergangsfragen, als sich die Landesparlamente erst einige Zeit nach dem Beitritt der DDR konstituieren. Nach der in Art. 8 und 9 des Einigungsvertrags vorgesehenen Übergangslösung tritt das Bundesrecht einschließlich der Gesetzgebungskompetenzen im Grundsatz mit Wirksamwerden des Beitritts in Betracht. Damit ging die Gesetzgebungskompetenz in den neuen Ländern auf Landesparlamente über, die noch nicht konstituiert waren.[36] Dabei blieb das Recht der Deutschen Demokratischen Republik mit einigen Vorbehalten und Unterschieden im Einzelnen in Kraft.[37]

Literatur

W. Drexelius, Übergangsbestimmungen im Bonner Grundgesetz, MDR 1949, 455. – ***Hartmann,*** Zur Gesetzgebungskompetenz der Länder in der Zeit zwischen dem Inkraft-

[25] Allgemeiner *Wolff* in MKS Rn. 2.
[26] *Wolff* in MKS Rn. 19.
[27] *Stolleis* in HdbStR I § 7 Rn. 107 ff.
[28] *Stolleis* in HdbStR I § 7 Rn. 65 ff.
[29] Zu den Zonenzentralämtern der britischen Zone *Stolleis* in HdbStR I § 7 Rn. 70.
[30] *Drexelius* MDR 1949, 455 (455); *Wittreck* in Dreier Rn. 1.
[31] Nähere Einordnung bei *Wittreck* in Dreier Rn. 10; *Wolff* in MKS Rn. 23.
[32] *Drexelius* MDR 1949, 455 (456); *Holtkotten* in BK Anm. II.3.b); *Wittreck* in Dreier Rn. 4: Ultra-Vires-Akt.
[33] *Kirn* in v. Münch/Kunig, 6. Aufl. 2012, Art. 122 Rn. 1: Art. 122 als einzige in diese Konfliktzone eingreifende Regelung; *Wittreck* in Dreier Rn. 4, mit näheren Hinweisen auf die entsprechenden Regelungen der Besatzungsmächte zur Auflösung des Wirtschaftsrats und Länderrats; *Wolff* in MKS Rn. 21.
[34] *Wittreck* in Dreier Rn. 10; zum Zentraljustizamt für die Britische Zone *Holtkotten* in BK Anm. II.2.c) und 3.a); *Wolff* in MKS Rn. 20.
[35] *Sannwald* in SHH Rn. 5; *Wittreck* in Dreier Rn. 10; *Wolff* in MKS Rn. 20; → Rn. 5.
[36] *Schulze/Jasper* in MKS Rn. 8: Gesetzgebungsvakuum.
[37] Näher *Kloepfer/Kröger* DVBl. 1991, 1031 ff.; *Nissel* DtZ 1990, 330 ff. → Art. 123 Rn. 18.

treten des Grundgesetzes und dem Zusammentreten des ersten Bundestages, DVBl. 1955, 143. – ***H. P. Ipsen,*** Über das Grundgesetz, 1950. – ***M. Kloepfer/H. Kröger,*** Rechtsangleichung nach Art. 8 und 9 des Einigungsvertrags, DVBl. 1991, 1031. – ***J. Kratzer,*** Zur Frage des maßgebenden Zeitpunktes gemäß Artikel 122 Abs. 1 und 123 Abs. 1 GG, BayVBl. 1963, 315. – ***C. Ophüls,*** Das deutsche Recht im Übergang, NJW 1949, 577. – ***R. Nissel,*** Fortgeltendes DDR-Recht nach dem Einigungsvertrag, DtZ 1990, 330. – ***H. Schäfer,*** Die Gesetzgebungskompetenz der Länder in der Übergangszeit, SJZ 1949, 802. – ***M. Stolleis,*** Besatzungsherrschaft und Wiederaufbau 1945–1949, in J. Isensee/P. Kirchhof HdbStR I, 3. Aufl. 2003, § 7. – ***F. Wessel,*** Die Gesetzgebungsbefugnisse der Länder bis zum ersten Zusammentritt des Bundestages, DV 1949, 393.

Art. 123 [Fortgelten alten Rechts und alter Verträge]

(1) Recht aus der Zeit vor dem Zusammentritt des Bundestages gilt fort, soweit es dem Grundgesetze nicht widerspricht.

(2) Die vom Deutschen Reich abgeschlossenen Staatsverträge, die sich auf Gegenstände beziehen, für die nach diesem Grundgesetze die Landesgesetzgebung zuständig ist, bleiben, wenn sie nach allgemeinen Rechtsgrundsätzen gültig sind und fortgelten, unter Vorbehalt aller Rechte und Einwendungen der Beteiligten in Kraft, bis neue Staatsverträge durch die nach diesem Grundgesetze zuständigen Stellen abgeschlossen werden oder ihre Beendigung auf Grund der in ihnen enthaltenen Bestimmungen anderweitig erfolgt.

Weimarer Reichsverfassung von 1919

Art. 178. (1) Die Verfassung des Deutschen Reichs vom 16. April 1871 und das Gesetz über die vorläufige Reichsgewalt vom 10. Februar 1919 sind aufgehoben.

(2) Die übrigen Gesetze und Verordnungen des Reichs bleiben in Kraft, soweit ihnen diese Verfassung nicht entgegensteht.

(3) Anordnungen der Behörden, die auf Grund bisheriger Gesetze in rechtsgültiger Weise getroffen waren, behalten ihre Gültigkeit bis zur Aufhebung im Wege anderweitiger Anordnung oder Gesetzgebung.

Einigungsvertrag vom 31.8.1990

Art. 8 und 9. Siehe vor Art. 143

Art. 1. Verträge der Bundesrepublik Deutschland. Die Vertragsparteien gehen davon aus, dass völkerrechtliche Verträge und Vereinbarungen, denen die Bundesrepublik Deutschland als Vertragspartei angehört, einschließlich solcher Verträge, die Mitgliedschaften in internationalen Organisationen oder Institutionen begründen, ihre Gültigkeit behalten und die daraus folgenden Rechte und Verpflichtungen sich mit Ausnahme der in Anlage I genannten Verträge auch auf das in Artikel 3 genannte Gebiet[1] beziehen. Soweit im Einzelfall Anpassungen erforderlich werden, wird sich die gesamtdeutsche Regierung mit den jeweiligen Vertragspartnern ins Benehmen setzen.

Art. 12. Verträge der Deutschen Demokratischen Republik.

(1) Die Vertragsparteien sind sich einig, dass die völkerrechtlichen Verträge der Deutschen Demokratischen Republik im Zuge der Herstellung der Einheit Deutschlands unter den Gesichtspunkten des Vertrauensschutzes, der Interessenlage der beteiligten Staaten und der vertraglichen Verpflichtungen der Bundesrepublik Deutschland sowie nach den Prinzipien einer freiheitlichen, demokratischen und rechtsstaatlichen Grundordnung und unter Beachtung der Zuständigkeiten der Europäischen Gemeinschaften mit den Vertragspartnern der Deutschen Demokratischen Republik zu erörtern sind, um ihre Fortgeltung, Anpassung oder ihr Erlöschen zu regeln beziehungsweise festzustellen.

(2) …

(3) …

Art. 45. Inkrafttreten des Vertrages. (1) …

(2) Der Vertrag bleibt nach Wirksamwerden des Beitritts als Bundesrecht geltendes Recht.

A. Allgemeine Bedeutung

1 Mit dem Grundsatz der Fortgeltung alten Rechts stellt Art. 123 Abs. 1 eine zentrale Regelung zur Rechtslage beim **Übergang der Zuständigkeit für**

[1] Gemeint sind die Neuen Bundesländer.

die Gesetzgebung unter dem Grundgesetz[2] dar.[3] Systematisch bildet die Regelung den Ausgangspunkt für die daran anknüpfende Zuordnung zum Bund oder zu den Ländern.[4]

Mit der Grundsatznorm verbunden sind eine Reihe aus dem Wortlaut kaum hervorgehender Auslegungsfragen, die wesentlich von dem **konzeptionellen Verständnis des Übergangs** von der Weimarer Republik und dem NS-Regime zur Bundesrepublik[5] als auch der Qualifikation des fortgeltenden Rechts abhängen. Sofern man mit einem Teil der Literatur die Gründung der Bundesrepublik als Vorgang der Rechtsnachfolge einordnet, die bestehendes Recht ohnehin fortgelten lässt, kommt Art. 123 Abs. 1 eine deklaratorische Bedeutung zu.[6] Entsprechend dieser Nähe der in Art. 123 Abs. 1 vorgesehenen Fortgeltung zu den allgemeinen Grundsätzen geht die verfassungsgerichtliche Rechtsprechung davon aus, dass die Fortgeltung alten Rechts unter dem Grundgesetz dessen Charakter als vorkonstitutionelles Recht nicht ändert.[7] Als Folge dieser Einordnung ist das fortgeltende Recht nicht durch die Gesetzgebungsorgane der Bundesrepublik demokratisch legitimiert. Es fällt damit zum einen nicht unter das Normverwerfungsmonopol des Bundesverfassungsgerichts, das auf den Schutz des Gesetzgebers zielt.[8] Statt einer Vorlage nach Art. 100 Abs. 1 können Fachgerichte die vorkonstitutionelle Norm wegen Verstößen gegen das Grundgesetz selbst verwerfen.[9] Zum anderen finden die Anforderungen an die gesetzliche Regelungsdichte, die insbesondere in Art. 80 Abs. 1 die Wahrnehmung der gesetzgeberischen Verantwortung sicherstellen sollen, keine Anwendung.[10] Auch die Auslegung der einschränkenden Vorgabe aus Abs. 1, nach der fortgeltendes Recht dem Grundgesetz nicht widersprechen darf,[11] hängt dadurch von dem konzeptionellen Verständnis ab. Wegen dieser Folgen der Einordnung fortgeltenden Rechts als vorkonstitutionell kommt den wertenden Kriterien für eine spätere Übernahme in den Willen des Gesetzgebers unter dem Grundgesetz[12] einige praktische Bedeutung zu.[13] Eine Sonderrolle nehmen schließlich Regelungen ein, die nach Art. 122 nach dem Inkrafttreten des Grundgesetzes, aber vor dem Zusammentritt des Bundestags erlassen worden sind.[14] Da diese unter dem Grundgesetz entstanden sind, unterliegen sie sowohl den materiellen Anforderungen des Grundgesetzes, insbesondere der Grundrechte, als auch dem Normverwerfungsmonopol des Bundesverfas- 2

---

[2] → Art. 122 Rn. 2 ff.

[3] Zur Entstehungsgeschichte eingehend *Hense* in BK Rn. 1 ff.; näher zur Ideengeschichte *Giegerich* in Maunz/Dürig Rn. 5 f.; *Wittreck* in Dreier Rn. 1 f.

[4] → Art. 124 Rn. 2 ff.; Art. 125 Rn. 1; aus der Literatur *Wolff* in MKS Rn. 1.

[5] Näher zugleich zur Kontextabhängigkeit der Kontinuität und kontinuitätsgewährleistender Regelungen *Wittreck* in Dreier Rn. 3 ff. und 31 ff.

[6] *Seiler* in BeckOK GG Rn. 1.1; *Wolff* in MKS Rn. 4 f.; Einordnung als konstitutiv hingegen bei *Schulze/Jasper* in Sachs Rn. 2; *Jarass* in Jarass/Pieroth Rn. 1; *Wittreck* in Dreier Rn. 31; zweifelnd auch *Hense* in BK Rn. 27 ff.; nach dem Charakter der Verfassungsneugebung differenzierend *Giegerich* in Maunz/Dürig Rn. 1 ff., 18.

[7] Vgl. BVerfGE 2, 124 (128); *Sannwald* in SHH Rn. 19.

[8] BVerfGE 2, 124 (128 ff.); statthaft ist jedoch auch bei vorkonstitutionellem Recht die abstrakte Normkontrolle nach Art. 93 Abs. 1 Nr. 2, BVerfGE 2, 124 (131); *Wolff* in MKS Rn. 41.

[9] Aus der Rechtsprechung nur BVerfGE 2, 124 (128); 31, 357 (362).

[10] Hinweis Art. 80 Abs. 1 GG findet auf vorkonstitutionelles Recht keine Anwendung.

[11] → Rn. 8 ff.

[12] → Rn. 12 f.

[13] *Hense* in BK Rn. 55.

[14] → Art. 122 Rn. 2 ff.

sungsgerichts.[15] Entsprechend fallen sie in den Anwendungsbereich der konkreten Normkontrolle nach Art. 100 Abs. 1.[16]

3 Die Regelung in Abs. 2 bezieht sich auf einen Ausschnitt des fortgeltenden Rechts. Die vom Deutschen Reich abgeschlossenen **Staatsverträge,** deren Gegenstand unter dem Grundgesetz in die Gesetzgebungskompetenz der Länder fällt, bleiben infolge der Kontinuität der Rechtsperson nach allgemeinen völkerrechtlichen Grundsätzen auch nach Gründung der Bundesrepublik gültig.[17] Ihre innerstaatliche Transformation setzt jedoch unter dem Grundgesetz wirksame Transformationsgesetze voraus, deren Fortgeltung Abs. 2 einschränkt, soweit die Länder in ihrer Gesetzgebungskompetenz betroffen sind.

B. Einzelfragen

I. Fortgeltendes Recht (Abs. 1)

4 **1. Recht aus der Zeit vor dem Zusammentritt des Bundestags.** Mit dem Merkmal des **„Rechts aus der Zeit vor dem Zusammentritt des Bundestags"** stellt die Regelung zunächst auf die **formelle Geltung** des alten Rechts ab, unabhängig davon, ob es während der NS-Zeit[18] oder noch vorher beschlossen und in Kraft getreten ist.[19] Die damit verbundene Ausklammerung der Frage nach der Legitimation des alten Rechts aus der NS-Zeit[20] wird freilich durch den Vorbehalt der Vereinbarkeit fortgeltenden Rechts mit dem Grundgesetz[21] relativiert.

5 Der Begriff des **Rechts** umfasst in diesem Zusammenhang materielle wie formelle Rechtsnormen, neben Gesetzen also auch Rechtsverordnungen und Satzungen,[22] nicht jedoch Einzelakte.[23] Auch Gewohnheitsrecht ist der Fortgeltung zugänglich,[24] auch wenn diese Fortgeltung freilich die Feststellung der Voraussetzungen für die gewohnheitsrechtliche Geltung voraussetzt.[25] Die Regelungen der Weimarer Reichsverfassung sind hingegen durch das Inkrafttreten des Grundgesetzes abgelöst worden;[26] die Regelung

---

[15] BVerfGE 4, 331 (340 f.); *Schulze/Jasper* in Sachs Rn. 6 → Art. 122 Rn. 4.

[16] BVerfGE 4, 331 (341); *Schulze/Jasper* in Sachs Rn. 6.

[17] *Schulze/Jasper* in Sachs Rn. 13.

[18] Zur grundsätzlichen Wirksamkeit beamtenrechtlicher Regelungen etwa BVerfGE 6, 132 (198 f.); allgemein aus der Literatur *Hense* in BK Rn. 40; *Sannwald* in SHH Rn. 6; *Schulze/Jasper* in Sachs Rn. 8; *Wolff* in MKS Rn. 5.

[19] BVerfGE 6, 389 (418); *Kirn* in v. Münch/Kunig, 6. Aufl. 2012, Rn. 4; *Schulze/Jasper* in Sachs Rn. 3; *Seiler* in BeckOK GG Rn. 1 und 6; *Wolff* in MKS Rn. 14 und 20.

[20] *Kirn* in v. Münch/Kunig, 6. Aufl. 2012, Rn. 4; *Schulze/Jasper* in Sachs Rn. 3.

[21] → Rn. 8 ff.

[22] Zu Rechtsverordnungen BVerfGE 9, 63 (70); 9, 73 (76); 9, 213 (222); 28, 119 (132 ff.); zu Satzungen allgemein BVerfGE 44, 216 (226); aus der Literatur *Hense* in BK Rn. 39; *Jarass* in Jarass/Pieroth Rn. 5; *Sannwald* in SHH Rn. 2; *Schulze/Jasper* in Sachs Rn. 5; *Seiler* in BeckOK GG Rn. 6; *Wolff* in MKS Rn. 13.

[23] *Giegerich* in Maunz/Dürig Rn. 20; *Schulze/Jasper* in Sachs Rn. 5; *Seiler* in BeckOK GG Rn. 6; *Wolff* in MKS Rn. 16.

[24] BVerfGE 15, 226 (233); 34, 293 (303); 41, 251 (263); *Schulze/Jasper* in Sachs Rn. 5; *Seiler* in BeckOK GG Rn. 6.1; *Wolff* in MKS Rn. 13.

[25] Verneint etwa für eine strafrichterliche Befugnis, einen Rechtsanwalt wegen dringenden Verdachts strafbarer Teilnahme an einer Straftat von der Verteidigung des Angeklagten auszuschließen, BVerfGE 34, 293 (303), sowie bei einem als Ordnungsmaßnahme verhängten Schulausschluss, BVerfGE 41, 251 (263).

[26] BVerfGE 15, 167 (194 f.); *Giegerich* in Maunz/Dürig Rn. 53; *Hense* in BK Rn. 41; *Jarass* in Jarass/Pieroth Rn. 5; *Schulze/Jasper* in Sachs Rn. 5; *Seiler* in BeckOK GG Rn. 6; *Wolff* in MKS Rn. 15.

zur Zuordnung von Adelsbezeichnungen als Teil des Namens in Art. 109 Abs. 3 S. 2 WRV galt dabei infolge eines einfach-gesetzlichen Verweises[27] fort. Die Geltung des aus einem anderen Rechtskreis stammenden **Besatzungsrechts** bleibt von dem Inkrafttreten des Grundgesetzes im Grundsatz unberührt.[28]

Relevanter Zeitpunkt, an dem das alte Recht für die Fortgeltung schon und noch gelten muss,[29] ist der Zusammentritt des Bundestags, nach Art. 122 also der Tag, an dem die Zuständigkeit für die Gesetzgebung auf die im Grundgesetz vorgesehenen Gesetzgebungsorgane übergeht. Entsprechend der Regelung in Art. 122[30] ist dabei auf den **Ablauf** des Tages, also **des 7.9.1949,** abzustellen. Geltung im Sinne des Art. 123 Abs. 1 bedeutet, dass die Regelung verkündet, aber nicht unbedingt schon in Kraft getreten sein muss[31] und seine Gültigkeit nicht wieder verloren haben darf.[32] 6

Um **Rechtsklarheit** über den Stand des fortgeltenden Rechts zu schaffen, hat der Gesetzgeber Ende der 50er Jahre zunächst die Sammlung und Veröffentlichung der übergegangenen Regelungen angeordnet (Bereinigung)[33] und später das Ende der Fortgeltung nicht in der Sammlung enthaltener Regelungen gesetzlich vorgesehen (Ausschlusswirkung).[34] 7

2. Kein Widerspruch zum Grundgesetz. Der allgemein in Abs. 1 formulierte Vorbehalt, altes Recht gelte nur insoweit fort, als es dem Grundgesetz nicht widerspricht, bedarf der Konkretisierung. Schon weil das fortgeltende Recht nicht durch die im Grundgesetz vorgesehenen Organe, sondern unter anderen verfassungsrechtlichen Regelungen beschlossen worden ist, kann ein Verstoß gegen die **Zuständigkeiten und Vorgaben zum Gesetzgebungsverfahren** mit dem vorbehaltenen Widerspruch nicht gemeint sein.[35] Auch Verstöße gegen Anforderungen, die im Grundgesetz an die Gesetzgebung gestellt werden, insbesondere das **Zitiergebot** aus Art. 19 Abs. 1 S. 2[36] oder die Anforderungen an die Bestimmtheit und Regelungsdichte von Ermächtigungen zum **Erlass von Rechtsverordnungen** nach **Art. 80 Abs. 1,**[37] schließen eine Fortgeltung alten Rechts nicht aus.[38] Einige Stimmen in der Literatur gehen allgemein davon aus, dass formelle Verstöße 8

---

[27] BGBl. III Gliederungsnummer 401-2; zur Fortgeltung BGH NJW-RR 2019, 321 (323); *Seiler* in BeckOK GG Rn. 6; *Wolff* in MKS Rn. 15.

[28] *Jarass* in Jarass/Pieroth Rn. 6; *Sannwald* in SHH Rn. 14; eingehend zur Diskussion und Entwicklung nach Gründung der Bundesrepublik *Giegerich* in Maunz/Dürig Rn. 22 ff.; *Hense* in BK Rn. 43 ff.

[29] *Giegerich* in Maunz/Dürig Rn. 35; *Hense* in BK Rn. 54; *Jarass* in Jarass/Pieroth Rn. 7; *Schulze/Jasper* in Sachs Rn. 6; *Seiler* in BeckOK GG Rn. 8.

[30] → Art. 122 Rn. 3.

[31] BVerfGE 7, 330 (338); *Schulze/Jasper* in Sachs Rn. 6; *Wolff* in MKS Rn. 21.

[32] BVerfGE 6, 389 (419); *Wolff* in MKS Rn. 21.

[33] §§ 1 und 2 des Gesetzes über die Sammlung des Bundesrechts v. 10.7.1958, BGBl. 1958 I 437.

[34] § 3 des Gesetzes über den Abschluß der Sammlung des Bundesrechts v. 28.12.1968, BGBl. 1968 I 1451 iVm § 3 Gesetzes über die Sammlung des Bundesrechts; näher *Giegerich* in Maunz/Dürig Rn. 54; *Hense* in BK Rn. 70 ff.; *Sannwald* in SHH Rn. 4; *Schulze/Jasper* in Sachs Rn. 4; *Seiler* in BeckOK GG Rn. 5.

[35] BVerfGE 10, 354 (360); *Giegerich* in Maunz/Dürig Rn. 40; *Jarass* in Jarass/Pieroth Rn. 9; *Sannwald* in SHH Rn. 7; *Schulze/Jasper* in Sachs Rn. 11; *Seiler* in BeckOK GG Rn. 10; *Wolff* in MKS Rn. 31 f.

[36] *Schulze/Jasper* in Sachs Rn. 11.

[37] *Schulze/Jasper* in Sachs Rn. 11a; *Wolff* in MKS Rn. 32; zu den inhaltlichen Anforderungen aus Art. 80 Abs. 1 S. 2 *Giegerich* in Maunz/Dürig Rn. 40.

[38] Allgemeiner *Schulze/Jasper* in Sachs Rn. 11.

gegen das Grundgesetz einer Fortgeltung nicht entgegenstehen.[39] Die verfassungsgerichtliche Rechtsprechung sieht die formellen Regelungen gleich auch als Ausdruck der „alles formelle Recht beherrschenden **Prinzipien der Gerechtigkeit**“[40], die bei einem evidenten Widerspruch eine Fortgeltung ausschließen.[41]

9 **Rechtsverordnungen** können ihrerseits im Grundsatz auch dann fortgelten, wenn ihre Ermächtigungsgrundlage nach Art. 129 Abs. 3 fortgefallen ist.[42] Teilweise geht die fachgerichtliche Rechtsprechung allerdings davon aus, dass der Gesetzgeber zur Rechtfertigung des Grundrechtseingriffs insbesondere bei intensiven Grundrechtseingriffen und langen Zeiträumen der Fortgeltung nachträglich eine **Ermächtigungsgrundlage** für die Rechtsverordnung schaffen muss.[43]

10 Widersprüche im Sinne des Vorbehalts können sich hingegen aus den **materiellen Vorgaben** des Grundgesetzes, insbesondere aus den **Grundrechten,** ergeben.[44] Wie die verfassungsgerichtliche Rechtsprechung es für Gesetze, die nach dem Inkrafttreten des Grundgesetzes, aber vor dem Zusammentritt des Bundestags auf der Grundlage des Art. 122 erlassen worden sind, ausdrücklich festgestellt hat,[45] ergibt sich diese Bindung an die materiellen Vorgaben des Grundgesetzes bereits aus dem Inkrafttreten des Grundgesetzes.[46] Ein Widerspruch gegen materielles Verfassungsrecht steht der Fortgeltung allerdings nur entgegen, wenn die vorkonstitutionelle Norm keiner **verfassungskonformen Interpretation** zugänglich ist.[47]

11 **3. Fortgeltung.** Die als Rechtsfolge in Art. 123 Abs. 1 vorgesehene, zeitlich nicht befristete[48] Fortgeltung bedeutet, dass das alte Recht als **vorkonstitutionelles Recht**[49] in dem Rang und in dem räumlichen Anwendungsbereich weiter gilt, der ihm vor dem Zusammentritt des Bundestags zugekommen ist.[50] Dabei kann sich ein Gesetzesrang auch daraus ergeben, dass das vorkonstitutionelle Recht in der NS-Zeit als **Regierungsgesetz** auf der

---

[39] *Schulze/Jasper* in Sachs Rn. 11; in diese Richtung auch BVerfGE 10, 354 (360): formell ordnungsgemäßes Zustandekommen des vorkonstitutionellen Rechts beurteilt sich nach den staatsrechtlichen Verhältnissen zur Zeit seiner Entstehung.

[40] BVerfGE 28, 119 (139).

[41] BVerfGE 3, 58 (119); 6, 132 (198 f.); 23, 98 (106) zu einer Regelung über den Verlust der deutschen Staatsangehörigkeit für Juden in bestimmten Fällen; 28, 119 (139); daran als Kriterium der Gültigkeit alten Rechts anknüpfend *Sannwald* in SHH Rn. 6; *Seiler* in BeckOK GG Rn. 9; *Wolff* in MKS Rn. 23; ähnlich *Giegerich* in Maunz/Dürig Rn. 41.

[42] BVerfGE 9, 3 (12); 12, 341 (346 f.); 31, 357 (362 f.); 78, 179 (198 f.).

[43] Zur Notwendigkeit einer Erlaubnis für Inkassotätigkeiten nach einer 1938 erlassenen Verordnung zur Ausführung des Rechtsberatungsgesetzes BVerwG NJW 2003, 2768 (2767); dagegen insbesondere unter Hinweis auf die damit verbundene Rechtsunsicherheit *Schulze/Jasper* in Sachs Rn. 12a; im Zusammenhang mit einem Verbot der Erteilung einer Heilpraktikererlaubnis an Ausländer offen gelassen in BVerfGE 78, 179 (198 f.); zum Ganzen einschließlich gewohnheitsrechtlicher Grundrechtseingriffe näher *Wolff* in MKS Rn. 33 ff.

[44] *Jarass* in Jarass/Pieroth Rn. 8; *Sannwald* in SHH Rn. 5; *Schulze/Jasper* in Sachs Rn. 10, mit Beispielen aus der fachgerichtlichen Rechtsprechung; *Wolff* in MKS Rn. 29, auch zur Relevanz ungeschriebenen Verfassungsrechts.

[45] BVerfGE 2, 237 (257 f.); 4, 331 (341) → Art. 122 Rn. 4.

[46] *Schulze/Jasper* in Sachs Rn. 10: lex posterior-Regel.

[47] BVerfGE 78, 179 (182 f.); *Hense* in BK Rn. 59; *Seiler* in BeckOK GG Rn. 10; *Wolff* in MKS Rn. 30.

[48] *Schulze/Jasper* in Sachs Rn. 12a.

[49] → Rn. 1.

[50] *Giegerich* in Maunz/Dürig Rn. 37; *Hense* BK Rn. 59; *Jarass* in Jarass/Pieroth Rn. 2; *Sannwald* in SHH Rn. 10; *Seiler* in BeckOK GG Rn. 11.

Grundlage des Ermächtigungsgesetzes[51] oder als **gesetzesvertretende Verordnung** erlassen worden ist.[52] Aus der Fortgeltung nach Art. 123 Abs. 1 ergibt sich noch nicht, ob die Regelung als Bundes- oder Landesrecht fortgilt.[53] Die Anwendbarkeit einer auf dem Gebiet des Vereinigten Wirtschaftsgebots, also der Bizone, geltenden Regelung kann unter den Voraussetzungen des Art. 127 auf das gesamte Bundesgebiet oder weitere Teile erstreckt werden.[54]

4. Aufnahme in gesetzgeberischen Willen. Von der Fortgeltung alten Rechts zu unterscheiden ist die Aufnahme einer vorkonstitutionellen Regelung in den gesetzgeberischen Willen, also die explizite oder implizite Übernahme der Regelung durch die Gesetzgebungsorgane des Bundes oder der Länder.[55] Eine solche **Aufnahme in den gesetzgeberischen Willen** hat zur Folge, dass die Regelung nicht als vorkonstitutionelles, sondern als **nachkonstitutionelles Recht** gilt.[56] Die Regelung fällt damit zum einen unter das Normverwerfungsmonopol des Bundesverfassungsgerichts sowie in den Anwendungsbereich des Art. 100 Abs. 1.[57] Zum anderen gelten für sie sämtliche auch formellen Anforderungen des Grundgesetzes, etwa das Zitiergebot nach Art. 19 Abs. 1 S. 2 oder die Anforderungen an die Bestimmtheit und Regelungsdichte der Ermächtigungen zum Erlass von Rechtsverordnungen aus Art. 80 Abs. 1.[58] 12

Auch mit Blick auf diese Rechtsfolgen stellt die verfassungsgerichtliche Rechtsprechung an die Feststellung der Übernahme einer Regelung in den gesetzgeberischen Willen hohe Anforderungen.[59] Erforderlich ist danach, dass der konkrete Bestätigungswille im Gesetz selbst erkennbar ist oder sich aus dem „engen sachlichen Zusammenhang zwischen unveränderten und geänderten Normen objektiv erschließen lässt".[60] Eine solche Aufnahme in den gesetzgeberischen Willen liegt nach der Rechtsprechung vor, wenn eine alte Norm unter dem Grundgesetz neu verkündet wird[61] oder neue Regelungen mit vorkonstitutionellen Regelungen konzeptionell zu einer **einheitlichen Regelungsstruktur verzahnt** werden.[62] Ein Indiz für einen Übernahmewillen kann auch darin liegen, dass im Rahmen von Gesetzesvorhaben nach Inkrafttreten des Grundgesetzes eine Änderung der betreffenden Norm erörtert, aber verworfen worden ist und die Norm also bewusst nicht geändert worden ist.[63] Gleichwohl kann das Absehen von Änderungen oder der Auf- 13

[51] BVerfGE 6, 309 (331); 6, 389 (414); 7, 29 (37); 10, 354 (360 f.); 21, 292 (295); 28, 119 (139); aus der Literatur *Giegerich* in Maunz/Dürig Rn. 39; *Hesse* in BK Rn. 67; *Schulze/Jasper* in Sachs Rn. 12.

[52] BVerfGE 52, 1 (16 f.); *Schulze/Jasper* in Sachs Rn. 12; *Seiler* in BeckOK GG Rn. 11; *Wolff* in MKS Rn. 14.

[53] *Jarass* in Jarass/Pieroth Rn. 2; *Seiler* in BeckOK GG Rn. 2 und 11; zur Einordnung → Art. 124 Rn. 2 ff.; Art. 125 Rn. 6.

[54] → Art. 127 Rn. 1 f.

[55] *Jarass* in Jarass/Pieroth Rn. 3; *Wolff* in MKS Rn. 24.

[56] BVerfGE 6, 55 (64 f.); *Jarass* in Jarass/Pieroth Rn. 3; *Seiler* in BeckOK GG Rn. 4.

[57] BVerfGE 11, 126 (129 ff.); 32, 296 (299 f.); 52, 1 (17); 60, 135 (149); 63, 181 (187).

[58] Zu den Folgen der Einordnung als vor- oder nachkonstitutionelles Recht → Rn. 1.

[59] Näher *Wolff* in MKS Rn. 25 ff.

[60] BVerfGE 60, 135 (149); 63, 181 (188); 70, 126 (129 f.).

[61] BVerfGE 70, 126 (130).

[62] BVerfGE 70, 126 (130): neue Norm verweist auf vorkonstitutionelle Norm oder begrenztes Rechtsgebiet wird bei engem Zusammenhang von neuen und bestehenden Normen durchgreifend geändert.

[63] BVerfGE 6, 55 (65 f.).

hebung auch bedeuten, dass der Gesetzgeber die vorkonstitutionelle Regelung lediglich hinnimmt, ohne über die Geltung eine Regelung treffen zu wollen.[64] Dabei geht die verfassungsgerichtliche Rechtsprechung davon aus, dass im Zeitablauf immer wahrscheinlicher wird, dass der Gesetzgeber den vorläufigen Zustand der Hinnahme vorkonstitutionellen Rechts in eine nachkonstitutionelle Regelung überführen will.[65] Mit zunehmendem Zeitablauf sinken dadurch die Anforderungen für die Annahme einer Übernahme in den gesetzgeberischen Willen.[66]

II. Vom Deutschen Reich abgeschlossene Staatsverträge (Abs. 2)

14 Infolge der Kontinuität der Rechtsperson ist die Bundesrepublik schon nach allgemeinen völkerrechtlichen Grundsätzen an die zum Zeitpunkt ihrer Gründung für das Deutsche Reich geltenden Staatsverträge gebunden.[67] Innerstaatliche Transformationsgesetze, die beim Zusammentritt des Bundestags bestehen, gelten grundsätzlich nach der Regelung aus Abs. 1 mit dem Vorbehalt der materiellen Verfassungskonformität auch in der Bundesrepublik fort.[68] Für Staatsverträge, die inhaltlich die Gesetzgebungszuständigkeit der Länder betreffen, trifft Abs. 2 eine speziellere Regelung, die einerseits der völkerrechtlichen Verpflichtung der Bundesrepublik zur innerstaatlichen Umsetzung und andererseits der föderalen Zuständigkeitsverteilung Rechnung trägt. Abweichend von dessen Wortlaut bezieht sich Abs. 2 deshalb nicht auf die Fortgeltung der völkerrechtlichen Verträge, sondern auf die **umsetzenden Transformationsgesetze.**[69] Aus der Beschränkung des Abs. 2 auf die vom Deutschen Reich abgeschlossenen Staatsverträge folgt zugleich, dass Transformationsgesetze von Staatsverträgen der Länder untereinander oder eines Lands im Verhältnis zu Dritten nicht in den Anwendungsbereich des Abs. 2, sondern unter die allgemeine Regelung aus Abs. 1 fallen.[70]

15 Entstehungsgeschichtlich und in der verfassungsgerichtlichen Rechtsprechung im Vordergrund steht das Konkordat zwischen dem Heiligen Stuhl und dem Deutschen Reich vom 20.7.1933 **(Reichskonkordat),**[71] das Regelungen über den katholischen Religionsunterricht in Schulen enthält. Entsprechend der allgemeinen Regelung aus Abs. 1 setzt auch die Fortgeltung nach Abs. 2 die Wirksamkeit des Transformationsgesetzes am Tag des Zusammentritts des Bundestags[72] und damit auch die Wirksamkeit des zu trans-

---

[64] BVerfGE 66, 248 (254 f.); 70, 126 (130).

[65] BVerfGE 70, 126 (130).

[66] Ausdrücklich BVerfGE 63, 181 (188); 66, 248 (255); 70, 126, (130).

[67] Zum Fortbestand von Rechtsverhältnissen des Deutschen Reichs auch nach dem 8.5.1945 BVerfGE 2, 1 (56); 3, 288 (319 f.); 6, 309 (338 f.); aus der Literatur *Schulze/Jasper* in Sachs Rn. 13; *Seiler* in BeckOK GG Rn. 12.

[68] *Schulze/Jasper* in Sachs Rn. 15; *Seiler* in BeckOK GG Rn. 13; *Wolff* in MKS Rn. 47.

[69] BVerfGE 6, 309 (341); *Giegerich* in Maunz/Dürig Rn. 70; *Schulze/Jasper* in Sachs Rn. 14; *Seiler* in BeckOK GG Rn. 12; *Wolff* in MKS Rn. 43.

[70] *Giegerich* in Maunz/Dürig Rn. 64; *Hense* in BK Rn. 75; *Kirn* in v. Münch/Kunig, 6. Aufl. 2012, Art. 123 Rn. 16; *Schulze/Jasper* in Sachs Rn. 17a; *Wolff* in MKS Rn. 47, jeweils mit Beispielen aus der Rechtsprechung.

[71] BVerfGE 6, 309 (330 ff.); zur Entstehungsgeschichte *Kirn* in v. Münch/Kunig, 6. Aufl. 2012, Art. 123 Rn. 15; *Schulze/Jasper* in Sachs Rn. 16; *Wolff* in MKS Rn. 42; zur entstehungsgeschichtlich gleichwohl beabsichtigten Weite des Anwendungsbereichs *Giegerich* in Maunz/Dürig Rn. 65.

[72] → Rn. 4, 6.

formierenden völkerrechtlichen Vertrags voraus.[73] Entsprechend ist in Abs. 2 der **Vorbehalt aller Rechte und Einwendungen** der Beteiligten, also insbesondere der völkerrechtlichen Möglichkeit der Vertragsparteien zur Kündigung oder Anpassung des Vertrags, klargestellt.[74] Darüber hinaus steht auch für die Fortgeltung nach Abs. 2 unter dem allgemeinen Vorbehalt eines Widerspruchs gegen das Grundgesetz,[75] also gegen dessen materiell-rechtliche Vorgaben oder gegen grundlegende Prinzipien der Gerechtigkeit.[76] Ebenso wie bei der allgemeinen Regelung aus Abs. 1 entscheidet die Fortgeltung nach Abs. 2 nicht über die Zuordnung des fortgeltenden Transformationsgesetzes zum Bundes- oder Landesrecht,[77] auch wenn die tatbestandlich vorausgesetzte Zugehörigkeit der Gegenstände zur Gesetzgebungskompetenz der Länder einer Zuordnung zum Bund nach Art. 124, 125 im Ergebnis entgegenstehen dürfte.[78]

Inhaltlich sind die Länder durch die Fortgeltung des vorkonstitutionellen **16**
Transformationsgesetzes nicht gehindert, **abweichende gesetzliche Regelungen** zu treffen.[79] Auch wenn der Wortlaut eine Fortgeltung der Staatsverträge bis zum Abschluss neuer Staatsverträge oder ihrer anderweitigen Beendigung nahelegt,[80] bezieht sich diese Konkretisierung zur zeitlichen Dauer ebenso wie die Regelung zur Fortgeltung auf das Transformationsgesetz. Die Länder sind folglich durch Art. 123 Abs. 2 nicht daran gehindert, dem Staatsvertrag widersprechende Gesetze zu erlassen,[81] auch wenn damit ein Verstoß der Bundesrepublik gegen die Pflichten aus dem Staatsvertrag zur innerstaatlichen Umsetzung verbunden sein kann. Grenzen dieser Abweichungsbefugnis können sich allerdings aus dem allgemeinen Grundsatz des bundestreuen Verhaltens ergeben.[82] Die Reichweite der sich daraus ergebenden Bindungen der Länder dürfte vor allem davon abhängen, inwieweit der jeweilige Gegenstand unter die Zuständigkeit des Bundes nach Art. 32 und Art. 59 fällt.[83]

III. Fortgeltung von Recht im Zuge der Wiedervereinigung

Mit dem Beitritt der früheren **Deutschen Demokratischen Republik** **17**
zur Bundesrepublik Deutschland tritt nach Art. 3 EV das Grundgesetz, nach Art. 8 EV im Grundsatz auch Bundesrecht sowie nach Art. 10 EV das Recht der Europäischen Gemeinschaften in den neuen Ländern in Kraft. Umgekehrt treffen Art. 9 Abs. 1 und 2 EV für die Fortgeltung des Rechts der Deutschen Demokratischen Republik eine nach der kompetenziellen Zuordnung der jeweiligen Regelungsgegenstände differenzierende Regelung.[84]

---

[73] Vgl. BVerfGE 6, 309 (330 ff.); aus der Literatur *Schulze/Jasper* in Sachs Rn. 15; *Wolff* in MKS Rn. 57.

[74] *Hense* in BK Rn. 83; *Schulze/Jaspers* in Sachs Rn. 15; *Wolff* in MKS Rn. 56.

[75] *Jarass* in Jarass/Pieroth Rn. 11; *Schulze/Jaspers* in Sachs Rn. 15.

[76] → Rn. 8.

[77] BVerfGE 6, 309 (342 f.); *Sannwald* in SHH Rn. 23; *Seiler* in BeckOK GG Rn. 13; *Wolff* in MKS Rn. 52.

[78] Vgl. BVerfGE 6, 309 (343).

[79] BVerfGE 6, 309 (342); *Seiler* in BeckOK GG Rn. 14; *Wolff* in MKS Rn. 43.

[80] Zur Gegenansicht mwN *Kirn* in v. Münch/Kunig, 6. Aufl. 2012, Art. 123 Rn. 15.

[81] BVerfGE 6, 309 (342); *Seiler* in BeckOK GG Rn. 14; *Wolff* in MKS Rn. 43.

[82] BVerfGE 6, 309 (361 f.); *Wolff* in MKS Rn. 54.

[83] Vgl. BVerfGE 6, 309 (362).

[84] Näher *Kloepfer/Kröger* DVBl. 1991, 1031 ff.; *Nissel* DtZ 1990, 330 (331 ff.).

Diese Regelungen orientieren sich insofern an Art. 123,[85] als Voraussetzung der Fortgeltung unter anderem die Vereinbarkeit mit dem Grundgesetz, daneben aber auch mit dem unmittelbar geltenden Recht der Europäischen Gemeinschaften sowie teilweise mit sonstigem Bundesrecht, ist. Auch wenn die Fortgeltung von Recht der Deutschen Demokratischen Republik **nicht** in den **Anwendungsbereich des Art. 123** fällt,[86] stellt sich die Frage, inwieweit Verstöße gegen formelle Anforderungen des Grundgesetzes eine Fortgeltung ausschließen,[87] in ähnlicher Weise.[88]

18 Im Einzelnen sieht zum einen Art. 9 Abs. 2 EV vor, dass das in der Anlage II aufgeführte Recht mit den dort genannten Maßnahmen unter dem Vorbehalt der Vereinbarkeit mit dem Grundgesetz und dem unmittelbar anwendbaren Gemeinschaftsrecht in Kraft bleibt.[89] Auch dieses Recht fällt, da es nicht unter dem Grundgesetz und von dem darin vorgesehenen Gesetzgebungsorganen erlassen worden ist, nicht unter das **Normverwerfungsmonopol** des Bundesverfassungsgerichts oder in den Anwendungsbereich der konkreten Normkontrolle.[90] Zum anderen galt nach Art. 9 Abs. 1 S. 1 und 2 EV Recht der Deutschen Demokratischen Republik vorbehaltlich der Vereinbarkeit mit Bundesrecht und dem unmittelbar anwendbaren Gemeinschaftsrecht fort, das entweder nach der Kompetenzordnung des Grundgesetzes in die Kompetenz der Länder fällt oder das zwar in die Kompetenz des Bundes fällt, aber nicht bundeseinheitlich geregelte Gegenstände betrifft.[91]

C. Kritische Würdigung

19 Art. 123 lässt sich als eine pragmatische Norm einordnen, die zu Gunsten der **Rechtssicherheit** und **Rechtsklarheit** bei der Kontinuität der Rechtslage Fragen der Legitimität fortgeltenden Rechts zunächst hintanstellt. Freilich stößt dieser formale Ansatz durch den Vorbehalt eines Widerspruchs mit dem Grundgesetz an Grenzen mit der Folge, dass **materielle Kriterien zur Akzeptanz einer Fortgeltung,** wie sie später in der verfassungsgerichtlichen Rechtsprechung entwickelt worden sind, unumgänglich bleiben. Diese Abschichtung und zeitliche Verlagerung des von Anbeginn absehbaren Regelungsproblems wie auch die Grundsatzentscheidung für eine Fortgeltung erwiesen sich als durchaus kluge Regelungsstrategie.

---

[85] *Wolff* in MKS Rn. 7.

[86] *Seiler* in BeckOK GG Rn. 3.

[87] → Rn. 8 ff.

[88] Für eine Heranziehung der Kriterien *Jarass* in Jarass/Pieroth Rn. 4; *Schulze/Jasper* in Sachs Rn. 18 und 21; ähnlich *Seiler* in BeckOK GG Rn. 3.1 und *Wolff* in MKS Rn. 7: Auslegungshilfe für Art. 143 iVm Art. 9 EV; zurückhaltend *Giegerich* in Maunz/Dürig Rn. 60.

[89] Die in der Anlage II des Einigungsvertrags aufgeführten Bestimmungen enthalten zum Teil auch Ministerratsbeschlüsse und betreffen in jeweils unterschiedlichem Umfang die Geschäftsbereiche aller Ministerien; näher zur Anordnung der Fortgeltung der Ministerratsbesschlüsse *Kloepfer/Kröger* DVBl. 1991, 1031 (1037); *Schnapauff* DVBl. 1990, 1249 (1251 ff.); *Wolff* in MKS Rn. 8.

[90] BVerfGE 97, 117 (122 f.); *Jarass* in Jarass/Pieroth Rn. 5; Einordnung als kein vorkonstitutionelles Recht, das lediglich hinsichtlich der Anwendung des Art. 100 Abs. 1 im Ergebnis wie vorkonstitutionelles Recht zu behandeln ist, bei *Wolff* in MKS Rn. 11.

[91] Näher *Schulze/Jasper* in Sachs Rn. 19 ff.

Literatur

Zu Abs. 1

O. Bachof, Das Ende des Deutschen Verwaltungsrechts?, DÖV 1958, 27. – ***A. Bleckmann,*** Völkerrecht im Bundesstaat? Gedanken zum zweiten Coburgurteil des Bundesverfassungsgerichts vom 30. Januar 1973, SchwJBIntR 29 (1973), 9. – ***K.-H. Böckstiegel,*** Wegfall der Geschäftsgrundlage und clausula rebus sic stantibus im Staatsvertrags- und Völkerrecht, JuS 1973, 759. – ***G. Brunner,*** Fortgeltung des Rechts der bisherigen DDR, in J. Isensee/P. Kirchhof HdbStR IX, 1997, § 210. – ***U. Drobnig,*** Das Schicksal der Staatsverträge der DDR nach dem Einigungsvertrag, DtZ 1991, 76. – ***W. Grewe,*** Die verfassungsrechtlichen Grundlagen der Bundesrepublik Deutschland, DRZ 1949, 313. – ***T. Höch,*** Der Einigungsvertrag zwischen völkerrechtlichem Vertrag und nationalem Gesetz. Untersuchungen zur Bestandskraft des Vertrages über die Herstellung der Einheit Deutschlands, 1995. – ***H. Hofmann,*** Die Entwicklung des Grundgesetzes nach 1949, in J. Isensee/P. Kirchhof HdbStR I, 1987, § 7. – ***R. Hofmann/T. Laubner,*** Großes Reinemachen [...]. Rechtsbereinigung auf dem Gebiet des fortgeltenden alliierten Besatzungsrechts, JöR 2007, 123. – ***D. Jesch,*** Gesetz und Verwaltung, 2. Aufl. 1968, 112–116. – ***M. Kirn,*** Verfassungsumsturz oder Rechtskontinuität? Die Stellung der Jurisprudenz nach 1945 zum Dritten Reich, insbesondere die Konflikte um die Kontinuität der Beamtenrechte und Art. 131 GG, 1972. – ***F. Otten,*** Wird vorkonstitutionelles Recht, das Gegenstände der Rahmengesetzgebung des Bundes betrifft, Bundes- oder Landesrecht?, Diss. Münster, 1965. – ***M. Rensmann,*** Besatzungsrecht im wiedervereinigten Deutschland. Abbauprobleme und Restbestände, 2002. – ***J. Schmidt-Salzer,*** Vorkonstitutionelle Gesetze, verfassungskonforme Auslegung und ungeschriebene unbestimmte Rechtsbegriffe, DÖV 1969, 97. – ***H. Schneider,*** Verträge zwischen Gliedstaaten im Bundesstaat, VVDStRL 19 (1961), 1. – ***H. Thoma,*** Der Vorbehalt der Legislative und das Prinzip der Gesetzmäßigkeit von Verwaltung und Rechtsprechung, in W. Pauly/G. Anschütz/R. Thoma DtStaatsR II, 221. – ***H. Tischbein,*** Nachprüfbarkeit des Besatzungsrechts durch deutsche Gerichte, NJW 1955, 1179. – ***H. Wagner,*** Der Einigungsvertrag nach dem Beitritt. Bestandssicherheit und Rechtswahrung vor dem BVerfG, 1994. – ***R. Wittkowski,*** Die Staatensukzession in völkerrechtliche Verträge unter besonderer Berücksichtigung der Herstellung der staatlichen Einheit Deutschlands, 1992. – ***E. Wolff,*** Wie weit gilt nach Art. 123–126 des Grundgesetzes bisheriges Recht fort?, DRZ 1950, 1.

Zu Abs. 2

H.J. Becker, Die Bedeutung des Art. 123 Abs. 2 des Grundgesetzes für die Reichsverträge, DVBl. 1955, 105, 145. – ***H.J. Becker,*** Zum Konkordatsurteil des Bundesverfassungsgerichts, NJW 1957, 694. – ***R. Dolzer,*** Die Identität Deutschlands vor und nach der Wiedervereinigung, in J. Isensee/P. Kirchhof HStR, Bd. I, 2003, § 13. – ***F. Giese*** (Hrsg.), Der Konkordatsprozeß. Veröffentlichungen des Instituts für Staatslehre und Politik e. V. in Mainz, Band 6, 1957–1959. – ***U. v. Hoenicke,*** Die Fortgeltung von Verträgen des Deutschen Reiches in der BRD und der DDR, Diss. Göttingen, 1972. – ***J. H. Kaiser,*** Die Erfüllung der völkerrechtlichen Verträge des Bundes durch die Länder, ZaöRV 1957, 526. – ***D. Rauschning,*** Das Schicksal völkerrechtlicher Verträge bei Änderung des Status ihrer Partner, 1963. – ***K. Repgen,*** Parerga zum Reichskonkordatsprozeß 1955/57, FS f. Albrecht, 1992, 443. – ***L. Schöppe,*** Neue Konkordate und konkordatäre Vereinbarungen, 1971. – ***S. Schröcker,*** Die Wiederanwendung der Vorkriegsverträge nach dem Grundgesetz, DVBl. 1954, 486, 525. – ***Ch. Tomuschat,*** Die Auslegung von „Zwischenländerrecht", DÖV 1975, 453. – ***W. Wengler,*** Zur bindenden Wirkung des Konkordatsurteils, NJW 1957, 1417.

Zur Fortgeltung von Recht im Zuge der Wiedervereinigung

M. Kloepfer/H. Kröger, Rechtsangleichung nach Art. 8 und 9 des Einigungsvertrages, DVBl. 1991, 1031. – ***T. Mann,*** Fortgeltende Rechtsverordnungen der DDR und der Gesetzesvorbehalt, DÖV 1990, 228. – ***R. Nissel,*** Fortgeltendes DDR-Recht nach dem Einigungsvertrag, DtZ 1990, 330. – ***K.-D. Schnapauff,*** Der Einigungsvertrag, DVBl. 1990, 124.

Art. 124 [Altes Recht auf dem Gebiet der ausschließlichen Gesetzgebung]

Recht, das Gegenstände der ausschließlichen Gesetzgebung des Bundes betrifft, wird innerhalb seines Geltungsbereiches Bundesrecht.

A. Allgemeine Bedeutung (Art. 124 und Art. 125)

1 Ebenso wie die Regelung in Art. 125 knüpft die in Art. 124 vorgesehene Fortgeltung als Bundesrecht an die Regelung zur **Fortgeltung alten Rechts** in Art. 123 an.[1] Gilt Recht aus der Zeit vor dem Zusammentritt des Bundestags nach Art. 123 Abs. 1 fort, stellt sich in dem föderalen Gefüge die Frage, ob es als Bundesrecht oder als Landesrecht fortgelten soll.[2] Entsprechend der allgemeinen Kompetenzverteilung aus Art. 70 Abs. 1[3] normieren Art. 124 und 125 bestimmte **Voraussetzungen,** unter denen fortgeltendes Recht **als Bundesrecht** eingeordnet wird. Diese Voraussetzungen lassen sich dahingehend zusammenfassen, dass „alles alte Recht nur dann als Bundesrecht fortgelten soll, wenn der Bundesgesetzgeber auch nach der in den Art. 70 ff. getroffenen Zuständigkeitsregelung zum Erlass gleichartiger Vorschriften befugt war",[4] mangels einer anderweitigen Einordnung also als Landesrecht fortgilt.[5] Für Meinungsverschiedenheiten zu dieser Einordnung fortgeltenden Rechts ist in Art. 126 ein Normenqualifikationsverfahren vor dem Bundesverfassungsgericht vorgesehen.[6] Zum fortgeltenden **Recht der Deutschen Demokratischen Republik** trifft Art. 9 Abs. 4 des Einigungsvertrages eine ähnliche, an Art. 124 angelehnte Regelung.[7]

B. Einzelfragen

I. Recht, das Gegenstände der ausschließlichen Gesetzgebung des Bundes betrifft…

2 Mit dem Begriff des **Rechts** in Art. 124 ist fortgeltendes Recht nach Art. 123 Abs. 1 gemeint,[8] also sowohl **vorkonstitutionelles,** dem Grundgesetz nicht widersprechendes Recht[9] einschließlich **völker- oder gewohnheitsrechtlicher Regelungen**[10] als auch Recht, das entsprechend der Übergangsregelung in Art. 122 nach dem Inkrafttreten des Grundgesetzes, aber vor dem erstmaligen Zusammentritt des Bundestags erlassen worden ist.[11]

---

[1] BVerfGE 3, 368 (374); *Funke* in BK Rn. 5; *Giegerich* in Maunz/Dürig Rn. 1; *Schulze/Jasper* in Sachs Rn. 1; *Seiler* in BeckOK GG Rn. 1; *Wittreck* in Dreier Rn. 5; *Wolff* in MKS Rn. 1.

[2] Näher *Funke* in BK Rn. 5; *Giegerich* in Maunz/Dürig Rn. 2.

[3] → Art. 70 Rn. 8.

[4] BVerfGE 33, 206 (216).

[5] *Giegerich* in Maunz/Dürig Rn. 4; *Jarass* in Jarass/Pieroth Rn. 1; *Schulze/Jasper* in Sachs Rn. 1; *Seiler* in BeckOK GG Rn. 6; *Wittreck* in Dreier Rn. 7; *Wolff* in MKS Rn. 1.

[6] → Art. 126 Rn. 1 ff.

[7] *Wolff* in MKS Rn. 3 ff.; zur Fortgeltung des Rechts der DDR im Zuge der Wiedervereinigung → Art. 122 Rn. 10; → Art. 123 Rn. 18.

[8] *Funke* in BK Rn. 7; *Jarass* in Jarass/Pieroth Rn. 1.

[9] Näher, auch zum unmittelbaren Besatzungsrecht *Wolff* in MKS Rn. 7.

[10] *Jarass* in Jarass/Pieroth Rn. 1; *Wittreck* in Dreier Rn. 7.

[11] *Funke* in BK Rn. 7; *Giegerich* in Maunz/Dürig Rn. 1 f.; *Schulze/Jasper* in Sachs Rn. 2; *Seiler* in BeckOK GG Rn. 1.

Besatzungsrecht, das wegen besatzungsrechtlicher Vorgaben, aber nicht nach Art. 123 fortgilt, gilt unabhängig von den Regelungen des Grundgesetzes und lässt sich folglich auch nicht nach Art. 124 oder Art. 125 als Bundesrecht einordnen.[12] Ob das nach Art. 123 Abs. 1 fortgeltende Recht Gegenstände der ausschließlichen Gesetzgebung des Bundes betrifft, bemisst sich nach der Fassung des Grundgesetzes zum Zeitpunkt des Übergangs der Gesetzgebungszuständigkeit, also nach Art. 122 der Fassung des Grundgesetzes am 7.9.1949.[13]

Die **Zuordnung** zur ausschließlichen Gesetzgebung ergibt sich in erster Linie aus dem Kompetenzkatalog des Art. 73, daneben aber auch aus anderen Normen des Grundgesetzes, die in ihrem jeweiligen Sachzusammenhang eine Regelung ausdrücklich durch ein Bundesgesetz vorgesehen haben.[14] Schließlich begründen auch Zuständigkeiten kraft **Natur der Sache, Annexkompetenzen** und Zuständigkeiten kraft **Sachzusammenhangs,** wenn dieser zu einer ausschließlichen Zuständigkeit besteht, eine Zuordnung zur ausschließlichen Kompetenz des Bundes.[15] 3

Die ausschließliche Gesetzgebungszuständigkeit des Bundes ist im Sinne des Art. 124 **„betroffen“,** wenn die Regelung in den Kompetenzbereich fällt, also neu (nur) vom Bund erlassen werden könnte.[16] Ob diese Neuregelung der Zustimmung des Bundesrats bedürfte, kommt für die Zuordnung zum Bundesrecht nach Art. 124 wie auch bei Art. 125[17] keine Bedeutung zu.[18] 4

Gegenstand der Zuordnung ist dabei nicht unbedingt das alte Gesetz als solches, sondern vielmehr die **jeweiligen Regelungen.**[19] So können freilich unter Berücksichtigung der Sachzusammenhänge und Regelungsschwerpunkte[20] Teilbereiche, insbesondere wenn sie ein „geschlossenes und zusammenhängendes Sachgebiet“ bilden,[21] anders einzuordnen sein als die übrigen Teilbereiche eines Gesetzes.[22] Schließlich können Normen Regelungen treffen, die in einigen Aspekten in den Bereich einer ausschließlichen Bundeskompetenz und in anderen in die Landeskompetenz fallen. Solche Normen 5

---

[12] BVerfGE 3, 368 (374 f.); *Giegerich* in Maunz/Dürig Rn. 11; *Jarass* in Jarass/Pieroth Rn. 1; *Wittreck* in Dreier Rn. 7.

[13] BVerfGE 33, 206 (216); *Giegerich* in Maunz/Dürig Rn. 12 und 15; *Jarass* in Jarass/Pieroth Rn. 2; *Seiler* in BeckOK GG Rn. 2; *Sannwald* in SHH Rn. 5; *Wittreck* in Dreier Rn. 8; *Wolff* in MKS Rn. 10; teilweise wird auf den Zeitpunkt des Inkrafttretens des Grundgesetzes abgestellt, ohne dass damit in der Sache eine Änderung verbunden wäre, *Schulze/Jasper* in Sachs Rn. 2.

[14] Näher die Aufstellung bei *Wittreck* in Dreier Rn. 9 und *Wolff* in MKS Rn. 9.

[15] *Funke* in BK Rn. 9; *Giegerich* in Maunz/Dürig Rn. 12; *Jarass* in Jarass/Pieroth Rn. 3; *Sannwald* in SHH Rn. 6; *Schulze/Jasper* in Sachs Rn. 3; *Wittreck* in Dreier Rn. 10; *Wolff* in MKS Rn. 9.

[16] BVerfGE 33, 206 (216); *Giegerich* in Maunz/Dürig Rn. 13; *Jarass* in Jarass/Pieroth Rn. 2; *Wittreck* in Dreier Rn. 9; *Wolff* in MKS Rn. 11.

[17] Dazu BVerfGE 9, 185 (190); → Art. 125 Rn. 8.

[18] *Jarass* in Jarass/Pieroth Rn. 1; *Sannwald* in SHH Rn. 2; *Schulze/Jasper* in Sachs Rn. 3; *Seiler* in BeckOK GG Rn. 2.1; *Wittreck* in Dreier Rn. 11.

[19] BVerfGE 4, 115 (131 f.); 33, 206 (216) auch unter Hinweis auf die Gesetzgebungsgeschichte; *Funke* in BK Rn. 12; *Jarass* in Jarass/Pieroth Rn. 3; *Schulze/Jasper* in Sachs Rn. 4; *Seiler* in BeckOK GG Rn. 3; *Wittreck* in Dreier Rn. 12; *Wolff* in MKS Rn. 12.

[20] *Seiler* in BeckOK GG Rn. 3; zu den Abgrenzungsschwierigkeiten *Wolff* in MKS Rn. 12; *Wittreck* in Dreier Rn. 12: faktische Vermutung einer einheitlichen Qualifikation nach der Literatur.

[21] Zu Schulbestimmungen in einem Reichskonkordat BVerfGE 6, 309 (344).

[22] BVerfGE 4, 115 (131 f.); 33, 206 (216); *Schulze/Jasper* in Sachs Rn. 4; *Seiler* in BeckOK GG Rn. 3; *Wolff* in MKS Rn. 12.

gelten dann für ihren jeweiligen Anwendungsbereich als Bundes- und als Landesrecht weiter.[23]

II. Innerhalb des Geltungsbereichs

6 Der einschränkende Hinweis auf den Geltungsbereich stellt klar, dass die Einordnung von altem Recht als Bundesrecht **nicht** mit einer **Ausdehnung** des **räumlichen Anwendungsbereichs** verbunden ist.[24] Allein die Fortgeltung des alten Rechts nach Art. 123 Abs. 1 führt, wie schon die Möglichkeit der Erstreckung auf Länder der ehemaligen französischen Besatzungszone in Art. 127 zeigt, ebenfalls nicht automatisch zu einer räumlichen Ausdehnung. Altes Recht, das die ausschließliche oder konkurrierende[25] Zuständigkeit des Bundes betrifft, kann dadurch als **partikulares Bundesrecht** fortgelten.[26]

III. Bundesrecht

7 Als Rechtsfolge des Art. 124 wird das alte Recht mit Übergang der Gesetzgebungskompetenz auf die im Grundgesetz vorgesehenen Gesetzgebungsorgane nach Art. 122, also mit Ablauf des Tags des Zusammentritts des Bundestags am 7.9.1949,[27] zu Bundesrecht. Die Länder sind ab diesem Zeitpunkt[28] von der Zuständigkeit im Bereich der ausschließlichen Gesetzgebung des Bundes nach Art. 71 im Grundsatz ausgeschlossen. Diese **Sperrwirkung** tritt nach Art. 71 unabhängig von dem Bestehen bundesgesetzlicher Regelungen, sei es neuer oder als Bundesrecht fortbestehender Regelungen, ein.[29] Umgekehrt ist auch möglich, dass fortbestehende, als Bundesrecht eingeordnete Regelungen die Länder nach Art. 71 zur Regelung ermächtigen.[30]

C. Kritische Würdigung

8 Bei Art. 124 handelt es sich um eine technische Norm, die zusammen mit Art. 125 für fortgeltendes Recht über die sich zwangsläufig stellende Frage der Zuordnung zum Bundes- oder Landesrecht entscheidet. Bei dieser **Zuordnung** an die im Grundgesetz vorgesehene **Kompetenzverteilung anzuknüpfen,** ist naheliegend und nachvollziehbar. Die analoge Übernahme der Regelung in Art. 9 Abs. 4 S. 1 des Einigungsvertrags im Zuge der Wiedervereinigung verdeutlicht den zeitlosen Charakter der Zuordnungsfrage und spricht zugleich dafür, dass sich die Zuordnungskriterien bewährt haben.

---

[23] Zu Regelungen des Besoldungsrechts sowohl von Bundes- als auch von Landesbeamten BVerfGE 4, 115 (131 f.); im Anschluss daran *Funke* in BK Rn. 12; *Giegerich* in Maunz/Dürig Rn. 14; *Sannwald* in SHH Rn. 12; *Wittreck* in Dreier Rn. 12; *Wolff* in MKS Rn. 12.

[24] *Grziwotz* AöR 116 (1991), 588 (591); *Giegerich* in Maunz/Dürig Rn. 16; *Funke* in BK Rn. 14; *Jarass* in Jarass/Pieroth Rn. 4; *Sannwald* in SHH Rn. 9; *Schulze/Jasper* in Sachs Rn. 6; *Wittreck* in Dreier Rn. 12; *Wolff* in MKS Rn. 8 und 14.

[25] → Art. 125 Rn. 8 ff.

[26] *Giegerich* in Maunz/Dürig Rn. 16 und *Schulze/Jasper* in Sachs Rn. 6: partielles Bundesrecht; *Seiler* in BeckOK GG Rn. 5; *Wittreck* in Dreier Rn. 12; *Wolff* in MKS Rn. 14.

[27] → Art. 122 Rn. 16.

[28] Zur Zuständigkeit der Länder in der Zeit zwischen Inkrafttreten des Grundgesetzes und dem Zusammentritt des Bundestags → Art. 122 Rn. 5.

[29] *Funke* in BK Rn. 10; *Wolff* in MKS Rn. 2; → Art. 71 Rn. 8.

[30] *Jarass* in Jarass/Pieroth Rn. 4; *Wolff* in MKS Rn. 13.

Literatur

Bundesrecht und Bundesgesetzgebung, Bericht über die Weinheimer Tagung des Instituts zur Förderung öffentlicher Angelegenheiten, 1950 (Referate und Diskussionsbeiträge). – ***H. Grziwotz,*** Partielles Bundesrecht und die Verteilung der Gesetzgebungsbefugnisse im Bundesstaat, AöR 116 (1991), 588. – ***W. Winghofer,*** Die Frage der Zuständigkeit des Bundes oder der Länder auf dem Gebiete der Verwaltungsgerichtsbarkeit, DÖV 1950, 70. – ***E. Wolff,*** Wie weit gilt nach Art. 123 bis 126 des Grundgesetzes bisheriges Recht fort?, DZR 1950, 1.

Art. 125 [Altes Recht auf dem Gebiet der konkurrierenden Gesetzgebung]

Recht, das Gegenstände der konkurrierenden Gesetzgebung des Bundes betrifft, wird innerhalb seines Geltungsbereiches Bundesrecht,

1. soweit es innerhalb einer oder mehrerer Besatzungszonen einheitlich gilt,

2. soweit es sich um Recht handelt, durch das nach dem 8. Mai 1945 früheres Reichsrecht abgeändert worden ist.

A. Allgemeine Bedeutung

1 Art. 125 ist die Reaktion des Verfassungsgebers[1] auf **drei** miteinander verschränkte Problemkreise, die 1948/1949 virulent waren: Erstens war es eine praktische Notwendigkeit, den Großteil des bestehenden Rechts in das Recht der Bundesrepublik zu überführen.[2] Zweitens musste dies auf eine Art und Weise geschehen, die die neue Kompetenzordnung der Verfassung wahrte.[3] Und drittens war infolge der Gesetzgebung durch die Länder, die vielfach Reichsrecht abgeändert hatten,[4] eine Rechtszersplitterung[5] zu beobachten, die als nicht hinnehmbar beurteilt wurde. Der Verfassungsgeber versuchte auf diese Gemengelage zu reagieren, indem er in Art. 123 Abs. 1 eine generelle **„Überleitung"** vorkonstitutionellen Rechts in das Recht der Bundesrepublik anordnete, soweit dieses materiell im Einklang mit dem GG stand (→ Art. 123 Rn. 4 ff.). Hierauf aufbauend ordnete er für die Fortgeltung von Rechtsmaterien, die nunmehr in die ausschließliche (Art. 124)[6] bzw. konkurrierende Gesetzgebungskompetenz des Bundes (Art. 125) fielen, eine Fortgeltung als Bundesrecht „innerhalb seines Geltungsbereiches" an.

2 Das Telos der Bestimmung wird vom **BVerfG** in der **Verhinderung** einer weiteren **Rechtszersplitterung** gesehen.[7] Deshalb wurde vorkonstitutionelles Recht, das unter der Ägide des GG nunmehr in die konkurrierende Gesetzgebungskompetenz des Bundes fiel, unter den in Nr. 1 und Nr. 2 formulierten Bedingungen zu Bundesrecht, um es dem Regelungszugriff der Länder zu entziehen.[8] Das bereits bestehende Recht, das nach der neuen Verfassung in einen der Bereiche der konkurrierenden Gesetzgebung des Bundes fiel, wurde damit im Ergebnis so behandelt, als wäre der Bundesgesetzgeber bereits tätig geworden.[9] Darüber hinaus dient Art. 125 auch der **Rechtssicherheit,**[10] da die nachvollziehbare Überleitung des bestehenden

---

[1] Zur Entstehungsgeschichte siehe *Giegerich* in Maunz/Dürig Rn. 1; *Funke* in BK Rn. 1.

[2] Eingehend *Giegerich* in Maunz/Dürig Art. 123 Rn. 1 ff.

[3] Deutscher Bundestag/Bundesarchiv (Hrsg.), Der Parlamentarische Rat 1948–1949, Bd. 2, 1981, 504 (575).

[4] Vgl. BVerfGE 2, 237 (252 f.); *Wittreck* in Dreier Rn. 2.

[5] Vgl. implizit BVerfGE 4, 178 (183); siehe bereits *Zinn* in Bundesrecht und Bundesgesetzgebung, 1950, 53 (55): „[...], der [Art. 125, A. K.] damit gleichsam im Sinne einer deutschen Rechtseinheit die Lage wiederhergestellt hat."

[6] *Wittreck* in Dreier Rn. 9 spricht anschaulich von Art. 124 als „Schwesterbestimmung" des Art. 125.

[7] BVerfGE 1, 283 (294); 4, 178 (183) (zu Nr. 1 der Vorschrift); BVerwGE 89, 69 (72).

[8] Eingehend *Giegerich* in Maunz/Dürig Rn. 2.

[9] BVerfGE 7, 18 (27).

[10] BVerfGE 1, 283 (294 f.); so bereits auch *v. Mangoldt* ZMR 1952, 97.

Recht, auf eine der beiden in Betracht kommenden staatlichen Ebenen auch für die Rechtsanwendung von Relevanz ist.

Vorbildwirkung[11] entfaltete Art. 125 für den **Einigungsvertrag**[12]. In dessen Art. 9 Abs. 4 finden sich Regelungen zur Fortgeltung ehemaligen DDR-Rechts, das Gegenstände der ausschließlichen oder konkurrierenden Gesetzgebung sowie der Rahmengesetzgebung des Bundes betraf. 3

Das Primärrecht sieht sich im Falle seiner Änderung ebenfalls mit der Frage der Weitergeltung „vorkonstitutioneller Rechtsnormen" konfrontiert, jedoch in einem ganz anderen Ausmaß. Schließlich ist die Änderung des Primärrechts ein **evolutiver** Prozess. Eine andere Frage ist, ob bestehendes Sekundärrecht bei einer Änderung des Primärrechts übergeleitet werden muss. Eine Überleitungsvorschrift für bestehendes Sekundärrecht findet sich nicht im Vertrag von Lissabon; da der AEU-Vertrag aber an den bereits etablierten Kategorien von Rechtsakten festhält, war eine derartige Vorschrift auch entbehrlich.[13] 4

B. Einzelfragen

I. Recht

Art. 125 GG transformiert nach Art. 123 übergeleitete, **vorkonstitutionelles Recht** in Bundesrecht; Mindestvoraussetzung ist also, dass Recht zum Transformationszeitpunkt auf einem Teil des Gebiets der Bundesrepublik Geltung beansprucht. Was unter „Recht" iSd Vorschrift zu verstehen ist, wird in ihr nicht näher eingegrenzt. 5

Erblickt man den Normzweck von Art. 125 in der Verhinderung einer weiteren **Rechtszersplitterung** (→ Rn. 2), hat dies auch Auswirkungen auf die Auslegung des unbestimmten Tatbestandsmerkmals „Recht".[14] Vor dem Hintergrund dieses Normzwecks hat denn auch das BVerfG „Recht" iSv Art. 125 als „die gesamte Regelung eines bestimmten Sachgebietes"[15] umschrieben. Nicht einzelne Rechtsnormen, sondern ganze „Regelungskomplexe" sollten durch Art. 125 in Bundesrecht transformiert werden.[16] Da Recht iSv Art. 125 aber andererseits nicht gleichbedeutend mit Gesetz sein soll,[17] konnte es dazu kommen, dass Teile eines Gesetzes in Bundes- und andere Teile in Landesrecht transformiert wurden,[18] was die Gerichte vor mitunter diffizile Abgrenzungsprobleme stellte. Die Entscheidung dafür, nicht auf das Gesetz als Ganzes, sondern auf die Regelung eines bestimmten Sachgebietes abzustellen, ist aber aufgrund der durch das GG eingeführten Kompetenzaufteilung zwischen Bund und Ländern geboten. 6

Da die Alliierten nach der bedingungslosen Kapitulation der Wehrmacht vielfach gesetzgeberisch tätig geworden waren,[19] warf Art. 125 auch die Frage auf, ob auch das **Besatzungsrecht** in Bundesrecht transformiert 7

[11] *Wittreck* in Dreier Rn. 3; eingehend zur Fortgeltung von früherem Recht der DDR nach Art. 9 Einigungsvertrag *Kloepfer/Kröger* DVBl. 1991, 1031 (1035 ff.).

[12] BGBl. II 1990 885.

[13] *Ruffert* in Calliess/Ruffert EUV/AEUV, 5. Aufl. 2016, AEUV Art. 288 Rn. 5.

[14] Vgl. *Hömig* in Hömig/Wolff Rn. 2; *Wittreck* in Dreier Rn. 11.

[15] BVerfGE 4, 178 (183).

[16] Vgl. BVerfGE 4, 178 (184).

[17] BVerfGE 4, 178 (183).

[18] *Wittreck* in Dreier Rn. 11 mwN.

[19] *Wittreck* in Dreier Rn. 2.

wurde[20]. Hinzu trat die Frage, ob in diesem Fall das transformierte Besatzungsrecht aufgrund von Art. 123 nur dann Geltung erlangte, wenn es mit den Vorgaben des GG im Einklang stand.[21] Die erste Frage ist abschlägig zu beantworten, so dass sich die zweite ebenfalls erledigt. Der damalige Verfassungsgeber verfügte aufgrund der bestehenden Vorbehalte der Alliierten nicht über eine umfassende Rechtsetzungsbefugnis.[22]

II. Das Gegenstände der konkurrierenden Gesetzgebung des Bundes betrifft

8 Art. 125 überführt nur vorkonstitutionelles Recht, „das Gegenstände der konkurrierenden Gesetzgebung des Bundes *betrifft*", in Bundesrecht. Diese Wendung beschränkt die Überleitungswirkung in **sachlicher** Hinsicht. Entscheidend ist, ob die Rechtsmaterien, die in den zu beurteilenden Rechtsnormen geregelt wurden, nunmehr der konkurrierenden Gesetzgebungszuständigkeit des Bundes überantwortet waren.[23]

9 Maßgeblich kam und kommt es dabei auf die Fassung des GG an dem Tag, an dem der Deutsche **Bundestag erstmals zusammengetreten** ist (also am 7.9.1949), an.[24] Spätere Änderungen der Kompetenztitel der Verfassung verändern also nicht das zuvor bereits erzielte „Überleitungsergebnis".[25] Dies muss schon allein deshalb gelten, weil die *Ratio* der Vorschrift darin zu sehen ist, dass die Zuordnung zu einer der normhierarchischen Ebenen zum Überleitungszeitpunkt dauerhaft und damit rechtssicher erfolgen sollte (→ Rn. 2).

10 Zum Zeitpunkt der Überleitung des vorkonstitutionellen Rechts bestand auf dem Gebiet der konkurrierenden Gesetzgebung der Wertungswiderspruch, dass der Bund von seinem Gesetzgebungsrecht nur Gebrauch machen durfte, sofern sein Tätigwerden von der **Erforderlichkeitsklausel** des Art. 72 Abs. 2 gedeckt war. Art. 125 beinhaltet aber kein hiermit korrespondierendes Erfordernis. Deshalb ist in den Anfangsjahren des GG kontrovers über die Frage diskutiert worden, ob bei der Subsumtion unter Art. 125 nicht eine mit Art. 72 Abs. 2 aF entsprechende Erforderlichkeitsprüfung zu absolvieren sei.[26] Das BVerfG entschied sich schon sehr früh gegen eine Übernahme des Erforderlichkeitskriteriums,[27] was von der heute ganz hL geteilt wird.[28] Erblickt man den Hauptzweck von Art. 125 in der Verhinderung weiterer Rechtszersplitterung (→ Rn. 2), ist dies folgerichtig. Kaum zu übersehen ist, dass die konstatierten Wertungswidersprüche vielfach überbetont wurden. Denn jedenfalls bis zum Altenpflegeurteil des BVerfG[29] handelte es sich bei Art. 72 Abs. 2 um eine kaum justiziable Vorschrift,[30] der deshalb auch nur eine geringe Steuerungswirkung zukam.

---

[20] *Zinn* in Bundesrecht und Bundesgesetzgebung, 1950, 53 (67 ff.).
[21] *Zinn* in Bundesrecht und Bundesgesetzgebung, 1950, 53 (71).
[22] Siehe bereits *Schäfer* DRZ 1950, 26 (27 f.); *v. Mangoldt* ZMR 1952, 97.
[23] Vgl. BVerfGE 4, 178 (183); BVerwGE 89, 69 (71).
[24] BVerfGE 2, 136 (139), 4, 74 (83 f.); 4, 178 (184); *Wolff* in MKS Rn. 8; wohl auch *Wittreck* Rn. 13.
[25] *Giegerich* in Maunz/Dürig Rn. 8; *Wolff* in MKS Rn. 8.
[26] Siehe bereits *Zinn* in Bundesrecht und Bundesgesetzgebung, 1950, 53 (56 ff.).
[27] BVerfGE 1, 283 (294 f.).
[28] *Wolff* in MKS Rn. 9; wohl auch *Giegerich* in Maunz/Dürig Rn. 10 f.; mit Blick auf die Konsequenzen skeptisch hingegen *Wittreck* in Dreier Rn. 18.
[29] BVerfGE 106, 62 (141 ff.).
[30] In diese Richtung auch *Wolff* in MKS Rn. 9.

Kontrovers wurde anfangs auch darüber debattiert, ob die durch das GG eingeführte **Rahmengesetzgebung** des Bundes unter Art. 125 fiel.[31] Das BVerfG hat die Frage in verschiedenen Judikaten offengelassen.[32] Es hat aber angenommen, dass eine Transformation nur in Betracht komme, wenn das transformierte Recht als Ganzes einen Rahmencharakter aufweise.[33] Recht, das lediglich Gegenstände der Rahmengesezgebung betraf, wurde also nicht nach Art. 125 transformiert.[34] Erforderlich war vielmehr, dass das transformierte Recht selbst strukturell einem Rahmengesetz entsprach. 11

III. Wird innerhalb seines Geltungsbereiches Bundesrecht

Einschränkend verfügt Art. 125, dass das Recht nicht vollumfänglich in Bundesrecht übergeleitet, sondern nur „innerhalb seines Geltungsbereiches" Bundesrecht wird. Adressiert werden damit die **Rechtsfolgen** der Bestimmung. Die Wendung wirft die Frage auf, ob sie zu einer räumlichen Beschränkung des Anwendungsbereichs des übergeleiteten Rechts führt. Die Frage ist schon deshalb zu bejahen, weil in beiden von Art. 125 erfassten Fallkonstellationen materiell unterschiedliche Regelungen gleichzeitig in Bundesrecht transformiert werden konnten; **„partikulares Bundesrecht"** war also möglich.[35] 12

IV. Die Überleitungsvarianten

Der Wortlaut der Norm gibt keine abschließende Auskunft darüber, ob die beiden Nummern des Art. 125 in einem **Alternativ-** oder einem **Kumulativverhältnis** stehen. Richtigerweise kann – da auf unterschiedliche Fallkonstellationen reagiert wird – eine Überleitung des vorkonstitutionellen Rechts sowohl nach Nr. 1 als auch nach Nr. 2 erfolgen,[36] was aber nicht ausschließt, dass die Tatbestandsvoraussetzungen beider Varianten der Vorschrift zugleich verwirklicht werden[37]. 13

1. Einheitliche Geltung in mindestens einer Besatzungszone (Nr. 1). Nach Nr. 1 tritt die Überleitung ein, soweit das betroffene Recht „innerhalb einer oder mehrerer Besatzungszonen einheitlich gilt". Die Rechtsnorm knüpft also an die in den unterschiedlichen **Besatzungszonen** bestehende **Rechtslage** und damit nur indirekt an die **Rechtslage** in den Ländern an. 14

Der Anknüpfungspunkt ist in erster Linie **territorial,** wenngleich stets ein **inhaltliches** Moment („*einheitlich* gilt") hinzutreten muss. Es genügte jedenfalls nicht, dass „ähnliche" Regelungen innerhalb mindestens einer Besatzungszone galten. Erforderlich war vielmehr eine „inhaltliche Übereinstimmung" der Rechtsmaterien.[38] Dies evozierte das Folgeproblem, dass bei unterschiedlichen Normgebern inhaltliche Abweichungen unvermeidbar waren. Die Rspr. verfolgte insoweit eine recht restriktive Linie. Abweichungen wurden nur insoweit akzeptiert, als sie die Zuständigkeit der Behörden oder 15

---

[31] *Zinn* in Bundesrecht und Bundesgesetzgebung, 1950, 53 (63).
[32] BVerfGE 4, 115 (133); 4, 219 (238 f.); 7, 29 (42); 8, 186 (192).
[33] BVerfGE 7, 29 (42).
[34] *Wolff* in MKS Rn. 11; *Wittreck* in Dreier Rn. 16; siehe bereits auch *Zinn* in Bundesrecht und Bundesgesetzgebung, 1950, 53 (62 f.).
[35] *Hömig* in Hömig/Wolff Rn. 5; *Wolff* in MKS Rn. 22.
[36] *Giegerich* in Maunz/Dürig Rn. 6.
[37] *Giegerich* in Maunz/Dürig Rn. 7.
[38] So BVerfGE 4, 178 (184).

ihre Organisation betrafen.[39] Dieses Ergebnis überrascht vor dem Hintergrund des Normziels – der Verhinderung weiterer Rechtszersplitterung (→ Rn. 2). Allerdings lässt sich das Unbehagen des Gerichts gegenüber einer großzügigen Auslegung von Nr. 1 insoweit erklären, als die wertende Betrachtung unterschiedlicher Regelungen die Praxis vor ganz erhebliche Abgrenzungsprobleme gestellt hätte.

16 **2. Änderungen früheren Reichsrechts durch die Länder (Nr. 2).** Anders als Art. 125 Nr. 1 knüpft Nr. 2 die Überleitung von Reichsrecht in Bundesrecht an die Frage, ob das Reichsrecht nach dem 8.5.1945 abgeändert wurde, und enthält – zumindest auf den ersten Blick – ein rein **inhaltliches** Kriterium. Entscheidend ist demnach, ob inhaltliche Änderungen des Reichsrechts durch die Länder vorgenommen wurden.

17 Art. 125 Nr. 2 unterstellt, dass bei einer Änderung des Reichsrechts durch die Länder ein Bedürfnis nach einer einheitlichen Regelung auf der Ebene des Bundes existiert.[40] Diese Prämisse ist in den Fällen zweifelhaft, in denen entweder von wenigen Gesetzgebern inhaltliche Änderungen herbeigeführt wurden oder aber die Änderungen nur einen geringen Umfang erreichten. Allerdings hätte die Aufnahme eines **Erforderlichkeitskriteriums** zu weiteren Abgrenzungsschwierigkeiten geführt. Anders gewendet: Die Aufhebung der Rechtszersplitterung war nur um den Preis einer recht starren Norm erreichbar.

18 Umstritten ist, ob unter Reichsrecht iSv Art. 125 Nr. 2 nur Recht fällt, das **reichsweit** oder immerhin in einer der **Besatzungszonen** galt.[41] Es erscheint widersinnig, Reichsrecht, das nicht auf der Ebene des Reiches galt und später von einem oder mehreren Ländern abgeändert wurde, in Bundesrecht zu überführen.[42] Denn sofern bereits vor der Kapitulation der Wehrmacht kein Bedürfnis nach einheitlicher Geltung bestand, lässt sich dieses nicht allein unter Rückgriff auf seitdem erfolgte Änderungen begründen.

19 Die Bestimmung wirft auch die Frage auf, inwieweit das in der Rechtsnorm angesprochene Recht in Bundesrecht transformiert werden soll: Soll der gesamte Regelungskomplex oder nur die Änderung durch den jeweiligen Gesetzgeber in Bundesrecht überführt werden? Gegen eine Transformation des gesamten Regelungskomplexes in Bundesrecht wird eingewandt, dies würde den Wortlaut der Norm überdehnen.[43] Das Telos der Bestimmung (→ Rn. 2) streitet indes für eine Übernahme des gesamten von der Änderung betroffenen Regelungskomplexes in Bundesrecht.[44] Denn sofern nur die jeweilige Änderung in Bundesrecht überführt wird, droht für den nicht abgeänderten Teil eine weitere Rechtszersplitterung.[45]

C. Kritische Würdigung

20 Über Art. 125 (iVm Art. 123) ist seinerzeit der Großteil des nach Art. 123 übergeleiteten Reichsrechts in Bundesrecht transformiert worden.[46] Dies

[39] BVerfGE 4, 178 (184).
[40] BVerfGE 7, 18 (26 f.); BVerwGE 89, 69 (72 f.).
[41] Dafür: *Wittreck* in Dreier GG Rn. 20; dagegen: *Giegerich* in Maunz/Dürig Rn. 20.
[42] *Jarass* in Jarass/Pieroth Rn. 6; *Wittreck* in Dreier GG Rn. 20.
[43] *Wittreck* in Dreier Rn. 21; Wolff in MKS Rn. 19.
[44] So bereits *Kirn* in v. Münch/Kunig, 6. Aufl. 2012, Rn. 6; siehe auch *Bettermann* DRZ 1950, 529 (530 f.) (für einen Erst-Recht-Schluss).
[45] Vgl. *Giegerich* in Maunz/Dürig Rn. 22 f.
[46] *Kirn* in v. Münch/Kunig, 6. Aufl. 2012, Rn. 1.

allein ist, angesichts des zuvor bestehenden Zustandes der **Rechtszersplitterung,** eine beträchtliche Leistung. 70 Jahre nach Inkrafttreten des GG ist dem Gesetzgeber indes anzuraten, eine umfassende **Rechtsbereinigung** des einfachen Rechts durchzuführen.[47] Dies würde über einige der bestehenden Schwierigkeiten bei der Anwendung von Art. 125 hinweghelfen und zudem die Rechtsordnung von verfehlten oder unnötigen Regelungen befreien; jedenfalls, wenn es sorgfältig geschieht.

Literatur

H.-J. Becker, Zum Konkordatsurteil des Bundesverfassungsgericht, NJW 1957, 694. – ***K. A. Bettermann,*** Zur Auslegung des Art. 125 Grundgesetzes, dargestellt am Mieterschutzrecht, DRZ 1950, 529. – ***H. v. Mangoldt,*** Ist Besatzungsrecht, insbesondere die Kontrollratsgesetze, „Recht" im Sinne des Art. 125 GrG.?, ZMR 1952, 97. – ***Schäfer,*** Die Problematik des Art. 125 des Grundgesetzes, DRZ 1950, 26. – ***G. A. Zinn,*** Welche deutschen und besatzungsrechtlichen Rechtsnormen gelten als Bundesrecht weiter?, in Bundesrecht und Bundesgesetzgebung – Bericht über die Weinheimer Tagung des Instituts zur Förderung öffentlicher Angelegenheiten in Frankfurt am Main, 1950, 53.

[47] *Funke* in BK Rn. 27.

Art. 125a [Fortgeltendes Bundesrecht und Länderkompetenz]

(1) [1]Recht, das als Bundesrecht erlassen worden ist, aber wegen der Änderung des Artikels 74 Abs. 1, der Einfügung des Artikels 84 Abs. 1 Satz 7, des Artikels 85 Abs. 1 Satz 2 oder des Artikels 105 Abs. 2a Satz 2 oder wegen der Aufhebung der Artikel 74a, 75 oder 98 Abs. 3 Satz 2 nicht mehr als Bundesrecht erlassen werden könnte, gilt als Bundesrecht fort. [2]Es kann durch Landesrecht ersetzt werden.

(2) [1]Recht, das auf Grund des Artikel 72 Abs. 2 in der bis zum 15. November 1994 geltenden Fassung erlassen worden ist, aber wegen Änderung des Artikels 72 Abs. 2 nicht mehr als Bundesrecht erlassen werden könnte, gilt als Bundesrecht fort. [2]Durch Bundesgesetz kann bestimmt werden, dass es durch Landesrecht ersetzt werden kann.

(3) [1]Recht, das als Landesrecht erlassen worden ist, aber wegen Änderung des Artikels 73 nicht mehr als Landesrecht erlassen werden könnte, gilt als Landesrecht fort. [2]Es kann durch Bundesrecht ersetzt werden.

A. Allgemeines

1 Der im Jahr 1994 eingeführte und im Zuge der Föderalismusreform I geänderte Art. 125a[1] trifft Übergangsregelungen für drei unterschiedliche **Fallgruppen von Änderungen im föderalen Kompetenzgefüge.**[2] In allen drei Fällen gilt das kompetenzgemäß erlassene Bundes- oder Landesrecht zunächst fort, kann aber infolge der nachträglichen Kompetenzänderung unter jeweils unterschiedlichen Voraussetzungen abgeändert werden.[3]

2 Die Regelung in Abs. 1 betrifft den **Wegfall der Gesetzgebungszuständigkeit des Bundes,** der sich durch eine Änderung des Kompetenzkatalogs für die konkurrierende Zuständigkeit aus Art. 74, durch die Aufhebung einer Rahmenkompetenz, durch Beschränkungen bei Regelungen zum Gesetzesvollzug mit Relevanz für den Aufgabenkreis von Kommunen oder bei der Festlegung des Grunderwerbssteuersatzes ergeben. In Abs. 2 ist die Fortgeltung bundesgesetzlicher Regelungen vorgesehen, die auf der Grundlage der ehemaligen **Bedürfnisklausel** in Art. 72 Abs. 2 GG aF[4] erlassen worden sind, aber nach den mittlerweile auf die Erforderlichkeit einer bundeseinheitlichen Regelung abstellenden Regelung nicht mehr erlassen werden dürften. Abs. 3 trifft schließlich eine Regelung für den umgekehrten Fall, dass kompetenzgemäß erlassenes Landesrecht wegen einer späteren Änderung des Kompetenztitels der **ausschließlichen Zuständigkeit des Bundes** nicht mehr als Landesrecht erlassen werden dürfte. Die Übergangsregelungen aus Abs. 1 und 3 erfassen zum großen Teil Änderungen aus der Föderalismusreform I, sind aber auch für zukünftige Änderungen offen.[5] Die Regelung aus Abs. 2 bezieht sich auf die Verschärfung der Subsidiaritätsklausel im Jahr 1994. **Auslegungsfragen** betreffen vor allem die Anforderungen an die Ersetzung fortgeltender Regelungen in Abgrenzung zu einer bloß modifizierenden Änderung sowie die Frage, inwieweit

[1] Zur Entstehungsgeschichte näher *Wittreck* in Dreier Rn. 2 f.; *Wolff* in MKS Rn. 1 ff.; *Uhle* DÖV 2006, 370 (370 f.); *Uhle* in Maunz/Dürig Rn. 2 ff.

[2] *Uhle* in Maunz/Dürig Rn. 1.

[3] *Seiler* in BeckOK GG Rn. 1 f.

[4] → Art. 72 Rn. 3 und 33.

[5] *Degenhart* in Sachs Rn. 3; *Uhle* DÖV 2006, 370 (371): Reservecharakter.

die Fortgeltung der kompetenzgemäß erlassenen Regelung auch nach dem Übergang der Zuständigkeit eine fortgeltende Kompetenz für laufende Anpassungen impliziert.[6]

B. Einzelfragen

Die Übergangsregelungen aller drei Fallgruppen setzen jeweils voraus, dass die bestehende bundes- oder landesgesetzliche Regelung zum Zeitpunkt der Kompetenzänderung wirksam ist, insbesondere auf eine **bestehende Zuständigkeit** des Bundes oder des Landes gestützt werden kann.[7] Maßgeblicher **Zeitpunkt** für das Bestehen der Gesetzgebungskompetenz ist die **Verkündung** der Regelung.[8] 3

I. Fortgeltung nach Wegfall von Kompetenztiteln des Bundes (Abs. 1)

1. Weggefallene Zuständigkeiten des Bundes. Der im Zuge der **Föderalismusreform I** novellierte Art. 125a Abs. 1[9] bezieht sich insbesondere auf die zeitgleich mit der Novellierung in Kraft getretenen Einschränkungen der Gesetzgebungskompetenzen des Bundes,[10] beschränkt sich aber nicht darauf.[11] Aus dem Kompetenztitel der konkurrierenden Kompetenz nach Art. 74 zählen zu den weggefallenen Zuständigkeiten des Bundes insbesondere[12] aus dem Kompetenztitel für Justiz (Nr. 1) der Strafvollzug und der Vollzug der Untersuchungshaft,[13] aus dem Titel nach Nr. 3 das Versammlungsrecht, aus dem Bereich der öffentlichen Fürsorge (Nr. 7) das Heimrecht,[14] aus dem Bereich des Rechts der Wirtschaft (Nr. 11) das Recht des Ladenschlusses, [15] der Gaststätten[16] und der Spielhallen[17] sowie das Recht der Schaustellung von Personen, der Messen und Ausstellungen,[18] aus dem Bereich der Förderung der land- und forstwirtschaftlichen Erzeugung (Nr. 17) das Recht der Flurbereinigung,[19] aus dem Kompetenztitel nach Nr. 18 der Grundstücksverkehr auf dem Land,[20] das Recht der Erschließungsbeiträge[21] aus dem Bodenrecht sowie weitere Bereiche des Wohnungs- und Pachtwesens[22] sowie aus dem Kompetenztitel für Lärmbekämpfung (Nr. 24) der 4

---

[6] → Rn. 7 f. und 13.

[7] *Seiler* in BeckOK GG Rn. 2; *Wolff* in MKS Rn. 11 und 15.

[8] Zu Art. 125a Abs. 2 und Art. 72 Abs. 2 BVerfGE 110, 370 (386); *Seiler* in BeckOK GG Rn. 2; *Wittreck* in Dreier Rn. 9.

[9] Zur Entstehungsgeschichte *Seiler* in BeckOK GG Rn. 3.

[10] Näher Begrünung Fraktionsentwurf, BT-Drs. 16/813, 20.

[11] *Degenhart* in Sachs Rn. 3; *Jarass* in Jarass/Pieroth Rn. 3; *Seiler* in BeckOK GG Rn. 3.

[12] Zu den vor der Föderalismusreform I bereits weggefallenen Zuständigkeiten, insbesondere aus Art. 74 Ab. 1 Nr. 8 und 18, *Degenhart* in Sachs Rn. 2; *Jarass* in Jarass/Pieroth Rn. 4; *Maiwald* in SHH Rn. 5 und *Wolff* in MKS Rn. 16 ff.

[13] → Art. 74 Rn. 8.

[14] → Art. 74 Rn. 28.

[15] → Art. 74 Rn. 44.

[16] → Art. 74 Rn. 45.

[17] → Art. 74 Rn. 46.

[18] → Art. 74 Rn. 47.

[19] → Art. 74 Rn. 61.

[20] → Art. 74 Rn. 66.

[21] §§ 127 ff. BauGB, → Art. 74 Rn. 67.

[22] → Art. 74 Rn. 68.

Schutz vor verhaltensbezogenem Lärm.[23] Von Abs. 1 erfasst sind zudem Bundesgesetze, die den Gemeinden oder Gemeindeverbänden im Rahmen der Landesverwaltung unter Bundesaufsicht oder der Auftragsverwaltung der Länder Aufgaben übertragen (Art. 84 Abs. 1 S. 7, Art. 85 Abs. 1 S. 2). Hinsichtlich der Aufhebung der konkurrierenden Gesetzgebungszuständigkeit für Besoldung und Versorgung im öffentlichen Dienst nach Art. 74a GG aF sowie der Zuständigkeit für die Rahmengesetzgebung nach Art. 75 GG aF findet die Übergangsregelung aus Abs. 1 nur insoweit Anwendung, als die Kompetenz des Bundes entfallen, also nicht bloß in eine konkurrierende Zuständigkeit nach Art. 74 Abs. 1 überführt worden ist.[24] Für die Fortgeltung des auf der Grundlage der Zuständigkeit für die **Rahmengesetzgebung** erlassenen Bundesrechts, das nach der Föderalismusreform in die Zuständigkeit für Abweichungsgesetzgebung nach Art. 72 Abs. 3 fällt,[25] trifft Art. 125b eine speziellere Übergangsregelung.[26]

5 **2. Fortgeltung als Bundesrecht und Ersetzung durch Landesrecht.** Als Rechtsfolge ist in Abs. 1 vorgesehen, dass die bestehenden Regelungen **als Bundesrecht**[27] fortgelten,[28] aber durch Landesrecht ersetzt werden können. Der Kompetenzübergang vom Bund auf die Länder unter Fortgeltung der bestehenden bundesgesetzlichen Regelungen wirft im Wesentlichen zwei Abstimmungsfragen auf.

6 Zum einen ist zu klären, inwieweit die Länder auch zu kleineren bis hin zu punktuellen **Änderungen der fortgeltenden Regelungen** des Bundes berechtigt sind. Die verfassungsgerichtliche Rechtsprechung stellt unter Hinweis auf die Entstehungsgeschichte des Art. 125a Abs. 2 GG aF dem in allen Absätzen vorgesehenen Begriff der **Ersetzung** bundesgesetzlicher Regelungen eine **bloße Änderung** gegenüber, zu der die Norm infolge einer ausdrücklichen Entscheidung des Gesetzgebers nicht ermächtigt.[29] Eine Ersetzung zeichnet sich nach dieser Rechtsprechung dadurch aus, dass „der Landesgesetzgeber die Materie, gegebenenfalls auch einen abgrenzbaren Teilbereich, in **eigener Verantwortung** regelt",[30] wobei eine solche Neuregelung auch in großen Teilen dem zuvor geltenden Bundesrecht entsprechen kann.[31] Bei der danach möglichen Ersetzung einzelner Teile kommt der konzeptionellen Abgrenzbarkeit der Teilbereiche zur Vermeidung gemischter Zuordnungen besondere Bedeutung zu.[32]

7 Diese fehlende Kompetenz der Länder zum Erlass punktuell ändernder Regelungen führt zum anderen zu der Frage, ob der **Bund** für kleinere, **fortlaufende Änderungen zuständig** bleibt, zumal die Länder zwar zur

---

[23] → Art. 74 Rn. 89 f.

[24] *Degenhart* in Sachs Rn. 2; *Seiler* in BeckOK GG Rn. 3; *Uhle* in Manz/Dürig Rn. 23; näher, auch zur Gegenansicht *Uhle* DÖV 2006, 370 (372).

[25] → Art. 72 Rn. 50 ff.

[26] *Seiler* in BeckOK GG Rn. 3.2.

[27] *Jarass* in Jarass/Pieroth Rn. 7; *Uhle* DÖV 2006, 370 (373); *Wittreck* in Dreier Rn. 15; *Wolff* in MKS Rn. 20; für eine Fortgeltung als Landesrecht aus normtheoretischen Gründen demgegenüber *Kirn* in Münch/Kunig, 6. Aufl. 2012, Art. 125a Rn. 3a.

[28] *Degenhart* in Sachs Rn. 4; *Seiler* in BeckOK GG Rn. 4.

[29] BVerfGE 111, 10 (29 f.).

[30] BVerfGE 111, 10 (30); daran anknüpfend *Degenhart* in Sachs Rn. 6; *Jarass* in Jarass/Pieroth Rn. 9; *Uhle* DÖV 2006, 370 (374); *Wittreck* in Dreier Rn. 17; näher, auch zur Rechtsprechung der Landesverfassungsgerichte *Wolff* in MKS Rn. 25 ff.

[31] BVerfGE 111, 10 (30); *Wittreck* in Dreier Rn. 17.

[32] Zu den Anforderungen näher *Degenhart* in Sachs Rn. 6; *Wolff* in MKS Rn. 27 f.

Ersetzung berechtigt, aber nicht verpflichtet sind.[33] Während ein Teil der Literatur auch zur Vermeidung von Regelungslücken[34] von einer fortdauernden Kompetenz des Bundes zu Änderungen im Detail zubilligt,[35] sprechen die besseren Gründe dafür, dass Regelungslücken bereits durch die Fortgeltung des kompetenzgemäß erlassenen Rechts sowie die Möglichkeit der Ersetzung durch die Länder ausgeschlossen sind und der Bund die Zuständigkeit auch für Änderungen verloren hat.[36] Zwar soll der Bund nach der zu Abs. 2 ergangenen verfassungsgerichtlichen Rechtsprechung für Änderungen weiter zuständig bleiben.[37] Mit diesen Änderungen ist in Abgrenzung zu einer **„grundlegenden Neukonzeption"** eine „Modifikation einzelner Regelungen" gemeint, die „wesentliche Elemente" der bestehenden Regelungen beibehält.[38] Diese Rechtsprechung lässt sich jedoch schon deshalb nicht ohne weiteres auf Regelungen im Anwendungsbereich des Abs. 1 übertragen, als der Bund bei Regelungen im Anwendungsbereich des Abs. 2 von vorneherein nicht verpflichtet ist, die kompetenzgemäß erlassenen Regelungen zur Ersetzung durch Landesrecht freizugeben.[39] Die Begründung des Fraktionsentwurfs zur Föderalismusreform I nimmt zwar ausdrücklich auf diese Rechtsprechung Bezug,[40] ohne dass allerdings die Unterschiede in den Kontexten erwähnt oder die Übertragung im Normtext deutlich werden.

Gleiches gilt im Ausgangspunkt auch für bundesgesetzliche Regelungen **8**
zur Ausführung von Gesetzen, die **Aufgaben auf Gemeinden** oder Gemeindeverbände übertragen und nach Art. 84 Abs. 1 S. 7 oder Art. 85 Abs. 1 S. 2 nicht mehr erlassen werden dürfen. Auch hier ist der Bund für Änderungen des Aufgabenzuschnitts nicht mehr zuständig, unabhängig davon, mit welchen Belastungen für die Kommunen Ergänzungen oder Änderungen des Aufgabenbestands verbunden sind.[41] Die hinter der verfassungsgerichtlichen Rechtsprechung stehenden Bedenken einer Versteinerung der Rechtslage

---

[33] *Degenhart* in Sachs Rn. 5; *Jarass* in Jarass/Pieroth Rn. 10; *Seiler* in BeckOK GG Rn. 4; *Uhle* DÖV 2006, 370 (373); *Wittreck* in Dreier Rn. 18; *Wolff* in MKS Rn. 24; näher zu einem Beispiel aus dem Versammlungsrecht *Kirchhoff* NVwZ 2009, 754 ff.

[34] *Seiler* in BeckOK GG Rn. 4: Gefahr einer gewissen Versteinerung der Rechtslage.

[35] *Huber/Wollenschläger* NVwZ 2009, 1513 (1519); *Jarass* in Jarass/Pieroth Rn. 8; *Maiwald* in SHH Rn. 13; *Rengeling* in HdbStR VI § 135 Rn. 350; *Seiler* in BeckOK GG Rn. 4; vor allem unter Hinweis auf die Entstehungsgeschichte und die Begrenzung der Länderkompetenz auf eine Ersetzung *Uhle* in Maunz/Durig Rn. 27 f.: doppelt begrenzte Anpassungskompetenz des Bundes; *Uhle* DÖV 2006, 370 (374 ff.); *Wolff* in MKS Rn. 23.

[36] *Degenhart* in Sachs Rn. 7; *Sachs/Jasper* NVwZ 2015, 465 (467 ff.); *Wittreck* in Dreier Rn. 29.

[37] BVerfGE 111, 10 (29); 111, 226 (268 f.); 112, 226 (250); im Anschluss daran *Seiler* in BeckOK GG Rn. 4; zu Art. 105 Abs. 2 iVm Art. 72 Abs. 2 ebenso BVerfGE 148, 147 (182).

[38] BVerfGE 111, 226 (269); 112, 226 (250); 148, 147 (182); im Anschluss daran *Uhle* in Maunz/Dürig Rn. 28.

[39] *Sachs/Jasper* NVwZ 2015, 465 (470); *Schoch* DVBl. 2007, 261 (264); zur fehlenden Verpflichtung der Länder BVerfGE 111, 10 (30).

[40] Begründung Fraktionsentwurf BT-Drs. 16/813, 20.

[41] *Henneke* in SHH Art. 84 Rn. 41 f.; *Henneke* ZG 2007, 21 ff.; *Henneke* DVBl. 2006, 867 (869) unter Hinweis auf Art. 104a Abs. 4; *Kallerhoff* DVBl. 2011, 1 (7 f.); *Knitter* ZG 2009, 18 (20 f.); *Schoch* DVBl. 2007, 261 (263 f.); *Wittreck* in Dreier Rn. 29; dagegen für eine verbleibende, wenn auch begrenzte Bundeskompetenz zu weiteren Änderungen mit Unterschieden im Einzelnen *Jarass* in Jarass/Pieroth Rn. 8; *Maiwald* in SHH Rn. 8: Erweiterung bestehender Aufgaben schon durch Art. 84 Abs. 1 S. 7 nicht ausgeschlossen; *Seiler* in BeckOK GG Rn. 4.4; *Trute* in MKS Art. 84 Rn. 60; für eine Kompetenz zu Änderungen von Modalitäten der Aufgabenerledigung ohne Bezug zu neuen Aufgaben *Burgi* DVBl. 2007, 70 (77).

treffen auf die organisationsrechtlichen Regelungen aus Art. 84 Abs. 1 S. 7 und Art. 85 Abs. 1 S. 2 ohnehin nicht zu.[42] Abgrenzungsschwierigkeiten ergeben sich allerdings dadurch, dass das in Art. 84 Abs. 1 S. 7 und Art. 85 Abs. 1 S. 2 enthaltene Durchgriffsverbot nur die organisationsrechtliche Übertragung von Aufgaben erfasst,[43] auch wenn Änderungen im materiellen Recht sich mittelbar auf die Zuständigkeitsfragen auswirken können.[44]

9 Ausdruck einer inhaltlichen Neukonzeption durch die Länder kann schließlich auch die **vollständige Aufhebung** der bundesrechtlichen Regelungen durch ein Landesgesetz sein.[45] Entschließen sich einzelne Länder, bundesgesetzliche Regelungen zu ersetzen, bleiben die Regelungen in den anderen Ländern als partikulares Bundesrecht fortbestehen.[46]

II. Fehlende Erforderlichkeit bundeseinheitlicher Regelung (Abs. 2)

10 **1. Verschärfung der Subsidiaritätsklausel.** Die Regelung in Absatz 2 trägt der Verschärfung der Subsidiaritätsklausel aus Art. 72 Abs. 2 im Jahr 1994 Rechnung, bei der die Voraussetzung eines **Bedürfnisses** einer bundeseinheitlichen Regelung durch die Voraussetzung einer **Erforderlichkeit** ersetzt worden ist.[47] Bis zur Föderalismusreform I fand die Subsidiaritätsklausel in allen Fällen der konkurrierenden Gesetzgebungszuständigkeit nach Art. 74 und 74a GG aF sowie in den Fällen der Rahmenkompetenz nach Art. 75 GG aF Anwendung. Im Zuge der Föderalismusreform I ist sie auf die in Art. 72 Abs. 2 genannten Fälle beschränkt worden.[48] Zudem nimmt Art. 105 Abs. 2 2. Alt. auf die Subsidiaritätsklausel Bezug.

11 Gesetzliche Regelungen, deren Kompetenztitel aber im Zuge der Föderalismusreform I von dem Anwendungsbereich der Erforderlichkeitsklausel herausgenommen worden ist, fallen dadurch zugleich aus dem Anwendungsbereich des Abs. 2 heraus und zwar auch dann, wenn sie vor der Föderalismusreform I nach Art. 125a Abs. 2 S. 3 GG aF hätten ersetzt werden können, wenn sie also zwischen dem 15.11.1994 und dem 1.9.2006 erlassen worden sind, ohne dass die Voraussetzungen der Bedürfnisklausel erfüllt gewesen sind.[49] Für kompetenzgemäß erlassene Regelungen, deren Erforderlichkeit durch die **nachträgliche Veränderung tatsächlicher Umstände** entfallen ist, trifft Art. 72 Abs. 4 eine speziellere Regelung.[50]

---

[42] *Kallerhoff* DVBl. 2011, 1 (8).

[43] *Engelken* DÖV 2015, 184 (188); differenzierend deshalb *Burgi* DVBl. 2007, 70 (77); näher zum Aufgabenbegriff *Kallerhoff* DVBl. 2011, 6 (7 f.).

[44] Zur Ausdehnung von Rechtsansprüchen auf Betreuungsplätze für Kinder nach § 24 Abs. 2 SGB VIII *Heitzer/Wolff,* DV 51 (2018), 523 (526 f.); zur Änderung kommunaler Aufgaben im Bereich der Erneuerbaren Energien durch das Europarechtsanpassungsgesetz Erneuerbare Energien *Burger/Faber* KommJur 2011, 161 ff.

[45] *Degenhart* in Sachs Rn. 6; *Seiler* in BeckOK GG Rn. 4.2: bewusstes Hervorrufen von Rechtsfolgen; *Wittreck* in Dreier Rn. 17; anders *Rengeling* in HdbStR VI § 135 Rn. 352: Regelung in der Sache erforderlich.

[46] *Degehhart* in Sachs Rn. 5; *Seiler* in BeckOK GG Rn. 5; *Wolff* in MKS Rn. 24; *Uhle* in Maunz/Dürig Rn. 31.

[47] → Art. 72 Rn. 3 und 33; zur nicht unerheblichen praktischen Bedeutung näher *Uhle* in Maunz/Dürig Rn. 13.

[48] → Art. 72 Rn. 33.

[49] *Degenhart* in Sachs Rn. 8; *Seiler* in BeckOK Rn. 6.1.

[50] *Seiler* in BeckOK GG Rn. 6.2; zu Art. 72 Abs. 3 GG aF *Uhle* DÖV 2006, 370 (376); *Uhle* in Maunz/Dürig Rn. 36; *Wolff* in MKS Rn. 32 f.; im Ergebnis gleiche Abgrenzung der Anwendungsbereiche bei *Wittreck* in Dreier Rn. 20 → Art. 72 Rn. 44 ff.

2. Fortgeltung als Bundesrecht. Im Unterschied zur Regelung beim Wegfall des Kompetenztitels nach Abs. 1 sieht die Regelung in Abs. 2 nicht nur die Fortgeltung als Bundesrecht vor,[51] sondern knüpft die Ersetzung durch Landesrecht ähnlich wie die Regelung in Art. 72 Abs. 4 an eine vorherige **bundesgesetzliche Freigabe.**[52] Diese Freigabe steht im Grundsatz im **Ermessen** des Bundes, freilich unter Berücksichtigung des Grundsatzes des **bundes- und ländertreuen Verhaltens,**[53] auch wenn die Freigabe in dem Verfahren nach Art. 93 Abs. 2 S. 2 durch die Feststellung der fehlenden Erforderlichkeit ersetzt werden kann.[54] 12

Die **Ersetzung** der bundesgesetzlichen Regelungen durch Landesrecht setzt – ebenso wie in Abs. 1 – eine über Änderungen einzelner Details hinausgehende **Regelung in eigener Verantwortung** voraus.[55] Zudem bleibt der Bund nach der verfassungsgerichtlichen Rechtsprechung für einzelne **Modifikationen,** die keine grundlegende Neukonzeption darstellen, sondern die wesentlichen Elemente beibehalten, weiter zuständig.[56] Die Länder sind vorbehaltlich anderer verfassungsrechtlicher Vorgaben allein durch die Freigabe nicht zum Erlass ersetzender Regelungen verpflichtet.[57] 13

III. Erweiterung der ausschließlichen Bundeskompetenzen (Abs. 3)

Analog zur Fortgeltung von Bundesrecht nach Abs. 1 sieht der im Zuge der Föderalismusreform eingeführte Abs. 3 eine **Fortgeltung von Landesrecht** für den Fall vor, dass die Landeskompetenz nach Erlass der gesetzlichen Regelung durch die Erweiterung des Kompetenzkatalogs für die ausschließliche Zuständigkeit des Bundes wegfällt. Der Anwendungsbereich umfasst die in der Föderalismusreform I neu eingeführten Kompetenzen[58] genauso wie zukünftig hinzukommende ausschließliche Bundeskompetenzen.[59] Inhaltlich liegt schon auf Grund der Unterschiede im räumlichen Anwendungsbereich nahe, dass der Bund landesgesetzliche Regelungen nicht nur im Detail ändert, sondern mit einer **selbst verantworteten Regelungskonzeption** ersetzt.[60] 14

---

[51] *Lindner* NJW 2005, 399 (400); insoweit auch *Kirn* in Münch/Kunig, 6. Aufl. 2012, Art. 125a Rn. 5.

[52] *Jarass* in Jarass/Pieroth Rn. 13, auch zur geringen praktischen Bedeutung der Freigabe; *Seiler* in BeckOK GG Rn. 8; *Wolff* in MKS Rn. 37.

[53] BVerfGE 111, 10 (31); *Degenhart* in Sachs Rn. 10; *Uhle* DÖV 2006, 370 (377); *Wolff* in MKS Rn. 38; kritisch zu den Kriterien der Reduktion *Lindner* NJW 2005, 399 (401 f.); grundsätzlich kritisch zum materiellen Gehalt des Grundsatzes bundestreuen Verhaltens *Wittreck* in Dreier Rn. 23: Obliegenheit zur Freigabe.

[54] *Degenhart* in Sachs Rn. 11: Rückgriff auf Grundsätze bundestreuen Verhaltens nicht mehr erforderlich; → Art. 72 Rn. 44 f. → Art. 93 Rn. 67.

[55] BVerfGE 111, 10 (30) → Rn. 6.

[56] BVerfGE 111, 226 (269); 112, 226 (250); 148, 147 (182); zustimmend *Uhle* DÖV 2006, 370 (378); *Uhle* in Maunz/Dürig Rn. 41; *Wolff* in MKS Rn. 35; insoweit auch *Degenhart* in Sachs Rn. 9 und *Wittreck* in Dreier Rn. 21; dagegen *Sachs/Jasper* NVwZ 2015, 465 (467 ff.); *Poschmann* NVwZ 2004, 1318 (1320 f.); für eine Änderungskompetenz der Länder im Vorfeld einer Freigabe durch den Bund hingegen *Lindner* NJW 2005, 399 (401) → Rn. 7.

[57] *Degenhart* in Sachs Rn. 12; *Seiler* in BeckOK GG Rn. 8.1.

[58] Der verfassungsändernde Gesetzgeber hatte die Bereiche des Melde- und Ausweiswesens (Art. 75 Abs. 1 Nr. 5 GG aF) sowie den Kulturgüterschutz (Art. 75 Abs. 1 Nr. 6 GG aF) im Blick, BT-Drs. 16/813, 21; zum Kriegsopferrecht und Kernenergierecht zudem *Jarass* in Jarass/Pieroth Rn. 14.

[59] *Seiler* in BeckOK GG Rn. 9.

[60] Zur Abgrenzung einer ersetzenden von einer lediglich ergänzenden Regelung → Rn. 6 und 13.

Auch vor der Ersetzung sind die Länder selbst für modifizierende Ergänzungen nicht mehr zuständig.[61]

C. Kritische Würdigung

15 Während die fallgruppenübergreifende Grundregel einer Fortgeltung der zunächst kompetenzgemäß erlassenen Regelungen mit einer Ersetzungsbefugnis der nunmehr zuständigen Länder oder des Bunds einhellig als angemessen eingeordnet wird, werfen die **Modalitäten der Änderung** fortbestehender gesetzlicher Regelungen in der Praxis eine Reihe von Fragen auf. Unsicherheiten entstehen dabei nicht nur dadurch, dass der Normtext eine etwaige Aufteilung der Zuständigkeiten für Ergänzungen fortgeltender Regelungen in Abgrenzung zu ihrer Ersetzung nicht deutlich macht. Verschärft werden diese Unsicherheiten darüber hinaus auch dadurch, dass die zu Art. 125a Abs. 2 ergangene Rechtsprechung auf die anderen Fallgruppen übertragen wird, ohne dass die **Unterschiede in den Kontexten** und Prämissen immer reflektiert würden. Wenn die Ersetzung bundesrechtlicher Regelungen durch die Länder von einer im Ermessen des Bundes stehenden Freigabe abhängt, liegt eine Kompetenz des Bundes für modifizierende Änderungen näher als in Kontexten, in denen die Länder die materiell-rechtliche Regelung ohne Weiteres ersetzen könnten[62] oder in denen sich die Länderkompetenz auf die organisationsrechtliche Ausgestaltung der Aufgabenzuweisung bezieht.[63]

Literatur

S. Burger/M. Faber, Art. 84 I 7 GG vor weiterer Bewährungsprobe – Zur Vereinbarkeit des EAG EE mit dem Verbot der Aufgabenübertragung vom Bund auf die Kommunen, KommJur 2011, 161. – ***Ch. Degenhart,*** Die Neuordnung der Gesetzgebungskompetenzen durch die Föderalismusreform, NVwZ 2006, 1209. – ***K. Engelken,*** Kommunen und bundesrechtliche Aufgaben nach der Föderalismusreform I, VBlBW 2008, 457. – ***K. Engelken,*** Wenn der Bund seine alten Aufgabenzuweisungen an Kommunen aufhebt, DÖV 2011, 745. – ***K. Engelken,*** Mehrbelastungsausgleichspflicht der Länder gegenüber den Kommunen bei bundesrechtlichen Aufgabenerweiterungen?, DÖV 2015, 184. – ***K. Engelken,*** Keine konnexitätsrechtliche Ausgleichspflicht der Länder gegenüber den Kommunen für bundesrechtliche Aufgabenerweiterungen, NVwZ 2015, 342. – ***W. Försterling,*** Kompetenzrechtliche Probleme nach der Föderalismusreform, ZG 2007, 36. – ***C. Gramm,*** Gewaltenverschiebungen im Bundesstaat, AöR 124 (1999), 212. – ***H. Greve,*** Verfassungsrechtliche Anforderungen an eine Länderöffnungsklausel im Rahmen der Novellierung der Grundsteuer, NVwZ 2019, 701. – ***S. Heitzer/D. Wolff,*** Ein Krippenplatz für jedes Kind?, Die Verwaltung 51 (2018), 523. – ***H. G. Hennecke,*** Die Kommunen in der Föderalismusreform, DVBl. 2006, 867; – ***H. G. Hennecke,*** Verpflichtung der Kommunen zur Ausführung neuer oder erweiterter Sozialleistungstatbestände durch den Bund?, ZG 2007, 21. – ***J. Hey,*** Grundsteuerreform 2019, ZG 2019, 297. – ***M. Kallerhoff,*** Die übergangsrechtliche Fortgeltung von Bundesrecht nach dem GG, 2010. – ***M. Kallerhoff,*** Art. 125a GG im Zusammenspiel mit dem kommunalen Durchgriffsverbot der Art. 84 I 7, 85 I 2 GG, DVBl. 2011, 6. – ***U. Karpen,*** Verfassungsänderung und Föderalismus, ZG 1995, 356. – ***G. Kirchhoff,*** Art. 125a GG und landesverfassungsrechtliche Regelungspflichten, NVwZ 2009, 754. – ***O. Klein/K. Schneider,*** Art. 72 GG nF im Kompetenzgefüge der Föderalismusreform, DVBl. 2006, 1549. – ***J. Knitter,*** Das Verbot der Aufgabenüber-

[61] → Rn. 7; anders *Seiler* in BeckOK GG Rn. 10.
[62] → Rn. 6.
[63] → Rn. 7 f. und 13.

tragung auf die Kommunen und die Behandlung von Altfällen, ZG 2009, 18. – ***J. F. Lindner,*** Zur Änderungs- und Freigabekompetenz des Bundesgesetzgebers nach Art. 125a II GG, NJW 2005, 399. – ***J. F. Lindner,*** Darf der Bund das Hochschulrahmengesetz aufheben?, NVwZ 2007, 180. – ***V. Mehde,*** Rechtliche Impulse durch das Niedersächsische Versammlungsgesetz, NdsVBl. 2020, 1. – ***Th. Porschmann,*** Inanspruchnahme konkurrierender Kompetenzen des Bundes, NVwZ 2004, 1318. – ***P. Robbe/S. Borhanian,*** Zur Reichweite der neuen Länderkompetenzen im Bereich der Gesetzgebung, 2006 (Wiss. Dienst des BT). – ***M. Sachs/C. Jasper,*** Versteinerungsgefahr gebannt – Keine Modifikationskompetenz bei fortgeltendem Bundesrecht, NVwZ 2015, 465. – ***R. Sannwald,*** Die Reform des Grundgesetzes, NJW 1995, 3313. – ***K. Schmalenbach,*** Föderalismus und Unitarismus in der Bundesrepublik Deutschland, 1998. – ***T. Schmidt,*** Gesetzgebungskompetenz zur Neuregelung der Grundsteuer, NVwZ 2019, 103. – ***T. Schmidt,*** Verfassungsrechtlicher Rahmen für die Öffnung der Grundsteuer, ZRP 2019, 146. – ***F. Schoch,*** Verfassungswidrigkeit des bundesgesetzlichen Durchgriffs auf Kommunen, DVBl. 2007, 261. – ***F. Schoch,*** Das landesverfassungsrechtliche Konnexitätsprinzip im Wandel der Rechtsprechung, DVBl. 2016, 1007. – ***F. Schoch,*** Aufgabenkreation des Bundes, Mehrbelastung der Kommunen, Ausgleichspflicht der Länder, ZG 2018, 97. – ***K. Schwarz,*** in Ch. Starck, Föderalismusreform, 2007, 57–62. – ***K. P. Sonnenmann,*** Die Stärkung der Gesetzgebungskompetenzen der Länder, Jura 1995, 393. – ***W. v. Stetten,*** Ein neues Föderalismusverständnis in der Bundesrepublik durch die Arbeit der Gemeinsamen Verfassungskommission?, FS f. H. Helmrich, 1994, 303. – ***A. Uhle,*** Verfassungsnorm im Aufwind: 125a GG, DÖV 2006, 370. – ***H. A. Wolff,*** Die kompetenzrechtlichen Übergangsbestimmungen, in M. Heintzen/A. Uhle, Neuere Entwicklungen im Kompetenzrecht, 2014, 257.

Art. 125b [Fortgeltung von Bundesrecht; Abweichungskompetenz der Länder]

(1) [1]Recht, das auf Grund des Artikels 75 in der bis zum 1. September 2006 geltenden Fassung erlassen worden ist und das auch nach diesem Zeitpunkt als Bundesrecht erlassen werden könnte, gilt als Bundesrecht fort. [2]Befugnisse und Verpflichtungen der Länder zur Gesetzgebung bleiben insoweit bestehen. [3]Auf den in Artikel 72 Abs. 3 Satz 1 genannten Gebieten können die Länder von diesem Recht abweichende Regelungen treffen, auf den Gebieten des Artikels 72 Abs. 3 Satz 1 Nr. 2, 5 und 6 jedoch erst, wenn und soweit der Bund ab dem 1. September 2006 von seiner Gesetzgebungszuständigkeit Gebrauch gemacht hat, in den Fällen der Nummern 2 und 5 spätestens ab dem 1. Januar 2010, im Falle der Nummer 6 spätestens ab dem 1. August 2008.

(2) Von bundesgesetzlichen Regelungen, die auf Grund des Artikels 84 Abs. 1 in der vor dem 1. September 2006 geltenden Fassung erlassen worden sind, können die Länder abweichende Regelungen treffen, von Regelungen des Verwaltungsverfahrens bis zum 31. Dezember 2008 aber nur dann, wenn ab dem 1. September 2006 in dem jeweiligen Bundesgesetz Regelungen des Verwaltungsverfahrens geändert worden sind.

(3) Auf dem Gebiet des Artikels 72 Absatz 3 Satz 1 Nummer 7 darf abweichendes Landesrecht der Erhebung der Grundsteuer frühestens für Zeiträume ab dem 1. Januar 2025 zugrunde gelegt werden.

A. Allgemeine Bedeutung

1 Art. 125b wurde im Zuge der sog. Föderalismusreform I des Jahres 2006[1] in das Grundgesetz eingefügt, als **Übergangsvorschrift** zu der gleichzeitig erfolgten Änderung des Art. 84 Abs. 1 und der Aufhebung des Art. 75. Mit Blick auf den Wegfall der Rahmenkompetenzen des Bundes regelt Abs. 1 in Ergänzung des Art. 125a Abs. 1, zu dem ein Exklusivitätsverhältnis besteht,[2] die Fortgeltung von Bundesrahmengesetzen mit teilweiser Abweichungsmöglichkeit der Länder. Eine solche normiert auch Abs. 2, betreffend Bundesgesetze über Verwaltungsorganisation und -verfahren auf dem Gebiet des landeseigenen Vollzugs von Bundesgesetzen (Art. 84 Abs. 1). Abs. 3 wurde im Jahr 2019[3] als Übergangsvorschrift für die neue Abweichungskompetenz der Länder auf dem Gebiet der Grundsteuer gemäß Art. 72 Abs. 3 S. 1 Nr. 7 eingefügt.

2 Art. 125b Abs. 1 und Abs. 2 erstrecken somit die **Abweichungskompetenz** der Länder aus Art. 72 Abs. 3 und Art. 84 Abs. 1 S. 2 auf solche Bundesgesetze, die vor der Verfassungsänderung erlassen worden sind. Die explizite und ausdifferenzierte[4] übergangsweise Regelung derartiger „Altfälle" ist Ausdruck des bereits zuvor in Art. 125a enthaltenen und auch der Föderalismusreform I zugrunde liegenden Gedankens, dass Änderungen in der Kompetenzverteilung lediglich ex nunc wirken und bereits bestehende Gesetze grundsätzlich und zunächst unangetastet lassen sollen.[5] Daher bezie-

---

[1] G zur Änd. des GG v. 28.8.2006, BGBl. I 2034.

[2] Ebenso *Wolff* in MKS Rn. 2; *Wittreck* in Dreier Rn. 22; *Jarass* in Jarass/Pieroth Rn. 7.

[3] G zur Änd. des GG v. 21.11.2019, BGBl. I 1546.

[4] → Rn. 7, 10.

[5] Vgl. *Degenhart* in Sachs Rn. 1.

hen sich die Art. 72 Abs. 3 und Art. 84 Abs. 1 S. 2 nur auf Bundesgesetze, die erst unter den **spezifischen Gegebenheiten der jeweiligen Bundeskompetenz** mit Abweichungsmöglichkeit der Länder erlassen wurden, und gleichwohl übertragen Art. 125b Abs. 1 und Abs. 2 – als politisch ausgehandelter Kompromiss[6] – ebendiese neu eingeführte Abweichungskompetenz der Länder auf in dem jeweiligen Sachgebiet bereits vor der Verfassungsänderung bestehende Bundesgesetze.

Art. 125b Abs. 3 trifft demgegenüber eine Übergangsregelung, nach der – 3
von Art. 72 Abs. 3 S. 1 Nr. 7 vorgesehenes – abweichendes Landesrecht auf dem Gebiet der Grundsteuer (für die der Bund gemäß Art. 105 Abs. 2 S. 1 die konkurrierende Gesetzgebungskompetenz hat) frühestens für Zeiträume ab dem 1.1.2025 zugrunde gelegt wird. Der Anwendungsbereich des neu eingefügten Abs. 3 ist ein anderer als der des bisherigen Art. 125b; er überschneidet sich insbesondere nicht mit demjenigen von Abs. 1, da es auf dem Gebiet der Grundsteuer keine Rahmengesetze gibt oder gegeben hat. Den nunmehr drei Absätzen des Art. 125b ist aber gemeinsam, dass sie **Übergangsregelungen zu Abweichungskompetenzen der Länder** treffen.

B. Einzelfragen

I. Übergangsregelung zur Aufhebung des Art. 75 GG aF (Abs. 1)

Art. 125b Abs. 1 gilt für Bundesrahmenrecht, das aufgrund der Rahmen- 4
gesetzgebungskompetenz des Bundes aus Art. 75 GG aF erlassen wurde und auch nach dem 1.9.2006 weiterhin als Bundesrecht erlassen werden könnte. Die Regelung betrifft somit das Melde- und Ausweiswesen (Art. 73 Abs. 1 Nr. 3), den Schutz des deutschen Kulturgutes gegen Abwanderung ins Ausland (Art. 73 Abs. 1 Nr. 5a), Statusrechte und -pflichten von Beamten und Richtern (Art. 74 Abs. 1 Nr. 27), das Jagdwesen (Art. 74 Abs. 1 Nr. 28), den Naturschutz und die Landschaftspflege (Art. 74 Abs. 1 Nr. 29), Bodenverteilung, Raumordnung und Wasserhaushalt (Art. 74 Abs. 1 Nr. 30–32) sowie die Hochschulzulassung und Hochschulabschlüsse (Art. 74 Abs. 1 Nr. 33). Bei den nach der Anordnung des Art. 125b Abs. 1 S. 1 fortgeltenden Bundesgesetzen handelt es sich stets um **Rahmengesetze,** denn nur diese konnten vor dem 1.9.2006 auf den genannten Gebieten verfassungsgemäß zustande kommen.[7] Selbst auf den nun der ausschließlichen Gesetzgebungskompetenz des Bundes unterfallenden Gebieten (Melde- und Ausweiswesen, Schutz des Kulturgutes) könnten solche Rahmengesetze weiterhin „als Bundesrecht erlassen werden",[8] da auch die ausschließliche Bundeskompetenz eine Ermächtigung der Länder zulässt (Art. 71). Bundesrecht, das nicht mehr als solches erlassen werden könnte und somit der eine sofortige Ersetzungsbefugnis der Länder beinhaltenden Fortgeltungsanordnung des Art. 125a Abs. 1 unterfällt, kann folglich im Bereich des Art. 75 GG aF nur dort bestehen, wo jegliche Gesetzgebungs-

[6] S. insbes. *H. Meyer,* Die Föderalismusreform 2006, 2008, 229; vgl. auch *Wittreck* in Dreier Rn. 6.

[7] Zu den Voraussetzungen iE s. *Kunig* in v. Münch/Kunig, 5. Aufl. 2003, Art. 75 Rn. 5 ff.; *Degenhart* in Sachs Rn. 5.

[8] Es würde dann lediglich an der spezifisch rahmenrechtlichen Wirkung fehlen, vgl. *Kallerhoff,* Die übergangsrechtliche Fortgeltung von Bundesrecht nach dem GG, 2010, 99.

kompetenz des Bundes für ein bestimmtes Gebiet oder einen Teilbereich daraus entfallen ist.[9]

5 **1. Fortgeltung von Bundesrecht (S. 1 u. 2).** Art. 125b Abs. 1 S. 1 stellt klar, dass die Bundesgesetze, die auch weiterhin als solche erlassen werden könnten, nicht durch die sog. Föderalismusreform I des Jahres 2006 aufgehoben wurden, sondern fortgelten. Nach Art. 125b Abs. 1 S. 2 erstreckt sich die Fortgeltung ausdrücklich auf **Gesetzgebungsbefugnisse,** die den Ländern in den Rahmengesetzen eingeräumt wurden, und **Verpflichtungen,** die die Länder mit Blick auf die Ausfüllung und Umsetzung der Rahmengesetze treffen. Die Gesetze gelten somit als Rahmengesetze fort.[10] Art. 125b Abs. 1 S. 2 dient demnach auch dem Zweck, die aus **Art. 75 Abs. 3 GG aF** folgende Befugnis des Bundes, die Länder zu Maßnahmen auf dem Gebiet der Gesetzgebung zu verpflichten,[11] für die fortgeltenden Rahmengesetze weiterhin verfassungsrechtlich zu verankern.[12] Änderungen der Bundesgesetze einschließlich ihrer Aufhebung und Ersetzung richten sich, da eine Bundeskompetenz ohnehin fortbesteht, nach der geltenden Kompetenzordnung und unterfallen somit grundsätzlich der jeweiligen Bundeszuständigkeit gem. Art. 71–74.[13] Einer erweiternden Auslegung des Art. 125b Abs. 1 zur Ermöglichung der Fortschreibung des Rahmenrechts durch den Bund bedarf es daher nicht.[14]

6 **2. Abweichungskompetenz der Länder (S. 3).** Auch die Übergangsvorschrift des Art. 125b Abs. 1 übernimmt die in der geltenden Kompetenzordnung bestehenden, durch die Föderalismusreform I hinzugefügten Modifikationen dieser Bundeszuständigkeiten, indem sie die Abweichungskompetenz der Länder gem. **Art. 72 Abs. 3** auf die vor dessen Einfügung entstandenen Rahmengesetze erstreckt.[15] Mit Ausnahme der dort normierten abweichungsfesten Kerne haben die Länder folglich Zugriff auf die aus der Rahmengesetzgebung in die konkurrierende Gesetzgebung überführten Sachmaterien und können von diese betreffenden Bundesrahmengesetzen wie von auf Art. 74 Abs. 1 Nr. 28–33 gestützten Gesetzen abweichen.[16] Eine Heilung von unter der Geltung von Art. 75 aF kompetenzwidrig erlassenem, von Bundesrahmenrecht abweichendem Landesrecht tritt dadurch indes nicht ein.[17]

7 In Einschränkung dieser Erstreckung der Abweichungskompetenz der Länder auf vor dem 1.9.2006 erlassene Bundesrahmengesetze normiert Art. 125b

[9] Nämlich im Dienstrecht der Beamten und Richter (Art. 75 Abs. 1 Nr. 1 GG aF) mit Ausnahme der Statusrechte und -pflichten (unzutr. auch hierauf Art. 125a Abs. 1 GG anwendend BVerwG NVwZ-RR 2008, 268), im Hochschulrecht (Art. 75 Abs. 1 Nr. 1a GG aF) mit Ausnahme der Hochschulzulassung und -abschlüsse sowie hinsichtlich der allgemeinen Rechtsverhältnisse der Presse (Art. 75 Abs. 1 Nr. 2 GG aF). Nur auf diesen Gebieten stellt sich die Frage einer fortwirkenden Aufhebungskompetenz des Bundes; s. dazu etwa *Wolff* ZBR 2007, 145.

[10] *Wolff* in MKS Rn. 9.

[11] Dazu *Kunig* in v. Münch/Kunig, 5. Aufl. 2003, Art. 75 Rn. 44.

[12] *Wittreck* in Dreier Rn. 13. Für die Art. 125a Abs. 1 GG unterfallenden Gebiete fehlt eine solche Verankerung hingegen, s. *Lindner* NVwZ 2007, 180 (181).

[13] → Rn. 4.

[14] So aber *Wolff* in MKS Rn. 8; wie hier *Seiler* in BeckOK GG Rn. 2.

[15] *Gerstenberg,* Zu den Gesetzgebungs- und Verwaltungskompetenzen nach der Föderalismusreform, 2009, 260.

[16] S. zu den Einzelheiten der Abweichungskompetenz *Oeter* in MKS Art. 72 Rn. 121 ff.; → Art. 72 Rn. 50 ff.

[17] BVerfG NJW 2018, 361 (377).

Abs. 1 S. 3 in seinem 2. Halbsatz mittlerweile **abgelaufene Übergangsfristen** für die Abweichung von Naturschutz und Landschaftspflege, den Wasserhaushalt sowie Hochschulzulassung und -abschlüsse (Art. 72 Abs. 3 Nr. 2, 5 u. 6) betreffenden Rahmengesetzen. Soweit der Bund vor Ablauf der Übergangsfrist auf Grundlage der Art. 74 Abs. 1 Nr. 29, 32 u. 33 von seiner Gesetzgebungszuständigkeit Gebrauch gemacht hatte, ergab sich die Abweichungsmöglichkeit der Länder bereits direkt aus Art. 72 Abs. 3.[18]

Wenn auch der Bund zwischenzeitlich auf den meisten der in Art. 72 Abs. 3 genannten Gebiete die Gesetze neu gefasst oder weitreichend geändert hat,[19] **verbleibt für Art. 125b Abs. 1 S. 3 ein eigener Anwendungsbereich.** Die aus dieser Vorschrift folgende Abweichungskompetenz der Länder gilt beispielsweise für diejenigen, überwiegenden Teile des Bundesjagdgesetzes[20] und – soweit Hochschulzulassung und -abschlüsse betreffend[21] – des Hochschulrahmengesetzes,[22] die seit dem 1.9.2006 nicht geändert wurden. Verschiedene Länder haben hiervon auch bereits Gebrauch gemacht. Eine wirksame Wahrnehmung der Abweichungsbefugnis setzt voraus, dass die Länder nach Geltung des Art. 125b – bzw. nach Ablauf der maßgeblichen Übergangsfrist – eine inhaltliche Regelung in unmittelbarem Zusammenhang mit dem jeweiligen Bundesrahmenrecht getroffen haben.[23] 8

II. Übergangsregelung zur Änderung des Art. 84 Abs. 1 (Abs. 2)

Art. 125b Abs. 2 erstreckt die Abweichungsmöglichkeit der Länder gem. **Art. 84 Abs. 1 S. 2** auf Bundesgesetze, die vor der sog. Föderalismusreform I gestützt auf Art. 84 Abs. 1 GG aF ergangen sind. Während Art. 84 Abs. 1 GG aF vorsah, dass die Länder in Fällen des landeseigenen Vollzugs von Bundesgesetzen die Einrichtung der Behörden und das Verwaltungsverfahren regeln, wenn nicht Bundesgesetze mit Zustimmung des Bundesrates etwas anderes bestimmen, trifft Art. 84 Abs. 1 heute eine differenzierte Regelung, die für derartige Bestimmungen in (nicht mehr der Zustimmung des Bundesrates bedürfenden) Bundesgesetzen eine Abweichungsmöglichkeit der Länder eröffnet, wenn nicht der Bund im Ausnahmefall eines besonderen Bedürfnisses nach bundeseinheitlicher Regelung das Verwaltungsverfahren mit Zustimmung des Bundesrates ohne Abweichungsmöglichkeit der Länder regelt.[24] Soweit vor der Neufassung des Art. 84 Abs. 1 erlassene Bundesgesetze bestimmen, dass der Bund die Einrichtung der Behörden und das Verwaltungsverfahren regelt, können die Länder hiervon aufgrund des Art. 125b Abs. 2 **bereits vor einem erneuten Tätigwerden durch den Bund abweichende Regelungen** treffen. Die Vorschrift gilt somit für die Abweichung von denjenigen Bundesgesetzen, die vor dem 1.9.2006 mit Zustimmung des Bundesrates erlassen wurden und auf dem Gebiet des landeseigenen Vollzugs von Bundesgesetzen Vorschriften über das Verwaltungsverfahren und die Einrichtung der Behörden enthalten. Soweit derartige Bundesgesetze 9

[18] Sa *Seiler* in BeckOK GG Rn. 3.1.
[19] Vgl. *Oeter* in MKS Art. 74 Rn. 180 ff. mwN.; *Wittreck* in Dreier Rn. 11.
[20] IdF der Bek. v. 29.9.1976, BGBl. I 2849, zuletzt geändert am 19.6.2020, BGBl. I 1328. S. BVerfG NJW 2018, 361 (377 ff.).
[21] → Rn. 4.
[22] IdF der Bek. v. 19.1.1999, BGBl. I 18, zuletzt geändert am 15.11.2019, BGBl. I 1622.
[23] BVerfG NJW 2018, 361 (377 f.).
[24] IE → Art. 84 Rn. 2, 17 ff.

aufgrund der Einfügung des Art. 84 Abs. 1 S. 7 nicht mehr verfassungsgemäß erlassen werden könnten, gelten sie gem. Art. 125a Abs. 1 S. 1 fort.

10 Im zweiten Halbsatz enthält Art. 125b Abs. 2 wiederum eine mittlerweile **abgelaufene Übergangsfrist,** die Abweichungen von bundesrechtlichen Regelungen des Verwaltungsverfahrens vor dem 1.1.2009 nur in den Fällen erlaubte, in denen der Bund nach der sog. Föderalismusreform I in dem jeweiligen Gesetz Regelungen des Verwaltungsverfahrens geändert hatte. Die Übergangsvorschrift sollte es dem Bund ermöglichen, den vorhandenen Normenbestand zu überprüfen und gegebenenfalls gem. Art. 84 Abs. 1 S. 5 Neuregelungen ohne Abweichungsmöglichkeit der Länder vorzunehmen.[25]

III. Übergangsregelung zur Einfügung des Art. 72 Abs. 3 S. 1 Nr. 7 (Abs. 3)

11 Art. 125b Abs. 3 bezieht sich auf die konkurrierende Gesetzgebung des Bundes über die Grundsteuer gemäß Art. 105 Abs. 2 S. 1 sowie die **Abweichungsmöglichkeit** der Länder auf diesem Gebiet gemäß Art. 72 Abs. 3 S. 1 Nr. 7 und regelt, dass derartiges abweichendes Landesrecht der Erhebung der **Grundsteuer frühestens** für Zeiträume **ab dem 1.1.2025** zugrunde gelegt wird. Die bisherigen bundesgesetzlichen Regelungen (Grundsteuergesetz und Bewertungsgesetz) gelten somit für Veranlagungszeiträume bis zum 31.12.2024 fort, auch soweit sie vom BVerfG für mit dem GG unvereinbar erklärt worden sind.[26] Ausweislich der Gesetzesbegründung soll die Regelung sicherstellen, dass in allen Ländern zu einem **einheitlichen Zeitpunkt** die Grundsteuer nach neuem Recht erhoben wird, und soll eine vorherige Diversifizierung der Grundsteuererhebung steuerpolitisch vermieden werden.[27] Art. 125b Abs. 3 modifiziert die Abweichungsmöglichkeit der Länder auf dem Gebiet der Grundsteuer gemäß Art. 72 Abs. 3 S. 1 Nr. 7 daher insoweit, als die entsprechende Länderkompetenz erst nach Ablauf von fünf Jahren effektiv zur Geltung kommt. Die lange Übergangsfrist wurde aufgrund des besonderen Umsetzungsaufwands im Zusammenhang mit der Änderung der Grundsteuer als erforderlich erachtet.

C. Kritische Würdigung

12 Art. 125b dient vor allem dem Zweck, die Wirkung der durch die sog. Föderalismusreform I des Jahres 2006 geschaffenen **Abweichungskompetenzen** der Länder auf bereits vor diesem Zeitpunkt ergangenes Bundesrecht zu **erstrecken.** Dem vorgelagert enthält Absatz 1 für die gestützt auf Art. 75 GG aF erlassenen Bundesrahmengesetze aufgrund des Wegfalls dieser spezifischen Kompetenzform eine Fortgeltungsanordnung. Deren Aufrechterhaltung auch der Verpflichtungen und Befugnisse der Länder hat zu einer über die grundgesetzliche Verankerung in Art. 75 GG aF hinaus fortwirkenden Bedeutung der Rahmengesetzgebung geführt.[28]

13 Im Bereich der Abweichungskompetenzen sind für das Verhältnis von Bundes- zu Landesrecht nicht die Kollisionsregel des Art. 31[29] oder die

[25] BT-Drs. 16/813, 21.
[26] BVerfGE 148, 147.
[27] BT-Drs. 19/11084, 6.
[28] *Stettner* in Dreier, 2. Aufl. (Supplementum 2007), Art. 72 Rn. 61.
[29] Zur Abgrenzung BVerfG NJW 2018, 361 (377 ff.).

Sperrklausel des Art. 72 Abs. 1 maßgeblich, sondern es gilt gem. Art. 72 Abs. 3 S. 3 und Art. 84 Abs. 1 S. 4 die – hier einen Anwendungsvorrang bewirkende – **lex-posterior-Regel.**[30] Art. 125b verhindert, zumal (aber vollends auch erst) nach Ablauf der in der Erreichung ihres Zwecks zweifelhaften Übergangsfristen, einen von dieser Regel abweichenden Schutz eines Altbestandes von Bundesgesetzen und öffnet stattdessen alle Bereiche der Abweichungskompetenz dem verfassungsrechtlich gewollten bundesstaatlichen Wettbewerb und möglicher föderaler Vielfalt. Deren Entstehen steht Art. 125b im Grundsatz jedenfalls nicht entgegen.

Art. 125b Abs. 3 erlaubt landesgesetzliche Abweichungen auf dem Gebiet **14** der Grundsteuer allerdings erst ab dem 1.1.2025 und verzögert somit differenzierte Neuregelungen der mit dem Grundgesetz nicht zu vereinbarenden Gesetzeslage. Ob die hierauf bezogene „nach Dauer und Struktur ungewöhnliche Fortgeltungsanordnung“[31] des BVerfG eine ebenso lange **Sperre für Abweichungsmöglichkeiten** der Länder rechtfertigt, ist zumindest zweifelhaft.

Literatur

C. Franzius, Die Abweichungsgesetzgebung, NVwZ 2008, 492. – ***K. Gerstenberg,*** Zu den Gesetzgebungs- und Verwaltungskompetenzen nach der Föderalismusreform, 2009. – ***M. Kallerhoff,*** Die übergangsrechtliche Fortgeltung von Bundesrecht nach dem Grundgesetz, 2010. – ***J. F. Lindner,*** Darf der Bund das Hochschulrahmengesetz aufheben?, NVwZ 2007, 180. – ***H. Meyer,*** Die Föderalismusreform 2006, 2008. – ***H. A. Wolff,*** Die Aufhebungskompetenz des Bundes für das BRRG, ZBR 2007, 145.

30 *Oeter* in MKS Art. 72 Rn. 127; *Franzius* NVwZ 2008, 492.
31 BVerfGE 148, 147 (215; juris-Rn. 178).

Art. 125c [Fortgeltung von Bundesrecht zu Hochschulbau, Gemeindeverkehrsfinanzierung und sozialer Wohnraumförderung]

(1) Recht, das auf Grund des Artikels 91a Abs. 2 in Verbindung mit Abs. 1 Nr. 1 in der bis zum 1. September 2006 geltenden Fassung erlassen worden ist, gilt bis zum 31. Dezember 2006 fort.

(2) [1] Die nach Artikel 104a Abs. 4 in der bis zum 1. September 2006 geltenden Fassung in den Bereichen der Gemeindeverkehrsfinanzierung und der sozialen Wohnraumförderung geschaffenen Regelungen gelten bis zum 31. Dezember 2006 fort. [2] Die im Bereich der Gemeindeverkehrsfinanzierung für die besonderen Programme nach § 6 Absatz 1 des Gemeindeverkehrsfinanzierungsgesetzes sowie die mit dem Gesetz über Finanzhilfen des Bundes nach Artikel 104a Absatz 4 des Grundgesetzes an die Länder Bremen, Hamburg, Mecklenburg-Vorpommern, Niedersachsen sowie Schleswig-Holstein für Seehäfen vom 20. Dezember 2001 nach Artikel 104a Absatz 4 in der bis zum 1. September 2006 geltenden Fassung geschaffenen Regelungen gelten bis zu ihrer Aufhebung fort. [3] Eine Änderung des Gemeindeverkehrsfinanzierungsgesetzes durch Bundesgesetz ist zulässig. [4] Die sonstigen nach Artikel 104a Absatz 4 in der bis zum 1. September 2006 geltenden Fassung geschaffenen Regelungen gelten bis zum 31. Dezember 2019 fort, soweit nicht ein früherer Zeitpunkt für das Außerkrafttreten bestimmt ist oder wird. [5] Artikel 104b Absatz 2 Satz 4 gilt entsprechend.

(3) Artikel 104b Absatz 2 Satz 5 ist erstmals auf nach dem 31. Dezember 2019 in Kraft getretene Regelungen anzuwenden.

Übersicht

A. Allgemeines

1 Art. 125c gehört zu den Vorschriften des GG, die auf grundlegende Veränderungen der verfassungsrechtlichen Kompetenzverteilung zwischen Bund und Ländern reagieren, indem sie die **Fortgeltung von Recht** anordnen,

dessen kompetenzielle Grundlage im GG entfallen ist.[1] Art. 125c ist 2006 mit der Föderalismusreform I[2] in das GG eingefügt worden. Mit dieser wurden ua die Gesetzgebungskompetenzen des Bundes und der Länder neu geordnet.[3] Ziel der Verfassungsreform war eine weitgehende **Entflechtung** der Aufgaben von Bund und Ländern.[4] Deshalb wurden sowohl die Gesetzgebungs- als auch die Verwaltungskompetenzen neu geordnet.[5] Insoweit zeigte sich kein einheitliches Bild: Was etwa die Gesetzgebungskompetenzen angeht, gab es sowohl aufseiten der Länder als auch aufseiten des Bundes Zugewinne.[6]

Im Rahmen der Föderalismusreform I wurden auch Aufgaben aufgehoben, **2** für die eine enge Kooperation zwischen Ländern und Bund charakteristisch war, um so auch im politischen Alltag stärker zwischen den Entscheidungen des Bundes und der Länder unterscheiden zu können. Als besonders kritisch wurden insoweit die **Gemeinschaftsaufgaben** – die finanzielle Beteiligung des Bundes an Aufgaben der Länder –[7] sowie **Mischfinanzierungen** – die Finanzierung einer Aufgabe durch Bund und Länder –[8] gesehen, da bei ihnen regelmäßig sowohl der Bund als auch die Länder beteiligt waren und deshalb keine klare Abgrenzung der politischen Verantwortlichkeiten möglich war.[9]

Durch die Entflechtungsbemühungen entstanden allerdings aufseiten der **3** **Länder** neue **Finanzierungsprobleme.** Denn mit dem Wegfall einiger grundgesetzlicher Kompetenzgrundlagen für bestehende finanzielle Hilfen des Bundes an die Länder war das Fundament verschwunden, auf dem diese bislang ruhten.[10] Deshalb wurde mit Art. 125c der Versuch unternommen, die finanziellen Lasten der Länder durch eine **befristete Fortschreibung** der Finanzhilfen des Bundes in einigen Bereichen abzufedern. Die Bestimmung regelt im Kern die – meist befristete – Fortgeltung von Gesetzen und Programmen des Bundes, mit denen den Ländern finanzielle Hilfen gewährt werden, und statuiert damit eine Ausnahme zum nunmehr in Art. 104b verankerten Regelfall der befristeten Gewährung von Finanzhilfen durch den Bund.[11]

Die Vorschrift ist im Rahmen der teilw. so genannten Föderalismusre- **4** form III,[12] durch die die Finanzbeziehungen zwischen dem Bund und den Ländern neu geordnet wurden, wiederum überarbeitet worden.[13] Die **Novellierung** betraf die in Art. 125c Abs. 2 geregelten **Finanzhilfen** in den Bereichen **Seehafenlasten** sowie **Gemeindeverkehrsfinanzierung.** Der Überarbeitungsbedarf ergab sich, weil die bislang bestehenden Übergangsvorschriften ausliefen und eine finanzielle Beteiligung des Bundes an diesen Aufgaben damit nicht mehr möglich gewesen wäre,[14] die Länder aber auf die finanzielle Hilfe des Bundes nicht verzichten wollten. Die zum 4.4.2019 in

[1] *Wolff* in MKS Rn. 3.
[2] BGBl. 2006 I 2034.
[3] Überblick bei *Papier* NJW 2007, 2145 (2146 f.).
[4] Siehe nur *Papier* NJW 2007, 2145 (2148).
[5] *Seckelmann* DÖV 2009, 747 (748).
[6] Siehe *Degenhart* NVwZ 2006, 1209 (1214).
[7] *Seckelmann* DÖV 2009, 747 (749).
[8] Siehe etwa *Grzeszick* in Maunz/Dürig Art. 20 Rn. 149 ff.
[9] *Klein* in Maunz/Dürig Rn. 2.
[10] *Wolff* in MKS Rn. 3.
[11] *Klein* in Maunz/Dürig Rn. 10 f.
[12] BGBl. 2017 I 2347.
[13] *Klein* in Maunz/Dürig Rn. 1a.
[14] Vgl. *Klein* in Maunz/Dürig Rn. 1a ff.

Kraft getretene Änderung der Vorschrift änderte diese nur in Randbereichen (→ Rn. 17, 20 f.).

B. Einzelfragen

I. Befristete Fortgeltung von auf Art. 91a Abs. 2 in Verbindung mit Abs. 1 Nr. 1 gestütztem Bundesrecht (Hochschulbau) (Abs. 1)

5 In Art. 125c Abs. 1 wird bis zum 31.12.2006 eine **Fortgeltung** von Recht, das auf der Grundlage von Art. 91a Abs. 2 iVm Abs. 1 Nr. 1 aF erlassen wurde, angeordnet. Erfasst wird damit die bisherige Gemeinschaftsaufgabe **Hochschulbau.** Da die Föderalismusreform I zum 1.9.2006 in Kraft trat, handelt es sich um ein gerade einmal viermonatige Fortgeltung bestehenden Rechts, mit der der Verfassungstext belastet wurde.[15]

6 Die Schaffung einer Übergangsregelung war erforderlich geworden, weil mit der Föderalismusreform I die Gemeinschaftsaufgabe „Ausbau und Neubau von Hochschulen einschließlich der Hochschulkliniken" entfallen war.[16] Mit der befristeten Fortgeltung bezweckte der Gesetzgeber ein **verzögertes Auslaufen** der bestehenden Bundesfinanzhilfen im Bereich der ehemaligen Gemeinschaftsaufgabe Hochschulbau,[17] die ansonsten mit Inkrafttreten der Föderalismusreform I hinfällig geworden wären. Von der Regelung wurden das Hochschulbauförderungsgesetz,[18] der auf dieses Gesetz gestützte 34. Rahmenplan nach dem Hochschulbauförderungsgesetz 2005–2008[19] sowie die Vereinbarungen zwischen Bund und Ländern zur Durchführung des Hochschulbauförderungsgesetzes wie auch der Rahmenplanung, nicht aber Regelungen im Bereich der früheren Gemeinschaftsaufgabe Bildungsplanung erfasst.[20]

7 Die Vorschrift ist mit Ablauf der von ihr gesetzten Übergangsfrist **gegenstandslos** geworden.[21] Die Regelung wird allerdings durch Art. 143c im Ergebnis **teilw. unterlaufen;** denn in dessen Abs. 1 S. 1 wird der Bund verpflichtet, den Ländern bis zum 31.12.2019 jährlich Beiträge aus dem Bundeshaushalt zur Verfügung zu stellen, die seinem jährlichen Finanzierungsanteil der Gemeinschaftsaufgabe „Ausbau und Neubau von Hochschulen einschließlich Hochschulkliniken" entsprechen. Allerdings kommen dem Bund – anders als zu Zeiten der Gemeinschaftsaufgabe Hochschulbau –[22] nunmehr keine inhaltlichen Gestaltungsbefugnisse mehr zu.

II. Fortgeltung des auf der Grundlage von Art. 104a Abs. 4 erlassenen Bundesrechts (Abs. 2)

8 Ebenso wie Abs. 1 enthält Abs. 2 für die auf der Grundlage des Art. 104a Abs. 4 aF erlassenen Bundesgesetze in den Bereichen der **Gemeindeverkehrsfinanzierung** sowie der **Förderung des sozialen Wohnraums** eine

---

[15] *Heun/Thiele* in Dreier Rn. 4.

[16] *Klein* in Maunz/Dürig Rn. 3.

[17] Vgl. BT-Drs. 16/813, 21.

[18] BGBl. 1969 I 1556, aufgehoben durch Art. 15 des Gesetzes über die weitere Bereinigung von Bundesrecht v. 8.10.2006, BGBl. 2006 I 1864.

[19] BT-Drs. 16/813, 21.

[20] *Heun/Thiele* in Dreier Rn. 7; *Wolff* in MKS Rn. 6; *Henneke* in SHH Rn. 2.

[21] *Klein* in Maunz/Dürig Rn. 5, 8a.

[22] Siehe nur *Ipsen* NJW 2006, 2801 (2802); *Seckelmann* DÖV 2009, 747 (750 f.).

Fortgeltungsanordnung des bestehenden Rechts bis zum 31.12.2006. Anders als in Abs. 1 wird für die Zeit nach Ablauf dieser Frist eine (teilweise befristete) Fortgeltung bestimmter Regelungen angeordnet.

1. Gemeindeverkehrsfinanzierung. Art. 125c Abs. 2 S. 1 bestimmt, dass grundsätzlich „Regelungen" des Bundes, die auf der Grundlage von Art. 104a Abs. 4 aF erlassen wurden und die Gemeindeverkehrsfinanzierung betreffen, **nur** noch **bis zum 31.12.2006 fortgelten** und enthält damit dieselbe Übergangfrist wie Art. 125c Abs. 1. Die statuierte Regel wird aber in den folgenden Bestimmungen stark modifiziert. 9

Eine nunmehr[23] **unbefristete Fortgeltung** ordnet S. 2 für die „besonderen Programme" an, die auf der Grundlage von § 6 Abs. 1 des G über Finanzhilfen des Bundes zur Verbesserung der Verkehrsverhältnisse der Gemeinden (Gemeindeverkehrsfinanzierungsgesetzes)[24] geschaffen wurden. Diese Fortgeltungsanordnung betrifft Finanzhilfen des Bundes für den **Bau oder Ausbau von Schienenverkehrswegen** (ausgenommen sind die bundeseigenen Eisenbahnstrecken) in Verdichtungsräumen oder „zugehörigen Randgebieten" durch die Länder, sofern deren zuwendungsfähige Kosten 50 Millionen Euro übersteigen (vgl. § 6 Abs. 1 iVm § 2 Abs. 1 Nr. 2 Gemeindeverkehrsfinanzierungsgesetzes). Ziel des verfassungsändernden Gesetzgebers ist es, dauerhaft Finanzhilfen des Bundes für größere Vorhaben der Länder zu ermöglichen, die dem Ausbau der Schienenverkehrsinfrastruktur dienen.[25] Da aber nach Art. 104b Abs. 2 S. 5 und 6 eine dauerhafte Unterstützung durch Finanzhilfen nicht länger möglich ist und die Fördersummen degressiv ausgestaltet werden müssen, brauchte es insoweit eine Ausnahmeregelung im GG.[26] 10

Das **Gemeindeverkehrsfinanzierungsgesetz** selbst war bis zum 3.4.2019 allerdings der **Abänderungskompetenz** des Bundes bis einschließlich 31.12.2024 **entzogen** (S. 3), was ebenfalls eine Folge der Föderalismusreform III war.[27] Dies evozierte die Frage, ob durch Art. 125c Abs. 2 S. 3 eine ersatzlose Aufhebung der bestehenden „besonderen Programme" nach dem Gemeindeverkehrsfinanzierungsgesetz ausgeschlossen wurde. Da das Gemeindeverkehrsfinanzierungsgesetz eine Pflicht des Bundes begründet, im Benehmen mit den Ländern „ergänzende Programme" aufzustellen, war der Bund nicht befugt, vor dem 1.1.2025 die bestehenden „besonderen Programme" ersatzlos aufzuheben.[28] Da der Bund nunmehr befugt ist,[29] jederzeit das Gemeindeverkehrsfinanzierungsgesetz zu ändern, kann er aber nunmehr diese ersatzlos streichen. Zudem ist mit der erfolgten Änderung auch klargestellt, dass der Bund die bestehenden Programme auch anpassen darf.[30] 11

Nicht zu übersehen ist, dass der verfassungsändernde Gesetzgeber mit der Modifikation des Art. 125c Abs. 2 die Ziele der Föderalismusreform I zumindest punktuell unterläuft.[31] Dies zeigt, dass die **politischen Folgekosten** 12

---

[23] *Klein* in Maunz/Dürig Rn. 12.

[24] BGBl. 1988 I 100; zuletzt geändert durch Artikel 463 der Verordnung vom 31. August 2015 BGBl. 2015 I 1474.

[25] BT-Drs- 18/11131, 20.

[26] BT-Drs- 18/11131, 20.

[27] *Klein* in Maunz/Dürig Rn. 11a f.

[28] *Heun/Thiele* in Dreier Rn. 9.

[29] BGBl. 2019 I 404.

[30] Dies war unter der alten Rechtslage unklar, siehe *Heun/Thiele* in Dreier Rn. 9.

[31] *Wolff* in MKS Rn. 9.

einer rigiden Trennung der Aufgaben von Bund und Ländern als zu hoch bewertet werden, was auch an der Finanzkraft der Länder liegt.

13 **2. Finanzhilfen des Bundes für Seehäfen.** Unbefristet gelten nach Art. 125c Abs. 2 S. 2 auch diejenigen Regelungen fort, die der Bund den Küstenländern durch das G über Finanzhilfen des Bundes nach Artikel 104a Absatz 4 des Grundgesetzes an die „Küsten-Länder“ Bremen, Hamburg, Mecklenburg-Vorpommern, Niedersachsen sowie Schleswig-Holstein für Seehäfen (BFinHBRuaG)[32] gewährt. Auch hier ist die **unbefristete Fortgeltung** das Ergebnis der Verfassungsreform von 2017; zuvor sah Art. 104a Abs. 2 S. 2 eine Fortgeltung nur bis zum 31.12.2019 vor. Die gesonderte Regelung der Finanzhilfen des Bundes für die so genannten Seelasten ist erforderlich, da dauerhafte und gleichbleibend hohe Finanzhilfen des Bundes nach Art. 104b Abs. 2 S. 5 und 6 unzulässig sind.[33]

14 Die Förderung wird nach dem BFinHBRuaG iHv **jährlich ca. 38 Millionen EUR** für den Bau bzw. Ausbau von Hafenanlagen, Verkehrswegen und öffentlichen Verkehrsflächen gewährt (§ 1 Abs. 1). Damit kofinanziert der Bund infrastrukturelle Projekte im weitesten Sinne, die einen hinreichenden Bezug zu Seehäfen aufweisen. Die Verteilung der Fördersumme erfolgt nach einem festgelegten Schlüssel (§ 1 Abs. 2).

15 Es steht dem Bund frei, die **Finanzhilfen abzuschaffen,** indem er das betreffende Gesetz durch ein zustimmungspflichtiges Bundesgesetz aufhebt; eine Änderung des Gesetzes wird durch Art. 125c Abs. 2 S. 2 indes ausgeschlossen.[34] Im Fall der Aufhebung des Gesetzes stellt sich die Frage, ob eine Wiedereinführung einer vergleichbaren Regelung verfassungskonform wäre. Der klare Wortlaut der Vorschrift spricht dagegen. Hinzu kommt, dass der Bund gar nicht mehr über die erforderliche Kompetenz verfügt.[35]

16 **3. Förderung des sozialen Wohnraums.** Für Finanzhilfen des Bundes im Bereich des sozialen Wohnungsbaus trifft Art. 125c Abs. 2 S. 1 ebenfalls eine spezielle Übergangsregelung. Da durch die Föderalismusreform I die Gesetzgebungskompetenz des Bundes für die soziale Wohnraumförderung gestrichen wurde, konnte der Bund den Ländern auf der Grundlage der bisher auf Art. 104a Abs. 4 gestützen Gesetze keine Finanzhilfen in diesem Bereich mehr zukommen lassen.[36] Mit Ablauf der Übergangsfrist am 31.12.2006 sind Förderungen des Bundes ausgeschlossen, die auf den erlassenen Gesetzen basieren.

17 Auch im Bereich der Förderung des sozialen Wohnraums werden die finanziellen Einbußen aufseiten der Länder durch die Verpflichtung des Bundes zur **Kompensation** der weggefallenen Bundesfinanzhilfen über Art. 143c Abs. 1 **bis zum 31.12.2019** kompensiert.[37] Wie hoch die Beiträge ausfallen, wird in Art. 143c Abs. 1 S. 2 nur rudimentär geregelt, ist aber von dem Gedanken eines schrittweisen Abbaus von Gemeinschaftsaufgaben getragen.[38] Der zum 4.4.2019 eingefügte[39] Art. 104d S. 1 sieht allerdings – ange-

---

[32] BGBl. 2001 I 3955, 3962, zuletzt geändert durch Art. 3 des Gesetzes vom 14. August 2017, BGBl. 2017 I 3122.

[33] Siehe *Kube* in BeckOK GG Art. 104b Rn. 23; *Heun/Thiele* in Dreier Rn. 9.

[34] *Heun/Thiele* in Dreier Rn. 9.

[35] *Heun/Thiele* in Dreier Rn. 9.

[36] *Klein* in Maunz/Dürig Rn. 14.

[37] *Schwarz* in Maunz/Dürig Art. 143c Rn. 11.

[38] *Schwarz* in Maunz/Dürig Art. 143c Rn. 7 ff.

[39] BGBl. 2019 I 404.

sichts der in vielen Ballungsräumen stark angespannten Lage auf den Wohnungsmärkten –[40] vor, dass der Bund den Ländern Finanzhilfen im Bereich des sozialen Wohnungsbaus gewähren darf (kritisch zur Vorschrift → Art. 104d Rn. 5). Voraussetzung ist aber, dass es sich um „gesamtstaatlich bedeutsame Investitionen der Länder und Gemeinden (Gemeindeverbände)" handelt. Das dürfte jedenfalls pauschale Finanzhilfen des Bundes an die Länder ausschließen.[41] In der Sache besteht gleichwohl ein erheblicher Spielraum; auch weil es schwerfällt, die Effekte derartiger Finanzhilfen im Vorfeld abzuschätzen.[42]

4. Fortgeltung sonstiger Regelungen. Abschließend enthält Art. 125c Abs. 2 S. 4 eine Regelung zur Fortgeltung der „sonstigen Regelungen", die auf der Grundlage des Art. 104a Abs. 4 aF geschaffen wurden. Erfasst werden hiervon das **Investitionsförderungsgesetz Aufbau Ost**[43] sowie die **Finanzhilfen des Bundes für Stadtsanierung und -entwicklung.**[44] Für diese gilt eine Übergangfrist bis zum 31.12.2019, wenn nicht ein früherer Zeitpunkt festgelegt wurde, an dem sie außer Kraft treten. Die Bestimmung öffnet also auch einen Raum für einfachgesetzliche Regelungen, mit denen die Übergangsfrist verkürzt wird. Gleichzeitig sagt sie nichts dazu, wie die Aufhebung zu erfolgen hat. Erforderlich dürfte der Erlass eines zustimmungspflichtigen Bundesgesetzes sein.[45] Abzulehnen sind hingegen Vorschläge, die bereits eine Vereinbarung zwischen Bund und Ländern genügen lassen wollen.[46] Soweit hierfür Art. 104a Abs. 4 S. 2 aF angeführt wird, ist dem entgegenzuhalten, dass eine außer Kraft getretene Verfassungsnorm keinen Prüfungsmaßstab begründen kann. 18

5. Fortgeltung in sonstigen Fällen. Da sich Art. 125c Abs. 2 in allen Regelungsvarianten auf Regelungen stützt, die auf der Grundlage des Art. 104a Abs. 4 aF geschaffen wurden, sind Finanzhilfen des Bundes für die Länder, die nicht auf diese Norm gestützt werden konnten, nicht erfasst.[47] Umstritten ist insoweit, ob die **Verwaltungsvereinbarung Investitionsprogramm „Zukunft Bildung und Betreuung" zwischen Bund und Ländern**[48] weitergilt, weil sie von vielen als verfassungswidrig eingestuft wird.[49] Der verfassungsändernde Gesetzgeber ging von der Überleitung des Programmes aus,[50] was indes nichts über seine Verfassungskonformität aussagt.[51] Entscheidend ist allein, ob die Verwaltungsvereinbarung auf dem Fundament des Art. 104a Abs. 4 aF ruht; tut sieht dies nicht, konnte sie auch nicht übergeleitet werden. 19

---

[40] → Art. 104d Rn. 2.

[41] *Schwarz* in Maunz/Dürig Rn. 15.

[42] Insoweit einschränkend hingegen *Schwarz* in Maunz/Dürig Rn. 15 f.

[43] BGBl. 1993 I 944, 982; zuletzt geändert durch Artikel 2 des Gesetzes vom 20. Dezember 2001, BGBl. 2001 I 3955.

[44] *Henneke* in SHH Rn. 8.

[45] Insoweit auch *Heun/Thiele* in Dreier Rn. 10.

[46] So aber *Heun/Thiele* in Dreier Rn. 10.

[47] *Heun/Thiele* in Dreier Rn. 11; *Seiler* in BeckOK GG Rn. 7.1 f.; wohl auch *Jarass* in Jarass/Pieroth Rn. 7.

[48] Abrufbar unter https://www.ganztagsschulen.org/_media/20030512_verwaltungsvereinbarung_zukunft_bildung_und_betreuung.pdf (abgerufen am 2.9.2019).

[49] *Klein* in Maunz/Dürig Rn. 13.

[50] BT-Drs. 16/813, 19.

[51] AA *Siekmann* in Sachs Rn. 9.

20 **6. Entsprechende Anwendung von Art. 104b Abs. 2 S. 4.** Seit dem 4.4.2019 ordnet S. 5 die entsprechende Anwendung von Art. 104b Abs. 2 S. 4 für alle in Abs. 2 angeprochenen Finanzhilfen des Bundes an. Hiermit werden dem Bund weitreichende **Informations-** und **Kontrollrechte**[52] gegenüber den begünstigten Ländern eingeräumt, um eine „zweckentsprechende Mittelverwendung" sicherzustellen. Hierzu darf die Bundesregierung – ohne dass dies tabestandlich näher eingegrenzt würde – von den Ländern Berichte und die Vorlage der Akten verlangen. Des Weiteren darf sie, ebenfalls ohne nähere Eingrenzung, Erhebungen bei allen Behörden durchführen, was auch die Kommunen einschließen kann.[53] Auch bei der Ausübung dieser Rechte wird der Grundsatz der Bundestreue zu beachten sein.

III. Anwendung von Art. 104b Abs. 2 S. 5 auf seit dem 1.1.2020 in Kraft getretenes Recht (Abs. 3)

21 Auch Abs. 3 ist mit Wirkung zum 4.4.2019 neu eingefügt worden.[54] Für alles Recht, das seit dem 1.1.2020 in Kraft getreten ist, findet nunmehr Art. 104b Abs. 2 S. 5 Anwendung. Hierdurch wird klargestellt, dass die Bundesmittel zusätzlich zu eigenen Mitteln der Länder bereitgestellt werden. Die Bundesmittel sollen Investitionen der Länder nicht substituieren, sondern **additiv** wirken.[55] Hierdurch wird zwar die **Haushaltsautonomie** der Länder berührt, was aber angesichts der Tatsache, dass der Bund Länderausgaben (mit-)finanziert, hinzunehmen ist.[56]

C. Kritische Würdigung

22 Art. 125c gehört in die Kategorie von Verfassungsnormen, die **hochgradig technisch** sind und deren Einfügung in ein Rahmenwerk deshalb nicht notwendig erscheint.[57] Die Norm ist ein weiteres Beispiel für die **Übernahme von politischen Kompromissen** in den Verfassungstext.[58] Dies wird dem Charakter der Verfassung als Rahmenwerk nicht gerecht.

23 Die Norm ist der großen **Entflechtungsbemühung** (→ Rn. 1) der Föderalismusreform I geschuldet, die bereits wieder zurückgedreht wird.[59] Zwar erscheint das Ziel „Raus aus der Entflechtungsfalle!" im Grundsatz nach wie vor richtig. Nur ist nicht zu übersehen, dass die Länder in manchen Bereichen die Finanzhilfen des Bundes benötigen, um ihre Aufgaben effektiv erfüllen zu können.

Literatur

C. Degenhart, Die Neuordnung der Gesetzgebungskompetenzen durch die Föderalismusreform, NVwZ 2006, 1209. – ***H.-G. Henneke,*** „Die Wilden 13": Orientiert sich der übergreifende informationstechnische Zugang zu Verwaltungsleistungen nach Notifikation beim Bundespräsidenten bis zu seiner Aufhebung an gesamtstaatlich bedeutsamen Investitionen finanzschwacher Gemeinden im Bereich der kommunalen

52 Siehe *Hellermann* in MKS Art. 104b Rn. 65e f.
53 *Hellermann* in MKS Art. 104b Rn. 65 f.
54 BGBl. 2019 I 404.
55 Siehe BT-Drs. 19/6144, 16; *Schwarz* in Maunz/Dürig Art. 104b Rn. 50.
56 *Schwarz* in Maunz/Dürig Art. 104b Rn. 51.
57 Siehe bereits *Dreier* ZSE 2008, 399 (404); *Henneke* DVBl. 2017 214 (218).
58 *Heun/Thiele* in Dreier Rn. 4; zust. *Siekmann* in Sachs Rn. 10.
59 Siehe *Seckelmann* NVwZ 2015, 248 (249).

Infrastruktur?, DVBl. 2017, 214. – ***J. Ipsen,*** Die Kompetenzverteilung zwischen Bund und Ländern nach der Föderalismusnovelle, NJW 2006, 2801. – ***H.-J. Papier,*** Aktuelle Fragen der bundesstaatlichen Ordnung, NJW 2007, 2145. – ***M. Seckelmann,*** „Renaissance" der Gemeinschaftsaufgaben in der Föderalismusreform II? – Zu den Gemeinschaftsaufgaben und den Möglichkeiten kooperativen Handelns im Bundesstaat (insbesondere zu den Art. 91a und b GG n. F. sowie zur Aufnahme der Art. 91c und d GG in das Grundgesetz), DÖV 2009, 747. – ***M. Seckelmann,*** „Föderalismusreform III" im Wissenschaftsbereich?, NVwZ 2015, 248.

Art. 126 [Streit über Fortgeltung alten Rechts]

Meinungsverschiedenheiten über das Fortgelten von Recht als Bundesrecht entscheidet das Bundesverfassungsgericht.

A. Allgemeine Bedeutung

1 In Art. 126 wird ein spezieller Rechtsbehelf für die Fälle statuiert, in denen die Fortgeltung von vorkonstitutionellem „Recht als Bundesrecht" – also die Zuordnung des übergeleiteten Altrechts zu einer der beiden infrage kommenden normhierarchischen Ebenen – umstritten ist. Im Rahmen des von Art. 126 begründeten **Normenqualifizierungsverfahrens**[1] entscheidet allein das **BVerfG.** Zweck der Vorschrift ist die Monopolisierung der Entscheidungskompetenz für die Normenqualifizierung beim BVerfG.[2] Hierdurch wird auch eine einheitliche Zuordnung zu einer normhierarchischen Ebene sichergestellt. Das Verfahren nach Art. 126 flankiert die Art. 124 f. verfahrensrechtlich.[3]

2 Die Vorschrift reagiert auf den Umstand, dass die Überleitung von vorkonstitutionellem Recht nach Art. 123 Abs. 1 für alles nicht-besatzungsrechtliche Altrecht[4] erfolgte und aufgrund der föderalen Ordnung des GG die Zuordnung des übergeleiteten Rechts zu einer der beiden staatlichen Ebenen vonnöten war (Art. 124 f.). Da die Kriterien für die Zuordnung des übergeleiteten Rechts zu einer der beiden normhierarchischen Ebenen interpretationsbedürftig sind (→ Art. 125 Rn. 5 ff.), konnte es in den ersten Jahren der Verfassung durchaus zu **Abgrenzungsschwierigkeiten und Meinungsverschiedenheiten** über „das Fortgelten von Recht als Bundesrecht" kommen, die nicht rein akademischer Natur waren.

3 Der Verfassungsgeber entschied sich, für derartige Konflikte ein **gesondertes bundesverfassungsgerichtliches Verfahren** zu schaffen. Motivierend war die Überzeugung, dass es eines gesonderten Rechtsbehelfs bedurfte, um rasch Klarheit über die Zuordnung von übergeleitetem vorkonstitutionellem Recht zum Bundes- oder Landesrecht zu erzielen.[5] Ursprünglich war im HChE vorgesehen worden, dass bei insoweit bestehenden Meinungsverschiedenheiten nicht ein Gericht, sondern der Bundesjustizminister im Einvernehmen mit dem oder den Landesjustizministern eines Landes entscheidet, „deren Recht betroffen wird".[6] Dieses Ansinnen war von vornherein umstritten, weil die Gewaltenteilung hierdurch verwässert worden wäre.[7]

4 Das BVerfGG, das die Verfahrensvoraussetzungen näher konkretisiert hat, unterscheidet zwischen zwei Arten des Normenqualifizierungsverfahrens. In § 86 Abs. 1 BVerfGG ist das – an die abstrakte Normenkontrolle (Art. 93 Abs. 2 Nr. 3) angelehnte – **abstrakte Normenqualifizierungsverfahren**

[1] BVerfGE 28, 199 (133 ff.).

[2] BVerfGE 28, 199 (135); *Hopfauf* in SHH Rn. 1; *Pieroth* in Jarass/Pieroth Rn. 1; *Wolff* in MKS Rn. 2.

[3] BVerfGE 6, 309 (344).

[4] Siehe *Giegerich* in Maunz/Dürig Art. 123 Rn. 21.

[5] Deutscher Bundestag/Bundesarchiv Der Parlamentarische Rat 1948–1949, Bd. 2, 1981, 504 (576).

[6] Deutscher Bundestag/Bundesarchiv Der Parlamentarische Rat 1948–1949, Bd. 2, 1981, 504 (576).

[7] Deutscher Bundestag/Bundesarchiv Der Parlamentarische Rat 1948–1949, Bd. 2, 1981, 504 (576).

geregelt.[8] Die Vorlage eines Gerichts ist hingegen in Art. 86 Abs. 2 BVerfGG angesprochen. Sie ist der konkreten Normenkontrolle nach Art. 100 Abs. 1 angelehnt und firmiert deshalb als **konkretes Normqualifizierungsverfahren.**[9]

B. Einzelfragen

I. Meinungsverschiedenheiten über Fortgelten von Recht als Bundesrecht

5 Der Weg zum **BVerfG** ist nach Art. 126 nur in den Fällen eröffnet, in denen „Meinungsverschiedenheiten" bestehen. Erforderlich ist damit jedenfalls ein Dissens über die Fortgeltung vorkonstitutionellen Rechts *als* Bundesrecht.[10] Mindestens zwei Subjekte müssen also genau in dieser Frage entgegengesetzte Positionen vertreten. Wer diese aber sind, dazu schweigt der Verfassungstext, und auch aus der Entstehungsgeschichte lässt sich für die Beantwortung dieser Frage nichts Wesentliches entnehmen.[11] Das BVerfG verfolgt insoweit einen im Ausgangspunkt recht extensiven Ansatz. Es hat die Entscheidung des Bundesgesetzgebers goutiert, der in § 86 BVerfGG sowohl **Bundestag, Bundesrat, Bundesregierung** als auch die **Landesregierungen** und **Gerichte** für **antragsbefugt** erklärt hat.[12]

6 Die Rspr. hat jedenfalls in **konkreten Normenqualifizierungsverfahren** recht hohe Anforderungen an die Bejahung des Tatbestandsmerkmals der **Meinungsverschiedenheiten** gestellt. Der Sache nach liest es das verfassungsrechtliche Erfordernis der Meinungsverschiedenheiten in das Tatbestandsmerkmal „streitig" in § 86 Abs. 2 BVerfGG hinein.[13] Ob es insoweit auf die Rechtsansicht des vorlegenden Gerichts ankommt oder aber Zweifel einzelner Richter genügen, hat das BVerfG offengelassen.[14] Es genügt insoweit aber nicht, wenn allein die Parteien des jeweiligen Rechtsstreits hinsichtlich der Frage, ob eine Rechtsnorm dem Bundesrecht angehört, unterschiedliche Ansichten vertreten.[15] Etwas anderes gilt nur dort, wo eine der Parteien ein Land ist.[16] Ausreichend ist nach dem BVerfG hingegen, wenn sich das vorlegende Gericht in der Frage der Zuordnung des vorkonstitutionellen Rechts zum Bundesrecht in Opposition zu einer „beachtlichen" Auffassung in der Literatur,[17] zur Rspr. eines Landesverfassungsgerichts,[18] des BVerwG[19] oder zur Rechtsauffassung eines Verfassungsorgans des Bundes[20] oder eines Landes[21] stellt.

---

[8] *Wolff* in MKS Rn. 6.
[9] *Wolff* in MKS Rn. 7.
[10] *Hillgruber* in Maunz/Dürig Rn. 30.
[11] *Hillgruber* in Maunz/Dürig Rn. 31 f.
[12] BVerfGE 28, 119 (135 f.).
[13] *Wolff* in MKS Rn. 13.
[14] BVerfGE 7, 18 (24); anders noch BVerfGE 4, 358 (369 f.).
[15] BVerfGE 4, 358 (369); aA *von Coelln* in MSKB BVerfGG § 86 Rn. 47; dem zust. *Sauer* in BeckOK BVerfGG § 86 Rn. 29.
[16] BVerfGE 9, 153 (156 f.).
[17] BVerfGE 7, 18 (23 f.); 11, 89 (92); 13, 367 (371); 23, 113 (122).
[18] BVerfGE 7, 18 (23 f.).
[19] BVerfGE 8, 186 (191 f.).
[20] BVerfGE 13, 367 (371).
[21] BVerfGE 13, 367 (371); 23, 288 (319); 28, 119 (137).

7 Zur Auslegung des unbestimmten Tatbestandsmerkmals der **Meinungsverschiedenheiten** hatte das BVerfG im Rahmen von **abstrakten Normenqualifizierungsverfahren** weitaus seltener Gelegenheit. Hier wird man die Anforderungen – schon wegen des beschränkten Kreises an Antragsberechtigten – nicht überspannen dürfen; es genügen „ernst zu nehmende" oder aber in der Literatur artikulierte Zweifel aufseiten des Antragstellers.[22]

8 Die Meinungsverschiedenheiten müssen sich auf das **Fortgelten von Recht als Bundesrecht** beziehen. Art. 126 meint damit nur deutsches Recht, das nach Art. 123 transformiert wurde/sein könnte, also solches, das bereits vor dem Zusammentritt des ersten Deutschen Bundestages am 7.9.1949 bestand.[23] In Verfahren nach Art. 126 wird über die Frage entschieden, ob das übergeleitete vorkonstitutionelle Recht im Range des Bundesrechts steht.[24] Dies setzt allerdings voraus, dass zuvor – zumindest inzident – die Frage geprüft und positiv beantwortet wird, ob das **vorkonstitutionelle Recht** gemäß Art. 123 Abs. 1 **übergeleitet** wurde, also nicht materiell im Widerspruch zur Verfassung steht.[25] Hiergegen lässt sich einwenden, dass Art. 126 allein die Rangfrage adressiert.[26] Indes wäre es widersinnig, wenn das BVerfG – mit Gesetzeskraft – die Fortgeltung von Recht als Bundesrecht feststellt, wenn dieses materiell verfassungswidrig ist.[27]

9 Ob unter „Recht" iSv Art. 126 nur formelle Gesetze oder aber auch andere Rechtsnormen fallen, ist umstritten. § 86 Abs. 2 BVerfGG, der die Vorlagepflicht von Gerichten regelt,[28] spricht nur von einem Gesetz. Allerdings wäre es widersinnig, mit der hM[29] die Überleitung von vorkonstitutionellem Recht nach Art. 123 Abs. 1 umfassend zu verstehen, bei Art. 126 aber eine einschränkende Auslegung zugrunde zu legen.[30] Folge ist, dass etwa auch **Verordnungsrecht** nach Art. 126 GG **überprüfbar** und das BVerfGG insoweit ergänzend auszulegen ist.[31]

10 Streitig diskutiert wird bis heute die Frage, ob Art. 126 auch das Tor für die Klärung von Meinungsverschiedenheit über die Fortgeltung von **ehemaligem DDR-Recht** als **Bundesrecht** öffnet. Der Wortlaut spricht nicht von vornherein gegen eine Anwendung von Art. 126 auf übergeleitetes DDR-Recht.[32] Da die Überleitung des DDR-Rechts der Regelung des Art. 125 nachempfunden ist (→ Art. 125 Rn. 3), wäre die Beantwortung von Zweifelsfällen der Normenqualifikation durchaus empfehlenswert gewesen. Allerdings bezieht sich Art. 126 ausschließlich auf die Art. 123 ff., über die nie DDR-Recht in Bundes- oder Landesrecht transformiert wurde, weswegen dieser Weg versperrt ist.[33]

---

[22] *Wieland* in Dreier Rn. 7.
[23] BVerfGE 1, 162 (163 f.); 8, 186 (191).
[24] So auch *Hopfauf* in SHH Rn. 1.
[25] *Salomon* in Barczak BVerfGG Art. 86 Rn. 15 f.; *Pieroth* in Jarass/Pieroth Rn. 2.
[26] So *Hopfauf* in SHH Rn. 4 mwN.
[27] Siehe auch *Hillgruber* in Maunz/Dürig Rn. 25.
[28] *von Coelln* in MSKB BVerfGG § 86 Rn. 43.
[29] *Giegerich* in Maunz/Dürig Art. 123 Rn. 20.
[30] Im Ergebnis auch BVerfGE 28, 119 (133 f.); für ein nicht allein auf Gesetze bezogenes Verständnis auch schon BAGE 19, 14 (26); siehe aus der Literatur etwa *von Coelln* in MSKB BVerfGG § 86 Rn. 45.
[31] So bereits BVerfGE 28, 119 (136).
[32] *Kirn* in v. Münch/Kunig, 6. Aufl. 2012, Art. 126 Rn. 1a.
[33] Wie hier *Hopfauf* in SHH Rn. 8: *Wolff* in MKS Rn. 12; aA.

Ebenfalls umstritten ist die Subsumtion von Art. 125a bis c unter Art. 126.[34] Auch diese Bestimmungen, die später ins GG aufgenommen wurden, regeln die Fortgeltung von Bundesrecht, reagieren aber auf Änderungen des Verfassungstextes selbst. Richtigerweise werden die **Art. 125a bis c nicht** von Art. 126 **erfasst,** weil hierfür schon kein Bedürfnis existiert. Schließlich besteht bei Art. 125a bis c keine Unklarheit darüber, ob das fortgeltende Recht Bundesrecht ist.[35] **11**

II. Entscheidet das Bundesverfassungsgericht

1. Antragsberechtigte. Das BVerfGG hat in § 86 die Frage entschieden, wer in abstrakten Normqualifizierungsverfahren **antragsberechtigt** ist. Demnach sind **Bundestag, Bundesrat, Bundesregierung** sowie die **Landesregierungen** berechtigt, Anträge zu stellen (Abs. 1). Nicht erfasst sind hingegen Landesparlamente oder Minderheiten innerhalb von Bundestag oder Bundesrat.[36] **12**

Gerichte sind in konkreten Normenqualifizierungsverfahren nach § 86 Abs. 2 BVerfGG befugt *und* verpflichtet,[37] dem BVerfG die Frage über die Fortgeltung von Recht als Bundesrecht vorzulegen, sofern sie im „gerichtlichen Verfahren streitig und erheblich ist". Die Nichteinhaltung der Vorlagepflicht kann im Wege der Verfassungsbeschwerde als Verstoß gegen den gesetzlichen Richter angegriffen werden,[38] womit auch das BVerfG als Institution gestärkt wird. **13**

2. Klarstellungsinteresse und Entscheidungserheblichkeit. Bei Anträgen im **abstrakten Normenqualifizierungsverfahren** statuiert § 87 Abs. 1 BVerfGG eine spezielle Zulässigkeitsvoraussetzung: Der Antrag ist nur dann zulässig, wenn „von der Entscheidung die Zulässigkeit einer bereits vollzogenen oder unmittelbar bevorstehenden Maßnahme" abhängt (sog. **Klarstellungsinteresse**)[39]. Es kommt also sowohl darauf an, dass die Entscheidung im Ergebnis zur Rechtswidrigkeit bzw. Rechtmäßigkeit der (intendierten) Handlung führt,[40] als auch, dass die Maßnahme bereits verbindlich geworden ist oder sich zumindest in naher Zukunft materialisieren wird. Bei bereits vollzogenen Maßnahmen genügt es, wenn die Normenqualifikation über die Rechtmäßigkeit der Maßnahme entscheidet.[41] Die antragsberechtigten Verfassungsorgane müssen indes nicht darlegen, dass die Meinungsverschiedenheiten sie in ihren eigenen Rechten betreffen, was den Charakter als „objektives" Verfahren hervorhebt.[42] **14**

In **konkreten Normenqualifizierungsverfahren** muss die Fortgeltung vorkonstitutionellen Rechts nicht nur streitig (→ Rn. 6), sondern auch erheblich sein (§ 86 Abs. 2). Die **Entscheidungserheblichkeit** ist gegeben, wenn der anhängige Rechtsstreit anders entschieden werden muss, wenn das in Rede stehende Recht dem Bundes- oder Landesrecht zugeordnet wird.[43] **15**

---

[34] Siehe den Überblick bei *Hillgruber* in Maunz/Dürig Rn. 15 ff.
[35] *Hillgruber* in Maunz/Dürig Rn. 18.
[36] *von Coelln* in MSKB BVerfGG § 86 Rn. 36 f.
[37] BVerfGE 7, 18 (23).
[38] *von Coelln* in MSKB BVerfGG § 86 Rn. 44.
[39] *Wolff* in MKS Rn. 6.
[40] *Sauer* in BeckOK BVerfGG § 87 Rn. 3.
[41] *von Coelln* in MSKB BVerfGG § 87 Rn. 10; aA *Lechner/Zuck,* BVerfGG§ 87 Rn. 1.
[42] *Sauer* in BeckOK BVerfGG § 87 Rn. 4.
[43] Vgl. BVerfGE 2, 341 (346).

Es genügt also nicht, wenn allein die Zuordnung zu einer der beiden infrage kommenden normhierarchischen Ebenen umstritten ist. Vielmehr muss sich die Zuordnung auf die Entscheidung auswirken.

16 **3. Entscheidung des Bundesverfassungsgerichts.** Das BVerfG entscheidet, ob das Gesetz im Rang des Bundesrechts steht und wie weit sein räumlicher Anwendungsbereich reicht (§ 89 BVerfGG). Es handelt sich also um ein (positives oder negatives) **Feststellungsurteil.**[44] Nach § 31 Abs. 2 S. 1 BVerfGG erlangt die Entscheidung Gesetzeskraft. Dadurch, dass die Entscheidung nicht nur in Rechts-, sondern auch in Gesetzeskraft erwächst, ist sie nicht nur *inter partes,* sondern *erga omnes* gültig.[45]

C. Kritische Würdigung

17 Die Normenqualifikation dient der Beseitigung einer spezifischen Form der **Rechtsunsicherheit,** die aus dem Umstand resultiert, dass die normhierarchische Einordnung des übergeleiteten vorkonstitutionellen Rechts nach dem Inkrafttreten des GG nicht immer einfach zu entscheiden war (→ Rn. 2). Ohne Zweifel bestand an der Klärung dieser Frage in den Anfangsjahren der Verfassung ein gewichtiges Bedürfnis, was bereits die unterschiedlich gelagerten Fälle zeigen, die das BVerfG entschieden hat. Zu beobachten ist indes seit geraumer Zeit, dass es **keinen Bedarf** am Verfahren der Normenqualifikation nach Art. 126 mehr gibt.[46] Die letzte Entscheidung des BVerfG in einem Normenqualifizierungsverfahren datiert vom 30.5.1972.[47] Die Vorschrift hat sich überlebt; sie ist heute bedeutungslos.[48]

Literatur

K. A. Bettermann, Anm. zu BVerwG, DVBl. 1973, 408, DVBl. 1973, 412. ***S. Detterbeck,*** Streitgegenstand und Entscheidungswirkungen im öffentlichen Recht: Grundlagen des Verfahrens vor den allgemeinen Verwaltungsgerichten und vor dem Bundesverfassungsgericht, 1995. – ***J. Rühmann,*** Verfassungsgerichtliche Normenqualifikation: rechtsvergleichende Untersuchung von Funktion und Verfahren am Beispiel von Frankreich und Deutschland, 1982.

[44] BVerfGE 33, 206; *Sauer* in BeckOK BVerfGG § 89 Rn. 1.
[45] *Bethge* in MSKB BVerfGG § 31 Rn. 122.
[46] AA *von Coelln* in MSKB BVerfGG § 86 Rn. 10; dem zust. *Pieroth* in Jarass/Pieroth Rn. 1.
[47] BVerfGE 33, 206.
[48] *Hopfauf* in SHH Rn. 3, 13.

Art. 127 [Recht des Vereinigten Wirtschaftsgebietes]

Die Bundesregierung kann mit Zustimmung der Regierungen der beteiligten Länder Recht der Verwaltung des Vereinigten Wirtschaftsgebietes, soweit es nach Artikel 124 oder 125 als Bundesrecht fortgilt, innerhalb eines Jahres nach Verkündung dieses Grundgesetzes in den Ländern Baden, Groß-Berlin, Rheinland-Pfalz und Württemberg-Hohenzollern in Kraft setzen.

1 Die Regelung in Art. 127 knüpft an die Regelungen aus Art. 124 und 125 zur Fortgeltung des bestehenden Rechts an. Soweit Recht der Verwaltung des Vereinigten Wirtschaftsgebietes, also der Bizone,[1] nach diesen Regelungen für das Gebiet der amerikanischen und der britischen Besatzungszone fortbesteht, kann dessen Geltung nach Art. 127 auch auf das Gebiet der französischen Besatzungszone ausgedehnt werden.[2] Mit Blick auf das Ziel dieser pragmatischen Regelung, den **Gesetzgeber** in der Anfangsphase der Bundesrepublik zu **entlasten,**[3] lag die Entscheidung über die Erweiterung des Anwendungsbereichs der gesetzlichen Regelungen in Abkehr vom **Grundsatz der Gewaltenteilung**[4] bei der Bundesregierung als Kollegialorgan,[5] freilich unter dem Vorbehalt der Zustimmung der Landesregierungen der betroffenen Länder. Teilweise wird auch die von Art. 127 ausgehende **rechtsvereinheitlichende Wirkung** als Ziel betont,[6] auch wenn die Bundesregierung ermächtigt ist, das Recht der Bizone nur in einzelnen Ländern in Kraft zu setzen.[7]

2 Über den Wortlaut hinaus bezog sich die Regelung auch auf den Kreis Lindau;[8] umgekehrt ist die Regelung auf Groß-Berlin nicht angewendet worden.[9] Inhaltlich sind mit dem Begriff des **„Rechts"** alle materiellen Regelungen der Verwaltung des Vereinigten Wirtschaftsgebietes umfasst.[10] Durch die Einschränkung auf das **Recht der Verwaltung** bezieht sich die Norm allerdings nur auf Regelungen des Wirtschafts- und Verwaltungsrats, nicht jedoch auf Besatzungsrecht.[11] Die Inkraftsetzung erfolgte unabhängig von den Anforderungen aus Art. 80 Abs. 1[12] durch Rechtsverordnung. Sie

[1] Zur rechtlichen Einordnung der zu Grunde liegenden Abkommen *Ehard* SJZ 1949, 585 f.

[2] *Austermann* DÖV 2012, 227 (230); *Hofmann* in HdbStR I § 9 Rn. 9; *Schulze/Jasper* in Sachs Rn. 1.

[3] *Hofmann* in HdbStR I § 9 Rn. 9; *Schulze/Jasper* in Sachs Rn. 1.

[4] Näher *Maunz/Klein* in Maunz/Dürig Rn. 3; *Pieroth* in Jarass/Pieroth Rn. 1; *Wittreck* in Dreier Rn. 13.

[5] *Hofmann* in HdbStR I § 9 Rn. 9; *Maunz/Klein* in Maunz/Dürig Rn. 10; *Schulze/Jasper* in Sachs Rn. 1; *Wittreck* in Dreier Rn. 14; *Wolff* in MKS Rn. 1.

[6] *Holtkotten* in BK Anm. II.3.a); *Maunz/Klein* in Maunz/Dürig Rn. 1; *Wittreck* in Dreier Rn. 1; *Wolff* in MKS Rn. 1.

[7] *Maunz/Klein* in Maunz/Dürig Rn. 18; *Wittreck* in Dreier Rn. 12; von der Möglichkeit dieser partiellen Erstreckung hat die Bundesregierung in neun von 50 Fällen Gebrauch gemacht, vgl. die Übersicht in BGBl. 1950 I 332–334.

[8] *Holtkotten* in BK Anm. II.3.b); *Maunz/Klein* in Maunz/Dürig Rn. 16; *Pieroth* in Jarass/Pieroth Rn. 1; *Schulze/Jasper* in Sachs Rn. 1; *Wittreck* in Dreier Rn. 12; *Wolff* in MKS Rn. 9.

[9] *Holtkotten* in BK Anm. II.3.b); *Pieroth* in Jarass/Pieroth Rn. 1; *Schulze/Jasper* in Sachs Rn. 1; *Wolff* in MKS Rn. 10; näher zur Suspendierung *Maunz/Klein* in Maunz/Dürig Rn. 17; *Wittreck* in Dreier Rn. 4 und 12.

[10] *Maunz/Klein* in Maunz/Dürig Rn. 6; *Schulze/Jasper* in Sachs Rn. 2.

[11] *Maunz/Klein* in Maunz/Dürig Rn. 7; *Wittreck* in Dreier Rn. 10; *Wolff* in MKS Rn. 3: Recht von einem Organ des Wirtschaftsrats.

[12] *Maunz/Klein* in Maunz/Dürig Rn. 4; *Wolff* in MKS Rn. 5.

erstreckte die Geltung des Rechts in dem Rang, der ihm im Gebiet des Vereinigten Wirtschaftsgebietes zukam[13] und ließ auch den Charakter als vorkonstitutionelles Recht unberührt.[14] Der von vorneherein auf ein Jahr beschränkten Regelung[15] kommt mit Ablauf des 23.5.1950 kein unmittelbarer regelnder Gehalt mehr zu.[16] Auf seiner Grundlage sind eine Reihe von Regelungen erlassen worden.[17]

Literatur

P. ***Austermann,*** Die Streichung rechtlich entbehrlicher Grundgesetznormen, DÖV 2012, 227. – ***H. Ehard,*** Staatsrechtliche Probleme des bizonalen Aufbaus, SJZ 1947, 585. – ***D. Jensch,*** Zulässigkeit gesetzesvertretender Verwaltungsverordnungen?, AöR 84 (1959), 74. – ***M. Stolleis,*** Besatzungsherrschaft und Wiederaufbau 1945 – 1949, in J. Isensee/P. Kirchhof HdbStR I, 3. Aufl. 2003, § 7.

---

[13] *Maunz/Klein* in Maunz/Dürig Rn. 3 unter Hinweis auf das Ziel der Vereinheitlichung; *Pieroth* in Jarass/Pieroth Rn. 1; *Wolff* in MKS Rn. 5.

[14] Mit der Folge, dass eine Verordnungsermächtigung nicht den Anforderungen des Art. 80 Abs. 1 zu genügen brauchte, *Maunz/Klein* in Maunz/Dürig Rn. 1; *Wolff* in MKS Rn. 11; für eine nach Inkrafttreten des Grundgesetzes, aber vor Zusammentritt des Bundestags erlassene Ermächtigung zum Erlass einer Rechtsverordnung BVerfGE 15, 268 (271 f.).

[15] Zur Änderung der Frist im Laufe der Entstehungsgeschichte *Wittreck* in Dreier Rn. 4.

[16] *Holtkotten* in BK Anm. II.1., der allerdings noch auf möglicherweise ausstehende Fragen zur Rechtswirksamkeit der auf der Grundlage des Art. 127 vorgenommenen Rechtsakte hinweist; *Maunz/Klein* in Maunz/Dürig Rn. 20; *Sannwald* in SHH Rn. 1; *Schulze/Jasper* in MKS Rn. 3; *Wittreck* in Dreier Rn. 9; *Wolff* in MKS Rn. 2, jeweils zugleich zur mittelbaren Funktion im Hinblick auf die erlassenen Regelungen; für eine Aufhebung hingegen *Austermann* DÖV 2012, 227 (230); wohl auch *Gnatzky* in SHH Art. 127 Rn. 1: Beibehaltung aus verfassungshistorischen Überlegungen.

[17] Übersicht über die 50 Gesetze und Verordnungen in BGBl. 1950 I 332–334; zur Einordnung des Umfangs *Hofmann* HdbStR I § 9 Rn. 9; *Wolff* in MKS Rn. 2.

Art. 128 [Fortbestehen von Weisungsrechten]

Soweit fortgeltendes Recht Weisungsrechte im Sinne des Artikels 84 Absatz 5 vorsieht, bleiben sie bis zu einer anderweitigen gesetzlichen Regelung bestehen.

A. Allgemeine Bedeutung

1 Art. 128 ist als **Übergangsvorschrift** zu Art. 84 Abs. 5 konzipiert und sollte sicherstellen, dass Weisungsbefugnisse aus vorkonstitutioneller Zeit als Bundesrecht fortbestehen. So sollte ein mögliches Vakuum vermieden werden, dass sich aus den noch nicht zusammengesetzten Staatsorganen (BT und BR) hätte ergeben und der Bundesregierung vorkonstitutionelle Weisungsrechte hätte versperren bzw. (durch verweigerte Zustimmung des BR) verhindern können.[1] Wurden Weisungsrechte nachkonstitutionell in eine **anderweitige gesetzliche Regelung** überführt, gilt Art. 128 für diese nicht mehr.[2] Im Einklang zu Art. 84 Abs. 5 wird die Bundesregierung dabei durch Bundesgesetz mit Zustimmung des BR ermächtigt **Einzelanweisungen bei der landeseigenen Ausführung von Gesetzen** zu erteilen.[3] Ob die Vorschrift mittlerweile gegenstandlos ist, ist nicht abschließend zu beantworten, kann aber vermutet werden.[4]

B. Einzelfragen

2 Art. 128 setzt konkret zum einen **fortgeltendes Recht** voraus, das zum anderen „Weisungsrechte im Sinne des Art. 84 Abs. 5" enthält.[5] Die Tatbestandsvoraussetzung des „fortgeltenden Rechts" ist dabei im Einklang mit Art. 123 ff. zu verstehen und meint Bundesrecht, das von den **Länder als eigene Angelegenheiten zu vollziehen** ist.[6] Es kann sich nur auf Weisungsrechte beziehen, die sich sowohl aus formellen Gesetzen als auch aus Rechtsverordnungen ergeben.[7] Bei den vorkonstitutionellen Weisungsrechten erschwert die Zeit des nationalsozialistischen Einheitsstaates (1933 – 1945), mit Gleichschaltung der Länder,[8] die Frage der Fortgeltung. Zunächst waren Weisungsrechte iSd Art. 128 durch den nationalsozialistischen Einheitsstaat

---

[1] *Hermes* in Dreier Rn. 7; *Maunz/Klein* in Maunz/Dürig Rn. 1, 3; *Schulze/Jasper* in Sachs Rn. 1; *Suerbaum* in BeckOK GG Rn. 1; *Gnatzy* in SHH Rn. 1.

[2] In der Literatur wird dabei häufig von einer „Funktionssicherungsfunktion" gesprochen, die Art. 128 zukommt: *Maunz/Klein* in Maunz/Dürig Rn. 1, 3; *Schulze/Jasper* in Sachs Rn. 1; *Suerbaum* in BeckOK GG Rn. 1; *Gnatzy* in SHH Rn. 1.

[3] *Suerbaum* in BeckOK GG Rn. 1; *Maunz/Klein* in Maunz/Dürig Rn. 1; *Schulze/Jasper* in Sachs Rn. 1; *Wolff* in MKS Rn. 1; gegen das Zustimmungserfordernis bei vorkonstitutionellen Weisungsbefugnissen: *Wolff* in MKS Rn. 13 mwN; *Hebeler* in BerlKomm Rn. 14.

[4] Gegenwärtige praktische Bedeutung ablehnend: *Maunz/Klein* in Maunz/Dürig Rn. 1; *Suerbaum* in BeckOK GG Rn. 1; *Wehowsky* in Umbach/Clemens Rn. 4; heutige Relevanz fraglich: *Hermes* in Dreier Rn. 11; unentschieden: *Wolff* in MKS Rn. 1; praktische Irrelevanz sei nicht belegt: *Hebeler* in BerlKomm Rn. 8; kaum gegenwärtige praktische Bedeutung: *Bothe* in AK (1989) Rn. 1.

[5] Beispiele ehemaliger gesetzlicher Regelungen bei *Gnatzy* in SHH Rn. 2 und *Antoni* in Hömig/Wolff.

[6] *Maunz/Klein* in Maunz/Dürig Rn. 9; *Hermes* in Dreier Rn. 10.

[7] BVerwGE 67, 173 (176); aA *Wolff* in MKS Rn. 6, 12.

[8] Durch das 2. Gleichschaltungsgesetz v. 7.4.1933.

denklogisch nicht möglich.[9] Auch ist man sich einig, dass Weisungsrechte auf rechtlicher Grundlage aus der Zeit **vor** 1933 nur dann von Art. 128 umfasst sind, wenn sie im Zeitraum des nationalsozialistischen Einheitsstaates **nicht ausdrücklich aufgehoben wurden.**[10] Ob die übrigen reichsrechtlichen Weisungsrechte jedoch vom unbeschränkten Weisungsrecht des nationalsozialistischen Zentralstaates **überlagert** wurden oder ob Art. 128 eine **wiederbelebende, konstitutive Wirkung** hat, wird nicht einheitlich beantwortet.[11] Diese Frage ist eng verknüpft mit der Verfassungsordnung der WRV, die nie rekonstruiert wurde. Die Entstehungsgeschichte und das Telos der Vorschrift jedoch belegen die wichtige Funktionssicherung, die effektiv ausgestaltet auch für den Fortbestand der Weisungsrechte vor 1933 gelten sollte.[12] Diese Effektivität der Funktionssicherung lässt auf eine **konstitutive (wiederbelebende) Wirkung** des Art. 128 schließen und war für diesen eng umgrenzten Anwendungsbereich der Vorschrift durchaus sinnvoll.[13]

3 Mögliche Weisungsrechte aus der Zeit zwischen 1933 bis 1945 sind aber nur dann als fortgeltend zu qualifizieren, wenn ein **gesamtstaatliches Interesse** anzunehmen ist.[14] Voraussetzung in beiden Fällen ist aber, dass die Weisungsrechte einem Organ zustanden, das der Bundesregierung entspricht, also entweder der Reichsregierung oder einzelner Reichsminister.[15]

4 Die inhaltliche Begriffsbestimmung des Weisungsrechtes nach Art. 128 muss im Einklang mit Art. 84 Abs. 5 erfolgen. So sind unter Weisungsrechten **innerdienstliche Rechtsakte** zu verstehen, die an die obersten Landesbehörden, und in dringenden Fällen auch an nachfolgende Behörden,[16] zu adressieren sind.[17] Als mildere Formen von Weisungsrechten sind **Zustimmungsvorbehalte** mitsamt Einvernehmens- und Anhörungserfordernissen von Art. 128 umfasst.[18] Eine über die Rechtsaufsicht des Art. 84 Abs. 5 hinausgehende fachaufsichtliche Weisung vermag Art. 128 nicht begründen, da er sich in den Grenzen des Art. 84 Abs. 5 entfaltet.[19] Aus diesem Grunde beschränken sich die Weisungsrechte auch auf die „besonderen Fälle“[20] gemäß Art. 84 Abs. 5 S. 1 und umfassen auch kein generelles Weisungsrecht, sondern beziehen sich auf **Einzelanweisungen.**[21]

---

[9] Dazu ausführlich *Holtkotten* in BK II 1b; *Wolff* in MKS Rn. 11.

[10] *Maunz/Klein* in Maunz/Dürig Rn. 11; *Wolff* in MKS Rn. 11; *Hermes* in Dreier Rn. 8; *Suerbaum* in BeckOK GG Rn. 2.1.

[11] Für eine „Überlagerung“: *Maunz/Klein* in Maunz/Dürig Rn. 11; *Hermes* in Dreier Rn. 8. Für ein Wiederaufleben der Weisungsrechte: *Kirn* in vMünch/Kunig, 6. Aufl., Rn. 1; *Wolff* in MKS Rn. 11.

[12] *Holtkotten* in BK II 1b mwN.

[13] So auch *Wolff* in MKS Rn. 11; *Kirn* in vMünch/Kunig, 6. Aufl., Rn. 1; *Suerbaum* in BeckOK GG Rn. 1.

[14] *Hermes* in Dreier Rn. 9.

[15] *Maunz/Klein* in Maunz/Dürig Rn. 13.

[16] Art. 84 Abs. 5 S. 2 ist dabei anzuwenden, da Art. 128 auf den gesamten Abs. 5 des Art. 84 verweist und keine Differenzierung vornimmt, die auch inhaltlich nicht notwendig wäre.

[17] *Suerbaum* in BeckOK GG Rn. 6; *Maunz/Klein* in Maunz/Dürig Rn. 4, 14; *Hebeler* in BerlKomm Rn. 10 ff.

[18] BVerwGE 67, 173 (175 f.); *Schulze/Jasper* in Sachs Rn. 4; *Maunz/Klein* in Maunz/Dürig Rn. 6; *Hebeler* in BerlKomm Rn. 11; Zustimmungsvorbehalte ablehend: *Wolff* in MKS Rn. 9; kritisch *Hermes* in Dreier Rn. 10.

[19] *Wolff* in MKS Rn. 9; aA *Suerbaum* in BeckOK GG Rn. 7.

[20] Zur Definition der „besonderen Fälle“ siehe *Kirn* in vMünch/Kunig, 6. Aufl., Rn. 3 und ähnlich *Suerbaum* in BeckOK GG Rn. 8.

[21] *Wolff* in MKS Rn. 15; *Maunz/Klein* in Maunz/Dürig Rn. 4; *Kirn* in vMünch/Kunig, 6. Aufl., Rn. 3; *Brune* DVBl 1951, 752 (754). Zum Verhältnis der reichsverfasungsrecht-

Die Ausübung des Weisungsrechtes steht (wiederum im Einklang zu Art. 84 Abs. 5) der **Bundesregierung als Kollegialorgan** zu. Die Notwendigkeit eines Abweichens vom einheitlich-grundgesetzlichen Begriff der Bundesregierung auf einzelne Bundesminister vermag Art. 128 nicht zu rechtfertigen.[22] Auch wenn vorkonstitutionelle Weisungsrechte einzelnen Reichsministern zustanden, sind sie nach Art. 128 iVm. Art. 84 Abs. 5 auf die Bundesregierung als Kollegialorgan übergegangen und von dieser nunmehr kollegial auszuüben. 5

C. Verhältnis zu anderen Bestimmungen des Grundgesetzes

Der Verweis auf Art. 84 Abs. 5 macht deutlich, dass Art. 128 als Übergangsvorschrift eventuelle Unklarheiten für vorkonstitutionelle Weisungsrechte verhindern und der Bundesregierung so die Funktionsfähigkeit sichern sollte.[23] Darin liegt zugleich der **eigenständige Anwendungsbereich** im Verhältnis zu Art. 123, der die Voraussetzungen zur Fortgeltung im vorkonstitutionellen Recht enthält, das auch Weisungsrechte der Bundesregierung umfasst.[24] 6

D. Kritische Würdigung

Kritisch bleibt der unklare Anwendungsbereich in Bezug auf reichsrechtliche Weisungsrechte aus der Zeit vor 1933. Da die praktische Relevanz der Vorschrift jedoch gering war, wurden keine fundierteren Untersuchungen der damit assoziierten dogmatischen Fragen vorgenommen. Ob der Vorschrift aber eine konstitutive oder deklaratorische Wirkung zukommt, ist zumindest verfassungsdogmatisch nicht unerheblich.[25] 7

Literatur

E. Brune, Auswirkungen der Generalklausel des Bonner Grundgesetzes im bergrechtlichen Rechtsmittelverfahren, DVBl. 1951, 752. – ***H. Schäfer,*** Bundesaufsicht und Bundeszwang, AöR 78 (1953), 1.

lichen Ermächtigungsvorschrift für generelle Weisungsrechte aus Art. 15 Abs. 2 WRV ausführlich *Holtkotten* in BK II 2.

[22] Anders das BVerwG 67, 173 (176 f.); *Gnatzy* in SHH Rn. 2; *Antoni* in Hömig/Wolff.

[23] *Maunz/Klein* in Maunz/Dürig Rn. 1; *Schulze/Jasper* in Sachs Rn. 1; *Suerbaum* in Beck-OK GG Rn. 1.

[24] Die früher vertretene Auffassung, dass Weisungen der BReg ggü. Landesbehörden gegen das Bundesstaatsprinzip und schon deshalb gegen Art. 123 Abs. 1 verstießen, überzeugt nicht, was der Verweis auf Art. 84 Abs. 5 deutlich macht. So *Hamann,* Das Grundgesetz für die Bundesrepublik Deutschland vom 23.5.1949, Kommentar, 2. Aufl., 1961, 473; dazu ausführlich: *Maunz/Klein* in Maunz/Dürig Rn. 2.

[25] Siehe dazu → Fn. 4.

Art. 129 [Fortgelten von Ermächtigungen]

(1) [1] Soweit in Rechtsvorschriften, die als Bundesrecht fortgelten, eine Ermächtigung zum Erlasse von Rechtsverordnungen oder allgemeinen Verwaltungsvorschriften sowie zur Vornahme von Verwaltungsakten enthalten ist, geht sie auf die nunmehr sachlich zuständigen Stellen über. [2] In Zweifelsfällen entscheidet die Bundesregierung im Einvernehmen mit dem Bundesrate; die Entscheidung ist zu veröffentlichen.

(2) Soweit in Rechtsvorschriften, die als Landesrecht fortgelten, eine solche Ermächtigung enthalten ist, wird sie von den nach Landesrecht zuständigen Stellen ausgeübt.

(3) Soweit Rechtsvorschriften im Sinne der Absätze 1 und 2 zu ihrer Änderung oder Ergänzung oder zum Erlass von Rechtsvorschriften an Stelle von Gesetzen ermächtigen, sind diese Ermächtigungen erloschen.

(4) Die Vorschriften der Absätze 1 und 2 gelten entsprechend, soweit in Rechtsvorschriften auf nicht mehr geltende Vorschriften oder nicht mehr bestehende Einrichtungen verwiesen ist.

Weimarer Reichsverfassung von 1919

Art. 178. (abgedruckt vor Art. 123).

Art. 179. Soweit in Gesetzen oder Verordnungen auf Vorschriften und Einrichtungen verwiesen ist, die durch diese Verfassung aufgehoben sind, treten an ihre Stelle die entsprechenden Vorschriften und Einrichtungen dieser Verfassung. Insbesondere treten an die Stelle der Nationalversammlung der Reichstag, an die Stelle des Staatenausschusses der Reichsrat, an die Stelle des auf Grund des Gesetzes über die vorläufige Reichsgewalt gewählten Reichspräsidenten der auf Grund dieser Verfassung gewählte Reichspräsident.

Die nach den bisherigen Vorschriften dem Staatenausschuß zustehende Befugnis zum Erlaß von Verordnungen geht auf die Reichsregierung über; sie bedarf zum Erlaß der Verordnungen der Zustimmung des Reichsrats nach Maßgabe dieser Verfassung.

Einigungsvertrag vom 31.8.1990

Vorbemerkungen zu Anlage II

(V) Soweit in Rechtsvorschriften der Deutschen Demokratischen Republik, die als Bundesrecht fortgelten, eine Ermächtigung zum Erlaß von Rechtsverordnungen, Anordnungen oder allgemeinen Verwaltungsvorschriften enthalten ist, findet Artikel 129 des Grundgesetzes entsprechend Anwendung.

Übersicht

A. Allgemeine Bedeutung

Über Art. 129 werden die Art. 123 ff., die die **Fortgeltung von vorkonstitutionellem Recht** anordnen und die Rangfrage des übergeleiteten Rechts regeln, näher **konkretisiert.** Die Vorschrift regelt den **Umgang mit Ermächtigungen** zum Erlass von Rechtsverordnungen, allgemeinen Verwaltungsvorschriften oder Verwaltungsakten, die sich im übergeleiteten Recht finden, nicht aber die Überleitung selbst.[1] Diese Konkretisierung der allgemeinen Regeln war erforderlich, da bei einer Übernahme des vorkonstitutionellen Rechts in das Recht der Bundesrepublik aufgrund der veränderten Behördenstrukturen unklar war, wer befugt sein sollte, von den übergeleiteten Ermächtigungen Gebrauch zu machen. 1

Gleichzeitig bestand das Problem, dass viele Gesetze die über Art. 123 Abs. 1 in das Bundesrecht übergleitet worden waren, Ermächtigungsgrundlagen enthielten, die den Erlass von **gesetzesvertretenden Rechtsverordnungen** ermöglichten.[2] Hierauf reagierte der Verfassungsgeber mit Art. 129 Abs. 3, der den **Wegfall von Ermächtigungsgrundlagen** anordnete, die zur „Änderung oder Ergänzung oder zum Erlaß von Rechtsvorschriften anstelle von Gesetzen" ermächtigen. 2

In Art. 129 Abs. 4 wird hingegen bestimmt, welche Einrichtungen oder Rechtsvorschriften an die **Stelle** von nicht mehr bestehenden Einrichtungen oder rechtlichen Normen **treten.**[3] 3

Die Bedeutung der Vorschrift ist durch den **Einigungsvertrag** erhöht worden.[4] Dieser sieht – in Vorbemerkung V zu Anlage II – die entsprechende Anwendbarkeit von Art. 129 dort vor, wo ehemaliges DDR-Recht, das als Bundesrecht fortgilt, Ermächtigungen zum Erlass von „Rechtsverordnungen, Anordnungen oder allgemeinen Verwaltungsvorschriften" beinhaltete. 4

Eine vergleichbare Vorschrift findet sich nicht im Europarecht. Allerdings gibt es Vorschriften, die die Überleitung von Ermächtigungen zum Erlass von untergesetzlichen Rechtsvorschriften regeln, weil der institutionelle Rahmen modifiziert wurde:[5] So regeln die Art. 1, 9 und 22 des **Fusionsvertrages** von 1965[6] die Überleitung der Befugnisse der mit dem Vertrag aufgelösten Organe. 5

B. Einzelfragen

I. Ermächtigungsübergang bei fortgeltenden Rechtsvorschriften (Abs. 1 und 2)

Art. 129 Abs. 1 S. 1 ordnet den vollumfänglichen oder partiellen („soweit") **Übergang von Ermächtigungen** zum Erlass von enumerativ ge- 6

[1] *Jarass* in Jarass/Pieroth Rn. 1; insoweit aA BVerfGE 78, 179 (197), wonach die Fortgeltung von Ermächtigungsnorm im Umkehrschluss aus Art. 129 Abs. 3 folge, dem zust. *Wolff* in MKS Rn. 20.

[2] Vgl. BVerfGE 2, 307 (333 f.).

[3] *Wolff* in MKS Rn. 1.

[4] *Wolff* in MKS Rn. 3 f.; *Bauer* in Dreier Rn. 5.

[5] *Bauer* in Dreier Rn. 4.

[6] Vertrag zur Einsetzung eines gemeinsamen Rates und einer gemeinsamen Kommission der Europäischen Gemeinschaften, ABl. 152 1967, 2.

nannten, untergesetzlichen Rechtsnormen auf die „nunmehr sachlich zuständigen Stellen" an. Dies gilt, sofern die Ermächtigungen Teil von vorkonstitutionellem Recht sind, das als Bundesrecht fortgilt. Erfasst sind Ermächtigungen zum Erlass von Rechtsverordnungen, allgemeinen Verwaltungsvorschriften sowie Verwaltungsakten. Hierzu werden auch Ermächtigungen zur Zustimmung zu Verwaltungsakten,[7] Rechtsverordnungen oder Verwaltungsvorschriften[8] sowie Weisungsrechte[9] gerechnet.

7 Die jeweilige Ermächtigung muss in vorkonstitutionellen „Rechtsvorschriften" enthalten sein, die in Bundesrecht übergegangen sind. Insoweit weicht die Terminologie von derjenigen der Art. 123 ff. ab. Inhaltliche Unterschiede sind damit aber nicht verbunden.[10] Unter **„Rechtsvorschriften"** sind jedenfalls **alle Rechtsnormen mit Außenwirkung** zu verstehen,[11] wobei umstritten ist, ob auch Gewohnheitsrecht umfasst wird.[12] Die Frage ist aufgrund des weit gefassten Tatbestandsmerkmals zu bejahen,[13] wenngleich sie schlussendlich ohne Relevanz ist.

8 Art. 129 Abs. 1 S. 1 setzt voraus, dass es sich um **Bundes- und nicht um Landesrecht** handelt. Wann dies der Fall ist, ergibt sich aus den Art. 124 f., nicht aus Art. 129 selbst. Die Frage, ob die in Rede stehenden Ermächtigungen dem Bundesrecht zuzuordnen sind, stellt sich damit logischerweise bevor darüber befunden werden kann, auf welche Stelle die Ermächtigung zum Erlass untergesetzlicher Rechtsnormen übergegangen ist. Bestehen Meinungsverschiedenheiten über die Frage, ob übergeleitetes Recht als Bundesrecht fortgilt, kann das BVerfG nach Art. 126 angerufen werden (→ Art. 126 Rn. 3 f., 5 ff.).

9 Das **BVerfG** erblickt hingegen in **Art. 129 Abs. 3** eine **Sonderregelung,** die allein über die Überleitung von Ermächtigungen entscheidet, also insoweit Art. 123 Abs. 1 verdrängt.[14] Hierfür lässt sich anführen, dass die Vorgaben des Art. 80 Abs. 1 S. 1 und 4 (sowie S. 2) so nur für die Zukunft gelten.[15] Diese Ansicht ist indes zweifelhaft. Gegen sie spricht bereits die Systematik des Verfassungstextes. Erstens knüpft Art. 129 Abs. 3 an die vorherigen Abs. 1 und 2 des Art. 129 an und zweitens ordnet Art. 123 Abs. 1 die allgemeine Fortgeltung vorkonstitutionellen Rechts an, so dass es insoweit keiner Spezialregelung bedarf.[16] Man tritt dem BVerfG wohl nicht zu nahe, wenn man dessen Lesart auch damit erklärt, dass das Gericht nicht alle übergeleiteten Ermächtigungsgrundlagen zum Erlass von Rechtsverordnungen an Art. 80 Abs. 1 messen wollte.[17]

10 Die Kompetenz zum Erlass der übergegangenen Rechtsvorschriften wird den „nunmehr sachlich zuständigen Stellen" zugesprochen. Zu fragen ist also, wer nach dem derzeit gültigen Recht befugt wäre, die entsprechende Sachentscheidung zu treffen (sog. **Funktionsnachfolge**)[18].[19] Unerheblich ist, wer

---

[7] BVerwGE 67, 173 (177); *Jarass* in Jarass/Pieroth Rn. 4.
[8] *Wolff* in MKS Rn. 6.
[9] *Bauer* in Dreier Rn. 9; *Jarass* in Jarass/Pieroth Rn. 4; *Klein* in Maunz/Dürig Rn. 11.
[10] *Bauer* in Dreier Rn. 7; *Jarass* in Jarass/Pieroth Rn. 1.
[11] Vgl. BVerfGE 2, 307 (318 f.); 28, 119 (143); *Wolff* in MKS Rn. 5.
[12] *Klein* in Maunz/Dürig Rn. 7.
[13] So im Ergebnis auch *Uhle* in BeckOK GG Rn. 1; *Wolff* in MKS Rn. 5.
[14] BVerfGE 2, 307 (326 ff.); 15, 268 (271 f.); 28, 119 (143 f.).
[15] So bereits *Kienzle,* NJW 1961, 298 (299), der insoweit aber nicht auf Abs. 3 eingeht.
[16] *Bauer* in Dreier Rn. 7.
[17] Vgl. *Bauer* in Dreier Rn. 7.
[18] *Wolff* in MKS Rn. 2; *Uhle* in BeckOK GG Rn. 5; *Bauer* in Dreier Rn. 10.
[19] *Klein* in Maunz/Dürig Rn. 12, 14.

der rechtliche Nachfolger der nach früherem Recht zuständigen Stelle geworden ist.[20] Hierdurch wird die sachliche Zuständigkeit nicht in das Belieben des Gesetzgebers gestellt;[21] ob sie verfassungskonform erfolgt ist, entzieht sich nicht einer verfassungsgerichtlichen Kontrolle.

Bestehen **Zweifel** daran, auf welche Stelle die Entscheidungskompetenz nach Art. 129 Abs. 1 S. 1 übergegangen ist, **entscheidet** die **Bundesregierung** im **Einvernehmen** mit dem **Bundesrat** (S. 2).[22] Erforderlich ist also, dass der Bundesrat der Entscheidung zustimmt.[23] Die Entscheidung hierüber ist zu veröffentlichen. Wie dies zu geschehen hat, sagt die Norm nicht, so dass man der Bundesregierung insoweit einen gewissen Gestaltungsspielraum einräumen muss. Klar ist, dass die Entscheidung rechtsverbindlich sein muss;[24] bloße Empfehlungen genügen nach Art. 129 Abs. 1 S. 2 nicht. Nicht ganz klar ist, ob die Entscheidung nur auf die Zuweisung der Sachentscheidungskompetenz an die entsprechende Stelle umfasst oder auch die Qualifikation der Ermächtigungsgrundlage als Bundes- oder Landesrecht umfasst. Da Art. 129 Abs. 1 und 2 allein die Überleitung von Ermächtigungsgrundlagen betreffen und Art. 126 ein gesondertes Verfahren vor dem BVerfG für Meinungsverschiedenheiten über die Zuordnung von übergeleitetem Recht zum Bundesrecht vorsieht, wird man die Wirkung der Entscheidung auf die Zuweisung der Sachentscheidungskompetenz beschränken müssen.[25] 11

Umstritten ist, ob die ergangene **Entscheidung** auch die **Gerichte bindet**[26] oder aber zumindest vom BVerfG nachgeprüft werden kann[27]. Richtigerweise sind sowohl das BVerfG als auch die Fachgerichte zu einer Nachprüfung befugt; allein die Zuweisung einer Entscheidungskompetenz, die auf die Feststellung der sachlich zuständigen Stelle begrenzt ist, kann nicht den Rechtsschutz verkürzen. Allerdings ist der Bundesregierung insoweit eine Einschätzungsprärogative zuzugestehen. 12

Die **Überleitung** der Zuständigkeit bei fortbestehenden **Ermächtigungsgrundlagen,** die sich nunmehr im **Landesrecht** finden, regelt **Art. 129 Abs. 2.** Hiernach werden die Ermächtigungen nunmehr von den Stellen ausgeübt, die nach dem jeweiligen Landesrecht zuständig sind. Geregelt wird auch hier die Zuweisung der **sachlichen Zuständigkeit** der Stellen, auch wenn dies im Wortlaut nicht klar zum Ausdruck kommt.[28] Die Regelung ist demnach analog zu der des Art. 129 Abs. 1 S. 2. Ein gesondertes Verfahren zur Klärung von Zweifelsfällen ist nicht vorgesehen. Hierfür besteht auch kein Bedarf, weil mögliche Zweifelsfragen keine Auswirkungen auf das Bund-Länder-Verhältnis haben. 13

II. Erloschene Ermächtigungsgrundlagen (Abs. 3)

Art. 129 Abs. 3 regelt das **Schicksal** von **vorkonstitutionellen Ermächtigungsnormen,** die „zu ihrer Änderung oder Ergänzung oder zum Erlaß 14

[20] BVerfGE 4, 193 (203).
[21] Wenngleich dieser die Zuständigkeiten neu regeln darf, siehe *Klein* in Maunz/Dürig Rn. 14.
[22] *Sachs* in Sachs Rn. 17; *Bauer* in Dreier Rn. 11.
[23] *Wolff* in MKS Rn. 17.
[24] *Wolff* in MKS Rn. 16.
[25] Im Ergebnis auch *Wolff* in MKS Rn. 15.
[26] *Wolff* in MKS Rn. 16.
[27] Für eine Überprüfung durch BVerfG und Fachgerichtsbarkeit *Jarass* in Jarass/Pieroth Rn. 4; im Ergebnis für eine Überprüfbarkeit durch das BVerfG *Sachs* in Sachs Rn. 17 f.
[28] *Jarass* in Jarass/Pieroth Rn. 4 f.; *Sachs* in Sachs Rn. 19.

von Rechtsvorschriften an Stelle von Gesetzen ermächtigen". Erfasst sind damit zum einen die **Ermächtigungen** zum Erlass von **„gesetzesvertretenden Rechtsverordnungen"**, mit denen Gesetze geändert oder aufgehoben werden können.[29] Verboten ist also – mit Wirkung für die Zeit nach Ablauf des 7.9.1949 – der Gebrauch von Ermächtigungsgrundlagen, die das Rangverhältnis zwischen Rechtsverordnungen und Gesetzen umkehren.[30] Erfasst werden in jedem Fall die so genannten Ermächtigungsgesetze sowie solche, die zur Regelung von Sachmaterien befähigen, die sich nicht im ermächtigenden Gesetz selbst finden.[31]

15 Zum anderen werden aber auch Ermächtigungen erfasst, die eine sachliche Änderung des Rechts, auf das sie gestützt werden, zulassen, etwa weil sie zu unbestimmt formuliert sind.[32] Hierbei geht es um die Fälle, in denen die Ermächtigungsnormen selbst modifiziert werden können.[33] Ausgeschlossen werden soll hiermit eine Erweiterung der eigenen Rechtssetzungsbefugnisse;[34] damit wird die **Legislative vor** einer Verselbstständigung der **Exekutive geschützt.**

16 Allein diese beiden Arten von Ermächtigungen trifft von Verfassung wegen die Nichtigkeitsfolge. Bezweckt ist damit nach Ansicht des **BVerfG** sowohl ein Schutz der Legislative als auch der Exekutive durch die konsequente Verwirklichung der **Gewaltenteilung.**[35] Die Norm ist damit – wie es das Gericht galant formuliert hat – „Ausdruck der vom Verfassungsgeber gewollten eindeutigen Distanzierung von den Ermächtigungsgepflogenheiten vergangener Zeiten."[36] Hier kommt auch zum Ausdruck, dass diese Gepflogenheiten auch, aber nicht nur während der NS-Zeit bestanden.

17 Die Vorschrift nimmt die Abs. 1 und 2 in Bezug, so dass nicht nur Ermächtigungen zum Erlass von Rechtsverordnungen, sondern auch solche zum Erlass von allgemeinen Verwaltungsvorschriften oder Verwaltungsakten erfasst sind. Ob diese Ermächtigungen nunmehr dem Bundes- oder dem Landesrecht zugeordnet sind, ist irrelevant.[37] Da aber Verwaltungsakte *per definitionem* keine Regelungen treffen können, die an die Stelle eines Gesetzes treten, werden **Ermächtigungen zum Erlass von Verwaltungsakten** in der Vorschrift nicht adressiert.[38] **Umstritten** ist, ob Art. 129 Abs. 3 trotz des eindeutigen Verweises auf Art. 129 Abs. 1 **allgemeine Verwaltungsvorschriften umfasst.**[39] Dies ist im Ergebnis zu verneinen,[40] weil hierfür – angesichts der Tatsache, dass durch allgemeine Verwaltungsvorschriften keine Gesetze substituiert oder grundlegend modifiziert werden können – kein Bedarf besteht. Trotz des Verweises auf Art. 129 Abs. 1 beschränkt sich die Vorschrift also auf Ermächtigungen zum Erlass von Rechtsverordnungen.

18 Die **Nichtigkeitsfolge** wird in Art. 129 Abs. 3 im Ergebnis **eingeschränkt;** sie gilt nur, „soweit" ein Widerspruch der Ermächtigungsgrund-

---

[29] BVerfGE 2, 307 (330 f.).
[30] *Wolff* in MKS Rn. 30.
[31] BVerfGE 2, 307 (332 f.).
[32] Eingehend *Wolff* in MKS Rn. 29.
[33] *Bauer* in Dreier Rn. 15; *Sachs* ins Sachs Rn. 10.
[34] *Sachs* ins Sachs Rn. 10.
[35] BVerfGE 2, 307 (329).
[36] BVerfGE 2, 307 (329).
[37] *Klein* in Maunz/Dürig Rn. 19.
[38] BFHE 68, 318 (333 ff.); 76, 771 (786); zust. *Wolff* in MKS Rn. 25.
[39] Vgl. *Wolff* in MKS Rn. 25.
[40] *Sachs* in Sachs Rn. 11.

lage mit den inhaltlichen Wertungen der Norm besteht. Dort, wo eine Aufspaltung der Ermächtigungsgrundlage *de lege artis* möglich ist, betrifft die Nichtigkeit also nur den Teil, der mit Art. 129 Abs. 3 in Konflikt steht.[41]

Eine andere Frage ist, ob der Fortfall der Ermächtigungsgrundlage Einfluss auf **Rechtsnormen** hat, die **vor dem Wegfall** auf sie **gestützt** worden sind. In Rechtsprechung und Literatur wird deren **Fortgeltung befürwortet,** also nur mit Wirkung für die Zukunft dem Erlöschen der Ermächtigungsgrundlage eine Rolle zugesprochen.[42] Dies führt allerdings in den Fällen zu Problemen, in denen die weitergeltenden Entscheidungen zu Grundrechtseingriffen ermächtigen, die nach der Wesentlichkeits-Rspr. des BVerfG nunmehr einem formellen Gesetz vorbehalten sind. Die Rspr. löst dieses Problem, indem untergesetzlichen Rechtsnormen, die zu gravierenden Grundrechtseingriffen ermächtigen, die Geltung abgesprochen wird.[43] 19

Das **BVerfG** erblickt – wie bereits beschrieben (→ Rn. 9) – in Art. 129 Abs. 3 eine **spezielle Überleitungsvorschrift,** die Art. 123 Abs. 1 vorgeht. Diese Interpretation ist „prekär“,[44] weil sie die gesetzliche Systematik nicht hinreichend würdigt. Allerdings stellt sich die Frage, ob die Wertungen des Art. 129 Abs. 3 in die allgemeine Überleitungsvorschrift des Art. 123 Abs. 1 hineingelesen werden sollen.[45] Entscheidend ist, dass Art. 129 Abs. 3 kein Anwendungsbereich verbleibt, wenn er nicht auch bei der Auslegung des Art. 123 Abs. 1 berücksichtigt wird. Im Ergebnis wird man deshalb die Wertungen des Art. 129 Abs. 3 in die Prüfung des Art. 123 Abs. 1 hineinzulesen haben. 20

III. Entsprechende Geltung von Abs. 1 und 2 bei Verweisung auf nicht mehr existierende Einrichtungen (Abs. 4)

Die **entsprechende Anwendung** von Art. 129 Abs. 1 und 2 ordnet Abs. 4 für die Fälle an, in denen die übergeleiteten Rechtsnormen entweder auf nicht mehr geltende Vorschriften oder auf nicht mehr bestehende Einrichtungen verweisen. Geregelt werden also die Fälle, in denen den Rechtsnormen ihr Bezugspunkt „abhanden gekommen“ ist.[46] Intendiert ist, dass an die Stelle der von den Verweisungsnormen ins Visier genommenen Rechtsnormen oder „Stellen“ die nunmehr zuständigen Einrichtungen oder die inhaltlich korrespondierenden Regelungen treten. 21

Die Vorschrift ist nach wohl hA als **Auffangtatbestand** konzipiert, aber aufgrund ihrer **Konturenlosigkeit** sowie des Umstands, dass Verweisungen auf inexistente Rechtsnormen auch über den Wegfall der Verweisungsnorm selbst aufgefangen werden können, weitgehend bedeutungslos.[47] So hat die Rspr. bei Verweisungen auf nicht mehr existierende Rechtsnormen die Verweisungsnorm selbst am GG gemessen und für verfassungswidrig erklärt.[48] Dort wo dieser Weg allerdings versperrt ist, kann man sehr wohl auf Art. 129 22

---

41 BVerwGE 38, 322 (323); zust. *Bauer* in Dreier Rn. 16.

42 BVerfGE 28, 119 (143); *Bauer* in Dreier Rn. 17; *Wolff* in MKS Rn. 19, 32.

43 BVerfGE 78, 179 (199); BVerwGE 118, 319 (323 f.); zusammenfassend: *Bauer* in Dreier Rn. 18 und *Jarass* in Jarass/Pieroth Rn. 3.

44 *Bauer* in Dreier Rn. 7, 14.

45 *Sachs* in Sachs Rn. 3 f.; zust. *Bauer* in Dreier Rn. 7.

46 *Klein* in Maunz/Dürig Rn. 25.

47 Vgl. *Wolff* in MKS Rn. 36.

48 BVerfGE 78, 179 (198 f.).

Abs. 4 rekurrieren, zumal dies auch dem Charakter der Vorschrift als „subsidiärer Generalklausel“[49] entspricht.

IV. Fortgeltung von DDR-Vorschriften

23 Vorbemerkung V zu Anlage II des **Einigungsvertrages** ordnet die **entsprechende Anwendung von Art. 129** für die Fälle an, in denen DDR-Recht als Bundesrecht fortgilt und Ermächtigungen zum Erlass von „Rechtsverordnungen, Anordnungen oder allgemeinen Verwaltungsvorschriften“ enthält. Verwaltungsakte werden hier – anders als in Art. 129 Abs. 1 S. 1 – nicht genannt. In erster Linie wird damit der Übergang der Zuständigkeitsregeln (Art. 129 Abs. 1) sowie die gesonderte Regelung des Erlöschens von vorkonstitutionellen Ermächtigungsnormen (Art. 129 Abs. 3) in den Blick genommen.[50] Die Weitergeltung von DDR-Recht bestimmt sich indes ausschließlich nach Art. 9 Einigungsvertrag.[51]

C. Kritische Würdigung

24 Zentraler Regelungtopos von Art. 129 ist das Schicksal von vorkonstitutionellen Ermächtigungsgrundlagen sowie die Überleitung der sachlichen Zuständigkeit zur Ausübung dieser durch die neuen „Stellen“. Zumindest die **Überleitung** der **sachlichen Zuständigkeiten** wird durch sie **weitgehend reibungslos** bewerkstelligt. Das Schicksal der Verordnungsermächtigungen wird allerdings durch die sprachlich nicht präzise genug verfasste Regelung des Art. 129 Abs. 3 verkompliziert.[52]

25 Auch wenn die Bedeutung der Vorschrift durch die Verweisung im Einigungsvertrag gestiegen ist (→ Rn. 4) ist nicht zu übersehen, dass sie – jedenfalls in der Rspr. –[53] nur mehr eine **marginale Rolle** spielt. Dem (Verfassungs-)Gesetzgeber ist auch deshalb eine gründliche Bereinigung des „einfachen Rechts“ anzuraten, durch die auch der Bedarf an einer verfassungsrechtlichen Regelung des Schicksals der übergeleiteten Ermächtigungsgrundlagen entfällt.

Literatur

G. Benkendorf, Fortgeltung der gesetzlichen Ermächtigung im Sinne des Art. 129 nach dem Zusammenbruch bis zum Inkrafttreten des GG, DÖV 1952, 451. – ***K. A. Bettermann,*** Die Verordnung über Ausnahmen vom Mieterschutz vom 27.11.1951, MDR 1952, 1. – ***H.-J. Friehe,*** Wem stehen die Kompetenzen des alten Bundesrates zu, ausführende Bestimmungen zu den gesetzlichen Vorschriften zu erlassen?, AöR 109 (1984), 76. – ***G. H. Jansen,*** Die nunmehr sachlich zuständige Stelle im Sinne des Art. 129 GG, JR 1954, 406. – ***H. Kalkbrenner,*** Rechtsverordnungen in der Prüfungszuständigkeit des Bayerischen Verfassungsgerichtshofs, FS zum 25 jährigen Bestehen des Bayerischen Verfassungsgerichtshofs, 1972, 329. – ***W. Kienzle,*** Zur Frage des Übergangs vorkonstitutioneller Ermächtigungen nach Art. 129 Abs. 1 GG, NJW 1961, 298. – ***K. Kleinrahm,*** Der Kompetenzübergang nach Art. 129 Abs. 1 GG, DÖV

---

[49] *Jarass* in Jarass/Pieroth Rn. 6; *Bauer* in Dreier Rn. 19.

[50] *Kirn* in v. Münch/Kunig, 6. Aufl. 2012, Rn. 11; zust. *Wolff* in MKS Rn. 4.

[51] Siehe *Kirn* in v. Münch/Kunig, 6. Aufl. 2012, Rn. 11; zust. *Wolff* in MKS Rn. 4.

[52] So zu Recht bereits BVerfGE 2, 307 (327 ff.).

[53] Einzuräumen ist, dass der Fokus auf die rechtsprechende Gewalt noch nicht die allgemeine Bedeutung vollumfänglich erfassen kann, weil so nur die Fälle erfasst werden, in denen eine gerichtliche Entscheidung ergangen ist.

1952, 104. – ***H. R. Lange,*** Die Zulässigkeit gesetzesändernder Rechtsverordnungen, JR 1968, 8. – ***P. Lerche,*** Fortgeltung von DDR-Recht und Gesetzesvorbehalt, FS f. H. Helmrich, 1994, 57. – ***F. Schack,*** Ermächtigende und ermächtigte Norm, DÖV 1968, 350. – ***R. Titzck,*** Zur Frage der Verfassungsmäßigkeit der polizeilichen Ermächtigung zum Erlass von Rechtsverordnungen, DÖV 1955, 453. – ***B. Wolff,*** Die Ermächtigung zum Erlass von Rechtsverordnungen nach dem Grundgesetz, AöR 78 (1953), 194.

Art. 130 [Übergang von Einrichtungen der Verwaltung und Rechtspflege]

(1) [1]Verwaltungsorgane und sonstige der öffentlichen Verwaltung oder Rechtspflege dienende Einrichtungen, die nicht auf Landesrecht oder Staatsverträgen zwischen Ländern beruhen, sowie die Betriebsvereinigung der südwestdeutschen Eisenbahnen und der Verwaltungsrat für das Post- und Fernmeldewesen für das französische Besatzungsgebiet unterstehen der Bundesregierung. [2]Diese regelt mit Zustimmung des Bundesrates die Überführung, Auflösung oder Abwicklung.

(2) Oberster Disziplinarvorgesetzter der Angehörigen dieser Verwaltungen und Einrichtungen ist der zuständige Bundesminister.

(3) Nicht landesunmittelbare und nicht auf Staatsverträgen zwischen den Ländern beruhende Körperschaften und Anstalten des öffentlichen Rechtes unterstehen der Aufsicht der zuständigen obersten Bundesbehörde.

Einigungsvertrag

Art. 13 Übergang von Einrichtungen

(1) Verwaltungsorgane und sonstige der öffentlichen Verwaltung oder Rechtspflege dienende Einrichtungen in dem in Artikel 3 genannten Gebiet unterstehen der Regierung des Landes, in dem sie örtlich gelegen sind. Einrichtungen mit länderübergreifendem Wirkungskreis gehen in die gemeinsame Trägerschaft der betroffenen Länder über. Soweit Einrichtungen aus mehreren Teileinrichtungen bestehen, die ihre Aufgaben selbständig erfüllen können, unterstehen die Teileinrichtungen jeweils der Regierung des Landes, in dem sich die Teileinrichtung befindet. Die Landesregierung regelt die Überführung oder Abwicklung. § 22 des Ländereinführungsgesetzes vom 22. Juli 1990 bleibt unberührt.

(2) Soweit die in Absatz 1 Satz 1 genannten Einrichtungen oder Teileinrichtungen bis zum Wirksamwerden des Beitritts Aufgaben erfüllt haben, die nach der Kompetenzordnung des Grundgesetzes vom Bund wahrzunehmen sind, unterstehen sie den zuständigen obersten Bundesbehörden. Diese regeln die Überführung oder Abwicklung.

(3) Zu den Einrichtungen nach den Absätzen 1 und 2 gehören auch

1. Einrichtungen der Kultur, der Bildung und Wissenschaft sowie des Sports,
2. Einrichtungen des Hörfunks und des Fernsehens, deren Rechtsträger die öffentliche Verwaltung ist.

A. Allgemeine Bedeutung

1 Art. 130 enthält eine **Übergangsvorschrift** für die beim Inkrafttreten des GG am 23.5.1949 vorhandenen Einrichtungen der Verwaltung und Rechtspflege. Die Bedeutung der Vorschrift war überaus groß. Die BReg hätte ohne die ihr auf dieser Grundlage unterstellten Dienststellen die Fülle der drängenden Aufgaben der frühen Nachkriegsjahre kaum bewältigen können.[1] Seit dem Abschluss der Überleitung ist Art. 130, abgesehen davon, dass ein Teil der Bundesverwaltung auf ihm beruht, ohne Anwendungsbereich.[2] Die Vorschrift hat jedoch in der Diskussion über den „kooperativen Föderalismus" als Argument Verwendung gefunden, um die Zulässigkeit von Ver-

[1] *Köttgen* JöR nF 3 (1954), 67 (119); *Klein* in Maunz/Dürig Rn. 5; *Suerbaum* in BeckOK GG Rn. 4.

[2] Ebenso *Hermes* in Dreier Rn. 4; sa *Hebeler* in BerlKommRn. 2; *Dietlein* in MKS Rn. 1; *Sachs* in Sachs Rn. 2.

trägen zwischen den Ländern zur Schaffung von gemeinsamen Einrichtungen zu begründen.[3]

I. Genese

2 Nachdem mit der Kapitulation am 8.5.1945 die Staatsgewalt des Deutschen Reiches erloschen war, entstanden während der Besatzungszeit neue Strukturen staatlicher Ordnung. Das Inkrafttreten des GG machte es notwendig, noch vorhandene alte sowie danach entstandene staatsorganisationsrechtliche Strukturen in die neue verfassungsmäßige Ordnung zu überführen. Erforderlich waren damit Übergangs- und Überleitungsvorschriften für staatliche Rechtsakte ebenso wie für Organe, Personal und Vermögen der öffentlichen Gewalt.[4] Endgültige Gestalt nahm Art. 130 erst während der Beratungen des Hauptausschusses an. Die Vorschrift wurde nie geändert.[5]

II. Inhaltsübersicht

3 Art. 130 Abs. 1 unterstellte einen Großteil der vorhandenen Einrichtungen der Verwaltung sowie der Rechtspflege der Bundesregierung und statuierte für die Überführung, Auflösung oder Abwicklung einen Zustimmungsvorbehalt des Bundesrates. Art. 130 Abs. 2 bestimmte zum obersten Disziplinarvorgesetzten dieser Einrichtungen den jeweils zuständigen Bundesminister. Art. 130 Abs. 3 traf eine Sonderregelung für Einrichtungen der mittelbaren Staatsverwaltung.

III. Überstaatliche Bezüge

4 Art. 130 hat keine überstaatlichen Bezüge, diente aber im Zuge der Wiedervereinigung angesichts vergleichbarer Rechtsprobleme als **Vorbild für Art. 13 EVertr.**[6] Anders als Art. 130 weist Art. 13 EVertr. jedoch die zu überführenden Einrichtungen grundsätzlich nicht dem Bund, sondern dem Land zu, in dem die jeweilige Einrichtung ihren Sitz hat.[7]

B. Einzelfragen

I. Überleitung bestehender Einrichtungen der Verwaltung und Rechtspflege (Art. 130 Abs. 1 S. 1)

5 **1. Regelungsgegenstand.** Art. 130 Abs. 1 S. 1 spricht zunächst den gesamten Verwaltungs- und Justizapparat an, der zur Zeit des Inkrafttretens des GG in dessen Geltungsbereich bestand. Die Eingriffs- und Leistungsverwaltung ist ebenso umfasst wie die Verwaltung des Finanzvermögens.[8] Aus der Sonderregelung des Art. 130 Abs. 3 für „Körperschaften und Anstalten des

---

[3] S. zB *Tabbara* ZUM 1996, 378 (383) zur Errichtung einer Bundesmedienanstalt; sa *Hermes* in Dreier Rn. 10, 20; abl. *Dietlein* in MKS Rn. 4.

[4] *Köttgen* JöR nF 3 (1954), 67 (118).

[5] Ausf. zur Entstehungsgeschichte *Hebeler* in BerlKomm Rn. 4 ff.; *Hermes* in Dreier Rn. 1 f.

[6] BVerfGE 84, 133 (150); *Dietlein* in MKS Rn. 17; *Hermes* in Dreier Rn. 3; ausf. *Sachs* in Sachs Rn. 2, 14 ff.; *Klein* in Maunz/Dürig Rn. 29 f.; *Gnatzy* in SHH Rn. 5.

[7] *Klein* in Maunz/Dürig Rn. 30.

[8] AA hinsichtlich der Verwaltung des Finanzvermögens *Klein* in Maunz/Dürig Rn. 9; sa *Hermes* in Dreier Rn. 8 Fn. 19.

öffentlichen Rechts“ (→ Rn. 14) ergibt sich allerdings, dass Abs. 1 sich ausschließlich auf **Verwaltungseinrichtungen der unmittelbaren Staatsverwaltung** bezieht.[9]

6 Art. 130 Abs. 1 S. 1 nimmt im Hinblick auf die angestrebte föderale Ordnung der Bundesrepublik alle diejenigen Einrichtungen der Verwaltung oder Rechtspflege aus dem Anwendungsbereich des Art. 130 aus, die auf Landesrecht oder auf Staatsverträgen zwischen den Ländern beruhen. Der **Begriff des Landesrechts** ist im Lichte der Art. 123 ff. auszulegen.[10] Umfasst sind nicht nur Gesetze und Rechtsverordnungen, sondern auch Verwaltungsvorschriften oder sonstige landesrechtliche Organisationsakte.[11] Der **Begriff des Staatsvertrags** umfasst auch Verwaltungsabkommen. Nach der nicht näher begründeten Auffassung von *Holtkotten*[12] und *Zieger*[13] sollen nur solche Vereinbarungen zwischen den Ländern gemeint sein, die nach dem 8.5.1945 von den Ländern getroffen wurden.[14] Hierfür geben weder Wortlaut noch Entstehungsgeschichte einen Anhalt.[15]

7 Art. 130 erfasst alle Einrichtungen der Verwaltung oder Rechtspflege, die auf als Bundesrecht fortgeltendem Recht des Reiches oder seiner Länder sowie auf Besatzungsrecht beruhen.[16] Die Entstehungsgeschichte belegt, dass der ParlRat vor allem an die zonalen und bizonalen Einrichtungen dachte.[17] Mit dem Begriff „Einrichtungen der Rechtspflege“ waren insbesondere das Deutsche Obergericht für das Vereinigte Wirtschaftsgebiet[18] sowie das Oberste Gericht der Britischen Zone gemeint.[19] Sofern eine Einrichtung auf Rechtsvorschriften beruhte, die gem. Art. 123 ff. nicht fortgalten, bedurfte es nicht der Anwendung des Art. 130. Die Einrichtung war ohne weiteres aufzulösen.[20]

8 Die besondere Nennung der **Betriebsvereinigung** der südwestdeutschen Eisenbahnen und des **Verwaltungsrats** für das Post- und Fernmeldewesen für das französische Besatzungsgebiet erklärt sich daraus, dass es sich um Behörden handelt, deren Schaffung durch Staatsverträge zwischen den Ländern vorgesehen war. Während das Abkommen zur Errichtung einer Betriebsvereinigung der südwestdeutschen Eisenbahnen vom 25.6.1947 noch vor dem GG in Kraft getreten ist, kam es nicht mehr zur Unterzeichnung des Staatsvertrages über die Schaffung des Verwaltungsrats für das Post- und Fernmeldewesen für das französische Besatzungsgebiet.[21]

9 **2. Unterstellung unter die Bundesregierung.** Die genannten Einrichtungen der Verwaltung und Rechtspflege unterstehen der BReg. Damit ist die unmittelbare und von Verfassungs wegen geltende **Unterordnung unter die Organisationsgewalt** des Bundes, genauer: der BReg iSd Art. 62 ge-

---

[9] *Klein* in Maunz/Dürig Rn. 7; *Jarass* in Jarass/Pieroth Rn. 1; *Hermes* in Dreier Rn. 8; *Suerbaum* in BeckOK GG Rn. 3; *Hebeler* in BerlKomm Rn. 11.

[10] *Klein* in Maunz/Dürig Rn. 11.

[11] *Klein* in Maunz/Dürig Rn. 11.

[12] *Holtkotten* in BK Erl. II 1a.

[13] *Ziegler* in v. Münch/Kunig, 2. Aufl. 1983, Rn. 9.

[14] So jetzt auch *Dietlein* in MKS Rn. 4.

[15] Vgl. auch Art. 123 Abs. 2; wie hier auch *Klein* in Maunz/Dürig Rn. 12.

[16] So auch *Jarass* in Jarass/Pieroth Rn. 1; *Hermes* in Dreier Rn. 10.

[17] JöR nF 1 (1951), 855; für weitere Beispiele s. *Köttgen* JöR nF 3 (1954), 67 (119); sowie *Holtkotten* in BK Erl. II 2i.

[18] Sa Art. 137 Abs. 3.

[19] Vgl. JöR nF 1 (1951), 856.

[20] *Klein* in Maunz/Dürig Rn. 13.

[21] *Hermes* in Dreier Rn. 11; *Hebeler* in BerlKomm Rn. 14; JöR nF 1 (1951), 857 Fn. 25.

meint.[22] Diese mit dem Inkrafttreten des GG am 23.5.1949 eingetretene Zuordnung macht die Einrichtungen nicht automatisch zu Bundesbehörden.[23] Die Unterstellung ist vielmehr ihrer Natur nach eine vorübergehende, behelfsmäßige und erfolgt allein zu dem Zweck der endgültigen verfassungsmäßigen Zuordnung oder Auflösung der Einrichtungen. Dies ergibt sich aus Art. 130 Abs. 1 S. 2, der neben Art. 130 Abs. 2 die mit der Unterstellung verbundenen Befugnisse der BReg regelt.

II. Diese regelt mit Zustimmung des Bundesrates die Überführung, Auflösung oder Abwicklung (Art. 130 Abs. 1 S. 2)

Nach dem Wortlaut scheinen der BReg drei Möglichkeiten zur Beendigung des Provisoriums zur Verfügung zu stehen, die sich bei näherer Betrachtung jedoch als Wahl zwischen **zwei Optionen** erweisen: zum einen die **Überführung** iSd Fortführung der Tätigkeit der Einrichtung im Bundes- oder Landesbereich,[24] zum anderen die **Auflösung** iSd endgültigen Beendigung der Betätigung dieser Einrichtung, wobei die Abwicklung nichts anderes ist als die Durchführung der Auflösung.[25] 10

Abgesehen vom Erfordernis der Zustimmung des BRates enthält Art. 130 keine ausdrücklichen Bestimmungen über formelle oder materielle Anforderungen an die von der BReg zu treffenden Regelungen. Im Grundsätzlichen besteht Einigkeit, dass die BReg bei ihren Entscheidungen **materiell an die Kompetenzbestimmungen des GG gebunden** ist, da Art. 130 die Überführung des Vorgefundenen in die verfassungsmäßige Ordnung des GG bezweckt.[26] Damit verbietet sich eine Auslegung, die die Errichtung einer Bundesverwaltung unter Missachtung des vom GG vorgesehenen Kompetenzgefüges bzw. die Schaffung von Bundesgerichten zusätzlich zu den in Art. 95 Abs. 1 abschließend aufgeführten ermöglichte.[27] Die Überwachung der Einhaltung dieser Voraussetzungen ist nicht zuletzt Sinn der Zustimmungspflicht des BR. 11

Demgegenüber geht Art. 130 als Spezialregelung, die eine schnelle Beendigung des Provisoriums anstrebt, den **formellen Anforderungen,** die sich aus Art. 87 ff. für die Errichtung von Bundesbehörden ergeben, vor.[28] Nach überwiegender Auffassung hängt die Form der Regelung maßgeblich vom Errichtungsakt der jeweiligen Einrichtung ab: Ist die Einrichtung durch Gesetz oder Rechtsverordnung errichtet worden oder unterliegt ihre Tätigkeit dem Vorbehalt des Gesetzes, so muss die Überleitungsentscheidung in Form einer Rechtsverordnung ergehen, im Übrigen ist eine Verwaltungsvorschrift ausreichend.[29] Eine Regelung des Gesetzgebers ist auf der Grund- 12

[22] *Klein* in Maunz/Dürig Rn. 17 f.

[23] Missverständlich daher VG Frankfurt a. M. NJW 1953, 678 (680); Die Unzulässigkeit von Weisungen insbesondere gegenüber der Rechtspflege betont *Dietlein* in MKS Rn. 7.

[24] Sa BVerfGE 84, 133 (150), Überleitung auf einen anderen Hoheitsträger könne nicht als Auflösung verstanden werden, wenn die Einrichtung tatsächlich erhalten bleibt; Differenzierend *Klein* in Maunz/Dürig Rn. 22: Übernahmeerklärung des Landes erforderlich; sa *Sachs* in Sachs Rn. 6; *Hermes* in Dreier Rn. 14.

[25] AllgM, s. nur *Sachs* in Sachs Rn. 6; *Hermes* in Dreier Rn. 14; *Dietlein* in MKS Rn. 8; *Hebeler* in BerlKomm Rn. 18; sa BVerfGE 84, 133 (150).

[26] *Hermes* in Dreier Rn. 6, 16; *Suerbaum* in BeckOK GG Rn. 14.

[27] BVerwGE 32, 21 (23); sa *Sachs* in Sachs Rn. 9.

[28] So auch *Hermes* in Dreier Rn. 6; *Gnatzy* in SHH Rn. 1.

[29] *Zieger* in v. Münch/Kunig, 2. Aufl. 1983, Rn. 13; *Hermes* in Dreier Rn. 15; *Sachs* in Sachs Rn. 7; aA *Holtkotten* in BK Erl. II 2f; *Dietlein* in MKS Rn. 11, stets Rechtsverordnung.

lage der allgemeinen Kompetenzbestimmungen ebenfalls möglich.[30] Bei durch Besatzungsrecht begründeten Einrichtungen erfolgte in der Praxis vor der Regelung gem. Art. 130 Abs. 1 S. 2 eine ausdrückliche Freigabe durch die jeweiligen Besatzungsmächte.[31] Eine Auflistung der auf der Grundlage von Art. 130 ergangenen Rechtsakte findet sich bei *Holtkotten.*[32]

III. Oberster Disziplinarvorgesetzter der Angehörigen dieser Verwaltungen und Einrichtungen ist der zuständige Bundesminister (Art. 130 Abs. 2)

13 Während Art. 130 Abs. 1 S. 2 der BReg Befugnisse zur Beendigung des Provisoriums zuweist, regelt Art. 130 Abs. 2 die Rechtsbeziehungen zwischen der BReg und den ihr unterstellten Einrichtungen für die Zwischenzeit. Insoweit ist nicht die BReg als Kollegium, sondern der jeweils zuständige Bundesminister als Ressortchef angesprochen. Seine Befugnisse beschränken sich auf die des Vorgesetzten im **Dienstverhältnis.** Fachliche Weisungsbefugnisse sind damit nicht verbunden.[33] Art. 130 Abs. 2 bezieht sich ausschließlich auf die Einrichtungen der unmittelbaren Staatsverwaltung. Die Regelung wäre daher systematisch besser in Abs. 1, am besten noch vor dessen S. 2 angeordnet worden.[34] Mit der Beendigung der Überführung und Auflösung der Einrichtungen hat sich die Vorschrift erledigt.[35]

IV. Nicht landesunmittelbare und nicht auf Staatsverträgen zwischen den Ländern beruhende Körperschaften und Anstalten des öffentlichen Rechtes unterstehen der Aufsicht der zuständigen obersten Bundesbehörde (Art. 130 Abs. 3)

14 Art. 130 Abs. 3 enthält eine Sonderregelung für **Einrichtungen der mittelbaren Staatsverwaltung.** Wie im Rahmen der Art. 86, 87 Abs. 2 und 3 versteht das GG auch hier unter Körperschaften und Anstalten des öffentlichen Rechts **alle juristischen Personen des öffentlichen Rechts einschließlich** der **Stiftungen.**[36] Vom Anwendungsbereich ausgenommen sind die landesunmittelbaren und auf Staatsverträgen zwischen den Ländern beruhenden Einrichtungen der mittelbaren Staatsverwaltung. Mit landesunmittelbaren juristischen Personen des öffentlichen Rechts sind solche Einrichtungen gemeint, die bei Inkrafttreten des GG unter der Aufsicht einer Landesbehörde standen, auch wenn die Errichtung auf Recht beruht, das gem. Art. 123 ff. als Bundesrecht fortgilt (zB die Handwerkskammern auf der Grundlage der HandwO). Für den Begriff des Staatsvertrags gilt das zu Abs. 1 S. 1 Ausgeführte (→ Rn. 6).

15 Die den Anwendungsbereich des Art. 130 Abs. 3 noch weiter einschränkende Auffassung von *Holtkotten,*[37] wonach die Regelung nur auf die frühe-

---

[30] *Holtkotten* in BK Erl. II 2g.

[31] *Holtkotten* in BK Erl. II 2h.

[32] *Holtkotten* in BK Erl. II 2i; *Köttgen* JöR nF 3 (1954), 67 (119).

[33] *Hermes* in Dreier Rn. 12, 13; *Dietlein* in MKS Rn. 7; sa *Jarass* in Jarass/Pieroth Rn. 3, Weisungsrecht nicht geregelt; *Klein* in Maunz/Dürig Rn. 23; *Suerbaum* in BeckOK GG Rn. 15; aA *Gnatzy* in SHH Rn. 1.

[34] *Klein* in Maunz/Dürig Rn. 23 Fn. 6.

[35] *Sachs* in Sachs Rn. 10; *Hermes* in Dreier Rn. 13; *Dietlein* in MKS Rn. 13.

[36] AllgM, s. nur *Jarass* in Jarass/Pieroth Rn. 4; *Hermes* in Dreier Rn. 17; *Dietlein* in MKS Rn. 15; *Gnatzy* in SHH Rn. 3; *Sachs* in Sachs Rn. 11, in analoger Anwendung.

[37] *Holtkotten* in BK Erl. II 1b u. 4.

ren reichsunmittelbaren Selbstverwaltungskörperschaften, insbesondere die Sozialversicherungsträger Anwendung finde, im Übrigen Art. 130 Abs. 1 gelte, findet im Wortlaut der Vorschrift keine Stütze. Als Beispiele für von Art. 130 Abs. 3 erfasste juristische Personen des öffentlichen Rechts können die Physikalisch-Technische Anstalt in Braunschweig oder die Versorgungsanstalt der deutschen Bühnen[38] genannt werden.

Die Art. 130 Abs. 3 unterfallenden Einrichtungen werden der **Aufsicht** **16**
der zuständigen obersten Bundesbehörde unterstellt, dh dem zuständigen Bundesministerium. Es besteht kein sachlicher Unterschied zum Begriff des Bundesministers in Abs. 2. Der Inhalt der Aufsichtsbefugnisse ist den einschlägigen einfachgesetzlichen Rechtsgrundlagen zu entnehmen.[39] Eine Art. 130 Abs. 1 S. 2 entsprechende Überleitungsvorschrift enthält Art. 130 Abs. 3 nicht. Änderungen im Status der genannten Einrichtungen der mittelbaren Staatsverwaltung regeln sich daher ausschließlich nach Art. 86 und nach dem Vorbehalt des Gesetzes.[40]

C. Verhältnis zu anderen Bestimmungen des Grundgesetzes

Als Überleitungsvorschrift für Einrichtungen der Verwaltung und Rechts- **17**
pflege steht Art. 130 zum einen in Zusammenhang mit anderen Überleitungsvorschriften, insbes. Art. 122 Abs. 2, der die Auflösung der vorgefundenen Gesetzgebungsorgane regelt. Zum anderen und va ist Art. 130 aber in Verbindung mit den materiell für die Errichtung von Behörden und Gerichten allg. geltenden Vorschriften des GG zu sehen, welche die Auslegung des Art. 130 maßgeblich beeinflussen (→ Rn. 11). Schließlich ergibt sich aus Art. 137 Abs. 3, der dem Deutschen Obersten Gericht für das Vereinigte Wirtschaftsgebiet bis zur Errichtung des Bundesverfassungsgerichts die Kompetenz für das Wahlprüfungsverfahren zuweist, dass dessen Auflösung[41] nicht vor Errichtung des BVerfG zulässig war.[42]

D. Kritische Würdigung

Die Vorschrift des Art. 130 war für den Aufbau der Bundesverwaltung in **18**
der Anfangszeit der Bundesrepublik Deutschland von größter Bedeutung. Kritikwürdig ist die fehlende Klarstellung des Verhältnisses zu den allg. Verwaltung und Gerichtsbarkeit betreffenden Kompetenzvorschriften des GG. In der Praxis hat sich dies allerdings nicht hinderlich ausgewirkt, insbes. nicht zu Rechtsstreitigkeiten geführt.

Literatur

A. Köttgen, Der Einfluß des Bundes auf die deutsche Verwaltung und die Organisation der bundeseigenen Verwaltung, JöR nF 3 (1954), 67.

[38] BVerwG NJW 1988, 354 ff.; sa *Renck* NJW 1992, 1291.
[39] AllgM, s. nur *Holtkotten* in BK Erl. II 4; *Klein* in Maunz/Dürig Rn. 27.
[40] AllgM, s. nur *Holtkotten* in BK Erl. II 4.
[41] Durch VO v. 27.12.1951, BGBl. 1951 I 1009.
[42] Dieses nahm auf der Grundlage des G v. 4.5.1951 (BGBl. 1951 I 288) am 7.9.1951 seine Arbeit auf, s nur *Schlaich/Korioth,* Das Bundesverfassungsgericht, 2018, Rn. 1.

Art. 131 [Rechtsverhältnisse des öffentlichen Dienstes]

[1]Die Rechtsverhältnisse von Personen einschließlich der Flüchtlinge und Vertriebenen, die am 8. Mai 1945 im öffentlichen Dienste standen, aus anderen als beamten- oder tarifrechtlichen Gründen ausgeschieden sind und bisher nicht oder nicht ihrer früheren Stellung entsprechend verwendet werden, sind durch Bundesgesetz zu regeln. [2]Entsprechendes gilt für Personen einschließlich der Flüchtlinge und Vertriebenen, die am 8. Mai 1945 versorgungsberechtigt waren und aus anderen als beamten- oder tarifrechtlichen Gründen keine oder keine entsprechende Versorgung mehr erhalten. [3]Bis zum Inkrafttreten des Bundesgesetzes können vorbehaltlich anderweitiger landesrechtlicher Regelung Rechtsansprüche nicht geltend gemacht werden.

A. Allgemeine Bedeutung

1 Art. 131 beinhaltet einen an den Bund berichteten **Gesetzgebungsauftrag** für den öffentlichen Dienst. Der Bund darf zu seiner Erfüllung insbes. von den hergebrachten Grundsätzen des Berufsbeamtentums gem. Art. 33 Abs. 5 abweichen, soweit dabei die Grundrechte, insbesondere das Willkürverbot gewahrt bleiben.[1] Die Vorschrift ist heute fast vergessen, führte jedoch in den 50er Jahren zu erbitterten Auseinandersetzungen zwischen dem BVerfG und dem BGH bzw. der Literatur.[2]

I. Genese

2 Die Genese der Vorschrift bestimmten Diskussionen darüber, **welche Ansprüche** insbes. ehemalige Angehörige des öffentlichen Dienstes haben sollten. Besonders umstr. war die Frage, ob es einen Anspruch auf Wiedereinstellung geben sollte. Mangels Einigung wurde die Antwort dem Gesetzgeber vorbehalten.[3]

II. Inhaltsübersicht

3 Für die in Art. 131 genannten Personengruppen sollte eine **Neuregelung** ihrer **Dienstrechtsverhältnisse** gefunden werden. Diesem Verfassungsauftrag ist der Gesetzgeber mit dem G zur Regelung der Rechtsverhältnisse der unter Art. 131 fallenden Personen vom 11.5.1951 nachgekommen.[4] Nach mehreren Änderungen des Gesetzes[5] wurden die Gesetze (und Verordnungen) zu Art. 131 durch Art. 3 des G zur Änderung des BeamtenversorgungsG, des SoldatenversorgungsG sowie sonstiger versorgungsrechtlicher Vorschriften vom 20.9.1994[6] aufgehoben.

---

[1] BVerfGE 3, 58 (137 f.); 15, 80 (102); 22, 387 (421); aA BGH NJW 1954, 225.

[2] *Dreier* FS 50 Jahre BVerfG, Bd. I, 2001, 159 (168 f.); *Stolleis* Geschichte des öffentlichen Rechts, Bd. IV, 2012, 161 ff.; BVerfGE 3, 58 (115); BGH NJW 1954, 225; BVerfGE 6, 132 (150).

[3] Ausf. *Brosius-Gersdorf* in Dreier Rn. 1 ff.; *Badura* in Maunz/Dürig Rn. 3 f.

[4] „G 131"; BGBl. I 302; sa *Pieper* in SHH Rn. 3; *Hense* in BeckOK GG Rn. 7.

[5] Vgl. zuletzt das G v. 23.5.1975, BGBl. 1975 I 1173.

[6] BGBl. 1994 I 2442.

III. Überstaatliche Bezüge

Art. 131 hat keine überstaatlichen Bezüge.[7] Die auf seiner Grundlage erlassenen Gesetze und Verordnungen wurden gem. Art. 6 EVertr. nicht auf das Gebiet der ehemaligen DDR übertragen (dies „vorläufig").[8] 4

B. Einzelfragen

Art. 131 sollte dem Wiederaufbau und der **Neuorganisation** des Staates den Vorrang vor der Erfüllung dienstrechtlicher Ansprüche einräumen. Das BVerfG hat Art. 131 für verfassungsgemäß gehalten und die Auffassung vertreten, am 8.5.1945 seien **alle** Beamten-, Richter-, Soldaten- und Angestelltenverhältnisse erloschen.[9] Fraglich ist, ob dies angesichts des S. 3, der von „Rechtsansprüchen" spricht, als dem Willen des Verfassungsgebers entsprechend angesehen werden kann. Fraglich ist auch, wie die nach dem 8.5.1945 auf dem damaligen Gebiet der Bundesrepublik fortgesetzten Beamtenverhältnisse neu begründet worden sind.[10] Im Kontext mit der Beurteilung der in der DDR begründeten Dienstverhältnisse ist das BVerfG 1991 – in deutlicher Abwendung vom Ansatz des Art. 131 – zu der Auffassung gelangt, diese seien „durch den Wegfall des ursprünglichen Vertragspartners" – der DDR – nicht untergegangen, weil die Bundesrepublik deren Rechtsnachfolgerin sei.[11] 5

Die Gesetze zur Umsetzung des Art. 131 zielten auf die **Wiederverwendung** des betroffenen, teilw. politisch stark belasteten Personenkreises entsprechend ihrem früheren Status. Sie verfolgten damit auch eine **sozialstaatliche** Zielsetzung.[12] Wenn und soweit eine Wiederverwendung nicht ermöglicht werden konnte, kam es grds. zur Einräumung von Versorgungsansprüchen. Für Personen ohne Versorgungsansprüche erfolgten Regelungen über versicherungsfreie Dienstzeiten im öffentlichen Dienst durch eine Nachversicherung bei der gesetzlichen Rentenversicherung. 6

Art. 131 erfasst sowohl privatrechtliche wie öffentlichrechtliche Rechtsverhältnisse aller Kategorien von Bediensteten des öffentlichen Dienstes. Nicht zum „öffentlichen Dienst" im hier gemeinten Sinne gehören Beschäftigungsverhältnisse mit privaten Arbeitgebern, mit den Kirchen, wohl aber Minister, Soldaten und Bedienstete des Arbeitsdienstes.[13] Vielfach beschäftigt hat die Rspr. die Frage, welches „andere" als beamten- oder tarifrechtliche Gründe für ein Ausscheiden gewesen sind.[14] 7

---

[7] S. aber *Brosius-Gersdorf* in Dreier Rn. 6, Bezüge zur Identitätslehre.

[8] Krit. *Merten,* Grundfragen des Einigungsvertrages unter Berücksichtigung beamtenrechtlicher Probleme, 1991; sa *Brosius-Gersdorf* in Dreier Rn. 9; *Dreier* FS 50 Jahre BVerfG, Bd. I, 2001, 159 (170 ff.).

[9] BVerfGE 1, 167 (177); BVerfGE 3, 58 (115); *Forsthoff* DVBl 1954, 69; *Limbach* FS f. Rottleuthner, 2011, 221 ff.; zu den Angestelltenverhältnissen BVerfGE 3, 162 (Ls. 2).

[10] Vgl. dazu *Bachof* DÖV 1954, 36; zur Auffassung des BVerfG dazu BVerfGE 3, 255 (259).

[11] BVerfGE 84, 133 (147); die Bundesregierung hatte das Gegenteil vertreten, s. BVerfGE 84, 133 (141); *Dietlein* in MKS Rn. 7; *Battis* in Sachs Rn. 6.

[12] *Badura* in Maunz/Dürig Rn. 5.

[13] BVerfGE 15, 46 (62 f.); *Fischbach* DÖV 1955, 709 ff.; BGHZ 18, 373 (375); BGH ZBR 1955, 83; BVerfGE 3, 288 (314 f.); BVerfGE 28, 163 (174).

[14] Vgl. für Beamte, die von den Besatzungsmächten aus dem Amt entfernt wurden BVerfGE 3, 58 (122 f.), das insoweit ein „Ausscheiden" annimmt; anders BGHZ 15, 126 (128 f.).

C. Verhältnis zu anderen Bestimmungen des Grundgesetzes

8 Art. 131 ist eine Spezialregelung zu Art. 70 ff. Hingegen sind Art. 131 und Art. 132 nebeinander anwendbar, weil Art. 132 ein bei Inkrafttreten des GG wirksames Dientsverhältnis voraussetzt. Die Vorschrift entbindet den Gesetzgeber von den Vorgaben, die Art. 33 Abs. 5 und Art. 14 enthalten.

D. Kritische Würdigung

9 Art. 131 ist eine ambivalente Norm. Auch wenn es der Gesetzgeber war, der mit dem „G 131" die Wiederverwendung zahlreicher durch die NS-Zeit belasteter Personen ermöglichte, Grundlage hierfür war Art. 131. Interessant ist aus heutiger Sicht va die Rspr. zu Art. 131, weil sie Teil der Geschichte der Positionsbestimmung und Selbstbehauptung des BVerfG ist.

Literatur

G. Anders, Gesetz zur Regelung der Rechtsverhältnisse der unter Art. 131 des Grundgesetzes fallenden Personen, 1966. – ***H. Dreier,*** Verfassungsstaatliche Vergangenheitsbewältigung, FS 50 Jahre Bundesverfassungsgericht Bd. I, 2001, 159. – ***H. Geerkens,*** Zur „Renazifizierung" der Nachkriegsjustiz, ZRP 2001, 138. – ***E. Kern,*** Probleme der Rechtsprechung des Bundesverfassungsgerichts zur Verfassungsmäßigkeit des Gesetzes gem. Artikel 131 GG, DVBl 1954, 211, 273. – ***M. Kirn,*** Verfassungsumsturz oder Rechtskontinuität? Die Stellung der Jurisprudenz nach 1945 zum Dritten Reich, insbesondere die Konflikte um die Kontinuität der Beamtenrechte und Art. 131 GG, 1972. – ***H. Krüger,*** Zur Auslegung des Art. 131 des Bonner Grundgesetzes, NJW 1950, 161. – ***W. Langhorst,*** Beamtentum und Art. 131 des Grundgesetzes, 1994. – ***J. Limbach,*** Der Konflikt zwischen dem Bundesverfassungsgericht und dem Bundesgerichtshof über den Fortbestand der Beamtenverhältnisse nach 1945, FS Rottleuthner, 2011, 221. – ***J. Menzel,*** Vergangenheitsbewältigung in der frühen Judikatur des Bundesverfassungsgericht: Beamten- und Gestapo-Urteil in: T. Henne/A. Riedlinger, Das Lüth-Urteil aus (rechts-)historischer Sicht, 2005, 225. – ***D. Merten,*** Grundfragen des Einigungsvertrages unter Berücksichtigung beamtenrechtlicher Probleme, 1991. – ***J. Perels,*** Die Übernahme der Beamtenschaft des Hitler-Regimes, KJ 2004, 186. – ***H. Peters,*** Der Streit um die 131er Entscheidungen des Bundesverfassungsgerichts, JZ 1954, 589. – ***Th. Rasehorn,*** Zur „Renazifizierung" der Nachkriegsjustiz, ZRP 2000, 127.

Art. 132 [Angehörige des öffentlichen Dienstes]

(1) [1]Beamte und Richter, die im Zeitpunkte des Inkrafttretens dieses Grundgesetzes auf Lebenszeit angestellt sind, können binnen sechs Monaten nach dem ersten Zusammentritt des Bundestages in den Ruhestand oder Wartestand oder in ein Amt mit niedrigerem Diensteinkommen versetzt werden, wenn ihnen die persönliche oder fachliche Eignung für ihr Amt fehlt. [2]Auf Angestellte, die in einem unkündbaren Dienstverhältnis stehen, findet diese Vorschrift entsprechende Anwendung. [3]Bei Angestellten, deren Dienstverhältnis kündbar ist, können über die tarifmäßige Regelung hinausgehende Kündigungsfristen innerhalb der gleichen Frist aufgehoben werden.

(2) Diese Bestimmung findet keine Anwendung auf Angehörige des öffentlichen Dienstes, die von den Vorschriften über die „Befreiung von Nationalsozialismus und Militarismus“ nicht betroffen oder die anerkannte Verfolgte des Nationalsozialismus sind, sofern nicht ein wichtiger Grund in ihrer Person vorliegt.

(3) Den Betroffenen steht der Rechtsweg gemäß Artikel 19 Abs. 4 offen.

(4) Das Nähere bestimmt eine Verordnung der Bundesregierung, die der Zustimmung des Bundesrates bedarf.

A. Allgemeine Bedeutung

Art. 132 ist eine **Übergangsvorschrift.** Wie Art. 131 hat sie, was Abs. 2 belegt, va die Folgen der NS-Herrschaft für den öffentlichen Dienst zum Gegenstand.[1] Anders als Art. 131, der wegen der Rechtsprechung des BVerfG im Zentrum rechtlicher Auseinandersetzungen stand (→ Art. 131 Rn. 1), hat Art. 132 keine große Wirkung entfaltet. 1

I. Genese

Der Parlamentarische Rat war uneinig darüber, ob es eine solche Regelung geben sollte. Die Gegner lehnten sie als nicht notwendig und zu weitreichend ab. Die Befürworter verwiesen auf die Notwendigkeit einer leistungsbezogenen Auslese. Der **Kompromiss** bestand darin, eine Norm in das GG aufzunehmen, die es befristet ermöglichte, fachlich und persönlich ungeeignete Personen aus dem öffentlichen Dienst zu entfernen.[2] Persönlich ungeeignet war va, wer politisch nicht tragbar war.[3] 2

II. Inhaltsübersicht

Gem. Art. 132 Abs. 1 S. 1, 2 konnten **auf Lebenszeit** ernannte Beamte und Richter sowie **unkündbar** beschäftigte Angestellte trotz der erlangten Rechtsposition in den Ruhestand, Wartestand oder in eine schlechter bezahlte Position versetzt, dh zurückgestuft werden. S. 3 erlaubte für Angestellte die Verkürzung von Kündigungsfristen. Art. 132 Abs. 2 nahm Personen aus, die unter der NS-Herrschaft gelitten hatten. Art. 132 Abs. 3 betraf den Rechtsweg, und Art. 132 Abs. 4 enthielt eine Verordnungsermächtigung und das Zustimmungserfordernis des Bundesrates. 3

---

[1] *Maunz/Badura* in Maunz/Dürig Rn. 1.

[2] Ausf. zur Entstehung *Brosius-Gersdorf* in Dreier Rn. 1 ff.; *Battis* in Sachs Rn. 1 ff.

[3] *Dietlein* in MKS Rn. 5.

III. Überstaatliche Bezüge

4 Art. 132 hat keine überstaatlichen Bezüge.[4] Er hat noch einmal Interesse gefunden,[5] als in den EVertr. ein Sonderkündigungsgrund wegen mangelnder fachlicher Qualifikation bzw. persönlicher Eignung aufgenommen wurde.[6]

B. Einzelfragen

5 Art. 132 hatte wegen der in Abs. 1 S. 1 genannten Frist nur eine **geringe Bedeutung.** Der 1. Deutsche Bundestag trat am 6.9.1949 zusammen. Die Sechsmonatsfrist lief daher am 7.3.1950 ab. Die Verordnung nach Abs. 4 wurde am 17.2.1950 erlassen.[7] In dem dazwischen liegenden Zeitraum von 16 Tagen wurde von Art. 132 für 1.224 Beamte und 47 Angestellte Gebrauch gemacht.[8]

6 Art. 132 ist seither **gegenstandslos.** Mit Blick auf den rechtsstaatlichen Vertrauensschutz wurde die Verfassungsmäßigkeit in Frage gestellt.[9] Im Übrigen ist zu beachten, dass das BVerfG[10] 1953 ausgesprochen hat, bereits am 8.5.1945 seien alle Beamtenverhältnisse erloschen gewesen (→ Art. 131 Rn. 5).

C. Verhältnis zu anderen Bestimmungen des Grundgesetzes

7 Art. 132 war gegenüber Art. 33 Abs. 2, Abs. 5 und Art. 97 eine **Spezialvorschrift.**[11] Daher kam es nicht darauf an, ob die von Art. 132 ins Auge gefassten Eingriffe dem Leistungsprinzip und dem Lebenszeitprinzip zuwiderliefen.

D. Kritische Würdigung

8 Die Vorschrift ist insgesamt **misslungen.** Unklar ist insbes., wie sich der in Abs. 2 genannte „wichtige Grund" zu dem Fehlen der persönlichen oder fachlichen Eignung nach Abs. 1 S. 1 verhalten soll. Abs. 3 ist wegen Art. 19 Abs. 4 überflüssig. Für die gebotene Bereinigung des öffentlichen Dienstes nach 1945 war Art. 132 kein geeignetes Instrument.

Literatur

H. Dreier, Verfassungsstaatliche Vergangenheitsbewältigung, FS 50 Jahre Bundesverfassungsgericht Bd I, 2001, 159. – ***J. Grotkopp,*** Beamtentum und Staatsformwechsel, 1992. – ***E. Kern,*** Änderung des GG wegen der belasteten Richter?, DRiZ 1963, 246. – ***H. Krüger,*** Maßnahmen gegen Beamte mit Minderleistungen, DÖV 1951, 485. – ***M. Wenzel,*** Die gegenwärtige Rechtslage der entfernten und heimatvertriebenen Beamten, 1950.

---

[4] *Brosius-Gersdorf* in Dreier Rn. 5.
[5] Als „Leitbild", so *Dietlein* in MKS Rn. 9; „Vorbild", *Pieper* in SHH Rn. 7.
[6] Anl. I Kap. XIX Sachgebiet A Abschn. III Nr. 1 IV 1 Nr. 1.
[7] VO über die Maßnahmen gegen dienstlich ungeeignete Beamte und Angestellte, BGBl. 1950, 34.
[8] *Dietlein* in MKS Rn. 2; *Maunz/Badura* in Maunz/Dürig Rn. 1.
[9] S. *Maunz/Badura* in Maunz/Dürig Rn. 3.
[10] BVerfGE 3, 58 ff.
[11] BVerfGE 4, 294 (296); *Pieper* in SHH Rn. 3; *Maunz/Badura* in Maunz/Dürig Rn. 1.

Art. 133 [Rechtsnachfolge, Vereinigtes Wirtschaftsgebiet]

Der Bund tritt in die Rechte und Pflichten der Verwaltung des Vereinigten Wirtschaftsgebietes ein.

A. Allgemeine Bedeutung

I. Genese

1 Der Herrenchiemseer Entwurf sah eine solche Regelung nicht vor und auch im Parlamentarischen Rat wurde zunächst – im Gegenteil – versucht, den Eintritt im Blick auf die möglichen **Lasten zu verhindern.**[1] Die umfassende Rechtsnachfolgeanordnung setzte sich letztlich jedoch mit dem Argument durch, dass mit der Übernahme der Aktiva notwendig auch die **Übernahme der Passiva** einhergehen müsse.[2]

II. Inhaltsübersicht

2 Die Vorschrift bezweckt die Klärung der Rechtsnachfolge und hat dabei nach überwiegender, aber kritisierbarer Ansicht nur **deklaratorische Bedeutung.**[3] Diese Auffassung fügt sich konsequent in die spätere Entscheidung des BVerfG zum Grundlagenvertrag ein, wonach mit Errichtung der Bundesrepublik nicht ein neuer Staat gegründet, „sondern ein Teil Deutschlands neu organisiert" worden sei.[4] Diese Identitätslogik wurde auf die provisorischen Organisationsformen übertragen, die unter der Leitung der Besatzungsmächte in den westlichen Besatzungszonen entstanden sind.[5] Die Auffassung des ParlRates, „dass aus grundsätzlichen Erwägungen die Identität des bisherigen Wirtschaftsgebietes mit dem neuen Staatsgebilde verneint werden müsse",[6] stand dem freilich deutlich entgegen.[7] Nur unter der umstrittenen Annahme der (Teil-)Identität zwischen Deutschem Reich, Besatzungszonen und Bundesrepublik, trifft Art. 133 **keine Anordnung der Rechtsnachfolge,**[8] sondern stellt Selbstverständliches fest (näher → Rn. 7).[9]

III. Überstaatliche Bezüge

3 Während Unionsrecht vorliegend keine Rolle spielt, war und ist die Norm, wie überhaupt der gesamte Regelungskomplex der Art. 133 ff., der technische Anlass einer grundlegenderen Diskussion um die Frage des Untergangs des Reichs und **einer staatlichen Kontinuität** über die Nachkriegszeit

[1] Vgl. Parl. Rat XIII/1, S. 705: „Die Verwaltungen des Bundes sind nicht Rechtsnachfolger von Verwaltungen bisheriger bizonaler und zonaler Verwaltungen."

[2] Vgl. JöR nF 1 (1951), S. 875; dazu und zur Entstehungsgeschichte *Schwarz* in Maunz/Dürig Rn. 1 f.; *Wittreck* in Dreier Rn. 3.

[3] Vgl. *Mager* in v. Münch/Kunig, 6. Auflage 2012, Rn. 1; *Kaltenborn/Barczak* in BeckOK GG Art. 133.

[4] BVerfGE 36, 1 (16); sa BVerfGE 77, 137 (150).

[5] *Zieger* in v. Münch/Kunig, 2. Auflage 1983, Rn. 10.

[6] JöR nF 1 (1951), 876.

[7] *Zieger* in v. Münch/Kunig, 2. Auflage 1983, Rn. 1; s. zur Entstehungsgeschichte *Höfling/Burkiczak* in BerlKomm Rn. 2; *Umbach* in Umbach/Clemens Rn. 1–3.

[8] So aber *v. Mangoldt* in v. Mangoldt, 1. Auflage 1953, Art. 133 Anm. 2; *Hamann* in Hamann/Lenz Anm. 1; *Dietlein* in MKS Rn. 1; *Gnatzy* in SHH Rn. 1.

[9] *Wittreck* in Dreier Rn. 10: deklaratorisch; sa *Sachs* in Sachs Rn. 4; *Kramer* in AK Rn. 2; *Umbach* in Umbach/Clemens Rn. 12.

hinweg. Das Institut der völkerrechtlichen Staatennachfolge dürfte für den Regelungsgehalt der Norm selbst wenig ergiebig sein, zumal es sich bei den Einrichtungen des Wirtschaftsgebiets ihrerseits um völkerrechtlich konstituierte **Provisorien** handelt.[10]

IV. Systematischer Zusammenhang

4 Art. 133 gehört zur Reihe der **Übergangsvorschriften,** die sich mit den Folgen der ersten hoheitlichen Nachkriegsstrukturen befassen. Die Norm ordnet konstitutiv den **Eintritt des Bundes** in die Rechte und Pflichten der Verwaltung des Vereinigten Wirtschaftsgebiets an. Sie steht damit im Kontext von Art. 123, 124, 125 und 127, die den Rechtsübergang, seine mögliche Erstreckung und kompetenzielle Einordnung betreffen, von Art. 130, der den Übergang der Einrichtungen der Verwaltung und Rechtspflege regelt und von Art. 122 Abs. 2, der das Schicksal der zwischenzeitlich bestehenden gesetzgebenden Körperschaften mit Zusammentritt des Bundestags klärt.

B. Einzelfragen

I. Verwaltung des Vereinigten Wirtschaftsgebietes

5 Die Besatzungsmächte schufen zunächst jeweils in ihren Zonen und unabhängig voneinander Strukturen öffentlicher Verwaltung. Aus den **zonalen Organen** der britischen und amerikanischen Besatzungszone sind Ende 1946 gemeinsame **sog bizonale Behörden** hervorgegangen. Aus ihnen hat sich die in Art. 133 genannte Verwaltung des Vereinigten Wirtschaftsgebietes entwickelt, dessen Organe aus dem Wirtschaftsrat und dem Exekutivrat bestanden.[11]

II. Bund tritt in die Rechte und Pflichten ein

6 Der mit Inkrafttreten des GG **von Verfassungs wegen** eingetretene unmittelbare Übergang der Rechte und Pflichten der Verwaltung des Vereinigten Wirtschaftsgebietes auf den Bund betrifft neben den Befugnissen der Verwaltungsstellen insbesondere die Übernahme der Dienstverhältnisse der dort beschäftigten Personen,[12] den Eintritt des Bundes in die von der Verwaltung geschlossenen Verträge sowie die **Übernahme der Aktiva und Passiva.**[13] Das weitere Schicksal der betreffenden Behörden bestimmt sich nach Art. 130[14] und die Fortgeltung dessen Rechts sowie dessen Erstreckung auf die französische Besatzungszone nach Art. 127. Keine Schlüsse können aus Art. 133 gezogen werden für die Verbindlichkeiten des Deutschen Reiches.[15] Insoweit gelten Art. 134 Abs. 4 und Art. 135a Abs. 1 als speziellere Normen.[16]

[10] → Rn. 7; vgl. zur Diskussion um die Staatennachfolge *Wittreck* in Dreier Rn. 10.

[11] S. ausf. *Pünder,* Das bizonale Interregnum, Die Geschichte des Vereinigten Wirtschaftsgebietes 1946–1949, 1966, 51 ff.; *Stolleis* in HdbStR I § 7 Rn. 107 ff.

[12] *Schwarz* in Maunz/Dürig Rn. 10; *Jarass* in Jarass/Pieroth Rn. 1; *Sachs* in Sachs Rn. 3; *Dietlein* in MKS Rn. 1; zu der im ParlRat vertretenen Auffassung, dass gerade dies vermieden werden müsse, s. JöR nF 1 (1951), 875.

[13] *Umbach* in Umbach/Clemens Rn. 8; *Wittreck* in Dreier Rn. 10; *Höfling/Burkiczak* in BerlKomm Rn. 9.

[14] So auch *Höfling/Burkiczak* in BerlKomm Rn. 10.

[15] *Schwarz* in Maunz/Dürig Rn. 7; *Gnatzy* in SHH Rn. 1.

[16] So auch *Höfling/Burkiczak* in BerlKomm Rn. 12; *Umbach* in Umbach/Clemens Rn. 10.

C. Kritische Würdigung

Die Norm hat ebenso wie der Streit um die ihr zugeschriebene bloße deklaratorische Funktion heute überwiegend verfassungshistorische Bedeutung. Zutreffend muss man den Grund für die Diskussion in den Schwierigkeiten verorten, die die Erfassung der **Rechtslage Deutschlands** bereitet hat.[17] Die bloß deklaratorische Funktion erhält vor dem Hintergrund des **Postulats der Identitätsthese** ihre zeitgenössische Plausibilität. Von dieser Frage des Verhältnisses von Bundesrepublik und Deutschem Reich zu trennen ist jedoch der Status der durch die alliierten Besatzungsmächte letztlich **völkerrechtlich konstituierten Provisorien.**[18] Dies und die entstehungsgeschichtliche Diskussion, mit der ursprünglich gegenteiligen Absicht, die spätere Bundesrepublik nicht mit dem Eintritt in die Verbindlichkeiten zu belasten,[19] sprechen gegen die deklaratorische Funktion. 7

Literatur

W. Hoepfner, Rechtliche Natur der bizonalen Wirtschaftsverwaltung, MDR 1948, 162. – ***H. A. Närger,*** Der Wirtschaftsrat, 1949. – ***T. Pünder,*** Das bizonale Interregnum, Die Geschichte des Vereinigten Wirtschaftsgebietes 1946–1949, 1966. – ***M. Stolleis,*** Besatzungsherrschaft und Wiederaufbau deutscher Staatlichkeit 1945–1949, in J. Isenseee/P. Kirchhof, Handbuch des Staatsrechts, Band I, § 7, 3. Aufl., 2003 – ***W. Weber,*** Der gegenwärtige Verwaltungsaufbau Deutschlands, 1948. – ***G. Winkler,*** Zweizonen-Wirtschaftsrat, 1947.

---

[17] *Mager* in v. Münch/Kunig, 6. Auflage 2012, Rn. 4.

[18] *Schwarz* in Maunz/Dürig Rn. 12 f.; *Dietlein* in MKS Rn. 1; aA *Wittreck* in Dreier Rn. 8 ff.; vgl. auch gegen die Identität des Vereinigten Wirtschaftsgebiets mit dem Deutschen Reich BGHZ 16, 275.

[19] Ebenso *Schwarz* in Maunz/Dürig Rn. 12 f.

Art. 134 [Übernahme des Reichsvermögens]

(1) Das Vermögen des Reiches wird grundsätzlich Bundesvermögen.

(2) [1]Soweit es nach seiner ursprünglichen Zweckbestimmung überwiegend für Verwaltungsaufgaben bestimmt war, die nach diesem Grundgesetze nicht Verwaltungsaufgaben des Bundes sind, ist es unentgeltlich auf die nunmehr zuständigen Aufgabenträger und, soweit es nach seiner gegenwärtigen, nicht nur vorübergehenden Benutzung Verwaltungsaufgaben dient, die nach diesem Grundgesetze nunmehr von den Ländern zu erfüllen sind, auf die Länder zu übertragen. [2]Der Bund kann auch sonstiges Vermögen den Ländern übertragen.

(3) Vermögen, das dem Reich von den Ländern und Gemeinden (Gemeindeverbänden) unentgeltlich zur Verfügung gestellt wurde, wird wiederum Vermögen der Länder und Gemeinden (Gemeindeverbände), soweit es nicht der Bund für eigene Verwaltungsaufgaben benötigt.

(4) Das Nähere regelt ein Bundesgesetz, das der Zustimmung des Bundesrates bedarf.

Einigungsvertrag

Art. 21 Verwaltungsvermögen

(1) Das Vermögen der Deutschen Demokratischen Republik, das unmittelbar bestimmten Verwaltungsaufgaben dient (Verwaltungsvermögen), wird Bundesvermögen, sofern es nicht nach seiner Zweckbestimmung am 1. Oktober 1989 überwiegend für Verwaltungsaufgaben bestimmt war, die nach dem Grundgesetz von Ländern, Gemeinden (Gemeindeverbänden) oder sonstigen Trägern öffentlicher Verwaltung wahrzunehmen sind. Soweit Verwaltungsvermögen überwiegend für Aufgaben des ehemaligen Ministeriums für Staatssicherheit/des Amtes für Nationale Sicherheit genutzt wurde, steht es der Treuhandanstalt zu, es sei denn, daß es nach dem genannten Zeitpunkt bereits neuen sozialen oder öffentlichen Zwecken zugeführt worden ist.

(2) Soweit Verwaltungsvermögen nicht Bundesvermögen gemäß Absatz 1 wird, steht es mit Wirksamwerden des Beitritts demjenigen Träger öffentlicher Verwaltung zu, der nach dem Grundgesetz für die Verwaltungsaufgabe zuständig ist.

(3) Vermögenswerte, die dem Zentralstaat oder den Ländern und Gemeinden (Gemeindeverbänden) von einer anderen Körperschaft des öffentlichen Rechts unentgeltlich zur Verfügung gestellt worden sind, werden an diese Körperschaft oder ihre Rechtsnachfolgerin unentgeltlich zurückübertragen; früheres Reichsvermögen wird Bundesvermögen.

(4) Soweit nach den Absätzen 1 bis 3 oder aufgrund eines Bundesgesetzes Verwaltungsvermögen Bundesvermögen wird, ist es für die Erfüllung öffentlicher Aufgaben in dem in Artikel 3 genannten Gebiet zu verwenden. Dies gilt auch für die Verwendung der Erlöse aus Veräußerungen von Vermögenswerten.

Art. 22 Finanzvermögen

(1) Öffentliches Vermögen von Rechtsträgern in dem in Artikel 3 genannten Gebiet einschließlich des Grundvermögens und des Vermögens in der Land- und Forstwirtschaft, das nicht unmittelbar bestimmten Verwaltungsaufgaben dient (Finanzvermögen), ausgenommen Vermögen der Sozialversicherung, unterliegt, soweit es nicht der Treuhandanstalt übertragen ist, oder durch Gesetz gemäß § 1 Abs. 1 Sätze 2 und 3 des Treuhandgesetzes Gemeinden, Städten oder Landkreisen übertragen wird, mit Wirksamwerden des Beitritts der Treuhandverwaltung des Bundes. Soweit Finanzvermögen überwiegend für Aufgaben des ehemaligen Ministeriums für Staatssicherheit/des Amtes für Nationale Sicherheit genutzt wurde, steht es der Treuhandanstalt zu, es sei denn, daß es nach dem 1. Oktober 1989 bereits neuen sozialen oder öffentlichen Zwecken zugeführt worden ist. Durch Bundesgesetz ist das Finanzvermögen auf den Bund und die in Artikel 1 genannten Länder so aufzuteilen, daß der Bund und die in Artikel 1 genannten Länder je die Hälfte des Vermögensgesamtwerts erhalten. An dem

Länderanteil sind die Gemeinden (Gemeindeverbände) angemessen zu beteiligen. Vermögenswerte, die hiernach der Bund erhält, sind zur Erfüllung öffentlicher Aufgaben in dem in Artikel 3 genannten Gebiet zu verwenden. Die Verteilung des Länderanteils auf die einzelnen Länder soll grundsätzlich so erfolgen, daß das Verhältnis der Gesamtwerte der den einzelnen Ländern übertragenen Vermögensteile dem Verhältnis der Bevölkerungszahlen dieser Länder mit Wirksamwerden des Beitritts ohne Berücksichtigung der Einwohnerzahl von Berlin (West) entspricht. Artikel 21 Abs. 3 ist entsprechend anzuwenden.

(2) Bis zu einer gesetzlichen Regelung wird das Finanzvermögen von den bisher zuständigen Behörden verwaltet, soweit nicht der Bundesminister der Finanzen die Übernahme der Verwaltung durch Behörden der Bundesvermögensverwaltung anordnet.

[Abs. 3, 4]

Übersicht

A. Allgemeine Bedeutung

I. Genese

1 Die Norm ist seit ihrer Annahme durch das Plenum **unverändert geblieben.** Während der Herrenchiemseer Entwurf noch keine Regelung dazu enthielt, wie mit dem Reichsvermögen umzugehen sein sollte, kamen Anstöße zu dieser Frage aus dem Ausschuss für Finanzfragen und sodann aus dem Allgemeinen Redaktionsausschuss die Frage, zum Entwurf eines Art. 143e führten. In der Diskussion war u. a. die **Frage des Vermögensbegriffs** und dessen Erstreckung auf die – nicht unbeträchtlichen – Schulden des Reichs. Gleiches galt für die Formulierung des „unentgeltlichen" Zurverfügungstellens. Verschiedene Formulierungsvarianten brachten auch die Diskussionen über Absatz 1 hervor. Ausgehend von der Wendung „ist Bundesvermögen" entwickelte sich die Norm sodann zu „wird grundsätzlich Bundesvermögen um zwischenzeitlichen **Verfügungen" durch die Alliierten** besser zu entsprechen.[1]

II. Inhaltsübersicht

2 „Art. 134 gehört in die Gruppe der **Übergangsvorschriften** [...]."[2] Diese Wendung findet sich standardmäßig in der Rechtsprechung zu dieser Norm. Das BVerfG will damit weniger eine Aussage zur systematischen Stellung unternehmen. Vielmehr eröffnet es damit typischerweise die Begründung dafür, dass die allgemeinen Maßstäbe der Verfassung in diesem Kontext nicht oder nur modifiziert gelten, denn es geht um die **Bewältigung des Staatsbankrotts** und um die Herstellung eines funktionsfähigen Staates.[3] Thema der Norm ist die Zuordnung des Reichsvermögens, sein wesentliches Regelungsprinzip die Verteilung gemäß der föderalistischen Struktur des GG.[4]

3 Anders als andere Übergangsbestimmungen des XI. Abschnitts entfaltete Art. 134 bis in die jüngere Zeit noch Bedeutung. Insofern kann man die Wirkung der Norm in drei Abschnitte fassen. Zunächst ging es um die **Überleitung des Reichsvermögens** in der jungen Bundesrepublik. Sodann stellte sich **mit der Wiedervereinigung** für das Gebiet der ehemaligen DDR die Frage, in welchem Verhältnis Art. 134 zu den Bestimmungen des EVertr. über die Zuordnung des Verwaltungs- und Finanzvermögens der DDR steht.[5] Im Westteil Berlins gelangte die Vorschrift mit dem Wegfall des „Govern-Vorbehalts" der Alliierten infolge des 2+4 Vertrags erstmalig uneingeschränkt zur Anwendung.[6] Und schließlich, drittens, ergaben sich auch auf dem Gebiet der alten Bundesländer neue Anwendungsprobleme des Art. 134 Abs. 3 hinsichtlich der ursprünglich dem Reich zugehörigen Liegenschaften, die mit dem Abzug der alliierten Streitkräfte nicht mehr zu deren Stationierung genutzt wurden.[7]

---

[1] Vgl. ausf. zur Entstehungsgeschichte *Brosius-Gersdorf* in Dreier Rn. 3 ff.; *Schwarz* in Maunz/Dürig Rn. 1 f.
[2] BVerfG NVwz 2002, 1366 (1366).
[3] BVerfGE 15, 126 (141); 95, 250 (264).
[4] BVerfGE 95, 250 (263); *Brosius-Gersdorf* in Dreier Rn. 9.
[5] → Rn. 12 ff.
[6] → Rn. 21.
[7] → Rn. 31 ff.

III. Überstaatliche Bezüge

Die Frage, wie das Reichsvermögen zu verteilen war und ist, ergibt sich aus nationalem Verfassungsrecht. **Völker- und unionsrechtliche** Maßstäbe stehen ebensowenig zur Verfügung wie auf Landesverfassungsrecht zurückgegriffen werden kann.[8] Umgekehrt enthält Art. 134 GG auch keine Aussage über die Zuordnung von außerhalb der Grenzen der Bundesrepublik belegenem Reichsvermögen zur Bundesrepublik als Völkerrechtssubjekt.[9] Diese Frage bestimmt sich vielmehr nach völkerrechtlichen Maßstäben. 4

IV. Systematischer Zusammenhang

Die Norm gehört zur Gruppe der Übergangsvorschriften zur Neuordnung des Vermögens nach dem Zusammenbruch. Sie regelt das Reichsvermögen, während Art. 135 Ländervermögen betrifft. Weil umstritten war, ob der in Art. 134 verwandte Vermögensbegriff auch die Passiven des Reichs erfasste, wurde 1957 ein klärender Art. 135a eingefügt.[10] 5

B. Einzelfragen

I. Das Vermögen des Reiches wird grundsätzlich Bundesvermögen (Art. 134 Abs. 1)

1. Unmittelbare Vermögenszuordnung. Art. 134 Abs. 1 enthält als **grundlegendes Verteilungsprinzip** die Zuordnung des Reichsvermögens zum Bund. Die Formulierung „wird […] Bundesvermögen" anstelle von „ist […] Bundesvermögen" hat Anlass für das Argument gegeben, die Bundesrepublik sei nicht (zumindest teil-) identisch mit dem Reich, sondern dessen Rechtsnachfolgerin. Die Entstehungsgeschichte spricht eher gegen dieses Argument. Von der zunächst vorgeschlagenen Formulierung „ist […] Bundesvermögen" nahm der ParlRat vor dem Hintergrund der **alliierten Gesetzgebung** über das Reichsvermögen Abstand. Die Besatzungsmächte hatten zT bereits vor,[11] zT noch nach Erlass des GG[12] das Reichsvermögen auf die Länder (zT nur zur treuhänderischen Verwaltung bis zur Wiederherstellung des Deutschen Reiches) übertragen. Erst mit der Aufhebung dieser dem GG vorgehenden Gesetze durch das Gesetz Nr. A-16 v. 4.5.1951[13] konnte das betreffende Vermögen des Reichs Bundesvermögen werden.[14] Umstritten war, ob zu diesem Zeitpunkt die Vermögenszuordnung zum Bund unmittelbar von Verfassungs wegen oder erst auf der Basis eines Gesetzes nach Art. 134 Abs. 4 erfolgen würde.[15] Die hM sah und sieht in Art. 134 Abs. 1 jedoch eine **unmittelbar wirkende Vermögenszuordnung.**[16] 6

---

[8] Ebenso *Brosius-Gersdorf* in Dreier Rn. 8.

[9] → Rn. 10 ff.

[10] G v. 22.10.1957, BGBl. I 1745.

[11] US-Militärregierungsgesetz Nr. 19 v. 20.4.1949 (MRABl. Ausg. N, 9).

[12] VO Nr. 215 der frz. MR v. 3.6.1949; VO Nr. 202 der brit. MR v. 9.6.1949.

[13] AHK ABl. 1951, 881.

[14] S. dazu auch *Schwarz* in Maunz/Dürig Rn. 1; *Zuleeg* in AK Rn. 3; *Friauf* in HdbStR IV, 1. Auflage 1990, § 90 Rn. 19; *Brosius-Gersdorf* in Dreier Rn. 9 f.; *Koch* in Sachs Rn. 4; *Mußgnug/Hufeld* in BK Rn. 73 ff.

[15] Dazu ausf. *Holtkotten* in BK, Erstbearb., Bem. II A 1 (7 ff.).

[16] *Schwarz* in Maunz/Dürig Rn. 10; *Dietlein* in MKS Rn. 2; *Zuleeg* in AK Rn. 2; *Jarass* in Jarass/Pieroth Rn. 3; sa BVerwGE 111, 188 (192); *Kaltenborn/Barczak* in BeckOK GG Rn 2.

7 Die von *Holtkotten* vertretene Auffassung, dass bis zum Erlass eines ausführenden Gesetzes ein eigentümerloses Sondervermögen entstehe,[17] überzeugt vor der Entstehungsgeschichte und dem Wortlaut nicht. Insbesondere kann die Programmsatzthese nicht durch die Wendung **„grundsätzlich" begründet werden.** Diese Einschränkung verweist vielmehr auf die in Abs. 2 u. 3 geregelten Ausnahmen.[18] Der Streit hat mit Erlass des **Reichsvermögensgesetzes (RVG)**[19] seine Bedeutung verloren.[20] Dort heißt es in § 1 Abs. 1 S. 1 „Eigentum und sonstige Vermögensrechte, die dem Deutschen Reich am oder nach dem 8. Mai 1945 zustanden, sind Vermögen des Bundes". Im Kontext der Frage, welche Rechtsfolgen die Erstreckung des Art. 134 auf das Gebiet der ehemaligen DDR hat, gewann dieser Streit noch einmal an Aktualität, die hM von der unmittelbaren Geltung der Vorschrift sollte sich dadurch freilich nicht ändern.[21]

8 **2. Vermögensbegriff.** Mit dem Begriff „Vermögen des Reiches" ist sowohl das **Verwaltungs-** als auch das **Finanzvermögen** gemeint.[22] Zum Verwaltungsvermögen gehören diejenigen Gegenstände, die der Verwaltung unmittelbar zur Erfüllung ihrer Aufgaben dienen; demgegenüber erfüllt das Finanzvermögen staatliche Zwecken nur mittelbar, indem es durch seinen Wert oder seine Erträge fiskalische Mittel zur staatlichen Aufgabenerfüllung beisteuert[23].

9 Umstritten war, ob neben den **Aktiva** auch die **Passiva des Reichs,** also dessen Schulden, die sich bei Kriegsende auf etwa 800 Milliarden Reichsmark beliefen,[24] von Art. 134 erfasst sind.[25] Der Streit hat zur Einfügung des **Art. 135a** (GG aF, nunmehr Art. 135a Abs. 1) durch G v. 22.10.1957[26] geführt und sich damit erledigt.[27] Das BVerfG hat es insoweit dahin stehen lassen, ob der Begriff des Vermögens auch die Passiva meine, da der Gesetzgeber auf der Grundlage des Art. 134 Abs. 4 jedenfalls befugt gewesen sei, eine Regelung über die Schulden des Reiches zu treffen.[28] Art. 135a GG aF enthalte daher nur eine Legaldefinition.[29]

---

[17] *Holtkotten* in BK, Erstbearb., Bem. II A 2, 3 (10 ff.).

[18] *Dietlein* in MKS Rn. 2; krit. zum Begriff der Ausnahme *Mußgnug/Hufeld* in BK Rn. 80; die Bezeichnung trifft in der Tat nur im regelungstechnischen Sinne zu.

[19] RVG v. 16.5.1961, BGBl. 1961 I 597; s. dazu *Bunese* DVBl. 1961, 398; *Mußgnug/Hufeld* in BK Rn. 87 ff.

[20] *Rodenbach* in SHH Rn. 10; *Dietlein* in MKS Rn. 2; *Mußgnug/Hufeld* in BK Rn. 78.

[21] S. dazu *Hahn,* Voraussetzungen und Umfang des Rechtserwerbs nach Art. 21 Abs. 3 Einigungsvertrag und dessen Verhältnis zu den Art. 134 und Art. 135 GG, 1993, 19 ff.; *Eckert,* Öffentliches Vermögen der ehemaligen DDR und Einigungsvertrag, 1994, 217 ff., 224.

[22] AllgM, s. nur *Jarass* in Jarass/Pieroth Rn. 3; *Brosius-Gersdorf* in Dreier Rn. 11; *Schwarz* in Maunz/Dürig Rn. 11; *Zuleeg* in AK Rn. 3; *Friauf* in HdbStR IV, 1. Auflage 1990, § 90 Rn. 21.

[23] S. *Friauf* in HdbStR IV, 1. Auflage 1990, § 90 Rn. 28 ff.; *Isensee* in HdbStR V § 122 Rn. 36, 87.

[24] *Weiler* in MDR 1957, 705; sa *Maunz* in Maunz/Dürig Anm. II zu Art. 135a.

[25] Ausdrücklich verneinend *v. Mangoldt,* 1. Auflage 1953, Anm. 2; *Holtkotten* in BK, Erstbearb., Bem. II A 7 (38); *Hamann* in Hamann/Lenz Kap. A 3; bejahend bzw. differenzierend *Schwarz* in Maunz/Dürig Rn. 12; *Zuleeg* in AK Rn. 5; *Friauf* in HdbStR IV, 1. Auflage 1990, § 90 Rn. 20; *Jarass* in Jarass/Pieroth Rn. 3; *Koch* in Sachs Rn. 6; BVerwGE 96, 231 (234); BGHZ 128, 393 (399).

[26] BGBl. 1957 I 1745.

[27] *Brosius-Gersdorf* in Dreier Rn. 11; *Dietlein* in MKS Rn. 3; *Kaltenborn/Barczak* in BeckOK GG Rn. 1.

[28] BVerfGE 15, 126 (134); insoweit auch *Holtkotten* in BK, Erstbearb., Bem. II B 1 (38 f.); krit. *Friauf* in HdbStR IV, 1. Auflage 1990, § 90 Rn. 20.

[29] BVerfGE 15, 126 (134); zur Auslegung des Art. 134 Abs. 4 noch → Rn. 35.

3. Unerheblichkeit der Belegenheit. Dem Wortlaut nach enthält Art. 134 keine Unterscheidung hinsichtlich der **Belegenheit** des Reichsvermögens **im In- oder Ausland.** Dies erlaubt jedoch nicht den Schluss, dass Art. 134 Geltung für außerhalb des Hoheitsgebiets belegenes Vermögen beanspruchen kann. Art. 134 regelt vielmehr allein die Verteilung von Reichsvermögen zwischen Bund und Ländern ungeachtet ihrer Belegenheit und trifft keine Aussage über die Zuordnung von außerhalb der Grenzen der Bundesrepublik belegenem Reichsvermögen zum Völkerrechtssubjekt Bundesrepublik Deutschland.[30] Diese Frage unterfällt dem Rechtsregime des Völkerrechts.[31] 10

Wenn danach eine Zuordnung zur Bundesrepublik erfolgt, gilt auch das Regime des Art. 134. Vereinbar mit dieser Auslegung ist, dass die BReg **völkerrechtliche Vereinbarungen** über die Übernahme im Ausland belegener Vermögenswerte des Reiches, namentlich als Botschaften genutzte Liegenschaften, getroffen hat. Danach ließ sich auf der Grundlage von Art. 134 auch schon vor Abschluss des Moskauer Vertrages v. 12.8.1970[32] und des Warschauer Vertrages v. 7.12.1970[33] und der darin enthaltenen Anerkennung der Grenzen kein Anspruch auf in den ehemaligen Ostgebieten belegenes Reichsvermögen erheben.[34] Ohne Bedeutung für Art. 134 sind daher auch der Deutsch-Sowjetische Partnerschaftsvertrag v. 9.11.1990[35] und der Deutsch-Polnische Grenzvertrag v. 14.11.1990,[36] in denen ein weiteres Mal die Unantastbarkeit der Grenzen bestätigt wird. Das Ausgeführte zur Reichweite galt auch für ehemaliges Reichsvermögen auf dem Gebiet der DDR, solange diese existierte.[37] 11

4. Funktion im Rahmen der Wiedervereinigung. Durch die **Wiedervereinigung** hat sich der räumliche Anwendungsbereich des Art. 134 auf das Gebiet der ehemaligen DDR erstreckt.[38] Die Folgen dürfen aber nicht überschätzt werden. Denn die Vorschrift läuft dann praktisch leer, sofern es bei der Wiedervereinigung auf diesem Gebiet kein Reichsvermögen mehr gab. Für diese Auslegung spricht, dass das frühere Reichsvermögen **während der Existenz der DDR** durch verschiedene Rechtsakte auf diverse Rechtsträger bereits verteilt, insbesondere in Volkseigentum überführt worden war.[39] Allerdings enthalten die Vorschriften über die Zuordnung des öffentlichen Vermögens der DDR in Art. 21 Abs. 3 Hs. 2 EVertr. bezüglich des Verwaltungs- 12

[30] AA *Fastenrath* DVBl. 1986, 1039 (1043).

[31] Ebenso mwN *Schwarz* in Maunz/Dürig Rn. 13.

[32] BGBl. 1972 II 354.

[33] BGBl. 1972 II 362.

[34] So auch die hM, s. nur *Schwarz* in Maunz/Dürig Rn. 13; *Stern,* StaatsR II, 1980, § 51 I 3a; aA wohl *Fastenrath* DVBl. 1986, 1039 (1044) Fn. 44.

[35] BGBl. 1991 II 702.

[36] BGBl. 1991 II 1328.

[37] S. dazu *Schwarz* in Maunz/Dürig Rn. 13; *Stern,* StaatsR II, 1980, § 51 I 3a.

[38] Vgl. Art. 3, 4 EVertr.; sa *Bartlsperger,* Der Rückfall stationierungsrechtlich genutzten früheren Reichsvermögens – Zur Ausführung und Anwendung des Art. 134 GG, 1994, 185; *Eckert,* Öffentliches Vermögen der ehemaligen DDR und Einigungsvertrag, 1994, 210 ff. (213); *Hahn,* Voraussetzungen und Umfang des Rechtserwerbs nach Art. 21 Abs. 3 Einigungsvertrag und dessen Verhältnis zu den Art. 134 und Art. 135 GG, 1993, 13 ff., 19; *Mußgnug/Hufeld* in BK Rn. 46 ff., 50, 101.

[39] *Hahn,* Voraussetzungen und Umfang des Rechtserwerbs nach Art. 21 Abs. 3 Einigungsvertrag und dessen Verhältnis zu den Art. 134 und Art. 135 GG, 1993, 27 ff.; *Eckert,* Öffentliches Vermögen der ehemaligen DDR und Einigungsvertrag, 1994, 227 ff.; ebenso das BVerwG, → Rn. 18.

vermögens und in Art. 22 Abs. 1 S. 7 EVertr. bezüglich des Finanzvermögens eine Restitutionsvorschrift, wonach nicht nur Vermögenswerte, die zu DDR-Zeiten unentgeltlich von einem öffentlich-rechtlichen Vermögensträger auf einen anderen übertragen worden sind, rückabgewickelt werden, sondern worin auch bestimmt ist, „früheres Reichsvermögen wird Bundesvermögen".

13 Die Auslegung des **Art. 21 Abs. 3 EVertr.** insgesamt und des 2. Hs. insbesondere werfen entsprechend ebenso schwierige wie praktisch relevante Probleme auf.[40] Zum einen wird vertreten, dass es sich bei Art. 21 Abs. 3 Hs. 2 EVertr. um eine abschließende Sonderregelung handele, mit der Folge, dass das frühere Reichsvermögen endgültig beim Bund verbleibt.[41] Begründet wird dies insbesondere mit der **Entstehungsgeschichte** des Art. 21 EVertr. Danach sollte sich die Aufteilung des Verwaltungsvermögens ursprünglich allein nach dem in Art. 21 Abs. 1 u. 2 EVertr. normierten Funktionsträgerprinzip richten. Demgegenüber äußerten die DDR-Verhandlungsführer den Wunsch, eine Rechtsgrundlage für die Rückabwicklung der während des Bestehens der DDR zugunsten des Zentralstaates vorgenommenen unentgeltlichen Verfügungen einzufügen. Da diese Forderung die ursprüngliche Konzeption zu Lasten des Bundes verschob, verlangten die Verhandlungsführer der Bundesrepublik, dass zum Ausgleich das frühere Reichsvermögen an den Bund fallen solle.[42]

14 Nicht bedacht wurde dabei anscheinend, dass ein erheblicher Teil des früheren Reichsvermögens seinerseits auf den sog. **„Verreichlichungsmaßnahmen"** im Nationalsozialismus beruhte, durch die insbesondere Zwecken der Polizei, der Finanzverwaltung und der Justiz dienende Liegenschaften unentgeltlich an das Reich übertragen worden waren.[43] Nach anderer Auffassung soll auf das durch die Rückabwicklung nach Art. 21 Abs. 3 EVertr. „wiederhergestellte" Reichsvermögen Art. 134, insbesondere dessen Abs. 2 und 3 zur Anwendung gelangen. Zur Begründung wird der Vorrang der Verfassung angeführt, der einer lex-specialis-Interpretation des Art. 21 Abs. 3 EVertr. entgegenstehe und dessen verfassungskonforme Auslegung verlange.[44] Die Auseinandersetzung lässt sich auf die streitentscheidende Frage zurückführen, ob das „frühere Reichsvermögen" iSd Art. 21 Abs. 3 Hs. 2 EVertr. „Vermögen des Deutschen Reiches" iSd Art. 134 ist.

15 Die praktische Relevanz dieser Streitfrage wäre deutlich geringer, wenn man entgegen der hM[45] der Restitution gem. Art. 21 Abs. 3 EVertr. keinen

---

[40] S. nur *Hahn,* Voraussetzungen und Umfang des Rechtserwerbs nach Art. 21 Abs. 3 Einigungsvertrag und dessen Verhältnis zu den Art. 134 und Art. 135 GG, 1993, 56 ff.; *Eckert,* Öffentliches Vermögen der ehemaligen DDR und Einigungsvertrag, 1994, 41 ff.; *Löwer* SächsVBl. 1993, 97 (100 ff.); *Ossenbühl* in HdbStR IX, 1. Auflage 1997, § 212 Rn. 83 f.

[41] So auch die Auffassung der BReg., s. BT-Drs. 12/4065; 12/5553, 218.

[42] S. zur Entstehungsgeschichte die Denkschrift zum EVertr. BT-Drs. 11/7760, 365; *Fiedler* DVBl. 1990, 1263 (1268); *Lange* DtZ 1991, 329 (332).

[43] *Früh* LKV 1992, 150 (153); zu den sog. Verreichlichungsmaßnahmen → Rn. 31.

[44] Ausf. *Bartlsperger,* Der Rückfall stationierungsrechtlich genutzten früheren Reichsvermögens – Zur Ausführung und Anwendung des Art. 134 GG, 1994, 188 ff., 211 ff., 216; sa *Früh* NJ 1992, 75 (76); *Früh* NJ 1993, 302; *Mußgnug/Hufeld* in BK Rn. 50; *Berlit,* Ländervermögen im Bundesstaat. Die Vermögensverteilung zwischen Bund und ostdeutschen Ländern als föderales Problem, 1994, 290; zum Standpunkt der (neuen) Bundesländer s. BT-Drs. 12/5553, 208; zum Verfassungsdissens zwischen BT/BReg. und BR s. *Berlit,* Ländervermögen im Bundesstaat. Die Vermögensverteilung zwischen Bund und ostdeutschen Ländern als föderales Problem, 1994, 352; *Mußgnug/Hufeld* in BK Rn. 120.

[45] *Hahn,* Voraussetzungen und Umfang des Rechtserwerbs nach Art. 21 Abs. 3 Einigungsvertrag und dessen Verhältnis zu den Art. 134 und 135 GG, 1993, 72 ff., 78; *Eckert,*

uneingeschränkten Vorrang vor dem, dem **Funktionsträgerprinzip** folgenden, Art. 21 Abs. 1 u. 2 EVertr. zubilligte.[46] Angesichts der Tatsache, dass die betroffenen Bundesländer bei uneingeschränkter Durchführung des **Restitutionsgrundsatzes** schlechter stehen als bei der Aufteilung nach dem Funktionsträgerprinzip, die Verhandlungsführer der DDR mit ihrer Forderung nach Restitution jedoch eine Besserstellung und keine Schlechterstellung der zukünftigen Länder und Gemeinden angestrebt haben, spricht einiges dafür, Art. 21 Abs. 3 EVertr. dahingehend auszulegen, dass er nur insoweit Rückübertragungsansprüche gewährt, als er die Vermögenszuordnungen nach Art. 21 Abs. 1 u. 2 EVertr. (hinsichtlich des Verwaltungsvermögens) bzw. nach Art. 22 EVertr. (hinsichtlich des Finanzvermögens) nicht zu Lasten von Ländern und Gemeinden verändert. Art. 21 Abs. 3 Hs. 2 EVertr. beschränkte sich dann darauf, dass der Bund einem Rückübertragungsanspruch ggf. die Eigenschaft „früheres Reichsvermögen" als „älteres Recht" entgegenhalten könnte.[47]

Diese zunächst plausible Auslegung lässt sich der hM vom **uneingeschränkten Restitutionsvorrang** mittlerweile allerdings nicht mehr entgegenhalten, da der Gesetzgeber im Blick auf diese Schwierigkeiten bei der Zuordnung des öffentlichen Vermögens nach dem Restitutionsprinzip und im Blick auf die für die neuen Länder vielfach belastenden Folgen seinerseits korrigierend tätig geworden ist. Durch Art. 16 des G zur Vereinfachung und Beschleunigung registerrechtlicher und anderer Verfahren (RegisterverfahrensbeschleunigungsG) v. 20.12.1993[48] hat er das Vermögenszuordnungsgesetz um einen § 16 ergänzt, der iVm § 11 Abs. 1 bestimmt, dass der Eigentumserwerb früheren Reichsvermögens gem. Art. 21 Abs. 3 Hs. 2 und nach Art. 22 Abs. 1 S. 7 EVertr. unter bestimmten Umständen nicht eintritt, ua wenn die Vermögensgegenstände bei Inkrafttreten dieser Vorschrift für eine öffentliche Aufgabe entsprechend den Art. 21, 26, 27 u. 36 EVertr. genutzt werden. Damit findet einerseits zwar die hM vom grundsätzlichen Vorrang des Restitutionsprinzips (Art. 21 Abs. 3 EVertr.) dem Wortlaut nach Bestätigung, andererseits wird jedoch zumindest für das Verwaltungsvermögen das **Funktionsträgerprinzip** tatsächlich wiederhergestellt.[49] 16

Eine unzulässige Änderung des nach dem Beitritt als Bundesrecht fortgeltenden EVertr. (Art. 45 Abs. 2 EVertr.) liegt darin nicht, denn der EVertr. kann wie jedes Bundesgesetz geändert werden. Abgesehen von ausdrücklichen Abweichungsverboten[50] ergeben sich Grenzen hierfür nur aus Art. 44 EVertr., wonach Rechte aus dem Vertrag zugunsten der DDR oder der neuen Bundesländer **nach Wirksamwerden des Beitritts** von jedem dieser Länder geltend gemacht werden können. Angesichts der herrschenden Auslegung der Art. 21, 22 EVertr., aber auch nur unter Berücksichtigung der 17

Öffentliches Vermögen der ehemaligen DDR und Einigungsvertrag, 1994, 170 ff., 179; *Lange* DtZ 1991, 329 (333); *Früh* LKV 1992, 150 (151); sa BVerwGE 99, 283 (285 f.).

[46] So *Löwer* SächsVBl. 1993, 97 (107).

[47] So *Weise* ZIP 1992, 1357 (1364 f.).

[48] BGBl. 1993 I 2182.

[49] Vgl. die amtl. Begründung BT-Drs. 12/5553, 218; sa *Ossenbühl* in HdbStR IX, 1. Auflage 1997, § 212 Rn. 84; *Dietlein* in MKS Rn. 21; *Mußgnug/Hufeld* in BK Rn. 121 ff.; krit. *Richter,* Die Ansprüche der neuen Bundesländer auf aufgabengerechte Vermögensausstattung und Vermögensrestitution, 1998, 187; *Berlit,* Ländervermögen im Bundesstaat. Die Vermögensverteilung zwischen Bund und ostdeutschen Ländern als föderales Problem, 1994, 355 f.

[50] Vgl. zB Art. 41 Abs. 3 EVertr.

Auslegungsdifferenzen lässt sich in dem neuen § 16 Vermögenszuordnungsgesetz keine Abweichung zu Lasten der neuen Bundesländer erblicken. Diese haben sich auch nicht gegen die in § 16 Vermögenszuordnungsgesetz liegende Modifizierung des Art. 21 EVertr. verwahrt.[51]

18 Schließlich zwingt auch Art. 134 nicht zu einer anderen Bewertung. Dies hat das BVerwG in seiner grundlegenden Entscheidung v. 28.9.1995[52] überzeugend begründet: Da die DDR das Reichsvermögen bereits im Jahre 1950 in Volkseigentum überführt habe, sei bei ihrem Beitritt zum GG kein Reichsvermögen mehr vorhanden gewesen. **„Früheres Reichsvermögen" iSd Art. 21 Abs. 3 Hs. 2 EVertr. ist** angesichts der Verfügungen über diese Vermögenswerte zu DDR-Zeiten **kein „Vermögen des Deutschen Reiches" iSd Art. 134** mehr. Derartiges Reichsvermögen wird auch nicht durch Art. 21 Abs. 3 Hs. 2 EVertr. wiederhergestellt. Mit der Wiedervereinigung habe der Gesetzgeber daher lediglich das **vorgefundene Volkseigentum** auf die Träger öffentlicher Aufgaben zu verteilen gehabt. Zu einer Regelung in Analogie zu Art. 134 oder zur Rückabwicklung der „überholten" Vermögensverschiebungen aus der Zeit des nationalsozialistischen Regimes sei er angesichts der rechtlich und tatsächlich veränderten und mit der Nachkriegssituation nicht vergleichbaren Ausgangslage des Jahres 1990 nicht verpflichtet gewesen.

19 Diese Auffassung teilt auch das BVerfG.[53] Art. 134 habe als Übergangsvorschrift für die Restitution von Vermögensgegenständen, die sich im Eigentum des Deutschen Reichs befanden, nur eine Sonderregelung für die im Jahre 1949 vorgefundene Aufgabe des Neuanfangs getroffen. Vorschriften, die die Neuordnung des öffentlichen Vermögens nach einem Staatsbankrott zum Gegenstand hätten, dienten **nicht der Abrechnung über die Vergangenheit,** sondern sollten vor allem eine Grundlage für die zukünftige Entwicklung des Staates schaffen. Die Bereinigung des Staatsbankrotts habe daher von der jeweils gegebenen konkreten Situation auszugehen und das hinterlassene öffentliche Vermögen auf die Träger öffentlicher Aufgaben in einer Weise zuzuordnen, die ihnen die Erfüllung der von ihnen wahrzunehmenden Aufgaben ermögliche.[54]

20 In der Literatur ist diese Rechtsprechung teilweise deutlich kritisiert worden.[55] Entscheidend ist in der Tat der Gedanke der Vergleichbarkeit: zum einen im Hinblick auf die Gleichartigkeit der Übergangssituationen, die das BVerwG zutreffend verneint; zum anderen im Hinblick auf eine aufgabengerechte Vermögensausstattung, die Art. 134 für die alten Bundesländer bewirkt hatte, die infolge des missglückten „Kompromisses" auf der Grundlage von Art. 21 EVertr. für die neuen Bundesländer jedoch nicht gesichert schien. Die Auffassung von der sachlichen Anwendbarkeit des Art. 134 im Beitrittsgebiet gewinnt ihre Plausibilität nun gerade daraus, dass sie die in der **unzureichenden Vermögensausstattung** liegende Benach-

---

[51] Krit. *Richter,* Die Ansprüche der neuen Bundesländer auf aufgabengerechte Vermögensausstattung und Vermögensrestitution, 1998, 239 f.

[52] BVerwGE 99, 283 (289 f.).

[53] BVerfGE 95, 250 (264 f.).

[54] BVerfGE 95, 250 (264 f.).

[55] Abl. *Berlit* LKV 1996, 125 ff.; *Koch* in Sachs Rn. 18 ff.; *Mußgnug/Hufeld* in BK Rn. 51 ff., 114, 116 ff.; zust. *Jarass* in Jarass/Pieroth Rn. 2; *Zuleeg* in AK Rn. 4; *Umbach/Clemens* in Umbach/Clemens Rn. 3; *Rodenbach* in SHH Rn. 27; in der Begründung auf Art. 135a verweisend, iErg aber ebenfalls für Unanwendbarkeit des Art. 134 *Dietlein* in MKS Rn. 15 ff.; *Dietlein,* Nachfolge im Öffentlichen Recht, 1999, 556 ff., 565.

teiligung der neuen Bundesländer durch strikte Gleichbehandlung mit den alten Bundesländern beseitigt. Verfassungsrechtlich gefordert ist aber nur eine angemessene Finanzausstattung, nicht auch die identische Regelung der erheblich voneinander abweichenden Übergangssituationen.[56] Da mit dem Erlass des **Registerverfahrensbeschleunigungsgesetzes** dem eigentlichen Anliegen einer angemessenen Ausstattung der neuen Bundesländer Rechnung getragen ist, sind die Gründe für eine interpretatorische Verbesserung des Art. 21 Abs. 3 Hs. 2 EVertr. mit Hilfe des Art. 134 entfallen.[57]

5. Berlin (West). Für den **Westteil Berlins** sind durch die Suspendie- 21
rungserklärung v. 1.10.1990[58] und endgültig mit dem Inkrafttreten des 2+4 Vertrages v. 12.9.1990[59] am 15.5.1991, insbesondere dessen Art. 7, die alliierten Vorbehalte, die der Anwendung des Art. 134 bisher entgegenstanden,[60] entfallen.[61] Hinsichtlich des Vermögens der Deutschen Reichsbahn in Berlin (West) enthält Art. 26 EVertr. eine einfachgesetzliche Regelung, die im Einklang mit dem Grundsatz des Art. 134 Abs. 1 steht und somit von der Gesetzgebungsbefugnis des Art. 134 Abs. 4 gedeckt ist.[62] Die Bestimmungen des RVG wurden durch § 1 des 6. Überleitungsgesetzes[63] mit Wirkung vom 3.10.1990 auch in West-Berlin in Kraft gesetzt, mit der Folge, dass nun auch die **Rückfallregelung gem. § 5 RVermG,** insbesondere die Fristenregelung, Anwendung fand.[64] Das BVerfG sah darin keinen Verstoß gegen die Maßstäbe von Art. 134 Abs. 3 und Abs. 4.[65] Einen unmittelbaren Anspruch auf das Rückfallvermögen aus Abs. 3 schloss dagegen das BVerwG aus, so dass Rückfallansprüche mit Ablauf des 2.10.1991 mangels Geltendmachung des Landes untergegangen sind.[66]

II. Ausnahme: Verwaltungsvermögen des Reiches (Art. 134 Abs. 2 S. 1)

Art. 134 Abs. 2 S. 1 schreibt für das Verwaltungsvermögen des Reiches 22
eine Ausnahme von der Vermögenszuordnung zum Bund im Interesse der Zuordnung gemäß dem föderalistischen Staatsaufbau der Bundesrepublik vor.[67] Im Blick auf die Struktur und Verteilung der Verwaltungskompetenzen

[56] Sa BVerfGE 95, 250 (Ls. 2, 262 f., 264 f.).

[57] IE auch *Brosius-Gersdorf* in Dreier Rn. 10; vgl. auch *Mußgnug/Hufeld* in BK Rn. 125 f.; krit. *Richter,* Die Ansprüche der neuen Bundesländer auf aufgabengerechte Vermögensausstattung und Vermögensrestitution, 1998, 243 Fn. 8; *Berlit,* Ländervermögen im Bundesstaat. Die Vermögensverteilung zwischen Bund und ostdeutschen Ländern als föderales Problem, 1994, 329 ff.

[58] BGBl. 1990 II 1331.

[59] BGBl. 1990 II 1318.

[60] S. dazu ausf. *Zieger* in v. Münch/Kunig, 2. Auflage 1983, Rn. 7 ff. mwN; *Bartlsperger,* Der Rückfall stationierungsrechtlich genutzten früheren Reichsvermögens – Zur Ausführung und Anwendung des Art. 134 GG, 1994, 156 ff.; *Schröder* FS f. Mampel, 1983, 71 ff.; *Schröder* ROW 1982, 237 – zur Reichsbahn.

[61] *Brosius-Gersdorf* in Dreier Rn. 10; sa *Raap* BayVBl. 1991, 196; sowie *Rauschning* DVBl. 1990, 1275 (1283).

[62] Zum Art. 134 Abs. 4 → Rn. 35 ff.

[63] BGBl. 1990 I 2106.

[64] *Dietlein* in MKS Rn. 17; dazu *Brosius-Gersdorf* in Dreier Rn. 10; zu den sich daraus ergebenden Problemen s. BVerfGE 119, 394 ff.; sa *Geulen* LKV 2005, 158.

[65] BVerfGE 119, 394 ff.; dazu *Brunn* LKV 2012, 289.

[66] BVerwGE 147, 348.

[67] S. nur *Friauf* in HdbStR IV, 1. Auflage 1990, § 90 Rn. 22; *Ipsen/Koch* DVBl. 1993, 1 (3).

zwischen Bund und Ländern gilt der **Grundsatz der Funktionsnachfolge.**[68] In beiden Varianten des S. 1 findet die Übertragung nicht schon unmittelbar durch die Verfassung statt, sondern sie bedarf der gesetzlichen Regelung.[69] Der Bund ist bis zur endgültigen Zuordnung Zwischeneigentümer.[70] Während der erste Halbsatz an den Wechsel der Zuständigkeit anknüpft, stellt der zweite Halbssatz auf die Nutzung ab.

23 **1. Soweit es nach seiner ursprünglichen Zweckbestimmung überwiegend für Verwaltungsaufgaben bestimmt war, die nach diesem Grundgesetz nicht Verwaltungsaufgaben des Bundes sind (Art. 134 Abs. 2 S. 1 Hs. 1).** Der erste Halbsatz bestimmt die Zuordnung von Reichsvermögen, welches Verwaltungsaufgaben gedient hat, die nach dem GG nunmehr nicht mehr zentralstaatlich wahrzunehmen sind. Die Vorschrift reagiert damit auf den **Wechsel der Aufgabenzuständigkeit.** Maßgeblich für die Zuordnung zum Reichsverwaltungsvermögen ist die ursprüngliche **Zweckbestimmung des Vermögenswertes.** „Ursprünglich" meint die Zweckbestimmung vor der Kapitulation am 8.5.1945.[71] Erfasst ist solches Vermögen, das zu diesem Zeitpunkt Verwaltungsaufgaben diente, die „nach dem GG nicht Aufgaben des Bundes sind". Hierzu gehört die ureigenste Landesverwaltung ebenso wie die Landeseigenverwaltung gem. Art. 84 und die Bundesauftragsverwaltung gem. Art. 85. Des Weiteren ist die kommunale Selbstverwaltung sowie diejenige sonstiger landesunmittelbarer juristischer Personen des öffentlichen Rechts erfasst.[72] Für dieses Vermögen ordnet Art. 134 Abs. 2 S. 1 Hs. 1 die unentgeltliche Übertragung auf die jeweiligen Funktionsnachfolger an.

24 **2. Soweit es nach seiner gegenwärtigen, nicht nur vorübergehenden Benutzung Verwaltungsaufgaben dient, die nach diesem Grundgesetz nunmehr von den Ländern zu erfüllen sind (Art. 134 Abs. 2 S. 1 Hs. 2).** Nach dem zweiten Halbsatz bestimmt sich die Zuordnung von Vermögenswerten des Reiches zum Verwaltungsvermögen nach der „gegenwärtigen, nicht nur vorübergehenden Benutzung". Diese Formulierung legt nahe, dass es auf den Zeitpunkt des Inkrafttretens des GG ankomme. Abweichend hiervon hat das die verfassungsrechtliche Vorschrift ausführende RVG[73] jedoch den Zeitpunkt seines Inkrafttretens für maßgeblich erklärt (§ 3 RVG iVm § 22 Abs. 1 RVG: 1.8.1961), da anderenfalls die zwischenzeitliche **zehnjährige Entwicklung** unberücksichtigt geblieben wäre.[74] Diente Reichsvermögen zum maßgeblichen Zeitpunkt Verwaltungsaufgaben der Länder, so ordnet Art. 134 Abs. 2 S. 1 die unentgeltliche Übertragung auf eben jene an. Erfasst ist damit Reichsvermögen, das nicht schon durch Änderung der Aufgabenträgerschaft, sondern erst durch eine **Zweckänderung** in den Dienst von Landesaufgaben gestellt wurde.

---

[68] *Brosius-Gersdorf* in Dreier Rn. 13 ff.; *Koch* in Sachs Rn. 8: Funktionsprinzip; *Mußgnug/Hufeld* in BK Rn. 57, 59: Akzessorietätsprinzip; *Dietlein* in MKS Rn. 5; *Kaltenborn/Barczak* in BeckOK GG Rn. 5; sa BVerfG NVwZ 2002, 1366 Ls. 2a.

[69] *Schwarz* in Maunz/Dürig Rn. 14; *Friauf* in HdbStR IV, 1. Auflage 1990, § 90 Rn. 22.

[70] *Rodenbach* in SHH Rn. 5.

[71] *Rodenbach* in SHH Rn. 5; *Koch* in Sachs Rn. 8; *Brosius-Gersdorf* in Dreier Rn. 14; *Dietlein* in MKS Rn. 6; aA *Hamann* in Hamann/Lenz Kap. B 4: 9.5.1945.

[72] Ebenso *Brosius-Gersdorf* in Dreier Rn. 14; *Koch* in Sachs Rn. 9.

[73] BGBl. 1961 I 597.

[74] BT-Drs. III/2357, 11; vgl. auch *Kaltenborn/Barczak* in BeckOK GG Rn. 7.

Unter „Aufgaben der Länder“ sollen nach der Begründung zum RVG auch die Aufgaben der Gemeinden und Gemeindeverbände fallen.[75] Insoweit hat der Begriff denselben Gehalt wie die Formulierung des 1. Halbsatzes: „nach diesem GG nicht Verwaltungsaufgaben des Bundes“. Dies erscheint angesichts der **Formulierungsunterschiede** innerhalb des Abs. 2 S. 1 und der ausdrücklichen Unterscheidung zwischen Ländern und Gemeinden im folgenden Abs. 3 zunächst nicht überzeugend, ist in der Sache jedoch absolut richtig. Ginge man nur nach dem Wortlaut, so hätte das von den Gemeinden nach Kriegsende für Verwaltungsaufgaben in Anspruch genommene Reichsvermögen nicht gem. Art. 134 Abs. 2 S. 1 Hs. 2 den Ländern, sondern nach dem Grundsatz des Art. 134 Abs. 1 dem Bund zufallen müssen. Demgegenüber erweist sich die Zuweisung an die Länder im Sinne einer kompetenzgerechten Verteilung des Verwaltungsvermögens als sachgerecht. 25

Nach der **gesetzlichen Konkretisierung** durch das RVG hat die Anwendung des ersten Halbsatzes Vorrang vor der Anwendung des 2. Halbsatzes.[76] 26

III. Der Bund kann auch sonstiges Vermögen den Ländern übertragen (Art. 134 Abs. 2 S. 2)

Bei dem sonstigen Vermögen gem. Art. 134 Abs. 2 S. 2 handelt es sich um das **Finanzvermögen** des Deutschen Reiches.[77] Es steht im **Ermessen des Bundes,** Vermögen auf die Länder zu übertragen. Eine damit korrespondierende Annahmepflicht lässt sich der Norm nicht entnehmen.[78] Jedoch enthalten die §§ 12 u. 13 RVG entsprechende Regelungen.[79] 27

IV. Vermögen, das dem Reich von den Ländern und Gemeinden (Gemeindeverbänden) unentgeltlich zur Verfügung gestellt wurde (Art. 134 Abs. 3)

1. Wird wiederum Vermögen der Länder und Gemeinden (Restitutionsgrundsatz). Aufgrund von Verträgen[80] oder im Zuge sog. Verreichlichungsgesetze[81] hatten die Länder und Gemeinden dem Reich Vermögenswerte unentgeltlich oder unter Wert übertragen müssen. Unabhängig von Rückübertragungsansprüchen, die sich aus diesen alten Rechtsgrundlagen ergeben, ordnet Art. 134 Abs. 3 die Rückgabe dieser Vermögenswerte an 28

---

[75] BT-Drs. III/2357, 12; sa *Bunese* DVBl. 1961, 398 (399); *Holtkotten* in BK, Erstbearb., Bem. II C 3 (70); aA *Dietlein* in MKS Rn. 7.

[76] Vgl. § 3 RVG; krit. *Koch* in Sachs Rn. 10.

[77] AllgM, s. nur *Brosius-Gersdorf* in Dreier Rn. 16 unter Erwähnung auch des Verwaltungsvermögens, das nicht Art. 134 Abs. 2 Satz 1 unterfällt; *Rodenbach* in SHH Rn. 15; zB Beteiligungen an Unternehmen mit eigener Rechtspersönlichkeit; s. dazu die Auflistung bei *Holtkotten* in BK, Erstbearb., Bem. II C 8 (83); sowie BT-Drs. III/2357, 6 f.

[78] Für Annahmefreiheit *Schwarz* in Maunz/Dürig Rn. 20.

[79] Zur Verteilung des Finanzvermögens der ehemaligen DDR s. Art. 22 EVertr.; dazu *Ipsen/Koch* DVBl. 1993, 1 (6 ff.); *Dietlein* in MKS Rn. 23; *Mußgnug/Hufeld* in BK Rn. 106 ff.; *Berlit,* Ländervermögen im Bundesstaat. Die Vermögensverteilung zwischen Bund und ostdeutschen Ländern als föderales Problem, 1994, 232 ff.; *Richter,* Die Ansprüche der neuen Bundesländer auf aufgabengerechte Vermögensausstattung und Vermögensrestitution, 1998, 153 ff.; zur Frage der Anwendung des Art. 134 auf „früheres Reichsvermögen“ iSd Art. 22 Abs. 1 S. 7 iVm Art. 21 Abs. 3 Hs. 2 EVertr. → Rn. 12 ff.

[80] S. die Nachw. bei *Holtkotten* in BK, Erstbearb., Bem. II C 5 (74 f.).

[81] S. die Nachw. bei *Freudling* NJW 1956, 1577; *Mußgnug/Hufeld* in BK Rn. 31.

den ursprünglichen Eigentümer als Grundsatz an.[82] Art. 134 Abs. 3 spricht nach seinem Wortlaut davon, dass die Vermögenswerte **unentgeltlich** auf das Reich übertragen worden sind. Schon im ParlRat bestand jedoch Einigkeit, dass auch erheblich unter Wert übertragene Vermögenswerte in diesem Sinne als „unentgeltliche" Übertragung gelten und folglich rückübertragen werden sollten.[83] Die Rückgabe hat auch insoweit unentgeltlich zu erfolgen,[84] was im Blick auf die unentgeltliche Nutzung durch das Reich im Vorfeld als billig erscheint. Freilich ist es eine Frage des Einzelfalls, ob eine Übertragung unter Wert noch als unentgeltlich zu bewerten ist. Um diese Wertung zu ermöglichen, hatte der Gesetzgeber bewusst auf eine verbindliche Definition des Begriffs der **Unentgeltlichkeit** verzichtet.[85]

29 Für das Verhältnis des Art. 134 Abs. 3 zu Art. 134 Abs. 2 ist unstreitig, dass die Anwendung des Abs. 2 S. 1 im Interesse der Vermögenszuweisung gemäß der föderalen Ordnung vor der Restitution gem. Art. 134 Abs. 3 **Vorrang** hat.[86]

30 **2. Soweit es nicht der Bund für eigene Verwaltungsaufgaben benötigt (Eigenbedarfsvorbehalt).** Der **Restitutionsgrundsatz** gem. Art. 134 Abs. 3 kann durchbrochen werden, soweit der Bund Vermögenswerte für eigene Verwaltungsaufgaben benötigt. Dieser **Eigenbedarfsvorbehalt** bedarf der Konkrekretisierung durch den Bund unter Berücksichtigung der Kompetenzordnung und des Grundsatzes der Bundestreue. Entsprechend bewirkt Art. 134 Abs. 3 die Rückübertragung nicht schon von Verfassungs wegen, sondern bedarf der gesetzlichen Umsetzung. Mithin findet zunächst gem. Art. 134 Abs. 1 ein Zwischenerwerb beim Bund statt.[87] Folglich ist auch unstreitig, dass die Liegenschaften des Reiches, die der Stationierung alliierter Streitkräfte dienten, zunächst dem Bund zugefallen sind.

31 **3. Insbesondere: Wegfall des Stationierungsbedarfs.** Aus dem Zwischenerwerb beim Bund entsteht konsequenterweise die Frage, ob mit dem **Wegfall des Stationierungsbedarfs** Länder oder Gemeinden im Blick auf ehemalige „Verreichlichungen" auch heute noch auf der Grundlage von Art. 134 Abs. 3 iVm § 5 RVG Rückfallansprüche geltend machen können. Insoweit geht es um die Auslegung des Wörtchens „soweit" in Art. 134 Abs. 3 und dessen Konkretisierung in § 5 RVG. Denn danach entfällt ein Rückfallanspruch bei Gegenständen, die der Bund „überwiegend und nicht nur vorübergehend unmittelbar für eigene Verwaltungsaufgaben benötigt und für welche der Bund seinen Bedarf geltend macht" (§ 5 Abs. 2 RVG). Werden Vermögensgegenstände vom Bund nach den bei Inkrafttreten des RVG bestehenden Verhältnissen dagegen nur vorübergehend für eigene Ver-

---

[82] S. § 1 Abs. 1 des Allgemeinen Kriegsfolgengesetzes (BGBl. 1957 I 1747), der das Erlöschen der alten Heimfall- bzw. Rückfallansprüche statuiert und § 5 RVG, der die Rückübertragung regelt.

[83] S. JöR nF 1 (1951), 879; sa *Jarass* in Jarass/Pieroth Rn. 5; *Brosius-Gersdorf* in Dreier Rn. 17; *Koch* in Sachs Rn. 13; *Dietlein* in MKS Rn. 9; *Mußgnug/Hufeld* in BK Rn. 42; HessVGH DVBl. 2000, 357 (Ls. 2).

[84] Zur Vergütung wertsteigender Aufwendungen s. § 5 Abs. 4 RVG.

[85] BT-Drs. III/2357, 13.

[86] AllgM, s. nur *Schwarz* in Maunz/Dürig Rn. 27; *Jarass* in Jarass/Pieroth Rn. 4; *Koch* in Sachs Rn. 17; iErg auch *Dietlein* in MKS Rn. 13 unter Heranziehung von Art. 134 Abs. 4; vgl. auch § 5 Abs. 1 RVG; zum abweichenden Verhältnis zwischen Restitutionsprinzips und Funktionsträgerprinzip im Rahmen des Art. 21 EVertr. → Rn. 15.

[87] *Hamann* in Hamann/Lenz Kap. B 13; *Schwarz* in Maunz/Dürig Rn. 23; sa BVerwGE 25, 299 (301).

waltungsaufgaben benötigt, so ist der Rückfallberechtigte verpflichtet, dem Bund den Vermögensgegenstand für die Dauer des Verwaltungsbedarfs zur unentgeltlichen Nutzung zu belassen (§ 5 Abs. 3 RVG).

Sowohl die Erhebung des Restitutionsanspruchs wie auch der Eigenbedarfseinwand sind **eng befristet.** Das Problem besteht nun darin, dass die Regelungen des RVG auf das Rechtsverhältnis Restitutionsberechtigter – Bund, nicht aber auf den Fall zugeschnitten sind, dass Dritte – hier alliierte Streitkräfte – ggf. zu restituierende Vermögenswerte langfristig nutzen.[88] Das BVerwG hat darin jedoch keine Lücke in der gesetzlichen Regelung gesehen, sondern die Überlassung von **Liegenschaften an alliierte Streitkräfte** als **nicht nur vorübergehenden unmittelbaren Bedarf des Bundes** für eigene Verwaltungsaufgaben aufgefasst. Daraus folgt, dass der Restitutionsanspruch wegen Bundeseigenbedarfs nicht nur schon lange erloschen ist, sondern die Liegenschaften auch nach dem alliierten Truppenabzug in jedem Fall beim Bund verbleiben.[89] 32

Weil mit Art. 134 Abs. 3 eine möglichst **weitgehende Restitution** der ehemals unentgeltlich überlassenen Vermögenswerte angestrebt wurde,[90] hat man dagegen angeführt, das RVG regele den Fall nicht ausdrücklich, so dass die Regelungslücke verfassungskonform in der Weise zu schließen sei, dass die Frist mit dem Wegfall des Stationierungsbedarfs beginne.[91] Im Ergebnis dürfte die Lösung der Rechtsprechung überzeugen, die in diesen und anderen Fällen sich bei hoheitlichen Restitutionsfragen im Lichte des Gesamtkonzepts der Funktion der Übergangsvorschriften (→ Rn. 2 ff.) zu Gunsten frühzeitig klarer Verhältnisse entschieden hat.[92] 33

4. Anwendung in den neuen Bundesländern? In den neuen Bundesländern gelangt Art. 134 nicht zur Anwendung.[93] Das Grundgesetz regelt weder die Vermögensausstattung von Bund und Ländern, noch zielt es auf prinzipielle Wiederherstellung früherer Vermögensverhältnisse ab. Art. 134 adressiert das Reichsvermögen, soweit es noch vorhanden ist, und damit nicht Vermögen, das **zwischenzeitlich Volkseigentum der DDR** geworden ist.[94] Es besteht auch kein Bedürfnis zu einer an Art. 134 Abs. 3 orientierten Lückenfüllung. Denn der Gesetzgeber fand eine einfachgesetzliche Lösung, die insbesondere auch berücksichtigt, dass zahlreiche der betroffenen Liegen- 34

---

[88] *Mußgnug/Hufeld* in BK Rn. 95.

[89] BVerwGE 111, 188 (195); BVerwG Buchholz 428.2 § 11 Vermögenszuordnungsgesetz Nr. 27; so auch schon VG Freiburg KStZ 1989, 199; zust. *Sennekamp* KStZ 1991, 21 (23); *Rodenbach* in SHH Rn. 20; aA VG Gießen DÖV 1998, 979 (980); HessVGH DVBl. 2000, 357; s. zum Problem auch BVerfG NVwZ 2002, 1366 unter Klarstellung, dass Art. 134 Abs. 3 den Gemeinden kein grundrechtsähnliches Recht verleihe und eine etwaige Verletzung nicht im Wege der Verfassungsbeschwerde gerügt werden könne.

[90] *Mußgnug/Hufeld* in BK Rn. 41; sa *Höfling* DVBl. 1997, 1301 (1307).

[91] *Mager* in v. Münch/Kunig, 6. Auflage 2012, Rn. 13; iErg ebenso mit unterschiedlicher Begründung *Dolde* NVwZ 1993, 525; *Bartlsperger,* Der Rückfall stationierungsrechtlich genutzten früheren Reichsvermögens – Zur Ausführung und Anwendung des Art. 134 GG, 1994, 82 ff., 148 ff.; *Koch* in Sachs Rn. 15 f.; *Brosius-Gersdorf* in Dreier Rn. 18; *Dietlein* in MKS Rn. 10 ff.; *Mußgnug/Hufeld* in BK Rn. 93; *Kaltenborn/Barczak* in BeckOK GG Rn. 10; *Höfling* DVBl. 1997, 1301 (1308); *Hufeld* Anm. zu HessVGH DVBl. 2000, 357; 361 (362).

[92] Unter Umständen wären anderfalls Vermögensverhältnisse über sehr lange Zeit einer nicht absehbaren Stationierung ungeklärt, vgl. BVerwGE 111, 188; vgl. ähnl. gegen grundrechtliches Denken im Blick auf hoheitliche Restitution BVerfG NVwZ 2002, 1366.

[93] → Rn. 18; so ausdrücklich zu Art. 134 Abs. 3 auch BVerfGE 95, 250 (264); BVerwG Buchholz 428.2 § 11 Vermögenszuordnungsgesetz Nr. 27; aA *Mußgnug/Hufeld* in BK Rn. 127.

[94] BVerfGE 95, 243; 95, 250; BVerwGE 99, 283; BVerwG VIZ 1996, 42 (43).

schaften wegen Altlasten kostenträchtig saniert werden müssen. Nach Art. 17 des Registerverfahrensbeschleunigungsgesetzes[95] wird das Zustimmungsgesetz zum Truppenabzugsvertrag zwischen der Bundesrepublik Deutschland und der Union der Sozialistischen Sowjetrepubliken dahingehend geändert, dass nicht mehr nach diesem Vertrag in Anspruch genommene Liegenschaften, die gem. Art. 21 EVertr. Bundesvermögen sind, nach einer Einigung zwischen dem Bund und dem betroffenen Bundesland diesem auf Antrag durch **Zuordnungsbescheid übertragen** werden können.

V. Das Nähere regelt ein Bundesgesetz (Art. 134 Abs. 4)

35 Während die Vermögenszuordnung zum Bund nach Abs. 1 unmittelbar erfolgt, enthält Art. 134 Abs. 4 die Kompetenzgrundlage für den Bundesgesetzgeber, um die zur Durchführung der Abs. 2 u. 3 erforderlichen Rechtsgrundlagen zu schaffen. Aus Abs. 2 u. 3 folgen umgekehrt keine unmittelbaren Ansprüche.[96] Die Gesetze sind **zustimmungsbedürftig,** womit der unmittelbaren Betroffenheit der Länderinteressen Rechnung getragen wird.[97] Nach Aufhebung der besatzungsrechtlichen, das Reichsvermögen betreffenden Regelungen durch G Nr. A-16 v. 4.5.1951[98] wurde zunächst das G zur vorläufigen Regelung der Rechtsverhältnisse des Reichsvermögens und der preußischen Beteiligungen v. 21.7.1951[99] erlassen. Die endgültige Regelung erfolgte durch das G zur Regelung der Rechtsverhältnisse des Reichsvermögens und der preußischen Beteiligungen (Reichsvermögensgesetz – RVG) v. 16.5.1961.[100] Als weitere G sind zu nennen: das G über die vermögensrechtlichen Verhältnisse der Deutschen Bundesbahn v. 2.5.1951;[101] das G über die vermögensrechtlichen Verhältnisse der Deutschen Bundespost v. 21.5.1953;[102] das G über die Errichtung einer Bundesanstalt für Arbeitsvermittlung und Arbeitslosenversicherung v. 10.3.1952;[103] das G über den Deutschen Wetterdienst v. 11.11.1952[104] sowie das G zur Abwicklung und Entflechtung des ehemaligen reichseigenen Filmvermögens v. 5.6.1953.[105] Auch das G über die vermögensrechtlichen Verhältnisse der Bundesautobahnen und sonstigen Bundesstraßen des Fernverkehrs v. 2.5.1951[106] sowie das G über die vermögensrechtlichen Verhältnisse der Bundeswasserstraßen v. 21.5.1951[107] finden ihre Kompetenzgrundlage in Art. 134 Abs. 4. Art. 89 Abs. 1 und Art. 90 Abs. 1 verdrängen infolge Spezialität nur Art. 134 Abs. 1.[108]

36 Der Streit um die Frage, ob der Vermögensbegriff in Art. 134 Abs. 1–3 auch die **Passiva des Reiches** umfasst, fand seine Entsprechung in der Diskussion, ob die Gesetzgebungskompetenz des Abs. 4 den Bund auch

[95] BGBl. 1993 I 2182 (2232).
[96] Vgl. für das Rückfallvermögen gem. Art. 134 Abs. 3 BVerwGE 147, 348.
[97] Zur Entstehung *Mußgnug/Hufeld* in BK Rn. 70 Fn. 156.
[98] AHK ABl. 1951, 881.
[99] BGBl. 1951 I 467 – Vorschaltgesetz; s. dazu *Féaux de la Croix* BB 1951, 539.
[100] BGBl. 1961 I 597; s. *Bunese* DVBl. 1961, 398; *Mußgnug/Hufeld* in BK Rn. 87 ff.
[101] BGBl. 1951 I 155.
[102] BGBl. 1953 I 225.
[103] BGBl. 1952 I 123.
[104] BGBl. 1952 I 738.
[105] BGBl. 1953 I 276.
[106] BGBl. 1951 I 157.
[107] BGBl. 1951 I 352.
[108] Wie hier *Brosius-Gersdorf* in Dreier Rn. 20; aA *Mußgnug/Hufeld* in BK Rn. 84.

berechtigt, die Schulden des Reiches zu regeln. Um das G zur allgemeinen Regelung durch den Krieg und den Zusammenbruch des Deutschen Reiches entstandener Schäden **(Allgemeines Kriegsfolgengesetz)** v. 5.11.1957[109] insoweit verfassungsrechtlich abzusichern, erließ der verfassungsändernde Gesetzgeber – ebenfalls 1957 – **Art. 135a** (GG aF, nunmehr Art. 135a Abs. 1).[110] Das BVerfG hielt dieses Gesetz für verfassungsmäßig.[111] In dieser Entscheidung findet sich Grundlegendes zur Auslegung des Art. 134 Abs. 4 und Art. 135a.[112] Danach umfasst die Gesetzgebungskompetenz aus Art. 134 Abs. 4 auch die Regelung der Passiva des Deutschen Reiches. Folglich komme Art. 135a GG aF nur klarstellende Funktion zu. Entsprechend verlor der Streit um den Vermögensbegriff im Rahmen des Art. 134 Abs. 1 u. 4 an Relevanz.

Vertritt man entgegen der hM die Auffassung, Art. 134 finde im **Beitrittsgebiet sachlich Anwendung,** so ergibt sich die Folgefrage, ob Art. 21, 22 EVertr. als „nähere Regelung" iSd Art. 134 Abs. 4 begriffen werden können. Da die Vermögenszuordnung nach Art. 21, 22 EVertr. wesentlich von den Grundsätzen abweicht, die Art. 134 aufstellt,[113] muss dies verneint werden.[114] 37

C. Verhältnis zu anderen Bestimmungen des Grundgesetzes

Art. 89 Abs. 1 und **Art. 90 Abs. 1,** die die **Eigentümerstellung des Bundes** hinsichtlich der Reichswasserstraßen, der Bundesautobahnen und sonstigen Bundesstraßen ausdrücklich regeln, gehen als spezielle Vorschriften Art. 134 Abs. 1 vor.[115] **Art. 87 GG aF** setzte mit der Einbeziehung der Bundeseisenbahn und der Bundespost in die bundeseigene Verwaltung nach herrschender Meinung die Eigentümerstellung des Bundes bereits voraus.[116] Daraus ließ sich jedoch keine Verdrängung des Art. 134 Abs. 1 folgern. Dieser begründete vielmehr erst das in Art. 87 GG aF vorausgesetzte Eigentum des Bundes.[117] Art. 134 wird hinsichtlich des öffentlichen Vermögens, das nicht Reichsvermögen war, durch Art. 135 ergänzt.[118] **Art. 135a GG aF** enthält, wie dargelegt, eine Legaldefinition des Art. 134 Abs. 4. 38

---

[109] BGBl. 1957 I 1747; sa *Weiler* MDR 1957, 705; *Féaux de la Croix* NJW 1957, 1697.

[110] Durch G v. 22.10.1957, BGBl. I 1745.

[111] BVerfGE 15, 126.

[112] → Art. 135a Rn. 3.

[113] → Rn. 12ff.

[114] So auch *Hahn,* Voraussetzungen und Umfang des Rechtserwerbs nach Art. 21 Abs. 3 Einigungsvertrag und dessen Verhältnis zu den Art. 134 und 135 GG, 1993, 33; *Eckert,* Öffentliches Vermögen der ehemaligen DDR und Einigungsvertrag, 1994, 240ff.; *Richter,* Die Ansprüche der neuen Bundesländer auf aufgabengerechte Vermögensausstattung und Vermögensrestitution, 1998, 272; *Berlit,* Ländervermögen im Bundesstaat. Die Vermögensverteilung zwischen Bund und ostdeutschen Ländern als föderales Problem, 1994, 290, 356; aA *Bartlsperger,* Der Rückfall stationierungsrechtlich genutzten früheren Reichsvermögens – Zur Ausführung und Anwendung des Art. 134 GG, 1994, 216.

[115] AllgM, s. nur *Schwarz* in Maunz/Dürig Rn. 5; *Jarass* in Jarass/Pieroth Rn. 1; *Zuleeg* in AK Rn. 4; *Brosius-Gersdorf* in Dreier Rn. 20.

[116] *Jarass* in Jarass/Pieroth Rn. 1; *Zuleeg* in AK Rn. 3.

[117] So auch *Umbach/Clemens* in Umbach/Clemens Rn. 2a.

[118] *Koch* in Sachs Rn. 1; *Brosius-Gersdorf* in Dreier Rn. 20.

D. Kritische Würdigung

39 Die Vorschrift enthält mit ihrer Ausrichtung auf die föderalistische Ordnung der Bundesrepublik und der Verwirklichung des Grundsatzes der Funktionsnachfolge und des Grundsatzes der Restitution **sachgerechte Kriterien** für die Zuordnung des Reichsvermögens. An Statur gewann sie vor allem durch die Rechtsprechung des BVerfG zur Frage der Reichweite der Ausgestaltungskompetenz des Gesetzgebers.[119] Entgegen einiger Stimmen in der Literatur hält die Rechtsprechung von Beginn an daran fest, dass es bei dieser wie anderen „Übergangsvorschriften" um die Bewältigung eines Staatsbankrotts geht, der **Gerechtigkeitsmaßstäbe eigener Art** erfordert. Insbesondere konnte Art. 134 daher nicht als prinzipielle Entscheidung für die Restitution im Stile einer eigentumsähnlichen Restauration verstanden werden. Zurecht führt das BVerfG aus, die Übergangsvorschriften dienen der zukunftsbezogenen Neuordnung als Grundlage einer konstruktiven Entwicklung nach dem Staatsbankrott und nicht der Abrechnung der Vergangenheit.[120] Art. 134 konnte daher als Vorbild dienen für die Regelungen des EVertr. über die Nachfolge in das öffentliche Vermögen auf dem Gebiet der ehemaligen DDR.[121]

Literatur

R. Bartlsperger, Der Rückfall stationierungsrechtlich genutzten früheren Reichsvermögens – Zur Ausführung und Anwendung des Art. 134 GG, 1994. – ***U. Berlit,*** Ländervermögen im Bundesstaat. Die Vermögensverteilung zwischen Bund und ostdeutschen Ländern als föderales Problem, 1994. – ***U. Berlit,*** Die Zuordnung verreichlichten Landesvermögens, LKV 1996, 125. – ***H. Bunese,*** Das Reichsvermögen-Gesetz, DVBl. 1961, 398. – ***H. Coing,*** Zur Abwicklung der Reichsschulden, NJW 1954, 817. – ***K. P. Dolde,*** Rückübertragung frei gewordener Kasernengrundstücke, NVwZ 1993, 525. – ***L. Eckert,*** Öffentliches Vermögen der ehemaligen DDR und Einigungsvertrag, 1994. – ***U. Fastenrath,*** Staatsrechtliche Probleme im Zusammenhang mit der Rückgabe des Mundatwaldes von Frankreich an Deutschland, NJW 1986, 1039. – ***E. Féaux de la Croix,*** Reichs- und Preußenvermögen, BB 1951, 378. – ***E. Féaux de la Croix,*** Die rechtliche Neuordnung des Reichsvermögens, AöR 77 (1951/52), 35. – ***E. Féaux de la Croix,*** Vorschaltgesetz über Reichs- und Preußenvermögen, BB 1951, 539. – ***E. Féaux de la Croix,*** Das Kriegsfolgenschlußgesetz, NJW 1957, 1697. – ***F. Freudling,*** Rechtsfragen zu Art. 134 Abs. 2 und 3 (Reichsvermögen), NJW 1954, 1785. – ***T. Früh,*** Was wird aus dem ehemaligen Reichsvermögen, NJ 1993, 302. – ***R. Geulen,*** Der Streit um das frühere Reichsvermögen in Berlin, LKV 2005, 158. – ***Gutzschebauch,*** Das Schicksal der ehemaligen Reichsliegenschaften in der Auseinandersetzung zwischen Bund und Ländern, NJW 1958, 321. – ***H. J. Hahn,*** Voraussetzungen und Umfang des Rechtserwerbs nach Art. 21 Abs. 3 Einigungsvertrag und dessen Verhältnis zu den Art. 134 und Art. 135 GG, 1993. – ***H. J. Hahn,*** Das öffentliche Vermögen in der Wiedervereinigung – Art. 21 Einigungsvertrag im Lichte der Art. 134, 135 Grundgesetz, FS f. Bernhardt, 1995, 1021. – ***K. Harms,*** Verfassungsrecht in Umbruchsituationen, 1999. – ***W. Höfling,*** Kommunale Ansprüche auf Rückübertragung ehemaligen Reichsvermögens – Zur Aktualität des Art. 134 Abs. 3 GG, DVBl. 1997, 1301. – ***U. Hufeld,*** Rückübertragung von Grundstücken aus sog. Rückfallvermögen des Bundes, Anmerkung zu HessVGH, DVBl. 2000, 357, DVBl. 2000, 361. – ***J. Ipsen/T. Koch,*** Zuordnung volkseigenen Vermögens und Restitution früheren

[119] Vgl. BVerfGE 15, 126; 95, 243; 95, 250; 119, 394; vgl. iwS BVerfGE 23, 153; 27, 353; 41, 126.

[120] So BVerfGE 15, 126 (141); 95, 250 (264).

[121] *Ipsen/Koch* DVBl. 1993, 1 (3); zweifelnd *Arndt/Zinow* LKV 1992, 1 (3).

Eigentums der öffentlichen Hand, DVBl. 1993, 1. – ***E. Knöringer,*** Reichs- und Preußenvermögen, BB 1951, 459. – ***H. Krüger,*** Die Sperrwirkung des Art. 134 GG, NJW 1952, 1283. – ***W. Löwer,*** Artikel 21 Einigungsvertrag: Funktionsadäquate Amtsausstattung versus Restitution, SächsVBl. 1993, 97. – ***G. Mangels,*** Das Vermögen und die Schulden des Deutschen Reiches und seiner Länder nach der Kapitulation der deutschen Wehrmacht unter besonderer Berücksichtigung der alliierten Gesetzgebung und des Bonner GG, München 1951. – ***R. Mußgnug,*** Rechtsgutachten über die Frage nach der Verfassungsmäßigkeit der Artikel 21, 22 des Einigungsvertrages, in Ministerium der Finanzen des Landes Brandenburg, Die Vermögensausstattung der ostdeutschen Bundesländer, 1993, 15. – ***R. Reinhardt,*** Identität und Rechtsnachfolge, NJW 1952, 441. – ***D. Richter,*** Die Ansprüche der neuen Bundesländer auf aufgabengerechte Vermögensausstattung und Vermögensrestitution, 1998. – ***H.-G. Schulze-Schlutius,*** Das Vermögen des ehemaligen Deutschen Reiches und des ehemaligen Preußischen Staates, DÖV 1950, 198. – ***M. Sennekamp,*** Rechtsfragen zu sog. Garnisonsverträgen zwischen Standortgemeinde und dem ehem. Deutschen Reich nach Aufgabe der militärischen Grundstücksnutzung, KStZ 1991, 21. – ***H. Steinberger/D. Richter,*** Rechtsgutachten zu der Frage: Ist das Land Brandenburg im Wege der Rechtsnachfolge in das auf seinem Territorium gelegene Vermögen des ehemaligen Staates Preußen eingetreten?, in Ministerium der Finanzen des Landes Brandenburg, Die Vermögensausstattung der ostdeutschen Bundesländer, 1993, 25. – ***A. Weiler,*** Das allgemeine Kriegsfolgengesetz, MDR 1957, 705. – ***P.-F. Weise,*** Die Zuordnungen ehemaligen Volkseigentums und die Restitution nach Art. 21 Abs. 3 EVertr., ZIP 1992, 1357.

Für ältere Literatur sa im Schrifttum von ***Zieger*** in v. Münch/Kunig, 2. Auflage 1983, Art. 134.

Art. 135 [Vermögen bei Änderung des Gebietsstands]

(1) Hat sich nach dem 8. Mai 1945 bis zum Inkrafttreten dieses Grundgesetzes die Landeszugehörigkeit eines Gebietes geändert, so steht in diesem Gebiete das Vermögen des Landes, dem das Gebiet angehört hat, dem Lande zu, dem es jetzt angehört.

(2) Das Vermögen nicht mehr bestehender Länder und nicht mehr bestehender anderer Körperschaften und Anstalten des öffentlichen Rechtes geht, soweit es nach seiner ursprünglichen Zweckbestimmung überwiegend für Verwaltungsaufgaben bestimmt war, oder nach seiner gegenwärtigen, nicht nur vorübergehenden Benutzung überwiegend Verwaltungsaufgaben dient, auf das Land oder die Körperschaft oder Anstalt des öffentlichen Rechtes über, die nunmehr diese Aufgaben erfüllen.

(3) Grundvermögen nicht mehr bestehender Länder geht einschließlich des Zubehörs, soweit es nicht bereits zu Vermögen im Sinne des Absatzes 1 gehört, auf das Land über, in dessen Gebiet es belegen ist.

(4) Sofern ein überwiegendes Interesse des Bundes oder das besondere Interesse eines Gebietes es erfordert, kann durch Bundesgesetz eine von den Absätzen 1 bis 3 abweichende Regelung getroffen werden.

(5) Im übrigen wird die Rechtsnachfolge und die Auseinandersetzung, soweit sie nicht bis zum 1. Januar 1952 durch Vereinbarung zwischen den beteiligten Ländern oder Körperschaften oder Anstalten des öffentlichen Rechtes erfolgt, durch Bundesgesetz geregelt, das der Zustimmung des Bundesrates bedarf.

(6) [1]Beteiligungen des ehemaligen Landes Preußen an Unternehmen des privaten Rechtes gehen auf den Bund über. [2]Das Nähere regelt ein Bundesgesetz, das auch Abweichendes bestimmen kann.

(7) Soweit über Vermögen, das einem Lande oder einer Körperschaft oder Anstalt des öffentlichen Rechtes nach den Absätzen 1 bis 3 zufallen würde, von dem danach Berechtigten durch ein Landesgesetz, auf Grund eines Landesgesetzes oder in anderer Weise bei Inkrafttreten des Grundgesetzes verfügt worden war, gilt der Vermögensübergang als vor der Verfügung erfolgt.

Übersicht

A. Allgemeine Bedeutung

I. Genese

Die Norm ist seit ihrem Inkrafttreten unverändert geblieben. Wie schon bei Art. 134 der Fall enthielt der Herrenchiemseer Entwurf auch zum heutigen Art. 135 keinen entsprechenden Regelungsentwurf. Freilich war im Blick auf die **föderale Struktur** und die neuerliche **gravierende Bereinigung** – nur Hamburg blieb als Gliedstaat unversehrt und gerade mit der Auflösung Preußens[1] galt es umzugehen – der Sache nach eine Regelung angezeigt und wurde sodann auch von *Thomas Dehler* angestoßen, der im Wesentlichen die Frage über eine Zuständigkeit des BVerfG lösen wollte. Die spätere Fassung des Redaktionsausschusses wählte dagegen die heutige materielle Lösung.[2] 1

II. Inhaltsübersicht

Art. 135 widmet sich der Bereinigung des in den ehemals westlichen Besatzungszonen gelegenen **Ländervermögens,** während Art. 134 das Reichsvermögen nach Maßgabe des föderalistischen Staatsaufbaus des GG zuordnet. Die Notwendigkeit der **Neuzuordnung** ergab sich nach umfangreichen **besatzungsrechtlichen Neugliederungen,** die allein das Land Hamburg völlig unverändert ließen. Von den besatzungsrechtlichen Maßnahmen sind allen voran die Auflösung Preußens durch das KontrollratsG Nr. 46 v. 25.2.1947 zu nennen,[3] sodann die Bildung des Landes Schleswig-Holstein aus der gleichnamigen ehemals preußischen Provinz, die Zusammenfassung des nördlichen Teils der preußischen Rheinprovinz und der preußischen Provinz Westfalen mit dem Land Lippe-Detmold zum Land Nordrhein-Westfalen sowie die Zusammenfassung der 1945 neugebildeten Länder Braunschweig, Oldenburg, Schaumburg-Lippe und der preußischen Provinz Hannover zum Land Niedersachsen. Bremen, das Teile an Niedersachsen abzugeben hatte, erhielt Bremerhaven hinzu. Bayern verlor die schon 1940 aus seiner Verwaltung gelöste Pfalz. Weitere Neugliederungen brachte ferner die Länder Hessen, Württemberg-Baden, Württemberg-Hohenzollern, Baden, Rheinland-Pfalz und das Saarland hervor.[4] 2

---

[1] Vgl. das Alliierte Kontrollratsgesetz Nr. 46 vom 25. Februar 1947 (ABl. 1947 14, 262).

[2] Vgl. 27. Sitzung des Organisationsausschusses vom 6.12.1948 (JöR 1 [1951], 883 f.); vgl. zur Entstehung *Wollenschläger* in Dreier Rn. 1; *Schwarz* in Maunz/Dürig Rn. 1.

[3] ABl. 1947 14, 262.

[4] S. zu den Neugliederungen auch *Holtkotten* in BK Bem. II 1 (11 f.); *Schwarz* in Maunz/Dürig Rn. 1; sa *Freudling* NJW 1956, 1577 (1578).

3 Trotz des 1934 eingetretenen Verlustes der Staatsqualität der Länder des Deutschen Reiches[5] geht Art. 135 von deren andauernden Rechtsfähigkeit aus. Unabhängig von der Frage, inwieweit das nationalsozialistische G bei der Auslegung des Art. 135 überhaupt zu berücksichtigen ist, lag in der Degradierung der Länder zu Selbstverwaltungskörperschaften nach dem Konzept von Art. 135 kein Entzug der Rechtspersönlichkeit.[6] Anders als bei Art. 134 ist unstreitig die Bewirkung **echter Rechtsnachfolge** das Thema des Art. 135.[7] Die von Verfassungs wegen geltenden Rechtsnachfolgeanordnungen der Abs. 1–3 folgen den **Kriterien der Funktionsnachfolge und** der **Belegenheit.**[8] Anwendbar ist die Vorschrift nur auf Gebietsänderungen „bis zum Inkrafttreten dieses Grundgesetzes".[9] Nach diesem Zeitpunkt gilt Art. 29, der naturgemäß ganze andere Anforderungen an Neugliederungen stellt.[10]

4 Im Zuge der **Wiedervereinigung** hat sich der räumliche Anwendungsbereich des Art. 135 grundsätzlich auf das Beitrittsgebiet erstreckt.[11] Ähnlich wie für Art. 134[12] stellt sich jedoch auch für Art. 135 die Frage seiner sachlichen Anwendbarkeit und seines Verhältnisses zu den Art. 21, 22 EVertr., die ihrerseits abweichende Regelungen zur Vermögensaufteilung enthalten.[13] Der Streit knüpft an die Wendung „bis zum Inkrafttreten dieses Grundgesetzes" an. Für die alten Bundesländer galt hierfür unstreitig der Ablauf des 23.5.1949. Die Frage ist, ob sich unter die Formulierung für die neuen Bundesländer entsprechend der 3.10.1990 subsumieren lässt. Das Bundesverfassungsgericht hat dies mit dem Argument abgelehnt, Art. 135 sei in seiner **Zielsetzung als Übergangsvorschrift** auf Veränderungen solcher Art beschränkt, die die Zusammensetzung der Gliedstaaten zwischen dem 8.5.1945 und dem Inkrafttreten des GG am 24.5.1949 betreffen.[14] Die Argumente für diese Auffassung sind letztlich dieselben wie jene bei Art. 134[15]: Die Anwendung dieser Normen bedeutete, die Umgestaltung der Ordnung des Staatsvermögens während der DDR-Herrschaft zu ignorieren und damit die Geschehnisse von mehr als vier Jahrzehnten. Mag der Wortlaut eine solche Lesart auch zulassen, so sprechen Entstehungsgeschichte sowie Sinn und Zweck der Regelungen jedoch dagegen.[16]

---

[5] G über den Neuaufbau des Reiches v. 30.1.1934, RGBl. 1934 I 75.

[6] Sa *Holtkotten* in BK Bem. II 1a (8); *Friauf* in HdbStR IV, 1. Auflage 1990, § 90 Rn. 26; *Wollenschläger* in Dreier Rn. 5.

[7] *Dietlein* in MKS Rn. 1; *Rodenbach* in SHH Rn. 1.

[8] *Schwarz* in Maunz/Dürig Rn. 3; *Hamann* in Hamann/Lenz Kap. A; *Friauf* in HdbStR IV, 1. Auflage 1990, § 90 Rn. 26; zur verfassungsunmittelbaren Wirkung sa *Dietlein* in MKS Rn. 2, 3; *Koch* in Sachs Rn. 2f.; *Jarass* in Jarass/Pieroth Rn. 2; *Wollenschläger* in Dreier Rn. 5.

[9] Näher → Rn. 8.

[10] *Umbach/Clemens* in Umbach/Clemens Rn. 4; zu Art. 29 → Art. 29.

[11] *Hahn,* Voraussetzungen und Umfang des Rechtserwerbs nach Art. 21 Abs. 3 Einigungsvertrag und dessen Verhältnis zu den Art. 134 und 135 GG, 1993, 51.

[12] → Art. 134 Rn. 12ff.

[13] S. zu den Abweichungen *Mußgnug* in Ministerium der Finanzen des Landes Brandenburg Die Vermögensausstattung der ostdeutschen Bundesländer, 1993, 15 (18f.); *Richter,* Die Ansprüche der neuen Bundesländer auf aufgabengerechte Vermögensausstattung und Vermögensrestitution, 1998, 247f.; *Berlit,* Ländervermögen im Bundesstaat. Die Vermögensverteilung zwischen Bund und ostdeutschen Ländern als föderales Problem, 1994, 281 ff.

[14] BVerfGE 95, 250 (263f.); sa BVerwG ZOV 2008, 159.

[15] → Art. 134 Rn. 18.

[16] Dem BVerfG zust. *Jarass* in Jarass/Pieroth Rn. 1; *Wollenschläger* in Dreier Rn. 2, 6f., 13; iErg auch *Dietlein* in MKS Rn. 1; *Rodenbach* in SHH Rn. 1; abl. *Berlit,* Ländervermögen im

Die Frage ist bei Art. 135 jedoch ohnehin nicht von gleicher Brisanz, wie sie es bei Art. 134 war. Anders als Art. 134 Abs. 4, der den Gesetzgeber nur zur Bestimmung „des Näheren" ermächtigt, enthält Art. 135 Abs. 4 die Kompetenz, eine von den Abs. 1–3 **abweichende gesetzliche Regelung** zu treffen, sofern ein **überwiegendes Interesse des Bundes** oder das **besondere Interesse eines Gebietes** dies erfordert. Dies eröffnet dem Gesetzgeber eine weitreichende Gestaltungsbefugnis.[17] Vertritt man die Auffassung, Art. 135 finde in den neuen Bundesländern auch sachlich Anwendung, so gehen Art. 21, 22 EVertr. jedenfalls als abweichende Regelungen iSd Art. 135 Abs. 4 vor.[18] 5

III. Überstaatliche Bezüge

Europarechtliche Bezüge sind nicht vorhanden und auch völkerrechtliche Überlegungen im Blick auf die Staatennachfolge lassen sich hier noch weniger als bei Art. 134 heranziehen, handelt es sich doch um einen rein **innerstaatlichen Vorgang** der Regelung von Verhältnissen zwischen den Ländern und zwischen Ländern und dem Bund, die Aufgabe des Verfassungsrechts ist.[19] 6

IV. Systematischer Zusammenhang

Die Norm rechnet zur Gruppe der Übergangsvorschriften, die die Aufgabe haben, die **öffentlichen Vermögensverhältnisse** zu regeln und auf dieser Basis nach dem Zusammenbruch einen funktionsfähigen Neubeginn wenn nicht zu ermöglichen, so ihm jedoch wenigstens nicht im Wege zu stehen. Insoweit entspricht er von der Zielsetzung her Art. 134 und unterscheidet sich zugleich von Art. 29 und Art. 118. Hinsichtlich des Vermögensbegriffs steht er im Zusammenhang mit Art. 135a.[20] 7

B. Einzelfragen

I. Vermögenszuweisung bei Änderung der Landeszugehörigkeit eines Gebietes (Art. 135 Abs. 1)

Art. 135 Abs. 1 formuliert als Regel zur Lösung der Vermögensnachfolge den **Grundsatz der Belegenheit.**[21] **Davon** erfasst sind alle Änderungen der 8

Bundesstaat. Die Vermögensverteilung zwischen Bund und ostdeutschen Ländern als föderales Problem, 1994, 99 ff., 266 ff., 275; *Richter,* Die Ansprüche der neuen Bundesländer auf aufgabengerechte Vermögensausstattung und Vermögensrestitution, 1998, 248 ff.; *Steinberger/Richter* in Ministerium der Finanzen des Landes Brandenburg Die Vermögensausstattung der ostdeutschen Bundesländer, 1993, 25 (41).

[17] → Rn. 14.

[18] S. dazu *Hahn,* Voraussetzungen und Umfang des Rechtserwerbs nach Art. 21 Abs. 3 Einigungsvertrag und dessen Verhältnis zu den Art. 134 und 135 GG, 1993, 52 ff.; *Eckert,* Öffentliches Vermögen der ehemaligen DDR und Einigungsvertrag, 1994, 262 ff. (268); *Koch* in Sachs Rn. 1; *Dietlein* in MKS Rn. 1; *Umbach/Clemens* in Umbach/Clemens Rn. 18; aA *Berlit,* Ländervermögen im Bundesstaat. Die Vermögensverteilung zwischen Bund und ostdeutschen Ländern als föderales Problem, 1994, 286 ff.; *Richter,* Die Ansprüche der neuen Bundesländer auf aufgabengerechte Vermögensausstattung und Vermögensrestitution, 1998, 253 ff., 257.

[19] Vgl. dazu *Wollenschläger* in Dreier, Rn. 3.

[20] Vgl. dazu *Wollenschläger* in Dreier, Rn. 4, 15.

[21] *Koch* in Sachs Rn. 2; *Dietlein* in MKS Rn. 2; *Rodenbach* in SHH Rn. 3; *Schwarz* in Maunz/Dürig Rn. 15.

Gebietszugehörigkeit zwischen dem 8.5.1945 und dem Inkrafttreten des GG am 24.5.1949.[22] Dies gilt unabhängig davon, ob die Änderung nur einen Teil- oder die Gesamteingliederung betrifft oder gar die Auflösung eines Landes.[23] Dies lässt sich aus dem mit „soweit" eingeleiteten Halbsatz des Abs. 3 schließen.[24] Die Regelung erfasst das Verwaltungs- ebenso wie das Finanzvermögen.[25] Ausnahmen von dieser Grundregel sind in Abs. 2 und 3 formuliert.

II. Übergang des Verwaltungsvermögens bei Untergang eines Landes oder anderer juristischer Personen des öffentlichen Rechtes (Art. 135 Abs. 2)

9 Art. 135 Abs. 2 enthält eine Abs. 1 vorgehende **Sonderregelung für das Verwaltungsvermögen** nicht mehr bestehender Länder sowie nicht mehr bestehender Körperschaften und Anstalten des öffentlichen Rechts.[26] Zu den nicht mehr bestehenden Ländern zählen neben dem aufgelösten Land Preußen auch die vollständig eingegliederten Länder wie zB Braunschweig oder Oldenburg. Der Begriff der Körperschaften und Anstalten des öffentlichen Rechts erfasst **alle juristischen Personen des öffentlichen Rechts** einschließlich Stiftungen.[27] Betroffen sind nicht nur solche Organisationen, die bei Inkrafttreten des GG bereits gesetzlich aufgelöst waren, sondern auch jene, deren öffentlich-rechtliche Funktionen mit dem Bestand der nationalsozialistischen Staats- und Wirtschaftsordnung so eng verknüpft waren, dass sie mit deren Zusammenbruch ohne besonderen Auflösungsakt entfielen.[28] Nicht jedoch gilt die Regelung für die aufgelöste NSDAP und ihre Untergliederungen.[29] Denn die Partei hatte den ihr durch G v. 1.12.1933[30] verliehenen Status als Körperschaft des öffentlichen Rechts bereits durch Erlass v. 12.12.1942 wieder verloren.[31] Ungeachtet dessen wurde das Parteivermögen jedenfalls durch Kontrollratsdirektive Nr. 50[32] auf die Länder verteilt.

10 Vermögen fällt als Verwaltungsvermögen unter Art. 135 Abs. 2, wenn es entweder seiner ursprünglichen oder seiner gegenwärtigen, nicht nur vorübergehenden, das heißt auf unbestimmte Dauer angelegten Bestimmung nach Verwaltungsaufgaben dient. Die Begriffe „ursprünglich" und „gegenwärtig" sind inhaltlich so zu verstehen wie in Art. 134 Abs. 2.[33] Die Anordnung der Rechtsnachfolge in dieses Vermögen entspricht dem **Grundsatz der Funktionsnachfolge,** wobei damit nicht die konkrete frühere Verwaltungsaufgabe im Sinne einer Gebietsbezogenheit gemeint ist.[34] Ebenso wie bei

---

[22] BVerfGE 95, 250 (264).

[23] *Dietlein* in MKS Rn. 2; aA *Holtkotten* in BK Bem. II 1g (15): nicht anwendbar auf Fälle globaler Eingliederung.

[24] → Rn. 12.

[25] *Holtkotten* in BK Bem. II 1c (12); *Dietlein* in MKS Rn. 2; zu den Begriffen → Art. 134 Rn. 8 mwN.

[26] *Rodenbach* in SHH Rn. 10; *Dietlein* in MKS Rn. 3; *Koch* in Sachs Rn. 3.

[27] → Art. 130.

[28] Vgl. zum Reichsnährstand BVerfGE 29, 413 (426).

[29] *Holtkotten* in BK Bem. II 7b (29f.); *Schwarz* in Maunz/Dürig Rn. 17; *Hamann* in Hamann/Lenz Kap. B 5; s. zum Problem auch *Breithaupt* DÖV 1959, 817 (819).

[30] RGBl. 1933 I 1016.

[31] RGBl. 1942 I 733.

[32] KRABl. Nr. 15, 275.

[33] → Art. 134 Rn. 24.

[34] BVerfGE 10, 20; dazu *Wollenschläger* in Dreier Rn. 10; *Rodenbach* in SHH Rn. 4.

Art. 134 ist die Haftung für Verbindlichkeiten einem besonderen Gesetz vorbehalten.[35]

11 Zum Verwaltungsvermögen iSd Art. 135 Abs. 2 gehören als „Bildungsanstalten" nach der Rechtsprechung des BVerfG auch **Einrichtungen der staatlichen Kulturpflege.**[36] Hauptanwendungsfall ist insoweit der ehemalige preußische Kulturbesitz, für den der Bundesgesetzgeber auf der Grundlage des Art. 135 Abs. 4 eine Sonderregelung getroffen hat.[37] Ebenfalls Verwaltungsvermögen sind Kapitalbeteiligungen an Gesellschaften des privaten Rechts, wenn diese öffentliche Aufgaben erfüllen, die als Verwaltungsaufgaben in diesem Sinne zu qualifizieren sind.[38] In diesem Kontext enthält Art. 135 Abs. 6 eine Sonderregelung für Beteiligungen des Landes Preußen.[39]

III. Grundvermögen nicht mehr bestehender Länder (Art. 135 Abs. 3)

12 Abs. 3 regelt das Grundvermögen nicht mehr bestehender Länder. Die Norm erfasst nur diejenigen Grundstücksrechte und grundstücksgleichen Rechte einschließlich Zubehör, die unmittelbar untergegangenen Ländern gehört haben, nicht dagegen solche Rechte von landeseigenen Gesellschaften mit eigener Rechtspersönlichkeit. Da das Grundvermögen, das Verwaltungsaufgaben dient, bereits von Abs. 2 erfasst ist, bleibt für die Anwendung von Abs. 3 nur das **Grundvermögen, das Finanzvermögen ist.**[40] Die Rechtsnachfolge bestimmt sich nach dem **Grundsatz der Belegenheit.**

13 Angesichts der Einschränkung des Anwendungsbereichs von Abs. 3 durch die Formulierung „soweit es nicht bereits zu Vermögen im Sinne des Absatzes 1 gehört" wird zwar vertreten, dass für Abs. 3 gar kein Anwendungsbereich mehr verbleibe, Abs. 3 letztlich ein Redaktionsversehen sei. Dies trifft jedoch nicht zu. Abs. 3 erfasst vielmehr solche Grundstücke, die sich außerhalb des Territoriums eines untergegangenen oder umfassend eingegliederten Landes befinden, d. h. **externes Grundvermögen** sind.[41] Dieses wird – in Abweichung von der Grundregel des Absatzes 1 – nicht dem Rechtsnachfolger des nun nicht mehr bestehenden Landes zugeordnet, sondern dem Land seiner Belegenheit.

IV. Abweichende Regelung durch Bundesgesetz (Art. 135 Abs. 4)

14 Abs. 4 enthält schließlich für den Bundesgesetzgeber die Kompetenz, im Einzelfall eine von den Abs. 1–3 abweichende Regelung zu treffen, wenn das überwiegende Interesse des Bundes oder das besondere Interesse eines Landes dies erfordert. Der Bund hat diese Kompetenz namentlich mit dem Erlass des **G zur Errichtung einer Stiftung „Preußischer Kulturbesitz" und zur Übertragung von Vermögenswerten des ehemaligen Landes Preußen**

---

[35] → Rn. 17.

[36] BVerfGE 10, 20 (37); allgM, s. *Wollenschläger* in Dreier Rn. 8; *Koch* in Sachs Rn. 4; *Dietlein* in MKS Rn. 4; *Rodenbach* in SHH Rn. 4.

[37] → Rn. 14 ff.

[38] *Koch* in Sachs Rn. 5; *Koch* LKV 1994, 73 (76 f.).

[39] *Koch* in Sachs Rn. 5; → Rn. 18.

[40] *Freudling* NJW 1956, 1577; *Holtkotten* in BK Bem. II 3 (21); *Wollenschläger* in Dreier Rn. 10.

[41] *Freudling* NJW 1956, 1577; sa *Jarass* in Jarass/Pieroth Rn. 2; *Koch* in Sachs Rn. 6; *Dietlein* in MKS Rn. 6; *Rodenbach* in SHH Rn. 14.

auf die Stiftung v. 25.7.1957[42] ausgeübt. Das BVerfG hat gelegentlich seiner Entscheidung zur Verfassungsmäßigkeit dieses G[43] in der Sache zutreffend ausgeführt, dass der Bundesgesetzgeber hinsichtlich des Ob und Wie einer abweichenden Regelung in den Grenzen der Missbrauchskontrolle einen weiten Spielraum habe.[44] Im Falle der Stiftung „Preußischer Kulturbesitz" spreche die Ermöglichung einer sinnvollen Zusammenführung der kriegsbedingt verstreuten Bestände und die Pflege der kulturellen Tradition für eine Ausnahme von den Abs. 1–3.[45] Auf der Grundlage von Art. 135 Abs. 4 sei der Bundesgesetzgeber auch berechtigt gewesen, unabhängig von den Voraussetzungen des Art. 87 Abs. 3 S. 1 eine bundesunmittelbare Stiftung zu errichten und ohne Zustimmung des Bundesrates dem preußischen Kulturbesitz zuzuordnendes Landesvermögen auf diese zu übertragen.[46]

15 Das G zur Errichtung einer Stiftung „Preußischer Kulturbesitz" formuliert als Aufgabe der Stiftung „bis zu einer Neuregelung nach der Wiedervereinigung die ihr übertragenen preußischen Kulturgüter für das deutsche Volk zu bewahren, zu pflegen und zu ergänzen". Hinsichtlich der mit der Wiedervereinigung notwendig gewordenen Neuregelung bestimmt **Art. 35 Abs. 5 EVertr.,** dass die durch die Nachkriegsereignisse getrennten Teile der ehemals staatlichen preußischen Sammlungen in Berlin wieder zusammenzuführen sind und die Stiftung Preußischer Kulturbesitz die vorläufige Trägerschaft übernimmt. Für die künftige Regelung heißt es darin, dass eine umfassende Trägerschaft für die ehemals staatlichen preußischen Sammlungen in Berlin zu finden sei. Eine neue gesetzliche Regelung ist jedoch bisher noch nicht erlassen worden.

16 Streitig ist, ob Art. 135 Abs. 4 für die von Art. 135 Abs. 1–3 abweichenden **Regelungen des Art. 21, 22 EVertr.** als Rechtsgrundlage angesehen werden kann.[47] Weil die Regelungskompetenz nach ihrem Wortlaut sehr weit gefasst ist, könnte dies naheliegen. Der Hinweis des BVerfG auf die Entstehungsgeschichte, die für eine Einschränkung des Anwendungsbereichs auf die Ordnung des preußischen Kulturbesitzes spricht und die das Gericht gegen den Vorhalt der **Uferlosigkeit der Regelungskompetenz** gerichtet hatte,[48] zeigt – zutreffend – die **Zeitgebundenheit des Art. 135** und spricht daher mehr gegen die Anwendung des ganzen Art. 135 auf die neuen Bundesländer als gegen die Anwendbarkeit nur und gerade des Art. 135 Abs. 4.[49]

V. Regelungsbefugnis (Art. 135 Abs. 5)

17 Sollten Vermögensfragen auf der Grundlage von Abs. 1–4 noch offengeblieben sein, so eröffnet Abs. 5 eine entsprechende Regelungsbefugnis. Dies gilt insbesondere für die **Passiva.**[50] Von der bis zum 1.1.1952 befristeten Befugnis, die offenen Fragen im Vereinbarungswege, dh durch Verwaltungs-

[42] BGBl. 1957 I 841.
[43] BVerfGE 10, 20.
[44] BVerfGE 10, 20 (40).
[45] BVerfGE 10, 20 (41).
[46] BVerfGE 10, 20 (45); sa BVerfGE 12, 205 (253).
[47] Vgl. → Rn. 4 f.
[48] BVerfGE 10, 20 (47).
[49] S. zum Problem auch *Wollenschläger* in Dreier Rn. 11, 13.
[50] *Rodenbach* in SHH Rn. 7; *Wollenschläger* in Dreier Rn. 12; *Dietlein* in MKS Rn. 10; *Koch* in Sachs Rn. 8.

abkommen oder Staatsverträge zu lösen, haben die beteiligten Länder und juristischen Personen des öffentlichen Rechts keinen Gebrauch gemacht.[51] Mit Ablauf der Frist kam es dem Bundesgesetzgeber zu, die noch offenen Probleme durch ein **zustimmungsbedürftiges** Gesetz zu lösen. Der Bundesgesetzgeber ist dem durch Erlass des G zur Regelung der Rechtsverhältnisse nicht mehr bestehender öffentlicher Rechtsträger (RechtsträgerabwicklungsG) v. 6.9.1965[52] nachgekommen. Einschlägige Regelungen enthält auch das ReichsvermögensG[53] sowie das Allg. KriegsfolgenG v. 5.11.1957[54]. Ebenso wie Art. 134 Abs. 4 enthält auch Art. 135 Abs. 5 die Befugnis des Gesetzgebers zur Regelung der Passiva, hier die des preußischen Staates und anderer juristischer Personen des öffentlichen Rechts. Art. 135a hat auch insoweit die Funktion einer Legaldefinition.[55] Die Norm bestätigt mit ihrer Terminierung und dem damit verbundenen Übergang in eine politische Lösung einmal mehr die immer wieder vom BVerfG betonte historische Situationsgebundenheit der Art. 133 ff.

VI. Übergang von Beteiligungen des ehemaligen Landes Preußen an Unternehmen des privaten Rechts (Art. 135 Abs. 6)

18 Art. 135 Abs. 6 weist die Beteiligungen des ehemaligen Landes Preußen an Unternehmen des privaten Rechts[56] **von Verfassungs wegen** dem Bund zu,[57] und damit weder den alten noch den neuen Ländern auf dem relevanten Gebiet.[58] Es handelt sich um eine Spezialregelung zu Art. 135 Abs. 2.[59] Der Bund hat von seiner Kompetenz nach Satz 2 nicht nur Näheres, sondern auch Abweichendes zu regeln, im ReichsvermögensG (§§ 12, 13) Gebrauch gemacht und verschiedene Beteiligungen an bestimmte Länder übertragen.

VII. Erwerbsfiktion bei Verfügung durch den noch nicht Berechtigten (Art. 135 Abs. 7)

19 Aus Gründen der Rechtssicherheit bestimmt Art. 135 Abs. 7 zugunsten der nach Abs. 1–3 Berechtigten die **gesetzliche Fiktion,** dass sie bereits vor Inkrafttreten des GG zum Zeitpunkt einer Verfügung über den Vermögensgegenstand Eigentümer waren.[60] Diese Regelung ist ein zusätzliches Indiz für die unmittelbare Geltung der Abs. 1–3.[61]

C. Verhältnis zu anderen Bestimmungen des Grundgesetzes

20 Art. 135 gehört wie Art. 134 zu den das öffentliche Vermögen betreffenden **Übergangsvorschriften.** Sein Abs. 4 enthält eine Art. 87 Abs. 3 S. 1

---

[51] *Wollenschläger* in Dreier Rn. 12.
[52] BGBl. 1965 I 1065.
[53] BGBl. 1961 I 597.
[54] BGBl. 1957 I 1747; sa *Dietlein* in MKS Rn. 10.
[55] S. zum Problem → Art. 134 Rn. 9; → Art. 135a Rn. 1 u. 4.
[56] Beispiele bei *Holtkotten* in BK Bem. II 8b (30 f.); sa BT-Drs. III/2357, 6 f.
[57] *Hamann* in Hamann/Lenz Kap. B 15; *Jarass* in Jarass/Pieroth Rn. 2; aA *Holtkotten* in BK Bem. II 8a (30); zum entsprechenden Streit zwischen Unmittelbarkeitsthese und Programmsatzthese → Art. 134 Rn. 7.
[58] *Schwarz* in Maunz/Dürig Rn. 28.
[59] *Dietlein* in MKS Rn. 11; *Koch* in Sachs Rn. 5.
[60] *Dietlein* in MKS Rn. 12; *Wollenschläger* in Dreier Rn. 14; *Rodenbach* in SHH Rn. 9.
[61] *Holtkotten* in BK Bem. II 9 (32).

vorgehende Befugnis;[62] sein Abs. 5 wird ergänzt durch die Legaldefinition des Art. 135a Abs. 1.

D. Kritische Würdigung

21 Die Veränderungen des Gebietsstands zwischen dem Zusammenbruch und dem Inkrafttreten des Grundgesetzes waren gravierend und forderten eine Klärung ein, die Art. 135 – vor allem im Zusammenhang mit Art. 135a – zukunftsoffen erfüllt hat. Diese Aufgabe ist seit langem erfüllt.[63] Die **Grundsätze der Funktionsnachfolge** und der **Belegenheit** haben sich als sachgerecht bewährt, die Ermöglichung von Ausnahmeregelungen hat die nötige Flexibilität für Sonderfälle geschaffen.

Literatur

U. Berlit, Ländervermögen im Bundesstaat. Die Vermögensverteilung zwischen Bund und ostdeutschen Ländern als föderales Problem, 1994. – ***W. Breithaupt,*** Art. 135 des GG und das NS-Vermögen, DÖV 1959, 817. – ***L. Eckert,*** Öffentliches Vermögen der ehemaligen DDR und Einigungsvertrag, 1994. – ***F. Freudling,*** Rechtsfragen zu Art. 135 GG, NJW 1956, 1577. – ***H. J. Hahn,*** Voraussetzungen und Umfang des Rechtserwerbs nach Art. 21 Abs. 3 Einigungsvertrag und dessen Verhältnis zu den Art. 134 und 135 GG, 1993. – ***K. Harms,*** Verfassungsrecht in Umbruchsituationen, 1999. – ***P. Hofmann,*** Die Stiftung „Preußischer Kulturbesitz" in Berlin, DV 21 (1988), 63. – ***R. Mußgnug,*** Rechtsgutachten über die Frage nach der Verfassungsmäßigkeit der Artikel 21, 22 des Einigungsvertrages, in Ministerium der Finanzen des Landes Brandenburg, Die Vermögensausstattung der ostdeutschen Bundesländer, 1993, 15. – ***D. Richter,*** Die Ansprüche der neuen Bundesländer auf aufgabengerechte Vermögensausstattung und Vermögensrestitution, 1998. – ***H. Steinberger/D. Richter,*** Rechtsgutachten zu der Frage: Ist das Land Brandenburg im Wege der Rechtsnachfolge in das auf seinem Territorium gelegene Vermögen des ehemaligen Staates Preußen eingetreten?, in Ministerium der Finanzen des Landes Brandenburg, Die Vermögensausstattung der ostdeutschen Bundesländer, 1993, 25.

Sa das Schrifttum zu Art. 134 und Art. 135 a.

---

[62] → Rn. 14 mwN.

[63] Ebenso *Koch* in Sachs Rn. 1; *Dietlein* in MKS Rn. 1; *Kaltenborn/Barczak* in BeckOK GG Rn. 6 f.

Art. 135a [Verbindlichkeiten des Reiches und anderer Körperschaften]

(1) Durch die in Artikel 134 Abs. 4 und Artikel 135 Abs. 5 vorbehaltene Gesetzgebung des Bundes kann auch bestimmt werden, daß nicht oder nicht in voller Höhe zu erfüllen sind

1. **Verbindlichkeiten des Reiches sowie Verbindlichkeiten des ehemaligen Landes Preußen und sonstiger nicht mehr bestehender Körperschaften und Anstalten des öffentlichen Rechts,**
2. **Verbindlichkeiten des Bundes oder anderer Körperschaften und Anstalten des öffentlichen Rechts, welche mit dem Übergang von Vermögenswerten nach Artikel 89, 90, 134 und 135 im Zusammenhang stehen, und Verbindlichkeiten dieser Rechtsträger, die auf Maßnahmen der in Nummer 1 bezeichneten Rechtsträger beruhen,**
3. **Verbindlichkeiten der Länder und Gemeinden (Gemeindeverbände), die aus Maßnahmen entstanden sind, welche diese Rechtsträger vor dem 1. August 1945 zur Durchführung von Anordnungen der Besatzungsmächte oder zur Beseitigung eines kriegsbedingten Notstandes im Rahmen dem Reich obliegender oder vom Reich übertragener Verwaltungsaufgaben getroffen haben.**

(2) Absatz 1 findet entsprechende Anwendung auf Verbindlichkeiten der Deutschen Demokratischen Republik oder ihrer Rechtsträger sowie auf Verbindlichkeiten des Bundes oder anderer Körperschaften und Anstalten des öffentlichen Rechts, die mit dem Übergang von Vermögenswerten der Deutschen Demokratischen Republik auf Bund, Länder und Gemeinden im Zusammenhang stehen, und auf Verbindlichkeiten, die auf Maßnahmen der Deutschen Demokratischen Republik oder ihrer Rechtsträger beruhen.

Übersicht

A. Allgemeine Bedeutung

I. Genese

Art. 135a GG aF – nunmehr Art. 135a Abs. 1 – wurde erst durch verfassungsänderndes Gesetz v. 22.10.1957[1] in das GG eingefügt. Damit wurde 1

[1] BGBl. 1957 I 1735; s. zur Entstehungsgeschichte *Haratsch* in BK Rn. 1; *Bernsdorff* in Umbach/Clemens Rn. 2 ff.; *Rodenbach* in SHH Rn. 1.

der Streit über den **Vermögensbegriff** beendet, d. h. darüber ob der Bund bereits auf Basis der Art. 134 Abs. 4 und Art. 135 Abs. 5 befugt sei, durch Gesetz Regelungen über die Verbindlichkeiten zu treffen, die vom Deutschen Reich, Preußen oder anderen juristischen Personen des öffentlichen Rechts hinterlassen worden waren oder in sonstiger Weise mit dem verlorenen Krieg in Zusammenhang standen.[2]

2 **Art. 135a Abs. 2** ist sodann erst durch **Art. 4 Nr. 4 EVertr.** in das GG eingefügt worden. Angesichts der von der **DDR übernommenen,** in ihrem Ausmaß nicht überschaubaren Verbindlichkeiten, insbesondere aber im Hinblick auf die im Zusammenhang mit der Klärung der offenen Vermögensfragen erforderlichen Entschädigungsregelungen sollte der Gesetzgeber einen weiten Gestaltungsspielraum erhalten – vor allem auch im Blick auf die Eigentumsgarantie gem. Art. 14.[3]

II. Inhaltsübersicht

3 Die zentrale Funktion der Norm in ihrer ursprünglichen Gestalt (Abs. 1) lag darin, das Gesetz zur allgemeinen Regelung durch den Krieg und den Zusammenbruch des Deutschen Reiches entstandener Schäden **(Allgemeines Kriegsfolgengesetz – AKG)**[4] **verfassungsrechtlich abzusichern.**[5] Dieses Gesetz enthielt angesichts der katastrophalen finanziellen Lage – die Reichsschulden betrugen beim Zusammenbruch etwa 800 Milliarden Reichsmark[6] – erhebliche Kürzungen der genannten Verbindlichkeiten und war damit auch im Hinblick auf die Eigentumsgarantie – letztlich unbegründeten – Bedenken ausgesetzt.[7] Das BVerfG stellte dazu fest, dass der Bundesgesetzgeber bereits auf der Grundlage der Art. 134 Abs. 4 und Art. 135 Abs. 5 die Kompetenz zur Regelung der Schulden des Reiches besitze. Dies ergebe sich zwingend aus der Sachproblematik, vor die Art. 134 gestellt gewesen sei, nämlich des Staatsbankrotts des Reiches.[8]

4 Danach enthält **Art. 135a Abs. 1 nur** eine **deklaratorische Legaldefinition.**[9] Angesichts der vom BVerfG eindringlich dargelegten Notwendigkeit einer Regelung über die Reichsschulden, der sich auch der ParlRat bewusst war,[10] mutet der dagegen erhobene Einwand, die Gesetzgebungskompetenz nach Art. 134 Abs. 4 müsse sich auf Vermögensfragen beschränken, die von dem in Art. 134 Abs. 1–3 verwendeten Vermögensbegriff umfasst seien,[11] geradezu begriffsjuristisch an. Dies gilt umso mehr als dieser Vermögensbegriff auch im Hinblick auf die Entstehungsgeschichte nicht

---

2 Zum Streit auch → Art. 134 Rn. 8.

3 S. Denkschrift zum EVertr. BT-Drs. 11/7760, 359; → Rn. 7; zur Entstehungsgeschichte s. *Haratsch* in BK Rn. 2 ff.; *Rodenbach* in SHH Rn. 7; *Bernsdorff* in Umbach/Clemens Rn. 5 f.

4 AKG v. 5.11.1957, BGBl. I 1747.

5 *Heun* in Dreier Rn. 1; *Rodenbach* in SHH Rn. 3; *Dietlein* in MKS Rn. 7; *Haratsch* in BK Rn. 8; zum AKG s. *Weiler* NJW 1956, 1577; *Féaux de la Croix* NJW 1957, 1697; *Haratsch* in BK Rn. 28.

6 → Art. 134 Rn. 9.

7 S. *Hamann* in Hamann/Lenz Bem. A; *Maunz* in Maunz/Dürig Kap. II 2.

8 BVerfGE 15, 126 (134 ff.).

9 BVerfGE 15, 126 (140, 144); zust. *Rodenbach* in SHH Rn. 4; *Maunz* in Maunz/Dürig Kap. II 2; *Jarass* in Jarass/Pieroth Rn. 2; *Heun* in Dreier Rn. 4; *Koch* in Sachs Rn. 1; *Bernsdorff* NJW 1997, 2712 (2713).

10 S. JöR nF 1 (1951), 878 (882).

11 So *Hamann* in Hamann/Lenz Art. 134 Bem. B 16.

eindeutig ist.[12] Mit der Verfassungsergänzung hatte dieser Streit keine Bedeutung mehr.

III. Überstaatliche Bezüge

Die Norm stellt es dem Gesetzgeber im Rahmen einer **politischen** 5
Lösung anheim, zur zukunftsgerichteten Bereinigung existenzieller staatlicher Zäsuren ganz beachtliche ökonomische Frustrationen herbeizuführen. Insoweit ergeben sich zwar thematische Anknüpfungspunkte zu entsprechenden grund- und menschenrechtlichen Gewährleistungen auf inter- und supranationaler Ebene. Mit dem EGMR führt dies aber zu keiner Korrektur bzw. Beeinflussung der Anwendung des Ar. 135a.[13] Wie das BVerfG stellt der EGMR maßgeblich darauf ab, dass es Eigentum als rein private Erwartung nicht gibt. Die EMRK schützt **nur „vorhandenes Eigentum"**; hinzu kommt der „historische Zusammenhang".[14] Eigentum eignet sich ersichtlich nicht als Maßstab der Bewältigung dieser Zäsuren und Umbrüche. Zurecht wandte das BVerfG sich in diesem Kontext gegen die Vorstellung eines „vor- und überstaatlichen" Eigentums.[15] Die Norm erfasst im Übrigen nicht die **Auslandsverbindlichkeiten** des Deutschen Reiches, die vielmehr im Londoner Schuldenabkommen v. 27.2.1953[16] völkerrechtlich geregelt wurden.[17] Ähnlich verhält es sich mit den Auslandsverbindlichkeiten der DDR.

IV. Systematischer Zusammenhang

Die Norm steht einerseits im Kontext der Übergangsvorschriften zur kon- 6
struktiven **Konsolidierung der Vermögensfragen** im Zuge existenzieller staatlicher Zäsuren, v. a. Art. 134 und Art. 135. Andererseits verweist sie tiefer als jene technisch anmutenden Normen auf die dahinter liegenden Gerechtigkeitsprobleme.[18] Anders formuliert: Was zählt im Angesicht des Zusammenbruchs und der nicht-ökonomischen Verluste größten Ausmaßes das **Eigentumsargument gem. Art. 14,** wenn es um den Neuaufbau geht? Die Rechtsprechung hat vorstaatliche Wertargumentationen überzeugend zurückgewiesen; an Statur gewann dagegen der Gleichheitssatz gem. Art. 3 Abs. 1.[19]

B. Einzelfragen

I. Auslandsverbindlichkeiten nicht erfasst

Nicht erfasst sind von Art. 134 Abs. 4 iVm Art. 135a Abs. 1 die **Aus-** 7
landsverbindlichkeiten des Deutschen Reiches.[20] Für sie ist vielmehr im

[12] BVerfGE 15, 126 (133 f.); wie hier *Bernsdorff* NJW 1997, 2712 (2713); zum entspr. Streit bzgl. Art. 21, 22 EVertr. *Dietlein,* Nachfolge im Öffentlichen Recht, 1999, 572 ff.
[13] EGMR NJW 2005, 2530.
[14] EGMR NJW 2005, 2530.
[15] BVerfGE 15, 126.
[16] BGBl. 1953 II 331.
[17] Dazu *Wolff* NJW 1953, 1409; sa BVerfGE 94, 315 (317 f.).
[18] Vgl. zu den aufgeworfenen moralischen Fragen EGMR NJW 2005, 2530 (2532); vgl. zum abzulehnenden naturrechtlichen Eigentumsargument BVerfGE 15, 126.
[19] → Rn. 10 ff. u. 18 ff.
[20] S. zum räumlichen Geltungsbereich → Art. 134 Rn. 4, 10; ebenso *Heun* in Dreier Rn. 3; *Dietlein* in MKS Rn. 1; *Haratsch* in BK Rn. 14; *Bernsdorff* NJW 1997, 2712 (2713).

Londoner Schuldenabkommen v. 27.2.1953[21] die erforderliche völkerrechtliche Vereinbarung getroffen worden.[22] Ähnlich verhält es sich mit den Auslandsverbindlichkeiten der DDR, deren Abwicklung in Art. 24 EVertr. normiert ist. Sie fallen entsprechend der Rechtslage des Art. 135a Abs. 1 nicht in den Anwendungsbereich des Art. 135a Abs. 2.[23]

II. Kürzung von ... Verbindlichkeiten

8 Art. 135a Abs. 1 bestimmt, dass die in Art. 134 u. 135 eröffneten Gesetzgebungsbefugnisse dem Bundesgesetzgeber auch Befugnis vermitteln, per Gesetz zu bestimmen, dass die in den Nr. 1–3 bezeichneten **Verbindlichkeiten nicht oder nur teilweise zu erfüllen** sind. Damit ist der dort geführte Streit um den Vermögensbegriff erledigt. Richtigerweise handelt es sich schon dem Wortlaut nach um eine bloß klarstellende Legaldefinition dessen, was bereits in Art. 134 Abs. 4 und Art. 135 Abs. 5 geregelt ist.[24]

9 Von **Nr. 1 werden** die Verbindlichkeiten des Reiches sowie des ehemaligen Landes Preußen und sonstiger nicht mehr bestehender Körperschaften und Anstalten des öffentlichen Rechts einschließlich der nicht ausdrücklich genannten Stiftungen erfasst.[25] **Nr. 2** regelt zwei Fallgruppen, denen beiden gemeinsam ist, dass es sich um Verbindlichkeiten des Bundes oder anderer bestehender Körperschaften oder Anstalten des öffentlichen Rechts handelt. Zum einen geht es um Verbindlichkeiten, die im Zusammenhang mit dem Übergang von Vermögenswerten oder Verbindlichkeiten nach Art. 89, 90, 134, 135 stehen,[26] zum anderen um Verbindlichkeiten, die auf Maßnahmen des Deutschen Reiches, des ehemaligen Landes Preußen oder sonstiger nicht mehr bestehender Körperschaften und Anstalten des öffentlichen Rechts beruhen.[27] Die **Nr. 3** umfasst schließlich die Verbindlichkeiten der Länder und Gemeinden, die diesen aus Maßnahmen zur Durchführung von Anordnungen der Besatzungsmächte oder zur Beseitigung eines kriegsbedingten Notstandes im Rahmen dem Reich obliegender oder vom Reich übertragener Verwaltungsaufgaben entstanden sind.[28] Erfasst sind bei der letzten Fallgruppe **nur Verbindlichkeiten, die vor dem 1.8.1945 entstanden sind.** Dieser Stichtag bezeichnet in Übereinstimmung mit anderen Kriegsfolgen

---

[21] BGBl. 1953 II 331.

[22] Dazu *Wolff* NJW 1953, 1409; sa BVerfGE 94, 315 (317 f.).

[23] Ebenso *Heun* in Dreier Rn. 11, *Dietlein* in MKS Rn. 12; *Haratsch,* Die Befreiung von Verbindlichkeiten nach Art. 135a Abs. 2 GG, 1998, 147, 161; *Haratsch* in BK Rn. 39; *Koch* in Sachs Rn. 6; *Schenke* in Sodan Rn. 7; *Bernsdorff* in Umbach/Clemens Rn. 21.

[24] Sa *Heun* in Dreier Rn. 5: konkretisierende Funktion.

[25] Ebenso *Heun* in Dreier Rn. 5; *Jarass* in Jarass/Pieroth Rn. 1; *Haratsch* in BK Rn. 13, 19; Bsp.: Gem. § 14 Umstellungsgesetz v. 20.6.1948 wurden die verbrieften Reichsschulden von der durch die Währungsreform bedingten Währungsumstellung ausgenommen; ein Ausgleich der Währungsverluste wurde auf die Gesetze zum Lastenausgleich verwiesen (s. dazu *Maunz* in Maunz/Dürig Kap. II 2); zur Anwendbarkeit auf die Verbindlichkeiten der NSDAP und ihrer Untergliederungen → Art. 135 Rn. 9 mwN; zur Anwendbarkeit auf Verbindlichkeiten des Reichsnährstandes s. BVerfGE 29, 413 (424 ff.).

[26] Bsp.: Grundschulden auf entsprechenden Liegenschaften einschl. Zinsen; s. zur Regelungsbefugnis hinsichtlich der mit Art. 89, 90 in Zusammenhang stehenden Verbindlichkeiten → Art. 134 Rn. 38.

[27] Bsp.: Kosten für die Beseitigung von Verteidigungsanlagen auf privaten Grundstücken; sa BVerwGE 45, 250; BVerwG NJW 2006, 354: Rüstungsaltlasten.

[28] BVerfGE 19, 150 (159 ff.): Beschlagnahme eines Schuh- und Lederlagers zur Verteilung an Flüchtlinge; BVerfGE 27, 253 (270 ff.): Besatzungsschäden.

regelnden Gesetzen das Ende der Kriegswirren und die Wiederherstellung eines Mindestmaßes an öffentlicher Ordnung.[29]

Bei der Wahrnehmung der Befugnis gem. Art. 134 Abs. 4, Art. 135 Abs. 5 iVm 135a Abs. 1 kommt dem Gesetzgeber ein **weiter,** jedoch kein grenzenloser **Gestaltungsspielraum** zu. Die Grenzen ergeben sich – wie das BVerfG ausführt – aus der Natur des zu regelnden Gegenstandes: die Bereinigung des **Staatsbankrotts des Reiches.** Hierbei stehe nicht die Abrechnung über die Vergangenheit, sondern die **Schaffung einer Grundlage für die Zukunft** im Vordergrund. Forderungen gegen das Reich seien zur Berücksichtigung nach **Maßgabe des Möglichen** überwiesen. Eine Erfüllungsverweigerung ist daher insoweit gerechtfertigt, wie die Erfordernisse einer geordneten Finanzwirtschaft in Bund und Ländern dies gebieten.[30] Weder die ohnehin umstrittene Annahme einer (Teil-) Identität, noch der Grundsatz der Vermögensübernahme, der Funktionsnachfolge oder der Gedanke der Kontinuität hindern den Gesetzgeber daran, den Schlussstrich zu ziehen.[31] 10

Auch **Art. 14** steht danach der Begrenzung der Verbindlichkeiten auf das Maß des Möglichen nicht entgegen. Denn bei Inkrafttreten des Grundgesetzes lag schon kein konkretes Schutzobjekt vor.[32] Im Übrigen gestatte Art. 134 Abs. 4 in Gestalt seiner Legaldefinition nicht neue Eingriffe in Eigentum, sondern ermögliche die Abwicklung eines in der Vergangenheit liegenden Eingriffs, nämlich die Herbeiführung der Konkurslage des Reiches. Strikt gebunden sei der Gesetzgeber allerdings an den **Gleichheitsgrundsatz.**[33] Diese Maßstäbe ruhen überzeugend auf der nüchternen Anerkennung des Staatsbankrotts[34] und der daraus folgenden Notwendigkeit, die Finanzwirtschaft des neuen Gemeinwesens auf eine tragfähige bzw. unbelastete Grundlage zu stellen.[35] 11

Die Erfüllung nach Maßgabe des Möglichen **verstößt weder gegen** die Wesensgehaltsgarantie des **Art. 19 Abs. 2** noch gegen **Art. 79 Abs. 3**[36]. Erhellend wendet sich das BVerfG hier schon früh gegen die Vorstellung eines **„vor- und überstaatlichen"** Eigentums.[37] Die im Rückblick gestellte Frage, ob angesichts der wirtschaftlichen Entwicklung der Bundesrepublik nicht doch eine Erfüllung von Reichsverbindlichkeiten in größerem Umfang möglich gewesen wäre,[38] berücksichtigt nicht, dass diese Entwicklung im Falle einer Belastung mit Reichsverbindlichkeiten einen anderen Verlauf hätte nehmen können.[39] 12

---

[29] *Féaux de la Croix* NJW 1957, 1699, Fn. 10.

[30] BVerfGE 15, 126; *Dietlein* in MKS Rn. 5.

[31] BVerfGE 15, 126 (137).

[32] Ähnlich später EGMR NJW 2005, 2530; zweifelnd jedoch *Maunz* in Maunz/Dürig Kap. II 2.

[33] BVerfGE 15, 126 (140 ff.); seither stRspr: BVerfGE 17, 67; 19, 150 (153 ff.); 23, 153 (166); 24, 203 (214 f.); 27, 253; 29, 413 (424 ff.); 41, 126 (150); 43, 83.

[34] Zum Begriff s. *Kratzmann* JZ 1982, 319.

[35] IErg ebenso *Koch* in Sachs Rn. 3; *Heun* in Dreier Rn. 9; *Rodenbach* in SHH Rn. 15; *Schenke* in Sodan Rn. 4; *Bernsdorff* in Umbach/Clemens Rn. 26 f., 29.

[36] → Rn. 10 ff., 18 ff. und Nachw. ebd.

[37] BVerfGE 15, 126; das BVerfG spricht in späteren Entscheidungen vom Wertgedanken des Art. 14, s. BVerfGE 23, 153 (166); 29, 413 (429); in den Entscheidungen zu Art. 135a Abs. 2 stellt es verstärkt auf das Rechts- und Sozialstaatsprinzip ab, → Rn. 18.

[38] So *Hamann* in Hamann/Lenz Bem. B 2.

[39] Sa *Dietlein* in MKS Rn. 5; BVerfGE 94, 315 (326): anderenfalls wäre wirksame Planung der staatlichen Tätigkeit für die Zukunft ausgeschlossen; sa schon BVerfGE 27, 253 (288 f.); 41, 126 (187).

III. Entsprechende Anwendung auf Verbindlichkeiten im Zusammenhang mit der Wiedervereinigung

13 Art. 135a Abs. 2 ordnet eine entsprechende Anwendung des Art. 135a Abs. 1 auf drei näher bezeichnete Arten von Verbindlichkeiten an. Die „entsprechende" Geltung des Abs. 1 kann dabei nicht allzu wörtlich genommen werden. Insbesondere ist **Art. 135a Abs. 2 keine Legaldefinition** der Art. 134 Abs. 4 oder 135 Abs. 5, da diese keine Anwendung auf die Zuordnung des DDR-Vermögens finden.[40] Vielmehr regelt Art. 135a Abs. 2 konstitutiv eine **eigenständige Handlungsgrundlage.**[41] Gewollt ist jedoch offensichtlich eine Kompetenz des Gesetzgebers, die ihm im Blick auf die Wiedervereinigung dieselben Freiheiten gewährt, wie er sie bei der Bewältigung der Kriegsfolgen hatte. Die Norm ermächtigt den Gesetzgeber und ordnet gerade keine Haftung durch Universalsukzession an.[42]

14 Die Befugnis des Art. 135a Abs. 2 umfasst **drei Fallgruppen:**

Sie erfasst zunächst die **Verbindlichkeiten der DDR** oder ihrer Rechtsträger,[43] die mit dem Beitritt auf die Bundesrepublik übergegangen sind. Die Übernahme dieser Verbindlichkeiten ist insbesondere in Art. 23 u. 25 EVertr. geregelt. Dazu zählen etwa solche des Republikhaushalts, Ausgleichsverbindlichkeiten aus der Währungsumstellung oder Verpflichtungen aus der Gewährträgerhaftung für die Staatsbank Berlin.[44] Die Auslandsverbindlichkeiten der DDR, deren Abwicklung in Art. 24 EVertr. normiert ist, fallen entsprechend der Rechtslage gem. Art. 135a Abs. 1[45] nicht in den Anwendungsbereich des Art. 135a Abs. 2, sondern sind völkerrechtlich zu regeln.[46] Auf der Grundlage dieser ersten Alternative des Art. 135a Abs. 2 hat der Gesetzgeber das Finanzbereinigungsgesetz-DDR v. 22.4.1993[47] erlassen.[48] Zu nennen ist ferner das DDR-Schuldbuchbereinigungsgesetz v. 27.9.1994.[49]

15 Die zweite Alternative betrifft Verbindlichkeiten, die im Zusammenhang mit dem Übergang von Vermögenswerten der DDR auf Bund, Länder und Gemeinden stehen. Art. 135a Abs. 2 selbst bewirkt einen solchen **vermögensakzessorischen Schuldenübergang** jedoch nicht.[50] Gemeint sind vielmehr die Verbindlichkeiten, die dem gem. Art. 21 u. 22 EVertr. verteilten öffentlichen Vermögen der DDR anhaften.[51] In der Rechtsprechung

---

40 → Art. 134 Rn. 12 ff.; → Art. 135 Rn. 4 f.

41 *Dietlein* in MKS Rn. 10; *Heun* in Dreier Rn. 4, 10; *Koch* in Sachs Rn. 5; *Haratsch* in BK Rn. 31, 51; *Bernsdorff* NJW 1997, 2712 (2714).

42 BGHZ 165, 159; vgl. dazu *Kaltenborn/Barczak* in BeckOK Rn. 10.

43 Zum Rechtsträgerbegriff ausf. *Haratsch,* Die Befreiung von Verbindlichkeiten nach Art. 135a Abs. 2 GG, 1998, 186 ff., sa *Haratsch* in BK Rn. 44.

44 *Bernsdorff* NJW 1997, 2712 (2714); sa *Dietlein* in MKS Rn. 12; *Rodenbach* in SHH Rn. 21; *Haratsch,* Die Befreiung von Verbindlichkeiten nach Art. 135a Abs. 2 GG, 1998, 180.

45 → Rn. 7.

46 Ebenso *Heun* in Dreier Rn. 11, *Dietlein* in MKS Rn. 12; *Haratsch,* Die Befreiung von Verbindlichkeiten nach Art. 135a Abs. 2 GG, 1998, 147, 161; *Haratsch* in BK Rn. 39; *Koch* in Sachs Rn. 6; *Schenke* in Sodan Rn. 7; *Bernsdorff* in Umbach/Clemens Rn. 21.

47 BGBl. 1993 I 463.

48 S. *Haratsch,* Die Befreiung von Verbindlichkeiten nach Art. 135a Abs. 2 GG, 1998, 209 f.; sa OVG Münster DVBl. 1999, 1369.

49 BGBl. 1994 I 2634; s. dazu *Haratsch,* Die Befreiung von Verbindlichkeiten nach Art. 135a Abs. 2 GG, 1998, 213.

50 *Dietlein* in MKS Rn. 14; *Rädler* DtZ 1993, 296 (297); OLG Dresden VIZ 2001, 575; aA *Maunz* in Maunz/Dürig Kap. III.

51 *Dietlein* in MKS Rn. 13; *Haratsch,* Die Befreiung von Verbindlichkeiten nach Art. 135a Abs. 2 GG, 1998, 191 f.; *Rodenbach* in SHH Rn. 21; *Bernsdorff* in Umbach/Clemens Rn. 23.

ist die zutreffende Auffassung vorherrschend, dass der Vermögensbegriff der Art. 21, 22 EVertr.[52] auch die Passiva umfasse, soweit diese in einem engen Zusammenhang mit dem Aktivvermögen stehen. Diese Auffassung werde durch Art. 135a Abs. 2 in seiner zweiten Alternative inzident bestätigt.[53]

Als Beispiel für eine durch Art. 135a Abs. 2 in seiner zweiten Alternative **16** abgesicherte Kürzung von Verbindlichkeiten lässt sich die Regelung des EVertr. nennen, wonach das AKG zwar hinsichtlich der Erlöschenstatbestände von Verbindlichkeiten auf das Beitrittsgebiet erstreckt worden ist, aber nur höchst eingeschränkt nach dem AKG gewährte Ansprüche übergeleitet werden.[54] Die sich daraus ergebende Ungleichbehandlung ua von grundstücksbezogenen Herausgabeansprüchen stellt angesichts hinreichender Gründe für die Ungleichbehandlung **keinen Gleichheitsverstoß** dar.[55]

Dritte und wohl wichtigste Fallgruppe sind die Verbindlichkeiten, die auf **17** Maßnahmen der DDR oder ihrer Rechtsträger beruhen. Gedacht ist hierbei an Ansprüche zur **Wiedergutmachung staatlichen Unrechts.**[56] Es geht insbesondere um die **Entschädigungs- und Ausgleichsansprüche,** die im Zusammenhang mit dem Regelungskomplex **„offene Vermögensfragen"** entstehen.[57] Vor allem bei diesem Bewältigungskomplex stand das Motiv des Gesetzgebers im Vordergrund, von möglichen Restriktionen des Art. 14 freigestellt zu werden und einen weiten Gestaltungsspielraum zu haben.[58] Entgegen dem Wortlaut war es der Wille des Verfassungsgebers auch und gerade **Maßnahmen auf besatzungsrechtlicher bzw. besatzungshoheitlicher Grundlage** zwischen 1945 und 1949 zu erfassen.[59]

In der Entscheidung über die Verfassungsmäßigkeit des Verzichts auf die **18** Rückabwicklung der Enteignungen auf besatzungsrechtlicher oder besatzungshoheitlicher Grundlage zwischen 1945 und 1949 durch den EVertr. hat das BVerfG in enger Anlehnung an seine Rechtsprechung zur Regelung der Kriegsfolgen ausgeführt, dass die Bundesrepublik für Maßnahmen fremder Hoheitsgewalt nicht in gleicher Weise einzustehen habe, wie für eigene.[60] Die Wertordnung des GG, insbesondere das Sozialstaatsprinzip verpflichte nur zu einem innerstaatlichen Lastenausgleich nach Maßgabe dessen, was unter Berücksichtigung der sonstigen Staatsaufgaben möglich ist. Der Gesetzgeber dürfe danach das Gesamtvolumen der wiedergutzumachenden Schäden – zu denen nicht nur Schäden an Eigentum gehören – berücksichtigen. Er dürfe darüber hinaus auf die Erfüllung der neuen Aufgaben Rücksicht nehmen, die sich aus dem Wiederaufbau in den neuen Bundesländern ergeben.[61]

---

[52] Text bei → Art. 134 abgedruckt.

[53] BVerwGE 96, 231 (234); BGHZ 128, 394 (398 f.); 128, 140 (148 f.); s. zum Problem auch *Dietlein* in MKS Rn. 14.

[54] S. Art. 8 EVertr. iVm Anl. I, Kap. IV, A, Abschn. I Nr. 12 und Abschn. II Nr. 2.

[55] BGHZ 139, 152 (163 ff.); bestätigt durch BVerfG VIZ 1999, 722; s. dazu auch *Dietlein* in MKS Rn. 9.

[56] *Dietlein* in MKS Rn. 15; *Rodenbach* in SHH Rn. 24; *Haratsch,* Die Befreiung von Verbindlichkeiten nach Art. 135a Abs. 2 GG, 1998, 192 f.; *Bernsdorff* NJW 1997, 2712 (2714); zur Staatshaftung sa *Rädler* DtZ 1993, 296; *Bernsdorff* NJW 1997, 2712 (2718).

[57] S. Art. 41 EVertr. iVm der Gemeinsamen Erklärung zur Regelung offener Vermögensfragen v. 15.6.1990; für Beschränkung der dritten Alternative hierauf *Herdegen,* Die Verfassungsänderungen im Einigungsvertrag, 1991, 15 f.; aA *Haratsch,* Die Befreiung von Verbindlichkeiten nach Art. 135a Abs. 2 GG, 1998, 123 f.

[58] → Rn. 10.

[59] *Heun* in Dreier Rn. 12; *Bernsdorff* NJW 1997, 2712; sa BVerfGE 84, 90 (128 f.).

[60] BVerfGE 84, 90 (125).

[61] BVerfGE 84, 90 (130 f.).

Gebunden sei der Gesetzgeber neben dem **Sozialstaatsgrundsatz** und dem **Rechtsstaatsprinzip** vor allem an den **Gleichheitssatz.** Dieser schließe es angesichts des im Zusammenhang mit der Regelung der offenen Vermögensfragen grundsätzlich geltenden Restitutionsprinzips aus, dass die ehemaligen Eigentümer bzw. Erben der von der Rückgabe ausgeschlossenen sog. Bodenreformgrundstücke ohne jede Ausgleichsleistung bleiben.[62]

19 Gegen diese Argumentation des BVerfG lässt sich aus denselben Gründen wie zur Kriegsfolgenrechtsprechung ausgeführt, nichts einwenden. Insbesondere kann eine Verletzung von Art. 14 nicht ernsthaft ins Feld geführt werden.[63] Dem – ohnehin fraglichen – Wert- bzw. Schutzpflichtgedanken dieses Grundrechts – eine Abwehrkonstellation ist angesichts von Eigentumseingriffen fremder Staatsgewalt nicht gegeben – ist durch Ausgleichsleistungen nach Maßgabe des Möglichen und unter Bindung an den **Gleichheitssatz** Genüge getan.[64] Kürzungen kommen danach in Betracht, wenn und soweit dies erforderlich ist, um eine Gefährdung der staatlichen Aufgabenerfüllung infolge übermäßiger Verschuldung abzuwehren.[65]

20 Verfassungswidriges Verfassungsrecht wegen Verstoßes gegen Art. 79 Abs. 3 lässt sich damit keinesfalls begründen.[66] Mit Erlass des **Entschädigungs- und Ausgleichsleistungsgesetzes (EALG)** v. 27.9.1994[67] hat der Gesetzgeber nicht nur die hinsichtlich der Enteignungen zwischen 1945 und 1949 erforderlichen Ausgleichsansprüche geschaffen, sondern auch die Entschädigung derjenigen geregelt, die aufgrund sonstiger Ausnahmen vom Restitutionsprinzip (insbesondere wegen Investitionsvorrangs) ihr Eigentum nicht zurückerhalten. Den verfassungsrechtlichen Bedenken gegen dieses Gesetz, die insbesondere im Hinblick auf den Gleichheitssatz vorgebracht wurden[68] ist das BVerfG zutreffend nicht gefolgt.[69]Auf der Grundlage der dritten Alternative des Art. 135a Abs. 2 sind als weitere Bestandteile des EALG außerdem ergangen das Berufliche Rehabilitierungsgesetz[70] sowie das Verwaltungsrechtliche Rehabilitierungsgesetz.[71]

---

[62] BVerfGE 84, 90 (128 f.); 102, 254 (298 f.).

[63] Bestätigt in BVerfGE 112, 1 (21); für die Eigentumsverbürgung im 1. ZP zur EMRK s. EGMR NJW 2005, 2530; sa *Heun* in Dreier Rn. 13; *Jarass* in Jarass/Pieroth Rn. 4; *Koch* in Sachs Rn. 7; *Dietlein* in MKS Rn. 10; *Haratsch,* Die Befreiung von Verbindlichkeiten nach Art. 135a Abs. 2 GG, 1998, 163: Art. 135a Abs. 2 als Ausnahmevorschrift zu Art. 14; sa *Haratsch* in BK Rn. 29, 63; ähnlich *Bernsdorff* in Umbach/Clemens Rn. 29, 31.

[64] *Badura* DVBl. 1990, 1256 (1263); *Herdegen,* Die Verfassungsänderungen im Einigungsvertrag, 1991, 15; sa *Papier* NJW 1991, 193 (195 f.); *Scholz* in Maunz/Dürig Art. 143 Rn. 29; *Bernsdorff* in Umbach/Clemens Rn. 34; krit. *Leisner* NJW 1991, 1569; *Maurer* JZ 1992, 183 (189 f.); s. zum Streitstand auch → Art. 143 mwN.

[65] BVerfGE 100, 1 (48 f.); *Haratsch,* Die Befreiung von Verbindlichkeiten nach Art. 135a Abs. 2 GG, 1998, 175, der insoweit von einem ungeschriebenen Tatbestandsmerkmal spricht; sa *Dietlein* in MKS Rn. 54.

[66] *Dietlein* in MKS Rn. 19; *Bernsdorff* NJW 1997, 2712 (2715); *Bernsdorff* in Umbach/Clemens Rn. 27; *Ossenbühl* in HdbStR IX, 1. Auflage 1997, § 212 Rn. 53; *Klein* in HdbStR VIII, 2. Auflage 1995, § 198 Rn. 44.

[67] BGBl. 1994 I 2624; s. dazu *Schmidt-Preuß* NJW 1994, 3249; *Motsch* NJW 1995, 2249; *Zimmermann/Heller,* Das neue EALG, 1995; sa *Haratsch* in BK Rn. 58 ff.

[68] Vgl. *Leisner* NJW 1995, 1513.

[69] BVerfGE 102, 254 (299); für Verfassungsmäßigkeit schon zuvor *Uechtritz* DVBl. 1995, 1159; *Motsch* NJW 1995, 2249; sa *Koch* in Sachs Rn. 9; s. zu der Entscheidung ausf. → Art. 143 Rn. 23; krit. *Schwarz* in MKS Art. 143 Rn. 80 f.

[70] BGBl. 1994 I 1314; dazu *Stern* StaatsR V, 1999, § 135 V 6d γ.

[71] BGBl. 1994 I 1311; s. dazu *Stern* StaatsR V, 1999, § 135 V 6d β; sa BGHZ 127, 285 (287 ff.).

Keine Anwendung findet Art. 135a Abs. 2 auf die übergeleiteten Rentenansprüche.[72] Der Gesetzgeber hat diesbezüglich schon im EVertr.[73] eine andere Regelung vorgesehen und sich beim Erlass des Anspruchs- und Anwartschaftsüberführungsgesetzes v. 25.7.1991[74] auch nicht auf Art. 135a Abs. 2 berufen. Nach der zu diesem Gesetz ergangenen Entscheidung des BVerfG muss der Gesetzgeber bewusst von der mit Art. 135a Abs. 2 gegebenen Regelungsbefugnis Gebrauch machen.[75] **21**

C. Verhältnis zu anderen Bestimmungen des Grundgesetzes

Art. 135a Abs. 1 ergänzt als **Legaldefinition** Art. 134 Abs. 4 und Art. 135 Abs. 5. Demgegenüber enthält Art. 135a Abs. 2 eine **eigenständige Regelungskompetenz** für die Kürzung von Verbindlichkeiten, deren Übergang er selbst nicht anordnet, sondern voraussetzt.[76] Als Grundlage für die Schaffung von Entschädigungs- und Ausgleichsansprüchen im Zusammenhang mit dem Regelungskomplex „offene Vermögensfragen" ist Art. 135a Abs. 2 gemeinsam mit **Art. 143 Abs. 3** zu sehen. Während Art. 143 Abs. 3 den Ausschluss der Restitution vormals enteigneter Grundstücke verfassungsrechtlich absichert,[77] enthält Art. 135a Abs. 2 die Kompetenz zur gesetzlichen Kürzung der an den Restitutionsausschluss anknüpfenden Entschädigungs- und Ausgleichsregelungen.[78] Beide Absätze sind ersichtlich von den Maßstäben der Kriegsfolgenrechtsprechung geprägt, bei dem das Bewältigungs- und Neuanfangsmotiv stärker im Vordergrund steht als die abzulehnende **Vorstellung eines regimeübergreifenden und -indifferenten Eigentumsschutzes.** Art. 14 und die Wesensgehaltsgarantie des Art. 19 Abs. 2 konnten daher bei dieser Frage ebenso wenig beitragen wie die EMRK; eher schon bot der allgemeine Gleichheitssatz tragende Maßstäbe.[79] **22**

D. Kritische Würdigung

Art. 135a Abs. 1 beendete den Streit um die Kompetenzen aus Art. 134 Abs. 4, 135 Abs. 5. Heute bringt die Norm deutlich zum Ausdruck, dass das Projekt eines neuen Staatswesens sich nicht noch die Altlasten des gescheiterten Unrechtssystems aufbürden muss. Das BVerfG hielt die Verfassungsergänzung für überflüssig. Dies hat es in der folgenden Rechtsprechung noch dadurch unterstrichen, dass es den Rechtsgedanken der Norm über die **23**

[72] AA *Haratsch* in BK Rn. 35; s. zum Problem auch *Bernsdorff* in Umbach/Clemens Rn. 38ff.

[73] Anl. II Kap. VIII Sachgebiet H Abschn. III Nr. 9.

[74] BGBl. 1991 I 1606.

[75] BVerfGE 100, 1 (48f.); sa *Dietlein* in MKS Rn. 17.

[76] *Dietlein* in MKS Rn. 10; *Haratsch,* Die Befreiung von Verbindlichkeiten nach Art. 135a Abs. 2 GG, 1998, 127ff.; *Haratsch* in BK Rn. 50; *Rädler* DtZ 1993, 296 (297); OLG Dresden VIZ 2001, 575 (576); BGHZ 128, 140 (148f.); 128, 393 (399f.); aA *Maunz* in Maunz/Dürig Kap. III; *Bernsdorff* NJW 1997, 2712 (2714); *Silagi,* Staatenuntergang und Staatennachfolge, 1996, 382.

[77] Dazu → Art. 143.

[78] *Dietlein* in MKS Rn. 15, Art. 143 Abs. 3 und Art. 135a Abs. 2 seien komplementär; sa *Haratsch,* Die Befreiung von Verbindlichkeiten nach Art. 135a Abs. 2 GG, 1998, 197; *Haratsch* in BK Rn. 65; *Heun* in Dreier Rn. 15.

[79] Dazu → Rn. 10ff.

ausdrücklich genannten Verbindlichkeiten hinaus auf den gesamten Komplex der Kriegs- und Kriegsfolgeschäden angewendet hat.[80]

24 Die Einfügung einer Gesetzgebungskompetenz für die im Zusammenhang mit der Wiedervereinigung stehenden Vermögensfragen unter Bezugnahme auf eine der Kriegsfolgenbewältigung dienenden Übergangsvorschrift galt trotz der Vergleichbarkeit der Problemlage als unbefriedigend.[81] Anders als Abs. 1 hat Abs. 2 keinen Bezug zu Art. 134 u. 135 und dementsprechend auch nicht die Rechtsnatur einer Legaldefinition. Beide Vorschriften verbindet jedoch der Gedanke, dass vor der Geltung des GG entstandene, auf die Bundesrepublik übergegangene Verbindlichkeiten nur nach Maßgabe des Möglichen und unter Beachtung des Gleichheitssatzes zu erfüllen sind.

Literatur

P. Badura, Der Verfassungsauftrag der Eigentumsgarantie im wiedervereinigten Deutschland, DVBl. 1990, 1261. – ***N. Bernsdorff,*** Aufhebung oder Kürzung von Verbindlichkeiten der DDR. Art. 135a GG in altem und neuem Zusammenhang, NJW 1997, 2712. – ***E. Féaux de la Croix,*** Das Kriegsfolgenschlußgesetz, NJW 1957, 1697. – ***A. Haratsch,*** Die Befreiung von Verbindlichkeiten nach Art. 135a Abs. 2 GG, 1998. – ***K. Harms,*** Verfassungsrecht in Umbruchsituationen, 1999. – ***M. Herdegen,*** Die Verfassungsänderungen im Einigungsvertrag, 1991. – ***P. M. Huber,*** Kompensationsansprüche bei der Regelung offener Vermögensfragen – Verfassungsrechtliche Determinanten des Entschädigungsgesetzes, in H.J. Bauer/O. Werner, FS zur Wiedererrichtung des OLG in Jena, 1994, 271. – ***A. Weiler,*** Das allgemeine Kriegsfolgengesetz, MDR 1957, 705.

Sa die Literatur zu Art. 134 und Art. 135.

[80] S. BVerfGE 27, 253 (270, 284 ff.); 41, 126 (150 ff., 153); 45, 83 (100); 53, 164.

[81] Krit. *Herdegen,* Die Verfassungsänderungen im Einigungsvertrag, 1991, 15; *Stern* DtZ 1990, 289 (292); *Dietlein* in MKS Rn. 10; dagegen *Haratsch* in BK Rn. 69.

Art. 136 [Erster Zusammentritt des Bundesrates]

(1) Der Bundesrat tritt erstmalig am Tage des ersten Zusammentrittes des Bundestages zusammen.

(2) [1]Bis zur Wahl des ersten Bundespräsidenten werden dessen Befugnisse von dem Präsidenten des Bundesrates ausgeübt. [2]Das Recht der Auflösung des Bundestages steht ihm nicht zu.

A. Allgemeine Bedeutung

1 Mit dem jeweiligen Zusammentritt von BT und BR am 7.9.1949 und der Erfüllung der Übergangsvorschrift ist Art. 136 Abs. 1 heute normativ gegenstandslos.[1]

2 Auch Abs. 2 S. 1 ist mit der Wahl des ersten Bundespräsidenten *(Theodor Heuss)* am 12.9.1949 gegenstandslos geworden. Art. 136 Abs. 2 S. 2 hingegen dient weiterhin als Auslegungshilfe zu Art. 57.

B. Einzelfragen

3 Bei der konstitutionellen Etablierung von Staaten sind Regelungen bereits vor Inkrafttreten der Verfassung hinsichtlich der Handlungsfähigkeit der einzelnen Staatsorgane sinnvoll.[2] Vor allem wenn, wie im Fall des GG, das Inkrafttreten (aufgrund von Wahlen) nicht mit Zusammentritt der einzelnen Organe zusammenfällt.[3] Einen möglichen Vorläufer in Art. 180 WRV[4] zu erblicken, ist dabei wenig zielführend.[5] Denn zum einen wurde der Reichspräsident bereits vor Inkrafttreten der WRV durch das Gesetz über die vorläufige Reichsgewalt von der Nationalversammlung bestimmt.[6] Zum anderen stand dem Reichsrat anders als dem Bundesrat kein Selbstversammlungsrecht zu.[7] Art. 136 Abs. 1 fungierte vielmehr als Beschränkung des Rechts auf Selbstversammlung des Bundesrates aus Art. 52 Abs. 2, das dem BR eine theoretisch frühere Zusammensetzung ermöglicht hätte.[8] Auch wenn Abs. 1 keine weiteren Diskussionen im Parlamentarischen Rat verursacht hatte, ist zu vermuten, dass schon jegliche Möglichkeit (sei sie auch noch so unwahrscheinlich) der Aushebelung einzelner staatsorganschaftlicher Kompetenzen vermieden werden sollte.[9]

---

[1] *Nierhaus* in Sachs Rn. 1; *Unruh* in MKS Rn. 1; *Klein* in Maunz/Dürig Rn. 5; *Höfling/Burkiczak* in BerlKomm Rn. 1; *Hofmann* in HdbStR I, § 9 Rn. 29; *von der Decken* in SHH Rn. 2.

[2] *Klein* in Maunz/Dürig Rn. 1. Zur Entstehungsgeschichte der BRD ausführlich: *Danco,* Die Entstehung der Bundesrepublik Deutschland und das Inkrafttreten des Grundgesetzes, 1961, 63ff.

[3] Das GG trat am 23.5.1949 in Kraft (BGBl. 1949 I 1), Zusammentritt der Bundesversammlung und Wahl des Bundespräsidenten am 12.9.1949 (AöR 75 (1949), 332 (336ff.)); siehe auch *Höfling/Burkiczak* in BerlKomm Rn. 4; *Klein* in Maunz/Dürig Rn. 4.

[4] Abgedr. bei *Niehrhaus* in Sachs vor Rn. 1.

[5] Ähnlich *Bauer* in Dreier Rn. 1.

[6] *Huber,* Verfassungsgeschichte, Bd. 6, 331.

[7] Dazu *Anschütz,* WRV, 14. Aufl. 1933, Art. 64.

[8] Hierzu ausführlich: *Danco,* Die Entstehung der Bundesrepublik Deutschland und das Inkrafttreten des Grundgesetzes, 1961, 66f.

[9] *Klein* in Maunz/Dürig Rn. 1f.; *Bauer* in Dreier Rn. 2; JöR nF 1 (1951), 888 (888ff.).

C. Verhältnis zu anderen Bestimmungen des Grundgesetzes

4 Der Parlamentarische Rat hat sich (nach intensiven Beratungen bzgl. Abs. 2[10]) dafür entschieden, den Präsidenten des Bundesrates die Befugnisse des Bundespräsidenten bis zu dessen Einsetzung ausüben zu lassen. Das dürfte letztlich dem Umstand geschuldet gewesen sein, dass der Bundespräsident von der Bundesversammlung gewählt und diese vom Präsidenten des Bundestages einberufen wird (Art. 54 Abs. 4 S. 2 GG). Im Verhältnis zu Art. 57 enthielt Art. 136 Abs. 2 einen eigenständigen Anwendungsbereich, der gerade nicht an eine Verhinderung oder vorzeitige Erledigung geknüpft war, da der Bundespräsident erst noch gewählt werden musste. Einen Stellvertreterfall im Sinne des Art. 57 konnte demnach auch keine Voraussetzung des Art. 136 Abs. 2 sein. Abs. 2 S. 2 war als Beschränkung dieser Befugnisse notwendig, um jeglichem denkbarem Missbrauchsrisiko im Gleichgewicht zwischen BR und BT vorzubeugen. Heute erlangt Abs. 2 S. 2 eine eigenständige Bedeutung im Rahmen der Auslegung von Art. 57.[11] Aus einem Umkehrschluss lässt sich nämlich ableiten, dass dem Präsidenten des Bundesrates nach Art. 57 unter den Bedingungen des Art. 63 Abs. 4 S. 3 bzw. Art. 68 Abs. 1 S. 1 auch das Recht zusteht, den Bundestag aufzulösen.

D. Kritische Würdigung

5 Die Kritik des Art. 136 bezieht sich aktuell weniger auf seinen Inhalt, als vielmehr auf die Entbehrlichkeit von Grundgesetznormen per se, die als Übergangsvorschriften obsolet geworden sind.[12] Da Art. 136 Abs. 2 im Rahmen der Auslegung von Art. 57 zur Klarheit von Verfassungsnormen beiträgt, behält er weiterhin eigene Bedeutung.

Literatur

P. Austermann, Die Streichung rechtlich entbehrlicher Grundgesetznormen, DÖV 2012, 227. – ***A. Danco,*** Die Entstehung der Bundesrepublik Deutschland und das Inkrafttreten des Grundgesetzes, Diss. Münster, 1961. – ***O. Kimminich,*** Deutsche Verfassungsgeschichte, 2. Aufl. 1987. – ***I. v. Münch/Th. Oppermann/R. Stödter*** (Hrsg.), Finis Germaniae? Zur Lage Deutschlands nach den Ostverträgen und Helsinki, Symposion für Herb. Krüger, 1977. – ***N. N.,*** Die Konstituierung der westdeutschen Bundesorgane, AöR 75 (1949), 332. – ***R. Pitschas,*** Die Vertretung des Bundespräsidenten durch den Präsidenten des Bundesrates, Der Staat 12 (1973), 183.

[10] Zur Entstehungsgeschichte: JöR 1 (1951), 888 (888 ff.); *Klein* in Maunz/Dürig Rn. 4.

[11] *Bauer* in Dreier Rn. 6; *Unruh* in MKS Rn. 4; *Klein* in Maunz/Dürig Rn. 7; *Hofmann* in HdbStR I, § 9 Rn. 29; *Nierhaus* in Sachs Rn. 3; *Dörr* in BeckOK GG Rn. 2; Anders: *Höfling/Burkiczak* in BerlKomm Rn. 8; *von der Decken* in SHH Rn. 2; *Austermann* DÖV 2012, 227 (231).

[12] Hierzu ausführlich *Austermann* DÖV 2012, 227.

Art. 137 [Wählbarkeit von Angehörigen des öffentlichen Dienstes]

(1) Die Wählbarkeit von Beamten, Angestellten des öffentlichen Dienstes, Berufssoldaten, freiwilligen Soldaten auf Zeit und Richtern im Bund, in den Ländern und den Gemeinden kann gesetzlich beschränkt werden.

(2) Für die Wahl des ersten Bundestages, der ersten Bundesversammlung und des ersten Bundespräsidenten der Bundesrepublik gilt das vom Parlamentarischen Rat zu beschließende Wahlgesetz.

(3) Die dem Bundesverfassungsgerichte gemäß Artikel 41 Abs. 2 zustehende Befugnis wird bis zu seiner Errichtung von dem Deutschen Obergericht für das Vereinigte Wirtschaftsgebiet wahrgenommen, das nach Maßgabe seiner Verfahrensordnung entscheidet.

Paulskirchenverfassung von 1849

Abschnitt IV. Art. IV

§ 97. Niemand kann gleichzeitig Mitglied von beiden Häusern sein.

Abschnitt IV. Art. IX

§ 123. Die Reichsminister können nicht Mitglieder des Staatenhauses sein.

§ 124. Wenn ein Mitglied des Volkshauses im Reichsdienst ein Amt oder eine Beförderung annimmt, so muß es sich einer neuen Wahl unterwerfen; es behält seinen Sitz im Hause, bis die neue Wahl stattgefunden hat.

Reichsverfassung von 1871

Art. 21*. Beamte bedürfen keines Urlaubs zum Eintritt in den Reichstag.

Wenn ein Mitglied des Reichstages ein besoldetes Reichsamt oder in einem Bundesstaat ein besoldetes Staatsamt annimmt oder im Reichs- oder Staatsdienste in ein Amt eintritt, mit welchem ein höherer Rang oder ein höheres Gehalt verbunden ist, so verliert es Sitz und Stimme in dem Reichstag und kann seine Stelle in demselben nur durch neue Wahl wieder erlangen.

* Art. 21 Abs. 2 wurde durch G v. 28.10.1918 (RGBl. 1918, 1273) gestrichen.

Weimarer Reichsverfassung von 1919

Art. 39. Beamte und Angehörige der Wehrmacht bedürfen zur Ausübung ihres Amtes als Mitglieder des Reichstags oder eines Landtags keines Urlaubs.

Bewerben sie sich um einen Sitz in diesen Körperschaften, so ist ihnen der zur Vorbereitung ihrer Wahl erforderliche Urlaub zu gewähren.

Übersicht

A. Allgemeine Bedeutung

I. Genese

1 Die Aufnahme von Art. 137 Abs. 1 in das GG erging auf **Veranlassung der Alliierten Militärgouverneure** als Kompromiss:[1] Diese hatten in zwei Memoranden v. 22.11.1948 und 2.3.1949, entsprechend der französischen, britischen und US-amerikanischen Verfassungstradition, den Ausschluss der Wählbarkeit zur Entpolitisierung des öffentlichen Dienstes verlangt. Der Parlamentarische Rat lehnte indes eine Ineligibilität mit Blick auf die deutsche Verfassungstradition ab. Mit der Ergänzung des GG um die Vorschriften der Wehrverfassung im Jahre 1956 wurden Berufssoldaten und freiwillige Soldaten auf Zeit in Art. 137 Abs. 1 aufgenommen.[2]

II. Inhaltsübersicht

2 Art. 137 Abs. 1 ist trotz seiner Stellung in Abschnitt XI. des GG keine Übergangsbestimmung. Die Norm ermächtigt den Gesetzgeber dazu, die **Wählbarkeit** von Angehörigen des öffentlichen Dienstes zu **beschränken** (→ Rn. 4 ff.). Die **Übergangsbestimmungen** in Abs. 2, 3 sind heute gegenstandslos (→ Rn. 22, 23).

III. Überstaatliche Bezüge

3 Auch auf **Unionsebene** bestehen Inkompatibilitätsregelungen. Die Mitgliedschaft im **Europäischen Parlament** ist gemäß Art. 7 Abs. 1 des Aktes zur Einführung allgemeiner unmittelbarer Wahlen der Mitglieder des Europäischen Parlaments[3] unvereinbar zB mit der Eigenschaft als Mitglied der Regierung eines Mitgliedstaates oder der Kommission, als Richter, Generalanwalt oder Kanzler des EuGH und als (aktiver) Beamter oder Bediensteter der EU-Institutionen. Gemäß Art. 7 Abs. 3 des Aktes hat der deutsche Bundesgesetzgeber in § 22 Abs. 2 EuWG normiert, dass ein Abgeordneter des Europäischen Parlaments sein **Mandat** ua mit der Annahme der Wahl zum Bundespräsidenten, der Ernennung zum Richter des BVerfG, zum Parlamentarischen Staatssekretär oder zum Mitglied einer Landesregierung **verliert. Unvereinbarkeiten** normiert § 7 EuAbgG. Zudem gelten über § 8 Abs. 1, 3 EuAbgG für die deutschen EP-Abgeordneten die Regelungen über die Rechtsstellung der in den Bundestag gewählten Angehörigen des

---

[1] JöR nF 1 (1951), 896, Fn. 43; *Tsatsos,* Die parlamentarische Betätigung, 1970, 37 ff., 77 f.; *Stober/Lackner* in BK Rn. 43 ff.; *Brosius-Gersdorf* in Dreier Rn. 3 ff.; *Klein* in Maunz/Dürig Rn. 2 ff.; *Schlaich* AöR 105 (1980), 188 (202); *Blasius* FAZ Nr. 38 v. 14.2.2009, 10.
[2] Gesetz zur Ergänzung des Grundgesetzes vom 19.3.1956, BGBl. 1956 I 111 (113).
[3] ABl. 1976 L 278, 5, zuletzt geändert am 25.6.2002 und 23.9.2002, ABl. 2002 L 283, 1.

öffentlichen Dienstes entsprechend (s. §§ 5–9, 36 Abs. 1, 2 AbgG, § 36 Abs. 2 DRiG, § 25 SG).[4]

B. Einzelfragen

I. Die Wählbarkeit

Art. 137 Abs. 1 sieht Beschränkungen der Wählbarkeit, d. h. ausschließlich des **passiven Wahlrechts** vor.[5] Wählbarkeit idS ist zum einen die Möglichkeit, sich um ein Mandat zu bewerben, sich als Kandidat aufstellen zu lassen, gewählt werden zu können und die Wahl anzunehmen **(Wählbarkeit ieS).** Zum anderen ist die Möglichkeit erfasst, das Mandat während der Legislaturperiode innezuhaben und auszuüben **(Wählbarkeit iwS).**[6] Hiervon zu unterscheiden sind Regelungen zur Ermöglichung einer konfliktfreien Mandatsausübung, zB zu Befangenheit und Nebentätigkeiten.[7] 4

Bezugsobjekt der Wählbarkeit sind nach dem Normzweck die **gesetzgebenden Körperschaften** (→ Rn. 14). Art. 137 Abs. 1 dient der Sicherung der **organisatorischen Gewaltenteilung** gegen Gefahren, die aus dem Zusammentreffen von beruflicher Stellung und Mandatswahrnehmung resultieren können: Verhindert werden sollen eine „Personalunion" zwischen Kontrolleuren und Kontrollierten sowie daraus resultierende Interessen- und Entscheidungskonflikte.[8] Die Abgeordneten sollen von der Kontrolle der Exekutive durch Anfragen, Gesetzesinitiativen oder ein Misstrauensvotum nicht absehen, weil ihnen Nachteile für ihre Tätigkeit in diesem Bereich entstehen könnten.[9] Inkompatibilitätsregelungen wirken also einer Beeinträchtigung der Aufgabenwahrnehmung des Parlaments entgegen.[10] 5

II. Der personelle Anwendungsbereich

1. Von. Dass die Wählbarkeit „von" und nicht „der" Beamten etc. beschränkt werden kann, legt nahe, dass der Gesetzgeber **nur für einen Teil** von ihnen Wählbarkeitsbeschränkungen vorsehen kann, nicht aber unterschiedslos für alle.[11] Dabei muss er sich am Normzweck orientieren (→ Rn. 5) und kann Inkompatibilitäten zulässigerweise nur für Betroffene vorsehen, deren berufliche Stellung die Möglichkeit oder Wahrscheinlichkeit von Interessen- und Entscheidungskonflikten nahelegt (→ Rn. 18).[12] Aufgrund von Abgrenzungsschwierigkeiten besteht bei der Festlegung des Personenkreises ein **Einschätzungsspielraum.**[13] Anknüpfend an die Wahrscheinlichkeit von Konflikten, 6

[4] Siehe auch *Brosius-Gersdorf* in Dreier Rn. 8.

[5] *Unruh* in MKS Rn. 30; *Butzer* in BeckOK GG Rn. 5; *Brosius-Gersdorf* in Dreier Rn. 16.

[6] BVerfGE 38, 326 (337 f.).

[7] *Butzer* in BeckOK GG Rn. 5.

[8] BVerfGE 98, 145 (155, 160); 57, 43 (62); 48, 64 (82, 84 f.); 42, 312 (339); 38, 326 (338 f.); 18, 172 (183); 12, 73 (77); BVerfG NJW 1996, 2497 (2498 f.); BVerwGE 159, 113 (116 Rn. 19).

[9] BVerfG NJW 1996, 2497 (2499).

[10] BVerfG NJW 1996, 2497 (2498).

[11] Vgl. BVerfGE 40, 296 (320); *Brosius-Gersdorf* in Dreier Rn. 20.

[12] BVerfGE 98, 145 (161); 48, 64 (84 f.); 40, 296 (320); BVerfG NJW 1996, 2497 (2498); *Brosius-Gersdorf* in Dreier Rn. 19; *Butzer* in BeckOK GG Rn. 17.

[13] BVerfGE 98, 145 (161); siehe auch BVerfGE 40, 296 (320 f.); *Butzer* in BeckOK GG Rn. 17.

kann der Gesetzgeber iS einer **Typisierung** generalisierende Tatbestände schaffen.[14] Da die Zusammensetzung einer Volksvertretung in angemessener Zeit zu klären ist, kann die Festlegung von Inkompatibilitäten an leicht und zuverlässig feststellbare Tatbestände anknüpfen.[15]

7 Im Gegenschluss kann Art. 137 Abs. 1 (und Art. 48 Abs. 2) entnommen werden, dass außerhalb der (beschränkbaren) Doppelung von Amt und Mandat die Ausübung eines Berufes neben dem Mandat zulässig ist.[16] Die Norm stellt eine **abschließende Regelung** für (einfach)gesetzliche Wählbarkeitsbeschränkungen dar: Daneben besteht kein ungeschriebenes Inkompatibilitätsrecht,[17] und gesetzliche Wählbarkeitsbeschränkungen für weitere Berufsgruppen sind unzulässig.[18] Unberührt bleiben die **grundgesetzlichen Spezialvorschriften** für den Bundespräsidenten (Art. 55 Abs. 1) und die Richter des BVerfG (Art. 94 Abs. 1 S. 3, → Rn. 13).

8 **2. Beamten.** Wer Beamter iSd Art. 137 Abs. 1 ist, bestimmt sich gemäß der Rspr. des BVerfG grundsätzlich nach dem **allgemeinen Beamtenrecht.**[19] Hierunter fallen die beim Bund, den Ländern, den Kommunen und den sonstigen juristischen Personen des öffentlichen Rechts tätigen Beamten auf Lebenszeit, auf Widerruf, auf Probe und auf Zeit[20] sowie Wahlbeamte[21]. Nicht erfasst sein sollen dagegen Inhaber eines Ehrenamtes[22] (wenig überzeugend) sowie Beamte im Ruhestand[23] (mangels wahrzunehmender Handlungs- und Entscheidungskompetenz zutreffend). Obwohl auch verbeamtete Hochschullehrer (und Lehrer) unter den Beamtenbegriff fallen, verneinte das BVerfG bei diesen eine Inkompatibilität, da nach der Art ihrer Beschäftigung (Forschung und Lehre) eine Interessenkollision ausscheide.[24]

9 **3. Angestellten des öffentlichen Dienstes.** Angestellte des öffentlichen Dienstes sind jedenfalls die Angestellten, die in einem Dienstverhältnis zu einem **öffentlich-rechtlichen Dienstherrn** stehen;[25] sie sind von den Beamten und **Arbeitern des öffentlichen Dienstes** zu unterscheiden[26]. Nach dem Normzweck können hierunter aber auch Angestellte bei einem pri-

---

[14] BVerfGE 98, 145 (161); 58, 177 (198); BVerfG NJW 1996, 2497 (2498).

[15] BVerfG NJW 1996, 2497 (2498): zB staatliche Mehrheitsbeteiligung an Unternehmen.

[16] BVerfGE 118, 277 (323); *Butzer* in BeckOK GG Rn. 2 f.

[17] BVerfGE 58, 177 (191); 57, 43 (57 f.); 48, 64 (82); 38, 326 (336); 4, 1 (2).

[18] *Butzer* in BeckOK GG Rn. 3; aA *Brosius-Gersdorf* in Dreier Rn. 11. Zu Einzelfällen s. *Versteyl* in v. Münch/Kunig, 6. Aufl. 2012, Art. 137 Rn. 22 ff.

[19] BVerfGE 57, 43 (57); 48, 64 (83); 18, 172 (180).

[20] *Butzer* in BeckOK GG Rn. 8; vgl. a. BVerfGE 57, 43 (59 f.); 18, 172 (180 f.).

[21] BVerfGE 57, 43 (59 f.); 18, 172 (181); *Brosius-Gersdorf* in Dreier Rn. 21; aA *Schneider* ZBR 1958, 80 f.; *Sturm,* Die Inkompatibilität, 1967, 163 ff.

[22] BVerfGE 18, 172 (184 f.); aA *Stober,* Der Ehrenbeamte in Verfassung und Verwaltung, 1981, 103 ff.; *Klein* in Maunz/Dürig Rn. 51; *Tsatsos* in Schneider/Zeh ParlamentsR, § 23 Rn. 61; *Stober/Lackner* in BK Rn. 287 ff. und 317 ff.

[23] BVerfGE 57, 43 (59 ff.).

[24] BVerfGE 18, 172 (185); siehe auch *Brosius-Gersdorf* in Dreier Rn. 22; aA *Stober/Lackner* in BK Rn. 314, 316; BayVerfGH NJW 1970, 1311 (1312 f.); *Lohmeier* ZParl. 10 (1979), 209 (210).

[25] BVerfGE 58, 177 (192); 48, 64 (84).

[26] BVerfGE 48, 64 (85). Zur Aufgabe der Unterscheidung Angestellter/Arbeiter im Arbeitsrecht BVerwGE 159, 113 (116 f. Rn. 22): Inkompatibilität von Arbeitnehmern, die nicht überwiegend körperliche Arbeit verrichten, unabhängig von möglicher Interessenkollision, unzulässig; siehe auch VGH Mannheim DVBl 2016, 384 ff.; *Butzer* in BeckOK GG Rn. 12, 12.1.

vatrechtlichen Unternehmen fallen, die wegen dessen staatlicher Verflochtenheit öffentlich-rechtlichen Bediensteten mit Blick auf mögliche Interessenkollisionen gleichstehen.[27] Angesprochen sind damit im Alleineigentum des Staates stehende **öffentliche Unternehmen** sowie **gemischtwirtschaftliche Unternehmen,** die vom Staat beherrscht werden. Denn auch die wirtschaftliche Betätigung der öffentlichen Hand unterliegt der parlamentarischen Kontrolle (vgl. Art. 114 GG).[28]

Nach der Rspr. des BVerfG muss sich aus der Eigenart der Tätigkeit und des Aufgabenbereichs eine solch enge Beziehung zur öffentlichen Hand ergeben, dass Interessen- und Entscheidungskonflikte naheliegen.[29] Erfasst sind daher jedenfalls die **leitenden Angestellten** von Unternehmen, an denen die öffentliche Hand mehrheitlich beteiligt ist.[30] Anderes gilt nach dem BVerfG für Angestellte in nicht herausgehobener Position, die im Unternehmen keinen bestimmenden Einfluss haben und nur in einer verhältnismäßig losen Beziehung zur öffentlichen Hand stehen.[31] Diese Unterscheidung wirft nicht unerhebliche Abgrenzungsschwierigkeiten auf. 10

Nicht erfasst werden **Beliehene, Verwaltungs- oder Amtshelfer**[32]. Auf **Bedienstete der Kirchen** findet Art. 137 Abs. 1 keine Anwendung; die Religionsgemeinschaften können aber nach der Rspr. des BVerfG aufgrund der vergleichbaren Interessenlage entsprechende Inkompatibilitäten vorsehen.[33] 11

4. Berufssoldaten, freiwilligen Soldaten auf Zeit. Berufssoldat ist, wer aufgrund freiwilliger Verpflichtung, auf Lebenszeit Wehrdienst zu leisten, in das Dienstverhältnis berufen worden ist (vgl. § 1 Abs. 1 S. 1 Alt. 2, Abs. 2 S. 1 SG). **Freiwilliger Soldat auf Zeit** ist, wer aufgrund freiwilliger Verpflichtung, für begrenzte Zeit Wehrdienst zu leisten, in das Dienstverhältnis berufen worden ist (vgl. § 1 Abs. 2 S. 2 SG). Aus einem Umkehrschluss (und der Entstehungsgeschichte) folgt, dass **Wehrpflichtige** nicht erfasst sind (siehe auch § 12 Abs. 3 WPflG).[34] 12

5. Und Richtern. Richter iSd Art. 137 Abs. 1 ist nach dem Normzweck jede Person, die **staatliche Rechtsprechung** ausübt.[35] Hierzu zählen die (Berufs-)Richter auf Lebenszeit, auf Zeit, auf Probe und kraft Auftrags[36] sowie die Richter im Nebenamt[37]. Umstritten ist, ob auch ehrenamtliche Richter erfasst werden, zB Schöffen und Handelsrichter. Hierfür spricht neben der Entstehungsgeschichte[38] die Funktionsgleichheit gegenüber Be- 13

---

[27] BVerfGE 98, 145 (155, 160 f.); BVerfG NJW 1996, 2497 (2498).

[28] BVerfGE 98, 145 (160 ff.).

[29] BVerfGE 48, 64 (84 f.).

[30] BVerfGE 48, 64 (85 ff.); 38, 326 (339), s. aber (342 f. – abw. M. Richter *Seuffert*), diff. (344 f. – abw. M. Richter *Wand*).

[31] BVerfGE 48, 64 (85 ff.), s. aber (97 ff. – abw. M. Richter *Niebler*); zust. *Pieroth* in Jarass/Pieroth Rn. 5; krit. *Stober/Lackner* in BK Rn. 327a; *Klein* in Maunz/Dürig Rn. 53; *Brosius-Gersdorf* in Dreier Rn. 23; *Unruh* in MKS Rn. 22.

[32] *Stober/Lackner* in BK Rn. 285.

[33] BVerfGE 42, 312 (338 ff.); aA BremStGH NJW 1975, 635 (637); *Stober/Lackner* in BK Rn. 90 f.

[34] *Pieper* in SHH Rn. 14; *Unruh* in MKS Rn. 25; *Butzer* in BeckOK GG Rn. 10.

[35] *Unruh* in MKS Rn. 26.

[36] *Butzer* in BeckOK GG Rn. 11; *Unruh* in MKS Rn. 26.

[37] *Klein* in Maunz/Dürig Rn. 56; *Unruh* in MKS Rn. 26; *Kohl* in Umbach/Clemens Rn. 20.

[38] JöR nF 1, 716 ff.; siehe auch *Unruh* in MKS Rn. 26; *Stober/Lackner* in BK Rn. 338.

rufsrichtern und damit der Normzweck.[39] Für die **Richter des BVerfG** enthält Art. 94 Abs. 1 S. 3 eine Sonderregelung (→ Rn. 7, siehe auch § 3 Abs. 3, 4 BVerfGG).

III. Im Bund, in den Ländern und den Gemeinden

14 Die Wählbarkeit des genannten Personenkreises kann im Bund, in den Ländern und den Gemeinden beschränkt werden. Gemäß Wortlaut, Entstehungsgeschichte und Normzweck umfasst der **sachliche Anwendungsbereich** des Art. 137 Abs. 1 die Wählbarkeit zum Bundestag (Art. 38 Abs. 1 S. 1), zu den Länderparlamenten und zu den kommunalen Vertretungskörperschaften[40] (Art. 28 Abs. 1 S. 2) (→ Rn. 5).[41] Aufgrund möglicher Interessenkollisionen **auf verschiedenen Ebenen** können Inkompatibilitäten auch insoweit vorgesehen werden.[42]

15 Nicht erfasst ist die Wählbarkeit zu **Selbstverwaltungsgremien,** zB von Kammern oder Universitäten, zu Personalvertretungen, Ausschüssen, Beiräten und Kommissionen.[43] Auch die Wählbarkeit in **Organe inter- und supranationaler Organisationen,** zB in das Europäische Parlament (→ Rn. 3), fällt nicht unter Art. 137 Abs. 1.[44]

IV. Kann

16 Seinem Wortlaut nach eröffnet Art. 137 Abs. 1 dem Gesetzgeber nur die Möglichkeit, die Wählbarkeit zu beschränken.[45] Diese **Ermächtigungslösung** stellt in der historischen Perspektive einen Kompromiss dar (→ Rn. 1). Die Entscheidung des verfassungsändernden Gesetzgebers von 1956, die Norm (um Berufs- und Zeitsoldaten) zu ergänzen, könnte jedoch im Sinne einer **„Verfassungserwartung"** hinsichtlich eines Mindestmaßes an Inkompatibilitätsvorschriften gedeutet werden.[46]

V. Gesetzlich

17 Art. 137 Abs. 1 macht ein **formelles** (Bundes- oder Landes-)**Gesetz** zur Voraussetzung einer Inkompatibilität.[47] Eine solche Regelung muss **rechtzeitig vor der Wahl** ergehen, damit die Betroffenen entsprechend disponieren können.[48] Die Verbandszuständigkeit richtet sich nach der grundgesetzlichen Kompetenzverteilung. Der Bund kann sich auf seine Gesetzgebungszuständigkeit für das Wahl-, Parlaments- und Abgeordnetenrecht sowie das Dienstrecht

---

[39] *Brosius-Gersdorf* in Dreier Rn. 25; *Butzer* in BeckOK GG Rn. 11; *Magiera* in Sachs Rn. 15; *Klein* in Maunz/Dürig Rn. 55; aA *Versteyl* in v. Münch/Kunig, 6. Aufl. 2012, Art. 137 Rn. 17; *Schneider* in AK-GG Rn. 6.

[40] Hierzu BVerfGE 58, 177 (191); 57, 43 (59); 48, 64 (82); 12, 73 (77).

[41] *Magiera* in Sachs Rn. 17; *Stober/Lackner* in BK Rn. 354 ff.

[42] BVerfGE 58, 177 (193 ff.): kreisangehörige Gemeinde/Landkreis; dazu auch OVG Lüneburg DVBl. 2020, 57 (59); BVerfGE 18, 172 (183 f.): Gemeinde/Land bzw. Bund; *Brosius-Gersdorf* in Dreier Rn. 18; *Magiera* in Sachs Rn. 18.

[43] *Butzer* in BeckOK GG Rn. 14.

[44] *Klein* in Maunz/Dürig Rn. 46; *Brosius-Gersdorf* in Dreier Rn. 18.

[45] *Butzer* in BeckOK GG Rn. 1: „Angebotscharakter"; *Stober/Lackner* in BK Rn. 213 ff.

[46] Vgl. BVerfGE 98, 145 (159 f.); *Butzer* in BeckOK GG Rn. 1.1., 15. Für eine mögliche Verdichtung des „Kann" iSe „Muss" *Versteyl* in v. Münch/Kunig, 6. Aufl. 2012, Art. 137 Rn. 40 f.; *Klein* in Maunz/Dürig Rn. 38.

[47] *Butzer* in BeckOK GG Rn. 15.

[48] VerfG LSA NVwZ-RR 1998, 149 (151): Verletzung der Chancengleichheit.

des Bundes stützen (Art. 38 Abs. 3, 41 Abs. 3, 48 Abs. 3 S. 3, 73 Abs. 1 Nr. 8, 74 Abs. 1 Nr. 27, 98 Abs. 1). Die Zuständigkeit für die Landes- und Kommunalebene liegt beim Landesgesetzgeber (Art. 70 Abs. 1, 98 Abs. 3),[49] der neben Art. 137 Abs. 1 keine weitere landesverfassungsrechtliche Ermächtigung benötigt[50]. Von landesgesetzlichen Wählbarkeitsbeschränkungen können auch Bundeskompetenzen (am Rande) berührt werden, zB das Aktien- und Gesellschaftsrecht sowie das bürgerliche Recht, soweit die Organstellung von Vorstandsmitgliedern einer (staatlich dominierten) Aktiengesellschaft betroffen ist.[51]

VI. Beschränkt werden

Bei einer Beschränkung der Wählbarkeit **(Inkompatibilität)** kann sich der Betroffene zur Wahl aufstellen lassen, gewählt werden und die Wahl annehmen; die Annahme der Wahl wird aber (iSe Amtsantrittshindernisses[52]) von der Beendigung (oder dem Ruhen) seines Dienstverhältnisses abhängig gemacht.[53] Dem Betroffenen verbleibt also eine echte Wahl zwischen Mandat und beruflicher Tätigkeit.[54] Da die gesetzliche Anordnung einer Inkompatibilität die **Gleichheit des passiven Wahlrechts** (Art. 38 Abs. 1 S. 1, 28 Abs. 1 S. 2) des Betroffenen einschränkt, muss sie dem **Verhältnismäßigkeitsgrundsatz** genügen.[55] Ziel des Gesetzes muss es sein, zu verhindern, dass Mandatsträger, die in ihrer beruflichen Funktion der Kontrolle des Parlaments unterliegen, diesem selbst angehören. Daher müssen Interessen- und Entscheidungskonflikte möglich oder wahrscheinlich sein (→ Rn. 6).[56] 18

Davon ist der Ausschluss von der Wählbarkeit **(Ineligibilität)** zu unterscheiden. Sie liegt vor, wenn eine Person von der Bewerbung um das Mandat, von dessen Annahme oder Ausübung ausgeschlossen wird.[57] Einen Ausschluss von der Wählbarkeit deckt Art. 137 Abs. 1 nicht.[58] Dies legt bereits der Wortlaut der Norm nahe. Zudem kann dieser schwere Eingriff in die Gleichheit der passiven Wahl mangels Verhältnismäßigkeit nicht gerechtfertigt werden.[59] 19

Ein **faktischer Ausschluss von der Wählbarkeit** liegt vor, wenn sich der Betroffene angesichts der nach einer Inkompatibilitätsregelung drohenden Folgen daran gehindert sieht, sich für das Mandat zu entscheiden.[60] Derartige 20

---

[49] Siehe auch BVerfGE 98, 145 (157 f.); 58, 177 (191 f.); 38, 326 (336 f.); BVerfG NJW 1996, 2497 (2497).

[50] VGH Mannheim DVBl 2016, 384 (384); VerfG LSA NVwZ-RR 1995, 457 (459); *Butzer* in BeckOK GG Rn. 16; *Klein* in Maunz/Dürig Rn. 81; aA *Stober/Lackner* in BK Rn. 175 ff.; VerfG Bbg NVwZ 1996, 590 (591) m. Anm. *Menzel* DÖV 1996, 1037 ff. *Brosius-Gersdorf* in Dreier Rn. 10 sieht Art. 137 Abs. 1 als deklaratorisch an; siehe auch *Engelken* DÖV 1996, 853 (860 ff.).

[51] BVerfGE 98, 145 (157 ff.); vgl. a. BVerfG NJW 1996, 2497 (2497 f.).

[52] VG Meiningen ThürVBl 2016, 223 (226); OVG Weimar ThürVBl 2004, 91 (92).

[53] BVerfGE 58, 177 (192); 57, 43 (66 f.); 48, 64 (88); BVerwGE 159, 113 (119 Rn. 27).

[54] BVerfGE 98, 145 (156); 58, 177 (192 f.); 57, 43 (67); 38, 326 (338); BVerfG NJW 1996, 2497 (2499).

[55] *Brosius-Gersdorf* in Dreier Rn. 15, 31 ff.; *Butzer* in BeckOK GG Rn. 17.

[56] Einzelfälle aus der Rspr. bei *Butzer* in BeckOK GG Rn. 17.1.

[57] BVerfGE 57, 43 (67); 48, 64 (88); 38, 326 (338).

[58] BVerfGE 98, 145 (156); 58, 177 (192); 57, 43 (67); 48, 64 (88); 38, 326 (338); 18, 172 (181); 12, 73 (77); BVerfG NJW 1996, 2497 (2499); diff. *Schlaich* AöR 105 (1980), 188 (211 ff.); *Stober/Lackner* in BK Rn. 251 ff.; *Brosius-Gersdorf* in Dreier Rn. 30; *Unruh* in MKS Rn. 31 ff.

[59] Zum Problem einer verfassungswidrigen Verfassungsnorm *Versteyl* in v. Münch/Kunig, 6. Aufl. 2012, Art. 137 Rn. 43.

[60] BVerfGE 48, 64 (88 ff.); 38, 326 (338). BVerfGE 57, 43 (67 f.) ordnet den faktischen Ausschluss von der Wählbarkeit als Wählbarkeitsbeschränkung ein.

Hindernisse können der Verlust des Beschäftigungsverhältnisses und die fehlende Vergütung für die Mandatswahrnehmung sein.[61] Daher muss der Gesetzgeber Regelungen zum Ausgleich möglicher Nachteile treffen, so dass eine tatsächliche Wahlmöglichkeit verbleibt.[62] Hierzu zählen ein Wiederverwendungsanspruch des Betroffenen in Bezug auf sein (nicht endgültig zu beendendes) inkompatibles Beschäftigungsverhältnis und die Gewährung einer Entschädigung für seine Mandatsausübung.[63]

21 Auf **kommunaler Ebene** ist nach der Rspr. ein faktischer Ausschluss aufgrund der besonderen Verhältnisse zumutbar, soweit der Gefahr von Interessenkollisionen nicht auf andere Weise wirksam begegnet werden kann.[64] Das Amt des Gemeinderats sei grundsätzlich als Ehrenamt ausgestaltet, weil seine Ausübung nicht der Sicherung der materiellen Lebensgrundlage diene, sondern Erfüllung einer allgemeinen Bürgerpflicht sei. Für aufwendige Regelungen sei auf dieser Ebene kein Raum; die Vielzahl möglicher gewichtiger Entscheidungskonflikte erfordere eine klare, konsequente Lösung iSd Gewaltenteilungsprinzips.[65]

VII. Übergangsvorschrift für die ersten Wahlen (Art. 137 Abs. 2)

22 Art. 137 Abs. 2 diente als **Kompetenznorm** für ein **Wahlgesetz** zur Wahl des ersten Bundestags, der ersten Bundesversammlung und des ersten Bundespräsidenten. Die Übergangsvorschrift erledigte sich durch Verabschiedung des Wahlgesetzes v. 15.6.1949.[66]

VIII. Übergangsvorschrift bis zur Errichtung des BVerfG (Art. 137 Abs. 3)

23 Art. 137 Abs. 3 besaß Bedeutung lediglich für mögliche **Wahlprüfungsbeschwerden** nach Art. 41 Abs. 2 zur Wahl des ersten BT.[67] Das BVerfG nahm 1951 seine Arbeit auf, ohne dass das Deutsche Obergericht bis dahin tätig geworden wäre.[68]

C. Verhältnis zu anderen Bestimmungen des Grundgesetzes

24 Die Sondervorschrift des Art. 137 Abs. 1 ermächtigt den Gesetzgeber zu Abweichungen von den Grundsätzen der Allgemeinheit und Gleichheit der passiven Wahl iSd Art. 38 Abs. 1 S. 1, Art. 28 Abs. 1 S. 2 und vom Behinderungsverbot des Art. 48 Abs. 2.[69] Das BVerfG sieht sie als **lex specialis** gegenüber Art. 12 Abs. 1 (iSd Freiheit, eine berufliche Tätigkeit aufzugeben

---

[61] BVerfGE 98, 145 (156); BVerfG NJW 1996, 2497 (2499).

[62] BVerfGE 98, 145 (156); 48, 64 (88); BVerfG NJW 1996, 2497 (2499).

[63] BVerfGE 98, 145 (156); BVerfG NJW 1996, 2497 (2499).

[64] BVerfGE 58, 177 (193); 57, 43 (67); 48, 64 (89 f.); siehe auch BVerfGE 98, 145 (156); BVerwGE 159, 113 (119 Rn. 27); OVG Lüneburg DVBl. 2020, 57 (60).

[65] BVerfGE 48, 64 (89); siehe auch BVerwGE 159, 113 (119 Rn. 28).

[66] BGBl. 1949 I 21; idF v. 5.8.1949, BGBl. 1949 I 25; dazu BVerfGE 95, 335 (351).

[67] *Butzer* in BeckOK GG vor Rn. 1.

[68] *Brosius-Gersdorf* in Dreier Rn. 36; *Stober/Lackner* in BK Rn. 22.

[69] *Butzer* in BeckOK GG Rn. 2; *Brosius-Gersdorf* in Dreier Rn. 37: verfassungsexplizite Schranke. Zu Art. 48 Abs. 2 auch BVerfGE 42, 312 (339).

oder fortzuführen) an, dessen Gewährleistungsbereich nicht berührt sei, soweit eine Inkompatibilitätsregelung mit Art. 137 Abs. 1 im Einklang stehe.[70] Gleiches muss dann auch gegenüber den hergebrachten Grundsätzen des Berufsbeamtentums iSd Art. 33 Abs. 5 gelten.[71]

D. Kritische Würdigung

Bundes- und Landesgesetzgeber haben von der Ermächtigung des Art. 137 Abs. 1 umfangreich Gebrauch gemacht.[72] Entgegen der ursprünglichen Zielrichtung der Norm dürften die Regelungen zum Ausgleich möglicher Nachteile einer Inkompatibilität (→ Rn. 20) mitursächlich für eine überproportional hohe Zahl von Abgeordneten der erfassten Berufsgruppen[73] sein. Im Bundestag wurde ein in etwa repräsentativer Querschnitt der Bevölkerung nie erreicht, so dass bereits die Frage aufgeworfen wurde, ob die **„Verbeamtung der Parlamente"** „noch mit den Anforderungen eines materiell verstandenen Gewaltenteilungsprinzips vereinbar" sei.[74] Dieser mit Blick auf den Grundsatz demokratischer Repräsentation kritikwürdige Zustand hat jedoch – über Art. 137 Abs. 1 hinaus – vielfältige Ursachen, die zB auch im Bildungsstand und politischen Interesse, der Bereitschaft zu politischem Engagement und dem Streben nach Einfluss und Sozialprestige dieser Berufsgruppen liegen dürften.[75] 25

Literatur

R. Bernhard, Richteramt und Kommunalmandat, 1983. – ***D.J. Blum,*** Das passive Wahlrecht der Angehörigen des öffentlichen Dienstes in Deutschland nach 1945 im Widerstreit britisch-amerikanischer und deutscher Vorstellungen und Interessen, 1972. – ***W. Hausmann,*** Die Inkompatibilität im Gemeindeverfassungsrecht der Bundesrepublik Deutschland, 1976. – ***J. Linck,*** Gestaltungsrahmen des Gesetzgebers zur Unvereinbarkeit von Amt und Mandat, ZG 1996, 181. – ***E. Schaaf/J. Engel,*** Zur Unvereinbarkeit zwischen Beruf und kommunalem Mandat, DVP 2019, 373 und 414. – ***K. Schlaich,*** Wählbarkeitsbeschränkungen für Beamte nach Art. 137 Abs. 1 GG und die Verantwortung des Gesetzgebers für die Zusammensetzung der Parlamente, AöR 105 (1980), 188. – ***G. Sturm,*** Die Inkompatibilität, 1967. – ***D. T. Tsatsos,*** Die parlamentarische Betätigung von öffentlichen Bediensteten, 1970. – ***D. T. Tsatsos,*** Unvereinbarkeit zwischen Bundestagsmandat und anderen Funktionen, in Schneider/Zeh, Parlamentsrecht und Parlamentspraxis in der Bundesrepublik Deutschland, 1989, § 23. – ***S. Werres,*** Beamtenstatus und kommunales Mandat, ZBR 2004, 384.

---

70 BVerfGE 98, 145 (163); aA *Brosius-Gersdorf* in Dreier Rn. 37: Schrankenregelung.

71 *Butzer* in BeckOK GG Rn. 2; aA *Brosius-Gersdorf* in Dreier Rn. 37: Nebeneinander; siehe auch *Werres* ZBR 2004, 384 (384, 387).

72 S. die Zusammenstellung bei *Stober/Lackner* in BK nach Rn. 361.

73 Zum Bundestag: www.bundestag.de/abgeordnete/biografien/mdb_zahlen_19/Berufe-529492.

74 BVerfGE 40, 296 (321).

75 Vgl. a. *Butzer* in BeckOK GG Rn. 21.

Art. 138 [Notariat]

Änderungen der Einrichtungen des jetzt bestehenden Notariats in den Ländern Baden, Bayern, Württemberg-Baden und Württemberg-Hohenzollern bedürfen der Zustimmung der Regierung dieser Länder.

Übersicht

A. Allgemeine Bedeutung

I. Genese

1 Durch die **Reichsnotarordnung** vom 13.2.1937 setzte der damalige Gesetzgeber das schon über Jahrzehnte angestrebte Ziel einer gewissen **Vereinheitlichung des Notariatswesen** in der Weise um, als nunmehr Notare als frei- und hauptberufliche Nur-Notare zu bestellen waren, vgl. § 7 RNotO und die landesrechtlichen Vorschriften zum Notariat grundsätzlich außer Kraft traten, vgl. § 75 S. 2 RNotO.[1] Leider war dieses Bemühen mit einigen **Zugeständnissen** verbunden. Zum einen blieb die Möglichkeit der nebenberuflichen Zulassung als Notar zusätzlich zum Hauptberuf des Rechtsanwalts in den Gerichtsbezirken, in denen dies bisher möglich war, weiter erhalten, § 8 RNotO. Denn im geographischen Wirkungsbereich des römischen Rechts wurden die Notariatsfunktionen traditionell hauptberuflich ausgeübt,[2] während Preußen im 18. Jahrhundert das Anwaltsnotariat zur Behebung der wirtschaftlichen Not der Rechtsanwälte gestattete.[3]

2 Zum anderen wurden Ausnahmeregelungen für einige Reichsgebiete geschaffen, insbesondere für Bayern, Baden und Württemberg, §§ 84 ff. RNotO.

3 Der BT hat bei **Erlass der BNotO** v. 16.2.1961[4] im Wesentlichen die vorhandenen **Unterschiede beibehalten.** Das BVerfG hat schon sehr früh

---

[1] *Conrad,* Deutsche Rechtsgeschichte II, 1966, 67, 170; *Conrad* DNotZ 1960, 3 (7); *Stern* MittRhNotK 1999, 365 ff.; *Brosius-Gersdorf* in Dreier Rn. 2–8.

[2] Das sog. Lateinische Notariat, auf europäischer Ebene organisiert in der Internationalen Union des Notariats (U. I. N. L.).

[3] *Stern* MittRhNotK 1999, 365; weitere Nachw. bei *Harms* in Bundesnotarkammer Bibliographie zur Geschichte des deutschen Notariats, 2003, Einf., passim.

[4] BGBl. 1961 I 22.

entschieden, dass die verschiedenen Notariatsformen innerhalb eines Bundeslandes nicht gegen Verfassungsrecht verstoßen.[5]

4 Auf dieses zum Zeitpunkt des Inkrafttretens des GG bestehende nebeneinander von Reichsnotarordnung und fortgeltendem Partikularrecht bezieht sich das Wort „jetzt" in Art. 138. Diese zeitliche Eingrenzung ist bedeutend für den rechtlichen Umfang dieses **Reservatsrechts**[6], siehe Rn. 11.

5 Art. 138 hat keinen vergleichbaren verfassungsgeschichtlichen Vorläufer. Die Bestimmung über die Notariate bildet den einzigen im GG verbliebenen Fall von Reservatrechten im Staatsrecht der Bundesrepublik Deutschland.[7]

6 Art. 138 geht auf den Widerstand der Vertreter von Baden, Bayern und Württemberg zurück. Diese hatten nämlich die Sorge, dass im Zuge einer konkurrierenden Vorranggesetzgebung des Bundes für das Notariat, Art. 74 Abs. 1 Nr. 1, die Besonderheiten des Notariats in den süddeutschen Ländern ohne Zustimmung dieser Länder in Zukunft geändert werden würde. Aus diesem Grunde wurde im Wege eines Kompromisses einerseits die in den Entwürfen vorgesehene konkurrierende Vorranggesetzgebung in Bezug auf das Notariat durch den Bund belassen, andererseits wurde den Bedenken der süddeutschen Länder dadurch Rechnung getragen, dass keine Änderung der historischen Besonderheiten in diesen Gebieten ohne deren Zustimmung erfolgen kann und infolgedessen das Reservatrecht des Art. 138 in das GG aufgenommen.

II. Bestehende Notariatsformen

7 Gemäß Artikel 2 des Gesetzes zur Änderung der Bundesnotarordnung und anderer Gesetze vom 15.7.2009 (BGBl I 1798) ist mit Zustimmung der Regierung des Landes **Baden-Württemberg** das Notariat in Baden-Württemberg grundlegend geändert worden, vgl § 114 BNotO nF. Nach dem Ablauf der Übergangszeit werden **nur noch Nur-Notare** nach § 3 Abs. 1 BNotO bestellt, die die zum 1.1.2018 bestellten beamteten (Bezirks-)Notare ablösen. Nach § 114 Abs. 2 S. 1 BNotO gilt, „*wer am 31. Dezember 2017 als Notar im Landesdienst oder Notarvertreter im Sinne des baden-württembergischen Landesgesetzes über die freiwillige Gerichtsbarkeit bei den Abteilungen ‚Beurkundungen und vorsorgende Rechtspflege' der staatlichen Notariate tätig ist und mit Ablauf des 31. Dezember 2017 auf eigenen Antrag aus dem Landesdienst entlassen wurde, … als am 1. Januar 2018 zum Notar im Sinne des § 3 Abs. 1 bestellt*". Nach § 116 Abs. 1 BNotO nF bleiben neben den künftigen Nurnotaren nur noch diejenigen Anwaltsnotare, die am 31.12.2017 in Baden-Württemberg bestellt sind, im Amt, so dass mit der Zeit die noch verbliebenen Anwaltsnotare aus dem bestehenden Mischsystem hinauswachsen und nur das Nur-Notariat verbleibt.

8 Bis zu dem **Inkraftreten der Reform** bestanden im badischen Landesteil, nämlich im OLG-Bezirk Karlsruhe, staatliche Notariatsbehörden, die mit Notaren (Landesbeamten) besetzt waren, die die Befähigung zum Richteramt

---

[5] BVerfGE 17, 381 (387) = NJW 1964, 1515; zu den damit verbundenen abweichenden Berufsbildern BVerfGE DNotZ 1998, 754, 766.

[6] Zu dem Begriff des Reservatsrechts und seiner geschichtlichen Entwicklung näher *Böttcher* in BK Rn. 4f.; s. auch *Spranger* RiA 1999, 231 (232f.); *Degenhart* in Sachs Rn. 1; *Campenhausen/Unruh,* in MKS Rn. 1, 4.

[7] *Unruh* in MKS Rn. 1; *Stettner* in Dreier Rn. 12; *Böttcher* in BK Rn. 3f., 14; zur historischen Entwicklung von Reservatrechten vgl. *Klein* in Maunz/Dürig Rn. 3ff.; *Höfling/Burkiczak* in BK Rn. 1, 3.

hatten. Im württembergischen Landesteil, einschließlich des früheren Württemberg-Hohenzollern, also im OLG-Bezirk Stuttgart, gab es drei Notariatsformen: den Nur-Notar, den Anwaltsnotar und den beamteten Bezirksnotar, der nicht den Vorschriften der Bundesnotarordnung unterstand (§ 114 BNotO aF). Der Bezirksnotar war Beamter des gehobenen Justizdienstes ohne die Befähigung zum Richteramt.

9 Infolge der dargestellten Notariatsrefrom in Baden-Württemberg gibt es in Deutschland seit dem 1.1.2018 nur noch zwei **Formen des Notariats,** nämlich das Nur-Notariat sowie das Anwaltsnotariat.[8]

10 **1. Nur-Notariat. Das Nur-Notariat** – zT auch als „Monopolnotariat" bezeichnet[9] – **ist gem. § 3 Abs. 1 BNotO die Regel,** wenn auch von der Gesamtzahl der Notare zu Beginn des Jahres 2018 (7179) nur etwa 23% (1.719) als Nur-Notare zugelassen sind.[10] Hinsichtlich des Arbeitsanfalles (Urkundennummern) dürften die Nur-Notare aber etwa die Hälfte aller Notariatsakte in Deutschland bewältigen.

11 Das Nur-Notariat besteht in:

- **Baden-Württemberg:** Seit 1.1.2018 nur noch Nur- und Anwaltsnotare. Ab dem 1.1.2018 ernennt das Land ausschließlich Nur-Notare (→ Rn. 4).
- **Bayern:** Ausschließlich Nur-Notariate.
- **Brandenburg:** Ausschließlich Nur-Notariate.
- **Hamburg:** Ausschließlich Nur-Notariate.
- **Mecklenburg-Vorpommern:** Ausschließlich Nur-Notariate.
- **NRW:** Im rechtsrheinischen Teil des Landgerichtsbezirks Duisburg sowie im Amtsgerichtsbezirk Emmerich am Rhein gilt das Anwaltsnotariat, im Übrigen herrscht das Prinzip des Nur-Notariats.
- **RhPf.:** Ausschließlich Nur-Notariate.
- **Saarl.:** Ausschließlich Nur-Notariate.
- **Sachsen:** Ausschließlich Nur-Notariate.
- **Sachsen-Anhalt:** Ausschließlich Nur-Notariate.
- **Thüringen:** Ausschließlich Nur-Notariate.

12 **2. Anwaltsnotariat.** Neben anderen Bedingungen ist das **Anwaltsnotariat an die Rechtsanwaltszulassung gekoppelt,** § 3 Abs. 2 BNotO. Unter der Voraussetzung des § 6 BNotO[11] kann in den betreffenden Gebieten jeder Rechtsanwalt zum Notar ernannt werden, es sei denn, er ist gleichzeitig Wirtschaftsprüfer.[12] Die notarrechtlichen Inkompatibilitätsvorschriften dienen der Wahrung und Sicherung des öffentlichen Amtes der Notare und schützen seine Unparteilichkeit.[13] Verfassungsrechtliche Bedenken, etwa aus Art. 12, werden insoweit allgemein zu Recht nicht erkannt.[14] Allerdings galten die Inhalte der **Inkompatibilität** anderer Berufe mit dem des Notars **für alle Notariatsformen,** wenngleich sie im Bereich des Anwaltsnotariats

[8] Siehe hierzu auch die statistischen Angaben der Bundesnotarkammer (www.bnotk.de).

[9] BVerfGE 47, 285 (289); *Frenz in* Eylmann/Vaasen BNotO, 4. Aufl. 2016, § 3 Rn. 3 ff.; *Lerch* in Arndt/Lerch/SandkühlerBNotO, 8. Aufl. 2015, § 3 Rn. 15 ff.

[10] Daten der Notarstatistik sowie Zahlen der Bundesnotarkammer unter www.bnotk.de (1.1.2018).

[11] Zu Person und Leistung, zu deren Gewichtungskriterien BNotK-Gutachten v. 31.5.2002, DNotZ 2002, 482; BGH MDR 2002, 423 = NJW-RR 2002, 705.

[12] BGH DNotZ 1989, 330; 1993, 263, Wirtschaftsprüfer; BGH DNotZ 1993, 268, vereidigter Buchprüfer.

[13] BGH DNotZ 1994, 337.

[14] BVerfG NJW 1989, 2611; DNotZ 1995, 154; BGH NJW 1994, 3353.

deswegen am relevantesten sind, weil dem Anwalt durch die sieben Entscheidungen des BVerfG vom 4.11.1992[15] die Gelegenheit gegeben wurde, neben seinem Anwaltsberuf ua eine Tätigkeit als Geschäftsführer einer GmbH auszuüben. Seit der Entscheidung des BVerfG v. 8.4.1998[16] steht es Anwaltsnotaren frei, eine **Sozietät auch mit Wirtschaftsprüfern** einzugehen. Das bis dahin bestehende Verbot verstieß gegen Art. 3.[17]

Das Anwaltsnotariat besteht in: 13
Baden-Württemberg (nur bis zum Hinauswachsen der noch bestehenden Anwaltsnotare→ Rn. 4); **Berlin; Bremen; Hessen; Niedersachsen; Nordrhein-Westfalen** (→ Rn. 8); **Schleswig-Holstein.**

B. Einzelfragen

I. Änderungen der Einrichtungen des jetzt bestehenden Notariats

Der Zeitpunkt *„jetzt"* bezieht sich mangels abweichender Regelungen auf Tag des Inkrafttretens des Grundgesetzes, Art. 145. 14

Die *„Einrichtungen des jetzt bestehenden Notariats"* sind nur die **1948/49 bei Schaffung und Erlass des GG** durch die **Reichsnotarordnung** gesetzlich anerkannten Notariatsstrukturen in den Gebieten Baden, Bayern, Württemberg-Baden und Württemberg-Hohenzollern und dies auch nur dann, soweit sie die bei Inkrafttreten des Grundgesetzes –*„jetzt"*– existierten und gesetzliche Sonderrechte innehatten.[18] 15

Insofern sind also für den Umfang des Reservatsrechts die §§ 84 ff. RNotO von Bedeutung. Denn nur diese Sonderrechte sollten nicht ohne Zustimmung dieser Länder geändert werden können. Hierzu gehörten in 16

- **Bayern** das Nur-Notariat samt Notarkasse[19] und der Notarausschuss, der jedoch schon seit langem abgeschafft wurde. Keinesfalls jedoch der Notarverein, der in der Reichnotarordnung in keiner Weise erwähnt wurde. Der Notarverein hatte keine im Vergleich zu anderen Vereinen besondere gesetzlichen Aufgaben bzw. Befugnisse. Daher ist die Erstreckung des Reservatsrechts auf diesen Verein abwegig und entspringt einem berufspolitischen Wunschdenken.[20]
- **Baden** (heute: OLG-Bezirk Karlsruhe) das Nur-Notariat sowie das Amts- bzw. Richternotariat, in dem der Notar bei einer Notariatsbehörde beschäftigter Landesbeamter mit Befähigung zum Richteramt ist und neben Beurkundungsfunktionen Aufgaben des Nachlassrichters, Vollstreckungsrichters und Grundbuchbeamten wahrnahm.
- **Württemberg** (heute: OLG-Bezirk Stuttgart) das Nur-Notariat, das Anwaltsnotariat sowie das Bezirksnotariat, in dem Notare Landesbeamte mit besonderer Fachausbildung sind, die neben Beurkundungsfunktionen Aufgaben der freiwilligen Gerichtsbarkeit erfüllten.

Aus der Gesamtschau von Art. 74 Abs. 1 Nr. 1 und Art. 138 ergibt sich, dass sich der Umfang dieses Reservatsrechts nicht auf jede Einzelheit der am Stichtag bestehenden notariatsspezifischen Besonderheiten der süddeutschen 17

[15] BVerfGE 87, 287 = NJW 1993, 317; *Zuck* JZ 1993, 470.
[16] BVerfGE 98, 49 = BB 1998, 1379 = NJW 1998, 2269.
[17] Vgl. auch *Hessler* JZ 1998, 1062; *Lüdemann* JA 1999, 548.
[18] IdF v. 13.2.1937, RGBl. I 191.
[19] Vgl. hierzu BVerfGE 111, 191 (222 f., Rn. 170).
[20] Abwegig insoweit daher *Schippel* FS 125 Jahre Bayerisches Notariat, 1987, 92 f.

Länder erstreckt. Denn anderenfalls würde die konkurrierende Vorranggesetzgebung des Bundes ins Leere laufen. Auch der Wortlaut *„Einrichtungen"* belegt, dass nur die wesentlichen durch die Reichsnotarordnung gesetzlich anerkannten Grundstrukturen wie die Notariatsformen, die wesentlichen Institutionen und die grundlegende Organisationsverfassung von dem Reservatrecht umfasst sind.[21]

18 Nur ***„Änderungen"*** unterliegen dem Zustimmungsvorbehalt, dh jede Aufhebung oder inhaltliche Änderung der am Stichtag bestehenden Notariatseinrichtungen.

19 Das Reservatsrecht beschränkt sich auf Bayern sowie Baden, Württemberg-Baden und Württemberg-Hohenzollern, an deren Stelle durch das Zweite Gesetz über die Neugliederung vom 4.5.1951, vgl. Art. 118, Baden-Württemberg als Rechtsnachfolger getreten ist.

20 Eine Änderung bedarf ferner nur der Zustimmung des von Art. 138 erfassten Landes, dessen Notariatseinrichtungen von der Änderung betroffen wären.

21 Gemäß dem eindeutigen Wortlaut des Art. 138 und seiner Entstehungsgeschichte können sich keine anderen Bundesländer auf dieses Reservatsrecht berufen. Insoweit ist es ohne Bedeutung, ob in anderen Ländern vergleichbare Notariatseinrichtungen bestanden bzw. bestehen.[22]

II. Inhaltlich immanente Befristung des Reservatsrechts

22 Der einzige verfassungrechtliche **Zweck des Reservatsrechts** war und ist es, Änderungen der Notariatseinrichtigungen in den begünstigten Ländern ohne Zustimmung des betroffenen Landes zu untersagen. Das Zustimmungserfordernis schützt nur die Grundstrukturen der Einrichtungen, die bei Inkrafttreten des GG bestanden. Daraus ergibt sich, dass der **Zustimmungsvorbehalt** für immer und in dem Umfang **entfällt,** als ein begünstigtes Land einer Änderung einer bestehenden von Art. 138 „geschützten" Struktur zustimmt. Umgekehrt bleibt der Schutz bestehen, wenn eine dem Schutz des Art. 138 unterfallende Einrichtung geändert wird, ohne dass die insoweit geschützten Besonderheiten der Einrichtung geändert werden.[23]

23 Demgemäß ist der **Zustimmungsvorbehalt** für die bis dahin vorhandenen unterschiedlichen Formen des Notariats in **Baden-Württemberg** durch die mit Zustimmung des Landes zu der am 1.1.2018 in Kraft getretene Änderung der Notariatsverfassung durch ausschließliche Einführung des frei- und hauptberuflichen Notariats für immer **entfallen.** In diesem Bundesland gibt es infolge dieser grundlegenden Notariatsreform in Folge dessen keine besonderen Einrichtigungen mehr, die bei Inkrafttreten des GG bestanden und zu diesem Zeitpunkt durch die Übergangsregelungen der RNotO anerkannt waren.

24 Auf Grund dessen ergibt sich vor diesem Hintergrund folgender Prüfungskatalog:

1. Ob und in welchem Umfang bestand die in Frage stehende Notariatseinrichtung bei Inkrafttreten des GG, wobei nur solche Einrichtigungen erfasst werden, die auch in der RNotO gesetzlich anerkannt waren. Fak-

---

[21] *Brosius-Gersdorf* in Dreier Rn. 24–27.

[22] Zutreffend *Brosius-Gersdorf* in Dreier Rn. 28–29 mwN.

[23] Vgl. *Wenckstern* in Umbach/Clemens Rn. 19; *Klein* in Maunz/Dürig, 84. EL August 2018, Rn. 9.

tische Besonderheiten, die gesetzlich nicht anerkannt waren, werden von dem Vorbehalt nicht umfasst.

2. In welchem Unfang wurde seit Inkafttreten des GG die in Frage stehende Einrichtung mit Zustimmung des Landes bereits geändert, insbesondere durch die Bundesnotarordnung und deren Folgeänderungen.

Vor diesem Hintergrund ist das Reservatrecht in erheblich begrenztem Umfang nur noch für das Bundesland Bayern von verfassungsrechtlicher Bedeutung. **25**

Als Beispiel sei die Notarkasse AdöR angeführt. **26**

Die Notarkasse ist grundsätzlich eine von Art. 138 umfasste Einrichtung, denn sie hatte bei Inkrafttreten des GG die in § 84 Abs. 3 RNotO genannten Aufgaben und Befugnisse und bestand zu diesem Zeitpunkt auch. Nur die Aufgaben und Befugnisse, die in § 84 Abs. 3RNotO als Aufgaben und Befugnisse der Bayerischen Notariatskasse abschließend genannt sind, sind demgemäß ihrem Grunde nach von dem Reservatrecht geschützt. Sofern und soweit diese grundsätzlichen Strukturen mit der Zustimmung des Landes Bayern seit dem geändert wurden, dann ist das Reservatrecht insoweit entfallen.

Als Musterbeispiel für einen solchen Entfall ist die Beschäftungspflicht von Notariatsbeamten zu nennen. Gemäß § 84 Abs. 2 letzter Satz RNotO haben die Notare die ihnen zugewiesenen Notariatsbeamten zu beschäftigen. Mit S. 3 des § 84 Abs. 2 RNotO, also nur ein Satz davor, wurden die Notariatsbeamten abgeschafft. Demgemäß ist bspw. § 113 Abs. 6 BNotO, der die europarechtswidrige – da gegen die Leiharbeitsrichtslinie verstoßende – Beschäftigungspflicht von sog. privatrechtlichen Kassenangestellten regelt, nicht mehr von dem Reservatsrecht umfasst. Denn eine Beschäftigungspflicht von privatrechtlichen Kassenangestellten war in der Reichsnotarordnung nicht gesetzlich geregelt und bestand somit bei Inkrafttreten des GG nicht. Vor diesem Hintergrund ist eine Vielzahl der in § 113 BNotO geregelten Aufgaben und Befugnisse der Notarkasse nicht von dem Reservatrecht umfasst, da diese in der RNotO nicht geregelt waren und damit bei Inkrafttreten des GG in keiner gesetzlich anerkannten Form bestanden. **27**

III. Verfahrensrechtliche Bedeutung

Durch Art. 138 wird die **konkurrierende Gesetzgebungskompetenz** des Bundes für das Notariat in dem von dem Reservatrecht vorstehend dargestellten Umfang **eingeschränkt.** **28**

Da das Reservatrecht für Baden-Württemberg infolge der dort erfolgten Notariatsreform entfallen ist, kann nur noch **Bayern** in stark eingeschränktem Umfang eine Inanspruchnahme der konkurrierenden Gesetzgebungskompetenz des Bundes für sein Territorium verhindern (→ Rn. 14). **29**

Davon zu trennen ist die Frage, ob infolge der **Sperrwirkung** des Art. 72 Abs. 1 eine Gesetzgebungskompetenz für Bayern entfallen ist, weil der Bund das Notariat, insbesondere durch die BNotO, abschließend geregelt hat. Art. 138 ermächtigt zwar Bayern (für Baden-Württemberg ist das Reservatrecht durch die Notariatsreform entfallen → Rn. 14), in eng umgrenzten Umfang Änderungen seiner Notariatseinrichtungen zu verhindern, schließt aber nicht aus, dass der Bund bestehende Einrichtungen gesetzlich abschließend regelt und damit landesgesetzliche Änderungen ausschließt. Hinsichtlich der dem Reservatrecht zugrundeliegenden Materie ergibt sich somit durch **30** das Reservatrecht eine Einschränkung von Art. 74 Abs. 1 Nr. 1. Demgemäß besitzt der Bund für „das Notariat“ die konkurrierende Gesetzgebungskompetenz.[24] Die BNotO hat diese Kompetenz mit dem Inkraftretern der BNotO ausgefüllt, wobei in der bundeseinheitlichen Regelung Landesspezifika und damit auch Art. 138 beachtet wurden.

31 Art. 138 modifiziert Art. 77 und 78 also in der Weise, dass Gesetze des Bundes, die das Reservatrecht betreffen, über die in Art. 77 f. genannten Voraussetzungen hinaus zusätzlich der Zustimmung des betroffenen Landes, sprich Bayern, bedarf.

32 Von dieser beschriebenen Modifizierung des Gesetzgebungsverfahrens wiederum zu trennen ist die umstrittene Frage, ob die **Aufhebung oder Änderung von Art. 138** seinerseits nur mit Zustimmung der betroffenen Länder zulässig sei. Art. 79 Abs. 3 steht einer Änderung/Aufhebung nicht entgegen. Jedoch wird argumentiert, dass es dem Sinn und Zweck des Reservatsrechts widerspreche, wenn eine Änderung/Aufhebung desselben auch ohne Zustimmung der insoweit begünstigten Länder zulässig sei.

33 Für die Zulässigkeit ohne Zustimmungserfordernis aller betroffenen Länder spricht, dass Art. 79 einen solchen Zustimmungsvorbehalt nicht vorsieht. Des Weiteren lässt sich aus der Entstehungsgeschichte des Art. 138 eine solche Einschränkung nicht herleiten. Insbesondere wurde im GG keine dem Art. 78 Abs. 2 Reichsverfassung von 1871 vergleichbare Regelung aufgenommen, gemäß derer eine Änderung der verfassungsrechtlichen Reservatsrechte an die Zustimmung der berechtigten Bundesländer gebunden wäre.

34 Eine Erweiterung des Reservatsrechts wiederum – sei es in Hinblick auf die begünstigten Länder, sei es in Hinblick auf den Umfang – wäre gem. Art. 79 Abs. 3 wegen Verletzung des Prinzips der föderativer Gleichheit der Länder (Art. 20 Abs. 1 iVm Art. 3 Abs. 1) unzulässig.

IV. Materiell-rechtliche Bedeutung

35 Die materiell-rechtliche Bedeutung des Art. 138 GG erschöpft sich in einer **Einschränkung des Art. 3. Abs. 1,** jedoch nur solange und soweit dies im Umfang des Reservatsrechts erforderlich ist.

36 Das Reservatrecht bedingt zum einen eine **Abweichung** von Art. 20 Abs. 1 iVm Art. 3 Abs. 1 und dem darin verankerten Prinzip der sog. föderativen Gleichheit der Länder. Art. 138 gestattet nämlich in Bezug auf den eng umgrenzten Umfang dieses Reservatsrechts eine verfassungsrechtliche Ungleichheit der Länder bei der Gesetzgebung des Bundes.

37 Zum anderen kann man sich nicht auf das **Gleichheitsgebot** des Art. 3 Abs. 1 GG berufen, solange und soweit eine Ungleichbehandlung seine Ursache in dem von Art. 138 geschützten Umfang des Reservatsrechts hat. So ist bspw. die Form des sog. Nurnotariats in Bayern von dem Schutz des Reservatsrechts umfasst. Aus diesem Grunde kann kein Rechtsanwalt die Zulassung als Anwaltsnotar unter Hinweis auf die Gesetzeslage in anderen Bundesländern einfordern.

38 Diese Einschränkung des Art. 3 Abs. 1 gilt aber nur solange und soweit dies durch den Schutz der Notariatseinrichtungen in den begünstigten Ländern geboten ist. Da durch die Notariatsreform in Baden-Württemberg für dieses Bundesland das bisherige Nebeneinander unterschiedlicher Notariatsformen entfallen ist und insoweit somit das Reservatrecht entfallen ist, besteht inso-

[24] *Pieroth* in Jarass/Pieroth Art. 74 Rn. 11.

weit auch keine durch Art. 138 legitimierte Einschränkung des Art. 3 Abs. 1 mehr → Rn. 14.

Art. 138 gestattet erst Recht keine Ausnahme von der Bindung der Legislative, Exekutive oder Judikative an **die Grundrechte** des Grundgesetzes gem. Art. 1 Abs. 3. Demgemäß müssen die von Art. 138 erfassten Notariatseinrichtungen der betroffenen Länder die Grundrechte ohne Einschränkung wie alle anderen Organe des Staates beachten. Ferner ergibt sich aus Art. 138 kein irgend gearteter Argumentationsansatz für die Rechtfertigung von Eingriffen in Grundrechte, insbesondere solcher von Notaren. „Art. 138 GG beschränkt sich im Bereich des historisch gewachsenen Notariatsrechts darauf, Rücksicht auf die Besonderheiten der süddeutschen Länder zu nehmen und die Inanspruchnahme der Bundeskompetenz an die Zustimmung der betroffenen Länder zu knüpfen. Inhaltlich ist das Landesrecht dadurch aber vom Verfassungsgeber nicht gebilligt worden."[25] In dem Verfahren zur Verfassungsmäßigkeit der Abgabenerhebung durch die Notarkassen betonte das BVerfG denn auch, dass die Anforderungen des verfassungsrechtlichen Parlamentsvorbehalts „nicht durch Art. 138 GG aufgehoben oder abgeschwächt" werden.[26] 39

V. Rechtsfolgen

Gemäß Art. 138 bedarf eine Änderung der am Stichtag bestehenden Notariatseinrichtungen der begünstigten Länder deren Zustimmung. Der **Zustimmungsvorbehalt** besteht nur zugunsten des Landes, dessen Einrichtung, sofern und soweit die in Frage stehende Änderung überhaupt von dem Reservatrecht umfasst ist, geändert wird. Art. 138 ergänzt also die konkurrierende Gesetzgebungsbefugnis für das Notariat gem. Art. 74 Abs. 1 Nr. 1 in der Weise als im Rahmen des Gesetzgebungsverfahrens gem. Art. 77 f. die Zustimmung des betroffenen Landes zusätzliche **Wirksamkeitsvoraussetzung** für das Bundesgesetz ist. Innerhalb des jeweiligen Landes liegt die **Organkompetenz** bei der Regierung. Die Zustimmung kann durch entsprechende Stimmabgabe im Bundesrat oder außerhalb des Bundesrates erfolgen, nicht aber durch die Stimmen der anderen Länder im Bundesrat ersetzt werden.[27] 40

Erteilt das betroffene Land seine Zustimmung nicht, ist das Bundesgesetz jedenfalls territorial beschränkt auf dieses Land (teil-)nichtig; eine Gesamt-Nichtigkeit des Gesetzes wäre dann anzunehmen, wenn nach Sinn und Zweck des Gesetzes „die übrigen mit der Verfassung zu vereinbarenden Bestimmungen keine selbständige Bedeutung haben" oder „die verfassungswidrigen Vorschriften Teil einer Gesamtregelung sind, die ihren Sinn […] verlöre, nähme man einen ihrer Bestandteile heraus, wenn also die nichtige Bestimmung mit den übrigen Bestimmungen […] eine untrennbare Einheit" bildet.[28] 41

VI. Zur Verfassungsmäßigkeit der bestehenden Notariatsverfassungen

Allgemein wird die Ansicht vertreten, die verschiedenen Formen des Notariats seien wegen ihrer historischen Entwicklung und wirtschaftlichen Zu- 42

[25] BVerfGE 111, 191, 222 f.
[26] BVerfGE 111, 191, 222 f.
[27] Vgl. *Brosius-Gersdorf* in Dreier Rn. 30 mwN.
[28] BVerfGE 8, 274, 301; 57, 295, 334; 65, 325, 358.

sammenhänge tragbar und hätten sich bewährt.[29] Vereinzelt wurden in der Vergangenheit Bedenken gegen die bestehende Praxis insoweit geltend gemacht, wenn in **einem Gerichtsbezirk verschiedene Zulassungsvoraussetzungen** für die Ausübung des Notarberufs herrschten. Gegen die unterschiedlichen Notariatsformen und Regelungen des Berufszuganges sind – erfolglos – mehrere (Verfassungs-)Klagen angestrengt worden.[30] Das Gleichbehandlungsgebot aus Art. 3 sieht das Bundesverfassungsgericht nicht verletzt, da sich der Gesetzgeber bei der BNotO ausweislich der Gesetzesberatung[31] „von sachlichen, in der Eigenart der zu regelnden Materie begründeten Erwägungen leiten" ließ.[32] Schließlich rechtfertige Art. 138 GG selbst die unterschiedliche Praxis, da ja das GG „in seinem Geltungsbereich mit unterschiedlichen Notariatsverfassungen rechnet".[33]

43 Das BVerfG hat in der **Zulassungsbeschränkung zu den jeweiligen Notariatsformen keinen Verstoß gegen Art. 12** erkannt.[34] Insbesondere dient die Zulassungsbeschränkung der Qualitätssicherung. Im Bereich des Anwaltsnotariats zeigt sich, dass zu geringe Urkundenzahlen je Notar, insbesondere wenn also die Rechtsanwälte den Beruf des Notars nur in sehr geringem Umfange ausüben, mit einer unzureichenden Erfahrung für das Beurkundungsverfahren einhergehen und die Urkunden bzgl. der inhaltlichen Anforderungen deutliche Mängel aufweisen.[35] „Eine Verteilung der Geschäfte auf eine begrenzte Zahl von Amtsträgern mit erhöhtem Geschäftsanteil ermöglicht es diesen, in kurzer Zeit ausreichend Geschäftserfahrung zu gewinnen; dies kommt dann den Interessen der Rechtsuchenden zugute".[36] Es brauche nur so viel Notare zu geben, „wie zur ordnungsgemäßen Erfüllung der anfallenden Aufgaben unbedingt notwendig sind",[37] wobei ein das Amt des Notars beantragender Rechtsanwalt keinen Anspruch darauf hat, dass die Justizverwaltung die Zahl der Notariatsstellen erhöht.[38]

44 In Hinblick auf die unterschiedlichen Gegebenheiten bestehen bei der Bestellung zum Notar zwischen dem Nur-Notariat und dem Anwaltsnotariat nunmehr unterschiedliche Regelungen, die in erster Linie auf die Vorgaben des Bundesverfassungsgerichts zum Anwaltsnotariat zurückgehen.

45 Bei dem Nurnotariat wird über den Anwärterdienst, vgl. § 7 BNotO, der Zugang zum Notaramt gesteuert. Der Anwärterdienst ist ein beamtähnlicher öffentlicher Dienst und ist dem Status eines Richters auf Probe grob vergleichbar. Daher darf der Zugang zum Anwärterdienst unter Beachtung der verfassungsrechtlichen Vorgaben beschränkt werden.[39]

---

[29] *Degenhart* in Sachs Rn. 3; *Stettner* in Dreier Rn. 7; *Schippel,* BNotO, 7. Aufl. 2000, § 3 Rn. 12; BT-Rechtsausschuss, BT-Drs. III/2128.

[30] *Römer,* Notariatsverfassung und Grundgesetz, 1963, 8 mwN der Einzelklagen; ua BVerfGE 7, 377; 17, 371; 73, 280; 111, 191 – Notarkassen.

[31] S. BT-Rechtsausschuss, BT-Drs. III/2128.

[32] BVerfGE 17, 381 (388).

[33] BGHZ 38, 228 (232).

[34] BVerfGE 73, 280, 292; 80, 257, 263; BVerfGE 110, 304, Rdn. 64 ff.; BVerfG DNotZ 2009, 702, 704 f.

[35] Vgl. hierzu die Nachweise bei *Wenckstern* in Umbach/Clemens Rn. 46 bis 48.

[36] BVerfGE 17, 371 (379); vgl. auch BVerfGE 47, 285 ff.

[37] BVerfGE 17, 371 (380); ähnl. auch BGHZ 38, 228 (234 ff.); *Römer,* Notariatsverfassung und Grundgesetz, 1963, 50 ff.; *Arndt,* BNotO, 2. Aufl. 1982, § 4 Anm. II 2.

[38] StRspr, BGH NJW 1996, 123; BGH NJW 2003, 2458.

[39] Vgl. BVerfGE 73,280.

46 Beim Anwaltsnotariat besteht kein Anwärterdienst. In Hinblick auf die Entscheidungen des Bundesverfassungsgerichts[40] wurde, um eine den verfassungsrechtlichen Anforderungen entsprechende Auswahlentscheidung treffen zu können, vgl. insbesondere § 6 Abs. 2 BNotO, reformiert und eine notarielle Fachprüfung eingeführt, vgl. § 7a BnotO.

VII. Das Recht der Europäischen Union

47 Art. 138 lässt den Anwendungsvorrang des **Unionsrechts der EU** gegenüber nationalem (Verfassungs-) Recht, vgl. Art. 23 Abs. 1 S. 1, 2, unberührt. Aus diesem Grunde müssen auch die durch das Reservatrecht geschützten Einrichtigungen in Bayern mit dem Unionsrecht vereinbar sein.

48 Der **EuGH** hat mit Urteil v. 21.3.2002[41] unter Berufung auf den portugiesischen Fall **Modelo**[42] in Hinblick auf die Richtlinie 69/335/EWG entschieden, „dass die Gebühren für die notarielle Beurkundung […] in einem Rechtssystem, in dem der Notar Beamter ist und ein Teil dieser Gebühren dem Staat […] zufließt, als Steuer iSd Richtlinie anzusehen sind."[43] Die im Rahmen der Beurkundung einer Kapitalerhöhung bei einem Stuttgarter Amtsnotar entstandenen Gebühren hat der EuGH ebenfalls als unzulässige Steuern bewertet.[44] Auch Gebühren für die Abtretung von GmbH-Geschäftsanteilen wurden in diesem Kontext als unionsrechtswidrig beurteilt.[45]

49 In Hinblick auf den Vorrang des Unionsrechts war die Notariatsstruktur in der **badischen Version** trotz des Reservatsrechts gemäß Art. 138 nicht mehr haltbar, denn in dem badischen und württembergischen System flossen zumindest teilweise die Notargebühren dem Staat und nicht ausschließlich dem Notar als wirtschaftlich Begünstigtem zu. Aus diesem Grunde wurde, wie in → Rn. 4 dargstellt, in Baden-Württemberg nunmehr das Nur-Notariat als ausschließliches System ab dem 1.1.2018 eingeführt.

50 Der EuGH hat durch seine Große Kammer schließlich am 24.5.2011 entschieden, dass der Staatsangehörigkeitsvorbehalt gem. § 5 BNotO aF eine verbotene Diskriminierung nach Maßgabe des Art. 49 AEUV darstellt.[46] Der EuGH verneinte in dieser Entscheidung die u. a. von Deutschland geforderte Anwendung der Bereichsausnahme in Art. 51 AEUV für die „Ausübung öffentlicher Gewalt". Der EuGH anerkannte lediglich, dass die mit der notariellen Tätigkeit verfolgten Zwecke der Rechtmäßigkeit und Rechtssicherheit im Allgemeininteresse lägen und wichtige Teile für die Gewährleistung eines funktionierenden privaten Rechtsverkehrs seien. Insbesondere die Bindung der Notare an den Rechtsgeschäftswillen der Parteien bei der Ausgestaltung der Urkunden stünden aber der Anwendbarkeit der Ausnahme nach Art. 51 AEUV entgegen.[47] Infolge dieser Entscheidung des EuGH wurde der Staatsangehörigkeitsvorbehalt in § 5 BNotO aF durch das Gesetz

---

[40] BVerfGE 110, 304, Rn. 64 ff.

[41] EuGH C-264/00, Slg. 2002, I-3333, ECLI:EU:C:2002:201 – Gründerzentrum.

[42] EuGH C-56/98, Slg. 1999, I-6427 = NJW 2000, 939; Anm. *Heidenhain* EuZW 1999, 724; *Wagner* NZG 1999, 1049.

[43] EuGH C-264/00, Slg. 2002, I-3333, ECLI:EU:C:2002:201 Rn. 27 – Gründerzentrum.

[44] EuGH C-165/03, Slg. 2005, I-5653, ECLI:EU:C:2005:412- Längst.

[45] EuGH C-466/03, Slg. 2007, I 5357, ECLI:EU:C:2007:385 – Albert Reiss Beteiligungsgesellschaft.

[46] EuGH C-54/08, Slg. 2011 I-04355, ECLI:EU:C:2011:399 – Kommission/Deutschland.

[47] Vgl. hierzu auch *Böttcher* in BK Rn. 55; *Lorz* NJW 2012, 3406 f.

zur Verbesserung der Feststellung und Anerkennung im Ausland erworbener Berufsqualifikationen vom 6.12.2011 (BGBl. 2011 I 2515) gestrichen.

51 Auf der Grundlage des obiter dictum des EuGH[48] in der vorgenannten Entscheidung wird mehrheitlich davon ausgegangen, dass sich aus der Entscheidung über das Verbot des Staatsangehörigkeitsvorbehalts kein weitergehender Zwang zur Änderung der Notariatsverfassung ergebe.[49] Das Bundesverfassungsgericht hat in einem nach der Entscheidung des EuGH ergangenem Beschluss die Auffassung vertreten, dass die vorgenannte Entscheidung des EuGH einer Qualifizierung der notariellen Tätigkeit als hoheitlich und den daraus folgenden Beschränkungen der Berufsausübung nicht entgegenstünde.[50]

52 Umstritten war ferner, ob die Richtlinie 2005/36/EG **(Berufsqualifikations- und anerkennungsrichtlinie)** auf Notare anwendbar sei. Gemäß Art. 2 Abs. 4 der in Kraft getretenen Richtlinie 2013/55/EU des Europäischen Parlaments und des Rates vom 20.11.2013 ist diese Rechtsfrage nunmehr dahingehend geklärt, dass die Berufsqualifikationsrichtlinie auf Notare keine Anwendung findet. Insoweit stellt der Erwägungsgrund 3 der Richtlinie klar, dass alle „durch staatlichen Hoheitsakt bestellten Notare im Hinblick auf die besonderen und unterschiedlichen Regelungen, denen sie in den einzelnen Mitgliedstaaten in Bezug auf den Zugang zum Notarberuf und seine Ausübung unterliegen, von dem Anwendungsbereich der Richtlinie 2005/36/EG ausgenommen“ sind. Vergleichbar günstig ist die Rechtslage mit Blick auf die **Dienstleistungsrichtlinie** 2006/123/EG. Gemäß Art. 2 Abs. 2 lit. l der letztgenannten Richtlinie sind die Tätigkeiten von Notaren, die durch staatliche Stellen bestellt werden, vollständig von ihrem Anwendungsbereich ausgenommen.

53 Unabhängig von diesen beiden Richtlinien wird die Notariatsverfassung in Deutschland auch in Zukunft maßgeblich von der Entwicklung des Europäischen Rechts beeinflusst und gestaltet.[51]

54 In Hinblick auf den Vorrang des Unionsrechts ist bspw. § 113 Abs. 6 BNotO, der eine Beschäftigungspflicht der einem Notar zugewiesenen Mitarbeitern durch die **Notarkasse** vorsieht, **europarechtswidrig.** § 113 Abs. 6 BNotO verstößt gegen die Richtlinie 2008/104/EG des Europäischen Parlaments und des Rates vom 19.11.2008 über Leiharbeit (Amtsblatt der Europäischen Union L 327/9 vom 5.12.2008). Der BGH[52] hat unter Verstoß gegen europäisches Recht von einer Vorlage betreffend der Vereinbarkeit des sog. Kassenangestelltensystems mit europäischen Recht an den EuGH abgesehen, weil nach seiner Auffassung diese Richtlinie nur dem Schutz der Arbeitnehmer diene und sich somit kein Notar auf diese Richtlinie berufen könne. Folge dieser unzulässigen Rechtsansicht ist, dass eine staatlich organisierte Leiharbeit nicht unter die Leiharbeitsrichtlinie fiele und die betroffenen Leiharbeiter aus dem Schutzbereich der Richtlinie ausgenommen werden – ein absurdes Rechtsergebnis, das nur auf eine Nachahmung durch andere europäische Staaten und Organisationen wartet.

---

[48] EuGH C-54/08, Slg. 2011 I-04355, ECLI:EU:C:2011:399 – Kommission/Deutschland = NJW 2011, 2941, Rn. 98.

[49] *Böttcher* in BK Rn. 59 unter Bezugnahme ua auf *Lorz* DNotZ 2011, 491, und *Spickhoff* JZ 2012, 333.

[50] BVerfG DNotZ 2012,945 Rn. 46 ff.

[51] Vgl. bspw. *Henssler* DNotZ 2016, 107 ff.; *Stürner* DNotZ 2016, 143 ff.

[52] BGH Beschl. v. 21.7.2014 – NotZ (Brfg) 15/13.

C. Kritische Würdigung

Art. 138 war **im ParlRat ein Kompromiss,** eine relative Einheitlichkeit der Notariatsverfassung unter gleichzeitiger Garantie süddeutscher Besonderheiten zu erreichen. Verfassungssystematisch könnte auf diese besondere Regelung einer Standesrechtsordnung verzichtet werden, denn der Schutzzweck ist längst überholt. Das Reservatrecht steht einer in Hinblick auf die europäischen Entwicklungen und Veränderungen dringend gebotenen Vereinheitlichung der Notariatsverfassung und der Abschaffung aller regionalen Besonderheiten im Wege. Es spricht wegen der **Einheitlichkeit** und der **Qualität** alles dafür, das **Nur-Notariat** im gesamten Bundesgebiet einzuführen. Die zum Zeitpunkt der Rechtsänderung amtierenden Anwaltsnotare könnten bis zur Altersgrenze ihren Status beibehalten; insoweit bestünde kein Eingriff in bestehende verfestigte Rechtspositionen. Die gelungene Notariatsreform in Baden-Württemberg hat hinreichend gezeigt, dass mit ausreichenden Übergangsfristen eine solch einmalige Notariatsreform ohne weiteres machbar und ohne weiteres verfassungsrechtlich zulässig ist. 55

Literatur

Arndt/Lerch/Sandkühler, Bundesnotarordnung, 8. Aufl. 2016. – ***J. Bauer/O. Werner,*** FS zur Wiedererrichtung des OLG in Jena, 1994. – ***M. Bohrer,*** Das Berufsrecht der Notare, 1991. – ***T. Starke,*** Berufsrecht der Notare, in Heckschen/Herrler/Starke Beck'sches Notarhandbuch, 6. Aufl. 2015, – ***H. Eylmann/H.-D. Vaasen,*** Bundesnotarordnung, Beurkundungsgesetz, 4. Aufl. 2016. – ***W.-G. Harms,*** in Bundesnotarkammer (Hrsg.), Bibliographie zur Geschichte des deutschen Notariats, 2003, Einführung. – ***M. Henssler,*** Die Zukunft des Notars im europäischen Rechtsrahmen, DNotZ 2016, 107 ff. – ***E. Hezel,*** Notarrecht in Baden-Württemberg, Rpfleger 2001, 13. – ***H.-U. Jerschke,*** Das Notariat im Hause Europa am Beginn des 3. Jahrtausends, ZNotP 2001, 89. – ***J. A. Kämmerer,*** Freiheit und Staatsgebundenheit der Notare, NJW 2006, 2727. – ***H. Keller,*** Der freiberufliche Notar in Württemberg, BWNotZ 2001, 49. – ***K. Lerch,*** Der Status der Notare in einem europäischen Rechtsraum, ZNotP 2011, 9. – ***W. Odersky,*** Gerichte und Notariat, DNotZ 1994, 7. – **C. Ott,** Das Notariat im Spannungsfeld von überliefertem Rechtsstatus und wirtschaftlicher Entwicklung, DNotZ, Sonderheft 2001, 83. – ***G. Römer,*** Notariatsverfassung und Grundgesetz, 1963. – ***E. Saage,*** Die Notariatsverfassungen in der Bundesrepublik, Der Betrieb 1962, 693. – ***H.-G. Schmidt,*** Das Notariat in Thüringen im Wandel der Zeit, in J. Bauer/O. Werner (Hrsg.), FS zur Wiedererrichtung des OLG in Jena, 1994, 97. – ***W. Schmidt-Thome,*** Das Notariat, in Vom Sachsenspiegel zum Code Napoleon, 1961, 168. – ***W. Schmidt-Thome,*** Die Bestellung zum Notar im altdeutschen Recht, DNotZ 1973, 261. – ***H. Schulze-von Lausaulx,*** Die Entwicklung des Notariats in Hamburg, DNotZ 1961, 286. – ***H. Schulze-von Lausaulx,*** Geschichte des Hamburgischen Notariats seit dem Ausgang des 18. Jahrhunderts, 1961. – ***H. Schippel/U. Bracker,*** Bundesnotarordnung, Kommentar, 9. Aufl. 2011. – ***H. Schippel,*** Das deutsche Notariat im europäischen Feld, DNotZ 1999, 282. – ***H. Schippel,*** Das Notariat in den neuen Ländern, DNotZ 1991, 171. – ***A. Schwachtgen,*** Auf dem Weg zur weltumspannenden Authenzität – Ein Berufsstand als Garant der Rechtssicherheit wirtschaftlicher Entwicklung, DNotZ 1999, 268. – ***K. Stern,*** Das Notariat in der Verfassungsordnung, in FS Rudolf, 2001, 367. – ***K. Stern,*** Von der Kaiserlichen Notariatsordnung zum Grundgesetz – das Notariat im deutschen Verfassungsrecht, MittRhNotK 1999, 365. – ***R. Stürner,*** Die Zukunft des deutschen Notariats in Europa, DNotZ 2016, 143 ff. – ***K.-R. Wagner,*** Das „Notariat" aus der Sicht des Anwaltnotars, AnwBl. 2002, 387. – ***W. Weingärtner,*** Notarrecht, 1991.

Art. 139 [Entnazifizierungsvorschriften]

Die zur „Befreiung des deutschen Volkes vom Nationalsozialismus und Militarismus" erlassenen Rechtsvorschriften werden von den Bestimmungen dieses Grundgesetzes nicht berührt.

A. Allgemeine Bedeutung

1 Als Übergangsbestimmung im Teil XI. des GG musste Art. 139 einen verfassungsrechtlichen Beitrag leisten zur bereits vor Inkrafttreten des GG begonnenen **Entnazifizierung,** die durch die Alliierten initiiert wurde.[1] Neben den Maßnahmen der Strafverfolgung (durch Verfolgung und Verurteilung von Kriegsverbrechern) und Internierung (von Personen, die als Sicherheitsrisiko eingestuft wurden)[2] zielte die Entnazifizierung darauf ab, nicht nur den öffentlichen Dienst, sondern auch andere verantwortliche Stellungen im Arbeitsleben und der Wirtschaftsordnung von Personen zu befreien, die Mitglieder der NSDAP gewesen waren. Um die dazu ergangenen Vorschriften nicht durch das Inkrafttreten des GG zu gefährden, oblag es Art. 139 als verfassungsrechtliche **Sonderregelung,**[3] die Geltung dieser Vorschriften auch bei Unvereinbarkeit mit dem GG (insbesondere den Freiheitsgrundrechten, dem Gleichheitsgrundsatz, aber auch dem aktiven und passivem Wahlrecht) „unberührt zu lassen".[4]

2 Juristisch gilt die Entnazifizierung im Sinne des Art. 139 seit den Abschlussgesetzen der Länder 1953 als abgeschlossen,[5] womit Art. 139 **obsolet** geworden ist.[6] Die Frage, ob Art. 139 darüber hinaus eine übergeordnete verfassungspolitische Bedeutung zukommt als Ausdruck einer normativ antinazistischen bzw. antifaschistischen Haltung des GG, hält sich indes hartnäckig.[7] Auch ein **historisches Gedächtnis des GG** gegen den Nationalsozialismus wird zum Teil diskutiert.[8] Dies scheint letztlich dem Umstand geschuldet zu sein, dass sich die verfassungsrechtliche Anwendung des Art. 139 nicht mit der gesellschaftlichen Auseinandersetzung und Aufarbeitung des Nationalsozialismus und seiner Täter deckt, sondern von dieser überlagert wird. Auch später aufgetretene assoziierte Bezüge zu neonazistischen Aktivitäten werden zum Teil dem Art. 139 aufgebürdet.[9] Aus diesem Grund erfährt der

---

[1] Siehe hierzu bereits ursprünglich die Direktive an den Oberbefehlshaber der US-Besatzungstruppen in Deutschland (JCS 1067), die als ein Hauptziel in 4.c. die „elimination of Nazism and militarism in all their forms" (also die Beseitigung des Nationalsozialismus und Militarismus in jeglicher Form) vorsah. Die Ähnlichkeit zum Art. 139 ist dabei offensichtlich.

[2] So bereits I.1. der Kontrollratsdirektive Nr. 38.

[3] *Lübbe-Wolff* NJW 1988, 1289 (1291).

[4] *Kaltenborn/Barczak* in BeckOK GG Rn. 1; *Unruh* in MKS Rn. 2. Ausführlich → Rn. 8.

[5] *Jess* in BK II 3a; *Höfling/Burkiczak* in BerlKomm Rn. 6; *Herdegen* in Maunz/Dürig Rn. 11.

[6] *Herdegen* in Maunz/Dürig Rn. 11; *v. Unruh* in MKS Rn. 3, 12; *Sachs* in Sachs Rn. 4; *Wittreck* in Dreier Rn. 5, 9; *Sannwald* in SHH Rn. 2 „nahezu obsolet"; im Grundsatz auch: *Deiseroth* in Umbach/Clemens Rn. 24 ff.; aA *Hamann* in Hamann/Lenz A.; *Hofmann* in HdbStR I § 9 Rn. 7; undeutlich: *Ladeur* in AK Rn. 3; *Jarass* in Jarass/Pieroth Rn. 1, hält die Bedeutung des Art. 139 „für gering"; *Domgörgen* in Hömig/Wolff Rn. 2, hält sie für „gegenstandslos"; zur Wiederbelebung des Art. 139 → Rn. 11 ff.

[7] *Pawlita/Steinmeier* WuR 1980, 393; *Battis/Grigoleit* NVwZ 2001; OVG Münster NJW 2001, 2111.

[8] *Sannwald* in SHH Rn. 7.

[9] VG Frankfurt a. M. NJW 1986, 2661; OVG Münster NVwZ-RR 1991, 508; OVG Münster NJW 2001, 2111, das den Art. 139 GG nicht ausdrücklich erwähnt; *Battis/Grigoleit* NVwZ 2001, 121 (124). Hierzu auch → Rn. 9 ff.

Art. 139 im Verhältnis zu anderen Übergangsvorschriften (zumindest in der Kommentarliteratur) vergleichsweise viel Aufmerksamkeit.

Durch die emotional aufgeladene Thematik der Entnazifizierung wurden Art. 139 deshalb auch zum Teil Funktionen oder Grundaussagen zugeschrieben, die im Hinblick auf seine verfassungsrechtliche Systematik und Bedeutung fragwürdig erscheinen. So gab es anfänglich Stimmen, die in Art. 139 **verfassungswidriges Verfassungsrecht** erkannten, da er dem GG widerspreche und deshalb seine Anwendung entweder gänzlich ablehnten oder aber zumindest eine enge Auslegung forderten.[10] Diese Auffassung konnte sich berechtigterweise aus zwei Erwägungen nicht durchsetzen. Zum einen schließt die fehlende Hierarchie innerhalb derselben Normebene das Vorliegen verfassungswidrigen Verfassungsrechts von vornherein aus,[11] zum anderen war eine enge Auslegung nicht angezeigt, da es sich ohnehin um eine restriktiv angelegte Ausnahmevorschrift handelte.[12] 3

Ähnlich gelagert war die kontroverse Diskussion um das **Verhältnis zur Menschenwürde** aus Art. 1 Abs. 1, die letztlich nur ein weiterer Nachweis von der anfänglich grundlegenden Ablehnung des Art. 139 war.[13] Diese verzerrte die Frage insoweit, als versucht wurde, grundlegende, von Ressentiments getriebene Kritik an der Entnazifizierung juristisch zu unterfüttern.[14] Das mittlerweile juristisch nüchtern vorgetragene Argument sieht die Menschenwürde als übergeordnetes zeitloses Recht, das nicht durch eine temporäre Vorschrift eingeschränkt werden kann.[15] Dieser dem Naturrecht ähnelnde Gedanke ist insoweit nicht unberechtigt,[16] als eine komplette Rechtslosigkeit für die verantwortlichen Personengruppen sicher nicht intendiert war.[17] Auch bei der Entnazifizierung galt ein Mindestmaß an schuldangemessener Reaktion, was die Besatzungsvorschriften mannigfach[18] und die Abkehr von der Willkürherrschaft verdeutlichten.[19] Letztlich ist es aber verfassungsrechtlich irrelevant, da die Frage rein hypothetischer Natur ist – die von Art. 139 umfassten Entnazifizierungsvorschriften schränkten die Menschwürde schon nicht ein.[20] 4

Teile der Literatur (und später vereinzelt die Rechtsprechung[21]) extrahierten aus der Norm zudem eine **verfassungsrechtliche Grundaussage,** die 5

---

[10] Vgl. *Bachof,* Verfassungswidrige Verfassungsnormen?, 1951; *Jess* in BK II.3. Zusammendfassend dazu: *Pawlita/Steinmeier* WuR 1980, 393 (399); *Herdegen* in Maunz/Dürig Rn. 2; *Unruh* in MKS Rn. 6; *Wittreck* in Dreier Rn. 15; *Hofmann* in HdbStR I § 9 Rn. 7; *Deiseroth* in Umbach/Clemens Rn. 19 ff.; jeweils mwN.

[11] BVerfGE 142, 25 (66); *Herdegen* in Maunz/Dürig Rn. 2; *Wittreck* in Dreier Rn. 15.

[12] *Unruh* in MKS Rn. 6; *Vedder/Lorenzmeier* in v. Münch/Kunig, 6. Aufl. 2012, Rn. 16.

[13] BayVerfGHE 3, 28 (Ls 2), bei dem die Menschenwürde zwar nicht ausdrücklich erwähnt wird, aber einen Eingriff „in diejenigen Grundrechte, die unmittelbar Ausdruck der menschlichen Persönlichkeit sind" erlaubt. *Lübbe-Wolff* NJW 1988, 1289 Fn. 3; *Sannwald* in SHH Rn. 3; jeweils m. w. N.

[14] Hierzu ausführlich *Lübbe-Wolff* NJW 1988, 1289 Fn. 3, 21.

[15] *Sannwald* in SHH Rn. 3.

[16] Ähnlich auch Häberle, der eine „anthropologische Prämisse des Verfassungsstaates" in Art. 1 GG als unantastbaren Kern der Verfassung erkennt, *Häberle* in HbdStR II § 22 Rn. 56.

[17] Anders *Wittreck* in Dreier Rn. 15, der diesen Versuch für „künstlich" hält.

[18] Beispielhaft die Kategorisierung der Personengruppen in der Kontrallratsdirektive Nr. 38 verdeutlicht oder auch Art. 26 des Statuts für den Internationalen Militärgerichtshof, der die Strafen für die Hauptkiregsverbrecher in den Nürnberger Prozessen regelte.

[19] Zum Begriff der Willkür *Kirchhof* in HdbStR VIII § 181 Rn. 232 ff.

[20] Ebenfalls *Lübbe-Wolff* NJW 1988, 1289 Fn. 3, 21; *Vedder/Lorenzmeier* in v. Münch/Kunig, 6. Aufl. 2012, Rn. 7.

[21] OVG Münster NJW 2001, 2111.

sich gegen den Faschismus bzw. den Nationalsozialismus insgesamt richtet.[22] Die Begründung und die Reichweite solch einer Grundaussage variieren dabei im Einzelnen.[23] Gemein ist allen Auffassungen, das Bedürfnis dem Grundgesetz ein klares **Bekenntnis gegen den Nationalsozialismus** zu entnehmen, sei es aus einer historischen Verantwortung heraus oder als Mahnung, einer Wiederholung des Nationalsozialismus mitsamt seinen furchtbaren Folgen entschieden entgegenzuwirken.[24] Auch wenn dieses Bedürfnis berechtigt ist und die politischen und gesellschaftlichen Entnazifizierungsbemühungen retrospektiv durchaus kritisch betrachtet werden dürfen, so darf nicht die konkrete Norm des Art. 139 außer Acht gelassen werden. Denn als Übergangsvorschrift war sein Auftrag ein zeitlich klar begrenzter: Seine Rolle bestand in der Sicherung der bereits von den Alliierten begonnenen **vorkonstitutionellen Entnazifizierung** und nicht in ihrer direkten Umsetzung. Ihn nachträglich durch Zuschreibung einer solch wichtigen Grundaussage aufzuwerten, überfrachtet ihn deutlich.[25] Seine Entstehungsgeschichte und der Anwendungsbereich der Entnazifizierung ieS können schon nicht dem Anspruch gerecht werden, die großen Diskussionen der gesellschaftlichen Entnazifizierung zu befrieden. Im Gegenteil hätte die Stellung des Artikels am Ende des GG als Übergangsvorschrift sogar als Zeichen gedeutet werden können, die Entnazifizierung und einen antinazistischen Verfassungsauftrag als nachgeordnet zu verstehen. Art. 139 sollte vielmehr als Bestätigung eines selbstbewussten GG verstanden werden, das auch für Verfassungsfeinde die Grundrechte garantiert.[26] Die Funktion des Art. 139 war dabei eine Überbrückung zwischen dem begonnenen wichtigen Entnazifizierungsprozess und der vollständigen Entfaltung der Instrumente der **wehrhaften bzw. streitbaren Demokratie.**[27] Diese wird durch Art. 9 Abs. 2, Art. 18, 20 Abs. 4, Art. 21 Abs. 2, Art. 28 Abs. 3, Art. 91 garantiert.[28]

---

[22] Vgl. *Lübbe-Wolff* NJW 1988, 1289 (1291 ff.).

[23] *Abendroth* in Abendroth/Behrisch/Düx/Römer/Stüby, Der antifaschistische Auftrag des Grundgesetzes, 1974, 18 (53) („Niederschlag einer Grundentscheidung, die unter den Schutz des Art. 79 Abs. 3 fällt"); *Hamann* in Hamann/Lenz A. („[…] daß Art. 139 auch als Grundsatzaussage über die Haltung des GG gegenüber nationalsozialistischen und verwandten (z. B. fachschistischen) Staatsauffassungen anzusehen ist;„); *Ridder* DÖV 1963, 321 (327) („antinationalsozialistisches Grundprinzip"); *Sannwald* in SHH Rn. 7 („historisches Gedächtnis der Verfassung"); *Battis/Grigoleit* NVwZ 2001, 121 (123 ff.) („Der Ausschuss der nazistischen Ideologie aus dem demokratischen Willensbildungsprozess ist danach ein in der Rechtsordnung der Bundesrepublik nachweisbarer, durch das historisch bezogene, die grundgesetzliche Ordnung gegenüber anderen westlichen Demokratien profilierende Prinzip der streitbaren Demokratie legitimierter Verfassungsbelang […]").

[24] Nicht verwechselt werden darf hierbei, dass das Grundgesetz selbst „als Gegenentwurf zu dem Totalitarismus des nationalsozialistischen Regimes gedeutet werden [kann] und […] von seinem Aufbau bis in viele Details hin darauf ausgerichtet, aus den geschichtlichen Erfahrungen zu lernen und eine Wiederholung solchen Unrechts ein für alle Mal auszuschließen [ist]." BVerfG NJW 2010, 47 (51).

[25] HM; BVerfG NJW 2010, 47 (51); *Herdegen* EuGRZ 1986, 441 (442); *Herdegen* in Maunz/Dürig Rn. 12 ff.; *Unruh* in MKS Rn. 4; *Wittreck* in Dreier Rn. 14; *Deiseroth* in Umbach/Clemens Rn. 22 f.; *Domgörgen* in Mömig/Wolff Rn. 3 f.; *Pawlita/Steinmeier* WuR 1980, 393 (396); *Lübbe-Wolff* NJW 1988, 1289 (1294 f.); deutlich *Dörr* VerwArchiv 2002, 485 (489); letztlich auch *Ladeur* in AK Rn. 1; iE ähnlich *Alter* AöR 2015, 572 (586 f.), der zusätzlich das Verhältnis zu Art. 21 Abs. 2 (Parteienverbote) thematisiert.

[26] *Sachs* in Sachs Rn. 5; *Wittreck* in Dreier Rn. 16; abw. Meinung zu BVerfG *Simon* DVBl. 1983, 697 (703); *Deiseroth* in Umbach/Clemens Rn. 27.

[27] Vgl. ausführlich zur wehrhaften Demokratie bei Rechtsextremismus *Bickenbach* in DVBl. 2017, 149.

[28] BVerfGE 5, 85 (139); 39, 334 (349).

B. Einzelfragen

I. Anwendungsbereich

6 Der Anwendungsbereich des Art. 139, *ergo* die von ihm umfassten Rechtsvorschriften, ist von entscheidender Bedeutung, insbesondere für die Frage, ob er mittlerweile als **obsolet** einzustufen ist. So könnte man darunter eine aus dem historischen Kontext abgeleitete umfassende Pflicht zur Entnazifizierung verstehen, die sich auf sämtliche Vorschriften erstreckt, welche möglichst effektiv auf die „Befreiung des deutschen Volkes vom Nationalsozialismus und Militarismus" abzielen.[29] Dem steht allerdings in zweierlei Hinsicht die geschichtliche Entstehung der Norm entgegen. Zum einen sah die Vorläufervorschrift Art. 146 des HChE ausdrücklich nur die landesrechtlichen Entnazifizierungsvorschriften vor,[30] wovon sich der Parlamentarische Rat nicht erkennbar distanzierte. Zum anderen stellt das nachträgliche Einfügen von Anführungszeichen („Befreiung des deutschen Volkes vom Nationalsozialismus und Militarismus") im Plenum des Parlamentarischen Rates terminologisch ausdrücklich den Bezug zu den Befreiungsgesetzen her.[31] Diese sogenannten Befreiungsgesetze waren von den Ländern erlassen worden und basierten maßgeblich auf den aus den Vorgaben der **Kontrollratsdirektiven Nr. 24** (Entfernung von Nationalsozialisten und anderen Personen, die den Bestrebungen der Alliierten feindlich gegenüberstehen, aus Ämtern und verantwortlichen Stellungen) v. 12.1.1946 und **Nr. 38** v. 12.10.1946 (Verhaftung und Bestrafung von Kriegsverbrechern, Nationalsozialisten und Militaristen und Internierung, Kontrolle und Überwachung von möglicherweise gefährlichen Deutschen).[32] Die jeweiligen Befreiungsgesetze enthielten dabei (unter nahezu wörtlicher Bezugnahme auf die Kontrollratsdirektiven), wie und in welchen Bereichen die Entfernung von Mitgliedern der NSDAP erfolgen sollte, indem sie bspw. Begriffsbesimmungen, Geltungsbereich, etc. (Nr. 24) aber auch Strafmaßnahmen und Gruppenverantwortlichkeiten definierten (Nr. 38).[33]

7 Dieser überschaubare Anwendungsbereich von landesrechtlichen Entnazifizierungsvorschriften, die dem Ziel „der Befreiung des deutschen Volkes vom Nationalsozialismus und Militarismus" dienten, führte letztlich zu dem

[29] BGH, Gutachten v. 6.10.1952, NJW 1954, 225 (228); *Lübbe-Wolff* NJW 1988, 1289 (1292); *Wittreck* in Dreier Rn. 11; *Sachs* in Sachs Rn. 7; *Höfling/Burkiczak* in BerlKomm Rn. 7 f.; *Unruh* in MKS Rn. 9; *Deiseroth* in Umbach/Clemens Rn. 4 f.; zur Entnazifizierung näher BVerfGE 2, 110; *Heyland* DÖV 1950, 289 (323, 359); Übersicht über die Vorschriften bei *Jess* in BK IV b.

[30] Art. 146 HChE: „Die in den Ländern zur Befreiung des deutschen Volkes vom Nationalsozialismus und Militarismus erlassenen Rechtsvorschriften sollen durch das Grundgesetz nicht berührt werden." Ausführlich dazu auch *Lübbe-Wolff* NJW 1988, 1289 (1293).

[31] Siehe hierzu ausführlich *Lübbe-Wolff* NJW 1988, 1289 (1292 f.), die z. T. wortgetreu die Meinungen der Abgeordneten wiedergibt. Auch *Sachs* in Sachs Rn. 2 f.; *Deiseroth* in Umbach/Clemens Rn. 6.

[32] ABl. 1946, Nr. 98 bzw. Nr. 184. Eine Übersicht zu den einzelnen landesgesetzlichen Vorschriften bei *Herdegen* in Maunz/Dürig Rn. 8.

[33] Bekannt sind hierbei vor allem die Einteilung der fünf verantwortlichen Personengruppen in Hauptschuldige, Belastete, Minderbelastete, Mitläufer und Entlastete (Art. 2 der Kontrollratsdirektive Nr. 38).

Begriff der **Entnazifizierung im engeren Sinne.**[34] Durch die Gesetze zur Aufhebung der Befreiungsvorschriften der Länder bis 1953[35] ist der Anwendungsbereich des Art. 139 weggefallen und damit die **Entnazifizierung** zumindest im Sinne des Art. 139 als beendet zu betrachten.

8 Konkretisierungsbedarf ergibt sich beim Anwendungsbereich allerdings zum einen in Bezug auf das **Besatzungsrecht** selbst, nämlich die Frage, ob es von Art. 139 ebenfalls umfasst ist, und zum anderen, ob auch nachkonstitutionelle Vorschriften unter Art. 139 zu subsumieren sind.[36]

9 Grundsätzlich unterliegt Besatzungsrecht nicht der Verfassung des besetzten Staates. So musste sich das alliierte Besatzungsrecht auch nicht am Grundgesetz messen lassen, war also dessen Jurisdiktion nicht unterworfen.[37] Für die besatzungsrechtlichen Entnazifizierungsvorschriften konnte auch durch Art. 139 nichts anderes gelten, da Art. 139 diese Vorschriften gerade nicht umfassen sollte. Darüber hinaus kann Art. 139 trotz gesetzlicher Aufhebung der in Betracht kommenden Vorschriften (so bspw. das Gesetz Nr. 5 der Militärregierung-Deutschland) nicht deren Fortbestand sichern.[38]

10 Von Art. 139 ebenfalls nicht umfasst sind **„noch zu ergehende Vorschriften"**[39] (nachkonstitutionelle Vorschriften), was wiederum die historische Entstehungsgeschichte verdeutlicht. Auch hier ist der Verweis auf Art. 146 Abs. 1 des Herrenchiemseer Konvents aufschlussreich, der diese Möglichkeit noch ausdrücklich vorsah. Auf Antrag des Ausschussvorsitzenden Dr. Robert Lehr in der 18. Sitzung des Organisationsausschuss des Parlamentarischen Rates wurde dieser Einschub jedoch gestrichen.[40] Im Hinblick auf die weitreichende Rechtsfolge des Art. 139 wäre eine „Blankovollmacht für zu erlassende Vorschriften" mit einer einhergehenden potentiellen Missbrauchsgefahr verfassungsrechtlich ohnehin kritisch einzustufen gewesen.[41]

II. Unberührtheitsklausel

11 Art. 139 enthält dem Wortlaut nach eine **Unberührtheitsklausel** („werden von den Bestimmungen des Grundgesetzes nicht berührt"), die die Entnazifizierungsvorschriften im Sinne des Art. 139 nicht von der Vereinbarkeit mit dem Grundgesetz abhängig machen, sondern von der Geltung grundgesetzlicher Normen ausnehmen.[42] Dies impliziert zugleich den Aus-

---

[34] *Höfling/Burkiczak* in BerlKomm Rn. 7; *Wittreck* in Dreier Rn. 11; *Lübbe-Wolff* NJW 1988, 1289 (1292); *Sachs* in Sachs Rn. 7; *Unruh* in MKS Rn. 8.

[35] *Jess* in BK IV b; *Höfling/Burkiczak* in BerlKomm Rn. 6.

[36] Bestätigung findet die Unterordnung von Verfassungsrecht zum Besatzungsrecht mittelbar durch Art. 79 Abs. 1 S. 2; siehe *Schröder,* Das geltende Besatzungsrecht, 1990, 11.

[37] *Schröder,* Das geltende Besatzungsrecht, 1990, 12; *Herdegen* in Maunz/Dürig Rn. 9; *Lübbe-Wolff* NJW 1988, 1289 (1292); *Wittreck* in Dreier Rn. 12; *Deiseroth* in Umbach/Clemens Rn. 6; *Höfling/Burkiczak* in BerlKomm GG Rn. 9.

[38] A. A.: *Ladeur* in AK Rn. 2; *Sachs* in Sachs Rn. 6, 9, 11. Hierzu ausführlich → Rn. 9 ff.

[39] So Art. 146 Abs. 1 HChE.

[40] Deutscher Bundestag und Bundesarchiv (Hrsg), Der Parlamentarische Rat 1948 – 1949, Akten und Protokolle, Bd. 13, S. 660 f., 684; JöR nF 1 (1951), 897 f.

[41] JöR nF 1 (1951), 898; ähnlich *Deiseroth* in Umbach/Clemens Rn. 13 f.; *Wittreck* in Dreier Rn. 4, 11; *Unruh* in MKS Rn. 1, 7 ff.; *Sachs* in Sachs Rn. 6; *Höfling/Burkiczak* in BerlKomm Rn. 6; *Domgörgen* in Hömig/Wolff Rn. 1, spricht von „konservieren".

[42] BVerfGE 1, 5 (7); *Herdegen* in Maunz/Dürig Rn. 13; *Unruh* in MKS Rn. 10; *Wittreck* in Dreier Rn. 12; *Sachs* in Sachs Rn. 10.; *Deiseroth* in Umbach/Clemens Rn. 15; *Sannwald* in SHH Rn. 3, 5; *Höfling/Burkiczak* in BerlKommRn. 6 f.

schluss einer Verfassungsbeschwerde gegen diesbezügliche verfassungsrechtliche Einschränkungen.[43] Diese Unberührtheitsklausel garantiert hingegen nicht das Fortbestehen aufgehobener besatzungsrechtlicher Vorschriften.[44]

III. Keine Fortgeltung von Besatzungsrecht

Eine unerwartete, aber durchaus interessante Bedeutung erlangte Art. 139 **12**
Mitte der 1980er Jahre, als Teile der Rechtsprechung ihn als Instrument für Kommunen (wieder-)entdeckten, (kommunale) Zulassungsansprüche der NPD zu verhindern.[45] Dabei konstruierte die Rechtsprechung eine Fortbestandswirkung des Art. 139 in Verbindung mit dem Gesetz **Nr. 5 der Militärregierung-Deutschland** „Auflösung der Nationalsozialistischen Deutschen Arbeiterpartei (NSDAP)", das bereits durch das Dritte G zur Aufhebung des Besatzungsrechts vom 23.7.1958 aufgehoben wurde. Die darin möglichen Verbote von Nachfolgeorganisationen der NSDAP unabhängig von Art. 21 durchzusetzen, sollten durch die Wirkung des Art. 139 fortbestehen[46] Höchstrichterlich wurde allerdings festgestellt, dass Art. 139 den Entnazifizierungsvorschriften „Geltung" verleihen solle, aber einer Aufhebung nicht entgegenstehe.[47].

Im Kern entstand diese Unklarheit aufgrund der an der zentralen Frage **13**
vorbeigehenden Diskussion in Bezug auf Art. 139. Denn die Gerichte thematisierten letztlich das Verhältnis von Besatzungsrecht und GG und nicht die entscheidende Frage, ob das Gesetz Nr. 5 der Militärregierung-Deutschland überhaupt in den Anwendungsbereich des Art. 139 fällt. Legt man nämlich den oben dargelegten, auf der historischen Entstehungsgeschichte basierenden Anwendungsbereich zu Grunde, so umfasst Art. 139 die Entnazifizierung i. e. S., also die landesrechtlichen Umsetzungsvorschriften von Besatzungsrecht, und eben nicht das Besatzungsrecht selbst.[48] Das VG folgte dabei offenbar einer Literaturauffassung, die auch das Besatzungsrecht selbst unmittelbar unter den Anwendungsbereich subsumierte.[49]

Unter dieser Prämisse rückte deshalb die Frage in den Vordergrund, ob **14**
Art. 139 in Bezug auf das Besatzungsrecht eine **Fortbestandswirkung**[50] entfalten kann, also die Wirkung beinhaltet, mögliche Aufhebungsgesetze als nichtig einzustufen und dem Besatzungsrecht Geltung zu verleihen. Diese Ansicht widerspräche allerdings eklatant der Natur von Besatzungsrecht, das gerade nicht dem Verfassungsrecht des besetzen Staates unterliegt und schon deshalb nicht von einer grundgesetzlichen Norm abhängen kann, indem diese

---

[43] BVerfGE 1, 5 (7); *Unruh* in MKS Rn. 10; *Wittreck* in Dreier Rn. 12; *Sachs* in Sachs Rn. 10; *Deiseroth* in Umbach/Clemens Rn. 15; *Sannwald* in SHH Rn. 3, 5.

[44] Vgl. → Rn. 11 ff.

[45] Beispiele kommunaler Ablehnungsbescheide auf Grundlage von Art. 139 bei *Lübbe-Wolff* NJW 1988, 1289 (1290).

[46] VG Frankfurt a. M. 14.11.1985 – VII/3 G 2531/85. Die NPD wurde als Nachfolgeorganisation der NSDAP eingestuft und durch Art. 139 vom Parteienprivileg nach Art. 21 Abs. 2 (und damit einhergehend der Gleichbehandlung der Parteien § 5 Abs. 1 PartG) entbunden. BGBl. I, S. 540; Zum Ganzen ausführlich *Herdegen* in Maunz/Dürig Rn. 12; *Deiseroth* in Umbach/Clemens Rn. 33; *Unruh* in MKS Rn. 8.

[47] BVerwG NJW 1990, 134 (135); HessVGH NJW 1986, 2662.

[48] Siehe → Rn. 3 ff.

[49] *Ladeur* in AK Rn. 2; *Sachs* in Sachs Rn. 6, 9, 11; *Hecker* in v. Münch/Kunig, 2. Aufl. 1983, Rn. 2.

[50] Eine Restitutionswirkung beinhaltet Art. 139 hingegen nicht, da die Aufhebungsgesetze nach dieser Ansicht schon nicht verfassungsgemäß zustande gekommen wären (Verstoß gegen Art. 139).

den Fortbestand besatzungsrechtlicher Vorschriften sichert. In diesem Sinne zielte Art. 139 auch „nur" auf die Sicherung der Ausführungsgesetze von Besatzungsrecht ab und gerade nicht auf die Sicherung des Besatzungsrechts selbst.[51] Durch Erlangung der Gesetzgebungskompetenz konnte der deutsche Gesetzgeber in Einklang mit Art. 139 Besatzungsrecht im Bereich der Entnazifizierung wirksam aufheben, was er in Bezug auf Gesetz Nr. 5 der Militärregierung-Deutschland im Jahr 1958 auch tat. Diese Kompetenz war ihm nach dem **Überleitungsvertrag**[52] übertragen worden, die er durch das Dritte G zur Aufhebung des Besatzungsrechts vom 23.7.1958 wahrnahm und das Gesetz Nr. 5 der Militärregierung-Deutschland außer Kraft setzte.[53] Bejaht man solch eine Fortbestandswirkung dennoch, müsste Art. 139 selbst nach dem Inkrafttreten des Zwei-plus-Vier-Vertrag am 3.10.1990[54] und der damit einhergehenden Abschaffung des verbliebenen Besatzungsrechts, eine Fortbestandswirkung gegenüber Entnazifizierungsvorschriften aus diesem Bereich entfalten. So würde es sich nicht (wie ausdrücklich vorgesehen) um eine Übergangsvorschrift handeln, sondern um eine zeitlich unbegrenzte Verfassungsnorm, was der Systematik, der Historie und auch dem Zweck der Vorschrift widersprechen würde.

15 Die Hartnäckigkeit, mit der Art. 139 eine Fortbestandswirkung zugeschrieben wird, scheint im Grunde genommen vielmehr einem Bedürfnis geschuldet, neonazistischen Vereinigungen die Stirn zu bieten und auch den Kommunen eine pragmatische Handhabung außerhalb von grundgesetztlichen Parteienverboten zu ermöglichen. Auch wenn es zutiefst verständlich ist, auf diese nazistischen Aktivitäten reagieren zu wollen, ist Art. 139 rechtlich dennoch nicht das geeignete Instrument hierfür.

C. Verhältnis zu anderen Vorschriften des Grundgesetzes

16 Art. 139 zielt ausdrücklich auf die Verwirkung anderer Verfassungsvorschriften, insbesondere der Grundrechte und des Verfassungsvorrangs aus Art. 20 Abs. 3.[55]

17 Maßgeblich standen die zur Erreichung des Ziels der Entnazifizierung notwendigen grundgesetzlichen Verwirkungen im Mittelpunkt von Art. 139.[56] Dafür musste notwendigerweise der Gleicheitssatz nach Art. 3 Abs. 1 für die Personengruppen eingeschränkt werden, die als Mitglieder der NSDAP im Nationalsozialismus involviert waren. Damit assoziiert kollidierte selbstverständlich auch Art. 3 Abs. 3, der eine Benachteiligung von Nationalsozialisten aufgrund der politischen Anschauungen beinhaltet.[57] Eine ältere Auffassung, die keine Abweichung zum Gleichheitssatz zulassen wollte, hat sich berechtigterweise nicht durchgesetzt,[58] da er den Art. 139 im wesentli-

[51] *Lübbe-Wolff* NJW 1988, 1289 (1293).

[52] Vertrag zur Regelung aus Krieg und Besatzung entstandener Fragen idF des Pariser Protokolls v. 23.10.1954, BGBl. 1955 II 405.

[53] Dazu eing. *Deiseroth* in Umbach/Clemens Rn. 28 ff.; *Lübbe-Wolff* NJW 1988, 1289 (1293 f.).

[54] Vertrag über die abschließende Regelung in Bezug auf Deutschland v. 12.9.1990, BGBl. 1990 II 1318.

[55] *Höfling/Burkiczak* in BerlKomm Rn. 1.

[56] *Sachs* in Sachs Rn. 13; *Deiseroth* in Umbach/Clemens Rn. 18; *Höfling/Burkiczak* in BerlKomm Rn. 1.

[57] *Pawlita/Steinmeier* WuR 1980, 393 (314).

[58] ZB *Jess* in BK II 3c.

chen Anwendungsbereich entkernt hätte. Bei den **Freiheitsrechten** ergaben sich Einschränkungen der Versammlungsfreiheit nach Art. 8 und der Berufsfreiheit nach Art. 12. Auch das **aktive und passive Wahlrecht** nach Art. 38 Abs. 1, Art. 28 Abs. 1 S. 2, die **verfassungsrechtlichen Beamtenrechte** (Art. 33), sowie Art. 19 Abs. 1 und 4 galten als verwirkt.

Zu Art. 131 könnte man vordergründig einen relevanten Bezug anneh- **18** men, da er sich auch an **ehemalige Angehörige des öffentlichen Dienstes** richtete, die nach dem 8.5.1945 aus dem Dienstverhältnis entlassen worden waren. Bezüge zu dem von Art. 139 adressierten Personenkreis liegen auf der Hand. Höchstrichterlich wurde jedoch klargestellt, dass mit Art. 131 schon keine Überschneidungen bestehen.[59] Zudem durften auf Grundlage des Art. 131 erlassene Gesetze nicht in den Anwendungsbereich des Art. 139 fallen, so dass ein möglicher Konflikt rein hypothetischer Natur geblieben ist.[60]

D. Kritische Würdigung

Wie bereits angedeutet, kam Art. 139 als Übergangsvorschrift eine (mögli- **19** cherweise) ungeahnte Bedeutung zu, da die Thematik der Entnazifzierung weniger staatsrechtlich als vielmehr politisch verstanden wurde. Dies führte gleichzeitig dazu, dass Kritik maßgeblich politisch konnotiert war, aber in einen juristischen Mantel gekleidet wurde. Dadurch wurde der rein rechtliche Blick auf Art. 139 häufig verstellt. Damit zusammenhängend wurde der Norm anfänglich insbesondere die Verfassungsmäßigkeit abgesprochen und im Anschluss daran (beinahe „hilfsweise") versucht, den Anwendungsbereich auf ein absolutes Minimum zu verkürzen.[61] Beides war im Hinblick auf die transparente Entstehungsgeschichte, der Systematik und des Telos jedoch nicht haltbar. Mit einiger Verspätung erlebte die Norm eine dezente Renaissance, indem sie als Instrument gegen neonazistische Organisationen und Bewegungen entdeckt wurde. Dabei wurde der Anwendungsbereich des Art. 139 auch auf das Besatzungsrecht selbst erweitert und der Norm eine Fortbestandswirkung zugeschrieben, die besatzungsrechtlichen Vorschriften trotz Aufhebung (die spätestens durch den Zwei-plus-Vier-Vertrag erfolgte) den Fortbestand sicherte. Die Intention war, in diesen Fällen durch die „Unberührtheitsklausel" des Art. 139 Verfassungsrechte auf einfachem Wege einzuschränken. Im GG verankert ist für diese Auseinandersetzung der Grundsatz der wehrhaften Demokratie, der sich gerade in Bezug auf Verfassungsfeinde bewähren muss.

Literatur

M. Alter, Das Parteiverbot: Weltanschauungsvorsorge oder Gefahrenabwehr?, AöR 2015, 572 – ***P. Austermann,*** Die Streichung rechtlich entbehrlicher Grundgesetznormen, DÖV 2012, 227 – ***H. Battis/K.J. Grigoleit,*** Neue Herausforderungen für das Versammlungsrecht?, NVwZ 2001, 121. – ***H. Bertrams,*** Demonstrationsfreiheit für Neonazis?, in FS f. Claus Arndt, 2002, 19. – ***O. Dörr,*** Keine Versammlungsfreiheit für Neonazis? Extremistische Demonstrationen als Herausforderung für das geltende Versammlungsrecht, VerwArchiv 2002, 485. – ***C. Bickenbach,*** Kampf gegen eine Hydra –

[59] BVerfGE 3, 151.

[60] BGH NJW 1954, 225 (228); *Vedder/Lorenzmeier* in v. Münch/Kunig, 6. Aufl. 2012, Rn. 15.

[61] Hierzu → Rn. 3 f.

Rechtliche Mittel gegen den Rechtsextremismus, DVBl. 2017, 149 – ***G. Herdegen,*** Anmerkungen zu HessVGH, Beschl. v. 12.12.1985, EuGRZ 1986, 441 – ***G. Lübbe-Wolff,*** zur Bedeutung des Art. 139 GG für die Auseinandersetzung mit neonazistischen Gruppen, NJW 1988, 1289. – ***Pawlita/F. Steinmeyer,*** Bemerkungen zu Art. 139 GG – Eine antifaschistische Grundsatznorm?, DuR 1980, 393.

Art. 140 [Geltung von Artikeln der Weimarer Verfassung]

Die Bestimmungen der Artikel 136, 137, 138, 139 und 141 der deutschen Verfassung vom 11. August 1919 sind Bestandteil dieses Grundgesetzes.

Art. 136 WRV

(1) Die bürgerlichen und staatsbürgerlichen Rechte und Pflichten werden durch die Ausübung der Religionsfreiheit weder bedingt noch beschränkt.

(2) Der Genuss bürgerlicher und staatsbürgerlicher Rechte sowie die Zulassung zu öffentlichen Ämtern sind unabhängig von dem religiösen Bekenntnis.

(3) Niemand ist verpflichtet, seine religiöse Überzeugung zu offenbaren. Die Behörden haben nur soweit das Recht, nach der Zugehörigkeit zu einer Religionsgesellschaft zu fragen, als davon Rechte und Pflichten abhängen oder eine gesetzlich angeordnete statistische Erhebung dies erfordert.

(4) Niemand darf zu einer kirchlichen Handlung oder Feierlichkeit oder zur Teilnahme an religiösen Übungen oder zur Benutzung einer religiösen Eidesform gezwungen werden.

Art. 137 WRV

(1) Es besteht keine Staatskirche.

(2) Die Freiheit der Vereinigung zu Religionsgesellschaften wird gewährleistet. Der Zusammenschluss von Religionsgesellschaften innerhalb des Reichsgebiets unterliegt keinen Beschränkungen.

(3) Jede Religionsgesellschaft ordnet und verwaltet ihre Angelegenheiten selbständig innerhalb der Schranken des für alle geltenden Gesetzes. Sie verleiht ihre Ämter ohne Mitwirkung des Staates oder der bürgerlichen Gemeinde.

(4) Religionsgesellschaften erwerben die Rechtsfähigkeit nach den allgemeinen Vorschriften des bürgerlichen Rechtes.

(5) Die Religionsgesellschaften bleiben Körperschaften des öffentlichen Rechtes soweit sie solche bisher waren. Anderen Religionsgesellschaften sind auf ihren Antrag gleiche Rechte zu gewähren, wenn sie durch ihre Verfassung und die Zahl ihrer Mitglieder die Gewähr der Dauer bieten. Schließen sich mehrere derartige öffentlich-rechtliche Religionsgesellschaften zu einem Verbande zusammen, so ist auch dieser Verband eine öffentlich-rechtliche Körperschaft.

(6) Die Religionsgesellschaften, welche Körperschaften des öffentlichen Rechtes sind, sind berechtigt, auf Grund der bürgerlichen Steuerlisten nach Maßgabe der landesrechtlichen Bestimmungen Steuern zu erheben.

(7) Den Religionsgesellschaften werden die Vereinigungen gleichgestellt, die sich die gemeinschaftliche Pflege einer Weltanschauung zur Aufgabe machen.

(8) Soweit die Durchführung dieser Bestimmungen eine weitere Regelung erfordert, liegt diese der Landesgesetzgebung ob.

Art. 138 WRV

(1) Die auf Gesetz, Vertrag oder besonderen Rechtstiteln beruhenden Staatsleistungen an die Religionsgesellschaften werden durch die Landesgesetzgebung abgelöst. Die Grundsätze hierfür stellt das Reich auf.

(2) Das Eigentum und andere Rechte der Religionsgesellschaften und religiösen Vereine an ihren für Kultus-, Unterrichts- und Wohltätigkeitszwecken bestimmten Anstalten, Stiftungen und sonstigen Vermögen werden gewährleistet.

Art. 139 WRV

Der Sonntag und die staatlich anerkannten Feiertage bleiben als Tage der Arbeitsruhe und der seelischen Erhebung gesetzlich geschützt.

Art. 141 WRV

Soweit das Bedürfnis nach Gottesdienst und Seelsorge im Heer, in Krankenhäusern, Strafanstalten oder sonstigen öffentlichen Anstalten besteht, sind die Religionsgesellschaften zur Vornahme religiöser Handlungen zuzulassen, wobei jeder Zwang fernzuhalten ist.

Paulskirchenverfassung von 1849

Abschnitt VI. Art. V

§ 144. Jeder Deutsche hat volle Glaubens- und Gewissensfreiheit.

Niemand ist verpflichtet, seine religiöse Überzeugung zu offenbaren.

§ 145. Jeder Deutsche ist unbeschränkt in der gemeinsamen häuslichen und öffentlichen Übung seiner Religion.

Verbrechen und Vergehen, welche bei Ausübung dieser Freiheit begangen werden, sind nach dem Gesetze zu bestrafen.

§ 146. Durch das religiöse Bekenntniß wird der Genuß der bürgerlichen und staatsbürgerlichen Rechte weder bedingt noch beschränkt. Den staatsbürgerlichen Pflichten darf dasselbe keinen Abbruch thun.

§ 147. Jede Religionsgesellschaft ordnet und verwaltet ihre Angelegenheiten selbstständig, bleibt aber den allgemeinen Staatsgesetzen unterworfen.

Keine Religionsgesellschaft genießt vor andern Vorrechte durch den Staat; es besteht fernerhin keine Staatskirche.

Neue Religionsgesellschaften dürfen sich bilden; einer Anerkennung ihres Bekenntnisses durch den Staat bedarf es nicht.

§ 148. Niemand soll zu einer kirchlichen Handlung oder Feierlichkeit gezwungen werden.

§ 149. Die Formel des Eides soll künftig lauten: „So wahr mir Gott helfe".

Weimarer Reichsverfassung von 1919

Art. 10. Das Reich kann im Wege der Gesetzgebung Grundsätze aufstellen für:

1. die Rechte und Pflichten der Religionsgesellschaften;

[...]

Art. 135. Alle Bewohner des Reichs genießen volle Glaubens- und Gewissensfreiheit. Die ungestörte Religionsübung wird durch die Verfassung gewährleistet und steht unter staatlichem Schutz. Die allgemeinen Staatsgesetze bleiben hiervon unberührt.

Art. 136–139. [gemäß Art. 140 GG inkorporierte Artikel]

Art. 140. Den Angehörigen der Wehrmacht ist die nötige freie Zeit zur Erfüllung ihrer religiösen Pflichten zu gewähren.

Art. 141. [gemäß Art. 140 GG inkorporierter Artikel]

Übersicht

A. Allgemeine Bedeutung

Art. 140 ist unter den Vorschriften, die im Kapitel Übergangs- und Schlussbestimmungen zusammengefasst sind, von eigener Art und herausgehobener Bedeutung. Sein Zweck ist nicht die Regelung besonderer Pro- 1 bleme einer Übergangsphase, sondern die **Überleitung eines Regelungskomplexes** aus seinem ursprünglichen Verfassungszusammenhang, der Weimarer Reichsverfassung, in den des GG.

I. In Bezug auf die Inkorporation

2 Die durch Art. 140 angeordnete **Inkorporation** ist das Ergebnis eines Kompromisses im Parlamentarischen Rat. Der HChE sah keine Vorschriften zum Verhältnis von Staat und „Religionsgesellschaften" vor.[1] Im Parlamentarischen Rat wurde in Anlehnung an die Vorschriften der WRV ein Entwurf eingebracht, der teils grundsätzlich, teils wegen der Unwägbarkeiten infolge der Abweichungen vom überkommenen Wortlaut auf Ablehnung stieß. Durchsetzen konnte sich die Auffassung, dass die Verhältnisse der „Religionsgesellschaften"[2] einer eigenen Regelung bedürfen. Der **Kompromiss** bestand in der Übernahme des Abschnitts „Religion und Religionsgesellschaften" aus der WRV unter Streichung des Art. 135 WRV, der sich auf die individuelle Religionsfreiheit bezog und eine Neuformulierung in Art. 4 Abs. 1, 2 erhalten hatte, sowie des Art. 140 WRV, der die Religionsfreiheit von Wehrmachtsangehörigen betraf.[3] Die Inkorporation wirkte sich auch auf die endgültige Fassung des Art. 4 Abs. 1, 2 aus, insoweit die explizite Garantie der religiösen Vereinigungsfreiheit zur Vermeidung von Doppelungen mit Art. 137 Abs. 2 WRV wieder gestrichen wurde.[4] Dennoch finden sich auch in der abschließenden Fassung des GG noch erhebliche **Überschneidungen,** insbes. zwischen Art. 136 WRV einerseits und Art. 4 Abs. 1, 2, Art. 3 Abs. 1, 3 S. 1 und Art. 33 Abs. 3 andererseits.[5]

3 Mit der Inkorporation sind die in Art. 140 genannten Vorschriften der WRV **vollgültiges Verfassungsrecht** geworden.[6] Die unveränderte Übernahme des Wortlauts bedeutet dennoch keine unveränderte Übernahme des Rechtszustands zur Zeit der WRV. Dies ist Folge der systematischen Auslegung. Die inkorporierten Artikel sind nunmehr im Zusammenhang mit den übrigen Verfassungsbestimmungen des GG zu sehen.[7] Insoweit wirkten sich zum einen die Verfassungsbindung der Legislative (Art. 1 Abs. 3, Art. 20 Abs. 3), zum anderen die Glaubensfreiheit gem. Art. 4 Abs. 1, 2[8] iVm dem Diskriminierungsverbot gem. Art. 3 Abs. 3 S. 1 auf die Auslegung der inkorporierten Artikel aus. Diese Neujustierung hat in jüngerer Zeit ihren Niederschlag in der Kontroverse gefunden, ob der überkommene Begriff des **Staatskirchenrechts** durch den Begriff des **Religionsverfassungsrechts**

[1] JöR nF 1 (1950/51), 899.

[2] S. zur Begriffsgeschichte und der Bedeutungsidentität mit dem heute üblicherweise und auch hier verwendeten Begriff der Religionsgemeinschaft *Obermayer* in BK, Zweitbearb., Rn. 36 ff.; *Unruh* in MKS, 7. Aufl. 2018, WRV Art. 137 Rn. 15 ff.

[3] S. JöR nF 1 (1950/51), 899–907.

[4] JöR nF 1 (1950/51), 78 f.

[5] → Rn. 9–11, 17, 20.

[6] BVerfGE 19, 206 (219), Kirchenbausteuer; 19, 226 (236), Kirchensteuerpflicht glaubensverschiedener Ehepartner; 53, 366 (400), KrankenhausG NRW; 111, 10 (50), Ladenschluss.

[7] BVerfGE 19, 206 (219), Kirchenbausteuer; 33, 23 (30 f.), Eidesverweigerung; *Kästner* in BK, Drittbearb. 2010, Rn. 147; *Morlok* in Dreier, 3. Aufl. 2018, Art. 140 Rn. 29; *Mückl* in HStR VII § 159 Rn. 24 „Einheit der Verfassung"; vgl. auch *Classen,* Religionsrecht, 2. Aufl. 2015, Rn. 46; krit. *Pirson* in Gesammelte Beiträge zum Kirchenrecht und Staatskirchenrecht, Halbband 2, 2008, 1065 (1067 f.).

[8] BVerfGE 33, 23 (30 f.), Eidesverweigerung; 42, 312 (322), Bremisches KirchenG; 102, 370 (387), Körperschaftsstatus der Zeugen Jehovas.

abgelöst werden sollte.[9] Da der Begriff des Staatskirchenrechts in einer spezifisch deutschen Tradition steht, ist der Begriff Religionsverfassungsrecht in europäischen und internationalen Zusammenhängen wegen seiner besseren Anschlussfähigkeit vorzuziehen.[10] Der Begriff ist allerdings auch umfassender. Er bezieht die Garantie der Religions- und Weltanschauungsfreiheit ein und ist nicht beschränkt auf das Verhältnis von Staat und Religions- bzw. Weltanschauungsgemeinschaften.

II. In Bezug auf die inkorporierten Artikel der WRV

Schon die Artikel der Weimarer Reichsverfassung zum Verhältnis von Staat 4
und Religionsgesellschaften sind das Ergebnis eines Kompromisses, damals zwischen einerseits laizistisch, andererseits christlich orientierten politischen Parteien.[11] Dabei war nicht das Verbot der Staatskirche streitig, auch wenn damit das seit der Reformation bestehende Landeskirchentum endgültig beendet wurde, sondern die Frage, welche Rolle den Kirchen im Staat zukommen soll. Hierbei hat sich die zu Unrecht als Formelkompromiss[12] geschmähte **Kombination aus institutioneller Trennung, staatlicher Neutralität und paritätischer Gleichbehandlung sowie Selbstbestimmungsgarantie** der Religions- und Weltanschauungsgemeinschaften im Rahmen der staatlichen Gesetze unter Weiterführung überkommener Rechtsformen als flexibel und gerade deshalb haltbar erwiesen.

Die inkorporierten Artikel enthalten teils **subjektive Rechte,** teils **objek-** 5
tiv-rechtliche Garantien. Soweit die Vorschriften subjektive Rechte gewähren, ist fraglich, ob es sich um Grundrechte im Sinne der Zulässigkeitsvoraussetzung für eine Verfassungsbeschwerde nach Art. 93 Abs. 1 Nr. 4a handelt. Das BVerfG verneint dies[13] und begründet die Beschwerdebefugnis in der Regel unter Rückgriff auf Art. 4 Abs. 1, 2,[14] um dann in der materiellen Überprüfung nur noch auf die inkorporierte Norm einzugehen.[15] Dieses Vorgehen überzeugt nicht durchgängig: Soweit die inkorporierten Normen der WRV freiheitssichernde subjektive Rechte enthalten, besteht kein Grund, sie nicht auch als der Verfassungsbeschwerde zugängliche Rechte zu behandeln.[16]

---

[9] S. dazu *Heinig/Walter,* Staatskirchenrecht oder Religionsverfassungsrecht?, 2007; *Korioth* FS f. Badura, 2004, 727; sa *Unruh* in MKS, 7. Aufl. 2018, Art. 140 Rn. 14; *v. Campenhausen/de Wall* StaatsKirchenR § 11 I 39 f.; *Winter,* Staatskirchenrecht, 2. Aufl. 2008, 9–13 mwN.

[10] *Bloss,* Cuius religio – EU ius regio?, 2008, 230.

[11] S. dazu *Kästner* in BK, Drittbearb. 2010, Rn. 1 ff. *Magen* in Umbach/Clemens, 2002, Rn. 9 ff.

[12] *Schmitt,* Verfassungslehre, 1928, 33 f. „dilatorischer Formelkompromiss".

[13] StRspr seit BVerfGE 19, 129 (135), Umsatzsteuerpflicht für Religionsgesellschaften.

[14] BVerfGE 42, 312 (323 f.), Bremisches KirchenG; 53, 366 (387), KrankenhausG NRW; 70, 138 (161), kirchliches Kündigungsrecht; 99, 100 (118 f.), St. Salvator Kirche, Kirchengutsgarantie; 102, 370 (383), Körperschaftsstatus der Zeugen Jehovas.

[15] „Der angegriffene Rechtsakt kann unter jedem in Betracht kommenden Gesichtspunkt auf seine verfassungsrechtliche Unbedenklichkeit geprüft werden", so BVerfGE 42, 312 (326), Bremisches KirchenG; 53, 366 (390), KrankenhausG NRW; 70, 138 (162), kirchliches Kündigungsrecht; 99, 100 (119), St. Salvator Kirche, Kirchengutsgarantie; 102, 370 (384), Körperschaftsstatus der Zeugen Jehovas. S. aber BVerfGE 125, 39 ff., Adventssonntage zu Art. 139 WRV. In dieser Entscheidung wird auch im Rahmen der Begründetheit auf Art. 4 Abs. 1, 2 zurückgegriffen.

[16] Ebenso *Ehlers* in Sachs, 8. Aufl. 2018, Art. 140 Rn. 3; *Germann* in BeckOK GG, Rn. 7; *Magen* in Umbach/Clemens, 2002, Rn. 22; *Morlok* in Dreier, 3. Aufl. 2018, Art. 140 Rn. 30; sa *Korioth* in Maunz/Dürig, Art. 140 Rn. 14; WRV Art. 140/136 Rn. 10; aA *Jarass* in Jarass/Pieroth, 15. Aufl. 2018, Rn. 2; *Classen,* Religionsrecht, 2. Aufl. 2015, Rn. 37;

6 Die **Gesetzgebungs- und Verwaltungskompetenzen** im Sachbereich der inkorporierten Artikel liegen prinzipiell bei den Ländern.[17] Aufgrund der Länderzuständigkeit hat die Bestandsgarantie für die Theologischen Fakultäten an staatlichen Universitäten[18] (Art. 149 Abs. 3 WRV) keinen Eingang in das GG gefunden.[19] Sie gehörte allerdings auch nicht dem Abschnitt Religion und Religionsgesellschaften der WRV an, sondern war Teil des Abschnitts Bildung und Schule.

III. Weitere Rechtsquellen des Religions(verfassungs)rechts

7 Neben den Vorschriften des GG sind als Rechtsquellen des Staatskirchen- bzw. Religionsverfassungsrechts das **Landesverfassungsrecht,** und die **Staatskirchenverträge** zu nennen.[20] Vom Staatskirchenrecht mit oder ohne verfassungsrechtlichen Charakter zu unterscheiden ist das Kirchenrecht. Dieses umfasst die von den Religionsgesellschaften gesetzten und nur für ihre Mitglieder verbindlichen Normen, deren Wirkung im staatlichen Raum der staatlichen Anerkennung bedarf.[21]

8 Auch **internationales und europäisches Recht** wirken auf die Rechtsstellung der Kirchen und Religionsgesellschaften ein. Zu nennen sind aus dem Völkerrecht die Garantien der Glaubens- und Gewissensfreiheit gemäß Art. 9 EMRK[22] und Art. 18 IPbpR[23], aus dem Recht der Europäischen Union Art. 19 AEUV (ex Art. 13 EG), der die EU ermächtigt, Maßnahmen gegen Diskriminierung ua wegen des Glaubens zu erlassen sowie die Glaubens- und Gewissensfreiheit gemäß Art. 10 Abs. 1, das Diskriminierungsverbot gemäß 21 und das Gebot zur Achtung der kulturellen Vielfalt gemäß

Borowski, Die Glaubens- und Gewissensfreiheit des Grundgesetzes, 2006, 322 ff.; *Schmahl* in Sodan, 4. Aufl. 2018, Art. 140 Rn. 1; *Kästner* in BK, Drittbearb. 2010, Rn. 153.

[17] → Rn. 78 zur Kompetenz der Landesgesetzgeber (Art. 137 Abs. 8 WRV); sowie → Rn. 85 zur Bundesgesetzgebungskompetenz für die Grundsätze über die Ablösung der Staatsleistung an die Religionsgesellschaften (Art. 140 GG iVm 138 Abs. 1 WRV). Vertiefend zum Staatskirchenrecht als Gegenstand der einfachen Gesetzgebung von Bund und Ländern s. *Ehlers,* HSKR § 9.

[18] S. zu diesem Themenkomplex *Waldhoff,* HSKR § 46; sa *Kästner* in BK, Drittbearb. 2010, Rn. 276.

[19] BVerfG NJW 2009, 2190 (2192).

[20] S. zu den Landesverfassungen *v. Campenhausen/de Wall* StaatsKirchenR § 11 III 41 ff.; *Jeand'Heur/Korioth,* Grundzüge des Staatskirchenrechts, 2000, 62 f.; *Classen,* Religionsrecht, 2. Aufl. 2015, Rn. 38 ff.; *Kästner* in BK, Drittbearb. 2010, Rn. 74 ff.; zur Bedeutung der Konkordate und Kirchenverträge *Ehlers,* Die Bindungswirkung von Staatskirchenverträgen, FS f. Maurer, 2001, 333; *Anke,* Die Neubestimmung des Staat-Kirche-Verhältnisses in den neuen Ländern durch Staatskirchenverträge, 2000; sa *v. Campenhausen/de Wall* StaatsKirchenR § 11 IV 45 ff., § 18 S. 141 ff.; *Jeand'Heur/Korioth,* Grundzüge des Staatskirchenrechts, 2000, 65 f., § 11 189 ff.; *Winter,* Staatskirchenrecht, 2. Aufl. 2008, 21 ff.; *Czermak* Der Staat 39 (2000), 69 ff.; *Kästner* in BK, Drittbearb. 2010, Rn. 78 ff.; *Mückl* in HStR VII § 159 Rn. 30–46; *Mückl,* HSKR § 10. Zum Bestand an Verträgen https://www.kirchenrecht-online.de/relrecht/stkvertraege.html., letzter Zugriff am 31.8.2020. Zur Weitergeltung vorkonstitutioneller Staatskirchenverträge, insbes. des Reichskonkordats s. Art. 123 Abs. 2 und dazu BVerfGE 6, 309 (330 ff.), Reichskonkordat.

[21] Zum Verhältnis von kirchlichem Recht und staatlicher Rechtsordnung s. *Pirson* FS f. Ruppel, 1968, 277 ff. = *Pirson* in Gesammelte Beiträge zum Kirchenrecht und Staatskirchenrecht, Halbband 2, 2008, 773 ff.

[22] S. dazu *Frowein/Peukert,* Europäische Menschenrechtskonvention. EMRK-Kommentar, 3. Aufl. 2009, Art. 9, 318 ff.; *Walter* in Dörr/Grote/Marauhn, EMRK/GG. Konkordanzkommentar, 2. Aufl. 2015, Kap. 17; *Hillgruber,* HSKR § 12 Rn. 26 ff.

[23] Dazu *Korioth* in Maunz/Dürig, Art. 140 Rn. 34; *Hillgruber,* HSKR § 12 Rn. 7 ff.

Art. 22 der GRCh[24]. Im Sekundärrecht finden die kirchlichen Belange Berücksichtigung ua in der Tierschutzverordnung, der Datenschutzgrundverordnung, in steuerrechtlichen Richtlinien sowie in der Gleichbehandlungsrahmenrichtlinie.[25]

B. Einzelfragen

I. Art. 136 WRV – Aspekte individueller Glaubensfreiheit

Art. 136 WRV regelt verschiedene Aspekte der individuellen Glaubensfreiheit. Der Vorschrift kommt daher neben Art. 4 Abs. 1, 2 und Art. 3 Abs. 1, 3 S. 1 sowie Art. 33 Abs. 3 in ihrem Schutzgehalt kaum eigenständige, sondern vielmehr **klarstellende Bedeutung** zu.[26] Ob Art. 136 WRV eine eigenständige Bedeutung als Schranke individueller Glaubensfreiheit aufweist, ist umstritten.[27] 9

1. Art. 136 Abs. 1 WRV: Die bürgerlichen und staatsbürgerlichen Rechte und Pflichten werden durch die Ausübung der Religionsfreiheit weder bedingt noch beschränkt. Art. 136 Abs. 1 WRV enthält ein spezielles **Differenzierungsverbot,**[28] das dem Staat[29] bei der Rechtssetzung und -anwendung verbietet, Diskriminierungen ebenso wie Privilegierungen an die „Ausübung der Religionsfreiheit“ zu knüpfen. Damit bestätigt die Vorschrift den Grundsatz der Gleichheit vor dem Gesetz gem. Art. 3 Abs. 1 und überschneidet sich mit dem Diskriminierungsverbot des Art. 3 Abs. 3 S. 1. Während das letztgenannte Diskriminierungsverbot allerdings an den Glauben und die religiösen Anschauungen anknüpft, also an persönliche Überzeugungen, bezieht sich die Formulierung „Ausübung der Religionsfreiheit“ auch auf ein nach außen tretendes Verhalten. Damit besteht zwischen diesen Vorschriften ein komplementäres Verhältnis mit erheblichem Überschneidungsbereich.[30] 10

Der **Begriff der staatsbürgerlichen Rechte und Pflichten** findet auch in Art. 33 Abs. 1 Verwendung, der Begriff der bürgerlichen und staatsbürgerlichen Rechte zudem in Art. 33 Abs. 3. Entsprechend der Aus- 11

---

[24] S. dazu *Bloss,* Cuius religio – EU ius regio?, 2008, 240 ff.; sa *Streinz* Ess. Gespr. 31 (1997), 53 ff.; *Mückl* in HStR VII § 159 Rn. 47 ff.; *de Wall* ZevKR 50 (2005), 383 ff.; ZevKR 52 (2007), 310 ff.; *Classen,* HSKR § 11.

[25] S. dazu *Bloss,* Cuius religio – EU ius regio?, 2008, 261 ff. mwN; *Kästner* in BK, Drittbearb. 2010, Rn. 195 ff.; sa die Nachw. in Fn. 24; Art. 4 Abs. 4 der Verordnung (EG) Nr. 1099/2009 des Rates vom 24. September 2009 über den Schutz von Tieren zum Zeitpunkt der Tötung; Art. 91 der Verordnung (EU) 2016/679 des Europäischen Parlaments und des Rates vom 27. April 2016 zum Schutz natürlicher Personen bei der Verarbeitung personenbezogener Daten, zum freien Datenverkehr und zur Aufhebung der Richtlinie 95/46/EG; Art. 131 Abs. 1 lit. k, l der Richtlinie 2006/112/EG des Rates vom 28. November 2006 über das gemeinsame Mehrwertsteuersystem; Art. 4 Abs. 2 der Richtlinie 2000/78/EG des Rates vom 27. November 2000 zur Festlegung eines allgemeinen Rahmens für die Verwirklichung der Gleichbehandlung in Beschäftigung und Beruf.

[26] Sa BVerfGE 79, 69 (75), feierliche Beteuerung; *Jarass* in Jarass/Pieroth, 15. Aufl. 2018, Rn. 1; *Schmahl* in Sodan, 4. Aufl. 2018, Rn. 1; *Unruh* in MKS, 7. Aufl. 2018, WRV Art. 136 Rn. 4; *Korioth* in Maunz/Dürig, WRV Art. 140/136 Rn. 4.

[27] → Art. 4 Rn. 63 ff.

[28] *Ehlers* in Sachs, 8. Aufl. 2018, WRV Art. 140/136 Rn. 2.

[29] *Ehlers* in Sachs, 8. Aufl. 2018, WRV Art. 140/136 Rn. 1, 2, Bindung nur des Staates.

[30] Zum Verhältnis von Religionsfreiheit und Diskriminierungsverbot → Art. 4 Rn. 5, 8, 35, 37, 141.

legung dieser Vorschriften sind unter den bürgerlichen und staatsbürgerlichen Rechten und Pflichten alle Rechte und Pflichten zu verstehen, die das in Deutschland geltende Recht begründet. Staatsbürgerliche Rechte knüpfen an die deutsche Staatsangehörigkeit an, bürgerliche Rechte sind Jedermanns-Rechte.[31]

12 Die Ausübung der Religionsfreiheit umfasst das Recht, einen religiösen Glauben zu haben, ihn zu äußern oder zu verschweigen, sich danach zu verhalten sowie ihn zu wechseln.[32] Derartiges Verhalten darf weder zur Bedingung noch zur Beschränkung von Rechten herangezogen werden. Dies bedeutet, dass die Einräumung von Rechten dem Grunde und dem Umfang nach **religionsneutral** zu erfolgen hat. Insbesondere darf der Staat nicht eine Religionszugehörigkeit oder religiöses Verhalten als Tatbestandsmerkmal für den Eintritt einer begünstigenden Rechtsfolge verlangen. Auch die Begründung von Pflichten darf nicht an die Religionszugehörigkeit anknüpfen; dies gilt auch für Ausnahmen von Pflichten.[33] Die durch Art. 136 Abs. 1 geforderte Religionsneutralität stand ursprünglich in Beziehung zu Art. 135 S. 3 WRV,[34] wo es in Bezug auf die Glaubensfreiheit hieß, dass die allgemeinen Staatsgesetze unberührt bleiben. In diesem Zusammenhang war das **Neutralitätsgebot** des Art. 136 Abs. 1 WRV dahingehend zu verstehen, dass es die Allgemeinheit iSd Religionsneutralität der schrankenziehenden Staatsgesetze sichern sollte.

13 Streitig ist, welche **Bedeutung** dem Gebot religionsneutraler Pflichtengleichheit gem. Art. 136 Abs. 1 WRV **in Beziehung zu Art. 4 Abs. 1, 2** zukommt. Nach Auffassung des BVerfG ist Art. 136 Abs. 1 WRV im Lichte der Glaubens- und Gewissensfreiheit auszulegen, die gegenüber früher erheblich an Gewicht gewonnen habe;[35] Art. 136 Abs. 1 WRV werde nach Bedeutung und innerem Gewicht im Zusammenhang der grundgesetzlichen Ordnung von Art. 4 Abs. 1 überlagert. Welche staatsbürgerlichen Pflichten iSd Art. 136 Abs. 1 WRV gegenüber dem Freiheitsrecht des Art. 4 Abs. 1 mit staatlichem Zwang durchgesetzt werden dürften, lasse sich unter der Herrschaft des GG nur nach Maßgabe der in Art. 4 Abs. 1 getroffenen Wertentscheidung feststellen.[36] Danach werde dem vorbehaltlos gewährleisteten Art. 4 Abs. 1 allein durch andere Bestimmungen des GG Grenzen gezogen. Die Glaubensfreiheit des Art. 4 Abs. 1 unterliegt danach allein **verfassungsimmanenten Schranken.**[37]

14 Die Argumentation des BVerfG kann nicht in jeder Hinsicht überzeugen, wie im Rahmen der Kommentierung zu Art. 4 GG ausführlich dargelegt wurde.[38] Art. 136 Abs. 1 WRV ist mit dem in ihm enthaltenen Grundsatz

---

[31] *Ehlers* in Sachs, 8. Aufl. 2018, WRV Art. 140/136 Rn. 2.

[32] Zur Religionsfreiheit ausführlich → Art. 4 Rn. 22 ff. mwN.

[33] Zum Geistlichenprivileg → Art. 4 Rn. 135 Stichwort Geistlichkeitsprivileg.

[34] *Ehlers* in Sachs, 8. Aufl. 2018, WRV Art. 140/136 Rn. 4.

[35] S. BVerfGE 19, 206 (219 f.), Kirchenbausteuer; 24, 236 (246), Aktion Rumpelkammer.

[36] BVerfGE 33, 23 (30), Eidesverweigerung.

[37] BVerfGE 32, 98 (107 f.), Gesundbeter; 33, 23 (29), Eidesverweigerung; 44, 37 (49 f.); zust. *Morlok* in Dreier, 3. Aufl. 2013, Art. 4 Rn. 124; *Kokott* in Sachs, 8. Aufl. 2018, Art. 4 Rn. 132 ff. sowie *Ehlers* in Sachs, 8. Aufl. 2018, WRV Art. 140/136 Rn. 4; *Mückl* in BK, Viertbearb. 2008, Art. 4 Rn. 163; sich iErg dem BVerfG anschließend *Korioth* in Maunz/Dürig, WRV, Art. 140/136 Rn. 54; zust. auch *Maurer* ZevKR 49 (2004), 311 ff.; mit Modifikationen Fischer/Groß DÖV 2003, 932 ff.

[38] → Art. 4 Rn. 64 ff.

der staatlichen Neutralität vielmehr eine **qualifizierte** und somit taugliche **Schranke** der Glaubensfreiheit iwS.[39]

2. Art. 136 Abs. 2 WRV – Diskriminierungsverbot wegen der Bekenntniszugehörigkeit. Der Inhalt des Art. 136 Abs. 2 WRV findet sich wortlautgleich in Art. 33 Abs. 3. Zudem wiederholt er einen Teilaspekt des Art. 136 Abs. 1 WRV, nämlich dass staatliche Rechte nicht durch die Ausübung der Religionsfreiheit bedingt sind. Dieser Gehalt wird in Abs. 2 dahin präzisiert, dass auch Diskriminierungen allein wegen der Bekenntniszugehörigkeit ausgeschlossen sind und dass dies insbes. für den **Zugang zu öffentlichen,** dh staatlichen, **Ämtern** gilt. Eine Ausnahme folgt aus der Natur der Sache für konfessionsgebundene staatliche Ämter, etwa das Amt eines Theologieprofessors an einer staatlichen Hochschule.[40] 15

Das BVerfG versteht den Begriff des religiösen Bekenntnisses iRd Art. 33 Abs. 3 nicht nur formal als Zugehörigkeit zu einer Religionsgemeinschaft, sondern interpretiert ihn im Lichte der Glaubensfreiheit materiell. Der Begriff des Bekenntnisses wird auf diese Weise mit dem der Ausübung der Religionsfreiheit identisch. Damit stellt sich das Problem des Verhältnisses von staatlicher **Neutralität** und individueller **Glaubensfreiheit** in der Person des **Beamten.** Letztlich müssen die Aspekte der Glaubensfreiheit, die über die reine Bekenntniszugehörigkeit hinausgehen, in dem Gebot staatlicher Neutralität ihre Schranke finden. Dennoch bleiben im Einzelfall schwierige Zurechnungs- und Konkretisierungsfragen, wie der Streit um die religiös motivierte Kopfbedeckung der muslimischen Lehrerin[41] exemplarisch zeigt. 16

3. Art. 136 Abs. 3 WRV – Besondere Schranken für die Bekenntnisfreiheit. Das in Art. 136 Abs. 3 S. 1 WRV ausdrücklich verbürgte Recht, seine religiöse Überzeugung nicht offenbaren zu müssen, ist bereits von der Bekenntnisfreiheit gem. Art. 4 Abs. 1 umfasst und bleibt zudem seinem Wortlaut nach im Anwendungsbereich insoweit zurück, als die Freiheit, nicht bekennen zu müssen, nur für die religiöse, nicht aber für die weltanschauliche Überzeugung garantiert wird.[42] Art. 136 Abs. 3 S. 1 WRV kommt daher keine eigenständige Bedeutung zu.[43] 17

---

[39] Dazu → Art. 4 Rn. 66 f.; für Heranziehung des Art. 136 Abs. 1 als Schranke auch *Starck* in MKS Art. 4 Rn. 87 ff.; *v. Campenhausen* in HStR VI, 1. Aufl. 1989, § 136 Rn. 82 (aA aber ab der 3. Aufl. 2009 in HStR VII § 157 Rn. 111); *Muckel,* Religiöse Freiheit und Letztentscheidung, 1997, 224 ff.; *M. Mayer* NVwZ 1997, 561 (562 f.); *Bock* AöR 123 (1998), 444 (471); *Kästner* JZ 1998, 947 (982); *Hillgruber* JZ 1999, 538 (543); sa BVerwGE 112, 227 (231 f.), Schächten; in der Begründung anders, iErg aber ähnlich *Preuß* in AK, 3. Aufl. 2001, Art. 4 Rn. 30: geschützt sei nur die Integrität des geistigen Prozesses, materielle Auswirkungen unterlägen den Gesetzen; vgl. auch *Zippelius* in BK, Drittbearb. 1989, Art. 4 Rn. 90 ff.: „wo keine ausschließende Gesetzeskonkurrenz besteht, kommt die Anwendung von Schranken und Einschränkungen hinsichtlich anderer Grundrechte in Betracht"; *Herzog* in Maunz/Dürig, GG, Art. 4 Rn. 91 ff., Rn. 114 ff. zieht für „Reden" die Schranken des Art. 5 Abs. 2 und für „Handeln" die Schranken des Art. 2 Abs. 1 in Betracht. *Borowski,* Die Glaubens- und Gewissensfreiheit des Grundgesetzes, 2006, 526 ff. plädiert für einen ungeschriebenen allgemeinen Gesetzesvorbehalt.

[40] BVerwGE 124, 310 ff., Veränderung des Aufgabenbereichs eines Professors der Theologie wegen Distanzierung von wesentlichen Glaubenssätzen; sa *Unruh* in MKS, 7. Aufl. 2018, WRV Art. 136 Rn. 15 ff.

[41] BVerfGE 108, 282 ff., Kopftuch I; 138, 296 ff., Kopftuch II sowie die Nachweise bei → Art. 4 Rn. 49 ff., 82 Stichwort „Schulwesen".

[42] AA *Korioth* in Maunz/Dürig, Art. 140/136 Rn. 73 und 103.

[43] AA *Hellermann,* Freiheitsrechte, 1993, 170 f., der den in Art. 136 Abs. 3, 4 WRV enthaltenen Garantien konstitutive Bedeutung zumisst. Vermittelnd *Globig* ZRP 2002, 107

18 Anderes gilt für die in Art. 136 Abs. 2 WRV umschriebene Ausnahme, wonach die Behörden das Recht haben, nach der Zugehörigkeit zu einer Religionsgesellschaft zu fragen, soweit davon Rechte und Pflichten abhängen oder eine gesetzlich angeordnete statistische Erhebung dies erfordert. Hierbei handelt es sich um eine spezifische Schranke der Bekenntnisfreiheit.[44] Die erste Alternative hat nur einen geringen Anwendungsbereich, da Art. 136 Abs. 1, 2 WRV die Verknüpfung von Rechten und Pflichten mit der Ausübung der Religion gerade verbieten, so dass grundsätzlich auch die Bekenntniszugehörigkeit keine Rolle spielen kann. Zulässig ist das Verlangen nach **Glaubhaftmachung,** wenn jemand eine **Religionsförderung** oder die **Befreiung** von der Wehrpflicht beantragt. Eine praktisch wichtige Ausnahme ist – abgesehen von den konfessionsgebundenen Ämtern – die Eintragung der Religionszugehörigkeit auf der **Lohnsteuerkarte.**[45] Auch bei der **Aufnahme in staatliche Anstalten** iSd Art. 141 WRV darf nach der Religionszugehörigkeit zur Sicherung der Anstaltsseelsorge gefragt werden. Voraussetzung ist allerdings, dass dem Gefragten die Beantwortung ausdrücklich freigestellt wird.[46] Die Freiwilligkeit der Angabe ist von Rechts wegen auch Voraussetzung für die Offenbarung auf der Lohnsteuerkarte; sie ist allerdings in der Praxis nicht sichergestellt.[47] Der EGMR hat in der Pflicht zur Offenbarung der Religionszugehörigkeit keinen Verstoß gegen Art. 9 (Religionsfreiheit) oder Art. 8 (Achtung des Privatlebens) EMRK gesehen.[48]

19 Die zweite Alternative betrifft statistische Erhebungen. Sie bedürfen der gesetzlichen Anordnung. Die Ausnahme findet ihre Rechtfertigung darin, dass der Staat für die **Planung** bevölkerungsgerechter Daseinsvorsorge (zB Schulen, Krankenhäuser, Friedhöfe) auch Kenntnis von der konfessionellen Zusammensetzung der Bevölkerung haben muss und dass die Daten nur anonymisiert Verwendung finden.[49]

20 **4. Art. 136 Abs. 4 WRV – Aspekte der Religionsausübungsfreiheit.** Auch bei Art. 136 Abs. 4 WRV handelt es sich um einzelne Aspekte der Glaubensfreiheit, die bereits vom Schutzbereich des Art. 4 Abs. 1, 2 umfasst sind. Sie werden gewöhnlich als **negative Religionsausübungsfreiheit und negative Bekenntnisfreiheit** bezeichnet.[50] Während Art. 4 Abs. 2 dem Wortlaut nach die ungestörte Religionsausübung und damit die Durchführung von und Teilnahme an kirchlichen Handlungen, Feierlichkeiten und religiösen Übungen schützt, garantiert Art. 136 Abs. 4 WRV gerade das

---

„verfassungsrechtliche Verdeutlichungen (sind) durchaus nicht überflüssig. Erschöpfende Ausführungen dazu, ob aus der negativen Bekenntnisfreiheit wirklich schon ein Frageverbot öffentlicher Stellen folgt, sind damit überflüssig geworden".

[44] BVerfGE 30, 415 (426), Kirchensteuer; BVerfGE 49, 375 (376); sowie BVerfG NVwZ 2001, 909, Eintragung in die Lohnsteuerkarte; BVerfGE 46, 266 (267), Aufnahme in ein Krankenhaus; sa BVerwG NJW 1976, 383; BVerfGE 65, 1 (39), Volkszählung; *Morlok* in Dreier, 3. Aufl. 2013, Art. 4 Rn. 125; *Zippelius* in BK, Drittbearb. 1989, Art. 4 Rn. 100.

[45] BVerfGE 49, 375 (376 f.), Eintragung in die Lohnsteuerkarte; BVerfG NVwZ 2001, 909; BFHE 116, 485; krit. zum Kirchenlohnsteuereinzug im Blick auf Art. 4 Abs. 1, 2 sowohl der Arbeitnehmer als auch der Arbeitgeber *Wasmuth/Schiller* NVwZ 2001, 852 ff.; krit. auch *Weber* NVwZ 2002, 1443 (1447 f.) mwN.

[46] BVerfGE 46, 266 ff., Aufnahme in ein Krankenhaus.

[47] → Rn. 72.

[48] EGMR NVwZ 2011, 1506.

[49] BVerfGE 65, 1 (38 ff.), Volkszählung.

[50] *Korioth* in Maunz/Dürig, WRV Art. 140/136 Rn. 108; *Germann* in BeckOK GG, WRV Art. 140/136 Rn. 13.

Fernbleiben. Dieses Fernbleiben ist aber jedenfalls Bestandteil der Freiheit des Glaubens und des Bekennens iSd Art. 4 Abs. 1 als Verhaltensfreiheiten. Art. 136 Abs. 4 WRV enthält nur Konkretisierungen von Art. 4 Abs. 1.[51] Für Einzelfragen, insbesondere Schulgebet[52], Kreuz in der Schule,[53] Eidesverweigerung[54] oder „Helm ab zum Gebet“[55] kann auf die Kommentierung zu Art. 4 verwiesen werden.

II. Art. 137 WRV – Status, Selbstbestimmungs- und Selbstverwaltungsrecht der Kirchen, Religions- und Weltanschauungsgemeinschaften

Bildet Art. 4 Abs. 1, 2 den Kern des Religionsverfassungsrechts, dann lässt **21**
sich Art. 137 WRV als **Kernbestimmung des Staatskirchenrechts** bezeichnen, wobei die Materien weder neben- noch gegeneinanderstehen, sondern sich überschneiden und ergänzen. Art. 137 WRV strukturiert das Verhältnis der organisierten Staatlichkeit zu den organisierten Religionsgemeinschaften. Beide Arten von Gemeinschaften gehen auf das Ganze, die eine als Friedens- und stets auch wertgebundene Rechtsordnung, die andere als Heils- und Wertordnung. Noch viel mehr als andere Rechtsgebiete ist die rechtliche Ordnung gerade dieses Verhältnisses historisch geprägt.[56]

1. Art. 137 Abs. 1 WRV: Keine Staatskirche. Bereits im Laufe des 19. **22**
Jahrhunderts war das mit der Reformation entstandene Staatskirchentum in den Ländern bis auf wenige Ausnahmen abgeschafft. Institutionell und organisatorisch waren Staat und Kirche um die Wende des 19. zum 20. Jahrhundert bereits weitgehend voneinander getrennt. Eine Verbindung bestand jedoch bis zum Inkrafttreten der WRV über den Fürsten bzw. Monarchen, der nicht nur nach Staatsverfassungsrecht Landesherr, sondern zugleich nach evangelischem Kirchenverfassungsrecht Landeskirchenherr, Summus Episcopus, war. Mit Art. 137 Abs. 1 WRV wurden nicht nur die letzten Staatskirchen, sondern vor allem dieses landesherrliche Kirchenregiment abgeschafft. Die **organisatorische und institutionelle Trennung** zwischen Staat und Religionsgemeinschaften ist Ausdruck und Folge der staatlichen Neutralität in Glaubensfragen.[57] Sie ist **nicht** zu verwechseln mit **Laizismus,**

---

[51] *Morlok* in Dreier, 3. Aufl. 2018, Art. 136 WRV Rn. 22; *Schmahl* in Sodan, 4. Aufl. 2018, Rn. 6. Für Konkretisierung iSe absoluten Verbots ohne Schrankenvorbehalt, *Korioth* in Maunz/Dürig, WRV Art. 140/136 Rn. 128; aA *Hellermann,* Freiheitsrechte, 1993, 170 f.

[52] BVerfGE 52, 223 ff., Schulgebet; dazu → Art. 4 Rn. 58, 82 Stichwort Schulwesen mwN.

[53] BVerfGE 93, 1 ff., Kruzifix -> Art. 4 Rn. 57 ff.; zum Kreuz im Gerichtssaal s. BVerfGE 35, 366 ff.

[54] S. dazu BVerfGE 33, 23 ff., Eidesverweigerung; 79, 69 ff.; → Art. 4 Rn. 82 Stichwort „Arbeitsverhältnis, öffentliches“; → Art. 4 Rn. 82 Stichwort „Eid“ mwN.

[55] S. aus der Rspr. OVG Münster NJW 2006, 1228; mwN bei → Art. 4 Rn. 82 Stichwort „Zapfenstreich“.

[56] S. zur Geschichte *Pirson* HSKR § 1; *v. Campenhausen/de Wall* StaatsKirchenR §§ 1–10; *Czermak/Hilgendorf,* Religions- und Weltanschauungsrecht, 2. Aufl. 2018, § 1; *Winter,* Staatskirchenrecht, 2. Aufl. 2008, 27 ff., insbes. 35 ff.; *Jeand'Heur/Korioth,* Grundzüge des Staatskirchenrechts, 2000, §§ 1–4; *Kästner* in BK, Drittbearb. 2010, Rn. 40 ff.; zur Bedeutung auch *Waldhoff* Ess. Gespr. 42 (2008), 55 (59 ff.); *Mückl* in HStR VII § 159 Rn. 5.

[57] BVerfGE 19, 206 (216), Kirchenbausteuer; 93, 1 (16 f.), Kruzifix; s. aus der Lit. *Schlaich,* Neutralität als verfassungsrechtliches Prinzip, 1972; *Huster,* Die ethische Neutralität des Staates, 2002; *Czermak/Hilgendorf,* Religions- und Weltanschauungsrecht, 2. Aufl. 2018, § 10 mwN; sa → Art. 4 Rn. 5 mwN; *Morlok* in Dreier, 3. Aufl. 2018, Art. 137 WRV Rn. 37 ff.;

im Sinne einer Ordnung, die das Religiöse ganz dem Bereich des Privaten zuweist.[58]

23 Der verfassungsrechtliche **Grundsatz der institutionellen und organisatorischen Trennung** verlangt für ausnahmsweise institutionelle Verschränkungen eine verfassungsrechtliche Grundlage.[59] Daneben dürfen die der gesellschaftlichen Sphäre angehörenden Religionsgemeinschaften nicht nur in der Gesellschaft, sondern auch in staatlich organisierten Räumen wirken, soweit die vom Staat stets zu berücksichtigenden Freiheitsgewährleistungen zugunsten der Religionsgemeinschaften und/oder deren Mitglieder dies verlangen und mit den Freiheitsverbürgungen zugunsten anderer vereinbar sind. Zudem sind Kooperationen aus jeweils getrennten Zuständigkeitsbereichen heraus unter Beachtung der Verpflichtung des Staates zu Neutralität und Parität erlaubt.

24 Bei dem **Verbot der Staatskirche** handelt es sich um einen Grundsatz, der alle staatliche Gewalt bindet. Subjektive Rechte ergeben sich aus ihm nicht. Der Grundsatz enthält auch keine Garantie einer spezifischen Organisationsstruktur, sei es der Religionsgesellschaften, sei es des Staates, sei es ihrer Zusammenarbeit. Die Vorschrift schließt vielmehr eine spezifische Organisationsstruktur aus.[60]

25 **2. Art. 137 Abs. 2 WRV: Freiheit der Vereinigung zu und von Religionsgemeinschaften.** Art. 137 Abs. 2 WRV gewährleistet sowohl Individuen die Vereinigung zu einer Religionsgemeinschaft als auch Religionsgemeinschaften als solchen den Zusammenschluss.[61] Jedenfalls der individualrechtliche Gehalt ist auch Gegenstand von Art. 4 Abs. 1,[62] namentlich der **Bekenntnisfreiheit.**[63] Eine entsprechende Vorschrift war im Zusammenhang des Art. 4 Abs. 1, 2 vorgesehen und wurde erst mit der Entscheidung über die Inkorporation der Art. 136 ff. WRV wieder gestrichen.[64] Dies ändert nichts daran, dass es sich bei Art. 137 Abs. 2 S. 1 WRV nur um eine Klarstellung handelt. Der Zusammenschluss von Religionsgemeinschaften selbst ist dagegen im Schwerpunkt nicht Ausübung von Glaubens- und Religionsfreiheit. Art. 137 Abs. 2 S. 2 WRV ist daher insoweit lex specialis zur **Vereinigungsfreiheit** nach Art. 9 Abs. 1.[65] Eine bestimmte Rechts- oder Organisationsform ist nicht garantiert.[66] Insoweit kommen Art. 137 Abs. 4 und 5 WRV zum Tragen.[67]

---

zur Bedeutung des Art. 137 Abs. 1 WRV für den Grundsatz der Neutralität s. *Heinig* JZ 2009, 1136 (1140).

[58] Sa *Germann* in BeckOK GG, WRV Art. 140/137 Rn. 16.4.

[59] *Jarass* in Jarass/Pieroth, 15. Aufl. 2018, WRV Art. 140/137 Rn. 2; *Morlok* in Dreier, 3. Aufl. 2018, WRV Art. 137 Rn. 24.

[60] So auch *Hensel,* Grundrechte und politische Weltanschauung, 1931, 21.

[61] Zur Geschichte des Grundrechts der Vereinigungsfreiheit von Religionsgesellschaften s. *Landau* JZ 1995, 909 ff.

[62] BVerfGE 83, 341 (354), Bahá'í; BVerfGE 105, 279 (293 f.), Osho-Bewegung.

[63] → Art. 4 Rn. 43 ff.; sa *Starck* in MKS Art. 4 Rn. 36; *Zippelius* in BK, Drittbearb. 1989, Art. 4 Rn. 96 ff.; *Mückl* in BK, Viertbearb. 2008, Art. 4 Rn. 93; *Lücke* EuGRZ 1995, 651 (652).

[64] JöR nF 1 (1950/51), S. 73 ff.; sa BVerfGE 83, 341 (354 f.), Bahá'í.

[65] *Ehlers* in Sachs, 8. Aufl. 2018, WRV Art. 140/137 Rn. 3; *Jarass* in Jarass/Pieroth, 15. Aufl. 2018, WRV Art. 140/137 Rn. 5.

[66] BVerfGE 83, 341 (355), Bahá'í; s. zum Begriff der Religionsgemeinschaft als im Kern soziologisch BVerwGE 123, 49 (55), Anspruch der Religionsgemeinschaften auf Einführung von Religionsunterricht.

[67] → Rn. 50 ff., 52 ff.

Auch die Freiheit der Betätigung von Religionsgesellschaften ist nicht Gegenstand von Art. 137 Abs. 2 WRV.[68] Insoweit sind insbes. Art. 4 Abs. 1, 2 und Art. 137 Abs. 3 WRV, ggf. auch noch andere Grundrechte anzuwenden. Schließlich gilt Art. 137 Abs. 2 WRV nach seinem Wortlaut nur für Vereinigungen, deren Hauptzweck Dienst an einer bestimmten Religion ist. Im Falle eines mehrstufigen Verbandes setzt dies voraus, dass der Dachverband Aufgaben wahrnimmt, die für die Identität als Religionsgemeinschaft wesentlich sind und dass er nicht durch Mitgliedsvereine geprägt wird, die nur partiell religiöse Aufgaben wahrnehmen.[69] Vereinigungen mit partiellen religiösen Zielsetzungen wie Caritasverbände, religiöse Anstalten oder Stiftungen genießen den Schutz der Vereinigungsfreiheit nach Art. 9 Abs. 1, zudem die Glaubens- und Religionsfreiheit, soweit ihre Betätigung religiös ist, sowie – abgeleitet von der Religionsgemeinschaft, die sie trägt – das Selbstbestimmungsrecht nach Art. 137 Abs. 3 WRV. 26

Die Vereinigungsfreiheit des Art. 137 Abs. 2 WRV unterliegt keinen ausdrücklichen Schranken. Ob und inwieweit Art. 9 Abs. 2 als Schranke herangezogen werden kann, ist umstritten.[70] Verneint man seine Anwendung nach Maßgabe des Grundsatzes der Schrankenspezialität, so würde Art. 137 Abs. 2 WRV zumindest durch **verfassungsimmanente Schranken** begrenzt, also durch andere Werte von Verfassungsrang. Dies dürfte in den meisten Fällen zu demselben Ergebnis führen wie die Heranziehung von Art. 9 Abs. 2.[71] Sowohl die Anwendung verfassungsimmanenter Schranken wie die Heranziehung von Art. 9 Abs. 2 erfordern ein konkretisierendes Gesetz.[72] Die hohen Anforderungen an ein staatliches Verbot sind durch den hohen Rang der Religionsfreiheit gerechtfertigt. 27

Die Freistellung des Zusammenschlusses von Religionsgesellschaften „innerhalb des Reichsgebiets" wird verständlich vor dem Hintergrund, dass mit Art. 137 Abs. 1 WRV das landesherrliche Kirchenregiment sein Ende fand. Die Bedeutung der Formulierung liegt nicht in der Beschränkung auf das „Reichsgebiet", sondern sie stellt klar, dass die **Landesgrenzen keine Grenze** mehr **für den Zusammenschluss religiöser Vereinigungen** bilden. Auch und insbes. für die bisherigen Landeskirchen gibt es keine territorialen Grenzen mehr. Die Begrenzung der Freiheit des Zusammenschlusses auf das Reichsgebiet ist demgegenüber nur als Grenze der Reichweite des deutschen Rechts zu lesen. 28

---

[68] *Ehlers* in Sachs, 8. Aufl. 2018, WRV Art. 140/137 Rn. 3.

[69] S. zur Abgrenzung in Bezug auf eine Dachverbandsorganisation BVerwGE 123, 49 (54 ff.).

[70] Für die Anwendung von Art. 9 Abs. 2 als Schranke BVerwGE 37, 334 (364); 90, 112 (117), Verfassungswidrigkeit der staatlichen Förderung eines Vereins zur Öffentlichkeitsaufklärung über neue religiöse Bewegungen; BVerwG NVwZ 2006, 634; *Badura* HSKR § 8 Rn. 11; *v. Campenhausen/de Wall* StaatsKirchenR § 15 II 120; *Kästner* in BK, Drittbearb. 2010, Rn. 287; gegen die Heranziehung *Korioth* in Maunz/Dürig, WRV Art. 140/137 Rn. 15 f.; *Morlok* in Dreier, 3. Aufl. 2018, WRV Art. 137 Rn. 36; *Classen,* Religionsrecht, 2. Aufl. 2015, Rn. 294 ff.; *Germann* in BeckOK GG, WRV Art. 140/137 Rn. 30; *Unruh* in MKS, 7. Aufl. 2018, WRV Art. 137 Rn. 20; *Pieroth/Kingreen* NVwZ 2001, 841 (843 ff.).; *Michael* JZ 2002, 482 (484); *Stuhlfauth* DVBl. 2009, 416 ff.; sa → Art. 4 Rn. 82 Stichwort „Vereinsverbot".

[71] Für eine entsprechende Auslegung der verfassungsimmanenten Schranken in Bezug auf Art. 137 Abs. 2 WRV *Germann* in BeckOK GG, WRV Art. 140/137 Rn. 30; sa *Kästner* in BK, Drittbearb. 2010, Rn. 287: Streit ist nicht überzubewerten.

[72] S. dazu *Michael* JZ 2002, 482 (487 ff.) mit Kritik an der Anwendung von § 3 Abs. 1 VereinsG auf inländische Religionsgemeinschaften; s. BVerwG NVwZ 2003, 986 (987), Kalifatsstaat.

29 **3. Art. 137 Abs. 3 WRV: Selbstbestimmungs- und Selbstverwaltungsrecht der Religionsgemeinschaften.** Ist die individuelle Vereinigungsfreiheit aus religiösen Gründen Ausdruck der Bekenntnisfreiheit und die korporative Vereinigungsfreiheit Konsequenz der Trennung von Staat und Kirche,[73] so ist die **Freiheit der inneren Organisation** und **Selbstbestimmung** in eigenen Angelegenheiten zum Teil unmittelbar Element der Religionsfreiheit, zum Teil notwendige Ergänzung zum Schutz der Voraussetzungen für die Existenz von Religion ohne Staat. Bereits durch die Glaubensfreiheit des Art. 4 Abs. 1 iVm Art. 19 Abs. 3 sind die unmittelbar auf die Pflege, Entwicklung und Weitergabe der Glaubensinhalte und Glaubenswahrheiten bezogenen Vorgänge innerhalb einer Religionsgemeinschaft geschützt.[74] Da Gemeinschaften in ihrem selbst gesetzten Auftrag auch durch staatliche Maßnahmen beeinträchtigt werden können, welche keine inhaltlichen Bezüge haben, erstreckt sich die Autonomiegewährleistung des Art. 137 Abs. 3 S. 1 WRV aber auch und gerade hierauf.[75] Art. 137 Abs. 3 S. 1 WRV verbürgt damit ausdrücklich, was im Rahmen der allgemeinen Vereinigungsfreiheit des Art. 9 Abs. 1 dessen kollektiver Seite zugezählt wird.[76] Sie schützt die Religionsgemeinschaften als Institutionen und ist damit die „lex regia"[77] des Staatskirchenrechts.

30 **a) Jede Religionsgesellschaft ordnet und verwaltet ihre Angelegenheiten.** Das BVerfG definiert das Selbstbestimmungsrecht in stRspr als eine „rechtlich selbständige Gewährleistung, die der Freiheit des religiösen Lebens und Wirkens der Kirchen und Religionsgemeinschaften (Art. 4 Abs. 2) die zur Wahrnehmung dieser Aufgaben unerlässliche Freiheit der Bestimmung über Organisation, Normsetzung und Verwaltung hinzufügt".[78] Das Gericht bezeichnet die Gewährleistung ausdrücklich als Freiheit auch soweit sie über den Schutzbereich des Art. 4 Abs. 1, 2 iVm Art. 19 Abs. 3 hinausgeht. Das Selbstbestimmungsrecht der Religionsgesellschaften ist folglich keine erst rechtlich durch den Staat geschaffene Eigenverantwortlichkeit, sondern originäre Freiheit.[79] Demgemäß stellt sich iRd Art. 137 Abs. 3 WRV nicht das Problem der Ausgestaltung der Selbstverwaltung wie etwa im Bereich der kommunalen Selbstverwaltung, sondern allein das Problem zulässiger Schrankenziehung. Art. 137 Abs. 3 WRV ist nach heutiger Grundrechtsdogmatik ein **Freiheitsrecht**[80] und sollte folglich im Wege einer Verfassungsbeschwerde durchsetzbar sein.[81] Demgegenüber verneint das BVerfG prozessual die

---

[73] Zur Rechtsgeschichte der religiösen Vereinigungsfreiheit s. *Landau* JZ 1995, 909 ff.

[74] S. → Art. 4 Rn. 69 mwN.

[75] *Muckel,* Religiöse Freiheit und Letztentscheidung, 1997, 183; *v. Campenhausen* in HStR VII § 157 Rn. 125; *Preuß* in AK, 3. Aufl. 2001, Art. 4 Rn. 17; ausf. *Korioth,* HSKR § 16 insbes. Rn. 19 ff.

[76] Vgl. *Löwer* in v. Münch/Kunig Art. 9 Rn. 23 f.; ähnlich *Herzog* in Maunz/Dürig, Art. 4 Rn. 30.

[77] *Heckel* FS f. Kaufmann, 1950, 85.

[78] S. nur BVerfGE 42, 312 (322), Bremisches KirchenG; 53, 366 (401), KrankenhausG NRW; 72, 278 (289), Berufsbildung; 137, 273 Rn. 90 ff, Chefarzt.

[79] So auch *Stern* StaatsR III/1, 1988, § 68 S. 820; sa *Scheuner* in Scheuner, Gesammelte Schriften, 1978, 665 (704); *Unruh* in MKS, 7. Aufl. 2018, Rn. 26; *Mückl* in HStR VII § 159 Rn. 80 ff.

[80] S. *Stern* StaatsR III/1, 1988, § 68 S. 820; *Morlok* in Dreier, 3. Aufl. 2018, WRV Art. 137 Rn. 45; sa schon *Ebers* in Nipperdey, Die Grundrechte und Grundpflichten der Reichsverfassung, Zweiter Band, 1930, 361 (388).

[81] So *Ehlers* in Sachs, 8. Aufl. 2018, WRV Art. 140/137 Rn. 4; zust. *Czermak/Hilgendorf,* Religions- und Weltanschauungsrecht, 2. Aufl. 2018, Rn. 199; s. → Art. 4 Rn. 69.

Grundrechtseigenschaft der Autonomiegewährleistung, lässt eine Verfassungsbeschwerde aber ausnahmslos mit der Behauptung einer Verletzung in Art. 4 Abs. 1, 2 zu und geht dann in der Begründetheitsprüfung auf die besonderen und zusätzlichen Gehalte des Art. 137 Abs. 3 WRV ein.[82]

Träger der Gewährleistung sind – ebenso wie für Art. 137 Abs. 2 WRV **31** ausgeführt – dem Wortlaut nach nur Religionsgemeinschaften als solche. Teile oder Untergliederungen von Religionsgemeinschaften, die in spezifischer Weise einen religiösen Auftrag verwirklichen,[83] haben aber an der Autonomiegewährleistung zugunsten der sie tragenden Religionsgemeinschaft teil und können diese bei eigener Rechtsfähigkeit auch selbst geltend machen.[84]

Die selbständige Ordnung und Verwaltung eigener Angelegenheiten um- **32** fasst die **innergemeinschaftliche Rechtssetzung, Verwaltung und** auch **Rechtsprechung.** Zwar erwähnt das BVerfG in seiner Definition die Rechtsprechung nicht ausdrücklich. Eine unbeschränkte staatliche Rechtskontrolle in Bezug auf Organisation, Normsetzung und Verwaltung würde jedoch die Selbstbestimmung der Kirchen spürbar beeinträchtigen,[85] so dass die Einrichtung und Ausübung einer eigenen Rechtsprechung dem Selbstbestimmungsrecht nach Sinn und Zweck zuzurechnen ist.[86] Hiermit ist nichts Endgültiges über die Reichweite staatlichen Rechtsschutzes in Angelegenheiten von Religionsgemeinschaften gesagt, da insoweit die Schranken des Selbstbestimmungsrechts zum Tragen kommen (→ Rn. 36 ff.)

Abgesehen von der formalen Definition des Begriffs der eigenen Angelegen- **33** heiten, wie sie das BVerfG vorgenommen hat, handelt es sich in Bezug auf inhaltliche Bestimmungen nur um einen staatlichen Rahmenbegriff, der – ähnlich wie bei der juristischen Verwendung der Begriffe „Religion" und „Weltanschauung" – unter **Berücksichtigung des Selbstverständnisses** der Religionsgemeinschaften konkretisiert werden muss.[87] Da das Selbstbestimmungsrecht der Religionsgemeinschaften der Schranke der allgemeinen Gesetze unterliegt, besteht kein Bedürfnis, über die formale Definition hinaus substanzielle Ausgrenzungen auf Schutzbereichsebene vorzunehmen. Die Weichenstellung zwischen religionsgemeinschaftlicher und staatlicher Sphäre findet auf der Schrankenebene statt. Zur Veranschaulichung lassen sich als eigene Angelegenheiten neben Lehre und Kultus beispielhaft benennen[88] die

---

[82] S. die Nachw. in Fn. 14, 15.

[83] Zur Einordnung von Einrichtungen als „kirchlich" s. BVerfGE 46, 73 (85 f.), Stiftung; 53, 366 (391), KrankenhausG NRW; 137, 273 Rn. 91 ff, Chefarzt.

[84] *Ehlers* in Sachs, 8. Aufl. 2018, WRV Art. 140/137 Rn. 5; s. dazu *Magen* in Umbach/Clemens, 2002, Rn. 66 mit Fn. 216.

[85] *Isensee* FS f. Constantinesco, 1983, 301 (315); sa BVerfGE 18, 385 (387 f.), innerkirchliche Maßnahme.

[86] Sie ließe sich der Organisation zurechnen. Für Einbeziehung ausdrücklich auch *Maurer* FS f. Menger, 1985, 285 (289, 300); sa BVerwGE 95, 379 (380), „im Rahmen der Selbstbestimmung errichtete Kirchengerichte"; BVerwGE 153, 282 Ls. 3: „Die grundgesetzliche geschützte Organisationsgewalt der Religionsgesellschaften umfasst die Einrichtung unabhängiger Kirchengerichte."; *Unruh* in MKS, 7. Aufl. 2018, WRV Art. 137 Rn. 26, 109 ff.

[87] *v. Campenhausen/de Wall* StaatsKirchenR § 14 I 103; *Ehlers* in Sachs, 8. Aufl. 2018, WRV Art. 140/137 Rn. 6; *Morlok* in Dreier, 3. Aufl. 2018, WRV Art. 137 Rn. 49; *Schmahl* in Sodan, 4. Aufl. 2018, WRV Art. 140/137 Rn. 4; *Classen,* Religionsrecht, 2. Aufl. 2015, Rn. 261. Sa BVerfGE 24, 236 (248), Aktion Rumpelkammer; 70, 138 (164), kirchliches Kündigungsrecht.

[88] S. dazu ausf. und mwN *v. Campenhausen/de Wall* StaatsKirchenR §§ 19–23 S. 141 ff.; *Jeand'Heur/Korioth,* Grundzüge des Staatskirchenrechts, 2000, 137 ff.; gegen die Einbeziehung von Lehre und Kultus als Folge einer genaueren Abgrenzung zwischen Art. 4 Abs. 1, 2 und Art. 140/137 Abs. 3 WRV *Preuß* in AK, 3. Aufl. 2001, Art. 4 Rn. 30.

Regelung der Mitgliedschaft[89], der inneren Organisation[90], das Wirken im sozialen Bereich[91], die Dienst- und Arbeitsverhältnisse[92], die Ausbildung der Geistlichen oder die Verwaltung des Grund- und sonstigen Eigentums sowohl mit als auch ohne religiöse Widmung.

34 Einen Sonderfall stellen die von Staat und Religionsgemeinschaften **gemeinsam verantworteten Angelegenheiten** dar[93], die grundsätzlich jeweils eine **eigene verfassungsrechtliche Grundlage** haben wie etwa die Anstaltsseelsorge und die kommunalen Friedhöfe (Art. 141 WRV), der Religionsunterricht (Art. 7 Abs. 3), die Theologischen Fakultäten an staatlichen Universitäten nach Maßgabe der Landesverfassungen sowie das Kirchensteuerrecht (Art. 137 Abs. 6 WRV). Auch insoweit ist das Selbstbestimmungsrecht zu berücksichtigen, es ist aber gemäß den besonderen verfassungsrechtlichen Vorgaben mit den staatlichen Zuständigkeiten in Ausgleich zu bringen.[94]

35 Ausdrücklich als eigene Angelegenheit bestimmt Art. 137 Abs. 3 S. 2 WRV die **Verleihung von Ämtern.** Sie steht nicht einmal unter einem Schrankenvorbehalt, sondern ist frei von staatlicher Mitwirkung. Vertraglich vereinbarte **Mitwirkungsrechte des Staates** werfen die Frage auf, ob es sich bei Art. 137 Abs. 3 S. 2 WRV um ein Recht der Religionsgesellschaften handelt, über das sie frei verfügen können und dürfen oder ob die Bestimmung eine Staat und Religionsgemeinschaften gleichermaßen verpflichtende Konkretisierung des Grundsatzes der Trennung von Staat und Kirche enthält. Der Wortlaut trägt die beidseitig verpflichtende Auslegung. Mit ihr vereinbar sind dann allenfalls Mitwirkungsrechte, die sich – vergleichbar einer Benehmensregelung – auf eine Anhörung staatlicher Stellen beschränken, **ohne konstitutive Wirkung** zu entfalten – sog. politische Klausel.[95] Die staatskirchenvertragliche Einräumung einer staatlichen **Vetoposition** erscheint dagegen **unzulässig.**[96] Streitig ist, ob die Beschäftigung von Militärgeistlichen im staatlichen Beamtenstatus mit der Vorschrift des Art. 137 Abs. 3 S. 2 WRV vereinbar ist. Vergleicht man die Regelung der Anstaltsseelsorge nach Art. 141 WRV mit der Regelung über den Religionsunterricht in der Schule, der unstreitig von staatlich verbeamteten Religionslehrern durchgeführt werden darf, so zeigt sich, dass der Religionsunterricht als ordentliches Lehrfach in die staatliche Veranstaltung Schule integriert ist, während Seelsorge im Militär als Angebot der Religionsgemeinschaften zuzulassen, also nicht als Bestandteil des Militärs vorgesehen ist.[97] Dies spricht gegen die Zulässigkeit einer Verbeamtung von Militärgeistlichen.[98]

---

[89] Dazu ausf. *v. Campenhausen/de Wall* StaatsKirchenR § 19 S. 149 ff.

[90] Bei den korporierten Religionsgemeinschaften umfasst die Organisationsgewalt auch die Befugnis Untergliederungen zu bilden, denen ihrerseits ein öffentlich-rechtlicher Status zukommt. Der Staat wirkt an diesem Organisationsakt ohne eigene Prüfungsbefugnis mit; s. dazu BVerwG NVwZ 2009, 390 f.

[91] Dazu *v. Campenhausen/de Wall* StaatsKirchenR § 20 S. 163 ff.

[92] Dazu *v. Campenhausen/de Wall* StaatsKirchenR § 21 S. 177 ff.

[93] Dazu ausf. *v. Campenhausen/de Wall* StaatsKirchenR §§ 24–30 S. 196 ff.

[94] S. zur Einrichtung eines Diplomstudiengangs Katholische Theologie an einer staatlichen Universität BVerwGE 101, 309 ff.

[95] S. *Korioth,* HSKR § 16 Rn. 21.

[96] *Ehlers* in Sachs, 8. Aufl. 2018, WRV Art. 149/137 Rn. 9 mwN; *Unruh,* Religionsverfassungsrecht, 4. Aufl. 2018, 404; aA *Jeand'Heur/Korioth,* Grundzüge des Staatskirchenrechts, 2000, 187.

[97] S. zu diesem Argument *Unruh,* Religionsverfassungsrecht, 4. Aufl. 2018, 402 – teleologisches Argument.

[98] → Rn. 113 mwN.

b) „In den Schranken des für alle geltenden Gesetzes". Richtet man sich bei der Bestimmung der eigenen Angelegenheiten grundsätzlich nach dem Selbstverständnis der jeweiligen Religionsgemeinschaft, stellt sich umso schärfer die Frage nach der Bedeutung der Schranke des für alle geltenden Gesetzes. Die Auslegung dieser Klausel ist Indikator und Spiegel für das Verhältnis von Staat und Religionsgemeinschafen. Die viel zitierte Heckel'sche Formel,[99] formuliert im Jahre 1932, ist heute überholt.[100] Ihr Anliegen, das kirchliche Selbstbestimmungsrecht nicht dem Gesetzgeber preiszugeben, wird iRd GG durch die Bindung des Gesetzgebers an die Verfassung (Art. 1 Abs. 3, Art. 20 Abs. 3) verwirklicht. Eine Interpretation, welche die Schrankenziehung auf den Schutz kollidierender Verfassungsgüter beschränkt,[101] findet im Wortlaut keine Stütze, ebenso wenig die Annahme, es handele sich um einen einfachen allgemeinen Gesetzesvorbehalt.[102] 36

Nach der Rechtsprechung des BVerfG handelt es sich um solche Gesetze, die für die Religionsgemeinschaften dieselbe Bedeutung haben wie für jedermann. Dies ist dann nicht der Fall, wenn eine Regelung sie härter trifft, insbes. weil sie ihren geistig-religiösen Auftrag beschränkt.[103] „Für alle geltende Gesetze" sind danach **neutrale Gesetze,** dh solche, die weder die Glaubenswahrheit, deren Verkündung noch Kultusangelegenheiten zum Inhalt haben oder betreffen. Im Übrigen sind es solche Gesetze, bei denen der Gesetzgeber nicht gerade wegen der Besonderheiten der Religions- bzw. Weltanschauungsgemeinschaften eine Ausnahmeregelung hätte treffen müssen bzw. der Einzelfall eine Ausnahme fordert.[104] Um dies zu ermitteln, nimmt das BVerfG eine **Abwägung** zwischen dem Selbstbestimmungsrecht und dem Zweck des Schranken ziehenden Gesetzes vor,[105] womit die Auslegung des Art. 137 Abs. 3 S. 1 WRV der Auslegung des Art. 5 Abs. 2 im Sinne der Abwägungstheorie ähnelt.[106] Soweit zugleich die kollektive Religions- und Weltanschauungsfreiheit betroffen ist, muss der Vorbehalt des Art. 136 Abs. 3 S. 1 WRV der Bedeutung von Art. 4 Abs. 1, 2 Rechnung tragen.[107] Letztlich ist das „allgemeine Gesetz" als religions- und weltanschau- 37

[99] *J. Heckel* VerwArch 37 (1932), 280 (284): „[…] ein Gesetz, das trotz grundsätzlicher Bejahung der kirchlichen Autonomie vom Standpunkt der Gesamtnation als notwendige Schranke der kirchlichen Freiheit anerkannt werden muss; maW jedes für die Gesamtnation als politische Kultur- und Rechtsgemeinschaft unentbehrliche Gesetz, aber auch nur ein solches Gesetz."

[100] S. zur Kritik *Jeand'Heur/Korioth,* Grundzüge des Staatskirchenrechts, 2000, 145 ff. mwN; *Morlok* in Dreier, 3. Aufl. 2018, WRV Art. 137 Rn. 60.

[101] So *Grzeszick* AöR 129 (2004), 168 (210 f., 215).

[102] BVerfGE 42, 312 (333), Bremisches KirchenG: „weder im Sinne eines allgemeinen Gesetzesvorbehalts noch im Sinne des allgemeinen Gesetzes nach Art. 5 Abs. 2".

[103] BVerfGE 42, 312 (332 f.), Bremisches KirchenG; 46, 73 (95), Stiftung zum BetrVerfG.

[104] In diese Richtung BVerfGE 46, 73 (95), Stiftung zum BetrVerfG.

[105] BVerfGE 53, 366 (404), KrankenhausG NRW; 72, 278 (289), Berufsbildung.

[106] BVerfGE 53, 366 (404), KrankenhausG NRW; 72, 278 (289), Berufsbildung; abl. zur Anlehnung an die Abwägungstheorie *Grzeszick* AöR 129 (2004), 168 (206 f.); zust. *Jarass* in Jarass/Pieroth, 15. Aufl. 2018, WRV Art. 140/137 Rn. 13, Art. 4 Rn. 31 f.; *v. Campenhausen/de Wall* StaatsKirchenR § 14 II 110, 113; *Morlok* in Dreier, 3. Aufl. 2018, WRV Art. 137 Rn. 61; zur Abwägungstheorie → Art. 5 Rn. 120 ff. Sa *Bock,* Das für alle geltende Gesetz und die kirchliche Selbstbestimmung, 1996, 187, 207, 219, 274 ff. und passim; *v. Campenhausen* in HStR VII § 157 Rn. 111; gegen ein Verständnis iSd Art. 5 Abs. 2 BVerfGE 42, 312 (333), Bremisches KirchenG; Anlehnung an die für Art. 5 Abs. 2 entwickelte Wechselwirkungslehre aber in BVerfGE 53, 366 (404), KrankenhausG NRW; 72, 278 (289), Berufsbildung; ausf. zum Problem *Korioth,* HSKR § 16 Rn. 31 ff., zur Wechselwirkungslehre Rn. 39 ff.

[107] Diese Art der Schrankenziehung ähnelt der Sonderrechtstheorie iRd Art. 5 Abs. 2. Für eine Auslegung im Sinne der Sonderrechtstheorie insgesamt *Wieland* Der Staat 25 (1986),

ungsneutrales Gesetz zu verstehen, wie für Art. 136 Abs. 1 WRV ausgeführt.[108]

Einzelfälle

38 **Arbeitsrecht, individuelles:** Form und Inhalt von Arbeitsrechtsverhältnissen in kirchlichen Einrichtungen sind eigene Angelegenheit iSv Art. 137 Abs. 3 WRV.[109] Inhalt und Bedeutung vertraglicher **Loyalitätspflichten** richten sich nach kirchlichem Selbstverständnis.[110] Werden Loyalitätspflichten verletzt, bestimmt sich die Frage der sachlichen Rechtfertigung einer Kündigung im Fall eines privatrechtlich geschlossenen Arbeitsverhältnisses nach § 1 KSchG, § 626 BGB und unterliegt arbeitsgerichtlicher Überprüfung.[111] Die Richtlinie 2000/78/EG[112] (GleichbehandlungsrahmenRL und das AGG enthalten Sonderregelungen für Religionsgemeinschaften.[113] Während das BVerfG die fachgerichtliche Überprüfung der Loyalitätsanforderungen auf eine Plausibilitätsprüfung beschränkt sieht, nimmt der EuGH eine intensive gerichtliche Kontrolle der Kriterien von Art. 4 Abs. 2 der GleichbehandlungsrahmenRL vor, prüft also „objektiv", ob eine wesentliche, rechtmäßige und gerechtfertigte berufliche Anforderung angesichts des Ethos der Organisation vorliegt.[114] Das BAG hat in Umsetzung dieser Vorabentscheidung § 9 Abs. 1 Alt. 1 AGG, der dem religiösen bzw. weltanschaulichen Selbstverständnis Vorrang einräumt, für unionsrechtswidrig erklärt.[115] Der EuGH hat mit diesen Entscheidungen Art. 17 AEUV missachtet, der die Union verpflichtet, den Status der Kirchen, religiösen und weltanschaulichen Gemeinschaften, den diese in den Mitgliedstaaten nach deren Rechtsvorschriften genießen, zu achten und nicht zu beeinträchtigen.[116]

Arbeitsrecht, kollektives: Zu den eigenen Angelegenheiten gehört die Ordnung der Mitarbeitervertretung in kirchlichen Einrichtungen. Die Vorbehalte des § 118 Betriebsverfassungsgesetz sowie § 112 BPersVG nehmen darauf Rücksicht.[117] Die katholische und die evangelischen Kirchen haben anstelle von Weisungsrechten des Arbeitgebers oder Regelungen durch Tarifvertrag einen „Dritten Weg" beschritten. Die kollektiven Arbeitsbedingungen werden danach durch paritätisch besetzte Kommissionen festgelegt und im Konfliktfall durch eine Schlichtungskommission bestimmt.[118] Dies ist nach der Rechtsprechung des BAG zulässig, sofern Gewerkschaften in dieses Verfahren organisatorisch eingebunden sind und das Verhandlungsergebnis für die Dienstgeberseite als Mindestarbeitsbedingungen verbindlich ist.[119]

---

321 (350); *Bock,* Das für alle geltende Gesetz und die kirchliche Selbstbestimmung, 1996, 279 ff.; zur Sonderrechtstheorie → Art. 5 Rn. 114.

[108] → Rn. 14.

[109] S. nur *Joussen,* HSKR § 57 Rn. 1 ff. mwN.; aA *Preuß* in AK, 3. Aufl. 2001, Art. 4 Rn. 48: Behandlung wie Tendenzbetriebe.

[110] S. dazu *Winter,* Staatskirchenrecht, 2. Aufl. 2008, 199 ff.; *ausf. Joussen,* HSKR § 57.

[111] BVerfGE 70, 138 ff., kirchliches Kündigungsrecht; BVerfGE 137, 273 ff., Chefarzt; BAGE 145, 90 ff., Kirchenaustritt als Kündigungsgrund; BAGE 149, 144 ff., Kopftuch in ev. Einrichtung; ausf.; zur Vereinbarkeit mit Art. 9 EMRK s. EGMR NZA 2012, 199, Siebenhaar; sa *Richardi,* Arbeitsrecht in der Kirche, 7. Aufl. 2015, § 7.

[112] ABl. L 303 vom 2.12.2000, S. 16–22.

[113] S. dazu *Joussen,* HSKR § 57 Rn. 57 ff.; sa *Richardi,* Arbeitsrecht in der Kirche, 7. Aufl. 2015, § 6 Rn. 4 f.

[114] S. BVerfGE 137, 273 ff., Chefarzt einerseits; EuGH C- 68/17, NJW 2018, 3086 ff. = ECLI:EU:C:2018:696, Chefarzt; EuGH C-414/16, NJW 2018, 1869 ff. = ECLI:EU:C:2018:257, Egenberger andererseits. Sa → Art. 4 Rn. 82 Stichwort Arbeitsverhältnis, kirchliches.

[115] BAG NZA 2019, 455 ff.

[116] Sa → Art. 4 Rn. 82 Stichwort Arbeitsverhältnis, kirchliches.

[117] BVerfGE 46, 73 (94 f.), Satzung.

[118] S. dazu *v. Campenhausen/de Wall* StaatsKirchenR § 22 V 184 f.; *Winter,* Staatskirchenrecht, 2. Aufl. 2008, 201 ff. mwN; zum kollektiven kirchlichen Arbeitsrecht *Thüsing* HSKR § 59.

[119] BAGE 143, 354 ff.; sa BAGE 144, 1 ff., „Zweiter Weg".

Berufsbildung: im kirchlichen Dienst ist eigene Angelegenheit.[120]

Datenschutz: Die Sicherung des Datenschutzes innerhalb der Kirchen ist deren eigene Angelegenheit. In Rücksichtnahme darauf wurde das BDSG dahin ausgelegt, dass es auf Religionsgemeinschaften in der Rechtsform von Körperschaften des öffentlichen Rechts keine Anwendung findet.[121] Diese haben vielmehr durch eigene Rechtssetzung den erforderlichen Datenschutz zu regeln. Die Datenschutzgrundverordnung[122] knüpft in § 91 an diesen Rechtszustand an.[123]

Denkmalschutz: Der Denkmalschutz in Bezug auf Gebäude im Eigentum oder in der Verfügungsbefugnis von Religionsgemeinschaften ist deren eigene Angelegenheit, soweit ihre Eigentums-, Vermögens- und Nutzungsrechte reichen. Sie unterliegen dem Denkmalschutz als allgemeines Gesetz. Bei dessen Vollzug sind die spezifisch religiösen Belange zu beachten.[124]

Friedhöfe, kirchliche: die Verwaltung gehört zu den eigenen Angelegenheiten.[125] Über die aus dem Bestattungsrecht als besonderem Polizeirecht folgenden Pflichten hinaus, ergeben sich Einschränkungen für kirchliche Friedhöfe mit Monopolstellung, insofern als Andersgläubigen die Bestattung ermöglicht werden muss.[126]

Gewerberechtliche Beschränkungen: stellen allgemeine Gesetze dar.[127]

Gewerkschaften: haben kein Zutrittsrecht zu kirchlichen Einrichtungen.[128] Im Rahmen des „Dritten Weges" kann der Arbeitskampf in kirchlichen Einrichtungen ausgeschlossen werden, soweit Gewerkschaften in das Verfahren organisatorisch eingebunden sind und das Verhandlungsergebnis als Mindestarbeitsbedingung verbindlich ist.[129]

Glockenläuten: Liturgisches Glockenläuten ist Religionsausübung und gehört als kultische Handlung zudem zu den eigenen Angelegenheiten iSd Art. 137 Abs. 3 S. 1 WRV. Die Zulässigkeit bestimmt sich nach Maßgabe des § 22 Abs. 1 S. 1 BImSchG, der als allgemeines Gesetz diese Betätigung beschränkt.[130] Weltliches Glockengeläut gehört auch zu den eigenen Angelegenheiten, genießt aber keinen besonderen Schutz.[131] Entsprechendes gilt für den islamischen Gebetsruf.[132]

Insolvenzrecht: ist wegen der mit einer Insolvenzverwaltung verbundenen massiven Eingriffe in das kirchliche Selbstbestimmungsrecht und der geringen Gefahr einer Insolvenz auf kirchliche Körperschaften des öffentlichen Rechts nicht anwendbar.[133] Ob die Unanwendbarkeit auch für Religionsgemeinschaften in Privatrechtsform gilt, ist bisher **nicht entschieden.**[134] Zumindest bedürfte die Insolvenzordnung als allgemeines Gesetz im Lichte der Religionsfreiheit und des Selbstbestimmungsrechts der Religionsgemeinschaften einiger Modifikationen.

---

[120] BVerfGE 72, 278 ff., Berufsbildung.

[121] Vgl. *v. Campenhausen/de Wall* StaatsKirchenR § 34 II 293 ff.

[122] ABl. L 119 vom 4.5.2016, S. 1–88.

[123] S. dazu *A. Ziekow* HSKR § 33.

[124] S. dazu *v. Campenhausen/de Wall* StaatsKirchenR § 23 S. 189 ff.; sa Hammer, HSKR § 66.

[125] *v. Campenhausen/de Wall* StaatsKirchenR § 22 S. 185 ff.; *Schnell* HSKR § 61 Rn. 2; sa VGH Mannheim NVwZ-RR 2012, 222.

[126] S. dazu *Classen,* Religionsrecht, 2. Aufl. 2015, Rn. 577.

[127] BVerwG NVwZ 2003, 1530 ff.

[128] BVerfGE 46, 73 ff., Stiftung; 53, 366 ff., KrankenhausG NRW.

[129] BAGE 143, 354 ff.; zur Friedenspflicht von Gewerkschaften beim „ZweitenWeg" s. BAGE 144, 1 ff.; sa *Mennemeyer,* „Dritter Weg" und rechtliche Grenzen der Flexibilisierung des Arbeitsrechts der katholischen Kirche, 2012; *Hilje,* Streikrecht in kirchlichen Einrichtungen, 2015.

[130] BVerwGE 68, 62 ff.

[131] BVerwGE 90, 163 (167), Schlagen der Kirchturmuhr und Glockengeläut zur Nachtzeit.

[132] VG Gelsenkirchen, Urteil vom 01. Februar 2018 – 8 K 2964/15.

[133] BVerfGE 66, 1 (19 ff.), Konkursausfallgeld; sa AG Potsdam DZWir 2001, 526.

[134] BVerfGE 66, 1 (25), Konkursausfallgeld: „für kirchliche Einrichtungen in der Rechtsform des Privatrechts mag anderes gelten".

Kirchenasyl: Die Entscheidung für die Gewährung von Kirchenasyl mag Ausdruck kirchlichen Selbstverständnisses sein,[135] das Selbstbestimmungsrecht befreit jedoch nicht von der Anwendung des Ausländer- und Asylrechts, das ein Schranken ziehendes allgemeines Gesetz darstellt.[136] Gedeckt ist allein die Veranlassung einer erneuten Prüfung wegen erheblicher Zweifel an der Rechtmäßigkeit der Entscheidung.[137]

Kirchliche Abgaben: Während die Erhebung von Kirchensteuern gemeinsame Angelegenheit von Staat und Kirchen ist, gehört die Erhebung von Gebühren und Beiträgen zu den eigenen Angelegenheiten.[138] Die Begründung einer Gebührenpflicht für den Erwerb eines Grundstücks von der Kirche liegt allerdings außerhalb der kirchlichen Organisationsgewalt und kann deshalb auch nicht aus dem Körperschaftsstatus hergeleitet werden.[139] – Das Kirchgeld in glaubensverschiedenen Ehen, bei denen ein Ehegatte keiner steuererhebenden Religionsgemeinschaft angehört, ist seiner Rechtsnatur nach eine Kirchensteuer.[140] Nach Auffassung des EGMR verstößt das Kirchgeld nicht gegen Art. 9 EMRK.[141]

Krankenhäuser und ähnliche soziale Einrichtungen: Die Zuordnung bestimmt sich nach institutioneller Verbundenheit und nach dem Zweck; ihre Organisation ist eigene Angelegenheit.[142] – Eine gesetzliche Belegungspflicht in Anknüpfung an eine finanzielle Förderung für eine Altenpflegeeinrichtung, die der Schaffung von Pflegeplätzen für sozial Bedürftige dient, stellt ein allgemeines Gesetz dar, welches das Selbstbestimmungsrecht einschränken kann.[143]

Mitgliedschaft: Die Ordnung der mitgliedschaftlichen Zugehörigkeit ist eigene Angelegenheit.[144] Der Staat darf daran als Grundlage für die Kirchensteuerpflicht anknüpfen, sofern jederzeit die Möglichkeit zum Austritt besteht.[145] Der Austritt kann nicht auf die Kirche als Körperschaft des öffentlichen Rechts beschränkt werden.[146]

Pfarramt und Abgeordnetenmandat: Die Beurlaubung vom Pfarramt bei der Übernahme eines Abgeordnetenmandats ist eine Angelegenheit der kirchlichen Selbstverwaltung. Die Regelung entfaltet keine unmittelbare Wirkung im staatlichen Zuständigkeitsbereich und stellt auch keine unzulässige Behinderung der Mandatsübernahme iSd Art. 48 Abs. 2 dar.[147]

Staatsleistungen: Die staatskirchenvertragliche Begründung des Rechts und der Pflicht zur Verteilung von Staatsleistungen auf weitere Religionsgemeinschaften stellt die Übertragung einer staatlichen Aufgabe dar und ist keine eigene Angelegenheit.[148]

---

[135] AA *Ehlers* in Sachs, 8. Aufl. 2018, WRV Art. 140/137 Rn. 7: keine eigene Angelegenheit.

[136] *Hofmann* in SHH Rn. 6; *Morlok* in Dreier, 3. Aufl. 2018, WRV Art. 140/137 Rn. 49; *Classen,* Religionsrecht, 2. Aufl. 2015, Rn. 409; sa OVG Schleswig, 1 LA 7/18, juris; VG Saarlouis, 3 K 832/14, juris.

[137] Sa → Art. 4 Rn. 82 Stichwort Kirchenasyl.

[138] BVerfGE 19, 206 (217), Kirchenbausteuer.

[139] BVerwG NVwZ 2008, 1357 ff.

[140] BVerfGE 73, 388 (399 ff.), Kirchgeld; s. zum Kirchgeld auch BVerwG NJW 1989, 1747; BFHE 211, 90; *Kapischke* LKV 2003, 411 ff.

[141] EGMR, NJW 2018, 3295.

[142] BVerfGE 46, 73 ff., Stiftung zum BetrVerfG; 53, 366 ff., KrankenhausG NRW; VGH Mannheim BeckRS 2009, 42336; s. zu Finanzierung und Organisation kirchlicher Krankenhäuser *Kluth,* HSKR § 52.

[143] BVerfG DVBl. 2007, 1555 ff.

[144] S. ausf. zum Selbstverständnis der verschiedenen Religionsgemeinschaften und staatlichem Recht *Germann/Rüfner,* HSKR § 30.

[145] BVerfGE 30, 415 (422), Kirchensteuer; sa BFH NVwZ 1999, 1149. Überblick über die kirchsteuergesetzlichen Regelungen bei *Unruh* in MKS, 7. Aufl. 2018, WRV Art. 137 Rn. 253 Fn. 68; s zur Kirchensteuer ausf. *Hammer,* HSKR § 72.

[146] BVerwGE 144, 171 ff., kein isolierter Austritt aus Kirche als Körperschaft des öffentlichen Rechts.

[147] BVerfGE 42, 312 ff., Bremisches KirchenG.

[148] BVerwG LKV 2006, 35 f.

Sie unterliegt daher der uneingeschränkten gerichtlichen Kontrolle.[149] Durch die Aufgabenübertragung darf nicht eine Situation eintreten, in der eine Interessenkollision unvermeidbar ist.[150]

Steuerrecht: zum Kirchensteuerrecht → Rn. 50 ff. – Das kirchliche Selbstbestimmungsrecht gibt keinen Anspruch auf Befreiung von der Umsatzsteuer.[151]

Teilung einer Kirchengemeinde: ist eigene Angelegenheit.[152]

Theologenausbildung: Die Einrichtung eines Diplomstudiengangs Katholische Theologie an einer staatlichen Universität ist eine gemeinsame Angelegenheit von Staat und Kirche. Streitigkeiten sind durch eine konkrete Güterabwägung und möglichst schonenden Ausgleich zwischen den kollidierenden Rechtsgütern zu lösen.[153] – Die Wissenschaftsfreiheit von Theologieprofessoren findet eine Schranke in dem Selbstbestimmungsrecht der Religionsgemeinschaft.[154]

Warnungen, kirchliche: Die kritische Auseinandersetzung von Religionsgemeinschaften mit anderen Religionsgemeinschaften ist „eigene Angelegenheit" und unterliegt den durch die allgemeinen Gesetze gezogenen Grenzen unter Berücksichtigung von Art. 4 Abs. 1, 2.[155]

c) Rechtsschutz in religionsgemeinschaftlichen Streitigkeiten. Die **39**
Abgrenzungsprobleme zwischen religionsgemeinschaftlichem und staatlichem Regelungs- und Ordnungsanspruch zeigen sich zugespitzt im Streit um den Rechtsschutz in Kirchensachen. In der Praxis ist die Frage nach der Eröffnung staatlichen Rechtsschutzes bei Streitigkeiten um die Mitgliedschaft im Hinblick auf die Kirchensteuerpflicht aufgetreten,[156] in Bezug auf den Zugang oder die Nutzung von Erziehungs- und Bildungseinrichtungen,[157] in Friedhofsangelegenheiten[158] und vor allem bezüglich arbeits-, dienst- und disziplinarrechtlicher Streitigkeiten.[159] Besonders umstritten sind aus dem Dienstverhältnis erwachsende vermögensrechtliche Auseinandersetzungen.[160] Gegenstand gerichtlicher Auseinandersetzungen waren ferner die

[149] BVerwGE 116, 86 ff., Streit zwischen Landesverband und jüdischer Gemeinde um anteilige Landesmittel.

[150] BVerfGE 123, 148 ff., jüdische Gemeinde Brandenburg; s. dazu *Sydow* JZ 2009, 1141 (1145 f.); *Robbert* NVwZ 2009, 1211; *Schwarz* KuR 2009, 241 ff.

[151] BVerfGE 19, 129 (135), Umsatzsteuerpflicht für Religionsgemeinschaften.

[152] BVerfGE 18, 385 ff., innerkirchliche Maßnahmen.

[153] BVerwGE 101, 309 ff., staatliche Errichtung eines Diplomstudienganges „Katholische Theologie".

[154] BVerwGE 124, 310 ff., Veränderung des Aufgabenbereichs eines Professors der Theologie wegen Distanzierung von wesentlichen Glaubenssätzen; BVerfG NJW 2009, 2190 ff.

[155] BVerfG NVwZ 2001, 908 f., s. dazu auch → Art. 4 Rn. 82 Stichwort Jugendsekten.

[156] BVerwG NVwZ 1992, 66; sa BVerfG NVwZ 2002, 1496 ff.

[157] S. VGH München BayVBl. 1986, 271; BVerwG DVBl. 1986, 1202; OVG Koblenz KirchE 16, 246; OVG Lüneburg NVwZ 1987, 708.

[158] BVerwGE 25, 364, Durchsetzung des Benutzungsanspruchs; BVerwG NJW 1990, 2079, Errichtung eines Grabmals; OVG Bremen NVwZ 1995, 804 (805); OVG Lüneburg NVwZ 1995, 807 (808), Andersgläubigenzuschlag; OVG Hamburg KirchE 27, 106 ff., Zugang.

[159] BVerwGE 117, 145 ff., kein staatlicher Rechtsweg gegen Versetzung eines Pfarrers in den Ruhestand; BVerwGE 149, 139 ff., Befristung der Beschäftigung eines Pfarrers: Rechtsweg eröffnet; Änderung der Rechtsprechung. S. zum Rechtsschutz im Dienstverhältnis *Rüfner* HSKR § 74 Rn. 44 ff.

[160] BVerwGE 28, 345 (348), Anrechnung staatlicher Versorgungsbezüge auf kirchliche Dienstbezüge; 66, 241 (249), Pfarrerdienstverhältnis; 95, 379 (380), Versorgungsstreitigkeiten durch Kirchenbeamte; VGH Kassel DÖV 2003, 256 (257); für Zulässigkeit OVG Münster NJW 1994, 3368 (3369); VGH München NVwZ-RR 1996, 447 (448); krit. *Lücke* EuGRZ 1995, 651; s. aus der umfangreichen Lit. *Ehlers* ZevKR 27 (1982), 269 ff.; *Schenke* FS f. Faller, 1984, 133 ff.; *Maurer* FS f. Menger, 1985, 285 (293 ff.); *Steiner* NVwZ 1989, 410 (411 ff.); *Weber* NJW 1989, 2217 (2221); *Unruh* in MKS, 7. Aufl. 2018, WRV Art. 137 Rn. 136–152 mwN.

Vermögenszuordnung im Falle der Teilung einer Kirchengemeinde,[161] Kirchenwahlen[162] oder die Vertretungsbefugnis.[163]

40 Heute ist unbestritten, dass Religionsgemeinschaften ein eigenes Rechtsschutzsystem errichten und unterhalten dürfen, um interne Streitigkeiten nach Maßgabe des eigenen Rechts zu entscheiden.[164] Überholt ist aber die sog. **Koordinationslehre,** die für solche innerkirchlichen Streitigkeiten staatlichen Rechtsschutz kategorisch ausschloss. Sie beruht auf dem Selbstverständnis der Kirche als einer *societas perfecta,* womit nicht nur die Auffassung von einer originären Herrschaftsgewalt nach innen, sondern auch der Anspruch der Gleichrangigkeit gegenüber dem Staat verbunden ist.[165] Dieser Anspruch wird dem Verhältnis von Staat und Religionsgemeinschaften nach Maßgabe des GG nicht gerecht,[166] denn danach ist der **Staat,** bei allem Respekt vor der vorstaatlich begründeten Freiheit der Menschen und ihrer Vereinigungen, **letztverantwortlicher Garant der Rechtsordnung** und des inneren Friedens.

41 Weniger kategorisch, aber dennoch substanzhaft an Vorverständnisse anknüpfend, versuchte die **Bereichsscheidungslehre** die Reichweite staatlichen Rechtsschutzes zu begrenzen. Nicht in staatlichen Rechtsschutzverfahren verhandelbar seien Streitigkeiten des innerkirchlichen Bereichs, weil dieser nicht der Regelung durch allgemeine Gesetze zugänglich sei. Die von der Verfassung anerkannte Eigenständigkeit und Unabhängigkeit der kirchlichen Gewalt würde geschmälert, wenn der Staat seinen Gerichten das Recht einräumte, innerkirchliche Maßnahmen, die im staatlichen Zuständigkeitsbereich keine unmittelbaren Rechtswirkungen entfalteten, auf ihre Vereinbarkeit mit dem GG zu prüfen. Deshalb seien insoweit die Kirchen im Rahmen ihrer Selbstbestimmung an das für alle geltende Gesetz iSd Art. 137 Abs. 3 WRV *nicht* gebunden, mit der Folge, dass auch staatlicher Rechtsschutz nicht zur Verfügung stehe.[167] Das Problem dieses Ansatzes besteht in dem Vorverständnis, es gebe einen substanzhaft feststehenden innerkirchlichen Bereich.[168] Richtig ist dagegen, dass der innerkirchliche Bereich regelmäßig erst nach Abwägung zwischen dem Gewicht der eigenen Angelegenheiten und dem Regelungszweck allgemeiner Gesetze festgestellt werden kann. Daraus folgt, dass nicht das „Ob" staatlichen Rechtsschutzes, sondern das „Wie", insbes. das Ausmaß und die Kontrollintensität in Frage stehen. Richtiger Anknüpfungspunkt für die Zuständigkeit staatlicher Gerichte ist deshalb die der kirchlichen Selbstbestimmung gezogene Schranke der für alle geltenden Gesetze.[169]

---

[161] BVerfGE 18, 385 ff., innerkirchliche Maßnahmen; zur Verteilung von Staatsleistungen s. BVerwGE 116, 86 ff.

[162] OVG Münster NJW 1978, 905; HessVGH KirchE 28, 59; BAGE 71, 157.

[163] BGH NJW 2000, 1555. Sa die Auflistung bei *Unruh* in MKS, 7. Aufl. 2018, WRV Art. 137 Rn. 129 ff.

[164] BVerwGE 153, 282 Rn. 16, Geltendmachung von kirchenrechtlichen Ansprüchen vor staatlichen Gerichten.

[165] S. dazu *Puza,* Katholisches Kirchenrecht, 2. Aufl. 1993, 41 f., 82 ff.; sa *Jeand'Heur/Korioth,* Grundzüge des Staatskirchenrechts, 2000, 51. Heute bezeichnet die Katholische Kirche sich eher als eine *societas constituata et ordinata* oder auch *communio.* S. *Puza,* Katholisches Kirchenrecht, 1986, 2. Aufl. 1993, 86.

[166] Sa *Kästner* in BK, Drittbearb., 2010, Rn. 51.

[167] BVerfGE 18, 385 (387 f.), innerkirchliche Maßnahmen.

[168] Sa die Kritik bei *Unruh* in MKS, 7. Aufl. 2018, WRV Art. 137 Rn. 123, 111 ff.

[169] Zur Verbindung von „allgemeinem Gesetz" und „staatlicher Justiz" im Ansatz bereits BVerfGE 18, 385 (388), innerkirchliche Maßnahmen; dezidiert BGH NJW 2000, 1555

Der staatliche **Justizgewährleistungsanspruch** ist dabei Schranke des kirchlichen Selbstbestimmungsrechts, soweit das materielle Recht, an dem der Rechtsstreit zu messen ist, durch das für alle geltende Gesetz iSd Art. 137 Abs. 3 S. 1 WRV mitbestimmt wird. Der BGH hat in einer vielbeachteten Entscheidung aus dem Jahr 2000 unter ausdrücklicher Aufgabe seiner bisherigen Rechtsprechung festgestellt, aus dem Justizgewährleistungsanspruch folge, dass die staatlichen Gerichte grundsätzlich zur **Entscheidung aller Rechtsfragen berufen seien, deren Beurteilung sich nach staatlichem Recht richte.** Insoweit könne es weder auf ein staatliches Einverständnis zur Inanspruchnahme der Gerichte durch eine Kirche bzw. Religionsgemeinschaft ankommen, noch sei die staatliche Gerichtsbarkeit gegenüber der Gerichtsbarkeit der Religionsgemeinschaft subsidiär. Die Pflicht des Staates zur Justizgewährleistung habe sowohl gegen als auch zugunsten der Religionsgemeinschaften in gleicher Weise wie für und gegen alle Rechtssubjekte auf dem Staatsgebiet selbst dann zu gelten, wenn bei der Anwendung staatlicher Rechtssätze religionsgemeinschaftliche Vorfragen zu klären seien. In Bezug auf religiöse Vorfragen räumt es dann religionsgemeinschaftlichen Gerichtsentscheidungen Tatbestandswirkung ein, soweit die Entscheidung weder willkürlich ist noch gegen fundamentale Rechtsgrundsätze verstößt.[170] Gemäß dem Grundsatz, dass das Prozessrecht im Dienst des materiellen Rechts steht,[171] hängt der Justizgewährleistungsanspruch somit vom streitentscheidenden staatlichen Recht ab. Das BVerwG hat sich diesem Ansatz nunmehr angeschlossen.[172] Es stellte fest, dass der verfassungsrechtlich gewährleistete Justizgewährungsanspruch Geistlichen und Beamten einer Religionsgesellschaft das Recht zur Anrufung der staatlichen Gerichte gibt, um dienstrechtliche Maßnahmen dieser Religionsgesellschaft ihnen gegenüber auf ihre Vereinbarkeit mit staatlichem Recht hin überprüfen zu lassen und dass dem verfassungsrechtlich garantierten Selbstbestimmungsrecht der Religionsgesellschaften erst bei Umfang und Intensität der gerichtlichen Kontrolle Rechnung zu tragen ist.[173] 42

Unproblematisch sind die Fälle aus dem **Bereich der gemeinsamen Angelegenheiten** von Staat und Religionsgemeinschaften. Das missverständlich sog. autonome Kirchenrecht[174], das solchen Streitigkeiten zugrunde 43

(1556); zust. *Kästner* NVwZ 2000, 889 (890); sa *Kästner,* Staatliche Justizhoheit und religiöse Freiheit, 1991, 254 ff.; *Kästner,* Der Rechtsstatus kirchlicher Stiftungen staatlichen Rechts des 19. Jahrhunderts, 2008, 16; sa *Ehlers* in Sachs, 8. Aufl. 2018, WRV Art. 140/137 Rn. 14; *Unruh* in MKS, 7. Aufl. 2018, WRV Art. 137 Rn. 124; *Ehlers* ZevKR 27 (1982), 269 (285); *Maurer* FS f. Menger, 1985, 285 (289 ff.); *Grzeszick* AöR 129 (2004), 168 (174).

[170] BGH NJW 2000, 1555 (1557); sa BVerwGE 116, 86 ff., Verteilung von Staatsleistungen aufgrund eines Staatskirchenvertrags.

[171] Hierauf weist *Maurer* FS f. Menger, 1985, 285 zutr. hin.

[172] BVerwGE 149, 139 ff.; sa BVerwGE 153, 282 ff., Geltendmachung von kirchenrechtlichen Ansprüchen vor staatlichen Gerichten.

[173] BVerwGE 149, 139 LS. 1 und 2, Rn. 12 ff., Geltendmachung von kirchenrechtlichen Ansprüchen vor staatlichen Gerichten.

[174] Der Begriff ist nicht ganz klar. S. *Maurer* FS f. Menger, 1985, 285 (290): „Die von den Kirchen erlassenen Rechtsvorschriften sind (grds.) nicht – wie die Satzungen der Gemeinden – autonomes und damit letztlich staatlich abgeleitetes Recht, sondern – entsprechend der Eigenständigkeit der Kirchen – eigenständiges, aus eigener Quelle fließendes Recht. Das ist freilich nicht unbestritten. Die frühere, noch zur Weimarer Zeit vorherrschende Lehre, dass das kirchliche Recht insgesamt autonomes Verbandsrecht sei (*Anschütz* Anm. 4 zu Art. 137), wird heute zwar nicht mehr vertreten. Aber nach einer differenzierenden Auffassung ist zwischen eigenständigem und autonomem Kirchenrecht zu unterscheiden, je nachdem, ob es den Kernbereich der eigenen Angelegenheiten oder nur deren Randzonen betrifft." So

liegt, ist nicht allein Ausdruck kirchlicher Selbstbestimmung, sondern findet seinen Legitimationsgrund zugleich in einer vom Staat delegierten Rechtssetzungsbefugnis.[175] Zu nennen sind etwa kirchensteuerrechtliche Hebesatzregelungen[176] oder Friedhofssatzungen[177], die jeweils auf landesrechtlichen Ermächtigungsnormen beruhen.[178] Folglich handelt es sich hinsichtlich Rechtssetzung und vor allem auch hinsichtlich der Anwendung um die Ausübung abgeleiteter staatlicher Gewalt.[179] Die Kirche und die gegnerische Streitpartei stehen sich wie Hoheitsträger und Grundrechtsträger gegenüber, so dass die Eröffnung des Rechtswegs zu den staatlichen Gerichten bereits aus Art. 19 Abs. 4 folgt.[180]

44 Demgegenüber hat das sog. **kircheneigene Recht** seine Grundlage allein im Recht zur Ordnung der eigenen Angelegenheiten. Ist ein Streit auf der Grundlage kircheneigenen Rechts zu entscheiden, stellt sich die Frage, inwieweit die Schranke der allgemeinen Gesetze zur Anwendung gelangen kann. Staatliche allgemeine Gesetze, die auf den Streitfall anwendbar wären, gibt es gerade nicht, weil der Staat in Anerkennung der kirchlichen Selbstbestimmung auf die Setzung solcher Regelungen verzichtet hat. Dies gilt zB für das Recht der Mitarbeitervertretung gem. § 118 BetrVerfG bzw. § 112 PersVG.[181] Kircheneigenes Recht ist auch das kirchliche Organisations- und Dienstrecht, durch das die Anwendung der allgemeinen Gesetze, insbesondere des Vereinsrechts bzw. des Arbeits- und Sozialversicherungsrechts ausgeschlossen wird.[182] Zwar ist die Berechtigung zur Setzung solchen Rechts auf Religionsgemeinschaften mit Körperschaftsstatus beschränkt. Dennoch handelt es sich dem Inhalt nach nicht um eine staatlicherseits delegierte Rechtssetzungsbefugnis.[183] Während die Totenbestattung und die Steuererhebung ihrem Inhalt nach (auch) öffentliche Aufgabe darstellen,[184] ist die Gestaltung der inneren Organisation wie auch der Rechtsverhältnisse zu den Mitarbeitern und Mitgliedern kircheneigene Angelegenheit.[185] Die mit dem

---

v. Campenhausen/de Wall StaatsKirchenR § 24 S. 196, sprechen von einem „Hilfsbegriff"; sa BVerfGE 102, 370 (388), Körperschaftsstatus der Zeugen Jehovas; krit. *Magen* in Umbach/Clemens, 2002, Rn. 99 aE.

175 BVerfGE 73, 388 (398 f.), Kirchgeld; BVerfG NVwZ 2002, 1496 ff. – jeweils zu kirchensteuerrechtlichen Regelungen.

176 → Rn. 82 (zu Art. 137 Abs. 6 WRV); sa BVerfG NVwZ 2002, 1496; schon zuvor BVerfGE 19, 206 (217 f.), Kirchenbausteuer.

177 S. dazu *Schnell,* HSKR § 61 Rn. 36 ff. Totenbestattung ist heute als öffentliche Aufgabe anzusehen *Schnell,* ebenda, Rn. 4. Zur Rspr. s. die Nachw. oben in Fn. 150.

178 *Maurer* FS f. Menger, 1985, 285 (288) weist darauf hin, dass Rechtsgrundlagen die Kirchensteuergesetze bzw. die Friedhofsgesetze der Länder sind. Für Friedhöfe ebenso *Engelhardt,* HSKR § 43 S. 117, Satzungsrecht folgt nicht aus Selbstbestimmung, sondern aus Gesetz.

179 *Maurer* FS f. Menger, 1985, 285 (288).

180 AllgM; sa *Magen* NVwZ 2002, 897 (898); *Unruh* in MKS, 7. Aufl. 2018, WRV Art. 137 Rn. 130 f.

181 BVerfGE 46, 73 (95), Stiftung zum BetrVerfG: verfassungsgefordert; sa BVerfGE 42, 312 (331–335), Bremisches KirchenG.

182 *Magen,* HSKR § 27 Rn. 47.

183 *Maurer* FS f. Menger, 1985, 285 (291): „Ebenso wenig wie der Körperschaftsstatus die Kirchen in den staatlichen Bereich integriert, kann und will er das von der Kirche gesetzte Recht in den staatlichen Rechtskreis einführen."

184 S. die Nachw. oben in Fn. 160 f.

185 So auch *Maurer* FS f. Menger, 1985, 285 (296): „Der in der Literatur unternommene Versuch, das kirchliche Dienstrecht über Art. 137 V WRV und die im Körperschaftsstatus verankerte Dienstherrenfähigkeit der Kirchen als staatlich delegiertes Recht für die staatliche Gerichtsbarkeit zu reklamieren, verkehrt das Verhältnis der Abs. 3 u. 5 des Art. 137 WRV.

Körperschaftsstatus verbundene Dienstherrenfähigkeit und Rechtssetzungsbefugnis dient somit der Verwirklichung der kirchlichen Selbstbestimmung, wie der Körperschaftsstatus überhaupt im Dienst der kirchlichen Selbstbestimmung steht.[186]

Der auf einfachgesetzlicher Regelung beruhende oder an den Körperschaftsstatus anknüpfende Verzicht auf die Geltung der allgemeinen Gesetze gibt den begünstigten Religionsgemeinschaften auf der anderen Seite aber nicht das Recht zur beliebigen Gestaltung dieser Rechtsverhältnisse. Der **Staat** kann sich nicht aus Achtung vor der kirchlichen Selbstbestimmung seiner Pflicht entziehen, **Schutz vor Rechts(guts)beeinträchtigungen** zu gewähren, soweit Grundrechte Schutz fordern. Auch wenn er im Einzelfall auf die Konkretisierung der allgemeinen Gesetze als Schranke des kirchlichen Selbstbestimmungsrechts verzichtet, bleibt er als Wahrer des inneren Rechtsfriedens in der Pflicht, Schutz zu gewähren.[187] Dies bedeutet, dass in Streitfällen, denen kircheneigenes Recht zugrunde liegt, dieses Kirchenrecht wie auch seine Anwendung daraufhin zu überprüfen sind, ob die Norm generell oder im Einzelfall eine Lage herbeiführt, die das Untermaß staatlicher Schutzverpflichtung unterschreitet. Ob dem so ist, bestimmt sich konkret nach dem jeweils betroffenen Grundrecht.[188] In Bezug auf die Rechtsanwendung im Einzelfall ist der Staat (zumindest) zum Schutz der allgemeinen Handlungsfreiheit verpflichtet, **willkürlicher oder missbräuchlicher Rechtsanwendung die Anerkennung zu versagen.** Die in zahlreichen Gerichtsentscheidungen zu findende Formel, dass eine innerkirchliche Entscheidung weder fundamentalen Rechtsgrundsätzen widersprechen noch willkürlich sein darf,[189] findet in dem Grundsatz der Überprüfung kircheneigenen Rechts am Maßstab staatlicher Schutzverpflichtung seine dogmatische Erklärung. Auch die Tatsache, dass es praktisch keine Fälle gibt, in denen kirchliche oder 45

Primär ist Abs. 3. Das iRd Abs. 3 gesetzte Recht ist nichtstaatliches Recht und wird auch nicht über Abs. 5 zum staatlichen Recht." „Ebenso wenig wie der Körperschaftsstatus die Kirchen in den staatlichen Bereich integriert, kann und will er das von der Kirche gesetzte Recht in den staatlichen Rechtskreis einführen."; *Ehlers* ZevKR 27 (1982), 269 (281); *Evers* FS f. Ruppel, 1968, 329 (344); aA zB *Schenke* FS f. Faller, 1983, 133 (138). Sa *Ehlers* in Sachs, 8. Aufl. 2018, WRV Art. 140/137 Rn. 9a; BVerwGE 25, 226 (230), Pfarrerdienstverhältnisses; 28, 345 (349), Anrechnung staatlicher Versorgungsbezüge auf kirchliche Dienstbezüge; 30, 326 (330), Versorgungsansprüchen durch Kirchenbeamte.

[186] StRspr s. nur BVerfGE 102, 370 (387), Körperschaftsstatus der Zeugen Jehovas; 53, 366 (387), KrankenhausG NRW; 70, 138 (160 f.), kirchliches Kündigungsrecht; s. auch *Magen,* HSKR § 27 Rn. 1, 8, 16 mwN.

[187] Dieser Gedanke findet sich auch bei *Magen* NVwZ 2002, 897 (900), der daraus aber die Anwendung des Kirchenrechts durch die staatlichen Gerichte als Kontrollnorm für das kirchliche Handeln folgert. Nach der hier vertretenen Auffassung ist das Kirchenrecht dagegen hinsichtlich Setzung und Anwendung Kontrollgegenstand. Kontrollmaßstab ist allein die staatliche Schutzpflicht. Vgl. auch BVerfGE 102, 370 (388 f., 393), Körperschaftsstatus der Zeugen Jehovas.

[188] S. zur Schutzpflichtdogmatik *Isensee* in HStR IX, 3. Aufl. 2011, § 191 Rn. 263 ff.

[189] OVG Münster NJW 1994, 3368 (3369); BVerfGE 102, 370 (393), Körperschaftsstatus der Zeugen Jehovas. Sa schon BVerfGE 53, 366 (401), KrankenhausG NRW; 70, 138 (167), kirchliches Kündigungsrecht: Willkürverbot, ordre public, gute Sitten; 72, 278 (289); vgl. auch *Ehlers* ZevKR 27 (1982), 269 (287): geschützt wird die persönliche und soziale Existenz, weitergehend dann aber *Ehlers* ZevKR 27 (1982), 291: notwendige Konkretisierung des Rechts- und Sozialstaatsprinzips bei einseitiger Gestaltung des Dienstverhältnisses. Weitergehend auch *v. Campenhausen* FS f. Ruppel, 1968, 262 (266) „Für die Ausgestaltung des Dienstrechts bedeutet das, daß der Grundsatz der Sozialstaatlichkeit, der Gleichheitssatz und die tragenden beamtenrechtlichen Grundsätze – mit Einschränkungen – auch im kirchlichen Dienstrecht Geltung haben".

kirchengerichtliche Entscheidungen durch staatliche Gerichte korrigiert werden, findet in dem Schutzpflichtansatz seine Erklärung. Das BVerwG will demgegenüber eine Prüfung am Maßstab von Art. 79 Abs. 3 GG vornehmen.[190] Das überzeugt nicht.[191]

46 Schließlich gibt es Streitigkeiten auf der Grundlage kircheneigenen Rechts, die staatliche Schutzpflichten von vornherein nicht auslösen können. Als Beispiele lassen sich nennen: Ansprüche auf kirchliche Schließung oder Aufhebung einer Ehe, auf Durchführung einer Taufe oder auf Unterlassen der Äußerung einer Irrlehre.[192] Diese Ansprüche liegen **außerhalb der staatlichen Jurisdiktion, weil** die staatliche **Vollstreckung** oder auch nur verbindliche Feststellung in diesen Angelegenheiten eine **Verletzung der Religionsfreiheit** darstellt. Die Religionsfreiheit als negative Kompetenznorm spricht dem Staat insoweit die Zuständigkeit ab.[193]

47 Es wäre allerdings falsch zu meinen, dass jeglicher Streit um die Taufe oder die kirchliche Eheschließung der staatlichen Gerichtsbarkeit entzogen sei. Gegenüber einer aufgezwungenen Durchführung kirchlicher Handlungen stünde dem Betroffenen durchaus ein staatlicherseits festzustellender und durchzusetzender Anspruch zu, namentlich ein **Anspruch auf staatliches Einschreiten gegen** derartige **Zwangsmaßnahmen** zum Schutz der religiösen Selbstbestimmung. Nur die Ausübung von staatlicher Macht zur Erzwingung der Vornahme religiöser Handlungen ist dem Staat verwehrt, die Gewährung von Schutz gegenüber dem Aufzwingen religiöser Handlungen ist dagegen seine ureigenste Aufgabe.

48 Ebenfalls staatlicherseits nicht vollstreckbar ist ein Anspruch auf Übertragung oder Beibehaltung eines kirchlichen Amtes, denn darin läge die Verletzung von Art. 137 Abs. 3 S. 2 WRV, wonach jede Religionsgesellschaft ihre Ämter ohne Mitwirkung des Staates oder der bürgerlichen Gemeinde verleiht. Diese spezifisch verbürgte **Ämterautonomie** unterliegt nicht dem Vorbehalt der für alle geltenden Gesetze. Es handelt sich vielmehr um einen Bereich, der von vornherein einer Regelung durch allgemeines Gesetz nicht zugänglich ist. In Bezug auf die Übertragung und Beibehaltung eines kirchlichen Amtes besteht staatlicherseits keine Schutzpflicht.[194] Eine solche besteht nur im Hinblick auf die Sicherstellung der materiellen Existenz von kirchlichen Mitarbeitern.[195]

---

[190] BVerwGE 149, 139 Ls. 3, Rn. 23.

[191] Krit. auch *Friehe* JZ 2014, 954 ff., der den ordre public Vorbehalt als Maßstab vorschlägt, was ebenfalls nicht überzeugen kann.

[192] *Isensee* FS f. Constantinesco, 1983, 301 (306): „Die Jurisdiktionsgewalt des Staates über die Kirche ist begrenzt. Die Grenzen ergeben sich aus der verfassungsrechtlich gesicherten Freiheit der Kirche, ihre Angelegenheiten aus eigenem Recht zu ordnen, und aus dem säkularen Charakter des Staates. Der weltliche Staat kann nur nach weltlichen Rechtsmaßstäben judizieren. Ihm entziehen sich rein religiöse Angelegenheiten wie Glaubenswahrheit, Sakramentswesen, Gottesdienst, innerkirchliche Organisation oder Ämterordnung in ihren geistlichen Aspekten."; sa *Rüfner* HSKR § 78 Rn. 25 ff.

[193] Dies meint auch *Magen* NVwZ 2002, 897 (901), wenn er feststellt, einige Streitgegenstände seien aufgrund der verfassungsrechtlichen Verpflichtung des Staates zur Neutralität und aufgrund der Religionsfreiheit von der staatlichen Jurisdiktion ausgenommen. Zu präzisieren ist, dass die Frage sich am Inhalt des geltend gemachten Anspruchs entscheidet.

[194] S. zu einem solchen Fall allerdings ohne Entscheidung in der Sache BVerfGE 111, 1 ff., Reichweite des allgemeinen Justizgewährungsanspruchs bei der Überprüfung kirchlicher Maßnahmen; sa BVerwGE 95, 379 ff.; 117, 145 ff., Klage gegen Versetzung eines Pfarrers in den Ruhestand; weitergehend nunmehr offenbar BVerwGE 149, 139 Ls. 3 u. Rn. 23, Geltendmachung von kirchenrechtlichen Ansprüchen vor staatlichen Gerichten.

[195] Instruktiv der Fall OVG Koblenz DÖV 1986, 115; und dazu *Winands* DÖV 1986, 98 (99).

Stehen Religionsfreiheit oder Ämterautonomie der staatlichen Vollstreckung oder verbindlichen Feststellung eines geltend gemachten Anspruchs entgegen, so handelt es sich um eine *rein* innerkirchliche Streitigkeit. Hier ist der Bereich ausschließlicher kirchlicher Gerichtsbarkeit, wie sie bspw. die kirchlichen Eheprozesse, Weihenichtigkeits- oder Lehrbeanstandungsverfahren darstellen. In allen anderen Streitigkeiten auf der Grundlage von kircheneigenem Recht ist staatlicher Rechtsschutz dagegen nicht von vornherein ausgeschlossen, jedoch im **Prüfungsumfang** ggf. beschränkt.[196] Aus diesem beschränkten Prüfungsumfang kann im Einzelfall bereits die Unzulässigkeit einer Klage folgen, zB wegen offensichtlich fehlender Klagebefugnis. Dies ist bei Streitigkeiten auf der Grundlage eigenen Kirchenrechts möglich, wenn Willkür oder ein die staatliche Schutzpflicht auslösender Verstoß gegen fundamentale Rechtsgrundsätze in der Rechtslage oder Rechtsanwendung weder dargetan noch ersichtlich sind. Eine Klage kann des Weiteren unzulässig sein, weil das Rechtsschutzbedürfnis fehlt. Dies ist anzunehmen, wenn im Rahmen einer staatlichen Anspruchsgrundlage Vorfragen nach kircheneigenem Recht zu klären sind und der insoweit gegebene innerkirchliche Rechtsweg zumutbar und noch nicht ausgeschöpft ist.[197] Im Übrigen ist die Berücksichtigung der kirchlichen Selbstbestimmung eine Sache der Anwendung des materiellen staatlichen Rechts und damit der Begründetheit. 49

4. Art. 137 Abs. 4 WRV: Allgemeiner Rechtsstatus. Art. 137 Abs. 4 50
WRV stellt den religiösen Vereinigungen die Vorschriften des bürgerlichen Rechts zur Verfügung, um Rechtsfähigkeit, also den Status einer juristischen Person, zu erwerben. Damit wurden die Religionsgemeinschaften schon unter der Geltung der WRV gesellschaftlichen Vereinigungen jeglicher Art gleichgestellt, denn Art. 124 Abs. 2 S. 2 WRV bestimmte, dass jedem Verein der Erwerb der Rechtsfähigkeit gemäß den Vorschriften des bürgerlichen Rechts freisteht und stellte zudem explizit fest, dass dieser Rechtsstatus einem Verein nicht aus dem Grunde versagt werden darf, dass er einen politischen, sozialpolitischen oder religiösen Zweck verfolgt. Geeignete Rechtsform ist im Regelfall der **Idealverein** gem. § 21 BGB.[198]

Art. 137 Abs. 4 WRV gewährt keinen unmittelbaren Anspruch auf die 51
Verleihung einer bürgerlich-rechtlichen Rechtsform unabhängig von deren einfachgesetzlichen Voraussetzungen. Bei der Anwendung und Auslegung dieser Voraussetzungen ist jedoch Art. 4 Abs. 1, 2, das heißt konkret das jeweilige religiöse **Selbstverständnis,** zu berücksichtigen.[199] § 43 BGB, wonach bei gemeinwohlgefährdenden rechtswidrigen Beschlüssen oder entsprechendem Verhalten des Vorstands die Rechtsfähigkeit entzogen werden kann, ist anwendbar. Eine Religionsgemeinschaft kann allerdings auch als

---

[196] Für Beschränkung des Prüfungsumfangs *Jarass* in Jarass/Pieroth, 15. Aufl. 2018, WRV Art. 140/137 Rn. 17; sa *Korioth* in Maunz/Dürig, 88. El. 2019, WRV Art. 140/137 Rn. 53 ff.; *Magen* in Umbach/Clemens, 2002, Rn. 81; *Ehlers* in Sachs, 8. Aufl. 2018, WRV Art. 140/137 Rn. 15 ff.; *Morlok* in Dreier, 3. Aufl. 2018, WRV Art. 137 Rn. 75.

[197] Aus Rücksichtnahme auf kirchliche Selbstbestimmung ebenso BVerfG NJW 1999, 349 (350); zust. *Magen* NVwZ 2002; 897 (903); *Unruh* in MKS, 7. Aufl. 2018, WRV Art. 137 Rn. 127; einschränkend *Ehlers* in Sachs, 8. Aufl. 2018, WRV Art. 140/137 Rn. 17.

[198] S. zu kirchlichen Vereinen in der staatlichen Rechtsordnung *Towfight,* Die rechtliche Verfassung von Religionsgemeinschaften, 2006; *ders.,* HSKR § 26; zur Abgrenzung bei wirtschaftlicher Betätigung s. → Art. 4 Rn. 82 Stichwort „Vereinsverbot"; zur Entziehung des Status als Idealverein wegen wirtschaftlicher Betätigung s. VG München GewArch 2000, 334; aufgehoben durch VGH München NVwZ-RR 2006, 297.

[199] BVerfGE 83, 341 (356), Bahá'í.

nicht-rechtsfähiger Verein bestehen.[200] Ein Verbot richtet sich nach § 3 Vereinsgesetz.[201]

52 **5. Art. 137 Abs. 5 WRV: Körperschaftsstatus.** Eine **nur historisch verständliche Besonderheit** des deutschen Staatskirchenrechts stellt es dar, dass Religionsgemeinschaften die Rechtsform einer Körperschaft des öffentlichen Rechts haben können.[202] Die Fortführung des historisch Überkommenen ist Inhalt der Bewahrensklausel von Art. 137 Abs. 5 S. 1 WRV. Ein wesentlicher Grund für die Bewahrung dieser Rechtsform war es, den Kirchen das Recht der Steuererhebung zu erhalten.[203] Unter den Bedingungen eines religiös-neutralen Staates ist die Anordnung des Satzes 2 zwingend, wonach dieser Status auch von Religionsgemeinschaften erlangt werden kann, die ihn nicht schon bisher innehatten.[204]

53 **a) Bedeutung.** Mit der Fortführung der staatskirchenrechtlichen Tradition, wonach Religionsgemeinschaften die Rechtsform einer Körperschaft des öffentlichen Rechts haben können, soll auch unter dem GG die Bedeutung der Kirchen für Staat und Gesellschaft Anerkennung finden. Sie hat nichts mit einer Eingliederung in die Staatsverwaltung zu tun.[205] Der Körperschaftsbegriff in Art. 137 Abs. 5 WRV ist insbesondere nicht vergleichbar mit dem herkömmlichen verwaltungsrechtlichen Begriff.[206] Folgerichtig wird mit dem Körperschaftsstatus keine spezifische Organisationsstruktur garantiert. Dem steht Art. 137 Abs. 3 WRV vielmehr entschieden entgegen.[207]

54 Ebenso wenig hat der Status Auswirkungen auf die **Grundrechtsträgerschaft** von Religionsgemeinschaften.[208] Er begründet **keine** besondere **Kirchenhoheit des Staates** und keine gesteigerte Staatsaufsicht (so die frühere Korrelattheorie), sondern soll vielmehr die Eigenständigkeit, Unabhängigkeit und originäre Kirchengewalt bekräftigen.[209] Der Körperschaftsstatus ist somit

---

[200] *Ehlers* in Sachs, 8. Aufl. 2018, Art. 140/137 WRV Rn. 19.

[201] S. dazu → Art. 4 Rn. 82 Stichwort „Vereinsverbot"; zu einem Verbot s. BVerwG NVwZ 2003, 986 ff., Kalifatsstaat; zur Erstreckung auf Teilorganisationen s. BVerwG NVwZ 2003, 990 ff.

[202] Zum Körperschaftsstatus allg. *Bohl,* Der öffentlich-rechtliche Körperschaftsstatus der Religionsgemeinschaften. Voraussetzungen und Verfahren, 2001; *Heinig,* Öffentlich-rechtliche Religionsgesellschaften, 2003; *Magen,* Körperschaftsstatus und Religionsfreiheit, 2004; *ders.,* HSKR § 27; *Mückl* in HStR VII § 159 Rn. 93 ff.; *Mager,* Rechtliche Voraussetzungen der Anerkennung religiöser Gemeinschaften als Körperschaften des öffentlichen Rechts, in: Ess. Gespr. Bd 53 (im Erscheinen).

[203] *Weber* NVwZ 2002, 1443 (1444).

[204] Zu Rechtstatsachen s. die Zusammenstellung von *Robbers,* https://www.uni-trier.de/index.php?id=26713, letzter Zugriff am 31.8.2020).

[205] Vgl. auch Art. 137 Abs. 1 WRV, Verbot der Staatskirche und Art. 137 Abs. 3 S. 1 WRV, Autonomiegewährleistung; zur Bedeutung des Körperschaftsstatus sa BVerfGE 102, 370 (387 ff., 393); 139, 321 Rn. 91, Körperschaftsstatus der Zeugen Jehovas; sowie die Nachw. in Fn. 186.

[206] BVerfGE 102, 370 (387 f.), Körperschaftsstatus der Zeugen Jehovas; sa schon *Ebers* in Nipperdey, Grundrechte und Grundpflichten, Bd. II, 1930, 361 (378 ff.).

[207] BVerfGE 102, 370 (394 f.), Körperschaftsstatus der Zeugen Jehovas.

[208] BVerfGE 18, 385 (386 f.), innerkirchliche Maßnahmen; 21, 362 (374), Sozialversicherungsträger; 42, 312 (321), Bremisches KirchenG; 53, 366 (387), KrankenhausG NRW; 61, 82 (102), Sasbach; 70, 138 (160), kirchliches Kündigungsrecht; 102, 370 (387), Körperschaftsstatus der Zeugen Jehovas; → Art. 19 Rn. 80.

[209] BVerfGE 18, 385 (386 f.), innerkirchliche Maßnahmen; 30, 415 (427 f.), Kirchensteuer; 42, 312 (332), Bremisches KirchenG; 66, 1 (19 f.), Konkursausfallgeld; 102, 370 (388), Körperschaftsstatus der Zeugen Jehovas.

ein vom Staat verliehener Ehrenmantel[210] für ganz unterschiedlich organisierte Religions- und Weltanschauungsgemeinschaften. Er ist Mittel der Religionsförderung, verbunden mit der Erwartung, dass durch deren Wirken Leistungen für das staatliche Gemeinwesen erbracht werden, die der Staat selbst nicht erbringen kann.[211]

Mit dem Körperschaftsstatus gewinnt eine Religionsgemeinschaft nicht nur **55** in tatsächlicher Hinsicht an Ansehen durch die Anerkennung als Faktor des öffentlichen Lebens, sie erlangt auch das Recht, ihre Rechtsverhältnisse mit den Handlungsformen des öffentlichen Rechts zu regeln. Dies betrifft insbes. das Organisations-, Dienst-, Disziplinar-, Vereidigungs- und sakrale Sachenrecht sowie die an den Wohnsitz anknüpfende Regelung der Mitgliedschaft, das Parochialrecht.[212]

Inwieweit über diese im Wesentlichen internen Rechtsbeziehungen hi- **56** naus[213] Lebensäußerungen der Religionsgemeinschaft als öffentlich-rechtlich charakterisiert werden können, ist streitig. Die Auffassungen reichen von der Annahme eines öffentlich-rechtlichen Gesamtstatus[214] über die Begrenzung auf typische Lebensäußerungen[215] bis zur Bündelung der überkommenen **Korporationsrechte.**[216] Da es sich bei dem Körperschaftsstatus für Religionsgemeinschaften nicht um eine Wesensbestimmung handelt, sondern um eine äußerlich bleibende Rechtsform, spricht alles für die letztgenannte Auffassung. Aus dem „Wesen" der Körperschaft des öffentlichen Rechts lässt sich der öffentliche Charakter eines Verhaltens ebenfalls nicht begründen. Folglich ist der Körperschaftsstatus öffentlich-rechtlich verliehene Rechtsfähigkeit, die mit einem spezifischen Bündel von Kompetenzen und Rechten verbunden ist.[217]

Das Recht zur Verwendung öffentlich-rechtlicher Handlungsformen **57** schließt die Verwendung zivilrechtlicher Handlungsformen nicht aus. Einfachgesetzlich sind mit dem Körperschaftsstatus eine Vielzahl von Einzelbegünstigungen verbunden (**„Privilegienbündel"**), die von steuerlichen Vergünstigungen, Vollstreckungsschutzvorschriften, bauplanerischer Rücksichtnahme bis zu sozialrechtlichen Besonderheiten reichen.[218] Die einzelnen Vorrechte müssen nach Maßgabe von Art. 3 Abs. 1 und ggf. Abs. 3 gerechtfertigt sein, wobei die mit der verfassungsrechtlichen Verankerung des Körperschaftsstatus bezweckte **Religionsförderung** einen wesentlichen Gesichtspunkt bildet.[219]

---

[210] BVerfGE 83, 341 (357), Bahá'i; 102, 370 (388), Körperschaftsstatus der Zeugen Jehovas: Mantelbegriff; *Hollerbach* in HStR VI, 2. Aufl. 2001, § 138 Rn. 125: weltlich-rechtliches Kleid; zur Bedeutung des Körperschaftsstatus s. die Nachweise in Fn. 187.

[211] *Magen,* Körperschaftsstatus und Religionsfreiheit, 2004, 184 ff.; *Heinig,* Öffentlich-rechtliche Religionsgesellschaften, 2003, 262 ff.

[212] S. zu Einzelheiten *Magen,* HSKR § 27 Rn. 26 ff.; sa *v. Campenhausen/de Wall* StaatsKirchenR § 31 S. 251 ff.; *Mückl* in HStR VII § 159 Rn. 107.

[213] Zur Unzulässigkeit Verwaltungsgebühren für einen Vorgang des allgemeinen Rechtsverkehrs zu erheben (kirchliche Verwaltungsgebühr für kirchenaufsichtliche Genehmigung einer Grundstücksveräußerung) → Rn. 38 Stichwort kirchliche Abgaben.

[214] *Renck* NVwZ 1990, 38 ff.; sa *Renck* BayVBl. 1986, 273.

[215] BVerwGE 68, 62 (64 ff.), sakrales Glockengeläut.

[216] *Ehlers* in Sachs, 8. Aufl. 2018, WRV Art. 140/137 Rn. 23 unter Betonung einer gewissen Entwicklungsoffenheit.

[217] S. *Unruh,* Religionsverfassungsrecht, 2018, 277; zum Problem der Zuordnung von Handlungen korporierter Bekenntnisgemeinschaften zum öffentlichen oder privaten Recht s. *Renck* NVwZ 1991, 1038 ff.

[218] BVerfGE 102, 370 (371 f.), Körperschaftsstatus der Zeugen Jehovas; sa die Auflistung bei *Ehlers* in Sachs, 8. Aufl. 2018, WRV Art. 140/137 Rn. 21.

[219] *Ehlers* in Sachs, 8. Aufl. 2018, WRV Art. 140/137 Rn. 21.

58 **b) Voraussetzungen und Verlust.** Art. 137 Abs. 5 WRV unterscheidet zwischen den zum Zeitpunkt des Erlasses der WRV bereits vorhandenen körperschaftlich organisierten Religionsgemeinschaften und dem Recht aller anderen Religionsgemeinschaften, unter bestimmten Voraussetzungen diesen Status zu erlangen. Mit der Inkorporation der Vorschrift in das GG gehören zu den **geborenen Körperschaften** auch diejenigen, die diesen Status nach dem Inkrafttreten der WRV erlangt haben.[220] Überkommenen Religionsgesellschaften in Körperschaftsform kann dieser Rechtsstatus auf der Grundlage des geltenden Verfassungsrechts nicht entzogen werden. Möglich ist ein Verbot, mit der Folge, dass die Körperschaft infolge der Auflösung ihr Substrat verliert.

59 Anderen Religionsgemeinschaften steht gem. Art. 137 Abs. 5 S. 2 WRV auf Antrag ein **verfassungsunmittelbarer Anspruch auf Verleihung** des Körperschaftstatus[221] und der damit einhergehenden Korporationsrechte zu, sofern sie die **Gewähr der Dauer** bieten. Die Gewähr der Dauer muss durch die **Verfassung** und die **Zahl der Mitglieder** unterlegt sein. Dies bedeutet, dass eine funktionierende Organisation und hinreichende Mitgliederzahl bereits über einen so großen Zeitraum bestanden haben müssen, dass eine zeitlich unabsehbare Fortexistenz naheliegt.[222] Nach der Anerkennungspraxis der Länder ist dafür grds. ein Bestand über einen Zeitraum von etwa 30 Jahren notwendig.[223]

60 Der Begriff der „Verfassung" verweist auf die rechtliche und tatsächliche Organisation, das religiöse Leben und eine ausreichende Finanzausstattung.[224] In Bezug auf die Mitgliederzahl ist die alte Faustregel, dass die Religionsgesellschaft 1/1000 der jeweiligen Landesbevölkerung auf sich vereinigen müsse,[225] inzwischen einer differenzierten Betrachtung gewichen.[226] Sollte mit dem Bevölkerungsanteil ursprünglich eine gewisse öffentliche Bedeutung gesichert werden,[227] geht es nunmehr darum, den dauerhaften Bestand der Gemeinschaft zu prognostizieren. Eine sachgerechte Grundlage für die Beur-

---

[220] BVerwGE 105, 255 (262), Wiederaufleben des Körperschaftsstatus von Religionsgemeinschaften in der ehemaligen DDR mit Inkrafttreten des EVertr. gem. Art. 140 GG iVm 137 Abs. 5 WRV, Israelitische Synagogengemeinde Adass Jisroel zu Berlin; s. dazu *Kunig/Uerpmann* DVBl. 1997, 248 ff.

[221] BVerfGE 102, 370 (384); 139, 321 Rn. 88, Körperschaftsstatus der Zeugen Jehovas.

[222] BVerfGE 102, 370 (385), Körperschaftsstatus der Zeugen Jehovas.

[223] *v. Campenhausen/de Wall* StaatsKirchenR § 17 S. 135; *Heinig,* Öffentlich-rechtliche Religionsgesellschaften, 2003, 324; so auch der aktualisierte Leitfaden für die Verleihung der Körperschaftsrechte an Religions- und Weltanschauungsgemeinschaften vom 16.2.2017. Gemäß Art. 143 Abs. 2 BayLV ist ein Mindestbestand von fünf Jahren gefordert.

[224] BVerfGE 102, 370 (385), Körperschaftsstatus der Zeugen Jehovas mwN.

[225] Auf diese Verwaltungspraxis verweist *Weber* ZevKR 57 (2012), S. 347 (358 und 368); s. auch *Towfigh,* Die rechtliche Verfassung von Religionsgemeinschaften, 2006, S. 171; endgültig verworfen durch BVerwG NVwZ 2013, 943 Rn. 8 ff.

[226] S. OVG Berlin NVwZ-RR 2000, 604, 605 – nunmehr im Sinne eines Indikators für Dauerhaftigkeit, ohne dass ein Unterschreiten für den Gegenschluss genügt; s. auch HessVGH Urteil vom 22.9.2011, 8 A 1978/10, NVwZ 2011, 1531 f. juris Rn. 33; endgültig verworfen durch BVerwG NVwZ 2013, 943 juris Rn. 8 ff.; krit. auch *Weber* ZevKR 57 (2012), 347 (368).

[227] S. zu dieser Diskussion *Müller* ZevKR 1952/53, 139 (155 ff.); vgl. auch BVerfG, Beschluss vom 4.10.1965, 1 BvR 498/62, BVerfGE 19, 129, 133 f.: „Anerkennung der besonderen Bedeutung der öffentlichen Wirksamkeit einer Religionsgesellschaft"; s. den Leitfaden der Kultusministerkonferenz von 1954, abgedruckt bei *Weber,* Die Religionsgemeinschaften als Körperschaften des öffentlichen Rechts im System des Grundgesetzes, 1966, S. 337 (377 f.); s. auch *Hillgruber* KuR 2011, S. 225 (235); s. den Vortrag des beklagten Landes in BVerwG NVwZ 2013, 943 juris Rn. 5.

teilung bilden die in der neueren Rechtsprechung des BVerwG[228] genannten Kriterien wie die Entwicklung des Mitgliederbestands in der Vergangenheit, die Altersstruktur der Mitglieder, die Einbindung in eine größere, ggf. weltweit verbreitete Gemeinschaft.[229]

Streitig ist, ob über die ausdrücklichen Anforderungen hinaus, für die **61** Verleihung des Körperschaftsstatus als ungeschriebene, quasi verfassungsimmanente Voraussetzung eine besondere Staatsloyalität, Rechts- oder Verfassungstreue zu fordern ist. Historische Argumente lassen sich für eine besondere Staatsloyalität zwar vorbringen; allerdings können sie nicht gegen die systematischen Argumente durchdringen, die aus der Neuakzentuierung des Staatskirchenrechts durch die WRV und das GG folgen. Der Körperschaftsstatus dient unter der Geltung des GG allenfalls reflexhaft, nicht aber final staatlichen Interessen.[230] Seine Funktion ist vielmehr die Förderung der Religionsfreiheit in ihren kollektiven und korporativen Ausprägungen.[231] Verfassungstreue im beamtenrechtlichen Sinne, also als Gesinnungselement, kann nicht gefordert werden. Dagegen ist die auf das Verhalten bezogene Forderung der **Rechtstreue** eine Selbstverständlichkeit, soweit es sich um die „für alle geltenden Gesetze" iSd Art. 137 Abs. 3 S. 1 WRV handelt, die von jeder Religionsgemeinschaft zu beachten sind.

Auch das BVerfG hat festgestellt, dass eine Religionsgemeinschaft, die den **62** Körperschaftsstatus erlangen will, rechtstreu sein muss. Sie müsse gewährleisten, das geltende Recht zu beachten, insbes. „die ihr übertragene Hoheitsgewalt nur in Einklang mit den verfassungsrechtlichen und sonstigen gesetzlichen Bindungen" auszuüben. Außerdem müsse sie „die Gewähr dafür bieten, dass ihr künftiges Verhalten die in Art. 79 Abs. 3 umschriebenen fundamentalen Verfassungsprinzipien, die dem staatlichen Schutz anvertrauten Grundrechte Dritter sowie die Grundprinzipien des freiheitlichen Religions- und Staatskirchenrechts des Grundgesetzes nicht gefährdet." Eine darüber hinausgehende Loyalität zum Staat sei dagegen nicht Voraussetzung für die Erlangung des Status nach Art. 140 GG iVm Art. 137 Abs. 5 WRV.[232] Der Forderung der Rechtstreue ist ebenso zuzustimmen wie der Verneinung einer spezifischen Staatsloyalität.

Letztlich muss der Staat aufgrund seiner Schutzpflichten vorsorgend sicher- **63** stellen, dass eine Religionsgemeinschaft, die den Körperschaftsstatus erlangen möchte, die Gewähr dafür bietet, dass sie die Körperschaftsbefugnisse in einer Weise ausübt, die unter Berücksichtigung ihrer religiösen Selbstbestimmung

---

[228] BVerwG NVwZ 2013, 943 juris Rn. 10.

[229] Sa nunmehr Leitfaden für die Verleihung der Körperschaftsrechte an Religions- und Weltanschauungsgemeinschaften Stand Februar 2017, B 2c (2). Siehe schon *Müller* ZevKR 1952/53, S. 139 (164 ff.): soziologische Struktur: räumliche Verteilung und örtliche Dichte, Altersklassen- und Geschlechterzusammensetzung, soziale Gliederung: Vertriebene; s. zur Literatur, die dieser Auffassung seit langem vorgearbeitet hat *Weber* ZevKR 2012, S. 347 (370) m. w. N.

[230] *Magen,* Körperschaftsstatus und Religionsfreiheit, 2004, 184 ff.; *Heinig,* Religionsgesellschaften, S. 262 ff., 264.

[231] S. dazu *Germann* in BeckOK GG, WRV Art. 140/137 Rn. 68 mwN.; *Magen* HSKR § 27 Rn. 1 und passim.

[232] BVerfGE 102, 370 (390 ff., 395 ff.) Körperschaftsstatus der Zeugen Jehovas; sa BVerwG NVwZ 2001, 924 ff.; krit. *Hillgruber* NVwZ 2001, 1347 ff.; strikter zuvor BVerwGE 105, 117 (126) mit Zustimmung *Abel* NJW 1997, 2370; *Link* ZevKR 43 (1998), 1 ff.; *Thüsing* DÖV 1998, 25 ff.; *Fechner* Jura 1999, 515 (521 f.); krit. *Müller-Volbehr* NJW 1997, 3358; *Morlok/Heinig* NVwZ 1999, 697 ff.; *Robbers* FS f. Heckel, 1999, 411 (421); aA auch die Vorinstanzen VG Berlin NVwZ 1994, 609; OVG Berlin NVwZ 1996, 478.

ein Mindestmaß an Respekt für die Grundrechte derjenigen wahrt, die von ihren Handlungen betroffen werden, dass sie im Hinblick auf ihre Funktion als Ansprechpartner für den Religionsunterricht in der Schule für die weltliche Ordnung die freiheitlich-demokratische Verfassungsform bejaht und dass ihr Verhalten den allgemeinen Gesetzen, insbes. den Strafgesetzen nicht zuwiderläuft.[233]

64 **Anträge muslimischer Vereinigungen** auf Verleihung des Körperschaftstatus hatten bisher nur selten Erfolg.[234] Das Problem liegt in der geforderten „Verfassung". Vielfach handelt es sich um religiöse Vereine mit nur partieller religiöser Zielsetzung und nicht um Religionsgemeinschaften im Sinne einer Vereinigung, deren Hauptzweck die Pflege einer bestimmten Religion ist. Das gilt für Moscheevereine ebenso wie für Dachverbände, die nach der Rechtsprechung des BVerwG aber durchaus Religionsgemeinschaft sein können.[235] Insbes. das Parochial- und das Besteuerungsrecht fordern eine klare Regelung der Mitgliedschaft, woran es häufig fehlt.[236] Im Einzelfall können auch Probleme in Bezug auf das Merkmal der Rechtstreue bestehen.

65 Das **Verfahren** sowie die **Form** der Anerkennung werden durch **Landesrecht** geregelt.[237] Die Anerkennung in einem Land ersetzt nicht die Anerkennung in anderen Ländern. Streitig ist, in welchem Umfang eine erneute inhaltliche Prüfung erforderlich ist.[238] Versteht man die Verleihung als Vollzug von Bundesrecht, nämlich des bundesunmittelbaren Anspruchs aus Art. 137 Abs. 5 WRV, so folgt daraus, dass die Erstverleihung für alle Länder Wirkung entfaltet, soweit die Körperschaftsbefugnisse und die Rechte nach einfachem Bundesgesetz in Frage stehen.[239] Den Zweit- und weiteren Anerkennungen kommt insoweit nur noch deklaratorische Bedeutung zu.[240] Dies ist auch deshalb unbedenklich, weil die übrigen Länder im Erstverleihungsverfahren gemäß der Pflicht zu bundesfreundlichem Verhalten zu beteiligen sind und in der Praxis auch beteiligt werden.[241] Angesichts der Grundrechtsrelevanz der Entscheidung, die ein Gesetz erfordert[242] und der Betroffenheit aller Länder würde es sich empfehlen, die Grundzüge des Verfahrens

---

[233] *Mager,* Rechtliche Voraussetzungen der Anerkennung religiöser Gemeinschaften als Körperschaften öffentlichen Rechts, Ess. Gespr. Bd. 53 (im Erscheinen) mwN und Thesen.

[234] Das Land Hessen hat der islamischen Religionsgemeinschaft Ahmadiyya Muslim Jamaat (AMJ) 2013 den Status einer Körperschaft des öffentlichen Rechts verliehen.

[235] S. zu den Voraussetzungen BVerwGE 123, 49 (54 ff.), Anspruch der Religionsgemeinschaften auf Einführung von Religionsunterricht.

[236] S. dazu *Gutknecht,* Öffentlich-rechtliche Körperschaft und der organisierte Islam, Göttinger E-Papers zu Religions und Recht, Nr. 8 2014; s. auch schon Zur Frage der Verleihung des Körperschaftsstatus an islamische Glaubensgemeinschaften s. *Albrecht* KuR 1995, 25 ff.; *Muckel* DÖV 1995, 311; *Muckel/Tillmanns* in Muckel Der Islam im öffentlichen Recht des säkularen Verfassungsstaates, 251 (254); *Lindner* ZevKR 48 (2003), 178 ff.; *Weber* in Oebbecke Muslimische Gemeinschaften im deutschen Recht, 89 ff.; *Uhle,* Staat – Kirche – Kultur, 2004, 155 ff.

[237] *Ehlers* in Sachs, 8. Aufl. 2018, WRV Art. 140/137 Rn. 29.

[238] S. dazu *Mager,* Rechtliche Voraussetzungen der Anerkennung religiöser Gemeinschaften als Körperschaften öffentlichen Rechts, Ess. Gespr. Bd. 53 (im Erscheinen) mwN.

[239] So BVerfGE 139, 321 (371 Sondervotum Rn. 1 ff.); aA. BVerfGE 139, 321 Rn. 105 ff. und 110 ff.; Körperschaftsstatus der Zeugen Jehovas.

[240] S. die Nachweise in BVerfGE 139, 321 (371 Sondervotum Rn. 7), Körperschaftsstatus der Zeugen Jehovas.

[241] BVerfGE 139, 321 Rn. 120 sowie Sondervotum Rn. 11, Körperschaftsstatus der Zeugen Jehovas. S. auch den Leitfaden für die Verleihung der Körperschaftsrechte an Religions- und Weltanschauungsgemeinschaften vom 16.4.2017.

[242] *Morlok* in Dreier, 3. Aufl. 2018, Art. 137 WRV Rn. 140; s. auch *Ehlers* in Sachs, 8. Aufl 2018, Art. 137 WRV Rn. 29; *Heinig,* Religionsgesellschaften, 349 f., 370 f.

und insbes. die Beteiligung am Verfahren der Erstverleihung in einem Staatsvertrag zwischen den Ländern zu regeln.[243] Der 2. Senat des BVerfG hat allerdings mehrheitlich die Auffassung vertreten, dass die Länder mit der Verleihung des Körperschaftsstatus gerade „kein Bundesgesetz im Sinne des Art. 83 GG" vollziehen, sondern Landesrecht.[244] Auch wenn formal kein Bundesgesetz iSd. Art. 83 GG vorliegt, ist der Rechtsgedanke des Art. 83 auf den unbestritten bundesunmittelbaren Anspruch aus Art. 137 Abs. 5 S. 2 WRV anwendbar.[245] Die Ermächtigung des Landesgesetzgebers in Art. 137 Abs. 8 WRV bezieht sich gerade auf die „Durchführung" der Bestimmungen des Art. 137 WRV.

Nach Auffassung des BVerfG verstößt die Verleihung in Form eines Gesetzes gegen den Gewaltenteilungsgrundsatz, der mittelbar auch das Recht auf wirksamen Rechtsschutz im Einzelfall verbürge.[246] **66**

Auf der Grundlage eines Gesetzes kann der Status im Zusammenhang mit einem Verbot entzogen werden. Eine Abschaffung des Status ist nur durch verfassungsänderndes Gesetz möglich.[247] **67**

Art. 137 Abs. 5 S. 3 WRV ermöglicht Religionsgemeinschaften in der Form einer Körperschaft des öffentlichen Rechts den **Zusammenschluss** mit anderen Religionsgemeinschaften derselben Rechtsform unter Wahrung dieses Status. Dies ist die konsequente Umsetzung der Bestimmung des Art. 137 Abs. 2 S. 2 WRV, wonach der Zusammenschluss von Religionsgesellschaften innerhalb des Reichsgebiets keinen Beschränkungen unterliegt. Dem Zusammenschluss kommt der Körperschaftsstatus kraft Verfassung zu. Es bedarf insbes. keines neuen Verfahrens. **68**

6. Art. 137 Abs. 6 WRV: Steuererhebungsrecht. Mit dem in Art. 137 Abs. 6 WRV verbürgten Steuererhebungsrecht[248] nach Maßgabe der landesrechtlichen Bestimmungen ist ein spezifisches, an den Körperschaftsstatus anknüpfendes Vorrecht[249] verfassungsrechtlich garantiert. Diese Form des kooperativen Zusammenwirkens zwischen Kirchen und Staat in Bezug auf die Finanzierung der kirchlichen Arbeit ist Folge der Vermögensverluste der Kirchen im Zuge der Reformation und des Reichsdeputationshauptschlusses von 1803 sowie der Auflösung des Staatskirchentums im Laufe des 19. Jahrhunderts,[250] wodurch die Finanzierung aus dem Staatshaushalt ihre Grundlagen verlor. War die Initiative zu dieser Form der Kirchenfinanzierung ursprünglich von staatlicher Seite ausgegangen, wollten 1919 die Kirchen selbst die Steuererhebung gegen kirchenfeindliche Bestrebungen verfassungs- **69**

---

[243] *Mager,* Rechtliche Voraussetzungen der Anerkennung religiöser Gemeinschaften als Körperschaften öffentlichen Rechts, Ess. Gespr. Bd. 53 (im Erscheinen).

[244] BVerfGE 139, 321 Ls. 1 und Rn. 103 ff., Körperschaftsstatus der Zeugen Jehovas.

[245] So zutreffend das Sondervotum BVerfGE 139, 321, Körperschaftsstatus der Zeugen Jehovas Abschnitt D. Rn. 2 ff.; sa *Mager,* Rechtliche Voraussetzungen der Anerkennung religiöser Gemeinschaften als Körperschaften öffentlichen Rechts, Ess. Gespr. Bd. 53 (im Erscheinen).

[246] BVerfGE 139, 321 Rn. 124 ff., Körperschaftsstatus der Zeugen Jehovas.

[247] *Ehlers* in Sachs, 8. Aufl. 2018, WRV Art. 140/137 Rn. 30.

[248] S. dazu *Hammer,* HSKR § 72; *Marré,* Die Kirchenfinanzierung in Kirche und Staat der Gegenwart, 4. Aufl. 2006; *Weber* NVwZ 2002, 1443; *Suhrbier-Hahn,* Das Kirchensteuerrecht. Eine systematische Darstellung, 1999.

[249] Es handelt sich um ein verliehenes Hoheitsrecht, s. BVerfGE 19, 206 (217 f.), Kirchenbausteuer.

[250] S. zur geschichtlichen Entwicklung *Weber* NVwZ 2002, 1443 (1444); *Unruh,* Religionsverfassungsrecht, 4. Aufl. 2018, Rn. 317.

rechtlich gesichert sehen.[251] Heute stellt diese traditionelle Kooperation zwischen Staat und Kirche – wie der Körperschaftsstatus – einen **Bestandteil staatlicher Religionsförderung** dar.[252] Ihre Zukunftsfähigkeit ist inzwischen allerdings angesichts der Abhängigkeit von der staatlichen Steuer- und damit Verteilungspolitik auch in den Kirchen nicht mehr unbestritten.[253]

70 Das Kirchensteuerrecht stellt eine **gemeinsame Angelegenheit** von Staat und Kirchen dar. Der Staat stattet die Kirchen mit der hoheitlichen Befugnis[254] aus, Steuern durch Verwaltungsakt zu erheben und im Wege des Verwaltungszwangs beizutreiben. Zum Erlass der notwendigen Gesetze ist der Landesgesetzgeber verpflichtet.[255] Diese Gesetze werden durch Kirchsteuerordnungen und/oder kirchliche Hebesatzbeschlüsse ergänzt.[256] Die Bestimmung des Steuergläubigers – zB Kirchengemeinde, Kirchenkreis, Diözese, Landeskirche – ebenso wie die Einziehung der Kirchensteuer sind eine Angelegenheit der kirchlichen Selbstverwaltung. Die Kirchsteuergesetze der Länder sehen jedoch die Möglichkeit vor, dass die Kirchen die Einziehung gegen Entgelt den staatlichen Finanzbehörden übertragen.[257] Dieser Inanspruchnahme wird entgegengehalten, sie stelle einen Verstoß gegen das Trennungsgebot dar.[258] Dem ist zu erwidern, dass es sich um eine im kirchlichen Selbstverwaltungsrecht ruhende Organisationsentscheidung handelt. Das staatliche Angebot dieser Dienstleistung liegt angesichts der ohnehin bestehenden und verfassungsrechtlich vorgesehenen Kooperation im Bereich der Kirchensteuer nahe und ist von der Kompetenz des Landesgesetzgebers gedeckt.

71 Die Tatsache, dass der Staat im Rahmen des **Lohnsteuerabzugsverfahrens** wiederum die Arbeitgeber in Anspruch nimmt, ist verfassungsrechtlich nicht bereits durch die „Garantie einer geordneten Besteuerung" nach Art. 137 Abs. 6 WRV gerechtfertigt,[259] denn andere Verfahren sind denkbar. Vertretbar ist es, das Besteuerungsverfahren dem Gestaltungsspielraum des Gesetzgebers zu überlassen und die Indienstnahme des Arbeitgebers wegen der nur geringfügigen Mehrbelastung im Lohnsteuerabzugsverfahren für gerechtfertigt zu halten. Da es sich um eine staatliche Inpflichtnahme handelt,[260] ist grundrechtlicher Maßstab im Regelfall auch nicht die Glaubensfreiheit als Recht, die Unterstützung fremder Religionsgemeinschaften zu verweigern, sondern vielmehr die Berufsfreiheit oder die allgemeine Handlungsfreiheit.[261]

72 Die Eintragung der Religionszugehörigkeit auf der Lohnsteuerkarte stellt zwar einen Eingriff in die Bekenntnisfreiheit des Arbeitnehmers dar. Dieser

[251] BVerfGE 19, 253 (257 f.), Kirchensteuerordnung: Anwendung kirchlicher Steuergesetze durch staatliche Behörden.

[252] Zur (unzutreffenden) Behauptung es handele sich um verfassungswidriges Verfassungsrecht s. *Kleine,* Institutionalisierte Verfassungswidrigkeiten im Verhältnis von Staat und Kirche unter dem GG, 1993, 214 f.; dagegen *Weber* NVwZ 2002, 1443 (1446 f.).

[253] S. dazu *Weber* NVwZ 2002, 1443 (1449 ff.); *Unruh,* Religionsverfassungsrecht, 4. Aufl. 2018, Rn. 323.

[254] BVerfGE 19, 206 (217), Kirchenbausteuer.

[255] BVerfGE 19, 206 (217), Kirchenbausteuer; 73, 388 (398 f.), Kirchgeld; sa *Morlok* in Dreier, 3. Aufl. 2018, WRV Art. 137 Rn. 120.

[256] S. zur Notwendigkeit und Zulässigkeit entsprechender gesetzlichen Ermächtigungen BVerfGE 73, 388 (399 f.), Kirchgeld; sa BVerfG NVwZ 2002, 1496 ff.

[257] *Weber* NVwZ 2002, 1443 (1445).

[258] So *Czermak/Hilgendorf,* Religions- und Weltanschauungsrecht, 2. Aufl. 2018, Rn. 277.

[259] *Weber* NVwZ 2002, 1443 (1445); für derartige Rechtfertigung BVerfGE 44, 103 f., Zulässige Haftung des Arbeitgebers für die Kirchenlohnsteuer seiner Arbeitnehmer.

[260] So *Unruh* in MKS, 7. Aufl. 2018, WRV Art. 137 Rn. 269; *Unruh,* Religionsverfassungsrecht, 2018, 326; sa *Weber* NVwZ 2002, 1443 (1448).

[261] *Germann* in BeckOK GG, WRV Art. 140/137 Rn. 107.2.

Eingriff ist jedoch im Regelfall durch Art. 136 Abs. 3 S. 2 WRV unter Berücksichtigung des Selbstverwaltungsrechts der Religionsgemeinschaft, welcher der Arbeitnehmer angehört, gerechtfertigt, da die **Übertragung der Einziehung der Kirchensteuer auf den Staat freie Entscheidung der jeweiligen Religionsgemeinschaft** ist und im Regelfall von einem Einverständnis des Mitglieds ausgegangen werden kann. In der Rechtsprechung des BVerfG erfährt das Problem angesichts der Geringfügigkeit des Eingriffs keine vertiefte dogmatische Durchdringung.[262] Der EGMR hat ebenfalls eine Verletzung der Glaubensfreiheit gemäß Art. 9 EMRK verneint.[263]

Aus der individuellen Glaubensfreiheit folgt zwingend, dass die Befugnis zur Kirchensteuererhebung ausschließlich gegenüber Mitgliedern der jeweiligen Körperschaft[264] besteht. Die **Freiwilligkeit** der Kirchensteuerzahlung muss gewahrt bleiben. Insbes. umfasst die **Bekenntnisfreiheit** das Recht, nicht zu öffentlichen Abgaben herangezogen zu werden, die nur von Kirchenmitgliedern erhoben werden dürfen.[265] Dies hat zu einer Vielzahl von Problemen infolge der Mitgliedschaftsbegründung durch Wohnsitznahme (Parochialrecht),[266] bei glaubens- und konfessionsverschiedenen Ehegatten sowie bei Aus- und Übertritten geführt.[267] **73**

Der Staat muss zum Schutz der Glaubensfreiheit Menschen die Möglichkeit geben, mit Wirkung für die staatliche Rechtsordnung[268] aus der Glaubensgemeinschaft, der sie zunächst angehören, auszutreten. Zu den Wirkungen für die staatliche Rechtsordnung gehören ua der Wegfall der Kirchensteuerpflicht sowie der Schutz des Ausgetretenen gegenüber etwaigen Übergriffen seiner ehemaligen Religionsgemeinschaft. Die einschlägigen Landesgesetze[269] bestimmen, dass eine **Austrittserklärung** keine Bedingungen oder Zusätze enthalten darf. Die Praxis, zur Vermeidung von Kirchensteuern aus der Kirche als Körperschaft des öffentlichen Rechts auszutreten und gleichzeitig den Willen zum Ausdruck zu bringen, Mitglied der kirchlichen Gemeinschaft zu bleiben, ist damit jedenfalls nicht durch Erklärung gegenüber dem Staat zu realisieren.[270] Welche Konsequenzen die jeweilige Religionsgemeinschaft an **74**

---

262 S. BVerfGE 49, 375 f., Eintragung in die Lohnsteuerkarte; BVerfG NVwZ 2001, 909; krit. dazu *Wasmuth/Schiller* NVwZ 2001, 852.

263 EGMR NVwZ 2011, 1503 (1504 f.).

264 S. zur Kirchenmitgliedschaft *Winter,* Staatskirchenrecht, 2. Aufl. 2008, 244 ff.; *Germann/Rüfner,* HSKR § 30; *Czermak/Hilgendorf,* Religions- und Weltanschauungsrecht, 2018, § 12.

265 Sog. negative religiöse Finanzierungsfreiheit (*Starck* in MKS Art. 4 Rn. 41); BVerfGE 19, 206 (216), Kirchenbausteuer; 19, 226 (235); 19, 242 (247), Kirchensteuerpflicht bei glaubensverschiedener Ehe; 30, 415 (421 f.), Kirchensteuer; 44, 37 (49); 44, 59 (67), Nachbesteuerung bei Kirchenaustritt; BVerwGE 52, 104 (113), Kirchensteuerpflicht bei glaubensverschiedener Ehe; 79, 62 (63), Beendigung der Kirchensteuerpflicht durch Kirchenaustritt während des Steuerjahres.

266 BFHE 172, 570; 177, 184; 188, 245; zum Ganzen *Weber* NVwZ 2002, 1443 (1449).

267 BVerfGE 19, 226 ff.; 19, 242 ff.; 19, 268 ff.; 20, 40 ff., Kirchensteuerpflicht bei glaubensverschiedener Ehe; 44, 37 ff.; 44, 59 ff., Nachbesteuerung bei Kirchenaustritt; und dazu *Hammer,* HSKR § 72 Rn. 36, 43 ff.; sa *Renck,* Kirchensteuer und Kirchenaustritt, BayVBl. 2004, 132 ff.; BVerwG NVwZ 2009, 533 ff. – Wegfall eines Verlustvortrags stellt keinen unzulässigen Druck für Verbleib in der Kirche dar; BVerfG NJW 2011, 365, glaubensverschiedene Ehegatten.

268 S. *Weber* NVwZ 2002, 1443 (1448): Die Wirkungen des Kirchenaustritts beschränken sich auf das staatliche Recht.

269 Vgl. § 26 KirchStG BW.

270 S. zu einem solchen Fall VG Freiburg KuR 2009, 285 (Ls.); VGH Mannheim VBlBW 2010, 434 ff.; bestätigt durch BVerwGE 144, 171 ff., kein isolierter Austritt aus der Kirche als Körperschaft des öffentlichen Rechts; sa *Muckel* JZ 2009, 174 ff.

einen gegenüber dem Staat erklärten Austritt knüpft, ist im Rahmen der allgemeinen Gesetze ihre Angelegenheit. Fest steht, dass der Staat für Erklärungen des austrittswilligen Kirchenmitglieds gegenüber seiner Kirche nicht zuständig ist. Derartige Zusätze sind schon deshalb und ganz unabhängig von einer gesetzlichen Regelung gegenüber dem Staat ohne Wirkung.[271]

75 **7. Art. 137 Abs. 7 WRV: Gleichstellung der Weltanschauungsgemeinschaften.** Art. 137 Abs. 7 WRV ordnet die Gleichstellung der Weltanschauungsgemeinschaften mit den Religionsgemeinschaften an. Dies ist notwendige Folge der staatlichen Neutralität in Glaubensdingen und stellt das korporative Pendant zur Gleichstellung von „religiösem und weltanschaulichem Bekenntnis" in Art. 4 Abs. 1[272] dar. Auch für die Weltanschauungsgemeinschaft als Rechtsbegriff gilt, dass es sich um eine **Vereinigung** handeln muss, deren **Hauptzweck** in der **Pflege einer Weltanschauung** liegt. Wie Religionen geben auch Weltanschauungen Antworten auf die menschlichen Sinnfragen, anders als Religionen allerdings ohne Rückgriff auf ein transzendentes Heiliges.[273] Eine Weltanschauungsgemeinschaft mit Körperschaftsstatus ist die Humanistische Gemeinschaft.

76 Der **Körperschaftsstatus** steht Weltanschauungsgemeinschaften unter den gleichen Voraussetzungen wie Religionsgemeinschaften offen,[274] jedoch haben bisher nur sehr wenige Gemeinschaften von dieser Möglichkeit Gebrauch gemacht.[275]

77 Das Gleichstellungsgebot des Art. 137 Abs. 7 WRV bezieht sich auf den Anwendungsbereich des Art. 137 WRV.[276] Daneben richtet sich die Gleichbehandlung nach Art. 4 Abs. 1 sowie Art. 3 Abs. 3 und Art. 3 Abs. 1. Die Frage der Freistellung vom Wehrdienst aufgrund des sog. Geistlichenprivilegs gem. § 11 Abs. 1 WPflG ist daher in erster Linie eine Frage des Art. 3 Abs. 3 und Art. 3 Abs. 1.[277] Die Ausübung irgendeines Amtes in einer Weltanschauungsgemeinschaft ist nicht ausreichend, da dies auch für Religionsgemeinschaften nicht genügt. Der Grund der Freistellung besteht vielmehr in der inhaltlichen Unvereinbarkeit des Wehrdienstes mit spezifischen Verpflichtungen der katholischen und evangelischen Geistlichen.

78 **8. Art. 137 Abs. 8 WRV: Landesgesetzgebungskompetenz.** Soweit die staatskirchenrechtlichen Bestimmungen des Art. 137 WRV genauerer Ausführung bedürfen, steht die Gesetzgebungskompetenz gem. Art. 137 Abs. 8 WRV den Ländern zu. Diese Vorschrift ist in Beziehung zu Art. 10 Nr. 1 WRV zu sehen, wonach dem Reich die Befugnis eingeräumt war, im Wege der Gesetzgebung Grundsätze für die Rechte und Pflichten der Religionsgesellschaften aufzustellen. Probleme des Verhältnisses einer solchen

---

[271] S. BVerwG 144, 171 ff.; *Germann* in BeckOK GG, Art. 140/137 Rn. 114.2.

[272] S. dazu → Art. 4 Rn. 2, zu den Begriffen Rn. 23 ff. Zum Wortlaut des Art. 4 Abs. 2 „Religionsausübung" s. → Art. 4 Rn. 71 ff., 76.

[273] S. dazu → Art. 4 Rn. 25 ff.

[274] VG Berlin NVwZ-RR 2000, 606; OVG Berlin NVwZ-RR 2000, 604.

[275] S. die Aufstellung von *Robbers,* https://www.uni-trier.de/index.php?id=26713, letzter Zugriff am 31.8.2020.

[276] *Magen* in Umbach/Clemens, 2002, Rn. 122; aA *Jarass* in Jarass/Pieroth, 15. Aufl. 2018, WRV Art. 140/137 Rn. 4; *Morlok* in Dreier, 3. Aufl. 2018, WRV Art. 137 Rn. 137; *Korioth* in Maunz/Dürig, 88. EL. 2019, WRV Art. 140/137 Rn. 103; *Unruh* in MKS, 7. Aufl. 2018, WRV Art. 137 Rn. 272.

[277] BVerwGE 61, 152 ff., Zurückstellung vom Wehrdienst bei Geistlichen anderer Bekenntnisse („Scientology").

Grundsatzgesetzgebung zu der von Art. 137 Abs. 8 WRV angesprochenen Durchführungsgesetzgebung stellen sich unter dem GG nicht. Eine Grundsatzgesetzgebung gibt es nur noch im Rahmen von Art. 138 Abs. 1 WRV, aber nicht mehr allgemein gemäß Art. 10 Nr. 1 WRV in Bezug auf Rechte und Pflichten von Religionsgesellschaften. Als Norm des GG **konkretisiert** Art. 137 Abs. 8 WRV zum einen den verfassungsunmittelbaren Anspruch nach Art. 137 Abs. 5 WRV (→ Rn. 46), zum anderen den Grundsatz des **Art. 70 Abs. 1.** Zuordnungsprobleme sind wie auch sonst nach dem Sachzusammenhang und dem Schwerpunkt der Regelung zu lösen.

III. Art. 138 WRV – Staatsleistungen und funktionaler Vermögensschutz (sog. Kirchengutsgarantie)

Art. 138 WRV enthält zwei sehr unterschiedliche Bestimmungen, deren Verbindung darin besteht, dass es jeweils um die materiellen Grundlagen der Betätigung von Religionsgemeinschaften geht. Dabei zielt Abs. 1 auf die Verwirklichung des **Trennungsgebots in finanziellen Angelegenheiten,**[278] während Abs. 2 dem allgemeinen Eigentumsschutz ein **Säkularisationsverbot**[279] hinzufügt. 79

1. Ablösung der Staatsleistungen. Der Tatbestand des Abs. 1 wird umschrieben durch „Staatsleistungen an Religionsgesellschaften, die auf Gesetz, Vertrag oder besonderen Rechtstiteln beruhen“. Rechtsfolge ist die Ablösung durch Landesgesetzgebung, sobald „das Reich“ dafür die nötigen Grundsätze aufgestellt hat.[280] 80

Bei den von Art. 138 Abs. 1 WRV gemeinten Staatsleistungen handelt es sich um Geld- oder Naturalleistungen sowie Befreiungen von Leistungen an den Staat (Abgaben), die vor 1919 durch spezifische Rechtstitel mit dem Zweck, die Kirchen finanziell zu unterstützen, begründet worden waren.[281] Dies sind vielfach Leistungen, welche die jeweiligen Länder als Ausgleich für die Säkularisation durch den Reichsdeputationshauptschluss von 1803 oder vergleichbare Rechtsakte gewährten. Zum Teil haben die Staatsleistungen aber auch sehr viel ältere Rechtsgrundlagen aus der Zeit des Staatskirchentums in den Ländern. 81

Verpflichtete waren und sind ausschließlich die **Länder,**[282] es sei denn, es hat nach 1919/1949 ein Zuständigkeitswechsel zum Reich/Bund stattgefunden.[283] Nach dem Verständnis des Begriffs „Staatsleistungen“ zum Entstehungszeitpunkt sind kommunale Leistungen, etwa kommunale Kirchenbaulasten, von der Vorschrift nicht erfasst.[284] Zu erwägen ist eine Erstreckung als Folge systematischer Auslegung unter dem GG. Hierfür spricht, dass die Gemeinden nunmehr eindeutig der mittelbaren Staatsverwaltung zuzuordnen sind. Dagegen spricht jedoch die Garantie der kommunalen Selbstverwaltung. Sie gebietet, dass die gemeindlichen Beziehungen zu den örtlichen Kirchen- 82

---

[278] Dies betont *Wolff* ZRP 2003, 12 (13); sa *Wolff* FS f. Badura, 2004, 839 ff.

[279] *Ehlers* in Sachs, 8. Aufl. 2018, WRV Art. 140/138 Rn. 6; *Unruh* in MKS, 7. Aufl. 2018, WRV Art. 138 Rn. 23.

[280] S. hierzu *Heun,* HSKR § 73; *Mager,* HSKR § 68 Rn. 7 ff.

[281] BVerfGE 19, 1 (13, 15 f.), Gebührenfreiheit für Religionsgesellschaften – verneinend für Gerichtsgebührenbefreiung; BVerwG NVwZ 1996, 786.

[282] BVerwG NVwZ 1996, 787 und bestätigend BVerfG NVwZ 2001, 318.

[283] *Heun,* HSKR § 73 Rn. 48.

[284] BVerwG NVwZ-RR 2009, 590 (591), gemeindliche Kirchenbaulast; s. dazu auch *Heun,* HSKR § 73 Rn. 49 f. und *Mager,* HSKR § 68 Rn. 9.

gemeinden von und in den Gemeinden zu regeln sind. Hierbei gelten das Trennungsgebot, das Neutralitäts- und Paritätsgebot sowie das Diskriminierungsverbot. Diese Gebote entwerten nicht per se überkommene Rechtstitel, bilden aber die Grundlage für Vereinbarungen zwischen Gemeinden und begünstigten Religionsgemeinschaften.

83 **Begünstigte** der Staatsleistungen sind in erster Linie die Katholische und die Evangelische Kirche. Dies hat allein historische Gründe. Insbes. ist der Körperschaftsstatus einer Religionsgemeinschaft nicht Voraussetzung für die Anwendung der Vorschrift.[285]

84 Mit dem Begriff der „Ablösung“ ist die **einseitige Aufhebung gegen Entschädigung** gemeint. Das Recht zu einseitig-hoheitlichem Handeln ergibt sich aus der verfassungsrechtlich vorgesehenen Form des Gesetzes; die Notwendigkeit einer Entschädigung folgt aus dem Begriff der Ablösung selbst. Streitig ist, ob die Entschädigung nur in angemessenem Umfang oder vollumfänglich erfolgen muss. Die Frage ist letztlich theoretisch, da die Berechnung von Entschädigungen stets Bewertungs- und Prognoseelemente hat. Nach dem Willen des historischen Verfassungsgebers sollte eine finanzielle Entflechtung zwischen Staat und Kirchen stattfinden, ohne letzteren damit ein finanzielles Opfer aufzubürden. Damit sind die Grundsätze der Enteignungsentschädigung übertragbar.[286]

85 Die Länder können nach herrschender, allerdings nicht mehr unbestrittener Meinung[287] die erforderlichen Gesetze erst erlassen, wenn „das Reich“, das ist unter dem GG der **Bund,** hierfür die **Grundsätze** geregelt hat.[288] Auch wenn das Reichskonkordat heute nur noch als Landesrecht fortgilt, wären solche Grundsätze nicht ohne vorherige Abstimmung mit dem Heiligen Stuhl als Oberhaupt der Katholischen Kirche und aus Gründen der Parität entsprechend mit den Vertretern der anderen betroffenen Kirchen zu erlassen.[289] Weder das Reich noch der Bund haben das nötige Gesetz bisher verabschiedet. Damit sind auch die **Länder an** der **Ablösung** im Sinne einseitigen gesetzlichen Handelns **gehindert.** Sie können allerdings durch Vereinbarungen mit den Kirchen und anderen Religionsgemeinschaften Staatsleistungen aufheben, umgestalten oder sogar neu begründen,[290] letzteres allerdings nur nach Maßgabe der staatskirchenrechtlichen Verfassungsgrundsätze[291] und des

[285] Weitere Berechtigte bei *Heun,* HSKR § 73 Rn. 51.

[286] Für angemessene Entschädigung *Ehlers* in Sachs, 8. Aufl. 2018, WRV Art. 140/138 Rn. 4; zur Frage der Zulässigkeit von Dauerrenten s. *Classen,* Religionsrecht, 2. Aufl. 2015, Rn. 607: keine Ablösung iSd Art. 138 Abs. 1 WRV, da keine Beendigung der staatlichen Finanzierung erreicht wird; s. dazu auch *Heun,* HSKR § 73 Rn. 60 ff.; für Analogie zu Art. 15 *Preuß* in AK, 3. Aufl. 2001, Art. 4 Rn. 61: nicht angemessene, sondern nur billige Entschädigung.

[287] *Wolff* ZRP 2003, 12 (14); *Wolff* FS f. Badura, 2004, 839 (847 ff., 850 f., 853); sa schon *Brauns,* Staatsleistungen an die Kirche und ihre Ablösung, 1970, 114 ff.; *Jarass* in Jarass/Pieroth, 15. Aufl. 2018, WRV Art. 140/138 Rn. 2 *Preuß* in AK, 3. Aufl. 2001, Art. 4 Rn. 65.

[288] *v. Campenhausen/de Wall* StaatsKirchenR § 33 S. 281 ff.; *Morlok* in Dreier, 3. Aufl. 2018, WRV Art. 140/138 Rn. 25; *Magen* in Umbach/Clemens, 2002, Rn. 129; *Heun,* HSKR § 73 Rn. 53 ff.

[289] *Mückl* in HStR VII, § 160 Rn. 52.

[290] *Ehlers* in Sachs, 8. Aufl. 2018, WRV Art. 140/138 Rn. 4; aA *Morlok* in Dreier, 3. Aufl. 2018, WRV Art. 140/138 Rn. 22, *Unruh* in MKS, 7. Aufl. 2018, WRV Art. 138 Rn. 21; *Sailer* ZRP 2001, 84.

[291] *Jarass* in Jarass/Pieroth, 15. Aufl. 2018, WRV Art. 140/138 Rn. 2; *Magen* in Umbach/Clemens, 2002, Rn. 129.

Rechts der EU und ohne dass solche neu begründeten Leistungen dem Anwendungsbereich des Art. 138 Abs. 1 WRV unterfielen.[292]

Zum Teil wird vertreten, die Länder hätten einen Anspruch auf Erlass des Grundsätzegesetzes;[293] zum Teil wird auch den Religionsgemeinschaften ein subjektives Recht zugesprochen. Da eine grundsätzliche Regelung über die Ablösung der Staatsleistungen den Rechtskreis einer einzelnen Religionsgemeinschaft überschreitet, ist letzteres abzulehnen.[294] Dagegen lässt sich diskutieren, dass ein Land die Beeinträchtigung seiner Gesetzgebungskompetenz nach Art. 138 Abs. 1 WRV durch Unterlassen des Bundes im Wege des Bund-Länder-Streits geltend machen kann. Ein praktisches Bedürfnis hat sich bisher nicht gezeigt. Eine Gesetzesinitiative zum Erlass eines Ablösungsgrundsätzegesetzes blieb erfolglos.[295] **86**

In Ermangelung der erforderlichen Gesetzgebung wirkt Art. 138 Abs. 1 WRV, entgegen seiner ursprünglichen Zielsetzung, als **Bestandsgarantie** für die im Jahr 1919 existierenden Staatsleistungen an Religionsgemeinschaften. Die Höhe der Leistungen und damit auch die tatsächliche Umsetzbarkeit ihrer Ablösung angesichts angespannter Staatshaushalte ist streitig.[296] Die Staatsleistungen machen zwischen 3 – 12% des Jahresetats der jeweiligen Kirchen und Bistümer aus.[297] **87**

2. Funktionaler Vermögensschutz. Zweck des Art. 138 Abs. 2 WRV ist es, die in den Schutzbereich des Art. 4 Abs. 1, 2 fallende Betätigung von Religionsgemeinschaften, religiösen Vereinen und – in entsprechender Anwendung – Weltanschauungsgemeinschaften[298] in ihren materiellen Grundlagen zu sichern.[299] Damit handelt es sich um eine in engem Zusammenhang zu Art. 4 Abs. 1, 2 stehende, sich teils mit diesem überschneidende, teils ergänzende Garantie mit Grundrechtscharakter.[300] Ihr Kern ist ein **Säkularisationsverbot.**[301] **88**

Die von Art. 138 Abs. 2 WRV erfassten vermögenswerten Rechte sind hinsichtlich Nutzung und Verwaltung auch durch Art. 137 Abs. 3 WRV geschützt.[302] Die Selbstverwaltungsgarantie erfasst darüber hinaus die Verwaltung von Vermögen, das nicht religiösen bzw. weltanschaulichen Zwecken dient. **89**

---

[292] *Ehlers* in Sachs, 8. Aufl. 2018, WRV Art. 140/138 Rn. 5.

[293] *Ehlers* in Sachs, 8. Aufl. 2018, WRV Art. 140/138 Rn. 5; *Muckel,* in Friauf/Höfling, Rn. 22; ablehnend *Heun,* HSKR § 73 Rn. 53.

[294] Gegen die Annahme eines subjektiven Rechts auch *Ehlers* in Sachs, 8. Aufl. 2018, WRV Art. 140/138 Rn. 5; *Heun,* HSKR § 73 Rn. 53.

[295] S. dazu BT-Drs. 17/32201 vom 27.6.2013.

[296] *v. Campenhausen/Unruh* in MKS, 6. Aufl. 2010, WRV Art. 138 Rn. 13: einmalige Zahlung würde den Ländern Unmögliches abverlangen; ebenso *Mückl* in HStR VII, § 160 Rn. 52; *Classen,* Religionsrecht, 2. Aufl. 2015, Rn. 607; aA *Czermak/Hilgendorf,* Religions- und Weltanschauungsrecht, 2. Aufl. 2018, Rn. 405 f.

[297] *Mager,* HSKR § 68 Rn. 7 mwN.

[298] *Ehlers* in Sachs, 8. Aufl. 2018, WRV Art. 140/138 Rn. 8; *Classen,* Religionsrecht, 2. Aufl. 2015, Rn. 284.

[299] BVerfGE 99, 100 (120, 127) Ls. 1, St. Salvator Kirche; s. dazu auch *Kästner.* HSKR § 69 Rn. 3 ff.

[300] S. StGH BW NVwZ 2015, 896; krit. und stärker diff. *Pirson* in Gesammelte Beiträge zum Kirchenrecht und Staatskirchenrecht, Halbband 2, 2008, 1048 ff.

[301] *Morlok* in Dreier, 3. Aufl. 2018, WRV Art. 138 Rn. 27; *Winter,* Staatskirchenrecht, 2. Aufl. 2008, 255; zum Erlöschen kommunaler Kirchenbaulasten mit dem Beitritt der DDR zur Bundesrepublik s. BVerwGE 132, 358 ff., Kirchenbaulast.

[302] Zur Bedeutung des Art. 138 Abs. 2 WRV im Hinblick auf Art. 137 Abs. 3 WRV s. BVerfGE 66, 1 (20 ff.), Konkursausfallgeld.

90 Der Schutzbereich des Art. 138 Abs. 2 WRV erstreckt sich auf alle vermögenswerten Rechte, die für Kultus-, Unterrichts- und Wohltätigkeitszwecke bestimmt sind.[303] Die ausdrückliche Erwähnung von Eigentum sowie von Rechten an Anstalten oder Stiftungen ist nur beispielhaft, wie sich aus der Formulierung „und andere Rechte [...] an sonstigen Vermögen" ergibt. Die öffentlich-rechtliche oder privatrechtliche Rechtsnatur ist für die Anwendbarkeit des Art. 138 Abs. 2 WRV irrelevant.[304] Entscheidend für die Eröffnung des Schutzbereichs ist allein die **Zweckbestimmung** und zweckentsprechende Nutzung. Insoweit ist streitig, ob nur Vermögen, das unmittelbar religiösen Zwecken dient, geschützt ist, oder ob ein mittelbares Dienen ausreicht. Die Antwort ergibt sich aus **Art. 4 Abs. 1, 2.** Vermögenswerte Rechte, die zur Verwirklichung solcher Betätigungen Verwendung finden, die in den Schutzbereich der Religions- und Weltanschauungsfreiheit fallen, sind durch Art. 138 Abs. 2 WRV geschützt.[305] Unterricht im Sinne der Vorschrift kann daher nicht als allgemeiner Schulunterricht,[306] sondern nur als Unterweisung in der Religion etwa im Rahmen der Priesterausbildung oder des Konfirmandenunterrichts verstanden werden. Damit sind etwa Kirchen, kirchliche Krankenhäuser[307] und Priesterseminare vom Schutzbereich erfasst, aber auch Geldvermögen, sofern es zB karitativer Betätigung gewidmet ist. Vermögenswerte Rechte ohne die erforderliche Zweckbestimmung sind damit nicht schutzlos gestellt; sie sind vielmehr Gegenstand der allgemeinen Eigentumsgewährleistung.[308] Hinzu tritt der Schutz aus Art. 137 Abs. 3 WRV.

91 **Träger des Grundrechts** aus Art. 138 Abs. 2 WRV sind nicht nur Religions- und Weltanschauungsgemeinschaften als solche und unabhängig von ihrer Organisationsform,[309] sondern auch selbständige religiöse Vereine.[310]

92 Art. 138 Abs. 2 WRV unterliegt keinen ausdrücklichen Schranken. Fraglich ist, ob damit allein verfassungsimmanente Schranken zur Anwendung kommen, oder ob die Schranke des für alle geltenden Gesetzes gem. Art. 137 Abs. 3 WRV heranzuziehen ist.[311] Art. 138 Abs. 2 WRV schützt die vermögenswerten Rechte im Hinblick auf ihren zweckbestimmten Gebrauch, jedoch nicht herausgelöst aus der Einbettung in die Rechtsordnung.[312] Daraus folgt, dass die **Schranke** des für alle geltenden Gesetzes als **Bestandteil der Rechtsbegriffe Eigentum und Rechte an sonstigem Vermögen** angesehen werden kann. Als historisches Argument lässt sich anführen, dass

---

303 S. BVerfGE 99, 100 (120 f.), St. Salvator Kirche; sa BVerwG NVwZ-RR 2009, 590 (591), kommunale Kirchenbaulast.

304 BVerfGE 99, 100 (121), St. Salvator Kirche.

305 *Ehlers* in Sachs, 8. Aufl. 2018, WRV Art. 140/138 Rn. 8; BVerfGE 18, 392 (398): vermögenswerte Rechte im Dienst einer religiösen Zwecksetzung; ausf. *Kästner,* HSKR § 69 Rn. 18 ff.

306 AA *Morlok* in Dreier, 3. Aufl. 2018, WRV Art. 138 Rn. 33.

307 Zur Finanzierung kirchlicher Krankenhäuser s. *Kluth,* HSKR § 52 Rn. 61 ff.

308 So auch *Preuß* in AK, 3. Aufl. 2001, Art. 4 Rn. 67; für eine fließende Abstufung *Unruh* in MKS, 7. Aufl. 2018, WRV Art. 138 Rn. 28–31.

309 BVerfGE 99, 100 (120) LS. 2, St. Salvator Kirche.

310 *Kästner,* HSKR § 69 Rn. 13.

311 Ausdrücklich für die Anwendung dieser Schranke BVerwGE 87, 115 (124 ff., 126), Kirchengutsgarantie; zust. *Morlok* in Dreier, 3. Aufl. 2018, WRV Art. 138 Rn. 38; *Jarass* in Jarass/Pieroth, 15. Aufl. 2018, WRV Art. 140/138 Rn. 7; *Germann* in BeckOK GG, WRV Art. 140/138 Rn. 133; *Kästner,* HSKR § 69 Rn. 26; abl. *Pirson* FS f. Listl, 1999, 1048 (1058 ff.).

312 BVerfGE 99, 100 (121 f.) Ls. 3, St. Salvator Kirche.

die Garantie des Art. 138 Abs. 2 WRV ursprünglich als Bestandteil der Selbstverwaltungsgarantie aufgefasst wurde. Zweck der Vorschrift ist schließlich keine Privilegierung des sog. Kirchenguts, sondern der Schutz dieser Vermögensrechte vor Säkularisationsmaßnahmen. Danach kommen Gefahrenabwehrrecht, Denkmalschutz-, Immissionsschutz- und Planungsrecht auch auf „Kirchengut" zur Anwendung.

Gelegenheit zur Anwendung und Klärung der Bedeutung des Art. 138 Abs. 2 WRV hatte die Gerichtsbarkeit einschließlich des BVerfG im Streit um die St. Salvator Kirche in München.[313] Hierbei ging es um die Verwirklichung eines Gebrauchsüberlassungsrechts zugunsten der Gemeinde einer bestimmten Kirche, nachdem diese sich gespalten hatte. Das Gericht betonte, dass sich die Frage der Zugehörigkeit einzelner Gemeinden zu einer bestimmten Kirche nach dem Selbstverständnis der Religionsgemeinschaft zu richten hat.[314] **93**

IV. Art. 139 WRV – Sonn- und Feiertagsschutz

Art. 139 WRV gehörte zu den kaum umstrittenen Vorschriften der WRV. **94**
Grund dafür war die glückliche Verbindung von traditioneller **Religionspflege** mit **sozialstaatliche**n **Zwecken.**[315] Erst in den letzten Jahrzehnten ist die Vorschrift zum einen durch die internationale Verschärfung des Wettbewerbs mit Folgen für die Produktionsbedingungen, zum anderen durch eine wachsende Freizeitindustrie unter Druck geraten.[316] Die europäische Integration stellt für den Sonn- und Feiertagsschutz dagegen zumindest rechtlich keine Bedrohung dar. Die Möglichkeit der Verletzung einer Binnenmarktfreiheit ist mangels auch nur mittelbarer Ungleichbehandlung von inländischen und ausländischen Waren oder Dienstleistungen nicht erkennbar. Ein produktbezogenes Marktzugangshindernis liegt nicht vor.[317]

1. Sonntag und anerkannte Feiertage. Die Vorschrift schützt den **95**
Sonntag und die staatlich anerkannten Feiertage. Der Sonntag bestimmt sich nach dem geltenden, dh dem Gregorianischen Kalender. Staatlich anerkannte Feiertage können weltlich oder religiös sein. Die staatliche Anerkennung erfolgt in der Regel durch die Landesgesetzgeber in den Feiertagsgesetzen. Ausnahmsweise ist der Bund zuständig. Dies gilt für den 1. Mai als Tag der Arbeit auf der Grundlage von Art. 74 Abs. 1 Nr. 11 sowie für den 3. Oktober als Tag der Deutschen Einheit aufgrund Bundeskompetenz kraft Natur der Sache.[318] Der Begriff der **„Anerkennung"** impliziert, dass es nicht um staatlich vorgegebene, sondern um im gesellschaftlichen und kulturellen Leben wurzelnde Feiertage geht, auf die der Staat mit Anerkennung rea-

---

[313] BVerfGE 99, 100 ff., St. Salvator Kirche; s. zuvor VG München BayVBl. 1985, 281; VGH München BayVBl. 1987, 720; BVerwGE 87, 115, Kirchengutsgarantie; VGH München NVwZ 1996, 1120; BayVerfGH NVwZ 1997, 379 f. S. zu diesem Rechtsstreit auch *Renck* BayVBl. 1991, 200 ff.; NVwZ 1996, 1078 ff.; *Filmer/Görisch* ZevKR 45 (2000), 453 ff.

[314] BVerfGE 99, 100 (127) Ls. 4, St. Salvator Kirche.

[315] *Ehlers* in Sachs, 8. Aufl. 2018, WRV Art. 140/139 Rn. 1; zur Entwicklungsgeschichte der Feiertagsgarantie s. *Dietlein* FS f. Rüfner, 2003, 131 (132 ff.).

[316] *Unruh* in MKS, 7. Aufl. 2018, WRV Art. 139 Rn. 4.

[317] EuGH C-145/88, Slg. 1989, 3851 (3888) = ECLI:EU:C:1989:593; sa BVerwG GewArch 1999, 24 f.

[318] *Ehlers* in Sachs, 8. Aufl. 2018, WRV Art. 140/139 Rn. 6; sa *Dietlein* FS f. Rüfner, 2003, 131 (137 ff.), der in Bezug auf den 1.5. eine Gesetzgebungskompetenz der Länder annimmt.

giert.[319] Damit besteht eine Bindung an diese tatsächlichen Vorgaben.[320] Bei der Festlegung kommt dem Gesetzgeber zwar ein erheblicher **Gestaltungsspielraum** zu, er darf sich jedoch nicht über die Religion bzw. Kultur der Mehrheit hinwegsetzen, sondern hat sich an ihr zu orientieren.

96 Neben den staatlich anerkannten Feiertagen enthalten die Feiertagsgesetze Regelungen über (nicht staatlich anerkannte) religiöse Feiertage und sog. geschützte Tage. Sie genießen einen einfachgesetzlichen Schutz und gehören nicht in den Anwendungsbereich von Art. 139 WRV. Minderheitenschutz gewährt in Bezug auf religiöse Feiertage, die weder staatlich anerkannt noch geregelt sind, das Grundrecht der Religionsfreiheit.[321]

97 **2. Arbeitsruhe und seelische Erhebung.** Der gesetzliche Schutz der Sonn- und anerkannten Feiertage muss so ausgestaltet sein, dass Arbeitsruhe und seelische Erhebung ermöglicht werden. Arbeitsruhe verlangt die allgemeine Befreiung von werktäglichen Bindungen und Zwängen.[322] Dieses Ziel wird neben den Regelungen in den Feiertagsgesetzen durch Ladenschluss- bzw. Ladenöffnungsgesetze und das Arbeitszeitgesetz umgesetzt. Öffentlich **wahrnehmbare Arbeiten** müssen die **Ausnahme** bleiben. Allein wirtschaftliche Interessen können die Gewährung einer Ausnahme nicht rechtfertigen.[323]

98 Im Begriff der seelischen Erhebung kommt der religionsschützende und -fördernde Zweck zum Ausdruck.[324] Insoweit ist der Schutz **komplementär** zum Grundrecht der ungestörten Religionsausübung. Das BVerfG hat darüber hinaus in Überdehnung der Schutzpflichtdogmatik den Sonntagsschutz durch Art. 139 WRV insgesamt als verfassungsrechtliche Konkretisierung der staatlichen Schutzpflicht aus Art. 4 Abs. 1, 2 qualifiziert.[325]

99 **3. ... (Bleiben) gesetzlich geschützt.** Die **Rechtsnatur** der Sonn- und Feiertagsgarantie wird vom BVerfG und der überwiegenden Auffassung in der Literatur als Institutsgarantie[326] bzw. institutionelle Garantie[327] bezeichnet. Mit diesen Etikettierungen soll zum Ausdruck gebracht werden, dass Art. 139 WRV kein Grundrecht ist, sondern objektivrechtlich schützt und hierzu auf Konkretisierung durch Gesetzgebung angewiesen ist. Garantiert ist ein Mindestmaß (Kernbereich) an Gesetzgebung zum Schutz des Sonntags sowie zur Anerkennung und zum Schutz von Feiertagen, wobei der Gesetzgeber sich am verfassungsrechtlichen Zweck zu orientieren hat, dabei aber einen weiten

---

319 *Kästner* NVwZ 1993, 148 (151); *Dietlein* FS f. Rüfner, 2003, 131 (139); zur kulturellen Bedeutung des Art. 139 WRV s. *Häberle,* Der Sonntag als Verfassungsprinzip, 1988, 51 ff.; sa BayVGHE 35, 10 (20 f.) zu Art. 147 BayVerf.

320 *Dietlein* FS f. Rüfner, 2002, 131 (140); zu einer darüberhinausgehenden Berücksichtigung tatsächlicher Verhältnisse in Bezug auf den Umfang des Schutzes s. *Kunig,* Der Schutz des Sonntags im verfassungsrechtlichen Wandel, 1989, 29 ff.

321 *Ehlers* in Sachs, 8. Aufl. 2018, WRV Art. 140/139 Rn. 7.

322 BVerwGE 79, 118 (124), Gebrauchtwagenmarkt für private Anbieter; 79, 236 (239), Videotheken; sa *Ehlers* in Sachs, 8. Aufl. 2018, WRV Art. 140/139 Rn. 8.

323 *Pirson* in Gesammelte Beiträge zum Kirchenrecht und Staatskirchenrecht, Halbband 2, 2008, 887 (891); s. aber quasi qualifizierte wirtschaftliche Erwägungen in § 13 Abs. 5 ArbZG.

324 *Unruh* in MKS, 7. Aufl. 2018, WRV Art. 139 Rn. 15.

325 BVerfGE 125, 39 ff., Adventssonntage; → Rn. 102 ff.

326 *Jarass* in Jarass/Pieroth, 15. Aufl. 2018, WRV Art. 140/139 Rn. 1; *Hofmann* in SHH, 14. Aufl. 2017, WRV Art. 140/139, Rn. 50.

327 BVerfG NJW 1995, 3378 (3379); BVerwGE 79, 118 (122 ff.), Gebrauchtwagenmarkt für private Anbieter; 79, 236 (238), Videotheken; 90, 337 (341), Bräunungsstudio; s. die umfangreichen Nachweise bei *Kästner,* HSKR § 40 Rn. 5.

Gestaltungsspielraum genießt.[328] Das Schwanken in der Terminologie rührt daher, dass das Schutzgut weder „Rechtsinstitut" noch „Institution" im Sinne der Lehre von den Einrichtungsgarantien ist, wie sie als rechtswissenschaftliche Kategorienlehre für die WRV entwickelt wurde. Während der Begriff der Institutsgarantie auf einen Normenkomplex als Schutzgegenstand verweist, betont der Begriff der institutionellen Garantie den öffentlich-rechtlichen Charakter spezifischer Einrichtungen.[329]

Der Annahme einer **institutionellen Garantie** im klassischen Sinne steht allerdings entgegen, dass sich das Schutzgut kaum unter den Begriff der Institution im Sinne eines Organisationszusammenhanges subsumieren lässt. Der Einordnung als (Rechts-)Institutsgarantie nach der klassischen Lehre steht entgegen, dass es sich bei den Feiertagsgesetzen nicht um Privatrecht, sondern um öffentliches Recht handelt.[330] Im verfassungsrechtlichen Zusammenhang des GG wird die Funktion der rechtswissenschaftlichen Lehre, eine Bindung nicht nur der Verwaltung, sondern auch des Gesetzgebers an die Verfassung zu begründen, ausdrücklich durch Art. 20 Abs. 3 S. 1 erreicht. Die Kategorie der Einrichtungsgarantien mit den Unterkategorien Rechtsinstitutsgarantien und institutionelle Garantien haben einen eigenen Erklärungswert nur noch, wenn sie sich durch eindeutige Strukturgemeinsamkeiten abgrenzen lassen.[331] Dies ist möglich für spezifische Arten von Autonomiegewährleistungen, **zu denen Art. 139 WRV nicht gehört.**[332] **100**

Beim Sonn- und Feiertagsschutz handelt es sich schlicht um eine objektivrechtliche Verfassungsgarantie, die den Gesetzgeber verpflichtet, neben dem Sonntag eine angemessene Zahl auch religiöser Feiertage staatlich anzuerkennen und durch gesetzliche Regelung zu gewährleisten, dass sie den in Art. 139 WRV genannten Zwecken dienen können;[333] es handelt sich also um einen **Regelungsauftrag.**[334] Die Verfassungsvorgabe gewährleistet dagegen grundsätzlich **keine Bestandsgarantie** für einen konkreten Feiertag oder eine bestimmte Anzahl von Feiertagen. Der Gestaltungsspielraum endet allerdings dort, wo der Gesetzgeber den Regelungsauftrag im Lichte der vorgegebenen Zwecke ignoriert, aushöhlt oder unterläuft.[335] Das BVerfG hat die voraussetzungslose Zulassung der Ladenöffnung an allen vier Adventssonntagen ab 13.00 Uhr als Verstoß gegen das von Art. 139 WRV vorgegebene Regel-Ausnahme-Prinzip[336] für verfassungswidrig erkannt. **101**

Lange Zeit war es nahezu einhellige Meinung, dass Art. 139 WRV als Auftrag an den Gesetzgeber natürlichen oder juristischen Personen keine einklagbare Rechtsposition einräumt.[337] Inhaltlich spricht hierfür in Bezug auf **102**

---

[328] BVerfGE 111, 10 (50), Ladenschlussgesetz.

[329] *Mager,* Einrichtungsgarantien, 2003, 410 f.

[330] *Mager,* Einrichtungsgarantien, 2003, 310 f.

[331] *Mager,* Einrichtungsgarantien, 2003, 405 ff.

[332] *Mager,* Einrichtungsgarantien, 2003, 428 ff., 450 ff.

[333] BVerfG NJW 1995, 3378 (3379); BVerwGE 79, 118 (122), Gebrauchtwagenmarkt für private Anbieter; sa BayVGHE 35, 10 (19) zu Art. 147 BayVerf.; *Ehlers* in Sachs, 8. Aufl. 2018, WRV Art. 140/139 Rn. 1.

[334] *Mager,* Einrichtungsgarantien, 2003, 311.

[335] *Kästner* NVwZ 1993, 148 (149); sa BVerfG NJW 1995, 3378 (3379); BayVGHE 35, 10 (19) zu Art. 147 BayVerf.; zu dem verfassungsrechtlichen Spannungsfeld, in dem Art. 139 WRV liegt, s. *Kunig,* Der Schutz des Sonntags im verfassungsrechtlichen Wandel, 1989, 22 ff.

[336] S. schon BVerfGE 111, 10 (53), Ladenschlussgesetz.

[337] BVerfG NJW 1995, 3378, Buß- und Bettag; sa BerlVerfGH NJW 1995, 3379; dazu *Kästner* NVwZ 1993, 148 ff.; *Renck* NVwZ 1993, 648 ff.; *Ehlers* in Sachs, 8. Aufl. 2018,

den Sonntag die mit der Vorschrift verfolgte und bewirkte zeitliche Ordnung im Wochentakt,[338] in Bezug auf den Feiertagsschutz die vorgegebene Orientierung an sozialen Gegebenheiten („Anerkennung"), die ein solches Gewicht und eine solche Verbreitung aufweisen, dass sie wiederum Schutzvorschriften mit Auswirkungen auf die Allgemeinheit rechtfertigen. Dagegen wird seit einigen Jahren in Reaktion auf die oben genannten Entwicklungen,[339] welche den Sonn- und Feiertagsschutz zu schwächen drohen, für einen einklagbaren Gehalt von Art. 139 WRV argumentiert. Angeführt wird, dass die verfolgten Zwecke, seelische Erhebung und Arbeitsruhe, letztlich Individuen zugutekommen. Außerdem sei eine subjektivrechtliche Auslegung nötig, um Rechtsschutzlücken zu schließen.[340] Das BVerfG hat in einer Kammerentscheidung die Verfassungsbeschwerde eines Arbeitnehmers gegen die Abschaffung des Buß- und Bettages als gesetzlichen Feiertag mangels Möglichkeit einer Verletzung in subjektiven Rechten abgewiesen.[341] Dagegen hat es die Verfassungsbeschwerde von christlichen Kirchen gegen das Ladenöffnungsgesetz des Landes Berlin, das in erheblichem Umfang Ladenöffnung an Sonntagnachmittagen und insbes. voraussetzungslos an allen vier Adventssonntagen zuließ, für zulässig und begründet gehalten.[342] Dem liegt allerdings nicht die Annahme zugrunde, Art. 139 WRV gewähre selbst ein subjektives Recht auf hinreichenden Sonntagsschutz.[343] Vielmehr wird argumentiert, dass die aus Art. 4 Abs. 1, 2 folgende Schutzverpflichtung des Staates durch den objektivrechtlichen Gesetzgebungsauftrag aus Art. 139 WRV konkretisiert werde.[344]

103 Diese **Subjektivierung** des Art. 139 WRV durch Art. 4 Abs. 1, 2 erscheint auf den ersten Blick konstruktiv bestechend, auf den zweiten stellen sich jedoch Zweifel ein. Diese Zweifel beziehen sich auf die uneingeschränkte Gleichsetzung von objektiv-rechtlichem Sonn- und Feiertagsschutz und grundrechtlicher Schutzpflicht. Zwar ist die Heiligung des Sonntags Inhalt des christlichen Glaubens. Die Frage ist jedoch, in welchem Ausmaß die Glaubensfreiheit die Regulierung des Verhaltens Dritter umfasst. Die Schutzpflicht geht dahin, unverhältnismäßige Eingriffe Dritter in die Glaubensfreiheit zu unterbinden.[345] Damit stellt sich die Frage, inwieweit die geschäftliche Betätigung Dritter gläubige Christen an der Ausübung ihres Glaubens, der

---

WRV Art. 140/139 Rn. 1; *Korioth* in Maunz/Dürig, WRV Art. 140/139 Rn. 42; *v. Campenhausen/de Wall* StaatsKirchenR § 38 II 329; *Germann* in BeckOK GG, WRV Art. 140/139 Rn. 145 f.; aA *Couzinet/Weiss* ZevKR 54 (2009), 34–61; *Morlok* in Dreier, 3. Aufl. 2018, WRV Art. 139 Rn. 17–21; zu einem subjektiven Recht auf staatskirchenvertraglicher Grundlage s. OVG Greifswald NVwZ 2000, 948 f.; und dazu *de Wall* NVwZ 2000, 857 ff.; *Unruh* ZevKR 52 (2007), 1 (17 ff.).

[338] *Morlok* in Dreier, 3. Aufl. 2018, WRV Art. 139 Rn. 10.

[339] → Rn. 94.

[340] *Morlok/Heinig* NVwZ 2001, 846 (849 ff.); *Morlok* in Dreier, 3. Aufl. 2018, WRV Art. 139 Rn. 17 ff.; *Heinemann,* Grundgesetzliche Vorgabe bei der staatlichen Anerkennung von Feiertagen, 2003, 133 ff.; *Winter,* Staatskirchenrecht, 2. Aufl. 2008, 261; sa *Kästner,* HSKR § 40 Rn. 33 ff.

[341] BVerfG NJW 1995, 3378.

[342] BVerfGE 125, 39 ff., Adventssonntage.

[343] Zu einer solchen Konstruktion s. *Morlok/Heinig* NVwZ 2001, 846 (848 ff.); s. auch *Kästner,* HSKR § 40 Rn. 33 ff.

[344] BVerfGE 125, 39 (77) u. LS 1, Adventssonntage; sa *Couzinet/Wein* ZevKR 54 (2009), 34 ff.; zur Antragsbefugnis von ev. Dekanten aus Art. 4 Abs. 1 und Gewerkschaften aus Art. 9 Abs. 3 zur Überprüfung einer Rechtsverordnung, die Sonn- und Feiertagsarbeit zulässt BVerwGE 150, 327 ff.; zum Verfahrensbeteiligungsanspruch von Kirchen bei der Genehmigung von Sonntagsarbeit sa VG Dresden, 4 K 1278/16, juris.

[345] *Korioth* in Maunz/Dürig, WRV Art. 140/139 Rn. 5 zu mwN.

darin besteht, den Sonntag zu heiligen, tatsächlich hindert oder unzumutbar beeinträchtigt. Zur Begründung einer Schutzpflichtverletzung müsste konkret dargelegt werden, dass die Beteiligung an Gottesdiensten und sonstigen kirchlichen Veranstaltungen signifikant zurückgeht bzw. dass den Gläubigen „seelische Erhebung" im kirchlichen Rahmen erschwert oder unmöglich gemacht wird. „Seelische Erhebung" außerhalb der Kirchen ist demgegenüber zwar ein Anliegen des Art. 139 WRV, liegt aber außerhalb eines Schutzanspruchs der Kirchen. Gleiches gilt für die wohltuenden Wirkungen des Sonntagsschutzes auf Familien und Arbeitnehmer. Keinesfalls ergibt sich aus der Glaubensfreiheit ein Anspruch darauf, dass der Staat dafür Sorge trägt, dass auch Nichtchristen sich am Sonntag so verhalten, als würden sie ihn heiligen. Aus dem eigenen Glauben ergeben sich keine Anforderungen an das Verhalten Dritter, abgesehen davon, von diesen toleriert und nicht bei der Religionsausübung gestört zu werden. Ein Sonntagsschutz zur „Taktung des Wochenrhythmus"[346] mit seiner Vielzahl von sozialen und religionsfördernden Bestandteilen ist dagegen allein in die Verantwortung des Gesetzgebers gegeben.[347]

Für die christlichen Religionsgemeinschaften ergibt sich ein **begünstigender Rechtsreflex,** der traditionell begründet, gewollt und sozial-kulturell auch gerechtfertigt ist. Mit der Ineinssetzung der staatlichen Pflicht zum Schutz vor Behinderung der Religionsausübung auf der einen Seite und Sonn- und Feiertagsschutz auf der anderen Seite ist dagegen die Grenze zwischen Schutzanspruch und faktischer Förderung aufgehoben. Folgt man der Argumentation des BVerfG müssen auch bisher nicht begünstigte Glaubensgemeinschaften den Schutz ihrer hohen Feiertage einklagen können.[348] Dies muss Erfolg haben, wenn die Glaubensgemeinschaft in einer bestimmten Region zahlenmäßig so stark ist, dass die Nichtanerkennung ihres Feiertages zumindest in dieser Region eine Ungleichbehandlung[349] gegenüber den bisher begünstigten Religionsgemeinschaften darstellt. **104**

Die Ausgestaltung des **Karfreitags** als gesetzlicher Feiertag mit besonderem Stilleschutz ist grundsätzlich gerechtfertigt. Sofern eine Veranstaltung allerdings ihrerseits den Schutz von Art. 4 Abs. 1 und/oder der Versammlungsfreiheit genießt, kann es im Einzelfall geboten sein, eine Ausnahme zu gewähren. Dies muss das Gesetz ermöglichen.[350] Die mit den Schutzvorschriften an Sonn- und Feiertagen einhergehenden Beschränkungen von Grundrechten finden in Art. 139 WRV einen rechtfertigenden Grund mit Verfassungsrang, was sich auf die Verhältnismäßigkeitsprüfung auswirkt.[351] Beschränkt wird durch die Sonn- und Feiertagsgesetze in erster Linie die **105**

---

[346] *Morlok* in Dreier, 3. Aufl. 2018, WRV Art. 139 Rn. 10.

[347] *De Wall* NVwZ 2000, 857 (859 f.); *Stollmann* VerwArch 96 (2005), 348 (351 ff., 361); *Dietlein* FS f. Rüfner, 2003, 131 (145 f.); *Jarass* in Jarass/Pieroth, 15. Aufl. 2018, WRV Art. 140/139 Rn. 1; *Magen* in Umbach/Clemens, 2002, Rn. 137.

[348] Zur Frage der staatlichen Anerkennung muslimischer Feiertage abl. *Stollmann* NVwZ 2005, 1394 ff.; differenziert und im Ergebnis befürwortend *Wallkamm,* Muslimische Gemeinden in Deutschland im Lichte des Staatskirchenrechts, 2012, S. 158 ff.

[349] S. dazu *Dietlein* FS f. Rüfner, 2003, 131 (143).

[350] BVerfGE 143, 161 Rn. 93 ff., Karfreitag als stiller Tag, ausf. *Kroboth,* Der Schutz stiller Feiertage, 2015.; sa OVG Münster GewArch 2018, 304 ff., Verbot von Beschneidungsfeier am Karfreitag zulässig. Das erscheint im Lichte der Rechtsprechung des BVerfG problematisch.

[351] BVerfGE 111, 10 (50), Ladenschlussgesetz; *Dietlein* FS f. Rüfner, 2003, 131 (141); *Ehlers* in Sachs, 8. Aufl. 2018, WRV Art. 140/139 Rn. 3; *Jarass* in Jarass/Pieroth, 15. Aufl. 2018, WRV Art. 140/139 Rn. 3.

Berufsfreiheit. Zu den notwendigen Abwägungen findet sich inzwischen eine Fülle von Rechtsprechung.[352] Differenziert wird zwischen **Arbeit trotz Sonntag** und **Arbeit für den Sonntag.** Arbeit trotz Sonntag ist insbes. zulässig im Bereich der medizinischen Versorgung sowie der Gefahrenabwehr. Produktionsspezifische Anforderungen können im Einzelfall eine Ausnahme rechtfertigen, nicht aber rein wirtschaftliche Erwägungen. Die Arbeit für den Sonntag betrifft die Freizeit- und Tourismusbranche, zu deren Gunsten das Erholungsbedürfnis der Allgemeinheit in die Abwägung eingestellt wird.[353] Die **steuerrechtliche Förderung** von Sonntagsarbeit (vgl. § 3b Abs. 1 EStG) steht allerdings **im Widerspruch zu Art. 139 WRV.**[354] Einschränkungen der Meinungsfreiheit, der Kunstfreiheit, der Versammlungsfreiheit sowie der allgemeinen Handlungsfreiheit können ebenfalls aufgrund von Art. 139 WRV gerechtfertigt werden.[355]

V. Art. 141 WRV – Anstaltsseelsorge

106 Im Zusammenhang des GG dient Art. 141 WRV der **Grundrechtsermöglichung in Sonderrechtsverhältnissen.** Ziel ist es, die mit der Verfolgung des Anstaltszwecks notwendig einhergehende, aber nicht bezweckte Beeinträchtigung der Religionsausübungsfreiheit soweit wie möglich auszugleichen.[356] Die Ermöglichung ist verfassungsrechtliche Pflicht des Staates, die inhaltliche Ausfüllung ist Aufgabe der Religionsgemeinschaften. Insofern lässt sich daher hinsichtlich der äußeren Organisation von einer gemeinsamen Angelegenheit von Staat und Religionsgemeinschaften sprechen.[357] In historischer Perspektive wird Art. 141 WRV als Spezialregelung zum Trennungsgebot des Art. 137 Abs. 1 WRV mit doppelter Stoßrichtung verständlich: Anstaltsseelsorge sollte in Übereinstimmung mit der endgültigen Absage an das landesherrliche Kirchenregiment nicht mehr als staatliche Aufgabe aufgefasst werden können, andererseits sollte das Trennungsgebot auch nicht als Verbot jeglicher Religionsausübung und Seelsorge in staatlichen Anstalten missverstanden werden.[358]

107 **1. Soweit … im Heer, in Krankenhäusern, Strafanstalten oder sonstigen öffentlichen Anstalten.** Der Anwendungsbereich des Art. 141 WRV erstreckt sich auf „öffentliche Anstalten", von denen beispielhaft das Heer,

[352] BVerfGE 87, 363 (393), Sonntagsbackverbot; BVerwGE 79, 118 ff., Gebrauchtwagenmarkt für private Anbieter; BVerwGE 79, 236 ff., Videotheken; BVerwGE 90, 238 ff., Ausnahme vom Sonntagsbeschäftigungsverbot zur Abwendung eines Schadens; BVerwGE 90, 337 ff., Bräunungsstudio; BVerfG NVwZ-RR 2018, 249, Verbot einer Filmvorführung am Karfreitag; OVG Lüneburg NVwZ-RR 2017, 532, Flohmarkt; OVG Münster KirchE 66, (2015), 355 ff., 4. Advent; VG Freiburg KuR 2019, 191, Lebensmittelverkauf durch islamisches Gemeindezentrum; zu Ausnahmen nach der Anlassrechtsprechung s. BVerwGE 153, 183 ff., Ladenöffnung an einem Marktsonntag; OVG Münster NVwZ-RR 2018, 262 ff.; OVG Berlin, NVwZ 2018, 756 ff.; s. dazu *Schmitz/Neubert* NvwZ 2018, 704 ff.; *Dietlein* WiVerw 2018, 153 ff.

[353] BVerfGE 111, 10 (52), Ladenschlussgesetz; sa BVerwGE 90, 337 (345 ff.), Bräunungsstudio.

[354] *Rüfner* FS f. Heckel, 1999, 447 (461); *Ehlers* in Sachs, 8. Aufl. 2018, WRV Art. 140/139 Rn. 9; *Wernsmann,* Der Schutz des Sonntags im Steuerrecht, ZRP 2014, 124 ff.

[355] BVerfG NVwZ 2002, 601 f., Versammlung am Volkstrauertag.

[356] *Unruh* in MKS, 7. Aufl. 2018, WRV Art. 141 Rn. 3; *Korioth* in Maunz/Dürig, WRV Art. 140/141 Rn. 1: Kompensation für eingetretene Freiheitseinbuße; sa *Morlok* in Dreier, 3. Aufl. 2018, WRV Art. 141 Rn. 5; *Schilberg;* HSKR § 56 Rn. 10.

[357] *Korioth* in Maunz/Dürig, WRV Art. 140/141 Rn. 3.

[358] *Schilberg,* HSKR § 56 Rn. 7.

Krankenhäuser und Strafanstalten genannt sind. Die Aufzählung ist nicht abschließend, gibt aber einen Hinweis für die Bestimmung der sonstigen „Anstalten", wobei der Anstaltsbegriff nicht rechtstechnisch im Sinne einer spezifischen Rechtsform gemeint ist. Es muss sich um **Einrichtungen in staatlicher Trägerschaft** – nicht notwendig in öffentlicher Rechtsform – **und in Verfolgung einer staatlichen Aufgabe** handeln, deren Zweck Beschränkungen für die freie Religionsausübung der Anstaltsunterworfenen verursacht.[359] Dies sind in Bezug auf das Heer, womit die gesamten Streitkräfte gemeint sind, die Soldaten, in Bezug auf Krankenhäuser die stationär eingewiesenen Kranken sowie in Bezug auf Strafanstalten die Gefangenen, dagegen nicht die zivile Bundeswehrverwaltung, Ärzte und Pflegepersonal oder Strafvollzugsbeamte. Nicht in den Anwendungsbereich der Vorschrift gehören die Rundfunkanstalten.[360] Deren Zweck ist öffentliche, nicht aber staatliche Aufgabe, wie aus Art. 5 Abs. 1 folgt; zudem liegt keine Beschränkung der Religionsausübungsfreiheit vor. Weitere „Anstalten" iSd Art. 141 WRV sind etwa kasernierte Polizeieinheiten[361] sowie kommunale Friedhöfe[362].

2. Das Bedürfnis nach Gottesdienst und Seelsorge besteht. Voraus- **108**
setzung für die Pflicht zur Grundrechtsermöglichung ist, dass ein Bedürfnis nach Gottesdienst oder Seelsorge besteht. Die Begriffe Gottesdienst und Seelsorge sind rechtliche **Rahmenbegriffe,** die inhaltlich durch die jeweilige Glaubensgemeinschaft zu füllen sind.[363] Die Grenzen sind – ähnlich wie für den Begriff der Religionsgemeinschaft selbst – formal und orientieren sich „an der aktuellen Lebenswirklichkeit, der Kulturtradition sowie dem allgemeinen und dem (religions)wissenschaftlichen Verständnis"[364]. Während der Begriff des Gottesdienstes religiöses Verhalten mit einer Hinwendung zum Transzendenten nicht nur, aber auch in Gemeinschaft umfasst, erstreckt sich der Begriff der Seelsorge auf jedes religiös motivierte Gespräch. Die Anstaltsleitung darf eine Plausibilitätsprüfung vornehmen.[365]

Ob ein **Bedürfnis** nach Gottesdienst oder Seelsorge besteht, ist von der **109**
Anstaltsleitung festzustellen. Ein Ermessen steht ihr dabei nicht zu. Ein Bedürfnis ist indiziert, wenn sich Religionsangehörige in der Anstalt befinden. Es ist nicht erforderlich, dass darüber hinaus Interesse an Gottesdienst und/oder Seelsorge positiv bekundet wird.[366] Die Anstaltsleitung darf deshalb nach der Religionszugehörigkeit fragen, muss aber ausdrücklich darauf hinweisen, dass die Beantwortung der Frage frei steht.[367] Dies folgt aus der Bekenntnisfreiheit des Art. 4 Abs. 1 und deren Konkretisierung in Art. 136 Abs. 3 WRV.[368] Bei expliziter Ablehnung besteht kein Bedürfnis.[369] Die Ansicht von Religionsgemeinschaften, es bestehe ein Bedürfnis, stellt ein

[359] Sa *Unruh* in MKS, 7. Aufl. 2018, WRV Art. 141 Rn. 8; *Morlok* in Dreier, 3. Aufl. 2018, WRV Art. 141 Rn. 7.

[360] *Ehlers* in Sachs, 8. Aufl. 2018, WRV Art. 140/141 Rn. 4.

[361] Zur Polizeiseelsorge s. *Heintzen,* HSKR § 55.

[362] *Schilberg,* HSKR § 56 Rn. 11, 56.

[363] *Morlok* in Dreier, 3. Aufl. 2018, WRV Art. 141 Rn. 14.

[364] BVerfGE 83, 341 (353), Bahá'í.

[365] Vgl. *Schilberg,* HSKR § 56 Rn. 25.

[366] *Unruh* in MKS, 7. Aufl. 2018, WRV Art. 141 Rn. 11; *Schilberg,* HSKR § 56 Rn. 27.

[367] So auch *Korioth* in Maunz/Dürig, WRV Art. 140/141 Rn. 7 mwN; einschränkend *Frommer/Dillmann* BayVBl. 1972, 405 (406 ff.).

[368] BVerfGE 46, 266 ff., Krankenhausaufnahme.

[369] *Morlok* in Dreier, 3. Aufl. 2018, WRV Art. 141 Rn. 10.

Indiz dar, genügt jedoch nicht, um ein Bedürfnis iSd Art. 141 WRV zu bejahen. Ausschlaggebend sind vielmehr **objektive Anhaltspunkte in Bezug auf die Anstaltsunterworfenen** selbst. Art. 141 WRV verleiht den Religionsgemeinschaften kein originäres Recht zum Missionieren in staatlichen Räumen.[370] Sofern ein Bedürfnis nach Angeboten einer bestimmten Religionsgemeinschaft besteht, ist diese allerdings nicht gehindert, sich neben ihren Mitgliedern auch an andere zu wenden.

110 **3. Sind die Religionsgesellschaften zur Vornahme religiöser Handlungen zuzulassen.** Besteht ein Bedürfnis, dann sind die Religionsgesellschaften zur Vornahme religiöser Handlungen zuzulassen. Die Rechtsfolge umfasst also die **Pflicht, Zutritt zur Anstalt** und Freiraum für religiöse Betätigung **zu schaffen.** Verpflichtet ist die Anstaltsleitung. Dem korrespondiert ein subjektives Recht der Religionsgemeinschaft(en), für deren Angebote ein Bedürfnis besteht.[371] Für die Anstaltsunterworfenen folgt das Recht auf Religionsausübung dem Grunde nach bereits aus Art. 4 Abs. 1, 2.[372] Es findet hinsichtlich der Art und Weise eine Konkretisierung in Art. 141 WRV. Für Religionsgemeinschaften ergibt sich dagegen nicht bereits aus der Glaubensfreiheit selbst ein Recht auf Zugang zu staatlichen Räumen. Das Zugangsrecht steht vielmehr **im Dienst der individuellen Glaubensfreiheit** der Anstaltsunterworfenen und ist durch diese vermittelt.[373] Deshalb geht Art. 141 WRV für die Religionsgemeinschaften über Ansprüche, die sich unmittelbar aus der Glaubensfreiheit ableiten lassen, hinaus.[374] Die religiösen Handlungen selbst fallen sowohl für die Anstaltsunterworfenen wie auch für die Religionsgemeinschaften in den Schutzbereich der Glaubensfreiheit.

111 Qualifizierende Anforderungen an die zugangsberechtigten Religionsgemeinschaften stellt Art. 141 WRV nicht auf. Eine Beschränkung auf Religionsgemeinschaften mit Körperschaftsstatus ist nicht begründbar. Der Begriff ist vielmehr nach Maßgabe des Art. 4 Abs. 1, 2 auszulegen.

112 Fraglich ist, ob die Vorschrift auch auf **Weltanschauungsgemeinschaften** Anwendung findet.[375] Dem Wortlaut nach ist jedenfalls „Gottesdienst" im Zusammenhang mit Weltanschauungsgemeinschaften ohne Anwendungsbereich. Das Gleichstellungsgebot des Art. 137 Abs. 7 WRV gilt nach hier vertretener Auffassung nur für den Anwendungsbereich des Art. 137 WRV, also vor allem für Organisation und Selbstverwaltung.[376] Die Frage ist deshalb im Lichte von Art. 4 Abs. 1, 2 und Art. 3 Abs. 3 S. 1 zu beantworten und richtet sich danach, ob im Einzelfall eine Ungleichbehandlung wegen des Glaubens erfolgt.[377]

---

[370] *Korioth* in Maunz/Dürig, WRV Art. 140/141 Rn. 7 Fn. 3; *Morlok* in Dreier, 3. Aufl. 2018, WRV Art. 141 Rn. 10.

[371] *Korioth* in Maunz/Dürig, WRV Art. 140/141 Rn. 2; *Schilberg,* HSKR § 56 Rn. 27: Zugangsrecht.

[372] *Preuß* in AK, 3. Aufl. 2001, Art. 4 Rn. 70.

[373] *Morlok* in Dreier, 3. Aufl. 2018, WRV Art. 141 Rn. 10; *Korioth* in Maunz/Dürig, WRV Art. 140/141 Rn. 7 Fn. 3.

[374] *Unruh* in MKS, 7. Aufl. 2018, WRV Art. 141 Rn. 16.

[375] Bejahend *Ehlers* in Sachs, 8. Aufl. 2018, WRV Art. 140/141 Rn. 5; *Germann* in BeckOK GG, WRV Art. 140/141 Rn. 149.

[376] → Rn. 77.

[377] Vgl. *Korioth* in Maunz/Dürig, WRV Art. 140/141 Rn. 6., der mit anderer Begründung zu einem ähnlichen Ergebnis kommt.

Das Zugangsrecht ist für die verschiedenen „Anstalten" unterschiedlich geregelt. Vorschriften finden sich zum Teil in den Landesverfassungen[378], in Staatskirchenverträgen,[379] in Gesetzen[380] und Verwaltungsvorschriften.[381] Streit besteht darüber, ob es verfassungsrechtlich zulässig ist, die Anstaltsseelsorge iwS **Geistlichen im Status von Staatsbeamten** im Sinne eines staatlichen Amtes mit kirchlicher Bindung anzuvertrauen, wie dies traditionell im Bereich der Streitkräfte sowie in einigen Bundesländern im Bereich des Strafvollzugs der Fall ist. Weder der Wortlaut des Art. 141 WRV, insbes. im Vergleich mit der Regelung des Religionsunterrichts in der Schule, noch die historische Auslegung legen eine institutionelle Einbindung der Anstaltsseelsorge(r) in den Staat nahe. Sie stellt vielmehr eine **Durchbrechung des Trennungsprinzips** dar, für die Art. 141 WRV gerade keine explizite Rechtfertigung enthält.[382] Auch der Anstaltszweck, insbesondere Loyalitäts- und Sicherheitsanforderungen in den Streitkräften sowie im Strafvollzug,[383] fordern nicht zwingend eine Verbeamtung der Geistlichen durch den Staat. Der Staat muss keineswegs jedem von den Religionsgemeinschaften vorgeschlagenen Geistlichen Zugang gewähren, wenn begründete Sicherheitsbedenken bestehen. Einer finanziellen Unterstützung der Anstaltsseelsorge durch den Staat stehen keine verfassungsrechtlichen Vorschriften entgegen.[384] **113**

4. Wobei jeder Zwang fernzuhalten ist. Der Nachsatz, dass jeder Zwang zur Teilnahme an religiösen Handlungen fernzuhalten ist, ist angesichts der Bekenntnisfreiheit nach Art. 4 Abs. 1, 2 sowie Art. 136 Abs. 3 WRV **deklaratorisch**er Natur. Er bestätigt jedoch noch einmal die Auslegung, dass das Zugangsrecht der Religionsgemeinschaften für diese kein Selbstzweck ist, sondern im Dienst der Glaubensfreiheit der Anstaltsunterworfenen steht.[385] Zwang im Sinne dieser Vorschrift ist bereits „jeder nur **114**

[378] Art. 148 BayVerf; Art. 38 BrandVerf; Art. 62 BremVerf; Art. 48 HessVerf; Art. 20 NWVerf; Art. 48 RhPfVerf; Art. 42 SaarlVerf; Art. 62 BremVerf.

[379] Art. 27 Reichskonkordat vom 20. Juli 1933; Vertrag der Evangelischen Kirche in Deutschland mit der Bundesrepublik Deutschland zur Regelung der evangelischen Militärseelsorge v. 22.2.1957 (BGBl. II 702).

[380] §§ 53–55, 157 StVollzG; § 53 Abs. 1 Nr. 1 StPO; § 91 Abs. 2 S. 4 JGG. Dazu BVerfG NJW 2007, 1865; *de Wall* NJW 2007, 1856.

[381] S. den Überblick bei *v. Campenhausen/Unruh* in MKS, 6. Aufl. 2010, WRV Art. 141 Rn. 22 f. Für die Militärseelsorge s. *Ennuschat,* HSKR § 54 Rn. 22 f.

[382] Für Unzulässigkeit *Ehlers* in Sachs, 8. Aufl. 2018, WRV Art. 140/141 Rn. 6, 7; *Morlok* in Dreier, 3. Aufl. 2018, WRV Art. 141 Rn. 16; *Magen* in Umbach/Clemens, 2002, Rn. 147; *Preuß* in AK, 3. Aufl. 2001, Art. 4 Rn. 71; *Jeand'Heur/Korioth,* Grundzüge des Staatskirchenrechts, 2000, 206 ff.; *Korioth* in Maunz/Dürig, WRV Art. 140/141 Rn. 3, 13 ff. mit dem Hinweis Rn. 16, dass die ev. Landeskirchen in den neuen Ländern in einer bis 2003 gelten „Zwischenlösung" durchgesetzt hatten, „dass die hauptamtlichen ev. Militärgeistlichen […] nicht in einem staatlichen Beamtenverhältnis stehen, sondern als Kirchenbeamte der EKD ihre seelsorgerische Tätigkeit ausüben"; *Czermak/Hilgendorf,* Religions- und Weltanschauungsrecht, 2. Aufl. 2018, Rn. 482 f., 415; *Classen,* Religionsrecht, 2. Aufl. 2015, Rn. 567 ff.; *Fischer,* Volkskirche ade! – Trennung von Staat und Kirche, 4. Aufl. 1993, 141 ff.; *Unruh* in MKS, 7. Aufl. 2018, WRV Art. 141 Rn. 28; *Mückl* in HStR VII, § 161 Rn. 63; *Ennuschat* ZevKR 41 (1996), 419, 290: zulässig, 344 ff., aber nicht notwendig; s *ders.,* HSKR § 54 Rn. 39 ff.

[383] Zum Zeugnisverweigerungsrecht eines Gefängnisseelsorgers s. BVerfG NJW 2007, 1865 ff.

[384] Zur Finanzierung der Militärseelsorge s. *Ennuschat,* HSKR § 54 Rn. 38 ff.

[385] → Rn. 110.

tatsächliche oder mittelbare Druck", etwa ein besonders lästiger Dienst anstelle der Teilnahme an einer Veranstaltung der Militärseelsorge.[386]

C. Verhältnis zu anderen Bestimmungen des Grundgesetzes

115 Art. 136 WRV enthält im Wesentlichen Konkretisierungen der individuellen Glaubens-, Bekenntnis- und Religionsausübungsfreiheit sowie Überschneidungen mit den Diskriminierungsverboten der Art. 3 Abs. 3 S. 1 und Art. 33 Abs. 2 u. 3. Art. 137 WRV verhält sich teils konkretisierend, teils ergänzend zu Art. 4 Abs. 1, 2 in Verbindung mit Art. 19 Abs. 3, also den korporativen Gehalten der Religions- und Weltanschauungsfreiheit. Die Kirchengutsgarantie gem. Art. 138 Abs. 2 WRV schützt die materiellen Grundlagen der Religionsausübungsfreiheit. Der Sonn- und Feiertagsschutz steht in einem ergänzenden Verhältnis zur Religionsausübungsfreiheit, geht jedoch über deren Schutzgehalte hinaus. Die Anstaltsseelsorge gem. Art. 141 WRV regelt die Art und Weise des dem Grunde nach grundrechtlich geforderten Ausgleichs für unvermeidliche, aber nicht bezweckte Eingriffe in die Religionsausübungsfreiheit.

D. Kritische Würdigung

116 Der zweifache Kompromiss,[387] der den kommentierten Vorschriften zugrunde liegt, hat sich als **haltbar** und **zukunftsfähig** erwiesen. Zwar hat die Inkorporation unnötige Doppelungen zur Folge;[388] diese sind jedoch letztlich unschädlich. Problematischer war, dass die Übernahme der Vorschriften zunächst überkommene Strukturen in ihrem Beharrungsvermögen stärkte. Dies findet seine Erklärung allerdings weniger im Wortlaut der inkorporierten Vorschriften als in der Tatsache, dass eine wortlautidentische Rechtslage keinen Änderungsdruck erzeugt. Durch Auslegung im Lichte der Glaubensfreiheit hat sich das Weimarer Staatskirchenrecht als belastbares Fundament für ein modernes Religionsverfassungsrecht erwiesen.[389] Institutionelle Trennung einerseits, Kooperation in gegenseitigem Respekt andererseits sind sachgerechte Ordnungsprinzipien für einen Staat im Dienste der Menschen mit ihren sowohl innerweltlichen als auch spirituellen Bedürfnissen.

Literatur

Allgemein oder übergreifend zum Staatskirchenrecht/Religionsverfassungsrecht

H. U. Anke, Die Neubestimmung des Staat-Kirche-Verhältnisses in den neuen Ländern durch Staatskirchenverträge, 2000. – ***L. Bloss,*** Cuius religio – EU ius regio?, 2008. – ***G. Brakelmann/N. Friedrich/T. Jähnichen*** (Hrsg.), Auf dem Weg zum Grundgesetz. Beiträge zum Verfassungsverständnis des neuzeitlichen Protestantismus, 1999. – ***A. v. Campenhausen/H. de Wall,*** Staatskirchenrecht, 4. Aufl. 2006. – ***C. D. Classen,*** Religionsfreiheit und Staatskirchenrecht in der Grundrechtsordnung,

[386] BVerwGE 73, 447 ff., Verpflichtung zur zweiwöchigen ABC-Selbstschutzausbildung mit Abschlussprüfung anstelle der Teilnahme an einer einwöchigen Veranstaltung der Militärseelsorge stellt „Zwang" iSd Art. 141 WRV dar.

[387] → Rn. 2 und 4.

[388] Krit. insoweit *Jarass* in Jarass/Pieroth, 15. Aufl. 2018, Art. 140 Rn. 1.

[389] In der Bewertung insgesamt positiv auch *Germann* in BeckOK GG, Art. 140 Rn. 2; *Kästner* in BK, Drittbearb. 2010, Rn. 39.

2003. – ***C. D. Classen,*** Religionsrecht, 2. Aufl. 2015. – ***G. Czermak/E. Hilgendorf,*** Religions- und Weltanschauungsrecht, 2018. – ***G. Czermak,*** Religion und Weltanschauung in Gesellschaft und Recht – ein Lexikon für Praxis und Wissenschaft, 2009. – ***G. Dirksen,*** Das deutsche Staatskirchenrecht. Freiheitsordnung oder Fehlentwicklung?, 2003. – ***W. Fiedler/G. Robbers/M. Brenner,*** Staat und Religion, in VVDStRL 59 (2000), 199 ff., 231 ff., 264 ff. – ***E. Fischer,*** Volkskirche ade! – Trennung von Staat und Kirche, 4. Aufl. 1993. – ***C. Fuchs,*** Das Staatskirchenrecht der neuen Bundesländer, 1999. – ***M. Germann/S. Muckel/W. Rüfner*** (Hrsg.), Handbuch des Staatskirchenrechts, 3. Aufl. (im Erscheinen); ***M. Heckel,*** Religionsfreiheit und Staatskirchenrecht in der Rechtsprechung des Bundesverfassungsgerichts, FS 50 J. BVerfG, Bd. II, 2001, 379. – ***M. Heckel,*** Vom Religionskonflikt zur Ausgleichsordnung, 2007. –***H. M. Heinig/C. Walter*** (Hrsg.), Staatskirchenrecht oder Religionsverfassungsrecht?, 2007. – ***A. Hollerbach,*** Die Kirchen unter dem Grundgesetz, VVDStRL 26 (1968), 57. – ***A. Hollerbach,*** Religion und Kirche im freiheitlichen Verfassungsstaat: Bemerkungen zur Situation des deutschen Staatskirchenrechts im europäische Kontext, 1998. – ***A. Hollerbach,*** Grundlagen des Staatskirchenrechts, in HStR VI, 2. Aufl. 2001, § 138 S. 471. – ***S. Huster,*** Die ethische Neutralität des Staates, 2002. – ***A. Isak,*** Das Selbstverständnis der Kirchen und Religionsgemeinschaften und seine Bedeutung für die Auslegung staatlichen Rechts, 1994. – ***J. Isensee,*** Kirche und Staat am Anfang des 21. Jahrhunderts, in ÖARR 2006, 21. – ***B. Jeand'Heur/S. Korioth,*** Grundzüge des Staatskirchenrechts, 2000. – ***J. Jurina,*** Der Rechtsstatus der Kirchen und Religionsgemeinschaften im Bereich ihrer eigenen Angelegenheiten, 1972. – ***B. Kämper/H.-W. Thönnes*** (Hrsg.), Die Trennung von Staat und Kirche – Modelle und Wirklichkeit in Europa, Ess. Gespr. (40), 2007. – ***A. Kupke,*** Die Entwicklung des deutschen „Religionsverfassungsrechts" nach der Wiedervereinigung, insbesondere in den neuen Bundesländern, 2004. – ***K.-H. Ladeur/I. Augsberg,*** Toleranz – Religion – Recht, 2007. – ***C. Link,*** Staat und Kirche in der neueren deutschen Geschichte, 2000. – ***S. Muckel*** (Hrsg.), Der Islam im öffentlichen Recht des säkularen Verfassungsstaats, 2008. – ***S. Mückl,*** Europäisierung des Staatskirchenrechts, 2005. – ***S. Mückl,*** Grundlagen des Staatskirchenrechts, in HStR VII, 3. Aufl. 2009, § 159 S. 711. – ***S. Muckel,*** Grundlagen des Staatskirchenrechts; Kirchliche Organisation; Freiheit kirchlichen Wirkens, in HdStR VII, 3. Aufl. 2009, §§ 159–161. – ***G. Neureither,*** Recht und Freiheit im Staatskirchenrecht, 2002. – ***D. Pirson,*** Gesammelte Beiträge zum Kirchenrecht und Staatskirchenrecht, Halbband 2, 2008. – ***W. Rees,*** Recht in Kirche und Staat, 2004. – ***G. Robbers,*** Staat und Kirche in der Europäischen Union, 2. Auflage, 2005. – ***K. Schlaich,*** Vom Religionskonflikt zur Ausgleichsordnung. Der Sonderweg des deutschen Staatskirchenrechts vom Augsburger Religionsfrieden 1555 bis zur Gegenwart, 2007. – ***M. Söbbeke-Krajewski,*** Der religionsrechtliche Acquis Communautaire der Europäischen Union, 2006. – ***R. Streinz,*** Auswirkungen des Europarechts auf das deutsche Staatskirchenrecht, Ess. Gespr. 3 (1997), 53. – ***A. Uhle,*** Staat – Kirche – Kultur, 2004. – ***A. v. Ungern-Sternberg,*** Religionsfreiheit in Europa, 2008. – ***P. Unruh,*** Religionsverfassungsrecht, 4. Aufl. 2018. – ***C. Waldhoff,*** Die Zukunft des Staatskirchenrechts, in Ess. Gespr. 42 (2008), 55. – ***A. Wallkamm,*** Muslimische Gemeinden in Deutschland im Lichte des Staatskirchenrechts, 2012. ***C. Walter,*** Religionsverfassungsrecht: in vergleichender und internationaler Perspektive, 2006. – ***J. Winter,*** Staatskirchenrecht, 2. Aufl. 2008.

Zu Art. 136 WRV

S. die Literatur zu Art. 4 und Art. 33.

Zu Art. 137 WRV

A. Albrecht, Die Verleihung der Körperschaftsrechte an islamische Vereinigungen, KuR 1995, 25. – ***H.-U. Anke/D. Zacharias,*** Das Kirchenlohnsteuereinzugsverfahren aus der Sicht des Verfassungsrechts, DÖV 2003, 140. – ***P. Axer,*** Die Kirchensteuer als gemeinsame Angelegenheit von Staat und Kirche, in S. Muckel (Hrsg.), Kirche und Religion im sozialen Rechtsstaat, FS f. Rüfner, 2003, 13. – ***C. Arleth,*** Das Recht kirchlicher Arbeitnehmer auf Streik, 2016. – ***D. W. Belling,*** Kirchliches Arbeitsrecht und kirchliche Arbeitsgerichtsbarkeit, NZA 2006, 1132. – ***D. Birk,*** Aktuelle Rechtsfragen der Kirchensteuer, 2012. – ***W. Bock,*** Das für alle geltende Gesetz und die kirchliche Selbstbestimmung, 1996. – ***E. D. Bohl,*** Der öffentlich-rechtliche Körperschaftsstatus der Religionsgemeinschaften, 2001. – ***C. Grabenwarter,*** Religiöse Sendung im Spannungsfeld von Rundfunkfreiheit und Religionsfreiheit, in FS f. Josef Isensee, 2007, 1059. – ***B. Grzeszick,*** Staatlicher Rechtsschutz und kirchliches Selbstbestimmungsrecht, AöR 129 (2004), 168. – ***F. Hammer,*** Rechtsfragen der Kirchensteuer, 2002. – ***F. Hammer,*** Kirchensteuer, in: HSKR, 3. Aufl., § 72. – ***H. M. Heinig,*** Öffentlich-rechtliche Religionsgesellschaften, 2003. – ***K. E. Heinz,*** Körperschaftsbegriff und Religionsgesellschaft, VR 2010, 117. – ***M. Hilje,*** Streikrecht in kirchlichen Einrichtungen, 2015. – ***C. Hillgruber,*** Der Körperschaftsstatus von Religionsgemeinschaften, NVwZ 2001, 1347. – ***C. Hillgruber,*** Das Selbstbestimmungsrecht der Kirchen und die Jurisdiktionsgewalt des Staates, FS f. Rüfner, 2003, 297. – ***J. Joussen,*** Die Anwendung des staatlichen Arbeitsrechts auf Arbeitsverhältnisse zu Kirchen und anderen Religionsgemeinschaften, in HSKR, 3. Aufl., § 57. – ***K.-H. Kästner,*** Justizhoheit und religiöse Freiheit, 1991. – ***K.-H. Kästner,*** Der Rechtsstatus kirchlicher Stiftungen staatlichen Rechts des 19. Jahrhunderts. 2008. – ***P. Kirchhof,*** Die Kirchensteuer in der Entwicklung des staatlichen Steuerrechts, in S. Muckel (Hrsg.), Kirche und Religion im sozialen Rechtsstaat, FS f. Rüfner, 2003, 443. – ***M. Klöpfer,*** Der Islam in Deutschland als Verfassungsfrage, DÖV 2006, 45. – ***S. Korioth,*** Das Selbstbestimmungsrecht der Religionsgemeinschaften, in HSKR, 3. Aufl., § 16; ***B. Lindner,*** Körperschaftsstatus für Muslime?, ZevKR 48 (2003), 178. – ***S. Magen,*** Körperschaftsstatus und Religionsfreiheit, 2004. – ***S. Magen,*** Kirchen und Religionsgemeinschaften als Körperschaften des öffentlichen Rechts, in HSKR, 3. Aufl., § 27. – ***H. Marré,*** Die Kirchenfinanzierung in Kirche und Staat der Gegenwart, 4. Auflage, 2006. – ***L. Michael,*** Verbote von Religionsgemeinschaften, JZ 2002, 482. – ***C. Mennemeyer,*** „Dritter Weg" und rechtliche Grenzen der Flexibilisierung des Arbeitsrechts der katholischen Kirche, 2012. – ***S. Muckel,*** Muslimische Gemeinschaften als Körperschaften des öffentlichen Rechts, DÖV 1995, 311. – ***S. Muckel,*** Religionsgemeinschaften als Körperschaften des öffentlichen Rechts, Der Staat 38 (1999), 569. – ***S. Muckel,*** Körperschaftsaustritt oder Kirchenaustritt? JZ 2010, 174. – ***J. Oebbecke*** (Hrsg.), Muslimische Gemeinschaften im deutschen Recht, 2003. – ***L. Renck,*** Kirchensteuer und Kirchenaustritt, BayVBl. 2004, 132. – ***R. Richardi,*** Arbeitsrecht in der Kirche, 7. Aufl. 2015. – ***W. Rüfner,*** Staatlicher Rechtsswchutz gegen Kirchen und kirchliches Selbstbestimmungsrecht, in HSKR, 3. Aufl., § 78. – ***G. Schmidt-Eichstädt,*** Kirchen als Körperschaften des öffentlichen Rechts?, 1975. – ***B. Spielbauer,*** Der öffentlich-rechtliche Körperschaftsstatus der Religionsgemeinschaften in der Bundesrepublik Deutschland, 2005. – ***T. Stuhlfauth,*** Verfassungsrechtliche Fragen des Verbots von Religionsgemeinschaften, DVBl. 2009, 416. – ***U. Suhrbier-Hahn,*** Das Kirchensteuerrecht. Eine systematische Darstellung, 1999. – ***G. Thüsing,*** Kirchliches Arbeitsrecht, 2006. – ***G. Thüsing,*** Das kollektive kirchliche Dienst- und Arbeitsrecht, in HSKR, 3. Aufl., § 59. – ***E. V. Towfigh,*** Die rechtliche Verfassung von Religionsgemeinschaften. Eine Untersuchung am Beispiel der Bahá'í, 2006. – ***A. Uhle,*** Ein „rätselhafter Ehrentitel"?, in O. Depenheuer (Hrsg.), Staat im Wort, FS f. Isensee, 2007, 1033. – ***H. Weber,*** Kirchenfinanzierung im religionsneutralen Staat, NVwZ 2002, 1443. – ***H. Weber,*** Kontroverses zum Rechtsschutz durch staatliche Gerichte im kirchlichen Amtsrecht, NJW 2003, 2067. – ***H. Weber,*** Bindung der Kirchen an staatliche und innerkirchliche Grundrechte und das Verhältnis der Grundrechtsgewährleistungen zueinander, ZevKR 42 (1997), 282. – ***H. Wilms,*** Glaubensgemeinschaften als Körperschaften des öffentlichen Rechts, NJW 2003, 1083.

Zu Art. 138 WRV

P. Axer, Der verfassungsrechtliche Schutz der res sacrae durch die Kirchengutsgarantie, FS f. Listl, 1999, 553. – ***H.-J. Brauns,*** Staatsleistungen an die Kirchen und ihre Ablösung, 1970. – ***G. Czermak,*** Die Ablösung historischer Staatsleistungen an die Kirchen, DÖV 2004, 110. – ***M. Droege,*** Staatsleistungen an Religionsgemeinschaften im säkularen Kultur- und Sozialstaat, 2004. – ***M. Droege,*** Baulasten an kirchlichen Gebäuden, in HSKR, 3. Aufl., § 64. – ***F. Filmer/C. Görisch,*** Die Reichweite des grundgesetzlichen Kirchengutsschutzes, ZevKR 45 (2000), 453. – ***G. Fischer,*** Finanzierung der kirchlichen Sendung, 2005. – ***M. Haager,*** Die Garantie der Vermögenswerte der Religionsgesellschaften und religiösen Vereine nach Art. 140 GG iVm Art. 138 II WRV, 1968. – ***F. Hammer,*** Ablösung der Staatsleistungen an die Kirche, ZRP 2003, 298. – ***J. Heckel,*** Kirchengut und Staatsgewalt, in FS f. Smend, 1952, 103. – ***W. Heun,*** Staatsleistungen an die Kirchen und andere Religionsgemeinschaften, in HSKR, 3. Aufl., § 73. – ***J. Isensee,*** Staatsleistungen an die Kirchen und Religionsgemeinschaften, in Listl/Pirson HSKR, Bd. I, 2. Aufl. 1994, § 35 S. 1009. – ***K.-H. Kästner,*** Die zweite Eigentumsgarantie im Grundgesetz, JuS 1995, 784. – ***K.-H. Kästner,*** Der verfassungsrechtliche Schutz des Vermögnes von Kirchen und anderen Religionsgemeinschaften, in HSKR, 3. Aufl. § 69. – ***H.-R. Lipphardt,*** Negative Staatsleistung und Ablösungsvorbehalt, DVBl. 1975, 410. – ***J. Lücke,*** Die Weimarer Kirchengutsgarantie als Bestandteil des Grundgesetzes, JZ 1998, 534. – ***R. Mainusch,*** Die öffentlichen Sachen der Religions- und Weltanschauungsgemeinschaften, Begründung und Konsequenzen ihres verfassungsrechtlichen Status, 1995. – ***S. Muckel/ M. Ogorek,*** Staatliche Kirchen- und Religionsförderung in Deutschland und den USA, DÖV 2003, 305. – ***M. Opitz,*** Der Schutz von Kirchengut und Kirchenvermögen nach dem Bonner Grundgesetz, 1968. – ***D. Pirson,*** Kirchengut – Religionsfreiheit – Selbstbestimmung, FS f. Listl, 1999, 611. – ***C. Sailer,*** Die staatliche Finanzierung der Kirchen und das Grundgesetz, ZRP 2001, 80. – ***T. P. Wehdeking,*** Die Kirchengutsgarantien und die Bestimmungen über Leistungen der öffentlichen Hand an die Religionsgesellschaften im Verfassungsrecht des Bundes und der Länder, 1971. – ***H. A. Wolff,*** Ablösung der Staatsleistungen an die Kirche, ZRP 2003, 12. – ***H. A. Wolff,*** Die Struktur des Grundsätzegesetzes zur Ablösung der Staatsleistungen an die Religionsgesellschaften, FS f. Badura, 2004, 839.

Zu Art. 139 WRV

N. Arndt/M. Droege, Versammlungsfreiheit versus Sonn- und Feiertagsschutz?, NVwZ 2003, 906. – ***D. Couzinet/A. Weiss,*** Das Verhältnis von Art. 4 GG zu Art. 140 GG i. V. m. Art. 139 WRV, ZevKR 54 (2009), 54. – ***J. Dietlein,*** Das Feiertagsrecht in Zeiten des religiösen Wandels, FS f. Rüfner, 2003, 131. – ***A. Grube,*** Der Sonntag und die kirchlichen Feiertage zwischen Gefährdung und Bewährung, 2003. – ***P. Häberle,*** Der Sonntag als Verfassungsprinzip, 2. Aufl. 2006. – ***J. Heinemann,*** Grundgesetzliche Vorgabe bei der staatlichen Anerkennung von Feiertagen, Diss. Düsseldorf 2003. – ***A. M. Huber,*** Feiertagsschutz für Minderheiten, Diss. Frankfurt a. M. 2006. – ***K.-H. Kästner,*** Der Sonntag und die kirchlichen Feiertage, in Listl/ Pirson HSKR, Bd. II, 2. Aufl. 1995, § 51 S. 464. – ***T. Kingreen/B. Pieroth,*** Verfassungsrechtliche Grenzen einer Aufhebung der Ladenschlusszeiten, NVwZ 2006, 1221. – ***S. Kroboth,*** Der Schutz stiller Feiertage, 2015. – ***P. Kunig,*** Der Schutz des Sonntags im verfassungsrechtlichen Wandel, 1989. – ***A. Mattner,*** Sonntagsruhe im Spiegel des Grundgesetzes und der Feiertagsgesetze der Länder, NJW 1998, 2207. – ***M. Morlok/H. M. Heinig,*** Feiertag! Freier Tag? Die Garantie des Sonn- und Feiertagsschutz als subjektives Recht im Lichte des Art. 139 WRV, NVwZ 2001, 846. – ***W. Schatzschneider,*** Maschinenlaufzeiten und Feiertagsschutz, NJW 1989, 681. – ***W. Mosbacher,*** Sonntagsschutz und Ladenschluß, 2007. – ***W. Rüfner,*** Die institutionelle Garantie der Sonn- und Feiertage, FS f. M. Heckel, 1999, 348. – ***H. Schiepek,*** Der Sonntag und kirchlich gebotene Feiertage nach kirchlichem und weltlichem Recht, 2003. – ***H. Schmitz/C.-W. Neubert,*** Verfassungsrechtlicher Sonntagsschutz auf Irrwegen NVwZ 2018, 704. – ***F. Stollmann,*** Der Sonn- und Feiertagsschutz nach dem Grundgesetz, 2004. – ***F. Stollmann,*** Islamische Feiertage in Deutschland – Zu den verfassungsrechtlichen Grenzen kultureller Vielfalt, NVwZ 2005, 1394. – ***F. Stollmann,*** Zum subjektivrechtlichen Gehalt des Art. 140 GG / 139 WRV, VerwArch 96 (2005), 348. – ***P. Unruh,*** Die Kirchen und der Sonntagsschutz, ZevKR 52 (2007), 1. – ***H. de Wall,*** Zum subjektiven Recht der Kirchen auf den Sonntagsschutz, NVwZ 2000, 857. – ***K. Westphal,*** Die Garantie der Sonn- und Feiertage als Grundlage subjektiver Rechte, 2003. – ***J. Winter,*** Zum rechtlichen Schutz von Sonn- und Feiertagen, KuR 1998, 139.

Zu Art. 141 WRV

I. Barth, Militärseelsorge in der Bundesrepublik Deutschland, 1987. – ***P. Blaschke/ H. Oberhenn,*** Militärseelsorge, 1985. – ***S. Eick-Wildgans,*** Möglichkeiten und Grenzen des Zusammenwirkens von Staat und Kirche im Strafvollzug, 1993. – ***J. Ennuschat,*** Militärseelsorge – Verfassungs- und beamtenrechtliche Fragen der Kooperation von Staat und Kirche, 1996. – ***J. Ennuschat,*** Sollen Militärgeistliche Staats- oder Kirchenbeamte sein? – Verfassungs-, völker- und beamtenrechtliche Aspekte, ZevKR 41 (1996), 419. – ***J. Ennuschat,*** Militärseelsorge, in: HSKR, 3. Aufl. § 54. – ***M. Heintzen,*** Polizeiseelsorge, in HSKR, 3. Aufl., § 55. – ***B. Kämper/H.-W. Thönnes*** (Hrsg.), Die Seelsorge in staatlichen Anstalten als Gegenstand des Staatskirchenrechts, Ess. Gespr. 23 (1989). – ***T. Lemmen/M. Miehl*** (Hrsg.), Islamisches Alltagsleben in Deutschland, 2001. – ***D. Pirson,*** Die Seelsorge in staatlichen Einrichtungen als Gegenstand des Staatskirchenrechts, Ess. Gespr. 23 (1989), 4. – ***A. Schilberg,*** Krankenhausseelsorge, Seelsorge im Strafvollzug und anderen Anstalten, in HSKR, 3. Aufl. § 56. – ***K. Steuber,*** Militärseelsorge in der Bundesrepublik Deutschland, 1972. – ***I.-J. Werkner,*** Soldatenseelsorge versus Militärseelsorge, 2001.

Art. 141 [„Bremer Klausel"]

Artikel 7 Abs. 3 Satz 1 findet keine Anwendung in einem Lande, in dem am 1. Januar 1949 eine andere landesrechtliche Regelung bestand.

A. Allgemeine Bedeutung

Die äußerlich unscheinbare, seit Inkrafttreten des GG unverändert gebliebene Regelung des Art. 141 gehörte zu den **umstrittensten Fragen** innerhalb des Herrenchiemsee-Konvents und des Parlamentarischen Rates.[1] In der Bundesrepublik war es lange Zeit still um sie geworden, bevor sie nach der deutschen Wiedervereinigung und der damit auftauchenden Frage nach dem Religionsunterricht in den neuen Bundesländern plötzlich ins helle Licht einer großen juristischen und politischen Kontroverse geriet. Kaum eine andere Verfassungsvorschrift wirft bei ihrer Interpretation so tiefgreifende Probleme der historisch-genetischen Auslegung auf. Denn der Wortlaut des Art. 141, der die Landesstaatsgewalt nach Maßgabe eines Stichtags von der Bindung (Art. 1 Abs. 3) an das Grundrecht auf einen konfessionell gebundenen Religionsunterricht aus Art. 7 Abs. 3 S. 1[2] freistellt, lässt eine Reihe von Fragen offen: Ist die Regelung gebiets- oder verbandsbezogen? Welche Länder sind gemeint? War die Bestimmung auch auf den künftigen Beitritt neuer Länder kalkuliert? 1

Der schulrechtliche **Zentralismus,** der von 1919 bis 1945 in Deutschland vorgeherrscht hatte, war mit dem Ende des Krieges für eine Übergangszeit ins Gegenteil umgeschlagen: Die Entscheidung über alle wesentlichen Fragen der Schulverfassung lag nunmehr in Ermangelung eines handlungsfähigen Zentralstaates bei der verfassung- oder gesetzgebenden Gewalt der deutschen Länder in den westlichen Besatzungszonen. Während etwa Art. 136 Abs. 2 BayVerf. (1946), Art. 57 HessVerf. (1946), Art. 28 der Badischen Verfassung (1947) oder Art. 115 der Verfassung für Württemberg-Hohenzollern (1947) den Religionsunterricht als ordentliches Lehrfach an den staatlichen Schulen garantierten, schrieb Art. 32 BremVerf. (1947) – in Anknüpfung an eine bis ins späte 18. Jahrhundert zurückreichende Bremische Tradition[3] – für alle allgemein bildenden öffentlichen Schulen einen „bekenntnismäßig nicht gebundenen Unterricht in Biblischer Geschichte auf allgemein christlicher Grundlage" als ordentliches Lehrfach vor. Diese **föderale Disparität,** in der sich zugleich die (freilich durch die Vertreibungen in Bewegung geratene) konfessionelle Gliederung des Volkes ausdrückte, **fand das GG vor.**[4] Die heftigen Konflikte, die den landesverfassungsrechtlichen Regelungen vorausgegangen waren,[5] schlossen es politisch aus, diese durch eine einheitliche bundesverfassungsrechtliche Normierung zu ignorieren. Andererseits wollten 2

---

[1] *Schlink/Poscher,* Der Verfassungskompromiß zum Religionsunterricht, 2000, 17 ff.; *Hense* in BK Rn. 1 ff.

[2] Zu den Grundrechtspositionen der Religionsgemeinschaften, der Schüler, Eltern und Lehrer aus Art. 7 Abs. 2, 3 GG → Art. 7 Rn. 77 ff., 95.

[3] *Reimer,* Die Begründung der „Bremer Klausel", 1956, 19 f. (34); *Wulff,* Religionsunterricht in den Bremer Schulen, 1964, 6; ferner *Poscher,* Gutachten zur Rechtsnatur des Unterrichts in Biblischer Geschichte auf allgemein christlicher Grundlage nach Art. 32 BremVerf. und den bekenntnismäßigen Anforderungen an seine Lehrkräfte, 2006, 10 ff.; zur Bremer Regelung ausf. auch *Schmoeckel,* Der Religionsunterricht, 1964, 301 ff.

[4] *Jestaedt* in Isensee/Kirchhof HdbStR VII, § 156 Rn. 31; *Badura* in Maunz/Dürig Rn. 2.

[5] *Reimer,* Die Begründung der „Bremer Klausel", 1956, 6 Fn. 1 und 9.

die Kirchen und die christlichen Parteien auf eine Regelung in der Tradition des Art. 149 WRV nicht verzichten, auch um etwaige spätere Änderungsbestrebungen in den Bundesländern von vornherein zu unterbinden.

3 So kam im Parlamentarischen Rat auf Initiative des sozialdemokratischen Bremer Abgeordneten *Ehlers* die Regelung des Art. 141 zustande, in erster Linie, um der vorgrundgesetzlichen Lage in Bremen Rechnung zu tragen.[6] Doch auch andere Bundesländer verbanden Interessen mit der Ausnahme von Art. 7 Abs. 3, so Hamburg, das – wenn auch zu Unrecht – in Art. 141 eine Sicherung der in dem Stadtstaat als Regelschule bestehenden Simultanschule sah.[7]

B. Einzelfragen

4 Voraussetzung des Art. 141 ist zunächst eine andere, das heißt von den Vorgaben des Art. 7 Abs. 3 S. 1 **abweichende Regelung** des Landesrechts. Die Abweichung ist in mehrfacher Hinsicht denkbar. Es kann überhaupt kein Religionsunterricht vorgesehen sein, der Religionsunterricht kann kein ordentliches Lehrfach sein, oder er kann nur an einem Teil der öffentlichen Schulen, etwa den Primarschulen oder den allgemeinbildenden Schulen verpflichtend sein. Auch teilweise Abweichungen von der grundgesetzlichen Lage führen eine dann teilweise Nichtgeltung des Art. 7 Abs. 3 S. 1 herbei.[8] Prominentestes und namensgebendes Beispiel der „Bremer Klausel" ist der nach Art. 32 BremVerf. vorgesehene bekenntnisunabhängige Unterricht in „Biblischer Geschichte",[9] der von der nach Art. 7 Abs. 3 S. 1 zwingend verlangten konfessionellen Bindung des Religionsunterrichts abweicht. Stichtag der Abweichung ist der 1.1.1949. Art. 141 ist seinem Zweck nach nicht auf die Sicherung „traditioneller Rechtszustände" beschränkt.[10] Auch originäre Nachkriegsbestimmungen fallen deswegen unter die Ausnahme.

5 Während die Freistellung Bremens von Art. 7 Abs. 3 S. 1 allgemein anerkannt war, betrifft der gesamte neuere Streit um die Auslegung von Art. 141 seine Geltung im wiedervereinigten Berlin und in den fünf neuen Bundesländern. Befürworter und Gegner dieser weiten Auslegung des Art. 141 halten sich etwa die Waage.[11] Die Geltung des Art. 141 in den

[6] JöR 1 (1951), 908. Dazu neben *Schlink/Poscher,* Der Verfassungskompromiß zum Religionsunterricht, 2000, 17 ff.; *Starck* FS f. Listl, 1999, 391 (396 f.).

[7] *Brosius-Gersdorf* in Dreier Rn. 4.

[8] S. nur *Unruh* in MKS Rn. 4; *Thiel* in Sachs Rn. 6.

[9] Zu seiner religionswissenschaftlichen und theologischen Problematik noch immer *Barion* FS f. Mensching, 1967, 227.

[10] So insbes. *Link* in Listl/Pirson StaatskirchenR-HdB Bd. II, § 54 S. 442 ff.

[11] Für die Erstreckung des Art. 141 auf das Beitrittsgebiet mit teils stark abw. Begründung *Schlink* NJW 1992, 1008; *Schlink/Poscher,* Der Verfassungskompromiß zum Religionsunterricht, 2000, 86 ff. (dort 13 ff. ausf. zum Meinungsstand vor 2000); *Leistikow/Krzyweck* RdJB 1991, 308; *Weber* ZevKR 35 (1991), 253; *Renck* LKV 1993, 88; ThürVBl. 1993, 102; ThürVBl. 1994, 182; *Wißmann* RdJB 1996, 368; *Goerlich* NVwZ 1998, 819; *Pieroth/Kingreen* GS f. Jeand'Heur, 1999, 265; *Erwin,* Verfassungsrechtliche Anforderungen an das Schulfach Ethik/Philosophie, 2001, 194 ff.; dagegen *Link* in Listl/Pirson StaatskirchenR-HdB Bd. II, § 54 S. 443 f.; *Frisch* DtZ 1992, 144 f.; *Kremser* JöR nF 40 (1991/92), 517; *Winter* NVwZ 1991, 753; *Scholz* Essener Gespräche 26 (1992), 7; *Rüfner* Essener Gespräche 26 (1992), 60; *Muckel/Tillmanns* RdJB 1996, 360; *Starck* FS f. Listl, 1999, 391; *Mückl* AöR 122 (1997), 513 (541 ff.) mwN; *Rees* FS f. Listl, 1999, 367 (381); *v. Campenhausen* Essener Gespräche 34 (2000), 105; *Link* FS f. Hollerbach, 2001, 747; *Link* ZevKR 47 (2002), 449; *Tangermann* ZevKR 50 (2005), 184; *Richter* in AK Rn. 4; *Ogorek,* Geltung und Fortbestand der Ver-

westlichen Sektoren Berlins ergibt sich nach wohl überwiegender Ansicht aus dem Berliner Schulgesetz v. 26.6.1948,[12] das den Religionsunterricht zur „Sache der Kirchen, Religions- und Weltanschauungsgemeinschaften" erklärte, den Staat aber nur verpflichtete, dafür schulische Räumlichkeiten zur Verfügung zu stellen.[13] Auch auf das wiedervereinigte Berlin soll Art. 141 nach der Ansicht des BVerwG anwendbar bleiben.[14] Auch für die neuen Länder im Übrigen trifft *diese* Voraussetzung des Art. 141 zu: In den Gebieten der Sowjetischen Zone bestanden 1949 von Art. 7 Abs. 3 abweichende Regelungen, da der Religionsunterricht nirgends als ordentliches Lehrfach eingerichtet war.[15]

Auf den normativen Rang des von Art. 7 Abs. 3 abweichenden Landes- **6**
rechts kommt es nach dem Wortlaut nicht an;[16] es ist also sowohl ein formelles Landesgesetz wie in Berlin als auch eine Bestimmung der Landesverfassung wie in Bremen, aber auch jede untergesetzliche Rechtsnorm geeignet, die Rechtsfolge des Art. 141– Nichtgeltung von Art. 7 Abs. 3 S. 1 – hervorzubringen. Nicht ausreichend ist dagegen administratives Binnenrecht.[17] Religionssoziologische Erwägungen spielen für die Geltung oder Nichtgeltung von Art. 141 keine Rolle. Auch in einem Land mit einer überwiegend „areligiösen Bevölkerung" gilt Art. 7 Abs. 3 S. 1, sofern nicht die Bedingungen des Art. 141 erfüllt sind.[18]

Strittig ist allerdings bereits, wie der Begriff des **„Landes"** in Art. 141 **7**
gemeint ist. Muss er mit dem heutigen Rechtsträger identisch sein? Können sich auf diese Regelung also heute nur Gliedstaaten berufen, die schon am Stichtag rechtlich existiert haben?[19] Verhält es sich so, sind schon aus diesem Grund die fünf neuen, weil 1990 neu gegründeten[20] Länder nicht von der Ausnahme erfasst, weil die durch sie ggf. privilegierten Staatsgebilde untergegangen sind. Dieses Erfordernis der Rechtsidentität ist weder aus der Luft gegriffen noch so willkürlich wie die Gegenposition behauptet.[21] Es ergibt sich vielmehr zwingend aus dem bundesstaatlichen Charakter des GG. Art. 141 kommt insoweit als Ausnahme vom grundsätzlichen Vorrang des Bundesverfassungsrechts (Art. 31) eine spezifisch bundesstaatliche Bedeu-

---

fassungsgarantie staatlichen Religionsunterrichts in den neuen Bundesländern, 2005; *Brosius-Gersdorf* in Dreier Rn. 12 ff. Zum Ganzen *Korioth/Augsberg* ZG 2009, 222.

[12] VOBl. 358. Der Gesetzeswortlaut ist zitiert in BVerwG NVwZ 2000, 922 (923 f.). Dazu *Kremser* JZ 1995, 928 (932).

[13] Ausf. *Westhoff* AfkKR 126 (1954), 121.

[14] BVerwGE 110, 326 (334 ff.); *Brosius-Gersdorf* in Dreier Rn. 33; *Germann* in BeckOK GG Rn. 5; *Thiel* in Sachs Rn. 8; *Badura* in Maunz/Dürig Rn. 7; gegen eine Geltung von Art. 141 in Berlin *Kremser* DVBl. 2008, 607; *Unruh* DÖV 2007, 625 (629 f.); jedenfalls für die Zeit nach der Wiedervereinigung der Stadt *Fritz* BayVBl. 2002, 135 (136 f.).

[15] Nachw. bei *Braas,* Die Entstehung der Länderverfassungen in der Sowjetischen Besatzungszone 1946/47, 1987, 489, 502, 514, 524, 537; ferner *Winter* NVwZ 1991, 753 (754); *Kremser* JZ 1995, 928 (928 f.).

[16] *Brosius-Gersdorf* in Dreier Rn. 17.

[17] *Thiel* in Sachs Rn. 4; *Hense* in BK Rn. 50.

[18] So aber *Goerlich* NVwZ 1998, 819 (821 f.).

[19] So *Unruh* in MKS Rn. 8; *Winter* NVwZ 1991, 753 (754); *Starck* FS f. Listl, 1999, 391 (394 f.); *Ogorek,* Geltung und Fortbestand der Verfassungsgarantie staatlichen Religionsunterrichts in den neuen Bundesländern, 2004, 18 ff.; *Kästner* Essener Gespräche 32 (1998), 61 (87 f.); *Mückl* AöR 122 (1997), 513 (542); *Heckel,* Religionsunterricht in Brandenburg, 1998, 98; *Kremser* JZ 1995, 928 (929); *Richter* in AK Rn. 6.

[20] *Kilian* in Isensee/Kirchhof HdbStR I, § 12 Rn. 76 f.; *Kremser* JZ 1995, 928 (929 f.).

[21] *Schlink* NJW 1992, 1008 (1010); *Erwin,* Verfassungsrechtliche Anforderungen an das Schulfach Ethik/Philosophie, 2001, 195 f.

tung zu. Auch im Parlamentarischen Rat ist die Vorschrift unter bundesstaatlichen Aspekten diskutiert worden.[22] Sie ist daher nur als Teil einer spezifisch bundesstaatlichen Verfassung richtig zu verstehen. Für bundesstaatliche Verfassungen jedoch gilt im Allgemeinen, dass das bundesstaatliche Verhältnis, auch das Verfassungsverhältnis, nun einmal nicht zwischen Zentralstaat und Gliedern besteht, sondern zwischen konkreten Staaten. Neu in den Bund eingetretene Bundesländer (Art. 23 aF) rücken deswegen im Zweifel nicht in Sonderrechte ein, selbst dann nicht, wenn diese einem früheren, aber zwischenzeitlich untergegangen Bundesmitglied auf diesem Territorium zustanden. Während Art. 141 somit für das Beitrittsgebiet grundsätzlich nicht gilt, folgt für Gesamtberlin aus dieser Rechtssubjektsbezogenheit die Erstreckung der Ausnahme auf das hinzugekommene Gebiet von Ostberlin.[23]

8 Entscheidend sind jedoch die gegen die Geltung des Art. 141 für das Beitrittsgebiet sprechenden verfassungssystematischen und teleologischen Erwägungen.[24] Es handelt sich bei dieser Vorschrift innerhalb des GG nämlich um eine **Ausnahmevorschrift**[25] zu Art. 7 Abs. 3 S. 1. Ausnahmen aber sind im Zweifel eng auszulegen. Schon dies spricht gegen eine Erstreckung des Art. 141 auf die ostdeutschen Bundesländer. Hinzu kommt, dass Art. 23 aF eine Bestimmung über den Beitritt weiterer Länder enthielt. Daraus ergibt sich im Umkehrschluss, dass mit dem Begriff des Landes ansonsten nur die westdeutschen Länder gemeint sein konnten. Zu keinem anderen Ergebnis führt die historisch-genetische Auslegung von Art. 141. Die Regelung wurde geschaffen, um politische Widerstände in den Ländern auszuschalten, die vor dem GG eine andere Regelung des Religionsunterrichts getroffen hatten, und damit dem Prozess der Verfassungsgebung überhaupt zum Erfolg zu verhelfen.[26] Mit Art. 141 wurden Einwände bestimmter Länder gegenstandslos. Mit dem Zustandekommen des GG hatte die Vorschrift ihren Zweck im Grunde erfüllt; ihr konnte deswegen – auch nach der Wiedervereinigung – kein neuer Zweck zuwachsen.[27] Eine andere Auslegung könnte auch nicht den Standort der Norm im XI. Abschnitt des GG unter den Übergangs- und Schlussbestimmungen erklären. Hätte Art. 141 GG eine in die Zukunft weisende Regelung über die föderale Komponente des Religionsunterrichts treffen wollen, so wäre sie innerhalb des Art. 7 anzusiedeln gewesen.

9 Ist ein Land von der Regelung des Art. 141 erfasst, so hat es als **Rechtsfolge** einen im Vergleich mit den anderen Ländern erweiterten gesetzgeberischen Spielraum. Denn das GG legt die betreffenden Länder ja keineswegs auf die am 1.1.1949 geltende Rechtslage fest, sondern schließt nur die Verpflichtung aus Art. 7 Abs. 3 aus. Auch ohne verfassungsrechtliche Verpflich-

[22] 51. Sitzung des Hauptausschusses des ParlRates am 10.2.1949, StenProt., 683.

[23] Vgl. BVerwGE 110, 326 (335).

[24] Gegen die Geltung von Art. 141 insoweit die ganz überwiegende Meinung *Unruh* in MKS Rn. 8; *Robbers* in MKS Art. 7 Rn. 122; *Hofmann* in SHH Rn. 7; *Brosius-Gersdorf* in Dreier Rn. 11 ff.; *Germann* in BeckOK GG Rn. 6; *Wolff* in Hömig/Wolff Rn. 2; *Link* in Listl/Pirson StaatskirchenR-HdB Bd. II, § 54 S. 443; *Winter* NVwZ 1991, 753; *Frisch* DtZ 1992, 144; *Kremser* JZ 1995, 928; *Muckel/Tillmanns* RdJB 1996, 360; *Uhle* DÖV 1997, 409.

[25] *Brosius-Gersdorf* in Dreier Rn. 15; *Richter* in AK Rn. 3.

[26] Zur Entstehungsgeschichte ausf. *Starck* FS f. Listl, 1999, 391 (396 ff.); *Germann* ZevKR 45 (2000), 631, gegen *Schlink/Poscher,* Der Verfassungskompromiß zum Religionsunterricht, 2000.

[27] So mit überzeugenden Gründen *Brosius-Gersdorf* in Dreier Rn. 23.

tung[28] steht es natürlich allen von der Ausnahme betroffenen Ländern frei, Religionsunterricht im Sinne von Art. 7 Abs. 3 einzuführen oder andere Gestaltungen vorzunehmen.[29]

C. Kritische Würdigung

Das neuere Schicksal der Bestimmung des Art. 141 seit der deutschen **10** Wiedervereinigung bietet ein gutes Lehrstück zum alten Problem des stillen Verfassungswandels. Zwar ist die Frage der Anwendbarkeit in den neuen Bundesländern nach wie vor verfassungsgerichtlich nicht formell entschieden. Doch nachdem das BVerfG die Rechtsfrage so lange nicht geklärt hat, wurden Fakten geschaffen und die **weite Auslegung des Art. 141** etabliert.

Literatur

Neben der zu Art. 7 angegebenen Literatur ***H. Barion,*** Unvorgreifliches Bedenken zur Bremer Klausel (Art. 141 GG), DÖV 1965, 13. – ***H. Barion,*** Feudaler oder neutraler Staat – Das religionsrechtliche Problem der Bremer Klausel (Art. 141 GG), DÖV 1966, 361. – ***H. Barion,*** Bekenntnismäßig nicht gebundener Unterricht in Biblischer Geschichte auf allgemein christlicher Grundlage, FS f. Mensching, 1967, 227. – ***M. Frisch,*** Die Bremer Klausel und die neuen Bundesländer, DtZ 1992, 144. – ***M. Germann,*** Beweist die Entstehungsgeschichte der „Bremer Klausel" die Exemption des Landes Brandenburg von der Garantie des Religionsunterrichts?, ZevKR 45 (2000), 631. – ***H. Goerlich,*** Art. 141 GG als zukunftsgerichtete Garantie der neuen Länder und die weltanschauliche Neutralität des Bundes, NVwZ 1998, 819. – ***M. Heckel,*** Religionskunde im Lichte der Religionsfreiheit, ZevKR 44 (1999), 147. – ***S. Korioth/I. Augsberg,*** Ethik- oder Religionsunterricht?, ZG 2009, 222. – ***H. Kremser,*** Das Verhältnis von Art. 7 Abs. 3 S. 1 und Art. 141 GG im Gebiet der neuen Bundesländer, JZ 1995, 928. – ***Ch. Link,*** Religionsunterricht, in Listl/Pirson Staats-kirchenR-HdB Bd. II, 2. Aufl. 1995, § 54. – ***S. Lörler,*** Verfassungsrechtliche Maßgaben für den Religionsunterricht in Brandenburg, ZRP 1996, 121. – ***Th. Maunz,*** Der Religionsunterricht in verfassungsrechtlicher und vertragskirchenrechtlicher Sicht, 1974. – ***S. Muckel/R. Tillmanns,*** „Lebensgestaltung – Ethik – Religionskunde" statt Religionsunterricht, RdJB 1996, 360. – ***B. Pieroth/T. Kingreen,*** Die Einschlägigkeit des Art. 141 GG für das Land Brandenburg, GS Jeand'Heur, 1999, 265. – ***H.-D. Reimer,*** Die Begründung der Bremer Klausel, Diss. Würzburg, 1956. – ***L. Renck,*** Art. 141 GG und die neuen Bundesländer, ThürVBl. 1999, 149. – ***U. Scheuner,*** Auseinandersetzungen und Tendenzen im deutschen Staatskirchenrecht, DÖV 1966, 145. – ***B. Schlink,*** Religionsunterricht in den neuen Ländern, NJW 1992, 1008. – ***B. Schlink/R. Poscher,*** Der Verfassungskompromiß zum Religionsunterricht, 2000. – ***R. Schmoeckel,*** Der Religionsunterricht, Die rechtliche Regelung nach Grundgesetz und Landesgesetzgebung, 1964. – ***E. Schwerin,*** Die Einrichtung des Religionsunterrichts in den neuen Bundesländern, RdJB 1992, 311. – ***Ch. Starck,*** Religionsunterricht in Brandenburg. Art. 141 GG als Ausnahme von der Regel des Art. 7 Abs. 3 GG, FS f. Listl, 1999, 391. – ***A. Uhle,*** Die Verfassungsgarantie des Religionsunterrichts und ihre territoriale Reichweite, DÖV 1997, 409. – ***H. de Wall,*** Zum Verfassungsstreit um den Religionsunterricht in Brandenburg, ZevKR 42 (1997), 353. – ***P. Westhoff,*** Die Bedeutung der sog. „Bremer Klausel" im Bonner Grundgesetz für die Stellung des

[28] Anders *Renck* NJ 2009, 156; ThürVBl. 2007, 6; LKV 2006, 210 (211), demzufolge der Landesgesetzgeber ohne verfassungsrechtliche Anordnung des Religionsunterrichts an der Einrichtung desselben gehindert sei.

[29] *Schlink* NJW 1992, 1008 (1012 f.); *Richter* in AK Rn. 4; *Thiel* in Sachs Rn. 3; *Badura* in Maunz/Dürig Rn. 2 f.; *Erwin,* Verfassungsrechtliche Anforderungen an das Schulfach Ethik/Philosophie, 2001, 201.

Religionsunterrichts in den Ländern der deutschen Bundesrepublik, AfkKR 126 (1954), 113. – ***J. Winter,*** Zur Anwendung des Art. 7 III GG in den neuen Ländern der BRD, NVwZ 1991, 753. – ***H. Wißmann,*** Art. 141 GG als „Brandenburger Klausel"?, RdJB 1996, 368.

Art. 142 [Grundrechte in Landesverfassungen]

Ungeachtet der Vorschrift des Artikels 31 bleiben Bestimmungen der Landesverfassungen auch insoweit in Kraft, als sie in Übereinstimmung mit den Artikeln 1 bis 18 dieses Grundgesetzes Grundrechte gewährleisten.

Hinweis: Die Paulskirchenverfassung von 1849, die Reichsverfassung von 1871 und die Weimarer Reichsverfassung von 1919 enthielten keine entsprechende Regelung.

Übersicht

A. Allgemeine Bedeutung

I. Inhaltsübersicht

1 **Mehrere Länder** der Bundesrepublik Deutschland hatten sich **vor dem Inkrafttreten** des GG Verfassungen mit **Grundrechtskatalogen** gegeben. Es waren dies die Verfassungen von Baden v. 18.5.1947,[1] Bayern v. 2.12.1946,[2] Bremen v. 21.10.1947,[3] Hessen v. 1.12.1946,[4] Rheinland-Pfalz v. 18.5.1947,[5] das Saarland (dessen Beitritt gem. Art. 23 aF allerdings erst im Jahre 1956 erfolgte) mit seiner Verfassung v. 15.12.1947,[6] die Verfassungen in Württemberg-Baden v. 24.11.1946[7] sowie Württemberg-Hohenzollern v. 18.5.1947;[8] aus den beiden letztgenannten Ländern wurde 1951 Baden-Württemberg.[9] Auch die Verfassungen der Länder der SBZ, aus welcher die dann keine Ländergliederung mehr kennende DDR erwuchs, enthielten Grundrechte.[10]

2 Im ParlRat manifestierte sich die Vorstellung, dass die Aufnahme von Grundrechten in das GG gleiche **Grundrechtsvorschriften der Länderverfassungen nicht beseitigen solle** sowie auch darüber, dass Landesgrundrechte fortgelten sollen, soweit sie **weitergehende Gewährleistungen**

---

[1] ABl. 1947, 101.

[2] GVBl. 1946, 233.

[3] GBl. 1947, 251.

[4] GVBl. 1946, 229.

[5] VOBl. 1947, 209.

[6] ABl. 1947, 1077.

[7] RegBl. 1946, 277.

[8] RegBl. 1947, 1.

[9] → Art. 118; zur Entstehungsgeschichte *Remmert* in Maunz/Dürig Art. 118 Rn. 7 ff.

[10] Dazu *Braas,* Die Entstehung der Länderverfassungen in der Sowjetischen Besatzungszone Deutschlands 1946/47, 1987, 133 ff.

als das GG enthalten.[11] Gleichzeitig wurde jedenfalls teilweise vertreten, nach Art. 31 „breche" Bundesrecht nicht nur ihm widersprechendes Landesrecht, sondern auch gleichlautendes Landesrecht.[12] Deshalb wurde Art. 142 in das GG aufgenommen. Art. 142 sollte also den Individualrechtsschutz stärken – wie sich später zeigte, konsequenzenträchtig, vor allem auch in den verfassungsgerichtlichen Verfahren der Verfassungsbeschwerde in den Ländern (soweit vorhanden, → Rn. 18) und Bund (wobei Art. 93 Abs. 1 Nr. 4a erst 1969 im GG erschien, einfachgesetzlich die Verfassungsbeschwerde aber seit der Errichtung des BVerfG im Jahre 1951 ermöglicht wurde). Von diesem individualrechtlichen Aspekt abgesehen, weist Art. 142 auch eine bundesstaatliche Dimension auf.[13] Denn er zielt auf die Möglichkeit von Rechtsdiversität in den Ländern untereinander und verglichen mit dem Bund.

3 Für viele Jahre ist Art. 142 ein **„Schattendasein"** zugeschrieben worden.[14] Insbesondere bei den Landesverfassungsgebungen nach dem Inkrafttreten des GG, also in Hamburg, Niedersachsen, Nordrhein-Westfalen, Schleswig-Holstein,[15] wurde kein Anlass für Profilierung und Eigenständigkeit im Bereich der Grundrechtsgewährleistung durch Landesrecht gesehen. Diesem Vorbild folgten die neuen Länder nach der Wiedervereinigung nicht. **Die dort in den Jahren 1992/93 entstandenen Landesverfassungen** enthalten, abgesehen von Mecklenburg-Vorpommern, eigene Grundrechtsabschnitte (wie auch Berlin, dies bereits in seiner Verfassung von 1950, wiederaufgenommen und erweitert 1995). Historisch ist dies zum einen angesichts der kaum vorhandenen Individualrechtspositionen der Bürger in ihrem Verhältnis zum Staat DDR erklärbar, ebenso aber auch aufgrund des politischen Willens, sich mit einer „Vollverfassung" mit eigenem Grundrechtsteil[16] zu konstituieren. In besonderem Maße ist dies an der Verfassung des Landes Brandenburg bemerkbar.[17]

II. Überstaatliche Bezüge

4 Auf die europäische Ebene angewendet, finden sich Regeln zum Verhältnis des Grundrechtsschutzes auf den verschiedenen Ebenen sowohl in der Europäischen Menschenrechtskonvention als auch in der Europäischen Grundrechte-Charta wieder. Dabei verwirklicht sich auch hier das Konzept der Komplementarität des Schutzes zur Verwirklichung eines möglichst hohen Schutzniveaus unter Gewährleistung einer Vielfalt rechtlicher Garantien (vgl. Art. 1, 53 EMRK sowie Art. 51, 53 GrCh). Die **EMRK** bindet die Mitgliedstaaten im Rahmen ihrer Jurisdiktion (Art. 1 EMRK).[18] Verfassungsrechtlich gewendet nimmt sie den Rang eines einfachen Bundesgesetzes ein.[19] Sie verlangt indes im Rahmen der völkerrechtlichsfreundlichen Auslegung be-

---

[11] Vgl. JöR nF 1 (1951), 910 ff.; s. dazu, wenngleich etwas zurückhaltender, *Krings* in BerlKomm Rn. 4; *Korioth* in Maunz/Dürig Rn. 6 f.

[12] Vgl. JöR nF 1 (1951), 912; s. demgegenüber → Art. 31 Rn. 46.

[13] Sa *Unruh* in MKS Rn. 5; *Boysen,* Gleichheit im Bundesstaat, 2005, 148 ff.

[14] Vgl. *v. Münch* in v. Münch/Kunig, 3. Aufl. 1996, Rn. 3; sa *Dietlein* Jura 1994, 57, der vom „blassen Glanz" der Landesgrundrechte „im Sog. hypertrophierender Bundesgrundrechte" gesprochen hat.

[15] Vom Sonderfall Berlin hier abgesehen, dazu → Art. 118a.

[16] So in diesem Zusammenhang *Dietlein* Jura 1994, 57.

[17] S. iE *Dietlein,* Die Grundrechte in den Verfassungen der neuen Bundesländer, 1993; *Sacksofsky* NVwZ 1993, 235 ff.

[18] *Schabas,* ECHR Commentary, Art. 1, 92 ff.

[19] BVerfGE 111, 307 (315 ff.); 82, 106 (120).

sondere Beachtung, auch bei der Anwendung von Verfassungsrecht.[20] Im Verhältnis zu anderen Verbürgungen ist sie komplementär (Art. 53 EMRK); insoweit ist auch von Meistbegünstigung die Rede.[21] Letzteres gilt auch für die GrCh (Art. 53 GrCh). Ihr Anwendungsbereich ist in erster Linie für die Europäische Union eröffnet; für die Mitgliedstaaten beschränkt er sich auf die Durchführung von Unionsrecht.[22]

Zugleich hat das BVerfG, ausgehend von seiner **Solange-Rechtspre- 5 chung**[23], seinerseits den nationalen Grundrechtsschutz gegenüber an sich höherrangigem EU-Recht verteidigt, was zu einem Dialog mit dem EuGH und letztlich zu einer Stärkung des EU-Grundrechtsschutzes, zunächst durch die Judikative, dann durch entsprechende Vertragsänderung, geführt hat.[24] Inzwischen ist das Verhältnis der Grundrechtsgewährleistung durch eine filigrane Dogmatik gekennzeichnet, die dem jeweils höhrerrangigen Recht entsprechenden Raum lässt, ohne den lokalen Grundrechtsschutz unnötig zu beschneiden.[25] Jüngst stechen dabei vor allem die beiden grundlegenden Entscheidungen zum Recht auf Vergessen hervor (I und II), wonach das BVerfG unter bestimmten Voraussetzungen die Prüfung von Rechtsakten am Maßstab der GrCh für sich in Anspruch nimmt.[26] Für den Bürger bewirkt diese Vielfalt von Gewährleistungen eine deutliche Verstärkung des Schutzniveaus, zumal sie mit Rechtsschutz auf verschiedenen Ebenen verbunden ist. Auf der internationalen Ebene wird dies vor allem durch Art. 6 EUV gekennzeichnt, wo das Verhältnis von Grundrechtsschutz der Union, der EMRK sowie (mit Blick auf die in Abs. 3 erwähnten „Verfassungsüberlieferungen") auch der Mitgliedstaaten festgelegt wird.[27]

Jenseits der europäischen Ebene gestaltet sich der für die Bundesrepu- 6 blik einschlägige Menschenrechtsschutz insbesondere durch die beiden Menschenrechtspakte, also den Internationalen Pakt über bürgerliche und politische Rechte sowie den Internationalen Pakt über wirtschaftliche, soziale und kulturelle Rechte. Daneben existieren verschiedene UN-Konventionen, die sich mit einzelnen Personengruppen oder bestimmten Rechten befassen.[28] All diese völkerrechtlichen Verträge sind gemäß Art. 59 Abs. 2 von der Bundesrepublik in Bundesgesetze überführt worden.[29] Im Bereich der Grundrechte wirken sich diese Verträge vor allem im Wege der völkerrechtsfreundlichen Auslegung aus.[30] Insoweit besteht auch hier eine Relevanz im Rahmen des deutschen Grundrechtsschutzes.

---

[20] BVerfG Beschl. v. 14.10.2004 – 2 BvR 1481/04.
[21] *Grabenwarter* in HdG VI/2, § 169 Rn. 29.
[22] *Becker* in Schwarze EU-Recht, Art. 53 GrCh Rn. 1 ff.
[23] BVerfGE 37, 271 – Solange I; BVerfGE 73, 339 – Solange II.
[24] *Calliess,* Staatsrecht III, 2018, 3 B Rn. 21.
[25] Vgl. hierzu zuletzt BVerfG Beschl. v. 6.11.2019 – 1 BvR 276/17 -Recht auf Vergessen II, Rn. 44 ff.
[26] BVerfG Beschl. v. 6.11.2019 – 1 BvR 16/13 – Recht auf Vergessen I; Beschl. v. 6.11.2019 – 1 BvR 276/17 – Recht auf Vergessen II.
[27] *Hatje* in Schwarze/Becker/Hatje/Schoo EU-Kommentar, Art. 6 EUV Rn. 1 ff., 26 ff.
[28] *Sauer,* Staatsrecht III, 2018, § 6 Rn. 2 ff.
[29] Zur Transformation *Kempen* in MKS Art. 59 Rn. 81 ff.
[30] *Herdegen* in Maunz/Dürig Art. 1 Abs. 2 Rn. 47 ff.

B. Einzelfragen

I. Ungeachtet der Vorschrift des Art. 31

7 Dieser Teilsatz führt die **Spezialität** des Art. 142 gegenüber Art. 31 herbei, soweit zwischen Grundrechten des GG und solchen in Landesverfassungen inhaltliche Übereinstimmung besteht. In diesem Fall würde die Rechtsfolge des Art. 31 allerdings gar nicht eintreten, denn der Tatbestand der dortigen Kollisionsnorm wäre nicht erfüllt: „gebrochen" kann nur werden, was inhaltlich kollidiert.[31] In einem solchen Fall stellt sich Art. 142 andererseits Art. 31 nicht in den Weg: Mit dem Bundesrecht unvereinbares Landesrecht hat ersterem gegenüber immer Nachrang und dies unabhängig von der Rechtsquelle. „Bundesrecht" iSd Art. 31 ist das gesamte Bundesrecht und kann aus diesem Grunde den Vorrang auch vor Landesverfassungsrecht beanspruchen. Die mit Art. 142 beabsichtigte „Einschränkung" des Art. 31 gilt nicht allgemein, sondern nur in Übereinstimmung mit den in Art. 1–18 stehenden Grundrechten.[32]

II. Bleiben Bestimmungen der Landesverfassungen auch insoweit in Kraft

8 Dies bezieht sich unzweifelhaft auf die Grundrechtsbestimmungen, die zum Zeitpunkt des Inkrafttretens des GG[33] landesverfassungsrechtlich verbürgt waren. Art. 142 enthält aber **„für die Zukunft keine zeitliche Sperre"**.[34] Er gilt auch für Grundrechtsbestimmungen, die in zum Zeitpunkt des Inkrafttretens des GG bereits vorhandene Landesverfassungen (→ Rn. 1) erst zu einem späteren Zeitpunkt eingefügt wurden, und ebenso für Grundrechte in erst später entstandenen Landesverfassungen.[35] Danach gilt Art. 142 auch für die von 1947 stammende, aber erst seit 1956 in das Verfassungsgefüge der Bundesrepublik integrierte Verfassung des Saarlandes sowie die nach der Herstellung der deutschen Einheit entstandenen Landesverfassungen. Das Wort „auch" in Art. 142 erscheint bei dieser Interpretation vielleicht als „irreführend"[36] oder „ohne eigenen Sinngehalt"[37]. Es mag signalisieren, dass neben den Grundrechten des Grundgesetzes eben „auch" gewisse sonstige Grundrechte ihre Geltung behalten.[38]

---

[31] → Art. 31 Rn. 9.

[32] S. dazu in etwas ungewohntem Ton BVerfGE 36, 342 (362 f.): „Das Gesetz kann eben klüger sein als die Väter des Gesetzes. Art. 142 GG wollte den Art. 31 GG einschränken. Er tut das aber unvollständig, in dem er nicht allgemein formuliert, dass Art. 31 GG das grundsätzliche Verhältnis von Bundesverfassung und Landesverfassung berührt, sondern in dem er nur für einen besonders wichtigen Teilbereich von Verfassungsnormen, nämlich für die Grundrechte, die mehrfach garantiert werden können und auch subjektive Rechte gewähren, bestimmt, dass sie, soweit sie in Übereinstimmung mit den Art. 1 bis 18 GG stehen, dem Anwendungsbereich des Art. 31 GG nicht unterfallen". S. zum umstrittenen Verhältnis von Art. 31 u. 142 iÜ; → Rn. 46 f. mwN, 14.

[33] Dazu → Art. 145 Rn. 9.

[34] So *Denninger* in AK Rn. 9a; sa *Korioth* in Maunz/Dürig Rn. 9; *Germann* in Epping/Hillgruber Rn. 5.

[35] Genannt → Rn. 3; BVerfGE 96, 345 (364); *Pietzcker* in HdbStR VI § 134 Rn. 67.

[36] So *Maunz* in Merten/Morsey Dreißig Jahre Grundgesetz 87 (98).

[37] So *v. Münch* in v. Münch/Kunig 3. Aufl. 1996 Rn. 5.

[38] → Rn. 14.

III. Als sie in Übereinstimmung mit den Art. 1–18 dieses Grundgesetzes Grundrechte gewährleisten

„In Übereinstimmung" mit den Art. 1–18 (→ Rn. 14) stehen die Bestimmungen einer Landesverfassung, wenn das betreffende Grundrecht in der Landesverfassung inhaltsgleich mit einem Grundrecht des GG gewährleistet ist. Dafür kommt es nicht auf die Formulierung an, sondern **auf den rechtlichen Gehalt.**[39] Es geht also darum – um eine im ParlRat verwendete Formulierung aufzugreifen –, ob „die Landesverfassung den gleichen Gegenstand im gleichen Sinne, mit gleichem Inhalt und im gleichen Umfang" regelt.[40] In die vergleichende Betrachtung zur Ermittlung von „Übereinstimmung" sind der personale und der sachliche Schutzbereich des jeweiligen Grundrechts, dessen Adressaten sowie auch die Möglichkeiten der Grundrechtsbeschränkung einzubeziehen.[41] 9

Eine „Übereinstimmung" iSd Art. 142 ist auch dann anzunehmen, wenn eine landesverfassungsrechtliche Vorschrift in einem Sachbereich **mehr an Grundrechtsschutz** gewährleistet als das Grundgesetz.[42] Ein solcher Befund kann sich dadurch einstellen, dass das Landesgrundrecht inhaltlich weiter reicht als das grundgesetzliche Grundrecht,[43] aber auch dadurch, dass sich im GG überhaupt kein paralleler Grundrechtsschutz findet.[44] Schließlich ist auch denkbar, dass ein Landesgrundrecht sich als in **weniger** starkem Maße beschränkbar erweist als ein paralleles Bundesgrundrecht.[45] „Übereinstimmung" ist also nicht im Sinne von Identität, sondern als **Widerspruchsfreiheit** zu verstehen.[46] Dieses Ergebnis ist zwar durch den Wortlaut des Art. 142 nicht vorgegeben, wird aber durch die Entstehungsgeschichte bestätigt. Der Abg. *Schmid* formulierte im ParlRat, „dass der Grundrechtskatalog des Grundgesetzes einen Mindeststandard darstelle und das überall, wo in einem Lande etwa noch Rechte darüber hinaus gewährt würden, diese Rechte nicht aufgehoben werden sollten".[47] Würde man den Begriff der Übereinstimmung enger verstehen und also – wenn auch bei Hinnahme unterschiedlicher Formulierungen (→ Rn. 9) – die Identität des Ausmaßes des Grundrechtschutzes verlangen, so würde auch der objektive Sinn des Art. 142, welcher den Charakter einer Kollisionsnorm aufweist, verfehlt.[48] Das GG beseitigt also durch seine Grundrechtsformulierungen nicht gewissermaßen im Umkehrschluss weiterreichende Landesgrundrechte. 10

Allerdings ist die Frage der Übereinstimmung gerade bei mehrpoligen Konstellationen, bei denen Grundrechte auf verschiedenen Seiten streiten, oft nicht leicht zu beantworten.[49] Ein Mehr an Grundrechtsschutz zugunsten des einen kann sich hier als ein Weniger zugunsten des anderen auswirken (etwa 11

[39] *Sachs* DÖV 1985, 469 (471); *Korioth* in Maunz/Dürig Rn. 13.
[40] S. JöR nF 1 (1951), 910.
[41] Vgl. *v. Kielmansegg* JuS 2009, 19 ff., 118 ff., 216 ff.
[42] Vgl. *Germann* in Epping/Hillgruber Rn. 10.
[43] Vgl. StGH *Hess* JZ 1982, 463 (464); *Krings* in BerlKomm Rn. 14; krit. *Unruh* in MKS Rn. 13.
[44] Vgl. hierzu, wenngleich teilweise kritisch *Unruh* in MKS Rn. 13.
[45] Vgl. *Pietzcker* in HdbStR VI § 134 Rn. 70, 74.
[46] BVerfGE 96, 345 (365); ThürVerfGH LKV 2004, 461 (462); *Gallwas* JA 1985, 536 (540); *Jutzi* DÖV 1983, 836; *Sachs* DÖV 1985, 469 (478); *Schneider* DÖV 1987, 749 (752); *Pietzcker* in HdbStR VI § 134 Rn. 71, 74; *Dietlein* Jura 1994, 57 (58 ff.); *Sodan* in Sodan Rn. 4.
[47] JöR nF 1 (1951), 911.
[48] Vgl. dazu im Blick auf Art. 31 BVerfGE 36, 342 (363).
[49] Zu den Schwierigkeiten vgl. auch *Unruh* in MKS Rn. 13; sowie *Sacksofsky* in BK Rn. 49.

im Verhältnis von Pressefreiheit und Persönlichkeitsrecht).[50] Dies ist allerdings ein Problem, das sich bereits bei der Frage eines identischen Grundrechtsschutzes (nicht erst eines stärkeren) stellt und im Einzelnen noch weiterer dogmatischer Aufarbeitung bedarf.

12 Aus dem weiten Verständnis des Begriffs der Übereinstimmung folgt indessen **nicht,** dass in dem beschriebenen Sinne „in Übereinstimmung" mit grundrechtlichen Grundrechtsgewährleistungen stehende Landesgrundrechte **resistent gegenüber dem Bundesrecht** wären. Soweit der Bund im Rahmen der bundesstaatlichen Kompetenzordnung (namentlich Art. 70 ff.) zur Rechtssetzung befugt ist, vermag er die Wirkung von Landesgrundrechten zu begrenzen und deren Geltung zu beseitigen. Das hat das BVerfG schon in einer frühen Entscheidung zum Ausdruck gebracht.[51] Im Übrigen vermag in Fällen der Grundrechtskollision zwischen Privaten ein Landesgrundrecht den bundesrechtlichen Grundrechtsschutz nicht zu erweitern oder zu verkürzen.[52] Vielmehr ist die Abwägung zwischen den widerstreitenden Grundrechtspositionen auf der Ebene des Grundgesetzes vorzunehmen. Inwieweit nämlich die Landesgrundrechte mehr oder weniger Schutz gewährleisten, wäre ansonsten lediglich eine Frage der individuellen Betrachtung.

13 Sofern eine landesverfassungsrechtliche Grundrechtsgewährleistung einen geringeren Grundrechtsschutz vermittelt als eine Entsprechung im GG („Zurückbleiben" der Landesverfassung hinter dem grundrechtlichen Schutzniveau des Bundes), so wird von zahlreichen Stimmen im Schrifttum das Außerkrafttreten eines solchen Grundrechts mangels Übereinstimmung iSd Art. 142 angenommen, weil Art. 142 auf einen Mindeststandard ziele.[53] Das ist auch im ParlRat vertreten worden.[54] Zutreffend ist demgegenüber die Ansicht, dass hinter dem GG zurückbleibende Grundrechte der Landesverfassungen in Kraft bleiben. Sie stehen in Übereinstimmung mit dem GG, soweit sie mit ihrer bundesrechtlichen Entsprechung **partiell übereinstimmen.**[55] Auch im Übrigen verlangt das GG nur ein Mindestmaß an Homogenität der Bundesverfassung und der Landesverfassungen.[56] Das belässt den Ländern die Möglichkeit, den durch sie gewährleisteten Grundrechtsschutz enger zu bemessen als der Bund. Konsequenzen hat dies für das Ausmaß der Erlangung landesverfassungsgerichtlichen Grundrechtsschutzes, wohingegen ein bundesrechtlich relevantes Defizit nicht eintritt, denn das Landesverfassungsrecht vermag den bundesrechtlichen Grundrechtsschutz nicht zu verkürzen.[57]

---

[50] Hess StGH NZA 2017, 727; *Kaiser/Lindner* DVBl. 2017, 1329 (1330 ff.); *Dreier* in Dreier Rn. 50; *Huber* in Sachs Rn. 13a.

[51] BVerfGE 1, 264 (281), bezogen auf Grundrechte der bayrischen Verfassung: „Gehen sie über die Bundesgrundrechte hinaus, so können sie einer sonst zulässigen bundesrechtlichen Regelung nicht entgegenstehen (Art. 31 GG)"; ebenso BVerfGE 96, 345 (365 f.).

[52] StGH Hessen Urt. v. 10.5.2017 – P. St. 2545; *Korioth* in Maunz/Dürig Rn. 14.

[53] Vgl. *Dietlein* Jura 1994, 57 (60); *Jutzi* DÖV 1983, 836 (838); vgl. auch *Graf Vitzthum* VVDStRL 46 (1988), 7 (33); *v. Münch* in v. Münch/Kunig, 3. Aufl. 1996, Rn. 9; *v. Campenhausen* in MKS, 5. Aufl. 2005, Rn. 8; anders die aktuelle Auflage *Unruh* in MKS Rn. 12.

[54] Vgl. den Abg. *Laforet* JöR nF 1 (1951), 912, mit der Aussage, „dass jede Bestimmung über ein Grundrecht in einer Länderverfassung, die geringere Garantien als das GG gebe, mit diesem nicht vereinbar und daher nichtig sei."

[55] Vgl. *Rüfner* DÖV 1967, 669: „insoweit, als sich beide decken"; sa BVerfGE 96, 345 (365); VerfGH Sachs NVwZ 2005, 1310 (1313); *Lindner* BayVBl. 2004, 641 (645); *Krings* in BerlKomm Rn. 13, *Unruh* in MKS Rn. 12.

[56] BVerfGE 36, 342 (361).

[57] *Lindner* JZ 2018, 369 (376 f.).

Die Bezugnahme des Art. 142 auf die **„Art. 1 bis 18" ist nicht wörtlich** bzw. abschließend zu verstehen. Sie bedeutet keine Ausblendung außerhalb des I. Abschnitts des GG verbürgter Grundrechte. Art. 142 liegt also kein formeller Grundrechtsbegriff zugrunde. Er bezieht sämtliche, auf Bundesebene der Verfassungsbeschwerde zugänglichen Individualrechte ein, ist also jedenfalls im Sinne der Liste des Art. 93 Abs. 1 Nr. 4a zu verstehen.[58] Es ist schlechterdings kein Sinn für eine Ungleichbehandlung von Grundrechten des I. Abschnitts des GG und – etwa – den Justizgrundrechten zu erkennen. Die Problematik war bei der Verfassungsgebung nicht bewusst. Die Ausweitung namentlich auf die Art. 101 Abs. 1 S. 2 und 103 Abs. 1 hat im Übrigen erhebliche praktische Bedeutung, da – wie es der Praxis im Bunde entspricht –[59] auch bei zahlreichen Landesverfassungsgerichten die Rüge der Entziehung des gesetzlichen Richters bzw. der Versagung des rechtlichen Gehörs quantitativ ganz im Vordergrund steht. 14

Dogmatisch streitig ist, ob die von Art. 142 in Bezug genommenen Landesgrundrechte in ihrem Verhältnis zur bundesrechtlichen Entsprechung **„ein und dasselbe Grundrecht"** darstellen,[60] dies im Sinne einer „doppelten Sicherung", oder ob es sich um „zwei" Grundrechte mit „übereinstimmendem" (→ Rn. 9 ff.) Gehalt handele.[61] Die Frage dürfte im Wesentlichen ohne praktische Relevanz sein.[62] Angesichts der grundsätzlichen Trennung der Verfassungsräume von Bund und Ländern und der Unabhängigkeit der jeweiligen Verfassungsgebungsakte voneinander spricht mehr für die Annahme, es handle sich um unterschiedliche Rechtspositionen. Indes unterscheidet Art. 142 zwischen Bestimmungen und Grundrechten, was für ein materielles Verständnis des Grundrechtsbegriffs spricht.[63] Dafür spricht auch der Rückgriff auf die universellen Menschenrechte, deren Inhalte mit einigen Variationen auf den verschiedenesten Ebenen garantiert werden. 15

Unabhängig von der vorgenannten Qualifizierung ermöglicht die **Parallelität von Grundrechtsschutz** auf Bundesebene und Landesebene die Erhebung einer Verfassungsbeschwerde sowohl bei dem BVerfG als auch bei einem LVerfG, sofern nach dem jeweiligen Landesrecht dieses Verfahren statthaft ist. Bundesrecht führt insoweit nicht zu Beschränkungen. Insbesondere handelt es sich bei den landesrechtlichen Beschwerdeverfahren auch nicht um einen zu erschöpfenden Rechtsweg iSd § 90 Abs. 2 BVerfGG. Es ergibt sich also die Möglichkeit der **Verfahrenskonkurrenz.** Allein das Landesrecht kann vorsehen, dass die Möglichkeiten der Inanspruchnahme des landesverfassungsgerichtlichen Rechtsschutzes begrenzt sind durch die Möglichkeit der Erlangung bundesverfassungsgerichtlichen Rechtsschutzes oder deren Inanspruchnahme.[64] 16

---

[58] Allg. Meinung; vgl. für Art. 103 Abs. 1 BVerfGE 22, 267 (271); sa BVerfGE 96, 345 (364); sowie *Dietlein* Jura 1994, 57 (58); *Pietzcker* in HdbStR VI § 134 Rn. 67; *Huber* in Sachs Rn. 8; *Dreier* in Dreier Rn. 36 f.; *Unruh* in MKS Rn. 8, *Korioth* in Maunz/Dürig Rn. 12; anders noch *Hamann* in Hamann/Lenz Rn. 5.

[59] Vgl. → Art. 101 Rn. 6; → Art. 103 Rn. 3.

[60] So BVerfGE 22, 267 (271) mit dem Hinweis, „man muss unterscheiden zwischen dem materiellen Gehalt eines Grundrechts und der Möglichkeit seiner mehrfachen Garantie".

[61] Vgl. *Dietlein* NVwZ 1994, 6 (7).

[62] So auch *v. Campenhausen* in MKS, 5. Aufl. 2005, Rn. 13; *Huber* in Sachs Rn. 11 und Fn. 26.

[63] *Unruh* in MKS Rn. 11.

[64] Vgl. StGH Hess JZ 2002, 940 ff. mAnm *Uerpmann;* näher *Pestalozza* in HbdG III, § 86 Rn. 123 ff; weiterhin zu der Thematik und zum Umgang mit der bestehenden Konkurrenz *Zuck,* Das Recht der Verfassungsbeschwerde, Rn. 254 ff.; *Korioth* in Maunz/Dürig Rn. 17 f.

17 Art. 142 bezieht sich explizit auf Grundrechte, spricht nicht von Grundpflichten. Grundpflichten bringen sich in der grundgesetzlichen Grundrechtskonzeption als Schrankennormen für Grundrechtstatbestände zur Geltung. Sie sind insoweit in diesem Sinne zwanglos von Art. 142 erfasst (→ Rn. 9).

18 Landesgrundrechte sind allein adressiert an die Staatsgewalt des jeweiligen Landes. Das wirft die Frage auf, inwieweit Träger von Landesstaatsgewalt bei der **Anwendung von Bundesrecht** an Landesgrundrechte gebunden sind. Hiervon hängt entscheidend das Ausmaß des landesverfassungsgerichtlichen Rechtsschutzes in den Verfahren der Verfassungsbeschwerde, ja die Bedeutung der Landesverfassungsgerichte überhaupt ab. Würden diese Akte der Landesstaatsgewalt in Anwendung von Bundesrecht nicht am Maßstab der Landesverfassungen (hier: der iSd Art. 142 „in Kraft bleibenden" Grundrechte) gemessen werden können, so wäre ihre Bedeutung reduziert auf die Normenkontrolle. Da auch die landesrechtliche Verfassungsprozessgesetzgebung für das Verfahren der Verfassungsbeschwerde die Erschöpfung des Rechtswegs verlangt, die Gerichte der Länder indessen nahezu ausschließlich nach Maßgabe bundesrechtlich geregelter Verfahrensordnungen zu entscheiden haben, bliebe kaum ein Anwendungsfeld für die Landesverfassungsgerichtsbarkeit in Verfahren der Verfassungsbeschwerde. Akzeptierte man in bundesrechtlich geregelten Verfahren ergangene Gerichtsentscheidungen als möglichen Kontrollgegenstand am Maßstab von Landesgrundrechten, dabei aber nicht die Überprüfbarkeit auch von das materielle Bundesrecht betreffenden Entscheidungen (→ Rn. 19), so wäre im praktischen Ergebnis ebenfalls die Überprüfung eines erheblichen Anteils zivilgerichtlicher und strafgerichtlicher Judikate weitgehend versagt. Die Landesverfassungsgerichte wären dann insoweit letztlich vor allem auf die Kontrolle von Entscheidungen der Gerichte der Länder in Anwendung materiellen Verwaltungsrechts aus landesgesetzlichen Quellen reduziert.

19 Vor der Errichtung von Verfassungsgerichten in Berlin und den Ländern des der Bundesrepublik beigetretenen Gebiets, stellte sich die Frage nach dem landesverfassungsgerichtlichen Umgang mit Entscheidungen von Landesgerichten in Anwendung von Bundesrecht, namentlich in Bayern und Hessen. Die dortigen Verfassungsgerichte beschränkten sich dabei weitgehend, wenn auch in unterschiedlicher Weise.[65] Der VerfGH Bln bejaht seit 1992 seine Zuständigkeit für die Überprüfung von auf Bundesrecht basierenden Akten der Staatsgewalt der Länder anhand von Landesgrundrechten.[66] Das Schrifttum äußerte zunächst vielfach Kritik an diesen Entscheidungen.[67] In Auseinandersetzung mit solcher Kritik hat der VerfGH Bln[68] an seiner Rspr. festgehalten.[69] Auf Vorlagebeschluss des VerfGH Sachs[70] hat das BVerfG mit

[65] IE geschildert bei *Pestalozza,* Verfassungsprozessrecht, 3. Aufl. 1991, 430 ff. bzw. 555 ff.; *Sacksofsky* in BK Rn. 88 ff.

[66] Erstmals: LVerfGE 1, 44 (50 ff.); sogleich im Anschluss LVerfGE 1, 56 ff. – Honecker; vgl. auch *Unruh* in MKS Rn. 17.

[67] S. etwa *Bartlsperger* DVBl. 1993, 333 ff.; *Berkemann* NVwZ 1993, 409 ff.; *Starck* JZ 1993, 231 ff.; *Wilke* NJW 1993, 887 ff.; *Löwer* SächsVBl. 1993, 73 ff.; sa → Art. 28 Rn. 11 f.; diff. zB *Pestalozza* NVwZ 1993, 340 ff.; s. ferner → Art. 31 Rn. 54 mwN; sowie *v. Campenhausen* in MKS, 5. Aufl. 2005, Rn. 14.

[68] LVerfGE 1, 169 (179 ff.).

[69] Sa *Kunig* NJW 1994, 687 ff.; *Menzel* NVwZ 1999, 1314; sowie *Sodan* in Sodan Rn. 6; *Sodan* in HbdGR III § 84 Rn. 58; s. ferner *Birkenmaier* in SHH Rn. 5.

[70] VerfGH Sachs NJW 1996, 1736 ff.

Beschluss v. 15.10.1997[71] den Ansatz des VerfGH Bln der Sache nach grundsätzlich gebilligt, dabei aber offen gelassen, ob insoweit zwischen Verfahrensrecht und materiellem Recht zu differenzieren sei.[72] Das BVerfG[73] geht ferner davon aus, dass die Bindung der Landesfachgerichte an Landesgrundrechte entfalle, sofern im Streitfall in einer früheren Verfahrensstufe bereits ein Bundesgericht befasst war, und sei es lediglich durch Nichtzulassung eines Rechtsmittels.[74] Die Landesverfassungsgerichte gelten nach dieser Rspr. aus bundesstaatlichen Gründen als verpflichtet, zu den Bundesgrundrechten parallele Landesgrundrechte in der Gestalt anzuwenden, die sie in der Rechtsprechung des BVerfG erfahren haben[75] bzw. sind im Falle beabsichtigter Abweichung zur Vorlage gem. Art. 100 Abs. 3 verpflichtet; das wiederum kann ggf. mit Hilfe der Garantie des gesetzlichen Richters eingefordert werden.[76] Indessen folgen die Landesverfassungsgerichte ohnehin der Tendenz, der Grundrechtsjudikatur des BVerfG nachzuarbeiten.[77] Nach dem Beschluss des BVerfG haben weitere Landesverfassungsgerichte ihre Praxis entsprechend ausgerichtet.[78]

Im Ergebnis ist damit eine weitgehende **Konsolidierung** zu der Streitfrage eingetreten. Den Verfassungsgerichten der Länder ist mittlerweile eine eigenständige Rolle auch im Bereich des Individualrechtsschutzes zugewachsen, sofern sie nicht von vornherein durch ihr Landesverfassungsprozessrecht allein als Staatsgerichtshöfe konzipiert sind. Früher oft geäußerte Befürchtungen eines inhaltlichen Auseinanderdriftens der Grundrechtsjudikatur haben sich nicht als begründet erwiesen –[79] ebenso wenig allerdings eine gelegentlich erhoffte Innovationskraft[80] von Landesverfassungsgerichten. Im Rahmen der im Einzelnen unterschiedlich ausgestalteter Zuständigkeiten für Verfassungsbeschwerden[81] spielen Landesverfassungsgerichte einen (zumeist allerdings quantitativ einstweilen bescheidenen) Part in dem vom BVerfG geprägten, aber vom EGMR (und der Sache nach auch dem EuGH) mitgestalteten Kontrollverbund in Ansehung der die deutsche Staatsgewalt begrenzenden Individual- 20

---

[71] BVerfGE 96, 345 ff.; dazu *Schneider* ZZP 115 (2002), 247 ff.; *Sacksofsky* in BK Rn. 93 ff.; *Starck* in HbdStR VI § 130 Rn. 120; eing. *Pestalozza* in Merten/Papier HbdGR III, § 86 Rn. 6 ff. und öfter.

[72] BVerfGE 96, 362: „nicht veranlasst ist eine Erweiterung der Vorlagefrage dahin, ob ein Landesverfassungsgericht auch berechtigt sein kann, die Anwendung materiellen Bundesrechts durch Landesgerichte auf die Beachtung der von der Landesverfassung inhaltsgleich mit dem Grundgesetz garantierten Grundrechte zu überprüfen."; für eine solche Unterscheidung iE wohl *Stern* FS zum 50jährigen Bestehen des Bayerischen Verfassungsgerichtshofs, 1997, 241 (255); Sa *Krings* in BerlKomm Rn. 19 ff.

[73] BVerfGE 96, 372.

[74] Diff. demgegenüber RhPfVerfGH NVwZ 2001, 911 (913).

[75] BVerfGE 96, 375.

[76] → Art. 101 Rn. 40 Stichwort „Vorlagepflicht"; BVerfGE 8, 169.

[77] *Kunig* VVDStRL 61 (2002), 34 (42 f.) mwN.

[78] Überblick über die Grundrechtsrechtsprechung der Landesverfassungsgerichte im Rahmen der jeweils divergenten landesgesetzlichen Rechtslagen bei *Sacksofsky* in BK Rn. 160 ff. mwN; sa *Sodan* LKV 2010, 440 ff.; zuletzt Thür. VerfGH Beschl. v. 3.5.2017 -52/16; VerfGH Sachsen Beschluss v. 27.2.20, Vf. 6-IV-20.

[79] Übereinstimmend *v. Campenhausen* in MKS, 5. Aufl. 2005, Rn. 17; s. *Huber* ThürVBl. 2003, 73 (76 f.); zur landesverfassungsgerichtlichen Rspr. in Strafsachen *Gärditz* AöR 129 (2004), 587 ff; kritisch zum bestehenden „Gleichlauf" *Korioth* in Maunz/Dürig Rn. 20 ff.; *Unruh* in MKS Rn. 17 f.

[80] Vgl. *Vitzthum* VVDStRL 46 (1988), 35 f.; *Isensee* VVDStRL 46 (1988), 123; SächsVBl. 1994, 28 (30).

[81] S. *Pestalozza* in Merten/Papier HbdGR III, § 86 Rn. 133 ff., 144 ff.

rechte.[82] Insoweit ist Art. 142 Ausweis des grundrechtlichen Mehrebenensystems, das sich in Europa in den letzten Jahrzehnten herausgebildet hat.

C. Verhältnis zu anderen Bestimmungen des Grundgesetzes

21 Art. 142 zeichnet sich dadurch aus, dass die Norm das Verhältnis zu anderen GG-Normen selbst explizit bestimmt. Ihr Sinn liegt geradezu darin, die Reichweite des Grundrechtsschutzes im föderalen Mehrebenensystem zu kennzeichnen. Die Norm ist insoweit speziell, als Grundrechte auf der Landesebene sich in Übereinstimmung mit solchen des Bundes befinden. Wann dies genau der Fall ist, lässt sich indes nicht ohne weitere Auslegung bestimmen (s. o.). Die Hauptaussage besteht in der Komplementarität des Grundrechtsschutzes auf den verschiedenen Ebenen.

D. Kritische Würdigung

22 Mit etwas unklaren Formulierungen (→ Rn. 7, 8 aE, → Rn. 14) stellt Art. 142 klar, dass die Grundrechte der Landesverfassungen eine eigenständige Bedeutung haben. Besser wäre es, wenn eine solche Aussage, hält man sie überhaupt für nötig, innerhalb des Art. 31 angesiedelt wäre[83] und dabei zugleich verdeutlichte, dass das GG landesverfassungsgerichtlichen Grundrechtsschutz nicht ausschließt, soweit es um die Anwendung des Bundesrechts durch Gerichte der Länder geht. Angemessen ist, dass das GG den Ländern freistellt, ob sie derartigen Grundrechtsschutz vorsehen oder ihn allein dem BVerfG überlassen.[84] Insgesamt setzt Art. 142 das positive Signal einer Komplementarität des Grundrechtsschutzes im Mehrebenensystem. Damit einher gehen stets Fragen der materiellen Reichweite und Konkurrenz einzelner Verbürgungsinhalte sowie der judiziären Spruchkompetenz. Sie zu lösen ist nicht nur Aufgabe der wissenschaftlichen Dogmatik, sondern letztlich auch der jeweiligen Gerichte, die im Dialog miteinander stehen und dabei den Leitgedanken eines sich gegenseitig vestärkenden, im Ergebnis möglichst hohen Grundrechtsschutz im Blick haben.

Literatur

J. Berkemann, Ein Landesverfassungsgericht als Revisionsgericht – Der Streitfall Honecker, NVwZ 1993, 409. – ***E.-W. Böckenförde/R. Grawert,*** Kollisionsfälle und Geltungsprobleme im Verhältnis von Bundesrecht und Landesrecht, DÖV 1971, 119. – ***S. Boysen,*** Gleichheit im Bundesstaat, 2005. – ***Ch. v. Coelln,*** Anwendung von Bundesrecht nach Maßgabe der Landesgrundrechte?, 2001. – ***J. Dietlein,*** Landesverfassungsbeschwerde und Einheit des Bundesrechts, NVwZ 1994, 6. – ***J. Dietlein,*** Die Rezeption von Bundesgrundrechten durch Landesverfassungsrecht, AöR 120 (1995), 1. – ***J. Dietlein,*** Die Kontrollbefugnis der Landesverfassungsgerichte, Jura 2000, 19. – ***H. Domcke,*** Zur Fortgeltung der Grundrechte der Bayerischen Verfassung, in FS zum 25jährigen Bestehen des Bayerischen Verfassungsgerichtshofs, 1972, 311. – ***H. Dreier,*** Einheit und Vielfalt der Verfassungsordnungen im Bundesstaat, in K. Schmidt, Vielfalt des Rechts – Einheit der Rechtsordnung?, 1994, 113. – ***H. Dreier,*** Grundrechtsschutz

[82] Vgl. dazu *Kunig* VVDStRL 61 (2002), 34 (56 ff.); sa *Kunig* NVwZ-Sonderheft für K. Finkelnburg, 2005, 13; *Kunig* FS f. Driehaus, 2005, 528 ff. sowie *Pietzcker* in HbdStR VI § 134 Rn. 89.

[83] Ebenso *Unruh* in MKS Rn. 6; *Krings* in BerlKomm Rn. 1.

[84] Dazu *Kunig* VVDStRL 61 (2002), 34 (44 f.); sa *Lange* NJW 2001, 1260 (1261).

durch Landesverfassungsgerichte, 2000. – Einheit der Rechtsordnung?, 1994, 113. – ***S. Endter,*** Zum Verhältnis von Bundesrecht und Landesverfassungsrecht und zur Reichweite der Prüfungskompetenz der Landesverfassungsgerichte, EuGRZ 1995, 227. – ***K. Engelbrecht,*** Die Kollisionsregel im föderalen Ordnungsverbund, 2010. – ***E. Friesenhahn,*** Zur Zuständigkeitsabgrenzung zwischen Bundesverfassungsgerichtsbarkeit und Landesverfassungsgerichtsbarkeit, FG zum 25jährigen Bestehen des BVerfG, 1976 I, 748. – ***H. U. Gallwas,*** Konkurrenz von Bundes- und Landesgrundrechten, JA 1981, 536. – ***R. Grawert,*** Die Bedeutung gliedstaatlichen Verfassungsrechts in der Gegenwart, NJW 1987, 2329. – ***D. Hanschel,*** Konfliktlösung im Bundesstaat, 2012 – ***S. Jutzi,*** Grundrechte der Landesverfassungen und Ausführung von Bundesrecht, DÖV 1983, 836. – ***R. Kaiser/ F. J. Lindner,*** Zur Anwendung von Art. 142 und Art. 31 GG bei mehrpoligen Grundrechtsverhältnissen, DVBI. 21 (2017), 1329. – ***E. Klein,*** Landesverfassung und Landesverfassungsbeschwerde, DVBl. 1993, 1329. – ***Ph. Kunig,*** Die rechtsprechende Gewalt in den Ländern und die Grundrechte des Landesverfassungsrechts, NJW 1994, 687. – ***Ph. Kunig,*** Berlin, Straßburg, NVwZ-Sonderheft für K. Finkelnburg, 2005, 13. – ***Ph. Kunig,*** Selbstentlastung durch Rechtsprechungsänderung, FS f. Driehaus, 2005, 528. – ***K. Lange,*** Das Bundesverfassungsgericht und die Landesverfassungsgerichte, FS 50 Jahre BVerfG I, 2001, 289. – ***W. Leisner,*** Die bayerischen Grundrechte, 1968. – ***Th. Maunz,*** Landesverfassungen und Grundgesetz, in D. Merten/R. Morsey, 30 Jahre Grundgesetz, 1979, 87. – ***J. Menzel,*** Landesverfassungsrecht, 2002. – ***E. Milleker,*** Kompetenzkonflikt zwischen Bundesverfassungsgericht und einem Landesverfassungsgericht im Rahmen der Verfassungsbeschwerde, DVBl. 1969, 129. – ***M. Möstl,*** Landesverfassungsrecht – zum Schattendasein verurteilt?, AöR 130 (2005), 350. – ***I. v. Münch,*** Grundrechte im Bundesstaat, JbBitburger Gespr. 1995 I, 61. – ***H. v. Olshausen,*** Bundesrechtliche Teilordnung und Grundrechte nach Landesverfassungsrecht, FS f. Armbruster, 1976, 163. – ***Ch. Pestalozza,*** Die Bedeutung gliedstaatlichen Verfassungsrechts in der Gegenwart, NVwZ 1987, 744. – ***Ch. Pestalozza,*** Bundesverfassungsgerichtsbarkeit und Landesverfassungsgerichtsbarkeit, in Merten/Papier Grundrechts-HdB Bd. III, § 86. – ***J. Pietzcker,*** Zuständigkeitsordnung und Kollisionsrecht im Bundesstaat, in HdbStR VI, § 134. – ***J. Rozek,*** Das Grundgesetz als Prüfungs- und Entscheidungsmaßstab der Landesverfassungsgerichte, 1993. – ***J. Rozek,*** Landesverfassungsgerichtsbarkeit, Landesgrundrechte und die Anwendung von Bundesrecht, AöR 119 (1994), 450. – ***W. Rüfner,*** Zum Verhältnis von Bundes- und Landesverfassungsgerichtsbarkeit im Bereich der Grundrechte, DÖV 1967, 668. – ***M. Sachs,*** Die Grundrechte im Grundgesetz und in den Landesverfassungen, DÖV 1985, 469. – ***M. Sachs,*** Die Bedeutung gliedstaatlichen Verfassungsrechts in der Gegenwart, DVBl. 1987. – ***U. Sacksofsky,*** Landesverfassungen und Grundgesetz – am Beispiel der Verfassungen der neuen Bundesländer, NVwZ 1993, 235. – ***O. Schlichter,*** Die Zuständigkeit der Landesverfassungsgerichte bei gleichzeitiger Verletzung von sog. inhaltsgleichen Bundesgrundrechten und Landesgrundrechten, Diss. Münster, 1957. – ***K. Sobota,*** Kompetenzen der Landesverfassungsgerichte im Bundesstaat: Zersplitterung der Rechtseinheit?, DVBl. 1994, 793. – ***H. Sodan,*** Überprüfbarkeit landesgerichtlicher Anwendung materiellen Bundesrechts auf Grund einer Landesverfassungsbeschwerde, NVwZ-Sonderheft für K. Finkelnburg, 2005, 8. – ***H. Sodan,*** Landesverfassungsgerichtsbarkeit in Berlin und den neuen Bundesländern, LKV 2010, 440. – ***Ch. Starck,*** Der Honecker-Beschluß des Berliner VerfGH, JZ 1993, 231. – ***C. Tietje,*** Die Stärkung der Verfassungsgerichtsbarkeit im föderalen System Deutschlands in der jüngeren Rechtsprechung des BVerfG, AöR 124 (1999), 282. – ***R. Uerpmann,*** Landesrechtlicher Grundrechtsschutz und Kompetenzordnung, Staat 35 (1996), 428. – ***W. Graf Vitzthum,*** Die Bedeutung gliedstaatlichen Verfassungsrechts in der Gegenwart, VVDStRL 46 (1988), 7. – ***B. Wermeckes,*** Der erweiterte Grundrechtsschutz in den Landesverfassungen, 2000. – ***B. Wermeckes,*** Landesgrundrechte – Bestandssicherung durch Kollisionsvermeidung, DÖV 2002, 110. – ***D. Wilke,*** Landesverfassungsgerichtsbarkeit und Einheit des Bundesrechts, NJW 1993, 887. – ***F. Wittreck,*** Das Bundesverfassungsgericht und die Kassationsbefugnis der Landesverfassungsgerichte, DÖV 1999, 634.

Art. 143 [Abweichungen von Bestimmungen des GG als Übergangsrecht]

(1) [1]Recht in dem in Artikel 3 des Einigungsvertrags genannten Gebiet kann längstens bis zum 31. Dezember 1992 von Bestimmungen dieses Grundgesetzes abweichen, soweit und solange infolge der unterschiedlichen Verhältnisse die völlige Anpassung an die grundgesetzliche Ordnung noch nicht erreicht werden kann. [2]Abweichungen dürfen nicht gegen Artikel 19 Abs. 2 verstoßen und müssen mit den in Artikel 79 Abs. 3 genannten Grundsätzen vereinbar sein.

(2) Abweichungen von den Abschnitten II, VIII, VIII a, IX, X und XI sind längstens bis zum 31. Dezember 1995 zulässig.

(3) Unabhängig von Absatz 1 und 2 haben Artikel 41 des Einigungsvertrags und Regelungen zu seiner Durchführung auch insoweit Bestand, als sie vorsehen, daß Eingriffe in das Eigentum auf dem in Artikel 3 dieses Vertrags genannten Gebiet nicht mehr rückgängig gemacht werden.

Art. 143 in seiner vom 23.5.1949 bis 30.8.1951 geltenden Fassung lautete:

(1) Wer mit Gewalt oder durch Drohung mit Gewalt die verfassungsmäßige Ordnung des Bundes oder eines Landes ändert, den Bundespräsidenten der ihm nach diesem Grundgesetze zustehenden Befugnisse beraubt oder mit Gewalt oder durch gefährliche Drohung nötigt oder hindert, sie überhaupt oder in einem bestimmten Sinne auszuüben, oder ein zum Bunde oder einem Lande gehöriges Gebiet losreißt, wird mit lebenslangem Zuchthaus oder Zuchthaus nicht unter zehn Jahren bestraft.

(2) Wer zu einer Handlung im Sinne des Absatzes 1 öffentlich auffordert oder sie mit einem anderen verabredet oder in anderer Weise vorbereitet, wird mit Zuchthaus bis zu zehn Jahren bestraft.

(3) In minder schweren Fällen kann in den Fällen des Absatzes 1 auf Zuchthaus nicht unter zwei Jahren, in den Fällen des Absatzes 2 auf Gefängnis nicht unter einem Jahr erkannt werden.

(4) Wer aus freien Stücken seine Tätigkeit aufgibt oder bei Beteiligung mehrerer die verabredete Handlung verhindert, kann nicht nach den Vorschriften der Absätze 1 bis 3 bestraft werden.

(5) Für die Aburteilung ist, sofern die Handlung sich ausschließlich gegen die verfassungsmäßige Ordnung eines Landes richtet, mangels anderweitiger landesrechtlicher Regelung das für Strafsachen zuständige oberste Gericht des Landes zuständig. Im Übrigen ist das Oberlandesgericht zuständig, in dessen Bezirk die erste Bundesregierung ihren Sitz hat.

(6) Die vorstehenden Vorschriften gelten bis zu einer anderweitigen Regelung durch Bundesgesetz. Soweit diese Kriegsfolgelasten bis zum 1. Oktober 1965 durch Bundesgesetze geregelt worden sind, tragen Bund und Länder im Verhältnis zueinander die Aufwendungen nach Maßgabe dieser Bundesgesetze.

Art. 143 in seiner vom 19.3.1956 bis 24.6.1968 geltenden Fassung lautete:

Die Voraussetzungen, unter denen es zulässig wird, die Streitkräfte im Falle eines inneren Notstandes in Anspruch zu nehmen, können nur durch ein Gesetz geregelt werden, das die Erfordernisse des Artikels 79 erfüllt.

Übersicht

A. Allgemeine Bedeutung

I. Genese

Art. 143 ist durch Art. 4 Nr. 5 Einigungsvertrag (EVertr) vom 31.8.1990[1] **1**
eingefügt worden. Jedenfalls Abs. 1 und 2 sind entstanden aus der Erkenntnis, dass die Rechtsordnungen der Bundesrepublik Deutschland und der (inzwischen: früheren) DDR so unterschiedlich waren, dass das Inkrafttreten einer neuen, in beiden Staatsgebieten als Bundesrepublik Deutschland gemeinsamen Rechtsordnung teilweise nicht *ad hoc,* sondern erst mit stufenförmig **zeitlich abzubauenden Modifikationen** realisiert werden kann.[2] Nach dem Unterzeichnungsprotokoll zum EVertr haben Abs. 1 und 2 „nur zeitliche Bedeutung; sie sind deshalb keine Vorgabe für die künftige Gesetzgebung". Abs. 1 und 2 stellen so eine Art „Endkontrolle der Verfassungsmäßigkeit des mit dem EVertr in Gang gebrachten, infolge seines Umfanges notwendigerweise sehr unübersichtlichen „Projekts Rechtsangleichung" dar.[3]

Der EVertr ist ein völkerrechtlicher Vertrag, der einerseits die politischen **2**
Beziehungen des Bundes regelt und andererseits sich auf Gegenstände der Bundesgesetzgebung bezieht; daher bedurfte er nach Art. 59 Abs. 2 S. 1 der Zustimmung durch ein Bundesgesetz (EVertrG vom 23.9.1990).[4] Die Besonderheit des EVertr, dass er in Verbindung mit dem EVertrG verfassungsändernde Wirkung entfaltete, hat **Zweifel an seiner Vereinbarkeit mit Art. 79 Abs. 1 S. 1** geweckt:[5] Das GG könne nicht im Rahmen einer bloßen Zustimmung zu einem völkerrechtlichen Vertrag, sondern nur durch ein eigenständiges Gesetz geändert werden, das den Wortlaut des GG ausdrücklich ändere bzw. ergänze. Denn anders als nach § 82 Abs. 2 Geschäftsordnung des Deutschen Bundestages (GeschOBT)[6] bei Gesetzen über völker-

[1] BGBl. 1990 II 889.

[2] *Scholz* in Maunz/Dürig Rn. 4; *Schwarz* in MKS Rn. 2; *Wieland* in Dreier Rn. 7; *Wendt* in Sachs Rn. 2.

[3] *Kirn* in v. Münch/Kunig, 6. Aufl. 2012, Rn. 1b; *Wendt* in Sachs Rn. 2.

[4] Gesetz zu dem Vertrag vom 31. August 1990 zwischen der Bundesrepublik Deutschland und der Deutschen Demokratischen Republik über die Herstellung der Einheit Deutschlands – Einigungsvertragsgesetz – und der Vereinbarung vom 18. September 1990 vom 23.9.1990 (BGBl. 1990 II 885).

[5] *Schwarz* in MKS Rn. 9 f.

[6] BGBl. 1980 I 1237, zuletzt geändert am 25.3.2020 (BGBl. 2020 I 764).

rechtliche Verträge seien nur bei einem solchen eigenständigen Gesetz nach § 82 Abs. 1 GeschOBT Änderungsanträge zulässig. Durch die „Einbettung" von Art. 143 in den EVertr habe diesem nur unverändert, „ganz oder gar nicht" zugestimmt werden können. Das BVerfG wies diese Einwände allerdings zurück:[7] Dass die Bundesregierung beitrittsbezogene Änderungen des GG zum Gegenstand vertraglicher Vereinbarungen gemacht habe, liege im Rahmen ihres Gestaltungsspielraums bei der Herstellung der Einheit Deutschlands. Die Folge sei, dass über solche Verfassungsänderungen als Teil des Gesamtvertrages vom Bundestag in Form des Zustimmungsgesetzes zu entscheiden sei und demgemäß Änderungsanträge nach § 82 Abs. 2 GeschOBT nicht gestellt werden könnten.

3 Der Rückgriff des BVerfG auf die „historische Chance der Herstellung der Einheit Deutschlands"[8] mag angesichts der besonderen politischen Situation und der besonderen Eile, in der der Beschluss zwischen der ersten Lesung zum EVertrG am 5.9.1990 und der zweiten und dritten Lesung am 20.9.1990 ergangen ist, verständlich sein. Bedurft hätte es dessen allerdings nicht: Ein bloßer Hinweis auf den Wortlaut von Art. 79 Abs. 1 S. 1 wäre ausreichend gewesen; auch ein Gesetz nach Art. 59 Abs. 2 S. 1 kann ein Gesetz im Sinne des Art. 79 Abs. 1 S. 1 sein.[9]

4 In einem weiteren Urteil vom 23.4.1991[10] bejahte BVerfG für Art. 143 Abs. 3 dessen Vereinbarkeit mit Art. 79 Abs. 1 S. 1. Dem ist zuzustimmen: Art. 4 Nr. 5 EVertr lässt eindeutig erkennen, dass Art. 143 mit seinem wiedergegebenen Wortlaut neu in das GG eingefügt und mit dem Inkrafttreten des EVertr als Verfassungsrecht gelten soll.[11] Alles andere wäre ein „sachlich nicht gerechtfertigter Formalismus".[12] Weniger überzeugen kann der – vor diesem Hintergrund auch überflüssige – neuerliche Hinweis des BVerfG auf das Vorliegen einer besonderen (historischen) Situation. Es kann auch dahinstehen, ob eine Verfassungsänderung über den bloßen Wortlaut von Art. 79 Abs. 1 S. 1 GG hinaus grundsätzlich erkennen lassen muss, in welcher Hinsicht und in Bezug auf welche konkrete Regelung das GG geändert wird und was in Zukunft als Verfassungsrecht gelten soll.[13] Die historische Sondersituation der deutschen Wiedervereinigung ist sicherlich unbestritten; sie kann aber nicht als Rechtfertigung für jeden verfassungsverfahrensrechtlichen („handwerklichen") Fehler herhalten – der hier zudem ja nicht einmal vorlag.

II. Inhaltsübersicht

5 Art. 143 regelt in seinem Abs. 1

- in S. 1 bis zum 31.12.1992 befristet, dass im Beitrittsgebiet Abweichungen vom GG des Rechts grundsätzlich umfänglich zulässig sind, aber
- nach S. 2 nur in den inhaltlichen Grenzen der sogenannte Wesensgehaltsgarantie nach Art. 19 Abs. 2 und der sogenannten Ewigkeitsgarantie nach Art. 79 Abs. 3.

---

[7] BVerfGE 82, 316 (321).
[8] BVerfGE 82, 316 (321).
[9] *Meixner* in BK Rn. 19; aA *Maurer* JZ 1992, 183 (186 f.).
[10] BVerfGE 84, 90 (119).
[11] *Schwarz* in MKS Rn. 10; *Meixner* in BK Rn. 16.
[12] BVerfGE 84, 90 (120).
[13] BVerfGE 82, 316 (319); *Schwarz* in Dreier Rn. 11.

Abs. 2 erweitert die Befristung des Abs. 1 S. 1 bis zum 31.12.1995 für Abweichungen des Rechts im Beitrittsgebiet von den Regelungen des GG zum Bund und den Ländern (Abschnitt II), zur Ausführung der Bundesgesetze und der Bundesverwaltung (Abschnitt VIII), zu den Gemeinschaftsaufgaben und der Verwaltungszusammenarbeit (Abschnitt VIIIa), zur Rechtsprechung (Abschnitt IX), zum Finanzwesen (Abschnitt X) und zu den Übergangs- und Schlussbestimmungen (Abschnitt XI). Auch wenn Abs. 1 S. 2 von Abs. 2 nicht ausdrücklich in Bezug genommen wird, gelten die in ihm aufgestellten inhaltlichen Grenzen auch für Abs. 2.[14] Abs. 2 ist eine Ergänzungsregelung (nur) zu Abs. 1 S. 1, für den S. 2 unverändert fort gilt. **6**

Abs. 3 erweitert („unabhängig von") Abs. 1 und 2 unbefristet in Bezug auf Art. 41 EVertr (Regelung von Vermögensfragen) und seine Durchführungsregelungen wegen des Rechtes auf Eigentum nach Art. 14 Abs. 1 S. 1 Alt. 1. Nach Art. 41 Abs. 1 EVertr ist die von der Regierung der Bundesrepublik Deutschland und der Regierung der Deutschen Demokratischen Republik abgegebene Gemeinsame Erklärung zur Regelung offener Vermögensfragen (Gemeinsame Erklärung) vom 15.6.1990[15] Bestandteil des EVertr; nach Art. 41 Abs. 3 EVertr wird die Bundesrepublik Deutschland keine Rechtsvorschriften erlassen, die der Gemeinsamen Erklärung widersprechen. Von besonderer Bedeutung ist in diesem Zusammenhang der Eckpunkt 1 der Gemeinsamen Erklärung[16]. **7**

Ob die Erweiterung („unabhängig von") von Abs. 1 und 2 durch Abs. 3 von den inhaltlichen Grenzen des Abs. 1 S. 2 ausnimmt, ist unerheblich, weil dessen Inhalt – die sogenannte Wesensgehaltsgarantie nach Art. 19 Abs. 2 und die sogenannte Ewigkeitsgarantie nach Art. 79 Abs. 3 – ohnehin unbedingte Geltung beanspruchen können. **8**

Aus Abs. 3 folgt zugleich, dass es jedenfalls keinen Gesetzgebungsauftrag in Bezug auf Restitutions- bzw. Rehabilitierungsansprüche wegen Enteignungen auf besatzungsrechtlicher bzw. besatzungshoheitlicher Grundlage gibt.[17] Soweit dem entgegengehalten wird, dass da, wo der Zweck der Enteignungen auf besatzungsrechtlicher bzw. besatzungshoheitlicher Grundlage wie zB die Bodenreform weggefallen ist, die Bundesrepublik Deutschland zu einem Gesetzgebungsakt verpflichtet sei, mit dem die Enteignungsgegenstände an die Enteigneten bzw. deren Rechtnachfolger zurückübertragen („rückübereignet") werden müssen,[18] überzeugt dies nicht. Die alleinige Begründung für diesen angeblichen Gesetzgebungsauftrag, nur seine Erfüllung entspräche dem „öffentlich-rechtlichen Anspruch, der dem Alteigentümer zusteht", verkennt, dass eben dieser Anspruch jedenfalls nach Abs. 3 nicht (mehr) besteht. **9**

---

[14] *Kaltenborn/Barczak* in BeckOK GG Rn. 3; *Wieland* in Dreier Rn. 24.

[15] Zu deren Rechtsnatur ausführlich *Blumenwitz* BayVBl 1993, 705 (709 f.); *Wendt* in Sachs Rn. 20.

[16] „Die Enteignungen auf besatzungsrechtlicher bzw. besatzungshoheitlicher Grundlage (1945 bis 1949) sind nicht mehr rückgängig zu machen. Die Regierungen der Sowjetunion und der Deutschen Demokratischen Republik sehen keine Möglichkeit, die damals getroffenen Maßnahmen zu revidieren. Die Regierung der Bundesrepublik Deutschland nimmt dies im Hinblick auf die historische Entwicklung zur Kenntnis. Sie ist der Auffassung, daß einem künftigen gesamtdeutschen Parlament eine abschließende Entscheidung über etwaige staatliche Ausgleichsleistungen vorbehalten bleiben muß.".

[17] BVerfG NJW 2009, 1805.

[18] *Heinz* BB 1993, 733 (737).

10 Ob, und wenn ja, in welchem Umfang es neben dem fehlenden Gesetzgebungsauftrag zugleich ein Gesetzgebungsverbot in Bezug auf solche Ansprüche gibt, mag allenfalls von (verfassungs-)theoretischem Interesse sein.[19]

III. Systematischer Zusammenhang

11 Abs. 1 und 2 erhalten ihre inhaltliche Bedeutung insbesondere im Zusammenhang mit Art. 8 und 9 EVertr: Während Art. 8 EVertr Bundesrecht grundsätzlich auf das Beitrittsgebiet überleitet, bestimmt Art. 9 Abs. 1 EVertr u. a., dass DDR-Recht in Kraft bleibt, soweit es „mit dem Grundgesetz ohne Berücksichtigung des Artikels 143, mit in dem in Artikel 3 genannten Gebiet in Kraft gesetztem Bundesrecht sowie mit dem unmittelbar geltenden Recht der Europäischen Gemeinschaften vereinbar ist und soweit in diesem Vertrag nichts anderes bestimmt wird". Art. 9 Abs. 2 regelt das bedingte Inkraftbleiben von in einer Anlage II aufgeführtem DDR-Recht, Abs. 3 von nach Unterzeichnung des EVertr erlassenen DDR-Recht, Abs. 4 dessen Fortgeltung als Bundesrecht und Abs. 5 als Ausnahme zu Abs. 4 die Geltung des Kirchensteuerrechts als Landesrecht.

12 Der Eckpunkt 1 der Gemeinsamen Erklärung ist einfachgesetzlich umgesetzt worden in § 1 Abs. 8 lit. a Hs. 1 Vermögensgesetz (VermG)[20] vom 23.9.1990:

Dieses Gesetz gilt (...) nicht für Enteignungen von Vermögenswerten auf besatzungsrechtlicher oder besatzungshoheitlicher Grundlage.

und durch das Ausgleichsleistungsgesetz (AusglLeistG) als Art. 2 des Entschädigungs- und Ausgleichsleistungsgesetzes (EALG)[21] vom 27.9.1994.

B. Einzelfragen

I. Soweit und solange die Anpassung noch nicht erreicht werden kann

13 Das BVerfG hat in seinem Urteil vom 28.4.1999[22] den Regelungsinhalt des „soweit und solange (...) Verhältnisse die völlige Anpassung an die grundgesetzliche Ordnung noch nicht erreicht werden kann" in Abs. 1 S. 1 dahingehend ausgelegt, dass Abweichungen beitrittsbedingt seien, sich nämlich zwangsläufig und unmittelbar aus der temporär unüberwindlichen Unterschiedlichkeit der Verhältnisse ableiten lassen müssen, sie also jenen Anpassungsproblemen Rechnung tragen müssen, die sich infolge der unterschiedlichen Nachkriegsentwicklungen der ehemaligen zwei deutschen Staaten ergeben; das BVerfG hat sich damit eher gegen eine weite[23] und für eine enge Auslegung[24] entschieden.

---

[19] *Schwarz* in MKS Rn. 39.

[20] BGBl. 2005 I 205, zuletzt geändert durch Art. 17 G. vom 21.11.2016 (BGBl. 2016 I 2591).

[21] BGBl. 1994 I 2624; 1995 I 110, zuletzt geändert durch Art. 4 Abs. 38 des G vom 22.9.2005 (BGBl. 2005 I 2809).

[22] BVerfGE 100, 1 (53).

[23] *Kirn* in von Münch/Kunig, 6. Aufl. 2012, Rn. 7.

[24] *Kaltenborn/Barczak* in BeckOK GG Rn. 3; *Wendt* in Sachs Rn. 13; *Schwarz* in MKS Rn. 13.

14 Angesichts dieser Auslegung fällt es schwer, für die Fortgeltung des – im Vergleich zur Bundesrepublik Deutschland liberaleren – **Abtreibungsrechts** der DDR[25] die erforderliche Zwangsläufigkeit der Abweichungen zu erkennen. Darauf, ob dieses Abtreibungsrecht schon gegen Art. 1 Abs. 1 S. 1, der an der sogenannten Ewigkeitsgarantie des Art. 79 Abs. 3 teilhat, verstößt, kommt es dann nicht mehr an.[26] Der Versuch des Gesetzgebers, die mangels erforderlicher Zwangsläufigkeit schon seit dem 3.10.1990 problematischen Rechtsabweichungen durch das Schwangeren- und Familienhilfegesetz (SFHG) vom 27.7.1992[27] endlich anzugleichen, hat das BVerfG mit Beschlüssen zu entsprechenden einstweiligen Anordnungen erst vom 4.8.1992[28] (bis zum 31.12.1992)[29] und dann erneut vom 25.1.1993[30] zunächst vorläufig und durch Urteil vom 28.5.1993[31] endgültig mit der Erklärung dessen Nichtigkeit den Boden entzogen. Schon mit der einstweiligen Anordnung vom 25.1.1993 hatte das BVerfG entgegen der Frist zum 31.12.1992 in Abs. 1 S. 1, wenn diese denn jemals Geltung gehabt hätte, faktisch eine über diese Frist hinausgehende Abweichung von den Bestimmungen des GG zugelassen. Mit seinem Urteil vom 28.5.1993 hat es dann sogar ausdrücklich eine Fortgeltung der Abweichungen bis zum 15.6.1993 angeordnet.[32] Erst mit dem Schwangeren- und Familienhilfeänderungsgesetz (SFHÄndG) vom 21.8.1995[33] ist der Gesetzgeber seiner Verpflichtung zur völligen Rechtsanpassungen nachgekommen.

15 Das BVerfG hatte sowohl mit seinem Beschluss vom 25.1.1993 als auch mit seinem Urteil vom 28.5.1993 die Entscheidung (zwischen *Skylla* und *Charybdis*) zwischen einer materiellen und einer formellen (Verstoß gegen Abs. 1 S. 1) Verfassungswidrigkeit zu treffen; seine Abwägungsentscheidung dafür, „sehenden Auges" gegen Abs. 1 S. 1 zu verstoßen, erscheint nicht nur nachvollziehbar, sondern richtig. Es wäre allerdings wünschenswert gewesen, wenn das BVerfG diesen, seinen Entscheidungen zugrundeliegenden, Konflikt in den Entscheidungsbegründungen offengelegt hätte.

II. Verfassungswidriges Verfassungsrecht?

16 Während Abs. 1 S. 2 unmittelbar und Abs. 2 mittelbar (→ Rn. 6) auf die Grenzen von Art. 79 Abs. 3 verweist, ist dieses bei Abs. 3 nicht der Fall. Die Frage, ob durch Abs. 3 die in Art. 1 und 20 niedergelegten Grundsätze berührt werden, hat das BVerfG in seinen sogenannten **Bodenreformurteilen** vom 23.4.1991[34] und 18.4.1996[35] zu Recht verneint:

17 Art. 1 Abs. 3 verweist lediglich auf die „nachfolgenden Grundrechte" der Art. 2 bis 17, also auch auf das Recht auf Eigentum in Art. 14 Abs. 1 S. 1 Alt. 1. Das Recht auf Eigentum ist damit (nur) insoweit unabänderbar, als es zur Aufrechterhaltung einer durch die Menschenwürde (Art. 1 Abs. 1) und die

[25] Gesetz über die Unterbrechung der Schwangerschaft vom 9.3.1972 (GBl DDR 1972 I, 89).
[26] *Schwarz* in MKS Rn. 15; *Rodenbach* in SHH Rn. 15.
[27] BGBl. 1992 I 1398.
[28] BVerfGE 86, 390.
[29] BVerfGE 86, 390 (398).
[30] BVerfGE 88, 83.
[31] BVerfGE 88, 203.
[32] BVerfGE 88, 203 (209).
[33] BGBl. 1995 I 1050.
[34] BVerfGE 84, 90 (121).
[35] BVerfGE 94, 12 (34 ff.).

Menschenrechte (Art. 1 Abs. 2) geprägten Ordnung unverzichtbar ist. Damit können (nur) Verstöße gegen die Rechtsgleichheit, insbesondere gegen das Willkürverbot, eine Grenze der Abänderbarkeit des Rechts auf Eigentum darstellen.[36] Aber auch da stellt nicht jeder, sondern eben nur ein grundsätzlicher Verstoß eine Verletzung von Art. 79 Abs. 3 dar. Entsprechendes gilt für das Rechts- (Art. 20 Abs. 3) und Sozialstaatsgebot (Art. 20 Abs. 1).

18 Das BVerfG[37] hat einen Eingriff in das Recht auf Eigentum *per se* abgelehnt, eben weil es in Bezug auf Enteignungen auf besatzungsrechtlicher bzw. besatzungshoheitlicher Grundlage kein Eigentum mehr gegeben hätte, in das durch Art. 143 hätte eingegriffen werden können.[38] Angesichts dieser klaren Ablehnung geht auch der dem BVerfG gemachte Vorwurf, es sei den Problemen der Eigentumsdogmatik ausgewichen,[39] fehl.

19 Ebenso nicht zielführend ist die Diskussion darüber, ob es sich bei Eingriffen in das Eigentum in der Sowjetischen Besatzungszone zwischen 1945 und 1949 denn nun tatsächlich um **Enteignungen** und nicht vielleicht statt dessen zB um (kommunistische) **Sozialisierungen,** um **soziale Umschichtungen,** um **Kollektivierungen** oder um **Konfiskationen** gehandelt hat.[40] Zum einen muss das aktuelle Begriffsverständnis von Enteignungen aus Art. 14 Abs. 3 S. 1 einem „deutschen internationalen Enteignungsrecht"[41] nicht mit dem in der Sowjetischen Besatzungszone vor über 70 Jahren identisch sein. Zum anderen ist jedenfalls durch Auslegung der Gemeinsamen Erklärung zu ermitteln, was mit dem dort verwendeten Enteignungsbegriff gemeint war: Nämlich die Eingriffe in das Eigentum auf besatzungsrechtlicher oder besatzungshoheitlicher Grundlage in der Sowjetischen Besatzungszone zwischen 1945 und 1949, und zwar unabhängig davon, ob diese Eingriffe nun rechtswirksam, rechtswidrig oder nichtig waren;[42] denn faktisch wirksam waren sie in jedem Fall. Und diese faktische Wirksamkeit soll nach Abs. 3 irreversibel sein.

20 Dem Sozialstaatsgebot könne zwar ein grundsätzlicher Anspruch auf einen wie auch immer gearteten innerstaatlichen Lastenausgleich abgeleitet werden, der müsste aber nicht in einem allgemeinen Wiedergutmachungsanspruch bestehen.[43] Die grundsätzliche Richtigkeit dieser Argumentation – der Gesetzgeber des Art. 143 konnte zwar, musste aber Enteignungen auf besatzungsrechtlicher bzw. besatzungshoheitlicher Grundlage nicht wiedergutmachen – wird auch von **Kritik**ern **der Bodenreformurteile** eingeräumt.[44]

21 Man mag durchaus mit guten Gründen annehmen dürfen, dass die Enteignungen auf besatzungsrechtlicher bzw. besatzungshoheitlicher Grundlage wegen der mit ihr verfolgten Gesamtstrategie einer wirtschaftlichen (und damit letztendlich tatsächlichen) Vernichtung der besitzenden Klasse im Sinne der marxistischen bzw. kommunistischen Ideologie selbst gegen die Menschenwürde verstoßen haben.[45] Daraus lässt sich aber noch nicht folgern, dass

---

[36] *Meixner* in BK Rn. 69).
[37] BVerfGE 84, 90 (117).
[38] *Wendt* in Sachs Rn. 2; aA („schlechthin nicht zutreffend") ohne Begründung *Heinz* BB 1993, 733 (738).
[39] *Heinz* BB 1993, 733 (735).
[40] *Maurer* JZ 1992, 183 (185, 187, 189).
[41] *Maurer* JZ 1992, 183 (188).
[42] *Maurer* JZ 1992, 183 (186 ff.).
[43] *Papier* NJW 1991, 193 (197).
[44] *Leisner* NJW 1991, 1569 (1571).
[45] *Leisner* NJW 1991, 1569 (1572); *Meixner* DÖV 1997, 184 (191).

auch eine Nicht-Wiedergutmachung (sondern nur ein wie auch immer gearteter Lastenausgleich) gleichfalls gegen die Menschenwürde verstoßen würde.[46] Jedenfalls die Qualität eines von der Bundesrepublik Deutschland nicht selber verursachten Unrechts führt für diese nicht zu einer nach gleicher Qualität zwingenden Verpflichtung zu gesetzgeberischem Handeln: Die Enteignungen auf besatzungsrechtlicher bzw. besatzungshoheitlicher Grundlage, nicht deren Nicht-Wiedergutmachung, verstößt gegen die in Art. 1 niedergelegten Grundsätze.

Gegen das Bodenreformurteil ist umfänglich – bis hin zu einer Strafanzeige gegen den an der ihm zugrundeliegenden mündlichen Verhandlung für die Bundesrepublik Deutschland beteiligten Staatsekretär Dr. Dieter Kastrup[47] – eingewandt worden, es beruhe auf einer falschen Darstellung des historischen Sachverhalts, was ein Bestehen sowohl der Sowjetunion als auch der DDR auf einem Wiedergutmachungsausschluss für Enteignungen auf besatzungsrechtlicher bzw. besatzungshoheitlicher Grundlage angeht. Diese Einwendungen sind aber jedenfalls im Ergebnis nicht zielführend. Denn sie folgen der Prämisse, das Bodenreformurteil verneine eine Willkürlichkeit des Art. 143 Abs. 3 alleine deshalb, weil sowohl die Sowjetunion als auch die DDR auf einem Wiedergutmachungsausschluss bestanden hätten.[48] Dass aber die Sowjetunion oder die DDR auf einem Wiedergutmachungsausschluss be-standen hätten, ist gerade nicht Teil der tragenden Gründe des Bodenreformurteils. Zwar wandte sich die Sowjetunion in offiziellen Verlautbarungen zB dagegen, [49] „die Vermögensverhältnisse in der DDR im Falle der Bildung der Währungs- und Wirtschaftsunion mit der BRD sowie im Falle des Entstehens eines einheitlichen Deutschlands in Frage zu stellen. Das setzt voraus, dass beide deutsche Staaten im Prozess ihrer Annäherung und Vereinigung davon ausgehen, dass die 1945 bis 1949 von der Sowjetischen Militäradministration in Deutschland verwirklichten Wirtschaftsmaßnahmen gesetzmäßig waren“, und gegen „eine neuerliche Überprüfung dieser Akte durch deutsche Organe“.[50] Dem Inhalt dieser Erklärungen wird es nicht gerecht, wenn man daraus schlussfolgern wollte, die Sowjetunion habe keine „Unumkehrbarkeit“, sondern nur eine Legitimität ihrer besatzungsrechtlichen und besatzungshoheitlichen Handlungen gewollt.[51] Aber auch aus einem solchen Willen zu einer Unumkehrbarkeit folgt noch nicht, dass dieses eine ***conditio sine qua non* für eine Zustimmung der Wiedervereinigung** gewesen wäre. Aber selbst, wenn das keine *conditio sine qua non* für die Wiedervereinigung war, ist mit dem Bodenreformurteil eine Willkürlichkeit des Art. 143 Abs. 3 zu verneinen. 22

III. Ausgleichsleistungen

Das BVerfG hat in seinem Beschluss vom 23.4.1991[52] entschieden, Art. 3 Abs. 1 gebiete, dass der Gesetzgeber für die Enteignungen auf besatzungs- 23

[46] *Leisner* NJW 1991, 1569 (1573); *Schwarz* in MKS Rn. 35 f.; *Wieland* in Dreier Rn. 29 ff..

[47] OLG Karlsruhe VIZ 1996, 140.

[48] *Wasmuth* NJW 1993, 2476 (2477).

[49] Staatlichen sowjetische Nachrichtenagentur TASS vom 27.3.1990, zitiert nach *Neumann* in Fieberg/Reichenbach/Messerschmidt/Neuhaus, VermG, 2019, § 1 Rn. 178.

[50] Aide-mémoire der Sowjetunion vom 28.4.1990, zitiert nach *Neumann* in Fieberg/Reichenbach/Messerschmidt/Neuhaus, VermG, 2019, § 1 Rn. 179.

[51] AA *Blumenwitz* BayVBl 1993, 705 (712).

[52] BVerfGE 84, 90 (Ls. 4).

rechtlicher oder besatzungshoheitlicher Grundlage eine Ausgleichsregelung schafft. Im Eckpunkt 1 S. 4 der Gemeinsamen Erklärung, die nach Art. 41 Abs. 1 EVertr dessen Bestandteil ist, hatte die Bundesrepublik Deutschland ihre Auffassung zum Ausdruck gebracht, dass einem künftigen gesamtdeutschen Parlament eine abschließende Entscheidung über etwaige staatliche Ausgleichsleistungen für die nicht wiedergutzumachenden Enteignungen auf besatzungsrechtlicher bzw. besatzungshoheitlicher Grundlage vorbehalten bleiben müsse. Zu dieser zutreffenden Auffassung war die Bundesrepublik Deutschland auch verpflichtet, denn das Willkürverbot stellt insoweit eine rechtliche Grenze dar (→ Rn. 17). Soweit das BVerfG in seinem Beschluss vom 23.4.1991[53] diese Verpflichtung unmittelbar aus Art. 3 Abs. 1 folgert, setzt es sich in Widerspruch zu seinen eigenen Ausführungen zu der alleinigen Maßgeblichkeit der von Art. 79 Abs. 3 in Bezug genommenen, in Art. 1 und 20 niedergelegten Grundsätze.[54] Aus dem Willkürverbot folgt, dass, wenn der Gesetzgeber für andere entschädigungslosen Enteignungen eine Wiedergutmachungsregelung (Rückgabe des enteigneten Eigentums) getroffen hat, er für Enteignungen auf besatzungsrechtlicher oder besatzungsrechtlicher Grundlage nicht jegliche Wiedergutmachung ausschließen darf. Die diesen unterschiedlichen Enteignungen innewohnenden rechtsstaatlichen Defizite, so verschieden sie auch sein mögen, können aber jedenfalls eine Ungleichbehandlung in Form eines völligen Ausschlusses eines Ausgleichs von Enteignungen auf besatzungsrechtlicher oder besatzungshoheitlicher Grundlage rechtfertigen.

24 Bei der Bemessung der Höhe von Ausgleichsleistungen kommt dem Gesetzgeber ein weiter Gestaltungsspielraum zu, bei dem er auch seine finanziellen Möglichkeiten angesichts sonstiger Staatsaufgaben berücksichtigen darf.[55] Soweit im Urteil des BVerfG vom 22.11.2000[56] in einem Minderheitsvotum gefordert worden ist, die Höhe jedenfalls einer Entschädigung müsse mindestens 50 % des Verkehrswertes betragen, weil alleine das den Gesichtspunkten noch ausreichend Rechnung trägt, die allgemein ein wertmäßiges Zurückbleiben einer Entschädigung hinter der Wiedergutmachung (durch Rückgabe in Natur) rechtfertigen, ist dieses schon auf Ausgleichsleistungen, die eben keine Entschädigungsleistungen sind, nicht übertragbar. Im Übrigen fehlt diesem Minderheitsvotum jede weitere Begründung dafür, warum nun gerade eben diese 50 %-Schwelle maßgeblich sein soll.

25 Ähnliches gilt für die mit dem Prinzip einer möglichst hohen praktischen Verfassungskonkordanz im Sinne einer Kollisionslösung nach Maßgabe einer möglichst verhältnismäßigen bzw. nach beiden Seiten hin möglichst schonenden Regelung begründete Forderung, dass Ausgleichsleistungen prinzipiell den Wert von Entschädigungsleistungen erreichen müssten.[57] Diese Forderung – mag ihr Ergebnis auch wünschenswert sein – verkennt den Gestaltungsspielraum des Gesetzgebers unter Berücksichtigung seiner finanziellen Möglichkeiten angesichts seiner sonstigen Staatsaufgaben.

---

[53] BVerfGE 84, 90 (128).

[54] Einschränkend auch später BVerfGE 102, 254 (Ls. 1 S. 1: „Eine Pflicht der Bundesrepublik Deutschland zur Wiedergutmachung von Vermögensschäden, die eine nicht an das Grundgesetz gebundene Staatsgewalt zu verantworten hat, lässt sich nicht aus einzelnen Grundrechten herleiten.").

[55] BVerfGE 84, 90 (130).

[56] BVerfGE 102, 254 (316).

[57] *Scholz* in Maunz/Dürig Rn. 26.

IV. Abs. 3 und die Rechtsprechung des EGMR

Nicht Abs. 3 unmittelbar, aber die von ihm über Art. 41 Abs. 1 EVertr in Bezug genommene gesetzgeberische Entscheidung, Enteignungen auf besatzungsrechtlicher bzw. besatzungshoheitlicher Grundlage nicht rückgängig zu machen, sondern für sie stattdessen „nur“ Ausgleichsleistungen zu gewähren, ist mehrfach Gegenstand von Entscheidungen des EGMR geworden. Zu einer von den Bodenreformurteilen (→ Rn. 16) grundlegend abweichenden Rechtsbeurteilung ist der EGMR dabei nicht gekommen. **26**

In seinem Beschluss vom 2.3.2005[58] entschied der EGMR u. a. für ein Recht auf Eigentum, und zwar sowohl vorhandenes Eigentum wie Vermögenswerte, auf die man eine berechtigte Erwartung, nicht aber nur eine bloße Hoffnung haben kann. Die Europäische Menschenrechtskonvention (EMRK)[59] verpflichte die Vertragsstaaten in keiner Weise, Unrecht oder Schäden wieder gutzumachen, zu denen es auf Veranlassung einer fremden Besatzungsmacht oder eines anderen Staates gekommen sei, auch nicht bei einer Rechtsnachfolge eines Nicht-EMRK-Vertragsstaats (DDR) durch einen EMRK-Vertragsstaat (Bundesrepublik Deutschland). Art. 1 Erstes Zusatzprotokoll zur EMRK (1. EMRK-ZP)[60] beschränke nicht die Freiheit der Vertragsstaaten, die Voraussetzungen festzulegen, unter denen sie enteigneten Personen Eigentumsrechte zurückgeben, und zu bestimmen, wie sie Entschädigungszahlungen und Ausgleichsleistungen an Betroffene vornehmen wollen. Für die 1945 bis 1949 erfolgten Enteignungen auf Veranlassung der sowjetischen Besatzungsmacht sei die Bundesrepublik Deutschland nicht verantwortlich und der EGMR daher *ratione temporis* und *ratione personae* nicht zuständig, Eine fortdauernde Verletzung der EMRK, die der Bundesrepublik Deutschland zuzurechnen wäre und die sich auf die zeitliche Begrenzung der Zuständigkeit des EGMR auswirken könnte, liege nicht vor. Der Wortlaut der Gemeinsamen Erklärung begründe **keine berechtigte,** durch Art. 1 1. EMRK-ZP geschützte **Erwartung, sondern ausschließlich eine Hoffnung.** Diese Aussagen bestätigte der EGMR in einem weiteren Beschluss vom 16.10.2006[61] im Wesentlichen. **27**

In seinem Urteil vom 22.1.2004[62] hat der EGMR im Zusammenhang mit der Enteignung vererbten Bodenreformlands entschieden, dass ein Eingriff in das Recht auf Achtung des Eigentums einen gerechten Ausgleich zwischen den Erfordernissen des Allgemeininteresses und den Erfordernissen des Schutzes der Grundrechte des Einzelnen herstellen und ein angemessenes Verhältnis zwischen den angewandten Mitteln und dem verfolgten Ziel bestehen muss. Dem Betroffenen darf keine unverhältnismäßige Last auferlegt werden, was grundsätzlich voraussetzt, dass für eine Enteignung in angemessener Weise entschädigt wird. **28**

---

[58] EGMR NJW 2005, 2530.
[59] BGBl. 1952 II 685.
[60] BGBl. 1956 II 1879.
[61] BeckRS 2008, 6612.
[62] NJW 2004, 923 (Ls. 5).

C. Verhältnis zu anderen Bestimmungen des Grundgesetzes

29 Neben Art. 79 Abs. 3 (→ Rn. 17f.) könnten auch die zwingenden allgemeinen Regeln des Völkerrechts und damit den Gesetzen vorgehende und unmittelbare Rechte und Pflichten erzeugende Teile des Bundesrechtes (Art. 25) rechtliche Grenzen von Abs. 3 darstellen. Zu den zwingenden allgemeinen Regeln des Völkerrechts gehört die **Haager Landkriegsordnung** (HLKO). Wollte man in den Enteignungen auf besatzungsrechtlicher bzw. besatzungshoheitlicher Grundlage einen Verstoß gegen Art. 46 Abs. 2 HLKO („Das Privateigentum darf nicht eingezogen werden.") sehen[63], wird das Verhältnis der zwingenden allgemeinen Regeln des Völkerrechts, die ja den allgemeinen Gesetzen vorgehen, zum GG relevant. Wenn man das GG als „nachgehendes" Recht im Sinne des Art. 25 S. 1 ansieht, würde der Verstoß gegen Art. 46 Abs. 2 HLKO eine weitere Rechtmäßigkeitsgrenze der Regelungen zur Durchführung von Art. 41 EVertr, die vorsehen, dass Eingriffe in das Eigentum nicht mehr rückgängig gemacht werden, darstellen. Richtigerweise wird man den zwingenden allgemeinen Regeln des Völkerrechts aber einen Rang nach dem GG zuweisen. Damit kommt Art. 25 S. 1 keine Wirkung einer unabhängigen Rechtmäßigkeitsgrenze neben Art. 79 Abs. 3 zu.[64]

D. Kritische Würdigung

30 Kaum ein Rechtsthema im Zusammenhang mit der deutschen Wiedervereinigung hat in so hohem Maße und für so lange Zeit für rechtliche und politische Auseinandersetzungen gesorgt wie der Wiedergutmachungsausschluss für Enteignungen auf besatzungsrechtlicher bzw. besatzungshoheitlicher Grundlage. Die dabei an Abs. 3 wie an § 1 Abs. 8 lit. a Hs. 1 VermG geübte Kritik stellt den – wie fast immer – untauglichen Versuch dar, eine **politisch missliebige Entscheidung auf dem Weg des Rechts zu korrigieren.** Mit hoher Wahrscheinlichkeit hätte der Gesetzgeber der deutschen Wiedervereinigung sich für eine umfängliche Wiedergutmachung von Enteignungen auf besatzungsrechtlicher bzw. besatzungshoheitlicher Grundlage entscheiden können. Dass er dieses nicht getan hat, ist jedenfalls nicht rechtswidrig. Und gegen die „Qualität" von insbesondere Abs. 3 lässt sich Grundlegendes tatsächlich nicht einwenden.

31 Sicherlich ist es nicht gelungen, mit Abs. 3 und § 1 Abs. 8 lit. a Hs. 1 VermG eine Befriedung der unterschiedlichen Interessen herbeizuführen; dafür war vor der Wiedervereinigung in der alten Bundesrepublik Deutschland über einen zu langen Zeitraum eine zu hohe Erwartungshaltung für eine umfängliche Wiedergutmachung von Enteignungen auf besatzungsrechtlicher bzw. besatzungshoheitlicher Grundlage geweckt worden. Aber auch eine gegenläufige Entscheidung des Gesetzgebers der deutschen Wiedervereinigung hätte keine Befriedung mit sich gebracht: Denn in der ehemaligen DDR gab es eine ebenso hohe Erwartungshaltung, was das „Behaltendürfen" der Eigentumssituation nach den Enteignungen auf besatzungsrechtlicher bzw. besatzungshoheitlicher Grundlage anging.

---

[63] *Meixner* DÖV 1997, 184 (191); offengelassen von BVerfGE 112, 1 (31).
[64] *Meixner* DÖV 1997, 184 (190f.).

Literatur

A. Anker, Der Einigungsvertrag, seine Rechtsqualität und die Grenzen seiner Abänderbarkeit, DÖV 1991, 1062. – ***P. Badura,*** Der Verfassungsauftrag der Eigentumsgarantie im wiedervereinigten Deutschland, DVBl 1990, 1256. – ***P. Badura,*** Der Ausgleich für sozialistisches Unrecht als Wiedergutmachung nach den Grundsätzen des sozialen Rechtsstaates, FS für Walter Remmers 1995, 383. – ***R. Bartlsperger,*** Verfassung und verfassungsgebende Gewalt im vereinten Deutschland, DVBl 1990, 1285. – ***M. Bertrams,*** Das G zur Regelung offener Vermögensfragen, DVBl 1994, 374. – ***G. Biehler,*** Die Bodenkonfiskationen in der Sowjetischen Besatzungszone Deutschlands 1945 nach Wiederherstellung der gesamtdeutschen Rechtsordnung 1990, 1994. – ***D. Blumenwitz,*** Der Vertrag vom 12.9.1990 über die abschließende Regelung in Bezug auf Deutschland, NJW 1990, 3041. – ***G. Brunner,*** Fortgeltung des Rechts der bisherigen DDR, Isensee/Kirchhof HStR, Bd. IX, § 210. – ***V. Busse,*** Das vertragliche Werk der deutschen Einheit und die Änderungen von Verfassungsrecht, DÖV 1991, 345. – ***C. Degenhart,*** Verfassungsfragen der deutschen Einheit, DVBl 1990, 973. – ***K. Doehring/P. Ruess,*** Die Entscheidung des BVerfG zur Entschädigung von Opfern der Bodenreform im Lichte der EMRK – Rechtssicherheit oder mit Sicherheit Unrecht?, NJW 2001, 640 – ***H. Dreier,*** Verfassungsstaatliche Vergangenheitsbewältigung, FS 50 Jahre BVerfG, Bd. I, 2001, 159. – ***U. Drobnig,*** Anwendung und Auslegung von DDR-Recht heute, DtZ 1994, 86. – ***H. Ehmke,*** Verfassungsänderung oder Verfassungsdurchbrechung, AöR 79 (1953), 385. – ***V. Epping,*** Die Beitrittserklärung und ihre Folgen für die Bundesrepublik Deutschland, JZ 1990, 805. NJW 2001, 640 NJW 2001, 640. – ***U. Fastenrath,*** Die Bindungswirkung des Einigungsvertrages am Beispiel der Richterüberprüfung in Mecklenburg-Vorpommern, DtZ 1991, 429. – ***C. Feddersen,*** Rechtseinheit durch Rechtszweiheit, DVBl 1995, 502. – ***G. Fieberg/ H. Reichenbach,*** Zum Problem der offenen Vermögensfragen, NJW 1991, 321. – ***T. Gertner,*** Vereinbarkeit der Bodenreform-Verordnungen mit der Proklamation Nr. 3 des Alliierten Kontrollrats vom 20. Oktober 1945, VIZ 1995, 440. – ***T. Gertner,*** Die Auswirkungen von Gemeinsamer Erklärung, Art. 41 EinigungsV und Art. 143 III GG auf zivilrechtliche Ansprüche der Bodenreform-Opfer, VIZ 1995, 390. – ***S. Glanz,*** Zur Verfassungsmäßigkeit des Entwurfs eines Entschädigungs- und Ausgleichsleistungsgesetzes, MDR 1994, 421. – ***R. Grawert,*** Rechtseinheit in Deutschland, Der Staat 30 (1991), 209. – ***H. Grziwotz,*** Partielles Bundesrecht und die Verteilung der Gesetzgebungsbefugnisse im Bundesstaat, AöR 116 (1991), 588. – ***W. Heintschel von Heinegg,*** Die Mitwirkungsrechte des Deutschen Bundestages und das Zustimmungsgesetz zum Einigungsvertrag zwischen der Bundesrepublik Deutschland und der Deutschen Demokratischen Republik – Die Entscheidung des Bundesverfassungsgerichts vom 18. September 1990, DVBl 1990, 1270. – ***M. Herdegen,*** Die Verfassungsänderungen im Einigungsvertrag, 1991. – ***M. Herdegen,*** Die Eigentumsregelungen des Einigungsvertrages vor dem Bundesverfassungsgericht, Jura 1992, 21. – ***Th. Höch,*** Der Einigungsvertrag zwischen völkerrechtlichem Vertrag und nationalem Gesetz. Untersuchungen zur Bestandskraft des Vertrages über die Herstellung der Einheit Deutschlands, 1995. – ***U. Hufeld,*** Die Verfassungsdurchbrechung. Rechtsproblem der Deutschen Einheit, 1997. – ***M. Kirn,*** Verfassungsumsturz oder Rechtskontinuität? Die Rechtsprechung nach 1945 zum Dritten Reich, 1972. – ***M. Kirn,*** Der deutsche Staat in Europa, 1991. – ***M. Kloepfer/H. Kröger,*** Rechtsangleichung nach Art. 8 und 9 des Einigungsvertrages, DVBl 1993, 1031. – ***E. Klein,*** An der Schwelle zur Wiedervereinigung Deutschlands, NJW 1990, 1065. – ***W. Kluth,*** Die deutsche Wiedervereinigung und ihre Rechtsfolgen in der Rechtsprechung des Bundesverwaltungsgerichts, FG 50 Jahre Bundesverwaltungsgericht, 2003, 391. – ***J. D. Kühne,*** Eine vergessene Argumentationslinie im Bodenreformurteil (BVerfGE 94, 90), FS Pieper, 1998, 287. – ***W. Leisner,*** Das Bodenreform-Urteil des Bundesverfassungsgerichts – Kriegsfolge- und Eigentumsentscheidung, NJW 1991, 1569. – ***W. Leisner,*** Verfassungswidriges Verfassungsrecht – Nach dem „Bodenreform"-Urteil des BVerfG, DÖV 1992, 432. – ***P. Lerche,*** Fortgeltung von DDR-Recht und Gesetzesvorbehalt, FS Helmrich, 1994, 57. – ***P. Lerche,*** Der Beitritt der DDR – Voraussetzungen, Realisierung, Wirkungen, in Isensee/Kirchhof HStR, Bd. VIII, § 194. – ***T. Maunz,*** Der Rechtsstaat und die

Aufarbeitung der vor-rechtsstaatlichen Vergangenheit, BayVBl 1991, 545. – ***H. Maurer,*** Die Eigentumsregelung im Einigungsvertrag, JZ 1992, 183. – ***K. Märker,*** Abschied vom Restitutionsausschluss?, VIZ 1999, 460. – ***R. Meixner,*** Entscheidung des BVerfG zum Entschädigungs- und Ausgleichsleistungsgesetz. Anmerkungen zu einem umstrittenen Urteil, DÖV 2002, 900. – ***D. Merten,*** Grundfragen des Einigungsvertrages unter Berücksichtigung beamtenrechtlicher Probleme, 1991. – ***R. Motsch,*** Zum Entwurf eines Entschädigungs- und Ausgleichsleistungsgesetzes, VIZ 1993, 273. – ***H. Oetker,*** Rechtsvorschriften der ehem. DDR als Problem methodengerechter Gesetzesanwendung, JZ 1992, 608. – ***F. Ossenbühl,*** Verfassungsrechtliche Vorgaben für Entschädigungs- und Ausgleichsleistungen für Enteignungen in der früheren SBZ/DDR, FS Heymanns-Verlag, 1995, 129. – ***C. Paffrath,*** Macht und Eigentum. Die Enteignungen 1945–1949 im Prozess der deutschen Wiedervereinigung, 2004. – ***H.-J. Papier,*** Eigentumsrechtliche Probleme in den neuen Bundesländern, FS Heymanns-Verlag, 1995, 147. – ***H.-J. Papier,*** Verfassungsrechtliche Probleme der Eigentumsregelung im Einigungsvertrag, NJW 1991, 193. – ***B. Pieroth,*** Der Rechtsstaat und die Aufarbeitung der vor-rechtsstaatlichen Vergangenheit, VVDStRL 51 (1991), 91. – **K. Redeker,** Zehn Jahre Wiedervereinigung – Bewältigung eigentums- und vermögensrechtlicher Fragen, NJW 2000, 3031. – ***R. Robra,*** Zur Rechtsprechung des Bundesverwaltungsgerichts auf dem Gebiet der offenen Vermögensfragen unter besonderer Berücksichtigung der Restitutionsausschlussgründe, FG 50 Jahre BVerwG, 2003, 367. – ***F. Rosenberger,*** Die Verfassungswidrigkeit des Entschädigungs- und Ausgleichsleistungsgesetzes (EALG), VIZ 1995, 321. – ***P. Ruess,*** Zum Charakter der sog. Bodenreformenteignungen als personales Verfolgungsunrecht, VIZ 1995, 321. – ***M. Sachs,*** Der Fortbestand der Fristenlösung für die DDR und das Abtreibungsurteil des Bundesverfassungsgerichts, DtZ 1990, 193. – ***M. Sachs,*** Vom GG abweichendes Recht nach der Wiedervereinigung Deutschlands – Art. 143 Abs. 1 und 2 GG, FS Heymanns-Verlag, 1995, 193. – ***B. Schild,*** Bodenreform und deutsche Einheit, DtZ 1992, 97. – ***A. Graf von Schlieffen,*** Zur Verfassungswidrigkeit der Wiedergutmachungsregelungen besatzungshoheitlichen Enteignungsunrechts, NJW 1998, 1688. – ***E. Schmidt-Jortzig,*** Rechtsstaatlich angemessener Ausgleich für die sog. „Alt-Eigentümer 1945/49", FS Heymanns-Verlag, 1995, 207. – ***M. Schmidt-Preuß,*** Das Entschädigungs- und Ausgleichsleistungsgesetz, NJW 1994, 3249. – ***K.-D. Schnapauff,*** Der Einigungsvertrag, DVBl 1990, 1249. – ***W. Schwanegel,*** Die Wiedereinführung des Berufsbeamtentums in den neuen Ländern, 1999. – ***H. Sendler,*** Restitutionsausschluß verfassungswidrig?, DÖV 1994, 401. – ***K. Stern/O. Aussem,*** Die Vermögensabgabe nach dem Entwurf zu einem Entschädigungs- und Ausgleichsgesetz (Rechtsgutachten für die Regierung des Freistaates Sachsen), DV 27 (1994), 1. – ***K. Stern/B. Schmidt-Bleibtreu*** (Hrsg.), Einigungsvertrag (Bd. 2 der „Verträge und Rechtsakte zur Deutschen Einheit"), 1990. – ***H. H. Trute,*** Die Überleitung des Personals der ehemaligen DDR zwischen Kontinuität und Neubeginn, 1997. – ***W. Graf Vitzthum,*** Das Bodenreform-Urteil des Bundesverfassungsgerichts: Analyse und Kritik, in Stern, Deutsche Wiedervereinigung, Bd. II, 1991, 3. – ***H. Wagner,*** Der Einigungsvertrag nach dem Beitritt. Fortgeltung, Bestandssicherheit und Rechtswahrung vor dem BVerfG, 1994. – ***H. Wagner,*** Zur weiteren Verbindlichkeit des Einigungsvertrages, DtZ 1992, 142. – ***J. Wasmuth,*** Zur Verfassungswidrigkeit des Restitutionsausschlusses für Enteignungen auf besatzungsrechtlicher oder besatzungshoheitlicher Grundlage, NJW 1993, 2476. – ***H. Weis,*** Verfassungsrechtliche Fragen im Zusammenhang mit der Herstellung der staatlichen Einheit Deutschlands, AöR 116 (1991), 1. – ***H. Wolter,*** Von Volkseigentum zum Privateigentum. Art. 14 GG und subjektives Recht als Determinanten der industriellen Beziehungen im Einigungsprozess, 1998.

Art. 143a [Neuordnung der Eisenbahnen des Bundes]

(1) [1]Der Bund hat die ausschließliche Gesetzgebung über alle Angelegenheiten, die sich aus der Umwandlung der in bundeseigener Verwaltung geführten Bundeseisenbahnen in Wirtschaftsunternehmen ergeben. [2]Art. 87e Abs. 5 findet entsprechende Anwendung. [3]Beamte der Bundeseisenbahnen können durch Gesetz unter Wahrung ihrer Rechtsstellung und der Verantwortung des Dienstherrn einer privat-rechtlich organisierten Eisenbahn des Bundes zur Dienstleistung zugewiesen werden.

(2) Gesetze nach Absatz 1 führt der Bund aus.

(3) [1]Die Erfüllung der Aufgaben im Bereich des Schienenpersonennahverkehrs der bisherigen Bundeseisenbahnen ist bis zum 31. Dezember 1995 Sache des Bundes. [2]Dies gilt auch für die entsprechenden Aufgaben der Eisenbahnverkehrsverwaltung. [3]Das Nähere wird durch Bundesgesetz geregelt, das der Zustimmung des Bundesrates bedarf.

A. Allgemeine Bedeutung

1 Art. 143a enthält Übergangsbestimmungen zur Bahnreform,[1] die die **Umwandlung** der Bundeseisenbahnen in Wirtschaftsunternehmen, die weitere **Verwendung** der Bahnbeamten und die **Überleitung** des Schienenpersonennahverkehrs in die Verantwortung der Länder betreffen. Die Vorschrift wurde durch G v. 20.12.1993 in das GG eingefügt.[2] Sie ergänzt Art. 73 Nr. 6a und Art. 87e.

B. Einzelfragen

I. Umwandlung der Bundeseisenbahnen (Art. 143a Abs. 1 S. 1, 2)

2 **1. Ausschließliche Gesetzgebung des Bundes.** Die Vorschrift ist im Zusammenhang mit Art. 87e Abs. 3 S. 1 zu sehen. Dort wird bestimmt, dass Eisenbahnen des Bundes als Wirtschaftsunternehmen in privatrechtlicher Form zu führen sind.[3] Daraus folgte der Zwang, die zuvor öffentlich-rechtlich organisierten Bundeseisenbahnen, die Deutsche Bundesbahn und die Deutsche Reichsbahn, in privatrechtliche Wirtschaftsunternehmen umzuwandeln. Dafür verleiht Art. 143a Abs. 1 S. 1 dem Bund die **ausschließliche Gesetzgebungszuständigkeit.** Sie erfasst nicht nur die abgeschlossene Umwandlung selbst, sondern **auch etwaige Folgeprobleme,** die in einem spezifischen Zusammenhang mit der Umwandlung stehen und durch zukünftige Gesetze geregelt werden.[4] Soweit sich die Kompetenzzuweisungen in Art. 73 Nr. 6a und Art. 143a Abs. 1 S. 1 überschneiden, geht Art. 143a Abs. 1 als ***lex specialis*** vor, was wegen Art. 143a Abs. 1 S. 2 Bedeutung für die Beteiligung des BRs hat.

3 **2. Artikel 87e Abs. 5 findet entsprechende Anwendung.** Art. 143a Abs. 1 S. 2 ist zu lesen: „Gesetze gem. S. 1 bedürfen der **Zustimmung des**

[1] → Art. 87e Rn. 1.
[2] BGBl. 1993 I 2089.
[3] → Art. 87e Rn. 16 f.
[4] *Pieroth* in Jarass/Pieroth Rn. 1; ähnlich *Heinze* BayVBl. 1994, 266 (267); einschränkend *Möstl* in Maunz/Dürig Rn. 10.

BRs." Mit der Verweisung auf Art. 87e Abs. 5 ist ausschließlich Abs. 5 S. 1 gemeint, nicht aber Abs. 5 S. 2.[5] Soweit ein Gesetz ohnehin direkt von Art. 87e Abs. 5 S. 2 erfasst wird, ist die Verweisung des Art. 143a Abs. 1 S. 2 überflüssig. Ist Art. 87e Abs. 5 S. 2 nicht direkt anwendbar, besteht auch kein Anlass für eine entsprechende Anwendung im Rahmen von Art. 143a. Die **Verweisung** ist daher **missglückt.** Sie vermag ihren Zweck, den Gesetzestext abzukürzen,[6] nicht zu erfüllen, sondern erschwert das Textverständnis.

II. Weitere Verwendung von Bahnbeamten (Art. 143a Abs. 1 S. 3)

4 **1. Beamte der Bundeseisenbahnen können durch Gesetz [...] einer privat-rechtlich organisierten Eisenbahn des Bundes zur Dienstleistung zugewiesen werden. 4** Die am 31.12.1993 bei den Bundeseisenbahnen beschäftigten Beamten können Eisenbahnverkehrsunternehmen iSv Art. 73 Nr. 6a, 87e Abs. 3 durch einfaches Gesetz zur Dienstleistung zugewiesen werden. Die **Bundeskompetenz** zum Erlass des Zuweisungsgesetzes ergibt sich nicht aus Abs. 1 S. 3, sondern aus Abs. 1 S. 1,[7] der Art. 73 Nr. 8 als *lex specialis* vorgeht. Das Gesetz bedarf daher – ebenso wie alle Änderungen der Zuweisungsregeln nach Art. 143a Abs. 1 S. 2 – der **Zustimmung des BRs.** Der Bund hat von der Zuweisungsmöglichkeit nach Abs. 1 S. 3 durch § 12 Deutsche Bahn GründungsG (DBGrG; erlassen als Art. 2 ENeuOG) Gebrauch gemacht.[8] Art. 143a Abs. 1 S. 3 gestattet nur die Zuweisung an **Eisenbahnunternehmen des Bundes.** Gibt der Bund seine Mehrheitsbeteiligung an solchen Unternehmen auf, hören sie nach der Legaldefinition des Art. 73 Nr. 6a auf, Eisenbahnen des Bundes zu sein, sodass die Zuweisung von Beamten zu beenden ist.[9]

5 **2. Unter Wahrung ihrer Rechtsstellung.** Die Zuweisung zur DB AG lässt die Rechtsstellung der Beamten unberührt. Das bezieht sich auf die **beamtenrechtlichen Rechte und Pflichten,** wie das Recht auf einen amtsangemessenen Aufgabenbereich[10] und die beamtenrechtliche Fürsorgepflicht.[11] Eine Verschlechterung gegenüber nicht übergeleiteten Bundesbeamten ist ausgeschlossen. Zulässig sind nur solche Verschlechterungen, die die Bediensteten nach Art. 33 Abs. 5 auch ohne die Privatisierung hinzunehmen hätten.[12] Das schließt die Gewährung zusätzlicher Leistungen in Anlehnung an Tarifverträge nicht aus.[13] Andererseits bleiben das beamtenrechtliche Streikverbot[14] und die disziplinarrechtliche Stellung[15] bestehen. Die Rechtswegzuweisung nach § 126 BRRG bleibt ebenfalls unberührt.[16]

---

[5] *Gersdorf* in MKS Rn. 4.

[6] S. dazu allg. *Schneider,* Gesetzgebung, 2. Aufl. 1991, Rn. 384, 399.

[7] *Pieroth* in Jarass/Pieroth Rn. 3.

[8] Dazu *Lorenzen* PersV 1994, 145 (150 ff.); *Engels/Müller/Mauß* DB 1994, 473 ff.

[9] *Wieland* in Dreier Rn. 8; aA aus teleologischen und historischen Gründen *Gersdorf* in MKS Rn. 5; *Möstl* in Maunz/Dürig Rn. 19.

[10] BVerfG NVwZ 2016, 1313 (1316, Rn. 27); BVerwGE 123, 107 (108 f.); OVG RhPf DVBl 2006, 1596 (1597 f.); sa *Böhm/Schneider* ZBR 2004, 73 ff.

[11] OVG Hamburg NVwZ-RR 2005, 125 f.

[12] → Art. 143b Rn. 9 mwN; etwas weniger streng *Möstl* in Maunz/Dürig Rn. 27.

[13] OVG NRW ZBR 2007, 63 (65); → Art. 143b Rn. 9.

[14] *Benz,* Die verfassungsrechtliche Zulässigkeit der Beleihung einer Aktiengesellschaft mit Dienstherrenbefugnissen, 1995, 203–207; *Benz* DÖV 1995, 679 (683 f.); → Art. 143b Rn. 10; sowie, die Möglichkeit einer diff. Lösung andeutend, *Engels/Müller/Mauß* DB 1994, 473 (479).

[15] → Art. 143b Rn. 10 mwN.

[16] BAG NZA 1998, 165 (166); OVG NRW ZBR 2007, 63 f.

3. Und der Verantwortung des Dienstherrn. Dienstherr der am 31.12.1993 bei den Bundeseisenbahnen beschäftigten Beamten bleibt der Bund.[17] Art. 143a Abs. 1 S. 3 hat **klarstellende Funktion.** Eine Zuweisung von Beamten an die DB AG, die die Dienstherrenbefugnisse des Bundes unberührt lässt, wäre als Übergangsregelung auch ohne ausdrückliche Verfassungsbestimmung zulässig gewesen.[18] Einer **Übertragung von Dienstherrenbefugnissen** sind jedoch enge Grenzen gesetzt, weil eine Art. 143b Abs. 3 S. 2[19] entsprechende Bestimmung für eine Beleihung fehlt.[20] Zwar schließt Art. 33 Abs. 5 GG nicht mehr grundsätzlich aus, Angestellte mit Vorgesetztenfunktionen gegenüber Beamten zu betrauen.[21] Das BVerwG betont aber, dass die Verantwortung des Dienstherrn mehr als eine Rechts- oder Fachaufsicht erfordere.[22] Indem das BVerwG eine Zurechnung aller beamtenrechtlichen Maßnahmen an den Dienstherren verlangt, spricht es sich letztlich auch gegen ein Beleihungsmodell aus, bei dem der Beliehene im eigenen Namen handelt. Außerdem stellt das BVerwG klar, dass das Bundeseisenbahnvermögen im Widerspruchsverfahren eine ebenso umfassende Prüfung wie die Erstbehörde vorzunehmen habe.[23] Deutet man die Entscheidung dahin, dass der Bund ein umfassendes beamtenrechtliches Letztentscheidungs- und Eintrittsrecht hat, ist Art. 143a Abs. 1 S. 3 in der Tat genüge getan. Verfassungswidrig erscheint allerdings § 12 Abs. 9 DBGrG, der die Aufhebung der Zuweisung zur DB AG von deren Einvernehmen abhängig macht. Dadurch wird ohne verfassungsrechtliche Grundlage die hierarchische Struktur gestört, die Art. 33 Abs. 5[24] fordert. Da Art. 143a Abs. 1 S. 3 eine Beleihungslösung ausschließt, bleibt der Bund (bzw. das Bundeseisenbahnvermögen; → Rn. 7) in beamtenrechtlichen Streitigkeiten der richtige Klagegegner.[25] 6

III. Gesetze nach Absatz 1 führt der Bund aus (Art. 143a Abs. 2)

Art. 143a Abs. 2 weist dem Bund die Verwaltungskompetenz für Gesetze zu, die die Umwandlung der Bundeseisenbahnen (Art. 143a Abs. 1 S. 1) und die Zuweisung von Bundesbahnbeamten an Eisenbahnen des Bundes (Art. 143a Abs. 1 S. 3) betreffen. Es handelt sich um eine **Sondervorschrift zu Art. 83,** die Art. 87e Abs. 1 S. 1 ergänzt. Sie gestattet sowohl unmittel- 7

---

[17] Sa Art. 1 § 7 Abs. 1 ENeuOG, BGBl. 1993 I 2378; sowie BVerfGE 108, 274 (276); *Wernicke* ZBR 1998, 266 (270).

[18] BVerwGE 69, 303 ff.; aA *Loschelder,* Strukturreform der Bundeseisenbahnen durch Privatisierung?, 1993, 38–44.

[19] → Art. 143b Rn. 11.

[20] AA in systematisch-teleologischer Auslegung *Gersdorf* in MKS Rn. 9; sowie *Benz,* Die verfassungsrechtliche Zulässigkeit der Beleihung einer Aktiengesellschaft mit Dienstherrenbefugnissen, 1995, 196 f., der in bedenklicher Weise von der fachgesetzlichen Ausgestaltung auf die verfassungsrechtlichen Vorgaben schließt; sa *Benz* DÖV 1995, 679 (681 f.); zweifelnd *Steuck* ZBR 1999, 150 (151).

[21] BVerfG NVwZ 2016, 1313 (1314, Rn. 21).

[22] BVerwGE 108, 274 (276 f.); daran anknüpfend VG München, BeckRS 2014, 100149, Rn. 42, 47–51; aA *Gersdorf* in MKS Rn. 11, der eine Beschränkung auf bloße Rechtsaufsicht annimmt; diff. *Möstl* in Maunz/Dürig Rn. 20.

[23] BVerwGE 108, 274 (280).

[24] BVerfGE 9, 268 (286 f.).

[25] BVerwGE 108, 274 (275 ff.); aA *Wernicke* ZBR 1998, 266 (274 f.); zur Beiladung der DB AG oder ihrer Tochterunternehmen BVerwG v. 10.3.2004, Buchholz 310 § 65 VwGO Nr. 146; sa zur Geltendmachung eines Herausgabeanspruchs gegen Beamte OVG RhPf NVwZ-RR 2005, 733; krit. dazu *Schmitt* ZBR 2006, 189 ff.

bare als auch mittelbare Bundesverwaltung. Verwaltungsbehörde nach Art. 143a Abs. 2 ist insbesondere das durch Art. 1 ENeuOG[26] geschaffene Bundeseisenbahnvermögen, das als nicht-rechtsfähiges Sondervermögen des Bundes unter seinem eigenen Namen handeln kann.

IV. Überleitung des Schienenpersonennahverkehrs (Art. 143a Abs. 3)

8 Art. 87e Abs. 4 klammert den **Schienenpersonennahverkehr** aus der Verantwortung des Bundes aus.[27] Art. 143 Abs. 3 enthält dazu eine Übergangsregelung, die seit dem 1.1.1996 obsolet ist. Einen zusätzlichen Aufgabengehalt wird man der Vorschrift nicht entnehmen können.[28] Es gilt allein die allgemeine Länderzuständigkeit nach Art. 30.

C. Kritische Würdigung

9 Die Vorschrift enthält im Wesentlichen sinnvolle Übergangsbestimmungen zu Art. 87e. Die Regelung der Bundeszuständigkeiten und der Beteiligungsrechte des BRs zeigt eine gewisse **Redundanz,**[29] die sich aus dem Bestreben erklärt, Lücken zu Lasten der beteiligten Bundesorgane zu vermeiden. Eine sinnvolle Weiterbeschäftigung aller Bahnbeamten im privatisierten DB-Konzern wirft erhebliche Probleme auf.

Literatur

H. Benz, Die verfassungsrechtliche Zulässigkeit der Beleihung einer Aktiengesellschaft mit Dienstherrenbefugnissen, 1995. – ***H. Benz,*** Postreform II und Bahnreform – Ein Elastizitätstest für die Verfassung, DÖV 1995, 679. – ***T. Blanke/D. Sterzel,*** Probleme der Personalüberleitung im Falle einer Privatisierung der Bundesverwaltung (Flugsicherung, Bahn und Post), AuR 1993, 265. – ***M. Böhm/H. P. Schneider,*** Statusgarantie als Hindernis für flexiblen Personaleinsatz?, ZBR 2004, 73. – ***G. Engels/C. Müller/Y. Mauß,*** Ausgewählte arbeitsrechtliche Probleme der Privatisierung – aufgezeigt am Beispiel der Bahnstrukturreform, DB 1994, 473. – ***M. Pechstein,*** Öffnungsklauseln im Beamtenrecht, 1999. – ***H. Wernicke,*** Bundesbahn – wo sind deine Beamten geblieben?, ZBR 1998, 266. – ***H. A. Wolff,*** Die Wahrung der Rechtsstellung von Beamten, die bei den privatisierten Unternehmen von Bahn und Post beschäftigt sind, AöR 127 (2002), 72. – Sa die Nachw. zu Art. 87 e.

---

[26] BGBl. 1993 I 2378.
[27] → Art. 87e Rn. 33.
[28] *Möstl* in Maunz/Dürig Rn. 7; aA *Vesting* in AK Rn. 1.
[29] Insbes. → Rn. 3.

Art. 143b [Neuordnung der Deutschen Post]

(1) [1]Das Sondervermögen Deutsche Bundespost wird nach Maßgabe eines Bundesgesetzes in Unternehmen privater Rechtsform umgewandelt. [2]Der Bund hat die ausschließliche Gesetzgebung über alle sich hieraus ergebenden Angelegenheiten.

(2) [1]Die vor der Umwandlung bestehenden ausschließlichen Rechte des Bundes können durch Bundesgesetz für eine Übergangszeit den aus der Deutschen Bundespost POSTDIENST und der Deutschen Bundespost TELEKOM hervorgegangenen Unternehmen verliehen werden. [2]Die Kapitalmehrheit am Nachfolgeunternehmen der Deutschen Bundespost POSTDIENST darf der Bund frühestens fünf Jahre nach Inkrafttreten des Gesetzes aufgeben. [3]Dazu bedarf es eines Bundesgesetzes mit Zustimmung des Bundesrates.

(3) [1]Die bei der Deutschen Bundespost tätigen Bundesbeamten werden unter Wahrung ihrer Rechtsstellung und der Verantwortung des Dienstherrn bei den privaten Unternehmen beschäftigt. [2]Die Unternehmen üben Dienstherrenbefugnisse aus. [3]Das Nähere bestimmt ein Bundesgesetz.

A. Allgemeine Bedeutung

Art. 143b wurde durch G v. 30.8.1994[1] zeitgleich mit Art. 87f[2] im Zuge der Postreform II als **Übergangsregelung** in das GG eingefügt. Größere Relevanz hat nur noch Abs. 3, der die weitere Verwendung von Postbeamten betrifft. Demgegenüber regelt Abs. 1 die grundsätzlich abgeschlossene Organisationsprivatisierung des Sondervermögens Deutsche Bundespost, Abs. 2 S. 1 betraf die vorübergehende Aufrechterhaltung des Postmonopols und Abs. 2 S. 2, 3 stellte besondere Anforderungen an eine Veräußerung der aus dem Bereich Postdienst hervorgegangenen Deutsche Post AG (DP AG). Die Vorschrift ergänzt Art. 87f und enthält **Spezialregelungen** zu Art. 12[3] sowie Art. 33 Abs. 5.[4] 1

B. Einzelfragen

I. Umwandlung in Unternehmen privater Rechtsform (Art. 143b Abs. 1)

Art. 143b Abs. 1 ist im Zusammenhang mit Art. 87f Abs. 2 S. 1 zu sehen. 2
Dort wird vorausgesetzt, dass das bisherige öffentlich-rechtlich organisierte Sondervermögen Deutsche Bundespost in privatrechtliche Unternehmen umgewandelt wird. Art. 143b Abs. 1 erteilte dem Bundesgesetzgeber den entsprechenden **Umwandlungsauftrag** (S. 1) und verlieh ihm zugleich die **ausschließliche Gesetzgebungszuständigkeit** für die notwendigen Regelungen (S. 2). Der Kompetenztitel erfasst nicht nur die Umwandlung selbst, die das Postneuordnungsgesetz v. 14.9.1994 (PTNeuOG)[5] mWv 1.1.1995

[1] BGBl. 1994 I 2245.
[2] → Art. 87f Rn. 1.
[3] → Rn. 3.
[4] → Rn. 11.
[5] BGBl. 1994 I 2325; zur Überleitung von Arbeitsverhältissen BAGE 152, 127 Rn. 32.

vollzogen hat, sondern auch Folgeprobleme, die in einem spezifischen Zusammenhang mit der Umwandlung stehen und durch spätere Gesetze geregelt werden.[6] Während Art. 87f Abs. 2 S. 1 nur die Tätigkeit der bisherigen Bereiche Postdienst und Telekom betrifft,[7] bezieht sich Art. 143b Abs. 1 **auch** auf den Bereich **Postbank.** Als Kompetenznorm ist Art. 143b Abs. 1 *lex specialis* zu Art. 70 Abs. 1 und ergänzt Art. 73 Nr. 7. Mit der Umwandlung verloren die Einheiten die früheren Hoheitsbefugnisse, soweit sie nicht gesetzlich mit solchen beliehen wurden.[8]

II. Monopolrechte (Art. 143b Abs. 2 S. 1)

3 Mit dem 31.12.2007 ist die Exklusivlizenz der DP AG für die Briefbeförderung als letzter Rest des ehemaligen Postmonopols ausgelaufen.[9] Damit ist Art. 143b Abs. 2 S. 1 **obsolet** geworden.[10] Einer Verleihung von Monopolrechten in den Bereichen Post und Telekommunikation steht nun Art. 12 Abs. 1 entgegen, wobei sich aus der Befristung des Art. 143b Abs. 2 S. 1 ergibt, dass auch keine „schwere Gefahr für ein überragend wichtiges Gemeinschaftsgut" mehr angenommen werden kann, die ein Monopol nach der Drei-Stufen-Theorie des BVerfG sonst rechtfertigen könnte.[11]

III. Veräußerung der Deutschen Post AG (Art. 143b Abs. 2 S. 2, 3)

4 Art. 143b Abs. 2 S. 2 setzte einer **Kapitalprivatisierung** der DP AG vorübergehend Grenzen. Mit dem Ablauf der Frist ist die Übergangsvorschrift seit dem 1.1.2000 obsolet.[12]

5 Abs. 2 S. 3 stellte eine Aufgabe der Kapitalmehrheit an der DP AG unter **Gesetzesvorbehalt** und verlieh dem Bund die entsprechende Gesetzgebungskompetenz. Seit 2005 ist die DP AG auf der Grundlage des G v. 18.1.2002[13] mehrheitlich in privater Hand.[14] Abs. 2 S. 3 ist damit ebenfalls obsolet.[15] Bei der bundeseigenen Kreditanstalt für Wiederaufbau verbleibende Kapitalanteile an der DP AG können nun ebenso wie die noch bestehenden Kapitalanteile des Bundes an der Deutschen Telekom AG nach allgemeinen aktienrechtlichen Regeln veräußert werden.

---

[6] Entspr. für die Bahnreform → Art. 143a Rn. 2; aA *Möstl* in Maunz/Dürig Rn. 7: mittlerweile „verbraucht".

[7] → Art. 87f Rn. 4.

[8] → Rn. 11; → Art. 87f Rn. 23; sa VG Darmstadt NVwZ-RR 2001, 214 zur Erledigung von Verwaltungsverfahren, die im Zeitpunkt der Privatisierung noch nicht abgeschlossen waren; andererseits aber BVerwG NJW 1996, 1010 zum Fortbestand eines bereits entstandenen Gebührenanspruchs, der seinen öffentlich-rechtlichen Charakter behält.

[9] Zur Verfassungsmäßigkeit der letztmaligen Verlängerung BVerfGE 108, 370.

[10] *Kühling,* Sektorspezifische Regulierung in den Netzwirtschaften, 2004, 582; *Möstl* in Maunz/Dürig Rn. 11.

[11] BVerfGE 7, 377 (408 f.); → Art. 12 Rn. 137 ff.; aA *v. Danwitz,* Verfassungsfragen der gesetzlichen Exklusivlizenz der Deutschen Post AG, 2002, 88 ff.; *Mayen* in BerlKomm Art. 87f Rn. 151, 199.

[12] *Möstl* in Maunz/Dürig Rn. 16; zur Fristberechnung *Uerpmann-Wittzack* in v. Münch/Kunig, 6. Aufl. 2012, Art. 143b Rn. 4.

[13] BGBl. 2002 I 416.

[14] Bundesministerium der Finanzen Beteiligungsbericht 2007, 8 (13 f.).

[15] *Möstl* in Maunz/Dürig Rn. 16.

IV. Weitere Verwendung von Postbeamten (Art. 143b Abs. 3)

1. Die bei der Deutschen Bundespost tätigen Bundesbeamten. Die Deutsche Bundespost beschäftigte als Sondervermögen des Bundes **unmittelbare Bundesbeamte.**[16] Art. 143b Abs. 3 regelt das Schicksal dieser Beamten. Die Vorschrift erfasst nur Beamte, die im Zeitpunkt der Umwandlung bei der Post tätig waren.[17] Neueinstellungen nach diesem Zeitpunkt sind nicht möglich. Die Regelung hat damit Übergangscharakter. Sie wird obsolet, wenn alle im Zeitpunkt der Privatisierung beamteten Personen ausgeschieden sind und keine beamtenrechtlichen Versorgungsansprüche mehr bestehen. 6

2. Werden … bei den privaten Unternehmen beschäftigt. Art. 143b Abs. 3 S. 1 weist die Beamten der Bundespost den aus der Umwandlung hervorgegangenen privaten Unternehmen nach Art. 87f Abs. 2 S. 1 zu. Dies ähnelt einer beamtenrechtlichen Abordnung.[18] Anders als Art. 143a Abs. 1 S. 3, der die Entscheidung über die weitere Verwendung von Bundesbahnbeamten dem einfachen Gesetzgeber überlässt, ordnet Art. 143b Abs. 3 die Weiterbeschäftigung im Bereich der Postunternehmen verbindlich an. Dabei soll Art. 143b Abs. 3 nicht die Organisationsstruktur der privatisierten Unternehmen versteinern. Werden die Unternehmen umstrukturiert, können Beamte auch in rechtlich verselbständigten Unternehmensteilen beschäftigt werden.[19] Mit der **Weiterbeschäftigungsgarantie** wäre es hingegen nicht vereinbar, Beamte in größerem Umfang gegen ihren Willen kraft Gesetzes oder kraft Einzelakts in andere Bereiche der Bundesverwaltung zu versetzen. Zulässig ist es jedoch, Beamte im Einzelfall nach allgemeinen beamtenrechtlichen Regeln (vgl. § 26 Abs. 1 BBG) zu versetzen. Die Weiterbeschäftigung ist, wiederum im Gegensatz zu den Regelungen für Bundesbahnbeamte,[20] nicht auf die Zeit bis zur **Veräußerung der Postunternehmen** beschränkt. Auch wenn sich Postunternehmen nun in privater Hand befinden, müssen sie die bisherigen Postbeamten weiterverwenden.[21] Daraus können sich durchaus Belastungen ergeben, die die Unternehmen im Wettbewerb benachteiligen. Dies ist durch Abs. 3 gedeckt und verstößt daher weder gegen Art. 87f Abs. 2 S. 1 noch gegen Grundrechte.[22] Nur im Extremfall müsste ein Ausgleich geschaffen werden.[23] 7

3. Unter Wahrung ihrer Rechtsstellung und der Verantwortung des Dienstherrn. Dienstherr der Postbeamten bleibt der Bund. Er muss die Verantwortung für die bei den Postunternehmen beschäftigten Beamten behalten. Das setzt eine **effektive Aufsicht** voraus. Allerdings ist nach der 8

---

[16] § 46 Abs. 1 des G über die Unternehmensverfassung der Deutschen Bundespost (BGBl. 1989 I 1026), aufgehoben durch Art. 13 § 1 Nr. 3 PTNeuOG, BGBl. 1994 I 2325.

[17] *Möstl* in Maunz/Dürig Rn. 18.

[18] BFHE 236, 426 Rn. 14.

[19] So für Tochterunternehmen BVerfG NJW 2016, 1313 (1317 f. Rn. 28–34); BVerwGE 155, 182 Rn. 13; zur Versetzung bei Umstrukturierung auch VGH München BeckRS 2019, 1045; aA *Pechstein* ZBR 2004, 293 (296 ff.).

[20] → Art. 143a Rn. 4.

[21] Zu möglichen, engen Grenzen der Weiterbeschäftigungspflicht *Nokiel* DÖD 2014, 233 (234 f.).

[22] VG Berlin BeckRS 2015, 54053; ähnlich ohne Rückgriff auf Art. 143b BVerwG NZA-RR 2015, 494 (498 f., Rn. 52–56); aA *Wieland* DÖV 2017, 332 (335 f.).

[23] Sa *Badura* DÖV 2006, 753 (758 f.); *Pechstein* ZBR 2004, 293 (301 ff.).

neueren Rechtsprechung keine Fachaufsicht erforderlich, sofern der Bund eine starke Rechtsaufsicht mit entsprechenden Ingerenzrechten erhält, wie sie in § 20 PostPersRG vorgesehen ist.[24]

9 Zudem ist die Rechtsstellung der Beamten zu wahren. Das bezieht sich auf die **beamtenrechtlichen Rechte** und Pflichten, wie die beamtenrechtliche Fürsorgepflicht[25] und das Recht auf einen amtsangemessenen Aufgabenbereich.[26] Damit ist es beispielsweise nicht vereinbar, Beamte einer Personalvermittlungsagentur zuzuweisen.[27] Eine grundsätzliche Verschlechterung gegenüber sonstigen Bundesbeamten ist ausgeschlossen.[28] Zulässig sind nur solche Verschlechterungen, die die Bediensteten nach Art. 33 Abs. 5[29] auch ohne die Privatisierung hinzunehmen hätten.[30] Das schließt Anpassungen des Dienstrechts an die spezielle Situation der übergeleiteten Beamten in den Grenzen des Art. 33 Abs. 5 nicht aus.[31] Unzulässig wäre es im Hinblick auf das Alimentationsprinzip insbesondere, Besoldungsanpassungen an die Tarifabschlüsse der privatwirtschaftlich handelnden Unternehmen zu koppeln.[32] Das schließt Kürzungen bei der jährlichen Sonderzuwendung[33] und dem Urlaubsgeld[34] ebenso wenig aus wie die Gewährung zusätzlicher Leistungen.[35] Die Ungleichbehandlung, die darin gegenüber anderen Bundesbeamten liegt, ist mit Art. 3 Abs. 1 vereinbar, soweit sie durch die Sonderstellung der Nachfolgeunternehmen gerechtfertigt ist.[36]

10 Andererseits bleiben **beamtenrechtliche Pflichten** – wie die disziplinarrechtliche Stellung[37] und das beamtenrechtliche **Streikverbot**[38] – beste-

[24] BVerfG NVwZ 2016, 1313 (1315 f., Rn. 24 f.); dazu *Klein* DÖD 2014, 304 ff.; strenger noch *Uerpmann-Wittzack* in v. Münch/Kunig, 6. Aufl. 2012, Art. 143b Rn. 10.

[25] *Sterzel,* Der Schutz des Privatisierungsbeamten gem. Art. 143b Abs. 3 GG, 2003, 81 f.

[26] BVerfG NVwZ 2016, 1313 (1316 Rn. 27); BVerwGE 126, 182 (183 ff.); BVerwG NVwZ 2006, 1291 (1292); 2009, 187 f.; *Badura* DÖV 2010, 533 (536 f.); *Nokiel* DÖD 2015, 59 (65 f.); *Stehr* NVwZ 2005, 285 ff.; zum Schutz vor der dauerhaften Zuweisung einer höherwertigen Tätigkeit BVerwGE 155, 182 Rn. 15–27.

[27] *Pfohl* ZBR 2006, 300 f.

[28] Ausf. *Wolff* AöR 127 (2002), 72 (80 ff.).

[29] → Art. 33 Rn. 142 ff.

[30] *Ossenbühl/Ritgen,* Beamte in privaten Unternehmen, 1999, 44–46; *Pechstein,* Öffnungsklauseln im Beamtenrecht, 1999, 33; *Sterzel,* Der Schutz des Privatisierungsbeamten gem. Art. 143b Abs. 3 GG, 2003, 47 f.; sa BVerwGE 123, 107 (108 f.) zu Art. 143a Abs. 1 S. 3.

[31] *Ossenbühl/Ritgen,* Beamte in privaten Unternehmen, 1999, 46–48; sa *Möstl* in Maunz/Dürig Rn. 26.

[32] *Pechstein,* Öffnungsklauseln im Beamtenrecht, 1999, 36 ff.; *Wolff* AöR 127 (2002), 72 (91 f.); BVerwGE 132, 299 Rn. 44 f.; zu den Grenzen, die Verhältnisse der Beamten durch Gesamtbetriebsvereinbarungen zu regeln, *Krutisch,* Der Status der Beamten der ehemaligen Deutschen Bundespost unter besonderer Würdigung disziplinarrechtlicher, besoldungsrechtlicher und betriebsverfassungsrechtlicher Regelungen, 1999, 105 ff.; *Pechstein,* Öffnungsklauseln im Beamtenrecht, 1999, 64 ff.; zur Unverbindlichkeit eines Sozialplans OVG Bremen NordÖR 2002, 237.

[33] BVerfGE 130, 52 (71 ff.).

[34] Zu möglichen Grenzen *Sterzel,* Der Schutz des Privatisierungsbeamten gem. Art. 143b Abs. 3 GG, 2003, 60 f.; sowie nun BVerwGE 132, 299 Rn. 35.

[35] S. *Sterzel,* Der Schutz des Privatisierungsbeamten gem. Art. 143b Abs. 3 GG, 2003, 72 f.

[36] BVerfGE 130, 52 (65 ff.); sa *Krutisch,* Der Status der Beamten der ehemaligen Deutschen Bundespost unter besonderer Würdigung disziplinarrechtlicher, besoldungsrechtlicher und betriebsverfassungsrechtlicher Regelungen, 1999, 92 f.

[37] Dazu BVerwGE 103, 375 ff.; *Weiß* ZBR 1996, 225 (228 ff.); ferner *Krutisch,* Der Status der Beamten der ehemaligen Deutschen Bundespost unter besonderer Würdigung disziplinarrechtlicher, besoldungsrechtlicher und betriebsverfassungsrechtlicher Regelungen, 1999, 37 ff.; das schließt es nicht aus, den außerdienstlichen Pflichtenkreis am jeweiligen Aufgabengebiet auszurichten und besonders eng zu fassen, s. *Kutscha* NVwZ 2002, 942 (944).

[38] → Art. 9 Rn. 187–193, → Art. 33 Rn. 137.

hen.[39] Zwar haben die Nachfolgeunternehmen die Möglichkeit, den Beamten im Rahmen von § 11 Postpersonalrechtsgesetz (PostPersRG) zusätzliche Leistungen zu gewähren, die Gegenstand eines Arbeitskampfes sein könnten. Es fehlt aber die notwendige Kampfparität zwischen Unternehmen und Beamten. Der Vorschlag von *Wirth,*[40] die Parität durch ein Recht zur Aussperrung herzustellen, lässt sich mit der durch Abs. 3 S. 1 verbürgten Rechtsstellung der Beamten nicht vereinbaren. Ein Verstoß gegen Art. 3 Abs. 1 oder Art. 9 Abs. 3 kann im Streikverbot schon deshalb nicht gesehen werden, weil diese Bestimmungen keinen höheren Rang haben als Art. 143b Abs. 3 S. 1. Zudem werden die besonderen öffentlich-rechtlichen Bindungen der weiterbeschäftigten Beamten durch die Vorteile des Beamtenstatus kompensiert.[41] Beurlaubte Beamte, die privatrechtlich bei den Nachfolgeunternehmen beschäftigt werden, können ihre Interessen gegenüber dem privatrechtlichen Arbeitgeber grundsätzlich mit dem Streikrecht verfolgen.[42] Zu Einschränkungen kann es kommen, wenn die Streikziele mittelbar die beamtenrechtliche Stellung betreffen.[43]

4. Die Unternehmen üben Dienstherrenbefugnisse aus. Art. 143b 11
Abs. 3 S. 2 sieht vor, dass die Postunternehmen als juristische Personen des Privatrechts mit der Ausübung beamtenrechtlicher Befugnisse betraut werden (sog. **Beleihungsmodell**)[44] und weicht damit von Art. 33 Abs. 5 ab, der diese Befugnisse öffentlich-rechtlich organisierten Stellen vorbehält.[45] Die Vorschrift bezieht sich zunächst auf die bei der Umwandlung gemäß Art. 143b Abs. 1 S. 1 geschaffenen Unternehmen Deutsche Post AG, Deutsche Telekom AG und Postbank AG, ist aber so offen formuliert, dass die Fachgesetzgebung auch weitere Nachfolgeunternehmen wie Tochterunternehmen mit Dienstherrenbefugnissen betrauen kann.[46] Sowohl der Übergangscharakter einer Beschäftigung von Altbeamten aus der Zeit vor 1995 als auch die Ausrichtung der Postunternehmen auf eine privatwirtschaftliche, im Wettbewerb zu erbringende Tätigkeit rechtfertigen nach Ansicht des BVerfG eine weitgehende Übertragung.[47] Allerdings muss die Verantwortung des Bundes zumindest durch eine starke Rechtsaufsicht gewahrt werden (→ Rn. 8).

5. Das Nähere bestimmt ein Bundesgesetz. Art. 143b Abs. 3 S. 3 gibt 12
dem Bund die **ausschließliche Gesetzgebungszuständigkeit** für die

---

[39] *Battis* in Sachs Rn. 10; *Benz* DÖV 1995, 679 (683 f.); *Nokiel* DÖD 2014, 233 (242 f.); *Weiß* ZBR 1996, 225 (241 f.); aA *Sterzel,* Der Schutz des Privatisierungsbeamten gem. Art. 143b Abs. 3 GG, 2003, 54 f.; krit. auch *Kutscha* NVwZ 2002, 942 (944).

[40] *Wirth,* Grundrechtsberechtigung und Grundrechtsverpflichtung öffentlicher und gemischt-wirtschaftlicher Unternehmen am Beispiel der Deutschen Post AG unter Berücksichtigung verfassungsrechtlicher Folgeprobleme der Postreform II, 2000, 130 f.

[41] Zur Möglichkeit, Beamte auf bestreikten Arbeitsplätzen einzusetzen, s. im Anschluss an BVerfGE 88, 103 abl. *Wirth,* Grundrechtsberechtigung und Grundrechtsverpflichtung öffentlicher und gemischt-wirtschaftlicher Unternehmen am Beispiel der Deutschen Post AG unter Berücksichtigung verfassungsrechtlicher Folgeprobleme der Postreform II, 2000, 133–160.

[42] BVerwGE 111, 231 (234); *Möstl* in Maunz/Dürig Rn. 31.

[43] *Weiß* ZBR 1996, 225 (242 f.).

[44] S. die Gesetzesbegründung, BT-Drs. 12/7269, 5 sowie *Steuck* ZBR 1999, 150 f.

[45] BVerfGE 9, 268 (286 f.); BVerwGE 69, 303 (305 f.); dazu *Uerpmann-Wittzack* Jura 1996, 79 ff.

[46] AA *Nokiel* DÖD 2015, 59 (61–63) in zu sehr statisch-historischer Perspektive.

[47] BVerfG NVwZ 2016, 1313 (1314, Rn. 20, 1316, Rn. 25); dazu *Klein* ZBR 2017, 73 ff.; enger noch *Uerpmann-Wittzack* in v. Münch/Kunig, 6. Aufl. 2012, Rn. 10.

Rechtsverhältnisse der bei den privaten Unternehmen beschäftigten Beamten einschließlich der Zuweisung von Dienstherrenbefugnissen an die Unternehmen. Die Vorschrift ergänzt Art. 73 Nr. 8. Hier wie dort handelt es sich um Einspruchsgesetze, dh eine Zustimmung des BRs ist nicht erforderlich. Darüber hinaus stellt Art. 143b Abs. 3 S. 3 die Ausgestaltung der Rechtsverhältnisse unter Gesetzesvorbehalt und erteilt dem Bundesgesetzgeber einen entsprechenden **Regelungsauftrag.** Dem ist der Gesetzgeber durch Erlass des Postpersonalrechtsgesetzes nachgekommen.[48] In den Grenzen des Art. 80 Abs. 1 ist eine Delegation an die Verordnungsgebung möglich.[49]

C. Kritische Würdigung

13 Die Übertragung von Dienstherrenbefugnissen auf die Postunternehmen nach Art. 143b Abs. 3 S. 2 stellt einen erheblichen **Eingriff in beamtenrechtliche Grundsätze** dar und schränkt Art. 33 Abs. 5 ein. Dazu ist der verfassungsändernde Gesetzgeber nach Art. 79 befugt, zumal es sich nur um eine Übergangsregelung handelt.[50]

Literatur

P. Badura, Die Verantwortung des Bundes für die amtsangemessene Beschäftigung der im Bereich der Deutschen Telekom AG tätigen Beamten, DÖV 2010, 533. – ***U. Battis,*** Beleihung anlässlich der Privatisierung der Postunternehmen, FS f. Raisch, 1995, 355. – ***H. Benz,*** Die verfassungsrechtliche Zulässigkeit der Beleihung einer Aktiengesellschaft mit Dienstherrenbefugnissen, 1995. – ***L. Klein,*** Die Ausübung von Dienstherrnbefugnissen durch Nichtbeamte bei den Postnachfolgeunternehmen, DÖD 2016, 304 – ***D. Krutisch,*** Der Status der Beamten der ehemaligen Deutschen Bundespost unter besonderer Würdigung disziplinarrechtlicher, besoldungsrechtlicher und betriebsverfassungsrechtlicher Regelungen, 1999. – ***W. Nokiel,*** Rechtsstellung der Beamtinnen und Beamten in den Nachfolgeunternehmen der ehemaligen Deutschen Bundespost, DÖD 2014, 233. – ***F. Ossenbühl/K. Ritgen,*** Beamte in privaten Unternehmen, 1999. – ***M. Pechstein,*** Öffnungsklauseln im Beamtenrecht, 1999. – ***D. Sterzel,*** Der Schutz des Privatisierungsbeamten gem. Art. 143b Abs. 3 GG, 2003. – ***H. A. Wolff,*** Die Wahrung der Rechtsstellung von Beamten, die bei den privatisierten Unternehmen von Bahn und Post beschäftigt sind, AöR 127 (2002), 72. – Sa die Nachw. zu Art. 87 f.

---

[48] Dazu *Nokiel* DÖD 2014, 233 ff; 2015, 59 ff.
[49] *Nokiel* DÖD 2015, 59 (64 f.).
[50] Krit. *Blanke/Sterzel* AuR 1993, 265 (273 f.); *Kutscha* NVwZ 2002, 942 (943 f.).

Art. 143c [Übergangsregelung für den Wegfall von Finanzierungsanteilen des Bundes]

(1) [1]Den Ländern stehen ab dem 1. Januar 2007 bis zum 31. Dezember 2019 für den durch die Abschaffung der Gemeinschaftsaufgaben Ausbau und Neubau von Hochschulen einschließlich Hochschulkliniken und Bildungsplanung sowie für den durch die Abschaffung der Finanzhilfen zur Verbesserung der Verkehrsverhältnisse der Gemeinden und zur sozialen Wohnraumförderung bedingten Wegfall der Finanzierungsanteile des Bundes jährlich Beträge aus dem Haushalt des Bundes zu. [2]Bis zum 31. Dezember 2013 werden diese Beträge aus dem Durchschnitt der Finanzierungsanteile des Bundes im Referenzzeitraum 2000 bis 2008 ermittelt.

(2) Die Beträge nach Absatz 1 werden auf die Länder bis zum 31. Dezember 2013 wie folgt verteilt:

1. als jährliche Festbeträge, deren Höhe sich nach dem Durchschnittsanteil eines jeden Landes im Zeitraum 2000 bis 2003 errechnet;

2. jeweils zweckgebunden an den Aufgabenbereich der bisherigen Mischfinanzierungen.

(3) [1]Bund und Länder prüfen bis Ende 2013, in welcher Höhe die den Ländern nach Absatz 1 zugewiesenen Finanzierungsmittel zur Aufgabenerfüllung der Länder noch angemessen und erforderlich sind. [2]Ab dem 1. Januar 2014 entfällt die nach Absatz 2 Nr. 2 vorgesehene Zweckbindung der nach Absatz 1 zugewiesenen Finanzierungsmittel; die investive Zweckbindung des Mittelvolumens bleibt bestehen. [3]Die Vereinbarungen aus dem Solidarpakt II bleiben unberührt.

(4) Das Nähere regelt ein Bundesgesetz, das der Zustimmung des Bundesrates bedarf.

A. Allgemeine Bedeutung

Art. 143c enthält eine **finanzielle Übergangs- und Folgeregelung** im Zusammenhang mit der Abschaffung zweier Gemeinschaftsaufgaben von Bund und Ländern (Ausbau und Neubau von Hochschulen einschl. Hochschulkliniken sowie Bildungsplanung gemäß Art. 91a Abs. 1 Nr. 1, 91b S. 1, 1. Alt. a. F., aufgehoben ab 1.9.2006) und mit dem Auslaufen von Finanzhilfen des Bundes für die Länder (zur Verbesserung der Verkehrsverhältnisse der Gemeinden [kommunaler Straßenbau, öffentlicher Personennahverkehr] und zur sozialen Wohnraumförderung, ebenfalls ab 1.1.2007) durch die Föderalismusreform 2006.[1] Letzteres ist die Konsequenz der Anknüpfung der Finanzierungskompetenz des Bundes an seine Gesetzgebungskompetenz in Art. 104b Abs. 1 in seiner am 1.9.2006 in Kraft getretenen Fassung.[2] Das Datum 1.1.2007 ergibt sich aus dem ebenfalls zum 1.9.2006 neu eingefügten Art. 125c, mit welchem Art. 143c in einem engen Zusammenhang steht. Die Regelung sieht einen schonenden, zeitlich abgestuften und großzügig bemessenen Übergang vor, damit ein Wegfall der bisherigen Kofinanzierung durch den Bund die Länder nicht überfordert. Gemäß Art. 143c Abs. 3 ist die Höhe 1

[1] So die Amtliche Begründung BT-Drs. 16/813, 22.

[2] Der im Zusammenhang mit dem ebenfalls geänderten Art. 74 Abs. 1 Nr. 18 zu sehen ist.

der Zahlungen des Bundes zu überprüfen und lockert sich deren Zweckbindung. Das Schlussdatum 31.12.2019 fällt mit dem **Auslaufen des Solidarpaktes II** zusammen; es wurde damit begründet, dass dann ohnehin eine Neuregelung des bundesstaatlichen Finanzausgleichs erforderlich würde.[3] Die gesetzlichen Grundlagen für eine Neuordnung der Bund-Länder-Finanzbeziehungen wurden inzwischen durch das Gesetz zur Neuregelung des bundesstaatlichen Finanzausgleichssystems ab dem Jahr 2020 und zur Änderung haushaltsrechtlicher Vorschriften[4] gelegt.

2 Gemäß seinem Abs. 4 wird Art. 143c konkretisiert durch das Gesetz zur Entflechtung von Gemeinschaftsaufgaben und Finanzhilfen **(EntflechtungsG)**, das als Art. 13 des Föderalismusreform-Begleitgesetzes gleichzeitig erlassen worden ist.[5] Die Normenhierarchie umkehrend, soll Art. 143c einfachgesetzliche Regelungen absichern und verstetigen, die auf einem politischen Kompromiss von Bund und Ländern beruhen. Wegen der engen Verknüpfung von Art. 143c und EntflechtungsG ist im Zweifel von dessen Verfassungskonformität auszugehen.[6]

3 Art. 143c wird ergänzt durch Art. 125c Abs. 2 S. 2, der die Fortgeltung von Programmen des Bundes zur Gemeindeverkehrsfinanzierung und anderer Programme im Rahmen von Art. 104a Abs. 4 in der bis 31.8.2006 geltenden Fassung ermöglicht. Im Verhältnis zu Art. 91b wird Art. 143c als *lex specialis* angesehen.[7]

B. Einzelfragen

I. Der Kompensationsanspruch der Länder

4 Die einzelnen Länder haben gemäß Art. 143c Abs. 1 und 2 einen **verfassungsrechtlichen Zahlungsanspruch** gegen den Bund.[8] Art. 143c Abs. 1 und 2 sind freilich nicht dessen alleinige Grundlage; ohne einfachgesetzliche Konkretisierung wäre der Anspruch zu unbestimmt, jedenfalls für die Zeit ab 2014.[9] Für Streitigkeiten über diesen Anspruch wäre gemäß Art. 93 Abs. 1 Nr. 3 oder Nr. 4 das Bundesverfassungsgericht zuständig. Art. 143c vermeidet das Wort **„Kompensation"**, das die politische Diskussion und die juristischen Kommentierungen beherrscht.[10] Mit diesem im System öffentlicher Geld- und Ersatzleistungen unüblichen Wort wird zum Ausdruck gebracht, dass Art. 143c ein politischer Kompromiss ist, dessen Entstehungsgeschichte sich bis in die Koalitionsvereinbarung von CDU/CSU und SPD vom 18.11.2005 zurückverfolgen lässt. Dieser Kompromiss ist als Ausnahme von Art. 104a Abs. 1 und vom System des föderalen Finanzausgleichs[11] **keiner erweiternden Auslegung zugänglich.**

---

[3] BT-Drs. 16/813, 22.

[4] BGBl. 2017 I 3122.

[5] BGBl. 2006 I 2098 (2102). Zuletzt geändert durch Art. 3 des Gesetzes vom 1.12.2016, BGBl. I 2755.

[6] Bedenken zu einem konkreten Punkt bei *Siekmann* in Sachs Rn. 10.

[7] BT-Drs. 18/2710, 2; *Heun* in Dreier Art. 91b Rn. 14; *Seckelmann* in BerlKommArt. 91b Rn. 19f.

[8] So auch *Heun* in Dreier Rn. 4; *Jarass* in Jarass/Pieroth Rn. 1.

[9] Möglicherweise a. A. *Siekmann* in Sachs Rn. 4, 5.

[10] Vgl. etwa BT-Drs. 16/813, 10, 22, 23.

[11] Zu seiner Systemwidrigkeit auch *Heun* in Dreier Rn. 3.

II. Die Rolle des Bundes

Für den Bund enthält Art. 143c eine **Befugnis** und eine **Verpflichtung.** 5
Abweichend von Art. 104a Abs. 1 ist der Bund befugt, Aufgaben zu finanzieren, für welche die Länder zuständig sind. Dazu ist er aber auch verpflichtet. Eine obligatorische Kofinanzierung durch die Länder ist verfassungsrechtlich nicht mehr vorgesehen, anders als vor der Föderalismusreform aus dem Jahr 2006 bei Gemeinschaftsaufgaben und Finanzhilfen.[12] Da erklärtes Ziel der Föderalismusreform die Stärkung der Eigenverantwortlichkeit der Länder ist, wird man dies schwerlich kritisieren können.[13] Weiterhin gibt Art. 143c dem Bund **keine Aufsichts- oder Informationsrechte.**

Die Höhe der vom Bund insgesamt zu erbringenden Zahlungen stand für 6
die Zeit vom 1.1.2007 bis zum 31.12.2013 fest und unterlag für die Zeit vom 1.1.2014 bis zum 31.12.2019 der Revision gemäß Art. 143c Abs. 3. Für die Zeit bis 2013 war maßgebend Art. 143c Abs. 1 S. 2. Das sog. **Kompensationsvolumen** bemaß sich nach dem Durchschnitt der Finanzierungsanteile des Bundes im Referenzzeitraum 2000 bis 2008. Dabei wurden für die Jahre 2000 bis 2003 die Ist-Ergebnisse zugrunde gelegt, d. h. der tatsächliche Abfluss beim Bundeshaushalt. Für die Jahre 2004 bis 2008 kam es auf die Ansätze im Finanzplan des Bundes an; für die Jahre 2007 und 2008 musste dies so sein, weil es tatsächliche Abflüsse hier nicht mehr gab.[14]

Zu den **einzelnen Positionen,** aus denen sich die Gesamtzahlung des 7
Bundes zusammensetzt, macht die amtliche Begründung folgende Angaben: 695,3 Mio. Euro für den Hochschulbereich (70 % des Kompensationsvolumens), 19,9 Mio. Euro für Bildungsplanung (50 % des Kompensationsvolumens), 518,2 Mio. Euro für soziale Wohnraumförderung, 1.335,5 Mio. Euro für die kommunalen Verkehrsverhältnisse.[15] Die beiden zuerst genannten Beträge werden auf 100 % aufgestockt durch Zahlungen des Bundes für überregionale Fördermaßnahmen im Hochschulbereich bzw. für das künftige Zusammenwirken bei der Evaluation des Hochschulwesens im internationalen Vergleich. Die Addition ergibt 2.569 Mrd. Euro pro Jahr.

III. Verteilung auf die einzelnen Länder

Den Anteil der einzelnen Bundesländer an den Zahlungen des Bundes 8
schreibt Art. 143c Abs. 2 Nr. 1 fest: Der Durchschnittsanteil eines jeden Landes im Zeitraum 2000 bis 2003 wird in den einzelnen Mischfinanzierungsbereichen fortgeschrieben. Das Nähere hierzu regelt § 4 EntflechtungsG. Der Länderproporz durfte, wie ein Umkehrschluss aus Art. 143c Abs. 3 ergibt, auch bei der im Jahr 2013 durch die Änderung des EntflechtungsG durch Art. 4 des Aufbauhilfegesetzes vom 15.7.2013[16] erfolgten Revision nicht verändert werden; revisibel war nur der Gesamtbetrag der Zahlungen des Bundes.[17] Diese **Perpetuierung der Leistungsrelationen** läuft

[12] Wie hier *Hellermann* in MKS Rn. 6, 8; *Schwarz* in Maunz/Dürig Rn. 5. Krit. *Häde* JZ 2006, 935; *H. Meyer,* Gemeinsame öffentliche Anhörung des Rechtsausschusses des Deutschen Bundestages und des Ausschusses für Innere Angelegenheiten des Bundesrates zur Föderalimusreform am 31. Mai 2006, Rechtsausschussprotokoll 18, 2.

[13] Ebenso *Siekmann* in Sachs Rn. 26.

[14] Dazu BT-Drs. 16/813, 22.

[15] BT-Drs. 16/813, 23. Vgl. weiter *Schwarz* in Maunz/Dürig Rn. 8–11.

[16] BGBl. 2013 I 2401.

[17] Ebenso *Jarass* in Jarass/Pieroth Rn. 4; *Siekmann* in Sachs Rn. 19. A. A. *Schwarz* in Starck, Föderalismusreform, 2007, Rn. 416.

einer Betonung von Eigenverantwortlichkeit und Wettbewerb im Verhältnis der Länder zueinander zuwider, erspart andererseits Evaluationsbürokratie und Streit.

IV. Zweckbindung

9 Gemäß Art. 143c Abs. 2 Nr. 1 müssen die einzelnen Länder die Zahlungen des Bundes in den vier Bereichen Ausbau und Neubau von Hochschulen und Hochschulkliniken, Bildungsplanung, Gemeindeverkehrsfinanzierung und soziale Wohnraumförderung einsetzen. Diese Begriffe verstehen sich so wie in Art. 125c und in Art. 91a Abs. 1 Nr. 1 und 91b S. 1 in der bis 31.8.2006 geltenden Fassung.[18] Betrieb und Unterhaltung von Hochschulen und Hochschulkliniken werden hier also nicht erfasst. **§ 2 Abs. 2 S. 3 EntflechtungsG** in der bis zum 31.12.2013 gültigen Fassung nahm, davon abweichend, auf die im Zuge der Föderalismusreform zum 1.9.2006 neu definierte Gemeinschaftsaufgabe in Art. 91b Bezug; wegen des sachlichen Zusammenhangs war das noch hinnehmbar.[19] Gemäß **§ 2 Abs. 2 EntflechtungsG** in der von 2014 bis 2019 gültigen Fassung haben die Länder nach Beendigung der Gemeinschaftsaufgabe „Bildungsplanung" jährlich vom Bund knapp 20 Mio. Euro erhalten.[20] Konkretisierend sah § 5 EntflechtungsG unter anderem Berichtspflichten und Sanktionen bei Fehlverwendung von Mitteln[21] vor.

10 Die Zweckbindung wurde ab dem 1.1.2014 gelockert.[22] Seitdem dürfen die Zahlungen des Bundes für alle investiven Zwecke geleistet werden.[23] § 6 Abs. 2 EntflechtungsG spricht von einem Übergang von einer gruppenspezifischen zu einer **investiven Zweckbindung.**[24] Der Investitionsbegriff hat in Art. 143c keine andere Bedeutung als in Art. 104b Abs. 1 und 2 sowie in Art. 115 Abs. 1 S. 2 (a. F.).

V. Revision

11 Art. 143c Abs. 3 S. 1 beauftragt Bund und Länder, bis Ende 2013 rechtzeitig zu überprüfen, in welcher Höhe die den Ländern nach Abs. 1 zugewiesenen Finanzierungsmittel für die Aufgabenerfüllung der Länder noch angemessen und erforderlich sind. Darin kommt die politische Tendenz zum Ausdruck, dass Bund und Länder sich darum zu bemühen haben, dass die Länder ihre Aufgaben so schnell wie möglich ohne Bundesfinanzierung wahrnehmen. Dies ist aber **keine strikte Rechtspflicht.** Bund und Ländern bleibt ein weiter Spielraum.

---

[18] Ausf. *Siekmann* in Sachs Rn. 7f. Zu diesem Altrecht von *Mager,* Art. 91a Rn. 12–18; *Mager,* Art. 91b Rn. 13–16; *Heintzen,* Art. 104a Rn. 65 (jeweils in Münch/Kunig, 5. Aufl., 2003).

[19] Dazu auch *Heun* in Dreier Rn. 5; *Siekmann* in Sachs Rn. 10.

[20] Zum intertemporalen Recht BT-Drs. 17/14078, 10.

[21] Vgl. auch *Heun* in Dreier Rn. 7; *Kube* in BeckOK GG Rn. 3.

[22] Dies befürwortend *Korioth,* Gemeinsame öffentliche Anhörung des Rechtsausschusses des Deutschen Bundestages und des Ausschusses für innere Angelegenheiten des Bundesrates zur Föderalismusreform am 31. Mai 2006, Rechtsausschussprotokoll 18, 6; *Schwarz* in Starck, Föderalismusreform, 2007, Rn. 420; *Schwarz.* in Maunz/Dürig Rn. 3, 15ff.

[23] Abgrenzung von Zahlungen nach Art. 143c vom Finanzausgleich bei *Siekmann* in Sachs Rn. 27.

[24] Hier auch → Art. 104d Rn. 2.

12 Art. 143c Abs. 3 regelt nicht, wie zu verfahren gewesen wäre, wenn Bund und Länder sich nicht auf eine Revision hätten einigen können, wenn, mit anderen Worten, eine Änderung des in Art. 143c Abs. 4 genannten Gesetzes in Bundestag oder Bundesrat keine Mehrheit gefunden hätte. Einem Wegfall der Zahlungen des Bundes ab 2014 stand die Nennung des Jahres 2019 in Art. 143c Abs. 1 S. 1 entgegen; auch eine Degression ist nicht, wie in Art. 104b Abs. 2 S. 3, vorgeschrieben. Einer unveränderten Fortsetzung der Zahlungen des Bundes stand die *ratio legis*[25] so klar entgegen, dass von einer verfassungsrechtlichen **Verhandlungs- und Einigungspflicht** von Bund und Ländern auszugehen war. Die Wörter „angemessen" und „erforderlich" ließen den nicht zu unterschätzenden Beharrungskräften dabei viel Raum.[26] Die Revision erfolgte schließlich mit der Änderung des EntflechtungsG durch Art. 4 des Aufbauhilfegesetzes vom 15.7.2013.[27] Diese sieht ein Festhalten an den Festbeträgen des Abs. 1 und damit weiterhin jährliche Gesamtzahlungsbeträge an die Länder in Höhe von 2.569 Mrd. Euro vor.[28]

VI. Solidarpakt II

13 Vereinbarungen aus dem Solidarpakt II bleiben gemäß Art. 143c Abs. 3 S. 3 unberührt, werden durch diese Vorschrift aber nicht auf die Ebene des Verfassungsrechts gehoben.[29] Deren Änderung wird nicht unter die Kautelen des Art. 79 Abs. 2 gestellt. Die Vorschrift behandelt einen Teilaspekt der Frage, wie Art. 143c sich zu den anderen Regeln über die Finanzbeziehungen von Bund und Ländern verhält; sie macht deren Systematik noch komplizierter.[30] Mit **Solidarpakt II** ist eine Vereinbarung zwischen Bundesregierung und Ministerpräsidenten der Bundesländer zur umfangreichen Förderung der ostdeutschen Bundesländer einschließlich Berlins gemeint,[31] die politische Grundlage für das Gesetz zur Fortführung des Solidarpaktes, zur Neuordnung des bundesstaatlichen Finanzausgleichs und zur Abwicklung des Fonds „Deutsche Einheit" (SFG) ist.[32] Art. 143c Abs. 3 S. 3 will die überproportionalen Leistungen des Bundes an die Länder des Beitrittsgebiets schützen; diese sollen bei der Prüfung von Angemessenheit und Erforderlichkeit im Sinne von Abs. 3 S. 1 nicht berücksichtigt werden; umgekehrt sollen Zahlungen nach Art. 143c bei der Bemessung von Solidarpaktmitteln nicht berücksichtigt werden.

14 Besondere Erwähnung gebührt den **Seehäfen,** die, als Folge der Kritk an ihrer besonderen Berücksichtigung im Rahmen des allgemeinen Finanzausgleichs[33], aus diesem herausgelöst und im durch Art. 9 SFG eingeführten

[25] Vgl. etwa BT-Drs. 16/813, 7 f., 23.

[26] Ebenso *Heun* in Dreier Rn. 8.

[27] → Rn. 9.

[28] Vgl. BT-Drs. 17/14078, 1–3.

[29] Wie hier *Jarass* in Jarass/Pieroth Rn. 5; a. A. *Siekmann* in Sachs Rn. 22.

[30] Ebenfalls kritisch insoweit *Kienemund* in Hömig/Wolff Rn. 3. Zu der Forderung, die Aufgabenentflechtung mit einer Rückkehr zur Regelfinanzierung von Länderaufgaben nach den Art. 106 und 107 einher gehen zu lassen, vgl. *Engels,* Stellungnahme in der öffentlichen Anhörung des Rechtsausschusses des Deutschen Bundestages und des Ausschusses für innere Angelegenheiten des Bundesrates zur Föderalismusreform am 31. Mai 2006, 3.

[31] Der wesentliche Inhalt ist Gegenstand einer gleichlautenden Entschließung von Bundestag und Bundesrat; vgl. BR-Drs. 485/01 (Beschluss), Ziffer II.

[32] Solidarpaktfortführungsgesetz v. 20.12.2001 (BGBl. I 3955).

[33] Vgl. BVerfGE 72, 330 (413 f.); 86, 148 (236 ff.); 101, 158 (229 f.).

Gesetz über Finanzhilfen des Bundes nach Art. 104a Abs. 4 des GG an die Länder Bremen, Hamburg, Mecklenburg-Vorpommern, Niedersachsen sowie Schleswig-Holstein für Seehäfen[34] eine besondere Regelung erfahren haben. Diese Regelung bleibt bestehen,[35] obwohl von den fünf begünstigten Bundesländern nur Mecklenburg-Vorpommern zum Beitrittsgebiet gehört, nicht aber Bremen, Hamburg, Niedersachsen oder Schleswig-Holstein.

C. Kritische Würdigung

15 Art. 143c mag man vorwerfen, dass er auf **Verfassungsniveau** hebe, was kein Verfassungsniveau habe. Dem kann man entgegenhalten, dass ein Finanzvolumen von zuletzt 2.569 Mrd. Euro nicht von heute auf morgen verschoben werden könne.[36] Darauf wäre möglicherweise zu replizieren, dass die nun in Art. 143c geregelten Beträge früher auf einfachgesetzlicher Grundlage geflossen sind. Ihre vorübergehende Fortgewährung setzt zumindest eine Ausnahme von Art. 104a Abs. 1 voraus. **Föderale Politikentflechtung ist ein mühsames Geschäft.** Die Entflechtung von Mischfinanzierungen, die Zusammenführung von Aufgaben, Kompetenzen und Verantwortung sowie die getrennte Wahrnehmung von Aufgaben zu fordern,[37] ist leicht und wohlfeil, dies durchzusetzen dagegen nicht. Diese Forderungen werden insbesondere von den Ländern zur Stärkung ihrer Autonomie im Grundsatz begrüßt. Bei ihrer praktischen Umsetzung nutzen aber gerade die Länder ihre Blockadeposition zur Besitzstandswahrung, die sich durch Bürokratie gut verschleiern lässt. Die Übergangsregelung des Art. 143c ist, aus Sicht der Länder betrachtet, von einer Großzügigkeit, die etwa im Verhältnis von Fiskus und privaten Steuerpflichtigen undenkbar wäre.[38] Ab dem 1.1.2020 ist Art. 143c **obsolet.**[39] Die mit ihm bezweckte Entflechtung von Bund und Ländern wird durch die inzwischen in Kraft getretenen Art. 91c, 91d, 91e, 104c, 104d und 107 Abs. 2 S. 6 teilweise wieder zurückgenommen.

---

[34] BGBl. I 2001, 3955 (3962).

[35] Die Wörter „bis zum Jahr 2019" in § 1 Abs. 1 sind durch Art. 3 des Gesetzes zur Neuregelung des bundesstaatlichen Finanzausgleichssystems ab dem Jahr 2020 und zur Änderung haushaltsrechtlicher Vorschriften vom 14.8.2017 (BGBl. I 3122) gestrichen worden.

[36] *Butzer* in Kluth, Föderalismusreformgesetz, 2007, Art. 104b Rn. 31, weist zutreffend darauf hin, dass zwischen dem Inkrafttreten der Föderalismusreform und dem darin vorgesehenen Auslaufen der Bundesfinanzierung nur vier Monate gelegen haben.

[37] Vgl. etwa den Sachverständigenrat zur Begutachtung der gesamtwirtschaftlichen Entwicklung, Jahresgutachten 2004/05, Tz. 31; zu grundsätzlichen konzeptionellen Ungereimtheiten solcher Forderungen *Korioth,* Gemeinsame öffentliche Anhörung des Rechtsausschusses des Deutschen Bundestages und des Ausschusses für innere Angelegenheiten des Bundesrates zur Föderalismusreform am 31. Mai 2006, Rechtsausschussprotokoll 18, S. 1–3.

[38] Kritik an dieser exekutivföderalistischen Großzügigkeit unter dem Gesichtspunkt parlamentarischer Budgethoheit bei *Kienemund* in Hömig/Wolff Rn. 2. *Starck* lässt die Langfristigkeit der Übergangsregelung an der Ernsthaftigkeit der Reform zweifeln; *Starck* in ders., Föderalismusreform, 2007, Rn. 12. In der Tendenz anders *P. M. Huber,* Gutachten D zum 65. Deutschen Juristentag, 2004, 88. Zur Erhöhung der Entflechtungsmittel ab 2015 und ihrer Fortschreibung bei der Umsatzsteuerverteilung *Henneke* in SHH Rn. 3, 17–19.

[39] Wer ihn ausdrücklich streichen möchte, sollte bedenken, dass in einem solchen Verfahren zur Änderung des Grundgesetzes sehr wahrscheinlich auch die Streichung der Schuldenbremse gefordert würde, die verstärkt durch die Corona-Pandemie unter politischem Druck steht.

Literatur

Es gibt wenig Literatur speziell zu Art. 143c GG; Einschlägiges ergibt sich aus den Publikationen zur Föderalismusreform I insgesamt. ***H.-G. Henneke,*** An drei Stellschrauben wurde bei den vertikalen Finanzbeziehungen vom Bund zugunsten von Ländern und Kommunen seit 2015 kräftig gedreht, Der Landkreis 2016, 366. – ***T. Hilpert,*** Verfassungsrechtliche Vorgaben für die Zahlungen nach dem EntflechtungsG ab 2014, IR 2011, 202. – ***S. Korioth,*** Gemeinsame öffentliche Anhörung des Rechtsausschusses des Deutschen Bundestages und des Ausschusses für innere Angelegenheiten des Bundesrates zur Föderalismusreform am 31. Mai 2006, Rechtsausschussprotokoll 18. – ***H. Meyer,*** Gemeinsame öffentliche Anhörung des Rechtsausschusses des Deutschen Bundestages und des Ausschusses für Innere Angelegenheiten des Bundesrates zur Föderalimusreform am 31. Mai 2006, Rechtsausschussprotokoll 18. – ***K.-A. Schwarz,*** Finanzielle Übergangs- und Folgeregelungen – Art. 143c, in Starck, Föderalismusreform, 2007, 186.

Art. 143d [Übergangsvorschriften zu den Artikeln 109 und 115]

(1) [1]Artikel 109 und 115 in der bis zum 31. Juli 2009 geltenden Fassung sind letztmals auf das Haushaltsjahr 2010 anzuwenden. [2]Artikel 109 und 115 in der ab dem 1. August 2009 geltenden Fassung sind erstmals für das Haushaltsjahr 2011 anzuwenden; am 31. Dezember 2010 bestehende Kreditermächtigungen für bereits eingerichtete Sondervermögen bleiben unberührt. [3]Die Länder dürfen im Zeitraum vom 1. Januar 2011 bis zum 31. Dezember 2019 nach Maßgabe der geltenden landesrechtlichen Regelungen von den Vorgaben des Artikels 109 Absatz 3 abweichen. [4]Die Haushalte der Länder sind so aufzustellen, dass im Haushaltsjahr 2020 die Vorgabe aus Artikel 109 Absatz 3 Satz 5 erfüllt wird. [5]Der Bund kann im Zeitraum vom 1. Januar 2011 bis zum 31. Dezember 2015 von der Vorgabe des Artikels 115 Absatz 2 Satz 2 abweichen. [6]Mit dem Abbau des bestehenden Defizits soll im Haushaltsjahr 2011 begonnen werden. [7]Die jährlichen Haushalte sind so aufzustellen, dass im Haushaltsjahr 2016 die Vorgabe aus Artikel 115 Absatz 2 Satz 2 erfüllt wird; das Nähere regelt ein Bundesgesetz.

(2) [1]Als Hilfe zur Einhaltung der Vorgaben des Artikels 109 Absatz 3 ab dem 1. Januar 2020 können den Ländern Berlin, Bremen, Saarland, Sachsen-Anhalt und Schleswig-Holstein für den Zeitraum 2011 bis 2019 Konsolidierungshilfen aus dem Haushalt des Bundes in Höhe von insgesamt 800 Millionen Euro jährlich gewährt werden. [2]Davon entfallen auf Bremen 300 Millionen Euro, auf das Saarland 260 Millionen Euro und auf Berlin, Sachsen-Anhalt und Schleswig-Holstein jeweils 80 Millionen Euro. [3]Die Hilfen werden auf der Grundlage einer Verwaltungsvereinbarung nach Maßgabe eines Bundesgesetzes mit Zustimmung des Bundesrates geleistet. [4]Die Gewährung der Hilfen setzt einen vollständigen Abbau der Finanzierungsdefizite bis zum Jahresende 2020 voraus. [5]Das Nähere, insbesondere die jährlichen Abbauschritte der Finanzierungsdefizite, die Überwachung des Abbaus der Finanzierungsdefizite durch den Stabilitätsrat sowie die Konsequenzen im Falle der Nichteinhaltung der Abbauschritte, wird durch Bundesgesetz mit Zustimmung des Bundesrates und durch Verwaltungsvereinbarung geregelt. [6]Die gleichzeitige Gewährung der Konsolidierungshilfen und Sanierungshilfen auf Grund einer extremen Haushaltsnotlage ist ausgeschlossen.

(3) [1]Die sich aus der Gewährung der Konsolidierungshilfen ergebende Finanzierungslast wird hälftig von Bund und Ländern, von letzteren aus ihrem Umsatzsteueranteil, getragen. [2]Das Nähere wird durch Bundesgesetz mit Zustimmung des Bundesrates geregelt.

(4) [1]Als Hilfe zur künftig eigenständigen Einhaltung der Vorgaben des Artikels 109 Absatz 3 können den Ländern Bremen und Saarland ab dem 1. Januar 2020 Sanierungshilfen in Höhe von jährlich insgesamt 800 Millionen Euro aus dem Haushalt des Bundes gewährt werden. [2]Die Länder ergreifen hierzu Maßnahmen zum Abbau der übermäßigen Verschuldung sowie zur Stärkung der Wirtschafts- und Finanzkraft. [3]Das Nähere regelt ein Bundesgesetz, das der Zustimmung des Bundesrates bedarf. [4]Die gleichzeitige Gewährung der Sanierungshilfen und Sanierungshilfen auf Grund einer extremen Haushaltsnotlage ist ausgeschlossen.

Übersicht

A. Allgemeine Bedeutung

1 Art. 143d ist als Teil der Föderalismusreform II im Juli 2009 in das GG eingefügt worden[1] und enthält auch politisch sehr wichtige Vorschriften zu Zeitpunkt (dies in Abs. 1) und Voraussetzungen (dies in den Absätzen 2 und 3) von deren Inkrafttreten. Art. 143d trägt der Tatsache Rechnung, dass es finanzpolitisch unmöglich ist, das Gebot materiell ausgeglichener Haushalte, das bis 2009 nicht gegolten hat, sofort und vollständig einzufordern.[2] Die Vorschrift erlaubt in Abs. 2 **Abweichungen,** dem Bund bis einschließlich 2015, den Ländern bis einschließlich 2019, und weist sie zugleich an, in dieser Übergangszeit die **Voraussetzungen für eine uneingeschränkte** Geltung des Gebots materiell ausgeglichener Haushalte ab 2016 bzw. 2020 zu schaffen. In den Absätzen 2 und 3 wird davon ausgegangen, dass einige Bundesländer die Unterstützung von Bund und Ländergesamtheit benötigen, um die anstehenden Konsolidierungsleistungen erbringen zu können.

2 Im Jahr 2017 ist Art. 143d um einen neuen Abs. 4 ergänzt worden.[3] Dieser gestattet es dem Bund, auch nach dem Auslaufen der Hilfen nach Abs. 2 und im Widerspruch zu dessen S. 3, den Ländern **Bremen und Saarland** eine finanzielle Unterstützung in Höhe von jährlich insgesamt 800 Millionen Euro zukommen zu lassen. Diese Sanierungshilfen ersetzen für die beiden Länder somit die bisherigen Konsolidierungshilfen, die bis Ende 2019 befristet sind. Für Berlin, Sachsen-Anhalt und Schleswig-Holstein sind dagegen ab 2020 keine finanziellen Hilfen mehr möglich.

B. Einzelfragen

3 **Fünf Zeitpunkte** gilt es zu unterscheiden:

- Am 30. Juli 2009 sind die Art. 143d sowie 109a in Kraft getreten.[4] Übergangshilfen gemäß Art. 143d Abs. 2 und 3 gibt es freilich erst ab dem 1. Januar 2011.
- Am 1. Januar 2011 treten Art. 109 und Art. 115 alte Fassung außer Kraft und Art. 109 und Art. 115 neue Fassung in Kraft. Für Art. 109 Abs. 3 und Art. 115 Abs. 2 gilt das aber nur nach Maßgabe des Übergangsregimes in

[1] BGBl. 2009 I, 2248.
[2] So ausdrücklich BT-Drs. 16/12410, 7.
[3] BGBl. 2017 I, 2347.
[4] Zu Fragen des intertemporalen Rechts bei Art. 109a → Art. 109a Rn. 1.

Art. 143d. Weiterhin bleiben am 31. Dezember 2010 bestehende Kreditermächtigungen für bereits eingerichtete Sondervermögen unberührt.
- Am 1. Januar 2016 entfällt dieses Übergangsregime für den Bund.
- Am 1. Januar 2020 passiert Gleiches für die Länder. Weiterhin laufen die Konsolidierungshilfen nach Abs. 2 aus, wobei das deswegen geschaffene Kontrollsystem bis zum 31. Dezember 2020 fortbesteht (Abs. 2 Sätze 4 und 5).
- Am 1. Januar 2020 erhält der Bund die Möglichkeit, den Ländern Bremen und Saarland Sanierungshilfen zu kommen zu lassen.

4 Für 2010 blieb es im Wesentlichen beim alten Recht. Die Finanzplanung insoweit war im Zeitpunkt des Inkrafttretens der Föderalismusreform II abgeschlossen. Die Ausrichtung der Zeitabschnitte am Jahreswechsel entspricht dem haushaltsrechtlichen Annuitätsprinzip. Das Datum 2020 passt zum Auslaufen des Solidarpaktes II. Der Zeitplan erscheint insgesamt durchdacht und hebt sich von steuerrechtlicher Rückwirkungsgesetzgebung positiv ab. Die Gewährung von Sanierungshilfen für die Länder Bremen und Saarland ab dem 1. Januar 2020 ist auf deren bisher mangelnden Erfolg bei der Sanierung ihrer Haushalte zurückzuführen.

I. Die Übergangsrechtslage für den Bund

5 Der Bundeshaushalt 2011 war der erste, auf den die neuen Regeln grundsätzlich Anwendung fanden. Wegen des Vorherigkeitsprinzips waren die Regeln schon 2010 bei der Aufstellung dieses Haushalts zu beachten. Zwei Punkte sind besonders hervorzuheben: Der Bund trat in eine **Konsolidierungsphase** ein, in der er zwar noch von der Vorgabe des Art. 115 Abs. 2 S. 2 abweichen konnte, er aber gemäß Art. 143d Abs. 1 Sätze 6 und 7 verpflichtet war, die Neuverschuldung schrittweise abzubauen; in der Konsolidierungsphase galten weiterhin für den Bund, nicht für die Länder, schon die Anforderungen an eine konjunktur- oder notlagenbedingte Neuverschuldung (Art. 115 Abs. 2 Sätze 3 bis 8).[5] Sodann werden Defizite von **Sondervermögen** seit 2011 in die für den Bund geltenden Kreditobergrenzen eingerechnet.

6 **1. Der Konsolidierungspfad.** Obwohl der Bund Hauptschuldner ist, erwähnt Art. 143d Abs. 1 Sätze 5 bis 7 ihn erst nach den Ländern. Gemäß Art. 143d Abs. 1 S. 6 sollte mit dem Abbau des bestehenden Defizits im Haushaltsjahr 2011 begonnen werden. Mit **bestehendem Defizit** ist nicht der Schuldensockel gemeint; gemeint ist auch nicht die zuletzt erreichte Nettoneuverschuldung des Bundes (einschließlich Sondervermögen), denn diese hat nicht nur strukturelle, sondern auch konjunkturelle Ursachen. Gemeint ist das strukturelle Defizit. Dem verfassungsändernden Gesetzgeber war im Juli 2009 bekannt, dass die **Neuverschuldung des Bundes 2010** ein in der Geschichte der Bundesrepublik Deutschland bis dahin noch nie dagewesenes Ausmaß erreichen würde (das mit den Vorgaben von Art. 115 Abs. 1 S. 2 aF infolge des Vorliegens einer Störung des gesamtwirtschaftlichen Gleichgewichts (Finanzmarktkrise) aber vereinbar war).

7 **„Sollen"** bedeutet grundsätzlich müssen. Dafür sprechen alle Methoden der Verfassungsinterpretation, insbesondere der Zusammenhang mit dem imperativisch formulierten S. 6. Die Relativierung des Müssens zum Sollen

[5] Zu Letzterem *Kube* in Maunz/Dürig Rn. 18.

erklärt sich mit den Unwägbarkeiten der Finanzmarktkrise; nur diese[6] hätte Abweichungen rechtfertigen können. Dieses Müssen bezog sich nicht nur auf das ausdrücklich genannte Haushaltsjahr 2011, sondern auch auf die Haushaltsjahre 2012, 2013, 2014 und 2015.[7]

Der Inhalt der Pflicht ergibt sich aus dem Ziel, spätestens 2016 einen materiell ausgeglichenen Haushalt vorzulegen (wobei eine konjunkturelle oder eine Notlagenverschuldung außer Betracht zu lassen sind, weil sie nicht prognostizierbar sind). Tatsächlich kam bereits der Bundeshaushalt für das Haushaltsjahr 2015 ohne neue Kreditaufnahme aus.[8] Bei der Frage, wie der Konsolidierungsbedarf, der sich bei einem **Vergleich des Ist-Zustandes 2010 mit dem Soll-Zustand 2016** ergibt, auf die dazwischen liegenden Jahre zu verteilen ist, hatte der Haushaltsgesetzgeber des Bundes ein Ermessen, das dadurch eingeschränkt wurde, dass die einzelnen Schritte sich in ihrer Abfolge als „Abbau" darstellen mussten; damit wäre es nicht zu vereinbaren gewesen, dass die Neuverschuldung in einzelnen Jahren wieder über dem Niveau des Vorjahres gelegen hätte.[9] Das gemäß Art. 143d Abs. 1 S. 7, 2. Hs. erlassene Bundesgesetz, das Gesetz zu Art. 115, sieht in § 9 Abs. 2 eine auf die Jahre bis 2016 verteilte Rückführung in gleichmäßigen Schritten vor. Das ist von Verfassungs wegen nicht zu beanstanden. 8

2. Sondervermögen. Seit dem 1. Januar 2011 gibt es kein Sonderregime für Kreditermächtigungen für **rechtlich unselbständige Sondervermögen** mehr, weder im Bund (vgl. Art. 115 Abs. 2 a. F.) noch in den Bundesländern. Wohl aber bleiben am 31. Dezember 2010 bestehende Kreditermächtigungen für bereits eingerichtete Sondervermögen unberührt. Dies ließ dem Bund die Möglichkeit, bis zum 31. Dezember 2010 Sondervermögen einzurichten und, frei von Schuldenbremsung, mit Kreditermächtigungen auszustatten, die nach den allgemeinen Regeln in die Zukunft reichen.[10] Die Einrichtung eines **Finanzmarktstabilisierungsfonds** im Jahr 2008 zeigt, dass diese Frage von erheblicher Bedeutung war. Nach dem 1. Januar 2011 sind Defizite in einem rechtlich unselbstständigen Sondervermögen dem Haushalt der Trägerkörperschaft zuzurechnen und auf die Kreditobergrenze anzurechnen.[11] Dies gilt für den Bund und für die Länder in gleicher Weise, so dass auf diese Sondervermögen im nächsten Gliederungspunkt nicht mehr einzugehen ist. 9

II. Die Übergangsrechtslage für die Länder

Die Übergangsregeln für die Länder **unterscheiden** sich von denen für den Bund in verschiedener Hinsicht: 10

- Der **Übergangszeitraum** ist länger; er dauerte bis einschließlich 2019.
- Den Ländern sind nicht nur **Abweichungen** von Art. 109 Abs. 3 S. 1, sondern auch Abweichungen von Art. 109 Abs. 3 Sätze 2, 3 und 5 erlaubt.

---

[6] Weitergehend *Reimer* in BeckOK GG Rn. 13.

[7] A. A. *Reimer* in BeckOK GG Rn. 15, der für diese Jahre eine Rechtspflicht mit lediglich adhortativem Charakter und ohne konkrete Rechtsfolgen annimmt.

[8] Vgl. Zweites Nachtragshaushaltsgesetz 2015 vom 20.11.2015, BGBl. 2015 I, 2056.

[9] AA. *Heun/Thiele* in Dreier Rn. 15; *Reimer* in BeckOK GG Rn. 15.

[10] So auch *Heun/Thiele* in Dreier Rn. 8 f.; *Kube* in Maunz/Dürig Rn. 9; *Seiler* JZ 2009, 721 (727); *Siekmann* in Sachs Rn. 5; *Reimer* in BeckOK GG Rn. 5. Zur Kritik hieran vgl. *Korioth* JZ 2009, 729 (733); *Tappe* DÖV 2009, 881 (888 f.).

[11] *Siekmann* in Sachs Rn. 6.

– Eine Art. 143d Abs. 1 S. 6 entsprechende **Abbauverpflichtung** gibt es für die Länder nicht.[12] Wohl aber sehen Art. 143d Abs. 2 Sätze 4 und 5 einen Konsolidierungspfad für Länder vor, die Konsolidierungshilfen in Anspruch nehmen. Art. 143d Abs. 1 demgegenüber ließe in der Zeit zwischen 2011 und 2019 sogar einen Anstieg der Nettoneuverschuldung zu.[13] Eine analoge Anwendung der für den Bund geltenden Regelung auf alle Bundesländer kommt vor diesem Hintergrund nicht in Betracht

11 Diese Unterschiede lassen sich teils mit der **geringeren haushaltspolitischen Flexibilität** der Länder, teils mit ihrer grundsätzlichen **Budgetautonomie** rechtfertigen.[14] Die Bindung der Länder an die Vorgaben des Art. 109 Abs. 2 und des Europarechts bleibt von all dem unberührt.[15]

12 Eine dem gegenüberzustellende Liste der Verpflichtungen, die den Bundesländern gemäß Art. 109 Abs. 3 und Art. 143d Abs. 1 bis zum 31. Dezember 2019 obliegen, umfasst folgende drei Punkte:

13 Die Länder sind verpflichtet, sich finanzpolitisch darauf vorzubereiten, ab 2020 ohne strukturelle Neuverschuldung auszukommen. Dies ist eine Rechtspflicht, auch wenn sich aus ihr keine konkreten, gegen einzelne Länder notfalls vor dem BVerfG einklagbaren Handlungsanweisungen ergeben.[16] Letzteres kann man bedauern, aber auch im Sinne föderaler Eigenverantwortlichkeit begrüßen. Das BVerfG spricht von einer **„Vorwirkung"**, der etwa bei der Anpassung der Beamtenbezüge Rechnung zu tragen sei.[17] Bis auf die Länder Bremen und Saarland haben alle Länder diese Frist eingehalten. Ein drohender Verfassungsverstoß durch diese beiden Länder wurde nunmehr durch den neuen Abs. 4 verhindert.[18]

14 Die Länder sind weiter zu einer europa- und grundgesetzkonformen Aus-, d. h. in der Regel **Neugestaltung ihres Haushaltsrechts** verpflichtet. Zwar steht diese sich aus Art. 109 Abs. 3 S. 5 ergebende Pflicht gemäß Art. 143d Abs. 1 S. 4 ebenfalls bis zum 31.12.2019 unter dem Vorbehalt der Abweichung. Dieser Vorbehalt muss ermessensfehlerfrei („dürfen") ausgeübt werden. Bis auf Berlin, Brandenburg und das Saarland hatten Anfang 2019 alle Länder diese Pflicht erfüllt, wobei zum Teil vorgesehen ist, dass das neue Recht erst am 1.1.2020 in Kraft tritt.

15 Indem Art. 143d Abs. 1 S. 4 auf das „geltende" Landesrecht Bezug nimmt, begründet er für dieses Landesrecht ein **Verschlechterungsverbot.** Änderungen dieses Rechts dürfen Abweichungen von Art. 109 Abs. 3 nicht weiter vergrößern.[19]

III. Konsolidierungs- bzw. Sanierungshilfen für einzelne Bundesländer

16 Art. 143d Abs. 2, die Ermächtigung zu Konsoldierungshilfen für die Bundesländer Berlin, Bremen, Saarland, Sachsen-Anhalt und Schleswig-Hol-

[12] Ausdrücklich BT-Drs. 16/12410, 13.

[13] Ebenso *Henneke* in SHH Rn. 18; *Kube* in Maunz/Dürig Rn. 14; *Reimer* in BeckOK GG Rn. 9.

[14] Kritischer *Kube* in Maunz/Dürig Rn 13 mwN.

[15] Ebenso *Kube* in Maunz/Dürig Rn. 10.

[16] AA.wohl *G. Kirchhof* in MKS Rn. 10.

[17] BVerfGE 145, 304 (326).

[18] *Siekmann* in Sachs Rn. 31.

[19] *Reimer* in BeckOK GG Rn. 11; *Kube* in Maunz/Dürig Rn. 15.

stein,[20] ist der politische Preis, der für die Föderalismusreform II zu zahlen war. Den Grundsatz der föderalen Gleichheit und die Regeln des Finanzausgleichsrechts durchbrechend[21] und darum **strikt auf den Wortlaut begrenzt zu interpretieren,**[22] werden hier, und in dem konkretisierenden KonsolidierungshilfenG,[23] auf eigenenWunsch[24] fünf Bundesländer als Problemfälle verfassungsnamentlich identifiziert; drei alte Bundesländer, die zusammen 70 % des Gesamtbetrages bekommen sollen, ein zu etwa einem Drittel neues Bundesland und nur ein neues Bundesland.[25] Aus der Sicht föderaler Theorie ist die Verfassungsnorm Art. 143d Abs. 2, neben Art. 106a, 106b und 143c, kein Ruhmesblatt; es handelt sich um einen **Nebenfinanzausgleich.**[26] In dem Zeitraum 2011 bis 2019 geht es um **maximal 7,2 Mrd. Euro.** Dies ist ein Nominalbetrag, der ohne einen Inflationsausgleich gewährt wird.[27] Die Anteile der Empfängerländer und die Zeitperioden liegen fest und können nicht variiert, die in Art. 143d Abs. 2 Sätze 1 und 2 genannten Beträge dürfen nicht überschritten werden.

Art. 143d Abs. 2 ist im mehrstufigen System der Verteilung des Finanzaufkommens ein **Novum.** Art. 107 sieht keine gemeinsamen Leistungen des Bundes und der Ländergesamtheit an einzelne Länder und auch keine Konsolidierungspfade vor; Art. 143d Abs. 3 S. 1 weicht hinsichtlich der horizontalen Umsatzsteueraufteilung von Art. 107 Abs. 1 S. 4 ab.[28] Weiter werden Überschneidungen von Bundesergänzungszuweisungen zum Zwecke der Sanierung eines Not leidenden Landeshaushalts[29] und Konsolidierungshilfen durch Art. 143d Abs. 2 S. 6, ebenso § 1 Abs. 4 KonsHilfG, ausgeschlossen. Bremen und das Saarland, die beide Verfahren vor dem BVerfG anhängig gemacht hatten, haben deshalb auch ihre Anträge zurückgenommen. 17

Auf Konsolidierungshilfe besteht **kein Anspruch.** Mit dem Wort „kann" sollen in erster Linie Zahlungsansprüche der genannten Bundesländer ausgeschlossen werden.[30] Das KonsHilfG wiederholt dieses Ermessen; überdies kann das Gesetz – mit Zustimmung des Bundesrates – grundsätzlich nachträglich geändert werden. Eine Verpflichtung des Bundes ergibt sich erst aus mit einzelnen Bundesländern geschlossenen Verwaltungsvereinbarungen. Diese **Verwaltungsvereinbarungen** sind das zentrale rechtliche Steuerungsinstrument.[31] Für die genannten Bundesländer gibt es keinen Kontrahierungszwang; der Bund darf einen Vertragsschluss nur aus Gründen ablehnen, die sich aus Art. 143d Abs. 2 herleiten lassen. Zuständigkeit und Verfahren 18

---

[20] Gründe für die Benennung gerade dieser Bundesländer in BT-Drs. 16/12410, 14. Die Bremen und dem Saarland zugedachten Beträge liegen etwas unterhalb dessen, was diese Länder bei günstiger Betrachtung als Bundesergänzungszuweisung zu Haushaltsnotlagen erhalten könnten.

[21] Zum Finanzausgleichsrecht → Art. 107 Rn. 2.

[22] Ähnlich wohl *Reimer* in BeckOK GG Rn. 20.

[23] Art. 3 des Begleitgesetzes zur zweiten Föderalismusreform vom 10.8.2009 (BGBl. 2009 I, 2702, 2705). Zu weiteren Einzelheiten des Gesetzes und ihrer verfassungsrechtlichen Bewertung *Kube* in Maunz/Dürig Rn. 47–56.

[24] Mecklenburg-Vorpommern hat diesem politischen Kompromiss nicht zugestimmt; vgl. *Lenz/Burgbacher* NJW 2009, 2565.

[25] Zu dieser Aufteilung BT-Drs. 16/12410, 14.

[26] Kritisch *Selmer* NVwZ 2009, 1259.

[27] *Kube* in Maunz/Dürig Rn. 24.

[28] Vgl. *Kube* in Maunz/Dürig Rn. 25.

[29] Dazu → Art. 107 Rn. 39 ff.

[30] Gegen Zahlungsansprüche auch *Kube* in Maunz/Dürig Rn. 28; *Reimer* in BeckOK GG Rn. 18.

[31] Vgl. BT-Drs. 16/12400, 21 f.

für den Vertragsschluss richten sich nach allgemeinen Regeln für Verwaltungsvereinbarungen. Das Zustimmungserfordernis in Art. 143d Abs. 2 S. 3 bezieht sich nicht auf die Verwaltungsvereinbarung, sondern auf das Bundesgesetz.

19 Gemäß Art. 143d Abs. 2 S. 4 setzt die Gewährung der Hilfen **einen vollständigen Abbau der Finanzierungsdefizite** voraus. Im Unterschied zu anderen Bundesländern müssen Bundesländer, die Konsolidierungshilfen in Anspruch nehmen, sich auf einen konkreten Konsolidierungspfad verpflichten lassen. Mit Finanzierungsdefizit ist, wie in Art. 143d Abs. 1 S. 6 mit dem bestehenden Defizit, das strukturelle Defizit gemeint.[32] Die Frage, ob Konsolidierungsländer Haushaltsrücklagen nutzen dürfen, um für das Jahr 2020 einen materiell ausgeglichenen Haushalt aufstellen zu können, ist umstritten; bei diesem Streit geht es darum, ob die Vorgabe, einen negativen Finanzierungssaldo zu vermeiden (Art. 143d Abs. 2 S. 4), strenger ist als die Vorgabe, den Haushalt grundsätzlich ohne Einnahmen aus Krediten auszugleichen. Die Erreichung dieses Konsolidierungsziels wird nicht erst nach Ablauf der Konsolidierungsphase im Jahr 2020 **überprüft,** sondern jährlich. Das Nähere (jährliche Abbauschritte, Überwachung durch den Stabilitätsrat und Konsequenzen im Falle der Nichteinhaltung der Abbauschritte) wird durch Bundesgesetz und durch Verwaltungsvereinbarung geregelt. Art. 143d lässt dem Gesetzgeber und den Vertragsparteien Spielräume. § 2 Abs. 1 Sätze 3 und 4 KonsHilfG entscheiden sich, wie für den Bund § 9 Abs. 2 G 115, für eine Rückführung in jährlich gleich großen Schritten. Als **Sanktionen** sieht das Gesetz vor: die Pflicht zur Rückzahlung von zwei Dritteln der jährlichen Hilfen, die im Voraus gewährt werden; den Wegfall des Anspruchs auf das verbleibende Drittel; eine Verwarnung durch den Stabilitätsrat. Verfassungsrechtlich zwingend sind diese Einzelheiten trotz der Betonung der Vollständigkeit in Art. 143d Abs. 2 S. 4 nicht. § 2 Abs. 2 S. 2 KonsHilfG gibt dem Stabilitätsrat die Möglichkeit, in begründeten Ausnahmefällen eine Überschreitung der Obergrenzen des Finanzierungssaldos für unbeachtlich zu erklären.

20 Die Konsolidierungshilfen werden je hälftig vom Bund und von den Bundesländern, einschließlich der Empfängerländer, **getragen,** so Art. 143d Abs. 3 S. 1, und über den Haushalt des Bundes ausgezahlt, so Art. 143d Abs. 2 S. 1. Der Anteil der Bundesländer wird gemäß Art. 143d Abs. 3 S. 1 aus deren Anteil an der Umsatzsteuer gedeckt, was zugleich bedeutet, dass die Aufteilung dieses Anteils auf die einzelnen Bundesländer wie bei einer dynamischen Verweisung[33] entsprechend den Regeln über die horizontale Verteilung des **Umsatzsteueraufkommens** erfolgt.[34] Gemäß dem Auftrag des Art. 143d Abs. 3 S. 2 hat der Bundesgesetzgeber das Nähere in § 3 KonsHilfG und in § 1 Sätze 16 und 17 FAG[35] geregelt. Falls der Hilfsanspruch eines Landes entfällt, insbesondere weil es vom Konsolidierungspfad abgewichen ist, verringern sich die Finanzierungsanteile von Bund und Ländern entsprechend.

21 Für die Zeit ab 2020 erlaubt der neue Abs. 4 dem Bund weiterhin finanzielle Hilfen, die zukünftig **Sanierungshilfen** und nicht mehr Konsolidierungshilfen heißen, an die Länder Bremen und Saarland zu zahlen. Für diese

[32] Ebenso *Reimer* in BeckOK GG Rn. 24.
[33] So treffend *Reimer* in BeckOK GG Rn. 31.
[34] Zu diesen Regeln → Art. 107 Rn. 19 f.
[35] Zu ihm Näheres bei *Reimer* in BeckOK GG Rn. 30.

gilt weitestgehend das bereits zu den Konsolidierungshilfen Gesagte. Ein Ende für die Gewährung der Hilfen ist nicht vorgesehen, so dass sie bis mindestens 2036 gewährt werden können.[36] Bemerkenswert ist weiterhin, dass die maximale Summe mit 800 Millionen Euro genauso hoch ist wie die bis Ende 2019 zulässigen Hilfen nach Abs. 2, obwohl diese noch an drei weitere Länder gingen. Die finanziellen Hilfen für Bremen und das Saarland erhöhen sich somit. An der Aufbringung der Sanierungshilfen nach Abs. 4 sind die Länder nicht mehr beteiligt; gewährt werden können sie nur aus dem Haushalt des Bundes. Die technische Ausführung der Sanierungshilfen ist im neu geschaffenen **Sanierungshilfengesetz (SanG)** geregelt.[37] Abs. 4 soll keine dauerhafte Freistellung der Länder Bremen und Saarland vom Verschuldungsverbot und keine dauerhafte Festschreibung von Bundeshilfen sein.[38] Angesichts der Historie und angesichts von Schlupflöchern wie § 2 Abs. 3 Sanierungshilfengesetz, der in begründeten Ausnahmefällen Lockerungen von Tilgungspflichten vorsieht, bleibt ein sehr schlechtes Gefühl und erinnert die Festschreibung einer Sonderrolle für namentlich benannte Bundesländer an ein sozialbundesstaatliches Pendant zu dem, was im monarchischen Bundesstaat **Reservatrecht** genannt worden ist. Was Bremen und das Saarland betrifft, so ließ sich dem FAG IV-Urteil des BVerfG der Wunsch entnehmen, die besondere Unterstützung für beide Länder solle im Jahr 2004 enden.[39] Dem zum Trotz ist diese Unterstützung zunächst bis 2020 (Art. 143d Abs. 2) und jetzt bis 2030 (Art. 143d Abs. 4 und 143f S. 1) verfassungsrechtlich verstetigt.

C. Kritische Würdigung

Übergangsvorschriften in der Art von Art. 143d sind für das GG immer noch ungewöhnlich. Sie bergen ein erhebliches bürokratisches Potential. Weiterhin ist mit Art. 143d Abs. 2, zusätzlich zu Art. 106a, 106b und 143c, in kurzer Zeit eine vierte Vorschrift in das GG gelangt, nun gefolgt von Art. 143f und 143g, Art. 104c und Art. 104d, die die **Systematik der allgemeinen Regeln über den Finanzausgleich** schwächt. Es leuchtet auch nicht ein, warum es zu extremen Haushaltsnotlagen keine ausdrückliche verfassungsrechtliche Regelung gibt, wohl aber zur Haushaltskonsolidierung.[40] Schließlich mahnten bereits die damals schon mehr als 40 Jahre andauernden Bemühungen um eine Sanierung Bremens und des Saarlands zu Skepsis.[41] Dies hat sich nun durch die Einführung des neuen Abs. 4 bewahrheitet. **22**

Auf der anderen Seite stellt Art. 143d einen Versuch dar, einer Lösung des Problems der Staatsverschuldung durch die Formulierung zeitlich überschaubarer und politisch möglicherweise durchsetzbarerer Teilschritte näher[42] zu **23**

[36] Dann greift frühestens die neue Verfallsregelung des Art. 143f S. 1, vgl. *Siekmann* in Sachs Rn. 32; → Art. 143f Rn. 4 ff.

[37] Art. 5 des Gesetzes vom 14.8.2017 BGBl. 2017 I 3122 (3126). Zu weiteren Einzelheiten des Gesetzes *Heun/Thiele* in Dreier Rn. 25–28; *Siekmann* in Sachs Rn. 34.

[38] So auch *G. Kirchhof* in Maunz/Dürig Rn. 1, 2, 21.

[39] BVerfGE 101, 158 (235). Kritische Bewertung der Sanierungsbemühungen in Bremen bei *Höfling* in Jahrbuch der Juristischen Gesellschaft Bremen, 2006, 56 ff; weiter *Konrad* in Heintzen (Hrsg.) Auf dem Weg zu nachhaltig ausgeglichenen öffentlichen Haushalten, 45 ff.

[40] Vgl. auch *Kube* in Maunz/Dürig Rn. 27.

[41] Siehe *Henneke* ZG 2010, 63; siehe auch Rn. 21 am Ende.

[42] Dass zum Schuldensockel hier nichts gesagt wird, stellt *Kube* in Maunz/Dürig Rn. 60, zu Recht fest.

kommen und damit dem jahrezehntelang ungebrochenen Trend zu immer neuer Staatsverschuldung ein Ende zu bereiten.[43] Zumindest für den Bund und 14 Länder scheint dieses Vorgehen bis zur Corona-Pandemie zu einem **positiven Ergebnis** geführt zu haben.

Literatur

Siehe die Hinweise zu den Artikeln 109 und 115.

Monografisch: ***M. Koemm,*** Eine Bremse für die Staatsverschuldung?, 2011, 351 – 376.

---

[43] Vgl. auch *Heintzen,* Das neue deutsche Staatsschuldenrecht in der Bewährungsprobe, 2012, 15, 38.

Art. 143e [Umwandlung der Auftragsverwaltung für die Bundesstraßen des Fernverkehrs)

(1) Die Bundesautobahnen werden abweichend von Artikel 90 Absatz 2 längstens bis zum 31. Dezember 2020 in Auftragsverwaltung durch die Länder oder die nach Landesrecht zuständigen Selbstverwaltungskörperschaften geführt. [2]Der Bund regelt die Umwandlung der Auftragsverwaltung in Bundesverwaltung nach Artikel 90 Absatz 2 und 4 durch Bundesgesetz mit Zustimmung des Bundesrates.

(2) Auf Antrag eines Landes, der bis zum 31. Dezember 2018 zu stellen ist, übernimmt der Bund abweichend von Artikel 90 Absatz 4 die sonstigen Bundesstraßen des Fernverkehrs, soweit sie im Gebiet dieses Landes liegen, mit Wirkung zum 1. Januar 2021 in Bundesverwaltung.

(3) Durch Bundesgesetz mit Zustimmung des Bundesrates kann geregelt werden, dass ein Land auf Antrag die Aufgabe der Planfeststellung und Plangenehmigung für den Bau und für die Änderung von Bundesautobahnen und von sonstigen Bundesstraßen des Fernverkehrs, die der Bund nach Artikel 90 Absatz 4 oder Artikel 143e Absatz 2 in Bundesverwaltung übernommen hat, im Auftrage des Bundes übernimmt und unter welchen Voraussetzungen eine Rückübertragung erfolgen kann.

Übersicht

A. Allgemeine Bedeutung

1 Seit dem 20.7.2017 bestimmt Art. 90 Abs. 2 S. 1, dass die Bundesautobahnen nicht mehr durch die Länder im Auftrage des Bundes verwaltet werden, sondern durch den Bund in Bundesverwaltung (→ Art. 90 Rn. 12).[1] Die dafür notwendigen Organisationsstrukturen müssen jedoch erst aufgebaut werden. Hierzu übernimmt der Bund auf der Grundlage des Fernstraßen-Überleitungsgesetzes auch Personal und sächliche Betriebsmittel der

[1] Art. 1 Nr. 1 des G zur Änderung des GG v 13.7.2017, BGBl. 2017 I 2347 (2349).

Länder.[2] Für den Aufbau- und Überleitungszeitraum ermöglicht Art. 143e ua die Fortführung der Bundesauftragsverwaltung.

I. Genese

2 Anders als Art. 90 Abs. 2 ist Art. 143e während des Gesetzgebungsverfahrens kaum noch verändert worden. Abweichend vom Regierungsentwurf[3] ist auf Vorschlag des Haushaltsausschusses nur in Abs. 1 S. 1 das Wort „längstens" noch eingefügt worden. Dies soll verdeutlichen, dass die Übernahme der Bundesautobahnen in Bundesverwaltung auch schon vor dem 31.12.2020 erfolgen kann.[4]

3 Dem Vorschlag des Bundesrates, mit einem Abs. 2a einen Eigentumsübergang nach Art. 90 Abs. 1 S. 1 (E) („Der Bund ist Eigentümer …") an Grundstücken insbesondere innerhalb der Ortslagen zu verhindern,[5] folgte der Bundestag nicht. Vielmehr erhielt Art. 90 Abs. 1 S. 1 ebenfalls auf Vorschlag des Haushaltsausschusses seine geltende Fassung, die die vom Bundesrat intendierte Wirkung hat (→ Art. 90 Rn. 16).[6] Art. 143e Abs. 3 wurde nachträglich angefügt,[7] um § 3 Abs. 3 Fernstraßen-Bundesamt-Errichtungsgesetz nicht weiter dem Verdikt der Verfassungswidrigkeit anheimfallen zu lassen (→ Art. 90 Rn. 60).

II. Inhaltsübersicht

4 Art. 143e Abs. 1 S. 1 erlaubt, die Bundesauftragsverwaltung bis zum 31.12.2020 fortzuführen. Die Regelung erledigt sich zum 1.1.2021. Anders verhält es sich mit Art. 143e Abs. 1 S. 2, weil es sich nicht um eine reine Übergangsvorschrift handelt.[8] S. 2 ordnet ua die Zustimmungspflicht des Bundesrates an. Diese bezieht sich jedoch nicht nur auf die Überleitung der Verwaltung der Bundesautobahnen, sondern auch auf die fakultative Bundesverwaltung der sonstigen Bundesstraßen des Fernverkehrs nach Art. 90 Abs. 4. Diese können die Länder zeitlich unbegrenzt beantragen. Art. 143e Abs. 2 hat sich zeitlich erledigt. Die Vorschrift verpflichtete abweichend von Art. 90 Abs. 4 den Bund im Falle eines Antrags zur Übernahme der sonstigen Bundesstraßen des Verkehrs auf dem Gebiet des Landes.

III. Überstaatliche Bezüge

5 Zu den überstaatlichen Bezügen der Bundesfernstraßenverwaltung → Art. 90 Rn. 20 ff. Die Umwandlung der Verwaltungskompetenz wird durch das Unionsrecht nicht determiniert.[9]

---

[2] G v. 14.8.2017, BGBl. 2017 I 3144, zuletzt geändert durch Art. 324 VO v. 19.6.2020, BGBl. 2020 I 1328 (1366).

[3] BT-Drs. 18/11131, 9.

[4] BT-Drs. 18/12588, 16, 34; *Hermes* in Dreier Rn. 3, 7; *Gröpl* in Maunz/Dürig Rn. 2.

[5] BT-Drs. 18/11131, 26 f.

[6] BT-Drs. 18/12588, 32; *Gröpl* in Maunz/Dürig Rn. 3.

[7] Art. 1 Nr. 5 des G zur Änderung des GG v 28.3.2019, BGBl. 2019 I 404; sa BT-Drs. 19/3440, 11u BT-Drs. 19/6144, 8.

[8] *Sachs* in Sachs Rn. 2.

[9] *Hermes* in Dreier Rn. 4.

B. Einzelfragen

I. Umwandlung der Bundesauftragsverwaltung sowie Form- und Organvorbehalte (Art. 143e Abs. 1)

1. Zeitlich begrenzte Fortführung der Bundesauftragsverwaltung der Bundesautobahnen. Art. 143e Abs. 1 S. 1 ermöglicht abweichend von Art. 90 Abs. 2 S. 1 zeitlich befristet die Fortführung der Verwaltung der Bundesautobahnen in Bundesauftragsverwaltung. Die Vorschrift sichert die gesetzmäßige Wahrnehmung der Aufgaben der Bundesautobahnverwaltung durch die Länder, solange der Bund noch nicht selbst über arbeitsfähige Verwaltungsstrukturen verfügt. Sie ist notwendig, weil Art. 90 Abs. 2 bereits am 20.7.2017 in Kraft getreten ist. Die Vorschrift später in Kraft treten zu lassen, hätte das Risiko erhöht, dass es zu Verzögerungen kommt, weil Bund und Länder sich nicht über die Modalitäten der Überleitung einigen können. Zudem war die Neuregelung der Verwaltungskompetenz Teil der Neuordnung des Bund-Länder-Finanzausgleichs. Daher bot sich ein einheitlicher Zeitpunkt für das Inkrafttreten an. Die Umwandlung der Auftragsverwaltung in Bundesverwaltung muss bis zum 31.12.2020 abgeschlossen sein.[10] Eine einfachgesetzliche Verlängerung wäre verfassungswidrig.[11] 6

2. Gesetzesvorbehalt und Zustimmungspflicht des Bundesrates. Die Umwandlung der Auftragsverwaltung in Bundesverwaltung löst beträchtlichen Regelungsbedarf aus. Dies gilt nicht nur für die Frage, was mit dem bisherigen Personal und den betrieblichen Sachmitteln (zB der Autobahnmeistereien) geschieht, sondern auch mit Dokumenten, Informationen und laufenden Verfahren.[12] Angesichts der Bedeutung ist es richtig, eine Organkompetenz des Bundestages zu begründen. Die Auswirkungen der Umwandlung der Verwaltungskompetenz auf die Länder rechtfertigt zugleich die Zustimmungspflicht des Bundesrates.[13] 7

Die Vorschrift ist zu unterscheiden von Art. 90 Abs. 2 S. 6, der sich auf die Ausgestaltung der Verwaltung der Bundesautobahnen in Privatrechtsform und die Beteiligung Öffentlich-Privater Partnerschaften bezieht (→ Art. 90 Rn. 80).[14] 8

Umstritten ist, ob die Vorschrift eine ausschließliche Gesetzgebungskompetenz des Bundes begründet.[15] Dafür spricht, dass es sich systematisch um eine Regelung außerhalb der Art. 73, 74 handelt. Anders als Art. 143a Abs. 1 S. 1 GG und Art. 143b Abs. 1 S. 2 ist jedoch nicht explizit von einer ausschließlichen Gesetzgebungskompetenz die Rede. Dies würde zudem lückenschließende Regelungen durch die Länder unmöglich machen.[16] 9

Die Vorschrift erledigt sich nicht mit der Umwandlung der Auftragsverwaltung der Bundesautobahnen in eine Bundesverwaltung. Sie ist keine reine Übergangsvorschrift, denn sie gilt nicht nur für Art. 90 Abs. 2, son- 10

---

[10] Ob dies gelingt, ist fraglich, s *Hermes* in Dreier Rn. 7 Fn. 12.
[11] *Ibler* in MKS Rn. 5.
[12] *Remmert* in BeckOK GG Rn. 3.
[13] *Sachs* in Sachs Rn. 5.
[14] *Ibler* in MKS Rn. 6.
[15] Hierfür *Remmert* in BeckOK GG Rn. 3; *Sachs* in Sachs Rn. 5; *Ibler* in MKS Rn. 5; *Gröpl* in Maunz/Dürig Rn. 7.
[16] *Hermes* in Dreier Rn. 10.

dern auch für die fakultative Bundesverwaltung der sonstigen Bundesstraßen des Fernverkehrs nach Art. 90 Abs. 4. Hier erfasst sie nicht nur Übernahmen iVm Art. 143e Abs. 2.[17] Das ergibt sich zum einen aus der systematischen Stellung, zum anderen aus dem Inhalt von Abs. 2, der allein den Ermessensspielraum des Bundes auf Null reduziert. Es wäre wenig sinnvoll, Art. 143e Abs. 1 S. 2 nur auf Übergangsvorschriften, S. 1 und Abs. 2, zu beziehen, obwohl Art. 90 Abs. 4 unbefristet gilt. Die Vorschrift ist daher die einzige Regelung in Art. 143e, die einen dauerhaften Gehalt hat. Durch sie ist auch entschieden, dass dem Bundestag die Organkompetenz zukommt (→ Art. 90 Rn. 104).

II. Pflicht zur Übernahme in Bundesverwaltung (Art. 143e Abs. 2)

11 Ein Land kann gem. Art. 90 Abs. 4 die Übernahme der sonstigen Bundesstraßen des Fernverkehrs in Bundesverwaltung beantragen, soweit sie in seinem Gebiet liegen. Aus dem Wortlaut ist zu schließen, dass ein Land nicht mehr wie bis zur Neufassung die Übernahme einzelner Straßen bzw. Straßenabschnitte beantragen kann, sondern der Antrag alle sonstigen Bundesstraßen des Fernverkehrs umfassen muss (→ Art. 90 Rn. 101). Der Wortlaut von Art. 143e Abs. 2 bestätigt dies.[18]

12 Eine Übernahme kann interessant sein, wenn und weil nach dem Wegfall der Verwaltungskompetenz für die Bundesautobahnen das Aufrechterhalten von Strukturen für die Verwaltung der sonstigen Bundesstraßen des Fernverkehrs gemessen an den verkehrspolitischen Gestaltungsmöglichkeiten finanziell unattraktiv ist.[19] Der Bund muss jedoch einem solchen Antrag nicht stattgeben („kann"). Hiervon abweichend verpflichtete Art. 143e Abs. 2 ihn bis zum 31.12.2018 zur Übernahme. Die Vorschrift hat sich somit zeitlich erledigt. Kein Land hat von ihr Gebrauch gemacht.

III. Fakultative Bundesauftragsverwaltung für bestimmte Aufgaben (Art. 143e Abs. 3)

13 Die Möglichkeit, die Aufgabe der Planfeststellung und Plangenehmigung für den Bau und für die Änderung von Bundesautobahnen und von sonstigen Bundesstraßen des Fernverkehrs, die der Bund nach Art. 90 Abs. 4 oder Art. 143e Abs. 2 in Bundesverwaltung übernommen hat, auf Antrag eines Landes (weiterhin bzw. wieder) in Bundesauftragsverwaltung zu führen, wurde im Zuge der mit der Einführung des sog. Digitalpakts vorgenommenen Grundgesetzänderungen angefügt.[20] Inhaltlich hat der verfassungsändernde Gesetzgeber damit das GG an das einfache Recht, dh an § 3 Abs. 3 FStrBAG, angepasst, der bis zu diesem Zeitpunkt verfassungswidrig war (→ Art. 90 Rn. 60). Was nicht passt, wird passend gemacht.

---

[17] *Sachs* in Sachs Rn. 6; nicht eindeutig *Hermes* in Dreier Rn. 9, 13.

[18] *Gröpl* in Maunz/Dürig Rn. 9; anders als *Sachs* in Sachs Rn. 4 meint, ist Art. 143e Abs. 2 nicht deutlicher gefasst, sondern entspricht Art. 90 Abs. 4.

[19] *Remmert* in BeckOK GG Rn. 2; *Gröpl* in Maunz/Dürig Rn. 12.

[20] Art. 1 Nr. 5 des G zur Änderung des GG v 28.3.2019, BGBl. 2019 I 404.

C. Verhältnis zu anderen Bestimmungen des Grundgesetzes

Art. 143e ist zu lesen in Verbindung mit Art. 90. Seit 2017 werden die Bundesautobahnen gem. Art. 90 Abs. 2 S. 1 in Bundesverwaltung geführt. Art. 143e Abs. 1 S. 1 ermöglicht, die Verwaltung im Auftrage des Bundes zeitlich begrenzt fortzuführen. Die Umwandlung der Verwaltung bedarf einer gesetzlichen Grundlage, die der Zustimmungspflicht des Bundesrates unterliegt. Dies gilt auch für die zeitlich unbefristet mögliche fakultative Bundesverwaltung der sonstigen Bundesstraßen des Fernverkehrs gem. Art. 90 Abs. 4. Art. 143e Abs. 2 hat sich erledigt. Die Vorschrift bezog sich nur auf Art. 90 Abs. 4 und verpflichtete den Bund im Falle eines Antrags zur Übernahme. Art. 143e Abs. 3 ist eine Ausnahmevorschrift zu Art. 83 und ermöglicht wie Art. 89 Abs. 2 S. 3 fakultative Bundesauftragsverwaltung. **14**

D. Kritische Würdigung

Art.143e ist größtenteils eine typische Übergangsvorschrift – detailreich, unübersichtlich und verständlich nur bei gleichzeitiger Lektüre der Vorschrift, auf die sie sich bezieht. Die wichtigste Regelung ist Abs. 1 S. 2, die einen Parlamentsvorbehalt in Gesetzesform und die Zustimmungspflicht des Bundesrates anordnet. Sie ist keine reine Übergangsvorschrift, weil sie auch für Art. 90 Abs. 4 gilt. Art. 143e Abs. 3 konterkariert das Ziel der Reform der Bundesautobahnverwaltung, Aufgabenverantwortung und Ausgabenlast zu vereinen. **15**

Literatur

S. das Schrifttum bei Art. 90.

Art. 143f [Außerkrafttreten von Regelungen zu bundesstaatlichen Finanzbeziehungen]

[1] Art. 143d, das Gesetz über den Finanzausgleich zwischen Bund und Ländern sowie sonstige auf der Grundlage von Art. 107 Abs. 2 in seiner ab dem 1. Januar 2020 geltenden Fassung erlassene Gesetze treten außer Kraft, wenn nach dem 31. Dezember 2030 die Bundesregierung, der Bundestag oder gemeinsam mindestens drei Länder Verhandlungen über eine Neuordnung der bundesstaatlichen Finanzbeziehungen verlangt haben und mit Ablauf von fünf Jahren nach Notifikation des Verhandlungsverlangens der Bundesregierung, des Bundestages oder der Länder beim Bundespräsidenten keine gesetzliche Neuordnung der bundesstaatlichen Finanzbeziehungen in Kraft getreten ist. [2] Der Tag des Außerkrafttretens ist im Bundesgesetzblatt bekannt zu geben.

A. Allgemeine Bedeutung

1 Art. 143f ist relativ kurz, im juristischen Kern (Verhandlungsverlangen, Außerkrafttreten) eindeutig, wenig kommentierungsbedürftig und schließlich ungewöhnlich.[1] Ungewöhnlich ist zweierlei. Erstens: Für eine relativ lange Zeit, mehr als 10 Jahre, soll es keine Neuordnung der bundesstaatlichen Finanzbeziehungen geben, sondern bei der zuletzt am 13.7.2017 erfolgten Änderung durch das 62. G zur Änderung des GG[2] und die Begleitgesetzgebung bleiben. Das ist Programmatik (Bewährungsphase des geltenden Rechts), die künftige verfassungsändernde Gesetzgeber weder von Detail- noch von Grundsatzänderungen, auch nicht von Änderung oder Streichung von Art. 143f selbst, abhalten kann und die keinen Vertrauensschutz begründet; Gleiches gilt für den einfachen Gesetzgeber.[3] Zweitens: Nach Ablauf dieser Zeit stehen die Geltung von Gesetzen und sogar eines Verfassungsartikels unter der aufschiebenden Bedingung, dass nach einem Neuordnungsverlangen Verhandlungen zu keinem Ergebnis führen. Erstes soll für **Stabilität** sorgen, Zweites soll **egoistische Blockaden** erschweren, beidem kann verfassungspolitisch grundsätzlich niemand ernsthaft widersprechen.

2 Die Vorschrift ist **ohne Vorläufer** in der deutschen Verfassungsgeschichte. Rechtsprechung des BVerfG gibt es nicht. Rechtsvergleichung trägt zu ihrem Verständnis nichts ein. Es gibt entfernte Ähnlichkeiten mit **Art. 50 EUV,** der Austrittsklausel. Große Ähnlichkeiten bestehen mit den Befristungen der **Solidarpakte** I (1995 – 2004) und II (2005 – 2019), insbesondere mit dem automatischen Außerkrafttreten von Maßstäbe- und Finanzausgleichsgesetz zum 31.12.2019.[4] Die **Befristungstechnik** wird durch Art. 143f von der Gesetzes- auf die Verfassungsebene gehoben, mit deren besonderen Mehrheitserfordernissen, und auch auf Verfassungsrecht selbst angewandt.

3 Art. 143f ist Teil der am 14.7.2017 in Kraft getretenen Reform der bundesstaatlichen Finanzbeziehungen. Deren Ausgangspunkt, der Beschluss der

[1] Zum Teil wird von „Neuland" gesprochen: *Henneke* in SHH Rn. 4; *Jarass* in Jarass/Pieroth Rn. 1; *Thiele* in Dreier Rn. 9, wobei fraglich ist, ob dieses Neuland „dogmatisch" (so Jarass) ist. Ausführliche Kommentierung (30 Seiten) jetzt bei *Wernsmann* in BK.

[2] BGBl. 2017 I 2347.

[3] Ähnlich *Huber* in MKS Rn. 2. Zum einfachen Gesetzgeber so auch *Siekmann* in Sachs Rn. 2.

[4] Zum Solidarpakt II BT-Drs. 14/6577, 2.

Ministerpräsidentenkonferenz vom Dezember 2015, hat insoweit ein Kündigungsrecht erwogen, dessen Ausübung aber die Fortgeltung des bisherigen Rechts nicht in Frage gestellt und allenfalls eine Verhandlungspflicht begründet hätte. Das Außerkrafttreten von Rechtsnormen als Verschärfung des Verhandlungsdrucks findet sich erstmals im Gesetzentwurf der Bundesregierung vom Februar 2017.[5] Dieser Entwurf ist dann nur noch in einem Punkt geändert worden: Der Kreis derjenigen, die ein Verhandlungsbegehren äußern können, ist um den Bundestag erweitert worden.[6] Unabhängig davon, ob es Kündigung oder Verhandlungsverlangen heißt, wird damit erstmals ein **vertragsähnliches Element** in das geltende Recht eingeführt[7], grundgesetzausdrückliche paktierte Verfassungsgebung.

B. Einzelfragen

4 Art. 143f betrifft die Zeitphase bis 2030, danach das Außerkrafttreten von Regelungen und Neuverhandlungen, dies alles bezogen auf die bundesstaatlichen Finanzbeziehungen. Fraglich ist, was man sich unter deren **„Neuordnung“** bzw. „gesetzlicher Neuordnung“ vorzustellen hat, ob zum Beispiel das 63. G zur Änderung des GG (Art. 104b, 104c, 104d, 125c, 143e)[8] eine solche Neuordnung ist oder ob das 62. G zur Änderung des GG keine Neuordnung war, weil Art. 107 zwar geändert, in seiner Substanz aber fortgeschrieben worden ist.[9] Würde man den Begriff in einem qualitativen Sinne verstehen (etwa im Sinne von grundlegender Änderung), wäre er kaum definierbar und könnte insbesondere nicht bestimmt werden, was die einmal ausgelöste Fristenautomatik von Art. 143f stoppen kann. Auf Selbstanpreisungen des Politikbetriebs kann es für eine juristische Subsumtion nicht ankommen. Der Begriff muss darum formal verstanden werden.[10] Auch geringfügige Änderungen[11] oder Ergänzungen des Gesetzesrechts oder die Bestätigung des status quo durch Regelung,[12] nicht aber durch bewusste Unterlassung von Änderungen reichen aus.[13] Dass keine Verfassungsänderung erforderlich ist, gibt Art. 143f selbst zu erkennen, indem zunächst von Neuordnung, dann aber im für die Rechtsfolge entscheidenden Teil seines Satzes 1 von gesetzlicher Neuordnung die Rede ist (wobei angesichts des Kontextes klar sein sollte, dass gesetzlich nicht notwendig auch verfassungsgesetzlich meint).[14]

5 Art. 143f wird juristisch erst im **politischen Vorfeld des 31.12.2030** relevant.[15] Dann können die zwei tatbestandlichen Voraussetzungen seines

[5] BT-Drs. 18/11131, 10. Spieltheoretische Erwägungen dazu bei *Siekmann* in Sachs Rn. 11, 12.

[6] BT-Drs. 18/12588, 11, 34.

[7] Dazu grundsätzlich *Reimer* VVDStRL 73 (2014), 153 (177 f.); *Kempny/Reimer* Gutachten D zum 70. DJT, 2014, 128 f.

[8] BGBl. 2019 I 404; BT-Drs. 19/3440.

[9] So zu Art. 107 etwa *Seiler* in Maunz/Dürig Rn. 33, 81 – 86, 110, 144.

[10] Ebenso *Thiele* in Dreier Rn. 17.

[11] Ebenso *Kube* in BeckOK GG Rn. 4, 6; es bleibt die Frage, was geringfügig ist und was nicht.

[12] Kritisch dazu *Siekmann* in Sachs Rn. 9.

[13] Ebenso *Seiler* in Maunz/Dürig Rn. 22 („jede vom Gesetzgeber bewusst verantwortete Neuregelung“).

[14] Wie hier *Seiler* in Maunz/Dürig Rn. 23.

[15] Die im Hinblick auf das Ende des Solidarpaktes II am 31.12.2019 nötigen Beratungen haben im Laufe des Jahres 2013 begonnen; siehe *Henneke* DVBl. 2017, 215 f.

Satzes 1 erfüllt werden (Neuordnungsverlangen und Ablauf der Fünfjahresfrist), und es stellt sich die Frage nach Rechtsfolgen, dies sowohl für das Szenario Neuordnung wie auch für das Szenario Nicht-Neuordnung.

6 Was mit dem **Neuordnungsverlangen** gemeint ist, wird weder inhaltlich noch formell konkretisiert; es gibt insoweit keine Vorgaben, auch nicht aus dem Wort „Notifikation".[16] Die Beschlussfassung und die Beschlussbekanntgabe richten sich nach den allgemeinen Regeln, die Verfassungs- und Geschäftsordnungsrecht für Bundes-/Landesregierungs- und schlichte Bundestagsbeschlüsse vorsehen. Warum Art. 143f S. 1 die Gemeinsamkeit des Handelns von drei (nicht zwei, nicht vier) Landesregierungen vorschreibt, ist den Gesetzesmaterialien nicht zu entnehmen. Auch die Gemeinsamkeit des Verlangens ist nicht formalisiert. Es ist denkbar, dass sich mehrere Ländergruppen bilden, die konkurrierende Verhandlungsverlangen formulieren. Adressat des Verhandlungsverlangens ist der **Bundespräsident,** dem sein Prüfungsrecht erlaubt, finanzpolitische „Spielchen" in rechtlichen Grenzen zu halten. Was die Fristen betrifft: Das Verhandlungsverlangen muss nach dem 31.12.2030 beim Bundespräsidenten gestellt werden, die interne Beschlussfassung darf aber schon vorher erfolgt sein; im Übrigen gelten die §§ 187 ff. BGB.

7 Fraglich ist, ob auch **mehrere Verhandlungsverlangen nacheinander** denkbar sind. Dies entspricht wohl nicht der politischen Logik,[17] wohl aber dem Wortlaut von Art. 143 f.[18]

8 Ist ein Veränderungsverlangen gestellt, setzt ein juristischer Automatismus ein. Tritt nach Ablauf von fünf Jahren nach Notifikation des Verhandlungsverlangens keine gesetzliche Neuregelung[19] **in** Kraft, so treten die in Art. 143f S. 1 genannten Vorschriften in ihrer dann geltenden Fassung **außer** Kraft. Das ist frühestens am 1.1.2036 möglich. Für die Neuregelung bleiben exakt fünf Jahre Zeit. Die Frist ist nur durch Änderung des Art. 143f verlängerbar und kann nicht durch rückwirkende Gesetzgebung oder durch Umetikettierung etwa des FAG umgangen werden.[20] Die Neuregelung muss, um diese Rechtsfolge zu vermeiden, dem Verhandlungsverlangen inhaltlich nicht entsprechen.

9 Was die **finanzpolitischen Wirkungen** des Außerkrafttretens anlangt, so ist zu differenzieren. Dass mit **Art. 143d** eine Verfassungsbestimmung automatisch außer Kraft tritt, ist, auch vor dem Hintergrund von Art. 79 Abs. 1 S. 1[21], dogmatisch problematisch, finanzpolitisch aber weniger wichtig. Nach derzeitigem Stand geht es, bezogen auf 2036, nur um Art. 143d Abs. 4 und um eher kleine Geldbeträge.[22] Das Außerkrafttreten von Art. 143d Abs. 4 hat zur Folge, dass das **Sanierungshilfengesetz** vom 17.8.2017[23], obwohl es von Art. 143f S. 1 nicht unmittelbar erfasst ist, fortan mit Art. 104a Abs. 1

---

[16] Ebenso *Siekmann* in Sachs Rn. 5, 8. Zum Teil anders *Kube* in BeckOK GG Rn. 3; *Seiler* in Maunz/Dürig Rn. 13; *Thiele* in Dreier Rn. 15 (schriftlich).

[17] So wohl auch *Thiele* in Dreier Rn. 18.

[18] Ebenso *Seiler* in Maunz/Dürig Rn. 31.

[19] → Rn. 4.

[20] Zu Letzterem ebenso *Kube* in BeckOK GG Rn. 7.

[21] Zu dieser Vorschrift *Thiele* in Dreier Rn. 11.

[22] Unabhängig davon ist nicht sicher zu prognostizieren, wie sich das „Saarland-Bremen-Syndrom" (zu ihm *Konrad/Zschäpitz,* Schulden ohne Sühne?, 2010, 186 ff.) in gut 15 Jahren darstellt; zur Bewertung des Außerkrafttretens von Art. 143d Abs. 4 wie hier *Seiler* in Maunz/Dürig Rn. 10; *Thiele* in Dreier Rn. 12.

[23] BGBl. 2017 I 3126.

kollidiert und nichtig wird.[24] **Art. 107** selbst wäre von einem etwaigen Außerkrafttreten nicht erfasst.[25] Damit bleiben die sich aus dieser Norm ergebenden Gesetzgebungspflichten[26] in Kraft. Wohl treten die **auf der Grundlage von Art. 107 Abs. 2 erlassenen Gesetze,** namentlich Maßstäbe- und Finanzausgleichsgesetz, außer Kraft.[27] Ein sekundärer Finanzausgleich, einschließlich Bundesergänzungszuweisungen[28], ist damit blockiert. Das **Finanzausgleichsgesetz** wird in Art. 143f S. 1 aber auch selbständig und losgelöst von Art. 107 Abs. 2 und damit insgesamt erfasst.[29] Damit schlägt der Effekt des Art. 143f auf den primären Finanzausgleich, insbesondere auf die Verteilung des Umsatzsteueraufkommens,[30] durch. Diese Konsequenz wiederum wäre für die Funktionsfähigkeit von Bund und Ländern schlechterdings unerträglich.[31] Diese Konsequenz durch Verfassungsinterpretation – Außerkrafttreten des FAG nur, soweit es auf Art. 107 Abs. 2 bezogen ist – zu vermeiden, fällt schwer, weil es in Art. 143f klar heißt, dass das Gesetz über den Finanzausgleich zwischen Bund und Ländern außer Kraft tritt, also das gesamte Gesetz, und weil Bedingungen wortlautgetreu und strikt zu verstehen sind. Hätte § 20 FAG (alt) zu einer solchen Konsequenz geführt, so wäre er für verfassungswidrig und nichtig gehalten worden.[32] Auch bei einer Verfassungsnorm erhebt sich in dieser Situation ernsthaft die Frage, ob ein Verstoß gegen Art. 79 Abs. 3 GG vorliegt.[33] Haushaltsrechtlich geht es darum, was mit dem blockierten Geld passiert. Der Steuerpflichtige schließlich darf einwenden, wie ein staatlicher Steuerzugriff zu rechtfertigen ist, wenn der Steuergläubiger das Geld nicht nutzen kann.

Der Tag des **Außerkrafttretens** ist nach Art. 143f S. 2 durch den Bundes- **10**
präsidenten im Bundesgesetzblatt bekanntzugeben. Dies dient, so die Materialien, der Klarheit.[34] Dieser Hinweis des Gesetzgebers ist ein durchschlagendes Argument, der Bekanntgabe bloß deklaratorische Wirkung beizumessen.[35]

C. Verhältnis zu anderen Bestimmungen des Grundgesetzes

Art. 143f ist ausweislich seines Wortlauts eine Annexvorschrift zu Art. 107 **11**
Abs. 2 und Art. 143d, bei Letzterem als „Übergangs- und Schlussvorschrift"

[24] So auch *Seiler* in Maunz/Dürig Rn. 25; *Siekmann* in Sachs Rn. 1.
[25] So ausdrücklich BT-Drs. 18/11131, 20.
[26] Zu diesen BVerfGE 101, 158 (214 f.).
[27] *Siekmann* in Sachs Rn. 1. Nach *Seiler* in Maunz/Dürig Rn. 11 f. tritt dagegen nur das Finanzausgleichsgesetz vollständig außer Kraft und im Maßstäbegesetz die §§ 5 ff., da nur diese den entsprechenden Bestimmungen des Finanzausgleichsgesetzes zugrundeliegen.
[28] *Kube* in BeckOK GG Rn. 11.
[29] *Kube* wie in der Fußnote zuvor; *Thiele* in Dreier Rn. 20.
[30] Vgl. den ersten und den vierten Abschnitt des FAG 2020. Anders bei Einkommen- und Körperschaftsteuer, wo es neben den Art. 106 und 107 Abs. 1 auf das von Art. 143f nicht tangierte Zerlegungsgesetz ankommt.
[31] Ebenso *Schenke* in Sodan Rn. 1; *Thiele* in Dreier Rn. 21.
[32] *Hummel* Jahrbuch für öffentliche Finanzen 2015, 314 – 317. Sollte Art. 143f die Umsatzsteuerverteilung und damit auch die Umsatzsteuererhebung blockieren, könnte man argumentieren, er sei europarechtswidriges Verfassungsrecht.
[33] Vgl. auch *Siekmann* in Sachs Rn. 14 f. (dort aber aus anderen Gründen als den hier genannten); *Thiele* in Dreier Rn. 21; *Wernsmann* in BK Rn. 25.
[34] BT-Drs. 18, 11131/20.
[35] So auch *Jarass* in Jarass/Pieroth Rn. 2; *Schenke* in Sodan Rn. 2; *Seiler* in Maunz/Dürig Rn. 20; *Thiele* in Dreier Rn. 9; anders *Siekmann* in Sachs Rn. 10 (konstitutiv).

(so die Überschrift zu den Art. 116 ff.) zu einer anderen „Übergangs- und Schlussvorschrift“.[36] In Bezug auf Art. 143d ist die Vorschrift eine Alternative zur Verfassungsänderung gemäß Art. 79 Abs. 1 S. 1.

D. Kritische Würdigung

12 Finanzverfassungsrecht unterscheidet sich etwa von Grundrechten durch kurze Zeithorizonte, den Zahlenbezug und geldegoistische Befangenheit der Akteure (Bund und Länder). Bei Art. 143f hat man den Eindruck, dass Verfassungsrecht von der Politik benutzt wird, um sich selbst unter Zugzwang zu setzen.[37] Insoweit stecken in der Vorschrift die Erfahrungen und Frustrationen von 15 Jahren Föderalismusreform und 25 Jahren Solidarpakt. Verfassungsrecht wird damit ein Stück weit zu einem tagespolitischen Instrument – und, denkt man an die Konsequenzen eines übergangslosen Außerkrafttretens des Finanzausgleichsgesetzes, zu einem „Spiel mit dem Feuer“.[38]

Literatur

L. Hummel, „Dieses Gesetz tritt mit Ablauf des 31. Dezember 2019 außer Kraft“, in: M. Junkernheinrich u. a. (Hrsg.), Jahrbuch für öffentliche Finanzen 2015, 2015, 313. – ***L. Hummel,*** Verfassungsvertrags-Mathematik – Kündbare Verfassungsgebung nach Maßgabe von Zahlenreihen und Kommastellen, in: M. Junkernheinrich u. a. (Hrsg.), Verhandlungen zum Finanzausgleich, 2016, 181. – ***H. Scheller,*** Zur Geltungsdauer des neuen Finanzausgleichs zwischen Bund und Ländern, in: M. Junkernheinrich, wie zuvor (Finanzausgleich), 189. – ***C. Schneider,*** Verhandlungen zur Neuordnung der Bund-Länder-Finanzbeziehungen – Politische Wegmarken, in: M. Junkernheinrich, wie zuvor (Finanzausgleich), 95.

---

[36] Zu solchen Absonderlichkeiten moderner verfassungsändernder Gesetzgebung allgemein *Brenner* AöR 120 (1995), 248.

[37] Ähnlich wie bei der Schuldenbremse (Art. 143d); insoweit *Heintzen,* Das neue Staatsschuldenrecht in der Bewährungsprobe, 2012, 15, 37 f.

[38] Kritisch dazu auch *Huber* in MKS Rn. 7.

Art. 143g [Übergangsregelung zu Art. 107]

Für die Regelung der Steuerertragsverteilung, des Länderfinanzausgleichs und der Bundesergänzungszuweisungen bis zum 31. Dezember 2019 ist Artikel 107 in seiner bis zum Inkrafttreten des Gesetzes zur Änderung des Grundgesetzes vom 13. Juli 2017 geltenden Fassung weiter anzuwenden.

Art. 107 aF [Finanzausgleich; Ergänzungszuweisungen]

(1) [1] Das Aufkommen der Landessteuern und der Länderanteil am Aufkommen der Einkommensteuer und der Körperschaftsteuer stehen den einzelnen Ländern insoweit zu, als die Steuern von den Finanzbehörden in ihrem Gebiet vereinnahmt werden (örtliches Aufkommen). [2] Durch Bundesgesetz, das der Zustimmung des Bundesrates bedarf, sind für die Körperschaftsteuer und die Lohnsteuer nähere Bestimmungen über die Abgrenzung sowie über Art und Umfang der Zerlegung des örtlichen Aufkommens zu treffen. [3] Das Gesetz kann auch Bestimmungen über die Abgrenzung und Zerlegung des örtlichen Aufkommens anderer Steuern treffen. [4] Der Länderanteil am Aufkommen der Umsatzsteuer steht den einzelnen Ländern nach Maßgabe ihrer Einwohnerzahl zu; für einen Teil, höchstens jedoch für ein Viertel dieses Länderanteils, können durch Bundesgesetz, das der Zustimmung des Bundesrates bedarf, Ergänzungsanteile für die Länder vorgesehen werden, deren Einnahmen aus den Landessteuern, aus der Einkommensteuer und der Körperschaftsteuer und nach Artikel 106b je Einwohner unter dem Durchschnitt der Länder liegen; bei der Grunderwerbsteuer ist die Steuerkraft einzubeziehen.

(2) [1] Durch das Gesetz ist sicherzustellen, daß die unterschiedliche Finanzkraft der Länder angemessen ausgeglichen wird; hierbei sind die Finanzkraft und der Finanzbedarf der Gemeinden (Gemeindeverbände) zu berücksichtigen. [2] Die Voraussetzungen für die Ausgleichsansprüche der ausgleichsberechtigten Länder und für die Ausgleichsverbindlichkeiten der ausgleichspflichtigen Länder sowie die Maßstäbe für die Höhe der Ausgleichsleistungen sind in dem Gesetz zu bestimmen. [3] Es kann auch bestimmen, daß der Bund aus seinen Mitteln leistungsschwachen Ländern Zuweisungen zur ergänzenden Deckung ihres allgemeinen Finanzbedarfs (Ergänzungszuweisungen) gewährt.

A. Allgemeine Bedeutung

Seit dem Solidarpakt I und dem Solidarpakt II denkt das Finanzausgleichsrecht in **Zeitintervallen** (→ Art. 143f Rn. 2). Der Solidarpakt II ist am 31.12.2019 ausgelaufen.[1] Danach ist das neue Finanzausgleichsrecht anzuwenden, dem Art. 143f eine Lebenserwartung bis zum 31.12.2030 plus fünf Jahre Kündigungsfrist zubilligt. Beide Übergangs- und Schlussvorschriften, Art. 143f und Art. 143g, sind in ihrer Bedeutung im Verhältnis zu den Hauptvorschriften im X. Abschnitt des GG nicht zu unterschätzen, weil sie politischen Handlungsdruck erhöhen und die Ergebnisse von „softem“ Finanzverfassungsrecht bilanzierbar machen. Gemeinsam ergeben die Art. 143f und Art. 143g zwei aufeinander folgende Zeitfenster, die nun Verfassungsrecht sind. Die Vorschrift des Art. 143g hat für die Zeit ab 2020 aber nichts Programmatisches. 1

Auch Art. 143g ist **ohne Vorläufer** in der deutschen Verfassungsgeschichte. Rechtsprechung des BVerfG gibt es nicht. Rechtsvergleichung trägt zu 2

[1] Zu ihm BT-Drs. 14/6577, 2.

ihrem Verständnis nichts bei. Die **Befristungstechnik** des Art. 143g ist selbst für die Verhältnisse des deutschen Finanzausgleichsrechts ungewöhnlich.[2]

3 Dass hier eine Neuregelung eine gewisse Zeit vor ihrem Inkrafttreten und finanzpolitischen Wirksamwerden verbindlich beschlossen wird, lässt sich mit dem Interesse aller Beteiligten in Bund und Ländern an **stabilen und planbaren Finanzbeziehungen** erklären. Warum der verfassungsändernde Gesetzgeber die Neuregelung des Art. 107 schon ab dem 20.7.2017 in Kraft gesetzt hat und nur ihre Anwendung bis zum 31.12.2019 suspendiert war, so dass es in der Interimszeit von Juli 2017 bis Dezember 2019 zwei Fassungen von Art. 107 gab[3], ist nicht verständlich. Bei dem einfachgesetzlichen Unterbau des Art. 107, also insbesondere MaßstG und FAG, ist eine andere Lösung gewählt worden: Das neue Recht ist zwar schon beschlossen, tritt aber erst am 1.1.2020 in Kraft und löst dann das alte Recht ab.[4] Eine mögliche Erklärung für diese unterschiedlichen Regelungstechniken könnte sein, dass Art. 143g Teil des 62. G zur Änderung des Grundgesetzes ist und der verfassungsändernde Gesetzgeber wollte, dass alle darin enthaltenen Änderungen und Ergänzungen des Grundgesetzes gleichzeitig in Kraft treten.[5] Die Materialien schweigen zu dieser Frage.

4 In dem Gesetzgebungsverfahren, welches am 13.7.2017 zum 62. G zur Änderung des Grundgesetzes geführt hat (→ Art. 143f Rn. 3), hat Art. 143g **kaum Spuren** hinterlassen.[6] Das Datum 2020 stand von Beginn an, auch in der Konsequenz der älteren Art. 143c und 143d, fest. Die Vorschrift war im Regierungsentwurf enthalten und ist im Weiteren nicht problematisiert oder gar geändert worden.

B. Einzelfragen

5 Der Inhalt der Vorschrift ist wenig kommentierungsbedürftig. Art. 107 war in seiner bis zum Inkrafttreten des Gesetzes zur Änderung des Grundgesetzes vom 13.7.2017 geltenden Fassung bis zum 31.12.2019 weiter anzuwenden. Das bedeutet im Umkehrschluss, dass die **neue Fassung des Art. 107 solange suspendiert** ist.[7] Mit der Aufzählung von Steuerertragsverteilung, Länderfinanzausgleich und Bundesergänzungszuweisungen soll vermutlich klargestellt werden, dass die Suspendierung den gesamten Inhalt des neuen Art. 107 erfasst. Statt Klarstellung wird aber Verwirrung gestiftet, weil die Aufzählung die Frage provoziert, ob Teile des Normprogramms von Art. 107

[2] *Thiele* in Dreier Rn. 8 versucht eine Parallele zu Art. 143d, der aber erstens keine parallele Geltung von Art. 109 und Art. 115 alt und neu zulässt und bei dem es zweitens um wesentliche Änderungen der rechtlichen Vorgaben (für Verschuldung) geht, auf die insbesondere die Länder sich einstellen können müssen.

[3] Kurze Darstellungen des alten Art. 107 bei *Henneke* in SHH Rn. 2–45 und *Huber* in MKS Rn. 2–31. Insoweit sei hier auf die Vorauflage verwiesen.

[4] Art. 25 Abs. 3 des Gesetzes zur Neuregelung des bundesstaatlichen Finanzausgleichssystems ab dem Jahr 2020 und zur Änderung haushaltsrechtlicher Vorschriften v. 14.8.2017, BGBl. 2017 I 3122 (3154).

[5] Nach Erklärungen suchend auch *Siekmann* in Sachs Rn. 11–13; *Thiele* in Dreier Rn. 8.

[6] Vgl. die knappen Ausführungen in BT-Drs. 18/11131, 21. Zur Entstehungsgeschichte *Wernsmann* in BK Rn. 2.

[7] So auch *Jarass* in Jarass/Pieroth Rn. 1; *Seiler* in Maunz/Dürig Rn. 1 f.; *Thiele* in Dreier Rn. 9.

nicht unter diese drei Begriffe subsumiert werden können.[8] Diese Frage ist zu verneinen.

Außer zu Art. 107 steht Art. 143f in keiner näheren Beziehung zu **anderen Vorschriften** des Grundgesetzes. Die von ihm angeordnete Weitergeltung von Art. 107 alte Fassung ist mit Art. 79 Abs. 1 S. 1 GG vereinbar.[9] 6

C. Kritische Würdigung

Art. 143g ist eine von mehreren Möglichkeiten, den mit der Neuordnung der bundesstaatlichen Finanzbeziehungen verbundenen Übergang bei Art. 107 rechtstechnisch klar und planbar zu gestalten. Seit Januar 2020 hat die Vorschrift keine weitere Bedeutung mehr. 7

Literatur

Siehe die Literaturhinweise zu Art. 107 GG.

[8] Dazu ausführlich, wenn auch letztlich verneinend, *Siekmann* in Sachs Rn. 1 f., 4 f., 11. Abgleich von Art. 107 alt und neu bei *Jarass* in Jarass/Pieroth Rn. 2. Eine Subsumtion der Regelungen des alten Art. 107 unter die Aufzählung des Art. 143g findet sich bei *Seiler* in Maunz/Dürig Rn. 6 ff.

[9] Ebenso *Siekmann* in Dreier Rn. 15 f.

Art. 143h [Ausgleich kommunaler Mindereinnahmen aus der Gewerbesteuer]

[1] Als Folgewirkung der COVID-19-Pandemie im Jahr 2020 gewährt der Bund im Jahr 2020 einmalig einen pauschalen Ausgleich für Mindereinnahmen aus der Gewerbesteuer zugunsten der Gemeinden und zu gleichen Teilen mit dem jeweiligen Land. [2] Der Ausgleich wird von den Ländern an die Gemeinden auf Grundlage der erwarteten Mindereinnahmen weitergeleitet. [3] Bestehen in einem Land keine Gemeinden, so steht der Ausgleich durch den Bund dem Land zu. [4] Der den Ländern vom Bund zum Ausgleich geleistete Betrag berücksichtigt zusätzlich Auswirkungen der Mindereinnahmen gemäß Satz 1 auf Zu- und Abschläge sowie auf Zuweisungen gemäß Artikel 107 Absatz 2. [5] Das Nähere regelt ein Bundesgesetz, das der Zustimmung des Bundesrates bedarf. [6] Der Ausgleich bleibt bei der Bemessung der Finanzkraft nach Artikel 107 Absatz 2 unberücksichtigt. [7] Artikel 106 Absatz 6 Satz 6 gilt entsprechend.

1 Art. 143h ist im Sommer 2020 unter dem Eindruck der **COVID-19-Pandemie** in kurzer Zeit (dreieinhalb Monate) **mit großer Mehrheit** in Bundestag verabschiedet worden. Am Beginn des Gesetzgebungsverfahrens standen zwei wortgleiche Entwürfe der Fraktionen der CDU/CSU und SPD[1] und der Bundesregierung.[2] Letzterer wurde, nachdem der Bundesrat Stellung genommen hatte[3], für erledigt erklärt. Der federführende Haushaltsausschuss des Bundestages hat am 7.9.2020 eine **öffentliche Anhörung** durchgeführt, an der auch Finanzverfassungsrechtler beteiligt waren[4], und am 16.9.2020 seine Beratungen abgeschlossen.[5] Es folgten der Gesetzesbeschluss des Bundestages am 17.9. und die Zustimmung des Bundesrates am 18.9.2020.[6]

2 Ausgehend von den Beschlüssen des Koalitionsausschusses vom 3.6.2020 über ein „Konjunktur- und Krisenbewältigungspaket" und auf der Grundlage der turnusmäßigen Steuerschätzung im Mai 2020 sieht Art. 143h einen **kurzfristigen, pauschalen und zweckungebundenen Ausgleich** der Mindereinnahmen bei der Gewerbesteuer vor, die Kommunen wegen der COVID-19-Pandemie seit März 2020 zu verzeichnen hatten und haben. Hierzu erhalten die Länder aus dem Bundeshaushalt 2020 **einmalig** (so explizit Art. 143h S. 1) einen Betrag in Höhe von insgesamt 6,134 Mrd. Euro, der auch die Auswirkungen der erwarteten Mindereinnahmen auf Zu- und Abschläge sowie auf Zuweisungen gemäß Art. 107 Abs. 2 berücksichtigt. Bei der Bemessung der Finanzkraft nach Art. 107 Abs. 2 bleibt der gewährte Ausgleich unberücksichtigt. Die Länder beteiligen sich jeweils in gleicher Höhe – mit Besonderheiten bei den Stadtstaaten – und sind, der föderalen Kompetenzaufteilung entsprechend, für die Weiterleitung an die Gemeinden und für eine gemeindescharfe Rechnungslegung gegenüber dem Bund verantwortlich. Einzelheiten, insbesondere die Verteilung auf die einzelnen Länder sowie deren Ko-Finanzierungsanteile, ergeben sich aus Art. 1 des

[1] BT-Drs. 19/20595.
[2] BT-Drs. 19/21752.
[3] Ebd., Anlage.
[4] Ausschuss-Drs. 19 (8) 6129 und zu 6129.
[5] BT-Drs. 19/22586.
[6] Zum Bundesrat vgl. Drs. 363 und 540/20.

gleichzeitig beschlossenen Gesetzes zur finanziellen Entlastung der Kommunen und der neuen Länder.[7] Die Gemeinden haben auf diese Weise 2020 **Mehreinnahmen von 10,968 Mrd. Euro;** Verteilungsmaßstab sind, bei einer Notstandsmaßnahme mit kurzem Zeithorizont zu Recht, die erwarteten Gewerbesteuermindereinnahmen, nicht der allgemeine Finanzbedarf einer Kommune.

Art. 143h ist eine Ausnahmeregelung, die **am 31.12.2020 wieder außer** 3
Kraft tritt, also nur gut drei Monate lang gilt. Es handelt sich um ein **Unikat,** das keinesfalls über den konkreten Fall hinaus auf andere Sachverhalte angewandt werden darf. Ohne die Verfassungsänderung wären die Gewährung eines Ausgleichs durch den Bund und die bundesseitige Verpflichtung der Länder zu deren Ko-Finanzierung verfassungswidrig. Es handelt sich um eine punktuelle und in ihrem finanziellen Ausmaß pauschalierende Durchbrechung der föderalen Kompetenzordnung, die im Übrigen unberührt bleiben soll.

Da zu befürchten ist, dass das Art. 143h zugrundeliegende Problem **über** 4
den 31.12.2020 hinaus besteht, stellt sich die Frage nach finanzverfassungsrechtlichen Anschlussmaßnahmen. Diese nicht gleich mitzuregeln, sondern stattdessen befristet bei den besonders volatilen Gewerbesteuereinnahmen anzusetzen, ist sachgerecht. Die Wirkung der getroffenen Maßnahmen ist im weiteren Verlauf der Pandemie zu **evaluieren.** Alternativen, die sich ohne Grundgesetzänderung realisieren ließen, wären eine Erhöhung des kommunalen Anteils an Einkommen- oder Umsatzsteuer.

Literatur

Zu Art. 143h existiert derzeit keine Fachliteratur. Vgl. jedoch Stellungnahmen auf der Öffentlichen Anhörung des Haushaltsausschusses des Bundestages am 7.9.2020, oben Fn. 4.

---

[7] Text in BT-Drs. 19/20598.

Art. 144 [Annahme des GG; Vorbehalte der Alliierten]

(1) Dieses Grundgesetz bedarf der Annahme durch die Volksvertretungen in zwei Dritteln der deutschen Länder, in denen es zunächst gelten soll.

(2) Soweit die Anwendung dieses Grundgesetzes in einem der in Artikel 23 aufgeführten Länder oder in einem Teile eines dieser Länder Beschränkungen unterliegt, hat das Land oder der Teil des Landes das Recht, gemäß Artikel 38 Vertreter in den Bundestag und gemäß Artikel 50 Vertreter in den Bundesrat zu entsenden.

A. Allgemeine Bedeutung

1 In Art. 144 wird das Verfahren für die Annahme des GG, also die Transformation des Verfassungsentwurfs in einen Geltungsanspruch erhebenden Verfassungstext, festgelegt. Die Vorschrift ist heute nur noch ein **zeithistorisches Dokument mit Verfassungsrang.**[1]

2 Die Etablierung einer neuen Verfassungsordnung ist eine der nach wie vor offenen Fragen der **Verfassungstheorie.**[2] Sie wird regelmäßig unter dem Begriff der **„verfassungsgebende Gewalt"** verhandelt.[3] Richtigerweise gibt es keine rechtsnormativen Anforderungen, die sich für die Etablierung einer neuen Verfassungsordnung ableiten lassen, weil dieser Akt in der Regel mit dem Bruch der alten Verfassungsordnung einhergeht. Für einen derartigen umfassenden Normbruch gibt es keine rechtlichen Metaregeln und es kann sie auch nicht geben, weil jede bestehende normative Ordnung ihre (Fort-) Geltung beanspruchen muss.[4] Diese Beobachtung wird weder durch Art. 144 Abs. 1 noch durch die Art. 145 f. infrage gestellt, sind diese Normen doch selbst Teil der neuen normativen Ordnung GG, die erst durch ihre Setzung hervorgebracht wird.

3 Gleichwohl stellt sich stets die Frage nach der **Legitimität** der neuen Verfassungsordnung. Der „verfassungsgebenden Gewalt" kommt hierbei regelmäßig eine Schlüsselfunktion zu, weil mit ihr die Frage nach der Geltung der Verfassung beantwortet wird.[5] Man kommt nicht umhin, eine Mythenbildung zu konstatieren: In der Denkfigur der „verfassungsgebenden Gewalt" werden unterschiedliche Legitimationsstränge gebündelt und zu einer Gründungserzählung, einem Gründungsmythos, verdichtet.[6] „Mythisch" ist diese Erzählung deshalb, weil es keine letzte Beantwortung der Frage nach der Geltung der Verfassung gibt, die Frage aber in der Figur der verfassungsgebenden Gewalt aufgehoben wird.[7] Diese Erzählung hat nicht nur eine

---

[1] *Kunig* in v. Münch/Kunig, 6. Aufl. 2012, Rn. 1.

[2] Eingehend *Waldhoff* in Depenheuer/Grabenwarter Verfassungstheorie, 289 ff.

[3] Siehe bereits *Böckenförde,* Die verfassungsgebende Gewalt des Volkes – Ein Grenzbegriff des Verfassungsrechts, 1986, passim; *Starck* in MKS Präambel Rn. 14.

[4] Siehe etwa *Starck* in MKS Präambel Rn. 14; aA *Schneider* in HdbStR XII § 255 Rn. 33 ff.

[5] *Waldhoff* in Depenheuer/Grabenwarter Verfassungstheorie, 289 (299); *Dreier* in Dreier Präambel Rn. 79 spricht von einer „komplexe[n] Legitimationsfigur".

[6] Vgl. *Schneider* in HdbStR XII § 255 Rn. 17.

[7] Vgl. *Schaal,* Vertrauen, Verfassung und Demokratie, 2004, 99; auch *Dreier,* Staat ohne Gott, 2018, 145 konzediert, dass man die „verfassungsgebende Gewalt" durchaus als etwas Mystisches ansehen könne; sehr krit. hingegen *Isensee,* Das Volk als Grund der Verfassung – Mythos und Relevanz der Lehre von der verfassungsgebenden Gewalt –, 1995, 105: „Doch

legitimatorische, sondern auch eine dogmatische Funktion: Sie ist der „Backstop" hinter den die Rechtsanwendung nicht zurück kann.[8]

Installiert die „verfassungsgebende Gewalt" ein demokratisches Gemeinwesen, stellt sich für sie selbst das normative, aber nicht rechtliche, Problem, inwieweit der Akt der Verfassungsgebung dem eigenen Versprechen genüge trägt.[9] Es geht, mit anderen Worten, darum, inwieweit die **verfassungsgebende Gewalt** den selbst – freilich für die Zukunft – proklamierten **demokratischen Ansprüchen** genügt. Auch die Referenz an die verfassungsgebende Gewalt des deutschen Volkes im ersten Satz der Präambel des GG zählt hierzu.[10] Es ist sicherlich richtig, der Lehre von der „verfassungsgebenden Gewalt", wie sie maßgeblich von *Sieyès*[11] entwickelt wurde, einen gleichermaßen revolutionären und demokratischen Gehalt zuzusprechen, weil in ihr die Verfassung auf eine souveräne Entscheidung des Volkes zurückgeführt wird.[12] Gleichwohl steht jeder Akt einer Verfassungsgebung vor dem Problem, dass das (auch durch den Akt der Verfassungsgebung konstruierte[13]) Volk nicht *in toto* in der Lage ist, sich am Prozess zu beteiligen.[14] Es muss also ein Verfahren gefunden werden, das ein gewisses Maß an demokratischer Legitimation aufweist. Auch hierfür gibt es keine rechtlichen Metaregeln. Hinzu kommt, dass die Praxis der Verfassungsgebung erhebliche Unterschiede aufweist.[15] 4

Wie bei den anderen Vorschriften des GG, die dessen Zustandekommen und Inkrafttreten regeln, ist auch Art. 144 nur verständlich, wenn man den damaligen **politischen** und **besatzungsrechtlichen Kontext** berücksichtigt. Die zwei damals zentralen staatsrechtlichen Fragen betrafen den Fortbestand des Deutschen Reiches sowie das Verhältnis von Besatzungsrecht und dem Recht, das nach 1945 von deutschen Stellen erlassen wurde. Die ganz hM nahm trotz der vollständigen Kapitulation der Wehrmacht am 8./9.5.1945 an, dass das Deutsche Reich nicht untergegangen sei, weil aufseiten der **Alliierten kein Annexionswille** bestand.[16] Dies evozierte das Folgeproblem, wie die bestehende Besatzungsherrschaft der Alliierten mit der Fortexistenz des Deutschen Staates in Einklang zu bringen war. Die hL behalf sich insoweit damit, dass durch die Besatzungsmächte sowohl eine völkerrechtlich legitimierte Besatzungsherrschaft als auch eine Ausübung der deut- 5

---

der Mythos hat ausgedient. Was an verfassungstheoretischer Substanz in ihm steckt, läßt sich überleiten in eine Lehre der Rechtfertigung, der Geltung und der Wirksamkeit der Verfassung, eine Lehre, die auf politische Ikonen, auf pseudoreligiöse Überhöhung und pseudotheologische Deduktion schadlos verzichtet."

[8] In diese Richtung auch *Depenheuer* in Depenheuer Mythos als Schicksal, 7 (21); allg. zur Bedeutung der „verfassungsgebenden Gewalt" *Murswiek* in BK Präambel Rn. 131 ff.

[9] Siehe *Waldhoff* in Depenheuer/Grabenwarter Verfassungstheorie, 289 (300 f., 304 ff.).

[10] Eingehend *Dreier* in Dreier Präambel Rn. 58 ff., 71 ff.

[11] *Sieyès,* Qu'est-ce que le Tiers-État?, 3. Aufl. 1789.

[12] *Böckenförde,* Die verfassungsgebende Gewalt des Volkes – Ein Grenzbegriff des Verfassungsrechts, 1986, 11 f.; *Dreier* in Dreier Präambel Rn. 71.

[13] S. *Derrida* in Derrida/Kittler Nietzsche – Politik des Eigennamens, 9 (13 f.) schreibt mit Blick auf die amerikanische Unabhängigkeitserklärung: „Das gute Volk verpflichtet sich und nur sich, wenn es selber seine Erklärung unterzeichnet. Das Wir, das in der Erklärung spricht, spricht „im Namen des Volkes". Aber dieses Volk existiert nicht, nicht vor dieser Erklärung, nicht als solches. Durch jene Unterzeichnung bringt es sich als freies und unabhängiges Subjekt, als möglicher Unterzeichner zur Welt."

[14] *Boehl* Der Staat 30 (1991), 572 (578).

[15] Vgl. *Unruh* in MKS Rn. 19; siehe auch *Dreier* in Dreier Präambel Rn. 73 ff.

[16] BVerfGE 36, 1 (15 f.); 77, 137 (150 f.); eingehend zur damaligen Diskussion *Stern,* StaatsR V, 2000, § 132 I 1 ff.; kritisch hierzu *Virally,* Die internationale Verwaltung Deutschlands, 1948, 96 f.; zusammenfassend: *Wittreck* in Dreier Art. 125 Rn. 2.

schen Staatsgewalt erfolgte.[17] Die Besatzungsherrschaft wurde also auf Völkerrecht gestützt, gleichzeitig wurde den Besatzungsmächten attestiert, auch deutsche Staatsgewalt auszuüben.

6 Eng verbunden mit den skizzierten Fragen ist die **rechtshistorische Beurteilung der Genese** des GG. Insoweit ist auch die Frage relevant, inwieweit bei der Verfassungsgebung Spielräume bestanden oder aber der Prozess weitgehend durch die Alliierten determiniert war; kurz: Ist das GG oktroyiert oder aber in einem offenen Prozess entwickelt worden? Nicht zu übersehen ist, dass die Alliierten Einfluss auf die Ausarbeitung des GG genommen haben.[18] Aus der Einflussnahme lässt sich aber mitnichten ableiten, dass das GG eine oktroyierte Verfassungsordnung ist. So ist denn – ironischerweise – das in Art. 144 Abs. 1 festgelegte Annahmeprozedere letztlich Ausfluss der Bedenken der Ministerpräsidenten gegenüber einer von den Alliierten befürworteten Volksabstimmung über die Verfassung im damaligen historischen Kontext, der stark von der Blockkonfrontation des Kalten Krieges geprägt war.[19] Und auch die Arbeit des Parlamentarischen Rates zeigt deutlich, dass ein Willen zur Durchsetzung eigener Vorstellungen bestand und dieser vielfach auch Früchte trug.[20] Hinzu kommt, dass das GG – wie von Art. 144 Abs. 1 gefordert – von mehr als zwei Dritteln der Volksvertretungen der Länder angenommen wurde (→ Rn. 11).[21] Mehr als 70 Jahre nach Inkrafttreten des GG hat diese Frage auch ihre Brisanz verloren; zumal die **Legitimität des Gründungsaktes** nur einer der legitimitätsstiftenden Faktoren einer Verfassung ist.[22]

7 Anders als Art. 144 Abs. 1 betrifft Abs. 2 die Partizipation derjenigen Länder, in denen das GG nicht vollumfänglich galt, an der Verfassungsgesetzgebung des Bundes. Diese Regelung betraf ausschließlich Berlin und wird deshalb auch als **„Lex Berlin"** bezeichnet.[23]

8 **Vergleichbare Vorschriften** über die Annahme von Verfassungen finden sich **weder** im **Völker**- noch im **europäischen Recht.**[24] Abgesehen von Vertragsänderungen, die in einem vereinfachten Verfahren erfolgen können, bedarf jede Revision der Verträge der EU der Ratifizierung durch alle Mitgliedstaaten. Dies ergibt sich aber nicht aus dem Primärrecht selbst, sondern aus dem Umstand, dass die Verträge völkerrechtlicher Provenienz sind.

B. Einzelfragen

I. Annahme des GG (Abs. 1)

9 Art. 144 Abs. 1 knüpft die Ratifizierung des GG an die **Zustimmung** durch mindestens **zwei Drittel** der Volksvertretungen der **Länder.** Der

[17] *Stern,* StaatsR V, 2000, § 131 III 2 (zum Alliierten Kontrollrat); knapp zur damaligen Diskussion um den Fortbestand der „verfassungsgebenden Gewalt" des deutschen Volkes *Viehoff,* Die verfassungsgebende Gewalt, 1 f.

[18] *Starck* in MKS Präambel Rn. 18.

[19] Siehe *Klein* in Maunz/Dürig Rn. 5 ff.

[20] *Kloepfer* ZRP 1983, 57 (59); *Dreier* in Dreier Rn. 15; eingehend *Stern,* StaatsR V, 2000, § 133.

[21] Vgl. *Stern,* StaatsR V, 2000, § 133 II 11.

[22] *Waldhoff* in Depenheuer/Grabenwarter Verfassungstheorie 289 (307 ff.); *Starck* in MKS Rn. 18.

[23] *Unruh* in MKS Rn. 6, 21.

[24] *Dreier* in Dreier Rn. 13 f.

damalige Art. 23 S. 1 nannte als Länder: Baden, Bayern, Bremen, Groß-Berlin, Hamburg, Hessen, Niedersachsen, Nordrhein-Westfalen, Rheinland-Pfalz, Schleswig-Holstein, Württemberg-Baden und Württemberg-Hohenzollern. Trotz dieser Aufzählung war eine verbindliche Abstimmung in Groß-Berlin aufgrund des **Berlin-Vorbehalts der Alliierten** nicht zulässig.[25] Auf eine Stimmgewichtung – etwa aufgrund der Bevölkerungszahlen – in den Ländern wurde verzichtet.[26]

Die Norm unterschlägt zwei **weitere Annahmebedingungen:** Zum einen die Zustimmung des Parlamentarischen Rates selbst. Diese ist in Art. 145 vorgesehen. Zum anderen mussten auch die West-Alliierten dem GG zustimmen.[27] Dies taten sie mit dem Genehmigungsschreiben vom 12.5.1949 (→ Rn. 15). 10

Nach der Annahme des GG durch den Parlamentarischen Rat stimmten – mit der **Ausnahme** des Freistaates **Bayern** – die Volksvertretungen aller Länder, die in Art. 23 aF genannt und zur verbindlichen Abstimmung berechtigt waren, für die Annahme des GG.[28] Die Abstimmungen fanden zwischen dem 18. und dem 21.5.1949, also in enger zeitlicher Abfolge, statt.[29] Obwohl eine Zustimmung Groß-Berlins nicht vonnöten war, wurde auch dort ein entsprechender Beschluss gefasst: Die Stadtverordnetenversammlung von Groß-Berlin stimmte am 19.5.1949 einstimmig für die Annahme des GG.[30] 11

Im **Bayerischen Landtag** wurde zusätzlich zur Ablehnung des GG ein weiterer Beschluss gefasst, in dem die Rechtsverbindlichkeit der Verfassung auch für Bayern anerkannt wurde.[31] Deutlich wird also der Versuch, zum einen die bestehenden Bedenken gegenüber dem GG klar zum Ausdruck zu bringen und andererseits – über einen rechtlich unerheblichen Akt[32] – keine unverrückbare Frontstellung gegenüber dem GG, aber auch nicht gegenüber dem Bund, entstehen zu lassen.[33] 12

Die **Bindungswirkung** des GG trat nach hL bereits zu dem Zeitpunkt ein, an dem zwei Drittel der Länder zugestimmt hatten.[34] Insoweit wird man bis zum 24.5.1949 allerdings nur eine Vorfeldwirkung annehmen können, da Art. 145 weitere formelle Voraussetzungen für das Inkrafttreten des GG statuiert. 13

II. Vorbehalte in Bezug auf Groß-Berlin (Abs. 2)

Die Regelung des Art. 144 Abs. 2 galt – auch wenn dies im Wortlaut der Bestimmung selbst nicht zum Ausdruck kommt – **ausschließlich** für **Berlin.**[35] Die Norm sah für diejenigen Länder, oder Teile von diesen, in denen das GG nicht vollumfänglich galt, eine Sonderregelung zur Bestellung von Vertretern in Bundestag und Bundesrat vor. 14

---

[25] Vgl. BVerfGE 7, 1 (12); *Klein* in Maunz/Dürig Rn. 16.
[26] *Unruh* in MKS Rn. 14.
[27] *Dreier* in Dreier Rn. 17.
[28] *Stern,* StaatsRV, 2000, § 133 III 11.
[29] *Stern,* StaatsRV, 2000, § 133 III 11.
[30] *Stern,* StaatsRV, 2000, § 133 III 11.
[31] *Stern,* StaatsRV, 2000, § 133 III 11.
[32] Vgl. *Huber* BayVBl. 2012, 257.
[33] Siehe auch die Rundfunkansprache des Bayerischen Ministerpräsidenten *Ehard;* zit. von: *Stern,* StaatsRV, 2000, § 133 II 11.
[34] *Dreier* in Dreier Rn. 20.
[35] *Klein* in Maunz/Dürig Rn. 28; *Unruh* in MKS Rn. 21.

15 Die Bestimmung ist Ausfluss der **Alliierten-Vorbehalte** in Bezug auf **Berlin.**[36] Diese konnten nicht ohne Auswirkungen auf das Bundesrecht bleiben, weil sie im Kern dahingingen, die „Regierungsgewalt" des Bundes in Berlin zu beschneiden. Bereits in den Londoner Protokollen der vier Hauptsiegermächte wurde eine interalliierte Verwaltung Berlins vereinbart, aufgrund derer die Eingliederung eines Teils von Berlin ins Bundesgebiet aufseiten der Alliierten stets abgelehnt wurde.[37] Die oberste (Regierungs-) Gewalt *(supreme authority)* in Berlin wurde bis zur Wiedervereinigung gemeinsam durch die vier Siegermächte ausgeübt.[38] Diese hatten für Groß-Berlin eine besondere Behörde geschaffen, die **Komendatura.**[39] Die westlichen Besatzungsmächte hatten sich zudem in Bezug auf Berlin in ihrem Genehmigungsschreiben vom 12.5.1949[40] den Vorbehalt ausbedungen, dass Berlin „may not … be governed by the Federation".

16 Am sichtbarsten zeigten sich die **Einschränkungen** in der **Legislative.** Der Berlin-Vorbehalt schloss die unmittelbare Geltung von Bundesrecht in Berlin aus.[41] Folge war, dass Berlin zu einer Art „autonomen Nachvollzugs"[42], des Bundesrechts übergehen musste; Bundesgesetze wurden erst durch positive Entscheidungen des **Abgeordnetenhauses** transformiert und damit auch in Berlin rechtsverbindlich.[43] Auch die Mitwirkung Berlins bei der Rechtsetzung im Bund war stark eingeschränkt: Ein Stimmrecht kam den vom Berliner Abgeordnetenhaus gewählten Abgeordneten des Bundestages nur in den Ausschüssen sowie bei parlamentsinternen Angelegenheiten zu.[44] Auch die entsandten Vertreter Berlins im Bundesrat verfügten nicht über dieselben Mitwirkungsbefugnisse wie die anderen Bundesratsmitglieder.[45] Allein in der Bundesversammlung durften sowohl die Berliner Abgeordneten des Bundestages als auch die Delegierten des Abgeordnetenhauses votieren.[46]

17 Unter den Berlin-Vorbehalt fiel auch die **rechtsprechende Gewalt des Bundes.** Folge war, dass das BVerfG in den so genannten „Berliner Sachen" trotz der von ihm postulierten Geltung des GG in Berlin seine rechtsprechende Gewalt nicht ausüben durfte.[47] Hinsichtlich der rechtsprechenden Gewalt der übrigen Bundesgerichte verfolgten die West-Alliierten eine konziliantere Linie: Sie wurde zumindest konkludent akzeptiert.[48]

---

[36] Einhellige Ansicht *Dreier* in Dreier Rn. 22; *Jarass* in Jarass/Pieroth Rn. 3; *Klein* in Maunz/Dürig Rn. 28.; *Unruh* in MKS Rn. 21.

[37] Siehe *Hopfauf* in SHH Rn. 17 ff.

[38] Siehe nur *Scholz* DÖV 1987 358 (360).

[39] *Unruh* in MKS Rn. 6 ff.

[40] Abgedruckt in: Deutscher Bundestag/Bundesarchiv (Hrsg.), Der Parlamentarische Rat 1948–1949, Bd. 8, 1995, 273 ff.

[41] BVerfGE 7, 1 (13).

[42] Vgl. zum schweizerischen Modell des „autonomen Nachvollzugs" von Unionsrecht *Weber* EuZW 2012, 872.

[43] BVerfGE 19, 377 (388 f.).

[44] *Klein* in Maunz/Dürig Rn. 30 f.

[45] *Klein* in Maunz/Dürig Rn. 31.

[46] *Klein* in Maunz/Dürig Rn. 31 f.

[47] BVerfGE 7, 1 (14 f.).

[48] *Ziekow* NJW 1986, 1595.

C. Kritische Würdigung

Die Norm ist heute **obsolet** (→ Rn. 1), ihrem Abs. 1 kommt indes nach wie vor eine **symbolische Funktion** zu. Denn die Vorschrift macht deutlich, dass das GG selbst demokratisch legitimiert ist. Hingegen ist Art. 144 Abs. 2 nur noch ein rechtshistorisches Kuriosum. **18**

Literatur

K. Pfeiffer, Zur Rechtsnatur der alliierten Vorbehaltsrechte, DVBl. 1973, 57. – ***R. Scholz,*** Berlin – Status und nationale Aufgabe, DÖV 1987, 358. – ***F. Viehoff,*** Die verfassungsgebende Gewalt, 1952. – ***M. Virally,*** Die internationale Verwaltung Deutschlands vom 8. Mai 1945 bis 24. April 1947. – ***C. Waldhoff,*** Entstehung des Verfassungsgesetzes, in Depenheuer/Grabenwarter (Hrsg.), Verfassungstheorie, 2010, 289. – ***J. Ziekow,*** Bundesverwaltungsgericht und Berlin-Vorbehalt, NJW 1986, 1595.

Art. 145 [Verkündung und Inkrafttreten des GG]

(1) Der Parlamentarische Rat stellt in öffentlicher Sitzung unter Mitwirkung der Abgeordneten Groß-Berlins die Annahme dieses Grundgesetzes fest, fertigt es aus und verkündet es.

(2) Dieses Grundgesetz tritt mit Ablauf des Tages der Verkündung in Kraft.

(3) Es ist im Bundesgesetzblatte zu veröffentlichen.

Weimarer Reichsverfassung von 1919

Art. 181 Das Deutsche Volk hat durch seine Nationalversammlung diese Verfassung beschlossen und verabschiedet. Sie tritt mit dem Tage ihrer Verkündung in Kraft.

Hinweis: Die WRV ist am 11.8.1919 ausgefertigt und am 14.8.1919 verkündet worden (RGBl. 1919, 1383 ff.).

A. Allgemeine Bedeutung

1 Die Vorschrift regelt das weitere Verfahren im **Entstehungsprozess** des GG nach der von Art. 144 festgelegten „Annahme" der Verfassung durch mindestens zwei Drittel der Volksvertretungen der elf abstimmungsberechtigten Länder. Geregelt wird der **„letzte Akt"**[1] der Verfassungsentstehung, die Annahme, Ausfertigung und Verkündung des Verfassungstextes durch den Parlamentarischen Rat sowie sein Inkrafttreten und seine Veröffentlichung.

2 Mit der Vorschrift werden im Verfassungstext selbst Voraussetzungen für seinen Geltungsanspruch normiert. Da der Verfassungstext vor seinem Inkrafttreten aber noch nicht gelten kann, kommt man aus dieser **Aporie** nur heraus, wenn man der Regelung entweder eine Rückwirkung bescheinigt oder aber sie als eine Art aufschiebende Bedingung auffasst. Die besseren Gründe dürften für die zweite Auffassung sprechen, denn es finden sich in der Verfassung keinerlei Anhaltspunkte dafür, dass das GG rückwirkend in Kraft treten sollte.

3 Auch Art. 145[2] ist, wie Art. 144 (→ Art. 144 Rn. 1), heute nur noch ein **zeithistorisches Dokument mit Verfassungsrang.**

4 Vergleichbare Fragen stellen sich weder im Unions- noch im Konventionsrecht, weil beide auf völkerrechtlichen **Verträgen,** also auf inhaltlich korrespondierenden Willenserklärungen von Völkerrechtssubjekten, basieren.

B. Einzelfragen

I. Proklamation des GG (Abs. 1)

5 Zuständig für das in Art. 145 Abs. 1 festgelegte Verfahren war der Parlamentarische Rat, der nur an dieser Stelle im GG erwähnt wird. Neben dem Konvent von Herrenchiemsee war der Parlamentarische Rat der zentrale Akteur bei der Ausarbeitung der neuen Verfassung für die Länder in den westdeutschen Besatzungszonen. In der in Art. 145 Abs. 1 vorgesehenen zentralen Rolle des Parlamentarischen Rates auf den **„letzten Metern"** der

[1] *Klein* in Maunz/Dürig Rn. 3; siehe auch *Unruh* in MKS Rn. 2.

[2] Zur Normgenese siehe *Klein* in Maunz/Dürig Rn. 1 f.; *Unruh* in MKS Rn. 1.

Verfassungsgenese wird auch eine Bekräftigung der „verfassungsgebenden Gewalt" des deutschen Volkes gesehen.[3]

In Art. 145 Abs. 1 ist ein **mehrstufiges Verfahren** vorgesehen. Auf der 6
ersten Stufe musste die Annahme der Verfassung in öffentlicher Sitzung durch den Parlamentarischen Rat festgestellt werden. Wie aus Art. 144 Abs. 1 hervorgeht, meint „Annahme" hier die Zustimmung zum GG in mindestens zwei Dritteln der abstimmungsberechtigten Länder. Am 23.5.1949 wurde im Rahmen der zwölften Plenarsitzung des Parlamentarischen Rates in Bonn die Annahme des GG feierlich festgestellt, wenngleich der Vorsitzende des Parlamentarischen Rates, *Konrad Adenauer,* irrig ausführte, dass mit den geleisteten Unterschriften der Mitglieder des Parlamentarischen Rates unter der Verfassungsurkunde bestätigt werde, dass das GG vom Parlamentarischen Rat angenommen wurde.[4] Dieser Irrtum ist aber ohne Relevanz, da das GG insoweit keine zu beachtenden Formerfordernisse normiert.[5]

Auf der zweiten Stufe sieht Art. 145 Abs. 1 die **Ausfertigung** der Verfassung 7
vor. Die Ausfertigung der Verfassung erfolgte durch die Unterschriften der Mitglieder des Parlamentarischen Rates – mit Ausnahme der Abgeordneten *Reimann* und *Renner* (beide KPD) – unter die Originalverfassungsurkunde.[6]

Die vorgeschriebene **Verkündung** der Verfassung erfolgte durch den Vor- 8
sitzenden des Parlamentarischen Ausschusses Adenauer:[7] „Meine Damen und Herren! Gemäß Art. 145 verkünde ich im Namen und im Auftrage des Parlamentarischen Rates unter Mitwirkung der Abgeordneten Groß-Berlins das Grundgesetz. Es tritt mit Ablauf des heutigen Tages in Kraft. Es wird in Nummer 1 des Bundesgesetzblattes von heute veröffentlicht."[8]

Die Abgeordneten Groß-Berlins sollten am Verfahren „mitwirken", also in 9
den Prozess der **Proklamation** der Verfassung eingebunden werden. Gleichzeitig wird so zumindest ein symbolisches Rangverhältnis zwischen den Abgeordneten Groß-Berlins und den anderen Mitgliedern des Parlamentarischen Rates hergestellt. Diese Regelung erklärt sich aus dem **Berlin-Vorbehalt der Alliierten,** der die Hoheitsgewalt des Bundes in Berlin stark beschränkt und deshalb auch nur sehr eingeschränkte Mitwirkungsmöglichkeiten des Landes Berlin im Bund vorsah.[9] Worauf sich das Mitwirkungserfordernis in Art. 145 Abs. 1 bezieht, geht aus der Norm nicht hervor. Abgesehen vom Vorsitzenden des Parlamentarischen Rates forderte nur die Ausfertigung des Verfassungstexte von den Mitgliedern des Parlamentarischen Rates eine aktive Partizipation (→ Rn. 7). Da auch die Berliner Abgeordneten die Verfassungsurkunde unterschrieben, haben sie also auch im erforderlichen Maße beim „letzten Akt"[10] der Verfassungsgenese mitgeholfen.

II. Inkrafttreten des GG (Abs. 2)

Der **Zeitpunkt** des Inkrafttretens des GG wird in Art. 145 Abs. 2 geregelt. 10
Angeknüpft wird an den Ablauf des Tages, an dem das GG verkündet wurde.

[3] *Klein* in Maunz/Dürig Rn. 7; *Unruh* in MKS Rn. 2.
[4] *Dreier* in Dreier Rn. 5.
[5] *Dreier* in Dreier Rn. 7; zust. *Unruh* in MKS Rn. 5.
[6] *Klein* in Maunz/Dürig Rn. 5; *Dreier* in Dreier Rn. 5.
[7] *Dreier* in Dreier Rn. 8.
[8] Deutscher Bundestag/Bundesarchiv (Hrsg.), Der Parlamentarische Rat 1948–1949, Bd. 9, 1996, 700.
[9] Vgl. *Dreier* in Dreier Art. 144 Rn. 22 ff.
[10] *Klein* in Maunz/Dürig Rn. 3.

Wenig ergiebig ist der Streit darüber, ob das GG am 24.5.1949 um 0:00 Uhr[11] oder aber am 23.5.1949 um 24:00 Uhr[12] in Kraft trat, denn diese Zeitpunkte sind **identisch**[13]. Die Rspr. hat sich bislang nicht eindeutig verhalten.[14]

11 Mit dem Inkrafttreten des GG wurde einerseits der Staat Bundesrepublik erschaffen und trat andererseits eine umfassende Bindung seiner Hoheitsgewalt an die verfassungsrechtlichen Vorgaben ein[15]. Die **materiellen Wirkungen** des Inkrafttretens ergeben sich nicht aus Art. 145, sondern aus den Bestimmungen des GG, die nicht seine Genese regeln.

12 Der räumliche Geltungsbereich des GG erstreckte sich ab dem Zeitpunkt seines Inkrafttretens auf die in Art. 23 aF aufgeführten Länder.[16] In Art. 23 aF war auch **Groß-Berlin** erwähnt. Gleichwohl bestanden die alliierten Berlin-Vorbehalte, so dass die staatrechtliche Stellung Berlins durch den zentralen Passus, dass der Bund im umfassenden Sinne Berlin nicht regieren dürfe, beeinflusst wurde.[17]

III. Veröffentlichung im Bundesgesetzblatt (Abs. 3)

13 Vorgeschrieben wird durch Art. 144 Abs. 3 die **Veröffentlichung** des Verfassungstextes im Bundesgesetzblatt. Dies ist bereits am 23.5.1949 geschehen.[18] Die Veröffentlichung war allerdings rein **deklaratorisch;**[19] Art. 144 Abs. 2, der das Inkrafttreten des GG regelt, nimmt nur auf dessen Verkündung durch den Parlamentarischen Rat Bezug.

C. Kritische Würdigung

14 Wie Art. 144 ist auch Art. 145 durch die Annahme des GG weitgehend obsolet geworden. Auch wenn die Norm heute obsolet ist, gibt sie uns doch ein beredetes Zeugnis vom **Entstehungsprozess der Verfassung** und spielt insofern zumindest eine **symbolische Rolle,** die – da sie auf die „verfassungsgebende Gewalt" verweist – nicht unterschätzt werden sollte.

Literatur

W. Benz, Die Gründung der Bundesrepublik, 1984. – ***H. Berger,*** Die Entstehung des Grundgesetzes, DV 1949, 309. – ***A. Danco,*** Die Entstehung der Bundesrepublik Deutschland und das Inkrafttreten des Grundgesetzes, 1961. – ***F. Giese,*** Bundesstaatsgründung einst und jetzt, FS Speyer, 1957, 63. – ***O. Jauernig,*** Wann ist das Grundgesetz in Kraft getreten?, JZ 1989, 615. – ***P. H. Merkl,*** Die Entstehung der Bundesrepublik Deutschland, 1965. – ***H. Schäfer,*** Die Gesetzgebungskompetenz der Länder in der Übergangszeit, SJZ 1949, 802. – ***H. v. Wedel,*** Das Verfahren der demokratischen Verfassungsgebung. Dargestellt am Beispiel Deutschlands 1848/49, 1919, 1948/49, 1976.

[11] Dafür *Hillgruber* in BeckOK GG Rn. 2.

[12] *Jauernig* JZ 1989, 615 (616); *Dreier* in Dreier Rn. 10; *Klein* in Maunz/Dürig Rn. 11.

[13] Wie hier *Unruh* in MKS Rn. 8; *Klein* in Maunz/Dürig Rn. 11; aA hingegen *Dreier* in Dreier Rn. 10.

[14] BVerfGE 2, 124 (135); 2, 237 (258); 4, 331 (339); 11, 126 (129).

[15] BVerfGE 2, 237 (257 f.).

[16] *Unruh* in MKS Rn. 10.

[17] *Dreier* in Dreier Art. 144 Rn. 22 ff.

[18] BGBl. I 1949 1.

[19] So auch *Klein* in Maunz/Dürig Rn. 10.

Art. 146 [Geltung und Geltungsdauer des Grundgesetzes]

Dieses Grundgesetz, das nach Vollendung der Einheit und Freiheit Deutschlands für das gesamte deutsche Volk gilt, verliert seine Gültigkeit an dem Tage, an dem eine Verfassung in Kraft tritt, die von dem deutschen Volke in freier Entscheidung beschlossen worden ist.

Art. 146 Grundgesetz 1949

Dieses Grundgesetz verliert seine Gültigkeit an dem Tage, an dem eine Verfassung in Kraft tritt, die von dem deutschen Volke in freier Entscheidung beschlossen worden ist.

Übersicht

A. Allgemeine Bedeutung

I. Genese

1 Die Bestimmung des Art. 146 verfügt über keine Vorläufer in der deutschen Verfassungsgeschichte.[1] Sie ist Ausdruck der besonderen Umstände, unter denen das Grundgesetz 1948/49 ausgearbeitet wurde. Bereits der Verfassungskonvent von **Herrenchiemsee** diskutierte, wie sich eine Wiedererlangung voller außenpolitischer Handlungsfähigkeit auf die zukünftige deutsche Verfassung auswirken würde. In den Entwurf von Herrenchiemsee

[1] *Unruh* in MKS Rn. 1; differenzierend *Dreier* in Dreier Rn. 1 (mit Verweis auf das „ewige Interim" des Westfälischen Friedens oder das „komplexe Normengeflecht" beim Übergang vom Norddeutschen Bund auf das Deutsche Reich).

wurde eine Bestimmung aufgenommen, die dem späteren Art. 146 bis auf terminologische Details stark ähnelte („Geltung“ statt „Gültigkeit“, Verweis auf „freie Selbstbestimmung“ statt „freier Entscheidung“).[2]

2 Dieser Entwurf wurde im **Parlamentarischen Rat** kontrovers diskutiert. So wurde vertreten, dass eine Ablösung des GG sich nach dem Verfahren der Verfassungsänderung zu richten habe, welches in das GG aufzunehmen sei. Andere Stimmen, so z. B. Thomas Dehler (FDP), sprachen sich für eine Streichung des Artikels aus, da es Sache der kommenden, „in freier Selbstbestimmung gegebenen Verfassung“ sei, zu bestimmen, ob und in welcher Form das GG außer Kraft treten solle.[3] Die Debatten des Parlamentarischen Rates waren dabei grundsätzlicher Natur. So äußerte sich z. B. Carlo Schmid (SPD) in der 9. Sitzung des Plenums vom 6.5.1949 in einer für die Rezeption von Art. 146 wirkmächtigen Art und Weise: „Die letzte Bestimmung des Grundgesetzes ist ein Artikel, in dem gesagt ist, daß das Grundgesetz automatisch an dem Tage außer Kraft tritt, an dem eine *Verfassung* wirksam wird, die vom deutschen Volk in *freier Entscheidung* beschlossen worden ist. Die neue, die echte Verfassung unseres Volkes wird also nicht im Wege der Abänderung dieses Grundgesetzes geschaffen werden, sie wird *originär* entstehen, und nichts in diesem Grundgesetz wird die Freiheit des Gestaltungswillens unseres Volkes beschränken, wenn es sich an diese Verfassung machen wird.“[4] Einen Tag später unterstrich Heinrich von Brentano (CDU) in einem ganz ähnlichen Sinn: „Wir alle sind uns klar – und das kommt im letzten Artikel unseres Verfassungsentwurfs zum Ausdruck –, daß das, was wir hier beschließen, zeitlich begrenzt sein soll und muß. Und wir hoffen und wünschen, daß der Tag bald kommen möge, an dem unsere ganze Arbeit sich als überholt erweisen wird, der Tag, an dem das deutsche Volk, das *ganze deutsche Volk* in wahrhaft freier Willensentfaltung seine eigene Staatsform und sein eigenes Staatsgrundgesetz frei und unabhängig wird beschließen können.“[5]

3 So hatte die ursprüngliche Fassung des Art. 146 eine doppelte Stoßrichtung: Der Verweis auf die „freie Entscheidung“ des deutschen Volkes unterstrich zum einen die Begrenzung der Autonomie, unter der das GG ausgearbeitet wurde. Zum anderen brachte sie zum Ausdruck, dass sich nicht das gesamte deutsche Volk durch das GG eine Verfassung geben konnte.[6] Zusammengenommen wurden von Art. 146 und Präambel in ihrer jeweils ursprünglichen Fassung der provisorische Charakter der Ordnung des GG unterstrichen.[7] Gleichzeitig diente Art. 146 neben anderen Normen zur Ableitung des Wiedervereinigungsgebots.[8]

---

[2] JöR nF 1 (1951), 924.

[3] JöR nF 1 (1951), 924; Parl. Rat, Bd. XIII, 689.

[4] Parl. Rat, Bd. IX, 443 f. (Hervorhebung im Original); siehe *Unruh* in MKS Rn. 4; kritisch zur Rezeption dieser Sentenz *Isensee,* Braucht Deutschland eine neue Verfassung?, 1992, 37.

[5] Parl. Rat Bd. IX, 601 (Hervorhebung im Original).

[6] Was in der Literatur zur Entwicklung von Vorstellungen einer Stellvertreterrolle des Parlamentarischen Rats für das gesamte deutsche Volk geführt hat, *Isensee* in HdbStR XII § 254 Rn. 30 mwN.

[7] *Dreier* in Dreier Rn. 3; auch die Schöpfer der WRV gingen allerdings davon aus, die WRV sei kein „Werk für die Ewigkeit“, siehe *Polzin,* Verfassungsidentität, 2018, 17.

[8] BVerfGE 5, 85 (127); 36, 1 (16); 77, 137 (150); BVerwG NJW 1961, 694 (695); *Klein* NJW 1990, 1065 (1069); *Kau* FS f. *Hailbronner,* 2013, 767 (769); *Hillgruber* in BeckOK Rn. 1; *Ney* ZaöRV 75 (2015), 619 (632).

Neu gefasst wurde Art. 146 1990 aus Anlass der deutschen **Wiedervereinigung** und zwar im Wege der Änderung durch Art. 4 Nr. 6 EV.[9] Seine Bedeutung wurde in „verunklarender Weise"[10] durch die Einfügung des Relativsatzes „das nach Vollendung der Einheit und Freiheit Deutschlands für das gesamte deutsche Volk gilt" verändert. Diese Änderung hatte auch außenpolitische Gründe, da die Alliierten im Zwei-plus-Vier-Vertrag eine Garantie für einen deutschen Verzicht auf Gebietsansprüche forderten (Art. 1 Abs. 4). Es sollte ausgeschlossen werden, Art. 146 a. F. als fortbestehenden „Wiedervereinigungsanspruch" mit den früheren Ostgebieten zu deuten.[11] Seitdem ist die Bestimmung unverändert. 4

Die **Änderung** des Art. 146 im Zuge der deutschen Wiedervereinigung ist Ausdruck eines „dilatorischen Formelkompromisses"[12] zwischen der damals von CDU/CSU und FDP getragenen Bundesregierung einerseits und der SPD-geführten Opposition andererseits. Während die Bundesregierung den Weg zur deutschen Einheit über die sog. „Beitrittslösung" des Art. 23 a. F. realisieren und im Zuge der dann zu ändernden Vorschriften des GG den Art. 146 streichen wollte, sprach sich die SPD für einen Verfassungsgebungsprozess nach eben dieser Vorschrift aus. Der gefundene Kompromiss – Beitritt nach Art. 23 a. F., Änderung des Art. 146 – wurde durch eine Formulierung in Art. 5 EV begleitet, wonach die Regierungen der beiden Vertragsparteien den gesetzgebenden Körperschaften des vereinten Deutschlands empfahlen, sich innerhalb von zwei Jahren mit den im Zusammenhang mit der deutschen Einigung aufgeworfenen Fragen zu beschäftigen, insbesondere auch mit der Frage der Anwendung des Art. 146, ggf. im Wege einer Volksabstimmung (was dann in der damaligen Terminologie als „Draufsatteltheorie" bezeichnet wurde[13]). Die durch Bundestag und Bundesrat hierzu eingesetzte Gemeinsame Verfassungskommission sprach aber in der Folge keinerlei Empfehlungen in dieser Frage aus.[14] 5

II. Inhaltsübersicht und Grundüberlegungen

Artikel 146 wird als eine der „rätselhaftesten" Bestimmungen des Grundgesetzes bezeichnet.[15] Ihrem Wortlaut nach **regelt** die Vorschrift das Außerkrafttreten des Grundgesetzes durch den Beschluss einer neuen, durch freie 6

[9] Vertrag zwischen der Bundesrepublik Deutschland und der Deutschen Demokratischen Republik über die Herstellung der Einheit Deutschlands (Einigungsvertrag) vom 31.8.1990, BGBl. 1990 II 889; Gesetz zum Einigungsvertrag vom 23.9.1990, BGBl. 1990 II 885; zur Änderung des GG durch völkerrechtlichen Vertrag siehe *Hain* in MKS Art. 79 Rn. 4; BVerfGE 82, 316 (320 f.); 84, 90 (118 f.); krit. *Dreier* in Dreier Art. 79 Rn. 15.

[10] *Waldhoff* in Depenheuer/Grabenwarter Verfassungstheorie, § 8 Rn. 3.

[11] *Schäuble* in Guggenberger/Stein Die Verfassungsdiskussion, 283 (302) spricht von „äußeren Gründen", siehe ferner *Mahrenholz,* Die Verfassung und das Volk, 1991, 34; *Moelle,* Der Verfassungsbeschluss, 1996, 135–139.

[12] *Isensee,* Braucht Deutschland eine neue Verfassung?, 1992, 45; dies aufgreifend *Michael* in BK Rn. 241; *Polzin,* Verfassungsidentität, 2018, 126; kritisch zu dieser Bewertung *Kau* FS f. *Hailbronner,* 2013, 767 (775).

[13] *Tomuschat* VVDStRL 49 (1990), 70 (86); als „Paketlösung" bezeichnet bei *Häberle* JZ 1990, 358 (359 f.).

[14] *Herdegen* in Maunz/Dürig Rn. 21; *Huber* in Sachs Rn. 6; aus der zeitgenössischen Literatur siehe exemplarisch die unterschiedlichen Bewertungen der Arbeit der Kommission bei *Isensee* NJW 1993, 2583 (2584) und *Schneider* NJW 1994, 558 (559); aus der Anfangszeit der Kommission *Mahrenholz,* Die Verfassung und das Volk, 1991, 44 f.; konziser Überblick über die Diskussion bei *Chatziathanasiou,* Verfassungsstabilität, 2019, 40 f.

[15] *Herdegen* in Maunz/Dürig Rn. 3; *Unruh* in MKS Rn. 1; *Wiederin* AöR 117 (1992), 410 (416).

Entscheidung des deutschen Volkes hervorgebrachten Verfassung. Systematisch steht die Bestimmung in einem engen Zusammenhang mit der Präambel[16] – und ihrem Verweis auf die verfassunggebende Gewalt des Volkes – sowie den formellen und materiellen Bestimmungen zur Verfassungsänderung in Art. 79. Ziel und Zweck der Bestimmung sind heftig umstritten. Jedenfalls enthält die Bestimmung kein Gebot, auf eine Ablösung des Grundgesetzes hinzuarbeiten[17] – und gebietet auch keine Duldung solcher Bestrebungen.[18]

7 Von zentraler Bedeutung für das Verständnis der Bestimmung ist es, ihre Auslegung für die Zeit vor und nach der deutschen Wiedervereinigung und der damit einhergehenden Änderung des Wortlauts zu unterscheiden. Zentraler Streitpunkt, der an die Entwicklung der Norm anknüpft, ist dabei, ob Art. 146 a. F. historisch **nur einen Sinn** hatte, nämlich das Provisorium des im geteilten Deutschland ausgearbeiteten GG zu versinnbildlichen und einen Weg zur Wiedervereinigung bereitzustellen,[19] oder ob die Vorschrift immer **zwei offene Fragen** ansprach: die Wiedervereinigungsfrage ebenso wie die sog. „Verfassungsfrage".[20]

8 Art. 146 alter wie neuer Fassung thematisiert Fragen der **verfassunggebenden Gewalt des Volkes**[21], wobei es sich um einen „Grenzbegriff des Verfassungsrechts" handelt.[22] Für die Auslegung des Art. 146 folgt daraus, dass eine Annäherung an diese Norm auf einer rein dogmatischen Grundlage wenig erfolgsversprechend ist.[23] Zugleich ist jedoch auch die Annahme verfehlt, in Art. 146 – und der korrespondierenden Bestimmung der Präambel – gehe es unmittelbar um den *pouvoir constituant* als verfassungstheoretische Kategorie.[24] Richtigerweise überführen sowohl die Präambel als auch Art. 146 verfassungstheoretische Begriffe in das positiv geltende Verfassungsrecht.[25] Diese müssen im Rahmen der Verfassungsauslegung dann auch als Rechtsbegriffe operationalisiert werden.[26] Dies schließt nicht aus, diesen Begriffen nur eine begrenzte Subsumierbarkeit zuzubilligen und anzuerkennen, dass überschießende verfassungstheoretische Gehalte und verfassungspolitische Präferenzen für die Auslegung eine Rolle spielen können.[27]

9 Dies wurde besonders deutlich in den Debatten um die Änderung des Art. 146 im Zuge der deutschen Wiedervereinigung.[28] Weite Teile der

---

[16] *Murswiek,* Die verfassunggebende Gewalt, 1978, 101.

[17] *Dreier* in Dreier Rn. 51; *Huber* in Sachs Rn. 14; *Michael* in BK Rn. 259; *Jarass* in Jarass/Pieroth Rn. 2; *Hillgruber* in BeckOK Rn. 12.

[18] BVerfGE 144, 20 (197 f., Rn. 518); *Michael* in BK Rn. 640–646.

[19] *Stern* in Guggenberger/Stein Die Verfassungsdiskussion, 307 (316 f.); *Michael* in BK Rn. 226; *Möllers* in Loughlin/Walker Paradox, 87 (100); *Herbst* ZRP 2012, 33 (34).

[20] *Schlink* in Guggenberger/Stein Die Verfassungsdiskussion,19 (31); *Mahrenholz,* Die Verfassung und das Volk, 1991, 32–35; *Dreier,* Gilt das GG ewig?, 84; *Huber* in Sachs Rn. 3.

[21] *Dreier* in Dreier Rn. 16; *Huber* in Sachs Rn. 10; *Michael* in BK Rn. 243; *Hillgruber* in BeckOK Rn. 4.

[22] *Böckenförde,* Staat, Verfassung, Demokratie, 1991 [1986], 90 (92).

[23] *Isensee,* Braucht Deutschland eine neue Verfassung?, 1992, 15; *Michael* in BK Rn. 245 ff.; *Chatziathanasiou,* Verfassungsstabilität, 2019, 1; *Sauer* Der Staat 58 (2019), 7 (9).

[24] *Möllers,* Staat als Argument, 2011, 200; siehe auch *Isensee* in HdbStR VIII, 1992, § 166 Rn. 46; *Jestaedt,* Die Verfassung hinter der Verfassung, 2014, 82 f.

[25] *Möllers* in Loughlin/Walker Paradox, 87 (96–99); differenzierend *Dreier* in Dreier Rn. 23.

[26] *Möllers,* Staat als Argument, 2011, 201.

[27] *Michael* in BK Rn. 550 (Art. 146 einer „offenen Verfassungsauslegung" besonders zugänglich); *Cramer,* Artikel 146, 2014, 192.

[28] Im Überblick *Mahrenholz,* Die Verfassung und das Volk, 1991, 10 f.; für unterschiedliche Perspektiven aus der damaligen Situation siehe exemplarisch einerseits *Isensee* in Guggen-

Staatsrechtslehre taten sich erkennbar schwer mit der Entscheidung des verfassungsändernden Gesetzgebers, den Art. 146 zu modifizieren und der Vorschrift somit eine Existenz über die Wiedervereinigung hinaus zu verleihen.[29] Die Entscheidung des verfassungsändernden Gesetzgebers ist aber zu respektieren. Die Bestimmung ist als **geltende Norm des GG** auszulegen.[30]

Hinsichtlich der aktuellen Fassung der Vorschrift herrscht erhebliche Unklarheit, welcher normative Gehalt Art. 146 zukommt. Es werden im Wesentlichen **fünf Positionen** vertreten: Nach einer Auffassung ist die Vorschrift auch in ihrer geänderten Fassung **obsolet,** da Art. 146 a. F. immer nur auf die Wiedervereinigung bezogen gewesen sei.[31] Nach einer zweiten Position handelt es sich bei Art. 146 n. F. um **verfassungswidriges Verfassungsrecht,** weil der verfassungsändernde Gesetzgeber im Jahre 1990 nicht die Substanz des GG beeinträchtigen durfte und das GG an den Vorschriften des Art. 79 vorbei zur Disposition stellen konnte.[32] Eine dritte Position nimmt an, dass Art. 146 n. F. auf den *pouvoir constituant* und damit letztlich auf eine **außerrechtliche Größe** verweise.[33] Viertens existieren unterschiedliche **„Brückentheorien“,** die im Kern vertreten, dass Art. 146 n. F. den Übergang in eine neue Verfassungsordnung ermöglicht.[34] Die unterschiedlichen Unterauffassungen dieser Position unterscheiden sich dabei maßgeblich danach, inwiefern der so anzustoßende Prozess der Verfassungsgebung an die Vorgaben des GG gebunden sein soll[35] oder ob gerade Art. 146 von den Bindungen und Vorgaben des Art. 79 freizeichne.[36] Schließlich gibt es eine fünfte Position, die sich gegen das „dichotomische“ Modell einer Unterscheidung zwischen verfassunggebender und verfasster Gewalt ausspricht und Art. 146 als spezifische Möglichkeit der **Verfassungsablösung** deutet.[37] Ohne den Erörterungen im Detail vorzugreifen, wird **hier** eine Kombination aus Argumenten der dritten und vierten Position vertreten. Art. 146 n. F. verweist einerseits auf die verfassunggebende Gewalt des Volkes. Zugleich erschöpft sich die Vorschrift nicht in der Artikulation einer „juristischen Binsenweisheit“,[38] sondern baut eine normative Brücke in eine neue Verfassungsordnung. Hierbei handelt es sich aber nicht um eine **10**

---

berger/Stein Die Verfassungsdiskussion, 214 ff. sowie andererseits *Grimm* in Guggenberger/Stein Die Verfassungsdiskussion, 119 (129); *Will* in Guggenberger/Stein Die Verfassungsdiskussion,201 (206 f.).

[29] Kritisch etwa *Badura* in Guggenberger/Stein Die Verfassungsdiskussion, 325 (328); *Kriele* in Guggenberger/Stein Die Verfassungsdiskussion, 336 (346); aA etwa *Grimm* in Guggenberger/Stein Die Verfassungsdiskussion, 261 (266 f.); *Mahrenholz,* Die Verfassung und das Volk, 1991, 35; einordnend *Stolleis,* Geschichte des öffentlichen Rechts in Deutschland IV, 2012, 642; *Cramer,* Artikel 146, 2014, 193.

[30] *Kriele* in Guggenberger/Stein Die Verfassungsdiskussion, 336 (337); *Heckel* in HdbStR VIII, 1995, § 197 Rn. 91; *Huber* in Sachs Rn. 7; *Unruh* in MKS Rn. 17; *Jarass* in Jarass/Pieroth Rn. 1.

[31] *Isensee* in HdbStR XII § 258 Rn. 50, 98; *Polzin,* Verfassungsidentität, 2018, 125.

[32] *Kempen* NJW 1991, 964 (966 f.); *Roellecke* NJW 1991, 2441 (2443 f.).

[33] *Murswiek* Der Staat 32 (1993), 161 (165); *Huber* in Sachs Rn. 10.

[34] Insbesondere *Dreier,* Gilt das Grundgesetz ewig?, 2009, 92–95; *Dreier* in Dreier Rn. 21; vorher auch schon – wenn auch mit kritischer Stoßrichtung – *Kriele* in Guggenberger/Stein Die Verfassungsdiskussion, 336.

[35] *Gärditz/Hillgruber* JZ 2009, 872 (876); in diese Richtung auch *di Fabio* Der Staat 32 (1993), 191 (212).

[36] *Dreier* in Dreier Rn. 22; *Huber* in Sachs Rn. 10.

[37] *Michael* in BK Rn. 478.

[38] Formulierung geprägt von *Stern* in Guggenberger/Stein Die Verfassungsdiskussion, 307 (317); ähnlich später *di Fabio* Der Staat 32 (1993), 191 (212).

Legalitätsbrücke, die aus der Perspektive des GG errichtet wird. Vielmehr ist Art. 146 n. F. als **Legitimitätsbrücke** zu verstehen, die zukünftigen Verfassungsordnungen das Angebot eines Legitimationsbonus unterbreitet, dessen Einlösung von der Einhaltung der rudimentären Vorgaben des Art. 146 abhängt, was jedoch nur aus der Perspektive einer zukünftigen Verfassung beurteilt werden kann.

11 Die Umstände der Änderung der Norm mahnen zugleich an, keine übertriebenen Ansprüche an die Vereinbarkeit der Bestimmung mit bestimmten theoretischen Grundannahmen zu stellen.[39] Vorsicht ist jedenfalls angebracht, aus Begriffen der Verfassungstheorie unvermittelte Rückschlüsse auf die positiv geltende Norm des GG zu ziehen.[40] Dem verfassungsändernden Gesetzgeber des Jahres 1990 ging es nicht um die Verwirklichung einer bestimmten Vorstellung der verfassunggebenden Gewalt, sondern um die **Entschärfung eines politischen Konflikts um den richtigen verfassungsrechtlichen Weg zur Wiedervereinigung** (→ Rn. 4), der andernfalls die Herstellung der deutschen Einheit hätte bedrohen können. Dementsprechend spielten die verfassungstheoretischen Argumente und Kategorien nur eine untergeordnete Bedeutung: Eine Lektüre der parlamentarischen Debatte vermittle „das Bild dichten verfassungsdogmatischen Nebels und verfassungstheoretischer Unkenntnis: kaum jemand wußte, wovon er (oder sie) sprach, wenn es um Fragen der Verfassungsablösung, der verfassunggebenden Gewalt, der Verfassungsrevision oder ihrer Neuschöpfung ging."[41]

12 Hinsichtlich des verfassungstheoretischen Hintergrunds ist für die Diskussion in der deutschen Staatsrechtslehre die Annahme prägend, erst *Carl Schmitt* habe die Figur der verfassunggebenden Gewalt des Volkes in den deutschen Diskurs eingeführt.[42] In seiner „Verfassungslehre" (1928) finden sich grundlegende Ausführungen, die im Kontext seiner Unterscheidung zwischen Verfassung und Verfassungsgesetz stehen.[43] Nur sehr bedingt handelt es sich dabei um eine getreue **Rezeption** der Grundannahmen von *Joseph-Emmanuel Sieyès,* der im Zusammenhang mit der Französischen Revolution 1789 die Unterscheidung zwischen dem *pouvoir constituant* und den *pouvoirs constitués* prägte.[44] Abbé *Sieyès* formulierte eine Theorie, die es dem Dritten Stand erlaubte, sich – basierend auf dem Gedanken der Repräsentation[45] – zur verfassunggebenden Gewalt des Volkes auszurufen und insofern auch den Übergang der Souveränität vom Monarchen auf das Volk zu legitimieren.[46] *Schmitt* war gerade dieser Gedanke der Repräsentation suspekt. Seinem dezisionistischen Ansatz entsprechend ließ er eine Leerstelle, wenn es darum ging, die verfassunggebende Gewalt näher zu konkretisieren. Für ihn war sie „*der politische Wille, dessen Macht oder Autorität imstande ist, die konkrete Gesamtentscheidung über Art und Form der eigenen politischen Existenz zu treffen,* also die Existenz der

[39] *Michael* in BK Rn. 229 („Enigma"); siehe auch *Unruh* in MKS Rn. 15.

[40] Siehe auch *Sauer* Der Staat 58 (2019), 7 (9).

[41] *Dreier* in Dreier Rn. 42; ähnlich *Stern* in Guggenberger/Stein Die Verfassungsdiskussion, 307 (317).

[42] *Scheuner* DÖV 1953, 581 (584); aus jüngerer Zeit *Wiederin* AöR 117 (1992), 410 (413); *Winterhoff,* Verfassung, 2007, 127; *Polzin,* Verfassungsidentität, 2018, 23; früher allerdings bereits *Zweig,* Die Lehre vom Pouvoir Constituant, 1909; dazu *Kempen* NJW 1991, 964.

[43] *Schmitt,* Verfassungslehre, 1928, 76; dazu *Kotzur* in HdbStR XII § 260 Rn. 4.

[44] Instruktiv zu den Unterschieden *Michael* in BK Rn. 434–443; *Polzin,* Verfassungsidentität, 2018, 26 f.; *Colón-Rios* LQR 130 (2014), 306 (329).

[45] *Leibholz,* Die Repräsentation in der modernen Demokratie, 1973, 68.

[46] *Mahrenholz,* Die Verfassung und das Volk, 1991, 13.

politischen Einheit im Ganzen zu bestimmen."[47] Für *Schmitt* erschöpfte sich die Bedeutung der verfassunggebenden Gewalt aber beileibe nicht mit dem Akt der Verfassungsgebung.[48] Durch seine Unterscheidung zwischen Verfassung und Verfassungsgesetz konnte er vertreten, dass der *pouvoir constituant* sich nicht erledige, sondern weiterhin, mehr oder weniger latent vorhandenbleibe – und die Entscheidung der wirklich zentralen politischen Fragen der verfassunggebenden Gewalt vorbehalten seien.[49] Diese Argumentationslinie ermöglichte es insbesondere, überpositive oder rein machtbezogene Faktoren gegen die Legitimität der positiven Verfassungsordnung auszuspielen.[50]

III. Überstaatliche und rechtsvergleichende Bezüge

1. Die Relevanz des Art. 146 in den Diskussionen um die Zukunft der europäischen Integration. Nach den Debatten um Art. 146 im Zuge der deutschen Wiedervereinigung hat die Bestimmung vor allem im Zusammenhang mit dem **Lissabon**-Urteil des BVerfG an Aufmerksamkeit gewonnen.[51] Das BVerfG hat die Überprüfung der Verfassungsmäßigkeit des Zustimmungsgesetzes zum Vertrag von Lissabon zum Anlass genommen, eine „äußerste Grenze der Mitwirkung der Bundesrepublik Deutschland an der europäischen Integration" zu markieren und in diesem Zusammenhang auf Art. 146 verwiesen.[52] Art. 146 bestätige das „vorverfassungsrechtliche Recht", sich eine Verfassung zu geben. Alleine die verfassunggebende Gewalt sei berechtigt, den durch das GG verfassten Staat „freizugeben, nicht aber die verfasste Gewalt".[53] Art. 146 verbürge insofern – ähnlich wie Art. 38 I – ein „Teilhaberecht" des wahlberechtigten Bürgers.[54] Diese Ausführungen sind – auch orchestriert durch Interviews von Richtern des BVerfG in der Presse[55] – so verstanden worden, dass das BVerfG einen Übergang in einen europäischen Bundesstaat unter Aufgabe der deutschen Staatlichkeit nur im Rahmen des Art. 146 als möglich erachtet. Bewusst offen gelassen hat das Gericht, ob auch für die verfassunggebende Gewalt des Volkes „schon wegen der Universalität von Würde, Freiheit und Gleichheit" eine Bindung an Art. 79 Abs. 3 bestehe.[56] In verfassungsprozessualer Hinsicht hat das Gericht zwar daran festgehalten, dass Art. 146 kein selbständig rügefähiges, mithin verfassungsbeschwerdefähiges Individualrecht darstelle.[57] Das würde aber nicht ausschließen, Art. 146 in Verbindung mit den in Art. 93 Abs. 1 Nr. 4a 13

---

[47] *Schmitt,* Verfassungslehre, 1928, 75 f. (Hervorhebung im Original).

[48] *Dyzenhaus* in Loughlin/Walker Paradox, 129.

[49] *Schmitt,* Verfassungslehre, 1928, 77 (keine Beseitigung und Erledigung der verfassunggebenden Gewalt); aus jüngerer Zeit ähnlich *di Fabio* Der Staat 32 (1993), 191 (213); für „latente" Existenz *Grimm,* Souveränität, 2009, 72; *Lepsius,* JöR nF 63 (2015), 63 (83).

[50] *Waldhoff* in Depenheuer/Grabenwarter Verfassungstheorie, § 8 Rn. 6 f.; *Dyzenhaus* in Loughlin/Walker Paradox, 129.

[51] Zwar wurde Art. 146 bereits in der Maastricht-Entscheidung erwähnt, die Ausführungen hierzu beschränkten sich aber auf die Feststellung im Rahmen der Zulässigkeit, dass Art. 146 kein „verfassungsbeschwerdefähiges Individualrecht" beinhalte, BVerfGE 89, 155 (180); siehe auch *Kau* FS f. *Hailbronner,* 2013, 767 (771) – keine „verfassungspolitische Bedeutung" in den Jahrzehnten seit Vollendung der deutschen Einheit.

[52] BVerfGE 123, 267 (332).

[53] BVerfGE 123, 267 (332).

[54] Offenlassend *Huber* in Sachs Rn. 14; eingehend dazu *Sauer* Der Staat 58 (2019), 7.

[55] Interviews: *Huber* SZ v. 19.9.2011, Nr. 216, 6; *Voßkuhle* F.A.S. v. 25.9.2011, Nr. 38, 36; krit. *Herbst* ZRP 2012, 33 (34); *Rademacher* EuR 2018, 140 (147).

[56] BVerfGE 123, 267 (343).

[57] BVerfGE 123, 267 (332); siehe auch schon BVerfGE 89, 155 (180).

genannten Grundrechten und grundrechtsgleichen Rechten als verletztes Recht zu rügen[58], was in der Literatur anschaulich als „Vergrundrechtlichung" von Art. 146 bezeichnet worden ist.[59]

14 Die wichtigste aktuelle Kontroverse um den Art. 146 nimmt insofern ihren Ausgangspunkt in einer in die Zukunft weitergedachten, möglichen, aber notwendigerweise nur unsicher zu prognostizierenden Entwicklung der europäischen Integration, die dem Gericht zugleich dazu dient, **Grenzen des Integrationsprozesses** zu markieren.[60] Die Rezeption dieser Überlegungen aus Karlsruhe – die man wohl nur als *obiter dicta* bezeichnen kann – ist dabei kontrovers.[61] Neben Zustimmung für die Konstruktion einer Abwehr von Übergriffen der verfassten Gewalten auf das, worüber nur die verfassunggebende Gewalt des Volkes verfügen könne,[62] ist das Gericht auch scharf und teils polemisch angegriffen worden.[63] Die Kritik reicht dabei von einer inhaltlichen Auseinandersetzung mit der Frage, ob ein europäischer Bundesstaat nicht auch ohne Rekurs auf Art. 146 zu verwirklichen wäre[64] bis hin zu grundsätzlichem Unbehagen am Hantieren des Gerichts mit verfassungsrechtlichen bzw. –theoretischen Grundbegriffen[65] und an der Aktivierung einer „volkssouveränen Identitätsbremse".[66]

15 Den Ausführungen des BVerfG voraus lag eine seit den 1990er Jahren intensiv geführte **europäische Verfassungsdiskussion.**[67] Verfechter einer Konstitutionalisierung der Europäischen Union betonten dabei anfangs besonders den prozesshaften Charakter dieses Vorgangs.[68] Dem Primärrecht – bzw. einzelnen Bestandteilen desselben – wurde in funktionaler Hinsicht die Übernahme von Verfassungsfunktionen zugeschrieben. Europäische und nationale Verfassungen verhielten sich dabei im Rahmen eines „multi-level constitutionalism" als zueinander komplementäre Teilordnungen.[69] Die Frage der verfassunggebenden Gewalt des Volkes wurde in diesen Debatten jedoch nur selten thematisiert.[70] Wo dies dennoch geschah, wurde erkannt, dass ein

---

[58] BVerfGE 123, 267 (332); krit. dazu *Nettesheim* Der Staat 51 (2012), 313 (341); befürwortend *Grefrath,* AöR 135 (2010), 221 (225).

[59] In durchaus krit. Absicht: *Sauer* Der Staat 58 (2019), 7 (17, 37).

[60] Versuche, die Vorschrift des Art. 146 GG in weiteren Verfahren praktisch in Anschlag zu bringen, sind dann aber erfolglos geblieben, siehe BVerfGE 135, 317 (359 f., Rn. 51, 54; 366, Rn. 69).

[61] Im Überblick *Polzin,* Verfassungsidentität, 2018, 49–52 mwN; *Cramer,* Artikel 146, 2014, 239 f.

[62] *Michael* in BK Rn. 263–266; *Murswiek* JZ 2010, 702; Grefrath AöR 135 (2010), 221 (225).

[63] *Halberstam/Möllers* GLJ 10 (2009), 1241; *Nettesheim* NJW 2009, 2867; *Jestaedt* Der Staat 48 (2009), 497 (503, Fn. 32) sieht bei den Ausführungen zu Art. 146 die Grenze zur „Selbstpersiflage" erreicht.

[64] *Polzin,* Verfassungsidentität, 2018, 159–161; *Rademacher* EuR 2018, 140 (157); siehe auch *Thym* Der Staat 48 (2009), 559 (565–567); aA *Thiele* EuR 2017, 367 (376).

[65] *Herdegen* in Maunz/Dürig Rn. 3; *Lepsius* JöR N. F. 63 (2015), 63 (65 f., 82).

[66] *Lepsius* JöR N. F. 63 (2015), 63 (65).

[67] Siehe auch Thym, Der Staat 48 (2009), 559 (585); im Überblick zur europäischen Verfassungsdiskussion der 1990er und frühen 2000er Jahre *Nolte* in Behrends/Starck Gesetz und Vertrag I, 151; *Aust* StudZR 1 (2004), 195.

[68] *Schmitz,* Integration in der supranationalen Union, 2001, 455–457.

[69] Insbesondere *Pernice* VVDStRL 60 (2001), 148 (173) zur EU als Verfassungsverbund; zum „multi-level constitutionalism" *Peters,* Elemente einer Theorie der Verfassung Europas, 2001, 187–189; für die EU als Staaten- und Verfassungsverbund vermittelnd *Calliess* in Calliess/Ruffert, EUV/AEUV Art. 1 EUV Rn. 44; die Einordnung als Staatenverbund geht zurück auf BVerfGE 89, 155 (184).

[70] Vgl. aber ausführlich *Herbst,* Legitimation, 2003, 209–227.

„überkommenes Punktualitätsdogma“[71] der Lehre der verfassunggebenden Gewalt des Volkes einer einfachen Übertragung auf den europäischen Verfassungsgebungsprozess im Wege steht. Im tatsächlichen Integrationsprozess bildeten verfassunggebende und verfassungsändernde Gewalt ein Kontinuum, an dem multiple Träger der verfassunggebenden Gewalt beteiligt seien.[72] Kritiker einer verfassungsrechtlichen Lesart des Unionsrechts problematisierten das Vorliegen einer notwendigen europäischen Öffentlichkeit[73] oder stellten in einer an *Carl Schmitt* geschulten Lesart infrage, ob die Europäische Union über die notwendige Homogenität zur Hervorbringung einer demokratischen Verfassungsordnung verfügte.[74]

Als das BVerfG das Zustimmungsgesetz zum Vertrag von Lissabon überprüfte, lag der gescheiterte Verfassungsgebungsprozess im Rahmen des Konvents und der Annahme eines Textes eines „Vertrages über eine Verfassung für Europa“ nach den Referenden in Frankreich und den Niederlanden schon in der Vergangenheit. Der Vertrag von Lissabon verzichtete in der Folge auf jegliches verfassungsrechtliche wie -politische Gepräge und überführte stattdessen die Substanz des Verfassungsvertrages in die nüchterne Form eines weiteren völkerrechtlich grundierten Vertrags.[75] In der Unionsrechtslehre wird hingegen weiter mit verfassungsrechtlichem Vokabular gearbeitet.[76] Die eingetretene **Krise** der Europäischen Union[77] hat jedoch verhindert, dass der vom BVerfG implizit angesprochene Übergang in einen europäischen Bundesstaat politisch auf der Tagesordnung steht, geschweige denn ein ambitioniertes verfassungsrechtliches Projekt auf europäischer Ebene einen Bedarf für eine Aktivierung des Art. 146 indizieren würde. 16

2. Völkerrechtliche Konstitutionalisierungsprozesse und verfassunggebende Gewalt. Parallel zur europarechtlichen Konstitutionalisierungsdiskussion wurde auch in der Völkerrechtslehre über verfassungsrechtliche Zugänge debattiert. Auch hier überwog eine Betonung des Prozesscharakters der **Konstitutionalisierung der Völkerrechtsordnung,** bei unterschiedlichen Schwerpunktsetzungen.[78] Die verschiedenen Ansätze, die teils auf die UN-Charta als Verfassung der internationalen Gemeinschaft abstellten[79], teils einen Zugang über zentrale Werte der Völkerrechtsordnung wählten[80] oder eine schrittweise Konstitutionalisierung über die Etablierung von Verfassungsprinzipien betonten[81], legten allesamt kein besonderes Au- 17

[71] Die Kritik an der „Punktualität“ geht zurück auf *Häberle,* Verfassung als öffentlicher Prozess, 1978, 182 (203 f.); kritisch zum Verständnis eines „punktuellen Urakts“ auch *Dreier* JZ 1994, 741 (748).

[72] Statt vieler *Peters,* Elemente einer Theorie der Verfassung Europas, 2001, 360–426; *Schmitz,* Integration in der supranationalen Union, 2001, 458.

[73] *Grimm* JZ 1995, 581 (587–590).

[74] *Kirchhof* in HdbStR VII, 1992, § 183 Rn. 31; *Doehring* ZRP 1993, 98 (103); *von Simson* EuR 1991, 1 (3); siehe auch *Isensee* FS f. Everling I, 1995, 567 (581 zur EU als nicht demokratisierbarer Organisation).

[75] *Mayer* ZaöRV 67 (2007), 1141 (1153 f.); *Calliess* in Calliess/Ruffert EUV/AEUV Art. 1 EUV Rn. 61 mwN.

[76] Siehe nur *Mayer/Wendel* in EnzEuR I § 4 Rn. 8; *Mayer* VVDStRL 75 (2016), 7; *Hatje/Schwarze* EuR 2019, 153 (181 f.); einordnend *Heinig* VVDStRL 75 (2016), 65.

[77] Siehe etwa *Calliess* NVwZ 2018, 1 (2 f.); *Schorkopf* NVwZ 2018, 9.

[78] Instruktiver Überblick bei *Kleinlein* Nordic JIL 81 (2012), 79 (81–86).

[79] *Fassbender* FS f. Isensee, 2007, 73–92; *Fassbender,* The UN Charter as the Constitution of the International Community, 2009.

[80] *De Wet* ICLQ 55 (2006), 51–76; *Peters* LJIL 19 (2006), 579–610.

[81] *Kleinlein,* Konstitutionalisierung im Völkerrecht, 2012, 617 ff.

genmerk auf die Frage der verfassunggebenden Gewalt. Dies mag im Lichte des Prozesscharakters der ausgemachten Konstitutionalisierung auch nicht weiter zu verwundern, verliert die ohnehin nur schwer greifbare Figur der verfassunggebenden Gewalt (des Volkes) doch weiter an Konturen, wenn sie nicht auf einen *„constitutional moment"*[82] bezogen werden kann. Vielmehr erscheint die Konstitutionalisierungsdiskussion – gerade in der Rückschau aus einer wieder stärker die Rolle der Staaten und des Konsenses betonenden Völkerrechtsordnung[83] – als progressiv-kritisches Projekt, welches in den von einem optimistischeren Zeitgeist geprägten 1990er und frühen 2000er Jahren Verrechtlichungstendenzen einen weiteren Schub geben und zugleich ein Vokabular zur Eingrenzung der Ausübung von Hoheitsgewalt jenseits des Nationalstaats liefern sollte.

18 Eine als solche wahrgenommene Leerstelle in den Konstitutionalisierungsdiskursen des Unions- wie des Völkerrechts bezüglich der Rolle der verfassunggebenden Gewalt hat zugleich Überlegungen zum *pouvoir constituant* jenseits des Staates in der **politischen Theorie** befeuert. Diese Überlegungen haben eine dezidiert demokratische Funktion der Lehre von der verfassunggebenden Gewalt zum Ausgangspunkt[84] und treffen sich insofern mit dem geäußerten Unbehagen des BVerfG an einer vorgeblichen „schleichenden" Entstaatlichung. Anders als das BVerfG münden die Überlegungen in der politischen Theorie hier jedoch nicht in eine Affirmation von Grenzen der Übertragung von Hoheitsrechten auf die Europäische Union. Vielmehr wird auf alternative Möglichkeiten der Artikulation eines *„pouvoir constituant mixte"*[85] jenseits des Nationalstaats abgezielt, nicht selten mit dem expliziten normativen Ziel einer Überwindung nationalstaatlicher Kategorienbildung.[86]

19 **3. Rechtsvergleichende Aspekte.** Versteht man Art. 146 als Norm, die eine Legitimitätsbrücke zu einer neuen Verfassungsordnung bieten kann (→ Rn. 26 f.), so fällt die **rechtsvergleichende Bilanz** nicht besonders ergiebig aus.[87] Beileibe nicht alle Verfassungsordnungen operieren auf der Grundlage einer klaren Unterscheidung zwischen *pouvoir constituant* und den *pouvoirs constitués.* Mit dem prozesshaften **britischen** Verfassungsverständnis lässt sich die Unterscheidung ohnehin kaum sinnvoll in Verbindung bringen.[88] Andere Verfassungsordnungen, wie z. B. die **französische** Verfassung von 1958, basieren zwar auf der Unterscheidung zwischen verfassunggebender und verfasster Gewalt des Volkes.[89] Wenn es in der Folge um Verfassungsänderungen durch das Volk im Wege eines Referendums geht, wird diese Grenze aber porös. Dies zeigt etwa die Rechtsprechung des *Conseil constitutionnel,* der im Wege eines Referendums angenommene Gesetze (auch solche verfassungsändernder Natur) als unmittelbaren Ausdruck der Souveränität des

---

[82] Begriff in anderem Kontext geprägt von *Ackerman,* We The People: Foundations, 1991.

[83] *Krieger* VVDStRL 75 (2016), 439 (449 ff., 461–463).

[84] *Patberg,* Usurpation und Autorisierung, 2018, 30–38; siehe auch *Ahlhaus/Patberg* in Fassbender/Siehr, Suprastaatliche Konstitutionalisierung, 23.

[85] *Habermas,* Zur Verfassung Europas, 2011, 67 ff.

[86] *Niesen* in Lang/Wiener Handbook on Global Constitutionalism, 222 (228 f.); *Patberg* JCMS 55 (2017), 203.

[87] *Unruh* in MKS Rn. 1; *Chatziathanasiou,* Verfassungsstabilität, 2019, 7.

[88] Vgl. aber *Colon-Rios* LQR 130 (2014), 306 (308–318) zum Verhältnis des *pouvoir constituant* zur „parliamentary sovereignty" und Krone.

[89] Siehe auch zum Übergang von der IV. zur V. Republik *Kau* FS f. Hailbronner, 2013, 767 (773).

Volkes nicht auf ihre Verfassungsmäßigkeit hin überprüft.[90] Anders als früher teilweise angenommen[91], basiert die **US-amerikanische Verfassungsordnung** durchaus auf einer Unterscheidung zwischen verfassunggebender und verfasster Gewalt.[92] Allgemein fehlt es im rechtsvergleichenden Überblick aber offenkundig an einer Norm, die dem Art. 146 in seiner heutigen Fassung entsprechen würde. Versteht man aber Art. 146 als Ausdruck der Unterscheidung zwischen verfassunggebender und verfassten Gewalten, dessen verfassungsrechtlicher Gehalt insofern schwer zu bestimmen ist, nimmt es nicht weiter wunder, dass diese Verfassungsbestimmung im internationalen Vergleich weitgehend ein Solitär geblieben ist.

Nur bedingt vergleichbar sind Bestimmungen zur **„Totalrevision"** von Verfassungen, wie sie in Österreich (Art. 44 III BV)[93], der Schweiz (Art. 193 BV)[94] und auch Spanien (Art. 168 Verf.)[95] bekannt sind. Auch die Verfassungen Bulgariens (Art. 158 f.)[96] und der Russischen Föderation (Art. 135)[97] enthalten Bestimmungen zu einer Verfassungsablösung. Der Charakter dieser unterschiedlichen Bestimmungen ist „schillernd" und oszilliert „letztlich nicht ganz eindeutig (...) zwischen (bloßer) Verfassungsrevision und (originärer) Verfassungsneugebung."[98] Es handelt sich in diesen Fällen in aller Regel nicht um ein Tätigwerden einer ungebundenen verfassunggebenden Gewalt des Volkes, sondern gerade um eine Ablösung der bestehenden Verfassungsordnung nach Regeln, die von dieser selbst vorgegeben werden und in diesem Rahmen eine Beteiligung des Volkes, etwa durch Volksabstimmungen, vorsehen. Insofern ist es folgerichtig, diesen Bestimmungen eine gewisse Verwandtschaft zu Art. 146 zu unterstellen, wenn angenommen wird, dass dieser nur unter den Voraussetzungen des Art. 79 aktiviert werden könne. 20

4. Landesverfassungsrecht. Im Verfassungsrecht der Länder gibt es – von historischen Beispielen für zeitliche Geltungsbeschränkungen[99] und das Aufgehen der Länder in einen Zentralstaat[100] abgesehen – heute vor allem mit Art. 115 **BbgVerf.** eine einschlägige Bestimmung.[101] Diese Norm sieht die Möglichkeit einer Verfassungsablösung vor und bestimmt zugleich auch ein Verfahren, um diesen Prozess einzuleiten. Beschlossen würde die neue Verfassung durch eine verfassunggebende Versammlung, die mit Zweidrittel- 21

---

[90] CC, Décision no. 62-20 DC du 6 novembre 1962, Rn. 2 (im Wege eines Referendums angenommene Gesetze als „l'expression directe de la souveraineté nationale"); bestätigt in Décision no. 92–313 DC du 23 septembre 1992, Rn. 2 („Maastricht III"-Entscheidung); siehe dazu auch *Marsch* in Marsch/Vilain/Wendel Französisches und deutsches Verfassungsrecht, § 6 Rn. 35.

[91] *Schmitt,* Verfassungslehre, 1928, 78 f.

[92] *Klein,* Théorie et pratique, 1996, 14 f.; *Herbst,* Legitimation, 2003, 38–53; *el Khoury,* Pouvoir constituant, MPECCoL, Rn. 14; *Chatziathanasiou,* Verfassungsstabilität, 2019, 10; siehe auch *Dreier* in Dreier Rn. 2 (Unterscheidung in den USA praktisch ausgearbeitet, in Frankreich systematisiert).

[93] *Michael* in BK Rn. 176 f.

[94] *Dreier* in Dreier Rn. 17; *Waldhoff* in Depenheuer/Grabenwarter Verfassungstheorie, § 8 Rn. 58; *Tschentscher* in Wittreck Grundlagen des Grundgesetzes, 75 (88–90).

[95] *Guerrero* IPE I § 11 Rn. 40, 42; *Michael* in BK Rn. 178 f.

[96] *Herdegen* in Maunz/Dürig Rn. 10.

[97] *Michael* in BK Rn. 172 ff.

[98] *Dreier* in Dreier Rn. 17.

[99] Art. 53 Abs. 2 Landessatzung S-H (bis 1990 in Kraft); Art. 61 Abs. 2 NDSVerf. aF (bis 1993 in Kraft).

[100] Art. 150 Abs. 2, 152 BremVerf.; Art. 105 BWVerf.; Art. 101 MVVerf. von 1947; Art. 1 Abs. 2 BbgVerf. 1947; Art. 95 Abs. 2 SaVerf. 1947; Art. 141 RhPfVerf.

[101] *Dreier* in Dreier Rn. 20.

mehrheit zu entscheiden hat (Art. 115 Abs. 1 BgbVerf.). Das Initiativrecht kann durch Volksinitiative (Art. 115 Abs. 2 BgbVerf.) oder einen Beschluss des Landtages ausgelöst werden (Art. 115 Abs. 4 BgbVerf.). Die Bestimmung des Art. 115 BgbVerf. ist dabei nicht als Verweis auf den *pouvoir constituant* zu verstehen. Durch die genaue Normierung der Verfahrensvoraussetzungen handelt es sich vielmehr um ein Verfahren zur Verfassungsablösung im Rahmen der verfassten Ordnung („Totalrevision").[102]

B. Einzelfragen

I. Geltung des GG nach Vollendung der Einheit und Freiheit Deutschlands für das gesamte deutsche Volk

22 **1. Bezugnahme auf das Grundgesetz.** Art. 146 nimmt in seiner neuen Fassung in einer positiv-bejahenden Weise auf das GG Bezug. Durch den eingefügten Relativsatz wird die Vollendung der Einheit und Freiheit Deutschlands betont und unterstrichen, dass das GG nunmehr für das gesamte deutsche Volk gilt. Insofern offeriert Art. 146 eine Erzählung über die Wandlung des GG vom ungeliebten Provisorium zur akzeptierten Verfassung mit erheblicher Ausstrahlungswirkung auf andere Verfassungsordnungen der Welt. Gerade in der Verklammerung mit der Präambel unterstreicht Art. 146 durch die Betonung der zeitlichen Bedingtheit von Herrschaft auch ein relatives Souveränitätsverständnis, in dem der Staat mitsamt seiner Verfassungsordnung nicht Selbstzweck ist, sondern der Verwirklichung demokratischer Selbstbestimmung, aber auch der Erreichung des Weltfriedens und der Einigung Europas dient.[103] Insofern lässt sich Art. 146 auch als Bezugnahme auf ein modern-aufgeklärtes Verständnis des Selbstbestimmungsrechts der Völker lesen, welches nicht auf die Errichtung bzw. Verfestigung eines staatlichen „Souveränitätspanzers"[104] gerichtet ist. So verstanden wird auch Art. 146 zum Baustein des Konzepts „offener Staatlichkeit"[105], gerade wenn man ihn auf die Möglichkeit einer Überwindung der deutschen Staatlichkeit und ihr Aufgehen in einem europäischen Bundesstaat hin liest.

23 Die fortwährende Existenz von Art. 146 nach der deutschen Wiedervereinigung gibt keinen Hinweis auf ein Legitimationsdefizit des GG. Von einem fortwährenden „Geburtsmakel" des GG auszugehen[106], ist nur aus der Position einer falsch verstandenen Überhöhung des *pouvoir constituant* als konkret-historischem Phänomen möglich.[107] Durch diese Lesart wird eine Rekonstruktion *ex post* wirkmächtiger als die gelebte Verfassungspraxis. In den Worten *Konrad Hesses:* „(…) reale Geltung erlangt die Verfassung noch nicht dadurch, daß sie gegeben wird. Verfassunggebung ist in dem, was sie ist und in dem, was sie schafft, verkannt, wenn sie als einmaliger Willensakt der ‚verfassunggebenden Gewalt' verstanden wird, einer Ur-Gewalt, aus der sich

[102] BgbVerfG LKV 1996, 203 (205).

[103] S. auch BVerfGE 123, 267 (344–346).

[104] *Bleckmann* ZaöRV 35 (1975), 79 (81); dazu *Wendel,* Permeabilität, 2011, 98; *Calliess,* Staatsrecht III, 2018, 118 f.

[105] Zu den Wirkungen dieses Grundsatzes *Vogel,* Verfassungsentscheidung, 1964, 46 f.; *Payandeh* JöR nF 57 (2009), 464 (482 f.); *Aust,* Das Recht der globalen Stadt, 2017, 258–260; enger *Hillgruber* in HdbStR II § 32 Rn. 135; *Jestaedt* in HdbStR XII § 264 Rn 83.

[106] Vgl. etwa *Stückrath,* Art. 146 GG, 1997, 339.

[107] Dagegen *Dreier* JZ 1994, 741 (748); *Michael* in BK Rn. 245, 249; *Waldhoff* in Depenheuer/*Grabenwarter* Verfassungstheorie, § 8 Rn. 16.

alle konstituierte Gewalt herleitet und deren Gebote kraft ihres Willens zu befolgen sind. Denn auch die ‚verfassunggebende Gewalt' entsteht und gestaltet durch geschichtliches menschliches Wirken (...). Der Wille des historischen Verfassunggebers vermag die reale Geltung der so geschaffenen Verfassung nicht zu begründen und vollends nicht zu erhalten. Inwieweit es der Verfassung gelingt, diese Geltung zu gewinnen, ist vielmehr eine Frage ihrer normativen Kraft, ihrer Fähigkeit, in der Wirklichkeit geschichtlichen Lebens bestimmend und regulierend zu wirken."[108] Insofern ist es zwar einerseits zutreffend, dass aus dem Wahlverhalten bei den Wahlen zum Deutschen Bundestag und dem stets ganz überwiegenden Bekenntnis zu den die Ordnung des GG stützenden Parteien nur ein begrenzter positiver Rückschluss für die Legitimation der Ordnung des GG zu ziehen ist.[109] Andererseits liegt es nahe, aus der regelmäßigen Teilnahme einer großen Mehrzahl der Wahlbeteiligten an den Wahlen als solches eine Absage an die Betätigung verfassunggebender Gewalt zu erblicken[110], was in gewisser Weise der Idee des *„plébiscite de tous les jours"* entspricht.[111] Wer dem GG immer noch einen Geburtsmakel attestiert und daraus die Legitimation der Ordnung des GG in Frage stellt, muss umgekehrt konzedieren, dass die verfassunggebende Gewalt des Volkes sich seit Inkrafttreten des GG nicht artikuliert hat und auch nicht im Kontext der Debatten um die staatsrechtliche Herbeiführung der Wiedervereinigung hat aktivieren lassen.[112]

2. Kein Bedeutungsverlust durch die Wiedervereinigung. Die 1990 **24**
durch den Einigungsvertrag als Relativsatz eingeschobene Klarstellung, dass das GG nun für das gesamte deutsche Volk gelte, hat zu kontroversen Debatten in der Staatsrechtslehre über die richtige Auslegung der neu gefassten Vorschrift geführt. Weite Teile der Staatsrechtslehre einte dabei der Wunsch, die normative Kraft des Art. 146 so weit wie möglich zu beschneiden.[113] So wurde vertreten, dass Art. 146 a. F. durch die Beitrittslösung **obsolet** geworden sei,[114] dass Art. 146 n. F. **verfassungswidriges Verfassungsrecht** sei,[115] dass dieser ebenfalls überholt sei, weil das GG die in Art. 146 n. F. angesprochene Verfassung darstelle[116] oder schließlich, dass Art. 146 n. F. zwar als geltendes Verfassungsrecht zu akzeptieren sei, es sich der Sache nach aber dann um eine Verfassungsänderung handele, für die die **Grenzen des Art. 79** in formeller und/oder materieller Hinsicht[117] zu beachten seien.

Diese Auffassungen sind allesamt zurückzuweisen. Sie basieren auf der **25**
Annahme, dass Art. 146 a. F. von vornherein nur die Funktion hatte, einen

---

108 *Hesse,* Grundzüge, 1995, Rn. 42.

109 *Möllers* in Loughlin/Walker Paradox, 87 (95); aA *Isensee,* Braucht Deutschland eine neue Verfassung?, 1992, 39.

110 *Grefrath* AöR 135 (2010), 221 (238); differenzierend *Mahrenholz,* Die Verfassung und das Volk, 1991, 20 f.

111 Dazu *Moelle,* Der Verfassungsbeschluß, 1996, 184 f. (der zurecht anmerkt, dass es sich hier aber um den Ausdruck der *pouvoirs constitués* handelt).

112 Vgl. auch *Heckel* in HdbStR VIII, 1995, § 197 Rn. 42 f.

113 *Dreier* in Dreier Rn. 24.

114 Siehe etwa *Tomuschat* VVDStRL 49 (1990), 70 (87); *Hillgruber* in BeckOK Rn. 2.

115 *Bartlsberger* DVBl. 1990, 1285 (1299 f.); *Kempen* NJW 1991, 964 (966 f.); *Hillgruber* in BeckOK Rn. 8.1.

116 *Bartlsberger* DVBl. 1990, 1285 (1297, 1300 f.); *Isensee,* Braucht Deutschland eine Verfassung?, 1992, 54; *Isensee* in HdbStR XII § 258 Rn. 44.

117 *Stern* in Guggenberger/Stein Die Verfassungsdiskussion, 307 (318–320); *Hillgruber* in BeckOK Rn. 8.

Prozess der Verfassungsgebung im Falle der Wiedervereinigung zu ermöglichen. Dies war eine plausible Auslegung von Art. 146 a. F., jedoch nicht die einzig mögliche. Insbesondere legte der Wortlaut nicht nahe, dass die Vorschrift automatisch mit dem Beschreiten der sog. „Beitrittslösung" über Art. 23 S. 2 a. F. seine Funktion verlieren würde (→ Rn. 7).[118] Es wurde zurecht darauf hingewiesen, dass ein Verfassungsgebungsprozess für das gesamte deutsche Volk nach einem erfolgten Beitritt wesentlich einfacher durchführbar gewesen wäre als auf der Grundlage zweier getrennter staatlicher Systeme.[119] Ebenso wenig überzeugt die Annahme, dass der verfassungsändernde Gesetzgeber 1990 Art. 146 deswegen nicht habe modifizieren dürfen, weil dieser Fragen der verfassunggebenden Gewalt des Volkes anspreche und insofern die – dem Zugriff der verfassten Gewalt entzogene – Substanz des GG in Rede stehe.[120] Es ist zutreffend, dass in Art. 146 auf die Kategorie des *pouvoir constituant* verwiesen wird. Der verfassungsändernde Gesetzgeber hat jedoch nur das Legitimitätsangebot an eine nachfolgende Ordnung präzisiert, indem er die Erfüllung eines Teils des ursprünglichen „Auftrags" von Art. 146 als erfüllt angesehen hat.[121] Wie bereits dargelegt, mögen auch außenpolitische Notwendigkeiten den verfassungsändernden Gesetzgeber zu dieser Klarstellung motiviert haben (→ Rn. 4).

II. Beschluss einer Verfassung in freier Entscheidung des deutschen Volkes

26 **1. Verfassungsablösung im Rahmen des Art. 146 GG.** Art. 146 zeichnet *einen* Weg zur Verfassungsablösung auf. Dabei handelt es sich nicht um die einzige Möglichkeit, eine neue Verfassung an die Stelle des GG zu setzen. Art. 146 nimmt auf die außerrechtliche Größe der verfassunggebenden Gewalt des Volkes Bezug und erkennt insofern an, dass auch das GG keine ewig geltende Ordnung sein kann, sondern in der Zeit steht. Zugleich ist die Vorschrift nicht so zu verstehen, dass sie Voraussetzungen für die Legalität einer etwaigen Revolution normieren wollte. Eine revolutionär hervorgebrachte Verfassungsordnung wird sich um die Einhaltung von Vorgaben derjenigen Ordnung nicht kümmern, deren Überwindung sie zum Ziel hat.[122] Die Ablösung des GG auf dem Wege des Art. 146 ist insofern ein Angebot an nachfolgende Verfassungsordnungen – nicht mehr, aber auch nicht weniger. Zutreffend ist insofern die Vorstellung des Art. 146 als **„normative Brücke"**,[123] was zugleich nahelegt, dass die Funktion der Bestimmung nicht rein deklaratorisch ist. Nach dem hier artikulierten Verständnis handelt es sich aber bei der Brückenfunktion nicht um eine Frage der Legalität, sondern vielmehr der **Legitimität.**[124]

27 Art. 146 ist eine in die Zukunft weisende Verfassungsnorm, deren Voraussetzungen vom GG allerdings *de constitutione lata* nur in äußerst rudimentärer Weise geregelt sind. Daraus muss nicht die Konsequenz gezogen werden, dass

[118] *Schlink* in Guggenberger/Stein Die Verfassungsdiskussion, 19 (31); *Dreier* in Dreier Rn. 31.

[119] *Wieder* in AöR 117 (1992), 410 (425).

[120] *Hillgruber* in BeckOK Rn. 8.1; *Herbst* ZRP 2012, 33 (35).

[121] *Dreier* in Dreier Rn. 21, 34.

[122] *Kriele* in Guggenberger/Stein Die Verfassungsdiskussion, 336 (346); siehe auch *Zuleeg* in AK Rn. 5.

[123] *Dreier* in Dreier Rn. 21, 36.

[124] In diese Richtung auch *Chatziathanasiou*, Verfassungsstabilität, 2019, 2.

der Art. 146 ohne die Aufnahme von Verfahrensvorschriften in das GG gar nicht aktiviert werden könnte. Nach der derzeitigen Verfassungslage überlässt es das GG vielmehr weitgehend der neuen Verfassungsordnung, ob die Voraussetzungen einer „freien Entscheidung des deutschen Volkes" eingehalten worden sind. Die Einhaltung dieser Voraussetzungen würde dabei ebenso wenig **Legalität**svoraussetzung einer neuen Ordnung sein wie derjenigen des GG. Vielmehr ginge es nur um die **Legitimität** der neuen Verfassungsordnung, bezogen auf die Frage, ob sich die neue Verfassungsordnung in eine Kontinuitätslinie mit dem GG stellen möchte.

2. Freie Entscheidung. Soll diese spezifische Brücke beschritten werden, 28
so muss eine freie Entscheidung des deutschen Volkes vorliegen. Diese Freiheit der Entscheidung kann wiederum als impliziter Verweis auf das völkerrechtliche **Selbstbestimmungsrecht** der Völker (vgl. Art. 1 Nr. 2 UN-Charta, Art. 1 Abs. 1 IPbpR, Art. 1 Abs. 1 IPwskR) gelesen werden,[125] ohne dass hiermit dessen Tatbestandsmerkmale von Art. 146 übernommen würden.[126] Ausdruck dieses Sinngehalts ist es aber, dass sich das deutsche Volk ohne Einschränkung durch andere Staaten und internationale Organisationen eine neue Verfassung geben muss, damit die Voraussetzungen des Art. 146 erfüllt sind.[127] Entstehungsgeschichtlich stand die Freiheit von besatzungsrechtlichen Vorgaben in Mittelpunkt.[128]

Aus der Formulierung „freie Entscheidung" können jedoch kaum weitere 29
Voraussetzungen für das einzuschlagende Vorhaben einer Verfassungsgebung abgeleitet werden. Damit eine neue Verfassung im Wege des Art. 146 wirksam zustande kommt, muss zumindest ein „gewisser **Mindeststandard** freiheitlich-demokratischer Garantien" erfüllt sein.[129] Diese lassen sich nicht direkt aus dem GG, etwa aus den Wahlrechtsgrundsätzen, ableiten.[130] Dies würde wiederum eine Bindung der verfassunggebenden Gewalt des Volkes an die vorhergehende Ordnung bedeuten, die dem Verfahren nach Art. 146 in der hier vorgeschlagenen Lesart fremd ist.

Dem Wesen der freien Entscheidung entspricht es, **keine Bindung der** 30
verfassunggebenden Gewalt an Art. 79 (weder in formaler noch in materieller Hinsicht) anzunehmen.[131] Dies ist der entscheidende Unterschied zwischen einer Verfassungsänderung, die sich an die formalen und materiellen Vorgaben und Grenzen des Art. 79 zu halten hat und der Beschreitung des Weges nach Art. 146: „Art. 146 GG erlaubt, was Art. 79 III GG verbietet."[132] Art. 146 würde gegenüber den Möglichkeiten einer Verfassungsänderung nach Art. 79 keine eigenständige Funktion erfüllen, wenn seine Anwendung nicht nur den formalen, sondern auch den materiellen Hürden des Art. 79 unterliegen würde.[133] Gegen eine solche Annahme spricht das Gebot der

---

125 *Dreier* in Dreier Rn. 14; *Kempen* NJW 1991, 964 (965).

126 Siehe auch *Herdegen* in Maunz/Dürig Rn. 4 (der dem Selbstbestimmungsrecht bestimmte Anforderungen an die freie Entscheidung entnimmt).

127 *Unruh* in MKS Rn. 29.

128 *Dreier* in Dreier Rn. 48.

129 BVerfGE 5, 85 (132); zu weitgehend *Stückrath,* Art. 146 GG, 1997, 248–250, 354.

130 AA *Dreier* in Dreier Rn. 49; referierend *Cramer,* Artikel 146, 2014, 260 f.

131 *Huber* in Sachs Rn. 10; *Michael* in BK Rn. 602; *Volkmann,* Grundzüge einer Verfassungslehre, 2013, 340; *Unruh* in MKS Rn. 29; *Cramer,* Artikel 146, 2014, 220 f.; aA *Boehl/Hobe* in BerlKomm Rn. 60; *Gärditz/Hillgruber* JZ 2010, 872 (876); *Haack,* Verlust der Staatlichkeit, 2007, 460; offen gelassen in BVerfGE 144, 20 (197, Rn. 518).

132 *Dreier* in Dreier Rn. 22.

133 *Huber* in Sachs Rn. 9; *Volkmann,* Grundzüge einer Verfassungslehre, 2013, 340.

effektiven Auslegung von Verfassungsbestimmungen:[134] Es ist nicht anzunehmen, dass der verfassungsändernde Gesetzgeber mit der Neufassung des Art. 146 eine Vorschrift schaffen wollte, die in der Sache die gleichen Tatbestandsvoraussetzungen wie Art. 79 aufweisen würde.[135] Diese Auffassung findet auch eine Stütze in der Einsicht, dass die Begrenzung des verfassungsändernden Gesetzgebers durch Art. 79 Abs. 3 nur insofern „erträglich" ist, als dem deutschen Volk über Art. 146 eine Überwindung dieser Grenzen möglich ist.[136] Art. 146 sichert insofern indirekt auch die Legitimation der Beschränkungen des verfassungsändernden Gesetzgebers, indem er die Möglichkeit einer Ablösung des GG aufzeichnet. Die Nichtbeschreitung dieses Weges unterstreicht damit die grundsätzliche Akzeptanz der Bindung des verfassungsändernden Gesetzgebers an die Vorgaben des Art. 79 Abs. 3.[137] Eine andere Frage ist es, ob dies nicht umgekehrt zu einer nicht unbedenklichen Immunisierung des Art. 79 Abs. 3 gegenüber Kritik an seiner expansiven Handhabung durch das BVerfG führt.[138]

31 Diskutiert wird, inwiefern die verfassunggebende Gewalt des Volkes auf dem Wege des Art. 146 an **überpositives Recht** gebunden sein soll.[139] Hier werden teilweise recht weitgehende, jedoch leicht esoterisch anmutende Vorstellungen eines im Rahmen von Art. 146 zu beachtenden „Menschenrechtsdogmas" als „Kernbestand jener fundamentalen Rechtsgrundsätze, die sich als Filtrat aus der Vielfalt der Naturrechtslehren herauskristallisieren lassen" vertreten.[140] Dies ist abzulehnen. Der Nachweis überpositiven Rechts wird kaum gelingen, jedenfalls nicht in einer konsensfähigen Art und Weise.[141]

32 **Völkerrechtliche Verpflichtungen** des Staates bestehen auch nach einer Aktivierung von Art. 146 fort.[142] Das Völkerrecht akzeptiert grundsätzlich nicht, dass Staaten sich auf ihre innerstaatliche Rechtsordnung berufen, um die Nichterfüllung völkerrechtlicher Verpflichtungen zu rechtfertigen (Art. 27 WVK).[143] Allerdings entscheidet die neue Verfassungsordnung über ihr Verhältnis zum Völkerrecht aus ihrer Perspektive. Es steht ihr frei, dieses monistisch, dualistisch oder nach anderen Gesichtspunkten zu ordnen.[144] Insofern ist es aus einer innerstaatlichen Perspektive auch denkbar, dass die verfassunggebende Gewalt des Volkes eine Verfassungsordnung schafft, die im Widerspruch zu völkerrechtlichen Verpflichtungen steht – dies allerdings nur um den Preis des Rechtsbruchs und den entsprechenden Konsequenzen

---

[134] *Dreier* in Dreier Rn. 36; *Kau* FS f. *Hailbronner,* 2013, 767 (775).

[135] Vgl. *Volkmann,* Grundzüge einer Verfassungslehre, 2013, 340.

[136] *Scheuner* DÖV 1953, 581 (583); *Michael* in BK Rn. 417, 595; siehe auch *Bryde,* Verfassungsentwicklung, 1982, 248 (Art. 146 „Indiz gegen den Ewigkeitscharakter"); *Cramer,* Artikel 146, 2014, 220–222.

[137] Krit. dazu *Möllers* in Loughlin/Walker Paradox, 87 (97).

[138] *Möllers,* Staat als Argument, 2. A. 2010, 201.

[139] Siehe etwa *Boehl/Hobe* in BerlKomm Rn. 69.

[140] *Stückrath,* Art. 146 GG, 1997, 317; siehe auch die unklaren Äußerungen zu einer etwaigen Bindung im Lissabon-Urteil: BVerfGE 123, 267 (343) – dort offen gelassen → Rn. 12.

[141] So auch *Herdegen* in Maunz/Dürig Rn. 54; *Kau* FS f. Hailbronner, 2013, 767 (783); siehe auch *Murswiek,* Die verfassunggebende Gewalt, 1978, 137.

[142] *Kau* FS f. *Hailbronner,* 2013, 767 (783).

[143] *Crawford,* Brownlie's Principles of Public International Law, 51; *Denza* in Evans International Law, 383 (384); *Nollkaemper* in Tams/Tzanakopoulos/Zimmermann Research Handbook on the Law of Treaties 123 (130–135).

[144] Zu diesen Ordnungsmodellen *Schorkopf,* Staatsrecht der internationalen Beziehungen, 2017, § 1 Rn 32 ff.; kritisch zum anhaltenden Erklärungswert von Monismus und Dualismus *von Bogdandy* ICON 6 (2008), 397 (400).

nach dem Recht der Staatenverantwortlichkeit.[145] Treffend ist insofern die Beobachtung, dass die verfassunggebende Gewalt des Volkes zwar Völkerrecht verletzen, aber nicht beseitigen kann.[146] Durch punktuelle Verstöße gegen das Völkerrecht würde eine solche Verfassungsordnung auch nicht jegliche völkerrechtliche Legitimität einbüßen.[147] Diese Schwelle wäre erst bei schwerwiegenden Verstößen gegen zwingende Normen des allgemeinen Völkerrechts erreicht (vgl. Art. 40, 41 der ILC-Artikel zur Staatenverantwortlichkeit),[148] was entsprechende Konsequenzen für Drittstaaten hätte, die sodann ihr Kooperationsverhalten zu überdenken hätten.[149]

Entsprechende Überlegungen gelten für eine Bindung an unionsrechtliche Vorgaben im Fall einer Aktivierung des Art. 146, die *nicht* auf die Gründung eines europäischen Bundesstaates hinausläuft. Das **Europarecht** verfügt im Vergleich zum Völkerrecht über andere Mittel, seine Durchsetzung einzufordern und praktische Wirksamkeit zu erreichen.[150] Es operationalisiert diese Erwartung über die Grundsätze des Anwendungsvorrangs und der unmittelbaren Anwendbarkeit. Insofern wäre der *pouvoir constituant* also nicht nur an die grundlegenden Werte des Art. 2 EUV gebunden,[151] sondern müsste den gesamten *Acquis* des Unionsrechts beachten.[152] Letztlich kann aber auch das Unionsrecht seine Befolgung gegen einen unwilligen Mitgliedstaat nur bedingt durchsetzen, womit im Ergebnis ähnliche Erwägungen greifen wie hinsichtlich der völkerrechtlichen Bindungen. 33

3. Deutsches Volk. Art. 146 erfordert eine Entscheidung des deutschen Volks. Dies wird überwiegend dahingehend verstanden, dass damit alle Deutsche iSv Art. 116 Abs. 1 gemeint sind.[153] Aufgeworfen wird jedoch auch die Frage, ob es nicht Aufgabe der verfassunggebenden Gewalt des Volkes ist, über die Zugehörigkeit zum deutschen Volk zu entscheiden.[154] Dies trifft aus der Perspektive der neuen Ordnung zu.[155] Will sich die neue Verfassungsordnung auf den Legitimitätsbonus des Art. 146 berufen, wird man aber eine Begrenzung auf die deutschen Staatsangehörigen iSd Art. 116 Abs. 1 fordern müssen.[156] 34

4. Verfahrensfragen. Umstritten ist es, ob die Aktivierung des Art. 146 einer vorhergehenden **Ausgestaltung des Verfahrens** bedarf und falls ja, wie dieses beschaffen sein soll. Die wohl überwiegende Auffassung in der Literatur nimmt jedenfalls an, dass der Art. 146 solange nicht aktiviert werden 35

[145] Vgl., *mutatis mutandis,* BVerfGE 141, 1 (25 f.) zum sog. „Treaty Override"; krit. dazu *Payandeh* NJW 2016, 1279 (1280 f.).

[146] *Heckel* in HdbStR VIII, 1995, § 197 Rn. 83; siehe auch *Dreier* in Dreier Rn. 50.

[147] Vgl. zusammenfassend *Crawford,* The Creation of States, 2007, 106 f.

[148] Articles on the Responsibility of States for Internationally Wrongful Acts, abgedruckt im Anhang zu UN Doc. A/RES/56/83 v. 12.12.2001.

[149] Von Mindesterfordernissen spricht *Kempen* NJW 1991, 964 (966); zu Art. 40 f. ASR siehe *Aust,* Complicity and the Law of State Responsibility, 2011, 325–337.

[150] *Haltern,* Europarecht II, 2017, Rn. 589 ff.; zum Verhältnis zwischen Autonomie und völkerrechtlichen Grundlagen der Union siehe *Aust* EuR 52 (2017), 106.

[151] *Dreier* in Dreier Rn. 15.

[152] *Kau* FS f. Hailbronner, 2013, 767 (783); allgemein zum Begriff des „acquis communautaire" *Streinz,* Europarecht, 2016, Rn. 100.

[153] BVerfGE 83, 37 (51); *Dreier* in Dreier Rn. 52; *Huber* in Sachs Rn. 22.

[154] Fragend *Nettesheim* Der Staat 51 (2012), 313 (340 f.).

[155] Siehe auch *Morlok/Michael,* Staatsorganisationsrecht, 2019, Rn. 937.

[156] *Michael* in BK Rn. 548; differenzierend zwischen Initiativ- und Entscheidungsphase *Cramer,* Artikel 146, 2014, 261.

kann, wie der verfassungsändernde Gesetzgeber dafür nicht die Voraussetzungen schafft.[157] Dies überzeugt einerseits aus einer praktisch-pragmatischen Perspektive. Wie soll der Übergang in eine neue Ordnung beschritten werden, wenn das GG hierfür keine Anhaltspunkte außer dem mageren Verweis auf die „freie Entscheidung des deutschen Volkes“ bereithält? Andererseits bestehen konzeptionelle Einwände gegen die Notwendigkeit, ein Verfahren vorgehend zu regeln. Diese beziehen sich insbesondere darauf, dass dann die verfassten Gewalten die Bedingungen für eine Aktivierung der verfassunggebenden Gewalt des Volkes regeln würden.[158]

36 Zu einer Bewertung des Verfahrens nach Art. 146 können nicht die Kategorien demokratischer Legitimation herangezogen werden, die im Hinblick auf die *pouvoirs constitués* des GG entwickelt worden sind. Für ein solches Vorgehen könnte zwar sprechen, dass das GG über Art. 146 selbst den Weg zu einer neuen Verfassung weist.[159] Wird dieser Weg beschritten, um über eine neue Verfassung zu beschließen, ließe sich zumindest darüber nachdenken, dass es sich hier weiterhin um ein Handeln der verfassten Gewalten handelt. Demgegenüber wollen andere Stimmen in der Literatur jedoch daran festhalten, dass Art. 146 den *pouvoir constituant* selbst aktiviert,[160] was hier geteilt wird. Die verfassunggebende Gewalt des Volkes selbst kann aber nicht an die Inhalte der zu überwindenden Verfassungsordnung gebunden sein, auch nicht im Hinblick auf die zu beachtenden Standards für ein Verfahren nach Art. 146 (→ Rn. 27, 30).

37 Diejenigen Autoren, die dem Art. 146 Vorgaben für seine Aktivierung entnehmen wollen, haben eine Reihe von **Modellen** entwickelt, wie dieses Verfahren ausgestaltet sein soll.[161] Zentrale Streitpunkte sind hierbei vor allem Mehrheitsfragen und die Ausgestaltung des Entscheidungsprozesses. Fast alle Stimmen, die Vorschläge für ein Verfahren unterbreiten, unterscheiden zwischen einer Initiativphase und einer sich anschließenden Ausarbeitung der neuen Verfassung, die sodann einem Beschlussverfahren unterliegt.[162]

38 Für die **Initiativphase** wird diskutiert, ob der Impuls für eine Ablösung des GG nur vom Volk ausgehen könne[163] oder ob auch die vom GG verfassten Gewalten an diesem Prozess teilhaben können.[164] Auch auf dieser Stufe werden bereits unterschiedliche Ansichten zu den einzuhaltenden Mehrheiten vertreten.

39 Im Anschluss an die Initiativphase werden unterschiedliche Modelle einer zum Zweck der Verfassungsgebung eingesetzten **Nationalversammlung** sowie einer anschließenden Beschlussfassung durch diese oder im Wege eines **Plebiszits** vorgeschlagen.[165] Dabei lassen sich unterschiedliche Ansätze kombinieren, wie z. B. die obligatorische Abstimmung über die Einleitung eines

[157] *Jarass* in Jarass/Pieroth Rn. 4; *Boehl/Hobe* in BerlKomm Rn. 62.
[158] AA *Herdegen* in Maunz/Dürig Rn. 43.
[159] *Michael* in BK Rn. 671.
[160] *Huber* in Sachs Rn. 10.
[161] Für eine Übersicht über fünf alternative Modelle *Merkel,* Die verfassunggebende Gewalt des Volkes, 1996, 215.
[162] Vgl. *Isensee* in HdbStR XII § 258 Rn. 91–93; *Cramer,* Artikel 146, 2014, 254 f. mwN.
[163] In diese Richtung *Merkel,* Die verfassunggebende Gewalt des Volkes, 1996, 215–220; *Cramer,* Artikel 146, 2014, 252 f.
[164] *Unruh* in MKS Rn. 24; für eine Einleitung des Verfahrens nach Art. 146 GG ohne vorhergehend notwendige Verfassungsänderung durch den Bundestag *Moelle,* Der Verfassungsbeschluss, 1996, 203–217, 221.
[165] Im Überblick *Herdegen* in Maunz/Dürig Rn. 45.

Verfassungsgebungsprozesses durch das Volk im Wege eines Plebiszits mit einer anschließenden Beschlussfassung durch eine Nationalversammlung[166] – oder die umgekehrte Lösung, bei der nur das Endergebnis dem Volk zur Abstimmung vorgelegt wird.[167] Nicht unstreitig ist es zudem, ob Art. 146 überhaupt – auf welcher Stufe eines Verfahrens auch immer – eine Beteiligung des Volkes im Wege eines Plebiszits erfordert.[168]

Letztlich erweckt die Bandbreite der diskutierten Modelle den Eindruck **40** einer gewissen **Beliebigkeit.** Es wird sich kaum ernsthaft vertreten lassen, dass diese genauen Vorstellungen über ein nach Art. 146 einzuschlagendes Verfahren dem GG im Wege der Auslegung entnommen werden können. Zutreffend wurde bemerkt, dass insbesondere detaillierte Vorschläge für das einzuschlagende Verfahren „in der Regel den verfassungspolitischen Präferenzen bzw. Idiosynkrasien ihrer Urheber geschuldet" sind.[169] Nicht überzeugend ist auch der Hinweis, dass Art. 146 schon deshalb ein bestimmtes Verfahren voraussetze, weil die Ausübung der verfassunggebenden Gewalt „ideengeschichtlich" immer nur in einem förmlichen Verfahren vorstellbar gewesen sei.[170] Dies übersieht gerade die historische Vielgestaltigkeit von Verfassungsgebungsprozessen,[171] die sich jedenfalls nur selten durch die Einhaltung von vorher aufgestellten Verfahrensschritten ausgezeichnet haben, sondern vielmehr durch eine Mischung aus Selbstregulation, Inanspruchnahme von Autorität und nachfolgender Akzeptanz durch die Herrschaftsunterworfenen.

Dem **verfassungsändernden Gesetzgeber** stünde es dabei gleichwohl **41** frei, Voraussetzungen für ein Verfahren nach Art. 146 aufzustellen.[172] Auch hierbei könnte es sich freilich nur um ein Angebot an die nachfolgende Ordnung handeln. Würde etwa im Wege einer Änderung des Art. 146 präzisiert, dass eine neue Verfassung nur durch ein Plebiszit zu Stande kommen könnte, so wäre dies eine Konkretisierung der „normativen Brücke" des Art. 146. Praktisch könnte eine solche Vorgabe dadurch bedeutsam sein, dass sie die Mitwirkung der verfassten Gewalten an der Ausarbeitung einer neuen Verfassung auf eine sichere verfassungsrechtliche Grundlage stellen würde.[173] Verfassungspolitisch ist es jedoch gründlich zu bedenken, welches Signal durch die Ausarbeitung von Verfahrensvorschriften für die Aktivierung des Art. 146 gegeben würde. Nicht unwahrscheinlich erscheint es, dass schon durch die Normierung solcher Möglichkeiten die Autorität des GG in Frage gestellt würde. Zumindest würde die Einleitung von politischen Initiativen, die auf eine Ablösung des GG abzielen, praktisch erleichtert.[174] Damit würde dem Hinarbeiten auf eine neue Verfassungsord-

---

[166] Siehe etwa *Böckenförde,* Staat – Verfassung – Demokratie, 1991, 90 (102).

[167] *Unruh* in MKS Rn. 26.

[168] Dafür etwa *Mahrenholz,* Die Verfassung und das Volk, 1991, 39; *Jarass* in Jarass/Pieroth Rn. 3; dagegen *Dreier* in Dreier Rn. 52.

[169] *Dreier* in Dreier Rn. 53.

[170] *Unruh* in MKS Rn. 25 (wobei unklar bleibt, wie sich die Ideengeschichte zu konkreten Verfassungsgebungsprozessen verhält).

[171] Siehe auch *Tschentscher* in Wittreck Grundlagen des Grundgesetzes, 75 (82 f.).

[172] *Huber* in Sachs Rn. 16; aA *Murswiek* Der Staat 32 (1993), 161 (181).

[173] Siehe aber etwa *Thym* Der Staat 48 (2009), 559 (565 f.) zu den Möglichkeiten, die Gründung eines europäischen Bundesstaats auch von den verfassten Gewalten unter dem GG vorbereiten zu lassen; *Moelle,* Der Verfassungsbeschluss, 1996, S. 223, der eine Bindung des Bundestages an Art. 79 GG bei dessen Initiative zur Durchführung einer Verfassungsneugebung explizit verneint.

[174] *Huber* in Sachs Rn. 15.

nung eine Risikokomponente genommen, die zur Stabilisierung der bestehenden Ordnung wichtig erscheint: die Gefahr, im Falle des Misserfolgs nicht als erfolgreicher Begründer einer neuen Ordnung zu erscheinen, sondern den (v. a. straf-) rechtlichen Konsequenzen für Umsturzversuche ins Auge sehen zu müssen.

42 **5. Streichung des Art. 146 GG?** Gegen eine Streichung des Art. 146 sind aus verfassungstheoretischer wie dogmatischer Perspektive Argumente vorgetragen worden. Für die einen ist Art. 146 Ausdruck eines verfassungstheoretischen Gebots, was so weit getrieben wird, dass es als geradezu zwingend angesehen wird, in eine etwaige neue Verfassung wiederum eine Schlussbestimmung à la Art. 146 aufzunehmen.[175] Eine andere Meinung argumentiert, dass jedenfalls der verfassungsändernde Gesetzgeber daran gehindert sei, Art. 146 aus dem Text der Verfassung zu streichen.[176] Zwar falle der Schlussartikel nicht direkt unter Art. 79 Abs. 3. Der ursprüngliche Verfassungsgeber habe aber mit Art. 146 a. F. „in definitiver und verbindlicher Weise" festgelegt, unter welchen Umständen das deutsche Volk das GG durch eine neue Verfassung ablösen könne.[177]

43 Methodisch begegnet es jedenfalls Bedenken, außerhalb von Art. 79 Abs. 3 weitere Bestimmungen dem Zugriff des verfassungsändernden Gesetzgebers zu entziehen. Eine Selbstverewigung läge im Streichen des Art. 146 nicht. Dieser verweist von vornherein nur auf einen denkbaren Weg zur Ablösung des GG. Die Möglichkeit einer revolutionären Neuordnung besteht unabhängig von einer Vorschrift des GG. Gekappt würde durch eine Streichung des Art. 146 also nur die spezifische Legitimitätsbrücke zu einer neuen Ordnung. Das Vorhandensein eines solchen Angebots ist aber nicht notwendiger Inhalt des Grundgesetzes.[178] Eine solche Notwendigkeit lässt sich auch nur schwer aus verfassungstheoretischen Gesichtspunkten herleiten. Dagegen spricht nicht zuletzt der rechtsvergleichende Befund (→ Rn. 19). Wenig plausibel wäre es, all denjenigen Verfassungen eine Tendenz zur problematischen Selbstverewigung beizumessen, denen es an einer Art. 146 vergleichbaren Regel fehlt.

C. Verhältnis zu anderen Bestimmungen des GG

44 Art. 146 bildet gemeinsam mit der **Präambel** eine Klammer um das GG.[179] In beiden Normen wird die Figur der verfassunggebenden Gewalt des Volkes angesprochen – in der Präambel direkt, in Art. 146 mittelbar. Zusammengenommen weisen beide Bestimmungen über das GG hinaus. Die Präambel offeriert eine bestimmte „Erzählung"[180] über die Entstehung des Grundgesetzes und die Vollendung der deutschen Einheit. Art. 146 spannt einen Bogen in die Zukunft und verweist im Wortsinne über das GG hinaus

---

[175] *Michael* in BK Rn. 667 f. (zumindest soweit die neue Verfassung eine dem Art. 79 Abs. 3 GG entsprechende Bestimmung enthielte).

[176] In diese Richtung *Mahrenholz,* Die Verfassung und das Volk, 1991, 33; *Dreier* in Dreier Rn. 38.

[177] *Dreier* in Dreier Rn. 38; *Möller,* Die verfassungsgebende Gewalt, 2004, 222.

[178] Siehe auch *Waldhoff,* Der positive und der negative Verfassungsvorbehalt, 2016, 23.

[179] *Murswiek,* Die verfassunggebende Gewalt, 1978, 101; *Heckel* in HdbStR VIII, 1995, § 197 Rn. 3.

[180] *Murswiek,* Die verfassunggebende Gewalt, 1978, 127.

– es handelt sich bei dieser Vorschrift um die „Übergangserzählung" einer „Geschichte der zukünftigen Vergangenheit".[181]

Legt man die Ausführungen des BVerfG aus dem Lissabon-Urteil zugrunde, wonach Art. 146 letztlich die Entscheidung der verfassunggebenden Gewalt des Volkes schützt und zieht zudem in Erwägung, dass das Gericht hier nicht ganz eindeutige Bezüge zur Universalität und zu Gesichtspunkten von Freiheit und Würde angesprochen hat, kommt es auch in Frage, Art. 146 als Ausdruck der **Menschenwürde** nach Art. 1 Abs. 1 zu lesen. In einer solchen Lesart wird dabei das eigentümliche Spannungsverhältnis zwischen einer auf Inklusion basierenden Herrschaftsordnung und der Exklusion von Nicht-Staatsangehörigen aus dem Kreis derjenigen, die Herrschaft qua ihrer Zugehörigkeit zum Staatsvolk legitimieren können, unterstrichen.[182] Dieses Spannungsverhältnis kann durch die Setzung einer neuen Verfassungsordnung anders bestimmt, wenn nicht sogar aufgelöst werden,[183] wobei Art. 146 dem mit seiner Bezugnahme auf das „deutsche Volk" wiederum – zumindest im Übergang – enge Grenzen setzt, soweit die Legitimitätsbrücke beschritten werden soll.[184] **45**

Wechselbeziehungen bestehen zwischen Art. 146 und den Grundsätzen des Art. 20. Es gilt dabei jedoch zu berücksichtigen, dass die in Art. 146 angesprochene verfassunggebende Gewalt des Volkes nicht mit dem Staatsvolk als verfasster Gewalt in eins zu setzen ist, wie es durch Art. 20 Abs. 2 S. 1 („Alle Staatsgewalt geht vom Volke aus.") in Bezug genommen wird.[185] Das **Demokratieprinzip** ist Konsequenz der Entscheidung der verfassunggebenden Gewalt des Volkes, nicht aber mit dieser gleichzusetzen. Eine andere Auffassung würde letztlich dazu führen, die Unterscheidung zwischen Verfassung und Verfassungsgesetz im Sinne Carl Schmitts wieder heraufzubeschwören und den *pouvoir constituant* zu einer dauerhaften Größe der Verfassungsordnung und -praxis zu machen.[186] **46**

In einem potentiell schwierigen Verhältnis steht Art. 146 zum **Widerstandsrecht** nach Art. 20 Abs. 4. In der Literatur wurde geradezu beschwörend formuliert, dass eine Einleitung des Verfahrens nach Art. 146 ohne weitere vorhergehende Regelung eines Verfahrens durch den verfassungsändernden Gesetzgebers eine „schwere Verfassungsverletzung" darstellen würde, die das Widerstandsrecht nach Art. 20 Abs. 4 auslöse, falls keine Abhilfe durch das BVerfG möglich sei: Dies sei ein „Wort ins Ohr jeder Landesregierung, jedes Bürgermeisters, jedes Bürgers und jedes Standortkommandanten."[187] Diese Aufforderung widerspricht evident Sinn und Zweck des Art. 146, der es gerade vermeiden will, dass eine neue Verfassungsordnung nur durch eine möglicherweise gewaltsame Revolution herbeigeführt werden kann. **47**

Eine andere Frage ist es, inwiefern die Verfassungsordnung des GG Bemühungen tolerieren muss, die auf die Etablierung einer neuen Verfassungsordnung abzielen. Die Norm des Art. 146 steht insofern in einem Spannungs- **48**

---

181 *Michael* in BK Rn. 201 (Überschrift).

182 Vgl. BVerfGE 123, 267 (343); siehe dazu auch krit. *Sauer* Der Staat 58 (2019), 7 (22f.).

183 *Nettesheim* Der Staat 51 (2012), 313 (340f.).

184 Änderungen des Staatsangehörigkeitsrechts sind der bestehenden Ordnung wie einer neuen unbenommen: BVerfGE 83, 37 (52).

185 *Mahrenholz,* Die Verfassung und das Volk, 1991, 13.

186 Dagegen auch *Dyzenhaus* in Loughlin/Walker Paradox, 129.

187 *Heckel* in HdbStR VIII, 1995, § 197 Rn. 106; sehr fragwürdig auch *Haack,* Verlust der Staatlichkeit, 2007, 455.

verhältnis zum **Grundsatz der wehrhaften Demokratie.**[188] Zum einen ist auch Art. 146 Ausdruck davon, dass die Mütter und Väter des GG Grenzen der Veränderung des von ihnen geschaffenen Systems vorsehen wollten und bestimmte Fragen den *pouvoirs constitués* entzogen sind. Zum anderen weist der Art. 146 nach richtigem Verständnis aber über die Grenzen des Art. 79 Abs. 3 hinaus. Erlaubt das GG also grundsätzlich die Beschreitung eines Weges hin zu einer neuen verfassungsrechtlichen Ordnung, so muss dies Rückwirkungen auf das Verständnis des Konzepts der wehrhaften Demokratie und ihrer Mittel und Instrumente haben. In diesem Kontext hat das BVerfG in seiner Entscheidung im NPD-Parteiverbotsverfahren festgehalten, dass, auch „wenn Art. 146 GG dem Verfassungsgeber die Möglichkeit einer völligen Neuschöpfung der Verfassung eröffnen sollte", dadurch „für die Dauer der Geltung des Grundgesetzes ein auf die Beeinträchtigung oder Beseitigung der freiheitlichen demokratischen Grundordnung gerichtetes aktives Handeln einer politischen Partei nicht legitimiert" werde. Diese könne sich auf **Art. 21 Abs. 1** nur berufen, soweit das Handeln der betreffenden Partei „nicht gegen den unantastbaren Kernbestand einer freiheitlichen Demokratie gerichtet ist".[189] Daraus lässt sich die Schlussfolgerung ziehen, dass zwar nicht jedes Hinarbeiten auf die Aktivierung des Art. 146 in einen Konflikt mit den Grundsätzen der wehrhaften Demokratie gerät, die Ordnung des GG aber jedenfalls solche Versuche nicht tolerieren wird (und darf), die sich in einen offenen Widerspruch zu den Grundsätzen des Art. 79 Abs. 3 setzen. Hiermit ist ein gewisses Spannungsverhältnis zu der hier grundsätzlich vertretenen Auffassung gegeben, wonach im Anwendungsbereich des Art. 146 GG gerade keine Bindung an die Vorgaben des Art. 79 besteht. Dieses Spannungsverhältnis vermindert sich dadurch, dass die Herausbildung einer Verfassungsordnung „in freier Entscheidung" ohnehin als nur theoretische Option erscheint, insoweit sie sich offen von den Grundsätzen der Menschenwürde, des Rechtsstaats- und des Demokratieprinzips verabschieden würde. Anders mag dies im Hinblick auf den föderalen Charakter der Bundesrepublik zu beurteilen sein. Die Ausführungen aus dem Urteil zum NPD-Verbotsverfahren legen hier insofern nahe, dass nicht jeder Versuch, eine von den Grundsätzen des Art. 79 Abs. 3 abweichende Ordnung zu errichten, zu einem Parteiverbot führen muss, sondern es vielmehr um einen eng umgrenzten Kerngehalt der freiheitlich-demokratischen Grundordnung geht. Vergleichbare Erwägungen gelten im Hinblick auf das Sozialstaatsprinzip. Andere Standards gelten zudem für den nicht-organisierten Bereich der individuellen Meinungsäußerung: Hier sieht das BVerfG auch Meinungsäußerungen als von Art. 5 Abs. 1 geschützt an, die „in ihrer gedanklichen Konsequenz gefährlich und (…) auf eine prinzipielle Umwälzung der geltenden Ordnung gerichtet sind".[190]

49 Auch zu **Art. 23 n. F.** steht Art. 146 in einem engen Zusammenhang. Dieser ergibt sich durch die intensive Diskussion um die Frage eines Übergangs in die europäische Bundesstaatlichkeit (→ Rn. 13 ff.). Grundannahme für die dem Art. 146 hierbei zugeschriebene Funktion ist es somit, dass nur ein bestimmtes Ausmaß an Hoheitsrechtsübertragungen durch Art. 23 Abs. 1 gedeckt sei.[191] Der Rechtsprechung des BVerfG kann zugleich entnommen

[188] Dazu auch *Scheuner* DÖV 1953, 581 (583).
[189] BVerfGE 144, 20 (197, Rn. 518).
[190] BVerfG (K) NJW 2018, 2861 (2862).
[191] BVerfGE 123, 267 (332).

werden, dass nicht nur die Übertragung neuer Kompetenzen auf die EU als solches, sondern auch eine prozesshafte, immer weitere Ausdehnung der Handhabung derselben die Schwelle des Art. 146 erreichen kann.[192]

D. Kritische Würdigung

Die bisherige **wissenschaftliche Auseinandersetzung** mit Art. 146 kann in **drei Phasen** eingeteilt werden. In einer *ersten* Phase nach Inkrafttreten des GG ging es um die Erarbeitung eines grundsätzlichen Verständnisses der Norm. Ergebnis dieser frühen Diskussionen war es, den Art. 146 als Ausdruck des provisorischen Charakters des GG zu verstehen und – relativ unbestritten – anzunehmen, dass der Verfassungsgeber bei einer Aktivierung des Art. 146 von den Bindungen des Art. 79 in formeller wie materieller Hinsicht frei war. Die Funktion des Art. 146 wurde mehr oder weniger einhellig in der Aufzeichnung *eines* möglichen Weges zur Realisierung des Verfassungsgebots der Wiedervereinigung verstanden. Durch den Eintritt der Wiedervereinigung und die nachfolgende Änderung der Vorschrift durch den EV traten neue Fragen ins Zentrum der Auseinandersetzung mit Art. 146 (*zweite* Phase). Jedenfalls einer seiner ursprünglichen Funktionen beraubt, stellte die neu gefasste Schlussvorschrift des GG die Staatsrechtslehre vor erhebliche Interpretationsprobleme. Nachdem der Diskussionsverlauf im unmittelbaren Gefolge der Wiedervereinigung darauf hinzudeuten schien, dass die allermeisten Stimmen in der Literatur die neu gefasste Bestimmung wenigstens als missglückt, wenn nicht gar als obsolet oder verfassungswidrig[193] ansehen würden, hat sich die Diskussion in einer *dritten* Phase wiederum erheblich verlagert. Befeuert durch die Ausführungen des BVerfG im Lissabon-Urteil ist Art. 146 n. F. zu einem symbolischen Grenzstein in den Debatten um die Zukunft der europäischen Integration geworden. Unter reger Anteilnahme der Literatur wurde darüber gestritten, inwiefern das GG die Staatlichkeit der Bundesrepublik nicht nur voraussetze, sondern auch schütze und Art. 146 eine Grenze der Verfügbarkeit über das GG durch die verfassten Gewalten markiere. Das BVerfG hat dabei ebenso Zustimmung wie Ablehnung erfahren, letztere sogar in teils bisher unbekannter Schärfe und darauf abzielend, diese Ausführungen des Karlsruher Gerichts insgesamt in den Kontext eines zunehmend „entgrenzten Gerichts"[194] zu rücken. 50

Zehn Jahre nach dem Lissabon-Urteil hat sich die Situation schon wieder grundsätzlich gewandelt. Rückblickend erging schon diese Karlsruher Entscheidung zu einem Zeitpunkt, in dem der Optimismus in den weiteren Fortgang der europäischen Integration im Zeichen einer „immer engeren Union der Völker Europas" eine erhebliche Delle erlitten hatte. Der Prozess der Verfassungsgebung auf europäischer Ebene mündete nach dem Scheitern des Verfassungsvertrages in die Ausarbeitung des aller verfassungsrechtlichen wie -politischen Symbolik entkleideten Vertrags von Lissabon (→ Rn. 16). Gleichwohl war das Narrativ, wonach die EU noch aus jeder Krise gestärkt hervorgegangen sei, auch in den Jahren nach 2009 weiterhin wirkmächtig. Die Überwindung einer europäischen Verfassungslethargie durch einen „großen Sprung" voran schien insofern nicht vollkommen fernliegend zu sein, 51

[192] BVerfGE 123, 267 (332).
[193] *Kempen* NJW 1991, 964 (966 f.).
[194] *Jestaedt/Lepsius/Möllers/Schönberger,* Das entgrenzte Gericht, 2011.

was die entsprechenden Debatten um eine mögliche Funktion des Art. 146 anregte.

52 Am Wechsel von der zweiten zur dritten Dekade des 21. Jahrhunderts erscheint der Aufbruch in einen europäischen Bundesstaat jedoch nicht (mehr) ernsthaft auf der politischen Agenda zu stehen. Nicht nur die „Brexit"-Diskussion, sondern auch das Erstarken europakritischer politischer Bewegungen in einer Mehrzahl der Mitgliedstaaten der EU – bis hin zur Übernahme von Regierungsverantwortung – sowie ein generell integrationskritischer Zeitgeist lassen es eher angezeigt erscheinen, das Bestehende gegen einen allzu harschen Rückbau integrationspolitischer Errungenschaften zu verteidigen. Dies mag keine inspirierende Vision für einen europäischen Neuaufbruch darstellen, wie er etwa von der *„Pulse of Europe"*-Bewegung erhofft wird. Bis auf Weiteres stehen die Zeichen aber nicht auf weitere Vertiefung der Union, geschweige denn auf Gründung eines europäischen Bundesstaates, die nach einer Aktivierung des Art. 146 rufen würde. Zumindest gilt dies nicht für die Europäische Union in ihrer aktuellen Gestalt. Schon realistischer erscheint ein Auseinanderbrechen der EU als solches, was für weiterhin integrationswillige Staaten die Frage nach einer Neugründung der Union aufwerfen könnte. Es ist nicht auszuschließen, dass in einem solchen kleineren Kreis die politische Bereitschaft bestünde, neu über die Bundesstaatsfrage nachzudenken. Für einen solchen Fall wäre dann der vom BVerfG angedachte Weg einer Aktivierung des Art. 146 durchaus denkbar.

53 Ansonsten muss das Augenmerk verstärkt auch nach innen gerichtet werden. Es besteht kein Grund, verfassungsrechtlich und verfassungspolitisch ein Legitimationsdefizit des GG herbeizureden. Ein solches wäre auch keine Frage des positiven Verfassungsrechts im engeren Sinn. Die Akzeptanz des GG und seiner Ordnung scheint jedoch im politischen Diskurs nicht mehr so unumstritten zu sein, wie dies 2009 zum Zeitpunkt des Lissabon-Urteils der Fall war. Seit der 19. Legislaturperiode sind auch im Bundestag Stimmen vertreten, die offen von einem Umbau des „Systems" reden und die Legitimation der Regeln und Institutionen der Ordnung des GG ausdrücklich in Frage stellen.[195] Zugleich ist Art. 146 zu einem beliebten Referenzpunkt in der „Argumentation" sog. „Reichsbürger" geworden, die unter Verweis auf diese Vorschrift die Geltung des GG in Frage stellen – was freilich in gleich mehrfacher Hinsicht ein mit Grundsätzen der Logik unvereinbares Vorgehen ist.[196] Wenn auch kein Grund für Alarmismus und die Sorge eines bevorstehenden Endes der Ordnung des GG besteht, so muss sich auch die Staatsrechtslehre auf ungemütlichere Zeiten einstellen, in denen die Akzeptanz ihres zentralen Gegenstandes nicht mehr so unumstritten ist, wie dies für den größten Teil der Geschichte der Bundesrepublik der Fall gewesen ist. So bleibt die Vorschrift bis auf Weiteres eine „politische Projektionsfläche für Hoffnungen und Wünsche jedweder Art."[197]

54 Versteht man Art. 146 als in die Zukunft weisende Norm, deren Wirksamwerden nur aus der Perspektive einer zukünftigen Verfassungsordnung beurteilt werden kann, besteht allerdings auch kein Anlass, ein „Revolutionsverfahrensrecht" auszuarbeiten, welches etwa den Weg in eine neue Ver-

---

[195] Zu diesen Entwicklungen *Schönberger/Schönberger* JZ 2018, 105; *Voßkuhle* Der Staat 57 (2018), 119.

[196] Siehe etwa VG Gießen BeckRS 2007, 24190; VG Münster BeckRS 2017, 122645 Rn. 61; VG Köln, Beschluss v. 23.5.2018 – 6 L 246/18, Rn. 11 f.

[197] *Michael* in BK Rn. 653.

fassungsordnung weisen würde. Vielmehr muss jeder, der auf die Beseitigung der Ordnung des GG hinarbeiten möchte, das Risiko eingehen, welches in der feinen Unterscheidung zwischen einem strafbaren Staatsstreich und der erfolgreichen Errichtung einer neuen Verfassungsordnung besteht. Art. 146 hat dabei nicht die Funktion, eine Revolution zu domestizieren. Vielmehr ist er ein Angebot an zukünftige Verfassungsordnungen, einen denkbaren Weg zu einer neuen Verfassung zu beschreiten, die sodann nicht den Makel eines revolutionären und unter Umständen gewaltsamen Bruchs mit der bestehenden Ordnung trägt.[198] Eine offene Frage ist es dabei, welchen Unterschied der Art. 146 in einem solchen Fall machen würde. Wäre Art. 146 nicht vorhanden und es käme in der Tat zu einem neuen Verfassungsgebungsprozess – würden dann nicht sehr wahrscheinlich die gleichen Grundwerte von Demokratie, Rechtstaatlichkeit sowie Grund- und Menschenrechten in einer solchen Verfassung verankert werden, wie wir sie heute im GG finden? Und wäre dies nicht das Ergebnis – würde eine Bestimmung wie der Art. 146 etwas daran ändern? Es besteht insofern in der Tat Anlass, auch über das Verhältnis von rechtlicher Bindung zu anderen Bindungen moralischer, sozialer, faktischer und kulturell-religiöser Art nachzudenken.[199]

Literatur

E.-W. Böckenförde, Die verfassunggebende Gewalt des Volkes – Ein Grenzbegriff des Verfassungsrechts, in E.-W. Böckenförde, Staat – Verfassung – Demokratie, 1991 [1986], 90. – ***K. Chatziathanasiou,*** Verfassungsstabilität – Eine von Artikel 146 Grundgesetz ausgehende juristische und (experimental-)ökonomische Untersuchung, 2019. – ***P. Cramer,*** Artikel 146 Grundgesetz zwischen offener Staatlichkeit und Identitätsbewahrung, 2014. – ***U. di Fabio,*** Der neue Artikel 23 des Grundgesetzes – Positivierung vollzogenen Verfassungswandels oder Verfassungsneuschöpfung?, Der Staat 32 (1993), 191. – ***H. Dreier,*** Gilt das Grundgesetz ewig? Fünf Kapitel zum modernen Verfassungsstaat, 2009. – ***D. Dyzenhaus,*** The Politics of the Question of Constituent Power, in M. Loughlin/N. Walker, The Paradox of Constitutionalism, 2007, 129. – ***H. Grefrath,*** Exposé eines Verfassungsprozessrechts von den Letztfragen?, AöR 135 (2010), 221. – ***V. Haug,*** Über Partizipation zu einer postgrundgesetzlichen Verfassung, AöR 138 (2013), 453. – ***T. Herbst,*** Legitimation durch Verfassunggebung, 2003. – ***J. Isensee,*** Braucht Deutschland eine neue Verfassung?, 1992. – ***M. Kau,*** Artikel 146 Grundgesetz als Instrument des Verfassungsübergangs? in G. Jochum/W. Fritzemeyer/M. Kau (Hrsg.), FS f. Hailbronner, 2013, 767. – ***C. Klein,*** Théorie et pratique du pouvoir constituant, 1996. – ***O. Lepsius,*** Souveränität und Identität als Frage des Institutionensettings, JöR N. F. 63 (2015), 63. – ***M. Kriele,*** Art. 146: Brücke zu einer neuen Verfassung, in B. Guggenberger/T. Stein (Hrsg.), Die Verfassungsdiskussion im Jahr der deutschen Einheit, 1991, 336. – ***E. G. Mahrenholz,*** Die Verfassung und das Volk, 1991. – ***H. Moelle,*** Der Verfassungsbeschluß nach Art. 146 Grundgesetz, 1996. – ***C. Möllers,*** 'We are (afraid of) the people': Constituent Power in German Constitutionalism, in M. Loughlin/N. Walker (Hrsg.), The Paradox of Constitutionalism, 2007, 87. – ***U. Murswiek,*** Die verfassunggebende Gewalt nach dem Grundgesetz für die Bundesrepublik Deutschland, 1978. – ***U. Murswiek,*** Maastricht und der pouvoir constituant – Zur Bedeutung der verfassunggebenden Gewalt im Prozeß der europäischen Integration, Der Staat 32 (1993), 161. – ***M. Nettesheim,*** Wo „endet" das Grundgesetz?, Der Staat 51 (2012), 313. – ***M. Patberg,*** Challenging the masters of the treaties: Emerging narratives of constituent power in the European Union, Global Constitutionalism 7 (2018), 263. – ***A. Peters,*** Elemente einer Theorie der Verfassung Europas, 2001. – ***M. Polzin,*** Verfassungsidentität, 2018. – ***H. Sauer,*** Demokratische Legitimation zwischen Staatsorganisationsrecht und grundrechtlichem Teilhabeanspruch, Der

[198] *Dreier* in Dreier Art. 146 Rn. 36.
[199] So das Plädoyer von *Volkmann,* Grundzüge einer Verfassungslehre, 2013, 341.

Staat 58 (2019), 7. – ***U. Scheuner,*** Art. 146 GG und das Problem der verfassunggebenden Gewalt, DÖV 1953, 581. – ***B. Schlink,*** Deutsch-deutsche Verfassungsentwicklungen im Jahre 1990, in B. Guggenberger/T. Stein (Hrsg.), Die Verfassungsdiskussion im Jahr der deutschen Einheit, 1991, 19. – ***B. Stückrath,*** Art. 146 GG: Verfassungsablösung zwischen Legalität und Legitimität, 1997. – ***A. Tschentscher,*** Die Volkssouveränität als Grund und Grenze der Verfassungsgeltung, in F. Wittreck (Hrsg.), Grundlagen des Grundgesetzes, 2018, 75. – ***E. Wiederin,*** Die Verfassunggebung im wiedervereinigten Deutschland: Versuch einer dogmatischen Zwischenbilanz zu Art. 146 GG n. F., AöR 117 (1992) 410. – ***R. Will,*** Der verfassungs- und völkerrechtliche Weg zur Deutschen Einheit. Eine Stellungnahme, in B. Guggenberger/T. Stein (Hrsg.), Die Verfassungsdiskussion im Jahr der deutschen Einheit, 1991, 201. – ***C. Winterhoff,*** Verfassung – Verfassunggebung – Verfassungsänderung, 2005.

Sachverzeichnis

Fette Zahlen bezeichnen die Artikel des Grundgesetzes, magere Zahlen die Randnummern der Kommentierung.